ENGLESKO-HRVATSKI RJEČNIK

ENGLISH-CROATIAN DICTIONARY

ENGLISH – CROATIAN DICTIONARY

BY

RUDOLF FILIPOVIĆ

BERISLAV GRGIĆ
KARLA CIZELJ
VERA MOSKOVIĆ
VIKTOR RATNIK
LEONARDO SPALATIN
ROMAN ŠOVARY
BORKA TOMLJENOVIĆ
MARIJAN URBANY

TWENTY-SECOND
EDITION

Revised by

ŽELJKO BUJAS
RUDOLF FILIPOVIĆ
VLADIMIR IVIR
KARLA CIZELJ
LEONARDO SPALATIN
MARIJAN URBANY

Edited by

RUDOLF FILIPOVIĆ

PUBLISHED BY
ŠKOLSKA KNJIGA

ZAGREB 1996

ENGLESKO – HRVATSKI RJEČNIK

SASTAVILI

RUDOLF FILIPOVIĆ

BERISLAV GRGIĆ
KARLA CIZELJ
VERA MOSKOVIĆ
VIKTOR RATNIK
LEONARDO SPALATIN
ROMAN ŠOVARY
BORKA TOMLJENOVIĆ
MARIJAN URBANY

DVADESET DRUGO

IZDANJE

Preradili

ŽELJKO BUJAS
RUDOLF FILIPOVIĆ
VLADIMIR IVIR
KARLA CIZELJ
LEONARDO SPALATIN
MARIJAN URBANY

U redakciji

RUDOLFA FILIPOVIĆA

ŠKOLSKA KNJIGA

ZAGREB 1996

Urednica
VERA ZORIĆ

Grafički urednik
JOSIP JELIĆ

Korektorica
BLANKA KROFLIN

CIP – Katalogizacija u publikaciji
Nacionalna i sveučilišna biblioteka, Zagreb

UDK 801.323.2 = 20 = 862

ENGLESKO-hrvatski rječnik / sastavili Rudolf Filipović... [et. al.] ; u redakciji Rudolfa Filipovića. – 22. izd / preradili Željko Bujas... [et al.]. – Zagreb: Školska knjiga, 1996. – XVIII, 1435 str. ; 24 cm

Na spor. nasl. str.: English-Croatian dictionary.

ISBN 953-0-40210-4

1. Filipović, Rudolf

960502006

ISBN 953-0-40210-4

TISAK: GRAFIČKI ZAVOD HRVATSKE, ZAGREB

SADRŽAJ

(Contents)

PREDGOVOR
DESETOM PRERAĐENOM I DOPUNJENOM IZDANJU

1. Kad sam 1955. godine u *Predgovoru prvom izdanju* napisao da je *Rječnik* »završen samo utoliko što smo ga štampali« i da će »konačni oblik dobiti tek u drugom ili daljnjim izdanjima« kad ćemo se moći koristiti rezultatima njegove upotrebe i dobronamjernom kritikom, tada sam se nadao da ćemo moći drugo i daljnja izdanja redovito dopunjavati i popravljati. Prateći razvoj jezika i leksikografije, nadali smo se da ćemo moći prvo izdanje *Rječnika* dotjerivati i u nj unositi najvažnije promjene koje se javljaju u razvitku engleskog jezika. Iz tehničkih razloga, zbog želje prvog izdavača »Zore« da tehnikom preslikavanja tiska nova izdanja, nismo mogli dirati glavni dio *Rječnika,* već nam je omogućeno da dodajemo kraći *Appendix* s novim riječima ili novim značenjima već postojećih riječi u *Rječniku.* Svjesni da to nije rješenje, čekali smo priliku da izvršimo temeljitu reviziju *Rječnika.*

2. Nakon pojave sedmog izdanja 1974. dogovoreno je da se počne s revizijom *Rječnika,* ali da se staro izdanje i dalje pretiskuje prema potrebama tržišta. Tako smo, eto, došli do jubilarnog desetog izdanja koje su izdali novi izdavači — *Grafički zavod Hrvatske* i *Školska knjiga.* Veoma smo im zahvalni što su nam tehnički i financijski omogućili pristup preradbi *Rječnika* na način i u opsegu koji smo mislili da je moguće izvršiti u ograničenom vremenu. Zato smo odlučili da se revidira oko 40% teksta u cijelom *Rječniku,* tj. da se *Rječnik* dotjera i dopuni tako da doista može služiti kao vodič kroz današnji stadij razvoja engleskog jezika. Revizija se odnosi: a) na izbor riječi i fraza, koji je znatno izmijenjen, odnosno dopunjen; b) na izgovor riječi koji je moderniziran prema današnjem načinu izgovaranja engleskog jezika; c) na dopune novim značenjima i na revidiranje starih značenja kad god je to bilo potrebno.

3. Izgovor, koji u prethodnim izdanjima nismo mogli mijenjati iz već navedenih razloga, sada je znatno moderniziran prema najnovijem izdanju izgovornog rječnika Daniela Jonesa *English Pronouncing Dictionary* koje je revidirao A. C. Gimson, profesor fonetike na Sveučilištu u Londonu (University College, London), tj. Fourteenth Edition (completely revised, reprinted 1979). Od Gimsonove transkripcije preuzeli smo samo znak za izgovor diftonga əu (prije *ou*), jer bi ostali njegovi novo uvedeni znakovi znatno otežali upotrebu *Rječnika,* a možda i zbunjivali čitaoce. Gimsonovu verziju engleskog izgovora (glasove i akcent) preuzeli smo gotovo kompletno jer predstavlja današnji način izgovora engleskog jezika. U *Rječnik* nismo unijeli varijante koje su vrlo česte u Gimsonovoj reviziji, jer nama nisu potrebne. Varijante u izgovoru javljaju se samo onda kad želimo označiti razlike u izgovoru između američkog i britanskog engleskog. Standardne razlike između ta dva izgovora (npr. Am. æ — Br. aː) nisu unesene. Ostavljamo čitaocima da sami odluče hoće li upotrijebiti jednu ili drugu varijantu. Primjenom nekoliko standardnih pravila nije teško od britanske varijante dobiti američku.

4. U ovom desetom izdanju nije tiskan *Dodatak* iz prijašnjih izdanja. To je učinjeno zbog dvaju razloga: 1. čitaoci koji se služe ovim *Rječnikom* neće

više trebati izgovorno-gramatičke upute i podatke o engleskom jeziku, jer ih sigurno toliko već znadu; 2. ako slučajno žele neku informaciju o engleskom izgovoru ili o engleskom gramatičkom sustavu, potražit će ih u priručnicima te vrste koji se danas mogu lako nabaviti. Osim toga *Dodatak*, koji većini današnjih čitalaca nije više potreban, znatno je opterećivao opseg knjige. Tu razliku u stranicama iskoristili smo za povećanje *Rječnika*, pa dok je u prvom izdanju glavni dio imao 1 272 stranice (u drugom i ostalim izdanjima nešto je proširen *Appendixom*) u ovom izdanju, nakon revizije i dopune, glavni dio obuhvaća 1 427 strana.

5. Nadamo se da će deseto prerađeno i dopunjeno izdanje *Rječnika* zadovoljiti potrebe svih onih koji će se njime služiti jer smo u njemu nastojali registrirati sve promjene u engleskom jeziku od 1955. do danas. Ipak moram ponoviti svoje riječi iz *Predgovora* prvom izdanju, da bi bilo pogrešno kad bi netko očekivao da će u ovom *Rječniku* naći sve najnovije riječi i izraze koji su se pojavili u engleskom jeziku u posljednje vrijeme. To se osobito odnosi na stručni vokabular koji naglim razvojem pojedinih struka raste takvom brzinom da ga čak ni stručni rječnici ne mogu pratiti. Zato pri služenju ovim *Rječnikom* moramo imati na umu tri važne činjenice: 1. to nije rječnik nijedne struke; sve su one zastupljene podjednako, odnosno onoliko koliko su povezane sa svakodnevnim životom; 2. tiskanje *Rječnika* trajalo je više od tri godine; 3. riječi i fraze ne mogu ući u rječnike tek što se pojave u jeziku, jer im je za taj proces potrebno i opet nekoliko godina. Mi smo učinili sve da moderniziramo *Rječnik*, a namjeravamo to raditi i dalje.

Ovo je izdanje plod dugogodišnjeg rada. Nadamo se da do novog i opet prerađenog i dopunjenog izdanja, koje će pokazati rezultate našeg budućeg rada (od danas unaprijed) na reviziji i modernizaciji *Rječnika*, neće proći toliko godina kao do sada. Svaka daljnja revizija značit će mnogo za *Rječnik*, jer ćemo ga ubuduće nastojati pored stalnog popravljanja i dopunjavanja i strukturalno usavršavati.

6. Deseto izdanje *Rječnika* izradila je skupina suradnika koju sam sastavio tako da sam pored nekoliko starih suradnika, Karle Kunc-Cizelj, Leonarda Spalatina i Marijana Urbanyja, pozvao na suradnju još dvojicu kolega koji su svojim dosadašnjim radom na rječnicima postigli zavidne rezultate — Željka Bujasa i Vladimira Ivira. Rad na reviziji *Rječnika* bio je dug i mukotrpan, kao što je to uvijek rad na rječnicima. Svaki je od nas uložio u svoj dio rada maksimum zalaganja i sve svoje znanje; koliko je tko od nas uspio, pokazat će se u toku služenja *Rječnikom*, a to će najbolje prosuditi oni koji će se njime koristiti. Željko Bujas radio je na slovima G, N, T, U, V, W, X, Y, Z; Karla Kunc-Cizelj radila je na slovima C, H, I, M; Vladimir Ivir na slovima B, O, S; Leonardo Spalatin na slovima D, P, Q, R; Marijan Urbany na slovima A, E, F, J, K, L. *Engleske i američke kratice* revidirala je Karla Kunc-Cizelj, a *Izgovor vlastitih imena* urednik *Rječnika*.

Svim suradnicima od srca zahvaljujem na ugodnoj i uspješnoj suradnji i na uloženom trudu. I u ime starog kolektiva, od kojeg neki članovi više nisu s nama, ali ćemo uspomenu na njih trajno čuvati, želim se posebno zahvaliti prerađivačima koji su nesebičnim radom omogućili da *Rječnik* nastavi živjeti dalje u obnovljenom ruhu i tako ispuni svrhu koju mu je stari kolektiv namijenio prije više od četvrt stoljeća pri krčenju puta kroz probleme i teškoće s kojima se susretao u stvaranju prvog izdanja.

Pri dovršenju ovog djela sudjelovalo je još mnogo suradnika kojima želim izraziti posebnu zahvalnost za njihov udio u ovom velikom poslu. To su: urednica *Školske knjige* prof. Ankica Tomić i grafički urednik Josip Jelić, lektori *Školske knjige*, a osobito korektor Blanka Kroflin koja je svojim neobično savjesnim i požrtvovnim radom pomogla da se teški rukopis *Rječnika* tiska na tako uspješan način. Jednako vrijedno priznanje iskazujem i svim radnicima *Grafičkog zavoda Hrvatske* čija je velika zasluga da se naš *Rječnik* pojavio u ovom obliku i u relativno kratkom roku. Svima znanima i neznanima još jednom hvala što su nam omogućili da se deseto, prerađeno i dopunjeno izdanje *Rječnika* preda našoj javnosti. A sve one koji će se služiti ovim *Rječnikom* molim da ga prime s onoliko interesa i razumijevanja s koliko su primali prijašnja izdanja, pa da nam jave svoje sugestije, primjedbe i kritike kako bismo ih mogli primijeniti u našem daljnjem radu na dotjerivanju i moderniziranju *Rječnika* za buduća prerađena i proširena izdanja.

U Zagrebu 1980. godine.

RUDOLF FILIPOVIĆ

PREDGOVOR PRVOM IZDANJU

Potreba za velikim englesko-hrvatskim ili srpskim rječnikom kod nas starijeg je datuma. Osjetila se potkraj prošlog stoljeća kad je broj ljudi, koji su znali engleski ili se njime služili, bio vrlo malen. Glavni je interes bio ograničen na pomorce i iseljenike. Prije šezdeset godina — 1895, počeo je u Senju izlaziti u svescima prvi englesko-hrvatski rječnik, a izlazio je do 1906. kad je doštampan i izdan kao knjiga. Napisao ga je profesor engleskog jezika u Bakru Aleksandar Lochmer, tada jedan od najboljih poznavalaca engleskog jezika u Hrvatskoj. Taj je rječnik dugo vremena bio najbogatija riznica engleskih riječi u nas. Za ono vrijeme i prilike u kojima je radio Lochmer, taj rječnik predstavlja velik uspjeh hrvatske leksikografije. Svi ostali englesko-hrvatski rječnici, napisani i tiskani nakon Lochmerova, manji su po broju stranica, po broju riječi, a naročito po broju fraza i idioma koje obrađuju.

Kad je sredinom tridesetih godina porastao interes za engleski jezik i književnost, jedan je zagrebački izdavač htio preštampati Lochmerov rječnik, jer su prijašnja dva izdanja (senjsko i američko) bila rasprodana. Pola vijeka staro djelo nije trebalo da se preštampava, jer su se u tih pedeset godina oba jezika — engleski i hrvatski — znatno izmijenili. Zato je taj izdavač ponudio kasnije nekolicini zagrebačkih anglista (među njima sam bio i ja) da moderniziraju Lochmerov rječnik i pripreme ga za tisak. Svima nam je bilo jasno da se velik moderan englesko-hrvatski rječnik ne može dobiti revidiranjem jednog, doduše vrlo dobrog, ali veoma zastarjelog rječnika. Iako nije došlo do realizacije, ipak je od tog vremena postojala misao da treba napisati nov, velik englesko-hrvatski rječnik koji bi zadovoljio naše potrebe.

Prvi pokušaj da ostvarim tu misao učinio sam 1945. kada sam htio formirati kolektiv stručnjaka za engleski jezik u Zagrebu, koji bi izradio takav rječnik. Iz objektivnih razloga rad na rječniku tada nije započeo, ali je sazrijevala misao kakav treba da bude taj novi rječnik.

Kad je nekoliko godina kasnije izdavačko poduzeće »Zora« odlučilo da izda englesko-hrvatski ili srpski rječnik i da materijalno omogući izradbu, ponuđeno mi je posredovanjem g. Romana Šovaryja da preuzmem taj rad. Tada sam formirao kolektiv naših najboljih stručnjaka za engleski jezik u Zagrebu, koji su trebali sa mnom raditi na izradbi rječnika; to su bili dr Vera Mosković, prof. Viktor Ratnik, prof. Marijan Urbany a nešto kasnije gđa Karla Kunc, prof. Borka Tomljenović i prof. Leonardo Spalatin. Osim toga, osigurao sam suradnju dvojice naših istaknutih prevodilaca s engleskog jezika i vrlo dobrih poznavalaca hrvatskog jezika, prof. Berislava Grgića i g. Romana Šovaryja, koji su trebali biti odgovorni za hrvatski dio rječnika.

Isto smo tako nastojali da osiguramo pomoć raznih stručnjaka koji bi svojim savjetom pomogli radnom kolektivu pri obrađivanju engleskih riječi i izraza iz njihova područja. Prvi je obećao svoju pomoć prof. dr Josip Torbarina, čiji su nam savjeti, pogotovo u samom početku rada, bili dragocjeni.

Ne treba ovdje posebno isticati s kolikim se brojem problema i teškoća susreće svaki pisac dvojezičnog rječnika. Samo autori znaju s koliko se muke i truda rješavaju takvi problemi i svladavaju te teškoće. Glavno je da smo sve te teškoće svladali; s kolikim uspjehom, to ostavljamo da presude svi oni koji se budu služili ovim *Rječnikom.* Predajući ovo naše djelo javnosti da se njime služi i koristi htio bih naglasiti da ni na jedan čas ne mislimo da smo rekli zadnju riječ. Kod rječnika je to nemoguće zbog više razloga. Budući da je trebalo djelo jednom završiti, mi smo ga završili samo utoliko što smo ga štampali. Istom će upotreba pokazati, koliko smo uspjeli, odnosno, koji smo dio našega rada dovršili.

Rječnici treba da budu, i u većini slučajeva jesu, životna djela pojedinaca ili cijelih naučnih kolektiva. Konačni oblik dobivaju tek u drugom ili daljnjim izdanjima. I mi se nadamo da ćemo imati prilike koristiti se rezultatima njegove upotrebe. Očekujemo da će nas čitaoci, a osobito stručnjaci, leksikografi i anglisti prevodioci, dobronamjerno upozoriti na sve nedostatke i pogreške ovog našeg rječnika. Sada možemo reći samo to da smo kao kolektiv i kao pojedinci, (koliko je tko mogao) uložili maksimum truda da našoj javnosti damo toliko potrebno djelo.

Završivši naše zajedničko djelo, želim posebno zahvaliti cijelom kolektivu koji je sa mnom radio na *Rječniku,* i to gđi Karli Kunc za rad na slovima G, J, K, L, N, V; dr Veri Mosković za rad na slovima B, E, H, O, U, W; prof. Viktoru Ratniku za rad na slovima F, R, T; prof. Leonardu Spalatinu za rad na slovu S; prof. Borki Tomljenović za rad na slovima A, I, P i prof. Marijanu Urbanyja za rad na slovima C, D, M, Q, X, Y, Z. Isto se tako želim osobito zahvaliti prof. Berislavu Grgiću i g. Romanu Šovaryju, koji su svojim vrlo dobrim poznavanjem hrvatskog jezika pridonijeli da hrvatski dio *Rječnika* bude na onom nivou do kojeg smo ga uspjeli podići u našem prvom naporu. Zajednički rad u kolektivu pruža mnogo koristi, ali i iskušenja i teškoća. Imali smo i jednih i drugih. Prvima smo se koristili koliko smo najviše mogli, a druge smo nastojali što brže prebroditi.

U ime cijelog kolektiva želim se srdačno zahvaliti svima prijateljima i stručnjacima koji su nam pomogli savjetima pri rješavanju problema iz njihovih struka. Poimence osobito dru Zorislavu Dukatu, prof. dru Vladimiru Filipoviću, prof. dru Nikoli Finku, prof. dru Horvatiću i admiralu Luterottiju.

Osim toga, treba da zahvalim ovdje i svojoj ženi Zvonki, koja je kao anonimni suradnik radila na *Rječniku* od samog početka i dijelila sa mnom sve teškoće koje rad na takvu djelu neminovno donosi. Njezina strpljivost i marljivost, kojom mi je pomagala u mom radu na *Rječniku* kao i pri čitanju korektura, poticale su me u momentima kad težina rada pokolebljuje i najizdržljivije.

I na kraju želim se i ovom prilikom posebno zahvaliti izdavačkom poduzeću »Zori« i Grafičkom zavodu Hrvatske (osobito radnom kolektivu koji je radio na štampanju *Rječnika*) za njihov trud i materijalna sredstva koja su uložili da se *Rječnik* pojavi u ovom obliku.

Nadamo se da će naša javnost poslije izlaska *Rječnika* iz štampe pokazati onaj interes, ako ne i veći, koji je pokazivala za vrijeme pripremanja *Rječnika*. Zahvaljujemo se svima koji su nas hrabrili i sa simpatijama pratili naš rad u štampi i privatno — korespondencijom.

U Zagrebu, 1955. godine.

RUDOLF FILIPOVIĆ

PREDGOVOR DRUGOM IZDANJU

Nisu prošle ni pune tri godine a prvo izdanje ovoga *Rječnika* bilo je rasprodano, što je dokaz da je to djelo bilo veoma potrebno. I tako, prije nego što su se navršile četiri godine od prvog izdanja, predajemo našoj javnosti drugo izdanje.

U Predgovoru prvom izdanju izrazili smo nadu da ćemo daljnjim radom na *Rječniku*, koristeći se njegovom upotrebom kao i dobronamjernom kritikom, *Rječnik* u drugom izdanju dopuniti i popraviti, tj. dovesti ga bliže njegovu konačnom obliku, s kojim bismo bili potpuno zadovoljni mi autori i svi oni koji se njime služe. Na žalost, ta se naša namjera nije mogla potpuno ispuniti, jer se iz tehničkih razloga *Rječnik* preštampava onakav kakav je bio u prvom izdanju. Jedino što smo mogli učiniti, bilo je: 1. da smo iz *Rječnika* uklonili većinu tiskarskih pogrešaka i nekoliko očitih propusta pri tumačenju pojedinih riječi i fraza; 2. da smo sastavili i dodali *Appendix* (s više od 1 300 jedinica) u kojemu se nalaze dopune značenja nekih riječi koje već postoje u *Rječniku* i one nove riječi koje nismo unijeli u prvo izdanje a upotreba kojih u današnjem stadiju engleskog jezika traži da budu u *Rječniku* ove vrste i ovog obujma. Zato neka čitalac, kad god mu se to čini potrebnim, pogleda u *Appendix* ako u *Rječniku* nije našao odgovor na svoje pitanje. Svaka riječ koja je obrađena u *Rječniku*, a nalazi se i u *Appendixu*, dana je u *Appendixu* bez izgovora; svakoj riječi koja je prvi put unesena tek u *Appendix*, a nema je u *Rječniku*, dan je u zagradi izgovor. Dužnost mi je istaknuti da nam je izdavač točno odredio obujam *Appendixa*, pa stoga nismo mogli unijeti u nj sve one riječi i izraze što smo htjeli ili na koje su nas upozorili čitaoci.

Pa ipak, nadamo se da će ovo drugo izdanje, koje smo proširili dodavanjem *Appendixa*, dobro doći svima onima koji će se služiti ovim *Rječnikom*.

Tako ćemo, čini se, svoje obećanje, dano u Predgovoru prvom izdanju, ispuniti tek u bliskoj budućnosti, kad priredimo treće potpuno prerađeno i prošireno izdanje, na kojem već sada radimo, a koje će zahtijevati savjestan i dugotrajan rad nekoliko godina. Zato i ovom prilikom molimo čitaoce da nam i dalje šalju svoje sugestije i upozoravaju na nedostatke i pogreške ovog *Rječnika*. Svima onima koji su to već učinili srdačna hvala. Posebno se zahvaljujemo onim čitaocima koji su, ne žaleći truda, pregledali izraze iz pojedinog područja i dali nam svoje sugestije.

Ovo drugo izdanje smo, na našu veliku žalost, spremali u smanjenom kolektivu, jer nas je zauvijek ostavio naš dragi suradnik Roman Šovary, čiju ćemo uspomenu trajno sačuvati.

I na kraju želimo se zahvaliti velikom broju čitalaca koji su za prvo izdanje našeg *Rječnika* pokazali osobit interes i tako nagradili naš trud i dali nam poticaj za daljnji rad. Isto su nas tako ohrabrile i mnoge recenzije u našoj i inozemnoj, dnevnoj i stručnoj štampi, a posebo ona profesora W. K. Matthewsa sa sveučilišta u Londonu, koji je s mnogo truda i znanja pregledao naš *Rječnik* i prikazao ga u *Slavonic Review* (1956).

U Zagrebu 1959. godine.

RUDOLF FILIPOVIĆ

PREDGOVOR TRINAESTOM IZDANJU

Kako se ukazala potreba da se izda novo trinaesto izdanje našeg *Rječnika,* tiskamo bez promjena deseto izdanje koje smo temeljito preradili i dopunili većim brojem riječi i izraza koji su se javili u periodu od dvadeset i pet godina, tj. od prvog do desetog izdanja, od god. 1955. kad je izašlo prvo izdanje do god. 1980. kad je tiskano deseto, prerađeno i dopunjeno izdanje. Od toga vremena do danas (u ovih desetak godina) engleski se jezik dalje razvija, njegov se korpus riječi obogaćuje i mijenja pa se opet javlja potreba, a i naša obaveza, da ovaj *Rječnik* ponovo revidiramo, moderniziramo i dopunimo. Čini nam se da je 10 godina u životu jezika period kad treba rječnike revidirati na svim razinama od izbora riječi i izraza do njihovog izgovora i značenja. Tu svoju obavezu prema budućim čitaocima, svima onima koji će se služiti našim rječnikom, ispunit ćemo u ne predalekoj budućnosti.

U Zagrebu, 1987. godine.

RUDOLF FILIPOVIĆ

PREDGOVOR DVADESET PRVOM IZDANJU

Već smo u dosadašnjim ponovljenim izdanjima Englesko-hrvatskog rječnika najavili da pripremamo novo, prerađeno i prošireno izdanje. Nismo tada mogli odrediti datum dovršenja te preradbe koja zahtijeva velik ulog vremena i rješavanje novih problema. Spomenut ću samo tri osnovna zadatka što smo ih željeli obaviti. 1. Engleski je jezik jedan od onih europskih jezika koji se stalno razvijaju i obogaćuju, jednako strukturom kao i vokabularom. Stoga su takve dopune vrlo složene jer je opseg rječnika ograničen pa treba izabrati samo one dopune koje odgovaraju tipu rječnika od 100 000 riječi. 2. Revizija je obuhvatila i engleski izgovor, koji je naveden uz svaku englesku riječ, i to na dva načina: a) oznaka izgovora modernizirana je prema današnjem obliku britanskog izgovora, pa je velik dio transkripcije promijenjen; b) transkripcija je modernizirana uporabom novih znakova što ih je uvelo Međunarodno fonetsko društvo (IPA) iz Velike Britanije, a prihvaćeni su u većini rječnika, priručnika i udžbenika u kojima se bilježi izgovor. 3. Jedna od najbitnijih dopuna koju unosimo u novo, prerađeno i dopunjeno izdanje našega rječnika jest usporedno označivanje američkog izgovora svake riječi čiji se američki izgovor razlikuje od britanskoga. Svi ti vrlo važni zahvati u reviziji zahtijevaju mnogo vremena, što je jedini razlog da rad na reviziji traje već nekoliko godina. Kad to prerađeno izdanje iziđe, nadamo se da će rezultati tog dugotrajnog i složenog posla zadovoljiti potrebe budućih čitatelja koji se redovito služe našim rječnikom.

Zagreb, 1995. godine

RUDOLF FILIPOVIĆ

KAKO TREBA UPOTREBLJAVATI OVAJ RJEČNIK

Da bi se čitalac mogao pravilno i u punoj mjeri koristiti ovim *Rječnikom*, potrebno je da zna što će sve naći u njemu i kako treba da se služi njime. Zato treba pažljivo da pročita upute koje ovdje iznosim. Kao prvo opisujem *Rječnik* i njegov sistem. Zatim slijedi tumač fonetskih znakova, kojima je prikazan izgovor svake pojedine riječi. Osim tih znakova, objašnjavam i sve ostale znakove kojima smo se služili u *Rječniku*. Tu se nalazi i tumač kratica, kojima su označene pojedine riječi, njihovo porijeklo ili današnja upotreba.

Rječnik ima dva dodatka: 1. engleske i američke kratice, 2. izgovor vlastitih i geografskih imena. To su zapravo sastavni dijelovi *Rječnika*, a odvojio sam ih samo radi veće preglednosti i lakše upotrebe.

Izbor riječi i fraza. Kad neki jezik ima više od 500 000 riječi (kao npr. engleski), pa od toga broja treba izabrati oko 100 000 riječi, kao što sam ja morao učiniti za ovaj *Rječnik*, onda će svatko uvidjeti da to nije baš tako lako. Pitanje je, naime, koje su to najpotrebnije engleske riječi koje ulaze u taj broj.

Drugi je problem, kako riješiti stručni vokabular; koliko daleko ulaziti u struke, u medicinu, tehniku itd. Jedno je sigurno: ovo nije stručni rječnik nijedne struke. Sve struke su podjednako zastupljene; nije dana prednost nijednoj struci. Što je koja struka bliža svakodnevnom životu, to je više njenih izraza ušlo u *Rječnik*. Vrlo su često neke internacionalne riječi ušle u *Rječnik* samo zbog svoga izgovora da stručnjak tog područja sazna kako se pojedina riječ izgovara u engleskom.

Ako neki čitalac ne nađe koju stručnu riječ u *Rječniku*, neka se ne ljuti, već neka se sjeti da u rječniku koji sadrža 100 000 riječi ulazi samo svaka peta riječ engleskog jezika.

Kada je riječ o frazama i idiomima, njihov je broj u *Rječniku* u odnosu prema broju riječi mnogo veći. Nastojao sam, naime, uvesti u *Rječnik* najveći mogući broj fraza i idioma, koji to po svojoj upotrebi u literaturi i govornom engleskom jeziku, gdjegod se on govorio, zaslužuju. Ovdje treba da istaknem da je pitanje fraza i idioma vrlo osjetljivo. Kao fraze se ne mogu smatrati, i ja ih ne smatram, obične rečenice tipa *he is good, she is not good*. Ako bismo takve izraze uvodili u dvojezični rječnik, onda broju fraza ne bi bilo kraja.

Raspored riječi i fraza. Osnovne riječi, koje ulaze u *Rječnik*, poredane su abecednim redom i nešto su izvučene izvan lijeve linije teksta obiju kolona na svakoj strani. Izuzetak toj ustaljenoj praksi svih rječnika učinili smo kod glagola. Svi oni glagoli, koji mijenjaju svoja značenja kad se spoje s adverbima ili s prepozicijama, dolaze odmah iza samostalnog glagola, bez obzira na opći abecedni red. To smo učinili iz dva razloga: 1. na taj je način lakše naći takav glagol s prilogom ili prijedlogom, 2. zadržana je veza s osnovnim glagolom. Na primjer: iza glagola **show** ne slijedi odmah kako bi trebalo abecednim redom riječ **show-boat,** već čitav niz kombinacija glagola **show** s adverbima: **show forth, show in, show off, show out, show round, show up,** koji su svi u jednoj liniji nešto manje izvučeni od osnovne riječi.

Iza svake osnovne riječi, koja je štampana izvučeno, nalazi se izgovor u uglatim zagradama. U vrlo rijetkim slučajevima dao sam dvije varijante izgovora. Princip mi je bio dati onaj izgovor neke riječi koji je najčešći i najobičniji u Engleskoj. To ne znači da se ta riječ nikako drukčije ne može i ne smije izgovoriti. Engleski izgovor nije tako ukočen ni ustaljen.

Pri određivanju izgovora većine riječi služio sam se *Rječnikom izgovora* prof. D. Jonesa, te iz njegova velikog broja varijanata najčešće sam uzeo prvu kao najobičniju. Izgovor riječi, koje prof. Jones nije zabilježio, odredio sam prema drugim izvorima ili direktnom informacijom dobivenom od stručnjaka iz Engleske.

Fonetski alfabet, kojim sam označio izgovor, sastoji se od ovih znakova:

Vokali

iː	kao u riječi	*be*	əː	kao u riječi	*bird*
i		*sit*	ə		*about*
e		*set*	ei		*day*
æ		*bad*	ai		*my*
aː		*car*	ɔi		*boy*
ɔ		*not*	au		*now*
ɔː		*door*	əu		*no*
u		*put*	iə		*here*
uː		*fool*	ɛə		*chair*
ʌ		*sun*	uə		*poor*

Konsonanti

p	kao u riječi	*pair*	s	kao u riječi	*sea*
b		*bed*	z		*zero*
t		*tea*	ʃ		*she*
d		*day*	ʒ		*measure*
k		*key*	h		*have*
g		*give*	m		*many*
tʃ		*child*	n		*nose*
dʒ		*John*	ŋ		*thing*
f		*five*	l		*like*
v		*veal*	r		*river*
θ		*think*	j		*you*
ð		*that*	w		*we*

Osim gornjih znakova, koji redovito služe za transkribiranje engleskih riječi, upotrijebio sam još i ovih nekoliko posebnih znakova koji se navode redovito u opisu engleskog izgovora. Na primjer m̩ u riječi *humph* [m̩m] *interj* uzvik *hm!* Tih nekoliko znakova predstavlja ne-engleske glasove koji se često javljaju u posuđenim riječima. Većina ih je francuskog porijekla. To su nazalizirani vokali:

ɑ̃	kao u francuskoj riječi	*dans*	=	u
ɛ̃		*vin*	=	vino
ɔ̃		*bon*	=	dobar
œ̃		*un*	=	jedan

Sva ta četiri nazalizirana vokala izgovaramo tako da zračna struja prolazi kroz nosnu šupljinu ili popularno rečeno: izgovaramo ih kroz nos.

Osim njih upotrijebio sam znak *y* za zaokruženi prednji glas *i* koji se javlja u francuskoj riječi *rue* = ulica. Taj se glas izgovara tako da se usne zaokruže kao za glas *u*, a izgovori se *i*.

Od znakova za konsonante, koji ne pripadaju engleskom jeziku, upotrijebio sam samo jedan, i to znak [x] za glas *h* koji se najčešće upotrebljava u škotskim i irskim riječima. To je velarno *h* koje predstavljamo znakom [x]. Ono se javlja u njemačkoj riječi *doch* = ipak. Dok se engleski glas [h] izgovara u grlu, ovaj se njegov par izgovara tako da se stražnji dio jezika približi mekom nepcu.

Akcent riječi zabilježen je znakom [ˈ] ispred naglašenog sloga. Neke riječi imaju dva akcenta, od kojih je jedan jači i bilježi se gore, a drugi je slabiji i bilježi se dolje. Neke engleske riječi mogu imati po dva jaka akcenta, i po tri od kojih su dva jaka, a jedan slabiji. To je slučaj s višesložnim riječima.

Znak [ː] označuje dužinu.

Iza izgovora slijede oznake — kratice koje označuju kojoj vrsti riječi ta riječ pripada. Ovdje smo se služili već ustaljenim oznakama.

Ako jedna te ista riječ pripada dvjema, trima ili nekolikim vrstama riječi, navedena je i posebno određena onoliko puta koliko vrsta riječi ona predstavlja. Ako se jedan te isti oblik riječi javlja u dva potpuno različita značenja, ali kao ista vrsta riječi s istim izgovorom, označili smo to indeksima 1, 2, 3, itd. Na primjer riječ **top** s izgovorom [tɔp] je imenica (*s*) i može značiti *vrh* itd. i *zvrk* itd. U prvom slučaju stavili smo indeks 1 (**top^1**), a u drugom indeks 2 (**top^2**). To isto vrijedi za sve vrste riječi osim za glagole. Glagole smo označili indeksom samo ako su istovrsni, tj. ako su i jedan i drugi prijelazni, neprelazni ili oboje.

Kod svih imenica s nepravilnim pluralnim oblikom dodavali smo te oblike u okruglim zagradama. To osobito vrijedi kod latinskih i grčkih riječi. Uz takav nepravilni plural dodali smo i njegov izgovor.

Uz pridjeve, koji pokazuju nepravilnosti u komparaciji, dodali smo oblike za komparativ i superlativ. Kako se od većine pridjeva mogu izvesti prilozi pomoću nastavka *-ly*, to smo označili taj oblik ovako (**~ly**). Znak ~ (koji se zove »tilda«) upotrebljavamo da uštedimo na prostoru; on stoji mjesto cjelokupnog osnovnog oblika koji je štampan u abecednom slijedu.

Uz glagole s bilo kakvim nepravilnostima u konjugaciji dodali smo te nepravilne oblike, a osobito *pret* i *pp* kod nepravilnih glagola. Svi ti oblici uvedeni su, osim toga, i kao osnovne riječi, a čitalac se upućuje odakle dolazi taj oblik, odnosno što je. Na primjer **tore** [tɔː] *pret* od **tear**.

Znak → označuje »vidi«, tj. da za značenje riječi ispred tog znaka treba pogledati riječ koja slijedi iza toga znaka.

Znak = znači jednako. Na primjer **I've = I have.**

Prije hrvatskih značenja često će čitalac naći jednu, dvije ili više kratica. Njihova točna značenja nalaze se u *Popisu kratica koje su upotrijebljene u ovom Rječniku*. Taj se popis nalazi na str. XVII—XVIII. Neke od tih kratica pokazuju etimologiju riječi, odnosno porijeklo. Na primjer riječ **ravine** *s* označena je sa *Fr*, što znači da je francuskog porijekla. Uz riječ **photo-play** *s* nalazimo oznaku *US*. To znači da se ta riječ pretežno upotrebljava u SAD ili da je tamo zabilježena njena prva upotreba. Te oznake nam isto tako mogu kazati i u kojem se području ta riječ upotrebljava. Na primjer, oznaka *print* uz riječ **monotype** označuje da se ta riječ odnosi na tiskanje; oznaka *chem* uz **phosphate** označuje da je riječ kemijski termin; oznaka *anat* uz **phrenic** pokazuje da se ta riječ upotrebljava u anatomiji itd.

Pored te prve oznake može stajati i druga koja treba da dalje odredi upotrebu te riječi, odnosno da je suzi. Tako uz već spomenutu riječ **photo-play** s oznakama *s* (= imenica) i *US* (= upotrebljava se u SAD) nalazimo treću *coll.* Ta znači da se riječ upotrebljava u svakidašnjem govoru.

Iza svih tih znakova i oznaka dolaze hrvatska značenja riječi. Ta su značenja raspoređena tako da se grupe značenja odvajaju znakom točka zarez. U riječima, koje su bogatije značenjima, uveli smo arapske brojeve 1, 2, 3 itd., tako da svaki broj predstavlja jednu cjelinu, jedno značenjsko polje. Kod glagola s oznakom *vt/i* ili *vi/t* uveli smo, gdje god su to hrvatska značenja dopuštala, rimske brojeve **I.** i **II.**, da bi se odvojila značenja prelaznog glagola od značenja neprelaznog glagola. Kod glagola s prilozima i prijedlozima uveli smo **A** (*adv*) i **B** (*prep*), što znači da najprije obrađujemo značenje kombinacije glagol + adverb, a zatim glagol + prepozicija. Svrha svih tih oznaka i brojeva, interpunkcija i dr. jest da pomognu čitaocu da lakše nađe traženo značenje riječi.

Iza svih hrvatskih značenja neke riječi, koja se može upotrijebiti u frazama ili idiomima, stavljamo okomitu crtu: **|**. Fraze koje slijede odvajaju se jedna od druge znakom točka zarez, a njihova značenja, ako ih ima više, na isti način kao značenja osnovne riječi. Da bismo uštedjeli prostor, i u frazama se služimo tildom ~ da ne ponavljamo osnovnu riječ i kraticama **p** za *person* = osoba, netko, i **th** za *thing* = stvar, nešto. Budući da ~ predstavlja osnovnu riječ, ona nije upotrijebljena ni u jednom slučaju gdje se osnovna riječ pred nastavkom mijenja. Na primjer **happy** *adj* (**happily** *adv*), jer bi **~ly** značilo **happyly**, što, naravno, ne valja. Kod priloga, čiji se izgovor razlikuje od izgovora pridjeva, dali smo u uglatim zagradama nov izgovor.

Kod većine biljaka, životinja, riba, kukaca itd. dali smo, gdje god je to bilo važno i moguće, latinska imena da ne bi bilo zabune ako su hrvatski izrazi previše lokalni.

I na kraju da spomenem oznake *sg constr* i *pl constr*. Njih smo upotrebljavali u slučajevima gdje je čitaocu važno znati kako se ta riječ može upotrijebiti u rečenici, jer po njezinu obliku to nije jasno, a osobito u slučajevima kad se prema njima mijenja značenje riječi.

Američka varijanta engleskog jezika uzeta je u obzir u ortografiji i u značenju riječi; u izgovoru mnogo rjeđe, osim kod vlastitih i geografskih imena.

RUDOLF FILIPOVIĆ

POPIS KRATICA

koje su upotrijebljene u ovom Rječniku

(Abbreviations Used in the Dictionary)

abbr *abbreviation* kratica
abstr *abstract* apstraktno
adj *adjective* pridjev
adj attr *adjective used attributively* atributivni pridjev
adj pred *adjective used predicatively* predikativni pridjev
adv *adverb* prilog
aero *aeronautics* avijacija
aerosp *aerospace* aviokozmički
agr *agronomy* agronomija
anat *anatomy* anatomija
Anglo-Ind *Anglo-Indian* koji se upotrebljava u Indiji
Anglo-Ir *Anglo-Irish* koji se upotrebljava u Irskoj, angloirski (dijalekt)
Arab *Arabic* arapski
arch *archaic* zastario
archaeol *archaeology* arheologija
arith *arithmetic* aritmetika
army *army* vojska
art indef *article, indefinite* neodređeni član
arts *fine arts* umjetnost
astr *astronomy* astronomija
astrol *astrology* astrologija
attr *attributively* atributivno
Austr *Australia* Australija
bibl *biblical* biblijski
biochem *biochemistry* biokemija
biol *biology* biologija
bot *botany* botanika
box *boxing* boks
Br *British* britanski
Can *Canada* Kanada
carp *carpentry* tesarstvo, stolarstvo
chem *chemistry* kemija
coll *colloquial* koji se upotrebljava u običnom govoru
collect *collective* kolektivan
com *commercial* komercijalni, trgovački
comp *comparative* komparativ
conj *conjunction* veznik
constr. *construction* konstrukcija
cricket *cricket* sportska igra, kriket
cul *culinary* kulinarski, kuharski
dent *dentistry* zubarstvo
derog *derogatory* preziran
dial *dialectal* dijalektalni
dipl *diplomacy* diplomacija
eccl *ecclesiastical* crkveni
el *electricity* elektricitet
emph *emphatic* emfatički
eng *engraving* rezbarenje
Engl *England* Engleska, *English* engleski, koji se odnosi na Englesku
ent *entomology* nauka o kukcima
esp *especially* osobito
etc *etcetera* i tako dalje
euphem *euphemism* eufemizam, ublažen izraz
excl *exclamation* usklik
facete *facetious* u šali, šaljivo
fam *familiar* koji se upotrebljava u obiteljskom ili prijateljskom krugu
fig *figurative(ly)* figurativno, u prenesenom značenju
film *film* film
fin *finance* nauka o financijama
form *formal* u biranom govoru
fort *fortification* fortifikacija, utvrđenje
Fr *French* francuski
ftb *football* nogomet
GB *Great Britain* Velika Britanija
geog *geography* geografija
geol *geology* geologija
geom *geometry* geometrija
Ger *German* njemački
Gr *Greek* grčki
gram *grammar* gramatika
gymn *gymnastics* gimnastika
her *heraldry* heraldika, nauka o grbovima
Hind *Hindustani* hindustanski
hist *history* historija
hort *horticulture* vrtlarstvo
hum *humorously* humoristički
hunt *hunting* lov
ichth *ichthyology* nauka o ribama
imp *imperative* zapovjedni način
impers *impersonal* bezlični
Ind *Indian* indijski
indic *indicative* indikativ
inf *infinitive* infinitiv
ins *insurance* osiguranje
interj *interjection* uzvik
Ir *Irish* irski
iron *ironical(ly)* ironično
It *Italian* talijanski
joc *jocular(ly)* šaljivo
jur *jurisprudence* pravo

Lat *Latin* latinski
ling *linguistics* lingvistika
lit *literary* književni, literaran
log *logic* logika
mar *marine* pomorski, brodski
math *mathematics* matematika
mech *mechanics* mehanika
med *medicine* medicina
met *metallurgy* metalurgija
meteor *meteorology* meteorologija
mil *military* vojnički
min *mining* rudarstvo
minr *mineralogy* mineralogija
mot *motoring* motoristika, automobilizam
mus *music* glazba
myth *mythology* mitologija
naut *nautical* pomorski
navy *navy* mornarica
num *numismatics* numizmatika, nauka o kovanom novcu
numer *numeral* broj (glavni i redni)
obj *objective* (*case*) padež objekta, dativ i akuzativ
obs *obsolete* zastarjelo
opt *optics* optika
ornith *ornithology* ornitologija, nauka o pticama
p *person* lice, osoba
paint *painting* slikarstvo
parl *parliamentary* koji se odnosi na parlament
pas *passive voice* pasiv
path *pathology* patologija
Pers *Persian* perzijski
pharm *pharmacology* farmakologija
phil *philosophy* filozofija
philol *philology* filologija
phon *phonetics* fonetika
phot *photography* fotografiranje
phr *phrase* fraza
phys *physics* fizika
physiol *physiology* fiziologija
pl *plural* množina
pl constr *plural construction* pluralna konstrukcija
poet *poetical* pjesnički
poss *possessive* (*case*) genitiv
pol *politics* politika
pop *popular* popularan (nestručan) izraz
pp *past participle* particip prošli (aktiva i pasiva)
pred *predicatively* predikativno
pred adj *adjective used predicatively* predikativni pridjev
pref *prefix* prefiks
prep *preposition* prijedlog
pres *present* prezent, sadašnje vrijeme
pret *preterite* preterit, prošlo vrijeme
print *printing* tiskarstvo
pron *pronoun* zamjenica
pron demonst *demonstrative pronoun* pokazna zamjenica
pron emph *emphatic pronoun* zamjenica za isticanje
pron pers *personal pronoun* lična zamjenica
pron refl *reflexive pronoun* povratna zamjenica
pron relat *relative pronoun* odnosna zamjenica
pros *prosody* prozodija
prov *proverbial* poslovičan
psych *psychology* psihologija
R *Russian* ruski
Red Ind *Red Indian* indijanski
reg *regional* lokalni
rel *religion* religija
rgb *rugby* rugby (vidi tu riječ u Rječniku)
rhet *rhetoric(ally)* retorički, govornički
rly *railway* koji se odnosi na željeznicu
Rom *Roman* rimski
rust *rustic* narodski
s *substantive* imenica
S Afr *South Africa* Južna Afrika
sch *school* školski, koji se odnosi na školu
scient *scientific(ally)* znanstven(o)
Scot *Scottish* škotski
sculp *sculpture* kiparstvo
sg *singular* jednina
sg constr *singular construction* singularna konstrukcija
Shak *Shakespeare*
sl *slang* (vidi značenje te riječi u Rječniku)
Span *Spanish* španjolski
spec *specially* osobito
sport *sports* sport
st exch *stock exchange* burza
suff *suffix* sufiks
superl *superlative* superlativ
surg *surgery* kirurgija
tech *technical* tehnički
telegr *telegraphy* telegrafija, brzojav
teleph *telephony* telefonija
ten *tennis* tenis
text *textile* koji se odnosi na tekstil
th *thing* stvar, nešto
theat *theatre* kazalište
theol *theology* teologija
Turk *Turkish* turski
univ *university* sveučilište
US *United States* Sjedinjene Države Sjeverne Amerike
v *verb* glagol
v aux *verb auxiliary* pomoćni glagol
vet *veterinary* koji se odnosi na veterinu
vi *verb intransitive* neprelazan glagol
vi/t *verb intransitive & transitive* neprelazan i prelazan glagol
voc *vocative* vokativ padež
v refl *verb reflexive* povratan glagol
vt *verb transitive* prelazan glagol
vt/i *verb transitive & intransitive* prelazan i neprelazan glagol
vulg *vulgar(ly)* vulgarno
Yid *Yiddish* jidiš
zool *zoology* zologija

ENGLESKO–HRVATSKI RJEČNIK

(English–Croatian Dictionary)

A

A [ei] *s* (*pl* **A's, As, Aes** [eiz]) 1. prvo slovo engl. abecede 2. *mus* nota A 3. *log* sveopći pozitiv 4. *jur* prva zamišljena osoba ili stvar 5. *math* (*a, b, c etc*) oznaka za poznanicu (kao što su *x, y, z* za nepoznanice) 6. predmet u obliku slova A | *mus* **~ flat** As, **~ sharp** Ais, **~ major** A-dur, **~ minor** a-mol

A 1 [ˈeiˈwʌn, ˈei ˈnʌmbə ˈwʌn] *adv* & *adj* = *prime, first class, first rate; mar* u Lloydovu Registru oznaka za brodove prve klase; *fam* divan, sjajan, izvrstan, silan; *mil* sposoban za službu u stroju | **I am ~** ide mi sjajno, izvrsno mi je; **he's ~** on je sjajan, momak od oka, momčina; **to be ~ at a th** znati što temeljito, imati što u malom prstu

a, an [ei, æn; ə, ən] *adj* & *art indef* (koji se obično ne prevodi) jedan, neki | **such a one** takav; **he is a painter** on je slikar; **she died a widow** umrla je kao udovica; **ten hours a day** 10 sati na dan; **a Mr. Brown** neki g. B.; *emph* jedan jedini; **in a word** jednom riječi; isti, svaki; **all of a size** svi iste veličine

a [ə] *prep* na, u, k | **to go a-begging** ići prosjačiti; **to go a-hunting** ići u lov; **abed** u krevet(u); **afoot** pješice

aard-vark [ˈaːdvaːk] *s zool* kapski mravožder (*Orycteropus capensis*)

aard-wolf [ˈaːdwulf] *s zool* vrsta hijene (*Proteles cristata*)

Aaron's beard [ˈɛərənzbiəd] *s bot* Aron, aronac, kozalac (*Arum maculatum*)

Aaron's rod [ˈɛərənzrɔd] *s bot* divizma (*Verbascum Thapsus*)

Abac(c)a [ˈæbəkə] *s bot* manilska konoplja, cebu, pinas, sijamska konoplja, pisang, musa-konoplja (*Musa textilis*)

aback [əˈbæk] *adv* natrag, nazad, unatrag, straga, ostrag, odzada; *mar* unatrag, natraške | **to lay ~** ploviti s jedrima pritisnutima od vjetra prema jarbolu; **taken ~** zapanjen, presenećen, preneražen, zgranut, zabezeknut, osupnut

abacus [ˈæbəkəs] *s* (*pl* **abaci** [ˈæbəsai]) računalo (s kuglicama); *archit* abakus, pokrovna ploča kapitela antičkoga stupa; kredenc, stolić za serviranje

abaft [əˈbaːft] *adv mar* u krmu, po krmi, na krmi

abaft [əˈbaːft] *prep* iza

abalienate [æbˈeiliəneit] *vt jur* otuđiti, prodati, prenijeti; lišiti pameti

abalienation [æbˌeiliəˈneiʃən] *s jur* otuđenje, prodaja, ustupanje; staračka slabost, iznemoglost; gubitak pameti, demencija

abalone [æbəˈləuni] *s zool* petrovo uho (školjka) (*Haliotis tuberculata*)

abandon [əˈbændən] *vt* ostaviti, napustiti (*th; doing*); dići ruke od čega, okaniti se čega; prepustiti; ostaviti na cjedilu; *jur mar ins* prepustiti, odustati, abandonirati (prepustiti osig. društvu sve zahtjeve na havarirani brod ili teret); *sport* predati igru kao izgubljenu | **to ~ oneself** prepustiti se, predati se (*to* čemu)

abandon [əˈbændən] *s* 1. ostavljanje, napuštanje (npr. mjesta, položaja, zemlje, grada, žene, posla, trgovine), povlačenje (s položaja), odreknuće, odricanje (od užitka, prijestolja, svijeta), samovoljno napuštanje određenog (npr. stražarskog) mjesta; odustanak od prava 2. (često franc. izgovoreno [abɑ̃dɔ̃]) neusiljenost

abandoned [əˈbændənd] *adj* ostavljen, napušten, zaboravljen, prepušten (bolu), predan, odan (poroku, piću); izopačen, pokvaren, poročan, raskalašen, raspušten | **~ property** napuštena imovina ili masa; **~ wreck** napušteni (abandonirani) brod ili teret

abandonment [əˈbændənmənt] *s* ostavljanje, napuštanje, prepuštanje; *jur* ustupanje, odustanak, abandon(iranje); *mar ins* akt odricanja od vlasništva nad teretom ili brodom u korist osiguratelja; predanost, odanost (čemu); samozaborav; napuštenost, ostavljenost; osamljenost, očaj; neobuzdanost, naglost

abandonnee [əˌbændəˈniː] *s jur* onaj kojemu se nešto prepušta

abarticulation [ˌæbətikjuˈleiʃən] *s anat* zglob, zglavak, pregib, gležanj, članak

abase [ə'beis] *vt* spustiti, sniziti; poniziti
abasement [ə'beismənt] *s* sniženje, poniženje; pad (cijena)
abash [ə'bæʃ] *vt* smesti, zbuniti, posramiti, osramotiti, blamirati | **to be ~ed, to stand ~ed at** biti u neprilici, biti zbunjen zbog čega, sramiti se, stidjeti se čega
abashment [ə'bæʃmənt] *s* smetenost, zbunjenost, neprilika, posramljenost, snebivanje
abask [ə'ba:sk] *adv* na toploj svjetlosti, na suncu, na prisoju, na pripeci
abatable [ə'beitəbl] *adj* oboriv, poništiv, koji se može ukinuti, obustaviti
abate [ə'beit] *vt/i* **I.** *vt* umanjiti, utišati, umiriti, ublažiti (bol); otupiti (oštricu); spustiti, sniziti (cijenu); umjeriti, svladati (ponos); ukloniti, dokrajčiti (neispravnost); otpisati (porez); *jur* ukinuti, dokinuti, oboriti **II.** *vi* popustiti, stišati se, umiriti se, ublažiti se, uminuti, oslabiti, jenjati; *com* pasti u cijeni; *jur* prestati važiti, izgubiti valjanost, važnost
abatement [ə'beitmənt] *s* umanjenje, opadanje, snižavanje; popuštanje; ublaženje, umirenje, stišavanje, slabljenje, jenjanje; uklanjanje, otpis; *com* opadanje, sniženje (cijena); popust, rabat; manjak, kalo, rasip, rastur, gubitak; *jur* ukidanje, dokidanje; protupravno uzimanje u posjed | **no ~** ! bez popusta!, stalne cijene!
abater [ə'beitə] *s* umanjivač, obarač; sredstvo za stišavanje, umirenje, ublaženje
abat(t)is ['æbətis] *s* (*pl* ~ ['æbəti:z]) *mil* zasjeka, zbjeg (zapreka za obranu napravljena od usječena granja i pruća)
abat(t)ised ['æbətist] *adj* ograđen zasjekom
abator [ə'beitə] *s* onaj koji protupravno uzima u posjed
abattoir ['æbətwa:] *s* klaonica
abature ['æbətʃə] *s* trag (divljači)
abaxial [ə'bæksiəl] *adj tech* koji leži izvan (smjera) osovine
abbacy ['æbəsi] *s* opatstvo; dostojanstvo, zvanje, djelokrug i sudbena vlast opata; opatovanje
abbatial [ə'beiʃəl] *adj* opatski, opatijski, koji se odnosi na opatiju ili opatstvo
abbé ['æbei] *s Fr* opat; svećenik
abbess ['æbis] *s* časna majka, nadstojnica samostana
abbey ['æbi] *s* opatija, samostan
abbey-like ['æbilaik] *adj* poput opatije; opatijski, samostanski; redovnički
abbey-lubber ['æbi,lʌbə] *s* lijenčina, besposličar koji je živio od milodara samostana
abbey-man ['æbimæn] *s* redovnik
abbot ['æbət] *s* opat, nadstojnik samostana | **commendatory ~** svjetovni titularni opat; **~ of Misrule, ~ of Unreason** kolovođa na srednjovjekovnim burlesknim svečanostima
abbotcy ['æbətsi] *s* → **abbacy**
Abbot-General ['æbət,dʒenərəl] *s* generalni opat
abbotship ['æbətʃip] *s* → **abbacy**
abbreviate [ə'bri:viət] *adj* skraćen, pokraćen
abbreviate [ə'bri:vieit] *vt* skratiti, pokratiti; stegnuti; *math* skratiti, pojednostavniti, reducirati (razlomke)
abbreviation [ə,bri:vi'eiʃən] *s* skraćenje, pokraćenje; kratica, skraćenica; abrevijacija; *math* skraćivanje, reduciranje razlomaka; *mus* abrevijatura
abbreviator [ə'bri:vieitə] *s* skratitelj, skraćivalac; sastavljač izvatka (ekscerpta); činovnik papinske kancelarije
abbreviatory [ə'bri:vjətəri] *adj* koji skraćuje, skraćevni, pokratni
abbreviature [ə'bri:vjətʃə] *s* kratica, skraćenje; abrevijatura; izvadak, ekscerpt (iz knjige)
abb-wool ['æbwu:l] *s tech* žica osnove, osnova pri tkanju
ABC ['ei'bi:'si:] *s* abeceda; *fig* temelji, osnove, počela, elementi, temeljna načela; engl. abecedni željeznički vozni red
ABC ['ei'bi:si:] *adj* abecedni | **the ~ Republics** Argentina, Brazilija, Čile; **the ~ Railway Guide** abecedni željeznički vozni red; **~ scholar** učenik najnižeg razreda
Abderite ['æbdərit] *s* Abderićanin
abdicant ['æbdikənt] *adj* koji se odriče položaja, prijestolja
abdicate ['æbdikeit] *vt/i* **I.** *vt* položiti čast, napustiti položaj, dužnost; povući se, razbaštiniti, dati ostavku; *jur* odreći se djeteta, lišiti nasljedstva, razbaštiniti **II.** *vi* zahvaliti se (*to* na) | **to ~ to the throne** odreći se prijestolja, abdicirati
abdicated ['æbdikeitid] *adj* koji se odrekao (prijestolja), koji je abdicirao | **the ~ king** ex-kralj
abdication [,æbdi'keiʃən] *s* ostavka na položaj, polaganje časti; odreknuće, abdikacija; *jur* lišenje nasljedstva, razbaštinjenje
abdicator ['æbdikeitə] *s* odricatelj; razbaštinitelj
abdomen ['æbdəmen; *med* æb'dəumen] *s* trbuh; zadak u kukaca
abdominal [æb'dəminl] *adj* (**~ly** *adv*) *med* abdominalan, trbušni; *zool* zadačni | **~ belt** trbušni, higijenski pojas, bandaža; **~ cavity** trbušna šupljina; **~ fish** riba s trbušnim perajama ispod samoga trbuha; **~ regions** trbušni dio (predjel)
abdominous [æb'dəminəs] *adj* trbušni; *sl* trbuša(s)t, bušav, kuljav, pupav
abduce [æb'dju:s] *vt* skinuti, odvratiti; *med* odmicati, odvlačiti
abducent [æb'dju:sənt] *adj* koji odmiče, odvlači | *med* **~ muscle** mišić odmicač, abduktor

abduct [æb'dʌkt] *vt med* (o mišiću) odmicati, odvlačiti; silom odvesti, ugrabiti, oteti
abduction [æb'dʌkʃən] *s* odvraćanje; odmicanje, odvlačenje; *med* gibanje mišića prema vani (od tijela); poprečni prijelom kosti; *jur* otmica; *log* abdukcija, silogizam, kojemu je druga premisa samo vjerojatna, pa je i zaključak takav
abductor [æb'dʌktə] *s* otmičar; *med* mišić odmicač
abeam [ə'biːm] *adv mar* subočice, poprijeko
abecedarian [ˌeibiːsiː'dεəriən] *adj* koji se odnosi na abecedu, na temeljna načela; elementaran; rudimentaran
abecedarian [ˌeibiːsiː'dεəriən] *s US* učenik koji uči abecedu; početnik
abecedary [ˌeibi'siːdəri] *s* → **abecedarian**
abed [ə'bed] *adv* u krevet, u krevetu, u postelju, u postelji
abele [ə'biːl] *s bot* bijela topola
aberdevine [ˌæbədə'vain] *s ornith* čižak, zelenčica
aberrance [æ'berəns] *s* odvajanje, odstupanje, skretanje (s puta); lutanje, zalutalost; pogreška, zabluda; hir, mušica
aberrancy [æ'berənsi] *s* → **aberrance**
aberrant [æ'berənt] *adj* koji odstupa od naravnog oblika ili običaja
aberration [ˌæbə'reiʃən] *s* odvajanje, odstupanje, skretanje s puta (*lit* & *fig*); kršenje pravila, propisa; moralni pad; krivi put, zastranjivanje, stranputica, zabluda; *opt* & *astr* skretanje zraka svjetlosti; aberacija, prividno mijenjanje mjesta zvijezda stajačica; *biol* odstupanje, razlikovanje od tipa | ~ **of light** otklon (kromatički) svjetlosti; *phys* ~ **of the needle** otklon magnetske igle; *astr* **crown of** ~ vijenac (korona) oko Sunca; ~ **of intellect** umno zastranjivanje; duševna poremećenost, ludilo
abet [ə'bet] *vt* poduprijeti, potpomoći, ići na ruku; nagovoriti (na što), potaknuti, podstaći, nahuškati, podjariti | **aid and** ~ **a p** pružiti pomoć, poticati koga (u zlodjelu)
abetment [ə'betmənt] *s* potpora, potpomaganje, pomoć; nagovaranje, poticanje, podjarivanje, huškanje
abettal [ə'betl] *s* → **abetment**
abetter (abettor) [ə'betə] *s* pomagač, podjarivač, poticatelj, podstrekač, huškač; *jur* suučesnik
abeyance [ə'beiəns] *s* zastoj; iščekivanje; stanje neodređenosti, neizvjesnosti; privremena neaktivnost; *jur* privremeno ukinuće (zakona, prava) | *jur* **in** ~, **to be in** ~, **to fall into** ~ (ostati) neodlučno, pendentno, in suspenso, neriješeno; odgođeno, dok se ne riješi; **bills in** ~ neplaćene mjenice
abhor [əb'hɔː] *vt* osjećati gađenje, gnušanje prema komu (čemu), prezirati, mrziti | **I** ~ **that man** taj mi se čovjek gadi, gnuša; odvratan, mrzak mi je
abhorrence [əb'hɔrəns] *s* gađenje, gnušanje, odvratnost | **flattery is my** ~ laskanje mi se gadi, odvratno mi je
abhorrent [əb'hɔrənt] *adj* (~**ly** *adv*) odvratan, gnusan, koji izaziva odvratnost; mrzak | ~ **to** koji se protivi čemu, kosi s čim; ~ **from** inkompatibilan, nespojiv s čim
abhorrer [əb'hɔrə] *s* potcjenjivač, prezirač; neprijatelj; *hist* ~**s** *pl* nadimak engl. rojalista za vrijeme Karla II (1680)
abidance [ə'baidəns] *s* postojanje, trajanje; prebivanje, boravak; održavanje, ustrajanje | ~ **by rules** držanje propisa, pokoravanje propisima
abide [ə'baid] *vi/t* (*pret* abode, ~d; *pp* abode, ~d) **I.** *vi* ostati, zadržati se; živjeti, prebivati, boraviti, obitavati, stanovati; ostati, ustrajati (*by* pri, na čemu); držati se koga, osloniti se; ostati vjeran; zadovoljiti se, pomiriti se s čim; biti na pomoći, uz bok (*by* komu), pružiti potporu **II.** *vt* čekati, pričekati; izdržati, podnijeti, uzeti ili primiti na se (samo u niječnim i upitnim reč.); oduprijeti se, usprotiviti se
abide by [ə'baid'bai] *vt* ostati, ustrajati | **he** ~**s by his decision** on ostaje pri svojoj odluci
abide on [ə'baid'ɔn] *vi* biti na pomoći, stajati uz bok
abide with [ə'baid'wið] *vi* biti na pomoći, stajati uz bok, poduprijeti
abiding [ə'baidiŋ] *adj* (~**ly** *adv*) stalan, trajan | ~**-place** boravište, obitavalište
abies ['æbiiːz] *s bot* jela
abietic acid ['æbiiːtik'æsid] *s chem* abietinska kiselina
abigail ['æbigeil] *s bibl* sluškinja; sobarica
ability [ə'biliti] *s* moćnost, sposobnost; vještina, spretnost; *com* platežna sposobnost, solventnost; *jur* pravna sposobnost; **abilities** *pl* duševne sposobnosti, darovitost, talent | **you doubt my** ~ **to do it?** sumnjate li da sam to kadar učiniti?; **to the best of one's** ~ kako najbolje zna (može)
abiogenesis [ˌeibaiə'dʒenisis] *s biol* abiogeneza, spontano rađanje, postajanje od neživoga
abiogenetic [ˌeibaiədʒi'netik] *adj* (~**ally** *adv*) *biol* abiogenetski
abject ['æbdʒekt] *adj* (~**ly** *adv*) opak, pokvaren, rđav, bijedan, kukavan; podao, prezren, gadan
abject ['æbdʒekt] *s* opak čovjek, bijednik, podlac, puzavac
abjection [æb'dʒekʃən] *s* opakost, pokvarenost, niskost, prezrenost, podlost, prostota
abjectness [æb'dʒektnis] *s* → **abjection**

abjudicate [æb'dʒuːdikeit] *vt jur* poreći, osporiti
abjudication [æbˌdʒuːdi'keiʃən] *s jur* poricanje, osporavanje
abjuration [ˌæbdʒuə'reiʃən] *s* odricanje pod prisegom; **oath of ~** svečana izjava engl. dostojanstvenika kojom poriču kući Stuart pravo na kraljevsku krunu
abjure [əb'dʒuə] *vt esp jur* pod prisegom obećati; odreći se (vjerske pripadnosti, prava, zahtjeva); opozvati, odustati od čega; *US* položiti prisegu državljanstva (naturalizacije) | **to ~ to the realm** pod prisegom se obvezati napustiti zemlju
ablactate [æb'lækteit] *vt* odbiti dojenče (od sise)
ablactation [ˌæblæk'teiʃən] *s* odbijanje dojenčeta (od sise)
ablation [æb'leiʃən] *s* oduzimanje, uklanjanje; *med* amputacija; odljuštenje (npr. mrežnice s pozadine oka); *geol* ablacija, odnošenje dijelova Zemljine površine; otapanje ledenjaka
ablative ['æblətiv] *adj gram* ablativni | **~ case** ablativ
ablative ['æblətiv] *s gram* ablativ (padež)
ablaut ['æblaut] *s gram* prijevoj
ablaze [ə'bleiz] *adv* & *pred adj* u plamenu, gorući, plamteći, jarko osvijetljen, sjajan, blistav (*with* od); *fig* uzbuđen | **~ with anger** raspaljen od ljutine, **to set ~** raspaliti, zapaliti
able ['eibl] *adj* (**ably** *adv*) sposoban, kadar; moćan, vlastan; jak, snažan, krepak, kršan; potpuno zdrav; vješt, valjan; *jur* pravno sposoban | **to be ~ to** biti kadar, moći; *com* **to be ~ to pay** biti sposoban platiti, biti solventan
able-bodied ['eibl'bɔdid] *adj* jak, snažan | **~ seaman** mornar I klase, stariji mornar
ablen ['æblən] *s ichth* slatkovodna bjelica
ablet ['æblit] *s ichth* → **ablen**
ablings (**ablins, aiblins**) ['eiblinz] *adv Scot* moguće, možda, valjda
abloom [ə'bluːm] *adv* & *pred adj* u cvatu, cvatući, rascvao
ablush [ə'blʌʃ] *adv* & *pred adj* pocrvenio, porumenio, obliven rumenilom
ablution [ə'bluːʃən] *s* pranje (osobito ritualno); *eccl* isplahivanje kaleža; *chem* ispiranje
abnegate ['æbnigeit] *vt* odricati, poricati, ne priznavati, osporiti, pobijati, zatajiti; uskratiti, odbiti
abnegation [ˌæbni'geiʃən] *s* odricanje, osporavanje, pobijanje; zatajivanje, zabacivanje
abnegator ['æbnigeitə] *s* odricatelj, osporavatelj
abnormal [æb'nɔːməl] *adj* (**~ly** *adv*) neobičan, abnormalan, protupravilan; nakazan
abnormality [ˌæbnɔː'mæliti] *s* abnormalnost, neobičnost, nepravilnost; neprirodnost, nakaznost
abnormity [æb'nɔːmiti] *s* → **abnormality**
aboard [ə'bɔːd] *adv* na brod(u), na avion(u), na vlak(u), u autobus(u) | **to go ~** ukrcati se; **to keep the land ~** držati se obale; *US rly* **All ~ for Chicago!** Putnici za Chicago ulaziti!
aboard [ə'bɔːd] *prep* na palubi, na, u (brod, avion, vlak, autobus) | **to lay ~** usidriti se ili (u boju) stati bokom uz bok drugoga broda; **to fall ~ (of) a ship** sudariti se, sukobiti se s brodom; *fig* **to fall ~ (of a p)** naletjeti, nabasati na koga
abode [ə'bəud] *s* ostanak, prebivanje, boravak; boravište, prebivalište, stan | **to make one's ~** nastaniti se
abode [ə'bəud] *pret* & *pp* od **abide**
abolish [ə'bɔliʃ] *vt* ukloniti, ukinuti, dokrajčiti, poništiti, staviti izvan snage; istrijebiti, uništiti
abolishable [ə'bɔliʃəbl] *adj* koji se može ukinuti; poništiv; uništiv
abolishment [ə'bɔliʃmənt] *s* ukinuće, dokrajčenje, poništenje
abolition [ˌæbə'liʃən] *s* ukinuće, dokrajčenje, poništenje; *US* ukinuće ropstva; *jur* abolicija, obustava kaznenog postupka; pomilovanje prije izrečene osude
abolitionism [ˌæbə'liʃənizəm] *s US* pokret za ukinuće ropstva Crnaca
abolitionist [ˌæbə'liʃənist] *s US* abolicionist, pristaša pokreta za ukinuće ropstva
abomasum [ˌæbə'meisəm] *s zool* sirište (u preživača)
A-bomb ['eibɔm] atomska bomba
abominable [ə'bɔminəbl] *adj* (**abominably** *adv*) gadan, odvratan, gnusan, mrzak
abominate [ə'bɔmineit] *vt* osjećati odvratnost, gnušati se
abomination [əˌbɔmi'neiʃən] *s* odvratnost, gađenje, gnušanje (*of* prema); prostota, sramno djelo, grozota; gad | **to hold, to have in ~** osjećati odvratnost
aboriginal [ˌæbə'ridʒənl] *adj* (**~ly** *adv*) iskonski, prvobitni, starosjedilački, domorodački, urođenički
aboriginal [ˌæbə'ridʒənl] *s* prastanovnik, starosjedilac, urođenik
aborigines [ˌæbə'ridʒeniːz] *s pl* prastanovnici, starosjedioci, urođenici
abort [ə'bɔːt] *vi* pometnuti, pobaciti; *biol* & *fig* zaostati u razvoju, zakržljati, ostati jalov; *fig* pretrpjeti neuspjeh, izjaloviti se
aborted [ə'bɔːtid] *adj* prerano rođen, nerazvijen, zakržljao
abortion [ə'bɔːʃən] *s med* pometnuće, pobačaj; nedonošče, pomet, nakaza; *fig* neuspjeh, izjalovljenje; *biol* zakržljalost (koga organa)
abortive [ə'bɔːtiv] *adj* (**~ly** *adv*) nedonošen, prerano rođen, nezreo; *biol* zaostao,

nerazvijen, zakržljao; *fig* neuspio, izjalovljen, promašen | **to prove ~** izjaloviti se

abortiveness [ə'bɔːtivnis] *s* pobacivanje; *fig* izjalovljenje

abound [ə'baund] *vi* obilovati (*in* čim), biti pun čega; vrvjeti

abounding [ə'baundiŋ] *adj* obilan, pun, krcat, bogat, plodan

abounding [ə'baundiŋ] *s* obilje, izobilje, pretek

about [ə'baut] *adv* 1. okolo, naokolo, uokolo, u krugu, uokrug; negdje naokolo, negdje tu u blizini, tu i tamo | **all ~** posvuda, svagdje; **to compass it ~** obići, obilaziti; **to look ~** obazrijeti se, paziti; **to lie ~** biti razasut, porazbacan; **to hang ~** biti u blizini, tumarati, šalabazati; **to order ~** slati koga amo-tamo; **I won't be ordered ~** ne dam se gnjaviti, muštrati; **to be ~** biti na nogama, zdrav, na poslu; **to set ~** započeti; spremati se, kaniti što učiniti, spremiti se na što, latiti se čega (*to do*); **round ~** unaokolo; **wrong way ~** pogrešnim, zaobilaznim putem, stranputicom; **a long way ~** velik zaobilazak; *mar* **to put the ship ~** promijeniti kurs, okrenuti; *mil* **left ~!** nalijevo!; **right ~!** nadesno!; **to come ~** dogoditi se; **to bring ~** prouzročiti, izvršiti, izvesti, ostvariti 2. otprilike, jedno, nešto, oko; gotovo, prilično, dobrano | **~ my size** otprilike moje veličine; **~ as high** gotovo tako visok; *fam* **~ right** skoro točno; **I am ~ sick of it** već mi je toga prilično dosta, već mi je to dobrano dodijalo; **~ to sail** spreman za otplovljenje

about [ə'baut] *prep* 1. oko, okolo | **he is ~ the house** negdje je u kući; **to go the wrong way ~ a th** krivo se latiti čega; **look ~ you!** pazi, ogledaj se 2. oko, prema | **~ eight o'clock** oko osam sati 3. kod, uz | **I have no money ~ me** nemam novaca kod sebe, uza se 4. o, što se tiče, u pogledu; radi, za | **I know everything ~ her** znam sve o njoj; **what is the talking ~?** o čemu je riječ?; **what ~ it?** što mislite o tom?, što je s tim?, kako to stoji?; **go ~ your own business** brini se ti za svoje stvari; **be quick ~ it!** požuri s tim!

about [ə'baut] *vt mar* promijeniti kurs, okrenuti brod; burdižati, kositi, letati

about-sledge [ə'bautsledʒ] *s* kovački bat

above [ə'bʌv] *adv* gore, ozgo, odozgo | **as remarked ~** kako je gore, naprijed rečeno; **the powers ~** nebeske sile; **over and ~** povrh toga, uz to, preko toga, osim toga

above [ə'bʌv] *prep* nad, iznad, povrh, svrh; više od, preko | **~ 20 minutes** preko 20 minuta; *fig* iznad; **he is ~ suspicion** on je iznad sumnje; **he is ~ doing on** je preponosan da učini; **it is ~ me** to mi je nerazumljivo, to prelazi moje shvaćanje; **he speaks ~ our heads** govori preučeno za nas; **to be, to get ~ oneself** uznijeti se, uzoholiti se; **~ all** prije svega, nada sve, iznad svega; *com* **~ par** iznad pariteta; **~ the estimate** iznad, preko proračuna (kalkulacije); **~ standard** iznad standardne kvalitete; **to be ~ one** nadvisiti, natkriliti koga, biti nadmoćan; **he is ~ nothing** ništa mu nije ispod časti, dostojanstva

above [ə'bʌv] *adj* gornji | **the ~** gore spomenuti

above [ə'bʌv] *s* gornji, gornje

above-board [ə'bʌv'bɔːd] *adv* s otvorenim kartama, otvoreno, pošteno

above-board [ə'bʌv'bɔːd] *adj* otvoren, pošten

above-cited [ə'bʌv'saitid] *adj* gore spomenuti

above-ground [ə'bʌv'graund] *adv* na zemlji; još na životu

above-mentioned [ə'bʌv'menʃənd] *adj* gore spomenuti

above-named [ə'bʌv'neimd] *adj* gore imenovani

above-quoted [ə'bʌv'kwəutid] *adj* gore spomenuti, gore navedeni

abracadabra [ˌæbrəkə'dæbrə] *s* čarobna riječ; nerazumljiv govor, blebetanje

abrade [ə'breid] *vt* otrti, sastrugati, zguliti; istrošiti, otrcati; *fig* oštetiti, uništiti

abranchial [ə'bræŋkiəl] *adj zool* bez škrga

abranchiate [ə'bræŋkiit] *adj* → **abranchial**

abrasion [ə'breiʒən] *s* sastruganje, oljuštenje, trenje; ostružina, odrtina, oguljina; *med, geol & tech* abrazija, brušenje | **~ testing** ispitivanje istrošenja; *phot* **~ marks** ogrebotine (na sloju emulzije)

abrasive [ə'breisiv] *s tech* abrazivno sredstvo, materijal za brušenje (smirak i sl.)

abreast [ə'brest] *adv* uporedo, bok uz bok, jedan pored drugoga; *mil* u liniji, u fronti; *mar* subočice, u istoj liniji | **~ of** nasuprot, u istoj visini s čim; *fig* na visini, na nivou; **to keep ~ of** ili **with** ići uporedo, ukorak, držati korak s čim

abridge [ə'bridʒ] *vt* skratiti, pokratiti; stegnuti, sažeti; napraviti izvadak (iz knjige); *fig* ograničiti, suziti, lišiti (*of* čega)

abridged [ə'bridʒd] *adj* (**~ly** [ə'bridʒidli] *adv*) skraćen, pokraćen

abridgement [ə'bridʒmənt] *s* skraćenje; skraćenica; abrevijacija; izvadak (iz knjige); ograničenje

abroach [ə'brəutʃ] *adv & pred adj* načeto | **to set ~** načeti bure, staviti na pipu; *fig* potaknuti; raširiti

abroad [ə'brɔːd] *adv* van, vani, izvan kuće; na daleko i široko, svuda, na sve strane; napolju, na zraku; u tuđini, u tuđinu | **from ~** izvana, iznapolja; iz inozemstva;

to go ~ izići; poći na put, u inozemstvo; **to walk** ~ poći na šetnju; **there is a rumour** ~ pronosi se glas; **to get** ~ izići na zao glas; **the schoolmaster is** ~ školovanje postaje pristupačno svima; **to be all** ~ biti na krivu putu; biti smeten, u neprilici; *sport* (veslanje) izići iz takta

abrogate ['æbrəgeit] *vt* ukinuti, poništiti, opozvati, staviti izvan snage; obustaviti

abrogation [ˌæbrə'geiʃən] *s* ukinuće, poništenje, stavljanje izvan snage, abrogacija

abrupt [ə'brʌpt] *adj* (~**ly** *adv*) isprekidan, odsječen; strm, vrletan; nenadan, žestok, nagao; nesuvisao; osoran, prijek, bez mnogo okolišanja

abruption [ə'brʌpʃən] *s* otkidanje, prekid

abruptness [ə'brʌptnis] *s* isprekidanost, odsječenost; nesuvislost; strmenitost; nenadanost, naglost, žurba, osornost, grubost

abscess ['æbsis] *s med* absces, čir

abscissa [æb'sisə] *s* (*pl* **abscissae** [æb'sisi:]) *math* apscisa

abscission [æb'siʒən] *s* nasilni raskid; *rhet* nagli prekid usred govora; *med* odrez, amputacija

abscond [əb'skɔnd] *vi* sakriti se; potajice se udaljiti, odšuljati se; pobjeći, izmaći, uteći

absconder [əb'skɔndə] *s* onaj koji se krije (od vjerovnika, pravosuđa); bjegunac

absence ['æbsəns] *s* odsutnost, nenazočnost, izbivanje, udaljenje; *fig* nedostatak, nestašica, nepostojanje; *jur* nepristupanje (na sud), izostanak | **leave of** ~ dopust; *mil* ~ **without leave** samovoljno udaljenje; ~ **of mind** nesabranost, rastresenost, nepažljivost; **in the** ~ **of** u nestašici, nemajući; *com* ~ **of demand** nedostatak potražnje

absent ['æbsənt] *adj* (~**ly** *adv*) odsutan, nenazočan; koji nedostaje, kojega nema, koji ne postoji; dalek; *fig* nesabran, rastresen | ~ **with** (ili **on**) **leave** na dopustu

absent [æb'sent] *v refl* | **to** ~ **oneself** udaljiti se, izostati (*from* od)

absentee [ˌæbsən'ti:] *s* odsutni, koji ne živi kod kuće

absenteeism [ˌæbsən'ti:izəm] *s* trajna odsutnost, absentizam; izostajanje s posla; zabušavanje

absent-minded ['æbsənt'maindid] *adj* (~**ly** *adv*) rastresen, nesabran, odsutan duhom

absent-mindedness ['æbsənt'maindidnis] *s* rastresenost, nesabranost

absinth ['æbsinθ] *s* absint

absolute ['æbsəlu:t] *adj* (~**ly** *adv*) potpun, savršen; *chem* čist, apsolutan; *jur* slobodan od bilo kakvih dužnosti ili obaveza; neograničen, samovlastan, nezavisan, zbiljski, pravi; bezuvjetan; *phil* samoseban; *math* apsolutan | ~ **alcohol** apsolutni (čisti) alkohol; ~ **temperature** apsolutna temperatura; ~ **zero** apsolutna ništica (—273 °C); ~ **discretion** potpuna diskrecija

absolute ['æbsəlu:t] *s* apsolutno

absolutely ['æbsəlu:tli] *adv* potpuno, sasvim, posve, bezuvjetno, svakako, naprosto, odlučno, nesumnjivo; apsolutno

absoluteness ['æbsəlu:tnis] *s* potpunost, savršenost, neograničena vlast, neograničenost; bezuvjetnost; sigurnost

absolution [ˌæbsə'lu:ʃən] *s jur* oslobođenje (*from guilt* od krivnje); *eccl* odrešenje (*from a sin* od grijeha)

absolutism ['æbsəlu:tizəm] *s* apsolutizam, neograničena vladavina

absolutist ['æbsəlu:tist] *s* apsolutist, pristaša apsolutizma

absolve [əb'zɔlv] *vt* riješiti, osloboditi; odriješiti (*from sin* od grijeha)

absonant ['æbsənənt] *adj* neskladan; nezgrapan, nesklapan

absorb [əb'sɔ:b] *vt* apsorbirati, upiti, usisati, progutati; *fig* privući, privezati uza se, sasvim zaokupiti | ~**ed in thought** zaokupljen mislima, zadubljen u misli

absorbability [əbˌsɔ:bə'biliti] *s* apsorpcijska sposobnost, snaga

absorbable [əb'sɔ:bəbl] *adj* koji se može upiti, apsorbirati

absorbed [əb'sɔ:bd] *adj* (~**ly** [əb'sɔ:bidli] *adv*) apsorbiran; zaokupljen, zamišljen

absorbent [əb'sɔ:bənt] *adj* koji lako upija, apsorbira | ~ **cotton wool** ovojna vata

absorbent [əb'sɔ:bənt] *s anat* & *physiol* limfna žila; *chem* apsorbent

absorbing [əb'sɔ:biŋ] *adj* koji apsorbira; *fig* privlačiv, zanimljiv | ~ **capacity** (*for heat*) sposobnost apsorbiranja (topline); ~ **power** apsorpcijska snaga

absorption [əb'sɔ:pʃən] *s* apsorpcija, upijanje; *fig* udubljivanje, zadubljenost, zaokupljenost

absorptive [əb'sɔ:ptiv] *adj* sposoban upijati, apsorpcijski

abstain [əb'stein] *vi* uzdržati se, ustegnuti se, apstinirati (*from* od)

abstainer [əb'steinə] *s* uzdržljiv čovjek | (*total*) ~ apstinent, trezvenjak

abstemious [æb'sti:mjəs] *adj* (~**ly** *adv*) uzdržljiv, umjeren

abstemiousness [æb'sti:mjəsnis] *s* uzdržljivost, umjerenost

abstention [əb'stenʃən] *s* uzdržavanje, apstinencija (*from* od)

abstergent [əb'stə:dʒənt] *adj* (~**ly** *adv*) koji čisti, pročišćuje (crijeva)

abstergent [əb'stə:dʒənt] *s med* sredstvo za čišćenje (crijeva)

abstersion [əb'stə:ʃən] *s* čišćenje, ispiranje

abstersive [əb'stə:siv] *adj* → **abstergent**

abstinence ['æbstinəns] *s* uzdržljivost, umjerenost, apstinencija | **total** ~ apstinencija (od uživanja alkoholnih pića)

abstinency ['æbstinənsi] *s* → **abstinence**

abstinent ['æbstinənt] *adj* uzdržljiv, umjeren
abstract ['æbstrækt] *adj* (~**ly** *adv*) apstraktan, nezbiljski; teorijski; mutan, teško razumljiv | ~ **noun** apstraktna imenica; ~ **science** apstraktna znanost; ~ **mathematics** čista matematika; ~ **ideas** apstraktni pojmovi
abstract ['æbstrækt] *s* pomisao; apstraktum, riječ za pojam; izvadak, kratak pregled | **in the** ~ po sebi, općenito, teorijski gledano, u apstraktnom smislu
abstract [æb'strækt] *vt* odvući, odvesti; odvojiti; (pažnju) odvratiti (*from* od); potajno uzeti, ukrasti; zasebno promatrati; apstrahirati; *chem* separirati
abstracted [æb'stræktid] *adj* (~**ly** *adv*) odvučen, odvojen, rastresen, nepažljiv; mutan, nejasan, teško razumljiv
abstraction [æb'strækʃən] *s* odvlačenje, odvajanje; odvraćanje, oduzimanje; apstrakcija; otuđivanje, krađa; *fig* rastresenost; povučenost (od svijeta); *chem* lučenje, izlučivanje | *tech* ~ **of heat** odvođenje topline
abstruse [æb'struːs] *adj* (~**ly** *adv*) taman, mutan, skrovit, sakriven, teško razumljiv
abstruseness [æb'struːsnis] *s* mutnoća, nejasnoća
absurd [əb'səːd] *adj* (~**ly** *adv*) apsurdan, besmislen, nemoguć, glup
absurdity [əb'səːditi] *s* → **absurdness**
absurdness [əb'səːdnis] *s* apsurdnost, besmislenost
abulia [ə'buːliə] *s psych* bezvoljnost
abundance [ə'bʌndəns] *s* obilje, pretek; mnoštvo | **in** ~ u izobilju
abundant [ə'bʌndənt] *adj* (~**ly** *adv*) obilan, koji obiluje (*in* čim), bogat
aburton [ə'bəːtən] *adv mar* po širini broda (slaganje tereta)
abuse [ə'bjuːz] *vt* zloupotrijebiti; pogrditi, psovati; zlostavljati; prevariti; (djevojku) zavesti, obeščastiti, oskvrnuti; (tajnu) odati
abuse [ə'bjuːs] *s* zloupotreba, nepravilnost; psovanje, pogrda; zavođenje, oskvrnuće | **crying** ~ gruba zloupotreba
abusive [ə'bjuːsiv] *adj* (~**ly** *adv*) zloupotreban; uvredljiv, pogrdan | ~ **language** pogrdne riječi, psovke
abusiveness [ə'bjuːsivnis] *s* grubo, prostačko vrijeđanje; manija grđenja, psovanja
abut [ə'bʌt] *vt* dodirivati, graničiti (*on* s čim), dopirati do; izlaziti (iz jedne točke); stršiti
abutilon [ə'bjuːtilən] *s bot* abutilon (tropska tekstilna biljka slična konoplji)
abutment [ə'bʌtmənt] *s* graničenje (*upon* sa); *archit* stup ili zid potpornjak; *tech* ležište mosta; oslon, upora
abuttal [ə'bʌtl] *s* (najčešće ~**s** *pl*) granica; međaš; rt
abutter [ə'bʌtə] *s* vlasnik susjednog zemljišta
abutting [ə'bʌtiŋ] *adj* koji graniči, susjedni; *archit* koji strši, istaknut, izbočen | ~ **power** otpornost
abysm [ə'bizəm] *s poet* → **abyss**
abysmal [ə'bizməl] *adj* (~**ly** *adv*) bez dna, dubok, nedokučiv, bezdan; *fig* krajnji
abyss [ə'bis] *s poet* prvobitni kaos, podzemni svijet, pakao; bezdan, ponor, provalija, utroba Zemlje
abyssal [ə'bisl] *adj* (~**ly** *adv*) bez dna, kao ponor; *mar* dubok više od 300 m
Abyssinian [ˌæbi'sinjən] *adj* abesinski
Abyssinian [ˌæbi'sinjən] *s* Abesinac, Abesinka
acacia [ə'keiʃə] *s bot* bagrem, bagrena, akacija | **Indian** ~ prtac, tamarinda
acacia-gum [ə'keiʃə'gʌm] *s* akacijina ili senegalska guma
academic [ˌækə'demik] *adj* (~**ally** *adv*) akademski, učen, znanstven; teorijski, pedantan, beskoristan; skeptičan, nerealan | ~ **discussion** akademska rasprava
academic [ˌækə'demik] *s* akademičar, član sveučilišta; akademik, član akademije; tko se ropski drži načela neke škole (u slikarstvu i dr.) | ~**s** *pl* akademske, teorijske rasprave
academical [ˌækə'demikəl] *adj* (~**ly** *adv*) akademijski, univerzitetski | ~ **year** akademska školska godina; ~ **life** sveučilišni, visokoškolski život
academicals [ˌækə'demikəlz] *s pl* sveučilišna nošnja
academician [əˌkædə'miʃən] *s* akademik, član akademije
academy [ə'kædəmi] *s* akademija, viša ili visoka škola za posebnu stručnu naobrazbu (umjetnička, vojna i sl.); društvo za gajenje stanovitih grana znanosti i umjetnosti
Acadian [ə'keidiən] *adj* akadijski, novoškotski, koji se odnosi na nekadašnju francusku naseobinu Akadiju, sada istočnokanadsku provinciju New Scotland
acajou ['ækəʒuː] *s bot* tropsko drvo (*Anacardium*), mahagoni
acanaceous [ˌækə'neiʃəs] *adj bot* trnovit, bodljikav
acanthaceous [ˌækən'θeiʃəs] *adj bot* → **acanaceous**
acanthus [ə'kænθəs] *s bot* tratorak, akant (list mu je ukras na kapitelima korintskih stupova)
acarid ['ækərid] *s zool* pregalj (crv koji živi u siru)
acarpous [ə'kaːpəs] *adj bot* koji nema ploda, sterilan, jalov
acatalectic [æˌkætə'lektik] *adj* akatalaktičan (stih)
acatalepsy [æ'kætəlepsi] *s phil* akatalepsija, nepojmljivost, nedokučivost

acataleptic [æ.kætə'leptik] *adj phil* akataleptičan, nepojmljiv, nedokučiv
acaulous [ə'kɔ:ləs] *adj bot* bez vidljive stabljike
Accadian [ə'keidiən] *adj* akadski
accede [æk'si:d] *vi* pristati (*to* na), privoljeti se čemu, složiti se (s) | **to ~ to a party** pristati uz stranku, pristupiti stranci; **to ~ (to) an office** nastupiti dužnost; **to ~ to the throne** stupiti na prijestolje
accelerando [æk.selə'rændəu] *adv mus* postepeno ubrzano
accelerando [æk.selə'rændəu] *s mus* postepeno ubrzani tempo
accelerate [æk'seləreit] *vt/i* **I.** *vt* ubrzati, pospješiti, uskoriti **II.** *vi* povećati brzinu, postati brži, kretati se brže
accelerated [æk'seləreitid] *adj* (**~ly** *adv*) ubrzan, uskoren | *phys* **~ motion** ubrzano gibanje
acceleration [æk.selə'reiʃən] *s* ubrzanje, pospješenje; *phys* akceleracija | **~ of gravity** akceleracija sile teže
accelerative [æk'seləreitiv] *adj* koji ubrzava, pospješuje, požuruje
accelerator [æk'seləreitə] *s* ubrzavač; *mot* akcelerator; *anat* mišić ili živac koji pospješuje kretnju; *chem* supstancija koja ubrzava reakciju
accent ['æksənt] *s* naglasak, akcent; zvuk, prizvuk, strani način izgovora; *mus* odmor glasa na naglašenim završnim slogovima, naglasni znak, boja zvuka (tona); *fig* emfaza (osobito naglašivanje u govoru); *pros* ritmički naglasak; *poet* **~s** riječ, govor; stihovi, zvuci
accent [æk'sent] *vt* staviti naglasak, naglasiti; istaknuti, akcentuirati
accentual [æk'sentjuəl] *adj* (**~ly** *adv*) akcentualan, koji se odnosi na naglasak | **~ verse** stih građen na bazi akcenta, a ne kvantitete
accentuate [æk'sentjueit] *vt* akcentuirati, naglasiti, istaknuti
accentuation [æk.sentju'eiʃən] *s* akcentuacija, naglašivanje, isticanje
accept [ək'sept] *vt* primiti, prihvatiti, dopustiti, priznati, uvažiti, preuzeti; podnijeti (uvredu); *com* prihvatiti (akceptirati) mjenicu
acceptability [ək.septə'biliti] *s* prihvatljivost; ugodnost, prijaznost
acceptable [ək'septəbl] *adj* (**~ly** *adv*) prihvatljiv, ugodan, dobrodošao, rado viđen
acceptance [ək'septəns] *s* prihvat, prihvaćanje; lijep prijem (*with* kod); odobrenje, pristanak; naklonost; *com* prihvat (mjenice); akcept (prihvaćena mjenica); preuzimanje (robe) | **general ~** čisti akcept, **~ supra** ili **~ upon protest** akcept na intervenciju; *com* **to meet ~s** iskupiti mjenice; **to present for ~** predočiti na prihvat; **~ of persons** pristranost
acceptation [.æksep'teiʃən] *s* povoljan prijem; pristanak, priznato ili prihvaćeno značenje neke riječi | **in the usual ~ of the word** u običnom smislu (značenju) riječi
accepted [ək'septid] *adj* (**~ly** *adv*) prihvaćen, uobičajen, općenit; *com* akceptiran; preuzet
acceptor [ək'septə] *s com* prihvatnik (mjenice), akceptant
access ['ækses] *s* pristup, prilaz, ulaz, dostup, pristupačnost, audijencija; nastup, *med* napad; *archit* predvorje, trijem; prirast; *geom* akcesija | **a man easy (difficult) of ~** lako (teško) pristupačan čovjek; **~ of fresh strength** priljev svježe snage; **to have an easy ~ to** lako doći do čega
accessary [æk'sesəri] *s jur* pomagač, sučesnik, sukrivac, ortak (*to* u); uzgredne ili popratne okolnosti | **~ after the fact** utajivač, jatak; **~ before the fact** podstrekač
accessary [æk'sesəri] *adj* koji pridonosi, sudjeluje, sukriv, uzgredan
accessibility [æk.sesə'biliti] *s* pristupačnost; prijaznost, ugodljivost, povodljivost
accessible [æk'sesəbl] *adj* (**accessibly** *adv*) pristupačan (*to* čemu), dostupan, dostiživ; *fig* razumljiv
accession [æk'seʃən] *s* približenje, pristup, stupanje u (*to a party*); prirast, povećanje; obogaćenje, dobitak (*to* za); *jur* akcesija, pristupanje ugovoru; prirast | **~s** *pl* nove nabave, novo stečeno | **~ to the throne** stupanje na prijestolje
accessory [æk'sesəri] *adj* (**accessorily** *adv*) uzgredan, dodatan, dopunski, doknadni; sporedan, podređen; akcesoran | **~ charges** uzgredni troškovi
accessory [æk'sesəri] *s* **1.** *jur* → **accessary** **2. accessories** *pl* pribor, dodatak, što čemu pripada (sporedne zgrade i prostorije); potrepštine; armatura; uzgredne okolnosti
accidence ['æksidəns] *s gram* akcidencija; fleksija; *fig* temeljna načela
accident ['æksidənt] *s* neočekivan događaj, slučaj, nebitno, slučajno svojstvo, sporedna stvar; upadljiva slučajna pojava; nezgoda, nesretan slučaj, nesreća; ozljeda; *ins* udes | **by ~** slučajno; **chapter of ~s** nepredviđeni tok događaja, **he has met with an ~** dogodila mu se nezgoda; *com* **barring ~s** ako ne nastupi kakva nepredviđena smetnja
accidental [.æksi'dentl] *adj* (**~ally** *adv*) slučajan, nehotičan, nebitan, sporedan | *opt* **~ point** (perspektivno) upadište, točka upadanja
accidental [.æksi'dentl] *s* slučajnost, slučajno svojstvo, nebitna, sporedna stvar; *mus* akcidencija, znak za povisivanje ili

ponizivanje tona za polustepen (povisilica, snizilica ili povratilica)

accident-insurance ['æksidəntinˌʃuərəns] *s* osiguranje protiv nezgoda ili nesretnih slučajeva

acclaim [ə'kleim] *vt* radosno pozdraviti, klicati komu, aklamirati, odobravati | **to ~ a p king** nekoga klicanjem, aklamacijom proglasiti kraljem

acclaim [ə'kleim] *s* klicanje, odobravanje

acclamation [ˌæklə'meiʃən] *s* glasan i buran pristanak na neki prijedlog, aklamacija | **voted by ~, carried by ~** izglasano aklamacijom

acclamatory [ə'klæmətəri] *adj* aklamatoran, jednoglasan, oduševljeno prihvaćen

acclimatation [əˌklaimə'teiʃən] *s* → **acclimatization**

acclimate [ə'klaimeit] *vt/i* → **acclimatize**

acclimation [ˌæklai'meiʃən] *s* → **acclimatization**

acclimatization [əˌklaimətai'zeiʃən] *s* aklimatizacija, prilagođivanje prilikama nove okoline

acclimatize [ə'klaimətaiz] *vt/i* **I.** *vt* aklimatizirati, prilagoditi, priučiti na novu klimu **II.** *vi* aklimatizirati se, prilagoditi se, priviknuti se na novu klimu

acclivity [ə'kliviti] *s* strma uzvisina, strmina, uzbrdica, strm obronak; uzlazni put, rampa (npr. na kolodvorima)

accolade [ˌækə'leid] *s hist* svečani zagrljaj, poljubac ili udarac mačem pri podjeljivanju viteškog dostojanstva; *print* akolada, velika krivuljasta zagrada, *mus* akolada, krivuljasta crta što vezuje notne sisteme koji pripadaju zajedno

accommodate [ə'kɔmədeit] *vt* prilagoditi; smjestiti koga (na stan), pomoći, opskrbiti (*with* sa); izaći u susret; izravnati, izgladiti (spor) | **to be well ~d** udobno stanovati

accommodating [ə'kɔmədeitiŋ] *adj* uslužan, susretljiv; *com* kulantan | *com* **on ~ terms** uz prihvatljive uvjete

accommodation [əˌkɔmə'deiʃən] *s* prilagođivanje; prikladnost; opskrbljivanje, zbrinjavanje; pomaganje; susretljivost; uslužnost; udobnost; smještaj, stan; oprema, uređaj; izravnanje, izglađenje spora; *com* nagodba, poravnanje s vjerovnicima; *mar* **~s** *pl* stambene prostorije

accommodation bill [əˌkɔmə'deiʃənbil] *s com* mjenica iz uslužnosti

accommodation-ladder [ə'kɔmə'deiʃənˌlædə] *s mar* (bočni) siz

accommodation-note [əˌkɔmə'deiʃənnəut] *s com* mjenica iz uslužnosti

accommodation train [əˌkɔmə'deiʃəntrein] *s US* lokalni vlak

accommodator [ə'kɔmədeitə] *s* rasporeditelj; posrednik

accompaniment [ə'kʌmpənimənt] *s* pratnja; pribor; popratna pojava; *mus* pratnja

accompanist [ə'kʌmpənist] *s mus* pratilac

accompany [ə'kʌmpəni] *vt* pratiti, popratiti; biti zajedno s kim ili uz koga; *mus* pratiti

accompanying [ə'kʌmpəniiŋ] *adj* koji prati, popraća; popratni | *com* **~ letter** popratno pismo; **~ parcel** pripakovana roba

accompanyist [ə'kʌmpəniist] *s* → **accompanist**

accomplice [ə'kɔmplis] *s jur* suučesnik, sukrivac, ortak

accomplish [ə'kɔmpliʃ] *vt* ispuniti, obaviti, izvršiti, izvesti, provesti, svršiti; polučiti,

accomplished [ə'kɔmpliʃt] *adj* potpuno izve-

postići; izobraziti koga

den, savršen; izobražen, dobro odgojen | **~ liar** arcilažac, paralaža

accomplishment [ə'kɔmpliʃmənt] *s* ispunjenje, svršavanje, izvođenje, izvršenje; savršenstvo; (duševno i tjelesno) usavršenje; uglađenost | **~s** *pl* naobrazba; sposobnosti, znanje, nadarenost, talent

accord [ə'kɔːd] *vt/i* **I.** *vt* dopustiti, odobriti; koncedirati, pomiriti; uskladiti **II.** *vi* pristati na što, složiti se s kim u čemu

accord [ə'kɔːd] *s* slaganje, suglasnost, podudaranje, podlaganje; sloga; sklad, skladnost; odobravanje, privola, pristanak; *jur* pogodba, utanačenje, sporazum; međunarodni ugovor, sporazum između država; slobodna volja | **of one's own ~** od svoje volje, iz vlastite pobude; **with one ~** jednoglasno, jednodušno; **in ~** u skladu, u sporazumu (*with* sa); *com* **to be of ~** slagati se, podudarati se

accordance [ə'kɔːdəns] *s* slaganje, podudaranje, suglasnost | **in ~ with** po, u skladu sa; *com* **in ~ with your instructions** prema vašim uputama; **the books are in ~** knjige se među sobom slažu

accordant [ə'kɔːdənt] *adj* (**~ly** *adv*) koji se slaže ili podudara, koji je u skladu (*with* sa); koji odgovara (*with* čemu)

according [ə'kɔːdiŋ] *adj* (**~ly** *adv*) koji se slaže, podudara, koji je u skladu (*to* s)

according [ə'kɔːdiŋ] *adv* | **~ as ... so** prema tome kako; **~ to** prema, po; **~ to circumstances** prema prilikama; *com* **~ to sample** prema uzorku

accordingly [ə'kɔːdiŋli] *adv* prema tome, zato, dakle

accordion [ə'kɔːdiən] *s mus* (kromatična) harmonika

accordionist [ə'kɔːdiənist] *s mus* harmonikaš

accost [ə'kɔst] *vt* prići, pristupiti komu, osloviti, nagovoriti koga

accost [ə'kɔst] *s* prilaženje komu; oslovljenje, pozdrav

accouchement [ə'kuːʃmãːŋ] *s Fr med* porođaj

accoucheur [ˌækuː'ʃəː] *s Fr med* porođajni liječnik, akušer

accoucheuse [ˌækuːˈʃəːz] *s med* primalja, babica
account [əˈkaunt] *vt/i* računati; smatrati, držati za; polagati račun, obračunati | **I ~ him a hero** ją ga držim za junaka; **to ~ oneself happy** cijeniti se sretnim
account for [əˈkauntˈʃɔː] *vi* dati obračun, polagati račun; odgovarati, snositi odgovornost, biti odgovoran (za što); obrazložiti, objasniti | **that accounts for it!** to objašnjava stvar; **there is no ~ing for tastes** o ukusima se ne da sporiti
account [əˈkaunt] *s* obračun, obračunavanje, zaračunavanje; *com* račun, izvadak računa; konto; *st exch* likvidacijski termin (rok); obračun, odgovornost, razlog, uzrok; procjena, proračun, vrijednost; obzir; poštovanje; važnost, značenje, valjanost; korist, dobitak, probitak; pripovijedanje, prikaz; saopćenje, izvještaj; popis, spisak, iskaz | *com* **~ at the bank** konto u banci; **balance of ~** saldo; **~ of charges** račun troškova, režije; **~ of costs** račun proizvodnih troškova; **~ of disboursements** račun izdataka; **~ of exchange** račun mjenica; **~ of return** povratni račun; **~ of settlement** zaključni račun; **current ~** tekući račun, kontokorent; **drawing ~** žiro račun; **open ~** tekući (otvoreni, neplaćeni) račun; **by all ~s** po svemu što se pripovijeda; *com* **for ~ and risk** za račun i na opasnost; *st exch* **money and ~** novac i termin; **for ~ of** za račun; **for the ~** na termin; **the great ~** veliki obračun, Sudnji dan; **gone to his ~** otišao Bogu na račun; **of no ~** bez vrijednosti, bez značenja; **on ~ of** za volju, radi, zbog; **on that ~** zbog toga, zato; **on no ~** ni u kojem slučaju, nikako, ni po koju cijenu, podnipošto; *com* **on ~** na račun, a conto; **payment on ~** otplata; **on ~ and risk** za račun i na opasnost; **on old (new) ~** na stari (novi) račun (konto); **to balance an ~** podmiriti račun; **to call a p to ~** pozvati koga na odgovornost; *com* **to carry to a new ~** prenijeti na nov račun; **to draw up an ~** sastaviti izvještaj; *com* složiti račun; **to find one's ~** naći svoj račun; **to give an ~** podnijeti izvještaj; **to give a good ~** pokazati se na visini, istaknuti se; *com* **to have an ~ with a firm** imati račun (kredit) kod neke firme; **to keep an ~** voditi račun (evidenciju) o čemu; **to make out an ~** ispostaviti račun; **to overdraw one's ~** prekoračiti svoj konto; **to render ~** polagati račun; poslati račun; **as per ~ rendered** prema poslanom računu; **to settle an ~** podmiriti račun; **to settle ~s** obračunati; **to take ~ of a th, to take a th into ~** uzeti u obzir, računati s čim; **to turn a th to (good) ~** iskoristiti što, okrenuti sebi u prilog
accountability [əˌkauntəˈbiliti] *s* odgovornost
accountable [əˈkauntəbl] *adj* (**~ly** *adv*) odgovoran; objašnjiv
accountant [əˈkauntənt] *s com* računovođa, knjigovođa; zaprisegnuti revizor knjiga | **~ in bankruptcy** stečajni upravitelj
account-book [əˈkauntbuk] *s com* knjiga tekućih računa
account-current [əˈkauntˌkʌrənt] *s com* tekući račun, kontokorent
account-day [əˈkauntdei] *s st exch* dan isplate, posljednji dan za likvidaciju
accounting [əˈkauntiŋ] *s* računovodstvo
accoutre (accouter) [əˈkuːtə] *vt* obući, opremiti
accoutrement (accouterment) [əˈkuːtəmənt] *s* odjeća; **~s** *pl mil* oprema
accredit [əˈkredit] *vt* vjerovati čemu, poklanjati vjeru; akreditirati koga (kao poslanika) | **to ~ a p with a th** pripisivati komu što
accrete [əˈkriːt] *vi* srasti se s čim u jedno
accrete [əˈkriːt] *adj bot* srašten s čim
accretion [æˈkriːʃən] *s* rast, porast; priraščivanje, dodatak; *med* sraščivanje; *jur* prirast akcesijom
accrue [əˈkruː] *vi* pridoći, pritjecati; nastati, izrasti | **~d interest** narasle kamate
accumulate [əˈkjuːmjuleit] *vt/i* **I.** *vt* nakupiti, nagrtati, zgrnuti, nagomilati **II.** *vi* nakupiti se, nagomilati se, narasti | *com* **~d charges** narasli troškovi; **~d funds** rezervna glavnica, pričuve, akumulacije
accumulation [əˌkjuːmjuˈleiʃən] *s* nagomilavanje, nakupljanje; zgrtanje; hrpa, gomila; akumulacija
accumulative [əˈkjuːmjulətiv] *adj* (**~ly** *adv*) koji se nagomilava, nakuplja, raste
accumulator [əˈkjuːmjuleitə] *s* sakupljač; *phys* akumulator
accuracy [ˈækjurəsi] *s* točnost, urednost, brižljivost, ispravnost, preciznost
accurate [ˈækjurit] *adj* (**~ly** *adv*) točan, uredan, brižljiv; ispravan, precizan; besprijekoran
accursed [əˈkəːsid] *adj* (**~ly** *adv*) proklet, vražji, zlosretan, koban; mrzak, odvratan; bezbožan
accurst [əˈkəːst] *adj* → **accursed**
accusal [əˈkjuːzəl] *s* → **accusation**
accusation [ˌækjuˈzeiʃən] *s jur* optužba, okrivljenje | **to be under an ~** biti pod optužbom; **to bring an ~ against a p** optužiti koga
accusative [əˈkjuːzətiv] *adj* (**~ly** *adv*) *gram* akuzativni | **~ case** akuzativ
accusative [əˈkjuːzətiv] *s gram* akuzativ
accusatory [əˈkjuːzətəri] *adj* koji sadrži optužbu, optužni
accuse [əˈkjuːz] *vt* okriviti, optužiti
accused [əˈkjuːzd] *s* | **the ~** *jur* optuženi, optuženik
accuser [əˈkjuːzə] *s jur* (op)tužitelj

accustom [ə'kʌstəm] *vt* priučiti (*to* čemu ili na što) | **to ~ oneself** priučiti se, naviknuti
accustomed [ə'kʌstəmd] *adj* (**~ly** *adv*) naučan, navikao, vičan; uobičajen | **to be ~ to** običavati, biti vičan; **to get ~** priviknuti se, navaditi se
ace [eis] *s* jedinica (na kockama, dominu); kec, as (u kartama); *mil* as, slavan avijatičar; malenkost, sitnica, mrvica; *sport* točka, bod | **within an ~ of** za vlas, umalo da nije; *ten* **to serve an ~** servirati neuhvatljivu loptu
acephalous [ə'sefələs] *adj zool* bezglav, bez glave; *pros* (stih) bez redovitoga prvog sloga, acefalan; *fig* bez vodstva
ace-point ['eispɔint] *s* kec (u kartama); strana (kocke) s jedinicom
acerb [ə'səːb] *adj* gorak, trpak; *fig* ogorčen
acerbity [ə'səːbiti] *s* trpkost; *fig* gorčina; oporost, oštrina, žestina
acerose ['æsrəus] *adj bot* pljevast, nalik na pljevu; igličast
acerous ['æsərəs] *adj bot* → **acerose**
acetate ['æsiteit] *s chem* acetat
acetic [ə'siːtik] *adj chem* kiseo; octen | **~ acid** octena kiselina
acetification [əˌsetifi'keiʃən] *s chem* octeno kiselo vrenje, acetifikacija
acetify [ə'setifai] *vt/i* pretvoriti (se) u ocat, zakiseliti (se)
acetone ['æsitəun] *s chem* aceton
acetous ['æsitəs] *adj* (octeno) kiseo
acetylene [ə'setiliːn] *s chem* acetilen
ache [eik] *vi* boljeti; silno čeznuti, ginuti (*for* za) | **I am aching all over** sve me boli
ache [eik] *s* bol
ache [eitʃ] *s* engl. ime slova H
achievable [ə'tʃiːvəbl] *adj* provediv, postiživ
achieve [ə'tʃiːv] *vt* ispuniti, izvršiti, provesti, ostvariti; postići, steći
achievement [ə'tʃiːvmənt] *s* izvršenje, ispunjenje, provedba; postignuće, tekovina, ostvarenje; čin, junačko djelo; uspjeh; *her* slavnim djelom stečena oznaka u grbu
achromatic [ˌækrə'mætik] *adj opt* akromatičan, bezbojan
acid ['æsid] *adj* kiseo, trpak; ljut (o okusu); *fig* jednak | *chem* **~ number** kiselinski broj; **~ reaction** kisela reakcija
acid ['æsid] *s chem* kiselina
acid-drops ['æsiddrɔps] *s pl* kiseli bomboni
acidification [əˌsidifi'keiʃən] *s chem* kiseljenje, stvaranje kiseline
acidify [ə'sidifai] *vt/i chem* (za)kiseliti (se)
acidity [ə'siditi] *s* kiselost, trpkost; ljutost (o okusu)
acidless ['æsidlis] *adj* nekiseo, bez kiseline
acidproof ['æsidpruːf] *adj chem* otporan protiv kiselina
acid-resisting ['æsidriˌzistiŋ] *adj* otporan protiv kiseline
acid-test ['æsidtest] *s chem* proba na kiselost; *fig* teško iskušenje
acidulate [ə'sidjuleit] *vt* zakiseliti
acidulous [ə'sidjuləs] *adj* nakiseo, ponešto kiselkast
acinus ['æsinəs] *s* (*pl* **acini** ['æsinai]) *bot* bobica, pojedini sastavni dio srašljike u nekih plodova (maline, kupine, duda i dr.); srašljika, cijeli plod; *anat* grozdasta, acinozna žlijezda
acknowledge [ək'nɔlidʒ] *vt* priznati, pripoznati; biti zahvalan; ovjeriti; *com* potvrditi primitak | **we beg to ~ receipt** čast nam je potvrditi primitak
acknowledgement [ək'nɔlidʒmənt] *s* priznanje, pohvala; uzvrat; potvrda, potvrda primitka; zahvalnost | *com* **~ of delivery** primka; **~ of receipt** potvrda primitka; **on ~ of receipt** nakon potvrde primitka; **under ~** uz potvrdu primitka
aclinic [ə'klinik] *adj* aklinički | *phys* **~ line** magnetski ekvator
acme ['ækmi] *s* vrhunac
acne ['ækni] *s med* akma, prištić, bubuljica
acock [ə'kɔk] *adv* nahero
acolyte ['ækəlait] *s eccl* akolit, bogoslov zaređen nižim redom akolita, pomoćnik kod bogoslužja; *fig* pomoćnik
aconite ['ækənait] *s bot* jedić, modri klobučac; *poet* smrtonosan otrov
acorn ['eikɔːn] *s bot* žir
acorn-shell ['eikɔːnʃel] *s zool* morski žir (vrsta školjkaša)
acotyledon [æˌkɔti'liːdən] *s bot* biljka bescvjetnica, akotiledon
acotyledonous [æˌkɔti'liːdənəs] *adj bot* bez supaka
acoustic [ə'kuːstik] *adj* (**~ally** *adv*) *phys* akustičan; zvučan
acoustical [ə'kuːstikəl] *adj* (**~ly** *adv*) → **acoustic**
acoustics [ə'kuːstiks] *s pl* 1. (*sg constr*) akustika, nauka o zvuku 2. (*pl constr*) *archit* akustika (neke prostorije)
acquaint [ə'kweint] *vt* upoznati (*with* s); saopćiti, izvijestiti | **to be ~ed with** biti upoznat, poznavati; **we are ~ed** mi smo znanci, mi se poznajemo; **to become ~ed** upoznati se
acquaintance [ə'kweintəns] *s* poznanstvo; poznavanje; znanac, krug znanaca | **on closer ~** upoznavši se pobliže; **to make a p's ~** upoznati se s kim
acquaintanceship [ə'kweintənsʃip] *s* poznanstvo
acquest [æ'kwest] *s* stečevina, stečeno vlasništvo, svojina (ne nasljedstvom)
acquiesce [ˌækwi'es] *vi* mirno primiti | **to ~ in** snaći se u čemu, uživjeti se u što; pomiriti se s čim; pristati; prihvatiti
acquiescence [ˌækwi'esns] *s* prepuštanje (*in* čemu), pomirenje (s čim); pristanak

acquiescent [ˌækwiˈesnt] *adj* (**~ly** *adv*) pokoran, strpljiv, popustljiv, povodljiv
acquire [əˈkwaiə] *vt* steći; polučiti, zadobiti; postići; naučiti | **~d taste** ukus stečen navikom
acquirement [əˈkwaiəmənt] *s* stečevina; postignuće, vještina, sprema, znanje
acquisition [ˌækwiˈziʃən] *s* stjecanje, tečevina, nova nabava; *fig* obogaćenje, dobitak | **he is quite an ~** on je vrlo koristan (*to* za), on je veliki dobitak (za koga)
acquisitive [æˈkwizitiv] *adj* (**~ly** *adv*) željan stjecanja, revan, ambiciozan; gramžljiv
acquit [əˈkwit] *vt* riješiti, osloboditi; *com* podmiriti (dug), kvitirati; *jur* riješiti (optužbe); razriješiti (*of a duty* dužnosti); *Shak* **to ~ oneself well** dobro se držati, vjerno izvršiti dužnost
acquittal [əˈkwitl] *s jur* odrješenje, oslobođenje (optužbe); namirenje duga; izvršenje dužnosti
acquittance [əˈkwitəns] *s* namirenje, isplata duga; oslobođenje (od duga, obaveze); *com* namira
acre [ˈeikə] *s* jutro, ral (40,467 ara); oranica, njiva, polje; *pl* **~s** zemlja, imanje; velike količine, daleka prostranstva | **God's ~** groblje
acreage [ˈeikəridʒ] *s* površina u ralima
acred [ˈeikəd] *adj* koji ima obrađene zemlje, imućan
acrid [ˈækrid] (**~ly** *adv*) ljut, oštar, jedak, trpak
acridity [æˈkriditi] *s* ljutina, jetkost, trpkost
acrimonious [ˌækriˈməunjəs] *adj* (**~ly** *adv*) ljut, trpak, gorak, jedak; ogorčen
acrimony [ˈækriməni] *s* ljutina, gorčina
acrobat [ˈækrəbæt] *s* akrobat, plesač na užetu, pelivan
acrobatic [ˌækrəˈbætik] *adj* (**~ally** *adv*) akrobatski
acrobatism [ˈækrəbætizəm] *s* akrobatska vještina
acropolis [əˈkrɔpəlis] *s* akropola, tvrđava
across [əˈkrɔs] *adv* unakrst, prijeko; u promjeru; poprijeko | **with arms ~** skrštenih ruku
across [əˈkrɔs] *prep* kroz, preko; s one strane | **~ the water** s one strane vode; **to come ~, to run ~** (slučajno) sresti, naići, nabasati na koga
acrostic [əˈkrɔstik] *s* akrostih
act [ækt] *s* 1. djelo, radnja; čin (i *theat*); učin, izvedba, postupak 2. izvođenje, izvršenje 3. *jur* odluka, zaključak, zakon, dokument, isprava; zapisnik 4. *parl* zakon 5. *univ* teza (za disertaciju) | **~ and deed** zakonski punovažna pismena obveza; **Act of Parliament** zakon koji je primljen u parlamentu; **~ of sale** kupoprodajni ugovor; **~ of oblivion** ukaz o pomilovanju; amnestija; **in the very ~** na samom činu, in flagranti; **he was in the ~ of (doing)** upravo je kanio (učiniti); **~ of bravery** junačko djelo; **~ of hostility** neprijateljski postupak; **~ of God** elementarna, prirodna sila; viša sila
act [ækt] *vt/i* **I.** *vt* činiti, izvoditi; *theat* prikazivati, davati, igrati, glumiti **II.** *vi* djelovati, raditi, služiti (*as* kao); ići, funkcionirati; postupati, ponašati se; *theat* igrati, davati se, trajati; djelovati, imati utjecaj (*on* na); ravnati se (*upon* po) | **this lock won't ~** ova se brava ne da zaključati
act up to [ˈæktˈʌpˈtuː] *vt* raditi prema (uputama, savjetu i dr.); raditi, postupati u suglasnosti s principima i dr.)
acting [ˈæktiŋ] *adj* koji djeluje, radi; koji je u službi, na dužnosti; koji zamjenjuje, vrši čiju dužnost | **~ manager** vršilac dužnosti direktora; **~ copy** tekst komada s uputama za glumce
actinic [ækˈtinik] *adj* koji kemijski djeluje (zračenje)
actinism [ˈæktinizəm] *s* svojstvo kemijskog djelovanja ultraljubičastih zraka (npr. u fotografiji)
actinium [ækˈtiniəm] *s chem* (*Ac*) aktinij
action [ˈækʃən] *s* 1. rad, djelovanje, djelatnost, utjecaj, čin, djelo 2. vladanje, držanje; hod (konja, stroja) 3. *jur* parnica 4. *mil* boj, bitka 5. *theat* razvoj radnje (u kazališnom komadu) 6. *anat* funkcija | **to be in ~** djelovati, raditi; biti u pogonu; biti u borbi; **to put in ~** staviti u pokret, kretanje; *jur* **to bring an ~ against** podnijeti tužbu; **an ~ would lie** bilo bi mjesta tužbi; **to take prompt ~** brzo raditi, poduzeti hitne mjere; **in full ~** u toku, u jeku, usred posla, u punom pogonu; *mil* **to go into ~** ići u borbu; **to put out of ~** izbaciti iz borbe
actionable [ˈækʃənəbl] *adj* (**actionably** *adv*) *jur* utuživ, kažnjiv
activate [ˈæktiveit] *vt* aktivirati
active [ˈæktiv] *adj* (**~ly** *adv*) radin, vrijedan, aktivan, okretan, promećuran, hitar, djelatan; živahan; energičan | *mil* **~ list** popis onih koji su u aktivnoj službi; *gram* **~ voice** aktiv; *com* **~ balance** aktivni saldo; **~ debts** potraživanje; **~ bonds** aktivne obveznice; **~ capital** čista imovina, aktiva; **~ commerce** trgovanje s inozemstvom; **~ demand** živahna potražnja; **~ partner** *com* aktivni ortak; **to take an ~ part in business** osobno sudjelovati u poslu
activist [ˈæktivist] *s pol* aktivist
activity [ækˈtiviti] *s* djelatnost; radinost, marljivost, zaposlenost; živahnost, okretnost | **in full ~** u punom pogonu; *jur* na snazi; **activities** *pl* područje djelovanja, aktivnost

acton [ˈæktən] *s* prsluk (od pamučne tkanine) koji se nosi ispod oklopa
actor [ˈæktə] *s* glumac; sudionik, učesnik; *arch* vršilac radnje
actress [ˈæktris] *s* glumica
actual [ˈæktʃuəl] *adj* zbiljski, istinski, pravi, sadašnji, ovaj (o kojem je riječ) | ~ **assets** aktiva, čista imovina; ~ **buyers** stvarni kupci
actuality [ˌæktʃuˈæliti] *s* istinitost, zbilja; sadašnjost, suvremenost, današnjica; važnost; **actualities** *pl* činjenično stanje, aktualnost
actualization [ˌæktʃuəlaiˈzeiʃən] *s* ostvarivanje, privođenje u djelo
actualize [ˈæktʃuəlaiz] *vt* ostvariti, obistiniti, privesti u djelo; zbiljski, realno opisati; učiniti aktualnim
actually [ˈæktʃuəli] *adv* zaista; sada
actuarial [ˌæktjuˈɛəriəl] *adj* (~**ly** *adv*) aktuarski; pisarski, tajnički, koji se odnosi na pisara, tajnika ili na njihov posao
actuary [ˈæktjuəri] *s* sudski pisar, perovođa; aktuar
actuate [ˈæktjueit] *vt* pokrenuti, staviti u pogon, aktivizirati; *fig* potaknuti, nadahnuti, voditi
actuation [ˌæktjuˈeiʃən] *s* pokretanje, stavljanje u pogon, aktiviziranje
actuator [ˈæktjueitə] *s* naprava kojom se stavlja u pogon neki mehanizam
acuity [əˈkjuiti] *s* oštrina, zaoštrenost
acumen [əˈkjuːmen] *s* oštroumnost, bistrina, pronicavost
acuminate [əˈkjuːminit] *adj* zaoštren, zašiljen
acuminate [əˈkjuːmineit] *vt* zašiljiti, zaoštriti
acumination [əˌkjuːmiˈneiʃən] *s* zaoštrenost, zašiljenost; šiljak
acupuncture [ˈækjupʌŋktʃə] *s med* akupunktura
acupuncturist [ækjuˈpʌŋktʃərist] *s med* osoba koja primjenjuje akupunkturu
acute [əˈkjuːt] *adj* (~**ly** *adv*) oštar, šiljast; silan, živ, jak; oštrouman; osjetljiv, akutan; *gram* naglašen; *med* akutan, jak | *math* ~ **angle** oštri kut; ~ **folding** *geol* jasno izraženo nabiranje
acute angular [əˈkjuːtˈæŋgjulə] *adj* oštrokutan
acuteness [əˈkjuːtnis] *s* oštrina; oštroumnost, bistrina; žestina, snaga; hitnost
ad [æd] *s coll abbr* → **advertisement**
adage [ˈædidʒ] *s* poslovica, stara izreka
adagio [əˈdaːdʒiəu] *adv mus* adagio, lagano
adagio [əˈdaːdʒiəu] *s mus* polagani stavak, adagio
Adam [ˈædəm] *s* prvi čovjek, Adam | **not to know one from** ~ nemati ni pojma kako netko izgleda
adamant [ˈædəmənt] *s poet* dijamant, dragi kamen; *arch* magnet; *fig* nešto izvanredno tvrdo, nerazorivo
adamant [ˈædəmənt] *adj fig* čvrst, postojan | **to be** ~ (*to* čemu) biti nepristupačan, nepopustljiv
adamantine [ˌædəˈmæntain] *adj* tvrd kao dijamant; dijamantni; vrlo tvrd, nerazoriv; *fig* nepokolebljiv
adamantine lustre [ˌædəˈmæntainˌlʌstə] *s* dijamantni sjaj
adamite [ˈædəmait] *s* Adamov potomak, čovjek; gô čovjek
Adam's ale [ˈædəmzeil] *s* voda
Adam's apple [ˈædəmzˌæpl] *s bot & anat* Adamova jabučica
adapt [əˈdæpt] *vt* prilagoditi, udesiti, urediti; promijeniti, preraditi, obraditi, adaptirati (*into* za) | **to** ~ **oneself to circumstances** prilagoditi se prilikama
adaptability [əˌdæptəˈbiliti] *s* prilagodljivost, snalažljivost
adaptable [əˈdæptəbl] *adj* prilagodljiv, snalažljiv; koji se može prilagoditi, promijeniti, preraditi
adaptation [ˌædæpˈteiʃən] *s* prilagođivanje; podešavanje; prerađivanje, preradba, adaptacija
adapter [əˈdæptə] *radio & TV* adapter
adaptive [əˈdæptiv] *adj* prilagodljiv, snalažljiv; koji se može prilagoditi, podesiti, promijeniti, preraditi
add [æd] *vt/i* **I.** *vt* 1. dodati, pridodati, dodavati 2. povećavati (*weight to steam* pritisak pare) 3. pridružiti, pripojiti, priložiti 4. *math* zbrajati **II.** *vi* 1. pridonijeti, pripomoći 2. pridolaziti | *fig* **to** ~ **fuel to the fire** lijevati ulje u vatru
add in [ˈædˈin] *vt* uključiti, uračunati
add up [ˈædˈʌp] *vt* zbrajati, dodavati
add up to [ˈædˈʌpˈtuː] *vt* iznositi; *fig* dovesti do zaključka, doći do zaključka; značiti
addendum [əˈdendəm] *s* (*pl* **addenda** [əˈdendə]) dodatak, dopuna, bilješke, primjedbe, adenda
adder [ˈædə] *s zool* zmija, guja | *ent* **flying** ~ libela, konjska smrt
adder's-tongue [ˈædəztʌŋ] *s bot* jednoliska, zmijin jezik (vrsta paprati, *Ophioglossum*)
addict [ˈædikt] *s US* rob navike, čovjek koji se odao uživanju opojne droge, narkoman
addict [əˈdikt] *vt* posvetiti, usmjeriti; *jur* predati, izručiti presudom suca | **to** ~ **oneself** odati se, posvetiti se (*to* čemu); **to be** ~**ed to** biti odan čemu
addiction [əˈdikʃən] *s* odanost, sklonost, privrženost
addition [əˈdiʃən] *s* dodatak, zbrajanje, dodavanje, povećanje; *math* suma, zbroj; *chem* dodatak, primjesa | **in** ~ **to** uz, pored; **with the** ~ **of** dodavši, uz pridodatak; **in** ~ k tome, uz to, osim toga
additional [əˈdiʃənl] *adj* dodatan, naknadni, dopunski | ~ **charges** naknadni tro-

škovi; ~ **order** naknada, kasnija narudžba; ~ **postage** naknadna poštarina, porto
addle ['ædl] *adj* prazan, šupalj, neplodan, jalov; poremećen, lud, smušen | ~ **egg** mućak
addle ['ædl] *vt/i* pokvariti, zbrkati; kvariti se, pokvariti se
addle-brained ['ædlbreind] *adj* šupljoglav, tupoglav, lud, glup, tup
addle-head ['ædlhed] *s* smušenjak
addle-pated ['ædl,peitid] *adj* glup, tup, slabouman
address [ə'dres] *vt* uputiti; osloviti, nagovoriti, izreći govor; napisati naslov, natpis, adresirati; pripremiti se, pripravljati se; *golf* usmjeriti (loptu) | **to** ~ **oneself to** obratiti se komu, osloviti koga; latiti se čega
address [ə'dres] *s* oslovljavanje, pozdrav, besjeda, govor, poruka, molba; natpis, adresa (na pismu), mjesto stanovanja; vladanje, ponašanje, držanje, spretnost, okretnost, vještina | **to pay one's** ~**es** udvarati se; **a man of good** ~ čovjek dobra ponašanja
addressee [,ædre'siː] *s* naslovnik, adresat
addresser [ə'dresə] *s* molitelj; pošiljalac, onaj koji oslovljava; potpisani
adduce [ə'djuːs] *vt* navesti, pozvati se na, citirati, pružiti (dokaze itd.)
adduct [ə'dʌkt] *vt physiol* dovoditi, dovesti (u centar), privući (ruku, nogu)
adduction [ə'dʌkʃən] *s* pridonošenje (razloga, dokaza), pozivanje (na što), citiranje; *physiol* dovođenje (u centar), adukcija; *anat* privlačenje (mišića)
adenoids ['ædinɔidz] *s pl* polipi (u nosu)
adept ['ædept] *adj* vješt, upućen, uveden, spretan
adept ['ædept] *s* vještak, stručnjak; upućen čovjek; alkemist | **to be an** ~ **in** biti vješt čemu, razumjeti se u što, biti majstor u
adequacy ['ædikwəsi] *s* odgovarajuća mjera; adekvatnost, primjerenost, prikladnost
adequate ['ædikwit] *adj* (~**ly** *adv*) primjeren, dovoljan, dostatan, adekvatan; prikladan, jednak, odgovarajući, dorastao
adhere [əd'hiə] *vi* prianjati, biti uz, držati se čega, pristajati; slagati se; pripadati; slijediti (*to a th* što); ostajati (*to* kod, pri)
adherence [əd'hiərəns] *s* prianjanje, odanost, pristajanje (*to* uz), slijeđenje
adherent [əd'hiərənt] *adj* koji prianja, pristaje uz; privržen, odan
adherent [əd'hiərənt] *s* pristaša, sljedbenik, pripadnik
adhesion [əd'hiːʒən] *s* prianjanje; *phys* adhezija; *fig* spajanje, sjedinjavanje; privrženost, odanost; pristanak, pristajanje; *med* sraščivanje | **to give in one's** ~ **to** izjasniti se za, dati svoj pristanak
adhesive [əd'hiːsiv] *adj* (~**ly** *adv*) koji se sljubljuje, koji prianja; ljepljiv, prionljiv | ~ **plaster** melem za priljepljivanje **na** rane, flaster; ~ **tape** ljepljiva traka
adhibit [əd'hibit] *vt* pričvrstiti, metnuti; primijeniti, upotrijebiti; dati (lijek)
ad hoc ['æd'hɔk] *adj Lat* ad hoc, za ovu svrhu
adiantum [,ædi'æntəm] *s bot* gospin vlas, vodena paprat
adieu [ə'djuː] *s* zbogom | **make (take) one's** ~ oprostiti se, pozdraviti se; **to bid (say)** ~ reći zbogom
adipose ['ædipəus] *adj* mastan; koji se odnosi na salo; tust
adipose ['ædipəus] *s* životinjska mast, salo
adiposity [,ædi'pɔsiti] *s* masnoća, tustoća
adit ['ædit] *s* prilaz; *min* potkopno postrojenje
adjacency [ə'dʒeisnsi] *s* susjedstvo, blizina, dodirivanje, graničenje | **adjacencies** *pl* okolina
adjacent [ə'dʒeisənt] *adj* (~**ly** *adv*) susjedni, obližnji, granični
adjectival [,ædʒek'taivəl] *adj* (~**ly** *adv*) pridjevni, adjektivni
adjective ['ædʒiktiv] *s* pridjev, adjektiv
adjective ['ædʒiktiv] *adj* (~**ly** *adv*) pridjevski, dodatni, dopunski | ~ **colours** boje koje su stalne samo uz dodavanje baze
adjoin [ə'dʒɔin] *vt/i* **I.** *vt* dodati, pridometnuti, priklopiti **II.** *vi* ležati, nalaziti se, biti uz, međiti, graničiti
adjourn [ə'dʒəːn] *vt/i* odgoditi, odložiti; privremeno odgoditi, prekinuti; promijeniti mjesto rada, zasjedanja, prijeći (u drugu prostoriju)
adjournment [ə'dʒəːnmənt] *s* odgađanje, odgoda
adjudge [ə'dʒʌdʒ] *vt jur* dosuditi, presuditi, riješiti, donijeti rješenje; osuditi, izreći presudu
adjudgement [ə'dʒʌdʒmənt] *s jur* presuda, rješenje, dosuđivanje
adjudicate [ə'dʒuːdikeit] *vt/i jur* dosuditi, presuditi, presuđivati, izricati presudu
adjudication [ə,dʒuːdi'keiʃən] *s jur* presuda, rješenje, dosuđivanje, odluka, pravorijek
adjudicative [ə'dʒuːdikeitiv] *adj* kojim se dosuđuje
adjudicator [ə'dʒuːdikeitə] *s* osoba koja dosuđuje, sudac; porotnik; obranik, izabrani sudac, arbitar; član žirija
adjunct ['ædʒʌŋkt] *adj* (~**ly** *adv*) dodatni, pomoćni, podređen, pridodan
adjunct ['ædʒʌŋkt] *s* dodatak, dometak; pratilac, drug; *gram* adjunkt; *log* nebitna osobina, nebitno obilježje
adjuration [,ædʒuə'reiʃən] *s* zaklinjanje, zakletva, zaprisezanje, zaprisegnuće

adjure [ə'dʒuə] *vt* zaklinjati, preklinjati; prisezati; tražiti (od koga) izjavu pod zakletvom
adjust [ə'dʒʌst] *vt* namjestiti, dovesti u sklad, prilagoditi, urediti, udesiti, naravnati, regulirati; kompenzirati (kompas); poravnati, nagoditi; dovršiti | **to ~ the average** urediti, likvidirati (pomorsku) havariju; **to ~ an account** izravnati račun
adjustable [ə'dʒʌstəbl] *adj* prilagodiv; podesiv | *tech* **~ ring** postavni prsten
adjuster [ə'dʒʌstə] *s* onaj koji udešava, sastavlja, sklapa stroj itd., udesitelj, ispravljač; uređivač; opremač; namiritelj
adjusting-balance [ə'dʒʌstiŋ.bæləns] *s* vaga za mjerenje novca
adjusting-scale [ə'dʒʌstiŋskeil] *s* vaga za mjerenje novca
adjusting-screw [ə'dʒʌstiŋskru:] *s tech* kočni zavrtanj, vijak za regulaciju
adjusting valve [ə'dʒʌstiŋvælv] *s tech* regulacijski ventil
adjustment [ə'dʒʌstmənt] *s* namještanje, podešavanje, dotjerivanje, reguliranje, naravnavanje; pomirenje, izravnanje; prilagođenje
adjutage (ajutage) ['ædʒutidʒ] *s tech* spojnica, spojna cijev; prskalica, rešetka (npr. na kanti za polijevanje)
adjutancy ['ædʒutənsi] *s mil* služba, položaj ađutanta
adjutant[1] ['ædʒutənt] *s mil* ađutant | **~-general** prvi pomoćnik komandanta
adjutant[2] ['ædʒutənt] *s ornith* | **~-bird** azijska roda
adjuvant ['ædʒu:vənt] *adj* koji pomaže, pomoćni
adjuvant ['ædʒu:vənt] *s* pomoćnik, pomagač; pomagalo, pomoć; *med* pomoćno sredstvo, pomagalo
adlib [æd'lib] *vt/i* improvizirati (tekst, govor itd.), slobodno dodavati
ad lib ['æd'lib] *adv* po volji
admeasure [æd'meʒə] *vt* izmjeriti, odmjeriti, razdijeliti
admeasurement [æd'meʒəmənt] *s* mjerenje, mjera, baždarenje; razdjela, opseg | *mar* **bill of ~** potvrda o tonaži
administer [əd'ministə] *vt/i* **I.** *vt* upravljati, rukovati; podjeljivati, dati (lijek); primijeniti, upotrijebiti; izvršavati **II.** *vi* pridonijeti, pripomoći; vršiti dužnost (upravitelja) | **to ~ upon (to) a will** izvršiti oporuku; **to ~ an oath** zaprisegnuti koga; **to ~ justice** krojiti pravdu
administrable [əd'ministrəbl] *adj* koji se može upravljati, rukovati; koji se može dati; koji se može izvršiti
administration [əd.mini'streiʃən] *s* uprava, vlada, ministarstvo, upravljanje, administracija; *US* trajanje vršenja dužnosti; upravljanje (imanjem bolesna čovjeka); podjeljivanje (pravde); davanje (lijeka); primanje, uzimanje zakletve | **~ of a bankrupt's estate** upravljanje stečajnom masom
administrative [əd'ministrətiv] *adj* (**~ly** *adv*) upravni, administrativni
administrator [əd'ministreitə] *s* upravnik, upravitelj; staratelj; administrator; *jur* izvršitelj oporuke
administratorship [əd'ministreitəʃip] *s* služba, položaj upravitelja, staratelja, administratora, izvršitelja oporuke
administratrix [əd'ministreitriks] *s* (*pl* **~es, administratrices** [əd'ministreitrisi:z]) upraviteljica, stateljica, administratorka; *jur* izvršiteljica oporuke
admirable ['ædmərəbl] *adj* (**admirably** *adv*) divan, krasan
admirableness ['ædmərəblnis] *s* divota, krasota
admiral ['ædmərəl] *s* **1.** *mar* admiral; admiralski brod **2.** *ent* admiral, vrsta leptira | **Admiral of the Fleet** veliki admiral; **Admiral** admiral; **Vice-Admiral** viceadmiral; **Rear-Admiral** kontraadmiral
admiralship ['ædmərəlʃip] *s* admiralstvo, položaj, čast admirala
admiralty ['ædmərəlti] *s* admiralitet | **The Board of Admiralty** Admiralitetski savjet; **The First Lord of the Admiralty** ministar ratne mornarice; **The Admiralty Court** mornarički sud
admiration [.ædmə'reiʃən] *s* divljenje, čuđenje (*of* čemu); predmet divljenja | **note of ~** uskličnik (!); **to ~** začudo
admire [əd'maiə] *vt/i* diviti se, vrlo cijeniti; ljubiti, obožavati, čuditi se; *US* voljeti, željeti
admirer [əd'maiərə] *s* obožavalac, štovatelj, ljubitelj
admissibility [əd.misə'biliti] *s* dopustivost, prihvatljivost, usvojivost
admissible [əd'misəbl] *adj* (**admissibly** *adv*) dopustiv, prihvatljiv
admission [əd'miʃən] *s* primanje (u članstvo); pripuštanje, prijem, pristup, ulazak; dopuštenje; priznanje | **ticket of ~** ulaznica; **~ free** ulaz besplatan; **to make ~** priznati, priznavati
admissive [əd'misiv] *adj* koji dopušta, priznaje
admit [əd'mit] *vt/i* **I.** *vt* dopustiti, priznati, potvrditi; uvažiti; primiti (u članstvo); pripustiti **II.** *vi* dopuštati | **~ a claim** priznati dug; **~ as partner** uzeti za kompanjona; **~ into one's confidence** povjeriti se komu
admit of [əd'mit'ɔv] *vt* dopuštati, dopustiti, dozvoliti, trpjeti, tolerirati | **it ~s of no doubt** ne dopušta nikakvu sumnju
admittable [əd'mitəbl] *adj* dopustiv; koji se može primiti, prihvatiti, pripustiti
admittance [əd'mitəns] *s* pristup, primanje, pripuštanje, ulazak, prihvaćanje, dopuštanje | **to apply for ~** tražiti, moliti za prijem, pristup; **no ~!** pristup zabranjen!

admittedly [əd'mitidli] *adv* kao što je svima poznato, kao što cijeli svijet zna, po općem priznanju
admix [əd'miks] *vt/i* **I.** *vt* primiješati, pomiješati, dodati **II.** *vi* pomiješati se, smiješati se
admixture [əd'mikstʃə] *s* miješanje; smjesa, primjesa, mješavina; dodatak
admonish [əd'mɔniʃ] *vt* opomenuti, upozoriti; prekoriti, ukoriti, savjetovati, naputiti; podsjetiti
admonishment [əd'mɔniʃmənt] *s* opomena, savjet, opominjanje, prijekor, ukor; upozorenje
admonition [ˌædmə'niʃən] *s* → **admonishment**
admonitory [əd'mɔnitəri] *adj* (**admonitorily** *adv*) koji opominje, kori, podsjeća
adnominal [æd'nɔminl] *adj* adnominalan, priimenski
adnoun ['ædnaun] *s* pridjev; pridjev upotrijebljen kao imenica
ado [ə'duː] *s* vika, buka, galama; muka, trud | **much ~ about nothing** mnogo vike ni za što; **make no more ~ about it** dosta je bilo, šuti već jedanput o tom; **without more ~** bez daljnjeg ustručavanja
adobe [ə'dəubi] *s* ćerpič, nepečena opeka (sušena na suncu)
adolescence [ˌædə'lesns] *s* mladost, mladenaštvo
adolescency [ˌædə'lesnsi] *s* mladenačka, mladićka (djevojačka) dob, mladost; mladići (djevojke), mladež
adolescent [ˌædə'lesnt] *s* mladić, djevojka
adolescent [ˌædə'lesnt] *adj* mlad, mladenački (djevojački); koji se još razvija, nedozreo
Adonis [ə'dəunis] *s* Adonis (grčki bog); lijep čovjek; kicoš; *bot* gorocvijet
adonize ['ædənaiz] *vt/i* **I.** *vt* ukrašivati, dotjerivati **II.** *vi* ponašati se kao Adonis
adopt [ə'dɔpt] *vt* posvojiti, uzeti pod svoje, posiniti, pokćeriti; prisvojiti, primiti, prigrliti; izabrati; poduzeti; poći (nekim putem)
adoptable [ə'dɔptəbl] *adj* koji se može posvojiti, primiti
adoption [ə'dɔpʃən] *s* 1. posvajanje, primanje, preuzimanje (npr. tuđih riječi bez promjene) 2. posinjenje, pokćerivanje 3. prihvaćanje | **country of ~** nova domovina
adoptive [ə'dɔptiv] *adj* (**~ly** *adv*) posvojen, primljen, uzet pod svoje; koji usvaja, koji uzima pod svoje | **~ son (father)** posinak (poočim)
adorable [ə'dɔːrəbl] *adj* (**adorably** *adv*) vrijedan ljubavi, divljenja; divan, dostojan obožavanja
adoration [ˌædə'reiʃən] *s* obožavanje, klanjanje, poštivanje, divljenje; ljubav
adore [ə'dɔː] *vt* obožavati, klanjati se, poštovati; strastveno ljubiti
adorer [ə'dɔːrə] *s* obožavatelj, štovatelj
adoring [ə'dɔːriŋ] *adj* (**~ly** *adv*) koji ljubi, obožava
adorn [ə'dɔːn] *vt* ukrasiti, uresiti, iskititi, kititi, uljepšati
adornment [ə'dɔːnmənt] *s* kićenje, ures, ukras, nakit
adown [ə'daun] *adv* & *prep* → **down**
adrift [ə'drift] *adv* (plutajući) nasumce, prepušten slučaju, prepušteno vjetru i valovima | **to cut ~** pustiti (čamac) da ga struja nosi; *fig* prepustiti sudbini; **to turn a person ~** prepustiti koga njegovoj sudbini; **to break ~ from the moorings** otrgnuti se od sidra; **to cut a p ~** odvojiti, otuđiti koga (*from* od); **to run ~** ići kuda (nas) oči vode
adroit [ə'drɔit] *adj* (**~ly** *adv*) okretan, vješt, spretan, umješan
adroitness [ə'drɔitnis] *s* okretnost, vještina, spretnost
adry [ə'drai] *pred adj* suh; žedan
adscititious [ˌædsi'tiʃəs] *adj* dodat, primetnut; preuzet, prihvaćen
adulate ['ædjuleit] *vt* dodvoravati se, ulagivati se
adulation [ˌædju'leiʃən] *s* ponizno laskanje, ulagivanje, ulizivanje, dodvoravanje
adulator ['ædjuleitə] *s* laskavac, ulagivač, ulizica, čankoliz, dodvorica
adulatory ['ædjuleitəri] *adj* laskav, ulizički, ulagivački
adult ['ædʌlt] *adj* odrastao, zreo, punoljetan
adult ['ædʌlt] *s* odrastao, zreo, punoljetan čovjek
adulterate [ə'dʌltərit] *adj* krivotvoren, patvoren, falsificiran; nečist, pomiješan; preljubnički, brakoloman
adulterate [ə'dʌltəreit] *vt* kvariti; krivotvoriti, patvoriti, falsificirati; iskvariti, pomiješati, pokvariti; izvršiti preljub | **~d milk** razvodnjeno mlijeko
adulteration [əˌdʌltə'reiʃən] *s* kvarenje, miješanje, patvorenje, falsificiranje; *tech* krivotvoren proizvod
adulterator [ə'dʌltəreitə] *s* krivotvoritelj, patvoritelj
adulterer [ə'dʌltərə] *s* preljubnik, brakolomnik
adulteress [ə'dʌltəris] *s* preljubnica, brakolomnica
adulterine [ə'dʌltərain] *adj* vanbračni, rođen izvan braka; *fig* neprav, kriv, patvoren
adulterous [ə'dʌltərəs] *adj* (**~ly** *adv*) preljubnički, brakoloman, rodoskvrni; nečist
adultery [ə'dʌltəri] *s* preljub, brakolomstvo, blud
adulthood [ə'dʌlthud] *s* odrasla dob, zrele godine

adumbrate ['ædəmbreit] *vt* naznačiti, skicirati, dati obrise, osjeniti; nagovijestiti, dati naslutiti
adumbration [ˌædəm'breiʃən] *s* obris, skica, prvi nacrt
adumbrative [ə'dʌmbrətiv] *adj* (**~ly** *adv*) koji je dan samo u obrisima, u glavnim crtama, koji je samo naznačen
adust [ə'dʌst] *adj* izgorio, spržen, spaljen; opaljen, garav, preplanuo; sasušen; *fig* taman, mračan, sumoran
ad valorem ['ædvə'lɔːrəm] *adj* prema vrijednosti, kao što je procijenjeno | **~ duty** carina po vrijednosti
advance [əd'vaːns] *vt/i* **I.** *vt* 1. pomaknuti, pokrenuti naprijed; unaprijediti, ubrzati, uskoriti, potpomoći; pospješiti 2. iznijeti 3. platiti unaprijed; pozajmiti, predujmiti 4. podići (cijenu) **II.** *vi* krenuti naprijed, pomicati se, napredovati; (o cijenama) dizati se, rasti, povećati se | **to be ~d** biti unaprijeđen; **to ~ a solution for** predložiti rješenje za
advance [əd'vaːns] *s* 1. napredak, napredovanje; pretjecanje, unapređenje, promaknuće 2. približavanje 3. vrh, čelo; 4. isplata unaprijed, predujam; akontacija; zajam; 5. dizanje cijena; 6. *pl* pokušaji prilaženja, podilaženja komu; izlaženje u susret | **to make ~s** pokušati se približiti (upoznati, sprijateljiti); **payment in ~** plaćanje unaprijed; **to be in ~ of** biti ispred koga; **prices are on the ~** cijene su u porastu; **to work in ~** praviti zalihu; **~ freight** unaprijed plaćena vozarina
advanced [əd'vaːnst] *adj* 1. isturen, koji stoji naprijed 2. napredan, odmakao 3. moderan, ekstreman, emancipiran | **~ age** poodmakla dob; **~ in years** u godinama; **~ cruiser line** *mar* patrolna linija
advance-guard [əd'vaːnsgaːd] *s* predstraža; prednja četa; avangarda
advancement [əd'vaːnsmənt] *s* napredovanje, napredak, progres; unapređenje, promicanje; širenje; isplata unaprijed, predujam
advance-money [əd'vaːnsˌmʌni] *s* predujam
advance-party [əd'vaːnsˌpaːti] *s US mil* izvidnica, izviđačka četa, prethodnica
advance-post [əd'vaːnspəust] *s* predstraža (i *fig*)
advance-sale [əd'vaːnsseil] *s* pretprodaja
advance-sheets [əd'vaːnsʃiːts] *s pl print* neuvezani štampani arci knjige (koji se daju autoru radi naknadnih ispravaka)
advantage [əd'vaːntidʒ] *s* prednost, nadmoćnost; dobitak, probitak, korist; zgodan, povoljan čas; *sport* prvi poen nakon đusa u tenisu, edvantidž | **to have the ~ of, to gain an ~ over** nadmašivati, imati prednost nad kim, biti od koga nadmoćniji; **to take ~ of a th** iskoristiti priliku, izvući korist od, nadmudriti; **to take a person at ~** iznenaditi koga; **to ~** korisno, povoljno; **to the best ~** najpovoljnije; **to turn a thing to one's ~** okrenuti stvar sebi u prilog; **you have the ~ of me** (pri predstavljanju) vi me poznajete, ali ja vas ne
advantage [əd'vaːntidʒ] *vt* potpomagati, unaprijediti; koristiti
advantage-ground [əd'vaːntidʒgraund] *s mil* nadmoćniji, povoljniji položaj (za napredovanje ili za obranu)
advantageous [ˌædvən'teidʒəs] *adj* (**~ly** *adv*) pogodan, povoljan, zgodan; koristan, probitačan (*to, for* za)
advene [æd'viːn] *vi* pridoći, nadoći, pristići
advent ['ædvənt] *s* dolazak, prispijeće; pojava; *eccl* božićni post; dolazak Kristov, advent
adventitious [ˌædven'tiʃəs] *adj* (**~ly** *adv*) prigodan, slučajan, iznenadan
adventure [əd'ventʃə] *s* 1. opasnost, pogibelj, opasan pothvat, vratolomija 2. čudna zgoda, pustolovina, događaj, doživljaj, avantura 3. *com* spekulacija, rizik, roba poslana brodom na kupčev rizik 4. *mar* (predstojeće) putovanje
adventure [əd'ventʃə] *vt/i* **I.** *vt* izložiti opasnosti, staviti na kocku, poduzeti na sreću **II.** *vi* doći u (*in, into*) opasnost, izložiti se opasnosti; pokušati, usuditi se, odvažiti se (*on, upon* na što)
adventurer [əd'ventʃərə] *s* pustolov, avanturist, protuha, probisvijet; špekulant; *mar* brod bez dokumenata za plovidbu
adventuresome [əd'ventʃəsəm] *adj* → **adventurous**
adventurous [əd'ventʃərəs] *adj* (**~ly** *adv*) pustolovan; poduzetan; odvažan, srčan; riskantan; opasan
adverb ['ædvəːb] *s* prilog, adverb
adverbial [əd'vəːbiəl] *adj* (**~ly** *adv*) priloški, adverbijalan
adversary ['ædvəsəri] *s* protivnik, suparnik, neprijatelj | **the Adversary** vrag, đavo, sotona
adversative [əd'vəːsətiv] *adj* (**~ly** *adv*) suprotan, protivan
adverse ['ædvəːs] *adj* (**~ly** *adv*) suprotan, protivan, oprečan; neprijateljski (*to* prema), štetan, nepovoljan; loš | *com* **~ balance** pasivna bilanca; **~ party** protivnik, neprijateljska strana; **~ fate** loša sreća; **~ly affected** pogođen, izložen negativnom djelovanju
adversity [əd'vəːsiti] *s* nedaća, nesreća, nezgoda, bijeda, nevolja; zla kob, zao udes
advert [əd'vəːt] *vi* skrenuti pažnju, upozoriti (*to* na); paziti, spomenuti
advertise ['ædvətaiz] *vt/i* **I.** *vt* izvijestiti, obavijestiti; objaviti, javiti; oglasiti, oglašivati, anonsirati **II.** *vi* oglašivati, praviti reklamu; tražiti putem oglasa (*for* koga)
advertisement [əd'vəːtismənt] *s* oglas, anonsa, objava, obavijest; savjet, uputa, opo-

mena | **to put an ~ in a paper** dati oglas u novine
advertising ['ædvətaiziŋ] *adj* koji oglašuje, oglasni, reklamni | **~ agency** oglasni zavod
advice [əd'vais] *s* savjet, mišljenje; prijedlog; obavještenje; vijest, glas, obavijest; *pl* vijesti | **as per ~ of** prema obavijesti, uputi; **until further ~** do daljnje obavijesti; **~ of dispatch** otpremnica, obavijest o otpremi (robe); **I took his ~** poslušao sam njegov savjet
advice-boat [əd'vaisbəut] *s mar* kurirski brod
advice-note [əd'vaisnəut] *s* avizo
advisability [əd,vaizə'biliti] *s* uputnost, prikladnost, podesnost, preporučljivost
advisable [əd'vaizəbl] *adj* (**advisably** *adv*) uputan, pogodan, povoljan, preporučljiv, pametan, probitačan, shodan
advise [əd'vaiz] *vt/i* **I.** *vt* savjetovati, preporučiti; obavijestiti, izvijestiti; opomenuti **II.** *vi* razmisliti, promisliti; dogovoriti se, posavjetovati se (*with* s kim)
advised [əd'vaizd] *adj* promišljen, lukav, razborit | **be ~!** budi oprezan; **be ~ by me** poslušaj moj savjet
advisedly [əd'vaizidli] *adv* razumno, oprezno, razborito, promišljeno, mudro
adviser [əd'vaizə] *s* savjetnik, savjetodavac | **legal ~** odvjetnik, advokat, pravni savjetnik
advisory [əd'vaizəri] *adj* savjetodavni, koji ima pravo da daje savjet, mišljenje
advocacy ['ædvəkəsi] *s* obrana, zastupanje (na sudu); posredovanje, zagovaranje, zauzimanje (*of* za)
advocate ['ædvəkit] *s* zagovornik, odvjetnik, advokat; branitelj, zastupnik
advocate ['ædvəkeit] *vt* braniti, zastupati; podržavati, zauzimati se, preporučivati
advowson [əd'vauzən] *s eccl* pravo na prebendu
adze [ædz] *s* tesla
adze [ædz] *vt* bradviti, tesati teslom
aedile (edile) ['i:dail] *s* edil, rimski magistrat koji se brinuo za javne zgrade, trgove itd., gradski nadglednik
aegis (egis) ['i:dʒis] *s* 1. štit 2. zaštita, pokroviteljstvo, egida | **under the ~ of** pod pokroviteljstvom
aeon (eon) ['i:ən] *s* eon, vijek
aerate ['eiəreit] *vt* prozračiti, provjetriti; napuniti zrakom; izložiti kemijskom djelovanju zraka; zasititi tekućinu ugljičnim dioksidom, gazirati
aerial ['ɛəriəl] *adj* (**~ly** *adv*) zračan; zračni, uzdušni, atmosferski; eteričan, nezemaljski, nezbiljski | **~ view** pogled iz zraka, iz ptičje perspektive
aerial ['ɛəriəl] *s radio & TV* antena | **~ ropeway, ~ railway** žičana željeznica
aerie (aery) ['ɛəri] *s* gnijezdo ptice grabljivice; ljudska nastamba visoko u planini; ptići ptice grabljivice
aeriform ['ɛərifɔ:m] *adj* od zraka, poput zraka; nezbiljski, nezemaljski
aero ['ɛərəu] *s coll* zračno prijevozno sredstvo, avion
aerobatics [,ɛərə'bætiks] *s pl* akrobatsko letenje
aerobus ['ɛərəbʌs] *s sl* avion, zračno prijevozno sredstvo
aerodrome ['ɛərədrəum] *s* uzletište, aerodrom
aerodynamics ['ɛərəudai'næmiks] *s pl* aerodinamika
aerogram ['ɛərəgræm] *s* aerogram
aerolite ['ɛərəlait] *s minr* aerolit, meteorski kamen
aeronaut ['ɛərənɔ:t] *s* zrakoplovac, avijatičar
aeronautic [,ɛərə'nɔ:tik] *adj* zrakoplovni, aeronautički
aeronautics [,ɛərə'nɔ:tiks] *s* zrakoplovstvo, aeronautika
aeroplane ['ɛərəplein] *s* aeroplan, avion
aerostat ['ɛərəstæt] *s* aerostat
aery ['ɛəri] *s* → **aeric**
aesthete (esthete) ['i:sθi:t] *s* estet, ljubitelj lijepoga; estetičar
aesthetic [i:s'θetik] *adj* (**~ally** *adv*) estetski, umjetnički, profinjen, istančan
aestheticism [i:s'θetisizəm] *s* ljubav prema svemu što je lijepo, profinjeno; estetizam
aesthetics [i:s'θetiks] *s pl* estetika
aestival (estival) [i:s'taivəl] *adj* ljetni, koji se odnosi na ljetno doba
aestivate ['i:stiveit] *vi zool* provesti ljeto u obamrlom stanju, u snu
aetiology [,i:ti'ɔledʒi] *s* nauka o uzroku bolesti, etiologija
afar [ə'fa:] *adv* udaljeno, daleko | **~ off** daleko, daleko odavde; **from ~** izdaleka, iz daljine
affability [,æfə'biliti] *s* prijaznost, ljubaznost, prijatnost
affable ['æfəbl] *adj* (**affably** *adv*) prijazan, prijatan, ljubazan, mio, pristupačan (*to* prema)
affair [ə'fɛə] *s* 1. posao, stvar 2. sukob, dvoboj 3. *mil* boj, bitka 4. afera | **that is my ~** to je moja stvar, briga; **~ of honour** stvar časti, dvoboj; *coll* **a gorgeous ~** sjajna stvar; *pl* poslovi (trgovački, politički itd.); **Secretary of State for Foreign Affairs** ministar vanjskih poslova; **a man of many ~s** mnogostran čovjek, koji se bavi mnogim poslovima; **at the head of ~s** na vodećem položaju; **to have an ~ with** imati vezu, odnošaj sa; **state of ~s** stanje stvari
affect [ə'fekt] *s* afekt, uzbuđenje, čuvstveno stanje
affect[1] [ə'fekt] *vt* 1. voljeti, rado činiti 2. osjećati sklonost za što 3. hiniti, praviti se
affect[2] [ə'fekt] *vt* 1. štetno djelovati na, napasti, povrijediti (npr. bolest koji or-

gan tijela) 2. štetiti, škoditi, utjecati na 3. *fig* ganuti, dirnuti, kosnuti, pogoditi

affectation [ˌæfekˈteiʃən] *s* izvještačenost, prenemaganje, pretvaranje, hinjenje, pričinjavanje, neprirodnost, afektiranje

affected[1] [əˈfektid] *adj* (**~ly** *adv*) izvještačen, neprirodan, usiljen, kićen, hinjen

affected[2] [əˈfektid] *adj* 1. napadnut od bolesti, obolio; pogođen 2. ganut, dirnut; sklon | **mentally ~** duševno bolestan

affecting [əˈfektiŋ] *adj* (**~ly** *adv*) ganutljiv, dirljiv

affection[1] [əˈfekʃən] *s* uzbuđenje, uzbuđenost; sklonost, naklonost (*for* za, *towards* prema), raspoloženje, ljubav (*for* za) | **to have an ~ for** pokazivati sklonost, ljubav za; **to set one's ~s on** zavoljeti, pokazivati ljubav

affection[2] [əˈfekʃən] *s* bolest, oboljenje

affectionate [əˈfekʃnit] *adj* (**~ly** *adv*) ljubazan, srdačan, nježan, odan | **Yours affectionately** Voli te tvoj .... (na kraju pisama)

affective [əˈfektiv] *adj* čuvstven, osjećajan, afektivan

affiance [əˈfaiəns] *s* vjera, vjerovanje, uzdanje (*in* u); zaruke

affiance [əˈfaiəns] *vt* zaručiti, vjeriti | **to be ~d to** biti zaručen sa

affidavit [ˌæfiˈdeivit] *s jur* afidavit, prisegom potvrđena izjava, očitovanje | **to make (take, swear) an ~ of** dati izjavu, očitovanje pod prisegom

affiliate [əˈfilieit] *vt* primiti, posiniti; pripojiti, afilirati (*to* k, *with* sa), udružiti (*with* sa); *jur* utvrditi očinstvo

affiliation [əˌfiliˈeiʃən] *s* posinjenje, primanje; pripojenje, afilijacija (podružnica u glavno poduzeće); prijateljska, rodbinska veza; srodstvo; *jur* utvrđivanje očinstva

affined [əˈfaind] *adj* srodan, blizak, povezan

affinity [əˈfiniti] *s* rodbina, srodstvo; srodnost, sličnost (*with* sa); privlačivost, privlačnost; naklonost, sklonost, simpatija; *chem* & *fig* afinitet (*between* između) | **to have an ~ for** pokazivati sklonost za

affirm [əˈfəːm] *vt/i* potvrditi; tvrditi; posvjedočiti, potpisati

affirmation [ˌæfəˈmeiʃən] *s* tvrđenje, potvrđivanje, tvrdnja; iskaz, izjava, očitovanje

affirmative [əˈfəːmətiv] *adj* (**~ly** *adv*) potvrdan, jestan, afirmativan

affirmative [əˈfəːmətiv] *s* potvrda, potvrđivanje | **to answer in the ~** odgovoriti potvrdno, pozitivno, jesno

affirmatory [əˈfəːmətəri] *adj* potvrdan, pozitivan, jestan

affix [əˈfiks] *vt* pričvrstiti (*to, on* na), pripojiti, prilijepiti (marku i dr. *on* na); prikopčati; dodati | **to ~ the leads** zapečatiti, plombirati

affix [ˈæfiks] *s* dodatak; *gram* afiks, slog koji se dodaje riječi

afflatus [əˈfleitəs] *s* nadahnuće, inspiracija

afflict [əˈflikt] *vt* ožalostiti, potištiti, rastužiti, nanijeti bol; mučiti, uvrijediti, povrijediti (*with* čime)

affliction [əˈflikʃən] *s* potištenost, jad, tuga, bol, žalost, mučenje, nesreća, nedaća, bolest

affluence [ˈæfluəns] *s* 1. pritjecanje, stjecanje 2. obilje, bogatstvo

affluent [ˈæfluənt] *adj* (**~ly** *adv*) koji utječe, pritječe; obilan, bogat

affluent [ˈæfluənt] *s* pritok

afflux [ˈæflʌks] *s* pritjecanje, priljev, navala, nadiranje

afford [əˈfɔːd] *vt* pružiti, pribaviti, smoći, namaknuti, imati sredstva, priuštiti, dopustiti, dozvoliti, dati | **I can't ~ it** ne mogu sebi to dozvoliti, priuštiti

afforest [æˈfɔrist] *vt* pošumiti

afforestation [æˌfɔrisˈteiʃən] *s* pošumljivanje

affranchise [əˈfræntʃaiz] *vt* osloboditi (roba), dati robu slobodu

affray [əˈfrei] *s* tučnjava, gungula, kavga, strka; *mil* čarkanje

affricate [ˈæfrikit] *s phon* afrikata

affright [əˈfrait] *vt arch* prestrašiti

affright [əˈfrait] *s arch* strava, strah

affront [əˈfrʌnt] *vt* uvrijediti, pogrditi; gledati u lice, suočiti, stati nasuprot, usprotiviti se, prkositi

affront [əˈfrʌnt] *s* uvreda, pogrda, nepoštovanje | **to put an ~ upon** (javno) uvrijediti koga; **to swallow an ~** progutati uvredu; **to feel an ~** osjećati kao uvredu, nepoštovanje

affusion [əˈfjuːʒən] *s* zalijevanje, polijevanje, prskanje

afield [əˈfiːld] *adv* napolju, u polju, daleko, na bojnom polju | **far ~** daleko (od kuće), iz daljine

afire [əˈfaiə] *adv* upaljeno, zapaljeno, u plamenu, u ognju

aflame [əˈfleim] *adv* u plamenu, zapaljeno

afloat [əˈfləut] *adv* & *adj* ploveći, lebdeći, plutajući; preplavljen; na moru, na brodu | **to set a ship ~** porinuti brod u more; **cargo ~** roba koja je još na putu preko mora; **to get ~** pokrenuti (časopis itd.); **the rumour is ~** kolaju glasine

afoot [əˈfut] *adj* & *adv* pješice, pješke; *fig* na nogama, u pokretu

afore [əˈfɔː] *adv mar* naprijed, sprijeda

afore [əˈfɔː] *prep* prije

aforegoing [əˈfɔːˌgəuiŋ] *adj* prijašnji, prethodašnji, prethodni

aforementioned [əˈfɔːˌmenʃənd] *adj* prije rečeni, gore spomenuti

aforenamed [əˈfɔːneimd] *adj* prije spomenuti, gore imenovani

aforesaid [əˈfɔːsed] *adj* prije rečeni, gore spomenuti

aforethought [ə'fɔːθɔːt] *adj* unaprijed smišljen
aforetime [ə'fɔːtaim] *adv* prije, nekada, nekoć
afraid [ə'freid] *pred adj* prestrašen, uplašen, zaplašen | **to be ~ of** bojati se (koga, čega); **I am ~ I am late** žao mi je, malo sam zakasnio; **I am ~ I shall have to go** oprostite, ali sad moram ići; **I am ~ he is not the right man for it** sve mi se čini da on nije pravi čovjek za to
afreet (afrit, afrite) ['æfriːt] *s* efrit, zao duh iz islamske mitologije
afresh [ə'freʃ] *adv* iznova, nanovo, opet
Africa ['æfrikə] *s* Afrika
African ['æfrikən] *adj* afrički, koji se odnosi na Afriku
African ['æfrikən] *s* Afrikanac, Afričanin, Afrikanka
Afrikaans [ˌæfri'kaːns] *s* afrikans, južnoafrički holandski jezik
Afrikander [ˌæfri'kændə] *s* Južnoafrikanac holandskog porijekla
afrit ['æfriːt] *s* → **afreet**
aft [aːft] *adv mar* prema krmi, na krmi, po krmi, straga
after ['aːftə] *adv* poslije, kasnije, zatim, nakon toga; straga | **shortly ~** uskoro nakon toga
after ['aːftə] *prep* iza, nakon, poslije; po, prema; za | **~ you** poslije vas, izvolite vi naprijed; **~ this fashion** na ovaj način; **~ all** napokon, ipak, uostalom, naposljetku, konačno; *fam* **what are you ~?** što zapravo hoćeš?, na što smjeraš?; **to be ~ a p** tražiti, progoniti koga
after ['aːftə] *conj* pošto, nakon što
after ['aːftə] *adj* stražnji, krajnji, kasniji, slijedeći, idući, budući | **~ years** budućnost; **~ ages** budući naraštaj, buduće pokoljenje; **~ cabin** stražnja kabina (na krmi broda); **~ mast** stražnji, krmeni jarbol
after-account ['aːftərəˌkaunt] *s* naknadni račun, naknadni zahtjev, tražbina
afterbirth ['aːftəbəːθ] *s med* placenta, posteljica; *jur* rođenje nakon očeve smrti
aftercrop ['aːftəkrɔp] *s* druga žetva, pažetva, pabirčenje, paljetkovanje
afterdamp ['aːftədæmp] *s* otrovni plin koji se razvija u rudniku poslije eksplozije metana
afterdeck ['aːftədek] *s* krmena paluba
after-effect ['aːftəriˌfekt] *s* posljedica
afterglow ['aːftəglәu] *s* rumenilo na zapadu nakon zalaska sunca
afterguard ['aːftəgaːd] *s* straža na krmi broda
aftergunner ['aːftəgʌnə] *s mil* topnik u repu aviona
afterlife ['aːftəlaif] *s* zagrobni život; kasnije godine
aftermath ['aːftəmæθ] *s* otava, druga košidba; *fig* posljedice
aftermost ['aːftəməust] *adj* koji je sasvim na kraju, posljednji; *mar* najbliži krmi | **~ oar** krmeno veslo
afternoon ['aːftə'nuːn] *s* poslijepodne | **~ watch** *mar* prva poslijepodnevna straža (od 12 do 16 sati)
afterpain ['aːftəpein] *s* naknadna bol, bolovi nakon porođaja
afterpiece ['aːftəpiːs] *s* lakrdija, manji komad koji se izvodi poslije glavnog komada
afterseason ['aːftəˌsiːzn] *s* posezona
after-taste ['aːftəteist] *s* okus koji ostane u ustima poslije jela ili pića, paokus
afterthought ['aːftəθɔːt] *s* misao koja se javlja pošto je nešto učinjeno; primisao, prikrivena misao
afterwards ['aːftəwədz] *adv* poslije, kasnije, zatim, nakon toga
again [ə'gein] *adv* opet, ponovo, iznova, još, još jedanput, osim toga, nadalje, isto tako; u drugu ruku, međutim, a opet | **~ and ~** uvijek iznova, nekoliko puta, svejednako, neprestano; **now and ~** povremeno, od vremena do vremena; **over ~** opet, iznova, još jedanput; **as much ~** još jedanput toliko; **time and ~** često, mnogo puta; **ever and ~** ovda onda, od vremena do vremena, na mahove
against [ə'geinst] *prep* protiv, prema; za, do, na, uz | **~ a rainy day** za crne dane; *coll* **to run ~ a person** nabasati na kȍga; **to work ~ time** raditi da bi se svršio posao do određenog vremena; **~ the wall** uza zid; **~ his coming** u očekivanju njegova dolaska; *fam* **to be up ~ it** biti u stisci
against [ə'geinst] *conj arch* do, prije nego | **be ready ~ he comes** budi gotov prije nego što dođe
agamic [ə'gæmik] *adj biol* koji se razmnožava bez oplođivanja; aseksualan
agape [ə'geip] *adv & pred adj* razjapivši usta, zinuvši, zablenuto
agate ['ægət] *s* 1. *minr* ahat (poludragi kamen) 2. instrument za glačanje zlatne žice 3. *US print* parisko pismo, vrsta štamparskog sloga, kegl (= $5 \times 1/2$ točaka)
agave [ə'geivi] *s bot* agava; *US* aloja
agaze [ə'geiz] *adv* zagledano, zabuljeno, začuđeno
age [eidʒ] *s* 1. dob, godine života, starost 2. stoljeće, vijek, razdoblje, period 3. odrasla dob, punoljetnost, zrelost 4. ljudski vijek, naraštaj, pokoljenje | **what is his ~?** koliko mu je godina?; **moon's ~** vrijeme koje protekne od mlađaka do uštapa; **full ~** punoljetnost, zrelost; **to come of ~** postati punoljetan; **what ~ do you give me?** što mislite, koliko mi je godina?; **he is my ~** on je mojih godina; **the infirmities of ~** staračke bolesti; **I haven't seen you for ~s** nisam te vidio već čitavu vječnost; **~ of discretion**

doba umne zrelosti; **to be over ~** biti prestar; **to be under ~** biti maloljetan; **tender ~** djetinjstvo, dječje godine; **at an early ~** rano; **down the ~s** kroz vjekove; **from ~ to ~** s koljena na koljeno; **~ group** osobe istih godina
age [eidʒ] *vi/t* starjeti, ostariti; učiniti starim, činiti da sazri; fiksirati (npr. boju)
aged [eidʒd] *pred adj,* ['eidʒid] *attr adj* u godinama, star, postar, vremešan | **he is ~ fifteen** njemu je petnaest godina
ageless ['eidʒlis] *adj* koji ne stari, vječno mlad
age-limit ['eidʒˌlimit] *s* starosna granica | **to retire under the ~** ići u mirovinu s nenavršenom starosnom granicom
agency ['eidʒənsi] *s* djelovanje, učinak, djelatnost; poslovanje, rad; zastupstvo, zastupanje, posredništvo, posredovanje; ured, agencija; agentura; posredstvo | **by the ~ of** pomoću, posredstvom; **employment ~** ured za posredovanje namještenja; **~ business** komisionalni posao
agenda [ə'dʒendə] *s* dnevni red, agenda, program rada, djelokrug rada; notes; bilješke
agent ['eidʒənt] *s* posrednik, otpravnik, poslovođa, upravitelj imanja, zastupnik, agent; sredstvo; faktor, agens | **~ general** glavni zastupnik
agential [ei'dʒenʃl] *adj* posrednički, zastupnički; koji se odnosi na agens
age-old ['eidʒəuld] *adj* prastar, vrlo star; dugogodišnji
age-worn ['eidʒwɔːn] *adj* ostario, istrošen od starosti
agglomerate [ə'glɔməreit] *vt/i* nakupiti, nagomilati; nakupiti se, nagomilati se
agglomerate [ə'glɔmərit] *adj* zbijen u hrpu, zgrudvan, nakupljen, nagomilan, sastavljen od neslijepljenih čestica
agglomerate [ə'glɔmərit] *s geol* aglomerat, skupina kamenih čestica, nakupina, hrpa, masa
agglomeration [əˌglɔmə'reiʃən] *s* aglomeracija, nagomilavanje, gomilanje, skupljanje; hrpa, masa
agglomerative [ə'glɔmərətiv] *adj* zbijen, nakupljen, nagomilan
agglutinate [ə'gluːtinit] *adj* slijepljen, aglutiniran
agglutinate [ə'gluːtineit] *vt/i* sastaviti, slijepiti, prilijepiti; slijepiti se, srasti, prilijepiti se; *gram* aglutinirati
agglutination [əˌgluːti'neiʃən] *s* sastavljanje, spajanje, sljepljivanje; *gram* aglutinacija
agglutinative [ə'gluːtinətiv] *adj* ljepljiv, koji se može slijepiti; *gram* aglutinativan
aggrandize ['ægrəndaiz] *vt* povećati, uzvisiti, uzdići, uzveličati, pretjerivati, uljepšavati
aggrandizement [ə'grændizmənt] *s* povećavanje, proširenje; napredak, uzdizanje; pretjerivanje, uljepšavanje
aggravate ['ægrəveit] *vt* otežati, pogoršati, pooštriti; *coll* naljutiti, izazivati, ogorčiti
aggravation [ˌægrə'veiʃən] *s* otežavanje, pogoršavanje; *coll* ljućenje
aggregate ['ægrigit] *adj* nagomilan, skupljen, združen, sastavljen | **~ amount** ukupna svota, zbroj; **~ sales** ukupni promet, prođa
aggregate ['ægrigit] *s* skupina, skup, gomila, cjelina, agregat | **in the ~** zajedno, ukupno, sve skupa, u cijelosti
aggregate ['ægrigeit] *vt/i* skupiti, nagomilati; spojiti, primiti u društvo; skupiti se, nagomilati se, nakupiti se
aggregation [ˌægri'geiʃən] *s* sakupljanje, gomilanje, nagomilavanje; skup, nakupina, gomila; primanje (u društvo)
aggress [ə'gres] *vi* napasti, navaliti, upasti, nasrnuti, provaliti
aggression [ə'greʃən] *s* napadaj, upad, (neočekivani) napad, provala, agresija; nasrtanje
aggressive [ə'gresiv] *adj* (**~ly** *adv*) nasrtljiv; napadački, nasilnički, agresivan, upadnički; *fig* koji vrijeđa oko, drečav | *US coll* **assume the ~** zametnuti kavgu
aggressiveness [ə'gresivnis] *s* nasrtljivost, ratobornost, sklonost za napadanje, provaljivanje; agresivnost
aggressor [ə'gresə] *s* napadač, porobljivač, zavojevač, agresor
aggrieve [ə'griːv] *vt* rastužiti, ražalostiti, mučiti, naškoditi
aghast [ə'gaːst] *adj* prestravljen, užasnut, zaprepašten, zaplašen, zbunjen | **stand ~ at** ostati zabezeknut od
agile ['ædʒail] *adj* (**~ly** *adv*) vrijedan, radin, hitar, brz, okretan, žustar, agilan
agility [ə'dʒiliti] *s* vrednoća, okretnost, hitrina, brzina, spretnost, agilnost
agio ['ædʒəu] *s com* ažio | **~ business** mjenjački posao; ažiotaža
agiotage ['ædʒətidʒ] *s com* ažiotaža, mjenjački posao; burzovne spekulacije
agitate ['ædʒiteit] *vt/i* **I.** *vt* pokretati, drmati, uzburkati, mahati, tresti; uzrujati, potresti; buniti; *fig* raspravljati, pretresati, diskutirati **II.** *vi* agitirati, rovariti
agitation [ˌædʒi'teiʃən] *s* pokretanje, gibanje, uzburkanost; uznemirenost, uzbuđenje, nespokojstvo, nemir, vrenje, podbadanje, raspravljanje; agitiranje; *tech* miješanje
agitator ['ædʒiteitə] *s* pokretač, podbadač, huškač, smutljivac; *tech* miješalica
aglet (aiglet) ['æglit] *s* metalni privjesak (na gajtanu)
aglow [ə'gləu] *adv* & *pred adj* zažareno, zarumenjeno; *fig* uzrujano, uzbuđeno
agnail ['ægneil] *s* zanoktica
agnate ['ægneit] *s* agnat, rođak (po ocu)

agnate ['ægneit] *adj* agnatan, srodan (s očeve strane)
agnation [æg'neiʃən] *s* srodstvo (s očeve strane)
agnomen [æg'nəumen] *s* nadimak, pridjevak, epitet, ime
agnostic [æg'nɔstik] *s* agnostik, pristaša agnosticizma; skeptik
agnostic [æg'nɔstik] *adj* agnostički, koji se odnosi na agnostika; skeptičan
ago [ə'gəu] *adj* (koji je bio) prije | **he died two years ~** umro je prije dvije godine
ago [ə'gəu] *adv* prije, ranije, prošlo, pred | **long ~** davno; **no longer ~ than last week** tek prošli tjedan
agog [ə'gɔg] *adv* & *pred adj* u pokretu; željno, žedno, požudno; u napetom očekivanju, nestrpljivo, radoznalo
agonal ['ægɔnəl] *adj med* agonalan
agonistic [ˌægə'nistik] *adj* (**~ally** *adv*) takmičarski, atletski, sportski; *fig* svadljiv, inatljiv
agonize ['ægənaiz] *vt/i* **I.** *vt* mučiti, kinjiti **II.** *vi* kinjiti se, mučiti se, boriti se sa smrću
agonizing ['ægənaiziŋ] *adj* (**~ly** *adv*) mučan, bolan, grozan, samrtni, očajnički
agony ['ægəni] *s* agonija, borba sa smrću, hropac; izdisanje; rvanje, duševna muka, patnja | **~ column** stupac u novinama u kome se traže nestala lica
agoraphobia [ˌægərə'fəubiə] *s med* strah od javnih mjesta, agorafobija
agouti (**agouty**) [ə'gu:ti] *s zool* aguti, zamorac
agrarian [ə'greəriən] *adj* ratarski, zemljoradnički, poljoprivredni, agrarni | **~ outrage** povreda prava u sporu između zemljoposjednika i zakupnika
agrarian [ə'greəriən] *s* zemljoradnik, ratar; agrarac, pobornik podjednake raspodjele zemlje onima koji je obrađuju
agree [ə'gri:] *vi/t* **I.** *vi* 1. pristati (*to* na), složiti se (*upon* u čemu), nagoditi se, obavezati se; privoljeti se (čemu), suglasiti se 2. odgovarati (*with* komu, čemu) 3. slagati se (*with* sa) **II.** *vt* pomiriti, uskladiti, urediti, izravnati (*to*, *with* sa); odobriti | **climate does not ~ with me** ne odgovara mi klima; **to ~ upon a th** sporazumjeti se u čemu, utanačiti što
agreeable [ə'griəbl] *adj* (**agreeably** *adv*) suglasan, sporazuman, prikladan; prijatan, ugodan | *fam* **I am ~** sporazuman sam, voljan sam, pravo mi je
agreement [ə'gri:mənt] *s* sporazum, ugovor, utanačenje, pogodba; slaganje, suglasnost, sloga, podudaranje | **to make an ~** sklopiti sporazum; **by general** (**mutual**) **~** po općem (uzajamnom) pristanku; **to come to an ~** složiti se, nagoditi se, sporazumjeti se; **to be in ~** slagati se
agrestic [ə'grestik] *adj* seoski, priprost, grub, jednostavan
agricultural [ˌægri'kʌltʃərəl] *adj* (**~ly** *adv*) zemljoradnički, ratarski, poljodjelski, poljoprivredni, agrikulturni | **~ engineer** agrotehničar; **~ engineering** agrotehnika; **~ technologist** agrotehničar; **~ technology** agrotehnika
agriculturalist [ˌægri'kʌltʃərəlist] *s* poljodjelac, ratar, zemljoradnik; poljoprivrednik; agronom
agriculture ['ægrikʌltʃə] *s* poljodjelstvo, zemljoradnja, poljoprivreda, ratarstvo, agrikultura
agriculturist [ˌægri'kʌltʃərist] *s* → **agriculturalist**
agronomical [ˌægrə'nɔmikəl] *adj* poljodjelski, ratarski, poljoprivredni, zemljoradnički, agronomski
agronomics [ˌægrə'nɔmiks] *s pl* nauka o poljodjelstvu, agronomija
agronomist [æ'grɔnəmist] *s* agronom, naučno obrazovan poljodjelac
agronomy [ə'grɔnəmi] *s* agronomija, znanost o ratarstvu
aground [ə'graund] *adv* & *pred adj* nasukano; na plićinu; *fig* u stisci, u neprilici | **to run ~** nasukati se, nasjesti
ague ['eigju:] *s med* povratna groznica, malarična groznica, napadaj groznice; zimica
agued ['eigju:d] *adj* grozničav, koji uzrokuje groznicu
aguish ['eigju:iʃ] *adj* (**~ly** *adv*) grozničav, koji ima groznicu, koji uzrokuje groznicu; *fig* koji dršće, koji se trese; hladan, leden
ah [a:] *interj* ah, oh, jao
aha [a:'ha:] *interj* aha!, gle!, tako, tako! (usklik, koji izražava zadovoljstvo ili ironiju)
ahead [ə'hed] *adv* naprijed, sprijeda, na čelu, na vrhu, pravo, ravno | **to go ~** (žurno) napredovati, ići naprijed; nastaviti; *mar* **breakers ~** pazi, sika! (plićina pred brodom); *com* **to buy** (**sell**) **~** kupovati (prodavati) unaprijed; **to look ~** gledati unaprijed (u budućnost); **to work ~** raditi za budućnost, praviti zalihu; **straight ~** ravno naprijed
ahead [ə'hed] *pred adj* napredniji, nadmoćniji | **he is ~ of his times** on je prerastao svoje vrijeme; **to be ~ of a p** biti ispred koga; natkriliti koga
aheap [ə'hi:p] *adv* na hrpi, u hrpi, u gomili, sve zajedno
ahem [m'mm, hm] *interj* hm (nakašljavanje)
ahoy [ə'hɔi] *interj mar* hej!, ahoj! | **ship ~** brod na vidiku
ahull [ə'hʌl] *adv mar* s ubranim jedrima i s rudom pod vjetar, bez jedara
aid [eid] *vt* pomagati, pomoći; olakšati; pripomoći | *jur* **to ~ and abet** potpomoći, ići na ruku

aid [eid] *s* pomoć, potpomaganje, pripomoć, pomaganje, podupiranje; pomoćnik; novčana pomoć, potpora; pomagalo | **by the ~ of** s pomoću; **~s and appliances** novčana pomoć, potpora, pomoćna sredstva; **first ~** prva (hitna) pomoć

aide-de-camp [ˈeiddəˈkãːŋ] *s* (*pl* **aides-de-camp** [ˈeidzdəˈkãːŋ]) adjutant

aigrette (aigret) [ˈeigret] *s ornith* bijela čaplja; kresta; nakit, ukras od perja

aiguille [ˈeigwiːl] *s* zašiljena litica (u Alpama), igla (oštra stijena)

ail [eil] *vt/i* **I.** *vt* tištati, boljeti, uznemirivati, mučiti **II.** *vi* biti slab, bolovati | **what ~s him** što ga tišti?, što ga muči?, što mu je?

aileron [ˈeilərɔ̃ːŋ] *s aero* krilce, eleron

ailing [ˈeiliŋ] *adj* slabunjav, bolestan, boležljiv

ailment [ˈeilmənt] *s* slabost, bolest; neraspoloženje

aim [eim] *vt/i* **I.** *vt* gađati, ciljati, upraviti, usmjeriti, uperiti, uputiti (*at* na) **II.** *vi* nastojati, težiti; smjerati; *fig* ciljati; aludirati

aim [eim] *s* namjera, cilj; svrha; smjer; nišan, meta | **to be ~ed at** biti uperen protiv; **to take ~ at** nanišaniti na što, smjerati na što, gađati u što

aimless [ˈeimlis] *adj* (**~ly** *adv*) besciljan, bez cilja

aîné [ˈeinei] *s Fr* stariji sin, najstariji sin

ain't [eint] *vulg* = **am not, is not, are not;** *dial* **have not**

air [ɛə] *s* 1. zrak, uzduh, atmosfera 2. plin 3. lagan vjetar, propuh, povjetarac 4. vladanje, ponašanje, način, držanje 5. vanjština, izgled 6. *pl* izvještačeno ponašanje, uobraženo držanje 7. javnost, razglašenost, pronošenje 8. *mus* napjev, melodija, pjesma, arija | **in the open ~** pod vedrim nebom, u prirodi; **fresh ~** svjež zrak; **to take ~** pročuti se, postati čuven; **to take the ~** prošetati se, izaći na svježi zrak; **quite in the ~** sasvim nesigurno; **castles in the ~** kule u zraku; **to give oneself ~s** pogospoditi se, uobražavati sebi; **~s and graces** izvještačeno otmjeno držanje; **to travel by ~** putovati avionom; **to be on the ~** *radio* biti emitiran; **to put on the ~** emitirati; **to beat the ~** baviti se jalovim poslom, uzalud se truditi; **to keep a person in the ~** držati koga u neizvjesnosti

air [ɛə] *vt/i* **I.** *vt* 1. zračiti, vjetriti; prozračiti, provjetriti, ventilirati 2. sušiti 3. ohladiti 4. *fig* iznijeti na vidjelo; objaviti; razmetati se **II.** *vi* 1. šetati se, izaći na svježi zrak 2. umišljati, uobražavati sebi

air-balloon [ˈɛəbəˌluːn] *s* zračni balon, aerostat

air-base [ˈɛəbeis] *s* zračno uporište, zračna baza

air-bath [ˈɛəbaːθ] *s* zračna kupelj

air-bladder [ˈɛəˌblædə] *s* zračni mjehur

air-borne [ˈɛəbɔːn] *adj* koji se prevozi ili prenosi zrakom | **~ traffic** zračni promet; **~ disease** bolest koja se prenosi zrakom

air-brake [ˈɛəbreik] *s* pneumatična, zračna kočnica

air-cell [ˈɛəsel] *s* zračna stanica (kod životinja i biljaka)

air-chamber [ˈɛəˌtʃeimbə] *s* zračna komora (kod hidrauličkih strojeva za izjednačavanje pritiska); zračni spremnik (torpeda)

air-condition [ɛəkenˌdiʃən] *vt* opskrbiti klimatskim uređajima

air-conditioned [ˈɛəkənˌdiʃənd] *adj* opskrbljen klimatskim uređajima

air-conditioning [ˈɛəkəndiʃəniŋ] *s* klimatizacija

air-cooled [ˈɛəkuːld] *adj* hlađen zrakom

air-cooling [ˈɛəˌkuːliŋ] *s* hlađenje zrakom

aircraft [ˈɛəkraːft] *s* avion, letjelica

aircraft-carrier [ˈɛəkraːftˌkæriə] *s* nosač aviona

aircraftman [ˈɛəkraːftmæn] *s* avijatičar, redov u R. A. F.

air-cushion [ˈɛəˌkuʃin] *s* jastuk punjen zrakom

air drive [ˈɛədraiv] *s tech* zračna represija

air-drome [ˈɛədrəum] *s US* aerodrom, uzletište za avione

air-engine [ˈɛərˌendʒin] *s* avionski motor

air express [ˈɛəriksˌpres] *s* ekspresna avionska pošiljka

air-field [ˈɛəfiːld] *s* aerodrom, uzletište za avione

Air Force [ˈɛəfɔːs] *s mil* zračne snage, zrakoplovstvo, avijacija | **the Royal ~** britansko vojno zrakoplovstvo; **Marshal of the R. A. F.** maršal britanskog vojnog zrakoplovstva (po činu ravan armijskom feldmaršalu); **Air Chief Marshal** vrhovni maršal britanskoga vojnog zrakoplovstva; **Air Marshal** general-lajtnant zrakoplovstva; **Air Vice-Marshal** general-major zrakoplovstva; **Air Commodore** brigadni general zrakoplovstva

air freight [ˈɛəfreit] *s* avionska (robna) pošiljka

air-gun [ˈɛəgʌn] *s* zračna puška

air-hole [ˈɛəhəul] *s* 1. otvor za ulaz zraka, odušnik, otvor za ventilaciju; 2. mjesto u atmosferi s jako razrijeđenim zrakom

airing [ˈɛəriŋ] *s* 1. šetnja na svježem zraku 2. sušenje, zračenje, vjetrenje

air-jacket [ˈɛəˌdʒækit] *s* prsluk ispunjen zrakom (da drži čovjeka na vodi)

airless [ˈɛəlis] *adj* sparan, miran, bez povjetarca

air-lift [ˈɛəlift] *s* zračni most

air-line [ˈɛəlain] *s* zračna pruga, avionska linija, poduzeće za zračni saobraćaj

air-liner [ˈɛəˌlainə] *s* veliki putnički avion

air-mail ['ɛəmeil] *s* zračna pošta | **~s** *pl* zračni poštanski promet
airman ['ɛəmən] *s* avijatičar
air-mechanic ['ɛəmi͵kænik] *s* avio-mehaničar
airpark ['ɛəpaːk] *s* mali aerodrom
air-passage ['ɛə͵pæsidʒ] *s* cijev za prolaz zraka; propuštanje zraka; putovanje zrakom; zračni prijevoz
air-pilot ['ɛə͵pailət] *s* pilot na avionu, zračni pilot
air-plane ['ɛəplein] *s US* avion
air-pocket ['ɛə͵pɔkit] *s aero* razrijeđeni zračni prostor, zračna rupa
air-port ['ɛəpɔːt] *s* zrakoplovna luka, aerodrom
air-proof ['ɛəpruːf] *adj* koji ne propušta zrak, hermetičan
air-pump ['ɛəpʌmp] *s* pumpa, crpka za zrak
air-raid ['ɛəreid] *s* zračni napad, napad iz zraka
air-route ['ɛəruːt] *s* zračna linija, zračni put
air-screw ['ɛəskruː] *s* avionski propeler
air-shaft ['ɛəʃaːft] *s min* vjetreno okno, promajnica
airship ['ɛəʃip] *s* zrakoplov, zračni brod, cepelin
air-sickness ['ɛə͵siknis] *s* slabost, mučnina koja dolazi od vožnje avionom, zračna bolest
air-space ['ɛəspeis] *s* zračni prostor
air-strip ['ɛəstrip] *s* pomoćno uzletište, provizorni aerodrom
air-thermometer ['ɛəθə͵mɔmitə] *s* termometar sa zrakom (umjesto žive)
air-tight ['ɛətait] *adj* koji ne propušta zrak, hermetičan
air transport ['ɛə͵traːnspɔːt] *s* transportni avion
air-truck ['ɛətrʌk] *s* avion za prijevoz tereta
air-valve ['ɛəvælv] *s* ventil za zrak
airway ['ɛəwei] *s* 1. prolaz za ventilaciju okna u rudniku 2. redovita zračna pruga; avionska kompanija, zrakoplovno poduzeće
air waybill ['ɛə͵weibil] *s* avionska prijevoznica (tovarni list)
airwoman ['ɛə͵wumən] *s* (*pl* **airwomen** ['ɛə͵wimin]) avijatičarka
air-worthy ['ɛə͵wəːði] *adj* sposoban za letenje (avion)
airy ['ɛəri] *adj* (**airily** *adv*) 1. zračan, lagan, prozračan 2. eteričan 3. živahan
aisle [ail] *s* pobočna lađa u crkvi, prolaz između klupa u crkvi ili gledalištu
ait [eit] *s* otočić (u rijeci)
aitch[1] [eitʃ] *s* → **ache**[1]
aitch[2] [eitʃ] *s* → **ache**[2]
aitch-bone ['eitʃbəun] *s* bedro, but (kod goveda); zdjelična, sapna kost; režanj mesa s goveđeg buta
ajar [ə'dʒaː] *adv* pritvoreno, odškrinuto; napola zatvoreno; neskladno
akimbo [ə'kimbəu] *adv* podbočen (s rukama na kukovima)
akin [ə'kin] *pred adj* 1. srodan, u rodu, od iste krvi, iz iste porodice 2. sličan, blizak
alabaster ['æləbaːstə] *s minr* alabaster (prozirna suvrsta prirodne sadre)
alabaster ['æləbaːstə] *adj* alabastren, poput alabastra
alabastrine [͵ælə'baːstrin] *adj* → **alabaster** *adj*
alack [ə'læk] *interj arch* joj, jao; na žalost, žalibože | **~-a-day!** jao; o bože!; teško meni!
alacrity [ə'lækriti] *s* živahnost, hitrina, okretnost, čilost, bodrost; pripravnost, gotovost
alar ['eilə] *adj* 1. krilni, krilat, koji se odnosi na krila, poput krila 2. *bot & physiol* koji se odnosi na ugao koji čine list i stabljika, ili grana i drvo; koji se odnosi na pazuho, pazušni
alarm [ə'laːm] *s* 1. poziv na oružje, uzbuna, znak za uzbunu, alarm 2. nemir, zebnja, strepnja, zabrinutost, nespokojstvo 3. strah, zaprepaštenje 4. budilica | **to give the ~** dati znak za uzbunu; **to raise an ~** dići uzbunu; **to cause ~** izazvati uzbunu, nemir; **to sound the ~** zvoniti na uzbunu, dati znak za uzbunu; **to take ~** uznemiriti se, pobojavati se
alarm [ə'laːm] *vt* 1. zvati na oružje 2. uzbuniti, uzbunjivati, napraviti uzbunu, dati znak za uzbunu, alarmirati 3. uznemiriti, zastrašiti, poplašiti, prestrašiti; uzbuniti, obespokojiti
alarm-clock [ə'laːmklɔk] *s* budilica (sat)
alarmed [ə'laːmd] *adj* (*at*) zabrinut, uznemiren (zbog)
alarming [ə'laːmiŋ] *adj* (**~ly** *adv*) koji uznemiruje, plaši, zabrinjava, koji izaziva zabunu, strah
alarmist [ə'laːmist] *s* 1. onaj koji širi alarmantne vijesti, plašljivac 2. strašljivac, paničar, zloguk čovjek
alarum [ə'lɛərəm] *s* → **alarm**
alary ['eiləri] *adj* → **alar**
alas [ə'laːs] *interj* joj, jao, teško meni; na žalost; žalibože
alate(d) ['eileit(id)] *adj* krilat, s krilima
alb [ælb] *s* misna košulja, alba
albacore ['ælbəkɔː] *s ichth* riba iz porodice tuna
Albanian [æl'beinjən] *adj* albanski, arnautski
Albanian [æl'beinjən] *s* Albanac, Albanka, Arnautin, Arnautkinja; albanski jezik
albatross ['ælbətrɔs] *s* albatros, burnica
albeit [ɔːl'biːit] *conj* premda, iako, mada
albert ['ælbət] *s* malen lanac na džepnom satu prozvan po princu Albertu, mužu kraljice Viktorije
albescent [æl'besənt] *adj* koji prelazi u bijelo, koji se prelijeva u bijelo, bjelkast

albinism ['ælbinizəm] *s* albinizam, prirođen nedostatak pigmenta
albino [æl'bi:nəu] *s* albino, albin
Albion ['ælbjən] *s poet* Engleska
album ['ælbəm] *s* album
albumen ['ælbjumin] *s* bjelance; bjelančevina, albumen
albumenize [æl'bju:minaiz] *vt phot* prevući fotografski papir albuminom
albuminoid [æl'bju:minɔid] *adj* albuminoidan, bjelančevinast
albuminoid [æl'bju:minɔid] *s* protein u širem smislu
albuminous [æl'bju:minəs] *adj* albuminozan, koji sadrži bjelančevinu
alburnum [æl'bə:nəm] *s bot* bjelika, god
Alcaic [æl'keiik] *adj pros* alkejski
Alcaics [æl'keiiks] *s pl pros* alkejska strofa
alchemic [æl'kemik] *adj* alkemijski
alchemical [æl'kemikəl] *adj* (**~ly** *adv*) alkemijski
alchemist ['ælkimist] *s* alkemičar
alchemize ['ælkəmaiz] *vt* mijenjati, pretvarati alkemijskom metodom
alchemy ['ælkimi] *s* alkemija
alcohol ['ælkəhɔl] *s* alkohol
alcoholic [ˌælkə'hɔlik] *adj* alkoholni
alcoholism ['ælkəhɔlizm] s alkoholizam
alcoholization [ˌælkəhɔlai'zeiʃən] *s* pretvaranje u alkohol, pretvaranje u žestu; zasićivanje alkoholom; rektificiranje alkohola
alcoholize ['ælkəhɔlaiz] *vt* pretvarati u alkohol, žestu; zasititi alkoholom; rektificirati (žestu)
alcoholometer [ˌælkəhɔ'lɔmitə] *s* alkoholometar
alcove ['ælkəuv] *s* 1. alkoven, niša 2. sjenica
aldehyde ['ældihaid] *s chem* aldehid
alder ['ɔ:ldə] *s bot* joha, jalša
alderman ['ɔ:ldəmən] *s* (gradski) vijećnik, odbornik
aldermanic [ˌɔ:ldə'mænik] *adj* vijećnički, odbornički; starješinski
aldermanry ['ɔ:ldəmənri] *s* → **aldermanship**
aldermanship ['ɔ:ldəmənʃip] *s* položaj ili zvanje (gradskog) vijećnika, odbornika, vijećništvo
ale [eil] *s* englesko bijelo pivo | **bottled ~** bijelo pivo u bocama; **draught ~** (bijelo) pivo na čaše
aleatory ['eiliətɔri] *adj* koji ovisi o sreći, slučajan
ale-brewer ['eilˌbru:ə] *s* pivar, onaj koji pravi pivo
alee [ə'li:] *adv mar* u zavjetrini, u zavjetrinu, niz vjetar
ale-hoof ['eilhu:f] *s bot* niski bršljan
alehouse ['eilhaus] *s* pivana, točionica piva
alembic [ə'lembik] *s* aparat za destiliranje; alembik
alert [ə'lə:t] *adj* (**~ly** *adv*) oprezan, budan; živ, veseo, čio
alert [ə'lə:t] *s* oprez, opreznost; pripravnost, uzbuna, alarm, prepad | **to be on the ~** biti na oprezu
alert [ə'lə:t] *vt* alarmirati, uzbuniti
alertness [ə'lə:tnis] *s* budnost, oprez, opreznost; živahnost, hitrina, žustrina
alewife ['eilwaif] *s* krčmarica, gostioničarka koja prodaje pivo; *ichth* čepa, morska riba iz porodice sleđeva (*Clupea serrata*)
Alexandrine [ˌælig'zændrain] *adj pros* aleksandrinski
Alexandrine [ˌælig'zændrain] *s pros* aleksandrinac, aleksandrinski stih (od dvanaest slogova s cezurom poslije šestoga sloga)
alfalfa [æl'fælfə] *s bot* vija, lucerna
alfresco [æl'freskəu] *adv* pod vedrim nebom, u prirodi, na svježem zraku
alfresco [æl'freskəu] *adj* pod vedrim nebom
alga ['ælgə] *s* (*pl* **algae** ['ældʒi:]) *bot* alga, morska trava, resina, haluga
algebra ['ældʒibrə] *s* algebra
algebraic [ˌældʒi'breiik] *adj* (**~ally** *adv*) algebarski | **~ equation** algebarska jednadžba
algebraist [ˌældʒi'breiist] *s* čovjek vješt algebri, čovjek koji se bavi algebrom
algid ['ældʒid] *adj* studen, hladan, leden (kao u groznici)
algorithm ['ælgəriðm] *s* algoritam
alias ['eiliæs] *adv* drugačije, inače zvan, inače poznat pod imenom
alias ['eiliæs] *s* usvojeno ime, drugo ime, promijenjeno ime, alias | **under an ~, by the ~** pod krivim imenom
alibi ['ælibai] *adv* drugdje, na drugom mjestu
alibi ['ælibai] *s* alibi, dokaz optuženoga da se u kritično vrijeme nije nalazio na mjestu zločina | **to establish (prove) one's ~** pridonijeti (dokazati) svoj alibi
alien ['eiliən] *adj* 1. stran, tuđ; tuđinski, neobičan 2. protivan, drugačiji (*from* nego, od), različit (*from* od), egzotičan
alien ['eiliən] *s* stranac, strankinja, strani podanik, strani državljanin, tuđinac, tuđinka | **undesirable ~** nepoželjan stranac
alien ['eiliən] *vt poet* udaljiti, otuđivati, odalečiti, ukloniti
alienable ['eiliənəbl] *adj* otuđiv, koji se može prenijeti, dati, otuđiti, prodati
alienate ['eiliəneit] *vt* 1. otuđiti, otuđivati, ukloniti 2. prenijeti vlasništvo 3. *fig* odvratiti, odalečiti
alienation [ˌeiliə'neiʃən] *s* udaljivanje, otuđenje, otuđivanje; prenošenje | **mental ~** duševna poremećenost, duševno rastrojstvo
alienator ['eiliəneitə] *s* onaj koji daje, koji odstupa (svoje vlasništvo itd.)
alienee [ˌeiliə'ni:] *s* kupac, primalac, onaj na koga se prenosi vlasništvo

alienism ['eiliənizəm] *s* 1. pravni položaj stranog državljanina 2. alijenacija, duševna poremećenost 3. proučavanje i liječenje duševnih bolesti, psihijatrija
alienist ['eiliənist] *s* liječnik za duševne bolesti, psihijatar
alight [ə'lait] *vi* 1. sjahati (*from* sa), sići (*from* iz kola, tramvaja i dr.) 2. spustiti se na zemlju (*from* iz zraka), sletjeti, aterirati | **to ~ on** naići, nabasati, slučajno sresti
alight [ə'lait] *pred adj* gorući, upaljen, zapaljen, osvijetljen, u plamenu
align (aline) [ə'lain] *vt/i* **I.** *vt* poredati, staviti u red, svrstati; izravnati, poravnati **II.** *vi* svrstati se u redove, poravnati se | **to ~ the sights and bull's-eyes** naprišaniti
alignment [ə'lainmənt] *s* postrojavanje, svrstavanje, ravnanje, poravnanje, svrstavanje u red, liniju, stroj; linija, smjer, produžna crta; *tech* trasa, projektirani pravac, pokriti smjer; centriranje
alike [ə'laik] *pred adj* sličan, nalik, jednak, isti
alike [ə'laik] *adv* isto tako, slično, jednako, na isti način | **~ to enemies and friends** kako prema neprijateljima, tako i prema prijateljima
aliment ['ælimənt] *s* 1. hrana, jelo; namirnice; 2. uzdržavanje 3. *fig* duševna hrana
alimental [ˌæli'mentl] *adj* (**~ly** *adv*) hranjiv, koji se odnosi na hranu, ishranu, prehrambeni, živežni
alimentary [ˌæli'mentəri] *adj* 1. hranjiv 2. prehrambeni, koji se odnosi na prehranu 3. koji se odnosi na uzdržavanje 4. koji se odnosi na izdržavanje, alimentaciju 5. koji se odnosi na probavu, probavni | **~ canal** probavni trakt
alimentation [ˌælimen'teiʃən] *s* 1. hranjenje, prehrana 2. opskrbljivanje hranom, način prehrane 3. hranjivost 4. uzdržavanje
alimony ['æliməni] *s jur* uzdržavanje, alimentacija (dosuđena ženi nakon rastave od muža)
aline [ə'lain] *vt/i* → **align**
aliquot ['ælikwɔt] *adj math* alikvotni, koji ide u drugi broj bez ostatka
aliquot ['ælikwɔt] *s math* broj koji ide u drugi bez ostatka
alive [ə'laiv] *adv* na životu | *coll* **look ~!** pazi, brže!
alive [ə'laiv] *pred adj* 1. živ, živahan, pun života, u pokretu, oživljen; *tech* djelatan, radni, proizvodan, produktivan 2. raspoložen, bodar 3. osjetljiv, prijemljiv 4. pažljiv, svjestan | **the streets were ~ with people** na ulicama su vrvjeli ljudi; **to be ~ to a th** biti svjestan čega; **no man ~** nitko živ, nitko na svijetu; *fam* **man ~!**, čovječe božji!; **to come ~** oživjeti
alizarin [ə'lizərin] *s* alizarin, crvena boja
alkalescent [ˌælkə'lesnt] *adj* lužnast
alkalescent [ˌælkə'lesnt] *s* alkalična lužnasta supstancija
alkali ['ælkəlai] *s* alkalij, lužina, baza
alkalify ['ælkəlifai] *vt* učiniti lužnatim, alkaličnim
alkaline ['ælkəlain] *adj* alkaličan, lužnat
alkaloid ['ælkəlɔid] *s chem* alkaloid
all [ɔːl] *adj* cio, cijeli, sav; svaki | **~ the time** cijelo vrijeme; **~ day long** cijeli bogovetni dan; **at ~ events** u svakom slučaju, na svaki način; **on ~ fours** na sve četiri, četvoronoške; **to sit up till ~ hours of the night** sjediti do neko doba noći; **~ sorts of**, **~ kinds of** sve moguće; **by ~ means** na svaki način; **once for ~** jedanput zauvijek; **not for ~ the world** ni za cijeli svijet, ni za što na svijetu
all [ɔːl] *adv* sasvim, posve, potpuno, skroz-naskroz | **~ right** sve je u redu, u redu, dobro; **he is ~ there** sasvim je pri pameti, pri svijesti; **~ the same** svejedno, jednako, isto; **~ but** gotovo, skoro; **~ abroad** daleko rasprostranjeno, naširoko; **~ about** svuda naokolo; **~ at once** najedanput, iznenada, tek odjednom; **~ of a sudden** najedanput, najednom, naglo, iznenada; **~ over the country** diljem cijele zemlje, po cijeloj zemlji; **~ the better** to bolje, toliko bolje; **it is ~ up with me** sa mnom je svršeno; **~ round** okolo-naokolo; *fig* sve
all [ɔːl] *s* svi (ljudi), sve; sve što imamo, što nam pripada ili se odnosi na nas; cjelina, sveukupnost; svemir | **~ but impossible** gotovo nemoguće; **~ in ~** sve u svemu; **at ~** ikako, ikada, uopće, igda; **not at ~** nikako, nipošto, uopće ne; **in ~** u svemu, sve skupa; **one and ~** svi do jednoga; *arch* **~ and some** pojedince i svi zajedno; **~ and sundry** svi od reda, sve i sva; **~ along of** zahvaljujući, zaslugom; **it is ~ very fine, but** sve je to vrlo lijepo, ali...; **~ one** svejedno, jednako, isto; **~'s well that ends well** konac djelo krasi; **above ~** iznad svega, više od svega, nadasve; **before ~** prije svega, najprije; **after ~** konačno, na kraju krajeva, uostalom; **for ~ I know** koliko ja znam; **once for ~** jedanput zauvijek; za svagda; **~ of you** svi vi; **each and ~** svaki pojedini; **to give the ~ clear** dati znak za prestanak uzbune
allay [ə'lei] *vt* 1. umiriti, smiriti, utišati, ublažiti, zatomiti 2. smanjiti, suzbiti
allegation [ˌæli'geiʃən] *s* navođenje, navod; izgovor, isprika, pozivanje na što; tvrdnja
allege [ə'ledʒ] *vt* navoditi kao izgovor, ispričavati se, pozivati se na, izjaviti, iskazati, tvrditi
alleged [ə'ledʒd] *adj* navodni, ne potvrđen

allegedly [ə'ledʒidli] *adv* navodno, kako se tvrdi
allegement [ə'ledʒmənt] → **allegation**
allegiance [ə'liːdʒəns] *s* vazalska zavisnost; privrženost, vjernost, odanost, lojalnost; zakletva vjernosti
allegoric [ˌæli'gɔrik] *adj* alegoričan, slikovit, izražen slikom
allegorical [ˌæli'gɔrikəl] *adj* (~**ly** *adv*) → **allegoric**
allegorist ['æligərist] *s* pisac alegorija
allegorize ['æligəraiz] *vt/i* **I.** *vt* 1. zavijeno izraziti, opisati slikom, alegorijom 2. pretvoriti u alegoriju, izraziti alegorički 3. shvatiti kao alegoriju **II.** *vi* služiti se alegorijom, izražavati se u alegoriji
allegory ['æligəri] *s* alegorija
allegretto [ˌæli'gretəu] *adv It mus* veselo, živo, alegreto
allegro [ə'leigrəu] *adv It mus* alegro, umjereno brzo
alleluia [ˌæli'luːjə] *s* aleluja, hvalospjev
all-embracing [ˌɔːlim'breisiŋ] *adj* sveobuhvatan
allergic [ə'ləːdʒik] *adj* alergičan
allergy ['ælədʒi] *s* alergija
alleviate [ə'liːvieit] *vt* olakšati, ublažiti, umanjiti, utažiti
alleviation [əˌliːvi'eiʃən] *s* olakšanje, olakšica, ublaženje, umanjivanje
alleviative [ə'liːvieitiv] *adj* koji olakšava, ublažuje
alleviatory [ə'liːvieitəri] *adj* → **alleviative**
alley ['æli] *s* mala uska uličica, prolaz, hodnik
All Fools' Day ['ɔːl'fuːlzdei] *s* 1. april
all-hail ['ɔːl'heil] *vt* svečano pozdraviti
All-Hallows ['ɔːl'hæləuz] *s pl* Svisveti (blagdan), Dan mrtvih
alliance [ə'laiəns] *s* 1. bračna veza 2. alijansa, savez, ugovor, sporazum, liga, pakt 3. pismeni dokument o savezu, sporazumu itd. 4. saveznici, savezničke zemlje 5. udruženje, zajednica 6. rodbinstvo, pobratimstvo | **to enter into an** ~ sklopiti savez
allied ['ælaid] *adj* saveznički, prijateljski; srodan | **the** ~ **forces** savezničke snage
alligator ['æligeitə] *s zool* aligator, američki krokodil; *mil* amfibijska oklopna kola | ~ **apple** plod sličan jabuci (uspijeva u Zapadnoj Indiji)
all-in ['ɔːl'in] *adj* sveobuhvatan, koji sve uključuje, ukupni, cio | ~ **aid** svesrdna potpora; ~ **cost** sveukupna cijena, cijena koštanja; ~ **insurance** osiguranje protiv svih rizika; ~ **war** totalni rat
alliterate [ə'litəreit] *vi* aliterirati, upotrebljavati riječi koje počinju s istim glasom
alliteration [əˌlitə'reiʃən] *s* aliteracija, upotrebljavanje riječi koje počinju s istim glasom
alliterative [ə'litəreitiv] *adj* (~**ly** *adv*) aliterativan, koji se odnosi na aliteraciju
allocate ['æləkeit] *vt* doznačiti, dodijeliti; namijeniti, predvidjeti (*to* za)
allocation [ˌælə'keiʃən] *s* dodjela; namjena; *tech* raspored, razvrstavanje
allocution [ˌælə'kjuːʃən] *s* besjeda, pozdravni govor
allodial [ə'ləudiəl] *adj* (~**ly** *adv*) slobodan (od plaćanja danka, poreza), slobodnjački, alodijalan
allodium [ə'ləudiəm] *s* alodij, slobodno vlasništvo
allonge [ə'lɔ̃ːʒ] *s Fr* 1. udarac koji se u mačevanju zadaje protivniku 2. duge uzde 3. alonž, nalijepljeni produžetak mjenice
allopathic [ˌælə'pæθik] *adj* (~**ly** *adv*) *med* alopatski, koji se odnosi na alopatiju
allopathist [ə'lɔpəθist] *s med* alopat
allopathy [ə'lɔpəθi] *s med* alopatija, metoda liječenja sredstvima koja djeluju protivno od postojećih znakova bolesti
allophone ['æləfəun] *s ling* alofon, fonetska varijanta
allot [ə'lɔt] *vt* dodijeliti; raspodijeliti, dati (dio); odmjeriti; doznačiti
allotment [ə'lɔtmənt] *s* 1. dodjeljivanje; raspodjela 2. udio, dio 3. doznaka 4. sudbina, sreća 5. zgoditak, srećka 6. dio zemlje dodijeljene za obrađivanje; *geol* nalazište | *fin* **letter of** ~ doznaka za dodjelu efekata
allotropic [ˌælə'trɔpik] *adj* (~**ly** *adv*) alotropski, koji se javlja u više oblika
allotropy [æ'lɔtrəpi] *s* alotropija, osobina jednoga istog elementa da se javlja u više oblika
allottee [ælə'tiː] *s* onaj kome je što dodijeljeno
all-out ['ɔːl'aut] *adj* sveopći, svestran, potpun
all-out ['ɔːl'aut] *adv* potpuno, sasvim, svom snagom, najvećom brzinom
allow [ə'lau] *vt* 1. dopustiti, dozvoliti; dati; omogućiti 2. priznati, priznavati 3. doznačiti, odobriti (izdatak) 4. uzeti u obzir, uračunati 5. *US* tvrditi, smatrati (*that* da)
allow for [ə'lau'fɔː] *vt* uračunati (dodati ili odbiti), voditi brigu (o čemu), uzeti u obzir; *com* bonificirati
allow of [ə'lau'ɔv] *vt US coll* dozvoliti, koncedirati, dopustiti, trpjeti
allowable [ə'lauəbl] *adj* (**allowably** *adv*) dopustiv, koji se može dopustiti, odobriti, dozvoliti; *jur* dopušten, dopustiv | ~ **variation** tolerancija
allowance [ə'lauəns] *s* 1. odobrenje, pristanak, pristajanje, privola, dopuštenje, dozvola 2. određena svota, godišnji prihod; dohodak, renta 3. džeparac, pripomoć 4. naknada, odšteta 5. odbitak, bonifikacija 6. priznavanje, dopuštanje | **family** ~ obiteljski doplatak; **child** ~ dječji doplatak; **weekly** ~ tjedna plaća; **to make** ~**s for** oprostiti, praštati, imati uviđav-

nosti, uzimati što u obzir; **to put upon ~** racionirati; *med* propisati hranu, dijetu
allowance [ə'lauəns] *vt* racionirati; *med* propisati hranu, dijetu, odrediti količinu ishrane
alloy ['æləi] *s* finoća, propisana količina zlata ili srebra; smjesa, primjesa; slitina, legura; *fig* primjesa nečega lošeg u dobromu | **~ of gold** zlatna slitina; **of base ~** loše kakvoće, lošeg sastava
alloy [ə'ləi] *vt* smiješati, legirati (metale), pokvariti (kvalitetu metala primjesom), miješati; *fig* pokvariti, pogoršati
all-round ['ɔːl'raund] *adj* svestran, zaokružen; *com* paušalni
All Saints' Day ['ɔːl'seintsdei] *s* Svisveti (1. studenoga), Dan mrtvih
All Souls' Day ['ɔːl'səulzdei] *s* Dušni dan (2. studenoga)
allspice ['ɔːlspais] *s* (zanzibarski) klinčić; piment (najkvirc); začin, mirodija
allude [ə'luːd] *vt* aludirati, smjerati, nišaniti, ciljati (*to* na); natuknuti
allure [ə'ljuə] *vt* vabiti, mamiti, namamiti, nagovoriti, navesti (*to* na), primamljivati (*to* ka, prema); zavesti, odvesti, odvratiti (*from* od); očarati, začarati
allurement [ə'ljuəmənt] *s* mamljenje, vabljenje; namamljivanje, zavođenje; draž, čar, privlačnost, primamljivost, mamac
alluring [ə'ljuəriŋ] *adj* (**~ly** *adv*) zamamljiv, zavodljiv, zamaman
allusion [ə'luːʒən] *s* nagovijest, nagovještavanje; smjeranje, nišanjenje, ciljanje, aluzija (*to* na) | **in ~ to** misleći koga, ciljajući na koga; **to make an ~** nišaniti, ciljati, aludirati (*to* na koga, na što)
allusive [ə'luːsiv] *adj* (**~ly** *adv*) koji aludira, koji je uperen na; metaforičan, uvijen, prenesen
alluvial [ə'luːviəl] *adj* nanosni, naplavljen, nanesen, aluvijalni; aluvijski
alluvion [ə'luːviən] *s geol* nanos, taložina, naplavina; povećanje obalne površine od nanosa; poplava
alluvium [ə'luːviəm] *s geol* nanos, talog, naslaga zemlje koja nastaje taloženjem iz tekuće vode; aluvij; *fig* ostatak
ally [ə'lai] *vt* ujediniti, povezati, udružiti, sjediniti, svezati | **to ~ oneself to (with)** udružiti se s kim, povezati se s kim; *mil* **the Allied forces** savezničke snage
ally ['ælai] *s* saveznik; srodnik | *mil* **the allies** saveznici
ally ['æli] *s* špekula, mramorna kuglica, kliker
almagest ['ælmədʒest] *s* zbirka Ptolomejevih rasprava o astronomiji, glavno astronomsko djelo staroga vijeka
almanac ['ɔːlmənæk] *s* almanah, godišnjak
almighty [ɔːl'maiti] *adj* (**almightily** *adv*) svemoguć, svemoćan; *coll* velik, moćan; strahovit | **the Almighty** svemogući Bog
almond ['aːmənd] *s* badem (drvo, plod); ružičasta boja bademova cvijeta
almoner ['aːmənə] *s* činovnik (službena osoba) koji dijeli milostinju
almost ['ɔːlməust] *adv* gotovo, skoro, malne
alms [aːmz] *s* milostinja, milodar; dar
almsfolk ['aːmzfəuk] *s* ljudi koji daju milostinju; siromasi koji primaju milostinju
almshouse ['aːmzhaus] *s* ubožnica, dom za siromahe
almsman ['aːmzmæn] *s* čovjek koji živi od milostinje, milodara
aloe ['æləu] *s* aloja, agava
aloft [ə'ləft] *adv* gore, visoko, u zraku; *mar* u snasti; *fig* uzvišeno | *mar* **to send ~** poslati u snast
aloft [ə'ləft] *pred adj* visok; *fig* uzvišen
alone [ə'ləun] *pred adj* sam, jedini, cigli, jedan, osamljen; **leave me ~!, let me ~!** ostavi me na miru!; **let ~** a kamoli, a nekmoli, pogotovu, da i ne govorimo o
alone [ə'ləun] *adv* samo, jedino
along [ə'ləŋ] *adv* duž, uzduž, uz, pored; ravno, naprijed, dalje | **all ~** s kraja na kraj, po cijeloj dužini, skroz, cijelo vrijeme, čitavim putem, svuda, svagda; **~ with** sa, u društvu sa, u isto vrijeme sa, skupa, zajedno; *vulg* **~ of** zbog, radi; **get ~ with you!, go ~ with you!** tornjaj se!, gubi se!
along [ə'ləŋ] *prep* duž, uz, mimo, preko
alongshore [ə'ləŋ'ʃɔː] *adv* uz obalu, duž obale
alongside [ə'ləŋ'said] *adv* uz bok, uzduž; *mar* bočno, bok uz bok | **~ of** pokraj, uz
alongside [ə'ləŋ'said] *prep* kod, kraj, uz, blizu; *mar* uz
aloof [ə'luːf] *adv* izdvojeno, daleko, podalje, po strani, na strani, iz daleka, udaljeno | **to stand ~** ne miješati se, stajati po strani; **to keep ~** biti neopredijeljen, držati se daleko, u prikrajku; **to hold ~** držati se po strani, ostati neutralan
aloof [ə'luːf] *pred adj* udaljen, dalek, izdvojen, odvojen, osamljen
aloofness [ə'luːfnis] *s* rezerviranost, uzdržanost; izbjegavanje
aloud [ə'laud] *adv* glasno, naglas; *coll* razumljivo, razgovijetno
alow [ə'ləu] *adv mar* dolje
alp [ælp] *s* planina, visoko brdo; alpska livada, proplanak | **the Alps** Alpe
alpaca [æl'pækə] *s* alpaka, vrsta lame s dugom dlakom; vuna od alpake; tkanina od te vune
alpenstock ['ælpənstək] *s* planinarski štap
alpha ['ælfə] *s* alfa, prvo slovo grčke abecede | **~ and omega** početak i svršetak; **~ plus** odličan
alphabet ['ælfəbit] *s* abeceda, azbuka, alfabet
alphabetic [ˌælfə'betik] *adj* (**~ally** *adv*) abecedni, alfabetski
alpine ['ælpain] *adj* alpski, planinski, visok | **~ sun** visinsko sunce

alpinist ['ælpinist] *s* alpinist, planinar
already [ɔːl'redi] *adv* već
Alsatian [æl'seiʃiən] *adj* elzaški | **~ dog** njemački ovčar (pas)
Alsatian [æl'seiʃiən] *s* Elzašanin, Elzašanka; njemački ovčar (pas)
also ['ɔːlsəu] *adv* također, isto tako, na isti način, k tomu, nadalje, osim toga, usto, pored toga, kao i | *sl* **~ ran** ostali sudionici (koji u utrci nisu zauzeli jedno od prva tri mjesta)
alt [ælt] *s mus* alt | *fig* **in ~** u uznesenom raspoloženju
altar ['ɔːltə] *s* oltar, žrtvenik | **to lead to the ~** dovesti pred oltar, vjenčati
altar-cloth ['ɔːltəklɔθ] *s eccl* oltarnik, pokrivač za oltar
altar-piece ['ɔːltəpiːs] *s* slika ili kip na oltaru
altarwise ['ɔːltəwaiz] *adv* poput oltara, u obliku oltara
alter ['ɔːltə] *vt/i* mijenjati, promijeniti; izmijeniti, preinačiti, prepraviti, promijeniti se, postati drugačiji | **to ~ for the better** popraviti, poboljšati (se); **to ~ for the worse** pokvariti, pogoršati (se)
alterable ['ɔːltərəbl] *adj* promjenljiv, koji se može mijenjati, preinačiv
alteration [ˌɔːltə'reiʃən] *s* promjena, mijenjanje; izmjena, preinaka
alterative ['ɔːltəreitiv] *adj* izmjeničan, koji se mijenja
altercate ['ɔːltəːkeit] *vi* svađati se, prepirati se, raspravljati
altercation [ˌɔːltəː'keiʃən] *s* prepirka, svađa, rječkanje
alternant [ɔːl'təːnənt] *adj* naizmjeničan, izmjeničan; *minr* izmjeničan (sloj)
alternant [ɔːl'təːnənt] *s* alternativa, izbor između dvije mogućnosti
alternate [ɔːl'təːnit] *adj* (**~ly** *adv*) izmjeničan, naizmjeničan | **on ~ days** svaki drugi dan
alternate [ɔːl'təːnit] *s* zamjena, zamjenik
alternate ['ɔːltəːneit] *vt/i* izmjenično obavljati, izmjenjivati (*with, by* sa); izmjenjivati se (*with* sa) | *el* **alternating current** izmjenična struja
alternation [ˌɔːltəː'neiʃən] *s* izmjenjivanje; naizmjeničnost; alternacija; *math* permutacija
alternative [ɔːl'təːnətiv] *adj* (**~ly** *adv*) alternativan, koji isključuje drugo; naizmjeničan, izmjeničan
alternative [ɔːl'təːnətiv] *s* alternativa, izbor između dvije mogućnosti, izlaz
alternatively [ɔːl'təːnətivli] *adv* prema slobodnom izboru | **or ~** ili prema izboru, ili inače
although [ɔːl'ðəu] *conj* premda, iako, mada, makar
altimeter ['æltimiːtə] *s* visinomjer
altitude ['æltitjuːd] *s* visina; nádmorska visina; *pl* vrh, vrhunac; *geom* visina (okomica spuštena s vrha na osnovu); *fig* čast, položaj
alto ['æltəu] *s mus* prvi tenor; kontraalt, duboki alt
altogether [ˌɔːltə'geðə] *adv* skupa, zajedno, ukupno, sasvim, potpuno, u cijelosti
altogether [ˌɔːltə'geðə] *s* cjelina, ukupnost
alto-relievo ['æltəuri'liːvəu] *s sculp* visoki reljef
altruism ['æltruizəm] *s* altruizam, nesebičnost
altruist ['æltruist] *s* altruist, nesebičan čovjek
altruistic [ˌæltru'istik] *adj* (**~ally** *adv*) altruističan, nesebičan
alum ['æləm] *s chem* stipsa, alaun
alumina [ə'ljuːminə] *s* glinica
aluminium [ˌælju'minjəm] *s* aluminij
aluminous [ə'ljuːminəs] *adj* stipsan
aluminum [ə'luːminəm] *s US* aluminij
alumna [ə'lʌmnə] *s US* bivša učenica neke škole ili nekog sveučilišta
alumnus [ə'lʌmnəs] *s US* (*pl* **alumni** [ə'lʌmnai]) bivši student neke škole ili nekog sveučilišta
alveolar [æl'viələ] *adj* šupljikav; u obliku stanica (na saću); u obliku zubnih šupljina; koji se odnosi na stanice (u saću); *med* koji se odnosi na zubne šupljine, zubište; *med* koji se odnosi na alveole; *gram* alveolarni (suglasnik)
alveolate ['ælviəlit] *adj* šupljikav (kao saće), rupičast
alveolus [æl'viələs] *s* (*pl* **alveoli** [æl'viəlai]) mala šupljina; zubna šupljina; stanica (u saću); alveola
always ['ɔːlwəz] *adv* uvijek, neprestano, svagda, vazda | **as ~** kao obično
am [æm] 1. lice *pres* od **be**
amain [ə'mein] *adv poet arch* svom snagom, snažno, žestoko; žurno
amalgam [ə'mælgəm] *s chem* amalgam; *fig* smjesa, mješavina
amalgamate [ə'mælgəmeit] *vt/i* spajati, stapati, miješati; *chem* amalgamirati; *fig* ujediniti, združiti, udružiti, sastaviti, fuzionirati; pomiješati se, spojiti se, stopiti se; udružiti se
amalgamation [əˌmælgə'meiʃən] *s* spajanje, sjedinjavanje, stapanje, ujedinjavanje; fuzioniranje, udruživanje; amalgamiranje
amanuensis [əˌmænju'ensis] *s* (*pl* **amanuenses** [əˌmænju'ensiːz]) tajnik, sekretar, osoba koja piše po diktatu; pisar
amaranth ['æmərænθ] *s* 1. *bot* rumeni cvijet, perjanica, trator 2. *fig* zamišljeni cvijet koji ne vene 3. grimizna boja
amaranthine [ˌæmə'rænθain] *adj* grimizne boje; *fig* koji ne vene
amass [ə'mæs] *vt* nagomilati, nagomilavati, skupljati, skupiti, zgrnuti, zgrtati
amateur ['æmətə] *s* amater, ljubitelj, čovjek koji se nečim bavi iz zabave ili iz ljubavi

amateurish [ˌæmə'təːriʃ] *adj* (**~ly** *adv*) amaterski
amative ['æmətiv] *adj* (**~ly** *adv*) zaljubljiv, sklon ljubavi
amatol ['æmətɔl] *s chem* amatol
amatory ['æmətəri] *adj* ljubavni, erotički, čulni
amaze [ə'meiz] *vt* jako začuditi, zbuniti, zapanjiti, iznenaditi, zadiviti
amaze [ə'meiz] *s poet* → **amazement**
amazed [ə'meizd] *adj* (**~ly** [ə'meizidli] *adv*) začuđen, zadivljen, zapanjen, u čudu
amazement [ə'meizmənt] *s* čuđenje, iznenađenje, zapanjenost
amazing [ə'meiziŋ] *adj* (**~ly** *adv*) koji zbunjuje, začuđuje, iznenađuje; divan, prekrasan, izvanredan
Amazon ['æməzən] *s* amazonka; *fig* muškarača, muškobanja
Amazonian [ˌæmə'zəunjən] *adj* amazonski, junački, ratoboran
ambages [æm'beidʒiːz] *s pl fig* okolišavanje, zaobilaženje, zavlačenje, smicalice; labirint, zbrka
ambassador [æm'bæsədə] *s* poklisar, poslanik, izaslanik, ambasador
ambassadorial [æmˌbæsə'dɔːriəl] *adj* ambasadorski, poslanički
ambassadress [æm'bæsədris] *s* ambasadorka; supruga ambasadora
amber ['æmbə] *s* jantar, ćilibar
amber ['æmbə] *adj* jantarni; nalik na jantar, ćilibar
amber-beads ['æmbəbiːdz] *s pl* kuglice od jantara; đerdan
ambergris ['æmbəgris] *s* ambra, supstancija od koje se dobiva vrsta mirisa
amber-jack ['æmbədʒæk] *s ichth* orhan, gof *(Seriola dumerili)*
ambidexter ['æmbi'dekstə] *adj* podjednako spretan u upotrebljavanju desne i lijeve ruke; *fig* prepreden, snalažljiv
ambidexter ['æmbi'dekstə] *s* čovjek koji se podjednako služi i desnom i lijevom rukom; *fig* varalica, neiskren, podmukao čovjek
ambidexterity ['æmbideks'teriti] *s* spretnost u upotrebljavanju desne i lijeve ruke; *fig* varanje, vještina u varanju, neiskrenost, podmuklost
ambidextrous ['æmbi'dekstrəs] *adj* (**~ly** *adv*) → **ambidexter**
ambience ['æmbiəns] *s* sredina, okolina, ambijent
ambient ['æmbiənt] *adj* koji se vrti oko čega; okolni, koji okružuje
ambiguity [ˌæmbi'gjuiti] *s* dvosmislenost, nejasnost
ambiguous [æm'bigjuəs] *adj* (**~ly** *adv*) dvosmislen, nejasan; neodređen
ambit ['æmbit] *s* opseg, okolina, granica; prostor, krug; *fig* sfera
ambition [æm'biʃən] *s* ambicija, slavoljublje, častohleplje; predmet ili cilj za kojim tko teži
ambitious [æm'biʃəs] *adj* (**~ly** *adv*) ambiciozan, slavohlepan, častoljubiv
ambivalence ['æmbi'veiləns] *s* dvojaka vrijednost; podvojenost, ambivalentnost
ambivalent ['æmbi'veilənt] *adj* podvojen, ambivalentan
amble ['æmbl] *vi* 1. trupkati, ići lakim kasom (konj); ići sporo, lagano
amble ['æmbl] *s* trupkalica, mali kas
ambrosia [æm'brəuziə] *s* ambrozija, božanska hrana
ambrosial [æm'brəuziəl] *adj* (**~ly** *adv*) ambrozijski; božanski; neobično ukusan, tečan
ambry ['æmbri] *s arch* smočnica, spremnica, ostava; ormar; udubljenje u zidu u crkvi gdje se drže crkveni predmeti
ambs-ace ['eimzeis] *s* dvije jedinice, najniža vrijednost u igri kocke; *fig* zla sreća; bezvrijednost, nevrijednost
ambulance ['æmbjuləns] *s* poljski lazaret, pokretna bolnica; bolnička kola | **~ station** stanica hitne pomoći
ambulant ['æmbjulənt] *adj* pokretan, koji ide od jednog mjesta do drugog
ambulatory ['æmbjulətəri] *adj* pokretan, za kretanje, koji nije stalno na jednom mjestu, prolazan; *med* ambulantni
ambulatory ['æmbjulətəri] *s* hodnik, trijem, arkada; mjesto određeno za šetnju (u samostanu)
ambuscade [ˌæmbəs'keid] *s mil* zasjeda, busija
ambuscade [ˌæmbəs'keid] *vt/i* vrebati, udariti iz busije, postaviti zasjedu; biti u zasjedi, vrebati iz zasjede
ambush ['æmbuʃ] *s mil* zasjeda, busija, napad iz zasjede
ambush ['æmbuʃ] *vt/i* postaviti zasjedu, vrebati, čekati u zasjedi, biti u zasjedi
ameer (amir) [ə'miə] *s* emir
ameliorate [ə'miːliəreit] *vt/i* poboljšati, popraviti, podići (vrijednost); popraviti se, poboljšati se
amelioration [əˌmiːliə'reiʃən] *s* poboljšanje, popravljanje; amelioracija
ameliorative [ə'miːliəreitiv] *adj* koji popravlja, poboljšava
amen [ˌaː'men] *interj* amen!
amen [ˌaː'men] *s* amen | **to say ~ to** potvrditi, dati pristanak
amenability [əˌmiːnə'biliti] *s* odgovornost; pristupačnost, prijemljivost, povodljivost (*to* za, prema)
amenable [ə'miːnəbl] *adj* (**amenably** *adv*) odgovoran, podložan, ovisan; povodljiv, popustljiv; pristupačan, dostižan
amend [ə'mend] *vi/t* **I.** *vi* ispraviti se, popraviti se, poboljšati se (u moralnom pogledu); *arch* popraviti se (u zdravstvenom pogledu) **II.** *vt* popraviti, poboljšati, dopuniti

amendable [ə'mendəbl] *adj* popravljiv, koji se da popraviti, koji se može poboljšati, nadopuniti
amendment [ə'mendmənt] *s* poboljšanje, popravljanje, ispravak; *jur* prijedlog za izmjenu i dopunu zakona, amandman; poboljšanje zdravlja
amends [ə'mendz] *s pl* odšteta, naknada štete | **to make ~ for** ispraviti, popraviti, nadoknaditi, dati odštetu; *fig* ispričavati se
amenity [ə'mi:niti] *s* prijatnost, ljupkost, dražest; dobrota; *pl* pogodnosti; čar, privlačivost (klime, kraja i dr.) | **amenities of home life** udobnosti obiteljskog života
amerce [ə'mə:s] *vt* globiti, kazniti (*with*) novčanom globom
amercement [ə'mə:smənt] *s* globa, novčana kazna
amerciable [ə'mə:ʃəbl] *adj* koji potpada pod kaznu
American [ə'merikən] *adj* američki | **~ leather** umjetna koža; **~ cloth** voštano platno; **~ plan** puni pansion (3 obroka); **modified ~ plan** polupansion (2 obroka)
American [ə'merikən] *s* Amerikanac, Amerićanin, Amerikanka, Američanka; amerikanski, američki jezik
americanism [ə'merikənizəm] *s* amerikanizam, riječ ili fraza karakteristična za Amerićane; američki patriotizam
americanization [əˌmerikənai'zeiʃən] *s* amerikanizacija, usvajanje običaja i načina života koji dolaze iz Amerike i priučavanje tim običajima
americanize [ə'merikənaiz] *vt/i* **I.** *vt* amerikanizirati, dati čemu američko obilježje; udomaćiti u Americi **II.** *vi* amerikanizirati se, primiti američke običaje i način života; postati američki državljanin
Amerindian [ˌæmər'indjən] *s* Indijanac, Indijanka
amethyst ['æmiθist] *s* ametist
amethystine [ˌæmi'θistain] *adj* od ametista, sličan ametistu, ljubičast (kao ametist)
amiability [ˌeimjə'biliti] *s* ljubaznost, srdačnost, prijaznost
amiable ['eimjəbl] *adj* (**amiably** *adv*) ljubazan, srdačan, prijazan (*to* prema)
amicability [ˌæmikə'biliti] *s* prijateljstvo, prijateljski način; srdačnost
amicable ['æmikəbl] *adj* (**amicably** *adv*) prijateljski, miroljubiv, srdačan; dobrodušan
amice[1] ['æmis] *s eccl* naglavnik (komad lanena platna koji je svećenik nekada nosio na glavi, a sada ga nosi na ramenima)
amice[2] ['æmis] *s* kapa, kukuljica svećeničkog reda; značka koju nose francuski kanonici na lijevoj ruci
amid [ə'mid] *prep* usred, sred, među
amidships [ə'midʃips] *adv mar* u sredini broda
amidst [ə'midst] *prep* → **amid**
amir [ə'miə] *s* → **ameer**
amiss [ə'mis] *adv* zlo, pogrešno, krivo | **to take ~** zamjeriti, uzeti za zlo; **to come ~** doći u zao čas; **not ~** prikladno, zgodno; **nothing comes ~ to him** njemu je sve pravo, on se sa svime zadovoljava; **there is something ~ with him** nešto nije s njim u redu; **it would not be ~ for you** ne bi ti bilo zgorega
amiss [ə'mis] *pred adj* neprikladan, nezgodan, loš
amity ['æmiti] *s* prijateljstvo, prijateljski odnosi, sloga
ammonia [ə'məunjə] *s chem* amonijak (plin) | **~ in solution** amonijačna voda
ammoniac [ə'məuniæk] *adj* amonijakov
ammoniac [ə'məuniæk] *s* amonijačna voda | **salt ~** amonijeva sol
ammoniated [ə'məunieitid] *adj* spojen s amonijakom
ammonium [ə'məunjəm] *s chem* amonij
ammunition [ˌæmju'niʃən] *s* municija; bojevi komplet
ammunition-boots [ˌæmju'niʃənbu:ts] *s pl* vojničke cokule, cipele
ammunition-bread [ˌæmju'niʃənbred] *s* komis, vojnički kruh
amnesty ['æmnesti] *s* opće pomilovanje, amnestija; predavanje zaboravu
amnesty ['æmnesti] *vt* pomilovati, amnestirati
amoeba [ə'mi:bə] *s* ameba
amok [ə'mɔk] *adv* → **amuck**
among(st) [ə'mʌŋ(st)] *prep* među, između; kod; sred; od
amoral [æ'mɔrəl] *adj* koji je bez morala, nećudoredan, amoralan
amorous ['æmərəs] *adj* (**~ly** *adv*) ljubavni, zaljubljen
amorphism [ə'mɔ:fizəm] *s* amorfizam
amorphous [ə'mɔ:fəs] *adj* (**~ly** *adv*) amorfan, bezobličan; *chem & minr* nekristaliziran; *anat* anormalan, nakazan; *fig* loše organiziran, bezobličan
amortizable [ə'mɔ:tizəbl] *adj* koji se može amortizirati, postepeno isplatiti, koji treba da se amortizira; *jur* koji se može poništiti, proglasiti ništetnim
amortization [əˌmɔ:ti'zeiʃən] *s* amortizacija, otplata duga
amortize [ə'mɔ:taiz] *vt* amortizirati, isplatiti dug
amount [ə'maunt] *s* 1. iznos, suma, svota, visina 2. količina, veličina, množina 3. *fig* posljedica, rezultat; značenje; vrijednost; sadržaj | **to the ~ of** u iznosu, u visini, u vrijednosti od; **a fair ~** prilično, prilična količina, prilično velika svota; **~ of balance** saldo; **~ in our favour** naše potraživanje; **~ of business** opseg prometa; **with due ~ of care** s potrebnom brižljivošću

amount [ə'maunt] *vi* iznositi, vrijediti, dostizati (*to* do); biti jednak (*to* čemu); značiti | **cheque ~ing to** ček u iznosu od, ček u vrijednosti od; **that doesn't ~ to much** to ne znači mnogo, to je beznačajno
ampère ['æmpɛə] *s el* amper
ampersand ['æmpəsænd] *s* znak & (= and)
amphibian [æm'fibiən] *adj* vodozemni; amfibijski
amphibian [æm'fibiən] *s zool* vodozemac, amfibija; avion-amfibija; amfibijsko vozilo
amphibious [æm'fibiəs] *adj* (**~ly** *adv*) *zool* vodozemni, amfibijski | **~ operation** *mil* operacija pomorskog desanta, amfibijska operacija; **~ assault ship, ~ dock transport** desantni transporter
amphibology [ˌæmfi'bɔlədʒi] *s* dvosmislenost
amphitheatre (amphitheater) ['æmfiˌθiətə] *s* amfiteatar; predavaonica sa stepenastim sjedištima; *fig* gledaoci; poprište
ample ['æmpl] *adj* (**amply** *adv*) širok, velik, prostran; bogat, obilan; opširan, pun; iscrpan, dovoljan, dalekosežan | **~ means** obilna sredstva; **~ stock** velika zaliha
amplification [ˌæmplifi'keiʃən] *s* proširivanje, povećavanje, upotpunjavanje; pretjerivanje; *phys* pojačavanje, amplifikacija
amplifier ['æmplifaiə] *s phys* & *radio* pojačalo, amplifikator
amplify ['æmplifai] *vt/i* **I.** *vt* povećati, proširiti; uveličati, iskititi; *phys* & *radio* pojačati, amplificirati **II.** *vi* raširiti se, proširiti se; opširno izlagati, razglagoljiti se
amplitude ['æmplitju:d] *s* 1. prostranost, širina; obujam, opseg 2. *phys* amplituda 3. punoća, bogatstvo 4. *astr* udaljenost na horizontu između istoka i zapada; mjesto gdje se neko nebesko tijelo diže, odnosno gdje zapada 5. *fig* bogatstvo, veličina; sposobnost, sjaj | **~ modulation** *radio* amplitudna modulacija
amplydine ['æmplidain] *s el* amplidin
amputate ['æmpjuteit] *vt med* odrezati, odsjeći (udo), amputirati
amputation [ˌæmpju'teiʃən] *s med* amputiranje, amputacija
amputator ['æmpjuteitə] *s* onaj koji siječe, reže, amputira
amtrac(k) ['æmtræk] *s mil* amfibijski traktor
amuck [ə'mʌk] *adv* bjesomučno, kao lud | **to run ~** trčati kao lud i napadati, pobjesnjeti
amulet ['æmjulit] *s* amajlija, amulet
amuse [ə'mju:z] *vt* zabavljati, zanimati; uveseljavati, razveseljavati, nasmijavati (*with, by* čime) | **to be ~d at** uživati u, ironično (podsmješljivo) pratiti
amusement [ə'mju:zmənt] *s* dokolica, zabava, razonoda, igra, razbibriga
amusing [ə'mju:ziŋ] *adj* (**~ly** *adv*) zabavan, ugodan; smiješan
amyl ['æmil] *s chem* amil | **~ alcohol** amilni alkohol
amyloid ['æmilɔid] *adj* škrobast, škrobni, škrobov; brašnast
amyloid ['æmilɔid] *s chem* amiloid
an [æn, ən] *adj* → **a**
an [æn] *conj arch* ako
ana ['a:nə] *s* zbirka izreka, dosjetaka, poslovica, misli; *pl* anegdote, crtice iz života pisca
anabaptism [ˌænə'bæptizəm] *s eccl* anabaptizam, učenje o ponovnom krštenju
anabaptist [ˌænə'bæptist] *s eccl* anabaptist, pristaša anabaptizma
anabaptistical [ˌænəbæp'tistikəl] *adj* (**~ly** *adv*) *eccl* anabaptistički
anachronic [ˌænə'krɔnik] *adj* koji se odnosi na anakronizam, zastario, nesuvremen, anakroničan
anachronism [ə'nækrənizəm] *s* anakronizam, pogreška u računanju vremena, datuma, događaja; zastarjelost (nazora), nesuvremenost, zaostalost
anacoluthon [ˌænəkə'lu:θɔn] *s* (*pl* **anacolutha** [ˌænəkə'lu:θə]) nedosljednost, izostavljanje riječi, anakolut, nepravilan rečenični sklop gdje svršetak ne odgovara početku
anacreontic [æˌnækri'ɔntik] *adj* anakreontski; *fig* veseo, lagodan
anacreontic [æˌnækri'ɔntik] *s pros* pjesma sastavljena u metru i duhu Anakreontove lirike
anacrusis [ˌænə'kru:sis] *s pros* nenaglašeni slog na početku stiha, anakruza
anaemia (anemia) [ə'ni:miə] *s med* slabokrvnost, anemija
anaemic (anemic) [ə'ni:mik] *adj med* slabokrvan, anemičan
anaesthesia (anesthesia) [ˌænis'θi:ziə] *s med* 1. neosjetljivost od bolesti ili ozljede živčanog sustava 2. anestezija, umjetna neosjetljivost izazvana radi izvođenja operacije
anaesthetic (anesthetic) [ˌænis'θetik] *adj* (**~ally** *adv*) *med* neosjetljiv, nesvjestan; anestetički
anaesthetic (anesthetic) [ˌænis'θetik] *s med* anestetik, sredstvo za izazivanje neosjetljivosti
anaesthetist (anesthetist) [æ'ni:sθətist] *s med* anestetičar
anaesthetization (anesthetization) [ˌænisθətai'zeiʃən] *s med* anesteziranje
anaesthetize (anesthetize) [æ'ni:sθətaiz] *vt med* anestezirati
anagoge [ˌænə'gəudʒi] *s* duhovno uzdizanje; alegorično izlaganje mističnih mjesta iz Biblije
anagogic [ˌænə'gɔdʒik] *adj* (**~ally** *adv*) tajanstven, mističan, uzvišen, spiritualan, misaon

anagram ['ænəgræm] *s* anagram, vrsta zagonetke
anagrammatic [ˌænəgrə'mætik] *adj* (**~ally** *adv*) anagramatski, koji se odnosi na anagram
anagrammatize [ˌænə'græmətaiz] *vt* praviti, sastavljati anagrame
anal ['einəl] *adj anat* analan, guzni, čmarni
analects ['ænəlekts] *s pl* odabrani odlomci, izbor (iz književnih i drugih djela); antologija
analgesia [ˌænæl'dʒiːzjə] *s* bezbolnost, neosjećanje bola, analgezija
analgesic [ˌænæl'dʒesik] *adj* bezbolan
analogic [ˌænə'lɔdʒik] *adj* analogijski, podudaran, sličan, srodan, suglasan, odgovarajući; *math* proporcionalan; *log* koji se dobiva uspoređivanjem; *gram* analogički
analogical [ˌænə'lɔdʒikəl] *adj* (**~ly** *adv*) → **analogic**
analogist [ə'nælədʒist] *s* čovjek koji zaključuje po analogiji
analogize [ə'nælədʒaiz] *vt/i* **I.** *vt* objašnjavati, tumačiti s pomoću analogije **II.** *vi* podudarati se (*with* sa), biti u suglasnosti (*with* sa); postupati po analogiji
analogous [ə'næləgəs] *adj* (**~ly** *adv*) analogan, odgovarajući, sličan, jednak
analogue ['ænəlɔg] *s* analog, slična stvar. riječ itd.; analogni organ
analogy [ə'nælədʒi] *s* sličnost, suglasnost, podudaranje; djelomična sličnost; *math* razmjer, sličnost; *log* uspoređivanje; *ling* analogija | **by ~ with** po analogiji, prema
analphabetic ['ænælfə'betik] *adj* (**~ally** *adv*) 1. nepismen, analfabetski 2. *phon* koji ne prikazuje glasove govora fonetskim alfabetom
analysable ['ænəlaizəbl] *adj* koji se može raščlaniti, analizirati
analyse (analyze) ['ænəlaiz] *vt* 1. ispitivati, raščlaniti, raščinjati, razlučivati, razglabati; *chem* vršiti analizu, rastavljati (na sastavne dijelove) 2. analizirati, rastavljati na najjednostavnije dijelove, točno ispitivati pojedinosti
analysis [ə'næləsis] *s* (*pl* **analyses** [ə'næləsiːz]) 1. raščlanjenje, raščlanjivanje, razglabanje, rastavljanje na dijelove 2. ispitivanje, istraživanje; analiziranje, ocjenjivanje 3. izlaganje, objašnjavanje 4. *chem* analiza, rastavljanje na osnovne dijelove, određivanje količine sastavnih dijelova 5. *log* istraživanje, traženje bîti problema
analyst ['ænəlist] *s* analitičar, onaj koji je vješt u analizi, koji se bavi analizom (obično kemijskom) | **public ~** sudbeni kemičar
analytic [ˌænə'litik] *adj* (**~ally** *adv*) analitički, koji se odnosi na analizu
analytics [ˌænə'litiks] *s* analitika, nauka o raščlanjivanju; *phil* nauka o rastavljanju složenih sudova ili zaključaka
ananas [ə'naːnəs] *s bot* ananas
anapaest (anapest) ['ænəpiːst] *s pros* anapest, stopa od tri sloga (◡◡ —)
anapaestic (anapestic) [ˌænə'piːstik] *adj pros* anapestički
anaphora [ə'næfərə] *s* anafora, ponavljanje riječi na početku svakoga stiha
anarch ['ænaːk] *s poet* vođa pobune
anarchic [æ'naːkik] *adj* (**~ally** *adv*) bez reda, bezakon, anarhičan
anarchism ['ænəkizəm] *s* anarhizam, bezvlađe; nepriznavanje autoriteta, samovolja
anarchist ['ænəkist] *s* anarhist, pristaša nereda, anarhije, bezvlašća
anarchy ['ænəki] *s* bezakonje, bezvlašće, anarhija; nered, kaos, raspuštenost
anastatic [ˌænəs'tætik] *adj print* anastatički
anathema [ə'næθimə] *s* anatema, prokletstvo, izopćenje iz crkvene zajednice
anathematization [əˌnæθəmətai'zeiʃən] *s* anatemiziranje
anathematize [ə'næθəmətaiz] *vt/i* **I.** *vt* anatemizirati **II.** *vi* psovati, kleti
anatomical [ˌænə'tɔmikəl] *adj* (**~ly** *adv*) anatomski
anatomist [ə'nætəmist] *s med* anatom, stručnjak u anatomiji; *fig* onaj koji raščlanjuje, analizira
anatomize [ə'nætəmaiz] *vt/i* **I.** *vt med* secirati, razuditi; *fig* raščlanjivati, analizirati, raščinjati **II.** *vi* baviti se anatomijom, seciranjem; *fig* baviti se analiziranjem
anatomy [ə'nætəmi] *s* 1. anatomija, nauka o građi tijela 2. seciranje, paranje, razudba; secirano tijelo, skelet 3. *fig* skelet
ancestor ['ænsistə] *s* praotac, predak
ancestral [æn'sestrəl] *adj* pradjedovski, djedovski; rodovski, naslijeđen, baštinjen
ancestress ['ænsistris] *s* prababa, praroditeljka, pretkinja
ancestry ['ænsistri] *s* preci, pradjedovi; rod, loza, porijeklo
anchor ['æŋkə] *s* 1. *mar* sidro; *el & tech* kotva 2. *fig* utočište, spas, nada | **bower ~** glavno sidro; **kedge ~** strujno sidro; **to cast ~, to drop ~** baciti sidro; **to weigh ~** podići sidro; **to come to ~** usidriti se; **at ~** na sidru, usidren; **to ride at ~** biti usidren
anchor ['æŋkə] *vt/i* **I.** *vt* usidriti, sapeti, ukotviti **II.** *vi* usidriti se, ukotviti se, pristati, zaustaviti se; *fig* držati siguran položaj, nalaziti se na sigurnu položaju
anchorage ['æŋkəridʒ] *s mar* 1. usidrivanje, ukotvljavanje, bacanje sidra 2. sidro sa spravama za usidrivanje 3. sidrište, mjesto gdje se može baciti sidro; *fig* čvrsto tlo, sigurno uporište 4. sidrovina

(taksa koju brodovi plaćaju da se mogu usidriti u nekoj luci)
anchoress ['æŋkəris] *s* pustinjakinja
anchoret ['æŋkəret] *s* pustinjak; *fig* povučen čovjek koji provodi osamljen život
anchorite ['æŋkərait] *s* → **anchoret**
anchor-plate ['æŋkəpleit] *s* teški komad drveta ili metala koji služi kao uporište za čeličnu užad na visećim mostovima itd.
anchor-stroke ['æŋkəstrəuk] *s* udarac na biljaru, kad igrač svojom kuglom pogodi uzastopce druge dvije
anchovy ['æŋtʃəvi] *s. ichth* inćun; brgljun; sardela (*Engraulis encrasicholus*) | ~ **paste** pašteta od sardela
ancient ['einʃənt] *adj* (~**ly** *adv*) star, starinski, davni, negdašnji, pradavni, prastar; *fig* dostojan poštovanja, častan | ~ **lights** prozor koji susjed zidanjem svoje kuće ne smije zasjeniti
ancient[1] ['einʃənt] *s* častan starac | **the Ancient of Days** Bog; **the** ~**s** antički narodi, narodi iz starog vijeka; stari ljudi, starješine
ancient[2] ['einʃənt] *s arch* → **ensign**
anciently ['einʃəntli] *adv* od davnine, od vajkada, od pamtivijeka, od starine, nekoć, davno
ancientry ['einʃəntri] *s* visoko porijeklo, stara porodica, gospodski rod; starinski stil
ancillary [æn'siləri] *adj* podređen (*to* čemu), potčinjen, podložan; pomoćni | ~ **equipment** *s el* pribor
ancle [æŋkl] *s* → **ankle**
ancon ['æŋkɔn] *s archit* podupirač, potporanj, konzola
ancress ['æŋkris] *s* → **anchoress**
and [ænd, ənd] *conj* 1. i, pa, te, (sastavni veznik) (*his mother* ~ *father*) 2. a (suprotni veznik) (*he works* ~ *she plays*) 3. s, sa (*bread* ~ *butter, a coach* ~ *four* četvoropreg) 4. po (*two* ~ *two, little* ~ *little*) 5. da (s namjernim značenjem poslije try, come, go: *try* ~ *come* samo dođi, usudi se doći; *come* ~ *see* dođi, da vidiš!) | **to come** ~ **see** posjetiti; **go** ~ **look at it** hajde pa vidi; **both** ... ~ i ... i, kako ... tako; **miles** ~ **miles** bezbrojne milje; **years** ~ **years** nebrojene godine; **there are books** ~ **books** ima dobrih i loših knjiga; **contributions in money** ~ **(or) garments** prilozi u novcu i (ili) odijelu; **older** ~ **older** sve stariji
andante [æn'dænti] *adv mus* polagano, umjereno, andante
andiron ['ændaiən] *s* gvozdeni preklad, zaglavac, podupirač za drva na ognjištu
androgynous [æn'drɔdʒinəs] *adj* koji ispoljava muška i ženska svojstva, hermafroditski
android ['ændrɔid] *s* automat u obliku čovjeka
anecdotage ['ænekdəutidʒ] *s* zbirka anegdota; anegdote
anecdotal [ˌænek'dəutl] *adj* anegdotski, anegdotičan
anecdote ['ænikdəut] *s* pričica, anegdota
anecdotic(al) [ˌænek'dɔtik(əl)] *adj* (~**ally** *adv*) → **anecdotal**
anele [ə'niːl] *vt arch* dati posljednju pomast
anemone [ə'neməni] *s bot* anemona, šumarica | *zool* **sea** ~ morska anemona, vlasulja
anent [ə'nent] *prep arch* što se tiče, odnosno, u pogledu, o
aneroid ['ænərɔid] *s phys* aneroid, aneroidni barometar
aneurysm (aneurism) ['ænjuərizəm] *s med* proširenje krvnih žila, aneurizam
anew [ə'njuː] *adv* 1. iznova, ponovo, nanovo, iz početka, još jedanput 2. na drugi način
anfractuosity [ˌænfræktju'ɔsiti] *s* 1. *lit* & *fig* krivina, zakrivljenost, iskrivljenost; savijanje, savijenost, krivudavost, izvijuganost, zavijanje, vijuga, vijuganje 2. *pl* vijugast tjesnac, prolaz
angary ['æŋgəri] *s jur* pravo zaraćene strane da uz odštetu oduzme ili razori vlasništvo neutralne države
angel ['eindʒəl] *s* 1. anđeo 2. mila, dobra osoba 3. stari engleski zlatnik | **to rush in where** ~**s fear to tread** miješati se ludo i bezobzirno u tuđe poslove; **to entertain an** ~ **unawares** učiniti uslugu nekoj važnoj osobi ne znajući tko je; **guardian** ~ anđeo čuvar
angel-fish ['eindʒəlfiʃ] *s ichth* 1. sklat, sklać (vrsta morskog psa) 2. vrsta lijepo obojenih riba koje žive u toplim morima
angelic [æn'dʒelik] *adj* (~**ally** *adv*) anđeoski, koji se odnosi na anđela, poput anđela
angelica [æn'dʒelikə] *s bot* kravačac, trubaljika (ljekovita trava)
angel shark ['eindʒəlʃaːk] *s ichth* sklat (*Squatina squatina*)
angelus ['ændʒiləs] *s eccl* angelus (večernja ili jutarnja molitva uz zvonjavu zvona)
anger ['æŋgə] *s* gnjev, srdžba, ljutnja, srditost, ljutina, bijes
anger ['æŋgə] *vt* ljutiti, srditi, dražiti, razdražiti, rasrditi, razgnjeviti, naljutiti
Angevin ['ændʒivin] *adj* 1. anžuvinski, koji se odnosi na francusku provinciju Anžu 2. koji se odnosi na englesku kraljevsku kuću Plantagenet
Angevin ['ændʒivin] *s* 1. Anžuvinac, stanovnik francuske provincije Anžu 2. član kraljevske kuće Anžu 3. član engleske kraljevske kuće Plantagenet
angina [æn'dʒainə] *s med* angina, upala vratnih krajnika | ~ **pectoris** angina pektoris, arterioskleroza srčanih arterija

angle[1] ['æŋgl] *s* 1. ugao, kut 2. vrh 3. kut, ćošak 4. *fig* stajalište, stanovište 5. *tech* kutni profil, uglovnica | **plain ~** kut; **solid ~** ugao
angle[2] ['æŋgl] *s* 1. udica, povraz 2. mamac (s ribom), meka 3. *fig* mamac
angle ['æŋgl] *vi* 1. pecati, loviti (udicom) 2. *fig* loviti (u mutnom), tražiti uspjeh, korist; mamiti, zavoditi
angle-bar ['æŋglbaː] *s* okov na uglovima prozora; uglovnica, L profil
angle-iron ['æŋglˌaiən] *s* komad željeza u obliku pravog kuta, koji se upotrebljava za učvršćivanje okvira 2. kutomjer
angler ['æŋglə] *s* 1. ribič 2. *ichth* morski đavo (*Lophius piscatorius*)
Angles ['æŋglz] *s pl* Angli (germansko pleme koje se u 5. stoljeću doselilo u Englesku)
Anglican ['æŋglikən] *adj* anglikanski, koji se odnosi na protestantsku crkvu u Engleskoj
Anglican ['æŋglikən] *s* anglikanac, vjernik protestantske crkve u Engleskoj
Anglicanism ['æŋglikənizəm] *s* anglikanizam; učenje anglikanske crkve
anglicism ['æŋglisizəm] *s* 1. anglicizam, svojstvo, osobina engleskog jezika, engleski izraz 2. politički principi Engleske
anglicist ['æŋglisist] *s* anglist
anglicize ['æŋglisaiz] *vt* poengleziti, učiniti engleskim, dati englesko obilježje
angling ['æŋgliŋ] *s* pecanje; ribarsko umijeće
anglistics [æŋ'glistiks] *s* anglistika
anglomania ['æŋgləu'meinjə] *s* anglomanija, pretjerana ljubav i divljenje prema svemu što je englesko, oponašanje svega engleskoga
anglophile ['æŋgləufail] *s* anglofil, prijatelj engleskog naroda, čovjek koji pristaje uz Englesku
anglophobe ['æŋgləufəub] *s* anglofob, čovjek koji mrzi engleski narod i sve što je englesko
anglophobia [ˌæŋgləu'fəubjə] *s* anglofobija, mržnja prema engleskom narodu i svemu što je englesko
Anglo-Saxon ['æŋgləu'sæksən] *adj* 1. anglosaksonski, koji se odnosi na Angle i Sase 2. engleskog porijekla, engleskog roda
Anglo-Saxon ['æŋgləu'sæksən] *s* 1. Anglosaksonac 2. stari engleski jezik
angola [æŋ'gəulə] → **angora**
angora [æŋ'gɔːrə] *s* tkanina od dlake angorske koze; angorska mačka
angora-cat [æŋ'gɔːrəkæt] *s* angorska mačka
angora-goat [æŋ'gɔːrəgəut] *s* angorska koza
angry ['æŋgri] *adj* (**angrily** *adv*) 1. ljutit, srdit (*at, with* na koga, što), bijesan (*at* na koga, što), razdražen (*with* kim, čim) 2. *med* upaljen, bolan; *fig* žestok, buran (more), tmuran (nebo)
anguine ['æŋgwin] *adj* poput zmije, nalik na zmiju, zmijolik
anguish ['æŋgwiʃ] *s* bol, tjeskoba, muka, patnja, mora, strepnja, strah | **~ of mind** duševna patnja
angular ['æŋgjulə] *adj* (**~ly** *adv*) uglast, oštar, šiljast, izbočen, kukast; kutni; *fig* ukočen, tvrd, krut, težak, nespretan; usiljen, formalan | **~ point** vrh kuta
angularity [ˌæŋgju'læriti] *s* 1. uglatost, oštrina, zašiljenost 2. *fig* ukočenost, ukrućenost, nespretnost
angulate ['æŋgjulit] *adj* uglast, oštar, kukast
angulate ['æŋgjuleit] *vt* praviti ugao; mjeriti ugao
angulation [ˌæŋgju'leiʃən] *s* uglat smještaj ili oblik
anigh [ə'nai] *adv* blizu
anil ['ænil] *s* plava boja, indigo; *bot* biljka od koje se dobiva indigo-boja
anile ['einail] *adj* bapski, ostario, mator
aniline ['ænilіːn] *s chem* anilin
anility [æ'niliti] *s* staračka slaboumnost, podjetinjelost; ostarjelost, obabjelost; naklapanje, trabunjanje, petljanje
animadversion [ˌænimæd'vəːʃən] *s* prijekor, ukor, prigovaranje, neodobravanje, kritiziranje
animadvert [ˌænimæd'vəːt] *vi* zamjerati, koriti, prigovarati, prekoravati, kritizirati (*on* što)
animal ['ænimәl] *s* životinja, živo biće; *fig* životinja (u čovjeku); prostak, čovjek koji se poživinčio
animal ['ænimәl] *adj* (**~ly** *adv*) životinjski, koji se odnosi na životinje, živa bića; *fig* tjelesni, životinjski, animalan, čulni | **~ kingdom** životinjsko carstvo; **full of ~ spirits** pun životne snage, vitalnosti
animalcule [ˌæni'mælkjuːl] *s* mikroskopski sitna životinjica
animalism ['ænimәlizәm] *s* životinjski svijet, životni nagon, životinjska narav, animalizam; *fig* grešnost, putenost, čulnost
animality [æni'mæliti] *s* životinjski svijet, životinjsko carstvo; životinjska narav
animalize ['ænimәlaiz] *vt/i* pretvoriti u životinju, poživinčiti; poživinčiti se
animate ['ænimit] *adj* živahan, živ; *fig* snažan, bodar, vedar, nadahnut (*with, by* čime)
animate ['ænimeit] *vt* udahnuti duh, dušu, život, oživiti; *fig* nadahnuti, obodriti, pokrenuti, potaknuti, ohrabriti; animirati
animated ['ænimeitid] *adj* (**~ly** *adv*) živahan, veseo, čio | **~ cartoon** crtani film, animirani film
animating ['ænimeitiŋ] *adj* (**~ly** *adv*) koji oživljuje, koji podiže duh, snagu, hrabrost, koji pokreće, hrabri, nadahnjuje

animation [ˌæni'meiʃən] *s* 1. oživljavanje, nadahnjivanje 2. *fig* veselost, svježina, živahnost 3. vatrenost, žar, žestina, uzbuđenost, ljutnja | **suspended ~** prividna smrt
animator ['ænimeitə] *s* onaj koji daje dušu, duh, život; onaj koji podstiče, navodi, bodri, animator
animism ['ænimizəm] *s* 1. *phil* animizam, vjerovanje da je život stvorila neka nematerijalna sila 2. vjerovanje da sve stvari imaju duh, dušu; pridavanje duševnih svojstava prirodnim pojavama, silama
animosity [ˌæni'mɔsiti] *s* neprijateljstvo, neprijateljsko čuvstvo, mržnja, animozitet
animus ['æniməs] *s* 1. poticaj; svrha 2. neprijateljstvo, nesklonost 3. *jur* zla namjera, nakana
anise ['ænis] *s bot* anis, slatki januš
aniseed ['ænisiːd] *s bot* anisovo sjeme
anisette [ˌæni'zet] *s* liker pripravljen s anisom
anker ['æŋkə] *s* 1. *arch* stara engl. mjera za tekućine (8¼ galona) 2. bure te zapremine
ankle (ancle) ['æŋkl] *s* gležanj | **to sprain one's ~** iščašiti nogu
anklet ['æŋklit] *s* 1. ukrasni kolut (grivna) oko gležanja 2. kratka čarapa 3. gležnjić
annalist ['ænəlist] *s* ljetopisac, pisac anala
annalistic [ˌænə'listik] *adj* koji se odnosi na pisanje ljetopisa, anala; kroničarski
annals ['ænlz] *s pl* ljetopis, anali, povijesne, historijske bilješke
anneal [ə'niːl] *vt* 1. zagrijavati, peći, topiti, taliti, kaliti, emaljirati 2. žariti, ižariti 3. kaliti 4. *fig* očvrsnuti, otvrdnuti, očeličiti
annectent [ə'nektənt] *adj* spojni, koji spaja, sastavlja
annex [ə'neks] *vt* 1. dodati, pridružiti, priklopiti, uklopiti, pripojiti 2. nasilno pripojiti, pridružiti (npr. zemlju), anektirati 3. *fig* sjediniti, ujediniti
annex(e) ['æneks] *s* 1. prilog, dodatak 2. nadogradnja, naknadno sazidani dio (kuće); dependansa (hotela)
annexation [ˌænek'seiʃən] *s* 1. pripojenje, dodavanje, pridruživanje 2. aneksija, proglašenje svojim, nasilno prisvajanje nekog područja
annihilate [ə'naiəleit] *vt* uništiti, poništiti, razoriti, satrti, sravniti sa zemljom; *fig* anulirati, poništiti
annihilation [əˌnaiə'leiʃən] *s* uništenje, poništavanje, razaranje, sravnivanje sa zemljom; ukinuće; anihilacija
anniversary [ˌæni'vəːsəri] *s* godišnjica, obljetnica
Anno Domini ['ænəu'dɔminai] *s* poodmakle godine, dob | **~ is the trouble** što ćemo, godine su tu
Anno Domini ['ænəu'dɔminai] *adv* godine Gospodnje, ljeta Gospodnjeg
annotate ['ænəuteit] *vt/i* **I.** *vt* popratiti bilješkama, primjedbama **II.** *vi* praviti bilješke, zabilješke
annotation [ˌænəu'teiʃən] *s* bilješka, primjedba, objašnjenje, komentar, tumačenje, glosa
announce [ə'nauns] *vt* objaviti, najaviti, obznaniti, prijaviti, oglasiti, izreći, navijestiti, predskazati, predskazivati
announcement [ə'naunsmənt] *s* objavljivanje, najava, oglas, oglašivanje, navještavanje, predskazivanje; vijest, saopćenje
announcer [ə'naunsə] *s* 1. najavljivač 2. vjesnik; *radio* spiker
annoy [ə'nɔi] *s arch poet* dosađivanje, dodijavanje, smetanje; muka, neprilika, dosada
annoy [ə'nɔi] *vt* dosađivati, dodijavati, smetati, uznemirivati, ljutiti, jediti
annoyance [ə'nɔiəns] *s* dosađivanje, dodijavanje, smetanje; muka, neprilika, dosada, jed
annoying [ə'nɔiiŋ] *adj* (**~ly** *adv*) dosadan, koji smeta, dodijava, dosađuje
annual ['ænjuəl] *adj* (**~ly** *adv*) 1. godišnji 2. *bot* jednogodišnji | **~ ring** *bot* god
annual ['ænjuəl] *s* 1. godišnjak (knjiga) 2. *bot* jednogodišnja biljka
annuitant [ə'njuitənt] *s* osoba koja živi od godišnjeg prihoda, rente, rentijer
annuity [ə'njuiti] *s* 1. godišnji prihod, renta 2. godišnji dohodak, prihod od uloženog kapitala; doživotna renta 3. godišnja premija (za osiguranje); *com* anuitet; anuitetna obveznica
annuity-bonds [ə'njuitibɔndz] *s pl* obveznice uz godišnju otplatu, amortizacijske obveznice
annuity-office [ə'njuitiˌɔfis] *s* banka za životne rente
annul [ə'nʌl] *vt* uništiti, poništiti, anulirati; ukinuti, dokinuti; otkazati (ugovor); proglasiti ništetnim, opozvati
annular ['ænjulə] *adj* (**~ly** *adv*) kolutast, prstenast, u obliku prstena, kruga
annulate ['ænjuleit] *adj* koji se sastoji od kolutâ, prstenâ, pojasâ
annulated ['ænjuleitid] *adj* → **annulate**
annulation [ˌænju'leiʃən] *s* stavljanje prstena, prstenovanje
annulet ['ænjulit] *s* 1. mali prsten, kolutić 2. *archit* mali vijenac koji okružuje kapitel na stupu
annulment [ə'nʌlmənt] *s* 1. poništenje, anuliranje 2. ukinuće 3. otkaz, opoziv, zbacivanje (s dužnosti, položaja)
annunciate [ə'nʌnʃieit] *vt* navijestiti, najaviti, objaviti
annunciation [əˌnʌnsi'eiʃən] *s* navještaj, objavljivanje | **the Annunciation** Blagovijest

annunciator [ə'nʌnsieɪtə] *s* 1. objavljivač; vjesnik 2. električni indikator (koji prikazuje na ploči odakle je došao poziv za poslugu, npr. u hotelu)
anode ['ænəud] *s el* anoda
anodyne ['ænədain] *adj* koji ublažuje, umiruje bol; *fig* koji olakšava, umiruje
anoint [ə'nɔint] *vt* nauljiti, trljati uljem, mazati, podmazati; premazati, namazati; *eccl* pomazati
anomalous [ə'nɔmələs] *adj* (~**ly** *adv*) nepravilan, neobičan, anomalan, koji odstupa od redovitoga
anomaly [ə'nɔməli] *s* nejednakost, nepravilnost, anomalija, odstupanje, nesklapnost; *astr* kut udaljenosti nekoga nebeskog tijela od posljednjeg perihela ili perigeja
anon [ə'nɔn] *adv* 1. brzo, odmah, smjesta 2. drugi put, opet | **ever and** ~ ovda-onda, neprestano
anonym ['ænənim] *s* nepoznata osoba; pseudonim
anonymity [ˌænə'nimiti] *s* bezimenost, anonimnost
anonymous [ə'nɔniməs] *adj* (~**ly** *adv*) bezimen, neimenovan, nepoznat, anoniman
anopheles [ə'nɔfiliːz] *s* anofeles (komarac)
anorak ['ænəræk] *s* anorak (vjetrovka)
another [ə'nʌðə] *pron & adj* drugi, još jedan | **one** ~ jedan drugog, uzajamno; **such** ~ još jedan takav; **he's a fool, you're** ~ on je budala, a i ti si; **will you have** ~ **cup of tea** hoćete li još šalicu čaja; **wait** ~ **day or two** pričekaj još dan dva; **he will remain there for** ~ **three years** on će ostati tamo još tri godine; **not** ~ **word!** ni riječi više!
anserine ['ænsərain] *adj* guščji, koji se odnosi na gusku; *fig* glup, tupav
answer ['aːnsə] *s* 1. odgovor 2. *jur* obrana, replika 3. rješenje (problema i dr.), objašnjenje 4. odzdrav
answer ['aːnsə] *vt/i* **I.** *vt* 1. odgovoriti, odgovarati 2. odgovarati, služiti (svrsi, cilju i dr.) 3. uslišati, ispuniti (molbu), poslušati, odazvati se 4. *jur* odgovoriti na tužbu 5. riješiti (problem i dr.) **II.** *vi* 1. odgovoriti 2. jamčiti, odgovarati (*for* za) 3. slagati se, podudarati se 4. odgovarati, biti dobar za što 5. uspjeti, poći za rukom | **to** ~ **a question** odgovoriti na pitanje; **to** ~ **the door** (**bell**) (ići) otvoriti (kome) vrata; **to** ~ **to a name** odazivati se na ime; **to** ~ **to the purpose** odgovarati svrsi, potrebi
answer back ['aːnsə'bæk] *vt/i* odgovarati (drsko, nepristojno)
answer up ['aːnsər'ʌp] *vi* dati brz odgovor
answerable ['aːnsərəbl] *adj* (**answerably** *adv*) 1. na koji se može odgovoriti 2. odgovoran (za što) 3. *arch* odgovarajući | **to be** ~ **for** jamčiti za
ant [ænt] *s ent* mrav
an't [aːnt] = **am not, are not, is not**
antagonism [æn'tægənizəm] *s* 1. protivljenje, otpor (*to, against* prema), suparništvo (*between* između) 2. suprotnost ideja, nepomirljiva proturječnost, antagonizam | **to be in** ~ **with** biti u neprijateljstvu sa
antagonist [æn'tægənist] *s* 1. antagonist, protivnik, suparnik, neprijatelj 2. *anat* mišić koji djeluje u suprotnom smjeru od drugog mišića
antagonistic [ænˌtægə'nistik] *adj* (~**ally** *adv*) suprotan, neprijateljski, antagonistički
antagonize [æn'tægənaiz] *vt* 1. opirati se, protiviti se, biti protiv 2. izazivati neprijateljstvo, stvarati otpor (komu, čemu) 3. *US* suprotstavljati se, opirati se
antarctic [ænt'aːktik] *adj* antarktički, koji se odnosi na Južni pol
Antarctic(a) [ænt'aːktik(ə)] *s* Antarktik
ant-bear ['ænt'bɛə] *s zool* mravojed, mravožder
ante ['ænti] *s cards* blind
ant-eater ['ænt'iːtə] *s zool* mravožder, mravojed
antecedence [ˌænti'siːdəns] *s* 1. antecedencija, prethođenje, prednost 2. *astr* retrogradno gibanje planeta
antecedent [ˌænti'siːdənt] *adj* (~**ly** *adv*) prethodni, prednji, prijašnji, antecedentan
antecedent [ˌænti'siːdənt] *s* 1. stvar koja je prethodila, prijašnji, pređašnji slučaj 2. *gram* antecedent 3. *math* prednji član 4. *pl* događaji iz čije prošlosti
antechamber ['æntiˌtʃeimbə] *s* predsoblje
antechapel ['æntiˌtʃæpəl] *s* vanjski dio na zapadnom kraju kapele
antedate ['ænti'deit] *s* datum napisan prije pravog datuma
antedate [ˌænti'deit] *vt* 1. datirati unaprijed, antedatirati 2. unaprijed osjećati
antediluvian [ˌæntidi'luːvjən] *adj* koji se odnosi na vrijeme prije potopa, antidiluvijalni; *fig* staromodan, starinski, pretpotopan
antediluvian [ˌæntidi'luːvjən] *s* antidiluvijalna, pretpotopna životinja; *fig* staromodan čovjek
antelope ['æntiləup] *s zool* antilopa
ante meridiem ['æntimə'ridiəm] *s* prije podne (kratica a. m.)
antenatal ['ænti'neitl] *adj* koji se odnosi na vrijeme prije rođenja | ~ **clinic** dispanzer (ambulanta) za trudnice
antenna [æn'tenə] *s* (*pl* **antennae** [æn'teniː]) 1. *zool* ticalo, pipalo 2. *radio* antena
antenuptial ['ænti'nʌpʃəl] *adj* prije braka, predbračni
antepenult [ˌæntipi'nʌlt] *adj* treći od kraja, predzadnji (slog), antepenultima
antepenultimate [ˌæntipi'nʌltimit] *adj* pretpredzadnji, koji se tiče trećega sloga od kraja

anterior [æn'tiəriə] *adj* (**~ly** *adv*) prednji, prethodni, prijašnji; raniji (*to* nego, od)
anteriority [ˌæntiri'ɔriti] *s* prethodnost, prethođenje, prvenstvo u vremenu
anteroom ['æntirum] *s* predsoblje, čekaonica
anthem ['ænθəm] *s* crkvena pjesma, hvalospjev; himna
anther ['ænθə] *s bot* prašnik
anthill ['ænthil] *s* mravinjak
anthological [ˌænθə'lɔdʒikəl] *adj* antologijski
anthologist [æn'θɔlədʒist] *s* sastavljač antologije, antologičar
anthology [æn'θɔlədʒi] *s* antologija, zbirka (izabranih pjesama, odlomaka iz književnih djela)
anthracite ['ænθrəsait] *s* antracit
anthrax ['ænθræks] *s med* crni prišt, antraks; *vet* bedrenica
anthropoid ['ænθrəpɔid] *adj* antropoidni, čovjekolik
anthropoid ['ænθrəpɔid] *s* antropoid, čovjekoliki majmun
anthropological [ˌænθrəpə'lɔdʒikəl] *adj* (**~ly** *adv*) antropološki, koji se odnosi na antropologiju
anthropologist [ˌænθrə'pɔlədʒist] *s* antropolog, učenjak koji se bavi antropologijom
anthropology [ˌænθrə'pɔlədʒi] *s* antropologija
anthropomorphism [ˌænθrəpə'mɔːfizəm] *s theol* antropomorfizam, prikazivanje božanstva u ljudskom liku
anthropophagy [ˌænθrəu'pɔfədʒi] *s* antropofagija, ljudožderstvo
anti-aircraft ['ænti'εəkraːft] *adj* protuavionski | **~ alarm** zračna uzbuna; **~ defence** protuavionska obrana; **~ gun** protuavionski top
antibiotic ['æntibai'ɔtik] *s* antibiotik
antibody ['æntiˌbɔdi] *s med* antitijelo
antic ['æntik] *adj arch* čudan, čudnovat, smiješan, bizaran, fantastičan, groteskan, lakrdijaški
antic ['æntik] *s* 1. *arch* lakrdijaš, klaun, čudnovata prikaza 2. *pl* lakrdija, budalaština, šala 3. maska, obrazina 4. *hist theat* šaljiv prizor
antichrist ['æntikraist] *s* antikrist, neprijatelj Kristov
antichristian ['ænti'kristjən] *adj* protivan kršćanstvu
anticipant [æn'tisipənt] *adj* 1. preran, prijevremen, koji se događa prije vremena 2. koji predosjeća 3. koji očekuje
anticipant [æn'tisipənt] *s* onaj koji radi, gleda unaprijed; onaj koji očekuje, predviđa
anticipate [æn'tisipeit] *vt* 1. anticipirati; unaprijed uzeti, primiti, učiniti 2. predusresti, spriječiti, pripremiti unaprijed 3. preteći 4. očekivati, predosjećati, nadati se, predviđati, slutiti 5. ubrzati 6. *com* isplatiti prije vremena (mjenicu) | **to ~ one's ruin** ubrzati svoju propast; *com* **to ~ payment** platiti unaprijed; **anticipating an early reply** u očekivanju brzog odgovora; **~d interest** unaprijed plativi kamati; **~d profit** očekivana dobit
anticipation [ænˌtisi'peiʃən] *s* 1. anticipacija 2. pretjecanje 3. predusretanje, sprečavanje 4. očekivanje, predviđanje, predosjećanje, nadanje, slutnja 5. ubrzavanje 6. *com* plaćanje unaprijed 7. prenaglo stvoreno mišljenje, prenagli sud | **thanking you in ~** zahvaljujući vam unaprijed
anticipative [æn'tisipeitiv] *adj* (**~ly** *adv*) 1. preran, prijevremen, preuranjen 2. koji ide unaprijed; *fig* koji prestizava 3. koji se očekuje, očekivan, predviđen; anticipativan
anticipator [æn'tisipeitə] *s* onaj koji pretječe, onaj koji daje unaprijed
anticipatory [æn'tisipeitəri] *adj* (**anticipatorily** *adv*) → **anticipative**
anticlimax ['ænti'klaimæks] *s* antiklimaks, prijelaz od jačih izraza na slabije; opadanje, smanjivanje; spuštanje, popuštanje
anticyclone ['ænti'saikləun] *s* anticiklona, područje visokoga barometarskog tlaka
anticyclonic ['æntisai'klɔnik] *adj* anticiklonski
antidotal ['æntidəutl] *adj med* koji služi kao protuotrov
antidote ['æntidəut] *s med* protuotrov, sredstvo, lijek koji se daje (*against*) protiv otrova, sredstvo, lijek (*for, to*) za sprečavanje djelovanja otrova
antifascist ['ænti'fæʃist] *s* antifašist
antifebrile ['ænti'fiːbrail] *s* lijek protiv groznice
antifouling ['ænti'fauliŋ] *adj* | **~ paint** *mar* antivegetativna boja
anti-freeze ['æntifriːz] *s* antifriz
anti-gas ['ænti'gæs] *adj* za zaštitu od plina, protuplinski
antigropelos [ˌænti'grɔpiləuz] *s pl* nepromočive dokoljenice, gamaše
antijamming ['ænti'dʒæmiŋ] *adj* | **~ (st)ability** nepometnjivost (kod obavijesne teorije)
anti-knock ['æntinɔk] *s* antidetonator (primjesa benzinu da se smanji »lupanje« u motoru)
antilogy [æn'tilədgi] *s* proturječje, kontradikcija
antimacassar ['æntimə'kæsə] *s* zaštitne prevlake (npr. na namještaju)
antimonarchical ['æntimɔ'naːkikəl] *adj* koji je protiv monarhije
antimony ['æntiməni] *s* antimon (kovina)
antinomian [ˌænti'nəumiən] *s eccl hist* član sekte koja je vjerovala da su moralni zakoni nepotrebni, jer je sama vjera potrebna i dovoljna za spasenje

antinomian [ˌæntiˈnəumiən] *adj* 1. *jur* proturječan, protivan zakonu 2. *fig* (prividno) proturječan 3. koji se odnosi na antinomiju 4. *eccl* koji vjeruje da je samo vjera potrebna za spasenje
antinomy [ænˈtinəmi] *s* 1. proturječje, kontradikcija (koja postoji između dva zakona, principa i dr.) 2. *log* antinomija
antioxidant [ˈæntiˈɔksidənt] *s chem* antioksidans
antipathetic [ˌæntipəˈθetik] *adj* (~**ally** *adv*) odvratan, nemio, koji osjeća prirodnu odvratnost, nesklonost prema komu, čemu, antipatičan; *med* suprotan, protivan
antipathic [ˌæntiˈpæθik] *adj* neprivlačiv, neprijatan, odvratan, mrzak, nemio, koji odbija, antipatičan
antipathy [ænˈtipəθi] *s* antipatija, nesklonost, odvratnost (*against, to* prema komu, čemu), prirođeno odbijanje, neslaganje (*between* između)
antiphlogistic [ˈæntifləuˈdʒistik] *adj med* koji sprečava upalu, groznicu
antiphlogistine [ˌæntiflɔˈdʒistiːn] *s med* sredstvo, lijek koji sprečava upalu
antiphon [ˈæntifən] *s eccl* → **antiphony**
antiphonal [ænˈtifənl] *adj* (~**ly** *adv*) *eccl* koji se pjeva naizmjence
antiphonal [ænˈtifənl] *s eccl* zbirka antifona, crkvenih pjesama
antiphonary [ænˈtifənəri] *s eccl* zbirka, knjiga antifona
antiphony [ænˈtifəni] *s eccl* antifon, crkvena pjesma koju dva zbora pjevaju naizmjence; naizmjenično pjevanje dvaju zborova u crkvi; odgovor, pripjev; jeka
antipodal [ænˈtipədl] *adj* antipodni, koji se odnosi na stanovnike ili dijelove zemlje suprotnih točaka na Zemljinoj kugli; *fig* protivan, oprečan, potpuno suprotan
antipodean [ænˌtipəˈdiən] *adj* → **antipodal**
antipodes [ænˈtipədiːz] *s pl* stanovnici ili dijelovi Zemlje suprotnih točaka na Zemljinoj kugli, antipodi
antipole [ˈæntipəul] *s* suprotni pol; direktna suprotnost
antipope [ˈæntipəup] *s eccl* protupapa
antipyretic [ˈæntipaiˈretik] *adj med* antipiretičan, koji sprečava vrućicu
antipyretic [ˈæntipaiˈretik] *s med* antipiretik
antiquarian [ˌæntiˈkwɛəriən] *adj* starinski, starodrevan, koji se odnosi na proučavanje starina, arheološki
antiquarian [ˌæntiˈkwɛəriən] *s* onaj koji proučava starine; onaj koji skuplja starine, staretinar, antikvar, trgovac starinama; arheolog
antiquarianism [ˌæntiˈkwɛəriənizəm] *s* ljubav prema starinama, strast za skupljanje starina
antiquary [ˈæntikwəri] *s* istraživač (poznavalac, sakupljač, ljubitelj) starina; antikvar, trgovac starinama
antiquate [ˈæntikwit] *adj* zastario
antiquate [ˈæntikweit] *vt* pustiti da što zastari; ukinuti
antiquated [ˈæntikweitid] *adj* zastario, preživio, koji se više ne upotrebljava; *fig* staromodan
antique [ænˈtiːk] *adj* (~**ly** *adv*) starinski, star; pradavni, davnašnji; antikni, koji se odnosi na umjetnost starog vijeka, antički
antique [ænˈtiːk] *s* umjetnost starog vijeka; antikvitet, antika
antiquity [ænˈtikwiti] *s* 1. drevnost, davnina 2. stari vijek 3. narodi koji su živjeli u starom vijeku 4. starina, ostatak umjetnosti iz starog vijeka, antika
antirolling [ˌæntiˌrəuliŋ] *adj* protiv ljuljanja | *mar* ~ **device**, ~ **tanks** hidraulički stabilizator, stabilizatorski tank
antiscorbutic [ˈæntiskɔːˈbjuːtik] *adj med* protuskorbutni
anti-Semite [ˈæntiˈsiːmait] *s* antisemit
anti-Semitic [ˈæntisiˈmitik] *adj* (~**ally** *adv*) antisemitski
anti-Semitism [ˈæntiˈsemitizəm] *s* antisemitizam
antiseptic [ˌæntiˈseptik] *adj* (~**ally** *adv*) *med* raskužan, antiseptičan, koji sprečava razvijanje bakterija
antiseptic [ˌæntiˈseptik] *s med* antiseptik, sredstvo za sprečavanje razvijanja zaraznih klica
antisocial [ˈæntiˈsəuʃəl] *adj* nedruštven, nesocijalan, protudruštven, koji je protiv općeg dobra
antisocialist [ˈæntiˈsəuʃəlist] *s* protivnik socijalizma
antitank [ˈæntiˈtæŋk] *attrib adj* protutenkovski | ~ **gun** protutenkovski top; ~ **ditches** protutenkovski rovovi
antithesis [ænˈtiθisis] *s* (*pl* **antitheses** [ænˈtiθisiːz]) 1. antiteza, jaka suprotnost, opreka, kontrast (*of, between* između, *to* čemu) 2. proturječje (*between* između) 3. *phil* protivna tvrdnja
antithetic [ˌæntiˈθetik] *adj* (~**ally** *adv*) koji se odnosi na antitezu, suprotan, oprečan; proturječan
antitoxic [ˈæntiˈtɔksik] *adj med* antitoksičan, antitoksički
antitoxin [ˈæntiˈtɔksin] *s med* antitoksin
anti-trade [ˈæntiˈtreid] *adj mar* antipasatni (vjetar)
anti-trade [ˈæntiˈtreid] *s mar* antipasat
antitype [ˈæntitaip] *s* 1. realnost koju predstavlja neki tip ili simbol 2. prototip
antler [ˈæntlə] *s* parožak (na jelenjim i dr. rogovima) | ~**s** rog odrasla jelena, srndaća i dr.
antlered [ˈæntləd] *adj* rogat, koji ima rogove, kome su izrasli rogovi
ant-lion [ˈæntˌlaiən] *s ent* mravolovac (kukac koji hvata mrave i druge kukce)

antonym ['æntənim] *s* antonim, riječ suprotna značenja (protivno od sinonima)
anus ['einəs] *s anat* šupak, čmar, završetak zadnjeg crijeva, *bot* otvor, grlić, usta
anvil ['ænvil] *s* nakovanj | *fig* **to be on the ~** biti na dnevnom redu, na tapetu; **to be between the hammer and the ~** biti u škripcu
anxiety [æŋ'zaiəti] *s* tjeskoba, briga, zabrinutost, muka, nemir; vruća želja (*for* za čim, *to* da)
anxious ['æŋkʃəs] *adj* (**~ly** *adv*) 1. uznemiren, zabrinut (*about* za), rad, gorljiv (*for a thing to do* da što uradi) 2. koji uznemiruje, zabrinjuje | **I am ~ to know** željan sam saznati, jedva čekam da čujem; **on the ~ bench (seat)** uzrujan, kao na žeravici
any ['eni] *adj* 1. (u afirmativnim rečenicama) svaki, svaka, svako; ma koji, ma koja, ma koje; koji god, koja god, koje god 2. (u upitnim rečenicama i pogodbenim s negat. smislom) ikoji, ikoja, ikoje; koji, koja, koje; ikakav, ikakva, ikakvo; išta, što (u partitivnom smislu) 3. (u negativnim rečenicama) nikakav, nikakva, nikakvo, nikoji, nikoja, nikoje; nijedan, nijedna, nijedno; ništa (u partitivnom smislu) | **at ~ rate, in ~ case** u svakom slučaju, na svaki način; **he is as rich as ~ one** bogat je da ne može biti bogatiji; **you can get it in ~ shop** možete to dobiti u svakoj trgovini; **you can get ~ number** možete dobiti svaku količinu; **have you ~ letters for me?** imate li pisama za mene?; **is there ~ chance?** ima li izgleda?; **if there are ~ letters, send them to me** ako bude pisama, pošaljite mi ih; **that won't do you ~ harm** to ti neće ništa škoditi
any ['eni] *pron* itko, svatko, nitko, ma tko, bilo tko, tkogod, jedan, izvjestan, stanovit | **~ of you can do it** to može bilo tko od vas učiniti; **I don't know ~ of them** ne poznajem nikoga (ni jednoga) od njih
any ['eni] *adv* ikoliko, išta, ništa, nikoliko, ma šta, malo, nešto | **I can't stand it ~ more (longer)** ja to više (dulje) ne mogu trpjeti; **not ~ more than** ništa više nego
anybody ['enibɔdi] *pron* svatko, ma tko, itko | **not ~** nitko
anybody ['enibɔdi] *s* 1. netko, važna ličnost 2. beznačajna ličnost, osoba bez ikakve važnosti
anyhow ['enihau] *adv* na svaki način, svakako, u svakom slučaju, kako bilo, kojekako, svakojako | **to feel ~** slabo se osjećati
anyhow ['enihau] *conj* pa ipak, ipak, uza sve to, a opet, unatoč tome
anyone ['eniwʌn] *pron* ma tko, ma što, svatko
anyone ['eniwʌn] *s* svatko, svaki čovjek, ma tko, koji god čovjek
anything ['eniθiŋ] *pron* išta, ništa, što god, ma što, sve, bilo što | **not ~** ništa
anything ['eniθiŋ] *s* išta, ma šta, svašta
anyway ['eniwei] *adv* u svakom slučaju, na svaki način
anyway ['eniwei] *conj* ipak, u svakom slučaju, uza sve to, pa ipak
anywhere ['eniweə] *adv* igdje, svagdje, ma gdje, gdje bilo, gdje god, svuda
anywise ['eniwaiz] *adv* kako bilo, kako god
aorist ['ɛərist] *s gram* aorist
aorta [ei'ɔːtə] *s anat* aorta, glavna žila kucavica
aortal [ei'ɔːtəl] *adj* koji se odnosi na aortu, aortni
aortic [ei'ɔːtik] *adj* → **aortal**
apace [ə'peis] *adv* brzo, žurno, hitro
Apache [ə'pætʃi] *s* Indijanac plemena Apaša
apache [ə'pæʃ] *s* apaš, pariški razbojnik
apanage (appanage) ['æpənidʒ] *s* 1. apanaža 2. tečevina, dohoci, godišnji prihod 3. zavisno područje 4. *fig* prirodni dar, sposobnost
apart [ə'paːt] *adv* posebno, u stranu, odvojeno, pojedince, nasamo, napose, nezavisno, za sebe | **~ from** osim, bez obzira na; **joking ~** šalu na stranu; **to set something ~** odvojiti, ostaviti, sačuvati (*for* za); **to take ~** rastaviti (na sastavne dijelove)
apartheid [ə'paːtheit] *s* politika rasne diskriminacije, aparthait (u Južnoafričkoj Republici)
apartment [ə'paːtmənt] *s* namještena soba; apartman; *US* stan | **~ house** stambena zgrada
apathetic [ˌæpə'θetik] *adj* (**~ally** *adv*) ravnodušan, bez osjećaja, tup, utučen, bez volje za život, apatičan
apathy ['æpəθi] *s* neosjetljivost, otupjelost, bezosjećajnost, bešćutnost, ravnodušnost, apatija
ape [eip] *s* čovjekoliki majmun; *fig* majmun, budala, osoba koja sve oponaša, kicoš | **play the ~** majmunisati, oponašati, imitirati
ape [eip] *vt* majmunisati, oponašati, imitirati
apeak [ə'piːk] *adv & pred adj mar* stubokom (o sidru) | **oars ~** vesla gore
aperient [ə'piəriənt] *s* sredstvo za otvaranje, laksativ
aperitive [ə'perətiv] *s* aperitiv; *med* sredstvo za otvaranje, čišćenje
aperture ['æpətjuə] *s* otvor, pukotina, rupa
apery ['eipəri] *s* majmunisanje, oponašanje; lakrdijanje; nastamba za majmune
apex ['eipeks] *s* (*pl* **apices** ['eipisiːz], **~es**) vrh, vršak; *fig* vrhunac, kulminacija; *gram* apeks
aphaeresis (apheresis) [æ'fiərisis] *s gram* izostavljanje glasa, slova ili sloga na početku riječi, afereza

aphasia [æ'feizjə] *s med* nijemost, afazija
aphelion [æ'fiːljən] *s astr* afel (najveća udaljenost planeta ili kometa od Sunca)
aphesis ['æfisis] *s* afeza
aphonia [æ'fəunjə] *s* afonija, potpuna promuklost, potpuni gubitak glasa; povreda, promuklost glasnica
aphonic [æ'fɔnik] *adj* afoničan, promukao, bez glasa
aphorism ['æfərizəm] *s* kratka duhovita misao koja se lako pamti, aforizam
aphoristic [ˌæfə'ristik] *adj* (**~ally** *adv*) koji se odnosi na aforizam, aforističan
aphrodisiac [ˌæfrə'diziæk] *s* afrodizijak
apiarian [ˌeipi'ɛəriən] *adj* pčelarski
apiarist ['eipjərist] *s* pčelar
apiary ['eipjəri] *s* pčelinjak
apical ['æpikəl] *adj* (**~ly** *adv*) 1. koji se odnosi na vrh, vršak 2. koji se nalazi na vrhu, vrhunski, apikalan
apices ['eipisiːz] *s pl* od **apex**
apiculture ['eipikʌltʃə] *s* pčelarstvo
apiece [ə'piːs] *adv* pojedince, po komadu, po glavi, po osobi
Apis ['eipis] *s* apis, sveti bik starih Egipćana, simbol poljodjelstva, plodnosti
apish ['eipiʃ] *adj* (**~ly** *adv*) poput majmuna, sličan majmunu; majmunski, smiješan, glup, bedast
aplomb [ə'plɔm] *s* sigurnost, samopouzdanje, samosvijest, siguran nastup
apocalypse [ə'pɔkəlips] *s eccl* apokalipsa
apocalyptic [əˌpɔkə'liptik) *adj* (**~ally** *adv*) apokaliptičan, apokaliptički; tajanstven, zloslutan, fantastičan; zagonetan
apocope [ə'pɔkəpi] *s gram* apokopa
apocrypha [ə'pɔkrifə] *s eccl* apokrif, spis sumnjiva porijekla (neutvrđena autora); knjige Staroga zavjeta koje nisu priznate kao vjerodostojne
apocryphal [ə'pɔkrifəl] *adj* (**~ly** *adv*) 1. apokrifan, nekanonski 2. nevjerodostojan, neautentičan 3. lažan, nepravi, podmetnut, sumnjiva porijekla
apod ['æpɔd] *s zool* životinja bez nogu; riba bez trbušnih peraja
apodal ['æpədəl] *adj* bez nogu, bez trbušnih peraja
apodeictic [ˌæpəu'daiktik] *adj* (**~ally** *adv*) 1. neoboriv, neosporan, nepobitan 2. odriješit, odlučan, apodiktičan, apodiktički 3. neophodan, važan, bezuvjetan
apodictic [ˌæpəu'diktik] *adj* → **apodeictic**
apodosis [ə'pɔdəsis] *s gram* apodoza
apogean [ˌæpə'dʒiːən] *adj* koji se odnosi na apogej; *fig* najviši, na vrhuncu, na kulminaciji
apogee ['æpədʒiː] *s astr* apogej (od Zemlje najudaljenija točka putanje Mjeseca ili kojeg drugog planeta); *fig* najveći uspon, procvat, kulminacija
apologetic [əˌpɔlə'dʒetik] *adj* (**~ally** *adv*) koji opravdava, koji brani; koji se ispričava, opravdava; pomirljiv, pokajnički; apologetski
apologetic [əˌpɔlə'dʒetik] *s* obrana; pohvala nekog učenja, osobe, ideje itd.; *eccl* **~s** *pl* apologetika
apologist [ə'pɔlədʒist] *s* branitelj; apologet (crkveni pisac koji brani kršćanstvo od nevjernika); *fig* zastupnik, branitelj nekog učenja
apologize [ə'pɔlədʒaiz] *vi* ispričavati se, opravdavati se, izgovarati se, braniti se, moliti za oproštenje (*to a p* komu; *for* za)
apologue ['æpəlɔg] *s* basna, priča s poukom, apolog
apology [ə'pɔlədʒi] *s* ispričavanje, isprika (*for* za), obrana; apologija, obrambeni govor ili spis | **to make an ~, to offer an ~** ispričati se
apoplectic [ˌæpə'plektik] *adj* (**~ally** *adv*) *med* apoplektički, koji se odnosi na apopleksiju | **~ stroke** kap
apoplexy ['æpəpleksi] *s med* apopleksija, kap
aposiopesis [ˌæpəsaiə'piːsis] (*pl* **aposiopeses** [ˌæpəsaiə'piːsiːz]) *s rhet* nagli prekid, zastoj u govoru, aposiopeza
apostasy [ə'pɔstəsi] *s* raskol; odmetanje; otpadništvo, odmetništvo, apostazija
apostate [ə'pɔstit] *s* apostata, otpadnik, odmetnik
apostate [ə'pɔstit] *adj* otpadnički, odmetnički; *fig* izdajnički, lažan
apostatical [ˌæpəs'tætikəl] *adj* → **apostate**
apostatize [ə'pɔstətaiz] *vi eccl* otpasti, odmetnuti se, odvrći se; *fig* iznevjeriti se, prijeći (*from* ... *to* od ... k)
a posteriori ['eipɔsˌteri'ɔːrai] *adv & adj* (zaključivati) od rezultata prema uzroku
apostil [ə'pɔstil] *s* bilješka, primjedba, zabilješka (na knjizi ili spisu)
apostle [ə'pɔsl] *s* apostol, vjesnik; *fig* vođa, propovjednik, reformator | **~ of temperance** pobornik trezvenosti
apostleship [ə'pɔslʃip] *s* apostolstvo
apostolate [ə'pɔstəlit] *s* 1. apostolstvo, papinsko dostojanstvo 2. vodstvo u propovijedanju neke ideje i dr.
apostolic [ˌæpəs'tɔlik] *adj* (**~ally** *adv*) apostolski; papinski
apostrophe[1] [ə'pɔstrəfi] *s rhet* apostrofa; apostrofiranje
apostrophe[2] [ə'pɔstrəfi] *s gram* apostrof (')
apostrophize [ə'pɔstrəfaiz] *vt* 1. *rhet* apostrofirati 2. *gram* staviti apostrof
apothecary [ə'pɔθikəri] *s arch* apotekar, ljekarnik
apotheosis [əˌpəθi'əusis] *s* obožavanje, proglašavanje božanstvom; *fig* velika počast, glorifikacija, apoteoza, uzdizanje, slavljenje; blaženstvo u nebu, uskrsnuće
apotheosize [ə'pɔθiəsaiz] *vt* proglasiti za božanstvo, slaviti koga kao Boga, glorificirati

appal [ə'pɔːl] *vt* preplašiti, prestrašiti, zaplašiti, zaprepastiti, prestraviti
appalling [ə'pɔːliŋ] *adj* (**~ly** *adv*) užasan, strašan, grozan
appanage ['æpənidʒ] *s* → **apanage**
apparatchik [ˌaːpə'raːtʃik] *s R* (*pl* **~i** [i]) osoba u administrativnom ili partijskom aparatu, birokrat
apparatus [ˌæpə'reitəs] (*pl* **~**, **~es**) *s* 1. sprava, aparat, aparatura 2. oruđe, uređaj, pomagalo 3. organi putem kojih se obavljaju prirodni procesi, sistem (probavni, dišni i dr.); *mar* & *mil* (ratna) oprema
apparel [ə'pærəl] *vt* obući, odjenuti; nakititi, ukrasiti; *fig* opremiti
apparel [ə'pærəl] *s* 1. odijelo, odjeća, nošnja 2. *eccl* ukras, nakit, vez na svećeničkom ornatu 3. *mar* brodska oprema
apparent [ə'pærənt] *adj* (**~ly** *adv*) očevidan, očit, očigledan, jasan, siguran; prividan, nezbiljski | **~ altitude** vidljiva visina (nebeskog tijela); **~ resistance** ukupni otpor; **~ time** pravo vrijeme
apparition [ˌæpə'riʃən] *s* prikaza, utvara, duh; pojava, pojavljenje, nastup; *astr* pomol zvijezde
apparitor [ə'pæritɔː] *s* služitelj, poslužitelj (na sudu)
appeal [ə'piːl] *vi/t* **I.** *vi* 1. *jur* apelirati, obratiti se višem sudu, uložiti žalbu višem sudu protiv odluke nižeg suda 2. obraćati se komu, pozivati se na koga 3. tražiti razumijevanje, suosjećanje kod koga 4. žaliti se komu na što 5. moliti, preklinjati, zazivati 6. odgovarati, goditi, sviđati se **II.** *vt* 1. *jur US* sporni predmet uputiti višem sudu 2. tužiti, optužiti 3. privlačiti | **to ~ to the country** raspustiti parlament i raspisati nove izbore; **to ~ to reason** apelirati na zdrav razum; **to ~ to arms** pribjeći oružju
appeal [ə'piːl] *s* 1. *jur* apelacija, žalba, priziv, pritužba 2. pravo žalbe 3. viši sud (gdje se optuženi može žaliti protiv rješenje nižeg suda) 4. poziv | **~ for mercy** molba za pomilovanje
appealing [ə'piːliŋ] *adj* (**~ly** *adv*) koji se sviđa, privlačiv, dopadljiv, primamljiv
appear [ə'piə] *vi* 1. pojaviti se, ukazati se, izaći, doći na vidjelo 2. pojaviti se u društvu, predstaviti se, nastupiti (u kazalištu i dr.) 3. izlaziti, izići (o knjigama, časopisima i dr.) 4. činiti se, izgledati; proizlaziti, pokazati se
appearance [ə'piərəns] *s* 1. pojava, pojavljenje, dolazak 2. nastup, nastupanje 3. izlaženje (časopisa, knjiga i dr.) 4. izgled, vanjština, spoljašnost 5. prilika, vjerojatnost 6. prikaza, duh | **to put in an ~** osobno se pojaviti; **to all ~** po svoj prilici; **to save (keep up) ~s** čuvati vanjsku formu, spasavati izgled; **at first ~** na prvi pogled; **to make a fine ~** krasno izgledati
appeasable [ə'piːzəbl] *adj* utaživ, koji se može umiriti, smiriti, utišati, ublažiti, utoliti, zadovoljiti
appease [ə'piːz] *vt* umiriti, smiriti, ublažiti, utoliti, utažiti, zadovoljiti (glad, radoznalost i dr.); izgladiti (spor)
appeasement [ə'piːzmənt] *s* umirenje, smirenje, ublaženje, utaženje | **~ policy** politika popuštanja
appellant [ə'pelənt] *adj jur* apelacioni, koji se priziva, koji poziva, optužuje, moli
appellant [ə'pelənt] *s jur* apelant, prizivalac; tužitelj koji se obraća višem sudu; molitelj
appellate [ə'pelit] *adj jur* apelacioni, prizivni
appellation [ˌæpe'leiʃən] *s* naziv, ime, titula, nazivanje, imenovanje
appellative [ə'pelətiv] *adj* (**~ly** *adv*) koji imenuje, koji naziva; koji označuje vrstu
appellative [ə'pelətiv] *s gram* apelativ, opća imenica, ime vrste; naziv
appellee [ˌæpə'liː] *s jur* apelat, optuženik, okrivljenik
append [ə'pend] *vt* privjesiti, pričvrstiti, dodati, priključiti, pripojiti, priklopiti
appendage [ə'pendidʒ] *s* dodatak; privjesak
appendant [ə'pendənt] *adj* dodan, pripojen, spojen
appendectomy [ˌæpen'dektəmi] *s* operacija slijepog crijeva
appendicitis [əˌpendi'saitis] *s med* apendicitis, upala slijepog crijeva
appendix [ə'pendiks] *s* (*pl* **appendices** [ə'pendisiːz], **~es**) dodatak, dopuna, dometak, nastavak; *med* crvuljak, slijepo crijevo
apperceive [ˌæpə'siːv] *vt psych* svjesno opažati, apercipirati
apperception [ˌæpə'sepʃən] *s* apercepcija, svjesno opažanje
appertain [ˌæpə'tein] *vi* pripadati (*to* kome); spadati; odnositi se na, ići (koga)
appetence ['æpitəns] *s* želja, požuda, pohota; instinkt, težnja (*for, after* za)
appetite ['æpitait] *s* nagon, sklonost, želja, pohota, pohlepa (*for* za čim); tek, apetit | **~ is the best sauce** glad je najbolji kuhar; **~ for music** sklonost prema muzici
appetize ['æpitaiz] *vt* otvoriti apetit, izazvati želju za jelom
appetizer ['æpitaizə] *s* sredstvo za otvaranje apetita; ukusno, pikantno predjelo
appetizing ['æpitaiziŋ] *adj* (**~ly** *adv*) koji izaziva želju za jelom, koji stvara dobar tek; ukusan
applaud [ə'plɔːd] *vi/t* **I.** *vi* pljeskati, odobravati, aplaudirati **II.** *vt* hvaliti, dočekati s pljeskom

applause [ə'plɔːz] *s* pljesak, pljeskanje, aplauz; odobravanje
applausive [ə'plɔːsiv] *adj* (**~ly** *adv*) odobravajući
apple ['æpl] *s* jabuka; *anat* (očna) jabučica | **~ of discord** jabuka razdora; *fig* **the ~ of one's eye** mezimče, zjenica oka; vrlo omiljela stvar; **~ of love** rajčica, paradajz
apple-brandy ['æpl,brændi] *s* jabukovača, rakija od jabuka
apple-cart ['æplkaːt] *s* kola na kojima se prodaju jabuke | **to upset a person's ~** osujetiti čije planove, pomrsiti račune
apple-cheese ['æpltʃiːz] *s* prešani kolač od jabučne pulpe
apple-jack ['æpldʒæk] *s US* rakija od jabuka
apple-john ['æpldʒɔn] *s* ivanjača (vrsta jabuke)
apple monger ['æpl,mʌŋgə] *s* trgovac jabukama
apple-pie ['æpl'pai] *s* pita od jabuka | **~ bed** krevet s pokrivačem složenim tako da noge ne mogu ispasti; **in ~ order** u savršenom redu
apple-rose ['æpl'rəuz] *s bot* šipak
apple-sauce ['æpl'sɔːs] *s* slatko od jabuka; *US* laskanje; *interj sl* **~**! nesmisao!, glupost!
apple-tree ['æpltriː] *s* stablo jabuke
appliable [ə'plaiəbl] *adj* upotrebljiv, primjenljiv
appliance [ə'plaiəns] *s* sredstvo; alat, pribor, sprava, naprava, oruđe; stroj, mašina, uređaj, aparat
applicability [,æplikə'biliti] *s* upotrebljivost, primjenljivost
applicable [,æplikəbl] *adj* (**applicably** *adv*) 1. primjenljiv (*to* na što), upotrebljiv 2. pogodan, zgodan, podesan, prikladan (*to* za što)
applicant ['æplikənt] *s* kandidat (*for* za) molitelj; *jur* tužitelj
application [,æpli'keiʃən] *s* 1. primjena, upotreba, primjenjivanje, upotrebljavanje; *med* zavoj, ovoj, oblog 2. marljivost, mar, zalaganje 3. molba, zahtjev 4. sredstvo 5. aplikacija, prošivanje (ručni rad) | **to make an ~** podnijeti molbu, napisati ponudu (za namještenje); **on the ~ of** na molbu, na zahtjev; **~ form** obrazac molbe; **to fill an ~** ispuniti obrazac molbe
apply [ə'plai] *vt/i* **I.** *vt* 1. metnuti na što, staviti, priviti (*to* na) 2. upotrijebiti, primijeniti (*to* na) 3. upraviti, uputiti, okrenuti (*to* ka, prema) 4. prionuti, dati se na što **II.** *vi* 1. odnositi se (*to* na) 2. odgovarati, pristajati (*to* čemu), prilagoditi se (*to* čemu) 3. odati se (*to* čemu) 4. obratiti se (*to somebody for something* kome za što); javiti se | **to ~ oneself (to something)** posvetiti se (čemu), latiti se (čega), prionuti (za što); **applied linguistics** primijenjena lingvistika
appoint [ə'pɔint] *vt* 1. odrediti, ustanoviti 2. narediti, propisati, naložiti, naručiti 3. imenovati, postaviti (za), namjestiti 4. opremiti, opraviti 5. utvrditi, odrediti; uročiti, dogovoriti | **well (badly) ~ed** dobro (loše) opskrbljen
appoint [ə'pɔint] *s com* podmirna mjenica | **draw per ~** podmiriti mjenicu
appointee [əpɔin'tiː] *s* osoba koja je izabrana da zauzme neko mjesto, imenovani službenik
appointment [ə'pɔintmənt] *s* 1. imenovanje, postavljenje (*as, to* za) 2. položaj, zaposlenje, mjesto, služba 3. pogodba, dogovor; uročeni sastanak 4. nalog, odredba, zapovijed 5. *mil pl* oprema; *US* namještaj 6. *jur* sastanak, ročište | **by ~** po nalogu; **to make an ~** uročiti sastanak; **to keep an ~** doći na dogovoreni sastanak; **to break an ~** ne doći na sastanak; **by ~ to the Royal Family** kraljevski dvorski dobavljač
apportion [ə'pɔːʃən] *vt* dodijeliti, podjednako razdijeliti, odmjeriti; predvidjeti (*for* za)
apportionment [ə'pɔːʃənmənt] *s* podjednaka dodjela, raspodjela
apposite ['æpəzit] *adj* (**~ly** *adv*) zgodan, prikladan, primjeren, koji se može primijeniti, upotrijebiti; pristojan, koji pristaje
appositeness ['æpəzitnis] *s* prikladnost, prilagodljivost, pristojnost
apposition [,æpə'ziʃən] *s* dodatak, dodavanje, dometanje; *gram* apozicija
appositional [,æpə'ziʃənl] *adj* (**~ly** *adv*) koji se dodaje; *gram* koji se nalazi u apoziciji, koji je pridodan
appraisal [ə'preizəl] *s* (službena) procjena; ocjenjivanje (vrijednosti); ocjena
appraise [ə'preiz] *vt* ocijeniti, procijeniti, taksirati
appraisement [ə'preizmənt] *s* → **appraisal**
appraiser [ə'preizə] *s* procjenitelj
appreciable [ə'priːʃəbl] *adj* (**appreciably** *adv*) procjenjiv, ocjenjiv; izračunljiv, mjerljiv; *fig* znatan, osjetan, zamjetljiv
appreciate [ə'priːʃieit] *vt/i* **I.** *vt* 1. ocijeniti, procijeniti 2. poštovati, uviđati, smatrati vrijednim, dostojnim, cijeniti, biti zahvalan za 3. dići, dizati (cijenu), držati cijenu **II.** *vi* skočiti u cijeni; dobiti veću vrijednost
appreciation [ə,priːʃi'eiʃən] *s* 1. procjenjivanje, ocjenjivanje, procjena 2. *fig* zahvalnost, razumijevanje (*of* za); poštovanje (koga, čega) 3. *com* dizanje cijena, porast vrijednosti (novca)
appreciative [ə'priːʃiətiv] *adj* (**~ly** *adv*) koji može procijeniti, koji zna cijeniti, pun razumijevanja (*of* za); *gram* norma-

tivan; prijemljiv za; zadivljen | **to be ~ of** imati razumijevanja za
appreciatory [ə'pri:ʃiətəri] *adj* → **appreciative**
apprehend [ˌæpri'hend] *vt* 1. uhvatiti, zgrabiti; zatvoriti, uhapsiti 2. shvatiti, razumjeti, pojmiti; vjerovati, misliti, predviđati 3. plašiti se, bojati se, zazirati od
apprehensibility ['æpriˌhensi'biliti] *s* sposobnost shvaćanja, poimanje
apprehensible [ˌæpri'hensəbl] *adj* (**apprehensibly** *adv*) shvatljiv, pojmljiv, razumljiv
apprehension [ˌæpri'henʃən] *s* 1. zatvaranje, hapšenje 2. shvaćanje, razumijevanje; mišljenje 3. opažanje, zamisao 4. strah, strahovanje, strepnja, slutnja, bojazan
apprehensive [ˌæpri'hensiv] *adj* (~**ly** *adv*) 1. koji može lako razumjeti, shvatiti, pojmiti; pronicav, oštrouman, inteligentan 2. zabrinut, u brizi, koji je u strahu, koji se pobojava, koji strepi (*of* za, *that* da) 3. pojmljiv, shvatljiv
apprehensiveness [ˌæpri'hensivnis] *s* 1. lako shvaćanje, poimanje, oštroumnost 2. strah, bojazan; zabrinutost
apprentice [ə'prentis] *s* 1. naučnik, šegrt, učenik (u privredi, trgovini) 2. *fig* početnik | **to bind ~ to** dati (koga komu) u nauk; **to be ~d to** biti u nauku kod
apprentice [ə'prentis] *vt* dati u nauk kao šegrta
apprenticeship [ə'prentiʃip] *s* šegrtovanje, naukovanje | **to serve one's ~** biti u nauku, šegrtovati
apprise [ə'praiz] *vt* obavijestiti (*of* o) | **be ~d that...** izvoljeti primiti obavijest da...
apprize [ə'praiz] *vt arch* → **appraise**
approach [ə'prəutʃ] *vt/i* **I.** *vt* približiti se; *fig* obratiti se komu; pristupiti; staviti se u vezu, stupiti u pregovore **II.** *vi* približavati se, dolaziti; *fig* graničiti; prići
approach [ə'prəutʃ] *s* 1. približavanje, pristupanje, dolaženje 2. pristup, prilaz (*lit* & *fig*) 3. *mil* rovovi za napad | **to make ~es to a p** pokušati steći čiju sklonost
approachability [əˌprəutʃə'biliti] *s* pristupačnost (*lit* & *fig*)
approachable [ə'prəutʃəbl] *adj* pristupačan, dostižan
approbate ['æprəbeit] *vt US* 1. proglasiti valjanim 2. preporučiti 3. *jur* odobriti, sankcionirati
approbation [ˌæprə'beiʃən] *s* odobravanje; odobrenje, sankcija
approbatory ['æprəbeitəri] *adj* koji odobrava, pohvalni
appropriate [ə'prəupriət] *adj* (~**ly** *adv*) 1. vlastit, svojstven (*to* komu, čemu) 2. prikladan, zgodan (*to* za što), primjeren, odgovarajući
appropriate [ə'prəuprieit] *vt* 1. prisvojiti, uzeti 2. prilagoditi, upotrijebiti, primijeniti (*to* čemu, *for* za) 3. opredijeliti, odrediti (*for* za što) 4. *jur* aproprirati, prisvlastiti
appropriateness [ə'prəupriətnis] *s* 1. prikladnost, pogodnost, umjesnost 2. korisnost, udobnost 3. svojstvenost, osobina, pravo značenje (izraza, riječi itd.)
appropriation [əˌprəupri'eiʃən] *s* 1. aproprijacija, prisvajanje, uzimanje 2. upotreba, prilagođivanje, usklađivanje 3. opredjeljivanje 4. dotacija
appropriative [ə'prəupriətiv] *adj* 1. aproprijacijski 2. koji se može prilagoditi
appropriator [ə'prəuprieitə] *s* 1. prisvojitelj 2. *jur* vlasnik prenesene nadarbine
approvable [ə'pru:vəbl] *adj* koji se može odobriti, pohvalan, vrijedan hvale
approval [ə'pru:vəl] *s* odobrenje, odobravanje, pohvala, pristanak | **to send goods on ~** poslati robu na ogled; **to meet with ~** naići na odobravanje; **to give ~ to** odobriti, dati pristanak; **with the ~ of** s odobrenjem, privolom, pristankom
approve [ə'pru:v] *vt/i* **I.** *vt* 1. odobriti, odobravati; pohvaliti 2. potvrditi, dokazati, pokazati, priznati **II.** *vi* povoljno misliti o čemu, komu; priznavati, pristati, izraziti priznanje | *com* ~**d bills** sigurne mjenice; **to ~ oneself** pokazati se kao; **to ~ of a th** odobriti što
approximate [ə'prɔksimit] *adj* (~**ly** *adv*) bliz, sličan, približan, približno točan; *math* aproksimativan
approximate [ə'prɔksimeit] *vi/t* **I.** *vi* približavati se **II.** *vt* približiti, aproksimirati (*to* čemu)
approximately [ə'prɔksimitli] *adv* približno, otprilike, oko
approximation [əˌprɔksi'meiʃən] *s* 1. približavanje 2. približnost 3. *math* približna vrijednost, aproksimacija
approximative [ə'prɔksimətiv] *adj* (~**ly** *adv*) približan, aproksimativan
appulse [æ'pʌls] *s* udar, sudar; *astr* približavanje dvaju nebeskih tijela
appurtenance [ə'pə:tinəns] *s jur* ono što čemu pripada, potrepština, pribor
appurtenant [ə'pə:tinənt] *adj* pripadni, pripadajući, koji spada čemu
apricot ['eiprikɔt] *s* kajsija, marelica (plod i drvo)
April ['eiprəl] *s* travanj, april | **~ fool** osoba koja je nasjela prvoaprilskoj šali; **to make an ~ fool of** prevariti, nasamariti koga 1. travnja, napraviti aprilsku šalu
April-fool-day ['eiprəl'fu:ldei] *s* 1. april
a priori ['eiprai'ɔ:rai] *adv* & *adj* nezavisno od iskustva, unaprijed | **to reason ~** zaključivati deduktivnim putem, ne na temelju iskustva; unaprijed (potvrđivati, negirati, slagati se itd.)

apriority [ˌeipraiˈɔriti] *s* zaključivanje na temelju dedukcije; apriorizam
apron [ˈeiprən] *s* 1. pregača, kecelja 2. kožni pokrov u kočijama za zaštitu od kiše i blata 3. platforma aerodroma 4. *theat* rampa 5. *mil* poklopac na cijevi topa
apron-man [ˈeiprənmæn] *s* radnik, obrtnik
apron-stage [ˈeiprənsteidʒ] *s theat* pozornica koja s tri strane ulazi u gledalište
apron-strings [ˈeiprənstriŋz] *s pl* trake, vrpce za vezivanje na pregači | *derog* **tied to one's mother's (wife's) ~** mamina maza, nesamostalna osoba
apropos [ˈæprəpəu] *adj* zgodan, prikladan, prigodan, povoljan, koji je u pravi čas, umjestan
apropos [ˈæprəpəu] *adv* usput, uzgred, s tim u vezi, što se tiče, u povodu toga, u pogledu (*of* toga)
apse [æps] *s arch* apsida; *eccl* moćnica
apsidal [ˈæpsidl] *adj* apsidni, koji se odnosi na apsidu
apsis [ˈæpsis] *s* (*pl* **apsides** [æpˈsaidiːz]) *astr* apsida
apt [æpt] *adj* (**~ly** *adv*) 1. pogodan, prikladan (*for* za što) 2. prijemljiv; sklon, spreman, pripravan, gotov (*to* da) 3. brz, živahan 4. sposoban, kadar, spretan (*at* u čemu) | **to be ~ to get angry** lako se razljutiti
apteral [ˈæptərəl] *adj* → **apterous**
apterous [ˈæptərəs] *adj zool* bez krila, beskrilan
apteryx [ˈæptəriks] *s ornith* kivi, vrsta novozelandske ptice sa zakržljalim krilima
aptitude [ˈæptitjuːd] *s* 1. spretnost, sposobnost (*for* za) 2. prirodna sklonost, naklonost, prirođeni dar (*for* za) 3. primjerenost, prikladnost 4. lakoća shvaćanja, učenja
aqua-fortis [ˈækwəˈfɔːtis] *s chem* dušična kiselina
aqualung [ˈækwəlʌŋ] *s* akvalung, aparatura za autonomno ronjenje
aquamarine [ˌækwəməˈriːn] *s minr* akvamarin, dragi kamen plavozelene boje, vrsta berila
aquanaut [ˈækwənɔːt] *s* akvanaut
aquaplane [ˈækwəplein] *s* akvaplan
aquarelle [ˌækwəˈrel] *s paint* akvarel
aquarellist [ˌækwəˈrelist] *s paint* slikar akvarela
aquarium [əˈkwεəriəm] *s* (*pl* **~s, aquaria** [əˈkwεəriə]) akvarij
Aquarius [əˈkwεəriəs] *s astr* vodenjak
aquatic [əˈkwætik] *adj* vodeni; koji živi ili raste u vodi | **~ sports** sportovi na vodi
aquatics [əˈkwætiks] *s pl sport* sportovi koji su vezani za vodu
aqueduct [ˈækwidʌkt] *s* akvedukt, vodovod (postavljen na građevini sličnoj mostu) 2. *anat* kanal, tuba, prolaz
aqueous [ˈeikwiəs] *adj* (**~ly** *adv*) vodenast, poput vode, koji sadrži vodu
aquiline [ˈækwilain] *adj* orlovski, orlujski, kukast
Arab [ˈærəb] *s* Arapin, Arapkinja; arapski konj | **street ~** uličnjak
Arab [ˈærəb] *adj* arapski
arabesque [ˌærəˈbesk] *adj* arapski ili maurski, arapskog ili maurskog stila
arabesque [ˌærəˈbesk] *s* arabeska, ukras, slikarija u arapskom (maurskom) stilu
Arabian [əˈreibjən] *adj* arapski, koji se odnosi na Arabiju | **~ bird** ptica feniks; **~ Nights** Tisuću i jedna noć
Arabian [əˈreibjən] *s* → **Arab**
Arabic [ˈærəbik] *adj* arapski | **gum ~** gumiarabika, ljepilo; **~ numerals** arapske brojke
Arabic [ˈærəbik] *s* arapski jezik
arable [ˈærəbl] *adj* oraći, plodan, obradiv | **~ crops** ratarski usjevi; **~ farming** ratarstvo
arable [ˈærəbl] *s* obradiva zemlja, oranica
arachnid [əˈræknid] *s zool* pauku sličan kukac
Aramaic [ˌærəˈmeiik] *s* aramejski jezik
arbiter [ˈaːbitə] *s* izabrani sudac, arbiter, posrednik
arbitrage [ˈaːbitridʒ] *s* arbitraža
arbitrament (**arbitrement**) [aːˈbitrəmənt] *s* arbitražna presuda
arbitrary [ˈaːbitrəri] *adj* (**arbitrarily** *adv*) 1. koji prosuđuje ne po pisanom zakonu, nego po svom uvjerenju, arbitraran; svojevoljan, samovoljan, despotski 2. proizvoljan
arbitrate [ˈaːbitreit] *vt/i* **I.** *vt* presuditi, dosuditi arbitražom, donijeti arbitrarnu odluku **II.** *vi* fungirati kao arbiter; predati sporno pitanje arbitražnom sudu
arbitration [ˌaːbiˈtreiʃən] *s* 1. arbitraža, odluka, presuda (izabranog suca) 2. arbitražni postupak 3. funkcija arbitražnih sudaca | *com* **court of ~** arbitražni sud; **to submit to ~** podvrći pravorijeku arbitražnog suda; **~ award** arbitražna presuda; *com* **~ of exchange** mjenična arbitraža; *com* **~ board** arbitražni sud
arbitrator [ˈaːbitreitə] *s* → **arbiter**
arbitress [ˈaːbitris] *s* žena arbiter
arbor [ˈaːbɔː] *s* sjenica | *US* **Arbor Day** dan sađenja drveća
arbor [ˈaːbə] *s mech* vreteno, osovina, transmisija
arboraceous [ˌaːbəˈreiʃəs] *adj* poput drveta, u obliku drveta
arboreal [aːˈbɔːriəl] *adj* (**~ly** *adv*) koji živi ili raste na drvetu
arboreous [aːˈbɔːriəs] *adj* koji ima mnogo drveća, stabala

arborescence [ˌaːbəˈresns] *s* 1. raslinstvo u obliku drveća 2. oblik sličan stablu
arborescent [ˌaːbəˈresnt] *adj* poput drveta, koji se grana kao stablo, u obliku drveta, razgranjen, granat
arboretum [ˌaːbəˈriːtəm] *s* nasad drveća, botanički vrt
arboriculture [ˈaːbərikʌltʃə] *s* uzgajanje drveća, šumogojstvo
arbour (**arbor**) [ˈaːbə] *s* sjenica (u vrtu)
arc [aːk] *s* 1. *geom* lûk 2. svod 3. *el* svjetlosni lûk | ~ **lamp,** ~ **light** lučna svjetiljka
arcade [aːˈkeid] *s* arkada, nadsvođen trijem s nizom stupova spojenih lukovima
Arcadian [aːˈkeidiən] *adj* arkadijski, idiličan, pastirski
arcane [aːˈkein] *adj* sakriven, prikriven, tajanstven
arcanum [aːˈkeinəm] *s* (*pl* **arcana** [aːˈkeinə]) tajna, misterij
arch [aːtʃ] *s archit* luk, svod; slavoluk; nadsvođen trijem s nizom stupova spojenih lukovima | ~ **supporters** ortopedski ulošci
arch [aːtʃ] *vt/i* **I.** *vt* 1. nadsvoditi, presvoditi 2. spojiti lukom, arkadom 3. svinuti u obliku luka **II.** *vi* izvijati se u obliku luka
arch [aːtʃ] *adj* (~**ly** *adv*) 1. glavni, prvi 2. spretan, lukav, prepreden; vragoljast, nestašan
arch [aːtʃ] *naglašeni prefiks* vodeći, glavni, nad-, pra-, arci-, para-, arhi- | ~**bishop** nadbiskup, arhiepiskop; ~**duke** nadvojvoda; ~**rogue** arcilopov; ~**liar** arcilažac; ~**founder** prautemeljitelj
archaean [aːˈkiːən] *adj geol* koji se odnosi na najstarije doba u razvoju Zemljine kore, azojski
archaic [aːˈkeiik] *adj* arhaički, starinski, (o jeziku) zastario, staromodan
archaism [ˈaːkeiizəm] *s* 1. *ling* arhaizam, zastarjela riječ, zastario oblik koji se više ne upotrebljava; starinski stil 2. upotrebljavanje arhaizama
archaist [ˈaːkeiist] *s* pisac koji upotrebljava arhaizme
archaistic [ˌaːkeiˈistik] *adj* (~**ally** *adv*) → **archaic**
archaize [ˈaːkeiaiz] *vt/i* **I.** *vt* dati čemu arhaičko obilježje **II.** *vi* 1. upotrebljavati arhaizme 2. oponašati stil starih pisaca
archangel [ˈaːkˌeindʒəl] *s* 1. *bibl* arhanđeo 2. *bot* vrsta koprive 3. *zool* vrsta goluba
archbishop [ˌaːtʃˈbiʃəp] *s eccl* nadbiskup
archbishopric [aːtʃˈbiʃəprik] *s eccl* nadbiskupija; nadbiskupsko dostojanstvo
archdeacon [ˌaːtʃˈdiːkən] *s eccl* arhiđakon
archdeaconry [ˌaːtʃˈdiːkənri] *s eccl* arhiđakonat
archdiocese [ˌaːtʃˈdaiəsis] *s eccl* nadbiskupska dijeceza
archducal [ˌaːtʃˈdjuːkəl] *adj* nadvojvodski
archduchess [ˌaːtʃˈdʌtʃis] *s* nadvojvotkinja
archduchy [ˌaːtʃˈdʌtʃi] *s* nadvojvodina, nadvojvodstvo
archduke [ˌaːtʃˈdjuːk] *s* nadvojvoda
arch-enemy [ˌaːtʃˈenimi] *s* zakleti neprijatelj, din-dušmanin, neprijatelj ljudskog roda, sotona
archeological [ˌaːkiəˈlɔdʒikəl] *adj* (~**ly** *adv*) arheološki, koji se odnosi na arheologiju
archeologist [ˌaːkiˈɔlədʒist] *s* arheolog, istraživač starina
archeology [ˌaːkiˈɔlədʒi] *s* arheologija, nauka o starinama
archer [ˈaːtʃə] *s* 1. strijelac (lukom i strelicom) 2. *astr* strijelac (Sagittarius)
archeress [ˈaːtʃəris] *s* strijelac (žena)
archery [ˈaːtʃəri] *s sport* streličarstvo
archetype [ˈaːkitaip] *s* original, prototip, pralik, prauzor
arch-fiend [ˌaːtʃˈfiːnd] *s* sotona, vrag, đavo
archibald [ˈaːtʃibəld] *s sl mil* protuavionski top
archidiaconal [ˌaːkidaiˈækənl] *adj eccl* arhiđakonski
archie [ˈaːtʃi] *s sl mil* protuavionski top
archiepiscopacy [ˌaːkiiˈpiskəpəsi] *s eccl* nadbiskupija, arhiepiskopija
archiepiscopal [ˌaːkiiˈpiskəpəl] *adj eccl* nadbiskupski
archimandrite [ˌaːkiˈmændrait] *s eccl* arhimandrit
archipelago [ˌaːkiˈpeligəu] *s* arhipelag, otočje
architect [ˈaːkitekt] *s* arhitekt; graditelj; *fig* tvorac, začetnik, graditelj (velikih djela) | **naval** ~ brodograditelj; **the** ~ **of one's own fortune** kovač svoje sreće; **the great** ~ **of the Universe** stvoritelj svijeta
architectonic [ˌaːkitekˈtɔnik] *adj* (~**ally** *adv*) arhitektonski, koji se odnosi na arhitekturu; konstruktivan; koji se odnosi na sistematizaciju nauke
architectonics [ˌaːkitekˈtɔniks] *s pl* 1. arhitektura, građevinarstvo, znanost o građevnoj umjetnosti i građevnim oblicima 2. umjetnost projektiranja, gradnje i umjetničkog oblikovanja zgrade 3. stil građevine
architectural [ˌaːkiˈtektʃərəl] *adj* (~**ly** *adv*) arhitektonski, koji se odnosi na građevinarstvo, koji se odnosi na stil građevine
architecture [ˈaːkitektʃə] *s* 1. arhitektura, građevinarstvo, znanost o građevnoj umjetnosti i građevnim oblicima 2. stil građevine 3. konstrukcija, građa (*lit* & *fig*)
architrave [ˈaːkitreiv] *s archit* arhitrav, glavna greda koja veže dva ili više stupova i počiva na njima
archival [aːˈkaivəl] *adj* arhivski, koji se nalazi u arhivu
archives [ˈaːkaivz] *s pl* arhiv; arhivska građa

archivist [ˈaːkivist] *s* arhivar, službenik u arhivu
archness [ˈaːtʃnis] *s* nestašnost, vragoljanstvo, obješenjaštvo
archon [ˈaːkən] *s hist* arhont, član vrhovne državne uprave u staroj Ateni
archway [ˈaːtʃwei] *s* 1. *archit* lûk, 2. nadsvođen prolaz
archwise [ˈaːtʃwaiz] *adv archit* u obliku luka, poput svoda
arctic [ˈaːktik] *adj* arktički, sjeverni, polarni, koji se odnosi na Sjeverni pol | ~ **circle** sjeverni polarni krug; **the** ~ **Ocean** Arktički ocean, Sjeverno ledeno more
arcuate [ˈaːkjuit] *adj* iskrivljen, savijen u obliku luka
arcuated [ˈaːkjueitid] *adj* → **arcuate**
arcuation [ˌaːkjuˈeiʃən] *s* 1. savijanje, izvijanje u obliku lûka 2. savijenost, izvijenost u obliku lûka
ardency [ˈaːdənsi] *s* žar, oduševljenje, gorljivost
ardent [ˈaːdənt] *adj* (~**ly** *adv*) 1. usijan, zažaren; vatren, plamen; žarki, jarki 2. *fig* gorljiv, usrdan, vatren, revan, žestok, strastven | **to be** ~ **for** gorjeti od želje za čim; ~ **spirits** žestoka alkoholna pića
ardour (ardor) [ˈaːdə] *s* 1. vrućina, jara 2. *fig* zanos, gorljivost, revnost, žestina, vatrenost, strast
arduous [ˈaːdjuəs] *adj* (~**ly** *adv*) strm, okomit, vrletan; (o osobama) marljiv, radin, energičan; *fig* težak, mučan, naporan
arduousness [ˈaːdjuəsnis] *s fig* teškoća, tegoba, muka
are [aː, ə] *pres* od **be:** (je)si, (je)smo, (je)ste, (je)su
are [aː] *s* ar (mjera za površinu)
area [ˈɛəriə] *s* 1. ravna površina, ploha, slobodan, prazan prostor 2. ograđen prostor; dvorište 3. opseg; sfera 4. *fig* područje, zona, domašaj 5. *geom* površina | **conservation** ~ područje (grada) pod zaštitom; **clearance** ~ područje (grada) određeno za rušenje
areca [ˈærikə] *s bot* areka (vrsta ukrasne palme)
arefy [ˈærifai] *vt* sušiti
arena [əˈriːnə] *s* 1. arena 2. *fig* poprište, bojište
arenaceous [ˌæriˈneiʃəs] *adj* pjeskovit, pješčan
aren't [aːnt] = are not
areola [æˈriələ] *s* 1. *biol bot* & *anat* areola
areometer [ˌæriˈɔmitə] *s* aerometar
areopagite [ˌæriˈɔpəgait] *s hist* član areopaga, vrhovnog sudišta u staroj Ateni
argand [ˈaːgænd] *s* svjetiljka s kružnim plamenom | ~ **lamp** svjetiljka s kružnim plamenom; ~ **burner** plinska svjetiljka s kružnim plamenom
argent [ˈaːdʒənt] *adj* srebrnast, poput srebra, sjajan poput srebra
argent [ˈaːdʒənt] *s* srebro; srebrna boja, boja srebra
argentiferous [ˌaːdʒənˈtifərəs] *adj* srebronosan, koji sadrži srebro
argentine [ˈaːdʒəntain] *adj* srebrnast, kao od srebra
argentine [ˈaːdʒəntain] *s* 1. argentan, argental, novo srebro 2. *ichth* srebriš 3. *minr* srebrnastosjajni škriljev vapnenac
Argentine [ˈaːdʒəntain] *adj* argentinski
argil [ˈaːdʒil] *s* glina, lončarska zemlja
argillaceous [ˌaːdʒiˈleiʃəs] *adj* glinast, poput gline
argon [ˈaːgɔn] *s chem* argon
argosy [ˈaːgəsi] *s hist poet* (velik) trgovački brod, (dubrovačka) karaka
argot [ˈaːgəu] *s Fr ling* šatrovački jezik, argo
arguable [ˈaːgjuəbl] *adj* koji se može pobijati, opovrći, osporiti; diskutabilan
argue [ˈaːgjuː] *vt/i* **I.** *vt* 1. dokazati, pokazati 2. uvjeriti, uvjeravati (razlozima); pobijati (razlozima) 3. obrazlagati, argumentirati **II.** *vi* 1. raspravljati, svađati se, prepirati se 2. umovati, diskutirati | **to** ~ **a p into a th** nagovoriti koga na što; **to** ~ **a p out of a th** odvratiti koga od čega
argufy [ˈaːgjufai] *vi* 1. sporiti, prepirati se; *coll* svađati se za volju svađe, inatiti se
argument [ˈaːgjumənt] *s* 1. argument, dokaz, dokazivanje, razlog (*for* za, *against* protiv), zaključak (*against* protiv); argumentacija, obrazloženje 2. rasprava, debata 3. predmet (o kome se raspravlja, govori, piše), sadržaj, tema, jezgra 4. kratak sadržaj, izvod, zaključak | **to clinch an** ~ navesti neoboriv dokaz; **to hold an** ~ raspravljati, prepirati se, dokazivati, argumentirati
argumental [ˌaːgjuˈmentl] *adj* koji dokazuje, dokazni
argumentation [ˌaːgjumenˈteiʃən] *s* argumentacija, zaključivanje, dokazivanje, obrazlaganje; rasuđivanje, umovanje; vještina dokazivanja, način zaključivanja
argumentative [ˌaːgjuˈmentətiv] *adj* (~**ly** *adv*) 1. koji dokazuje, dokazni, uvjerljiv, obrazložen, smišljen 2. koji je sklon dokazivanju, zaključivanju, raspravljanju; svadljiv
Argus [ˈaːgəs] *s* 1. *myth* Argus (životinja iz grčke mitologije, koja je imala 100 očiju) 2. *fig* čuvar, stražar koji sve vidi, budan čuvar
argus-eyed [ˈaːgəsˌaid] *adj* budan, oprezan
argute [aːˈgjuːt] *adj* 1. oštrouman, bistar; brz, osjetljiv 2. oštar, tanak, prodiran, rezak (za zvuk)
aria [ˈaːriə] *s mus* pjesma, melodija, arija
Arian [ˈɛəriən] *s* arijanac (sekta); Arijac
arid [ˈærid] *adj* (~**ly** *adv*) 1. suh, spržen 2. *fig* jalov, neplodan; suhoparan; neosjetljiv 3. mršav

aridity [æ'riditi] *s* 1. suhoća, suša 2. *fig* jalovost, neplodnost, suhoparnost, neosjetljivost 3. mršavost
ariel ['ɛəriəl] *s zool* arapska gazela
Aries ['ɛəri:z] *s astr* ovan (zviježđe u zodijaku)
aright [ə'rait] *adv* pravo, dobro, pravedno, pravilno, točno
arise [ə'raiz] *vi* (arose, arisen) 1. *arch* dizati se, ustajati (*out of* iz) 2. potjecati, nicati, nastati, proizlaziti, dolaziti (*from* od, iz) 3. doći, pojaviti se, ukazati se, izaći (*out of* iz) 4. *poet* ustati od mrtvih 5. *arch* začuti se
aristocracy [ˌæris'tɔkrəsi] *s* aristokracija, plemstvo; *fig* elita
aristocrat ['æristɔkræt] *s* plemić, velikaš, aristokrat
aristocratic [ˌæristə'krætik] *adj* (**~ally** *adv*) plemićki, velikaški, aristokratski; *fig* otmjen
aristocratism [ˌæris'tɔkrətizəm] *s* plemićki, aristokratski principi
aristophanic [ˌæristɔ'fænik] *adj* 1. aristofanski, koji se odnosi na Aristofana, starog grčkog komediografa 2. *fig* šaljiv, veseo, vedar
aristotelian (aristotelean) [ˌæristə'ti:ljən] *adj* aristotelski
arithmetic [ə'riθmətik] *s* aritmetika
arithmetical [ˌæriθ'metikəl] *adj* (**~ly** *adv*) aritmetički
arithmetician [əˌriθmə'tiʃən] *s* aritmetičar
ark [a:k] *s* 1. kovčeg, škrinja 2. *bibl* velik čamac, arka 3. *fig* utočište | **Noah's ~** Noina arka; *bibl* **Ark of the Covenant** škrinja zavjetna
arles [a:lz] *s pl dial* kapara
arles-penny ['a:lzˌpeni] *s* kapara
arm[1] [a:m] *s* 1. ruka (od šake do ramena); *fig* sila, moć 2. *mar* krak (sidra) 3. *geog* rukav (rijeke), morski tjesnac, rukav, zatoka 4. naslon za ruku na naslonjaču 5. velika grana na drvetu 6. krak (poluge, vage), žbica (kotača) | **infant in ~s** dojenče, sasvim malo dijete; *fig* **with open ~s** raširenih ruku, srdačno; **to keep at ~'s length** držati koga podalje od sebe; **secular ~** svjetovna vlast; **~ of the sea** morski rukav, tjesnac; **~ of balance** krak vage; **to fly into a person's ~s** baciti se komu u naručje; **within ~'s reach** u blizini, nadohvat; **to walk ~ in ~** ići držeći se ispod ruke; **to fold one's ~s** skrstiti ruke
arm[2] [a:m] *s* (većinom **~s** *pl*) 1. oružje, ratna oprema, sprema 2. rod oružja, vojske; vojna profesija, vojno zvanje 3. grb, heraldički znak | **~ bill** brodski borbeni raspored; **fire ~s** vatreno oružje; **small ~s** revolveri, puške, lakši mitraljezi i dr.; **stand of ~s** ratna oprema vojnika; **to take up ~s** (*against*) latiti se oružja (protiv); **to bear ~s** služiti vojsku; **lay down ~s** položiti oružje; **in ~s** naoružan, spreman za borbu; **up in ~s** pod oružjem; *fig* u uzbuni; **coat of ~s** grb, štit grba; **to call to ~s** pozvati pod oružje; **King-of-Arms** starješina Ureda za grbove; **man at ~s** vojnik; **to your ~s** k oružju; **to rise in ~s** dići se na oružje; **order ~s!** k nozi!; **present ~s!** pred prsi!, »na počast«!; **shoulder ~s!** na (desno) rame!; **slope ~s!** na rame!; **deeds of ~s** vojnički podvizi
arm [a:m] *vt/i* **I.** *vt* 1. oružati, naoružati, naoružavati (*for* za; *against* protiv) 2. opremiti, opskrbiti (*with* čime) 3. učvrstiti, osigurati, armirati **II.** *vi* oružati se, naoružati se, opremiti se | **~ed at all points** spreman na svaku mogućnost; *phys* **to ~ a magnet** nabiti magnet
armada [a:'ma:də] *s* velika ratna flota, brodovlje, armada
armadillo [ˌa:mə'diləu] *s zool* pasanac, armadil
armament ['a:məmənt] *s* 1. vojna sila; pomorska sila 2. ratna sprema, naoružanje (napose ratnih brodova); oprema 3. naoružavanje | **(naval) ~** ratna flota
armature ['a:məˌtjuə] *s* oružje, ratna oprema; oklop; armatura; *zool* zaštitni oklop životinja; *phys* provodnik (komad željeza koji spaja magnetske polove); *el* kotva (dinamo motora) | **~ circuit** kotveno kolo; **~ field** kotveno polje
armchair [ˌa:m'tʃɛə] *s* naslonjač | **~ politician** kavanski političar
armed[1] [a:md] *adj* koji ima ruke; *bot* koji ima bodljike, trnje
armed[2] [a:md] *adj mil* naoružan; *fig* opskrbljen, opremljen, naoružan | **~ merchant cruiser** pomoćna krstarica
armet ['a:mit] *s hist* vrsta šljema iz 15. st.
armful ['a:mful] *s* naručaj, naramak
armhole ['a:mhəul] *s* izrez (otvor) za rukave na odjevnom predmetu
armiger ['a:midʒə] *s hist* štitonoša
armistice ['a:mistis] *s* prekid neprijateljstva, primirje (*lit & fig*)
armless[1] ['a:mlis] *adj* bezruk, bez ruke, kljast
armless[2] ['a:mlis] *adj* bez oružja, nenaoružan, neoboružan, goloruk
armlet ['a:mlit] *s* 1. narukvica, grivna 2. rukav (mora, rijeke i dr.)
armorial [a:'mɔ:riəl] *adj* koji se odnosi na grbove, heraldički
armorial [a:'mɔ:riəl] *s* knjiga grbova
armory ['a:məri] *s* heraldika, nauka o grbovima
armour (armor) ['a:mə] *s* oklop, ratna oprema; *zool* zaštitni oklop; *her* grb, heraldički znak; *mar* oklop (na brodu); ronilačko odijelo | **suit of ~** oklop, ratna oprema; **to buckle on one's ~** obući oklop, ratnu opremu; *mar* **to case in ~** osigurati, učvrstiti oklopom

armour (**armor**) ['aːmə] *vt* zaštititi oklopom, oboružati
armour-bearer ['aːməˌbɛərə] *s hist* štitonoša
armour-clad ['aːməklæd] *adj* oklopljen, zaštićen oklopom
armour-clad ['aːməklæd] *s mar* oklopnjača
armoured ['aːməd] *adj* oklopljen, opremljen | ~ **car** oklopna kola; ~ **amphibian vehicle** oklopno amfibijsko vozilo; ~ **cruiser** oklopni krstaš; ~ **deck** oklopna paluba; ~ **train** oklopni vlak
armourer (**armorer**) ['aːmərə] *s* 1. *hist* kovač oružja, oklopa, ratne opreme, oružar 2. *mar* & *mil* oružar, čuvar oružja
armour-plate ['aːməpleit] *s* oklopna ploča; oklopni lim
armoury (**armory**) ['aːməri] *s* 1. dvorana za oružje i mačevanje 2. heraldika, nauka o grbovima 3. *US* tvornica oružja i ratnog materijala
armpit ['aːmpit] *s* pazuh
arm-rest ['aːmrest] *s* naslon za ruke
arms race ['aːmzreis] *s* utrka u naoružanju
arms-rack ['aːmzræk] *s mil* šoške (za puške)
army ['aːmi] *s mil* kopnena vojska, armija, oružana sila; *fig* vojska, mnoštvo, jato, čopor, silesija, sva sila, more; društvo, udruženje organizirano na vojnički | ~ **agent**, ~ **broker**, ~ **contractor** vojni dobavljač; **to enter the** ~, **to go into the** ~ stupiti u vojničku službu; **to join the** ~ otići u vojsku
army-corps ['aːmikɔː] *s* (*pl* ~ ['aːmikɔːz]) *mil* korpus
army-list ['aːmilist] *s mil* vojnička ranglista | *US* ~ **and directory** službeni popis oficira, shematizam
arnica ['aːnikə] *s bot* moravka, veprina, arnika
ar'n't (**arnt**) [aːnt] *coll* = **are not**
aroma [ə'rəumə] *s* miris, ugodan, prijatan miris, aroma; aroma vina, buké
aromatic [ˌærə'mætik] *adj* (~**ally** *adv*) mirisav, miomirisan, ugodna mirisa, aromatičan
aromatic [ˌærə'mætik] *s* aromatski preparat; aromatski prirodni spoj
arose [ə'rəuz] *pret* od **arise**
around [ə'raund] *adv* okolo, naokolo, uokolo; *US* u blizini, nedaleko; tu i tamo; otprilike, približno
around [ə'raund] *prep* oko
arouse [ə'rauz] *vt* probuditi; *fig* uzbuditi; potaknuti; izazvati, podići; staviti u pokret; pobuditi, podražiti
arpeggio [aː'pedʒiəu] *s mus* arpeggio
arquebus (**harquebus**) ['aːkwibəs] *s hist mil* arkebuza (vrsta puške)
arquebusier (**harquebusier**) [ˌaːkwibə'siə] *s hist* arkebuzir
arrack ['ærək] *s* arak (istočnjačko alkoholno piće)
arrah ['ærə] *interj Ir* uzvik kojim se izražava iznenađenje, žalost, ogorčenje, prezir itd.
arraign [ə'rein] *vt jur* izvesti pred sud, optužiti; *fig* pozvati na odgovornost
arraigner [ə'reinə] *s jur* optužitelj
arraignment [ə'reinmənt] *s jur* optužba, okrivljenje, optuživanje
arrange [ə'reindʒ] *vt/i* **I.** *vt* 1. poredati, svrstati, urediti, srediti 2. pripremiti, prirediti, udesiti 3. *mus* aranžirati 4. izravnati, izgladiti (prepirku, spor itd.) 5. unaprijed dogovoriti, odrediti (vrijeme), utanačiti **II.** *vi* 1. pripremati se, pripremiti se (*for* za) 2. sporazumjeti se 3. pobrinuti se (*for* za)
arrangement [ə'reindʒmənt] *s* 1. uređivanje, uređenje; poravnanje, svrstavanje; utanačenje, dogovor; uređaj, mehanizam 2. raspored, podjela, raspoređivanje, svrstavanje 3. *pl* pripreme 4. sporazum, izravnanje, izmirenje, nagodba 5. *mus* aranžman | **to enter into** ili **to make an** ~ sporazumjeti se, dogovoriti se, utanačiti (*with* sa)
arrant ['ærənt] *adj* (~**ly** *adv*) zao, loš, ozloglašen, opak, besraman, notoran | **that is an** ~ **nonsense** to je očigledan nesmisao; **an** ~ **liar** paralaža
arras ['ærəs] *s* bogato ukrašen zidni sag, goblen
array [ə'rei] *vt mil* rasporediti, svrstati u bojne redove; *poet* ukrasiti, uresiti, odjenuti; *jur* pozvati porotnike | **to** ~ **a panel** imenovati porotnike
array [ə'rei] *s mil* red, vrsta, bojni red, trupa, četa, vojna sila; smotra, revija; izložba; *poet* odjeća, nakit; *jur* postavljanje porotnika, popis porotnika
arrear [ə'riə] *s* 1. *arch* svršetak, rep (povorke itd.) 2. *pl* neisplaćeni dugovi | ~**s in rent** zaostala stanarina; **in** ~**s of** u zakašnjenju, u zaostatku; **in** ~**s (with)** u dugu, u zaostatku (s poslom itd.)
arrearage [ə'riəridʒ] *s* zaduženje, dug, dugovina; zakašnjenje, zaostatak; *pl* neisplaćeni dugovi
arrest [ə'rest] *vt* 1. zaustaviti, zapriječiti 2. *jur* zatvoriti, pritvoriti, uhititi, uzaptiti 3. privući (pozornost, pažnju) | *jur* **to** ~ **judgement** obustaviti izvršenje osude
arrest [ə'rest] *s* 1. zaustavljanje, sprečavanje 2. *jur* zatvaranje, hapšenje; zatvor; obustava, odlaganje (izvršenja osude) | *jur* **under** ~ uhapšen, u pritvoru, u zatvoru; pod sekvestrom; ~ **of judgement** obustava izvršenja osude
arresting [ə'restiŋ] *adj* koji privlači, koji očarava, čaroban, zanimljiv | ~ **gear** uređaj za zaustavljanje aviona
arrestive [ə'restiv] *adj* → **arresting**
arrestment [ə'restmənt] *s* zaustavljanje, zadržavanje, sprečavanje; *Scot jur* zatvaranje, privremeni zatvor, haps

arride [ə'raid] *vt arch* ugoditi, zadovoljiti, ispuniti
arris ['æris] *s archit* brid, rub, oštar kut
arrival [ə'raivəl] *s* dolazak, prispijeće, stizanje, pristizanje; *mar* uplovljenje; pojava, pojavljivanje; *pl* prispjeli putnici, gosti, vlakovi, brodovi i dr.; došljaci, pridošlice; *coll* novorođenče; *com* prispjela roba
arrive [ə'raiv] *vi* 1. doći, prispjeti, stići, doputovati (*at, in* u, do) 2. postići, dostići, stići (*at* do cilja itd.) 3. pojaviti se
arrogance ['ærəgəns] *s* bahatost, oholost, nadutost, drskost, osornost, bezobrazluk, arogancija
arrogant ['ærəgənt] *adj* (**~ly** *adv*) bahat, ohol, nadut, drzak, osoran, arogantan
arrogate ['ærəgeit] *vt* svojatati; polagati pravo na; kome što pripisivati; *fig* naduti se, napeti se
arrogation [ˌærə'geiʃən] *s* nepravedno, drsko prisvajanje, pripisivanje (čega komu); bespravno prisvajanje
arrow ['ærəu] *s* strijela, strelica
arrow-head ['ærəuhed] *s* šiljak strelice
arrowroot ['ærəuruːt] *s bot* aru-korijen, aru-aru, sago, biljka iz roda *Maranta;* škrobna hrana od mljevenog aru-korijena
arrowy ['ærəui] *adj* strelast, u obliku strijele, poput strijele, kao strijela; *fig* brz; oštar, strelovit
arse [aːs] *s vulg* stražnjica, rit, guzica, dupe
arsenal ['aːsinl] *s* arsenal
arsenic ['aːsnik] *s chem* arsen
arsenic [aː'senik] *adj* arsenov; *chem* arseni...
arsenious [aː'siːniəs] *adj* koji sadrži arsen, arsenov; *chem* arseno...
arsis ['aːsis] *s* (*pl* **arses** ['aːsiːz]) *pros* arza, naglašeni slog stope
arson ['aːsn] *s* zlonamjerna paljevina, palež
art [aːt] *s* 1. umjetnost 2. umijeće, vještina, spretnost; lukavost, podmuklost, smicalica | **black ~** crna magija; **fine ~s** lijepe umjetnosti; **Bachelor of Arts** diplomirani student filozofskog fakulteta (najniži akademski stupanj u Engleskoj); **Master of Arts** magistar humanističkih nauka; **applied ~** primijenjena umjetnost; **~s and crafts** umjetnost i obrt; **a work of ~** umjetnina; **performing ~s** reproduktivna umjetnost (drama, glazba, balet)
art [aːt] *arch* jesi, si
arterial [aː'tiəriəl] *adj* (**~ly** *adv*) arterijski | **~ navigation** plovidba po rijekama i kanalima; **~ road** prometna arterija
arterialization [aːˌtiəriəlai'zeiʃən] *s physiol* arterijalizacija, pretvaranje venozne krvi u arterijalnu djelovanjem kisika; grananje arterija u tkivima
arterialize [aː'tiəriəlaiz] *vt physiol* arterijalizirati, pretvoriti venoznu krv u arterijalnu djelovanjem kisika
arteriosclerosis [aːˌtiəriəuskliə'rəusis] *s med* arterioskleroza
arteriotomy ['aːtiəri'ɔtəmi] *s med* arteriotomija, otvaranje arterije
artery ['aːtəri] *s anat* arterija, žila kucavica; *fig* glavni prometni put (vodeni, kopneni)
artesian [aː'tiːzjən] *adj* arteški | **~ well** arteški zdenac
artful ['aːtful] *adj* (**~ly** *adv*) vješto načinjen, izmišljen; dosjetljiv, duhovit, oštrouman; lukav, prepreden, podmukao
arthritic [aː'θritik] *adj med* koji se odnosi na upalu zglobova, artritičan
arthritis [aː'θraitis] *s med* artritis, upala zglobova
artichoke ['aːtitʃəuk] *s bot* artičoka
article ['aːtikl] *s* 1. članak, zglob 2. član, točka, dio, pasus, paragraf, odredba, rečenica 3. članak, napis 4. predmet; *com* artikl, roba 5. *gram* član 6. čas, trenutak, presudni čas | **leading ~** uvodni članak (u novinama itd.) | **in the ~ of death** u času smrti; **the Thirty-nine Articles** trideset i devet točaka anglikanske crkve; *mar* **~s of agreement** ugovor o ukrcanju članova posade; **~s of association** statut trgovačkog društva; **~s of apprenticeship** ugovor o naukovanju; **to serve one's ~s** služiti kao naučnik, biti u nauku
article ['aːtikl] *vt* sastaviti točku po točku; dati u nauk (*to* komu); *jur* optužiti (*for* za)
articular [aː'tikjulə] *adj* zglobni, koji se odnosi na zglobove
articulate [aː'tikjulit] *adj* (**~ly** *adv*) člankovit, koji se sastoji od zglobova; raščlanjen; razgovijetan, jasan, razumljiv; pregledan, sistematski, sređen; *tech* koljenast, zglavast, zglobljen
articulate [aː'tikjuleit] *vt/i* **I.** *vt* 1. spajati, vezivati člancima 2. razgovijetno izgovarati, artikulirati **II.** *vi* jasno izgovarati, razumljivo govoriti
articulation [aːˌtikju'leiʃən] *s* 1. *anat* sastavljanje, spajanje; zglob 2. (jasno, razgovijetno) izgovaranje riječi, artikulacija 3. raščlanjivanje 4. *tech* os šarki, središte šarki
articulator [aː'tikjuleitə] *s* 1. onaj koji jasno, razgovijetno izgovara, artikulira 2. instrument koji se upotrebljava pri liječenju mucavosti 3. artikulator 4. radnik koji sastavlja skelete
articulatory [aː'tikjuleitəri] *adj* artikulacijski; artikulacioni
artifact ['aːtifækt] *s* rukotvorina
artifice ['aːtifis] *s* vještina, umjetnost; lukavština, varka; smicalica

artificer [aːˈtifisə] *s* kvalificirani radnik, mehaničar; pronalazač, izumitelj; *fig* začetnik, tvorac; *mil* vojnik inženjerskih trupa; artiljerijski tehničar
artificial [ˌaːtiˈfiʃəl] *adj* (~**ly** *adv*) 1. umjetni, neprirodan; umjetno napravljen, vještački, patvoren; *fig* lažan, neiskren, izvještačen | ~ **insemination** umjetno oplođivanje; *jur* ~ **person** pravna osoba
artificiality [ˌaːtifiʃiˈæliti] *s* neprirodnost, izvještačenost, namještenost
artificialize [ˌaːtiˈfiʃəlaiz] *vt* umjetno proizvoditi; izvještačiti, hiniti
artillerist [aːˈtilərist] *s mil* topnik, artiljerac
artillery [aːˈtiləri] *s mil* topništvo, artiljerija | ~ **fire** artiljerijska vatra
artillery-man [aːˈtilərimən] *s mil* topnik, artiljerac
artisan [ˌaːtiˈzæn] *s* obrtnik, zanatlija, mehaničar; kvalificirani radnik
artist [ˈaːtist] *s* umjetnik | **performing** ~ reproduktivni umjetnik
artiste [aːˈtiːst] *s Fr* artist(a)
artistic [aːˈtistik] *adj* (~**ally** *adv*) umjetnički
artistry [ˈaːtistri] *s* 1. umjetnost, umijeće, smisao za umjetnost, vještina 2. umjetnička djelatnost, umjetničko savršenstvo 3. odlike umjetnika
artless [ˈaːtlis] *adj* (~**ly** *adv*) 1. neumjetnički, neukusan 2. nespretan 3. naravan, prirodan, neizvještačen; bezazlen, naivan
art-school [ˈaːtskuːl] *s* slikarska škola, umjetnička akademija, škola za umjetni obrt
artsman [ˈaːtsmæn] *s* umjetnik, čovjek vješt nekom umijeću
arty [ˈaːti] *adj coll* nadriumjetnički
arum [ˈeərəm] *s bot* kozlac
as [æz] *adv* kao, kao što, isto kao; tako, isto tako; koliko, kako; poput | ~ **soon** ~ čim, netom; ~ **long** ~ dotle... dok, dok god; ~ **good** ~ **dead** kao da je mrtav; ~ **well** kao što i, također; osim toga, uz to; ~ **yet** još; dosada; ~ **well** ~ isto tako kao; također
as [æz] *conj* kao; koliko; kao da, tako da; jer, budući da; dok, kad, pošto, mada, premda, iako, kako god, koliko god | ~ **much** ~ **you please** koliko god želite, koliko vam se sviđa; ~ **far** ~ **I know** koliko ja znam; ~ **it is** kako stvari stoje; ~ **follows** kako slijedi; ~ **regards** što se tiče; ~ **a rule** općenito, redovito, u pravilu; ~ **usual** kao obično, kao uvijek; ~ **compared with** u odnosu prema, kad se usporedi; ~ **if**, ~ **though** kao da; ~ **it were** tako reći; **be so kind** ~ **to** budite tako dobri te (pa); **I could not move, try** ~ **I might** nisam se mogao maknuti koliko sam se god trudio; **old** ~ **I am**... ma koliko (koliko god) sam star...
as [æz] *pron* onaj... koji, koji, što | **the same** ~ isti kao; **such** ~ takav..., koji; takav..., kakav; **such a plan** ~ takav plan koji | **I am not such a fool** ~ **to believe that** ja nisam takav luđak koji bi vjerovao to
as [æz] *upotrijebljen pred prep* | *com* ~ **from** počevši od; ~ **for**, ~ **to** što se tiče, u pogledu; **this agreement shall come into operation** ~ **from Jan. 1, 1977** ovaj ugovor ima stupiti na snagu počevši od 1. I 1977; ~ **per your letter** prema vašem pismu
as [æs] *s hist* 1. as, rimska jedinica za mjerenje težine 2. rimski brončani novac
asbestic [æzˈbestik] *adj* → **asbestine**
asbestine [æzˈbestain] *adj* azbestni, od azbesta, neizgoriv
asbestos [æzˈbestɔs] *s* azbest
ascend [əˈsend] *vt/i* **I.** *vt* uzlaziti, penjati se, uspinjati se na (brdo), ploviti uz (vodu), popeti se **II.** *vi* uzići, uzlaziti, uspinjati se, uzdizati se, dizati se, uzlijetati; stići, doprijeti (*to* do); *astr* uzlaziti, penjati se (prema zenitu) | **to** ~ **the throne** popeti se na prijestolje
ascendancy (**ascendency**) [əˈsendənsi] *s* premoć, prevlast, dominacija (*over* nad); utjecaj; vlast, položaj | **to rise to** ~ doći na vlast, položaj, kormilo
ascendant (**ascendent**) [əˈsendənt] *adj* 1. *astr* koji raste, koji se diže prema zenitu 2. koji se penje, uzdiže 3. koji je na vlasti 4. viši, superioran
ascendant (**ascendent**) [əˈsendənt] *s* 1. rođak po uzlaznoj lozi, predak 2. nadmoć, prevaga, prevlast, utjecaj, gospodujući položaj, moć, vlast 3. *astrol* horoskop | **in the** ~ koji se diže, koji raste; koji je na položaju, koji vlada, u usponu, u uzlaženju
ascension [əˈsenʃən] *s* penjanje, uspinjanje, uzlaz, dizanje | **the Ascension, Ascension-day** Uzašašće, Spasovo
ascensional [əˈsenʃənl] *adj* koji se uzdiže, diže, koji se odnosi na uzdizanje
ascent [əˈsent] *s* 1. uzlaz; penjanje 2. uspon, strmina 3. stubište 4. brdašce, uzvisina 5. *fig* dizanje, uzdizanje
ascertain [ˌæsəˈtein] *vt* ustanoviti, utvrditi, odrediti, provjeriti, doznati, ispitati (*that* da); tvrditi, potvrditi
ascertainable [ˌæsəˈteinəbl] *adj* koji se može ustanoviti, ustanovljiv
ascertainment [ˌæsəˈteinmənt] *s* ustanovljivanje, ustanovljenje
ascetic [əˈsetik] *adj* (~**ally** *adv*) asketski, isposnički
ascetic [əˈsetik] *s* isposnik, asketa
asceticism [əˈsetisizəm] *s* asketizam, isposništvo
ascribable [əsˈkraibəbl] *adj* koji se može pripisati (komu), pripisiv

ascribe [əs'kraib] *vt* pripisati, pripisivati (*to* komu, čemu)
ascription [əs'kripʃən] *s* pripisivanje
asdic ['æzdik] *s* akustički uređaj za otkrivanje podmornica
asepsis [æ'sepsis] *s med* asepsa, sprečavanje infekcije
aseptic [æ'septik] *adj* (**~ally** *adv*) *med* aseptičan; aseptički
aseptic [æ'septik] *s med* aseptik
asexual [ei'seksjuəl] *adj* (**~ly** *adv*) *biol* aseksualan
ash[1] [æʃ] *s bot* jasen; jasenovina
ash[2] [æʃ] *s* 1. pepeo 2. *pl* zemni ostaci (*lit & fig*) 3. ruševine, ostaci, prah i pepeo | **to burn to ~es** pretvoriti u prah i pepeo; **to lay in ~es** spaliti, uništiti do temelja, sravniti sa zemljom; *sport cricket* **to bring back the ~es** osvetiti poraz; **in ~es** u ruševinama; *fig* **to mourn (repent) in sack-cloth and ~es** obući haljinu od kostrijeti i posuti glavu pepelom u znak žalosti; pokajati se; **to turn into dust & ~es** pretvoriti u prah i pepeo; **peace be to his ~es!** mir prahu njegovu!
ashamed [ə'ʃeimd] *pred adj* (**~ly** *adv*) postiđen, posramljen, koji se stidi (*of, that, to do*) | **to be (feel) ~ of a person, of a thing** sramiti se, stidjeti se koga, čega; **be ~ of yourself** stidi se; **I am ~ to do that** stid me da to učinim
ash-bin ['æʃbin] *s* kanta za smeće
ash-boat ['æʃbəut] *s mar* peniša za pepeo
ash-box ['æʃbɔks] *s mar* pepelište (kotla)
ash-can ['æʃkæn] *s* kanta za smeće; *US sl* dubinska bomba
ashen[1] ['æʃn] *adj* jasenov, od jasena
ashen[2] ['æʃn] *adj* pepeljast, pepeljav, poput pepela; blijed | **to turn ~** problijedjeti kao mrtvac
ash-fire ['æʃ,faiə] *s* zapretana vatra
ash-key ['æʃki:] *s* krilata sjemenka jasena
ashlar ['æʃlə] *s* (kamen) tesanac; *archit* zgrada sagrađena od tesanog kamena
ashlaring ['æʃləriŋ] *s* zid od tesana kamena; potpornji krovne oplate
ashore [ə'ʃɔ:] *adv* na obali, na kraju, na obalu, na kraj | **to go ~** iskrcati se; **to run ~, to be driven ~** nasukati se
ash-pale ['æʃpeil] *adj* blijed kao pepeo
ash-pan ['æʃpæn] *s* kutija za pepeo
ash-tray ['æʃtrei] *s* pepeljara, pepeonik
Ash-Wednesday ['æʃ'wenzdi] *s eccl* Pepelnica, Čista srijeda
ashy ['æʃi] pepeljast, poput pepela, kao od pepela; *fig* blijed, siv kao pepeo
Asia ['eiʃə] *s* Azija | **~ Minor** Mala Azija
Asian ['eiʃən] *adj* → **Asiatic**
Asiatic [,eiʃi'ætik] *adj* azijski, azijatski
Asiatic [,eiʃi'ætik] *s* Azijat, Azijatkinja
aside [ə'said] *adv* u stranu, po strani, postrance, u prikrajku, odvojeno; *theat* za sebe, u stranu, potiho | **~ from** *US* osim toga, štoviše; **to set ~** odvojiti, staviti u stranu; **to speak ~** govoriti za sebe; **to turn ~** svrnuti, okrenuti, svratiti s puta; **to lay (put) ~** staviti (odložiti) u stranu; **to take a p ~** odvesti koga u stranu; **to set ~ a verdict** poništiti pravorijek
aside [ə'said] *s theat* aparte
asinine ['æsinain] *adj* magareći, koji se odnosi na magarca; *fig* glup, tup, tvrdoglav
asininity [,æsi'ninəti] *s* tvrdoglavost, glupost, glupa tvrdoglavost, tupoglavost
ask [a:sk] *vt/i* **I.** *vt* 1. pitati, iskati 2. tražiti, moliti; prositi 3. zahtijevati 4. pozvati 5. *eccl* navijestiti **II.** *vi* 1. moliti, iskati 2. pitati, raspitivati se | *eccl* **to ~ the banns** oglasiti, navijestiti zaručnike; **to ~ a person in marriage** zaprositi koga; **to ~ to tea** pozvati na čaj; **to ~ a question** staviti pitanje; **~ no questions, and you'll be told no lies** tko mnogo pita, mnogo mu se laže
ask after ['a:sk'a:ftə] *vi* raspitivati se za
ask for ['a:sk'fɔ:] *vi* moliti, pitati; tražiti, iskati, raspitivati, propitivati | *sl* **to ~ it** izazivati; **to ~ trouble** tražiti svađu, izazivati; **to ~ particulars** pitati za pojedinosti
ask in ['a:sk'in] *vt* pozvati u kuću, unutra
askance [əs'kæns] *adv* postrance, prijeko, poprijeko, koso, iskosa; prezirno, nepovjerljivo; sumnjičavo, zavidljivo | **to look ~ at** gledati (koga) prijekim okom, promatrati (što) s nepovjerenjem
askant [əs'kænt] *adv* → **askance**
asked [a:skt] *adj* | *st exch* **~ and bid** (na listi vrijednosnih papira) koji se traže i koji se nude
asker ['a:skə] *s* 1. pitalac, ispitivač 2. molitelj 3. tužitelj
askew [əs'kju:] *adv & pred adj* koso, krivo, postrance, prijeko, poprijeko
asking ['a:skiŋ] *s* 1. pitanje, ispitivanje 2. upit, molba 3. oglašivanje (zaručnika) | **you may have it for the ~** samo pitaj, pa ćeš (to) dobiti (badava)
aslant [ə'sla:nt] *adv* koso, poprijeko, postrance, sa strane, nakrivo
aslant [ə'sla:nt] *prep* preko, kroz
asleep [ə'sli:p] *pred adj & adv* usnuo, spavajući, u san | **fast ~** u duboku snu; **~ in the Lord** blago u Gospodinu usnuo; **to be ~** spavati; **to fall ~** zaspati, usnuti
aslope [ə'sləup] *pred adj & adv* kos, strm, nagnut
asp[1] [æsp] *s* → **aspen**
asp[2] [æsp] *s zool* vrsta egipatske i libijske zmije otrovnice; *poet* guja
asparagus [əs'pærəgəs] *s bot* šparoga
aspect ['æspekt] *s* izgled, pogled, položaj, aspekt, gledanje, gledište, stajalište, stanovište; pogled, izraz (lica); obličje, obraz; pojava, vanjština | **the house has a southern ~** kuća gleda na jug; **economic**

~**s** ekonomske perspektive; **to consider a question in all its ~s** razmatrati pitanje sa svih gledišta
aspen ['æspən] *s bot* jasika | **to tremble like an ~ leaf** treperiti kao jasikin list, drhtati kao prut na vodi
aspen ['æspən] *adj* 1. jasikov, poput jasike 2. treptav, koji treperi, ršće
asperity [æs'periti] *s* hrapavost, neravnost; oporost, oštrina (klime); osornost (naravi, karaktera); trpkoća, reskost
asperse [əs'pə:s] *vt* poprskati, poškropiti, politi (*with* čime); *fig* uprljati, blatiti, okaljati, ocrniti
aspersion [əs'pə:ʃən] *s* prskanje, škropljenje, polijevanje; *fig* prljanje, blaćenje, kaljanje, klevetanje | **to cast ~s on** klevetati
asphalt ['æsfælt] *s minr* asfalt
asphalt ['æsfælt] *vt* prevući asfaltom, asfaltirati
asphaltic [æs'fæltik] *adj* asfaltni
asphodel ['æsfədel] *s bot* zlatoglav; *poet* asfodel, »cvijet smrti« (kod Homera)
asphyxia [æs'fiksiə] *s med* asfiksija; ugušenje; nesvjestica, klonulost; obamrlost
asphyxial [æs'fiksiəl] *adj med* koji se odnosi na asfiksiju
asphyxiate [æs'fiksieit] *vt/i* **I.** *vt* izazvati asfiksiju **II.** *vi* pasti u nesvijest, gušiti se od pomanjkanja kisika, obamrijeti
asphyxiation [æs,fiksi'eiʃən] *s med* izazivanje asfiksije, nesvjestica od pomanjkanja kisika, gušenje, obamrlost
asphyxy [æs'fiksi] *s* → **asphyxia**
aspic[1] ['æspik] *s poet* → **asp**[2]
aspic[2] ['æspik] *s* aspik, hladetina
aspidistra [,æspi'distrə] *s bot* aspidistra
aspirant [əs'paiərənt] *adj* koji se natječe, koji se sprema, priprema (*to, after, for* za)
aspirant [əs'paiərənt] *s* aspirant (*to, for, after* za) onaj koji se natječe ili sprema (*for* za), kandidat, pripravnik
aspirate ['æspərit] *adj phon* aspiriran
aspirate ['æspərit] *s phon* aspirata, suglasnik s aspiracijom
aspirate ['æspəreit] *vt phon* aspirirati, isisati (plin ili tekućinu iz posude); usisati, izvući
aspiration [,æspə'reiʃən] *s* 1. udisanje, usisavanje, uvlačenje zraka 2. želja, težnja (*for, after* za čim), teženje 3. *phon* aspiracija
aspirator ['æspəreitə] *s med* aspirator; stroj za čišćenje žita
aspire [əs'paiə] *vi* težiti, čeznuti (*to, after, at* za); aspirirati (*after* na)
aspirin ['æspərin] *s med* aspirin
aspiring [əs'paiəriŋ] *adj* (~**ly** *adv*) koji teži, koji žudi, koji se priprema, sprema; ambiciozan
asquint [əs'kwint] *adv & pred adj* škiljavo, razroko; potajice | **to look ~** škiljiti; površno (zavidno) baciti pogled
ass [æs] *s* magarac; *fig* budala, glupan; *sl* stražnjica; *US vulg* žensko spolovilo | **make an ~ of** praviti od nekoga budalu, držati koga za budalu; **to make an ~ of oneself** glupo se ponijeti; *US vulg* **piece of ~** žensko spolovilo
assagai (assegai) ['æsəgai] *s S Afr* tanko koplje, sulica od tvrda drveta
assail [ə'seil] *vt* navaliti, nasrnuti, napasti (*with* čime; *lit & fig*); spopasti, salijetati; latiti se (zadatka)
assailable [ə'seiləbl] *adj* na što se može udariti, koji se može napasti, pogodan za napad
assailant [ə'seilənt] *s* napadač, nasrtač
assart [æ'sa:t] *vt* krčiti šumu
assart [æ'sa:t] *s* čistina, krčevina; krčenje šume
assassin [ə'sæsin] *s* ubojica, razbojnik, plaćeni ubojica, atentator
assassinate [ə'sæsineit] *vt* ubiti iz potaje, izvršiti umorstvo
assassination [ə,sæsi'neiʃən] *s* umorstvo, ubojstvo iz zasjede; atentat
assassinator [ə'sæsineitə] *s* → **assassin**
assault [ə'sɔ:lt] *s* napadaj, navala, nasrtaj, juriš (*lit & fig*); *jur* tvorni napad, uvreda | **to carry (take) by ~** uzeti na juriš; *jur* **~ and battery** teška tjelesna ozljeda; **~ of (at) arms** napad, udarac (u mačevanju); vježba u mačevanju
assault [ə'sɔ:lt] *vt* nasrnuti, napasti (*lit & fig*); *mil* jurišati; *jur* tvorno napasti
assault boat [ə'sɔ:ltbəut] *s mil* jurišni (gumeni) čamac
assay [ə'sei] *s chem* ispitivanje, test, analiza; određivanje; uzorak (koji se ispituje)
assay [ə'sei] *vt/i* **I.** *vt chem* ispitivati, iskušavati, testirati (čistoću metala, i *fig*); kušati, probati **II.** *vi* truditi se, pokušavati
assayable [ə'seiəbl] *adj* koji se može ispitati, isprobati; koji se može pokušati
assay-balance [ə'sei,bæləns] vaga za ispitivanje metala
assayer [ə'seiə] *s* ispitivač (kvalitete metalnog novca); radnik koji ispituje sastav metala
assay-master [ə'sei,ma:stə] *s* ispitivač (kvalitete metalnog novca)
assemblage [ə'semblidʒ] *s* skupljanje, sastajanje; skup; zbor; *mech* sastavljanje, spajanje, sklapanje, vezivanje, montaža
assemble [ə'sembl] *vt/i* **I.** *vt* okupiti, okupljati, sazvati, sabrati; *mech* sastaviti, spojiti, sklopiti, vezati, montirati **II.** *vi* okupiti se, sabrati se, sastati se
assembly [ə'sembli] *s* zbor, skup, sastanak; skupština, sabor; zasjedanje savjetodav-

nog tijela; društvo; udruženje; *mil* signal za zbor; *tech* agregat; sklop
assembly hall [ə'semblihɔːl] *s* montažna hala
assembly line [ə'semblilain] *s* tekuća vrpca | **~ production** lančani način proizvodnje
assembly-man [ə'semblimæn] *s* član
assembly plant [ə'sembliplaːnt] *s* montažna tvornica
assembly-room [ə'semblirum] *s* dvorana za sastanke, plesove itd.
assent [ə'sent] *vi* pristati (*to* na), popustiti (*to* komu); priznati, složiti se (*to* s kim, čim), odobravati, povlađivati
assent [ə'sent] *s* pristanak, odobrenje, odobravanje, dozvola, slaganje, prihvaćanje | **with one ~** jednoglasno, jednodušno; **royal ~** odobrenje, pristanak s najvišeg mjesta
assentation [ˌæsən'teiʃən] *s* ropsko povlađivanje, odobravanje s ulagivanjem, laskanje
assentient [ə'senʃənt] *adj* koji pristaje, koji se slaže, koji odobrava, koji prihvaća
assentient [ə'senʃənt] *s* onaj koji pristaje, onaj koji odobrava
assenting [ə'sentiŋ] *adj* (**~ly** *adv*) koji pristaje, koji se slaže, koji odobrava, koji prihvaća
assentor [ə'sentə] *s* onaj koji se aktivno zalaže za izbornog kandidata
assert [ə'səːt] *vt* 1. braniti, dokazivati 2. zahtijevati, tražiti 3. tvrditi, izjavljivati | **to ~ oneself** učvrstiti se, afirmirati se, uporno tražiti svoje
assertable [ə'səːtəbl] *adj* koji se može braniti, dokazati; koji se može tvrditi, zahtijevati
assertion [ə'səːʃən] *s* tvrđenje, dokazivanje, izjavljivanje; tvrdnja; branjenje; afirmacija; *jur* traženje svojih prava, obrazloženje zahtjeva
assertive [ə'səːtiv] *adj* (**~ly** *adv*) kojim se tvrdi, dokazuje, izričan, jasan, siguran
assertor [ə'səːtə] *s* branitelj, pobornik; onaj koji tvrdi
assess [ə'ses] *vt* odmjeriti, odrediti (novčanu kaznu); procijeniti (porez), oporezovati (*upon a p* koga, *in, at* u visini, u iznosu), odrediti visinu poreza (*in, at* u iznosu od), ustanoviti (npr. štetu)
assessable [ə'sesəbl] *adj* (**assessably** *adv*) koji se može oporezovati; oporeziv
assessment [ə'sesmənt] *s* razrez, visina poreza, porez, oporezovanje, udaranje poreza, određivanje visine poreza, globe i dr.; procjena
assessor [ə'sesə] *s* poreznik, onaj koji određuje visinu poreza; prisjednik; procjenitelj štete
asset ['æset] *s* 1. *com* pojedina stavka na aktivnoj strani, aktiva; posjed, imovina 2. *fam* korisno svojstvo, prednost, važan faktor, obogaćenje, dobitak, oslonac
assets ['æsets] *s pl com* imovinsko stanje, aktiva; efektiva, efektivna imovina, osnovna sredstva; imovina insolventna dužnika, ostavina dovoljna za pokriće dugova; stečajna masa | **~ and liabilities** aktiva i pasiva
asseverate [ə'sevəreit] *vt* svečano izjaviti, prisegnuti; uvjeravati, tvrditi
asseveration [əˌsevə'reiʃən] *s* izjavljivanje, prisizanje, uvjeravanje
assibilate [ə'sibileit] *vt phon* umetnuti sibilant, izgovarati sa sibilantom
assibilation [əˌsibi'leiʃən] *s phon* umetanje sibilanta, izgovaranje sibilanata, asibilacija
assiduity [ˌæsi'djuiti] *s* postojana marljivost, radinost, ustrajnost; *pl* uporna pažnja, udvaranje
assiduous [ə'sidjuəs] *adj* (**~ly** *adv*) marljiv, radin, ustrajan; pažljiv, uslužan
assiduousness [ə'sidjuəsnis] *s* marljivost, krajnja savjesnost
assign [ə'sain] *vt* dodijeliti, opredijeliti (*to* komu); odrediti, doznačiti (*to* komu, mjesto itd.); navesti, tvrditi, dokazati; pripisati (*to* komu); *jur* prenijeti, odstupiti, cedirati | **I was ~ed a task** dodijeljen mi je zadatak
assign [ə'sain] *s* pravni nasljednik, korisnik | **heirs & ~s** nasljednici i korisnici
assignable [ə'sainəbl] *adj* koji se može dodijeliti, odrediti, doznačiti, pripisati; prenosiv
assignat [ˌæsin'jaː] *s hist Fr* novčanica koju je izdala revolucionarna vlada u Francuskoj
assignation [ˌæsig'neiʃən] *s* 1. dodjela, odredba 2. *jur* prenošenje, prijenos, odstupanje 3. određivanje, označivanje; ročište, sastanak 4. pripisivanje
assignee [ˌæsi'niː] *s* 1. cesionar, ustupnik (kome se ustupa ili na koga se prenosi neko pravo), pravni nasljednik 2. opunomoćenik, staratelj | *jur* **~ in bankruptcy** stečajni upravitelj
assignment [ə'sainmənt] *s* 1. *jur* prijenos, prenošenje, ustup (cesija) 2. doznaka, odredba; službeni položaj, dužnost; *univ* zadaća, domaći zadatak | **deed of ~** prijenosna (ustupna) isprava; **~ of funds** dodjela novca
assignor [ˌæsi'nɔː] *s* ustupnik, cedent
assimilability [əˌsimilə'biliti] *s* sposobnost asimiliranja, prilagođenja (*lit* & *fig*)
assimilable [ə'similəbl] *adj* koji se može pretvoriti, pretopiti u novu sredinu (*lit* & *fig*), koji se može asimilirati
assimilate [ə'simileit] *vt/i* **I.** *vt* 1. izjednačiti (*to, with* sa) 2. učiniti sličnim (*with* komu, čemu), približiti (*to* čemu) 3. pretvoriti, preraditi, asimilirati (*to* u; *lit*

& *fig*) 4. *fig* poprimiti, usvojiti **II.** *vi* pretvoriti se, izjednačiti se, asimilirati se
assimilation [əˌsimiˈleiʃən] *s* 1. izjednačivanje, priljubljivanje, prilagođavanje 2. pretvaranje, usvajanje, asimilacija
assimilative [əˈsimileitiv] *adj* asimilacijski; asimilacioni; asimilatorni
assimilator [əˈsimileitə] *s* asimilator
assist [əˈsist] *vt/i* **I.** *vt* pomagati, pomoći, ići na ruku, podupirati (*in, at* u čemu, *with* čime) **II.** *vi* sudjelovati, učestvovati (*in* u čemu), biti od pomoći, prisustvovati (*at* kod čega)
assistance [əˈsistəns] *s* pomoć, pomaganje, potpomaganje, podrška, podupiranje
assistant [əˈsistənt] *adj* koji pomaže, pomoćni, koji zamjenjuje | **~ manager** pomoćnik upravitelja; **~ professor** docent
assistant [əˈsistənt] *s* pomoćnik, pomagač, zamjenik, asistent
assize [əˈsaiz] *s* 1. *hist* cijena; propis koji određuje cijenu i težinu kruha i dr. 2. *jur* istraga, preslušanje, sudska rasprava; *pl* sudsko zasjedanje, suđenje; porotnički sud, porota | **the Great ~** vrhovni sud
associability [əˌsəuʃiəˈbiliti] *s* združivost, spojivost; *fig* druževnost; *physiol* sposobnost zajedničkog osjećanja (kod živaca i dr.)
associable [əˈsəuʃiəbl] *adj* koji se može spojiti (*with* sa), spojiv; druževan
associate [əˈsəuʃiit] *adj* spojen, povezan; pridružen, udružen; popratni | **~ professor** izvanredni profesor
associate [əˈsəuʃiit] *s* drug, pomoćnik, saveznik, suradnik, kolega; izvanredni član (profesor, dopisnik itd.); *com* kompanjon; sukrivac
associate [əˈsəuʃieit] *vt/i* **I.** *vt* spojiti, dovesti u vezu; združiti, udružiti, asocirati **II.** *vi* udružiti se, spojiti se, sudjelovati, učestvovati; drugovati | **~d firms** udružena poduzeća; **~d minerals** *geol* popratni minerali; **~d water** *geol* usputna voda (dobivena zajedno s naftom); **to ~ oneself with a th** priključiti se čemu, solidarizirati se s čim
associateship [əˈsəuʃiitʃip] *s* udruživanje, sudioništvo
association [əˌsəusiˈeiʃən] *s* 1. *psych* asocijacija, spoj, veza, udruživanje predodžbi 2. udruživanje, združivanje; vezivanje, spajanje; savez, liga, društvo; udruženje 4. *pl fam* sjećanje, uspomene | **~ football** (evropski) nogomet
associative [əˈsəuʃieitiv] *adj* koji se može združiti, spojiti, povezati; prikladan za združivanje, spajanje; asocijacijski
assoil [əˈsɔil] *vt arch* oprostiti, razriješiti od grijeha, odriješiti; oprati grijeh
assonance [ˈæsənəns] *s pros* asonanca, asonancija
assonant [ˈæsənənt] *adj* koji se podudara samo u samoglasnicima, koji se samo djelomice podudara
assort [əˈsɔːt] *vt/i* **I.** *vt* 1. svrstati, složiti, srediti, rasporediti, odabrati 2. opskrbiti, snabdjeti, opremiti (*with* čime) **II.** *vi* 1. podudarati se, slagati se (*with* sa); drugovati (*with* sa) 2. pristajati (*with* komu); *com* asortirati
assorted [əˈsɔːtid] *adj* odabran | **~ biscuits** miješani (razni) keksi
assortment [əˈsɔːtmənt] *s* odabiranje, svrstavanje; *com* izbor, zaliha robe, asortiman
assuage [əˈsweidʒ] *vt* umiriti, smiriti; utažiti (žeđu), utišati, ublažiti (bol)
assuagement [əˈsweidʒmənt] *s* smirivanje, popuštanje; ublaženje, olakšanje
assumable [əˈsjuːməbl] *adj* (**assumably** *adv*) koji se može pretpostaviti, koji se može uzeti kao istinit, tobožnji; koji se može zauzeti (stav)
assume [əˈsjuːm] *vt/i* **I.** *vt* 1. uzeti, poprimiti (izgled, izraz itd.) 2. preuzeti 3. uzimati, prisvajati pravo 4. pretpostaviti, uzimati za sigurno, umišljati 5. primiti, uzeti (u društvo, posao itd.) 6. obući **II.** *vi* drznuti se, izdavati se za, predstavljati se kao, hiniti, simulirati | **he ~d his robes of office** obukao je odjeću svoga službenog položaja; **to ~ the responsibility of** preuzeti odgovornost za
assumed [əˈsjuːmd] *adj* (**~ly** *adv*) izmišljen, prividan, lažan, uobražen | **~ address** pogrešna, lažna adresa; **~ name** lažno ime, pseudonim
assuming [əˈsjuːmiŋ] *adj* drzak, nadut, ohol, preuzetan
assumption [əˈsʌmpʃən] *s* 1. uzimanje, primanje (izgleda, lika, izraza itd.) 2. pretpostavka, pretpostavljanje 3. prisvajanje; preuzimanje 4. *log* drugi stav, druga premisa silogizma 5. *eccl* Uzašašće Blažene Djevice Marije 6. drskost, arogantnost | **the Assumption** Marijino uzašašće (crkveni blagdan); **on the ~ that** pod pretpostavkom da
assumptive [əˈsʌmptiv] *adj* (**~ly** *adv*) primljen, pretpostavljen, koji se pretpostavlja, koji se uzima kao da se razumije sam po sebi; drzak, preuzetan, arogantan
assurance [əˈʃuərəns] *s* sigurnost, uvjerenje, povjerenje; uvjeravanje, obećanje; *ins* (životno) osiguranje; jamstvo; pouzdanje, samopouzdanje, smjelost, odvažnost; drskost | **to make ~ doubly sure** ukloniti i najmanju sumnju
assure [əˈʃuə] *vt* 1. osigurati, osiguravati 2. uvjeravati, uvjeriti, obećavati 3. *ins* osigurati 4. ohrabriti, osokoliti
assured [əˈʃuəd] *adj* (**~ly** [əˈʃuəridli] *adv*) 1. uvjeren, siguran, nesumnjiv 2. *com* osiguran 3. drzak, samosvjestan, odvažan

assured [ə'ʃuəd] *s ins* osiguranik
assuredness [ə'ʃuəridnis] *s* uvjerenje, sigurnost; povjerenje; samosvijest
assurer [ə'ʃuərə] *s ins* osiguratelj
assurgent [ə'səːdʒənt] *adj* koji se diže, koji raste; *fig* koji napada, agresivan; *bot* savijen prema gore, koji raste prema gore
assyriologist [əˌsiri'ɔlədʒist] *s* asiriolog
assyriology [əˌsiri'ɔlədʒi] *s* asiriologija
aster ['æstə] *s bot* astra
asterisk ['æstərisk] *s print* zvjezdica (*) (štamparski znak), asterisk
asterisk ['æstərisk] *vt print* staviti zvjezdicu, asterisk
asterism ['æstərizəm] *s print* tri zvjezdice (***); *astr* zviježđe, konstelacija
astern [əs'təːn] *adv mar* na krmi, po krmi; *fig* straga; natrag, natraške | **~ of** iza; **~ running** *mar* vožnja krmom; **to fall (drop) ~ of** zaostati za (drugim brodom)
asteroid ['æstərɔid] *adj* u obliku zvijezde, zvjezdolik; *bot* koji ima cvjetove u obliku zvijezde
asteroid ['æstərɔid] *s astr* asteroid, planetoid; vrsta vatrometa
asthma ['æsmə] *s med* astma
asthmatic [æs'mætik] *adj* (**~ally** *adv*) *med* astmatičan
asthmatic [æs'mætik] *s* astmatičar
astigmatic [ˌæstig'mætik] *adj* (**~ally** *adv*) *phys* astigmatičan
astigmatism [æs'tigmətizəm] *s* astigmatizam, bežižnost
astir [əs'təː] *adv* & *pred adj* u pokretu, u gibanju; na nogama, ustao iz kreveta; veseo, uzbuđen, budan, bodar, čio | **to be early ~** biti od jutra na nogama; **the whole country was ~ with the news** cijela je zemlja bila uzbuđena zbog te vijesti
astonish [əs'tɔniʃ] *vt* začuditi, zadiviti, zapanjiti, osupnuti; iznenaditi, zbuniti | **to be ~ed** čuditi se (*at* čemu)
astonishing [əs'tɔniʃiŋ] *adj* začuđujući, začudan; divan, sjajan, izvanredan
astonishment [əs'tɔniʃmənt] *s* čuđenje, zadivljenost, zapanjenost, iznenađenost; čudo
astound [əs'taund] *vt* zaprepastiti, zapanjiti, prestrašiti, zbuniti; uzbuniti
astraddle [əs'trædl] *adv* & *pred adj* jašećke, opkoračke | **~ of** jašući (na konju i dr.)
astragal ['æstrəgəl] *s anat* astragalus, odskočna kost; *archit* vijenac, vitica oko stupa; *mil* prsten blizu otvora topovske cijevi
astrakhan [ˌæstrə'kæn] *s* astrahan (skupocjeno sitnokovrčasto i sjajno janjeće runo, karakul)
astral ['æstrəl] *adj* (**~ly** *adv*) zvjezdan; u obliku zvijezde, zvjezdolik, zvjezdast; *astr* koji se odnosi na zvijezde, astralni; *fig* sjajan, jasan
astray [əs'trei] *adv* & *pred adj* koji je skrenuo s pravog puta, zalutao, pošao pogrešnim putem | **to go ~** zalutati, izgubiti se, skrenuti s pravog puta; *fig* udaljiti se od predmeta; **to lead ~** zavesti, odvesti s pravog puta
astrict [əs'trikt] *vt* stegnuti, suziti; *fig* ograničiti (*to* na)
astriction [əs'trikʃən] *s* stezanje, ograničavanje (*lit* & *fig*); *med* zatvor, začepljenje
astrictive [əs'triktiv] *adj* koji steže, suzuje (*lit* & *fig*); *med* koji zatvara, steže, skuplja
astride [əs'traid] *adv* & *pred adj* jašećke, opkoračke, raskrečenih nogu
astride [əs'traid] *prep* jašući (na konju, stolici i dr.)
astringe [əs'trindʒ] *vt* stezati, skupiti, stisnuti; začepljivati, zatvarati
astringency [əs'trindʒənsi] *s* sila koja djeluje da se nešto steže, skuplja; *fig* strogost, ozbiljnost
astringent [əs'trindʒənt] *adj* (**~ly** *adv*) koji skuplja, stiskuje, steže; *fig* oštar, strog
astringent [əs'trindʒənt] *s med* sredstvo koje steže
astrodome ['æstrədəum] *s* navigatorova promatračka kupola na avionu
astrolabe ['æstrəleib] *s astr* astrolab, starinska sprava za određivanje položaja zvijezda; *geom* kutomjer
astrologer [əs'trɔlədʒə] *s* astrolog
astrologic [ˌæstrə'lɔdʒik] *adj* (**~ally** *adv*) astrološki
astrology [əs'trɔlədʒi] *s* astrologija
astrometer [æs'trɔmitə] *s astr* sprava za mjerenje udaljenosti i sjaja zvijezda
astronaut ['æstrənɔːt] *s space* astronaut
astronomer [əs'trɔnəmə] *s* astronom, zvjezdoznanac
astronomic [ˌæstrə'nɔmik] *adj* (**~ally** *adv*) astronomski
astronomy [əs'trɔnəmi] *s* astronomija
astute [əs'tjuːt] *adj* (**~ly** *adv*) 1. pronicav, bistar, oštrouman 2. lukav, prepreden, dosjetljiv
asunder [ə'sʌndə] *adv* napose, odvojeno, nadvoje, na više komada | **to tear ~** razderati na komadiće
asylum [ə'sailəm] *s* sklonište, utočište, azil, dom | **lunatic ~** bolnica za duševne bolesti
asymmetric [ˌæsi'metrik] *adj* (**~ally** *adv*) asimetričan, nejednolik
asymmetry [æ'simitri] *s* asimetrija, nejednolikost
asymptote ['æsimptəut] *s geom* asimptota, pravac kome se približuje neka krivulja, a da ga nikada ne siječe
asynchronous [ei'siŋkrənəs] *adj* asinkroni, asinkroničan
asyndeton [æ'sinditən] *s rhet* asindet, asindeton, izostavljanje veznika

at [æt] *prep* 1. (mjesto *lit* & *fig*) u (~ *school*); kod (~ *the door*, ~ *home*); na (~ *a proper place*, ~ *the head of*) 2. (vrijeme) u (~ *two o'clock*; ~ *the same time*); oko (~ *Easter*) 3. (način, stanje) u (~ *a gallop*), (~ *best*, ~ *most*); na (~ *liberty*, ~ *peace*); pri, kod (~ *hand*, ~ *work*) 4. (porijeklo) iz (~ *our hand*) 5. (iznos, cijena, broj) uz, po, na (*to sell* ~ *a price*) 6. (smjer, kretanje *lit* & *fig*) u, na (*arrive* ~ *Oxford*, *arrive* ~ *a place*, *to aim* ~ *the mark*) | ~ **all** (u neg., upit. i pogodb. reč.) nikako, uopće, nipošto, ni na koji način; ~ **all events** u svakom slučaju, na svaki način; ~ **best** u najboljem slučaju; ~ **first** isprva, najprije, prvo; ~ **home** kod kuće; ~ **last** napokon, konačno; ~ **least** barem, najmanje; ~ **most** najviše; ~ **one** jednoglasno, složno; **I'll take it** ~ **that** uzet ću to kao takvo; ~ **times** katkada, od vremena do vremena; **not** ~ **all** nikako, uopće ne, ni najmanje; ~ **any rate** na svaki način, svakako; ~ **hand** pri ruci, blizu; ~ **once** smjesta, odmah, odjednom; ~ **any price** po svaku cijenu; ~ **a time** najedanput, svaki put; **to be good** ~ biti spretan, vješt, dobar u čemu; **to be hard** ~ **it** biti jako zaposlen, zaokupljen čime; **and** ... ~ **that** štoviše, uz to, k tome, pored toga; ~ **close quarters** posve izbliza, posve blizu, iz neposredne blizine; **to be** ~ **a th** biti čime zaokupljen, zabavljen

atavism ['ætəvizəm] *s biol* atavizam

atavistic [ˌætə'vistik] *adj* (~**ally** *adv*) atavistički, naslijeđen od predaka (*lit* & *fig*)

ataxia [ə'tæksiə] *s med* poremećenje skladne suradnje mišića pri pokretima, ataksija

ataxic [ə'tæksik] *adj med* koji se odnosi na ataksiju

ataxy [ə'tæksi] *s* → **ataxia**

ate [et] *pret* od **eat**

atelier ['ætəliei] *s* atelje

atheism ['eiθiizəm] *s* bezboštvo, ateizam

atheist ['eiθiist] *s* bezbožnik, ateist

atheistic [ˌeiθi'istik] *adj* (~**ally** *adv*) bezbožnički, ateistički

athirst [ə'θəːst] *pred adj* žedan; *fig* željan čega, lakom; popašan (*for* na)

athlete ['æθliːt] *s sport* atlet; atletičar; sportaš

athletic [æθ'letik] *adj* (~**ally** *adv*) atletski | ~ **sports** atletika; ~ **field** igralište za laku atletiku

athleticism [æθ'letisizəm] *s* → **athletics**

athletics [æθ'letiks] *s* (laka) atletika

at-home [ət'həum] *s* dan za primanje posjeta

athwart [ə'θwɔːt] *adv mar* poprijeko; suprotno, naopako, obratno

athwart [ə'θwɔːt] *prep mar* poprijeko | ~ **bulkhead** poprečna pregrada; ~ **wave** bočni val

athwartships [ə'θwɔːtʃips] *adv* s boka na bok poprijeko broda

atilt [ə'tilt] *adv* pognuto, naprijed nagnuto, s uperenim kopljem | **to run** ~, **to ride** ~ poći trkom u napad (konjički) (*lit* & *fig*)

Atlantic [ət'læntik] *adj* atlantski, koji se odnosi na Atlantski ocean | **the** ~ **Ocean** Atlantski ocean

Atlantic [ət'læntik] *s* Atlantik, Atlantski ocean

atlantic bonito [ə'tlæntik bə'nitəu] *s ichth* polanda, pastirica, palamida (Sarda sarda)

atlas ['ætləs] *s* 1. atlas, glavni potpornjak (u građevinarstvu) 2. *anat* atlas, prvi vratni kralježak 3. *geog* atlas 4. atlas (vrsta tkanine)

atmosphere ['ætməsfiə] *s meteor, phys, fig* atmosfera

atmospheric [ˌætməs'ferik] *adj* (~**ally** *adv*) atmosferski; poput zraka | ~ **pressure** zračni pritisak

atmospherics [ˌætməs'feriks] *s pl radio* atmosferske smetnje

atoll [ə'tɔl] *s geog* atol, koraljni otok

atom ['ætəm] *s* 1. atom 2. najmanji dio, sitna, mala stvar; mrvica, trunak | ~ **bomb** atomska bomba; ~ **bomber** atomski bombarder; ~ **smasher** neutronski generator; **to** ~**-bomb** bombardirati atomskim bombama; **to smash (blow, break) to** ~**s** razbiti u sitne komadiće

atomic [ə'tɔmik] *adj* (~**ally** *adv*) atomski | ~ **bomb** atomska bomba; ~ **burst**, ~ **explosion** atomska eksplozija; ~ **energy**, ~ **power** atomska energija; ~ **engine** atomski motor; ~ **pile**, ~ **reactor** atomski reaktor; ~ **warfare** atomski rat; ~ **warhead** atomska bojeva glava; ~ **weapon** atomsko oružje; ~ **weight** atomska težina

atomicity [ˌætə'misiti] *s chem* atomnost, valentnost

atomism ['ætəmizm] *s* 1. *phil* atomizam 2. nauka o atomima, atomistika

atomist ['ætəmist] *s* sljedbenik teorije atomizma

atomistic ['ætəmistik] *adj* (~**ally** *adv*) atomistički

atomization [ˌætəmai'zeiʃən] *s* rastavljanje u atome

atomize ['ætəmaiz] *vt* atomizirati; raspršiti

atomizer ['ætəmaizə] *s med* raspršivač, aparat za raspršivanje tekućine (za pretvaranje tekućine u vodenu prašinu)

atomy[1] ['ætəmi] *s* kostur; *fig* živ kostur

atomy[2] ['ætəmi] *s* atom, najsitniji djelić

atonal [ei'təunl] *adj* atonalan

atone [ə'təun] *vt/i* 1. *arch* popraviti, izgladiti 2. nadoknaditi 3. platiti, okajati (*for* što)

atonement [ə'təunmənt] *s* 1. pomirenje, izmirenje 2. ispaštanje, okajanje; naknada | **the Atonement** muka i smrt Isusova

atonic [æ'tɔnik] *adj* nenaglašen, bez naglaska; bezglasan, bez glasa; *med* atoničan

atonic [æ'tɔnik] *s phon* atona

atony ['ætəni] *s* oslabljenje, mlitavost

atop [ə'tɔp] *adv* na vrhu, gore

atop [ə'tɔp] *prep* na, navrh

atrabilious [ˌætrə'biljəs] *adj* bolestan od žuči; *fig* zajedljiv, ogorčen, sarkastičan; tužan, sjetan, sumoran, neraspoložen

atrip [ə'trip] *adv mar* odignuto (o sidru)

atrium ['aːtriəm] *s* (*pl* **atria** 'aːtriə]) *s* atrij, predsoblje, natkrito predvorje; *anat* pretklijetka (srca)

atrocious [ə'trəuʃəs] *adj* (**~ly** *adv*) 1. užasan, strašan, okrutan, odvratan, grozan, krvoločan, zvjerski 2. *fam* zločest, hud; vrlo loš, očajan

atrociousness [ə'trəuʃəsnis] *s* grozota, užas, okrutnost, krvoločnost, okrutno djelo, krvološtvo; *fam* gruba greška

atrocity [ə'trɔsiti] *s* → **atrociousness**

atrophic [æ'trɔfik] *adj* atrofičan, zakržljao, neishranjen

atrophy ['ætrəfi] *s med* atrofija, oslabljenje ili zakržljanje nekog organa, tkiva i dr.; *fig* otupljivanje, gubitak osjećaja, svojstva i dr.

atrophy ['ætrəfi] *vt/i* **I**. *vt* iscrpsti, istrošiti, oslabiti **II**. *vi* oslabjeti, atrofirati se, obamrijeti

atropine ['ætrəpin] *s* atropin

attach [ə'tætʃ] *vt/i* **I**. *vt* pričvrstiti, privezati, prikopčati, pripojiti, pridodati, priložiti 2. *fig* pridobiti, vezati (koga uza se) 3. pripisivati, pridavati 4. *jur* uhapsiti, uzaptiti (imovinu) **II**. *vi* povezati se, prionuti uz koga | **to ~ oneself** vezati se (uz koga); **to be ~ed to** biti dodijeljen, pripadati; *fig* biti odan, privržen komu; **to become ~ed to** zavoljeti koga; **no blame ~es to him** njemu se ne pripisuje krivnja; **to ~ importance** polagati važnost; **to ~ a stamp** prilijepiti marku

attachable [ə'tætʃəbl] *adj* (**attachably** *adv*) 1. koji se može pričvrstiti, prikopčati 2. *jur* na koji se može staviti zabrana | **~s** priključni strojevi; **~ unit** priključni stroj (za traktor)

attaché [ə'tæʃei] *s* ataše

attaché-case [ə'tæʃikeis] *s* torba za spise, aktovka

attached [ə'tætʃt] *adj anat* nepomičan, čvrst; *archit* ugrađen; *fig* privržen; *mil* dodijeljen (*to* čemu)

attachment [ə'tætʃmənt] *s* pričvršćivanje, prikopčavanje, pridodavanje, dodatak, priključni dio; sklonost, odanost, ljubav (*to, for* za, prema); *jur* uhapšenje, zabrana; *tech* pristroj (za traktor) | *jur* **foreign ~** zapljena imovine stranog državljanina

attack [ə'tæk] *vt* napasti, nasrnuti, dati se (na posao); *med* zahvatiti, obuzeti, slabiti, izazvati oboljenje (kojeg organa); *geol* izgrizati, nagrizati, korodirati, razrušavati, kvariti, razvaljivati

attack [ə'tæk] *s* napadaj, nasrtaj, navala; juriš (*on* na); *med* napadaj

attacker [ə'tækə] *s* napadač, nasrtač

attain [ə'tein] *vt/i* **I**. *vt* postići, polučiti, dostići, doći do **II**. *vi* dospjeti, stići, doprijeti | **~ to power** dokopati se vlasti

attainability [əˌteinə'biliti] *s* postiživost, dokučivost

attainable [ə'teinəbl] *adj* 1. postiživ, dokučiv, dostižan

attainder [ə'teində] *s* ljaga, sramota; *jur* gubitak građanskih prava ili ugleda (gdjekad spojeno i s konfiskacijom imovine)

attainment [ə'teinmənt] *s* postignuće, tekovina; *pl* znanje, obrazovanje, obrazovanost, vještina, umijeće; dostignuća | **a man of varied ~s** mnogostran čovjek

attaint [ə'teint] *vt* osramotiti; žigosati; *hist* osuditi na smrt (i gubitak građanskih prava i zapljenu imovine); *med* spopasti, obuzeti, snaći; *fig* okaljati, obeščastiti

attar ['ætə] *s* esencija, mirisno ulje, eterično ulje | **~ of roses** ružino ulje

attemper [ə'tempə] *vt* 1. (miješanjem) promijeniti; oslabiti; regulirati temperaturu; *fig* ublažiti, umiriti; uskladiti, prilagoditi (*to* čemu); kaliti (metal)

attemperment [ə'tempəmənt] *s* prava mješavina; *fig* ublaživanje, smanjivanje

attempt [ə'tempt] *vt* 1. kušati, pokušavati, poduzimati, probati, usuditi se, latiti se 2. navaliti, napasti 3. raditi komu o glavi | **to ~ the life of** izvršiti atentat na (koga)

attempt [ə'tempt] *s* 1. pokušaj, pothvat, nastojanje 2. napad, atentat (*on a p's life* na koga)

attemptable [ə'temptəbl] *adj* 1. koji se može pokušati, probati 2. koji se može napasti

attend [ə'tend] *vt/i* **I**. *vt* 1. pratiti, slijediti 2. njegovati, liječiti, dvoriti, posluživati 3. posjećivati, pohađati, prisustvovati, slušati (predavanja) **II**. *vi* 1. slušati, pratiti 2. obraćati pažnju, voditi brigu o 3. pratiti, čekati 4. biti prisutan (*at* kod), prisustvovati (čemu) | **to ~ upon** biti u čijoj pratnji, biti komu na usluzi, dvoriti, njegovati koga; **to ~ to** paziti na koga, slušati koga; pobrinuti se za

attendance [ə'tendəns] *s* 1. služba; posluga; usluga, pomoć 2. pratnja; nazočnost 3. njega, briga, podvorba 4. pažljivost 5. posjećivanje, pohađanje, prisustvovanje; publika, auditorij, slušateljstvo | **to dance ~ on** trčati oko koga, udvarati se komu; **hours of ~** radni sati, vrijeme službe; **to be in ~ at** prisustvovati, sudjelovati, učestvovati; **in ~** u službi, dežurni

attendant [ə'tendənt] *adj* koji služi, koji prati, koji dvori; prisutan (*at* kod); koji pohađa | **the ~ circumstances** popratne okolnosti

attendant [ə'tendənt] *s* podvornik, poslužitelj; bolničar, sluga, pratilac; polaznik, slušač | **~s** *pl* služinčad, pratnja

attender [ə'tendə] *s* drug, pratilac

attention [ə'tenʃən] *s* pažnja, pozornost, pažljivost, poštovanje, susretljivost; učtivost, prijaznost, uljudnost, uglađenost | **~s** *pl* iskazivanje poštovanja; **to pay ~, to give ~** obraćati pažnju; **to call ~, to attract ~** skrenuti pažnju, privući pažnju; *mil* **to stand at ~** stajati u stavu mirno; *mil* **~**! Mirno!; *mil* **to come to ~** zauzeti stav mirno; **to draw one's ~ to** privući čiju pažnju (na)

attentive [ə'tentiv] *adj* (**~ly** *adv*) pažljiv (*to* prema); pomnjiv, oprezan; učtiv, pristojan

attenuate [ə'tenjueit] *vt* istanjiti, stanjiti; *fig* oslabiti; umanjiti, smanjiti

attenuate [ə'tenjuit] *adj* istanjen, stanjen, tanak; oslabljen; razrijeđen, smanjen

attenuation [əˌtenju'eiʃən] *s* smanjivanje, slabljenje, opadanje, razrjeđivanje

attest [ə'test] *vt/i* **I.** *vt* svjedočiti, posvjedočiti, ovjeriti, potvrditi, atestirati; dokazati; zaprisegnuti **II.** *vi* svjedočiti, pozivati se na svjedoke

attestation [ˌætes'teiʃən] *s* 1. svjedočenje 2. svjedodžba, svjedočanstvo, dokaz, potvrda, atest 3. zakletva

attestor [ə'testə] *s* svjedok

Attic ['ætik] *adj* 1. atički, atenski 2. *fig* klasičan; profinjen, istančan | **~ salt, ~ wit** atenska duhovitost; dosjetljivost; **~ order** četvorouglasti stupovi u atičkom stilu

Attic ['ætik] *s* atički jezik, jezik kojim su govorili Atenjani

attic ['ætik] *s* potkrovlje, mansarda | **to have rats in one's ~** biti smušen

atticism ['ætisizəm] *s* atički način govora; *fig* profinjen način izražavanja

atticize ['ætisaiz] *vi* 1. služiti se atičkim narječjem 2. birano se izražavati 3. oponašati atički stil

attire [ə'taiə] *vt* 1. obući, odjenuti 2. kititi, nakititi, ukrasiti

attire [ə'taiə] *s* 1. odjeća, odijelo, nošnja 2. nakit, ukras

attitude ['ætitjuːd] *s* 1. držanje, stav, položaj tijela 2. *fig* stav (*towards* prema); držanje, odnos, stajalište, stanovište 3. vladanje, držanje | **to strike an ~** zauzeti pozu; **~ of mind** mišljenje, stajalište, stanovište, shvaćanje, gledanje na, stav

attitudinize [ˌæti'tjuːdinaiz] *vi* 1. izvještačeno se držati, pozirati 2. kićeno govoriti ili pisati

attorn [ə'təːn] *vt/i* **I.** *vt jur* prenijeti (posjed i dr.) na drugog lenskog gospodara **II.** *vi jur* službeno priznati novog vlasnika

attorney¹ [ə'təːni] *s* punomoćnik, pravni zastupnik, odvjetnik | **Attorney General** državni pravobranilac; *US* javni tužilac; **by ~** po nalogu, po naređenju, u zastupanju

attorney² [ə'təːni] *s* imenovanje pravnog zastupnika, zastupanje | **letter (power) of ~** pismeno punomoćje, punomoć

attorneyship [ə'təːniʃip] *s* zvanje ili čast državnog tužioca, punomoćnika, zastupnika

attract [ə'trækt] *vt* privlačiti, privući, mamiti; draškati

attractability [əˌtræktə'biliti] *s* privlačivost

attractable [ə'træktəbl] *adj* koji se može privući

attraction [ə'trækʃən] *s* 1. privlačivost; *fig* privlačna snaga 2. draž, čar 3. sklonost, ljubav 4. *phys* privlačenje, privlačivost, privlačna sila 5. *astr* uzajamno privlačenje (nebeskih tijela) 6. privlačiv predmet itd.

attractive [ə'træktiv] *adj* (**~ly** *adv*) 1. privlačiv, privlačan 2. *fig* ljubak, dražestan, zamamljiv | **~ prices** primamljive, povoljne cijene

attractiveness [ə'træktivnis] *s* privlačivost, privlačnost, primamljivost, dražest, čar

attributable [ə'tribjutəbl] *adj* koji se može pripisati (komu, čemu), koji se može dovesti u vezu (s kim, čim), pripisiv

attribute ['ætribjuːt] *s* 1. osobina, svojstvo, karakteristika 2. znak, obilježje 3. *gram* dodatak, atribut

attribute [ə'tribjut] *vt* pripisati, pripisivati, (*to* komu, čemu), dovesti u vezu (*to* s), svoditi na što

attribution [ˌætri'bjuːʃən] *s* 1. pripisivanje 2. dodijeljena vlast, funkcija; popratno svojstvo

attributive [ə'tribjutiv] *adj* (**~ly** *adv*) 1. *gram* koji se dodaje, atributivan 2. koji se može pripisati, karakterističan, svojstven

attributive [ə'tribjutiv] *s gram* atribut

attrited [ə'traitid] *adj* izlizan, istrt, istrošen (od trenja), otrcan

attrition [ə'triʃən] *s* trenje, trošenje; *fig* slabljenje, satiranje; *eccl* skrušenost, po-

kajanje | **war of ~** rat do iscrpljenosti protivnika
attune [ə'tjuːn] *vt* udesiti, složiti, uskladiti (*to* sa), prilagoditi (*lit* & *fig*); *mus* ugoditi
auburn ['ɔːbən] *adj* crvenkastosmeđ, kestenjast
auction ['ɔːkʃən] *s* dražba, aukcija, licitacija, javna rasprodaja | **Dutch ~** dražba kod koje činovnik snizuje cijenu predmetu dok mu se ne nađe kupac; **mock ~** fiktivna, tobožnja dražba; **to sell by ~** prodati na dražbi, dražbovati; **to put up for ~** staviti na dražbu
auctioneer [ˌɔːkʃə'niə] *s* 1. izvršitelj, aukcionator, dražbovatelj
auctioneering [ˌɔːkʃə'niəriŋ] *s* prodavanje na dražbi, dražbovanje
auction-room ['ɔːkʃənrum] *s* dražbovaonica
audacious [ɔː'deiʃəs] *adj* (**~ly** *adv*) smion, hrabar; drzak
audacity [ɔː'dæsiti] *s* smjelost, hrabrost; drskost
audibility [ˌɔːdi'biliti] *s* čujnost, razgovijetnost, razumljivost
audible ['ɔːdəbl] *adj* (**audibly** *adv*) čujan, jasan, glasan, razgovijetan
audience ['ɔːdjəns] *s* 1. slušanje 2. službeni prijem, audijencija 3. slušaoci, slušateljstvo, auditorij, publika, posjetioci; čitaoci, čitalačka publika | **to give ~** saslušati; **to have ~ of, to have an ~ with** biti primljen, ići u audijenciju (kod neke visoke ličnosti); **to receive in ~** primiti u audijenciju
audiometer [ˌɔːdi'ɔmitə] *s* audiometar (aparat za ustanovljavanje stupnja gluhoće)
audio-visual ['ɔːdiəu'vizjuəl] *adj* audiovizualan | **~ aid** audiovizualno sredstvo
audiphone ['ɔːdifəun] *s* audifon
audit ['ɔːdit] *s* 1. pregled računa, revizija knjiga poslovanja; polaganje računa; zaključivanje računa 2. *fig* strašni sud | **~ ale** jako crno pivo; **~ day** dan polaganja računa, dan plaćanja zakupnine; **~ office** glavna kontrola, ured za pregled računa
audit ['ɔːdit] *vt* službeno pregledati, kontrolirati račune
audit-house ['ɔːdithaus] *s* sakristija, soba u crkvi (za vijećanje)
audition [ɔː'diʃən] *s* 1. sluh; slušanje 2. *US* proba, ispit 3. audicija
audition [ɔː'diʃən] *vt/i* saslušati, podvrći audiciji; biti saslušan na audiciji, podvrći se audiciji
auditive ['ɔːditiv] *adj* slušni, koji se odnosi na sluh, auditivni
auditor ['ɔːditə] *s* 1. slušalac 2. nadzornik, pregledač računa, revizor poslovnih knjiga
auditorial [ˌɔːdi'tɔːriəl] *adj* (**~ly** *adv*) koji se odnosi na pregledanje računa, na polaganje računa, revizorski
auditorium [ˌɔːdi'tɔːriəm] *s* → **auditory**
auditorship ['ɔːditəʃip] *s* položaj ili čast revizora poslovnih knjiga
auditory ['ɔːditəri] *adj* (**auditorily** *adv*) slušni, koji se odnosi na sluh
auditory ['ɔːditəri] *s* 1. dvorana, predavaonica, slušaonica, auditorij 2. slušaoci, slušateljstvo
auditress ['ɔːditris] *s* slušateljica
audit-room ['ɔːditrum] *s* → **audit-house**
auger ['ɔːgə] *s* zavojito svrdlo
aught [ɔːt] *s* ma šta, išta, ništa | **for ~ I care** što se mene tiče; **for ~ I know** koliko ja znam
aught [ɔːt] *adv* ma koliko, ma kako
augment ['ɔːgmənt] *s* povećanje, množenje; *gram* slog koji se dodaje kao prefiks, augment
augment [ɔːg'ment] *vt/i* **I.** *vt* umnožiti, povećati, povećavati **II.** *vi* množiti se, povećavati se, rasti
augmentation [ˌɔːgmen'teiʃən] *s* umnožavanje, povećavanje, povećanje, dodavanje, porast; dodatak; dizanje, povišenje; *gram* augmentacija; *mus* ponavljanje teme s produljenom vrijednosti nota
augmentative [ɔːg'mentətiv] *adj* 1. koji umnožava, povećava 2. *gram* koji povećava, augmentativni
augmentative [ɔːg'mentətiv] *s gram* augmentativ, riječ koja je sufiksom dobila uvećano značenje
augur ['ɔːgə] *s hist* augur (u starom Rimu svećenik koji je proricao po letu ptica); *fig* prorok
augur ['ɔːgə] *vt/i* **I.** *vt* gatati, proricati; augurirati **II.** *vi* slutiti na (*well* dobro, *ill* zlo)
augural ['ɔːgjurəl] *adj* koji se odnosi na proricanje budućnosti, proročki
augury ['ɔːgjuri] *s* 1. *hist* proricanje po letu ptica 2. gatanje, proricanje 3. znamenje, znak, predznak 4. slutnja
august [ɔː'gʌst] *adj* (**~ly** *adv*) veličanstven, velik, uzvišen, slavan, dostojan poštovanja
August ['ɔːgəst] *s* august, kolovoz
Augustan [ɔː'gʌstən] *adj* augustovski, koji se odnosi na vladavinu Augustovu; koji se odnosi na najslavnije razdoblje rimske književnosti; *fig* klasičan; carski
Augustan [ɔː'gʌstən] *s* pisac iz vremena vladavine cara Augusta; pisac čija su djela postala klasična
auk [ɔːk] *s ornith* sjeverni ronac
auld-lang-syne [ˌɔːldlæŋ'sain] *s Scot* stara dobra vremena
aulic ['ɔːlik] *adj* koji se odnosi na kneževski dvor, dvorski
aumbry ['ɔːmbri] *s* → **ambry**
aunt [aːnt] *s* tetka, ujna, strina
auntie ['aːnti] *s* teta, tetica

aura ['ɔːrə] *s* 1. aroma, miris, dah, isparivanje; zračenje, strujanje, fluid 2. *med* aura, predosjećaj napadaja padavice, histerije i dr. | **there was an ~ of secrecy about him** bio je okružen tajanstvenošću

aural[1] ['ɔːrəl] *adj* (**~ly** *adv*) koji se odnosi na zračenje, strujanje, dah; *med* koji se odnosi na stanje koje prethodi padavici i dr.

aural[2] ['ɔːrəl] *adj* (**~ly** *adv*) 1. ušni; slušni, koji se odnosi na sluh 2. koji se prima putem sluha | **~-oral** slušno-govorni

aurelia [ɔː'riːljə] *s* 1. kukuljica, čahurica (leptira, svilene bube i dr.) 2. *zool* vrsta meduze (*Aurelia*)

aurelian [ɔː'riːljən] *adj* koji se odnosi na kukuljicu, poput kukuljice 2. zlaćan

aurelian [ɔː'riːljən] *s* sabirač kukaca (osobito leptira)

aureola [ɔː'riələ] *s eccl* & *astr* aureola; *fig* slava, poštovanje, ugled kojim je netko okružen

aureole ['ɔːriəul] *s* → **aureola**

aureomycin [ˌɔːriəu'maisin] *s med* aureomicin

auric ['ɔːrik] *adj* zlatan; koji sa zlatom daje trovalentan spoj

auricle ['ɔːrikl] *s* aurikula, ušce; ušna školjka (kod životinja); *anat* srčana klijetka

auricula [ə'rikjulə] *s* 1. *bot* alpski jaglac 2. *zool* aurikularije

auricular [ɔː'rikjulə] *adj* (**~ly** *adv*) 1. ušni, koji se odnosi na uho, slušni 2. *fig* tajni, povjerljiv, predan usmenim putem, šapnut na uho 3. *anat* koji se odnosi na srčanu klijetku 4. u obliku uha; u obliku srčane klijetke | **~ tube** cijev za nagluhe; **~ confession** crkvena ispovijed

auriculate [ɔː'rikjulət] *adj* 1. u obliku uha, poput uha, uholik 2. uhat, koji ima uši

auriferous [ɔː'rifərəs] *adj* koji sadrži zlato, zlatonosan

aurist ['ɔːrist] *s* liječnik za bolesti uha, aurist, otolog

aurochs ['ɔːrɔks] *s zool* tur, vrsta divljeg goveda srodna američkom bizonu

aurora [ɔː'rɔːrə] *s* zora, jutarnja rumen; *fig* jutro | *hist* **A~** boginja jutra; *astr* **~ borealis** polarna svjetlost

auroral [ɔː'rɔːrəl] *adj* 1. koji se odnosi na zoru, svitanje, jutro, jutarnji 2. koji se odnosi na sjevernu svjetlost; *fig* ružičast, rumen

auscultate ['ɔːskəlteit] *vt/i* **I.** *vt med* auskultirati **II.** *vi* vršiti auskultaciju

auscultation [ˌɔːskəl'teiʃən] *s* slušanje, pretraga unutarnjih organa (srca, pluća) pomoću sluha, auskultacija

auspice ['ɔːspis] *s* 1. gatanje, proricanje po letu ptica 2. predznak, predviđanje, izgled | **~s** *pl* okrilje, zaštita, pokroviteljstvo; **under the ~s of** pod zaštitom, pokroviteljstvom

auspicious [ɔːs'piʃəs] *adj* (**~ly** *adv*) 1. povoljan, s povoljnim znamenjem 2. koji mnogo obećaje, koji budi velike nade

Aussie ['ɔsi] *s sl* Australac

austere [ɔs'tiə] *adj* (**~ly** *adv*) 1. oštar, strog 2. krut, ozbiljan, jednostavan, rogobatan (stil) 3. opor, neprijazan

austerity [ɔs'teriti] *s* strogost, oštrina, krutost, ozbiljnost, oporost, neprijaznost, surovost, grubost; jednostavnost

austral ['ɔːstrəl] *adj* južni

Australasian [ˌɔstrə'leiʒiən] *adj* australazijski

Australian [ɔs'treiljən] *adj* australski

Australian [ɔs'treiljən] *s* Australac, Australka

Austrian ['ɔstriən] *adj* austrijski

Austrian ['ɔstriən] *s* Austrijanac, Austrijanka

autarch ['ɔːtaːk] *s* samodržac, autokrat, despot

autarchy ['ɔːtaːki] *s* autarhija, despotizam, tiranija

autarky ['ɔːtaːki] *s* autarkija, samodovoljnost

authentic [ɔː'θentik] *adj* (**~ally** *adv*) autentičan, izvoran, istinit, točan, pravi, vjerodostojan, mjerodavan

authenticate [ɔː'θentikeit] *vt jur* ovjeroviti, legalizirati, autorizirati; dati čemu važnost, dokazati autentičnost, istinitost

authentication [ɔːˌθenti'keiʃən] *s jur* ovjerovljenje, legaliziranje; dokazivanje autentičnosti, potvrda vjerodostojnosti

authenticity [ˌɔːθen'tisiti] *s* izvornost, istinitost, vjerodostojnost, autentičnost, pravna valjanost

author ['ɔːθə] *s* 1. začetnik, osnivač 2. pisac, spisatelj(ica), sastavljač, tvorac, autor

authoress ['ɔːθəris] *s* žena pisac, spisateljica, sastavljačica, autorica

authorial [ɔː'θɔriəl] *adj* koji se odnosi na pisca, spisatelja, piščev, spisateljski, autorski

authoritarean [ˌɔːθəri'tɛəriən] *s* autoritativac

authoritarian [ˌɔːθəri'tɛəriən] *adj* koji zastupa princip poslušnosti autoritetu vlasti

authoritarianism [ˌɔːθəri'tɛəriənizəm] *s* autokratski sistem vladanja

authoritative [ɔː'θɔritətiv] *adj* (**~ly** *adv*) 1. autoritativan, zapovjednički 2. odlučan, mjerodavan, stručan, pouzdan 3. služben, zvaničan

authority [ɔː'θɔriti] *s* 1. autoritet, zakonska snaga, moć, vlast, ovlast, ugled 2. utjecaj, ugled, važnost 3. ovlaštenje, odobrenje, punomoćje, dozvola 4. vjerodostojnost, svjedočanstvo 5. stručnjak, kapacitet 6. tekst koji se navodi kao vjerodostojan 7. *pl* **authorities** vlast, vlasti, država, vlada, nadleštvo, upravni organ | **to be in ~** imati vlast u rukama, imati pravo, moć; **to have ~** imati ovlaštenje, dozvolu, biti ovlašten; **on the ~ of** na temelju čije tvrdnje; **I have it on good ~** ja to znam iz pouzdana izvora

authorizable ['ɔːθəraizəbl] *adj* odobriv, koji se može dopustiti

authorization [ˌɔːθərai'zeiʃən] *s* autorizacija, ovlaštenje, odobrenje

authorize ['ɔːθəraiz] *vt* 1. autorizirati, ovlastiti, opunomoćiti; ozakoniti 2. potvrditi, odobriti, opravdati; dozvoliti, dopustiti | **the Authorized Version** autorizirano, ovlašteno, priznato izdanje Biblije iz 1611.

authorship ['ɔːθəʃip] *s* 1. autorstvo, začetništvo 2. spisateljsko zvanje, pisanje

auto ['ɔːtə] *s US coll* auto(mobil)

autobahn ['ɔːtəbaːn] *s Ger* auto-put

autobiographer [ˌɔːtəbai'ɔgrəfə] *s* pisac vlastitog životopisa, autobiograf

autobiographic ['ɔːtəˌbaiə'græfik] *adj* (**~ally** *adv*) koji se odnosi na autobiografiju, autobiografski

autobiography [ˌɔːtəbai'ɔgrəfi] *s* autobiografija

autocade ['ɔːtəkeid] *s US* povorka automobila

autocar ['ɔːtəukaː] *s* automobil

autochthon [ɔː'tɔkθən] *s* domorodac, urođenik, starosjedilac, prastanovnik

autochthonic [ˌɔːtək'θɔnik] *adj* starosjedilački, koji je od davnine u nekom kraju; autohton

autochthonous [ɔː'tɔkθənəs] *adj* → **autochthonic**

autocracy [ɔː'tɔkrəsi] *s* samovolja, neograničena vlast; autokracija

autocrat ['ɔːtəkræt] *s* autokrat, samovladar, samodržac, apsolutni vladar, neograničeni gospodar

autocratic [ˌɔːtə'krætik] *adj* (**~ally** *adv*) autokratski, samovlastan, silnički

autograph ['ɔːtəgraːf] *s* autogram, potpis; vlastoručno pismo; originalni rukopis

autograph ['ɔːtəgraːf] *vt* pisati, potpisivati vlastitom rukom, staviti svoj potpis; autografski umnožiti

autographic [ˌɔːtə'græfik] *adj* (**~ally** *adv*) napisan ili potpisan vlastitom rukom, autografski

autography [ɔː'tɔgrəfi] *s* 1. vlastiti rukopis 2. rukopis autora, djelo napisano njegovom rukom, izvorni rukopis 3. *print* autografski tisak

autogyro (autogiro) ['ɔːtəu'dʒaiərəu] *s* avion tipa helikoptera, autogiro, autožir

automated ['ɔːtəmeitid] *adj* automatiziran

automatic [ˌɔːtə'mætik] *adj* (**~ally** *adv*) 1. koji radi sam od sebe, koji se pokreće sam od sebe, automatski 2. nesvjestan, nehotičan, mehanički, automatski | **~ (vending) machine** robni (prodajni) automat

automatic [ˌɔːtə'mætik] *s* automatsko vatreno oružje, automat

automation [ˌɔːtə'meiʃən] *s* automatizacija

automatism [ɔː'tɔmətizəm] *s* 1. automatizam 2. *psych* radnja koja je izvršena nesvjesno ili podsvjesno

automaton [ɔː'tɔmətən] *s* (*pl* **automata** [ɔː'tɔmətə], **~s**) automat

auto-mechanic [ˌɔːtəumi'kænik] *s* auto-mehaničar

automobile [ˌɔːtə'məubiːl] *adj* koji se pokreće sam

automobile ['ɔːtəməbiːl] *s Fr* automobil | **~ body** karoserija

automotive [ˌɔːtə'məutiv] *adj US* koji ima vlastiti pogon, samohodan, automobilski | **~ industry** industrija automobila

autonomic [ˌɔːtə'nɔmik] *adj* koji se odnosi na samoupravu, autonomiju, samoupravni, autonomni

autonomist [ɔː'tɔnəmist] *s* autonomist, pristaša samouprave

autonomous [ɔː'tɔnəməs] *adj* → **autonomic**

autonomy [ɔː'tɔnəmi] *s* samouprava, autonomija; *phil* sloboda volje

autopsy ['ɔːtəpsi] *s med* autopsija; *fig* kritičko raščlanjivanje, analiziranje

auto-suggestion ['ɔːtəusə'dʒestʃən] *s* autosugestija

autotype ['ɔːtətaip] *s print* način izrade klišeja fotografskim putem, autotipija; faksimil, kopija

autotype ['ɔːtətaip] *vt print* autotipirati, umnožavati pomoću autotipije, klišejima

autumn ['ɔːtəm] *s* jesen

autumnal [ɔː'tʌmnəl] *adj* (**~ly** *adv*) jesenji, jesenski, koji se odnosi na jesen; *fig* zreo, u godinama

auxiliary [ɔːg'ziljəri] *adj* pomoćni, za pomoć, za nuždu

auxiliary [ɔːg'ziljəri] *s* pomoćnik, pomagač, saveznik; pomoć; *gram* pomoćni glagol; *mil* **auxiliaries** *pl* pomoćne trupe

avail [ə'veil] *vt/i* pomoći, koristiti, služiti | **to ~ oneself of** pomoći se, poslužiti se čime, okoristiti se, iskoristiti što

avail [ə'veil] *s* prednost, korist, dobitak | **of ~** od koristi; **of no ~** bez koristi, beskoristan; **without ~** bez uspjeha, uzalud(an); **of little ~** od male koristi; **to little ~** s malim uspjehom

availability [əˌveilə'biliti] *s* korist, korisnost, probitačnost, prednost; raspoloživost; *jur* vrijednost, valjanost, moć

available [ə'veiləbl] *adj* (**availably** *adv*) 1. koristan, probitačan 2. valjan, upotrebljiv 3. koji se može dobiti, nabaviti, kupiti, koji je na raspolaganju, raspoloživ; dostupan

avalanche ['ævəlaːnʃ] *s* usov, odron snijega ili leda, lavina; survavanje zemlje; *fig* bujica, sva sila, kiša (tanadi i dr.)
avant-courier [ˌævãːŋ'kuriə] *s Fr* prethodnik, izvidnik, predvjesnik
avarice ['ævəris] *s* škrtost, skupost, pohlepa
avaricious [ˌævə'riʃəs] *adj* (**~ly** *adv*) škrt, tvrd, pohlepan
avast [ə'vaːst] *interj mar* dosta!, stoj!
avatar [ˌævə'taː] *s Hind myth* utjelovljenje, inkarnacija božanstva
avaunt [ə'vɔːnt] *interj arch* odlazi!, odatle!
ave ['aːvi] *interj* 1. zdravo! 2. zbogom!
ave ['aːvi] *s* molitva Zdravo Marijo
Ave Maria ['aːvi mə'riə] Zdravomarija
avenge [ə'vendʒ] *vt* osvetiti, odmazditi | **to be ~d, to ~ oneself** osvetiti se
avenger [ə'vendʒə] *s* osvetnik
avengeress [ə'vendʒəris] *s* osvetnica
avenue ['ævinjuː] *s* 1. prilaz 2. drvored, aleja 3. *US* avenija, široka ulica
aver [ə'vəː] *vt* tvrditi, potvrditi; *jur* dokazati, pridonijeti dokaz
averable [ə'vəːrəbl] *adj* koji se može potvrditi, dokazati
average ['ævəridʒ] *s* 1. prosjek, sredina, poprečna vrijednost, prosječnost 2. *math* srednja vrijednost 3. *mar & com* havarija, šteta nastala na prijevozu brodom | **~ adjuster** uređivač havarije; **on the (an) ~** poprečno, u srednjem, prosječno; **to make ~** naći, izračunati, uzeti poprečnu, srednju vrijednost; **above ~** iznad prosjeka; **to strike an ~** odabrati, uzeti zlatnu sredinu; **rough ~** približni prosjek
average ['ævəridʒ] *adj* (**~ly** *adv*) poprečan, srednji, običan, normalan | **~ price** srednja, poprečna cijena; **~ crop** prosječni prirod; **~ date** srednji termin, prosječni rok; **~ output** prosječna proizvodnja; **of ~ height** osrednje visine
average ['ævəridʒ] *vt* 1. naći srednju, poprečnu vrijednost 2. poprečno iznositi 3. *com* utvrditi srednju, poprečnu cijenu
average-account ['ævəridʒəˌkaunt] *s mar ins* obračun havarije
average-bond ['ævəridʒbɔnd] *s mar ins* havarijski certifikat
averment [ə'vəːmənt] *s* tvrdnja; potvrda, potkrepa; *jur* dokaz
averruncator [ˌævərʌŋ'keitə] *s* vrtne škare
averse [ə'vəːs] *adj* (**~ly** *adv*) protivan, nesklon (*to, from* čemu), nerad
aversion [ə'vəːʃən] *s* 1. odvratnost, nesklonost, antipatija, averzija (*to, for* prema čemu) 2. predmet od koga se zazire, osoba koja se ne voli
avert [ə'vəːt] *vt* odvratiti, skrenuti, otkloniti (*from* od); predusresti, spriječiti | **to ~ eyes** odvratiti pogled
avertible [ə'vəːtəbl] *adj* koji se može ukloniti, spriječiti; ukloniv
avian ['eiviən] *adj* ptičji
aviary ['eiviəri] *s* avijarij, nastamba za ptice
aviate ['eivieit] *vi* 1. voziti se u avionu, letjeti 2. upravljati avionom
aviation [ˌeivi'eiʃən] *s* avijacija; *sport* letenje, letački sport
aviator ['eivieitə] *s* avijatičar, letač, zrakoplovac
avid ['ævid] *adj* (**~ly** *adv*) pohlepan, požudan, lakom, gramžljiv (*of, for* za, na)
avidity [ə'viditi] *s* pohlepa, požuda, proždrljivost, gramžljivost, lakomost
avifauna ['eiviˌfɔːnə] *s* ptičje carstvo, bogatstvo pticama u nekom području
aviso [ə'vaizəu] *s mar* avizo (mali brzi dojavni brod)
avocado [ˌævə'kaːdəu] *s* avokado (voće)
avocation [ˌævə'keiʃən] *s* uzgredno zanimanje; razonoda, razbibriga, posao koji se radi u dokolici; *arch* zanimanje
avocet (avoset) ['ævəuset] *s ornith* sabljokljunka modronoga (*Recurvirostra avoceta*)
avoid [ə'vɔid] *vt* izbjegavati, kloniti se, uklanjati se, zaobilaziti; *jur* dokinuti
avoidable [ə'vɔidəbl] *adj* (**avoidably** *adv*) koji se može izbjeći, od čega se može pobjeći, izbježiv; *jur* koji se može dokinuti
avoidance [ə'vɔidəns] *s* 1. izbjegavanje, uklanjanje (komu, čemu) 2. *jur* poništenje, ukinuće, opoziv
avoirdupois [ˌævədə'pɔiz] *s* sustav za mjerenje težine u Vel. Britaniji i US koji se upotrebljava za sve osim za plemenite metale, drago kamenje i lijekove; *fam* težina, teret
avouch [ə'vautʃ] *vt/i* 1. tvrditi, potvrditi, uvjeravati 2. izjavljivati, priznavati 3. jamčiti, garantirati
avouchment [ə'vautʃmənt] *s* izjava, potvrda; jamstvo, garancija
avow [ə'vau] *vt* priznati, priznavati, očitovati, izjaviti | **to ~ oneself the author** priznati se za pisca; **the ~ed author** priznati, autentični pisac
avowel [ə'vauəl] *s* izjava, priznanje, ispovijedanje (npr. vjere)
avowedly [ə'vauidli] *adv* otvoreno, javno, izravno, glasno i jasno; prema priznanju
avulsion [ə'vʌlʃən] *s* otrgnuće, odjeljivanje, nasilno odvajanje, premještanje ili dodjeljivanje komada zemljišta tuđemu posjedu zbog poplave ili promjene toka rijeke, potoka itd.
avuncular [ə'vʌŋkjulə] *adj* koji se odnosi na ujaka, ujnu, strica, strinu, tetka, tetku, stričevski
await [ə'weit] *vt* čekati, očekivati, iščekivati

awake [ə'weik] *vt/i* (*pret* awoke; *pp* awoke, awaked) **I.** *vt* 1. probuditi, buditi 2. *fig* osvijestiti, probuditi **II.** *vi* 1. probuditi se, prenuti se 2. *fig* osvijestiti se | **to ~ to** postati svjestan čega; učiniti (koga) svjesnim čega

awake [ə'weik] *pred adj* 1. budan, probuđen 2. bodar, veseo; svjestan | **to be ~ to** znati, biti svjestan; **wide ~** sasvim budan; *fig* lukav, na oprezu

awaken [ə'weikən] *vt/i* **I.** *vt* buditi, probuditi, razbuditi; *fig* pobuditi, potaknuti, obodriti **II.** *vi* buditi se, probuditi se, razbuditi se | **~ somebody to a fact** učiniti koga svjesnim neke činjenice

awakening [ə'weikəniŋ] *s* probuđenje; *fig* otvaranje očiju; *eccl* vjerski ushit

award [ə'wɔːd] *vt jur* dosuditi, dopitati; nagraditi, dati, dodijeliti | **to ~ damages** dosuditi odštetu; **he was ~ed the prize** dodijeljena mu je nagrada

award [ə'wɔːd] *s* premija, odlikovanje, priznanje, nagrada; *jur* odluka, presuda | **lifetime achievement ~** nagrada za životno djelo

aware [ə'wɛə] *pred adj* svjestan, koji zna, koji osjeća | **to be ~** biti svjestan (*of* čega), znati, osjećati (*that* da)

awareness [ə'weənis] *s* svijest, svjesnost, znanje (o čemu)

awash [ə'wɔʃ] *pred adj* & *adv mar* na razini (mora); pod vodom, preplavljen | **~ condition** borbeno stanje (podmornice), ratni trim

away [ə'wei] *adv* 1. (za mjesto, mirovanje) daleko, dalje, udaljeno (*~ from home*) 2. (za kretanje, udaljivanje) daleko, od, proč (*to run ~* pobjeći, *~ with you* odlazite!) 3. da se izrazi gubitak, smanjivanje, uništavanje (*to take ~ from* oduzeti, *to pass ~* umrijeti, *to fall ~* izdati, ostaviti) 4. da se izrazi neposredna radnja (*right, straight ~* smjesta, odmah; *fire ~* pucaj dalje) 5. da se izrazi trajanje radnje (*to work ~* raditi dalje) 6. za pojačavanje (*far, out & ~* daleko, kudikamo, neusporedivo) | **to be ~** biti na putu, izvan kuće; **to do ~ with** ukinuti, uništiti; **far ~** daleko; **to make ~ with** ubiti; **to waste** (ili **pine**) **~** venuti, ginuti

awe[1] [ɔː] *s* bojazan, plahost, strah, strahopoštovanje (*of* pred) | **stand in ~** bojati se, osjećati strahopoštovanje

awe[2] [ɔː] *s* lopatica mlinskog kola podljevnjače

awe [ɔː] *vt* uliti strah, izazvati strahopoštovanje; strašiti, ustrašiti

aweigh [ə'wei] *adv mar* sidro popustilo

aweless ['ɔːlis] *adj* neustrašiv, koji ne osjeća straha

awesome ['ɔːsəm] *adj* (**~ly** *adv*) strašan, užasan, grozan

awe-stricken ['ɔːˌstrikən] *adj* pun straha, prestrašen, pun strahopoštovanja

awe-struck ['ɔːstrʌk] *adj* → **awe-stricken**

awful ['ɔːful] *adj* (**~ly** *adv*) koji ulijeva strahopoštovanje, divljenje; strašan, užasan, gadan, nepodnosiv; *fam* grozan, silan, kolosalan

awhile [ə'wail] *adv* časak, časkom, načas, (na) neko vrijeme

awkward ['ɔːkwəd] *adj* (**~ly** *adv*) 1. nespretan, bespomoćan, nezgrapan 2. koji je u neprilici, neugodan, neprijatan, mučan, nezgodan 3. opasan, težak (npr. položaj) | **the ~ age** mladenačko doba, doba puberteta; **an ~ situation** škakljiv položaj; **to feel ~** osjećati se nelagodno, biti u neprilici

awkwardish ['ɔːkwədiʃ] *adj* nezgrapan, nespretan

awkwardness ['ɔːkwədnis] *s* 1. nespretnost, nezgrapnost 2. neprilika, neprijatnost; neugodnost, nezgodna stvar

awl [ɔːl] *s* šilo

awn [ɔːn] *s bot* osje (bodljike na klasu)

awned [ɔːnd] *adj bot* koji ima osje

awning ['ɔːniŋ] *s* 1. platnen krov 2. šatorsko krilo, cerada; *mar* krov od jedrenine, brodski šator, tenda

awoke [ə'wəuk] *pret* & *pp* od **awake**

awry [ə'rai] *adv* 1. nakrivo, koso 2. na stranu, razroko 3. krivo, pogrešno, okrenuto, obratno, naopako | **to look ~** škiljiti; **to go ~** zalutati, izgubiti se; **to go (run, tread) ~** učiniti nažao, loše postupati (o osobama); ići naopako, ne uspjeti, izjaloviti se (o stvarima)

awry [ə'rai] *adj fig* kriv, kos; iskrivljen, grbav, iznakažen

ax(e) [æks] *s* sjekira | **to have an ~ to grind** tražiti samo svoju korist, imati osobnih interesa; **to put the ~ in the helve** ukloniti teškoću, riješiti problem; **to hang up one's ~** objesiti na klin (što), ne baviti se više (čime); **to apply the ~** provesti redukciju, smanjiti budžet

ax(e) [æks] *vt fig* odsjeći, smanjiti; bezobzirno ukinuti, reducirati

axial ['æksiəl] *adj* (**~ly** *adv*) osovinski, koji se tiče osovine, aksialni

axil ['æksil] *s bot* pazušac (dio između lista i stabljike, ili grane i drveta)

axile ['æksail] *adj* osovinski

axillary [æk'siləri] *adj* 1. *anat* pazušni, što se odnosi na pazuho 2. *bot* koji se odnosi na pazušac

axiom ['æksiəm] *s* aksiom

axiomatic [ˌæksiə'mætik] *adj* (**~ally** *adv*) aksiomatski, načelan, izvjestan, neoboriv, unaprijed siguran

axis ['æksis] *s* (*pl* **axes** ['æksiːz]) 1. *geom* osovina, os 2. *bot* stabljika 3. *opt* zraka koja prolazi kroz sredinu oka ili leće

4. *physiol* središnji dio nekog organa ili organizma 5. *pol* osovina, savez među zemljama koje imaju zajedničke interese
axle ['æksl] *s* 1. osovina koja spaja dva kotača na kolima i dr. 2. vitao na kotaču | **wheel & ~** kotač i osovina (simbol za industriju)
axle-box ['ækslbɔks] *s* glavina, glavčina na kotaču
axled ['æksld] *adj* koji ima osovinu, opremljen osovinom
axle-tree ['æksltriː] *s* osovina (na kolima i dr.)
ay [ai] *interj* da, sigurno, zaista
ay [ai] *s* (*pl* **~es**) potvrdni odgovor | *parl* **the ~es have it** pozitivni glasovi su u većini, većina je glasala za
aye [ei] *adv arch* uvijek, svagda | **for ever & ~** zauvijek, za svagda, zanavijek
aye [ai] *s* → **ay**
azimuth ['æziməθ] *s astr* azimut
azimuthal [ˌæzi'mjuːθəl] *adj* (**~ly** *adv*) *astr* azimutni
azoic [ə'zəuik] *adj* 1. azoičan, bez života 2. *geol* bez organskih ostataka
azote [ə'zəut] *s chem* dušik, azot
azotic [ə'zɔtik] *adj chem* dušični, azotski
azure ['æʒə] *adj* azuran, plavetan
azure ['æʒə] *s* 1. *poet* nebesko modrilo, plavetnilo, azur 2. plavetna boja poput neba
azure ['æʒə] *vt* obojiti plavetnom bojom

B

B, b [biː] *s* (*pl* **B's, Bs** [biːz]) 1. drugo slovo engleske abecede 2. *mus* H, h 3. drugi po redu, veličini, važnosti ili vrijednosti 4. *math* druga poznata veličina (npr. u jednadžbi) | **~ flat** 1. *mus* b 2. *hum* stjenica; **~ flat major** B-dur; **~ flat minor** b-mol; **~ minor** h-mol; **~ major** H-dur; **~ sharp** his
baa [baː] *s* blejanje
baa [baː] *vi* blejati
baa-lamb [ˈbaːlæm] *s* janješce, ovčica, be-e-e (u dječjem govoru)
babble [ˈbæbl] *vi/t* **I.** *vi* brbljati, blebetati, tepati; šumiti, žuboriti **II.** *vt* odati tajnu, izbrbljati
babble [ˈbæbl] *s* tepanje, mucanje, brbljanje, blebetanje; žagor; šum, žubor
babblement [ˈbæblmənt] *s* brbljanje, blebetanje; žamorenje
babbler [ˈbæblə] *s* brbljavac, blebetalo; *ornith* dugonogi drozd
babe [beib] *s poet* dijete, dojenče, čedo, djetešce, napršče; neiskusan čovjek, nevinašce; *pl* **~s and sucklings** (**~s in the wood**) neiskusni ljudi; *US sl* cura, curče, »mačka«, »mala«
babel [ˈbeibəl] *s* zbrka, metež, vreva, buka, graja; **Tower of B~** kula babilonska, babilonski toranj
baboo [ˈbaːbuː] *s Ind* 1. gospodin 2. indijski pisar koji zna engleski 3. *derog* napola poengležen Indijac
baboon [bəˈbuːn] *s zool* grivasti pavijan
babu [ˈbaːbuː] *s* → **baboo**
baby [ˈbeibi] *s* 1. dijete, beba, dojenče, djetešce 2. djetinjast čovjek 3. malen predmet; 4. mladunče; 5. *sl* djevojka, »mala«, »maca«, lutkica | *mus* **~ grand** kratak klavir; **~ elephant** mlado od slona, slonić; **carry (hold) the ~** vaditi kestenje iz vatre, snositi odgovornost; **it's your ~** to je tvoja stvar
baby car [ˈbeibiˈkaː] *s* malolitražna kola
baby carriage [ˈbeibiˈkæridʒ] *s US* dječja kolica
baby face [ˈbeibiˌfeis] *s* čovjek dječjeg lica
baby-farmer [ˈbeibiˌfaːmə] *s* osoba koja preuzima na njegu tuđu djecu
babyhood [ˈbeibihud] *s* najranije djetinjstvo
babyish [ˈbeibiiʃ] *adj* (**~ly** *adv*) dječji, djetinjast
babyism [ˈbeibiizm] *s* djetinjstvo, dječji način
Babylonian [ˌbæbiˈləunjən] *adj* babilonski
Babylonian [ˌbæbiˈləunjən] *s* Babilonac
baby sitter [ˈbeibiˌsitə] *s* osoba koja čuva djecu
baccalaureate [ˌbækəˈlɔːriit] *s* bakalaureat (najniži akademski stupanj)
baccara(t) [ˈbækəraː] *s* bakara
bacchanal [ˈbækənl] *adj* bakantski, razuzdan, raskalašen, raskošan
bacchanal [ˈbækənl] *s* bakant, bakantica; Bakov svećenik, svećenica | **~s** *pl* **pijanka**, razuzdano veselje, bakanalije, orgije
bacchanalian [ˌbækəˈneiljən] *adj* razuzdan, pijan, bakanalski, bakantski
bacchanalian [ˌbækəˈneiljən] *s* pijanac, raskalašenjak
bacchant [ˈbækənt] *s* 1. Bakov svećenik, svećenica 2. bakant, bakantica
bacchant [ˈbækənt] *adj* bakantski; koji se klanja Baku; koji voli vino
bacchante [bəˈkænti] *s* Bakova svećenica; bakantica
bacchic [ˈbækik] *adj* bakovski, koji se tiče boga Baka; razuzdan
baccy [ˈbæki] *s coll* duhan
bachelor [ˈbætʃələ] *s* 1. *hist* mlad vitez koji služi pod zastavom drugoga viteza 2. diplomirani student 3. neženja, momak | **~ flat** garsonijera, momački stan, stan za samca; **~ girl** neudata djevojka s vlastitim stanom i namještenjem; **~ of Arts** diplomirani student filozofije; **~ of Law** diplomirani student prava; **~ of Science** diplomirani student prirodnih znanosti; *bot* **~'s buttons** 1. žabljak ljutić 2. različak 3. puceta koja se mogu pričvrstiti bez šivanja; **knight ~** vitez najnižeg stupnja koji ne pripada nikakvu posebnom redu

bachelorhood [ˈbætʃələhud] *s* momaštvo; bakalaureat
bachelorship [ˈbætʃələʃip] *s* momaštvo; bakalaureat
bacillary [bəˈsiləri] *adj* štapićast; bacilni, koji se odnosi na bacile
bacilliform [bəˈsilifɔːm] *adj* u obliku štapića, štapićast
bacillus [bəˈsiləs] *s* (*pl* **bacilli** [bəˈsilai]) bacil, klica
back[1] [bæk] *s* 1. leđa, pleća, hrbat, križa 2. sljeme (brda) 3. stražnja strana, poleđina, naličje; naslon, pozadina (i *fig*) 4. *sport* branič, bek 5. *mil* pozadina | **at the ∼ of** iza; *fig* **behind one's ∼** nekome iza leđa; **to give (make) a ∼** sagnuti se, nagrbiti leđa (u igri »kozlića«); **to turn one's ∼ upon** uteći, napustiti, okrenuti leđa; **on one's ∼** bolestan, na bolesničkoj postelji; **with one's ∼ to the wall** pritiješnjen, stjeran u kozji rog, pritisnut uza zid, u škripcu; **∼ & belly** odijelo i hrana; *fig* **to have on one's ∼** imati na vratu (koga, što); **to put (get, set) person's ∼ up** koga dražiti, zadirkivati, razljutiti, uzrujati; **to break one's ∼** slomiti šiju; *fig* skrhati vrat, upropastiti se; **on the ∼ of** još k tome, povrh toga; **to break the ∼ of a th** prijeći, izvršiti najteže, svladati; **to put one's ∼ into a th** prionuti za neki posao; **at the ∼ of one's mind** u podsvijesti; **to be at the ∼ of a th** stajati iza čega, biti pokretač čega; **the Backs** nasadi i parkovi iza studentskih naselja u Cambridgeu
back[2] [bæk] *s* plitka kaca, korito (osobito za varenje piva, bojenje itd.)
back [bæk] *adj* (*comp* nema; *superl* backmost) 1. leđni, hrpteni, stražnji 2. udaljen, donji 3. naopak, obrnut 4. zaostao, preostao, neizvršen; podređen 5. tajan, skriven | *gram* **∼ formation** stvaranje izvedenica od korijena koji ne postoje (npr. “lazy” od “laze”); unazadno stvaranje; **∼ door** stražnja vrata; **∼ number** 1. stari broj (npr. novina) 2. *sl fig* zastarjeli način, nemoderan čovjek; **∼ pay** zaostatak plaće, zaostala plaća; *gram* **∼ vowel** stražnji samoglasnik; *fig* **to take a ∼ seat** šćućuriti se, učiniti se nevidljivim, nezamjetnim
back [bæk] *adv* 1. straga, natrag, tamo straga 2. prije, nekada, u prošlosti 3. opet; nanovo | **∼ and forth** amo-tamo; **∼!** natrag!; **to pay a man ∼** vratiti kome novac; *fig* vratiti kome istom mjerom, vratiti milo za drago; *US* **∼ of** iza, straga; **to go ∼ on** odstupiti od, ne ispuniti (obavezu); **to be ∼** vratiti se; **to belong ∼** pripadati prošlosti; **to keep ∼** zadržati, ustegnuti
back [bæk] *vt/i* **I.** *vt* tvoriti, činiti leđa, hrbat, pozadinu; nalaziti se s leđa (komu, čemu) 2. poduprijeti, podupirati, potpomoći 3. jahati konja, uzjahati 4. kladiti se na koga, što 5. potpisati na poleđini 6. voziti, upravljati prema natrag (kola) 7. podstaviti, obložiti, presvući **II.** *vi* 1. kretati se natrag 2. imati izgled prema straga | *poet* **to ∼ a horse** uzjahati konja; **to ∼ a bill** žirirati mjenicu; **to ∼ a cheque** indosirati ček (potpisati na poleđini); *mar* **∼ her!** vozi natrag!; **to ∼ an anchor** potlačiti sidro; **to ∼ the sails** zadušiti (praćati) jedra; **to ∼ astern** natrag veslati; **to ∼ water (the oars)** šijati
back down [ˈbækˈdaun] *vi fig* povući se, okaniti se, odreći se; popustiti, uzmaknuti, ustuknuti
back on [ˈbækˈɔn] *vi* 1. nalaziti se na stražnjoj strani 2. imati izgled prema stražnjoj strani (*to*) | **to ∼ on one** izdati, ostaviti na cjedilu; **to ∼ one's word** prekršiti zadanu riječ, ne održati riječ
back out [ˈbækˈaut] *vi* povući se (*of* iz, od)
back up [ˈbækˈʌp] *vt* potpomoći, ohrabriti
backache [ˈbækeik] *s* bol u leđima
back-bencher [ˌbækˈbentʃə] *s GB* običan poslanik koji nije član vladinog kabineta
backbite [ˈbækbait] *vt/i* (backbit, backbitten) klevetati, ocrniti, ogovarati
backbiter [ˈbækˌbaitə] *s* klevetnik, ocrnjivač
backboard [ˈbækbɔːd] *s* 1. daska za naslon, za leđa 2. podupirač; 3. daska iza koša u košarci
backbone [ˈbækbəun] *s* 1. hrptenica, kralježnica, kičma; glavna os, srž 2. *fig* čvrstoća, snaga volje, jačina karaktera | **to the ∼** potpuno, sasvim, do srži
backboned [ˈbækbəund] *adj* koji ima kičmu; čvrst, odlučan, čvrsta karaktera
backboneless [ˈbækbəunlis] *adj* 1. bez hrptenice, kičme 2. slab, neodlučan
back-breaking [ˈbækbreikiŋ] *adj* naporan, iscrpljujući
back-chat [ˈbæktʃæt] *s* drsko odgovaranje
back-date [ˌbækˈdeit] *vt* antedatirati
backdoor [ˌbækˈdɔː] *adj* potajan, zakulisan
back-end [ˈbækend] *s* kasna jesen
backfall [ˈbækfɔːl] *s* pad na leđa (u rvanju)
backfire [ˌbækˈfaiə] *s mot* prerano paljenje motora
backfire [ˌbækˈfaiə] *vi* 1. prerano paliti 2. *fig* izjaloviti se, osvetiti se
backgammon [bækˈgæmən] *s* triktrak
background [ˈbækgraund] *s* pozadina, podloga; popratna glazba, glazbena kulisa; obrazovanje, odgoj
backhand [ˈbækhænd] *s* udarac hrptom ruke, u obrnutom smjeru; rukopis nagnut nalijevo; *ten* bekhend

backhanded ['bæk'hændid] *adj* 1. obrnutom rukom, hrptom ruke 2. dvosmislen, sumnjiv, podrugljiv
backhander ['bæk'hændə] *s* 1. udarac obrnutom rukom, hrptom ruke 2. neizravan napad; neupadljiva nagrada 3. čaša (pića) dobivena zato što boca putuje obrnutim (krivim) smjerom oko stola
backing ['bækiŋ] *s* 1. pomoć, potpora, podrška 2. zaštita, uporište 3. podloga, podstava 4. *com* indosiranje; pokriće; uzmicanje, povlačenje
backlog ['bæklɔg] *s* zaostaci, rezerve, neispunjene narudžbe, zaostali neizvršeni posao; velika cjepanica
backsheesh ['bækʃiːʃ] *s* napojnica, bakšiš
backside [ˌbæk'said] *s* stražnja strana, naličje, stražnjica
backsight [ˌbæk'sait] *s* 1. preklopni nišan (na pušci) 2. izgled prema stražnjoj strani
backslide [ˌbæk'slaid] *vi* (backslid, backslid) spuštati se; *fig* otpasti, odmetnuti se, odreći se; ponovo zapasti u stari grijeh
backslider [ˌbæk'slaidə] *s* otpadnik, odmetnik, okorjeli grešnik, recidivist
backstairs [ˌbæk'stɛəz] *s pl* stražnje stepenice, stubište za služinčad
backstay ['bækstei] *s mar* zaputka
backstroke ['bækstrəuk] *s* leđno plivanje
backsword ['bæksɔːd] *s* jednobrid, širok mač, keleš
backward ['bækwəd] *adj* (**~ly** *adv*) 1. upravljen prema natrag, koji se nalazi straga, stražnji, obrnut, preokrenut 2. bezvoljan, povučen, plah, suzdržljiv, trom 3. zaostao, nerazvijen; natražni
backward(s) ['bækwəd(z)] *adv* 1. natrag, prema straga; natraške 2. obrnuto, naopako 3. nekada, davno
backwardation ['bækwə'deiʃən] *s fin* postotak koji plaća prodavalac robe za odgodu dostave, deport
backwardness ['bækwədnis] *s* odupiranje; zaostalost, zaostajanje; kolebljivost
backwash ['bækwɔʃ] *s* uzvitlana struja vode iza broda, uzvitlana struja zraka iza mlaznog motora; povlačenje vala od obale; *fig* neželjene posljedice, reakcija
backwater ['bækˌwɔːtə] *s* mrtva voda u rukavcu, ustavljena voda; *fig* duhovni zastoj, mrtvilo, žabokrečina, učmalost
backwoods ['bækwudz] *s pl US* daleke šume, prašume; teška provincija
backwoodsman ['bækwudzmən] *s* stanovnik prašume; *fig* sirov, neotesan, primitivan čovjek, primitivac, seljačina
back-yard [ˌbæk'jaːd] *s* dvorište iza kuće, stražnje dvorište
bacon ['beikən] *s* slanina | *fam* **to save one's ~** spasiti kožu, izmaknuti smrti ili opasnosti, iznijeti živu glavu, osigurati se od gubitka
Baconian [bei'kəunjən] *adj* 1. koji se tiče Francisa Bacona i njegove filozofije, bakonski 2. eksperimentalan, induktivan
Baconian [bei'kəunjən] *s* 1. Baconov sljedbenik 2. pristaša pretpostavke da je Bacon autor Shakespeareovih drama
bacony ['beikəni] *adj* poput slanine | **~ liver** bolest kod koje se jetra degeneriraju u mast
bacterial [bæk'tiəriəl] *adj* bakterijski
bacteriological [bækˌtiəriə'lɔdʒikəl] *adj* bakteriološki
bacteriologist [bækˌtiəri'ɔlədʒist] *s* bakteriolog
bacteriology [bækˌtiəri'ɔlədʒi] *s* bakteriologija
bacterium [bæk'tiəriəm] *s* (*pl* **bacteria** [bæk'tiəriə]) bakterija
bad [bæd] *adj* (*comp* worse; *superl* worst) 1. loš, bezvrijedan, nevaljao 2. škodljiv, pokvaren, neugodan, odvratan 3. zao, opak 4. loša zdravlja, bolestan, bolan; nedovoljan, nedostatan 5. težak, jak; nemio, grdan | **to go ~** propasti, poći krivim putem, upasti u loše društvo; pokvariti se; *sl* **~ egg (hat)** mućak; *fig* čovjek loša karaktera; **in a ~ way** bolestan; u lošim prilikama; **to be very ~** biti vrlo bolestan; **~ woman** pala (poročna) žena; **not ~** sasvim dobar, prilično dobar; *US* **~ man** razbojnik, bandit, negativni tip; **~ blood** zla krv, neprijateljsko raspoloženje; **~ debt** neutjeriv dug; **~ form** netaktičnost, neodgojenost; **~ language** prostački izrazi, psovke; **~ money** krivotvoren novac; **from ~ to worse** iz zla u gore; **to be taken ~** razboljeti se; **that is too ~** to mi je baš krivo, to je šteta, to je već preglupo
bad [bæd] *s* 1. zlo, zloća 2. manjak u računu, gubitak 3. propast | **to take the ~ with the good** primiti, podnijeti zlo i dobro; **to go to the ~** upasti u loše društvo, poći stranputicom
baddish ['bædiʃ] *adj* prilično loš
bade [beid] *pret* od **bid**
badge [bædʒ] *s* značka, oznaka, grb, amblem, znak, obilježje, simbol
badger ['bædʒə] *s* 1. *zool* jazavac 2. podrugljiv naziv za stanovnike američke države Wisconsin
badger ['bædʒə] *vt* mučiti, gnjaviti (koga), dosađivati, dodijavati (kome)
badger-baiting ['bædʒəˌbeitiŋ] *s* hajka na jazavce
badger-dog ['bædʒədɔg] *s* jazavčar (pas)
badger-drawing ['bædʒəˌdrɔːiŋ] *s* hajka na jazavce
badger-legged ['bædʒəlegd] *adj* koji ima noge poput jazavca, krivonog
badinage ['bædinaːʒ] *s* šala, šaljiv razgovor, šaljivo zadirkivanje, bockanje
badly ['bædli] *adv* (*comp* worse; *superl* worst) 1. loše, zlo 2. pogrešno, nedovoljno

3. opasno 4. *fam* vrlo, prijeko (potrebno), nužno | **I want it ~** hitno, nužno mi to treba; **he is ~ off** ide mu (novčano) loše

badminton ['bædmintən] *s* 1. piće koje rashlađuje (od crvenog vina, sode i šećera) 2. badminton (igra)

badness ['bædnis] *s* 1. loše stanje 2. zloća, zloba, nevaljalost, pokvarenost

baffle ['bæfl] *vt* zbuniti; osujetiti; prevariti | **it ~s me** to jednostavno ne razumijem; **it ~s all description** to se ne da opisati

baffler ['bæflə] *s* onaj koji zbunjuje, osujećuje; varalica

baffy ['bæfi] *s sport* drven štap (za golf)

bag [bæg] *s* 1. vreća, vrećica, kesa, torba, torbica 2. putna, lovačka torba 3. lovina 4. tobolac 5. vime (krave) 6. mjehur, kesica u tijelu insekta itd. (s otrovom, medom itd.) 7. podočnjak 8. vreća, bala (kao mjera) | *sl* **~s** *pl* hlače; **~ of bones** mršav stvor, kost i koža, kostur; *fam* **whole ~ of tricks** svi zajedno, sve skupa; **in bottom of ~** kao posljednje sredstvo; **to let the cat out of the ~** izlanuti, odati (nehotice) tajnu; **~ and baggage** sa svim (svojim) posjedom; **to make a good ~** imati dobru lovinu

bag [bæg] *vi/t* **I.** *vi* 1. nateći, nabreknuti, naduti se 2. *mar* skrenuti s kursa 3. labavo visiti; naduti se, biti širok (odijelo) **II.** *vt* 1. strpati u vreću, torbu; osigurati, skupiti 2. uloviti; zaposjesti 3. ukrasti, zdipiti 4. zaposjesti, zauzeti, rezervirati

bag [bæg] *vt* rezati, kositi (žito) srpom, kosijerom

bagatelle [ˌbægə'tel] *s* 1. sitnica, bagatela 2. kratka laka skladba 3. vrsta biljara

bagful ['bægful] *s* ono što stane u vreću, kesu; što se nalazi u vreći, kesi

baggage ['bægidʒ] *s* prtljaga; *mil* prenosiva vojna oprema; *hum* bagaža, nevaljala žena, drska djevojka

bagging ['bægiŋ] *adj* koji visi poput vreće; koji se nadima kao vreća, vrećast

baggy ['bægi] *adj* (**baggily** *adv*) vrećast, naduven, podbuo

bagman ['bægmən] *s* trgovački putnik

bagnio ['baːnjəu] *s* 1. kupalište, kupaonica 2. istočnjačka tamnica 3. javna kuća

bagpipe ['bægpaip] *s mus* gajde, dude

bah [baː] *interj* ba!, pih!

bail[1] [beil] *vt* 1. deponirati robu 2. pustiti iz zatvora uz jamčevinu 3. jamčiti za koga, osloboditi koga iz zatvora uz kauciju 4. spasiti koga; spasiti se skokom pomoću padobrana

bail[1] [beil] *s* 1. jamstvo, jamčevina, kaucija 2. jamac | **to surrender to one's ~** po dužnosti se pojaviti pred sudom; **to forfeit one's ~** izgubiti jamčevinu, kauciju; **to go for ~** jamčiti, biti jamac; **to give leg ~** pobjeći, uteći od suda

bail[2] [beil] *s* 1. *hist* vanjska linija utvrđenja načinjena od kolaca; zid dvorišta u zamku; dvorište zamka 2. pregrada u staji između konja 3. poprečni kočić na vratašcima (kriket)

bail[3] [beil] *s* 1. obruč koji drži platneni krov na kolima 2. držak, ručka 3. *Austr* okvir koji drži glavu krave pri muzenju

bail[2] [beil] *vt* 1. *arch* ograničiti kretanje, zatvoriti 2. *Austr* osigurati kravi glavu okvirom (*up*) 3. prisiliti na dizanje ruku (razbojnici); dići ruke

bail[3] (**bale**) [beil] *vt* paljati, izbacivati, crpsti, grabiti vodu iz čamca kablovima (*out*) | **to ~ out** iskočiti padobranom

bailable ['beiləbl] *adj* koji se može pustiti na slobodu uz jamčevinu

bail-bond ['beil'bɔnd] *s* jamčevnica

bailee [bei'liː] *s* depozitar, čuvar povjerene robe

bailer ['beilə] *s* lopta koja udara poprečni kočić (kriket); lopatica, palj za grabljenje vode iz čamca

bailey ['beili] *s* vanjski zid zamka; dvorište zamka | **Old Bailey** glavni londonski kriminalistički sud

bailie ['beili] *s Scot* gradski otac, gradski vijećnik

bailiff ['beilif] *s* 1. *hist* kraljev predstavnik u okrugu 2. službenik, podvornik suda 3. upravitelj imanja, nadstojnik

bailiwick ['beiliwik] *s* okrug, kotar

bailment ['beilmənt] *s* 1. deponiranje robe 2. puštanje na slobodu zatvorenika uz jamčevinu

bailor ['beilə] *s* deponent, pohranitelj neke robe

bailsman ['beilzmən] *s* jamac

bairn [bɛən] *s* dijete (prvobitno škotski)

bait [beit] *vt/i* **I.** *vt* 1. uzrokovati da (tko, što) grize, zagrize 2. nahuckati, dražiti, hajkati (npr. medvjeda) psima; zagorčavati život (kome) 3. hraniti, pojiti 4. staviti meku u stupicu, na udicu, namamiti, navabiti (i *fig*); privući; nadražiti **II.** *vi* 1. jesti, hraniti se, okrijepiti se 2. konačiti, prenoćiti (u gostionici) | *fig* **to ~ the hook** podmetnuti mamac (kome)

bait [beit] *s* 1. meka, mamac 2. *fig* mamljenje, primamljivanje, vabljenje 3. odmor, jednostavan obrok (na putovanju)

baiting-place ['beitiŋˌpleis] *s* konačište; vozarska, kočijaška postaja

baize [beiz] *s* gruba vunena tkanina, zelena čoha za stol

bake [beik] *vt/i* **I.** *vt* 1. *cul* peći, ispeći 2. žeći, sušiti, paliti 3. učiniti zrelim, potamniti **II.** *vi* peći se, sušiti se | **half-~d** nezreo, nerazvijen, glupav

bakehouse ['beikhaus] *s* pekara, pekarnica

bakelite ['beikəlait] *s* bakelit

baker ['beikə] *s* pekar | **pull devil, pull ~** neodlučna borba, udariti tuk na luk; **~'s shop** pekarnica; **~'s dozen** 13 komada
baker-legged ['beikəlegd] *adj* 1. koji ima uvinuta koljena (iks-noge) 2. *fig* šepav, slab
bakery ['beikəri] *s* pekara, pekarnica
bakestone ['beikstəun] *s* kamen ili ploča za pečenje (u štednjaku)
baking ['beikiŋ] *s* pečenje, žarenje, paljenje
baking ['beikiŋ] *adj* koji peče, žari, pali; užaren | *adv* **~ hot** strašno vruć, vreo, užaren
baking-powder ['beikiŋ,paudə] *s* prašak za pecivo
baksheesh ['bækʃiːʃ] *s* napojnica, bakšiš
balaam ['beilæm] *s* 1. prorok ili saveznik koji je razočarao 2. materijal koji služi kao zaliha za ispunjenje praznina u novinama, časopisu itd.
balalaika [,bælə'laikə] *s* balalajka
balance ['bæləns] *s* 1. vaga, tezulja 2. kantar 3. nemirnica (u satu) 4. ravnoteža, protuteža (i *fig*) 5. harmonija nacrta ili proporcija 6. siguran položaj 7. *com* saldo; bilanca 8. ostatak, preostatak, suvišak, pretičak | *astr* **the Balance** Vaga (u zodijaku); **~ of payments** platna bilanca; **~ of power** ravnoteža snaga; **~ of trade** trgovačka bilanca; **to strike a ~** sastaviti bilancu; *fig* pronaći sredinu; **to lose one's ~** izgubiti ravnotežu (i *fig*); **to keep one's ~** zadržati ravnotežu; *com* **~ in hand** stanje blagajne; *com* **~ due** dugovanje na računu; **~ carried forward** donos salda; *com* **amount of ~** saldo, iznos salda; **to have a ~ in one's favour** imati saldo u svoju korist; **~ of accounts** zaključak računa; **on ~** uzevši sve u obzir
balance ['bæləns] *vt/i* **I.** *vt* 1. vagati; izravnati (*with* sa, *by* po, *against* prema) 2. dovesti u ravnotežu, zadržati u ravnoteži, uravnotežiti, izbalansirati 3. izjednačiti **II.** *vi* 1. biti u ravnoteži, ostati, zadržati se u ravnoteži 2. kolebati se, oscilirati 3. u plesu se pomicati zajedno s partnerom | *com* **to ~ accounts with** obračunati (sa), završiti, zaključiti račun (sa), namiriti račun; **to ~ the ledger** zaključiti glavnu knjigu
balance-sheet ['bælənsʃiːt] *s* zaključni račun, bilanca | **to make out the ~** završiti zaključni račun, napraviti bilancu
balance-wheel ['bælənswiːl] *s* njihalo u satu; zamašnjak
balconied ['bælkənid] *adj* koji ima balkon, s balkonom
balcony ['bælkəni] *s* 1. balkon, doksat 2. balkon u kazalištu
bald [bɔːld] *adj* (**~ly** *adv*) 1. ćelav, bez kose, bez dlaka, gol, ogolio 2. koji ima bijele pjege (npr. konj) 3. oskudan, bijeparan (npr. stil) 4. očit, opipljiv dan, jednoličan, dosadan, nekićen, suho-
baldachin (baldaquin) ['bɔːldəkin] *s* baldahin, nebo, nebnica
baldcoot ['bɔːldkuːt] 1. *ornith* liska crna (*Fulica atra*) 2. ćelavac
balderdash ['bɔːldədæʃ] *s* 1. *arch* pjenušavo piće (od raznih tekućina) 2. zbrka. besmisao, besmislica, glupost, brbljarija
bald-head ['bɔːldhed] *s* 1. ćelavac 2. vrsta patke ili goluba
bald-headed ['bɔːld'hedid] *adj* ćelav
baldness ['bɔːldnis] *s* 1. ćelavost 2. oskudnost, jednoličnost, nekićenost, šturost
baldpate ['bɔːldpeit] *s* 1. ćelavac 2. vrsta patke ili goluba
baldric ['bɔːldrik] *s* pojas; remen, opasač preko ramena na kojem visi mač
bale[1] [beil] *s poet arch* zlo, uništenje, jad, muka, bol, zator, poguba
bale[2] [beil] *s* omot, bala, paket | *com* **~s** *pl* roba u balama; **~ goods** roba u balama
bale[1] [beil] *vt* → **bail**[3]
bale[2] [beil] *vt* pakirati u bale
bale out ['beil'aut] *vi* → **bail**[1]
baleen [bə'liːn] *s* riblja kost, kitova us
baleen [bə'liːn] *adj* od ribljih kosti, kitove usi
balefire ['beilfaiə] *s* 1. velika vatra pod vedrim nebom 2. lomača 3. signalna vatra, krijes
baleful ['beilful] *adj* (**~ly** *adv*) zao, koban, nesretan, poguban, žalostan, zlokoban, opak
baler ['beilə] *s* onaj koji zamata u bale; stroj za prešanje bala
balk (baulk) [bɔːk] *vt/i* **I.** *vt* 1. zaobići, izbrazda uz rub; međa 2. zapreka, prepreka 3. kazneni prostor na biljarskom stolu 4. grubo istesana greda, balvan; sljemenjača, glavna spojna greda krovišta kuće 5. uže za povezivanje ribarskih mreža 6. razočaranje | **make a ~** u biljaru se poslužiti kaznenim prostorom na stolu
balk (baulk) [bɔːk] *s* 1. neizoran rub polja, bjegavati, propustiti; prijeći preko čega 2. zadržavati 3. osujetiti, omesti, pomrsiti, spriječiti; razočarati, preplašiti **II.** *vi* 1. zaustaviti se, zastati, lecnuti se, poplašiti se, ustuknuti, prezati
balky [bɔːki] *adj* plašljiv, jogunast (konj)
ball[1] [bɔːl] *s* 1. kugla, Zemljina kugla, nebesko tijelo 2. lopta 3. udarac loptom (u kriketu) 4. kugla, tane, zrno za pušku (top) 5. kuglica (za glasanje na izborima) 6. gruda (snijega), klupko (vune, vate) 7. *vulg* testis | **~ of eye** očna jabučica; **to have the ~ at one's feet** imati što u vlasti, imati otvoren put k uspjehu; *fig* **to keep up the ~, to keep the ~ rolling** podržavati razgovor; **the ~ is with you** na tebi je red (u igri); **three ~s cimer,**

ploča zalagaonice, zalagaonica; ~ **of foot** stopalo (noge); ~ **of thumb** jastučić (na palcu ruke); *tech* ~ & **socket joint** univerzalni (kuglični) zglob, kuglični šarnir (šarka)

ball² [bɔːl] *s* bal, svečani ples, plesno veče | **to open the** ~ otvoriti ples; *fig* započeti diskusiju, zapodjenuti kavgu; **fancy dress** ~ kostimirana zabava ili ples

ball [bɔːl] *vt/i* **I.** *vt* načiniti loptu, kuglu **II.** *vi* smotati se u loptu, kuglu, sklupčati se

ball up [ˈbɔːlˈʌp] *vt/i sl* **I.** *vt* pobrkati, smotati, zbuniti, učiniti bespomoćnim **II.** *vi* zgrudati se

ballad [ˈbæləd] *s* balada, pučka pjesma, narodna pjesma

ballade [bæˈlaːd] *s* balada, epsko-lirska pjesma od 3 kitice sa po 8 stihova i dodatkom

ballad-monger [ˈbælədˌmʌŋgə] *s* tvorac balada, ulični pjevač; stihoklepac

balladry [ˈbælədri] *s* pjevanje balada, pjesništvo u stilu balada, narodno pjesništvo

ballast [ˈbæləst] *vt* 1. *mar* opteretiti balastom, gružom, sovrnjom, nagružiti (brod) 2. pošljunčiti, nasuti tucanikom 3. održavati u ravnoteži, dati ravnotežu

ballast [ˈbæləst] *s* 1. *mar* balast, gruž, sovrnja 2. *rly* šljunak, tučenac, drozga, troska (kao podloga za prugu i sl.) | *mar* **in** ~ (brod) natovaren balastom, nagružen (brod); **mental** ~ unutarnja, duhovna čvrstoća

ball-bearing [ˈbɔːlˌbɛəriŋ] *s tech* kuglični ležaj

ball-cock [ˈbɔːlkɔk] *s* automatski pipac s kuglicom

ballerina [ˌbæləˈriːnə] *s* baletna plesačica, balerina

ballet [ˈbælei] *s theat* balet

ballet-dancer [ˈbæliˌdaːnsə] *s* baletna plesačica, plesač

ballet-girl [ˈbæligəːl] *s* baletna plesačica

ballistic [bəˈlistik] *adj* balistički

ballistics [bəˈlistiks] *s pl* balistika

balloon [bəˈluːn] *s* 1. balon 2. »oblačić« s tekstom u stripu | **trial** ~ *fig* **probni balon**; **hot-air** ~ navigacijski balon punjen vrućim plinom; ~ **tyre** balon-guma; ~ **fabric** balonska svila

balloon [bəˈluːn] *vi/t* **I.** *vi* dizati se u balonu, letjeti u balonu 2. napuhati se kao balon **II.** *vt* 1. dizati (kao) balonom 2. napuhnuti, napuniti zrakom; *com* (umjetno) dizati cijene ili tečajeve

ballooner [bəˈluːnə] *s* letač u balonu, upravljač balona

balloonist [bəˈluːnist] *s* letač u balonu, upravljač balona

ballot¹ [ˈbælət] *s* 1. glasačka kuglica, glasački listić, glasačka cedulja 2. tajni izbor, tajno glasanje 3. izbor, glasanje 4. predani glasovi 5. ždrijeb, ždrebanje | **to take a** ~ glasati; **to elect by** ~ izabrati tajnim glasanjem

ballot [ˈbælət] *vi* 1. tajno glasati, izabrati 2. ždrebati

ballot for [ˈbælətˈfɔː] *vt* ždrebati za

ballot² [ˈbælət] *s* mala bala (od 30 do 60 kg)

ballotage [ˈbælətidʒ] *s* drugo glasanje, uži izbor (u Francuskoj) između dva kandidata s najviše glasova, od kojih nijedan nema zakonske većine

ballot-box [ˈbælətbɔks] *s* glasačka kutija, izborna žara

ballpoint-pen [ˈbɔːlpɔintpen] *s* kemijska olovka

ball-proof [ˈbɔːlpruːf] *adj* neprobojan

ball-room [ˈbɔːlrum] *s* plesna dvorana

bally [ˈbæli] *adj sl* odvratan, proklet, vražji

bally [ˈbæli] *adv sl* odvratno, prokleto

ballyhoo [ˌbæliˈhuː] *s sl* halabuka, bučna reklama; pravljenje važnim

ballyhoo [ˌbæliˈhuː] *vt sl* hvaliti, naveliko reklamirati

ballyrag [ˈbæliræg] *vt/i sl* **I.** *vt* **1.** **zbijati** neslane šale (s kim), zadirkivati, dražiti 2. izgrditi **II.** *vi* 1. grubo se šaliti 2. grditi

ballyragging [ˈbæliræginŋ] *s* neslana šala, zadirkivanje, grdnja

balm [baːm] *s* balzam, melem, miomiris; *fig* utjeha | **to pour** ~ **into a person's wounds** staviti melem na čije rane

balmy [ˈbaːmi] *adj* (**balmily** *adv*) balzamski, pun melema, miomirisan; mekan, blag, koji ublažuje, liječi; *fam* šašav, glup

baloney [bəˈləuni] *s sl* šuplje fraze, prazne riječi, glupost

balsam [ˈbɔːlsəm] *s* 1. balzam, melem 2. *fig* utjeha, ublaženje 3. *chem* spoj smola i hlapivih ulja koja se ne tope u vodi 4. *bot* balzamovo drvo; netik | *bot* ~ **fir** vrsta sjevernoameričke jele od koje se dobiva tzv. kanadski balzam; ~ **shrub** *bot* balzamov grm

balsamic [bɔːlˈsæmik] *adj* (~**ally** *adv*) balzamski, balzamičan, miomirisan

baluster [ˈbæləstə] *s* kratak stup na ogradi | ~**s** *pl* ograda na stubištu, balustrada

balustrade [ˌbæləsˈtreid] *s* ograda, balustrada

bam [bæm] *vt sl arch* zbuniti, prevariti, izvarati

bam [bæm] *s sl arch* prijevara

bamboo [bæmˈbuː] *s bot* bambus

bamboozle [bæmˈbuːzl] *vt sl* zbuniti, prevariti, obmanuti, nasamariti, prijevarom izmamiti | *fig* **to** ~ **oneself** zatrčati se

bamboozle out [bæmˈbuːzlˈaut] *vt* prevariti koga za posjed, izgurati prijevarom iz posjeda

bamboozlement [bæmˈbuːzlmənt] *s* prijevara, varka

ban [bæn] *vt/i* 1. javno proglasiti 2. *arch* prokleti 3. zabraniti 4. izopćiti, prognati
ban [bæn] *s* 1. javni proglas 2. *arch* prokletstvo, izopćenje, progonstvo 3. službena zabrana | **under a ~** pod prokletstvom; **Ban of the Empire** stavljanje izvan zakona (u Svetom Rimskom Carstvu)
banal [bəˈnaːl] *adj* (**~ly** *adv*) običan, svakodnevan, otrcan, banalan
banality [bəˈnæləti] *s* običnost, svakodnevnost, otrcanost, banalnost
banana [bəˈnaːnə] *s bot* banana | **hand of ~s** gronja banana; **~ plug** *tech* banana utikač; **~ split** sladoled s bananom
banc(o) [ˈbæŋk(əu)] *s* sud, sudište | **in ~** sudski punovažno (odlukom višeg suda)
band[1] [bænd] *s* 1. *arch* veza, lanac, okovi 2. vrpca za prošivanje hrpta knjige 3. vrpca, traka, remen, obruč, prsten, kolut, povez 4. **~s** *pl* svećenički, sudački ovratnik 5. *tech* beskrajni remen, pogonski remen; traka 6. pruga (boje, tkanine) 7. *anat* mišićna tetiva 8. valna dužina, pojas 9. *geol* sloj, proslojak
band[2] [bænd] *s* 1. skupina, družba, četa; banda, gomila, rulja, krdo 2. glazba, muzička kapela, orkestar; *fam* pukovska glazba, brodska glazba, vojna glazba
band [bænd] *vt* 1. svezati, povezati 2. isprugati 3. skupiti, ujediniti | **to ~ together** skupiti se, ujediniti se, udružiti se
bandage [ˈbændidʒ] *s* povez, zavoj, ovoj, bandaža
bandage [ˈbændidʒ] *vt* povezati, zaviti, oviti
bandaging [ˈbændidʒiŋ] *s* povezivanje, ovijanje, previjanje
bandanna (bandana) [bænˈdænə] *s* šareni svileni rubac
bandbox [ˈbændbɔks] *s* kutija za šešire, za nakit | **he looks as if he had just come out of a ~** izgleda kao iz škatuljice, vrlo je šik
band-conveyer [ˈbændkənˌveiə] *s tech* pomična vrpca; transporter
bandeau [ˈbændəu] *s* vrpca koja drži žensku kosu
bandit [ˈbændit] *s* razbojnik, bandit, odmetnik
banditry [ˈbænditri] *s* banditizam, razbojništvo
bandmaster [ˈbændˌmaːstə] *s* dirigent, kapelnik
bandog [ˈbændɔg] *s* pas čuvar, pas na lancu
bandoleer (bandolier) [ˌbændəˈliə] *s* redenik
bandoline [ˈbændəliːn] *s* vrsta pomade za kosu, brkove
band-saw [ˈbændsɔː] *s tech* tračna pila
bandsman [ˈbændzmən] *s* glazbenik, član muzičke kapele
bandstand [ˈbændstænd] *s* podij (za orkestar), paviljon za promenadne koncerte
bandwaggon [ˈbændwægən] *s* otvorena kola s glazbom na čelu povorke; pobjednička strana | **climb (jump) on the ~** priključiti se pobjedničkoj strani
bandy[1] [ˈbændi] *s sport* 1. vrsta tenisa i hokeja 2. štap za hokej
bandy[2] [ˈbændi] *s* 1. indijska kola s volovima 2. laka jednopregna kolica
bandy [ˈbændi] *vt* 1. dobacivati, dodavati, primati i davati udarce 2. raspravljati 3. izmjenjivati (poglede, riječi itd.) 4. širiti (glasine) | **do not ~ words with me** nemojte se na mene nabacivati riječima
bandy about [ˈbændiəˈbaut] *vt fig* prenositi, širiti (glasine)
bandy [ˈbændi] *adj* kriv, koji ima krive noge
bandy-legged [ˈbændilegd] *adj* krivonog, s oks-nogama
bane [bein] *s* 1. otrov (samo u složenicama) 2. propast, uništenje 3. *poet* jad, nevolja, propast, kuga | **rat's-~** otrov za štakore; **he has been the ~ of my life** truje mi život
baneful [ˈbeinful] *adj* (**~ly** *adv*) otrovan; smrtan, poguban
bang [bæŋ] *vt/i* **I.** *vt* 1. lupiti 2. zalupiti (vrata) 3. tući, udarati 4. bubati 5. snižavati cijene 6. *sl* natkriliti, nadvisiti **II.** *vi* 1. prasnuti, eksplodirati, grunuti 2. zalupiti se, tresnuti | **to ~ one's way into** bučno ući
bang off [ˈbæŋˈɔf] *vt* 1. opaliti (pušku itd.) 2. jednolično odsvirati što na klaviru
bang to [ˈbæŋˈtuː] *vi* zalupiti vratima
bang[1] [bæŋ] *s* 1. tresak, lupa, udarac 2. zveket 3. prasak, pucanj | **to go off with a ~** glasno opaliti; *fig* doživjeti velik uspjeh (predstava, film)
bang[2] [bæŋ] *s* šiške na čelu
bang [bæŋ] *adv* 1. najedanput, nenadano 2. potpuno, ravno, točno | **to go ~** opaliti, prasnuti, eksplodirati
bang [bæŋ] *interj* tres!, bum!, puf!, paf!
bang [bæŋ] *vt* podšišati kosu na čelu, načiniti šiške
bangle [ˈbæŋgl] *s* nanogvica, narukvica, grivna
bangled [ˈbæŋgld] *adj* ukrašen nanogvicama, narukvicama itd.
banian (banyan) [ˈbæniən] *s* 1. hinduski trgovac, pokućarac, mešetar 2. kaput od flanela, kaftan, košulja 3. indijska smokva, (sveto drvo) banjan | *mar* **~ day** bezmesni dan, posni dan; **~ hospital** bolnica za životinje
banish [ˈbæniʃ] *vt* prognati, odagnati, protjerati, istjerati; *fig* zaboraviti | **they ~ed him from the country** prognali su ga iz zemlje
banishment [ˈbæniʃmənt] *s* progonstvo, protjerivanje, otpuštanje

banister ['bænistə] s *archit* stup na ogradi | **~s** *pl* ograda na stubištu
banjo ['bændʒəu] s crnačka gitara, bendžo | **to play the cat and ~ with** pomutiti, zbrkati
banjoist ['bændʒəuist] s svirač na bendžu
bank[1] [bæŋk] s 1. nasip, bedem 2. brežuljak, humak, uzvisina, obronak, pristranak, nagib 3. obala rijeke, sprud 4. naseobina, ležište (ostriga, školjaka) 5. sloj oblaka, snijega 6. nagib ceste na zavoju koji omogućuje da kola mogu voziti nesmanjenom brzinom 7. *aero* kosi položaj, poprečni položaj
bank[2] [bæŋk] s *com* banka, banka u hazardnoj igri (u kartanju) | **the Bank** Engleska narodna banka; **~ holiday** državni praznik; **safe as the Bank** vrlo pouzdan, siguran kao Engleska banka; **savings ~** štedionica; **to break the ~** razbiti, upropastiti banku (kod hazardnih kartaških igara); **~ for loans** založna banka, banka za zajmove; **~ of circulation** žiro-banka; **~ of deposit** depozitna banka; **~ of exchange** mjenjačnica; **~ of issue** emisiona banka; **~ post-bill** bankovna mjenica Engleske narodne banke plativa 7 dana nakon viđenja
bank[3] [bæŋk] s 1. veslačka klupa na galiji 2. red tipaka na orguljama 3. radni stol kod nekih zanata, radna **klupa** | **~ of oars** red vesala, broj veslača
bank[1] [bæŋk] *vt/i* **I.** *vt* 1. opkoliti nasipima, bedemima 2. nagomilati 3. *aero* nagnuti na krilo **II.** *vi* 1. nagomilati se 2. *aero* letjeti nagnut na krilo
bank[2] [bæŋk] *vt/i* **I.** *vt com* položiti, uložiti u banku, deponirati novac **II.** *vi* baviti se bankovnim poslovima, biti bankar; držati banku (kod hazardne kartaške igre)
bank on ['bæŋk'ɔn] *vi* polagati nade (u); računati (na); smatrati pouzdanim, osloniti se, pouzdati se
bank up ['bæŋk'ʌp] *vt* 1. nagomilati 2. zgrnuti
bank with ['bæŋk'wið] *vi* imati račun u kojoj banci, raditi s nekom bankom
bankable ['bæŋkəbl] *adj com* koji se može preuzeti u banci, diskontirati; isplativ u banci
bank-account ['bæŋkə,kaunt] s *com* bankovni račun
bank-bill ['bæŋkbil] s *com* bankovna mjenica
bank-book ['bæŋkbuk] s *com* uložna knjižica
bank-broker ['bæŋk,brəukə] s bankovni mešetar
bank-clerk ['bæŋkkla:k] s bankovni činovnik
bank-credit ['bæŋk,kredit] s *com* bankovni kredit
bank-deposit ['bæŋkdi,pɔzit] s *com* bankovni polog
bank-draft ['bæŋkdra:ft] s *com* bankovna mjenica, trata
banker[1] ['bæŋkə] s bankar; onaj koji drži banku (kod hazardnih kartaških igara)
banker[2] ['bæŋkə] s 1. radnik na nasipu 2. konj skakač (za lov) 3. brod za lov na bakalare
banker[3] ['bæŋkə] s drvena ili kamena klupa za klesanje opeka ili kamenja
banket ['bæŋkit] s *minr* vrsta transvalske zlatonosne rude
banking ['bæŋkiŋ] s 1. bankarstvo, bankovni promet, bankovni poslovi 2. ribarenje na prudu 3. naginjanje aviona u okretu
bank-money ['bæŋk,mʌni] s *com* novac, valuta banke
bank-note ['bæŋknəut] s novčanica, banknota
bank-rate ['bæŋkreit] s *com* eskontna stopa
bank-returns ['bæŋkri,tə:nz] s *pl* bankovni izvještaj; *US* tjedni izvještaj njujorškog obračunskog zavoda
bankrupt ['bæŋkrʌpt] s bankroter, stečajnik | **~'s estate** stečajna (konkursna) masa; **~'s stocks** skladište zaliha ostataka stečajne mase
bankrupt ['bæŋkrʌpt] *vt* dovesti do bankrota, dovesti pod stečaj; upropastiti
bankrupt ['bæŋkrʌpt] *adj* bankrot, bankrotiran, insolventan | **to become ~** bankrotirati, pasti pod stečaj; **to declare ~** najaviti bankrot, stečaj
bankruptcy ['bæŋkrəpsi] s 1. stečaj, financijski slom, bankrot; obustava plaćanja 2. *fig* uništenje, propast, brodolom | **state ~** državni bankrot, financijski slom; **act of ~, declaration of ~** najava stečaja; **to file one's (petition in) ~** najaviti stečaj; **~ court** stečajni sud; **~ proceedings** stečajni postupak; **~ act** odluka o stečaju; **~ commissioners** stečajna uprava
banksman ['bæŋksmən] s *min* nadglednik ugljenokopa (na površini zemlje)
bank-standard ['bæŋk,stændəd] s valuta banke
bank-stock ['bæŋkstɔk] s *com* bankovni kapital, bankovne dionice
banner ['bænə] s 1. zastava, stijeg, barjak (i *fig*) 2. transparent | **~ headline** veliki naslov u novinama, kričav naslov
banner-bearer ['bænə,bɛərə] s zastavnik, stjegonoša, barjaktar
banneret ['bænərit] s 1. vitez koji ima vazale pod svojim stijegom 2. čovjek koji je dobio viteški red za zasluge na bojnom polju
bannerol(e) ['bænərəul] s pogrebna zastava
banner-screen ['bænəskri:n] s zaklon za peć, zaklon za svjetlo

bannock [ˈbænək] *s* škotska pogača, ječmena lepinja
banns [bænz] *s pl* oziv za sklapanje braka | **to call (ask, publish) the ~** ozvati, navijestiti (u crkvi za brak); **to forbid the ~** uložiti prigovor protiv sklapanja braka
banquet [ˈbæŋkwit] *s* gozba, banket
banquet [ˈbæŋkwit] *vt/i* ugostiti, pogostiti; gostiti se, častiti se
banqueter [ˈbæŋkwitə] *s* uzvanik na gozbi, gost na banketu
banquette [bæŋˈket] *s* 1. nasip (na utvrđenju) s kojega se gađa 2. *US* pločnik 3. klupa iza kočijaša na poštanskim kolima
banshee [bænˈʃiː] *s Ir & Scot* duh koji navješćuje smrt u kući; vila vjesnica smrti
bant [bænt] *vi* držati kuru mršavljenja
bantam [ˈbæntəm] *s* bantamska kokoš; *fig* malen, a ratoboran čovjek ili vojnik | *box* **~ weight** bantam kategorija
banter [ˈbæntə] *s* bockanje, zadirkivanje, šala
banter [ˈbæntə] *vt/i* **I.** *vt* bockati, zadirkivati, dražiti **II.** *vi* šaliti se, izrugivati se
banting [ˈbæntiŋ] *s* kura protiv debljanja izbjegavanjem šećera i škroba
bantling [ˈbæntliŋ] *s* malo dijete, derište, kopile
Bantu [ˌbænˈtuː] *adj* Bantu
Bantu [ˌbænˈtuː] *s* bantu-jezik
banyan [ˈbæniən] *s* → **banian**
baobab [ˈbeiəbæb] *s bot* baobab (*Adansonia digitata*)
baptism [ˈbæptizəm] *s* krštenje, krst | **~ of blood** martirij, mučeništvo; **~ of fire** vatreno krštenje
baptismal [bæpˈtizməl] *adj* (**~ly** *adv*) krsni
baptist [ˈbæptist] *s* krstitelj; baptist | **John the B~** Ivan Krstitelj
baptist(e)ry [ˈbæptist(ə)ri] *s* krstionica, baptisterij
baptize [bæpˈtaiz] *vt* krstiti
bar[1] [baː] *s* 1. motka, šipka, prečaga, prečka; rebro čokolade, komad sapuna; balvan, greda; *gymn* preča, ruča 2. (na medalji) srebrna vrpca ispod kopče kao znak dvostrukog odlikovanja; pruga, traka (boje) na površini 3. *her* dvije vodoravne usporedne crte preko grba 4. zasun, kračun, rešetke na prozoru, vratima 5. pregrada, ograda, brana; prud pijeska (u vodi) 6. *fig* zapreka, prepreka 7. ograda, barijera, ograđen prostor 8. *mus* (taktni) tinac, takt 9. *jur* pregrada u sudnici; *fig* sudište, sud, ograđen prostor (za optuženika), optuženička klupa 10. odvjetništvo, advokatura; odvjetnički poziv, zvanje 11. *jur* utok, žalba; *fig* moralna zapreka 12. *parl* pregrada koja u engleskom parlamentu dijeli nečlanove od članova 13. šank, bar, bife; gostionica | **to be called to the ~** postati odvjetnik, advokat; **to be called within the ~** biti imenovan kraljevskim pravobraniocem (King's Counsel); **~ Association** odvjetnička komora, advokatska komora; **the ~** odvjetnici, odvjetničko zvanje; **prisoner at the ~** optuženik; **the ~ of public opinion** sud javnosti; **horizontal ~** vratilo, preča; **parallel ~s** razboj; **milk ~** mliječni restoran; **quick-lunch ~** ekspres-restoran, zalogajnica
bar [baː] *vt* 1. zakračunati, zasunuti vrata, navući zasun 2. preprriječiti, zapriječiti, zabraniti, ne dopustiti pristup 3. zagraditi rešetkama 4. zadržati, odijeliti, isključiti; izuzeti 5. *jur* zavlačiti parnicu utocima, prigovorima 6. *sl* prigovarati, zamjerati, ne voljeti 7. isprugati | **~ none** ne izuzevši nikoga
bar in [ˈbaːrˈin] *vt* zatvoriti, ograditi
bar out [ˈbaːrˈaut] *vt* isključiti, izuzeti
bar up [ˈbaːrˈʌp] *vt* zatvoriti rešetkama, ogradom
bar[2] [baː] *s ichth* grb, morski grgeč (*Sciaena aquila*)
barb[1] [baːb] *s* 1. *zool* brada, brk ribe; *bot* osje 2. kuka (na udici, strelici), bodlja, bodljika 3. podbradak na kapi opatice; isperak (čija) na peru (ptičjem) 4. *fig* ubod
barb [baːb] *vt* opskrbiti kukama | **~ed wire** bodljikava žica
barb[2] [baːb] *s* berberski konj ili golub
barbarian [baːˈbɛəriən] *s* barbar, divljak
barbarian [baːˈbɛəriən] *adj* barbarski, divlji, surov
barbaric [baːˈbærik] *adj* (**~ally** *adv*) barbarski, surov, okrutan; *fig* tuđinski
barbarism [ˈbaːbərizəm] *s* 1. barbarizam 2. prostota, surovost, grubost, nekultura, divljaštvo, barbarstvo
barbarity [baːˈbæriti] *s* surovost, grubost, okrutnost, barbarstvo
barbarization [ˌbaːbəraiˈzeiʃən] *s* barbarizacija
barbarize [ˈbaːbəraiz] *vt/i* **I.** *vt* barbarizirati, učiniti divljim **II.** *vi* podivljati; iskvariti jezik
barbarous [ˈbaːbərəs] *adj* (**~ly** *adv*) barbarski, neuljuđen, nekulturan, surov, divlji, nečovječan, okrutan; tuđ
barbecue [ˈbaːbikjuː] *s* 1. roštilj 2. vol (svinja) pečen na ražnju; meso s roštilja 3. skele ili kameni pod za sušenje (i na dimu) 4. *US* pučka zabava na otvorenom, piknik s roštiljem 5. prostor za sušenje zrnja od kave
barbecue [ˈbaːbikjuː] *vt* 1. sušiti (i na dimu) 2. ispeći na roštilju
barbel [ˈbaːbəl] *s* 1. *ichth* mrena (*Barbus fluviatalis*) 2. brk na ribljim ustima
bar-bell [ˈbaːbel] *s* bućica s prečkom (za tešku atletiku)
barber [ˈbaːbə] *s* brijač | **~'s block** stalak za vlasulje; **~'s itch** kožna bolest za koju kažu da se dobije kod brijača; **~'s pole**

stup sa spiralnim raznobojnim prugama kao vanjska oznaka brijačnice; **~'s shop** *GB*, **~ shop** *US* brijačnica
barber(r)y [ˈbaːbəri] *s bot* žutikovina, žutika (*Berberis*)
barbette [baːˈbet] *s mil* oklopljeno postolje (na brodu) ili podnožje u utvrdi za top da može gađati preko bedema
barbican [ˈbaːbikən] *s mil* stražarnica, vanjska utvrda
barbitone [ˈbaːbitəun] *s* veronal
barbiturate [baːˈbitjurət] *s* barbiturat
barcarole (barcarolle) [ˈbaːkərəul] *s mus* pjesma gondolijera, barkarola
bard¹ [baːd] *s* 1. *arch* keltski narodni pjesnik, bard 2. *poet* pjesnik, pjevač, poeta | **the Bard of Avon** avonski bard (Shakespeare)
bard² [baːd] *s* oklop za bojnog konja; konjska oprema
barded [ˈbaːdid] *adj* oklopljen (konj)
bardic [ˈbaːdik] *adj* bardski, pjesnički
bardling [ˈbaːdliŋ] *s* slab, loš pjesnik
bare [bɛə] *adj* 1. neodjeven, otkriven, nag, gol, ćelav, bez dlaka, bez lišća, gologlav 2. prazan, nenamješten, bez pokućstva, nezaštićen. otvoren, bez korica; nenaoružan 3. ponošen, otrcan, jadan, bijedan, neukrašen. bez nakita, lišen (čega); ogolio, ubog, oskudan 4. sam, jedini, puki, bez dodatka 5. *fig* otvoren, očit | *mar* **under ~ pole** s jarbolom bez jedrilja; **~ boards** goli pod; **~ majority** minimalna većina; **~ hundred pounds** jedva sto funti
bare [bɛə] *vt* otkriti, razotkriti, skinuti odjeću, izvaditi iz korica; razgoliti
bareback [ˈbɛəbæk] *adj* neosedlan (konj)
bareback [ˈbɛəbæk] *adv* bez sedla (za konja)
barebacked [ˈbɛəbækt] *adj* neosedlan (konj)
barefaced [ˈbɛəfeist] *adj* (**~ly** *adv*) 1. neprikriven, otkrita lica, nemaskiran 2. *fig* otvoren, slobodan 3. bestidan, besraman, bezočan, bezobrazan, drzak
barefacedness [ˈbɛəfeistnis] *s* 1. otvorenost 2. bestidnost, bezobraznost, bezočnost, drskost
barefoot [ˈbɛəfut] *adj* bos, bosonog
barefoot [ˈbɛəfut] *adv* bosih nogu
barefooted [ˌbɛəˈfutid] *adj* bos, bosonog
bareheaded [ˌbɛəˈhedid] *adj* gologlav
bareheaded [ˌbɛəˈhedid] *adv* gole glave
bare-legged [ˌbɛəˈlegd] *adj* golih nogu
barely [ˈbɛəli] *adv* 1. otvoreno, očito 2. jedva, tek, samo 3. oskudno, bijedno
bare-necked [ˌbɛəˈnekt] *adj* golovrat
bareness [ˈbɛənis] *s* 1. golotinja, nagost 2. neimaština, siromaštvo, bijeda, oskudica
baresark [ˈbɛəˌsaːk] *s* divlji nordijski ratnik
baresark [ˈbɛəˌsaːk] *adv* bez oklopa, nezaštićen
bargain [ˈbaːgin] *s* 1. ugovor, pogodba, posao, trgovina, kupnja; cjenkanje 2. predmet, stvar dobivena ugovorom, pogodbom, trgovinom 3. jeftina, prigodna kupnja, rasprodaja, reklamna prodaja, prodaja po sniženim cijenama | **wet ~** kupnja zaključena pićem; **into the ~** još k tome, kao privaga, kao dodatak; **to strike a ~** sklopiti posao; **to make the best of a bad ~** izbiti korist i iz lošeg posla, izvući se nekako iz škripca, snaći se; **he boxed his ears into the ~** još ga je i pljusnuo; **he got this a ~** dobio je to uz nisku cijenu, kao prigodnu kupnju; **to drive a ~** uporno se cjenkati; **to get a thing a dead ~** kupiti što uz nevjerojatno nisku cijenu; **it is a ~!** tako je!, u redu!, dogovoreno!; **it is a ~** nevjerojatno je jeftino; **~ price** reklamna cijena, niska cijena; **~ sale** rasprodaja uz niske cijene, reklamna prodaja; **~ hunter** kupac na rasprodaji, onaj koji gleda gdje će što jeftinije kupiti
bargain [ˈbaːgin] *vi* pogađati se, cjenkati se (*with* s, sa; *for* za; *about* o); ugovarati (*with* s, sa; *for* za; *about* o); računati (*for* na), očekivati | **I didn't ~ for that!** nisam to očekivao, nisam na to računao!
bargain away [ˈbaːginəˈwei] *vt* prodati
bargainee [ˌbaːgiˈniː] *s jur* kupac, mušterija
bargainer [ˈbaːginə] *s* prodavač, trgovac; onaj koji se pogađa
bargainor [ˈbaːginə] *s* prodavač
barge [baːdʒ] *s mar* barka, teglenica, teglenjak, barkasa, šlep, teretni čamac, pram; gig; oficirski čamac na ratnom brodu; paradni čamac
barge [baːdʒ] *vi sl* upasti, uletjeti, srljati, glavinjati, teturati
barge about [ˈbaːdʒəˈbaut] *vi* teturati naokolo
barge into [ˈbadʒˈintu] *vi* zatrčati se, upasti, uljetati
barge-board [ˈbaːdʒbɔːd] *s archit* ukrasna drvena oplata nad zabatnim gredama
barge-course [ˈbaːdʒkɔːs] *s archit* krović nad zabatnim gredama
bargee [baːˈdʒiː] *s* brodar, splavar, lađar | **to swear like a ~** kleti (psovati) kao kočijaš; *coll* **lucky ~** sretan momak
barge-pole [ˈbaːdʒpəul] *s* čaklja | **I would not touch him with a ~** ne bih htio imati s njim posla; ne bih ga ni prstom dodirnuo
baritone [ˈbæritəun] *s & adj* → **barytone**
barium [ˈbɛəriəm] *s chem* barij; *med* barijeva kaša
bark¹ [baːk] *s* 1. kora (drveta); istucana hrastova kora za štavljenje koža, štav; kininova kora 2. *sl* koža, krzno
bark² [baːk] *s* 1. lajanje, lavež 2. *fig* grdnja, psovanje, huljenje; štektanje pušaka, mi-

traljeza 4. kašalj | **his ~ is worse than his bite** pas koji laje ne grize
bark [ba:k] *vt* 1. guliti (koru), ljuštiti 2. oguliti (gležnjeve, zglobove) 3. strojiti, činiti, štaviti (kožu) 4. oviti korom
bark[3] **(barque)** [ba:k] *s* 1. bark, jedrenjak s tri jarbola 2. *poet* brod
bark [ba:k] *vi* lajati, štektati; *fig* grditi, psovati, huliti; *sl* kašljati
bark up ['ba:k'ʌp] *vt* zalajati, zaštektati | **to ~ the wrong tree** optužiti, prijaviti pogrešnu osobu, biti na krivom tragu, obratiti se na krivu adresu
bark-bed ['ba:kbed] *s hort* trijeslište
bark-bound ['ba:kbaund] *adj* zakržljao
bar-keeper ['ba:ˌki:pə] *s* gostioničar, vlasnik bifea
barker ['ba:kə] *s* 1. lajavac, štektalo (i *fig*) 2. izvikivač, nuđač (robe) 3. *sl* pištolj, revolver, »pljuca«
barking[1] ['ba:kiŋ] *s* lajanje, lavež, štektanje
barking[2] ['ba:kiŋ] *s* guljenje kore
barking-iron[1] ['ba:kiŋˌaiən] *s sl* pištolj
barking-iron[2] ['ba:kiŋˌaiən] *s* nož za guljenje kore
bark-liquor ['ba:kˌlikə] *s* štava
bark-pit ['ba:kpit] *s* jama za činjenje kože
bark-rigged ['ba:krigd] *adj* (brod) opremljen sa snasti kao bark
bark-tree ['ba:ktri:] *s bot* kina drvo
barley ['ba:li] *s bot* ječam | **pot ~** oljušten ječam; **pearl ~** prekrupica, glazirani okrugli ječam
barley-broth ['ba:librɔθ] *s* jako pivo
barleycorn ['ba:likɔ:n] *s* ječmeno zrno; *coll* viski; **John B~** viski
barley-mow ['ba:limau] *s* 1. žetva ječma 2. snop ječma 3. suša za ječam
barley-sugar ['ba:li'ʃugə] *s* slatkiš od čistog šećera
barley-water ['ba:liˌwɔ:tə] *s* uvarak od ječma, ječmena sluz
barm [ba:m] *s* kvas, kvasac, pjenica, pivarski kvasac
barmaid ['ba:meid] *s* konobarica, pipničarka
barman ['ba:mən] *s* pipničar, vlasnik bifea
barmy ['ba:mi] *adj* (**barmily** *adv*) pun kvasca, pjenušav; *sl* glup, lud, blesav | *sl* **~ on the crumpet** glup, lud, blesav, ćaknut, kome nedostaje jedna daska u glavi
barn [ba:n] *s* ambar, suša, štagalj; *US* staja; *derog* ružna zgrada
barnacle[1] ['ba:nəkl] *s* procijep (koji se meće na nozdrve nemirnu konju pri potkivanju) | *sl* **~s** *pl* cviker, naočale
barnacle[2] ['ba:nəkl] *s* 1. *ornith* arktička divlja guska, guska bjelolica 2. lupar, vrsta školjke koja se drži brodskog korita 3. *fig* čičak, krpelj
barn-door ['ba:n'dɔ:] *s* vrata suše, štaglja; *fig* »slon«, nišan koji je tako velik da se ne može promašiti
barndoor ['ba:ndɔ:] *adj* pitom, domaći | **~ fowl** kućna perad
barn-floor ['ba:nflɔ:] *s* gumno
barn-owl ['ba:naul] *s ornith* kukuvija drijemavica (*Strix flammea*)
barnstorm ['ba:nstɔ:m] *vi* korteširati, putovati i držati predizborne govore
barn-stormer ['ba:nˌstɔ:mə] *s US* putujući provincijski glumac; političar koji u predizbornoj kampanji drži govore po malim mjestima
barn-yard ['ba:nja:d] *s* seljačko dvorište
barograph ['bærəgra:f] *s* barograf
barometer [bə'rɔmitə] *s* barometar
barometric [ˌbærə'metrik] *adj* (**~ally** *adv*) barometarski
barometry [bə'rɔmitri] *s* barometrija
baron ['bærən] *s* 1. barun 2. član nižeg reda engl. plemstva 3. *fig* magnat | **~ of beef** goveđi bubrežnjak u komadu
baronage ['bærənidʒ] *s* baruni; barunstvo
baroness ['bærənis] *s* barunica
baronet ['bærənit] *s* baronet, član najnižeg reda engl. plemstva (iznad viteza)
baronet ['bærənit] *vt* učiniti koga baronetom
baronetage ['bærənitidʒ] *s* čast, rang baroneta; skup baroneta
baronetcy ['bærənitsi] *s* čast, rang baroneta
baronial [bə'rəuniəl] *adj* 1. barunski 2. sjajan, veličanstven
barony ['bærəni] *s* barunija; *Ir* kotar grofovije
baroque [bə'rɔk] *adj* barokan; čudan, groteskan, fantastičan
baroque [bə'rɔk] *s* barok, barokni stil
barouche [bə'ru:ʃ] *s* fijaker
barque [ba:k] *s* → **bark**[3]
barrack ['bærək] *s* 1. **~s** *pl* kasarna, vojarna 2. zgradurina
barrack ['bærək] *vt* 1. staviti, smjestiti u kasarnu 2. *sl* ismijavati, izvrći ruglu (igrače u kriketu)
barracuda [ˌbærə'ku:da] *s ichth* škaram (*Sphyraena sphyraena*)
barrage ['bæra:ʒ] *s* 1. nasip, brana, ustava 2. *mil* baražna vatra; baraža (minska) **creeping ~** artiljerijski tepih
barrator (barrater) ['bærətə] *s* 1. podmitljiv sudac 2. *mar* pomorac koji svjesno izvrši krivično djelo da ošteti prava brodovlasnika ili vlasnika tereta 3. svadljivac, pravdaš; podstrekač
barratrous ['bærətrəs] *adj mar* nemaran, nehatan
barratry ['bærətri] *s mar* svjesno oštećivanje prava brodovlasnika ili vlasnika tereta od strane zapovjednika broda ili njegove posade bilo pobunom ili krivičnim djelom; *jur* pravdanje, pravdaštvo; poticanje na parničenje, huckanje, podstrekivanje

barrel [ˈbærəl] *s* 1. bačva, bure; barilo 2. cijev (vatrenog oružja) 3. trup, tijelo (konja, krave) 4. stublina 5. kućište opruga u uri 6. valjak, cilindar 7. bubanj | **over a ~** bespomoćan, u škripcu, u »sosu«; **scrape the ~** postrugati dno

barrel [ˈbærəl] *vt* uliti, staviti u bačve

barrel-bulk [ˈbærəlbʌlk] *s mar* mjera za teretnu zapreminu broda = 3.4 m^3

barrelled [ˈbærəld] *adj* spremljen u bačve; koji ima oblik bačve | **double ~ gun** dvocijevka

barrel-organ [ˈbærəlˌɔːgən] *s* organac, mehaničke orguljice, verglec

barrel-soap [ˈbærəlsəup] *s* mekani sapun, zeleni sapun

barrel-vault [ˈbærəlvɔːlt] *s archit* bačvast svod

barren [ˈbærən] *adj* (**~ly** *adv*) jalov, neplodan, nerodan, sterilan; suh; neproduktivan

barren [ˈbærən] *s* neplodna zemlja, pustoš | **~s** *pl* travom i rijetkim drvećem obrasla često vrlo plodna zemljišta u zapadnoj Americi

barricade [ˌbæriˈkeid] *s* barikada, prepreka, zapreka (i *fig*)

barricade [ˌbæriˈkeid] *vt* zabarikadirati, spriječiti, braniti barikadama

barrier [ˈbæriə] *s* 1. ograda; pregradna motka; rešetka 2. brklja, rampa 3. prepreka, zapreka, granica, barijera (i *fig*) | **sound ~** zvučni zid

barrier [ˈbæriə] *vt* ograditi, prepriječiti

barring [ˈbaːriŋ] *prep* osim, izuzevši

barrister [ˈbæristə] *s* odvjetnik, advokat (s pravom zastupanja na sudu) | **~-at-law** odvjetnik, advokat, branitelj, pravozastupnik

barrow[1] [ˈbærəu] *s* humak, neolitski grob, mogila

barrow[2] [ˈbærəu] *s* 1. tačke, kolica 2. nosila, nosiljka 3. ono što stane u tačke | **hand ~** ručna kolica; **wheel ~** tačke; **coster's ~** kolica na dva kotača

barrow[3] [ˈbærəu] *s* duga odjeća bez rukava (za djecu)

bar-tender [ˈbaːˈtendə] *s* barmen, pipničar

barter [ˈbaːtə] *vt/i* **I.** *vt* mijenjati, zamijeniti, trampiti (*for, against* za) **II.** *vi* 1. trgovati trampom 2. *math* uvrstiti jednu poznatu vrijednost za drugu | **~ed bride** prodana nevjesta

barter away [ˈbaːtərəˈwei] *vt* tratiti, rasipati, prodati u bescjenje

barter [ˈbaːtə] *s* razmjena, zamjena, trampa

barterer [ˈbaːtərə] *s* trgovac koji trampi

bartizan [ˌbaːtiˈzæn] *s* tornjić na uglu kule, crkve

barton [ˈbaːtn] *s* seosko dvorište; seosko gospodarstvo

barytone (baritone) [ˈbæritəun] *adj mus* baritonski

barytone (baritone) [ˈbæritəun] *s* 1. *mus* bariton 2. vrsta trube duboka glasa 3. *gram* riječ s nenaglašenim zadnjim slogom

basal [ˈbeisl] *adj* (**~ly** *adv*) temeljni, osnovni, bazalni | **~ metabolism** bazalni metabolizam

basalt [ˈbæsɔːlt] *s* 1. *geol* bazalt 2. crna kamenina

basaltic [bəˈsɔːltik] *adj geol* bazaltni

basan (bazan) [ˈbæzən] *s* štavljena ovčja koža

bascule [ˈbæskjuːl] *s tech* zibalo | **~ bridge** pomični most (čije se dvije polovice podižu uvis)

base [beis] *s* temelj, osnovica, baza, osnova (i *fig*); princip, polazna točka, biljega (kod igara); *archit* podnožje, postolje; *bot & zool* kraj kojim se neki organ veže uza trup; *geom* baza, podnica; *chem* baza; *mil* baza; *math* baza; *geol* podina, podinski sloj

base [beis] *vt* temeljiti, osnivati (*upon* na)

base [beis] *adj* (**~ly** *adv*) 1. nizak, niska roda, prost; podao, nečastan 2. neplemenit (kovina); loš, patvoren, krivotvoren (kovani novac) 3. *jur hist* kmetski, kmetovski 4. neklasičan, iskvaren (jezik)

baseball [ˈbeisbɔːl] *s US* bejzbol; lopta za tu igru

base-born [ˈbeisbɔːn] *adj* niska roda, vanbračan, nezakonit

base-coin [ˈbeiskɔin] *s* patvoren, krivotvoren kovani novac

base-court [ˈbeiskɔːt] *s* vanjsko dvorište zamka ili seoskog gospodarstva

baseless [ˈbeislis] *adj* (**~ly** *adv*) neosnovan, bestemeljan, bez osnove

basement [ˈbeismənt] *s archit* 1. temelj zida 2. suteren, podrum

baseness [ˈbeisnis] *s* niskost, podlost; pokvarenost; patvorenost

bash [bæʃ] *vt* snažno udariti, lupiti, tresnuti

bashful [ˈbæʃful] *adj* (**~ly** *adv*) sramežljiv, stidljiv, plah

basic [ˈbeisik] *adj* (**~ally** *adv*) osnovni, temeljni; *chem* bazični | **B~ English** pojednostavnjen engleski za potrebe međunarodnog sporazumijevanja

basil [ˈbæzl] *s bot* bosiljak

basilica [bəˈzilikə] *s Lat* kraljevska palača; duguljast trijem s dvostrukim redom stupovlja; kršćanska crkva, bazilika, saborna crkva

basilisk [ˈbæzilisk] *s* 1. bazilisk (izmišljena ptica sa zmijskim repom koja ubija svojim pogledom) 2. američki gušter

basin [ˈbeisn] *s* 1. zdjela, plitica; umivaonik, lavor; 2. bazen; unutrašnja luka; dok; zaljev; riječni sliv; udolina, uvala 3. *anat* zdjelica

basis [ˈbeisis] *s* (*pl* **bases** [ˈbeisiːz]) *fig* baza, temelj, osnova, podloga

bask [baːsk] *vi* sunčati se, grijati se (*in* na) (i *fig*); uživati

basket ['ba:skit] *s* košara, koš; košarica; korpa; gondola balona | *fig* **the pick of the ~** ono najbolje, vrhnje; **to put all one's eggs in one ~** staviti sve na jednu kartu
basket ['ba:skit] *vt* 1. staviti u košaricu, koš za papir 2. odbaciti kao nevrijedno, baciti u koš
basket-ball ['ba:skitbɔ:l] *s sport* košarka
basketful ['ba:skitful] *s* (puna) košara
basketry ['ba:skitri] *s* košaraštvo, pletenje košara; košaračka roba
basket-work ['ba:skitwə:k] *s* pletivo (za pravljenje košara), košaračka roba
Basque [bæsk] *s* 1. Bask 2. baskijski jezik 3. ~ skut (kaputa)
basque [bæsk] *adj* baskijski
bas-relief (bass-relief) ['bæsri.li:f] *s Fr* bareljef, plitki reljef
bass[1] [bæs] *s ichth* grgeč; lubin, brancin, smudut (*Dicentrarchus labrax*)
bass[2] [bæs] *s* liko; rogožina od lika
bass [beis] *adj* dubok, nizak (glas) | **~ viol** violončelo, kontrabas
bass [beis] *s mus* bas
basset[1] ['bæsit] *s* pas jazavčar
basset[2] ['bæsit] *s geol* rub sloja koji proviruje na površinu tla
basset ['bæsit] *vi* viriti, provirivati (na površinu)
basset-horn ['bæsithɔ:n] *s mus* tenor klarineta
bassinet [.bæsi'net] *s* zipka u obliku košare, pletena dječja kolica
bassoon [bə'su:n] *s mus* 1. fagot 2. fagotni registar na orguljama
bassoonist [bə'su:nist] *s* fagotist
bass-wood ['bæswud] *s bot* vrsta američke lipe
bast [bæst] *s* liko
bastard ['bæstəd] *s* vanbračno dijete, kopile; mješanac, križanac, bastard; nitkov, lupež, svinja, mrcina
bastard ['bæstəd] *adj* 1. vanbračan, nezakonit 2. nečist, iskrivljen, patvoren, lažan | **~ slip** divlja mladica (i *fig*)
bastardization [.bæstədai'zeiʃən] *s* križanje, miješanje; proglašavanje nezakonito rođenim
bastardize ['bæstədaiz] *vt* križati, miješati (životinjske vrste); proglasiti nezakonito rođenim
bastardy ['bæstədi] *s* vanbračnost, nezakonitost, kopilanstvo
baste[1] [beist] *vt* prošivati rijetkim šavom, privremeno prošiti, heftati
baste[2] [beist] *vt* 1. *cul* polijevati, zalijevati mašću 2. politi fitilj svijeće rastopljenim voskom
baste[3] [beist] *vt* izbatinati, izlupati, izlemati
bastille [bæs'ti:l] *s* 1. utvrda, tvrđava 2. Bastilja, pariška tamnica 3. tamnica
bastinado [.bæsti'neidəu] *s* batinanje po tabanima
bastinado [.bæsti'neidəu] *vt* batinati po tabanima
bastion ['bæstiən] *s mil* bastion, bedem
bastioned ['bæstiənd] *adj* koji ima bastione, utvrđen bedemima
bat[1] [bæt] *s zool* šišmiš | **as blind as a ~** potpuno slijep, slijep kao šišmiš
bat[2] [bæt] *s sport* 1. štap, palica (u kriketu) 2. igrač (kriketa) 3. *sl* čvrst udarac | **to do something off one's own ~** učiniti nešto na vlastitu inicijativu
bat[3] [bæt] *s sl* tempo udaraca, koraka
bat [bæt] *vi* 1. udariti štapom u kriketu 2. biti na udarcu
batch [bætʃ] *s* 1. puna peć kruha 2. **količina,** množina, gomila (istih stvari), partija, serija, šarža
bate [beit] *vt/i* **I.** *vt* smanjiti, umanjiti; suspregnuti, suzdržati (dah); odbiti, odračunati **II.** *vi* slabiti, gubiti snagu, popuštati
bate[1] [beit] *s* lužina za smekšavanje kože poslije činjenja
bate [beit] *vt* uroniti u lužinu za smekšavanje kože
bate[2] **(bait)** [beit] *s sl* bijes, srdžba, jarost
batfowl ['bætfaul] *vt* loviti ptice noću (zasljepljivanjem i udarcem)
bath [ba:θ] *s* 1. kupanje, pranje, kupelj, kupka (i *chem*); kada, kupalište; toplice *euphem* zahod 2. viteški red | **sun-~** sunčana kupelj, sunčanje; **~ of blood** pokolj; **~s** *pl* kupalište, lječilište | **shower-~** tuš(iranje); **hot ~** topla kupelj; **mud ~** blatne kupke; **Turkish ~** turska kupelj, hamam
bath [ba:θ] *vt* okupati
bath-brick ['ba:θbrik] *s* kamen za čišćenje metala
bath-chair ['ba:θtʃεə] *s* stolica na kotačima za bolesnike
bathe [beið] *vt/i* **I.** *vt* kupati, smočiti, zagnjuriti **II.** *vi* kupati se (u prirodi) | **bathing costume, bathing suit** kupaći kostim; **bathing machine** kabina na kotačima za presvlačenje; **bathing place** mjesto za kupanje, kupalište
bathe [beið] *s* kupanje na otvorenom
bather ['beiðə] *s* kupač, kupačica
bathetic [bə'θetik] *adj* (**~ally** *adv*) trivijalan, otrcan, jeftin
bathometer [bæ'θɔmitə] *s* batometar
bathorse ['bæthɔ:s] *s* teretni konj
bathos ['beiθɔs] *s* prijelaz iz uzvišenog u smiješno; otrcana misao, banalnost, antiklimaks
bathroom ['ba:θrum] *s* kupaonica
bath-stone ['ba:θstəun] *s minr* vrsta vapnenca
bath-tub ['ba:θtʌb] *s* kada
bathysphere ['bæθisfiə] *s* batisfera
batik ['bætik] *s* batik
bating ['beitiŋ] *prep* osim, izuzevši, odračunavši, odbivši

batiste [bæ'tiːst] *s* batist
batman ['bætmən] *s* posilni
baton ['bætən] *s* 1. štap, palica, pendrek 2. (u heraldici) kijača u grbu 3. *mus* dirigentski štapić
baton ['bætən] *vt* udariti štapom, palicom
batrachian [bə'treikjən] *adj* žablji, koji pripada rodu vodozemaca
batrachian [bə'treikjən] *s* vodozemac
bats [bæts] *pred adj sl* čudan, udaren, lud
batsman ['bætsmən] *s* igrač koji udara (u kriketu)
battalion [bə'tæljən] *s mil* bataljon
battels ['bætlz] *s pl* račun za opskrbu (u koledžu u Oxfordu)
batten[1] ['bætn] *s* letva, lajsna; šipka za mjerenje; *mar* letva za pričvršćivanje pokrivača na grotlu; žuljnica na čamcu, na križevima jarbola
batten[2] ['bætn] *s* brdilo, ogloblje (na tkalačkom stanu)
batten ['bætn] *vi* pohlepno jesti, gojiti se, toviti se, debljati se; uspijevati; nasladivati se (jelom i pićem)
batten ['bætn] *vt* pričvrstiti letvama, oplaćivati
batten down ['bætn'daun] *vt* zatvoriti, zabiti | **to ~ the hatches** zatvoriti na brodu grotla, vidnike ili zračnike pokrivačem od jedrenine da ne ulazi voda
batten upon ['bætnə'pɔn] *vi* toviti se na nečiji račun
batter ['bætə] *vt/i* **I.** *vt* 1. tući, lupati, udarati, razbiti, razlupati 2. tući topovima; bombardirati 3. *fig* iznakaziti, nagrditi, izvrnuti 4. oštetiti, izlizati, istrošiti, ofucati, ishabati **II.** *vi* tući, lupati, udarati
batter at ['bætər'æt] *vi* lupati, udarati (o) | **~ the door** lupati, udarati na vrata
batter down ['bætə'daun] *vt* srušiti, oboriti
batter in ['bætər'in] *vt* razbiti, razlupati, obiti, provaliti; uleknuti
batter[1] ['bætə] *s sport* igrač koji udara (u kriketu)
batter[2] ['bætə] *s* 1. *cul* rijetko tijesto za palačinke i sl. 2. pogreška u tiskarskom slogu ili na stereotipu
batter ['bætə] *vi archit* stanjivati se, sužavati se prema gore (zid)
battered ['bætəd] *adj* izmučen, istrošen, izgažen, otrcan, slupan, pohaban, ofucan
battering-charge ['bætəriŋtʃaːdʒ] *s mil* naboj, barutno punjenje (za top)
battering-ram ['bætəriŋræm] *s hist mil* ovan za probijanje bedema
battering-train ['bætəriŋtrein] *s mil* teška artiljerija za opsadu
battery ['bætəri] *s* 1. *jur* tvorni napadaj; zlostavljanje 2. *mil* artiljerijska baterija 3. električna baterija, akumulator; baterija aparata ili instrumenata 4. tučeno bakreno posuđe | *jur* **assault and ~** tvorni napadaj; *fig* **to turn a man's ~ against himself** tući koga njegovim vlastitim oružjem
batting ['bætiŋ] *s* 1. *sport* udaranje (u kriketu) 2. vata za poplune i sl.
battle ['bætl] *s* boj, borba, bitka; kreševo | **half the ~** pola pobjede, velika prednost; **general's ~** bitka odlučena strategijom ili taktikom; **soldier's ~** bitka odlučena hrabrošću; **pitched ~** odlučna bitka; **to do ~ for** boriti se (za); **the ~ is to the strong** pobjeda pripada jačemu, tko je jači, taj kvači; **drawn ~** neodlučna bitka
battle ['bætl] *vi* boriti se (*against* protiv, *for* za, *with* s, sa)
battle-array ['bætlə͵rei] *s* bojni poredak
battle-axe ['bætlæks] *s* bojna sjekira; *coll* nadžak-baba
battle-bowler ['bætl͵bəulə] *s sl* vojnički šljem; šešir
battle-cruiser ['bætl͵kruːzə] *s mar* ratna krstarica
battle-cry ['bætlkrai] *s* bojni poklik, ratni poklič
battledore (battledoor) ['bætldɔː] *s* 1. pratljača 2. laki reket | **~ and shuttlecock** badminton; *bot* **~ barley** vrsta ječma
battlefield ['bætlfiːld] *s* bojno polje, bojište, poprište borbe
battle-ground ['bætlgraund] *s* bojno polje, bojište, poprište borbe
battlement ['bætlmənt] *s mil* grudobran s kruništem
battle-piece ['bætlpiːs] *s* slika ili književni opis bitke
battle-plane ['bætlplein] *s mil* borbeni avion
battle-royal ['bætl'rɔiəl] *s* ogorčena borba; opća tučnjava
battle-ship ['bætlʃip] *s mar* bojni brod
battue [bæ'tuː] *s Fr* hajka
batty ['bæti] *adj sl* ćaknut, udaren, lud
bauble ['bɔːbl] *s* 1. štap dvorske lude 2. dječja igračka, trica; svjetlucav nakit bez vrijednosti, bižuterija 3. *fig* sitnica, nevažna stvar
baulk [bɔːk] *s* & *vt/i* → **balk**
bauxite ['bɔːksait] *s* boksit
bawbee [bɔː'biː] *s Scot* pola penija
bawd [bɔːd] *s* 1. svodilja, podvodačica, vlasnica javne kuće 2. prostitutka
bawdry ['bɔːdri] *s fig* prljavština, bestidnost, opscenost, prostakluk, besramnost, bludnost
bawdy ['bɔːdi] *adj* (**bawdily** *adv*) bestidan, besraman, bludan, pogan, prost, nepristojan
bawdy ['bɔːdi] *s* bestidan, bludan govor, opscenost, prostakluk
bawdy-house ['bɔːdihaus] *s* javna kuća, bordel
bawl [bɔːl] *vt/i* **I.** *vt* vikati **II.** *vi* derati se, tuliti, kukati | **to ~ and squall** derati se kao magarac

bawl at [ˈbɔːlˈæt] *vt* vikati na koga
bawl out [ˈbɔːlˈaut] *vi/t* **I.** *vi* viknuti, uzviknuti, izvikivati, proderati se **II.** *vt US sl* grditi, izgrditi na pasja kola
bay[1] [bei] *s* 1. *bot* lovor; **~s** *pl* lovorov vijenac, lovorike 2. *US* komad zemljišta, močvarno tlo obraslo lovorom (osobito u Sjevernoj Karolini i Floridi) | **~ rum** losion za rast kose
bay[2] [bei] *s* 1. zaljev, zaton 2. draga, uvala 3. *US* pruga, komad prerije
bay[3] [bei] *s* 1. otvor, rupa 2. *archit* udubljenje, izdubak u zidu, niša; velik prozor, zatvorena veranda 3. odio, pregrada | **horse ~** pregrada za konje; **sick ~** brodska bolnica
bay[4] [bei] *s* lajanje, lavež | **at ~** opkoljen, u stavu obrane; **to stand at ~** biti opkoljen, braniti se, opirati se, biti u tešku položaju, u nevolji; **to bring to ~** natjerati u tjesnac, prisiliti na otpor (obranu); *fig* **to keep a person at ~** držati koga u šahu, držati podalje, odbijati
bay[5] [bei] *s* konj mrke boje, dorat, riđan
bay [bei] *vt/i* **I.** *vt* lajati na koga **II.** *vi* muklo lajati | **to ~ the moon** lajati na Mjesec
bay at [ˈbeiˈæt] *vi* 1. lajati na koga 2. vikati na koga
bay [bei] *adj* crvenkastosmeđ, riđ, kestenjast, mrk
bayberry [ˈbeiberi] *s bot* 1. plod lovorike 2. vrsta zapadnoindijske mirte
bayonet [ˈbeiənit] *s mil* bodež, bajonet(a) | **the ~, the ~s** vojska, vojna snaga
bayonet [ˈbeiənit] *vt* jurišati bajonetama, probosti bajonetom
bayonet into [ˈbeiənitˈintu] *vt* prisiliti na što (i *fig*)
bayou [ˈbaiuː] *s US* močvarni rukav jezera ili rijeke
bay-salt [ˈbeiˈsɔːlt] *s* gruba morska sol
bay-tree [ˈbeitriː] *s* lovorovo drvo
bay-window [ˈbeiˈwindəu] *s* izbojak zida s prozorima, zatvoren balkon
bazaar [bəˈzaː] *s* 1. bazar 2. dobrotvorna zabava i prodaja predmeta poklonjenih u dobrotvorne svrhe 3. jeftina robna kuća
bazooka [bəˈzuːkə] *s* bazuka
bdellium [ˈdeliəm] *s bot* vrsta balzamova drveta; mirisna smola
be [biː] *vi* & *aux* (*pret* was, were; *pp* been) 1. biti, postojati, živjeti 2. ostati, pustiti (*do not be long* nemoj ostati dugo; *let it be* neka ostane, pusti!) 3. nalaziti se (*he is in the garden* on se nalazi u vrtu) 4. dogoditi se, nastupiti, nadoći, naići (*how was it that* ... kako se dogodilo da...) 5. stajati, koštati (*how much are these pears?* koliko stoje ove kruške? *how much is it?* koliko stoji?); značiti (*it is nothing to me* za mene to ne znači ništa) 6. osjećati se (*how are you?* kako ste?); posjetiti (grad, zemlju; *have you been to London?* jeste li bili u Londonu, posjetili London? *has anyone been here?* je li tko dolazio u posjet?) 7. s **to** i infinitivom; morati, trebati (*I am to inform you* moram vas obavijestiti, treba da vas obavijestim; *what is one to do?* što (treba) da se radi?; *the room is to let* iznajmljuje se soba)
be about [ˈbiːəˈbaut] *vi* ticati se čega, raditi o čemu, baviti se čime
be above [ˈbiːəˈbʌv] *vi* nalaziti se iznad, biti uzvišen nad
be after [ˈbiːˈaːftə] *vi* nastojati oko koga, čega; ići u stopu (za kim) | *fam* **what are you after?** što tražiš ovdje?, što hoćeš?
be against [ˈbiːəˈgeinst] *vi* biti protiv čega, protiviti se; biti škodljiv, štetan
be along [ˈbiːəˈlɔŋ] *vi* ići duž, niz; prolaziti uz; doći
be among [ˈbiːəˈmʌŋ] *vi* nalaziti se među; pripadati, spadati
be at [ˈbiːˈæt] *vi* prisustvovati; ciljati, smjerati (na); prigovarati, okomiti se; latiti se, prionuti
be before [ˈbiːbiˈfɔː] *vi* biti prije čega, prethoditi, ići naprijed | **let that fact always ~ you** neka vam ta činjenica uvijek bude pred očima
be behind [ˈbiːbiˈhaind] *vi* biti iza čega, zaostajati, ići za kim (čim)
be down [ˈbiːˈdaun] *vi* 1. biti u bijedi, propasti 2. *astr* zaći 3. spasti, sniziti se (cijene), sleći se (vjetar) 4. ležati, biti bolestan 5. biti neraspoložen, utučen | **to ~ and out** biti potpuno uništen, propao; **to ~ on** progoniti
be for [ˈbiːˈfɔː] *vi* 1. biti za što, odlučiti se, izjasniti se 2. biti određen za | **it is for him** na njemu je, do njega je (da učini); **you're for it this time, my boy** ovaj put ćeš, sinko, biti za to kažnjen
be in [ˈbiːˈin] *vi* 1. biti unutra, biti kod kuće 2. upasti u zamku, biti ulovljen, biti u zatvoru 3. biti na vlasti, na čelu, biti član parlamenta 4. biti na redu (u igri) 5. biti obučen 6. stići, prispjeti | **to ~ and out** biti nemiran
be in for [ˈbiːˈinˈfɔː] *vi* 1. imati izgleda, očekivati, spremati se 2. biti upućen, znati 3. upustiti se u što
be of [ˈbiːˈɔv] *vi* pripadati, spadati
be off [ˈbiːˈɔf] *vi* 1. otići, morati otići 2. prekinuti se, prestati
be on [ˈbiːˈɔn] *vi* biti na čemu, biti u toku, biti na redu; biti na rasporedu, biti na programu
be out [ˈbiːˈaut] *vi* biti vani, biti izvan kuće, ispasti iz igre, izgubiti zastupnički mandat; zabuniti se, biti na krivu putu, varati se; biti pri kraju | **to ~ of** nemati, biti u oskudici, nemati na zalihi; **to ~ for** nastojati dobiti ili naći, namjeravati,

spremati se na što; **I was out (for three weeks)** bio sam nezaposlen (tri tjedna)
be over [ˈbiːˈəuvə] *vi* proći, proteći; završiti što; biti suvišan
be to [ˈbiːˈtuː] *vi* ići, doći do, biti kod; biti za; odnositi se prema; ticati se
be up [ˈbiːˈʌp] *vi* 1. nalaziti se gore, biti na čelu; stajati, biti na nogama 2. ljutiti se 3. biti pri kraju | **he is up and down before eight (o'clock)** on ustaje i silazi (na doručak) prije osam (sati); *fig* **he is up and down all the time during winter** on je boležljiv cijelu zimu; **he is up and out** ustao je i već izlazi, oporavlja se; **to be hard up** biti u teškim (novčanim) prilikama
be up to [ˈbiːˈʌpˈtuː] *vi* 1. biti ravan, jednak, dorastao kome, čemu 2. biti prikladan 3. biti upućen, pripravan, stići do čega (*it's up to you* do vas stoji, od vas zavisi, na vama je da. . .) 4. snovati, namjeravati (*he is up to no good* on ne snuje ništa dobro); baviti se čime (*what have you been up to?* čime ste se bavili?)
be with [ˈbiːˈwið] *vi* 1. biti, nalaziti se s kim, čim 2. biti namješten kod; pratiti
beach [biːtʃ] *s* 1. *arch* šljunak, oblutak 2. žal, pjeskovita obala, plaža | **to be on the ~** biti u oskudici, biti upropašten, biti u tešku položaju
beach [biːtʃ] *vt mar* nasukati, izvući na žal
beach-comber [ˈbiːtʃˌkəumə] *s* 1. dugi val 2. *sl* skitnica koji živi skupljajući naplavljene predmete uz obale Pacifičkog oceana
beachhead [ˈbiːtʃhed] *s* mostobran, uporište
beach-master [ˈbiːtʃˌmaːstə] *s mil* oficir koji rukovodi iskrcavanjem trupa
beachy [ˈbiːtʃi] *adj* 1. koji je poput žala, obale 2. pjeskovit
beacon [ˈbiːkən] *s* 1. svjetlosni signal, signalna vatra, signalna stanica 2. uočljiv orijentir 3. svjetionik 4. *fig* vodič, zvijezda vodilja | **~ fire, ~ light** oznaka pličine svjetlom
beacon [ˈbiːkən] *vt mar* 1. postaviti svijetleći znak za brodove 2. svijetliti, prosvijetliti, voditi (i *fig*)
bead [biːd] *s* 1. kuglica, zrno, biser, staklena kuglica, sitno puce; kapljica, kap (znoja) 2. *archit* ukras u obliku zrnaca čisla 3. mušica, prednji nišan puške 4. zrno na krunici, čislu | **to tell one's ~s** moliti krunicu, čislo; **to draw a ~ on** uzeti na nišan, nanišaniti
bead [biːd] *vt/i* **I.** *vt* ukrasiti zrncima, biserima **II.** *vi* nanizati kao bisere, kao zrnca; biti, postati kao biser, kao zrnce
beading [ˈbiːdiŋ] *s* 1. vez biserom 2. *archit* zidni ukras u obliku zrnaca
beadle [ˈbiːdl] *s* (sudski, crkveni, sveučilišni) poslužitelj, pedel, podvornik, crkvenjak
beadledom [ˈbiːdldəm] *s* služba pandura, pedela, crkvenjaka
beadleship [ˈbiːdlʃip] *s* pretjerana revnost
bead-roll [ˈbiːdrəul] *s* popis imena, dug niz; oni kojima se moli u spomen
beadsman [ˈbiːdzmən] *s* ubogar, primalac milodara, milostinje
beady [ˈbiːdi] *adj* 1. biserast, zrnat, kapljičast, rosan 2. malen i sjajan (oči)
beagle [ˈbiːgl] *s* 1. pas brakirac, zečar 2. *fig* špijun, uhoda
beak[1] [biːk] *s* 1. kljun 2. izbočina u obliku kljuna 3. orlovski nos 4. *mar* kljun na pramcu starih ratnih brodova 5. sisak, nosac (na posudi)
beak[2] [biːk] *s* 1. (mirovni) sudac 2. učitelj, upravitelj škole, direktor
beaked [biːkt] *adj* 1. kljunat 2. kljunast, šiljat
beaker [ˈbiːkə] *s* 1. kupa, plastična čaša, šalica, pehar 2. *chem* laboratorijska posuda, čaša od jenskog stakla
be-all [ˈbiːɔːl] *s phil* čitavo biće; bit, suština, ukupnost | **the ~ and end-all** glavni smisao
beam [biːm] *s* 1. *archit* greda, brvno, balvan, traverza 2. vratilo (na tkalačkom stanu) 3. poluga na vagi ili u stroju 4. gredelj (na plugu) 5 *mar* trup, vreteno, struk sidra 6. *mar* **~s** *pl* spona, palubna greda; **main ~** spona na najvećoj širini broda 7. širina; *mar* najveća širina broda 8. zraka, traka (svjetla); *fig* sjaj, toplina, vedar izgled, smiješak 9. *hunt* grana (npr. jelenjih rogova) 10. *aero* radio-far | *mar* **starboard ~** spona na desnom boku broda; **larboard ~** spona na lijevom boku broda; **(the ship is) on her ~ ends** (brod je) jako nagnut na stranu; *fig* u opasnosti, u nedoumici; **to kick the ~** biti odgurnut, biti pobijeđen; izgubiti značenje ili utjecaj
beam [biːm] *vt/i* **I.** *vt* isijavati zrake, zračiti, emitirati **II.** *vi* sjati, sjajiti se, smiješiti se od zadovoljstva
beam on [ˈbiːmˈɔn] *vi* smiješiti se kome od zadovoljstva, srdačno se smiješiti
beam-ends [ˈbiːmˈendz] *s pl* 1. poluga (na vagi), krajevi poluge 2. *mar* krajevi spona (palubnih greda) | **to be on one's ~** biti jako nagnut na bok; *fig* biti u neprilici, biti u novčanoj stisci, biti bez novca
beamy [ˈbiːmi] *adj* (**beamily** *adv*) 1. sjajan, koji sija od sreće, ozaren 2. golem (npr. koplje) 3. širok (brod)
bean [biːn] *s* 1. grah, bob; zrno (kave i sl.) 2. *US* glava, tikva | **string ~s** mahune; **French ~s** mahune; **broad ~s** bob; *US* **~s** *pl* novci; **full of ~s** veseo, raspoložen, poletan, žustar; *sl* **old ~** stari druže, dragi moj, stari moj; *sl* **to give a person ~s** izgrditi koga, kazniti, izlupati koga, dati nekome što ga ide; *sport* pobijediti,

nadvladati koga; *sl* **not know ~s** biti vrlo glup, nemati pojma; **it gave me ~s** to me se bolno kosnulo; **to spill the ~s** osujetiti čije planove; izbrbljati i sve pokvariti

beanfeast ['bi:nfi:st] *s sl* godišnja proslava u poduzeću; zabava, proslava

bean-fed ['bi:nfed] *adj* hranjen grahom; *fig* pun energije, veseo, raspoložen

beano ['bi:nəu] *s sl* → **beanfeast**

bean-pod ['bi:npɔd] *s* mahuna, komuška

bean-pole ['bi:npəul] *s* grahov kolac; *fig* dugonja, mršavko

bean-stalk ['bi:nstɔ:k] *s* grahova stabljika

bear [bɛə] *s* 1. medvjed 2. *fig* neotesanac 3. *com* besist, špekulant na burzi koji računa na pad cijena | *astr* **Great ~** Veliki Medvjed; *astr* **Little ~** Mali Medvjed; **~'s-grease** medvjeđa mast; **to sell the skin before one has killed the ~** praviti račun bez krčmara, praviti ražanj dok je zec u šumi; *com* **~ operation** burzovna špekulacija na pad cijena; *com* **~ covering** kupnja vrijednosnih papira za prikrivanje špekulacije na pad (sniženje) cijena

bear[1] [bɛə] *vi/t com* **I.** *vi* špekulirati na burzi na pad cijena **II.** *vt* sniziti cijene (vrijednosnim papirima, robi) na tržištu

bear[2] [bɛə] *vt/i* (*pret* bore; *pp* born, borne) **I.** *vt* 1. *poet* nositi 2. dobiti (npr. nagradu) 3. dati na znanje, pokazati, nositi znakove (npr. oružje, ime, grb) 4. pribaviti, pridonijeti (svjedočanstvo) 5. držati, imati (službu), voditi (ured) 6. gajiti, osjećati (npr. mržnju) 7. dopustiti, izdržati, podnositi, trpjeti 8. roditi, donijeti plod, proizvesti **II.** *vi* 1. izdržati 2. uzeti smjer, držati se 3. težiti, pritiskati 4. trpjeti, patiti 5. biti plodan, rodan 6. uspjeti, poći za rukom | **to ~ oneself well** dobro se držati ili vladati; **to ~ witness** svjedočiti; **to ~ company** praviti društvo; **to ~ in mind** uzeti u obzir, zapamtiti, sjećati se, imati na umu; **to ~ a part in** sudjelovati, imati udjela; **grin and ~ it** podnesi to sa smiješkom; **to ~ hard on** pritiskati, djelovati (na); **to ~ a grudge** gajiti mržnju, biti kivan na koga; **to ~ a hand** pomoći, priteći u pomoć; **to ~ arms** biti pod oružjem, nositi oružje, dići oružje; *fig* **to ~ fruits** donijeti plod; **to ~ to the right** držati se desno; **to ~ the brunt** biti izložen sili napada; **to ~ a child** biti trudna, biti u drugom stanju; **to ~ one's age well** dobro se držati, izgledati mlađi od svojih godina; **to ~ resemblance** nalikovati; **to ~ sway (rule)** gospodovati

bear against ['bɛərə'geinst] *vi* 1. nasloniti se (na), pritiskati (na) 2. navaliti (na)

bear away ['bɛərə'wei] *vt/i* **I.** *vt* odnijeti, odvesti, protjerati; zadobiti **II.** *vi* otići, pobjeći; *mar* odjedriti, otploviti

bear down ['bɛə'daun] *vt/i* **I.** *vt* 1. pritiskivati 2. pobijediti, nadvladati; potući, ugnjetavati **II.** *vi* 1. spuštati se, tonuti 2. *mar* ploviti, jedriti prema kome (čemu) | **to ~ on (upon)** ploviti prema kome (čemu)

bear in ['bɛər'in] *vt* nametnuti se, postati jasan

bear off ['bɛər'ɔf] *vt* odnijeti, ugrabiti; udaljiti, odalečiti

bear on ['bɛər'ɔn] *vi* smjerati, ticati se, biti u vezi (sa), odnositi se

bear out ['bɛər'aut] *vt* 1. braniti, potpomagati, opravdavati 2. potvrditi

bear through ['bɛə'θru:] *vt* izdržati, podnijeti do kraja

bear to ['bɛə'tu:] *vt* skretati (prema)

bear up ['bɛər'ʌp] *vt/i* **I.** *vt* 1. nositi, držati, izdržati, istrajati, oprijeti se 2. dići uvis, uspraviti 3. poticati, hrabriti, sokoliti **II.** *vi* 1. dići se uvis, izdržati, podnijeti, ostati postojan (*against* prema) 2. težiti, jedriti (*towards* za, prema) 3. *mar* jedriti, ploviti (*for* u, prema) 4. ne klonuti duhom

bear with ['bɛə'wið] *vi* imati strpljenja (s, sa); podnositi | **I would sooner bear you than ~ you** radije bih te nosio nego podnosio tvoje društvo

bearable ['bɛərəbl] *adj* (**bearably** *adv*) podnošljiv, snošljiv

bear-baiting ['bɛə,beitiŋ] *s* borba pasa sa zavezanim medvjedom

beard [biəd] *s* 1. brada (dlaka); *bot* osje 2. kuka (strelice) | **to speak in one's ~** nejasno govoriti, mumljati; **to laugh in one's ~** smijati se u sebi, potajice

beard [biəd] *vt* izazvati (koga), prkositi (kome) | *fig* **to ~ the lion in his own den** izazivati koga na njegovu vlastitom terenu

bearded ['biədid] *adj* bradat, pun osja

beardless ['biədlis] *adj* golobrad, bez brade

bearer ['bɛərə] *s* 1. nosač, nosilac 2. donosilac čeka, pisma 3. biljka koja (dobro) rodi | **~ cheque** ček koji glasi na donosioca; **a good ~** stablo koje dobro rodi; plodna životinja

bear-garden ['bɛə,ga:dn] *s* ograđeno mjesto gdje se drže medvjedi; *fig* bučni skup, gungula

bear hug ['bɛəhʌg] *s* čvrst zagrljaj

bearing ['bɛəriŋ] *s* 1. nošenje, donošenje (ploda); rađanje; prirod; podnošenje, trpljenje; držanje, izgled 2. vladanje, ponašanje 3. *her* slika na grbu, amblem 4. odnos, veza; *archit* raspon, domet, domašaj 5. *tech* **~s** *pl* ležaj 6. *mar* smjer, pravac, kurs (broda) 7. orijentacija | **beyond all ~** nepodnošljivo; *fig* **to lose one's ~s** zalutati, izgubiti se, izgubiti orijentaciju, ne snalaziti se; **to take one's ~s** orijentirati se, snaći se; **to consider a question in all its ~s** razmotriti pitanje

sa svih strana; **this has no ~ on the question** to nema nikakve veze s ovim pitanjem; **the precise ~ of the word** točan smisao riječi
bearing-metal [ˈbɛəriŋˌmetl] s kovina za ležaje
bearing-rein [ˈbɛəriŋrein] s uzda koja prisiljava konja da glavu drži uspravno
bearish [ˈbɛəriʃ] *adj* (**~ly** *adv*) 1. medvjeđi; *fig* medvjedast, nezgrapan; osoran 2. *com* besistički, s tendencijom padanja cijena
bear-leader [ˈbɛəˌliːdə] *s* vodič medvjeda, medvjedar; privatni nastavnik, pratilac mladog bogataša na putovanjima
bear market [ˈbɛəˌmaːkit] *s* pad cijena na burzi
bearskin [ˈbɛəskin] *s* medvjeđa koža, medvjeđe krzno; visoka medvjeđa šubara engleske kraljevske garde
beast [biːst] *s* 1. životinja, stoka, marva, blago (i *pl constr*) 2. zvijer 3. *fig* zvijer, beštija; *sl* (nastavnik) krvopija; 4. *joc* živina, prasac, prase, svinja | **the ~** životinjska priroda u čovjeku; **the Beast** đavo, Antikrist; **~ of burden** tegleća marva (i *fig*); **~ of prey** grabežljiva životinja, divlja zvijer
beastliness [ˈbiːstlinis] *s* zvjerstvo, bestijalnost; *fig* niskost, gnusoba, prostota
beastly [ˈbiːstli] *adj* 1. životinjski 2. zvjerski, bestijalan, odvratan, surov, okrutan, podao 3. *coll* gadan, odvratan, neugodan
beastly [ˈbiːstli] *adv sl* gadno, odvratno, prokleto
beat [biːt] *vt/i* (*pret* beat; *pp* beat, beaten) **I.** *vt* 1. tući, udarati, lupati, mlatiti, kovati 2. udarati takt 3. pobijediti, nadmašiti, potući 4. zbuniti, smesti 5. smrviti, tucati, utrti (put); 6. hajkati divljač, pretražiti revir 7. srušiti, oboriti (rekord) 8. biti previše, preteško, nadilaziti mogućnosti **II.** *vi* 1. udarati, lupati (glasno), kucati, bubnjati 2. *mar* krstariti, lavirati 3. pomicati se; *fig* mučno se probijati; bjesnjeti, šibati | **to ~ the breast** lupati se u prsa, kajati se, žaliti; **to ~ black & blue** isprebijati (koga) na mrtvo ime; **to ~ the air** uzalud se truditi; **to ~ to** udarati takt; **to ~ the path** utrti put; **to ~ hollow** hametice poraziti; **to ~ one's brains** napinjati mozak, razbijati glavu; **to ~ the bounds** odrediti međe kolčenjem, iskolčiti; *fig* **to ~ a parley** predložiti pregovore (bubnjanjem); **to ~ a retreat** bubnjati na uzmak (i *fig*), uzmaknuti, povući se, pobjeći; **to ~ a thing into a person** utuviti kome što; *US sl* **to ~ the band (hell)** sve nadmašiti, nadvisiti, biti jedinstven; *US sl* **can you ~ it?** jeste li čuli takvo što? koja drskost!; *US sl* **~ it!** gubi se!, nosi se!, tjeraj!; **that ~s me** to ne razumijem; to mi je neshvatljivo; **to ~ about the bush** obilaziti kao mačak oko vruće kaše
beat about [ˈbiːtəˈbaut] *vi* 1. *mar* boriti se, ploviti protiv vjetra; križati 2. lutati, tražiti divljač 3. razbijati glavu, tragati
beat back [ˈbiːtˈbæk] *vt* odbiti, suzbiti
beat down [ˈbiːtˈdaun] *vt/i* **I.** *vt* 1. srušiti, oboriti, povaliti, zgaziti, smanjiti, sniziti 2. *fig* nadvladati, potlačiti, obuzdati, oslabiti **II.** *vi* 1. kolebati se, biti neodlučan 2. bacati svjetlo | **~ price** smanjiti, sniziti cijenu; cjenkati se
beat in [ˈbiːtˈin] *vt* 1. zabiti, utjerati, zbiti 2. smrviti, razbiti, uništiti
beat off [ˈbiːtˈɔf] *vt/i* **I.** *vt* 1. vratiti udarac, odbiti, suzbiti **II.** *vi mar* udaljiti se (od)
beat on [ˈbiːtˈɔn] *vi fig* navaljivati u valovima
beat out [ˈbiːtˈaut] *vt* 1. iskovati; istesati, izdupsti 2. isklepati (kosu), stanjiti
beat up [ˈbiːtˈʌp] *vt/i* **I.** *vt* 1. prebiti, premlatiti 2. napasti, naglo navaliti (na) 3. potražiti, pretražiti 4. tući jaja 5. sazivati bubnjanjem, skupiti **II.** *vi* 1. doći gore, dići se 2. *mar* jedriti protiv vjetra (*against*) | **to ~ eggs** stući jaja; **to ~ recruits** novačiti; **to ~ the quarters of** posjetiti iznenada
beat [biːt] *s* udarac (bubnja), kucanje, udaranje; zamah krilima; pokret dirigentova štapića, takt, ritam, mjera; kucaj bȉla, otkucaj; hajka, lov s goničima; patrolni rajon policajca; *fig* područje, struka | **to be on the ~** obilaziti svoje (redarstveno) područje; *fig* **to be out of one's ~** biti izvan područja svoje stručnosti
beaten [ˈbiːtn] *adj* izudaran, istučen; kovan, iskovan; pobijeđen, iscrpljen; utrt, utaban, izgažen; *fig* otrcan
beater [ˈbiːtə] *s* udarač; gonič, hajkaš; malj, tučak, mlat, bat
beatific [ˌbiːəˈtifik] *adj* (**~ally** *adv*) blažen, koji čini blaženim, presretan
beatification [biːˌætifiˈkeiʃən] *s* blaženstvo; proglašenje blaženim, beatifikacija
beatify [biːˈætifai] *vt* učiniti blaženim; proglasiti blaženim
beating [ˈbiːtiŋ] *s* udaranje, kucanje; tučenje, šibanje, batine; poraz; ganjanje, hajkanje
beatitude [biˈætitjuːd] *s* blaženstvo
beatnik [ˈbiːtnik] *s* bitnik
beau [bəu] *s Fr* kicoš, gizdelin; udvarač, obožavalac, kavalir | **~ ideal** ideal, uzor; **~ geste** dokaz velikodušnosti; **for the ~x yeux** kome za volju, za čije lijepe oči; **~-monde** otmjeni svijet
beauteous [ˈbjuːtiəs] *adj* (**~ly** *adv*) *poet* lijep, krasan, bajan
beautician [bjuːˈtiʃn] *s* kozmetičar
beautifier [ˈbjuːtifaiə] *s* ukrašivač, uljepšivač
beautiful [ˈbjuːtəful] *adj* (**~ly** [ˈbjuːtəfli] *adv*) lijep, krasan
beautify [ˈbjuːtifai] *vt* uljepšati, poljepšati, ukrasiti

beauty [ˈbjuːti] *s* ljepota, divota, krasota; draž, dražest; ljepotica | **~ is but skin deep** ne smije se suditi po vanjštini; **the ~** ono što je lijepo; **my beauties** lijepi moji; *fig iron* **a ~** krasan momak; **that's the ~ of it** to je najljepše; **~-parlour, ~-salon, ~ shop** kozmetički salon, frizerski salon; **~ queen** kraljica ljepote, miss; **~ treatment** kozmetička njega

beauty-sleep [ˈbjuːtisliːp] *s* san do ponoći

beauty-spot [ˈbjuːtispɔt] *s* lijep kraj; madež

beaver[1] [ˈbiːvə] *s* dabar, dabrovina; šubara od dabrovine; *sl* brada | **to work like a ~** raditi kao crv; **eager ~** štreber

beaver[2] [ˈbiːvə] *s arch* vizir na kacigi

beaver-hat [ˈbiːvəhæt] *s* kapa od dabrovine

bebop [ˈbiːbɔp] *s* bi-bap džez

becalm [biˈkaːm] *vt* 1. umiriti se (more) 2. *mar* stišati (vjetar) | **to be ~ed** ostati bez vjetra (brod)

became [biˈkeim] *pret* od **become**

because [biˈkɔz] *adv arch* zato

because [biˈkɔz] *conj* jer, zato što; budući da | **~ of** zbog, poradi

beck[1] [bek] *s* mig | **he is at my ~ and call** kud ja okom, tud on skokom; **to have at one's ~** potpuno raspolagati nekim

beck[2] [bek] *s* potočić, gorska bujica

beck [bek] *vt/i poet* **I.** *vt* pozvati, dozvati koga znakom, migom **II.** *vi* dati kome znak, mig, kimnuti

becket [ˈbekit] *s mar* karika za učvršćenje užeta

beckon [ˈbekən] *vt/i* **I.** *vt* pozvati, dozvati koga znakom, migom, domahnuti **II.** *vi* kimnuti, namignuti (*to* kome)

becloud [biˈklaud] *vt* prekriti oblacima, zamračiti, pomračiti (*i fig*)

become [biˈkʌm] *vi/t* (became, become) **I.** *vi* postati, nastati; biti, dogoditi se (*of* od) **II.** *vt* pristajati kome, priličiti, dolikovati (kome); ukrasiti (koga) | **what will ~ of him?** što će biti od njega?; **that dress ~s her well** ta joj haljina dobro pristaje

becoming [biˈkʌmiŋ] *adj* (**~ly** *adv*) pristojan, doličan; pristao, zgodan

bed [bed] *s* 1. krevet, postelja, ležaj; stelja; *fig* brak; 2. ploha, ploča, podloga, ležaj, postolje 3. gredica, lijeha 4. dno (mora, jezera), korito (rijeke) 5. temelj, podloga (ceste, željezničke pruge) 6. ploča na biljarskom stolu 7. *mil* postolje topa 8. *geol* ležište, sloj, naslaga 9. gojilište školjaka | *jur* **~ & board** stan i hrana, bračni odnos (stol i postelja); **narrow ~** grob; **~ of down (flowers, roses)** ugoda; **~ of sickness** bolest, bolesnička postelja; **to be brought to ~** roditi, poroditi dijete; **to die in one's ~** umrijeti prirodnom smrću; **to go to ~** ići spavati; *fig* ići u krevet s nekim; *sl* **go to ~!** prestani govoriti!; **to make the ~** prostrijeti, spremiti krevet; **to take to one's ~** oboljeti, pasti u postelju; **get out of ~ on the wrong side** ustati na lijevu nogu; **to get into ~** ići u krevet, leći u krevet, zavući se u krevet; **to get out of ~** ustati; **to lie in the ~ one has made** snositi posljedice nekog čina; **as a man makes his ~, so he must lie in it** kako prostreš, tako ćeš i spavati

bed [bed] *vt/i* **I.** *vt* 1. *poet* & *arch* poleći, položiti u krevet, primiti na prenoćište; *fig* imati spolni odnos, povaliti; prostrijeti stelju 2. posaditi, zasaditi, posijati 3. položiti, smjestiti, pričvrstiti (u) 4. naslagati, svrstati (u) **II.** *vi* 1. *poet* & *arch* leći u krevet 2. naslagati se, svrstati se

bed down [ˈbedˈdaun] *vt* prostrijeti krevet, nastrti stelju (*to bed down a horse*)

bed in [ˈbedˈin] *vt* 1. položiti (u), smjestiti (u), usaditi 2. zakopati, ukopati; uzidati

bed out [ˈbedˈaut] *vt* presaditi

bedabble [biˈdæbl] *vt* poprskati, poškropiti, zaprljati

bedad [biˈdæd] *interj Ir* zaista!, zbilja!

bedaub [biˈdɔːb] *vt* namazati, premazati, umrljati, zamrljati; nakititi, nalickati, uresiti

bedazzle [biˈdæzl] *vt* zaslijepiti; smesti, opčiniti

bed-bug [ˈbedbʌg] *s ent* stjenica

bed-carpet [ˈbedˌkaːpit] *s* prostirač, sag pred krevetom

bedchamber [ˈbedˌtʃeimbə] *s arch* spavaonica

bedclothes [ˈbedkləuðz] *s pl* krevetnina, posteljina, posteljno rublje

bedder [ˈbedə] *s* 1. sobar koji sprema krevete u koledžima; *US* sluga koji nastire stelju stoci 2. sadnica

bedding [ˈbediŋ] *s* 1. posteljina, posteljno rublje 2. stelja 3. temeljni sloj 4. *geol* naslaga, stvaranje slojeva | **~ plant** sadnica

bedeck [biˈdek] *vt* ukrasiti, nakititi, okititi, uresiti

bedel(l) [beˈdel] *s* pedel, ceremonijalni sveučilišni poslužitelj

bedevil [biˈdevl] *vt* opsjednuti, začarati, opčarati; zbrkati, zakomplicirati; smesti, zbuniti; dozivati đavola

bedevilment [biˈdevlmənt] *s* 1. opsjednutost (đavlom) 2. zbrka, metež, vrzino kolo

bedew [biˈdjuː] *vt* orositi, poškropiti

bedfellow [ˈbedˌfeləu] *s* sobni drug, suspavač; *fig* drug, društvo

bedight [biˈdait] *adj arch* ukrašen, urešen, nakićen

bedim [biˈdim] *vt* zamutiti, potamniti, zamračiti, zamagliti

bedizen [biˈdaizn] *vt* nakinđuriti, upicaniti, nalickati, napirlitati

bedlam ['bedləm] *s* bolnica sv. Marije od Betlehema u Londonu, ludnica; *fig* luda kuća
bedlamite ['bedləmait] *s* luđak, luđakinja
bed-lift ['bedlift] *s* naprava za podizanje bolesnika u sjedeći položaj
bed-linen ['bedlinin] *s* posteljno rublje, posteljina
bedmaker ['bedˌmeikə] *s* sobar, sobarica
bedouin ['beduin] *s* 1. beduin 2. *fig* nomad
bed-pan ['bedpæn] *s* bolesnička noćna posuda, guska, lopata
bed-plate ['bedpleit] *s* *rly* podložna pločica tračnice
bedpost ['bedpəust] *s* visoki stup ili noga starinskog kreveta | **between you and me and the ~** u povjerenju, među nama rečeno
bedraggle [bi'drægl] *vt* smočiti (odjeću), uprljati, zablatiti, ukaljati
bed-ridden ['bedˌridn] *adj* bolestan, prikovan uz krevet
bedrock ['bedˌrɔk] *s* 1. *geol* kamena podloga, stanac kamen 2. *fig* čvrsta podloga, temelj | *fig* **to get down to ~** ići, ulaziti u bit stvari; **~ price** najniža cijena
bedroom ['bedrum] *s* spavaonica, spavaća soba
bedside ['bedsaid] *s* strana kreveta | **at the ~** uz (bolesnički) krevet; **good ~ manner** taktično ponašanje liječnika prema bolesnicima
bed-sitter ['bed'sitə] *s* *GB* kombinirana dnevna i spavaća soba, jednosobni stan, namještena soba, studentska soba
bed-sitting-room ['bed'sitiŋrum] *s* → **bed--sitter**
bedsore ['bedsɔː] *s* rana od dugog ležanja, dekubitus
bed-spread ['bedspred] *s* prekrivač za krevet, koperdeka
bedstead ['bedsted] *s* okvir kreveta
bedstraw ['bedstrɔː] *s* *bot* ivanjsko cvijeće (*Galium verum*)
bedtick ['bedtik] *s* gusta pamučna tkanina za jastuke i perine, inlet
bedtime ['bedtaim] *s* vrijeme za spavanje, vrijeme za odlazak u krevet
bedward ['bedwəd] *adv* prema krevetu
bed-wetting ['bed'wetiŋ] *s* mokrenje u krevet
bee [biː] *s* 1. *zool* pčela 2. *fig* marljiv radnik, čovjek-mrav 3. *US* moba | **queen ~** matica, kraljica pčela; **bumble ~** bumbar; **busy as a ~** marljiv, radin kao pčela; **to swarm like ~s** rojiti se kao pčele; *fig* **to have a ~ in one's bonnet** imati bubu u glavi, imati mušicu, imati fiksnu ideju; **spelling ~** natjecanje đaka u pisanju (pravopisu)
bee-bread ['biːbred] *s* pelud kao hrana za mlade pčele
beech [biːtʃ] *s* *bot* bukva; bukovina
beechen ['biːtʃən] *adj* bukvin, bukov, od bukovine
beechmast ['biːtʃmaːst] *s* *bot* bukov žir, bukvica
beechnut ['biːtʃnʌt] *s* → **beechmast**
bee-eater ['biːˈiːtə] *s* *ornith* pčelarica žuta (*Merops apiaster*)
beef [biːf] *s* 1. govedina 2. *coll* snaga; mišićavost | **beeves** *pl* tovljena stoka, goveda; **corned ~** konzervirana govedina; **round of ~** komad mesa od goveđeg buta; **roast-~** goveđa pečenka
beef [biːf] *vi* *sl* buniti se, prigovarati, žaliti se, tužiti se | **to ~ up** *sl* pojačati
beefeater ['biːfˌiːtə] *s* stražar u londonskom Toweru
beefsteak [ˌbiːf'steik] *s* biftek, goveđi odrezak
beef-tea [ˌbiːf'tiː] *s* krepka goveđa juha, bujon
beefy ['biːfi] *adj* čvrst, jak, mišičav
bee-hive ['biːhaiv] *s* košnica, pčelinjak
bee-keeper ['biːkiːpə] *s* pčelar
bee-keeping ['biːkiːpiŋ] *s* pčelarstvo
bee-line ['biːlain] *s* ravna crta, zračna linija, najkraći put
bee-martin ['biːˌmaːtin] *s* *ornith* silnik (*Tyrannus tyrannus*)
bee-master ['biːˌmaːstə] *s* pčelar
been [biːn] *pp* od **be**
beep [biːp] *s* tut (zvuk trube); pip (u telefonu)
beer[1] [biə] *s* pivo | **small ~** slabo pivo; *fig* sitnica, trica; **to think no small ~ of oneself** imati dobro mišljenje o sebi; **ginger-~** pivo od đumbira
beer[2] [biə] *s* okrajak osnove (u tkanju)
beer-engine ['biərˌendʒin] *s* pumpa za točenje piva
beerhouse ['biəhaus] *s* pivnica, pivana
beer-money ['biəˌmʌni] *s* napojnica (za pivo)
beer-pull ['biəpul] *s* pipac na pumpi za pivo
beery ['biəri] *adj* (**beerily** *adv*) od piva, pivski; koji miriše na pivo; pripit
bee-skep ['biːskep] *s* košnica od slame
beestings ['biːstiŋz] *s pl* prvo mlijeko nakon teljenja krave
beeswax ['biːzwæks] *s* pčelinji vosak
beeswax ['biːzwæks] *vt* namazati voskom, navoštiti
beeswing ['biːzwiŋ] *s* čvrsta gruševina na odležanu vinu iz Oporta; staro vino
beet [biːt] *s* *bot* repa | **~ sugar** šećer od šećerne repe; **red ~** cikla; **sugar ~** šećerna repa; **white ~** šećerna repa
beetle[1] ['biːtl] *s* bat, zabijač, malj | **three--man ~** teški malj
beetle ['biːtl] *vt* nabijati, tući
beetle[2] ['biːtl] *s* *ent* kukac, kornjaš | **blind as a ~** slijep kao sova, kao šišmiš; **~ blind** slijep kao sova, kao šišmiš
beetle ['biːtl] *adj* stršeći, koji strši

beetle ['bi:tl] *vi* stršiti, visiti (nad čim), nadviti se
beetle-brain ['bi:tlbrein] *s* glupan
beetle-browed ['bi:tl'braud] *adj* gustih obrva, mrk
beetle-crusher ['bi:tl,krʌʃə] *s sl* velika cipela ili čizma
beetroot ['bi:tru:t] *s bot* cikla
beeves [bi:vz] *pl* od **beef**
befall [bi'fɔ:l] *vt/i* (befell, befallen) **I.** *vt* zadesiti, stići, snaći **II.** *vi* dogoditi se, zbiti se, slučiti se
befit [bi'fit] *vt* pristajati (kome), dolikovati (kome), pristojati se (kome)
befitting [bi'fitiŋ] *adj* (**~ly** *adv*) pristojan, prikladan, doličan, koji pristaje
befog [bi'fɔg] *vt* zaviti u maglu, zamagliti, potamniti (i *fig*); zbuniti
befool [bi'fu:l] *vt* prevariti, obmanuti, vući za nos, zaluditi
before [bi'fɔ:] *adv* 1. naprijed, sprijeda 2. prije, nekada, već, otprije
before [bi'fɔ:] *prep* 1. pred, ispred 2. prije | **~ long** uskoro, ubrzo; *mar* **~ the mast** pred jarbolom, kao običan mornar; **he carries everything ~ him** on u svemu ima uspjeha; **the question ~ us** pitanje koje nam se nameće, koje se mora riješiti; **~ one's eyes** pred (njegovim, svojim) očima, u čijoj prisutnosti, naočigled; *fig* **~ one's face** u lice, otvoreno
before [bi'fɔ:] *conj* prije nego, radije nego
beforehand [bi'fɔ:hænd] *adv* unaprijed; prije, prethodno | **to be ~ with** preteći, prestići, predusresti; **~ with the world** u dobrim prilikama, s dobrim izgledima; **thanking you ~** zahvaljujući vam unaprijed
before-mentioned [bi'fɔ:,menʃənd] *adj* naprijed spomenut, naveden, gore spomenut
befoul [bi'faul] *vt* zagaditi, zaprljati, ukaljati (i *fig*) | **to ~ one's own nest** zaprljati vlastito gnijezdo, pljuvati po svojem
befriend [bi'frend] *vt* iskazati prijateljstvo, pomagati, pomoći, potpomagati
beg [beg] *vt/i* **I.** *vt* 1. moliti, prositi, zamoliti (koga, što) 2. izmoliti, moljakati **II.** *vi* moliti, prositi, prosjačiti, usrdno moliti (*for* za) | **to ~ one's bread** prositi kruha; **to go begging** prosjačiti; **to ~ leave** moliti za dozvolu; **to ~ pardon** ispričati se, moliti za oproštenje; **to ~ the question** izbjegavati bit pitanja, uzeti nedokazano kao dokazano; **I ~ your pardon** oprostite!, kako, molim?, kako ste rekli?; **to ~ to differ** dopustiti sebi drugo mišljenje; **I ~ to acknowledge** čast mi je potvrditi
beg of ['beg'ɔv] *vi* usrdno, ponizno moliti | **I ~ you** lijepo vas molim
beg off ['beg'ɔf] *vt* izvući se; izmoliti pomilovanje, namoliti koga
begad [bi'gæd] *interj fam* tako mi Boga!
began [bi'gæn] *pret* od **begin**
beget [bi'get] *vt* (begot, begotten) roditi, stvoriti (i *fig*), začeti
begetter [bi'getə] *s* roditelj, stvoritelj
beggar ['begə] *s* prosjak, prosjakinja; siromah, jadnik; *coll* momak | **little ~** mališan; **lucky ~** sretnik; **insolent ~** bezobraznik; **set a ~ on horseback and he will ride to the devil** nema goreg nego kad se opanak popapuči; **~s can't be choosers** poklonjenom se konju ne gleda u zube; **if wishes were horses beggars would ride** što bi bilo kad bi bilo
beggar ['begə] *vt* 1. učiniti prosjakom, baciti na prosjački štap 2. ogoliti, lišiti (čega) 3. prijeći (mjeru), nadilaziti | **it ~s all description** to se uopće ne da opisati
beggarly ['begəli] *adj* 1. prosjački, siromašan, ubog 2. oskudan, jadan, bijedan, traljav, tričav
beggar-my-neighbour ['begəmi'neibə] *s* vrsta dječje igre s kartama
beggary ['begəri] *s* siromaštvo, bijeda, najveća oskudica | **to reduce to ~** dovesti na prosjački štap
begging ['begiŋ] *s* moljakanje, prosjačenje; prosjaštvo | **to go a-~** prosjačiti; **that MS goes a-~** taj rukopis ide od ruke do ruke a nitko ga neće objaviti
begging ['begiŋ] *adj* koji moli, prosjački
begin [bi'gin] *vt/i* (began, begun) **I.** *vt* početi, započeti **II.** *vi* nastati, postati, početi | **to ~ the world** početi svoj životni put, karijeru
begin at [bi'gin'æt] *vi* početi od (koga, čega), sa (kim, čim)
begin by [bi'gin'bai] *vi* započeti, najprije učiniti (*doing*) | **he began by shouting at me** najprije je počeo vikati na me
begin (up)on [bi'gin(ə'p)on] *vi* okušati se (u čemu), latiti se (čega)
begin to [bi'gin'tu:] *vi* tek počinjati
begin with [bi'gin'wið] *vi* uzeti kao prvo, početi koo s prvim | **to ~** najprije, prije svega, prvo
beginner [bi'ginə] *s* početnik, novajlija; začetnik
beginning [bi'giniŋ] *s* početak, počinjanje; začetak, postanak, izvor, porijeklo | **the ~ of the end** početak svršetka; **from the ~** od samog početka; **in the ~** u početku, iz početka; **~s** *pl* počeci, početni stadij
begird [bi'gə:d] *vt* (begirt, begirt) opasati; okružiti, opkoliti
begone [bi'gɔn] *interj* odlazi!, nosi se!, gubi se!
begone [bi'gɔn] *vi* otići, tornjati se (upotrebljava se samo u imperativu i infinitivu)
begonia [bi'gəunjə] *s bot* begonija
begorra [bi'gɔrə] *interj* tako mi Boga!
begot [bi'gɔt] *pret* od **beget**
begotten [bi'gɔtn] *pp* od **beget**

begrime [bi'graim] *vt* zaprljati, ukaljati, opoganiti
begrudge [bi'grʌdʒ] *vt* zavidjeti (*a p a th* kome na čemu); nerado dati, ne priuštiti
beguile [bi'gail] *vt* 1. zavarati, prevariti, obmanuti, zakinuti (*of* za); zavesti, namamiti (*into* na); odvratiti (*out of* od) 2. očarati, zabavljati 3. odvratiti pažnju | **to ~ away the time** kratiti vrijeme
beguilement [bi'gailmənt] *s* varka, prijevara, obmana, zamka; kraćenje vremena, zabava
beguiler [bi'gailə] *s* varalica, obmanjivač, zavodnik
beguiling [bi'gailiŋ] *adj* varav, čaroban
beguine [bi'gi:n] *s* begin (ples)
begum ['beigəm] *s* begum, muslimanska princeza u Indiji
begun [bi'gʌn] *pp* od **begin** | **well ~ is half done** dobar početak je pola posla
behalf [bi'ha:f] *s* prednost, korist, probitak | **on ~ of, in ~ of** u korist, poradi, za, u interesu, u ime (koga); zbog
behave [bi'heiv] *vi* & *v refl* 1. vladati se, ponašati se, ophoditi se 2. dobro se ponašati | **to ~ towards** dobro s kim postupati; **to ~ well** dobro funkcionirati (stroj); **~(yourself)**! pristojno se ponašaj!, budi pristojan!
behaviour (behavior) [bi'heivjə] *s* vladanje, ponašanje; držanje, funkcioniranje, način rada (o stroju) | **to be on one's good ~** paziti na svoje ponašanje
behaviourism (behaviorism) [bi'heivjərizəm] *s psych* behaviorizam
behead [bi'hed] *vt* odrubiti glavu
beheld [bi'held] *pret* & *pp* od **behold**
behemoth [bi'hi:mɔθ] *s bibl* golema životinja, neman
behest [bi'hest] *s poet* zapovijed, nalog, naređenje, naredba
behind [bi'haind] *adv* 1. straga, odzada, natrag, prema natrag 2. prekasno; u zakašnjenju, u zaostatku; skriveno, odozdo | **to be ~** biti u zakašnjenju, u zaostatku, zaostati; **to leave ~** napustiti, ostaviti iza sebe; **to stay ~** ostati, zaostati; **to fall ~** zaostati; **to put ~** ne uzeti u razmatranje, izostaviti
behind [bi'haind] *prep* iza, za | **~ time** u zakašnjenju, sa zakašnjenjem; **~ the times** zastario, zaostao; **~ the scene** iza kulisa, *fig* u tajnosti; **~ one's back** iza leđa, potajno; **to go ~ one's words** nastojati dokučiti skriveni smisao čijih riječi
behind [bi'haind] *s coll* & *vulg* stražnjica
behindhand [bi'haindhænd] *adv* u zaostatku, u zakašnjenju (*with* sa), zaostao
behindhand [bi'haindhænd] *pred adj* zastario (*in* u); loše opskrbljen (*with* čime)
behold [bi'həuld] *vt* (beheld, beheld) vidjeti, opaziti, gledati, motriti | **~!, lo and ~!** gle!, vidi!
beholden [bi'həuldən] *pred adj* obavezan, zahvalan
beholder [bi'həuldə] *s* gledalac, promatrač
behoof [bi'hu:f] *s* | **on ~ of, in ~ of** zbog, poradi, za volju; **on my ~** zbog mene, u moju korist
behove [bi'həuv] *vt* dolikovati se, pristojati se, priličiti se | **it ~s me** treba da ja . . . ; priliči mi, moja je dužnost; **it ~s that** pristoji se, priliči se da, potrebno je da
behung [bi'hʌŋ] *adj* drapiran, okićen
beige [beiʒ] *s* bež (tkanina); bež, drap, žutosiva boja
being ['bi:iŋ] *s* biće; bit, bivstvo, postojanje; stvor | **in ~** koji postoji, postojeći; **to call into ~, to give ~ to** dozvati u život, stvoriti; **to come into ~** postati, nastati, ostvariti se; **human ~** ljudsko biće; **supreme ~** vrhovno biće, Svevišnji
bejewelled [bi'dʒu:əld] *adj* ukrašen draguljima, nakićen draguljima
belabour (belabor) [bi'leibə] *vt* natenane obraditi, raspredati, »tupiti«; izlupati, izmlatiti, izbiti
belated [bi'leitid] *adj* zatečen mrakom, zakasnio, okasnio
belaud [bi'lɔ:d] *vt* hvaliti, slaviti, uzdizati hvalom, veličati | *fig* **to ~ to the skies** kovati koga u zvijezde, uzdizati do neba
belay [bi'lei] *vt mar* namotati, pričvrstiti, zametnuti (konop) | *sl* **~ there** stoj!, dosta!; **~ing pin** kljuna ili klin za namatanje užeta
belch [beltʃ] *vi/t* **I.** *vi* podrignuti se; izreći, izlanuti **II.** *vt* bacati, rigati, sipati, bljuvati, sukljati (vatru, lavu)
belch [beltʃ] *s* riganje, podrigivanje; izbacivanje, sukljanje, kuljanje
belcher ['beltʃə] *s* šaren rubac
beldam(e) ['beldəm] *s* stara žena, stara vještica, nadžak-baba
beleaguer [bi'li:gə] *vt* opsjedati (i *fig*)
belemnite ['beləmnait] *s geol* belemnit
belfried ['belfrid] *adj* koji ima zvonik, sa zvonikom
belfry ['belfri] *s* zvonik, zvonara
Belgian ['beldʒən] *adj* belgijski
Belgian ['beldʒən] *s* Belgijanac, Belgijanka
Belgic ['beldʒik] *adj* koji se odnosi na južni dio današnje Nizozemske, starorimsku provinciju Gallia Belgica, sjevernogalijski
Belial ['bi:liəl] *s bibl* Belial, đavo, sotona | **man of ~** prokletnik
belie [bi'lai] *vt* ne odgovarati istini; pobijati, poricati, protusloviti, nijekati, dokazati lažnost; iznevjeriti nade | **his acts ~ his words** njegova djela kose se s njegovim riječima
belief [bi'li:f] *s* vjerovanje, vjera, povjerenje; mišljenje, mnijenje | **the Belief** apostolsko vjerovanje; **to the best of my ~** po mom najdubljem uvjerenju; **easy of ~** lakovjeran

believable [bi'liːvəbl] *adj* vjerojatan, vjerodostojan
believe [bi'liːv] *vt/i* **I.** *vt* vjerovati, povjerovati (kome što) **II.** *vi* držati, misliti, smatrati | **to make ~** natjerati koga da vjeruje, silom uvjeravati; **I ~ in him** vjerujem u njega, uzdam se u njega; **yes, I ~ so** da, mislim da je tako, bit će da je tako
believer [bi'liːvə] *s* vjernik, onaj koji vjeruje | **he is a great ~ in** on mnogo drži do; **a true ~** pravovjernik
believing [bi'liːviŋ] *adj* (**~ly** *adv*) vjerujući, u vjeri
belike [bi'laik] *adv arch* vjerojatno, možda, po svoj prilici
belittle [bi'litl] *vt* umanjivati, omalovažavati, poniziti, potcijeniti
bell[1] [bel] *s* 1. zvono, zvonce, praporac 2. znak zvonom 3. *bot* čaška 4. ronilačko zvono | *mar* **one to eight ~s** četverosatna straža; **to bear (carry away) the ~** biti prvi, odnijeti nagradu; **blue ~** divlji zumbul (*Hyacinthus*); *Scot* plavi zvončić (*Campanula*); **to curse by ~, book and candle** baciti prokletstvo na koga, prokleti u deveto koljeno; **diving ~** ronilačko zvono; **a ring of ~s** zvonjava zvona; **an alarm ~** zvono na uzbunu, alarmno zvono; **passing ~** posmrtna zvonjava
bell [bel] *vt* ovjesiti zvono | **to ~ the cat** 1. objesiti mačku zvonce 2. preuzeti opasnost na sebe
bell[2] [bel] *s* rika, rikanje jelena
bell [bel] *vi* rikati
belladonna [ˌbelə'dɔnə] *s bot* velebilje; *med* beladona, atropin
bell-bottoms ['bel'bɔtəmz] *s* (mornarske) hlače sa širokim nogavicama; traperice
bell-boy ['belbɔi] *s US* hotelski poslužitelj, pikolo
bell-buoy ['belbɔi] *s mar* plutača sa zvonom
bell-buton ['belˌbʌtn] *s* dugme električnog zvonca
belle [bel] *s Fr* lijepa žena, ljepotica
belles-lettres ['bel'letrə] *s Fr* lijepa književnost, beletristika
belletrist [be'letrist] *s* književnik, pisac, beletrist
belletristic [ˌbelə'tristik] *adj* književni, beletristički
bell-flower ['belˌflauə] *s bot* zvončić (*Campanula*)
bell-founder ['belˌfaundə] *s* ljevač zvona
bell-glass ['belglaːs] *s* stakleno zvono
bell-hanger ['belˌhæŋə] *s* uvađač električnih zvonaca
bell-hop ['belhɔp] *s US sl* → **bell-boy**
bellicose ['belikəus] *adj* (**~ly** *adv*) ratoboran, ratnički
bellicosity [ˌbeli'kɔsiti] *s* ratobornost
belligerency [bi'lidʒərənsi] *s* ratno stanje, zaraćenost; ratobornost; ratovanje
belligerent [bi'lidʒərənt] *adj* koji vodi rat, zaraćen, ratoboran
belligerent [bi'lidʒərənt] *s* zaraćena strana, zaraćena država
bellman ['belmən] *s* javni oglašivač, ozivač, telal; noćobdija
bell-metal ['belˌmetl] *s* slitina za zvona, bronca
bell-mouth ['belmauθ] *s* zvučni lijevak trube
bellow ['beləu] *vi/t* **I.** *vi* rikati, mukati; trubiti; urlati **II.** *vt* derati se (*out, forth*); vikati, urlati
bellow ['beləu] *s* rika, rikanje, mukanje
bellows ['beləuz] *s pl* mijeh; *hum* pluća
bell-pull ['belpul] *s* uzica zvonca
bell-ringer ['belˌriŋə] *s* zvonar
bell-shaped ['belˌʃeipt] *adj* zvonolik
bell-wether ['belˌweðə] *s* ovan predvodnik; *fig* kolovođa
belly ['beli] *s* 1. trbuh, utroba; želudac 2. trbušasta izbočina, trup 3. pohlepa, proždrljivost | **pot ~** ispupčen trbuh; **a hungry ~ has no ears** glad se ne utažuje lijepim riječima
belly ['beli] *vt/i* **I.** *vt* izbočiti, naduti **II.** *vi* naduti se, nabreknuti
belly-ache ['belieik] *s* grčevi u trbuhu, bol u trbuhu, trbušna bol
belly button ['belibʌtn] *s coll* pupak
bellyful ['beliful] *s* pun trbuh, sitost; obilje
belly-landing ['beliˌlændiŋ] *s* (prisilno) slijetanje na trup, slijetanje bez kotača
belly-pinched ['belipintʃt] *adj* izgladnio
belly-timber ['beliˌtimbə] *s* hrana
belly-worship ['beliˌwəːʃip] *s* pohlepa, proždrljivost
belong [bi'lɔŋ] *vi* 1. pripadati, spadati
belongings [bi'lɔŋiŋz] *s pl* 1. vlasništvo, svojina, imovina, imanje 2. rodbina, rođaci
beloved [bi'lʌvd] *adj* ljubljen, drag, mio
beloved [bi'lʌvd] *s* dragi, draga
below [bi'ləu] *adv* 1. dolje, prema dolje 2. na zemlji, u paklu 3. niže, ispod; dalje, kasnije (u tekstu) | **here ~** na ovom svijetu; **down ~** u paklu
below [bi'ləu] *prep* 1. pod, ispod | **~ ground** ispod zemlje, pokopan; **~ stairs** dolje, u suterenu; **~ one's breath** ispod glasa; **~ the mark** ispod normalne kvalitete; ne sasvim na visini (zdravstveno); **~ me** ispod moga dostojanstva, ispod časti
belt [belt] *s* 1. pas, pojas, opasač, remen 2. pruga, pojas, područje, zona 3. *tech* (pogonski) remen | **to hit below the ~** zadati nedopušten udarac, nepošteno se boriti, služiti se nedopuštenim sredstvima; **tighten one's ~** stegnuti remen
belt [belt] *vt* 1. opasati, pripasati; opasivati, okružiti 2. istući; 3. glasno pjevati | **~ up**

zakopčati sigurnosni (zaštitni) pojas; ~ **up!** *sl* zaveži!, umukni!
belting [ˈbeltiŋ] *s tech* pogonsko remenje; batine
belvedere [ˈbelvidiə] *s archit* vidikovac, vrtni paviljon
bemire [biˈmaiə] *vt* zablatiti, zaprljati, okaljati (i *fig*)
bemoan [biˈməun] *vt* žaliti, oplakivati, tugovati (za kim, čim), naricati (nad kim, čim)
bemuse [biˈmjuːz] *vt* zbuniti, smesti, smutiti
bench [bentʃ] *s* 1. klupa; radni stol; radna klupa 2. sudačka klupa, sudačka služba, sud; suci, sudski kolegij 3. *parl* poslanička klupa 4. *US* niska riječna obala | **to be raised to the ~** biti imenovan sucem; **to be on the ~** vršiti sudačku službu; **back ~es** *GB* poslaničke klupe za obične članove parlamenta; **front ~es** *GB* poslaničke klupe za članove vladina kabineta i istaknute stranačke vođe
bench [bentʃ] *vt* 1. opskrbiti klupama 2. izložiti (psa) na izložbi
bencher [ˈbentʃə] *s jur* odbornik odvjetničke komore (Inns of Court)
bench-mark [ˈbentʃmaːk] *s* znak za nivelaciju (pri mjerenju zemljišta)
bend [bend] *vt/i* (bent, bent) **I.** *vt* svinuti, saviti, iskriviti, sagnuti (koljena), napeti (luk), dignuti (obrve) 2. *mar* pričvrstiti uzlom, privezati 3. skrenuti (pogled, korak); sagnuti (glavu) 4. *fig* potčiniti, savladati; upokoriti **II.** *vi* svinuti se, saviti se, sagnuti se; napeti se; nagnuti se; visiti nad kim, čim; *fig* potčiniti se, pokoriti se | **I am bent upon it** čvrsto sam to odlučio
bend¹ [bend] *s* 1. zavoj, okuka, zaokret; koljeno (rijeke); svinutost 2. zavijanje, svijanje | *mar* **~s** *pl* prirodno svinuto drvo; *sl* **to go on the ~** bančiti, pijančevati
bend² [bend] *s* 1. *mar* uzao 2. kosa pruga na grbu 3. polovica volovske činjene kože, koža za potplate | **~ sinister** znak nezakonitog rođenja (na grbu)
bendable [ˈbendəbl] *adj* savitljiv
bended [ˈbendid] *adj* sagnut, svinut | **on ~ knees** klečeći
bend-leather [ˈbendˌleðə] *s* koža za potplate
beneath [biˈniːθ] *prep arch & poet* pod, ispod | **~ notice** nedostojan pažnje; **~ contempt** ni prezira vrijedan; **to be ~ a p** biti niži po položaju; **~ criticism** ispod svake kritike; **to marry ~ one** oženiti se ispod svoga staleža (položaja)
beneath [biˈniːθ] *adv arch & poet* dolje, niže | **on the earth ~** na ovom svijetu, na zemlji
benedick [ˈbenidik] *s coll* mladi suprug (osobito ako je bio okorio neženja)
Benedictine [ˌbeniˈdiktain] *adj* benediktinski
Benedictine [ˌbeniˈdiktain] *s* benediktinac
benedictine [ˌbeniˈdiktiːn] *s* benediktin liker
benediction [ˌbeniˈdikʃən] *s* blagoslov, blagoslivljanje
benedictory [ˌbeniˈdiktəri] *adj* koji blagoslivlje, blagoslovni
benefaction [ˌbeniˈfækʃən] *s* dobročinstvo, dobro djelo, dobrotvornost
benefactor [ˈbenifæktə] *s* dobročinitelj, dobrotvor
benefactress [ˈbenifæktris] *s* dobročiniteljica, dobrotvorka
benefice [ˈbenifis] *s* (crkvena) nadarbina, prebenda
beneficed [ˈbenifist] *adj* koji ima nadarbinu
beneficence [biˈnefisns] *s* dobročinstvo, dobrotvornost
beneficent [biˈnefisnt] *adj* (**~ly** *adv*) dobrotvoran; blagotvoran
beneficial [ˌbeniˈfiʃəl] *adj* (**~ly** *adv*) 1. koristan, blagotvoran 2. *jur* koji ima pravo uživanja
beneficiary [ˌbeniˈfiʃəri] *adj jur* nadarbinski
beneficiary [ˌbeniˈfiʃəri] *s* 1. *jur* uživalac lena, nadarbine; užitnik 2. primalac milostinje; korisnik
benefit [ˈbenifit] *s* 1. prednost, korist, probitak; dobročinstvo 2. potpora, novčano uzdržavanje, primanja 3. *jur* povlastica, privilegij, pogodnost 4. dobrotvorna priredba, predstava u korist jednoga glumca 5. *sl iron* zabava, zarada, posao 6. *ins* dobitak | **for the ~ of** u korist (koga); **the ~ of the doubt** spremnost da se nekome vjeruje u sumnjivom ili nejasnom slučaju; **for your special ~** izričito za vas; **~ of clergy** povlastica svećenstva da bude izuzeto od redovnog sudovanja, pravo na duhovni sud; **unemployment ~** potpora za vrijeme nezaposlenosti
benefit [ˈbenifit] *vt/i* **I.** *vt* koristiti (kome), ići u korist 2. potpomagati, unaprijediti **II.** *vi* imati korist, izvlačiti korist, koristiti se, okoristiti se, uživati pogodnost
benevolence [biˈnevələns] *s* dobrohotnost, dobrota, blagonaklonost, dobročinstvo; *Engl hist* prisilni zajam
benevolent [biˈnevələnt] *adj* (**~ly** *adv*) dobrohotan, dobrotvoran, blagonaklon | **~ society** dobrotvorno potporno društvo
Bengal [beŋˈgɔːl] *adj* bengalski | **~ light** bengalska vatra
Bengali [beŋˈgɔːli] *adj* bengalski
Bengali [beŋˈgɔːli] *s* Bengalac; bengali (bengalski jezik)

benighted [bi'naitid] *adj* zatečen mrakom; *fig* neprosvijećen, zaostao, u mraku neznanja
benign [bi'nain] *adj* (~**ly** *adv*) dobar, dobrostiv, blag; blagotvoran, zdrav, povoljan; *med* neopasan, benigni, dobroćudan
benignancy [bi'nignənsi] *s* dobrota, dobrostivost, blagotvornost
benignant [bi'nignənt] *adj* (~**ly** *adv*) dobar, dobroćudan, blag, blagotvoran
benignity [bi'nigniti] *s* dobrota, blagost, blagotvornost, benignost
benison ['benizn] *s arch* blagoslov
Benjamin ['bendʒəmin] *s* najmlađe dijete, mezimče, Benjamin | ~'**s mess** velik udio
benjamin ['bendʒəmin] *s bot* 1. benzojevac (*Styrax benzoin*) 2. sjevernoamerički grm mirišljive kore (*Lindera benzoin*)
bent[1] [bent] *s bot* 1. trska, vrsta oštre trave (*Agrostis*) 2. pirika, pirevina 3. tvrda peteljka, vlat trave 4. livada, neograđen pašnjak
bent[2] [bent] *s* okret, zaokret, okuka, zavoj; *fig* sklonost, nagon, prirodni smisao, volja | **to the top of one's** ~ do mile volje; **full** ~ krajnji napor
bent [bent] *pret* & *pp* od **bend**
benumb [bi'nʌm] *vt* ukočiti, omamiti (od studeni) otupjeti, umrtviti; slediti, paralizirati, oduzeti sposobnost
benzene ['benzi:n] *s chem* benzol
benzine ['benzi:n] *s chem* benzin (za čišćenje mrlja)
benzoic [ben'zəuik] *adj* benzojski
benzoin ['benzəuin] *s* benzoj (smola ugodna mirisa iz drveta benzojevca)
benzol ['benzɔl] *s chem* benzol (trgovački naziv za *benzene*)
benzoline ['benzəli:n] *s chem* vrsta benzina
bequeath [bi'kwi:ð] *vt* (oporučno) ostaviti u nasljedstvo, namrijeti
bequeather [bi'kwi:ðə] *s* oporučitelj, testator
bequest [bi'kwest] *s* nasljedstvo, ostavština, legat
berate [bi'reit] *vt* izgraditi
Berber ['bə:bə] *s* Berber; berberski jezik
Berber ['bə:bə] *adj* berberski
berberry ['bə:bəri] *s* → **barberry**
bereave [bi'ri:v] *vt* (*pret* ~d, bereft; *pp* ~d, bereft) oteti, oduzeti, lišiti, ostaviti u očajanju, ucviliti, ucvijeliti
bereaved [bi'ri:vd] *adj* ožalošćen, ucviljen (čijom smrću); osamljen, osirotio | **to be** ~ **of** biti lišen čega čijom smrću; **the** ~ **family** ožalošćena (ucviljena) obitelj
bereavement [bi'ri:vmənt] *s* oduzimanje, lišenje; *fig* bolan gubitak (čijom smrću), ucviljenost
bereft [bi'reft] *pret & pp* od **bereave**
beret ['berei] *s* francuska kapa, bereta
bergamot[1] ['bə:gəmɔt] *s bot* bergamota; bergamotino ulje
bergamot[2] ['bə:gəmɔt] *s* vrsta fine kruške
berhyme [bi'raim] *vt* opjevati u stihovima, ispjevati rugalicu, satirički opjevati; staviti u stihove
beriberi ['beri'beri] *s med* beriberi bolest
Berlin ['bə:lin] *s* vrsta kočije | ~ **black** crni emajl, pokost; ~ **glove** končana rukavica; ~ **wool** fina vuna za pletenje, vunica
berm [bə:m] *s fort* ravna nalaktica između rova i grudobrana
berry ['beri] *s bot* boba, zrno, jagoda; *zool* jaje (ikra) ribe, jastoga; mrijest
berry ['beri] *vi* roditi bobama, jagodama; ispuniti se. ispupčiti se; brati bobe, jagode
berserk [bə'sə:k] *s* divlji nordijski ratnik; *fig* bjesomučni goropadnik, fanatik | **to go** ~ podivljati, poludjeti, pomahnitati
berserker [bə'sə:kə] *s* divlji nordijski ratnik | ~ **rage** divlja srdžba, goropadnost
berth [bə:θ] *s mar* 1. prostor za brod u sidrištu; sidrište, vez 2. prikladno mjesto za kakav predmet 3. brodski ležaj (krevet); 4. mjesto, položaj, služba, zaposlenje (*he has the berth of captain*) | **to give wide** ~ **to** izbjegavati; **on the** ~ na položaju, »na valovu«, »na jaslama«
berth [bə:θ] *vt mar* 1. usidriti 2. pribaviti ležaj, kabinu; smjestiti
bertha (berthe) ['bə:θə] *s* čipkast ovratnik za duboko izrezanu haljinu | **Big Bertha** debela Berta (top)
beryl ['beril] *s minr* beril
beryllium [be'riljəm] *s chem* berilij
beseech [bi'si:tʃ] *vt* (besought, besought) vruće, usrdno moliti, zaklinjati, preklinjati
beseeching [bi'si:tʃiŋ] *adj* (~**ly** *adv*) molećiv, usrdan, smjeran, zaklinjući, preklinjući
beseem [bi'si:m] *vt* pristajati, dolikovati se
beseeming [bi'si:miŋ] *adj* (~**ly** *adv*) pristojan, doličan
beset [bi'set] *vt* (beset, beset) opkoliti; zaposjesti, zakrčiti; *fig* napadati, pritisnuti, pritijesniti, mučiti
besetment [bi'setmənt] *s* opsada, opkoljenje; ukorijenjen grijeh
besetting [bi'setiŋ] *adj* koji neprestano napada, muči; ukorijenjen, neiskorjenjiv | ~ **sin** ukorijenjen grijeh
beshrew [bi'ʃru:] *vt* | ~ **me**! odnio me đavo!, prokletstvo!
beside [bi'said] *prep* 1. kraj, pokraj, uz, tik do, mimo, pored; vrlo daleko od; u usporedbi sa | ~ **oneself** izvan sebe; ~ **the mark** daleko od cilja; *fig* promašen; ~ **the question** koji se ne odnosi na stvar, irelevantan, sporedan
besides [bi'saidz] *adv* još k tome; pored toga, osim toga, uz to; nadalje, inače, po-

vrh toga | **nobody ~** nitko više, nitko drugi
besides [bi'saidz] *prep* kraj, uz, osim; bez obzira na (u niječnim i upitnim rečenicama)
besiege [bi'siːdʒ] *vt* opkoliti, opsjedati; *fig* napadati, navaljivati, salijetati
besieger [bi'siːdʒə] *s* opsjedatelj
beslaver [bi'slævə] *vt* osliniti; *fig* neukusno laskati
beslobber [bi'slɔbə] *vt* osliniti; *fig* izljubiti, iscmokati
beslubber [bi'slʌbə] *vt* uprljati, zablatiti
besmear [bi'smiə] *vt* namazati, zamazati, zaprljati, okaljati
besmirch [bi'sməːtʃ] *vt* ocrniti, okaljati, uprljati, potamniti (obično *fig*)
besom ['biːzəm] *s* brezova metla (od šiblja)
besom ['biːzəm] *vt* pomesti, izmesti
besot [bi'sɔt] *vt* zaluditi, omamiti, opiti
besotted [bi'sɔtid] *adj* (**~ ly** *adv*) omamljen, opijen
besought [bi'sɔːt] *pret* & *pp* od **beseech**
bespangle [bi'spæŋgl] *vt* ukrasiti, uresiti blještavim nakitom, iskititi šljokicama
bespatter [bi'spætə] *vt* poprskati, blatiti; *fig* obasuti
bespeak [bi'spiːk] *vt* (*pret* bespoke; *pp* bespoke, bespoken) 1. ugovoriti, naručiti (robu), najmiti, unajmiti; rezervirati (mjesto) 2. *poet* govoriti (s kim), nagovoriti 3. nagovijestiti, objaviti, odati, otkriti | **to ~ a p's pity** nastojati pobuditi čiju sućut
bespoke [bi'spəuk] *adj* naručen, po mjeri | **~ trade** posao po narudžbi; **~ tailor** krojač po mjeri
besprent [bi'sprent] *adj poet* poškropljen, poprskan (*with* čime), raspršen
besprinkle [bi'spriŋkl] *vt* poprskati, posuti (*with* čime)
Bessemer-process ['besimə.prəuses] *s* Bessemerov postupak
Bessemer-steel ['besiməstiːl] *s* Bessemerov čelik
best [best] *adj* (*superl* od **good**) najbolji, najodličniji, najfiniji, koji najbolje pristaje, najprikladniji, najviši, najveći | **the ~ part** najviše, najbolje, veći dio, većina; *sl* **one's ~ girl** draga; **~ man** djever, vjenčani kum, debeli kum; *sl* **~ seller** bestseler, vrlo tražena knjiga; **to put ~ leg (foot) foremost** ići brzim korakom; **~ part of the week** veći dio tjedna, skoro cijeli tjedan
best [best] *s* ono što je najbolje, najprikladnije, najbolji sastav | *pl* **the ~** oni najbolji, najplemenitiji; **with the ~** da ne može biti bolji; **the very ~** ponajbolji, najodličniji; **the ~ of it is that...** najljepše je kod toga da...; **one's ~, one's Sunday ~** najbolje (nedjeljno) odijelo, svečano odijelo; **at ~** u najboljem slučaju; **to be at one's ~** biti u najboljem raspoloženju, pokazati se kao najbolji, s najbolje strane; **it is all for the ~** sve je u najboljem redu, sve se rješava na najbolji način, sve izlazi na dobro; **to the ~ of my knowledge** koliko znam, koliko mi je poznato; **I will do my ~** učinit ću sve što budem mogao; **to make the ~ of one's way** ići što je brže moguće; **bad is the ~** samo zlo se može očekivati; **to have the ~ of it** pobijediti, biti nadmoćan, izaći kao pobjednik; dobiti, iskoristiti; **to the ~ of my power** koliko je god u mojoj moći; **the ~ is the enemy of good** previsoki zahtjevi koče napredak, perfekcija ne vodi nikamo; **to make the ~ of a thing** dobro što iskoristiti, učiniti što se može; **to make the ~ of a bad job** izvući najveću korist iz lošeg posla (i *fig*), snaći se u kritičnoj situaciji; **to have the ~ of both worlds** iskoristiti obje mogućnosti
best [best] *adv* (*superl* od **well**) najbolje, najprikladnije | **I had ~ not go** najbolje bi bilo da ne idem; *coll* **~ abused** onaj koga najviše grde
best [best] *vt coll* nadmašiti; prevariti, oštetiti; pobijediti, nadvladati
bestead [bi'sted] *vt/i* **I.** *vt* pomoći (kome), koristiti (kome) **II.** *vi* koristiti se, biti povoljan
bested [bi'sted] *adj* situiran, u (imovnim) prilikama | **well ~** dobro situiran; **ill ~** loše situiran, siromašan, u škripcu
bestial ['bestjəl] *s Scot* stoka, marva
bestial ['bestjəl] *adj* (**~ly** *adv*) životinjski; zvjerski; bestijalan
bestiality [.besti'æliti] *s* zvjerstvo, bestijalnost
bestialize ['bestiəlaiz] *vt* poživinčiti
bestiary ['bestiəri] *s* bestijarij, srednjovjekovna zbirka basana
bestir [bi'stəː] *v refl* | **to ~ oneself** micati se, pokrenuti se, trsiti se, truditi se, mučiti se, nastojati
bestow [bi'stəu] *vt* 1. posvetiti brigu (skrb), iskazati 2. zbrinuti, smjestiti, ukonačiti 3. obdariti, darivati, dati, podijeliti, udijeliti, predati | **to ~ in marriage** dati za ženu
bestowal [bi'stəuəl] *s* darovanje, predaja, dar
bestrew [bi'struː] *vt* (*pret* ~ed; *pp* ~ed, ~n) posipati (*with* čime); razbacati, ležati razbacan (po)
bestride [bi'straid] *vt* (*pret* bestrode; *pp* bestridden, bestrid, bestrode) zajahati, objahati; opkoračiti, prekoračiti; sjediti raskrečenih nogu
bestrode [bi'strəud] *pret* & *pp* od **bestride**
bet [bet] *s* oklada | **to lay (make) a ~** okladiti se; **to take a ~** prihvatiti okladu
bet [bet] *vi/t* (bet, bet) **I.** *vi* kladiti se, okladiti se (*against* protiv, *on* o) **II.** *vt* kladiti se s kim o što (*on*) | **I ~ you a dollar**

that kladim se s vama u dolar da; **you ~**! sigurno!, možete biti sigurni!
beta [ˈbiːtə] *s* beta
betake [biˈteik] *v refl* (betook, betaken) | **to ~ oneself to** 1. poći, uputiti se kamo 2. *fig* obratiti se (kome), uteći se (kome, čemu), naći utočište (kod) 3. leći na; prihvatiti se
betel [ˈbiːtl] *s bot* betel, betelov list
betel-nut [ˈbiːtlnʌt] *s bot* betelov orah, areka orah
bethink [biˈθiŋk] *v refl* (bethought, bethought) promisliti, razmisliti; podsjetiti se, nakaniti, namisliti
betide [biˈtaid] *vi/t* **I.** *vi* dogoditi se, slučiti se **II.** *vt* zadesiti, snaći | **whatever ~** što god se dogodilo; **woe ~ you** jao tebi!, teško tebi!
betimes [biˈtaimz] *adv* rano, na vrijeme, skoro
betoken [biˈtəukən] *vt* označiti, navijestiti, nagovijestiti, objaviti, predskazati
betony [ˈbetəni] *s bot* betonika
betook [biˈtuk] *pret* od **betake**
betray [biˈtrei] *vt* 1. izdati, iznevjeriti, odati 2. zavesti (ženu), prekršiti vjeru 3. odati tajnu, otkriti, pokazati (osjećaje)
betrayal [biˈtreiəl] *s* izdaja, vjerolomstvo
betrayer [biˈtreiə] *s* izdajnik, vjerolomnik, zavodnik
betroth [biˈtrəuð] *vt* zaručiti, vjeriti
betrothal [biˈtrəuðəl] *s* zaruke, vjeridba
betrothed [biˈtrəuðd] *adj* zaručen, vjeren
betrothed [biˈtrəuðd] *s* zaručnik, zaručnica, vjerenik, vjerenica
better (bettor) [betə] *s* kladilac
better [ˈbetə] *adj* (*comp* od **good**) 1. bolji, odličniji, veći, viši 2. prikladniji, ćudoredniji; zdraviji | **no ~ than** ništa drugo nego; **he is no ~ than he should be** ne može se od njega ništa bolje očekivati, nije on svetac, takav je kakav je; **~ part** veći, bolji dio; **one's ~ half** bolja polovica (muž, žena); **~ than** više od, više nego; **he is ~ than his word** učinio je više nego što je obećao; **he is none the ~ for it** njemu za to nije bolje, nije mu koristilo; **the ~ day the ~ deed** što veći blagdan, to bolje djelo (odgovor na zamjerku da se ne svetkuje subota); **I am ~ as I am** radije ću ostati kakav jesam; **the ~ sort** istaknuti, odlični ljudi
better [ˈbetə] *adv* (*comp* od **well**) bolje, prikladnije, zdravije | **to be ~** biti zdraviji, osjećati se bolje; **to be ~ off** bolje stajati, biti imućniji; **to know ~** bolje znati, ne dati se zavarati, ne biti lud; **to think ~ of it** bolje što promisliti, predomisliti se; **I had ~ go** bolje bi bilo da odem; **you had ~ not** ne bih vam to savjetovao!, bolje ne!
better [ˈbetə] *s* ono što je bolje, prikladnije, zdravije | **the ~** ono bolje; **for ~ for worse** u dobru i u zlu, ma što se dogodilo; **a change for the ~** poboljšanje; **to get the ~ of** nadvladati, pobijediti, nadmudriti; **he is my ~** on je spretniji, umješniji, bolji od mene; **my ~s** moji pretpostavljeni
better [ˈbetə] *vt/i* **I.** *vt* popraviti, poboljšati, usavršiti, nadmašiti **II.** *vi* popraviti se, poboljšati se, usavršiti se
betterment [ˈbetəmənt] *s* popravljanje, poboljšanje, melioracija (zemljišta)
betting [ˈbetiŋ] *s* klađenje
betting-book [ˈbetiŋbuk] *s* knjiga kladilaca
bettor [ˈbetə] *s* kladilac
between [biˈtwiːn] *prep* među, između | **in ~** usred, među; **~ you and me** među nama, u četiri oka; **~ ourselves** među nama, u četiri oka; **~ the devil & the deep sea** bez izlaza, propao; *fig* **to hit ~ wind and water** pogoditi u ranjivo mjesto; **~ the cup and the lip a morsel may slip** ne raduj se prije vremena, ne reci hop dok ne skočiš; **~ you and me and the bedpost (gatepost)** u povjerenju; **~ the hay and the grass** ni ovo ni ono; **~ whiles** katkada, kadšto, na mahove, ovda-onda; **they had two pounds ~ them** zajedno su imali dvije funte
between [biˈtwiːn] *adv* između toga; među tim | **in ~** usred, u sredini; **few and far ~** malo a u velikim razmacima, narijetko; **far ~** gdjegdje, narijetko; **betwixt and ~** napola, između, ni ovo ni ono; **a go-~** posrednik; **to stand ~** posredovati
between-decks [biˈtwiːnˌdeks] *s* međupaluba
between-whiles [biˈtwiːnwailz] *adv* katkada, u međuvremenu, zgodimice, od zgode do zgode
betwixt [biˈtwikst] *prep poet, arch & dial* među, između | *fig* **to hit ~ wind and water** pogoditi u ranjivo mjesto; **~ and between** pola i pola, ni jedno ni drugo, između
betwixt [biˈtwikst] *adv poet, arch & dial* između toga; među tim
bevel [ˈbevəl] *s* 1. ukošenost, kosina 2. koso dlijeto, uglomjer | *tech* **~ edge** koso izbrušen rub, faseta; *tech* **~ gears** čunjasti, kupasti zupčanici; *tech* **~ wheel** stožnik
bevel [ˈbevəl] *vt/i* **I.** *vt* 1. koso rezati, ukositi, fasetirati **II.** *vi* biti kos
beverage [ˈbevəridʒ] *s* piće, napitak
bevy [ˈbevi] *s* skup, društvo; jato, stado, krdo
bewail [biˈweil] *vt/i* **I.** *vt* oplakivati, žaliti **II.** *vi* naricati (nad), žaliti (za)
beware [biˈwɛə] *vi/t* (samo u *inf* i *imp*) **I.** *vi* paziti, biti na oprezu, čuvati se (*of* koga, čega) **II.** *vt* izbjegavati
bewilder [biˈwildə] *vt* zbuniti, smesti, dovesti u zabunu

bewildering [bi'wildəring] *adj* (**~ly** *adv*) koji zbunjuje, zbunjujući
bewilderment [bi'wildəmənt] *s* zbunjenost, smetenost
bewitch [bi'witʃ] *vi* očarati, začarati, opčiniti; *fig* zanijeti, ushititi
bewitching [bi'witʃiŋ] *adj* (**~ly** *adv*) koji očarava, čaroban, dražestan
bewitchment [bi'witʃmənt] *s* očaravanje, očaranost, opčinjenost; čar
bewray [bi'rei] *vt arch* nehotice odati (tajnu)
beyond [bi'jɔnd] *adv* 1. s one strane, prijeko; onkraj, ondje; izvana 2. kasnije, izuzevši | **to pass ~** preseliti se na drugi svijet, promijeniti svijet
beyond [bi'jɔnd] *prep* preko, iznad, izvan, dalje od, izvan (dosega); s one strane; poslije; osim | **to go ~ one's depth** izgubiti tlo pod nogama (i *fig*); **~ dispute** izvan svake sumnje, neprijeporan, nepobitan; **~ endurance** neizdrživ; **~ measure** preko svake mjere, prekomjeran; **~ possibility** nemoguć; **~ all price** nenaplativ, koji se ne može ničim platiti; **~ one's time** preko vremena, predug; **it is ~ me** to je iznad moga shvaćanja, to mi je previsoko; **~ compare** neusporediv; **~ hope** bez nade, beznadan; **~ belief** nevjerojatan; **he lives ~ his income** živi iznad svojih mogućnosti
beyond [bi'jɔnd] *s* budući život, nepoznato, drugi svijet | **the ~** drugi svijet (i *fig*); **the back of ~** najudaljeniji dio svijeta; gdje je vrag rekao laku noć, bogu za leđima
bezant ['bezənt] *s* bizantinac, bizantski zlatnik
bezel ['bezl] *s* 1. kosina, brid (dlijeta) 2. faseta, koso izbrušena ploha dragulja 3. ležište za staklo sata ili za dragulj
bezique [bi'ziːk] *s* marijaš (igra karata)
bias ['baiəs] *adv* koso, krivo
bias ['baiəs] *s* 1. kos smjer, kosina; **krivina** kugle 2. *fig* sklonost, naklonost; predrasuda, pristranost 3. kosi kraj tkanine, kosi rez | **to cut on the ~, to cut ~** koso krojiti; **without ~** bez predrasuda, nepristrano, objektivno
bias ['baiəs] *vt* 1. dati kosi smjer, naginjati ukoso 2. *fig* utjecati, stvarati predrasude; učiniti pristranim
bib [bib] *vi/t* **I.** *vi* pijuckati **II.** *vt* piti
bib[1] [bib] *s* dječji opršnjak, podbradač, podbradnik, partihla; gornji dio pregače | **one's best ~ and tucker** nedjeljno odijelo
bib[2] [bib] *s ichth* vrsta bakalara (*Gadus luscus*)
bibber ['bibə] *s* pijanac, pijandura; pilac
bibbing ['bibiŋ] *s* pijuckanje, pijenje
bibbing ['bibiŋ] *adj* koji pijucka, pije
Bible ['baibl] *s* Biblija | **~ paper** biblijski papir
biblical ['biblikəl] *adj* (**~ly** *adv*) biblijski
bibliographer [ˌbibli'ɔgrəfə] *s* bibliograf
bibliographical [ˌbibliə'græfikəl] *adj* (**~ly** *adv*) bibliografski
bibliography [ˌbibli'ɔgrəfi] *s* bibliografija, literatura
bibliolater [ˌbibli'ɔlətə] *s* obožavalac, poštovalac knjiga ili Biblije
bibliolatrous [ˌbibli'ɔlətrəs] *adj* koji se tiče poštovanja knjiga ili Biblije
bibliolatry [ˌbibli'ɔlətri] *s* bibliolatrija, poštovanje knjiga ili Biblije
bibliomania [ˌbibliə'meinjə] *s* bibliomanija
bibliomaniac [ˌbibliə'meiniæk] *s* biblioman
bibliophile ['bibliəfail] *s* ljubitelj knjiga, bibliofil, knjigoljubac
bibliopole ['bibliəpəul] *s* knjižar, prodavač (rijetkih) knjiga
bibulous ['bibjuləs] *adj* (**~ly** *adv*) 1. koji siše, usisava, usisni 2. *fig* odan piću, sklon čašici
bicameral [bai'kæmərəl] *adj parl* dvodomni
bicarbonate [bai'kaːbənit] *s chem* bikarbonat | **~ of soda** natrijev bikarbonat, soda bikarbona
bice [bais] *s* zelenomodra boja, ultramarin
bicentenary [ˌbaisen'tiːnəri] *adj* dvjestogodišnji
bicentenary ['baisen'tiːnəri] *s* dvjestogodišnjica
bicentennial [ˌbaisen'tenjəl] *adj* dvjestogodišnji
bicentennial ['baisen'tenjəl] *s* dvjestogodišnjica
biceps ['baiseps] *s anat* biceps
bichloride [ˌbai'klɔːraid] *s chem* biklorid
bichromate [ˌbai'krəumit] *s chem* bikromat
bicker ['bikə] *vi* 1. svađati se, prepirati se, rječkati se, gložiti se 2. šumiti, žuboriti, romoniti, rominjati 3. plamsati, treperiti, palucati, podrhtavati, pucketati
bicker ['bikə] *s* svađa, rječkanje, zadjevica; romon; plamsanje, podrhtavanje
bicuspid [bai'kʌspid] *s* prednji kutnjak
bicycle ['baisikl] *s* bicikl, dvokolica
bicycle ['baisikl] *vi* voziti se biciklom
bicyclist ['baisiklist] *s* biciklist
bid [bid] *vt/i* (*pret* bad, bade, bid; *pp* bidden, bid) **I.** *vt* 1. naložiti, zapovjediti 2. *arch, lit & poet* reći, pozvati, moliti 3. zaželjeti (*bid welcome*) 4. ponuditi (stanovitu cijenu na dražbi), licitirati 5. oglasiti, navijestiti, objaviti (*to ~ the banns* ozvati zaručnike u crkvi) **II.** *vi* licitirati; stavljati na karte (protiv suigrača) | **to ~ fair to do** obećati, ulijevati nade; **to ~ farewell** oprostiti se, reći zbogom; **to ~ welcome** zaželjeti dobrodošlicu; **the bidden guests** uzvanici
bid up ['bid'ʌp] *vt* nadmetati se
bid [bid] *vt/i* (bid, bid) nuditi, ponuditi, staviti ponudu

bid [bid] *s* ponuda na dražbi; *US sl* poziv (u goste) | **to make a ~ for** nastojati nešto postići; **no ~** pas (u kartanju)
biddable [ˈbidəbl] *adj* voljan, poslušan
bidder [ˈbidə] *s* nudilac, nuditelj
bidding [ˈbidiŋ] *s* poziv, zapovijed; ponuda (na dražbi)
bide [baid] *vt/i arch & poet* | **to ~ one's time** čekati povoljnu priliku; *vi dial* ostati
bidet [ˈbiːdei] *s* bide
biennial [baiˈenjəl] *adj* (**~ly** *adv*) dvogodišnji
biennial [baiˈeniəl] *s bot* dvogodišnja biljka
bier [biə] *s* mrtvačka nosila
biff [bif] *s US sl* udarac
biff [bif] *vt US sl* udariti
biffin [ˈbifin] *s* vrsta tamnocrvene jabuke za kuhanje
bifid [ˈbaifid] *adj* rascijepljen
bifocal [ˌbaiˈfəukəl] *adj* bifokalan, dvožarišni
bifocals [ˌbaiˈfəukəlz] *s* bifokalne naočale, naočale za čitanje i gledanje na daljinu
bifurcate [ˈbaifəkeit] *vt/i* **I.** *vt* rašljati, razdvojiti **II.** *vi* rašljati se, razdvajati se, granati se (nadvoje), račvati se
bifurcate [ˈbaifəkit] *adj* rašljast, razdvojen
bifurcation [ˌbaifəːˈkeiʃən] *s* rašljanje, razdvajanje, račvanje, grananje
big [big] *adj* 1. velik, debeo, visok, krupan; odrastao 2. trudna, noseća, bređa 3. važan, značajan, znamenit 4. plemenit, otmjen; ponosan, ohol, nadut, hvalisav 5. *US* izvrstan, odličan, fin | **~ with young** trudna, bređa; *sl* **to get** (**grow**) **too ~ for one's boots** postati umišljen, uznositi se; *sl fig* **~ bug** važna, velika ličnost; **Big Ben** veliko zvono na zgradi parlamenta u Londonu; **~ shot** *sl* velika zvjerka, budža; **~ wheel** velika zvjerka; *sl* **~ wig** velika zvjerka, budža, budžovan, velikodostojnik; *sl* **~ noise** velika zvjerka, važna ličnost; **~ toe** nožni palac
big [big] *adv* veliko, važno, značajno, hvalisavo | **to talk ~** hvalisati se, praviti se važan
bigamist [ˈbigəmist] *s* bigamist
bigamous [ˈbigəməs] *adj* (**~ly** *adv*) bigaman, bigamičan
bigamy [ˈbigəmi] *s* bigamija, dvoženstvo
big-bellied [ˈbigˌbelid] *adj* debela trbuha, trbušast; trudna
bigg (big) [big] *s bot* vrsta ječma
biggish [ˈbigiʃ] *adj* ovelik, povelik
bighorn [ˈbighɔːn] *s zool* vrsta ovce (*Ovis canadensis*)
bight [bait] *s* 1. *mar* voj, navoj, petlja (užeta) 2. zaokret, zavoj, okuka (rijeke); zaton
bigness [ˈbignis] *s* 1. veličina; debljina, obujam 2. ponos; oholost, nadutost
bigot [ˈbigət] *s* revnosnik, pobornik; pobožnjak, bogomoljac, licemjer; zadrti pristaša
bigoted [ˈbigətid] *adj* bogomoljski, licemjeran, bigotan, zadrt, zatucan, (vjerski) netrpeljiv
bigotry [ˈbigətri] *s* revnost; pobožnjaštvo, bogomoljstvo, licemjerje; slijepo vjerovanje, zadrtost, zatucanost, bigotstvo
bigwig [ˈbigwig] *s sl* velikodostojnik, velika zvjerka, budža, važna ličnost
bike [baik] *s fam* bicikl
bikini [biˈkiːni] *s* bikini
bilabial [ˌbaiˈleibjəl] *adj gram* bilabijalan, dvousnen
bilabial [ˌbaiˈleibjəl] *s gram* bilabijal, dvousnen glas
bilateral [ˌbaiˈlætərəl] *adj* (**~ly** *adv*) dvostran, obostran, bilateralan
bilberry [ˈbilbəri] *s bot* borovnica (*Vaccinium myrtillus*)
bilbo [ˈbilbəu] *s arch* mač, rapir
bilboes [ˈbilbəuz] *s pl* negve, puta
bile [bail] *s* 1. žuč 2. *fig* žučljivost, gorčina, gnjev | **~-duct** žučni kanal, žučovod; **~-stone** žučni kamenac
bilge [bildʒ] *s* 1. *mar* dno, korito broda; kaljuža 2. dno bačve, podnica 3. *sl fig* glupost, besmisao
bilge [bildʒ] *vt/i* **I.** *vt mar* propuštati vodu **II.** *vi* ispupčiti se
bilge-keel [ˈbildʒkiːl] *s mar* perajica (ljuljna kobilica)
bilge-water [ˈbildʒˌwɔːtə] *s mar* kaljužna voda, smrdljiva voda na dnu broda
bilgy [ˈbildʒi] *adj* smrdljiv, zagađen
biliary [ˈbiljəri] *adj* žučni
bilingual [baiˈliŋgwəl] *adj* (**~ly** *adv*) dvojezičan
bilious [ˈbiljəs] *adj* (**~ly** *adv*) žučan, žučljiv, mrzovoljan
biliousness [ˈbiljəsnis] *s* žučnost, žučljivost, mrzovolja; oboljenje žuči
biliteral [ˌbaiˈlitərəl] *adj* dvoslovčan
bilk [bilk] *s* varalica
bilk [bilk] *vt* izbjegavati plaćanje, prevariti, nasamariti; uteći, umaknuti s čim
bilker [ˈbilkə] *s* varalica
bilking [ˈbilkiŋ] *s* varanje, prijevara
bill[1] [bil] *s* 1. *arch mil* helebarda 2. kosijer
bill[2] [bil] *s* 1. kljun 2. *mar* šiljak, kuka sidra 3. rt, vršak (u geografskim imenima)
bill [bil] *vi* 1. ljubiti se kljunom (ptice) 2. *fig* milovati se, ljubakati | **to ~ and coo** milovati se i gukati kao dva goluba
bill[3] [bil] *s* 1. prijedlog zakona; *jur* optužnica 2. isprava, priznanica, cedulja, popis, oglas, plakat, raspored, program 3. popis, inventar 4. *com* račun; mjenica 5. *US* novčanica | **~ of exchange** mjenica; **~ of fare** jelovnik; *fig* raspored; **~ of health** zdravstveni list; **clean ~ of health** čist od zaraze; zdrav, dobra zdravlja; **~s of mortality** tjedni popis

umrlih; **the ~ of lading** brodski tovarni list, teretnica, konosman; *com* **long ~** dugoročna mjenica; *com* **short ~** kratkoročna mjenica; *com* & *mar* **clean ~** čista teretnica; *com* **~s receivable** *pl* mjenična potraživanja; *st exch* **~s and money** ponuda i potražnja; *com* **~ of carriage** tovarni list; *com* **~ of sale** kupoprodajni ugovor; **~ of sight** carinska dozvola; *com* **to accept a ~** prihvatiti mjenicu; *parl* **to bring in a ~** podnijeti prijedlog zakona; *com* **to draw a ~ on** vući, izdati, trasirati mjenicu na koga; *jur* **to find a true ~ against** smatrati, izjaviti da je optužnica protiv nekoga opravdana, primiti, prihvatiti optužnicu; *com* **to give a ~** izdati mjenicu; **stick no ~s!** zabranjeno je lijepiti plakate; *com* **to take up a ~** isplatiti, honorirati mjenicu; *US* **to foot the ~** platiti račun; *parl* **to pass (throw out) the Bill** prihvatiti (odbaciti) prijedlog zakona; **theatre ~** kazališni program; *com* **addressed ~** domicilirana mjenica; *com* **single ~** solo-mjenica; **~ for collection** mjenica za inkaso; **~ of bottomry** brodska založnica; *jur* **~ of complaint** tužba; **~ of costs** advokatski troškovnik; *com* **~ in course** mjenica u opticaju; **~ of entry** carinsko očitovanje; **~ of expenses** troškovnik; *print* **~ of letters** list, ploča, slova za lijevanje; **~ of store** carinska dozvola za ponovni uvoz već izvezene robe; *com* **~ of specie** popis, iskaz robe po vrstama, bordereau; **~ of sufferance** dozvola za prijevoz robe slobodno od carine; **~ of tonnage** svjedodžba o tonaži broda; **to post a ~** prilijepiti oglas; **to settle a ~** urediti račun

bill [bil] *vt* objaviti, oglasiti, staviti na raspored, na program

bill-account ['bilə,kaunt] *s com* mjenični račun

bill-board ['bilbɔːd] *s* 1. *US* oglasna ploča, oglasni pano, ploča za plakatiranje 2. *mar* sidreno ždrijelo ili sidrena stelja

bill-book ['bilbuk] *s com* mjenična knjiga, knjiga dospijeća mjenica, skontro-mjenica

bill-broker ['bil,brəukə] *s com* mjenični posrednik

bill-discounter ['bildis,kauntə] *s com* mjenični posrednik

billet[1] ['bilit] *s mil* doznaka vojniku za konačište; konačište, kvartir; *fig* mjesto, smještaj, odredište, položaj | **every bullet has its ~** svaka kugla ima svoj cilj

billet ['bilit] *vt mil* ukonačiti

billet[2] ['bilit] *s* 1. klada, cjepanica 2. šipka, poluga (metala) 3. *archit* ukras u obliku šipki (normansko graditeljstvo)

billet-doux ['bilei'duː] *s Fr* ljubavno pismo

billfold ['bilfəuld] *s* lisnica

bill-head ['bilhed] *s* naštampana glava (na računu)

bill-holder ['bil,həuldə] *s* posjednik mjenice

bill-hook ['bilhuk] *s* vrtni nož, kosijer

billiard-cue ['biljədkjuː] *s* biljarski štap

billiards ['biljədz] *s pl* biljar

billing-office ['biliŋ,ɔfis] *s US* fakturni odjel

billingsgate ['biliŋzgit] *s* grdnja, uvreda; prost, vulgaran govor

billion ['biljən] *s US* milijarda; *GB* bilijun

bill-jobber ['bil,dʒɔbə] *s* lihvar mjenicama

billow ['biləu] *s* 1. velik val (i *fig*) 2. *US* grobni humak, mogila | *poet* **the ~** more

billow ['biləu] *vi* valjati se, dolaziti u valovima; nadimati se

billowy ['biləui] *adj* valovit, ustalasan, uzburkan

bill-poster ['bil,pəustə] *s* čovjek koji lijepi plakate, afišer

bill-stamp ['bilstæmp] *s* biljeg za mjenicu

bill-sticker ['bil,stikə] *s* → **bill-poster**

billy ['bili] *s* 1. *Austral* limenka, limena posuda za kuhanje 2. *US* policijska palica, pendrek 3. *tech* stroj za grubo predenje

billyboy ['bilibɔi] *s mar* teglenica s jednim jarbolom

billycock ['bilikɔk] *s fam* polucilindar

billy-goat ['biligəut] *s fam* jarac

biltong ['biltɔŋ] *s* dugi komadi mesa sušenog na suncu (južnoafrički izraz)

bimetallic [,baimə'tælik] *adj* bimetalan

bimetallism [bai'metəlizəm] *s* bimetalizam

bimetallist [bai'metəlist] *s* bimetalist

bi-monthly [,bai'mʌnθli] *adj* dvomjesečni; polumjesečni

bin [bin] *s* 1. posuda, sud, spremnik, sanduk, kutija, kanta 2. platnena vreća za branje hmelja | **dust-~** kanta za smeće

bin [bin] *vt* (vino) pohraniti

binary ['bainəri] *adj* binaran, dvojčan, dvojan | *mus* **~ measure** paran takt

bind [baind] *vt/i* (*pret* bound; *pp* bound, bounden) **I.** *vt* 1. vezati, privezati, pričvrstiti, spojiti 2. okovati, zadržati, zapriječiti 3. obvezati; nametnuti, prisiliti, primorati 4. uzeti u nauk, na naukovanje, unajmiti kao naučnika (šegrta); potvrditi (ugovor), ratificirati 5. *med* izazivati zatvor, zatvarati 6. zavezati, oviti, umotati, zaviti; ovjenčati 7. obrubiti, okovati željezom 8. vezati, uvezati (knjigu) **II.** *vi* 1. vezati se, obvezati se, biti prisiljen, morati 2. skrutiti se, postati čvrst, stvrdnuti se | **to ~ a person as apprentice** uzeti koga u nauk (kao naučnika, šegrta); **bound hand & foot** vezan za noge i ruke; *fig* sputan; **bounden duty** sveta dužnost

bind over ['baind'əuvə] *vt* obvezati

bind up ['baind'ʌp] *vt* 1. vezati, svezati, spojiti; *fig* sjediniti, nerazdvojivo povezati 2. poviti rane; sputati, ograničiti

bind [baind] *s* 1. stvrdnuta glina između slojeva ugljena 2. *mus* ligatura, spojka 3. veza, spoj 4. izdanak hmelja
binder ['baində] *s* 1. vezač, vezačica; veza, traka; ljepilo, vezivo; knjigoveža 2. *med* instrument kod porođaja 3. dug vrbov prut za pravljenje ograda; *archit* tram, spojnica, poprečnica 4. vezačica (stroj) 5. korice za neuvezane novine ili časopise | **~'s press** preša za uvezivanje knjiga
bindery ['baindəri] *s* knjigovežnica
binding ['baindiŋ] *s* vezanje, povez; uvez; rub, okov, spona; skijaški vez; vrpca za porub | **~ in calf** uvez od teleće kože
binding ['baindiŋ] *adj* obavezan, obvezatan, koji obavezuje; *med* koji zatvara stolicu, koji izaziva zatvor
binding-screw ['baindiŋskru:] *s tech* stezni zavrtanj
bindweed ['baindwi:d] *s bot* hladolež (*Convolvulus sepium*)
bine [bain] *s bot* izdanak, lozica, vitica; stabljika hmelja
binge [bindʒ] *s* pijanka, lumperaj, lumpanje
bingo ['biŋgəu] *s* bingo, vrsta lota
binnacle ['binəkl] *s mar* kućište kompasa
binocular [bai'nɔkjulə] *adj* binokularan
binoculars [bi'nɔkjuləz] *s* dvogled, dalekozor
binomial [bai'nəumiəl] *adj math* binoman, dvočlan
binomial [bai'nəumiəl] *s math* binom, dvočlan
binominal [bai'nɔminəl] *adj* dvoimen, binominalan
biochemical [ˌbaiəu'kemikl] *adj* biokemijski
biochemist [ˌbaiəu'kemist] *s* biokemičar
biochemistry [ˌbaiəu'kemistri] *s* biokemija
biogenesis [ˌbaiəu'dʒenisis] *s* biogeneza
biograph ['baiəgra:f] *s* starija vrsta kinematografa
biographer [bai'ɔgrəfə] *s* biograf, životopisac
biographic [ˌbaiə'græfik] *adj* (**~ally** *adv*) biografski
biography [bai'ɔgrəfi] *s* biografija, životopis
biologic [ˌbaiə'lɔdʒik] *adj* (**~ally** *adv*) biološki
biologist [bai'ɔlədʒist] *s* **biolog**
biology [bai'ɔlədʒi] *s* biologija
bioplasm ['baiəplæzəm] *s* bioplazma
bioscope ['baiəskəup] *s* → **biograph**
bipartisan [ˌbaipa:ti'zæn] *adj* dvostranački
bipartite [bai'pa:tait] *adj* 1. *bot* dvodijelan 2. bipartitan, zajednički za obje strane, obostran
biped ['baiped] *s* dvonožac
biped ['baiped] *adj* dvonožan
bipedal ['baiˌpedl] *adj* dvonožan
biplane ['baiplein] *s aero* dvokrilac
birch [bə:tʃ] *s bot* breza, brezovina; brezovača
birch [bə:tʃ] *vt* šibati, išibati
birchen ['bə:tʃən] *adj* brezov
bird [bə:d] *s* 1. ptica 2. *sl* djevojka | **little ~** neki nepoznati doušnik; *fig* **old ~** lukavac, lisac, oprezan čovjek; **~s of a feather** ljudi istoga kova; **~s of a feather flock together** svaka ptica svome jatu leti; **~ in hand** siguran dobitak; **~ in bush** na vrbi svirala, nesigurna stvar; **a ~ in the hand is worth two in the bush** bolji je vrabac u ruci nego golub na grani; **early ~** *fig* rana ptica, ranoranilac; **the early ~ catches the worm** tko rano rani dvije sreće grabi; **the ~ has (is) flown** *fig* ptičica je odletjela, zatvorenik je pobjegao; *fig* **to kill two ~s with one stone** jednim udarcem ubiti dvije muhe; *fig* **to give a person the ~** koga izviždati, isfućkati; **to get the ~** biti izviždan, isfućkan; **~ of Jove** orao; **~ of Juno** paun; **~ of paradise** rajska ptica; *fig* **fine feathers make fine ~s** odijelo čini čovjeka; *fig* **a little ~ told me** neki neznanac mi je to rekao, moj mali prst mi je to rekao; **to do something like a ~** učiniti što drage volje; **to sing like a ~** pjevati kao ptica; **~ of prey** ptica grabljivica; **~ of passage** ptica selica (i *fig*)
bird-cage ['bə:dkeidʒ] *s* krletka
bird-fancier ['bə:dˌfænsiə] *s* ljubitelj ptica, ptičar, uzgajatelj ptica
birdie ['bə:di] *s* ptičica; *fig* golubica
bird-lime ['bə:dlaim] *s* lijepak za ptice
birdseed ['bə:dsi:d] *s* ptičja hrana (sjeme)
bird's-eye ['bə:dzai] *s bot* gorocvijet (*Adoms vernalis*); fino rezan duhan | **~ view** ptičja perspektiva
bird's-foot ['bə:dzfut] *s bot* 1. ptičja noga, svračja noga, rogačica 2. zvjezdan, divlja grašica
bird's-mouth ['bə:dzmauθ] *s arch* udubljenje u drvu ili kamenu
bird's-nest ['bə:d(z)nest] *s* 1. ptičje gnijezdo 2. *bot* vrsta divlje mrkve 3. *mar* koš na jarbolu
bird('s)-nest ['bə:d(z)nest] *vi* tražiti ptičja gnijezda, vaditi jaja iz gnijezda
bird-watcher ['bə:dˌwɔtʃə] *s* promatrač i proučavatelj ptica u prirodi (iz hobija)
bireme ['bairi:m] *s hist* birema, galija sa dva reda vesala
biretta [bi'retə] *s* četverokutna svećenička kapa
birth [bə:θ] *s* 1. rođenje, rađanje; porod, leglo 2. plod, dijete, mlado 3. postanak, početak; rod, porijeklo; srodstvo; naslijeđen položaj | **to give ~** donijeti na svijet, roditi; *fig* stvoriti, proizvesti, dati povod za . . . ; *fig* **new ~** ponovno rođenje, preporod, regeneracija; **a man of ~ and breeding** otmjen, fin čovjek

birth certificate ['bə:θsə'tifikit] *s* krsni list, izvod iz matične knjige rođenih
birth control ['bə:θkən,trəul] *s* kontrola rađanja, sprečavanje začeća, kontracepcija
birth-place ['bə:θpleis] *s* mjesto rođenja, rodno mjesto
birth-rate ['bə:θreit] *s* broj poroda, stopa rađanja, natalitet
birthright ['bə:θrait] *s* pravo stečeno rođenjem, naslijeđeno pravo, prirođeno pravo
bis [bis] *adv mus* još jedanput, dvaput
biscuit ['biskit] *s* 1. dvopek, prepečenac, keks 2. nepocakljen porculan 3. vojnička strunjača
biscuit-throw ['biskitθrəu] *s mar* mala udaljenost
bisect [bai'sekt] *vt/i* razdijeliti, razrezati nadvoje, na dva jednaka dijela; *math* raspoloviti, prepoloviti; dijeliti se, račvati se
bisection [bai'sekʃən] *s* raspolavljanje, dioba nadvoje
bisector [bai'sektə] *s math* središnjica
bisexual [,bai'seksjuəl] *adj bot & zool* dvospolan, biseksualan
bishop ['biʃəp] *s* 1. biskup 2. lovac (u šahu) 3. hladno piće (od kuhanog vina, šećera i naranča)
bishopric ['biʃəprik] *s* biskupija, biskupska čast
bismuth ['bizməθ] *s chem* bizmut
bison ['baisn] *s zool* bizon; bivol
bisque[1] [bisk] *s sport* davanje prednosti
bisque[2] [bisk] *s* neocakljen bijeli porculan
bissextile [bi'sekstail] *adj* prijestupan | ~ **year** prijestupna godina
bissextile [bi'sekstail] *s* prijestupna godina
bistort ['bistɔ:t] *s bot* lisičji rep, lisičina, vučji rep, rumenilo, rumenika; želudnjak, volujsko zelje
bistoury ['bisturi] *s med* kirurški nož
bistre (bister) ['bistə] *s* smeđa boja načinjena od čađe
bistre ['bistə] *adj* tamnosmeđ, mrk
bit[1] [bit] *s* 1. zalogaj, griz 2. *tech* oštrica (noža), vrh, šiljak svrdla; nož za strug; glava (kliješta); sjekirica, pero (ključa) 3. žvale, đem (za konja) 4. *fig* nadzor, kontrola | **to draw ~ pritegnuti uzde; to take ~ between teeth** pobjeći, oteti se; uzjoguniti se, istrgnuti se, razularíti se (i *fig*)
bit[2] [bit] *s* 1. zalogaj, komad, komadić, malenkost, djelić, čestica, trun, mrva; kratko vrijeme 2. sitan novac, *US* 12½ centa, *Engl* 3 penija 3. kratak odlomak, prizor 4. bit (u kibernetici) | ~ **by** ~ malo-pomalo; **to give a ~ of one's mind** reći iskreno svoje mišljenje, očitati bukvicu; **to do one's ~** pridonijeti, dati svoj obol; **~s of children** jadni mališani, jadna djeca; **a ~ of a coward** dosta velika, prilična kukavica, pomalo kukavica; **a ~** nešto malo, nešto; **not a ~** nimalo, nipošto, nikako; **every ~ as** baš kao, sasvim kao, u svakom pogledu kao
bit [bit] *vt* staviti (konju) žvale; zauzdati, pripitomiti
bit [bit] *pret* od **bite**
bitch [bitʃ] *s* kuja, kučka; *vulg* drolja, kurva | ~ **fox** lisica (ženka)
bite [bait] *vt/i* (*pret* bit; *pp* bitten, bit) **I.** *vt* 1. gristi, zagristi, odgristi, ujesti 2. ubosti (o kukcima) 3. izjedati, uništavati, nagrizati; štipati (hladnoća) 4. prevariti, nasamariti; zaraziti **II.** *vi* 1. gristi, peći (papar, začin) 2. zagristi meku (i *fig*) 3. pozlijediti, biti oštar 4. hvatati, zahvatati (kotač, sidro) | **to ~ dust (ground)** zagristi u ledinu, umrijeti; **to ~ one's lips** ugristi se za usne; *fig* **to ~ one's thumb at** izazvati koga; **bitten** prevaren, nasamaren; zaražen; **once bitten twice shy** tko se jedanput opeče, i na hladno puše; **he has bitten off more than he can chew** to je za njega prevelik zalogaj
bite at ['bait'æt] *vi* zagristi, ščepati
bite in ['bait'in] *vt* ugristi, zagristi, nagristi kiselinom
bite into ['bait'intu] *vi* duboko zarezati, prodrijeti
bite off ['bait'ɔf] *vt* odgristi | **to ~ more than one can chew** preuzeti pretešku dužnost; imati veće oči nego želudac
bite out ['bait'aut] *vt* izgristi, odgristi
bite upon ['baitə'pɔn] *vi* usjeći se, urezati se | **to ~ the mind** usjeći se u pamet; *fig* **to ~ granite** laćati (latiti) se ćorava posla
bite [bait] *s* 1. grizenje, ujedanje, ugriz, ubod 2. luženje, izjedanje 3. zalogaj, komad, komadić; jelo 4. *tech* hvatanje, zahvat (zupca, alata), škrip | ~ **& sup** jelo; **his bark is worse than his ~** on nije tako opasan kako izgleda; pas koji laje ne grize
biter ['baitə] *s* izjedač, varalica | **the ~ bitten** tko pod drugim jamu kopa, sam u nju pada
biting ['baitiŋ] *adj* oštar, bridak (vjetar); zajedljiv, sarkastičan
bitt [bit] *s* bitva (za vezanje užeta na palubi)
bitter ['bitə] *adj* (**~ly** *adv*) 1. gorak, oštar, opor (i *fig*); jak, bolan; bridak (vjetar), ljut (zima) 2. jedak, zloban, tužan, neraspoložen, ogorčen | **to the ~ end** do krajnjih granica, do smrti; ~ **oak** *bot* cer (*Quercus cerris*)
bitter ['bitə] *adv* gorko, ogorčeno; jako, snažno, strašno
bitter ['bitə] *s* 1. gorkost, gorčina 2. gorak lijek; gorko piće, *pl* biter; svijetlo pivo
bitterish ['bitəriʃ] *adj* gorkast, prilično gorak
bitterly ['bitəli] *adv* gorko, ogorčeno; oporo; oštro, jetko

bittern ['bitən] *s ornith* bukač (*Botaurus stelaris*)
bitterness ['bitənis] *s* gorkost, gorčina, ogorčenost; oporost, jetkost
bitters ['bitəz] *s pl* biter, travarica
bitumen ['bitjumin] *s chem* bitumen, zemna smola, asfalt; *arts* bitumenska boja
bituminize [bi'tju:minaiz] *vt* pretvoriti u bitumen, impregnirati, prevući bitumenom
bituminous [bi'tju:minəs] *adj* bitumenski
bivalent ['bai,veilənt] *adj chem* dvovalentan, bivalentan
bivalve ['baivælv] *adj* koji ima dvije ljuske, dva zaliska, dvije ljušture
bivalve ['baivælv] *s zool* školjkaš (*Bivalvia*)
bivouac ['bivuæk] *vi mil* bivakovati, logorovati (noćiti) pod vedrim nebom
bivouac ['bivuæk] *s mil* bivak, noćenje na otvorenom
biz [biz] *s sl* biznis | **show ~** zabavnjaštvo, industrija zabave
bizarre [bi'za:] *adj* čudan, neobičan, groteskan, bizaran
bi-zonal ['bai'zəunl] *adj* bizonalan, dvozonski
blab [blæb] *s* brbljavac, prokazivač; ogovarač; ogovaranje, brbljarija
blab [blæb] *vt/i* **I.** *vt* izbrbljati, odati **II.** *vi* izlanuti
blabber ['blæbə] *s* brbljavac, ogovarač
black [blæk] *adj* 1. crn, taman, mrk, tamnoputan; tamno odjeven; tmuran, tmast; prljav, zamazan 2. poguban, opasan, zao, zlokoban, mrzak 3. tužan, čemeran, očajan, bijedan 4. ljutit, mrzovoljan, prijeteći | **~ and blue** crn i plav, pun modrica; **~ & tan** crn sa svijetlosmeđim mrljama; **Black & Tans** nadimak za britanske trupe u Irskoj; **~ art** crna magija; **~ country** industrijsko područje puno dima; **~ friar** dominikanac; *mil* **~ hole** tamnica, zarobljeništvo; **~ Maria** crna Marica; *mil sl* topovsko tane koje eksplodira s mnogo dima; **~ monk** benediktinac (redovnik); **~ pudding** krvavica; **Black Rod** najviši činovnik engleskog Gornjeg doma; **~ sheep** *fig* crna ovca, šugava ovca; **Black Watch** naziv 42. škotske pukovnije; **~ ware** posuđe od crnog neocakljenog porculana; **~ tin** vrsta kositrene rude; **~ pepper** biber, papar; **~ diamond** crni dijamant; *sl* kameni ugljen; **~ damp** zrak pomiješan s ugljičnom kiselinom, zagušljiv plin koji izlazi iz rudnika; **~ book** crna knjiga, popis nepouzdanih; **~ market** crna burza, šverc; **~ marketeer** crnoburzijanac, švercer; **~ marketing** švercanje
black [blæk] *s* 1. crna boja, crnilo, crno laštilo, crnina, crnac 2. čađa, prljavština, mrlja od čađe 3. gljivica, snijet (na pšenici) | **~ and white** crno na bijelom, napismeno; **to have in ~ and white** imati što crno na bijelom, napismeno
black [blæk] *vt* pocrniti, namazati laštilom za cipele
black out ['blæk'aut] *vt* 1. izbrisati; *aero* zamračiti
blackamoor ['blækəmuə] *s* crnac, tamnoputan čovjek
black-a-vised ['blækəvaizd] *adj arch* tamnoputan, crnomanjast
blackball ['blækbɔ:l] *s* crna kuglica (glasanje protiv kandidata na izborima)
blackball ['blækbɔ:l] *vt* glasati protiv koga; *fig* isključiti, odbaciti
blackbeetle ['blæk'bi:tl] *s* žohar
blackberry ['blækbəri] *s bot* kupina | **plentiful as blackberries** u izobilju
blackbird ['blækbə:d] *s* 1. *ornith* kos 2. crnački rob (otet radi prodaje)
blackbirding ['blækbə:diŋ] *s US* lov na robove, trgovina robljem
blackboard ['blækbɔ:d] *s* školska ploča
black-bottom ['blæk,bɔtəm] *s* američki crnački ples
blackcap ['blækkæp] *s ornith* 1. crnoglavka (*Svivia atricapilla*) 2. sjenica velika (*Parus maior*)
black-cattle [,blæk'kætl] *s* stoka (goveda) koja se uzgaja za meso
black-coal ['blækkəul] *s* kameni ugljen
blackcock ['blækkɔk] *s ornith* tetrijeb mali (mužjak, *Tetrao tetrix*)
black-dog ['blækdɔg] *s fig* loše raspoloženje
black-draught [,blæk'dra:ft] *s med* sredstvo za čišćenje crijeva
blacken ['blækən] *vt/i* **I.** *vt* pocrniti, potamniti; *fig* ocrniti, oklevetati **II.** *vi* pocrnjeti, potamnjeti
black-eye [,blæk'ai] *s* modrica na oku
black-eyed ['blækaid] *adj* crnook, koji ima modricu na oku
black-face ['blækfeis] *s* ovca crne glave
blackfellow ['blæk'feləu] *s* australski urođenik
blackfish ['blækfiʃ] *s ichth* vrsta ribe, osobito losos nakon mriještenja
black-flag ['blækflæg] *s* crna zastava
blackgame ['blækgeim] *s ornith* crni tetrijeb
blackguard ['blæga:d] *s* lopov, podlac, hulja, nitkov
blackguard ['blæga:d] *vt* nazvati koga lopovom, postupati s kim kao s lopovom
blackguardism ['blæ,ga:dizəm] *s* nazivanje koga lopovom, postupanje s kim kao s lopovom; podlost, nitkovluk
blackguardly ['blæga:dli] *adj* lopovski, podao, huljski
blackhead ['blækhed] *s* 1. *ornith* vrsta galeba 2. sujedica, miteser
blacking ['blækiŋ] *s* laštenje, laštilo za cipele | **~ brush** četka za laštenje cipela

blackish ['blækiʃ] *adj* crnkast
black-jack ['blækdʒæk] *s* 1. kožna posuda za pivo 2. gusarska zastava 3. kratka toljaga 4. igra karata (ajnc)
black-lead [ˌblæk'led] *s* grafit
black-lead [ˌblæk'led] *vt* pocrniti grafitom
blackleg ['blækleg] *s* 1. varalica, prevarant 2. štrajkolomac, štrajkbreher 3. *vet* šuštavac
blackleg ['blækleg] *vi/t* **I.** *vi* varati, podvaliti; ne sudjelovati u štrajku **II.** *vt* prevariti, nadmudriti
black-letter [ˌblæk'letə] *s* staro gotsko pismo, gotica; fraktura
blackmail ['blækmeil] *s* 1. *hist* otkup (od razbojnika) 2. ucjena
blackmail ['blækmeil] *vt* ucijeniti
blackmailer ['blækmeilə] *s* ucjenjivač
blackness ['blæknis] *s* 1. crnoća, tama 2. pokvarenost, zloća
black-out ['blækaut] *s* 1. kratka nesvjestica, gubitak pamćenja 2. zamračenje
blacksmith ['blæksmiθ] *s* kovač, potkivač
blackthorn ['blækθɔːn] *s* *bot* trnjina, crni trn, glog (*Prunus spinosa*)
black-water ['blækˌwɔːtə] *s* | ~ **fever** tropska groznica popraćena krvavom mokraćom
black widow ['blæk'widəu] *s* crna udovica (pauk)
blackwood ['blækwud] *s* crno drvo, drvo za građu
blacky ['blæki] *s* *fam* crnac, crnica
bladder ['blædə] *s* mjehur; mješina; *anat* mokraćni mjehur; *fig* praznoglavac, nadut čovjek
bladderwort ['blædəwəːt] *s* mješina za vodu; *bot* vodeni morač (*Foeniculum vulgare*)
bladdery ['blædəri] *adj* mjehurast, koji je kao mjehur; napuhnut (i *fig*)
blade [bleid] *s* 1. *bot* uzak list, travka, vlat (trave), stabljika (bez klasa); list 2. lopatica (kotača lopatara) 3. lopatica (vesla) 4. oštrica (noža, dlijeta, mača); britvica; mač; *fig* pravi, kršan momak, junačina 5. *anat* plosnata kost, osobito lopatica; površina jezika 6. veseo momak, drug 7. *aero* krilo propelera
blade-bone ['bleidbəun] *s* *anat* lopatica
bladed ['bleidid] *adj* 1. *bot* koji ima listove 2. *minr* koji je u lisnatim slojevima 3. koji ima oštricu | ~ **corn** žito u klasu
blaeberry ['bleibəri] *s* → **bilberry**
blah [blaː] *s* *sl* bla-bla, prazne riječi
blain [blein] *s* oteklina, čir
blamable ['bleiməbl] *adj* (**blamably** *adv*) koga treba pokuditi, prijekora vrijedan, pokudan
blame [bleim] *vt* ukoriti, prekoriti; okriviti | *fam* **to** ~ **something upon a p** koga za što okriviti; *sl* ~ **me if ...** vrag me odnio ako ...; **to be to** ~ **for** zaslužiti prijekor, biti kriv, snositi krivnju
blame [bleim] *s* ukor, prijekor, kuđenje; krivnja, krivica, odgovornost | **to lay the** ~ **upon ... for** pripisati krivicu kome ... zbog; **to bear the** ~ preuzeti krivicu, snositi odgovornost
blameful ['bleimful] *adj* (~**ly** *adv*) prijekora vrijedan, kriv; koji kori, prijekoran
blameless ['bleimlis] *adj* (~**ly** *adv*) nevin, nedužan, bez krivnje
blameworthy ['bleimˌwəːði] *adj* prijekora vrijedan
blanch [blaːntʃ] *vt/i* **I.** *vt* 1. bijeliti, pobijeliti, oduzeti boju 2. guliti, ljuštiti, blanširati bademe 3. učiniti blijedim **II.** *vi* 1. pobijeljeti, problijediti
blanch over ['blaːntʃ'əuvə] *vt* ublažiti, uljepšati, zabašuriti
blancher ['blaːntʃə] *s* bjelilac, činilac, strojač nekih vrsta koža
blancmange [blə'mɔnʒ] *s* *Fr* hladna krema s bademima
bland [blænd] *adj* (~**ly** *adv*) dobrostiv, blag, umiljat, prijatan, mio; laskav; bez ukusa, bljutav, nezanimljiv
blandish ['blændiʃ] *vt* laskati, umiljavati se
blandishment ['blændiʃmənt] *s* laskanje, laska, umiljavanje
blandness ['blændnis] *s* blagost, dobrostivost, umiljatost; laskavost; bljutavost, neukusnost
blank [blæŋk] *adj* 1. neispisan (papir); neispunjen 2. prazan, nenapunjen 3. blijed, pust; bez događaja, bez sadržaja 4. bezizražajan, prazan, tup 5. čist, potpun 6. smeten, zbunjen, zabezeknut 7. bez sroka, nerimovan (stih) 8. *com* bez pokrića; bjanko | ~ **acceptance** bjanko-akcept; ~ **cheque** bjanko-ček, bjanko-mjenica (i *fig*); **to give a** ~ **cheque** izdati bjanko-ček; ~ **verse** peterostopni jampski stih bez sroka; jampski pentametar; **in** ~, **drawn in** ~ neispunjen, in bianco; **to leave** ~ ostaviti neispisano, prazno; **to look** ~ praviti zabezeknuto lice; *archit* ~ **door** slijepa vrata; ~ **cartridge** slijepi metak, ćorak, manevarski metak; *com* ~ **credit** bjanko-kredit; **to sell in** ~ prodati unaprijed (bez pokrića)
blank [blæŋk] *s* 1. prazna cedulja u lutriji, srećka koja gubi 2. neispunjena tiskanica, formular, blanketa; kurzivom ispisane riječi u parlamentarnim ispravama; točkice mjesto riječi (kao zamjena za vulgarne izraze) 3. bijeli krug, središte na meti 4. prazno mjesto, praznina, bjelina; ništavilo, nesadržajnost 5. kolut metala za izradbu novca | **to draw a** ~ izvući srećku koja gubi, izgubiti na lutriji; ostati praznih ruku; izjaloviti se nekome
blanket ['blæŋkit] *s* vunen pokrivač, deka, gunj, konjski pokrivač | *fig* **wet** ~ čovjek koji kvari raspoloženje u društvu; kvarenje raspoloženja; **born on the wrong side**

of ~ vanbračan, nezakonit; **to toss in a ~** bacati uvis sa zategnutog gunja
blanket [ˈblæŋkit] *adj* opći, generalni | **~ instructions** generalne upute
blanket [ˈblæŋkit] *vt* 1. pokriti pokrivačem 2. *fig* prekriti, zataškati, zabašuriti 3. bacati uvis sa gunja (kao kazna) 4. *mar* oduzeti brodu vjetar
blankly [ˈblæŋkli] *adv* bezizražajno, prazno; *fig* čisto, glatko, bez uvijanja
blankness [ˈblæŋknis] *s* 1. bjelina 2. pustoš, praznina 3. *fig* zbunjenost, smetenost, zabezeknutost
blare [ˈblɛə] *vi/t* **I.** *vi* trubiti, drečati, treštati **II.** *vt* trubiti u trubu
blare [blɛə] *s* trubljenje, dreka, drečanje, treštanje
blarney [ˈblaːni] *s fam* grubo laskanje, hvalisanje, ulagivanje
blarney [ˈblaːni] *vt/i* **I.** *vt* grubo laskati (kome), ulagivati se **II.** *vi* služiti se grubom laskom
blasé [ˈblaːzei] *adj Fr* zasićen nasladom, blaziran
blaspheme [blæsˈfiːm] *vi/t* **I.** *vi* huliti, bogohuliti, klevetati, obijediti
blasphemer [blæsˈfiːmə] *s* hulitelj, bogohulnik
blaspheming [blæsˈfiːmiŋ] *adj* (**~ly** *adv*) koji huli, kleveće, opada
blasphemous [ˈblæsfəməs] *adj* (**~ly** *adv*) bogohulan
blasphemy [ˈblæsfimi] *s* huljenje, bogohulje; kleveta, opadanje, blasfemija
blast [blaːst] *s* 1. udar, zapuh, reful, zamah vjetra 2. trubljenje, zvuk trube 3. mlaz zraka; eksplozija (baruta), pritisak zraka od eksplozije; količina eksploziva 4. loš, okužen zrak 5. *bot* snijet (*Uredo*), medljika (*Robigo*); *fig* loš, poguban utjecaj | **in ~** u pogonu, punom parom; *fig* na poslu, **out of ~** izvan pogona
blast [blaːst] *vt* 1. baciti u zrak eksplozijom; minirati, razbiti dinamitom 2. učiniti uvelim, opariti, spaliti; *fig* uništiti, razoriti; prokleti | **~ it!** prokletstvo!, do vraga!
blasted [ˈblaːstid] *adj* proklet, odvratan, ogavan
blaster [ˈblaːstə] *s* osoba koja aktivira mine, miner
blast-furnace [ˈblaːstˌfəːnis] *s tech* visoka peć
blasting [ˈblaːstiŋ] *s* eksplodiranje, dizanje u zrak; uništenje, upropaštenje
blasting-cap [ˈblaːstiŋkæp] *s mil tech* detonator, upaljač
blasting-fuse [ˈblaːstiŋfjuːz] *s* fitilj, štapin, miča
blastoderm [ˈblæstədəːm] *s* blastoderm
blast-off [ˈblaːstɔf] *s* ispaljivanje, lansiranje rakete
blast-pipe [ˈblaːstpaip] *s tech* sapnica, duvalica; cijev za ispust pare; *min* vjetrovod, zrakovod
blatancy [ˈbleitənsi] *s* glasna vika, bučnost; nametljivo vladanje, napadnost
blatant [ˈbleitənt] *adj* (**~ly** *adv*) bučan, prostački glasan, razmetljiv, vulgaran, neukusan, napadan; očit (laž), eklatantan
blather [ˈblæðə] *vi* & *s* → **blether**
blatherskite [ˈblæðəskait] *s* → **bletherskate**
blaze[1] [bleiz] *s* 1. plamen, plamsanje, žar, odsjev, sjaj, splet boja, šarenilo 2. *fig* raspaljivanje, prodor, provala (čuvstava, strasti) 3. *sl* **~s** *pl* pakao | **in a ~** u plamenu; **to go to ~s** otići do vraga; **like ~s** bijesno, vraški; **what the ~s!** vraga!
blaze [bleiz] *vi* gorjeti, plamtjeti, buktjeti; sjati, svijetliti, drečati (boje) | **blazing scent** svjež, vruć trag (u lovu)
blaze away [ˈbleizəˈwei] *vi* pucati (*at* na); *fig* započeti, raditi sa žarom | **to ~ at one's work** dati se sa žarom na posao
blaze out [ˈbleizˈaut] *vi fig* raspaliti se, planuti
blaze up [ˈbleizˈʌp] *vi* zasvijetliti; *fig* razbjesniti se
blaze[2] [bleiz] *s* bijela lîsa na čelu konja ili vola; urez u drvo, markacija puta (na drvu)
blaze[1] [bleiz] *vt* zarezati koru drveta, označiti, markirati, trasirati; krčiti (put) | **to ~ the trail** utrti put; *fig* vršiti pionirski posao
blaze[2] [bleiz] *vt* objaviti, javiti trubom
blaze abroad [ˈbleizəˈbrɔːd] *vt* proširiti, objelodaniti, rastrubiti (vijesti)
blazer [ˈbleizə] *s* sportski sako, jakna
blazon [ˈbleizn] *s* 1. grb 2. znanost o grbovima, heraldički opis 3. *fig* objavljivanje, razglašavanje; veličanje
blazon [ˈbleizn] *vt* 1. oslikati grb, heraldički protumačiti, ukrasiti 2. *fig* opisati, objaviti, navijestiti; razglasiti; slaviti
blazon abroad [ˈbleiznəˈbrɔːd] *vt* glasno objaviti
blazon out [ˈbleiznˈaut] *vt* rastrubiti, objaviti, razglasiti
blazonment [ˈbleiznmənt] *s* ukrašavanje; objavljivanje
blazonry [ˈbleiznri] *s* 1. opisivanje grbova, heraldičko umijeće; heraldički znak, heraldika 2. *fig* ukrašavanje, sjajan, raskošan prikaz
bleach [bliːtʃ] *vt/i* **I.** *vt* bijeliti, učiniti bijelim **II.** *vi* pobijeljeti, postati bijel; izblijedjeti
bleacher [ˈbliːtʃə] *s* bjelilac; bjelilo
bleachers [ˈbliːtʃəz] *s pl US sport* nenatkrivene tribine (na stadionu)
bleaching-powder [ˈbliːtʃiŋˌpaudə] *s* klorno vapno, prašak za bijeljenje, bjelilo
bleak [ˈbliːk] *s ichth* bjelica, vrsta bijele ribe

bleak [bliːk] *adj* (**~ly** *adv*) 1. blijed, bezbojan 2. gol, ogoljen, pust, izložen vjetru, vjetrovit 3. hladan, mrazan 4. *fig* tužan, tmuran, sumoran, čemeran

bleakness [ˈbliːknis] *s* 1. hladnoća, mraz 2. vjetrovitost; 3. golotinja, pustoš; 4. tmurnost, sumornost

blear [bliə] *adj* nejasan, mutan, zamagljen

blear [bliə] *vt* zamutiti, zamagliti, učiniti nejasnim

blear-eyed [ˈbliəraid] *adj* 1. krmeljiv 2. koji ne rasuđuje jasno, zamagljena pogleda

bleary [ˈbliəri] *adj* nejasan, mutan, neodređen; zamagljen

bleat [bliːt] *vi/t* **I.** *vi* blejati, meketati; brbljati, blebetati **II.** *vt* izblejati, izmeketati, izbrbljati, izblebetati

bleat out [ˈbliːtˈaut] *vt* izblejati, izmeketati, izbrbljati, izblebetati

bleat [bliːt] *s* blejanje, meketanje; brbljanje, blebetanje

bleb [bleb] *s* bubuljica, mjehurić, plik

bled [bled] *pret* & *pp* od **bleed**

bleed [bliːd] *vi/t* (bled, bled) **I.** *vi* 1. krvariti, iskrvariti 2. *fig* dati, proliti svoju krv (*for* za) 3. puštati sok (o biljci); teći, kapati 4. izgubiti novac, skupo platiti **II.** *vt* 1. puštati krv, oduzeti sok 2. *fig* iscrpsti, oguliti, izmusti novac, očerupati | *fig* **to ~ for a th** skupo što platiti; **to ~ a p white** izmusti koga do posljednje pare

bleeder [ˈbliːdə] *s* onaj koji pušta krv

bleeding [ˈbliːdiŋ] *s* krvarenje; puštanje krvi

bleep [bliːp] *s* isprekidani piskavi radio-signal (sa satelita ili iz pozivne stanice)

blemish [ˈblemiʃ] *vt* 1. unakaziti, nagrditi; osramotiti, okaljati; ožigosati 2. *jur* oklevetati

blemish [ˈblemiʃ] *s* pogreška, mana, nedostatak; mrlja, ljaga, sramota

blench [blentʃ] *vi/t* **I.** *vi* 1. trgnuti se, lecnuti se, žacnuti se, uzmaknuti, ustuknuti, odstupiti, prezati pred čim 2. treptati, trenuti **II.** *vt* zatvoriti oči, sakriti (pred sobom); izbjegavati; kloniti se (čega)

blend [blend] *vt/i* (*pret* ~ed, blent; *pp* ~ed, blent) **I.** *vt* smiješati, izmiješati **II.** *vi* pomiješati se, spojiti se, stopiti se, skladno se uklapati; slagati se

blend [blend] *s* mješavina, spoj, smjesa

blend-corn [ˈblendkɔːn] *s* pšenica i raž posijani na istom zemljištu

blende [blend] *s chem* & *minr* sfalerit, cinkov sjajnik, cinkov sulfid

blender [ˈblendə] *s* mješač; miješalica

blenny [ˈbleni] *s ichth* sluznjača (*Blennius*)

blent [blent] *pret* & *pp* od **blend**

bless [bles] *vt* (*pret* ~ed blest; *pp* ~ed, blest) 1. blagosloviti, posvetiti; obožavati, hvaliti, slaviti, veličati 2. zazivati, željeti sreću, zahvaljivati 3. usrećiti, smatrati sretnim 4. kleti, proklinjati (eufemistički) | **to ~ oneself** smatrati se sretnim; **to have not a penny to ~ oneself with** nemati ni prebijene pare; **~ me!** o bože! za boga miloga!; **~ you!** zaboga!, bog s tobom!; (pri kihanju) nazdravlje; **I'm blessed if** ... vrag me odnio ako ... ; **to ~ one's stars** zahvaliti svojoj sretnoj zvijezdi

blessed [ˈblesid] *adj* (**~ly** *adv*) blagoslovljen, posvećen, sretan, blažen; proklet (eufemistički) | **~ with** pun svega, blagoslovljen čime; **the ~** blaženi (u raju); **the whole ~ day** čitav bogovetni dan

blessedness [ˈblesidnis] *s* blaženstvo, sreća | *joc* **single ~** sretni položaj neženje, blaženo stanje neženstva

blessing [ˈblesiŋ] *s* blagoslov, blaženstvo, molitva prije i poslije jela; milost, dobročinstvo; blagodat, sreća | **that is a ~**! to je sreća!; **~ in disguise** sreća u nesreći

blest [blest] *pret* & *pp* od **bless**

blether [ˈbleðə] *vi* brbljati, blebetati, lupetati koješta

blether [ˈbleðə] *s* brbljanje, blebetanje

bletherskate [ˈbleðəskeit] *s dial* brbljavac, blebetalo

bletherskite [ˈbleðəskait] *s dial* → **bletherskate**

blew [bluː] *pret* od **blow**

blight [blait] *s* 1. *bot* snijet, medljika; *zool* vrsta biljnih ušiju, nametnika 2. para, magla 3. štetan, zlokoban utjecaj; potištenost; zator, propadanje

blight [blait] *vt* 1. pokvariti, uništiti snijeću, medljikom 2. *fig* uništiti, osujetiti, zatrti, presjeći

blighter [ˈblaitə] *s sl* štetočina; nesnosna, dosadna budala; *hum* tip, klipan

Blighty [ˈblaiti] *s mil sl* Engleska, zavičaj, domovina | **a ~ wound** rana zbog koje se može (vojnik) vratiti kući

blimey [ˈblaimi] *interj vulg* zaboga!, zaista!, bogati!

blimp [blimp] *s sl* mali izviđački avion

blind [blaind] *adj* 1. slijep, zaslijepljen 2. nerazuman, nepromišljen, nesvjestan 3. sakriven, nevidljiv, tajan; taman 4. jednoličan, tup; bez izlaska, zazidan 5. *sl* pijan; *bot* bez cvata | **as ~ as a bat** slijep kao šišmiš, potpuno slijep; **~ window** slijepi (zazidan) prozor; *sl* **~ to the world** mrtav pijan; **he turns a ~ eye to it** pravi se kao da to ne vidi; **~ alley** ulica bez izlaska, slijepa ulica, ćorsokak; *fig* bezizlazan položaj, škripac; **to be ~ to** biti nesposoban da vidi, biti slijep za što; *fig* **~ side** nezaštićena, slaba strana; **~ shell** slijepi metak, ćorak; **~ man's holiday** sumrak; *sl* **~ tiger** ilegalna točionica žestokih pića; **~ letter** pogrešno adresirano pismo; *com* **~ check** provjera naslijepo, preispitivanje robe bez uvida u tovarni list; **~ corner** nepregledni ugao, mrtvi kut; **~ date** rendes naslijepo (s nepoznatom osobom); nepoznati momak ili djevojka s kojom je ugovoren rendes; **~ spot** slijepa mrlja

blind [blaind] *vt/i* oslijepiti, zaslijepiti (i *fig*), opsjeniti, potamniti, zamračiti; zavezati oči; prevariti; *sl mot* brzo i neoprezno voziti

blind [blaind] *s* zastor, zaklon, zaslon, zavjesa; roleta; *fig* izlika, paravan; prikrivanje | **the ~** slijepac; *fig* **the ~ leading the ~** slijepac slijepca vodi; **Venetian ~s** žaluzine

blindage ['blaindidʒ] *s* zaklon za posadu u utvrdi

blind-coal ['blaindkəul] *s* antracit

blinder ['blaində] *s* onaj koji zasljepljuje

blind flying ['blaind'flaiiŋ] *s* letenje naslijepo

blindfold ['blaindfəuld] *vt* zavezati, prekriti kome oči; *fig* zaslijepiti

blindfold ['blaindfəuld] *adj* zavezanih očiju; *fig* zaslijepljen

blindfold ['blaindfəuld] *adv* zavezanih očiju; *fig* zaslijepljeno

blind gut ['blaind'gʌt] *s* slijepo crijevo

blindly ['blaindli] *adv* slijepo, naslijepo, pipajući; nepromišljeno

blindman's-buff [ˌblaindmænz'bʌf] *s* slijepi miš (dječja igra)

blindness ['blaindnis] *s* sljepoća, sljepilo (i *fig*)

blind-story ['blaind'stɔːri] *s archit* triforij gotske crkve (bez prozora u vanjskom zidu)

blindworm ['blaindwəːm] *s zool* sljepić

blink [bliŋk] *vi/t* **I.** *vi* 1. treptati, žmirkati, zažmiriti (i *fig*) 2. treperiti, svjetlucati **II.** *vt* ne htjeti vidjeti, previdjeti, namjerno izbjegavati, zatvarati oči, ignorirati

blink [bliŋk] *s* 1. trepet, žmirenje, mig 2. treperenje, svjetlucanje

blinker ['bliŋkə] *s* onaj koji trepće, žmiri; blinker, signalni žmigavac, treperavo svjetlo | *coll* **~s** *pl* naočale, naočnjaci (za konje); *fig* **to be (run) in ~s** imati naočnjake, zazirati od činjenica, ne htjeti pogledati činjenicama u oči

blip [blip] *s* točkica na radarskom ekranu

bliss [blis] *s* veselje, radost, blaženstvo, sreća

blissful ['blisful] *adj* (**~ly** *adv*) sretan, ushićen, radostan, blažen | **~ly happy** presretan

blissfulness ['blisfulnis] *s* veselje, radost, blaženstvo

blister ['blistə] *s* mjehurić, plik, vodeni žulj, opeklina; *med* sredstvo za izazivanje plikova na koži; kupola na avionu

blister ['blistə] *vt/i* **I.** *vt* izvući mjehuriće, prekriti mjehurićima, dobiti plikove; ispuhnuti se; dobiti žuljeve; *sl* dosađivati, oduzimati vrijeme; izgnjaviti, izmučiti **II.** *vi* posuti se mjehurićima

blistered ['blistəd] *adj* posut plikovima, mjehurićima

blister-steel ['blistəstiːl] *s met* blister čelik, grubo lijevan čelik

blithe [blaið] *adj* (**~ly** *adv*) *poet* radostan

blithesome ['blaiðsəm] *adj* (**~ly** *adv*) veseo, radostan

blitz [blits] *s* iznenadan i snažan zračni napad, bombardiranje

blizzard ['blizəd] *s* snježna mećava, snježna oluja

bloat [bləut] *vt* sušiti haringe, sleđeve, dimiti ribu

bloat [bləut] *vt/i* **I.** *vt* naduti **II.** *vi* nateći, napuhnuti, nabreknuti (*out*)

bloated ['bləutid] *adj* podbuo; nadut, naduven (i *fig*)

bloater ['bləutə] *s* dimljen i soljen sleđ, sušena haringa

blob [blɔb] *s* kapljica, kuglica, mrljica, grudica, grumenčić

blobber-lipped ['blɔbəˌlipt] *adj* koji ima debele usne

bloc [blɔk] *s* (politički) blok

block [blɔk] *s* 1. panj, trup, klada; *fig* stratište 2. klobučarski kalup, stalak za vlasulje; probojac, probadač (postolara) 3. *tech* kotur, žabica, koloturnik 4. *print* valjak, kliše; bilježnica, blok, notes 5. velik komad, gromada, neotesani kamen, kamen za građu 6. blok kuća 7. *fig* neotesanac, glupan; klipan, klada 8. *fig* zapreka; *parl* smetanje, opstrukcija 9. zastoj prometa 10. *sport* mjesto gdje igrač zaustavi loptu (u kriketu) | **chip of old ~** kakav otac takav sin; **to cut ~s with a razor** uzalud trošiti snage; **the ~** smrt odrubljenjem glave; **barber's ~** kalup za pravljenje vlasulja; **~ letters** velika štampana slova

block [blɔk] *vt* 1. spriječiti, zapriječiti, zakrčiti, zaustaviti, blokirati 2. *parl* napraviti opstrukciju, opstruirati, ometati 3. *sport* zaustaviti loptu, blokirati (u kriketu) 4. oblikovati, kalupiti, prešati 5. ukrasiti ispupčenim ornamentom (npr. korice knjige)

block in ['blɔk'in] *vt* 1. opasati, okružiti, zatvoriti 2. grubo skicirati, napraviti nacrt

block out ['blɔk'aut] *vt* grubo skicirati, napraviti plan; grubo izraditi; otesati (drvo)

block up ['blɔk'ʌp] *vt* zatvoriti, zapriječiti, blokirati

blockade [blɔ'keid] *s mil & mar* blokada, opsada | **paper ~** fiktivna blokada; **to raise the ~** dići blokadu; **to run the ~** probiti blokadu

blockade [blɔ'keid] *vt* 1. *mil & mar* blokirati, opkoliti 2. smetati, spriječiti

blockader [blɔ'keidə] *s* onaj koji vrši blokadu, brod za blokadu

blockade-runner [blɔ'keid.rʌnə] *s* probijač blokade, brod koji se probija kroz blokadu

block-book ['blɔkbuk] *s* 1. knjiga otisnuta drvenim pločama prije pronalaska štampanja 2. bilježnica, blok, notes

block-buster ['blɔk'bʌstə] *s* teška bomba

blockhead ['blɔkhed] *s* glupan, budala

blockhouse ['blɔkhaus] *s* brvnara; stražarnica, karaula

blockish ['blɔkiʃ] *adj* neotesan, sirov; glup, budalast

block-system ['blɔk.sistim] *s rly* signalni blok-sistem

block-tin ['blɔktin] *s* kositar, kalaj u gromadama

block-work ['blɔkwəːk] *s* neobrađeno željezo

bloke [bləuk] *s coll* momak, klipan, neotesanac | *navy sl* **the** ~ kapetan, zapovjednik broda

blond(e) [blɔnd] *adj Fr* plavokos, koji ima svijetlu kosu i kožu, blond

blond(e) [blɔnd] *s Fr* 1. plavokos čovjek, plavuša, blondina 2. vrsta čipke

blood [blʌd] *s* 1. krv 2. *fig* srž 3. prolijevanje krvi 4. strast, temperament, narav, priroda; bijes, hrabrost 5. rasa, rod, krvno rodbinstvo; porijeklo, loza 6. kicoš, gizdelin | **flesh** & ~ krv i meso, animalna priroda; **to let** ~ pustiti krv (i *hum*); **bad** ~ zla krv, mržnja; **his** ~ **is up** krv mu je uzavrela; ~ **out of a stone** smilovanje osobe bez srca; **in cold** ~ hladnokrvno, namjerno; **blue** ~ plava krv, pravo plemstvo; **fresh** ~ nova krv, svježa krv; ~ **royal** kraljevska krv; **it runs in his** ~ to mu je u krvi; ~ **is thicker than water** krv nije voda; ~ **and iron** nesmiljena upotreba sile, krv i čelik; **to shed (spill)** ~ proliti, prolijevati krv; **Prince of the** ~ **royal** princ iz kraljevske kuće, loze; **full** ~ čistokrvan konj; **next of** ~ najbliži krvni rođak; ~ **and thunder** uzbudljiv, napet, melodramatski; **to taste** ~ namirisati, okusiti krv (i *fig*); **hands stained with** ~ ruke okaljane krvlju; **to dip one's hand in** ~ okaljati ruke krvlju; **to have a person's** ~ **on one's head** imati čiji život na duši; **man of** ~ krvolok, koljač; **my** ~ **ran cold** krv mi se sledila; **to freeze one's** ~slediti kome krv u žilama; **to make bad** ~ **between persons** zavaditi koga, posijati mržnju između koga; **make one's** ~ **boil** učiniti da kome uzavre krv; **to breed ill** ~ posijati zlu krv, mržnju, zavaditi koga; **to run in the** ~ biti prirođeno; **to draw** ~ ozlijediti do krvi; *fig* dirnuti u živac; ~ **bespotted** okrvavljen, krvav

blood [blʌd] *vt* 1. *med* pustiti krv 2. naviknuti psa na trag krvi, dresirati 3. *fig* priviknuti

blood bank ['blʌdbæŋk] *s* banka krvi, zaliha krvi za transfuziju

blood-bath ['blʌdbaːθ] *s* krvoproliće, masakr

blood-brother ['blʌd.brʌðə] *s* rođeni brat; *fig* brat po krvi, pobratim

blood count ['blʌdkaunt] *s* krvna slika

bloodcurdling ['blʌd.kəːdliŋ] *adj fig* strašan, jezovit, od kojega se čovjeku sledi krv

blood-donor ['blʌd.dəunə] *s* davalac krvi

blood-feud ['blʌdfjuːd] *s* krvna osveta

blood-group ['blʌdgruːp] *s* krvna grupa

bloodguiltiness ['blʌd.giltinis] *s* krivnja za krvoproliće

blood-guilty ['blʌd.gilti] *adj* kriv za prolivenu krv

bloodheat ['blʌdhiːt] *s* normalna tjelesna toplina

bloodhorse ['blʌdhɔːs] *s* čistokrvan konj

bloodhound ['blʌdhaund] *s* veliki lovački pas, pas tragač

bloodless ['blʌdlis] *adj* (~**ly** *adv*) beskrvan

blood-letting ['blʌd.letiŋ] *s* puštanje krvi

blood-money ['blʌd.mʌni] *s* krvarina

blood-poisoning ['blʌd.pɔizniŋ] *s* otrovanje krvi

blood pressure ['blʌd.preʃə] *s* krvni tlak

blood-pudding ['blʌd.pudiŋ] *s* krvavica

blood-red [.blʌd'red] *adj* crven kao krv

blood-relation [.blʌdri'leiʃən] *s* krvni rođak

bloodshed ['blʌdʃed] *s* prolijevanje krvi, krvoproliće, pokolj

bloodshot ['blʌdʃɔt] *s* podliven krvlju, zakrvavljen (oči)

bloodstained ['blʌdsteind] *adj* okaljan krvlju, okrvavljen, omašten krvlju

blood-stone ['blʌdstəun] *s minr* 1. hematit 2. heliotrop (vrsta dragog kamena)

blood-sucker ['blʌd.sʌkə] *s* 1. pijavica 2. krvopija, gulikoža

blood-thirsty ['blʌd.θəːsti] *adj* (**bloodthirstily** *adv*) krvožedan

blood-transfusion ['blʌdtræns.fjuːʒən] *s* transfuzija krvi

blood-vessel ['blʌd.vesl] *s anat* krvna žila, krvni sud

blood-wood ['blʌdwud] *s bot* vrsta eukaliptusa (*Eucalyptus corymbosa*); svako drvo crvene boje

bloodworm ['blʌdwəːm] *s ent* 1. naziv za dvokrilce iz porodice trzalaca (*Chironomidae*) 2. glista (za pecanje)

blood-wort ['blʌdwəːt] *s bot* crveni štavalj (*Rumex sanguineus*)

bloody ['blʌdi] *adj* (**bloodily** *adv*) 1. krvav, okrvavljen 2. crven 3. krvožedan, krvoločan 4. *vulg* proklet, vražji | **not a** ~ **one** ni jedan jedini; ~ **flux** dizenterija;

~ **hand** heraldički znak u grbu Ulstera; heraldički znak za baroneta
bloody ['blʌdi] *adv vulg* jako, vrlo
bloody ['blʌdi] *vt* okrvaviti, zakrvaviti, okaljati krvlju
Bloody Mary ['blʌdi'mɛəri] *s* koktel od votke i soka od rajčice
bloody-minded ['blʌdi,maindid] *adj* 1. krvožedan, okrutan 2. čangrizav, svadljiv, odbojan
bloom[1] [blu:m] *s* 1. cvijet, cvat; pepeljak, mašak (na voću) 2. *fig* cvat; ljepota, mladenačka svježina; ružičast, svjež izgled 3. vrsta grožđica | **in** ~ u cvatu; **to take the** ~ **off** oduzeti svježinu, sjaj
bloom [blu:m] *vi* cvasti, cvjetati, rascvasti se (i *fig*); sjati se od ljepote, svježine
bloom[2] [blu:m] *s* komad iskovana željeza, gredica
bloom [blu:m] *vt* iskovati željezo u komad
bloomer[1] ['blu:mə] *s* | ~**s** *pl* nekadašnje duge ženske gaćice
bloomer[2] ['blu:mə] *s sl* pogreška, zabluda
bloomery ['blu:məri] *s* talionička peć
blooming ['blu:miŋ] *adj* (~**ly** *adv*) 1. u cvatu, rascvjetan, cvatući 2. *sl* proklet, vražji
bloom-iron ['blu:m,aiən] *s* pročišćeno željezo
bloom-steel ['blu:msti:l] *s* pročišćen čelik
blossom ['blɔsəm] *s* 1. cvijet, cvat 2. procvat; *fig* obećanje
blossom ['blɔsəm] *vi* cvasti, cvjetati
blossom out ['blɔsəm'aut] *vi* rascvasti se; *fig* razviti se (*into* u)
blossom-faced ['blɔsəmfeist] *adj* crven i podbuo
blossomless ['blɔsəmlis] *adj* bez cvijeća
blossomy ['blɔsəmi] *adj* pun cvijeća, cvjetan
blot [blɔt] *s* mrlja, packa; *fig* ljaga, sramota, rugoba
blot [blɔt] *vt/i* **I.** *vt* umrljati, uprljati; *fig* osramotiti, okaljati; iznakaziti **II.** *vi* upiti, osušiti bugačicom
blot out ['blɔt'aut] *vt* izbrisati, precrtati, učiniti nečitljivim; *fig* potamniti, uništiti
blot [blɔt] *s* kocka na izloženom položaju u igri triktrak; slaba točka u strategiji
blotch [blɔtʃ] *s* prišt, čirić, bubuljica, crvena mrlja (na koži); mrlja tinte ili boje; *school sl* bugačica
blotched [blɔtʃt] *adj* prekriven mrljama, zamrljan
blotched picarel ['blɔtʃt'pikərəl] *s ichth* modrak, tragalj (*Maena vulgaris*)
blotchy ['blɔtʃi] *adj* (**blotchily** *adv*) pokriven mrljama
blotter ['blɔtə] *s* bugačica, upijač; blok za pisanje s bugačicom; *US* policijska dnevna knjiga izvještaja
blotting-pad ['blɔtiŋpæd] *s* podloga za pisanje prekrivena bugačicom
blotting-paper ['blɔtiŋ,peipə] *s* upijač, bugačica
blotto ['blɔtəu] *adj sl* pijan, trešten (pijan)
blouse [blauz] *s* bluza
blow [bləu] *vi/t* (blew, blown) **I.** *vi* 1. puhati, duvati 2. dahtati, brektati 3. trubiti, glasiti se 4. štrcati, izbacivati 5. hvalisati se, napuhavati se, praviti se važan **II.** *vt* 1. puhati, duvati, tjerati, goniti (vjetrom) 2. oduzeti dah 3. raspiriti (vatru) 4. naduti 5. ispuhati, očistiti 6. *sl* odati, izdati 7. rasipati, spiskati novac 8. prokleti 9. zagaditi, upljuvati (muha) 10. pregorjeti (osigurač) 11. eksplodirati, baciti u zrak 12. *sl* vršiti fellatio | **to** ~ **great guns** snažno puhati; **to** ~ **hot & cold** biti prevrtljiv, kolebati se; **to** ~ **air into** napuhati, puhati zrak (u); **to** ~ **one's own trumpet** hvalisati se; **to** ~ **the expense** rasipati, nerazumno trošiti; **to puff &** ~ dahtati, soptati; **to** ~ **one's nose** obrisati nos, useknuti se
blow away ['bləuə'wai] *vt* otpuhnuti; zamesti
blow down ['bləu'daun] *vt* srušiti, povaliti (puhanjem)
blow in ['bləu'in] *vi/t* **I.** *vi* puhati, duvati (u); *sl* stići, doći na časak; upasti, naglo ući **II.** *vt* raspiriti (vatru), razlupati (prozore); *US sl* rasipati, trošiti
blow off ['bləu'ɔf] *vi/t* **I.** *vi* otići; ispaliti (top) **II.** *vt* otpuhnuti, pustiti paru | *fig* **to** ~ **steam** riješiti se suvišne snage, izduvati se
blow out ['bləu'aut] *vi/t* **I.** *vi* ispuhati, izduvati; ugasiti **II.** *vt* naduti, napuhnuti; rasprsnuti, puknuti (guma); pregorjeti (osigurač) | **to** ~ **one's brains** prosvirati sebi (kome) lubanju; *fig* **to be blown out of** biti izbačen (iz)
blow over ['bləu'əuvə] *vi fig* otići, nestati; smiriti se, proći (oluja, uzbuna)
blow up ['bləu'ʌp] *vi/t* **I.** *vi* odletjeti u zrak, eksplodirati **II.** *vt* 1. baciti u zrak 2. napuhati; povećati (fotografiju) 3. izgrditi 4. *sl* odati, izdati
blow upon ['bləuə'pɔn] *vi fig* klevetati, ogovarati
blow[1] [bləu] *s* 1. puhanje, duvanje 2. *coll* svjež zrak | **fly** ~ jaja muhe (u mesu)
blow [bləu] *vi* (blew, blown) cvasti, rascvasti se
blow[2] [bləu] *s* cvjetanje, cvat | **in full** ~ u punom cvatu, rascvjetan, cvatući
blow[3] [bləu] *s* 1. udarac 2. *fig* nesreća | **to come to** ~**s, to exchange** ~**s** tući se, potući se; **to strike a** ~ **for** pomoći; **to strike a** ~ **against** usprotiviti se; **to aim a** ~ zamahnuti na udarac; **to deal a** ~ zadati udarac; **at one** ~ jednim udarcem; **without striking a** ~ bez borbe, bez muke
blow-ball ['bləubɔ:l] *s bot* sjemena glavica maslačka

blower [ˈbləuə] *s* duhač; staklopuhač; puhalo, mijeh; gazilac mijeha na orguljama
blow-fly [ˈbləuflai] *s ent* zundarača (*Calliphoridae*); obična mesaruša (*Sarcophaga carnaria*); muha zujara (*Musca vomitoria*)
blow-hole [ˈbləuhəul] *s* rupa, prozorčić; oduška; dišni otvor kita; mjehurić u metalu
blow-lamp [ˈbləulæmp] *s* lemilica
blown [bləun] *pp* od **blow**
blow-off [ˈbləuɔf] *s tech* odvod, ispuh
blow-off [ˈbləuɔf] *adj tech* odušni
blow-out [ˈbləuaut] *s US sl* 1. *mot* probušena guma 2. dobro jelo, gozba
blow-pipe [ˈbləupaip] *s tech* puhaljka, duhaljka
blow-torch [ˈbləutɔːtʃ] *s* lemilica
blowy [ˈbləui] *adj* (**blowily** *adv*) vjetrovit, zračan
blowzed [blauzd] *adj* 1. crven u licu, bucmast 2. neuredan, razbarušen
blowzy [ˈblauzi] *adj* (**blowzily** *adv*) 1. crvena u licu 2. neuredna i prljava
blub [blʌb] *vi sl* plakati, cmizdriti
blubber [ˈblʌbə] *s* 1. kitovo salo 2. *zool* meduza, morski klobuk 3. *sl* plakanje, cmizdrenje
blubber [ˈblʌbə] *adj* otekao, debeo, ispupčen
blubber [ˈblʌbə] *vi/t* **I.** *vi* 1. plakati, jecati, cmizdriti 2. smočiti se, nateći, iznakaziti se od plača **II.** *vt* projecati, izreći jecajući
bluchers [ˈbluːtʃəz] *s pl* starinske visoke cipele
bludgeon [ˈblʌdʒən] *s* toljaga, batina, kijača
bludgeon [ˈblʌdʒən] *vt* batinati, udarati toljagom, mlatiti
blue [bluː] *adj* 1. modar, plav 2. tmuran, sumoran; *fig* potišten, utučen, nujan, sjetan, snužden 3. konzervativan, postojan 4. učen (žena) 5. nepristojan, nečedan (govor) | **to look ~** izgledati utučeno; **things looked ~** sve je izgledalo beznadno; **~ funk** smrtni strah; **true ~** vjeran, postojan; **the Blue** jedan od tri odreda u mornarici; **drink till all's ~** opiti se do besvijesti; *bot* **~ gum** vrsta eukaliptusa; **once in a ~ moon** vrlo rijetko, svake prijestupne godine; **~ water** otvoreno more, pučina; **~ laws** puritanski, strogi zakoni
blue [bluː] *s* 1. plava, modra boja; plavetnilo, modrina 2. plavilo (za rublje) 3. (plavo) nebo; more 4. konzervativac 5. član sveučilišne sportske reprezentacije u Oxfordu i Cambridgeu | **Oxford ~** tamnomodro; **Cambridge ~** svijetlomodro; **the Blues** kraljeva konjanička garda; *fig* **the ~s** tuga, melankolija, potištenost; bluz (u džezu); **Navy ~** mornarsko modro; **Prussian ~** berlinsko plavo, modro
blue [bluː] *vt* 1. plavo, modro obojiti; plaviti (rublje) 2. *sl* rasipati (novac)
blue-beard [ˈbluːˌbiəd] *s* Modrobradi, ženoubojica
bluebell [ˈbluːbel] *s bot* 1. zvončić 2. divlji zumbul
blue-berry [ˈbluːbəri] *s bot* borovnica (plod *Vaccinium myrtillusa*)
blue-bird [ˈbluːbəːd] *s US ornith* modrovoljka (*Sialia sialis*)
blue-blood [ˈbluːblʌd] *s* plava krv, čistokrvno plemstvo
blue-book [ˈbluːbuk] *s* 1. plava knjiga (izvještaj engleskog parlamenta ili parlamentarnog odbora) 2. *US* popis svih vladinih činovnika
blue-bottle [ˈbluːˌbɔtl] *s* 1. *bot* različak (*Centaurea cyanus*) 2. *ent* zundarača, muha zujara (*Calliphoridae*) 3. *GB coll* policajac
blue-breast [ˈbluːbrest] *s ornith* vrsta modrovoljke (*Lusciania suecica*)
blue-coat [ˈbluːkəut] *s* | **~ boy** učenik u plavoj odori londonske škole Christ's Hospital
blue-collar [ˈbluːˌkɔlə] *adj* manuelan, fizički, industrijski | **~ worker** industrijski radnik, manuelni radnik, radnik u proizvodnji
blue-devils [ˈbluːˈdevlz] *s coll* potištenost, depresija
bluefish [ˈbluːfiʃ] *s ichth* strijela (*Temnodon saltator*)
blue-jacket [ˈbluːˌdʒækit] *s* mornar ratne mornarice
blue jeans [ˈbluːdʒiːnz] *s pl* traperice
blue-john [ˈbluːdʒɔn] *s minr* fluorit
blue-light [ˌbluːˈlait] *s mar* plavi signal kojim se dozivlje peljar
blueness [ˈbluːnis] *s* plavetnilo, modrilo, modra boja
blue-peter [ˈbluːˈpiːtə] *s mar* signalna zastava, plavo polje s bijelom četvorinom u sredini
blue-pill [ˌbluːˈpil] *s pharm* živina pilula (purgativ)
blueprint [ˈbluːprint] *s* plan, nacrt
blue-ribbon [ˈbluːˌribən] *s* plava vrpca, lenta, znak reda podvezice
blue-stocking [ˈbluːˌstɔkiŋ] *s* učena žena, intelektualka, žena s intelektualnim pretenzijama
blue-throat [ˈbluːθrəut] *s ornith* sjenica plavetna (*Sylvia suecica*)
bluff [blʌf] *adj* (**~ly** *adv*) širok (pramac broda); strm (stijena); *fig* nagao, grub, otresit, osoran, nabusit; izravan, otvoren, iskren, srdačan
bluff¹ [blʌf] *s* strma stjenovita obala, strmina

bluff [blʌf] *vt/i* **I.** *vt* 1. prevariti, blefirati 2. *fig* preneraziti, zapanjiti, zastrašiti, zavesti u bludnju **II.** *vi* varati, zavarati
bluff[2] [blʌf] *s* prijevara, varka, obmana, blef; pokušaj zastrašivanja, prazna prijetnja
bluffer ['blʌfə] *s* varalica, zastrašivač, obmanjivač, blefer
bluffness ['blʌfnis] *s* 1. strmina 2. grubost, otresitost, neotesanost, otvorenost
bluish ['bluːiʃ] *adj* plavkast, plavičast, modrikast
blunder ['blʌndə] *vi/t* **I.** *vi* ići tapkajući, spotaknuti se, potepsti se, posrnuti 2. napraviti veliku pogrešku, prevariti se **II.** *vt* loše upravljati (čime), loše postupati (s kim); pokvariti, upropastiti, uprskati stvar, zabrljati
blunder along ['blʌndərə'lɔŋ] *vt* hodati tapkajući, spoticati se
blunder away ['blʌndərə'wei] *vi* proigrati, upropastiti lošom upravom | **to ~ one's chances** proigrati sreću, priliku
blunder out ['blʌndər'aut] *vi/t* izvaliti, izlanuti, izblebetati
blunder upon ['blʌndərə'pɔn] *vt* slučajno naići (na), nabasati
blunder ['blʌndə] *s* gruba pogreška, omaška, zabluda
blunderbuss ['blʌndəbʌs] *s mil hist* kratka širokocijevna starinska puška; nespretnjaković, šeprtlja
blunderer ['blʌndərə] *s* nespretnjaković, šeprtlja; čovjek bez takta, glupan
blunderhead ['blʌndəhed] *s* → **dunderhead**
blunt [blʌnt] *adj* 1. tup, nenaoštren 2. neosjetljiv, glup 3. nezgrapan, neotesan; grub, surov, bezobziran; izravan, netaktičan, iskren, otvoren
blunt [blʌnt] *s* 1. kratka debela igla; tupa strelica 2. *sl* novac, lova
blunt [blʌnt] *vt* otupiti, učiniti tupim
bluntish ['blʌntiʃ] *adj* prilično tup, neosjetljiv, glup; zdepast, nezgrapan, neotesan, grub, surov
bluntly ['blʌntli] *adv* 1. tupo, neosjetljivo 2. grubo, kratko, odsječno, resko, bezobzirno, bez uvijanja
bluntness ['blʌntnis] *s* 1. tupost, neosjetljivost 2. nezgrapnost, neotesanost, netaktičnost 3. grubost, surovost
blunt-witted ['blʌnt͵witid] *adj* koji teško shvaća, glup, tupav, nedotupavan
blur [bləː] *s* 1. mrlja tinte, boje; *fig* ljaga 2. nejasnoća, rasplinutost, nerazgovjetnost, zamagljenost, mutnoća
blur [bləː] *vt/i* zaprljati, zamrljati, izbrisati (pismo); *fig* okaljati, zamutiti, pomutiti, zamagliti, potamniti, ugušiti
blurb [bləːb] *s US* reklamni tekst (na ovitku knjige)
blurt [bləːt] *vt* bubnuti, izbrbljati, izblebetati, izlanuti (*out*)
blush [blʌʃ] *vi* 1. pocrvenjeti, porumenjeti (*at* na, *with, for* zbog, od) 2. zastidjeti se
blush [blʌʃ] *s* letimičan pogled; crvenilo, rumenilo | **at the first ~** na prvi pogled; **to put to the ~** postidjeti koga, učiniti da porumeni od stida
blushing ['blʌʃiŋ] *adj* (**~ly** *adv*) koji se crveni; stidljiv, sramežljiv; čedan, skroman
bluster ['blʌstə] *vi/t* **I.** *vi* 1. hujati, šumiti, bjesnjeti (vjetar) 2. bučiti, prijetiti se (*at* kome) 3. glasno se hvalisati, razmetati se 4. razbjesnjeti se (*oneself into*) **II.** *vt* glasno izreći
bluster down ['blʌstə'daun] *vt* vihorom rušiti
bluster out ['blʌstər'aut] *vt* glasno izreći
bluster ['blʌstə] *s* 1. šum, hujanje, buka 2. glasno hvalisanje, huka; prijetnja
blusterer ['blʌstərə] *s* hvalisavac, vikač, galamdžija
blustering ['blʌstəriŋ] *adj* (**~ly** *adv*) buran, šuman, hučan, prijeteći; jak; hvalisav, razmetljiv
blusterous ['blʌstərəs] *adj* buran, šuman, hučan; prijeteći
blustery ['blʌstəri] *adj* → **blusterous**
bo(h) [bəu] *interj* ba! hu! | **he can't say ~ to a goose** ne usuđuje se otvoriti usta, ne zna brojiti ni do pet
boa ['bəuə] *s* 1. *zool* udav (*Boa constrictor*) 2. boa (ženski krzneni ovratnik)
boar [bɔː] *s zool* nerast, divlji vepar; svinjetina, veprovina | **~'s head** svinjska glava; **wild ~** divlja svinja
board [bɔːd] *s* 1. daska, drvena ploča, oglasna ploča; šahovska ploča; 2. ljepenka, karton 3. stol, prostrt stol 4. obrok, hrana, opskrba, pansion 5. odbor, komisija, vijeće, kolegij, direkcija; vlast, oblast, uprava, ministarstvo 6. *mar* strana, bok (broda), paluba; opskrba na brodu; košta | **~s** *pl* pozornica, kazališne daske; **to be on the ~s** biti glumac; **to tread the ~s** nastupati kao glumac; **above ~** otvoreno, jasno; **sweep the ~** pokupiti sav dobitak, dići banku (u kartanju), biti svagdje pobjednik; **bed & ~** stol i postelja; **~ & lodging** stan i hrana; **groaning ~** obilan obrok; **Board of Admiralty** Admiralitet, ministarstvo ratne mornarice; **Board of Education** ministarstvo prosvjete; **Board of Trade** *GB* ministarstvo trgovine; *US* privredna komora; **Board of Revenue** ministarstvo financija; **to be on the ~** biti u službi, vršiti službu; **to go by the ~** pasti s palube; *fig* propasti, biti žrtvovan; *mar* **on ~**, **on ~ ship** na brodu, ukrcan na brod; *US* **to go on ~ a train** ukrcati se u vlak; **free on ~ (f.o.b.)** franko; **~ of directors** upravni odbor, direktorij; **~ of examiners** ispitna komisija; **~ room** dvorana za sastanke upravnog odbora; **full ~** puni pansion

board [bɔːd] *vt/i* **I.** *vt* 1. prekriti, obložiti daskama, oplatiti, parketirati 2. davati hranu, opskrbu 3. ući, ukrcati se (na vlak, na brod) 4. *coll* ispitati, preispitati 4. *mar* zakvačiti se za brod, privući se k brodu, pristati uz brod (kao gusari), jurišno prista(ja)ti **II.** *vi* 1. hraniti se, biti na opskrbi 2. *mar* kosati
board in [ˈbɔːdˈin] *vi* hraniti se, stanovati (kod)
board out [ˈbɔːdˈaut] *vt/i* **I.** *vt* dati na hranu, opskrbu **II.** *vi* biti na hrani, opskrbi (izvan kuće)
board up [ˈbɔːdˈʌp] *vt* obložiti, zabiti, obiti daskama
board with [ˈbɔːdˈwið] *vi* hraniti se, biti na opskrbi (kod)
boarder [ˈbɔːdə] *s* podstanar na hrani, koštaš, gost u pansionu, učenik u internatu
boarding [ˈbɔːdiŋ] *s* 1. daska, pod, oplata 2. hrana, opskrba 3. *mar* ukrcavanje; pristajanje uz brod, osvajanje broda
boarding-house [ˈbɔːdiŋhaus] *s* pansion
boarding-out [ˈbɔːdiŋaut] *s* uzimanje hrane, opskrbe izvan kuće
boarding-school [ˈbɔːdiŋskuːl] *s* internat, penzionat, konvikt
boarding-ship [ˈbɔːdiŋʃip] *s mar* brod pregledavač
boarding-station [ˈbɔːdiŋˌsteiʃən] *s* carinska postaja
board-school [ˈbɔːdskuːl] *s* javna osnovna škola
board-wages [ˌbɔːdˈweidʒiz] *s pl* dodatak za hranu, hranarina
board-walk [ˈbɔːdwɔːk] *s US* drvena promenada, šetalište uz more
boar-hound [ˈbɔːhaund] *s* lovački pas (za lov na veprove)
boarish [ˈbɔːriʃ] *adj* svinjski; prost, grub, brutalan
boast [bəust] *s* 1. hvalisanje, hvastanje 2. ponos, oholost; slava | **to make ~ of** hvalisati se čime, biti umišljen zbog
boast [bəust] *vi/t* **I.** *vi* hvalisati se, hvastati se; dičiti se, ponositi se; biti umišljen (zbog) **II.** *vt* slaviti, hvaliti | **you have not much to ~ of** baš se nemaš bogzna čime pohvaliti
boaster [ˈbəustə] *s* hvalisavac, hvastavac
boastful [ˈbəustful] *adj* (**~ly** *adv*) hvalisav, hvastav; ponosan; ohol
boat [bəut] *s* 1. čamac, barka, lađa, čun; skela; brod, parobrod 2. zdjelica (za umak) | **to take the ~** ukrcati se; **to have an oar in everyone's ~** pačati se u svačije poslove, biti svakom loncu poklopac; *fig* **in the same ~** u istom položaju, u istoj situaciji, dijeleći istu sudbinu; *fig* **to burn one's ~s** spaliti (srušiti) sve mostove iza sebe; **to rock the ~** narušavati slogu, dovoditi u opasnost zajedničku stvar; **ferry ~** skela, trajekt
boat [bəut] *vi/t* **I.** *vi* voziti se, veslati, jedriti, ploviti (u čamcu) **II.** *vt* ukrcati, smjestiti (u čamac), voziti (u čamcu)
boatage [ˈbəutidʒ] *s* vožnja, prijevoz čamcima; cijena prijevoza čamcima
boat-bill [ˈbəutbil] *s ornith* vrsta južnoameričke čaplje (*Cochlearius cochlearia*)
boater [ˈbəutə] *s* tvrdi slamni šešir
boatful [ˈbəutful] *s* ono što stane u čamac
boat-hook [ˈbəuthuk] *s mar* čaklja
boat-house [ˈbəuthaus] *s* spremište za čamce
boating [ˈbəutiŋ] *s* veslanje, jedrenje, veslački sport; vožnja u čamcu
boatman [ˈbəutmən] *s* (*pl* **boatmen** [ˈbəutmən]) lađar, iznajmljivač čamaca; veslač, jedrilac
boat-race [ˈbəutreis] *s* utrka čamaca, regata
boatswain [ˈbəusn] *s* 1. *mil* nostromo, vođa palube 2. *mil mar* prvi brodarski
boat-train [ˈbəuttrein] *s* vlak koji ima neposrednu vezu s brodom
bob[1] [bɔb] *s* 1. uteg na njihalu, olovna kuglica 2. kićanka, rojta, resa; čuperak kose, uvojak, kratko ošišana kosa 3. naušnica 4. podrezan konjski rep 5. *pros* pripjev na kraju kitice 6. meka, mamac na udici
bob[1] [bɔb] *vi* pecati crvima kao mamcem
bob[1] [bɔb] *vt* podšišati kosu (žensku), načiniti bubikopf frizuru
bob[2] [bɔb] *vi* 1. micati se gore-dolje, skakati, poskakivati; njihati se; plesati; klatiti se; trzati se; kimati 2. hvatati ustima, šćapiti 3. skočiti uvis, škljocnuti; sagnuti se; nakloniti se, pokloniti se
bob[2] [bɔb] *vt* lako udariti, lupiti, trznuti | **to ~ one's head** udarati, lupati glavom
bob up [ˈbɔbˈʌp] *vi coll* nenadano se pojaviti, naići | **to ~ like a cork** ne dati se svladati
bob[2] [bɔb] *s* 1. trzaj, udarac; dubok poklon, naklon 2. varijacije u zvonjenju
bob[3] [bɔb] *s* | **dry ~** đak Eton-koledža koji igra kriket; **wet ~** đak Eton-koledža koji se bavi veslanjem; **light ~** vojnik lake pješadije
bob[4] [bɔb] *s sl* šiling; kovani novac od 5 penija
bobbery [ˈbɔbəri] *s Anglo-Ind coll* buka, zbrka
bobbin [ˈbɔbin] *s* 1. navitak, kalem, špula; čunak 2. maljica, balantić, batić za čipke 3. tanka vrpca, gajtan 4. prijevornica (na vratima); *el* indukcioni svitak
bobbinet [ˈbɔbinet] *s* tanko čipkasto tkanje, til
bobbin-frame [ˈbɔbinfreim] *s* motovilo, vitao za namatanje konca
bobbish [ˈbɔbiʃ] *adj* (**~ly** *adv*) *sl* vedar, veseo, čio, živahan
bobby [ˈbɔbi] *s GB sl* policajac, redar

bobby pin ['bɔbipin] *s* metalna kopča za kosu, španga
bobby-socks ['bɔbisɔks] *s pl* dokoljenke za djevojčice
bobby-soxer ['bɔbisɔksə] *s US sl* tinejdžerka
bobolink ['bɔbəliŋk] *s ornith* vrsta sjevernoameričke ptice pjevice (*Dolichonyx orysivorus*)
bob-sled ['bɔbsled] *s* bob
bob-sleigh ['bɔbslei] *s* → **bob-sled**
bobstay ['bɔbstei] *s mar* (vodeni) straj kosnika, prikosnika i kolca
bobtail ['bɔbteil] *s* podrezan, podšišan rep; životinja s takvim repom | **tag-rag** & ~ rulja, bagra, kuso i repato, šuto i rogato, s kolca i konopca, fukara
bobtail ['bɔbteil] *adj* koji ima podrezan, podšišan rep
bob-white ['bɔbwait] *s ornith* vrsta sjevernoameričke prepelice (*Colinus*)
bob-wig ['bɔb'wig] *s* kratka vlasulja
bōde [bəud] *vt/i* **I.** *vt* proreći, nagovještati, obećavati, naslućivati **II.** *vi* slutiti na zlo | **this ~s him no good** to ne obećava ništa dobro za njega, to mu ne sluti na dobro
bodeful ['bəudful] *adj* (**~ly** *adv*) zloslutan, zloguk, koban
bodement ['bəudmənt] *s* slutnja, naslućivanje
bodice ['bɔdis] *s* prsluk, košuljac; steznik
bodied ['bɔdid] *adj* koji ima tijelo, tjelesni | **full-~** jak (vino); **able-~** spretan, snažan, tjelesno sposoban
bodiless ['bɔdilis] *adj* bestjelesan
bodily ['bɔdili] *adj* tjelesni, fizički | **~ fear** strah od tjelesne ozljede
bodily ['bɔdili] *adv* tjelesno; osobno; zaista; u cjelini, kao cjelina, u komadu
boding ['bəudiŋ] *adj* (**~ly** *adv*) koji naslućuje, proriče; zloslutan, zloguk
bodkin ['bɔdkin] *s* 1. šilo, ukosnica 2. osoba koja sjedi uklije̊štena, stisnuta između dvije druge osobe | **to ride (sit) ~** voziti se (sjediti) uklije̊šten, stisnut među drugima
body ['bɔdi] *s* 1. tijelo, trup, stas 2. truplo, mrtvo tijelo, leš 3. pratnja, tjelesna straža 4. glavni dio, glavnina, središte, trup, karoserija 5. gornji dio odjeće 6. *fig* jezgra, sadržaj, tekst 7. većina 8. *coll* ljudsko biće, osoba 9. *jur* skup, tijelo, društvo 10. četa, trupa, odred, vojna snaga 11. cjelina; mnoštvo, množina, količina, masa 12. upravni organ 13. tvar, građa, gradivo 14. *fig* sadržaj, supstancija, jačina, kakvoća, gustoća | **to keep ~ & soul together** životariti, ostati na životu, okrijepiti se; **in a ~** svi zajedno, u cjelini; **~ politic** državno tijelo, država; **~ corporate** korporacija, juridička osoba
body ['bɔdi] *vt* 1. oblikovati, dati oblik 2. zorno ili shvatljivo prikazati 3. predočiti (sebi) 4. utjeloviti
body-building ['bɔdi,bildiŋ] *s* jačanje mišića
body-colour ['bɔdi,kʌlə] *s arts* neprozirna boja
bodyguard ['bɔdigaːd] *s* tjelesna straža, tjelohranitelj (i *fig*)
body-lining ['bɔdi,lainiŋ] *s* podstava kaputa
body-servant ['bɔdi,səːvənt] *s* komornik, sobar
body-snatcher ['bɔdi,snætʃə] *s* kradljivac mrtvaca
Boeotian [bi'əuʃjən] *adj* 1. beotski 2. neobrazovan, glup, tup
Boeotian [bi'əuʃjən] *s* 1. Beoćanin 2. glupan, tupoglavac
Boer ['bəuə] *s* Bur
bog[1] [bɔg] *s* kaljuža, močvara, baruština, glib, tresetište
bog [bɔg] *vt* utonuti | **to be bogged** zaglibiti
bog[2] [bɔg] *s vulg* nužnik, zahod | **to go to the ~** ići na stranu
bogey ['bəugi] *s sport* broj udaraca (u golfu) koje mora postići dobar igrač
bogeyman ['bəugimæn] *s* (*pl* **bogeymen** ['bəugimən]) vražičak, đavolak; sablast; strašilo, bauk, bau-bau
boggle ['bɔgl] *vi* trgnuti se, ustuknuti, kolebati se, oklijevati, krzmati, prezati | **the mind ~s at the idea** čovjek zadrhti (zgrozi se) na tu pomisao
boggy ['bɔgi] *adj* močvaran
bogie ['bəugi] *s rly* podvozje vagona
bogie-car ['bəugikaː] *s* → **bogie**
bogle ['bəugl] *s* strašilo, plašilo; sablast, utvara
bog-moss ['bɔgmɔs] *s* tresetna mahovina
bog-oak ['bɔg'əuk] *s* fosilno drvo u tresetištu
bog-trotter ['bɔg,trɔtə] *s* stanovnik močvarnih krajeva; *iron* Irac
bogue [bəug] *s ichth* bukva, bugva (*Box boops*)
bogus ['bəugəs] *adj* kriv, patvoren, prijevaran, lažan; izmišljen, fiktivan
bogy (**bogey**) ['bəugi] *s* vražičak, đavo | **the ~ man** sablast, utvara, strašilo, bauk, bau-bau
bohea [bəu'hiː] *s* crni kineski čaj loše kvalitete
Bohemian [bəu'hiːmjən] *adj* 1. češki 2. ciganski 3. boemski
Bohemian [bəu'hiːmjən] *s* 1. Čeh, Čehinja 2. Ciganin 3. boem, lakoumnik
bohink ['bəuhiŋk] *s* → **bohunk**
bohunk ['bəuhʌŋk] *s US sl* doseljenik iz istočne ili jugoistočne Evrope; najniži radnik; grubijan
boil[1] [bɔil] *s med* čir
boil [bɔil] *vi/t* **I.** *vi* 1. kipjeti, vreti, ključati, kuhati se 2. valjati se; šumjeti

(more) 3. uskipjeti, prekipjeti, uzrujati se, uzavreti, planuti **II.** *vt* uzavreti, zakipjeti, kuhati; prokuhati | **to keep the pot ~ing** nekako se prehraniti, preživjeti; *coll* **~ing hot** vrlo vruć, kipući; *fig* uzbuđen; **to make one's blood ~** učiniti da kome uzavre krv

boil away ['bɔilə'wei] *vi* ispariti se, ishlapiti, iskipjeti

boil down ['bɔil'daun] *vt* ispariti, iskipjeti, zakipjeti; svesti se | **it all boils down to this** sve se svodi na ovo

boil over ['bɔil'əuvə] *vi* prekipjeti, prevreti

boil[2] [bɔil] *s* kuhanje, ključanje, vrenje; vrelište | **to bring to the ~** pustiti da zakipi; **to keep on the ~** kuhati u vreloj vodi, pustiti da vri

boiled ['bɔild] *adj* uzavreo, uskipio, kuhan; *US sl* uškrobljen | *US sl* **~ shirt** košulja s uškrobljenim prednjim dijelom, košulja s plastronom (uz smoking)

boiler ['bɔilə] *s* 1. onaj koji kuha, varilac 2. kotao, parni kotao 3. povrće koje se brzo skuha, prikladno za kuhanje

boiler-iron ['bɔilər,aiən] *s* lim za kotlove, grubi lim

boiler-plate ['bɔiləpleit] *s* lim za kotlove, grubi lim

boiler-room ['bɔilərum] *s* kotlovnica

boiler-tube ['bɔilətju:b] *s* kotlovska cijev

boilery ['bɔiləri] *s* solana, solara, salitrana

boiling ['bɔiliŋ] *s* 1. kuhanje, vrenje, ključanje 2. uzbuđenje, uzrujavanje | *sl* **the whole ~** čitava družba

boiling ['bɔiliŋ] *adj* 1. vreo, uzavreo, kipući 2. razjaren, uzrujan

boiling-point ['bɔiliŋpɔint] *s* vrelište

boisterous ['bɔistərəs] *adj* (**~ly** *adv*) 1. žestok, silan (vjetar) 2. bučan, razigran, neobuzdan

boko ['bəukəu] *s GB sl* nos

bold [bəuld] *adj* (**~ly** *adv*) 1. hrabar, smion, srčan, odvažan, neustrašiv, poduzetan; drzak, bezobrazan 2. koji strši; strm, vrletan 3. snažan, slobodan; jasan, izrazit, upadljiv; *print* debeo, mastan | **to make ~** drznuti se, usuditi se

bold-faced ['bəuldfeist] *adj* drzak | **~ type** masno, debelo štampana slova

boldness ['bəuldnis] *s* 1. hrabrost, smionost, srčanost, odvažnost, neustrašivost 2. drskost, bezobraznost

bole [bəul] *s* deblo, trupac

bolero [bə'lɛərəu] *s Sp* bolero (ples)

bolero ['bɔlərəu] *s Sp* bolero kaputić

bolide ['bəulaid] *s astr* užareni meteor, bolid

boll [bəul] *s bot* sjemeni tobolac, sjemena čahura lana ili pamuka | **~-weevil** pamučni žižak

bollard ['bɔləd] *s mar* 1. stup za vezanje broda, bitva 2. žvalice

bolled [bəuld] *adj bot* koji ima sjemeni tobolac

bolometer [bəu'lɔmitə] *s* bolometar

boloney [bə'ləuni] *s* → **baloney**

bolshevism ['bɔlʃəvizəm] *s* boljševizam

bolshevist ['bɔlʃəvist] *s* boljševik

bolshevist ['bɔlʃəvist] *adj* boljševički

bolshy ['bɔlʃi] *s sl* boljševik

bolshy ['bɔlʃi] *adj* boljševički

bolster ['bəulstə] *s* jastuk, jastučić, podloga

bolster ['bəulstə] *vt/i* **I.** *vt* 1. podložiti, obložiti jastucima, podlogom 2. poduprijeti, potpomoći, sačuvati od uništenja 3. gađati jastukom **II.** *vi* boriti se jastucima

bolster up ['bəulstər'ʌp] *vt fig* poduprijeti, potpomoći, braniti, obraniti

bolt[1] [bəult] *s* 1. strijela, strelica 2. blijesak, munja, grom 3. zasun, kračun, prijevornica, svornjak, reza, 4. željezni klin, vijak, zavrtanj 5. svežanj, snop, komad; smotak, bala (platna) | **fool's ~ soon shot** budala brzo iscrpi svu svoju mudrost; **~ from the blue** grom iz vedra neba; **to shoot the ~** povući zasun, zakračunati; **he has shot his ~** on se ispucao; *tech* **~ and nut** zavrtanj s glavom i navrtkom (maticom)

bolt [bəult] *vi/t* **I.** *vi* 1. žuriti se, odjuriti; srnuti, jurnuti; pobjeći, uteći; plašiti se, prezati (konj) 2. *US* odreći se stranke, istupiti iz stranke **II.** *vt* 1. zabiti klinom, navući zasun, zakračunati 2. naglo progutati

bolt in ['bəult'in] *vt* zakračunati, zatvoriti

bolt out ['bəult'aut] *vt* isključiti; izlanuti

bolt[2] [bəult] *s* 1. nagao okret, skok, bijeg 2. *US* odricanje od stranke, istup iz stranke | **to do a ~** pobjeći, uteći; **to make a ~ for it** pobjeći, uteći

bolt [bəult] *adv* poput strijele, iznenada, izravno | **~ upright** uspravno kao svijeća

bolt (boult) [bəult] *vt* 1. sijati, prosijati 2. ispitati, istražiti

bolter[1] ['bəultə] *s* onaj koji skače, koji se plaši, zazire; bjegunac; plašljiv konj

bolter[2] (**boulter**) ['bəultə] *s* sito, mlinska kesa

bolting-mill ['bəultiŋmil] *s* mlin na sita

bolt-rope ['bəultrəup] *s mar* porubnik, rub jedra

bolt-upright [,bəult'ʌprait] *adv* sasvim uspravno, uspravno kao svijeća

bolt-yarn ['bəultja:n] *s mar* jedrenac (jak konac za šivanje jedara)

bolus ['bəuləs] *s pharm* velika pilula; *fig* gorka pilula

bomb [bɔm] *s* bomba, ručna granata

bomb [bɔm] *vt/i* bombardirati; bacati bombe

bombard ['bɔmba:d] *s hist mil* lumbarda, prangija

bombard [bɔm'baːd] *vt mil* tući topovima, obasuti artiljerijskom vatrom; *fig* uporno navaljivati, salijetati, bombardirati; zasuti, obasipati
bombardier [ˌbɔmbə'diə] *s GB mil* artiljerijski podoficir; *US* član posade bombardera koji izbacuje bombe, bacač bombi
bombardment [bɔm'baːdmənt] *s* artiljerijska vatra, topovski napad, bombardiranje, bombardman
bombardon [bɔm'baːdn] *s mus* krupna limena duhaljka, bombardon; najniži registar na orguljama
bombasine (bombazine) ['bɔmbəsiːn] *s* bombasin tkanina
bombast ['bɔmbæst] *s fig* bombastičnost, bombastika
bombastic [bɔm'bæstik] *adj* (**~ally** *adv*) bombastičan, nadut
bomber ['bɔmə] *s mil* bombarder; bombaš
bombing ['bɔmiŋ] *s* bombardiranje
bomb-proof ['bɔmpruːf] *s* sklonište sigurno od bombâ
bomb-shell ['bɔmʃel] *s* bomba, granata; *fig* bomba, senzacija
bonanza [bə'nænzə] *s* sreća, bogatstvo; bogato nalazište zlata; *fig* zlatni rudnik; obilje | **in ~** stalne sreće
bonanza [bə'nænzə] *adj* sretan, bogat, napredan | **a ~ farm** unosan posjed, bogata farma
bonbon ['bɔnbɔn] *s Fr* slatkiš, bombon
bond[1] [bɔnd] *s* 1. vez, okov; zasužnjenje 2. gužva od pruća za vezanje snopova 3. *fig* veza, spona, spoj, savez 4. *jur* obveza, ugovor, jamstvo, garancija; *com* obveznica, zadužnica, založnica 5. carinska zabrana, zabrana izdavanja robe iz carinskog skladišta 6. *archit* spojna greda | **in ~s** svezan, sputan, okovan, utamničen; **his word is as good as his ~** njegovo obećanje vrijedi baš kao pismena obaveza; **out of ~** ocarinjen; **goods in ~** neocarinjena roba, roba u carinskom skladištu
bond [bɔnd] *vt* 1. vezati, spajati; *archit* spajati zidove, slagati kamenje 2. staviti pod carinsku zabranu 3. založiti, opteretiti obligacijama
bond[2] [bɔnd] *s* savez, liga
bond [bɔnd] *adj arch* neslobodan, ropski, kmetovski
bondage ['bɔndidʒ] *s* ropstvo; kmetstvo; zarobljeništvo; *fig* veza; sila, prisila
bond-debt ['bɔnddet] *s jur* obligacioni, kaucioni dug
bonded ['bɔndid] *adj* osiguran obveznicama, opterećen obveznicama, pod carinskom zabranom | **~ debt** obligacioni dug; **~ goods** roba pod carinskom zabranom, u carinskom skladištu, neocarinjena roba; **~ port** carinska luka
bonder ['bɔndə] *s* 1. onaj koji stavlja robu pod carinsku zabranu 2. *archit* vezni kamen
bond-holder ['bɔndˌhəuldə] *s* posjednik, vlasnik obveznica
bondmaid ['bɔndmeid] *s arch* kmetica; ropkinja
bondman ['bɔndmən] *s* (*pl* **bondmen** ['bɔndmən]) *arch* kmet; rob
bond-note ['bɔndnəut] *s com* carinska popratnica
bondservant ['bɔndˌsəːvənt] *s arch* kmet; rob
bondservice ['bɔndˌsəːvis] *s arch* kmetstvo; ropstvo
bondslave ['bɔndsleiv] *s arch* kmet; rob
bondsman ['bɔndzmən] *s* (*pl* **bondsmen** ['bɔndzmən]) *arch* kmet; rob
bonds-woman ['bɔndzˌwumən] *s* (*pl* **bonds-women** ['bɔndzˌwimin]) *arch* kmetica; ropkinja
bondwoman ['bɔndˌwumən] *s* (*pl* **bondwomen** ['bɔndˌwimin]) *arch* kmetica; ropkinja
bone [bəun] *s* 1. kost 2. **~s** *pl* kosti; kostur; tijelo, smrtni ostaci 3. koštana tvar (bjelokost, kitova us); predmet od kosti; **~s** *pl* kastanjete; kocke za kockanje 4. *cul* malen ili već načet komad mesa s kosti 5. *fig* predmet svađe, razmirice, kamen smutnje, povod razdora | **to the ~s** do kosti, do srži; **flesh and ~** tijelo; **skin and ~** kost i koža; **bred in the ~** prirođen, neuklonjiv, neizbrisiv; **to make no ~s** ne oklijevati, ne okolišati, ne kolebati, ne ustezati se (*of, about* zbog, *to* da ...); **he will never make old ~s** on neće doživjeti starost; **to feel in one's ~s** osjećati u kostima, instinktivno osjećati; *fig* **I have a ~ to pick with you** imam s tobom obračun; **to have no ~s about** ne dvoumiti, ne ustezati se zbog; **~ of contention** kamen smutnje
bone [bəun] *vt* 1. *cul* izvaditi kosti (iz mesa, ribe) 2. *sl* ukrasti, zdipiti; 3. *US sl* bubati, štrebati; proučiti, prostudirati (*up on*)
bone-ash ['bəunæʃ] *s* koštani pepeo
bone-black ['bəunblæk] *s* koštani ugljen
bone-dry ['bəundrai] *adj* 1. potpuno suh 2. bez alkohola; *fig* žedan
bone-dust ['bəundʌst] *s* koštano brašno
bone-glass ['bəunglaːs] *s* neprozirno, mliječno staklo
bone-head ['bəunhed] *s sl* glupan, tikvan
boneless ['bəunlis] *adj* bez kostiju; *fig* nepostojan, nestalan, bez čvrstine
bone-meal ['bəunmiːl] *s* koštano brašno
boner ['bəunə] *s sl* glupa pogreška
bone-setter ['bəunˌsetə] *s* vidar koji namješta prelomljene kosti
bone-shaker ['bəunˌʃeikə] *s* bicikl bez gumenih kotača, rasklimano vozilo

bone-spavin [ˈbəunˌspævin] *s vet* uzetost, ukočenost nogu kod konja
bonfire [ˈbɔnˌfaiə] *s* lomača, krijes | **to make a ~ of** uništiti
bonhomie [ˈbɔnɔmiː] *s Fr* dobrodušnost, prijaznost, žovijalnost
bonito [bəˈniːtəu] *s ichth* palamida
bonne-bouche [ˌbɔnˈbuːʃ] *s Fr* poslastica kojom se završava obrok
bonnet [ˈbɔnit] *s* 1. muška škotska kapa; ženski šeširić s vrpcama 2. *mar* produžetak jedra 3. *tech* kapa, poklopac; *GB* hauba automobila 4. *sl* pomagač, mamac | **to have a bee in one's ~** biti smušen, sulud, nemati sve daske u glavi
bonnet [ˈbɔnit] *vt* 1. staviti kome kapu, pokriti kapom; nabiti kome šešir na oči 2. prekriti; ugasiti
bonneted [ˈbɔnitid] *adj* s kapom, šeširom na glavi
bonny [ˈbɔni] *adj* (**bonnily** *adv*) *Scot* lijep, stasit, zdrava izgleda, čvrst, jedar, čio, veseo
bonus [ˈbəunəs] *s Lat* posebni dodatak na plaću, nagrada, premija; posebna dividenda
bonus-share [ˈbəunəsʃɛə] *s com* besplatna dionica
bony [ˈbəuni] *adj* (**bonily** *adv*) koščat, koštan, koštunjav, mršav
bonze [bɔnz] *s* budistički svećenik
boo [buː] *interj* hu!, mu!, fuj! | **he can't say ~ to a goose** ne usuđuje se otvoriti usta, ne zna brojiti ni do pet
boo [buː] *s* zvuk prezira, negodovanja
boo [buː] *vt/i* **I.** *vt* protjerati životinju vikom; ušutkati govornika uzvicima negodovanja **II.** *vi* mukati, urlati, drečati
boob [buːb] *s sl* glupan; *pl sl* sise
booby [ˈbuːbi] *s* 1. glupan, klipan 2. *ornith* bluna, vrsta pelikana; 3. *pl sl* sise
boobyish [ˈbuːbiiʃ] *adj* glupav
booby-prize [ˈbuːbipraiz] *s sport* utješna nagrada za najslabijeg natjecatelja
booby-trap [ˈbuːbitræp] *s* gruba šala, psina; na izgled neopasan predmet napunjen eksplozivom, miniran predmet
boodle [ˈbuːdl] *s US* 1. gomila, čopor, mnoštvo 2. mito, kapital za potkupljivanje u politici 3. vrsta igre kartama
boogie-woogie [ˈbugiˈwuːgi] *s* bugi-vugi
boohoo [buːˈhuː] *s* glasan plač; drečanje
boohoo [buːˈhuː] *vi* glasno plakati; drečati
book [buk] *s* 1. knjiga; tekst, libreto 2. **~s** *pl* trgovačke knjige, knjigovodstvo; knjižica za oklade na konjskim utrkama 3. blok karata, ulaznica, maraka, čekovna knjižica 4. popis, bilježnica | **the Book** Biblija; **to kiss the ~** poljubiti Bibliju kod zakletve; **to swear on the ~** zakleti se na Bibliju; **by the ~** točno, pouzdano, po propisu; **to take a leaf out of one's ~** oponašati, nasljedovati koga, povoditi se za kim; **to take one's name off the ~s** izbrisati iz članstva; **to be in one's bad (black) ~** biti u čijoj crnoj knjizi; *fig* **to suit one's ~** odgovarati, biti prikladan kome; **to bring to ~** pozvati na odgovornost; **without the ~** bez potvrde, napamet; **to keep ~s** voditi knjige, knjigovodstvo; *fig* **to be at one's ~** baviti se knjigom, umno raditi, studirati; **to be deep in a p's ~s** mnogo dugovati kome
book [buk] *vt* 1. upisati u knjigu, uknjižiti 2. rezervirati; kupiti kartu u pretprodaji; kupiti, izdati željezničku kartu; predati, otpremiti, adresirati prtljagu 3. *coll* pozvati, angažirati kao gosta 4. podnijeti policijsku prijavu, sastaviti policijski zapisnik o hapšenju | **he is booked for a sad end** njega sigurno čeka žalostan svršetak
book in [ˈbukˈin] *vt* uknjižiti, upisati u knjige
book through [ˈbukˈθruː] *vi* uzeti direktnu željezničku kartu
book up [ˈbukˈʌp] *vi* biti zauzet | **I am booked up for the whole week** zauzet sam cijeli tjedan; **the theatre is booked up for this evening** kazalište je večeras rasprodano
book-account [ˈbukəˌkaunt] *s com* tekući račun, otvoreni račun
bookbinder [ˈbukˌbaində] *s* knjigoveža
bookbinding [ˈbukˌbaindiŋ] *s* knjigoveštvo, knjigoveški obrt
bookcase [ˈbukkeis] *s* ormar, polica za knjige
book club [ˈbukklʌb] *s* klub prijatelja knjige
book-end [ˈbukˌend] *s* podupirač za knjige
bookie [ˈbuki] *s sl* profesionalni kladilac, vlasnik kladionice
booking [ˈbukiŋ] *s* 1. knjiženje, upisivanje u knjige 2. izdavanje željezničkih karata, upisivanje prtljage; rezerviranje sjedala
booking-clerk [ˈbukiŋklaːk] *s* prodavač željezničkih karata, otpremnik prtljage; knjigovođa
booking-office [ˈbukiŋˌɔfis] *s* blagajna za prodaju karata; ured za predavanje prtljage
bookish [ˈbukiʃ] *adj* (**~ly** *adv*) knjiški
book jacket [ˈbukˈdʒækit] *s* ovitak knjige
book-keeper [ˈbukˌkiːpə] *s* knjigovođa
book-keeping [ˈbukˌkiːpiŋ] *s* vođenje knjiga, knjigovodstvo
bookland [ˈbuklænd] *s jur hist* zemljište izuzeto iz zajedničkog vlasništva općine i dodijeljeno pismenom ispravom privatnom vlasniku
book-learned [ˈbukˌləːnid] *adj* učen, obrazovan, načitan
book-learning [ˈbukˌləːniŋ] *s* učenost, obrazovanost, načitanost
booklet [ˈbuklit] *s* knjižica, brošura
book-lore [ˈbuklɔː] *s* učenost, obrazovanost, načitanost

book-maker ['buk.meikə] *s* 1. piskaralo, knjigotvorac 2. profesionalni kladilac, vlasnik kladionice
book-making ['buk.meikiŋ] *s* 1. piskaranje, stvaranje knjiga 2. profesionalno klađenje na konjskim utrkama
bookman ['bukmən] *s* (*pl* **bookmen** ['bukmən]) književnik, učenjak, čovjek od knjige
book-mark ['bukma:k] *s* vrpca, traka, znak, zaloga u knjizi za obilježavanje mjesta gdje je čitač prestao čitati
bookmobile ['bukməubil] *s* bibliobus, pokretna knjižnica
book-muslin ['buk.mʌzlin] *s* fini muslin
bookplate ['bukpleit] *s* ex libris, naljepnica s imenom vlasnika knjige
book-rack ['bukræk] *s US* stalak, polica, ormar za knjige
book-rest ['bukrest] *s* podložak, stalak na stolu za knjigu
bookseller ['buk.selə] *s* knjižar
book-shelf ['bukʃelf] *s* polica za knjige
book-shop ['bukʃɔp] *s* knjižara
book-slide ['bukslaid] *s* pomični stalak, podložak za knjige
bookstall ['bukstɔ:l] *s* kiosk za prodaju knjiga, štand za prodaju knjiga
book-stand ['bukstænd] *s* stalak za knjige
book-store ['bukstɔ:] *s US* knjižara
book-work ['bukwə:k] *s* rad s knjigom
bookworm ['bukwə:m] *s* 1. knjiški moljac 2. *fig* knjiški crv
boom[1] [bu:m] *s mar* debljenjak (na jedru), bum; brodobran (na gatovima), samarica
boom [bu:m] *vi* 1. tutnjiti, bučati, hujati, zujati 2. vikati kao bukavac (ptica) 3. jedriti punim jedrima
boom[2] [bu:m] *s* 1. tutnjava, buka, huka, zujanje 2. krik bukavca (ptice)
boom [bu:m] *vt/i* **I.** *vt* načiniti veliku reklamu, hvaliti; povisiti cijene (reklamom), unaprijediti, razviti **II.** *vi* naglo rasti, prosperirati, napredovati, cvjetati
boom[3] [bu:m] *s* nenadana aktivnost, razvoj, slava; konjunktura, bum, prosperitet; reklama; predizborna agitacija
boomerang ['bu:məræŋ] *s* bumerang
booming ['bu:miŋ] *s* tutnjava, buka, huka
booming ['bu:miŋ] *adj* 1. koji tutnji, bučan 2. živahan, napredan, povoljan, uspješan, konjunkturan
boon [bu:n] *s* dar; usluga; dobrota, ljubaznost; dobročinstvo, blagodat, korist
boon [bu:n] *adj* ugodan, blag, živahan, veseo | ~ **companion** veseo drug, pajdaš, vinski brat
boor [buə] *s* seljak; seljačina, prostak, neotesanac, klipan
boorish ['buəriʃ] *adj* (~**ly** *adv*) seljački; grub, prost, neotesan
boorishness ['buəriʃnis] *s* grubost, prostota, neotesanost
boost [bu:st] *vt* 1. *el* pojačati 2. *sl* dignuti, potpomoći (koga); hvaliti, uzdizati; podići, gurnuti uvis; praviti reklamu
boost [bu:st] *s sl* polet; reklama, propaganda; podizanje, porast
booster ['bu:stə] *s sl* dodatni dinamo; pojačalo; koji pravi reklamu | ~ **injection** dodatna doza za pojačanje već postojećeg imuniteta; ~ **rocket** raketa za postizanje ubrzanja, potisna raketa
boot[1] [bu:t] *s* 1. visoka cipela, čizma 2. *hist* španjolska čizma (sprava za mučenje) 3. prostor za prtljagu 4. zaštitna koža za noge konja 5. *sport* dobar udarac | **the** ~ **is on the other leg** upravo obrnuto je istina, istina je na drugoj strani; stvar stoji sasvim drugačije; *sl* **like old** ~**s** silno, sjajno; **over shoes over** ~**s** uz bilo kakav rizik, kud sve, tud i ovo; **his heart was in his** ~**s** srce mu je bilo u petama; **to die in one's** ~**s** umrijeti naglom, neprirodnom smrću; *mil* ~ **and saddle** komanda, znak za uzjahivanje; *sl* **to get the** ~ biti otpušten, dobiti nogu; *sl* **to give the** ~ otpustiti iz službe, dati nogu
boot[1] [bu:t] *vt* snažno udariti (loptu)
boot out ['bu:t'aut] *vt* izbaciti, otpustiti, najuriti
boot[2] [bu:t] *s* dobrobit; prednost, korist | **to** ~ isto tako, uz to, k tome, povrh toga
boot[2] [bu:t] *vt arch* služiti, koristiti, biti od koristi | **what boots (it) to** čemu to služi; **it little boots** od toga je malo koristi
bootee ['bu:ti:] *s* ženska krznom podstavljena čizmica, dječja vunena cipelica
booth [bu:ð] *s* daščara, čatrlja, šator; štand; kabina
bootjack ['bu:tdʒæk] *s* izuvač (za čizme)
bootlace ['bu:tleis] *s* vezica za cipele, žniranac
bootleg ['bu:tleg] *s* sara (na čizmi)
bootleg ['bu:tleg] *vt/i US sl* krijumčariti alkoholna pića, ilegalno prodavati alkoholna pića
bootlegger ['bu:t.legə] *s US sl* krijumčar alkoholnih pića, potajni proizvođač, prodavač alkoholnih pića
bootlegging ['bu:t.legiŋ] *s US sl* krijumčarenje, potajna prodaja alkoholnih pića
bootless ['bu:tlis] *adj* (~**ly** *adv*) uzaludan, nekoristan, besciljan, bez svrhe; bez cipela
boot-polish ['bu:t.pɔliʃ] *s* laštilo za cipele
boots [bu:ts] *s GB* hotelski poslužitelj
boot-tree ['bu:ttri:] *s* kalup za cipele
booty ['bu:ti] *s* ratni plijen, grabež, dobitak | **to play** ~ igrati ulogu mamca, tajno se sporazumjeti
booze [bu:z] *s coll* piće, pijača; pijanka | *vulg* **to go on the** ~ piti, pijančevati
booze [bu:z] *vi/t* piti, opijati se, pijančevati, »cugati«

boozy ['bu:zi] *adj* (**boozily** *adv*) odan pijanstvu, pijan, pripit, cvrcnut, nakresan
bo-peep [,bəu'pi:p] *s* igra skrivača, kukuc
bora ['bɔ:rə] *s* bura
boracic [bə'ræsik] *adj* boraksov, borni
borage ['bɔridʒ] *s bot* boražina (*Borago*)
borate ['bɔ:reit] *s chem* borat
borax ['bɔ:ræks] *s* boraks
border ['bɔ:də] *s* 1. okrajak, rub, porub, obrub; gajtan, bordura; granica, međa 2. lijeha, gredica | **within ~s** u granicama; **out of ~s** izvan granica; **the Border** granično područje između Engleske i Škotske; **on the ~ of** na granici
border ['bɔ:də] *vt/i* **I.** *vt* rubiti, obrubiti, graničiti (sa), ograničiti, omeđiti; *fig* približiti se (čemu) **II.** *vi* graničiti, doticati se
border (up)on ['bɔ:dər(əp)'ɔn] *vi* graničiti (sa); doticati se; biti blizu
borderer ['bɔ:dərə] *s* stanovnik graničnog područja, krajišnik, graničar
borderland ['bɔ:dəlænd] *s* granično područje, krajina, granica
border-line ['bɔ:dəlain] *s* granična crta, granica, međa | **~ case** granični slučaj
bore [bɔ:] *vt/i* **I.** *vt* 1. vrtati, bušiti, provrtati, probušiti, izbušiti, izdupsti 2. pružiti glavu naprijed (konj) 3. izgurati s trkačke staze (na konjskim utrkama) **II.** *vi* svrdlati, dupsti, vrtati, prodrijeti
bore[1] [bɔ:] *s* 1. bušotina, rupa; bušenje, dubenje, vrtanje 2. duša (puščane, topovske cijevi), kalibar, promjer cijevi; promjer cilindra; provrt
bore[2] [bɔ:] *s* dosadna, mučna stvar, gnjavaža; dosadan čovjek; *fam* gnjavator
bore [bɔ:] *vt* dosađivati, dodijavati; *fam* gnjaviti
bore[3] [bɔ:] *s* velik val plime na ušću rijeke
bore [bɔ:] *pret* od **bear**
boreal ['bɔ:riəl] *adj* sjeverni
borecole ['bɔ:kəul] *s* kelj
boredom ['bɔ:dəm] *s* dosada; *fam* gnjavaža
bore-hole ['bɔ:həul] *s* bušotina
borer ['bɔ:rə] *s* 1. bušilac 2. kukac koji buši 3. *tech* svrdlo, bušilo 4. konj koji pruža glavu naprijed
boric ['bɔ:rik] *adj chem* borni | **~ acid** borna kiselina
boring ['bɔ:riŋ] *s* vrtanje, bušenje; rupa, bušotina; *pl* strugotine od bušenja
boring ['bɔ:riŋ] *adj* (**~ly** *adv*) dosadan
born [bɔ:n] *pp* od **bear**
born [bɔ:n] *adj* rođen, rodom (iz), potekao (iz); kao stvoren (za) | **~ of** porijeklom, rodom (iz); **~ again** preporođen; **~ with a silver spoon in the mouth, ~ under a lucky star** rođen kao dijete sreće, pod sretnom zvijezdom; **in all one's ~ days** u čitavu životu; **~ fool** potpun glupan
borne [bɔ:n] *pp* od **bear**
boron ['bɔ:rɔn] *s chem* bor
borough ['bʌrə] *s* 1. slobodan grad, trgovište 2. *GB* grad koji bira vlastitog zastupnika u parlament; izborno mjesto, gradski izborni okrug 3. jedno od gradskih upravnih područja, gradski okrug | **rotten ~** izborni okrug koji više nema dovoljnog broja birača
borough-English [,bʌrə'iŋgliʃ] *s jur* prenošenje nasljedstva na najmlađeg sina
borough-reeve [,bʌrə'ri:v] *s* gradonačelnik, općinski načelnik
borrow ['bɔrəu] *vt/i* posuditi, uzajmiti (od koga), uzeti u zajam (od koga) | **~ed light** prozor koji dobiva neizravno svjetlo; *fig* **~ed plumes** tuđe perje
borrower ['bɔrəuə] *s* posuđivač, uzajmljivač
borrowing ['bɔrəuiŋ] *s* posuđivanje, uzajmljivanje
Borstal ['bɔ:stəl] *s GB* popravni dom, popravilište za maloljetne prijestupnike
borzoi ['bɔ:zɔi] *s* ruski hrt
bos (boss) [bɔs] *s sl* loš pogodak, promašaj; prtljanje, petljanje
bos (boss) [bɔs] *vt/i sl* **I.** *vt* promašiti, ne pogoditi cilj **II.** *vi* prtljati, petljati
boscage (boskage) ['bɔskidʒ] *s* šiprag, šipražje, guštik, šikara, šuma
bosh [bɔʃ] *s sl* glupost, ludost, besmisao
bosh [bɔʃ] *interj sl* glupost!, ludost!, besmislica!, koješta!
bosh [bɔʃ] *vt sl* praviti budalu (od koga)
bosket (bosquet) ['bɔskit] *s* šumica, gaj, lug
bosky ['bɔski] *adj* (**boskily** *adv*) šumovit, gust; grmovit, džbunast
bosom ['buzəm] *s* 1. prsa, grudi, njedra; naručaj 2. prednji dio odjeće; džep (na starinskim haljinama) 3. površina jezera, tla 4. *fig* unutrašnjost, dubina, srce; krilo (obitelji)
bosom-friend ['buzəmfrend] *s* najbolji, prisni prijatelj, prijateljica
boss[1] [bɔs] *s* 1. ispupčenje, izbočina; kvrga; grba 2. puce, ukrasni čavlić, jabuka, oblučje (na štitu, sedlu) 3. *archit* ispupčen ukras na svodu, reljef 4. *tech* glavčina kotača, glavina
boss[2] [bɔs] *s sl* gazda, poslodavac, pretpostavljeni, šef; najvažnija ličnost, pokretač; gospodar, tiranin
boss [bɔs] *vt sl* voditi, upravljati, komandirati, šefovati, imati odlučnu riječ, zapovijedati
bossed [bɔst] *adj* izbočen, ispupčen; ukrašen reljefom
bossy ['bɔsi] *adj* (**bossily** *adv*) 1. izbočen, ispupčen; ukrašen reljefom 2. zapovjednički, tiranski
bot (bott) [bɔt] *s ent* ličinka obada, štrka
botanic [bə'tænik] *adj* (**~ally** *adv*) *arch* botanički
botanical [bə'tænikəl] *adj* (**~ly** *adv*) botanički, biljni

botanist [ˈbɔtənist] *s* botaničar
botanize [ˈbɔtənaiz] *vi/t* skupljati biljke, proučavati bilje, botanički istraživati
botany [ˈbɔtəni] *s* botanika
botch [bɔtʃ] *s* 1. velika zakrpa; prikrpana riječ; *fig* krparija, krpež, loš rad 2. čir, veliki prišt
botch [bɔtʃ] *vt/i* krpati, zakrpati; *fig* skrpariti, zaprtljati, zapetljati
botcher [ˈbɔtʃə] *s* postolar, krpo
both [bəuθ] *adj* oba, obadva, obje, obadvije, oboje | **you can't have it ~ ways** ne može biti vuk sit i koza cijela
both [bəuθ] *pron* oba, obadva, obje, obadvije, oboje | **~ of them** jedan i drugi, oba
both [bəuθ] *adv* oboje, obadvoje | **~ ... and** ... i ... i ... ; kako ... tako; **~ by day and by night** i danju i noću
bother [ˈbɔðə] *vt/i* **I.** *vt* mučiti, dodijavati, dosađivati, smetati, uznemirivati, zbunjivati **II.** *vi* ljutiti se, uzrujavati se, uznemirivati se, natezati se, gnjaviti se, truditi se | **~ it** k vragu!; *fig* **to ~ one's head about** razbijati sebi glavu (zbog)
bother [ˈbɔðə] *s* dosađivanje, muka, nevolja, neprilika; uzrujavanje, uzbuđenje, zbrka
bother [ˈbɔðə] *interj* prokletstvo!; preglupo!
botheration [ˌbɔðəˈreiʃən] *s* dosađivanje; muka i nevolja, neprilika; uzbuđenje, uzrujavanje; zbrka
botheration [ˌbɔðəˈreiʃən] *interj* prokletstvo!, do vraga!
bothering [ˈbɔðəriŋ] *adj* dosadan; neugodan
bothersome [ˈbɔðəsəm] *adj* dosadan; neugodan
bothy (bothie) [ˈbɔθi] *s Scot* koliba; jednosobna radnička kućica
bott [bɔt] *s* → **bot**
bottle[1] [ˈbɔtl] *s* boca, staklenka, butelja, flaša | **the ~** piće, pijenje; **over a ~** kod čašice vina; **hot-water ~** termofor, grijalica za krevet; **to crack a ~** načeti bocu, ispiti bocu; **to be fond of the ~** rado piti
bottle [ˈbɔtl] *vt* staviti, spremiti u boce, puniti boce, flaširati, buteljirati; *sl* uhvatiti, ukebati
bottle up [ˈbɔtlˈʌp] *vt* prikriti, zatajiti; prigušiti
bottle[2] [ˈbɔtl] *s* snop sijena ili slame | **to look for a needle in a ~ of hay** tražiti iglu u plastu sijena
bottle [ˈbɔtl] *s* | *bot* **blue ~** različak; **white ~** očist, kostriżnjak (poljska mirisava biljka); **yellow ~** zimska ruža, krizantema
bottle-brush [ˈbɔtlbrʌʃ] *s* 1. četka za boce 2. *bot* vretenika, štukavac; borak (biljka iz roda preslica)
bottle-glass [ˈbɔtlglaːs] *s* zeleno staklo
bottle-green [ˈbɔtlgriːn] *adj* tamnozelen
bottle-holder [ˈbɔtlˌhəuldə] *s sport* svjedok, sekundant; navijač; *fig* vjeran pomagač
bottle-neck [ˈbɔtlnek] *s* usko grlo
bottle-nose [ˈbɔtlnəuz] *s* crven nos (od pića)
bottle-washer [ˈbɔtlˌwɔʃə] *s* perač boca; podređeni; *fig* faktotum, desna ruka
bottling [ˈbɔtliŋ] *s* punjenje boca, buteljiranje, flaširanje
bottom [ˈbɔtəm] *s* 1. dno, podnožje 2. stražnji dio; *vulg* zadnjica, stražnjica, tur; sjedalo 3. dno jezera; korito rijeke; dno doline; nizina 4. donje čelo, začelje (stola) 5. najudaljeniji dio 6. *mar* ribina ili dno broda; kobilica; trup broda; brod (osobito teretni) 7. podloga, temelj; porijeklo; bit, srž; stvarnost; uzrok; razlog; pokretač; snaga, jakost; izdržljivost, otpornost | **at ~** na najdonjem kraju; *fig* u biti, u zbilji; **to stand on one's own ~** biti neovisan; **from top to ~** od vrha do dna, od glave do pete; **~ up** naglavce; **to go to the ~** potonuti; **to send to the ~** potopiti; **to touch ~** dodirnuti dno, doći do dna; *fig* biti na najnižoj razini; **to the ~ of one's heart** iskreno, duboko; **from the ~ of one's heart** iz dubine duše; **to be at the ~ of** biti uzrok, razlog čemu; **to knock the ~ out of a th** potpuno što uništiti
bottom [ˈbɔtəm] *adj* najniži, donji, posljednji | **to bet one's ~ dollar** kladiti se o posljednji dolar; *mot* **~ gear** prva brzina
bottom [ˈbɔtəm] *vt/i* **I.** *vt* 1. opskrbiti dnom 2. temeljiti, graditi, oslanjati se (na) 3. dodirnuti dno; *fig* izaći; dokučiti, proniknuti **II.** *vi* dosegnuti dno; temeljiti se (na)
bottomless [ˈbɔtəmlis] *adj* bezdan, bez dna; *fig* nedokučiv, neizmjeran
bottommost [ˈbɔtəmməust] *adj* najdonji
bottom-price [ˈbɔtəmprais] *s* najniža cijena
bottomry [ˈbɔtəmri] *s mar* zalaganje broda za zajam, bodmerija
bottomry [ˈbɔtəmri] *vt mar* založiti (brod)
botulism [ˈbɔtjulizəm] *s med* botulizam, otrovanje pokvarenim kobasicama ili konzerviranom hranom
boudoir [ˈbuːdwaː] *s Fr* budoar
bough [bau] *s* grana drveta; debela grana
bought [bɔːt] *pret & pp* od **buy**
bougie [ˈbuːʒiː] *s Fr* voštanica; *med* sonda, kateter
bouillon [ˈbuːjɔ̃ːn] *s Fr* bistra goveđa juha, bujon
boulder [ˈbəuldə] *s* veliki zaobljeni kamen, oblutak; stijena, gromada
boulder-period [ˈbəuldəˌpiəriəd] *s geol* ledeno doba
boulevard [ˈbuːlvaː] *s* bulevar
boulter [ˈbəultə] *s* povraz
bounce [bauns] *vi/t* **I.** *vi* skočiti, odskočiti; odskakati, odbijati se; bučno, srdito uju-

riti, uletjeti (*into* u), izjuriti, izletjeti (*out of* iz); uzvrtjeti se (*about*); *fig* hvalisati se, hvastati se **II.** *vt* udariti (o); natjerati, prisiliti žestinom, varkom (*into* na); odvratiti žestinom, varkom (*out of* od); izgrditi; *US* otpustiti | **the check ~d** *US sl* ček nije imao pokrića
bounce [bauns] *s* odskok, skok, poskakivanje; hvalisanje, hvastanje
bounce [bauns] *adv* iznenada; bučno
bouncer [ˈbaunsə] *s* 1. skakač, onaj koji odskače 2. velik predmet 3. hvalisavac, razmetljivac; hvalisanje; drska laž 4. *US* izbacivač (iz lokala)
bouncing [ˈbaunsiŋ] *adj* čvrst, jedar, snažan; grub (laž)
bound[1] [baund] *s* granica, međa; granično područje | **~s** *pl* ograničenje; **out of ~s** izvan, preko određenih, dopuštenih granica; zabranjen pristup; **to set ~s to** držati u granicama; ograničiti; **beyond all ~s** neobuzdano, prekomjerno, pretjerano, preko svake mjere, što prelazi sve granice
bound [baund] *vt* postaviti granice, ograničiti, omeđivati, služiti kao granica; *fig* držati u granicama
bound [baund] *vi* odbiti se, odskočiti; sudariti se, sraziti se, skakati, poskakivati
bound[2] [baund] *s* skakanje, odskakivanje, skok, odskok, poskok; sudar, sraz | **to advance by leaps and ~s** ići naprijed velikom brzinom, skokomice
bound [baund] *adj* koji ima odredište, određen, na polasku (*for* za) | **homeward ~** na putu kući, na povratku; **where are you ~ for?** kamo putujete? kamo ćete?; **the ship is ~ for New York** brod kreće za New York
bound [baund] *pp* od **bind** 1. vezan, pričvršćen; pritiješnjen; *fig* povezan, obvezan 2. uvezan (knjiga) | **~ up with** (*in*) u nekoj vezi, usko povezan; zauzet; **~ to win** siguran u pobjedu; **a ~ apprentice** naučnik, šegrt vezan ugovorom
boundary [ˈbaundəri] *s* 1. granica, međa; ograničeno, omeđeno područje 2. *sport* udarac koji seže do granice polja (kriket) | **~ stone** kamen međaš; **~ line** granična crta
bounden [ˈbaundən] *pp* od **bind** | **~ duty** sveta dužnost
bounder [ˈbaundə] *s sl* prostak, neotesanac
boundless [ˈbaundlis] *adj* (**~ly** *adv*) bezgraničan, beskrajan, neograničen, neizmjeran, prekomjeran
bounteous [ˈbauntiəs] *adj* (**~ly** *adv*) dobrostiv, darežljiv; obilan
bountiful [ˈbauntiful] *adj* (**~ly** *adv*) dobrostiv, darežljiv; obilan, izdašan
bounty [ˈbaunti] *s* dobrostivost, darežljivost; dar; nagrada; odšteta; premija
bouquet [ˈbukei] *s Fr* kita cvijeća, buket; miris, aroma finog vina, buké
bourbon [ˈbuəbən] *s US pol* okorjeli konzervativac
bourbon [ˈbəːbən] *s US* vrsta viskija od kukuruza i raži, burbon
bourdon [ˈbuədn] *s Fr mus* bas, najdublji registar na orguljama ili harmoniju
bourgeois [ˈbuəʒwaː] *s Fr* građanin, buržuj, filistar
bourgeois [ˈbuəʒwaː] *adj* građanski, buržujski, filistarski
bourgeois [bəːˈdʒɔis] *s print* borgis (vrsta tiskarskih, štamparskih slova)
bourgeois [bəːˈdʒɔis] *adj print* poput borgisa, koji je kao borgis
bourgeoisie [ˌbuəʒwaːˈziː] *s Fr* građanska klasa, buržoazija
bourgeon [ˈbəːdʒən] *s & vi* → **burgeon**
bourn [buən] *s* potok; **rječica**
bourn(e) [buən] *s* međa, granica; *poet* cilj
bourse [buəs] *s Fr* burza (osobito pariška)
bouse (bowse) [baus] *vt mar* (po)vući, povlačiti; pritegnuti, pritezati
bouse (bowse) [buːz] *vt* piti, opijati se
bout [baut] *s* 1. red; naizmjeničnost; *sport* krug, kolo; borba 2. napadaj (bolesti), okušavanje snage 3. put(a), krat | **this ~** ovaj put; **drinking ~** pijanka
boutique [buˈtiːk] *s* butik
bovine [ˈbəuvain] *adj* volovski, goveđi; *fig* tup, nepokretan, trom
bovril [ˈbɔvril] *s* mesni ekstrakt, ekstrakt govedine
bow [bəu] *s* 1. pregib; zavoj, okuka 2. duga (na nebu) 3. luk 4. gudalo, lučac 5. čvor, petlja, vrpca svezana u čvor | *fig* **two strings to one's ~** nekoliko mogućnosti u rukama; *fig* **to draw the long ~** hvalisati se, razmetati se; **~ and arrow period** razdoblje upotrebe luka i strelice u ljudskoj povijesti
bow [bəu] *vt* guditi, svirati u gusle
bow [bau] *vi/t* **I.** *vi* pokloniti se, sagnuti se (*down*), pasti na koljena (*to, before* pred), poniknuti; pokoriti se; poniziti se; pozdraviti koga; pristati na što **II.** *vt* svijati, svinuti; sagnuti, prignuti; zahvaliti se klanjanjem
bow down [ˈbauˈdaun] *vt/i* **I.** *vt* sagnuti, prignuti **II.** *vi* sagnuti se, prignuti se
bow out [ˈbauˈaut] *vt* ispratiti koga iz sobe, izbaciti na uljudan način
bow[1] [bau] *s* naklon, poklon; poštovanje; pristanak | **to make one's ~** povući se iz društva, nestati
bow[2] [bau] *s mar* 1. pramac, prednji dio broda 2. veslač koji sjedi najbliže pramcu
Bow-bells [ˈbəuˈbelz] *s pl* zvona londonske crkve St. Mary-le-Bow | **born within the sound of ~** rođeni Londonac, pravi cockney
bowdlerization [ˈbaudləraiˈzeiʃən] *s* izbacivanje nezgodnih mjesta iz tekstova, pročišćavanje tekstova

bowdlerize ['baudlәraiz] *vt* izbaciti iz teksta nezgodna mjesta, okljaštriti tekst, pročistiti tekst

bowel ['bauәl] *s med* crijevo | **~s** *pl* utroba, drob; *fig* unutrašnjost; strasti, osjećaji; milosrđe

bower[1] ['bauә] *s poet* odaja; budoar; sjenica, vrtna kućica

bower[2] ['bauә] *s mar* sidro na pramcu

bowery ['bauәri] *adj* sjenovit, lisnat, hladovit

bow-head ['bәuhed] *s zool* grenlandski kit

bowie-knife ['bәui'naif] *s US* dugi lovački nož

bow-knot ['bәunɔt] *s* petlja, omča

bowl[1] [bәul] *s* zdjela; kupa, pokal, duboka čaša; udubljenje, udubina; glava lule; *fig* pijanka, pijančevanje; koš na jarbolu

bowl[2] [bәul] *s* kugla za kuglanje; **~s** *pl* kuglanje; boćanje

bowl [bәul] *vt/i* **I.** *vt sport* kotrljati, koturati, bacati loptu, kuglu; baciti loptu pruženom rukom (kriket) **II.** *vi* kotrljati se, voziti se (u kolima); kuglati se; pogoditi vrata (u kriketu)

bowl along ['bәulә'lɔŋ] *vi* kotrljati se, voziti se (u kolima)

bowl down ['bәul'daun] *vt sl fig* srušiti, oboriti

bowl out ['bәul'aut] *vt sport* izbaciti iz igre (kod kriketa); *fig* potući, razoružati

bowl over ['bәul'әuvә] *vt sl fig* oboriti, izbaciti iz ravnoteže, utući

bow-legged ['bәulegd] *adj* krivonog

bowler[1] ['bәulә] *s* tvrdi pusteni šešir, polucilindar

bowler[2] ['bәulә] *s sport* kuglaš; bacač lopte (u kriketu)

bowlful ['bәulful] *s* sadržaj zdjele, čaše; ono što stane u zdjelu, čašu

bowline ['bәulin] *s mar* bulina, vjetrolovka

bowling ['bәuliŋ] *s* kuglanje; boćanje; kotrljanje, koturanje; bacanje lopte u kriketu

bowling-alley ['bәuliŋˌæli] *s* kuglana

bowling-green ['bәuliŋgriːn] *s* poljana za kuglanje

bowman[1] ['bәumәn] *s* (*pl* **bowmen** ['bәumәn]) strijelac lukom

bowman[2] ['bәumәn] *s* (*pl* **bowmen** ['bәumәn]) veslač na pramcu

bowpen ['bәupen] *s* pero za crtanje, crtaće pero

bow-saw ['bәusɔː] *s* lučna pila

bowshot ['bәuʃɔt] *s* strelomet, domet, domašaj strelice

bowsprit ['bәusprit] *s mar* jarbol na pramcu broda, kosnik

bowstring ['bәustriŋ] *s* tetiva luka; uže za smaknuće vješanjem u staroj Turskoj

bowstring ['bәustriŋ] *vt* vješati, objesiti; zadaviti

bow-tie ['bәutai] *s* leptir-kravata

bow-window ['bәu'windәu] *s* izbočeni okrugli prozor; *sl* veliki trbuh

bow-wow ['bau'wau] *interj* vau! vau!

bow-wow ['bau'wau] *s* lavež, pas (u dječjem govoru) | **the ~ style** dogmatski način govora ili pisanja

bowyer ['bәujә] *s* radnik koji pravi lukove i strelice; trgovac lukovima i strelicama; strijelac

box[1] [bɔks] *s* 1. kutija; škrinja, sanduk, kovčeg; škrabica; blagajna, kasa 2. kočijaševo sjedalo, bok 3. odio, pregrada, boks 4. ograđen prostor (na sudu); loža (u kazalištu); ćelija 5. stražarska kućica, kolibica 6. tok, tuljac, kutija, kućište; *rly* signalna kućica, skretnica; cijev pumpe 7. pretinac, ormarić, pregradak 8. *US* udubina, duplja, rupa (u deblu) | *fig* **to be in the wrong ~** biti na krivu putu, prevariti se u računu, biti u neugodnu položaju; **jury-~** sjedala (na sudu) za porotnike; **witness-~** sjedala za svjedoke; **Christmas ~** božićni dar, božićnica; **to be in the same ~** dijeliti sudbinu s nekim, biti u istoj koži

box [bɔks] *vt* 1. staviti u škrinju, kutiju, kovčeg; opskrbiti škrinjom, kutijom, kovčegom 2. zatvoriti, zapakirati, okružiti 3. pohraniti ispravu u sudu 4. odijeliti pregradama 5. navrtati deblo drveta | *mar* **to ~ the compass** redom očitavati točke na kompasu; *fig* potpuno izmijeniti mišljenje i završiti ondje gdje se počelo, vratiti se na početak

box off ['bɔks'ɔf] *vt* staviti pregrade, odijeliti u lože

box up ['bɔks'ʌp] *vt* zatvoriti; nagurati, zbiti

box[2] [bɔks] *s* udarac rukom | **~ on the ear** ćuška, zaušnica, pljuska

box[3] [bɔks] *s bot* šimšir (*Buxus sempervirens*); šimširovina

box [bɔks] *vt/i* **I.** *vt* udariti šakom **II.** *vi* boksati se, šakati se

box-bed ['bɔks'bed] *s* krevet za sklapanje

boxcalf ['bɔkskaːf] *s* boks (koža)

box-car ['bɔkskaː] *s US* zatvoreni teretni vagon; kolica za izvlačenje rude, vagonet

box-cloth ['bɔksklɔθ] *s* gusta tkanina poput kože

box-coat ['bɔkskәut] *s* kočijaški ogrtač; kišni kaput

boxer ['bɔksә] *s* boksač, šakač; *sl* cilindar, visoki šešir | **Boxer** bokser, član kineskog tajnog udruženja protiv stranaca

boxful ['bɔksful] *s* ono što stane u škrinjicu, kutijicu, sandučić

box-haul ['bɔkshɔːl] *s* okrenuti brod prema vjetru

boxing ['bɔksiŋ] *s* boks, boksanje, šakanje; stavljanje u kutije

Boxing-day ['bɔksiŋdei] *s* Stjepanje, drugi dan Božića, dan kad se daju darovi

boxing-glove ['bɔksiŋglʌv] *s* boksačka rukavica
boxing-match ['bɔksiŋmætʃ] *s* boksački susret, boks-meč
box-iron ['bɔks,aiən] *s* glačalo
box-keeper ['bɔks,ki:pə] *s* čuvar loža u kazalištu; skretničar
box-office ['bɔks,ɔfis] *s* kazališna blagajna; financijski uspjeh predstave
box-pleat ['bɔkspli:t] *s* dvostruki nabor na tkanini
box seat ['bɔkssi:t] *s* sjedalo u loži; sjedalo na boku kočije
box-tree ['bɔkstri:] *s* šimširov grm ili drvo
boxwood ['bɔkswud] *s* šimširovina
boy [bɔi] *s* dječak, momče, momak, mladić; sluga; rob; urođenički radnik (osobito crnac) | *fam* **old** ~ 1. prijatelju, stari druže, dragi moj 2. bivši učenik jedne od ekskluzivnih škola; stari student; *fam* **my** ~ moj sinko; dragi moj; *sl* **the** ~ šampanjac
boycott ['bɔikət] *vt* izbjegavati, bojkotirati
boycott ['bɔikət] *s* izbjegavanje, bojkot
boyhood ['bɔihud] *s* djetinjstvo, dječačka dob
boyish ['bɔiiʃ] *adj* (~**ly** *adv*) dječački, djetinjski
bra [bra:] *s* grudnjak
brace [breis] *s* 1. skoba, spona, klamfa; veza, vrpca; remen, pojas, pas 2. ~**s** naramenice 3. navijača (na bubnju) 4. remenje o kojem visi karoserija kola, kočije 5. *print* vitičasta zagrada, zaporka 6. par, dvoje (jarebica, zečeva) 7. *archit* potporanj, podupirač, glavna greda 8. *mar* praća 9. ~**s** *med* ortodontski aparat (za ispravljanje položaja zubi) | ~ **& bit** tesarsko svrdlo, stolarski vrtač; **to splice the main** ~ piti; opiti se
brace [breis] *vt* 1. vezati, sapeti, sputati, skopčati 2. napeti 3. poduprijeti; spojiti 4. *mar* praćati 5. *fig* osvježiti, ojačati, okrijepiti | **to** ~ **oneself** pripremiti se; napregnuti se, skupiti snagu
bracelet ['breislit] *s* narukvica, grivna; *sl* lisičina
bracer[1] ['breisə] *s* *US sl* lijek za jačanje, okrepu; rakija
bracer[2] ['breisə] *s* štitnik oko ruke (na oklopu ili u sportu)
brach [brætʃ] *s* lovačka kuja
brachial ['breikiəl] *adj* nalik na ruku, koji se tiče ruke, ručni
brachycephalic [,brækikeˈfælik] *adj* koji ima kratku i široku lubanju, kratkoglav, brahikefalan
brachylogy [bræˈkilədʒi] *s* kratkoća, zbijenost, sažetost u izražavanju; nepravilnost u govoru zbog prevelike kratkoće
bracken ['brækən] *s* *bot* paprat
bracket ['brækit] *s* 1. *archit* nosač, potporanj, stup, konzola; svijećnjak na zidu; polica na zidu 2. *mil* podupirač za rame na topu; bok topovske lafete 3. *print* zagrada, zaporka; *fig* identična skupina, isti razred | **in** ~**s** u zagradi; *fig* usput rečeno, uklopljeno
bracket ['brækit] *vt* 1. *print* staviti u zagradu 2. uvrstiti u isti stupac, rubriku, klasificirati zajedno, staviti u istu skupinu, razred 3. izjednačiti, smatrati jednakim 4. *mil* opaliti dva pucnja (nadomak cilju) radi ustanovljenja udaljenosti
brackish ['brækiʃ] *adj* slan; poluslan, slankast, bočat; ustajao, koji se ne da piti, loš (voda)
bract [brækt] *s* *bot* listić (ispod cvijeta), brakteja
brad [bræd] *s* tapetarski čavlić, tanki čavlić s malom glavicom ili bez nje
bradawl ['brædɔ:l] *s* tanko, plosnato šilo, sedlarsko šilo
bradbury ['brædbəri] *s* *GB sl* novčanica od jedne funte ili deset šilinga
brae [brei] *s* *Scot* strma obala; obronak, kosina; brežuljasto tlo
brag [bræg] *s* hvalisanje, hvastanje
brag [bræg] *vi/t* **I.** *vi* hvalisati se, hvastati se, veličati se; ponositi se **II.** *vt* hvaliti, veličati, hvalisavo isticati
braggadocio [,brægəˈdəutʃiəu] *s* *It* hvalisavac; hvalisanje; veličanje
braggart ['brægət] *s* hvalisavac, hvališa, razmetljivac
brahma ['bra:mə] *s* vrsta domaće kokoši, brama
brahmapootra [,bra:məˈpu:trə] *s* → **brahma**
brahmin ['bra:min] *s* braman
brahminee [,bra:miˈni:] *s* bramanka
brahminical [bra:ˈminikəl] *adj* bramanski
brahminism ['bra:minizəm] *s* bramanizam
braid [breid] *s* pletenica, kosa isprepletena vrpcom; gajtan, traka, rojta, obrub, širit
braid [breid] *vt* plesti, isprepletati; splesti (kosu) u pletenice; svezati kosu vrpcom; ukrasiti, obrubiti gajtanom, rojtom, trakom
braiding ['breidiŋ] *s* pletenje; isprepletanje; porubljivanje; rojta, obrub, gajtan
brail [breil] *vt* *mar* ubirati mrežu, jedra
brail [breil] *s* *mar* ubirač (konop za ubiranje ribarske mreže ili jedara)
braille [breil] *s* sljepačko pismo, Brailleovo pismo
brain [brein] *s* mozak | ~**s** *pl* um, razum, pamet; glava; intelekt, inteligencija; **to blow out one's** ~**s** prosvirati sebi (kome) lubanju; **to cudgel (rack) one's** ~**s** razbijati sebi glavu; **to have something on the** ~ biti lud za čim, imati fiksnu ideju; **to turn one's** ~ zavrtjeti kome glavom; **to suck (pick) one's** ~**s** poslužiti se idejom koga drugoga, iskoristiti čiju pamet; **to crack one's** ~**s** poludjeti; **to dash a p's** ~ **out** razbiti kome lubanju

brain [brein] *vt* razbiti kome lubanju, razmrskati glavu, prosuti mozak
brain-child [ˈbreintʃaild] *s* zamisao, ideja
brain-drain [ˈbraindrein] *s coll* masovna emigracija kvalificiranih kadrova i inteligencije
brain-fag [ˈbreinfæg] *s* duševna premorenost, mentalna iscrpljenost
brain-fever [ˈbreinˈfiːvə] *s med* upala mozga
brainless [ˈbreinlis] *adj* bez mozga; glup, bez pameti; nesmotren
brain-pan [ˈbreinpæn] *s* lubanja
brain-sauce [ˈbreinsɔːs] *s* pamet; inteligencija
brain-sick [ˈbreinsik] *adj* lud, slabouman
brain-storm [ˈbreinstɔːm] *s* iznenadna poremećenost uma; *US coll* iznenadno nadahnuće
brain-storming [ˈbreinˌstɔːmiŋ] *s US* spontana diskusija; zajedničko traganje za novim idejama i rješenjima
brains-trust [ˈbreinztrʌst] *s* trust mozgova·
brain-teaser [ˈbreinˌtiːzə] *s* zagonetka, enigmatski problem
brain-twister [ˈbreinˌtwistə] *s* zagonetka, enigmatski problem
brainwash [ˈbreinwɔʃ] *vt* izložiti indoktrinaciji uz jak duševni pritisak; nametnuti svoje mišljenje
brainwave [ˈbreinweiv] *s* iznenadno nadahnuće, sjajna ideja
brainy [ˈbreini] *adj* (**brainily** *adv*) *US* pametan, bistar, inteligentan
braise [breiz] *vt* pirjati, dinstati
brake[1] [breik] *s* → **bracken**
brake[2] [breik] *s* guštik, šipražje, trnje; papratište
brake[3] [breik] *s* 1. trlica, stupa, trepača (za trljanje lana ili nabijanje kudjelje) 2. teška drljača, brana; grablje
brake[1] [breik] *vt* 1. trti, trliti (lan), nabijati (kudjelju) 2. drljati, braniti; grabljati
brake[4] [breik] *s* 1. kočnica, zavor 2. *fig* uzda, zaustavljanje 3. velika kočija na četiri kotača 4. željeznički vagon s kočnicom; odio za pratioca (vlaka)
brake[2] [breik] *vt* kočiti, zakočiti, zapaočiti
brake [breik] *pret* od **break**
brake(s)man [ˈbreik(s)mən] *s* kočničar
brake-van [ˈbreikvæn] *s rly* vagon s kočnicom, kočničareva kućica na vagonu
bramble [ˈbræmbl] *s* trnjak, kupina, kupinjak
brambling [ˈbræmbliŋ] *s ornith* zeba nikavica (*Fringilla montifringilla*)
brambly [ˈbræmbli] *adj* trnovit, pun trnja, obrastao kupinom
bran [bræn] *s* mekinje, posije
brancard [ˈbræŋkəd] *s* nosiljka (koju nose konji)
branch [braːntʃ] *s* 1. grana; mladica 2. rukav rijeke; odvojak ceste ili pruge 3. ogranak, dio, loza (obitelji) 4. odjeljak, odsjek, razred, struka 5. podružnica, filijala 6. *rly* sporedna pruga, odvojak pruge 7. *archit* luk, svod, rebro svoda | **root & ~** temeljit, korjenit, radikalan; potpuno, posve
branch [braːntʃ] *vi* granati se; razgranati se, proširiti se (*out*); razdvajati se, odvojiti se (*away*); tjerati mladice, grane (*forth*); izgubiti se, prijeći (*into* u); razvijati nove aktivnosti; osnivati nove podružnice
branched [ˈbraːntʃt] *adj* granat, razgranat, razgranjen, koji ima rukave, odvojke
branchia [ˈbræŋkiə] *s pl* škrge
branchiate [ˈbræŋkieit] *adj* koji ima škrge, škrgast
branchless [ˈbraːntʃlis] *adj* bez grana, nerazgranat
branchlet [ˈbraːntʃlit] *s* grančica
branch-line [ˈbraːntʃlain] *s* odvojak pruge; lokalna pruga
branch-office [ˈbraːntʃˌɔfis] *s* podružnica, filijala
branch-road [ˈbraːntʃrəud] *s* pokrajna cesta, lokalna cesta, odvojak
branchy [ˈbraːntʃi] *adj* granat
brand [brænd] *s* 1. glavnja, ugarak; *poet* baklja, luč, buktinja 2. znak; žigosanje, žig (užarenim željezom); *fig* znamen, obilježje; ljaga 3. *com* zaštitni znak, marka, vrsta, kvaliteta (robe) 4. željezo, sprava za žigosanje (stoke) 5. snijet, glavnica (na bilju: *Uredo*) 6. *poet* mač | **~ from the burning** spašena osoba; *fig* obraćenik
brand [brænd] *vt* žigosati užarenim željezom, utisnuti žig, obilježiti; ispaliti ranu; *fig* ožigosati; usjeći u pamćenje
branding-iron [ˈbrændiŋˌaiən] *s* željezo za žigosanje
brandish [ˈbrændiʃ] *vt* mahati, zamahnuti, vitlati
brandling [ˈbrændliŋ] *s* 1. vrsta crva (koji služi kao meka) 2. *ichth* mladi losos
brand-mark [ˈbrændmaːk] *s* opekotina; žig (na životinjama, robi)
brand-new [ˈbrændˈnjuː] *adj* nov novcat, ispod čekića
brandy [ˈbrændi] *s* vinjak, konjak
brandy-ball [ˈbrændibɔlː] *s* bombon s likerom
brandy-pawnee [ˈbrændiˌpɔːˈniː] *s* rakija smiješana s vodom
brandy-snap [ˈbrændisnæp] *s* tanak paprenjak
brank-ursine [ˈbræŋkˈəːsin] *s bot* tratorak (*Acanthus mollis*)
bran-new [ˈbrænˈnjuː] *adj* → **brand-new**
bran-pie [ˌbrænˈpai] *s* torba sreće, dječja tombola, izvlačenje zgoditaka iz posija
brant-goose [ˌbræntˈguːs] *s* (*pl* **brant-geese** [ˈbræntˈgiːs]) vrsta male divlje guske

brash[1] [bræʃ] *s* 1. kršje, razlomljen led, lomljenik; *geol* konglomerat 2. otpaci od živice (pri obrezivanju)
brash[2] [bræʃ] *s* žgaravica
brash [bræʃ] *adj coll* 1. nagao; drzak, bezobziran 2. krhak, loman
brasier [ˈbreiziə] *s* → **brazier**
brass [braːs] *s* 1. *hist* slitina bakra i cinka, bronca 2. žuta mjed, mesing 3. pločica od mjedi; nadgrobna pločica, spomen-ploča 4. **the ~** (*sing constr*) duhački instrumenti, limeni instrumenti; *sl* novac; *sl* visoki oficiri (= **top brass**) 5. *fig* drskost, izazovnost; tvrdokornost, tvrdoglavost
brass [braːs] *adj* mjeden, brončan; *fig* drzak, izazovan; tvrdoglav | **don't care a ~ farthing** nije me ni najmanje briga, briga me kao za lanjski snijeg; **~ band** limena glazba; **~ hat** *sl* viši oficir; **~ tacks** *sl* konkretna pitanja, glavna stvar; **get down to ~ tacks** prijeći na samu stvar, prijeći na činjenice
brassard [bræˈsaːd] *s Fr* znak, vrpca, traka oko ruke
brass-band [ˈbraːsˈbænd] *s* limena duhačka glazba
brass-foil [ˈbraːsfɔil] *s* listići za pozlatu, zlatna folija
brass-founder [ˈbraːsˌfaundə] *s* ljevač mjedi
brassiere [ˈbræsiɛə] *s Fr* grudnjak
brassy [ˈbraːsi] *adj* (**brassily** *adv*) poput mjedi, mjeden; *fig* prodoran, metalan (zvuk); drzak, izazovan
brassy [ˈbraːsi] *s* udarač s mjedenim okovom (za golf)
brat [bræt] *s derog* dijete, derište, balavac
brattice [ˈbrætis] *s* drveni zid; pregrada u rudniku koja ne propušta zrak
bravado [brəˈvaːdəu] *s* (*pl* **~es**, **~s**) *Sp* hvalisanje, izazovno razmetanje hrabrošću
brave [breiv] *adj* (**~ly** *adv*) 1. hrabar, srčan, junačan, neustrašiv, odvažan, smion 2. *arch lit* lijep, stasit, lijepo odjeven, fin, dotjeran, sjajan, gizdelinski 3. vrijedan, ispravan, čestit, valjan, udivljenja vrijedan | *coll* **the ~** junaci; **none but the ~ deserve the fair** junaku pripada djevojka
brave [breiv] *s US* indijanski ratnik
brave [breiv] *vt* prkositi (kome, čemu), izazivati (koga), hrabro se suprotstaviti (kome, čemu) | **to ~ it out** nastupiti prkosno, izazivački
bravery [ˈbreivəri] *s* 1. hrabrost, srčanost, neustrašivost, junaštvo 2. sjaj, ukras, raskoš, kićenost
bravo[1] [ˌbraːˈvəu] *s* (*pl* **~es**, **~s**) *It* najmljeni ubojica; bandit, razbojnik
bravo[2] [ˈbraːˈvəu] *s* poklik bravo
bravo [ˌbraːˈvəu] *interj* odlično!, izvrsno!, bravo!, tako valja!
bravura [brəˈvuərə] *s It* majstorska izvedba, bravura
brawl [brɔːl] *vi* 1. bučiti, vikati, galamiti; žuboriti, šuštati 2. zavaditi se, glasno se svađati; smetati
brawl [brɔːl] *s* buka, vika, glasna svađa, galama; tučnjava, kavga
brawler [ˈbrɔːlə] *s* vikač, pravdaš, svađalica, kavgadžija
brawn [brɔːn] *s* 1. mišić, mesnati dio tijela 2. hladetina, svinjska tlačenica 3. *fig* snaga, mišićavost, jakost
brawny [ˈbrɔːni] *adj* (**brawnily** *adv*) snažan, jak, mišićav
braxy [ˈbræksi] *s vet* parašuštavac
braxy [ˈbræksi] *adj vet* zaražen parašuštavcem
bray [brei] *s* revanje, njakanje; trubljenje; vika
bray [brei] *vi/t* **I.** *vi* revati, njakati; tutnjiti; trubiti; vikati **II.** *vt* glasno objaviti (*out*)
bray [brei] *vt* istucati, smrviti; *dial* izbatinati, izlemati
braze[1] [breiz] *vt* prevući broncom
braze[2] [breiz] *vt* lemiti
brazen [ˈbreizn] *adj* (**~ly** *adv*) mjeden, tvrd; *fig* metalan, jasan; drzak, bezobrazan, besraman
brazen [ˈbreizn] *vt* drsko nastupati, prkosno se braniti | **to ~ it out** opravdati se; drsko, bezobrazno nastupiti
brazen-faced [ˈbreiznfeist] *adj* drzak, bezobrazan, izazovan
brazenness [ˈbreiznnis] *s* drskost, bezobraznost, besramnost
brazier[1] [ˈbreiziə] *s* kotlar, ljevač mjedi
brazier[2] [ˈbreiziə] *s* posuda za žeravicu, žeravnik, grijalica
braziery [ˈbreiziəri] *s* kotlarstvo
Brazil [brəˈzil] *s* vrsta brazilskog drva (koje daje crvenu boju)
Brazilian [brəˈziljən] *adj* brazilski
Brazilian [brəˈziljen] *s* Brazilac, Brazilka
Brazil-nut [brəˈzilnʌt] *s* vrsta trosrhog oraha, brazilski orašac, paraorah
breach [briːtʃ] *s* 1. lomljenje, lom, prijelom, razbijanje (valova) 2. *fig* prekid, raskid; prestupak, prekršaj, kršenje, narušavanje, povreda 3. vjerolomstvo; razilaženje, nesloga; kavga, svađa 4. pukotina, rupa, prodor, breša 5. skok, izranjanje kita iz vode | *mar* **clear ~** zavaljivanje broda bez daljih posljedica; *mar* **clean ~** zavaljivanje (broda) uz lom svega na brodu; **~ of close** prestupak, prekršaj; **~ of the peace** remećenje javnog reda i mira, izgred na javnom mjestu; **to stand in the ~** stajati na braniku (i *fig*); **~ of promise** prekršaj zadane riječi, vjerolomstvo; neodržavanje ženidbenog obećanja; *fig* **to step into the ~** ustati na obranu; **~ of faith** vjerolomstvo; **~ of contract** neispunjavanje ugovora, povre-

da ugovora; ~ **of duty** zanemarivanje dužnosti; **this custom is more honoured in the ~ than in the observance** ovaj se običaj više krši nego vrši; ~ **of trust** zloupotreba povjerenja

breach [briːtʃ] *vt/i* prodrijeti, načiniti prodor (u); izroniti, iskočiti iz vode (o kitu)

bread [bred] *s* 1. kruh, hljeb 2. hrana, zarada, zaslužba ‖ **brown** ~ crni kruh; **to break** ~ jesti, pričestiti se; ~ **& butter** kruh s maslacem; *fig* zarada za život, potrebna hrana; *fig* **to know which side one's ~ is buttered** poznavati svoj probitak, znati što je nekome u interesu; *fig* **to have one's ~ buttered (on both sides)** živjeti u dobrim prilikama, biti imućan; *fig* **to take the ~ out of one's mouth** oduzeti kome kruh, zaradu; **to eat the ~ of idleness** ništa ne raditi, dokono živjeti; **daily** ~ kruh svagdašnji, zarada, zaslužba; *fig* ~ **and cheese** jednostavna hrana, oskudna zarada; ~ **and wine** pričest; **to break ~ with** biti pogošćen kod koga, jesti s kim; *fig* **to quarrel with one's ~ and butter** biti nezadovoljan svojom sudbinom; kvariti sebi mogućnost zarade; **to be put on ~ and water** dobivati samo kruh i vodu, živjeti o kruhu i vodi; ~ **and scrape** kruh mršavo namazan maslacem

bread-and-butter [ˈbredənˈbʌtə] *adj fig* 1. svakodnevni, životni 2. djetinjast, nezreo, mlad ‖ ~ **miss** djevojče, mlada djevojka, šiparica

bread-basket [ˈbredˌbaːskit] *s* košarica za kruh; *sl* želudac

bread-crumb [ˈbredkrʌm] *s* mrvica kruha; prezla

bread-fruit [ˈbredfruːt] *s* plod drveta kruhovca (hljebovca)

bread-line [ˈbredlain] *s US* red za besplatne obroke hrane

bread-stuffs [ˈbredstʌfs] *s pl* žito, brašno (za kruh)

breadth [bredθ] *s* 1. širina; opseg, veličina, udaljenost, prostor, prostranost, promjer 2. *fig* širokogrudnost; slobodoumlje, širina shvaćanja 3. *arts* smion efekt, širina poteza ‖ **to a hair's ~** točno na dlaku; ~ **of mind** velikodušnost; širina duha

breadthways [ˈbredθweiz] *adv* po širini, u širinu, poprečno, pobočke

breadthwise [ˈbredθwaiz] *adv* po širini, u širinu, poprečno, pobočke

bread-ticket [ˈbredˌtikit] *s* krušna karta

bread-winner [ˈbredˌwinə] *s* hranitelj, uzdržavatelj (obitelji)

break [breik] *vt/i* (*pret* broke, brake; *pp* broken, broke) **I.** *vt* 1. lomiti; odlomiti; prelomiti; slomiti; krhati, skrhati; razbiti, razlupati; raskinuti; razderati; oderati (na površini), povrijediti 2. odijeliti, odvojiti; otrgnuti; učiniti neupotrebljivim (stroj); načeti 3. krčiti, prokrčiti, iskrčiti (tlo) 4. prekinuti (električni vod, putovanje); kidati; mijenjati, izmijeniti 5. prodrijeti; provaliti (u stan, banku) 6. pripitomiti, ukrotiti, obučiti, dresirati; nadvladati; skršiti; *sport* srušiti, potući, oboriti (rekord) 7. prekršiti (vjeru, riječ), raskinuti (ugovor, zaruke); povrijediti (zakon) 8. ublažiti, oslabiti (udarac), priopćiti kome vijest na blag način 9. narušiti, potkopati, oslabiti, oštetiti zdravlje, oduzeti snagu (kome), iscrpsti 10. uništiti, upropastiti: otpustiti iz službe, lišiti čina (oficira), degradirati **II.** *vi* lomiti se, prelomiti se, slomiti se, odlomiti se, skrhati se; razbiti se, razlupati se; rastrgati se, razderati se, kidati se; puknuti, napuknuti, raspuknuti se 2. prolomiti se; upasti (u); nabujati 3. svitati, svanuti 4. zavaditi se, prekinuti, raskinuti (s kim); kidati se, mijenjati se (glas) 5. pogoršati se (vrijeme) 6. promijeniti smjer, odvojiti se; promijeniti način hoda (konj) 7. propasti, bankrotirati 8. propadati, slabiti; popuštati, jenjati; ocvasti ‖ **to ~ bulk** početi istovarivati, iskrcavati; **to ~ a set** odvojeno prodavati dijelove iz neke garniture; **to ~ a lance with** stupiti u borbu s kim, ogledati se s kim; **to ~ bread with** biti pogošćen kod koga, jesti s kim; **to ~ Priscians head** govoriti gramatički lošim jezikom; *fig* **to ~ butterfly on wheel** tratiti snage; **to ~ ground** iskrčiti tlo; *fig* utrti put, otvoriti novo polje rada; **to ~ the ice** probiti led (i *fig*); **to ~ the ranks** izaći iz reda, odvojiti se; **troops ~** čete se raspadaju u neredu; **to ~ the neck (back) of** slomiti kome šiju (kralježnicu); **to ~ to pieces** razbiti se na komade; **to ~ open** otvoriti, rastvoriti; (silom) provaliti; **to ~ an officer** otpustiti oficira iz službe, degradirati, lišiti čina; **to ~ news** saopćiti vijest; **to ~ wind** puštati vjetrove; **to ~ free** oteti se; provaliti; pobjeći (iz tamnice); **to ~ bounds** prijeći dopuštene granice; **to ~ bank** iscrpsti banku, dobiti sve uloge (u kartanju); **merchant ~s** trgovac je upropašten, insolventan, bankrot; **to ~ the water** izaći, izroniti na površinu; **to ~ one's word** prekršiti svoju riječ; **to ~ loose** oteti se (od), provaliti, pobjeći iz tamnice; **to ~ even** pokriti vlastite troškove; **no bones are broken** (nije se dogodila) nikakva nesreća; **a broken man** uništen, propao čovjek; **to ~ faith with** prevariti, krenuti vjerom, izdati; **to ~ short** dokrajčiti, dovršiti; **to ~ fast** prekinuti post; **to ~ the silence** prekinuti šutnju

break away [ˈbreikəˈwei] *vi* oteti se, otrgnuti se, otkinuti se (*from* od); otrčati, pobjeći

break down [ˈbreikˈdaun] *vt/i* **I.** *vt* 1. srušiti, oboriti, porušiti 2. *fig* slomiti, skršiti, uništiti 3. raščlaniti, razvrstati **II.** *vi* 1.

fig skršiti se, srušiti se, slomiti se 2. zastati, ne uspjeti, izdati, malaksati 3. imati defekt, pokvariti se, ne funkcionirati (o stroju) 4. nestajati, ići prema svršetku 5. izgubiti vlast nad sobom; pasti (na ispitu)

break forth [ˈbreikˈfɔːθ] *vi* izbiti, naglo se dići, prolomiti se (vika), provaliti, buknuti

break in [ˈbreikˈin] *vt/i* **I.** *vt* 1. provaliti, silom otvoriti, obiti 2. pripitomiti, ukrotiti, obučavati, dresirati (konje) **II.** *vi* 1. prodrijeti, silom provaliti (u) 2. prekinuti | *fig* **to ~ upon** upasti, banuti, smetati, prekinuti

break into [ˈbreikˈintu] *vi* 1. provaliti, prodrijeti (u) 2. *fig* oduzeti kome vrijeme, smetati 3. prasnuti (u smijeh), naglo početi

break off [ˈbreikˈɔf] *vt/i* **I.** *vt* 1. odlomiti, otkinuti 2. *fig* prekinuti, završiti; otkazati 3. odviknuti 4. početi, imati prvi udarac (u biljaru) **II.** *vi* prestati, odustati; prekinuti; odijeliti se

break out [ˈbreikˈaut] *vi* izbiti, probiti, prolomiti se, buknuti (požar, rat)

break through [ˈbreikˈθruː] *vi* probiti se

break up [ˈbreikˈʌp] *vt/i* **I.** *vt* 1. razbiti, razlupati; raskomadati; rastaviti na sastavne dijelove; pokvariti, prekinuti (put, cestu) 2. raskinuti; prekinuti (sjednicu), raspustiti (skupštinu), raspršiti (mnoštvo, gomilu), razmijeniti (novac) **II.** *vi* 1. raspasti se, raskomadati se, raspršiti se 2. oslabiti 3. rastaviti se, odijeliti se, razići se; približavati se kraju

break with [ˈbreikˈwið] *vi* prekinuti, raskinuti (s kim, čim); okaniti se, prestati

break[1] [breik] *s* 1. kidanje, lom, prijelom; raskid; pukotina, rupa 2. svitanje, svanuće 3. *fig* prekid, prestanak; prijelom; odmor, stanka, pauza, cezura 4. čistina (u šumi) 5. *print* spacij; alineja, odlomak, razmak 6. *sport* otklon lopte (u kriketu), niz pogodaka (u biljaru) 7. *mus* nenadan prijelaz, promjena glasa, mutiranje 8. *archit* udubina (u zidu) 9. *coll* šansa, prilika; sreća | **to give someone a ~** pružiti nekome šansu; **the ~ of day** svanuće dana; **without a ~** bez prestanka

break[2] [breik] *s* trap (kola) za privikavanje mladih konja na vožnju; široki vagonet

breakable [ˈbreikəbl] *adj* (**breakably** *adv*) lomljiv, loman, krhak, koji se može lako razbiti

breakables [ˈbreikəblz] *s pl* lako lomljiva roba

breakage [ˈbreikidʒ] *s* lomljenje, lom, šteta (na robi); prekid

break-away [ˈbreikəwei] *s* otpad; odlaženje; odvajanje, otkidanje

break-down [ˈbreikdaun] *s* 1. slom, neuspjeh; opadanje snage 2. prekid prometa; *mot* kvar, defekt 3. slom živaca 4. vrsta crnačkog plesa 5. raščlanjivanje, analiza, klasifikacija

breaker[1] [ˈbreikə] *s* 1. lomitelj, razbijač, vježbač, dreser (konja) 2. veliki val koji se razbija o obalu ili brod | **~s ahead** usklik straže kad su na vidiku stijene; *fig* buduće teškoće; **ice-~** ledolomac

breaker[2] [ˈbreikə] *s mar* bačvica

break even [ˈbreikˈiːvn] *vi* podmiriti troškove | **~ point** prag rentabiliteta

breakfast [ˈbrekfəst] *s* doručak, zajutrak

breakfast [ˈbrekfəst] *vi/t* **I.** *vi* doručkovati, zajutarkovati **II.** *vt* slati kome doručak

breakfast-set [ˈbrekfəstset] *s* posuđe, servis za doručak

breaking [ˈbreikiŋ] *s* lomljenje, prelamanje, lom, prijelom | **~ point** kritična točka

breaking-in [ˈbreikiŋin] *s* 1. provala, prodiranje 2. uvježbavanje, ujahivanje, dresiranje konja

breaking-off [ˈbreikiŋɔf] *s* prekid; prijelom; raspuštanje

breaking-out [ˈbreikiŋaut] *s* provala; *med* osip

breaking-up [ˈbreikiŋʌp] *s* 1. lomljenje, odlamanje, lom, slom 2. krčenje (tla) 3. prekid, prestanak; raspuštanje (škole, parlamenta)

break-neck [ˈbreiknek] *adj* vratoloman, opasan

break-through [ˈbreikθruː] *s mil* prodor, proboj (i *fig*), provala

break-up [ˈbreikˈʌp] *s* raspad; rasap; prestanak, raspuštanje, svršetak škole, razlaz; raskidanje; razilaženje; *fig* raspadanje, propadanje, propast

breakwater [ˈbreikˌwɔːtə] *s* valobran; molo, gat, lukobran

bream [briːm] *s ichth* deverika (*Abramis brama*)

bream [briːm] *vt mar* (o)paliti brod, očistiti trup broda paljenjem

breast [brest] *s* 1. prsa, grudi, dojke, njedra 2. *fig* srce, duša, savjest | **to make a clean ~ of** otvoreno sve priznati, ispovjediti

breast [brest] *vt* otvoreno, ravno, srčano ići (prema opasnosti); suprotstaviti se, boriti se; prkositi

breast-beam [ˈbrestbiːm] *s* prednje vratilo (na razboju)

breastbone [ˈbrestbəun] *s anat* prsna kost, grudna kost

breasted [ˈbrestid] *adj* prsat, koji ima prsa | **double-~** (kaput) sa dva reda dugmadi; **single-~** (kaput) s jednim redom dugmadi; **flat-~, narrow-~** koji ima plosnata, uska prsa

breast-feeding [ˈbrestˈfiːdiŋ] *s* dojenje

breast-high [ˈbresthai] *adj* u visini grudi, koji dopire do grudi

breast-pin [ˈbrestpin] *s* pribadača za kravatu, ukrasna igla za kravatu

breastplate ['brestpleit] *s* 1. oklop za prsa 2. donji dio oklopa (kornjače) 3. natpisna ploča na lijesu

breast-stroke ['breststrəuk] *s* prsno plivanje

breastsummer (bressummer) ['bresəmə] *s* *archit* poprečna greda (iznad prozora), nosač, podupirač

breast-wall ['brestwɔːl] *s* grudobran, prsobran; ograda

breast-wheel ['brestwiːl] *s* vodenično kolo o koje voda udara u visini osovine

breastwork ['brestwəːk] *s* *mil* grudobran, prsobran

breath [breθ] *s* 1. dah, dašak, uzdisaj, izdisaj, disanje, snaga udaha, časak 2. vjetrić, lahor, ćuh; miris 3. šapat; mrmljanje; dašak; *fig* trag; nagovještaj | **in the same ~ with** u isti mah, istodobno; **to draw ~** disati; *fig* živjeti; **to spend (waste) ~** uzalud govoriti, tratiti riječi; **to keep ~ to cool porridge** suzdržati se od govora; **the ~ of life, the ~ of nostrils** nužda, nužnost, potreba; **to take away a p's ~** oduzeti kome dah, iznenaditi, zaprepastiti, zadiviti koga; **to knock a p's ~ out of him** oduzeti kome dah, iznenaditi, zaprepastiti, zadiviti koga; **out of ~** bez daha; **to take ~** zastati, predahnuti; **below one's ~** ispod glasa, šapćući; **to draw one's last ~** izdahnuti, ispustiti dah; umrijeti; **to hold one's ~** zadržati dah, suspregnuti dah; **to recover one's ~** doći do daha; **to the last ~** do posljednjeg daha; **shortness of ~** teško disanje; **to speak under one's ~** govoriti sasvim tiho, ispod glasa

breathalyser ['breθəlaizə] *s* alkotest

breathe [briːð] *vi/t* **I.** *vi* 1. disati, udisati, udahnuti; živjeti 2. zastati, odmoriti se 3. piriti, pirkati (vjetar) **II.** *vt* 1. udahnuti, udisati; izdisati, izdahnuti 2. širiti miris, mirisati (na); isparivati; ishlapiti 3. tiho izreći, izustiti (prijetnju); šapnuti 4. pokazati, odati, iznijeti na vidjelo 5. dati odaha, odmora; prisiliti na disanje; izmoriti | **to ~ one's last breath** izdahnuti, umrijeti; **not to ~ a word** ne pisnuti ni riječ, ne odati ništa

breathe upon ['briːðə'pɔn] *vi fig* uprljati, okaljati

breathed [briːðd] *adj phon* bezvučan (glas), aspiriran

breather ['briːðə] *s* onaj koji diše; kratka vježba; razgibavanje; predah | *fig* **to take a ~** odahnuti, napraviti stanku, odmoriti se

breath-group ['breθgruːp] *s phon* skupina riječi koja se može izgovoriti u jednom dahu a čini logičnu cjelinu

breathing ['briːðiŋ] *s* 1. disanje, udisanje; vježba za disanje 2. *fig* dašak, pirkanje, lahor 3. *gram* aspiracija | *gram* **rough ~** znak (ʻ) koji označuje da je početni samoglasnik aspiriran; **smooth ~** znak (') koji označuje da je početni samoglasnik neaspiriran

breathing ['briːðiŋ] *adj* koji diše, udiše; živ; *fig* kao živ, nadahnut životom

breathing-space ['briːðiŋspeis] *s* odah, odušak, predah, odmor

breathless ['breθlis] *adj* (**~ly** *adv*) mrtav, bez daha (i *fig*); zadihan; suzdržana daha; koji je bez vjetra, sparan

breath-taking ['breθteikiŋ] *adj* od kojega zastaje dah, zapanjujući

breathy ['breθi] *adj* (o glasu pjevača) koji nije čist; mukao, bezvučan

bred [bred] *pret & pp* od **breed**

breech[1] [briːtʃ] *s* stražnji dio, dno, ležište topa; zatvarač puške

breech[2] [briːtʃ] *s arch* zadnjica, stražnjica, tur (na hlačama) | *pl* **~es** ['britʃiz] kratke hlače; jahaće hlače; *fig* **to wear the ~es** (o ženi) nositi hlače, zapovijedati u kući

breech [briːtʃ] *vt* obući (dječaku) prve hlače

breech-block ['briːtʃblɔk] *s* zatvarač na ležištu puške ili topa

breeched ['briːtʃt] *adj* koji nosi hlače; koji ima ležište, dno (puška)

breeches-buoy ['britʃizbɔi] *s* plutača za spašavanje s platnenim hlačama za spašenoga

breeching ['briːtʃiŋ] *s* podrepnjak (remen na sapima konja); *mar* čelo (debeo konop za pričvršćivanje topa uz bok broda)

breechless ['briːtʃlis] *adj* bez hlača

breech-loader ['briːtʃˌləudə] *s* puška ostraguša

breed [briːd] *vt/i* (bred, bred) **I.** *vt* 1. stvarati; rađati 2. izleći, okotiti, rasploditi 3. gajiti, uzgojiti, othraniti; izobraziti (*to* za) 4. pobuditi, proizvesti, stvoriti, prouzročiti, izazvati; *fig* kovati, snovati **II.** *vi* roditi se, rađati se, okotiti se, ležati na jajima, biti trudna, bređa, skotna; nastati, stvoriti se, rasti, razplođivati se, ploditi se, razmnožavati se, množiti se; razvijati se, rasti | **to ~ in & in** sklapati brak uvijek među krvnim rođacima, sparivati se, rasplođivati se unutar vrste bliske po srodstvu; **what is bred in the bone** ono što je nasljedno, nasljedna crta

breed [briːd] *s* leglo, rasplod, okot; soj, pasmina, pleme; vrsta, rasa; red, razred, klasa

breeder ['briːdə] *s* roditelj; proizvođač; gajilac, uzgajatelj, odgajivač; priplodna životinja | **~ reactor** rasplodni reaktor

breeding ['briːdiŋ] *s* 1. stvaranje, rađanje; rasplođivanje, množenje, leženje (na jajima) 2. gajenje, uzgajanje, uzgoj, rasplod; odgajanje; odgoj; naobrazba; ponašanje, držanje

breeze[1] [bri:z] *s ent* obad, štrk (*Sabanus vestris*)
breeze[2] [bri:z] *s* 1. vjetrić, povjetarac, lahor 2. *sl* rječkanje, svađa, **zadjevica;** *fig* glas, fama, vijest, novost
breeze[3] [bri:z] *s* ugljena prašina, troska, šljaka
breezeless [ˈbri:zlis] *adj* bez vjetrića, bez povjetarca, tih, miran
breezy [ˈbri:zi] *adj* (**breezily** *adv*) zračan, vjetrovit; *fig* svjež, živahan, veseo; bezbrižan
Bren-gun [ˈbrengʌn] *s* puškomitraljez
brent-goose [ˈbrentˈgu:s] *s* (*pl* **brent-geese** ˈbrentˈgi:s]) *ornith* vrsta male divlje guske
bressummer [ˈbresəmə] *s* → **breastsummer**
brethren [ˈbreðrin] *s pl* (od **brother**) braća (po vjerskoj pripadnosti) | **my ~!** draga braćo!
Breton [ˈbretən] *adj* bretonski, bretanjski
Breton [ˈbretən] *s* Bretonac, stanovnik Bretagne
breve [bri:v] *s* 1. *hist* papinski, vladarski breve (kratka službena isprava) 2. *print* znak kratkoće u prozodiji (◡) 3. *mus* brève, brevis, dvostruka cijela nota
brevet [ˈbrevit] *s* povelja, diploma; *mil* dekret, oficirski patent, postavljenje; počasni, titularni oficirski čin
brevet [ˈbrevit] *vt* dati počasni oficirski rang (bez plaće)
breviary [ˈbri:viəri] *s* brevijar, časoslov
brevity [ˈbreviti] *s* kratkoća; zbijenost; jezgrovitost, sažetost
brew [bru:] *vt/i* **I.** *vt* 1. variti (pivo), pripraviti (piće, napitak); miješati 2. skovati, kovati, snovati, zakuhati, skuhati (*fig*) **II.** *vi* biti pivar; variti se; *fig* spremati se, pripremati se | **drink as you have ~ed** kakvu si sebi poparu skuhao, takvu ćeš i pojesti
brew [bru:] *s* varenje piva; mješavina; piće, napitak; količina varenog pića; kakvoća, kvaliteta pića
brewage [ˈbru:idʒ] *s* varenje; napitak, piće; mješavina
brewer [ˈbru:ə] *s* pivar
brewery [ˈbru:əri] *s* pivovara
brew-house [ˈbru:haus] *s* pivovara
brewis [ˈbru:is] *s arch & dial* goveđa juha, juha od mesa, čorba
briar [ˈbraiə] *s* → **brier**
bribable [ˈbraibəbl] *adj* podmitljiv, potkupljiv
bribe [braib] *s* mito, podmićivanje, potkupljivanje
bribe [braib] *vt* podmititi, potkupiti
bribee [braiˈbi:] *s* onaj koji se da potkupiti, podmititi, podmitljivac, potkupljivac
briber [ˈbraibə] *s* potkupljivač, podmićivač
bribery [ˈbraibəri] *s* podmićivanje, potkupljivanje, mito
bric-a-brac [ˈbrikəbræk] *s Fr* starudija, antikviteti; tričarije; sitan nakit
brick [brik] *s* 1. opeka, cigla 2. komad u obliku opeke, cigle; grumen, blok (čaja, sapuna) 3. kocka za slaganje 4. *sl* sjajan momak | *coll* **like a hundred of ~s** s velikom snagom; **to make ~s without straw** latiti se jalova posla; *sl* **to have a ~ in one's hat** biti pijan; **to drop a ~** izvaliti, izlanuti
brick [brik] *adj* koji je u obliku opeke, cigle; koji je kao opeka, cigla; ciglen, od cigle; ciglast
brick [brik] *vt* sagraditi od opeka, cigala; zagraditi; zazidati (*up*)
brick-bat [ˈbrikbæt] *s* komad opeke, cigle
brick-dust [ˈbrikˈdʌst] *s* smrvljena opeka, brašno od opeke
bricken [ˈbrikən] *adj* koji je kao od opeka
brick-field [ˈbrikfi:ld] *s* ciglana
brick-kiln [ˈbrikkiln] *s* peć za paljenje opeka, cigala; ciglana
bricklayer [ˈbrikˌleiə] *s* zidar
bricklaying [ˈbrikˌleiiŋ] *s* zidanje
brickmaker [ˈbrikˌmeikə] *s* ciglar, opekar
brickwork [ˈbrikwə:k] *s* zidanje; *archit* gradnja opekama
bricky [ˈbriki] *adj* ciglast, ciglen
bridal [ˈbraidl] *s* vjenčanje, svadba, pir
bridal [ˈbraidl] *adj* (**~ly** *adv*) vjenčani, svadbeni, svatovski; mladenkin, nevjestin
bride[1] [braid] *s* mladenka, nevjesta, mlada
bride[2] [braid] *s* tanka mrežica koja spaja šare na čipki; vrpca za vezanje ženske kape
bridecake [ˈbraidkeik] *s* svadbeni kolač, svadbena torta
bride-chamber [ˈbraidˌtʃeimbə] *s* svadbena odaja
bridegroom [ˈbraidgrum] *s* mladenac, mladoženja, ženik
bridesmaid [ˈbraidzmeid] *s* djeveruša
bridesman [ˈbraidzmən] *s* (*pl* **bridesmen** [ˈbraidzmən]) (ručni) djever; svjedok na vjenčanju; vjenčani kum, debeli kum, stari svat
bridewell [ˈbraidwel] *s* tamnica, zatvor, kaznionica, kazneno-popravni dom
bridge[1] [bridʒ] *s* 1. most 2. *mar* zapovjednički most (na brodu) 3. *anat* greben, hrbat nosa 4. *mus* kobilica (na žičanim instrumentima) 5. most (od umjetnih zubâ) 6. naslon za tak kod igranja biljara | *fig* **~ of gold, golden ~** zlatan most, mogućnost lakog povlačenja koja se daje protivniku
bridge [bridʒ] *vt* podići most; premostiti, spojiti
bridge[2] [bridʒ] *s* bridž (igra karata)
bridge crane [ˈbridʒkrein] *s* mosna dizalica
bridge-head [ˈbridʒhed] *s mil fort* mostobran

bridge-train ['bridʒtrein] *s mil* pontonski vlak
bridge-work ['bridʒwəːk] *s* zubni most
bridle ['braidl] *s* 1. uzda (i *fig*) 2. *mar* sidreni lanac 3. *physiol* veza, ligament (koji koči neki pokret)
bridle ['braidl] *vt/i* **I.** *vt* staviti uzde, zauzdati; *fig* obuzdati, pripitomiti, ukrotiti **II.** *vi* zabaciti glavu; biti uvrijeđen; dičiti se, ponositi se (*up*)
bridle-bridge ['braidlbridʒ] *s* most kojim smiju prolaziti jahači
bridle-path ['braidlpaːθ] *s* jahaća staza
bridle-road ['braidlrəud] *s* jahaći put
bridle-wise ['braidlwaiz] *adj US* (konj) koji se lako pokorava uzdi
bridoon [bri'duːn] *s mil* trenza, uzda sa žvalom
brief[1] [briːf] *s* 1. papinska isprava, breve 2. *jur* pismeni sažetak glavnih elemenata parnice za odvjetnika na sudu, izvod iz spisa 3. upute, instrukcije | **to hold ~ for** govoriti kome u prilog, zagovarati nekoga, zastupati nekoga; **hold no ~** *fig* ne podržavati, ne biti nečiji advokat; *jur* **watching-~** nalog odvjetniku da u nekoj parnici bude promatrač
brief [briːf] *adj* (**~ly** *adv*) kratak; jezgrovit, zbijen, sažet | **to be ~** biti kratak, govoriti sažeto, kratko; **in ~** ukratko
brief [briːf] *vt* dati kratku pismenu uputu, izvijestiti (odvjetnika), informirati; uzeti odvjetnika
brief[2] [briːf] *s* kratkoća, jezgrovitost, zbijenost, sažetost
brief-bag ['briːfbæg] *s* aktovka, torba za spise
brief-case ['briːfkeis] *s* aktovka
briefless ['briːflis] *adj* bez klijenata (odvjetnik)
briefness ['briːfnis] *s* kratkoća, jezgrovitost, zbijenost, sažetost
briefs [briːfs] *s pl* gaćice od trikoa
brier[1] (**briar**) ['braiə] *s bot* trnjak (osobito divlje ruže)
brier[2] (**briar**) ['braiə] *s bot* bijeli vrijes; lula od korijena bijelog vrijesa
briery ['braiəri] *adj* trnovit, bodljikav; oštar
brig[1] [brig] *s mar* brig; *US navy sl* zatvor na brodu; stražarnica
brig[2] [brig] *s dial* → **bridge**[1]
brigade [bri'geid] *s* 1. *mil* brigada 2. radna brigada | **fire ~** vatrogasci, vatrogasna brigada, požarna četa
brigade [bri'geid] *vt* svrstati, organizirati u brigadu
brigadier [ˌbrigə'diə] *s mil* zapovjednik brigade, brigadni general
brigadier-general ['brigədiə'dʒenərəl] *s mil hist* → **brigadier**
brigand ['brigənd] *s* razbojnik, bandit, odmetnik, hajduk
brigandage ['brigəndidʒ] *s* razbojstvo, razbojništvo, banditizam; hajdučija
brigandish ['brigəndiʃ] *adj* razbojnički, banditski
brigandism ['brigəndizəm] *s* razbojništvo, banditizam
brigantine ['brigəntain] *s mar* brigantina
bright [brait] *adj* (**~ly** *adv*) 1. svijetao, jasan, sjajan 2. vedar, radostan; pun nade 3. živ, jarki (boja) 4. pametan, bistar; živahan 5. slavan
bright [brait] *adv* svijetlo, sjajno | **~ and early** u ranu zoru
brighten ['braitn] *vt/i* **I.** *vt* 1. osvijetliti, rasvijetliti, obasjati 2. ulaštiti, uglačati 3. *fig* učiniti bistrim, razbistriti; objasniti, protumačiti 4. razvedriti, učiniti prijaznim (*up*) **II.** *vt* 1. vedriti se, razvedriti se, postati sjajan, svijetao (*up*) 2. oživjeti; ohrabriti se
brightish ['braitiʃ] *adj* prilično svijetao, sjajan, vedar
brightness ['braitnis] *s* 1. svjetlost, sjaj, vedrina 2. radost 3. duh; bistrina; pamet
brill [bril] *s ichth* iverak (*Platessa passer*)
brilliance ['briljəns] *s* svjetlost, sjaj, vatra, blistavost, blještavilo; *fig* oštroumnost; duhovitost; briljantnost
brilliancy ['briljənsi] *s* svjetlost, sjaj; vatra; blistavost, blještavilo; *fig* oštroumnost; duhovitost, briljantnost
brilliant ['briljənt] *adj* (**~ly** *adv*) 1. svijetao, sjajan, blistav 2. nadaren, briljantan, genijalan 3. slavan, poznat
brilliant ['briljənt] *s* 1. briljant 2. *print* vrsta tiska
brilliantine [ˌbriljən'tiːn] *s* briljantin
brim [brim] *s* rub, obod (šešira)
brim [brim] *vt/i* **I.** *vt* napuniti do ruba **II.** *vi* biti pun do ruba; *fig* biti ispunjen čime
brim over ['brim'əuvə] *vi* biti prepun, prelijevati se; *fig* previrati
brimful ['brimful] *adj* pun do ruba, vrhom pun, pun puncat
brimless ['brimlis] *adj* bez ruba, bez oboda
brimmed ['brimd] *adj* koji ima rub, obod; pun | **broad-~** široka oboda
brimmer ['brimə] *s* 1. pun pehar, puna čaša 2. slamni šešir
brimstone ['brimstən] *s* (stari naziv za) sumpor; paklena vatra
brimstony ['brimstəni] *adj* sumporan
brindle ['brindl] *adj* šaren; pjegav; prugast
brindled ['brindld] *adj* → **brindle**
brine [brain] *s* 1. slana voda, rasol; more 2. *poet* suza
brine [brain] *vt* usoliti, stavljati u rasol
brine-pan ['brainpæn] *s* tava, jama (za dobivanje soli isparivanjem)
bring [briŋ] *vt/i* (**brought, brought**) **I.** *vt* 1. donositi, donijeti; dovesti; privesti; pribaviti 2. skupiti; privući 3. dati; pridati

4. uvući, uključiti (*into* u) 5. uzrokovati; pridonijeti (čemu); izazvati; sklonuti, navesti (na što), uvjeriti **II.** *vi* roditi, uroditi, proizvesti; *mar* zaustaviti; pristati (*to* uz) | **to ~ home to** jasno predočiti kome, uvjeriti koga; **to ~ into play** staviti u pokret, pokrenuti; **to ~ to notice** objaviti, objelodaniti; **to ~ into the world** stvoriti, roditi, donijeti na svijet; **to ~ to bear** primijeniti; **to ~ to book** pozvati koga na odgovornost; **to ~ to a stop (end)** dokončati, dokrajčiti, privesti kraju; **to ~ to mind** podsjetiti (se) **to ~ to pass** proizvesti, uzrokovati; **to ~ to account** staviti na račun, uračunati; **to ~ to a close** dokončati, dokrajčiti, dovršiti, privesti kraju; **to ~ to reason** prizvati (koga) pameti, urazumjeti; *sl* **to ~ home the bacon** imati uspjeha; **to ~ a person low** poraziti; poniziti koga

bring about ['briŋə'baut] *vt* 1. uzrokovati; proizvesti; izazvati 2. postići; izvesti; izvršiti 3. zakrenuti, okrenuti (brod)

bring around ['briŋə'raund] *vt* predobiti; dovesti k svijesti; izliječiti

bring away ['briŋə'wei] *vt* odvesti; odnijeti; otpremiti

bring back ['briŋ'bæk] *vt* natrag donijeti; podsjetiti | **to ~ the ashes** popraviti prijašnji poraz

bring down ['briŋ'daun] *vt* 1. snijeti; dovesti dolje 2. oboriti 3. *fig* oslabiti; upropastiti; poniziti 4. smanjiti, sniziti (cijene) 5. zapisati, unijeti (*to* u) | **to ~ upon a person** nanijeti kome zlo, učiniti kome nažao; **to ~ the house** izazvati buran pljesak, oduševiti gledaoce

bring forth ['briŋ'fɔːθ] *vt* roditi, stvoriti; okotiti; donijeti plod; *fig* iznijeti na vidjelo; uzrokovati

bring forward ['briŋ'fɔːwəd] *vt* 1. iznijeti, pokazati; unapređivati; pomaknuti naprijed (rok) 2. navesti, citirati 3. predložiti (zakon) 4. prenijeti (u knjigovodstvu)

bring in ['briŋ'in] *vt* 1. donijeti; unijeti; uvesti 2. donositi novac, profit 3. pribaviti, priskrbiti 4. *jur* izreći odluku, presudu (porote) 5. *parl* predložiti zakonski nacrt | *jur* **to ~ a person guilty** pronaći koga krivim, osuditi

bring off ['briŋ'ɔf] *vt* 1. odnijeti; otpremiti 2. osloboditi, izbaviti 3. ostvariti što, provesti; poći za rukom

bring on ['briŋ'ɔn] *vt* 1. donijeti; dovesti 2. navesti; izazvati; uzrokovati

bring out ['briŋ'aut] *vt* 1. iznijeti; izvesti 2. iznijeti na vidjelo, pokazati, istaknuti 3. uvesti (mladu djevojku) u društvo, u društveni život 4. prvi put izvesti kazališno djelo; objelodaniti književno djelo 5. *com* iznijeti (robu) na tržište, pustiti u prodaju

bring over ['briŋ'əuvə] *vt* 1. prenijeti; prevesti 2. obratiti, predobiti (za što)

bring round ['briŋ'raund] *vt* 1. dovesti koga opet k svijesti, osvijestiti 2. nagovoriti (na što), obratiti, predobiti (za što) 3. donijeti (robu) u kuću

bring through ['briŋ'θruː] *vt* 1. pronijeti; provesti 2. privesti, povratiti k svijesti; izliječiti, spasiti od bolesti

bring to ['briŋ'tu] *vt/i* 1. zaustaviti 2. *med* privesti, povratiti k svijesti 3. *mar* suskrenuti, suskretati

bring together ['briŋtu'geðə] *vt* 1. dovesti; privesti; skupiti 2. pomiriti, izmiriti

bring under ['briŋ'ʌndə] *vt* nadjačati, nadvladati; ukrotiti; podložiti

bring up ['briŋ'ʌp] *vt/i* **I.** *vt* 1. donijeti; dovesti gore, uznijeti 2. othraniti, odgojiti 3. *jur* pozvati pred sud, optužiti pred sudom 4. *mar* usidriti 5. *fig* iznijeti, staviti na dnevni red, upozoriti; *parl* pozvati (poslanika) da govori 6. nastaviti; zaustaviti 7. povratiti, izbljuvati (jelo) **II.** *vi* zaustaviti se, usidriti se | *mil* **to ~ the rear** stvarati zaštitnicu, štititi s leđa, štititi povlačenje; *fig* biti posljednji

bringer ['briŋə] *s* donosilac

brink [briŋk] *s* rub, ivica | **on the ~ of grave** na rubu groba; *fig* **to shiver on the ~** biti neodlučan

brinkmanship ['briŋkmənʃip] *s* politika opasnog poigravanja na rubu rata, propasti i sl.

briny ['braini] *adj* slan

briny ['braini] *s sl* more

brio ['briəu] *s It* živahnost, polet

briology [brai'ɔlədʒi] *s* briologija

briquette [bri'ket] *s Fr* briket

brisk [brisk] *adj* (**~ly** *adv*) svjež, okretan, žustar, živahan; oštar, krepak, jak; pjenušav (vino)

brisk [brisk] *vt/i* **I.** *vt* učiniti živahnim, okretnim, žustrim; oživjeti; požuriti (*up*); potaći **II.** *vi* biti živahan, okretan, žustar; oživjeti, živnuti; pohitjeti (*up*)

brisken [briskn] *vt/i* → **brisk**

briskness ['brisknis] *s* živahnost, okretnost, žustrina, brzina; svježina

brisket ['briskit] *s* prsa, meso od prsa

bristle [brisl] *s* čekinja, četina, oštra dlaka; bodljika | **to set up one's ~s** razljutiti se, nakostriješiti se

bristle [brisl] *vi/t* **I.** *vi* naježiti se, nakostriješiti se, stršiti; *fig* razljutiti se, pripraviti se na borbu **II.** *vt* nakostriješiti, dići dlake uvis

bristle with ['brisl'wið] *vi* biti pun čega, biti načičkan čime

bristling ['brisliŋ] *s ichth* vrsta sardine (*Clupea sprattus*)

bristly ['brisli] *adj* čekinjav, čekinjast; bodljikav

Britannia-metal [bri'tænjə'metl] *s* bijela kovina (slitina kositra i antimona)
Britannic [bri'tænik] *adj* britanski
briticism ['britisizəm] *s* → **britishism**
British ['britiʃ] *adj* britski; britanski, engleski | **the** ~ Britanci; ~ **warm** vrsta kratkog vojničkog ogrtača
Britisher ['britiʃə] *s US* Britanac, Englez
britishism ['britiʃizəm] *s* briticizam
Briton ['britən] *s* Brit; Britanac, Englez | **North** ~ Škot
brittle ['britl] *adj* krhak, lomljiv, loman, slab
broach [brəutʃ] *s* 1. *cul* ražanj 2. šilo 3. vršak crkvenog tornja
broach [brəutʃ] *vt* otvoriti, načeti (bačvu); *fig* načeti temu
broach [brəutʃ] *vt/i mar* okrenuti brod bokom prema vjetru
broad [brɔːd] *adj* (~**ly** *adv*) 1. širok, prostran 2. pun, potpun; jasan, vedar 3. izrazit, jasan 4. nepatvoren, neizvještačen; otvoren, slobodan; grub, prost; smion, sirov, nepristojan 5. opsežan, obuhvatan; *fig* širokogrudan, slobodouman, liberalan, tolerantan; prosvijetljen; opći, općenit; bitan | **it is as** ~ **as it is long** svejedno je, isto je
broad [brɔːd] *s* širina, prostranost; proširenje rijeke, riječno jezero; *US sl* prostitutka; žena, djevojka | ~**s** *pl* igraće karte
broad [brɔːd] *adv* otvoreno, slobodno, široko; općenito
broad-arrow [ˌbrɔːd'ærəu] *s* strelica sa širokim vrškom; šiljak strelice kao znak vlasništva engleske vlade
broad-bean ['brɔːdbiːn] *s bot* bob (*Vicia faba*)
broad-blown ['brɔːdbləun] *adj* rascvjetan
broad-brimmed [ˌbrɔːd'brimd] *adj* koji ima širok rub, širok obod
broadcast ['brɔːdkaːst] *adj hort* naširoko posijan; *fig* rasprostranjen; emitiran na radiju ili televiziji
broadcast ['brɔːdkaːst] *adv* naširoko posijano; rasprostranjeno
broadcast ['brɔːdkaːst] *s* televizijska ili radio-emisija, radio-prijenos
broadcast ['brɔːdkaːst] *vt/i* (*pret* ~, ~ed; *pp* ~, ~ed) **I.** *vt hort* naširoko posijati; *fig* rasprostraniti; emitirati **II.** *vi* nastupati na radiju ili televiziji
broadcloth ['brɔːdkləθ] *s* fino crno sukno
broaden ['brɔːdn] *vt/i* **I.** *vt* proširiti, raširiti, rastegnuti **II.** *vi* proširiti se, raširiti se, rastegnuti se, razvući se
broad-gauge ['brɔːdgeidʒ] *s rly* širok kolosijek
broad-glass ['brɔːdglaːs] *s* prozorsko staklo
broadly ['brɔːdli] *adv* široko; općenito; otvoreno; liberalno | ~ **speaking** općenito govoreći
broad-minded [ˌbrɔːd'maindid] *adj* širokogrudan, tolerantan; liberalan
broad-mindedness [ˌbrɔːd'maindidnis] *s* širokogrudnost; tolerantnost, liberalnost
broadness ['brɔːdnis] *s* grubost; surovost; dvosmislenost, prostota; širina
broadsheet ['brɔːdʃiːt] *s print* plakat, letak
broadside ['brɔːdsaid] *s mil mar* bok; bočna salva; *fig* oštar verbalni napad; paljba, vatra; *print* plakat; letak
broadsword ['brɔːdsɔːd] *s* široki mač, paloš
broadways ['brɔːdweiz] *adv* po širini
broadwise ['brɔːdwaiz] *adv* po širini
brocade [brə'keid] *s* brokat
brocade [brə'keid] *vt* protkati brokatnim šarama
broc(c)oli ['brɔkəli] *s bot* prokulica
brochure ['brəuʃuə] *s Fr* brošura, knjižica, prospekt
brock [brɔk] *s* jazavac; smrdljivac
brocket ['brɔkit] *s zool* jelen godišnjak, srndać godišnjak
brogue[1] [brəug] *s* bakandža; sportska cipela
brogue[2] [brəug] *s Ir* irski akcent
broider ['brɔidə] *vt poet arch* → **embroider**
broil[1] [brɔil] *s* svađa, kavga; nered, izgred; galama, buka
broil [brɔil] *vt/i* **I.** *vt* peći na žaru, **pržiti** na roštilju **II.** *vi* peći se; pržiti se
broil[2] [brɔil] *s* meso pečeno na žaru
broiler ['brɔilə] *s* pile za pečenje, **brojler;** roštilj
broke [brəuk] *s* kratko podrezana vuna na pojedinim dijelovima runa
broke [brəuk] *pret & pp* od **break;** üzoran, preoran; *fam* upropašten, ruiniran, bankrot, bez prebijene pare
broken ['brəukən] *adj* (~**ly** *adv*) 1. razbijen, razlupan; prelomljen, slomljen; prebijen; isprekidan; smrvljen, skršen 2. nepotpun, nesavršen, loš 3. preostao 4. slab, oslabljen; pokunjen; narušen 5. propao, uništen 6. neravan, uzbiban | ~ **meat** preostalo meso; ~ **water** nemirno, uzburkano more; ~ **ground** neravno tlo; ~ **man** uništen, propao čovjek; ~ **sleep** isprekidan san; ~ **tea** čajna prašina; ~ **coffee beans** loša, smrvljena kava, trijaža; ~ **weather** nestalno, promjenljivo vrijeme; ~ **English** loš engleski jezik; ~ **money** sitniš; ~ **stones** tučenac; ~ **iron** staro željezo; ~ **fleece** sitni otpaci strižene vune; ~ **voice** tronut glas; ~ **home** razbijena obitelj, rastavljeni roditelji, razoreni brak
broken ['brəukən] *pp* od **break**
broken-down [ˌbrəukən'daun] *adj* propao, uništen, upropašten; oronuo; istrošen, otrcan, pohaban; pokvaren (stroj); raščlanjen

broken-hearted [ˌbrəukənˈhaːtid] *adj* slomljena srca, utučen, ucviljen
broken-kneed [ˈbrəukənniːd] *adj* hrom, šepav
brokenly [ˈbrəukənli] *adv* isprekidano; grčevito; trzavo, na mahove
broken-winded [ˌbrəukənˈwindid] *adj vet* sipljiv (konj)
broker [ˈbrəukə] *s* 1. staretinar; zajmodavac na zaloge 2. posrednik, mešetar, agent; komisionar | *com* ~'s **contract** zaključnica; ~'s **order** otpremni list; ~'s **returns** skladišni popis
brokerage [ˈbrəukəridʒ] *s* posredništvo, mešetarenje; posrednička pristojba, posrednikova provizija, mešetarina, kurtaža
broking [ˈbrəukiŋ] *s* posredništvo, kurtaža
brolly [ˈbrɔli] *s sl* kišobran
bromate [ˈbrəumeit] *s chem* bromat
brome [brəum] *s bot* ovsik, stoklas (*Bromus secalinus*)
bromic [ˈbrəumik] *adj chem* bromni
bromide [ˈbrəumaid] *s chem* bromid
bromine [ˈbrəumin] *s chem* brom
bronchi [ˈbrɔŋkai] *s pl anat* bronhije
bronchia [ˈbrɔŋkiə] *s pl anat* bronhije
bronchial [ˈbrɔŋkiəl] *adj* bronhijalan, bronhijski
bronchitic [brɔŋˈkitik] *adj* bronhitičan
bronchitis [brɔŋˈkaitis] *s med* bronhitis
bronco (**broncho**) [ˈbrɔŋkəu] *s Sp US* poludivlji prerijski konj
bronze [brɔnz] *s* bronca, tuč; brončana boja; brončani kip, figura
bronze [brɔnz] *adj* brončan
bronze [brɔnz] *vt/i* **I.** *vt* brončati, dati brončanu boju **II.** *vi* postati smeđ, potamnjeti
bronze-guilt [ˈbrɔnzgilt] *adj* prevučen broncom
bronzy [ˈbrɔnzi] *adj* brončan; brončane boje
brooch [brəutʃ] *s* kopča, igla, broš
brood [bruːd] *s* leglo, kot; *fig* rod; pokoljenje, potomci; roj, gomila, mnoštvo
brood [bruːd] *vi* sjediti na jajima; *fig* mozgati, snovati; prepustiti se mračnim mislima; skupljati se; ležati nad; pritiskivati
broody [ˈbruːdi] *adj* (kokoš) koja kvoca, koja hoće sjediti na jajima
brook [bruk] *s* potok
brook [bruk] *vt* snositi, podnositi, izdržati (obično s negacijom)
brooklet [ˈbruklit] *s* potočić
broom [bruːm] *s bot* žutilovka, žutilica (*Genista tinctoria*)
broom [brum] *s* metla | **new** ~ *fig* nova metla
broom [brum] *vt* mesti, pomesti
broomstick [ˈbrumstik] *s* držak metle
brose [brəuz] *s* vrsta zobene kaše
broth [brɔθ] *s* juha od mesa | *Ir* **a** ~ **of a boy** sjajan momak; **too many cooks spoil the** ~ mnogo babica kilavo dijete
brothel [ˈbrɔθl] *s* javna kuća, bordel
brothel keeper [ˈbrɔθlˌkiːpə] *s* vlasnik (vlasnica) javne kuće; upravitelj (upraviteljica) javne kuće
brother [ˈbrʌðə] *s* (*pl* ~**s**, **brethren**) 1. brat (i *fig*); bližnji | ~**s** *pl* braća (skraćenica: **Bros** u nazivu poduzeća, npr. *Warner Bros*); ~ **german** rođeni brat; ~ **uterine** polubrat po majci; **big** ~ veliki brat; državna vlast; policijski režim
brotherhood [ˈbrʌðəhud] *s* bratstvo; bratinstvo; bratovština
brother-in-law [ˈbrʌðərinlɔː] *s* djever; šurjak; svak; pašanac, šogor
brotherless [ˈbrʌðəlis] *adj* bez brata
brotherlike [ˈbrʌðəlaik] *adj* bratski, poput brata
brotherly [ˈbrʌðəli] *adj* bratski
brotherly [ˈbrʌðəli] *adv* na bratski način
brougham [ˈbruːəm] *s* zatvorena jednoprežna kočija, **kupé**
brought [brɔːt] *pret & pp* od **bring**
brouhaha [ˈbruːhaːhaː] *s coll* strka, uzbuđenje, komešanje; senzacija
brow[1] [brau] *s* 1. obrva; čelo; *fig* izraz lica; izgled 2. obronak; izbočina; neravnina | **to knit (bend) one's** ~**s** namrštiti se; nabrati čelo
brow[2] [brau] *s mar* slaz, silaz, siz, vanjske brodske stepenice
brow-ague [ˈbrauˌeigjuː] *s* migrena
browbeat [ˈbraubiːt] *vt* (*pret* ~, *pp* ~en) zaplašiti, zastrašiti drskošću, osornošću, tiranizirati
browed [braud] *adj* koji ima obrve, čelo
brown [braun] *adj* smeđ, mrk, taman, smeđokos; opaljen, pocrnio, preplanuo | ~ **coal** lignit; ~ **bread** crni kruh; ~ **sugar** polurafinirani šećer, kandis šećer, žuti šećer; ~ **paper** omotni papir; ~ **ware** poluporculanska roba; *sl* **to do** ~ nasamariti, prevariti; ~ **study** sanjarenje; duboko razmišljanje, zamišljenost
brown [braun] *s* smeđa boja, smeđe, smeđ predmet
brown [braun] *vt/i* **I.** *vt* učiniti smeđim, potamniti; opaliti **II.** *vi* postati smeđ, taman, opaliti se, potamnjeti, pocrnjeti
brownie [ˈbrauni] *s* 1. dobar kućni duh, patuljak 2. planinka, juniorka u skautskom društvu
browning [ˈbrauniŋ] s brauning revolver
brownish [ˈbrauniʃ] *adj* smećkast, smeđast
brownness [ˈbraunnis] *s* smeđa boja, tamnoća
brownstone [ˈbraunstəun] *s* crvenkasto-smeđi pješčenjak; kuća s fasadom od pješčenjaka
browse [brauz] *s* mladice; brstenje; *fig* pabirčenje po knjigama, čitanje bez plana

browse [brauz] *vi/t* **I.** *vi* pasti, brstiti; *fig* površno čitati, pabirčiti, čitkati **II.** *vt* popasti, obrstiti
bruin [ˈbruin] *s* ime medvjeda u basni, medo
bruise [bruːz] *s* masnica, modrica
bruise [bruːz] *vt/i* **I.** *vt* 1. gnječiti, zgnječiti; smrviti, stucati 2. izlupati, isprebijati, izlemati; *fig* oslabiti, onesposobiti, uništiti **II.** *vi hunt* jahati glavom bez obzira
bruiser [ˈbruːzə] *s sport* boksač; atlet; razbijač; *tech* žrvanj
bruising-mill [ˈbruːziŋmil] *s* mlin za prekrupu
bruit [bruːt] *s arch* glasina
bruit [bruːt] *vt arch* razglasiti, proširiti glasine
brume [bruːm] *s* magla; para
brumous [ˈbruːməs] *adj* maglovit
brunch [brʌntʃ] *s coll* prijepodnevni obrok, obilati kasni zajutrak (mjesto doručka i ručka, riječ sastavljena od breakfast i lunch)
brunette [bruːˈnet] *s* smeđokosa žena, brineta; crnka
brunette [bruːˈnet] *adj* smeđokos, brinet
brunt [brʌnt] *s* napadaj, nalet, silina | **to bear the ~ of** biti izložen naletu, silini napadaja, glavnom udarcu
brush[1] [brʌʃ] *s US* grmlje, džbunje, šikara, šiblje, šiprag
brush[2] [brʌʃ] *s* 1. četka; kist 2. četkanje 3. *fig* slikarska umjetnost; slikar 4. lisičji rep 5. *el* snop bakrenih žica; četkica 6. *opt* svijetao ili taman lik s nejasnim obrisima; pramen, snop zraka 7. navala, nasrtaj; sukob, okršaj, kreševo
brush [brʌʃ] *vt/i* **I.** *vt* 1. (o)četkati; čistiti, počistiti; (o)brisati 2. dodirnuti, dotaći; očešati se, okrznuti 3. naprijed goniti, tjerati **II.** *vi* pohitjeti, požuriti (*by* pokraj, *through* kroz)
brush against [ˈbrʌʃəˈgeinst] *vi* dotaći, dodirnuti; gurnuti; očešati, okrznuti
brush aside [ˈbrʌʃəˈsaid] *vt* 1. odgurnuti, odmaknuti 2. *fig* prijeći preko čega, previdjeti, ne htjeti znati za što, ignorirati 3. oderati; ostrugati; oštetiti dodirom
brush away [ˈbrʌʃəˈwei] *vt* 1. očetkati; pomesti; zbrisati 2. *fig* prijeći preko čega, previdjeti, ne htjeti znati za što, ignorirati 3. oderati; ostrugati; oštetiti dodirom
brush off [ˈbrʌʃˈɔf] *vt* 1. očetkati; pomesti 2. prijeći preko čega, previdjeti, ne htjeti znati za što, ignorirati; odbiti; odbaciti 3. oderati; ostrugati; oštetiti dodirom
brush over [ˈbrʌʃˈəuvə] *vt* lako obojiti kistom, oslikati, obojiti; dodirnuti, dotaći; ostrugati (u prolazu); očetkati
brush up [ˈbrʌʃˈʌp] *vt/i* 1. glatko očetkati 2. očistiti; popraviti, ispraviti 3. *fig* obnoviti, ponoviti, osvježiti
brush-pencil [ˈbrʌʃˌpensl] *s* slikarski kist
brush-up [ˈbrʌʃˈʌp] *s* četkanje; čišćenje; popravak, ispravak; *fig* obnavljanje, ponavljanje; osvježenje
brushwood [ˈbrʌʃwud] *s* guštara, grmlje, šiblje, šipražje
brush-work [ˈbrʌʃwəːk] *s* slikarov način rada kistom
brushy [ˈbrʌʃi] *adj* pun grmlja, šipražja; četinjav; bodljikav
brusque [brusk] *adj* (**~ly** *adv*) *Fr* nagao, žestok, naprasit; osoran, otresit
Brussels sprouts [ˌbrʌslˈsprauts] *s pl* prokulice
brutal [ˈbruːtl] *adj* (**~ly** [ˈbruːtəli] *adv*) divlji, životinjski; bezobziran, surov, okrutan, nečovječan, brutalan; *sl* odvratan, ogavan
brutalism [ˈbruːtəlizəm] *s* surovost, okrutnost, nečovječnost, brutalnost
brutality [bruːˈtæliti] *s* surovost, okrutnost, nečovječnost, brutalnost
brutalize [ˈbruːtəlaiz] *vt/i* **I.** *vt* učiniti divljim, nečovječnim, surovim, brutalnim, poživinčiti; nečovječno, surovo, brutalno postupati **II.** *vi* postati nečovječan, surov, brutalan, podivljati, poživinčiti
brute [bruːt] *adj* 1. životinjski; nerazuman 2. bezosjećajan, poživinčen, okrutan, surov, brutalan | **~ force** gruba sila
brute [bruːt] *s* životinja, okrutan čovjek, nečovjek, beštija, neman, zvijer
brutify [ˈbruːtifai] *vt* poživinčiti, učiniti divljim, okrutnim, surovim
brutish [ˈbruːtiʃ] *adj* (**~ly** *adv*) životinjski; poživinčen; okrutan, surov, bezosjećajan, otupio
bryony [ˈbraiəni] *s bot* kukovina (*Bryonia alba*)
bubble [ˈbʌbl] *s* 1. mjehurić 2. *fig* prividnost; ispraznost; varka 3. ključanje, vrenje; šuškanje; šuštanje
bubble [ˈbʌbl] *vi/t* **I.** *vi* dizati se u mjehurićima, pjeniti se, ključati, kipjeti, vreti; žuboriti; šuškati; šuštati **II.** *vt* prevreti, prekipjeti, prokliučati, bacati mjehuriće (*over*); prevariti; prštati (od veselja)
bubble-and-squeak [ˈbʌblənˈskwiːk] *s* jelo od hladnog mesa i sjeckanog zelenja
bubble bath [ˈbʌblbaːθ] *s* pjenušava kupelj
bubble car [ˈbʌblkaː] *s* patuljasti automobil s prozirnom plastičnom kupolom
bubble gum [ˈbʌblgʌm] *s* guma za žvakanje (koja se može napuhati u mjehur)
bubbly [ˈbʌbli] *s coll* šampanjac, pjenušac
bubbly [ˈbʌbli] *adj* pun mjehurića, pjenušav
bubbly-jock [ˈbʌblidʒɔk] *s zool* puran, tukac
bubo [ˈbjuːbəu] *s* (*pl* **~es**) *med* oteklina (osobito na slabini ili pod pazuhom)
bubonic [bjuˈbɔnik] *adj* bubonski | **~ plague** žljezdana kuga
buccal [ˈbʌkəl] *adj* usni, koji se tiče usta, obraza

buccaneer [ˌbʌkəˈniə] *s* gusar, pirat
buccaneer [ˌbʌkəˈniə] *vi* gusariti
buck[1] [bʌk] *s* 1. jarac; ovan; srndać; mužjak 2. gizdelin, kicoš, bonvivan 3. *US sl* dolar | **old ~!** stari momče!; **~ nigger** crnac; **to pass the ~** prenijeti odgovornost na koga drugog, otkloniti odgovornost; **the ~ stops here** ovdje prestaje izvlačenje od odgovornosti; **fast ~** *US sl* laka zarada
buck[1] [bʌk] *vi/t* **I.** *vi* ritati se; propinjati se; dičiti se, šepiriti se, kočoperiti se **II.** *vt* tjerati konja da trči svom snagom
buck off [ˈbʌkˈɔf] *vt* zbaciti (jahača)
buck[2] [bʌk] *vi/t sl* **I.** *vi* juriti, žuriti se; postati snažan, jak; razveseliti se **II.** *vt* učiniti snažnim | **to ~ for** nastojati postići
buck up [ˈbʌkˈʌp] *vi/t* **I.** *vi* požuriti se; dotjerati se, urediti se; *fig* skupiti snage, živnuti, zapeti; sabrati se, trgnuti se, prenuti se **II.** *vt* osokoliti, dati snagu
buck[2] [bʌk] *s* vrša za hvatanje jegulja
buck[3] [bʌk] *s* trap (kola), karoserija
buck-bean [ˈbʌkbiːn] *s bot* gorka trava
buck-board [ˈbʌkbɔːd] *s US* laka kola
bucker [ˈbʌkə] *s* jogunast konj
bucket [ˈbʌkit] *s* 1. kabao, vedro 2. klip (u pumpi) 3. crpac, ispolac, zahitača, grabilica na bageru 4. koritance, žljebić (na vodeničnom kolu) 5. *archit* balvan 6. udubina, cijev, rukavac (za bič, karabinku) | *coll* **to kick the ~** zagristi u ledinu, otegnuti papke, odapeti; **fire-~** vedro za gašenje požara
bucket [ˈbʌkit] *vi/t* 1. brzo, naglo jahati; loše jahati, iscrpsti, umoriti konja 2. loše, naglo, neravnomjerno veslati
bucketful [ˈbʌkitful] *s* što stane u kabao, puna vedrica
bucket-shop [ˈbʌkitʃɔp] *s US* neoficijelna špekulantska burza
buck-fever [ˈbʌkˌfiːvə] *s US* uzbuđenje lovca (u času kad ugleda divljač); *fig* trema
buck-horn [ˈbʌkhɔːn] *s* jelenji rog
buck-hound [ˈbʌkhaund] *s* lovački pas za visoku divljač
bucking-iron [ˈbʌkiŋˌaiən] *s minr* tucalo za razbijanje rude
bucking-ore [ˈbʌkiŋɔː] *s minr* obijena, otucana ruda
bucking-tub [ˈbʌkiŋtʌb] *s* parenica
buckish [ˈbʌkiʃ] *adj* (**~ly** *adv*) gizdelinski, kicoški; živahan, poletan
buck-jump [ˈbʌkdʒʌmp] *vi* ritati se, biti jogunast
buck-jumper [ˈbʌkˌdʒʌmpə] *s* jogunast konj
buckle [ˈbʌkl] *s* kopča, spona
buckle [ˈbʌkl] *vt/i* **I.** *vt* prikopčati, zakopčati, opasati (*on* oko); *tech* svinuti, svijati **II.** *vi* svinuti se, revno započeti posao, revno se latiti (*to* čega)
buckleather [ˈbʌkˌleðə] *s* jelenja koža
buckler[1] [ˈbʌklə] *s* onaj koji kopča, stavlja kopče
buckler[2] [ˈbʌklə] *s* mali okrugli štit; *fig* zaštita; zaštitnik
buckler [ˈbʌklə] *vt* štititi, zaštititi
buck-private [ˈbʌkˌpraivit] *s mil sl* novak, redov
buckram [ˈbʌkrəm] *s* kruto platno; *fig* krutost, ukočenost, ukočeno držanje | **men in ~** ljudi koji ne postoje
buckram [ˈbʌkrəm] *adj* koji je od krutog platna; *fig* krut, ukočen | **~ men** ljudi koji ne postoje, bića iz svijeta mašte
buck-shot [ˈbʌkʃɔt] *s* krupna sačma
buck-skin [ˈbʌkskin] *s* srneća, jelenja koža | **~s** *pl* hlače od srneće, jelenje kože
buck-tooth [ˈbʌktuːθ] *s* sjekutić, zub prednjak
buck-toothed [ˈbʌktuːθt] *adj* koji ima sjekutiće, zube prednjake
buckwheat [ˈbʌkwiːt] *s bot* heljda (*Fagopyrum)*
bucolic [bjuːˈkɔlik] *adj* (**~ally** *adv*) pastirski, pastoralan, idiličan, seoski, bukolički
bucolic [bjuːˈkɔlik] *s* 1. pastirska pjesma 2. seljak
bud [bʌd] *s* pup, pupoljak, oko (na drvetu); klica, zametak; nezrelost | **in ~** u pupu, raspupan; *fig* **to nip in the ~** ugušiti u zametku
bud [bʌd] *vi/t* **I.** *vi* pupati, nicati, klijati; razviti se; rascvjetati se **II.** *vt* cijepiti na pup, okulirati
bud off [ˈbʌdˈɔf] *vi* odvojiti se, nanovo nastati
Buddhic [ˈbudik] *adj* Budin, koji pripada Budi
Buddhism [ˈbudizəm] *s* budizam
Buddhist [ˈbudist] *s* budist
Buddhistic [buˈdistik] *adj* budistički
buddy [ˈbʌdi] *s US coll* pobratim, drug, prijatelj, prijan
budge [bʌdʒ] *vi/t* **I.** *vi* micati se, kretati se **II.** *vt* pokrenuti, maknuti s mjesta
budgerigar [ˈbʌdʒərigaː] *s* australska papigica
budget [ˈbʌdʒit] *s* 1. sadržaj, svežanj, zaliha 2. budžet, državni proračun, kućanski proračun
budget [ˈbʌdʒit] *vi* predvidjeti u budžetu, proračunu, računati s čim (*for*), budžetirati, načiniti budžet
budgetary [ˈbʌdʒitəri] *adj* budžetski, budžetni
budless [ˈbʌdlis] *adj* bez pupoljka
budlet [ˈbʌdlit] *s* pupoljčić
buff [bʌf] *s* 1. debela volovska, bivolja koža ili koža divokoze 2. žućkasta boja, boja kože 3. kožica na zgrušanoj krvi | **in ~** gol, nag; **the Buffs** istočnokentska pukovnija
buff [bʌf] *adj* koji je od volovske, bivolje kože, od kože divokoze; žućkast, koji ima boju kože

buff [bʌf] *vt* glačati, polirati (kovinu) kožom; učiniti kožu baršunastom.
buffalo ['bʌfələu] *s zool* bivol, bizon
buff-coat ['bʌfkəut] *s* kožni oklop
buffer[1] ['bʌfə] *s rly* odbojnik | ~ **zone** tampon-zona; ~ **state** tampon-država
buffer[2] ['bʌfə] *s sl* staromodan tip, stari jarac
buffet[1] ['bʌfit] *s* udarac (šakom), tresak, bubotak; *fig* udar
buffet ['bʌfit] *vt/i* **I.** *vt* udariti (šakom); gurnuti; *fig* tući; boriti se protiv (koga, čega) **II.** *vi* boriti se (s kim, čim)
buffet[2] ['bʌfit] *s* ormar za stolno posuđe, kredenc
buffet ['bufei] *s Fr* bife | **cold** ~ hladni narezak; ~ **car** bife-vagon; ~ **supper** večera postavljena na posebnom stolu s kojega se gosti sami poslužuju
buffoon [bʌ'fuːn] *s* lakrdijaš, luda
buffoonery [bʌ'fuːnəri] *s* lakrdijanje, lakrdija
buff-stick ['bʌfstik] *s* štapić (prevučen kožom) za poliranje kovine
buff-tip ['bʌftip] *s ent* vrsta moljca
buff-wheel ['bʌfwiːl] *s* kotač za poliranje kovine
buffy ['bʌfi] *adj sl* pijan, napit
bug [bʌg] *s* stjenica; *US* 1. kukac 2. luda misao, fiksna ideja, buba u glavi 3. kvar, smetnja; teškoća; mušica; defekt 4. bacil, klica; zaraza 5. *sl* skrivena naprava za prisluškivanje | *sl* **big** ~ važna ličnost, velika zvjerka
bug [bʌg] *vt* 1. prisluškivati razgovore pomoću tajnih uređaja, ozvučiti, ugraditi prislušne uređaje 2. *US sl* gnjaviti, mučiti, ići na živce
bugaboo ['bʌgəbuː] *s* strašilo, bauk, Babaroga
bugbear ['bʌgbɛə] *s* strašilo, bauk
bugger ['bʌgə] *s* 1. *jur* pederast 2. *vulg* momak, klipan; lopov
bugger ['bʌgə] *vt* provoditi blud, bludničiti | ~ **up** upropastiti; ~ **off** tornjati se, nestati, otići, izgubiti se
buggery ['bʌgəri] *s* blud, bludničenje; sodomija, pederastija
buggy ['bʌgi] *adj* stjeničav
buggy ['bʌgi] *s* laka kočija na dva kotača
bug-house ['bʌghaus] *s US sl* ludnica
bughouse ['bʌghaus] *adj US sl* lud
bug-hunter ['bʌgˌhʌntə] *s* entomolog
bugle ['bjuːgl] *s mus* lovački rog; *mil* signalni rog, truba
bugle ['bjuːgl] *vi/t* puhati u rog; davati znak rogom
bugler ['bjuːglə] *s* svirač roga, hornist; trubač
buglet ['bjuːglit] *s* trubljica na biciklu
bugloss ['bjuːglɔs] *s bot* pačje gnijezdo *(Anchusa officinalis)*
buhl [buːl] *s* uklada, inkrustacija, intarzija u drvu (od mjedi, kornjačevine)

build [bild] *vt/i* (built, built) **I.** *vt* 1. graditi, sagraditi, izgraditi, zidati; načiniti, napraviti 2. *fig* oblikovati, stvoriti **II.** *vi* graditi (na čemu)
build in ['bild'in] *vt* ugraditi, uzidati, okružiti građevinama
build on ['bild'ɔn] *vi* graditi (na čemu), poslužiti se čime kao podlogom; osloniti se (na što), uzdati se (u što)
build up ['bild'ʌp] *vt/i* **I.** *vt* zagraditi, zazidati; sazidati; *fig* izgraditi, ojačati, poboljšati **II.** *vi* razvijati se
build [bild] *s* 1. građa; način gradnje, stil; struktura 2. oblik, kroj (haljine) 3. građa tijela, stas
builder ['bildə] *s* graditelj, građevinar, građevinski poduzetnik
building ['bildiŋ] *s* građenje, gradnja; zgrada, građevina, kuća | ~ **lot** gradilište; ~ **contractor** građevinski poduzetnik, izvođač radova; ~ **site** gradilište
building-lease ['bildiŋliːs] *s* dopuštenje za gradnju na iznajmljenom zemljištu
building-society ['bildiŋsə'saiəti] *s* stambena zadruga
building-up ['bildiŋʌp] *s* izgradnja, podizanje, postavljanje, montiranje strojeva
build-up ['bildʌp] *s* nagomilavanje; naoružavanje; jačanje; reklama, publicitet
built [bilt] *pret & pp* od **build;** građen, izgrađen, sagrađen, načinjen, napravljen
built-in ['biltin] *adj* ugrađen
built-up ['bilt'ʌp] *adj* složen, montiran; izgrađen
bulb [bʌlb] *s* 1. *bot* lukovica, gomolj, okrugao, lisnat pupoljak; kvrga 2. staklena kuglica, proširenje staklene cijevi; žarulja 3. *anat* korijen (vlasi, zuba)
bulb [bʌlb] *vi* stvarati lukovice, pupoljke, kvrge
bulbed ['bʌlbd] *adj* lukovičast, kvrgav
bulbiform ['bʌlbifɔːm] *adj* lukovičast, gomoljast, kvrgav; okrugao
bulbous ['bʌlbəs] *adj* → **bulbiform**
bulbul ['bulbul] *s Pers* slavuj; *fig* pjevač; pjesnik
Bulgarian [bʌl'gɛəriən] *adj* bugarski
Bulgarian [bʌl'gɛəriən] *s* Bugarin, Bugarka; bugarski jezik
bulge [bʌldʒ] *s* 1. izbočina, ispupčenje, nabreknuće, nabreklina, otok, oteklina 2. *mar* bočna izbočina broda 3. *US sl* prednost, nadmoć
bulge [bʌldʒ] *vi/t* **I.** *vi* stršiti, izbočiti se; oteći, nabujati **II.** *vt* naduti, natrpati
bulger ['bʌldʒə] *s sport* udarač s metalnom glavicom (za golf)
bulgy ['bʌldʒi] *adj* trbušast, nadut, nabrekao, izbočen
bulk [bʌlk] *s* 1. rasuti teret (na brodu) 2. veličina, opseg, obujam, volumen 3. mnoštvo, množina, masa, velika masa; veći dio, većina | *mar* **to break** ~ početi iskrcavati teret; *mar* **in** ~ rasut, bez amba-

laže, otvoren, u rinfuzi; **to sell in ~** prodati, prodavati u cijelosti, poprijeko, uđuture; **by the ~** u cijelosti, u cjelini; **~ cargo** (brodski) teret u rasutom stanju, u rinfuzi; **~ carrier** brod za rasuti teret
bulk [bʌlk] *vi/t* **I.** *vi* biti velikog opsega, obujma; *fig* imati veliko značenje **II.** *vt* nagomilati, staviti na hrpu; procijeniti težinu ili obujam (neke robe)
bulk up [ˈbʌlkˈʌp] *vi* naduti se, nabujati, narasti; popeti se do velike svote
bulkhead [ˈbʌlkhed] *s mar* (nepropusna) pregrada
bulk-sample [ˈbʌlksaːmpl] *s* uzorak iz robne pošiljke
bulky [ˈbʌlki] *adj* (**bulkily** *adv*) velik; debeo, opsežan; nespretan, nezgrapan; nepodesan, masivan
bull[1] [bul] *s* 1. bik; mužjak većih životinja 2. *astr* zviježđe Bik 3. *st exch* špekulant na porast burzovnih vrijednosti, hosist 4. sredina mete 5. *US* policajac | *fig* **~ in a china shop** slon u staklani, nespretnjaković; *fig* **to take the ~ by the horns** uhvatiti se ukoštac s nekom poteškoćom; *st exch* **to turn ~s** prijeći na špekulaciju porasta cijena
bull [bul] *adj* bikovski, poput bika
bull [bul] *vi/t* **I.** *vi st exch* špekulirati na porast cijena **II.** *vt com* umjetno dizati cijene; *US sl* hvalisati se, hvastati se
bull[2] [bul] *s* (papinska) bula
bull[3] [bul] *s* besmisao, smiješno proturječje (često *Irish* ~)
bullace [ˈbulis] *s bot* trnavka, trnjina, divlja šljiva; plod te biljke
bull-bating [ˈbulˌbeitiŋ] *s* hajka na bikove
bull-beef [ˌbulˈbiːf] *s* volovsko meso
bull-bitch [ˈbulbitʃ] *s* ženka buldoga
bull-calf [ˌbulˈkaːf] *s* muško tele; *fig* glupan
bull-corner [ˈbulˌkɔːnə] *s* ograđeno sklonište između dva polja protiv napada od bikova
bulldog [ˈbuldɔg] *s* 1. buldog 2. *fig* tvrdoglavac, uporan čovjek 3. *univ sl* pratilac, pomoćnik sveučilišnog nadzornika u Oxfordu i Cambridgeu
bulldoze [ˈbuldəuz] *s US sl* zastrašiti, terorizirati, prisiliti
bulldozer [ˈbuldəuzə] *s* buldožer, gliboder, jaružalo
bullen-nail [ˈbulinneil] *s* tapetarski čavao
bullet [ˈbulit] *s* metak, tane, puščano zrno, kugla
bullet-headed [ˈbulitˌhedid] *adj* koji ima okruglu glavu
bulletin [ˈbulitin] *s* dnevni izvještaj, bilten | **~ board** oglasna ploča
bullet-proof [ˈbulitpruːf] *adj* neprobojan
bullfight [ˈbulfait] *s* borba s bikovima
bullfinch [ˈbulfintʃ] *s ornith* zimovka (*Pyrrhula maior*)
bullfrog [ˈbulfrɔg] *s zool* žaba rikača
bullhead [ˈbulhed] *s ichth* peš, glavoč (*Cottus gobio*)
bull-headed [ˈbulˌhedid] *adj* tvrdoglav, nepromišljen, glup
bull-horn [ˈbulhɔːn] *s* ručni megafon
bullion [ˈbuljən] *s* zlato ili srebro u polugama ili šipkama
bullionist [ˈbuljənist] *s* pristaša metalne valute
bullish [ˈbuliʃ] *adj* nezgrapan; nepokretan; tup, glup | *st exch* **to be ~** špekulirati na porast cijena; *st exch* **~ tendency** tendencija porasta cijena
bullock [ˈbulək] *s* uškopljen bik, vol, junac
bull-of-the-bog [ˈbuləvðəˈbɔg] *s ornith* bukavac nebogled (*Botaurus stellaris*)
bull-operations [ˈbulɔpəˌreiʃənz] *s pl st exch* špekulacije na porast cijena
bull-pool [ˈbulpuːl] *s st exch* udruženje špekulanata na porast cijena
bull-puncher [ˈbulˌpʌntʃə] *s Austral* gonič volova
bull-pup [ˈbulpʌp] *s* mladi buldog
bullring [ˈbulriŋ] *s* arena za borbu s bikovima
bullroarer [ˈbulˌrɔːrə] *s* zvrčka, čegrtaljka
bull session [ˈbulˈseʃn] *s* neformalna grupna diskusija
bull's-eye [ˈbulzai] *s* 1. stakleno okance na vratima 2. *mar* okruglo okno, okrugli prozorčić 3. konveksna leća 4. središte cilja, sredina mete 5. vrsta okruglog bombona
bullshit [ˈbulʃit] *s US sl* govno, sranje
bull-terrier [ˌbulˈteriə] *s* vrsta psa (križanac između buldoga i jazavčara)
bulltrout [ˈbultraut] *s ichth* morska pastrva (*Salmo trutta*)
bull-whack [ˈbulwæk] *s US* jaki bič
bully[1] [ˈbuli] *s* 1. hvalisavac, hvastavac; pravdaš; nasilnik, kavgaš, siledžija, tiranin; najmljeni ubojica 2. svodnik, podvodač
bully [ˈbuli] *vt* mučiti; zastrašivati; tiranizirati, prijetiti
bully [ˈbuli] *adj US sl* sjajan, odličan, prvorazredan
bully [ˈbuli] *interj* | **~ for you!** bravo!, odlično!
bully[2] [ˈbuli] *s sport* gužva, nalet (osobito u nogometu)
bully[3] [ˈbuli] *s* usoljena govedina, govedina u konzervi
bully-beef [ˈbulibiːf] *s* konzervirana govedina
bullyrag [ˈbuliræg] *vt/i* → **ballyrag**
bulrush [ˈbulrʌʃ] *s bot* visoki šaš, rogoz
bulwark [ˈbulwək] *s* 1. bedem, zaklon, zaštita, branik 2. molo, pristanišni nasip 3. *mar* razma, palubna ograda 4. *fig* potpora, zaštita
bum[1] [bʌm] *s* stražnjica, zadnjica

bum² [bʌm] *s US* skitnica, protuha, propalica, besposličar, tumaralo, lunjalo; skitnja
bum [bʌm] *vi/t US sl* skitati se, lunjati, tumarati; moljakati, žicati
bum-bailiff [ˈbʌmˌbeilif] *s* sudski pandur
bumble [ˈbʌmbl] *s* 1. pandur, pedel 2. čovjek koji se pravi važan
bumble-bee [ˈbʌmblbiː] *s ent* bumbar (*Apis terrestris*)
bumbledom [ˈbʌmbldəm] *s* pravljenje važnim, isticanje samog sebe; birokracija
bumble-puppy [ˈbʌmblˌpʌpi] *s* kartanje bez čvrstih pravila; igra teniskom loptom obješenom o stup
bumbo [ˈbʌmbəu] *s* hladno začinjeno alkoholno piće
bumboat [ˈbʌmbəut] *s* opskrbni brod
bumf [bʌmf] *s sl* 1. toaletni papir 2. dječja igra s papirnim odrescima 3. papiri, isprave
bummer [ˈbʌmə] *s US* dokon čovjek, besposličar, lijenčina, protuha
bump¹ [bʌmp] *s* 1. mukli udarac, bubotak; sudar 2. čvoruga, kvrga, oteklina od udarca 3. ispupčenje, izraslina, čvoruga na lubanji; smisao, dar, sposobnost 4. dostizanje, prestizanje (čamca u utrci)
bump² [bʌmp] *s* krik bukavca nebogleda (ptice)
bump [bʌmp] *vt/i* **I.** *vt* tresnuti, udariti; gurnuti (*against, on* o), ozlijediti 2. prestići **II.** *vi* 1. udariti, bubnuti (*against* o) 2. kotrljati se; truckati se, drndati se (kola) | **~ing race** veslačka utakmica između sveučilišta Oxford i Cambridge
bump off [ˈbʌmpˈɔf] *vt sl* ubiti, ucecati
bump [bʌmp] *adv* iznenada; snažno, jako
bump [bʌmp] *vi* vikati, kričati kao bukavac nebogled (ptica)
bumper [ˈbʌmpə] *s sl* 1. udarač 2. puna čaša, kupa, pehar 3. *sl* neobično velika ili obilna stvar (urod, žetva, publikacija) 4. dobitak prvih dviju igara za redom u vistu 5. *mot* odbojnik, branik | **~ crop** obilan urod, rekordna žetva; **~ to ~** gusta kolona automobila
bumpkin [ˈbʌmpkin] *s* prostak, neotesanac, seljačina
bumptious [ˈbʌmpʃəs] *adj* (**~ly** *adv*) drzak, nadut, naduven, umišljen, uobražen
bumpy [ˈbʌmpi] *adj* (**bumpily** *adv*) neravan, rogobatan, kvrgav, čvorugav
bun¹ [bʌn] *s* pecivo s grožđicama; punđa | *sl* **to take the ~** u svemu biti prvi
bun² [bʌn] *s* kunić; vjeverica (naziv od milja)
bunch [bʌntʃ] *s* 1. svežanj, snopčić; kita; grozd, gronja 2. čuperak, pramen 3. mnoštvo; društvo, družina, klapa | *sl* **~ of five** šaka; ruka; **the best of the ~** najbolji od svih
bunch [bʌntʃ] *vt/i* **I.** *vt* svezati, skupiti, nagomilati; nabrati (u nabore) **II.** *vi US* skupiti se, držati se zajedno, držati se na okupu; *mil* ne zadržati razmak
bunchy [ˈbʌntʃi] *adj* (**bunchily** *adv*) izbočen, ispupčen; koji raste u čupercima; grozdast
bunco [ˈbʌŋkəu] *s US sl* prijevara
buncombe [ˈbʌŋkəm] *s* → **bunkum**
bundle [ˈbʌndl] *s* svežanj, snop, zamotak, svitak; gomila, hrpa; mjera za laneni konac (oko 20 povjesama)
bundle [ˈbʌndl] *vt/i* svezati, zamotati; zapakirati; pobacati; odaslati, otpremiti (*away, off*); naglo otići
bundle out [ˈbʌndlˈaut] *vt/i* odaslati, otpremiti; otići, naglo pobjeći, brzo se pokupiti
bung [bʌŋ] *s* čep, vranj; *sl* laž
bung [bʌŋ] *vt* začepiti; *sl* bacati kamenje
bung off [ˈbʌŋˈɔf] *vi sl* umaknuti, uteći, uhvatiti maglu, kidnuti
bung up [ˈbʌŋˈʌp] *vt* začepiti | **eyes bunged up** otečene oči
bungalow [ˈbʌŋgələu] *s* bangalo
bungle [ˈbʌŋgl] *vi/t* **I.** *vi* petljati, šeprtljati **II.** *vt* zabrljati, pokvariti; loše izraditi
bungle [ˈbʌŋgl] *s* petljanje, šeprtljanje, krparija; loša izrada, loš posao; pogreška
bungler [ˈbʌŋglə] *s* petljanac, šeprtlja
bungling [ˈbʌŋgliŋ] *s* petljanje, šeprtljanje
bungling [ˈbʌŋgliŋ] *adj* (**~ly** *adv*) šeprtljav, nespretan
bunion [ˈbʌnjən] *s med* oteklina na nožnom palcu
bunk¹ [bʌŋk] *s* ležaj, postelja
bunk [bʌŋk] *vi sl* pobjeći, uteći
bunk² [bʌŋk] *s sl* bijeg | **to do a ~** pobjeći, uteći
bunk³ [bʌŋk] *s sl* brbljarija, šuplje riječi
bunker [ˈbʌŋkə] *s* 1. spremište, prostor za ugljen (na brodu) 2. *golf* pješčana rupa, težak teren, zapreka 3. *mil* bunker
bunker [ˈbʌŋkə] *vt* 1. krcati ugljen 2. *golf* zatjerati u pješčanu rupu 3. dovesti u teškoće
bunkum (buncombe) [ˈbʌŋkəm] *s* varka, prijevara; doskočica; isprazno, šuplje blebetanje, prazna slama, šuplje fraze, naklapanje; besmisao, blezgarija
bunny [ˈbʌni] *s* kunić; zečić, zeko
bunt [bʌnt] *s mar* trbuh, nabreklina jedra
bunting¹ [ˈbʌntiŋ] *s ornith* strnadica (*Emberiza*)
bunting² [ˈbʌntiŋ] *s* tkanina za zastave, ukrasne zastavice
buntline [ˈbʌntlain] *s mar* trbušni ubirač (jedra)
bunyip [ˈbʌnjip] *s Austr* neman, strašilo; varalica
buoy [bɔi] *s mar* plutača, bova; *fig* oslonac, uporište | **life-~** pojas za spasavanje
buoy [bɔi] *vt mar* označiti plutačama, bovama; održati na površini (*up*), dići na

površinu (*out*); *fig* podržati, dati oslonac, uzdići
buoyage [ˈbɔiidʒ] *s* opskrbljivanje plutačama, bovama
buoyancy [ˈbɔiənsi] *s* 1. sposobnost plivanja, plutanja; nosivost 2. uzgon 3. *fig* gipkost; lakoća; živahnost, polet, vedrina, bodrost 4. dizanje, porast cijena
buoyant [ˈbɔiənt] *adj* (**~ly** *adv*) 1. koji može plivati, plutati; koji se diže, lagan 2. *fig* gibak; vedar, živahan, bodar, poletan 3. koji raste, diže se (cijena)
bur (burr) [bəː] *s bot* čičak; *fig* nametljivac, čičak; krpelj
Burberry [ˈbəːbəri] *s* vrsta nepromočive tkanine za kišu; ogrtač od takve tkanine
burble [ˈbəːbl] *vi/t* polagano vreti; mrmljati, žamoriti, zujati; žuboriti; romoniti
burden [ˈbəːdn] *s* 1. teret, tovar, breme 2. opterećenje, obavezan izdatak (novca) 3. nosivost, tonaža broda; nošenje tereta 4. *fig* odgovornost; težak udes; pritisak, tegoba 5. pripjev, refren; *fig* glavni motiv, misao vodilja; jezgra, bit | **beast of ~** tegleća marva; *jur* **~ of proof** teret dokaza, obaveza iznošenja dokaza
burden [ˈbəːdn] *vt* 1. tovariti, natovariti; teretiti, opteretiti 2. *fig* ugnjetavati, tlačiti; oporezovati
burdensome [ˈbəːdnsəm] *adj* (**~ly** *adv*) težak, dosadan, mučan, tegoban, tegotan
burdock [ˈbəːdɔk] *s* čičak
bureau [ˈbjuərəu] *s Fr* 1. pisaći stol 2. *US* ormar s ladicama, komoda 3. ured, poslovnica, biro 4. uprava; nadleštvo, ministarstvo; zavod
bureaucracy [bjuəˈrɔkrəsi] *s* birokracija, činovništvo
bureaucrat [ˈbjuərəkræt] *s* birokrat
bureaucratic [ˌbjuərəˈkrætik] *adj* (**~ally** *adv*) birokratski
burette [bjuəˈret] *s Fr* staklena cjevčica za mjerenje malih količina tekućine, bireta
burgee [ˈbəːdʒiː] *s* 1. *mar* trokutasta zastavica 2. sitan ugljen
burgeon (bourgeon) [ˈbəːdʒən] *s* pup, oko, pupoljak; izdanak, mladica
burgeon (bourgeon) [ˈbəːdʒən] *vi* pupati; nicati, tjerati, rasti
burgess [ˈbəːdʒis] *s* građanin s pravom glasa, izbornik
burgh [ˈbʌrə] *s Scot* slobodan grad, trgovište
burgher [ˈbəːgə] *s arch* građanin (osobito kakva njemačkog ili nizozemskog grada)
burglar [ˈbəːglə] *s* provalnik
burglarious [bəːˈglɛəriəs] *adj* (**~ly** *adv*) provalnički
burglarize [ˈbəːgləraiz] *vt* izvršiti provalu, provaliti u kuću
burglary [ˈbəːgləri] *s* provala, provalna krađa
burgle [ˈbəːgl] *vi/t* **I.** *vi* provaliti u kuću **II.** *vt* opljačkati kuću, počiniti provalnu krađu
burgomaster [ˈbəːgəˌmaːstə] *s* gradonačelnik
burgoo [bəːˈguː] *s mar sl* zobena kaša
burial [ˈberiəl] *s* ukop, pogreb, pokop
burial-ground [ˈberiəlgraund] *s* groblje
burial-place [ˈberiəlpleis] *s* grobnica
burial service [ˈberiəlˈsəːvis] *s* vjerski obred pri ukopu, opijelo
burin [ˈbjuərin] *s* rezaljka
burke [bəːk] *vt* zabašuriti
burl [bəːl] *s* čvor, čvorić (u vuni, tkanini); *US* kvrga (u drvu)
burl [bəːl] *vt* ukloniti čvoriće, očistiti (tkaninu) od čvorića
burlap [ˈbəːlæp] *s* grubo platno
burlesque [bəːˈlesk] *adj* lakrdijaški, smiješan, šaljiv, burleskan
burlesque [bəːˈlesk] *s* burleska, šala, lakrdija, parodija
burlesque [bəːˈlesk] *vt* učiniti smiješnim, lakrdijaški prikazati, parodirati
burling-iron [ˈbəːliŋˌaiən] *s* gladilo za uklanjanje čvorića iz tkanine
burly [ˈbəːli] *adj* debeo; jak, krupan, snažan, kršan; krepak; zdepast
Burman [ˈbəːmən] *s & adj* → **Burmese**
Burmese [ˌbəːˈmiːz] *adj* burmanski
Burmese [ˌbəːˈmiːz] *s* Burmanac, Burmanka
burn [bəːn] *vt/i* (*pret* burnt, ~ed; *pp* burnt, ~ed) **I.** *vt* 1. žeći, paliti, peći, zapaliti; prismuditi, oštetiti plamenom, vrućinom; opaliti, opeći, oprljiti; ispaliti, sušiti (na vrućini) 2. užeći; žigosati; spaliti, sažgati 3. upotrijebiti za gorenje, sagorjeti **II.** *vi* 1. gorjeti, žariti se, paliti; svijetliti, sjati 2. nagorjeti; razgorjeti se, biti vruć, plamtjeti, rasplamtjeti se (i *fig*) 3. *fig* bjesnjeti, izgarati (*from* od) | *fig* **to ~ one's boats** spaliti sve mostove iza sebe; *fig* **to ~ candle at both ends** ne štedjeti snage, raditi nekoliko stvari najedanput; **to ~ daylight** činiti nešto suvišno, uzaludno; **to ~ the midnight oil** raditi do kasno u noći; *fig* **to ~ one's fingers** opeći se; **burnt child dreads fire** tko se jedanput opeče, taj i na hladno puše; koga su zmije klale, i guštera se boji; **his ears ~** gore mu uši (jer se o njemu govori); **to ~ the water** loviti (ostvama) losose na svijeću; **burnt claret** kuhano vino; *US* **to ~ powder** trošiti municiju
burn away [ˈbəːnəˈwei] *vi* sagorjeti, izgorjeti, izgarati, gorjeti
burn down [ˈbəːnˈdaun] *vt/i* spaliti, sagorjeti; dogorjeti
burn in(to) [ˈbəːnˈin(tu)] *vt/i* užeći, utisnuti žigom; usjeći se (u pamćenje), načiniti dubok dojam
burn out [ˈbəːnˈaut] *vt/i* ispaliti, uništiti, istjerati vatrom; izgorjeti

burn through [ˈbəːnˈθruː] *vt* progorjeti
burn up [ˈbəːnˈʌp] *vt/i* zapaliti, uništiti vatrom; snažno gorjeti, plamtjeti; potpuno izgorjeti
burn¹ [bəːn] *s* opekotina, opeklina
burn² [bəːn] *s Scot* potočić
burner [ˈbəːnə] *s* onaj koji pali; izgarač; plamenik, žižak
burnet [ˈbəːnit] *s bot* bedrinac (*Pimpinella saxifraga*)
burning [ˈbəːniŋ] *adj* koji gori, gorući, vruć, ražaren, sjajan, svijetao; *fig* pun čežnje; vrlo važan; goruć; vatren, strastven; odvratan, gadan
burning-glass [ˈbəːniŋglaːs] *s* leća sabirača, lupa
burnish [ˈbəːniʃ] *vt/i* **I.** *vt* ulaštiti; izglačati, polirati **II.** *vi* sjati se, svijetliti se
burnisher [ˈbəːniʃə] *s* glačalac; gladilica, gladilo
burnous [bəːˈnuːs] *s Fr* burnus
burnouse [bəːˈnuːz] *s* → **burnous**
burnt [bəːnt] *pret* & *pp* od **burn**
burnt-ear [ˈbəːntiə] *s bot* vrsta snijeti na žitu
burnt-offering [ˈbəːntˌɔfəriŋ] *s* žrtva paljenica
burr [bəː] *s* 1. magleni kolut oko Mjeseca 2. nazupčani rub (kovine ili papira) 3. kremeni kamen za mlinska kola; brus, zubarsko svrdlo, bušilica; vrsta vapnenca 4. *phon* vrčanje, vrskanje, račlanje, grleno »r«, nerazgovijetan izgovor 5. zujanje bušilice
burr [bəː] *vt/i phon* vrčati, vrskati, račlati, izgovarati glas *r* iz grla; nerazgovjetno, neartikulirano govoriti; zujati, brujati
burrow [ˈbʌrəu] *s* rupa; jazbina
burrow [ˈbʌrəu] *vt/i* **I.** *vt* iskopati; potkopati, izrovati, podrovati **II.** *vi* ukopati se, sakriti se; *fig* udubiti se (*into* u)
burrower [ˈbʌrəuə] *s* rovač, kopač
bursar [ˈbəːsə] *s* blagajnik, rizničar, kvestor (sveučilišta); stipendist
bursarial [bəːˈsɛəriəl] *adj* (**~ly** *adv*) blagajnički, kvestorski
bursary [ˈbəːsəri] *s* riznica, blagajna, kvestura (na sveučilištu); stipendija
burst [bəːst] *vt/i* (**burst, burst**) **I.** *vt* **1.** raznijeti, rasprsnuti, razbiti, silom otvoriti, probiti, provaliti; prenapuniti 2. razoriti, uništiti, upropastiti 3. *sl* rasipati novac **II.** *vi* puknuti, prsnuti, prasnuti, rasprsnuti se; biti prepun; naglo se otvoriti, popucati; eksplodirati; provaliti (*into* u) 2. *fig* buknuti, izbiti, provaliti, slomiti se; bankrotirati, propasti | **to ~ open** naglo (se) otvoriti; **to ~ one's buttons with food** prejesti se, previše jesti; **to ~ one's sides with laughing** pucati od smijeha; **ready to ~** vrlo uzbuđen, uzrujan; **to ~ into blossoms** rascvasti se, procvasti; **to ~ into tears** rasplakati se, briznuti u plač; **to ~ into flames** planuti; **to ~ into cheering** udariti u klicanje; **to ~ into the room** banuti u sobu
burst asunder [ˈbəːstəˈsʌndə] *vi* raspasti se, raspuknuti se
burst forth [ˈbəːstˈfɔːθ] *vi* izbiti, provaliti, izvirati
burst in [ˈbəːstˈin] *vi* provaliti, upasti, prekinuti
burst out [ˈbəːstˈaut] *vi* izbiti, naglo se pojaviti; uzviknuti | **to ~ laughing** prasnuti u smijeh; *fig* **to ~ with** izlanuti
burst up [ˈbəːstˈʌp] *vi* rasprsnuti se, eksplodirati; propasti, bankrotirati
burst [bəːst] *s* 1. rasprsnuće; eksplozija; izbijanje, prodor; pukotina 2. *fig* provala, plamsaj, iznenadna pojava 3. rafal; puškaranje | *sl* **to make a ~** prekinuti naviku
bursting-charge [ˈbəːstiŋtʃaːdʒ] *s min* rasprsno punjenje, rasprsni naboj
bursting-powder [ˈbəːstiŋˌpaudə] *s* minski barut
burst-up [ˈbəːstˈʌp] *s* slom, bankrot
burthen [ˈbəːðən] *s* & *vt* → **burden**
bury [ˈberi] *vt* 1. ukopati, pokopati, zakopati, sahraniti 2. *fig* zametnuti, sakriti, prekriti; zaboraviti | **to ~ the hatchet** sklopiti mir, zakopati ratnu sjekiru; **buried in sloth** ogrezao u lijenosti
burying-ground [ˈberiiŋgraund] *s* groblje; grobnica
burying-place [ˈberiiŋpleis] *s* groblje; grobnica
bus [bʌs] *s* autobus
bus [bʌs] *vt/i* prevoziti autobusom; voziti se autobusom | **to miss the ~** zakasniti, propustiti priliku
busby [ˈbʌzbi] *s* vojnička šubara
bush¹ [buʃ] *s* 1. grm, grmlje, džbun; šikara; šuma; prašuma 2. čuperak, pramen, kita (kose, brade) | **to take to the ~** odmetnuti se u hajduke, postati razbojnik; *fig* **to beat about the ~** obilaziti kao mačak oko vruće kaše, okolišati
bush¹ [buʃ] *vt* zasaditi, pokriti grmljem, džbunjem; drljati velikom drljačom
bush² [buʃ] *s tech* blazinica
bush² [buʃ] *vt tech* obložiti metalom (ležaj itd.)
bushel [ˈbuʃl] *s* bušel (*GB* 36,35 l; *US* 35,34 l); mjerica, vagan | **to measure another man's corn by one's own ~** sve mjeriti svojom mjerom; **not hide light (candle) under a ~** prednjačiti dobrim primjerom
bushelful [ˈbuʃlful] *s* ono što stane u mjericu, vagan
bush-fighter [ˈbuʃˌfaitə] *s* šumski borac, gerilac
bush-harrow [ˈbuʃˌhærəu] *s* drljača s granjem među zupcima
Bushman [ˈbuʃmən] *s* (*pl* **Bushmen** [ˈbuʃmən]) Bušman
bushranger [ˈbuʃˌreindʒə] *s* razbojnik, hajduk

bush-whacker ['buʃwækə] *s US* šumski borac, gerilac; srpoliki sjekač za sječenje grmlja

bushy ['buʃi] *adj* (**bushily** *adv*) grmovit; kitnjast, gust; čupav

busily ['bizili] *adv* marljivo, žustro

business ['bizinis] *s* → **busyness**

business ['biznis] *s* 1. *arch* zaposlenost 2. zadatak, zadaća; dužnost; poziv 3. zvanje; zanat; posao; poslovni život; trgovina, biznis 4. zaposlenje, rad, posao, poslovanje; stvar, djelo; važan, težak posao; dnevni red 5. *derog* pogon; majstorija, smicalica; tok, tijek stvari 6. *theat* radnja; gluma 7. dućan; obrt; posao; firma, trgovačka kuća | **to make it one's ~ to do** staviti sebi u zadatak; **~ hours, hours of ~** radno vrijeme (ureda, dućana); **the ~ of the day (meeting)** zadatak, posao dana, dnevni red sastanka; **man of ~** poslovan čovjek; trgovac; **on ~** poslovno, po poslu; **mind your own ~** brini se za svoje stvari; **he has no ~ to ...** on nema prava da ... ; **good ~!** dobro izvršeno, urađeno!; **to send a p about his ~** otpustiti, otjerati, izbaciti koga van; **one's man of ~** (čiji) pravni savjetnik; **~ done** plaćeno; **to mean ~** misliti ozbiljno, ne šaliti se; **no ~ done** bez prometa, bez prođe; **to go into ~** postati trgovac, poći u trgovce; **to settle down to ~** početi odlučno, energično raditi; dati se odlučno na posao; **that is no ~ of yours** ne tiče te se, nije te briga; **to do ~** sklapati (zaključivati) poslove, poslovati

business-capital ['biznisˌkæpitəl] *s com* prometna glavnica

business-hand ['biznishænd] *s* trgovački rukopis

business-like ['biznislaik] *adj* poslovan; trgovački; praktičan; sistematičan; okretan, spretan

businessman ['biznismən] *s* (*pl* **businessmen** ['biznismən]) poslovan čovjek; trgovac

busk [bʌsk] *s* šipka u stezniku

busker ['bʌskə] *s* ulični zabavljač

buskin ['bʌskin] *s* 1. čizmica; ženska sandala s debelim potplatom; koturn 2. tragika; tragedija | **to put on the ~** pisati tragediju; glumiti u tragediji

busman ['bʌsmən] *s* vozač autobusa | **~'s holiday** odmor proveden u istoj vrsti posla kakav čovjek obavlja i na svom radnom mjestu

buss [bʌs] *s arch* poljubac, cjelov

buss [bʌs] *vt* ljubiti, cjelivati

bust¹ [bʌst] *s* poprsje, bista; (ženske) grudi

bust [bʌst] *vt/i US sl* **I.** *vt* razbiti, razlupati; slupati; upropastiti **II.** *vi* propasti, bankrotirati

bust² [bʌst] *s US sl* | **to go on the ~** ići, putovati na pijanku, pijančevanje

bustard ['bʌstəd] *s ornith* potrk veliki, droplja velika (*Otis tarda*)

buster ['bʌstə] *s* 1. velika bomba ili razorna granata (**block-buster**) 2. *US sl* stari (*u pozdravu* **Hi, buster**) | **to come a ~** doživjeti neuspjeh

bustle ['bʌsl] *vi/t* **I.** *vi* pokretati se; žuriti se; vrtjeti se; ushodati se, trčati amo--tamo, juriti, vrvjeti, komešati se **II.** *vt* staviti u pokret, goniti, tjerati

bustle¹ ['bʌsl] *s* pokretanje; jurnjava, žurba; buka, komešanje, metež, žamor, vreva

bustle² ['bʌsl] *s* podmetač, jastučić koji se straga stavljao u ženske haljine

bustler ['bʌslə] *s* poduzetan, žustar čovjek

bustling ['bʌsliŋ] *adj* poduzetan, aktivan, žustar; prometan, živ (*ulica*)

bust-up ['bʌst'ʌp] *s sl* izbijanje, izljev; slom, bankrot; svađa

busy ['bizi] *adj* (**busily** *adv*) 1. zaposlen, zauzet (*in, with, at* čime); vrijedan, revnostan, marljiv, radin; pun posla; živahan, aktivan; živ, prometan 2. nametljiv, dosadan, radoznao, nesmotren

busy ['bizi] *vt* zaposliti, raditi; biti zaposlen, baviti se (*with, in, at, about* čime, oko čega)

busybody ['biziˌbɔdi] *s* zabadalo, nametljivac

busyness ['bizinis] *s* zaposlenost; marljivost

but [bʌt] *prep* osim, izuzevši | **the last ~ one** predzadnji

but [bʌt] *conj* osim da, samo ne; kao da ne, a da ne; ako ne, samo da ne; ali, ipak, uza sve to, samo, nego, no | **~ that** da (ne) (*I do not deny ~ that* ne poričem da (ne) ...); **~ then** no s druge strane; **~ for all that** uza sve to

but [bʌt] *adv* samo, jedino, tek, istom | **all ~** gotovo, skoro, tek što ne, samo što ne (*He all ~ refused* on samo što nije odbio); **~ for** da ne (*~ for my father I should have been ruined* da nije bilo moga oca, bio bih upropašten)

but [bʌt] *pron* koji, koja, koje (ne) | **few of us ~ fear** malo nas je koji se ne plašimo

but [bʌt] *s* prigovor, zamjerka

but [bʌt] *vt* | **~ me no buts** nemoj mi dolaziti s prigovorima, nema tu nikakvog ali

butane ['bjuːtein] *s* butan

butcher ['butʃə] *s* 1. mesar; *fig* krvolok 2. umjetna muha za pecanje lososa

butcher ['butʃə] *vt* klati; zaklati; *fig* ubijati; mrcvariti, uništiti; masakrirati

butcher-bird ['butʃəbəːd] *s ornith* svračak (*Lanius excubitor*)

butcherly ['butʃəli] *adj* ubilački, krvoločan

butcher's bill ['butʃəzbil] *s* popis poginulih u ratu

butcher's-broom [ˈbutʃəzbrum] *s bot* kostrika (vrsta trave: *Ruscus aculeatus*)
butcher's (shop) [ˈbutʃəzˈʃɔp] *s* mesnica
butchery [ˈbutʃəri] *s* klaonica; mesarski zanat; *fig* pokolj
butler [ˈbʌtlə] *s* peharnik, pivničar; glavni sluga
butt[1] [bʌt] *s* bure, bačva; mjera za vino ili pivo (oko 443 litre)
butt[2] [bʌt] *s* 1. deblji kraj (alata, oružja), kundak; donji dio debla, peteljke; *mar tech* poprečni spoj 2. *ichth* popularno ime raznih riba: deverika (*Abramis brama*), krupatka (*Blicca argyrolenca*), obliš (*Rhombus maximus*) 3. četverouglast komad debele kože; četverouglast kraj daske 5. ostatak; *US* opušak, čik | **to give fish the ~** služiti se debljim krajem prutila kao polugom da bi ribu čvršće držao
butt[3] [bʌt] *s* 1. zemljani nasip iza cilja, mete, nišana 2. cilj, meta, nišan; *fig* ruglo, žrtva poruge, predmet ismijavanja | **~s** *pl* strelište, streljana
butt [bʌt] *vi/t* **I.** *vi* pojuriti, srnuti (*against* prema); sastajati se ili sastaviti **II.** *vt* gurnuti, udariti (glavom), lupiti, tresnuti
butt in [ˈbʌtˈin] *vi* umiješati se, smetati, spriječiti
butt[4] [bʌt] *s* udarac (glavom)
butte [bjuːt] *s US* osamljeno strmo brdo
butt-end [ˈbʌtˈend] *s* deblji kraj; dio debla pri panju; opušak, čik
butter [ˈbʌtə] *s* maslac; *fig* grubo laskanje | **to look as if ~ would not melt in one's mouth** izgledati kao da ne zna ni do tri brojiti, izgledati kao nevinašce
butter [ˈbʌtə] *vt* namazati maslacem; *fig* grubo laskati | **kind (fine) words ~ no parsnips** od lijepih riječi se još nitko nije najeo; **he knows on which side his bread is ~ed** zna on svome petku post, zna on svoj probitak
butter up [ˈbʌtərˈʌp] *vi* laskati
butter-and-eggs [ˈbʌtərəndˈegz] *s bot* vrsta divljeg lana (*Linaria vulgaris*)
butter-bean [ˈbʌtəbiːn] *s bot* vrsta mahune
butter-boat [ˈbʌtəbəut] *s* zdjelica za umak; *fig* pretjerano laskanje
butterbump [ˈbʌtəbʌmp] *s ornith* bukavac nebogled (*Botaurus stellaris*)
buttercup [ˈbʌtəkʌp] *s bot* zlatica, ljutić (*Ranunculus*)
butter-fingered [ˈbʌtəˌfiŋgəd] *adj* nespretan, kome sve ispada iz ruku
butter-fingers [ˈbʌtəˌfiŋgəz] *s pl* nespretnjaković, igrač kojem lopta ispada
butterfly [ˈbʌtəflai] *s* leptir; *fig* površan čovjek | **to break a ~ on the wheel** tratiti snage; **to have butterflies in one's stomach** imati tremu
butterfly screw [ˈbʌtəflaiskruː] *s tech* krilna matica
butterine [bʌtəˈriːn] *s* umjetni maslac, margarin
buttermik [ˈbʌtəmilk] *s* mlaćenica, surutka
butterscotch [ˈbʌtəskɔtʃ] *s* vrsta slatkiša, karamela
butterwort [ˈbʌtəwəːt] *s bot* bobovnjak (*Sedum telephium*)
buttery [ˈbʌtəri] *adj* poput maslaca, kao maslac
buttery [ˈbʌtəri] *s* smočnica
buttery-hatch [ˌbʌtəriˈhætʃ] *s* prozorčić kroz koji se dodaje hrana
buttock [ˈbʌtək] *s* 1. stražnji dio 2. zahvat u rvanju | **~s** *pl* stražnjica, zadnjica
buttock [ˈbʌtək] *vt* baciti na tlo posebnim zahvatom u rvanju
button [ˈbʌtn] *s* 1. dugme, puce, gumb; nevrijedna stvar 2. pupoljak; nerazvijena gljiva 3. jabuka; glavica, glava (na maču, vratima) | **boy in ~s** livrirani sluga; paž; **to take by the ~** zadržavati sugovornika (koji hoće da ode); *fig* **to press the ~** pritisnuti dugme; **I do not care a ~ for ...** nije mi baš ništa stalo do ...
button [ˈbʌtn] *vt/i* **I.** *vt* opskrbiti dugmadi; zakopčati **II.** *vi* biti zakopčan
button-boot [ˈbʌtnbuːt] *s* cipela na kopčanje, na dugmad
buttoned [ˈbʌtnd] *adj* opskrbljen, ukrašen dugmadi; zakopčan
buttoner [ˈbʌtənə] *s* izrađivač dugmadi
buttonhole [ˈbʌtnhəul] *s* rupica za dugme; zapučak; cvijet u zapučku
buttonhole [ˈbʌtnhəul] *vt* držati za zapučak, zadržavati, pritijesniti koga i gnjaviti ga pitanjima
buttonholer [ˈbʌtnhəulə] *s* čovjek koji zadržava sugovornika, nametljivac, gnjavator
button-hook [ˈbʌtnhuk] *s* kukica za kopčanje dugmadi
buttonless [ˈbʌtnlis] *adj* bez dugmadi
buttons [ˈbʌtnz] *s coll* livrirani sluga; paž
button-stick [ˈbʌtnstik] *s* spravica za čišćenje i laštenje dugmadi (na uniformi)
buttony [ˈbʌtni] *adj* koji ima mnogo dugmadi
buttress [ˈbʌtris] *s archit* potporni stup, potporanj, potpornjak; *fig* potpora, oslonac, stup
buttress [ˈbʌtris] *vt* poduprijeti, potpomoći, potkrijepiti
buttress up [ˈbʌtrisˈʌp] *vt* okrijepiti, ojačati, dati snagu
butty [ˈbʌti] *s* predradnik; *min* nadglednik
butyric [bjuːˈtirik] *adj chem* koji je kao maslac
buxom [ˈbʌksəm] *adj* jedar, krepak, zdrav; stasit; punašan
buy [bai] *vt* (bought, bought) kupiti, kupovati; otkupiti; potkupiti, podmititi; *fig* iskupiti, skupo platiti
buy in [ˈbaiˈin] *vt* nakupovati (robu, zalihe); prekupiti (na dražbi) nudeći višu cijenu

buy into ['bai'intu] *vt* kupiti dionice
buy off ['bai'ɔf] *vt* otkupiti, iskupiti, isplatiti; otpustiti (vojnika) uz isplatu (zarade, plaće)
buy out ['bai'aut] *vt* iskupiti, otkupiti; isplatiti
buy over ['bai'əuvə] *vt* potkupiti, podmititi
buy up ['bai'ʌp] *vt* nakupovati (robu, zalihe) u velikim količinama, pokupovati; preuzeti (poduzeće) kupnjom
buy [bai] *s* kupovina, kupnja, nešto kupljeno | **a good ~** povoljna kupnja, jeftino kupljena stvar
buyable ['baiəbl] *adj* koji se može kupiti
buyer ['baiə] *s* kupac, potrošač; nakupac; nabavljač
buzz[1] [bʌz] *s* zujanje, šum, zvrndanje, brujanje; *fig* buka, galama | **~ saw** cirkularna pila
buzz [bʌz] *vi/t* zujati, šumjeti, zvrndati, brujati; zvoniti, odzvanjati; mrmljanjem izražavati; širiti se šapatom (vijest); *sl* telefonirati; nisko nadlijetati
buzz off ['bʌz'ɔf] *vi sl* 1. odzvonjeti; prekinuti (telefonski razgovor) 2. pobjeći, uteći, uhvatiti maglu, kidnuti
buzz[2] [bʌz] *s* 1. vrsta kukca 2. umjetna muha za pecanje ribe
buzz [bʌz] *vt* ispiti, popiti dokraja (bocu vina)
buzzard ['bʌzəd] *s ornith* stup, škanjac mišar (*Buteo buteo*); *US* jastreb; *fig* podlac, pohlepnik
buzzer ['bʌzə] *s* parna sirena; zujalo; *sl* telefon
by [bai] *prep* 1. kod, pri, kraj, blizu (*~ the window* kod prozora; *come here ~ me* dođi k meni) 2. duž, uzduž, kroz, preko (*~ nearest road* najbližim putem; *travel ~ Paris* putovati preko Pariza) 3. prema, naprama, po, na (*to measure ~ the yard* mjeriti na jarde; *~ the day* na dan, dnevno; *too long ~ a foot* za stopu predugačak; *3 feet broad ~ 5 feet deep* tri stope širok, a pet stopa dubok; *French ~ blood* Francuz po krvi; *sport 5 ~ 3* pet naprama tri) 4. za vrijeme, do, sve do, oko (*~ day* danju, *~ daylight* za danjeg svjetla; *~ next week* najkasnije slijedeći tjedan, do slijedećeg tjedna) 5. zbog, pomoću, za, od, po (*multiply ~ 4* pomnoži s četiri; *lead ~ the hand* voditi za ruku; *~ post* poštom; *a poem ~ Keats* Keatsova pjesma; *~ nature* od prirode; *to swear ~ God* zakleti se Bogom) | **to stand ~** biti vjeran; pomagati, pomoći; **~ oneself** sam glavom, vlastitom snagom; **~ the way** usput rečeno, uostalom; **~ heart** napamet; **~ all means** svakako; **~ no means** nikako, nipošto; **~ chance** slučajno; **~ rights** po pravu, po pravdi; *US* **~ and large** u cijelosti, uopće; **man ~ man** čovjek za čovjekom; **side ~ side** jedan uz drugoga; **~ birth** od poroda, po rođenju; **(better) ~ far** mnogo (bolji); **~ degrees** postepeno; **~ way of a joke** kao šala, za šalu; **~ dint of, ~ reason of** zbog, pomoću; **~ now** međutim, već sada; **~ your leave** s vašom dozvolom
by [bai] *adv* blizu, sasvim blizu; po strani, postrance; pokraj, kraj, pored, mimo | *mar* **full and ~** uz vjetar; **close ~, hard ~** tik do, tik uz; **to stand ~** ne raditi ništa, stajati uza što ne radeći ništa; *mar* stajati u pripravi, biti u rezervi, biti pripravan za akciju; **to put ~, to set ~, to lay ~** staviti na stranu, ostaviti po strani, odložiti; *fig* zaštedjeti; **to march ~, to pass ~** stupati, proći (pokraj, pored koga, čega); *fig* **to pass a p ~** mimoići koga
by (bye) [bai] *adj* postran, udaljen, uzgredan; podređen; slučajan; potajan
by [bai] *s* → **bye**
by-and-by [ˌbaiənd'bai] *adv* naskoro, zamalo
by-and-by [ˌbaiənd'bai] *s* budućnost
by-blow ['baibləu] *s* 1. postrani udarac (koji nije upućen glavnom protivniku) 2. kopile, nezakonito dijete
bye [bai] *s* ono što je podređeno, uzgredno; *cricket* nepogođena lopta; *golf* netaknute rupe koje se računaju za novu igru; suvišan igrač (u sportskim igrama koje se igraju u parovima)
bye-bye ['baibai] *s* spavanje; krevet (u dječjem govoru), pajkanje
bye-bye [ˌbai'bai] *interj* zbogom, do viđenja, pa-pa
by-election ['baiiˌlekʃən] *s parl* naknadni, dopunski izbori
by-end ['baiend] *s* potajna namjera
bygone ['baigɔn] *adj* prošao; nestao; zastario
bygone ['baigɔn] *s* prošlost; prošle uvrede | **let ~s be ~s** zaboravimo prošlost, što je bilo, bilo je, bilo pa prošlo
by-lane ['bailein] *s* postrana uličica
by-law (bye-law) ['bailɔː] *s* mjesni propis, lokalni propis
by-line ['bailain] *s* ime pisca iznad novinskog članka
by-name ['baineim] *s* drugo ime, nadimak
by-pass ['baipaːs] *s* mali plinski plamenik (iz koga se pali glavni plamen); zaobilazna cesta, zaobilaznica
by-pass ['baiˌpaːs] *vt* zaobići; mimoići
bypast ['baipaːst] *adj* prošao; nestao
bypath ['baipaːθ] *s* pokrajni put, sporedni put
byplay ['baiplei] *s* nijema igra (u kazalištu)
byplot ['baiplɔt] *s* sporedna radnja (u drami, romanu itd.)
by-product ['baiˌprɔdəkt] *s* sporedni proizvod, nusproizvod, nusprodukt

byre [ˈbaiə] *s* staja za krave

by-road [ˈbairəud] *s* sporedna cesta, pokrajna cesta

byssus [ˈbisəs] *s* fino antikno predivo i tkanje od lana; tkivo kojim se neki mekušci prihvaćaju za stijenu

bystander [ˈbai,stændə] *s* gledalac, pasivni promatrač

by-street [ˈbaistriːt] *s* pokrajna ulica

byway [ˈbaiwei] *s* pokrajni put (i *fig*); prečac; slabije poznato područje (i *fig*)

byword [ˈbaiwəːd] *s* poslovica; primjer, prototip nečega lošeg

bywork [ˈbaiwəːk] *s* posao koji se radi u slobodno vrijeme, sporedno zanimanje

Byzantine [biˈzæntain] *adj* bizantski, bizantinski

Byzantine [biˈzæntain] *s* Bizantinac, Bizantinka

C

C, c [siː] *s* (*pl* **~s, ~'s**) 1. c (treće slovo engleske abecede) 2. *mus* prva nota prirodne dur ljestvice 3. C (rimska brojka 100) | *mus* **~ flat** ces; **~ sharp** cis; **~ major** C-dur; **~ minor** c-mol; **~ spring** opruga u obliku slova C (na kolima)

cab[1] [kæb] *s* 1. fijaker, (jednoprežna) kočija; taksi 2. mjesto za strojovođu (na lokomotivi) 3. šoferska kabina | **to take a ~** uzeti kočiju ili taksi; **taxi-~** auto-taksi; **~ driver** kočijaš fijakera; šofer taksija; **~ stand** stajalište fijakera ili taksija; **~ runner, ~ tout** čovjek koji za nagradu doziva taksi ili ukrcava prtljagu

cab[1] [kæb] *vi* voziti se u kočiji ili taksiju

cab[2] [kæb] *s sl* prepisivanje (školske zadaće); prijevod kojim se učenik potajice služi pri sastavljanju zadaće; podmetač s crtama (za ravno pisanje)

cab[2] [kæb] *vi sl* prepisivati (školsku zadaću); služiti se zabranjenim prijevodom (pri sastavljanju zadaće)

cabal [kəˈbæl] *s* 1. spletka, intriga 2. (politička) klika; tajno udruženje

cabal [kəˈbæl] *vi* spletkariti, intrigirati

cabala (cabbala) [kəˈbaːlə] *s* 1. kabala, židovska usmena tajna predaja 2. tajna nauka, mistika

cabalistic (cabbalistic) [ˌkæbəˈlistik] *adj* (**~ally** *adv*) kabalistički; tajnovit, tajanstven, mističan

caballer [kəˈbælə] *s* spletkar, smutljivac, intrigant

cabaret [ˈkæbərei] *s Fr* kabare

cabbage [ˈkæbidʒ] *s bot* kelj; kupus

cabbage-butterfly [ˈkæbidʒˌbʌtəflai] *s ent* kupusar (leptir)

cabbage-lettuce [ˈkæbidʒˌletis] *s bot* salata glavatica

cabbage-rose [ˈkæbidʒrəuz] *s bot* duhovska ruža, stoliska, centifolija

cabby [ˈkæbi] *s fam* kočijaš, fijakerist; šofer taksija

caber [ˈkeibə] *s Scot* (jelov) balvan, brvno | *sport* **tossing the ~** bacanje balvana

cabin [ˈkæbin] *s* 1. koliba, brvnara 2. *mar* kabina

cabin [ˈkæbin] *vt* zatvoriti u kolibu; zatočiti u skučenu prostoru

cabin-boy [ˈkæbinbɔi] *s mar* mali (na brodu), pomoćnik sobara

cabinet [ˈkæbinit] *s* 1. sobica, izba; kabinet 2. ormarić s ladicama, vitrina 3. kutija (radio-aparata, gramofona) 4. kabinet ministara; vlada; ministarsko vijeće; ministri | **~ council** ministarsko vijeće; **~ edition** kabinetsko izdanje, izdanje knjige osrednje vrijednosti po opremi, cijeni itd.; **~ work** fin stolarski posao; **~ minister** ministar, član kabineta

cabinet [ˈkæbinit] *adj* kabinetski; ministarski

cabinet-maker [ˈkæbinitˌmeikə] *s* (fin) stolar; *hum* ministar predsjednik koji sastavlja novu vladu

cabinet-making [ˈkæbinitˌmeikiŋ] *s* umjetnička stolarija

cabinet-photograph [ˈkæbinitˌfəutəgraːf] *s* fotografija (srednjega formata)

cabinet-pudding [ˈkæbinitˌpudiŋ] *s cul* vrsta pudinga (sa sušenim voćem)

cable [ˈkeibl] *s* 1. *mar* debelo uže; sidrenjak; lanac za sidro; čelo, debelo uže od žice; (mjera za duljinu) 100 fathoma, 231 m (*a ~'s length*) 2. kabel, telegrafski kabel 3. *archit* ornament u obliku konopa 4. kablogram | *el* **~ entry** dovod

cable [ˈkeibl] *vt/i* **I.** *vt* 1. vezati debelim užetom; snabdjeti sidrenjakom 2. poslati (brzojav) kabelom **II.** *vi* brzojaviti

cable-car [ˈkeiblˈkaː] *s* → **cable-railway**

cablegram [ˈkeiblgræm] *s* kablogram; *GB* inozemni brzojav

cable-railway [ˈkeiblˈreilwei] *s* žična željeznica, žičara

cablet [ˈkeiblit] *s mar* malen sidrenjak

cabman [ˈkæbmən] *s* kočijaš, fijakerist; vozač taksija

caboodle [kəˈbuːdl] *s* | *US sl* **the whole ~** sve zajedno; čitavo društvo

caboose [kəˈbuːs] *s* 1. *mar* brodska kuhinja, fogun 2. *US rly* kola za kočničara i vlakopratno osoblje

cabotage [ˈkæbətaːʒ] *s mar* obalna plovidba, kabotaža
cabriolet [ˌkæbriəuˈlei] *s* kabriolet, laka jednoprežna kola s dva kotača i sklopivim krovom
cacao [kəˈkaːəu] *s bot* kakao; (i **~ tree**) kakaovac
cachalot [ˈkæʃəlɔt] *s Fr ichth* ulješura (vrsta kita)
cache [kæʃ] *s Fr* skrovište, tajno spremište (hrane, municije itd.); tajna zaliha | **to make a ~** stvarati tajne zalihe, sakriti hranu, pohraniti municiju itd.
cache [kæʃ] *vt* sakriti, pohraniti na skrovitu mjestu
cachectic [kæˈkektik] *adj med* kahektičan, boležljiv, propao od bolesti, slabunjav
cachexy [kæˈkeksi] *s med* kaheksija, oronulost, propadanje (organizma)
cachinnate [ˈkækineit] *vi* grohotom se smijati
cachinnation [ˌkækiˈneiʃən] *s* glasan smijeh, grohot
cachou [ˈkæʃuː] *s Fr* pilula protiv lošeg zadaha od pušenja, kašu bombon
cachucha [kəˈtʃuːtʃə] *s Span* vrsta španjolskog plesa
cacique [kæˈsiːk] *s Span* (indijanski) poglavica, kazik
cackle [ˈkækl] *s* kokodakanje, kvocanje; gakanje; *fig* klepetanje, blebetanje; hihotanje
cackle [ˈkækl] *vi/t* 1. kokodakati, kvocati; gakati 2. *fig* glasno brbljati, klepetati; hihotati
cackle out [ˈkæklˈaut] *vt* zahihotati; izblebetati
cackler [ˈkæklə] *s* gakuša; blebetalo, brbljavac
cacodyl [ˈkækədail] *s* smrdljiv i otrovan arsenov spoj
cacoepy [ˈkækəuepi] *s* loš izgovor
cacographer [kæˈkɔgrəfə] *s* onaj koji ima ružan rukopis, koji loše piše
cacographic [ˌkækəˈgræfik] *adj* koji ima ružan rukopis, koji loše piše
cacography [kæˈkɔgrəfi] *s* ružan rukopis; loše pisanje, drljanje
cacology [kæˈkɔlədʒi] *s* pogrešno izražavanje; loš izgovor; kakologija
cacophonous [kæˈkɔfənəs] *adj* koji ružno zvuči, neskladan
cacophony [kæˈkɔfəni] *s* nesklad zvukova, kakofonija
cactaceous [kækˈteiʃəs] *adj bot* kaktusov; poput kaktusa
cactus [ˈkæktəs] *s* (*pl* **~es, cacti** [ˈkæktai]) *bot* kaktus
cad [kæd] *s* prostak, neotesanac; hulja, nitkov
cadaster (cadastre) [kəˈdæstə] *s* katastar, zemljišna knjiga, gruntovnica
cadastral [kəˈdæstrəl] *adj* katastarski, gruntovnički
cadaver [kəˈdeivə] *s med* leš
cadaverous [kəˈdævərəs] *adj* mrtvački; blijed kao mrtvac
caddie [ˈkædi] *s* → **caddy²**
caddish [ˈkædiʃ] *adj* (**~ly** *adv*) neotesan; prost; podao
caddy¹ [ˈkædi] *s* kutija (limenka) za čaj
caddy² (caddie) [ˈkædi] *s sport* nosač, pomoćnik, poslužitelj kod golfa
cadence [ˈkeidəns] *s* 1. ritam; ravnomjerno izmjenjivanje 2. modulacija (glasa); 3. *mus* kadenca, završetak stavka
cadenza [kəˈdenzə] *s It mus* kadenca, ukrasni završetak stavka
cadet [kəˈdet] *s mil & mar* kadet; pitomac (vojne akademije, oficirske škole i sl.); 2. mlađi sin
cadet-corps [kəˈdetkɔː] *s GB mil* predvojnička obuka
cadetship [kəˈdetʃip] *s mil & mar* kadetska čast, čin kadeta
cadge [kædʒ] *vi/t fam* **I.** *vi* prosjačiti, moljakati (*for*), muktašiti, žicati **II.** *vt* isprosjačiti, moljakanjem postići, izmoljakati
cadger [ˈkædʒə] *s* prosjak, muktaš, žicar
cadi [ˈkaːdi] *s* kadija, sudac
cadmium [ˈkædmiəm] *s chem* kadmij
cadre [ˈkaːdr] *s Fr* 1. okvir, okosnica 2. *mil* kadar, stalan sastav vojne jedinice
caducity [kæˈdjuːsiti] *s* 1. prolaznost 2. slabost, trošnost
caducous [kəˈdjuːkəs] *adj* 1. *bot* koji ispada; koji brzo uvene 2. prolazan
caecal [ˈsiːkəl] *adj* (**~ly** *adv*) *anat* koji pripada slijepom crijevu, koji se tiče slijepog crijeva
caecum [ˈsiːkəm] *s* (*pl* **caeca** [ˈsiːkə]) *Lat anat* slijepo crijevo
Caesarean (Caesarian) [siˈzeəriən] *adj* cezarski; carski | *med* **~ birth, ~ section** carski rez
caesium [ˈsiːzjəm] *s chem* cezij
caesura (cesura) [siˈzjuərə] *s Lat pros* cezura, stanka, pauza, odmor u stihu
caesural [siˈzjuərəl] *adj* koji se tiče cezure
café¹ [ˈkæfei] *s* kavana; bezalkoholni restoran | **~ chantant** kavana s glazbom, programom
café² [ˈkæfei] *s Fr* kava | **~ au lait** bijela kava; **~ noir** crna kava
cafeteria [ˌkæfiˈtiəriə] *s* restoran sa samoposluživanjem
caffeine [ˈkæfiiːn] *s chem* kofein
caftan [ˈkæftən] *s* kaftan; široka haljina bez pojasa
cage [keidʒ] *s* 1. krletka, kavez 2. zatvor (*lit & fig*) 3. *min* vozna košara
cage [keidʒ] *vt* staviti u krletku; *fig* zatvoriti, zatočiti
cag(e)y [ˈkeidʒi] *adj* oprezan, lukav
cahoots [kəˈhuːts] *s pl* | **be in ~ with** biti u dosluhu sa
caiman [ˈkeimən] *s* → **cayman**

caique [kai'i:k] *s* kaik, čun, čamac

cairn [kɛən] *s* kameni humak (kao međaš), mogila od kamenja, (grobni) spomenik od naslaganog kamenja | **to add a stone to someone's ~** kovati koga u zvijezde poslije njegove smrti

cairngorm [ˌkɛən'gɔ:m] *s minr* vrsta žućkastog dragog kamena, gorski kristal

caisson ['keisən] *s Fr* 1. *mil* kola ili sanduk za municiju 2. *tech* keson

caitiff ['keitif] *s poet & arch* hulja, podlac, rđa, nitkov, kukavica

cajole [kə'dʒəul] *vt* laskati, umiljavati se, ulagivati se, kaditi (komu); zavesti (*into* na što); odgovoriti, odvratiti (*out of* od čega)

cajolement [kə'dʒəulmənt] *s* laskanje, umiljavanje, ulagivanje

cajoler [kə'dʒəulə] *s* laskavac, ulagivač, dodvorica

cajolery [kə'dʒəuləri] *s* → **cajolement**

cajoling [kə'dʒəuliŋ] *adj* (**~ly** *adv*) koji laska, koji se dodvorava

cake [keik] *s* 1. kolač; pogača 2. (plosnat) komad (sapuna itd.) | **land of ~s** Škotska; **a piece of ~** *sl* nešto veoma lako, igrarija; **~ of soap** komad sapuna; **~s and ale** veselje, zabavljanje; *fam* **to take the ~** odnijeti nagradu, sve nadmašiti; pobijediti; **you can't eat your ~ and have it** ne možeš imati i jedno i drugo (ili ... ili); **that takes the ~** to prelazi sve; **(selling) like hot ~s** (prodavati se) na jagmu

cake [keik] *vi/t* **I.** *vi* slijepiti se, zgrudati se, stisnuti se, zgrušati se (krv) **II.** *vt* umijesiti, ispeći, spojiti pekući; slijepiti

cakewalk ['keikwɔ:k] *s US* vrsta (crnačkog) plesa

caky ['keiki] *adj* poput kolača, u obliku pogače

calabash ['kæləbæʃ] *s bot* tikva; vrg

calaboose [kælə'bu:s] *s US* zatvor, tamnica

calamander [kælə'mændə] *s* vrsta tvrda drva iz Indije i Ceylona

calamary ['kæləməri] *s ichth* liganj, lignja

calamine ['kæləmain] *s minr* cinkova ruda; kalamina

calamitous [kə'læmitəs] *adj* (**~ly** *adv*) nesretan, zlosretan, koban

calamity [kə'læmiti] *s* (velika) nesreća; nevolja, bijeda

calamus ['kæləməs] *s Lat* 1. *bot* trska, ševar, šaš, sita, rogoz 2. držalo, pero

calash [kə'læʃ] *s* 1. vrsta lake kočije 2. krov kočije 3. vrsta ženske (svilene) kukuljice

calcareous (calcarious) [kæl'kɛəriəs] *adj* vapnen, vapnenast

calciferous [kæl'sifərəs] *adj* vapnenast, koji sadrži vapnenac

calcification [ˌkælsifi'keiʃən] *s* ovapnjenje, zakrečenje, kalcifikacija

calcify ['kælsifai] *vt/i* **I.** *vt* ovapniti, kalcificirati; zakrečiti **II.** *vi* zakrečiti se, pretvoriti se u vapno

calcination [ˌkælsi'neiʃən] *s* kalciniranje, žarenje (vapnenca), žeženje (vapna)

calcine ['kælsain] *vt/i* **I.** *vt* pretvoriti u vapno, žariti (vapno), kalcinirati; žeći, spaliti **II.** *vi* biti pretvoren u vapno, uvapniti se, izgorjeti, sagoriti u pepeo

calcite ['kælsait] *s minr* kalcit, vapnenac

calcium ['kælsiəm] *s chem* kalcij

calculability [ˌkælkjulə'biliti] *s* proračunljivost

calculable ['kælkjuləbl] *adj* 1. koji se može izračunati, proračunljiv, izračunljiv 2. pouzdan

calculate ['kælkjuleit] *vt/i* **I.** *vt* 1. računati, izračunati; proračunati; kalkulirati; **a ~d insult** namjerna uvreda 2. *US fam* misliti, držati, vjerovati (*that*) **II.** *vi* računati, osloniti se (*upon* na), uzdati se (*on* u)

calculation [ˌkælkju'leiʃən] *s* računanje; račun; proračun, kalkulacija

calculative ['kælkjulətiv] *adj* koji računa, proračunava; proračunat

calculator ['kælkjuleitə] *s* računar; stroj za računanje, kalkulator

calculus ['kælkjuləs] *s* (*pl* **calculi** ['kælkjulai]) *Lat* 1. *med* kamenac 2. *math* račun (*differential* ~)

caldron ['kɔ:ldrən] *s* → **cauldron**

Caledonian [ˌkæli'dəunjən] *adj* kaledonski, škotski | **~ locks** škotska riđa kosa

Caledonian [ˌkæli'dəunjən] *s* Kaledonac; Škot

calefaction [ˌkæli'fækʃən] *s* grijanje, zagrijavanje

calefactory [ˌkæli'fæktəri] *adj* koji ugrijava

calendar ['kælində] *s* kalendar; almanah, godišnjak

calendar ['kælində] *vt* upisati, zabilježiti, staviti u popis; svrstati, srediti (spise); registrirati

calender ['kælində] *vt tech* valjati, izglađivati, tiještiti, satinirati (sukno, papir itd.)

calender[1] ['kælində] *s tech* (parni) tijesak, stroj za izglađivanje (satiniranje) papira, tkanina itd.

calender[2] ['kælində] *s* (turski ili perzijski) derviš prosjak

calends (kalends) ['kælindz] *s pl* kalende (prvi dan mjeseca u rimskom kalendaru) | **on the Greek ~** nikada

calenture ['kælənˌtjuə] *s Fr med* tropska groznica

calf[1] [ka:f] *s* (*pl* **calves** [ka:vz]) 1. tele; mlado (jelena, slona, kita itd.) 2. *fig* budala, glupan 3. teleća koža | **~ love** prva mladenačka ljubav; **bound in ~** uvezan u teleću kožu (knjiga); **cow in ~, cow with ~** stelna krava; **to slip her ~** pobaciti tele; **~'s teeth** mliječnjaci (zubi); **sea-~** tuljan

calf² [ka:f] *s* (*pl* **calves** [ka:vz]) *anat* list (noge)

Caliban ['kælibən] *s* Kaliban, čovjek-životinja, napola poživinčio čovjek

calibrate ['kælibreit] *vt* 1. ustanoviti kalibar 2. izračunati nepravilnosti (mjere cijevi itd.); *radio* točno odrediti skalu | **to ~ a tube** izmjeriti kalibar cijevi

calibration [ˌkæli'breiʃən] *s* mjerenje kalibra

calibre (caliber) ['kælibə] *s* kalibar, promjer cijevi; promjer metka; *fig* razmjer, vrsta, veličina, važnost (čega); svojstvo, osobina, sposobnost, vrijednost

calico ['kælikəu] *s* (bijela) gusta prosta pamučna tkanina, cic; *US* katun s tiskanim uzorkom | *US coll* **~ horse** konj s bijelim pjegama

calico-ball ['kælikəu'bɔ:l] *s* ples na kojem se nose samo pamučne haljine

calico-printer ['kælikəu'printə] *s* bojadisar, koji tiska šarene uzorke na kretonu

calipash ['kælipæʃ] *s Ind* želatinozno meso kornjače ispod gornjeg štita (kao poslastica)

calipee ['kælipi:] *s Ind* želatinozno meso kornjače iznad donjeg štita (kao poslastica)

caliper ['kælipə] *s* → **calliper**

caliph (calif) ['kælif] *s* kalif

caliphate ['kælifeit] *s* kalifat

calisthenics [ˌkælis'θeniks] *s pl US* → **callisthenics**

calix ['keiliks] *s* (*pl* **calices** ['keilisi:z]) *Lat anat* čaša, čašica; čašolik organ; *eccl* kalež

calk [kɔ:k] *s* čavao za potplat ili potkovu, dereza (protiv klizanja)

calk¹ [kɔ:k] *vt* potkovati oštrim čavlima (protiv klizanja)

calk² [kɔ:k] *vt* procrtati, precrtavati kroz proziran papir itd.

calkin ['kælkin] *s* oštar kopitnjak, dereza

call [kɔ:l] *vt/i* **I.** *vt* 1. zvati; pozvati, dozvati; probuditi; sazvati 2. (na)zvati; označiti; smatrati za; imenovati, izabrati 3. *bibl* snaći, zadesiti 4. *US fam* grditi. koriti 5. *com* (zadužnice) otkazati, utjerivati, tražiti isplatu; *st exch* kupiti, uzeti 6. *US teleph* nazvati 7. zazvati **II.** *vi* 1. zvati, vikati, klicati; *teleph* telefonirati 2. posjetiti, pohoditi (*upon a p* koga), svratiti se (*at a place*), doći 3. *mar* ticati, pristati (*at a port*); *cards* licitirati | **to ~ into being** provesti u život, stvoriti, ostvariti; **to ~ into play** staviti u akciju, dati slobodu djelovanja; **to ~ in question** staviti u sumnju; **to ~ to account** tražiti račun (od koga), pozvati na odgovornost; **to ~ to order** pozvati na red; **to ~ to mind** sjetiti se, dozvati u pamćenje; **to ~ to witness** pozvati za svjedoka; **to ~ a halt** obustaviti; odrediti odmor; **to ~ attention to** svratiti pozornost na; **to ~ a spade a spade, to ~ things by their names** nazivati stvari pravim imenom, govoriti otvoreno; **to ~ the banns** objaviti, javno oglasiti; **to ~ one names** psovati, grditi koga; **to ~ cousins with** smatrati se s kim u rodu, pozivati se na srodstvo s kim; **to have nothing to ~ one's own** nemati nigdje ništa; **to be ~ed to the bar** biti primljen u advokatski stalež

call aside ['kɔ:lə'said] *vt* pozvati u stranu

call at ['kɔ:l'æt] *vi* svratiti se, navrnuti se, učiniti kratak posjet; *mar* pristati, ticati (*a port*)

call away ['kɔ:lə'wei] *vt* odazvati koga (*from* od); odvratiti (pažnju)

call back ['kɔ:l'bæk] *vt* pozvati natrag; opozvati

call down ['kɔ:l'daun] *vt* zazvati (blagoslov itd.) (*on* na); *US fam* izgrditi; *com* sniziti (cijene)

call for ['kɔ:l'fɔ:] *vt* tražiti, zahtijevati; doći po | *com* **called for** tražen; **to be (left till) called for** poste restante

call forth ['kɔ:l'fɔ:θ] *vt* izazvati, dozvati; povlačiti za sobom

call in ['kɔ:l'in] *vi/t* **I.** *vi* nastupiti; ući, doći u **II.** *vt* 1. pozvati u; dozvati 2. *com* utjerati (novac); otkazati; opozvati; povući iz optjecaja 3. pribaviti (dokaze)

call off ['kɔ:l'ɔf] *vt* opozvati; poništiti; odvratiti; otkazati (priredbu, predstavu)

call on ['kɔ:l'ɔn] *vi/t* **I.** *vi* 1. unići, najaviti se, svratiti se, navratiti se (kome), posjetiti 2. tražiti, moliti (*for*) **II.** *vt* pozvati

call out ['kɔ:l'aut] *vi/t* **I.** *vi* izviknuti, poviknuti **II.** *vt* glasno pozvati, izazvati; pozvati na štrajk; *mil* pozvati (vojsku u pomoć civilnim vlastima)

call over ['kɔ:l'əuvə] *vt* glasno pročitati (popis imena), prozivati | *fig* **to ~ the coals** tražiti račun, pozvati na račun

call together ['kɔ:ltə'geðə] *vt* sazvati

call up ['kɔ:l'ʌp] *vt* 1. pozvati gore, dozvati 2. *teleph* nazvati 3. *mil* pozvati (u vojsku) 4. dozvati u sjećanje, u duhu predočiti

call [kɔ:l] *s* 1. zov, klik, povik 2. (unutarnji) poziv; misija; *fig* privlačna sila 3. (kratak) posjet (*at a place, on a p*); *mar* (kratko) pristajanje (*at a port*) 4. poziv, nalog, zapovijed; (glasno) čitanje (popisa imena); *mil* prozivanje 5. *mil* signal, znak (sviralom); signalna svirala 6. vab, ćuvik (ptice); vabilo (svirala) 7. *fam* povod 8. *teleph* poziv; telefonski razgovor 9. *com* potražnja; opomena, poziv (na plaćanje) 10. *st exch* premijski posao na određeni rok; *cards* licitacija | **~ of duty** zapovijed dužnosti, ono što dužnost nalaže; **~ of life** životni poziv; *st exch* **~ of more** ponovljen posao; **~ of stocks** terminska kupnja dionica; *mil* **~ to arms**

poziv na oružje; **roll-~** prozivanje, čitanje popisa imena; **house of ~** svratište; **place of ~** poslovna trgovačka kuća; *com* **at ~** spreman, na raspolaganju, na dnevni otkaz; **within ~** na domet glasa; **for the ~ of** na (čije) raspolaganje; **to make a ~ on** posjetiti (koga); **to take a ~** izići pred zastor (glumci na pljesak); **give me a ~** nazovi me (telefonski)
calla ['kælə] *s bot* (i **~ lily**) kala
call-bell ['kɔːlbel] *s* (stolno) zvonce (za dozivanje posluge); zvono za uzbunu, alarmno zvonce
call-box ['kɔːlbɔks] *s* (javna) telefonska govornica
call-boy ['kɔːlbɔi] *s* 1. *mar* mali (na brodu, koji strojaru dostavlja poruke kapetana) 2. teklić 3. *theat* osoba koja poziva glumce iz garderobe kada im je vrijeme da se pojave na sceni
caller ['kɔːlə] *s* 1. dozivač, onaj koji zove 2. posjetnik, posjetilac; *com* stranka
caller ['kælə] *adj Scot* svjež (riba, zrak itd.)
call-girl ['kɔːlgəːl] *s* prostitutka s kojom se može ugovoriti sastanak telefonom
calligrapher [kə'ligrəfə] *s* krasopisac, kaligraf
calligraphic [ˌkæli'græfik] *adj* (**~ally** *adv*) krasopisni, kaligrafski
calligraphist [kə'ligrəfist] *s* krasopisac, kaligraf
calligraphy [kə'ligrəfi] *s* krasopis, kaligrafija
calling ['kɔːliŋ] *s* 1. zvanje, zanimanje, zanat 2. stalež 3. *rel* poziv
calliope [kə'laiəpi] *s mus* orgulje na paru
calliper (caliper) ['kælipə] *s* šestar za mjerenje šupljina (*a pair of* **~s**)
calliper (caliper) ['kælipə] *vt* mjeriti šestarom za mjerenje šupljina
callisthenics [ˌkælis'θeniks] *s pl* (laka) tjelovježba, (ritmička) gimnastika
call-letter ['kɔːlˌletə] *s* 1. pozivno pismo za uplatu (dionica) 2. *radio* dozivni signal
call-loan ['kɔːlləun] *s* kratkoročna pozajmica burzovnom mešetaru kod reportnog posla
call-money ['kɔːlˌmʌni] *s st exch* report, založna nagrada (kod reportnog posla)
call-office ['kɔːlˌɔfis] *s* telefonska govornica
callosity [kæ'lɔsiti] *s* žuljavost, žuljevita koža; *fig* bešćutnost
callous ['kæləs] *adj* (**~ly** *adv*) žuljevit, tvrd; *fig* bešćutan, okorio
callow ['kæləu] *adj* gološav, gol, bez perja; *fig* nezreo, neiskusan; *Ir* nizak, podvodan (livada)
call-up ['kɔːl'ʌp] *s* poziv u vojsku ili na vojnu vježbu; telefonski poziv
callus ['kæləs] *s* odebljala, stvrdnuta koža, kalus
calm [kaːm] *s* mir, tišina; mirnoća, spokojnost; *mar* bezvjetrina, tišina na moru
calm [kaːm] *adj* (**~ly** *adv*) miran, tih; spokojan; pravilan, umjeren (bilo, puls); *mar* bez vjetra | **to fall ~** stišati se
calm [kaːm] *vt/i* **I.** *vt* smiriti, umiriti, stišati **II.** *vi* smiriti se, umiriti se, stišati se, sleći se, jenjati
calm down ['kaːm'daun] *vt/i* smiriti (se), umiriti (se), stišati (se); sleći se (vjetar)
calmative ['kælmətiv] *s med* sredstvo za umirenje
calmness ['kaːmnis] *s* mir, tišina; *fig* spokojnost
calomel ['kæləmel] *s med* kalomel, živin klorid
calorescence [ˌkælə'resəns] *s phys* promjena toplinskih zraka u zrake svjetlosti
Calor gas ['kælə'gæs] *s* butan
caloric [kə'lɔrik] *s phys* toplina, toplota
calorie ['kæləri] *s phys* kalorija | **major ~** velika kalorija; **lesser ~** mala kalorija
calorific [ˌkælə'rifik] *adj* kaloričan, kalorički, koji stvara toplinu
calorimeter [ˌkælə'rimitə] *s phys* kalorimetar, sprava za određivanje količine topline
calotte [kə'lɔt] *s Fr* (svećenička) kapica
calumet ['kæljumet] *s* indijanska lula; lula mira
calumniate [kə'lʌmnieit] *vt* klevetati, oklevetati, obijediti, ocrniti
calumniation [kəˌlʌmni'eiʃən] *s* kleveta, klevetanje, objeda
calumniator [kə'lʌmnieitə] *s* klevetnik
calumnious [kə'lʌmniəs] *adj* (**~ly** *adv*) klevetnički
calumny ['kæləmni] *s* kleveta, objeda; potvora, lažna optužba
Calvary ['kælvəri] *s* kalvarija; **calvary** prikaz razapinjanja na križ
calve [kaːv] *vi/t* **I.** *vi* oteliti se **II.** *vt* 1. baciti (roditi) tele 2. otpuštati gromade leda (ledenjak, santa itd.)
Calvinism ['kælvinizəm] *s eccl* kalvinizam
Calvinist ['kælvinist] *s* kalvin, kalvinist, kalvinovac
Calvinist ['kælvinist] *adj* kalvinistički, kalvinski
calvinistic [ˌkælvi'nistik] *adj* (**~ally** *adv*) → **Calvinist** *adj*
calx [kælks] *s* (*pl* **calces** ['kælsiːz], **~es**) klak, ostatak nakon pečenja kovine ili minerala
calycle ['kælikl] *s Lat bot* čaškin list, čašični listić, lap
calypso [kə'lipsəu] *s* kalipso
calyx ['keiliks] *s* (*pl* **calyces** ['keilisiːz], **~es**) *Lat bot* čaška, čašica
cam [kæm] *s tech* zubac na kotaču; palac (izbočeni dio na osovini); **~ gear** razvodnik (*ili* grebenasti zupčanik)
camaraderie [ˌkæmə'raːdəri] *s Fr* drugarstvo
camarilla [ˌkæmə'rilə] *s Span* kamarila, klika, tajno udruženje, tajni savez

camber ['kæmbə] *s* zaobljenost, izbočina (grede, palube, ceste itd.); malo savijena greda; *mar* malen dok
camber ['kæmbə] *vi/t* **I.** *vi* biti savinut, izbočen **II.** *vt* savinuti, iskriviti; izbočiti
cambist ['kæmbist] *s* mjenjač, novčar, mjenični mešetar
Cambrian ['kæmbriən] *adj* 1. iz Walesa 2. *geol* kambrijski
Cambrian ['kæmbriən] *s* Walešanin, stanovnik Walesa
cambric ['keimbrik] *s* kambrik; fino laneno platno, laneni batist, fina pamučna tkanina
came [keim] *s* staklarsko olovo | **~s** *pl* olovna rešetka
came [keim] *pret* od **come**
camel ['kæml] *s* deva, kamila; *fig* nevjerojatna stvar; *mar* naprava za dizanje brodova; *aero* vrsta aviona | **to strain at the gnat and to swallow the ~** zaustavljati se na sitnicama, a prelaziti preko velikih stvari
cameleer [ˌkæmi'liə] *s* kamelar, gonič deva
camel-hair ['kæmlhεə] *s* devina dlaka
camellia [kə'miːljə] *s bot* kamelija
camelopard ['kæmiləpaːd] *s zool* žirafa
camelry ['kæməlri] *s mil* čete na devama
cameo ['kæmiəu] *s* kameja
camera ['kæmərə] *s Lat jur* sudačka soba; *phot* kamera, fotografski aparat | *jur* **in ~** bez pristupa javnosti
cameraman ['kæmərəmæn] *s* filmski snimatelj
Cameronian [ˌkæmə'rəunjən] *adj* kameronski
Cameronian [ˌkæmə'rəunjən] *s* kameronac, sljedbenik Richarda Camerona, škotski reformirani prezbiterijanac | **the ~s** *pl* prvi bataljon škotskih strijelaca
cami-knickers [ˌkæmi'nikəz] *s pl* kombine i gaćice u jednom komadu
camion ['kæmiən] *s* kamion, teretni automobil, teretnjak
camisole ['kæmisəul] *s Fr* kamisol, vrsta (vezena) grudnjaka, košuljac
camlet ['kæmlit] *s* kamelot, lako sukno
cammock ['kæmək] *s bot* mačac, zečji trn
camomile (chamomile) ['kæməmail] *s bot* kamilica, titrica | **~ tea** čaj od kamilice
camouflage ['kæmuflaːʒ] *s Fr mil* kamuflaža, maskiranje; *fig* varka
camouflage ['kæmuflaːʒ] *vt Fr mil* kamuflirati; *fig* prikriti
camp [kæmp] *s* 1. logor, tabor 2. logor, logorovanje (u prirodi, na moru itd.); kamp 3. pristaše nekog smjera itd. | **courts & ~s** dvorski i vojnički život; **in the same ~** na istoj strani, istog (političkog itd.) mišljenja; *fig* u istom taboru
camp [kæmp] *vi/t* **I.** *vi* logorovati (u prirodi itd.), kampirati; utaboriti se; *fig* stanovati **II.** *vt* smjestiti logor (vojnika) | **go ~ing** provoditi praznike pod šatorom
camp out ['kæmp'aut] *vi* logorovati (u prirodi), provoditi odmor na logorovanju (pod šatorima); noćiti pod vedrim nebom
campaign [kæm'pein] 1. *mil* vojna, vojni pohod, bitka, kampanja 2. (privredna, politička) kampanja, akcija, akcije | **on ~** u ratnoj službi, u službi na ratištu
campaign [kæm'pein] *vi* 1. *mil* vojevati, sudjelovati u ratnom pohodu 2. provoditi (privrednu, političku) kampanju
campaigner [kæm'peinə] *s* onaj koji ide na vojnu, ratnik; koji provodi kampanju | **an old ~** star iskusan vojnik, veteran
campanile [ˌkæmpə'niːli] *s It archit* zvonik
campanologist [ˌkæmpə'nɔlədʒist] *s* onaj koji se bavi proučavanjem zvona (lijevanjem, zvukom itd.)
campanology [ˌkæmpə'nɔlədʒi] *s* proučavanje zvona (lijevanja, zvuka)
campanula [kəm'pænjulə] *s bot* zvončić
campanulate [kəm'pænjuleit] *adj zool & bot* u obliku zvončića, zvončast
camp-bed ['kæmp'bed] *s* poljski (putni) krevet, postelja za sklapanje
camp-chair ['kæmp'tʃεə] *s* stolica za sklapanje (s naslonom)
camp-colour ['kæmpˌkʌlə] *s* logorska zastava
camp-fever ['kæmpˌfiːvə] *s* epidemijska groznica, tifus
camp-fire ['kæmpfaiə] *s* logorska vatra
camp-follower ['kæmpˌfɔləuə] *s* onaj koji tumara po bojnim poljima, civil koji slijedi vojsku na bojnom pohodu, marketender, kantiner
camphor ['kæmfə] *s chem* kamfor
camphorated ['kæmfəreitid] *adj* natopljen kamforom; kamforni (**~** *oil*)
camphoric [kæm'fɔrik] *adj* s kamforom, koji sadrži kamfora, kamforni
camping ['kæmpiŋ] *s* logorovanje, šatorovanje, kempiranje
campion ['kæmpjən] *s bot* drijema, rumenika, rumen-cvijet
camp-meeting ['kæmpˌmiːtiŋ] *s US* zbor vjernika pod vedrim nebom
campshed ['kæmpʃed] *vt* učvrstiti (obložiti) debelim daskama (obalu)
campsheeting ['kæmp'ʃiːtiŋ] *s* oplata od debelih dasaka (za učvršćivanje obale)
campshot ['kæmpʃɔt] *s* oplata od debelih dasaka (za učvršćenje obale)
camp-site ['kæmpsait] *s* logorište
camp-stool ['kæmpstuːl] *s* stolac za sklapanje
campus ['kæmpəs] *s US* škola sa zemljištem, igralištima itd., koja joj pripadaju
camshaft [ˌkæm'ʃaːft] *s tech* grebenasta osovina
camwood ['kæmwud] *s* kambalovina, zapadnoafričko crveno drvo, varzilo
can [kæn] *s* limenka, kanta; (limena) konzerva; *US sl* zatvor

can [kæn] *vt US* staviti u limene kutije, konzervirati | **~ it!** šuti!, zaveži!, jezik za zube!
can [kæn] *v def* (*pret* could) mogu itd. (*pres* od moći) | **I cannot** ne mogu; **~ he speak English?** govori li on engleski?; **he ~ be very rude** on zna biti vrlo grub; **~ you play tennis?** znate li igrati tenis?; **I'll do all I ~** učinit ću sve što bude u mojoj moći
Canaan [ˈkeinən] *s* Kanaan, zemlja kananska, Obećana zemlja
Canadian [kəˈneidjən] *adj* kanadski
Canadian [kəˈneidjən] *s* Kanađanin, Kanađanka
canal [kəˈnæl] *s* 1. (umjetni) kanal, prokop 2. cijev; *anat* kanal
canal [kəˈnæl] *vt* snabdjeti kanalom; učiniti prokop kroza što
canalization [ˌkænəlaiˈzeiʃn] *s* kanalizacija, gradnja kanala
canalize [ˈkænəlaiz] *vt* kanalizirati; snabdjeti kanalom; pretvoriti u kanal
canard [kæˈnaːd] *s Fr* (novinska) patka, lažna vijest
canary [kəˈnɛəri] (i **~ bird**) *s ornith* kanarinac; *arch* kanarsko vino
canary-coloured [kəˈnɛəriˌkʌləd] *adj* svijetložut
canary-seed [kəˈnɛərisiːd] *s* sjeme za ptice, ptičja hrana
canasta [kəˈnæstə] *s* kanasta, vrsta igre kartama
canaster [kəˈnæstə] *s* kanaster, vrsta duhana
can-buoy [ˈkænbɔi] *s mar* velika limena plutača u obliku čunja
cancan [ˈkænkæn] *s Fr* kankan, frivolan ples
cancel [ˈkænsl] *vt/i* **I.** *vt* prekrižiti, precrtati; brisati; poništiti; dokinuti, opozvati; anulirati; *math* ukinuti, križati **II.** *vi* ukidati se, poništavati se, neutralizirati se | **until ~led** do opoziva
cancel out [ˈkænslˈaut] *vi* ukidati se, poništavati se; biti jedan drugome suprotan; neutralizirati se
cancellated [ˈkænsəleitid] *adj bot & zool* mreškast, mrežast, poput mrežice; porozan (kost)
cancellation [ˌkænsəˈleiʃən] *s* brisanje, križanje; poništenje; opoziv, dokinuće; ukidanje
cancer [ˈkænsə] *s Lat astr* zviježđe Rak; *zool & med* rak; *fig* rak-rana
cancerous [ˈkænsərəs] *adj* (**~ly** *adv*) *med* kancerozan; poput rak-rane; bolestan od raka
candelabra [ˌkændiˈlaːbrə] *s* → **candelabrum**
candelabrum [ˌkændiˈlaːbrəm] *s* (*pl* **candelabra** [ˌkændiˈlaːbrə]) kandelabar, velik svijećnjak, stalak (stup) za svjetiljku, (ulična) svjetiljka
candescence [kænˈdesəns] *s* bijela usijanost
candescent [kænˈdesənt] *adj* (bijelo) užaren, do bijela usijan
candid [ˈkændid] *adj* (**~ly** *adv*) iskren, otvoren; pošten, čestit | **~ friend** pošten, iskren prijatelj; prijatelj koji voli reći neugodnu istinu; **to be perfectly ~** biti sasvim otvoren, sve kazati (ugodno i neugodno)
candidate [ˈkændidit] *s* kandidat (*for* za)
candidature [ˈkændiditʃə] *s* kandidatura
candied [ˈkændid] *adj* ušećeren, zaslađen, kandiran
candle [ˈkændl] *s* svijeća; svjetlo svijeće | **not fit to hold a ~ to** ne može se ni usporediti sa, nije mu ni sluga; **with bell, book and ~** sa svim ceremonijama (pri izopćenju itd.); **the game is not worth the ~** ta se stvar ne isplati, nije vrijedna ni pišljiva boba; **to burn the ~ at both ends** rasipati svoje snage, raditi više poslova u isto vrijeme; **to sell by inch of ~** prodati na dražbi; *fig* **not to hide ~ under bushel** ne staviti svijeću pod lonac; hvaliti se svojim zaslugama; **to hold a ~ to the devil** zapaliti vragu svijeću, držati s vragom, skrenuti s pravoga puta, suučestvovati u zločinu
candleberry [ˈkændlberi] *s bot* voskovac; plod voskovca | **~ myrtle** sjevernoamerički voskovac
candle-ends [ˈkændlendz] *s pl* 1. ogorci svijeća 2. sitnice, beskorisne stvari (koje škrci nagomilavaju)
candle-light [ˈkændllait] *s* svjetlo svijeće
Candlemas [ˈkændlməs] *s* Svijećnica (2. veljače)
candle-power [ˈkændlˌpauə] *s* svijeća (jedinica jakosti svjetlosti)
candlestick [ˈkændlstik] *s* svijećnjak
candle-tallow [ˈkændlˌtæləu] *s* loj
candle-tree [ˈkændltriː] *s bot* američko stablo s plodom nalik na visoku svijeću
candour (**candor**) [ˈkændə] *s* iskrenost, otvorenost; prostodušnost; nepristranost
candy [ˈkændi] *s* kandis šećer, žuti šećer u velikim kristalima; *US* slatkiš(i), bombon(i)
candy [ˈkændi] *vt/i* **I.** *vt* 1. (šećer) kristalizirati 2. ušećeriti, kandirati **II.** *vi* kristalizirati se, pretvoriti se u šećerne kristale
candytuft [ˈkænditʌft] *s bot* ognjevinac, dimjavica (poljska biljka iz porodice krstašica)
cane [kein] *s bot* trstika, šuplja trska, šećerna trska, sladorovac; štap, šiba (od trske); štapić (pečatnog voska, sumpora itd.)
cane [kein] *vt* 1. šibati, izbatinati 2. oplesti trskom 3. (što) batinanjem utuviti (*into a p* komu) | **to leave one's lessons thoroughly ~d into one** temeljito komu ba-

tinanjem utuviti pouku u glavu, stalnim kažnjavanjem koga čemu naučiti
cane-apple [ˈkeinˌæpl] *s bot* maginja (*Arbutus unedo*)
cane-brake [ˈkeinbreik] *s bot US* trščak, toščar
cane-chair [ˈkeintʃεə] *s* stolica od trske
cane-sugar [ˈkeinˌʃugə] *s* šećer od trske
canful [ˈkænful] *s* količina jedne pune kante, kanta (čega)
canine [ˈkeinain] *adj* pasji
canine [ˈkænain] *adj* | ~ **tooth** (zub) očnjak
caning [ˈkeiniŋ] *s* šibanje, batinanje, batine
canister [ˈkænistə] *s* limenka, kutija (za čaj, kavu itd.); kanister | *mil* ~ **shot** karteča
canker [ˈkæŋkə] *s med* rak; čir; *vet* vučac; *bot* snijet, gara; *fig* rak-rana; crv, izjedanje, mučenje, jad, rastrovanost; *ent* štetna gusjenica
canker [ˈkæŋkə] *vt/i* **I.** *vt* najedati, izjedati; rastakati; *fig* rastrovati **II.** *vi* biti izjedan, izgrižen; (po)kvariti se; rđati
cankerous [ˈkæŋkərəs] *adj* poput raka; gnojav, pun čirova; *fig* poguban, razoran; koji izjeda; otrovan, zao
canker-rash [ˈkæŋkəræʃ] *s med* vrsta škrletne groznice s gnojnim ranama u grlu
canker-worm [ˈkæŋkəwəːm] *s zool* (štetna) gusjenica
canna [ˈkænə] *s bot* kana (ukrasni cvijet)
cannabis [ˈkænəbis] *s* kanabis, indijska konoplja, hašiš
canned [ˈkænd] *adj* zatvoren u kutiju, u limenkama, konzerviran; *US* mehanički, mašinski; *sl* pripit, pijan | ~ **music** gramofonska glazba, radio-glazba; ~ **drama** film
cannel [ˈkænəl] *s* bituminozni ugljen
canner [ˈkænə] *s* proizvođač konzervâ
cannery [ˈkænəri] *s* tvornica konzervâ
cannibal [ˈkænibəl] *s* ljudožder, kanibal
cannibal [ˈkænibəl] *adj* ljudožderski, koji jede ljude, kanibalski
cannibalism [ˈkænibəlizəm] *s* ljudožderstvo, kanibalstvo
cannibalistic [ˌkænibəˈlistik] *adj* (~**ally** *adv*) ljudožderski, kanibalski
cannibalize [ˈkænibəlaiz] *vt* rastaviti stroj da bi se njegovi dijelovi upotrijebili za popravak drugog stroja; popraviti neki stroj takvim dijelovima
cannikin [ˈkænikin] *s* kantica, mala limenka
cannon[1] [ˈkænən] *s mil* top; topovi (*a thousand* ~), topništvo | ~ **fodder** *fig* topovska hrana
cannon[2] [ˈkænən] *s* karambol, karambolaža, sudar kugala (u biljaru)
cannon [ˈkænən] *vi* karambolirati, sudariti se s više nego jednom kuglom (u biljaru); sudariti se, sukobiti se (*with* sa), naletjeti (*against, into* na)
cannon off [ˈkænənˈɔf] *vi* odbiti se od druge kugle (kod biljara)
cannonade [ˌkænəˈneid] *s* pucnjava topova, topnička vatra, paljba iz topova, kanonada
cannonade [ˌkænəˈneid] *vi/t* **I.** *vi* pucati iz topova **II.** *vt* biti topovima, tući paljbom iz topova, bombardirati
cannon-ball [ˈkænənbɔːl] *s mil* topovska kugla, topovsko zrno
cannon-bone [ˈkænənbəun] *s anat* skočna kost
cannonry [ˈkænənri] *s mil* topovi, topništvo, paljba iz topova, kanonada
cannot [ˈkænɔt] → **can**
canny [ˈkæni] *adj* (**cannily** *adv*) *Scot* pametan, mudar; lukav; obziran; oprezan, smišljen; štedljiv; umjeren, blag; dobar | **call** ~, **ca'**~ smanjenje radnog učinka (kao politika tredjuniona za ograničenje proizvodnje)
canoe [kəˈnuː] *s* kanu, indijanski čamac; lak kanadski čamac
canoe [kəˈnuː] *vi* voziti se u kanuu, veslati kratkim veslom
canoeist [kəˈnuːist] *s* veslač kanua
canon[1] [ˈkænən] *s* pravilo; obrazac; zakon, propis, norma, kriterij, mjerilo; *eccl* kanon, crkveni propis; popis svetaca; *print* englesko kanon pismo, najveća vrsta sloga | ~ **law** crkveno pravo
canon[2] [ˈkænən] *s eccl* kanonik
cañon [ˈkænjən] *s* → **canyon**
canoness [ˈkænənis] *s eccl* kanonica (vrsta opatica, od kojih neke ne polažu zavjet siromaštva)
canonic [kəˈnɔnik] *adj arch* → **canonical**
canonical [kəˈnɔnikəl] *adj* (~**ly** *adv*) 1. *eccl* kanonski; osnovan na crkvenim pravilima; utvrđen po crkvenim kanonima; kanonički 2. koji služi za uzor, standardni, propisan
canonicals [kəˈnɔnikəlz] *s pl* službena svećenička odjeća
canonicity [ˌkænəˈnisiti] *s eccl* zakonitost
canonist [ˈkænənist] *s eccl* poznavalac crkvenog prava, kanonski pravnik
canonistic [ˌkænəˈnistik] *adj* (~**ally** *adv*) crkveno-pravnički
canonization [ˌkænənaiˈzeiʃən] *s eccl* kanonizacija, proglašenje za sveca
canonize [ˈkænənaiz] *vt eccl* proglasiti svecem (sveticom), kanonizirati
canonry [ˈkænənri] *s eccl* kanoništvo, služba ili čast kanonika
canoodle [kəˈnuːdl] *vi/t US sl* milovati (se)
canopy [ˈkænəpi] *s* baldahin; *eccl* nebo, nebnica, *fig* nebo, nebeski svod; *archit* krović, izbočina na zidu u obliku krova, nadstrešnica
canopy [ˈkænəpi] *vt* natkriti, nadsvoditi, pokriti baldahinom
canorous [kəˈnɔrəs] *adj* milozvučan, melodiozan, koji odzvanja

cant[1] [kænt] *s* 1. kosa ploha; kos položaj; nagib; kosina 2. udarac, trzaj, naglo skretanje sa smjera
cant [kænt] *vt/i* **I.** *vt* koso prerezati; koso nagnuti; (~ *over*) prevaliti, srušiti; gurnuti u stranu **II.** *vi* leći na stranu, prevaliti se
cant[2] [kænt] *s Lat arch* cviljenje, kukanje 2. žargon, jezik nekog staleža, neke struke itd. 3. isprazan govor, prazne riječi, beznačajna uzrečica 4. licemjeran govor 5. licemjerje | **in the ~ of the day** u suvremenim krilaticama
cant [kænt] *vi* 1. *arch* prosjačiti 2. licemjerno govoriti ili se vladati; graditi se svecem; govoriti u žargonu
can't [kaːnt] → **cannot**
Cantab [ˈkæntæb] *s* → **Cantabrigian**
cantabile [kænˈtaːbili] *adv It mus* poput pjevanja, pjevajući, melodiozno
Cantabrigian [ˌkæntəˈbridʒiən] *s* pripadnik sveučilišta u Cambridgeu
cantaloup [ˈkæntəluːp] *s bot* dinja s bradavicama; dinja rebrača, krastava dinja
cantankerous [kænˈtæŋkərəs] *adj* (~**ly** *adv*) svadljiv; zagrižljiv, zajedljiv, čangrizav, mrzovoljan, mrgodan, gunđav
cantata [kænˈtaːtə] *s It mus* kantata
canteen [kænˈtiːn] *s mil* kantina; poljska kuhinja; blagovaonica, prodavaonica (u kasarni itd.); čutura, pljoska; vojnička porcija (posuda za jelo) | **dry ~** kantina u kojoj se ne dobiva piće; **wet ~** kantina u kojoj se toče pića; **industrial ~** tvornička menza
canter[1] [ˈkæntə] *s* kratki laki galop | **to win in a ~** lako pobijediti
canter[2] [ˈkæntə] *s* licemjer, bogomoljac (osobito kao nadimak za puritance); frazer, pričalo, blebetalo
canter [ˈkæntə] *vi/t* **I.** *vi* jahati u kratkom galopu, lagano galopirati **II.** *vt* natjerati (konja) da trči u kratkom galopu
canterbury [ˈkæntəbəri] *s* stalak za note itd.
cant-hook [ˈkænthuk] *s US* čaklja, kuka za okretanje (valjanje) trupaca
canticle [ˈkæntikl] *s eccl* pjesma, hvalospjev | **the Canticles** *pl* pjesma Salomonova, pjesma nad pjesmama
cantilever [ˈkæntiliːvə] *s archit* stršeći krak, isturena greda (kao nosač balkona itd.) | ~ **bridge** konzolni most, most s potpornim stupovima
cantle [ˈkæntl] *s* 1. komad; odlomak, odrezak 2. stražnji obluk, stražnji unjkaš (jahaćeg sedla)
canto [ˈkæntəu] *s It* pjevanje (dio pjesme)
canton [ˈkæntɔn] *s* 1. kanton, srez, kotar, okrug (mala administrativna jedinica); država švicarske konfederacije 2. *her* [ˈkæntən] četverokutno polje u gornjem uglu štita
canton [kænˈtɔn] *vt* podijeliti u kantone, kotare itd.
canton [kænˈtuːn] *vt mil* nastaniti, smjestiti (vojnike), kantonirati
cantonal [ˈkæntənl] *adj* kantonski, okružni
cantonment [kənˈtuːnmənt] *s mil* stan, nastamba, kantonman
cantor [ˈkæntɔː] *s* kantor; prvi pjevač u sinagogi
Canuck [kəˈnʌk] *s US sl* Kanađanin (francuskog porijekla)
canvas [ˈkænvəs] *s* platno za jedra; jedrenina, šatorsko platno; *arts* slikarsko platno; kanafas; *fig* slika; *mar* jedra | **under ~** pod jedrima; u šatorima
canvas-back [ˈkænvəsbæk] *s ornith* sjevernoamerička patka, sivka
canvass [ˈkænvəs] *vt/i* **I.** *vt* 1. točno raspraviti, pretresti, prosuditi; ispitati; istražiti; pretražiti, pregledati 2. tražiti glasove, snubiti birače (vršeći agitaciju u izbornom krugu); tražiti narudžbe, kupce itd. (putujući kao trgovački putnik), obraditi (tržište) **II.** *vi* korteširati, vršiti agitaciju (*for* za)
canvass [ˈkænvəs] *s* korteširanje, izborna agitacija
canvasser [ˈkænvəsə] *s* korteš, izborni agitator; *com* akviziter
canyon [ˈkænjən] *s* kanjon, uska riječna gudura, klisura
caoutchouc [ˈkautʃuk] *s* kaučuk, guma
cap [kæp] *s* 1. kapa, kapica; *sport* klupska, momčadska (počasna) kapa (u boji) 2. kapak, pokrov, poklopac, zaklopac; kapica (upaljača kod vatrenog oružja) 3. *mar* glavina (jarbola) 4. papirni tuljac 5. *bot* klobuk (gljive) | ~ **in hand** čedno, ponizno; ~ **fits** pogodi ga u živac; ~ **of maintenance** kapa koja se nosi kao simbol službene časti; ~ **of liberty** kapa u obliku čunja koju je rimski rob dobivao prilikom oslobođenja; frigijska kapa, republikanski simbol; ~ **lamp** čeona svjetiljka; ~ **& bells** kapa i praporci (kao insignije dvorske lude); ~ **and gown** službena sveučilišna nošnja; **steel ~** kaciga, šljem; **football ~** kapa člana nogometne momčadi; **fool's ~** kapa (s praporcima) dvorske lude; kancelarijski papir, obični papir (folio formata); **to set one's ~ at** pokušati koga upecati (za muža); *sport* **to get one's ~** biti odlikovan, nagrađen (počasnom klupskom kapom); **that is a feather in his ~** time se može ponositi; *fig* **if the ~ fits, wear it** koga svrbi, neka se češe
cap [kæp] *vt/i* **I.** *vt* 1. pokriti kapom; *Scot* podijeliti sveučilišnu diplomu 2. pokriti, poklopiti, snabdjeti poklopcem; snabdjeti kapicom; staviti kapicu (na pušku) 3. pozdraviti (koga) skidanjem kape 4. *fig* nadmašiti, natkriliti 5. *sport*

(koga) nagraditi (klupskom počasnom kapom) **II.** *vi* biti odozgor

capability [ˌkeipəˈbiləti] *s* sposobnost (*of action* djelovanja; *of doing, to do* da učini; *for* za)

capable [ˈkeipəbl] *adj* (**capably** *adv*) kadar, sposoban, moćan; vješt, vrstan | ~ **of** kadar

capacious [kəˈpeiʃəs] *adj* (**~ly** *adv*) prostran, širok; opsežan

capacitate [kəˈpæsiteit] *vt* osposobiti, kvalificirati; učiniti sposobnim, vrsnim; *jur* učiniti nadležnim, ovlastiti

capacitor [kəˈpæsitə] *s radio* kondenzator

capacity [kəˈpæsiti] *s* 1. sadržina, zapremina, sadržaj, obujam (*lit* & *fig*), prostor, sposobnost primanja u sebe, kapacitet; *mar* nosivost; sposobnost; osposobljenje, moć; učinak, mogućnost proizvodnje (stroja itd.) 2. svojstvo, karakter; stanje; nadležnost; ovlast | ~ **house** popunjena kuća (kazalište itd.); **filled to** ~ sasvim pun, popunjen; **in the** ~ **of** u svojstvu; **seating** ~ broj sjedala

cap-à-pie [ˌkæpəˈpiː] *adv* od glave do pete, do zuba (naoružan itd.)

caparison [kəˈpærisn] *s* ukrašen pokrivač ispod sedla, abajlija (svečana konjska oprema); *fig* oprema

caparison [kəˈpærisn] *vt* pokriti (konja) ukrašenim pokrivačem, staviti abajliju; *fig* iskititi

cape[1] [keip] *s* kratak ogrtač bez rukava, kep

cape[2] [keip] *s geog* rt, predbrežje | **The Cape** Rt dobre nade; ~ **boy** južnoafrički mješanac

caper[1] [ˈkeipə] *s bot* kapra, kapar | **~s** *pl* kapri, pupovi kapre u octu

caper[2] [ˈkeipə] *s* skok, poskok; *fig* čudan postupak | **to cut a** ~ poskakivati, prevrtati se u zraku, praviti ludorije

caper [ˈkeipə] *vi* poskakivati, skakutati; prevrtati se u zraku, skakati uvreten

capercailye (capercailzie) [ˌkæpəˈkeilji] *s ornith* tetrijeb gluhan

capful [ˈkæpful] *s* (puna) kapa, koliko stane u kapu; mala količina (*a* ~ *of wind* nešto malo prolazna vjetra)

capias [ˈkeipiæs] *Lat jur* uhidbeni nalog

capillarity [ˌkæpiˈlærəti] *s phys* kapilarnost

capillary [kəˈpiləri] *adj* kapilaran; poput vlasi, tanak kao vlas

capillary [kəˈpiləri] *s* kapilarni sud, kapilarna cjevčica, kapilar

capital[1] [ˈkæpitl] *s* 1. veliko slovo 2. glavni grad 3. glavnica, kapital 4. *fig* korist, probitak, kapital | ~ **goods** kapitalna dobra; ~ **& labour** kapital(isti) i radništvo; ~ **expenditure,** ~ **outlays** ulaganje u osnovna sredstva, investicije; **circulating** ~, **floating** ~, **operating** ~, **working** ~ obrtni kapital, prometna glavnica; **constant** ~ konstantni kapital; **fixed** ~ osnovna sredstva; **share** ~, **joint-stock** ~, *US* ~ **stock** akcioni kapital, dionička glavnica, dionice; **variable** ~ varijabilni kapital; *fig* **make** ~ **out of** izvući korist iz čega

capital [ˈkæpitl] *adj* (**~ly** *adv*) 1. kapitalni, kažnjiv smrću, smrtni (~ *punishment*) 2. glavni, temeljni, osnovni 3. sjajan; velik; od velike važnosti; prvorazredan, odličan | ~ **city** glavni grad, prijestolnica; ~ **letter** veliko (početno) slovo; ~ **levy** prisvajanje određenog dijela ukupnog bogatstva zemlje od strane države; ~ **ship** ratni brod (zapremine više od 10.000 t)

capital[2] [ˈkæpitl] *s archit* glavica (stupa), kapitel

capitalism [ˈkæpitəlizəm] *s* kapitalizam

capitalist [ˈkæpitəlist] *s* kapitalist

capitalistic [ˈkæpitəlistik] *adj* (**~ally** *adv*) kapitalistički

capitalization [ˌkæpitəlaiˈzeiʃən] *s* 1. kapitalizacija, uglavničenje 2. pisanje velikim (početnim) slovima

capitalize [ˈkæpitəlaiz] *vt* uglavničiti, kapitalizirati; *fig* izbiti korist (*on* iz čega)

capitate(d) [ˈkæpiteit(id)] *adj bot* glavat, u obliku glavice; s glavom; s grozdastim cvatom

capitation [ˌkæpiˈteiʃən] *s* 1. brojenje po glavama 2. glavarina (porez) | ~ **grant** dotacija (nekog iznosa) po broju osoba (koje ispunjavaju uvjete)

Capitol [ˈkæpitl] *s* 1. Kapitolij, Kapitol 2. *US* zgrada Kongresa

capitolian [ˌkæpiˌtəuljən] *adj* kapitolski

capitular [kəˈpitjulə] *adj* 1. *eccl* kaptolski, koji pripada kaptolu 2. *anat, bot* itd. kapitularni, koji se tiče završne glavice

capitular [kəˈpitjulə] *s eccl* član crkvenog vijeća, kaptola

capitulary [kəˈpitjuləri] *s* kapitularije, zbirka zakona i uredaba (franačkih kraljeva)

capitulate [kəˈpitjuleit] *vi mil* predati se (*to a p* komu), položiti oružje, kapitulirati (*to* pred); popustiti, ustuknuti (*to* pred)

capitulation [kəˌpitjuˈleiʃən] *s* kapitulacija, predaja; sporazum o uvjetima predaje | **~s** *pl* uvjeti sporazuma o eksteritorijalnosti stranaca

capon [ˈkeipən] *s ornith* kopun

caponize [ˈkeipənaiz] *vt* kopuniti, kastrirati, uškopiti

cap-paper [ˈkæpˌpeipə] *s* 1. čvrsti, omotni papir 2. obični format listovnog papira

capping [ˈkæpiŋ] *s* zaštićivanje (metalnom itd.) kapicom

capric [ˈkæprik] *adj chem* kapronski (~ *acid*)

caprice [kəˈpriːs] *s Fr* hir, mušica, inat, kaprica

capricious [kə'priʃəs] *adj* (~**ly** *adv*) mušičav, hirovit, nestalan, kapriciozan
capriciousness [kə'priʃəsnis] *s* hirovitost, mušičavost, kapricioznost
Capricorn ['kæprikɔːn] *s astr* Jarac
caprine ['kæprain] *adj* kozji, poput koze
capriole ['kæpriəul] *s* skok (konja uvis na mjestu), kapriola
capriole ['kæpriəul] *vi* skočiti, poskočiti (uvis na mjestu), izvoditi kapriole
capsicum ['kæpsikəm] *s Lat bot* paprika
capsize [kæp'saiz] *s* prevrtanje, prevaljivanje (broda)
capsize [kæp'saiz] *vt/i* **I.** *vt* prevrnuti, izvrnuti (brod) **II.** *vi* prevrnuti se
capsten ['kæpstən] *s mar* vitao, vitlo
cap-stone ['kæpstəun] *s archit* vršni kamen (na zidu)
capsular ['kæpsjulə] *adj* čahurast, u obliku tobolca, poput ljuske
capsule ['kæpsjuːl] *s bot* čahura, tobolac, kapsula; *chem* plitka zdjelica (za isparivanje itd.); *med* kapsula, ovojnica | **space** ~ kapsula, kabina astronauta, astronautski brod
captain ['kæptin] *s mil* kapetan; *mar* kapetan; zapovjednik broda; *sport* kapetan (momčadi); vođa; pionir; nadstojnik, predradnik; zapovjednik (vatrogasne čete) | ~ **of foot** pješadijski kapetan; ~ **of horse** konjički kapetan
captain ['kæptin] *vt* voditi, prednjačiti
captaincy ['kæptinsi] *s* čast kapetana, služba zapovjednika; vodstvo
captainship ['kæptinʃip] *s* → **captaincy**
captation [kæp'teiʃən] *s* dodvoravanje, nastojanje da se zadobije sklonost, težnja za odobravanjem itd.
caption ['kæpʃən] *s* oduzimanje; *jur* uhapšenje; *jur* uvod dokumenta; naslov članka; opis slike; *film* titl, prijevod
captious ['kæpʃəs] *adj* (~**ly** *adv*) 1. lukav; opasan (*question*); varav 2. zagrižljiv, svadljiv, sitničav
captivate ['kæptiveit] *vt fig* osvojiti, obuzeti; začarati, zatraviti, zanijeti, općiniti, plijeniti
captivation [ˌkæpti'veiʃən] *s* očaranje, čar, privlačnost
captive ['kæptiv] *adj* uhvaćen, zarobljen | ~ **audience** publika koja je prisiljena da sluša radio-emisiju (politički govor ili reklame) u autobusu, željeznici itd.; ~ **balloon** privezani (izvidnički) balon; **to lead** ~ dovesti u zarobljeništvo; **to take** ~ zarobiti; uhvatiti
captive ['kæptiv] *s* zarobljenik, sužanj
captivity [kæp'tivəti] *s* zarobljeništvo, ropstvo, sužanjstvo
captor ['kæptə] *s* onaj koji hvata, otmičar, zarobljivač; gusarski brod; gusar, kaper
captress ['kæptris] *s* zarobljivačica
capture ['kæptʃə] *s* 1. zapljena, oduzimanje; hvatanje, zarobljenje 2. plijen; *mar* uhvaćen brod
capture ['kæptʃə] *vt* uhvatiti; oteti; zarobiti; zaplijeniti; *mil* osvojiti; *mar* u gusarskom pothvatu zarobiti (brod)
capuchin ['kæpjuʃin] *s Fr* 1. kapucin 2. ženski ogrtač s kukuljicom | *zool* ~ **monkey** majmun kapucin; *ornith* ~ **pigeon** golub ćuban, ćubasti golub
car [kaː] *s* kola, voz, vozić, kolica; tramvaj; auto; *US rly* vagon; *aero* gondola | **dining-**~ kola za ručavanje, vagon restoran; **motor-**~ automobil; **tramway-**~ tramvajska kola, tramvaj; *hist* **triumphal** ~ trijumfalna kola
carafe [kə'ræf] *s Fr* (stolna) boca (za vodu ili vino), staklenka, karafa
caramel ['kærəmel] *s Fr* karamel, prženi šećer; slatkiš od pržena šećera
carapace ['kærəpeis] *s Fr anat* leđni oklop, gornji štit (kornjače itd.)
carat ['kærət] *s Fr* karat (mjera za drago kamenje i oznaka čistoće zlata)
caravan ['kærəvæn] *s Fr* 1. karavana 2. ciganska kola; kola putujućeg cirkusa; kola za putovanje i stanovanje, stambena prikolica
caravanserai [ˌkærə'vænsərai] *s* veliko istočnjačko prenoćište (za karavane), karavanseraj; *fig* velik hotel
caravansery [ˌkærə'vænsəri] *s* → **caravanserai**
caraway ['kærəwei] *s bot* kumin
carbide ['kaːbaid] *s* karbid
carbine ['kaːbain] *s mil* karabin, karabinka
carbohydrate ['kaːbəu'haidreit] *s* ugljikohidrat
carbolic [kaː'bɔlik] *adj chem* karbolni (~ *acid*)
carbolize ['kaːbəlaiz] *vt* natopiti karbolnom kiselinom, karbolizirati
carbon ['kaːbən] *s chem* ugljik; *el* ugljeni štapić | ~ **paper** (crni) papir za kopiranje, karbon-papir; ~ **copy** kopija (preko karbonskog papira); ~ **dating** određivanje starosti prethistorijskih predmeta mjereći raspadanje radioaktivnih izotopa; ~ **dioxide** ugljični dioksid
carbonaceous [ˌkaːbə'neiʃəs] *adj chem* koji sadrži ugljika, ugljikov; *geol* koji sadrži ugljen, ugljeni, bogat ugljenom
carbonate ['kaːbənit] *s chem* karbonat, sol ugljične kiseline
carbonate ['kaːbəneit] *vt chem* karbonizirati, pougljiti; zasititi ugljičnom kiselinom
carbonated ['kaːbəneitid] *adj* karboniziran, pougljen; zasićen ugljičnom kiselinom
carbonic [kaː'bɔnik] *adj chem* ugljikov, ugljični
carboniferous [ˌkaːbə'nifərəs] *adj* koji sadrži ugljena

carbonization [ˌkaːbənaiˈzeiʃn] *s* karbonizacija, pougljenje
carbonize [ˈkaːbənaiz] *vt* karbonizirati, pougljiti, pretvoriti u ugljen; presvući tankim slojem ugljena (papir za kopiranje)
carborundum [ˌkaːbəˈrʌndəm] *s* karborund (mješavina ugljena i silicija kao sredstvo za poliranje)
carboy [ˈkaːbɔi] *s* balon, velika (opletena) staklenka (50—100 litara, za kiseline itd.)
carbuncle [ˈkaːbʌŋkl] *s minr* mrkocrveni granat, alem, crljenak, almandin; *med* karbunkul, prišt, čir
carbuncular [kaːˈbʌŋkjulə] *adv med* upaljen od čira, karbunkulozan
carburet [ˈkaːbjuret] *vt chem* nabiti hlapljivim ugljikovim spojevima, karburirati
carburetter (carburettor) [ˌkaːbjuˈretə] *s tech* rasplinjač, karburator
carcass (carcase) [ˈkaːkəs] *s* 1. strvina, mrcina; truplo, leš; *derog* ljudsko tijelo; ostaci 2. okosnica, kostur 3. *mil* upaljiv metak | **to save one's ~** spasiti svoju kožu, život
card[1] [kaːd] *s* greben, garga; konjska četka, česalo, češagija
card[2] [kaːd] *s* 1. karta; igraća karta; posjetnica; ruža vjetrova, vjetrulja (na kompasu); ulaznica; program (na utrkama itd.) 2. *fam* (smiješan, čudan) čovjek | **~-index** kartoteka; **to have a ~ up one's sleeve** imati skrovit plan; *sl* **knowing ~** lukavac; *fam* **queer ~** čudak; **post-~** dopisnica; **visiting ~** posjetnica; **on the ~s** vjerojatan, moguć; *fig* **house of ~s** kuća od karata; **to leave ~s (on)** posjetiti (koga); **to make a ~** odnijeti (pri kartanju), učiniti »štih«; *fig* **to play one's ~s well** razborito postupati; **to speak by the ~** točno govoriti, precizno se izražavati; *fig* **to throw up one's ~s** otkriti karte; *fig* **best ~** najbolji adut (argument); **~ vote** glasanje na sindikalnoj skupštini gdje svaki delegat ima kartu koja predstavlja izvjestan broj radnika
card [kaːd] *vt* raščešljavati, gargati, grebenati, česati
cardboard [ˈkaːdbɔːd] *s* ljepenka, karton
carder [ˈkaːdə] *s* grebenar, grebenalja
cardiac [ˈkaːdiæk] *adj anat* srčani; koji se tiče gornjeg otvora želuca
cardigan [ˈkaːdigən] *s* (pletena) vesta, džemper
cardinal [ˈkaːdinl] *adj* (**~ly** *adv*) 1. glavni, najvažniji, osnovni, kardinalan 2. skrletni | **~ number** glavni broj; **~ points** četiri glavne strane svijeta (na kompasu)
cardinal [ˈkaːdinl] *s* 1. *eccl* kardinal 2. kratak ženski (skrletni) ogrtač s kukuljicom
cardinalate [ˈkaːdinəleit] *s* kardinalska čast, kardinalstvo; kardinali
carding-machine [ˈkaːdiŋməˈʃiːn] *s* stroj za raščešljavanje, grebenanje (vune, konoplje itd.)
cardiology [ˌkaːdiˈɔlədʒi] *s* nauka o srcu, kardiologija
cardiometer [ˌkaːdiˈɔmitə] *s* kardiometar, aparat za mjerenje rada srca
carditis [kaːˈdaitis] *s med* karditis, upala srca
cardoon [kaːˈduːn] *s bot* španjolska artičoka
card-sharper [ˈkaːdˌʃaːpə] *s* varalica na kartama, varalica u igri
card-thistle [ˈkaːdˌθisl] *s bot* češljuga
care [kɛə] *s* 1. briga; zabrinutost; strah 2. paska, nadzor, skrb; obzir; oprez 3. pomnja, trud, mar, marljivost, nastojanje | **to take ~** paziti (*of* na); **to take ~** biti na oprezu, čuvati se (*not to do*); **to take ~ to do** nastojati učiniti; **take ~, have a ~!** oprez, pazi!; **~ of (c/o)** na ruke, kod, s pismima (ispred adresa); **with ~!** brižljivo, pažljivo, oprezno!
care [kɛə] *vt* 1. biti zabrinut (*about* za); mariti, hajati, starati se (*about a thing* za što) 2. brinuti se, skrbiti (*for* za) | **I don't ~ if I do** nemam ništa protiv toga, svejedno mi je; **what do I ~?** šta me briga!; **I should not ~ to be seen** ne bih želio da me vide; **I don't ~ a damn (button, brass farthing, feather, fig, straw)** ne marim ni zere, fućkam na to, baš me briga
care for [ˈkɛəˈfɔː] *vi* brinuti se za | **to ~ a p** voljeti koga; **to ~ a th** zanimati se za što; **cared-for** njegovan, pažen, zbrinut
careen [kəˈriːn] *vt/i mar* **I.** *vt* nagnuti, izvrnuti na bok (brod radi popravka itd.) **II.** *vi* nagnuti se (na bok)
careenage [kəˈriːnidʒ] *s mar* nagibanje broda na bok (radi popravka, šuperenja itd.); mjesto za popravak, šuperenje itd.; troškovi nagibanja i šuperenja broda
career [kəˈriə] *s* 1. trk, let 2. tok, tečaj (službe, zvanja, života itd.); razvoj, uspjeh (stranke, naroda itd.); karijera; život | **~ diplomatist** diplomat od karijere
career [kəˈriə] *vi* trčati, juriti; letjeti
careerist [kəˈriərist] *s* karijerist, laktaš
carefree [ˈkɛəfriː] *adj* bezbrižan
careful [ˈkɛəful] *adj* (**~ly** *adv*) 1. zabrinut (*for* za); brižljiv, poman, pažljiv; štedljiv; oprezan (*of*) 2. točan, temeljit, pomno učinjen | **be ~!** pazi, čuvaj se!
carefulness [ˈkɛəfulnis] *s* brižljivost, pomnja, zabrinutost
careless [ˈkɛəlis] *adj* (**~ly** *adv*) bezbrižan; nemaran, nehajan; nepromišljen, neoprezan; nepažljiv; raskalašen | **to be ~ of** ne paziti na, ne mariti za, ne obazirati se na

carelessness [ˈkɛəlisnis] *s* bezbrižnost; nepažnja, nemar, nehaj | **a piece of ~** nemar, nepažnja, propust zbog nehaja
caress [kəˈres] *s* draganje; milovanje, cjelov
caress [kəˈres] *vt* dragati, gladiti; milovati, cjelivati
caressing [kəˈresiŋ] *adj* (**~ly** *adv*) milujući, umilan, ljubazan; pun ljubavi (pogled)
caret [ˈkærət] *s* znak (ispod crte) kojim se označuje gdje što treba umetnuti (ʌ)
caretaker [ˈkɛəˌteikə] *s* nadzornik kuće, pazikuća
careworn [ˈkɛəwɔːn] *adj* izjeden brigom, čemeran
carfare [ˈkaːfɛə] *s US* vozarina, cijena vožnje
cargo [ˈkaːgəu] *s* brodski teret, tovar | **mixed ~, general ~** generalni teret; **~ ship** teretni brod; **~ steamer** teretni parobrod
carhop [ˈkaːhɔp] *s* konobar ili konobarica motela koji poslužuju putnike u autu
caribou (cariboo) [ˈkæribuː] *s zool* sjeveroamerički sob
caricature [ˈkærikəˌtjuə] *s* karikatura; *fig* nagrda, nakaza
caricature [ˈkærikəˌtjuə] *vt* karikirati; *fig* učiniti smiješnim, izvrći ruglu
caricaturist [ˈkærikəˌtjuərist] *s* karikaturist, crtač karikatura
caries [ˈkɛəriiːz] *s Lat med* karijes
carillon [ˈkæriljən] *s Fr mus* (skladno udešena) zvona; melodija (skladno udešenih) zvona
carious [ˈkɛəriəs] *adj* truo, gnjio, sagnjio; *med* kariozan
carking [ˈkaːkiŋ] *adj* težak, koji izjeda, zabrinjuje | **~ care** briga koja izjeda, mori
carl(e) [kaːl] *s Scot* čovjek, momak
carline [ˈkaːlin] *s Scot* stara žena, baba
car-load [ˈkaːləud] *s* voz, teret jednih kola, tovar jednog kamiona; *US* (pun) vagon (*a ~ of coal*)
carman [ˈkaːmən] *s* vozar, kirijaš
carminative [ˈkaːminətiv] *adj med* koji liječi vjetrove, ublažuje nadutost
carminative [ˈkaːminətiv] *s med* lijek za ublaživanje vjetrova
carmine [ˈkaːmain] *s* karmin, jarkocrvena boja
carmine [ˈkaːmain] *adj* jarkocrven
carnage [ˈkaːnidʒ] *s* krvoproliće, pokolj
carnal [ˈkaːnl] *adj* (**~ly** *adv*) čulni, puten, tjelesan; bludan; spolni; svjetovan | **to have ~ intercourse with** imati spolni odnošaj (sa); **~ knowledge of** spolno općenje (sa)
carnality [kaːˈnæləti] *s* putenost, čulnost, bludnost
carnation[1] [kaːˈneiʃən] *s bot* klinčić, karanfil
carnation [kaːˈneiʃən] *adj* ružičast
carnation[2] [kaːˈneiʃən] *s* ružičasta boja, boja puti
carnival [ˈkaːnivl] *s Fr* mesopust, poklade, karneval, fašnik; *fig* razvrat, neumjereno uživanje čega, plivanje u čemu (*a ~ of bloodshed* itd.)
carnivore [ˈkaːnivɔː] *s zool* mesožder, mesojed
carnivorous [kaːˈnivərəs] *adj zool* mesožderan
carob [ˈkærəb] *s bot* rogač, roščić
carol [ˈkærəl] *s* vesela (božićna) pjesma, koleda; slavopjev (ptica itd.)
carol [ˈkærəl] *vt/i* **I.** *vt* slaviti pjesmom **II.** *vi* pjevati vesele pjesme; koled(ov)ati
Caroline [ˈkærəlain] *adj* karolinški; iz vremena engleskih kraljeva Karla I i II
carom [ˈkærəm] *s US* karambol (u biljaru)
carotid [kəˈrɔtid] *adj anat* koji se tiče vratne žile kucavice
carotid [kəˈrɔtid] *s anat* vratna žila kucavica
carousal [kəˈrauzəl] *s* pijanka, bančenje
carouse [kəˈrauz] *vi* piti, pijančevati, bančiti
carp [kaːp] *s ichth* šaran, krap
carp [kaːp] *vi* prigovarati, zanovijetati, čangrizati | **~ at** prigovarati čemu
carpal [ˈkaːpəl] *adj anat* koji se tiče zapešća
car-park [ˈkaːpaːk] *s* prostor za parkiranje vozila, parkiralište
carpel [ˈkaːpel] *s bot* oplodni listić; pestić
carpenter [ˈkaːpəntə] *s* tesar, drvodjelac | **~'s rule** palčenjak, metrenjak, metar preklopnik; **~'s level** ravnjača, olovnica, visak; **~'s axe** bradva
carpenter [ˈkaːpəntə] *vi/t* **I.** *vi* baviti se tesarenjem, tesariti **II.** *vt fig* graditi, sastavljati
carpenter-bee [ˈkaːpəntəbiː] *s ent* divlja pčela, šumska pčela
carpentry [ˈkaːpəntri] *s* tesarstvo; tesarsko djelo
carper [ˈkaːpə] *s* zanovijetalo, onaj koji stalno prigovara
carpet [ˈkaːpit] *s* sag, prostirač, ćilim | **knotted ~** uzlani sag; **ruffled ~** sag čupanac; **red ~** svečan doček; **on the ~** na tapetu, na dnevnom redu; **to do a ~** odslužiti; izdržati kaznu
carpet [ˈkaːpit] *vt* 1. pokriti sagom, nastrijeti prostiračima 2. *fam* (koga) ukoriti, pozvati na red
carpet-bag [ˈkaːpitbæg] *s* vrsta putne torbe
carpet-bagger [ˈkaːpitˌbægə] *s US* politički pustolov koji je došao iz sjevernih država SAD u južne nakon građanskog rata; dotepenac
carpet-beater [ˈkaːpitˌbiːtə] *s* isprašač
carpet-dance [ˈkaːpitdaːns] *s* (improvizirana) kućna plesna priredba (bez priprema i poziva)

carpeting [ˈkaːpətiŋ] *s* materijal za sagove, sagovi
carpet-knight [ˈkaːpitnait] *s* salonski vitez, udvarač, gizdelin
carpet-sweeper [ˈkaːpitˌswiːpə] *s* stroj za pometanje sagova; aspirator
carping [ˈkaːpiŋ] *adj* (~ **ly** *adv*) zajedljiv, koji zanovijeta, koji zlobno prigovara
carping [ˈkaːpiŋ] *s* zanovijetanje, prigovaranje
carriage [ˈkæridʒ] *s* 1. prijevoz, prijenos; otprema, transport 2. vozarina, prijevozni troškovi 3. hod; držanje (tijela) 4. izvršenje (narudžbe); prihvat (zakona) 5. kola, voz, kočija; *rly* (putnički) vagon 6. stan (kola); lafeta (topa); kolica (pisaćeg stroja) | ~ **by rail** otprema željeznicom; ~ **by sea** pomorska otprema; ~ **paid,** ~ **free** franko, vozarina plaćena; ~ **forward** trošak prijevoza plaća primalac; ~ **and pair** dvopreg; **by** ~ kolima, kamionom; ~ **candle** vrsta tvrde svijeće; ~ **clock** sat koji ide u svakom položaju
carriageable [ˈkæridʒəbl] *adj* prenosiv, koji se može transportirati; vozni, dobar za prolaz kola (put itd.)
carriage-body [ˈkæridʒˌbɔdi] *s* karoserija, gornji dio kola
carriage-dog [ˈkæridʒdɔg] *s zool* dalmatinac (pas)
carriage-drive [ˈkæridʒdraiv] *s* kolnik (pred dvorcem)
carriage-entrance [ˈkæridʒˌentrəns] *s* kolni ulaz, kapija
carriage-horse [ˈkæridʒhɔːs] *s* konj za kočiju
carriage-way [ˈkæridʒwei] *s* kolnik | **dual** ~ cesta s dva kolnika
carrick [ˈkærik] *s mar* | ~ **bend** vrsta čvora
carrier [ˈkæriə] *s* 1. prijenosnik (bolesti itd.); donosilac 2. vozar 3. nosač (za prtljagu na biciklu itd.) | **(common)** ~ **by sea** pomorski vozar; *mar* **aircraft** ~ nosač aviona
carrier-pigeon [ˈkæriəˌpidʒin] *s* golub pismonoša
carriole [ˈkæriəul] *s Fr* laka kola (za jednu osobu); kanadske saonice
carrion [ˈkæriən] *s* strvina, mrcina, crkotina; *fig* otpaci
carrion-crow [ˈkæriənˈkrəu] *s ornith* crna vrana; američka vrana
carrot [ˈkærət] *s bot* mrkva | *sl* ~**s** *pl* riđa kosa; crvenokosa osoba
carroty [ˈkærəti] *adj* riđ, crvenkast, crven (kosa)
carry [ˈkæri] *vt/i* **I.** *vt* 1. nositi; donositi; voziti; prenositi; prevoziti 2. nositi sa sobom; imati uza se 3. prenositi, širiti (bolest) 4. *fig* sadržavati, imati u sebi; povlačiti za sobom 5. nastavljati, proširiti, produljiti (priču) 6. *com* nositi, odbacivati (kamate), držati (neku robu) 7. voditi, provoditi 8. držati (*to* ~ *oneself* držati se) 9. *mil* osvojiti, zauzeti; *fig* zadobiti, postići 10. prodrijeti (s čim), isposlovati (što); provesti, prihvatiti; pobijediti (na izborima); prodrijeti sa **II** *vi* 1. nositi; dopirati 2. općiti; spetljati se (*with* sa) 3. *sl* dalje raditi, nastaviti (posao itd.) | **to** ~ **everything before one** potpuno uspjeti; *fig* **to** ~ **weight** biti uvjerljiv, važan; **to** ~ **into effect** ostvariti, izvršiti, provesti u djelo; **to** ~ **the day** pobijediti, odnijeti pobjedu; uspjeti; **to** ~ **a fortress** (na juriš) zauzeti tvrđavu; **to** ~ **hearers with one** zanijeti slušaoce; **to** ~ **authority** biti utjecajan, imati autoritet; **to** ~ **conviction** biti uvjerljiv, uvjeriti; *fig* **to** ~ **the war into the enemy's country** iznijeti protuoptužbe itd.; *fig* **to** ~ **coals to Newcastle** sipati pijesak u more; **to** ~ **things too far** pretjerivati, ne znati mjere; **to** ~ **it with a high hand** zapovjednički nastupati, gledati s visoka; **to** ~ **one's point** postići cilj, uspjeti; *mar* **to** ~ **all sail** ploviti punim jedrima; **to fetch and** ~ donijeti, aportirati; pokorno slušati, vršiti podređenu službu; **carried unanimously** jednoglasno prihvaćen; *math* **4 down and** ~ **2** pišem 4, a 2 (nosim) dalje; **this grocer carries also vegetables** ovaj trgovac mješovitom robom drži i povrće; **to** ~ **in stock** držati na skladištu; ~**ing capacity** nosivost; domet
carry about [ˈkæriəˈbaut] *vt* nositi amo--tamo; raznositi; vući sa sobom, nositi uza se, nosati
carry away [ˈkæriəˈwei] *vt* odnijeti, odvesti; *fig* zavesti; zanijeti; *mar* otkinuti, ukloniti
carry back [ˈkæriˈbæk] *vt* donijeti natrag, dovesti natrag, vratiti u sjećanje
carry down [ˈkæriˈdaun] *vt* donijeti dolje, dovesti dolje, skinuti; postići da se što proguta ili prihvati
carry forward [ˈkæriˈfɔːwəd] *vt* nastaviti; *com* prenijeti, nositi dalje | *com* **carried forward** (ili **over**) prijenos
carry in [ˈkæriˈin] *vt* unijeti; uvesti
carry off [ˈkæriˈɔf] *vt* odnijeti, odvesti, oteti, osvojiti | **to carry it off (well)** snaći se (dobro), uspješno nastupiti, hrabro se držati
carry on [ˈkæriˈɔn] *vt/i* **I.** *vt* 1. nastaviti 2. obavljati, vršiti; voditi (posao, konverzaciju itd.) **II.** *vi* ponašati se (čudno ili nezgodno); biti blagoglagoljiv, gnjaviti | ~ **with** nastaviti (što raditi); ~ **(an affair) with** voditi ljubav, ljubakati, splesti se sa; **don't** ~ ne pravi ispade
carry out [ˈkæriˈaut] *vt* iznijeti; izvesti; izvršiti, obaviti, provesti
carry over [ˈkæriˈəuvə] *vt* prenijeti; prolongirati, odgoditi ispunjenje burzovnog posla na kasniji rok

carry through [ˈkæriˈθru] *vt* provesti, izvesti; pomoći (komu) da prođe (da se spasi, preboli bolest, da se izvuče itd.)
carry up [ˈkæriˈʌp] *vt* donijeti gore, dovesti gore, uznijeti
carry [ˈkæri] *s* 1. uspravno držanje puške (pred desnim ramenom) 2. domet; puškomet | *fig* **at the ~** pod puškom
carry-all [ˈkæriˈɔːl] *s* 1. *US* lak jednopreg na 4 kotača 2. putna torba
carry-cot [ˈkærikɔt] *s* prenosiva zipka
carry-forward [ˈkæriˈfɔːwəd] *s com* prijenos, prijenosni saldo
carrying-agent [ˈkæriiŋˌeidʒənt] *s* otpremnik, špediter
carryings-on [ˈkæriiŋzˈɔn] *s pl fam* čudno ili nezgodno ponašanje, čudne stvari
carrying-trade [ˈkæriiŋtreid] *s* prijevozni posao, špedicija, špediterstvo
carry-over [ˈkæriˈəuvə] *s com* prolongacija, odgoda izvršenja burzovnog posla na kasniji rok
cart [kaːt] *s* kolica, teretna kola, vozić, taljige; jednopreg na dva kotača | **to put the ~ before the horse** latiti se čega naopako; **in the ~** u teškom položaju; **~ grease** kolomaz
cart [kaːt] *vt/i* **I.** *vt* voziti, prevoziti na kolicima; *fam* nositi, vući sa sobom **II.** *vi* prevoziti na kolicima, taljigati
cart about [ˈkaːtəˈbaut] *vt* nositi sa sobom, vući sa sobom, vucarati
cartage [ˈkaːtidʒ] *s* 1. vožnja, prijevoz, podvoz, kamionaža 2. vozarina, prijevoznina
carte (**quarte**) [kaːt] *s Fr* kvarta, četvrti mah (u mačevanju) | **~ & tierce** igra mačem
carte-blanche [ˌkaːtˈblãːnʃ] *s Fr* potpisan, ali neispunjen obrazac; *fig* neograničeno punomoćje
cartel [ˈkaːtel] *s Fr* 1. pismen izazov na dvoboj 2. sporazum o izmjeni zarobljenika 3. *com* kartel
carter [ˈkaːtə] *s* vozar; taljigar, kirijaš
Cartesian [kaːˈtiːzjən] *adj* kartezijski, koji se tiče filozofije ili matematičkih metoda Descartesa
Cartesian [kaːˈtiːzjən] *s* kartezijanac, sljedbenik Descartesa (njegove filozofije ili matematičkih metoda)
Carthaginian [ˌkaːθəˈdʒiniən] *adj* kartaški
Carthaginian [ˌkaːθəˈdʒiniən] *s* Kartažanin
cart-horse [ˈkaːthɔːs] *s* teretni konj, konj za vuču
Carthusian [kaːˈθjuːzjən] *adj eccl* kartuzijanski
Carthusian [kaːˈθjuːzjən] *s eccl* kartuzijanac
cartilage [ˈkaːtilidʒ] *s anat* hrskavica
cartilaginous [ˌkaːtiˈlædʒinəs] *adj* hrskav, poput hrskavice
cart-load [ˈkaːtləud] *s* voz (kao mjera); *fam* velika količina | **to come down on a p like a ~ of bricks** koga ljudski izgrditi, okomiti se na koga
cartographer [kaːˈtɔgrəfə] *s* crtač zemljopisnih karata, kartograf
cartographic [ˌkaːtəˈgræfik] *adj* (**~ly** *adv*) kartografski
cartography [kaːˈtɔgrəfi] *s* kartografija
cartomancy [ˈkaːtəmænsi] *s* kartomantija, proricanje iz karata, gatanje, vračanje
carton [ˈkaːtən] *s* 1. karton, ljepenka; kutija od kartona; kutija sa 10 paketa cigareta 2. bijeli kolut u sredini ciljišta
cartoon [kaːˈtuːn] *s* predložak, skica, nacrt (za sliku, mozaik itd.); šaljiva slika, (politička) karikatura | (**animated**) **~** crtani film
cartoon [kaːˈtuːn] *vt/i* **I.** *vt* karikirati; **II.** *vi* risati karikature
cartoonist [kaːˈtuːnist] *s* crtač karikatura
cartridge [ˈkaːtridʒ] *s mil* naboj, metak, fišek, patrona (*el* osigurača); rastalni uložak (osigurača) | **ball ~** oštar naboj; **blank ~** slijep naboj
cartridge-belt [ˈkaːtridʒbelt] *s* pojas za naboje, redenik
cartridge-paper [ˈkaːtridʒˌpeipə] *s* debeli grubi papir
cart-road [ˈkaːtrəud] *s* → **cart-track**
cart-track [ˈkaːttræk] *s* kolni put
cartulary [ˈkaːtjuləri] *s* zbornik isprava, knjiga zapisa; kartoteka
cart-wheel [ˈkaːtwiːl] *s* 1. kolo, kotač, kolica 2. *sl* zvijezda (prevrtanje preko glave postrance); *aero* preokret na krilo 3. *US* srebrni dolar
cartwright [ˈkaːtrait] *s* kolar
carve [kaːv] *vt/i* (*pret* **~d**; *pp* **~d**, **~n**) **I.** *vt* 1. rezbariti, dupsti; urezati (ime); sjeći, rezati, tranširati (meso) 2. *fig* krčiti (put) **II.** *vi* rezbariti; rezati
carve out [ˈkaːvˈaut] *vt* 1. izrezbariti; isjeći; *fig* stvoriti; postići | *fig* **to ~ a career for oneself** utrti sebi put, postići karijeru; **everyone must ~ his own fortune** svatko je kovač svoje sreće
carve up [ˈkaːvˈʌp] *vt* razdijeliti, razrezati, rasjeći, raskomadati
carver [ˈkaːvə] *s* 1. rezbar (umjetnik) 2. onaj koji (kod stola) reže meso 3. nož za rezanje mesa | **~s** *pl* viljuška i nož za rezanje (pečenog) mesa
carving [ˈkaːviŋ] *s* 1. rezbarenje 2. sječenje; dijeljenje, rezanje, komadanje 3. rezbarija, rezbarsko djelo
carving-fork [ˈkaːviŋfɔːk] *s* viljuška za držanje pečenja pri rezanju
carving-knife [ˈkaːviŋnaif] *s* nož za rezanje (pečenog) mesa
caryatid [ˌkæriˈætid] *s archit* karijatida
cascade [kæˈskeid] *s Fr* vodopad, slap, kaskada; *fig* nešto što valovito pada (**~ of** *lace*)
cascade [kæˈskeid] *vi fig* valovito padati

case[1] [keis] *s* 1. slučaj, zgoda; događaj; stvar, pitanje (~ *of conscience*) 2. stanje, položaj; okolnost 3. *gram* padež 4. *jur* slučaj; parnica 5. činjenice, dokazi; razlog, povod (*for* za) 6. važnost, značenje 7. opravdanje (*his ~ is that*) 8. *med* slučaj; bolesnik; *US sl* čudan čovo | ~ **history** povijest (i pretpovijest) bolesti, anamneza; **(just) in ~** u slučaju da; **in any ~** u svakom slučaju, kako bilo; **in any and every ~** u svakom mogućem slučaju; **in ~ of (war)** u slučaju (rata); **in that ~** u tom slučaju; **in no ~** ni u kojem slučaju, nipošto; **in the ~ of Smith** u parnici Smith; **a ~ in point** tipičan, karakterističan slučaj; **as the ~ may be** već prema tome; **put the ~ that** u slučaju da, pretpostavimo da; **that alters the ~** to mijenja stvar; *US* **to come down to ~s** prijeći na stvar; **a ~ for** ozbiljni razlozi; **have a strong ~** imati zakon na svojoj strani; biti u pravu; **he made (out) his ~** dokazao je da je u pravu; **to make out a ~ for oneself** znati se braniti; *jur* **leading ~** precedens

case[2] [keis] *s* 1. kutija, kućica; kućište; spremnica; ormar; pretinac, škrinja; korice, tok (mača); čahura; prevlaka (jastuka) 2. torba; tulac, etui, kaseta 3. *tech* omotač, košuljica, plašt | **glass ~** vitrina; **book ~** ormar za knjige, biblioteka; **brief-~** torba za spise; **suit-~** putni kovčeg; *print* **upper ~** (slovnik za) velika slova; **lower ~** (slovnik za) mala slova

case [keis] *vt* snabdjeti prevlakom itd., staviti u kućicu, ormarić kutiju itd.; pokriti, zaodjenuti (*with* čime), zaviti

case over ['keis'əuvə] *vt* zaodjeti, zaodjenuti, pokriti

case up ['keis'ʌp] *vt* staviti u kutiju, kućište, ormarić itd.

case-book ['keisbuk] *s* (liječnikov) registar, kartoteka pacijenata

case-bottle ['keis,bɔtl] *s* (putna) boca s prevlakom

case-ending ['keis,endiŋ] *s gram* padežni dočetak

case-harden ['keis,ha:dn] *vt tech* kaliti | **~-ed** *tech* kaljen; *fig* očeličen, prekaljen, otvrdnuo

case-history ['keis,histəri] *s med* povijest bolesti

casein ['keisi:in] *s chem* kazein

case-knife ['keisnaif] *s* velik nož u koricama

case-law ['keislɔ:] *s jur* običajno pravo

casemate ['keismeit] *s mil* kazemata

casement ['keismənt] *s* prozor (koji se otvara prema vani ili na unutra poput vrata); krilo prozora | **~ window** prozor s dva ili više krila; **~ cloth** tkanina za zavjese

casern(e) [kə'zə:n] *s Fr mil* vojarna, kasarna

case-shot ['keisʃɔt] *s mil* karteča, šrapnela

cash [kæʃ] *s* (nema *pl*) gotovina, (gotov) novac; isplata u gotovu; vrsta orijentalnog kovanog novca niske vrijednosti | **~ down, for ~** uz gotovo, u gotovu; **in ~** u gotovom; **~ on delivery (C.O.D.)** pouzećem, plativo prigodom isporuke; **~ payment** plaćanje u gotovu; **~ crops** kulture namijenjene isključivo prodaji (kava, pamuk itd.); **~ price** cijena uz gotovo, efektivna cijena; **~ register** register-kasa; **~ report** blagajnički izvještaj; **~ in bank** bankovno potraživanje; **~ in hand** stanje blagajne; **~ and carry** (kupljenu robu) u gotovu isplatiti i odvesti (vlastitim prijevoznim sredstvom); **ready ~** gotov novac, gotovina; **to be in ~** imati novaca; **to be out of ~** nemati novaca; **to be short of ~** nemati novaca

cash [kæʃ] *vt* unovčiti (*to ~ a cheque*); isplatiti; platiti; utjerati

cash in ['kæʃ'in] *vi* unovčiti; *fig* izbiti korist (*on* iz čega)

cash-account ['kæʃə'kaunt] *s com* račun blagajne

cash-balance ['kæʃ,bæləns] *s com* saldo blagajne

cash-book ['kæʃbuk] *s* knjiga blagajne, blagajnička knjiga

cash-box ['kæʃbɔks] *s* blagajna, kasa, kutija za novac

cash-cheque ['kæʃtʃek] *s* ček za gotovinu

cash-desk ['kæʃdesk] *s* kasa, blagajna (u trgovini i sl.)

cashew [kæ'ʃu:] *s* indijski oraščić

cashier [kæ'ʃiə] *s* blagajnik

cashier [kə'ʃiə] *vt* otpustiti (iz službe); ukloniti, kasirati | *mil* **to ~ an officer** degradirati časnika, otpustiti oficira iz vojske uz oduzimanje čina

cashless ['kæʃlis] *adj* bez gotovine

cashmere [kæʃ'miə] *s* kašmir, svilena tkanina s utkanim vunenim nitima; šal od kašmira

cash-order ['kæʃ,ɔ:də] *s* doznačnica po viđenju, uputnica plativa po viđenju

cash-rates ['kæʃreits] *s pl st exch* poslovi uz gotovo; tečajevi pri plaćanju gotovinom, efektivni tečajevi novca

cash-system ['kæʃ,sistəm] s plaćanje u gotovu | **on the ~** samo za gotovo

cash-transaction ['kæʃtræn,zækʃn] *s com* posao uz gotovinu

casing ['keisiŋ] *s* 1. stavljanje u spremnicu, snabdijevanje ormarićem itd. 2. kućište, omot, tok, navlaka, prevlaka, futrola 3. *tech* oplata, plašt, oblog | **~ paper** omotni papir; **~s** *pl* crijeva za kobasice

casino [kə'si:nəu] *s It* kasino; klub; kartašnica; dvorana za zabave, glazbu, ples itd.; društveni dom

cask [ka:sk] *s* bure, bačva, posuda | **~ wood** bačvarska građa

casket [ˈkaːskit] *s* kutija, kutijica, kazeta (za dragulje, pisma itd.); *US* lijes
Caspian Sea [ˈkæspiənˈsiː] *s* Kaspijsko jezero
casque [kæsk] *s* šljem, kaciga
cassation [kæˈseiʃn] *s jur* kasacija | **Court of ~** kasacioni sud
casserole [ˈkæsərəul] *s Fr* šerpa, vatrostalna posuda s poklopcem; jelo priređeno u takvoj posudi
cassock [ˈkæsək] *s* svećenička haljina, reverenda, sutana
cassowary [ˈkæsəwɛəri] *s ornith* kazuar | **New Holland ~** emu
cast [kaːst] *s* 1. bacanje; hitanje; hitac 2. domet 3. udica s mamcem 4. odljev, lijev; kalup 5. račun, obračun, zbroj; proračun, predviđanje 6. *theat* podjela uloga; ansambl 7. obojenje, prelijevanje boja 8. prirođena osobina (*~ of mind*); tip | **~ in eye** škiljenje, razrokost; **~ of fortune** slučaj
cast [kaːst] *vt/i* (cast, cast) **I.** *vt* 1. baciti 2. upraviti, uperiti (pogled, *at* na); bacati (svjetlo *on, upon* na) 3. odbaciti, zbaciti (kožu); izgubiti (rogove, zube, potkovu) 4. baciti, kotiti, rađati mlade 5. liti (kovine); oblikovati 6. nacrtati, skicirati 7. *com* izračunati, proračunati (*to ~ accounts*) 8. rasporediti; *theat* podijeliti (uloge) 9. otpustiti (vojnike); zabaciti 10. *jur* osuditi (na plaćanje troškova) **II.** *vi* dati se lijevati | **to ~ loose** osloboditi, odriješiti; **to ~ lots** ždrijebati, baciti ždrijeb (*for* za); **to ~ something in a person's teeth** kome što predbaciti; **to ~ a spell on** opčarati, opčiniti; *fig* **to ~ stones at** osuditi (čije) vladanje, nabacivati se kamenjem (na); *mar* **to ~ the lead** mjeriti dubinu; **the die is ~** kocka je pala; *fig* **to be ~ in the same mould** biti istoga kova; *jur* **to be ~** izgubiti parnicu; **to be ~ down** biti utučen, deprimiran; **be ~ in costs** snositi troškove; **~ not a clout till May is out** ne odbacuj ništa od odjeće do kraja svibnja; **~ iron** lijevano željezo; **to ~ anchor** baciti sidro
cast about [ˈkaːstəˈbaut] *vi fig* razmišljati; *mar* krstariti amo-tamo, lavirati | **to ~ for** osvrtati se za, tražiti; domišljati se (čemu)
cast ashore [ˈkaːstəˈʃɔː] *vt* baciti na obalu, nasukati se
cast aside [ˈkaːstəˈsaid] *vt* odbaciti, ukloniti, baciti na stranu; odložiti; zbaciti
cast away [ˈkaːstəˈwei] *vt* odbaciti; baciti; trošiti | *mar* **to be ~** razbiti se, pretrpjeti brodolom
cast back [ˈkaːstˈbæk] *vi* vratiti se (*to* na)
cast down [ˈkaːstˈdaun] *vt* obaliti; utući, potištiti (raspoloženje); oboriti (oči)
cast for [ˈkaːstˈfɔː] *vi* tražiti, ogledati se (za); *fig* domišljati se čemu
cast in [ˈkaːstˈin] *vt* ubaciti; dodati | **to ~ one's lot with** dijeliti sudbinu s kim
cast into [ˈkaːstˈintu] *vt* ubaciti, baciti u | **to ~ a sleep** uspavati
cast off [ˈkaːstˈɔf] *vt/i* odbaciti, odložiti; otjerati (sina); zabaciti; otpustiti; napustiti; *mar* otisnuti se; oduzimati (očice)
cast on [ˈkaːstˈɔn] *vt/i* započeti (prve očice pri pletenju)
cast out [ˈkaːstˈaut] *vt* izbaciti; otjerati, odagnati; izopćiti
cast up [ˈkaːstˈʌp] *vt* baciti uvis; otvoriti (oči); povratiti, izbljuvati (hranu); izračunati, zbrojiti
castanets [ˌkæstəˈnets] *s pl mus* kastanjete
castaway [ˈkaːstəwei] *adj* izopćen, odbačen; *mar* nastradao, koji je pretrpio brodolom
castaway [ˈkaːstəwei] *s* propalica, izopćenik; *mar* brodolomac
caste [kaːst] *s Ind* kasta; *fig* (zatvorena) društvena klasa | **to lose ~ (with, among)** spustiti se na društvenoj ljestvici
castellan [ˈkæstələn] *s* kaštelan
castellated [ˈkæstəleitid] *adj* 1. s tornjićima i kruništima 2. bogat dvorcima (kraj itd.) 3. poput dvorca
caster [ˈkaːstə] *s* 1. onaj koji baca, bacač 2. ljevač 3. računalac 4. kotačić za namještaj itd.
caster-sugar [ˈkaːstəˌʃugə] *s* fini šećer u prahu
cast-house [ˈkaːsthaus] *s* ljevaonica, livnica
castigate [ˈkæstigeit] *vt* 1. (strogo) kazniti; ukoriti 2. popraviti, ispraviti (knjigu, tekst)
castigation [ˌkæstiˈgeiʃn] *s* 1. kažnjavanje, kazna 2. kritički pregled; ispravak
castigator [ˈkæstigeitə] *s* onaj koji kažnjava, prekorava
castigatory [ˈkæstigeitəri] *adj* koji kažnjava, kaznen, popravni
casting [ˈkaːstiŋ] *s* bacanje; lijevanje, lijev; odljevak | **~s** *pl* lijevana roba
casting-net [ˈkaːstiŋnet] *s* mreža metnica, križak (za ribolov)
casting-vote [ˌkaːstiŋˈvəut] *s* odlučujući glas (pri glasanju)
cast-iron [ˌkaːstˈaiən] *adj* od lijevana željeza; *fig* izdržljiv, nepopustljiv
castle [ˈkaːsl] *s* 1. tvrđava; dvorac, zamak 2. kula (kod šaha) | *fig* **~s in the air, ~s in Spain** kule u zraku
cast-off [ˈkaːstˈɔf] *s* izopćenik, izmet, prokletnik | **~s** stara, odbačena odjeća
castor[1] [ˈkaːstə] *s Lat zool* dabar; *pharm* dabrovica; *sl* šešir (od dabrovine)
castor[2] **(caster)** [ˈkaːstə] *s* 1. posipaljka (za šećer, sol itd.) 2. kotačić na nozi stolice itd. | **~ sugar** šećer u prahu
castor[3] **(caster)** [ˈkaːstə] *s* koštana izraslina s unutrašnje strane konjske noge
castor-oil [ˈkaːstərˈɔil] *s med* ricinovo ulje

castrate [kæ'streit] *vt* kastrirati, uškopiti, uštrojiti
castration [kæ'streiʃən] *s* kastracija, škopljenje, štrojenje
cast-steel ['ka:st'sti:l] *adj* od lijevanog čelika
casual ['kæʒjuəl] *adj* (~**ly** *adv*) slučajan, usputan; prigodan, neredovit; neodređen; nedosljedan; nemaran, nehotičan; ležeran, sportski (odjeća) | ~ **labourer** prigodni radnik; ~ **ward** sklonište za privremeno nezbrinute (u ubožnici)
casual ['kæʒjuəl] *s* prigodni radnik; povremeni primalac socijalne pomoći
casualness ['kæʒjuəlnis] *s* slučajnost; nemarnost, ležernost, nehaj
casualty ['kæʒjuəlti] *s* nezgoda, nesretan slučaj; žrtva nesreće | ~ **insurance** osiguranje protiv nezgoda (nesretnih slučajeva); *mil* **casualties** *pl* gubici; ~ **list** popis poginulih i ranjenih; ~ **ward (department)** traumatološki odjel
casuist ['kæzjuist] *s* kazuist
casuistic [ˌkæzju'istik] *adj* (~**ly** *adv*) kazuistički
casuistry ['kæzjuistri] *s* kazuistika
casus belli [ˌka:sus'beli:] *s Lat* (formalni) povod za objavu rata
cat[1] [kæt] *s zool* mačka; životinja iz porodice mačaka; *fig* mačka (žena); *mar* orepak, kluba, parana (sidra); dvostruki tronog; deveterorepi bič; *US sl* džez-entuzijast | *fig* **to turn a ~ in the pan** okretati kabanicu prema vjetru; *fig* **to wait for the ~ to jump, see which way the ~ jumps** paziti otkuda vjetar puše, ne izjasniti se dok se ne vidi razvoj (političkih) događaja ili ne čuje javno mišljenje; **to fight like Kilkenny ~s** boriti se do istrebljenja; **to bell the ~** uzeti na se opasnost zajedničkog pothvata; **like a ~ on hot bricks** vrlo nervozno; **to live like ~ and dog** živjeti (u zavadi) kao pas i mačka; **it is raining ~s and dogs** kiša lije kao iz kabla; **to let the ~ out of the bag** izbrbljati tajnu; **a ~ may look at a king** čovjek ni pred kim ne smije gubiti svoje dostojanstvo; **care killed the ~** ostavi brigu, briga sijedi, udri brigu na veselje; **he has not got a ~'s chance** on nema nikakvih izgleda (u uspjeh); **there's no room to swing a ~ in** nema mjesta ni da se okreneš; **Tom-~** mačak; **~-&-dog life** život (muža i žene) pun razmirica; *sl* **~-&-mouse Act** zakon kojim se dopušta da oni koji štrajkaju glađu budu privremeno oslobođeni; **when the cat's away the mice will play** kad mačke nema kod kuće, miševi se vesele
cat[2] [kæt] *s coll abbr* traktor gusjeničar
cat [kæt] *vi/t* **I.** *vi fam* povraćati, bljuvati **II.** *vt mar* pričvrstiti (sidro)
catachresis [ˌkætə'kri:sis] *s* pogrešna, nelogična primjena riječi
cataclasm ['kætəklæzəm] *s Gr* žestok prijelom
cataclysm ['kætəklizəm] *s* potop; velika elementarna nesreća, propast, katastrofa, kataklizma; *fig* nagao preokret
cataclysmal [ˌkætə'klizməl] *adj* razoran, koji sve uništava; prevratnički, koji obara
cataclysmic [ˌkætə'klizmik] *adj* → **cataclysmal**
catacomb ['kætəku:m] *s* katakomba
catadioptric reflector [ˌkætədi'ɔptrikri'flektə] *s mot* »mačje oko« (na vozilu)
catafalque ['kætəfælk] *s Fr* katafalk, odar
Catalan ['kætələn] *adj* katalonski
Catalan ['kætələn] *s* Katalonac, Katalonka
catalectic [ˌkætə'lektik] *adj pros* katalektičan, krnj, nepotpun (stih)
catalepsy ['kætəlepsi] *s med* katalepsija, ukočenost mišića
cataleptic [ˌkætə'leptik] *adj* kataleptičan, ukočen, obamro
cataleptic [ˌkætə'leptik] *s* kataleptična osoba
catalogue, *US* i **catalog** ['kætəlɔg] *s* katalog, (sistematski) popis; *US univ* popis predavanja
catalogue ['kætəlɔg] *vt* sastaviti (sistematski) popis, napraviti katalog; unijeti u katalog, uvrstiti u popis
cataloguer ['kætəlɔgə] *s* sastavljač kataloga, onaj koji pravi (sistematski) popis
catalpa [kə'tælpə] *s bot* stablo katalpe
catalysis [kə'tælisis] *s Gr chem* kataliza
catalyst ['kætəlist] *s chem* katalizator
catalytic [ˌkætə'litik] *adj* katalitički
catamaran [ˌkætəmə'ræn] *s* 1. splav 2. katamaran, jedrilica s dva trupa; 3. nadžak-baba, svadljiva žena
catamountain [ˌkætə'mauntin] *s zool* divlja mačka; *US* ris
cataplasm ['kætəplæzəm] *s med* kataplazma, vruć kašast oblog
catapult ['kætəpʌlt] *s* 1. *hist* katapult, ratni bacački stroj 2. praćka, praća 3. *mar* katapult
catapult ['kætəpʌlt] *vt/i* **I.** *vt* gađati praćkom; lansirati katapultom **II.** *vi* pucati iz praćke
cataract ['kætərækt] *s* 1. katarakt, slap; prolom oblaka 2. *med* mrena (na oku), katarakt
catarrh [kə'ta:] *s* katar, upala sluzne opne; hunjavica
catarrhal [kə'ta:rəl] *adj* katarni
catastrophe [kə'tæstrəfi] *s* katastrofa; propast, slom; potresna nesreća
catastrophic [ˌkætə'strɔfik] *adj* (~**ally** *adv*) katastrofalan, koban
catbird ['kætbə:d] *s ornith* američki drozd
cat-block ['kætblɔk] *s mar* blok dizača sidra
cat-burglar ['kætˌbə:glə] *s* provalnik koji vrši provale penjanjem kroz prozore, preko krovova itd.

catcall ['kætkɔːl] *s* 1. *theat itd.* zviždanje 2. pištaljka, zviždaljka

catch [kætʃ] *vt/i* (caught, caught) **I.** *vt* 1. uhvatiti, zgrabiti, ščepati; zakvačiti; uloviti 2. (koga) sustignuti, stići; uhvatiti (vlak) 3. iznenaditi, zateći (koga, *at a thing, in a thing* pri čemu; *a person doing* da tko što radi) 4. *med* dobiti, navući (bolest) 5. zapeti, uklijеštiti 6. pogoditi, udariti (koga) 7. zanijeti, ponijeti, zaraziti se (*to ~ the enthusiasm*) 8. shvatiti, čuti, razumjeti **II.** *vi* 1. hvatati, zahvatiti, škljocnuti (ključanica itd.); držati, hvatati se 2. širiti se; *med* biti priljepčiv | **to ~ a p a blow** udariti ćušku (komu); **to ~ a crab** (zbog pogrešnog zaveslaja) zapeti veslom; **to ~ a likeness** zapaziti i ispravno prikazati sličnost (u slici itd.); **to ~ (fire)** zapaliti se; **to ~ hold of** zgrabiti, ščepati; **to ~ a Tartar** namjeriti se na jačeg od sebe, nadrljati; **to ~ one's breath** ostati bez daha; **to ~ (a) cold** prehladiti se; **to ~ a p's eye** pasti kome u oči, zapeti kome za oko; *parl* **to ~ the Speaker's eye** dobiti riječ; **to ~ in the act** uloviti na djelu; **to ~ tripping** zateći u pogrešci, pri prijestupu itd.; **to ~ one's death of cold** prehladiti se na smrt; **to ~ a glimpse of, to ~ sight of** ugledati, opaziti; **you don't ~ old birds with chaff** stara ti lija neće na to nasjesti, na to se hvataju budale; *sl* **you will ~ it** dobit ćeš ti svoje (bit ćeš kažnjen); *fam* **~ me!** nije mi ni nakraj pameti (da to učinim); **to ~ a p's attention (fancy)** privući čiju pažnju, izazvati čiji interes

catch at ['kætʃ'æt] *vi* hvatati se za što, mašiti se za što; težiti za čim | *fig* **to ~ straws** hvatati se za slamku

catch on ['kætʃ'ɔn] *vi fig* svidjeti se, imati uspjeha, naići na odobravanje; *coll* postati popularan | *fig* **to ~ to** obuzeti; *US* shvatiti, razumjeti

catch out ['kætʃ'aut] *vt sport* (hvatanjem lopte) izlučiti iz igre (kod kriketa igrača koji udara); uhvatiti u grešci

catch up ['kætʃ'ʌp] *vt/i* **I.** *vt* 1. uhvatiti, oteti, ščepati; prihvatiti, preuzeti 2. prekinuti (govornika) 3. stići, nadoknaditi (*on*) **II.** *vi* dostići, sustići (*with* sa)

catch [kætʃ] *s* 1. hvatanje, zahvat 2. zapinjanje, zastoj, zastajanje; prekidanje, stanka (*a ~ in his voice*) 3. lov; lovina, ulov, plijen; dobit 4. zamka; prijevara; iznenađenje 5. zapor, zapon; kuka, kvaka 6. *fig* teškoća, neprilika 7. *mus* vrsta (šaljivog) kanona | **no ~** slab posao; *sl* **a great ~** dobra lovina; **a splendid ~** odlična ženidba, dobra partija (brak)

catchable ['kætʃəbl] *adj* koji se može uhvatiti itd.

catchall ['kætʃ'ɔːl] *s US* mjesto (ili torba) gdje se drže svakojake stvari

catch-as-catch-can ['kætʃəz'kætʃ'kæn] *s sport* rvanje slobodnog stila

catch-crop ['kætʃkrɔp] *s* brzorodna kultura koja se uzgaja između redova drugih kultura, međuusjev

catch-drain ['kætʃdrein] *s tech* odvodni kanal

catcher ['kætʃə] *s* 1. hvatač, onaj koji hvata 2. vrsta ribarske mreže; zamka

catching ['kætʃiŋ] *adj* 1. *med* priljepčiv 2. privlačljiv, dopadljiv, ugodan 3. sumnjiv, varav | *jur* **~ bargain** lihvarski posao

catch-line ['kætʃlain] *s* redak koji sadrži natuknicu

catchment ['kætʃmənt] *s* razvođe; ustavljanje, ustava (vode) | **~ area** područje iz kojega neka škola dobiva svoje učenike; **~ basin** sliv

catch-out ['kætʃ'aut] *s fig* hvatanje (u pogrešci itd.)

catchpenny ['kætʃ,peni] *adj* bezvrijedan, komu je jedina svrha da naiđe na dobru prođu, sajamski, vašarski | **~ advertisement** prijevarni oglas, vašarska reklama

catchpenny ['kætʃ,peni] *s* bezvrijedna roba, jeftina stvar, mamipara

catch-phrase ['kætʃfreiz] *s* privlačna parola

catchpole (catchpoll) ['kætʃpəul] *s* sudski sluga, pandur

catchup ['kætʃəp] *s* → **ketchup**

catchword ['kætʃwəːd] *s* 1. natuknica 2. krilatica 3. *theat* riječ vodilja, štihvort

catchy ['kætʃi] *adj* (**catchily** *adv*) 1. privlačljiv, dopadljiv; koji se lako upamti (napjev itd.) 2. varav, koji krije smicalice

catechesis [,kæti'kiːsis] *s Gr* katekeza, nauka kršćanske vjere

catechetic [,kæti'ketik] *adj* (**~ally** *adv*) *Gr* katehetički; koji se sastoji od pitanja i odgovora

catechism ['kætikizəm] *s* katekizam; pouka pomoću pitanja i odgovora

catechist ['kætikist] *s* kateheta, vjeroučitelj

catechize ['kætikaiz] *vt* poučavati pomoću pitanja i odgovora; *fig* ispitivati

catechizer ['kætikaizə] *s* kateheta, vjeroučitelj; *fig* ispitivač

catechumen [,kæti'kjuːmen] *s eccl* katekumen; *fig* početnik, novajlija

categorical [,kæti'gɔrikəl] *adj* (**~ly** *adv*) kategoričan, određen, bezuvjetan, izričit

categorize ['kætigəraiz] *vt* razvrstati, kategorizirati

category ['kætigəri] *s* 1. *phil* kategorija 2. razred, vrsta, grupa, klasa, kategorija

catena [kə'tiːnə] *s Lat* lanac, niz, red, povezan slijed

catenarian [,kæti'nεəriən] *adj* lančan, verižan | **~ bridge** lančani most

catenary [kə'tiːnəri] *s* lančana linija, krivulja koju čini lanac labavo obješen s dva kraja
catenary [kə'tiːnəri] *adj* → **catenarian**
catenate ['kætineit] *vt* povezati u lanac, spojiti poput veriga
catenation [ˌkæti'neiʃən] *s* vezanje u lanac, verižna povezanost
cater ['keitə] *vi* nabavljati hranu, dobavljati živež, skrbiti za zabavu (*for, US to*); pribaviti; opskrbljivati, brinuti se (*for* za)
cater-cousin ['keitəˌkʌzn] *s* dalek rod; kum; prisni prijatelj | **to be ~s** biti u prisnim prijateljskim odnosima
caterer ['keitərə] *s* opskrbnik, dobavljač (*lit* & *fig*); *com* živežar, liferant (**for** ili *of a club* itd.)
catering ['keitəriŋ] *s* dobavljanje hrane, opskrbljivanje živežom | ~ **trade** (ili **industry**) ugostiteljstvo
caterpillar ['kætəpilə] *s ent* gusjenica; *fig* lakomac; *tech* gusjenica (traktora), tenka itd.) | ~ **tractor** traktor gusjeničar
caterwaul ['kætəwɔːl] *vi* mijaukati; vikati, derati se
caterwaul ['kætəwɔːl] *s* mijaukanje, mačja derača; dreka, dernjava
cat-eyed ['kætaid] *adj* koji ima mačje oči, koji vidi u mraku
catfish ['kætfiʃ] *s ichth* morski pauk (mrki, *Trachinus vipera,* bijeli, *Trachinus draco*); som
catgut ['kætgʌt] *s med* katgut, niti od životinjskog crijeva (za šivanje kod operacija); struna od životinjskog crijeva za glazbala, rekete itd. | *derog* ~ **scraper** guslač
catharsis [kə'θaːsis] *s med* čišćenje; *fig* katarza, etičko pročišćenje
cathartic [kə'θaːtik] *adj med* koji čisti, koji je za čišćenje, purgativan
cathead ['kæthed] *s mar* granik, gruja (od sidra)
cathead ['kæthed] *vt mar* | **to ~ the anchor** dići sidro na granik (gruju)
cathedral [kə'θiːdrəl] *adj eccl* stolni
cathedral [kə'θiːdrəl] *s eccl* katedrala, stolna crkva
catherine-wheel ['kæθərinwiːl] *s* 1. ognjeno kolo (kod vatrometa) 2. *archit* prozorska rozeta 3. prevrtanje postrance preko glave (*to turn* **~s** praviti »zvijezde«)
catheter ['kæθitə] *s med* kateter
cathode (kathode) ['kæθəud] *s el* katoda
cat-hole ['kæthəul] *s* malen otvor u vratima (za prolaz mačke itd.)
catholic ['kæθəlik] *adj* (**~al; ~ally** *adv*) *eccl* katolički; sveopći, sveobuhvatan, širokogrudan
catholic ['kæθəlik] *s* katolik
catholicism [kə'θɔlisizəm] *s* katolicizam, katoličanstvo
catholicity [ˌkæθə'lisiti] *s* sveobuhvatnost, općenitost; bespredrasudnost; širokogrudnost; katoličanstvo, katolicizam
catholicize [kə'θɔlisaiz] *vt* učiniti katoličkim
cat-ice ['kætais] *s* nesiguran, tanak, krhak led
catkin ['kætkin] *s bot* maca, macica, resa
cat-lap ['kætlæp] *s sl* bućkuriš, slabo piće
catlike ['kætlaik] *adj* mačji, poput mačke
catling ['kætliŋ] *s* 1. mačkica, maca 2. *med* katgut 3. šiljat kirurški nož (za amputacije)
cat-mint ['kætmint] *s bot* mačja meta
cat-nap ['kætnæp] *s* kratak san, drijemanje
cat-nip ['kætnip] *s US bot* vrsta aromatske metvice
cat-o'-nine-tails ['kætə'nainteilz] *s* devetorepi bič (za kažnjavanje prijestupnika)
cat's-cradle ['kætsˌkreidl] *s* vrsta dječje igre (premještanje uzice između prsta dvaju igrača)
cat's-eye ['kætsai] *s minr* mačkovo oko (dragi kamen sa Ceylona i Malabara); »mačje oko« (koje se ugrađuje u površinu ceste)
cat-sleep ['kætsliːp] *s* → **cat-nap**
cat's-paw ['kætspɔː] *s* 1. *mar* namreškana pruga na vodi od vjetrića 2. *fig* oruđe u tuđim rukama, žrtva | *fig* **to make a ~ of a p** dati kome da vadi kestenje iz vatre za koga
catsup ['kætsəp] *s* → **ketchup**
cattish ['kætiʃ] *adj* mačji, poput mačke, podmukao, zloban
cattle ['kætl] *s* stoka, blago, goveda, marva; *sl* konji; *fig* stoka, marva (ljudi) | **horned ~, black ~** rogata stoka; **small ~** sitna stoka
cattle-breeder ['kætlˌbriːdə] *s* stočar
cattle-breeding ['kætlˌbriːdiŋ] *s* stočarstvo, uzgoj stoke, marvogojstvo
cattle-cake ['kætlkeik] *s* uljena pogača (za ishranu stoke)
cattle-dealer ['kætlˌdiːlə] *s* trgovac stokom
cattle-food ['kætlfuːd] *s* stočna hrana, krma
cattle-leader ['kætlˌliːdə] *s* nosni prsten (za vođenje stoke)
cattle-lifter ['kætlˌliftə] *s* kradljivac stoke
cattle-pen ['kætlpen] *s* obor za stoku
cattle-plague ['kætlpleig] *s* stočna kuga
cattle-rustler ['kætlˌrʌslə] *s US* kradljivac stoke
cattle-show ['kætlʃəu] *s* izložba stoke
cattle-truck ['kætltrʌk] *s rly* vagon za stoku
catty ['kæti] *adj* zloban, sklon ogovaranju
cat-walk ['kætwɔːk] *s* uzak nogostup za prolaz (na mostu itd.)
cat-whisker ['kætˌwiskə] *s radio* tanka (spiralna) žica na detektoru (koja se namješta na kristal)
Caucasian [kɔː'keizjən] *adj* kavkaski

Caucasian [kɔːˈkeizjən] *s* Kavkažanin, Kavkažanka
caucus [ˈkɔːkəs] *s pol* izborni odbor; sastanak izbornog odbora; *US pol* sastanak rukovodstva stranke; rukovodstvo stranke
caucus [ˈkɔːkəs] *vt/i pol* **I.** *vt* upravljati sistemom stranačke klike **II.** *vi* održavati sastanak (izbornog odbora)
caudal [ˈkɔːdl] *adj* (**~ly** *adv*) repni; poput repa
caudate [ˈkɔːdeit] *adj* repat, s repom
caudle [ˈkɔːdl] *s* toplo piće s mirodijama
caught [kɔːt] *pret* & *pp* od **catch**
caul [kɔːl] *s* 1. mrežica, mreža za kosu 2. *anat* dio košuljice (novorođenčeta)
cauldron [ˈkɔːldrən] *s* (velik) kotao, kazan
cauliflower [ˈkɔliˌflauə] *s bot* cvjetača, karfiol
cauline [ˈkɔːlain] *adj bot* na stabljici, stabljičin
caulk [kɔːk] *vt mar* šuperiti (kudjeljom i smolom)
caulker [ˈkɔːkə] *s mar* šuper, onaj koji šuperi
causal [ˈkɔːzəl] *adj* (**~ ly** *adv*) uzročan, kauzalan; uzročno povezan
causality [kɔːˈzæliti] *s* uzročnost, kauzalnost, kauzalitet
causation [kɔːˈzeiʃen] *s* uzrokovanje | **law of ~** zakon kauzalnosti
causative [ˈkɔːzətiv] *adj* (**~ly** *adv*) koji uzrokuje, uzročan (*of*); *gram* kauzativan, uzročan
cause [kɔːz] *s* uzrok (*of a th* čemu), razlog, povod (*for* za; *to do*); opće dobro, dobrobit; *jur* parnica, proces | **efficient ~** djelotvoran povod, snažan pokretač; **final ~** svrha, cilj, konačni cilj; **First ~** Stvoritelj; **make common ~ with a p** boriti se za istu stvar zajedno s kim; **to plead one's ~** zastupati svoju stvar
cause [kɔːz] *vt* prouzročiti, uzrokovati, skriviti; potaći; narediti | **to ~ a th to be done** dati što učiniti
causeless [ˈkɔːzlis] *adj* (**~ly** *adv*) neosnovan; bezrazložan; bez uzroka
cause-list [ˈkɔːzlist] *s jur* popis ročišta, ročišnik
causer [ˈkɔːzə] *s* uzročnik
causerie [ˈkəuzəri] *s Fr* ćaskanje, kozerija; duhovit novinski članak
causeway [ˈkɔːzwei] *s* povišen put ili cesta, put po nasipu, povišen prolaz za pješake
causeway [ˈkɔːzwei] *vt* popločati, nasipati šljunkom; snabdjeti povišenim putem za pješake itd.
causey [ˈkɔːzei] *s* → **causeway** *s*
caustic [ˈkɔːstik] *adj* (**~ally** *adv*) *chem* & *med* kaustičan, izjedajući, jedak; *fig* oštar, ujedljiv, sarkastičan | **~ soda** kaustična soda
caustic [ˈkɔːstik] *s chem* & *med* sredstvo za izjedanje, nagrizalo, izjedalo
causticity [kɔːˈstisiti] *s* jetkoća, svojstvo izjedanja, nagrižljivosti; *fig* oštrina, sarkazam
cautelous [ˈkɔːtiləs] *adj* oprezan, lukav, prepreden
cauterization [ˌkɔːtəraiˈzeiʃən] *s* ispaljivanje (rane), kauterizacija
cauterize [ˈkɔːtəraiz] *vt* ispaliti, izjedati, nagrizati; *fig* podgrizati, peći
cautery [ˈkɔːtəri] *s* 1. žarilo, željezo za ispaljivanje (rane); izjedalo, sredstvo za izjedanje 2. ispaljivanje, izjedanje
caution [ˈkɔːʃən] *s* 1. oprez, opreznost (*towards*); opomena 2. *sl* neobičan, smiješan čovjek; neobična stvar | **~ money** kaucija, jamčevina
caution [ˈkɔːʃən] *vt* opomenuti, upozoriti (*to do, against doing, not to do*), odvraćati (*against* od)
cautionary [ˈkɔːʃnəri] *adj* (**cautionarily** *adv*) koji opominje, opominjući
cautious [ˈkɔːʃəs] *adj* (**~ly** *adv*) oprezan
cautiousness [ˈkɔːʃəsnis] *s* opreznost, oprez
cavalcade [ˌkævlˈkeid] *s* kavalkada, konjanička povorka, povorka kočija; grupa jahača
cavalier [ˌkævəˈliə] *s* konjanik; vitez; kavalir; *hist* rojalist (17. stoljeća)
cavalier [ˌkævəˈliə] *adj* (**~ly** *adv*) 1. bezbrižan; neusiljen 2. *hist* rojalistički 3. gospodski; viteški, galantan; ponosan, gizdav, ohol
cavalry [ˈkævlri] *s mil* konjaništvo, konjica, kavalerija
cavalryman [ˈkævlrimən] *s mil* konjanik, kavalerist
cave [keiv] *s* 1. spilja, pećina; duplja 2. *pol* odjeljivanje, istupanje iz stranke, secesija
cave [keiv] *vt/i* **I.** *vt* izdupsti **II.** *vi* uleknuti se; *fig* popustiti; stanovati u spilji
cave in [ˈkeivˈin] *vi* urušiti se, usuti se, odroniti se; *fig* propasti | **~!** jezik za zube!, zaveži!, prestani!
cave [ˈkeivi] *interj Lat school sl* čuvaj se, pazi! (dolazi nastavnik!) | **to keep ~** držati stražu, paziti na dolazak nastavnika
caveat [ˈkeiviæt] *s Lat jur* prosvjed; *fig* opomena; *US* prijava patenta | **to enter a ~** uložiti prosvjed
cave-dweller [ˈkeivˌdwelə] *s* spiljski stanovnik
cave-man [ˈkeivmæn] *s* spiljski čovjek
cavendish [ˈkævəndiʃ] *s* vrsta (specijalno prerađenog, prešanog) duhana
cavern [ˈkævən] *s* spilja; šupljina, kaverna
caverned [ˈkævənd] *adj* poput spilje; sa spiljama; koji živi u spilji
cavernous [ˈkævənəs] *adj* spiljast; pun spilja; pun šupljina; šupljikav, porozan; dubok; *fig* upao (obraz)
caviar(e) [ˈkæviaː] *s* kavijar | **~ to the general** nešto predobro za prosti narod, bacanje bisera pred svinje

cavil ['kævil] *s* cjepidlačenje, sitničarska mudrolija; zanovijetanje
cavil ['kævil] *vi* cjepidlačiti, prigovarati, zanovijetati (*at, about*)
caviller ['kævilə] *s* zanovijetalac, zanovijetalo; cjepidlaka
cavity ['kæviti] *s* šupljina, duplja
cavort [kə'vɔːt] *vi US sl* poskakivati, skakati od veselja, đipati
cavy ['keivi] *s zool* zamorče, morski praščić
caw [kɔː] *s* graktanje
caw [kɔː] *vi/t* graktati
caw out ['kɔː'aut] *vi* zagraktati, graknuti
cay [kei] *s* otočić, greben
cayenne [kei'en] (i ~ ['keien] **pepper**) *s bot* paprika
cayman (caiman) ['keimən] *s zool* kajman
cease [siːs] *vi/t* **I.** *vi* prestati, stati (*to do*); odustati (*from* od; *from doing*) **II.** *vt* obustaviti (rad itd.); završiti (~ *talking*) | *mil* ~ **fire** prekinuti paljbu
cease [siːs] *s* prestajanje | **without** ~ neprestano, bez prestanka
cease-fire [ˌsiːs'faiə] *s mil* prekid vatre; *fig* primirje
ceaseless ['siːslis] *adj* (~**ly** *adv*) neprestan, besprekidan
cecity ['siːsiti] *s fig* sljepoća
cedar ['siːdə] *s bot* cedar, kedar; cedrovina
cedar-bird ['siːdəbəːd] *s ornith* američka kugara svilorepa
cede [siːd] *vt* ustupiti, odstupiti, prepustiti (područje, prava *to a p* kome); dopustiti, priznati
cedilla [si'dilə] *s Span gram* sedij, dijakritički znak koji se stavlja ispod slova c da bi se naznačio izgovor s
cee [siː] *s* slovo C
cee-spring ['siːspriŋ] *s* opruga u obliku slova C (na kojoj leži karoserija)
ceil [siːl] *vt* oplatiti, ožbukati sadrenom štukaturom (strop)
ceiling ['siːliŋ] *s* 1. ožbukan strop; strop (sobe); *fig* plafon 2. visina, razina (oblaka) 3. *aero* doseg, najveća visina | ~ **lighting** stropna rasvjeta; ~ **price** plafonska cijena
celadon ['selədɔn] *s Fr* zelenkastožuta boja
celadon ['selədɔn] *adj Fr* zelenkastožut
celandine ['seləndain] *s bot* rosopas; zmijino mlijeko
celanese [ˌselə'niːz] *s* vrsta umjetne svile
celebrant ['selibrənt] *s eccl* misnik
celebrate ['selibreit] *vt/i* 1. slaviti; **svetkovati** 2. hvaliti, veličati 3. *eccl* celebrirati, služiti (misu itd.)
celebrated ['selibreitid] *adj* slavljen; slavan; glasovit
celebration [ˌseli'breiʃən] *adj* slava, proslava, slavlje 2. veličanje 3. *eccl* celebriranje, svečano služenje (mise itd.)
celebrator ['selibreitə] *s* slavitelj
celebrity [si'lebriti] *s* 1. znamenitost, glasovitost, čuvenost; slava 2. glasovita osoba, čuvena ličnost, slavan čovjek, slavno ime
celeriac [si'leriæk] *s bot* vrsta celera
celerity [si'leriti] *s* brzina, celeritet
celery ['seləri] *s bot* celer
celesta [si'lestə] *s mus* čelesta
celeste [si'lest] *s* nebesko plavetnilo
celeste [si'lest] *adj* plav kao nebo
celestial [si'lestjəl] *adj* (~**ly** *adv*) rajski, nebeski, božanstven, božanski dobar ili lijep | **the Celestial Empire** Nebesko carstvo (Kina)
celestial [si'lestjəl] *s* 1. nebesnik, nebeski stanovnik, rajnik 2. Kinez
celibacy ['selibəsi] *s* celibat, beženstvo, bezbračnost
celibatarian [ˌselibə'tɛəriən] *adj* bez braka, bezbračan
celibatarian [ˌselibə'tɛəriən] *s* sljedbenik celibata, pristaša beženstva
celibate ['selibit] *adj* nevjenčan, neoženjen, momački
celibate ['selibit] *s* neženja, momak
cell [sel] *s* ćelija (u zatvoru, samostanu); sobica; *biol* stanica, ćelija; *el* galvanski element; *poet* koliba; grob; *pol* radna (stranačka) ćelija | **condemned** ~ samica za osuđenog na smrt | *med* **primordial** ~ praćelija
cellar ['selə] *s* podrum; pivnica | **to keep a good** ~ voditi dobro podrumarstvo, imati dobra vina
cellar ['selə] *vt* spremiti u podrum, staviti u pivnicu, uskladištiti u podrumu
cellarage ['seləridʒ] *s* podrum(i), podrumski prostor; najamnina za podrum, podrumarina
cellarer ['selərə] *s* pivničar
cellaret [ˌselə'ret] *s* ormarić za piće
cellist ['tʃelist] *s mus* čelist
cello ['tʃeləu] *s* → **violoncello**
cellophane ['seləfein] *s* celofan
cellular ['seljulə] *adj* stanični, koji se sastoji od ćelija | ~ **shirt** mrežasta košulja, majica od mrežaste tkanine; ~ **tissue** stanično tkivo
cellulate ['seljuleit] *adj* → **cellular**
cellule ['seljuːl] *s* mala stanica, sitna ćelija, ćelijica
celluloid ['seljulɔid] *s* celuloid
celluloid ['seljulɔid] *adj* staničav; celuloidan
cellulose ['seljuləus] *adj* staničav
cellulose ['seljuləus] *s* celuloza, staničevina
celt [selt] *s archaeol* (brončano, kameno ili željezno) prethistorijsko dlijeto
Celt (Kelt) [kelt] *s* Kelt
Celtic (Keltic) ['keltik] *adj* (~**ally** *adv*) keltski
Celtic (Keltic) ['keltik] *s* keltski jezik
celticism ['keltisizəm] *s* kelticizam, keltski običaj ili izraz

celticize ['keltisaiz] *vi/t* **I.** *vi* poprimiti keltske običaje **II.** *vt* učiniti keltskim
cement [si'ment] *s* cement; *archit* žbuka, mort; ljepilo; lem, kit; *fig* veza | ~ **mixer** betonska miješalica; ~ **wash** cementno mlijeko
cement [si'ment] *vt* cementirati; (s)lijepiti, lemiti; *fig* učvrstiti, čvrsto spojiti, prekaliti
cementation [ˌsiːmen'teiʃən] *s* cementiranje; *fig* čvrsto spajanje, stapljanje, učvršćivanje
cement-works [si'ment'wəːks] *s* cementara
cemetery ['semitri] *s* groblje
cenobite ['siːnəubait] *s* → **coenobite**
cenotaph ['senətaːf] *s* kenotaf, spomenik palima | **the Cenotaph** kenotaf u Whitehallu u Londonu (u počast palima u I svjetskom ratu)
cense [sens] *vt* kaditi (tamjanom)
censer ['sensə] *s* kadionik, kadilo (za tamjan)
censor ['sensə] *s* cenzor
censor ['sensə] *vt* cenzurirati
censorial [sen'sɔːriəl] *adj* (~**ly** *adv*) cenzorski
censorious [sen'sɔːriəs] *adj* (~**ly** *adv*) kritički, kritičan, strog; sklon kuđenju
censorship ['sensəʃip] *s* cenzorstvo, čast cenzora; cenzura (tiska itd.)
censurable ['senʃərəbl] *adj* (**censurably** *adv*) pokudan, vrijedan prijekora
censure ['senʃə] *s* kritika; ukor, prijekor | *parl.* **vote of** ~ glasanje nepovjerenja, votum nepovjerenja
censure ['senʃə] *vt* kuditi, osuđivati, (u)koriti
census ['sensəs] *s Lat* cenzus, popis stanovništva, brojenje prometa
census-paper ['sensəsˌpeipə] *s* formular za sakupljanje podataka pri popisu stanovništva
cent [sent]] *s* sto, stotnina; *US* cent, stoti dio dolara | **per** ~ posto, postotak; ~ **per** ~ stopostotan; *fig* lihvarski; **don't care a** ~ nije mi nimalo stalo, briga me
cental ['sentl] *s* centa, 100 funti težine (mjera za žito)
centaur ['sentɔː] *s myth & astr* kentaur
centenarian [ˌsenti'nɛəriən] *adj* stogodišnji, stoljetni
centenarian [ˌsenti'nɛəriən] *s* stogodišnjak
centenary [sen'tiːnəri] *adj* stogodišnji, stoljetni
centenary [sen'tiːnəri] *s* stogodišnjica; vrijeme od sto godina, stoljeće
centennial [sen'tenjəl] *adj* (~**ly** *adv*) → **centenary** *adj*
centennial [sen'tenjəl] *s* stogodišnjica
center ['sentə] *s v adj* → **centre**
centering ['sentəriŋ] *s* → **centring**
centesimal [sen'tesiml] *adj* (~**ly** *adv*) centezimalan
centigrade ['sentigreid] *s* centigrad, stupanj Celzijeva toplomjera
centigramme ['sentigræm] *s* centigram
centilitre ['sentiˌliːtə] *s* centilitar
centime ['sɔntiːm] *s Fr* santim, stoti dio franka
centimetre (centimeter) ['sentiˌmiːtə] *s* centimetar
centipede ['sentipiːd] *s ent* stonoga
cento ['sentəu] *s Lat fig* krpež, krparija, kompilacija, nesamostalno književno ili glazbeno djelo sastavljeno na temelju tuđih djela
central ['sentrəl] *adj* (~**ly** *adv*) centralan, koji pripada centru; središnji, srednji; glavni; vodeći | ~ **heating** centralno grijanje; ~ **idea** temeljna misao; **Central Powers** Centralne sile; ~ **office,** *el* ~ **station** centrala; **Central Europe** Srednja Evropa
central ['sentrəl] *s* (telefonska) centrala
centralism ['sentrəlizəm] *s* centralizam
centralist ['sentrəlist] *s* centralist, pristaša centralizma
centrality [sen'træliti] *s* središnji položaj, centralnost
centralization [ˌsentrəlai'zeiʃən] *s* centralizacija, usredotočenje u jedinstvenom centru
centralize ['sentrəlaiz] *vi/t* **I.** *vi* doći u središte, provoditi centralizaciju **II.** *vt* centralizirati; usredotočiti
centre (center) ['sentə] *s* središte, sredina, centar; *pol* stranka centra | ~ **of gravity** težište; **storm** ~ središte oluje; *fig* žarište nemira
centre (center) ['sentə] *adj* srednji, središnji, centralan
centre (center) ['sentə] *vi/t* **I.** *vi* biti u središtu; sjediniti se (*in* u); koncentrirati se, usredotočiti se (*in* u, *on* na, *round* oko); počivati, ležati (*on* na) **II.** *vt* centrirati, namjestiti u središte; usredotočiti, koncentrirati, sjediniti (*in* u, *on* na); tvoriti središte
centre-bit ['sentəbit] *s* englesko središnje svrdlo, centarski svrdao
centre-board ['sentəbɔːd] *s mar* pomična kobilica, spusna peraja; jedrilica s pomičnom kobilicom, spusnom perajom
centre-forward ['sentəˌfɔːwəd] *s ftb* vođa navale
centre-half ['sentəhaːf] *s ftb* srednji navalni igrač, centerhalf
centreless ['sentəlis] *adj* bez središta
centre-piece ['sentəpiːs] *s* ukras za sredinu stola
centre-rail ['sentəreil] *s* srednja tračnica zupčane željeznice
centric ['sentrik] *adj* (~**ally** *adv*) centralan, središnji, koji se nalazi u središtu
centricity [sen'trisiti] *s* centralan položaj, smještaj u središtu

centrifugal [sen'trifjugəl] *adj* (~**ly** *adv*) centrifugalan
centripetal [sen'tripitl] *adj* (~**ly** *adv*) centripetalan
centrum ['sentrəm] *s* (*pl* **centra** ['sentrə]) *Lat* centrum (*spec pol*); centar, središte, sredina
centuple ['sentjupl] *adj* stostruk
centuple ['sentjupl] *vt* postostručiti
centuplicate [sin'tjuːplikeit] *vt* postostručiti
centuplicate [sin'tjuːplikit] *adj* stostruk
centuplicate [sin'tjuːplikit] *s* sto primjeraka | **in** ~ u sto primjeraka
centurion [sen'tjuəriən] *s mil hist* centurion
century ['sentʃuri] *s* 1. stoljeće 2. količina od stotinu; 100 milja; *sl* 100 livra sterlinga 3. *hist* centurija, odred rimske vojske od 100 vojnika 4. podjela stanovništva prema imovinskom cenzusu
cephalic [ke'fælik] *adj* koji se tiče glave ili lubanje
cephalopod ['sefələpɔd] *s zool* glavonožac
ceramic [si'ræmik] *adj* (~**ally** *adv*) keramički, lončarski
ceramics [si'ræmiks] *s* keramika, lončarstvo
ceramist [si'ræmist] *s* keramičar, lončar
cere [siə] *s ornith* pokljunica
cereal ['siəriəl] *adj* žitni
cereals ['siəriəlz] *s pl* žitarice; *US* žitna kaša, žitne pahuljice
cerebellum [ˌseri'beləm] *s Lat anat* mali mozak
cerebral ['seribrəl] *adj* (~**ly** *adv*) cerebralan, moždan, mozgovan | ~ **haemorrhage** izljev krvi u mozak
cerebration [ˌseri'breiʃən] *s* moždana djelatnost, rad mozga
cerebrum ['seribrəm] *s* (*pl* **cerebra** ['seribrə]) *Lat anat* (veliki) mozak
cere-cloth ['siəklɔθ] *s* voštano platno; mrtvački pokrov
cerement ['siəmənt] *s* (povošten) mrtvački pokrov
ceremonial [ˌseri'məunjəl] *adj* (~**ly** *adv*) ceremonijalan, svečan; pretjerano učtiv
ceremonial [ˌseri'məunjəl] *s* ceremonijal, obrednik
ceremonialist [ˌseri'məunjəlist] *s* onaj koji se drži ceremonija
ceremonious [ˌseri'məunjəs] *adj* (~**ly** *adv*) ceremoniozan, ukočen, koji se odviše drži ceremonija; svečan, ceremonijalan
ceremony ['seriməni] *s* ceremonija, svečanost, obred; formalnost; uglađenost | **to stand upon** ~ držati se ceremonija, paziti na formu; **without** ~ bez formalnosti, neusiljeno, bez »kerefeka« | **master of ceremonies** meštar ceremonija, konferansje
ceriph ['serif] *s* → **serif**
cerise [sə'riːz] *adj Fr* trešnjeve boje, svijetlocrven
cerise [sə'riːz] *s Fr* svijetlocrvena boja trešnje, trešnjeva boja
ceroplastic [ˌsiərəu'plæstik] *adj* modeliran od voska; koji se tiče modeliranja od voska
ceroplastics [ˌsiərəu'plæstiks] *s* modeliranje od voska, voštana plastika
cerris ['seris] *s bot* cer
cert[1] [səːt] *s sl* sigurna stvar, ono što će se sigurno dogoditi | **a dead** ~ stopostotno sigurna stvar
cert[2] [səːt] *s coll abbr* → **certificate** *s*
certain ['səːtn] *adj* 1. siguran; pouzdan; izvjestan; određen; stalan 2. neki, stanoviti | **for** ~ sigurno, zaista, jamačno, zacijelo; **not to know for** ~ ne znati sigurno; **to feel** ~ biti uvjeren; **to make** ~ uvjeriti se (*of a th* o čem)
certainly ['səːtnli] *adv* zacijelo, dakako, nema sumnje; svakako, kako da ne!
certainty ['səːtnti] *s* sigurnost, izvjesnost; stalnost; sigurna stvar, ono što će se zacijelo dogoditi; čvrsto uvjerenje; određenost | **to bet on a** ~ (nepošteno) kladiti se u sigurnu stvar; **for a** ~ sasvim sigurno
certifiable ['səːtifaiəbl] *adj* (**certifiably** *adv*) koji se može provjeriti
certificate [sə'tifikit] *s* potvrda, svjedodžba, uvjerenje, certifikat | ~ **of birth** rodni list; ~ **of baptism** krsni list, krštenica; ~ **of marriage** vjenčani list; **health** ~ zdravstveni list, uvjerenje o zdravstvenom stanju (robe); **insurance** ~ certifikat osiguranja; *mar* ~ **of average** havarijski certifikat; ~ **of damage** uvjerenje o šteti; ~ **of origin** uvjerenje o porijeklu robe; ~ **of receipt** potvrda o primitku; ~ **of registry** upisni list; **medical** ~ liječnička svjedodžba; ~**d** potvrđen, kvalificiran
certificate [sə'tifikeit] *vt* (kome) izdati svjedodžbu; posvjedočiti
certification [ˌsəːtifi'keiʃən] *s* posvjedočenje, potvrda, ovjerovljenje
certifier ['səːtifaiə] *s* onaj koji potvrđuje, potvrditelj, svjedočitelj
certify ['səːtifai] *vt* posvjedočiti, potvrditi; objaviti, proglasiti (ludim) | **certified check** (od banke) potvrđen ček; **this is to** ~ ovime se potvrđuje (*that* da); **I do hereby** ~ ovime potvrđujem (*that* da)
certitude ['səːtitjuːd] *s* izvjesnost, sigurnost, osvjedočenje
cerulean [si'ruːliən] *adj* plav poput neba, plavetan
cerumen [si'ruːmen] *s* slih, ušna mast
ceruse ['siəruːs] *s* olovno bjelilo; bijela šminka
cervical [səː'vaikl, *US* 'səːvikl] *adj anat* zatiljni, vratni, šijni; koji se odnosi na grlić (maternice)

cervine [ˈsəːvain] *adj* jelenji, jelenski, jelenov
cervix [ˈsəːviks] *s anat* grlić (maternice)
Cesarean [siˈzɛəriən] *adj* → **Caesarean**
cess [ses] *s Ir Scot Ind* porez, namet | **bad ~ to you!** ne bilo ti sreće!; **out of all ~** neprocjenjiv
cessation [seˈseiʃən] *s* prestanak, mir, obustava, prekid | **~ of arms** primirje
cesser [ˈsesə] *s jur* dokončanje, svršetak, prestanak
cession [ˈseʃən] *s* cesija, ustupanje, ustupak, prepuštanje; što je cedirano
cessionary [ˈseʃənəri] *s* cesionar, onaj komu se što ustupa, na koga se što prenosi; onaj koji uživa cesiju
cessionary [ˈseʃənəri] *adj* koji ustupa, odstupa, odustaje, prepušta
cesspit [ˈsespit] *s* gnojište, smetište; zahodska jama
cesspool [ˈsespuːl] *s* zahodska jama; *fig* glib, kaljuža
cesura [siˈzjuərə] *s* → **caesura**
cetacean [siˈteiʃiən] *adj zool* kitov
cetacean [siˈteiʃiən] *s zool* kit
cetaceous [siˈteiʃiəs] *adj* → **cetacean** *adj*
Ceylonese [ˌseləˈniːz, *US* ˌsiləˈniːz] *adj* cejlonski
Ceylonese [ˌseləˈniːz, *US* ˌsiləˈniːz] *s* Cejlonac, Cejlonka
chadband [ˈtʃædbænd] *s* licemjer
chafe [tʃeif] *vt/i* **I.** *vt* trljati, natrljati, trti; oguliti, nažuljati; otrcati; *fig* dražiti, razbjesniti **II.** *vi* trti se, česati se, oguliti se (*against, on* o); *fig* ljutiti se, bjesnjeti (*at* zbog); buniti se
chafe [tʃeif] *s* 1. nažuljana rana 2. bijes, zlovolja
chafer [ˈtʃeifə] *s ent* kukac; hrušt
chaff¹ [tʃaːf, *US* tʃæf] *s* pljeva, sječka; *fig* bezvrijedna stvar, trica | **caught with ~** nasjeo, lako prevaren, nasamaren
chaff² [tʃaːf, *US* tʃæf] *s* peckanje, bockanje, (dobronamjerno) zafrkavanje
chaff¹ [tʃaːf, *US* tʃæf] *vt* sjeckati, praviti sječku
chaff² [tʃaːf, *US* tʃæf] *vt* bockati, peckati, zadirkivati
chaff-cutter [ˈtʃaːf.kʌtə] *s* rezač slame; sječka, sječkalica
chaffer [ˈtʃæfə] *s* pogađanje, cjenkanje
chaffer [ˈtʃæfə] *vi* pogađati se, cjenkati se (*about* za)
chafferer [ˈtʃæfərə] *s* cjenkač, onaj koji se pogađa
chaffinch [ˈtʃæfintʃ] *s ornith* zeba
chaffy [ˈtʃaːfi] *adj* pljevast, poput pljeve, pun pljeve
chafing [ˈtʃeifiŋ] *s* trljanje, grijanje, trenje; žuljanje, nadraživanje
chafing-dish [ˈtʃeifiŋdiʃ] *s* žeravnica, grijalica; (stolna) posuda s grijalicom
chagrin [ˈʃægrin] *s Fr* tuga, briga, jad, zlovolja, ozlojeđenost
chagrin [ˈʃægrin] *vt Fr* ozlovoljiti, povrijediti, ozlojediti
chain [tʃein] *s* lanac, verige; niz; mjera za duljinu (20,11 m) | **~s** *pl fig* okovi, ropstvo; **~ of mountains** gorski lanac, gorska kosa; **~ conveyer** *tech* lančani transporter; **~ hoist** lančana dizalica; **~ reaction** lančana reakcija; **~ trade** verižna trgovina
chain [tʃein] *vt* lancem pričvrstiti; staviti u verige; *fig* okovati, sputati
chain-armour [ˌtʃeinˈaːmə] *s* oklop od veriga
chain-bridge [ˌtʃeinˈbridʒ] *s* lančani most, lančenjak
chain-cable [ˌtʃeinˈkeibl] *s mar* lanac od sidra, sidrenjak
chain-coupling [ˈtʃeinˌkʌpliŋ] *s rly* lančana spojka između dva vagona
chain-gang [ˈtʃeingæŋ] *s* odred robijaša povezanih zajedno lancima na radu izvan kaznionice
chainless [ˈtʃeinlis] *adj poet* bez lanaca, bez veriga; neokovan, nesputan, slobodan
chainlet [ˈtʃeinlit] *s* lančić
chain-mail [ˌtʃeinˈmeil] *s* oklop od veriga
chain-smoker [ˈtʃeinˈsməukə] *s* lančani pušač
chainstitch [ˈtʃeinstitʃ] *s* verižac, lančanac, verižast bod, lančani ukras (pri šivanju, vezenju)
chain-store [ˈtʃeinstɔː] *s US* jedna od niza prodavaonica neke kompanije
chain-wheel [ˈtʃeinwiːl] *s* zupčast kotač
chainwork [ˈtʃeinwəːk] *s* rad izveden verižastim bodom, lančanim vezom
chair [tʃɛə] *s* 1. stolac, stolica; *univ* katedra 2. čast gradonačelnika; predsjedništvo, predsjedanje, predsjednik; ležište tračnice | **arm~** naslonjač, fotelj; **bath ~** stolica na kotačima (za bolesnike); **curule ~** vrsta rimske stolice optočene slonovom kosti; **deck ~** stolica za sklapanje; ležaljka; **easy ~** naslonjač, ležaljka, počivaljka; **below the ~** koji još nije postigao predsjednički položaj; **passed the ~** koji je već bio na predsjedničkom položaju; **to take a ~** sjesti; **to take the ~** otpočeti sjednicu, zauzeti predsjedničko mjesto; **to leave the ~** završiti sjednicu; **to be in the ~** voditi sjednicu, predsjedati; **~! ~!** red! mir!; **the ~** predsjedatelj
chair [tʃɛə] *vt* posaditi na stolicu; imenovati predsjednikom; nositi na stolici u trijumfu; ustoličiti
chair-bed [ˈtʃɛəbed] *s* stolica koja se može rasklapanjem pretvoriti u krevet
chair-days [ˈtʃɛədeiz] *s pl* dani počinka, starost
chair-lift [ˈtʃɛəlift] *s* ski-lift, žičara sa stolicama

chairman ['tʃɛəmən] *s* (*pl* **chairmen** ['tʃɛəmən]) predsjednik, predsjedatelj
chairmanship ['tʃɛəmənʃip] *s* predsjedništvo; čast predsjedatelja
chairperson ['tʃɛə͵pəːsn] *s* predsjedatelj
chairwoman ['tʃɛə͵wumən] *s* predsjednica; predsjedateljica
chaise [ʃeiz] *s* vrsta kočije
chalcedony [kæl'sedəni] *s minr* kalcedon, mliječni kamen
chalcographer [kæl'kɔgrəfə] *s* bakrorezac, halkograf
chalcography [kæl'kɔgrəfi] *s* bakrorez, halkografija
Chaldean [kæl'diən] *adj* kaldejski, babilonski
Chaldean [kæl'diən] *s* 1. Kaldejac, Babilonac 2. prorok, astrolog
Chaldee [kæl'diː] *adj* → **Chaldean** *adj*
Chaldee [kæl'diː] *s* → **Chaldean** *s*
chaldron ['tʃɔːldrən] *s* mjera za ugljen (36 bushela)
chalet ['ʃælei] *s* švicarska planinska mljekarska koliba; švicarska seljačka drvena koliba; ljetnikovac u stilu švicarske seljačke kolibe; ulični javni zahod
chalice ['tʃælis] *s* pehar; *eccl* kalež; *bot* čaška
chalk [tʃɔːk] *s* kreda; potez kredom, znak kredom; *fig* račun | *fam* **I can walk a ~ as well as you** nisam pijaniji od tebe; **I cannot make ~ of one and cheese of the other** moram oboje mjeriti istom mjerom; **I know the difference between ~ and cheese** znam ja koliko što vrijedi; **as like as ~ and cheese** slični kao dan i noć; *fam* **not by a long ~** ni izdaleka, nipošto; **by a long ~, by long ~s** daleko, mnogo
chalk [tʃɔːk] *vt* zabilježiti kredom; kredom nacrtati ili opisati; (na)mazati, (na)trljati kredom
chalk out ['tʃɔːk'aut] *vt* označiti, nacrtati, skicirati, nabaciti; *fig* označiti put
chalk up ['tʃɔːk'ʌp] *vt* zabilježiti (kredom); *fig* upisati u račun, zadužiti, dati na vjeresiju; sastaviti raspored
chalkboard ['tʃɔːkbɔːd] *s* pločica od drva ili škriljevca za bilježenje kredom
chalk-pit ['tʃɔːkpit] *s* nalazište krede, sloj krede
chalk-stone ['tʃɔːkstəun] *s med* kostoboljni čvor, vrž (kod uloga)
chalktalk ['tʃɔːktɔːk] *s* predavanje popraćeno crtežima na ploči
chalky ['tʃɔːki] *adj* (**chalkily** *adv*) kredni, kredast; poput krede; bijel kao kreda
challenge ['tʃælindʒ] *s* 1. zov, poziv (straže) 2. izazov; prkošenje; prijetnja; napad 3. *jur* objekcija, otklanjanje (porotnika)
challenge ['tʃælindʒ] *vt* 1. zvati, pozvati; *mil* pozvati koga da stane, zaustaviti 2. izazvati (*to* na); prkositi 3. prigovoriti, osporavati, pobijati 4. *jur* dovoditi u pitanje, pobijati; otkloniti (porotnika) | *sport* **~ prize** prijelazni pehar
challengeable ['tʃælindʒəbl] *adj* koji se može izazvati itd.; sporan, osporiv
challenger ['tʃælindʒə] *s* izazivač
challis ['ʃæli] *s* vrsta fine tkanine za ženske haljine
chalybeate [kə'libiət] *adj* željezovit, koji sadrži željeza (vrelo, voda)
cham [kæm] *s arch* kan (mongolski knez) | **Great ~** veliki, vodeći kritičar (osobito dr Johnson)
chamber ['tʃeimbə] *s* 1. *arch & poet* soba, odaja, komora, izba 2. *parl* dom, kuća, *US* komora 3. *com* komora 4. šupljina, šuplji prostor, rupa | **~ of the heart** srčana klijetka; **~s** *pl* niz odaja; ured, poslovne prostorije; malen (stan); **Chamber of Commerce** trgovinska komora; **~ orchestra** komorni orkestar; **~ concert** komorni koncert
chamber ['tʃeimbə] *vt* 1. *arch* zatvoriti u odaju 2. snabdjeti komorama; izdupsti
chamber-counsel ['tʃeimbə͵kaunsəl] *s jur* pravni savjetnik; advokat koji daje privatne pravne savjete, ali ne zastupa stranke na sudu
chamberlain ['tʃeimbəlin] *s* komornik; glavni dvorski upravitelj
chamberlainship ['tʃeimbəlinʃip] *s* čast komornika; služba glavnoga dvorskog upravitelja
chamber-maid ['tʃeimbəmeid] *s* sobarica
chamber-music ['tʃeimbə͵mjuːzik] *s mus* komorna glazba
chamber-pot ['tʃeimbəpɔt] *s* noćna posuda, kahlica, vrčina
chamber-stool ['tʃeimbəstuːl] *s* (prijenosni) sobni nužnik (za bolesnika)
chameleon [kə'miːljən] *s zool* kameleon; *fig* dvoličnjak, prevrtljivac
chamois[1] ['ʃæmwaː] *s Fr zool* divokoza
chamois[2] ['ʃæmwaː] *s* semiš (koža)
chamois-leather ['ʃæmi͵leðə] *s* semiš (koža)
chamomile ['kæməmail] *s* → **camomile**
champ[1] [tʃæmp] *s* žvakanje
champ[2] [tʃæmp] *s US sl* šampion
champ [tʃæmp] *vt/i* **I.** *vt* (glasno) žvakati, gristi **II.** *vi* žvakati; *fig* škrgutati, škripati zubima (od bijesa); biti nestrpljiv
champagne [ʃæm'pein] *s* šampanjac, pjenušavo vino, pjenušac
champaign ['tʃæmpein] *s* ravnica, poljana, ravno polje
champion ['tʃæmpjən] *s* borac (u turniru); vitez; junak; *fig* pobornik, branitelj; pobjednik (u natjecanju); majstor, prvak, šampion | **prime ~** prvoborac
champion ['tʃæmpjən] *adj coll* prvorazredan, izvrstan, sjajan
champion ['tʃæmpjən] *vt* braniti, boriti se za što, podržavati što, zauzeti se za što

championship [ˈtʃæmpjənʃip] *s* branjenje, zauzimanje (*of* za što); *sport* prvenstvo, šampionat

chance [tʃaːns] *s* udes, sreća; slučaj, zgoda, prigoda; dobra prilika, šansa; mogućnost, vjerojatnost, izgled; uspjeh | **by ~** slučajno; **game of ~** igra na sreću; **on the ~** u nadi (*of*); u slučaju (*that* da); **to take one's** (ili **a**) **~** pokušati sreću, riskirati; **take no ~** ne riskirati; **the main ~** najbolja prilika u vlastitu korist (obogaćenja); **to stand a (good, fair) ~ (of)** imati nade, izgleda; **a mere ~** puki slučaj; **to take ~s** izvrći se opasnosti, riskirati

chance [tʃaːns] *adj* slučajan | *fam* **~ comer** onaj koji neočekivano dođe, namjernik; **~ meeting** slučajan susret

chance [tʃaːns] *vi/t* **I.** *vi* dogoditi se, slučiti se, slučajno se zbiti **II.** *vt fam* usuditi se, odvažiti se, pokušati na slijepu sreću, riskirati | *sl* **to ~ one's arm** pokušati na sreću; **to ~ it** pokušati postići na sreću; **I ~d to meet him** slučajno sam ga sastao

chance upon [ˈtʃaːnsəˈpɔn] *vi fig* naići na, namjeriti se na, slučajno sresti koga

chancel [ˈtʃaːnsl] *s eccl* (ograđen) prostor pred glavnim oltarom

chancellery (**chancellory**) [ˈtʃaːnsələri] *s* služba kancelara; ured kancelara; sjedište kancelara

chancellor [ˈtʃaːnsələ] *s* kancelar; prvi sekretar poslanstva | **Lord Chancellor** lord kancelar (vrhovni sudac Engleske i predsjednik Doma lordova); *univ* **Vice Chancellor** rektor; **Chancellor of the Exchequer** engleski ministar financija

chancellorship [ˈtʃaːnsələʃip] *s* kancelarstvo, čast kancelara, služba kancelara

chance-medley [ˈtʃaːnsˌmedli] *s jur* nehotično ubojstvo (u samoobrani itd.)

chancery [ˈtʃaːnsəri] *s* sud lorda kancelara, odjeljenje vrhovnog suda u Londonu; državni arhiv | **bill in ~** tužba na sudu lorda kancelara; *box* **in ~** s glavom zahvaćenom pod pazuhom protivnika; *fig* u tešku položaju, u škripcu

chancre [ˈʃæŋkə] *s med* čankir

chancroid [ˈʃænkrɔid] *s med* meki čankir

chancy [ˈtʃaːnsi] *adj* (**chancily** *adv*) nesiguran, neizvjestan, opasan, riskantan

chandelier [ˌʃændiˈliə] *s Fr* (granat, stropni) svijećnjak, višekraki luster

chandler [ˈtʃaːndlə] *s* svjećar; sitničar, trgovac, dućandžija, kramar | **ship's ~** trgovac jedrenim platnom, užetima i drugim potrepštinama za brodove

chandlery [ˈtʃaːndləri] *s* dućan svjećara, kramara; sitničarija; svjećarska roba; roba koju prodaje kramar, sitničarska roba

change [tʃeindʒ] *s* promjena; preinaka; mijena (Mjesečeva); zamjena, izmjena; smjena; razmjena; *rly* prijelaz, presjedanje; mjenjačnica; burza; sitniš, sitan novac, kusur | **to take one's ~ out of** osvetiti se komu; *fig* **to ring the ~s** iscrpsti sve načine na koje se neka stvar može prikazati; **to go on Change** posjetiti burzu, ići na burzu; *sl* **to get no ~ out of (a p)** ne uspjeti izvući podatke (pomoć, korist) iz koga; **to have no small ~** nemati sitnoga novca (za kusur); **on Change** na burzi; **~ of life** klimakterij, menopauza; **~ of clothes** odjeća za presvlačenje, rezervna odjeća; **~ for the better** poboljšanje; **~ for the worse** pogoršanje; **for a ~** za promjenu

change [ˈtʃeindʒ] *vt/i* **I.** *vt* mijenjati, izmijeniti, promijeniti; razmijeniti (novac); preinačiti (*from* iz; *into* u); presvući (odijelo); *rly* mijenjati (vlak); zamijeniti; smijeniti (stražu) **II.** *vi* presvući se; promijeniti se (*from* iz; *to* u; *into* u); *rly* prelaziti, presjedati (*for* za) | **to ~ one's note** (ili **tune**) promijeniti držanje, postati ponizniji, zasvirati druge diple; *fam* **to ~ one's feet** presvući cipele; **to ~ one's condition** oženiti se, udati se; **to ~ one's mind** predomisliti se; **to ~ hands** promijeniti vlasnika; **to ~ for the better** popraviti se; *rly* **~ trains** presjedati; **all ~!** svi (putnici) prijelaz!

changeability [ˌtʃeindʒəˈbiliti] *s* promjenljivost; kolebljivost

changeable [ˈtʃeindʒəbl] *adj* (**changeably** *adv*) promjenljiv, nestalan; kolebljiv, nepostojan

changeful [ˈtʃeindʒful] *adj* promjenljiv, nestalan, pun promjena

change-gears [ˈtʃeindʒgiəz] *s pl tech* spregnuti zupčanici

changeless [ˈtʃeindʒlis] *adj* nepromjenljiv, bez promjene, stalan, postojan

changeling [ˈtʃeindʒliŋ] *s* 1. podmetnuto dijete, podmetnuta stvar 2. prevrtljivac, nepostojan čovjek

change-over [ˈtʃeindʒˈəuvə] *s tech* prebacivanje, prekapčanje; *fig* prijelaz (*from ... to*), promjena (*in*), preorijentacija | **~ switch** prebacivač, komutator

channel[1] [ˈtʃænl] *s* korito rijeke, matica; kanal (i *radio*), tjesnac; jaruga, vodotočina; cijev, oluk, žlijeb; brazda; *fig* put; tok; sredstvo | **~s of distribution** putovi raspodjele (robe), kanali podjele dobara; **by the official ~s** službenim putem

channel [ˈtʃænl] *vt* užlijebiti, ubrazditi, izdupsti, voditi, provesti

channel[2] [ˈtʃænl] *s mar* ključi; razina palube (*rolling ~s under*)

chant [tʃaːnt] *s* pjevanje, pjev, crkveni napjev; psalam; recitativ; jednolična pjesma

chant [tʃaːnt] *vi/t* **I.** *vi* (jednolično) pjevati **II.** *vt* zapjevati, intonirati; opjevati; odverglati | **to ~ the praises of** pjevati kome hvalospjev; **to ~ horses** prijevarno prodavati konje

chanter ['tʃaːntə] *s* 1. pjevač 2. *mus* korablje, diplice (gajda) | *sl* **horse-~** prijevaran trgovac konjima, varalica

chantey ['ʃaːnti, *US* 'ʃænti] *s* → **chanty**

chanticleer [ˌtʃænti'kliə] *s* pijevac, kokot

chantress ['tʃaːntris] *s arch & poet* pjevačica

chantry ['tʃaːntri] *s* 1. zadužbina za mise zadušnice 2. kapelica u crkvi, oltar ili svećenici obdareni zadužbinom

chanty ['tʃaːnti] *s* mornarska zborna pjesma (pri dizanju sidra itd.)

chaos ['keiɔs] *s* kaos, zbrka, metež, darmar, nered

chaotic [kei'ɔtik] *adj* (**~ally** *adv*) kaotičan, bez reda, zbrkan, pobrkan, pomršen, nesređen

chap[1] [tʃæp] *s* (životinjska) čeljust; obrazi | **~s** *pl* laloke, čeljusti; gubica; **to lick one's ~s** oblizivati se

chap[2] [tʃæp] *s* pukotina, ispucano mjesto (na koži itd.)

chap[3] [tʃæp] *s coll* momak, čovjek, čovo

chap [tʃæp] *vt/i* **I.** *vt* cijepati, kalati **II.** *vi* raspucati se; ispucati

chaparajos ['tʃæpəraːhəus] *s US Span* (kaubojske) debele kožne hlače

chap-book ['tʃæpbuk] *s* popularna knjižica, letak, pamflet, narodno izdanje (priča, balada itd.)

chape [tʃeip] *s* prikopča, zaponac (na kajišu, pojasu); okovica (na vrhu korica mača itd.)

chapel ['tʃæpl] *s* 1. kapelica; crkva 2. služba božja 3. tiskara; sastanak ili udruženje grafičkih radnika | **to keep a ~** prisustvovati službi božjoj; **~ of ease** područna anglikanska crkva (za župljane u krajevima udaljenim od župne crkve)

chapelry ['tʃæplri] *s* područje jedne kapelice; kapelanija

chaperon ['ʃæpərəun] *s* pratilica mlade djevojke (na društvenim priredbama itd.), gardedama

chaperon ['ʃæpərəun] *vt* pratiti mladu djevojku (na ples itd.) kao pratilica (gardedama); gardirati komu

chaperonage ['ʃæpərəunidʒ] *s* pratnja, zaštita (mlade djevojke na plesu itd.)

chapfallen ['tʃæpˌfɔːlən] *adj fig* snužden, utučen, potišten, obeshrabren

chaplain ['tʃæplin] *s eccl* kapelan; vojni dušobrižnik, kurat

chaplaincy ['tʃæplinsi] *s eccl* čast kapelana, služba kapelana, kapelanija, kapelanstvo

chaplet ['tʃæplit] *s* vjenčić, vijenac (oko glave); *eccl* krunica, čislo

chapman ['tʃæpmən] *s* (*pl* **chapmen** ['tʃæpmən]) pokućarac, trgovčić, torbar

chappy (**chappie**) ['tʃæpi] *s coll* čovjek, čovo, momče

chaps [tʃæps] *s pl* → **chaparajos**

chapter ['tʃæptə] *s* 1. poglavlje, glava (knjige itd.) 2. sabor, zbor, skupština (kanonika) 3. *eccl* kaptol; kanonici; *US* podružnica, ogranak | **~ & verse** točna oznaka mjesta (odakle je uzet citat itd.); **to the end of the ~** sve do kraja, zauvijek; **~ of accidents** niz (nesretnih) slučajeva, nepredviđen tok događaja

chapter-house ['tʃæptəhaus] *s eccl* zgrada kaptolskog sabora

char[1] [tʃaː] *s ichth* zlatulja alpska, vrsta pastrve (*Salmo salvelinus*)

char[2] [tʃaː] *s* → **chare**

char[3] [tʃaː] *s* → **charwoman**

char[4] [tʃaː] *s GB sl* čaj

char[1] [tʃaː] *vt/i* **I.** *vt* spaliti, spržiti, pougljeniti **II.** *vi* pougljeniti

char[2] [tʃaː] *vt/i* **I.** *vt* ribati, oribati, čistiti (kuću, sobu itd.) **II.** *vi* dvoriti, služiti kao dvorkinja (*go out ~ring*)

char-à-banc ['ʃærəbæŋ] *s* velika kola za izlete; izletnički autobus

character ['kæriktə] *s* 1. znak, oznaka, biljeg 2. slovo, pismo; abeceda; rukopis 3. osobina, značajka, značaj; narav, ćud; karakter 4. ličnost, tip; čudak 5. čin, položaj; služba 6. (dobar) glas (*for*) 7. svojstvo (*in the ~ of*) 8. svjedodžba (služinčadi) 9. osoba, lice (u romanu); *theat* uloga | **in ~** u skladu sa (čijim) karakterom, kako se može očekivati (od koga); **out of ~** protivno čijem karakteru; **to gain a ~ of** steći glas kao; *fig* **to set the ~ of a th** dati čemu biljeg (pečat); **a public ~** sveopće poznata osoba; **quite a ~** interesantan, originalan čovjek; **to see a th in its true ~** vidjeti što u pravom svjetlu; **~ assassination** pokušaj uništenja nečijeg ugleda lažnim objedama

characteristic [ˌkæriktə'ristik] *adj* (**~ally** *adv*) značajan, svojstven, karakterističan (*of*)

characteristic [ˌkæriktə'ristik] *s* obilježje, osobina, značajka, karakteristika

characterization [ˌkæriktərai'zeiʃən] *s* označivanje, davanje obilježja, crtanje značaja, karakterizacija

characterize ['kæriktəraiz] *vt* označiti, obilježiti; prikazivati bitne oznake (koga, čega); karakterizirati; dati značajku (komu, čemu)

characterless ['kæriktəlis] *adj* bez značaja, beznačajan, običan; bez svjedodžbe

charade [ʃə'raːd] *s Fr* šarada (vrsta zagonetke)

charcoal ['tʃaːkəul] *s* (drveni) ugljen | **animal ~** životinjski ugljen; **~ burner** ugljenar; peć na drveni ugljen

chare [tʃɛə] *s* nadničarski kućni posao, služba dvorkinje, dvorba

chare [tʃɛə] *vi* raditi kao dvorkinja, obavljati (pomoćne) kućne poslove, dvoriti

charge [tʃaːdʒ] *s* 1. *mil i el* naboj 2. *her* lozinka, slika grba 3. *fig* teret; opterećenje, dug (*on a house*) 4. cijena, trošak 5. paska, nadzor, trud, skrb, briga; uprava; dužnost, služba; odgovornost (*of* za) 6. štićenik, štićenica, povjerena osoba ili stvar 7. nalog, uputa; poziv, opomena 8. namet, pristojba, tarifa 9. optužba 10. *mil* juriš; signal za juriš 11. *eccl* pastva; župa | **~s** *pl com* troškovi, izdaci; **to give a p in ~** predati koga policiji; **to lay to one's ~** teretiti koga; **to be in ~ of** voditi, upravljati, biti zadužen za, biti odgovoran za, brinuti se za; **under the ~ of** na čijoj brizi, vođen od, pod čijom upravom; **to make a ~ for a th** zaračunati što; **to take ~ of** preuzeti brigu (ili odgovornost) za što, pobrinuti se za; *com* **to the ~s of** na (čiji) teret; **no ~, free of ~** bez troškova, oslobođen od troškova, besplatan; *com* **petty ~s** *pl* sitni izdaci; **at our ~s** na naš teret; **~s forward** pouzećem; troškove plaća primalac; **what are the ~s against him?** zbog čega ga okrivljuju?

charge [tʃaːdʒ] *vt/i* **I.** *vt* 1. nabiti (pušku, top); *el* nabiti (*with*); napuniti (*with*); *fig* opteretiti, teretiti 2. optužiti (koga, *with* za, zbog) 3. *com* teretiti, zadužiti, upisati u teret (*to ~ a th to a p's account* teretiti čiji račun čime) 4. povjeriti komu (zadatak), staviti kome u dužnost (*with* što), zadužiti (čime) 5. opomenuti, preporučiti (*to do*); zapovjediti, naložiti kome (*with* što) 6. zaračunati, tražiti (cijenu) 7. *mil* napasti, jurišati na **II.** *vi* 1. navaliti; jurišati; udariti, nasrnuti 2. tražiti, računati (cijenu) 3. optuživati | **to ~ oneself with** preuzeti odgovornost za, preuzeti na se; **to ~ a p with a th** povjeriti komu što, staviti komu što u dužnost; *jur* **to ~ a jury** dati poroti smjernice

charge for [ˈtʃaːdʒˈfɔː] *vt* zaračunati, tražiti (cijenu) | **they charged him 10 pounds for it** zaračunali su mu 10 funti za to

charge off [ˈtʃaːdʒˈɔf] *vt com* otpisati, odračunati, odbiti

charge with [ˈtʃaːdʒˈwið] *vt* nabiti čime; napuniti čime; optužiti zbog čega; povjeriti (komu) što, staviti (komu) što u dužnost; naložiti (komu) što

chargeable [ˈtʃaːdʒəbl] *adj* (**chargeably** *adv*) koji se može opteretiti (*with* čim); koji se može zaračunati (*to* kome); kojim se može zadužiti (*on* koga); koji se može optužiti (*with* zbog)

chargé d'affaires [ˈʃaːʒeidæˈfɛə] *s Fr* otpravnik poslova

charger[1] [ˈtʃaːdʒə] *s arch* (velika plosnata) zdjela

charger[2] [ˈtʃaːdʒə] *s mil* oficirski konj; bojni konj

chariness [ˈtʃɛərinis] *s* smotrenost, brižljivost; opreznost; štedljivost

chariot [ˈtʃæriət] *s hist* bojna kola; trijumfalna kola; *hum* kočija

chariot [ˈtʃæriət] *vt/i* voziti (se) u trijumfalnim kolima

charioteer [ˌtʃæriəˈtiə] *s* vozač, upravljač (trijumfalnih kola)

charitable [ˈtʃæritəbl] *adj* (**charitably** *adv*) dobrotvoran (*~ institution, ~ society*); milosrdan; dobrostiv

charitableness [ˈtʃæritəblnis] *s* milosrdnost, dobrotvornost

charity [ˈtʃæriti] *s* milosrđe; dobrotvornost, dobrotvorne svrhe; milostinja; dobrota | **sister of ~** milosrdna sestra, sestra milosrdnica; **charities** *pl* dobrotvorne ustanove; **for ~'s sake** za ljubav Božju; **~ begins at home** najprije je Bog sebi bradu stvorio

charity-boy [ˈtʃæritibɔi] *s* dječak koji se odgaja u dobrotvornoj ustanovi

charity-girl [ˈtʃæritigəːl] *s* djevojčica koja se odgaja u dobrotvornoj ustanovi

charity-school [ˈtʃæritiskuːl] *s* škola za siromašnu djecu

charivari [ˈʃaːriˈvaːri] *s Fr* mačja svirka, derača, zaglušna buka, lupnjava

charlady [ˈtʃaːleidi] *s joc* dvorkinja

charlatan [ˈʃaːlətən] *s* šarlatan, varalica, opsjenjivač, nadriliječnik

charlatanic [ˌʃaːləˈtænik] *adj* (**~ally** *adv*) šarlatanski, vašarski

charlatanism [ˈʃaːlətənizəm] *s* šarlatanstvo, nadriliječništvo

charlatanry [ˈʃaːlətənri] *s* šarlatanstvo, vašarsko galamaštvo

charlotte [ˈʃaːlɔt] *s cul* pita od jabuka

charm [tʃaːm] *s* 1. čarolija; čar 2. amanet, talisman, hamajlija (*against*) 3. *fig* čar, draž, dražest 4. privjesak (na lančiću itd.)

charm [tʃaːm] *vt* začarati; očara(va)ti; *fig* oduševiti, ushititi (*with*); ukrotiti (zmiju) | **I shall be ~ed** bit će mi vrlo drago

charm away [ˈtʃaːməˈwei] *vt* ukloniti (kao čarolijom), postići da što nestane

charmer [ˈtʃaːmə] *s* čarobnik, čarobnica; *hum* dražesno biće, krasna žena; neodoljiv čovjek, šarmer | **snake ~** krotitelj zmija

charming [ˈtʃaːmiŋ] *adj* (**~ly** *adv*) čaroban, dražestan, divan

charnel-house [ˈtʃaːnlhaus] *s* kosturnica, grobnica

chart [tʃaːt] *s mar* (pomorska) karta, mapa; tabela, grafikon (*temperature ~*) | *mar* **~ house, ~ room** navigacijska kabina

chart [tʃaːt] *vt* sastaviti kartu; prikazati grafikonom; zacrtati, unijeti u kartu; skicirati

charter [ˈtʃaːtə] *s* isprava, pismo; oslobodnica, patent, povelja; povlastica; *mar & aero* čarter (većinom *~ party*)

charter ['tʃaːtə] *vt* izdati povelju; dati povlasticu, povlastiti; *mar* & *aero* najmiti, čartrovati (brod ili avion)
chartered ['tʃaːtəd] *adj* povlašćen, privilegiran; s poveljom | ~ **accountant** ovlašćeni, zaprisegnuti revizor poslovanja; ~ **company** ovlašćeno trgovačko društvo
charterer ['tʃaːtərə] *s mar* naručitelj, čarterer (broda, aviona)
charter-party ['tʃaːtə,paːti] *s mar* čarter partija, čarter, pismeni ugovor o najmu broda ili aviona
Chartism ['tʃaːtizəm] *s hist* čartizam, masovni revolucionarni pokret engleskih radnika od 1837. do 1848.
Chartist ['tʃaːtist] *s hist* čartist, sudionik čartističkog pokreta, pristaša čartizma
chartless ['tʃaːtlis] *adj* bez karte; neubilježen u karti
chartreuse [ʃaː'trəːz, *US* ʃaː'truːz] *s* šartrez (liker)
charwoman ['tʃaː,wumən] *s* (*pl* **charwomen** ['tʃaː,wimin]) dvorkinja
chary ['tʃɛəri] *adj* (**charily** *adv*) brižljiv, poman, oprezan, smotren, sustezljiv; plah; štedljiv (*of* čime)
chase[1] [tʃeis] *s* potjera, hajka, lov, progon, gonjenje; *hunt* gonjena divljač; *mar* progonjeni brod; *hunt* lovište, revir | **to be in** ~ **of** biti u potjeri za, progoniti; **to give** ~ **(to)** (po)juriti (za kim, čim), krenuti u progon (za kim, čim); **loviti,** goniti; **beast of** ~ lov na divljač; **steeple** ~ utrka sa zaprekama; **wild-goose** ~ jalov posao, bezizgledan pothvat
chase[1] [tʃeis] *vt hunt* loviti; hajkati, goniti, progoniti; otjerati (*from* od); poplašiti | *US sl* ~ **oneself** otići, pokupiti se
chase away ['tʃeisə'wei] *vt* odagnati, otjerati, protjerati; poplašiti
chase[2] [tʃeis] *s* vodište (topovskog) zrna; žlijeb, utor
chase[2] [tʃeis] *vt tech* rezati, urezivati, gravirati, cizelirati
chase[3] [tʃeis] *s print* okvir
chaser[1] ['tʃeisə] *s* 1. lovac, gonič, hajkaš; progonitelj 2. *mar* brod progonitelj 3. *aero* lovac
chaser[2] ['tʃeisə] *s* graver, cizeler
chasm ['kæzəm] *s* ponor, provalija, bezdan; zjapeći otvor, duboka pukotina; velika razlika (*in opinion* itd.); *fig* jaz
chasmy ['kæzmi] *adj* pun ponora, provalija, rupa; u kom ima pukotina; nalik na ponor, provaliju
chassis ['ʃæsi] *s* (*pl* **chassis** ['ʃæsiz]) *Fr auto* šasija; *aero* pristajni stap
chaste [tʃeist] *adj* (~**ly** *adv*) čist, djevičanski, stidljiv, krepostan; nevin, čedan; jednostavan, nekićen
chasten ['tʃeisn] *vt* kazniti; *fig* ublažiti, umanjiti; pročistiti, profiniti; obuzdati
chasteness ['tʃeistnis] *s* čistoća, nevinost, čednost; jednostavnost, nekićenost
chastise [tʃæ'staiz] *vt* (oštro) kazniti
chastisement ['tʃæstizmənt] *s* kazna, kažnjavanje
chastiser [tʃæ'staizə] *s* kaznilac
chastity ['tʃæstiti] *s* čistoća, nevinost, krepost, čednost; jednostavnost
chasuble ['tʃæzjubl] *s eccl* misničko ruho
chat [tʃæt] *s* čavrljanje, brbljanje, ćaskanje, razgovor | **to have a** ~ porazgovoriti se
chat [tʃæt] *vi* čavrljati, brbljati, ćaskati
chatelaine ['ʃætəlein] *s Fr* snop lančića na ženskom pojasu za ključeve itd.; gospodarica velike ladanjske kuće ili dvorca
chattel ['tʃætl] *s jur* pokretna imovina | **goods** & ~**s** sva (svoja) imovina
chatter ['tʃætə] *vi* brbljati, čavrljati; klepetati; cvrkutati (ptica); cvokotati (zubi); žuboriti, romoriti (potok)
chatter ['tʃætə] *s* brbljanje, čavrljanje; klepetanje; cvrkut (ptice); zapljuskivanje, žuborenje (potoka)
chatterbag ['tʃætəbæg] *s* → **chatterbox**
chatterbeak ['tʃætəbiːk] *s* → **chatterbox**
chatterbox ['tʃætəbɔks] *s* brbljavac, brbljavica, klepetalo
chatterer ['tʃætərə] *s* brbljavac, brbljavica
chatty ['tʃæti] *adj* (**chattily** *adv*) razgovorljiv, brbljav, čavrljav
chauffer ['tʃɔːfə] *s* posuda za žar, prijenosna peć
chauffeur ['ʃəufə] *s Fr* privatni, livrirani šofer
Chautauqua [ʃə'tɔːkwə] *s US* ljetni seminar u prirodi pod šatorima
chauvinism ['ʃəuvinizəm] *s Fr* šovinizam
chauvinist ['ʃəuvinist] *s Fr* šovinist
chauvinistic [ʃəuvi'nistik] *adj Fr* (~**ally** *adv*) šovinistički
chaw [tʃɔː] *s* zalogaj duhana za žvakanje
chaw [tʃɔː] *vt vulg* glasno žvakati, mljaskati
chaw up ['tʃɔː'ʌp] *vt US sl* uništiti, slistiti
chaw-bacon ['tʃɔː,beikn] *s* seljačina, prostak
cheap [tʃiːp] *adj* (~**ly** *adv*) jeftin, nizak (cijena); banalan; loš, prost | **to hold** ~ potcjenjivati, malo držati do; **dirt** ~ vrlo jeftin; **on the** ~ jeftin(o); *sl* **to feel** ~ loše se osjećati, stidjeti se; ~ **trip** izlet (željeznicom) uz snižene cijene; **make oneself** ~ umanjiti svoj ugled slabim ponašanjem
cheapen ['tʃiːpən] *vt/i* pojeftiniti, sniziti (cijenu)
cheap-jack ['tʃiːpdʒæk] *s* putujući prodavač, pokućarac
cheat [tʃiːt] *s* prijevara; varalica
cheat [tʃiːt] *vt/i* **I.** *vt* varati, prevariti **II.** *vi* varati | ~ **the gallows** smrću izbjeći (smrtnu) kaznu
check [tʃek] *interj* šah!
check[1] [tʃek] *s* 1. kočenje, zapreka, zadržavanje, zaustavljanje, obustava 2. prije-

kor, pouka, ukor 3. *mil* malen poraz, neuspjeh; *hunt* gubitak (traga, plijena) 4. prekid, pauza 5. pregled, kontrola, ispitivanje, provjeravanje 6. odrezak, ulaznica, potvrda (za stvari predane u garderobu itd.), doznaka 7. *US* račun 8. kontrolni znak olovkom, štrigula 9. žeton, tantuz | **to keep in ~** držati u šahu, na uzdi; **keep a ~ on** obuzdavati; *coll* **to hand** (ili **pass**) **in one's ~s** umrijeti; **~ pattern** kockast uzorak

check [tʃek] *vt/i* **I.** *vt* 1. (za)dati šah 2. zaustaviti, zadržati, obustaviti, suzdržati, zapriječiti 3. obuzdati, ukrotiti; ukoriti; prigovoriti 4. pregledati, sravnjivati, kolacionirati (račune), ispitati, kontrolirati, provjeravati 5. označiti kontrolnim znakom, štrigulirati 6. *US rly* pohraniti, predati (prtljagu) **II.** *vi* zaustaviti se, zapeti, stati, prestati; plašiti se, ustuknuti, prezati; osjetiti se povrijeđen (*at* čime)

check in ['tʃek'in] *vi* odsjesti u hotelu; doći na posao (u tvornicu itd.)

check off ['tʃek'ɔf] *vt* označiti što da je kontrolirano i nađeno ispravno, štrigulirati

check out ['tʃek'aut] *vi* napustiti hotel, odjaviti se (s posla, iz bolnice itd.); otići | **check-out time** vrijeme kada treba sobu isprazniti

check up ['tʃek'ʌp] (i **~ on**) *vt* preispitati, provjeriti

check[2] [tʃek] *s* kockast uzorak (na tkanini); kockasto sukno, tkanina s uzorkom na kocke

check[3] [tʃek] *s* → **cheque**

check-clock ['tʃekklɔk] *s* kontrolni sat

checker[1] ['tʃekə] *s* ispitivač, kontrolor; garderobijer | **~s** *s pl US* dama (igra)

checker[2] ['tʃekə] *s* → **chequer**

checking ['tʃekiŋ] *s* pregled, provjeravanje, ispitivanje, kontrola, kolacioniranje (računa itd.) | **~(i check)-room** garderoba

checklist ['tʃeklist] *s* kontrolni popis

checkmate ['tʃek'meit] *interj* šah mat!

checkmate ['tʃek'meit] *s* šah-mat; *fig* poraz

checkmate ['tʃek'meit] *vt* dati šah-mat, matirati; *fig* osujetiti

check-out ['tʃek'aut] *s* blagajna (u samoposluživanju)

checkpoint ['tʃekpɔint] *s* mjesto kontrole (vozila u prometu); pogranični blok

check-rein ['tʃekrein] *s* uzda koja sprečava konju da spusti glavu

checkroom ['tʃekrum] *s US* garderoba

check-string ['tʃekstriŋ] *s* signalna uzica u kolima kojom se daje vozaču znak da stane

ckeck-taker ['tʃekˌteikə] *s* biljeter

check-till ['tʃektil] *s* dućanska blagajna, registar-kasa

check-up ['tʃek'ʌp] *s* kontrola, revizija | **medical ~** liječnički pregled

Cheddar ['tʃedə] *s* vrsta sira (iz grada Cheddar u Somersetu u Engleskoj)

cheek [tʃiːk] *s* lice, obraz; *fam* drskost, bezobraznost | **~s** *pl* hvataljke škripa; bočni dijelovi (kod raznih strojeva); **~ by jowl** lice uz lice, sasvim zajedno; intimno; *fam* **to one's own ~** isključivo za samoga sebe; **to have the ~** imati drskost, drznuti se | **say sth with one's tongue in one's ~** reći jedno, a misliti drugo

cheek [tʃiːk] *vt fam* biti drzak, bezobrazno se ponašati (prema komu)

cheek-bone ['tʃiːkbəun] *s anat* jagodična, jabučna kost

cheek-tooth ['tʃiːktuːθ] *s* (zub) kutnjak

cheeky ['tʃiːki] *adj* (**cheekily** *adv*) drzak, bezobrazan

cheep [tʃiːp] *s* cvrkut, pijukanje, pištanje

cheep [tʃiːp] *vi* pijukati, pištati

cheeper ['tʃiːpə] *s* mlada ptica (jarebica, prepelica)

cheer [tʃiə] *s* 1. raspoloženje, dobra volja, veselje 2. hrana, jelo, gošćenje, čašćenje 3. utjeha, ohrabrenje; bodrenje, klicanje hura | **what ~?** kako je, kako ide?; **to be of good ~** biti dobre volje, veseo, raspoložen; **the fewer the better ~** što je manje ljudi, to više ima hrane za jelo; *coll* **cheers!** živio!, živjeli! (nazdravljanje); **to give three ~s** triput hura, živio (*for* za); **to make good ~** gostiti se

cheer [tʃiə] *vt/i* **I.** *vt* bodriti, obodriti; obradovati, razveseliti (*it ~s me to see you*); utješiti; radosno pozdraviti, povlađivati; bodriti, ohrabrivati **II.** *vi* radovati se, klicati, vikati hura, odobravati, aplaudirati

cheer on ['tʃiər'ɔn] *vt* bodriti, poticati (*to* na)

cheer up ['tʃiər'ʌp] *vt/i* razveseliti (se), razvedriti (se); obradovati (se) | **~!** samo naprijed, razvedri se, ne kloni!

cheerful ['tʃiəful] *adj* (**~ly** *adv*) veseo, radostan, vedar, raspoložen

cheerfulness ['tʃiəfulnis] *s* veselje, radost, vedrina, dobro raspoloženje

cheerio [ˌtʃiəri'əu] *interj sl* hej!, živio!; zdravo!; do viđenja!; živio!, živjeli!, **u** zdravlje!

cheer-leader ['tʃiəliːdə] *s US* voditelj organiziranog klicanja

cheerless ['tʃiəlis] *adj* (**~ly** *adv*) neveseo, tmuran, nujan

cheerly ['tʃiəli] *adv mar* veselo, srdačno, od srca, s voljom

cheery ['tʃiəri] *adj* (**cheerily** *adv*) vedar, veseo, radostan

cheese[1] [tʃiːz] *s* sir | **green ~** nezreo, mokar, svjež sir; **bread and ~** jednostavna hrana; *fig* kruh; **as like as chalk and ~** kao Bog i šeširdžija, kao dan i noć; *fig sl* **hard ~** smola, zla sreća (*that is hard ~*)

cheese² [tʃiːz] *s* | *sl* **quite the ~** baš ono pravo
cheese [tʃiːz] *vt* | *sl* **~ it!** prestani!, šuti!, jezik za zube!
cheeseburger [ˈtʃiːzˌbəːgə] *s US* faširani šnicl ispečen sa sirom u žemički
cheese-cake [ˈtʃiːzkeik] *s* 1. *cul* sirnjača, gibanica 2. *sl* fotografija koja prikazuje ženske tjelesne draži
cheese-cloth [ˈtʃiːzklɔθ] *s* tanka pamučna tkanina, gaza
cheese-cutter [ˈtʃiːzˌkʌtə] *s* širok, savinut nož za sir
cheese-finger [ˈtʃiːzˌfiŋgə] *s* **štapić od tijesta sa sirom**
cheesehopper [ˈtʃiːzˌhɔpə] *s* crv u siru
cheesemonger [ˈtʃiːzˌmʌŋgə] *s* trgovac sirom, maslacem itd.
cheese-paring [ˈtʃiːzˌpɛəriŋ] *s* kora od sira; *fig* škrtost | **~s** *pl* bezvrijedne stvari; škrtošću postignuta uštednja
cheese-paring [ˈtʃiːzˌpɛəriŋ] *adj* krajnje štedljiv, škrt
cheese-plate [ˈtʃiːzpleit] *s* **tanjur za sir; veliko** dugme (za kaput)
cheese-straws [ˈtʃiːzstrɔːz] *s pl cul* slani prutići od sira
cheese-taster [ˈtʃiːzˌteistə] *s* svrdao za uzimanje uzoraka sira
cheesy [ˈtʃiːzi] *adj* (**cheesily** *adv*) sirast, sirovit; *sl* otmjen, sjajan, elegantan
cheetah [ˈtʃiːtə] *s zool* gepard
chef [ʃef] *s Fr* glavni kuhar
chef-d'oeuvre [ˌʃeiˈdəːvr] *s Fr* remek-djelo
chemical [ˈkemikəl] *adj* (**~ly** *adv*) kemijski | **~-works** kemijska tvornica
chemical [ˈkemikəl] *s* kemijski preparat, kemikalija
chemise [ʃəˈmiːz] *s Fr* ženska košulja
chemisette [ˌʃemiˈzet] *s* ženski košuljac, prslučac
chemist [ˈkemist] *s* kemičar; drogerist, ljekarnik, apotekar | **~'s shop ljekarna; dispensing ~** ljekarnik
chemistry [ˈkemistri] *s* kemija
chemitypy [ˈkemitaipi] *s* kemografija
chemotherapy [ˈkeməuˈθerəpi] *s* kemoterapija
chenille [ʃəˈniːl] *s Fr* baršunasta resa (za tapetarski ukras)
cheque (check) [tʃek] *s com* ček (*on London* na London) | **blank ~** bjanko-ček; **crossed ~** prekriženi ček; **not negotiable (ili crossed) ~** virmanski ili obračunski ček
cheque-account [ˈtʃekəˌkaunt] *s* čekovni račun
cheque-book [ˈtʃekbuk] *s* čekovna knjižica
chequer (checker) [ˈtʃekə] *s* **kockast (šaren)** uzorak (obično *pl* **~s**)
chequer (checker) [ˈtʃekə] *vt* šareno, kockasto išarati, karirati; *fig* učiniti živahnim, raznolikim, oživjeti | **~ed** *fig* šaren; **checkered career** burna prošlost
chequerwise [ˈtʃekəwaiz] *adv* u obliku kocaka, raspoređeno na kocke
cherish [ˈtʃeriʃ] *vt* njegovati, gojiti, paziti koga; cijeniti, štovati; *fig* gajiti (nadu, osjećaje i dr.)
cheroot [ʃəˈruːt] *s Ind* vrsta cigare
cherry [ˈtʃeri] *s bot* trešnja; trešnjevina (drvo) | *fig* **to make two bites at a ~** biti neodlučan, krzmati, prezati, oklijevati
cherry [ˈtʃeri] *adj* trešnjeve boje, crven, rumen
cherry-bob [ˈtʃeribɔb] *s* dvije trešnje kojima su peteljke srasle
cherry-brandy [ˌtʃeriˈbrændi] *s* rakija ili liker od trešanja ili višanja
cherry-pie [ˌtʃeriˈpai] *s* 1. kolač od trešanja 2. *bot* (vrtni) suncokret, heliotrop
cherry-stone [ˈtʃeristəun] *s* koštica trešnje
chert [tʃəːt] *s minr* lidijski kamen
cherub [ˈtʃerəb] *s* (*pl* **~s, cherubim** [ˈtʃerəbim]) anđeo, kerubin; nedužno dijete
cherubic [tʃeˈruːbik] *adj* kerubinski, anđeoski
chervil [ˈtʃəːvil] *s bot* krasuljica, krbuljica
Cheshire [ˈtʃeʃə] *adj* | **~ cheese** sir iz Cheshirea; **to grin like a ~ cat** imati (široko) nacereno lice
chess [tʃes] *s* šah (igra)
chessboard [ˈtʃesbɔːd] *s* šahovska ploča
chessel [ˈtʃesəl] *s* badanj za pravljenje sira
chess-man [ˈtʃesmæn] *s* (*pl* **chess-men** [ˈtʃesmen]) šahovska figura
chest [tʃest] *s* 1. škrinja, sanduk, kovčeg; ormar 2. blagajna, riznica 3. *anat* prsni koš, grudi | *sl* **to get sth off one's ~** skinuti što sa srca; **~ of drawers** komoda; **hold** (ili **keep**) **one's cards close to one's** (ili **the**) **~** biti tajnovit
chesterfield [ˈtʃestəfiːld] *s* 1. vrsta ogrtača 2. vrsta počivaljke 3. vrsta cigareta
chest-note [ˈtʃestnəut] *s* dubok glas (iz grudi)
chestnut [ˈtʃesnʌt] *s* 1. *bot* kesten 2. kestenjasta boja 3. riđan (konj) 4. *fam* otrcana šala, stari vic | *bot* **horse ~** divlji kesten; **sweet ~** pitomi (jestivi) kesten
chestnut [ˈtʃesnʌt] *adj* kestenjast
chest-trouble [ˈtʃestˌtrʌbl] *s* prsobolja
chest-voice [ˈtʃestvɔis] *s* dubok glas, prsni glas
cheval-glass [ʃəˈvælglaːs] *s* psiha (veliko ogledalo koje se nagiba oko horizontalne osovine)
chevalier [ˌʃevəˈliə] *s Fr* član nekih viteških redova, francuske Legije časti itd.; *hist* francuski kadet plemić; *fig* kavalir | **~ of industry** pustolov, varalica
cheviot [ˈtʃeviət] *s* ševiotska ovca; tkanina od ševiotske vune, ševiot
chevron [ˈʃevrən] *s Fr* 1. znak, pruga, traka u obliku okrenutog slova V 2. *her* rog, rožnjak 3. *mil* znak podoficira, širit (na

rukavu ili ovratniku) 4. *archit* ornament u cikcak liniji
chevy ['tʃevi] *s* 1. hajka, lov 2. vrsta igre hvatanja (zarobljenika)
chevy ['tʃevi] *vt/i* **I.** *vt* goniti, loviti, hajkati; *fig* mučiti, gnjaviti, dosađivati **II.** *vi* trčati, juriti
chew [tʃuː] *vt/i* **I.** *vt* žvakati; preživati; *fig* premišljati; razmišljati (*over, upon* o); osnovati **II.** *vi* preživati; žvakati; razmišljati (*on* o) | **to ~ the cud** preživati; *US sl* **to ~ the rag** beskrajno raspravljati; natezati istu kožu, tupiti
chew over ['tʃuː'əuvə] *vt coll* raspraviti
chew [tʃuː] *s* 1. žvakanje 2. zalogaj, komad (duhana za žvakanje)
chewer ['tʃuːə] *s* žvakač, onaj koji žvače (duhan, gumu i dr.)
chewing-gum ['tʃuiŋgʌm] *s* guma za žvakanje
Chianti [ki'ænti] *s It* vrsta talijanskog crvenog vina (iz Chiantija u Toskani)
chiaroscuro [ki'aːrə'skuərəu] *s It paint* raspored svjetla i sjene, svijetlih i tamnih dijelova na slici
chiaroscuro [ki'aːrə'skuərəu] *adj It paint* svijetlotamno
chic [ʃiːk] *s Fr* dobar ukus, smisao za ono što pristaje, šik
chic [ʃiːk] *adj* zgodan, ukusan, elegantan, šik
chicane [ʃi'kein] *s* (pravna) smicalica, trik, spretan manevar
chicane [ʃi'kein] *vt/i* primijeniti (pravne) smicalice, spretno manevrirati
chicaner [ʃi'keinə] *s* koji primjenjuje (pravne) smicalice
chicanery [ʃi'keinəri] *s* izvrtanje ili zatezanje pravnog postupka, primjenjivanje (pravnih) smicalica; lažan argument
chick [tʃik] *s* pile, pilence; djetešce; *sl* djevojka, cura, mala | **the ~s** *pl* djeca (neke) obitelji
chickabiddy ['tʃikəˌbidi] *s* pilence, djetešce, miljenče, čedo
chicken ['tʃikin] *s* 1. pile, kokica 2. piletina 3. *fig* djevojče; mladunče | **to count one's ~s before they are hatched** pripremati ražanj a zec u šumi; **~ wire** žičana mreža, žičani pleter
chicken-breast ['tʃikinbrest] *s* ispupčena grudna kost
chicken-breasted ['tʃikinˌbrestid] *adj* s ispupčenom grudnom kosti
chicken-farmer ['tʃikinˌfaːmə] *s* peradar
chicken-feed ['tʃikinfiːd] *s* 1. hrana za perad 2. *sl* sitnica, trica, mačji kašalj
chicken-hearted ['tʃikinˌhaːtid] *adj* plah, plašljiv, strašljiv, kukavički
chicken-liver ['tʃikinˌlivə] *s* kukavica, strašljivac
chicken-pox ['tʃikinpɔks] *s med* male boginje, vodene kozice
chicken-run ['tʃikinrʌn] *s* ograđen prostor za držanje pilića, pilićnjak
chickling ['tʃikliŋ] *s bot* grahorica, grahor
chick-pea ['tʃikpiː] *s bot* slanutak, slani grah
chickweed ['tʃikwiːd] *s bot* mišjakinja (*Stellaria media*)
chick-yard ['tʃikjaːd] *s US* ograđen prostor za piliće, pilićnjak
chicle [tʃikl] *s* glavni sastojak gume za žvakanje
chicory ['tʃikəri] *s bot* vodopija, cikorija
chide [tʃaid] *vt/i* (*pret* chid; *pp* chid, chidden) karati, psovati, koriti, grditi
chief [tʃiːf] *s* glava, poglavar, vođa; poglavica; predstojnik; pretpostavljeni, šef | **in ~** osobito, uglavnom; **commander-in-~** vrhovni zapovjednik; **Chief of Staff** šef štaba; **editor-in-chief** glavni urednik
chief [tʃiːf] *adj* glavni, najvažniji; vodeći, vrhovni, najviši | **~ clerk** predstojnik ureda; **~ buyer** šef nabavnog odjela
chief [tʃiːf] *adv* osobito, napose, poglavito, najvažnije, iznad svega, prije svega (*~ of all*)
chiefdom ['tʃiːfdəm] *s* položaj ili čast poglavice; područje kojim upravlja poglavica
chiefess ['tʃiːfis] *s* poglavarica
chiefly ['tʃiːfli] *adj* poglavarski
chiefly ['tʃiːfli] *adv* poglavito, većinom, uglavnom
chieftain ['tʃiːftən] *s* poglavica; hajdučki vođa, harambaša
chieftaincy ['tʃiːftənsi] *s* čast poglavice, vođe
chieftainess ['tʃiːftənis] *s* žena poglavice, žena vođe; poglavarica
chieftainship ['tʃiːftənʃip] *s* → **chieftaincy**
chiff-chaff ['tʃiftʃæf] *s ornith* vrbov čižak (vrsta ptice pjevice)
chiffon ['ʃifɔn] *s Fr* šifon, tanka, prozirna svilena tkanina; tanko platno | **~s** *pl* ures na haljinama
chiffonier [ˌʃifə'niə] *s Fr* vrsta niska ormarića; *US* visoka komoda
chigger ['tʃigə] *s* → **jigger**[2]
chignon ['ʃiːnjɔ̃ːŋ] *s Fr* punđa, šinjon
chilblain ['tʃilblein] *s* nazebina, ozebina, buganac
chilblained ['tʃilbleind] *adj* → **chilblainy**
chilblainy ['tʃilbleini] *adj* s ozebinama
child [tʃaild] *s* (*pl* **children** ['tʃildrən]) 1. dijete; dječak, djevojka; sin, kći; djetinjasta, nezrela osoba 2. potomak; sljedbenik, pristaša, učenik 3. *fig* tvorevina, proizvod, plod | *sl* **this ~** ja, mene; **from a ~** od djetinjstva; **with ~** noseća, trudna; **children's allowance** dječji doplatak; *fig* **~'s play** igrarija, malenkost; **be a good ~** biti dobar ili pristojan
child-bearing ['tʃaildbɛəriŋ] *s* rađanje
childbed ['tʃaildbed] *s* babinje
childbirth ['tʃaildbəːθ] *s* porod

Childermas-day [ˈtʃildəmæsˈdei] *s* Nevina dječica, Herodešovo (28. prosinca)
childhood [ˈtʃaildhud] *s* djetinjstvo
childish [ˈtʃaildiʃ] *adj* (**~ly** *adv*) djetinjast; djetinjski
childishness [ˈtʃaildiʃnis] *s* djetinjastost
childless [ˈtʃaildlis] *adj* bez djeteta, bez djece
childlike [ˈtʃaildlaik] *adj* poput djeteta, kao dijete, nedužan, bezazlen
childly [ˈtʃaildli] *adj poet* djetinji, poput djeteta
childly [ˈtʃaildli] *adv poet* kao dijete, djetinjasto
childminder [ˈtʃaildˌmaində] *s* osoba koja čuva dijete u kući ili u jaslicama, vrtiću
child-wife [ˈtʃaildwaif] *s* vrlo mlada žena, žena dijete
chiliad [ˈkiliæd] *s* tisuća, hiljada; tisuću godina
chill [tʃil] *s* studen, hladnoća, zima, mraz; zimica, groznica; zebnja, jeza, groza; *med* nahlada, prehlada; *fig* hladnoća osjećaja, neljubaznost; potišteno raspoloženje (*to cast a ~ over*) | **to catch a ~** prehladiti se; **to take the ~ off (a drink)** malo ugrijati (piće)
chill [tʃil] *adj* studen, (neugodno) hladan, mrazan; *fig* hladan, leden, neprijazan
chill [tʃil] *vt/i* **I.** *vt* ohladiti, hladiti; smrznuti, zalediti; *met* otvrdnuti, poškropiti; kaliti; *fig* utući, obeshrabriti, pokunjiti **II.** *vi* ohladnjeti, ohladiti se; ozepsti, prehladiti se | **~ed meat** duboko hlađeno meso
chill-casting [ˈtʃilˌkaːstiŋ] *s met* tvrdo lijevanje, lijev u kalupu od lijevanog željeza
chilli (chilly, chile, chili) [ˈtʃili] *s* (sušena) paprika
chilliness [ˈtʃilinis] *s* hladnoća, studen, mrzlina
chilling [ˈtʃiliŋ] *adj* hladan, mrazan, studen, koji hladi; *fig* koji obeshrabruje; neljubazan
chilly [ˈtʃili] *adj* hladan, prohladan, studen; zimogrozan; *fig* **hladan, leden** | **to feel ~** zepsti
chilly [ˈtʃili] *adv* hladno; neljubazno
chime [tʃaim] *s mus* (niz usklađenih) zvona (često *pl* **~s**); usklađena zvona, skladna zvonjava; *fig* sklad, skladnost, suglasje, harmonija (*of* među) | **in ~** skladno
chime [tʃaim] *vi/t* **I.** *vi* 1. (skladno) zvoniti, zvučati, odzvanjati; biti u skladu, suglasiti se (*with* sa) 2. mehanički ponavljati **II.** *vt* zvoniti, udarati u zvona
chime in [ˈtʃaimˈin] *vi* suglasiti se (*to* u), složiti se, biti u skladu, poklapati se (*with* sa), pristati, odobravati; upadati (u riječ ili pjevanje)
chimera (chimaera) [kaiˈmiərə] *s* himera; tlapnja, utvara, neostvarljiva zamisao, nestvarna fantazija, mašta; san, (strašno) priviđenje
chimere [tʃiˈmiə] *s* biskupska haljina
chimerical [kaiˈmerikəl] *adj* (**~ly** *adv*) fantastičan, nemoguć, lud, himeričan
chimney [ˈtʃimni] *s* 1. dimnjak 2. (staklen) cilindar (svjetiljke) 3. pukotina, raspuklina, kamin (u stijeni planine) 4. eruptivni kanal (vulkana itd.)
chimney-corner [ˈtʃimniˌkɔːnə] *s* kut u kojem je kamin, ognjište; sjedište uz kamin ili ognjište
chimney-piece [ˈtʃimnipiːs] *s* polica kamina
chimney-pot [ˈtʃimnipɔt] *s* 1. (glinena ili metalna) kapa na dimnjaku, produžetak dimnjaka 2. *fam* cilindar (šešir)
chimney-stack [ˈtʃimnistæk] *s* (višestruki) dimnjak
chimney-stalk [ˈtʃimnistɔːk] *s* tvornički dimnjak
chimney-swallow [ˈtʃimniˈswɔləu] *s ornith* lasta čađava
chimney-sweep [ˈtʃimniswiːp] *s* → **chimney-sweeper**
chimney-sweeper [ˈtʃimniˌswiːpə] *s* dimnjačar
chimp [tʃimp] *s coll abbr* → **chimpanzee**
chimpanzee [ˌtʃimpənˈziː] *s zool* čimpanza
chin[1] [tʃin] *s* brada (podbradak) | *fig* **up to the ~** do brade, preko vrata, do ušiju, duboko ogrezao | *coll* **keep one's ~ up** hrabro se držati, ne klonuti; *US fam* **take it on the ~** hrabro podnijeti
chin[2] [tʃin] *s sl* brbljanje; razgovor
chin [tʃin] *vi/t sl* brbljati, klepetati, naklapati (*about* o)
china [ˈtʃainə] *s* porculan; porculansko posuđe
china [ˈtʃainə] *adj* porculanski, od porculana
china-clay [ˈtʃainəˈklei] *s* porculanska glina, kaolin
china-closet [ˈtʃainəˌklɔzit] *s* ormar za porculan
china-goods [ˈtʃainəgudz] *s* porculanska roba
china-ink [ˈtʃainəiŋk] *s* (kineski) tuš
Chinaman [ˈtʃainəmən] *s* (*pl* **Chinamen** [ˈtʃainəmən]) Kinez
chinaware [ˈtʃainəwɛə] *s* → **china-goods**
chinchilla [tʃinˈtʃilə] *s Span zool* činčila, južnoamerički glodavac krznaš
chin-deep [ˌtʃinˈdiːp] *adj* do brade, do vrata; *fig* duboko ogrezao, do ušiju
chine [tʃain] *s* 1. hrptenjača, hrptenica, hrbat, krsta (životinje) 2. hrbat, bȉlo (brda), gorska kosa
Chinee [tʃaiˈniː] *s sl* Kinez
Chinese [ˌtʃaiˈniːz] *adj* kineski | **~ lantern** lampion; **~ ink** tuš
Chinese [ˌtʃaiˈniːz] *s* Kinez, Kineskinja; kineski jezik | **the ~** Kinezi
chink[1] [tʃiŋk] *s* zvek, zveckanje; zveket (novca itd.); *sl* gotovina, novac
chink[2] [tʃiŋk] *s* pukotina
chink[3] [tʃiŋk] *s* zloguki prorok

chink [tʃiŋk] *vi/t* zveckati, zveketati
Chink [tʃiŋk] *s sl* Kinez
chintz [tʃints] *s* cic, katun, pamučno platno za namještaj
chin-wagging [ˈtʃinwægiŋ] *s coll* brbljanje, klepetanje, naklapanje
chip[1] [tʃip] *s* 1. iver, trijeska; odlomak; krhotina (stakla); režanj, odlomljeno mjesto (*the glass has a ~ on the edge*) 2. komad, kriška 3. novac, novčić; žeton | **fish & ~s** u ulju frigana riba i krumpir; **dry as a ~** dosadan; **~ of the old block** isti otac, dijete svoga oca, puki otac; **have a ~ on one's shoulder** biti svadljiv ili ratoboran; **when the ~s are down** kada je dosegnuta kritična točka; **~s** *pl* pržene kriške krumpira (pommes frites)
chip[1] [tʃip] *vt/i* **I.** *vt* sjeckati, rezuckati; rezati na kriške; obrezati; otesati, okresati; skidati, ostrugnuti; urezati; (o piletu) probiti (ljusku jajeta) **II.** *vi* otkinuti se, odlomiti se, otkrhnuti se; odljuštiti se (*to ~ off*) | **~ped potatoes** pomfrit, čipsi
chip in [ˈtʃipˈin] *vt/i* **I.** *vt* usjeći, zasjeći; (nešto) priložiti, pridonijeti, dodati **II.** *vi sl* upasti komu u riječ, prekinuti čiji govor (*with*); *US* sudjelovati, učestvovati, pripomoći, priložiti novac (*to* u)
chip[2] [tʃip] *s* trik, vješt zahvat (kod rvanja)
chip[2] [tʃip] *vt* podmetnuti (komu) nogu, srušiti (podmetanjem noge)
chipboard [ˈtʃipbɔːd] *s* (daska) iverica
chipmunk [ˈtʃipmʌŋk] *s zool* sjeveroamerička prugasta vjeverica
Chippendale [ˈtʃipəndeil] *s* stil pokućstva (u Engleskoj u 18. st.)
chipper [ˈtʃipə] *vi US* cvrčati, cvrkutati
chipper up [ˈtʃipərˈʌp] *vt/i* **I.** *vt* oživjeti, razvedriti **II.** *vi* živnuti, razvedriti se, ohrabriti se, osokoliti se
chipper [ˈtʃipə] *adj US coll* živ, veseo, živahan
chippings [ˈtʃipiŋz] *s pl* krhotine, iverje
chippy [ˈtʃipi] *adj* otkrhnut, škrbast; suhoparan, dosadan; *sl* mamuran (nakon pića), razdražljiv
chippy [ˈtʃipi] *s US sl* prostitutka, flojsa
Chips [tʃips] *s mar sl* brodski tesar
chirograph [ˈkaiərəgraːf] *s* vlastitom rukom napisana isprava
chirographer [ˌkaiəˈrɔgrəfə] *s* pisar
chirographic [ˌkaiərəˈgræfik] *adj* rukom pisan
chirographist [ˌkaiəˈrɔgrəfist] *s* pisar
chirography [ˌkaiəˈrɔgrəfi] *s* rukopis, vještina pisanja
chiromancer [ˈkaiərəmænsə] *s* hiromant
chiromancy [ˈkaiərəmænsi] *s* hiromantija
chiropodist [kiˈrɔpədist] *s* pediker
chiropody [kiˈrɔpədi] *s* pedikerstvo, pedikiranje
chirp [tʃəːp] *vi/t* cvrkutati, cvrčati; čavrljati, (što) zacvrkutati
chirp [tʃəːp] *s* cvrkut; cvrčanje
chirpy [ˈtʃəːpi] *adj* (**chirply** *adv*) živ, vedar, veseo
chirr [tʃəː] *vi* cvrčati, zrikati
chirr [tʃəː] *s* cvrčanje, zrikanje
chirrup [ˈtʃirəp] *vi* cvrčati, cvrkutati; cmokati, cmoknuti, mljaskati (jezikom); *sl* za plaću odobravati (aplaudirati) u kazalištu itd.
chirrup [ˈtʃirəp] *s* cvrkut, cvrčanje; (bodreće) cmokanje (jezikom)
chirruper [ˈtʃirəpə] *s* onaj koji za plaću aplaudira u kazalištu itd.
chisel [ˈtʃizl] *s* dlijeto; *sl* prijevara, nepošten postupak | **the ~** kiparsko dlijeto; kiparstvo
chisel [ˈtʃizl] *vt* dlijetom dupsti, klesati, rezbariti; *fig* dotjerati, usavršiti; *sl* varati, prevariti, nepošteno postupati
chit[1] [tʃit] *s* 1. klica, mladica 2. dijete, mladi stvor (*a ~ of a girl*); malešna, nezrela osoba
chit[2] [tʃit] *s Ind* kratko pismeno saopćenje, pismeni nalog, izvještaj itd.; cedulja; potpisom potvrđeni (mali) račun, priznanica; svjedodžba (sluge)
chit [tʃit] *vi* klijati, niknuti
chit-chat [ˈtʃitˈtʃæt] *s* čavrljanje, brbljanje, ćaskanje
chitin [ˈkaitin] *s* ljuštura (jastoga, kukaca itd.)
chitinous [ˈkaitinəs] *adj* ljušturast
chitterlings [ˈtʃitəliŋz] *s pl cul* drobnina, utroba, drob, drobac; trbušna maramica, tripe
chitty [ˈtʃiti] *s* → **chit**[2]
chivalric [ˈʃivəlrik] *adj* → **chivalrous**
chivalrous [ˈʃivəlrəs] *adj* (**~ly** *adv*) viteški; hrabar, plemenit, častan; kavalirski
chivalry [ˈʃivəlri] *s* viteštvo; junaštvo; kavalirstvo; vitezovi
chive [tʃaiv] *s bot* luk vlasac, vlašac, sitni luk, drobnjak
chivy (**chivvy**) [ˈtʃivi] *s & vt/i* → **chevy**
chloral [ˈklɔːrəl] *s chem* kloral | **~ hydrate** kloralni hidrat
chlorate [ˈklɔːrit] *s chem* klorat, klorna sol
chloric [ˈklɔːrik] *adj chem* klorni | **~ acid** klorna kiselina
chloride [ˈklɔːraid] *s chem* klorid | **~ of lime** kalcijum klorid
chlorinate [ˈklɔːrineit] *vt* klorirati
chlorination [ˌklɔːriˈneiʃn] *s* kloriranje
chlorine [ˈklɔːriːn] *s chem* klor
chlorite [ˈklɔːrait] *s chem* klorit
chloroform [ˈklɔrəfɔːm] *s chem* kloroform
chloroform [ˈklɔrəfɔːm] *vt* kloroformirati
chlorophyll [ˈklɔrəfil] *s* klorofil
chlorous [ˈklɔːrəs] *adj chem* klorast
chock [tʃɔk] *s* klin, panj, klinasta podloga (za ustavljanje kotača, buradi itd.); zavoranj; *mar* drvena kuka

chock [tʃɔk] *vt* klinom učvrstiti
chock up [ˈtʃɔkˈʌp] *vt* 1. učvrstiti klinastom podlogom, zakliniti, zakajlati 2. prenatrpati (sobu pokućstvom itd.)
chock [tʃɔk] *adv* čvrsto, tijesno, nabito
chock-a-block [ˌtʃɔkəˈblɔk] *adj* nabit, naguran, natrpan (*with*)
chock-full [ˈtʃɔkful] *adj* prepun, prenatrpan (*of* čime)
chocolate [ˈtʃɔkəlit] *s* čokolada | **~ cream** čokoladni bomboni, praline; **~s** pralinei
chocolate [ˈtʃɔkəlit] *adj* čokoladni, prevučen čokoladom; tamnosmeđ
choice [tʃɔis] *s* biranje; izbor; zaliha (robe), asortiman; izabrana stvar; cvijet, elita | **to make a ~ of** izabrati; **to take one's ~** birati po volji; **for ~** prvenstveno, radije (ako se već mora birati); **have one's ~** moći birati; **I have no ~ but to** ne preostaje mi drugo nego da; **Hobson's ~** bez izbora, ovo ili ništa; **at your ~** kako vam je po volji; **it is the ~ of the whole garden** to je najljepše što ima u cijelom vrtu; *com* **~ quality** prva kvaliteta
choice [tʃɔis] *adj* (**~ly** *adv*) biran, izabran; po izbor; izvrstan; izbirljiv; pomno izabran; pažljiv, štedljiv
choiceness [ˈtʃɔisnis] *s* biranost; dragocjenost; poman izbor
choicy [ˈtʃɔisi] *adj coll US* izbirljiv
choir (quire) [ˈkwaiə] *s eccl* kor; (pjevački) zbor
choir (quire) [ˈkwaiə] *vt/i* **I.** *vt* pjevati u zboru (crkvenu pjesmu itd.) **II.** *vi* zborno pjevati, u koru pjevati
choir-boy [ˈkwaiəbɔi] *s* dječak pjevač, član dječačkog pjevačkog zbora, dječak korist; učenik gimnazije pod crkvenom upravom
choir-organ [ˈkwaiərˌɔːgən] *s* treći manual orgulja
choir-school [ˈkwaiəskuːl] *s* gimnazija pod crkvenom upravom
choir-screen [ˈkwaiəskriːn] *s* ograda (od rezbarena drva ili ukrašena željeza) koja rastavlja prostor pred oltarom od lađe crkve
choke[1] [tʃəuk] *s* davljenje, gušenje; *tech* zaustavljanje, zatvaranje, suzivanje, stezanje (cijevi); *el* kalem prigušnik
choke [tʃəuk] *vt/i* **I.** *vt* ugušiti, zagušiti, udaviti, zadaviti; začepiti; *tech* suziti, stegnuti, zatvoriti (cijev stiskanjem); priječiti, smetati, usporiti (rad stroja); *fig* priječiti, smetati; prigušiti **II.** *vi* gušiti se, ugušiti se, (u)daviti se
choke back [ˈtʃəukˈbæk] *vt* (pro)gutati (suze), suzdrž(av)ati, mukom obuzdati
choke down [ˈtʃəukˈdaun] *vt* 1. progutati (hranu) 2. s mukom obuzdavati, svladavati, prigušiti, zatomiti (osjećaje)
choke off [ˈtʃəukˈɔf] *vt fam* opomenuti, ukoriti; prigovoriti (komu); odvratiti (koga od čega zastrašivanjem); isključiti
choke up [ˈtʃəukˈʌp] *vt/i* začepiti (se), zabrtviti (se)
choke[2] [tʃəuk] *s bot* srednji dio artičoke
choke[3] [tʃəuk] *s mot* čok, ventil koji kontrolira dovod zraka
choke-bore [ˈtʃəukbɔː] *s* cijev (puške) koja se suzuje prema vrhu
choke-damp [ˈtʃəukdæmp] *s min* rudnički (rovni) plin; zagušljiv zrak; zrak pomiješan s ugljičnim dioksidom
choke-pear [ˈtʃəukpɛə] *s* divlja kruška; *fig* neugodna činjenica, gorak zalogaj, nešto što je teško progutati
choker [ˈtʃəukə] *s* 1. davilac, gušilac 2. *hum* visok, tvrd ovratnik; tijesna ogrlica (od bisera) ili šal | *sl* **white ~** bijela kravata
choky [ˈtʃəuki] *adj* koji guši, zagušljiv, zadušljiv; bez daha
choler [ˈkɔlə] *s hist* žuč; *fig* gnjev, jed
cholera [ˈkɔlərə] *s med* kolera; proljev
choleraic [ˌkɔləˈreiik] *adj* poput kolere, kojemu je uzrok kolera
choleric [ˈkɔlərik] *adj* raspaljiv, naprasit, nagao; koleričan
choliamb [ˈkəuliæmb] *s* kolijamb, vrsta jamba
choliambic [ˌkəuliˈæmbik] *adj* kolijampski
choose [tʃuːz] *vt/i* (chose, chosen) **I.** *vt* 1. izabrati, odabrati (*between, from*); birati 2. voljeti, htjeti, mariti; ushtjeti; prohtjeti se (*to do as one ~s*); radije što činiti, pretpostavljati, više voljeti (*to do*) **II.** *vi* moći birati, imati izbor (*between*); biti po volji, htjeti, željeti | **he cannot ~ but** ne može, a da ne, nema mu druge nego; **not much to ~ between them** nema što da se bira između njih, oba su jednako loši ili dobri; **she did not ~ to see him** ona ga nije htjela vidjeti; **to ~ a p as** (*for, to be*) **one's leader** izabrati koga vođom (za vođu, da bude vođa); **he was chosen king** izabraše ga za kralja
chooser [ˈtʃuːzə] *s* izbirljivac, izbirač | **beggars must not be ~s** prosjaci ne smiju biti izbirljivi
choosy (choosey) [ˈtʃuːzi] *adj coll* izbirljiv
chop[1] [tʃɔp] *s* 1. zasjek, udarac sjekirom 2. (odsječen) komad, režanj; *cul* odrezak; kotlet 3. *mar* kratki valovi, područje uzburkanog mora 4. *coll* otkaz 5. *box* kratak udarac prema dolje
chop[1] [tʃɔp] *vt/i* **I.** *vt* sjeći, cijepati; rasjeći, razrezati; rasjeckati; *fig* rascijepati **II.** *vi* tući, sjeći; tesati | **to ~ at** zamahnuti (sjekirom itd.) na; zasjeći; **~ped straw** sječka
chop about [ˈtʃɔpəˈbaut] *vi* okrenuti se, prebaciti, promijeniti smjer (vjetar, i *fig*)
chop away [ˈtʃɔpəˈwei] *vt* odsjeći, otkresati, skresati

chop back ['tʃɔp'bæk] *vt* okrenuti (natrag)
chop down ['tʃɔp'daun] *vt* posjeći, oboriti
chop in ['tʃɔp'in] *vi* upasti (u govor)
chop off ['tʃɔp'ɔf] *vt* odsjeći, otkresati
chop up ['tʃɔp'ʌp] *vt/i* **I.** *vt* isjeckati, sitno sjeći, usitniti, skosati (*into*) **II.** *vi geol* doći na površinu
chop² [tʃɔp] *s* → **chap**
chop² [tʃɔp] *vt/i* **I.** *vt* mijenjati, izmijeniti **II.** *vi* promijeniti se | ~ **and change** mijenjati se, kolebati se, biti nestalan, prevrtljiv
chop³ [tʃɔp] *s* | ~**s and changes** promjene; ~ **logic** umovanje dobacivanjem dokaza i zaključaka
chop⁴ [tʃɔp] *s* 1. *Ind* (službeni) pečat; dozvola; putna isprava, putnica 2. *China* zaštitni znak, žig, marka; vrsta (robe) | *fam* **first** ~ prvorazredan, prva vrsta
chop-chop ['tʃɔp'tʃɔp] *adv sl* brzo, na brzinu
chop-house ['tʃɔphaus] *s hist* restoran koji služi odreske i kotlete
chopper ['tʃɔpə] *s* 1. onaj koji siječe 2. mesarska sjekira; satara, sjeckar, stroj za sjeckanje; *coll* helikopter
chopping¹ ['tʃɔpiŋ] *s* sječenje, cijepanje, sjeckanje
chopping² ['tʃɔpiŋ] *s* | ~**s and changings** neprestane promjene, neprestana mijena (*of*)
choppy ['tʃɔpi] *adj* (**choppily** *adv*) nemiran, uzburkan s kratkim, snažnim valovima (more); koji neprestano mijenja smjer (vjetar)
chopsticks ['tʃɔpstiks] *s* štapići za jelo (jedaći pribor Kineza)
chop suey [ˌtʃɔp'su:i] *s* kinesko jelo (od mesa ili piletine, s rižom, lukom, itd.)
choral ['kɔ:rəl] *adj* (~**ly** *adv*) *mus* zborni, koralni, koralski (~ *concert*) | **a** ~ **society** pjevačko društvo; ~ **speaking** zborna recitacija
choral(e) [kɔ'ra:l] *s mus* koral
choralist ['kɔ:rəlist] *s* pjevač u zboru, korist
chord¹ [kɔ:d] *s mus & fig* žica; struna; *anat* veza, žila; *math* tetiva | *fig* **to touch the right** ~ pogoditi pravu žicu; *anat* **vocal** ~**s** glasnice; **spinal** ~ leđna moždina
chord² [kɔ:d] *s mus* akord, suglasje
chordal ['kɔ:dəl] *adj* 1. *mus* akordni, poput akorda 2. tetivni, kordonski
chore [tʃɔ:] *s US* svakidanji (kućni) posao; prigodni posao, dvorba; neugodan, zamoran zadatak
chore [tʃɔ:] *vi US* obavljati svakidanje (kućne) poslove; dvoriti, raditi kao dvorkinja
choreograph ['kɔriəgra:f] *s* → **choreographer**
choreographer [ˌkɔri'ɔgrəfə] *s* koreograf
choreographic [ˌkɔriə'græfik] *adj* koreografski
choreography [ˌkɔri'ɔgrəfi] *s* koreografija
choriamb ['kɔriæmb] *s pros* korijamb, vrsta antikne pjesničke stope (—◡◡—)
choric ['kɔrik] *adj* korski, poput kora (u grčkoj drami)
chorist ['kɔrist] *s* korist, koristica
chorister ['kɔristə] *s* korski pjevač; *US* crkveni zborovođa
chorography [kə'rɔgrəfi] *s* horografija, opis nekog područja ili kraja
chortle ['tʃɔ:tl] *vi coll* glasno se nasmijati, zahihotati
chortle ['tʃɔ:tl] *s coll* (slavodobitan, zadovoljan) smijeh
chorus ['kɔ:rəs] *s Lat* zbor, kor, hor; zborno pjevanje, zborna pjesma; pripjev, refren; glumac koji recitira prolog i epilog | **in** ~ svi zajedno
chorus ['kɔ:rəs] *vt/i* pjevati ili recitirati u zboru
chorus-girl ['kɔ:rəs'gə:l] *s* djevojka koja pleše i pjeva u zboru (u opereti ili mjuziklu), koristica
chose [tʃəuz] *pret* od **choose**
chosen ['tʃəuzn] *pp* od **choose**
chough [tʃʌf] *s ornith* čavka
chouse [tʃaus] *s coll* prijevara
chouse [tʃaus] *vt coll* varati, prevariti
chow [tʃau] *s sl Austr* 1. Kinez 2. pas kineske pasmine 3. *sl* hrana, jelo
chowder ['tʃaudə] *s US* gusta juha ili jelo od ribe ili školjki s povrćem
chrestomathy [kres'tɔməθi] *s* zbirka odabranog štiva, izbor, hrestomatija
chrism ['krizəm] *s* sveto ulje, pomast, krizma
Christ [kraist] *s* Krist
christen ['krisn] *vt/i* (o)krstiti; nazvati
Christendom ['krisndəm] *s* kršćanstvo, kršćanski svijet
christening ['krisniŋ] *s* krštenje, krst
Christian ['kristjən] *adj* kršćanski; *fam* čovječan, čovječanski | ~ **name** krsno ime
Christian ['kristjən] *s* kršćanin
Christianism ['kristjənizəm] *s* kršćanstvo, kršćanski svijet
Christianity [ˌkristi'æniti] *s* kršćanstvo, kršćanska vjera
Christianization [ˌkristjənai'zeiʃn] *s* pokrštenje, obraćanje na kršćanstvo
christianize ['kristjənaiz] *vi/t* **I.** *vi* pokrstiti se, obratiti se na kršćanstvo **II.** *vt* pokrstiti, obratiti na kršćanstvo
christianlike ['kristjənlaik] *adj* kršćanski, čovječan, čovječanski
Christianly ['kristjənli] *adj* kršćanski; čovječan, čovječanski
Christianly ['kristjənli] *adv* kršćanski, kao kršćanin, čovječno, čovječanski
Christlike ['kraistlaik] *adj* poput Krista, nalik na Krista
Christmas ['krisməs] *s* Božić, božični blagdani | ~ **Day** prvi dan Božića; ~ **Eve** Badnjak, badnji dan, badnje veče; ~

comes but once a year nije svaki dan Božić; **Father** ~ Djed mraz
Christmas-box ['krisməsbɔks] *s* božićni dar (novac posluzi, listonoši itd.)
Christmas carol ['krisməs,kærəl] *s* koleda, božićna pjesma
Christmas-tide ['krisməstaid] *s* → **Christmas-time**
Christmas-time ['krisməstaim] *s* božićno razdoblje, božićni blagdani
Christmas-tree ['krisməstri:] *s* božićno drvce
Christmasy ['krisməsi] *adj fam* božićni
chromate ['krəumit] *s chem* kromat, sol kromne kiseline
chromatic [krə'mætik] *adj* (~**ally** *adv*) u boji; *mus* kromatičan
chrome [krəum] *s* kromsko žutilo | ~ **steel** slitina čelika i kroma
chromic ['krəumik] *adj* kromski, kromov
chromium ['krəumiəm] *s chem* krom | ~ **plated** kromiran; ~ **plating** kromiranje
chromolithograph [,krəuməu'liθəgra:f] *s* litografski izrađen otisak u bojama
chromolitography [,krəuməuli'θɔgrəfi] *s* kromolitografija, litografski način štampanja u više boja
chronic ['krɔnik] *adj* (~**ally** *adv*) *med* kroničan; *fig* stalan, uvriježen; *sl* snažan, jak, žestok
chronicity [krɔ'nisiti] *s* kroničnost, kronično stanje
chronicle ['krɔnikl] *s* kronika; ljetopis; prikaz, izvještaj
chronicle ['krɔnikl] *vt* upisati u ljetopis, ubilježiti, zabilježiti | **to** ~ **small beer** bilježiti svaku sitnicu
chronicler ['krɔniklə] *s* kroničar, ljetopisac
chronogram ['krɔnəgræm] *s* kronogram
chronograph ['krɔnəgra:f] *s tech* kronograf (sprava za mjerenje kratkih vremenskih razmaka itd.); instrument za mjerenje brzine projektila
chronologic [,krɔnə'lɔdʒik] *adj* (~**ally** *adv*) kronološki
chronologist [krə'nɔlədʒist] *s* kronolog
chronologize [krə'nɔlədʒaiz] *vt* po vremenskom redu svrstati
chronology [krə'nɔlədʒi] *s* kronologija, nauka o vremenu; disciplina pomoću koje se određuje vrijeme povijesnih događaja
chronometer [krə'nɔmitə] *s* kronometar, precizan sat
chronometric [,krɔnə'metrik] *adj* (~**ally** *adv*) kronometarski
chronometry [krə'nɔmitri] *s* kronometrija, mjerenje vremena
chrysalis ['krisəlis] *s* (*pl* ~**es, chrisalides** [kri'sælidi:z]) kukuljica, čahura (ličinke)
chrysanthemum [kri'sænθəməm] *s Lat bot* krizantema
chrysoberyl ['krisə,beril] *s minr* hrizoberil (poludragulj)
chrysolite ['krisəlait] *s minr* krizolit (dragulj)
chrysoprase ['krisəpreiz] *s minr* krizopras
chub [tʃʌb] *s ichth* klen
chubby ['tʃʌbi] *adj* (**chubbily** *adv*) bucmast, debeo, okruglih, punih obraza
chuck[1] [tʃʌk] *s* kvocanje, vabljenje peradi; puckanje jezikom (bodrenje konja)
chuck [tʃʌk] *vi* kvocati; puckati jezikom
chuck [tʃʌk] *interj* ~! ~! kvoc, kvoc
chuck[2] [tʃʌk] *s fam* pile, zlato, lane, čedo, miljenče, srdašce
chuck[1] [tʃʌk] *vt fam* bacati, odbaciti, odgurnuti; lagano udariti; napustiti; ostaviti na cjedilu | *sl* ~ **it** prestani, ostavi to, dosta toga!
chuck away ['tʃʌkə'wei] *vt* (od)baciti
chuck out ['tʃʌk'aut] *vt fam* izbaciti; zabaciti (zakon)
chuck up ['tʃʌk'ʌp] *vt* napustiti, ostaviti | **to** ~ **the sponge** okaniti se pokušaja, predati se
chuck[3] [tʃʌk] *s* lagan udarac (*under the chin*) | *sl* **the** ~ otpust; **to give one the** ~ otpustiti koga; prekinuti s kim
chuck[4] [tʃʌk] *s tech* pritegač, stezna ili zahvatna glava
chuck[2] [tʃʌk] *vt* staviti u pritegač, stegnuti
chucker-out ['tʃʌkəraut] *s* izbacivač, onaj koji izbacuje (osobe koje prave izgrede na javnim priredbama itd.)
chuckle ['tʃʌkl] *vi* u sebi se smijati, smijuljiti, zadovoljno se smijuckati (*at, over*)
chuckle ['tʃʌkl] *s* zadovoljno smijuljenje, tihi smijeh, hihotanje
chuckle-head ['tʃʌklhed] *s coll* budala, glupan, tupoglavac
chuckle-headed ['tʃʌkl,hedid] *adj* glup, blesav
chucky ['tʃʌki] *s* pilence, srdašce, miljenče
chuff [tʃʌf] *s* glupan, blesan
chug [tʃʌg] *s* dahtanje, soptanje; štektanje, zvuk malog benzinskog motora u sporom hodu
chug [tʃʌg] *vi* dahtati, soptati; štektati
chukker ['tʃʌkə] *s sport* svaki pojedini period u koji se dijeli igra polo
chum [tʃʌm] *s* prisan prijatelj; pobratim; drug, sudrug; *US* sobni drug | *Austr* **new** ~ novajlija, nedavno prispio doseljenik
chum [tʃʌm] *vi* zajedno stanovati, dijeliti istu sobu (*with* sa); biti prisan prijatelj
chum up ['tʃʌm'ʌp] *vi coll* sklopiti prisno prijateljstvo (*with* s kime)
chummery ['tʃʌməri] *s* drugarstvo, prisnost; zajedničko stanovanje
chummy ['tʃʌmi] *adj fam* prisno sprijateljen, intiman
chump [tʃʌmp] *s* klada; debeo komad mesa, komadina; *fam* glava (*off one's* ~ pomahnitao, poludio, pošašavio; izvan sebe); *sl* glupan, budala

chunk [tʃʌŋk] *s* komadina, grumen, klada; *US* jak i zdepast konj, nizak, zdepast čovjek
chunk [tʃʌŋk] *US* baciti, (na)baciti
chunky ['tʃʌŋki] *adj* kladast, zdepast
church [tʃə:tʃ] *s* 1. crkva; hram 2. zajednica kršćana 3. svećenstvo; svećeničko zvanje 4. služba božja | **to go into Church, to enter the Church** postati svećenik, ući u svećenički stalež; zarediti se; **to go to ~** ići u crkvu (na službu božju); **to attend ~** pohađati crkvu; **~ register** matična knjiga župe; **~ rate** crkveni porez; **~ service** služba božja; **the Established Church** od države priznata crkva; **the Church of England** Anglikanska crkva; **the High Church, the Low Church, the Board Church** razni smjerovi Anglikanske crkve
church [tʃə:tʃ] *vt* povesti (rodilju) u crkvu (na zahvalnu molitvu)
church-goer ['tʃə:tʃ,gəuə] *s* (redovit) posjetilac crkve
churchify ['tʃə:tʃifai] *vt* dovesti u sklad s crkvom
churching ['tʃə:tʃiŋ] *s* | **the Churching of Women** služba božja zahvalnica nakon poroda
churchism ['tʃə:tʃizəm] *s* pretjerana zagrijanost za koju crkvu, bogomoljstvo
churchman ['tʃə:tʃmən] *s* (*pl* **churchmen** ['tʃə:tʃmən]) *arch* svećenik; pripadnik Anglikanske crkve
church-text ['tʃə:tʃtekst] *s print* ukrasna gotica
church-time ['tʃə:tʃtaim] *s* vrijeme javne službe božje
churchwarden [,tʃə:tʃ'wɔ:dn] *s* 1. crkveni starješina 2. *coll* duga glinena lula
church-woman ['tʃə:tʃ,wumən] *s* (*pl* **church-women** ['tʃə:tʃ,wimin]) pripadnica Anglikanske crkve
churchy ['tʃə:tʃi] *adj* (**churchily** *adv*) *fam* koji se pretjerano strogo pridržava odredaba crkve
churchyard [,tʃə:tʃ'ja:d] *s* (crkveno) groblje | **fat ~** velik pomor
churl [tʃə:l] *s* 1. *hist* čovjek niskog staleža 2. prostak, seljačina, neotesanac, grubijan 3. škrtac, tvrdica
churlish ['tʃə:liʃ] *adj* (**~ly** *adv*) neotesan, grub, prostački surov; škrt
churn [tʃə:n] *s* 1. stepka, stap, bućkalica (za maslac) 2. velika kanta (za mlijeko)
churn [tʃə:n] *vt/i* **I.** *vt* stepati, tresti, mućkati; razmućkati; bućkati (maslac); zapjeniti, uzburkati (*to, up*) **II.** *vi* praviti maslac; uzavreti, pjeniti se
churn-dash ['tʃə:ndæʃ] *s* stapalica (za bućkanje maslaca)
churning ['tʃə:niŋ] *s* bućkanje, stepanje, pravljenje maslaca; *fig* nagla kretnja | **a ~** količina maslaca dobivena jednim bućkanjem
churn-staff ['tʃə:nsta:f] *s* stapalica (za bućkanje maslaca)
churr [tʃə:] *vi* cvrčati
chut [tʃʌt] *interj* (uzvik nestrpljenja)
chute [ʃu:t] *s* brzica; strm žlijeb, jarak, riža (za spuštanje debala, ruda itd.); staza za skijanje; *aero* platnena cijev za hitnu evakuaciju putnika
chutney (chutnee) ['tʃʌtni] *s Ind* indijski ljut začin
chyle [kail] *s* mliječ, probavni sok
chyme [kaim] *s* kaša probavljene hrane (u želucu)
ciborium [si'bɔ:riəm] *s Lat eccl* ciborij, kalež s hostijama za pričest
cicada [si'ka:də] *s ent* cikada, cvrčak
cicala [si'ka:lə] *s* → **cicada**
cicatrice ['sikətris] *s* ožiljak, brazgotina
cicatrix ['sikətriks] *s* (*pl* **cicatrices** [,sikə'traisi:z] → **cicatrice**
cicatrization [,sikətrai'zeiʃn] *s* zacjeljivanje, zarašćivanje
cicatrize ['sikətraiz] *vt/i* **I.** *vt med* zacijeliti **II.** *vi* zacijeljeti, zarasti
cicely ['sisili] *s bot* izmirna; krbuljica, krosuljica
cicerone [,tʃitʃə'rəuni] *s It* vodič (stranaca)
cider ['saidə] *s* jabučnjak, jabukovača, vino od jabuka
cider-cup ['saidəkʌp] *s* piće od jabučnjaka začinjena mirodijama
cigar [si'ga:] *s* cigara
cigar-case [si'ga:keis] *s* kutija za cigare
cigarette [,sigə'ret] *s* cigareta
cigarette-case [,sigə'ret'keis] *s* doza za cigarete
cigarette-holder [,sigə'ret,həuldə] *s* cigarluk, usnik, čibučić, muštikla
cigar-holder [si'ga:,həuldə] *s* cigarnik
cigar-tip [si'ga:tip] *s* (odrezan) vršak cigare
cilia ['siliə] *s pl Lat* trepavice; *bot* sitne dlačice
ciliary ['siliəri] *adj* koji se tiče trepavica
cilice ['silis] *s* strunjavac, sukno od grube dlake; odjeća od sukna od grube dlake
cinch [sintʃ] *s US* (meksikanski) kolan (pojasni remen sedla); *sl* sigurna stvar
cinch [sintʃ] *vt* opasati (remenom), pričvrstiti (sedlo); *sl* čvrsto uhvatiti, stisnuti
cinchona [siŋ'kəunə] *s bot* kina-drvo, kininovac; *pharm* kora kininovca (*Cortex cinchonae*)
cincture ['siŋktʃə] *s* pojas, pas; *archit* vijenac (stupa)
cincture ['siŋktʃə] *vt* opasati
cinder ['sində] *s* žeravica, ugljevlje, (mrtva) žera; troska | **~s** *pl* pepeo; **to burn to a ~** izgorjeti, sagorjeti (hranu)
Cinderella [,sində'relə] *s* Pepeljuga | **~ dance** ples koji se svršava o ponoći
cinder-path ['sindəpa:θ] *s sport* trkačka staza nasuta troskom

cinder-sifter ['sində͵siftə] *s* sito za odvajanje žeravice od pepela
cindery ['sindəri] *adj* troskav, pepeljav, pun troske, pun pepela
cine-camera ['sini͵kæmərə] *s* kino-kamera
cine-film ['sinifilm] *s* film za kino-kamere
cinema ['sinəmə] *s* kino; film, filmska umjetnost, filmska industrija
cinemactor ['sinəmæktə] *s US sl* filmski glumac
cinemactress ['sinəmæktris] *s US sl* filmska glumica
cinema-goer ['sinəmə'geuə] *s* stalan posjetilac kinematografa
cinematograph [͵sinə'mætəgra:f] *s* kinematograf
cinematograph [͵sinə'mætəgra:f] *vt/i* filmovati, snimati, snimiti
cinematographic [͵sinə͵mætə'græfik] *adj* (~**ally** *adv*) kinematografski
cinematograph [͵sinəmætəgra:f] *s* kinematografija
cine-projector ['sinipro͵dʒektə] *s* (filmski) projektor
cineraria [͵sinə'rεəriə] *s Lat bot* cinerarija, mličika
cinerary ['sinərəri] *adj* pepeoni | ~ **urn** urna s pepelom (spaljena mrtvaca)
cinnabar ['sinəba:] *s minr* rumenica, cinober, cinabar, živin sulfid; žutocrvena boja
cinnamon ['sinəmən] *s* cimet; boja cimeta
cinnamon-stone ['sinəmən'stəun] *s minr* smeđi ili žuti granat (dragulj)
cinque (cinq) [siŋk] *s* petica (na kocki ili karti)
cinquefoil ['siŋkfɔil] *s bot* petoprstica; *archit* petolist (ornament)
cipher (cypher) ['saifə] *s* ništica; *fig* nula; (arapska) brojka, cifra; slovo; inicijali, monogram; šifra; tajno pismo | **in** ~ šifriran; ~ **officer** službenik koji dešifrira poruke
cipher (cypher) ['saifə] *vi/t* **I.** *vi* 1. računati 2. šifrirano pisati, pisati tajnim pismom **II.** *vt* šifrirati, napisati tajnim pismom | **to** ~ **out** (iz)računati
cipher-code ['saifəkəud] *s* kod, šifra, ključ za dešifriranje
cipher-key ['saifəki:] *s* → **cipher-code**
circa ['sə:kə] 1. *prep* oko 2. *adv* otprilike
circle ['sə:kl] *s* 1. kružnica, krug; *astr* kolobar 2. opseg; okrug 3. ciklus, period 4. krug (~ *of acquaintances*), stalež (*upper* ~*s*) | *theat* **dress** ~ mezanin; **upper** ~ balkon; *fig* **to square the** ~ (pokušavati) postići nemoguće; **vicious** ~ circulus vitiosus, začarani krug, vrzino kolo
circle ['sə:kl] *vt/i* **I.** *vt* okružiti, opkoliti, obići **II.** *vi* kružiti
circlet ['sə:klit] *s* kolut, prsten
circs [sə:ks] *s coll abbr* okolnosti
circuit ['sə:kit] *s* 1. kruženje, kolanje 2. opseg, obujam; luk; krug; zaobilazni put; ophodnja 3. redoslijed, slijed (događaja) 4. *el* strujni krug 5. *jur* obilaženje suca po kotarima; sudbeni kotar 6. zaobilazni put 7. *aero* kružni let 8. lanac kazališta, kinematografa itd. pod jedinstvenom upravom | *el* **short** ~ kratki spoj; ~ **breaker** prekidač, sklopka; *radio* **exciting** ~ uzbudni krug; *jur* **to go on** ~ ići na sudačko putovanje, na sudska zasjedanja; *US* ~ **rider** putujući propovjednik; **make a** ~ **of** obilaziti, obići, ići oko
circuitous [sə'kju:itəs] *adj* (~**ly** *adv*) zaobilazan, neizravan, indirektan | ~ **route** zaobilazan put
circular ['sə:kjulə] *adj* (~**ly** *adv*) kružni; okrugao; koji kruži, kôla, optječe, cirkulira | *com* ~ **letter** okružnica, cirkular; ~ **note** cirkularno kreditno pismo; ~ **saw** kružna pila, cirkularna pila, cirkularka; ~ **tour** kružno putovanje
circular ['sə:kjulə] *s* okružnica, cirkular | **Court Circular** dvorske vijesti (u novinama)
circularity [͵sə:kju'læriti] *s* kružnost, okruglost
circularize ['sə:kjuləraiz] *vt* okružnicom obavijestiti; upraviti okružnicu (komu)
circulate ['sə:kjuleit] *vi/t* **I.** *vi* kretati se u krugu (*in, through*); kružiti; kolati, optjecati, cirkulirati **II.** *vt* staviti u kolanje, u promet ili u optjecaj; širiti (glas); žirirati (mjenicu)
circulating ['sə:kjuleitiŋ] *adj* koji kôla, kruži, koji je u kolanju; u prometu | *math* ~ **decimal** periodični decimalni broj; ~ **library** posudbena knjižnica; ~ **capital** obrtna sredstva; ~ **medium** obrtna sredstva; platežno sredstvo, novac
circulation [͵sə:kju'leiʃən] *s* kolanje, optok (krvi itd.); *com* kolanje, optjecaj, promet; novac u prometu; kruženje, širenje, raznošenje; prodaja (knjige); naklada, tiraža; ventilacija, zračenje
circulative ['sə:kjuleitiv] *adj* koji je u kolanju, optjecaju, koji cirkulira; koji podstiče optjecaj
circulator ['sə:kjuleitə] *s* raznosilac, onaj koji stavlja u optjecaj, raspačavač, širitelj
circulatory ['sə:kjuleitəri] *adj* optjecajni; koji se tiče krvotoka, cirkulacijski
circumambient [͵sə:kəm'æmbiənt] *adj* koji opkoljuje, okružuje
circumambulate [͵sə:kəm'æmbjuleit] *vt/i* obilaziti, zaobilaziti; *fig* okolišati
circumambulation ['sə:kəm͵æmbju'leiʃən] *s* obilaženje; okolišanje
circumcise ['sə:kəmsaiz] *vt* obrezati; *fig* (pro)čistiti
circumcision [͵sə:kəm'siʒn] *s* obrezanje | **the** ~ Židovi
circumference [sə'kʌmfərəns] *s* obujam, opseg; obodnica, periferija (*on the* ~)

circumferential [sə͵kʌmfə'renʃl] *adj* obodni, koji se tiče obodnice, periferijski
circumflex ['səːkəmfleks] *adj* zavinut, svinut, povinut, uvinut
circumflex ['səːkəmfleks] (i ~ **accent**) *s gram* cirkumfleks
circumfluent [sə'kʌmfluənt] *adj* koji optječe, plâče
circumfuse [͵səːkəm'fjuːz] *vt* oblijevati, razlijevati (*about, round*); okruži(va)ti (*with*); kupati (*in*)
circumjacent [͵səːkəm'dʒeisnt] *adj* obližnji, okolni
circumlocution [͵səːkəmlə'kjuːʃən] *s* suviše potanko opisivanje (riječima); razvučenost, preopširno razlaganje; okolišanje
circumlocutionary [͵səːkəmlə'kjuːʃnəri] *adj* koji suviše potanko opisuje, razvučen, preopširan
circumlocutory [͵səːkəm'lɔkjutəri] *adj* → **circumlocutionary**
circumnavigable [͵səːkəm'nævigəbl] *adj* koji se može oploviti
circumnavigate [͵səːkəm'nævigeit] *vt* oploviti
circumnavigation ['səːkəm͵nævi'geiʃn] *s* oplovljenje
circumnavigator [͵səːkəm'nævigeitə] *s* onaj koji što oplovi, koji plovi oko svijeta
circumpolar [͵səːkəm'pəulə] *adj astr* cirkumpolaran, koji je oko stožera
circumscribe ['səːkəmskraib] *vt* opisati, crtom zaokružiti; suziti, ograničiti
circumscriber ['səːkəmskraibə] *s* onaj koji (ili ono što) opisuje ili ograničuje
circumscription [͵səːkəm'skripʃən] *s* opisivanje; granica; omeđenje, ograničenje; omeđeno ili ograničeno područje; napis oko ruba kovanog novca
circumspect ['səːkəmspekt] *adj* (~**ly** *adv*) oprezan, smotren
circumspection [͵səːkəm'spekʃən] *s* oprez(nost), smotrenost, pažnja
circumspective [͵səːkəm'spektiv] *adj* → **circumspect**
circumstance ['səːkəmstəns] *s* 1. okolnost; pojedinost, detalj; slučaj; događaj; činjenica (*the ~ that*) 2. iscrpnost; formalnost, petljanje | ~**s** *pl* okolnosti, prilike; **in good ~s** u dobrim imućnim prilikama; **in reduced** (ili **straitened**) ~**s** u slabim (oskudnim) imućnim prilikama; **in the ~s, under the ~s** u danim okolnostima, pri sadašnjem stanju stvari; **under no ~s** ni u kojem slučaju, nikako; **extenuating ~s** olakotne okolnosti; **without ~** bez formalnosti, bez kerefeka; **pomp & ~** formalnosti, ceremonije, kerefeke
circumstanced ['səːkəmstənst] *adj* koji je u nekom stanovitom položaju, stavljen u neki položaj | **to be awkwardly ~** biti u neugodnom položaju
circumstantial [͵səːkəm'stænʃəl] *adj* (~**ly** *adv*) uzgredan; potanki, podroban, opširan (~ *account*); iscrpan; nebitan, slučajan | *jur* ~ **evidence** dokaz na temelju indicija
circumstantiality ['səːkəm͵stænʃi'æliti] *s* opširnost, podrobnost, potankost; iscrpnost; pojedinost
circumstantiate [͵səːkəm'stænʃieit] *vt* poduprijeti pojedinostima, potkrijepiti detaljima, iznijeti podrobnosti (o čemu)
circumvallate [͵səːkəm'væleit] *vt* opkopati, opkoliti bedemima
circumvallation [͵səːkəmvə'leiʃn] *s* opkop, bedem; okruživanje bedemima
circumvent [͵səːkəm'vent] *vt* zaobići, prevariti, nadmudriti (koga); spriječiti (što), osujetiti (namjeru); izigrati (zakon, pravilo)
circumvention [͵səːkəm'vənʃən] *s* nadmudrivanje, lukava prijevara; osujećenje; izigravanje (propisa itd.)
circumventive [͵səːkəm'ventiv] *adj* prijevaran, koji nadmudruje ili izigrava
circumvolution [͵səːkəmvə'luːʃn] *s* okretanje, vrtnja, rotacija; obrat, okret, preokret; zaobilaženje; vijuga
circus ['səːkəs] *s* 1. cirkus, cirk; jahalište; prirodni amfiteatar; *US* predstava 2. (okrugao) trg (na kojem se stječe nekoliko ulica)
cirque [səːk] *s poet* arena; krug; cirk
cirrhosis [si'rəusis] *s med* ciroza
cirrous ['sirəs] *adj* vitičav; *bot & zool* s hvataljkama, brcima
cirrus ['sirəs] *s* (*pl* **cirri** ['sirai]) *bot* vitica, vriježa; *zool* brk, hvataljka; cirus, oblak runjavac
cisalpine [sis'ælpain] *adj* cisalpinski, koji leži s ove strane Alpa
cisatlantic [͵sisə'tlæntik] *adj* cisatlantski, koji leži s ove strane Atlantika
cisco ['siskəu] *s US* vrsta ribe iz Velikih jezera
cissy ['sisi] *adj* ženskast, mekušan, mekoputan
cissy ['sisi] *s* mlitavac, mekušac, ženskast muškarac
cist [sist] *s* 1. *archaeol* prethistorijski kameni grob ili komora 2. kovčeg, škrinjica (za pribor u starogrčkim misterijama)
cistern ['sistən] *s* cisterna, čatrnja, nakapnica, kotlić, tank
cistus ['sistəs] *s Lat bot* cistac
citable ['saitəbl] *adj* koji se može navesti, citirati
citadel ['sitədəl] *s* tvrđava, fortika; *fig* utočište, sklonište
citation [sai'teiʃən] *s* 1. *jur* poziv 2. navod, citat 3. *US mil* službena pohvala (vojnika ili jedinice)
citatory ['saitətəri] *adj* 1. pozivni 2. navodni | ~ **letter** službeni poziv, pozivnica
cite [sait] *vt* 1. *jur* pozvati (na sud) 2. navesti (kao primjer), spomenuti, citirati 3. službeno pohvaliti

cither ['siθə] s *arch* & *poet* citra, lutnja
cithern ['siθən] s → **cither**
citified ['sitifaid] *adj US* koji ima ponašanje stanovnika grada, koji se vlada kao građanin
citizen ['sitizn] s 1. gradski stanovnik, građanin; stanovnik; civil 2. državljanin | **fellow-~** sugrađanin; **~ of the world** kozmopolit, svjetski čovjek
citizenry ['sitiznri] s građanstvo
citizenship ['sitiznʃip] s državljanstvo; građansko pravo
citrate ['sitrit] s *chem* citrat, sol limunske kiseline
citric ['sitrik] *adj chem* limunski | **~ acid** limunska kiselina
citrine ['sitrin] *adj* četrunast, limunove boje
citron ['sitrən] s *bot* četrun, citron; četrunovo stablo
cittern ['sitən] s → **cither**
city ['siti] s grad, velegrad, grad s katedralom; grad poveljom imenovan city; londonski City, stari, poslovni dio Londona; grad, građanstvo, građani | **Holy City** Sveti grad, Jerusalem; **Eternal City** Vječni grad, Rim; **City of the Seven Hills** Rim; **City of God** raj, nebo; **the City** londonski City, poslovno središte Londona; poslovni krugovi; **~ prices** jeftinije cijene; **~ editor** *GB* urednik financijske rubrike; *US* urednik lokalne rubrike; *US* **~ hall** gradska vijećnica; *US* **~ manager** glavni gradski administrator; **City man** poslovan čovjek, novčar, financijer; **~ state** grad država
city-article ['siti.a:tikl] s trgovinski izvještaj, burzovni izvještaj (u novinama)
city-news ['siti'nju:z] s poslovne vijesti
civet ['sivit] (i **~-cat**) s 1. *zool* cibetka 2. cibet
civic ['sivik] *adj* (**~ally** *adv*) građanski; gradski | **~ crown** hrastov vijenac, počast rimskog građanina koji je spasio život sugrađana u ratu
civics ['siviks] s *pl* nauka o građanskim pravima, nauka o državi
civies (**civvies**) ['siviz] s *pl mil sl* građanska odjeća, civil
civil ['sivl] *adj* (**~ly** *adv*) 1. građanski; civilni (**~** *marriage*); laički; gradski; općinski; državni 2. učtiv, uglađen, uljudan, pristojan | **~ list** civilna lista, od parlamenta odobrena svota za kraljev dvor i mirovine kraljeve obitelji; **~ engineering** niskogradnja; **~ law** građansko pravo; **~ war** građanski rat; **to keep a ~ tongue in one's head** biti uljudan, suzdržavati se od neučtivosti; **~ servant** državni činovnik; **the Civil Service** državna administracija, državna služba
civilian [si'viljən] *adj* građanski, civilni
civilian [si'viljən] s građanin, civilist, civil; indijski državni činovnik; *arch* poznavalac građanskog prava
civility [si'viliti] s uljudnost, učtivost, uglađenost, pristojnost; susretljivost, uslužnost
civilizable ['sivilaizəbl] *adj* koji se može prosvijetiti, obrazovati, civilizirati
civilization [.sivilai'zeiʃn] s prosvijećenost, uljudba, civilizacija, kultura; civilizirani svijet
civilize ['sivilaiz] *vt* prosvijetiti, obrazovati, izobraziti, civilizirati; odgojiti, upristojiti, uljuditi
civilize away ['sivilaizə'wei] *vt* civilizirati, obrazovanjem osloboditi (divljačkih običaja itd.), uljuditi
civilized ['sivilaizd] *adj* prosvijećen, obrazovan, uglađen, uljudan, civiliziran, kulturan
civilizer ['sivilaizə] s 1. prosvjetitelj, civilizator 2. prosvjetno sredstvo, sredstvo za obrazovanje ili uljudbu
civvies ['siviz] s *pl* → **civies**
clack [klæk] s škljocanje, čegrtanje, klepet(anje); *fig* klopotanje, čavrljanje, brbljanje, blebetanje
clack [klæk] *vi* klepetati, škljocati, čegrtati; pucnuti, pucketati; gakati, kvocati; *fig* klepetati, klopotati, blebetati
clack-valve ['klækvælv] s *tech* preklopni ventil
clad [klæd] *adj* odjeven, obučen (*in* u); oklopljen
clad [klæd] *pret* & *pp* od **clothe**
claim [kleim] s 1. pravo (*to a th* na što); svojatanje; potraživanje, zahtjev, tražbina (**~** *for compensation* traženje naknade) 2. (dodijeljen) komad zemlje, registrirana parcela, doznačena čestica; *min* rudarska povlastica, udio u rudniku 3. *com* reklamacija, žalba 4. tvrdnja | **to have a ~ on** imati pravo na; **to lay ~ to** zahtijevati, tražiti kao svoje pravo; **to place a ~** staviti zahtjev za naknadu štete; **to stake out a ~** označiti granice dodijeljenog komada zemlje u dokaz vlasništva; *fig* tražiti priznanje prava (na otkriće itd.); **to enter a ~, to put in, to make a ~** staviti zahtjev (*for* na što); **set up a ~ to** podići zahtjev na
claim [kleim] *vt/i* **I.** *vt* 1. zahtijevati (*for oneself* za sebe), tražiti; doći po (npr. naručenu stvar); reklamirati; imati pravo na; iziskivati (*to* **~** *attention*); svojatati, prisvajati 2. tvrditi o sebi da (*to be; to have done*); uvjeravati (*a th to be* da nešto jest) **II.** *vi* zahtijevati (naknadu štete) | **to ~ against** tužiti koga (sudu); **to ~ to be** izdavati se za
claimable ['kleiməbl] *adj* koji se može zahtijevati, na što se može polagati pravo

claimant ['kleimənt] *s* tražilac, zahtjevalac; reklamant; tužilac | **to be a ~ for** tražiti pravo na
claimer ['kleimə] *s* tražilac, zahtjevalac
clairaudience [klɛər'ɔːdiəns] *s* sposobnost čuti nešto izvan dosega sluha
clairaudient [klɛər'ɔːdiənt] *adj* koji može čuti nešto izvan dosega sluha
clairvoyance [klɛə'vɔiəns] *s Fr* vidovitost, vidovnjaštvo; pronicavost, jasnovidost
clairvoyant [klɛə'vɔiənt] *adj* vidovit; pronicav
clairvoyant [klɛə'vɔiənt] *s* vidovnjak; pronicav čovjek
clam [klæm] *s US zool* vrsta jestive morske školjke
clam [klæm] *s* & *vt* → **clamp**
clamant ['kleimənt] *adj* bučan, glasan; *fig* vičući, vapijući, koji se do neba čuje (*~ abuse*)
clam-bake ['klæmbeik] *s US* piknik na morskoj obali
clamber ['klæmbə] *vi* (*up*) mučno se penjati, uspinjati se, verati se, pentrati se
clamber ['klæmbə] *s* (mučno) uspinjanje
clammy ['klæmi] *adj* (**clammily** *adv*) vlažan, hladan i ljepljiv
clamorous ['klæmərəs] *adj* (**~ly** *adv*) glasan, bučan, koji galami i prosvjeduje
clamour (clamor) ['klæmə] *s* buka, galama, vika; vapaj; bučno prosvjedovanje
clamour ['klæmə] *vi/t* **I.** *vi* vikati, bučiti, galamiti; bučno zahtijevati (*for*) **II.** *vt* bučno izraziti
clamour against ['klæmərə'geinst] *vi* glasno prosvjedovati protiv
clamour down ['klæmə'daun] *vt* bukom zaglušiti, ušutkati, nadvikati
clamour for ['klæmə'fɔː] *vi* vičući što tražiti, bučno zahtijevati
clamour out ['klæmər'aut] *vt* bukom istjerati (*of* iz)
clamp[1] [klæmp] *s* spona, stezaljka, steg, štipaljka; skoba; štip; zavrtanj za pritezanje, kočni zavrtanj
clamp[1] [klæmp] *vt* pričvrstiti štipaljkom, stegnuti sponom; stisnuti, pritegnuti | *coll* **~ down (on)** (iz)vršiti pritisak (na, da bi se što obustavilo); *mar* **~ down** prati (palubu)
clamp[2] [klæmp] *s* hrpa, gomila; trap (krumpira)
clamp[2] [klæmp] *vt* nagomilati, slagati na hrpu; spremiti (krumpir) u trap
clan [klæn] *s Scot* klan, pleme; porodica; rod, svojta; *fig* klika
clandestine [klæn'destin] *adj* (**~ly** *adv*) tajan, potajan, skrovit, skriven
clang [klæŋ] *s* zvuk, zveka, zveket, štropot
clang [klæŋ] *vi/t* **I.** *vi* zvučati, zvečati, zveketati, štropotati **II.** *vt* zveknuti, zazvečati | **to ~ the bell** pozvoniti
clangorous ['klæŋgərəs] *adj* (**~ly** *adv*) zvučan, zveketav
clangour (clangor) ['klæŋgə] *s* zveket, zvečanje, zveka
clank [klæŋk] *s* zveket, zveckanje, štropot
clank [klæŋk] *vi/t* **I.** *vi* zveketati, zveckati; štropotati **II.** *vt* zazveketati, zaštropotati čime (*to ~ the chains*)
clanker ['klænkə] *s* | *sl* **to drop a ~** izlanuti, bubnuti (nešto indiskretno)
clannish ['klæniʃ] *adj* (**~ly** *adv*) *Scot* klanovski
clannishness ['klæniʃnis] *s Scot* klanovština (i *fig*)
clanship ['klænʃip] *s Scot* klanstvo, klanovština
clansman ['klænzmən] *s* (*pl* **clansmen** ['klænzmən]) *Scot* pripadnik klana; član plemenskog roda
clap[1] [klæp] *s* prasak, tresak; udarac; pljesak
clap [klæp] *vi/t* **I.** *vi* pljeskati **II.** *vt* 1. udariti, pljesnuti, lupnuti; tresnuti; (brzo) gurnuti, baciti; postaviti; (šešir) nasaditi, natući (*on* na) 2. (komu) odobravati, aplaudirati | **to ~ on the back** potapšati po leđima; **to ~ one's hands** (za)pljeskati; **to ~ eyes on** opaziti, ugledati, vidjeti; **to ~ spurs to one's horse** podbosti konja; **to ~ one in prison** strpati koga u zatvor; **to ~ a hat on one's head** natući šešir na glavu; **to ~ a seal upon** udariti pečat na; **to ~ a trick upon one** našaliti se s kim, podvaliti komu, skuhati poparu komu
clap on ['klæp'ɔn] *vt* brzo staviti na | **to ~ a dress** prebaciti haljinu, ogrnuti se haljinom; **to ~ all sail** (brzo) otvoriti sva jedra; **to ~ a saddle** baciti sedlo na konja
clap to ['klæp'tuː] *vt* zalupiti (*to ~ a door*)
clap up ['klæp'ʌp] *vt* na brzu ruku što učiniti (*to ~ a bargain, peace* itd.)
clap[2] [klæp] *s vulg* kapavac, triper, gonoreja
clapboard ['klæpbɔːd, *US* 'klæbəd] *s* 1. *US* koso učvršćena daska koja sprečava prodiranje kiše (služi za oplatu vanjskih zidova) 2. duga, dužica (bačve); šindra
clapnet ['klæpnet] *s* klopka od mreže, mreža (za lovljenje ptica)
clapper ['klæpə] *s* 1. pljeskač, onaj koji plješće 2. klopotac; čegrtaljka; bat, batić, klatno (zvona); *coll* jezik
clapperboard ['klæpəbɔːd] *s film* klapa
clapperclaw ['klæpəklɔː] *vt* izbiti, izgrepsti; žestoko napasti, oštro kritizirati
clapping ['klæping] *s* pljesak
claptrap ['klæptræp] *s* šuplje fraze, fraziranje
claptrap ['klæptræp] *adj* frazerski, namješten, jeftin
claque [klæk] *s Fr* klaka, plaćeni pljeskači

clarabella [ˌklærəˈbelə] *s Lat* vrsta registra na orguljama
clarence [ˈklærəns] *s* zatvorena četverosjedna kočija
clarendon [ˈklærəndən] *s print* masni tisak
claret [ˈklærət] *s* (francusko) crveno vino; *fig sl* krv | **to tap one's ~** raskrvariti kome nos (udarcem šake)
claret-cup [ˈklærətkʌp] *s* napitak od začinjena crvena vina
clarification [ˌklærifiˈkeiʃn] *s* (raz)bistrenje; razjašnjenje; pročišćenje, pročišćavanje
clarify [ˈklærifai] *vt/i* **I.** *vt* pročistiti, razbistriti; *fig* razjasniti **II.** *vi* pročistiti se, razbistriti se; *fig* razjasniti se
clarinet [ˌklæriˈnet] *s mus* klarinet
clarinetist (clarinettist) [ˌklæriˈnetist] *s mus* klarinetist
clarion [ˈklæriən] *s mus hist poet* 1. (ratna) trublja 2. zvuk trublje, budnica 3. vrsta registra orgulja
clarion [ˈklæriən] *adj* glasan, jak, jasan, prodoran
clarionet [ˌklæriˈnet] *s* → **clarinet**
clarity [ˈklæriti] *s fig* jasnoća, bistrina; čistoća (zvuka)
clarkia [ˈklaːkiə] *s bot* sjevernoamerička ukrasna biljka
clash [klæʃ] *s* 1. zveka, zveket 2. sraz, sudar, sukob 3. nesklad, proturječje, protuslovlje (*with*)
clash [klæʃ] *vi/t* **I.** *vi* 1. zveketati, (za)zvečiti, zveknuti, štropotati; praskati; udariti (*against* o); sraziti se, sudariti se; *fig* sukobiti se (*with* sa) 2. ne slagati se (*with* sa), biti u neskladu (*the colours ~*), kositi se **II.** *vt* zveknuti; zaštropotati; lupnuti, baciti da (sve) zazveči, bubnuti, tresnuti | **to ~ to** zalupiti
clasp [klaːsp] *s* 1. kopča; spona; pređica, gvozdac (*to the belt* na pojasu); kvačica; skoba 2. zagrljaj; stisak (ruke)
clasp [klaːsp] *vt/i* **I.** *vt* 1. sapeti, zakopčati, zakvačiti 2. uhvatiti, obuhvatiti; sklopiti; (čvrsto) držati, stiskati; obujmiti, ogrliti, priviti (*to one's breast* na grudi) **II.** *vi* uhvatiti se, priviti se; (za)kopčati se, zatvarati se | **to ~ hands** (srdačno) rukovati se; **to ~ one's hands** sklopiti ruke; **to ~ a p's hand** stisnuti kome ruku
clasper [ˈklaːspə] *s* 1. onaj koji (ono što) hvata, kopča, sapinje 2. kopča, spona 3. *bot* vitica 4. izrađivač kopča | *zool* **~s** *pl* hvataljke (mužjaka nekih riba i kukaca za držanje ženke)
clasp-knife [ˈklaːspˈnaif] *s* nož za sklapanje, džepni nož, škljoca
clasp-pin [ˈklaːsppin] *s* zapinjača, igla sigurnica
class [klaːs] *s* 1. razred; red, vrsta; skupina; godište (novaka; *US* đaka koledža); (nastavni) sat 2. stalež, sloj, klasa; društveni položaj 3. kakvoća, vrijednost | **~ of blood** krvna grupa; **~ struggle** klasna borba; **the ~es** bogati staleži; **to take a ~** diplomirati (s odlikom); *sl* **no ~** bezvrijedan; **in the same ~ with** jednake vrijednosti kao; **in a ~ by itself** jedinstven (po zaslugama); **a ~ tennis player** odličan tenisač
class [klaːs] *vt* klasificirati, svrstati po razredima, razrediti; staviti u isti razred (*with* sa)
classable [ˈklaːsəbl] *adj* koji se može svrstati, klasificirati
class-book [ˈklaːsbuk] *s* razredna knjiga; *US* spomen-knjiga izdana prilikom diplomiranja
class-conscious [ˈklaːsˌkɔnʃəs] *adj* klasno svjestan
class-feeling [ˈklaːsˌfiːliŋ] *s* osjećanje klasnih razlika
class-fellow [ˈklaːsˌfeləu] *s* razredni drug, suučenik
classic [ˈklæsik] *adj* 1. uzoran, izvrstan, odličan 2. klasičan 3. skladan; savršen
classic [ˈklæsik] *s* klasik, klasični pisac, klasičar; klasično djelo | **~s** *pl* klasične nauke, klasična (rimska i grčka) književnost
classical [ˈklæsikəl] *adj* (**~ly** *adv*) 1. uzoran, prvorazredan, izvrstan 2. klasički (grčki i rimski); klasičan 3. jednostavan, nekićen
classicism [ˈklæsisizəm] *s* klasicizam
classicist [ˈklæsisist] *s* klasičar; štovatelj starih klasika
classicize [ˈklæsisaiz] *vt/i* **I.** *vt* učiniti klasičnim; približiti klasičnom stilu **II.** *vi* oponašati klasični stil
classifiable [ˈklæsifaiəbl] *adj* koji se da klasificirati
classification [ˌklæsifiˈkeiʃn] *s* klasifikacija, raspoređivanje po razredima, vrstama itd., razvrstavanje, (sistematska) podjela
classified [ˈklæsifaid] *adj* klasificiran, raspoređen po vrstama; **~ documents** povjerljivi dokumenti
classifier [ˈklæsifaiə] *s* onaj koji raspoređuje po razredima, vrstama itd., klasifikator
classify [ˈklæsifai] *vt* klasificirati, razvrstati, provesti klasifikaciju, poređati po vrstama
classless [ˈklaːslis] *adj* besklasan
class-list [ˈklaːslist] *s univ* popis ispitnih kandidata prema pokazanom uspjehu
classman [ˈklaːsmæn] *s* (*pl* **classmen** [ˈklaːsmen]) učenik (nekog razreda), student (nekog godišta); *univ* **kandidat koji je s** odličnim uspjehom završio ispit
class-mate [ˈklaːsmeit] *s* razredni drug, suučenik

class-war(fare) ['klaːswɔː(fɛə)] | *s* klasna borba, klasni rat
classy ['klaːsi] *adj* (**classily** *adv*) *sl* prvorazredan; elegantan, otmjen
clatter ['klætə] *s* 1. zveket, klepet; lupa, štropot, topot 2. brbljanje, čavrljanje, ćeretanje; klaparenje
clatter ['klætə] *vi/t* **I.** *vi* zveketati, štropotati, klepetati, klopotati, lomotati; topotati **II.** *vt* (za)zveketati, lupati, (za)štropotati (čime)
clatter down ['klætə'daun] *vi* srušiti se uz buku, stropoštati se, bubnuti
clause [klɔːz] *s gram* (kratka) rečenica; rečenični dio; *jur* klauzula, točka ugovora | *gram* **principal** ~ glavna rečenica; **subordinate** (ili **dependent**) ~ zavisna rečenica
claustral ['klɔːstrəl] *adj* samostanski, manastirski
claustrophobia [ˌklɔːstrə'fəubjə] *s* klaustrofobija
clave [kleiv] *arch pret* od **cleave**
clavichord ['klævikɔːd] *s mus hist* klavikord
clavicle ['klævikl] *s anat* ključna kost
clavicular [klə'vikjulə] *adj anat* klavikularni, koji se tiče ključne kosti
clavier ['klæviə] *s mus* klavijatura, tastatura
clavier [klə'viə] *s mus* klavikord; glasovir
claw [klɔː] *s* 1. pandža, kandža, čaporak; šapa; *derog* ruka 2. škare, štipaljka (u raka itd.) 3. *tech* čeljust; kuka; račvasti kraj čekića (za vađenje čavala) | *fig* **to pare the ~s, to cut the ~s of** razoružati, učiniti bezopasnim; podrezati (komu) krila; **to get one's ~s into a p** zlobno i bijesno napasti koga, namjerno povrijediti
claw [klɔː] *vt/i* **I.** *vt* zabosti pandže u; zakvačiti pandžama; zgrabiti; izgrepsti, isparati; razderati; *fig* pohlepno grabiti **II.** *vi* grepsti; *mar* jedriti uz vjetar
claw off ['klɔː'ɔf] *vi mar* držati se od obale, jedriti uz vjetar prema pučini
claw-hammer ['klɔːˌhæmə] *s* čekić s račvastim krajem (za vađenje čavala) | ~ **coat** frak
clay [klei] *s* 1. glina; ilovača; *fig* (ljudsko) meso, čovječje tijelo, zemlja, prah, pepeo 2. glinena lula (~ *pipe*) | ~ **pigeon,** ~ **bird** glineni golub (za vježbe u gađanju)
clay [klei] *vt* prevući ilovačom, namazati glinom; filtrirati kroz glinu; dodati glinu (čemu)
clay-brick ['kleibrik] *s* ćerpič, nepečena, na suncu sušena cigla
clayey ['kleii] *adj* glinen; ilovast
claymore ['kleimɔː] *s Scot hist* teški dvosjekli mač
clean [kliːn] *adj* (~**ly** *adv*) 1. čist; svjež, opran (rublje) 2. prazan, neispisan (papir) 3. *fig* čist, nedužan, nevin; pristojan; bez mane, besprijekoran 4. gladak, ravan, pravilan 5. vješt, spretan 6. potpun, sav | ~ **hands** nevinost, čiste ruke; **to come** ~ potpuno priznati; **to make a** ~ **breast of it** sve otvoreno iskazati; **make a** ~ **sweep (of)** potpuno se riješiti (koga, čega); ~ **timber** drvena građa bez kvrga; *com* ~ **acceptance** čisti prihvat; ~ **bill** čista teretnica; mjenica bez priloženih dokumenata; ~ **credits** bjanko-kredit, kredit bez pokrića; ~ **draft** tezica bez priloženih dokumenata; ~ **signature** čista namira; *print* ~ **proof** druga korektura, revizijski arak
clean [kliːn] *adv* potpuno (~ *gone* potpuno iščeznuo); sasvim (~ *impossible*); ravno, glatko
clean [kliːn] *vt/i* **I.** *vt* čistiti, očistiti; prati (*to* ~ *one's hands*) **II.** *vi* prati se, dati se prati, čistiti (*a porcelain sink* ~*s easily*) | **to** ~ **oneself** prati se; ~**ing woman** čistačica
clean down ['kliːn'daun] *vt* (temeljito) očistiti; (dobro) očetkati, oprati
clean off ['kliːn'ɔf] *vt* očistiti
clean out ['kliːn'aut] *vt* 1. isprazniti; očistiti 2. (koga) iscrpsti; *sl* (koga) oguliti, operušati, lišiti novaca 3. (koga) izbaciti, istjerati
clean up ['kliːn'ʌp] *vt* (temeljito) (p)očistiti; urediti, pospremiti; *coll* zaraditi, profitirati
clean ['kliːn] *s* čišćenje | **give it a good** ~ očisti to dobro
cleanable ['kliːnəbl] *adj* koji se može očistiti, oprati
clean-bred ['kliːnbred] *adj* čistokrvan
clean-cut [ˌkliːn'kʌt] *adj fig* oštar, jasan
cleaner ['kliːnə] *s* 1. čistilac, čistač, čistačica 2. stroj za čišćenje, čistilica 3. čistilo, sredstvo za čišćenje | **vacuum** ~ stroj za usisavanje prašine; **dry** ~**s** kemijska čistionica
clean-fingered [ˌkliːn'fiŋgəd] *adj fig* čistih prstiju, nepodmićen
clean-handed [ˌkliːn'hændid] *adj fig* čist, nedužan, nevin, bez pogreške
cleaning ['kliːniŋ] *s* čišćenje | **dry** ~ kemijsko čišćenje
clean-limbed [ˌkliːn'limd] *adj* skladno građen
cleanliness ['klenlinis] *s* čistoća
cleanly ['klenli] *adj* (**cleanlily** *adv*) čist, koji pazi na čistoću, uredan
cleanly ['klenli] *adv* čisto; točno, precizno
cleanness ['kliːnnis] *s* čistoća
cleansable ['klenzəbl] *adj* koji se može očistiti, oprati itd.
cleanse [klenz] *vt* (o)čistiti (i *fig*) | **cleansing tissue** papir za otiranje šminke, kozmetički rupčić
cleanser ['klenzə] *s* čistilo, sredstvo za čišćenje

clean-shaven [ˌkli:nˈʃeivn] *adj* glatko izbrijan, sasvim obrijan

clean-up [ˌkli:nˈʌp] *s* temeljito čišćenje, pospremanje; *pol* čistka

clear [kliə] *adj* (**~ly** *adv*) 1. bistar, jasan; čist; svijetao; proziran; vedar (*~ sky*) 2. jasan, razgovijetan, razumljiv; bjelodan, očevidan 3. siguran, nedvojben, očit (*that*); uvjeren (*about, on* o; *as to* što se tiče; *that* da) 4. otvoren, bez zapreka, nesmetan, slobodan (*of*) 5. neopterećen (*~ of debt* nezadužen); *fig* nevin, neoskvrnjen; nedužan, čist (*conscience*); nepomućen 6. pun, potpun, čitav (3 *~ days*) 7. *com* čist, bez odbitka, neto (*~ profit*) | **in ~** nešifriran; **as ~ as day** jasno kao dan; *fig* **to see one's way ~** nemati teškoća; **make oneself** (ili **one's meaning**) **~** jasno se izraziti; **I am not ~ as to** nije mi jasno

clear [kliə] *s* | **in the ~** slobodan od sumnje, čist; izvan opasnosti; *archit* osvijetljen

clear [kliə] *adv* 1. jasno, razgovijetno (*to speak loud and ~*) 2. potpuno, sasvim 3. odvojeno, po strani, daleko, podalje, udaljeno | **~ away, ~ off** daleko od; **~ out** daleko vani, posve izvan; **to stand ~ of** stajati po strani, držati se daleko od; **to get ~ of** osloboditi se (čega); **to shy ~ of** prezati pred (čim); **to get ~ off** uteći, izbjeći; **to keep ~ of** kloniti se (koga, čega)

clear [kliə] *vt/i* **I.** *vt* 1. bistriti; razbistriti; razjasniti; (o)čistiti, raščistiti 2. rasteretiti (*of*); *to ~ oneself* opravdati se (*from* od) 3. osloboditi, riješiti, očistiti (*of, from* od); skloniti, ukloniti (*out of the way* s puta); pospremiti, raspremati (stol); izvesti načistac 4. *com* rasprodati (robu) 5. iskrčiti, posjeći (šumu) 6. platiti, namiriti; pokriti (troškove); urediti (račune); iskupiti (mjenicu), klarirati; platiti carinu (za robu); ocariniti; obaviti carinske ili lučke formalnosti (za što) 7. zaraditi čisto (*by* na); unesti kao čistu dobit 8. (zapreku) prijeći, mimoići; (glatko) preskočiti, ne dotaći, ne dodirivati; ne osvrnuti se na **II.** *vi* 1. razbistriti se; razvedriti se, očistiti se 2. isprazniti se 3. *mar* riješiti se, osloboditi se; obaviti (carinske itd.) formalnosti 4. odjedriti, otploviti | *mar* **to ~ the land** držati se daleko od kraja; **to ~ one's throat** nakašljati se; **to ~ a port** isploviti (iz luke); **to ~ the decks (for action)** pripremiti palube za bitku; *fig* pripremiti se za borbu ili akciju; **to ~ the table** raspremiti stol; *fig* **to ~ the way** utrti put, pripremiti teren; *fig* **to ~ the air** pročistiti situaciju, riješiti nesporazum; **to ~ expenses** namiriti troškove; **to ~ goods through customs** ocariniti robu, obaviti carinske formalnosti; otploviti nakon obavljenih (carinskih itd.) formalnosti

clear away [ˈkliərəˈwei] *vt/i* **I.** *vt* spremiti, ukloniti **II.** *vi* 1. pospremati, raspremati 2. nestati

clear off [ˈkliərˈɔf] *vt/i* **I.** *vt* ukloniti; skloniti; rasprodati (zalihu); isplatiti (dugove); posvršavati, dovršiti (poslove) **II.** *vi* otići; razići se (oblaci) | **~!** odlazi!, tornjaj se!

clear out [ˈkliərˈaut] *vt/i* **I.** *vt* izbaciti, ukloniti, pokupiti; isprazniti; *fig sl* (koga) operušati, isprazniti džepove (komu) **II.** *vi* 1. iskupiti teret ili brod plaćanjem carine ili pristojba 2. *sl* uteći, pokupiti se, izgubiti se, nestati, izdimiti

clear up [ˈkliərˈʌp] *vt/i* **I.** *vt* 1. spremiti, urediti, počistiti 2. razbistriti, razvedriti 3. razmrsiti, riješiti (zagonetku, poteškoću, nesporazum) **II.** *vi* razvedriti se, razbistriti se

clearage [ˈkliəridʒ] *s* (o)čišćenje, raščišćenje

clearance [ˈkliərəns] *s* 1. bistrenje, čišćenje, raščišćenje; spremanje; uklanjanje (zapreka); sklanjanje; sječa šume, krčenje; *com* obračun; potpuna isplata, namirenje; *com* carinjenje, izvršenje propisanih carinskih formalnosti; carinski papiri; carinska potvrda; *mar* klariranje; *mech* međuprostor, zazor, zračnost 2. dozvola napuštanja državne službe | **to make a ~ of** što ukloniti; **~ charges** troškovi klariranja, carinske pristojbe; **to effect customs ~** obaviti carinske formalnosti

clearance-sale [ˈkliərənsseil] *s com* rasprodaja (nekurentne robe)

clear-cut [ˈkliəkʌt] *adj* oštrih obrisa, izrazitih crta, izrazit

clear-headed [ˌkliəˈhedid] *adj* bistre glave; razuman, oštrouman

clearing [ˈkliəriŋ] *s* 1. čišćenje, pročišćavanje, uklanjanje; bistrenje 2. opravdanje 3. krčenje, sječa šume; krčevina, čistina 4. *com* rasprodaja; obračun, nagodba, poravnanje, isplata, kliring; klirinški promet | **~ agreement** klirinški sporazum; **~ arrangement** obračun putem kliringa; **~ bank** obračunska banka, klirinška banka, žiro-banka

clearing hospital [ˈkliəriŋˌhɔspitəl] *s* prihvatilište za ranjenike

clearing-house [ˈkliəriŋhaus] *s* klirinško obračunsko mjesto (banaka), zavod za uzajamno obračunavanje; *st exch* obračunska kasa; *fig* mjesto razmjene

clearing-sale [ˈkliəriŋseil] *s com* rasprodaja

clearly [ˈkliəli] *adv* jasno, bistro; jasno izraženo; očigledno; dakako, bez sumnje

clearness [ˈkliənis] *s* bistrina, vedrina; jasnoća

clear-sighted [ˌkliəˈsaitid] *adj* (**~ly** *adv*) oštrovidan; oštrouman

clearstarch [ˈkliəsta:tʃ] *vt* škrobiti, uškrobiti (rublje)
clearstory [ˈkliəstəri] *s* → **clerestory**
clearway [ˈkliəwei] *s* dio ceste na kojemu se vozila ne smiju zaustavljati ili parkirati
cleat [kli:t] *s* prečka, klin; gvozd; čepić na potplatu kopačke; *mar* kuka (za vezanje konopa)
cleat [kli:t] *vt* učvrstiti (klinom itd.)
cleavable [ˈkli:vəbl] *adj* koji se može cijepati, kalati; kalav
cleavage [ˈkli:vidʒ] *s* cijepanje, kalanje; *coll* razmak, jamica (između ženskih grudi); *fig* rascjep, raskol (*in* u); odvajanje; *minr* kalavost
cleave [kli:v] *vt/i* (*pret* clove, cleft; *pp* cloven, cleft) **I.** *vt* kalati, raskoliti, rasjeći (*asunder, in two* popola; *into* u); krčiti (put); prodirati, sjeći (zrak, vodu) **II.** *vi* cijepati se, kalati se; raspucavati se, pući; krčiti (sebi) put | **in a cleft stick** u procijepu; *fig* u škripcu; **cloven hoof** papak; *fig* **to show the cloven hoof** pokazati zlu narav
cleave [kli:v] *vi* (*pret* ~d, clave; *pp* ~d) lijepiti se, prianjati, prilijepiti se (*to* na); zadjenuti se (*to* o); *fig* prianjati, pristajati uz, ostati vjeran (*to a p*) | **to ~ together** držati skupa; **his tongue clave to the roof of his mouth** bio je u uzbuđenu stanju, bio je prestravljen, riječ mu zastade u grlu
cleaver [ˈkli:və] *s* 1. onaj koji (ono što) cijepa, kala 2. mesarska sjekirica
cleavers [ˈkli:vəz] *s pl bot* prikrp, prihvat, priljepač
cleek [kli:k] *s* (velika) kuka; *sport* palica za golf (sa željeznim vrškom)
clef [klef] *s Fr mus* ključ
cleft [kleft] *s* pukotina, raspuklina; dio papka
cleft [kleft] *pret & pp* od **cleave**
cleft-palate [ˌkleftˈpælit] *s* nesraslo, rascijepljeno nepce
cleg [kleg] *s ent* obad
clem [klem] *vt/i dial* **I.** *vt* izgladniti, moriti glađu **II.** *vi* izgladnjeti, skapa(va)ti od gladi
clematis [ˈklemətis] *s Lat bot* pavit, bijela loza, skrobut
clemency [ˈklemənsi] *s* blagost (vremena); obzir; milost, milostivost, dobrota
clement [ˈklemənt] *adj* blag (vrijeme); milostiv, dobrostiv; obziran
clench [klentʃ] *s* 1. stisak, stiskanje; ščepanje, uhvat, zahvat 2. zakov, zakovica
clench [klentʃ] *vt/i* **I.** *vt* 1. zakovati 2. stisnuti (pest, zube); zgrabiti; ščepati 3. *fig* (živce) napeti, napregnuti (*with all his ~ed concentration*) 4. *mar* učvrstiti, privezati (posebnim čvorom) 5. učiniti definitivnim (dokaz, posao itd.) **II.** *vi* stisnuti se | *fig* **to ~ one's teeth** stisnuti zube
clencher [ˈklentʃə] *s* → **clincher**
clerestory [ˈkliəstəri] *s eccl & archit* najviši dio glavne lađe s prozorima
clergy [ˈklə:dʒi] *s* svećenstvo, duhovnici, kler, svećenici (*ten ~ were present*) | **to plead one's ~** (o svećenstvu) tražiti pravo da ne bude suđen pred svjetovnim sudom
clergyman [ˈklə:dʒimən] *s* (*pl* **clergymen** [ˈklə:dʒimən]) svećenik, duhovnik (napose anglikanski)
clergy-woman [ˈklə:dʒiˌwumən] *s* (*pl* **clergywomen** [ˈklə:dʒiˌwimin]) opatica, svećenica; žena ili kćerka (anglikanskog) svećenika
cleric [ˈklerik] *adj arch* **svećenički, duhovnički**
cleric [ˈklerik] *s* svećenik, duhovnik
clerical [ˈklerikəl] *adj* (**~ly** *adv*) svećenički, duhovni, duhovnički; klerikalan; pisarski, činovnički, kancelarijski | **~ error** pogreška u pisanju; **~ staff** kancelarijsko osoblje; **~ duties** pisarski poslovi, kancelarijske dužnosti
clerical [ˈklerikəl] *s pol* klerikalac
clericalism [ˈklerikəlizəm] *s pol* klerikalizam
clericalist [ˈklerikəlist] *s pol* pristaša klerikalizma, klerikalac
clerk [kla:k] *s* 1. *arch & jur* svećenik, duhovnik 2. crkvenjak 3. *arch* učen čovjek, učenjak 4. tajnik (obično pravnik); *com* pisar, činovnik, knjigovođa 5. *US* prodavač, prodavačica, trgovački pomoćnik 6. vođa, nadstojnik; *eccl* crkvenjak | **Town ~** gradski tajnik; **bank ~** bankovni činovnik; **correspondence ~** korespondent; **~ of the works** upravitelj javnih radova; **signing ~** prokurist; **chief ~, head ~** prvi knjigovođa; šef ureda; **~ in holy orders** svećenik
clerk [kla:k] *vi* služiti kao pisar, činovnik, trgovački pomoćnik itd.
clerkdom [ˈkla:kdəm] *s* pisarska služba, pisarski, činovnički stalež, činovništvo
clerkess [ˈkla:kis] *s* pisarica, činovnica; trgovačka pomoćnica
clerkly [ˈkla:kli] *adj* 1. duhovni 2. *arch* učen 3. pisarski; krasnopisni, koji ima lijep rukopis (*a ~ hand*)
clerkship [ˈkla:kʃip] *s* pisarska služba, činovnički položaj
clever [ˈklevə] *adj* (**~ly** *adv*) 1. spretan, okretan 2. temeljit, sposoban (*at* u); pametan, mudar; nadaren, domišljat, inteligentan (*at*); duhovit 3. *US* dobroćudan 4. površan | **~ ~** prepametan; prepreden
cleverish [ˈkleveriʃ] *adj* prilično vješt, dosta pametan
cleverness [ˈklevənis] *s* spretnost, okretnost, nadarenost, vještina

clevis ['klevis] *s* kuka, sponka (u obliku slova U)
clew [klu:] *s* klupko; *fig* ključ (rješenja zagonetke itd.); *mar* rogalj, donji okrajak (jedra); *mar* kratke uzice kojima je privezana visaljka | *mar* ~ **garnet** uže za sakupljanje glavnog jedra; *mar* ~ **line** uže za sakupljanje manjih jedara
clew [klu:] *vt* (*up*) smotati, saviti; *mar* ubrati (jedro)
cliché ['kli:ʃei] *s Fr* 1. kliše, otisak 2. otrcana (književna) fraza
click [klik] *s* 1. škljocaj; cvoktanje 2. zaponac, zapinjač; kvaka
click[1] [klik] *vi/t* kuckati, udarati; škljocati, škljocnuti, cvoknuti (jezikom); zveketati | **to** ~ **one's heels** udariti petama (na pozdrav)
click[2] [klik] *vi sl* imati sreću; brzo se upoznati, odmah se sprijateljiti
click-wheel ['klikwi:l] *s tech* zapinjača, zaprezača, grebenica, ustavljački kotač
client ['klaiənt] *s* klijent; stalan posjetilac, mušterija, stranka
clientage ['klaiəntidʒ] *s* klijentela, skup mušterija, kupci
clientèle [ˌkli:ã:n'tel] *s Fr* klijentela, mušterije, kupci; gosti
cliff [klif] *s* litica, greben, stijena | ~ **dweller** prastanovnik jugozapadnog dijela Sjeverne Amerike
cliff-hanger ['klifˌhæŋə] *s* napeta epizoda, pripovijest, situacija
cliffsman ['klifsmən] *s* vješt penjač, alpinist
cliffy ['klifi] *adj* vrletan, klisurast, kršan, pun stijena ili litica
climacteric [klai'mæktərik] *adj* odlučan, kritičan; klimakteričan
climacteric [klai'mæktərik] *s* kritično razdoblje, opasne godine (u ljudskom životu), klimakterij
climacterical [ˌklaimæk'terikl] *adj* klimakteričan
climactic [klai'mæktik] *adj rhet* koji se(nezaustavljivo) uspinje
climate ['klaimit] *s* podneblje; klima (i *fig*); *fig* atmosfera | ~ **of opinion** opće raspoloženje
climatic [klai'mætik] *adj* (~**ally** *adv*) klimatski | ~ **resort** klimatsko lječilište
climatological [ˌklaimətə'lɔdʒikl] *adj* klimatološki
climatologist [ˌklaimə'tɔlədʒist] *s* klimatolog
climatology [ˌklaimə'tɔlədʒi] *s* klimatologija, nauka o podneblju
climax ['klaimæks] *s Lat* klimaks, vrhunac | **to find its** ~ **in** doseći vrhunac u
climax ['klaimæks] *vi/t* **I.** *vi* nezaustavljivo se uspinjati; doseći vrhunac **II.** *vt* dovesti do vrhunca
climb [klaim] *vt/i* (*pret* ~ed, clomb; *pp* ~ed) **I.** *vt* popeti se na (*to* ~ *a tree*) **II.** *vi* penjati se, uspinjati se, verati se; popeti se, uspeti se (*to* na)
climb down ['klaim'daun] *vt/i* sići, silaziti; *fig* popustiti, povući se, uzmaknuti
climb up ['klaim'ʌp] *vi* uspeti se, uspinjati se
climb [klaim] *s* penjanje, uspinjanje, uspon, uzlaz
climbable ['klaiməbl] *adj* na koji se može popeti
climb-down ['klaim'daun] *s* popuštanje, napuštanje, uzmicanje
climber ['klaimə] *s* penjač, planinar; *bot* penjačica; *ornith* puzavica; *fig* laktaš, skorojević, štreber
climbing-bean ['klaimiŋbi:n] *s bot* pavit
climbing-irons ['klaimiŋˌaiənz] *s pl* penjalice (radnika za uspon na telegrafski stup itd.); dereze
clime [klaim] *s poet* predio, kraj; *fig* atmosfera, klima
clinch [klintʃ] *s* & *vt/i* → **clench**
clincher ['klintʃə] *s* skoba, zaponac; svornjak, kuka; *fig* nepobitan dokaz, adut, nepobitan argument
clinching-iron ['klintʃiŋˌaiən] *s* skoba, spona
clinch-nail ['klintʃneil] *s* (metalni) zavrtanj za drvo; (gvozdeni) obućarski klinac
cling [kliŋ] *vi* (clung, clung) prilijepiti se, uhvatiti se (*to* za što); prionuti, prianjati, priljubiti se; držati se (*to* za), ostati u blizini; *fig* prikrpeljiti se | **to** ~ **together** ostati zajedno, ne odijeliti se, držati se jedan za drugoga
clingfish ['kliŋfiʃ] *s ichth* priljepalo, prilipak (*Lepadogaster gouanii*)
clingstone ['kliŋstəun] *s bot* (breskva) durancija
clingy ['kliŋi] *adj* priljepljiv, koji se za što hvata, drži, priljubljuje, koji prianja za što
clinic ['klinik] *s* 1. (poli)klinika 2. klinički studenti
clinical ['klinikəl] *adj* (~**ly** *adv*) *med* klinički | ~ **thermometer** bolesnički toplomjer
clink[1] [kliŋk] *s* zveket, zveckanje, zveka
clink [kliŋk] *vi/t* **I.** *vi* zveketati, zveckati, (za)zvecnuti **II.** *vt* zveknuti, (za)zvecnuti, zveketati (čime) | **to** ~ **glasses** kucnuti se (*with a p* s kime)
clink[2] [kliŋk] *s sl* zatvor, butura, buhara (*in* ~)
clinker[1] ['kliŋkə] *s* klinker; troska
clinker[2] ['kliŋkə] *s sl* prvorazredna stvar; sjajan momak
clinker-built ['kliŋkə'bilt] *adj mar* preklopne građe
clinking ['kliŋkiŋ] *adj sl* sjajan, divan; bogovski, gala, naj
clinometer [klai'nɔmitə] *s* klinometar, aparat za mjerenje nagiba

clip¹ [klip] *vt* spojiti; pričvrstiti; (čvrsto) stisnuti, sapeti
clip¹ [klip] *s* štipaljka, zakvačka, hvataljka; kvačica, spojnica; *mil* okvir (s municijom), magazin, šaržer; *el* obujmica | *US fam* **at one ~** jednim udarcem ili potezom
clip² [klip] *vt* podrezati, obrezati, ostrići; otkrhnuti; skresati, skratiti; izrezati (out); gutati (slogove); (pro)bušiti (kartu); *sl* udariti, opaliti | *fig* **to ~ one's wings** potkresati kome krila; **to ~ one's gs** izostavljati (u izgovoru) g; **to ~ one's words** gutati glasove ili slogove u izgovoru
clip² [klip] *s* 1. striženje, šišanje, obrezivanje 2. količina ostrižene vune; oštar udarac; *US fam* tempo | **at a fast ~** punim tempom; **at one ~** jednim udarcem ili potezom
clipper ['klipə] *s mar* kliper, brzoplovka; *sl* jedinstvena stvar, nešto izvanredno | **~s** *pl* strigač, škare za striženje (*a pair of ~s*); šišalica (za kosu); trkaći konj | **flying ~** putnički avion
clipping ['klipiŋ] *s* 1. rezanje, striženje 2. novinski izrezak, odrezak | **~s** *pl* ostrišci, rezotine, izresci (iz novina)
clipping ['klipiŋ] *adj sl* sjajan, prvorazredan, gala
clique [kliːk] *s Fr* klika
cliquish ['kliːkiʃ] *adj* poput klike
cliquy (cliquey) ['kliːki] *adj* poput klike
cloaca [kləu'eikə] *s* (*pl* **cloacae** [kləu'eikiː]) *Lat* odvodni kanal; zahod; zahodska jama; *anat & fig* kloaka
cloacal [kləu'eikl] *adj* zahodski, koji se tiče kloake
cloak (*arch* **cloke**) [kləuk] *s* ogrtač, kabanica; kaput; pokrivač, plašt (*~ of snow*); *fig* krinka, izlika (*for* za) | *fig* **under the ~ of** pod izlikom, pod plaštem
cloak (cloke) [kləuk] *vi/t* ogrnuti, pokriti, prekriti; *fig* sakriti, zabašuriti
cloak-and-dagger ['kləukən.dægə] *adj* koji govori o viteškim podvizima, dvobojima, spletkama itd. (u literaturi)
cloak-room ['kləukrum] *s* garderoba; *rly* prtljažnica; *euphem* zahod
clobber ['klɔbə] *vt sl* 1. namlatiti, izmlatiti; teško pogađati 2. potpuno poraziti; hametom potući
cloche [klɔʃ] *s* 1. staklen ili plastičan pokrov (za nježne biljke) 2. tijesno priljubljen ženski šešir, kloš
clock¹ [klɔk] *s* (zidni, crkveni) sat, ura; *sport sl* štoperica | **six o' ~** šest sati; **put the ~ back** pomaknuti sat natrag; *fig* zaustavljati sat, poduzeti reakcionarne mjere; **work against the ~** biti u trci s vremenom; **round the ~** dan i noć, non-stop; **round-the-~** danonoćni, non-stop
clock [klɔk] *vt* zabilježiti vrijeme (čijeg) odlaska ili dolaska (na rad) (*in, out; on, off*); *sl* lupiti, klepnuti, opaliti
clock² [klɔk] *s* vezen ili utkan uzorak ili šara na čarapi (uz gležanj)
clock-face ['klɔkfeis] *s* brojčanik (na satu)
clock-hand ['klɔkhænd] *s* kazaljka (na satu)
clocking ['klɔkiŋ] *adj* | **~ hen** kvočka koja sjedi na jajima
clock-maker ['klɔk.meikə] *s* urar
clock-tower ['klɔktauə] *s* toranj sa satom, sahat-kula
clockwise ['klɔkwaiz] *adv* u smjeru kazaljke na satu | **counter ~** u protivnom smjeru od kazaljke na satu
clockwork ['klɔkwəːk] *s* mehanizam sata, stroj ure | *fig* **like ~** vrlo točno, točno kao ura; automatski, mehanički
clod [klɔd] *s* gruda, grumen zemlje; ljudsko tijelo; *fig* nezgrapan čovjek, seljačina; glupan, budala | **the ~** zemlja, tlo
clod [klɔd] *vt/i* **I.** *vt* (s)mrviti u grude; pretvoriti u grumenje; obasuti grudama **II.** *vi* pretvoriti se u grudice, (u)grušati se
cloddish ['klɔdiʃ] *adj* nezgrapan
cloddy ['klɔdi] *adj* grumenast, grudast
clodhopper ['klɔd.hɔpə] *s* seljačina
clodpole ['klɔdpəul] *s* seljačina, glupan, bukvan
clog [klɔg] *s* 1. klada (na nozi kao zapreka u hodu) 2. drvena cipela, cokula 3. *fig* zapreka, breme, teret 4. *tech* začepljenje (stroja)
clog [klɔg] *vt/i* **I.** *vt* spriječiti; zabrtviti, začepiti (*by, with* čime); *fig* opteretiti, priječiti **II.** *vi* začepiti se, zabrtviti se; biti spriječen; zgrudati se
cloggy ['klɔgi] *adj* grudav, grudast, grumenast, grudičav; koji brtvi ili začepljuje; ljepljiv
cloister ['klɔistə] *s* samostan, manastir; *archit* (presvođen) trijem
cloister ['klɔistə] *vt* zatvoriti u samostan | *fig* **to ~ oneself** povući se (iz društva)
cloistered ['klɔistəd] *adj archit* opkoljen trijemovima; *fig* samotan, osamljen, odijeljen od svijeta
cloistral ['klɔistrəl] *adj* samostanski; *fig* samotan
cloke [kləuk] *s & vi/t arch* → **cloak**
clomb [kləum] *arch pret* od **climb**
close [kləus] *adj* (**~ly** *adv*) 1. zatvoren; okružen 2. povučen, šutljiv, tajan, skrovit 3. zagušljiv; sparan, sumoran 4. škrt; štedljiv 5. nepristupačan za javnost; ograničen 6. zbijen, sažet (stil); tijesan, stisnut; zatvoren (društvo); tvrd, čvrst, gust, krut (tkivo); strog (zatvor) 7. sasvim bliz, blizak; vjeran (*~ translation*) 8. intiman, prisan, povjerljiv 9. točan, jak, velik (*resemblance*); napet, napregnut, poman (*attention*) 10. temeljit, savjestan, podroban, poman; pouzdan 11. *sport* neodlučan, podjednak (*contest*) | **a ~ thing** *fig* (*a ~ call*) za dlaku izbjegnuta nesreća ili nevolja; gadan škripac; **a ~ shave** za dlaku izbjegnut sudar ili nesreća; **~ ar-**

gument uvjerljiv, podrobno izložen dokaz; ~ **combat** borba izbliza, prsa o prsa; ~ **order** zbijen red; ~ **prisoner** zatočenik pod strogom paskom; ~ **quarters** *pl* neposredna blizina; ~ **at hand** blizu, nedaleko; **to keep oneself** ~ držati se po strani, biti suzdržljiv i povučen; *mar* **to sail** ~ **to the wind** jedriti uz vjetar; *fig* gotovo prekršiti zakon itd.; **to keep a th** ~ držati što u tajnosti; ~ **friend** prisan prijatelj; **she is** ~ **with her money** ona škrtari novcem; ~ **season** (~ **time**) lovostaja; **to keep** ~, **to lie** ~ pritajiti se, prikrivati se, skrivati se; *fig* **to hold** (ili **keep**) **one's hand** ~ **to one's chest** držati se tajnovito, ne odavati svoje namjere; **keep a** ~ **watch on** budno paziti na, ne puštati iz oka; **be** ~ **about sth** držati što za se, ne odavati; **at** ~ **range** iz neposredne blizine

close [kləus] *adv* blizu, tijesno | ~ **by** (~ **to**) tik do, sasvim uz; ~ **on**, ~ **upon** blizu; skoro, gotovo; ~ **on 100** gotovo stotina; ~ **against the wall** tik uza zid

close [kləus] *s* 1. ograđen prostor; obor; ograda, plot 2. *eccl* područje stolne crkve 3. (školsko) dvorište, igralište 4. slijepa ulica

close [kləuz] *s* 1. svršetak, konac, kraj 2. tučnjava, gužva, borba prsa o prsa 3. *mus* završni ukras | **to bring to a** ~ završiti, dokrajčiti, dogotoviti, privesti kraju; **to draw to a** ~ približavati se kraju

close [kləuz] *vt/i* **I.** *vt* 1. zatvoriti (~*d to* zatvoren za) 2. (što) zaključiti, svršiti, dovršiti, likvidirati 3. primaći, približiti, zbiti (*to* ~ *the ranks*); *mar* približiti se, pristati uz (drugi brod itd.) 4. zaliječiti (ranu) **II.** *vi* 1. zatvoriti se, zatvarati (se) 2. svršiti; prestati, završiti (*with*) | **to** ~ **one's days** umrijeti; **to** ~ **a deal** sklopiti, zaključiti posao; **to** ~ **one's eyes to** zatvarati oči pred; **to** ~ **bargain** završiti govor, prestati govoriti (*with the remark* s primjedbom); *mil* **right** ~ priključi nadesno; **left** ~ priključi nalijevo; **to** ~ **accounts with** obračunati sa; *mar* **to** ~ **the wind** skrenuti u vjetar; *fig* **to** ~ **the door on** odbiti koga, spriječiti dalje pregovore, što onemogućiti; **to** ~ **a man's eye** udariti koga po oku, da otekne; *fig* **to have one's eyes** ~**d** imati zatvorene oči, ne moći ili ne htjeti što vidjeti; *fig* ~**d book** zatvorena knjiga; ~**d circuit television** televizija zatvorenog kruga; ~**d shop** poduzeće koje uzima u radni odnos samo članove priznatog sindikata; **closing price** zaključna cijena, zaključni (burzovni) tečaj; **closing time** vrijeme zatvaranja dućana, prestanka rada

close about ['kləuzə'baut] *vi* okružiti, okupiti se oko (*a p* koga)

close down ['kləuz'daun] *vt/i* zatvoriti; zaključiti, završiti; prestati (emitirati)

close in ['kləuz'in] *vt/i* **I.** *vt* zatvoriti, opkoliti, navaliti (*on, upon*) **II.** *vi* 1. približavati se 2. postajati kraći (dani)

close out ['kləuz'aut] *vt US* unovčiti, realizirati; osujetiti

close round ['kləuz'raund] *vi* zatvoriti se, zaklopiti se oko koga

close up ['kləuz'ʌp] *vt/i* **I.** *vt* zatvoriti, zaključati; zapečatiti (pismo) **II.** *vi* zatvoriti se; napuniti se; *mil* zbiti redove; zarasti, zacijeljeti (rana)

close upon ['kləuzə'pɔn] *vi* zatvarati (što u sebi, npr. kutija itd.); zgrabiti, ščepati, hvatati (*hands, fingers*); (*eyes*) uhvatiti posljednji pogled (prije sna, smrti); napasti

close with ['kləuz'wið] *vt* prihvatiti (ponudu), pristati, pogoditi se; primaknuti se, približiti se, dohvatiti se

close-cropped ['kləus'krɔpt] *adj* nisko pokošen (trava), kratko podrezan, ošišan (kosa)

close-cut ['kləus'kʌt] *adj* → **close-cropped**

close-fisted ['kləus'fistid] *adj* škrt

close-fitting ['kləus'fitiŋ] *adj* koji (tijesno) prianja (uz tijelo)

close-grained ['kləus'greind] *adj* gust, bez međuprostora, sitnovlaknat, sitnozrnat

close-hauled ['kləus'hɔːld] *adj mar* sasvim uz vjetar

closely ['kləusli] *adv* pažljivo, pomno; veoma; podjednako | **shave** ~ glatko izbrijati

close-meshed ['kləusmeʃt] *adj* sitnih očica, gusto pleten

closeness ['kləusnis] *s* 1. gustoća, čvrstoća 2. točnost; *fig* vjernost (*of a translation*) 3. blizina, prisnost, bliskost (*of relationship*) 4. strogost (*of confinement*) 5. mučaljivost, zatvorenost 6. omara, sparina 7. škrtost

closer ['kləuzə] *s* 1. zatvarač; onaj koji dovršava, dočetnik 2. *archit* zaglavni kamen

close-set ['kləus'set] *adj* blizu smješten, gusto poredan

close-stool ['kləusstuːl] *s* bolesnički sobni zahod, stolica s noćnom posudom

closet ['klɔzit] *s* sobica, izba; kabinet; *US* spremnica | ~ **play** drama za čitanje; ~ **strategist** teorijski strateg; **china**-~ ormar za porculan; vitrina; **water**-~ engleski klozet, zahod

closet ['klɔzit] *vt* zatvoriti, sakriti | **to be** ~**ed with a p** tajno raspravljati, konferirati s kime iza zatvorenih vrata

close-up ['kləusʌp] *s film* snimak izbliza, groplan; velika slika; pogled izbliza

closure ['kləuʒə] *s* zatvaranje; obustava; zaključak; svršetak; *parl* (postupak za) svršetak rasprave | **apply the** ~ zaključiti debatu

closure ['kləuʒə] *vt parl* zaključiti (raspravu)

clot[1] [klɔt] *s* gruda, grudica | ~ **of blood** grudica zgrušane krvi, ugrušak

clot [klɔt] *vi/t* zgrušati (se); zgusnuti (se) | **clotted hair** slijepljena kosa; **clotted cream** vrhnje dobiveno kuhanjem mlijeka; **clotted nonsense** krajnja besmislica

clot[2] [klɔt] *s sl* glupan, budala

cloth [klɔθ] *s* 1. sukno, tkanina; čoha; latak; platno; ponjava; stolnjak; (svećenička) nošnja | **to lay the** ~ prostrijeti stol; **to remove the** ~ raspremiti stol; **American** ~ vrsta linoleuma | **bound in** ~ uvezan u platno; ~ **binding** platneni uvez; *fig* **to cut one's coat according to the** ~ pružati se koliko dopušta pokrivač; **the** ~ svećenstvo

clothe [kləuð] *vt* (*pret* ~d, clad; *pp* ~d, clad) odjenuti, obući; umotati, pokriti; oblačiti; *fig* (misli) zaodjenuti (*in*); (koga) opremiti (*with*) | **to** ~ **oneself** obući se

clothes [kləuðz] *s pl* odjeća; odijelo; ruho; rublje, posteljina (*bed-*~) | **to put on one's** ~ obući se; **to take off one's** ~ svući se; **a suit of** ~ (kompletno) odijelo

clothes-basket ['kləuðz,ba:skit] *s* košara za rublje

clothes-brush ['kləuðzbrʌʃ] *s* četka za odijela

clothes-horse ['kləuðzhɔ:s] *s* stalak za sušenje rublja

clothes-line ['kləuðzlain] *s* konop za sušenje rublja

clothes-peg ['kləuðzpeg] *s* kvačica za rublje

clothespin ['kləuðzpin] *s US* kvačica za rublje

clothes-press ['kləuðzpres] *s* ormar za rublje

clothier ['kləuðiə] *s* suknar; trgovac suknom ili odjećom

clothing ['kləuðiŋ] *s* odjeća

cloth-yard [,klɔθ'ja:d] *s* jedan jard | ~ **shaft** strelica duga 1 jard

cloture ['kləutʃə] *s parl* → **closure**

cloud [klaud] *s* 1. oblak; magla, para 2. gomila, mnoštvo, roj 3. *fig* sjena, tama 4. nesreća, nevolja; mutnina, mrlja | ~ **seeding** stvaranje umjetne kiše; ~**s** *pl* više sfere; nebo; **under** ~ **of night** pod okriljem noći; *fig* **in the** ~**s** u oblacima, zadubljen u mislima; **under a** ~ u nemilosti; **to cast a** ~ **on** potamniti, pomutiti; **to lift the** ~ ukloniti sjenu, osvijetliti; ~ **of words** bujica (nejasnih) riječi; **every** ~ **has its silver lining** u svakom zlu ima dobra; *fig* **to drop from the** ~**s** pasti s neba, pasti s oblaka

cloud [klaud] *vt/i* **I.** *vt* naoblačiti; *fig* potamniti; zamutiti; smutiti, pomutiti; zablatiti, ocrniti; moarirati **II.** *vi* (*over, up*) naoblačiti se; zamračiti se; (za)mutiti se

cloud over ['klaud'əuvə] *vi* naoblačiti se, mutiti se

cloud up ['klaud'ʌp] *vi* naoblačiti se, mutiti se

cloud-bank ['klaudbæŋk] *s* gomila teških, niskih oblaka

cloudberry ['klaud,beri] *s bot* patuljasti dud, barska kupina

cloud-burst ['klaudbə:st] *s* prolom oblaka

cloud-capped ['klaudkæpt] *adj* ovjenčan oblacima, zavijen u oblake

cloud-castle ['klaud,ka:sl] *s* kula u oblacima, tlapnja

cloud-cuckoo-land [,klaud'kuku:lænd] *s* nepostojeće idealno mjesto, svijet bajki

cloud-drift ['klauddrift] *s* oblaci gonjeni vjetrom

clouded ['klaudid] *adj* naoblačen; zastrt; zamračen; *tech* mutan, zamućen; moariran (svila)

cloudiness ['klaudinis] *s* naoblačenost, oblačno nebo; zamućenost, mutnost; tama, sumornost. sjeta

cloud-kissing ['klaud,kisiŋ] *adj* koji dotiče oblake (visoko brdo, zgrada itd.)

cloud-land ['klaudlænd] *s* područje oblaka; *fig* zemlja sanja, mašta

cloudless ['klaudlis] *adj* (~**ly** *adv*) bez oblaka; vedar; jasan, bistar

cloudlet ['klaudlit] *s* oblačić

cloud-rack ['klaudræk] *s* gomila razbijenih oblaka

cloud-wool ['klaudwul] *s* čijana vuna

cloud-world ['klaudwə:ld] *s* svijet bajki, mašta, utopija

cloudy ['klaudi] *adj* (**cloudily** *adv*) 1. oblačan, naoblačen; taman, mračan, tmuran (*with* od) 2. *fig* žalostan, mrk, smrknut, namrčen 3. nejasan, nerazumljiv 4. mutan, zamućen 5. moariran

clough [klʌf] *s* gudura, klanac

clout [klaut] *s arch & dial* krpa, dronjak, otirač; zakrpa; središte u meti (*in the* ~); *fam* udarac | *fam* **a** ~ **on the ear** zaušnica, ćuška

clout [klaut] *vt arch & dial* zakrpati, pokrpati, okrpiti; obiti čavlima; *coll* klepnuti, opaliti, odalamiti, udariti

clove[1] [kləuv] *s bot* čehno, česno luka, češnjaka itd.

clove[2] [kləuv] *s* klinčić, klinčac (mirodija)

clove [kləuv] *pret* od **cleave**

clove-hitch ['kləuvhitʃ] *s mar* vrsta mornarskog uzla

cloven ['kləuvn] *pp* od **cleave;** raskoljen | ~ **hoof** papak; *fig* **the** ~ **hoof** vrag, đavo; *fig* **to show the** ~ **hoof** pokazati svoje pravo lice, otkriti svoju opaku narav

cloven-footed [,kləuvn'futid] *adj zool* s papkom; *fig* đavolski, sotonski

clover ['kləuvə] *s bot* djetelina | *fig* **to be in** ~, **to live in** ~ živjeti u obilju, živjeti kao bubreg u loju

clover-leaf ['kləuvəli:f] *s* petlja (raskršće automobilskih cesta u nekoliko razina)
clown [klaun] *s* seljak, seljačina, prostak; lakrdijaš, šaljivdžija, klaun, cirkuski komičar
clown [klaun] *vi/t* **I.** *vi* igrati lakrdijaša **II.** *vt* (ulogu) odglumiti na lakrdijaški način
clownery ['klaunəri] *s* lakrdijaštvo
clownish ['klauniʃ] *adj* (~**ly** *adv*) seljački, nezgrapan, prostački; lakrdijaški, klaunovski
cloy [klɔi] *vt* (pre)zasititi (*with*); pokvariti (tek); ogaditi
club¹ [klʌb] *s* 1. kijača, toljaga, buzdovan; *sport* palica 2. čvorasta izraslina, kvrga
club¹ [klʌb] *vt* udariti kijačom, toljagom, tući kundakom 2. (*up*) sakupiti (novac), zajednički platiti, pridonijeti zajedničkom naporu **II** *vi* udružiti se
club² [klʌb] *s* klub; društvo, udruženje
club² [klʌb] *vi* složiti se, udružiti sê (~ *together*)
club³ [klʌb] *s* tref (u igraćim kartama)
clubbable ['klʌbəbl] *adj* prikladan za članstvo kluba, sposoban da uđe u klub; druževan, društven
club-foot [ˌklʌb'fut] *s* (*pl* **club-feet** [ˌklʌb'fi:t]) čotava ili ćopava noga, deformirano stopalo
club-footed [ˌklʌb'futid] *adj* čotav, s deformiranim stopalom
club-house [ˌklʌb'haus] *s* klupska kuća, društvene prostorije, društveni dom
clubland ['klʌblænd] *s* predio Londona oko St. Jamesa gdje su okupljeni klubovi
club-law [ˌklʌb'lɔ:] *s* pravo jačega
clubman ['klʌbmən] *s* (*pl* **clubmen** ['klʌbmən]) član kluba, klubaš
clubmate ['klʌbmeit] *s* klupski drug
club-moss [ˌklʌb'mɔs] *s bot* crvotočina (*Lycopodium*)
club-room ['klʌbrum] *s* društvena prostorija
club-root ['klʌbru:t] *s* bolest zelja itd.
club-shaped ['klʌbʃeipt] *adj* u obliku kijače; s odebljanim krajem
cluck [klʌk] *s* kvocanje
cluck [klʌk] *vi* kvocati
clucky ['klʌki] *adj* koji kvoca
clue (**clew**) [klu:] *s* 1. *fig* nit (misli, pripovijetke); oslonac, uporište, ključ (*to*) 2. klupko | *coll* **he hasn't a** ~ on nema ni (blijedog) pojma
clump [klʌmp] *s* 1. grumen, gruda 2. hrpa, skupina, gomila 3. debeo dvostruk đon (~ *sole*) 4. lupa, topot | ~ **of trees** gajić, šumarak
clump [klʌmp] *vi/t* **I.** *vi* 1. stupati teškim korakom 2. nagomilati se, sakupiti se, tvoriti nakupine **II.** *vt* 1. nagomilati 2. debelo pođoniti 3. *fam* udariti, opaliti, tresnuti
clumpy ['klʌmpi] *adj* grudast, bezobličan; težak (cipele)
clumsiness ['klʌmzinis] *s* nespretnost; nezgrapnost; bespomoćnost
clumsy ['klʌmzi] *adj* (**clumsily** *adv*) nespretan, nezgrapan; netaktičan, neumjestan
clunch [klʌntʃ] *s* vrsta mekog bijelog vapnenca
clung [klʌŋ] *pret* & *pp* od **cling**
clunk [klʌŋk] *s* mukli zveket
clunk [klʌŋk] *vi* muklo zveknuti, (za)zvečati
cluster ['klʌstə] *s* kita, gronja, grozd; *fig* hrpa, gomila, mnoštvo, skupina, grupa, nakupina; roj, jato
cluster ['klʌstə] *vt/i* **I.** *vt* nagomilati, skupiti u hrpu **II.** *vi* rasti u skupini, u obliku grozda, tvoriti grozdove; oviti se (*round* oko); okupiti se, sjatiti se (*round* oko); skupljati se (u gomilu); rojiti se
clutch [klʌtʃ] *vt/i* **I.** *vt* ščepati, zgrabiti, uhvatiti; stiskati, stisnuti **II.** *vi* hvatati se (*at* za) | *fig* **to** ~ **at a straw** hvatati se za slamku
clutch¹ [klʌtʃ] *s* zahvat (*at* za), uhvat, stisak; *fig* pandža, vlast, moć (*in the* ~*es of*), kritičan položaj, škripac; *tech* zubac; *mot* kvačilo, spojka | **in his** ~**es** u njegovim pandžama; ~ **bag** ženska torbica bez ručke
clutch² [klʌtʃ] *s* jaja jednog legla; leglo pilića
clutter ['klʌtə] *s* graja, buka, darmar, metež; nered
clutter ['klʌtə] *vt/i* **I.** *vt* pre(na)trpati, zakrčiti (*up*), prenapuniti (*with*) **II.** *vi* sjatiti se; uskomešati se
clyster ['klistə] *med* klistir, uljevak
coach [kəutʃ] *s* kočija; poštanska kočija, diližansa (*stage-*~, *mail-*~); *rly* putnički vagon; *US* autobus; *univ* podučavatelj, instruktor; *sport* trener; *mot* karoserija; | **to drive a** ~ & **six through an Act of Parliament** izvrgnuti ruglu, osujetiti parlamentarni zakon; **hackney** ~ fijaker; **slow** ~ troma, polagana osoba, tup čovjek zaostalih nazora; **motor-**~ autobus (za duge pruge); *rly* **through-**~ direktna kola
coach [kəutʃ] *vi/t* **I.** *vi* 1. (*to* ~ *it*) voziti se u kočiji; putovati diližansom 2. primati poduku, uzimati instrukcije (*with* kod); podučavati; *sport* trenirati **II.** *vt* 1. voziti (koga) u kočiji 2. podučavati, instruirati; *sport* trenirati
coach-box ['kəutʃbɔks] *s* bok, kočijaševo sjedalo
coach-builder ['kəutʃˌbildə] *s* graditelj karoserija
coach-dog ['kəutʃdɔg] *s zool* dalmatinac, dalmatinski pas
coachful ['kəutʃful] *s* puna kočija, broj osoba koje stanu u kočiju

coach-house ['kəutʃhaus] *s* spremište za kola, remiza, kočirna
coachman ['kəutʃmən] *s* (*pl* **coachmen** ['kəutʃmən]) 1. kočijaš 2. umjetna muha (za pecanje)
coachmanship ['kəutʃmənʃip] *s* vještina upravljanja kočijom
coaction [kəu'ækʃn] *s* zajedničko djelovanje
coactive [kəu'æktiv] *adj* koji zajedno djeluje
coadjutor [kəu'ædʒutə] *s Lat* pomoćnik, suradnik; *eccl* koadjutor, pomoćnik biskupa
coagency [kəu'eidʒənsi] *s* sudjelovanje, zajedničko djelovanje, suradnja
coagulant [kəu'ægjulənt] *s* sredstvo za zgrušavanje
coagulate [kəu'ægjuleit] *vt/i* zgrušati (se), zgusnuti (se); usiriti (se)
coagulation [kəu,ægju'leiʃn] *s* grušanje, sirenje; gruševina, ugrušak
coagulator [kəu'ægjuleitə] *s* sirilo, sredstvo za grušanje
coal [kəul] *s* ugljen, ugalj; komad(ić) ugljena | **live ~** živa žeravica; *fig* **to heap ~s of fire on a p's head** uzvratiti kome loše dobrim; *fig* **to blow the ~s** liti ulje u vatru; *fig* **to call (haul) over the ~s** oštro ukoriti, pozvati na red, ispsovati na pasja kola; **carry ~s to Newcastle** raditi suvišan posao
coal [kəul] *vt/i* **I.** *vt* opskrbiti ugljenom **II.** *vi* krcati ugljen
coal-bed ['kəulbed] *s* sloj ugljena
coal-black [,kəul'blæk] *adj* crn kao ugljen
coal-box ['kəulbɔks] *s* sanduk za ugljen
coal-bunker ['kəul,bʌŋkə] *s mar* ugljevnik, spremište za ugljen, bunker
coal-burner ['kəul,bəːnə] *s* 1. parobrod na ugljen 2. ugljenar
coal-cutter ['kəul,kʌtə] *s min* bušilica za ugljen
coaldust ['kəuldʌst] *s* ugljena prašina
coaler ['kəulə] *s mar* lađa ugljarica, brod koji druge brodove opskrbljuje ugljenom
coalesce [,kəuə'les] *vi* srasti se; spojiti se, sliti se (*with*); *fig* sjediniti se
coalescence [,kəuə'lesns] *s* sraščivanje; stapanje, spajanje, združenje, sjedinjenje
coalescent [,kəuə'lesnt] *adj* koji se sraščuje; koji se udružuje, spaja, stapa
coalface ['kəulfeis] *s min* čelo
coal-factor ['kəul,fæktə] *s* agent za prodaju ugljena, posrednik u trgovini ugljenom
coal-field ['kəulfiːld] *s min* nalazište ugljena
coal-fish ['kəulfiʃ] *s ichth* crni tovar, crni bakalar
coal-flap ['kəulflæp] *s* pokrov na otvoru u pločniku nad spremištem za ugljen
coal-gas ['kəulgæs] *s chem* rasvjetni plin
coal-heaver ['kəul,hiːvə] *s* nosač ugljena
coal-hole ['kəulhəul] *s* spremište za ugljen, ugljarnica
coal-house ['kəulhaus] *s* ugljarnica, šupa za ugljen
coaling-station ['kəuliŋ,steiʃn] *s* luka gdje se brod može opskrbiti ugljenom
coalition [,kəuə'liʃn] *s* sjedinjenje, združenje, savez; *pol* koalicija
coalitionist [,kəuə'liʃənist] *s pol* pripadnik koalicije, koalicionaš
coal-man ['kəulmæn] *s* (*pl* **coal-men** ['kəulmen]) ugljenar
coal-master ['kəul,maːstə] *s* vlasnik ugljenokopa
coal-measures ['kəul,meʒəz] *s pl geol* stijene s ugljenim slojevima
coal-mine ['kəulmain] *s* ugljenokop
coal-mining ['kəul,mainiŋ] *s* kopanje ugljena, proizvodnja ugljena
coalmouse (colemouse) ['kəulmaus] *s ornith* jesenica, sjenica jelina, mala sjenica
coal-owner ['kəul,əunə] *s* vlasnik ugljenokopa
coal-pit ['kəulpit] *s* ugljenokop
coal-scuttle ['kəul,skʌtl] *s* ugljenarka, posuda za ugljen
coal-seam ['kəulsiːm] *s min* ugljeni sloj
coal-tar ['kəul'taː] *s* katran kamenog ugljena
coal-tit ['kəultit] *s ornith* → **coal-mouse**
coal-whipper ['kəul,wipə] *s mar* čovjek ili stroj koji diže ugljen iz brodskog skladišta
coaly ['kəuli] *adj* ugljevit, koji sadrži ugljen; crn kao ugljen
coalyard ['kəuljaːd] *s* stovarište ugljena
coamings ['kəumiŋz] *s pl mar* pragovi luknje
coarse [kɔːs] *adj* (**~ly** *adv*) 1. običan, prost (hrana); grub, grubo izrađen (sukno); krupnozrnat, krupan (pijesak) 2. surov (osoba itd.); neuglađen (ponašanje); nepristojan, prostački (*~ of speech*)
coarse-grained ['kɔːsgreind] *adj* krupnozrnat; krupnovlaknat
coarsen ['kɔːsn] *vt/i* **I.** *vt* učiniti grubim, surovim, osuroviti **II.** *vi* postati grub, surov, osurovjeti
coarseness ['kɔːsnis] *s* grubost; surovost; krupnost; prostota, nepristojnost
coast [kəust] *s* 1. obala; primorje; žal, igalo 2. *US* sanjkalište, strm obronak; spust niz strminu | *US* **~ brake** torpedo bremza; *mar* **~ trade** obalno brodarstvo, kabotaža; *fig* **the ~ is clear** nema opasnosti, zrak je čist
coast [kəust] *vi* 1. *mar* ploviti uz obalu; pristati uz obalu 2. *US* sanjkati se; spuštati se (na dvokolici) niz strminu
coastal ['kəustəl] *adj* obalni
coaster ['kəustə] *s* 1. *mar* brod obalne plovidbe 2. obalni stanovnik, primorac 3. *US* saonice, sanjke 4. poslužavnik (ploča

na kotačima za posluživanje pićem), podstavak

coast-guard ['kəustgaːd] *s* obalna straža, carinska straža

coasting ['kəustiŋ] *s* 1. *mar* obalna plovidba 2. *US* sanjkanje, vožnja biciklom bez gaženja pedala

coast-line ['kəustlain] *s* obalna linija, obala

coastward(s) ['kəustwəd(z)] *adv* prema obali

coastwise ['kəustwaiz] *adj* obalni (~ *traffic*)

coastwise ['kəustwaiz] *adv* duž obale

coat [kəut] *s* 1. kaput, kabanica, ogrtač 2. krzno; *anat* koža; kora, ljuska 3. sloj (~ *of dust*); premaz (~ *of paint*) 4. *arch* suknjica, donja suknja (*kilt one's* ~*s*) | ~ **of mail** oklop; **top-~** gornji kaput; **great** ~ zimski kaput; *mil* šinjel; *her* ~ **of arms** grb, štit s grbom; *her* ~ **armour** grb; *fig* **to dust one's** ~ isprašiti kome leđa; *fig* **to turn one's** ~ okrenuti kaput, presaldumiti; **to wear the king's** ~ biti vojnik; *fig* **to cut one's** ~ **according to one's cloth** pružiti se koliko dopušta pokrivač, prilagoditi se prilikama; ~ **and skirt** (ženski) kostim; *fig* **to take off one's** ~ pripremiti se za tučnjavu

coat [kəut] *vt* odjenuti, zaodjenuti; namazati, premazati, pokriti, prevući (*with*)

coat-card ['kəutkaːd] *s* igraća karta s figurom

coatee ['kəutiː] *s* kratak, tijesan kaput

coat-hanger ['kəutˌhæŋə] *s* vješalica za odijela

coati [kəu'aːti] *s zool* medvjed nosan

coating ['kəutiŋ] *s* 1. sloj, prevlaka, oblog; premaz 2. sukno za odijela, tkanina za kapute

coat-stand ['kəutstænd] *s* stalak za kapute

coat-tails ['kəutteilz] *s pl* frak

coax [kəuks] *vt/i* **I.** *vt* laskati; (koga) nagovarati (laskanjem), navesti (na što, strpljivim nastojanjem) (*to do, into doing*), izmamiti; ulagivati se (komu) **II.** *vi* služiti se ulagivanjem, laskanjem | **to** ~ **a th out of a p** ulagivanjem što izmamiti od koga; **to** ~ **a p into sth** laskanjem koga sklonuti na što

coax [kəuks] *s* laskanje, ulagivanje; → **coaxer**

coaxer ['kəuksə] *s* laskavac, ulagivač, onaj koji se ulaguje, koji laskanjem nastoji koga na što nagovoriti ili izmamiti

coaxing ['kəuksiŋ] *adj* (~**ly** *adv*) laskav, koji se ulaguje

cob¹ [kɔb] *s* 1. labud (mužjak) 2. malen zdepast jahaći konj 3. gruda, grumen 4. velika vrsta lješnjaka 5. *US* klip (kukuruza) | ~**s** *pl* komadni ugljen; ~ **loaf** malen okrugao hljeb

cob² [kɔb] *s* smjesa od ilovače, šljunka i slame (za gradnju)

cobalt [kə'bɔːlt] *s* 1. *minr* kobalt 2. (~*-blue*) kobaltovo modrilo, tamnomodra boja | ~ **bloom** kobaltov mašak

cobber ['kɔbə] *s Austr coll* drug(ar), pobratim

cobble¹ ['kɔbl] *s* oblutak (krupan šljunak) | ~**s** *pl* 1. kaldrma; tarac 2. (i ~ *coal*) krupni ugljen, komadni ugljen (veličine oblutka)

cobble¹ ['kɔbl] *vt* kaldrmisati, taracati oblutkom

cobble² ['kɔbl] *vt* krpati, pokrpati (cipele); *fig* krpariti, sprtljati, sklepati

cobble² ['kɔbl] *s* zakrpa, (loše) zakrpano mjesto

cobbler ['kɔblə] *s* 1. krpač cipela, postolar, krpo; *fig* šeprtlja, kvarizanat, krpo 2. *US* uleđeno piće od vina, šećera i limuna (*sherry* ~)

cobbler's-wax ['kɔbləzwæks] *s* obućarska smola

cobblestone ['kɔblstəun] *s* krupan oblutak za kaldrmu

cobby ['kɔbi] *adj* malen i jak, zdepast

coble ['kəubl] *s mar* vrsta ribarskog čamca (s ravnim dnom)

cob-nut ['kɔbnʌt] *s bot* velika vrsta lješnjaka

cobra ['kəubrə] *s zool* kobra, naočarka

cobweb ['kɔbweb] *s* 1. paučina; tanka nit; fina mrežica 2. mreža, zamka | *fig* ~**s** *pl* mrena, veo, koprena; **to blow away the** ~**s from one's brain** provjetriti mozak, razbistriti misli

cobwebby ['kɔbwebi] *adj* pokriven paučinom; paučinast, nježan, fin

coca ['kəukə] *s bot* koka

coca-cola [ˌkəukə'kəulə] *s* kokakola

cocaine [kə'kein] *s pharm* kokain

cochineal ['kɔtʃiniːl] *s* košenil, grimizna boja koja se dobiva od štitaste uši

cochlea ['kɔkliə] *s* (*pl* **cochleae** ['kɔkliiː], ~*s*) *Lat anat* pužnica, puž (u uhu)

cock¹ [kɔk] *s* 1. kokot, pijetao, pijevac; mužjak (ptice) 2. glava, vođa, kolovođa 3. *vulg* spolni ud 4. *tech* kokot, otponac, oroz (na puški); pipa, slavina, pipac; nemirnica (na uri); jezičac (na vagi) | *fig* **to live like fighting** ~**s** živjeti u izobilju, kao bubreg u loju; *fam* **old** ~ dragi moj, čovječe; ~ **of the walk** (ili **school**) kolovođa; **that** ~ **won't fight** to ne ide, taj plan je nemoguć

cock [kɔk] *vt/i* **I.** *vt* (*up*) podići, uzdignuti, uzbaciti; napeti (oroz); naheriti (šešir); plastiti (sijeno) **II.** *vi* kočoperiti se, šepiriti se | **to** ~ **one's ears** naćuliti uši; *fam* **to** ~ **one's eye at a p** kome namignuti; **to** ~ **one's hat** naheriti šešir; ~**ed hat** dvorogi šešir; **go off at half** ~ započeti što, prije nego što su pripreme dovršene

cock² [kɔk] *s* 1. okuka prema gore, prčast zavoj (nosa); značajan mig (okom) 2.

način naherenja šešira 3. napeto stanje otponca na puški
cock³ [kɔk] *s* plast, stog, stožić (sijena itd.)
cock [kɔk] *vt* zgrnuti, uplastiti, staviti u stog (sijeno itd.)
cockade [kɔˈkeid] *s* kokarda, značka na službenoj kapi ili šeširu
cock-a-doodle-doo [ˌkɔkəduːdlˈduː] *s* kukuriku; pijetao
cock-a-hoop [ˌkɔkəˈhuːp] *adj* pobjedonosan, kličući, koji trijumfira
cock-a-hoop [ˌkɔkəˈhuːp] *adv* pobjedonosno, kličući, trijumfalno
Cockaigne [kɔˈkein] *s* zemlja slasti i lasti
cock-and-bull-story [ˈkɔkənbulˈstɔːri] *s* bajka, nevjerojatna priča, izmišljotina
cockatoo [ˌkɔkəˈtuː] *s ornith* kakadu (papiga)
cockatrice [ˈkɔkətrais] *s* bazilisk, zmija koja svojim pogledom ubija; *fig* zmija, aždaja (žena)
cockboat [ˈkɔkbəut] *s mar* čamčić, barčica, mali brodski čamac
cockchafer [ˈkɔkˌtʃeifə] *s ent* hrušt
cock-crow [ˈkɔkkrəu] *s* kukurijekanje (pijetla pred zoru); zora, svitanje
cock-crowing [ˈkɔkˌkrəuiŋ] *s* → **cock-crow**
cocker [ˈkɔkə] *vt* maziti
cocker up [ˈkɔkərˈʌp] *vt* razmaziti, raznježiti
cocker [ˈkɔkə] *s* | ~ **spaniel** španijel, vrsta psa prepeličara
cockerel [ˈkɔkərəl] *s* pjetlić, mlad kokot; *fig* mladić
cock-eyed [ˈkɔkaid] *adj sl* razrok, škiljav; *US* naljoskan
cock-fight [ˈkɔkfait] *s* borba pijetlova
cock-fighting [ˈkɔkˌfaitiŋ] *s* borba pijetlova
cock-horse [ˌkɔkˈhɔːs] *s* konj za njihanje
cockle¹ [ˈkɔkl] *s bot* (*corn-~*) kukolj; ljulj
cockle² [ˈkɔkl] *s* 1. *zool* čaša, prnjavica, vaganj (vrsta školjke) (*Cardium edule*) 2. malen čamac, šešula | **to warm the ~s of a p's heart** obradovati koga, razdragati; **spiny ~** srčanka (*Cardium aculeatum*)
cockle³ [ˈkɔkl] *s* bora, nabor
cockle [ˈkɔkl] *vi/t* **I.** *vi* nabirati se, smežurati se, navorati se **II.** *vt* navorati, nabrati; namreškati
cockle⁴ [ˈkɔkl] *s* peć
cockleshell [ˈkɔklʃel] *s* 1. ljuštura školjke 2. malen čamčić, barčica; *fig* orahova ljuska
cock-loft [ˈkɔklɔft] *s derog* potkrovnica, sobica u potkrovlju
cockney [ˈkɔkni] *s* rođeni Londonac, dijete Londona; pripadnik londonskih nižih slojeva
cockney [ˈkɔkni] *adj* (tipično) londonski (*~ dialect*)
cockneyfy [ˈkɔknifai] *vt* učiniti londonskim, polondončiti
cockneyish [ˈkɔkniiʃ] *adj* karakterističan za Londonca, londonski
cockneyism [ˈkɔkniizəm] *s* londonski izraz; londonsko ponašanje, londonski način (govora i vladanja); londonsko narječje
cock-pit [ˈkɔkpit] *s* 1. borilište za pijetlove; *fig* borilište 2. *mar* bolnica na krmi donje palube ratnog broda; otvoreno sjedište zatvorena čamca, mjesto za kormilara; *mot* sjedište vozača (u trkaćem automobilu); *aero* pilotska kabina
cockroach [ˈkɔkrəutʃ] *s ent* žohar
cockscomb [ˈkɔkskəum] *s* 1. kresta (pijetla) 2. lakrdijaška kapa 3. *bot* pijetlova kresta
cocksfoot [ˈkɔksfut] *s bot* ježevina, vaščja trava, klupčasta oštrica
cock-shy [ˈkɔkʃai] *s* igra gađanja u pijevce; bacanje, gađanje; meta, cilj
cockspur [ˈkɔkspəː] *s* 1. pijetlova mamuza 2. vrsta žiška za plin
cock-sure [ˌkɔkˈʃuə] *adj* potpuno siguran, uvjeren (*of a th*); samosvjestan, siguran u pobjedu; neminovan
cocksy [ˈkɔksi] *adj* → **cocky**
cocktail [ˈkɔkteil] *s* 1. nepunokrvan trkaći konj 2. skorojević 3. *ent* kratkokrilac 4. koktel, mješavina žestokih pića; koktel (-partija), žur
cocktailed [ˈkɔkteild] *adj* nepunokrvan; potkresana repa; uzdignuta repa ili stražnjeg dijela
cock-up [ˈkɔkˈʌp] *s print* veliko, istaknuto slovo
cocky [ˈkɔki] *adj* (**cockily** *adv*) drzak, samosvjestan
coco [ˈkəukəu] (i **~-palm, ~-nut palm**) *s bot* kokosova palma
cocoa [ˈkəukəu] *s* kakao
coconut [ˈkəukənʌt] *s bot* kokosov orah; *vulg* glavurda, tikva
cocoon [kɔˈkuːn] *s* čahura (dudova svilca), galeta, kokon, zapredak
cocoon [kɔˈkuːn] *vt/i* **I.** *vt* začahuriti; zaštititi (avion, stroj, topove itd.) plastičnim ovojem **II.** *vi* začahuriti se | **to ~ oneself** začahuriti se
cocoonery [kɔˈkuːnəri] *s* (prostorija ili zgrada za) svilarstvo, svilogojstvo
cocotte [kɔˈkɔt] *s Fr* kokota
cod [kɔd] *s ichth* (*~fish*) bakalar (*Gadus morhua*) | **poor ~** pišmolj, mol (*Gadus capelanus*)
cod [kɔd] *vt/i sl* **I.** *vt* varati, prevariti, tjerati šalu s kim **II.** *vi* zbijati šalu, (na)šaliti se
coda [ˈkəudə] *s mus* koda
coddle [ˈkɔdl] *vt* 1. maziti, tetošiti 2. kuhati (jaja) u vodi ne dopuštajući da voda zavrije
coddle [ˈkɔdl] *s* mekušac, maza, razmaženko, raznježenko
code [kəud] *s* 1. *jur* kodeks, zakonik, zbornik zakona 2. zbirka pravila 3. zbornik znakova, kod; tajno pismo, šifre (*in ~*) 4. *mar* kodeks, signalni sistem | **the**

Morse ~ Morseovo pismo; **break a** ~ dešifrirati tajno pismo
code [kəud] *vt* šifrirati, kodirati
codeine ['kəudi:n] *s pharm* kodein
codex ['kəudeks] *s* (*pl* **codices** ['kəudisi:z]) *Lat* kodeks, stari rukopis; zakonik
codfish ['kɔd,fiʃ] *s ichth* bakalar
codfisher ['kɔd,fiʃə] *s* 1. ribar koji lovi bakalare 2. *mar* brod za lov na bakalare
codfishery ['kɔd,fiʃəri] *s* ribolov na bakalare
codger ['kɔdʒə] *s coll* stari čudak, neobičan svat
codicil ['kɔdisil] *s jur* kodicil, dodatak (oporuci)
codification [,kɔdifi'keiʃn] *s jur* kodifikacija, sistematiziranje zakona u kodeks
codifier ['kɔdifaiə] *s* kodifikator, sastavljač zakonika
codify ['kɔdifai] *vt jur* kodificirati, sastaviti zbirku zakona; uzakoniti
codling[1] ['kɔdliŋ] *s ichth* mladi bakalar, bakalarčić
codling[2] (i **codlin**) ['kɔdliŋ] *s* vrsta jabuke (za kuhanje)
cod-liver-oil [,kɔdlivər'ɔil] *s* bakalarovo ulje, riblje ulje
co-ed [,kəu'ed] *s coll* učenica mješovite škole, studentica
co-ed [,kəu'ed] *adj* → **co-educational**
co-education [,kəuedju'keiʃən] *s* koedukacija, mješovito školovanje
co-educational [,kəuedju'keiʃənl] *adj* koedukacijski, mješovit (škola)
coefficient [,kəui'fiʃənt] *s math* koeficijent
coenobite (**cenobite**) ['si:nəbait] *s* samostanac, redovnik, kaluđer
coequal [kəu'i:kwəl] *adj* (**~ly** *adv*) *theol* & *arch* jednak, ravan, ravnopravan
coequal [kəu'i:kwəl] *s* onaj koji je jednak, ravnopravan
coequality [,kəui'kwɔliti] *s* jednakost, ravnopravnost
coerce [kəu'ə:s] *vt/i* prisiliti (*into* na); prinuditi, primorati; iznuditi
coercible [kəu'ə:sibl] *adj* koji se može prisiliti; koji se može komprimirati ili kondenzirati
coercion [kəu'ə:ʃən] *s* prisila, siljenje, sila, prinuda
coercionist [kəu'ə:ʃnist] *s* pristaša sistema prinude
coercive [kəu'ə:siv] *adj* (**~ly** *adv*) prisilan, prinudan
coessential [,kəui'senʃl] *adj* (**~ly** *adv*) *theol* jednake biti, iste naravi
coeternal [,kəui'tə:nl] *adj* (**~ly** *adv*) *theol* jednako vječan, suvječan
coeval [kəu'i:vəl] *adj* (**~ly** *adv*) istodoban, istovremen; iste starosti
coeval [kəu'i:vəl] *s* suvremenik; vršnjak
co-executor [,kəuig'zekjutə] *s* suizvršitelj
co-executrix [,kəuig'zekjutriks] *s* suizvršiteljica
co-exist [,kəuig'zist] *vi* istodobno postojati, koegzistirati
co-existence [,kəuig'zistəns] *s* istodobno postojanje, koegzistencija
co-existent [,kəuig'zistənt] *adj* koji postoji istodobno, koegzistentan
co-extensive [,kəuiks'tensiv] *adj* jednaka opsega, jednaka trajanja (*with* kao)
coffee ['kɔfi] *s* kava
coffee ['kɔfi] *vi sl sport* brbljati, čavrljati
coffee-bar ['kɔfiba:] *s* kavanica, kafić
coffee-bean ['kɔfibi:n] *s* zrno kave
coffee-cup ['kɔfikʌp] *s* šalica za kavu
coffee-grounds ['kɔfigraundz] *s pl* talog kave
coffee-house ['kɔfihaus] *s* kavana
coffee-mill ['kɔfimil] *s* mlinac za kavu
coffee-pot ['kɔfipɔt] *s* lonac za kavu
coffee-room ['kɔfirum] *s* kavana hotela
coffee-set ['kɔfiset] *s* servis za kavu
coffee-stall ['kɔfistɔ:l] *s* ulična prodavaonica kave, sendviča itd.
coffer ['kɔfə] *s* 1. kovčeg; škrinja za novce, sanduk za dragocjenosti; blagajna 2. *architekt* kaseta, četvorinast udubljen ukras na stropu | **~s** *pl* riznica, trezori; novčana sredstva
coffer-dam ['kɔfədæm] *s* keson
coffin ['kɔfin] *s* 1. lijes 2. *coll* loš brod 3. *print* kolica | *fig* **to drive a nail into one's** ~ ubrzati čiju smrt
coffin ['kɔfin] *vt* staviti u lijes; *fig* zatvoriti, staviti na nepristupačno mjesto
coffin-bone ['kɔfinbəun] *s anat* kopitnjača, kopitna kost
coffle ['kɔfl] *s* povorka međusobno vezanih životinja ili ljudi
cog [kɔg] *s tech* zubac (kotača)
cog [kɔg] *vt/i* **I.** *vt* varati, podmetnuti, podvaliti **II.** *vi* varati, podvaljivati | **to** ~ **a die** (ili **the dice**) varati pri kockanju
cogency ['kəudʒənsi] *s* uvjerljivost
cogent ['kəudʒənt] *adj* (**~ly** *adv*) jak, uvjerljiv
cogged [kɔgd] *adj* zupčast
cogitable ['kɔdʒitəbl] *adj* koji se može zamisliti
cogitate ['kɔdʒiteit] *vi/t* **I.** *vi* misliti, razmišljati, umovati (*upon* o) **II.** *vt* (što) izmišljati; *phil* (što) misliti
cogitation [,kɔdʒi'teiʃn] *s* razmišljanje, umovanje; misao
cogitative ['kɔdʒitətiv] *adj* (**~ly** *adv*) misaon; koji razmišlja, misli; zamišljen, meditativan
cognac ['kəunjæk] *s Fr* konjak, vinjak
cognate ['kɔgneit] *adj fig* srodan (~ *words*)
cognate ['kɔgneit] *s jur* (krvni) rođak; srodna riječ itd.
cognation [kɔg'neiʃn] *s* srodstvo; srodnost
cognition [kɔg'niʃn] *s phil* spoznaja, spoznanje; saznanje; poznavanje; znanje

cognitional [kɔg'niʃənəl] *adj* koji se tiče spoznaje, saznanja
cognitive ['kɔgnitiv] *adj* spoznajni
cognizable ['kɔgnizəbl] *adj* (**cognizably** *adv*) 1. spoznatljiv; koji se može prepoznati 2. *jur* u nadležnosti suda; o kom se može povesti sudbeni postupak
cognizance ['kɔgnizəns] *s* spoznaja, znanje; prepoznavanje; *jur* nadležnost; sudsko saslušanje; *her* znak (raspoznavanja) | **to take ~ of** obavijestiti se o čemu, uzeti do znanja; **fall within one's ~** biti u čijoj nadležnosti; **go beyond one's ~** biti izvan čije nadležnosti
cognizant ['kɔgnizənt] *adj* koji zna ili poznaje; *phil* koji spoznaje; *jur* nadležan | **to be ~ of** znati za; **to become ~ of** postati svjestan (čega)
cognize [kɔg'naiz] *vt phil* spoznati
cognomen [kɔg'nəumen] *s Lat* prezime, obiteljsko ime; nadimak
cognominal [kɔg'nəuminl] *adj* koji se tiče prezimena ili nadimka
cognoscible [kɔg'nɔsibl] *adj* koji se može spoznati, prepoznati
cogwheel ['kɔgwi:l] *s tech* zupčanik | **~ railway** zupčana željeznica, zupčanica
cohabit [kəu'hæbit] *vi* zajedno stanovati; zajedno živjeti (kao bračni par); živjeti u divljem braku (*with* sa)
cohabitant [kəu'hæbitənt] *s* sustanar
cohabitation [ˌkəuhæbi'teiʃn] *s* zajednički život, zajedničko stanovanje, sustanarstvo; divlji brak
coheir [ˌkəu'ɛə] *s* subaštinik, sunasljednik
coheiress [ˌkəu'ɛəris] *s* subaštinica, sunasljednica
cohere [kəu'hiə] *vi* prianjati, sljubiti se; *fig* biti u svezi, podudarati se (*with*), pristajati zajedno, slagati se
coherence [kəu'hiərəns] *s* sveza, sklad; *fig* dosljednost: suvislost, jasnoća (misli), koherencija
coherency [kəu'hiərənsi] *s* → **coherence**
coherent [kəu'hiərənt] *adj* (**~ly** *adv*) povezan, spojen; *fig* suvisao; dosljedan; jasan, razumljiv; jedinstven, skladan, koherentan
coheritor [ˌkəu'heritə] *s* → **coheir**
cohesion [kəu'hi:ʒən] *s* prianjanje; *phys* kohezija; *fig* veza, (tijesna) povezanost
cohesive [kəu'hi:siv] *adj* (**~ly** *adv*) koji čvrsto prianja, sljubljen; kohezijski; *fig* koji veže, spaja (*~ force*)
cohort ['kəuhɔ:t] *s* kohorta, taktička jedinica rimske pješadije; *fig* čvrsto povezana skupina ljudi
coif [kɔif] *s hist* tijesno prianjajuća kapa
coiffeur [kwa:'fə:] *s Fr* vlasuljar, frizer
coiffure [kwa:'fjuə] *s Fr* način češljanja, frizura
coign [kɔin] *s* | **~ of vantage** mjesto dobro za promatranje

coil [kɔil] *vt/i* **I.** *vt* smotati, namotati; oviti; savi(ja)ti u obliku spirale; *mar* kupiti (čelo) **II.** *vi* oviti se; vijugati se, savijati se u obliku spirale
coil up ['kɔil'ʌp] *vi* smotati se
coil[1] [kɔil] *s* smotak, svitak; zavoj; uvojak; navoj; spirala; *el* uzvojnica, kalem (*induction ~*); *tech* spirala (za hlađenje itd.) | *mar* **a ~ of rope** kolo čela; **~ spring** čahurasti gibanj, zavojna ili helikoidalna opruga
coil[2] [kɔil] *s arch & poet* darmar, buka, metež; nevolja, teškoća (*this mortal ~*)
coin [kɔin] *s* kovani novac, novčić; *fig* novac | *fig* **to pay one (back) in his own ~** vratiti komu milo za drago
coin [kɔin] *vt* kovati novac; *fig* kovati (*words*); izmisliti (*a lie, a tale*) | **be ~ing money** masno zarađivati
coinage ['kɔinidʒ] *s* kovanje novca; pravo kovanja novca; (kovani) novac; novčani sustav (*decimal ~* decimalna valuta); *fig* kovanje, izmišljavanje; kovanica | **word of modern ~** nova riječ, neologizam
coincide [ˌkəuin'said] *vi* podudarati se, slagati se, poklapati se, koincidirati (*with*); odgovarati (*with* čemu); zbivati se u isto vrijeme ili na istom mjestu
coincidence [kəu'insidəns] *s* podudaranje, poklapanje (*with* sa); istodobnost; slučajnost, koincidencija (*not a mere ~*)
coincident [kəu'insidənt] *adj* (**~ly** *adv*) podudaran, suglasan (*with* sa); istodoban (*with* sa); koji se slaže, poklapa
coincidental [kəuˌinsi'dentl] *adj* (**~ly** *adv*) suglasan; slučajan, koincidentan
coiner ['kɔinə] *s* kovalac novca; krivotvoritelj novca; *fig* izmišljavalac (riječi itd.) | **~'s den** radionica krivotvoritelja novca
coinstantaneous [kəuˌinstən'teiniəs] *adj* istodoban
coir ['kɔiə] *s* kokosovo vlakno
coition [kəu'iʃən] *s Lat* spolni čin, obljuba, koitus
coitus ['kəuitəs] *s* → **coition**
coke [kəuk] *s* koks
coke [kəuk] *vt* prerađivati u koks; koksirati | **coking plant** koksara
cokernut ['kəukənʌt] *s bot* vrsta kokosova oraha
cokery ['kəukəri] *s* koksara
col [kɔl] *s* 1. (gorsko) sedlo, prijevoj 2. *meteor* pojas niskog tlaka
cola (kola) [kəulə] *s bot* kola-stablo | **~ nut** kola-orah
colander ['kʌləndə] *s* cjedilo
colander ['kʌləndə] *vt* ocijediti
cold [kəuld] *adj* (**~ly** *adv*) 1. hladan, studen, mrzao, leden, (pr)ozebao 2. hladan (*~ welcome*); nehajan, suzdržljiv, bešćutan, ravnodušan (*to* prema) 3. miran, hladnokrvan; trijezan 4. bez sjaja

(boja) | ~ **comfort** slaba utjeha; ~ **cream** krema za kozmetičko čišćenje kože; ~ **wave** hladna trajna ondulacija; ~ **pig** hladan tuš, voda koja se baca na spavača da se probudi; *US* ~ **snap(s)** val hladnoće; ~ **steel** hladno oružje; ~ **war** hladni rat; ~ **colours** hladne boje (plava, zelena itd., za razliku od crvene, žute itd.); *sl* **to have** ~ **feet** bojati se, biti zaplašen, utrtariti se; **to give the** ~ **shoulder to** neprijazno s kime postupati; **to throw** ~ **water on plan** osujetiti plan; **to make one's blood run** ~ sleđivati krv komu; **in** ~ **blood** bez uzbuđenja, s predumišljajem; ~ **scent** slab trag; **to be** ~ zepsti

cold [kəuld] *s* 1. studen, hladnoća, mrzlina 2. *med* nahlada, prehlada, nazeb | **to catch** ~, **to take a** ~ nazepsti, prehladiti se; **to have a** ~ biti prehlađen, imati hunjavicu; ~ **in the head** hunjavica; ~ **on the chest** nahlada s kašljem, bolima u prsima itd.; *fig* **left out in the** ~ ostavljen po strani, ignoriran, prezren

cold-blooded [ˌkəuldˈblʌdid] *adj* (~**ly** *adv*) hladnokrvan; *fig* bešćutan, nemilosrdan

cold-bloodedness [ˌkəuldˈblʌdidnis] *s* hladnokrvnost; *fig* bešćutnost

cold-drawn [ˌkəuldˈdrɔːn] *s tech* hladno vučen

cold-hearted [ˌkəuldˈhaːtid] *adj* (~**ly** *adv*) hladna srca, bešćutan

cold-heartedness [ˌkəuldˈhaːtidnis] *s* bešćutnost

coldish [ˈkəuldiʃ] *adj* prohladan, prilično svjež

cold-livered [ˈkəuldˈlivəd] *adj* hladan, bešćutan, koji se ne podaje osjećajima

coldness [ˈkəuldnis] *s* hladnoća, studen

cold-pig [ˈkəuldpig] *s fam* hladan tuš (da se probudi spavač)

coldproof [ˈkəuldpruːf] *adj* siguran od hladnoće, otporan protiv studeni

cold-short [ˈkəuldʃɔːt] *adj minr* hladno lomljiv

cold-shoulder [ˌkəuldˈʃəuldə] *vt* ne obazirati se na koga, ignorirati

cold-storage [ˌkəuldˈstɔːridʒ] *s* uskladištenje u hladnjači; hladnjača

cold-store [ˈkəuldstɔː] *s* hladnjača

cold-store [ˈkəuldstɔː] *vt* uskladištiti u hladnjači

cole [kəul] *s bot* broskva, repica, brzina; kelj

coleopter [ˌkɔliˈɔptə] *s ent* kukac

cole-seed [ˈkəulsiːd] *s bot* repica; repičino sjeme

cole-slaw [ˈkəulslɔː] *s US* salata od zelenog kupusa

cole-wort [ˈkəulwəːt] *s bot* kelj, mladi kupus

colic [ˈkɔlik] *s med* kolika

colicky [ˈkɔliki] *adj med* količan

colitis [kəuˈlaitis] *s med* katar debelog crijeva

collaborate [kəˈlæbəreit] *vi* surađivati (*with a p in a th* s kime u čemu)

collaboration [kəˌlæbəˈreiʃn] *s* surađivanje, suradnja | **in** ~ **with** u zajednici sa

collaborator [kəˈlæbəreitə] *s* suradnik

collapse [kəˈlæps] *s* slom, urušenje; *fig* rasap, slom, rasulo, propast; (naglo) malaksanje, klonulost; *med* kolaps; stečaj (*of a bank*); (iznenadan) pad (*of prices*)

collapse [kəˈlæps] *vi* srušiti se, urušiti se; srozati se; skljokati se; slomiti se; *fig* propasti (*of, from* zbog čega), pasti u vodu

collapsed [kəˈlæpst] *adj* srušen, urušen, slomljen; *fig* propao

collapsible (**collapsable**) [kəˈlæpsəbl] *adj* sklopiv, za sklapanje (~ *boat*)

collar [ˈkɔlə] *s* 1. ovratnik (košulje, kaputa itd.) 2. (životinjska) ogrlica (*dog* ~) 3. ular, oglavnik, ajam (*horse* ~) 4. ogrlica, lanac oko vrata, niz, đerdan (~ *of pearls*) 5. *zool* vratna pruga 6. *tech* prsten (oko cijevi), karika, kolobar; ležište rukavca | **against the** ~ teško, mučno, tegobno; **to slip the** ~ zbaciti jaram; **to work up to the** ~ trsiti se iz petnih žila; **blue** ~ **workers** radnici, radništvo; **white** ~ **workers** službenici, činovništvo

collar [ˈkɔlə] *vt* zgrabiti (za ovratnik), ščepati za vrat; *sport* (protivnika) zadržati, spriječiti; saviti (meso); *sl* uzeti, prisvojiti, đipiti

collar-bone [ˈkɔləbəun] *s anat* ključna kost

collared [ˈkɔləd] *adj* s ovratnikom, koji ima ogrlicu; savijen, smotan (meso)

collaret(te) [kɔləˈret] *s* ženska ogrlica ili mali kep (od čipaka, krzna itd.)

collarless [ˈkɔləlis] *adj* bez ogrlice, koji nema ovratnika

collar-work [ˈkɔləwəːk] *s coll* težak rad; *fig* naporan posao

collate [kɔˈleit] *vt* 1. usporediti, kolacionirati (*with* sa) 2. svrstati, srediti (stranice knjige pri uvezivanju) 3. *eccl* uvesti u prebendu (svećenika)

collateral [kɔˈlætərəl] *adj* (~**ly** *adv*) sa strane, pokrajni, pobočni, postran; popratni (~ *circumstances*); nuz-, indirektan, neizravan; srodan u bočnoj liniji

collateral [kɔˈlætərəl] *s* rođak po bočnoj liniji; *jur* kolateralno jamstvo, nuzjamstvo

collation [kɔˈleiʃn] *s* 1. kolacioniranje, uspoređivanje (teksta) 2. *eccl* uvođenje (*to a th* u što) 3. lagan obrok, zakuska 4. sabiranje (novca); prilog

collator [kɔˈleitə] *s* 1. onaj koji kolacionira, uspoređuje 2. *eccl* podjelitelj prebende

colleague [ˈkɔliːg] *s* kolega, drug, sudrug

collect [ˈkɔlekt] *s eccl* kratka molitva

collect [kəˈlekt] *vt/i* **I.** *vt* 1. sabirati, skupljati, pokupiti (*to* ~ *the letters* ispraz-

niti poštanski sandučić); ubirati (porez); doći (ići) po koga; utjerati (novac, dug), inkasirati (*US to ~ a bill* naplatiti račun); pabirčiti 2. izvesti, prosuditi, zaključiti (*from* po, iz) **II.** *vi* sakupiti se, nakupiti se, nagomilati se | **to ~ oneself** sabrati se, pribrati se, doći k sebi
collect [kə'lekt] *adj US* koji plaća primalac (telegram, telefonski poziv, itd.)
collect [kə'lekt] *adv US* | **to telephone (to call) ~** telefonirati na račun nazvane osobe
collectable [kə'lektəbl] *adj* koji se može sabrati, sakupiti, ubrati, utjerati
collectanea [ˌkɔlek'teiniə] *s pl* zbirka
collected [kə'lektid] *adj* (~**ly** *adv*) sakupljen, sažet; *fig* sabran, pribran, miran, staložen
collectedness [kə'lektidnis] *s fig* sabranost, pribranost, staloženost
collecting-box [kə'lektiŋbɔks] *s* botanička kutija; *eccl* kutija za sakupljanje (doprinosa, milostinje)
collection [kə'lekʃən] *s* 1. skupljanje, sabiranje; ubiranje, utjerivanje (novca), inkaso; pražnjenje poštanskog sandučića; *eccl* sabiranje milodara 2. zbirka (~ *of books*); *com* kolekcija, asortiman | **forcible ~** prisilan doprinos; *univ Oxford* ~**s** *pl* završni ispit
collective [kə'lektiv] *adj* (~**ly** *adv*) zajednički, skupan, kolektivan; sakupljen, sabran; ukupan; udružen | ~ **agreement** kolektivni ugovor; ~ **bargaining** pregovori između poslodavca i sindikata; ~ **farm** kolhoz; ~ **noun** zbirna imenica
collective [kə'lektiv] *s* skup, zajednica, kolektiv; *gram* zbirna imenica
collectivism [kə'lektivizəm] *s* kolektivizam
collectivist [kə'lektivist] *s* pristaša kolektivizma
collectivity [kəlek'tiviti] *s* kolektivnost; zajednica, kolektiv
collectivization [kəˌlektivai'zeiʃn] *s* kolektivizacija
collectivize [kə'lektivaiz] *vt* kolektivizirati
collector [kə'lektə] *s* sabirač, sakupljač, kolekcionar; inkasator, pobirač; *Ind* vrhovni upravni činovnik okružja; *tech* uređaj za sakupljanje; *el* kolektor | **tax ~** ubirač poreza, poreznik; **ticket ~** biljeter; *rly* pobirač karata (na stanici)
collectorship [kə'lektəʃip] *s* služba ili područje sabirača, poreznika itd.; sabiranje, skupljanje
colleen ['kɔli:n] *s Anglo-Ir* djevojka, djevojčica
college ['kɔlidʒ] *s* 1. kolegij, zbor (~ *of physicians*) 2. koledž, visoka škola (*naval* ~; *commercial* ~); srednja škola; viša škola; *sl* tamnica | **teachers' training ~** učiteljska škola, preparandija
colleger ['kɔlidʒə] *s* đak koji stanuje u koledžu, pitomac zavoda (u Etonu)
college-widow ['kɔlidʒˌwidəu] *s US coll* djevojka ili žena koja izlazi sa studentima svakog godišta godinama redom
collegial [kə'li:dʒiəl] *adj* koji pripada koledžu, koji se odnosi na koledž
collegian [kə'li:dʒiən] *s* član koledža, đak, student, pitomac; *sl* zatvorenik
collegiate [kə'li:dʒiit] *adj* (~**ly** *adv*) akademski; studentski; koleški, sveučilišni | ~ **church** kaptolska crkva
collet ['kɔlit] *s* okov, kolut, metalni opšav, porub; držač; rukavac
collide [kə'laid] *vi* sukobiti se, sudariti se (*with* sa); kositi se; sukobljavati se, kolidirati | **to ~ with a tree** naletjeti na stablo
collie (colly) ['kɔli] *s* škotski pas ovčar
collier ['kɔliə] *s* rudar u ugljenokopu; *mar* brod za prijevoz ugljena
colliery ['kɔljəri] *s* ugljenokop, rudnik ugljena
colligate ['kɔligeit] *vt fig* povez(iv)ati, spojiti, dovesti u vezu
colligation [ˌkɔli'geiʃn] *s* povezivanje, dovođenje u vezu
collimate ['kɔlimeit] *vt* učiniti da se dvije linije poklapaju, učiniti dva pravca usporednima; namjestiti (teleskop itd.)
collimation [ˌkɔli'meiʃn] *s* ravnanje, usmjerivanje, namještanje
collimator ['kɔlimeitə] *s* malen dalekozor pričvršćen na optički instrument radi namještanja toga instrumenta
collinear [kɔ'linjə] *adj* u istom pravcu (*with* sa), kolinearan
collision [kə'liʒn] *s* sudar, sukob, sraz, kolizija; *fig* spor, raspra, **konflikt** | **to come into ~ with** doći u suprotnost sa, sukobiti se sa; **be in ~** sudariti se
collocate ['kɔləkeit] *vt* smjestiti, namjestiti, postaviti, rasporediti; *ling* povezati u kolokaciju
collocation [ˌkɔlə'keiʃn] *s* smještaj, namještanje; svrstavanje, raspoređivanje; *ling* kolokacija
collocutor [kɔ'lɔkjutə] *s* sugovornik, subesjednik
collodion [kə'ləudiən] *s chem* **kolodij**
collodionize [kə'ləudiənaiz] *vt* **premazati** kolodijem
collogue [kɔ'ləug] *vi Fr coll* potajno se dogovarati, snovati, kovati spletku, šurovati
colloid ['kɔlɔid] *adj* koloidni
colloid ['kɔlɔid] *s* koloid
collop ['kɔləp] *s* odrezak mesa, režanj mesa | *Scot* ~**s** *pl* valjušci od mesa
colloquial [kə'ləukwiəl] *adj* (~**ly** *adv*) kolokvijalan, saobraćajan
colloquialism [kə'ləukwiəlizəm] *s* kolokvijalizam
colloquialist [kə'ləukwiəlist] *s* onaj **koji** rado razgovara ili govori; onaj koji upotrebljava kolokvijalizme

colloquialize [kə'ləukwiəlaiz] *vt* učiniti kolokvijalnim
colloquist ['kɔləkwist] *s* → **collocutor**
colloquy ['kɔləkwi] *s* razgovor
collude [kə'lu:d] *vi arch* biti u tajnu sporazumu (*with* sa)
collusion [kə'lu:ʒən] *s* tajni (zlonamjerni) sporazum
collusive [kə'lu:siv] *adj* (**~ly** *adv*) potajno dogovoren, sporazuman, namješten
collywobbles ['kɔli,wɔblz] *s pl coll* bol u želucu; *fig* lagan osjećaj straha
colon[1] ['kəulən] *s anat* debelo crijevo
colon[2] ['kəulən] *s Lat gram* dvotočka
colonel ['kə:nl] *s mil* pukovnik
colonelcy ['kə:nlsi] *s* čin pukovnika, služba pukovnika
colonelship ['kə:nlʃip] *s* → **colonelcy**
colonial [kə'ləunjəl] *adj* (**~ly** *adv*) kolonijalan
colonial [kə'ləunjəl] *s* stanovnik kolonije, kolonijalac
colonialism [kə'ləunjəlizm] *s* osobina stanovnika kolonija; izraz koji se upotrebljava u kolonijama; kolonijalni sistem, kolonijalizam
colonic [kə'lɔnik] *adj* koji se odnosi na debelo crijevo
colonist ['kɔlənist] *s* kolonist, naseljenik
colonization [,kɔlənai'zeiʃn] *s* kolonizacija, naseljivanje
colonize ['kɔlənaiz] *vt/i* **I.** *vt* kolonizirati, naseliti; *US* naseliti područje ilegalnim glasačima **II.** *vi* naseliti se
colonizer ['kɔlənaizə] *s* kolonizator
colonnade [,kɔlə'neid] *s archit* kolonada; stupovlje; red stupova
colony ['kɔləni] *s* kolonija, naseobina | **the Secretary of State for the Colonies** ministar kolonija
colophon ['kɔləfɔn] *s Lat* bilješka na posljednjoj stranici knjige s naznakom izdavača, štampara, lektora itd. | **from title-page to ~** od korice do korice
colophony [kə'lɔfəni] *s* kolofonij
Colorado beetle [,kɔlə'ra:dəu'bi:tl] *s ent* krumpirova zlatica
coloration [,kʌlə'reiʃn] → **colouration**
coloratura [,kɔlərə'tuərə] *s It mus* koloratura
colorific [,kɔlə'rifik] *adj* koji daje boju; koji se odnosi na boju
colossal [kə'lɔsl] *adj* (**~ly** *adv*) golem, ogroman, gorostasan, divovski; *fam* sjajan, divan, veličanstven, kolosalan
colossus [kə'lɔsəs] *s* (*pl* **colossi** [kə'lɔsai], **~es**) *Lat* kolos, div, gorostas
colour (color) ['kʌlə] *s* 1. boja; mastilo 2. boja puti (kože), rumen lica 3. *fig etc* obojenje, kolorit; *mus* boja glasa; način, ton, raspoloženje; *fig* prizvuk 4. izlika; izgled (*~ of truth*) | *paint* **~s** *pl* boje; *mil* zastava; oznaka, boje, znak (kluba, stranke, škole); **man (woman) of ~** muškarac (žena) nebijele rase, Crnac (Crnkinja); **~ line** granična crta između bijelih i crnih; **local ~** mjesni kolorit; **have a high ~** biti rumen u licu; **lose ~** problijedjeti; **water-~s** *pl* vodene boje; akvarel; **be (feel) off ~** loše, nelagodno se osjećati; **look off ~** slabo izgledati; **to come off with flying ~s** sjajno uspjeti; *sport* **to get one's ~s** steći članska prava; istaknuti se; *fig* **to lower one's ~s** povući se, popustiti, predati se; *fig* **to nail one's ~s to the mast** jasno najaviti svoje odlučne namjere; **to stick to one's ~s** čvrsto stajati na svom stajalištu, ne popuštati; *fig* **to sail under false ~s** pretvarati se, biti licemjeran: **he will not see the ~ of my money** neće on vidjeti mojih novaca; **to serve with the ~s** služiti u vojsci; *fig* **to show one's true ~s** otkriti karte, pokazati se u pravu svjetlu; **under ~ of** pod izlikom; **to give (to lend, to add) ~ to** davati boju, oživjeti; učiniti vjerojatnijim; **~ film** film u boji; **~ TV** televizija u boji; **to give a false ~** izvrtati (činjenice i dr.); **to lay on the ~s too thickly** jako pretjerivati
colour (color) ['kʌlə] *vt/i* **I.** *vt* bojadisati, (o)bojiti; kolorirati; ličiti, naličiti; *fig* obojiti; uljepšati; pokriti, prekriti; iskriviti (*~ed details*), pretjerivati **II.** *vi* obojiti se; *fig* zarumenjeti se, pocrvenjeti
colourable ['kʌlərəbl] *adj* (**colourably** *adv*) obojiv; (naoko) vjerojatan, prihvatljiv, plauzibilan; tobožnji, prividan, fingiran
colouration (coloration) [,kʌlə'reiʃn] *s* obojenje, bojadisanje, raspored boja
colour-bar ['kʌləba:] *s* rasna diskriminacija
colour-blind ['kʌləblaind] *adj* slijep za boje, koji ne razlikuje boje
colour-blindness ['kʌləblaindnis] *s* sljepoća za boje
colo(u)rcast ['kʌləka:st] *s US* televizija u boji
coloured ['kʌləd] *adj* obojen, bojadisan, koloriran; šaren, mnogobojan | *US* **~ gentleman** crnac; **~ man** obojen muškarac; **~ woman** obojena žena; **~ people** pripadnici nebijelih, obojenih rasa
colourful ['kʌləful] *adj* obilno obojen, s puno boja, živobojan, slikovit; šaren, mnogobojan; uzbudljiv
colouring ['kʌləriŋ] *s* boja, obojenje, kolorit; način upotrebe boja, raspored boja; boja lica; *fig* uljepšavanje | **~ matter** sredstvo za bojenje
colourist ['kʌlərist] *s* kolorist
colourless ['kʌləlis] *adj* (**~ly** *adv*) bez boja, bezbojan; blijed; mutan, siv (nebo); *fig* mrtav, bez života, suhoparan; bezizražajan

colourman ['kʌləmən] *s* (*pl* **colourmen** ['kʌləmən]) trgovac (uljenim) bojama
coloury ['kʌləri] *adj com* kvalitetne boje, koji ima boju svojstvenu dobroj kakvoći (kava, duhan itd.)
colporteur ['kɔlˌpɔːtə] *s Fr* pokućarac (osobito koji prodaje vjerske knjige)
colt[1] [kəult] *s* ždrijebe; *fig* žutokljunac, novajlija; *sport* mlađi igrač (kod kriketa); *mar* kraj konopa (kao sredstvo za kažnjavanje
colt [kəult] *vt mar* izbičevati krajem užeta
colt[2] [kəult] *s* kolt, američki armijski revolver
coltish ['kəultiʃ] *adj* (**~ly** *adv*) poput ždrebeta, obijestan, jogunast
coltsfoot ['kəultsfut] *s bot* podbelj
Columbian [kə'lʌmbiən] *adj* kolumbijski
columbine ['kɔləmbain] *s bot* kandilka, papina kapica (*Aquilegia*)
column ['kɔləm] *s* stup; *print* stupac, špalta; *mil* kolona, stroj u pohodu; *mar* red brodova koji plove u brazdi | **our ~s** *pl* stupci našeg lista, naš list; *anat* **spinal ~** hrptenjača
columnal [kə'lʌmnəl] *adj* → **columnar**
columnar [kə'lʌmnə] *adj* u obliku stupa, poput stupa | **~ bookkeeping** američko knjigovodstvo
columnist ['kɔləmnist] *s* pisac specijalne rubrike u novinama
colza ['kɔlzə] *s* → **cole-seed**
coma[1] ['kəumə] *s Gr med* dugotrajna nesvjestica, obamrlost, mrtvilo
coma[2] ['kəumə] *s Lat* (*pl* **comae** ['kəumiː], **~s**) *bot* kičica; *astr* rep
comatose ['kəumətəus] *adj* koji je u komi, bez svijesti
comb [kəum] *s* 1. češalj; češagija 2. *ornith* kresta 3. sat (meda), saće 4. gorsko bilo, hrbat, greben (planine) 5. vrh, kresta (vala) 6. *tech* greben (za lan) | **to cut the ~ of a p** poniziti koga
comb [kəum] *vt/i* **I.** *vt* češljati; česati (češagijom), timariti; grebenati (lan); gargati, češljati (vunu); pretražiti, točno pregledati (okolinu, kraj) **II.** *vi* lomiti se, prebaci(va)ti se (val)
comb off ['kəum'ɔf] *vt fig* ukloniti, maknuti
comb out ['kəum'aut] *vt* iščešljati, pročešljati; *fig* prorešetati; *mil* probrati novake između onih koji su prije bili proglašeni nesposobnima
combat ['kɔmbət] *s* borba, bitka, boj | **single ~** dvoboj
combat ['kɔmbət] *vt/i* **I.** *vt* pobijati, suzbijati **II.** *vi* boriti se, biti se (*against; for*)
combatant ['kɔmbətənt] *adj* koji se bori; aktivni (*officer*)
combatant ['kɔmbətənt] *s* borac | **non-~** neborac
combative ['kɔmbətiv] *adj* (**~ly** *adv*) borben; ratoboran
combe [kuːm] *s* → **coomb**
comber ['kəumə] *s* 1. češljač, gargalac, grebenalac 2. stroj za grebenanje 3. val koji se lomi, prebacuje
comb-honey ['kəumˌhʌni] *s* med u saću
combinable [kəm'bainəbl] *adj* koji se može kombinirati
combination [ˌkɔmbi'neiʃn] *s* spajanje, sjedinjenje, savez (*in ~ with*); veza; sastavljanje, sastav; *chem* slučivanje; spoj; *math* kombinacija; *com* kartel; *mot* motocikl s prikolicom | **~s** *pl* (žensko rublje) košulja i gaće zajedno (*a pair of ~s*); **~ lock** šifrirana brava; **~ room** *univ Cambridge* zbornica
combinative ['kɔmbinətiv] *adj* kombinacijski, kombinacioni (*~ power*)
combine [kəm'bain] *vt/i* **I.** *vt* spajati, spojiti, sjediniti, stopiti, sastaviti, povezati, združiti, kombinirati **II.** *vi* sjediniti se, udružiti se (*to do*); *chem* spojiti se; zajedno djelovati; činiti cjelinu
combine ['kɔmbain] *s com* savez, kombinat, trust; *spec US* kombajn | **~-harvester** *agr* kombajn, kombinirana žetelica i vršilica
combing ['kəumiŋ] *s* češljanje itd. | **~s** *pl* iščešljane vlasi
comb-out ['kəum'aut] *s mil* odabiranje novaka između onih koji su prije proglašeni nesposobnima
combustibility [kəmˌbʌstə'biliti] *s* gorivost; laka upaljivost
combustible [kəm'bʌstəbl] *adj* goriv; zapaljiv; *fig* naprasit, nagao
combustible [kəm'bʌstəbl] *s* gorivo
combustion [kəm'bʌstʃən] *s* izgaranje; sagorijevanje | **internal ~** unutarnje izgaranje; **spontaneous ~** samozapaljenje
come [kʌm] *vi* (came, come) 1. doći, dolaziti (*from, into, out of, to, within; to ~ a p's way* ići istim putem kao tko drugi; *do you ~ my way?; no work came his way* nije našao zaposlenja); stići, prispjeti 2. pojaviti se; naići; izići, razviti se; niknuti; proistjecati; dogoditi se, zbiti se, nastupiti 3. primaći se, približiti se, popeti se (*to* do, na); zadesiti, snaći (*to a p* koga) 4. pokazati se kao; praviti se, izigravati (*to ~ the great man*) 5. postati (*he has ~ to be a good teacher*) 6. (*svota, račun*) iznositi 7. naslijediti (*to p from p*) | **to ~ into the world** doći na svijet, roditi se; **to ~ to an end** svršiti se, prestati; **to ~ short of** ne ispuniti nade, podbaciti, biti nedovoljan; **to ~ to the point** doći (prijeći) na stvar; **to ~ to a point** stanjivati se u šiljak; **to ~ to blows** doći do šakanja, potući se; **to ~ to terms** sporazumjeti se, nagoditi se, pogoditi se; **to ~ to a halt (a standstill)** (za)stati, zaustaviti se; **to ~ home to** shvatiti, uvidjeti; pogoditi u živac, postati jasan; **to ~ and go** doći i proći, pojaviti se na kratko

vrijeme, biti prolazan; **to ~ to anchor** usidriti se; **to ~ to light** pokazati se, doći na vidjelo, izići na svjetlo dana; **to ~ to harm** nastradati, štetovati; **to ~ to fruition** dozrijeti, sazreti; **to ~ to know** upoznati; **to ~ and see** posjetiti; **to ~ true** ostvariti se, obistiniti se, ispuniti se; **to ~ undone** otvoriti se, otkopčati se, razvezati se; **to ~ unstuck** odlijepiti se; **to ~ it (too) strong** (ponešto) pretjerati; *sl* **to ~ it** raditi, djelovati; **to ~** *adj* budući; **the life to ~** život na drugom svijetu; **for some time to ~** još neko vrijeme; **she will be 21 ~ May** u svibnju će navršiti 21 godinu; **the to ~, to-~** budućnost; **first ~ first served** tko prije djevojci, toga i djevojka; *sl* **let'em all ~!** pa što bilo da bilo!; **light ~ light go** kako došlo, tako prošlo; **~ what may** što bilo da bilo, što god se dogodilo; **I have ~ to believe** sada vjerujem; **he came to realize** došao je do uvjerenja, uvidio je; **to ~ to oneself** doći k sebi; **to ~ to one's senses** pribrati se, doći k sebi, doći k pameti, urazboriti se; **to ~ to pass** dogoditi se, zbiti se; *sl* **to ~ to the wrong shop** obratiti se na pogrešnu adresu; *fam* **how ~?** kako to?; **how did you ~ to be so foolish** kako si mogao biti tako budalast?; **~, ~, you shouldn't speak like that** hajde, hajde (*ili* no, no), ne bi trebao tako govoriti; *fig* **what you say ~s to this** to što kažeš znači (ovo); **if it ~s to that** ako stvari tako stoje; **he will never ~ to much** iz njega nikada ništa; **when it ~s to helping others** kada se radi o (kada je u pitanju) pomoć drugima; **no harm will ~ to you if ...** ništa (zlo) ti se neće dogoditi ako ...; **he had it coming to him** to mu se već spremalo, drugo i nije zavrijedio; **everything will ~ all right in the end** sve će na kraju dobro ispasti

come about ['kʌmə'baut] *vi* dogoditi se, desiti se, zbiti se, ostvariti se, doći do; *mar* okrenuti se (vjetar)

come across ['kʌmə'krɔs] *vi* susresti se (s kime), nabasati, naići na (koga, što) | **the thought came across my mind** sinula mi je misao

come after ['kʌm'aːftə] *vi* slijediti, pojuriti za

come along ['kʌmə'lɔŋ] *vi* **A** (*prep*) naići (ulicom), doći (putem), pojaviti se **B** (*adv*) približiti se, nadoći (*with* sa); napredovati, uspijevati | **~!** hajde!, požuri!

come apart ['kʌmə'paːt] *vi* raspasti se

come asunder ['kʌmə'sʌndə] *vi* raspasti se, razdvojiti se

come at ['kʌm'æt] *vi* doseći, postići, doći do; napasti, navaliti (na koga)

come away ['kʌmə'wei] *vi* otići; osloboditi se, odriješiti se; rastati se (*from* od)

come back ['kʌm'bæk] *vi lit* & *fig* vratiti se, vraćati se; (*to one*) vraćati se u sjećanje | **~ at** oštro odgovoriti (komu)

come between ['kʌmbi'twiːn] *vi* uplitati se, miješati se (između)

come by ['kʌm'bai] *vi* **A** (*prep*) doći do čega, dobiti, postići što **B** (*adv*) proći pokraj

come down ['kʌm'daun] *vi* spustiti se; sići, silaziti; pasti, srušiti se; doći (iz većeg grada u manje naselje); platiti, dati novaca; srozati se | *mar* **to ~ before the wind** ploviti niz vjetar; *univ* **~ (from)** završiti studij (*spec* Oxford ili Cambridge); *fig* **to ~ in the world** srozati se; osiromašiti; **to ~ in favour of (on the side of)** opredijeliti se za; **to ~ on a p** oboriti se na koga, nasrnuti, navaliti na koga; **to ~ to** sići na, spustiti se do; dosizati do; svoditi se na; **to ~ with** (is)platiti; *US fam* oboliti od; **it has ~ to us** predajom je došlo do nas

come for ['kʌm'fɔː] *vi* doći po (što)

come forth ['kʌm'fɔːθ] *vi* izaći, izlaziti

come forward ['kʌm'fɔːwəd] *vi* stupiti naprijed, istupiti; javiti se; *com* biti (postati) raspoloživo

come from ['kʌm'frɔm] *vi* doći, dolaziti, proizlaziti, potjecati od

come in ['kʌm'in] *vi* ulaziti, ući, unići; prispjeti, stići (vlak); *mar* uploviti; doći na vlast, u parlament; stići na cilj (*to ~ third* stići na cilj treći); stići (u prodaju, na tržište); doći u modu, nastati, postati (moda); nadolaziti, nastupiti (plima); pritjecati (novac) | **to ~ for** dobiti, steći, naslijediti; privući, naići na, doživjeti; **to ~ useful** (ili **handy**) korisno poslužiti; **where do I ~?** a što je sa mnom?, gdje je tu moj (u)dio?; **~** naprijed!; **to ~ on** priključiti se, sudjelovati

come into ['kʌm'intu] *vi* dospjeti u; stupiti u posjed; doći do | **to ~ blossom (flower)** procvjetati; **to ~ bud** propupati; **to ~ leaf** prolistati; **to ~ force** stupiti na snagu; **to ~ a fortune** naslijediti imetak; **to ~ one's own** doći do izražaja, steći zasluženo priznanje; **to ~ notice** privući pažnju, biti zapažen; **to ~ play** stupiti u djelovanje; **to ~ power** doći na vlast; **to ~ sight (view)** pojaviti se, pomaljati se; **~ one's head** pasti na pamet

come near ['kʌm'niə] *vi* približiti se; *fig* nalikovati, sličiti (*to* komu)

come of ['kʌm'ɔv] *vi* dolaziti, potjecati od (*~ noble parents*); doći od, proizaći (iz) | **I don't think anything will ~ it** ne mislim da će išta od toga biti

come off ['kʌm'ɔf] *vi* otpasti, odriješiti se; skidati se; uslijediti, doći do, dogoditi se; poći za rukom, uspjeti; ispasti, svršiti se (*to ~ badly*); pasti (sa); sići (sa); *theat* biti skinut (s repertoara); *US* prestati | **to**

~ **duty** svršiti službu, otići s posla, napustiti dužnost; *coll* ~ **it!** hajde, hajde!, ne pravi se važan!

come on [ˈkʌmˈɔn] *vi* doći, nadoći, nadolaziti; prispjeti; zapaliti se (svjetlo); uspijevati, napredovati; nastupiti (godišnje doba itd.); doći na red (parnica); *theat* (komad) davati se, izvoditi se, (glumac) pojaviti se (na sceni) | ~! dođi ovamo!, hajde!, daj!

come out [ˈkʌmˈaut] *vi* izaći, izlaziti; ispasti, ispadati (kosa, zubi); stupiti u javnost; postati poznat; (knjiga) izaći, izdati se; pokazati se, pojaviti se; otvarati se (pupovi, cvjetovi); isploviti (iz domovine); proistjeći (*from*) | *sl* ~ **of that!** okani se!, ostavi to!; *fig* **to** ~ **with** pojaviti se, izaći na javu sa; kazati; **to** ~ **(on strike)** stupiti u štrajk; **to** ~ **at** iznositi; *univ* **to** ~ **first (last)** postići najbolje (najslabije) ocjene; ~ **well** dobro ispasti (na slici); ~ **right** točno ispasti (račun)

come over [ˈkʌmˈəuvə] *vi* prijeći; doći (preko); prebjeći; *fig* spopasti (*what has* ~ *you*) | *coll* **to** ~ **queer (dizzy)** osjećati slabinu (vrtoglavicu)

come round [ˈkʌmˈraund] *vi* **A** (*prep*) zaslijepiti, prevariti (*a p* koga) **B** (*adv*) 1. navratiti, svratiti se 2. oporaviti se, doći k sebi (nakon zlovolje, nesvjestice i dr.); vratiti se (godišnje doba), opet doći 3. *mar* kosati, krstariti; okrenuti se (vjetar) 4. doći naokolo (zaobilaznim putem) 5. *fig* obratiti se (*to*); prihvatiti, pristati

come through [ˈkʌmˈθruː] *vi* **A** (*prep*) proći, preživjeti **B** (*adv*) proći, provući se; biti službeno javljen (potvrđen); *teleph, radio* stići, javiti se (vijest) | **a message is just coming through** upravo se javlja (poruka), javljeno je putem telefona (*that* da)

come to [ˈkʌmˈtuː] *vi* oporaviti se, doći k sebi, osvijestiti se

come under [ˈkʌmˈʌndə] *vi* potpasti pod; spadati u (pod što)

come up [ˈkʌmˈʌp] *vi* doći gore, nadoći; pristupiti (*to*); pojaviti se, nastupiti; uspeti se, postići (karijeru); doći na sveučilište, u London; *bot* niknuti, nicati; iskrsnuti (pitanje); *jur* dolaziti (doći) na raspravu, u postupak; biti izvučen (u lutriji); rasti (plima) | **to** ~ **to** dosezati do; biti ravan, iznositi, odgovarati; **to** ~ **against** naići na (*opposition*); **to** ~ **with** dostići, stići, sustići; (pro)naći (rješenje, odgovor)

come upon [ˈkʌməˈpɔn] *vi* naići, nabasati, naletjeti na; snaći (nevolja), obuzeti (osjećaji); zahtijevati (*for* što); pasti na teret (komu)

come-and-go [ˈkʌmənd ˈgəu] *s* dolaženje i odlaženje, kretanje amo-tamo

come-at-able [kʌmˈætəbl] *adj* dostižan, dostupan; *fig* pristupačan

come-back [ˈkʌmbæk] *s* (uspješan) povratak (u prijašnji položaj ili djelatnost); *US sl* oštar, brz ili duhovit odgovor; naknada, odšteta

comedian [kəˈmiːdiən] *s Fr theat* komičar; *fig* lakrdijaš, komedijaš

comédienne [kəˌmediˈen] *s Fr theat* komičarka

come-down [ˈkʌmdaun] *s* silaženje; srozanje; pad (u društvenom položaju)

comedy [ˈkɔmidi] *s* komedija, veseo igrokaz; smiješan slučaj, komičan događaj

comeliness [ˈkʌmlinis] *s* pristalost, ljupkost

comely [ˈkʌmli] *adj* zgodan, pristao, prijatan, mio, ljubak, ugodan

come-off [ˈkʌmˈɔf] *s* izgovor, izlika; ishod, rezultat

come-on [ˈkʌmɔn] *s US sl* osoba koju je lako prevariti ili nagovoriti na kupnju, ulaganje itd.; mamac; izazov

comer [ˈkʌmə] *s* došljak, pridošlica | **the first** ~ onaj koji prvi dođe; *fig* bilo tko; **new-**~ novi pridošlica; **all** ~**s** svi (koji se prijave). svaki, tko god dođe, svatko

comestible [kəˈmestibl] *s* (većinom ~**s** *pl*) jestiva stvar, jestvina

comet [ˈkɔmit] *s astr* komet

cometary [ˈkɔmitəri] *adj* kometski, poput kometa

cometic [kɔˈmetik] *adj* → **cometary**

comfit [ˈkʌmfit] *s* poslastica, slastica, ušećereno voće

comfort [ˈkʌmfət] *vt* tješiti, utješiti

comfort [ˈkʌmfət] *s* 1. utjeha (*to* za); *fig* okrepa; olakšica 2. udobnost; lagodnost; komfor | **be of good** ~ razvedriti se, ne klonuti; **public** ~ **station** javni nužnik; **creature** ~**s** osnovne ljudske potrebe; **to derive** ~ **from** naći utjehe u

comfortable [ˈkʌmfətəbl] *adj* (**comfortably** *adv*) udoban, ugodan, lagodan, prijatan; lagan (pobjeda); dostatan | **I am** ~ udobno mi je; **a car that holds six people comfortably** kola u koja lako stane šest osoba

comfortable [ˈkʌmfətəbl] *s US* (debeo) pokrivač za krevete (punjen vatom itd.), jorgan

comforter [ˈkʌmfətə] *s US* (u)tješitelj; vuneni šal; dječja igračka (lutka); duda varalica; *US* poplun, jorgan

comfortless [ˈkʌmfətlis] *adj* bez utjehe, neutješan; nelagodan, neveseo; neudoban, bez udobnosti

comfrey [ˈkʌmfri] *s bot* gavez

comfy [ˈkʌmfi] *adj* (**comfily** *adv*) *coll* → **comfortable** *adj*

comic [ˈkɔmik] *adj* koji se tiče komedije, komičan (~ *opera*); šaljiv, smiješan | ~ **book** knjiga stripova ili karikatura; ~ **paper,** ~ **journal** šaljive novine, humoristički časopis

comic ['kɔmik] *s* komičar (glumac) | *US* **~s** *pl* šaljive novine; strip

comical ['kɔmikl] *adj* (**~ly** *adv*) šaljiv, smiješan, komičan; čudan, neobičan

Cominform ['kɔminfɔːm] *s pol* Kominform

coming ['kʌmiŋ] *s* dolaženje, dolazak | **~ of age** punoljetnost

coming ['kʌmiŋ] *adj* koji dolazi, budući, idući | **a ~ poet** pjesnik koji mnogo obećaje; **~, Sir!** odmah, gospodine!

coming-in ['kʌmiŋ'in] *s* ulazak; nastup, početak

coming-on ['kʌmiŋ'ɔn] *s* primicanje, približavanje

Comintern ['kɔmintəːn] *s pol* Kominterna

comity ['kɔmiti] *s* uljudnost, učtivost; *dipl* sporazumni prijateljski odnosi (*the ~ of nations*)

comma ['kɔmə] *s* zarez, koma | **inverted ~s** *pl* navodni znakovi, navodnici; **~ bacillus** bacil kolere

command [kə'maːnd] *vt/i* **I.** *vt* 1. zapovjediti; raspolagati (čime); zahtijevati, tražiti; iziskivati, nalagati 2. *mil* zapovijedati, voditi (vojsku); vladati, gospodovati, nadzirati, imati u vlasti; dominirati; (*to ~ oneself*) vladati samim sobom, obuzdavati se 3. raspolagati čime 4. (prostorije itd.) imati, pružati (*to ~ a fine view*) 5. dobiti, zaslužiti; postići (cijenu); naći (prođu **II.** *vi* zapovijedati, naređivati, nalagati; vladati | **to ~ in chief** biti glavni zapovjednik; **yours to ~** stojim vam na raspolaganju

command [kə'maːnd] *s* 1. zapovijed, naredba (*at a person's ~, by a person's ~*); *com* nalog, narudžba 2. *fig* vlast (*of, over* nad); raspolaganje (*at a person's ~*); vladanje (*of Croatian* hrvatskim jezikom) 3. *mil & mar* zapovjedništvo; jedinica pod čijim zapovjedništvom | **in ~** na čelu, kao vođa; **to be in ~ of** biti zapovjednik, zapovijedati, komandirati; **to have ~ of** zapovijedati čime; dobro vladati čime; **by ~** po nalogu; **at ~** raspoloživ, po nalogu; po narudžbi; **be at p's ~** stajati na raspolaganju; **second in ~** zamjenik zapovjednika; **~ performance** (kazališna) priredba na traženje glavara države

commandant [ˌkɔmən'dænt] *s mil* zapovjednik (utvrde)

commandantship [ˌkɔmən'dæntʃip] *s mil* zapovjedništvo

commandeer [ˌkɔmən'diə] *vt mil* rekvirirati; *coll* silom oduzeti

commander [kə'maːndə] *s* zapovjednik (jedinice), komandant; kapetan fregate; komtur (viteškog reda)

commander-in-chief [kə'maːndərin'tʃiːf] *s mil* vrhovni zapovjednik, glavnokomandujući

commandership [kə'maːndəʃip] *s* zapovjedništvo; čast komandanta, kapetana fregate

command-in-chief [kə'maːndin'tʃiːf] *s* vrhovno zapovjedništvo

commanding [kə'maːndiŋ] *adj* (**~ly** *adv*) koji zapovijeda, komandujući; zapovjednički; dominantan | **~ point** strateška točka

commandment [kə'maːndmənt] *s* zapovijed, propis, zakon | *eccl* **the ten ~s** Deset zapovijedi Božjih

commando [kə'maːndəu] *s mil* komando, specijalno izvježbana jedinica za vršenje iznenadnih prepada; pripadnik takve jedinice

commemorate [kə'meməreit] *vt* komemorirati; slaviti čiju uspomenu; držati komu pomen; govoriti ili pisati u počast nekog pokojnika; biti spomen komu, biti na uspomenu čemu, služiti kao sjećanje na

commemoration [kəˌmemə'reiʃn] *s* komemoracija; spomen-slava, pomen; *Oxford univ* godišnja proslava u spomen utemeljitelja (*Commemoration Day*)

commemorative [kə'memərətiv] *adj* koji je za uspomenu, u spomen, koji sjeća na, komemorativan

commemorator [kə'meməreitə] *s* onaj koji slavi spomen nekog događaja ili neke umrle osobe

commence [kə'mens] *vt/i* **I.** *vt* početi, započeti **II.** *vi* početi, započeti; postati; *univ* steći naslov (*to ~ M. A.*)

commencement [kə'mensmənt] *s* početak; *univ* svečanost promocije

commend [kə'mend] *vt arch* povjeriti (*to a p* komu); preporučiti (*to ~ one's soul to God*); (po)hvaliti | *arch* **~ me to your father** izruči moj pozdrav svome ocu

commendable [kə'mendəbl] *adj* (**commendably** *adv*) hvalevrijedan, preporučljiv; uzoran

commendation [ˌkɔmen'deiʃən] *s* (po)hvala, preporuka

commendatory [kɔ'mendətəri] *adj* koji preporučuje, hvali; pohvalan

commensal [kɔ'mensl] *adj* koji jede za istim stolom; *biol* parazitski, nametnički

commensal [kɔ'mensl] *s* drug za istim stolom; *biol* nametnik, parazit

commensurability [kəˌmenʃərə'biliti] *s* komenzurabilnost, razmjernost, usporedivost

commensurable [kə'menʃərəbl] *adj* (**commensurably** *adv*) komenzurabilan, usporediv, sumjerljiv (*with, to* sa)

commensurate [kə'menʃərit] *adj* (**~ly** *adv*) razmjeran, primjeren, proporcionalan (*to, with a th*)

comment ['kɔment] *s* primjedba, komentar; razjašnjenje, tumačenje, tumač (*on* o, za) | **No ~!** O tome nemam ništa reći

comment ['kɔment] *vi* komentirati; objašnjavati, tumačiti; dodati komentar (*on* o)

commentary ['kɔməntəri] *s* komentar; tumač (*on* k); *radio* komentar, izvještaj s tumačenjem i primjedbama (*on* o)
commentate ['kɔmənteit] *vi* | ~ **on** komentirati, davati komentar čemu
commentation [ˌkɔmen'teiʃn] *s* komentiranje, objašnjavanje
commentator ['kɔmenteitə] *s* komentator, pisac komentara; *radio* komentator
commerce ['kɔməs] *s* trgovina (*spec* vanjska); promet (robom); *fig* saobraćaj (*with*); (spolno) općenje
commercial [kə'məːʃl] *adj* (~**ly** *adv*) trgovinski; trgovački; poslovni; komercijalni | ~ **traveller** trgovački putnik; ~ **vehicles** teretna vozila
commercial [kə'məːʃl] *s* *fam* trgovački putnik; *spec US radio* reklamna emisija, ekonomska propaganda
commercialese [kə'məːʃə'liːz] *s* trgovački žargon
commercialism [kə'məːʃəlizəm] *s* komercijalizam, trgovački duh
commercialist [kə'məːʃəlist] *s* komercijalist, komercijalac
commercialize [kə'məːʃəlaiz] *vt* komercijalizirati, učiniti predmetom trgovine
commie ['kɔmi] *s coll spec derog* komunist
commination [ˌkɔmi'neiʃn] *s* prijetnja (kaznom); grožnja (božjom osvetom)
comminatory ['kɔminətəri] *adj* prijeteći
commingle [kɔ'miŋgl] *vt/i* **I.** *vt* miješati, smiješati, izmiješati **II.** *vi* (po)miješati se, izmiješati se
comminute ['kɔminjuːt] *vt* smrviti, usitniti; pretvoriti u prah, samljeti
comminution [ˌkɔmi'njuːʃn] *s* mrvljenje, drobljenje u sitne djeliće, usitnjenje; *fig* smanjenje
commiserate [kə'mizəreit] *vt/i* **I.** *vt* sažaljivati, žaliti (koga), izraziti suosjećanje (komu) **II.** *vi* suosjećati s kime, iskazivati suosjećanje (*with a p*)
commiseration [kə'mizə'reiʃn] *s* sažaljenje, samilost (*with* sa)
commiserative [kə'mizərətiv] *adj* (~**ly** *adv*) pun sažaljenja, suosjećajan, samilostan
commissar [ˌkɔmi'saː] *s* (sovjetski narodni) komesar
commissarial [ˌkɔmi'sɛəriəl] *adj* komesarski
commissariat [ˌkɔmi'sɛəriət] *s* opskrbni ured, *mil* intendantura; opskrba živežnim namirnicama; (sovjetski) komesarijat
commissary ['kɔmisəri] *s* komesar, povjerenik; *mil* intendant; *eccl* zastupnik biskupa
commission [kə'miʃn] *s* 1. odredba, naredba 2. ovlast, punomoć 3. dekret, (oficirski) patent, dozvola, pravo (na neku službu) 4. *com* nalog, narudžba; povjerba; komisija, (komisiona) provizija, providba 5. povjerenstvo; (istražni) odbor, komisija 6. izvršenje, počinjenje (zločina) 7. punomoć 8. *mar* spremnost za plovidbu | **in** ~ spreman za plovidbu (ratni brod); **to put in** ~ staviti (brod) u promet; *mar* **out of** ~ u rezervi; *fig* izvan upotrebe, nije na raspolaganju; **to put out of** ~ staviti (brod) izvan službe; **to discharge a** ~ izvršiti nalog; *com* ~ **sale** komisiona prodaja
commission [kə'miʃn] *vt* 1. opunomoćiti, ovlastiti; odrediti, naložiti 2. *mar* (brod) staviti u promet, pripremiti za službu; odrediti na dužnost (časnika); povjeriti (oficiru) zapovjedništvo nad brodom 3. naručiti (umjetničko djelo, radove itd.)
commission-agent [kə'miʃnˌeidʒənt] *s com* komisionar, agent koji se bavi povjerbenim poslom; posrednik
commissionaire [kəˌmiʃə'nɛə] *s Fr* (javni) službenik, uniformirani vratar (u kinu, kazalištu, hotelu)
commissioned [kə'miʃənd] *adj* opunomoćen, ovlašten; *mar* (brod) stavljen u promet | ~ **officer** (patentom imenovani) oficir, časnik
commissioner [kə'miʃənə] *s* komesar, povjerenik; član komisije | ~**s** *pl* nadzorna vlast (~*s of works*); **High Commissioner** visoki predstavnik (neke države u drugoj zemlji)
commit [kə'mit] *vt* 1. predati (*to*); povjeriti (*a th to a p* komu što) 2. obavezati (koga); *to* ~ *oneself* obavezati se (*to* na; *to do; to doing* što učiniti); obavezati se 3. kompromitirati; *to* ~ *oneself* kompromitirati se; obavezati se (*to* na, da) 4. (što) počiniti, izvršiti | **to** ~ **to memory** upamtiti; **to** ~ **a p to prison** poslati ili staviti u zatvor, zatvoriti; **to** ~ **for trial** predati sudu (na preslušanje); **to** ~ **to paper** napisati, povjeriti papiru, staviti na papir; **to** ~ **suicide** počiniti samoubojstvo; **to** ~ **a body to the ground** predati tijelo zemlji, pokopati
commitment [kə'mitmənt] *s* 1. isporuka; *fig* predaja, povjerba (*to*); zatočenje, utamničenje, zatvor 2. obaveza 3. usvajanje; pristajanje (uz naučnu hipotezu itd.)
committable [kə'mitəbl] *adj* koji se lako može počiniti, izvršiti
committal [kə'mitl] *s* 1. predaja, uručenje (*to*); utamničenje, zatočenje, zatvor 2. izvršenje (*of a crime*) | ~ **order** nalog za hapšenje
committee [kə'miti] *s* komitet; odbor; povjerenstvo; komisija (*to be on the* ~ biti član komisije) | *parl* **to go into** ~ prijeći na pojedinačna savjetovanja; **to refer to a** ~ predati odboru; ~ **man (woman)** odbornik (odbornica)
commode [kə'məud] *s* komoda; (i *night* ~) sobni zahod
commodious [kə'məudiəs] *adj* (~**ly** *adv*) udoban, prostran

commodity [kə'mɔditi] *s* (trgovačka, potrošna) roba (većinom *pl*), artikl | ~ **value** robna vrijednost

commodore ['kɔmədɔː] *s* 1. *mar* & *aero* komodor (viši oficir) 2. predsjednik jedriličarskog kluba 3. *mar* viši kapetan brodske linije

common ['kɔmən] *adj* 1. zajednički 2. javni; opći, sveopći; općinski (~ *council*, ~ *land*); gradski, građanski 3. običan, običajan, svagdanji; prost (~ *soldier; the* ~ *people*); neplemenit, prostački, vulgaran | *gram* ~ **gender** zajednički rod (muški i ženski); ~ **knowledge** općepoznata stvar ili činjenica; ~ **law** običajno pravo; ~ **woman** bludnica; ~ **school** pučka škola; ~ **noun** opća imenica; ~ **salt** kuhinjska sol; ~ **sense** zdrav razum; ~ **weal** opće dobro; **Common Council** gradska skupština; **Book of Common Prayer** anglikanski molitvenik

common ['kɔmən] *s* 1. općinska zemlja, općinski pašnjak 2. općenito, zajedničko | **out of the** ~ neobičan; iznad prosjeka; **in** ~ zajednički (*with* sa); *fig* **in** ~ **with** jednako kao (*in* ~ *with all other people* kao i svi ostali ljudi); **right of** ~ pravo iskorištavanja zemljišta

commonable ['kɔmənəbl] *adj* koji se može pripustiti na općinski pašnjak (~ *cattle*); koji se može držati kao zajednički posjed (~ *land*)

commonage ['kɔmənidʒ] *s* 1. pravo zajedničkog uživanja; općinsko zemljište 2. pučani (narod bez plemstva)

commonalty ['kɔmənəlti] *s* prosti narod, puk, pučani

commoner ['kɔmənə] *s* pučanin, građanin, prost čovjek, neplemić; *parl* član Donjeg doma; student koji plaća za svoju opskrbu u koledžu | *parl* **First Commoner** predsjednik Donjeg doma

common-law wife ['kɔmənlɔː'waif] nevjenčana žena, priležnica

commonly ['kɔmənli] *adv* obično, većinom; prosto, jeftino

commonplace ['kɔmənpleis] *s* svakidašnji izraz, otrcana fraza; otrcanost, svakidašnjost, svakidašnja stvar

commonplace ['kɔmənpleis] *adj* običan, svakidašnji, otrcan

common-room ['kɔmənrum] *s* zbornica

commons ['kɔmənz] *s pl* građani, pučani; zajednička hrana | *parl* **House of Commons** Donji dom (britanskog parlamenta); **be on short** ~ slabo (nedovoljno) se hraniti

commonwealth ['kɔmənwelθ] *s pol* zajednica (nezavisnih zemalja); država, narod, republika; *arch* javna dobrobit, opće dobro | **the (British) Commonwealth** Britanska zajednica naroda; **the Commonwealth of Australia** Australska zajednica

commotion [kə'məuʃn] *s* komešanje, konfuzija (*in* ~); uzrujanost, duševni nemir; *fig* buna, gungula, metež | **to make a** ~ uskomešati, izazvati nemir

communal ['kɔmjunl] *adj* (~**ly** *adv*) općinski, komunalni, lokalni; zajednički; javni

communalism ['kɔmjunəlizm] *s* nauka o mjesnoj samoupravi

communalist ['kɔmjunəlist] *s* pristaša mjesne samouprave

communalize [kə'mjuːnəlaiz] *vt* komunalizirati, staviti pod mjesnu samoupravu

commune ['kɔmjuːn] *s* komuna; teritorijalna jedinica uprave, (neengleska) općina | **the Commune (of Paris)** Pariška komuna (1871)

commune [kə'mjun] *vi* općiti (*with, together*); *US eccl* pričestiti se

communicable [kə'mjuːnikəbl] *adj* (**communicably** *adv*) koji se može saopćiti, ispripovjediti; prenosiv (*disease*); povjerljiv, koji voli saopćavati što komu

communicant [kə'mjuːnikənt] *s eccl* (redovit) pričesnik

communicate [kə'mjuːnikəit] *vt/i* **I.** *vt* saopćiti, priopćiti, javiti (*a th to a p* komu što); (bolest) prenijeti (*to* na); *eccl* pričestiti **II.** *vi* biti u vezi (*with* sa); staviti se u vezu, općiti, saobraćati; sporazumijevati se (*by* pomoću); *eccl* pričestiti se

communication [kəˌmjuːni'keiʃn] *s* 1. saopćenje, saopćavanje, priopćavanje, komunikacija; obavijest (*to*); vijest; sporazumijevanje 2. (prometna) veza, promet, saobraćaj, komunikacija; prolaz, prometnica, saobraćajnica, prometni put; *mil* veza (*line of* ~) | ~ **channel** priopćajni kanal (kod obavijesne teorije); *rly* ~ **cord** kočnica za opasnost; **mass** ~ **media** sredstva javnog obavještavanja

communicative [kə'mjuːnikətiv] *adj* (~**ly** *adv*) razgovorljiv; povjerljiv, komunikativan

communicator [kə'mjuːnikeitə] *s* 1. dojavljivač, komunikator 2. telegrafski odašiljač 3. *rly* kočnica za pogibelj

communion [kə'mjuːnjən] *s* zajedništvo, veza; saobraćaj, općenje, druženje | **to hold** ~ **with** družiti se s kim; ~ **with oneself** vraćanje u se, ispitivanje samoga sebe; **(Holy) Communion** (sveta) pričest

communiqué [kə'mjuːnikei] *s Fr* službeno saopćenje, obavijest, komunikej

communism ['kɔmjunizəm] *s* komunizam

communist ['kɔmjunist] *s* komunist

communist ['kɔmjunist] *adj* komunistički

communistic [ˌkɔmju'nistik] *adj* komunistički

community [kə'mjuːniti] *s* 1. zajedništvo (*of interests*); zajednički posjed 2. zajednica, društvo; općina; (*the* ~) država | ~ **centre** društveni dom; *US* ~ **chest** dobrotvorni fond za pomaganje nastradalima; ~ **of goods** zajednica dobara; ~ **ownership** javno ili narodno vlasništvo; ~ **service** služba zajednici; ~ **spirit** osjećaj za zajednicu; ~ **work** zajednički rad; ~ **of interest** interesna zajednica; ~ **singing** društveno pjevanje

communize ['kɔmjunaiz] *vt* učiniti (što) zajedničkim vlasništvom

commutability [kəˌmjuːtə'biliti] *s* zamjenljivost, pretvorivost

commutable [kə'mjuːtəbl] *adj* zamjenljiv, pretvoriv (npr. kazna u novčanu globu)

commutation [ˌkɔmju'teiʃn] *s* zamjena, izmjena (*for* za), promjena (*into* u); *el* komutacija; preključivanje, izmjenjivanje; *jur* smanjenje kazne (*to* na) | *US rly* ~ **ticket** mjesečna karta

commutative [kə'mjuːtətiv] *adj* (~**ly** *adv*) zamjenljiv; uzajamni

commutator ['kɔmjuteitə] *el* komutator, ispravljač

commute [kə'mjuːt] *vt* mijenjati, zamijeniti; izmijeniti (*for, into*); (obavezu i dr.) pretvoriti (*into* u); *jur* (kaznu) ublažiti, smanjiti (*to*); *el* komutirati, izmijeniti (smjer struje); promijeniti u istosmjernu struju; svakodnevno putovati na posao

commuter [kə'mjuːtə] *s* svakodnevni putnik, čovjek koji svakodnevno putuje na posao, posjednik mjesečne karte

comose ['kəuməus] *adj bot* dlakav, pahuljast

compact[1] ['kɔmpækt] *s* ugovor, sporazum, pakt

compact [kəm'pækt] *adj* (~**ly** *adv*) zbijen, sažet; gust, stisnut; čvrst, kompaktan; jezgrovit, jedar

compact[2] ['kɔmpækt] *s* puderijera, doza za puder

compact [kəm'pækt] *vt* zbiti, sažeti; sastaviti, svezati

compactness [kəm'pæktnis] *s* gustoća; čvrstoća; zbijenost; kompaktnost; sažetost

companion[1] [kəm'pænjən] *s* 1. pratilac, pratilica (& *fig*); drug, drugarica; suputnik; *com* ortak 2. pripadnik nižeg viteškog reda (*Companion of the Bath*) 3. pristajući dio, pandan 4. priručnik | ~ **in arms** drug po oružju

companion[2] [kəm'pænjən] *s mar* slaz, siz, stepenice koje vode u donje stambene prostorije broda | ~ **hatch** pokrov slaza

companion [kəm'pænjən] *vt/i* **I.** *vt* pratiti **II.** *vi* općiti, družiti se (*with*)

companionable [kəm'pænjənəbl] *adj* (**companionably** *adv*) druževan, društven

companionate [kəm'pænjənit] *adj* | *US* ~ **marriage** drugarski brak, razrješiv bez ikakvih obaveza u slučaju da nema djece

companionship [kəm'pænjənʃip] *s* 1. pratnja, društvo; drugarstvo 2. čast viteza nižeg reda

companion-way [kəm'pænjənwei] *s mar* slaz (stepenice koje vode u donje stambene prostorije broda)

company ['kʌmpəni] *s* 1. društvo, pratnja (*in* ~ *with* u društvu sa, zajedno); gosti 2. poznanstvo, općenje 3. društveni život, društvenost 4. mnoštvo 5. ceh 6. *theat* družina, trupa 7. *com* trgovačko društvo, kompanija; ortakluk 8. *mil* četa, satnija; *mar* posada, momčad | **good (bad)** ~ dobro (loše) društvo; **to bear a p** ~, **to keep a p** ~ praviti komu društvo; **to have** ~ imati goste; **to keep** ~ družiti se, općiti, imati odnos (*with* sa); **to part** ~ rastati se (*with* od); **I err in good** ~ i bolji su od mene u tome pogriješili; *mar* **ship's** ~ momčad, posada broda; *com* **joint-stock** ~ dioničko društvo; **he is good (poor)** ~ on je zgodan (dosadan) u društvu

company ['kʌmpəni] *vi* družiti se, općiti (*with* sa)

comparability [ˌkɔmpərə'biliti] *s* uporedivost

comparable ['kɔmpərəbl] *adj* (**comparably** *adv*) uporediv (*to, with* sa)

comparative [kəm'pærətiv] *adj* (~**ly** *adv*) uporedan, poredben, komparativan (~ *philology*); uvjetovan; razmjeran; priličan | *gram* ~ **degree** komparativ

comparative [kəm'pærətiv] *s gram* komparativ

compare [kəm'pɛə] *vt/i* **I.** *vt* (u)porediti (*to, with* sa); sravniti, izjednačiti (*to* sa); *gram* komparirati, stupnjevati **II.** *vi* (moći se) upoređivati; izjednačiti se; takmičiti se | ~**d with** u poredbi sa; *fig* **to** ~ **notes** izmjenjivati mišljenja

compare [kəm'pɛə] *s poet* | **beyond** ~, **past** ~, **without** ~ neuporediv, bez premca

comparison [kəm'pærisn] *s* poredba, poređivanje; prispodoba, sličnost, uporedivost; *gram* stupnjevanje, komparacija | **in** ~ **with** u poredbi sa; **beyond all** ~ neuporediv; **it cannot bear (stand)** ~ **with** ne može se uopće usporediti sa

compart [kəm'paːt] *vt* razdijeliti, odijeliti; rastaviti

compartment [kəm'paːtmənt] *s* odio, odjeljak, odjeljenje, razdjeljak; pregradak, pretinac; odijeljen prostor; *rly* kupe; *mar* pregradak koji ne propušta vodu (u brodu) | *fig* **to live in watertight** ~**s** živjeti odijeljeno, izolirano od svijeta

compartmentalize [ˌkɔmpaːt'mentəlaiz] *vt* dijeliti na odjele, razvrstavati u kategorije

compass ['kʌmpəs] *s* 1. (o)krug, opseg; protezanje 2. stranputica, zaobilazni put (*to fetch a* ~ poći zaobilaznim putem) 3. *fig* okružje, područje, doseg; granice (*within* ~ u granicama) 4. *mus* opseg (glasa) 5. *phys* kompas, busola | ~**es** *pl* (*a pair of* ~*es*) šestar, šestilo; *fig* **it is**

beyond my ~ to prelazi moje sile; **to keep within** ~ držati se granica, umjeriti se, obuzdati se

compass ['kʌmpəs] *vt* 1. okružiti, obuhvatiti; opkoliti, opasati; (za)obići, zaobilaziti 2. postići (svrhu), izvršiti; polučiti (cilj); snovati (spletku)

compassion [kəm'pæʃn] *s* samilost, sažaljenje, smilovanje (*for, with*) | **to have** ~ **upon, to take** ~ **on** sažaljevati koga, osjećati samilost prema kome, smilovati se komu, sažaliti se nad kim

compassionate [kəm'pæʃənit] *adj* (~**ly** *adv*) samilostan, sućutan, sažalni, milosrdan

compassionate [kəm'pæʃəneit] *vt* žaliti, sažaljevati, osjećati sućut (prema)

compass-saw ['kʌmpəssɔː] *s* pila za drvorez

compatibility [kəm,pætə'biliti] *s* kompatibilnost, sklad, dopustivost, spojivost (*with* sa); snošljivost (~ *of temper*)

compatible [kəm'pætəbl] *adj* (**compatibly** *adv*) kompatibilan; skladan, spojiv (*with* sa); dopustiv, snošljiv, primjeren

compatriot [kəm'pætriət] *s* zemljak(inja)

compatriotic [kəm,pætri'ɔtik] *adj* zemljački, koji se tiče zemljaka

compeer [kɔm'piə] *s* osoba ravna po položaju ili sposobnosti; drug | **to have no** ~ nemati sebi ravna

compel [kəm'pel] *vt* prinuditi, (pri)siliti, natjerati, primorati (*to a th; to do*); podvrći (*to a p's will* čijoj volji); silom postići, iznuditi što (*from*); izazvati (divljenje itd.)

compellable [kəm'peləbl] *adj* koji se može (mora) prisiliti (*to do*)

compend ['kɔmpend] *s* → **compendium**

compendious [kəm'pendiəs] *adj* (~**ly** *adv*) kratak, zbijen, sažet

compendiousness [kəm'pendiəsnis] *s* kratkoća, sažetost

compendium [kəm'pendiəm] *s Lat* kratak sadržaj, sažetak; izvadak, izvod; sažet prikaz, kompendij

compensate ['kɔmpenseit] *vt/i* **I.** *vt* 1. (koga) odštetiti (*for* za; *with* sa; *by* čime); (što) nadoknaditi, nadomjestiti (*to a p* komu); izravnati 2. *tech* izjednačiti, kompenzirati **II.** *vi* | **to** ~ **for** dati naknadu za; biti zamjena za; izravnati što

compensation [,kɔmpen'seiʃn] *s* 1. naknada, nadoknada (štete); odšteta 2. *tech* kompenzacija, izravnanje | **in** ~, **by way of** ~ kao naknadu

compensational [,kɔmpen'seiʃənl] *adj* kompenzacijski

compensative ['kɔmpenseitiv] *adj* kompenzacijski, koji nadoknađuje, odštećuje, kompenzira

compensator ['kɔmpenseitə] *s* onaj koji izjednačuje, nadoknađuje, odštećuje, kompenzira; *tech* kompenzator

compensatory ['kɔmpenseitəri] *adj* (**compensatorily** *adv*) koji nadoknađuje, odštećuje; kompenzacijski

compete [kəm'piːt] *vi* natjecati se; takmičiti se (*for a th* za što; *in doing*); *com* konkurirati, natjecati se, takmičiti se (*for* za; *with* sa) | ~ **with a p** konkurirati komu

competence ['kɔmpitəns] *s* 1. sposobnost (*for a th; to do*), osposobljenje 2. *jur* nadležnost, mjerodavnost, djelokrug, kompetencija 3. dovoljan prihod za život

competency ['kɔmpitənsi] *s* → **competence**

competent ['kɔmpitənt] *adj* (~**ly** *adv*) dostatan, dovoljan; vrstan, sposoban, upućen; *jur* nadležan, ovlašten, kompetentan (*to do*); dozvoljen (*for a p to do*)

competition [,kɔmpi'tiʃn] *s* natjecanje, takmičenje, rivalstvo (*for* za; *with* sa); konkurencija; natječaj | **to enter a** ~ pristupiti, sudjelovati u takmičenju, natjecati se (*for* za); *com* **unfair** ~ nelojalna konkurencija; **be in** ~ natjecati se, takmičiti se; **rifle** ~ natjecanje u gađanju

competitive [kəm'petitiv] *adj* (~**ly** *adv*) natječajni; koji se natječe | ~ **prices** konkurentne cijene, niske cijene

competitor [kəm'petitə] *s* natjecatelj, takmac (*for* za), takmičar; suparnik; *com* konkurent

competitory [kəm'petitəri] *adj* suparnički, konkurentski

compilation [,kɔmpi'leiʃn] *s* kompilacija; pabirčenje

compilatory [kəm'pailətəri] *adj* kompilatorski

compile [kəm'pail] *vt* kompilirati, sastaviti, povaditi (iz tuđih djela), napabirčiti

compiler [kəm'pailə] *s* kompilator, sastavljač, sabirač

complacence [kəm'pleisns] *s* samodopadnost, samozadovoljstvo; tiho zadovoljstvo, uživanje

complacency [kəm'pleisnsi] *s* → **complacence**

complacent [kəm'pleisnt] *adj* (~**ly** *adv*) samodopadan, samozadovoljan, zadovoljan sam sa sobom (*about* zbog)

complain [kəm'plein] *vi* tužiti se, žaliti se, gunđati (*about, of* na); potužiti se (*about, of* na; *to* komu); *com* reklamirati

complainant [kəm'pleinənt] *s jur* tužitelj, tužiteljica

complainer [kəm'pleinə] *s* onaj koji se tuži, žali, koji gunđa, prigovara

complaint [kəm'pleint] *s* 1. žalba, prigovor, pritužba (*about*); *jur* tužba (*against*), žalba 2. (kronična) bolest, oboljenje | ~ **book** knjiga žalba; **childish** ~**s** dječje bolesti

complaisance [kəm'pleizəns] *s* uslužnost, ljubaznost, susretljivost; popustljivost

complaisant [kəm'pleizənt] *adj* (~**ly** *adv*) uslužan, susretljiv; popustljiv

complement [ˈkɔmplimənt] *s* dopuna; *math* dopunjak, komplement; upotpunjenje; potpunost, potpuni broj
complement [ˈkɔmpliment] *vt* (na)dopuniti, učiniti potpunim, biti dopuna
complemental [ˌkɔmpliˈmentl] *adj* (~**ly** *adv*) koji dopunjuje, dopunski, komplementaran | **to be** ~ **to** upotpuniti što, dopunjivati
complementary [ˌkɔmpliˈmentəri] *adj* dopunski, koji dopunjuje, komplementaran | **to be** ~ **to** upotpunjivati (se); ~ **colours** komplementarne boje
complete [kəmˈpliːt] *adj* (~**ly** *adv*) potpun, čitav; gotov, dovršen; sveukupan, totalan; kompletan; *fig* savršen
complete [kəmˈpliːt] *vt* dopuniti; dovršiti, ispuniti, izvršiti, svršiti; obaviti; zaključiti (ugovor)
completeness [kəmˈpliːtnis] *s* potpunost; savršenost
completer [kəmˈpliːtə] *s US fam* bibliofil (koji želi imati komplete stanovitih knjiga)
completion [kəmˈpliːʃən] *s* dopuna; dogotovljenje; izvršenje, dovršenje, ispunjenje, svršavanje; zaključak (ugovora); svršetak, kraj | **to bring to a** ~ završiti, zaključiti, dovršiti
completive [kəmˈpliːtiv] *adj* dopunjujući, koji dovršava, upotpunjuje
completory [kəmˈpliːtəri] *adj* → **completive**
complex [ˈkɔmpleks] *s* (sažeta) cjelina, cjelokupnost, ukupnost, skup, kompleks; *psych* kompleks | **inferiority** ~ kompleks manje vrijednosti
complex [ˈkɔmpleks] *adj* (~**ly** *adv*) složen, sastavljen (~ *sentence*); kompliciran, zamršen; kompleksan
complexion [kəmˈplekʃən] *s* put, boja lica, ten; *fig* izgled; narav, ćud, karakter
complexioned [kəmˈplekʃənd] *adj* | **well** ~ lijepog tena; dobre ćudi
complexity [kəmˈpleksiti] *s* sastavljenost, složenost, zapletenost, zamršenost, kompleksnost
compliance [kəmˈplaiəns] *s* pristajanje, udovoljavanje; popustljivost; uslužnost; pokoravanje (*with* čemu); povodljivost | **in** ~ **with** prema, po, u skladu sa; **in** ~ **with your request** u smislu vaše zamolbe
compliant [kəmˈplaiənt] *adj* (~**ly** *adv*) voljan, popustljiv (*with a p's wish*), spreman da se pokori
complicacy [ˈkɔmplikəsi] *s* složenost; zamršenost, kompliciranost
complicate [ˈkɔmplikit] *adj* zamršen, kompliciran
complicate [ˈkɔmplikeit] *vt* komplicirati; zamrsiti, zaplesti; otežati
complicated [ˈkɔmplikeitid] *adj* kompliciran, zamršen, zapleten
complication [ˌkɔmpliˈkeiʃn] *s* zaplet, zamršenost, zamršenje, komplikacija, kompliciranost, kompliciranje
complicative [ˈkɔmplikətiv] *adj* koji komplicira, zamršuje
complicity [kəmˈplisiti] *s* sukrivnja, suučesništvo, saučesništvo, ortaštvo, ortakluk
compliment [ˈkɔmplimənt] *s* čestitanje; kompliment, izraz učtivosti; laskanje; poštovanje | ~**s** *pl* pozdravi; **to pay a** ~, **to make a** ~ učiniti kompliment; polaskati; **to pay one's** ~**s, to make one's** ~**s, to send one's** ~**s** pozdraviti koga, izraziti komu poštovanje; **with the** ~**s of the season** s najljepšim željama (prilikom (ovog) blagdana!; **left-handed** ~ sumnjiv kompliment, ironično laskanje
compliment [ˈkɔmpliment] *vt* pohvaliti, polaskati, učiniti (komu) kompliment, polaskati; čestitati (*on* na); počastiti (*with* čime)
complimentary [ˌkɔmpliˈmentəri] *adj* laskav, pohvalan; uljudan; počasni, u čast (~ *dinner*); poklonjen, besplatan (~ *copy*)
comply [kəmˈplai] *vi* popustiti, privoljeti; (*to* ~ *with*) udovoljiti, udovoljavati čemu, ispuniti (želju, uvjet); držati se čega; podvrći se, pokoravati se čemu, ravnati se po, postupati prema (*to* ~ *with the rules*); odgovarati (*with* čemu)
compo [ˈkɔmpəu] *s* štuk, (sadrena) žbuka (s ljepilom)
component [kəmˈpəunənt] *adj* sastavni (~ *part*)
component [kəmˈpəunənt] *s* sastavni dio, komponenta
comport [kəmˈpɔːt] *vt/i* **I.** *vt to* ~ *oneself* vladati se, držati se, ponašati se **II.** *vi* (*with*) slagati se sa, pristajati uz
comportment [kəmˈpɔːtmənt] *s* vladanje, držanje, ponašanje
compose [kəmˈpəuz] *vt* 1. sastaviti; tvoriti; sačinjavati, (*to be* ~*ed of* sastojati se od) 2. pisati, napisati; spjevati; *mus* skladati, komponirati 3. *print* slagati 4. urediti, srediti; složiti 5. umiriti; staložiti | **to** ~ **oneself** sabrati se, smiriti se
composed [kəmˈpəuzd] *adj* (~**ly** [kəmˈpəuzidli] *adv*) sastavljen, sačinjen; napisan, komponiran; složen; miran, smiren, staložen, sabran
composer [kəmˈpəuzə] *s* sastavljač; *mus* skladatelj, kompozitor; pjesnik
composing [kəmˈpəuziŋ] *s* sastavljanje; *mus* skladanje, komponiranje; *print* slaganje
composing-frame [kəmˈpəuziŋfreim] *s print* okvir za slaganje, škvadra
composing-machine [kəmˈpəuziŋməˌʃiːn] *s print* slagaći stroj
composite [ˈkɔmpəzit] *adj* (~**ly** *adv*) sastavljen, složen; mješovit
composite [ˈkɔmpəzit] *s* sastavljena cjelina, sklop; sastav(ina); *bot* glavočika

composition [ˌkɔmpəˈziʃn] *s* 1. sastavljanje, slaganje; spajanje, sinteza; uređenje, poredak, raspoređivanje 2. *print* slog 3. *chem* smjesa; sastavina, mješavina, sastav(ak) 4. *fig* sastav; sklop; ćud, narav, priroda 5. *paint* kompozicija 6. sastavak, pismena radnja, zadaća, djelo; *mus* skladba, kompozicija 7. nagodba, kompromis; *com* poravnanje, nagodba (s dužnicima); naknada, nagodbeni iznos | ~ **book** vježbanka; **she has a touch of madness in her** ~ ona je sumanuta

compositive [kəmˈpɔzitiv] *adj* koji sastavlja, spaja, veže

compositor [kəmˈpɔzitə] *s print* slagar

compost [ˈkɔmpɔst] *s hort* kompost

compost [ˈkɔmpɔst] *vi* gnojiti, đubriti; preraditi u gnoj

composure [kəmˈpəuʒə] *s* mir, spokojnost, smirenost, sabranost

compotation [ˌkɔmpəˈteiʃən] *s* pijančevanje, pijanka

compotator [ˈkɔmpəteitə] *s* pijanica, onaj koji pijančuje (u društvu)

compote [ˈkɔmpəut] *s* kompot

compound [kəmˈpaund] *vt/i* **I.** *vt* 1. sastaviti, složiti; smiješati, pomiješati 2. obaviti; poravnati, namiriti (dug); isplatiti (svotu), položiti (iznos) 3. izgladiti (spor) 4. povećati, pogoršati (uvredu) **II.** *vi* složiti se, nagoditi se (*with* sa; *for, on* o)

compound [ˈkɔmpaund] *adj* složen, sastavljen; kompliciran; *tech* spojni | ~ **interest** kamate na kamate; ~ **steam engine** spojni parni stroj, kompaund stroj; ~ **fracture** kompliciran prijelom

compound[1] [ˈkɔmpaund] *s* mješavina, smjesa, spoj, sastav, sastavljena stvar; *gram* složenica (i ~ *word*)

compound[2] [ˈkɔmpaund] *s Anglo-Ind* ograđen prostor sa zgradama; skupina kuća; (u Indiji ili Kini) trgovačko središte; (zarobljenički) logor

compoundable [kəmˈpaundəbl] *adj* koji se može sastaviti, složiti, pomiješati itd.

comprehend [ˌkɔmpriˈhend] *vt* obuhvatiti, obuhvaćati, sadržavati, uključi(va)ti; razumjeti, shvatiti

comprehensibility [ˈkɔmpriˌhensəˈbiliti] *s* shvatljivost, razumljivost

comprehensible [ˌkɔmpriˈhensəbl] *adj* (**comprehensibly** *adv*) razumljiv, shvatljiv (*to*)

comprehension [ˌkɔmpriˈhenʃən] *s* 1. moć shvaćanja, shvatljivost 2. *fig* obuhvaćanje; snaga obuhvaćanja; opseg 3. razum, shvaćanje, razumijevanje (*of* za), uviđanje | **act of** ~ parlamentarna odluka za sve stranke

comprehensive [ˌkɔmpriˈhensiv] *adj* (~**ly** *adv*) opsežan, obuhvatan, koji mnogo toga obuhvaća, razumljiv, shvatljiv | ~ **faculty** moć shvaćanja; ~ **school** opća srednja škola

comprehensiveness [ˌkɔmpriˈhensivnis] *s* opsežnost

compress [kəmˈpres] *vt* stisnuti, zbiti, zgušćivati (*into* u); *fig* sažeti

compress [ˈkɔmpres] *s med* ovoj, oblog, kompresa

compressed [kəmˈprest] *adj* stisnut (~ *lips*); komprimiran (~ *air*); sažet (~ *style*)

compressibility [kəmˌpresiˈbiliti] *s* sposobnost zgušnjavanja, stiskanja, zbijanja

compressible [kəmˈpresəbl] *adj* koji se može stisnuti, zgusnuti, zbiti, sažeti

compression [kəmˈpreʃn] *s* stiskanje, zbijanje; zgušćivanje, stisak; *tech* pritisak; *fig* sažimanje

compressive [kəmˈpresiv] *adj* koji stiska, zbija, sažima

compressor [kəmˈpresə] *s tech* kompresor

comprisable [kəmˈpraizəbl] *adj* koji se može obuhvatiti, uključiti, zbiti

comprise [kəmˈpraiz] *vt* obuhvatiti, uključiti; sastojati se od, sadržati; zbiti

compromise [ˈkɔmprəmaiz] *s* kompromis, nagodba, poravnanje, sporazum

compromise [ˈkɔmprəmaiz] *vt/i* **I.** *vt* 1. izgladiti (spor) 2. ugroziti; osramotiti, kompromitirati **II.** *vi* nagoditi se, sporazumjeti se (*on* o); izići u susret

compromiser [ˈkɔmprəmaizə] *s* nagađač, onaj koji je pripravan na kompromis, čovjek kompromisa

comptometer [kɔmpˈtɔmitə] *s* računski stroj

comptroller [kənˈtrəulə] *s* → **controller**

compulsion [kəmˈpʌlʃən] *s* prisila, prinuda, prisiljavanje, siljenje, pritisak | **under** ~, **upon** ~ pod prinudom

compulsive [kəmˈpʌlsiv] *adj* (~**ly** *adv*) prisilan, prinudan; koji ne može a da ne

compulsory [kəmˈpʌlsəri] *adj* (**compulsorily** *adv*) prinudan, prisilan; obvezatan, obavezan; obligatan | ~ **education** opća školska obaveza; ~ **military service** opća vojna obaveza

compunction [kəmˈpʌŋkʃən] *s* 1. grižnja savjesti (*without* ~), kajanje 2. premišljanje (*without* ~)

compunctious [kəmˈpʌŋkʃəs] *adj* (~**ly** *adv*) skrušen, koji se kaje; koga peče savjest, pokajnički

computable [kəmˈpjuːtəbl] *adj* (**computably** *adv*) izračunljiv, izbrojiv

computation [ˌkɔmpjuˈteiʃn] *s* računanje, izračunavanje; (ob)račun; proračun

compute [kəmˈpjuːt] *vt* računati; proračunati, izračunati; procijeniti (*at* na; *that*)

computer [kəmˈpjuːtə] *s tech* računalo, kompjuter | **digital** ~ digitalno računalo; **electronic** ~ elektroničko računalo

computerize [kəmˈpjutəraiz] *vt* kompjuterski izračunati; uvesti kompjutorsku obradu

comrade [ˈkɔmrid] *s* drug, drugar

comradely [ˈkɔmridli] *adj* drugarski

comradeship ['kɔmridʃip] *s* drugarstvo
con [kɔn] *adv* | **pro and** ~ za i protiv
con [kɔn] *s* | **the pros and** ~**s** razlozi za i protiv
con[1] [kɔn] *vt* (*over*) pomno pročitati, proučiti; učiti napamet
con[2] [kɔn] *vt* *mar* upravljati (brodom), usmjeriti (brod) | ~**ning tower** zapovjednički most (ratnog broda); toranj (podmornice)
con [kɔn] *abbr* (*confidence*) *sl* | ~ **man** varalica
con[3] [kɔn] *vt* *coll* prevariti, nasamariti
conacre ['kɔneikə] *s* *Ir* davanje u podnajam manjih obrađenih površina zemlje za jednu sezonu
concatenate [kɔn'kætineit] *vt* *fig* povezati, spojiti
concatenation [kɔnˌkæti'neiʃn] *s* *fig* spajanje, vezanje, povezivanje, lančanje (*the* ~ *of events*)
concave [ˌkɔn'keiv] *adj* (~**ly** *adv*) konkavan, udubljen, uleknut
concavity [kɔn'kæviti] *s* šupljina, udubljenost, udubljenje, uleknuće; konkavnost
conceal [kən'siːl] *vt* (pri)kriti, sakriti (*from* od); (što) tajiti (*from a p* od koga) | **to** ~ **oneself** sakriti se; (*mot*) ~**ed turning** nepregledan zavoj
concealment [kən'siːlmənt] *s* 1. sakrivanje; zatajivanje 2. skrovitost; skrovište | **be in** ~ (sa)kriti se
concede [kən'siːd] *vt* priznati, dopuštati (*a th; that*); odobriti, ustupiti (*a th to a p*); koncedirati
concededly [kən'siːdidli] *adv* po priznanju
conceit [kən'siːt] *s* 1. misao, zamisao, pomisao; dosjetka 2. taština, samoljublje, utvaranje; duhovita misao | *fig* **in my own** ~ po mome sudu; **out of** ~ nezadovoljan (*with* sa)
conceited [kən'siːtid] *adj* (~**ly** *adv*) uobražen, umišljen, tašt, sujetan (*about, of* na)
conceitedness [kən'siːtidnis] *s* taština, umišljenost, sujeta
conceivability [kənˌsiːvə'biliti] *s* zamišljenost, shvatljivost
conceivable [kən'siːvəbl] *adj* (**conceivably** *adv*) zamišljiv; shvatljiv, pojmljiv, razumljiv; moguć
conceive [kən'siːv] *vt/i* **I.** *vt* 1. začeti (plod, dijete) 2. razumjeti, shvatiti (*of* što); pojmiti; izmisliti, zamisliti; stvoriti; misliti, držati (*that*), zamisliti (*a th* što; *a p doing*); izraziti **II.** *vi* zatrudnjeti, zanijeti | **I cannot** ~ **of ...** ne mogu zamisliti ... ; ~**d in** izražen u
concentrate ['kɔnsentreit] *vt/i* **I.** *vt* okupiti, sakupiti; usredotočiti, koncentrirati; *fig* (misli) upraviti, koncentrirati (*on* na); *chem* zgusnuti, zasititi, koncentrirati **II.** *vi* okupiti se, sakupiti se; usredotočiti se; *fig* sabrati se, koncentrirati se (*on* na)
concentrate ['kɔnsəntreit] *s* stočna hrana; koncentrat
concentration [ˌkɔnsən'treiʃn] *s* skupljanje, okupljanje, koncentracija; *fig* sabranost; *chem* koncentracija, zgušćivanje, zasićivanje
concentration camp [ˌkɔnsən'treiʃn'kæmp] koncentracioni logor
concentrative ['kɔnsəntreitiv] *adj* koji sakuplja, okuplja, usredotočuje, koncentrira
concentrator ['kɔnsəntreitə] *s* onaj koji okuplja, usredotočuje, koncentrira itd.
concentre [kɔn'sentə] *vt/i* **I.** *vt* sakupiti u jednoj točki, koncentrirati **II.** *vi* sasta(ja)ti se u jednoj točki, koncentrirati se
concentric [kɔn'sentrik] *adj* (~**ally** *adv*) koncentričan (*with*)
concept ['kɔnsept] *s* *phil* (općenit) pojam; shvaćanje, koncepcija
conception [kən'sepʃən] *s* 1. začeće (zametka u utrobi) 2. pomisao; predodžba; shvaćanje, pojam (*of* čega); zamisao; plan, nacrt
conceptional [kən'sepʃnəl] *adj* (~**ly** *adv*) pojmovni
conceptive [kən'septiv] *adj* pojmovni; koji se tiče začeća
conceptual [kən'septjuəl] *adj* (~**ly** *adv*) pojmovni
concern [kən'səːn] *vt* biti važan za; odnositi se na; ticati se koga; zanimati koga | **to** ~ **oneself** baviti se (*with* čime); brinuti se (*about* o, za); sudjelovati, učestvovati (*in* u); *jur* **to whom it may** ~ svima kojih se to tiče; **I am not** ~**ed to do** nije mi stalo da učinim; **to be** ~**ed that** brinuti se da, biti zabrinut da; **to be** ~ **ed with** baviti se čime; **my honour is** ~ **ed** radi se o mojoj časti
concern [kən'səːn] *s* 1. stvar (koja se koga tiče), posao 2. bavljenje (*with* čime), preokupacija, zanimanje; udio, učešće 3. zabrinutost (*at, over* o, za); nemir, briga, skrb (*about* o; *for* za) 4. *coll* stvar koja se koga tiče 5. važnost, značenje 6. *com* tvrtka, trgovačko poduzeće, firma, posao (*a paying* ~ unosan posao) | ~*s pl* poslovi (*don't meddle in my* ~*s* ne miješaj se u moje poslove); **to have no** ~ **with** nemati nikakva posla (veze) sa; **to have a** ~ **in** imati udjela (interesa) u; **that is no** ~ **of mine** to me se ne tiče; **a matter of great** ~ vrlo važna stvar
concerned [kən'səːnd] *adj* (~**ly** [kən'səːnidli] *adv*) zabrinut (*about, at, for* za); zainteresiran, koga se što tiče; dotičan, odnosni, o kojemu se radi; koji sudjeluje, učestvuje; koji se bavi (*in* čime); upleten; koji ima udio
concerning [kən'səːniŋ] *prep* što se tiče, u pogledu, u vezi sa
concernment [kən'səːnmənt] *s* 1. posao, stvari; važnost 2. udio, učešće (*in* u) 3. briga (*for* za)

concert ['kɔnsət] *s* 1. sloga, složnost, sklad, suglasnost, sporazum (*in* ~ *with* sporazumno sa) 2. *mus* koncert
concert [kən'səːt] *vt* zasnovati, dogovoriti (se); služiti se, udružiti snage
concerted [kən'səːtid] *adj* zajednički, složan; *mus* višeglasan
concertina [ˌkɔnsə'tiːnə] *s mus* harmonika (na mijeh)
concerto [kən'tʃəːtəu] *s It mus* (solistički) koncert (uz pratnju orkestra)
concession [kən'seʃn] *s* koncesija, povlastica, olakšica; dopuštenje, dozvola; ustupanje, ustupak; odobrenje (za vođenje obrta)
concessionaire (concessionnaire) [kənˌseʃə'nɛə] *s Fr* koncesionar, uživalac koncesije, povlastice
concessionary [kən'seʃnəri] *adj* koncesijski, koji se tiče povlastice
concessive [kən'sesiv] *adj* koji pravi ustupke; *gram* dopusni, koncesivan
conch [kɔŋk] *s zool* školjka; *archit* polukupola; *anat* uška; *coll* osoba rođena na otočju Bahama; pripadnik niže klase bijelaca na Floridi
concha ['kɔŋkə] *s Lat anat* uška, ušna školjka
conchologist [kɔŋ'kɔlədʒist] *s* onaj koji se bavi naukom o školjkama
conchology [kɔŋ'kɔlədʒi] *s* nauka o školjkama
conchy ['kɔnʃi] *s sl* onaj koji se (po savjesti i uvjerenju) protivi vojnoj službi (→ **conscientious objector**)
concierge [ˌkɔ̃ːnsi'ɛəʒ] *s Fr* vratar, pazikuća
conciliate [kən'silieit] *vt* pomiriti, umiriti; pridobiti (*to* za); zadobiti (ljubav itd.); složiti
conciliation [kənˌsili'eiʃən] *s* pomirenje; izravnanje, poravnanje; nagodba
conciliative [kən'siliətiv] *adj* posrednički, pomirljiv, koji miri
conciliator [kən'silieitə] *s* posrednik; (po)miritelj
conciliatory [kən'siliətəri] *adj* pomirljiv; pomirben
concinnity [kən'siniti] *s* izjednačenost; unutrašnji sklad; otmjenost, finoća (stila)
concise [kən'sais] *adj* (~**ly** *adv*) zbijen, sažet, jezgrovit, kratak, koncizan
conciseness [kən'saisnis] *s* kratkoća, jezgrovitost, sažetost, konciznost
concision [kən'siʒn] *s* 1. osakaćenje; podjela; razdor; *derog* obrezanje 2. → **conciseness**
conclave ['kɔnkleiv] *s* 1. *eccl* konklava 2. tajna sjednica | **to sit in** ~ održavati tajnu sjednicu
conclude [kən'kluːd] *vt/i* **I.** *vt* 1. završiti, zaključiti 2. sklopiti, zaključiti (ugovor itd.) 3. izvesti zaključak, zaključiti (*from* iz; *that*) 4. odlučiti (*to do*) **II.** *vi* 1. dovršiti se, prestati; svršiti, završiti (*with a word; by saying*) 2. zaključivati; stvarati zaključak, razabirati (*from* iz) | **to** ~ konačno, na kraju; **to be** ~**d** završit će se
concluding [kən'kluːdiŋ] *adj* zaključni, konačan, završni (~ *scene*)
conclusion [kən'kluːʒn] *s* 1. zaključak 2. konac, završenje, završetak 3. zaključenje, sklapanje (*of a treaty,* itd.) 4. odluka | **in** ~ konačno, na kraju; **to try** ~**s with a p** mjeriti se, okušati se s kime (u borbi i dr.); **to jump to a** ~ praviti prenagljen zaključak; **a foregone** ~ predvidiv završetak
conclusive [kən'kluːsiv] *adj* (~**ly** *adv*) odlučan; zaključan, konačan; uvjerljiv
concoct [kən'kɔkt] *vt* svariti, skuhati; *fig* izmisliti, zasnovati, izmudriti
concoction [kən'kɔkʃən] *s* varenje; *med* mješavina; *derog* preparat; napitak; *fig* smišljanje, snovanje, zamisao; izmišljotina
concomitance [kən'kɔmitəns] *s* istodobno postojanje, istodobna nazočnost, istodobnost, istovremenost, supostojanje, koegzistencija
concomitant [kən'kɔmitənt] *adj* (~**ly** *adv*) koji prati, popratan (~ *circumstances*)
concomitant [kən'kɔmitənt] *s* popratna okolnost, popratna pojava
concord ['kɔŋkɔːd] *s* 1. sklad, sloga, složnost, jednodušnost 2. *gram* podudaranje, slaganje (u rodu, broju, padežu) 3. ugovor, sporazum, utanačenje 4. *mus* harmonija, sklad, suglasnost
concord [kən'kɔːd] *vi/t* slagati (se), podudarati se, biti u skladu, dovesti u sklad
concordance [kən'kɔːdəns] *s* 1. suglasnost (*in* ~ *with*); suglasje; slaganje, podudaranje 2. konkordanca
concordant [kən'kɔːdənt] *adj* (~**ly** *adv*) suglasan (*with*); skladan, složan; *mus* harmoničan
concordat [kɔn'kɔːdæt] *s eccl* konkordat
concourse ['kɔŋkɔːs] *s* 1. gomila, mnoštvo, strka 2. skup, veza, sjedinjenje, spoj, združenost (*fortuitous* ~ *of atoms*) 3. stjecaj (*of circumstances*) 4. *US* kolodvorska dvorana sa šalterima
concrete ['kɔnkriːt] *adj* (~**ly** *adv*) skrućen, zgusnut; čvrst; kompaktan, masivan; *log* konkretan, stvaran, zbiljski, predmetan; betonski | **in the** ~ zbiljski, stvarno, u konkretnom slučaju; ~ **music** elektronska glazba
concrete ['kɔnkriːt] *s* 1. konkretna stvar 2. beton | **reinforced** ~ armirani beton; ~ **mixer** betonska miješalica
concrete ['kɔnkriːt] *vt* betonirati
concrete [kən'kriːt] *vt/i* **I.** *vt* skrutiti, stvrdnuti, povezati; *fig* učvrstiti **II.** *vi* stvrdnuti se, skrutiti se, stisnuti se
concretion [kən'kriːʃn] *s* sraščivanje; zgrušavanje; gruševina; konkrement

concubinage [kɔn'kju:binidʒ] *s* suložništvo, priležništvò, divlji brak, konkubinat
concubinary [kɔn'kju:binəri] *adj* priležnički, suložnički
concubine ['kɔŋkjubain] *s* priležnica, suložnica, nevjenčana žena, konkubina
concupiscence [kən'kju:pisns] *s* požuda, pohota; putenost
concupiscent [kən'kju:pisnt] *adj* pohotan, požudan, pohotljiv, razbludan
concur [kən'kə:] *vi* sasta(ja)ti se, stjecati se, steći se (događaji); zajednički djelovati, pridonijeti (*to*); odobravati, slagati se (*in* u; *with* sa), surađivati (*with* sa)
concurrence [kən'kʌrəns] *s* 1. stjecanje, sastajanje (događaja); *math* sjecište 2. podudaranje; sporazum; slaganje; zajedničko djelovanje | **in ~ with** zajednički sa
concurrent [kən'kʌrənt] *adj* (**~ly** *adv*) istodoban, istovremen; koji se slaže, istomišljen; složan; ravnopravan; koji sudjeluje, koji pridonosi, koji zajednički djeluje; *math* koji se siječe u jednoj točki | **~ fire insurance** osiguranje protiv požara pri kojem sudjeluje nekoliko osiguratelja
concuss [kən'kʌs] *vt* stresti; prodrmati; *fig* potresti 2. prijetnjom prisiliti (*to do*); zaplašiti, zastrašiti
concussion [kən'kʌʃn] *s* trešnja, drmanje, potres | *med* **~ of the brain** potres mozga
concussive [kən'kʌsiv] *adj* potresan
condemn [kən'dem] *vt* 1. osuditi, osuđivati; koriti, kuditi; ne odobravati; *jur* proglasiti krivim (*of a crime*), osuditi (*to* na); proglasiti neprikladnim za upotrebu; proglasiti neizlječivim, smatrati izgubljenim, napustiti nadu u ozdravljenje (bolesnika) 2. zaplijeniti, konfiscirati (krijumčarenu robu i dr.) | **his looks ~ him** izgled ga izdaje
condemnable [kən'demnəbl] *adj* za osudu; koga treba kuditi, osuditi; prijekoran; kažnjiv
condemnation [ˌkɔndem'neiʃn] *s* 1. osuda, osuđivanje; prijekor, kuđenje, neodobravanje 2. zapljena, konfiskacija
condemnatory [kən'demnətəri] *adj* (**condemnatorily** *adv*) osudan, koji osuđuje
condemned [kən'demd] *adj* osuđen | **~ cell** ćelija za osuđenoga na smrt
condensability [kənˌdensə'biliti] *s* sposobnost zgušćivanja
condensable [kən'densəbl] *adj* koji se može zgusnuti ili kondenzirati
condensation [ˌkɔnden'seiʃn] *s* kondenzacija, zgusnuće, zgušćivanje, zgušnjavanje; *fig* zbijanje, sažimanje; sažetost
condense [kən'dens] *vt/i* **I.** *vt* zbiti; sažeti; skratiti; *chem* kondenzirati (**~d** *milk*); zgusnuti **II.** *vi* zgusnuti se, kondenzirati se
condenser [kən'densə] *s* zgušnjivač; *el, tech & phys* kondenzator
condescend [ˌkɔndi'send] *vi fig* spustiti se, sniziti se (*to a th*); popustiti (*to a p*); udostojati se (*to do*), blagoizvoljeti
condescending [ˌkɔndi'sendiŋ] *adj* (**~ly** *adv*) prijazan, ljubazan; milostiv, snishodljiv
condescension [ˌkɔndi'senʃən] *s* udostojanje, milostivost; snishodljivost; ljubaznost, prijaznost
condign [kən'dain] *adj* (**~ly** *adv*) zaslužen, primjeren (kazna, osveta i dr.)
condiment ['kɔndimənt] *s cul* začin
condition [kən'diʃn] *s* 1. uvjet, uslov (*of* za) 2. stanje 3. položaj (*a man of* **~**) 4. *US* zaostatak u naukovanju, naknadni ispit (studenta) | **~s** *pl* okolnosti, prilike, stanje, uvjeti, uslovi (*under existing* **~***s*); **in ~** u dobroj kondiciji, sposoban; **in no ~ (to)** nesposoban (zbog bolesti, starosti); **on no ~** nipošto, ni uz koji uvjet; **out of ~** u lošem stanju, van kondicije; **to change one's ~** oženiti se, udati se; **on (the) ~ that** uz uvjet da; **to be in an interesting ~** biti u drugom stanju
condition [kən'diʃn] *vt* 1. uvjetovati, usloviti, postaviti uvjet (*that*), određivati, odrediti; zahtijevati; propisati, kondicionirati, regulirati 2. dovesti u dobro stanje 3. *com* ispitati (svilu i dr.) 4. *US* uvjetno upisati (studenta)
conditional [kən'diʃənl] *adj* (**~ly** *adv*) uvjetovan (*on* čime); ovisan (*on* o); uvjetan, uslovljen; *gram* pogodben, kondicionalan (**~** *clause* pogodbena rečenica) | **~ train** izvanredan vlak
conditional [kən'diʃənl] *s* (i **~** *mood*) *gram* pogodbeni način, kondicional
conditionality [kənˌdiʃə'næliti] *s* uvjetovanost, uslovljenost; uvjetnost
conditioned [kən'diʃənd] *adj* uvjetovan; kondicioniran | **well-~** u dobru stanju, valjan; **ill-~** u lošu stanju, slab; **air-~** klimatiziran, opremljen klima-uređajem
condolatory [kən'dəulətəri] *adj* koji izražava saučešće, sućut
condole [kən'dəul] *vi* izraziti sućut, pokazati saučešće, kondolirati | **to ~ with a p on a th** izraziti komu saučešće zbog čega
condolement [kən'dəulmənt] *s* saučešće, sućut, sažaljenje
condolence [kən'dəuləns] *s* saučešće, sućut | **to express one's ~(s) with a p in a th** izraziti komu saučešće zbog čega; **to present one's ~s to a p** izraziti komu saučešće
condolent [kən'dəulənt] *adj* koji žali, tuguje; sažalan, saučestan, sućutan
condominium [kɔndɔ'miniəm] *s* kondominij; *US* stanovi ili kuće u vlasništvu stambene zadruge
condonation [ˌkɔndəu'neiʃn] *s* oproštenje; isprika

condone [kən'dəun] *vt* pregledati, oprostiti (uvredu); ispričati; nadoknađivati, iskupljivati
condor ['kɔndɔː] *s ornith* kondor
conduce [kɔn'djuːs] *vi (to, towards)* pridonijeti čemu, služiti čemu; voditi čemu, imati za posljedicu
conducive [kən'djuːsiv] *adj* (~**ly** *adv*) koji pridonosi, služi čemu; koji vodi do, koji ima za posljedicu | **to be ~ to** pridonositi čemu, (do)voditi, dovesti do čega
conduct ['kɔndəkt] *s* 1. vođenje, vodstvo; upravljanje, uprava 2. držanje, ponašanje; vladanje (*towards, to* prema); postupak, postupanje | **safe ~** zaštitno pismo (vladara), sprovodnica, popratnica, propusnica
conduct [kən'dʌkt] *vt/i* **I.** *vt* voditi; pratiti; upravljati čime; zapovijedati (paradom); *mus* dirigirati **II.** *vi phys* voditi | **to ~ oneself** ponašati se, vladati se
conductance [kən'dʌktəns] *s phys, el* (s)provodljivost
conductibility [kən,dʌkti'biliti] *s phys* (s)provodljivost, vodljivost
conductible [kɔn'dʌktəbl] *adj phys* koji vodi, (s)provodljiv, vodljiv
conducting [kən'dʌktiŋ] *adj phys etc.* koji (s)provodi | **~ wire** vod
conduction [kən'dʌkʃən] *s phys* (s)provođenje, vođenje
conductive [kən'dʌktiv] *adj phys* koji (s)provodi, vodi; (s)provodljiv, provodan
conductivity [,kɔndʌk'tiviti] *s phys* sposobnost (s)provođenja, (s)provodljivost, vodljivost | **~ meter** konduktometar
conductor [kən'dʌktə] *s* vođa; pratilac; upravitelj; *mus* dirigent; kondukter (tramvaja, autobusa); *US rly* kondukter; *phys* vodič *(good ~, non-~)*; *el* sprovodnik | **lightning ~** gromobran, munjovod
conductress [kən'dʌktris] *s* vodilja; upraviteljica; *mus* dirigentica
conduit ['kɔndit] *s* (vodo)vod, cijev; odvod, kanal
cone [kəun] *s geom* čunj, stožac; *bot* češer; *geol* čunjasta formacija (na planini) | **~ of sugar** glava šećera; **~-shaped** čunjast, u obliku stošca
coney ['kəuni] *s* → **cony**
confab ['kɔnfæb] *s fam* → **confabulation**
confab ['kɔnfæb] *vi fam* → **confabulate**
confabulate [kən'fæbjuleit] *vi* čavrljati, brbljati, razgovarati, povjerljivo, prijateljski ćeretati
confabulation [kən,fæbju'leiʃn] *s* čavrljanje, (nevezan, prijateljski) razgovor
confection [kən'fekʃən] *s* 1. konfekcija, komad gotove odjeće 2. (po)slastica; ukuhano voće 3. pravljenje, prigotavljanje | **~s** *pl* konfekti, (po)slastice, kolačići; *med* madžun, sirup; *com* (ženska) konfekcija
confection [kən'fekʃən] *vt* ukuhati; *com* (tvornički) prigotoviti, zgotoviti, napraviti, izraditi
confectionary [kən'fekʃnəri] *adj* slastičarski; ušećeren
confectioner [kən'fekʃənə] *s* slastičar(ka)
confectionery [kən'fekʃnəri] *s* 1. (po)slastice, slastičarska roba, konfekti 2. slastičarnica
confederacy [kən'fedərəsi] *s* konfederacija, savez; *jur* urota, zavjera, komplot | *US* **the Confederacy** 11 ujedinjenih južnih država (prilikom secesije god. 1860—61)
confederate [kən'fedərit] *adj* savezni; *US hist* konfederiran | **the Confederate States of America** južne države Sjeverne Amerike (koje su se otcijepile od SAD 1860—1861)
confederate [kən'fedərit] *s* saveznik; sukrivac; *US* konfederativac, stanovnik južnih država
confederate [kən'fedəreit] *vt/i* **I.** *vt* (koga) udružiti, povezati u konfederaciju *(with)* **II** *vi* sklopiti savez; stupiti u savez; udružiti se *(with)*
confederation [kən,fedə'reiʃn] *s* konfederacija, savez | *US* **the Confederation** konfederacija (1781—1789)
confer [kən'fəː] *vt/i* **I.** *vt* podijeliti, dati *(on, upon a p* komu), prenijeti *(on* na koga) **II.** *vi* (po)savjetovati se, vijećati, konferirati *(with* sa, *about, upon* o)
conference ['kɔnfərəns] *s* konferencija, dogovor, sastanak, vijećanje | **to be in ~** biti na sastanku, konferenciji
conferential [,kɔnfə'renʃəl] *adj* konferencijski
conferment [kən'fəːmənt] *s* podjeljenje (časti i dr.)
conferrable [kən'fəːrəbl] *adj* prenosiv, podjeljiv *(degree)*
confess [kən'fes] *vt/i* **I.** *vt* priznati *(a crime; that)*; *fam* dopustiti *(a th to be, a p to be; that)*; *eccl* ispovjediti (koga) **II.** *vi* priznavati se, izjasniti se *(to a th* za što; *to doing* da je učinio); *eccl* ispovjediti se, ispovijedati se
confessant [kən'fesənt] *s* ispovjednik
confessed [kən'fest] *adj* (~**ly** [kən'fesidli] *adv*) priznat, očit, očigledan, otvoren, neprikriven, neosporan | **~ly** po (vlastitom) priznanju
confession [kən'feʃn] *s* priznanje; *eccl* ispovijed; vjera, ispovijest vjere, vjeroispovijed; ispovijedanje (vjere, nazora itd.)
confessional [kən'feʃənl] *adj* konfesionalan, vjerski, vjeroispovjedni; ispovjedni
confessional [kən'feʃənl] *s eccl* ispovijedaonica
confessionary [kən'feʃənəri] *adj* ispovjedni
confessionist [kən'feʃənist] *s* pripadnik neke vjere

confessor [kən'fesə] *s* ispovijedalac, priznavalac; *eccl* ispovjednik
confetti [kən'feti] *s pl It* konfeti
confidant [ˌkɔnfi'dænt] *s Fr* pouzdanik, povjerljiva osoba
confidante [ˌkɔnfi'dænt] *s Fr* pouzdanica, povjerljiva osoba
confide [kən'faid] *vt/i* **I.** *vt* povjerljivo saopćiti (*to a p*); povjeriti (*to a p* komu) **II.** *vi* imati pouzdanja ili povjerenja, uzdati se (*in* u) | **to ~ in a p about** povjerljivo se s kime razgovarati o
confidence ['kɔnfidəns] *s* 1. povjerenje, pouzdanje, vjera (*in*); uvjerenje (*in* da); sigurnost; samosvijest 2. povjerljivo saopćenje, povjerljivost | **to put ~ in** vjerovati, pridavati vjere čemu; **to take a p into one's ~** povjeriti komu tajnu, povjeriti se komu; **self-~** samopouzdanje, samosvijest; **~ man, ~ trickster** varalica, žicar, prevarant; **man of ~** povjerljiv čovjek
confident ['kɔnfidənt] *adj* (**~ly** *adv*) povjerljiv, pun povjerenja; uvjeren (*that*); pouzdan; siguran (*of a th; of being able*); samosvjestan
confident ['kɔnfidənt] *s* pouzdanik, povjerljiva osoba
confidential [ˌkɔnfi'denʃl] *adj* (**~ly** *adv*) povjerljiv; tajni; pouzdan | **~ clerk** prokurist; **strictly ~** strogo povjerljiv
confiding [kən'faidiŋ] *adj* povjerljiv, pun povjerenja
configuration [kənˌfigju'reiʃn] *s geog* konfiguracija, oblik
configure [kən'figə] *vt* oblikovati (*to* prema)
confine ['kɔnfain] *s* granica | *fig* **on the ~s of** na rubu; **within the ~ of** unutar (granica)
confine [kən'fain] *vt/i* **I.** *vt* 1. ograničiti; omeđiti (*to ~ oneself to* ograničiti se na) 2. zatvoriti. lišiti slobode, konfinirati; držati zatvorenim **II.** *vi* graničiti (*with* sa) | **to be ~d to bed** ležati bolestan, biti prikovan uz krevet; **to be ~d** roditi; razboljeti se (*of* od)
confined [kən'faind] *adj* ograničen, uzak, tijesan; *fig* sputan
confinement [kən'fainmənt] *s* 1. ograničenje, stiješnjenost, sputanost 2. zatvor, zatočenje, sužanjstvo 3. babinje, porođaj; bolest | **to place in ~** zatočiti, staviti u zatvor, zatvoriti (u ludnicu)
confirm [kən'fəːm] *vt* učvrstiti (položaj, vlast); potkrijepiti; potvrditi; ratificirati (ugovor); *eccl* potvrditi, krizmati, firmati
confirmation [ˌkɔnfə'meiʃn] *s* potvrda; potkrepa; dokaz; *eccl* potvrda, krizma, firma
confirmation-note [ˌkɔnfə'meiʃənnəut] *s* potvrda (o primitku), priznanica
confirmative [kən'fəːmətiv] *adj* (**~ly** *adv*) potvrdni, koji potvrđuje, potkrepljuje
confirmatory [kən'fəːmətəri] *adj* (**confirmatorily** *adv*) → **confirmative**
confirmed [kən'fəːmd] *adj* potvrđen; uvjeren; *med* kroničan, neizlječiv | **~ drunkard** notorna pijanica
confirmee [ˌkɔnfəː'miː] *s eccl* potvrđenik
confirmer [kən'fəːmə] *s* potvrdilac; svjedok; potvrda, potkrepa
confiscable [kɔn'fiskəbl] *adj* zapljenjiv, koji se može konfiscirati, koji je podvrgnut zapljeni
confiscate ['kɔnfiskeit] *vt* zaplijeniti, konfiscirati
confiscation [ˌkɔnfis'keiʃn] *s* zapljena, konfiskacija; *fam* pljačka
confiscator ['kɔnfiskeitə] *s* pljenitelj
confiscatory ['kɔnfiskeitəri] *adj* pljenidbeni; koji konfiscira
conflagration [ˌkɔnflə'greiʃn] *s* (velik) požar
conflict ['kɔnflikt] *s* konflikt; zaplet; borba; sukob, spor, raspra; proturječje, protuslovlje | **to come in(to) ~ with** doći u sukob
conflict [kən'flikt] *vi* boriti se, sukobiti se (*with*); proturječiti, protusloviti; protiviti se (*with a th* čemu); kositi se (*with a th* s čim), kolidirati
conflicting [kən'fliktiŋ] *adj* protivan, proturječan
confliction [kən'flikʃən] *s* proturječje, protuslovlje
confluence ['kɔnfluəns] *s* 1. sastavci, stjecište, utok (rijeka); *fig* sjedinjenje, spajanje, stjecanje, stjecište 2. strka, okupljanje, sakupljanje (ljudi)
confluent ['kɔnfluənt] *adj* (**~ly** *adv*) koji utječe, koji se sastaje, spaja; *anat & bot* zarastao, srastao
confluent ['kɔnfluənt] *s* pritok
conflux ['kɔnflʌks] *s* → **confluence**
conform [kən'fɔːm] *vt/i* **I.** *vt fig* prilagoditi, uskladiti (*to* sa) **II.** *vi* prilagoditi se (*to* čemu); odgovarati (*with* čemu); ravnati se (*to* prema); pridržavati se (*to* čega); postupati suglasno (*to* sa); povoditi se za kim; pokoriti se (*to a th* čemu); suglasiti se | **to ~ oneself to** prilagoditi se čemu, ravnati se po čemu
conformability [kənˌfɔːmə'biliti] *s* sličnost, podudaranje, prilagođivanje, slaganje (*to* sa)
conformable [kən'fɔːməbl] *adj* (**conformably** *adv*) sličan, podjednak; u skladu (*to* sa), skladan; spojiv (**to** sa); koji se pokorava popustljiv, povodljiv (*to a p's will*); *geol* jednolik, konforman
conformance [kən'fɔːməns] *s* prilagođivanje (*to*), slaganje; pokoravanje, suglasnost (*in ~ with* prema, suglasno sa)
conformation [ˌkɔnfɔː'meiʃn] *s* ujednačenje, prilagođenje, raspoređenje; suglasnost; uobličenje; građa (tijela), oblik, struktura

conformer [kən'fɔːmə] *s* onaj koji se prilagođuje, pokorava
conformist [kən'fɔːmist] *s eccl* konformist, pripadnik engleske državne crkve
conformity [kən'fɔːmiti] *s* sklad, sličnost, slaganje, podudaranje, suglasnost (*with* sa); prilagođenje, usklađivanje (*with, to a th*); povođenje (*to* za) | **in ~ with** prema, suglasno sa, u skladu sa
confound [kən'faund] *vt* pomiješati; pobrkati; zamijeniti (*with*); *bibl* posramiti; smutiti, zbuniti, smesti, zapanjiti, preneraziti; *fig* osujetiti, uništiti, upropastiti | **~ it!** do bijesa!, do vraga!; **~ you!** idi do vraga!
confounded [kən'faundid] *adj* (**~ly** *adv*) *fam* proklet, vraški, neugodan (*~ly cold weather*)
confraternity [ˌkɔnfrə'təːniti] *s* bratstvo, bratovština
confrère ['kɔnfrɛə] *s Fr* kolega
confront [kən'frʌnt] *vt* 1. stati nasuprot (komu), biti suočen sa, nalaziti se pred, suprotstaviti se, isprriječiti se pred; oprijeti se (komu); ogledati se (s kime) 2. usporediti, konfrontirati (*with* sa) 3. *jur* suočiti (*with*) | **to ~ a p with a thing** suočiti koga s čime; **find oneself ~ed with** naći se pred
confrontation [ˌkɔnfrʌn'teiʃn] *s* konfrontacija; *jur* suočenje
confuse [kən'fjuːz] *vt fig* pomiješati, pobrkati, smesti, smutiti, zbuniti; zamrsiti
confused [kən'fjuːzd] *adj* (**~ly** [kən'fjuːzidli] *adv*) smeten, smušen, zbunjen, smućen; zbrkan, pobrkan (*~ report*)
confusion [kən'fjuːʒn] *s* 1. smetnja, pometnja, zbrka, zabuna (*to cause ~, to work ~*) 2. nered; metež 3. smetenost, smućenost, zbunjenost 4. zamjena, pobrkanost (*of a th with another*)
confutable [kən'fjuːtəbl] *adj* koji se može opovrgnuti, pobiti, pobitan, oboriv
confutation [ˌkɔnfjuː'teiʃn] *s* pobijanje, obaranje, opovrgnuće
confute [kən'fjuːt] *vt* pobiti, opovrgnuti, oboriti
congé ['kɔ̃ːnʒəi] *s Fr* otpust; rastanak, oproštaj
congeal [kən'dʒiːl] *vt/i* **I.** *vt* zalediti, smrznuti; zgrušati, ukrutiti **II.** *vi* zalediti se, smrznuti se; zgrušati se; stinuti se; ukočiti se; *fig* slediti se
congealable [kən'dʒiːləbl] *adj* koji se može zalediti, smrznuti, zgrušati, ukrutiti, stinuti
congealment [kən'dʒiːlmənt] *s* smrznuće, smrzavanje; zgrušavanje, skrućenje
congelation [ˌkɔndʒi'leiʃn] *s* 1. smrzavanje, zaleđenje; ukrućenje 2. kruta, zaleđena masa | **point of ~** ledište
congener ['kɔndʒinə] *s* istovrsna, srodna stvar ili biće; srodnik
congener ['kɔndʒinə] *adj* → **congeneric**
congeneric [ˌkɔndʒi'nerik] *adj* istovrstan, srodan
congenerous [kɔn'dʒenərəs] *adj* istovrstan, srodan (*with* sa); sličan, koji se podudara
congenial [kən'dʒiːniəl] *adj* (**~ly** *adv*) istovrstan, srodan (po načinu mišljenja), kongenijalan; simpatičan (*to a p*); primjeren (*to*) | **to be ~ to a p** odgovarati komu, biti komu po ćudi, pristajati komu
congeniality [kənˌdʒiːni'æliti] *s* (duševna) srodnost, kongenijalnost; prikladnost (*to*), shodnost, primjerenost
congenital [kɔn'dʒenitl] *adj* (**~ly** *adv*) od rođenja, prirođen (*~ defect*) | **~ly deaf** gluh od rođenja
conger ['kɔŋgə] *s ichth* (*~-eel*) gruj, ugor (*Conger conger*)
congeries [kɔn'dʒiəriːz] *s Lat* hrpa, gomila, skupina, masa (*a ~ of stars*)
congest [kən'dʒest] *vi/t* **I.** *vi* sakupiti se, nagomilati se **II.** *vt* sakupiti, nagomilati, prenatrpati. zakrčiti; *med* prezasititi krvlju
congestion [kən'dʒestʃən] *s* prenatrpanost, zakrčenost, zatrpanost; gomilanje; *med* navala krvi, kongestija | **~ of population** prenapučenost; **~ of traffic** zakrčenost prometa
congestive [kən'dʒestiv] *adj med* koji izaziva kongestiju, navalu krvi
conglobate ['kɔngləbeit] *vt/i* **I.** *vt* zgrudati; sakupiti u kuglu, nagomilati **II.** *vi* skupiti se u kuglu, zgrudati se
conglobate ['kɔngləbeit] *adj* skupljen u kuglu, poput klupka, zgrudan
conglobation [ˌkɔnglə'beiʃn] *s* skupljanje u kuglu, klupko; zgrudavanje
conglobe [kən'gləub] *vt/i* → **conglobate**
conglomerate [kən'glɔmərit] *adj* zgrudan; zbijen; nagomilan; smotan; pomiješan
conglomerate [kɔn'glɔmərit] *s geol* konglomerat, slijepljena masa; *fig* nakupina, smjesa, zbrka
conglomerate [kɔn'glɔməreit] *vt/i* **I.** *vt* smotati, slijepiti u grudu, zgrudati; nagomilati, zgrnuti **II.** *vi* zgrudati se, gromadati se
conglomeration [kɔnˌglɔmə'reiʃn] *s* 1. zgrudavanje, nagomilavanje; zgrudanost 2. zgrudana masa, konglomerat 3. *fig* klupko
conglutinate [kən'gluːtineit] *vt/i* **I.** *vt* slijepiti **II.** *vi* slijepiti se; sljubiti se, sjediniti se
conglutination [kənˌgluːti'neiʃn] *s* sljepljivanje, lijepljenje, sljubljenje; *fig* sjedinjenje
congratulant [kən'grætjulənt] *s* čestitar(ica)
congratulate [kən'grætjuleit] *vt* (komu) čestitati (*on a th* na čemu, što)
congratulation [kənˌgrætju'leiʃn] *s* čestitka, čestitanje (*on*)

congratulator [kən'grætjuleitə] *s* čestitar
congratulatory [kən'grætjuleitəri] *adj* kojim se čestita
congregate ['kɔŋgrigeit] *vt/i* sakupiti (se)
congregation [ˌkɔŋgri'geiʃn] *s* 1. skupljanje 2. skup ljudi; skupština; *Oxford univ* akademsko vijeće; *Cambridge univ* skupština senata; *eccl* kongregacija, vjernici (u crkvi), pastva, župljani; crkvena općina (katoličke crkve); zajednica, bratovština
congregational [ˌkɔŋgri'geiʃənl] *adj eccl* kongregacijski; bogoslužni; župni, općinski; neovisan
congregationalism [ˌkɔŋgri'geiʃnəlizəm] *s eccl* kongregacionalizam, sistem samouprave crkvene općine
congregationalist [ˌkɔŋgri'geiʃnəlist] *s eccl* kongregacionalist, pristaša nezavisnosti vjerskih zajednica
congress ['kɔŋgres] *s* kongres; zbor(ovanje), skupština, skup; općenje | *US* **Congress** Kongres, zakonodavna skupština
congressional [kɔŋ'greʃənl] *adj* kongresni
congressman ['kɔŋgresmən] *s (pl* **congressmen** ['kɔŋgresmən]) *US* član Kongresa
congruence ['kɔŋgruəns] *s* slaganje, podudaranje, podudarnost (*with, between*); *geom* kongruencija, sukladnost
congruency ['kɔŋgruənsi] *s* → **congruence**
congruent ['kɔŋgruənt] *adj* (~**ly** *adv*) 1. kongruentan, sukladan, koji se podudara (*with*) 2. prikladan, zgodan, shodan, primjeren, odgovarajući
congruity [kɔŋ'gruiti] *s* 1. podudaranje (*with*) 2. prikladnost, podesnost, shodnost 3. dosljednost
congruous ['kɔŋgruəs] *adj* (~**ly** *adv*) 1. podudaran, sukladan 2. prikladan, podesan, shodan, primjeren 3. dosljedan; suvisao
conic ['kɔnik] *adj* koji se odnosi na čunj | *geom* ~ **sections** presjeci čunja
conical ['kɔnikl] *adj* (~**ly** *adv*) čunjast, stožast, koničan
conifer ['kəunifə] *s bot* četinar, crnogorično stablo | ~**s** *pl* crnogorica, četinari, četinjače
coniferous [kəu'nifərəs] *adj bot* crnogorični (~ *wood*)
coniform ['kəunifɔːm] *adj* čunjast, stožast, koničan
conjecturable [kən'dʒektʃərəbl] *adj* (**conjecturably** *adv*) vjerojatan, koji se može pretpostaviti
conjectural [kən'dʒektʃərəl] *adj* (~**ly** *adv*) vjerojatan, pretpostavljiv, koji se temelji na naslućivanju, predvidiv; koji je sklon nagađanju
conjecture [kən'dʒektʃə] *s* naslućivanje, nagađanje, pretpostavljanje
conjecture [kən'dʒektʃə] *vt/i* **I.** *vt* nagađati, slutiti, naslućivati, pretpostavljati (*a th; a th to be; a p to be*) **II.** *vi* praviti pretpostavke, nagađati
conjoin [kən'dʒɔin] *vt/i* vezati (se); sjediniti (se), sljubiti (se)
conjoint ['kɔndʒɔint] *adj* (~**ly** *adv*) vezan, sjedinjen, združen, povezan; zajednički
conjugal ['kɔndʒugl] *adj* (~**ly** *adv*) bračni, ženidbeni
conjugate ['kɔndʒugeit] *vt/i* **I.** *vt* spojiti, sjediniti; *gram* sprezati, konjugirati **II.** *vi* spojiti se, sjediniti se; *gram* sprezati se
conjugate ['kɔndʒugit] *adj* (po)vezan, spojen; udvojen; sparen; *gram* srodan, izveden iz istog korijena; *bot* koji raste u parovima, dvojni; *math* konjugiran (~ *angles*)
conjugate ['kɔndʒugit] *s gram* srodna riječ, riječ izvedena iz istog korijena
conjugation [ˌkɔndʒu'geiʃn] *s gram* sprezanje, konjugacija; *biol* sjedinjenje, spajanje *(of cells)*
conjugational [ˌkɔndʒu'geiʃənəl] *adj* konjugacijski
conjunct [kən'dʒʌŋkt] *adj* (~**ly** *adv*) (po)vezan, združen, sjedinjen, spojen
conjunct [kən'dʒʌŋkt] *s* vezana, združena osoba ili stvar
conjunction [kən'dʒʌŋkʃən] *s* veza, sjedinjenje, združenje, savez; spajanje, spoj, povezanost; stjecaj (~ *of events*); *gram* veznik; *astr* konjunkcija | **in** ~ **with** zajedno sa
conjunctional [kən'dʒʌŋkʃənəl] *adj* (~**ly** *adv*) spojni; *gram* veznički
conjunctiva [ˌkɔndʒʌŋk'taivə] *s Lat anat* (očna) sluznica
conjunctive [kən'dʒʌŋktiv] *adj* (~**ly** *adv*) vezni, spojni; veznički; konjunktivni | ~ **mood** konjunktiv
conjunctive [kən'dʒʌŋktiv] *s* veznik; konjunktiv
conjunctivitis [kənˌdʒʌŋkti'vaitis] *s med* konjunktivitis
conjuncture [kən'dʒʌŋktʃə] *s* stjecaj prilika; konjunktura; *astr* konjunkcija
conjuration [ˌkɔndʒuə'reiʃn] *s* preklinjanje, zaklinjanje; dozivanje, zazivanje; bajanje, čaranje, čarolija
conjure [kən'dʒuə] *vt* zaklinjati, usrdno moliti, preklinjati
conjure ['kʌndʒə] *vt/i* **I.** *vt* zazivati (duhove); (duha) istjerati (*out of a p*); (za)čarati, bajati; čarolijama proizvesti (~ *out); to ~ away* čarolijama ukloniti **II.** *vi* čarati, bajati
conjure up ['kʌndʒər'ʌp] *vt* dozvati (duha); stvoriti (kao) čarolijom; *fig* u duhu predočiti, dočarati
conjurer (conjuror) ['kʌndʒərə] *s* čarobnjak, opsjenar
conk [kɔŋk] *s sl* nos
conk [kɔŋk] *vi* | ~ **out** *coll mech* (po)kvariti se, zatajiti
conky ['kɔŋki] *adj sl* nosat, duga nosa
conky ['kɔŋki] *s sl* nosata osoba, čovjek duga nosa

con-man ['kɔn'mæn] *s sl* varalica, prevarant
connate ['kɔneit] *adj* 1. prirođen (*with a p* komu) 2. rođen, nastao u isto vrijeme 3. *biol* srastao
connatural [kɔ'nætʃrəl] *adj* (**~ly** *adv*) 1. prirođen (*to a p* komu) 2. srodan; iste prirode, (pod)jednak
connect [kə'nekt] *vt/i* **I.** *vt* spojiti, spajati (*with, to*); (u mislima) dovoditi u vezu, povez(iv)ati; *el* uključiti, spojiti **II.** *vi* imati vezu, biti u vezi (*with*), logički se nadovezivati | **to be ~ed with** stajati u vezi, biti povezan sa, (do)ticati se
connected [kə'nektid] *adj* (**~ly** *adv*) skopčan, (po)vezan, u vezi sa; logički povezan; srodan; u rodbinskoj vezi; upleten (*with* u) | **to be well ~** imati utjecajnu rodbinu; **we are distantly ~** mi smo neki daljnji rod
connectible [kə'nektəbl] *adj* spojiv, koji se može dovesti u vezu (*with* sa)
connecting-rod [kə'nektiŋrɔd] *s tech* klipnjača
connection (connexion) [kə'nekʃən] *s* 1. veza; *teleph, el* spoj, spajanje; *rly* priključak 2. povezanost, suvislost (misli) 3. (spolni) odnos (*with* sa); *jur* vanbračna veza 4. srodstvo; rođak, svojta 5. mušterija, kupac; klijentela 6. vjerska sekta | **~s** *pl* utjecajne veze, koneksije; *rly* **to run in ~ with** imati priključak na; **hot water ~s** vodovi za opskrbljivanje vrućom vodom; **lighting ~** vod za sprovođenje svjetlosti; **in ~ with** s obzirom na, u vezi sa; **in this ~** s time u vezi, s obzirom na to
connective [kə'nektiv] *adj* spojni, vezni, koji povezuje | *anat* **~ tissue** vezno tkivo
connective [kə'nektiv] *s* riječ koja veže, veznik; ono što povezuje
conniption [kə'nipʃən] *s US sl* napadaj bjesnila, histerički napadaj (**~** *fit*)
connivance [kə'naivəns] *s* 1. obzirnost, popustljivost (*at* prema, *with* sa) 2. prešutni pristanak (*at, in*)
connive [kə'naiv] *vi fig* progledati kroz prste, zažmiriti, zatvoriti jedno oko | **to ~ at a th** nešto prešutno dopustiti, trpjeti, biti s čime sporazuman
connivent [kə'naivənt] *adj biol* konvergentan
connoisseur [ˌkɔni'səː] *s* poznavalac, vještak (*~ in wine, ~ of fine arts*)
connotate ['kɔnəteit] *vt* sadržavati (u sebi, u svom značenju), podrazumijevati, uključivati (u svojem pojmu); značiti
connotation [ˌkɔnə'teiʃn] *s* suoznaka, sporedno značenje, konotacija; *log* uključeno pojmovno značenje
connotative [kə'nəutətiv] *adj* (**~ly** *adv*) koji ujedno znači, označuje, sadrži, uključuje; konotativan; *log* obuhvatan
connote [kɔ'nəut] *vt* → **connotate**
connubial [kə'njuːbiəl] *adj* (**~ly** *adv*) bračni
connubiality [kəˌnjuːbi'æliti] *s* bračno stanje, brak | **connubialities** *pl* supruške nježnosti
conoid ['kəunɔid] *adj* čunjast, u obliku stošca
conoid ['kəunɔid] *s geom* konoid, pačunj
conoidal [kəu'nɔidl] *adj geom* u obliku konoida, pačunjast
conquer ['kɔŋkə] *vt* osvojiti (zemlju); podjarmiti; izvojštiti; zadobiti; osvojenjem oteti (*from a p*); svladati, pobijediti; upokoriti; *fig* (strast) obuzdati; zagospodariti | **to stoop to ~** neizravnim sredstvima postići pobjedu
conquerable ['kɔŋkərəbl] *adj* pobjediv, savladiv
conqueror ['kɔŋkərə] *s* osvajač; pobjednik; *fam* odlučna utakmica
conquest ['kɔŋkwest] *s* 1. osvajanje, osvojenje; podjarmljenje; *fig* pobjeda (*over*); svladavanje, obuzdavanje 2. osvojena zemlja | **make a ~ of** steći čiju sklonost
consanguine [kɔn'sæŋgwin] *adj* → **consanguineous**
consanguineous [ˌkɔnsæŋ'gwiniəs] *adj* srodan, u krvnom srodstvu
consanguinity [ˌkɔnsæŋ'gwiniti] *s* krvno srodstvo, rodbinstvo po krvi
conscience ['kɔnʃəns] *s* savjest | **for ~ sake** radi umirenja savjesti; **upon my ~!** vjere mi!; **in all ~** sigurno, zaista; *coll* ni uz najbolju volju; **with a safe ~** mirne duše; **my ~!** zaboga!; **to have the ~ to do** imati obraza učiniti; **~ money** anonimna uplata zatajenog poreza
conscienceless ['kɔnʃənslis] *adj* besavjestan
conscientious [ˌkɔnʃi'enʃəs] *adj* (**~ly** *adv*) savjestan | **~ objector** onaj koji se zbog savjesti protivi ratnoj vojnoj službi
conscientiousness [ˌkɔnʃi'enʃəsnis] *s* savjesnost
conscionable ['kɔnʃnəbl] *adj* (**conscionably** *adv*) savjestan, pravedan
conscious ['kɔnʃəs] *adj* (**~ly** *adv*) svjestan (*of a th* čega); pri svijesti; uvjeren (*a ~ artist*); samosvjestan | **to be ~ (that)** znati
consciousness ['kɔnʃəsnis] *s* svjesnost (*of a th; of being*); svijest; saznanje, spoznaja
conscribe [kən'skraib] *vt mil* (prisilno) uzeti u vojsku, (u)novačiti
conscript ['kɔnskript] *adj mil* (prisilno) unovačen
conscript ['kɔnskript] *s mil* vojni obveznik; regrut
conscript [kən'skript] *vt* (prisilno) novačiti
conscription [kən'skripʃən] *s* oporezovanje, konfiskacija, zapljena (kao kazna ili radi ratnih potreba); *mil* (prisilno) novačenje, regrutacija | **industrial ~** radna služba

consecrate ['kɔnsikreit] *adj* posvećen (*to a th* čemu)
consecrate ['kɔnsikreit] *vt* posvetiti, posvećivati (*to a th* čemu)
consecration [ˌkɔnsi'kreiʃn] *s* posveta; posvećivanje (*to a th* čemu)
consecrator ['kɔnsikreitə] *s* (po)svetitelj
consecution [ˌkɔnsi'kjuːʃn] *s* redoslijed; (logički) slijed; red; *gram* red riječi; slijed vremena
consecutive [kən'sekjutiv] *adj* (**~ly** *adv*) uzastopan, u nizu, konsekutivan; *gram* posljedičan (~ *clause*) | **for ten ~ days** deset dana uzastopce
consensus [kən'sensəs] *s* suglasnost, jednodušnost (~ *of opinion*); opće mišljenje | ~ **politics** politika koja će steći opću podršku
consent [kən'sent] *vi* pristati (*to a th* na što); privoljeti se; izraziti se spremnim (*to do*); odobriti (*that*)
consent [kən'sent] *s* pristanak, privola; odobrenje (*to*) | *jur* **age of ~** punoljetnost; **by common ~, with one ~** jednodušno, jednoglasno; **silence gives ~** šutnja znači pristanak, odobravanje
consentaneity [kɔnˌsentə'niːəti] *s* slaganje, jednodušnost
consentaneous [ˌkɔnsən'teinjəs] *adj* suglasan (*to, with* sa); jednodušan
consentient [kən'senʃiənt] *adj* koji pristaje; suglasan; jednodušan
consequence ['kɔnsikwəns] *s* 1. posljedica, posljedak 2. ishod; djelovanje 3. *log* izvod; zaključak 4. važnost, značenje 5. društveni položaj, utjecaj | **to take the ~s** snositi posljedice; **in ~ of** uslijed, zbog; **person of ~** važna osoba, utjecajna ličnost; **of no ~** nevažan, beznačajan (*to* za)
consequent ['kɔnsikwənt] *s* posljedica; posljedak; slijed, slijeđenje; djelovanje; učinak; ishod; *log* izvod, zaključak; onaj koji slijedi ili progoni; nasljedna osoba; *math* zadnji član (omjera)
consequent ['kɔnsikwənt] *adj* 1. idući, slijedeći, koji slijedi (*on, upon*); kao posljedica ([*up*]*on* čega) 2. dosljedan, konsekventan
consequential [ˌkɔnsi'kwenʃəl] *adj* (**~ly** *adv*) 1. koji proizlazi, rezultira; koji je posljedica ([*up*]*on* čega) 2. dosljedan, konsekventan 3. (umišljeno) važan, umišljen
consequently ['kɔnsikwəntli] *adv & conj* dosljedno, otuda; dakle; kao posljedica toga, zato, prema tome
conservable [kən'səːvəbl] *adj* koji se može sačuvati
conservancy [kən'seːvənsi] *s* 1. riječna lučka oblast 2. (šumski) rezervat
conservation [ˌkɔnsə'veiʃn] *s* čuvanje, uzdržavanje (~ *of energy*); održavanje, zaštita (*of forest*)
conservatism [kən'səːvətizəm] *s* konzervatizam
conservative [kən'səːvətiv] *adj* (**~ly** *adv*) 1. koji čuva, uzdržava 2. *pol* konzervativan 3. oprezan, suzdržljiv (~ *estimate*)
conservative [kən'səːvətiv] *s parl* konzervativac
conservatoire [kən'səːvətwaː] *s Fr mus* konzervatorij
conservator ['kɔnsəveitə] *s* održavalac, čuvar
conservator [kən'səːvətə] *s* 1. (službeni) konzervator 2. kustos (muzeja) 3. član (riječke) lučke oblasti | **~s** *pl* → **conservancy**
conservatory [kən'səːvətri] *s* staklenik; *US mus* konzervatorij
conserve [kən'səːv] *s* konzerva, ukuhano voće ili povrće
conserve [kən'səːv] *vt* očuvati, konzervirati; održati, čuvati; poštedjeti
consider [kən'sidə] *vt/i* **I.** *vt* 1. smatrati, držati za (*I ~ him a good man*); cijeniti (*to ~ a th on its artistic merits*); biti mišljenja, misliti (*that*) 2. uzeti u obzir, uvažiti 3. razmatrati, razmišljati o čemu; uzeti u razmatranje **II.** *vi* misliti; promišljati, razmišljati; predomišljati se
considerable [kən'sidərəbl] *adj* (**considerably** *adv*) znatan; važan; (po)priličan; *US* vrlo velik (količina)
considerate [kən'sidərit] *adj* (**~ly** *adv*) 1. promišljen; smotren 2. obziran, pažljiv (*to* prema), uviđavan
consideration [kənˌsidə'reiʃn] *s* 1. razmišljanje, promišljanje, razmatranje 2. obzir (*for, of; out of ~ for*); razlog, uzrok (za); obzir, motiv koji treba uzeti u obzir; moment 3. važnost, značenje (*of some ~*; *money is no ~* novac ne igra ulogu) 4. ugled, poštovanje 5. naknada, nagrada, odšteta; naplata, protuusluga (*for a ~* kao odšteta, u ime nagrade) 6. *com* premija | **to take into ~** uzeti u obzir, razmotriti; **in ~ of** s obzirom na, što se tiče; **under ~** u razmatranju; **on no ~** ni pod kakvim okolnostima, nikako, nipošto; **to give a th one's careful ~** stvar dobro promisliti
considering [kən'sidəriŋ] *prep* uzevši u obzir, s obzirom na (*a th; that*); *fam* uzevši u obzir okolnosti
consign [kən'sain] *vt* 1. izručiti, uručiti, predati; povjeriti (*a th to a p*); *com* položiti, deponirati (novac) 2. *com* poslati (na prodaju); otpremiti (*to*), konsignirati (robu)
consignable [kən'sainəbl] *adj* uručiv, isporučiv; koji se može poslati, otpremiti, konsignirati
consignation [ˌkɔnsai'neiʃn] *s* 1. predaja, uručenje; *com* deponiranje (novca) 2. *com* povjerba; pošiljka; konsignacija

consignee [ˌkɔnsaiˈniː] *s com* primalac (robe); konsignator
consigner [kənˈsainə] *s* → **consignor**
consignment [kənˈsainmənt] *s* 1. uručenje, predaja; *com* konsignacija; deponiranje (novca) 2. slanje, odašiljanje; pošiljka (robe)
consignment-invoice [kənˈsainməntˌinvɔis] *s com* konsignaciona faktura, povjerbeni račun
consignment-note [kənˈsainməntnəut] *s* konsignacioni list
consignment-stock [kənˈsainməntstɔk] *s com* konsignaciono skladište
consignor [kənˈsainə] *s com* 1. pošiljač 2. deponent, pohranitelj (novca) 3. konsignant
consilient [kənˈsiliənt] *adj* koji se poklapa, slaže; suglasan, skladan
consist [kənˈsist] *vi* 1. sastojati se (*of* od) 2. biti, sastojati se (*in a th* u čem) 3. slagati se, biti u skladu (*with* sa), biti spojiv
consistence [kənˈsistəns] *s* → **consistency**
consistency [kənˈsistənsi] *s* 1. čvrstoća; gustoća; konzistencija; sastav 2. podudaranje, slaganje (*with*); dosljednost, konzekventnost
consistent [kənˈsistənt] *adj* (**~ly** *adv*) dosljedan (*with* čemu); u skladu sa, spojiv (*with*); konzekventan; čvrst
consistorial [ˌkɔnsisˈtɔːriəl] *adj eccl* konzistorijski
consistory [kənˈsistəri] *s eccl* konzistorij; (biskupski) duhovni sud; crkveno vijeće
consociate [kənˈsəuʃiit] *adj* združen, (po)vezan
consociate [kənˈsəuʃieit] *vt/i* združiti (se), udruživati (se), složiti (se), spojiti (se) (*with*)
consolable [kənˈsəuləbl] *adj* utješan, utješljiv, utješiv
consolation [ˌkɔnsəˈleiʃn] *s* utjeha; tješenje | **sorry ~** slaba utjeha; **~ prize** utješna nagrada
consolatory [kənˈsɔlətəri] *adj* (**consolatorily** *adv*) utješan, koji tješi
console [ˈkɔnsəul] *s archit* konzola, potporanj, nosač; *el* konzola | **~ table** konzolni stolić
console [kənˈsəul] *vt* (u)tješiti | **to ~ oneself with** (u)tješiti se čime
consoler [kənˈsəulə] *s* tješilac, (u)tješitelj
consolidate [kənˈsɔlideit] *vt/i* **I.** *vt* 1. zgusnuti, skrutiti; učvrstiti; *fig* utvrditi (moć) 2. ujediniti, združiti; *com* konsolidirati (državne dugove); stopiti, spojiti u jedno **II.** *vi* učvrstiti se, postati čvrst; konsolidirati se; skrutiti se
consolidation [kənˌsɔliˈdeiʃn] *s* skrućivanje; učvršćenje; *com* konsolidacija; sjedinjenje, stapanje, fuzija
consolidator [kənˈsɔlideitə] *s* učvrstitelj; konsolidator
consols [ˈkɔnsəlz] *s pl* fundirane državne obveznice; od države osigurane rente | **3 per cent ~** konsolidirana tripostotna renta
consommé [kənˈsɔmei] *s Fr* vrsta krepke juhe od mesa
consonance [ˈkɔnsənəns] *s* sklad; *fig* suglasje, slaganje, podudaranje
consonant [ˈkɔnsənənt] *adj* (**~ly** *adv*) *mus* skladan, konsonantan; *fig* suglasan; spojiv (*with*); koji pristaje čemu, koji je u skladu (*to* sa)
consonant [ˈkɔnsənənt] *s gram* suglasnik, konsonant
consonantal [ˌkɔnsəˈnæntl] *adj* (**~ly** *adv*) suglasnički, konsonantski
consort [ˈkɔnsɔːt] *s* suprug, muž; supruga, žena; bračni drug, drugarica; *mar* brod koji prati drugi brod | **queen ~** supruga kralja; **prince ~** suprug kraljice
consort [kənˈsɔːt] *vt/i* **I.** *vt* združiti, sjediniti; spojiti; pratiti **II.** *vi* općiti, družiti se (*with*); slagati se, biti suglasan (*with*); pristajati čemu, biti u skladu (*with* sa)
consortium [kənˈsɔːtiəm] *s Lat* konzorcij
conspecific [ˌkɔnspeˈsifik] *adj* iste vrste
conspectus [kənˈspektəs] *s Lat* (opći) pregled, kratki sadržaj, konspekt
conspicuity [ˌkɔnspiˈkjuːiti] *s* jasnoća; očevidnost, očitost; upadljivost, istaknutost
conspicuous [kənˈspikjuəs] *adj* (**~ly** *adv*) 1. jasan, vidljiv, vidan, očit, očevidan 2. istaknut, glasovit (*for* zbog) 3. upadljiv, koji pada u oči | **to be ~ by one's absence** isticati se neprisustvovanjem
conspiracy [kənˈspirəsi] *s* konspiracija, urota, zavjera | **~ of silence** dogovorena šutnja, zataškavanje
conspirator [kənˈspirətə] *s* urotnik, zavjerenik, konspirator
conspiratress [kənˈspirətris] *s* urotnica, zavjerenica
conspire [kənˈspaiə] *vi/t* **I.** *vi* kovati zavjeru, (u)rotiti se (*against*); šurovati, složiti se, udružiti se, zajedno djelovati (*to do*) **II.** *vt* kovati, snovati
conspirer [kənˈspaiərə] *s* urotnik, zavjerenik
conspue [kənˈspjuː] *vt fig* pljuvati (na koga); prezreti, prezirati
constable [ˈkʌnstəbl] *s* 1. visoki krunski činovnik 2. stražar, redar, policajac (*police ~*) | **special ~** pomoćni redar
constabulary [kənˈstæbjuləri] *adj* redarstveni, stražarski, policijski
constabulary [kənˈstæbjuləri] *s* redari, policajci, redarstvo, policija
constancy [ˈkɔnstənsi] *s* 1. postojanost, stalnost; nepromjenljivost 2. vjernost, nepokolebljivost
constant [ˈkɔnstənt] *adj* stalan, postojan, nepromjenljiv; vjeran, nepokolebljiv; neprekidan, konstantan, neprestan

constant [ˈkɔnstənt] *s math & phys* konstanta, nepromjenljiva veličina
constantly [ˈkɔnstəntli] *adv* neprestano, neprekidno, konstantno, stalno; uvijek, vazda
constellation [ˌkɔnstəˈleiʃn] *s astr* konstelacija, zviježđe; *fig* skup odličnika i dr.
consternate [ˈkɔnstəneit] *vt* zapanjiti, zaprepastiti, presenetiti, konsternirati
consternation [ˌkɔnstəˈneiʃn] *s* prepast, zaprepaštenje, užas, presenećenje, konsternacija
constipate [ˈkɔnstipeit] *vt med* zatvoriti, zatvarati, začepiti (stolicu)
constipation [ˌkɔnstiˈpeiʃn] *s med* zatvorenje, začepljenje (stolice), konstipacija
constituency [kənˈstitjuənsi] *s* 1. *parl* izbornici, birači 2. *parl* izborni okrug 3. *fam* čitaoci, pretplatnici, klijentela
constituent [kənˈstitjuənt] *adj* 1. sastavni, koji sačinjava dio 2. izborni; ustavotvorni, konstitucioni | **~ body** izborno tijelo; birači; **~ part** sastavni dio; **to be ~ of** tvoriti, sačinjavati
constituent [kənˈstitjuənt] *s* 1. (bitan) sastavni dio 2. *parl* birač, glasač 3. vlastodavac
constitute [ˈkɔnstitjuːt] *vt* 1. imenovati, postaviti za (*to ~ a p a judge*) 2. osnovati, ustanoviti; konstituirati 3. sačinjavati, tvoriti
constitution [ˌkɔnstiˈtjuːʃn] *s* 1. uređenje, ustrojstvo 2. sastav, građa (tijela), konstitucija; struktura; tjelesni ustroj; narav, priroda (*by ~* po naravi) 3. *jur* ustav, konstitucija
constitutional [ˌkɔnstiˈtjuːʃənl] *adj* (**~ly** *adv*) 1. konstitucionalan, prirođen; koji služi zdravlju; svojstven svojoj naravi; bitan 2. ustavni, konstitucioni
constitutional [ˌkɔnstiˈtjuːʃənl] *s* šetnja (za poboljšanje zdravlja) | **morning ~** jutarnja šetnja
constitutionalism [ˌkɔnstiˈtjuːʃnəlizəm] *s* konstitucionalizam, ustavni sistem
constitutionalist [ˌkɔnstiˈtjuːʃnəlist] *s* pristaša ustavnog oblika vladavine
constitutionalize [ˌkɔnstiˈtjuːʃnəlaiz] *vt/i* **I.** *vt* učiniti ustavnim, konstitucionim **II.** *vi* poći na šetnju (za poboljšanje zdravlja)
constitutive [kənˈstitjutiv] *adj* (**~ly** *adv*) konstitutivan; koji određuje; osnovni, bitan; sastavni | **to be ~ of** sačinjavati
constitutor [ˈkɔnstitjuːtə] *s* onaj koji konstituira, osnivač, utemeljitelj
constrain [kənˈstrein] *vt* primorati, (pri)siliti (*to a th* na što; *to do*); iznuditi, silom dobiti; *poet* obuzda(va)ti, stegnuti, sapeti, sapinjati, ograničiti, (s)priječiti; vezati, zatvoriti
constrained [kənˈstreind] *adj* (**~ly** [kənˈstreinidli] *adv*) neprirodan, prisiljen, usiljen; zbunjen, smeten
constraint [kənˈstreint] *s* 1. siljenje, (pri)sila, prinuda, primoravanje 2. ograničenje; zatočenje 3. usiljenost; zbunjenost, smetenost; suzdržavanje | **under ~** pod prinudom
constrict [kənˈstrikt] *vt* stegnuti, stezati, stiskati, stisnuti; ograničiti
constriction [kənˈstrikʃən] *s anat* stezanje, stiskanje; suženje
constrictive [kənˈstriktiv] *adj* koji steže, stišće
constrictor [kənˈstriktə] *s anat* konstriktor; *zool* udav (*boa-~*)
constringe [kənˈstrindʒ] *vt* stegnuti, stezati
constringency [kənˈstrindʒənsi] *s* stezanje
constringent [kənˈstrindʒənt] *adj* koji steže
construct [kənˈstrʌkt] *vt* 1. podići, (sa)zidati, (sa)graditi; konstruirati 2. sastaviti (rečenicu), složiti; izgraditi (teoriju); projektirati; izumiti, izmisliti; oblikovati
construction [kənˈstrʌkʃən] *s* 1. sastav, sastavljanje, izrađivanje; (iz)gradnja, konstrukcija, podizanje; zgrada, građevina, objekt; građenje, izgrađivanje; građevinstvo 2. izlaganje, tumačenje 3. *gram & geom* konstrukcija | **under ~, in the course of ~** u gradnji; **to put the best ~ upon** shvatiti ili izložiti u najboljem smislu
constructional [kənˈstrʌkʃənl] *adj* (**~ly** *adv*) koji se tiče (iz)gradnje, građe, sastava, konstrukcije, konstrukcijski
constructive [kənˈstrʌktiv] *adj* (**~ly** *adv*) građevni, konstrukcijski; koji gradi; konstruktivan (*~ criticism*); izveden, iskonstruiran
constructor [kənˈstrʌktə] *s* graditelj; sastavljač; konstruktor
construe [kənˈstruː] *vt/i* **I.** *vt gram* analizirati (rečenicu); konstruirati, pravilno sastaviti; (doslovce) prevoditi; tumačiti, razlagati **II.** *vi gram* moći se gramatički protumačiti (*this sentence does not ~*)
consubstantial [ˌkɔnsəbˈstænʃəl] *adj* (**~ly** *adv*) *eccl* iste naravi, jednake biti
consubstantiate [ˌkɔnsəbˈstænʃieit] *vt/i* **I.** *vt* ujediniti u isto biće, narav **II.** *vi* sjediniti se, spojiti se u istom biću, u istoj naravi
consubstantiation [ˈkɔnsəbˌstænʃiˈeiʃn] *s eccl* nauka o stvarnoj nazočnosti tijela i krvi Kristove u kruhu i vinu kod pričesti
consuetude [ˈkɔnswitjuːd] *s* (uvriježen) običaj, navika
consuetudinary [ˌkɔnswiˈtuːdinəri] *adj* običajni (*~ law*)
consul [ˈkɔnsəl] *s* konzul | **~ general** generalni konzul
consular [ˈkɔnsjulə] *adj* konzularni; konzulski

consulate ['kɔnsjulit] *s* konzulat | **~ general** generalni konzulat
consulship ['kɔnsəlʃip] *s* čast ili služba konzula, konzulstvo
consult [kən'sʌlt] *vt/i* **I.** *vt* 1. obratiti se na, (u)pitati za savjet, tražiti upute, konzultirati 2. uzeti u obzir **II.** *vi* (po)savjetovati se (*about* o; *with*) | **to ~ a book** pogledati u knjigu; **to ~ one's pillow** razmisliti (o čemu) preko noći; **~ing engineer** tehnički savjetnik; **~ing physician** medicinski savjetnik; **~ing room** ordinacija; **I shall ~ your interest** vodit ću brigu o vašim interesima
consultable [kən'sʌltəbl] *adj* koga se može savjetovati, pitati za savjet
consultant [kən'sʌltənt] *s* konzultant, (stručni) savjetnik
consultation [ˌkɔnsəl'teiʃn] *s* savjetovanje, vijećanje; traženje savjeta, konzultiranje; dogovaranje; *med* konzultacija, konzilij | **on ~ with** nakon dogovora sa; *med* **~ hour** sat ordiniranja; **~ room** ordinacija
consultative [kən'sʌltətiv] *adj* savjetodavan
consultee [ˌkɔnsʌ'tiː] *s* (stručni) savjetnik
consumable [kən'sjuːməbl] *adj* potrošiv, potrošan; užitačan; prolazan, razoriv
consume [kən'sjuːm] *vt/i* **I.** *vt* 1. uništiti, razoriti; (plamen) proždrijeti; 2. (is)trošiti, potrošiti; spiskati (imetak); pojesti, popiti, konzumirati; (vrijeme) provesti, tratiti **II.** *vi* (*to ~ away*) (is)trošiti se; opadati, nestajati (*with* od) | **consuming desire** želja koja razdire; *fig* **to be ~d with** izjedati se čime; **time-consuming** što oduzima mnogo vremena
consumedly [kən'sjuːmidli] *adv* prekomjerno, pretjerano, krajnje
consumer [kən'sjuːmə] *s* potrošač, konzument | **~ goods** potrošna roba, roba široke potrošnje; **~ durable goods, ~ durables** artikli trajne potrošnje
consummate [kən'sʌmit] *adj* (**~ly** *adv*) potpun, krajnji (**~** *ass*); savršen (**~** *artist*)
consummate ['kɔnsəmeit] *vt* dovršiti, dokončati; izvršiti, izvesti do kraja; usavršiti; konzumirati (brak)
consummation [ˌkɔnsə'meiʃn] *s* izvršenje; dovršenje, dokončanje; (očekivani) cilj, ispunjenje; potpunost; kraj, konac; konzumacija (braka)
consummative ['kɔnsəmeitiv] *adj* koji dovršava, dokončava, izvršava, usavršava, ispunjuje
consummator ['kɔnsəmeitə] *s* onaj koji dovršava, dokončava, izvršava
consumption [kən'sʌmpʃən] *s* (is)trošenje; potrošnja; konzumacija, prođa, prodaja; *med* sušica (*pulmonary* **~**, *galloping* **~**)
consumptive [kən'sʌmptiv] *adj* (**~ly** *adv*) *med* sušičav
consumptive [kən'sʌmptiv] *s* sušičav bolesnik
contact ['kɔntækt] *s* doticaj, doticanje, dodir; *el* spoj, kontakt; veza | **to be in ~ with** biti u dodiru sa; *fig* **to come into ~ with** doći u vezu sa, upoznati se; **to make ~** uspostaviti vezu (*with*); *el* uspostaviti spoj; **to break ~** prekinuti vezu; *el* prekinuti spoj
contact ['kɔntækt] *vt* stupiti u vezu (s kim), obratiti se (komu), stupiti u kontakt s kim, kontaktirati
contactor [kɔn'tæktə] *s el* sklopnik
contagion [kən'teidʒən] *s* zaraza; pošast; priljepčiva bolest; *fig* kuga
contagious [kən'teidʒəs] *adj* (**~ly** *adv*) *med* priljepčiv, zarazan (i *fig*), kužan; koji širi zarazu
contain [kən'tein] *vt* sadrža(va)ti, obuhvaćati; držati; imati (*a foot* **~s** *twelve inches*); zadržati, zaustaviti (neprijateljske snage); obuzda(va)ti, svlada(va)ti (osjećaje); zaustaviti (širenje bolesti); *geom* tvoriti granicu; *math* biti djeljiv (bez ostatka) | **to ~ oneself** obuzdati se, suzdržati se
container [kən'teinə] *s* posuda, sud, kutija, spremnica, ambalaža, sanduk, kontejner
containment [kən'teinmənt] *s mil* zadržavanje, zaustavljanje (neprijatelja); *pol* sprečavanje širenja utjecaja neke države
contaminate [kən'tæmineit] *vt* uprljati, okaljati, zaraziti; *fig* okužiti, zaraziti, (za)trovati
contamination [kənˌtæmi'neiʃn] *s* 1. prljanje, kuženje, zaraza, kontaminacija; *fig* kaljanje, kuženje, oskvrnuće 2. spajanje (dvaju tekstova)
contango [kən'tæŋgəu] *s st exch* report, založna nagrada | **~ rate** prolongacijski kamatnjak
contango [kən'tæŋgəu] *vi st exch* obavljati reportne poslove
contemn [kən'tem] *vt* prezirati
contemplate ['kɔntempleit] *vt/i* **I.** *vt* 1. razmatrati; promatrati; promišljati 2. namjeravati, smjerati; predviđati, očekivati **II.** *vi* misliti, razmišljati (*on* o)
contemplation [ˌkɔntem'pleiʃn] *s* 1. razmatranje; promatranje 2. (duboko) razmišljanje, kontemplacija 3. namjera, nakana 4. predviđanje, očekivanje | **to have in ~** namjeravati
contemplative ['kɔntempleitiv] *adj* (**~ly** *adv*) misaon, zamišljen, sklon razmatranju, koji duboko misli, kontemplativan
contemplative [kən'templətiv] *adj rel* kontemplativan, koji razmišlja o vjeri i Bogu
contemplator ['kɔntempleitə] *s* razmatralac, razmišljalac; mislilac
contemporaneity [kənˌtempərə'niːiti] *s* istodobnost; suvremenost
contemporaneous [kənˌtempə'reinjəs] *adj* (**~ly** *adv*) suvremen; istodoban, istovremen (*with*)

contemporary [kən'tempərəri] *adj* (**contemporarily** *adv*) suvremen; istodoban, istovremen
contemporary [kəm'tempərəri] *s* 1. suvremenik, istodobnik; vršnjak 2. suvremene novine
contemporize [kən'tempəraiz] *vt* učiniti suvremenim, smjestiti u isto vremensko razdoblje (*with*)
contempt [kən'tempt] *s* 1. prezir (*for a th*); zanemarivanje (*for a th* čega), neobaziranje (*for* na) 2. sramota 3. *jur* neuvažavanje, ogluha, neposluh, (pre)kršenje (sudbenih naredbi) | ~ **of court** neodazivanje sudbenom pozivu, nepoštivanje suda; **beneath** ~ gnusan, ogavan; **to feel** ~ **for, to hold in** ~ prezirati; **to fall into** ~ navući na sebe prezir
contemptibility [kən,temptə'biliti] *s* prezirnost, podlost, gnusnost, ogavnost
contemptible [kən'temptəbl] *adj* (**contemptibly** *adv*) prezira vrijedan; podao, ogavan, nizak
contemptuous [kən'temptjuəs] *adj* (~**ly** *adv*) preziran, prezriv; pun prezira (*of* za) | **to be** ~ **of** prezirati
contend [kən'tend] *vi* 1. boriti se, rvati se (*with* sa; *for* za); takmičiti se; natjecati se (*with* sa; *for* za); prepirati se (*about* o), prigovarati; istupiti (*against a p* protiv koga) 2. tvrditi (*that*)
contender [kən'tendə] *s* borac; takmac, takmičar, natjecatelj, protivnik
contending [kən'tendiŋ] *adj* protivan
content ['kɔntent] *s* 1. (prostorni) sadržaj, zapremina, volumen, obujam; sadržaj (knjige, članka) 2. sadržina (*fat* ~; *the intellectual* ~) | ~**s** *pl* (predmetni, stvarni) sadržaj (posude, knjige i dr.); **table of** ~**s** sadržaj, popis sadržaja
content [kən'tent] *adj* zadovoljan (*with*); pripravan, voljan, spreman (*to do*) | **well** ~ posve zadovoljan; *parl* ~! za; **not** ~! protiv
content [kən'tent] *s* zadovoljstvo, zadovoljnost | **to one's heart's** ~ do mile volje
content [kən'tent] *vt* zadovoljiti, učiniti zadovoljnim | **to** ~ **oneself** biti zadovoljan (*with* sa), zadovoljiti se (*with doing*)
contented [kən'tentid] *adj* (~**ly** *adv*) zadovoljan (*with*); udovoljen; dovoljan | **to be** ~ zadovoljiti se; **to be** ~ **to do** učiniti sa zadovoljstvom
contention [kən'tenʃən] *s* 1. borba; takmičenje; rječkanje, prepiranje, svađa 2. tvrdnja (*that*) | **bone of** ~ kamen smutnje, predmet razmirice
contentious [kən'tenʃəs] *adj* (~**ly** *adv*) 1. svadljiv 2. prijeporan, sporan (~ *point*)
contentment [kən'tentmənt] *s* zadovoljstvo (*with*)
conterminal [kɔn'tə:minl] *adj* granični, koji graniči (*to*)
conterminous [kɔn'tə:minəs] *adj* (~**ly** *adv*) 1. graničan, koji graniči (*to*); pograničan 2. dodirni, koji se dotiče, sastaje; istoznačan (*with*) | **to be** ~ graničiti (*with*)
contest ['kɔntest] *s* 1. prepirka, rječkanje, spor 2. borba (*over, about*) 3. natjecanje, natječaj, takmičenje (*for* za)
contest [kən'test] *vt/i* **I.** *vt* 1. poreći, poricati; pobijati, osporavati 2. boriti se, natjecati se za što; nastojati zadobiti **II.** *vi* boriti se, takmičiti se, natjecati se, prepirati se (*with*) | *parl* **to** ~ **a seat** kandidirati
contestable [kən'testəbl] *adj* prijeporan, sporan
contestant [kən'testənt] *s* borac, suparnik, protivnik, takmac; takmičar, natjecatelj
contested [kən'testid] *adj* sporan, prijeporan
context ['kɔntekst] *s* kontekst; sklop; povezanost, veza (*in this* ~)
contextual [kɔn'tekstjuəl] *adj* (~**ly** *adv*) koji odgovara kontekstu, kontekstualan, koji se može razabrati iz teksta
contexture [kən'tekstʃə] *s* 1. način tkanja; tkivo 2. građa, struktura, sustav
contiguity [,kɔnti'gjuiti] *s* doticanje, graničenje, međašenje (*with*); blizina, susjedstvo; *psych* kontiguitet
contiguous [kən'tigjuəs] *adj* (~**ly** *adv*) blizak, susjedan; dodiran, koji graniči (*to* sa)
continence ['kɔntinəns] *s* suzdržljivost, umjerenost; nevinost, čistoća
continent ['kɔntinənt] *adj* (~**ly** *adv*) suzdržljiv, umjeren; nevin, čist; *med* koji može suzdržati mokraću
continent ['kɔntinənt] *s* kontinent, kopno | **the Continent** kontinentalna Evropa
continental [,kɔnti'nentl] *adj* kopneni, kontinentalan; koji se odnosi na kontinentalnu Evropu
continental [,kɔnti'nentl] *s* kontinentalac; stanovnik kontinentalne Evrope
continentalism [,kɔnti'nentəlizəm] *s* kontinentalizam, osobina stanovnika kontinenta
continentally [,kɔnti'nentəli] *adv* kontinentalno; kao na kontinentu; poput kontinentalca (*to think* ~)
contingency [kən'tindʒənsi] *s* možebitnost, slučajnost, eventualnost; slučajni događaj, slučaj; nepredvidiva okolnost | **contingencies** *pl* nepredviđeni izdaci, izvanredni sitni troškovi; **contingencies of war** ratna sreća
contingent [kən'tindʒənt] *adj* (~**ly** *adv*) moguć, slučajan, nesiguran, neizvjestan, eventualan; zavisan, uvjetovan; *phil* nebitan; ne bezuvjetno istinit | ~ **(up)on** ovisan o, uvjetovan čime
contingent [kən'tindʒənt] *s* *mil* & *com* kontingent

continuable [kən'tinjuəbl] *adj* koji se može nastaviti
continual [kən'tinjuəl] *adj* (**~ly** *adv*) vrlo čest, učestao (~ *shouting*); neprestan, neprekidan, stalan
continuance [kən'tinjuəns] *s* trajanje, postojanje; nastavljanje, neprekidnost; ostajanje (*in place, condition*) | **of long ~** dugotrajan
continuant [kən'tinjuənt] *s phon* suglasnik, koji se može izgovarati dok ima daha (f, v, s, r)
continuation [kən,tinju'eiʃn] *s* 1. neprestano trajanje, nastavljanje, produživanje; nastavak; *st exch* prolongacija, prolongacijski posao 2. produženje, nadogradnja (*to a house*) | **~ school** produžna škola
continuative [kən'tinjuətiv] *adj* koji (se) nastavlja, produžuje; trajan, stalan, neprekidan
continuator [kən'tinjueitə] *s* nastavljač (nedovršena djela)
continue [kən'tinju:] *vi/t* **I.** *vi* nastavljati se, nastaviti (se), produljiti se; produžiti, poći dalje; ne prestajati, dalje trajati; (i nadalje) ostati (*at a post* na nekom mjestu); ustrajati (*in*) **II.** *vt* nastaviti, nastavljati, zadržati; *jur* odgoditi | **to be ~d** nastavak slijedi; **to ~ happy** ostati sretan; **to ~ reading** nastaviti s čitanjem; **to ~ (in) a business** nastaviti poslovanjem
continued [kən'tinju:d] *adj* stalan, neprekidan, neprestan, kontinuiran; nastavljen
continuity [,konti'njuiti] *s* stalan slijed, kontinuitet; neprekidnost; stalnost; (unutarnja) veza; *fig* crvena nit; *film* scenarij; *radio* tekst
continuous [kən'tinjuəs] *adj* (**~ly** *adv*) neprekidan, neprekinut, neprestan, stalan, trajan | *rly* **~ brake** automatska kočnica; *el* **~ current** istosmjerna struja
contort [kən'tɔ:t] *vt* svijati, uvijati; iskriviti, iskrivljavati (i *fig*)
contortion [kən'tɔ:ʃn] *s* uvijanje; (is)krivljenje; previjanje
contortionist [kən'tɔ:ʃnist] *s* akrobat, čovjek od gume, čovjek-zmija
contour ['kontuə] *s* obris, ocrt, kontura, oblik | **~ line** reljef
contour ['kontuə] *vt* ocrtati; dati obris čega; izgraditi (cestu) po obrisu brda
contra ['kontrə] *prep Lat* protiv
contra ['kontrə] *adv* | **pro & ~** za i protiv
contra ['kontrə] *s* protuubilježba (u knjigovodstvu) | **per ~** za naknadu, kao protuuslugu
contraband ['kontrəbænd] *s* 1. kontrabanda, krijumčarenje 2. krijumčarena roba 3. *US hist* rob, crnac koji je prebjegao ili bio doveden u sjeverne države | **~ of war** ratna kontrabanda
contraband ['kontrəbænd] *adj* nedopušten, zabranjen, protuzakonit; krijumčaren | **~ goods** krijumčarena ili krijumčarska roba, kontrabanda
contrabandist ['kontrəbændist] *s* krijumčar, kontrabandist
contrabass [,kontrə'beis] *s mus* kontrabas
contraception [,kontrə'sepʃn] *s* sprečavanje začeća; upotreba sredstava protiv začeća, kontracepcija
contraceptive [,kontrə'septiv] *adj* koji sprečava začeće
contraceptive [,kontrə'septiv] *s* sredstvo za sprečavanje začeća, kontraceptivno sredstvo
contract ['kontrækt] *s* utanačenje, kontrakt; pismen ugovor; ugovor o dobavi, dobavna pogodba, akord; ženidbeni ugovor; zaruke | **to enter into ~ with, to make a ~ with** sklopiti ugovor sa; **by ~** ugovorom; **by private ~** ispod ruke; **under ~** obavezan ugovorom; dan na izvedbu; **~ work** akordni posao; *rly* **~ ticket** mjesečna karta; **marriage ~, matrimonial ~** ženidbeni ugovor; **verbal ~** usmeno utanačenje
contract [kən'trækt] *vt/i* **I.** *vt* 1. stegnuti, sažeti, skratiti; skupiti (obrve), navorati (čelo); suziti, ograničiti; *gram* kontrahirati, skratiti (riječ) sažimanjem više glasova u jedan 2. dobiti, navući na se (bolest) 3. preuzeti (obavezu) 4. steći (naviku) 5. sklopiti (zaključiti) ugovor, ugovoriti, utanačiti, kontrahirati **II.** *vi* 1. stegnuti se, stezati se, smanjiti se, suzivati se, skvrčiti se, zgrčiti se, skupiti se 2. složiti se, sporazumjeti se; obavezati se ugovorom | **to ~ out of an agreement** napustiti obaveze sporazuma; **to ~ the brows (the forehead)** namrštiti se; **to ~ a marriage** sklopiti brak (*with*); **to ~ debts** zadužiti se; **to ~ expenses** smanjiti izdatke
contract out [kən'trækt'aut] *vi* odbaciti (ugovorne, zakonske) obaveze
contract-business ['kontrækt,biznis] *s com* dobavni posao
contracted [kən'træktid] *adj* (**~ly** *adv*) stegnut, stisnut; sažet; skraćen; *fig* uskogrudan, ograničen
contractibility [kən,træktə'biliti] *s* stežljivost
contractible [kən'træktəbl] *adj* (**contractibly** *adv*) stežljiv
contractile [kən'træktail] *adj* stežljiv (*metal*); koji steže (*muscle*), stezni; sklopiv
contractility [,kontræk'tiliti] *s* stežljivost; sposobnost stezanja
contracting [kən'træktiŋ] *adj* koji ugovara, ugovorni | **the ~ parties** ugovarači, kontrahenti; ugovorne strane
contraction [kən'trækʃən] *s* 1. stezanje; **skupljanje; grčenje; sažimanje; skraći-**

vanje, pokrata; *gram* kontrakcija; skraćen oblik, skraćenica 2. zaključenje, sklapanje (ugovora); stjecanje (bolesti, duga)
contractive [kən'træktiv] *adj* koji steže
contract-note ['kɔntræktnəut] *s com* zaključnica
contractor [kən'træktə] *s* 1. ugovaratelj; ugovornik 2. poduzetnik; dobavljač, opskrbljivač, liferant 3. *anat* kontraktor, mišić stezač | **army ~** vojni dobavljač; **builder and ~** građevni poduzetnik
contractual [kən'træktjuəl] *adj* (**~ly** *adv*) ugovoran, kontraktualan
contradict [ˌkɔntrə'dikt] *vt* opozvati, poricati, nijekati; proturječiti, protusloviti; opovrći; biti (čemu) protivan, protiviti se (čemu) | **to ~ each other** protusloviti jedan drugome, biti proturječan
contradictable [ˌkɔntrə'diktəbl] *adj* kojemu se može proturječiti
contradiction [ˌkɔntrə'dikʃən] *s* proturječje, protuslovlje; opreka; kontradikcija
contradictious [ˌkɔntrə'dikʃəs] *adj* (**~ly** *adv*) proturječan; protuslovan, oprečan, kontradiktoran; svadljiv
contradictor [ˌkɔntrə'diktə] *s* onaj koji se protivi, prigovara, proturječi, protuslovi; prigovaralo
contradictoriness [ˌkɔntrə'diktərinis] *s* proturječnost, protuslovnost
contradictory [ˌkɔntrə'diktəri] *adj* (**contradictorily** *adv*) proturječan, protuslovan; protivan, oprečan; nespojiv; kontradiktoran; sasvim suprotan
contradictory [ˌkɔntrə'diktəri] *s* proturječje; protuslovnost; opreka; suprotnost; kontradikcija
contradistinction [ˌkɔntrədis'tiŋkʃən] *s* suprotnost, razlika, opreka
contradistinguish [ˌkɔntrədis'tiŋgwiʃ] *vt* razlikovati, raspoznavati po protivnim svojstvima (*from*)
contralto [kən'træltəu] *s mus* 1. alt 2. altistica
contralto [kən'træltəu] *adj mus* alt (*~ voice*)
contraposition [ˌkɔntrəpə'ziʃən] *s* opreka, suprotstavljanje; *log* kontrapozicija
contraption [kən'træpʃən] *s coll* naprava, tehnička novotarija, čudo
contrapuntal [ˌkɔntrə'pʌntl] *adj* (**~ly** *adv*) *mus* kontrapunktni
contrapuntist ['kɔntrəpʌntist] *s mus* kontrapunktist
contrariant [kən'trɛəriənt] *adj* oprečan, suprotan; protivnički
contrariant [kən'trɛəriənt] *s* opreka, suprotnost; protivnik
contrariety [ˌkɔntrə'raiəti] *s* proturječnost; protuslovnost; protivština, oprečnost (*to*); nespojivost, neslaganje, razilaženje; zapreka; protudjelovanje; nepovoljnost (vremena)
contrariness ['kɔntrərinis] *s* suprotstavljanje, suprotnost, protivljenje; *fam* tvrdoglavost, nepokornost, samovoljnost, svojeglavost; nepovoljnost (vremena)
contrariwise ['kɔntrəriwaiz] *adv* suprotno, protivno, obrnuto, naopako; nasuprot; naprotiv
contrary ['kɔntrəri] *adj* (**contrarily** *adv*) suprotan, protivan, oprečan (*to a th*); nepovoljan (vrijeme, vjetar)
contrary [kən'trɛəri] *adj* (**contrarily** *adv*) tvrdoglav, prgav, svojevoljan
contrary ['kɔntrəri] *s* suprotnost, opreka | **on the ~, to the ~** nasuprot, naprotiv, suprotno tomu, obratno; **by contraries** suprotno očekivanju; obratno
contrary ['kɔntrəri] *adv* protiv(no), naprotiv (*to*) | **~ to** suprotno
contrast [kən'trɑːst] *vt/i* **I.** *vt* staviti u opreku, kontrastirati, staviti nasuprot (*one th with another*) **II.** *vi* biti u opreci ili kontrastu, ne slagati se (*with*); odvajati se, razlikovati se (*with* od); isticati se, odskakivati; kontrastirati
contrast ['kɔntrɑːst] *s* kontrast, protivnost, suprotnost (*between, to*); protivština, oprečnost (*to*); razlika | **by ~ with** u poređenju sa; **in ~ to** nasuprot (čemu), u suprotnosti sa; za razliku od
contravene [ˌkɔntrə'viːn] *vt* raditi protiv; ogriješiti se o, (pre)kršiti (zakon); pobijati, opovrgavati; biti u sukobu, opreci, neskladu sa
contravention [ˌkɔntrə'venʃən] *s* prekršaj, kršenje | **in ~ of (the rules)** suprotno (pravilima), kršeći (pravila)
contretemps ['kɔ̃ntrətɑ̃ːŋ] *s Fr* neprilika, neočekivana smetnja, nezgoda
contribute [kən'tribjut] *vt/i* **I.** *vt* dati, pridonijeti, pridonositi, (do)prinositi, prilagati, priložiti (*to*) **II.** *vi* sudjelovati (*to* u čemu); pridonositi (*to, towards* čemu; *to do*) | **to ~ to a newspaper** surađivati u nekom listu
contribution [ˌkɔntri'bjuːʃn] *s* 1. pridonošenje, sudjelovanje (*to*) 2. (do)prinos, prilog, pomoć; (ratni) namet, porez; harač, danak; kontribucija
contributive [kən'tribjutiv] *adj* koji pridonosi, kontributivan
contributor [kən'tribjutə] *s* prinosnik, onaj koji pridonosi (*to a th*); suradnik (*~ to a newspaper*)
contributory [kən'tribjutəri] *adj* (**contributorily** *adv*) koji pridonosi, sudjeluje; doprinosni; koji je dužan pridonijeti
contributory [kən'tribjutəri] *s com* onaj koji pridonosi ili je dužan pridonijeti; pridonosni čimbenik
contrite ['kɔntrait] *adj* (**~ly** *adv*) skršen, satrven; skrušen, pokajnički
contrition [kən'triʃn] *s* satrvenost, skrušenost; kajanje | **act of ~** kajanje, čin kajanja

contrivance [kən'traivəns] *s* 1. izum, pronalazak 2. osnova, plan; iznalažljivost, domišljatost, doskočica; lukavština, majstorija 3. naprava; sprava; uređaj (*adjusting* ~; *lightning* ~); aparat

contrive [kən'traiv] *vt/i* **I.** *vt* pronaći, izvući; izmisliti, smisliti, izumiti; učiniti, proizvesti; ostvariti; izvesti, izvršiti; postići; omogućiti **II.** *vi* uspjeti, uspijevati (*to do*) | **to cut & ~** uspjeti s malim prihodima sastavljati kraj s krajem

contriver [kən'traivə] *s* izumitelj, pronalazač; onaj koji se čemu domišlja, koji kuje planove; snalažljiv čovjek | **good ~** dobar gospodar

control [kən'trəul] *s* 1. moć, (pre)vlast, gospodstvo (*of, over* nad) 2. nadzor, pregled, kontrola, upravljanje (*of, over*) 3. obuzdavanje, sprečavanje, suzbijanje; ograničenje, pritezanje 4. *tech* reguliranje; kontrolni uređaj; regulator 5. kontrolna stanica (kod automobilskih **trka**) 6. (spiritizam) duh koji aktivira medij | **to get under ~** staviti pod svoju vlast, ovladati; **to get ~ over** (ili **of**) obuzdati; **to lose ~ over** izgubiti vlast nad; **to keep under ~** držati u vlasti; **to be in ~ (of)** upravljati, zapovijedati (čime); **to take ~ (of)** preuzeti vlast (nad); uvesti reda, staviti u red; **out of ~** slobodan, neobuzdan, izvan (čije) vlasti; **birth ~** planiranje broja poroda; **~s** *pl* regulacijski, restriktivni propisi ili mjere; *aero mech* uređaj za upravljanje; *aero* **the ~ column** (*coll* **stick**) poluga za upravljanje; **~ tower** kontrolni toranj

control [kən'trəul] *vt* 1. obuzdavati, ograničavati, vladati, svladati (*to ~ oneself* (o)vladati sam sobom); voditi 2. nadzirati, pregledati, vršiti nadzor, kontrolirati, ispitivati, (pre)ispitati; **staviti (privredu)** pod nadzor (države)

controllable [kən'trəuləbl] *adj* koji se može nadgledati; kojim se može (o)vladati, upravljati

controller [kən'trəulə] *s* nadglednik, nadzornik, pregledač, kontrolor, revizor; *fig* upravljač; *el* regulator

controlment [kən'trəulmənt] *s* 1. moć, vlast, gospodstvo 2. nadzor, kontroliranje 3. obuzdavanje, ograničenje

controversial [ˌkɔntrə'vəːʃəl] *adj* (**~ly** *adv*) sporan, prijeporan, polemički; svadljiv, inatljiv

controversialism [ˌkɔntrə'vəːʃəlizəm] *s* polemičnost

controversialist [ˌkɔntrə'vəːʃəlist] *s* prepirač, polemičar

controversy ['kɔntrəvəːsi] *s* borba mišljenja, diskusija, polemika, prepiranje, prepirka, raspra, raspravljanje; kontroverzija, nesuglasica, **spor**, prijeporno pitanje | **beyond ~** neosporno

controvert ['kɔntrəvəːt] *vt* pobijati; prepirati se oko čega; proturječiti, protusloviti

controvertible ['kɔntrəvəːtəbl] *adj* (**controvertibly** *adv*) prijeporan, sporan

contumacious [ˌkɔntju'meiʃəs] *adj* (**~ly** *adv*) nepokoran, neposlušan, tvrdoglav, prgav, tvrdokoran, koji se opire; *jur* koji se oglušuje

contumacy ['kɔntjuməsi] *s* nepokornost, neposlušnost, tvrdokornost, tvrdoglavost, prgavost; *jur* kontumacija, ogluha, propust

contumelious [ˌkɔntju'miːliəs] *adj* (**~ly** *adv*) sramotan, pogrdan, vrijedan prezira; drzak, bezobrazan, besraman

contumely ['kɔntjumli] *s* poruga, ruganje, preziranje; prostota, grubost; sramota, poniženje, uvreda, pogrda, ruglo

contuse [kən'tjuːz] *vt* zgnječiti, prignječiti

contusion [kən'tjuːʒn] *s* kontuzija, nagnječenje, ozljeda od udarca, modrica, uboj

conundrum [kə'nʌndrəm] *s* (šaljiva) zagonetka, pitalica

convalesce [ˌkɔnvə'les] *vi* ozdraviti, ozdravljivati, oporavljati se, oporaviti se

convalescence [ˌkɔnvə'lesns] *s* ozdravljivanje, oporavljanje, rekonvalescencija

convalescent [ˌkɔnvə'lesnt] *adj* (**~ly** *adv*) koji se oporavlja; koji ozdravljuje; oporavni | **~ home, ~ hospital** oporavilište, sanatorij

convalescent [ˌkɔnvə'lesnt] *s* rekonvalescent

convection [kən'vekʃən] *s phys* konvekcija, prenošenje, predavanje

convene [kən'viːn] *vt/i* **I.** *vt* sazvati, sakupiti; *jur* pozvati (*before*) **II.** *vi* sastati se, sakupiti se

convener [kən'viːnə] *s* sazivač

convenience [kən'viːnjəns] *s* 1. prikladnost, pogodnost, podesnost, primjerenost, praktičnost 2. udobnost; olakšica, prednost, korist (*it is a great ~ to have*) 3. komforan uređaj; zahod | **~s** *pl* udobnosti, komfor; **public ~s** javni zahod; **a marriage of ~** brak iz interesa; **at your own ~** kada vam bude zgodno; **at your earliest ~** što vam je prije moguće, prvom zgodnom prilikom; **to make a ~ of a p** iskoristiti koga

convenient [kən'viːnjənt] *adj* (**~ly** *adv*) prikladan, zgodan, praktičan, priručan, udoban (*for, to* za); upotrebljiv; *US* prikladno smješten | **~ to** tik, uz; **with all ~ speed** što je brže moguće, najkraćim putem

convent ['kɔnvənt] *s eccl* (ženski) samostan | **enter a ~** zarediti se (za opaticu)

conventicle [kən'ventikl] *s* 1. tajni sastanak, konventikl (otpadnika od Anglikanske crkve) 2. zgrada za takve sastanke

convention [kən'venʃən] *s* 1. sastanak, skupština, zbor, zasjedanje 2. ugovor, pogodba, konvencija 3. općepriznati način ophođenja, ustaljeno pravilo, običaj, konvencionalnost
conventional [kən'venʃənl] *adj* (**~ly** *adv*) 1. uobičajen, prihvaćen, konvencionalan, utvrđen tradicijama 2. dogovoren, ugovorni
conventionalism [kən'venʃnəlizəm] *s* uobičajen izraz, prazna fraza; konvencionalizam
conventionalist [kən'venʃnəlist] *s* pristaša neke konvencije; formalist
conventionality [kən,venʃə'næliti] *s* konvencionalnost
conventionalize [kən'venʃnəlaiz] *vt* učiniti konvencionalnim, prikazati konvencionalno
conventual [kən'ventjuəl] *adj* (**~ly** *adv*) samostanski
conventual [kən'ventjuəl] *s* redovnik, kaluđer; redovnica, opatica | **Conventuals** *pl* ogranak franjevaca
converge [kən'və:dʒ] *vi/t* **I.** *vi* konvergirati, međusobno se približavati, stjecati se (u jednoj točki); približavati se s nekoliko strana (prema cilju) **II.** *vt* međusobno približavati, usmjeriti prema istom cilju
convergence [kən'və:dʒəns] *s* konvergencija, stjecanje, međusobno približavanje
convergent [kən'və:dʒənt] *adj* (**~ly** *adv*) konvergentan, koji se stječe u istoj točki
conversable [kən'və:səbl] *adj* (**conversably** *adv*) razgovorljiv, zabavan, druževan
conversance [kən'və:səns] *s* poznavanje, prisnost (*with*)
conversant [kən'və:sənt] *adj* (**~ly** *adv*) dobro upoznat, prisan (*with*); upućen, vješt (*in*)
conversation [,kɔnvə'seiʃn] *s* 1. saobraćaj, drugovanje, općenje; spolno općenje 2. razgovor; zabava; konverzacija | **criminal ~** preljub; **~ piece** žanr slika, slika s temom iz stanovite društvene sredine; **to enter into ~** zapodjenuti razgovor, upustiti se u razgovor
conversational [,kɔnvə'seiʃənl] *adj* (**~ly** *adv*) razgovoran; zabavan (*~ style*); konverzacijski, kozerski
conversationalist [,kɔnvə'seiʃnəlist] *s* vješt pripovjedač, razgovorljiv čovjek
conversazione [,kɔnvəsætsi'əuni] *s It* društveni sastanak umjetnika ili naučnog društva; literarno veče
converse [kən'və:s] *vi* općiti, družiti se, zabavljati se, razgovarati (se) (*with* sa; *on, about* o)
converse[1] ['kɔnvə:s] *s poet & arch* (raz)govor, općenje, druženje, društveni saobraćaj
converse ['kɔnvə:s] *adj* (**~ly** *adv*) protivan, obrnut, naopak
converse[2] ['kɔnvə:s] *s* preobrtanje, protivan stav; protivnost, suprotnost (*of*)
conversion [kɔn'və:ʃn] *s* pretvaranje (*into* u), konverzija; preinaka; *tech* preustrojenje; *archit* adaptacija; *eccl* obraćenje (*to* na); *pol* promjena mišljenja; *jur* zloupotreba
convert [kən'və:t] *vt* pretvarati, pretvoriti (*into* u); *archit* pregraditi, preurediti, adaptirati; *tech* prevesti, preustrojiti, konvertirati; *com* promijeniti, mijenjati, konvertirati; *eccl* obratiti
convert ['kɔnvə:t] *s* obraćenik
converter [kən'və:tə] *s* obratitelj; *tech* pretvarač, konverter
convertibility [kən,və:tə'biliti] *s* pretvorivost, promjenljivost (*into*); *com* konvertibilnost
convertible [kən'və:təbl] *adj* (**convertibly** *adv*) pretvoriv; promjenljiv, preinačiv; upotrebljiv (*to* za); preobratan; *com* konvertibilan | **~ terms** izraz jednakog značenja; **~ husbandry** plodoredno gospodarstvo, plodored
convertible [kən'və:təbl] *s US mot* automobil sa sklopivim krovom
convex ['kɔn'veks] *adj* (**~ly** *adv*) izbočen, ispupčen, konveksan
convexity [kɔn'veksiti] *s* izbočenost, ispupčenost, konveksnost
convey [kən'vei] *vt* 1. otpremiti, otpremati, dopremiti, dopremati, prenositi, prenijeti, transportirati; odnijeti, odnositi, ponijeti; poslati; (od)voditi, odvesti; dovoditi, dovesti; predati 2. izraziti; saopćiti (*to a p*); sadržavati (*the words ~ no sense*) 3. stvoriti, pružiti, da(va)ti (dojam); nagovješćivati, značiti, kazati (*that*) 4. *jur* predati, uručiti, ustupiti (*to*)
conveyable [kən'veiəbl] *adj* prenosiv
conveyance [kən'veiəns] *s* 1. prenošenje, prijenos; odvođenje; otprema, doprema, dovoz, transport; odašiljanje, špedicija 2. *el* vod 3. predaja; saopćenje 4. vozilo, prijevozno sredstvo 5. *jur* prijenos, ustupanje, uručenje; prijenosna isprava, predatnica | **public ~** sredstvo javnog prometa
conveyancer [kən'veiənsə] *s jur* bilježnik
conveyer [kən'veiə] *s* otpremač, otpravljač; *tech* prijevozno sredstvo, konvejer | **~ -belt** tekuća vrpca, transporter
conveying [kən'veiiŋ] *adj* dovodni; otpremni, transportni
conveyor [kən'veiə] *s* → **conveyer**
convict ['kɔnvikt] *s* kažnjenik, robijaš | **~ colony** kažnjenička kolonija
convict [kən'vikt] *vt* (komu) dokazati (zločin, krivnju); *jur* proglasiti krivim, osuditi (*of a crime*) | **to ~ a p of an error** uvjeriti koga o zabludi
conviction [kən'vikʃən] *s* 1. *jur* proglašenje krivim; osuda, kazna 2. uvjerenje; vjerovanje (*about* u); osvjedočenje (*of* u) | **to carry ~ to a p** uvjeriti koga; **by ~** po

uvjerenju; **he is open to ~** njega je moguće uvjeriti; **up to one's ~** po svojem uvjerenju
convince [kən'vins] *vt* uvjeriti, osvjedočiti (*of* o; *that*)
convincible [kən'vinsəbl] *adj* koji se može uvjeriti, osvjedočiti
convincing [kən'vinsiŋ] *adj* (**~ly** *adv*) uvjerljiv
convivial [kən'viviəl] *adj* (**~ly** *adv*) 1. gozben 2. druževan; vedar, veseo
convivialist [kən'viviəlist] *s* druževan veseljak
conviviality [kən,vivi'æliti] *s* vesela gozba; druževnost, društvenost
convocation [,kɔnvə'keiʃn] *s* saziv(anje); skupština, zbor
convoke [kən'vəuk] *vt* sazvati
convolute ['kɔnvəlu:t] *adj bot* savijen, smotan; kolutast, vitičast
convolution [,kɔnvə'lu:ʃən] *s* smotavanje, savijanje; zavoj, navoj, svitak; vijuga (mozga)
convolve [kən'vɔlv] *vt/i* **I.** *vt* saviti, namotati **II.** *vi* smotati se, namotati se
convolvulus [kən'vɔlvjuləs] *s* (*pl* **convolvuli** [kən'vɔlvjulai]; **~es**) *Lat bot* slak, poponac
convoy ['kɔnvɔi] *vt* pratiti (oružanom stražom), zaštićivati, konvojirati, eskortirati
convoy ['kɔnvɔi] *s* (oružana) pratnja, straža; *mil* eskorta; *mar* brodopratnja, konvoj
convoy-carriage ['kɔnvɔi,kæridʒ] *s rly* tender
convulse [kən'vʌls] *vt* potresti (*a country ~d by civil war*) | **to be ~d with pain (laughter)** previjati se, grčiti se od boli (smijeha)
convulsion [kən'vʌlʃən] *s* 1. *med* trzaj, grč; trzanje, grčenje, konvulzija 2. (politička) trzavica, nemir, nered, previranje 3. potres | **~s** *pl* nervozni trzaji; grčevit smijeh; **to go into ~s of laughter** dobiti grčeve od smijeha
convulsive [kən'vʌlsiv] *adj* (**~ly** *adv*) 1. *fig* potresan 2. grčevit, konvulzivan
cony (coney) ['kəuni] *s zool* kunić; *com* krzno od kunića (*spec* kao imitacija krzna neke druge životinje)
coo [ku:] *vi/t* **I.** *vi* gukati **II.** *vt* gukajući, nježno izgovarati | **to bill & ~** milovati se
coo [ku:] *s* gukanje
cooee (cooey) ['ku:i] *s* signalni poklik, zov preuzet od australskih domorodaca
cook [kuk] *s* kuhar(ica) | *fig* **too many ~s spoil the broth** mnogo babica, kilavo dijete
cook [kuk] *vt/i* **I.** *vt* (s)kuhati, variti; prigotoviti, prirediti; (is)peći **II.** *vi* kuhati (se) (*these potatoes ~ well*) | *fig* **to ~ a p's goose** pomrsiti čije planove, osujetiti nekoga; *fam* **to ~ accounts** frizirati (krivotvoriti) račune
cook up ['kuk'ʌp] *vt* podgrijati; *fig* svariti, izmisliti, krivotvoriti
cook-book ['kukbuk] *s US* → **cookery-book**
cooker ['kukə] *s* 1. kuhalo, rešo; štednjak 2. plod koji se može kuhati 3. *fig* izmišljač (*of tales*) | **these pears are good ~s** ove se kruške dobro kuhaju
cookery ['kukəri] *s* kuhanje, kuharstvo, kuharsko umijeće (*art of ~*); kuhinja; (birano) jelo
cookery-book ['kukəribuk] *s* kuharica (knjiga)
cook-house ['kukhaus] *s* poljska kuhinja, ljetna kuhinja (u vrućim krajevima); *mar* brodska kuhinja, fogun
cookie (cooky) ['kuki] *s Scot* vrsta kolačića; *US* kolačić, keks
cooking ['kukiŋ] *s* kuhanje; kuharstvo, kuhinja (hrana) | **~ range** štednjak; **high-economy ~ apparatus** ekonomično kuhalo
cook-maid ['kukmeid] *s* kuharica
cookout ['kukaut] *s* izlet na kojem se hrana peče i jede na svježem zraku, teferić
cook-room ['kukrum] *s* kuhinja; *mar* brodska kuhinja, fogun
cook-shop ['kukʃɔp] *s* gostionica, kuhinja, jeftin restoran
cooky (cookie) ['kuki] *s fam* kuharica
cool [ku:l] *adj* (**~ly** ['**ku:lli**] *adv*) 1. svjež, (pro)hladan; ohlađen; bez groznice 2. spokojan, miran, staložen, hladnokrvan; promišljen; ravnodušan, bez strasti; neosjetljiv 3. drzak, bezobrazan 4. *hunt* slab, nejasan (*a ~ scent*) | **play it ~** ostati miran, mirno postupati; *fam* **it cost me a ~ thousand** stajalo me ravnih tisuću; **~ chamber** hladionica; **~ as a cucumber** hladnokrvan, miran, mrtav hladan; *fig* **~ cheek** drskost; **a ~ customer, a ~ fish** bezobraznik, neugodan svat
cool [ku:l] *s* svježina, hlad(noća); *coll* mir, spokojnost
cool [ku:l] *vi/t* **I.** *vi* ohladnjeti, ohladiti se, postati hladan; *fig* jenjati, umiriti se **II.** *vt* osvježiti, (o)hladiti, *fig* ohladiti, smiriti, stišati | **to ~ one's coppers** pićem rashladiti od pijančevanja isušeno grlo; **keep your breath to ~ your porridge** štedi riječi, ne troši riječi; **to ~ one's heels** biti pušten da čekaš
cool down ['ku:l'daun] *vi fig* ohladnjeti, ohladiti se, smiriti se, stišati se
cool off ['ku:l'ɔf] *vi* → **cool down**
coolant ['ku:lənt] *s tech* sredstvo za hlađenje | **~ tank** tank za hlađenje; **~ water** voda za hlađenje
cooler ['ku:lə] *s* hladionik, posuda za hlađenje (*wine ~, butter ~*); *sl* zatvorska ćelija
cool-headed [,ku:l'hedid] *adj* hladnokrvan, trijezan, staložen

coolie (**cooly**) [ˈkuːli] *s Ind & China* kuli, nosač, težak, najamni radnik (za teške poslove)
coolness [ˈkuːlnis] *s* hladnoća; hlađenje; *fig* hladnokrvnost; (o)tuđenje (*between*); *fam* drskost
coolth [kuːlθ] *s* svježina, hladnoća
coom [kuːm] *s Sc* čađa, ugljena prašina
coomb (**combe**) [kuːm] *s* duboka, uska dolina
coon [kuːn] *s US zool* rakun; *sl* crnac; *fig* lukavac, lisac | *sl* **he is a gone ~** s njime je gotovo; *fam* **~'s age** vječnost
coon-song [ˈkuːnsɔŋ] *s US* crnačka pjesma
coop [kuːp] *s* kokošinjac; krletka, gajba, vrša (za ribolov); *sl* zatvor, tamnica, buturnica, ćuza
coop [kuːp] *vt* staviti u kokošinjac; *fig* zatvoriti, zatočiti, lišiti slobode
coop up [ˈkuːpˈʌp] *vt* zatvoriti, zbiti (u tijesan prostor)
co-op [ˈkəuɔp] *s* → **co-operative store**
cooper[1] [ˈkuːpə] *s* bačvar
cooper [ˈkuːpə] *vt* popravljati bačve; obručiti bačve; puniti u bačve; *sl* pokvariti, uništiti
cooper[2] [ˈkuːpə] *s* → **coper**[2]
cooperage [ˈkuːpəridʒ] *s* bačvarstvo; bačvarija
co-operate [kəuˈɔpəreit] *vi* surađivati (*with a p; in a th; to do*); sudjelovati, pomagati (*to do*); pridonositi (*in a th* čemu)
co-operation [kəuˌɔpəˈreiʃn] *s* suradnja, surađivanje, kooperacija; sudjelovanje, pomoć; *com* zadruga (potrošača)
co-operative [kəuˈɔpərətiv] *adj* (**~ly** *adv*) 1. koji sudjeluje, surađuje 2. kooperativan, zadružni | **~ society** (potrošačka) zadruga; **~ store** zadružna prodavaonica, konzum(na zadruga)
co-operative [kəuˈɔpərətiv] *s* zadruga; zadružna prodavaonica, konzum
co-operator [kəuˈɔpəreitə] *s* 1. suradnik; pomagač 2. član (potrošačke) zadruge
coopery [ˈkuːpəri] *s* 1. bačvarstvo; bačvarija, radionica bačvara 2. bačvarska roba
co-opt [kəuˈɔpt] *vt* kooptirati
co-optation [ˌkəuɔpˈteiʃn] *s* kooptiranje, kooptacija
co-ordinate [kəuˈɔːdnit] *adj* (**~ly** *adv*) koordinantan, koordiniran; usporedan; usklađen; istovrstan (*with*)
co-ordinate [kəuˈɔːdnit] *s* koordinirana, uspoređena, usklađena stvar; *math* koordinata
co-ordinate [kəuˈɔːdineit] *vt* koordinirati; srediti, urediti, rasporediti; uskladiti; usporediti; izjednačiti
co-ordination [kəuˌɔːdiˈneiʃn] *s* koordiniranje, koordinacija; raspoređenje, poređivanje; raspored; sukladnost; usklađivanje, dovođenje u suglasnost; izjednačivanje; usklađen rad
co-ordinative [kəuˈɔːdinətiv] *adj* koordinativan; koji raspoređuje, sređuje, usklađuje, izjednačuje
coot [kuːt] *s* 1. *ornith* liska, sarka 2. *fam* bena, glupak | **as bald as a ~** potpuno ćelav
cootie [ˈkuːti] *s US mil sl* uš
cop[1] [kɔp] *s sl* policajac
cop[2] [kɔp] *s sl* hvatanje, uhvaćenje | **it's a fair ~** uhvaćen na djelu; **not much ~** beznačajan, od male vrijednosti
cop [kɔp] *vt sl* (koga) uhvatiti (*at* pri) | **to ~ it** dobiti svoje
copal [ˈkəupəl] *s* kopal, tvrda jantaru slična smola
coparcenary [ˌkəuˈpaːsənəri] *s* sunasljedstvo
coparcener [ˌkəuˈpaːsənə] *s* sunasljednik, subaštinik (imanja)
copartner [ˌkəuˈpaːtnə] *s* dionik, sudrug; kompanjon; namještenik koji ima i udio u dobitku poduzeća
copartnership [ˌkəuˈpaːtnəʃip] *s* sudioništvo, društvo, zadruga | **labour ~** sistem sudioništva radnika u podjeli dobitka
cope [kəup] *s eccl* svećenička halja; *fig* plašt (*of night*); pokrov, krov; nebeski svod (*~ of heaven*); *archit* zabat, sljeme | *archit* **~ stone** pokrivnik; *fig* kruna
cope [kəup] *vt eccl* zaodjenuti svećeničkom haljom; *archit* završiti (zid itd.) zabatom, sljemenom
cope over [ˈkəupˈəuvə] *vi archit* stršiti poput sljemena, zabata
cope [kəup] *vi* hvatati se, uhvatiti se ukoštac, boriti se, rvati se (*with* sa); biti dorastao (*with a th* čemu); svladati, savladavati (*with a task* zadatak)
copeck [ˈkəupek] *s R* kopjejka (stoti dio rublja)
coper[1] [ˈkəupə] *s* trgovac konjima
coper[2] [ˈkəupə] *s mar* brod-rakijašnica (za ribare Sjevernog mora)
coping [ˈkəupiŋ] *s archit* zidni vijenac; sljeme, zabat, začelje
coping-stone [ˈkəupiŋstəun] *s archit* završetak zida, zabat, pokrivnik, kamen za pokrivanje; *fig* kruna
copious [ˈkəupjəs] *adj* (**~ly** *adv*) bogat; obilan; opširan, opsežan, razvučen
copiousness [ˈkəupjesnis] *s* obilje, obilnost, izobilje; opširnost, opsežnost
copper[1] [ˈkɔpə] *s* 1. bakar, 2. bakreni sud; kotao 3. bakreni novac | **~s** *pl* bakreni novac; *fig* **hot ~s** *pl* od pijančevanja isušeno grlo; mamurluk; **to cool one's ~s** pićem rashladiti od pijančevanja isušeno grlo; **~ in pigs** sirovi bakar; *bot* **~ beech** crvena bukva
copper [ˈkɔpə] *adj* bakren
copper[2] [ˈkɔpə] *s sl* policajac
copper [ˈkɔpə] *vt* pobakriti; (i *~-bottom*) obložiti bakrenom oplatom

copperas [ˈkɔpərəs] *s chem* galica | **blue ~** modra galica; **green ~** zelena galica; **white ~** bijela galica
copper-bit [ˈkɔpəbit] *s* lemilo, lemilica
copper-bottomed [ˈkɔpəˈbɔtəmd] *adj mar* kojemu je dno opločeno bakrom; *fig* zdrav; potpuno siguran
copperplate [ˈkɔpəpleit] *s* bakrena ploča za bakrorez; bakrorez | **~ writing** krasopis
copper-smith [ˈkɔpəsmiθ] *s* kotlar
copper-works [ˈkɔpəwəːks] *s* (*sg constr*) kovnica bakra
coppery [ˈkɔpəri] *adj* bakren(ast); koji sadrži bakra
coppice [ˈkɔpis] *s* šumarak; šibik; grmlje
copra [ˈkɔprə] *s* kopra, sušena jezgra kokosovih oraha
copse [kɔps] *s* → **coppice**
copse [kɔps] *vt* zasaditi šibljem; okresati
copsewood [ˈkɔpswud] *s* šiblje, šikara, grmlje, šumarak, sitnogorica
Copt [kɔpt] *s* Kopt
Coptic [ˈkɔptik] *adj* koptski
Coptic [ˈkɔptik] *s* koptski jezik
copula [ˈkɔpjulə] *s* (*pl* **copulae** [ˈkɔpjuliː]; **~s**) *Lat gram* kopula, spona
copulate [ˈkɔpjuleit] *vi* pariti se
copulation [ˌkɔpjuˈleiʃn] *s* spajanje, povezivanje; parenje, kopulacija
copulative [ˈkɔpjulətiv] *adj* (**~ly** *adv*) spojni, kopulativan (i *gram*)
copulative [ˈkɔpjulətiv] *s gram* veznik
copulatory [ˈkɔpjulətri] *adj* koji spaja, veže; koji se tiče parenja, kopulacije, kopulativan
copy [ˈkɔpi] *s* 1. prijepis, kopija (*true ~* vjeran prijepis); *jur* prijepis (isprave); isprava 2. točna reprodukcija, precrtavanje prema uzorku 3. uzorak, model za prepisivanje 4. *print* rukopis spreman za slaganje 5. primjerak (knjige) 6. materijal za književnu ili novinsku obradu (*the incident will yield good ~*) | **foul ~, rough ~** koncept; **clean ~, fair ~** čistopis; *tech* **~ lath** kopirni strug
copy [ˈkɔpi] *vt/i* **I.** *vt* 1. prepisati, prerisati, preslikati, kopirati (*from*); učiniti kopiju čega 2. oponašati, imitirati **II.** *vi* prepisivati, preslikavati, kopirati (*from*) | **~ fair** prepisati načisto; *phot* **~ing stand** okvir za kopiranje
copy out [ˈkɔpiˈaut] *vt* prepisati u čisto
copy-book [ˈkɔpibuk] *s* bilježnica, pisanka, zadaćnica, teka
copycat [ˈkɔpikæt] *s coll* ropski oponašatelj
copyhold [ˈkɔpihəuld] *s jur* vrsta engleskog lenskog zemljišnog posjeda
copyholder [ˈkɔpihəuldə] *s jur* uživalac lenskog zemljišnog posjeda
copyist [ˈkɔpiist] *s* prepisivač, pisar; oponašatelj
copyright [ˈkɔpirait] *s* autorsko pravo
copyright [ˈkɔpirait] *adj* zaštićen autorskim pravom
copyright [ˈkɔpirait] *vt* osigurati autorsko pravo za, zaštititi autorskim pravom
coquet [kɔˈket] *adj Fr* koketan; koji očijuka; dopadljiv
coquet (coquette) [kɔˈket] *vi Fr* koketirati, očijukati
coquetry [ˈkɔkitri] *s Fr* koketerija, koketiranje, koketnost, očijukanje
coquette [kɔˈket] *s Fr* koketa, namiguša, koketna žena
coquettish [kɔˈketiʃ] *adj* (**~ly** *adv*) koketan
coracle [ˈkɔrəkl] *s* čamac od pletena šiblja presvučen kožom i dr. (u Irskoj i Walesu)
coral [ˈkɔrəl] *s zool* 1. koralj 2. (neoplođena) ikra jastoga 3. koraljno crvena boja | **~ island** koraljni otok
coral [ˈkɔrəl] *adj* koraljni; (crven) poput koralja
coralline [ˈkɔrəlain] *s* koraljna alga, koraljina
coralline [ˈkɔrəlain] *adj* koraljan, od koralja; poput koralja, crven kao koralj
corallite [ˈkɔrəlait] *s* koralit, koraljna okamina, fosilni koralj
coral-rag [ˈkɔrəlræg] *s* vapnenac koji sadrži okamine koralja, koraljni vapnenac
coral-reef [ˈkɔrəlriːf] *s* koraljni prud, greben
cor anglais [ˌkɔːrˈãŋglei] *s mus* engleski rog
corbel [ˈkɔːbəl] *s archit* konzola, podupirač, potporanj; podgrednjak, podrožnik
corbel [ˈkɔːbəl] *vt/i* (*out, off*) **I.** *vt* poduprijeti konzolama, položiti na konzole **II.** *vi* ležati na konzolama
corbie [ˈkɔːbi] *s Scot ornith* gavran; vrana
cord [kɔːd] *s* 1. konop(ac), uže, uzica; gajtan (i *el*) 2. rebrasta pamučna tkanina 3. *fig* veza, spona; okovi; stega 4. (mjera za drva) hvat, 128 kubičnih stopa 5. *anat* tetiva | **~s** *pl* hlače od kordsamta; *anat* **vocal ~s** glasnice; **spinal ~** kičmena moždina; *fig* **~s of discipline** disciplinska stega
cord [kɔːd] *vt* vezati (konopom); pričvrstiti uzicom, stegnuti konopcem
cordage [ˈkɔːdidʒ] *s* konopi, užeta, užad, uževlje
corded [ˈkɔːdid] *adj* 1. stegnut (užetom), vezan 2. rebrast, prugast (tkanina)
cordial [ˈkɔːdiəl] *adj* (**~ly** *adv*) 1. srdačan; iskren; topao, prijateljski; duboko osjećan, intenzivan 2. koji jača, krijepi, okrepljujući
cordial [ˈkɔːdiəl] *s* sredstvo za jačanje srca; *com* želučani liker; *fig* okrepa, okrepljenje
cordiality [ˌkɔːdiˈæliti] *s* srdačnost, iskrenost, toplina; izraz srdačnih osjećaja
cordite [ˈkɔːdait] *s chem* kordit
cord-maker [ˈkɔːdˌmeikə] *s* užar

cordon ['kɔːdn] *s*. *Fr* 1. *archit* vijenac, izbočina na kamenoj građevini, atula od kamenih ploča 2. *mil* kordon; lanac vojnih utvrda; red ili krug policajaca ili vojnika 3. gajtan, široka ukrasna vrpca; traka odlikovanja (viteškog reda) 4. *hort* uspravan vijenac, kordonac, špalir (voćaka) | *hum* ~ **blue** odličan kuhar, odlična kuharica
cordon ['kɔːdn] *vt* opkoliti, opasati
cordon off ['kɔːdn'ɔf] *vt* cernirati
cordovan ['kɔːdəvən] *s* kordovan (koža)
corduroy ['kɔːdərɔi] *s* kordsamt | ~**s** *pl* hlače od kordsamta; ~ **road** *US* put (preko močvarnog tla) načinjen od oblica
core [kɔː] *s* 1. srž, srčika; sredina; jezgra; *fig* srce, jezgra 2. vrsta tumora kod ovaca | *fig* **to the** ~ do srži; skroz-naskroz; *fig* **rotten at the** ~ skroz-naskroz pokvaren
core [kɔː] *vt* izvaditi jezgru (čemu)
corer ['kɔːrə] *s* alat za vađenje srčika ili koštica
co-relation [ˌkəuri'leiʃn] *s* → **correlation**
co-religionist [ˌkəuri'lidʒənist] *s* istovjerac
co-respondent [ˌkəuris'pɔndənt] *s jur* suoptužena osoba (zbog preljuba) u brakorazvodnoj parnici
corf [kɔːf] *s* 1. *min* košara 2. košara za držanje živih riba u vodi
coriaceous [ˌkɔri'eiʃəs] *adj* kožnat; poput kože; žilav
coriander [ˌkɔri'ændə] *s bot* korijander (*Coriandrum sativum*)
Corinthian [kə'rinθiən] *adj* korintski | *archit* ~ **order** korintski stup
Corinthian [kə'rinθiən] *s* Korinčanin, Korinčanka
co-rival [ˌkəu'raivəl] *s* takmac, suparnik
cork [kɔːk] *s* pluto; kora od plutnjaka; čep (od pluta)
cork [kɔːk] *vt* 1. (*up*) začepiti (plutom); podoniti plutom; *fig* suzdržati, pritomiti 2. pocrniti (pripaljenim plutom)
corkage ['kɔːkidʒ] *s* 1. čepljenje, začepljivanje ili otčepljivanje boca 2. pristojba gostioničaru za pijenje vlastitog vina
corked ['kɔːkt] *adj* začepljen plutom; koji ima miris ili okus po čepu
corker ['kɔːkə] *s* onaj koji čepi boce; uređaj za čepljenje boca; *sl* nepobitan, definitivan argument; krasna stvar; odličan momak | **it's a** ~ to je nenadmašivo
corking ['kɔːkiŋ] *adj US sl* divan, sjajan, veličanstven, kolosalan
cork-jacket ['kɔːkˌdʒækit] *s* pojas (od pluta) za plivanje
cork-screw ['kɔːkskruː] *s* vadičep, izvijač
cork-screw ['kɔːkskruː] *adj* zavojit, spiralan (~ *path*, ~ *staircase*)
corkscrew ['kɔːkskruː] *vt/i* **I.** *vt coll* davati spiralni oblik čemu; *fig* postići zaobilaznim putem, smicalicama, izmamiti **II.** *vi coll fam* kretati se u obliku spirale
cork-tree ['kɔːktriː] *s bot* plutovac
corkwood ['kɔːkwud] *s* drvo od plutovca
corky ['kɔːki] *adj* (**corkily** *adv*) pluten, plutast, poput pluta; *fam* živahan; nestalan, nepostojan
corm [kɔːm] *s bot* lukovica
cormorant ['kɔːmərənt] *s* 1. *ornith* kormoran, morski gavran 2. *fig* proždrljivac, lakomac
corn[1] [kɔːn] *s* 1. zrno 2. žitarica, pšenica; *US* kukuruz; žito (*to cut the* ~) | *US* **Indian** ~ kukuruz; ~ **in the ear** žito u klasu; ~ **on the cob** kukuruz u klipu; ~ **pone** *US* pogača od kukuruznog brašna, mlijeka itd.; ~ **fodder** žitna krma
corn [kɔːn] *vt* usoliti, staviti u salamuru | ~**ed beef** usoljena govedina, goveđa konzerva
corn[2] [kɔːn] *s* rožasta koža; kurje oko | *fig* **to tread on a p's** ~**s** vrijeđati čije osjećaje
corn-bread ['kɔːnbred] *s US* kukuruzni kruh
corn-chandler ['kɔːnˌtʃaːndlə] *s* trgovac žitom, sjemenjem (na malo)
corn-cob ['kɔːnkɔb] *s US* kukuruzni klip
corn-crake ['kɔːnkreik] *s ornith* prdavac prepeličar, hariš, breljuzga
corn-cutter ['kɔːnˌkʌtə] *s US tech* kosilica, žetelica
cornea ['kɔːniə] *s Lat anat* rožnjača, rožnica
cornel ['kɔːnəl] *s bot* drijen | ~ **berry** drenulja; ~ **wood** drenovina
cornelian [kɔː'niːljən] *s min* karneol
corneous ['kɔːniəs] *adj* rožnat
corner ['kɔːnə] *s* 1. ugao, ćošak; *mot* okuka, krivina, zavoj (*to take a* ~) 2. kut 3. *fig* neprilika, stiska, škripac (*in a* ~ u škripcu; *to drive into a* ~ natjerati u škripac) 4. zakutak, skrovito mjesto; kraj, predjel 5. *com* karika, ring, korner 6. **the four** ~**s of the earth** četiri strane svijeta; *ftb* → **corner-kick** | **a tight** ~ težak položaj, stiska; **to cut off a** ~ (pre)sjeći ugao; ići prečacem; *mot* **cut** ~**s** sjeći zavoje; *fig* pojednostavniti stvar, skratiti postupak; **to turn the** ~ zakrenuti za ugao; *fig* preboljeti krizu, izvući se iz najgorega
corner ['kɔːnə] *vt/i* **I.** *vt* 1. snabdjeti uglovima (~*ed* uglat) 2. *fig* natjerati u škripac, tjesnac, dovesti u nepriliku 3. *com* povisiti cijene sporazumnim uklanjanjem robe iz prometa, zatvoriti tržište **II.** *vi com* učiniti korner posao; *mot* svladavati zavoje | *com* **to** ~ **the market** pokupovati tržište (radi spekulativnog nagomilavanja zaliha robe i povišenja cijena)
corner-boy ['kɔːnəbɔi] *s* uličnijak, skitnica
cornered ['kɔːnəd] *adj* uglat | **three-**~ **hat** trorogi šešir
corner-kick ['kɔːnəkik] *s ftb* korner

corner-man ['kɔːnəmən] *s* 1. uličnjak, skitnica 2. krajnji pjevač komičar u zboru crnačkih pjevača
cornerstone ['kɔːnəstəun] *s archit* ugaoni kamen; *fig* kamen temeljac, temelj
cornerwise ['kɔːnəwaiz] *adv* s uglom sprijeda; dijagonalno
cornet[1] ['kɔːnit] *s* 1. *mus* kornet; kornetist, svirač korneta 2. tuljac, lijevak, kornet (za sladoled)
cornet[2] ['kɔːnit] *s* bijela kapa sestre milosrdnice; *mil* stjegonoša, zastavnik, kornet; *mar* signalna zastavica
cornetist ['kɔːnitist] *s mus* kornetist, trubač
cornfield ['kɔːnfiːld] *s* **žitno polje; *US* kukuruzno** polje
corn-flag ['kɔːnflæg] *s bot* perunika
corn-flakes ['kɔːnfleiks] *s US* pahuljice od kukuruza (za kašu)
cornflour ['kɔːnˌflauə] *s US* kukuruzno brašno
cornflower ['kɔːnˌflauə] *s bot* različak
cornhouse ['kɔːnhaus] *s* žitnica, ambar
cornice ['kɔːnis] *s* 1. *archit* vijenac, karniž 2. masa zaleđena snijega koja strši iznad ponora
Cornish ['kɔːniʃ] *adj* kornvalski
corn-juice ['kɔːndʒuːs] *s US sl* **viski** (rakija od ječma, raži ili kukuruza)
corn-mill ['kɔːnmil] *s* mlin; *US* mlin (stroj) za pripremanje krme od kukuruznih klipova
cornopean [kə'nəupjən] *s mus* kornet (truba)
corn-stalk ['kɔːnstɔːk] *s* vlat žita; *coll* Australijanac, bijelac rođen u Australiji
cornstarch ['kɔːnstaːtʃ] *s US* kukuruzno (rižino itd.) brašno
cornstone ['kɔːnstəun] *s* crveni ili zeleni vapnenac
cornucopia [ˌkɔːnju'kəupjə] *s Lat* rog (iz)obilja; *fig* (iz)obilje
corny[1] ['kɔːni] *adj* žitan, žitorodan; pun zrnja
corny[2] ['kɔːni] *adj* s kurjim očima; *sl* otrcan, staromodan; *spec US mus* sladunjav
corolla [kə'rɔlə] *s Lat bot* cvjetni vjenčić, kruna
corollary [kə'rɔləri] *s* korolar, dodatak; izvod, zaključak; **prirodna posljedica** (*of, to; as a* ~ *to this* kao posljedica toga); jasna posljedica (dokazane istine)
corona [kə'rəunə] *s* (*pl* **coronae** [kə'rəuniː]; ~**s**) *Lat astr* korona; *archit* vijenac; *anat* kruna (zuba); *bot* vijenac, korona
coronach ['kɔrənəh] *s Scot & Ir* tužaljka, naricaljka, tužbalica
coronal ['kɔrənl] *s* kruna, vijenac, dijadem; vijenac od cvijeća
coronal [kə'rəunl] *adj* koji se tiče krune, vijenca; *astr* koji se tiče korone | *anat* ~ **bone** čeona kost

coronary ['kɔrənəri] *adj med* koronarni (~ *artery*, ~ *thrombosis*)
coronate ['kɔrəneit] *vt* (o)kruniti; ovjenčati
coronation [ˌkɔrə'neiʃn] *s* krunidba
coroner ['kɔrənə] *s* službeni (sudac) istražitelj u slučaju naprasne smrti, mrtvozornik | ~**'s inquest** istraga službenog istražitelja o uzroku naprasne smrti
coronership ['kɔrənəʃip] *s* služba suca istražitelja u slučajevima naprasne smrti
coronet ['kɔrənit] *s* 1. mala kruna; plemićka kruna 2. vijenac, vjenčić; dijadem 3. *anat* putište, konjski zglavak
coroneted ['kɔrənitid] *adj* ovjenčan dijademom ili (malom) krunom; plemićki
corporal ['kɔːpərəl] *adj* (~**ly** *adv*) 1. tjelesan (~ *punishment*) 2. osobni, lični
corporal ['kɔːpərəl] *s mil* kaplar; *mar* podoficir koji pazi na red
corporality [ˌkɔːpə'ræliti] *s* tjelesnost; tijelo | **corporalities** *pl* ono što se odnosi na tijelo, tjelesne potrebe
corporate ['kɔːpərit] *adj* (~**ly** *adv*) 1. utjelovljen, ujedinjen, udružen, združen, skupan, zajednički, korporativan 2. korporacijski | ~ **body, body** ~ pravna osoba; korporacija
corporation [ˌkɔːpə'reiʃn] *s* 1. korporacija, društvo, savez, udruženje (s pravom osobnosti); ceh, esnaf 2. gradsko vijeće, gradsko zastupstvo; upravno područje gradskog vijeća 3. *US* trgovačko društvo, dioničko društvo 4. *fam* trbušina, mješina
corporative ['kɔːpərətiv] *adj* korporativan
corporator ['kɔːpəreitə] *s* član korporacije
corporeal [kɔː'pɔːriəl] *adj* (~**ly** *adv*) *phil* tjelesan, materijalan
corporeality [ˌkɔːpɔːri'æliti] *s* tjelesnost, tjelesni oblik, materijalna forma; *hum* tijelo
corporeity [ˌkɔːpɔ'riːiti] *s* tjelesnost; materijalnost
corps [kɔː] *s* (*pl* **corps** [kɔːz]) 1. *mil* korpus 2. zbor (*the diplomatic* ~), ansambl (~ *de ballet*)
corpse [kɔːps] *s* truplo, leš, lešina, mrtvo tijelo, mrtvac; *US sl* čovjek (*who is the* ~ ?)
corpulence ['kɔːpjuləns] *s* **debljina,** ugojenost, gojaznost, korpulentnost; krupnoća
corpulent ['kɔːpjulənt] *adj* (~**ly** *adv*) korpulentan, krupan, jak; pretio, (o)debeo, gojan, ugojen, gojazan
corpus ['kɔːpəs] *s* (*pl* **corpora** ['kɔːpərə]) *Lat* korpus, zbirka (dokumenata) | *jur* ~ **delicti** korpus delikti; ~ **juris** zakonodavni korpus; *eccl* **Corpus Christi** Tijelovo
corpuscle ['kɔːpʌsl] *s phys* čestica, atom; *biol* (krvno) tjelešce
corpuscular [kɔː'pʌskjulə] *adj* korpuskularan; koji se sastoji od čestica
corpuscule [kɔː'pʌskjuːl] *s* → **corpuscle**

corral [kɔ'ra:l] *s* 1. obor, tor, ograda (za goveda, ili za lovljenje zvjeradi) 2. tabor od kola poređanih u krugu
corral [kɔ'ra:l] *vt* zatvoriti, zatjerati u koral; postaviti kola u krugu; zaokružiti, ograditi kolima; *US sl* (što) prisvojiti, zahvatiti, prigrabiti
correct [kə'rekt] *vt* 1. ispraviti, popraviti, korigirati (i *print*) 2. kazniti, opomenuti, ukoriti, pokarati 3. *fig* ublažiti, osujetiti, ukloniti (pogrešku); *phys* regulirati; *chem* ublažiti | **to ~ proofs** vršiti korekture; **to ~ oneself** popraviti se; ispraviti se
correct [kə'rekt] *adj* (**~ly** *adv*) ispravan, točan, pravilan, bez (po)greške; besprijekoran, korektan (ponašanje) | **to be ~** imati pravo (*in doing*); **it is the ~ th na** mjestu je, pravo je
correction [kə'rekʃən] *s* 1. ispravljanje, ispravak, popravak, poboljša(va)nje, korektura 2. ukor, opomena; kazna | **I speak under ~** možda se varam, to je moje nemjerodavno mišljenje; **subject to ~** bez jamstva; **house of ~** popravilište, kazneno-popravni zavod
correctional [kə'rekʃənl] *adj* popravni, kazneni
correctitude [kə'rektitju:d] *s* ispravnost, korektnost (*of conduct*)
corrective [kə'rektiv] *adj* (**~ly** *adv*) popravni, koji popravlja ili poboljšava; *chem* koji ublažuje
corrective [kə'rektiv] *s* korektiv; ublažujuće sredstvo; protusredstvo (*of, to* protiv)
corrector [kə'rektə] *s* 1. ispravljač, popravljač; cenzor 2. *print* korektor 3. sredstvo za popravljanje 4. onaj koji kažnjava | *print* **~ of the press** korektor
correlate ['kɔrəleit] *s* korelat
correlate ['kɔrəleit] *vi/t* **I.** *vi* stajati u uzajamnoj vezi, poklapati se (*to, with*), odnositi se jedan na drugoga **II.** *vt* dovesti u uzajamni odnos ili korelaciju (*with*)
correlation [ˌkɔri'leiʃn] *s* korelacija, međusoban odnos (*with*); uzajamna zavisnost
correlative [kɔ'relətiv] *adj* (**~ly** *adv*) korelativan, koji stoji u uzajamnom odnosu (*with*); suodnosan, analogan, odgovarajući
correlative [kɔ'relətiv] *s* korelat, suodnosni pojam
correspond [ˌkɔris'pɔnd] *vi* 1. slagati se, podudarati se, biti u skladu (*with* sa); odgovarati, pristajati (*to a th* čemu) 2. dopisivati se, korespondirati, biti u (pismenoj) vezi (*with*)
correspondence [ˌkɔris'pɔndəns] *s* 1. podudaranje, suglasnost (*with, between*); odgovaranje, pristajanje, dolikovanje (*to*) 2. veza (*to break off all ~ with*) 3. dopisivanje, korespondencija | **to carry on a ~ with, to keep up a ~ with** dopisivati se sa, podržavati pismenu vezu sa
correspondent [ˌkɔris'pɔndənt] *s* 1. dopisnik 2. novinski izvjestitelj 3. *com* poslovni prijatelj, poduzeće u poslovnoj vezi, mušterija | **my ~s** ljudi s kojima se dopisujem
correspondent [ˌkɔris'pɔndənt] *adj* (**~ly** *adv*) primjeren, koji odgovara (*to a th*); skladan, koji se podudara (*with*)
corresponding [ˌkɔris'pɔndiŋ] *adj* (**~ly** *adv*) 1. prikladan, koji odgovara, shodan 2. dopisni (**~** *member*) | **~ clerk** dopisnik, korespondent (činovnik)
corridor ['kɔridɔ:] *s* hodnik, trijem; *pol* koridor | *rly* **~ train** kompozicija vagona s kupejima
corrigendum [ˌkɔri'dʒendəm] *s* (*pl* **corrigenda** [ˌkɔri'dʒendə]) *Lat print* ispravak, pogreška koju treba ispraviti
corrigible ['kɔridʒəbl] *adj* (**corrigibly** *adv*) popravljiv
corroborant [kə'rɔbərənt] *adj* koji pojačava; koji potvrđuje ili potkrepljuje; koji jača, okrepljuje
corroborant [kə'rɔbərənt] *s med* sredstvo za jačanje; *fig* potkrepa
corroborate [kə'rɔbərəit] *vt* potkrijepiti, potvrditi
corroboration [kəˌrɔbə'reiʃn] *s* potkrepa, potvrđivanje, potvrda
corroborative [kə'rɔbərətiv] *adj* (**~ly** *adv*) potkrepan, koji potkrepljuje, potvrđuje
corroborator [kə'rɔbəreitə] *s* onaj koji potkrepljuje, potvrđuje
corroboratory [kə'rɔbəreitəri] *adj* (**corroboratorily** *adv*) → **corroborative**
corroboree [kə'rɔbəri] *s* (noćni) ples australskih domorodaca; *fig* bučna zabava
corrode [kə'rəud] *vt/i* **I.** *vt* izjedati, izgrizati; najedati (*with*); *fig* rastočiti **II.** *vi* raspadati se, propadati; korodirati
corrosion [kə'rəuʒn] *s* izjedanje, najedanje, nagrizanje; razjedanje; *tech* korozija; *fig* propadanje
corrosive [kə'rəusiv] *adj* (**~ly** *adv*) jedak, koji izjeda, nagriza; korozivan; *fig* koji podgriza
corrosive [kə'rəusiv] *s chem & med* korozivno sredstvo, koroziv
corrugate ['kɔrugeit] *vt/i* **I.** *vt* navorati, nabrati; namrštiti (čelo); *tech* učiniti valovitim **II.** *vi* navorati se, nabrati se | **~d iron** valoviti lim; **~d cardboard** valovita ljepenka; **~d road** izrovana cesta
corrugation [ˌkɔru'geiʃn] *s* nabiranje; voranje, mrštenje | **~s** *pl* bore, nabori, mrske
corrugator ['kɔrugeitə] *s anat* mišić koji steže čelo pri mrštenju; *tech* jaružar
corrupt [kə'rʌpt] *adj* (**~ly** *adv*) pokvaren; loš, okužen (zrak); nečist; *fig* izopačen; ne-

pošten, pokvaren, zao, podmitljiv | *jur* ~ **in blood** bez časnih prava; ~ **practices** *pl* korupcija, podmićivanje, podmitljivost
corrupt [kə'rʌpt] *vt/i* **I.** *vt* (po)kvariti, pogoršati, izopačiti; okužiti; *fig* zavesti; korumpirati, podmićivati, podmititi, potkupiti; iskvariti; iskriviti (čistoću govora) **II.** *vi* (po)kvariti se; sagnjiti, trunuti
corrupter [kə'rʌptə] *s* kvarilac, kvaritelj; zavodnik; podmićivač, mititelj, potkupljivač
corruptibility [kəˌrʌptə'biliti] *s* 1. pokvarljivost 2. podmitljivost, potkupljivost
corruptible [kə'rʌptəbl] *adj* (**corruptibly** *adv*) 1. pokvarljiv 2. podmitljiv, potkupljiv
corruption [kə'rʌpʃən] *s* truljenje, trulež, raspadanje, kvarenje; *fig* pokvarenost, izopačenost, trulež; iskrivljenje (čistoće govora); podmićivanje, potkupljivanje, korupcija; podmitljivost | *jur* ~ **of blood** gubitak časnih prava kao posljedica (smrtne) osude
corruptive [kə'rʌptiv] *adj* koji kvari ili korumpira, koruptivan
corruptness [kə'rʌptnis] *s* pokvarenost, izopačenost
corsage [kɔː'saːʒ] *s Fr* gornji dio ženske haljine; *US* kitica cvijeća koja se nosi na haljini
corsair ['kɔːsɛə] *s mar* 1. korsar, gusar 2. gusarski brod
corse [kɔːs] *s arch & poet* → **corpse**
corset ['kɔːsit] *s Fr* korzet, steznik
corseted ['kɔːsitid] *adj* stegnut, utegnut
corslet (corselet) ['kɔːslit] *s* (prsni) oklop; *zool* prsni štit (insekata)
cortège [kɔː'teiʒ] *s Fr* kortež, svečana pratnja; (pogrebna) povorka
cortex ['kɔːteks] *s* (*pl* **cortices** ['kɔːtisiːz]) *bot* kora; *anat* vanjski dio (velikog mozga i dr.)
cortical ['kɔːtikəl] *adj* (~**ly** *adv*) *bot* korast, poput kore; koji se tiče kore; *anat & zool* vanjski
corticate ['kɔːtikit] *adj bot* s korom; korast, poput kore
cortisone ['kɔːtizəun] *s chem* kortizon
corundum [kə'rʌndəm] *s minr* korund
coruscate ['kɔrəskeit] *vi* sjati (se), svjetlucati se, cakliti se; *fig* blistati (se)
coruscation [ˌkɔrəs'keiʃn] *s* sjaj, blistanje, svjetlucanje
corvée ['kɔːvei] *s Fr hist* rabota, kuluk, tlaka; *fig* težak zadatak, prisilna dužnost
corvette [kɔː'vet] *s Fr mar* korveta
corvine ['kɔːvain] *adj* gavranov, gavranski, vranin
corybantic [ˌkɔri'bæntik] *adj* koribantski, divlji, raspojasan
corymb ['kɔrimb] *s bot* gronja (*Corymbus*)
coryphaeus [ˌkɔri'fiːəs] *s* zborovođa; *fig* vođa
coryza [kɔ'raizə] *s Lat med* prehlada; hunjavica
cos[1] [kɔs] *s* vrsta zelene salate
cos[2] [kɔs] *abbr* od **cosine**
cos [kəz] *coll abbr* od **because**
cosaque [kɔ'zaːk] *s* praskavi bombon
cosecant [ˌkəu'siːkənt] *s math* kosekanta
cosh [kɔʃ] *s sl* komad olovne cijevi, gumena cijev ispunjena kovinom (oružje kriminalaca)
cosh [kɔʃ] *vt sl* (is)tući, (iz)udarati, udariti, isprebijati gumenom cijevi ispunjenom kovinom ili komadom olovne cijevi
cosh-boy ['kɔʃbɔi] *s sl* mlad zločinac koji napada žrtvu komadom olovne cijevi ili gumenom cijevi ispunjenom kovinom
cosher ['kɔʃə] *vt* maziti, tetošiti
cosher up ['kɔʃər'ʌp] *vt* razmaziti
cosher ['kəuʃə] *adj rel* koji je u skladu sa židovskim vjerskim propisima, košer
cosher ['kəuʃə] *s rel* košer-hrana (koja je u skladu sa židovskim vjerskim propisima); dućan s takvom hranom
co-signatory [ˌkəu'signətəri] *adj* supotpisni
co-signatory [ˌkəu'signətəri] *s* supotpisnik
cosine ['kəusain] *s math* kosinus
cosiness ['kəuzinis] *s* ugodnost, prijatnost, udobnost, voljkost
cos-lettuce ['kɔs'letis] *s* vrsta zelene salate, ločike
cosmetic [kɔz'metik] *adj* (~**ally** *adv*) kozmetički
cosmetic [kɔz'metik] *s* 1. kozmetičko sredstvo, kozmetički preparat; kozmetika | ~**s** *pl* kozmetika
cosmetician [ˌkɔzmə'tiʃn] *s* proizvođač ili prodavač kozmetičkih sredstava; kozmetičar(ka)
cosmic ['kɔzmik] *adj* (~**ally** *adv*) 1. svemirski; kozmički (~ *rays*); svjetski 2. veličanstven, snažan; sveobuhvatan 3. skladan, sređen
cosmism ['kɔzmizəm] *s* kozmizam, shvaćanje samostalnog razvoja svemira
cosmist ['kɔzmist] *s* kozmist, pristaša kozmizma
cosmogonic [ˌkɔzmə'gɔnik] *adj* (~**ally** *adv*) kozmogonski, koji se tiče nauke o postanku svemira
cosmogonist [kɔz'mɔgənist] *s* kozmogonist, onaj koji se bavi kozmogonijom
cosmogony [kɔz'mɔgəni] *s* kozmogonija, nauka o postanku svijeta
cosmographer [kɔz'mɔgrəfə] *s* kozmograf
cosmographic [ˌkɔzmə'græfik] *adj* (~**ally** *adv*) kozmografski
cosmography [kɔz'mɔgrəfi] *s* kozmografija, opis svemira
cosmological [ˌkɔzmə'lɔdʒikəl] *adj* (~**ly** *adv*) kozmološki, koji se tiče nauke o svemiru
cosmologist [kɔz'mɔlədʒist] *s* kozmolog
cosmology [kɔz'mɔlədʒi] *s* nauka o svemiru, kozmologija

cosmonaut ['kɔzmənɔːt] *s* kozmonaut, astronaut
cosmopolitan [ˌkɔzmə'pɔlitən] *adj* (**~ly** *adv*) kozmopolitski
cosmopolitan [ˌkɔzmə'pɔlitən] *s* kozmopolit, građanin svijeta
cosmopolite [kɔz'mɔpəlait] *s* → **cosmopolitan** *s*
cosmopolite [kɔz'mɔpəlait] *adj* → **cosmopolitan** *adj*
cosmopolitical [ˌkɔzmɔpə'litikl] *adj* kozmopolitski
cosmopolitism [ˌkɔzmə'pɔlitizəm] *s* kozmopolitizam, smatranje cijeloga svijeta svojom domovinom
cosmos ['kɔzmɔs] *s* kozmos, svemir, vasiona
Cossack ['kɔsæk] *s* kozak
cosset ['kɔsit] *s* (bez majke odgojeno) janje; *fig* mezimče, miljenče
cosset ['kɔsit] *vt* tetošiti, maziti
cosset up ['kɔsit'ʌp] *vt* razmaziti
cost [kɔst] *s* cijena, koštanje, trošak, proizvodni troškovi; *fig* žrtva, šteta, gubitak (*~ of time*) | *jur* **~s** *pl* sudbeni troškovi, pristojbe; **prime ~, first ~, ~ price** nabavna cijena; **at ~** uz nabavnu cijenu; **at all ~s** po svaku cijenu, pošto-poto; *fig* **at the ~ of** na račun, na štetu, na uštrb, uz cijenu čega; **to a p's ~** na čiju štetu, na čiji račun; **~ of living, living ~s** životni troškovi; **at a heavy ~** uz teške žrtve; **to find one's ~s repaid** doći na svoj račun; **to count the ~s** odvagnuti sve okolnosti; **to know to one's ~** znati iz vlastitog (gorkog) iskustva; **to meet the ~ of** podmiriti trošak čega
cost [kɔst] *vi/t* **I.** *vi* (cost, cost) 1. stajati, koštati (*it ~s 6 pounds; it ~ her her life*); donijeti, prouzrokovati (*it ~ us a sleepless night*) **II.** *vt* (*pret, pp* ~ed) *com* proračunati cijenu čega (na temelju cijene koštanja) | **to ~ dear** skupo stajati
costal ['kɔstl] *adj* (**~ly** *adv*) rebreni
co-star ['keu'staː] *vt/i film* **I.** *vt* prikazivati još jednu (filmsku) zvijezdu **II.** *vi* također nastupati (u jednako važnoj ulozi)
costard ['kɔstəd] *s bot* vrsta velikih jabuka; *derog* glava
cost-book ['kɔstbuk] *s min* kalkulacijska knjiga (troškova, dobiti itd. rudnika)
coster ['kɔstə] *s fam* → **costermonger**
costermonger ['kɔstəˌmʌŋgə] *s* ulični prodavač, piljar
costing ['kɔstiŋ] *s com* određivanje cijena | **the ~ department** kalkulacijsko odjeljenje
costive ['kɔstiv] *adj* (**~ly** *adv*) *med* začepljen, zatvoren, konstipiran; *fig* zakopčan; štedljiv, škrt, tvrd
costless ['kɔstlis] *adj* bez troškova, besplatan
costly ['kɔstli] *adj* (**costlily** *adv*) skup(ocjen)
costmary ['kɔstmeəri] *s bot* kaloper, matičnjak, mirišljavac
costume ['kɔstjuːm] *s* nošnja, odjeća; ruho; (ženski) kostim | *theat* **~ piece, ~ play** historijska drama; **~ jewellery** umjetni nakit, bižuterija
costume ['kɔstjuːm] *vt* kostimirati; odjenuti, obući; preobući, prerušiti
costumier [kɔs'tjuːmiə] *s Fr* (kazališni) krojač, kostimer
cosy (cozy) ['kəuzi] *adj* (**cosily** *adv*) ugodan, udoban, prijatan, topao
cosy (cozy) ['kəuzi] *s* 1. sjedalo (za dvoje) u uglu 2. (topao) pokrovac za čajnik ili kuhano jaje
cot[1] [kɔt] *s* (mala) staja (za ovce), bačilo; *poet* koliba
cot [kɔt] *vt* utjerati (ovce) u staju
cot[2] [kɔt] *s* 1. poljski krevet 2. *mar* krevet pričvršćen uza zid 3. kolijevka, dječji krevet
cot[3] [kɔt] *s* → **cotangent**
cotangent [ˌkəu'tændʒənt] *s math* kotangens
cote [kəut] *s* koliba, staja, kućica, zaklonište (za životinje) | **dove-~** golubinjak; **hen-~** kokošinjac
co-tenant [ˌkəu'tenənt] *s* suzakupnik
coterie ['kəutəri] *s Fr* koterija; zatvoreno društvo; klika
cottage ['kɔtidʒ] *s* koliba, (seoska) kućica; ladanjska kuća, (mala) vila, vikendica | **~ cheese** bijeli mekani sir; **~ industry** kućna radinost, kućni obrt; **~ piano** *mus* pijanino
cottager ['kɔtidʒə] *s* stanovnik seoske kuće, kolibar; mali seljak; *US* onaj koji ljetuje u vlastitom ljetnikovcu
cottar (cotter) ['kɔtə] *s Scot* mali seljak, sitni poljoprivrednik
cotter[1] ['kɔtə] *s* → **cottar**
cotter[2] ['kɔtə] *s* (poprečni) klin, rascjepka, zavrnjka
cottier ['kɔtiə] *s* kolibar; *Ir* mali seljak (zakupnik)
cotton ['kɔtn] *s* pamuk; *bot* pamučika (*~-plant*); predeni pamuk (*~ yarn*); (pamučni) konac; pamučnina, katun, cic | **~s** *pl* pamučne tkanine, pamučna roba; **~ batting** *US* (pamučna) vata; **~ cake** *agr* pogača od pamučnog sjemenja; **~ seed oil** pamučno ulje
cotton ['kɔtn] *vi fig* slagati se, simpatizirati (*with a p*) | **to ~ to a p** (za)voljeti koga; **to ~ to a th** sprijateljiti se s čime
cotton on ['kɔtn'ɔn] *vi sl* razumjeti, shvatiti (*to*)
cotton up ['kɔtn'ʌp] *vi fam* sprijateljiti se (*to a p* s kime); zavoljeti (*to a p* koga), (prijateljski) približiti se (*to a p* komu)
cotton-grass ['kɔtngraːs] *s bot* vrste pamučike i biljki s bijelim svilenastim nitima
cotton-mill ['kɔtnmil] *s* predionica pamuka; tvornica pamučne robe

cottonocracy [kɔt'nɔkrəsi] *s fam* magnati trgovine pamukom
cotton-plant ['kɔtnplaːnt] *s bot* pamučika, pamuk
cotton-spinner ['kɔtnˌspinə] *s* 1. prelac pamuka 2. vlasnik predionice pamuka
cotton-tail ['kɔtnteil] *s zool* (divlji) kunić
cotton-wool [ˌkɔtn'wul] *s* (sirovi) pamuk; *med* vata
cottony ['kɔtni] *adj* pamučast; poput pamuka; pahuljast
cotyledon [ˌkɔti'liːdn] *s Lat bot* supka, kotiledon
cotyledonous [ˌkɔti'liːdənəs] *adj* sa supkom, s kotiledonom
couch[1] [kautʃ] *s* 1. ležaj, ležaljka, počivaljka; kauč; *poet* postelja 2. osnovni sloj (*~ of paint*)
couch [kautʃ] *vt/i* **I.** *vt* 1. položiti, (*to be ~ed*) ležati (*on* na) 2. uperiti (koplje) 3. zaodjenuti (misli riječima), izraziti (*in*); sakriti 4. *med* skinuti (mrenu) 5. *to ~ malt* prostrti ječam da proklija (kod priređivanje slada) **II.** *vi* (*o životinjama*) 1. leći, ležati (u brlogu); čučati, šćućuriti se, ležati sakriven (u zasjedi)
couch[2] [kautʃ] *s bot* (*~-grass*) pirevina
couchant ['kautʃənt] *adj her* koji leži uzdignute glave (*a lion ~*)
couchette [kuː'ʃet] *s Fr rly* kušet
cougar ['kuːgə] *s* puma, kuguar
cough [kɔf] *s* kašalj, kašljanje; *sl* priznanje (zločina) | *fam* **churchyard** ~ sušičav kašalj; (**w**)**hooping-**~ hripavac
cough [kɔf] *vi* kašljati
cough down ['kɔf'daun] *vt* kašljanjem ušutkati
cough out ['kɔf'aut] *vt* iskašljati, izbaciti
cough up ['kɔf'ʌp] *vt* iskašljati, izbaciti; *sl* pokazati, iznijeti na vidjelo; *sl* priznati (zločin), »propjevati«; *sl* iznijeti pare na sunce, izrigati (lovu)
could [kud] *pret* od **can**
coulee ['kuːliː] *s US* (presušeno) duboko, strmo korito (rijeke)
coulisse [kuː'liːs] *s Fr theat* kulisa; *tech* greda s utorom po kojoj nešto klizi
coulomb ['kuːlɔm] *s el* kulon, amper-sekunda
coulter (**colter**) ['kəultə] *s* crtalo, nož (pluga)
council ['kaunsl] *s* sabor; *eccl* koncil, crkveni sabor; savjet, vijeće, (savjetodavna) skupština; *hist* državno vijeće | **Privy Council** (englesko) tajno državno vijeće; **Council of State** (neenglesko) državno vijeće; **County Council** administrativno vijeće grofovije; ~ **estate** općinske stambene zgrade; **a ~ of war** ratno vijeće
council-chamber ['kaunslˌtʃeimbə] *s* vijećnica, dvorana za vijećanje
councillor ['kaunsələ] *s* vijećnik, član vijeća
councillorship ['kaunsələʃip] *s* čast ili služba vijećnika
councilman ['kaunslmən] *s* vijećnik, član (gradskog) vijeća
counsel ['kaunsl] *s* 1. vijećanje, savjetovanje 2. savjet 3. *jur* odvjetnik; zastupnik; pravni savjetnici (u parnici) | ~ **for the defence** branitelj; ~ **for the prosecution** odvjetnik tužitelja; **to take** (ili **hold**) ~ (po)savjetovati se (*with* sa); **to take ~ together** (međusobno) posavjetovati se; **to keep one's (own)** ~ (za)držati (nešto) za se, šutjeti (o čemu), tajiti; **a** ~ (ili ~**s**) **of perfection** izvrstan savjet koji je nemoguće slijediti
counsel ['kaunsl] *vt* (koga) savjetovati, (komu) dati savjet (*to do*); preporučiti (*a th to a p*)
counsellor ['kaunslə] *s* savjetnik; *Ir* & *US jur* odvjetnik
count[1] [kaunt] *s* 1. brojenje, računanje; račun 2. broj; zbroj, rezultat 3. *jur* točka optužbe 4. obzir 5. *parl* (*~- out*) odlaganje, odgađanje | **to keep ~ (of)** točno brojiti (što), voditi na broju (što), ne gubiti pregled (nad); **to lose ~ (of)** (po)griješiti u brojenju, zaboraviti broj (čega), izgubiti pregled (nad čime); **to take ~ of** (po)brojiti; obazirati se na; **to take no ~ of** ne uzeti u obzir, ne obazirati se na; *box* **to take the** ~, **be out for the** ~ biti proglašen nokautiranim
count [kaunt] *vt/i* **I.** *vt* 1. (z)brojiti; (iz)računati, (*over*) prebrojiti 2. uračunati, zaračunati 3. držati, smatrati (*to ~ life a burden; to be ~ed a lady; to ~ oneself happy*) **II.** *vi* 1. brojiti; računati 2. vrijediti, važiti 3. osloniti se, računati ([*up*]-*on* na) | **that does not** ~ to nije od važnosti, to ne vrijedi; **to ~ without one's host** praviti račun bez krčmara; *Scot* **to ~ kin** biti u očitom srodstvu (*with* sa); **to ~ (th) against p** upis(iv)ati (što) u zlo, govoriti protiv koga; **to ~ (p) among** ubrajati se (ili koga) među; **to ~ the house** (*coll* **to ~ noses**) utvrditi broj prisutnih
count down ['kaunt'daun] *vi* odbrajati sekunde (natraške, prije lansiranja rakete itd.)
count for ['kaunt'fɔː] *vi* vrijediti, biti od važnosti | **to ~ much** biti od velike važnosti, mnogo vrijediti, mnogo značiti; **to ~ little** biti od male važnosti, malo vrijediti, malo značiti
count in ['kaunt'in] *vt* uračunati
count on ['kaunt'ɔn] *vi* računati na, osloniti se na, uzdati se u
count out ['kaunt'aut] *vt* izbrojiti; *US* (koga) izuzeti, ne uzeti u obzir; *parl* odgoditi, odložiti | **to be counted out** biti proglašen nokautiranim; *parl* **to count the House out** odgoditi sjednicu zbog nedovoljnog broja prisutnih članova

count up ['kaunt'ʌp] *vt* izbrojiti, pobrojiti, zbrojiti
count[2] [kaunt] *s* (neengleski) grof
count-down ['kaunt'daun] *s* odbrajanje sekunda (prije lansiranja rakete itd.)
countenance ['kauntənəns] *s* 1. obraz, lice 2. izraz lica, izgled, pogled; držanje 3. duševni mir, spokojstvo, pribranost 4. *fig* pomoć, potpora (*to give* ~ *to a p*) | **to keep one's** ~ ostati miran, ne zbuniti se; **to keep in** ~ bodriti, davati (moralnu) podršku; **to put out of** ~ zbuniti, smesti; **to stare out of** ~ zbuniti, smesti zurenjem; **Knight of Sorrowful Countenance** Vitez Tužnog Lica
countenance ['kauntənəns] *vt* 1. (što) odobravati, trpjeti 2. (koga) podupirati, braniti, štititi, pomagati; bodriti, hrabriti
counter[1] ['kauntə] *s* 1. brojilac, računar 2. brojilo, brojač, računalo 3. žeton, tantuz; kuglica (na računalu) 4. blagajnički stol, blagajna; dućanski stol, tezga, šank | *phys* **Geiger** ~ Geigerov brojač
counter[2] ['kauntə] *s* dio između vrâta i prsiju, grudno duplje (konja); *mar* zaobljeni dio krme nad kormilom (broda)
counter[3] ['kauntə] *s sport* protuudarac, kontra, pariranje
counter ['kauntə] *adv* u protivnom smjeru (*to go, run* ~); *fig* protivno, nasuprot, protiv (*to*)
counter ['kauntə] *adj* protivan
counter ['kauntə] *vt/i* **I.** *vt fig* uzvratiti, uzvraćati, suprotstaviti **II.** *vi box* parirati; učiniti protupotez, poduzeti protumjere, parirati
counteract [ˌkauntə'rækt] *vt* raditi protiv, djelovati protivno, suzbi(ja)ti; parirati; neutralizirati; osujetiti, ometati, spriječiti
counteraction [ˌkauntə'rækʃn] *s* protivno djelovanje, protivan učinak; osujećenje; odolijevanje; protivljenje; pariranje, protuakcija
counteractive [ˌkauntə'ræktiv] *adj* (~**ly** *adv*) koji djeluje protivno
counter-agent ['kauntərˌeidʒənt] *s* sredstvo koje ima protivno djelovanje; sila koja djeluje suprotno
counter-attack ['kauntərəˌtæk] *s* protunapad
counter-attack ['kauntərəˌtæk] *vt/i* izvršiti protunapad (na)
counter attraction ['kauntərə'trækʃən] *s* suprotno privlačenje, privlačnost u suprotnom smjeru
counterbalance ['kauntəˌbæləns] *s* protuteža (*to*); ravnoteža
counterbalance [ˌkauntə'bæləns] *vt* držati (čemu) protutežu; uravnotežiti; držati (što) u ravnoteži; *com* izravnati
counterblast ['kauntəblaːst] *s* udarac protivnog vjetra, protuudarac; *fig* snažno protivljenje, žestoko uzvraćanje
counter-blow ['kauntəbləu] *s* protuudarac
counter-bond ['kauntəbɔnd] *s com* revers, (protiv)priznanica
counterchange [ˌkauntə'tʃeindʒ] *vt/i* izmijeniti, zamijeniti
countercharge ['kauntətʃaːdʒ] *s jur* protutužba
countercharge ['kauntətʃaːdʒ] *vt* uzvratno optužiti; *jur* iznijeti protuoptužbu (*a p with* protiv koga zbog)
countercheck ['kauntətʃek] *s* protudjelovanje; *fig* zapreka; otpor; protupotez | **to be a** ~ **to a th** nešto sprečavati
counter-claim ['kauntəkleim] *s* protutražbina, protuzahtjev
counter-claim ['kauntəkleim] *vt/i* **I.** *vt* (svotu) tražiti kao protuzahtjev, zahtijevati kao protutražbinu **II.** *vi* (*to* ~ *for a th*) nešto zahtijevati kao protutražbinu
counter-clockwise [ˌkauntə'klɔkwaiz] *adv* suprotno kazaljci sata
counter-current [ˌkauntə'kʌrənt] *s* protustruja
counter-deed ['kauntədiːd] *s* protupriznanica, revers
counter-effect ['kauntəriˌfekt] *s* protudjelovanje, protuučinak
counter-espionage [ˌkauntər'espjənaːʒ] *s* protušpijunaža
counterfeit ['kauntəfit] *adj* krivotvoren, patvoren, neprav; *fig* prividan, lažan, hinjen
counterfeit ['kauntəfit] *s* 1. patvorina, krivotvorina, falsifikat, imitacija; krivotvoren novac; nedopušteno preštampavanje; plagijat 2. varalica, licemjer
counterfeit ['kauntəfit] *vt* 1. oponašati, imitirati 2. patvoriti, krivotvoriti, falsificirati; preštampati; plagirati 3. hiniti
counterfeiter ['kauntəfitə] *s* 1. oponašatelj, imitator 2. krivotvoritelj, falsifikator 3. varalica, licemjer
counterfoil ['kauntəfɔil] *s* kupon, kontrolni listić, matica (cedulje iz bloka); namira; *com* apoen; kupon; talon
counterfort ['kauntəfɔːt] *s archit* podupirač, potpornjak
counter-insurance ['kauntərinˌʃuərəns] *s* uzajamno osiguranje, reosiguranje, reasikuracija
counter-intelligence ['kauntərin'telidʒəns] *s* kontraobavještajna služba
counter-jumper ['kauntəˌdʒʌmpə] *s sl* & *derog* trgovački pomoćnik, momak u dućanu
countermand [ˌkauntə'maːnd] *vt* opozvati (naredbu); otkazati (narudžbu); poništiti; *jur* ukinuti (naredbu), proglasiti ništetnim
countermand [ˌkauntə'maːnd] *s* opoziv (naredbe); otkaz (narudžbe); *jur* poništenje, ukinuće
countermarch ['kauntəmaːtʃ] *s mil* marš u suprotnom smjeru

countermark ['kauntəmaːk] *s com* dodatna oznaka, suoznaka, nuzznak, protivžig
countermine ['kauntəmain] *s mil* protivmina, protulagun; *fig* protuplan
countermine ['kauntəmain] *vt/i mil* postaviti protivminu; *fig* (što) (nastojati) osujetiti protuplanom
counter-move ['kauntəmuːv] *s fig* protupotez
counter-order ['kauntəˌrɔːdə] *s* protuzapovijed, protunalog
counterpane ['kauntəpein] *s* pokrivač za krevet
counterpart ['kauntəpaːt] *s* 1. stvar koja dopunjuje drugu, koja pristaje uz drugu (*to*) 2. prijepis, dvogupka, duplikat, kopija
counterplot ['kauntəplɔt] *s fig* protunapad, protuplan, protivna osnova
counterplot ['kauntəplɔt] *vi/t* raditi protiv, snovati protivno, (nastojati) osujetiti
counterpoint ['kauntəpɔint] *s mus* kontrapunkt
counterpoise ['kauntəpɔiz] *s* 1. protuuteg, krak (vage) s protuutegom 2. protuteža (*to*); ravnovjesje, ravnoteža
counterpoise ['kauntəpɔiz] *vt* djelovati kao protuteža, držati u ravnoteži, podržavati ravnovjesje; izjednačiti težinu; *fig* uravnotežiti; izravnati; djelovati protivno
counter-reformation ['kauntərefəˌmeiʃn] *s eccl* protureformacija
counter-revolution ['kauntərevəˌluːʃn] *s* kontrarevolucija
counterscarp ['kauntəskaːp] *s fort* vanjski nagib rova, bedema, protustrmen
countershaft ['kauntəʃaːft] *s tech* vratilo predložnika
countersign ['kauntəsain] *s* 1. *mil* lozinka, parola 2. znak raspoznavanja
countersign ['kauntəsain] *vt* supotpisati, potvrditi potpisom
countersink [ˌkauntə'siŋk] *vt* (**countersunk**, **countersunk**) *tech* izglodati, frezovati (vrh rupe za vijak i dr.); upustiti (glavu vijka)
counter-slip ['kauntəslip] *s* protuprimka
counterstroke ['kauntəstrəuk] *s* protuudar(ac), odboj
countersunk ['kauntəsʌŋk] *adj tech* upušten, uduben
countervail ['kauntəveil] *vt/i* **I.** *vt* izjednačiti **II.** *vi* vrijediti jednako toliko (koliko)
counterweigh ['kauntəwei] *vt* → **counterbalance**
counterword ['kauntəwəːd] *s* riječ koja je dugom upotrebom izgubila svoje pravo značenje
counterwork ['kauntəwəːk] *s* protivni rad; *mil* protuutvrda
counterwork ['kauntəwəːk] *vt/i* **I.** *vt* raditi protiv (koga); (nastojati) osujetiti (što) **II.** *vi* raditi protiv

countess ['kauntis] *s* grofica
counting ['kauntiŋ] *s* brojenje, računanje
counting-frame ['kauntiŋfreim] *s* računalo, abakus
counting-house ['kauntiŋhaus] *s com* ured, poslovnica, pisarnica, kontoar
countless ['kauntlis] *adj* (~**ly** *adv*) bezbroj(an), nebrojen
count-out ['kaunt'aut] *s parl* odlaganje, odgađanje
countrified (**countryfied**) ['kʌntrifaid] *adj* seljački, seoski; poseljačen
country ['kʌntri] *s* 1. kraj, okolina 2. *fig* područje 3. zemlja, država; postojbina, zavičaj, domovina 4. narod (neke zemlje) 5. ladanje, priroda, selo | *parl* **to go to the** ~, **to appeal to the** ~ raspisati izbore ili referendum (*on* o); **in the** ~ na ladanju, na selu; **to go into the** ~ ići na selo, na ladanje, izvan grada; *US* **God's (own)** ~ Sjedinjene Države; ~ **dance** (engleski) narodni ples; ~ **gentleman** vlastelin, zemljoposjednik; *pol* ~ **party** stranka koja promiče interese poljoprivrednika; ~ **policeman** žandar
country-bred ['kʌntribred] *adj* odgojen na selu
country cousin ['kʌntriˌkʌzn] *s hum* rođak sa sela (seoskog izgleda ili seoskih običaja)
country-folk ['kʌntrifəuk] *s* seljani, seosko stanovništvo
country-house [ˌkʌntri'haus] *s* (vlasteoski) seoski dvorac; ladanjska kuća, ljetnikovac
countryman ['kʌntrimən] *s* (*pl* **countrymen** ['kʌntrimən]) 1. seljak; čovjek sa sela 2. zemljak; stanovnik
country-seat [ˌkʌntri'siːt] *s* vlasteoski dvorac, seoski dvor, vlastelinski dvor
country-side ['kʌntrisaid] *s* kraj, okolica, okolina; pokrajina; selo, priroda
country-woman ['kʌntriˌwumən] *s* (*pl* **country-women** ['kʌntriˌwimin]) 1. seljakinja, seljanka 2. zemljakinja
county ['kaunti] *s* grofovija; (administrativni) okrug; pokrajina | ~ **town** (*US* ~ **seat**) sjedište okruga; ~ **council** vijeće grofovije; pokrajinsko vijeće; ~ **court** pokrajinski sud; ~ **family** vlastelinska obitelj; **the** ~ vlastelinske obitelji, vlastela
county borough ['kaunti'bʌrə] *s* (pokrajinski) grad od više nego 50 000 stanovnika (koji sačinjava administrativni okrug)
coup [kuː] *s Fr* (uspješan) udarac, potez
coup d'etat [ˌkuːdei'taː] *s Fr* državni udar, puč, prevrat
coupé ['kuːpei] *s Fr* kupe (zatvorena kočija); auto s dvoja vrata i ukošenim stražnjim dijelom
couple ['kʌpl] *s* par; dvoje; zaljubljeni par, bračni par | **a** ~ **of** dva, dvoje

couple [ˈkʌpl] *vt/i* **I.** *vt* 1. spojiti, svezati (*with*) 2. *rly* skopčati, prikopčati 3. (s)pariti; vezati u brak 4. povez(iv)ati u mislima (*with*) **II.** *vi* pariti se

coupler [ˈkʌplə] *s* 1. onaj koji veže, spaja, skopčava 2. *mus* spoj (registra, oktava, manuala, pedala kod orgulja) 3. *radio* kalem veze

couple-skating [ˈkʌplˌskeitiŋ] *s sport* klizanje parova

couplet [ˈkʌplit] *s* kuplet

coupling [ˈkʌpliŋ] *s* spajanje, kopčanje, sjedinjenje; parenje; *tech* spojka; *rly* spojnica, kvačilo

coupon [ˈkuːpɔn] *s Fr* odrezak, kupon; bon, naputnica, doznaka; abonentska karta | **football ~** listić sportske prognoze

courage [ˈkʌridʒ] *s* hrabrost, srčanost; odvažnost | **to take one's ~ in both hands** sakupiti odvažnost; **to have the ~ of one's convictions** imati smjelosti postupiti prema svome uvjerenju; **Dutch ~** hrabrost pijanoga; **to pluck up ~, to take ~, to muster up ~, to summon up ~** odvažiti se

courageous [kəˈreidʒəs] *adj* (**~ly** *adv*) hrabar, srčan, odvažan

courier [ˈkuriə] *s Fr* 1. kurir; glasnik; teklić 2. konačar, putni maršal 3. vjesnik (naslov novina)

course [kɔːs] *s* 1. hod; vožnja, put(ovanje) 2. put(anja); *mar* kurs; smjer 3. utrka 4. trkalište (*golf-~* igralište za golf) 5. *hunt* hajka, lov (na zečeve i dr.) 6. *com* tečaj, kurs (novca i dr.); notiranje 7. tok, tijek, razvoj (*~ of events*); napredak 8. karijera, životno poprište 9. postupak, način 10. običaj 11. (učevni) tečaj, niz predavanja (*~ of lectures*) 12. ponavljanje prema ustaljenom redu (*med: ~ of treatment* kura, liječenje) 13. *cul* pojedino jelo (u kojem obroku) 14. *archit* sloj, red, naslaga | *mar* **main ~** veliko jedro; **fore ~** prednje jedro; *med* **~s** *pl* menstruacija, perioda; **in ~ of** u toku; **in the ~ of** tokom, za vrijeme; **in (the) ~ of time** s vremenom; **by ~ of** po, prema; **in due ~** u svoje vrijeme, na vrijeme, blagovremeno; **of ~** naravno, dakako, svakako; **a matter of ~** naravna stvar, stvar sama po sebi razumljiva; **~ of exchange** mjenični tečaj, devizni kurs; *lit & fig* **to stay the ~** ustrajati do kraja, ne popuštati; **to run its ~, to take its ~** ići svojim tokom ili putem; *fig* **he took to evil ~s** pošao je krivim putem

course [kɔːs] *vt/i* **I.** *vt* 1. loviti, goniti, hajkati psima 2. goniti, progoniti, tjerati **II.** *vi* trčati, juriti (*through*)

courser [ˈkɔːsə] *s poet* brz konj

coursing [ˈkɔːsiŋ] *s sport* hajka, lov psima

court [kɔːt] *s* 1. dvor(ište); (mali) trg; igralište (*tennis-~*) 2. dvor; dvorjani; (kraljevska) vlada Velike Britanije (*the Court of St. James's* britanski kraljevski dvor); službeno primanje na dvoru (*to be presented at ~*) 3. sud(nica); sudište 4. udvaranje | **High Court of Parliament** skupština parlamenta; **~ of law, ~ of justice, law ~** sud(nica); **court of Admiralty** admiralitetski sud; *US* **General Court** legislatura New Hampshirea ili Massachusettsa; **High Court of Justice** vrhovni sud za Englesku i Wales u Londonu; **the Court of Appeal** apelacioni odjel vrhovnog suda u Londonu; **the Court of Session** vrhovni građanski sud (u Škotskoj); **at ~** na dvoru; **in ~** na sudu; **in open ~** na javnoj raspravi; **out of ~** koji ne dolazi u obzir; *jur* izvansudski(m putem); *fig* **to put oneself out of ~** svojim ponašanjem ne zavrijediti saslušanje; **to bring (in)to ~, to put into ~** iznijeti pred sud, tužiti; **to go into ~** tužiti; **to pay ~ to** udvarati komu

court [kɔːt] *vt/i* **I.** *vt* 1. (kome) udvarati; ulagivati se komu 2. ulagivanjem nastojati postići (*to do*); navesti (*into, to*) 3. *fig* nastojati steći; tražiti (*to ~ sleep*); izazivati (opasnost)

court-card [ˈkɔːtkaːd] *s* figura (u kartama)

court-day [ˈkɔːtdei] *s* dan zasjedanja suda

courteous [ˈkəːtjəs] *adj* (**~ly** *adv*) uljudan, učtiv

courteousness [ˈkəːtjəsnis] *s* uljudnost, učtivost

courtesan (**courtezan**) [ˌkɔːtiˈzæn] *s* milosnica, kurtizana

courtesy[1] [ˈkəːtisi] *s* uljudnost, učtivost; susretljivost, uslužnost, ljubaznost | **by ~ of** iz susretljivosti, dobrotom

courtesy[2] (**curtesy**) [ˈkəːtisi] *s* kniks (naklon sagibanjem koljena)

court-guide [ˈkɔːtgaid] *s* popis osoba koje dolaze u obzir za pozivanje na službena primanja na dvoru

court-house [ˈkɔːthaus] *s* sud(nica); *US* i administrativna zgrada okruga

courtier [ˈkɔːtjə] *s* dvorjanin

courtly [ˈkɔːtli] *adj* udvoran, uljudan, učtiv

court-martial [ˌkɔːtˈmaːʃəl] *s mil* vojni sud

court-martial [ˌkɔːtˈmaːʃəl] *vt mil* suditi pred vojnim sudom, izvesti pred vojni sud

court-plaster [ˌkɔːtˈplaːstə] *s* flaster

court-room [ˈkɔːtrum] *s* sudnica

courtship [ˈkɔːtʃip] *s* udvaranje; prosidba, prošenje; *fig* ulagivanje

courtyard [ˈkɔːtjaːd] *s* dvorište

cousin [ˈkʌzn] *s* bratučed, bratić; bratučeda, sestrična; rođak, srodnik | **my second ~** moj drugi bratučed (dijete prvog bratučeda moga oca ili majke); **to call ~s with** smatrati se u rodu sa; **my first ~ once removed** dijete moga prvog bratučeda; **~ Jacky** nadimak za stanovnika

Cornwalla; **own ~**, **first ~**, **full ~**, **~ german** prvi bratučed, prva sestrična
cousinhood [ˈkʌznhud] *s* srodstvo, rodbina
cousinly [ˈkʌznli] *adj* rođački, bratski
cousinship [ˈkʌznʃip] *s* → **cousinhood**
cove[1] [kəuv] *s* drăga, dražica, mali zaljev; *archit* svod
cove [kəuv] *vt* nadsvoditi, presvoditi, pokriti svodom
cove[2] [kəuv] *s sl* momak, čovo, klipan
covenant [ˈkʌvənənt] *s* 1. ugovor, pogodba; (pismena) obaveza; *jur* pečatom potvrđeni međunarodni ugovor (*Covenant of the League of Nations*) 2. *jur* klauzula ugovora 3. *eccl* savez; *bibl* zavjet (*Old and New Covenant*) | *bibl* **Ark of the Covenant** zavjetni kovčeg
covenant [ˈkʌvənənt] *vt/i* **I.** *vt* ugovoriti, utvrditi, utanačiti; obećati **II.** *vi* pogoditi se, nagoditi se, sporazumjeti se, složiti se (*with a person*); obavezati se, zadati vjeru (*to do; that*)
covenanted [ˈkʌvənəntid] *adj* ugovoren, utanačen, ugovorom prihvaćen ili obvezan
Covent Garden [ˈkɔvəntˈgaːdn] *s* londonska tržnica voćem i povrćem (na veliko)
coventrate [ˈkɔvəntreit] *vt* razoriti zračnim bombardiranjem
coventrize [ˈkɔvəntraiz] *vt* → **coventrate**
Coventry [ˈkɔvəntri] *s* (grad u grofoviji Warwick) | **to send a p to ~** ne htjeti se s kim družiti, prekinuti veze s kim, poslati koga do đavola, poslovno bojkotirati
cover [ˈkʌvə] *vt* 1. pokri(va)ti, prekri(va)ti (*with*) 2. *to be ~ed fig* biti obuzet (*with* čime) 3. posuti (*with*) 4. presvući; omotati, zagrnuti 5. (životinju) opasati, skočiti na (pri parenju) 6. sakriti, prikri(va)ti; *fig* sakriti, zakriti, tajiti, prešutjeti 7. (za)štititi, braniti (*from*); osigurati 8. *com* pokri(va)ti (trošak); (is)platiti, podmiriti, namiriti; nadoknaditi; izravnati 9. obuhvaćati, obuhvatiti, sadržavati 10. obrađivati (*the book ~s new ground*) 11. prihvatiti (okladu) 12. prijeći, prevaliti (put) 13. *mil* držati na nišanu; *sport & mil* pokrivati 14. (novinarstvo) obavještavati o | **~ed button** presvučen gumb; *ten* **~ed court** dvorana
cover in [ˈkʌvərˈin] *vt* pokriti, prekriti
cover over [ˈkʌvərˈəuvə] *vt* natkriti
cover up [ˈkʌvərˈʌp] *vt* pokriti; *fig* prikriti, zabašuriti | *fig* **to ~ one's tracks** zamesti svoj trag, prikrivati svoju djelatnost
cover [ˈkʌvə] *s* 1. pokrivač, pokrivalo 2. pokrov(ac); poklopac; zaklopac 3. tok, plašt, navlaka 4. omot, kuverta 5. korice, uvez (knjige) 6. vanjski plašt (gume kod dvokolice) 7. zaklon (*from* od, protiv); okrilje (mraka), zaštita 8. skrovište (životinja); guštik, šikara 9. *com* pokriće 10. prostirak, stolni pribor za jednu osobu 11. *fig* izlika (*under the ~ of*) | **from ~ to ~** od korice do korice, od početka do kraja (knjige); **under separate ~** u posebnom omotu, posebno; *mil* **under ~** zaštićen, pod zaklonom; *mil* **to take ~** potražiti zaklon, zakloniti se; **to break ~** (*divljač*) izići iz skrovišta, doći na čistinu; *US* **~ charge** doplatak (u restauraciji za glazbu itd.)
coverage [ˈkʌvəridʒ] *s* izvještavanje | **it got a widespread ~ in the press** o tome se opširno pisalo u tisku, štampi
coverer [ˈkʌvərə] *s mil* vojnik u drugoj vrsti
covering [ˈkʌvəriŋ] *s* 1. pokrivanje 2. pokrivalo; pokrov(ac); materijal za pokrivanje (poda, krova); odjeća; *com* pokriće 3. *fig* izgovor, izlika
covering letter [ˈkʌvəriŋˌletə] *s* popratno pismo
covering note [ˈkʌvəriŋnəut] *s com* nota o pokriću (osiguranja)
covering party [ˈkʌvəriŋˌpaːti] *s mil* zaštitni odred
coverlet [ˈkʌvəlit] *s* krevetni pokrivač
cover note [ˌkʌvəˈnəut] *s* → **covering note**
covert [ˈkʌvət] *adj* (**~ly** *adv*) tajan, skrovit, sakriven; prikriven (*threat, glance*); *jur* udata
covert [ˈkʌvət] *s* skrovište, zaklon, utočište; šikara, guštik | **~s** *pl* pokrivna pera (ptica); **to draw a ~** pretražiti guštik, šikaru (u lovu na lisice)
covert-coat [ˌkʌvətˈkəut] *s* lagan kaput
coverture [ˈkʌvətjuə] *s* pokrov, pokrivalo; zaklon, zaštita; *jur* položaj udate žene
covet [ˈkʌvit] *vt* (po)željeti; priželjkivati, žudjeti za, gramziti za
covetable [ˈkʌvitəbl] *adj* poželjan; dostojan žudnje, vrijedan da se poželi
covetous [ˈkʌvitəs] *adj* (**~ly** *adv*) željan, (po)žudan, pohlepan, lakom (*of* za); gramžljiv
covetousness [ˈkʌvitəsnis] *s* pohlepa, požuda, lakomost; gramžljivost
covey [ˈkʌvi] *s* leglo, (malo) jato (jarebica); *fig* jato, mala skupina
cow [kau] *s* krava; ženka (slona, nosoroga, kita) | **the ~ with iron tail** pumpa (kojom se »krsti« mlijeko)
cow [kau] *vt* zastrašiti, zaplašiti | **to ~ a person into** nekoga zastrašivanjem natjerati na
coward [ˈkauəd] *s* kukavica, strašljivac
coward [ˈkauəd] *adj* (**~ly** *adv*) strašljiv, plašljiv, kukavički
cowardice [ˈkauədis] *s* strašljivost, plašljivost, malodušnost, kukavičluk
cowardliness [ˈkauədlinis] *s* → **cowardice**
cowardly [ˈkauədli] *adj* kukavički, plašljiv, malodušan; podao, nizak
cow-bane [ˈkaubein] *s bot* trubeljka
cowboy [ˈkaubɔi] *s* kravar; *US* kauboj

cow-catcher ['kau.kætʃə] *s US rly* plug, branik (pred lokomotivom)
cower ['kauə] *vi* šćućuriti se; čučiti, čučnuti; *fig* sakriti se, pokloniti se (iz straha)
cow-fish ['kaufiʃ] *s zool* morska krava
cowhand ['kauhænd] *s* → **cowherd**
cowherd ['kauhəːd] *s* kravar; govedar
cowhide ['kauhaid] *s* kravlja koža; remen ili bič od kravlje kože
cowhide ['kauhaid] *vt* bičevati (remenom od kravlje kože)
cowhouse ['kauhaus] *s* staja za krave
cowish ['kauiʃ] *adj* poput krave
cowl[1] [kaul] *s* kukuljica; plašt s kukuljicom; (pomična) kapa na dimnjaku
cowl[2] **(coul)** [kaul] *s* čabar, kabao (sa dvije ručke) | ~ **staff** čabrenjak (motka na kojoj se nosi kabao)
cowling ['kauliŋ] *s aero* (ukloniv) metalni pokrov motora
cowman ['kaumən] *s* kravar, muzar
co-worker [.kəu'wəːkə] *s* suradnik, suradnica
cowpox ['kaupɔks] *s med* (kravlje) boginje
cow-puncher ['kau.pʌntʃə] *s US* → **cowboy**
cowrie (cowry) ['kauri] *s* kauri-školjka; novac od kauri-školjke (u Africi i južnoj Aziji)
cowshed ['kauʃed] *s* staja za krave
cowskin ['kauskin] *s* kravlja koža
cowslip ['kauslip] *s bot* jagorčevina, divizma
cox [kɔks] *s* kormilar; vođa (čamca)
cox [kɔks] *vt* kormilariti; voditi čamac, zapovijedati čamcem
coxcomb ['kɔkskəum] *s* tašta budala, kicoš
coxcombical [.kɔks'kəumikəl] *adj* (~**ly** *adv*) budalast, kicoški, tašt
coxcombry ['kɔkskəumri] *s* taština, kicoštvo; kicošenje, prenemaganje, namješteno ponašanje
coxswain ['kɔkswein] *s mar* kormilar; vođa čamca
coxswained ['kɔksweind] *adj* | ~ **fours** četverac s kormilarom
coxswainless ['kɔksweinlis] *adj* | ~ **fours** četverac bez kormilara
coxy ['kɔksi] *adj* → **cocky**
coy [kɔi] *adj* (~**ly** *adv*) čedan, skroman; stidljiv, bojažljiv, plah; prividno, tobože plah ili čedan | ~ **of speech** škrt na riječima, mučaljiv
coyish ['kɔiiʃ] *adj* (~**ly** *adv*) malko stidljiv, bojažljiv
coyness ['kɔinis] *s* čednost, skromnost; stidljivost, bojažljivost, plahost
coyote ['kɔiəut] *s zool* kojot, prerijski vuk
coypu ['kɔipuː] *s zool* nutrija
coz [kʌz] *s arch* → **cousin**
coze [kəuz] *vi* brbljati, probrbljati
coze [kəuz] *s* brbljanje
cozen ['kʌzn] *vt* prevariti, obmanuti, nasamariti (*of, out of* za); (prijevarom) namamiti (*into doing*)
cozy ['kəuzi] *adj* → **cosy**
crab[1] [kræb] *s zool* rak(ovica); *tech* dizalo, dizalica, vitao; *fam* gubitak, šteta | ~**s** *pl* najmanji zgoditak pri kockanju; **to turn out** ~**s** ispasti mućak; *mar* **to catch a** ~ zapeti veslom, krivo zaveslati; *astr* **the** ~ Rak
crab [kræb] *vt/i* **I.** *vt* (o sokolima) izgrepsti, pandžama kidati; *fam* oštro kuditi; prigovarati; zanovijetati; pokvariti, osujetiti **II.** *vi* grepsti; *US sl* prigovarati, brundati | **to** ~ **each other** grepsti se i gristi; **edible** ~ kućar (*Cancer pagurus*); **common shore** ~ rak, račić (Carcinus *moenas*); **spider** ~ rakovica, grancigula (*Maja squinado*)
crab[2] [kræb] *s* 1. prigovor, zamjerka (*to* čemu) 2. zanovijetalo, čangrizalo
crab-apple ['kræb.æpl] *s bot* divlja jabuka
crabbed ['kræbid] *adj* (~**ly** *adv*) čangrizav, mrzovoljan, mrgodan, gunđav; žučljiv; zakučast, težak (stil, pisac); ružan, nečitljiv, črčkav (rukopis); trpak, kiseo
crabby ['kræbi] *adj* (**crabbily** *adv*) čangrizav, mrzovoljan; žučljiv, kiseo
crab-louse ['kræblaus] *s ent* zlouš, širokalj, široka uš
crabtree ['kræbtriː] *s bot* divljika, divlja jabuka (stablo)
crack [kræk] *s* 1. prasak, tresak; pucanj; *fam* oštar udarac (*a* ~ *on the head*) 2. *sl* duhovita primjedba, duhovit odgovor, duhovitost 3. pukotina, napuklina, režanj 4. *sl* provala; provalnik 5. luckastost, smušenost 6. *sl* pokušaj 7. prostitutka | ~**s** *pl* novosti; ~ **of doom** Sudnji dan, truba posljednjeg suda; **in a** ~ začas, u tren oka; **have a** ~ **at** pokušati učiniti (nešto teško)
crack [kræk] *vt/i* **I.** *vt* 1. pucketati, puckati (*to* ~ *a whip* pucnuti bičem) 2. smrskati; zdrobiti (orah); slomiti, razbiti; rascijepati, raskoliti (*the dish is* ~*ed* zdjela je napukla; *the voice is* ~*ed* glas se mijenja, mutira); razoriti, uništiti 3. *chem* cijepati (naftu) **II.** *vi* (na)pući; prsnuti, raspucati se, popucati; prasnuti, praskati, pucati; kvrcati, pucketati; napuknuti, mutirati (glas); *sl* popustiti, klonuti | **to** ~ **a joke** izvaliti šalu; *fam* **to** ~ **a bottle (of wine)** popiti bocu (vina); *sl* **to** ~ **a crib** provaliti u kuću; **to get** ~**ing** primiti se posla
crack down ['kræk'daun] *vi US sl* oboriti se (*on* na)
crack up ['kræk'ʌp] *vt/i fam* **I.** *vt* hvaliti, kovati u zvijezde **II.** *vi* (iz)gubiti snagu (od starosti); slomiti se, izgubiti duševnu ravnotežu; *aero* srušiti se, smrskati se
crack [kræk] *adj fam* izvanredan, izvrstan, odličan, prvorazredan, majstorski
crack [kræk] *interj* tres!, praskac!
crack-brained ['krækbreind] *adj* luckast, smušen

crackdown ['krækdaun] *s US sl* racija
cracker ['krækə] *s* 1. drobilica, razbijač 2. raketa, žabica; praskavi bombon 3. *sl* slom 4. *sl* masna svota (novca) 5. *US* kreker | **(a pair of) nut-~s** krcaljka, krcalo, krcalica (za orahe), hrskač
cracker-barrel ['krækə,bærəl] *adj US sl* neformalan, kavanski
crackerjack ['krækədʒæk] *s US sl* odlična stvar; sjajan momak
crackers ['krækəz] *adj* lud, luckast, šašav
crack-jaw ['krækdʒɔː] *adj fam* koji se teško izgovara, na kom možeš jezik slomiti (riječ)
crackle ['krækl] *s* pucketanje, praskanje; štektanje | **~ china, ~ glass, ~ ware** porculan, čaša, porculanska roba sa sitnim ukrasnim pukotinama
crackle ['krækl] *vi* pucketati, praskati; štektati
crackling ['krækliŋ] *s* 1. pucketanje, praskanje 2. hrskava korica (pečenke)
crackly ['krækli] *adj* hrskav; pucketav
cracknel ['kræknl] *s* baškot, tvrdo hrskavo pecivo
crackpot ['krækpɔt] *s* čudak, smušenjak
crackpot ['krækpɔt] *adj* smušen, ekscentričan, luckast
craksman ['kræksmən] *s fam* provalnik
crack-up ['krækʌp] *s* neuspjeh; slom; sudar; *aero* spuštanje na trup
cracky ['kræki] *adj* **(crackily** *adv***)** ispucan, s pukotinama; krhak; *fam* brbljav; lud, smušen
cradle ['kreidl] *s* kolijevka, zipka; *fig* djetinjstvo, kolijevka; *med* udlaga, šinja (za nogu); *tech* pomična skela, postolje; *mar* saone; košara za spasavanje brodolomaca; *teleph* vilica (za slušalicu); *print* daska (štamparskog stroja); *min* korito (za ispiranje zlata); *agr* vrsta kose (za žito) | *fig* **the ~ of the deep** more
cradle ['kreidl] *vt* položiti u kolijevku; zibati, (u)ljuljati, uspavati; *fig* odgajati, njegovati; *agr* kositi (žito) posebnom vrstom kose; *min* ispirati (zlato) u koritu za ispiranje; *teleph* spustiti (slušalicu)
cradling ['kreidliŋ] *s archit* (drvena ili željezna) okosnica; skela, postolje
craft [krɑːft] *s* 1. vještina, spretnost, umješnost, umijeće 2. lukavština, prepredenost 3. zanat, obrt 4. *sg* i *pl* ~ brod, plovni objekt; vozilo | **the gentle ~** pecanje, ribolov; **the Craft** slobodni zidari; **small ~** mali brodovi
craftiness ['krɑːftinis] *s* lukavost, prepredenost
craftsman ['krɑːftsmən] *s* (*pl* **craftsmen** ['krɑːftsmən]) zanatlija, obrtnik, majstor
craftsmanship ['krɑːftsmənʃip] *s* majstorstvo, umješnost, umijeće, stručnost
crafty ['krɑːfti] *adj* **(craftily** *adv***)** lukav, podmukao, prepreden
crag [kræg] *s* litica, greben, stijena, timor
craggy ['krægi] *adj* **(craggily** *adv***)** kršan, goletan, pun litica
cragsman ['krægzmən] *s* (*pl* **cragsmen** ['krægzmən]) vješt penjač
crake [kreik] *s ornith* prdavac, hariš; zov prdavca; krik hariša
crake [kreik] *vi* zagraktati, zakreštati
cram [kræm] *vt/i* **I.** *vt* napuniti, (na)trpati (*with*); pretrpati, prepuniti; (perad) kljukati, pitati; nabiti, nagruvati (*into*); silom uturati; (na)kljukati (znanjem); *fam* (na)bubati (za ispit) **II.** *vi* pohlepno jesti, žderati; prejesti se; *fam* bubati | *fig* **to ~ down a p's throat** komu što neprestano spominjati, utuvljivati, utuviti
cram [kræm] *s coll* gužva, stiska; *fam* bubanje; *sl* laž
crambo ['kræmbəu] *s* igra stihovima | **dumb ~** šarada
cram-full [,kræm'ful] *adj* natrpan, nagruvan, nabijen, krcat
crammer ['kræmə] *s fam* bubant; *sl* laž; lažac
cramp¹ [kræmp] *s med* grč
cramp² [kræmp] *s tech* skoba, spojka, vezica, spona, klamfa
cramp [kræmp] *vt* 1. *med* (z)grčiti 2. stisnuti, pritijesniti; *tech* pričvrstiti skobom, sapeti sponom; *fig* sputa(va)ti, priječiti | **~ed handwriting** stisnut, nečitljiv rukopis
cramp up ['kræmp'ʌp] *vt* stisnuti, stegnuti
cramp-frame ['kræmpfreim] *s tech* stezač furnira
cramp-iron ['kræmp,aiən] *s* (željezna) skoba
crampon ['kræmpən] *s* željezna kuka | **~s** *pl* dereze
cran [kræn] *s Scot* mjera za svježe sleđeve (160,6 *l*)
cranage ['kreinidʒ] *s* dizaličarina, pristojba za upotrebu dizalice
cranberry ['krænbəri] *s bot* brusnica
crane¹ [krein] *s ornith* ždral
crane² [krein] *s tech* dizalica, kran
crane [krein] *vt/i* **I.** *vt* 1. ispružiti, istezati (vrat) 2. dići, dizati dizalicom **II.** *vi* ispružiti, istezati; istegnuti vrat; *fig* krzmati, oklijevati, ustuknuti (*at* pred)
crane-fly ['kreinflai] *s ent* dugonogi komar
crane's-bill ['kreinzbil] *s bot* iglica, kačik
cranial ['kreiniəl] *adj* **(~ly** *adv***)** lubanjski
cranium ['kreiniəm] *s* (*pl* **~s, crania** ['kreiniə]) *anat* lubanja
crank¹ [kræŋk] *s tech* ručica, ručka, obrtaljka, ručni pokretač, kurbl; poluga; koljeno (na cijevi)
crank [kræŋk] *vt* svinuti, saviti, pregibati; snabdjeti ručicom
crank up ['kræŋk'ʌp] *vt mot* upaliti motor (ručnim pokretačem)

crank² [kræŋk] *s* izvrtanje riječi ili misli; luckasta, fiksna ideja; *coll* čudak, luckast čovjek, čovjek s fiksnim idejama, ekscentrik
crank [kræŋk] *adj mar* nestabilan, koji se lako izvrne
crankiness ['kræŋkinis] *s* ćudljivost, mušičavost, ekscentričnost
crankle ['kræŋkl] *vi* savi(ja)ti, iskriviti, izvinuti
crankle ['kræŋkl] *s* zavijutak, vijuga
crankshaft ['kræŋkʃa:ft] *s tech* koljenčasta osovina; radilica
cranky ['kræŋki] *adj* (**crankily** *adv*) boležljiv; klimav, nesiguran; ćudljiv, hirovit, mušičav, smušen, ekscentričan; vijugav
cranny ['kræni] *s* pukotina
crap [kræp] *s vulg* govno; sranje; *sl* besmislica, glupost | **have a ~** posrati se
crap [kræp] *vi vulg* srati, posrati se
crape [kreip] *s text* krep; flor
craps [kræps] *s pl* (*sg constr*) *US sl* igra kockama
crapulence ['kræpjuləns] *s* proždrljivost, neumjerenost u jelu ili piću; prežderanost; mamurluk
crapulent ['kræpjulənt] *adj* (**~ly** *adv*) neumjeren (u jelu ili piću), proždrljiv; bolestan, mamuran od prekomjernog jela ili pića
crapulous ['kræpjuləs] *adj* → **crapulent**
crapy ['kreipi] *adj* nabran, poput krepa
crash [kræʃ] *vi/t* **I.** *vi* prasnuti, prsnuti; tresnuti, razbiti se, rastepsti se; *fig* slomiti se; stropoštati se (*to ~ down*); *aero* strovaliti se, srušiti se, survati se; sa štropotom projuriti (*through*), naletjeti, zaletjeti se (*into, against* u, na), sraziti se (*together*) **II.** *vt* razbiti, rastreskati, slomiti, satrti; *aero* oboriti (avion); *coll* doći kamo nepozvan (*to ~ a cocktail party*)
crash¹ [kræʃ] *s* prasak, tresak, lom; sudar, sraz; *aero* udes, pad, survanje; *fig* slom; *com* krah
crash² [kræʃ] *s* vrsta grubog lanenog platna (za ručnike i dr.)
crash [kræʃ] *adj US fam* strelovit; nagao; izvršen na brzinu
crash [kræʃ] *adv* s praskom (*a stone came ~ through the window; to fall ~*)
crash-helmet ['kræʃ,helmit] *s* zaštitni šljem
crash-land ['kræʃlænd] *vi aero* prisilno se spustiti
crash-landing ['kræʃ,lændiŋ] *s aero* prisilno spuštanje
crasis ['kreisis] *s Gr gram* sažimanje vokala
crass [kræs] *adj* (**~ly** *adv*) *fig* krajnji (*~ stupidity*), golem; potpun
cratch [krætʃ] *s* jasle
crate [kreit] *s* velika košara; gajba, letvarica, sanduk
crate [kreit] *vt* spakirati u sanduk
crateful ['kreitful] *s* količina koja stane u jedan sanduk
crater ['kreitə] *s Lat* krater; grotlo, ždrijelo
craunch [kra:ntʃ] *vt/i* → **crunch** *vt/i*
cravat [krə'væt] *s* kravata
crave [kreiv] *vt/i* **I.** *vt* zahtijevati, tražiti; moliti, zaklinjati za što (*for*) **II.** *vi* čeznuti, žudjeti (*for* za)
craven ['kreivn] *adj* (**~ly** *adv*) kukavički, plašljiv | **to cry ~** predati se
craven ['kreivn] *s* kukavica, strašljivac
craving ['kreiviŋ] *s* žudnja, čežnja (*for*)
craw [krɔ:] *s* guša, volja, putača (ptice)
crawfish ['krɔ:fiʃ] *s* → **crayfish**
crawl [krɔ:l] *s* puzanje, gmizanje | *sport* **the ~** kraul; **to swim ~** kraulati; **to go at a ~** vrlo polagano ići, vući se; **to go on a pub ~** ići (redom) od gostionice do gostionice (i piti)
crawl [krɔ:l] *vi* puzati, gmizati; miljeti, vrvjeti (*with* čime); *sport* kraulati (stil plivanja); *fig* gmizati pred kim, ulagivati se komu (*to*) | **I have a ~ing sensation** prolaze me trnci, koža mi se ježi
crawler ['krɔ:lə] *s* gmizavac, puzavac; uš; *sport* plivač kraula; *fig* puzavac, ulizica, šunjalo; taksi koji polako vozi u potrazi za mušterijom; *tech* gusjeničar | **~s** *pl* (dječje) štramplice
crawly ['krɔ:li] *adj* od kog se koža ježi, od koga prolaze trnci
crayfish ['kreifiʃ] *s zool* (slatkovodni) rak
crayon ['kreiən] *s Fr* krajon
crayon ['kreiən] *vt Fr* crtati krajonom; *fig* skicirati
craze [kreiz] *vt* zaluditi (*~d with* mahnit od), učiniti ludim; ukrasiti (lončarsku robu) sitnim pukotinama | **~d** mahnit, (su)lud, luđački
craze [kreiz] *s* ludost, mahnitost; pomama, ludovanje, manija (*for; for doing*); ludorija | **the latest ~** posljednja modna ludorija; **to be the ~** biti u velikoj modi
craziness ['kreizinis] *s* ludost
crazy ['kreizi] *adj* (**crazily** *adv*) 1. ispucan, raspucan, pun pukotina; raskliman, klimav, trošan, nesiguran; boležljiv 2. lud (*with* od); zanesen; lud, mahnit (*about, for* za čim, kim) | **~ paving** opločenje nepravilnim pločama
creak [kri:k] *vi* škripati, zaškripiti
creak [kri:k] *s* škripa(nje)
creaky ['kri:ki] *adj* (**creakily** *adv*) škripav
cream [kri:m] *s* 1. vrhnje, skorup 2. *cul* krema 3. mast, krema, pasta 4. žućkastobijela krem-boja 5. *fig* krema, cvijet (*the ~ of society*); najbolji dio | **clotted ~** gust skorup (s kuhanog mlijeka); **whipped ~** tučeno vrhnje; *chem* **~ of tartar** vinski kamen, srijež; **ice-~** sladoled; **cold ~** masna krema, krema za noć; **vanishing ~** suha krema, krema za dan

cream [kri:m] *vt* obrati vrhnje, skinuti skorup; tući kremu (od žumanca); dodati vrhnja ili skorupa (čemu); *fig* obrati vrhnje (s čega)
cream-cheese [ˌkri:m'tʃi:z] *s* mekan punomastan sir od neobrana mlijeka i vrhnja
cream-coloured ['kri:mˌkʌləd] *adj* blijedožut, krem
creamer ['kri:mə] *s* posuda za vrhnje; plosnata zdjela za obiranje vrhnja; separator
creamery ['kri:məri] *s* tvornica maslaca i sira; mljekarstvo; mljekarnica
cream-laid [ˌkri:m'leid] *adj* blijedožućkast i gladak (listovni papir)
cream-wove [ˌkri:m'wəuv] *s* → **cream-laid**
creamy ['kri:mi] *adj* (**creamily** *adv*) kremast, pjenast; blijedožućkast; poput vrhnja ili skorupa
crease [kri:s] *s* bora, nabor; pregib; magareće uho (u knjizi) | *cricket* **bowling ~** crta pod vratima; **popping ~** crta udaranja
crease [kri:s] *vt/i* **I.** *vt* nab(i)rati, previ(ja)ti, presaviti; načiniti pregib, boru **II.** *vi* naborati se, nabrati se; gužvati se
creasy ['kri:si] *adj* nabran, naboran
create [kri'eit] *vt* stvoriti, stvarati; sazdati; tvoriti, kreirati, činiti; prouzročiti; proizvesti; začeti, izazvati; izabrati, imenovati, učiniti (*to* čime, za što) | *theat* **to ~ a part** kreirati, interpretirati na posve nov način neku ulogu
creation [kri'eiʃn] *s* 1. stvaranje 2. stvor(enje); svijet 3. tvorevina, proizvod; djelo; (modna) kreacija; *theat* kreacija; proizvođenje, izvođenje; izbor, imenovanje (*the ~ of peers*); plod (*~ of imagination*) | **the Creation** svijet, kozmos
creationism [kri'eiʃnizəm] *s* teorija o Božjem stvaranju svijeta
creationist [kri'eiʃnist] *s* pristaša teorije o Božjem stvaranju svijeta
creative [kri'eitiv] *adj* (**~ly** *adv*) stvaralački, tvorački, kreativan
creativeness [kri'eitivnis] *s* kreativnost, stvaralačka snaga
creator [kri'eitə] *s* stvaralac; stvoritelj, tvorac; kreator
creatress [kri'eitris] *s* stvoriteljica, stvaralica; proizvoditeljica
creature ['kri:tʃə] *s* stvor(enje), biće; kreatura; čeljade; *fig* marioneta | **fellow ~** bližnji; **living ~** živi stvor; *sl* **the ~** viski; **dumb ~s** životinje; **~ comforts** materijalne ili tjelesne udobnosti, tjelesni užici
crèche [kreiʃ] *s Fr* dječje jaslice
credence ['kri:dəns] *s* vjera; vjerovanje; pouzdanje, povjerenje | **to give ~ to, to attach ~ to** vjerovati čemu, pridavati vjere čemu; **letter of ~** vjerodajno pismo, pismena preporuka
credential [kri'denʃəl] *adj* vjerodajni, kreditni
credentials [kri'denʃəlz] *s pl dipl, com* vjerodajnice, vjerodajno pismo, akreditiv; pismena preporuka, svjedodžba
credibility [ˌkredi'biliti] *s* vjerodostojnost, vjerojatnost | **the ~ gap** razlika između onoga što tko kaže i onoga što je vjerodostojno
credible ['kredəbl] *adj* vjerojatan, vjerodostojan
credibly ['kredəbli] *adv* vjerodostojno; pouzdano
credit ['kredit] *s* 1. vjera, vjerovanje, povjerenje 2. vjerodostojnost, pouzdanost; dobar glas; ugled, čast (*it does him ~* služi mu na čast); utjecaj; zasluga; priznanje (*to get ~ for* dobiti priznanje za); *US* svjedodžba o završnom ispitu; pozitivan bod 3. *com* vjeresija, kredit (*on ~* na kredit); imovina; potražna strana (u knjigovodstvu), potraživanje; rasterećenje, korist; akreditiv | **to give ~ to** povjerovati čemu; *fig* **to take ~ for** biti zaslužan za; *com* **to deal on ~** trgovati na vjeresiju; **to carry (enter, pass, place, put) to a p's ~** (u)knjižiti u čiju korist; *fig* **to give ~ (to a p for sth)** priznati (komu što), pripisivati (komu što), odati (komu) priznanje (za što), upisati u čije dobro; *fig* **to do a p ~, do ~ to a p, be to a p's ~, reflect ~ on a p** služiti komu na čast; **he is a ~ to his school** njime se njegova škola može ponositi; *com* **~ sales** prodaja na kredit; **on ~ account** na račun, na vjeresiju; **letter of ~** kreditno pismo; **blank ~** otvorena vjeresija, bjanko-kredit; *com* **~ note** izvještaj o odobrenju; **~ balance** potraživanje, imovina; *US* **~ line** napomena kojom se označuje odakle je uzet neki citat, slika itd.; *film, TV* **~ titles** popis imena glumaca, režisera, producenta itd.
credit ['kredit] *vt* (komu) vjerovati; pouzda(va)ti se (u koga); pripis(iv)ati (komu, čemu); *com* upisati u (čije) dobro, knjižiti u (čiju) korist, priznati (za svotu); kreditirati | *fig* **to ~ a p with a th** pripis(iv)ati komu što (u zaslugu)
creditable ['kreditəbl] *adj* (**creditably** *adv*) vrijedan povjerenja, ugledan, vjerodostojan; častan (*to* za) | **~ service** radni staž
creditor ['kreditə] *s* vjerovnik, kreditor; kreditna strana, potražna strana (u knjigovodstvu)
credit-side ['kreditsaid] *s com* potražna strana
credit-worthy ['kreditˌwə:ði] *adj com* kreditno sposoban
credit-worthiness ['kreditˌwə:ðinis] *s com* kreditna sposobnost

credo [ˈkriːdəu] *s Lat* kredo, ispovijedanje, vjerovanje | *rel* **Credo** vjerovanje, vjeruju (molitva)
credulity [kriˈdjuːliti] *s* lakovjernost
credulous [ˈkredjuləs] *adj* (**~ly** *adv*) lakovjeran
creed [kriːd] *s* vjera; vjerovanje, kredo | *rel* **the Creed** vjerovanje (molitva)
creek [kriːk] *s* draga, dražica, malen zaljev; mala luka, lučica; rukavac; *US* rječica, potok; rječni rukav
creel [kriːl] *s* koš, pletena košara (za ribe)
creep [kriːp] *vi* (crept, crept) 1. puzati, gmizati; miljeti; šuljati se; penjati se (biljka) 2. *fig* gmizati 3. (na)ježiti se, (z)groziti se | **my skin ~s** koža mi se ježi; **it makes my flesh ~** od toga mi se koža ježi; **to ~ into a p's favour** ulagivati se komu; *fig* **to ~ upon a p** (postepeno) obuzimati koga
creep in [ˈkriːpˈin] *vi* upuzati, uvući se, ušuljati se
creep up [ˈkriːpˈʌp] *vi* dopuzati, došuljati se; polagano rasti (cijene itd.)
creep [kriːp] *s* puzanje; rupa (u živici, za provlačenje); niski prolaz (tunel) ispod željezničkog nasipa; *sl* puzavac, gmizavac, onaj koji se komu uvlači | *coll* **the ~s** *pl* groza, ježenje, trnci; **it gives me the ~s** od toga me trnci prolaze, hvata me groza, od toga mi se koža ježi
creeper [ˈkriːpə] *s* puzavac, gmizavac (i *fig*); *bot* povijuša, penjačica; sidro s kukama, mačka (za traženje po dnu) | **~s** *pl* potkova za led, čavli na cipeli za hodanje po ledu; *vulg* uši; *coll* ježenje, trnci; dječje štramplice; *bot* **the Virginia ~** divlja loza
creepy [ˈkriːpi] *adj* (**creepily** *adv*) puzav, gmizav; polagan; jeziv, jezovit, grozan, grozovit
creepy-crawly [ˈkriːpiˌkrɔːli] *adj* → **creepy**
creese [kriːs] *s* **kris (malajski bodež)**
cremate [kriˈmeit] *vt* spaliti (mrtvaca), kremirati
cremation [kriˈmeiʃn] *s* spaljivanje (mrtvaca), kremacija
cremationist [kriˈmeiʃənist] *s* pristaša spaljivanja mrtvaca
cremator [kriˈmeitə] *s* onaj koji spaljuje mrtvace; peć za kremaciju
crematorial [ˌkreməˈtɔːriəl] *adj* krematorijski
crematorium [ˌkreməˈtɔːriəm] *s* krematorij
crematory [ˈkremətəri] *s US* → **crematorium**
crenate [ˈkriːneit] *adj bot & zool* nazupčan
crenel(l)ate [ˈkrenileit] *vt archit* snabdjeti kruništem ili usjecima; nazupčati
crenel(l)ation [ˌkreniˈleiʃn] *s archit* krunište; bastion; nazupčenje, nazupčan ukras
Creole [ˈkriːəul] *s* kreol(ka) | **~ white** potomak evropskih doseljenika u Srednjoj Americi; **~ negro** potomak oslobođenih robova koji su se vratili u Afriku iz Sjeverne Amerike
Creole [ˈkriːəul] *adj* kreolski
creosote [ˈkriəsəut] *s chem* kreozot
crêpe (crepe) [kreip] *n text* krep | **~ rubber** krep-guma; **~ paper** krep-papir
crepitant [ˈkrepitənt] *adj* praskav, pucketav
crepitate [ˈkrepiteit] *vi* pucketati, praskati
crepitation [ˌkrepiˈteiʃn] *s* pucketanje, praskanje
crept [krept] *pret & pp* od **creep**
crepuscular [kriˈpʌskjulə] *adj* sumračan, sutonski; *zool* koji se pojavljuje u sumrak
crepuscule [ˈkrepəskjuːl] *s Fr* sumrak, suton
crescendo [kriˈʃendəu] *adv It mus* crescendo, jačajući, sve jače, rastući
crescent [ˈkresnt] *s* rastući mjesec; mjesečev srp; polumjesec; ulica u obliku polumjeseca; *US* roščić, kifla | **the Crescent** islam, muhamedanstvo
crescent [ˈkresnt] *adj* 1. u obliku polumjeseca, kao mjesečev srp 2. koji raste | *US* **Crescent City** New Orleans
cress [kres] *s bot* dragušac; potočarka; grboštica, grbač
cresset [ˈkresit] *s hist* vrsta baklje; posuda sa smolom itd. (za rasvjetu)
crest [krest] *s* 1. kukma, kresta 2. perjanica (na kacigi); *poet* kaciga 3. grb, vijenac, kruna 4. vrh, kresta (vala); sljeme, bȉlo (brda); griva, greben vrata (životinje) | *fig* **on the ~ of the wave** na vrhuncu sreće
crest [krest] *vt/i* **I.** *vt* snabdjeti kukmom, perjanicom; okruniti, ovjenčati; ukrasiti grbom; nadvisi(va)ti; doseći (vrh) **II.** *vi* držati se ponosno, uspravno; (o valovima) dizati se, praviti kreste
crestfallen [ˈkrestˌfɔːlən] *adj* pokunjen, potišten
cretaceous [kriˈteiʃəs] *adj geol* kredast
cretin [ˈkretin] *s Fr* kreten
cretinism [ˈkretinizəm] *s Fr* kretenizam
cretonne [kreˈtɔn] *s text* kreton
crevasse [kriˈvæs] *s Fr* pukotina, raspuklina (u ledenjaku); *US* breša u nasipu
crevice [ˈkrevis] *s* raspuklina, pukotina
crew [kruː] *s* 1. skup(ina), gomila 2. *mil & aero* posada; *sport* momčad 3. osoblje, radnici (na jednom poslu) | *US* **~ cut** posve kratko podšišana kosa (kod muškaraca)
crew [kruː] *pret* od **crow**
crewel [ˈkruːil] *s* tanka vuna za vezenje, vunica
crewel-work [ˈkruːilwəːk] *s* vrsta vunenog veza (na lanenoj ili suknenoj podlozi)
crib[1] [krib] *s* 1. jasle; ležište, pregradak, boks (u staji); koliba, kućica; *sl* kuća,

dućan (*to crack a* ~ provaliti u kuću); dječji krevetić; *US* sanduk za kukuruz, sol i dr.; *eccl* jaslice
crib² [krib] *s fam* plagijat; krađa; prijevod kojim se đaci krišom služe
crib¹ [krib] *vt* zatvoriti, stijesniti
crib² [krib] *vt/i* **I.** *vt fam* krasti; prepis(i-v)ati (*from*) **II.** *vi* krišom se služiti prijevodom (pri sastavljanju zadaće); prepisivati (*out of* iz)
cribbage [ˈkribidʒ] *s* vrsta igre karata
crick [krik] *s* grč; trzanje mišića | ~ **in the neck** ukočen vrat; ~ **in one's back** bol u krstima, lumbago
crick [krik] *vt* nategnuti, istegnuti
cricket¹ [ˈkrikit] *s ent* stričak, šturak, popac, zrikavac, cvrčak
cricket² [ˈkrikit] *s sport* kriket | **to play** ~ igrati pošteno; *coll* **not** ~ nepošteno, nesportski, nefer
cricket [ˈkrikit] *vi sport* igrati kriket
cricketer [ˈkrikitə] *s* igrač kriketa
cried [kraid] *pret & pp* od **cry**
crier [ˈkraiə] *s* vikač; izvikivač | **town-**~ gradski telal
crikey [ˈkraiki] *interj coll* bože!, ti boga! (uzvik začuđenja)
crime [kraim] *s* zločin(stvo); *mil* prekršaj; *fig* zlodjelo | ~ **fiction** detektivski roman(i)
crime [kraim] *vt mil* optužiti ili osuditi (zbog vojnog prekršaja)
Crimean War [kraiˈmiənˈwɔːr] *s* krimski rat
criminal [ˈkriminl] *adj* (~**ly** *adv*) zločinački, kriminalan; kažnjiv, kaznen, krivičan | ~ **conversation** preljub; *jur* ~ **law** kazneno pravo; ~ **code** krivični zakon
criminal [ˈkriminl] *s* zločinac, zločinka, kriminalac
criminality [ˌkrimiˈnæliti] *s* kažnjivost; krivičnost; zločinstvo; kriminalitet, kriminalnost
criminate [ˈkrimineit] *vt* okriviti, okrivljavati, optuži(va)ti, teretiti, inkriminirati; proglasiti krivim; osuditi, osuđivati
crimination [ˌkrimiˈneiʃn] *s* optužba, optuživanje, okrivljenje; osuđivanje
criminative [ˈkrimineitiv] *adj* koji optužuje, inkriminira
criminatory [ˈkrimineitəri] *adj* koji optužuje, tereti
criminologist [ˌkrimiˈnɔlədʒist] *s* krimonolog
criminology [ˈkrimiˈnɔlədʒi] *s* kriminalistika, kriminologija
crimp¹ [krimp] *s* mornarski mešetar, hvatač mladića za vojsku ili mornaricu
crimp¹ [krimp] *vt* prisilno novačiti za vojsku ili mornaricu, hvatati momke za službu u vojsci ili mornarici
crimp² [krimp] *vt* (z)gužvati; nabrati; (na)kovrčati (kosu) | *cul* **to** ~ **fish** učiniti zareze u svježoj ribi prije pečenja
crimp² [krimp] *s* nabor, bora
crimpy [ˈkrimpi] *adj* nabran, plisiran; kovrčast, valovit
crimson [ˈkrimzn] *adj* grimizan
crimson [ˈkrimzn] *s* grimiz, karmin
crimson [ˈkrimzn] *vt/i* **I.** *vt* grimizno obojiti **II.** *vi* zacrvenjeti se, postati grimizan
cringe [krindʒ] *vi* puzati; zgrbiti se, skutriti se; *fig* puzati, gmizati (*to, before* pred), dodvoravati se (komu)
cringe [krindʒ] *s* (podlo) puzanje, ropska uslužnost, krajnja servilnost
cringle [ˈkriŋgl] *s mar* oko ili ušica (za pričvršćavanje jedra)
crinkle [ˈkriŋkl] *s* nabor, vijuga, zavijutak
crinkle [ˈkriŋkl] *vt/i* **I.** *vt* nabrati, navorati; (na)mreškati; kovrčati **II.** *vi* savi(ja)ti se; vijugati; navorati se, naborati se, (na)mreškati se | ~**d paper** krep-papir
crinkly [ˈkriŋkli] *adj* naboran; valovit; namreškan; kovrčast
crinoline [ˈkrinəliːn] *s Fr* krinolina
cripes [kraips] *interj* | *vulg* **by** ~! ti boga! zaista!
cripple [ˈkripl] *s* bogalj, sakat čovjek
cripple [ˈkripl] *vt/i* **I.** *vt lit & fig* osakatiti; onesposobiti, sputa(va)ti **II.** *vi* hramati, šepati
crisis [ˈkraisis] *s* (*pl* **crises** [ˈkraisiːz]) *Lat* kriza; odsudan čas; zaoštravanje (situacije)
crisp [krisp] *adj* (~**ly** *adv*) kudrav, kovrčast; prhak, krhak, hrskav; šuštav; krut (papir); svjež, oštar (zrak); odriješit, kratak (ponašanje); jasan (stil)
crisp [krisp] *s sl* novčanica, banknota | (**potato**) ~**s** *pl* pržene tanke ploške od krumpira, čipsi
crisp [krisp] *vt/i* **I.** *vt* (na)kovrčati; učiniti hrskavim, prhkim; (is)pržiti; ispeći s hrskavom koricom; (na)mreškati; nab(i)rati, navorati **II.** *vi* (na)kovrčati se; (na)mreškati se; postati hrskav
crispation [krisˈpeiʃn] *s* kovrčanje, nabiranje, mreškanje, jeza, srhaj
crispy [ˈkrispi] *adj* kovrčast, kudrav; hrskav, prhak; *fig* kratak, odriješit; žustar
criss-cross [ˈkriskrɔs] *s* križ (umjesto potpisa); isprekrštavanje, mreža (*a* ~ *of streets*); isprekrštene crte
criss-cross [ˈkriskrɔs] *adj* unakrstan, koji se križa, isprekršten; mrzovoljan, mrgodan, neljubazan, gunđav
criss-cross [ˈkriskrɔs] *adv* uzduž i poprijeko, unakrst; *fig* naopako
criss-cross [ˈkriskrɔs] *vt/i* **I.** *vt* prekrižiti, isprekrižati, isprecrtati; prelaziti uzduž i poprijeko **II.** *vt* ići uzduž i poprijeko
criterion [kraiˈtiəriən] *s* (*pl* ~**s; criteria** [kraiˈtiəriə]) *Gr* kriterij, mjerilo | **he is no** ~ on nije mjerodavan (*for*)
critic [ˈkritik] *s* ocjenjivač, prosuđivač; kritičar; recenzent; kudilac (*of*)

critical ['kritikəl] *adj* (~**ly** *adv*) kritički; kritičan; sklon kuđenju; opasan, pogibeljan, sudbonosan, presudan | **to be ~ of** biti kritičan prema
criticism ['kritisizəm] *s* kritičko prosuđivanje; kritika; recenzija; prijekor, zamjerka, pokuda, kritiziranje; *phil* kriticizam | **textual ~** kritička ocjena književnog teksta; **open to ~** osporiv, koji se može pobijati; **above ~** besprijekoran
criticizable ['kritisaizəbl] *adj* osporiv, koji se može kritizirati, pobijati
criticize ['kritisaiz] *vt* kritizirati; ocjenjivati, prosuđivati; recenzirati; zamjeriti, kuditi
critique [kri'ti:k] *s Fr* kritika, recenzija, kritički prikaz
croak [krəuk] *s* graktanje; kreket(anje); kreštanje
croak [krəuk] *vi/t* **I.** *vi* graktati; kreketati; kreštati; proricati nesreću, biti zloguk prorok, jadikovati; *sl* otegnuti papke, umrijeti **II.** *vt* prokriještati; *US sl* ubiti, zakrenuti vratom
croaker ['krəukə] *s* graktalo, kreketalo; zloguki prorok
croaky ['krəuki] *adj* (**croakily** *adv*) graktav, kreketav; kreštav
Croat ['krəuət] *s* Hrvat(ica)
Croatian [krəu'eiʃjən] *adj* hrvatski
Croatian [krəu'eiʃjən] *s* Hrvat(ica); **hrvatski jezik**
crochet ['krəuʃei] *s Fr* kukičanje, kačkanje, heklanje
crochet ['krəuʃei] *vt Fr* kukičati, kačkati, heklati
crochet-hook ['krəuʃihuk] *s* kačkalica, igla za heklanje
crochet-needle ['krəuʃi,ni:dl] *s* → **crochet-hook**
crock[1] [krɔk] *s* vrč, ćup, zemljani lonac; krhotina glinene posude
crock[2] [krɔk] *s coll* staro kljuse, raga; *auto* krntija; starkelja, ruina
crock [krɔk] *vi/t* **I.** *vi sl* (*up*) slomiti se, gubiti snagu **II.** *vt* onesposobiti, oduzeti snage komu
crockery ['krɔkəri] *s* zemljano suđe | **~ware** glinena, lončarska roba
crocky ['krɔki] *adj coll* krhak, slabašan
crocodile ['krɔkədail] *s zool* krokodil; *coll* povorka školske djece po dvoje u redu | *fig* **~ tears** krokodilske suze
crocus ['krəukəs] *s Lat bot & chem* šafran
croft [krɔft] *s* mala ograđena oranica; mali posjed
crofter ['krɔftə] *s Scot* mali posjednik mali zakupnik
cromlech ['krɔmlek] *s* kromlek (prethistorijski krug uspravnih megalita koji nose vodoravne megalite)
crone [krəun] *s* stara baba; stara ovca
crony ['krəuni] *s* intiman drug, prisni prijatelj
crook [kruk] *s* kuka; pastirska palica; zavoj, okuka; *sl* varalica, lopov, hohštapler | **by hook or by ~** milom ili silom, iz oka ili boka; *sl* **on the ~** nepošten(o)
crook [kruk] *adj* → **crooked**
crook [kruk] *vt/i* svinuti (se), savi(ja)ti (se)
crook-back ['krukbæk] *s* grbavac
crook-backed ['krukbækt] *adj* grbav, s grbom na leđima
crooked ['krukid] *adj* (~**ly** *adv*) zavinut; svinut; s kukom; kriv; pogrbljen; *sl* nepošten, prevarantski | **~ dealings** nepošteni poslovi
crookedness ['krukidnis] *s* savinutost; iskrivljenost; grbavost; *fig* pokvarenost, nepoštenje
crook-handle ['kruk,hændl] *s* zavinut držak (štapa ili kišobrana)
croon [kru:n] *vt/i* tiho pjevuckati, pjevušiti, pjevati ispod glasa
croon [kru:n] *s* tiho pjevuckanje, sentimentalno pjevušenje
crooner ['kru:nə] *s* pjevač koji pjeva ispod glasa sentimentalne pjesme
crop [krɔp] *s* 1. guša, volja, putača (kod ptica) 2. držak biča; jahački bič 3. usjev, kultura; žetva, urod, prirod, ljetina, plodina 4. kup, hrpa, gomila (~ *of letters*); mnoštvo, masa, sva sila 5. čitava (učinjena) koža goveda 6. kratko šišanje, posve kratko podšišana kosa; odsječen komad | **in ~** u obrađivanju; **under ~** obrađen; **out of ~** neobrađen; **neck & ~** posve, potpuno, sve zajedno; naglavce, koliko je dug i širok; **~ farming** biljna proizvodnja
crop [krɔp] *vt/i* **I.** *vt* odrezati; potkresati; potkratiti, potkusati (rep); podšišati, podrezati (kosu); (po)pasti, (o)brstiti; pokositi, požeti; zasijati, posijati, zasaditi (*with*) **II.** *vi* pasti; prinositi, (u)roditi | **to ~ heavily** bogato roditi
crop forth ['krɔp'fɔ:θ] *vi* (iz)niknuti; pojaviti se
crop out ['krɔp'aut] *vi geol* doći na površinu
crop up ['krɔp'ʌp] *vi geol* pojaviti se (na površini); *fig* (nenadano) iskrsnuti, izniknuti
crop-eared ['krɔpiəd] *adj* podrezanih ušiju
cropper ['krɔpə] *s* 1. plodonosna biljka 2. *US sl* zakupac (*share ~* zakupac s udjelom) 3. golub gušan | *coll* **to come a ~** ljosnuti; *fig* doživjeti neuspjeh, promašiti
croppy ['krɔpi] *s* ošišanac (*hist* irski buntovnik iz 1798., pristaša Francuske revolucije)
croquet ['krəukei] *s Fr sport* kroket
croquette [krəu'ket] *s Fr cul* pohani valjušak od riže, mesa, krumpira itd., ćufte
crore [krɔ:] *s Anglo-Ind* deset milijuna
crosier (**crozier**) ['krəuʒə] *s eccl* biskupska palica

cross [krɔs] *s* 1. križ, krst; raspelo, krucifiks; kršćanstvo 2. *mil* križ, odlikovanje (*Victoria Cross*) 3. *print* križ(ić) (*to place a ~ against* staviti križić ispred); poprečna crtica na nekim slovima (*the ~ of a „t"*) 4. *fig* križ, breme; iskušenje, jadi 5. križanje, miješanje (pasmina); križanac; *fig* kompromis (*between*) 6. prijelaz; mjesto prijelaza 7. *sl* prijevara, nepošten način (*to get on the ~* steći na nepošten način) | **on the ~** koso, poprečno, unakrst; *fam* na nepošten način, prijevarom; nepošteno; **no ~ no crown** bez muke nema nauke; **to make one's ~** staviti križ (umjesto potpisa); **to make the sign of the ~** prekrižiti se

cross [krɔs] *vt/i* **I.** *vt* 1. križati; prekrižiti, prekrstiti (*to ~ one's legs*); učiniti znak križa, prekrižiti se 2. staviti poprečnu crticu; precrtati; *to ~ each other* sjeći se, križati se; sastati se 3. prelaziti, prijeći; premostiti 4. zajahati (konja) 5. *fig* osujetiti (*to be ~ed in* biti spriječen u čemu), sprečavati; ljutiti 6. križati, miješati (pasmine) **II.** *vi* poprečno ležati; križati se, mimoići se (*our letters ~ed*); prelaziti, prijeći (preko, na drugu stranu) | **to ~ fortune-teller's palm with** dati gatalici (novac); **to ~ cheque** prekrižiti ček (uz naznaku banke koja ga jedina može isplatiti da bi se otežalo neovlaštenom posjedniku da ga unovči); **to ~ swords (with a p)** ukrstiti mačeve (s kim); *fig* (po)svađati se, zgrabiti se (s kim); **to ~ one's mind** pasti na pamet; **to ~ the path of** sresti koga; *fig* stati (kome) na put, prepriječiti (komu) put; **to ~ the threshold** prestupiti prag; *pol* **to ~ the floor** prijeći k drugoj stranci; *fig* **to ~ one's t's and dot one's i's** biti precizan; *fig* **to keep one's fingers ~ed** držati fige (za dobar uspjeh)

cross off ['krɔs'ɔf] *vt* prekrižiti, precrtati, izbrisati

cross out ['krɔs'aut] *vt* → **cross off**

cross [krɔs] *adj* 1. poprečan; kos; unakrstan 2. protivan, proturječan, protuslovan; *fam* zlovoljan, srdit, ljut(it), mrgodan 3. *sl* nepošten | *parl* **~ voting** glasanje protiv vlastite stranke; *fam* **as ~ as two sticks** krajnje zlovoljan; **are you ~ with me?** ljutiš li se na me?

cross [krɔs] *adv* poprijeko; *fig* naopako (*to go ~*)

cross-acceptance ['krɔsək͵septəns] *s* mjeničarenje

cross-account ['krɔsə͵kaunt] *s* rikambio-račun, zavratni račun

cross-action ['krɔs͵ækʃən] *jur* protutužba

crossbar ['krɔsbaː] *s* prečaga, poprečna motka; prečka (nogometnih vrata)

cross-beam ['krɔsbiːm] *s tech* prečka, prečaga; greda, traverza

cross-bearer ['krɔs͵bɛərə] *s* onaj koji nosi križ, krstonoša

crossbelt ['krɔsbelt] *s mil* poprečni redenik

cross-bench ['krɔsbentʃ] *s* (*spec pl*) *parl* klupa za poslanike koji ne pripadaju nijednoj stranci

crossbill ['krɔsbil] *s ornith* krstokljun

cross-bones ['krɔsbəunz] *s pl* | **skull and ~** ukrštene bedrene kosti pod lubanjom (znak smrtne opasnosti)

crossbow ['krɔsbəu] *s hist* samostrel (vrsta lûka)

crossbred ['krɔsbred] *adj* križane pasmine, miješane rase

cross-breed ['krɔsbriːd] *s* miješana pasmina; mješanac, križanac, polutan

cross-bun [͵krɔs'bʌn] *s* vrsta peciva s križem (koje se jede na Veliki petak)

cross-buttock [͵krɔs'bʌtək] *s sport* prebačaj preko boka (pri rvanju); *fig* neočekivan poraz, protuudarac

cross-check ['krɔstʃek] *vt com* provjeriti, provjeravati (drugačijom metodom)

cross-check ['krɔstʃek] *s com* provjera(vanje)

crosscountry [͵krɔs'kʌntri] *s* seoski; terenski; koji ide preko cijele zemlje | *sport* **~ race** kros

cross-current ['krɔs͵kʌrənt] *s fig* protustruja, protivno mišljenje

crosscut ['krɔskʌt] *s* poprečan put, prijećac; presjek (i *~ saw*) pila balvanara

crosscut ['krɔskʌt] *vt* (poprijeko) presjeći

crosse [krɔs] *s US sport* vrsta dugog reketa za igru lacrosse

cross-entry ['krɔs͵entri] *s com* protuknjiženje, protuuknjižba, preknjiženje

cross-examination ['krɔsig͵zæmi'neiʃn] *s jur* unakrsno ispitivanje

cross-examine [͵krɔsig'zæmin] *vt jur* podvrći unakrsnom ispitivanju

crosseyed ['krɔsaid] *adj* škiljav

cross-grain ['krɔsgrein] *s* vlakno koje ide poprijeko od redovnog smjera vlakana (drva)

cross-grained ['krɔsgreind] *adj* rezan uporijeko, u okomitom smjeru na vlakna; s vlaknima koja teku poprečno ili dijagonalno; *fig* prgav, nepodatan, samovoljan

cross-hatch ['krɔshætʃ] *vt* označiti nizovima usporednih crta koje se križaju

cross-heading [͵krɔs'hediŋ] *s* (opširan) podnaslov

crossing ['krɔsiŋ] *s* prelaženje; prijelaz; putovanje preko mora; križanje, raskršće; ukrštavanje; precrtavanje (čeka); križanje (životinja) | **level ~**, *US* **grade ~** prijelaz ceste preko kolosijeka; **street ~** pješački prijelaz; **zebra ~** zebra, pješački prijelaz

crossing-sweeper ['krɔsiŋ͵swiːpə] *s* pometač ulica

crosskeys [krɔsˈkiːz] *s pl* papinski grb
cross-legged [ˈkrɔslegd] *adj* prekrštenih nogu
crosslet [ˈkrɔslit] *s* križić
crossness [ˈkrɔsnis] *s* zlovolja, mrzovoljnost, mrgodnost; ljutitost
cross-patch [ˈkrɔspætʃ] *s fam* mrzovoljac, zloćudna osoba
cross-piece [ˈkrɔspiːs] *s* prečka, poprečna motka
cross-purposes [ˌkrɔsˈpəːpəsiz] *s pl* protivne namjere | **to be at ~** ne razumijevati se, govoriti o raznim stvarima; imati različite i protivne ciljeve
cross-question [ˌkrɔsˈkwestʃən] *vt* → **cross-examine**
cross-reference [ˌkrɔsˈreʃərəns] *s* upućivanje na podatke na drugom mjestu (knjige)
crossroad [ˈkrɔsrəud] *s* poprečan put, poprečna cesta | **~s** *pl* križanje, raskršće; raskrsnica; *fig* **to be at the ~s** biti na raskrsnici, na raspuću
cross-section [ˈkrɔsˌsekʃən] *s* presjek; dio (tipičan za cjelinu)
cross-stitch [ˈkrɔsstitʃ] *s* unakrsni bod, križići; vez od križića
cross-tie [ˈkrɔstai] *s rly* prag
cross-trade [ˈkrɔstreid] *s US st exch* kompenzacija kupnje prodajom
crossway [ˈkrɔswei] *s* poprečni put
crosswind [ˈkrɔswind] *s* bočni vjetar
crosswise [ˈkrɔswaiz] *adv* unakrst, poprijeko, poprečno, dijagonalno
cross-word [ˈkrɔswəːd] *s* križaljka (zagonetka)
cross-word puzzle [ˈkrɔswəːdˈpʌzl] *s* → **crossword**
crotch [krɔtʃ] *s* račve, mjesto račvanja (grane od stabla); *anat* prepona
crotchet [ˈkrɔtʃit] *s Fr* kuka; *mus* četvrtinka; *fig* hir, mušica
crotchety [ˈkrɔtʃiti] *adj* mušičav, hirovit, ćudljiv
croton [ˈkrəutən] *s Gr bot* zmajeva krv; pročist | *med* **~-oil** ulje zmajeve krvi (sredstvo za čišćenje crijeva)
crouch [krautʃ] *s* čučanj
crouch [krautʃ] *vi* čučnuti, šćućuriti se, zguriti se (*down*); *fig* puzati (*to* pred), ulagivati se | **to be ~ed** čučati
croup [kruːp] *s med* krup, gušobolja
croup(e) [kruːp] *s Fr* sapi (konja)
croupier [ˈkruːpiə] *s Fr* krupje
crow[1] [krəu] *s ornith* vrana | *fig* **white ~** bijela vrana, rijetkost; *fig* **to have a ~ to pluck with a p** imati neugodan razgovor ili obračun s kim; **as the ~ flies, in a ~ line** zračnom linijom, ravno; **~'s -feet** sitne bore oko očiju; *mar* **~'s-nest** koš, izvidnica na jarbolu
crow[2] [krəu] *s* kukurijek(anje); graktanje; gukanje (djeteta)
crow [krəu] *vi* (*pret* crew, ~ed; *pp* ~ed) kukurijekati; graktati; (dijete) kriještati od veselja; *fig* likovati, trijumfirati (*over*)
crowbar [ˈkrəubaː] *s tech* željezna poluga, praseća noga
crowberry [ˈkrəubəri] *s bot* crna borušnica
crowd [kraud] *s* mnoštvo, gomila, svjetina (*~s of people* velike mase naroda); *fam* društvo, (grupa) ljudi, banda; gomila, hrpa (*a ~ of books*) | **the ~** masa, svjetina, prost narod; *mar* **~ of sail** velika količina otvorenih jedara; **in ~s** u masama, u velikom broju, na gomile
crowd [kraud] *vi/t* **I.** *vi* tiskati se, gurati se, (na)grnuti, natisnuti se, nagomilati se; vrvjeti; *US* žuriti, hitjeti **II.** *vt* stisnuti, natiskati; zbiti, nabiti (*into* u); *US* pritijesniti; napuniti, ispuniti; natrpati, prepuniti (*with*); *coll* tjerati, požurivati | **to be ~ed with** vrvjeti; *fig* **to ~ in upon a p** koga pritijesniti, tlačiti; *mar* **to ~ on sail** otvoriti sva jedra
crowd out [ˈkraudˈaut] *vt/i* **I.** *vt* (koga) istisnuti, izgurati; ne doći u obzir zbog prevelikog broja (drugih stvari) **II.** *vi* izvrvjeti, izlaziti u gomilama, nagrnuti napolje
crowd round [ˈkraudˈraund] *vi* okupiti se uokrug, načiniti krug oko čega
crowded [ˈkraudid] *adj* nabit, nagomilan; prepun, (pre)natrpan, pun ljudi; stisnut, pritiješnjen (*by*); prepunjen, pun (*of*) | **~ hours** sati najvećeg prometa
crowfoot [ˈkrəufut] *s bot* žabnjak, ljutić
crown [kraun] *s* 1. kruna, vijenac 2. kraljevska kruna; kraljevska vlast; kralj, kraljica; vladar 3. vrh(unac); tjeme; glava; glava (šešira); krošnja (stabla) 4. kruna zuba 5. kruna (srebrni novac od 5 šilinga); *half-a-~* pola krune (srebrni novac od dva i pol šilinga) 6. format papira (15 × 20 incha) 7. *archit* kruna, vijenac (stupa) 8. *tech* svod (staklarske peći) | **minister of the ~** ministar, član kabineta; **~ prince** prestolonasljednik; **~ princess** supruga prestolonasljednika; *jur* **~ witness** svjedok za optužbu, krunski svjedok
crown [kraun] *vt* 1. ovjenčati, okruniti 2. (kralja) kruniti (*they ~ed him king* okruniše ga za kralja) 3. staviti umjetnu krunu (*to ~ a tooth*) 4. ukrasiti, kititi, (u)resiti (*with* čime) 5. *fig* upotpuniti, (o)kruniti | *fig* **to ~ (it) all** kao kruna svemu; da nevolja bude potpuna
crowned [kraund] *adj* okrunjen, ovjenčan | **~ heads** okrunjene glave, kraljevi i kraljice, vladari; **low-~, high-~ hat** šešir s niskom, visokom glavom
crowner [ˈkraunə] *s* krunilac; *fig* vrhunska stvar
crown-glass [ˌkraunˈglaːs] *s* kron-staklo (vrsta stakla bez olova)

crowning [ˈkrauniŋ] *adj fig* koji upotpunjuje, vrhunski, glavni
crown-land [ˌkraunˈlænd] *s* krunska zemlja (koja pripada vladaru)
crown-wheel [ˌkraunˈwiːl] *s tech* vjenčenjak (zupčanik sa zupcima po strani, kod sata itd.)
crow-quill [ˈkrəukwil] *s* fino čelično pero (za pisanje)
croydon [ˈkrɔidn] *s* vrsta kola na dva kotača
crozier [ˈkrəuziə] *s* → **crosier**
crucial [ˈkruːʃiəl] *adj anat* unakrstan, u obliku križa (~ *incision*); odsudan, presudan, odlučan, kritičan
cruciate [ˈkruːʃieit] *adj zool & bot* u obliku križa
crucible [ˈkruːsibl] *s* topionički lonac, tiganj; *fig* iskušenje, kušnja, kamen kušnje
crucifix [ˈkruːsifiks] *s* križ, raspelo, krucifiks
crucifixion [ˌkruːsiˈfikʃən] *s* raspeće (na križ)
cruciform [ˈkruːsifɔːm] *adj* poput križa, u obliku krsta
crucify [ˈkruːsifai] *vt* raspeti (na križ), raspinjati
crude [kruːd] *adj* (**~ly** *adv*) sirov, nepreređen, neočišćen (*~oil, ~ sugar, ~ iron*), neobrađen; prijesan, nekuhan, sirov; neprobavljen; nezreo (*~ fruit*); *fig* neobrađen, nedotjeran; grub, neotesan, surov; primitivan; opor; gol (*~ facts*)
crudity [ˈkruːditi] *s* sirovo ili nezrelo stanje; *fig* nezrelost; grubost, neotesanost, surovost
cruel [ˈkruəl] *adj* (**~ly** *adv*) okrutan (*to*); strašan, grozan; krvav; bolan
cruelty [ˈkruəlti] *s* okrutnost (*to*) | **~ to animals** mučenje životinja
cruet [ˈkruːit] *s* bočica za ocat ili ulje
cruet-stand [ˈkruːitstænd] *s* stalak za bočice s uljem i octom
cruise [kruːz] *vi mar* krstariti | **cruising range** akcioni radijus; **cruising speed** ekonomična brzina
cruise [kruːz] *s* krstarenje; putovanje morem (za zabavu)
cruiser [ˈkruːzə] *s* 1. *mar* krstaš, krstarica 2. jedrilica, jahta (tipa krstaša); *US* policijska patrolna kola | **armoured ~** oklopljen krstaš, oklopnjača; **battle ~** teški krstaš; *box* **~-weight** poluteška kategorija; **cabin-~** motorni brod s kabinama
crumb [krʌm] *s* mrva, mrvica (kruha); mekotina, sredina kruha; *fig* mrvica, mrvičak, mrva (*a ~ of comfort*)
crumb [krʌm] *vt* posuti mrvicama kruha, panirati; mrviti, drobiti; očistiti od mrvica
crumb-cloth [ˈkrʌmklɔθ] *s* štitnik za sag (prostirač koji se stavlja preko ćilima)
crumble [ˈkrʌmbl] *vt/i* **I.** *vt* (s)mrviti, (z)drobiti; **II.** *vi* (s)mrviti se, (z)drobiti se; *fig* raspasti se, raspadati se
crumbly [ˈkrʌmbli] *adj* mrvičast, drobljiv; trošan
crumby [ˈkrʌmi] *adj* (**crumbily** *adv*) koji se mrvi, mrvičav, pun mrvica; *sl* pišljiv, jadan, mizeran
crummy [ˈkrʌmi] *adj* (**crummily** *adv*) *sl* pišljiv, bijedan; *sl* punan, jedar, mesnat (žena)
crump [krʌmp] *vt* hrskati; *coll* tresnuti, maznuti
crump [krʌmp] *s* hrskanje, prasak; *coll* snažan udarac; *mil sl* teška granata; prasak granate
crumpet [ˈkrʌmpit] *s* vrsta mekane pogače (s maslacem); *sl* tikva, glava; *sl* zgodna mačka (žena) | **barmy on the ~** slabouman, blesav
crumple [ˈkrʌmpl] *vt/i* **I.** *vt* (z)gužvati **II.** *vi* (z)gužvati se
crumple up [ˈkrʌmplˈʌp] *vt/i* **I.** *vt* (z)gužvati; razbiti, skršiti (neprijatelja) **II.** *vi* skvrčiti se; slomiti se, skršiti se
crunch [krʌntʃ] *vt/i* **I.** *vt* (z)drobiti, (s)mrviti (zubima); hrskati; škripati (šljunkom pod nogama itd.) **II.** *vi* hrskati; škripati
crunch [krʌntʃ] *s* hrskanje, škripa | *coll* **when it comes to the ~** kad nastupi odsudan čas
crupper [ˈkrʌpə] *s* podrepnjak, podrepni remen (konja); sapi
crusade [kruːˈseid] *s* križarski rat
crusade [kruːˈseid] *vi* voditi križarski rat
crusader [kruːˈseidə] *s* križar
cruse [kruːz] *s arch* (zemljani) ćup, vrč, krčag | *fig* **widow's ~** neiscrpna zaliha, nepresušivo vrelo
crush [krʌʃ] *vt/i* **I.** *vt* 1. (z)gnječiti; (z)drobiti, smlaviti, smrskati; zgaziti; stući; pritisnuti, pritiskati; istisnuti; ugurati, nagurati; *fig* satrti, poraziti, smlaviti, pogaziti, sništiti, ugušiti 2. ispiti, popiti, isprazniti, iskapiti **II.** *vi* (z)gnječiti se; (iz)gužvati se; (z)drobiti se; *US sl* ljubakati, udvarati se, flertovati; tiskati se, gurati se (*into*), progurati se (*through*) | **to ~ a cup of wine** iskapiti kupu vina
crush down [ˈkrʌʃˈdaun] *vt* potisnuti; zgnječiti, smlaviti, smrviti, smrskati (*into*); *fig* poraziti; pokoriti; ugušiti; nadvladati
crush out [ˈkrʌʃˈaut] *vt* iscijediti, istisnuti, ižmikati
crush up [ˈkrʌʃˈʌp] *vt* usitniti, smrviti, zdrobiti, izgnječiti
crush [krʌʃ] *s* 1. gnječenje, drobljenje; pritisak 2. tiska, gužva; *fam* veliko društvo; 3. *US sl* udvaranje, flert, ašikovanje | *sl* **to have a ~ on** biti lud za (kim); **to get a ~ on** zatelebati se u (koga)

crusher ['krʌʃə] *s* gnječilac; voćni sok (od zgnječena voća); *tech* drobilica; *coll* neoboriv argument; *sl* policajac
crush-hat ['krʌʃ'hæt] *s* cilindar (šešir) za sklapanje, klak
crush-room ['krʌʃrum] *s fam theat etc.* foaje, predvorje
crust [krʌst] *s* kora; korica; krasta; sloj, naslaga (vinskog kamena); *bot & zool* ljuska, ljuštura; *geol* kora, inkrustacija; *sl* bešćutnost; bešćutan čovjek
crust [krʌst] *vt/i* **I.** *vt* prevući korom, pokriti koricom **II.** *vi* dobiti koru, okorjeti *(over)*
crustacea [krʌs'teiʃjə] *s pl Lat zool* korepnjaci, raci
crustacean [krʌs'teiʃjən] *adj zool* rački
crustacean [krʌs'teiʃjən] *s zool* korepnjak, ljuskar
crustaceous [krʌs'teiʃjəs] *adj* poput kore; *zool* ljuskarski
crusted ['krʌstid] *adj* s korom; smrznut (snijeg); odležan (vino); *fig* zastario, uvriježen (*~ prejudice*); star, častan; *sl* bešćutan
crusty ['krʌsti] *adj* (**crustily** *adv*) pokriven korom, ljuskom; *fig* razdražljiv; mrzovoljan, zlovoljan, otresit, osoran
crutch [krʌtʃ] *s* štaka; *fig* potpora, pomoć, podštapalica
crutch [krʌtʃ] *vt/i* **I.** *vt* podupirati (kao sa) štakama **II.** *vi* hodati na štakama
crux [krʌks] *s fig* osnovni problem, glavna teškoća, neprilika, nevolja
cry [krai] *s* 1. krik, krič; poklik, usklik; vika, klicanje; izvikivanje (prodavača) 2. vapaj, zaklinjanje; plač; jadikovanje 3. lozinka 4. govorkanje 5. lavež; *fig* graja | *fig* **a far ~, a long ~ from** daleko od; nešto posve drugo; *fig* **much ~ and little wool** mnogo buke ni za što; tresla se brda, rodio se miš; **within ~** na dovik, nadohvat glasa (*of*); *fig* **hue and ~** kuka i motika
cry [krai] *vt/i* **I.** *vt* (što) zvati, vikati; izvikivati, izviknuti, plakati, liti suze (*to ~ bitter tears*); vapiti, zaklinjati za (*to ~ mercy*); vrištati **II.** *vi* (za)vikati; zvati; klicati, podvikivati; plakati; kričati, kriknuti, vrisnuti, vrištati; jadikovati; moliti, vapiti (*for* za što); tražiti što (*for*); dozivati (*for* što); lajati | **to ~ against** glasno se tužiti na; **to ~ to a p** dozivati koga, doviknuti komu; *fig* **to ~ stinking fish** kuditi vlastitu robu; *fig* **to ~ over spilt milk** plakati nad prolivenim mlijekom; **to ~ craven** predati se, popustiti; **to ~ shame upon** izraziti ogorčenje nad; **to ~ one's eyes out, to ~ one's heart out** dobro se isplakati; **to ~ oneself to sleep** plačući zaspati; **to ~ halves** tražiti udio; **to ~ wolf** dići lažnu uzbunu; **you are ~ing for the moon** hoćeš da ti vrba grožđem rodi (zahtijevati nemoguće)
cry down ['krai'daun] *vt* kuditi, osuditi, osuđivati; zabraniti; omalovažavati; ušutkati
cry off ['krai'ɔf] *vi* otkazati (što), odustati
cry out ['krai'aut] *vi/t* (iz)viknuti, izvikivati; vrisnuti; kliknuti, kriknuti, poviknuti; osuditi, osuđivati (*on*) | **to ~ against** javno prekoriti, tužiti se na (što)
cry up ['krai'ʌp] *vt* hvaliti, slaviti, uznositi, uzdizati
cry-baby ['krai,beibi] *s* plačko, plačljivac, cmizdravac
crying ['kraiiŋ] *adj* koji viče, plače; *fig* do neba vapeći; hitan, prijek | **~ shame** nepravda koja vapi do neba; **~ need** prijeka potreba
crypt [kript] *s archit* kripta
cryptic ['kriptik] *adj* (**~ally** *adv*) zagonetan, tajan, skrovit
cryptogam ['kriptəgæm] *s bot* kriptogama, tajnosjemenjača, bescvjetnica
cryptogram ['kriptəgræm] *s* kriptogram, šifrom pisan tekst
cryptograph ['kriptəgra:f] *s* → **cryptogram**
cryptographer [krip'tɔgrəfə] *s* kriptograf
cryptography [krip'tɔgrəfi] *s* tajno pismo
crystal ['kristl] *s chem & minr* kristal, ledac; kristalno staklo, kristal; *US* staklo na satu
crystal ['kristl] *adj* kristalan; bistar, čist kao kristal
crystal-gazer ['kristl,geizə] *s* onaj koji proriče budućnost iz kristalne kugle
crystal-gazing ['kristl,geiziŋ] *s* proricanje budućnosti gledanjem u kristalnu kuglu
crystalline ['kristəlain] *adj* kristalan; poput kristala; bistar kao kristal; sačinjen od kristala
crystallizable ['kristəlaizəbl] *adj* koji se može kristalizirati
crystallization [,kristəlai'zeiʃn] *s* kristalizacija, stvaranje kristala, leđenje
crystallize ['kristəlaiz] *vt/i* **I.** *vt* 1. kristalizirati, lediti; *fig* dati definitivan oblik 2. ušećeriti, kandirati (voće) **II.** *vi* kristalizirati se, lediti se; *fig* poprimiti definitivan oblik, iskristalizirati se *(into)*
crystallographer [,kristə'lɔgrəfə] *s* kristalograf
crystallography [,kristə'lɔgrəfi] *s* kristalografija
crystalloid ['kristəlɔid] *adj* poput kristala, nalik na kristal, kristaloidan
crystalloid ['kristəlɔid] *s minr* kristaloid
cub [kʌb] *s* mlado, mladunče (lisice, medvjeda, lava, tigra); *fig* mladi neotesanac (*unlicked ~*) | **wolf-~** član podmlatka skauta; **~ reporter** mlad, neiskusan novinski izvjestitelj
cub [kʌb] *vt/i* **I.** *vt* okotiti, baciti (mlade) **II.** *vi* (o)kotiti se; loviti mlade lisice

cubage ['kju:bidʒ] *s* kubatura; kubična zapremina; izračunavanje kubične zapremine
Cuban ['kju:bən] *s* Kubanac, Kubanka
Cuban ['kju:bən] *adj* kubanski | ~ **heel** poluvisoka peta
cubature ['kju:bətʃə] *s* kubatura, određivanje kubične zapremine; kubična zapremina
cubbing ['kʌbiŋ] *s* lov na mlade lisice
cubbish ['kʌbiʃ] *adj* nespretan, nezgrapan; neotesan, poput derana
cubby ['kʌbi] *s* → **cubby-hole**
cubby-hole ['kʌbihəul] *s* udobna sobica; (bijedna) rupa
cube [kju:b] *s math* kocka; broj dignut na treću potenciju, kubus (također ~ *number*) | ~ **root** treći korijen
cube [kju:b] *vt math* kubirati, dići na treću potenciju; izračunati kubični volumen čega; pretvoriti u kocke; popločiti kockama | **four** ~**d** (4^3) četiri na treću
cubhood ['kʌbhud] *s* mladi dani, dječačko doba
cubic ['kju:bik] *adj* (~**ally** *adv*) kockast; kubični
cubical ['kju:bikl] *adj* → **cubic**
cubicle ['kju:bikl] *s* pregrađen prostor s posteljom; pregradak, kabina
cubism ['kju:bizəm] *s arts* kubizam
cubist ['kju:bist] *s arts* kubist
cubistic [kju:'bistik] *adj* kubistički
cubit ['kju:bit] *s* lakat (stara mjera za duljinu, 18—22 palca ili 45—56 cm)
cuboid ['kju:bɔid] *adj* kockast, poput kocke, u obliku kocke | *anat* ~ **bone** skočna kost
cuboid ['kju:bɔid] *s anat* skočna kost
cucking-stool ['kʌkiŋstu:l] *s hist* vrsta stolca za kažnjavanje
cuckold ['kʌkəuld] *s* rogonja, muž koga žena vara
cuckold ['kʌkəuld] *vt* učiniti rogonjom, nabiti rogove (mužu)
cuckoo ['kuku:] *s ornith* kukavica; *fam* budala, bena, šašavac | ~ **call,** ~ **note** zov kukavice
cuckoo ['kuku:] *vi/t* **I.** *vi* kukati, glasiti se kao kukavica, oponašati zov kukavice **II.** *vt* jednolično, monotono ponavljati
cuckoo [ˌku'ku:] *interj* kuku!, kukuc!
cuckoo ['kuku:] *adj US sl* šašav, ćaknut
cuckoo-clock ['kuku:klɔk] *s* ura koja odbija sate zovom kukavice
cuckoo-flower ['kuku:ˌflauə] *s bot* livadna režuha; vimenjak; rumenika
cuckoo-pint ['kuku:pint] *s bot* obični kozlac
cuckoo-spit ['kuku:spit] *s* pjena koju izlučuju ličinke nekih kukaca radi obrane
cuckoo wrasse ['kuku:'ræs] *s ichth* pika, finka, smokvilj (*Labrus bimaculatus*)
cucumber ['kju:kʌmbə] *s bot* krastavac, ugorak | **as cool as a** ~ hladnokrvan, miran, mrtav hladan; *ichth* **sea** ~ trp, pistej (*Holothuria tubulosa*)
cud [kʌd] *s* napola probavljena hrana preživača (koja se iz želuca vraća u usta) | **to chew the** ~ preživati; *fig* razmišljati (*upon, over* o), prežvakavati
cuddle ['kʌdl] *vt/i* **I.** *vt* grliti, milovati, tetošiti, privinuti uza se **II.** *vi* privinuti se
cuddle up ['kʌdl'ʌp] *vi* toplo se zaviti, stisnuti se, šćućuriti se (u krevetu)
cuddle ['kʌdl] *s* zagrljaj, milovanje, tetošenje
cuddlesome ['kʌdlsəm] *adj* → **cuddly**
cuddly ['kʌdli] *adj* zgodan za tetošenje, koji izaziva tetošenje
cuddy[1] ['kʌdi] *s mar* (mala) kabina; sobica, komorica
cuddy[2] ['kʌdi] *s Scot lit & fig* magarac
cudgel ['kʌdʒəl] *s* toljaga, kijača | *fig* **to take up the** ~**s for** zauzeti se za
cudgel ['kʌdʒəl] *vt* izbiti toljagom, izbatinati | *fig* **to** ~ **one's brains** razbijati sebi glavu (*for, about* zbog)
cudster ['kʌdstə] *s US sl* krava
cudweed ['kʌdwi:d] *s bot* srčanik, srčenjak, srčanica
cue[1] [kju:] *s* natuknica; mig, znak, kratka uputa; *theat* šlagvort, štihvort; uloga, zadaća; raspoloženje | **to take one's** ~ **from a p** ravnati se po kome
cue[2] [kju:] *s* perčin; biljarski štap
cueist ['kju:ist] *s* igrač biljara
cuff[1] [kʌf] *s* manšeta; *US* suvratak nogavice | ~**s** *pl* lisičine
cuff [kʌf] *vt* pljusnuti, ćušnuti, ošamariti | **to** ~ **a p's ears** ćušnuti koga, dati komu zaušnicu
cuff[2] [kʌf] *s* pljuska, šamar, ćuška, zaušnica
cuff-link ['kʌfliŋk] *s* dugme za manšetu
cuirass [kwi'ræs] *s mil* (prsni) oklop
cuirassier [ˌkwirə'siə] *s Fr mil* oklopnik
cuisine [kwi:'zi:n] *s Fr* kuhinja, kuharstvo, kuharsko umijeće
cul-de-sac [ˌkuldə'sæk] *s* slijepa ulica
culinary ['kʌlinəri] *adj* kulinarski, kuharski
cull [kʌl] *vt* brati, ubirati, trgati (cvijeće itd.); odab(i)rati, prebirati
cull [kʌl] *s* životinja odvojena od stada (za klanje)
cullender ['kʌlində] *s* → **colander**
cullet ['kʌlit] *s* otpaci stakla
cully ['kʌli] *s sl* bena, budala; *sl* drug
culminant ['kʌlminənt] *adj* koji je na vrhuncu; *astr* koji je u kulminaciji
culminate ['kʌlmineit] *vi astr* biti u kulminaciji; *fig* doseći vrhunac, biti na vrhuncu, kulminirati | *fig* **culminating point** vrhunac
culmination [ˌkʌlmi'neiʃn] *s astr* kulminacija; *fig* vrhunac, kulminacija

culpability [ˌkʌlpəˈbiləti] *s* krivnja, krivica; kažnjivost
culpable [ˈkʌlpəbl] *adj* (**culpably** *adv*) prijekorljiv; kriv; kažnjiv
culprit [ˈkʌlprit] *s* krivac, prijestupnik; *jur* krivac, optuženik
cult [kʌlt] *s* bogoštovlje, religiozni obredi; *fig* obožavanje, kult; modna ludost; pristaše modne ludorije
cultivable [ˈkʌltivəbl] *adj agr* obradiv; koji se može kultivirati
cultivatable [ˈkʌltiveitəbl] *adj* → **cultivable**
cultivate [ˈkʌltiveit] *vt* kultivirati; obrađivati; gajiti; baviti se čime; uzgajati (biljke); odgajati; *fig* oplemeniti; razvijati; vršiti; njegovati, truditi se oko koga | **to ~ a p's acquaintance (friendship)** družiti se (prijateljevati) s kime
cultivated [ˈkʌltiveitid] *adj agr* obrađen; *fig* kultiviran, obrazovan, njegovan, profinjen
cultivation [ˌkʌltiˈveiʃn] *s* kultivacija, kultiviranje, obrađivanje; uzgoj (biljaka), gajenje (čega); *fig* izobrazba, oplemenjivanje; bavljenje (čim), njegovanje
cultivator [ˈkʌltiveitə] *s* obrađivač; poljodjelac, ratar; uzgajač, gajitelj, odgajivač; *agr tech* kultivator
culturable [ˈkʌltʃərəbl] *adj* koji se može civilizirati, kultivirati, obrađivati
cultural [ˈkʌltʃərəl] *adj* kulturni; prosvjetni (~ *film*) | ~ **performer** kulturni radnik
culture [ˈkʌltʃə] *s* gajenje, uzgoj (~ *of silk, bees, oysters, bacteria*), obrađivanje; *fig* kultura, civilizacija, obrazovanje; *biol* kultura | ~(**d**) **pearl** umjetni biser; *biol* ~ **medium** hranjiva podloga
cultured [ˈkʌltʃəd] *adj* kultiviran; kulturan, obrazovan
culver [ˈkʌlvə] *s dial ornith* šumski golub
culvert [ˈkʌlvət] *s tech* propust; *el* kanal za podzemni električni kabel
cumber [ˈkʌmbə] *vt* priječiti, kočiti, smetati; (op)teretiti, opterećivati, (pre)opteretiti
cumbersome [ˈkʌmbəsəm] *adj* (~**ly** *adv*) nezgrapan, teretan, tegotan; *fig* neprilićan, koji smeta; dosadan
cumbrous [ˈkʌmbrəs] *adj* (~**ly** *adv*) → **cumbersome**
cumbrousness [ˈkʌmbrəsnis] *s* nezgrapnost; teretnost, tegobnost; dosadnost, neugodnost
cummerbund [ˈkʌməbʌnd] *s Anglo-Ind* širok pojas
cum(m)in [ˈkʌmin] *s bot* kumin
cumulate [ˈkjuːmjulət] *adj* nagomilan, nakupljen
cumulate [ˈkjuːmjuleit] *vt/i* gomilati (se), nakupiti (se), nagomilati (se)
cumulation [ˌkjuːmjuˈleiʃn] *s* gomilanje, nagomilavanje
cumulative [ˈkjuːmjulətiv] *adj* (~**ly** *adv*) koji se gomila; skupan, zbirni; koji nadolazi, raste, jača; kumulativan
cumulous [ˈkjuːmjuləs] *adj* nagomilan, nalik na kumulus
cumulus [ˈkjuːmjuləs] *s* (*pl* **cumuli** [ˈkjuːmjulai]) *Lat* hrpa, gomila; *meteor* kumulus
cunning [ˈkʌniŋ] *s* lukavost, lukavština, prepredenost; vještina, sposobnost, umijeće
cunning [ˈkʌniŋ] *adj* (~**ly** *adv*) lukav, prepreden; vješt, spretan; *US coll* privlačiv, dražestan
cup [kʌp] *s* šalica (*tea-~* šalica za čaj); zdjelica; čaša; pehar; (nagradni) pokal; kalež, putir; količina jedne šalice (*a ~ of tea* šalica čaja); (alkoholno) piće (*to be fond of the ~*); (hladna) bola; *bot & anat* čaška | *fig* **a bitter ~** gorka čaša, gorak pehar; *fig* **his ~ was full** čaša mu se prepunila; **a ~ too low** neraspoložen; **in one's ~s** pripit, pijan; **challenge ~** nagradni pehar, prijelazni pokal; **not my ~ of tea** nije mi po ćudi
cup [kʌp] *vt* dati oblik čaše (čemu); obuhvatiti ili pokriti (kao čašom); *med* stavljati kupice, pustiti (komu) krv (pomoću roga)
cup-bearer [ˈkʌpˌbeərə] *s* peharnik
cupboard [ˈkʌbəd] *s* (kuhinjski) ormar; kredenc | **skeleton in the ~** sramotna obiteljska tajna
cupboard-love [ˈkʌbədlʌv] *s* proračunata, hinjena ljubav (iz koristoljublja)
cupful [ˈkʌpful] s (puna) šalica, količina koja stane u jednu šalicu
Cupid [ˈkjuːpid] *s* Kupid
cupidity [kjuːˈpidəti] *s* požuda, pohota; lakomost, pohlepa
cup-moss [ˈkʌpmɔs] *s bot* vrsta lišaja
cupola [ˈkjuːpələ] *s It archit* kupola, kube; *mar* oklopljeni pokretni toranj | *tech* ~**-furnace** kupolna peć
cupping-glass [ˈkʌpiŋglaːs] *s med* kupica, rog za puštanje krvi
cupreous [ˈkjuːpriəs] *adj* bakren(ast), poput bakra
cupric [ˈkjuːprik] *adj chem* bakren(ast), koji sadrži bakra
cuprous [ˈkjuːprəs] *adj chem* → **cupric**
cur [kəː] *s* pseto, psina, džukela; lopov, nitkov, hulja
curability [ˈkjuərəˈbiləti] *s* (iz)lječivost
curable [ˈkjuərəbl] *adj* izlječiv
curaçao (curaçoa) [ˌkjuərəˈsəu] *s* kiraso (liker od ljusaka naranče)
curacy [ˈkjuərəsi] *s* kapelanija; podžupa
curate [ˈkjuərit] *s* kapelan, podžupnik, pomoćnik župnika | ~**-in-charge** vršilac dužnosti župnika
curative [ˈkjuərətiv] *adj* ljekovit
curative [ˈkjuərətiv] *s* lijek

curator [ˌkjuəˈreitə] *s* nadzornik; upravitelj, direktor, kurator; kustos (muzeja, knjižnice); *jur Scot* kurator, staratelj, skrbnik, tutor

curatorship [kjuəˈreitəʃip] *s* služba kuratora

curb [kəːb] *s* podbradnjak, lančić, žvala (konjske opreme); (i *~-stone*) ograda, rub (bunara); *fig* uzda, obuzdavanje; *vet* oteklina konjske noge; → **kerb**

curb [kəːb] *vt* zauzdati, ožvaliti (konja); *fig* obuzdati, ukrotiti

curbmarket [ˈkəːbˌmaːkit] *s US st exch* slobodno tržište, slobodan promet; slobodna burza

curb-roof [ˈkəːbruf] *s* mansardni krov

curbstone [ˈkəːbstəun] *s* rubni kamen, rub (pločnika)

curby [ˈkəːbi] *adj vet* s oteklinom na nozi (konj)

curd [kəːd] *s* urda, usireno mlijeko, gruševina, skuta, ugrušak | **to turn to ~s** zgrušati se, usiriti se; **~s and whey** jelo od oslađene skute s vrhnjem

curdle [ˈkəːdl] *vt/i* zgrušati (se), zgusnuti (se), usiriti (se), stinuti (se), koagulirati | *fig* **my blood ~d with horror** od strave mi se krv sledila

curdy [ˈkəːdi] *adj* zgrušan, usiren

cure[1] [kjuə] *s* 1. *eccl* duhovna pastva; župa 2. lijek; liječenje, kura 3. ozdravljenje 4. → **vulcanization** | **to be under ~** liječiti se; **to take a ~** podvrći se liječenju; **to be past (all) ~, without a ~** biti neizlječiv, u beznadnu stanju

cure [kjuə] *vt/i* **I.** *vt* 1. (koga) izliječiti (*of*); liječiti (bolest), zaliječiti 2. staviti u rasol, soliti i sušiti (meso, ribu); sušiti (sijeno) 3. → **vulcanize II.** *vi* (iz)liječiti se; sušiti se | **what can't be ~d must be endured** ono čemu nema pomoći mora se trpjeti

cure[2] [kjuə] *s sl* čudak, ekscentrik

curé [ˈkjuərei] *s Fr* župnik

cure-all [ˈkjuərɔːl] *s* univerzalan lijek, panaceja

cureless [ˈkjuəlis] *adj* neizlječiv

curer [ˈkjuərə] *s* liječnik; onaj koji soli i suši (meso, ribu itd.)

curfew [ˈkəːfjuː] *s* 1. *hist* (također *~-bell*) večernje zvono (znak svršetka dnevnog života) 2. redarstveni sat

curia [ˈkjuəriə] *s* (*pl* **curiae** [ˈkjuəriiː]) *Lat* (rimska) kurija; *eccl* centralne ustanove papinske vlasti

curio [ˈkjuəriəu] *s* rijetka umjetnina, rijetkost, raritet, kuriozitet

curiosity [ˌkjuəriˈɔsəti] *s* 1. radoznalost; znatiželja 2. raritet, rijetkost, kuriozitet; *sl* čudan svat

curiosity shop [ˌkjuəriˈɔsətiʃɔp] *s* prodavaonica starina, antikvarijat

curious [ˈkjuəriəs] *adj* 1. željan znanja; radoznao, znatiželjan 2. poman, brižljiv 3. rijedak, neobičan, čudan

curiously [ˈkjuəriəsli] *adv* | **~ enough** začudo

curiousness [ˈkjuəriəsnis] *s* 1. rijetkost, raritet 2. radoznalost, znatiželja

curl [kəːl] *s* uvojak, kovrčica, vitica; kovrčanje; *agr* bolest krumpirove stabljike | **in ~** kovrčast; **to come out of ~, to go out of ~** izgubiti uvojke, raskovrčati se; **~ of the lip** (prezirno) krivljenje (gornje) usne

curl [kəːl] *vt/i* **I.** *vt* (na)kovrčati (kosu); savijati (u spiralu); navorati, namreškati (površinu vode) **II.** *vi* kovrčati se; navorati se, (na)mreškati se; smotati se; vijugati, vijati se | **to ~ one's lip** (prezirno) nakriviti usnu

curl up [ˈkəːlˈʌp] *vi/t* **I.** *vi* smotati se; previ(ja)ti se; (na)kovrčati se; srušiti se **II.** *vt* nakovrčati (kosu); (pre)saviti, smotati

curlew [ˈkəːljuː] *s ornith* ugara, veliki škurak

curling [ˈkəːliŋ] *s* kovrčanje, pravljenje uvojaka; *Scot sport* vrsta igre na ledu (plosnatim kamenjem s drškom)

curling-irons [ˈkəːliŋˌaiənz] *s pl* željezo za kovrčanje kose

curling-pin [ˈkəːliŋpin] *s* papilota, vikler

curling-tongs [ˈkəːliŋtɔŋz] *s pl* → **curling-irons**

curly [ˈkəːli] *adj* kovrčast | **~-headed** kudrave glave

curly-pate [ˈkəːlipeit] *s* osoba kudrave glave

curmudgeon [kəːˈmʌdʒən] *s coll* čangrizavac, gunđalo; škrtac, tvrdica

curmudgeonly [kəːˈmʌdʒənli] *adj* čangrizav, gunđav; škrt

currant [ˈkʌrənt] *s* grožđica; ribiz | *bot* **red ~** crveni ribiz; **black ~** crni ribiz

currency [ˈkʌrənsi] *s* kolanje, optok, optjecaj, cirkulacija; *com* rok valjanosti mjenice; tečaj, kurs; valuta; *fig* valjanost, važenje, vrijednost | **firm ~** stabilna valuta; **foreign ~** strana valuta; **hard ~** čvrsta, zdrava valuta; **soft ~** slaba valuta; *fig* **to give ~ to a th** širiti, staviti što u promet

currency notes [ˈkʌrənsinəuts] *s pl* novčanice koje je za vrijeme svjetskog rata izdalo englesko ministarstvo financija

current [ˈkʌrənt] *adj* tekući; sadašnji, ovaj (*the ~ year*); aktualan, suvremen; u tečaju; u prometu, koji kola, koji je u opticaju; kurentan; koji važi, koji je općenito prihvaćen ili priznat; raširen (*rumour*); *el* strujni | **at the ~ exchange** uz dnevni tečaj; **~ account** tekući račun, kontokorent; **~ handwriting** kurentno pismo, kurziv; **~ problem** aktualno pitanje; **~ publication** najnovija publika-

cija; **pass ~** biti prihvaćen kao valjan ili važeći
current [ˈkʌrənt] *s* struja (i *el*), strujanje; *fig* tok, tijek, tečaj, struja, pravac (mišljenja itd.) | *el* **direct ~** istosmjerna struja; **alternating ~** izmjenična struja; **~ transformer** strujni transformator; **~ impulse** strujni udar; **~ junction** električni priključak
currently [ˈkʌrəntli] *adv* općenito; sada, momentano
curriculum [kəˈrikjuləm] *s* (*pl* **curricula** [kəˈrikjulə]) *Lat* nastavni plan, naučna osnova | *Lat* **~ vitae** kratak životopis
currier [ˈkʌriə] *s* kožar, štavilac
currish [ˈkəːriʃ] *adj* (**~ly** *adv*) poput pseta; *fig* ujedljiv; prost; podao, opak
curry [ˈkʌri] *s cul* indijska pikantna mirodija; curry; jelo začinjeno curryjem
curry[1] [ˈkʌri] *vt* začiniti curryjem
curry[2] [ˈkʌri] *vt* češati (konja); strojiti, činiti (kožu); *fig* izbiti (koga) | **to ~ favour with a p** ulagivati se komu
curry-comb [ˈkʌrikəum] *s* češagija
curry-powder [ˈkʌriˌpaudə] *s cul* curry, mješavina indijskih mirodija
curse [kəːs] *s* kletva; *eccl* prokletstvo; *fig* bijeda, nevolja, nesreća, prokletstvo | **call down ~s upon a p** proklinjati koga; **~s come home to roost** kletve se vraćaju na onoga koji ih je izrekao; **under a ~** uklet; **to lay a ~ upon, lay a p under a ~** prokleti; **~ of Scotland** karo devetka (pri kartanju); *coll* **the ~** menstruacija
curse [kəːs] *vt/i* **I.** *vt* prokleti, proklinjati; kleti (koga); *eccl* izopćiti **II.** *vi* kleti | **~ him!** vrag ga odnio; **to be ~d with** biti kažnjen, mučen čime
cursed [ˈkəːsid] *adj* (**~ly** *adv*) klet, proklet
cursedness [ˈkəːsidnis] *s* prokletstvo, ukletost
cursive [ˈkəːsiv] *adj* (**~ly** *adv*) kurzivan (rukopis)
cursive [ˈkəːsiv] *s* kurziv
cursory [ˈkəːsəri] *adj* (**cursorily** *adv*) brz, letimičan, površan
curst [kəːst] *adj* → **cursed**
curt [kəːt] *adj* (**~ly** *adv*) kratak, odsječen, otresit, osoran
curtail [kəːˈteil] *vt* skratiti, smanjiti; prikratiti; potkresati; *fig* stegnuti, ograničiti; okrnjiti; lišiti (*of*)
curtailment [kəːˈteilmənt] *s* prikrata, skraćenje; *fig* ograničenje, krnjenje
curtain [ˈkəːtn] *s* 1. zastor, zavjesa; *fig* koprena, veo, pokrov 2. *theat* zastor; *fig* svršetak 3. *fort* kurtina | *theat* **the ~ rises, the ~ goes up** zastor se diže; **the ~ drops** zastor se spušta, pada; *fig* **to draw a ~ over a th** ne govoriti više o čemu; **to take one's last ~** posljednji put nastupiti; **behind the ~** potajno, iza kulisa; **iron ~** željezna zavjesa; **safety-~** zaštitni zastor (protiv požara); *interj* **~!** tableau! (zamisli taj prizor!)
curtain [ˈkəːtn] *vt* zavjesiti, snabdjeti zavjesama, zastrti zavjesom; *fig* zastrti
curtain off [ˈkəːtnˈɔf] *vt* odijeliti zavjesama
curtain-fire [ˈkəːtnˌfaiə] *s mil* baražna vatra
curtain-lecture [ˈkəːtnˌlektʃə] *s* bukvica koju žena očita mužu kod kuće
curtain-raiser [ˈkəːtnˌreizə] *s sl theat* aktovka (drama u jednom činu kao uvod u predstavu)
curtsy (**curtsey**) [ˈkəːtsi] *s* naklon uz sagibanje koljena, kniks | **to drop a ~, to bob a ~, to make one's ~** (**to**) pokloniti se uz sagibanje koljena (komu)
curtsy (**curtsey**) [ˈkəːtsi] *vi* nakloniti se uz sagibanje koljena (*to*)
curvature [ˈkəːvətʃə] *s* savijanje, savijenost, zakrivljenost, zaobljenost; krivina, zavoj, luk
curve [kəːv] *s* krivulja, krivina; zavoj, okuka
curve [kəːv] *vt/i* vijugati, savi(ja)ti (se), kriviti (se)
curvet [kəːˈvet] *s sport* propinjanje, propanj (skok konja)
curvet [kəːˈvet] *vi sport* propinjati se, skakati upropanj (konj)
curvilinear [ˌkəːviˈliniə] *adj* (**~ly** *adv*) krivuljast
cushat [ˈkʌʃət] *s ornith* grivnjaš, šumski golub
cushion [ˈkuʃən] *s* jastuk; elastični rub, banda (stola za biljar); *tech* zgusnuta para ostavljena u cilindru da zadrži udarac klipa
cushion [ˈkuʃn] *vt* obložiti jastucima, snabdjeti jastukom; *fig* zaštititi; *tech* ublažiti
cushion-tire [ˈkuʃnˈtaiə] *s mot* polupneumatska guma
cushiony [ˈkuʃəni] *adj* mekan, poput jastuka
cushy [ˈkuʃi] *adj sl* lagan, lagodan, udoban (posao)
cusp [kʌsp] *s* šiljak; vršak; rog, vršak Mjesečeva srpa
cuspidor [ˈkʌspidɔː] *s US* pljuvačnica
cuss [kʌs] *s* 1. *US sl* kletva 2. čovo, stvor, čeljade; klipan, tip; čudna, neugodna stvar ili životinja | **I don't care** (ili **give**) **a ~** ne marim ni zere; **it is not worth a tinker's ~** ne vrijedi ni pišljiva boba
cuss [kʌs] *vi US sl* kleti
cussed [ˈkʌsid] *adj* (**~ly** *adv*) *coll* proklet; svojeglav
cussedness [ˈkʌsidnis] *s US sl* opakost, pokvarenost; svojeglavost
custard [ˈkʌstəd] *s* krema od zaslađenih jaja i mlijeka, šodo
custard-apple [ˈkʌstədˌæpl] *s bot* ljuskavi tikvan (plod srednjoameričke voćke)

custodial [kʌsˈtəudjəl] *adj* čuvarski, skrbnički

custodian [kʌsˈtəudjən] *s* čuvar, skrbnik, pazitelj; kustos

custody [ˈkʌstədi] *s* straža, zaštita; briga, čuvanje, paska, nadzor (*of* nad); pohrana; zatvor, pritvor | **to take into ~** uhapsiti, uhititi, zatvoriti, staviti u pritvor; **give a p into ~** predati koga policiji

custom [ˈkʌstəm] *s* 1. običaj; navika; *jur* običajno pravo 2. *com* mušterije, kupci, klijentela | **~ house** carinarnica; **~ officer** carinik; **~s** *pl* carina; carinarnica, carinske vlasti; **~s duty** carina; **~s union** carinska unija

customary [ˈkʌstəməri] *adj* (**customarily** *adv*) običajan, uobičajen, običan

custom-built [ˈkʌstəmbilt] *adj* građen prema specifikaciji kupca

customer [ˈkʌstəmə] *s* mušterija, kupac, korisnik usluga; *fig* čovo, tip | *fam* **queer ~** čudan svat, čudak

custom(s)-free [ˈkʌstəm(z)fri:] *adj* slobodan od carine

custom-made [ˈkʌstəmmeid] *adj US* izrađen po mjeri ili narudžbi

custom-work [ˈkʌstəmwə:k] *adj US* posao po mjeri ili narudžbi

custos [ˈkʌstɔs] *s* (*pl* **custodes** [kʌˈstəudi:z]) *Lat* čuvar, kustos | **~ rotulorum** arhivar, glavni mirovni sudac grofovije

cut [kʌt] *s* 1. rez, zasjek, zarez, urez, prosjek, prorez; udarac, ubod; prokop, jarak; odrezak, režanj (*a ~ of pork*); komad; drvorez; bakrorez; kroj, fazona; pokrata; odsječak, isječak, izrezak; sniženje, smanjenje, redukcija (izdataka); kratica, prečac; prolaz; *US* tunel; *fig* uskrata pozdrava, ignoriranje (koga); *fig* podvala; rezanje, predizanje (igraćih karata); *US* izostanak s predavanja; *el* prekid, obustava; *sport* rezan udarac | **the ~ of one's jib** nečiji (osobni) izgled; **to be a ~ above** znatno nadmašivati koga; **to draw ~s** ždrijebati; *cul* **cold ~s** hladni narezak; *fig* **to make a ~ in** (što) reducirati, smanjiti; **short ~** prečac, kratica, prijeki put; **give a p the ~ direct** (glatko) ignorirati koga; *fig* **the ~ and thrust** rječkanje, dvoboj riječima

cut [kʌt] *adj* odrezan; obrezan; porezan; uškopljen (*~ horse* uštrojen konj); ošišan, potkresan; izrezuckan; skraćen, smanjen, reduciran; brušen (staklo); *sl* pijan | **~ flowers** rezano cvijeće; **~ glass** brušeno staklo, kristal; **~ and dry** (ili **dried**) (već) gotov

cut [kʌt] *vt/i* (cut, cut) **I.** *vt* 1. sjeći, rezati; zarezati (*to ~ oneself* porezati se); narezati (narez); obrezati; uškopiti, uštrojiti (konja); tući, udariti (*with*); šibati (*the wind ~s my face*); *fig* povrijediti, raniti, zadati bol 2. prerezati (*in, into* u) (*to ~ in two* prerezati nadvoje, raspoloviti); presjeći; razrezati (knjigu) 3. klesati (kamen), uklesati; brusiti (dragulj, staklo); urez(iv)ati, gravirati; usjeći, prosjeći (put itd.); bušiti (tunel); kopati (rov) 4. krojiti, (i)skrojiti 5. odrezati, odsjeći (*to ~ one's nails* rezati sebi nokte), posjeći; šišati, strići, podšišati (kosu); kositi, žeti (žito) 6. skratiti, presjeći (put); *com* sniziti (cijene); smanjiti; reducirati (budžet); otpisati (gubitak); *fig* prekinuti (veze); (koga) ne pozdraviti, ignorirati; izostati (s predavanja itd.) 7. križati, sjeći (*the lines ~ each other* pravci se sijeku) 8. *sport* rezati (loptu) 9. predići (karte pri kartanju) **II.** *vi* rezati, sjeći; dati se rezati ili sjeći; krojiti se; bosti; piliti; bušiti; sjeći se; predizati (pri kartanju); *sl* pobjeći, uteći; udariti (*at*); *film* prestati snimati; *fig* upasti u (*into*) | **to ~ one's finger** porezati prst, porezati se; *fig* **to ~ the knot** presjeći čvor (odlučnim zahvatom riješiti problem); **to ~ one's coat according to one's cloth** pružati se prema pokrivaču, prilagoditi se prilikama; **to cut (off) a corner** rezati, presjeći ugao; *fig* **to ~ corners** ići kraćim putem; **to ~ a disc** (ili **record**) snimiti ploču; *sport* **to ~ a record** oboriti rekord; *sl* **to ~ it fine** točno proračunati, na vlas izmjeriti, baš još na vrijeme stići; **to ~ a loss** spriječiti gubitak na vrijeme; **to ~ short** skratiti; prekinuti; *fam* **to ~ one's stick** otići; *sl* **to ~ no** (ili **not much**) **ice** (*with a p*) biti bez učinka; ne imponirati (komu); **to ~ a p dead** uopće se ne osvrtati na koga, potpuno ignorirati koga; **to ~ loose** odriješiti, osloboditi (*from*); osloboditi se; *fam* **to ~ and run** pobjeći, odjuriti, dati petama vjetra; **to ~ and contrive** štedljivo gospodariti; *fig* **to ~ to bits, to ~ to pieces** raskomadati; **to ~ both ways** imati dvosjekli učinak; *fig* **to ~ one's eyeteeth, to ~ one's wisdom teeth** doći u godine razboritosti; *fig* **to ~ the painter** prekinuti veze; *fig* **to ~ the heart** raniti (koga) u srce, pogoditi u srce; **to ~ free** osloboditi; **to ~ capers** poskakivati, poigravati; **to ~ a dash** istaći se, svratiti na se pažnju; **to ~ teeth** dobivati zube; *fig* **to ~ one's teeth on sth** steći iskustvo na čemu; **to ~ a poor figure** odigrati bijednu ulogu, jadno ispasti; **to ~ the ground from under a p (from under a p's feet)** osujetiti čije planove, maknuti komu tlo ispod nogu; **to ~ one's way** krčiti, probijati sebi put; **~ that!** dosta toga!, prestani s tim!; **~ and come again!** posluži se obilno, prihvati se jela, najedi se ljudski; **to ~ a long story short** ukratko

cut across [ˈkʌtəˈkrɔs] *vi* ići; biti u protivštini (sa čim), ići kraticom, krenuti prijekim putem

cut away [ˈkʌtəˈwei] *vt/i* **I.** *vt* odrezati, odsjeći **II.** *vi* | **to ~ to the right** skrenuti nadesno
cut back [ˈkʌtˈbæk] *vt* jako podrezati (grmlje itd.); sniziti, smanjiti (troškove, proizvodnju)
cut down [ˈkʌtˈdaun] *vt* posjeći; oboriti, pokositi; požeti, pokositi (žito, travu); *fig* zgrabiti, pokositi koga (o bolesti, smrti); sniziti (cijenu), smanjiti (troškove); prisiliti, navesti na smanjenje; (i **~ on**) ograničiti, smanjiti (količinu, broj) | **he is trying to ~ on cigarettes** on nastoji manje pušiti; *coll* **to cut a p down to size** svesti koga na pravu mjeru
cut in [ˈkʌtˈin] *vt/i* **I.** *vt* urezati; *coll* uključiti (u unosan posao) **II.** *vi* upasti, upadati (u razgovor); *mot* ubaci(va)ti se u kolonu | **~ half, ~ halves, ~ two** raspoloviti, presjeći napola
cut into [ˈkʌtˈintu] *vi* zarezati, zasjeći; (po)remetiti, (po)kvariti | **~ halves** raspoloviti; **~ quarters** raščetvoriti
cut off [ˈkʌtˈɔf] *vt* odrezati, odsjeći; prekinuti; dokončati (što); (koga) isključiti (*from*); pokositi, uništiti, potamaniti; *teleph* prekinuti; iskopčati (struju), isključiti (plin), obustaviti (snabdijevanje, novčanu pomoć) | **to ~ a p with a shilling** razbaštiniti koga; **to ~ a corner** skratiti put presjekavši ugao
cut open [ˈkʌtˈəupn] *vt* rasjeći, rasporiti
cut out [ˈkʌtˈaut] *vt/i* **I.** *vt* izrezati, isjeći; skrojiti; iskopati; *US* odvojiti (od ostalog stada); *coll* izostaviti; *radio* isključiti; *coll* ostaviti; napustiti; *coll* istisnuti, izgurati **II.** *vi* (motor) prestati raditi | **to be ~ for** biti stvoren, rođen za što; **to have one's work ~ (for)** imati dosta posla, imati što raditi; *sl* **cut it** (ili **that**) **out!** prestani!
cut up [ˈkʌtˈʌp] *vt/i* izrezati, razrezati, sasjeći; dati se (dobro, loše) rezati, krojiti; uništiti (koga); *fig* oštro kritizirati (koga); (koga) rastužiti, ucviliti | *sl* **to ~ rough** postati neugodan, grubo nastupiti; **to ~ well** ostaviti velik imetak
cutaneous [kjuˈteinjəs] *adj* kožni
cutaway [ˈkʌtəwei] *adj* | **~ coat → cutaway** *s*
cutaway [ˈkʌtəwei] *s* jahaći kaput, žaket
cut-back [ˈkʌtbæk] *s film* katbek
cutche(r)ry [kʌˈtʃeri] *s Anglo-Ind* upravna zgrada, sud; ured upravitelja
cute [kjuːt] *adj* (**~ly** *adv*) *coll* oštrouman, bistar; prepreden, lukav; *US coll* zgodan, dražestan
cuteness [ˈkjuːtnis] *s fam* dosjetljivost, oštroumnost; lukavost, prepredenost
cutey (**cutie**) [ˈkjuːti] *s US sl* zgodna djevojka
cuticle [ˈkjuːtikl] *s anat & bot* (po)kožica, epiderma | **~ scissors** škarice za manikiranje
cuticular [kjuˈtikjulə] *adj* epidermijski, kožni
cutis [ˈkjuːtis] *s Lat anat* koža (ispod epiderme)
cutlass [ˈkʌtləs] *s mar* kratka široka, malo povinuta sablja; širok nož za sječenje kopre itd.
cutler [ˈkʌtlə] *s* nožar
cutlery [ˈkʌtləri] *s* nožarija; nožarska roba; jedaći pribor (noževi, viljuške i žlice)
cutlet [ˈkʌtlit] *s cul* kotlet
cut-off [ˈkʌtɔf] *s* kratica, prečac, prijeki put; *US* novo, kraće riječno korito
cut-out [ˈkʌtaut] *s* izrezak; *el* osigurač; *US* uzorak ili slika za izrezivanje
cutpurse [ˈkʌtpəːs] *s* džepar, tat
cut-rate [ˈkʌtˈreit] *adj* uz sniženu cijenu
cutter [ˈkʌtə] *s* rezač; rezbar; *mar* kuter; *tech* glodalo (glodalice); rezač; *US* lagane saonice | **tailor's ~** krojitelj, krojilac
cutthroat [ˈkʌtθrəut] *s* koljač, ubojica, razbojnik
cutthroat [ˈkʌtθrəut] *adj* nesmiljen, okrutan, žestok, razoran, bezobziran
cutting [ˈkʌtiŋ] *s* rezanje; odrezak, izrezak; prokop, prosjek; sječa (šume); *rly* usjek; *bot* sadnica | **press ~** isječak iz novina; **~s** *pl* odsječci, otpaci
cutting [ˈkʌtiŋ] *adj* (**~ly** *adv*) koji reže, oštar; (**~** *edge* oštrica); *fig* jedak, rezak, bridak, zagrižljiv, uvredljiv; prodoran (pogled)
cuttle [ˈkʌtl] *s ichth* → **cuttle-fish** | **little ~** sipica, bobulina (*Sepiola rondeleti*)
cuttle-bone [ˈkʌtlbəun] *s* sipina kost
cuttle-fish [ˈkʌtlfiʃ] *s ichth* sipa (*Sepia officinalis*)
cutty [ˈkʌti] *adj Scot* pokraćen, neprirodno kratak
cutty [ˈkʌti] *s Scot* kratka lula
cutwater [ˈkʌtˌwɔːtə] *s mar* kljun broda
cutworm [ˈkʌtwəːm] *s* gusjenica koja odgriza mlade biljke u razini zemlje
cyanic [saiˈænik] *adj* plav; *chem* cijanov | **~ acid** cijanova kiselina, cijankalij
cyanide [ˈsaiənaid] *s chem* cijanid | **potassium ~** kalijev cijanid, cijankalij; **sodium ~** natrijev cijanid
cyanogen [saiˈænədʒin] *s chem* cijan
cybernetics [ˌsaibəˈnetiks] *s pl* (*sg constr*) kibernetika
cyclamen [ˈsikləmən] *s bot* ciklama, klobučac
cycle [ˈsaikl] *s* 1. (završen, zatvoren) krug, ciklus; kolo; *phys* period, herc; *com* (i **~s** *pl*) konjunktura 2. *fam* bicikl, motocikl | **four-~ engine** četverotaktni motor
cycle [ˈsaikl] *vi* kružiti; *fam* voziti se na biciklu
cycle-car [ˌsaiklˈkaː] *s* motorna trokolica
cyclic [ˈsaiklik] *adj* ciklički; kružni; ciklusni; *com* konjunkturni

cycler ['saiklə] *s US* → **cyclist**
cyclical ['saiklikl] *adj* (~**ly** *adv*) ciklički
cycling ['saikliŋ] *s* vožnja biciklom; biciklizam
cyclist ['saiklist] *s* biciklist
cyclograph ['saikləgra:f] *s* ciklograf
cycloid ['saiklɔid] *s math* cikloid, točkanica
cycloidal [sai'klɔidl] *adj* (~**ly** *adv*) *math* cikloidan
cyclometer [sai'klɔmitə] *s* ciklometar, putomjer
cyclone ['saikləun] *s* ciklon; ciklona
cyclonic [sai'klɔnik] *adj* ciklonski
cyclop(a)edia [ˌsaiklə'pi:djə] *s* → **encyclopaedia**
cyclopaedic [ˌsaiklə'pi:dik] *adj* (~**ally** *adv*) → **encyclopaedic**
Cyclopean [sai'kləupjən] *adj* ciklopski; *fig* divovski, golem, ogroman, gorostasan, gigantski
Cyclops ['saiklɔps] *s* (*pl* **Cyclopes** [sai'kləupi:z]) ciklop
cyclostyle ['saikləstail] *s* ciklostil (vrsta stroja za umnožavanje)
cyclostyle ['saikləstail] *vt* umnožavati na ciklostilu
cyclotron ['saiklətrɔn] *s phys* ciklotron
cyder ['saidə] *s* → **cider**
cygnet ['signit] *s* mladi labud
cylinder ['silində] *s* cilindar, valjak, bubanj | **six-~ engine** šest-cilindarski motor; *coll* **(working) on all ~s** svom snagom, punom parom
cylindrical [si'lindrikl] *adj* (~**ly** *adv*) cilindričan, valjkast
cylindroid ['silindrɔid] *adj* cilindričan, poput valjka
cylindroid ['silindrɔid] *s math* cilindroid
cyma ['saimə] *s Lat archit* zidni ukras, vijenac, žlijeb
cymar [si'ma:] *s* ležerna haljina bez pojasa
cymbal ['simbl] *s mus* činela; cimbal
cyme [saim] *s bot* paštitac
cynic ['sinik] *adj* koji se tiče filozofske škole cinika; cinički
cynic ['sinik] *s* cinik; drznik
cynical ['sinikl] *adj* (~**ly** *adv*) ciničan; bezobrazan, drzak; bestidan
cynicism ['sinisizəm] *s* cinizam; poruga; drskost, bezobraznost, bezočnost; bestidnost
cynocephalus [ˌsainə'sefələs] *s* pasoglavac; *zool* pavijan, psoglavi majmun
cynosure ['sinəˌzjuə] *s astr* Mali medvjed: zvijezda Sjevernjača; *fig* zvijezda vodilja; *fig* središte pažnje
cypher ['saifə] *s* & *vi/t* → **cipher**
cypress ['saiprəs] *s bot* čempres
Cyprian ['sipriən] *adj* ciparski; raskalašen, razuzdan
Cyprian ['sipriən] *s* Cipranin, Cipranka; ciparsko narječje; razuzdanica, bludnica
Cypriot ['sipriət] *s* Cipranin
Cyrillic [si'rilik] *adj* ćirilski | ~ **alphabet** ćirilica
cyst [sist] *s med* cista
cystic ['sistik] *adj* koji se odnosi na cistu
cystitis [sis'taitis] *s med* upala mjehura
czar (tsar) [za:] *s* (ruski) car
czarevitch ['za:rəvitʃ] *s* (ruski) carević, carev sin
czarevna [za:'revnə] *s* carevna, careva kći
czarina [za:'ri:nə] *s* (ruska) carica
Czech (Czekh) [tʃek] *s* Čeh(inja); češki (jezik)
Czech (Czekh) [tʃek] *adj* češki

D

D, d [diː] *s* d (četvrto slovo engleske abecede); D (rimski broj 500); *mus* D (druga nota prirodne dur-ljestvice) | **D flat** [ˈdiːˈflæt] Des; **D sharp** [ˈdiːˈʃaːp] Dis
dab[1] [dæb] *s* 1. lak udarac, nenadan kratak dodir 2. kuckanje, kljuvanje; šljapkanje 3. ljaga, mrlja 4. komadić, gruda, nanos (boje) | **a dirty ~** prljavac; **a fat ~** mastan zalogaj
dab[2] [dæb] *s ichth* švoja, iverak
dab[3] [dæb] *s coll* stručnjak | **to be a ~ (hand) at** biti spretan u nečemu, razumjeti se u nešto
dab [dæb] *vt/i* **I.** *vt* 1. dirnuti, lako doticati, potapšati; maziti 2. nanijeti (boju); zaprljati; poprskati blatom, zakaljati, zablatiti, žbukati **II.** *vi* 1. kuckati, kljuvati 2. otirati dodirivanjem (mekim čepom ili svitkom od vune itd.)
dabber [ˈdæbə] *s print* 1. otiskivač (osoba) 2. gruda (boje) 3. mekan čep, svitak vune itd.
dabble [ˈdæbl] *vt/i* **I.** *vt* 1. umakati; smočiti, pokvasiti; poprskati 2. uprljati, ublatiti, ukaljati **II.** *vi* 1. prskati, pljuskati (u vodi), praćakati (se) 2. prljati | **to ~ in** amaterski se baviti čime; **to ~ with** baviti se čim, plesti se u što, miješati se u što
dabbler [ˈdæblə] s diletant
dabchick [ˈdæbtʃik] *s ornith* gnjurac pilinorac, gnjurac ogrličar (*Podiceps ruficollis*); šarenokljuni gnjurac (*Podilymbus podiceps*)
dabster [ˈdæbstə] *s coll* amater, diletant
dace [deis] (*pl* ~) *s ichth* klenić (*Leuciscus leuciscus*)
dacha [ˈdætʃə] *n* dača
dachshund [ˈdækshund] *s* jazavčar (pas)
dacker [ˈdækə] *s dial* 1. tumaranje, šetnja 2. prepirka, svađa
dacoit [dəˈkɔit] *s* indijski ili burmanski član razbojničke družbe
dacoity [dəˈkɔiti] *s Ind* razbojništvo; razbojnički napad, razbojstvo
dactyl [ˈdæktil] *s pros* daktil (stopa u metrici: —◡◡)
dactylar [ˈdæktilə] *adj arch* daktilski
dactylate [ˈdæktilit] *adj* daktilski
dactylic [dækˈtilik] *adj* daktilski; poput prsta
dactylic [dækˈtilik] *s* daktilski stih
dactylogram [dækˈtiləgræm] *s* daktilogram, otisak prsta
dactylography [ˌdæktiˈlɔgrəfi] *s* daktiloskopija, proučavanje otisaka prstiju
dactylology [ˌdæktiˈlɔlədʒi] *s* govor ili sporazumijevanje prstima
dactylus [ˈdæktiləs] → **dactyl**
dad [dæd] *s fam* tata, tatica, ćaća
dada [ˈdædə] *s* tata (u dječjem govoru)
daddy [ˈdædi] *s fam* tatica, tata
daddy-long-legs [ˌdædiˈlɔŋlegz] *s fam ent* kosac (red *Phalangida*)
dado [ˈdeidəu] *s archit* podnožje (stupa), kocka (stupa iznad podnožja); donji rub (zida, prostorije), donja zidna oplata
dadoing machine [ˈdeidəuiŋməˈʃiːn] *s* stroj za žlijebljenje drveta
daedal [ˈdiːdəl] *adj* 1. dovitljiv, ingeniozan 2. zakučast, zapleten, kompliciran
daedalian [diːˈdeiljən] → **daedal**
daemon [ˈdiːmən] *s* → **demon**
daemonic [diːˈmɔnik] *adj* → **demonic**
daff [dæf] *vt* → **doff**
daffadilly [ˈdæfədili] *s poet* → **daffodil**
daffadowndilly [ˌdæfədaunˈdili] *s poet* → **daffodil**
daffodil [ˈdæfədil] *adj* blijedožut sunovrat, ovčica, zelenkada (*Narcissus*); blijedožuta boja
daffodil [ˈdæfədil] *adj* blijedožut
daft [daːft] *adj coll* 1. glupav, slabouman, lud 2. nesmotren; mahnit, bezobziran
dag [dæg] *s* 1. okrajak koji slobodno visi 2. rosa; kišica, maglica 3. kubura (oružje)
dagger [ˈdægə] *s* bodež; *print* križ | **to be at ~s drawn** biti u neprijateljstvu, biti u zategnutim odnosima (*with* sa); **to look ~s** probadati pogledom; **to speak ~s** okrutnim riječima ujedati za srce; **~ of lath** drveni mač, buzdovan lude (u starim "morality plays")
dagger [ˈdægə] *vt* probosti

daggle ['dægl] *vt/i arch* **I.** *vt* ukaljati, zablatiti, vući po blatu **II.** *vi* hodati po blatu
daggle-tailed ['dægl̩teild] *adj arch* uprljan, neuredan
dago ['deigəu] *s US sl* podrugljiv naziv za Španjolca, Portugalca ili Talijana u Sj. Americi (»digić«) | ~ **red** slabo crveno vino
daguerreotype [də'gerətaip] *s* dagerotipija
dahabeeyah (dahabiah) [ˌdaːhə'biːjə] *s* dahabija (prije jedrenjak, danas veliki putnički brod na Nilu)
dahlia ['deiljə] *s bot* dalija, georgina; crvena boja dalije
Dail Eireann [ˌdail'ɛərən] *s* irski donji dom, predstavnički dom
daily ['deili] *adj* dnevni, svakidanji | ~ **bread** kruh svagdašnji
daily ['deili] *s* dnevnik, dnevne novine; *coll* dvorkinja
daily ['deili] *adv* dnevno, svaki dan, dan na dan, svakodnevno
daily pay ['deili'pei] *s* nadnica
daily sales ['deili'seilz] *s pl* dnevni utržak
daily wages ['deili'weidʒiz] *s pl* nadnica
daimio ['daimiəu] *s hist* japanski feudalni vazal, plemić
daintiness ['deintinis] *s* 1. nježnost, osjetljivost, tankoćutnost, finoća, pažljivost, ljepušnost 2. slasnost, tečnost, delikatnost, kićenost, sladokustvo, izbirljivost
dainty ['deinti] *s* poslastica, slastan zalogaj, delikatesa
dainty ['deinti] *adj* (**daintily** *adv*) 1. nježan, mek, osjetljiv, tankoćutan, fin, pažljiv 2. slastan, tečan; delikatan 3. ukusan, otmjen, zgodan 4. gadljiv, izbirljiv, sladokusan | **to make** ~ nećkati se, pretvarati se; ~ **bits** poslastice
dainty-mouthed ['deintiˌmauðd] *adj* sladokusan, izbirljiv
dairy ['dɛəri] *s* mljekarstvo, mljekarica, mljekara
dairy-cattle ['dɛərikætl] *s* stoka za mužu, mliječna stoka
dairy-farm ['dɛərifaːm] *s* stočno gospodarstvo s mljekarstvom
dairying ['dɛəriiŋ] *s* proizvodnja mlijeka i mliječnih proizvoda
dairymaid ['dɛərimeid] *s* mljekarica
dairyman ['dɛərimən] *s* mljekar
dairyplant ['dɛəriplaːnt] *s* uređaj mljekarstva; mljekarski pogon
dais ['deiis] *s* 1. uzvišeno podnožje, podij
daisied ['deizid] *adj* pun tratinčica, pokriven tratinčicama
daisy ['deizi] *s bot* tratinčica, krasuljak; *sl* prvorazredna stvar; divna osoba | **to turn up one's toes to the daisies** otegnuti papke, umrijeti; **don't cut any daisies** ne razmeći se; *sl* **to be under the daisies, to push up the daisies** biti pod ledinom
daisy-cutter ['deiziˌkʌtə] *s* konj koji u kasu ili trku vuče noge; *sport* lopta koja leti nisko uza zemlju
dak [dɔːk] *s* → **dawk**
dale [deil] *s poet* dolina, udolina, dol | **over hill and** ~ preko brda i dolina
dalesman ['deilzmən] *s* stanovnik planinskih dolina na sjeveru Engleske i u Škotskoj
dalle [dæl] *s* ploča za taracanje (od kamena, mramora i dr.), podna ploča
dalles [dælz] *s pl US* okomite stijene kanjona; jaruge; brzice u duboko usječenom uskom koritu; sutjeska
dalliance ['dæliəns] *s* 1. poigravanje 2. milovanje; ljubakanje, udvaranje 3. zavlačenje, odgađanje | **to be at** ~, **to hold** ~ poigravati se, šaliti se
dallier ['dæliə] *s* šaljivčina, podrugljivac, lakrdijaš, vragolan
dally with ['dæli'wið] *vi* titrati se, poigravati se 2. oklijevati, tratiti vrijeme 3. očijukati, milovati, ljubakati, udvarati 4. mahnitati, ludovati **II.** *vt* zatezati, odgađati
dally away ['dæliə'wei] *vt* gubiti, tratiti (vrijeme); promašiti (priliku)
dally off ['dæli'ɔf] *vt* odgoditi na neodređeno vrijeme; izbjegavati što
dally with ['dæli'wið] *vi* titrati se, poigravati se, izbjegavati, izmicati | **to** ~ **an idea** zanositi se mišlju
Dalmatian [dæl'meiʃjən] *s* 1. Dalmatinac, Dalmatinka 2. dalmatinac (vrsta psa)
Dalmatian [dæl'meiʃjən] *adj* dalmatinski | ~ **dog** dalmatinac (pas), dalmatinska doga
dalmatic [dæl'mætik] *s eccl* dalmatika (crkveno ruho)
daltonism ['dɔːltənizəm] *s* daltonizam (nesposobnost razlikovanja crvene i zelene boje)
dam[1] [dæm] *s* nasip, gat, brana, ustava; valobran; *fig* bedem; zapreka
dam[2] [dæm] *s zool* ženka (četveronožaca)
dam [dæm] *vt* podići nasip, nasipom ograditi, zagraditi; zapriječiti, pregraditi; zagaziti
dam out ['dæm'aut] *vt* dovesti vodu pomoću nasipa
dam up ['dæm'ʌp] *vt* učvrstiti branom, nasipom, pregraditi branom; *fig* zatomiti, zaustaviti, spriječiti
damage ['dæmidʒ] *s* šteta, oštećenje; *sl* trošak, račun | ~**s** *pl jur* odšteta, naknada štete; ~ **by sea** havarija; *mar ins* ~ **certificate,** ~ **report** havarijski certifikat; *ins* ~ **survey** zapisnik o procjeni štete; *sl* **what's the** ~? koliko to stoji? koliko sam dužan?; **to make good the** ~ nadoknaditi štetu; **to recover** ~**s** dobiti naknadu za štetu

damage [ˈdæmidʒ] *vt/i* **I.** *vt* oštetiti, oštećivati, naškoditi, nanijeti štetu; nauditi **II.** *vi* pretrpjeti štetu
damageable [ˈdæmidʒəbl] *adj* koji se lako ošteti, pokvarljiv
damaged [ˈdæmidʒd] *adj* oštećen | **~ feasant** šteta počinjena na tuđem zemljištu
damaging [ˈdæmidʒiŋ] *adj* štetan, poguban
daman [ˈdæmən] *s zool* daman, kapski svizac (*Hyrax capensis*)
damascene [ˈdæməsiːn] *adj* damaški, od damasta
damascene [ˈdæməsiːn] *s* damaški rad, damaško djelo; *arch* damast; *bot* damaška šljiva (*Prunus institia*); crvenkastoplava boja damaške šljive
damascene [ˈdæməsiːn] *vt* zlatom ili srebrom okovati (čelik), damascirati
damask [ˈdæməsk] *s* damast, damaška tkanina; damaški čelik; ružičasta boja
damask [ˈdæməsk] *adj* ružičast; od damasta; poput damasta | **~ rose** damaška ruža
damask [ˈdæməsk] *vt* protkati ili išarati damaškim šarama; zarumeniti
damaskeen [ˈdæməskiːn] *s & vt* → **damascene**
damask-linen [ˈdæməskˈlinin] *s* damaško platno, damast
damassin [ˈdæməsin] *s* svileni damast s utkanim zlatnim i srebrnim cvijećem; zlatni ili srebrni damast
dame [deim] *s arch, poet & facete* dama, gospođa; naslov za ženu koja je dobila najviše odlikovanje Reda Britanskog Carstva; *US sl* žena, djevojka
dame-school [ˈdeimskuːl] *s* starinska osnovna škola koju vodi žena
damn [dæm] *vt/i* **I.** *vt* osuditi; prokleti; kuditi; odbiti, nepovoljno se izraziti o čemu, izviždati, ispsikati (kazališnu izvedbu) **II.** *vi* kleti | **~ it!** do đavola!; **I will be ~ed if** ... đavo me odnio ako ...; **~ with faint praise** dati hladnu i neuvjerljivu preporuku; **that is enough to ~ him** to je dovoljno da ga upropasti
damn [dæm] *s* kletva | **don't care a ~** ne marim nimalo, baš me briga; **not worth a ~** ne vrijedi ni pišljiva boba
damnable [ˈdæmnəbl] *adj* vrijedan prijekora, mrzak, klet, vrlo loš
damnably [ˈdæmnəbli] *adv* mrsko, kleto; prokleto, vraški
damnation [dæmˈneiʃn] *s* osuda; prokletstvo
damnatory [ˈdæmnətəri] *adj* koji donosi prokletstvo; koji tereti (dokazi)
damned [dæmd] *adj* proklet, vraški | **the ~** prokletnici (duše u paklu)
damnify [ˈdæmnifai] *vt jur* oštetiti, štetiti
damp [dæmp] *s* vlaga; eksplozivni jamski plin, zagušljiv zrak; snuždenost | **choke-~** zagušljiv zrak (u rudniku, bunaru i dr.); **fire-~** eksplozivni jamski plin, požarni plin; **to cast a ~, to strike a ~ on one's spirits** obeshrabriti koga
damp [dæmp] *adj* vlažan; potišten
damp [dæmp] *vt/i* **I.** *vt* vlažiti, navlažiti, ovlažiti; prigušiti, oslabiti; zapretati (vatru); ugasiti; ublažiti, utišati **II.** *vi* trunuti | **~ one's ardour** obeshrabriti koga
damp down [ˈdæmpˈdaun] *vt fig* prignječiti, tlačiti; obeshrabriti; zapretati, oslabiti plamen u čemu
damp off [ˈdæmpˈɔf] *vi* istrunuti
damp-course [ˈdæmpkɔːs] *s tech* izolacija protiv vlage (u zidu)
damped [dæmpt] *adj* prigušen
dampen [ˈdæmpən] *vt/i* **I.** *vt* ovlažiti; prigušiti, smanjiti propuh u peći; pokvariti (dobru volju); smanjiti (polet, oduševljenje) **II.** *vi* nakvasiti se
damper [ˈdæmpə] *s mus* tušilo, prigušnica, sordina; prigušivač, amortizer; regulator za propuh u peći, oduška; vlažilo za marke; netko ili nešto što obeshrabruje | **to put a ~ on** pokvariti veselje
dampish [ˈdæmpiʃ] *adj* ovlažan, malko vlažan; zagušljiv, zaparen; plijesniv
damply [ˈdæmpli] *adv* vlažno
dampness [ˈdæmpnis] *s* vlaga
damp-proof [ˈdæmppruːf] *adj* koji ne propušta vlagu, otporan protiv vlage
damp spot [ˈdæmpspɔt] *s* mrlja od vlage
damsel [ˈdæmzl] *s arch & lit* djevojka, gospođica, djevica
damsel fish [ˈdæmzəlˈfiʃ] *s ichth* crnelj, crnac (*Heliases chromis*)
damson [ˈdæmzən] *s bot* bardaklija, damaška šljiva
damson-cheese [ˈdæmzəntʃiːz] *s* gusto ukuhana damaška šljiva sa šećerom, gust pekmez od šljiva
dance [daːns] *s* ples, plesna zabava, skakutanje | **lead one a ~** slati nekoga od Poncija do Pilata; ogorčiti kome život; **St. Vitus's ~** *med* chorea, vidovica
dance [daːns] *vi/t* **I.** *vi* plesati; skakati, poigravati **II.** *vt* plesati, njihati, zibati, ljuljati; cupkati | **~ upon nothing** biti obješen, visiti; **~ to one's tune, ~ to one's pipe** plesati kako ti tko svira; **~ attendance upon a p** čekati nekoga, trčati za nekim, šeniti, antišambrirati; **~ oneself into favour** steći naklonost, ulaskati se
dance away [ˈdaːnsəˈwei] *vt* proigrati, izgubiti | **dance one's chance away** propustiti priliku
dance off [ˈdaːnsˈɔf] *vt* proigrati; otići | **to dance one's head off** ludo izgubiti glavu
dance-band [ˈdaːnsbænd] *n* plesni orkestar
dance-hall [ˈdaːnshɔːl] *n* plesna dvorana
dance-music [ˈdaːnsˌmjuːzik] *s* plesna glazba

dance-orchestra [ˈdaːnsˌɔːkistrə] *s* plesni orkestar
dancer [ˈdaːnsə] *s* plesač, plesačica | **merry ~s** sjeverna svjetlost, polarno svjetlo (*Aurora borealis*)
dancing [ˈdaːnsiŋ] *s* plesanje, plesna umjetnost
dancing-girl [ˈdaːnsiŋgəːl] *s* plesačica
dancing-master [ˈdaːnsiŋˌmaːstə] *s* učitelj plesa
dancing-salon [ˈdaːnsiŋˈsælɔn] *s US* plesna dvorana
dancing-school [ˈdaːnsiŋskuːl] *s* plesna škola
dandelion [ˈdændilaiən] *s bot* maslačak
dander [ˈdændə] *s coll esp US* gnjev, srdžba | **get one's ~ up** razljutiti se, razbjesnjeti se, razljutiti; **his ~ is up** ljut je
dandie [ˈdændi] *s* vrsta psa terijera
dandified [ˈdændifaid] *adj* kicoški
dandify [ˈdændifai] *vt* kicoški koga obući, dotjerati, upicaniti
dandle [ˈdændl] *vt* ljuljati, zibati (dijete) na krilu; cupkati; milovati, maziti
dandriff [ˈdændrif] *s* → **dandruff**
dandruff [ˈdændrʌf] *s* perut, prhut
dandy[1] [ˈdændi] *s* kicoš, gizdelin, fićfirić
dandy[2] [ˈdændi] *s Ir sl* čašica (rakije i dr.)
dandy[3] [ˈdændi] *s mar* lađar (na Gangesu)
dandy[4] [ˈdændi] *s* | **~ fever → dengue**
dandy [ˈdændi] *adj* kicoški; *US coll* odličan, krasan, fin, lijep, zgodan
dandyish [ˈdændiiʃ] *adj* kicoški
dandyism [ˈdændiizəm] *s* kicoštvo, kicošenje
dandy-note [ˈdændinəut] *s com* carinsko izvozno uvjerenje, potvrda
dandy-roller [ˈdandiˌrəulə] *s tech* valjak od čeličnog sita za utiskivanje vodenog žiga
Dane [dein] *s* Danac, Dankinja | **Great ~** doga (vrsta psa)
Danelaw [ˈdeinlɔː] *s* stari danski zakon, koji je nekoć bio na snazi u sjeveroistočnom dijelu Engleske zauzetom od Danaca; područje na kojem je taj zakon bio na snazi
danger [ˈdeindʒə] *s* opasnost; *mar* opasno mjesto; *rly* signal za opasnost | **to run into ~** izložiti se opasnosti | **~ money** doplatak na opasnost
dangerous [ˈdeindʒrəs] *adj* (**~ly** *adv*) opasan, pogibeljan
danger-signal [ˈdeindʒəˌsignəl] *s* znak za opasnost
dangle [ˈdæŋgl] *vi/t* **I.** *vi* ljuljati se, njihati se; visiti **II.** *vt* mlatarati (čime); mahati (čime) kome pred nosom
dangle after [ˈdæŋglˈaːftə] *vi* trčati za kim, slijediti koga, prikrpiti se kome
Danish [ˈdeiniʃ] *s* danski jezik
Danish [ˈdeiniʃ] *adj* danski
dank [dæŋk] *adj* (**~ly** *adv*) neugodno vlažan, vlažno hladan
dankness [ˈdæŋknis] *s* vlažnost, hladna mokrina
danseuse [daːnˈsəːz] *s Fr* plesačica, balerina
Dantean [ˈdæntiən] *adj* Danteov, danteovski, u Danteovu stilu
Dantean [ˈdæntiən] *s* dantist, istraživač Dantea, danteolog
Dantesque [dænˈtesk] *adj* Danteov, danteovski, u Danteovu stilu
Danubian [dæˈnjuːbjən] *adj* dunavski, podunavski
dap [dæp] *vi/t* **I.** *vi* pecati tako da meka odskakuje po površini; odskakivati **II.** *vt* lako uroniti, oprezno spustiti u vodu; baciti (loptu i dr.) da odskakuje
daphne [ˈdæfni] *s bot* likovac, maslinica; lovorika *(Daphne mezereum camelae)*
dapper [ˈdæpə] *adj fam* (obično o maloj osobi) dotjeran, uredan; okretan, žustar, živ
dapple [ˈdæpl] *s* nešto pjegavo ili šareno, šarena mrlja
dapple [ˈdæpl] *adj* pjegav, šaren, mrljav, prošaran
dapple [ˈdæpl] *vt/i* **I.** *vt* išarati pjegama, izmrljati, posuti pjegama **II.** *vi* osuti se pjegama, biti izmrljan
dapple-bay [ˌdæplˈbei] *s zool* zekalj; zelenko (konj)
dapple-black [ˌdæplˈblæk] *s zool* vrani šarac
dapple-grey [ˌdæplˈgrei] *adj* siv s tamnim pjegama
dapple-grey [ˌdæplˈgrei] *s* zelenko (konj)
dare [dɛə] *vi/t* (*pret* **~d**, durst; *pp* **~d**) **I.** *vi* smjeti, usuditi se, odvažiti se, drznuti se **II.** *vt* poduzeti što, prihvatiti se čega; nazvati; prkositi | **I ~ say** rekao bih, mislim, valjda; dakako; **I ~ swear** rekao bih, siguran sam
dare-devil [ˈdɛəˌdevl] *s* vratoloman, ludo smion čovjek
dare-devil [ˈdɛəˌdevl] *adj* vratoloman, ludo smion
daring [ˈdɛəriŋ] *adj* smion, odvažan, srčan, hrabar, neustrašiv; drzak
dark [daːk] *adj* (**~ly** *adv*) taman, mračan; mrk, crn; tajanstven; neprosvijećen; crnomanjast; zao, zločinački; žalostan, beznadan, utješan, tmuran; tajanstven, skrovit, neobjašnjen, nepoznat | **keep ~** držati u tajnosti, tajiti
dark [daːk] *s* mrak, tama; neznanje, neprosvijećenost, skrovitost, tajanstvenost; nejasnost, neizvjesnost | **at ~** u sumrak; **in the ~** u tami; *arts* **the lights & ~s of the picture** svijetlo-tamno na slici; **leap in the ~** nepromišljen korak ili pothvat, korak u neizvjesnost; **be in the ~** biti neobaviješten, ne znati ništa (*about* o)
Dark Ages [ˈdaːkˈeidʒiz] *s pl* srednji vijek
Dark Continent [ˈdaːkˈkɔntinənt] *s* crni kontinent, Afrika

darken ['daːkən] *vt/i* **I.** *vt* potamniti, zamračiti, zatamniti; oslijepiti **II.** *vi* potamnjeti, smrknuti se, smračiti se | **not ~ one's door** ne doći kome u kuću (zbog svađe i slično)
darkey ['daːki] *s coll* crnac, crnkinja
dark-eyed [ˌdaːk'aid] *adj* tamnook, crnook
dark horse ['daːk'hɔːs] *s* neočekivani pobjednik (u trci, natjecanju i dr.); *US* neočekivani kandidat za predsjednika (često kao posljedica kompromisa)
darkish ['daːkiʃ] *adj* taman, mutan, crnkast
dark lantern ['daːk'læntən] *s* sljepica (sa svjetlom s jedne strane)
darkle ['daːkl] *vi poet* nejasno se vidjeti, biti sakriven, ležati u mraku; smračiti se, potamnjeti
darkling ['daːkliŋ] *adv poet* u tami, tamno; *fig* slijepo, nasumce; nesvjesno
darkling ['daːkliŋ] *adj poet* taman
darkling beetle ['daːkliŋ'biːtl] *s ent* kornjaš crnokrilac, mračnjak (porodica *Tenebrionidae)*
darkness ['daːknis] *s* tama, tmina, mrak; nejasnost, neprozirnost; neznanje, sakrivenost, nepoznatost; potaja; smutnja; *fig* carstvo mraka, pakao; vječni mrak, grob; smrt | **Prince of ~** đavo, vrag; **deeds of ~** sramotna djela; **powers of ~** tamne sile, paklene sile; **land of ~** grob
dark room ['daːkrum] *s phot* tamna komora
darksome ['daːksəm] *adj poet* taman; sjetan, turoban
darky (darkey) ['daːki] *s coll* crnac, crnkinja
darling ['daːliŋ] *s* ljubimac, miljenik, dragi, ljubimica, miljenica, draga | **the ~ of fortune** miljenik sreće; **she is a ~** ona je pravi anđeo
darling ['daːliŋ] *adj* drag, mio, ljubljen; najmiliji; zgodan, dražestan
darn[1] [daːn] *vt* krpati, krpiti, zakrpiti, štopati
darn[2] [daːn] *vt coll* kleti, proklinjati
darn[1] [daːn] *s* zakrpa, zakrpljeno mjesto
darn[2] [daːn] *s coll* eufemistički oblik psovke *damn*
darnel ['daːnl] *s bot* ljulj, vrat *(Lolium temulentum)*
darning ['daːniŋ] *s* krpanje, štopanje, ono što treba zakrpati
darning-cotton ['daːniŋˌkɔtn] *s* konac za krpanje
darning-needle ['daːniŋˌniːdl] *s* igla za krpanje
darning-yarn ['daːniŋˌjaːn] *s* konac za krpanje
dart [daːt] *s* strelica, sulica, lako koplje; ubod; nasrt, skok; nagla kretnja; užitak; *aero* lovac, lovački avion | **to make a ~** jurnuti
dart [daːt] *vt/i* **I.** *vt* baciti sulicu, odapeti strijelu; zavitlati; izašiljati (zrake); dobaciti (pogled) **II.** *vi* srnuti, baciti se, jurnuti, poletjeti
darter ['daːtə] *s ichth US* anhinga (*Anhinga anhinga*); grgeč (porodice *Percidae*)
dartle ['daːtl] *vt/i* 1. odapinjati, neprestano bacati (strijele) 2. juriti naokolo
darts [daːts] *s* pikado
Darwinian [daː'winiən] *adj* darvinski, darvinistički, Darvinov
Darwinian [daː'winiən] *s* darvinijanac
Darwinism ['daːwinizəm] *s* darvinizam
Darwinist ['daːwinist] *s* darvinist
dash [dæʃ] *vt/i* **I.** *vt* razbiti, skršiti, slomiti, polomiti; udariti, lupiti, tresnuti; tresti; raspršiti; hitnuti, baciti, zavitlati; poprskati, poškropiti; pomiješati, miješati; pokvariti; smutiti; podvući; precrtati, poništiti, izbrisati; brzo ili nemarno nabaciti (sliku, skicu i dr.); *fig* razoriti, uništiti; osujetiti; *fig* zbuniti, zapanjiti, zaprepastiti, poklopiti; *sl* proklinjati; **II.** *vi* jurnuti, srnuti; banuti; prasnuti; izbijati, šiknuti | **to ~ one's hope** razoriti nečiju nadu, razočarati; **~ it (all)!** do đavola!
dash against ['dæʃə'geinst] *vi* udariti (o)
dash aside ['dæʃə'said] *vt* odbaciti
dash away from ['dæʃə'wei'frɔm] *vt* odgurnuti
dash into ['dæʃ'intu] *vt* jurnuti; provaliti, banuti (u)
dash off ['dæʃ'ɔf] *vt/i* odjuriti; uteći; na brzinu napisati ili skicirati
dash on to ['dæʃ'ɔn'tuː] *vi* jurnuti, srnuti, nasrnuti
dash out ['dæʃ'aut] *vt/i* **I.** *vt* izbiti; razbiti **II.** *vi* izjuriti, izletjeti; uteći | **to ~ one's brains** nekome razbiti glavu
dash upon ['dæʃə'pɔn] *vi* udarati (o)
dash with ['dæʃ'wið] *vi* pomiješati, razrijediti, izmiješati, razvodniti
dash [dæʃ] *s* udarac, udaranje, sudar; zapljuskivanje (valova); navala, provala, izljev; naljev; žestina, žar, polet; odlučnost, hrabrost, naglost; *mil* prepad, naglo napredovanje; potez perom, crtica; *print* stanka; *fam* sjaj, otmjenost, finoća; primjesa, dodatak | **at one ~** odjednom; **a ~ of** kap, primjesa, malenkost, malo, komadić; **make a ~ for (at)** nasrnuti, navaliti, pojuriti prema; **cut a ~, make a ~** svratiti pozornost na se, pobuditi divljenje; **~-and-dot-line** linija od crtica i točkica (—·—·—·)
dashboard ['dæʃbɔːd] *s* prednji blatobran; *mot* instrumentalna ploča; šoferska ploča
dasher ['dæʃə] *s* tko ili što udara, nasrće; tučak (bućkalice za maslac); *US* → **dashboard;** *fam* pristala, upadljiva pojava; osoba odjevena po najnovijoj modi; poletna osoba
dashing ['dæʃiŋ] *adj* (~**ly** *adv*) vatren, smion, poletan, odvažan, drzak, žestok, si-

lovit, buran, bučan; neobičan, upadljiv, sjajan, blještav; *sl* elegantan, pristao, odjeven po modi
dastard ['dæstəd] *s* podla kukavica
dastard ['dæstəd] *adj* → **dastardly**
dastardly ['dæstədli] *adj* kukavički, podao, nizak
dastardly ['dæstədli] *adv* kukavički, podlo, nisko
dasymeter [dæ'simitə] *s* dazimetar
dasyure ['dæsijuə] *s zool* zvjeraš (rod *Dasyurus*)
data ['deitə] *s pl* podaci | ~ **processing** obrada podataka
datable ['deitəbl] *adj* koji se da datirati, čemu se može odrediti vrijeme
date[1] [deit] *s bot* datulja
date[2] [deit] *s* datum, dan; *com* & *jur* rok; *arch* & *poet* doba, starost; *coll US* sastanak, dogovor, randevu | **out of** ~ zastario; **up to** ~ suvremen; ažuriran; **to bring up to** ~ ažurirati; **at an early** ~ skoro, doskora, brzo, u dogledno vrijeme; ~ **of a bill (of exchange)** dan izdanja mjenice; ~ **of expiration,** ~ **of maturity, due** ~ dan dospijeća; **at three months'**~, **three months after** ~ tri mjeseca od danas, tri mjeseca a dato; **at long** ~ na dugi rok, dugoročan; **at short** ~ na kratki rok, kratkoročan; **from** ~ od danas, a dato; **of even** ~ istoga datuma; **to** ~ dosad
date [deit] *vt/i* **I.** *vt* datirati, staviti datum **II.** *vi* datirati, biti datiran; računati vrijeme; potjecati | **to** ~ **from (back to)** potjecati, datirati od; ~ **in advance,** ~ **in forward** antedatirati, staviti raniji datum; ~ **back** postdatirati, staviti kasniji datum; ~ **stamp** žig s datumom; ~ **block** kalendar s listovima za otkidanje
dateless ['deitlis] *adj* bez datuma; vječan, beskrajan, od pamtivijeka, vajkadašnji
date-line ['deitlain] *s geog* 180. meridijan od Greenwicha, datumska granica; *US* mjesto i datum (u pismu, izvještaju, novinama i sl.)
date palm ['deitpaːm] *s bot* datuljina palma
date-shell ['deitʃel] *s zool* prstac, prstić (*Lithodomus lithophagus*)
dating ['deitiŋ] *s* datiranje, stavljanje datuma
datival [də'taivl] *adj* dativni
dative ['deitiv] *adj* (~**ly** *adv*) *gram* dativni; *jur* darovni, prenosiv, kojim ili čime se može slobodno raspolagati
dative ['deitiv] *s gram* dativ, treći padež
datum ['deitəm] *s* (*pl* **data** ['deitə]) podatak, činjenica; *fig* temelj, podloga; *phil* pretpostavka, premisa | **we have no data to go upon** nemamo podataka na koje bismo se mogli osloniti
datum line ['deitəmlain] *s tech* & *com* podloga; temelj, baza, temeljna linija (od koje se računaju visine i dubine točaka, npr. u željezničkom nacrtu)
datum plane ['deitəmplein] *s tech* ravnina uzeta kao osnova za mjerenje
datura [dæ'tjuərə] *s bot* kužnjak, tatula (*Datura*)
daub [dɔːb] *vt/i* **I.** *vt* nabacati (žbuku, boju na neku površinu), ožbukati, namazati blatom, premazati; zamazati, uprljati, umrljati; mrljati, mazati, drljati, packati (u slikarstvu); *fig* pokriti, zabašuriti; neukusno iskititi **II.** *vi* nespretno se ulagivati; mrčiti, packati (po papiru)
daub [dɔːb] *s* gruba žbuka (od ilovače); loša slika, mazarija, packarija
dauber ['dɔːbə] *s* mazalo, loš slikar
daubster ['dɔːbstə] *s* → **dauber**
daughter ['dɔːtə] *s* kći, kćerka
daughter cell ['dɔːtə'sel] *s biol* stanica kći
daughter-in-law ['dɔːtərinlɔː] *s* (*pl* **daughters-in-law** ['dɔːtəzinlɔː]) snaha
daughterly ['dɔːtəli] *adj* kćerin, kćerinski; djetinji; pokoran, poslušan, smjeran
daunt [dɔːnt] *vt* zastrašiti, ustrašiti, poplašiti; ulijevati strah; obeshrabriti
dauntless ['dɔːntlis] *adj* (~**ly** *adv*) neustrašiv, srčan
dauntlessness ['dɔːntlisnis] *s* neustrašivost, srčanost
dauphin ['dɔːfin] *s hist* francuski prestolonasljednik
dauphiness ['dɔːfinis] *s hist* žena francuskog prestolonasljednika
davenport ['dævnpɔːt] *s* vrsta malog ukrasnog pisaćeg stola; *US* vrsta sofe koja se rasklapa za spavanje
davit ['dævit] *s mar* soha (za dizanje čamca na brod)
Davy Jones ['deivi'dʒəunz] *s* duh mora, đavo
Davy Jones's locker ['deivi'dʒəunziz'lɔkə] *s* grob utopljenih u moru; dno mora | **to go to** ~ utopiti se, otići na morsko dno
Davy-lamp ['deivi'læmp] *s* rudarska sigurnosna svjetiljka
daw [dɔː] *s ornith* čavka
dawdle [dɔːdl] *vi/t* **I.** *vi* dangubiti, ljenčariti, besposličiti **II.** *vt* tratiti (vrijeme)
dawdle away ['dɔːdlə'wei] *vt* tratiti (vrijeme)
dawdler ['dɔːdlə] *s* danguba, badavadžija, besposličar
dawn [dɔːn] *s* zora, svitanje, osvit (i *fig*); *fig* buđenje, svanuće; početak, pojava
dawn [dɔːn] *vi* svitati, daniti se, svanjivati; *fig* buditi se; počinjati; svanuti
dawn (up)on ['dɔːnə'pɔn] *vi* sinuti, postati jasno
dawning ['dɔːniŋ] *s* → **dawn** *s* | **first** ~**s** prvi počeci
day [dei] *s* dan; danje svjetlo, bijeli dan; radni dan; *com* određeni dan, rok; vrijeme; dan primanja; natjecanje; bitka; godišnjica | ~**s** *pl* ljudski vijek, život, dani;

this ~ danas; **of this** ~ današnji; **from** ~ **to** ~ iz dana u dan; **from this** ~ **forward** od danas unaprijed; **the other** ~ neki dan, nedavno, prije par dana; **one of these** ~**s** ovih dana, uskoro; **some** ~ jednom, jednog dana; **one** ~ jednog dana, jednom; **one** ~ **or other** prije ili kasnije, jednom; **the** ~ **before yesterday** prekjučer; **the** ~ **after tomorrow** preksutra; **this** ~ **week** danas tjedan dana, za osam dana; **all** ~ **(long)** cijeli (bogovetni) dan; **in these** ~**s** dandanas; **in the** ~**s of old** (ili **yore**) u staro doba; ~ **by** ~ svaki dan, dan na dan; **by** ~ danju; **by the** ~ na dan, dnevno, po danu (npr. plaćeni posao); **in the** ~ danju, u toku dana; **in broad** ~ po bijelom danu; **in the face of** ~ po bijelom danu; ~ **about** svaki drugi dan; ~ **after** ~ dan za danom, svaki dan; ~ **& night** dan i noć; **the Lord's** ~ nedjelja; ~**s of grace** zakonom dozvoljen rok (u Engleskoj tri dana) za odgodu isplate mjenice i premije osiguranja nakon roka dospijeća; ~ **of payment** dan dospijeća; **a long (short)** ~ dugi (kratki) rok; **present-**~ suvremen, moderan; **have one's** ~ imati svoj (sretan) dan; **to have a merry** ~ **of it** dobro provesti dan, dobro se zabavljati; **every dog has his** ~ svakome jednom sine sreća; **win (carry, gain, get) the** ~ dobiti bitku, pobijediti; **lose the** ~ izgubiti (bitku); **Day of Judgment** Sudnji dan; ~ **student** student koji ne stanuje u prostorijama koje pruža njegov fakultet

daybed [ˈdeibed] *s* ležaj koji služi kao kauč i krevet

day-boarder [ˈdeiˌbɔːdə] *s* eksterni đak (koji se hrani, ali ne stanuje u internatu škole)

daybook [ˈdeibuk] *s* (poslovni) dnevnik

day-boy [ˈdeibɔi] *s* eksterni đak (koji se ne hrani niti stanuje u internatu škole)

day-break [ˈdeibreik] *s* svitanje, osvit

day-dream(ing) [ˈdeidriːm(iŋ)] *s* maštanje, san na javi

dayflower [ˈdeiˌflauə] *s bot US* komelina *(Commelina)*

day-fly [ˈdeiflai] *s ent* vodeni cvijet *(Ephemera vulgata)*

day-labourer [ˈdeiˌleibərə] *s* nadničar

daylight [ˈdeilait] *s* danje svjetlo, dan, svitanje, vidjelo; kraj | *sl* **let** ~ **into** proburaziti, zaklati, ustrijeliti

daylight-saving time [ˈdeilaitˌseiviŋtaim] *s* ljetno vrijeme (1 sat ranije od zimskog)

day-lily [ˈdeiˌlili] *s bot* ljiljan, grančica *(Hemerocallis)*

day-long [ˈdeilɔŋ] *adj & adv* koji traje cijelog dana, cjelodnevni

day-nursery [ˈdeiˌnəːsəri] *s* obdanište, jaslice

day-owl [ˈdeiaul] *s ornith* ćuvik *(Surnia ulula)*

day-room [ˈdeirum] *s* dnevni boravak (prostorija u školi, internatu i dr. za boravak preko dana)

day-school [ˈdeiskuːl] *s* škola (bez internata)

day-shift [ˈdeiʃift] *s* danja smjena (radnika)

dayspring [ˈdeispriŋ] *s poet* zora, osvit

day-star [ˈdeistaː] *s* zvijezda danica; *poet* sunce

day-ticket [ˈdeiˌtikit] *s* povratna putna karta (za isti dan)

daytime [ˈdeitaim] *s* dan; doba dana

daywork [ˈdeiwəːk] *s* dnevni posao

daze [deiz] *vt* zablijeŠtiti, zaslijepiti; zbuniti; zapanjiti; omamiti, ošamutiti

daze [deiz] *s* omama, zaprepaštenje, zapanjenost, zbunjenost, ošamućenost

dazzle [ˈdæzl] *vt/i* **I.** *vt* zabliještiti, zaslijepiti; zbuniti, smesti **II.** *vi* zabliještiti, zaslijepiti | ~**d with,** ~**d by** zaslijepljen čime; ~ **lamps,** ~ **lights** prejaka svjetla (na automobilu i dr.); ~ **paint** šare na brodu radi kamuflaže

dazzle [ˈdæzl] *s* blještavilo, bljesak

dazzling [ˈdæzliŋ] *adj* (~**ly** *adv*) blistav, sjajan, divan

D-day [ˈdiːdei] *s mil* D-dan, dan početka vojne operacije; dan iskrcavanja u Normandiji 1944.

deacon [ˈdiːkən] *s eccl* đakon

deacon [ˈdiːkən] *vt US* naglas pročitati stih po stih (psalma) prije pjevanja

deaconess [ˈdiːkənis] *s eccl* đakonica

deaconry [ˈdiːkənry] *s* → **deaconship**

deaconship [ˈdiːkənʃip] *s eccl* đakonat

dead [ded] *adj* mrtav, preminuo; obamro; bešćutan, tup, neosjetljiv (*to* za); besvjestan, nesvjestan; blijed kao smrt; mutan, taman, mračan, crn; studen; bezdušan; bezuman; slab, nemoćan; mlitav, mlohav; besposlen; nepomičan; mukao, dubok; nestao, iščezao; pust, prazan; tih, jednoličan, žalostan; nenaseljen, divlji; suh, osušen; truo, gnjio; grešan; suh, uveo, ocvao; bez sjaja, bez života, bez duha; *coll* izmoren, iscrpljen, polumrtav (*with* od); stajaći (voda); potpun (gubitak, tišina itd.), grobni (muk, tišina itd.); siguran, izvjestan, točan; nevrijedan, bezvrijedan, neupotrebljiv; loš; neispručen, neuručiv (pismo); *el* nenabijen, prazan; upotrijebljen (šibica itd.); *print* škartiran, upotrijebljen (slog); *sport* izvan igre (stalno ili privremeno isključen igrač); neodlučen (utrka) | ~ **& gone** davno mrtav; ~ **men tell no tales** mrtvi ne govore, ne odaju tajne; ~ **certainty** potpuna sigurnost; **come to a** ~ **stop** naglo se zaustaviti; ~ **failure** potpun neuspjeh; ~ **secret** najveća tajna; ~ **hours** gluho doba noći; **debt** ~ **in law** neutuživ dug; **to work for a ~ horse** raditi za isplatu starog duga; **~ as a doornail** mrtav mrtvacat; **~ forms** puke formalnosti; **a ~ fire** dogorjela vatra; **~ letter** neuručivo pismo; *tech* **~ point** mrtva točka (i *fig*); **wait for a ~ man's shoes** čekati da netko umre kako bi se zauzeo njegov položaj; **~ to the world** u tvrdom snu

dead [ded] *s* mrtvilo; duboka tišina; mlohavost | **in the ~ of winter** usred zime, u zimskom mrtvilu; **at ~ of night** u gluho doba noći; **the quick and the ~** živi i mrtvi; *min* **~s** kod kopanja bačeni materijal, jalovina; **the ~** mrtvi

dead [ded] *adv* smrtno, kao smrt (→ **dead** *adj*); sasvim, duboko, posvema; *fam* krajnje, na smrt; sigurno; upravo | **~ asleep** u duboku snu; **~ tired** krajnje izmoren; **cut one ~** ne htjeti nekoga prepoznati, ignorirati ga; **~ against** sasvim protiv; **~ earnest** najozbiljnije; **~ on the target** usred cilja; **~ ahead** ravno naprijed; **~ poor** posve siromašan

dead-account [ˌdedəˈkaunt] *s com* stvarni račun, impersonalni račun

dead-alive [ˌdedəˈlaiv] *adj* krajnje dosadan; priglup; bez duha

dead-beat [ˌdedˈbiːt] *adj coll* potpuno iscrpljen, izmoren

dead-colour [ˌdedˈkʌlə] *s* prvi sloj (hladne i blijede) boje (na slici)

dead-drunk [ˌdedˈdrʌŋk] *adj* mrtav pijan

dead centre [ˌdedˈsentə] *s tech* nulta točka

deaden [ˈdedn] *vt/i* **I.** *vt* ubiti, umrtviti; otupiti, oslabiti, prigušiti **II.** *vi* omlitaviti, otupjeti (*to* za)

dead end [ˌdedˈend] *s* kraj ogranka (željezničke pruge i dr.), ćorsokak

dead-eye [ˈdedai] *s mar* šupljača

deadfall [ˌdedˈfɔːl] *s* stupica, zamka (kod koje pad teškog predmeta ubija ili omamljuje životinju); *US* isprepletena masa srušenog drveća i grmlja

dead-fire [ˌdedˈfaiə] *s* svjetlo sv. Elma (na vršcima jarbola, kao predznak smrti)

dead freight [ˌdedˈfreit] *s* mrtva vozarina (odšteta krcatelja za neiskorišteni unajmljeni brodski prostor); *US* krupna, nepokvarljiva roba

dead-gold [ˌdedˈgəuld] *s* mutno zlato (nepolirano)

dead hand [ˌdedˈhænd] *s jur* mrtva ruka, neotuđivo dobro

dead-head [ˈdedhed] *s* besplatni putnik, posjednik besplatne ulaznice za kazalište i dr.; muktaš, parazit; *US* prazno vozilo na putu prema remizi ili terminalu

dead heaps [ˈdedˈhiːps] *s pl* jalovo kamenje, jalovina

dead-hearted [ˌdedˈhaːtid] *adj* malodušan, bojažljiv

dead-heat [ˌdedˈhiːt] *s* neriješena (u)trka

dead-house [ˈdedhaus] *s* mrtvačnica; *Scot* grob

dead-letter [ˌdedˈletə] *s* neuručivo pismo; mrtvo slovo, zakon koji je formalno još na snazi ali se više ne provodi

dead-letter office [ˌdedˈletərˈɔfis] *s* poštanski ured za neuručiva pisma

dead level [ˌdedˈlevl] *s* neiskorišteni stupanj; *el* neiskorištena dekada

dead-lift [ˌdedˈlift] *s* dizanje (tereta) bez tehničkih pomagala

dead-light [ˌdedˈlait] *s mar* željezni kapak vratnice ili okna na brodu

deadline [ˈdedlain] *s* rok | **to meet a ~** završiti u roku

dead load [ˌdedˈləud] *s tech* trajno opterećenje, mrtvi teret

deadlock [ˈdedlɔk] *s* brava s ključem s jedne, a zasunom s druge strane; *fig* zastoj, mrtva točka (zbog djelovanja suprotnih a jednakih sila), pat pozicija

dead-loss [ˌdedˈlɔs] *s* nenadoknadiv gubitak

deadly [ˈdedli] *adj* smrtonosan, ubojit, smrtni; mrtvački | **~ sin** smrtni grijeh

deadly [ˈdedli] *adv* smrtno; smrtonosno; *fig* zatrovano, nepomirljivo; vrlo, krajnje, na smrt | **~ tired** mrtav umoran

dead march [ˌdedˈmaːtʃ] *s* posmrtni marš

dead marine [ˈdedməˈriːn] *s sl* prazna boca

dead man's shoes [ˈdedˈmænzˈʃuːz] *s pl* vlasništvo ili položaj što ga očekuje budući nasljednik | **wait for ~** očekivati nasljedstvo ili položaj iza još žive osobe

dead-nettle [ˌdedˈnetl] *s bot* mrtva kopriva, medić (*Lamium, Urtica morta*)

dead office [ˈdedˈɔfis] *s* pogrebni obred, zadušnice

deadpan [ˌdedˈpæn] *s sl* bezizražajno lice, osoba bezizražajna lica

deadpan [ˈdedpæn] *adj sl* bezizražajan; bezličan

dead-point [ˌdedˈpɔint] *s tech* nulta točka

dead pull [ˌdedˈpul] *s* → **dead lift**

dead reckoning [ˌdedˈrekniŋ] *s mar* približni račun (prevaljenog puta, samo pomoću kompasa i loga)

deads [dedz] *s pl min* izbačeni materijal (zemlja, kamenje od iskopavanja), jalovina

Dead Sea apple [ˈdedˈsiːˈæpl] *s zool* vrsta šiške (koju uzrokuje *Cynips insana*)

dead set [ˌdedˈset] *s* odlučan napad(aj) ili napor

dead-shot [ˌdedˈʃɔt] *s* nepogrešiv strijelac

dead soldier [ˌdedˈsəuldʒə] *s sl* prazna boca od alkoholnog pića

dead stock [ˌdedˈstɔk] *s* neupotrijebljeni kapital; roba koja se ne može prodati

dead water [ˈdedˌwɔːtə] *s* voda stajaćica, mirna voda; *mar* brazda broda

dead weight [ˈdedweit] *s* teško breme; mrtvi kapital, vrijednosni papiri bez kamata; brodski teret za koji se plaća vozarina prema težini; *com* vlastita težina (posude), tara; *mar* savurna, balast; nosivost (broda)

dead wood [ˌdedˈwud] *s* suho granje; *fig* nekorisna osoba ili stvar koja je samo na teret

deaf [def] *adj* (**~ly** *adv*) gluh; nagluh, prigluh | **~ of an ear, in one ear** gluh na jedno uho; **turn a ~ ear to** oglušiti se (o što); **~ as an adder, ~ as a post** gluh kao top, gluh gluhcat, potpuno gluh; **a ~ nut** šuplji orah

deaf-and-dumb [ˈdefənˈdʌm] *adj* gluhonijem

deafen [ˈdefn] *vt* zaglušiti (*with*); prigušiti (zvuk); izolirati (zid, pod) protiv zvuka

deaf-mute [ˌdefˈmjuːt] *adj* gluhonijem

deafness [ˈdefnis] *s* gluhoća; nagluhost; *fig* oglušivanje (*to* o što)

deal[1] [diːl] *s* dio, količina; iznos; dijeljenje (u kartanju); *com* posao; *fam* trgovina; *US* sumnjiv posao; *US coll* postupak | **a great ~ of, a good ~ of** vrlo mnogo, prilično, dobrano; *sl* **a ~ = a great deal;** *coll* **to do a ~ with** zaključiti posao, pogoditi se (sa); *US sl iron* **big ~** velika stvar; vrlo važno!

deal[2] [diːl] *s* daska od jelovine ili borovine; jelovina ili borovina

deal [diːl] *vt/i* (dealt, dealt) **I.** *vt* dijeliti, podijeliti, dati (karte u igri); zadati (udarac) **II.** *vi* trgovati (*in some article* nekom robom), poslovati; **pogađati se;** raditi, postupati, ponašati se | **he is hard to be dealt with** s njim je teško izići nakraj

deal at [ˈdiːlˈæt] *vt* kupovati kod, biti mušterija (nekog trgovca)

deal by [ˈdiːlˈbai] *vi* postupati (s kim)

deal in [ˈdiːlˈin] *vi* trgovati čime

deal out [ˈdiːlˈaut] *vt* dijeliti, razdijeliti, podjeljivati, dodijeliti (*to* komu)

deal with [ˈdiːlˈwið] *vi* trgovati, poslovati, imati posla s čim, baviti se; općiti; zanimati se; postupati; izići nakraj | **this book ~s with social problems** ova knjiga obrađuje socijalne probleme

deal-board [ˈdiːlbɔːd] *s com* jelova ili borova daska, mosnica

dealer [ˈdiːlə] *s* djelilac (karata); trgovac | **double ~, false ~** neiskren čovjek, pretvorica, šarenjak, varalica, lopov; **plain ~** poštenjak; **sharp ~** *fig* lisica, lisac; **~ in cloth** trgovac suknom, suknar; **~ in learning** učenjak; **~ in wit** šaljivčina; **corn-~** trgovac žitom; **money-~** novčar

dealership [ˈdiːləʃip] *s US com* zastupstvo

deal fish [ˈdiːlfiʃ] *s ichth* mač, zmijičnjak (*Trachypterus trachypterus*)

dealings [ˈdiːliŋz] *s pl* rad, poslovanje, trgovanje, trgovina; postupanje, vladanje, postupak; općenje, saobraćaj, druženje

dealt [delt] *pret & pp* od **deal**

dean [diːn] *s* dekan (crkveni i sveučilišni), starješina | **~ chapter** stolni kaptol

deanery [ˈdiːnəri] *s* dekanat (crkveni i sveučilišni); kuća, ured dekana

dear [diə] *adj* (**~ly** *adv*) drag, mio, ljubljen; skup, skupocjen, vrijedan | **run for ~ life** trčati kao da se radi o glavi; **~est foe** najljući neprijatelj; **love ~ly** vrlo, nježno ljubiti; **hate ~ly** mrziti iz dna duše; **Dear Sir,** Poštovani gospodine! (uvodni pozdrav u pismu)

dear [diə] *adv* drago, nježno; vrlo, mnogo, skupo; *fig* visoko

dear [diə] *s* dragi, draga, miljenik

dear [diə] *interj fam* o! | **~, ~!** o, o!; **~ me!** bože moj, jao!

dearest [ˈdiərist] *s fam* dragi, ljubljeni, najdraži, zlato, milo

Dear John [ˈdiəˈdʒɔn] *s US coll* pismo kojim zaručnica prekida zaruke ili druge veze s dragim

dearness [ˈdiənis] *s* skupoća, skupocjenost; *fig* vrednoća; srdačnost, nježnost, ljubaznost

dearth [dəːθ] *s* nestašica, oskudica, rijetkost; skupoća; bijeda, nevolja, glad, siromaštvo

deary [ˈdiəri] *s* dragi, zlato, ljubimče, milo (često ironično)

death [deθ] *s* smrt; kraj, konac; uzrok smrti; **put to ~,** *arch* **do to ~** pogubiti, smaknuti, ubiti; uništiti; **tired to ~** nasmrt umoran, mrtav umoran; **I was bored to ~** bilo mi je da umrem od dosade; **be in at the ~** dočekati kraj, vidjeti svršetak (pothvata); **at ~'s door** na pragu smrti, jednom nogom u grobu; **as sure as ~** sigurno kao smrt; **field of ~** bojno polje, mjesto gdje se pogiba; **he will be the ~ of me** on će me spremiti u grob; **war to the ~** rat do istrebljenja; **~ on rats** dobar pas za štakore, štakoraš; **I am sick to ~ (of)** već mi je navrh glave; **to come by one's ~** naći smrt; **to catch one's ~ of (cold etc.)** *coll* nasmrt se prehladiti itd.

death-adder [ˈdeθˌædə] *s zool* vrsta otrovne zmije (*Acanthopsis antarcticus*)

death-bed [ˈdeθbed] *s* samrtna postelja, smrtni čas, samrtna ura

death-bed [ˈdeθbed] *adj* na samrtnoj postelji, u smrtnom času

death-bell [ˈdeθbel] *s* samrtno zvono

death-blow [ˈdeθbləu] *s* smrtni udarac

death chamber [ˈdeθˌtʃeimbə] *s* prostorija u kojoj je netko umro; prostorija u kojoj osuđenici na smrt bivaju smaknuti

death cup [ˈdeθˈkʌp] *s bot* zelena pupavka (*Amanita phalloides*)

death-duties [ˈdeθˌdjuːtiz] *s pl* porez na nasljedstvo

death-feud [ˈdeθfjuːd] *s* smrtna zavada (s obračunavanjem do istrebljenja), krvna osveta

deathful [ˈdeθful] *adj* (**~ly** *adv*) ubitačan, ubilački; strašan; smrtonosan

death house ['deθhaus] *s US* dio zatvora u kojem se nalaze osuđenici na smrt
deathless ['deθlis] *adj* besmrtan
deathlike ['deθlaik] *adj* poput smrti, nalik na smrt
deathly ['deθli] *adj & adv* poput smrti, nalik na smrt, smrtno; poguban, smrtan, ubojit
death-mask ['deθmaːsk] *s* posmrtna maska
death-rate ['deθreit] *s* smrtnost, mortalitet
death-rattle ['deθˌrætl] *s* samrtni hropac
death-roll ['deθrəul] *s* popis umrlih, poginulih
death row ['deθrəu] → **deat house**
death's-head ['deθshed] *s* mrtvačka glava | ~ **moth** *ent* mrtvačka glava (*Acherontia atropas*)
death-struggle ['deθˌstrʌgl] *s* agonija, borba sa smrću
death tax ['deθtæks] *s* → **death-duties**
death-trap ['deθtræp] *s* nezdravo, pogibeljno mjesto, mjesto smrtne opasnosti; nesigurna zgrada, vozilo i sl.
death-warrant ['deθˌwɔrənt] *s jur* nalog za izvršenje smrtne osude; *fig* smrtna osuda
death-watch ['deθwɔtʃ] *s* posmrtna straža, straža kraj mrtvaca; straža kod osuđenika na smrt; *fam ent* kukac u drvetu koji tobože nagovještava smrt, kuckar (*Anobium pertinax*)
debacle [dei'baːkl] *s Fr* geološki potop; prolom leda; *fig* propast, slom, rasulo, rasap; *com sl* slom, stečaj
debar [di'baː] *vt* isključiti (*from* iz); zapriječiti, uskratiti (*of* što) | ~ **a person the crown** uskratiti kome pravo na krunu
debark [di'baːk] *vt/i* → **disembark**
debarkation ['diːbaː'keiʃn] *s* iskrcanje, iskrcavanje
debase [di'beis] *vt* poniziti, osramotiti; kvariti, pokvariti, pogoršati
debasement [di'beismənt] *s* pogoršanje, snizivanje; ponizivanje, poniženje; propadanje
debatable [di'beitəbl] *adj* (~**ly** *adv*) prijeporan, osporiv, sporan, pobitan | *lit & fig* ~ **ground** granično područje za koje se stranke prepiru
debate [di'beit] *s* raspra, rasprava, raspravljanje, debata | **beyond** ~ neosporno
debate [di'beit] *vt/i* **I.** *vt* pobijati, pretresati, razlagati, raspravljati, debatirati o čemu **II.** *vi* prepirati se; dogovarati se, vijećati, debatirati (*on, upon* o)
debater [di'beitə] *s* diskutant, raspravljač
debauch [di'bɔːtʃ] *vt/i Fr* **I.** *vt* pokvariti, zavesti, zavoditi, navesti na krivi put, izopačiti **II.** *vi* poći stranputicom, zastraniti; razuzdano **živjeti, raskalašiti se,** bančiti
debauch [di'bɔːtʃ] *s Fr* pokvarenost, razuzdanost, raskalašenost, bančenje
debauchee [ˌdebɔː'tʃiː] *s Fr* **razvratnik,** razuzdanac
debauchery [di'bɔːtʃəri] *s Fr* nećudorednost, pokvarenost; bančenje, razuzdanost, raskalašenost, razvrat; zavođenje
debenture [di'bentʃə] *s* zadužnica, obveznica; potvrda carinarnice o povratnoj carini
debenture-bonds [di'bentʃə'bɔndz] *s pl* obligacije, obveznice, zadužnice
debentured-goods [di'bentʃəd'gudz] *s pl* roba koja ima pravo na povratnu carinu
debenture-holder [di'bentʃə'həuldə] *s* posjednik zadužnice
debenture-shares [di'bentʃə'ʃɛəz] *s pl* obveznice, obligacije
debenture-stocks [di'bentʃə'stɔks] *s pl* obligacije, zadužnice (često osigurane hipotekom)
debile ['diːbail] *adj* slab, nemoćan
debilitate [di'biliteit] *vt* slabiti, oslabiti, omlitaviti
debilitation [diˌbili'teiʃn] *s* slabljenje, oslabljenje, malaksanje
debility [di'biləti] *s* slabost, mlitavost, mlohavost
debit ['debit] *s com* dug, dugovanje, dugovina, debit | **to your** ~ na vaš teret
debit ['debit] *vt com* opteretiti, zadužiti | **to** ~ **a person with something** teretiti koga čime, knjižiti na čiji teret, debitirati koga čime; **to stand** ~**ed for** biti zadužen za
debit side ['debit'said] *s com* strana dugovanja, debitna strana (u knjiženju)
debonair [ˌdebə'nɛə] *adj* (~**ly** *adv*) *arch Fr* zgodan, ugodan, prijatan, prijazan, dobroćudan; blaga srca; vedar, bezbrižan
debouch [di'bautʃ] *vi* izaći, pomoliti se; *mil* izaći na otkriven teren, izaći na otvoreno zemljište, debuširati, izaći iz klanca
debouchment [di'bautʃmənt] *s* izlaz, izlazak, prodor, proboj, *mil* izlazak na otvoreno zemljište (iz klanca)
debris ['deibriː] *s* krš, odlomci, krhotine; ruševine; podrtina; nanos, naplavina
debt [det] *s* dug, dugovina, zaduženje | **in** ~ zadužen, u dugovima; **to get into** ~, **to run into** ~, **to contract** ~**s** zadužiti se; **to be in one's** ~ biti kome obvezan; **National Debt** državni dug; **funded** ~ fundirani dug, osigurani državni zajam; **floating** ~ viseći dug, kratkoročni zajam, nefundirani dug; ~ **of honour** dug časti (npr. kartaški dug); ~ **of nature** smrt; **liquid** ~ prispio dug; **small** ~ ograničen manji dug koji se može utužiti na pokrajinskom (nižestepenom) sudu; ~ **on mortgage** hipotekarni dug; **active** ~**s** potraživanja; **bad** ~**s** sumnjiva potraživanja, dubioza
debt-collector ['detkəˌlektə] *s* utjerivač, sakupljač dugova
debtless ['detlis] *adj* bez duga

debtor [ˈdetə] *s* dužnik; *com* debitor | **~ side** dugovna, debitna strana (u trgovačkim knjigama)
debug [ˌdiːˈbʌg] *vt* ukloniti tehničke (konstrukcijske) greške (na čemu); pronaći i ukloniti prislušne sprave (u kakvoj prostoriji)
debunk [ˌdiːˈbʌŋk] *vt coll* raskrinkati, razobličiti
debus [ˌdiːˈbʌs] *vt/i mil sl* **I.** *vt* istovariti, iskrcati (s motornog vozila) **II.** *vi* sići, silaziti (s motornog vozila)
début [ˈdeibuː] *s Fr* debi (debut) prvi nastup, korak, pokušaj, prvo djelo, prvenac; početak | **make one's ~** pojaviti se prvi put; imati prvi nastup, igrati svoju prvu ulogu, držati prvi govor, objaviti prvo djelo, debitirati
débutant [ˈdebjuːtãːŋ] *s Fr* početnik glumac, novajlija, debitant
débutante [ˈdebjuːtãːnt] *s Fr* početnica, debitantica
decade [ˈdekeid] *s* desetljeće, decenij; desetero, desetina; dekada
decadence [ˈdekədəns] *s* opadanje, propadanje, rasap, raspad, propast, dekadansa, dekadencija
decadent [ˈdekədənt] *adj* koji propada, koji je u opadanju (naročito pristaša dekadentskog smjera u umjetnosti), dekadent
decagon [ˈdekəgən] *s* deseterokut, dekagon
decagonal [diˈkægənl] *adj* deseterokutan, dekagonalan
decagram(me) [ˈdekəgræm] *s* dekagram
decahedral [ˌdekəˈhiːdrəl] *adj* deseterostran, dekaedarski
decahedron [ˌdekəˈhiːdrən] *s* dekaedar
decalcify [ˌdiːˈkælsifai] *vt* dekalcificirati
decalitre (decaliter) [ˈdekəˌliːtə] *s* dekalitar
Decalogue [ˈdekəlɔg] *s eccl* deset zapovijedi, dekalog
decametre (decameter) [ˈdekəˌmiːtə] *s* dekametar
decamp [diˈkæmp] *vi mil* dignuti, napustiti tabor; pokrenuti vojsku; pobjeći, uteći
decampment [diˈkæmpmənt] *s* polazak iz tabora, napuštanje tabora, odlazak
decanal [diˈkeinl] *adj* dekanski, dekanov, dekanatski
decane [ˈdekein] *s chem* dekan
decant [diˈkænt] *vt* odliti, preliti, pretočiti, otakati, ocijediti (tekućinu od taloga), dekantirati
decantation [ˌdiːkænˈteiʃn] *s* odijevanje, prelijevanje, pretakanje, dekantiranje
decanter [diˈkæntə] *s* boca (stolna od brušena stakla sa čepom); *chem* dekantator
decapitate [diˈkæpiteit] *vt* odsjeći, odrubiti glavu, smaknuti
decapitation [diˌkæpiˈteiʃn] *s* odrubljenje glave, smaknuće
decapitator [diˈkæpiteitə] *s* glavosječa, krvnik
decapod [ˈdekəpɔd] *s zool* glavonožac deseteroručac
decarbonization (decarbonisation) [diːˌkaːbənaiˈzeiʃn] *s* dekarbonizacija
decarbonize (decarbonise) [ˌdiːˈkaːbənaiz] *vt chem & min* dekarbonizirati
decarburize (decarburise) [ˌdiːˈkaːbjuəraiz] *vt/i scient & tech* → **decarbonize**
decasyllabic [ˈdekəsiˈlæbik] *adj pros* deseterosložan, dekasilabičan
decasyllabic [ˌdekəsiˈlæbik] *s pros* deseterac
decasyllable [ˈdekəsiləbl] *s pros* deseterac
decasyllable [ˈdekəsiləbl] *adj pros* deseterosložan, dekasilabičan
decay [diˈkei] *s* propadanje; raspadanje, rastvaranje; trulež, truljenje, kvarenje (zubi i sl.), gnjilež; rasap; izumiranje, nestajanje; osiromašenje; nesreća, ruševina; raspad (atoma, atomske jezgre)
decay [diˈkei] *vi/t* **I.** *vi* propadati; trunuti, gnjiliti; raspadati se (i atom ili atomska jezgra); osiromašiti; izumirati; uvenuti, osušiti se **II.** *vt* pokvariti, oštetiti, upropastiti | **~ed with age** oronuo od starosti; **~ed stores** pokvarene zalihe hrane
decease [diˈsiːs] *s* smrt, preminuće
decease [diˈsiːs] *vi* preminuti, umrijeti
deceased [diˈsiːst] *adj* pokojni, mrtav, preminuo | **the ~** pokojnik
deceit [diˈsiːt] *s* prijevara, varka, opsjena, lukavstvo, himba, varanje
deceitful [diˈsiːtful] *adj* (**~ly** *adv*) prijevaran, lažan, lukav, himben, varav
deceitfulness [diˈsiːtfulnis] *s* varanje, lukavština, himbenost
deceivable [diˈsiːvəbl] *adj* (**deceivably** *adv*) varav, varljiv, prevarljiv
deceive [diˈsiːv] *vt* varati, prevariti, zavesti; razočarati; osujetiti (nadu, očekivanje) | **~ oneself** varati samoga sebe
deceiver [diˈsiːvə] *s* varalica
decelerate [ˌdiːˈseləreit] *vt* smanjivati brzinu, usporavati
deceleration [ˈdiːˌseləˈreiʃn] *s* deceleracija, smanjivanje brzine, usporavanje
December [diˈsembə] *s* prosinac, decembar
decemvir [diˈsemvə] *s* (*pl* **~s, decemviri** [diˈsemvərai]) *hist* decemvir
decemvirate [diˈsemvirət] *s hist* decemvirat
decency [ˈdiːsnsi] *s* pristojnost, ćudoređe; doličnost; (*pl*) društvene norme ponašanja; ono što je potrebno za pristojan životni standard
decennial [diˈsenjəl] *adj* desetogodišnji
decennial [diˈsenjəl] *s US* desetogodišnjica, proslava desetogodišnjice
decent [ˈdiːsənt] *adj* (**~ly** *adv*) pristojan, ćudoredan; doličan; priličan; čedan; častan, pošten

decentralization (decentralisation) [diːˌsentrəlai'zeiʃn] *s* decentralizacija
decentralize (decentralise) [diː'sentrəlaiz] *vt* decentralizirati
deception [di'sepʃən] *s* prijevara, varka, varanje; lukavština
deceptive [di'septiv] *adj* (**~ly** *adv*) varljiv, prevarljiv, varav
decibel ['desibel] *s phys* decibel
decidable [di'saidəbl] *adj* koji se da odlučiti, odrediti
decide [di'said] *vt/i* **I.** *vt* odlučiti, riješiti; uvidjeti, doći do zaključka, odrediti; zaključiti, dovršiti; dovesti koga do odluke **II.** *vi* odlučiti se, riješiti se (*on, upon* na, za), donijeti odluku | **~ in favour of** odlučiti u čiju korist
decide against [di'saidə'geinst] *vi* odlučiti se protiv, protivno odrediti
decide between [di'saidbi'twiːn] *vi* odlučiti se, riješiti se (za jednu od dviju stvari)
decide for [di'said'fɔː] *vt* odlučiti se za, riješiti se na
decide on [di'said'ɔn] *vt* odlučiti se za, odabrati
decided [di'saidid] *adj* (**~ly** *adv*) odlučan, određen, nesumnjiv, jasan
decidedly [di'saididli] *adv* zacijelo, sigurno, nesumnjivo, bezuvjetno, svakako
decider [di'saidə] *s* onaj koji odlučuje, rješava; *sport* odlučna utrka (u kojoj se rješava neodlučen rezultat)
deciduous [di'sidjuəs] *adj* (**~ly** *adv*) *zool & bot* bjelogoričan; listopadan; mliječan (zub); kratkotrajan, kratkovječan
decigram(me) ['desigræm] *s* decigram
decilitre (deciliter) ['desiˌliːtə] *s* decilitar, deci
decillion [di'siljən] *s* decilion (1 sa 60 ništica)
decimal ['desiməl] *adj* (**~ly** *adv*) decimalan, desetni, desetičan, desetinski
decimal ['desiməl] *s* decimala; decimalni faktor, razlomak | **~ classification** decimalna klasifikacija (knjiga u knjižnici i sl.)
decimalization [ˌdesiməlai'zeiʃn] *s* decimalizacija, pretvaranje u decimale
decimalize ['desiməlaiz] *vt* pretvoriti u decimale, uvesti decimalan sustav
decimate ['desimeit] *vt* desetkovati, decimirati
decimation [ˌdesi'meiʃn] *s* desetkovanje, decimiranje
decimator ['desimeitə] *s* onaj koji desetkuje, decimator
decimetre (decimeter) ['desiˌmiːtə] *s* decimetar
decipher [di'saifə] *vt* odgonetnuti; dešifrirati
decipherable [di'saifərəbl] *adj* koji se može odgonetnuti, dešifrirati
decipherment [di'saifəmənt] *s* odgonetanje, dešifriranje
decision [di'siʒən] *s* odluka, rješenje; presuda; zaključak; odlučnost
decisive [di'saisiv] *adj* (**~ly** *adv*) odlučan, konačan, presudan, mjerodavan
decisiveness [di'saisivnis] *s* odlučnost, odrješitost
deck [dek] *s mar* paluba, špil (karata)
deck [dek] *vt* oplatiti; *mar* pokriti palubom; resiti; kititi; odjenuti, zaodjeti
deck out ['dek'aut] *vt* okititi, iskititi, uresiti, ukrasiti
deck-chair ['dektʃɛə] *s* ležaljka, platnena stolica za ležanje
decked [dekt] *adj* pokriven, natkrit palubom
decker ['dekə] *s* (u složenicama) *double ~, two ~, three ~* dvopalubni, tropalubni brod
deck-hand ['dekhænd] *s* obični mornar
deck-house ['dekhaus] *s* kućica na palubi
deckle ['dekl] *s Germ tech* naprava za ograničenje veličine arka u stroju za proizvodnju papira
deckle-edge [ˌdekl'edʒ] *s* grub, neravan, (neobrezan) rub papira
declaim [di'kleim] *vi/t* **I.** *vi* javno, svečano govoriti (*on* o); besjediti, krasnosloviti, recitirati, deklamirati; vikati, psovati, grditi, napadati (*against* koga, što) **II.** *vt* patetično govoriti, recitirati, deklamirati
declaimer [di'kleimə] *s* recitator, deklamator
declamation [ˌdeklə'meiʃn] *s* recitiranje, deklamacija
declamatory [di'klæmətəri] *adj* deklamatorski; patetičan
declarable [di'klɛərəbl] *adj* razjašnjiv, rastumačiv; koji treba prijaviti, deklarirati za carinjenje
declarant [di'klɛərənt] *s jur* onaj koji daje zakonsko očitovanje, očitovalac, deklarant
declaration [ˌdeklə'reiʃn] *s* izjava, svečana izjava, očitovanje; objava, proglas, proglašenje; razjašnjenje, objašnjenje, tumačenje; prijava; deklaracija; *jur* tužba, iskaz; carinska deklaracija
declarative [di'klærətiv] *adv* (**~ly** *adv*) koji objašnjuje, tumači, razjašnjuje, objavljuje, proglašava; izjavni
declaratory [di'klærətəri] *adj* (**declaratorily** *adv*) izjavni, objavni; potvrdni | **to be ~ of** potvrditi, izjaviti, objašnjavati
declare [di'klɛə] *vt/i* **I.** *vt* izjaviti, očitovati, iskazati; pojasniti, razjasniti, izložiti, tumačiti; proglasiti, najaviti, objaviti, navijestiti; tvrditi, uvjeravati; prijaviti; deklarirati **II.** *vi* izjasniti se, očitovati se; odlučiti se | **I ~!** zaista, zbilja, ja ti kažem; **to ~ oneself** izjasniti se; **to ~ in debt** tužiti zbog duga
declare against [di'klɛərə'geinst] *vt* izjasniti se protiv

declare for [di'klɛə'fɔː] *vt* izjasniti se za, pristati uz
declare off [di'klɛər'ɔf] *vt* odreći se, povući se, odustati, prekinuti, opozvati (zaključenu kupnju, prodaju i dr.)
declared [di'klɛəd] *adj* (**declaredly**) [di'klɛəridli] *adv* otvoren, izričit
declension [di'klenʃən] *s* nagib; spuštanje; propadanje, opadanje, rasap; *gram* sklanjanje, deklinacija
declinable [di'klainəbl] *adj gram* promjenjiv, sklonjiv
declination [ˌdekli'neiʃn] *s* otklon; nagibanje; padanje, opadanje, propadanje, nestajanje; uklanjanje; zastranjivanje, skretanje, odstupanje; odvajanje; nenaklonost; *astr* & *phys* deklinacija (magnetske igle)
declinational [ˌdekli'neiʃənl] *adj astr* & *phys* deklinacioni
decline [di'klain] *s* 1. naginjanje, nagib, prigibanje 2. padanje, propadanje, opadanje, nestajanje, malaksanje 3. *med* sušica 4. *com* pad (cijene) 5. izmak, primicanje kraju, zalaz | **to be on the ~** propadati, izmicati; *com* padati (cijena)
decline [di'klain] *vi/t* **I.** *vi* 1. sagibati se, spuštati se, savijati se 2. uklanjati se, otklanjati se 3. naginjati, biti **sklon** (*to* čemu) 4. primicati se kraju, biti na izmaku, gubiti se 5. *com* padati (cijena, vrijednost) 6. nestajati, propadati, opadati, nazadovati; klonuti, malaksati; zalaziti **II.** *vt* 1. nagnuti, sagibati, potisnuti 2. otkloniti, uskratiti, odbiti; odbaciti 3. *gram* sklanjati, deklinirati | **declining years** duboka starost; *iron* **to ~ with thanks** odbiti sa zahvalnošću
declinometer [ˌdekli'nɔmitə] *s phys* sprava za mjerenje magnetske deklinacije
declivitous [di'klivitəs] *adj* (**~ly** *adv*) strm, nagnut
declivity [di'kliviti] *s* strmina, obronak, nizbrdica, padina, nagib, pad
declivous [di'klaivəs] *adj* → **declivitous**
declutch [ˌdiː'klʌtʃ] *vt mot* isključiti, iskopčati spojku, iskvačiti
decoct [di'kɔkt] *vt* kuhati, variti; prokuhati, iskuhati, otkuhati, dobiti esenciju otkuhavanjem; probaviti, svariti
decoction [di'kɔkʃən] *s* kuhanje, varenje; uvarak, izvarak, ukuhan sok od trave, esencija
decode [ˌdiː'kəud] *vt* dešifrirati
decollate [di'kɔleit] *vt* odrubiti, odsjeći glavu, smaknuti
decollation [ˌdiːkə'leiʃn] *s* odrubljenje glave, smaknuće
décolletage [ˌdeikɔl'taːʒ] *s* dekolte
décolleté [dei'kɔltei] *adj* dekoltiran
decolonization ['diːˌkɔlənai'zeiʃn] *s* dekolonizacija
decolo(u)rize (decolo(u)rise) [diː'kʌləraiz] *vt* obezbojiti, oduzeti boju, dekolorirati, izbijeliti
decompose [ˌdiːkəm'pəuz] *vt/i* **I.** *vt* rastaviti, rastvoriti; raščlaniti; razlučiti **II.** *vi* rastvoriti se, raspasti se, trunuti, gnjiljeti
decomposite [diː'kɔmpəzit] *adj* dvostruko ili višestruko složen
decomposite [diː'kɔmpəzit] *s* dvostruko ili višestruko složena riječ, dvostruko ili višestruko sastavljena tvar
decomposition [ˌdiːkɔmpə'ziʃn] *s* rastvaranje, razlučivanje; rastavljanje, razlaganje; raspadanje, truljenje; dekompozicija, razlučivanje, raščinjavanje
decompound [ˌdiːkəm'paund] *vt scient* raščlaniti, rastaviti; rastvoriti; dvostruko, višestruko sastaviti
decompound [ˌdiːkəm'paund] *adj* & *s* → **decomposite**
decompression [ˌdiːkəm'preʃn] *s* dekompresija | **~ sickness** *med* dekompresijska bolest
decontaminate [ˌdiːkən'tæmineit] *vt* dekontaminirati
decontamination ['diːkənˌtæmi'neiʃn] *s* dekontaminacija
decontrol [ˌdiːkən'trəul] *vt* ukinuti ograničenja (uvedena u vrijeme rata od države vlasti)
decor ['deikɔː] *s* ukras, dekor, dekoracije
decorate ['dekəreit] *vt* resiti, uresiti, ukrasiti, nakititi, obojiti (sobu), nalijepiti zidne tapete; dekorirati; odlikovati | *arch* **~d style** dekorativni stil (engleska gotika 14. st.)
decoration [ˌdekə'reiʃn] *s* kićenje, ures; dekoriranje, postavljanje dekoracija; bojenje, lijepljenje zidnih tapeta; odlikovanje, orden, dekoracija | *US* **Decoration Day** 30. svibnja (dan ukrašivanja grobova palih u građanskom ratu 1861—1865)
decorative ['dekərətiv] *adj* (**~ly** *adv*) ukrasni, za ukras, dekorativan
decorator ['dekəreitə] *s* ukrašivač, dekorator; (sobo)slikar
decorous ['dekərəs] *adj* (**~ly** *adv*) pristojan; dostojan, dostojanstven, doličan
decorticate [di'kɔːtikeit] *vt* oguliti, oljuštiti (drvo); grušiti, komušati (mahunaste plodove, žitarice)
decortication [diˌkɔːti'keiʃn] *s* guljenje, ljuštenje; grušenje, komušanje; *med* dekortikacija
decorum [di'kɔːrəm] *s* pristojnost; doličnost; prikladnost; pristalost; dostojanstvo, ugled; ukras; ponos; etiketa | **to keep up ~** sačuvati dostojanstvo, doličnost
decoy ['diːkɔi] *s* mamac, meka; vabljenje
decoy [di'kɔi] *vt* mamiti, vabiti | **to ~ away** namamiti, odmamiti

decoy-duck [di'kɔidʌk] *s hunt* mamac (patka); *fig* mamac (pomoćnik varalice)
decrease ['di:kri:s] *s* smanjenje, smanjivanje; opadanje, sniženje | **on the ~** u opadanju
decrease [di:'kri:s] *vi/t* **I.** *vi* smanjiti se; nestajati, opadati; popuštati, slabiti, jenjati **II.** *vt* umanjiti, smanjiti
decreasingly [di:'kri:siŋli] *adv* sve manje i manje
decree [di'kri:] *s* odluka; odredba, naredba; propis, pravilnik; dekret; *jur* presuda | **~ of fate** volja sudbine; *theol* **~ of God** volja božja; *jur* **~ nisi** uvjetna presuda u brakorazvodnoj parnici
decree [di'kri:] *vt* odlučiti, zaključiti; odrediti, narediti, dekretirati
decrement ['dekrimənt] *s* umanjivanje, nestajanje; smanjenje, opadanje; gubitak, manjak
decrepit [di'krepit] *adj* (**~ly** *adv*) ostario, onemoćao, oronuo
decrepitate [di'krepiteit] *vt/i scient* & *chem* **I.** *vt* paliti (soli, kristale u vatri) **II.** *vi* prskati
decrepitation [di.krepi'teiʃn] *s scient* paljenje (soli, kristala)
decrepitude [di'krepitju:d] *s* ostarjelost, oronulost, staračka slabost, malaksalost, iznemoglost, onemoćalost
decrescendo ['di:kri'ʃendəu] *adv mus* sve slabije, decrescendo
decrescendo [.di:kri'ʃendəu] *s mus* postepeno opadanje zvuka; muzički odlomak tako označen, decrescendo
decrescent [di'kresənt] *adj* koji se smanjuje, opada | **~ moon** mjesec u posljednjoj četvrti, mjesečev srp u opadanju
decretal [di'kri:tl] *adj* naredbeni, dekretni, ukazni
decretal [di'kri:tl] *s* službena odluka; papinska naredba, dekretal, odluka | **~s** *pl* zbirka crkvenih naredaba, odluka (kao dio kanonskog prava)
decretive [di'kri:tiv] *adj* koji ima snagu odredbe, propisa
decrial [di'kraiəl] *s* zao glas, javni prijekor
decry [di'krai] *vt* ozloglasiti, izvikati koga, iznijeti na zao glas, poniziti, osramotiti, prezirati, uvrijediti; devalvirati
decumbence [di'kʌmbəns] *s* ležanje (stanje i položaj)
decumbency [di'kʌmbənsi] *s* → **decumbence**
decumbent [di'kʌmbənt] *adj bot* koji leži na zemlji, položen, koji puzi; *zool* tijesno priljubljen uz tijelo (dlaka, čekinja); *med* koji leži bolestan
decuple ['dekjupl] *adj* deseterostruk, u desetinama, po deset
decuple ['dekjupl] *s* deseterostruko, deseterostruka količina
decuple ['dekjupl] *vt/i* **I.** *vt* pomnožiti s deset, podeseterostručiti **II.** *vi* podeseterostručiti se, povećati se za deset puta
decussate [di'kʌsit] *adj* (**~ly** *adv*) *scient, bot* & *ent* unakrstan, poprečan, ukršten, prekrižen
decussate [di'kʌseit] *vt/i scient* **I.** *vt* ukrstiti, ukrštavati **II.** *vi* sjeći se, ukrštavati se, križati se
decussation [.dikʌ'seiʃn] *s* križanje, ukrštavanje | **point of ~** sjecište
dedicate ['dedikeit] *vt* posvetiti, namijeniti; *US* svečano otvoriti (zgradu, most, itd.)
dedicated ['dedikeitid] *adj* predan
dedicatee [.dedikə'ti:] *s* onaj kome je što posvećeno
dedication [.dedi'keiʃn] *s* posveta, namjena; predanost
dedicator ['dedikeitə] *s* posvetitelj
dedicatory ['dedikətəri] *adj* posvetni
deduce [di'dju:s] *vt* izvesti, izvoditi (*from* iz); (logično) zaključiti
deducement [di'dju:smənt] *s log* izvod, zaključak
deducible [di'dju:səbl] *adj log* izvediv (*from* iz)
deduct [di'dʌkt] *vt* odbiti, oduzeti, odračunati | *com* **to be ~ed from** ima se odbiti od (neke svote); *com* **charges ~ed, ~ing expenses, (after) ~ing charges** nakon odbitka troškova, odbivši troškove
deduction [di'dʌkʃən] *s* izvođenje (zaključka), zaključivanje, izvod, zaključak, dedukcija; odbitak, odbijanje; popust, rabat | **no ~, without ~** bez popusta, neto
deductive [di'dʌktiv] *adj* (**~ly** *adv*) izveden, deduktivan
deed [di:d] *s* 1. čin, djelo; posao, junačko djelo; zlodjelo; događaj 2. *jur* isprava, dokument, ugovor, instrument | **~s** *pl* spisi, dokumenti, akti; **~ of arrangement** isprava o nagodbi, poravnanju; **~ of assignment** isprava o ustupanju, cesiona isprava; **~ of gift** darovnica; **~ of partnership** ugovor o javnom trgovačkom društvu, ortačka pogodba; **~ of protest** isprava o protestu; **~ of sale** kupoprodajni ugovor; **in word and in ~** riječju i djelom; **in very ~** zaista; **to take the will for the ~** primiti dobru volju kao da je učinjeno
deed [di:d] *vt US jur* (imetak, pravo i dr.) prenijeti ispravom (dokumentom)
deed-poll ['di:dpəul] *s jur* jednostrani pismeni ugovor
deejay ['di:.dʒei] *s US* → **disc jockey**
deem [di:m] *vt/i* 1. smatrati, držati, suditi 2. misliti, vjerovati | **I ~ it my duty to do** smatram za svoju dužnost da to učinim; **~ highly** visoko cijeniti
deep [di:p] *adj* (**~ly** *adv*) 1. dubok 2. *fig* 3. jak, intenzivan (boja) | **~ in** zagrezao, skrovit; nedokučiv; tajanstven, zakučast

utonuo (u); *fig* **in ~ waters** u nevolji, u neprilici; *sl* **a ~ one** lukavac; **four ~** u četiri niza, reda, vrste; **~ in a pursuit** potpuno zaokupljen nekim zanimanjem, nastojanjem; **a ~ poverty** pusta neimaština; **in ~ thought** duboko zamišljen; **to drink ~ly** duboko zaviriti u čašu; *fig* steći veliko životno iskustvo; **to play ~ly** igrati za velike novce; **~ South** *US* najjužniji dijelovi države Georgia, Alabama, Mississippi i Louisiana

deep [di:p] *s* dubina, bezdan; tmina, tama, mrak | *poet* **the ~** more; **the ~s** *pl* morske dubine

deep [di:p] *adv* duboko | **to dig ~er** ući dublje (u stvar); **to drink ~** obilno piti; *fig* steći veliko životno iskustvo; **~ into the night** do kasno u noć; **still waters run ~** tiha voda brijege dere

deep-blue ['di:p'blu:] *adj* intenzivno modar

deep-boring [ˌdi:p'bɔ:riŋ] *s* duboko bušenje

deep-brained [ˌdi:p'breind] *adj* dubokouman, duhovit

deep-chested [ˌdi:p'tʃestid] *adj* razvijenih prsiju; duboka glasa

deep-drawing [ˌdi:p'drɔ:iŋ] *adj mar* duboka gaza

deep-drawn [ˌdi:p'drɔ:n] *adj* dubok (uzdah)

deepen ['di:pən] *vt/i* **I.** *vt* izdupsti, dupsti; produbiti; učiniti tamnijim; uvećati **II.** *vi* udubiti se; potamnjeti

deep-felt ['di:p'felt] *adj* duboko osjećan, duboko proživljen

deep-freeze [ˌdi:p'fri:z] *vt* jako zalediti

deep-freeze [ˌdi:p'fri:z] *s* frizer, sanduk za duboko smrzavanje

deepfry [ˌdi:p'frai] *vt* pržiti u dubokoj masnoći

deep-laid ['di:p'leid] *adj* pomno razrađen i držan u tajnosti

deep-mouthed [ˌdi:p'mauðd] *adj* duboka glasa; potmuo

deepness ['di:pnis] *s* dubina; temeljitost; lukavost; oštroumlje

deep-read [ˌdi:p'red] *adj* vrlo načitan

deep-rooted [ˌdi:p'ru:tid] *adj* duboko ukorijenjen

deep-sea [ˌdi:p'si:] *s* debelo more, pučina, otvoreno more

deep-seated [ˌdi:p'si:tid] *adj* dubok, duboko ukorijenjen

deep-set [ˌdi:p'set] *adj* duboko smješten, stalan, čvrst, korjenit

deep space [ˌdi:p'speis] *s* duboki svemir, prostor izvan Sunčeva sustava

deep-throated [ˌdi:p'θrəutid] *adj* duboka zvuka, glasa

deep-toned [ˌdi:p'təund] *adj* duboka, svečana zvuka

deer [diə] *s zool* jelen, srna; *hunt* (visoka) divljač | **roe ~** srna, srne *pl; fig* **small ~** beznačajne, malene stvari ili životinje; sitna riba

deerfly ['diəflai] *s ent US* obad (*Chrysops*)

deer-forest ['diəˌfɔrist] *s hunt* lovište za visoku divljač

deer-hound ['diəhaund] *s* veliki hrt

deer-hunt ['diəhʌnt] *s* lov na visoku divljač

deer-lick ['diəlik] *s* slani izvor, slano mjesto, solina, kamo divljač dolazi lizati sol

deer-neck ['diənek] *s* vitak vrat (u konja)

deer-park ['diəpa:k] *s hunt* lovište (za visoku divljač)

deer-shot ['diəʃɔt] *s hunt* krupna sačma

deer-skin ['diəskin] *s* srneća, jelenja koža

deer-stalker ['diəˌstɔ:kə] *s hunt* lovac (na visoku divljač); vrsta kape (kakvu je nosio Sherlock Holmes)

deer-stalking ['diəˌstɔ:kiŋ] *s hunt* lov (na visoku divljač)

deer-stealer ['diəˌsti:lə] *s* zvjerokradica

deface [di'feis] *vt* naružiti, nagrditi, izobličiti, iznakaziti; osramotiti; učiniti nečitljivim; izbrisati, poništiti, isprecrtati (nešto napisano)

defaceable [di'feisəbl] *adj* koji se može izbrisati

defacement [di'feismənt] *s* nagrđenje; brisanje; poništenje

de facto [di:'fæktəu] *adv* de facto

defalcate ['di:fælkeit] *vi jur* pronevjeriti

defalcation [ˌdi:fæl'keiʃn] *s jur* pronevjerenje, pronevjera, pronevjerena svota

defalcator ['di:fælkeitə] *s jur* pronevjeritelj

defamation [ˌdefə'meiʃn] *s* kleveta

defamatory [di'fæmətəri] *adj* (**defamatorily** *adv*) klevetnički

defame [di'feim] *vt* klevetati, oklevetati

default [di'fɔ:lt] *s* 1. prekršaj; propust, nemar 2. *jur* ogluha; 3. *com* neplatež 4. *sport* nedolazak na utakmicu, natjecanje | *jur* **in ~, by ~** iz ogluhe; **in ~ of** u nedostatku, u odsutnosti; **in ~ whereof** inače, u protivnom slučaju; **~ in payment** neplatež; **~ of appearance** ogluha; **to be in ~** biti u zakašnjenju; **to go by ~** biti osuđen iz ogluhe; **to make ~** ne pojaviti se, ne doći (na sud); **the dogs are at a ~** psi su izgubili trag

default [di'fɔ:lt] *vi/t* **I.** *vi* ne ispuniti obavezu; izostati; *jur* oglušiti se; *com* obustaviti plaćanje (*on a debt* duga); *sport* ne pristupiti natjecanju; izgubiti utakmicu zbog nedolaska **II.** *vt* propustiti, ne izvršiti; *jur* osuditi iz ogluhe

defaulter [di'fɔ:ltə] *s* tko se ne drži obaveze, ne plaća, ne odaziva se pozivu suda; *com & jur* insolventan trgovac; bankroter; pronevjeritelj

default-procedure [di'fɔ:ltprəˌsi:dʒə] *s jur* postupak iz ogluhe

defeasance [di'fi:zəns] *s jur* poništenje, ukinuće, dokidanje, opoziv

defeasible [di'fi:zəbl] *adj jur* koji se može poništiti, dokinuti, opozvati; koji se može pobijati

defeat [di'fi:t] *s* poraz; osujećenje; razočaranje; *jur* poništenje | **to inflict a ~ on** poraziti koga

defeat [di'fi:t] *vt* pobijediti, poraziti, uništiti, razbiti; razoriti (nade), suzbiti; spriječiti, osujetiti; *jur* ukinuti; poništiti; *mil* odbiti (napad)

defeatism [di'fi:tizəm] *s* defetizam, malodušnost

defeatist [di'fi:tist] *s* defetist, malodušnik

defeatist [di'fi:tist] *adj* defetistički, malodušan

defecate ['defikeit] *vt/i* **I.** *vt* pročistiti **II.** *vi* isprazniti crijeva, obaviti nuždu; pročistiti se

defecation [ˌdefi'keiʃn] *s* pročišćavanje; ispražnjenje crijeva, vršenje nužde

defecator ['defikeitə] *s* onaj koji raščišćuje, razbistruje, čisti

defect [di'fekt] *s* defekt, nedostatak, nestašica, pomanjkanje; mana, porok, greška | *com* **~ in manufacture** tvornička greška; **in ~ of** u nestašici čega

defect [di'fekt] *vi* prebjeći; napustiti, prijeći, dezertirati

defection [di'fekʃən] *s* iznevjerenje, izdaja, prebjegavanje, napuštanje, dezertiranje; izjalovljenje (*of hope* nade)

defective [di'fektiv] *adj* (**~ly** *adv*) nepotpun, krnj, manjkav, defektan; *gram* defektivan | **to be ~ in** biti bez čega; *tech* **~ work** roba s manama, škart

defective [di'fektiv] *s* osoba s tjelesnom ili duševnom manom, defektna osoba

defectiveness [di'fektivnis] *s* nedovoljnost, pogrešnost, manjkavost, nepotpunost, defektnost

defence (defense) [di'fens] *s* obrana, zaštita | **~s** *pl* utvrde; **best ~ is offence** napadanje je najbolja obrana; **science of ~, art of ~** boks ili mačevanje; **in ~ of** u obranu; **Defence of the Realm Act** zakon u Engleskoj iz 1914. g., kojim se vladi daju široka ovlaštenja za vrijeme rata; *jur* **counsel for the ~** branitelj; **witness for the ~** svjedok obrane; **in one's own ~** u svoju obranu; **to come to the ~ of** nekoga braniti; **to conduct one's own ~** sam sebe braniti; **to make a good ~** dobro (se) braniti; *mil* **line of ~** obrambena linija

defenceless (defenseless) [di'fenslis] *adj* (**~ly** *adv*) bez zaštite, nezaštićen, neutvrđen, neoboružan, goloruk; bespomoćan

defencelessness (defenselessness) [di'fenslisnis] *s* nezaštićenost, slabost, bespomoćnost

defend [di'fend] *vt* braniti, obraniti; štititi, čuvati, opravdati; *jur* braniti (na sudu) | **God ~!** sačuvaj bože!; **~ oneself** sam se braniti (na sudu)

defend against [di'fendə'geinst] *vt* braniti, štititi (od)

defend from [di'fend'frəm] *vt* zaštićivati, štititi (od)

defendant [di'fendənt] *s* optuženik, tuženik, okrivljenik (u civilnoj parnici)

defender [di'fendə] *s* branitelj, branilac; zaštitnik | **Defender of the Faith** zaštitnik vjere (naslov engleskog vladara od 1521)

defensibility [diˌfensi'biləti] *s* branjivost, obrambenost, sposobnost obrane, postojanost

defensible [di'fensəbl] *adj* (**defensibly** *adv*) koji se može obraniti, obraniv, održiv

defensive [di'fensiv] *adj* (**~ly** *adv*) obramben, zaštitni, za obranu

defensive [di'fensiv] *s* obrana, zaštita, defenziva | **to be on the ~** biti u obrambenom stavu, nalaziti se u defenzivi; **to act on the ~** držati se u defenzivi

defer [di'fə:] *vt/i* odgoditi, odložiti | *com* **~red annuity** zatezni anuitet; **~red pay** dio plaće koji se isplaćuje nakon istupanja iz službe ili poslije smrti; **~red share** dionica kod koje se dividende isplaćuju tek nakon stanovitog roka; **~red payment system** sistem obročne otplate

defer [di'fə:] *vi* podvrći se, klanjati se, pokoriti se (*to* kome)

deference ['defərəns] *s* poslušnost, popustljivost, pokornost; poštovanje, smjernost; uslužnost | **in ~ to** iz poštovanja prema; **to pay ~ to, to show ~ to a p** pokoravati se kome, slušati koga, iskazivati poštovanje; **with all due ~ to** uza sve dužno poštovanje prema; **out of ~ to** s obzirom na

deferent ['defərənt] *adj scient & med* odvodni

deferential [ˌdefə'renʃl] *adj* (**~ly** *adv*) pokoran, poslušan, popustljiv, smjeran

deferment [di'fə:mənt] *s* odgoda, odgađanje

defervescence [ˌdi:fə'vesns] *s med* defervescencija

defiance [di'faiəns] *s* izazov; prkos, inat; ruglo | **in ~ of** usprkos (kome, čemu); **to bid ~ to** prkositi, izazvati (koga); **to set a p at ~** izazivati koga, prkositi, pogrditi; **to act in ~ of the law** prkositi zakonu, protiviti se zakonu

defiant [di'faiənt] *adj* (**~ly** *adv*) prkosan, uporan, izazovan, drzak

deficiency [di'fiʃənsi] *s* oskudica, nestašica, pomanjkanje; nedostatak, manjak, nedostatnost, deficijentnost; pogreška, mana; šteta; deficit | *jur* **~ judgement** osuda za izravnanje duga nakon unovčenja zaloga; **to make good a ~** pokriti, nadoknaditi manjak; **to make up for a ~** nadoknaditi manjak; **to supply a ~** nadoknaditi manjak; *mar* **~ of a ship's cargo** hava-

rija; *med* ~ **disease** avitaminoza; bolest izazvana nedostatkom nekog bitnog sastojka u hrani
deficient [di'fiʃənt] *adj* (~**ly** *adv*) nepotpun, nedovoljan, manjkav | **mentally** ~ slabouman; **to be** ~ **in** oskudijevati u čemu; **to be** ~ **in weight** biti nepotpune težine
deficit ['defisit] *s* manjak, deficit
defier [di'faiə] *s* izazivač; prkosnik
defilade [ˌdefi'leid] *s mil* prirodni zaklon
defilade [ˌdefi'leid] *vt mil* zaklanjati (prirodnom maskom)
defile ['di:fail] *s esp mil* tjesnac; defile; klisura, uzak prolaz
defile [di'fail] *vi mil* defilirati
defile [di'fail] *vt* uprljati, okaljati, blatiti; oskvrnuti, kvariti
defilement [di'failmənt] *s* kaljanje, prljanje; oskvrnuće
defiler [di'failə] *s* sramotilac, obeščastilac, oskvrnitelj, zavodnik
definable [di'fainəbl] *adj* (**definably** *adv*) označiv, odrediv, koji se može definirati
define [di'fain] *vt* (pobliže) odrediti, ustanoviti, označiti, opisati, ocrtavati, ograničiti, dati značenje, definirati, okarakterizirati | **to** ~ **oneself against** ocrtavati se na; **well** ~**d image** jasna slika
definite ['definit] *adj* (~**ly** *adv*) (točno) određen, jasan; ustanovljen; omeđen; konačan; *gram* određen | ~ **inflexions** sklonidbeni nastavci njemačkih i nekadašnjih engleskih pridjeva iza određenog člana; ~ **article** određeni član; **past** ~ preterit; ~ **integral** određeni integral; **to be more** ~ izraziti se točnije
definiteness ['definitnis] *s* određenost; ograničenost; odlučnost; točnost; izvjesnost
definition [ˌdefi'niʃn] *s* definicija, jasnoća, preciznost, oštar obris, oštrina
definitive [di'finitiv] *adj* (~**ly** *adv*) određen, odlučan, presudan, konačan, zaključan, definitivan, najpotpuniji i najtočniji, distinktivan, razlučan; *biol* potpuno razvijen | ~ **host** glavni domaćin (parazita)
definitude [di'finitju:d] *s* definitivnost, određenost, preciznost
deflagrate ['defləgreit] *vi/t* **I.** *vi* naglo izgorjeti **II.** *vt* naglo spaliti
deflagration [ˌdeflə'greiʃn] *s* naglo spaljivanje, izgaranje, sagorijevanje, deflagracija
deflagrator ['defləgreitə] *s el* deflagrator (Voltin element)
deflate [di'fleit] *vt* ispustiti zrak, plin (iz balona, zračnice i dr.), isprazniti (balon, zračnicu); *fin* smanjiti inflaciju, ograničiti optjecaj plaćevnih sredstava
deflation [di'fleiʃn] *s* ispražnjenje (plina, zraka); *fin* deflacija
deflationary [di:'fleiʃnəri] *s fin* deflacijski, deflacioni
deflect [di'flekt] *vt/i* **I.** *vt* odvratiti, skrenuti, odvesti (drugim putem) **II.** *vi* odstupiti, udaljivati se, skretati
deflection (**deflexion**) [di'flekʃən] *s* otklanjanje, otklon, skretanje, odstupanje, udaljivanje
deflorate [di:'flɔ:rit] *adj bot* ocvao
defloration [ˌdi:flɔ:'reiʃn] *s* oduzimanje djevičanstva, oskvrnuće, defloracija
deflower [di:'flauə] *vt* oduzeti djevičanstvo, obeščastiti, oskvrnuti; lišiti cvijeta; lišiti draži, ljepote
defoliate [ˌdi:'fəulieit] *vt* lišiti lišća, ogoliti
deforest [ˌdi:'fɔrist] *vt* → **disforest**
deform [di'fɔ:m] *vt/i* **I.** *vt* iznakaziti, izobličiti **II.** *vi* izobličiti se, iznakaziti se
deformation [ˌdi:fɔ:'meiʃn] *s* unakaženost; izobličenost, deformacija
deformed [di'fɔ:md] *adj* (~**ly** *adv*) unakažen, izobličen, deformiran
deformer [di'fɔ:mə] *s* onaj koji nagrđuje
deformity [di'fɔ:miti] *s* izobličenost, izobličenje, deformitet
defraud [di'frɔ:d] *vt* prevariti | **to** ~ **the revenue** utajiti porez
defrauder [di'frɔ:də] *s* varalica; utajivač (poreza)
defray [di'frei] *vt* platiti, namiriti; snositi troškove
defrayal [di'freiəl] *s* pokriće troškova, plaćanje, namirenje
defrayer [di'freiə] *s* platac
defrayment [di'freimənt] *s* pokriće troškova, plaćanje, namirenje
defrock ['di:'frɔk] *vt* → **unfrock**
difrost [di'frɔst] *vt/i* odmrznuti (smrznute namirnice); odmrznuti se
defroster [di'frɔstə] *s* naprava za sprečavanje zamrzavanja
deft [deft] *adj* (~**ly** *adv*) vješt, okretan, spretan
deftness ['deftnis] *s* vještina, okretnost, spretnost
defunct [di'fʌŋkt] *adj* pokojni, preminuo, mrtav; izumro
defunct [di'fʌŋkt] *s* | **the** ~ pokojnik, pokojnici
defunction [di'fʌŋkʃən] *s arch* smrt
defuse [di:'fju:z] *vt* skinuti upaljač, deaktivirati; učiniti neopasnim
defy [di'fai] *vt* izazivati, prkositi, opirati se, suprotstaviti se, ne pokoravati se; ne dati se | **I** ~ **anyone to read this** da vidim onoga koji će to pročitati
degeneracy [di'dʒenərəsi] *s* izrođenje, izopačenje, pokvarenost, degeneracija
degenerate [di'dʒenərət] *adj* (~**ly** *adv*) izrođen, izopačen, pokvaren
degenerate [di'dʒenərət] *s* izrođeno biće, degenerik

degenerate [di'dʒenəreit] *vi* izroditi se, izopačiti se, izmetnuti se, pokvariti se, degenerirati
degeneration [di͵dʒenə'reiʃn] *s* izrođenje, izopačenje, degeneracija; *med* degeneracija tkiva | **fatty ~ of the heart** osaljenje srca
degenerative [di'dʒenərətiv] *adj* degenerativan
deglutinate [di'glu:tineit] *vt* ekstrahirati glutin
deglutination [di͵glu:ti'neiʃn] *s scient* deglutinacija, izlučivanje glutina
deglutition [͵di:glu:'tiʃn] *s* gutanje
degradation [͵degrə'deiʃn] *s* lišenje čina, položaja, časti; *fig* poniženje, degradacija; propadanje; postepeno slabljenje; sramota; pokvarenost; *biol* izrođenje, izopačenje
degrade [di'greid] *vt/i* **I.** *vt* lišiti čina, položaja, časti, svrgnuti; *fig* umanjiti; poniziti, obeščastiti; degradirati; *geol* odnositi, istrošiti **II.** *vi* smanjivati se postepeno, opadati, sniziti se, srozati se
degrading [di'greidiŋ] *adj* (**~ly** *adv*) sramotan, ponizujući
degree [di'gri:] *s* stupanj, stepen; položaj; čast; čin, rang; akademski stupanj; vrsta; jakost; koljeno srodstva; *math gram phys* & *geog* stupanj | **the ~ of doctor, doctor's ~** doktorat; **honorary ~** počasni akademski naslov; **by slow ~** pomalo, polagano, postepeno; **in no small ~** nemalo; **in an extraordinary ~** u velikoj mjeri; **of high ~** visokog stupnja, vrlo jak; **of low ~** niskog stupnja, slab; **to a high ~, to the last ~** u velikoj mjeri, vrlo; **to a certain ~** prilično, znatno, donekle; **to take one's ~** diplomirati; **by ~s** postepeno; **prohibited ~s** stupnjevi srodstva, u kojima nije dopušten brak; **each good in its ~** sve ima svoju mjeru; *jur* **principal in the first ~** glavni krivac; **people of every ~** ljudi svih slojeva, svakojaki ljudi; **in some ~** donekle, u neku ruku; **to a ~** *GB* u velikoj mjeri, *US* donekle; **to what ~** u kolikoj mjeri
degression [di:'greʃn] *s* sniženje, smanjenje poreza, degresija
degressive [di:'gresiv] *adj* koji se smanjuje, degresivan, koji opada | **~ taxation** degresivni porez
dehisce [di'his] *vi bot* raspucati, puknuti, prsnuti, otvoriti se (sjemeni ovoj)
dehiscence [di'hisns] *s bot* pucanje, otvaranje (sjemenog ovoja)
dehiscent [di'hisnt] *adj bot* koji puca, koji se otvara
dehumanization [di:͵hju:mənai'zeiʃn] *s* dehumanizacija
dehumanize [͵di:'hju:mənaiz] *vt* dehumanizirati
dehumidify [͵di:hju:'midifai] *vt* uklanjati vlagu, smanjivati vlagu
dehydrate [͵di:'haidreit] *vt chem* dehidratizirati, dehidrirati
dehydrogenase [di:'haidrədʒəneis] *s biochem* dehidraza, dehidrogenaza
dehydrogenate [di:'haidrədʒəneit] *vt* dehidrirati; dehidrogenirati
dehydrogenation [di:'haidrədʒə'neiʃn] *s* dehidriranje; dehidrogenacija
dehypnotize [͵di:'hipnətaiz] *vt* probuditi iz hipnoze
deice [͵di:'ais] *vt* osloboditi leda, sprečavati stvaranje leda, odlediti
deicide ['di:isaid] *s* bogoubojstvo; bogoubica
deictic ['daiktik] *adj gram* pokazni
deification [͵di:ifi'keiʃn] *s* obožavanje; proglašenje bogom; apoteoza
deify ['di:ifai] *vt* obožavati; proglasiti bogom
deign [dein] *vi/t* **I.** *vi* udostojiti se, izvoljeti **II.** *vt* dopustiti, milostivo dopustiti
deionize [͵di:'aiənaiz] *vt* deionizirati (vodu, plin)
deism ['di:izəm] *s theol* deizam
deist ['di:ist] *s* deist, pristaša deizma
deistic [di:'istik] *adj* deistički
deistical [di:'istikl] *adj* (**~ly** *adv*) deistički
deity ['di:iti] *s* božanstvo | **the Deity** Bog, Stvoritelj
deject [di'dʒekt] *vt* snuždíti, potištiti
dejected [di'dʒektid] *adj* (**~ly** *adv*) snužden, potišten
dejection [di'dʒekʃən] *s* potištenost, snuždenost; *med* ispražnjivanje, stolica
dekko ['dekəu] *s GB coll* pogled
delaine [də'lein] *s com* delen
delaminate [di:'læmineit] *vt* raslojiti
delamination [di:͵læmi'neiʃn] *s* raslojavanje
delate [di'leit] *vt jur* potkazati, denuncirati
delation [di'leiʃn] *s jur* potkazivanje, denuncijacija
delator [di'leitə] *s jur* potkazivač, doušnik, denuncijant
delay [di'lei] *s* odgađanje, zatezanje, odlaganje zastoj; *com* odgoda (roka) isplate | **without ~** bez zatezanja, bez odgađanja, smjesta
delay [di'lei] *vt/i* **I.** *vt* zatezati, odugovlačiti; odgoditi, odlagati; spriječiti, osujetiti; zadržavati; *com* produživati, odložiti (rok plaćanja); otezati (plaćanje) **II.** *vi* oklijevati, otezati, odugovlačiti, skanjivati se | **be ~ed** zakasniti
del credere [͵del'kredəri] *s com* jamstvo (za vjeresijski odnos); jamčevna provizija (komisionara); delkredere
del credere [͵del'kredəri] *adj com* jamčevni, delkredere | **~ commission** jamčevna provizija
dele ['di:li:] *s print* deleatur (₰)
dele ['di:li:] *vt print* izbrisati; izostaviti

delectable [di'lektəbl] *adj* (**delectably** *adv*) prijatan, slastan, ugodan, ljubak, zabavan
delectation [ˌdi:lek'teiʃn] *s* zabava, uživanje, slast, veselje | **for one's ~** za vlastitu zabavu, za svoje veselje, za svoj užitak
delegacy ['deligəsi] *s* delegatski sistem, imenovanje delegatom; izaslanstvo, delegacija
delegate ['deligit] *s* izaslanik, opunomoćenik, delegat, povjerenik
delegate ['deligeit] *vt* izaslati, odrediti; ovlastiti; povjeriti, prenijeti, ustupiti; delegirati
delegation [ˌdeli'geiʃn] *s* odašiljanje; ovlaštenje; izaslanstvo; delegacija
delete [di:'li:t] *vt* brisati, izbrisati, poništiti, precrtati
deleterious [ˌdeli'tiəriəs] *adj* (**~ly** *adv*) ubitačan, smrtonosan, poguban; škodljiv; otrovan, štetan
deletion [di:'li:ʃn] *s* brisanje, poništenje
delf [delf] *s com* keramika iz Delfta u Nizozemskoj; fajansa (poluporculan)
delft [delft] *s* → **delf**
delftware ['delftwεə] *s* → **delf**
deliberate [di'libərət] *adj* (**~ly** *adv*) namjeran, hotimičan; promišljen, oprezan, smotren, razborit
deliberate [di'libəreit] *vi/t* promišljati, razmišljati; *fig* vagati
deliberateness [di'libərətnis] *s* namjernost; promišljenost
deliberation [diˌlibə'reiʃn] *s* promišljanje, rasuđivanje; smotrenost, promišljenost; polaganost
deliberative [di'libərətiv] *adj* (**~ly** *adv*) smotren, promišljen, razborit; savjetni | **~ assembly** savjetodavna skupština
delicacy ['delikəsi] *s* nježnost, finoća; pristalost; istančanost, tankoćutnost; osjetljivost, slabunjavost, slabost; blagost, učtivost, obzirnost; takt; poslastica, delikatesa; ukusnost, slast, tečnost; delikatnost; *fig* škakljivost | **~ of mind** tankoćutnost; **to feel a ~ about** ustručavati se dirnuti neko škakljivo pitanje
delicate ['delikət] *adj* (**~ly** *adv*) nježan; fin, tankoćutan, mek; osjetljiv; pažljiv, učtiv; prijatan, ugodan; slabunjav, slabašan; *fig* škakljiv; slastan, ukusan; delikatan; izbirljiv; lak, spretan | **in a ~ condition** u drugom stanju
delicatessen [ˌdelikə'tesn] *s* delikatesna roba; trgovina delikatesne robe
delicious [di'liʃəs] *adj* (**~ly** *adv*) slastan, ukusan, izvrstan, ugodan; divan, prekrasan, raskošan; ljubak, mio, ushitan, dražestan, sladak
delict ['di:likt] *s jur* delikt | **in flagrant ~** na djelu, kod samog čina
delight [di'lait] *s* radost, veselje, zadovoljstvo, užitak, slast, naslada, uživanje; *poet* draž | **to the ~ of** na radost, veselje; **to have ~ in, to take ~ in** uživati (u), radovati se (čemu)
delight [di'lait] *vt/i* 1. veseliti, obradovati, oduševiti, zanijeti, ushititi 2. uživati (*in* u čemu), naslađivati se, oduševiti se (*in* čime), veseliti se, radovati se (*in* čemu) | **to be ~ed** (*at, with*) biti oduševljen, obradovan, ushićen (čime); **I shall be ~ed to accept** ili **in accepting** bit će mi drago prihvatiti
delightful [di'laitful] *adj* (**~ly** *adv*) ugodan, prijatan, ljubak, ukusan, prekrasan, izvrstan, ushitan, raskošan, zabavan
delightfulness [di'laitfulnis] *s* ugodnost, prijatnost, veselje, raskoš, milina, naslada, ljupkost, zabavnost
delightsome [di'laitsəm] *adj poet & lit* ugodan, prijatan, ljubak, ukusan, prekrasan, izvrstan, ushitan, raskošan, zabavan
delimit [di:'limit] *vt* ograničiti, odrediti granicu, omeđiti
delimitate [di:'limiteit] *vt* → **delimit**
delimitation [diˌlimi'teiʃn] *s* ograničenje, ograničavanje, određivanje granice, omeđivanje | **~ of frontier** razgraničenje
delineate [di'linieit] *vt* ocrtati, nacrtati u glavnim potezima, skicirati, nabaciti, dati obris; opisati, označiti; prikazati
delineation [diˌlini'eiʃn] *s* obris, nacrt, crtež, skica; opis, crtanje, skiciranje | **~ of character** opis karaktera, karakteriziranje
delineator [di'linieitə] *s* crtač (nacrta, skica); prikazivač; krojni uzorak koji se može prilagoditi različitim veličinama
delinquency [di'liŋkwənsi] *s* propust, prestupak, zločin; *US* dug, porez i sl. kojem je istekao rok plaćanja; delinkvencija
delinquent [di'liŋkwənt] *adj* zločinački, kriv[i]čan, prijestupnički; koji zanemaruje dužnost, nesavjestan
delinquent [di'liŋkwənt] *s* prestupnik, zločinac, delinkvent
deliquesce [ˌdeli'kwes] *vi chem* rastopiti se, otopiti se
deliquescence [ˌdeli'kwesns] *s chem* rastapanje, topljenje
deliquescent [ˌdeli'kwesnt] *adj chem* koji se rastapa ili pretvara u tekućinu primanjem vlage iz zraka
delirious [di'liriəs] *adj* (**~ly** *adv*) bulažnjiv, bulazneći, buncajući; izvan sebe; bjesneći (*with* od) | **to be ~** bulazniti, buncati
delirium [di'liriəm] *s* buncanje, bunilo, delirij, zanos
delirium tremens [di'liriəm'tri:menz] *s med* delirium tremens
delitescence [ˌdeli'tesns] *s* skrovitost, povučenost, mir; *med* nenadano nestajanje, opadanje (otekline, upale); latentno stanje
delitescent [ˌdeli'tesnt] *adj* skrovit; *med* latentan

deliver [di'livə] *vt* 1. osloboditi, izbaviti 2. predati, uručiti, isporučiti; dostaviti 3. dati; zadati 4. dojaviti; izraziti, izreći, iskazati, kazati; održati (govor, predavanje i sl.) | **to ~ oneself of an opinion** izreći svoje mišljenje; **to be ~ed of a child** roditi; *fig* **to ~ the goods** izvršiti svoj dio posla, obaveze; *jur* **to seal & ~** zapečatiti i službeno uručiti (sudsku ispravu); **to ~ a blow** udariti, zadati udarac; **to ~ in payment** uplatiti; **~ to the order of** isporučite po nalogu; **~ed free warehouse** franko skladište

deliver at [di'livər'æt] *vt* udariti, upraviti (udarac) prema

deliver up [di'livər'ʌp] *vt* napustiti, ustupiti, prepustiti, predati, vratiti | **to deliver oneself up** predati se (*to* kome)

deliverable [di'livərəbl] *adj* koji se može isporučiti, dostaviti

deliverance [di'livərəns] *s* 1. oslobođenje, izbavljenje, spašenje, spas 2. predaja, uručenje 3. *med* porod 4. *jur* odrješenje, odrešujuća presuda; pravorijek; oproštenje 5. svečana izjava, izraženo mišljenje

deliverer [di'livərə] *s* oslobodilelj, spasitelj; izručitelj, predatelj

delivery [di'livəri] *s* oslobođenje, izbavljenje, spas; porod; isporuka, uručenje, predaja; raspodjela, dostava (pošte); predavanje, izgovor, izražavanje, način govora, slog, stil; *sport* udarac, hitac (lopte); *tech* učinak (pumpe), protok; **a telling ~** snažan govor; *com* **~ ahead, ~ forward** terminska isporuka; **place of ~** mjesto isporuke; **against ~** uz izručenje; **on ~** prilikom isporuke, dobave; **to take ~** preuzeti; **bill of ~** dostavnica; **the first ~** prva dostava (pošte)

delivery-cartage [di'livəri,ka:tidʒ] *s* podvoz, dovoz, dostava

delivery-charges [di'livəri,tʃa:dʒiz] *s pl com* troškovi dostave

delivery-fee [di'livəri'fi:] *s* pristojba, taksa (poštanskog pouzeća)

delivery man [di'livəri'mæn] *s US* dostavljač

delivery-note [di'livəri'nəut] *s com* dostavnica; tovarni list

delivery-order [di'livəri,ɔ:də] *s com* predajni nalog; nalog za izručenje

delivery-pipe [di'livəri'paip] *s tech* pritisni cijevni vod

delivery-point [di'livəri'pɔint] *s com US* mjesto isporuke, prijemna stanica

delivery-van [di'livəri'væn] *s* kamionet

dell [del] *s* mala, obično šumovita dolina

delouse [,di:'lauz] *vt* očistiti od uši

delphinium [del'finiəm] *s bot* grančica, kokotić, modrica, dragoljić (*Delphinium*)

delta ['deltə] *s* delta (četvrto slovo grčkog alfabeta: Δ δ); delta (vrsta riječnog ušća)

delta-ray ['deltə'rei] *s* delta-zraka

delta-wing ['deltə'wiŋ] *s* delta-krilo

deltoid ['deltɔid] *adj* trokutast, deltoidan

deltoid ['deltɔid] *s anat* deltoid, deltoidni mišić

delude [di'lu:d] *vt* prevariti, zavaravati, opsjeniti; zavesti | **to ~ oneself** zavaravati se

deluder [di'lu:də] *s* varalica, sljepar

deluge ['delju:dʒ] *s* poplava, povodanj; potop; *fig* poplava | **the Deluge** opći potop, diluvij

deluge ['delju:dʒ] *vt* poplaviti; potopiti | **to be ~d** (*with*) biti zasut, obasut, preplavljen (čime)

delusion [di'lu:ʒən] *s* obmana, privid, priviđenje; iluzija; tlapnja, halucinacija | **under a ~** u zabludi, zaluđenosti; **a snare & a ~** zamka i varka; **to suffer from ~s** patiti od iluzija ili zabluda

delusive [di'lu:siv] *adj* (**~ly** *adv*) prijevaran, varljiv, varav, lažan, prividan

delusiveness [di'lu:sivnis] *s* varljivost, varavost, lažnost, prividnost, obmana

delusory [di'lu:səri] *adj* → **delusive**

de luxe [də'luks] *adj* luksuzan

delve [delv] *vt/i arch poet & dial* **I.** *vt* kopati, iskopavati, prekapati **II.** *vi* kopati, zakopati se; *fig* prekapati (po spisima, knjigama), istraživati

demagnetization [di:,mægnitai'zeiʃn] *s* demagnetiziranje

demagnetize [,di:'mægnitaiz] *vt* demagnetizirati

demagogic [,demə'gɔgik] *adj* demagoški

demagogism ['deməgɔgizəm] *s* demagogija

demagogue ['deməgɔg] *s* demagog

demagogy ['deməgɔgi] *s* demagogija

demand [di'ma:nd] *s* traženje, zahtjev; *com* potražnja; potreba; zahtijevanje; tražbina; pitanje, upit, molba; *jur* pravni zahtjev, pravo, potraživanje | *com* **payable on ~** plativo na zahtjev; **laws of supply & ~** zakoni ponude i potražnje; **in ~** u potražnji; **in great ~** mnogo tražen; **~ for payment** platežni zahtjev, opomena; **to make great ~s** stavljati velike zahtjeve; **articles of ~** roba koja se traži, koja se dobro prodaje, kurentna roba; **~ deposit** depozit (ulog) bez otkaza

demand [di'ma:nd] *vt* tražiti, zahtijevati; potraživati; trebati; pitati, moliti, iskati | **to ~ one's business** htjeti znati što tko želi, zanimati se kojim je poslom došao

demandable [di'ma:ndəbl] *adj* koji se može tražiti, utjerati, dospio, plativ

demandant [di'ma:ndənt] *adj* tražilac, potraživalac, molitelj; *jur* tužitelj

demand-bill [di'ma:nd'bil] *s* → **demand-draft**

demand-draft [di'ma:nd'dra:ft] *s* mjenica po vidu, na predočenje

demander [di'ma:ndə] *s* pitalac; kupac, mušterija, interesent; vjerovnik; molitelj, podnosilac molbe; predlagač
demanding [di'ma:ndiŋ] *adj* težak, koji postavlja velike zahtjeve, koji ima velike zahtjeve
demarcate ['di:ma:keit] *vt* obilježiti granice, razgraničiti, ograničiti, omeđiti
demarcation [ˌdi:ma:'keiʃn] *s* razgraničenje; granica, međa; razlikovanje | **line of** ~ granična, demarkaciona linija
démarche ['deima:ʃ] *s Fr* demarš
dematerialize [ˌdi:mə'tiəriəlaiz] *vt/i* dematerijalizirati (se)
demean [di'mi:n] *v refl* | **to** ~ **oneself** ponijeti se, vladati se, ponašati se, držati se
demean [di'mi:n] *vt* poniziti | **to** ~ **oneself** poniziti se
demeanour (demeanor) [di'mi:nə] *s* vladanje, ponašanje, držanje, nastup
demented [di'mentid] *adj* (~**ly** *adv*) lud, dementan
démenti ['deimã:nti] *s Fr* opovrgavanje, poricanje, demanti
dementia [di'menʃiə] *s med* demencija, ludilo
demerit [di:'merit] *s* krivnja, krivica, greška, grijeh; nedostatak, mana; *US* negativna ocjena
demersal [di'mə:səl] *adj* koji se drži dna (ribe)
demesne [di'mein] *s* očevina, baština, nasljedstvo; zemljišni posjed, (slobodno) imanje, svojina; *fig* područje, polje, domena | **hold in** ~ posjedovati (slobodno) imanje; **Royal** ~ krunsko dobro; **State** ~ državno dobro
demigod ['demigɔd] *s* polubog
demijohn ['demidʒɔn] *s* demižon
demilitarize [ˌdi:'militəraiz] *vt* demilitarizirati, razvojačiti
demilune ['demilu:n] *s mil* utvrđenje, šanac, opkop, rov u obliku polumjeseca, ravelin
demimondaine ['demimɔn'dein] *s Fr* demimondenka
demi-monde [ˌdemi'mɔ̃:nd] *s Fr* polusvijet; žene iz polusvijeta, demimondenka
demi-rep ['demirep] *s coll* žena iz polusvijeta, žena sumnjiva morala
demisable [di'maizəbl] *adj jur* (o zemljištu) koje se može dati u zakup; iznajmljiv
demise [di'maiz] *s* smrt; ispražnjenje (engleskog) prijestolja; *jur* prijenos (zemljišta) zakupom ili oporukom | ~ **of the crown** prijenos krune (smrću vladara ili abdikacijom) na koga
demise [di'maiz] *vt jur* prenijeti, namrijeti, oporučno ostaviti; dati u zakup | **to** ~ **the crown** abdicirati, odreći se krune (u čiju korist); **to** ~ **by will** oporučno ostaviti
demi-semiquaver ['demisemiˌkweivə] *s mus* tridesetdruginka
demission [di'miʃn] *s* ostavka, demisija
demit [di'mit] *vt/i* dati ostavku, napustiti službu, položiti čast
demitasse ['demitæs] *s* mala šalica crne kave ili za crnu kavu, fildžan
demiurge ['di:miə:dʒ] *s phil* stvoritelj svijeta, demijurg
demiurgic [ˌdi:mi'ə:dʒik] *adj phil* stvoriteljski
demivolt ['demivɔlt] *s* poluokret (kod jahanja)
demiworld ['demiwə:ld] *s* polusvijet
demob [ˌdi:'mɔb] *vt GB coll* → **demobilize**
demobilization ['diˌməubilai'zeiʃn] *s* demobilizacija
demobilize [di:'məubilaiz] *vt* demobilizirati
democracy [di'mɔkrəsi] *s* demokracija
democrat ['deməkræt] *s* demokrat; *US* član Demokratske stranke
democratic [ˌdemə'krætik] *adj* (~**ally** *adv*) demokratski
democratism [di'mɔkrətizəm] *s* demokratstvo
democratization [diˌmɔkrətai'zeiʃn] *s* demokratizacija
democratize [di'mɔkrətaiz] *vt/i* **I.** *vt* demokratizirati, učiniti demokratskim **II.** *vi* demokratizirati se
demography [di:'mɔgrəfi] *s* demografija
demoiselle [ˌdemwa'zel] *s Fr* gospođica; djevojka; *ornith* numidski ždral, ruski ždral (*Anthropoides virgo*); *ent* vodeni konjic, vretence
demolish [di'mɔliʃ] *vt* uništiti, razoriti; rušiti, razvaliti; demolirati; *coll* pojesti, požderati
demolition [ˌdemə'liʃn] *s* uništenje; razaranje; obaranje, rušenje; demoliranje
demon (daemon) ['di:mən] *s* demon; đavo, zloduh | **he is a** ~ **for work** radi neumorno
demonetization [di:ˌmʌnitai'zeiʃn] *s* demonetizacija
demonetize [ˌdi:'mʌnitaiz] *vt* demonetizirati
demoniac [di'məuniæk] *adj* demonski, đavolski, đavolji; bjesomučan; opsjednut
demoniac [di'məuniæk] *s* opsjednut čovjek
demoniacal [ˌdi:mə'naiəkl] *adj* (~**ly** *adv*) demonski; đavolski, đavolji; okrutan, bjesomučan; opsjednut
demonic (daemonic) [di:'mɔnik] *adj* demonski; đavolji; bjesomučan; opsjednut; obuzet, nadahnut natčovječnim silama; neubrojiv
demonism ['di:mənizəm] *s* demonizam
demonize ['di:mənaiz] *vt* demonizirati, učiniti demonom; prikazati kao demona
demonolatry [ˌdi:mə'nɔlətri] *s* obožavanje demona
demonology [ˌdi:mə'nɔlədʒi] *s* demonologija

demonstrability [ˌdemənstrəˈbiləti] *s* dokažljivost, pokažljivost
demonstrable [ˈdemənstrəbl] *adj* (**demonstrably** *adv*) dokažljiv, pokažljiv, vidljiv
demonstrant [diˈmɔnstrənt] *s* demonstrant; demonstrator
demonstrate [ˈdemənstreit] *vt/i* **I.** *vt* pokazati, dokazati; prikazati, razjasniti; demonstrirati; jasno pokazivati (osjećaje) **II.** *vi* demonstrirati; *mil* nanositi demonstrativni udar, vršiti demonstrativni napad
demonstration [ˌdemənsˈtreiʃn] *s* pokazivanje; prikazivanje; dokazivanje, dokaz; razlaganje; demonstracija; *mil* demonstracija, demonstrativni udar ili napad
demonstrative [diˈmɔnstrətiv] *adj* (**~ly** *adv*) dokazan, pokazan; *gram* demonstrativan; očevidan, uvjerljiv, jasan; izrazit; otvoren, prostodušan, iskren | **to be ~ of** nešto pokazivati, dokazivati
demonstrative [diˈmɔnstrətiv] *s* *gram* pokazna riječ
demonstrativeness [diˈmɔnstrətivnis] *s* izrazitost, očevidnost, demonstrativnost; sklonost k jakom pokazivanju svojih osjećaja
demonstrator [ˈdemənstreitə] *s* demonstrator; demonstrant; kažiprst; *med* prosektor
demoralization [diˌmɔrəlaiˈzeiʃn] *s* pokvarenost, razvratnost, izopačenost; malodušnost; demoralizacija
demoralize [diˈmɔrəlaiz] *vt* pokvariti, izopačiti; rastrovati; obeshrabriti, ubiti volju; demoralizirati
demote [ˌdiːˈməut] *vt* *US* vratiti u niži razred (učenika), na niži čin (vojnika i dr.), degradirati
demotic [diːˈmɔtik] *adj* narodni, pučki, obični; *archaeol* demotski
demount [diːˈmaunt] *vt* demontirati
demulcent [diˈmʌlsənt] *adj* (*esp med*) koji ublažuje, umiruje, utažuje, smekšava, stišava (boli, rane)
demulcent [diˈmʌlsənt] *s* *med* sredstvo za ublaživanje, lijek koji umiruje
demur [diˈməː] *s* oklijevanje, skanjivanje, neodlučnost, kolebanje; odgoda, odgađanje; sumnja; prigovor | **without ~, no ~** bez prigovora; **to make ~ to** odbijati, sumnjati (u); braniti se (od)
demur [diˈməː] *vi* otezati; odgađati, odlagati; skanjivati se, oklijevati, premišljati, prigovoriti, dvoumiti; protiviti se, braniti se (protiv čega); sumnjati; *jur* staviti utok | **to ~ at** protiviti se čemu
demure [diˈmjuə] *adj* (**~ly** *adv*) skroman, (prividno) čedan, stidljiv; smjeran; ozbiljan, trijezan; otmjen, dostojanstven; sladunjavo izvještačen, koji se prenemaže
demureness [diˈmjuənis] *s* ozbiljnost; (prividna) čednost, stidljivost; prenemaganje
demurrable [diˈmʌrəbl] *adj* koji se može pobiti, čemu se može prigovoriti
demurrage [diˈmʌridʒ] *s* *com* & *mar* danguba, dangubovina, zakasnina; *rly* ležarina, penali | **to be on ~** prekoračiti stojnice; **days of ~** prekostojnice; **to pay ~** platiti dangubu, ležarinu
demurrer [diˈməːrə] *s* okljevač, oklijevalo
demurrer [diˈmʌrə] *s* *jur* priziv
demy [diˈmai] *s* *com* format papira; stipendist (Magdalen Collegea, Oxford)
demyship [diˈmaiʃip] *s* stipendija (Magdalen Collegea, Oxford)
den [den] *s* duplje, jama, jazbina; spilja, brlog; skrovište; *coll* jazbina; soba za rad, odmor i sl. | *US* **~ of thieves** razbojnička spilja, hajdučko gnijezdo
den [den] *vi* živjeti u spilji, brlogu, jazbini
den up [ˈdenˈʌp] *vi* *US* *coll* povući se u brlog (na zimski san)
denarius [diˈnɛəriəs] *s* (*pl* **denarii** [dinˌɛəriai]) desetak, denar, stari rimski srebrni novac
denary [ˈdiːnəri] *adj* desetičan, decimalan
denationalization [ˈdiːˌnæʃnəlaiˈzeiʃn] *s* odnarođenje, lišavanje narodnosti; denacionalizacija
denationalize [ˌdiːˈnæʃnəlaiz] *vt* odnaroditi, lišiti narodnosti; denacionalizirati
denaturalization [ˈdiːˌnætʃrəlaiˈzeiʃn] *s* denaturalizacija; oduzimanje državljanstva
denaturalize [diːˈnætʃrəlaiz] *vt* denaturalizirati, lišiti državljanstva | **to ~ oneself** odreći se državljanstva
denaturant [diˈnætʃərənt] *s* sredstvo za denaturiranje
denature [diːˈneitʃə] *vt* promijeniti narav; *chem* denaturirati
denazify [diːˈnaːtsifai] *vt* denacificirati
dendriform [ˈdendrifɔːm] *adj* stablolik, stablast; granat, razgranat
dendrite [ˈdendrait] *s* *anat* & *minr* dendrit
dendrolite [ˈdendrəlait] *s* *scient* dendrolit
dendrology [denˈdrɔlədʒi] *s* *scient* dendrologija
dendrometer [denˈdrɔmitə] *s* dendrometar, drvomjer
dene[1] [diːn] *s* goli pješčani predjel ili brežuljak uz more, prud
dene[2] [diːn] *s* dolina
denegation [ˌdiːniˈgeiʃn] *s* *arch* nijekanje, odbijanje, poricanje
dene-hole [ˈdiːnhəul] *s* *archaeol* umjetna iskopina u kredi, laporu (u koju se ulazi kroz okomit rov dubok oko 60 stopa)
dengue [ˈdeŋgi] *s* *med* denga
deniable [diˈnaiəbl] *adj* koji se može zanijekati, poreći, porecljiv
denial [diˈnaiəl] *s* nijekanje, poricanje, odricanje; uskraćenje, uskrata, odbijanje;

fam košarica | **self-~** samoodricanje; **to meet charge with flat ~** odlučno odbiti optužbu; **to give a ~ to a th** nešto zanijekati, poreći; suprotstaviti se čemu; **to make no ~** ne dopuštati prigovora
denicotinize [ˌdiːˈnikətinaiz] *vt* denikotizirati
denier [diˈnaiə] *s* nijekalac, poricatelj, odricatelj, osporavač
denier [diˈniə] *s arch* stari francuski sitni novčić, filir
denigrate [ˈdenigreit] *vt* crniti, pocrniti; *fig* ocrniti
denigration [ˌdeniˈgreiʃn] *s* ocrnjenje
denitrify [diːˈnaitrəfai] *vt* denitrificirati
denizen [ˈdenizn] *s* naturalizirani građanin; udomaćena strana riječ, životinja, biljka; građanin, stanovnik, žitelj
denizen [ˈdenizn] *vt* odomaćiti; primiti za građanina, dati pravo građanstva, naturalizirati; napučiti
denominate [diˈnɔmineit] *vt* nazvati, prozvati, imenovati; opisati
denomination [diˌnɔmiˈneiʃn] *s* naziv, ime, oznaka; nazivnik; denominacija; klasa; sekta; vjera | **money of small ~s** novac malih denominacija; **in the ~ of** u komadima od; **issued in ~s of $10** izdano u novčanicama od $10
denominational [diˌnɔmiˈneiʃənl] *adj* (**~ly** *adv*) koji pripada nekoj sljedbi, sekti | **~ education** odgoj u duhu neke crkve ili sekte; **~ school** konfesionalna škola
denominative [diˈnɔminətiv] *adj* (**~ly** *adv*) nazivan, nazivajući; imenovan, nazvan, označen, određen; *gram* denominativan, izveden od imenice
denominator [diˈnɔmineitə] *s* nazivalac; *math* nazivnik | *math* **common ~** zajednički nazivnik
denotation [ˌdiːnəuˈteiʃn] *s* značenje; označivanje, oznaka; zanimanje; *log* opseg pojma
denotative [diˈnəutətiv] *adj* (**~ly** *adv*) pokazni, koji označuje | **to be ~ of** označivati, nagovještati
denote [diˈnəut] *vt* označivati, obilježiti; značiti; pokazati
denotement [diˈnəutmənt] *s* oznaka, označenje, obilježje, znak
dénouement [deiˈnuːmãːŋ] *s Fr fig* rasplet, ishod, razvoj, rješenje
denounce [diˈnauns] *vt* objaviti, oglasiti, obznaniti; izjaviti, navijestiti, najaviti; prijaviti; potkazati, denuncirati; odati; zaprijetiti; javno prekoriti ili optužiti, žigosati; otkazati
denouncement [diˈnaunsmənt] *s* izjava, obznana, navještenje, oglašenje; prijava; optužba; potkazivanje, denuncijacija; javna optužba, žigosanje; otkaz
dense [dens] *adj* (**~ly** *adv*) gust; glup; *phot* optički gust (negativ)
denseness [ˈdensnis] *s* gustoća
densitometer [densiˈtɔmitə] *s* denzitometar
density [ˈdensiti] *s* gustoća; *fig* tupost, ograničenost
dent [dent] *s* udubina, ulubina (od udarca tupim predmetom); *tech* zubac; *arch* rez, urez, zarez
dent [dent] *vt* uleknuti, ulubiti
dental [ˈdentl] *adj* zubni, dentalan; zubarski | **~ hospital** zubna klinika; **~ surgeon** zubni liječnik, zubar; *gram* **~ consonant** zubni suglasnik
dental [ˈdentl] *s gram* zubni suglasnik, dental
dental hygienist [ˈdentl haiˈdʒiːnist] *s US* zubarev asistent
dentalium [denˈteiliəm] *s* (*pl* **dentalia** [denˈteiliə]) *zool* zubak (mekušac iz roda *Dentalium*)
dentalize [ˈdentəlaiz] *vt gram* dentalizirati, izgovarati dentalno, učiniti suglasnik dentalnim
dentate [ˈdenteit] *adj* (**~ly** *adv*) *bot* & *zool* zupčast, nazupčan, izrezuckan
dentated [ˈdenteitid] *adj* → **dentate**
dentation [denˈteiʃn] *s bot* & *zool* nazupčanost
dentex [ˈdentəks] *s ichth* zubatac (*Dentex vulgaris*)
denticle [ˈdentikl] *s* zubić, zupčić, zubac
denticular [denˈtikjulə] *adj* u obliku zupčića
denticulate [denˈtikjuleit] *adj bot* zupčast, nazupčan, zupčasto nareskan, izrezuckan
denticulation [ˌdentikjuˈleiʃn] *s* nazupčanost; zupčanje; izrezuckanost
dentiform [ˈdentifɔːm] *adj* zubolik, u obliku zuba
dentifrice [ˈdentifris] *s* sredstvo za njegu zubi
dentil [ˈdentil] *s archit* zubac
dentilingual [ˌdentiˈliŋgwəl] *adj gram* koji se tvori zubima i jezikom
dentin(e) [ˈdentiːn] *s scient* dentin
dentist [ˈdentist] *s* zubar
dentistry [ˈdentistri] *s* zubarstvo
dentition [denˈtiʃn] *s* rastenje, dobivanje zuba, izbijanje, nicanje zuba, denticija; *anat* & *zool* sistem razmještaja zuba
denture [ˈdentʃə] *s* zubalo; umjetno zubalo
denuclearize [ˌdiːˈnjuːkliəraiz] *vt* proglasiti bezatomskim područjem
denudation [ˌdiːnjuˈdeiʃn] *s* ogoljenje; lišenje
denude [diˈnjuːd] *vt* ogoliti; razgaliti; otkriti; lišiti
denunciate [diˈnʌnsieit] *vt* tužiti; denuncirati, potkazati; žigosati, javno optužiti
denunciation [diˌnʌnsiˈeiʃn] *s* navještenje, objava, obznana; prijetnja; pogrda; tužba; prijava; potkazivanje, denuncijacija
denuciative [diˈnʌnsiətiv] *adj* (**~ly** *adv*) koji prijeti, optužuje, grdi
denunciator [diˈnʌnsieitə] *s* prijavitelj, tužitelj; potkazivač, denuncijant

denunciatory [di'nʌnsiətəri] *adj* koji prijeti, optužuje; potkazuje, denuncira, denuncijantski
deny [di'nai] *vt* 1. poreći, nijekati, zanijekati, ne priznati, demantirati; 2. uskratiti, odbiti; braniti (komu što) 3. odreći; zatajiti | **to ~ oneself** odricati se; **he denied himself (to visitors)** otpravio je posjetioce (lažnom porukom da nije kod kuće); **to ~ one's word** opozvati, poreći svoju riječ; **I have been denied this pleasure** to mi je zadovoljstvo bilo uskraćeno
deodand ['diəudænd] *s hist jur* deodandum, stvar koju treba dati kralju na upotrebu u dobrotvorne svrhe, jer je uzrokovala nečiju smrt
deodar ['diədaː] *s bot* himalajski cedar (*Cedrus deodara*)
deodorant [diː'əudərənt] *adj* koji oduzima miris
deodorant [diː'əudərənt] *s* dezodorans
deodorization [diːˌəudərai'zeiʃn] *s* oduzimanje mirisa; raskuživanje
deodorize [diː'əudəraiz] *vt* lišiti mirisa, dezodorirati
deodorizer [diː'əudəraizə] *s* dezodorans
deontology [ˌdiːɔn'tɔlədʒi] *s scient* deontologija
deoxidize [diː'ɔksidaiz] *vt chem* dezoksidirati, reducirati
depart [di'paːt] *vi/t* **I.** *vi* 1. otići, polaziti, otputovati; otploviti 2. rastati se; odvojiti se 3. odstupiti, odustati; uzmaknuti; okaniti se 4. umrijeti **II.** *vt* ostaviti, napustiti | *poet* **to ~ this life, to ~ from life** umrijeti, preminuti; **to ~ from God** odreći se Boga, bezbožno živjeti; **to ~ from received custom** odstupiti od ustaljenih običaja; **to ~ from one's plan** promijeniti, napustiti plan; **to ~ from one's word** ne održati riječ
departed [di'paːtid] *adj* prošao; pokojni | **~ glory** nekadašnja slava
departed [di'paːtid] *s* pokojnik | **the ~** pokojnik; pokojnici
department [di'paːtmənt] *s* 1. odjel, odsjek 2. okružje, okrug, kotar, područje 3. grana, ogranak; struka 4. *US* ministarstvo | *US* **Department of State** ministarstvo vanjskih poslova
departmental [ˌdiːpaːt'mentl] *adj* (**~ly** *adv*) odjelni; područni, okružni; *US* ministarski
department store [di'paːtmənt'stɔː] *s US* robna kuća
departure [di'paːtʃə] *s* odlazak, polazak; odvajanje, udaljavanje, odstupanje; *poet* smrt | **~ platform** peron s kojega polazi vlak; **new ~** novi smjer; nova era; **to take one's ~** otputovati, oprostiti se; **point of ~** ishodište, polazna točka
depasture [diː'paːstʃə] *vt/i* **I.** *vt arch* popasti, obrstiti; izvesti na pašu, pasti, napasati (stoku) **II.** *vi* pasti; napasti se (trave)
depend [di'pend] *vi* zavisiti, ovisiti; *poet & arch* visiti; biti potreban; biti uvjetovan; stajati do; oslanjati se, osloniti se, biti siguran da, uzdati se; *gram* zavisiti | **that ~s** prema prilikama, prema tome; **~ upon it!** možeš biti siguran u to, na to se možeš osloniti!
dependable [di'pendəbl] *adj* (**dependably** *adv*) pouzdan
dependant (dependent) [di'pendənt] *s* ovisan čovjek, član obitelji; podanik; sluga, vazal; potčinjenik
dependence [di'pendəns] *s* zavisnost, ovisnost; potčinjenost; oslanjanje, pouzdavanje | *jur* **in ~** in suspenso
dependency [di'pendənsi] *s* zavisna zemlja, kolonija; zavisnost, veza; pouzdanje
dependent [di'pendənt] *adj* zavisan, ovisan (*on* o); podređen, potčinjen; viseći; uvjetovan; upućen (na koga, što) | *gram* **~ clause** zavisna rečenica; *math* **~ variable** zavisna varijabla
dephosphorize [diː'fɔsfəraiz] *vt* osloboditi (rudu) od fosfora, defosforizirati
depict [di'pikt] *vt* slikati, crtati, naslikati; prikazati; opisati, zorno, slikovito prikazati
depiction [di'pikʃən] *s* opis, opisivanje; ocrtavanje; prikaz; slika
depictor [di'piktə] *s* opisivač, prikazivač
depicture [di'piktʃə] *vt* slikati, naslikati; prikazati, opisati; zamisliti | **to ~ to oneself** sebi predočiti
depigmentation ['diːpigmən'teiʃn] *s* depigmentacija
depilate ['depileit] *vt* odstraniti dlake, depilirati
depilation [ˌdepi'leiʃn] *s* uklanjanje dlaka, depilacija
depilator ['depileitə] *s* depilator
depilatory [di'pilətəri] *adj* koji odstranjuje dlake
depilatory [di'pilətəri] *s* depilator
deplane [diː'plein] *vi aero* izaći iz aviona
deplete [di'pliːt] *vt* isprazniti; iscrpsti | **to ~ a lake of fish** iscrpsti svu ribu iz nekog jezera
depletion [di'pliːʃn] *s* ispražnjenje; iscrpljenje
deplorable [di'plɔːrəbl] *adj* (**deplorably** *adv*) bijedan, žalostan, jadan, za žaljenje
deplore [di'plɔː] *vt* žaliti, sažaljevati; ne odobravati
deploy [di'plɔi] *s mil* razvijanje, pregrupiranje, prestrojavanje u borbeni poredak
deploy [di'plɔi] *vt/i mil* **I.** *vt* razviti, predislocirati, pregrupirati **II.** *vi* razviti se, predislocirati se, pregrupirati se
deployment [di'plɔimənt] *s mil* → **deploy** *s*
deplume [di'pluːm] *vt* perušati, operušati, čupati (perad); *fig* lišiti (čega)

depolarization [ˈdiːˌpəuləraiˈzeiʃn] *s phys* depolarizacija
depolarize [ˌdiːˈpəuləraiz] *vt scient* depolarizirati
depolarizer [ˌdiːˈpəuləraizə] *s el* depolarizator
depoliticize [ˌdiːpəˈlitisaiz] *vt* depolitizirati
depone [diˈpəun] *vt arch* svjedočiti pod prisegom
deponent [diˈpəunənt] *adj gram* koji ima pasivni oblik s aktivnim značenjem | ~ **verb** verbum deponens
deponent [diˈpəunənt] *s jur* zaprisegnuti svjedok; *gram* verbum deponens
depopulate [ˌdiːˈpɔpjuleit] *vt/i* **I.** *vt* raseliti, ukloniti; uništiti stanovništvo; opustošiti, poharati **II.** *vi* opustjeti, ostati bez stanovništva
depopulation [ˈdiːˌpɔpjuˈleiʃn] *s* opustjelost, opustošenje; opadanje, gubitak; raseljenje stanovništva, depopulacija
deport [diˈpɔːt] *vt* prognati, protjerati, deportirati | **to ~ oneself** ponašati se, vladati se, ponijeti se
deportation [ˌdiːpɔːˈteiʃn] *s* protjerivanje, progonstvo, deportacija
deportee [ˌdiːpɔːˈtiː] *s* prognanik, deportirana osoba, deportirac
deportment [diˈpɔːtmənt] *s* vladanje, ponašanje, držanje, stav
deposable [diˈpəuzəbl] *adj* kojeg se može svrgnuti, ukloniti s položaja
deposal [diˈpəuzl] *s* svrgnuće, uklanjanje s položaja, oduzimanje časti, službe
depose [diˈpəuz] *vt/i* **I.** *vt* svrgnuti, skinuti, zbaciti, ukloniti; *jur* svjedočiti, izjaviti (pod zakletvom), iskazati **II.** *vi* svjedočiti (pod zakletvom)
deposit [diˈpɔzit] *s* polaganje; zalog; polog; kapara; čuvanje; pohrana; *geol* taloženje, naslaga; *chem* talog; *com* depozit, depo | *com* **on ~** kao polog; **to have a current & ~ account** imati tekući i depozitni račun; **to pay a ~** uplatiti; **to place on ~** deponirati; **savings ~** štedni ulog
deposit [diˈpɔzit] *vt/i* **I.** *vt* 1. *com* položiti, pohraniti; uložiti; uplatiti, deponirati 2. snesti (jaje) 3. taložiti; naplaviti **II.** *vi* sleći se, staložiti se | *com* **to ~ as security** dati kao polog
deposition [ˌdepəˈziʃn] *s* 1. svrgnuće; uklanjanje iz službe 2. *jur* iskaz, svjedočanstvo (pod zakletvom) 3. *com* polog; davanje u pohranu, na čuvanje 4. *geol* talog, taloženje; naslaga 5. *eccl* skidanje s križa
depositor [diˈpɔzitə] *s com* deponent, ulagatelj
depository [diˈpɔzitəri] *s com* spremište, mjesto pohrane, skladište, stovarište, depo
deposit-rate [diˈpɔzitˈreit] *s com* kamatna stopa na ulog, uloženi novac
deposit-receipt [diˈpɔzitriˈsiːt] *s com* priznanica za uplatu na depozitni račun
deposit-slip [diˈpɔzitˈslip] *s* priznanica o uplati, pologu
depot [ˈdepəu] *s* skladište, stovarište, spremište, depo; *mil* skladište, baza, depo, *GB* centar za formiranje i obuku jedinica; *US* [ˈdiːpəu] **željeznička ili autobusna** stanica
depravation [ˌdeprəˈveiʃn] *s* pokvarenost, izopačenost, kvarenje
deprave [diˈpreiv] *vt* kvariti, pokvariti, iskvariti, izopačiti
depraved [diˈpreivd] *adj* pokvaren, zao, opak, izopačen
depravity [diˈprævəti] *s* pokvarenost, izopačenost, opakost, poročnost
deprecate [ˈdeprikeit] *vt arch* moliti da se nešto ne dogodi; ne odobravati, osuđivati, kuditi | **to ~ one's anger** zaklinjati koga da se ne ljuti
deprecating [ˈdeprikeitiŋ] *adj* (**~ly** *adv*) koji umanjuje, ublažuje; preklinjući, usrdan, smjeran
deprecation [ˌdepriˈkeiʃn] *s* molba, zaklinjanje da se odvrati zlo; osuđivanje; žaljenje
deprecative [ˈdeprikətiv] *adj* osuđujući, prijekoran; koji preklinje, zaklinje; apologetičan, obramben
deprecatory [ˈdeprikətəri] *adj* koji zaklinje, preklinje; koji negoduje; osuđujući; apologetičan
depreciate [diˈpriːʃieit] *vt/i* **I.** *vt* potcjenjivati, obescjenjivati; oboriti, sniziti cijenu, smanjiti vrijednost, obescijeniti **II.** *vi* pasti (u vrijednosti, cijeni, tečaju)
depreciating [diˈpriːʃieitiŋ] *adj* (**~ly** *adv*) obescjenjujući, potcjenjujući, preziran
depreciation [diˌpriːʃiˈeiʃn] *s* pad vrijednosti, obaranje cijena; obezvređenje, deprecijacija; obescjenjivanje; potcjenjivanje, prezir
depreciatory [diˈpriːʃjətəri] *adj* potcjenjujući, preziran
depredation [ˌdipriˈdeiʃn] *s* pljačka, pljačkanje, haranje
depredator [ˈdeprideitə] *s* pljačkaš
depress [diˈpres] *vt* pritisnuti, pritiskivati, tlačiti, potlačiti; spustiti, sniziti, oboriti, obaliti; poniziti, potcijeniti; utući, potištiti, pokunjiti, deprimirati
depressant [diˈpresənt] *adj med* ublažujući, stišavajući, umanjujući, umirujući, sedativan
depressed [diˈprest] *adj* (**~ly** *adv*) potišten, utučen, klonuo, pokunjen, očajan; obaljen, oboren; *com* mlitav, labav, slab; koji se slabo traži; *bot* plosnato udubljen
depressible [diˈpresibl] *adj* koji pritiskuje, potištava
depression [diˈpreʃn] *s* 1. pritiskivanje, tištenje, tlačenje 2. ulegnuće, udubina, u-

leknina, potonuće 3. padanje, spuštanje (barometra) 4. poniženje; potištenost, klonulost, pokunjenost, snuždenost 5. mrtvilo, mlitavost, iscrpljenost, slabost; depresija

depressor [di'presə] *s* tlačilac; *anat* depresor

deprival [di'praivl] *s* lišenje, oduzimanje; uskraćivanje

deprivation [ˌdepri'veiʃn] *s* lišavanje, oduzimanje; uskraćivanje; oskudica, nestašica; svrgnuće; gubitak, žrtva

deprive [di'praiv] *vt* lišiti, oduzeti; uskratiti; skinuti, svrgnuti; *arch* dokončati

depside ['depsaid] *s chem* depsid

depth [depθ] *s fig* dubina; oštroumnost; pozadina; bezdan; *poet* more; krajnost | **cry from the ~s** krik iz dna duše, srca; **in the ~ of winter** usred zime; **to go (to get) out of one's ~** biti u predubokoj vodi da bi mogao stajati; *fig* (raditi posao) koji nadilazi čije sposobnosti

depth-bomb ['depθbɔm] *s mar* dubinska bomba

depth-charge ['depθtʃaːdʒ] *s mar* dubinska bomba

depurate ['depjuəreit] *vt/i chem & med* **I.** *vt* čistiti, očistiti, pročistiti **II.** *vi* očistiti se

depuration [ˌdepjuə'reiʃn] *s med & chem* čišćenje, očišćenje

deputation [ˌdepju'teiʃn] *s* izaslanstvo, odaslanstvo; odbor; ovlaštenje; deputacija

depute [di'pjuːt] *vt* odaslati, izaslati; ovlastiti; odrediti; povjeriti; deputirati

deputize ['depjutaiz] *vt/i* **I.** *vt* imenovati za zamjenika, zastupnika; opunomoćiti | *US* → **depute II.** *vi* zamjenjivati, zastupati

deputy ['depjuti] *s* izaslanik, narodni zastupnik, poslanik; predstavnik; zamjenik; ovlaštenik | **by ~** u zamjeni; **Chamber of Deputies** narodna skupština, sabor; **to do ~ for** zamijeniti; zastupati koga; **deputy chairman** potpredsjednik; **~ consul** vicekonzul

deracinate [di'ræsineit] *vt* iskorijeniti, istrijebiti

derail [di'reil] *vt/i* **I.** *vt* izbaciti (vlak) iz tračnica, uzrokovati da (vlak) iskoči iz kolosijeka **II.** *vi* iskliznuti iz tračnica, iskočiti iz kolosijeka

derailment [di'reilmənt] *s* iskakanje, iskliznuće iz tračnica

derange [di'reindʒ] *vt* pobrkati; smesti, zbuniti; zamrsiti, uskomešati, pomrsiti; smutiti, poremetiti (um); osujetiti

derangement [di'reindʒmənt] *s* poremećenost, nered; poremećenje uma, umobolnost

derbio ['dəːbiəu] *s ichth* lica modrulja (*Lichia glauca*)

Derby ['daːbi] *s* godišnje konjske utrke kod Epsoma; konjske utrke | **~ day** dan utrka kod Epsoma

derby ['dəːbi] *s US* polucilindar

derelict ['derilikt] *adj* napušten; zapušten; bez gospodara; *US* koji zanemaruje svoju dužnost, nemaran, nepažljiv

derelict ['derilikt] *s jur* napušteno vlasništvo, dobro bez gospodara; *mar* napušten brod, olupina (na pučini); *fig* propalica, izopćenik (iz društva)

dereliction [ˌderi'likʃən] *s* napuštanje, zapuštanje, zanemarivanje; propust; *jur* proširivanje posjeda (povlačenjem mora)

deride [di'raid] *vt* rugati se, podrugivati se komu, ismijavati koga, sprdati se s kim

derider [di'raidə] *s* podrugljivac

derision [di'riʒən] *s* ismijavanje, podrugivanje, sprdnja, ruganje; prezir, ruglo | **to be in ~** biti ismijavan; **to be the ~ of** biti kome na ruglo; **to bring into ~** izvrći ruglu; **to hold (have) in ~** rugati se, ismijavati se

derisive [di'raisiv] *adj* (**~ly** *adv*) podrugljiv, preziran, posprdan

derisory [di'raisəri] *adj* podrugljiv, preziran, posprdan

derivable [di'raivəbl] *adj* (**derivably** *adv*) izvediv

derivation [ˌderi'veiʃn] *s* izvođenje; odvođenje; skretanje; porijeklo; *gram* tvorba (riječi), derivacija; etimologija

derivative [di'rivətiv] *adj* (**~ly** *adv*) izveden, deriviran

derivative [di'rivətiv] *s* ono što je izvedeno; *chem* derivat; *gram* izvedena riječ, izvedenica; *math* diferencijalni koeficijent, derivacija

derive [di'raiv] *vt/i* **I.** *vt* izvoditi, izvesti; dovoditi; dobiti, izvući (korist i sl.) **II.** *vi* potjecati; proizlaziti; dolaziti

derm(a) ['dəːm(ə)] *s* → **dermis**

dermal ['dəːməl] *adj bot & anat* dermalan

dermapteran [də'mæptərən] *s zool* uholaža (red *Dermaptera*)

dermatitis [ˌdəːmə'taitis] *s med* dermatitis, upala kože

dermatology [ˌdəːmə'tɔlədʒi] *s med* dermatologija

dermic ['dəːmik] *adj* → **dermal**

dermis ['dəːmis] *s anat* derma, usmina

derogate ['derəgeit] *vt/i* **I.** *vt* oduzeti, zakinuti (*from*); okrnjiti, smanjiti; ograničiti djelovanje (zakona) **II.** *vi* biti na štetu (*from a person* komu), ići nauštrb (*from a thing* nekoj stvari); opadati, gubiti (*from*); izopačiti se; spustiti se na društvenoj ljestvici, izgubiti čin, naslov, izgubiti obraz | **to ~ from oneself** poniziti se, činiti što ne dolikuje

derogation [ˌderə'geiʃn] *s jur* (djelomično) ukidanje; ograničenje; dokinuće; šteta, uštrb; smanjenje, krnjenje (zakona, vlas-

ti, položaja, časti i dr.); pogoršanje; ponizivanje
derogatory [di'rɔgətəri] *adj* (**derogatorily** *adv*) ponizujući, preziran, potcjenjujući, nedoličan; koji krnji, koji (djelomice) ukida; štetan, škodljiv | **to be ~ to** škoditi, naškoditi
derrick ['derik] *s* dizalo, dizalica (s pokretnim krakom); *mar* vitao, gruj; bušaći toranj
derrick-crane ['derik'krein] *s* dizalo, dizalica (s pokretnim krakom); *mar* vitao, gruj
derring-do [ˌderiŋ'duː] *s* luda hrabrost, vratolomija | **deeds of ~** smjeli pothvati
derringer ['derindʒə] *s* vrsta kratkog pištolja velikog kalibra
derry ['deri] *s* balada
dervish ['dəːviʃ] *s* derviš
desalination [diːˌsæli'neiʃn] *s* desalinizacija
desalt [diː'sɔːlt] *vt* desalinizirati
descant ['deskænt] *s poet* pjesma, napjev; *hist mus* diskant, višeglasna glazba; varijacija neke teme
descant [dis'kænt] *vi* pjevati (temu u varijacijama); raspravljati, opširno pretresati | **~ upon the beauties of a p** naširoko hvaliti čiju ljepotu
descend [di'send] *vi/t* **I.** *vi* sići, silaziti, spuštati se; padati; potjecati od; navaliti, udariti, napasti, izvršiti prepad, provaliti, upasti; iskrcati se za napad; upustiti se; prijeći (po nasljedstvu) **II.** *vt* silaziti (po, niz) | **to ~ a hill** ići niz brdo
descendable [di'sendəbl] *adj* koji se može prenijeti nasljedstvom
descendant [di'sendənt] *s* potomak
descender [di'sendə] *s print* slovo koje se djelomično pruža ispod linije
descendible [di'sendibl] *adj* koji se može prenijeti nasljedstvom, baštiniti
descending [di'sendiŋ] *adj* koji se spušta, silazi, silazan | **~ letter** slovo koje se dijelom piše ispod linije
descent [di'sent] *s* 1. silazak, silaženje, spuštanje; pad, opadanje; nizbrdica, strmina, obronak, padina; nagnutost 2. porijeklo, rod, potomstvo, koljeno, pokoljenje 3. prepad, upad 4. prijenos nasljedstvom | *mar* **to make a ~** iskrcati se, izvršiti desant; *aero* spustiti se, aterirati
describable [di'skraibəbl] *adj* opisiv, koji se može opisati
describe [di'skraib] *vt* opisati, ocrtati, opisivati; deklarirati (u teretnici) | **to ~ as** predstaviti kao; **to ~ a circle** opisati krug
describer [di'skraibə] *s* opisivač
description [di'skripʃn] *s* opisivanje, opis; ocrtavanje; prikazivanje, prikaz; slika; vrsta; struka | **a tyrant of the worst ~** tiranin najgore vrste; **there was no food of any ~** nije bilo baš nikakve hrane; *com* **this ~ of stocks** ova vrsta vrijednosnih papira; **past all ~** upravo neopisiv; **to take the ~ of a person** uzeti čiji lični opis
descriptive [di'skriptiv] *adj* (**~ly** *adv*) koji opisuje, opisan, deskriptivan, koji zorno djeluje; mnogoznačajan, koji mnogo kazuje | **~ writer** pisac koji voli opisivati, ima dar za prikazivanje; **to be ~ of** opisivati; **~ list (catalogue)** opisni katalog
descry [di'skrai] *vt* razabrati, zapaziti, opaziti, otkriti, pronaći
desecrate ['desikreit] *vt* oskvrnuti, obeščastiti, profanirati
desecration [ˌdesi'kreiʃn] *s* oskvrnuće, obeščašćenje, profanacija
desecrator ['desikreitə] *s* oskvrnitelj, profanator
desegregate [diː'segrəgeit] *vt* ukinuti (rasnu) segregaciju (u školama i sl.)
desegregation [diːˌsegrə'geiʃn] *s* desegregacija
desensitization [diːˌsensitai'zeiʃn] *s* desenzibilizacija
desensitize [diː'sensitaiz] *vt* desenzibilizirati
desert ['dezət] *adj* pust, prazan, nenapučen; divlji, zapušten
desert ['dezət] *s* pustinja, pustoš
desert [di'zəːt] *vt/i* ostaviti; napustiti; dezertirati
desert [di'zəːt] *s* zasluga, vrijednost, nagrada; zaslužena kazna; valjanost | **he has got his ~s** dobio je što je zaslužio
deserted [di'zəːtid] *adj* pust, napušten
deserter [di'zəːtə] *s* dezerter
desertion [di'zəːʃn] *s* napuštanje, dezertiranje, bijeg; pustoš, opustjelost, napuštenost, zapuštenost
deserve [di'zəːv] *vt/i* **I.** *vt* zaslužiti, zavrijediti, biti dostojan čega **II.** *vi* biti zaslužan, pokazati se vrijednim
deservedly [di'zəːvidli] *adv* po zasluzi, pravedno, zasluženo
deserving [di'zəːviŋ] *adj* (**~ly** *adv*) zaslužan, vrijedan, dostojan
desiccant ['desikənt] *s* desikant, sredstvo za sušenje
desiccate ['desikeit] *vt* isušiti, osušiti, posušiti | **~d milk** mlijeko u prahu
desiccation [ˌdesi'keiʃn] *s* sušenje, isušenje
desiccative [de'sikətiv] *adj* koji suši
desiccator ['desikeitə] *s chem* eksikator
desiderate [di'zidəreit] *vt* željeti, žudjeti, čeznuti; imati potrebu, osjećati nestašicu (čega)
desideration [diˌzidə'reiʃn] *s* želja, čežnja, žudnja
desiderative [di'zidərətiv] *adj gram* željni, željan, koji izražava želju
desiderative [di'zidərətiv] *s gram* željni glagol ili oblik, deziderativ

desideratum [di,zidə'reitəm] *s* (*pl* **desiderata** [di,zidə'reitə]) željena stvar, želja, potreba, ono za čim se čezne, što se želi
design [di'zain] *s* 1. nacrt, crtež; skica 2. namjera, nakana, svrha; osnova, zamisao, plan; oblikovanje 3. uzorak, desen, šara (na tkanini); *tech* dizajn; konstrukcija | **to have ~s (on** ili **against)** imati zle namjere prema (kome ili čemu); **whether by accident or ~** slučajno ili namjerno; *com* **protection of ~s, copyright in ~s** zaštita nacrta, modela
design [di'zain] *vt/i* **I.** *vt* crtati, nacrtati, narisati, skicirati; napraviti plan; kreirati; oblikovati; zasnovati, izmisliti, naumiti, nakaniti, namjeravati; odlučiti, odrediti, namijeniti; planirati **II.** *vi* snovati; crtati
designate ['dezigneit] *adj* označen, određen, odobren, predložen, unaprijed imenovan, designiran
designate ['dezigneit] *vt* označiti, odrediti, predložiti, izabrati, unaprijed imenovati (*to* za)
designation [,dezig'neiʃn] *s* označenje, određenje, (privremeno) imenovanje; oznaka, ime, opis
designator ['dezigneitə] *s* označivalac, određivač
designedly [di'zainidli] *adv* hotimice, namjerice, promišljeno, navlaš
designer [di'zainə] *s* dizajner, kreator
designing [di'zainiŋ] *adj* (**~ly** *adv*) lukav, podmukao, spletkarski, zaplotnjački
designing [di'zainiŋ] *s* crtanje, risanje, crtež, skiciranje, nacrt, dizajn, oblikovanje; osnova, zamisao, plan, nakana, namjera
desinence ['desinəns] *s* kraj, svršetak; *gram* nastavak, sufiks
desirability [di,zaiərə'biləti] *s* poželjnost
desirable [di'zaiərəbl] *adj* (**desirably** *adv*) poželjan
desirableness [di'zaiərəblnis] *s* → **desirability**
desire [di'zaiə] *s* želja, žudnja; zahtjev
desire [di'zaiə] *vt* željeti; zahtijevati, tražiti, naređivati | **to leave nothing to be ~d** udovoljavati svim željama, zahtjevima; **as ~d** prema želji; **if ~d** po želji; **to ~ in marriage** zaprositi djevojku; **to be all that can be ~d** potpuno zadovoljavati
desirous [di'zaiərəs] *pred adj* (**~ly** *adv*) željan
desist [di'zist] *vi* odustati, okaniti se, ostaviti se
desistance [di'zistəns] *s* odustajanje, odustanak
desk [desk] *s* pisaći stol, klupa (dio na kojem se piše); recepcija (u hotelu); rubrika (dio novinskog uredništva); stalak (za note, knjigu i sl.); radni stol | **the ~** svećenički, činovnički, književni rad, posao
desk-work ['deskwə:k] *s* uredski posao, kancelarijski rad
desman ['desmən] *s* *zool* istočna vodenkrtica, vihuhalj (*Desmana moschata*)
desolate ['desələt] *adj* (**~ly** *adv*) pust, samotan, osamljen, nenapučen, nenastanjen; zapušten, napušten; opustošen, nenaseljiv; očajan; utučen, izgubljen
desolate ['desəleit] *vt* opustošiti, poharati; rastužiti, ucviliti
desolateness ['desəlitnis] *s* pustoš, opustošenost; zdvojnost, rastuženost, očaj
desolation [,desə'leiʃn] *s* opustošenje, opustošenost; pustoš, pustinja; rastuženost, očaj
desolator (**desolater**) ['desəleitə] *s* pustošitelj, haratelj
despair [di'spɛə] *s* očaj, očajanje, beznadnost, beznađe | **he is the ~ of his parents** njegovi su roditelji očajni zbog njega; **to drive a p to ~** natjerati koga u očaj
despair [di'spɛə] *vi* očajavati, izgubiti nadu, biti bez nade | **his life is ~ed of** nema nade da će ostati na životu
despairing [di'spɛəriŋ] *adj* (**~ly** *adv*) očajan, beznadan, bez nade
despatch [di'spætʃ] *s* & *v* → **dispatch**
desperado [,despə'ra:dəu] *s* očajnik, čovjek na sve spreman, desperater
desperate ['despərət] *adj* (**~ly** *adv*) očajan, zdvojan, desperatan; očajnički željan; krajnje ozbiljan; gotovo beznadan
desperateness ['despərətnis] *s* očaj, beznadnost
desperation [,despə'reiʃn] *s* očajanje, zdvojnost, očaj, desperacija, beznađe | **to drive to ~** natjerati u očaj
despicable ['despikəbl] *adj* (**despicably** *adv*) vrijedan prezira, koji zaslužuje prezir
despise [di'spaiz] *vt* prezirati
despite [di'spait] *s* prezir; prkos; zloba, pakost, inat | **to die of mere ~** umrijeti svima za inat; **in ~ of, ~ of** usprkos; **in one's own ~** sam sebi u prkos; protiv svoje volje
despite [di'spait] *prep* usprkos
despiteful [di'spaitful] *adj* (**~ly** *adv*) *arch* zloban; podmukao
despoil [di'spɔil] *vt* opljačkati, orobiti
despoiler [di'spɔilə] *s* pljačkaš
despoilment [di'spɔilmənt] *s* pljačka, pljačkanje
despoliation [di'spəuli'eiʃn] *s* pljačka, pljačkanje
despond [di'spɔnd] *s* očajanje, malodušnost | **Slough of Despond** beznadno očajanje
despond [di'spɔnd] *vi* očajavati, gubiti nadu, klonuti duhom, izgubiti hrabrost
despondence [di'spɔndəns] *s* očajanje, očaj, klonulost, beznadnost, malodušnost
despondency [di'spɔndənsi] *s* → **despondence**

despondent [di'spɔndənt] *adj* (**~ly** *adv*) očajan, malodušan, klonuo duhom, bez nade
desponding [di'spɔndiŋ] *adj* (**~ly** *adv*) očajan, malodušan, klonuo duhom, bez nade
despot ['despɔt] *s* despot, silnik, tiranin
despotic [de'spɔtik] *adj* despotski, silnički, tiranski
despotical [de'spɔtikl] *adj* (**~ly** *adv*) despotski, silnički, tiranski
despotism ['despətizəm] *s* despotizam, silništvo, samovlašće, tiranija
desquamate ['deskwəmeit] *vt/i* **I.** *vt* ljuštiti **II.** *vi* ljuštiti se
desquamation [ˌdeskwə'meiʃn] *s* ljuštenje
dessert [di'zəːt] *s* slatko (poslije jela), desert
destination [ˌdesti'neiʃn] *s* odredište, cilj; određenje, svrha; adresa | *mar* **port of ~** odredišna luka
destine ['destin] *vt* odrediti, namijeniti, odlučiti | **it was ~d to** bilo je suđeno, moralo je biti; **to be ~d for** biti predodređen (za); ići za (čime), imati kao odredište; **they were ~d never to meet again** bilo im je suđeno da se nikad više ne sretnu
destiny ['destini] *s* sudbina, sudba, udes, usud; moć sudbine
destitute ['destitjuːt] *adj* (**~ly** *adv*) bez osnovnih sredstava za život, lišen, oskudan, potreban (*of* čega) | **~ of** bez (*destitute of trees*)
destitute ['destitjuːt] *s* siromah, bijednik
destitution [ˌdesti'tjuːʃn] *s* oskudica, neimaština
destroy [di'strɔi] *vt* razoriti, razvaliti, srušiti, uništiti, likvidirati (ubiti)
destroyable [di'strɔiəbl] *adj* razoriv, koji se može uništiti
destroyer [di'strɔiə] *s* razoritelj, uništavalac; *mar* razarač | **torpedo-boat ~** razarač
destruct [di'strʌkt] *s* uništenje neispravne rakete poslije lansiranja
destruct [di'strʌkt] *vi* automatski se uništiti
destructibility [di'strʌkti'biliti] *s* razorivost
destructible [di'strʌktəbl] *adj* razoriv
destruction [di'strʌkʃən] *s* razorenje, razaranje, uništenje, pustošenje, tamanjenje; *fig* propast prokletstvo
destructive [di'strʌktiv] *adj* (**~ly** *adv*) destruktivan, razoran
destructive [di'strʌktiv] *s* razoritelj, zatirač; razorna sila | **~ distillation** suha destilacija
destructiveness [di'strʌktivnis] *s* razornost, razorna sila, zatirački bijes, destruktivnost
destructor [di'strʌktə] *s* zatirač; incinerator za spaljivanje smeća, otpadaka, *US* upaljač za izazivanje samouništenja neispravne rakete
desuetude [di'sjuːitjuːd] *s* prestanak upotrebe, neupotrebljivost | **to fall into ~** izaći iz upotrebe, prestati važiti (zakon)
desulphurate [di'sʌlfəreit] *vt* → **desulphurize**
desulphurize [di'sʌlfəraiz] *vt chem* osloboditi od sumpora, desulfurirati
desultory ['desəltəri] *adj* (**desultorily** *adv*) bezvezan; nepovezan, nesuvisao, bez plana, bez metode
desultoriness ['desəltərinis] *s* bezveznost, nepovezanost, nesuvislost, nemetodičnost
detach [di'tætʃ] *vt* otkinuti, odijeliti, odvojiti, izdvojiti, iskopčati; *mil & mar* detaširati
detachable [di'tætʃəbl] *adj* odjeljiv, koji se može odvojiti ili skinuti ili izvaditi
detached [di'tætʃt] *adj* (**~ly** *adv*) otkinut, odijeljen, odvojen, zaseban, samostalan, pojedini; nepristran, ravnodušan, nezainteresiran; *mil & mar* detaširan | **~ mind** nepristrano, objektivno mišljenje; **~ house** kuća koja stoji sama za se; **~ coupons** odrezani kuponi
detachment [di'tætʃmənt] *s* odvajanje, izdvajanje, otkidanje; odjeljenje; samostalnost, odvojenost; objektivnost; nezainteresiranost, indiferentnost; *mil & mar* detašman
detail ['diːteil] *s* potankost, pojedinost, detalj; sitnica; *mil* odred, odjeljenje | **in ~** potanko, iscrpno; **to go into ~** ulaziti u pojedinosti, opširno obraditi; **army beaten in ~** vojska potučena u malim pojedinačnim okršajima; *iron* **but that is a ~** baš je to važno; *fam* **a mere ~** sporedna stvar; **down to the smallest ~** do u najmanje tančine; **to come down to ~** ulaziti u pojedinosti, postati opširan
detail ['diːteil] *vt* potanko ispričati, opisati pojedinosti, detaljirati; *mil* detaširati, prekomandirati
detailed ['diːteild] *adj* točan, iscrpan, detaljan
detail man ['diːteil'mæn] *s* trgovački putnik koji prodaje farmaceutske proizvode
detain [di'tein] *vt* zadržati; *jur* pritvoriti
detainee [ˌdiːtei'niː] *s* pritvorenik, zatočenik
detainer [di'teinə] *s jur* pritvor; pismeni nalog za produženje pritvora
detect [di'tekt] *vt* otkriti, pronaći
detectable [di'tektəbl] *adj* koji se može otkriti, pronaći
detectaphone [di'tektəfəun] *s* naprava za prisluškivanje telefonskih razgovora
detection [di'tekʃən] *s* otkrivanje, otkriće, primjećivanje
detective [di'tektiv] *adj* koji otkriva; detektivski
detective [di'tektiv] *s* detektiv
detector [di'tektə] *s* detektor

detent [di'tent] *s tech* zapon, zapirač, zapor
détente, detente [dei'ta:nt] *s pol* detant
detention [di'tenʃn] *s* zadržavanje, zaustavljanje, uskrata; *jur* pritvor, zatočenje; školski zatvor (kazna u školi) | **house of detention** zatvor; ~ **camp** zatočenički, kažnjenički logor; ~ **colony** kažnjenička kolonija; ~ **home** privremeni zatvor za maloljetnike
deter [di'tə:] *vt* zastrašiti, odvratiti
deterge [di'tə:dʒ] *vt* očistiti (ranu)
detergent [di'tə:dʒənt] *adj* koji čisti
detergent [di'tə:dʒənt] *s* deterdžent
deteriorate [di'tiəriəreit] *vt/i* **I.** *vt* pogoršati; pokvariti **II.** *vi* pogoršati se, pokvariti se, krenuti nagore, izroditi se, izopačiti se, deteriorirati
deterioration [di,tiəriə'reiʃn] *s* pogoršanje, kvarenje, izopačenje, deterioracija
deteriorative [di'tiəriəreitiv] *adj* koji pogoršava, kvari
determent [di'tə:mənt] *s* sredstvo za zastrašivanje
determinable [di'tə:minəbl] *adj* koji se može odrediti, označiti, ustanoviti; odrediv; koji se može završiti
determinacy [di'tə:minəsi] *s* determinacija
determinant [di'tə:minənt] *adj* koji određuje, odlučan
determinant [di'tə:minənt] *s* odlučujući faktor; *math* determinanta
determinate [di'tə:minət] *adj* (~**ly** *adv*) određen, utvrđen, ograničen, konačan, definitivan, jasno vidljiv; *bot* cimozan, paštitast
determination [di,tə:mi'neiʃn] *s* 1. odluka, rješenje 2. kraj, konac 3. odlučnost, konačnost 4. nastojanje; sklonost 5. utvrđivanje, ustanovljenje 6. *jur* istek | **to come to the** ~ stvoriti odluku; **man of** ~ odlučan čovjek
determinative [di'tə:minətiv] *adj* odlučan, presudan; koji određuje, koji ograničuje
determinative [di'tə:minətiv] *s* određujući znak, karakteristika; *gram* determinativum
determine [di'tə:min] *vt/i* **I.** *vt* odrediti, odlučiti; ustanoviti, utvrditi **II.** *vi* odlučiti se, svršiti se, prestati
determined [di'tə:mind] *adj* (~**ly** *adv*) određen; odlučan; nakanio; **to be** ~ **to** čvrsto odlučiti
determinism [di'tə:minizəm] *s phil* determinizam
deterrence [di'terəns] *s* zastrašivanje, odvraćanje
deterrent [di'terənt] *adj* zastrašujući, koji zastrašuje, odvraća
deterrent [di'terənt] *s* sredstvo za zastrašivanje, odvraćanje
detest [di'test] *vt* mrziti, osjećati odvratnost (prema čemu)
detestability [di,testə'biliti] *s* odvratnost, mrskost
detestable [di'testəbl] *adj* (**detestably** *adv*) odvratan, ogavan, gnusan, mrzak, gadan
detestableness [di'testəblnis] *s* odvratnost, mrskost
detestation [,di:tes'teiʃn] *s* gnušanje, mržnja, osjećanje odvratnosti (prema čemu) | **to have in** ~, **to hold in** ~ osjećati gnušanje prema, zgražati se
dethrone [di'θrəun] *vt* svrgnuti s prijestolja, maknuti s visokog položaja
dethronement [di'θrəunmənt] *s* svrgnuće (s prijestolja)
detinue ['detinju:] *s jur arch* nezakonito pridržanje tuđeg vlasništva | **action of** ~ tužba za vraćanje nezakonito pridržanog vlasništva
detonate ['detəneit] *vi/t* **I.** *vi* prasnuti, eksplodirati **II.** *vt* uzrokovati eksploziju
detonation [,detə'neiʃn] *s* prasak, detonacija, eksplozija
detonator ['detəneitə] *s mil* inicirajući eksploziv, detonatorska kapsla, upaljač, detonator; *rly* eksplozivni signal (za maglu), petarda
detour ['di:tuə] *s* zaobilazni put, zaobilaznica, obilaženje | **to make a** ~ poći zaobilaznim putem
detour ['di:tuə] *vi/t* ići zaobilaznim putem, poslati zaobilaznim putem, zaobići, zaobilaziti
détour ['deituə] *s Fr* → **detour**
detract [di'trækt] *vt/i* odbiti, oduzimati; nauditi, naškoditi, oštetiti, klevetati, ogovarati, krnjiti, umanjiti, potcjenjivati
detraction [di'trækʃən] *s* oduzimanje, uskraćivanje; opadanje, kleveta
detractive [di'træktiv] *adj* klevetnički, koji krnji ugled
detractor [,di'træktə] *s* klevetnik
detrain [,di:'trein] *vi/t mil* **I.** *vi* sići, izići (iz vlaka) **II.** *vt* iskrcati (vojsku) iz vlaka
detriment ['detrimənt] *s* šteta, kvar, gubitak, škoda, uštrb | **without** ~ **to** bez štete za, bez gubitka za
detrimental [,detri'mentl] *adj* (~**ly** *adv*) štetan, škodljiv, nauštrb
detrition [di'triʃn] *s* trošenje trenjem
detritus [di'traitəs] *s geol* gruh, detritus, plazina; krš; *fig* ruševine
deuce[1] [dju:s] *s* dvojka (u igri na karte ili kocke), kec; *sport* jednak broj bodova, stanje igre u tenisu kad jedna strana mora dobiti dva boda uzastopce da pobijedi
deuce[2] [dju:s] *s euphem coll* đavo, vrag; bijes | ~ **take it!** nosi ga đavo, do đavola!; **who the** ~**?** tko do đavola?; **where the** ~**?** gdje do đavola?; **to play the** ~ **with** uništiti, pomrsiti; **a** ~ **of a mess** vražja zbrka; **the** ~ **he isn't** vraga nije, baš jest; **there will be to** ~ **to pay** bit će gadno, bit će velikih neprilika
deuced [dju:st] *adj* (~**ly** ['dju:sidli] *adv*) vraški, proklet, velik

deuced [djuːst] *adv fam* vraški, prokleto, vrlo | **it is ~ kind of you** to je vrlo lijepo od vas; **a ~ fine girl** vraški lijepa djevojka

deuteranopia [ˌdjuːtərəˈnəupiə] *s med* deuteranopija (nerazaznavanje boja u crveno-žuto-zelenom dijelu spektra)

deuterated [ˈdjuːtəreitid] *adj chem* deuterijumiziran

deuteron [ˈdjuːtərɔn] *s chem* deuteron (jezgra atoma deuterija)

Deuteronomy [ˌdjuːtəˈrɔnəmi] *s* Deuteronomij (peta knjiga Mojsijeva)

devaluate [diːˈvæljueit] *vt fin* devalvirati; smanjiti vrijednost, oduzeti vrijednost

devaluation [diːˌvæljuˈeiʃən] *s fin* devalvacija, oduzimanje vrijednosti, smanjivanje vrijednosti

devastate [ˈdevəsteit] *vt* pustošiti, opustošiti, poharati

devastating [ˈdevəsteitiŋ] *adj* (**~ly** *adv*) razoran, harajući; *fig* veličanstven, divan

devastation [ˌdevəsˈteiʃn] *s* pustošenje, opustošenje, haranje

devastator [ˈdevəsteitə] *s* pustošilac, **razaratelj**, haratelj

develop [diˈveləp] *vt/i* **I.** *vt* razviti, razvijati (i *phot*); proširiti; iznijeti na vidjelo; pojaviti se kod koga (*he ~ed a cough*), pokazati; *mil* započeti (navalu) **II.** *vi* razvijati se, razviti se; izići na vidjelo, pojaviti se; dozreti | **developing country** zemlja u razvoju

developable [diˈveləpəbl] *adj* koji se može razviti

developer [diˈveləpə] *s* razvijač (i *phot*)

development [diˈveləpmənt] *s* **razvijanje,** razvoj; otkrivanje, iznošenje na vidjelo; kompleks novogradnji; rast

Development Commission javno tijelo ustanovljeno 1909. u Engleskoj za unapređivanje poljoprivrede, stočarstva, industrijskog istraživanja itd.

developmental [diˌveləpˈmentl] *adj* (**~ly** *adv*) razvojni, koji se pojavljuje za vrijeme rasta

deviancy [ˈdiːvjənsi] *s* zastranjenje, skretanje (od norme)

deviant [ˈdiːvjənt] *adj* koji zastranjuje, devijantan; nastran

deviate [ˈdiːvieit] *vi* zastraniti; skrenuti, udaljiti se, odstupiti; otklanjati se; *fig* skretati s puta

deviation [ˌdiːviˈeiʃn] *s* zastranjenje; odstupanje, skretanje (*from* od); *phys* otklon (magnetske igle), devijacija

device [diˈvais] *s* naprava, sprava, uređaj, sredstvo; izum, pronalazak; način; osnova, misao, plan; crtež, uzorak; vještina, hitrost, varka, majstorija, domišljatost, lukavstvo; geslo, lozinka; *her* alegorijski prikaz | **to leave one to one's own ~s** prepustiti koga samome sebi

devil [ˈdevl] *s* 1. đavo, vrag, sotona; zloduh 2. porok 3. *cul* jako začinjeno jelo od mesa 4. stroj za raščešljavanje (vune i dr.) 5. *fam* borbenost, energija | **The Devil** sotona; **poor ~** jadnik, siromah, siromah čovjek; **printer's ~** štamparski naučnik ili kurir; **the ~ of greed** porok pohlepe; **a ~ of a fellow** vraški momak; **this is the ~** to je velika poteškoća, neprilika; **like the ~** žustro, kao sam đavo, kao divlji; **to go to the ~** otići do đavola, propasti; *interj* **the ~!** do vraga!, vraga!; **~ a one** što još ne bi, upravo, taman, da ne bi; **the ~ & all** zlo i naopako, prokleta situacija; **between the ~ and the deep sea** između dvije vatre, između Scile i Haribde; **~ on two sticks** dječja igračka diabolo; **~'s bedpost** trefova četvorka; **~'s bones** kocke (za kockanje); **~'s books** (igraće) karte; **~ take the hindmost** najnesposobnijeg (najsporijeg itd.) neka vrag nosi; **to give the ~ his due** dati, priznati čak i neprijatelju što ga ide; **the devil to pay** bit će vraga; **talk of the ~ & he will appear** ne maljaj vraga na zid; **the ~ among the tailors** graja, strka, svađa; vrsta vatrometa; **~'s dust** tkanina od otpadaka (vune i dr.); **he is a ~ to work** on je sila na poslu; **that is the ~ of it!** u tom grmu leži zec!; *fam* **to play the ~ with** poremetiti (pokvariti) što; **to beat the ~'s tattoo** bubnjati prstima

devil [ˈdevl] *vt/i* **I.** *vt* pržiti s jakim začinom; raščešljavati (vunu i dr. na stroju) **II.** *vi* služiti, biti pomoćnik (odvjetnika, autora i dr.)

devil-fish [ˈdevlfiʃ] *s ichth* manta; hobotnica; divovska raža

devilish [ˈdeviliʃ] *adj* (**~ly** *adv*) **vražji, vraški,** đavolski, đavolji, paklenski

devilish [ˈdeviliʃ] *adv coll* vraški, vrlo, jako

devil-may-care [ˌdevlmeiˈkɛə] *adj* bezbrižan, obijestan, divlji, smion, vratoloman

devilment [ˈdevlmənt] *s* vragolija, đavolstvo; pakost, opačina

devilry [ˈdevlri] *s* đavolstvo, đavolija, vraštvo, crna magija; đavolja stvar, đavo i njegova djela; opačina, zlobna šala, obijest; vratolomija

devil's advocate [ˈdevlzˌædvəkit] *s* advocatus diaboli

devil's-darning-needle [ˈdevlzˈdaːniŋˈniːdl] *s* → **dragonfly, damselfly**

devil-worship [ˈdevlˌwəːʃip] *s* obožavanje đavla, služba đavlu, vragopoklonstvo

devious [ˈdiːvjəs] *adj* (**~ly** *adv*) krivudav; zastranio, zalutao; zaplotnjački, neizravan | **~ paths** stranputice; **~ step** pogrešan korak, posrtaj

deviousness [ˈdiːvjəsnis] *s* odstupanje, udaljivanje, skretanje; neizravnost; | zaplotnjaštvo

devisable [di'vaizəbl] *adj* koji se može zamisliti; koji se može ostaviti u nasljedstvo
devise [di'vaiz] *vt jur* oporučno ostaviti, namrijeti; izumiti, izmisliti, pronaći; zasnovati, skovati; namjeravati, kaniti, naumiti; *arch* pogoditi
devise [di'vaiz] *s jur* oporuka, zapis, testament; legat, oporučno ostavljen posjed
devisee [ˌdevi'ziː] *s jur* oporučni nasljednik, legatar
deviser [di'vaizə] *s* izumitelj, otkrivač; začetnik; autor
devisor [ˌdevi'zɔː] *s* oporučitelj
devitalize [ˌdiː'vaitəlaiz] *vt* oduzeti životnu snagu, oslabiti
devitrify [diː'vitrifai] *vt* lišiti staklenih osobina, učiniti (staklo i dr.) neprozirnim i kristalnim
devoid [di'vɔid] *pred adj* lišen, bez (čega), prazan | ~ **of** prazan, slobodan od, bez (čega)
devoir ['devwaː] *s Fr* dužnost | ~**s** *pl* iskazivanje poštovanja, učtivo ponašanje; **to pay one's** ~**s to** pohoditi koga iz poštovanja, pokloniti se komu
devolution [ˌdiːvə'luːʃn] *s jur* istek (roka, vremena); prijelaz prava, prijenos ovlasti, dužnosti (*on* na); prelaženje naslijeđa u vlasništvo konačnog vlasnika; *biol* degeneracija
devolve [di'vɔlv] *vt/i* **I.** *vt* prenijeti, svaliti (posao, dužnost) **II.** *vi* prijeći, svaliti se, pasti na teret (kome); naslijeđem prijeći | **to** ~ **to, to** ~ **upon** prijeći na, zapasti koga; **to** ~ **out of** razviti se iz
Devonian [de'vəunjən] *adj* devonski, iz Devonshirea; *geol* devonski
Devonian [de'vəunjən] *s* stanovnik Devonshirea
devote [di'vəut] *vt* posvetiti, odrediti za; osuditi (na propast) | **to** ~ **oneself** *(to)* posvetiti se, predati se, odati se (čemu)
devoted [di'vəutid] *adj* (~**ly** *adv*) 1. *attr* predan, vjeran; *arch* osuđen (na propast); 2. *pred* odan, privržen (*to* komu)
devotedness [di'vəutidnis] *s* odanost, predanost, privrženost
devotee [ˌdevəu'tiː] *s* štovalac, poklonik; fanatični vjernik, bogomoljac
devotion [di'vəuʃn] *s* odanost, privrženost; revnost; ljubav; požrtvovnost; posveta; pobožnost; bogoslužje | ~**s** *pl* molitva; **to be at one's** ~**s** moliti
devotional [di'vəuʃənl] *adj* (~**ly** *adv*) pobožan, nabožan
devour [di'vauə] *vt* progutati, proždrijeti, žderati; rastrgati, uništiti, poharati; *fig* proždirati (očima, ušima), požudno gledati, gutati (npr. dijete pripovijetke); izjedati, mučiti; zaokupiti, prožeti | ~**ed** koji strepi od tjeskobe; *poet* ~ **the way** hitjeti, letjeti (konj)
devouring [di'vauəriŋ] *adj* (~**ly** *adv*) koji strepi; koji proždire, koji guta | ~ **curiosity** silna radoznalost
devout [di'vaut] *adj* (~**ly** *adv*) pobožan; ozbiljan; od srca; prav; revan; usrdan
devoutness [di'vautnis] *s* pobožnost; usrdnost
dew [djuː] *s* rosa; *poet* & *fig* svježina; suze | *coll* **mountain** ~ viski
dew [djuː] *vt* orositi, ovlažiti
dewberry ['djuːberi] *s bot* ostružica
dew-claw ['djuːklɔː] *s* rudimentarni prst s unutarnje strane noge kod pasa i papkara
dew-drop ['djuːdrɔp] *s* kaplja rose, rosna kap
dewiness ['djuːinis] *s* (rosna) vlaga, orošenost
dewlap ['djuːlæp] *s* podvratnik, podgušnjak (u goveda); *fam* podbradak, podvoljak (u čovjeka)
dewless ['djuːlis] *adj* bez rose
dew-line ['djuːlain] *s US* linija radarskog otkrivanja (duž 70. paralele)
dew-point ['djuːpɔint] *s phys* rosište
dew-pond ['djuːpɔnd] *s* umjetno jezerce (u Sussexu) koje uvijek sadrži vode (od rose i magle)
dew-ret ['djuːret] *vt* vlažiti na rosi, izložiti vlaženju na rosi
dew-worm ['djuːwəːm] *s zool* kišna glista
dewy ['djuːi] *adj* (**dewily** *adv*) rosan, vlažan, orošen; poput rose
dexter ['dekstə] *adj Lat* desni; *her* s lijeve strane sa stajališta gledaoca
dexterity [deks'teriti] *s* spretnost, vještina, okretnost, dovitljivost; upotreba desne ruke
dexterous ['dekstərəs] *adj* (~**ly** *adv*) vješt, okretan, spretan; sposoban, dovitljiv; desnoruk
dextrose ['dekstrəus] *s* dekstroza, grožđani šećer
dextrous ['dekstrəs] *adj* (~**ly** *adv*) → **dexterous**
diabetes [ˌdaiə'biːtiz] *s med* dijabetes, šećerna bolest
diabetic [ˌdaiə'betik] *adj med* dijabetičan, koji ima šećernu bolest
diabetic [ˌdaiə'betik] *s med* šećeraš, dijabetičar
diabolic [ˌdaiə'bɔlik] *adj* (~**ly** *adv*) đavolski, đavolji, vražji, paklenski, bezbožan, opak
diabolism [dai'æbəlizəm] *s* čarobnjaštvo, vraštvo, đavolija; štovanje đavla
diabolize [dai'æbəlaiz] *vt* učiniti đavlom; predočiti kao đavla
diabolo [di'aːbələu] *s* diabolo (dječja igra)
diachronic [ˌdaiə'krɔnik] *adj* dijakroničan
diaconal [dai'ækənl] *adj* đakonski
diaconate [dai'ækənit] *s* đakonat; đakoni
diacritic [ˌdaiə'kritik] *s* dijakritički znak

diacritical [ˌdaiəˈkritikəl] *adj* (**~ly** *adv*) dijakritički | **~ mark, ~ sign** dijakritički znak
diadem [ˈdaiədem] *s* dijadem, kruna; kolut, vijenac (ženski ukras za glavu); *fig* kraljevska vlast (autoritet, čast)
diaeresis [daiˈiərisis] *s* (*pl* **diaereses** [daiˈiərəsiːz]) *gram* & *pros* rastavljanje dvoglasnika, dijereza, dvije točke nad drugim od dva samoglasnika kao oznaka da nisu jedan glas
diagnose [ˈdaiəgnəuz] *vt med* postaviti dijagnozu, dijagnosticirati
diagnosis [ˌdaiəgˈnəusis] *s* (*pl* **diagnoses** [ˌdaiəgˈnəusiːz]) *med* & *fig* dijagnoza
diagnostic [ˌdeiəgˈnɔstik] *adj* (**~ally** *adv*) *med* dijagnostički
diagnostic [ˌdaiəgˈnɔstik] *s med* simptom | **~s** *pl* dijagnostika
diagnostician [ˌdaiəgnɔsˈtiʃən] *s* dijagnostičar
diagonal [daiˈægənl] *adj* (**~ly** *adv*) dijagonalan, poprečan
diagonal [daiˈægənl] *s* dijagonala, poprečnica
diagram [ˈdaiəgræm] *s* dijagram, grafički prikaz
diagrammatic [ˌdaiəgrəˈmætik] *adj* (**~ally** *adv*) dijagramski, grafički
diagrammatize [ˌdaiəˈgræmətaiz] *vt* prikazati dijagramom, grafički predočiti
dial [ˈdaiəl] *s* brojčanik (na uri, telefonu itd.); skala (instrumenta, radio-aparata); *sl* lice | **sun-~** sunčana ura
dial [ˈdaiəl] *vt* izmjeriti na brojčaniku, označiti na kazalu (aparata); nazvati broj; okretati brojčanik
dialect [ˈdaiəlekt] *s* narječje, dijalekt
dialectal [ˌdaiəˈlektl] *adj* (**~ly** *adv*) dijalektalan
dialectic [ˌdaiəˈlektik] *s* dijalektika
dialectic [ˌdaiəˈlektik] *adj* dijalektički
dialectical [ˌdaiəˈlektikəl] *adj* (**~ly** *adv*) dijalektički
dialectician [ˌdaiəlekˈtiʃən] *s* dijalektičar
dialectics [ˌdaiəˈlektiks] *s pl phil* dijalektika
dialectologist [ˌdaiəlekˈtɔlədʒist] *s* dijalektolog
dialectology [ˌdaiəlekˈtɔlədʒi] *s* dijalektologija, nauka o narječjima
dialogic [daiəˈlɔdʒik] *adj* dijaloški, u razgovorima
dialogue [ˈdaiəlɔg] *s* razgovor, dijalog
dial-plate [ˈdaiəlpleit] *s* brojčanik; kazalo (na uri, telefonu, manometru itd.)
dial-system [ˈdaiəlˌsistəm] *s* sistem automatskog spajanja na telefonu
dial-telegraph [ˈdaiəlˌteligraːf] *s* telegraf s kazalom
dial-telephone [ˈdaiəlˌtelifəun] *s* telefon (sa sistemom nazivanja brojeva pomoću brojčanika)
dial tone [ˈdaiəltəun] *s* znak za biranje
dialysis [daiˈælisis] *s* (*pl* **dialyses** [daiˈælisiːz]) dijaliza
dial-wheel [ˈdaiəlwiːl] *s* minutni kotačić (u uri)
dialyzer [ˈdaiəlaizə] *s* umjetni bubreg
diameter [daiˈæmitə] *s* promjer, dijametar
diametrical [ˌdaiəˈmetrikəl] *adj* dijametralan, suprotan
diametrically [ˌdaiəˈmetrikəli] *adv* suprotno, dijametralno | **~ opposed** sasvim suprotno, upravo protivno
diamond [ˈdaiəmənd] *s minr* dijamant, alem; *math* romb; karo (u igraćim kartama); *print* dijamant (vrsta pisma) | *rly* **~s** *pl* mjesto gdje se dvije pruge sijeku pod kosim kutom; **black ~** kameni ugljen; **rough ~** nebrušeni dijamant; *fig* neuglađen, ali čestit čovjek; **~ cut ~** milo za drago; **glazier's ~, cutting ~** staklarski dijamant, sprava za rezanje stakla; **~ panes** mala (prozorska) stakla u obliku romba uokvirena u olovu; **a small ~** igraća karta niže vrijednosti; **~ cut into angles** facetiran dijamant, briljant
diamond [ˈdaiəmənd] *vt* ukrasiti dijamantima
diamond-back [ˈdaiəməndbæk] *s zool* čegrtuša, zvečarka; vrsta jestive kornjače; kupusni moljac
diamond-cement [ˈdaiəməndsiˈment] *s tech* kit, lijep za dijamante
diamond-drill [ˈdaiəmədril] *s tech* dijamantna bušilica
diamnod-field [ˈdaiəməndfiːld] *s* nalazište dijamanata
diamondiferous [ˌdaiəmənˈdifərəs] *adj* dijamantonosan, u kojem ima dijamanata (tlo)
diamond-point [ˈdaiəməndpɔint] *s* dijamantna rezaljka (za graviranje) | *rly* **~s** raskrsnica za ugibanje
diamond-shaped [ˈdaiəməndʃeipt] *adj* u obliku romba
diamond-snake [ˈdaiəməndsneik] *s* australska i tasmanska vrsta zmije
diamond-wedding [ˈdaiəməndˌwediŋ] *s* dijamantni pir, šezdeseta godišnjica vjenčanja
dianthus [daiˈænθəs] *s bot* vrsta karanfila
diapason [ˌdaiəˈpeisn] *s mus* dijapazon, glazbena viljuška; opseg (ljudskog glasa ili instrumenta); melodija; *fig* ljestvica
diaper [ˈdaiəpə] *s* fino (kockasto) laneno platno, damast za stolnjake; trojnik, trožično šareno platno; pelena; ubrus; ukrasni uzorak kockastih šara (za zidove, zidne oplate itd.)
diaper [ˈdaiəpə] *vt* tkati na način ili po uzorku damasta; ukrasiti kockastim šarama; staviti (djetetu) čiste pelene
diaphanous [daiˈæfənəs] *adj* proziran, providan

diaphoretic [ˌdaiəfəˈretik] *adj med* koji pospješuje znojenje
diaphoretic [ˌdaiəfəˈretik] *s med* sredstvo za znojenje
diaphragm [ˈdaiəfræm] *s anat* dijafragma, ošit; *tech* membrana (telefona, gramofona i dr.); dijafragma za kontracepciju
diaphragmatic [ˌdaiəfrægˈmætik] *adj* ošitni
diapositive [ˌdaiəˈpɔzitiv] *s phot* dijapozitiv, kopija negativa na prozirnoj ploči ili filmu
diarchy [ˈdaiaːki] *s* dvovlađe, dijarhija
diarist [ˈdaiərist] *s* pisac dnevnika
diarize [ˈdaiəraiz] *vi/t* **I.** *vi* voditi dnevnik **II.** *vt* ubilježiti u dnevnik
diarrhoea (diarrhea) [ˌdaiəˈriə] *s med* proljev
diary [ˈdaiəri] *s* dnevnik, džepni kalendar; *com* žurnal | **to keep a ~** voditi dnevnik
diastase [ˈdaiəsteis] *s chem* dijastaza
diastole [daiˈæstəli] *s med* dijastola, popuštanje srčanog mišića | *fig* **systole & ~** stezanje i popuštanje, akcija i reakcija, djelovanje i protudjelovanje, promjenljivost, fluktuacija
diastolic [ˌdaiəˈstɔlik] *adj med* dijastolički
diathermic [ˌdaiəˈθəːmik] *adj* dijatermički
diathermy [ˈdaiəθəːmi] *s* dijatermija
diathesis [daiˈæθisis] *(pl* **diatheses** [daiˈæθisiːz]) *s med* dijateza, konstitucionalna sklonost (k bolestima)
diatomic [ˌdaiəˈtɔmik] *adj chem* dvoatomski; sa dva zamjenjiva vodikova atoma
diatonic [ˌdaiəˈtɔnik] *adj* (**~ally** *adv*) *mus* dijatonski
diatribe [ˈdaiətraib] *s* oštra prepirka; žučljiva kritika; pogrda; protest
dib [dib] *s sl* novac
dib [dib] *vi* → **dibble**
dibble [ˈdibl] *s agr* sadiljka, klin za sađenje
dibble [ˈdibl] *vt/i* **I.** *vt* praviti rupe pomoću sadiljke **II.** *vi* saditi pomoću sadiljke
dibs [dibz] *s pl* → **dib** *s*; dječja igra; žetoni (kod kartanja)
dice [dais] *pl* od **die** | *US sl* **no ~!** ništa od toga!, ne može!
dice [dais] *vi/t* **I.** *vi* kockati se **II.** *vt* prokockati; išarati kockama, karirati; *cul* izrezati na kockice
dice away [ˈdaisəˈwei] *vt* prokockati, izgubiti na kockama, proigrati, spiskati
dice-box [ˈdaisbɔks] *s* čaša za kocke (kod kockanja) | *tech* **~ insulator** porculanski izolator (za telegrafske žice itd.)
dicentra [daiˈsentrə] *s bot* srdašca
dicer [ˈdaisə] *s* kockar
dicey [ˈdaisi] *adj* riskantan, rizičan, opasan
dichogamous [daiˈkɔgəməs] *adj bot* kod kojega prašnici i pestići dozrijevaju u različito vrijeme, tako da samooplođenje nije moguće
dichotomous [daiˈkɔtəməs] *adj bot & zool* račvast, rašljast
dichotomy [daiˈkɔtəmi] *s bot & fig* račvanje, rašljanje; dihotomija
dichroic [daiˈkrəuik] *adj* koji pokazuje dvije boje (napose kristal dvostruke refrakcije), dihroitičan
dichromatic [ˌdaikrəuˈmætik] *adj* dvobojan (osobito *biol)*
dick [dik] *s sl* detektiv; *vulg* penis, muško spolovilo
dickens [ˈdikinz] *s euphem coll* vrag, đavo | **what the ~** koga vraga; **why the ~** zašto do đavola
dicker[1] [ˈdikə] *s com* 10 komada (koža)
dicker[2] [ˈdikə] *s US* cjenkanje
dicker [ˈdikə] *vi US* cjenkati se
dicky (dickey) [ˈdiki] *s coll & sl* magarac; ptičica; zasebna prsa od košulje; pregača; sjedalo kočijaša; sjedalo sluge na stražnjem dijelu kočije; *mot* preklopivo stražnje sjedalo; ptičica
dicky [ˈdiki] *adj sl* labav, nepouzdan, nesiguran, klimav; boležljiv, slab
dickybird [ˈdikibəːd] *s* ptičica (dječji naziv); *sl* uš
dicotyledon [ˈdaikɔtiˈliːdən] *s bot* dvosupnica
dictaphone [ˈdiktəfəun] *s* diktafon, aparat za diktiranje
dictate [ˈdikteit] *s fig* putokaz; diktat; pravilo; zapovijed; propis; opomena (savjesti)
dictate [dikˈteit] *vt/i* diktirati; kazivati u pero; zapovijedati, nalagati; propisati; utuviti
dictation [dikˈteiʃn] *s* diktat; diktiranje; kazivanje u pero; zapovijed, nalog; propis
dictator [dikˈteitə] *s* diktator; onaj koji kazuje u pero, koji diktira
dictatorial [ˌdiktəˈtɔːriəl] *adj* (**~ly** *adv*) diktatorski
dictatorship [dikˈteitəʃip] *s* diktatura
diction [ˈdikʃən] *s* način govora, izražavanja, dikcija
dictionary [ˈdikʃənri] *s* rječnik | **walking ~, living ~** živi leksikon (čovjek), sveznalica; **~ English, ~ style** pretjerano učene riječi, nenaravno dotjeran stil
dictograph [ˈdiktəgraːf] *s* diktograf
dictum [ˈdiktəm] *s* (*pl* **dicta** [ˈdiktə], **~s**) tvrdnja, izreka, uzrečica, načelo; *jur* sučev pravorijek, mišljenje
did [did] *pret* od **do**
didactic [diˈdæktik] *adj* (**~ally** *adv*) poučan, didaktičan
didactics [diˈdæktiks] *s pl* didaktika
didapper [ˈdaidæpə] *s ornith* mali gnjurac
diddle [ˈdidl] *vt coll* varati, prevariti, nasamariti; zakinuti (*out of* za)
didn't [didnt] = **did not**
dido [ˈdaidəu] *s US sl* obijesna šala, jogunluk; radosno poskakivanje | **cut up ~es** skakati u zrak, prevrtati se u zraku; činiti jogunluke

didy [ˈdaidi] *s fam* pelena

die[1] [dai] *s* (*pl* **dice** [dais]) kocka (za kockanje) | *fig* **the ~ is cast** kocka je pala, odluka je pala; *fig* **upon the ~** na kocki; **as straight as a ~** okomit; **to lose one's fortune at dice** prokockati imetak; **the dice are loaded against the poor** siromasi izvlače kraći kraj; sirotinjo, i bogu si teška; **to risk all on the turn of a ~** sve prepustite sreći, slučaju

die[2] [dai] *s* kalup za kovanje novca; uduben žig; matrica; *archit* kubična ploča podnožja

die [dai] *vi* 1. umrijeti, preminuti, poginuti, stradati, crknuti, uginuti 2. proći, nestati, prestati 3. čeznuti, ginuti 4. izumirati, uvenuti; utrnuti, ugasiti se | **to ~ a beggar** umrijeti kao prosjak; **to ~ a glorious death** poginuti slavnom smrću; *arch* **to ~ the death** biti smaknut; **to ~ game** boreći se poginuti, poginuti pružajući otpor; **to ~ hard** neustrašivo umrijeti; nelako umrijeti; **to ~ in one's bed** umrijeti od starosti ili bolesti; **to ~ in one's shoes (boots)** poginuti nasilnom smrću; **to ~ in hardness** umrijeti još za vrijeme zarađivanja, rada; **to ~ in last ditch** držati se do kraja, umrijeti očajnički braneći nešto; **never say ~** nemoj se predati, nemoj klonuti duhom; **to be dying for** izgarati od želje za čim; **to ~ of laughing** puknuti od smijeha; **a dying fire** vatra koja se gasi; **a dying wish** posljednja želja (na samrti); *coll* **to take one's dying oath** svečano se zakleti (kao na samrti); **were I to die for it** pa makar me stajalo glave

die away [ˈdaiəˈwei] *vi* slabiti, zamrijeti; jenjati; izumirati; stišati se, sleći se (vjetar); utrnuti, ugasiti se, onesvijestiti se; propasti; gubiti se (npr. glas)

die down [ˈdaiˈdaun] *vi* izumirati, odumirati; nestajati, slabiti; trnuti, gasiti se; padati, propadati

die off [ˈdaiˈɔf] *vi* pomrijeti, odumirati; slabiti; gasiti se; propadati

die out [ˈdaiˈaut] *vi* izumrijeti; slabiti; gasiti se; stišavati se; propadati

die unto [ˈdaiˈʌntu] *vi bibl* postati mrtav (ravnodušan) prema grijehu, odreći se, okaniti se (grijeha)

die-away [ˈdaiəwei] *adj* koji čezne, gine, vene

die-hard [ˈdaihaːd] *s* nepopustljivac; uporan političar; krajnji konzervativac

Diehards [ˈdaihaːdz] *s pl* naziv za 57. pješadijski puk (Velike Britanije)

dielectric [ˈdaiiˈlektrik] *adj el* dielektričan

dielectric [ˌdaiiˈlektrik] *s el* dielektrik, izolator

diencephalon [daienˈsefələn] *s anat* međumozak

dies [ˈdiːeiz] *s Lat* dan | **~ irae** Sudnji dan; *jur* **~ non** dan na koji se sudski poslovi ne mogu vršiti; *com* dan koji se ne broji

diesel [ˈdiːzl] *s* (često **D~**) dizel (motor), dizelica (lokomotiva)

die-sinker [ˈdaisiŋkə] *s* rezač pečata, kalupa za kovanje novca, graver

diet[1] [ˈdaiət] *s* sabor, (narodna) skupština; konferencija, zasjedanje

diet[2] [ˈdaiət] *s* hrana, jelo; bolesnička hrana, dijeta; način života; propisani način života, hrane; hranjiva vrijednost | **to put a p on a ~** propisati komu bolesničku hranu; **full ~** obilna hrana; **low ~** oskudna hrana; **crash ~** forsirana, stroga dijeta

diet [ˈdaiət] *vt/i* **I.** *vt* hraniti; uzdržavati; *med* propisati dijetu **II.** *vi* živjeti dijetno; hraniti se

dietary [ˈdaiətəri] *s* način ishrane, života; dnevna količina hrane

dietary [ˈdaiətəri] *adj* prehrambeni, opskrbni; dijetalan, koji se odnosi na prehranu

dietetic [ˌdaiəˈtetik] *adj* (**~ally** *adv*) *med* dijetetičan, dijetetski

dietetics [ˌdaiəˈtetiks] *s* dijetetika

differ [ˈdifə] *vi* razlikovati se, razilaziti se; odstupati; ne podudarati se; biti drugog mišljenja, ne slagati se; svađati se | **I beg to ~** na žalost, ne slažem se, imam drugo mišljenje; **to agree to ~** prestati se prepirati o čemu, u prijateljstvu uzeti do znanja protivno mišljenje; **to ~ from** razlikovati se (od); imati protivno mišljenje (od)

difference [ˈdifrəns] *s* razlika, diferencija; spor, svađa, neslaganje, prepirka, borba; sporno pitanje; *math* ostatak | **to split the ~** nagoditi se tako da svaka stranka popusti polovicu razlike; **to pay the ~, to meet the ~** platiti razliku, nadoknaditi manjak; **to make a ~ between** razlikovati, različito postupati; **it makes a great ~** to znatno mijenja stvar; **it makes no ~** ne smeta, nije važno

difference [ˈdifrəns] *vt* razlikovati

different [ˈdifrənt] *adj* (**~ly** *adv*) različan, različit, drukčiji

differentia [ˌdifəˈrenʃə] *s.* znak raspoznavanja, odlika, karakteristično obilježje

differential [ˌdifəˈrenʃl] *adj* (**~ly** *adv*) koji razlikuje, ovisi o razlici, diferencijalan | **~ duties** diferencijalne carine; **~ diagnosis** diferencijalna dijagnoza; **~ calculus** diferencijalni račun; *mot* **~ gear** diferencijal

differential [ˌdifəˈrenʃl] *s math* diferencijal

differentiate [ˌdifəˈrenʃieit] *vt/i* **I.** *vt* razlikovati, lučiti, praviti razliku, diferencirati **II.** *vi* razlikovati se, udaljavati se (*from* od)

differentiation [ˌdifərenʃiˈeiʃn] *s* razlikovanje, lučenje, diferenciranje
difficile [ˈdifisiːl] *adj Fr* nepodnošljiv, neugodan; izbirljiv; čudan, komu je teško ugoditi; svojeglav
difficult [ˈdifikəlt] *adj* (**~ly** *adv*) težak, mučan, tegoban, tvrdokoran, nepopustljiv, hirovit, svojeglav | **~ of access** teško pristupačan; **~ to answer** na što je teško odgovoriti
difficulty [ˈdifikəlti] *s* teškoća, poteškoća; muka, neprilika; zapreka; nezgodan položaj; skanjivanje | **to find great ~ with** nailaziti na velike teškoće; **with ~** jedva, s teškom mukom; **to make (raise) difficulties** činiti poteškoće; **to be in difficulties for money** biti u novčanim neprilikama
diffidence [ˈdifidəns] *s* sumnja, nepovjerenje, nepouzdanje, bojažljivost; ustručavanje, skromnost, plahost, nedovoljno samopouzdanje
diffident [ˈdifidənt] *adj* (**~ly** *adv*) nepovjerljiv, sumnjičav; plašljiv, nedovoljno samopouzdan | **to be ~ in doing** zazirati od nekog posla, plašiti se što učiniti, prezati od nekog posla
diffract [diˈfrækt] *vt opt* & *el* lomiti (svjetlo)
diffraction [diˈfrækʃən] *s* lom, prelamanje (svjetla)
diffraction grating [diˈfrækʃənˈgreitiŋ] *s opt* difrakciona rešetka
diffractive [diˈfræktiv] *adj* (**~ly** *adv*) koji lomi (svjetlo)
diffuse [diˈfjuːs] *adj* (**~ly** *adv*) raširen, rasprostranjen; razvučen, preopširan; difuzan, raspršen; rječit, govorljiv, opširan
diffuse [diˈfjuːz] *vt/i* **I.** *vt* razasuti, rasipati, prosuti, razlijevati; širiti, rasprostraniti, raznijeti **II.** *vi* raširiti se, rasprostraniti se, raštrkati se
diffusible [diˈfjuːzəbl] *adj* koji se može rasipati, razlijevati, razasuti
diffusion [diˈfjuːʒən] *s* razlijevanje, raspršenost, širenje; opširnost, razvučenost, rastegnutost; *chem* difuzija
diffusive [diˈfjuːsiv] *adj* (**~ly** *adv*) koji se širi, razlijeva, rasipa; naširoko razvučen (govor); *phys* difuzan
dig [dig] *vt/i* (dug, dug; *arch* digged) 1. kopati, iskapati, izdupsti, prekopati; zarinuti, zabušiti, gurnuti; *coll* naporno raditi; *US sl* naporno učiti, bubati; shvaćati, »kužiti«; voljeti, sviđati se 2. kopati; tražiti, prekapati | *fig* **to ~ a pit for** kopati pod nekim jamu; **to ~ one's way** krčiti sebi put; **to ~ a horse** podbosti konja; **to ~ in the ribs** bocnuti u rebra
dig for [ˈdigˈfɔ] *vt* kopati, istraživati; *min* tražiti rudu
dig in [ˈdigˈin] *vt/i* **I.** *vt* zakopati **II.** *vi* ukopati se | *mil* **to dig oneself in** ušančiti se
dig into [ˈdigˈintu] *vi* kopati u; *fig* zadirati (u)
dig out [ˈdigˈaut] *vt lit hunt* & *fig* iskopati, iščeprkati
dig through [ˈdigˈθruː] *vi* probiti se, prokopati se, prodrijeti (kroz); *fam* stanovati
dig up [ˈdigˈʌp] *vt* duboko prekopati; *agr* riljati, rigolati; *fam* iskopati, pronaći, otkriti
dig [dig] *s coll lit* & *fig* kopanje, ubod, bod, zajedljiva primjedba; *archaeol* iskopina, iskopavanje (i **~s**)
digamma [daiˈgæmə] *s* šesto slovo prvobitnoga grčkog alfabeta
digamy [ˈdigəmi] *s* drugi zakoniti brak, digamija
digest [ˈdaidʒest] *s* pravni zbornik, zbirka zakona; pandekta; sažet pregled; zbirka kratkih sadržaja, izvadaka (iz književnih djela, članaka i dr.)
digest [diˈdʒest] *vt/i* **I.** *vt* 1. urediti, rasporediti, svrstati, sistematizirati, klasificirati; sažeti, sumirati; promisliti 2. probaviti, svariti; primiti u se, progutati; *chem* rastvoriti; asimilirati, probaviti 3. podnijeti, trpjeti **II.** *vi* probaviti se, rastvoriti se
digestibility [diˌdʒestəˈbiliti] *s* probavljivost
digestible [diˈdʒestəbl] *adj* (**digestibly** *adv*) probavljiv
digestion [diˈdʒestʃən] *s* probava, probavljanje; *chem* digestija
digestive [diˈdʒestiv] *adj* (**~ly** *adv*) probavan; koji pospješuje probavu
digestive [diˈdʒestiv] *s med* sredstvo za probavu; mast za pospješenje gnojenja
digger [ˈdigə] *s* kopač; lopata kopača (»štihača«); *sl* Australac | **gold-~** kopač zlata; **grave-~** grobar
digging [ˈdigin] *s* kopanje | **~s** *pl* rudnik, nalazište (zlata, dijamanata itd.); *coll* stan
dight [dait] *vt arch* urediti, pripremiti; zaodjenuti; ukrasiti, iskititi
digit [ˈdidʒit] *s anat* prst; *astr* dvanaesti dio Mjesečeva ili Sunčeva promjera; *math* brojka (od 0 do 9); širina prsta (mjera od 0,75 palca)
digital [ˈdidʒitl] *adj* koji se tiče prsta, prstni; prstast, digitalan
digital [ˈdidʒitl] *s mus* tipka; *hum* prst; brojka
digital computer [ˈdidʒitlˌkəmˈpjuːtə] *s* digitalni kompjutor
digitalis [ˌdidʒiˈteilis] *s bot* naprstak, pustikara crvena; *med* digitalis
digitiform [ˈdidʒitifɔːm] *s* prstast
diglot [ˈdaiglɔt] *adj* bilingualan, dvojezičan
diglot [ˈdaiglɔt] *s* dvojezično izdanje (knjige)
dignified [ˈdignifaid] *adj* dostojanstven, odličan, plemenit

dignify ['dignifai] *vt* uzvisiti na čast, učiniti dostojnim; ukazati poštovanje, počastiti; odlikovati
dignitary ['dignitəri] *s* dostojanstvenik; *eccl* prelat
dignity ['digniti] *s* dostojanstvo; čast, položaj, uzvišenost
digraph ['daigraːf] *s gram* digraf (grupa od dva slova koja predstavljaju samo jedan glas)
digress [dai'gres] *vi* zastraniti, skrenuti, odstupiti, udaljiti se (od predmeta)
digression [dai'greʃn] *s* skretanje, zastranjenje, udaljenje (od predmeta)
digressive [dai'gresiv] *adj* (**~ly** *adv*) koji zastranjuje, koji se udaljuje (od predmeta)
digs [digz] *s pl GB coll* iznajmljeni stan ili soba
dike (dyke) [daik] *s* jarak, rov, prokop; nasip, gat, brana; put po nasipu; *fig* zapreka; *minr* žica (u kamenu), mineralna žila
dike (dyke) [daik] *vt* podići nasip, ograditi nasipom, zagatiti, zajaziti
dike-reeve ['daik'riːv] *s* nadglednik nasipa, gatova, brana i dr.
dilapidate [di'læpideit] *vt/i* **I.** *vt* razoriti, poharati, srušiti, rasklimati; rasipati, rastratiti **II.** *vi* propadati, rušiti se, rasklimati se, postati ruševan, raspasti se
dilapidated [di'læpideitid] *adj* ruševan, trošan, raskliman; škodljiv, štetan
dilapidation [di,læpi'deiʃn] *s* rasipanje, traćenje; rasipnost; trošenje; razaranje, pustošenje; rasklimanost; propast, slom, rasulo; ruševnost, trošnost
dilatability [dai,leitə'biləti] *s* rastežljivost, pruživost
dilatable [dai'leitəbl] *adj* rastežljiv, pruživ
dilatation [,dailei'teiʃn] *s* rastezanje, pružanje, proširenje, dilatacija, širenje
dilate [dai'leit] *vt/i* **I.** *vt* rastegnuti, raširiti, proširiti **II.** *vi* širiti se, rastezati se, nabreknuti, naširoko pričati (opisivati **itd.**)
dilated [dai'leitid] *adj* rastegnut; opširan
dilation [dai'leiʃn] *s* → **dilatation**
dilator [dai'leitə] *s* pružač, rastezač; *anat* mišić pružač
dilatory ['dilətəri] *adj* (**dilatorily** *adv*) polagan, spor, trom, zatezan; koji kasni, zaostaje, odgađa, dilatoran
dilemma [di'lemə] *s* dilema, težak izbor; *fig* škripac
dilettante [,dili'tænti] *s* (*pl* **dilettanti** [,dili'tæntiː]) *It* diletant; ljubitelj umjetnosti, amater; nestručnjak
dilettante [,dili'tænti] *adj It* diletantski, amaterski, nestručnjački
dilettantism [,dili'tæntizəm] *s It* diletantizam, amaterstvo
diligence ['diliʒãːns] *s Fr* poštanska kočija, diližansa
diligence ['dilidʒəns] *s* marljivost, mar
diligent ['dilidʒənt] *adj* (**~ly** *adv*) marljiv
dill [dil] *s bot* kopar (*Anethum graveolens*)
dilly-dally ['dilidæli] *vi coll* oklijevati, kolebati; dangubiti
diluent ['diljuənt] *adj chem* koji razrjeđuje, razvodnjava
diluent ['diljuənt] *s* razrjeđivač
dilute [dai'ljuːt] *adj chem* razvodnjen, razrijeđen; izblijedio, ispran (boja); *fig* slab, rijedak
dilute [dai'ljuːt] *vt* razvodniti, razrijediti; rastopiti; ublažiti, oslabiti | **to ~ labour** nadomjestiti kvalificirane radnike nekvalificiranom radnom snagom ili ženama
dilution [dai'ljuːʃn] *s* razrjeđivanje, razvodnjenje; rastapanje; slabljenje, razblaživanje
diluvial [dai'luːvjəl] *adj* (**~ly** *adv*) *geol* diluvijalan, potopni
diluvium [dai'luːvjəm] *s geol* diluvij; potop
dim [dim] *adj* (**~ly** *adv*) mutan, nejasan, taman, mračan; blijed; *fig* tup, glup; loš (izgled i sl.) | **to take a ~ view of** gledati skeptički (pesimistički) na nešto
dim [dim] *vi/t* **I.** *vi* potamnjeti **II.** *vt* potamniti, mutiti
dime [daim] *s US* desetak, kovani novac od 10 centi | **~ novel jeftin** melodramatski roman, šund-roman; **heroes are a ~ a dozen** heroja ima koliko hoćeš
dimension [di'menʃn] *s* obujam, opseg, mjera, dimenzija
dimensional [di'menʃənl] *adj* (**~ly** *adv*) koji se tiče dimenzija, dimenzionalan
dime store ['daim'stɔː] *s* trgovina u kojoj se prodaje jeftina roba, bazar
dimeter ['dimitə] *s pros* dimetar, stih od dvije stope
dimidiate [di'midiət] *adj* prepolovljen, raspolovljen
dimidiate [di'midieit] *vt* prepoloviti, raspoloviti
diminish [di'miniʃ] *vt/i* **I.** *vt* smanjiti, umanjiti, oslabiti; *fig* poniziti; *arch* stanjiti, zašiljiti **II.** *vi* spasti, opadati, slabiti; *arch* stanjivati se, zašiljivati se | **to hide one's ~ed head** sakrivati svoju oslabljenu moć, snagu itd.; *mus* **~ed fifth** umanjena kvinta
diminishable [di'miniʃəbl] *adj* koji se može smanjiti, oslabiti
diminuendo [di,minju'endəu] *adv It mus* diminuendo, sve slabije
diminution [,dimi'njuːʃn] *s* smanjenje; sniženje; opadanje; *mus* skraćivanje vrijednosti nota
diminutive [di'minjutiv] *adj* (**~ly** *adv*) malen, majušan, sićušan; *gram* koji umanjuje, deminutivan
diminutive [di'minjutiv] *s gram* deminutiv
dimity ['dimiti] *s* vrsta jake pamučne tkanine (za zavjese i dr.)

dimorphic [daiˈmɔːfik] *adj bot zool chem & minr* koji se javlja u dva različita oblika, dimorfan
dimorphism [daiˈmɔːfizəm] *s biol minr* dimorfizam
dimple [ˈdimpl] *s* jamica (na obrazu, bradi); mreškanje (na površini vode)
dimple [ˈdimpl] *vt/i* **I.** *vt* načiniti jamice, namreškati **II.** *vi* dobiti jamice, namreškati se
dimply [ˈdimpli] *adj* pun jamica
dim wit [ˈdimwit] *s sl* budala, tupavac
din [din] *s* buka, galama, zveket, štropot
din [din] *vt/i* **I.** *vt* izazivati buku, galamu, zveket, štropot **II.** *vi* zvečati, ječati, oriti se, zaglušno tutnjiti | **to ~ into a p's ears** tuliti nekomu u uši, neprestano komu ponavljati istu stvar
dinar [ˈdiːnaː] *s* dinar
dinaric [diˈnærik] *adj* dinarski | **Dinaric Alps** Dinarske Alpe; **~ race** dinarska rasa
dine [dain] *vi/t* 1. objedovati, ručati, večerati 2. pogostiti, nahraniti, dati komu ručak, imati koga na večeri | **to ~ out** večerati (ručati) izvan kuće; **to ~ off cold meat** imati za ručak hladno meso; **to ~ with Duke Humphrey** biti bez ručka, nemati što za jelo
diner [ˈdainə] *s* onaj koji objeduje, gost na ručku; *rly* vagon restoran, kola za ručavanje; mala restauracija
diner-out [ˈdainəraut] *s* onaj koji često ruča izvan kuće, koji često objeduje kao gost
dinette [daiˈnet] *s* odjeljak koji služi kao blagovaonica; namještaj za takav odjeljak
ding [diŋ] *vi/t* **I.** *vi* zvoniti, zvučati, ječati, oriti se, razlijegati se **II.** *vt* bubnuti, tresnuti, udariti, oboriti; utuviti, neprestano ponavljati | **to ~ into a p's ears** trubiti komu u uši
dingdong [ˌdiŋˈdɔŋ] *s* bim-bam, din-don (izmjenični udarci zvona); zvonjava
dingdong [ˌdiŋˈdɔŋ] *adv* u jednoličnom ritmu, bim-bam; *fig* zaglušujući, zaglušno
dingdong [ˌdiŋˈdɔŋ] *adj* zaglušan, jak | **~ race** utrka, u kojoj je sad jedan, sad drugi u prednosti
dinghy (dingey) [ˈdiŋgi] *s mar* mali čamac, čun, čamac za spasavanje (za napuhivanje)
dingle [ˈdiŋgl] *s* duboka dolina, prodol, udolina
dingo [ˈdiŋgəu] *s* divlji ili poludivlji australski pas, dingo
dingy [ˈdiŋdʒi] *adj* (**dingily** *adv*) prljav, nečista izgleda, otrcane boje, prljavosmeđ, taman, moralno prljav, ozloglašen | **~ Christian** mulat
dining-car [ˈdainiŋkaː] *s rly* vagon-restoran, kola za ručavanje
dining-room [ˈdainiŋrum] *s* blagovaonica, jedaća soba
dinkey [ˈdiŋki] *s rly coll* manevrirka, katica
dinky [ˈdiŋki] *adj coll* zgodan, pristao, lijep, privlačan
dinner [ˈdinə] *s* ručak, objed, večera (glavni obrok, o podne ili uveče) | **~ without grace** spolni odnos prije vjenčanja
dinner-bell [ˈdinəbel] *s* zvono za ručak
dinner-jacket [ˈdinəˌdʒækit] *s* smoking
dinner-party [ˈdinəˌpaːti] *s* društvo za ručkom, gosti na objedu
dinner-service [ˈdinəˌsəːvis] *s* stolni pribor, stolno posuđe
dinner-set [ˈdinəset] *s* stolni pribor, stolno posuđe
dinner-wagon [ˈdinəˌwægən] *s rly* kola za ručavanje, vagon-restoran
dinoflagellate [dinəˈflædʒəleit] *s zool* oklopljeni bičaš
dinosaur [ˈdainəsɔː] *s zool* dinosaur
dinothere [ˈdainəθiə] *s zool* dinoterij
dint [dint] *s* utisak, uleknina, ulubina, trag udarca; *arch* udarac; *fig* sila, snaga, moć | **by ~ of** pomoću
dint [dint] *vt* usjeći, urezati, utisnuti, ulubiti, izbrazdati
diocesan [daiˈɔsisn] *s* dijecezan, dijecezanski biskup; pripadnik biskupije
diocese [ˈdaiəsis] *s* dijeceza, biskupija
diode [ˈdaiəud] *s el* dioda
dioecious [daiˈiːʃəs] *adj biol* dvodoman
diopter [daiˈɔptə] *s* diopter
dioptric [daiˈɔptrik] *adj phys* dioptrički | **~ glass** dalekozor
dioptric [daiˈɔptrik] *s phys* dioptrija
diorama [ˌdaiəˈraːmə] *s* diorama; izložak koji prikazuje kakvu životinju i njezinu tipičnu okolinu
dioramic [ˌdaiəˈræmik] *adj* dioramički
dioxide [daiˈɔksaid] *s chem* dioksid, dvokis
dip [dip] *vt/i* **I.** *vt* 1. umočiti (*in, into* u); zagnjuriti, uroniti; navlažiti 2. obojiti 3. crpsti (*from, out of* iz) 4. spustiti (zastavu na pozdrav) **II.** *vi* roniti, zaroniti (*in, into, under* u, pod) utonuti (*below* pod); zapasti (u dugove); upustiti se; zanimati se čime; nagibati se; zaviriti | **to ~ one's pen in gall** žučljivo pisati; **to ~ into one's purse** duboko posegnuti u džep; **the sun ~s below horizon** sunce tone za obzorje; **to ~ into the future** zaviriti u budućnost; **the road ~s** cesta se spušta, ide nizbrdo; **to ~ garment** nanovo obojiti odijelo; **to ~ sheep** očistiti ovce od gamadi (u kupki); **to ~ a flag** spustiti i dignuti zastavu na pozdrav
dip [dip] *s* umakanje; ronjenje; zagnjurenje, kratka kupelj; nagib, nagibanje; spuštanje; *geol* pad geoloških slojeva; udubina, udubljenje; *cul* umak; *sl* džepar; džeparstvo | **the ~ of the compass** inklinacija magnetske igle; **the ~ of the**

horizon depresija horizonta; **to have a ~ in the sea** malo se okupati u moru, skočiti načas u more; **a ~ in prices** pad cijena

dip-candle [ˈdipˌkændl] *s* lojanica (svijeća)

diphtheria [difˈθiəriə] *s med* difterija

diphthong [ˈdifθɔŋ] *s* dvoglas, diftong

diphthongization [ˌdifθɔŋgaiˈzeiʃn] *s* diftongiranje, pretvaranje u dvoglas

diphthongize [ˈdifθɔŋgaiz] *vt/i* diftongirati (se), pretvoriti (se) u dvoglas

diploid [ˈdiplɔid] *adj biol* diploidan

diploma [diˈpləumə] *s* diploma, povelja, isprava

diplomacy [diˈpləuməsi] *s* diplomacija

diplomat [ˈdipləmæt] *s* diplomat

diplomatic [ˌdipləˈmætik] *adj* (**~ally** *adv*) diplomatski | **~ body** diplomatski zbor (kor); **~ immunity** diplomatski imunitet

diplomatic [ˌdipləˈmætik] *s* diplomat | **~s** *pl* diplomatika, znanost o poveljama

diplomatist [diˈpləumətist] *s* diplomat

diplomatize [diˈpləumətaiz] *vi* zanimati se diplomacijom, diplomatski postupati

dip-needle [ˈdipˌniːdl] *s* → **dipping-needle**

dip-net [ˈdipnet] *s* mala ribarska mreža na dugoj motki

dipper [ˈdipə] *s* ronilac; *ornith* brljak, vodeni kos; svjećar, prekupac; zajimača, ispolac, palj | *US fam* **the Dipper** zviježđe Velikog (ili Malog) Medvjeda

dipping-needle [ˈdipiŋˌniːdl] *s mar* inklinaciona magnetska igla

dippy [ˈdipi] *adj sl* lud, udaren

dipsomania [ˌdipsəuˈmeinjə] *s med* dipsomanija, bolest pijanstva, alkoholizam

dipsomaniac [ˌdipsəuˈmeiniæk] *s med* dipsoman, teški alkoholičar

diptych [ˈdiptik] *s* diptih, diptihon

dire [ˈdaiə] *adj* strašan, užasan, grozan; zlosretan | **~ sisters** furije

direct [diˈrekt] *vt/i* **I.** *vt* 1. upraviti, usmjeriti, uputiti (*to* komu, na koga); nasloviti (*to, towards* komu) 2. uperiti, okrenuti (*at* na, u) 3. upravljati, voditi 4. raspolagati; narediti, zapovjediti, propisati **II.** *vi* narediti, zapovjediti (*that* da) | **as ~ed** prema uputi; **to be ~ed to** biti okrenut (prema); **to ~ a p** pokazati komu put

direct [diˈrekt] *adj* ravan, izravan; *gram* upravni; neposredan, otvoren, jasan; osobni, specifični | **~ taxes** izravni porezi; **~ hit** pun pogodak; **~ current** *el* istosmjerna struja

direct [diˈrekt] *adv* ravno, izravno; neposredno; otvoreno, bez uvijanja

directing-post [diˈrektiŋˈpəust] *s* putokaz

direction [diˈrekʃən] *s* 1. upravljanje, uprava, ravnateljstvo, direkcija; vodstvo 2. uputa 3. smjer 4. uredba; propis, pravilo; nalog, zapovijed 5. naslov, adresa | **in the ~ of** u smjeru, u pravcu prema; **~s for use** uputa za upotrebu

directional [diˈrekʃənl] *adj* usmjeren (antena i sl.)

directive [diˈrektiv] *adj* upravni, koji upravlja, vodi, upućuje

directive [diˈrektiv] *s* direktiva

directly [diˈrektli] *adv* odmah; *coll* čim; upravo; ravno, izravno, neposredno

directness [diˈrektnis] *s* (ravni) smjer; *fig* ispravnost, poštenje, čestitost, otvorenost, iskrenost; neposrednost, izravnost

director [diˈrektə] *s* upravitelj, ravnatelj, upravnik, član upravnog odbora; vođa; direktor; ispovjednik; savjetovalac, učitelj; *film* režiser; pravilo, smjernica; *fig* putokaz | **board of ~s** uprava, upravno vijeće, upravni odbor, predsjedništvo, direkcija

directorate [diˈrektərət] *s* ravnateljstvo, upravništvo, upraviteljstvo; direktorij

directorial [ˌdirəkˈtɔːriəl] *adj* koji vodi, upućuje

directory [diˈrektəri] *adj* koji upravlja, vodi, upućuje, savjetuje, uređuje, propisuje

directory [diˈrektəri] *s* uputa, priručnik, udžbenik; *fig* putokaz; knjiga adresa, adresar, imenik; upraviteljstvo; direktorij

directress [diˈrektris] *s* upraviteljica, ravnateljica, nadstojnica, direktrisa

directrix [diˈrektriks] *s* → **directress**

direful [ˈdaiəful] *adj* (**~ly** *adv*) grozan, užasan, strašan, strahovit; gadan

dirge [dəːdʒ] *s* pogrebna pjesma, tužaljka, naricaljka

dirigible [ˈdiridʒəbl] *adj* (**dirigibly** *adv*) kojim se može upravljati

dirigible [ˈdiridʒəbl] *s* upravljivi zrakoplov, zračna lađa, cepelin

diriment [ˈdirimənt] *adj* koji poništava | **~ impediment** zapreka koja brak čini ništetnim

dirk [dəːk] *s* bodež, nož (škotskih gorštaka)

dirk [dəːk] *vt* probosti (bodežom ili nožem), proburaziti

dirt [dəːt] *s* nečist, blato, kal, prljavština; balega, pogan; zemlja, tlo; nepristojnost, svinjarija, prostota; nepristojno izražavanje; bezvrijedna stvar | **~ pie** kolač od blata (u dječjoj igri); **yellow ~** zlato; *fig* **to fling ~, to throw ~** nabacivati se blatom, oklevetati; **to eat ~** progutati uvredu; *US* **~ farmer** farmer koji sam obrađuje svoju zemlju; *US* **~ road** meka cesta, koja nije makadamizirana; *US min* **pay ~** zlatom bogata zemlja; **as cheap as ~** gotovo badava, u bescjenje

dirt-cheap [ˌdəːtˈtʃiːp] *adj* vrlo jeftin, gotovo badava

dirtiness [ˈdəːtinis] *s* prljavština; prostota

dirt-track [ˈdəːttræk] *s sport* mekano trkalište nasuto lešom, pepelom | **~ racing** speedway

dirty [ˈdəːti] *adj* (**dirtily** *adv*) prljav, zamazan, nečist, blatan; gadan, sramotan, prostački | *lit* & *fig* ~ **work** prljav posao; **to do the ~ on a p** s nekim prostački postupati; **to do a p's ~ work for him** obavljati mjesto koga neprijatne, teške poslove; **a ~ shame** prava sramota

dirty [ˈdəːti] *vi* (za)prljati, blatiti, okaljati; osramotiti

Dirty Allan [ˈdəːtiˈælən] *s ornith* dugorepi otimač *(Stercorarius parasitiens)*

disability [ˌdisəˈbiliti] *s* nesposobnost, nemoć, slabost; *jur* pravna nesposobnost (za što)

disable [disˈeibl] *vt* onesposobiti, učiniti nesposobnim, neupotrebljivim (*to do, from doing, for work*); oslabiti, uništiti; spriječiti; *jur* učiniti pravno nesposobnim; *mil* izbaciti iz stroja

disabled [disˈeibld] *adj* nesposoban; sakat | ~ **ex-soldier** ratni vojni invalid

disablement [disˈeiblmənt] *s* onesposobljenje, nesposobnost, radna nesposobnost, slabost, nemoćnost; zakonska zapreka

disabuse [ˌdisəˈbjuːz] *vt* otvoriti komu oči, pokazati istinu, lišiti zablude, razuvjeriti, uputiti | **to ~ oneself** otresti se zablude; **to ~ one's mind of a th** uvidjeti istinitost čega

disaccord [ˌdisəˈkɔːd] *s* nesklad, razilaženje (u mišljenju), neslaganje

disaccord [ˌdisəˈkɔːd] *vi* ne slagati se, razilaziti se (u mišljenju)

disaccustom [ˌdisəˈkʌstəm] *vt* odučiti

disadvantage [ˌdisədˈvaːntidʒ] *s* šteta, gubitak, škoda, kvar, uštrb; nedostatak; nepovoljan položaj | **to labour under a ~, to be at a ~** biti u nepovoljnom položaju; **to sell goods to ~** prodavati robu s gubitkom; **to take a p at a ~** iskoristiti čiji nepovoljan položaj; **under a ~** u slabijem položaju

disadvantage [ˌdisədˈvaːntidʒ] *vt* oštetiti, naškoditi

disadvantageous [ˌdisædvaːnˈteidʒəs] *adj* (~**ly** *adv*) nepovoljan, štetan, nauštrb, protivan

disaffect [ˌdisəˈfekt] *vt* otuđiti, učiniti nezadovoljnim

disaffected [ˌdisəˈfektid] *adj* (~**ly** *adv*) nezadovoljan, nesklon, tuđ, neprijateljski

disaffection [ˌdisəˈfekʃən] *s* nezadovoljstvo; nenaklonost; otuđenje; nevjera, nelojalnost

disaffirm [ˌdisəˈfəːm] *vt* poricati, nijekati; *jur* opozvati; ukinuti, poništiti, pobiti, oboriti

disaforrest [ˌdisəˈfɔrist] *vt jur* oduzeti (šumi) zakonski karakter šumskog područja i proglasiti običnom zemljom

disagree [ˌdisəˈgriː] *vi* ne slagati se, ne podudarati se (*with* sa); razlikovati se (*with* od); poricati, proturječiti, kositi se, protiviti se; svađati se, prepirati se; ne pristajati; ne prijati; škoditi, nauditi; (o hrani) ne činiti dobro (*with a p* komu)

disagreeable [ˌdisəˈgriəbl] *adj* (**disagreeably** *adv*) neugodan, neprilićan, nezgodan, neprijatan, nemio; odbojan

disagreement [ˌdisəˈgriːmənt] *s* nesklad, neslaganje, nesloga, protivnost; svađa; razilaženje, razmimoilaženje (u mišljenju)

disallow [ˌdisəˈlau] *vt* ne dopustiti, zabaciti, osuditi, zabraniti, uskratiti

disappear [ˌdisəˈpiə] *vi* nestati, iščeznuti

disappearance [ˌdisəˈpiərəns] *s* iščeznuće, nestanak

disappoint [ˌdisəˈpɔint] *vt* razočarati; prevariti, izdati (nada); zavarati, ne izvršiti; osujetiti | **to ~ a p** ostaviti koga na cjedilu, ne održati riječ

disappointed [ˌdisəˈpɔintid] *adj* (~**ly** *adv*) razočaran (*at, in, of, with*) | **agreeably ~** ugodno iznenađen

disappointing [ˌdisəˈpɔintiŋ] *adj* (~**ly** *adv*) koji razočarava, koji se ne ostvaruje, koji se izjalovljuje

disappointment [ˌdisəˈpɔintmənt] *s* razočaranje; neuspjeh; osujećenje; neprilika, nezadovoljstvo | **to meet with a ~** doživjeti razočaranje, razočarati se

disapprobation [ˌdisæprəˈbeiʃn] *s* neodobravanje, osuđivanje, osuda

disapproval [ˌdisəˈpruːvəl] *s* neodobravanje; osuda

disapprove [ˌdisəˈpruːv] *vt/i* ne odobravati, kuditi, zamjeriti (komu što); osuđivati; zabaciti; negodovati

disarm [disˈaːm] *vt/i* **I.** *vt* razoružati; raspremiti (brod itd.); skidati (skele); *fig* učiniti neškodljivim, ublažiti, umiriti; osvojiti (nekoga tko je bio neprijateljski raspoložen) **II.** *vi mil* razoružavati se

disarmament [disˈaːməmənt] *s* razoružanje (vojske); osprema (broda), skidanje (skela)

disarming [disˈaːmiŋ] *adj* koji osvaja, koji razoružava

disarrange [ˌdisəˈreindʒ] *vt* poremetiti, pobrkati

disarrangement [ˌdisəˈreindʒmənt] *s* nered, zbrka, poremećenje

disarray [ˈdisəˈrei] *s* nered, zbrka, pometenost; neuredna odjeća; nedovoljna odjeća, djelomična razodjevenost

disarray [ˌdisəˈrei] *vt/i* poremetiti, pobrkati, pomrsiti, unijeti nered; *poet* razodjenuti, svući; *mil* dovesti u nered, rastjerati (vojsku)

disarticulate [ˌdisaːˈtikjuleit] *vt* raščlaniti, razglobiti, rastaviti; iščašiti

disaster [diˈzaːstə] *s* velika nesreća, propast, katastrofa

disastrous [diˈzaːstrəs] *adj* (~**ly** *adv*) strašan, koban, poguban, katastrofalan

disavow [ˌdisəˈvau] *vt* zatajiti, zanijekati, poreći, odreći se, ne odobriti, osuditi; ne priznavati

disavowal [ˌdisəˈvauəl] *s* nijekanje, poricanje, odricanje, nepriznavanje, neprimanje, neuvažavanje, neodobravanje
disband [disˈbænd] *vt/i* raspustiti; razići se
disbandment [disˈbændmənt] *s* raspuštanje
disbar [disˈbaː] *vt jur* oduzeti pravo plediranja (odvjetniku)
disbelief [ˌdisbiˈliːf] *s* sumnja, nevjerovanje
disbelieve [ˌdisbiˈliːv] *vt/i* ne vjerovati, sumnjati
disbench [disˈbentʃ] *vt jur* lišiti odvjetništva, isključiti iz redova odvjetnika
disbranch [disˈbraːnʃ] *vt* okljaštriti, okresati (grane)
disbud [disˈbʌd] *vt agr* otkidati (suvišne) pupoljke, izdanke, mladice
disburden [disˈbəːdn] *vt* oteretiti, rastovariti, rasteretiti; istovariti; olakšati | **to ~ one's mind (heart)** izjadati se komu, olakšati dušu
disburse [disˈbəːs] *vt/i* izdavati, trošiti; isplatiti
disbursement [disˈbəːsmənt] *s* izdatak, trošak; isplata
disc [disk] *s* → **disk**
discard [disˈkaːd] *vt/i* izbaciti (igraću kartu); *fig* odbaciti; odložiti; ostaviti; otpustiti
discard [ˈdiskaːd] *s* odbacivanje (karata iz igre); odložene karte, talon
discarnate [disˈkaːnit] *adj* lišen mesa; bestjelesan
discern [diˈsəːn] *vt/i* **I.** *vt* razabrati, razaznati, lučiti, raspoznati **II.** *vi* prosuditi, razlikovati
discernible [diˈsəːnəbl] *adj* (**discernibly** *adv*) koji se može razabrati, razaznati, razlikovati; vidljiv, primjetan, razlučiv, zamjetan
discerning [diˈsəːniŋ] *adj* (**~ly** *adv*) koji razlikuje; oštrouman, razborit, razuman, oštrovidan
discernment [diˈsəːnmənt] *s* oštroumlje, raspoznavanje, razbor, rasuđivanje; dar opažanja
discharge [disˈtʃaːdʒ] *vt/i* **I.** *vt* 1. *mar* istovariti, iskrcati 2. isprazniti; olakšati, rasteretiti 3. riješiti, osloboditi 4. isplatiti, namiriti; otpustiti, odriješiti (obaveze) 5. *mil* ispaliti (vatreno oružje) 6. iskaliti 7. vršiti, izvršiti, ispuniti; učiniti; udaljiti 8. *jur* ukinuti, poništiti, opozvati, razriješiti (obaveze), odriješiti (od optužbe) 9. ispuštati, izbacivati 10. ukloniti boju (iz tkanine) 11. *com* iskupiti (mjenicu) 12. *med* izlučivati (gnoj) **II.** *vi* izlijevati se, utjecati (*into* u); rasteretiti se; *mil* otvoriti paljbu | **to ~ a bankrupt** osloboditi daljnjih obaveza onoga koji je pao pod stečaj, rehabilitirati ga; **to ~ a bill** iskupiti mjenicu; **the river ~s itself** rijeka utječe, izlijeva se; **he was ~d on a charge of theft** bio je riješen optužbe zbog krađe; **to ~ oneself of** riješiti se
discharge [disˈtʃaːdʒ] *s* iskrcavanje, istovarivanje; *fig* olakšanje, istjecanje; *com* namirenje, namira; rasterećenje; rješenje; *jur* oslobođenje; iskup, otkup; otpust, odrješenje; *mil* paljba, vatra, salva; *el* izbijanje; *med* istjecanje gnoja | **a ~ of arrows** kiša strelica; *com* **in ~ of** za isplatu, za namirenje
discharger [disˈtʃaːdʒə] *s* istovarivač, iskrcavač; osloboditelj; *el & phys* ispražnjivač, odvodnik
discharging-expenses [disˈtʃaːdʒiŋiksˈpensiz] *s pl* troškovi istovara
discharging-plant [disˈtʃaːdʒiŋplaːnt] *s* uređaj za iskrcavanje
disc-harrow [ˈdiskˌhærəu] *s* tanjurača
disciple [diˈsaipl] *s* učenik, sljedbenik
disciplinarian [ˌdisipliˈnɛəriən] *s* onaj koji održava red, disciplinu; *hist eccl* puritanac, pristaša prezbiterijanskih načela
disciplinary [ˈdisiplinəri] *adj* disciplinski, disciplinarni
discipline [ˈdisiplin] *s* stega, zapt, red, disciplina; znanost; predmet, struka; *hist eccl* bič; mučenje tijela; kazna
discipline [ˈdisiplin] *vt* naviknuti na red, držati u zaptu; disciplinirati; poučavati, odgajati; ukrotiti; kazniti; *eccl* bičevati, mučiti tijelo, trapiti
discipular [diˈsipjulə] *adj* učenički; sljedbenički
disc-jockey [ˈdiskˌdʒɔki] *s* disk-džokej, voditelj emisije zabavne glazbe na pločama
disclaim [disˈkleim] *vt/i* odreći se; napustiti; zatajiti, zanijekati, ne priznati
disclaimer [disˈkleimə] *s* onaj koji se odriče; čin odricanja, odreknuće; opovrgnuće, demanti
disclose [disˈkləuz] *vt* otkriti, pokazati, iznijeti na vidjelo; odati; očitovati, obznaniti
disclosure [disˈkləuʒə] *s* otkriće, odavanje; očitovanje, objavljenje; priopćenje
discolour (discolor) [disˈkʌlə] *vt/i* **I.** *vt* promijeniti boju, umrljati; nagrditi, iznakaziti **II.** *vi* izblijedjeti, izgubiti boju
discolouration (discoloration) [disˌkʌləˈreiʃn] *s* blijeđenje, gubljenje boje, mijenjanje boje; pjega, mrlja, izblijedjelo mjesto; nagrđenje
discomfit [disˈkʌmfit] *vt* razbiti, poraziti, potući; rastjerati; smesti, zbuniti; osujetiti
discomfiture [disˈkʌmfitʃə] *s* poraz, propast; osujećenje; zbunjenost
discomfort [disˈkʌmʃət] *s* neugodnost, neudobnost; nelagodnost, tjeskoba, nemir | **abdominal ~** trbobolja
discomfort [disˈkʌmʃət] *vt* uznemiriti; obeshrabriti, ubiti volju; biti neugodan

discommode [ˌdiskəˈməud] *vt* smetati, dosađivati, uznemirivati
discommon [disˈkɔmən] *vt* lišiti (općinskih itd.) prava, povlastica; zatvoriti za javnost (općinsko zemljište)
discommons [disˈkɔmənz] *vt* staviti pod zabranu; ozloglasiti (trgovca); oduzeti povlastice (na hranu članu koledža)
discompose [ˌdiskəmˈpəuz] *vt* poremetiti, pobrkati; uznemiriti, smesti, buniti; uzrujati, naljutiti
discomposure [ˌdiskəmˈpəuʒə] *s* nered, poremećaj; uznemirenost, nemir; smetenost, zbunjenost, uzrujanost
disconcert [ˌdiskənˈsəːt] *vt* zbuniti, smesti, smutiti, uzrujati; osujetiti
disconnect [ˌdiskəˈnekt] *vt* rastaviti (*from* od), prekinuti spoj, vezu (*with* sa); *el* isključiti, iskopčati
disconnected [ˌdiskəˈnektid] *adj* (**~ly** *adv*) rastavljen, prekinut; bez veze, bez spoja; isprekidan, nesuvisao; *el* isključen, prekinut
disconnection (**disconnexion**) [ˌdiskəˈnekʃən] *s* rastavljenost, prekid spoja, veze; nepovezanost, nesuvislost
disconsolate [disˈkɔnsəlit] *adj* (**~ly** *adv*) neutješan, žalostan, izgubljen, nesretan, razočaran
discontent [ˌdiskənˈtent] *s* nezadovoljstvo (*at, with* kime ili čime)
discontent [ˌdiskənˈtent] *adj* (**~ly** *adv*) nezadovoljan (*with* čim, kim)
discontented [ˌdiskənˈtentid] *adj* (**~ly** *adv*) nezadovoljan
discontentment [ˌdiskənˈtentmənt] *s* nezadovoljstvo
discontinuance [ˌdiskənˈtinjuəns] *s* prekid, prestanak, obustava
discontinue [ˌdiskənˈtinju] *vt/i* **I.** *vt* prekinuti, obustaviti, otkazati (npr. pretplatu), napustiti **II.** *vi* prestati, zastati, prekinuti se
discontinuity [ˌdiskɔntiˈnjuːəti] *s* prekid; isprekidanost; praznina, zijev
discontinuous [ˌdiskənˈtinjuəs] *adj* (**~ly** *adv*) prekinut, nepovezan, nesuvisao, isprekidan; *arch* koji zjapi (ponor, rana)
discord [ˈdiskɔːd] *s* nesloga, svađa, razdor, nesklad | **to be at ~ with** biti u suprotnosti (sa)
discord [diˈskɔːd] *vi* ne slagati se, svađati se (*with* sa); razlikovati se (*from* od); biti neskladan, nesložan, nemilozvučan, disonantan
discordance [diˈskɔːdəns] *s* nesklad, razilaženje
discordant [diˈskɔːdənt] *adj* (**~ly** *adv*) (*to, from, with*) nesložan, neskladan, protivan, koji se razilaze (mišljenja i sl.); disonantan
discothèque [ˈdiskəutek] *s* disko-klub
discount [ˈdiskaunt] *s com* odbitak, popust; odračunavanje, diskont; rabat; skonto; eskontiranje | **at a ~** uz gubitak; uz popust, po sniženoj cijeni; *fig* na maloj cijeni; **to be at a ~** biti niži, ispod al pari; *fig* ne biti voljen, poštovan, popularan; **to allow ~** odobriti popust, rabat; **above prices are subject to ~** na gornje cijene odobrava se popust; **to take bills on ~** diskontirati mjenice; **~ for cash** kasa-skonto, popust za plaćanje u gotovu; **~ store** trgovina s nižim cijenama
discount [ˈdiskaunt] *vt com* odračunati, odbiti, popustiti; svesti na pravu mjeru; eskontirati, diskontirati; *fig* umanjiti; primati s rezervom, samo djelomice vjerovati | **~ed bill** diskontirana mjenica
discountable [diˈskauntəbl] *adj* koji se može diskontirati, eskontirati
discountenance [diˈskauntinəns] *s* neodobravanje, negodovanje, obeshrabljenje
discountenance [diˈskauntinəns] *vt* ne odobravati, negodovati; obeshrabriti, smesti; braniti; odvraćati; priječiti
discounting [diˈskauntiŋ] *s com* eskontiranje; diskontiranje
discount-rate [ˈdiskauntˈreit] *s* diskontna stopa
discourage [disˈkʌridʒ] *vt* (*from*) obeshrabriti, učiniti malodušnim; odvratiti, odgovarati, destimulirati
discouragement [disˈkʌridʒmənt] *s* obeshrabljenje; odvraćanje, plašenje; malodušnost; zapreka, teškoća
discouraging [disˈkʌridʒiŋ] *adj* (**~ly** *adv*) koji plaši, odvraća, obeshrabljuje, oduzima volju
discourse [ˈdiskɔːs] *s* razgovor, govor; rasprava, raspravljanje, predavanje, propovijed; saopćenje; općenje
discourse [disˈkɔːs] *vt* (*upon, of, about*) govoriti, razgovarati; raspravljati; predavati; *mus* izvoditi
discourteous [disˈkəːtiəs] *adj* (**~ly** *adv*) neuljudan, neučtiv
discourtesy [disˈkəːtisi] *s* neuljudnost, neučtivost
discover [disˈkʌvə] *vt* otkriti; pronaći, izumjeti; opaziti; odati; uvidjeti, ustanoviti
discoverable [disˈkʌvərəbl] *adj* koji se može otkriti, izumjeti; vidljiv
discoverer [disˈkʌvərə] *s* otkrivač, obretnik, pronalazač, izumitelj
discovery [disˈkʌvəri] *s* otkriće
discredit [disˈkredit] *s* zao glas, gubitak ugleda ili poštovanja; nepovjerenje, nevjerica, sumnja; sramota | **to bring ~ on a p, to bring a p into ~** nekoga diskreditirati, ozloglasiti; **to throw ~ on a th** baciti na što loše svjetlo
discredit [disˈkredit] *vt* ne vjerovati, sumnjati; ozloglasiti, nauditi ugledu; diskreditirati
discreditable [disˈkreditəbl] *adj* (**discreditably** *adv*) sramotan, nečastan, pogrdan

discreet [dis'kri:t] *adj* (**~ly** *adv*) oprezan, odmjeren, koji čuva tajnu; pametan, razborit, promišljen, diskretan
discrepancy [dis'krepənsi] *s* nesuglasnost, nesuglasje, nesklad, neslaganje, protuslovlje, protivnost, razilaženje (u mišljenju i postupanju)
discrepant [dis'krepənt] *adj* (**~ly** *adv*) proturječan, nesuglasan
discrete [dis'kri:t] *adj* (**~ly** *adv*) odijeljen, zaseban
discretion [dis'kreʃn] *s* oprez, razboritost; promišljenost; rasuđivanje; uviđavnost, obzir; uljudnost; sloboda odluke; oprezna šutljivost; nahođenje | **~ is the better part of valour** bolje je živjeti kao kukavica nego poginuti kao junak; **it is at your ~** na volju vam je; **at ~** prema nahođenju; **surrender at ~** predati se na milost i nemilost; **age of ~, years of ~** punoljetnost, godine razboritosti; **it is within your ~ to do** na volju ti je da to učiniš; **to use one's own ~** raditi po vlastitom nahođenju; **the instructions leave me a wide ~** upute mi ostavljaju veliku slobodu; **to act with ~** postupati s taktom
discretional [dis'kreʃnl] (**~ly** *adv*) → **discretionary**
discretionary [dis'kreʃnəri] *adj* (**discretionarily** *adv*) na volju, diskrecioni
discriminate [dis'kriminit] *adj* (**~ly** *adv*) koji razlikuje, pravi razliku, zamjećuje razliku
discriminate [dis'krimineit] *vt/i* lučiti (*from* od); razlikovati, praviti razliku (*between* između), biti pristran (*against* protiv)
discriminating [dis'krimineitiŋ] *adj* (**~ly** *adv*) koji luči; profinjen; diskriminativan, diferencijalan | **~ duty, rate** diferencijalna carina, stopa
discrimination [dis,krimi'neiʃn] *s* razlikovanje, razlika, lučenje, odabiranje; pristranost, diskriminacija
discriminative [dis'kriminətiv] *adj* (**~ly** *adv*) koji luči, razlikuje; profinjen; značajan, istaknut; diskriminativan, diskriminatoran (*against* prema)
discriminator [dis'krimineitə] *s* onaj koji razlikuje, luči; ocjenjivač
discriminatory [dis'kriminətəri] *adj* → **discriminative**
discursion [dis'kə:ʃn] *s* tumaranje, lutanje, zastranjivanje, udaljavanje; potresanje, raspravljanje, zaključivanje
discursive [dis'kə:siv] *adj* (**~ly** *adv*) koji tumara, luta; nestalan, koji se udaljuje od predmeta, nesuvisao; koji pretresa, raspravlja, zaključuje, sudi
discursiveness [dis'kə:sivnis] *s* udaljavanje od predmeta (razgovora)
discus ['diskəs] *s* (*pl* **disci** ['diskai]) *Lat* disk, okrugla ploča, kolut, kotur
discuss [dis'kʌs] *vt* pretresati, raspravljati o čemu, raspraviti, diskutirati; *fam* s uživanjem pomalo jesti ili piti, kušati
discussible [dis'kʌsəbl] *adj* o kom ili o čem se može raspravljati, prijeporan, sumnjiv, nesiguran
discussion [dis'kʌʃn] *s* razglabanje, pretresanje, raspravljanje, diskusija | **to enter into ~, to enter upon ~** upustiti se u raspravu, diskusiju; **the question is still under ~** o tom se pitanju još raspravlja
disdain [dis'dein] *s* prezir, preziranje, omalovažavanje
disdain [dis'dein] *vt* prezirati, smatrati što ispod svoje časti, s prezirom odbiti
disdainful [dis'deinful] *adj* (**~ly** *adv*) prezriv; koji prezire, ohol, bahat
disease [di'zi:z] *s* bolest
diseased [di'zi:zd] *adj* bolestan
disembark [,disim'ba:k] *vt/i* **I.** *vt* iskrcati, istovariti **II.** *vt* iskrcati se
disembarkation [,disemba:'keiʃn] *s* iskrcavanje, istovarivanje
disembarrass [,disim'bærəs] *vt* osloboditi, izbaviti (iz neprilike, teškoća i dr.); riješiti se
disembarrassment [,disim'bærəsmənt] *s* oslobođenje, izbavljenje (iz neprilike i dr.)
disembodied [,disim'bɔdid] *adj* bestjelesan
disembodiment [,disim'bɔdimənt] *s* oslobođenje od tijela, rastavljanje od stvarnoga; *mil* raspust (vojske)
disembody [,disim'bɔdi] *vt* lišiti tijela; prekinuti vezu sa stvarnim; *mil* raspustiti (vojsku)
disembogue [,disim'bəug] *vt/i* **I.** *vt* izbaciti, izliti, isprazniti **II.** *vi* istjecati, izlijevati se, izlaziti
disembosom [,disim'buzəm] *vt/i* **I.** *vt* skinuti s prsiju; otkriti, razotkriti, olakšati savjest **II.** *vi* povjeriti se, izjadati se
disembowel [,disim'bauəl] *vt* izvaditi utrobu
disembroil [,disim'brɔil] *vt* izvući, razmrsiti, izbaviti, spasiti (iz neprilike)
disenchant [,disin'tʃa:nt] *vt* razočarati, raspršiti iluzije, otrijezniti, otvoriti komu oči
disenchantment [,disin'tʃa:ntmənt] *s* oslobođenje od čara, iluzije; razočaranje, otrežnjenje
disencumber [,disin'kʌmbə] *vt* rasteretiti, osloboditi, riješiti
disendow [,disin'dau] *vt* lišiti zaklade
disendowment [,disin'daumənt] *s* oduzimanje zaklade
disenfranchise [,disin'fræntʃaiz] *vt* oduzeti pravo glasa, lišiti građanskog prava; oduzeti gradu municipalne povlastice
disengage [,disin'geidʒ] *vt/i* **I.** *vt* (*from*) osloboditi, odriješiti, razmrsiti; izvući; dezangažirati; iskvačiti **II.** *vi* odvojiti se, rastaviti se, osloboditi se

disengaged [ˌdisinˈgeidʒd] *adj* slobodan, nezauzet, nevezan; oslobođen; iskvačen
disengagement [ˌdisinˈgeidʒmənt] *s* oslobođenje, rješenje, nezauzetost, nevezanost, neobavezanost; dokonost; iskvačenje
disentail [ˌdisinˈteil] *vt jur* ukinuti nasljednost (baštine)
disentangle [ˌdisinˈtæŋgl] *vt/i* **I.** *vt* osloboditi, izvući, odmotati, razmrsiti, razriješiti, odriješiti **II.** *vi* izvući se, osloboditi se
disentanglement [ˌdisinˈtæŋglmənt] *s* oslobođenje, rješenje, razmršenje
disenthral [ˌdisinˈθrɔːl]* *vt* osloboditi ropstva, ugnjetavanja
disenthralment [ˌdisinˈθrɔːlmənt] *s* oslobođenje od ropstva, ugnjetavanja
disentitle [ˌdisinˈtaitl] *vt* lišiti prava, oduzeti naslov
disentomb [ˌdisinˈtuːm] *vt* iskopati iz groba, ekshumirati; *fig* iskopati, iznijeti na vidjelo, otkriti
disequilibrium [ˌdisekwiˈlibriəm] *s* neravnoteža, neuravnoteženost
disestablish [ˌdisisˈtæbliʃ] *vt* lišiti (ustanovu) službenog položaja, učiniti neslužbenim; odvojiti (crkvu) od države
disestablishment [ˌdisisˈtæbliʃmənt] *s* oduzimanje službenog, državnog položaja (ustanovi), odvajanje crkve od države
disfavour [ˌdisˈfeivə] *s* nemilost, nenaklonost, neomiljenost, neodobravanje | **fall into ~** pasti u nemilost; **to be in ~** biti u nemilosti
disfavour [ˌdisˈfeivə] *vt* nemilostivo postupati, zapostavljati, vrijeđati, kuditi, uskratiti sklonost, ne odobravati
disfiguration [disˌfigjuəˈreiʃn] *s* izobličenje, iznakaženje, nagrđivanje, nagrda
disfigure [disˈfigə] *vt* izobličiti, nagrditi, iznakaziti
disfigurement [disˈfigəmənt] *s* izobličenje, unakaženje, nagrda
disforest [disˈfɔrist] *vt* iskrčiti (šumu); *jur* → **dissaforest**
disfranchise [ˌdisˈfræntʃaiz] *vt* lišiti (grad) povlastica; oduzeti pravo glasa
disfranchisement [disˈfræntʃizmənt] *s* oduzimanje povlastica (gradu); oduzimanje prava glasa
disfrock [disˈfrɔk] *vt* lišiti svećeničke časti, raspopiti
disgorge [disˈgɔːdʒ] *vt/i* **I.** *vt fig & lit* izbaciti, izbljuvati, izrigati, povratiti; izlijevati **II.** *vi* bljuvati, povraćati; izlijevati se, utjecati
disgrace [disˈgreis] *s* nemilost; sramota, beščašće | **in ~** u nemilosti, prezren; **to be a ~ to** biti na sramotu; **to fall into ~ with** pasti u nemilost kod (koga); **to bring ~ on a p** nanijeti sramotu komu
disgrace [disˈgreis] *vt* osramotiti, biti na sramotu, okaljati, ocrniti, obeščastiti; uskratiti komu milost | **to be ~d** pasti u nemilost
disgraceful [disˈgreisful] *adj* (**~ly** *adv*) sramotan, sraman
disgruntled [disˈgrʌntld] *adj* nezadovoljan, neraspoložen, zlovoljan, zle volje, mrzovoljan
disguise [disˈgaiz] *vt* zakrabuljiti, prerušiti, preobući; zakrinkati; sakriti; promijeniti | **to ~ oneself as** preobući se (u), maskirati se
disguise [disˈgaiz] *s* krinka, maska; zakrabuljivanje, prerušavanje; izlika, hinjenje, prikrivanje | **in ~** zakrabuljen; **a blessing in ~** sreća u nesreći; *fig & lit* **throw off one's ~** zbaciti masku; otvoreno pokazati namjere; **under the ~ of** pod izlikom
disgust [disˈgʌst] *s* (*at, for, towards, against*) gađenje, gnušanje, odvratnost, zgražanje; nesklonost, averzija | **to take a ~ at** zgražati se; **to my ~** na moje zgražanje
disgust [disˈgʌst] *vt* ogaditi, omraziti, zgaditi | **to be ~ed with (at, by)** osjećati gađenje prema čemu; **I am ~ed with your behaviour** gadi mi se tvoje ponašanje; **it ~s me** to mi se gadi
disgusted [disˈgʌstid] *adj* ogorčen, bijesan
disgustful [disˈgʌstful] *adj* (**~ly** *adv*) gadan, ogavan, odvratan, gnusan
disgusting [disˈgʌstiŋ] *adj* (**~ly** *adv*) gadan, ogavan, odvratan, gnusan
dish [diʃ] *s* zdjela; zdjela s jelom; (pojedino) jelo; zdjelica na vagi; *sl US* lijepa žena; ono što tko najviše voli | **made ~** zdjela s raznim jelima, poslasticama; **standing ~** stalno dnevno jelo; *arch* **~ of tea** šalica čaja; **~ of gossip** čavrljanje, nevezani razgovor, čašica razgovora
dish [diʃ] *vt/i* pripraviti, poslužiti, iznijeti na stol, ponuditi, servirati (jelo); izigrati, uništiti; osujetiti, pokvariti; prevariti; izdupsti; *fam* potkopati koga; pogubiti, ubiti; oboriti
dish up [ˈdiʃˈʌp] *vt lit & fig* servirati, prirediti, poslužiti, ponuditi | **to ~ a story** ispričati priču (pripravljenu u privlačivu obliku)
dishabille [ˌdisæˈbiːl] *s* nepotpuna toaleta, odjevenost samo u odjeću za spavanje, kućna haljina | **in ~** u negližeu
dishabituate [ˌdishəˈbitjueit] *vt* odučavati, odviknuti (koga od čega)
disharmonize [ˌdisˈhaːmənaiz] *vt* ne biti u skladu, ne slagati se
disharmony [ˌdisˈhaːməni] *s* nesklad
dish-cloth [ˈdiʃklɔθ] *s* krpa za pranje posuđa
dish-clout [ˈdiʃklaut] *s arch* krpa za pranje posuđa
dishearten [disˈhaːtn] *vt* lišiti srčanosti, obeshrabriti; potištiti, utući, natjerati u očaj

disherison [dis'herizn] *s* isključenje iz nasljedstva, oduzimanje baštine, razbaštinjenje
dishevel [di'ʃevl] *vt* raščupati, raskuštrati, razbarušiti, raščerupati
dishevelled [di'ʃevəld] *adj* raskuštran, raščupan, razbarušen, neuredan, zapleten; zbrkan
dishful ['diʃful] *s* koliko stane u zdjelu
dishonest [dis'ɔnist] *adj* (**~ly** *adv*) **nepošten**, nečastan; neiskren; *fig* prljav (moralno)
dishonesty [dis'ɔnisti] *s* nepoštenje
dishonour [dis'ɔnə] *s* sramota, nečasnost; *com* neplatež, nehonoriranje (čeka, mjenice i dr.)
dishonour [dis'ɔnə] *vt* osramotiti, obeščastiti; uvrijediti; s nepoštovanjem, prezirno postupati; *com* ne iskupiti, ne honorirati (mjenicu)
dishonourable [dis'ɔnərəbl] *adj* (**dishonourably** *adv*) nečastan, nepošten; sramotan
dishouse [dis'haus] *vt* lišiti stana, **kuće**, obeskućiti
dishpan ['diʃpæn] *s US* posuda za pranje posuđa
dish-rag ['diʃræg] *s US coll* krpa za pranje posuđa, sudopera
dish towel ['diʃ,tauəl] *s US* kuhinjska krpa, krpa za brisanje posuđa
dish-washer[1] ['diʃ,wɔʃə] *s ornith* pliska bijela, pastirica bijela *(Motacilla alba)*
dish-washer[2] ['diʃ,wɔʃə] *s* stroj za pranje posuđa; sudopera (osoba)
dish-water ['diʃ,wɔːtə] *s* voda od pranja posuđa, splačine, **spirine**
disillusion [,disi'luːʒn] *s* otrežnjenje, razočaranje
disillusion [,disi'luːʒn] *vt* otrijezniti, razbiti iluzije, otvoriti oči
disillusionment [,disi'luːʒənmənt] *s* otrežnjenje, razbijanje iluzija
disinclination [,disinkli'neiʃn] *s* nenaklonost, nesklonost, nevoljkost *(for, to* za, prema)
disincline [,disin'klain] *vt (for, to)* odvratiti (od), učiniti nesklonim (čemu) | **I am ~d to** nemam volje da
disinfect [,disin'fekt] *vt* raskužiti, dezinficirati
disinfectant [,disin'fektənt] *adj* raskužni, dezinfekcijski
disinfectant [,disin'fektənt] *s* raskužno sredstvo, dezinfektans
disinfection [,disin'fekʃən] *s* raskuženje, dezinfekcija
disinfest [,disin'fest] *vt* osloboditi kukaca, malih glodavaca i sličnih štetnika
disingenuous [,disin'dʒenjuəs] *adj* (**~ly** *adv*) nepošten, neiskren, lažan, **podmukao**
disinherit [,disin'herit] *vt* razbaštiniti, oduzeti pravo (privilegiju)
disinheritance [,disin'heritəns] *s* razbaštinjenje
disintegrate [dis'intigreit] *vt/i* **I.** *vt* rastaviti (u sastavne dijelove), raznijeti **II.** *vi* raspasti se
disintegration [dis,inti'greiʃn] *s* raspadanje, rastavljanje (na sastavne dijelove)
disintegrator [dis'intigreitə] *s* onaj koji rastavlja; *tech* drobilica, stroj za drobljenje
disinter [,disin'təː] *vt* iskopati iz zemlje, groba, ekshumirati; *fig* iznijeti na vidjelo
disinterested [dis'intrəstid] *adj* (**~ly** *adv*) nesebičan, nepristran, nezainteresiran; ravnodušan
disinterment [,disin'təːmənt] *s* iskopavanje (iz zemlje, groba), ekshumacija
disjoin [dis'dʒɔin] *vt* rastaviti, razdvojiti
disjoint [dis'dʒɔint] *vt surg* iščašiti; rastaviti, razdvojiti; raskinuti, raskomadati
disjointed [dis'dʒɔintid] *adj* (**~ly** *adv*) *surg* iščašen; rastavljen, prekinut; *fig* nepovezan, nesuvisao
disjunct [dis'dʒʌŋkt] *adj* razdvojen, nepovezan
disjunction [dis'dʒʌŋkʃən] *s* rastavljanje, razdvajanje, lučenje
disjunctive [dis'dʒʌŋktiv] *adj* (**~ly** *adv*) koji dijeli, rastavlja, rastavni; *log & gram* disjunktivan, rastavni
disjunctive [dis'dʒʌŋktiv] *s* rastavni veznik
disk (disc) [disk] *s* disk; okrugla ploča; kolut, kotur; *teleph* brojčanik; okrugli poklopac; gramofonska ploča | **sun's ~** Sunčev kolut
disk harrow ['disk,hærəu] *s agr* tanjurača
disk jockey ['disk,dʒɔki] *s* → **disc jockey**
dislike [dis'laik] *vt* ne voljeti, ne trpjeti
dislike [dis'laik] *s* nesklonost, odbojnost, antipatija *(for, to, of* za, prema) | **to take a ~ to** osjetiti nesklonost (prema)
dislocate ['disləkeit] *vt surg* iščašiti; premjestiti; poremetiti
dislocation [,dislə'keiʃn] *s surg* iščašenje, dislokacija; pomicanje, poremećenje (& *geol*)
dislodge [dis'lɔdʒ] *vt* izbaciti, istjerati
dislodg(e)ment [dis'lɔdʒmənt] *s* protjerivanje, izbacivanje, potiskivanje, uklanjanje
disloyal [,dis'lɔiəl] *adj* (**~ly** *adv*) nevjeran, izdajnički, vjerolomán, nelojalan
disloyalty [,dis'lɔiəlti] *s* nevjernost, nevjera, izdajstvo, vjerolomstvo, nelojalnost
dismal ['dizməl] *adj* (**~ly** *adv*) nesretan, zlosretan, koban; žalostan, zloguk, turoban, strašan | **the ~ science** politička ekonomija
dismals ['dizməlz] *s pl* neraspoloženost, utučenost, snuždenost, klonulost, obeshrabrenost
dismantle [dis'mæntl] *vt* ogoliti, svući, lišiti opreme; *mar* raspremiti (brod); razoružati, rastaviti, onesposobiti; *mil* razoriti, sravniti sa zemljom (utvrdu)

dismast [ˌdisˈmaːst] *vt* lišiti jarbola, skinuti, srušiti jarbol(e)
dismay [disˈmei] *vt* potištiti, zastrašiti, obeshrabriti
dismay [disˈmei] *s* obeshrabrenost, konsternacija, strah, očaj
dismember [disˈmembə] *vt* raščlaniti, razglobiti, raskomadati, rastrgati, raščetvoriti
dismemberment [disˈmembəmənt] *s* komadanje, kidanje; sakaćenje; razglabanje
dismiss [disˈmis] *vt* otpustiti, raspustiti; *mil* dati voljno; otpraviti, otpremiti, odbiti, odbaciti, ne uvažiti (misao, prijedlog); *fig* napustiti (kao uzaludno); *mil* **~ed** voljno!, razlaz! | **to ~ the subject** napustiti predmet (razgovora, misli)
dismiss [disˈmis] *s mil* razlaz, voljno
dismissal [disˈmisl] *s* otpust (iz službe, vojske i dr.); raspust, razlaz; dopust; oslobođenje (roba)
dismissible [disˈmisəbl] *adj* koji se može otpustiti, raspustiti, otpraviti, zabaciti, napustiti, ne uvažiti
dismount [ˌdisˈmaunt] *vi/t* **I.** *vi* sjahati **II.** *vt* zbaciti, izbaciti iz sedla; rastaviti (na dijelove); ušutkati (top); skinuti (sa stalka); demontirati
disobedience [ˌdisəˈbiːdjəns] *s* neposlušnost, neposluh, nepokornost (*to* prema)
disobedient [ˌdisəˈbiːdjənt] *adj* (**~ly** *adv*) neposlušan, nepokoran (*to* prema)
disobey [ˌdisəˈbei] *vi/t* **I.** *vi* ne slušati, ne držati se, ne pokoravati se, otkazati poslušnost **II.** prestupiti; (pre)kršiti (naredbu, propis i dr.)
disoblige [ˌdisəˈblaidʒ] *vt* biti neuslužan, nesusretljiv, neprijazan, ne izaći u susret čijoj želji, molbi, omalovažavati, uvrijediti
disobliging [ˌdisəˈblaidʒiŋ] *adj* (**~ly** *adv*) nesusretljiv, neuslužan, neuljudan, neprijazan; uvredljiv
disorder [disˈɔːdə] *s* nered, metež, zbrka, gungula; neurednost; nezakonitost, nepravilnost, prekršaj; pobuna, nemir; *med* bolest, tegoba, poremećenje (uma, zdravlja); razuzdanost
disorder [disˈɔːdə] *vt* poremetiti, pobrkati, smutiti (red, zdravlje)
disorderliness [disˈɔːdəlinis] *s* neurednost; buntovnost; razuzdanost, raspuštenost
disorderly [disˈɔːdəli] *adj* neuredan; buntovan, nepokoran, nezakonit, nepravilan, nedopušten; razuzdan, raspušten, neumjeren | **~ house** javna kuća, bordel; **~ conduct** remećenje mira i reda
disorganization [disˌɔːgənaiˈzeiʃn] *s* zbrka, poremećenje, nered, rasulo, neorganiziranost, dezorganizacija
disorganize [disˈɔːgənaiz] *vt* poremetiti, pobrkati, dezorganizirati
disorient [disˈɔːriənt] *vt* → **disorientate**
disorientate [disˈɔːriənteit] *vt* zavesti, zbuniti, smesti, smutiti, dezorijentirati
disown [disˈəun] *vt* odreći se čega, oporeći, poricati, zatajiti, ne priznati svojinu
disparage [disˈpæridʒ] *vt* poniziti, kuditi, grditi, osramotiti, ozloglasiti; prezirati, uvrijediti; omalovažavati, umanjivati, potcjenjivati
disparagement [disˈpæridʒmənt] *s* poniženje, kuđenje, grđenje, sramota, uvreda, pogrda, potcjenjivanje | **no ~, without ~ to you** bez zamjere, nemojte mi zamjeriti
disparaging [disˈpæridʒiŋ] *adj* (**~ly** *adv*) uvredljiv, preziran, pogrdan, koji ponizuje, potcjenjuje
disparate [ˈdispərit] *adj* (**~ly** *adv*) posve različit, nejednak; neskladan, nesuglasan; nespojiv
disparate [ˈdispərit] *s esp pl* bitno različite stvari (koje se ne mogu porediti)
disparity [disˈpæriti] *s* nejednakost, različitost, razlika, disparitet
dispart [disˈpaːt] *s mil* vizir, nišan, mušica
dispart [disˈpaːt] *vt/i* **I.** *vt* dijeliti, podijeliti, razdijeliti, odvojiti; raskoliti, cijepati **II.** *vi* rascijepiti se, raskoliti se, odvojiti se, rastaviti se
dispassionate [disˈpæʃənət] *adj* (**~ly** *adv*) miran, spokojan, nepristran, bestrastan
dispatch (**despatch**) [disˈpætʃ] *vt/i* odaslati, otposlati, otpraviti, otpremiti; hitno obaviti, svršiti, izvršiti; otpremiti na drugi svijet, ubiti; žurno posjetiti; *arch* žuriti, hitjeti; svršiti, zaključiti (*with* sa)
dispatch (**despatch**) [disˈpætʃ] *s* (brza) otprema, odašiljanje; otpravljanje; brzina, hitnost, žurba; hitno izvršenje; službena vijest; depeša, hitno pismo, hitna pošta | **happy ~** harakiri; **by ~, with ~** hitno; **air ~ service** zračna poštanska služba
dispatch-boat [disˈpætʃbəut] *s mar* izviđački, izvještajni brod
dispatch-book [disˈpætʃbuk] *s* (poštanska) otpremna knjiga
dispatch-box [disˈpætʃbɔks] *s* torba za otpremu službenih spisa
dispatcher [disˈpætʃə] *s com* pošiljač, otpremalac, otpravljač; otpravnik, ekspeditor; dispečer
dispatch-rider [disˈpætʃˌraidə] *s mil* glasnik, glasonoša, skoroteča, kurir (*esp* motorist ili konjanik)
dispel [disˈpel] *vt* rastjerati, raspršiti
dispensable [disˈpensəbl] *adj* oprostiv, dopustiv; bez kojega se može biti, nebitan, nevažan
dispensary [disˈpensəri] *s* ambulanta, poliklinika; dispanzer; apoteka (osobito za sirotinju)
dispensation [ˌdispenˈseiʃn] *s* razdioba, dijeljenje; davanje lijekova na recepte; *eccl* oprost; volja božja, providnost; upravljanje

dispensatory [dis'pensətəri] *s* ljekarnička knjiga, farmakopeja
dispense [dis'pens] *vt/i* **I.** *vt* dijeliti, odmjerivati, podjeljivati, razdavati; pružati; pripravljati i izdavati (lijekove); *eccl* davati oprost; osloboditi (obaveza); razriješiti (čega) **II.** *vi* osloboditi se (*with* čega); biti bez (čega), ne trebati; prištedjeti sebi (posao, trud) | **dispensing chemist** ljekarnik, magistar
dispenser [dis'pensə] *s* djelitelj, razdavač; priređivač lijekova (*esp* u bolnici); *eccl* podjelitelj (oprosta); posuda koja svoj sadržaj izručuje u određenim količinama (za šećer i sl.)
dispeople [ˌdis'pi:pl] *vt* raseliti, opustošiti, potpuno ili djelomice lišiti stanovništva
dispersal [dis'pə:sl] *s* raspršivanje
disperse [dis'pə:s] *vt/i* **I.** *vt* raspršiti, razasuti, rasijati, širiti, rastjerati **II.** *vi* raspršiti se, rasuti se, razići se, nestati
dispersedly [dis'pə:sidli] *adv* rasijano, raspršeno, rastrkano, mjestimično, tu i tamo
dispersion [dis'pə:ʃn] *s* raspršenje, rasipanje; rasijanost, rastrkanost; rasap; *mil* rastur (kod gađanja); disperzija
dispersive [dis'pə:siv] *adj* (**~ly** *adv*) koji rasipa, raspršuje, raštrkava; konkavan (leća)
dispirit [dis'pirit] *vt* potištiti, obeshrabriti, učiniti malodušnim, deprimirati
dispirited [dis'piritid] *adj* (**~ly** *adv*) potišten, malodušan, klonuo
displace [dis'pleis] *vt* maknuti, premjestiti; ukloniti, skinuti; istisnuti; protjerati, prognati | **~d person** raseljeno lice
displacement [dis'pleismənt] *s* premještenje, pomaknuće; zamjena, nadoknada; skidanje; istiskivanje; *mar* istisnina, deplasman (broda)
display [dis'plei] *vt* otkriti, razotkriti, staviti na vidjelo, javno pokazivati; kazati; očitovati; iznijeti; izložiti; istaknuti; prikazati; dičiti se, razmetati se (čime); tiskati velikim ili ukrašenim slovima
display [dis'plei] *s* pokazivanje, izlaganje; otkrivanje; raskoš, sjaj; razmetanje; manifestacija; neiskreno iskazivanje | **to make great ~ of** razmetati se čime, nešto napadno isticati
displease [dis'pli:z] *vt* ne sviđati se, ne dopadati se, ne militi se, biti neugodan, neprijatan | **to be ~d** (*at, by, with*) ljutiti se (na), biti nezadovoljan (kime, čime)
displeasing [dis'pli:ziŋ] *adj* (**~ly** *adv*) neugodan, neprijatan, koji se ne sviđa, nedopadljiv
displeasure [dis'pleʒə] *s* nezadovoljstvo, negodovanje; neugodnost; zamjeranje; briga, muka
displume [dis'plu:m] *vt poet lit & fig* očupati perje, oskupsti, operušati, očerupati
disport [dis'pɔ:t] *vi arch* zabavljati se, igrati se
disposable [dis'pəuzəbl] *adj* (**disposably** *adv*) raspoloživ, koji stoji na raspolaganju
disposal [dis'pəuzəl] *s* raspoloženje, raspolaganje; uređenje, razmještaj, raspored; naredba, odluka, odredba; vlast, moć; upotreba; prodaja; upravljanje; odvoženje, odstranjivanje; ovlaštenje za raspolaganje (*of* čime); obavljanje; *mil* razmještaj; uklanjanje | **to be at one's ~** biti komu na raspolaganju
dispose [dis'pəuz] *vt/i* 1. odrediti, raspolagati; urediti, rasporediti, porazmjestiti; raspoložiti, nagovoriti, skloniti; narediti; urediti, pripraviti; upravljati 2. odrediti, narediti, upravljati, voditi, konačno riješiti, ukloniti, svršiti | **man proposes, God ~s** čovjek snuje, a Bog određuje
dispose of [dis'pəuz'ɔv] *vi* raspolagati, gospodariti; urediti, svršiti; posvršavati; riješiti se, maknuti, ukloniti; ubiti, uništiti; trošiti (hranu); prodati, rasprodati | **to ~ a claim** urediti reklamaciju; **to ~ goods** prodati robu; **to ~ by auction** prodati na dražbi; **to ~ one's son to school** dati, poslati sina u školu; **more than can be disposed of** više nego je potrebno; **a th to be disposed of** stvar koja se može nabaviti, prodati
disposed [dis'pəuzd] *adj* raspoložen; voljan, sklon, rad (čemu) | **ill ~** neraspoložen, zlovoljan; **well ~** dobro raspoložen; *com* **to be ~ to buy** reflektirati na što, biti pripravan kupiti
disposedly [dis'pəuzidli] *adv* prikladno, podesno, pogodno, kako treba | **high and ~** dostojanstveno
disposition [ˌdispə'ziʃn] *s* raspored, uređenje, razmještaj; uredba; naredba, odredba, odluka; sklonost, naklonost (*to* za); narav, ćud; raspolaganje; (duševno) raspoloženje; odstranjivanje, uklanjanje; *mil* razmještaj, raspored | **a ~ of Providence** volja božja, zakon providnosti; **at one's ~** na čije raspolaganje; *mil* **~s** *pl* dispozicija
dispossess ['dispə'zes] *vt* (*of*) lišiti (posjeda), lišiti imanja, izvlastiti
dispossession [ˌdispə'zeʃn] *s* izvlaštenje, istjerivanje iz posjeda
dispraise [dis'preiz] *vt* koriti, kuditi
dispraise [dis'preiz] *s* prijekor, pokuda, kuđenje
disproof [ˌdis'pru:f] *s* pobijanje, opovrgnuće, opovrgavanje, obaranje
disproportion [ˌdisprə'pɔ:ʃn] *s* nerazmjer, nesklad, disproporcija
disproportional [ˌdisprə'pɔ:ʃənl] *adj* (**~ly** *adv*) nerazmjeran, disproporcionalan
disproportionate [ˌdisprə'pɔ:ʃənət] *adj* (**~ly** *adv*) nerazmjeran (*to* sa), disproporcionalan

disproportioned [ˌdisprəˈpɔːʃənd] *adj* nerazmjeran; pretjeran
disproval [disˈpruːvl] *s* opovrgnuće, pobijanje
disprove [ˈdisˈpruːv] *vt* pobiti, opovrgnuti, dokazati neispravnost (čega)
disputable [disˈpjuːtəbl] *adj* (**disputably** *adv*) osporiv, prijeporan, sporan
disputant [disˈpjuːtənt] *adj* koji se bori, protivnički, proturječan
disputant [disˈpjuːtənt] *s* prepirač, raspravljač, protivnik, pobijač, diskutant
disputation [ˌdispjuˈteiʃn] *s* prepiranje, raspravljanje; prepirka, rasprava
disputatious [ˌdispjuˈteiʃəs] *adj* (**~ly** *adv*) svadljiv, inatljiv, pravdaški, polemički, koji se voli prepirati
disputative [disˈpjuːtətiv] *adj* (**~ly** *adv*) svadljiv, koji se voli prepirati
dispute [disˈpjuːt] *vi/t* **I.** *vi* prepirati se, raspravljati, natezati se, svađati se, debatirati (*with, against* s kim, protiv koga; *on, about* o čemu) **II.** *vt* razlagati, pretresati (*whether, how* da li, kako); pobijati, osporavati; braniti, boriti se za što, otimati se za što
dispute [disˈpjuːt] *s* prepiranje, prepirka, raspra, svađa | **in ~** sporan, osporavan; **beyond ~, past ~, without ~** neosporan, neosporiv, nepobitan, nedvojben; **Trade Disputes** radnički sporovi, štrajkovi i lokauti
disqualification [disˌkwɔlifiˈkeiʃən] *s* nesposobnost; onesposobljenje; *sport* diskvalifikacija, isključenje
disqualify [disˈkwɔlifai] *vt* učiniti nesposobnim, onesposobiti (*for* za); *sport* diskvalificirati; isključiti
disquiet [disˈkwaiət] *vt* uznemiriti, zabrinjavati, zadavati brige
disquiet [disˈkwaiət] *adj* nemiran, uznemiren, zabrinut
disquiet [disˈkwaiət] *s* nemir, briga, bojazan, strepnja, tjeskoba, uznemirenost
disquietude [disˈkwaiitjuːd] *s* nemir, briga, bojazan, strepnja, tjeskoba, uznemirenost
disquisition [ˌdiskwiˈziʃən] *s arch* (podrobno) istraživanje, (učena) rasprava, (opširno) razlaganje
disquisitional [ˌdiskwiˈziʃənl] *adj* istraživački, koji objašnjava
disquisitive [disˈkwizitiv] *adj* radoznao, koji voli ispitivati, istraživati
disrate [disˈreit] *vt* degradirati
disregard [ˈdisriˈgaːd] *s* prezir, preziranje, potcjenjivanje, nehaj
disregard [ˈdisriˈgaːd] *vt* ne obazirati se, ne mariti, zanemariti; omalovažavati, potcjenjivati
disregardful [ˌdisriˈgaːdful] *adj* (**~ly** *adv*) preziran, nemaran, nehajan, nepažljiv
disrelish [disˈreliʃ] *s* gnušanje, gađenje, odvratnost (od čega), neugodan osjećaj
disrelish [disˈreliʃ] *vt* ne voljeti, ne podnositi, smatrati neprikladnim, nepoćudnim, odvratnim
disrepair [ˈdisriˈpɛə] *s* zapuštenost, ruševnost, loše stanje, trošnost
disreputability [disˌrepjutəˈbiliti] *s* zao glas, beščasnost
disreputable [disˈrepjutəbl] *adj* (**disreputably** *adv*) zloglasan, ozloglašen, sramotan, prljav, otrcan, koji nije za pokazivanje
disrepute [ˌdisriˈpjuːt] *s* zao glas, ozloglašenost, sramotnost, sramota; prljavost, otrcanost | **to fall (sink) into ~** izaći na zao glas, **to bring a p into ~, to bring ~ upon a p** ozloglasiti, dovesti na zao glas
disrespect [ˌdisrisˈpekt] *s* nepoštovanje, neučtivost
disrespect [ˌdisrisˈpekt] *vt* poštovati, neučtivo postupati
disrespectful [ˌdisrisˈpektful] *adj* (**~ly** *adv*) neuljudan, neučtiv, bez poštovanja
disrespectfulness [ˌdisrisˈpektfulnis] *s* nepoštovanje, neučtivost, potcjenjivanje
disrobe [ˌdisˈrəub] *vt/i* **I.** *vt* svući, skinuti, razodjenuti **II.** *vi* svući se
disroot [disˈruːt] *vt* iskorijeniti, iščupati, izbaciti, ukloniti
disrupt [disˈrʌpt] *vt* razbiti, rastepsti; raskoliti, unijeti razdor
disruption [disˈrʌpʃən] *s* prijelom, prekid, lom, raskid, razdor, raskol, rascjep | *eccl* **the Disruption** raskol crkve u Škotskoj 1843.
disruptive [disˈrʌptiv] *adj* (**~ly** *adv*) koji lomi, kida, razvaljuje, unosi razdor, stvara anarhiju
dissatisfaction [ˈdisˌsætisˈfækʃən] *s* nezadovoljstvo (*at, over, with* čime)
dissatisfactory [ˈdisˌsætisˈfæktəri] *adj* (**dissatisfactorily** *adv*) nezadovoljavajući, nedovoljan, neugodan
dissatisfied [ˌdisˈsætisfaid] *adj* nezadovoljan; nezadovoljen (*with, at* čime), mrzovoljan, zlovoljan
dissatisfy [ˌdisˈsætisfai] *vt* ne zadovoljiti, ne udovoljiti, uzlovoljiti
dissect [diˈsekt] *vt* rasjeći; *anat* secirati; razglabati, raščlaniti; potanko ispitati, analizirati
dissecting-room [diˈsektiŋrum] *s anat* dvorana za seciranje
dissection [diˈsekʃən] *s anat* razudba, seciranje, sekcija; potanko ispitivanje, analiza (u knjigovodstvu)
dissector [diˈsektə] *s anat* prosektor, anatom; skalpel
disseise (disseize) [ˌdisˈsiːz] *vt jur* (protuzakonito) lišiti imanja, istjerati iz posjeda; *fig* istisnuti, izgurati
disseisin (disseizin) [ˌdisˈsiːzin] *s jur* (protuzakonito) oduzimanje imanja, istjerivanje iz posjeda

dissemblance [di'sembləns] *s* nesličnost, nejednakost; pretvaranje, licemjerstvo
dissemble [di'sembl] *vt/i* **I.** *vt* tajiti, prikriti, prešutjeti, sakriti, hiniti, izigravati **II.** *vi* pretvarati se, praviti se nevješt
dissembler [di'semblə] *s* licemjer, pretvaralo, pretvorica, himben čovjek
disseminate [di'semineit] *vt* rasuti, sijati, rasijati; širiti, raznijeti, razglasiti
dissemination [di,semi'neiʃn] *s* rasijavanje, raznošenje, širenje, rasprostiranje, razglašivanje
disseminator [di'semineitə] *s* sijač, širitelj, raznosilac
dissension [di'senʃən] *s* nesloga, nesklad, razdor; nesuglasica, razmirica, žestoka svađa, žestoka prepirka
dissent [di'sent] *vi* razilaziti se u mišljenju (*from* od), ne slagati se s kim, biti drugih nazora (u vjeri, odbaciti dogme priznate crkve)
dissent [di'sent] *s* razilaženje (u mišljenju), nesuglasica; *eccl* otpadništvo od (anglikanske) crkve; otpadnik od (anglikanske) crkve, disenter, nonkonformist
dissenter [di'sentə] *s* otpadnik (od anglikanske crkve), odmetnik, disident
dissentient [di'senʃiənt] *adj* koji se ne slaže s mišljenjem većine, koji je drugog mišljenja | **without a ~ vote** jednoglasno
dissentient [di'senʃiənt] *s* otpadnik, odmetnik, onaj koji je drugog mišljenja | **without a single ~** jednoglasno
dissenting [di'sentiŋ] *adj* (~**ly** *adv*) odvojen, drugog mišljenja | ~ **minister** disidentski, nonkonformistički svećenik
dissentious [di'senʃəs] *adj* svadljiv, svojeglav
dissert [di'sə:t] *vi* (učeno) raspravljati (*upon* o)
dissertate ['disəteit] *vi* → **dissert**
dissertation [,disə'teiʃn] *s* (učena) rasprava, disertacija (*on* o)
disserve [,dis'sə:v] *vt* škoditi; oštetiti; učiniti lošu uslugu
disservice [,dis'sə:vis] *s* loša usluga, šteta, kvar, uštrb | **to do a p a ~** nanijeti komu štetu, naškoditi komu
dissever [dis'sevə] *vt/i* **I.** *vt* rastaviti, prekinuti, raskinuti, razdvojiti, presjeći, raskomadati **II.** *vi* rastaviti se, prekinuti se
dissidence ['disidəns] *s* neslaganje, razlika u mišljenju, nesloga, nesuglasnost, razdor
dissident ['disidənt] *adj* odvojen, nesporazuman, drugog mišljenja; sektaški, disidentski
dissident ['disidənt] *s* otpadnik, odmetnik; disident
dissight [di'sait] *s* ružan prizor, ono što vrijeđa oko
dissimilar [,di'similə] *adj* (~**ly** *adv*) nesličan, nejednak, različit
dissimilarity [,disimi'læriti] *s* nesličnost, različitost, raznovrsnost, nejednakost
dissimilate [di'simileit] *vt* učiniti nesličnim, disimilirati
dissimilation [,disimi'leiʃn] *s* razjednačivanje, disimilacija
dissimilitude [,disi'militju:d] *s* nesličnost, nejednakost, različitost
dissimulate [di'simjuleit] *vt/i* **I.** *vt* tajiti, prikriti, prešutjeti, sakriti; hiniti **II.** *vi* pretvarati se, praviti se nevješt
dissimulation [di,simju'leiʃn] *s* pretvaranje, licemjerstvo, himba
dissimulator [di'simjuleitə] *s* licemjer, pretvaralo
dissipate ['disipeit] *vt/i* **I.** *vt* razasuti, rasipati, rasuti, raspršiti; spraskati, spiskati (novac); otjerati **II.** *vi* razići se, nestati, rasplinuti se (oblak, magla i dr.); razuzdano se zabavljati
dissipated ['disipeitid] *adj* neumjeren, raspušten, razuzdan, raskalašen, lakouman, raspršen, rastjeran; narušena zdravlja (od raskalašena života)
dissipation [,disi'peiʃn] *s* rasipanje, raspršenost, rastjerivanje; rastresenost; razuzdanost, raskalašenost, neumjerenost; rasipanje, traćenje (snage, novca i dr.)
dissipative ['disipeitiv] *adj* koji rasipa
dissociable [di'səuʃjəbl] *adj* razdjeljiv, odvojiv, razlučiv; neusklađen, nesukladan; nedruštven
dissociable [di'səuʃəbl] *adj* nedruževan
dissocialize [di'səuʃəlaiz] *vt* učiniti nedruštvenim
dissociate [di'səuʃieit] *vt* rastaviti, odijeliti (*from* od); prekinuti; *chem* rastvoriti | **he ~s himself from** on se ograđuje od; **~d personality** podvojena ličnost
dissociation [di,səusi'eiʃn] *s* rastavljanje, razdvajanje, lučenje, rastvaranje; *com* raspuštanje, napuštanje, ukidanje (posla, trgovačkog društva); *chem* disocijacija
dissolubility [di,sɔlju'biləti] *s* odjeljivost; topivost; razrješivost
dissoluble [di'sɔljubl] *adj* (**dissolubly** *adv*) odjeljiv; topiv, razrješiv
dissolute ['disəlu:t] *adj* (~**ly** *adv*) raspušten, razuzdan, raskalašen
dissolution [,disə'lu:ʃn] *s* rastapanje; rastvaranje; rastvor; otapanje, topljenje; rastava; raspadanje, rasulo; raspust; *com* razortačenje (društva, poslovnog drugarstva); kraj; nestanak; smrt | **~ of Parliament** raspuštanje parlamenta
dissolvable [di'zɔlvəbl] *adj* topiv; razrješiv; raspustiv
dissolve [di'zɔlv] *vt/i* **I.** *vt* rastopiti, otopiti, topiti; rastaviti; razvezati, odriješiti, riješiti; raspustiti (skupštinu, parlament i dr.); poništiti **II.** *vi* rastopiti se, topiti se; razići se; razdijeliti se; raspasti se, rasplinuti se, završiti, nestati, postepeno

se gubiti | **~d in tears** rasplakan; **to ~ partnership** razvrći javno trgovačko društvo

dissolvent [di'zɔlvənt] *adj* koji rastapa; rastvarajući, rastvoran

dissolvent [di'zɔlvənt] *s* rastvarač

dissonance ['disənəns] *s* nesklad, nesložnost, neslaganje; disonanca

dissonant ['disənənt] *adj* (**~ly** *adv*) neskladan; nesložan; koji vrijeđa uho, disonantan

dissuade [di'sweid] *vt* odvraćati, odvratiti, odgovarati (koga od čega)

dissuasion [di'sweiʒən] *s* odvraćanje, odgovaranje (od čega)

dissuasive [di'sweisiv] *adj* (**~ly** *adv*) koji odvraća, odgovara (od čega)

dissyllable [di'siləbl] *s* → **disyllable**

dissymmetrical [ˌdisi'metrikəl] *adj* disimetričan, simetričan u protivnom smjeru

dissymmetry [ˌdi'simitri] *s* nesimetričnost, disimetrija

distaff ['distaːf] *s* preslica; ženski posao; ženski rod, ženskinje | **~ side** ženska loza (porodice)

distance ['distəns] *s* daljina, udaljenost; razmak, međuprostor; *fig* razlika; hladno držanje, suzdržljivo ponašanje; *arts* pozadina; *mus* interval; *sport* pruga | **within striking-~** nadohvat udarca; **to keep one's ~** držati se podalje, biti rezerviran, suzdržljivo se ponašati; **at a ~** u daljini; **from a ~** izdaleka; **to a ~** daleko; **in the ~** u pozadini; **middle ~** udaljenost između pozadine i onoga što je gledaocu najbliže; **a good ~ off** dosta daleko; **to know one's ~** znati sačuvati svoje dostojanstvo; **at a ~ from** u udaljenosti od; **to keep at a ~** ne puštati blizu

distance ['distəns] *vt* odmaknuti, udaljiti, preteći, prestići; odmaći, ostaviti za sobom

distance-rate ['distənsreit] *s com* daljinski vozarinski stav

distant ['distənt] *adj* (**~ly** *adv*) udaljen, dalek; *fig* hladan, suzdržljiv, rezerviran, povučen; neznatan, nevažan | **~ relation** daleki rođak; **to be on ~ terms** biti u hladnim odnosima

distaste [ˌdis'teist] *s* odvratnost, gađenje, gnušanje; mrskost, nevoljkost | **I have a ~ for** mrsko mi je

distasteful [dis'teistful] *adj* (**~ly** *adv*) neprijatan, neugodan, gadan, mrzak

distemper¹ [dis'tempə] *vt arch* poremetiti, rastrojiti (zdravlje, um); razljutiti | **~ed fancy** bolesna mašta

distemper¹ [dis'tempə] *s* bolest, poremećenje; zlovolja; *vet* štenećak (u pasa), sakagija (u konja); nemir, buna

distemper² [dis'tempə] *s* ličenje, bojenje (zidova) vodenom bojom (temperom); vodena boja (za ličenje zidova), tempera | **to paint in ~** ličiti, bojiti, bojadisati (zidove) vodenom bojom, temperom

distemper² [dis'tempə] *vt* ličiti, bojadisati (zidove i dr.) vodenom bojom, temperom

distend [dis'tend] *vt/i* **I.** *vt* rastegnuti; naduti **II.** *vi* rastegnuti se; naduti se

distensible [dis'tensəbl] *adj* (**distensibly** *adv*) rastežljiv

distension [dis'tenʃn] *s* širenje, rastezanje, naduvanje

distich ['distik] *s pros* distih, dvostih

distil [di'stil] *vt/i* **I.** *vt* procjeđivati, prokapavati, cijediti, destilirati; peći rakiju, viski i dr.; izvući (bitno značenje i sl.); pročistiti, dotjerati, zgusnuti (stil i sl.) **II.** *vi* kapati, curiti; destilirati se

distillate ['distilit] *s chem* destilat; bit, srž

distillation [ˌdisti'leiʃn] *s* kapanje; destiliranje, destilacija; pečenje (rakije i dr.); destilat

distillatory [dis'tilətəri] *adj chem* koji destilira; destilacioni; destilacijski

distiller [dis'tilə] *s* pecar (rakije), kazan za pečenje rakije i sl.

distillery [dis'tiləri] *s* pecara, destilerija; uređaj za destiliranje (viskija, rakije i dr.)

distinct [dis'tiŋkt] *adj* (**~ly** *adv*) različit (*from* od); poseban, zaseban, jasan; vidljiv, izrazit, određen; razgovijetan, pojedini; nesumnjiv, očit

distinction [dis'tiŋkʃən] *s* razlika; razlikovanje, lučenje, odvajanje; odlikovanje, isticanje; odlika; odličnost, čast; vrsnoća, istaknutost, osobnost, osobina, individualnost (stila) | **of ~** istaknut (*a singer of ~*)

distinctive [dis'tiŋktiv] *adj* (**~ly** *adv*) osobit, distinktivan, značajan, izrazit

distinctiveness [dis'tiŋktivnis] *s* svojstvenost, karakteristična osobina, osebujnost

distinctness [dis'tiŋktnis] *s* različnost; jasnoća, izvjesnost, određenost

distinguish [dis'tiŋgwiʃ] *vt/i* **I.** *vt* razlikovati (*from* od); dijeliti, lučiti; označiti; razabirati; obilježavati, karakterizirati; odlikovati **II.** *vi* razlikovati se; istaknuti se; odlikovati se; praviti razliku (*between* između) | **to ~ oneself** odlikovati se, istaknuti se

distinguishable [dis'tiŋgwiʃəbl] *adj* (**distinguishably** *adv*) koji se može razlikovati (*from* od), lučiv, razberiv; koji se može podijeliti (*into* u); značajan

distinguished [dis'tiŋgwiʃt] *adj* različit; jasan, razgovijetan; *fig* odličan, istaknut, otmjen, izvrstan; ugledan, slavan

distinguishing [dis'tiŋgwiʃiŋ] *adj* koji razlikuje, svojstven, karakterističan

distort [dis'tɔːt] *vt* iskriviti, izvrnuti; izobličiti; izopačiti; uvinuti, iskrenuti, uganuti (nogu)

distorted [dis'tɔːtid] *adj* (**~ly** *adv*) iskrivljen, izvrnut; izopačen

distortion [dis'tɔːʃn] *s* iskrivljenost, izvrtanje, krivljenje
distortionist [dis'tɔːʃənist] *s* karikaturist; akrobat, »čovjek od gume«
distract [dis'trækt] *vt* odvratiti (*from* od), skrenuti čiju pažnju; *fig* rastresti; zbuniti, smesti; rastrzati; poremetiti; dijeliti, rastaviti
distracted [dis'træktid] *adj* (**~ly** *adv*) rastresen, zbunjen; rastrzan; pometen | **to run ~** pobjesniti; **like one ~** kao luđak; **~ between** rastrgnut između
distraction [dis'trækʃən] *s* rastresenost, rasijanost, nesabranost, uzrok nesabranosti, što onemogućuje koncentraciju; zabava, razonoda; nemir; smušenost, pometenost | **to ~** do ludila, u ludilo
distrain [dis'trein] *vi jur* staviti zabranu (*upon* na) (zbog duga)
distrainee [ˌdistrei'niː] *s jur* onaj kome se plijeni, ovršenik
distrainer [dis'treinə] *s jur* pljenitelj, ovrhovoditelj; egzekutor, izvršitelj
distrainment [dis'treinmənt] *s jur* pljenidba, zapljena, zabrana, ovrha
distrainor [ˌdistrei'nɔː] *s jur* pljenitelj, ovrhovoditelj, egzekutor, izvršitelj
distraint [dis'treint] *s jur* pljenidba, zabrana, ovrha
distrait [dis'trei] *adj Fr fig* rastresen, odsutan duhom, nepažljiv
distraught [dis'trɔːt] *adj arch* izvan sebe, smućen, jako uzbuđen; mahnit, lud (od žalosti, bola i sl.)
distress [dis'tres] *s* bol, jad, patnja; nužda; oskudica; pogibao, nevolja, opasnost; škripac, stiska, muka; tjeskoba; klonulost, iscrpljenost, izmorenost; *jur* zabrana, pljenidba, ovrha
distress [dis'tres] *vt* žalostiti, ožalostiti, rastužiti, ojaditi, zadati bol, brige, muke; uznemiriti, mučiti; iscrpsti, izmoriti; dovesti u nevolju, nepriliku; *jur* staviti zabranu na, zaplijeniti (zbog duga)
distressed [dis'trest] *adj* (**~ly** [dis'tresidli] *adv*) *mar* u nevolji, pogibelji; bijedan; nesretan, ucviljen; u nuždi | **I am much ~ to hear** vrlo mi je žao što čujem
distressful [dis'tresful] *adj* (**~ly** *adv*) tužan, jadan, nesretan, nevoljan, potišten; brižan, bolan; bijedan, kukavan | **the ~ country** Irska
distress-gun [dis'tresgʌn] *s mar* znak opasnosti (hitac topa s broda)
distressing [dis'tresiŋ] *adj* (**~ly** *adv*) bolan, mučan; žalostan
distress-rocket [dis'tresˌrɔkit] *s mar* znak opasnosti (raketa ispaljena s broda)
distributable [dis'tribjutəbl] *adj* koji se može podijeliti, razdjeljiv
distribute [dis'tribjuːt] *vt* dijeliti, razdijeliti; razdavati, raspačavati, distribuirati (*among, to* među, komu); svrstati (*into* na, po)
distribution [ˌdistri'bjuːʃn] *s* dijeljenje, razdjeljivanje, razdavanje; podjela, razdioba, klasifikacija; rasprostranjenost; distribucija, raspačavanje; *print* odlaganje slova iz razloženog sloga u kasete
distributional [ˌdistri'bjuːʃənl] *adj* dijelni, distribucioni
distributive [dis'tribjutiv] *adj* (**~ly** *adv*) dijelni, diobeni, distributivan | **~ trade** trgovina na malo
distributive [dis'tribjutiv] *s gram* distributivum, dijelna riječ (na pr. *each, neither, every*)
distributor [dis'tribjutə] *s* djelitelj, razdavač, razdjeljivač; prodavač, distributer; opskrbljivač | *agr* **manure ~** stroj za rasipanje gnojiva
district ['distrikt] *s* okružje, okrug, kotar, srez; područje; pokrajina, distrikt, kvart
district ['distrikt] *vt* podijeliti na kotare, okružja itd.
district attorney ['distriktə'təːni] *s US* okružni tužilac
district-court ['distriktkɔːt] *s US* okružni sud (najniži federalni sud)
distrust [dis'trʌst] *s* sumnja, nepovjerenje, sumnjičavost
distrust [dis'trʌst] *vt* sumnjati, ne vjerovati, nemati povjerenja, ne uzdati se u koga
distrustful [dis'trʌstful] *adj* (**~ly** *adv*) nepovjerljiv, sumnjičav
disturb [dis'təːb] *vt* smetati; uznemirivati, uzrujati; poremetiti; dosađivati; prekinuti (posao, san); priječiti (odvijanje posla)
disturbance [dis'təːbəns] *s* smetnja, smetanje, nemir, uznemirenost, uznemirivanje, buka, graja, metež; izgred
disturbing [dis'təːbiŋ] *adj* koji smeta, uznemiruje, buni
disunion [ˌdis'juːnjən] *s* nesloga, razdor, raskol, razjedinjenje; *fig* razilaženje
disunite [ˌdisju'nait] *vt/i* **I.** *vt* rastaviti, razdvojiti, unijeti razdor; otuđiti **II.** *vi* rastaviti se, razići se
disuse [ˌdis'juːs] *s* odvika, neupotrebljavanje, nevršenje, prestanak upotrebe | **to fall into ~** izaći iz upotrebe, zastarjeti, postati neuobičajen
disuse [ˌdis'juːz] *vt* prestati upotrebljavati, ne služiti se više čime
disused [ˌdis'juːzd] *adj* koji se više ne upotrebljava; neuobičajen; zastario
disyllabic [ˌdisi'læbik] *adj* (**~ly** *adv*) dvosložan
disyllable [di'siləbl] *s* dvosložna riječ, dvosložna metrička stopa
ditch [ditʃ] *s* jarak, prokop, šanac, jama, graba | **to be in the last ~** biti u očajnu položaju
ditch [ditʃ] *vi/t* **I.** *vi* kopati jarak; popravljati jarak; zapasti u jarak (kola) **II.** *vt* opkopati jarkom; isušiti (kopanjem jaraka); *sl* ostaviti na cjedilu; izvršiti pri-

silno spuštanje aviona na vodu | **hedging & ~ing** ograđivanje živicom i jarkom
ditcher [ˈditʃə] *s* kopač, kubikaš; stroj za kopanje jaraka, stroj za isušivanje (podvodnog zemljišta pomoću jaraka), stroj za drenažu
ditching-machine [ˈditʃiŋməˌʃiːn] *s* stroj za kopanje, stroj za isušivanje (podvodnog zemljišta kopanjem odvodnih jaraka), stroj za drenažu
ditch-water [ˈditʃˌwɔːtə] *s* voda u jarku, žabokrečina | **as dull as ~ krajnje do**sadan, do zla boga dosadan
dither [ˈdiðə] *vi* drhtati, tresti se; ne moći se odlučiti
dither about [ˈdiðərəˈbaut] *vi* kolebati se, biti neodlučan
dither [ˈdiðə] *s* drhtanje | **he is all of a ~, in a ~** trese se kao šiba na vodi
dithyramb [ˈdiθiræmb] *s* ditiramb; hvalospjev; vatrena pjesma, zanosan govor
dithyrambic [ˌdiθiˈræmbik] *adj* (**~ly** *adv*) ditirampski; zanosan, vatren
dittany [ˈditəni] *s bot* jelenska trava (*Origanum dictamnus*); američka metvica (*Cunila origanoides*)
ditto [ˈditəu] *adv It* isto tako, slično, rečeno, navedeno, imenovano
ditto [ˈditəu] *s* ista, navedena, slična stvar; duplikat; detto | **to say ~ to** suglasiti se; *fam* **suit of ~s** čitavo odijelo od iste tkanine
ditto [ˈditəu] *vt* reći isto, učiniti isto; ponoviti
dittography [diˈtɔgrəfi] *s* pogrešno ponavljanje (slova, riječi, retka) pri prepisivanju
ditty [ˈditi] *s* pjesmica, napjev
ditty-bag [ˈditibæg] *s mar* torba s priborom za šivanje, toaletu i sl.
ditty-box [ˈditibɔks] *s mar* → **ditty-bag**
diuretic [ˌdaijuəˈretik] *adj med* koji tjera na mokrenje, dijuretičan
diuretic [ˌdaijuəˈretik] *s med* sredstvo koje tjera na mokrenje, dijuretik
diurnal [daiˈəːnl] *adj* (**~ly** *adv*) dnevni, danji; jednodnevan
diva [ˈdiːvə] *s* diva, primadona
divagate [ˈdaivəgeit] *vt* lutati, tumarati; udaljiti se (od predmeta), zastranjivati
divagation [ˌdaivəˈgeiʃn] *s* udaljivanje (od predmeta), okolišanje, zastranjivanje
divalent [ˈdaiˌveilənt] *adj chem* dvovalentan
divan [diˈvæn] *s* turski državni savjet; istočnjačka dvorana, sudnica; divan, ležaljka s jastucima; pušionica; prodavaonica duhana; zbirka pjesama
divan bed [diˈvænˈbed] *s* kauč, duga sofa
divaricate [daiˈværikeit] *vi* razdvajati se, račvati se, cijepiti se, razilaziti se, razdijeliti se
divarication [daiˌværiˈkeiʃn] *s* razdvajanje, račvanje, razilaženje, cijepanje; nesporazum, neslaganje
dive [daiv] *vi* roniti, zaroniti, uroniti; naglavce skočiti u vodu; prozreti, progledati; zadupsti se, duboko prodrijeti (*into* u); iščeznuti; upustiti se; *aero* obrušavati (avion) | **to ~ into the purse** posegnuti u kesu
dive [daiv] *s* ronjenje; skok (u vodu); spust; iščeznuće (iz vida); *aero* obrušavanje, pikiranje; *US sl* jazbina, zloglasna krčma | **to take a ~** skočiti naglavce (u vodu); *fig* udubiti se (*into* u); *aero* **a nose ~** strmoglavo spuštanje
dive-bomber [ˈdaivˌbɔmbə] *s* bombarder za obrušavanje
diver [ˈdaivə] *s* ronilac; *ornith* gnjurac, ronac
diverge [daiˈvəːdʒ] *vi/t* **I.** *vi* razilaziti se; skretati (*from* od), odvajati se, biti divergentan **II.** *vt* skrenuti, otklanjati
divergence [daiˈvəːdʒəns] *s* razilaženje, odvajanje; neslaganje, odstupanje; razlika; divergencija
divergent [daiˈvəːdʒənt] *adj* (**~ly** *adv*) odvojit; različit; divergentan
divers [ˈdaivəːz] *adj arch* raznolik, razni, svakojaki, neki, nekoliko
diverse [daiˈvəːs] *adj* (**~ly** *adv*) različit (*from* od) raznolik; nejednak, drukčiji
diversification [daiˌvəːsifiˈkeiʃn] *s* promjena, izmjena; različitost; raznolikost; razlika
diversify [daiˈvəːsifai] *vt* promijeniti, preinačiti; unijeti raznolikost; razgranati (poslovanje), proširiti asortiman
diversion [daiˈvəːʃn] *s* skretanje, odvraćanje, odvođenje; odmor, zabava, razonoda; *mil* demonstracija, demonstrativni napad, diverzija
diversionary [daiˈvəːsənəri] *adj mil* demonstrativni, lažni (napad)
diversity [daiˈvəːsiti] *s* razlika; različitost; raznoličnost, raznolikost, raznovrsnost
divert [daiˈvəːt] *vt* odvratiti; skrenuti (*from, to* od, prema); zabavljati, razonoditi
diverting [daiˈvəːtiŋ] *adj* (**~ly** *adv*) zabavan, veseo
divest [daiˈvest] *vt* svući; lišiti (*of* čega); ogoliti; riješiti, osloboditi | **to ~ oneself of** odreći se, odučiti se, napustiti, riješiti se, osloboditi se
divestiture [daiˈvestitʃə] *s* svlačenje, oduzimanje, lišavanje
divestment [daiˈvestmənt] *s* svlačenje, oduzimanje, lišavanje; ogoljenje
divide [diˈvaid] *vt/i* **I.** *vt* dijeliti (*with* sa); **razdijeliti (*in, into* na)**; rastaviti; razdvojiti (*from* od); podijeliti (*among, between* među); krčiti (put) (*through* kroz); zavaditi **II.** *vi* dijeliti, dijeliti se; cijepati se; **razdijeliti se,** razilaziti se; zavaditi se;

glasati | *parl* **to ~ the House** glasati (prebrojavanjem glasova, a ne aklamacijom)
divide [di'vaid] *s US* razvođe, razvodnica | *fig* **the Great Divide** granična crta; smrt
divided [di'vaidid] *adj* podijeljen, razdijeljen; *bot* perjast; sa zelenilom među trakama (o auto-putu)
dividend ['dividend] *s math* djeljenik, dividend; *com* dividenda, udio (u dobitku), dobitak (što ga odbacuje dionica) | *US* **~ on** uključiva dividenda; **~ off** po odbitku dividende
dividend-warrant ['dividend,wɔrənt] *s com* nalog za isplatu dividende
divider [di'vaidə] *s* djelitelj; zaslon, polica i sl. koji dijeli prostoriju | **~s** *pl* stavno šestilo, odmjerivač
dividual [di'vidjuəl] *adj* (**~ly** *adv*) djeljiv; odijeljen
divination [,divi'neiʃn] *s* proricanje, predviđanje, naslućivanje, slutnja, gatanje, vračanje
divine [di'vain] *adj* (**~ly** *adv*) božanski, božanstven, božji; divan, bogovski, svet, nebeski, rajski; nadnaravan
divine [di'vain] *s* duhovnik, svećenik; bogoslov, teolog
divine [di'vain] *vt/i* **I.** *vt* (na)slutiti, proricati; nagađati **II.** *vi* gatati, vračati
diviner [di'vainə] *s* pogađač, vrač, gatalac
diving ['daiviŋ] *s sport* skakanje (u vodu) | **~ competition** natjecanje u skokovima (u vodu)
diving-bell ['daiviŋbel] *s* ronilačko zvono
diving-board ['daiviŋbɔːd] *s* trambulin, daska za skakanje u vodu
diving-suit ['daiviŋsjuːt] *s* ronilačko odijelo
divining-rod [di'vainiŋrɔd] *s* vilinske rašlje
divinity [di'viniti] *s* božanstvo, božanstvenost, bog; bogoslovlje, teologija | **the Divinity** Bog; **Doctor of Divinity** doktor bogoslovlja; **~ calf** tamni uvez (knjige) od teleće kože bez pozlaćenih ukrasa
divinize ['divinaiz] *vt* deificirati, proglasiti bogom; obožavati
divisibility [di,vizi'biliti] *s* djeljivost
divisible [di'vizəbl] *adj* (**divisibly** *adv*) djeljiv (bez ostatka), razdjeljiv
division [di'viʒən] *s* 1. dijeljenje, dioba; razdioba, podjela, dodjela 2. odio, dio, odjel; okrug 3. *mil* divizija, divizion (brodova, topova), odjeljenje (aviona) 4. raskol, svađa, nesloga, razdor, nesuglasica, neslaganje 5. *parl* glasanje; granica, pregrada; *hort* vegetativno razmnažanje | **~ of labour** podjela rada; *parl* **to go into ~** pristupiti glasanju; **~ mark (sign)** znak za dijeljenje
divisional [di'viʒənl] *adj* (**~ly** *adv*) koji dijeli, diobeni, dijelni; odjelni; *mil* divizijski
divisor [di'vaizə] *s* djelitelj; *math* divizor
divorce [di'vɔːs] *s* rastava, razvod braka; razdvajanje, odvajanje
divorce [di'vɔːs] *vt/i* **I.** *vt* razvesti, razriješiti brak, rastaviti; razdvojiti **II.** *vi* rastaviti se | **to ~ oneself from** rastaviti se od; **to ~ one's wife** rastaviti se od žene; **to ~ a word from its context** odvojiti riječ iz konteksta
divorcée [di,vɔː'siː] *s Fr* rastavljena osoba
divorcement [di'vɔːsmənt] *s* rastava
divot ['divət] *s Scot* tanak bus tratine (za krov); *sport* busen otkinut lošim **udarcem**
divulgation [,daivʌl'geiʃn] *s* objavljivanje, razglašivanje, širenje, rasprostranjenje, raznošenje
divulge [dai'vʌldʒ] *vt* objaviti, razglasiti, rasprostraniti, raširiti, proturati, raznositi, rastrubiti; izbrbljati; otkriti, odati
divulgement [dai'vʌldʒmənt] *s* razglašivanje, širenje, raznošenje, objavljivanje
divulgence [dai'vʌldʒəns] *s* razglašivanje, otkrivanje (tajne)
divvy ['divi] *vi/t sl* dijeliti, podijeliti
divvy ['divi] *s sl* dijeljenje, dioba
dixy (dixie) ['diksi] *s* vojnički kotao
Dixie ['diksi] *s US* južne države SAD
Dixieland ['diksilænd] *s* diksilend (stil džeza), južne države SAD
dizen ['daizn] *vt* (*out, up*) iskititi, nakititi, napirlitati; opremiti
dizziness ['dizinis] *s* vrtoglavica, omaglica
dizzy ['dizi] *adj* (**dizzily** *adv*) vrtoglav; nepromišljen, nesmotren; smeten; lud
dizzy ['dizi] *vt* omamiti, smutiti
do [duː] *vt/i* (did, done) **I.** *vt* činiti, učiniti, napraviti; raditi; vršiti; obaviti, obavljati 2. izvršiti, počiniti; opraviti; izraditi, izrađivati; riješiti (zadatak); svršiti, zgotoviti, posvršavati; prevaliti (put) 3. spremati (sobu); urediti (kosu) 4. pripraviti (jelo), skuhati, ispeći 5. *fam* pogostiti (koga); podvoriti, poslužiti 6. *fam* razgledati (grad, muzej itd.) 7. učiti 8. prevesti (*into* na); 9. glumiti, prikazivati, igrati (ulogu) 10. *sl* prevariti, nasamariti (koga) 11. *sl* izdržavati (kaznu), odsjediti (u zatvoru) **II.** *vi* raditi, postupati (*~ as I ~*); baviti se, zanimati se (čime) 2. napredovati 3. osjećati se 4. dostajati (kome), zadovoljiti (koga) (*for a p*); odgovarati, služiti (svrsi) | **to ~ battle** boriti se; **to ~ business** poslovati, trgovati; **to ~ credit** služiti na čast; **to ~ good** dobro činiti; **to ~ harm** naškoditi; *sl* **to ~ in the eye** prevariti; **to ~ justice to** odati (puno) priznanje; **to ~ one's best** (*sl* **to ~ one's damnedest**) učiniti sve što je moguće, ne štedjeti truda; **to ~ oneself well** častiti se (*on* čime); **to ~ to a turn** savršeno ispeći; *arch* **to ~ to death** ubiti; **to ~ well** dobro se osjećati; *theat* dobro glumiti; imati uspjeha (*with* kod koga, u čemu); **~ me a favour** učinite

mi uslugu, ljubav; **~ or die!** izvrši po svaku cijenu!; **we shall ~ our best** potrudit ćemo se da učinimo sve što je u našoj moći; **how ~ you ~?** kako ste?, kako vam je?; **that will ~** dosta je, to će biti dovoljno; **what can I ~ for you?** što mogu za vas učiniti?, čime mogu služiti?; **what is to be done?** što da se radi?; **well done!** izvrsno!, bravo!; **have done!** prestani!, dosta toga!; **done!** u redu!, prihvaćam! (posao, okladu); *sl* **done brown** prevaren, nasamaren; **no sooner said than done** rečeno-učinjeno; **a to-~** vreva, žurba, zbrka, ševrdanje; **well-to-~** dobro stojeći, bogat

do away [ˈduːəˈwei] *vt* ukinuti | **to ~ with** ukloniti, udaljiti, eliminirati; *sl* maknuti, smaknuti koga, likvidirati

do by [ˈduːˈbai] *vi* postupati | **do as you would be done by** ne čini drugome što nisi rad da tebi drugi čini

do down [ˈduːˈdaun] *vt fig fam* podvaliti komu

do for [ˈduːˈfɔː] *vi fam* služiti koga, voditi kućanstvo za koga; uništiti; ubiti

do in [ˈduːˈin] *vt sl* upropastiti, prevariti; premoriti; ubiti, umoriti

do into [ˈduːˈintu] *vt fig* turiti unutra; *fig* prevesti na (koji jezik)

do off [ˈduːˈɔf] *vt* skinuti, svući (npr. kaput)

do on [ˈduːˈɔn] *vt* obući (npr. kaput)

do out [ˈduːˈaut] *vt* utrnuti, ugasiti; pomesti, izmesti

do over [ˈduːˈəuvə] *vt* prevući (bojom) (*with* čime); ponoviti (*again*) | **~ with silver** posrebriti

do to [ˈduːˈtuː] *vi* postupati, ponašati se prema komu

do unto [ˈduːˈʌntu] *vi* postupati, ponašati se prema komu

do up [ˈduːˈʌp] *vt* urediti, popraviti; zamotati, upakirati; zakopčati; zamoriti, iscrpsti; upropastiti; obnoviti, renovirati

do with [ˈduːˈwið] *vi* podnijeti, složiti se (sa); smatrati dovoljnim; zadovoljiti se čime; izaći nakraj s čim | **I could ~ a drink** prijalo bi mi da nešto popijem, mogao bih podnijeti čašicu

do without [ˈduːwiˈðaut] *vi* biti bez čega, snaći se bez (čega), proći bez (čega)

do [duː] *s sl* prijevara, sljeparija, vragolija; velika stvar, velik posao

do [dəu] *s mus* do, C (nota)

doable [ˈduːəbl] *adj* moguć, koji se može izvršiti, učiniti, provediv, izvediv

do-all [ˈduːˈɔːl] *s* čovjek (sluga) za sve, faktotum

doat [dəut] *vi* → **dote**

dobbin [ˈdɔbin] *s* kljuse za vuču, tegleći konj

doc [dɔk] *s US coll* doktor, liječnik

docent [dəˈsent] *s univ* docent

docile [ˈdəusail] *adj* (**~ly** *adv*) poučljiv, koji lako uči; poslušan; povodljiv, popustljiv, prilagodljiv

docility [dəuˈsiliti] *s* poslušnost; popustljivost, gipkost

dock[1] [dɔk] *s bot* štavalj, kiselica (*Rumex*)

dock[2] [dɔk] *s* kusalj, čvrst dio repa; kusast rep, kusatak, potkušen rep; podrepak (remen što stoji konju ispod repa)

dock[3] [dɔk] *s mar* dok, gat; rampa (za utovar i istovar); mjesto za servisiranje aviona; spremište, skladište | **~s** *pl* kej, pristanište s lučkim uređajima; **dry ~, graving ~** suhi dok; **floating ~** plovni dok

dock[4] [dɔk] *s* ograđeni prostor (u sudnici) za optuženoga | **to be in the ~** biti, sjediti na optuženičkoj klupi

dock[1] [dɔk] *vt* podrezati (kosu), potkratiti (rep), okresati; *fig* smanjiti, reducirati | *jur* **to ~ the entail** prekinuti slijed neotuđive baštine

dock[2] [dɔk] *vt/i* **I.** *vt* smjestiti u dok; *US* spojiti (svemirske kapsule) u svemiru **II.** *vi* unići u dok, biti u doku; *US* spojiti se (o svemirskim kapsulama)

dockage [ˈdɔkidʒ] *s mar* pristojba za dok; smještaj u doku

docker [ˈdɔkə] *s mar* radnik u doku; lučki radnik

docket [ˈdɔkit] *s* popis, kratak sadržaj (na poleđini dokumenta); *jur* popis sudskih rješenja; *com* potvrda o plaćenoj carini; etiketa; dnevni red

docket [ˈdɔkit] *vt* napisati (na poleđini spisa) kratak sadržaj predmeta; *jur* unijeti u popis sudskih rješenja; *com* etiketirati (pakete robe)

dock-glass [ˈdɔkglaːs] *s* velika čaša (za ispitivanje vina)

dockize [ˈdɔkaiz] *vt* izgraditi (na rijeci) dokove s lučkim uređajima

dock-land [ˈdɔklænd] *s* područje dokova, dio Londona oko dokova

dockmackie [ˈdɔkˌmæki] *s bot* bekovina, kalinovina

dock-master [ˈdɔkˌmaːstə] *s mar* nadglednik brodogradilišta (ratne mornarice)

dockwalloper [ˈdɔkˌwɔləpə] *s US* lučki radnik

dock-warrant [ˈdɔkˌwɔrənt] *s* potvrda vlasniku za robu uskladištenu u doku

dockyard [ˈdɔkjaːd] *s mar* brodogradilište, škver; lučko skladište

doctor [ˈdɔktə] *s* doktor (kao akademski naslov); liječnik; vrač; *arch* učitelj; crkveni otac; *mar* brodski kuhar; *fam* naziv za razne vrste alata za popravak; *sl* sredstvo za patvorenje vina; *sl* na jednoj strani olovom otežana kocka za igranje (u varalica); *sport* umjetna muha (u ribolovu) | **~'s stuff** lijek(ovi); **~'s lock** patentna brava; **~'s degree** doktorat

doctor ['dɔktə] *vt/i* **I.** *vt* liječiti; podijeliti stepen doktora, nazivati doktorom; *fam* pokrpiti, popraviti; patvoriti, krivotvoriti (vino i dr.) **II.** *vi* biti liječnik, vršiti liječničku praksu; imati posla s liječnicima (kao bolesnik), liječiti se | **a ~ed tomcat** kastrirani mačak
doctorate ['dɔktərit] *s* doktorat
doctorship ['dɔktəʃip] *s* doktorska čast
doctress ['dɔktris] *s joc* doktorica, liječnica; mudrijašica
doctrinaire [ˌdɔktri'nɛə] *s* doktriner
doctrinaire [ˌdɔktri'nɛə] *adj* doktrinaran
doctrinairism [ˌdɔktri'nɛərizəm] *s* doktrinarstvo
doctrinal [dɔk'trainl] *adj* (**~ly** *adv*) naučan, koji se tiče koje nauke
doctrinarian [ˌdɔktri'nɛəriən] *s* doktrinarac, teoretičar, pedant
doctrinarian [ˌdɔktri'nɛəriən] *adj* doktrinaran, teoretičan i nepraktičan
doctrine ['dɔktrin] *s* nauka, učenje, dogma, znanost, doktrina; *pol* princip, načelo
doctrinism ['dɔktrinizəm] *s* doktrinarizam
doctrinize ['dɔktrinaiz] *vi* stvoriti doktrinu
document ['dɔkjumənt] *s* isprava, dokument, spis
document ['dɔkjument] *vt* opskrbiti ispravama; potkrijepiti dokazima, dokumentirati
documental [ˌdɔkju'mentl] *adj* → **documentary**
documentary [ˌdɔkju'mentəri] *adj* utvrđen ispravama, dokazan, dokumentiran | **~ bill** dokumentarna mjenica; **~ credit** dokumentarni kredit; **~ evidence** dokaz na temelju isprava
documentary [ˌdɔkju'mentəri] *s* dokumentarni film, dokumentarna televizijska emisija
documentation [ˌdɔkjumen'teiʃn] *s* potkrepa dokazima, dokumentacija
dodder ['dɔdə] *s bot* vilina kosa
dodder ['dɔdə] *vi* drhtati, tresti se, teturati
doddered ['dɔdəd] *adj* koji je izgubio grane, krošnju (npr. hrast)
dodge [dɔdʒ] *vi/t* (*round, about, behind*) **I.** *vi* skloniti se, ukloniti se, skočiti u stranu, izmicati; izmotavati se; okolišati; poslužiti se doskočicom, varkom **II.** *vt* izmaći čemu skokom u stranu, izbjeći, trzati, pomicati amo-tamo; slijediti koga u stopu; titrati se, zbijati šalu, ismijavati koga
dodge [dɔdʒ] *s* izmicanje, nagao skok u stranu; *coll* varka, podvala; trik; izlika, doskočica, smicalica
dodgem ['dɔdʒəm] *s US* mali električni auto na autodromu u zabavnom parku
dodger ['dɔdʒə] *s* onaj koji izmiče; varalica, lukavac, prepredenjak; *mar* sklonište od nevremena na komandnom mostu
dodgy ['dɔdʒi] *adj* koji izmiče, zavarava, lukav, prepreden
dodo ['dəudəu] *s ornith* dodo (*Didus ineptus*) (izumrla vrsta golubova); fosil (staromodna osoba)
doe [dəu] *s* srna; košuta; ženka (zeca, kunića)
doer ['duə] *s* činilac, tvorac; aktivna, poduzetna osoba | **evil ~** zlotvor
does [dʌz] 3. *l. sg. pres.* od **do**
doesn't ['dʌznt] = **does not**
doest ['du:ist] *arch* 2. lice *sg pres* od **do**
doff [dɔf] *vt* skinuti, svući; odbaciti, napustiti
dog [dɔg] *s* pas; mužjak (vuka, lisice); *fam* nevaljao čovjek; *sl* momak, klipan; *min* vagončić, vagonet; *tech* preklad, zglavac, konj; hvataljka (stroja), spona | **~s of war** haranje, klanje, pljačka; *fig* **old ~** stari lisac; *astr* **Greater & Lesser Dog** Veliki i Mali Pas (zviježđe); **to die a ~'s death, to die like a ~** umrijeti kao pas, bijedno poginuti; **give a ~ ill name and hang him** teško će se oprati onaj koga je kleveta ocrnila; **to go to the ~s** propasti, otići do đavola; **to help lame ~ over stile** pomoći u nevolji; **to lead a ~'s life** živjeti u brizi i nevolji, kuburiti; *fam* **to put on ~** razmetati se, isprsiti se, hvalisati se; **it rains cats & ~s** pljušti kao iz kabla; **to throw to the ~s** odbaciti, objesiti o klin; *fig* žrtvovati; **let sleeping ~s lie** ne diraj lava dok spava; **love me love my ~** tko neće moje štene, ne treba ni mene; **take hair of ~ that bit you** pij još, da rasťjeraš mamurluk; **every ~ has his day** svatko ima svoj sretni dan, svakom se jedanput nasmije sreća; **I have not a ~'s chance** nemam baš nikakvih izgleda; **~ in a blanket** vrsta voćnog kolača; **~ in the manger** sebičan čovjek, koji ne daje drugima ni ono što mu ne treba; **whose ~ is dead?** što se tu dogodilo?, tko je umro?; **top ~** onaj koji zapovijeda, ima vlast
dog [dɔg] *vt* slijediti, progoniti, uhoditi, ići čijim tragom; *tech* uhvatiti u škripac, u hvataljku stroja
dogbane ['dɔgbein] *s bot* pasji strup (*Apocynum*)
dogberry ['dɔgberi] *s bot* dren (plod)
dog-biscuit ['dɔgˌbiskit] *s* kolač za pse (gotova pseća hrana)
dog-box ['dɔgbɔks] *s rly* odjeljenje za pse
dog-cart ['dɔgka:t] *s* jednoprežne (lake) dvokolice, gig
dogcatcher ['dɔgˌkætʃə] *s* živoder
dog-cheap ['dɔgtʃi:p] *adj fam* vrlo jeftin, gotovo badava
dog-cockle ['dɔgˌkɔkl] *s zool* čašica (vrsta školjke) (*Glycymeris glycymeris*)
dog-collar ['dɔgˌkɔlə] *s* pasja ogrlica; visoki tvrdi ovratnik (svećenika anglikanske crkve)

dog-days [ˈdɔgdeiz] *s pl* pasji dani, dani najveće vrućine
doge [dəudʒ] *s* dužd
dog-ear [ˈdɔgˌiə] *s* magareće uho (na listu knjige)
dog-ear [ˈdɔgˌiə] *vt* napraviti (u knjizi) magareće uši, svinuti uglove listova
dog-face [ˈdɔgfeis] *s sl* obični vojnik, pješak, pješadinac
dog-faced [ˈdɔgfeist] *adj* pasoglav (majmun)
dog-fall [ˈdɔgfɔːl] *s* pad kod rvanja, kad protivnici istodobno dotaknu tlo
dog-fancier [ˈdɔgˌfænsiə] *s* ljubitelj pasa; uzgajatelj pasa; trgovac psima
dog fennel [ˈdɔgˌfenl] *s bot* žablja trava (*Anthemis cotula*)
dogfight [ˈdɔgfait] *s* žestoka borba (kao među psima); *mil* borba lovačkih aviona, zračna borba
dog-fish [ˈdɔgfiʃ] *s zool* pas kostelj (*Squalus acanthias*) i druge vrste manjih morskih pasa
dog-fox [ˈdɔgfɔks] *s zool* lisac, mužjak lisice; sibirska stepska lisica
dogged [ˈdɔgid] *adj* (~**ly** *adv*) tvrdokoran, uporan, ustrajan, nepopustljiv; zagrizen
dogger [ˈdɔgə] *s mar* holandski ribarski brod na dva jarbola, doger
doggerel [ˈdɔgərəl] *adj* loš, bezvrijedan, slupan, šepav (stih) obično šaljivog sadržaja
doggerel [ˈdɔgərəl] *s* stih koji hramlje, nepravilan, bezvrijedan stih
doggery [ˈdɔgəri] *s* zagrižljivost; otresitost; psi kolektivno; fukara
doggish [ˈdɔgiʃ] *adj* (~**ly** *adv*) pasji; surov; zajedljiv; mrzovoljast
doggo [ˈdɔgəu] *adv* | *sl* **to lie** ~ pritajiti se
doggy (doggie) [ˈdɔgi] *s* psić
doggy [ˈdɔgi] *adj* pseći, pasji; odan psima; koji voli pse
dog-headed [ˈdɔgˌhedid] *adj* pasoglav
dog-hole [ˈdɔghəul] *s* pasja rupa, štenara (*hit* & *fig*); *sl* mali, nesigurni rudnik ugljena
dog-house [ˈdɔghaus] *s* pasja kućica, štenara | **in the** ~ *US* u nemilosti
dog-hutch [ˈdɔghʌtʃ] *s* pasja kućica; *fig* rupa, jazbina
dogie [ˈdəugi] *s* tele bez majke
dog-kennel [ˈdɔgˌkenl] *s* pasja kućica, štenara
dog Latin [ˌdɔgˈlætin] *s* loša latinština
dog-lead [ˈdɔgliːd] *s* uzica za pse
dog-licence [ˈdɔgˌlaisəns] *s* psetarina
doglike [ˈdɔglaik] *adj* pasji, pseći, poput psa
dogma [ˈdɔgmə] *s* dogma; (vjersko) načelo
dogmatic [dɔgˈmætik] *adj* (~**ally** *adv*) dogmatičan; nekritičan
dogmatics [dɔgˈmætiks] *s pl* dogmatika, nauka o (vjerskim) načelima
dogmatism [ˈdɔgmətizəm] *s* dogmatizam
dogmatist [ˈdɔgmətist] *s* dogmatičar
dogmatize [ˈdɔgmətaiz] *vi/t* dogmatizirati, dogmatički govoriti ili pisati
dognap [ˈdɔgnæp] *vt US* ukrasti (psa) za prodaju istraživačkoj instituciji
do-gooder [ˌduːˈgudə] *s US sl* idealistički i nespretan dobročinitelj, filantrop
dogrobber [ˈdɔgrɔbə] *s US mil sl* posilni
dog-rose [ˈdɔgrəuz] *s bot* divlja ruža, šipak
dog's age [ˈdɔgzeidʒ] *s US fig* čitav vijek, čitava vječnost
dog salmon [ˈdɔgˌsæmən] *s ichth US* keta losos (*Oncorhynchus keta*)
dog's-ear [ˈdɔgzˌiə] *s* & *vt* → **dog-ear**
dog-show [ˈdɔgʃəu] *s* izložba pasa
dog-skin [ˈdɔgskin] *s* pasja koža (*esp* za rukavice)
dog-sleep [ˈdɔgsliːp] *s* lak, isprekidan san; prividan san
dog's letter [ˈdɔgzˌletə] *s* slovo »r«
dog's meat [ˈdɔgzmiːt] *s* pasja hrana; konjsko meso; otpaci
dog's nose [ˈdɔgznəuz] *s* pivo i džin, pivo sa džinom i drugim primjesama (piće)
dog's-tail [ˈdɔgzteil] *s bot* krestac (*Cynasurus cristatus*)
Dog Star [ˈdɔgstaː] *s astr* Sirius
dog tag [ˈdɔgtæg] *s* pseća markica; *sl mil* osobna metalna pločica za raspoznavanje
dog-tired [ˌdɔgˈtaiəd] *adj* umoran kao pas, sasvim izmoren, mrtav umoran
dog-tooth [ˈdɔgtuːθ] *s* očnjak; *archit* zupčast ornament
dog-watch [ˈdɔgwɔtʃ] *s mar* straža na brodu od 16 do 18 i od 18 do 20 sati
dog-wolf [ˈdɔgwulf] *s zool* vuk mužjak
dog-wood [ˈdɔgwud] *s bot* sviba, vučji dren (drvo)
doily [ˈdɔili] *s* mali ubrus, tabletić, podložak
doing [ˈduiŋ] *s* rad, posao; djelo; događaj | ~**s** *pl* činovi, događaji; *fam* zbivanje, vladanje, djela, stvari; buka, galama; *iron* **fine ~s these! krasne stvari!; it's your own** ~ sam si kriv
doit [dɔit] *s* sitan novčić; *fig* malenkost, sitnica, trica | **not worth a** ~ ne vrijedi ni prebijene pare
do-it-yourself [ˌduːitjɔːˈself] *adj* »uradi sam«
doldrums [ˈdɔldrəmz] *s pl* zlovolja, potištenost, utučenost; *geog* područje zatišja oko ekvatora
dole[1] [dəul] *s arch* sudbina, usud, sudba; milostinja, (mali, škrti) dar siromahu | **the** ~ potpora nezaposlenima; **to be on the** ~ biti nezaposlen, primati potporu
dole [dəul] *vt* (*out*) dijeliti, podijeliti, udijeliti, razdijeliti
dole[2] [dəul] *s poet* žalost, tugovanje, tuga, bol | **to make** ~ žaliti, tugovati
doleful [ˈdəulful] *adj* (~**ly** *adv*) žalostan, tužan, skršen

dolichocephalic [ˌdɔlikəuse'fælik] *adj scient* dugoglav, dolikokefalan
doll [dɔl] *s* lutka, beba; *sl* ljepušna, ali glupa ženska, lijepo dijete; *sl* lijepa ili draga osoba
doll [dɔl] *vt/i US coll (up)* obući (se) brižljivo, udesiti se
dollar ['dɔlə] *s* dolar; *hist* talir | **the almighty ~** svemoćni dolar, mamon, moloh
dollish ['dɔliʃ] *adj* (**~ly** *adv*) poput lutke, lutkast
dollop ['dɔləp] *s coll* grumen, kvrga, komadina, mala količina tekućine
dolly ['dɔli] *s* lutka, beba (dječji izraz); *tech* palj, tučak; transportna kolica; *US* uskotračna lokomotiva; operatorska kolica (za pokretnu kameru) | **~-shop** mornarička prodavaonica, staretinarnica i zalagaonica
dolman ['dɔlmən] *s* dolama
dolmen ['dɔlmən] *s* dolmen
dolomite ['dɔləmait] *s minr* dolomit | *geog* **the Dolomites** Dolomitske Alpe
dolorous ['dɔlərəs] *adj* (**~ly** *adv*) *poet* bolan, žalostan, tužan, jadan
dolose [dɔ'ləus] *adj jur* zlonamjeran, dolozan, s dolusom
dolour (dolor) ['dɔlə] *s poet* bol, muka; tuga, jad
dolphin ['dɔlfin] *s* 1. *zool* delfin, dupin, pliskavica 2. *ichth* lampuga, dorada (*Coryphaena hippurus*) 3. *mar* stup (za vezanje brodova), bitva
dolt [dəult] *s* budala, tupoglavac, glupan
doltish ['dəultiʃ] *adj* (**~ ly** *adv*) budalast, blesav, glup
domain [də'mein] *s* područje, oblast; *fig* polje; dobro, posjed, imanje, vlastelinstvo gospoština; domena | *US jur* **Eminent Domain** suverena vlast
dome [dəum] *s poet* palača; kupola; svod; *US sl* glava
dome [dəum] *vt/i* nadsvoditi; prekriti kupolom
domed [dəumd] *adj* nadsvođen; koji ima kupolu
Domesday Book ['du:mzdeibuk] *s hist* katastar, popis zemljišnog posjeda u Engleskoj iz 1086.
domestic [də'mestik] *adj* (**~ly** *adv*) domaći; kućni; obiteljski; unutarnji (poslovi i sl.) | **~ trade** unutarnja trgovina; *US mar* **~ voyage** obalna plovidba; **~ science** ekonomika domaćinstva
domestic [də'mestik] *s* **kućna pomoćnica**, sobarica, kuharica, sluga
domesticable [də'mestikəbl] *adj* pripitomiv, ukrotiv
domesticate [də'mestikeit] *vt/i* **I.** *vt* pripitomiti, ukrotiti; udomaćiti; udomiti; civilizirati; naturalizirati **II.** *vi* udomaćiti se, pripitomiti se
domestication [dəˌmesti'keiʃn] *s* pripitomljenje, ukroćenje; udomaćenje
domesticator [də'mestikeitə] *s* ukrotitelj, pripitomitelj
domesticity [ˌdəumes'tisiti] *s* kućni život; ljubav prema domu i kućnom životu; intimnost, prisnost | **the domesticities** *pl* kućne prilike
domical ['dəumikəl] *adj* nadsvođen, u obliku kupole, kupolast
domicile ['dɔmisail] *s* stan, prebivalište; sjedište; *com* mjesto plaćanja, domicil (mjenice); domicilirana mjenica
domicile ['dɔmisail] *vt/i* **I.** *vt* nastaniti, naseliti; *com* označiti mjesto plaćanja mjenice, domicilirati mjenicu **II.** *vi* nastaniti se
domiciliary [ˌdɔmi'siljəri] *adj* kućni, domaći | **~ visit** kućna pretraga, premetačina
domiciliate [ˌdɔmi'silieit] *vt* nastati, naseliti
dominance ['dɔminəns] *s* vlast, nadmoć, prevlast; (glavni) upliv; gospodstvo
dominant ['dɔminənt] *adj* (**~ly** *adv*) koji vlada, glavni; pretežan, istaknut, koji prevladava; dominantan
dominant ['dɔminənt] *s mus* dominanta
dominate ['dɔmineit] *vt/i* vladati, upravljati, držati u šaci, prevladavati, izdizati se (nad); dominirati | **to ~ over** vladati (nad), gospodovati čime
domination [ˌdɔmi'neiʃn] *s* vladanje, gospodstvo; vladavina, vlast, prevlast; dominacija
dominator ['dɔmineitə] *s* vladar, gospodar
domineer [ˌdɔmi'niə] *vi* gospodovati, silnički ili samovoljno vladati (*over* nad čim, čime), tiranizirati
domineering [ˌdɔmi'niəriŋ] *adj* nasilan, nasilnički, tiranski
dominical [dɔ'minikl] *adj* nedjeljni; gospodnji | **~ year** ljeto gospodnje; **~ day** nedjelja
dominican [də'minikən] *adj* dominikanski
dominican [də'minikən] *s* dominikanac
dominie ['dɔmini] *s Scot* nastavnik; *US coll* pastor, svećenik
dominion [də'minjən] *s* vlast, suverenost; posjed, vlasništvo; područje, oblast; dominion | **the ~s** *pl* dominioni (nezavisne države u Britanskoj zajednici naroda)
domino ['dɔminəu] *s* domino (kostim i polumaska); kocka igre domino | **~es** *sg* domino (igra); *sl* **it is ~ with** svršeno je (sa)
dominoed ['dɔminəud] *adj* maskiran u domino
don [dɔn] *s* don; španjolski plemićki naslov; Španjolac; važna ličnost; znalac, poznavalac; nastavnik na engl. sveučilištima (Oxford i Cambridge)
don [dɔn] *vt* staviti (šešir i drugo); obući (u neku boju ili neki materijal)
donate [dəu'neit] *vt US* darovati, pokloniti

donation [də'neiʃn] *s* dar, prilog, poklon; novčani poklon (nekoj ustanovi), donacija
donative ['dəunətiv] *s* dar, poklon; nadarbina prenesena bez formalnosti
donator [dəu'neitə] *s* darovatelj, donator
donatory ['dəunətəri] *s* primalac dara, korisnik poklona; primalac nadarbine
done [dʌn] *pp* od **do**; prošao, prestao, gotov, svršen, kuhan, pečen; društveno prihvatljiv; isplaćen (na burzi) | **~!** u redu!, fino!, vrijedi;! *sl* **~ brown** prevaren, nasamaren; **~ up** umoran, iscrpljen (*with* od); **to be ~ with** biti uništen, upropašten, likvidiran; **well ~!** izvrsno!; **well ~** dobro kuhan, ispečen; **~ to a turn** izvrsno ispečen, kuhan; **not ~** protivan (dobrom) običaju, koji ne priliči, nepristojan; **~ for** *coll* mrtav, gotov, propao; odbačen, otpisan
donee [dəu'niː] *s jur* korisnik dara, primalac poklona
donga ['dɔŋgə] *s* (južnoafrička) vododerina, jarak, klanac
donjon ['dɔndʒən] *s Fr* kula, toranj (na dvorcu, gradu)
donkey ['dɔŋki] *s lit & fig* magarac
donkey-engine ['dɔŋkiˌendʒin] *s mar* pomoćni stroj; *US* mala lokomotiva
donnish ['dɔniʃ] *adj* gospodski; dostojanstven, ukočen
Donnybrook Fair ['dɔnibruk'fɛə] *s fig* vašar, galama, zbrka, strka, gungula; svađa, opća tučnjava
donor ['dəunɔː] *s jur* darovatelj, davalac (krvi, bubrega itd.)
do-nothing ['duːˌnʌθiŋ] *s* lijenčina, ništarija, vucibatina
do-nothing ['duːˌnʌθiŋ] *adj* lijen
don't [dəunt] = **do not** |**~!** ne!, molim ne!, nemoj!; **you ~ say so!** ma nemojte reći!, što velite!, ta valjda nije!
don't [dəunt] *s* zabrana
donut ['dəunʌt] *s* → **doughnut**
doodad ['duːdæd] *s US coll* sitnica, sitni ukrasni predmet; neki mali predmet ili naprava čijeg se imena govornik ne može sjetiti; stvar
doodle ['duːdl] *vi* švrljati, bazati; šarati, črčkati
doodle ['duːdl] *s* črčkarija
doodlebug ['dudlbʌg] *s US coll* lokalni vlak, mali auto, kamion, avion itd.; viline rašlje
doom [duːm] *s* sudbina, udes, sudba; zla kob, propast; smrt; *arch* odluka, osuda; Sudnji dan
doom [duːm] *vt* suditi, osuditi (*to* na); *arch* odrediti, narediti
doomsday ['duːmzdei] *s* Sudnji dan
door [dɔː] *s* vrata; ulaz; veža, kapija | **front ~** prednja glavna vrata, kućna kapija; **to live next ~** stanovati u susjednoj sobi ili kući, živjeti u susjedstvu; **to live three ~s off** stanovati u trećoj kući, tri kuće dalje; *fig* **next ~ to** gotovo, skoro; **at death's ~** na pragu smrti, na rubu groba; *fig* **to show one the ~** pokazati komu vrata; *fig* **to open the ~ to** omogućiti; *fig* **to close the ~ upon** onemogućiti, spriječiti; **out of ~s** vani, napolju, na zraku; **within ~s** u kući, kod kuće; *fig* **to bang the ~ on a thing** nešto onemogućiti, spriječiti; **to lay at a person's ~** naprtiti, pripisati komu; **it lies at his ~** to je njegova krivnja; **to keep open ~** biti gostoljubiv
doorbell ['dɔːbel] *s* kućno zvono, ulazno zvono
door-case ['dɔːkeis] *s* okvir vrata, vratnica
door-closer ['dɔːˌkləuzə] *s* automatski zatvarač vrata
door-frame ['dɔːfreim] *s* → **door-case**
door-handle ['dɔːˌhændl] *s* kvaka na vratima
doorjamb ['dɔːdʒæm] *s* dovratnik
door-keeper ['dɔːˌkiːpə] *s* vratar
door-knob ['dɔːnɔb] *s* jabučica, dugme mjesto kvake na vratima
door-knocker ['dɔːˌnɔkə] *s* zvekir, alka
doorless ['dɔːlis] *adj* bez vrata, bez pristupa
doorman ['dɔːmən] *s* (*pl* **dormen** ['dɔːmən]) čovjek koji otvara posjetiocima vrata, doziva taksi i sl., portir
door-mat ['dɔːmæt] *s* rogožina, prostirka, otirač za obuću pred vratima
door-nail ['dɔːneil] *s* čavao kojim su okovana vrata; čavao o koji udara zvekir | **deaf as a ~** gluh kao top; **dead as a ~** potpuno mrtav
door-plate ['dɔːpleit] *s* pločica s imenom na vratima
door-post ['dɔːpəust] *s* dovratnik, dovratak
door prize ['dɔːpraiz] *US* nagrada nekim posjetiocima (priredbe i sl.)
door-scraper ['dɔːˌskreipə] *s* strugač za noge (pred ulaznim vratima)
door-sill ['dɔːsil] *s* prag
door-spring ['dɔːspriŋ] *s* automatski zatvarač vrata
door-step ['dɔːstep] *s* stepenica pred (kućnim) vratima
doorway ['dɔːwei] *s* ulaz u kuću, veža
door-yard ['dɔːjaːd] *s US* dvorište ispred kućnog ulaza
dope [dəup] *s* mazivo za stroj; lak, aerolak; aditiv, premaz; konzervans; *sl* lijek, narkotik, opijum; narkotičar; *US sl* obavijesti koje iskorišćuju novinari; prijevara; glupan, tupavac, bezvoljna osoba; *sl* obavijest o stanju trkaćeg konja, razvijač
dope [dəup] *vt* dati narkotik, omamiti, opiti; dodati aditiv
dope out ['dəup'aut] *vt* otkriti, pronaći, riješiti

dopester ['dəupstə] *s US* prognozer (političkih kretanja, sportskih i drugih rezultata)

dopey (dopy) ['dəupi] *adj* pod utjecajem droge; tupav, smušen, duševno trom

dor [dɔː] *s ent* balegar, zujak; *prov* hrušt, stršen

dorado [də'raːdəu] *s ichth* lovrata, podlanica; pliskavica, dupin

Dorian ['dɔːriən] *adj* dorski

Dorian ['dɔːriən] *s* Doranin (pripadnik starogrčkog plemena iz Tesalije)

Doric ['dɔrik] *adj* dorski; surov, seljački (dijalekt)

Doric ['dɔrik] *s* dorsko narječje, seoski engleski (za razliku od književnog narječja)

dormancy ['dɔːmənsi] *s* spavanje, san; mir, mirovanje; mrtvilo

dormant ['dɔːmənt] *adj* koji spava, mirno leži, miran, nepokretan; neaktivan, uspavan; *com* neupotrebljiv, neiskorišten, mrtav | **~ partner** tajni kompanjon; ***her* lion ~** lav koji leži glavom na šapama

dormer ['dɔːmə] *s* tavanski prostor (na kosom krovu)

dormer-window [ˌdɔmə'windəu] *s* tavanski prozor (na kosom krovu)

dormitory ['dɔːmitri] *s* (skupna) spavaonica; *GB* stambeno naselje; *US* studentski dom

dormouse ['dɔːmaus] *s zool* puh

dormy ['dɔːmi] *adj* (kod golfa) koji je toliko rupa unaprijed koliko ih se još ima odigrati

dorothy bag ['dɔrəθi'bæg] *s* otvorena ženska torbica

dorsal ['dɔːsəl] *adj* (**~ly** *adv*) *anat, zool & bot* leđni, hrpteni

dory[1] ['dɔːri] *s ichth* kovač (riba) | *ichth* **John Dory** kovač

dory[2] ['dɔːri] *s US* mali ribarski čamac (s ravnim dnom)

dosage ['dəusidʒ] *s* određivanje količine, doziranje; dozaža

dose [dəus] *s* obrok, određena količina, doza (lijeka)

dose [dəus] *vt* propisati količinu lijeka, dozirati, davati u dozama; pomiješati (*with* sa)

doss [dɔs] *s sl* krevet u jeftinom prenoćištu

doss [dɔs] *vi sl* prenoćiti (u jeftinom konačištu); spavati

doss-house ['dɔshaus] *s* jeftino prenoćište, konačište

dossier ['dɔsiei] *s Fr* dosje

dossy ['dɔsi] *adj sl* otmjen, dotjeran, elegantan

dost [dʌst] *arch* 2. *lice sg. pres.* od **do**

dot [dɔt] *s* točka, točkica, piknja; djetešce; *math* decimalna točka, znak za množenje | **~-&-dash signals** Morseovi znakovi

dot [dɔt] *vt* (*about, in, down, over, along, with*) obilježiti točkama, staviti točkice, istočkati, obasuti, posuti | **to ~ one's i's and cross one's t's** razjasniti, izraziti sve potankosti; *mus* **dotted chrotchet** četvrtinka s točkom; **~ & carry** (pri zbrajanju) pisati jedinice i prenositi desetice dalje; **to ~ a p one** prilijepiti komu zaušnicu; **~ted line** točkasta crta (mjesto za potpis)

dotage ['dəutidʒ] *s* ludovanje; (staračko) djetinjenje, senilnost | **to be in one's ~** biti od starosti rastresen, podjetinio, senilan

dot-and-go-one ['dɔtənd'gəuwʌn] *s* šepanje, šepesanje; onaj koji šepa, šepavac

dotard ['dəutəd] *s* podjetinio starac, (zaljubljena) stara budala, stara luda, senilac

dotation [dəu'teiʃn] *s* nadarbina; dotacija

dote (doat) [dəut] *vt* djetinjiti, (od starosti) ludovati | **to ~ on** ludo voljeti koga, biti ludo zaljubljen (u)

doth [dʌθ] *arch* 3. *lice sg. pres.* od **do**

doting ['dəutiŋ] *adj* (**~ly** *adv*) podjetinjio, koji bulazni; ludo zaljubljen (*on* u)

dott(e)rel ['dɔtrəl] *s ornith* kulik lakrdijaš (*Charadrius morinellus*)

dottiness ['dɔtinis] *s coll* ludost

dottle (dottel) ['dɔtl] *s* ostatak duhana (u popušenoj luli), baguš

dotty ['dɔti] *adj* (**dottily** *adv*) točkast, s točkicama; *coll* nesiguran, klimav, slabašan; *coll* slabouman, šašav, luckast; lud | *coll* **~ on his legs** nesigurna hoda, slab na nogama

dot-wheel ['dɔtwiːl] *s* kotačić za pravljenje točkaste linije

double ['dʌbl] *adj* (**doubly** *adv*) dvostruk, još jedanput toliki, dupli; dvojak; dvoličan, neiskren, dvogub; udvojen, udvostručen | **~ chin** dvostruka brada, podvoljak; **~ first** s odličnim položeni sveučilišni Honours ispit iz dvije struke; **~ talk** slatke (varave) riječi

double ['dʌbl] *adv* dvostruko, duplo; udvoje | **to ride ~** jahati udvoje, dva na jednom konju; **to sleep ~** spavati udvoje, dvoje u jednom krevetu

double ['dʌbl] *s* dvostruko; duplikat; slika (i prilika); dvojnik; igra u parovima (tenis) | **~ or quits** dvostruko ili ništa (odluka u igri, hoće li igrač platiti dvostruki gubitak ili ništa); *mil* **at the ~** trčećim korakom; **mixed ~s** mješoviti parovi (tenis)

double ['dʌbl] *vt/i* **I.** *vt* udvojiti, podvostručiti; previti, prelomiti, preklopiti, saviti nadvoje; sukati; presti, prepredati; prekrstiti, sklopiti; stisnuti (pest); izbatinati; ponoviti; *mar* oploviti (rt) **II.** *vi* podvostručiti se; sasvim se sagnuti; nenadano skrenuti (u bijegu); sklopiti se; *mil* ići ubrzanim korakom | *theat* **to ~ part** igrati dvostruku ulogu

double back ['dʌbl'bæk] *vi* okrenuti se i trčati natrag

double down [ˈdʌblˈdaun] *vt* previti napola (list)
double in [ˈdʌblˈin] *vt* sklopiti, savinuti prema unutra
double up [ˈdʌblˈʌp] *vi* saviti se; sklopiti se
double-acting [ˈdʌblˌæktiŋ] *adj* s dvostrukim djelovanjem
double agent [ˈdʌblˈeidʒənt] *s* agent ubačen u neprijateljsku špijunsku organizaciju
double-barrelled [ˈdʌblˌbærəld] *adj* dvocijevan; *fig* dvosjekli, dvoznačan; koji ima dvije svrhe ili namjene
double-bass [ˌdʌblˈbeis] *s mus* kontrabas
double-bedded [ˈdʌblˌbedid] *adj* s dva kreveta
double bond [ˈdʌblbəund] *chem* dvoguba veza
double-breasted [ˌdʌblˈbrestid] *adj* dvoredni (kaput)
double-cross [ˈdʌblkrɔs] *vt coll* prevariti, nasamariti, izdati
double-dealer [ˌdʌblˈdiːlə] *s* prevrtljivac, šarenjak, dvoličnjak, spletkar, smutljivac
double-dealing [ˌdʌblˈdiːliŋ] *adj* dvoličan, šaren, prevrtljiv, lažan, licemjeran
double-decker [ˌdʌblˈdekə] *s aero* dvoplošnjak, biplan; autobus na kat, londonac; brod s dvije palube; *US coll* sendvič od tri kriške kruha i dva sloja punjenja
double-dyed [ˌdʌblˈdaid] *adj fig* velik, okorio | ~ **scoundrel** arcilopov, lopuža, okorio lupež
double-edged [ˌdʌblˈedʒd] *adj* dvosjekli
double-entendre [ˈduːblɑ̃ːntaːndr] *s Fr* dvosmislen izraz (naročito ako je jedno značenje škakljivo)
double-entry [ˌdʌblˈentri] *s com* dvostruko knjigovodstvo
double-faced [ˈdʌblfeist] *adj* dvoličan, licemjeran
double feature [ˌdʌblˈfiːtʃə] *s US* dvostruki program (u kinu, tj. dva cjelovečernja filma)
double-ganger [ˈdʌblˌgæŋə] *s* dvojnik
double-headed [ˈdʌblˌhedid] *adj* dvoglav
doubleheader [ˈdʌblˌhedə] *s US* vlak s lokomotivom na svakom kraju; dvije utakmice odigrane u istom danu
double-locked [ˌdʌblˈlɔkt] *adj* dvostruko zaključan, pod dvostrukim ključem
double-minded [ˌdablˈmaindid] *adj* neodlučan
doublepark [ˌdablˈpaːk] *vt* parkirati (vozilo) paralelno s drugim vozilom, koje je parkirano uz pločnik
double-quick [ˌdʌblˈkwik] *adv* vrlo brzo, strelovito
double-reef [ˌdʌblˈriːf] *vt mar* skratiti (jedro) za dvije ruke
double-room [ˌdʌblˈrum] *s* soba s dva kreveta
double-stop [ˌdʌblˈstɔp] *vi mus* dvohvatno svirati (na violini itd.)
doublet [ˈdʌblit] *s arch* prsluk, pršnjak, zobunac, grudnjak, grudnik; par; dubleta; patvoreni dragulj
double-talk [ˌdʌblˈtɔːk] *s* govor u kojem je smisao izmiješan s besmislom ili s riječima dvostrukog značenja; političke fraze
double think [ˌdʌblˈθiŋk] *s* sistem mišljenja pri kojem čovjek ne misli ono što kaže i ne kaže ono što misli
double-tongued [ˌdʌblˈtʌŋd] *adj* dvoličan, lažljiv
double-tooth [ˌdʌblˈtuːθ] *s* kutnjak
doubloon [dʌbˈluːn] *s* španjolski zlatnik
doubt [daut] *s* sumnja, dvojba; neizvjesnost, nesigurnost; briga, strah | **to give one the benefit of the** ~ suditi u korist tuženoga (u slučaju sumnje, *Lat* — *in dubio pro reo*); **to make no** ~ ne sumnjati, biti siguran; **no** ~ nesumnjivo, sigurno; **without** ~ bez sumnje, sigurno; **to be in** ~ sumnjati
doubt [daut] *vi/t* **I.** *vi* sumnjati; dvoumiti, kolebati se, oklijevati; bojati se; pomisliti, posumnjati **II.** *vt* posumnjati u što, nemati povjerenja u koga | **~ing Thomas** nevjerni Toma
doubtful [ˈdautful] *adj* (**~ly** *adv*) sumnjiv, neodlučan; nesiguran, nepouzdan; nestalan; nejasan, neizvjestan
doubtless [ˈdautlis] *adv* bez sumnje, sigurno; vjerojatno
douce [duːs] *adj Scot* trijezan, umjeren, blag, staložen, miran, spokojan
douche [duːʃ] *s Fr* tuš, irigator | *fig* **to throw a cold** ~ **upon** oslabiti, prigušiti, obeshrabriti, politi hladnom vodom
douche [duːʃ] *vt/i Fr* **I.** *vt* tuširati (koga) **II.** *vi* tuširati se, kupati se ispod tuša
dough [dəu] *s* tijesto; *sl* novac | *fig* **my cake is** ~ izjalovila mi se stvar
dough-boy [ˈdəubɔi] *s cul* kuhani valjušak; *US sl* pješak (naročito za prvoga svjetskog rata)
doughface [ˈdəufeis] *s* Sjevernjak koji je pristajao uz Južnjake u pogledu robovskog pitanja
doughfaced [ˈdəufeist] *adj* neiskren, dvoličan
doughnut [ˈdəunʌt] *s cul* uštipak (obično prstenastog oblika)
doughtiness [ˈdautinis] *s* muževnost, hrabrost, srčanost
doughty [ˈdauti] *adj* (**doughtily** *adv*) hrabar, junačan, srčan (pomalo šaljivo)
doughy [ˈdəui] *adj* (**doughily** *adv*) mek, gnjecav, poput tijesta
Douglas fir [ˈdʌgləsˈfəː] *s bot* duglazija (*Pseudotsuga taxifolia*)
Douglas spruce [ˈdʌgləsˈspruːs] *s* → **Douglas fir**

dour [ˈduə] *adj* (~**ly** *adv*) *Scot* ozbiljan, strog; nepopustljiv, tvrd, uporan
douse (dowse) [daus] *vt mar* spustiti (jedro); zatvoriti (vratnice); pogasiti (svjetlo); politi vodom, smočiti | *sl* **to ~ the glim** utrnuti svjetlo
dove [dʌv] *s* golub, golubica; *fig* duh sveti; miljenče, ljubimče, dragi, draga; glasnik dobrih vijesti, mira; uzor blagosti i nevinosti
dove-colour [ˈdʌvˌkʌlə] *s* crvenkastosiva boja
dove-cot [ˈdʌvkəut] *s* golubinjak
dove-like [ˈdʌvlaik] *adj* golubinji, poput goluba
dove's-foot [ˈdʌvzfut] *s bot* geranija, krvavac *(Geranium)*
dovetail [ˈdʌvteil] *s archit* lastin rep, užljebljenje, sklapanje, umetanje, sastavak, spoj, usjek, urez
dovetail [ˈdʌvteil] *vt/i* **I.** *vt* užlijebiti, zabiti, utjerati (*into* u); *fig* priljubiti **II.** *vi fig* priljubiti se, točno pristajati (*into* uz, u)
dowager [ˈdauədʒə] *s* udova (ugledna roda, s naslijeđenim muževim naslovom ili imetkom) | **Queen ~** kraljica udova
dowdiness [ˈdaudinis] *s* neurednost, aljkavost
dowdy [ˈdaudi] *s* neuredna žena, prljavica; drolja
dowdy [ˈdaudi] *adj* (**dowdily** *adv*) neotmjen, zastario; neuredan, neukusan, aljkav
dowel [ˈdauəl] *s* kolčić, klin, zaglavica
dowel [ˈdauəl] *vt* pričvrstiti zaglavicom
dower [ˈdauə] *s* miraz, prćija; udovština, doživotno uživanje muževe ostavštine; prirodna nadarenost, talent
dower [ˈdauə] *vt* dati miraz; *fig* opremiti; obdariti
dowerless [ˈdauəlis] *adj* bez miraza
dowitcher [ˈdauitʃə] *s ornith* dugokljuni dovičer *(Limnodromus griseus)*
dowlas [ˈdauləs] *s* vrsta grubog platna, prteno platno
down[1] [daun] *s* prud, humak, otvoreno humlje | **~s** *pl* valoviti vapnenasti pašnjaci (južne Engleske); **the Downs** veliko sidrište (uz obalu Kenta)
down[2] [daun] *s* pahuljica, paperje; malje (na voću, licu), prve dlake (na licu) | **~ quilt** poplun od paperja
down[3] [daun] *s* nisko stanje, dubina; okret sreće | **the ups and ~s of life** kolo sreće u životu, zgode i nezgode života; *coll* **to have a ~ on a person** ne trpjeti koga, imati koga na zubu
down [daun] *adj* usmjeren prema dolje, koji ide prema dolje | **~ train** vlak koji ide iz Londona (u provinciju)
down [daun] *adv* dolje | **to go ~** (*ship, sun, food*) potonuti; zalaziti, biti progutan; **to get ~** progutati; sići; **book goes ~** knjiga koju su čitaoci dobro primili; **to set ~** sići, silaziti; **money ~, pay ~** platiti smjesta u gotovu; **to write ~, to put ~** napisati; **to bear ~** ploviti niz vjetar; **to shout ~, to hiss ~** nadvikati, ušutkati; **~ to Norfolk** u Norfolk (iz Škotske); **to go ~** otići sa sveučilišta (na praznike ili nakon svršetka studija); **to send ~** isključiti sa sveučilišta (kao kazna); **up & ~** gore-dolje, amo-tamo; **bread is ~** kruh je pojeftinio; **from king ~ to cobbler** od kralja do postolara, svi od najvišeg do najnižeg; **custom handed ~** običaj sačuvan iz starih vremena; **to calm ~** stišati; **to be ~ on (a person)** oboriti se na koga; **~ to the ground** potpuno, sasvim, do temelja; **~ at heel** s izgaženim petama; *fig* neuredan; **~ on one's luck** obeshrabljen nesrećom; **~ & out** potučen, nesposoban za borbu; *fig* uništen, upropašten; **~ under** s druge strane svijeta (u Australiji i dr.); **~ with fever** bolestan od groznice; **a Bill ~ for the second reading** zakonski prijedlog koji je na dnevnom redu za drugo čitanje; **~ in the mouth** utučen, obeshrabren; **~ to date** suvremeno, najmodernije; **I was ~ £ 50** izgubio sam, štetovao sam £ 50; **to clean the house ~** očistiti cijelu kuću; **to go ~** stišati se, sleći se (vjetar)
down [daun] *prep* niz, sa; kroz (vrijeme) | **~ the wind** s vjetrom; **to fall ~ a precipice** pasti u ponor; **all ~ the history of China** kroz svu povijest Kine; **further ~ the river** dalje niz rijeku; *US* **~ town** u centru grada, u poslovnom dijelu grada
down [daun] *vt coll* odbaciti, baciti; oboriti; poraziti | **to ~ the tools** obustaviti rad
downbeat [ˈdaunbiːt] *adj US coll* nesretan, grubo realističan
downcast [ˈdaunkaːst] *s* sjeta, tuga, klonulost duha | *min* **~ shaft** okomit rov za dovod svježeg zraka
downcast [ˈdaunkaːst] *adj* oboren (pogled); potišten, malodušan, obeshrabren
downcome [ˈdaunkʌm] *s* propast, propadanje, poniženje
down-draught [ˈdaundraːft] *s* strujanje zraka prema dolje (u dimnjaku)
Down East [ˈdaunˈiːst] *US coll* Nova Engleska, naročito Maine
downeastern [ˌdaunˈiːstən] *s US* stanovnik Nove Engleske (Maine itd.)
downfall [ˈdaunfɔːl] *s* (jaka) oborina, pljusak; *fig* slom, propast
downfallen [ˈdaunfɔːln] *adj* propao, uništen, ruiniran
downgrade [ˈdaungreid] *s US* nizbrdica
downgrade [ˈdaungreid] *vt US* degradirati, postaviti na manje odgovorno mjesto; umanjiti važnost, vrijednost; govoriti o čemu s omalovažavanjem, omalovažavati | **on the ~** na silasku, u opadanju i slabljenju

downhearted [ˌdaunˈhaːtid] *adj* snužden, pokunjen, očajan, malodušan, utučen
downhill [ˌdaunˈhil] *s* nizbrdica, strmina | ~ **of life** druga polovica života, kad snage počinju popuštati
downhill [ˌdaunˈhil] *adv* nizbrdo; *fig* nagore, sve slabije
downhill [ˌdaunˈhil] *adj* strm, koji ide nizbrdo, nizbrdan
downiness [ˈdauninis] *s* pahuljavost, paperjavost, maljavost
Downing Street [ˈdauniŋstriːt] ulica u Londonu u kojoj se nalazi službena rezidencija predsjednika vlade i više ministarstava; *fig* britanska vlada
downmost [ˈdaunməust] *adv* sasvim dolje
downmost [ˈdaunməust] *adj* najdonji
downpour [ˈdaunpɔː] *s* pljusak
downright [ˈdaunrait] *adv arch* ravno dolje, okomito; kako treba, valjano, sasvim, potpuno
downright [ˈdaunrait] *adj* otvoren, iskren; pravi; bez okolišanja; jasan, očevidan, očit; potpun; pozitivan
downstair [ˌdaunˈstɛə] *adj* koji se nalazi dolje, na donjem katu, u prizemlju
downstairs [ˌdaunˈstɛəz] *adv* dolje, niz stepenice, na donjem katu, u prizemlju
downstairs [ˌdaunˈstɛəz] *s* donji kat, prizemlje
downstate [ˈdaunˈsteit] *s US* najjužniji dio (federalne) države
downstream [ˌdaunˈstriːm] *adv* nizvodno
down-to-earth [ˌdauntəˈəːθ] *adj* realističan, praktičan
downtown [ˈdauntaun] *adj, adv US* prema ili u glavnom poslovnom centru grada
downtrodden [ˈdaunˌtrɔdn] *adj fig* pogažen, podjarmljen
down under [ˈdaunˈʌndə] *s coll* Australija ili Novi Zeland
downward [ˈdaunwəd] *adv* prema dolje, dolje, niz | ~ **from Adam, from Adam** ~ onamo od Adama, sve od Adama
downward [ˈdaunwəd] *adj* koji silazi, pada, koji se spušta, nagnut | *com* ~ **tendency** tendencija pada cijena, tečaja robe i efekata (u burzovnim špekulacijama)
downwards [ˈdaunwədz] *adv* → **downward** *adv*
downy[1] [ˈdauni] *adj* humovit, brežuljkast, neravan, valovit
downy[2] [ˈdauni] *adj* (**downily** *adv*) pahuljast, maljav, vunast, mekan; *sl* prepreden, lukav
dowry [ˈdauəri] *s* miraz; prirodni dar, talent
dowse (douse) [dauz] *vt/i* **I.** *vt* → **douse II.** *vi* tražiti vodu vilinskim rašljama | *sl* **to** ~ **the glim** utrnuti svjetlo
dowser [ˈdauzə] *s* istraživač (vode, ruda) pomoću vilinskih rašalja
dowsing-rod [ˈdauziŋrɔd] *s* vilinske rašlje, čarobni štapić
doxy[1] [ˈdɔksi] *s* ljubavnica; drolja, bludnica
doxy[2] [ˈdɔksi] *s fam* mišljenje (o vjerskim stvarima)
doyley [ˈdɔili] *s* → **doily**
doze [dəuz] *vi* drijemati, dremuckati, biti pospan, kunjati
doze off [ˈdəuzˈɔf] *vi* zadrijemati
doze [dəuz] *s* drijem, dremuckanje, drijemež
dozen [ˈdʌzn] *s* tucet, dvanaest | **baker's** ~, **devil's** ~, **long** ~, **printer's** ~ trinaest; **to talk nineteen to the** ~ neprekidno govoriti, klepetati, brbljati kao čavka
dozy [ˈdəuzi] *adj* pospan, sanjiv
drab[1] [dræb] *s* prljava djevojčura, neuredna ženetina; prostitutka, kurva, drolja
drab [dræb] *vi* kurvati se, bludničiti, živjeti u bludu, razvratno živjeti
drab[2] [dræb] *s* smeđesiva boja; vrsta smeđesivog sukna; jednoličnost, monotonija
drab [dræb] *adj* (~**ly** *adv*) smeđesiv; prljave boje; jednoličan, monoton; *fig* sumoran, sjetan
drabbet [ˈdræbit] *s* vrsta grubog seljačkog platna, žutica
drabble [ˈdræbl] *vi/t* **I.** *vi* gacati, gaziti (po vodi, blatu); ići (*through* kroz) **II.** *vt* uprljati, zablatiti, zamazati, vući po blatu
drachm (dram) [dræm] *s* drahma, dram
drachma [ˈdrækmə] *s* (*pl* ~**s, drachmae** [ˈdrækmiː]) drahma (novac); dram (šesnaestina unce, 1,77 grama), apotekarska mjera za težinu; čašica žestokog pića
Draconian [drəˈkəuniən] *adj* drakonski, strog
draconic [drəˈkɔnik] *adj* (~**ally** *adv*) drakonski, strog
draff [dræf] *s* talog; napoj; *fig* izmet, gad, đubre, smet
draft [draːft] *s* vučenje, teglenje; izvlačenje mreže, ulov ribe (u jednom izvlačenju); gutljaj; doza (lijeka); *coll* čaša piva; udah (dima cigarete i sl.); *mil* odred vojnika (izabranih za naročitu dužnost); *US coll* sistem novačenja pomoću ždrebanja; *com* trata, tezica; mjenica, trasiranje, vučenje mjenice; nacrt, plan, koncept, skica | *com* **to make a** ~ **on** podići sa (računa); *fig* polagati pravo (na), tražiti; ~ **animals** tegleća marva
draft [draːft] *vt mil* izabrati, poslati u naročitu misiju; prekomandirati; detaširati; sastaviti nacrt, skicirati, nabaciti; sastaviti, izraditi (ugovor)
drafter [ˈdraːftə] *s* sastavljač nacrta, skice
drafting [ˈdraːftiŋ] *s* nacrt, plan
draftsman [ˈdraːftsmən] *s* crtač, risač; sastavljač nacrta (isprava)
draftsmanship [ˈdraːftsmənʃip] *s* umijeće risanja, crtanja, sastavljanja nacrta

drag [dræg] *vt/i* **I.** *vt* vući, povlačiti, potezati; *mus* zatezati, usporavati (tempo); kočiti; *agr* drljati, branati; pretraživati dno, tražiti (mrežom i dr.); jaružiti, očistiti od mulja **II.** *vi* vući se, povlačiti se, potezati se; zamarati, postati dosadan | **to ~ at the oars** veslati s mukom; **to ~ a wretched life** životariti, kuburiti

drag in ['dræg'in] *vt fig* uvući | **to ~ by the head and shoulders** navesti, uvesti (predmet, temu) bez potrebe, silom

drag on ['dræg'ɔn] *vt/i* zatezati, izvlačiti, nastavljati (čime) do iznemoglosti, dosade, umora

drag out ['dræg'aut] *vt* razvlačiti, zatezati

drag up ['dræg'ʌp] *vt coll* surovo odgajati (dijete)

drag [dræg] *s agr* teška drljača; teške saonice; vrsta kola s četiri konja sa sjedištima unutra i na krovu; kuka (kojom se vadi što iz vode), čaklja; povlačna mreža, potegača; zavor, kočnica; *fig* zapreka, smetnja; otpor; opterećenje; lijena kretnja, zatezanje; dosadna osoba, dosada, dosadno mjesto (u knjizi); *sl* veze; *sl* povučeni dim cigarete i sl.; gutljaj pića; *sl* cesta, ulica; *sl US* ples, čaga; *sl US* utrka dragstera; *sl* ženska odjeća koju nosi homoseksualac; *aero* čeoni otpor; *hunt* trag ili miris životinje

drag-anchor ['dræg,æŋkə] *s mar* plovno sidro

drag-chain ['drægtʃein] *s* lanac za kočenje, paočenje

dragée [drə'žei] *s* dražeja, draže, dražej

dragging ['drægiŋ] *s* ono što je dosadno, što se zateže | **the play has no ~ about it** u tom komadu nema ništa dosadno (radnja se odvija bez zatezanja)

draggle ['drægl] *vt/i* **I.** *vt* nakvasiti, navlažiti, uprljati povlačenjem; potezati **II.** *vi* vući se po blatu; biti uprljan povlačenjem; zaostajati

draggled ['drægld] *adj* zaprljan, neuredan

draggle-tail ['drægIteil] *s* drolja, prljavka, neuredna žena

draggle-tailed ['drægIteild] *adj* koji se povlači po tlu; *fig* neuredan, nemaran

draggy ['drægi] *adj* polagan, spor, koji se vuče, dremljiv, trom, dosadan

dragline ['dræglain] *s* bager; uže za vuču; uže koje visi s balona (služi kao promjenljivi balast ili za vezivanje)

drag link ['drægliŋk] *s mot* upravljačka spona

drag-net ['drægnet] *s* povlačna mreža, potegača; organizirana potjera za kriminalcem

dragoman ['drægəumən] (*pl* **~s, dragomen** ['drægəumən]) *s* dragoman, tumač, vodič (na Bliskom istoku)

dragon ['drægən] *s myth* zmaj, aždaja i *fig; bibl* đavo, zmija, šakal; *zool* krilati zmaj, leteći zmaj *(Draco)* | **the old Dragon** sotona

dragonet ['drægənit] *s* zmajić; *ichth* miš, mišić *(Callionymus maculatus)*

dragon-fly ['drægənflai] *s ent* konjic, konjska smrt, vretence

dragonhead ['drægənhed] *s bot* ivulja *(Dracocephalum)*

dragonish ['drægəniʃ] *adj* poput zmaja

dragonnade [,drægə'neid] *s Fr* dragonada (progoni protestanata za vrijeme Luja XIV); progon pomoću vojske

dragonnade [,drægə'neid] *vt* proganjati pomoću vojske

dragon's-blood ['drægənzblʌd] *s bot* zmajeva krv (crvena smola)

dragon-tree ['drægəntri:] *s bot* zmajevac, zmajevo drvo *(Dracaena draco)*

dragoon [drə'gu:n] *s mil* dragun; surov momak; *zool* vrsta goluba

dragoon [drə'gu:n] *vt* mučiti, progoniti, podjarmiti; *fig* oglobiti, oguliti, prisiliti (*into* na)

drag-rope ['drægrəup] *s mar* teglo, konop za teglenje

drain [drein] *vt/i* 1. isušiti, iscrpsti, odvoditi vodu (*off, away*), drenirati; istrošiti, lišiti; ispiti, iskapiti (čašu, pehar) 2. isteći, otjecati (*away, off*); kapati (*into* u); prokapljivati (*through*), isušiti se | *fig* **to ~ away** iskrvariti; **to ~ the wealth of England** istrošiti, iscrpljivati bogatstvo Engleske; **to ~ dry** presušiti, isušiti; **to ~ to the dregs** iscrpsti do kraja; *fig* **to ~ the cup of sorrow to the dregs** ispiti gorku čašu do dna

drain [drein] *s* prokop, kanal, odvodni jarak; ispust, odvodna cijev; *fig* otjecanje (novca); *fig* napor, iscrpljenje, slabljenje; *coll* kapljica, gutljaj, čašica, piće, napitak; *med* drenažna cjevčica | **~s** *pl* kanalizacija; **a great ~ of my resources** velik izdatak za moje prihode, slabljenje moga imetka

drainable ['dreinəbl] *adj* koji se može isušiti

drainage ['dreinidʒ] *s* isušivanje, sušenje, odvođenje (vode); sustav odvodnih cijevi; drenaža; kanalizacija (u kući); otjecanje, istjecanje, procjednost; *med* istjecanje gnoja; *fig* ispražnjenje, iscrpljenje

drainage-basin ['dreinidʒ,beisin] *s* područje s kojeg rijeka odvodi vodu, sliv, slijev

drainage-tube ['dreinidʒtju:b] *s* odvodna cijev

drainer ['dreinə] *s* sušilac, kopač odvodnih jaraka; cjedilo

drainpipe ['dreinpaip] *s* kanalizacijska cijev

drake[1] [dreik] *s ent* muha (kao meka za udicu)

drake[2] [dreik] *s* patak | **to play ducks and ~s** bacati žabice (igra)

dram [dræm] *s* dram (mjera za težinu); piće, gutljaj (rakije) | **to be fond of a ~** voliti rakiju; **not a ~** ni truna
drama [ˈdraːmə] *s* drama, igrokaz | **the ~** kazališna umjetnost, dramatika
dramatic [drəˈmætik] *adj* (**~ally** *adv*) dramatski, dramatičan, dramski
dramatics [drəˈmætiks] *s* dramatika, kazališna znanost; amaterske predstave; dramatičnost, teatralnost
dramatis personae [ˌdraːmətispəːˈsəuni] *s pl* (popis) lica u drami
dramatist [ˈdræmətist] *s* dramatičar, pisac drama
dramatization [ˌdræmətaiˈzeiʃn] *s* dramatizacija
dramatize [ˈdræmətaiz] *vt/i* dramatizirati
dramaturge [ˈdræmətəːdʒ] *s* pisac drama, dramaturg
dramaturgic [ˌdræməˈtəːdʒik] *adj* dramski, dramaturški
dramaturgy [ˈdræməˌtəːdʒi] *s* dramaturgija, vještina pisanja drama
dram-drinker [ˈdræmˌdriŋkə] *s* rakijaš, ljubitelj rakije
dram-shop [ˈdræmʃɔp] *s* rakijašnica, prodavaonica rakije
drank [dræŋk] *pret* od **drink**
drape [dreip] *vt* ogrnuti plaštem; ukrasiti zavjesama; namjestiti nabore, drapirati
draper [ˈdreipə] *s* suknar, trgovac tekstilom
drapery [ˈdreipəri] *s* trgovina tekstilom, suknarija; sukno, suknena roba, manufaktura; ukrašavanje zastorima; namještanje nabora; drapiranje, draperija
drapes [dreips] *s pl* draperija, zavjesa
drastic [ˈdræstik] *adj* (**~ally** *adv*) drastičan; koji snažno djeluje; krepak, žestok, jak; temeljit
drat [dræt] *vt 3rd pers sg subj vulg* proklet; do đavola | **~ your impudence** đavo neka nosi tvoju drskost
dratted [ˈdrætid] *adj* proklet
draught [draːft] *s* 1. vučenje; potezanje (mreže za ribolov) 2. gutljaj, dušak; točenje, otakanje; *med* doza (tekućeg lijeka) 3. *mar* gaz (broda) 4. propuh, promaja 5. crtež; nacrt, obris, plan; skica; koncept 6. *com* mjenica; tezica, trata | **~s** *pl* dama (igra); **beast of ~** tegleća životinja; **black ~** sredstvo za otvaranje, purgativ; **forced ~** umjetno načinjen propuh (u peći); *sl fig* **to feel the ~** osjetiti posljedice, izvući kraći kraj
draught [draːft] *vt mil* prekomandirati, detaširati, izabrati i poslati na poseban zadatak; načiniti nacrt, planirati, skicirati, sastaviti koncept
draught-beer [ˈdraːftbiə] *s* pivo ravno iz bačve, pivo na čaše
draught-board [ˈdraːftbɔːd] *s* daska za igru dame
draught-horse [ˈdraːfthɔːs] *s* tegleći konj, konj za vuču
draughtsman[1] [ˈdraːftsmən] *s* crtač; sastavljač nacrta (skice, plana, koncepta)
draughtsman[2] [ˈdraːftsmən] *s* figura u igri dame
draughtsmanship [ˈdraːftsmənʃip] *s* umjetnost crtanja, sastavljanja nacrta
draughty [ˈdraːfti] *adj* (**draughtily** *adv*) na propuhu, izložen propuhu; koji ima propuh
draw [drɔː] *vt/i* (drew, drawn) **I.** *vt* 1. vući, povući, potezati, tegliti 2. privlačiti, privući; nategnuti, napeti (luk) 3. vaditi, izvaditi (zub); izvući, izvlačiti (mrežu) 4. crpsti, iscrpsti; sisati (mlijeko) 5. trgnuti (mač) 6. istegnuti, rastegnuti, razvući, produljiti; navući 7. točiti (pivo); istočiti, otočiti, pretočiti; pustiti (krv) 8. iskriviti, otegnuti (lice) 9. risati, crtati, slikati; prikazati, opisati 10. *com* mjeničiti, vući mjenicu, trasirati; ispostaviti 11. izvući (zgoditak) 12. *mar* gaziti, tonuti (brod) 13. dizati (plaću) 14. *hunt* pretražiti (šiprag) 15. *fig* zaključiti, izvesti zaključak (*from* iz) 16. izmamiti, izbaviti; iznuditi 17. uvući dah, udahnuti 18. nagovoriti, navesti (*to, into* na) 19. odgovoriti, odvratiti (*from* od) **II.** *vi* 1. vući; vući se; povući se; pomicati se; voziti se (kola); primicati se, dolaziti 2. risati, crtati 3. privlačiti 4. skupljati se; zgrčiti se, skupiti se 5. *mar* nositi (jedra) 6. *sport* odigrati utakmicu neodlučeno, neodlučeno dovršiti natjecanje | **to ~ a bead on** ciljati, nišaniti, uzeti na nišan; **to ~ lots** ždrebati, iždrebati; *coll* **to ~ it mild** biti umjeren, ne pretjerivati; **to ~ the long bow** pretjerivati, pričati lažne priče, izmišljotine; *hunt* **to ~ blank** ne naći divljači (prilikom pretraživanja šipraga); *fig* **to ~ the line at** zaustaviti se (kod), ne htjeti ići dalje (od); **to ~ to an end, to ~ to a close** primicati se kraju; **to ~ game (battle)** neodlučeno završiti igru (bitku); **to ~, hang and quarter** objesiti, izvaditi utrobu i raščetvoriti (kazna za zločinca); *lit & fig* **to ~ rein** pritegnuti uzde, obuzdati; **to ~ stumps** završiti igru (*cricket*); **to ~ a bill on a p** mjeničiti na koga; **to ~ attention to** svratiti pozornost (na); **to ~ level with** stići, dostignuti; *fig* **to ~ a veil over** zastrti velom, prikriti; **to ~ first blood** učiniti prvi napad; **to ~ it fine** ostaviti premalo slobodnog prostora (oduška), na vlas odmjeriti; **the boat ~s six feet** brod gazi šest stopa; **at daggers drawn** u zavadi, kavgi, ljutu neprijateljstvu; **drawn face** oduljeno, razvučeno lice
draw along [ˈdrɔːəˈlɔŋ] *vt* odvući sa sobom, povući sa sobom

draw aside [ˈdrɔːəˈsaid] *vt/i* **I.** *vt* (koga) uzeti u stranu, pozvati u stranu **II.** *vi* povući se u stranu, izbjeći, izmaknuti
draw away [ˈdrɔːəˈwei] *vt* odvući; odvratiti, otkloniti (pozornost)
draw back [ˈdrɔːˈbæk] *vt/i* **I.** *vt* povući (vojsku) **II.** *vi* povući se
draw forth [ˈdrɔːˈfɔːθ] *vt* izvući; *fig* izmamiti
draw in [ˈdrɔːˈin] *vt* uvući; sklopiti, složiti; ograničiti | *fig* **to ~ one's horns** uvući rogove, pokunjiti se, čednije nastupiti
draw near [ˈdrɔːˈniə] *vi* primicati se (*to* čemu)
draw off [ˈdrɔːˈɔf] *vt/i* **I.** *vt* povući (vojsku); odvratiti (pažnju); točiti (pivo iz bačve) **II.** *vi* odvratiti se, otkloniti se; povući se
draw on [ˈdrɔːˈɔn] *vt/i* **I.** *vt* navući (kaput); navesti, skloniti, pobuditi (koga na što) **II.** *vi* približiti se, primicati se, nadolaziti
draw out [ˈdrɔːˈaut] *vt/i* **I.** *vt* 1. izvući, izvaditi (*from* iz) 2. produljiti, rastegnuti 3. *mil* postrojiti (vojnike); odvojiti, detaširati 4. izmamiti (što iz koga) 5. nacrtati (plan), sastaviti (koncept) **II.** *vi* produljiti se (dani); *sport* zatrčati se, zaletjeti se
draw up [ˈdrɔːˈʌp] *vt/i* **I.** *vt* uspraviti; dići; *mil* postrojiti; sastaviti (spis) **II.** *vi* zaustaviti se (*before* pred); stići (*to* do) | **to draw oneself up** ponosno se uspraviti, zauzeti ukočeno držanje
draw [drɔː] *s* vučenje, izvlačenje; izvučena srećka, ždrebanje; *sl* privlačivost; ono što privlači (pažnju, kupce, gledaoce i dr.), šlager; neodlučena igra ili borba; škakljivo pitanje; *US* spuštanje, dubina | **to end in a ~** neodlučeno se završiti; **the play is a good ~** komad privlači gledaoce
drawback [ˈdrɔːbæk] *s com* vraćanje uvozne carine (prilikom ponovnog izvoza); odbitak, popust (*from* od); *fig* zapreka, smetnja, mana; šteta, nedostatak, slaba strana
drawbar [ˈdrɔːbaː] *s* naprava za spajanje, stega
drawbridge [ˈdrɔːbridʒ] *s* pomični, pokretni, preklopni most za dizanje
drawee [drɔːˈiː] *s com* trasat, tezovnik
drawer[1] [ˈdrɔːə] *s com* trasant, izdatnik (mjenice)
drawer[2] [ˈdrɔːə] *s* ladica | **chest of ~s** komoda; *coll* **not out of the top ~** ne baš iz najbolje obitelji
drawers [drɔːz] *s pl* gaće (muške)
drawing [ˈdrɔːiŋ] *s* vučenje; crtanje, crtež; nacrt, skica; lutrija | **out of ~** loše nacrtano, bez perspektive
drawing-account [ˈdrɔːiŋəˌkaunt] *s com* žiro-račun
drawing-board [ˈdrɔːiŋbɔːd] *s* crtaća daska | **still on the ~** još u fazi planiranja
drawing card [ˈdrɔːiŋkaːd] *s US* atrakcija (koja privlači publiku)
drawing-pin [ˈdrɔːiŋpin] *s* čavlić (za crtaću dasku), rajsnegl
drawing-room [ˈdrɔːiŋrum] *s* salon, soba za primanje; svečano primanje, prijem; *US* privatno odjeljenje (u vagonu)
drawl [drɔːl] *vi/t* **I.** *vi* otezati (riječi u govoru) **II.** *vt* otegnuto govoriti
drawl [drɔːl] *s* otezanje samoglasnika u govoru
drawn [drɔːn] *pp* od **draw**; izvučen, gol (sablja i sl.), neriješen, neodlučen; s izvađenom utrobom; napet, izdužen, izmučen
drawn butter [ˈdrɔːnˌbʌtə] *s US* umak od rastopljenog maslaca
drawn-work [ˈdrɔːnwəːk] *s* šupljikavi vez, rasplet, ažur, ažuriranje
draw-plate [ˈdrɔːpleit] *s tech* alat za vučenje žice
drawstring [ˈdrɔːstriŋ] *s* vrpca za stezanje šava, otvora vreće i sl.
draw-well [ˈdrɔːwel] *s* bunar s kablicom za grabljenje vode
dray [drei] *s* teška pivarska kola, kola za razvažanje piva
drayage [ˈdreiidʒ] *s com* vozarina, prevoznina
dray-horse [ˈdreihɔːs] *s* teški teretni konj
drayman [ˈdreimən] *s* razvažač piva; vozar, kirijaš
dread [dred] *vt* plašiti se, bojati se (čega), strahovati
dread [dred] *adj poet* strašan, strahovit, grozan; uzvišen, koji ulijeva strahopoštovanje
dread [dred] *s* strah, strava, groza
dreadful [ˈdredful] *adj* (**~ly** *adv*) strašan, grozan, strahovit
dreadful [ˈdredful] *s* | **a penny ~** jeftin jezovit roman
dreadnought (**dreadnaught**) [ˈdrednɔːt] *s* čvrsto sukno; kaput za nevrijeme od čvrstog sukna; *mar* velik bojni brod, drednot
dream [driːm] *s* san, sanja; sanjarenje, sanjarija; neopisivo lijepa ili dobra stvar | **waking ~** san na javi; **the land of ~s** zemlja sanja, svijet mašte; **a perfect ~** čudo od ljepote
dream [driːm] *vi/t* (*pret* ~ed, dreamt; *pp* ~ed, dreamt) sanjati, snivati, sniti, usniti (što); sanjariti, maštati
dream away [ˈdriːməˈwei] *vt* prosanjati | **to ~ one's time** provoditi vrijeme u sanjarenju
dreamboat [ˈdriːmbəut] *s US sl* ono o čemu čovjek sanja; stvar ili osoba kao iz sna, ideal
dreamer [ˈdriːmə] *s* sanjar, sanjalo; zanesenjak

dream-hole ['dri:mhəul] *s* otvor u zidu kule, tornja, ambara, za dovod danjeg svjetla
dreamland ['dri:mlænd] *s* carstvo sanja, zemlja mašte, zemlja ili kraj iz snova
dreamless ['dri:mlis] *adj* bez sanja
dreamlike ['dri:mlaik] *adj* poput sna, kao san
dream-reader ['dri:m,ri:də] *s* tumač snova
dream-world ['dri:mwə:ld] *s* svijet mašte, carstvo snova
dreamy ['dri:mi] *adj* (**dreamily** *adv*) pun snova; sanjarski; nejasan, neodređen; blag i umirujući
drear ['driə] *adj poet* turoban, tužan; jednoličan, pust
dreariness ['driərinis] *s* pustoš; sumornost, turobnost; dosadnost
dreary ['driəri] *adj* (**drearily** *adv*) turoban, žalostan, tužan; pust, jednoličan
dredge [dredʒ] *s* mreža potegača, povlačna mreža, koča; jaružalo, gliboder, bager
dredge [dredʒ] *vt/i* **I.** *vt* jaružiti, jaružariti, vaditi mulj, očistiti od mulja jaružalom (*away, out*); hvatati povlačnom mrežom (*up*) **II.** *vi* hvatati povlačnom mrežom (*for*)
dredge [dredʒ] *vt* posuti, posipati (šećerom, brašnom i dr.); panirati (meso)
dredger ['dredʒə] *s* jaružalo, bager
dredger ['dredʒə] *s* posuda s rupicama na poklopcu za posipanje (brašnom, šećerom i dr.)
dree [dri:] *vt Scot arch* & *poet* podnijeti, podnositi | **to ~ one's weird** pomiriti se sa sudbinom
dreg [dreg] *s* posljednji ostatak; malenkost | **~s** *pl* talog, drozga; ostaci, izmet; **to the ~s** do dna; **to drink to the ~s** iskapiti do dna
dreggy ['dregi] *adj* (**dreggily** *adv*) s talogom, zamućen od taloga; nečist; mutan; gust
drench [drentʃ] *s arch* snažan napitak, otrovan napitak; tekući lijek (za životinje); pljusak; močenje; močilo
drench [drentʃ] *vt* davati lijek (životinji); uroniti, umočiti; namakati; promočiti | **~ed with rain** prokisao do kože; **~ed with sweat** sav u jednom znoju
drencher ['drentʃə] *s* močilac; *fam* pljusak; sprava za davanje lijeka životinjama
dress [dres] *vt/i* **I.** *vt* 1. urediti, ispraviti; *mil* poravnati, izravnati (redove) 2. odjenuti; obući 3. uresiti, ukrasiti; *mar* iskititi (brod zastavama) 4. namjestiti (sobu), urediti (izlog) 5. prirediti, pripraviti; začiniti 6. previti (ranu) 7. podrezati (brkove, kosu) 8. optesati, oklesati, polirati 9. strojiti, činiti, štaviti (kožu) 10. češljati; urediti kosu 11. pognojiti, obraditi 12. apretirati (tkaninu) **II.** *vi mil* ravnati se; odjenuti se, obući se; preobući se | *mil* **to ~ by the right** ravnati se nadesno
dress down ['dres'daun] *vt* očesati, otimariti; *fig* izgrditi, očitati bukvicu
dress out ['dres'aut] *vt* ukrasiti, uresiti, dotjerati, napirlitati
dress up ['dres'ʌp] *vt/i* dotjerati (se), uresiti (se), udesiti (se), obući se (svečano, u krabulju i dr.)
dress [dres] *s* odjeća, odijelo; *mil* uniforma; haljina; toaleta; ures, nakit | **evening ~** večernja haljina; frak; **fancy ~** krabuljni kostim; **full ~** svečano odijelo; **morning ~** crni kaput s prugastim hlačama; svakodnevno, obično odijelo
dress-circle [,dres'sə:kl] *s theat* prva galerija, donji balkon, mezanin
dress-coat [,dres'kəut] *s* frak
dress-down [,dres'daun] *s coll* grdnja, prijekor, prekoravanje, bukvica, ukor
dresser[1] ['dresə] *s* kuhinjski ormar za posuđe, *US* komoda
dresser[2] ['dresə] *s* pripravljač; odjevač; dekorater izloga; *med* kirurški asistent
dress-goods ['dres'gudz] *s pl* tkanine za haljine
dress-guard ['dres'ga:d] *s* štitnik za haljine, mreža (na ženskoj dvokolici)
dressing ['dresiŋ] *s* pripravljanje, priređivanje; odijevanje; *cul* začin, začinjavanje, punjenje, »fila«; apretura (sukna); *agr* gnojivo; gnojenje; *med* zavoj; oblog; strojenje (kože); prijekor, prekoravanje, batine; psovanje, grdnja
dressing-case ['dresiŋkeis] *s* kutija s toaletnim priborom
dressing-down ['dresiŋdaun] *s* grdnja, bukvica, ukor
dressing-gown ['dresiŋgaun] *s* kućna haljina, kućni kaput
dressing-room ['dresiŋrum] *s* oblačionica, soba za presvlačenje, garderoba
dressing station ['dresiŋ,steiʃən] *s mil* sanitetska stanica, previjalište
dressing-table ['dresiŋ,teibl] *s* toaletni stolić
dressmaker ['dres,meikə] *s* krojačica
dress parade [,drespə'reid] *s mil* smotra u paradnim uniformama, parada
dress-rehearsal ['dresri,hə:səl] *s theat* glavni pokus, generalna proba, generalka
dress shield ['dresʃi:ld] *s* znojnica
dress-suit [,dres'sju:t] *s* odijelo za društvo, crno odijelo, večernje odijelo
dress uniform ['dres'ju:nifɔ:m] *s mil* paradna uniforma
dressy ['dresi] *adj* (**dressily** *adv*) koji se povodi za modom; napirlitan, elegantan, elegantno odjeven; pomodan, moderan
drew [dru:] *pret* od **draw**
drib [drib] *s* malenkost, mrvica, mala količina
dribble ['dribl] *vt/i* **I.** *vt* kapati, nakapati; *sport* driblati; **II.** *vi* kapati; slinaviti, sliniti, baliti

dribble ['dribl] *s* kapanje; *fig* kap, mala količina; *sport* driblanje (u nogometu); kišica

dribbler ['driblə] *s* *sport* onaj koji tjera loptu (u nogometu), dribler

driblet (**dribblet**) ['driblit] *s* mrvica, malenkost, sitnica, mala količina, mala svota | **by ~s** u malim količinama

dried [draid] *adj* osušen | **~ fruit** suho voće

drier ['draiə] *s* onaj koji suši; sušilac; sušilo; sikativ

drift [drift] *s* 1. struja, strujanje; nošenje, tjeranje; ono što je nošeno, tjerano, naplavljeno; *geol* nanos; šljunak, gomila, hrpa 2. pljusak; mećava; zapuh, snježni nanos 3. nagon, poticaj, pobuda; naklonost; smjeranje; nakana, svrha, cilj; smisao; tok, tijek; tok misli 4. *mar* skretanje, zanošenje (strujom) 5. pasište, paša, pašnjak, utrina 6. slaz, pad (rijeke) 7. *min* hodnik, galerija, vodoravan rov 8. nedjelatnost, nepokretnost, neodlučnost 9. *S Afr* gaz, prijelaz (na rijeci) | **to catch a p's ~** shvatiti, razumjeti koga; **the policy of ~** politika čekanja; **to let things ~** prepustiti se toku događaja

drift [drift] *vi/t* **I.** *vi* biti tjeran, biti nošen; gomilati se (snijeg); biti uvučen (*into* u); razvijati se, odvijati se **II.** *vt* tjerati, nositi; gomilati

drift apart ['driftə'pa:t] *vi* rastaviti se, razići se, biti nošen u raznim pravcima

drift away ['driftə'wei] *vi* rastaviti se (*from* od)

drift off ['drift'ɔf] *vi* utonuti u san

driftage ['driftidʒ] *s* nanos, ono što je nošeno, tjerano (strujom, vjetrom)

drift-anchor ['drift.æŋkə] *s* *mar* plutajuće sidro, plovno sidro

drifter ['driftə] *s* ribarski brod za lov mrežom potegačom; besciljan čovjek; skitnica

drift-ice ['driftais] *s* ledene sante

driftless ['driftlis] *adj* besciljan, bez svrhe

drift-net ['driftnet] *s* mreža potegača

drift-wood ['driftwud] *s* splavljeno drvo, naplavljeno drvlje

drifty ['drifti] *adj* pun nanosa, zapuha; nošen, tjeran (strujom)

drill[1] [dril] *s* svrdlo, bušilica; bušenje; obučavanje, obuka; muštranje, egzercir, dril; vježba, strojeva obuka | **Swedish ~** proste vježbe

drill [dril] *vt/i* **I.** *vt* vrtati, svrdlati, bušiti; *mil* muštrati (regrute), vježbati (oružju); obučavati, poučavati, izobraziti, drilati; *sl* izrešetati **II.** *vi* biti poučavan, egzercirati, vježbati; bušiti, svrdlati

drill[2] [dril] *s* brazda, jarak; *agr* sijačica na brazde, redomična sijačica

drill [dril] *vt* sijati u brazde

drill[3] [dril] *s* trožično platno, trojnik, vrsta grube lanene ili pamučne tkanine

drill[4] [dril] *s* *zool* dril

drill-barrow ['dril.bærəu] *s* *agr* stroj za sijanje, sijačica

drill-hammer ['dril.hæmə] *s* *min* rudarski čekić

drill-harrow ['dril.hærəu] *s* *agr* plužna drljača

drillmaster ['dril.ma:stə] *s* *mil* nastavnik strojeve obuke; strog učitelj

drill-plough ['drilplau] *s* sijaći plug, sijačica na brazde, redomična sijačica

drily ['draili] *adv* = **dryly**

drink [driŋk] *vt/i* (drank, drunk, *poet* drunken) **I.** *vt* piti, popiti, ispiti; upiti; *fig* gutati (čije riječi); zapiti; nazdraviti **II.** *vi* piti; lokati; pijančevati | **to ~ the health of** piti u čije zdravlje, nazdraviti komu; **to ~ oneself drunk** opiti se, napiti se; **to ~ like a fish** piti kao duga; **to ~ deep** duboko zaviriti u čašu, biti pijanica; **to ~ the air** udisati zrak; **to ~ a toast** piti zdravicu, nazdraviti; **to ~ one's fill** napiti se do mile volje; **to ~ a p under the table** spraviti koga pod stol; **to ~ oneself to death** opiti se na smrt; **to ~ to a p** nazdraviti

drink down ['driŋk'daun] *vt* spremiti koga pod stol; u piću zatomiti (brige itd.)

drink in ['driŋk'in] *vt* uvlačiti, usisati; upiti; *fig* gutati (čije riječi)

drink off ['driŋk'ɔf] *vt* popiti, ispiti

drink to ['driŋk'tu:] *vi* nazdraviti, piti u čije zdravlje

drink up ['driŋk'ʌp] *vt* popiti, ispiti

drink [driŋk] *s* piće, napitak; gutljaj; čašica; opijanje; pijanstvo, pijančevanje; *sl* more | **in ~** opijen, pijan; **to have a ~**, **to take a ~** nešto popiti; **to take to ~** odati se piću; **soft ~** bezalkoholno piće; **strong ~** alkoholno piće; **long ~** napitak za žeđ i osvježenje; **short ~** malo žestokog pića u čaši

drinkable ['driŋkəbl] *adj* pitak, za piće

drinker ['driŋkə] *s* onaj koji pije; pijanac

drinking ['driŋkiŋ] *s* pilo; piće; pijanstvo

drinking-bout ['driŋkiŋbaut] *s* pijanka

drinking-song ['driŋkiŋsɔŋ] *s* napitnica (pjesma)

drinking-water ['driŋkiŋ.wɔ:tə] *s* pitka voda

drinkless ['driŋklis] *adj* bez pića

drink-offering ['driŋk.ɔfəriŋ] *s* žrtva livenica

drip [drip] *vi/t* **I.** *vi* kapati (*from* iz); curiti, cijediti se (*with* od) **II.** *vt* kapati, nakapati

drip [drip] *s* kapanje; tekućina koja se cijedi; *sl* neugodna osoba; *med* infuzija

drip-dry [.drip'drai] *adj* koji se brzo suši i koji ne treba glačati

dripping ['dripiŋ] *s* kapanje | **~s** *pl* mast s pečenke; **goose ~** guščja mast

dripping ['dripiŋ] *adj* mokar, prokisao; s koga se cijedi | ~ **wet** mokar do kože
drippy ['dripi] *adj* koji kaplje; *sl* bljutavo sentimentalan; glup
dripstone ['dripstəun] *s archit* oluk, vijenac (iznad prozora, vrata); pješčanik (kamen za filtriranje); kalcijev karbonat u stalaktitima ili stalagmitima
drive [draiv] *vt/i* (drove, driven) **I.** *vt* 1. goniti, tjerati 2. zabiti (čavao), zatjerati (klin), zagnati, potjerati 3. baciti (loptu) 4. otjerati, rastjerati 5. *hunt* hajkati 6. upravljati, voditi, voziti (kola, stroj); kočijašiti; šofirati 7. *fig* natjerati, prisiliti, skloniti, navesti, nagovoriti 8. voditi (posao), vršiti (zanimanje) 9. zaključiti (posao) 10. odgoditi 11. bušiti (tunel); graditi (cestu) **II.** *vi* 1. biti gonjen, nošen, trčati, žuriti se, hitjeti 2. nasrnuti, navaliti; udariti, udarati 3. voziti se; izvesti se 4. ciljati, nišaniti; misliti | **to ~ a quill, to ~ a pen** pisati; **to ~ a roaring trade** sjajno trgovati, baviti se trgovinom s velikim uspjehom; **to ~ it to the last minute** zatezati čime do posljednjeg časa; **to ~ a p mad** natjerati koga u bjesnilo; **to ~ to one's wit's end** dovesti u potpunu nedoumicu; **to ~ into a corner** natjerati u ćošak, u škripac; **he was very hard driven** bio je premoren (radom); **to ~ a th into a p** utuviti kome što
drive at ['draiv'æt] *vi fig* ciljati, smjerati, nišaniti (na); *fam* misliti; raditi na čemu
drive away ['draivə'wei] *vt* otjerati; odvesti se
drive out ['draiv'aut] *vt/i* **I.** *vt* istjerati; protjerati; izvesti koga na šetnju **II.** *vi* izvesti se (na šetnju)
drive up ['draiv'ʌp] *vt* natjerati uvis (cijene)
drive [draiv] *s* 1. vožnja; izlet kolima 2. cesta, kolnik (pred privatnom kućom) 3. tjeranje; *sport* drajf, brz i snažan udarac 4. poriv, nagon; sklonost; poduzetnost, polet, zanos, energija; pritisak; ispad, udarac naprijed 5. pohod, vojna 6. *US* kampanja, akcija; *US* sakupljanje stada, sakupljeno stado; *US* velika ofenziva; *US* trupci u rijeci; pritisak; pogon | **to go for a ~** izvesti se na šetnju, izlet; **front wheel ~** pogon na prednje kotače
drivel ['drivl] *vi* sliniti, baliti; blebetati, benaviti, trabunjati, drobiti koješta
drivel away ['drivlə'wei] *vt* tratiti (vrijeme tričarijama)
drivel ['drivl] *s* blebetanje, trabunjanje; budalaština
driveller ['drivlə] *s* brbljavac, trabunjalo, blebetalo
driven ['drivn] *pp* od **drive**
driver ['draivə] *s* gonič; hajkaš; kočijaš; vozar; vozač; šofer, gonič (stoke); čovjek koji podređene tjera na rad; *rly* strojovođa; udarač (u golfu); *tech* pogonski kotač, vodeći točak
driverless ['draivəlis] *adj* bez goniča, upravljača
driveway ['draiv'wei] *s US* put od ulice do garaže ili kuće
driving-belt ['draiviŋbelt] *s tech* pogonski remen, transmisioni remen
driving-box ['draiviŋbɔks] *s* kočijaševo sjedalo, bok
driving-iron ['draiviŋ.aiən] *s* teški udarač, štap (za golf)
driving licence ['draiviŋ.laisəns] *s mot* dozvola za upravljanje motornim vozilom
driving-wheel ['draiviŋwi:l] *s tech* pogonski, pokretni kotač, vodeći točak
drizzle ['drizl] *s* kišica; izmaglica
drizzle ['drizl] *vi* sipiti, rominjati, rositi
drizzly ['drizli] *adj* maglovit, kišovit, vlažan
droit [drɔit] *s jur* pravo | **~s of Admiralty** prava britanskog ministarstva mornarice na neprijateljske brodove
droll [drəul] *s arch* šaljivčina, šaljivac
droll [drəul] *adj* (**~y** *adv*) smiješan, čudan, šaljiv
droll [drəul] *vi obs* šaliti se, zbijati šale (*with, at, on* sa)
drollery ['drəuləri] *s* šala, dosjetka, smiješnost; komika, čudan humor
dromedary ['drɔmədəri] *s zool* dromedar, jednogrba deva
drone[1] [drəun] *s zool* trut; *fig* trut, lijenčina, danguba, besposličar; avion bez pilota
drone [drəun] *vi/t* zujati, brujati; mumljati; jednolično, dosadno govoriti
drone[2] [drəun] *s* zujanje, gunđanje; jednoličan, dosadan govor; monoton govornik; basova svirala na gajdama; glas na toj svirali
drool [dru:l] *vi* sliniti, baliti; *sl* glupo govoriti; *sl* pretjerano se oduševljavati
drool [dru:l] *s* slina (kako curi iz usta); *sl* glupost, trabunjanje
droop [dru:p] *vi/t* **I.** *vi* klonuti, poniknuti, spustiti se (k zemlji); obeshrabriti se **II.** *vt* objesiti, spustiti, pokunjiti
droop [dru:p] *s* vješanje, spuštanje; klonuće, klonulost, obeshrabrenost, potištenost
drooping ['dru:piŋ] *adj* (**~ly** *adv*) klonuo, umoran, bez snage; spuštene glave | *bot* **~ willow** žalosna vrba
droopy ['dru:pi] *adj* ovješen, klonuo, poniknut; *coll* umoran, potišten
drop [drɔp] *s* kap, kaplja, kapljica; pad, padanje; *theat* zastor; poklopna vrata (u podu, ispod vješala); *mil* izbacivanje padobranaca (tereta) | **~s** *pl* tvrdi voćni slatkiši, dropsi; *med* kapi; **ear-~s** naušnice; *fig* **~ in a bucket, ~ in the ocean** kaplja u more; **to take a ~** popiti čašicu; **he has taken a ~ too much** previše je

zavirio u čašu; **to have a ~ in one's eye** izgledati pijan

drop [drɔp] *vi/t* **I.** *vi* 1. kapati, kanuti (*from* sa, iz); curiti, cijediti se (*with*) 2. pasti, spustiti se, klonuti (*into a chair* na stolac); ispasti (*from, out of*) 3. opadati 4. jenjati, prestati (vjetar) 5. pasti (u nesvijest), srušiti se; *fig* umrijeti **II.** *vt* 1. kapati, pokapati 2. prolijevati (suze) 3. spustiti; ispustiti (na tlo), baciti, izgubiti, oboriti 4. prekinuti (odnošaj); odustati; napustiti, odbaciti 5. natuknuti, nabaciti, dati (mig) | *sl* **~ it!** okani se toga!, prestani!, ostavi to!; **to ~ a bird** skinuti (hicem) pticu; *fig* **to ~ a brick** napraviti krupnu grešku, bubnuti; **to ~ a line to a p** javiti se komu s nekoliko riječi; **to ~ lamb** ojagnjiti; **to work (go) till one ~s** raditi (ići) do iznemoglosti; **let us ~ the subject** ostavimo tu temu; **I'll ~ him at his door** iskrcat ću ga pred njegovim vratima, odvest ću ga do kuće

drop away ['drɔpə'wei] *vi* otkapati, iskapati, postepeno kapati; otpadati, ispadati, odlaziti (jedan po jedan, postepeno)

drop behind ['drɔpbi'haind] *vi* zaostati

drop down ['drɔp'daun] *vi* pasti, srušiti se; sići (*from* sa); *mar* ploviti nizvodno, niz struju, niz vjetar

drop in(to) ['drɔp'in(tu)] *vi* (nenadano) ući, upasti, svratiti načas (u posjet); nadolaziti

drop off ['drɔp'ɔf] *vi* 1. → **drop away** 2. opadati, smanjivati se; zamirati

drop on ['drɔp'ɔn] *vi* naletjeti (na); uhvatiti, zateći; oboriti se (na)

drop out ['drɔp'aut] *vi* iskapati; kradomice otići, odšuljati se; *fig* ispasti iz, ne sudjelovati više (u); odustati; prekinuti (školovanje, tečaj)

drop-curtain ['drɔpˌkəːtn] *s theat* zastor

drop-hammer ['drɔpˌhæmə] *s tech* padni čekić

drop-kick ['drɔpkik] *s sport* udarac lopte (u ragbiju), kad odskoči, pošto je bačena na tlo

drop leaf ['drɔpliːf] *s US* produžetak za stol (kad nije u upotrebi, visi sa strane)

droplet ['drɔplit] *s* kapljica

droplet infection ['drɔplitinˌfekʃən] *s* kapljična infekcija

droplight ['drɔplait] *s US* pomično rasvjetno tijelo

drop-off ['drɔpɔf] *s* strmi pad, nagli pad

dropout ['drɔpaut] *s US* student koji prekine studij, otpadne, čovjek koga je odbacilo društvo

dropper ['drɔpə] *s US* kapaljka

droppings ['drɔpiŋz] *s pl* otpaci, ostaci, ono što je kapanjem otpalo (vosak sa svijeće i dr.); životinjski izmet, balega, đubre

drop-scene ['drɔpsiːn] *s theat* **zastor** (*lit & fig*)

dropsical ['drɔpsikəl] *adj* (**~ly** *adv*) **bolestan** od vodene bolesti

dropsonde ['drɔpsɔnd] *s* radiosonda **padobranom** bačena iz aviona

dropsy ['drɔpsi] *s med* vodena bolest, **edem**

drosera ['drɔsərə] *s bot* rosika (*Drosera*)

droshky ['drɔʃki] *s R* droška

drosophila [drə'sɔfilə] *s ent* drozofila, rosnica, vinska mušica (*Drosophila*)

dross [drɔs] *s* troska, drozga, šljaka; *fig* nečistoća, talog, izmet

drossy ['drɔsi] *adj* troskav; *fig* nečist; **bez**vrijedan, loš; prolazan

drought [draut] *s* suša; suhoća; *arch* **žeđa**; oskudica

droughty ['drauti] *adj* suh; žedan; sklon piću

drouth [drauθ] *s poet & dial* → **drought**

drouthy ['drauθi] *adj* → **droughty**

drove [drəuv] *s* stado, krdo, čopor; **gomila**, rulja, mnoštvo

drove [drəuv] *pret* od **drive**

drover ['drəuvə] *s* gonič goveda; **govedar**; trgovac stokom

drown [draun] *vi/t* **I.** *vi* utopiti, udaviti **se** **II.** *vt* utopiti; potopiti, poplaviti; **udaviti**; zaglušiti, nadvikati; zatomiti, **zaboraviti** (u piću); potisnuti | **~ed in tears gušeći** se od suza; **like a ~ed rat** do kože mokar, mokar kao miš; **to be ~ed** utopiti se; udaviti se

drown out ['draun'aut] *vt* izagnati, istjerati poplavom; zaglušiti

drowse [drauz] *vi/t* **I.** *vi* drijemati, dremuckati, kunjati, zadrijemati; biti pospan **II.** *vt* uspavati; prodrijemati (*to ~ away*)

drowse [drauz] *s* pospanost, drijemanje, drijemež

drowsy ['drauzi] *adj* (**drowsily** *adv*) pospan, dremovan; koji uspavljuje; **trom**, spor, lijen

drowsyhead ['drauzihed] *s arch* pospanko, pospanac

drub [drʌb] *s* udarac

drub [drʌb] *vt/i* **I.** *vt* tući, lemati; izmlatiti; potući; *fig* utuviti što (*into a p* kome) **II.** *vi* toptati (nogama), bubnjati

drubbing ['drʌbiŋ] *s* batine; *fig* težak **po**raz

drudge [drʌdʒ] *s* čovjek koji radi težak ili dosadan posao

drudge [drʌdʒ] *vi* mučiti se, obavljati **na**porne, fizičke, dosadne poslove; *fig* **ki**njiti se, ubiti se radeći

drudgery ['drʌdʒəri] *s* naporan, slabo **pla**ćen posao; *fig* okapanje, mučenje, **ki**njenje

drudging ['drʌdʒiŋ] *adj* (**~ly** *adv*) koji **se** muči, kinji, lomi od naporna rada, satire od truda

drug [drʌg] *s* lijek, narkotik, droga | **com a ~ in the market** roba bez prođe; **the ~ habit** uzimanje droga, narkomanija

drug [drʌg] *vt/i* **I.** *vt* drogirati, davati lijekove; otrovati; omamiti opojnim sredstvom **II.** *vi* uzimati opojna sredstva, droge

drug addict [ˌdrʌgˈædikt] *s* narkoman, uživalac droga

drugget [ˈdrʌgit] *s* vrsta grubog vunenog sukna (za prostirače)

druggist [ˈdrʌgist] *s* apotekar, ljekarnik; *US* vlasnik *drug-store*

drug-pusher [ˈdrʌgˌpuʃə] *s coll* prodavač droga

drug-store [ˈdrʌgstɔː] *s US* trgovina u kojoj se prodaju lijekovi, kozmetika, štampa, laka hrana i bezalkoholna pića

drug traffic [ˈdrʌgˌtræfik] *s coll* trgovanje drogom

Druid [ˈdruid] *s hist* druid, keltski svećenik; službenik narodne skupštine u Walesu

Druidess [ˈdruidis] *s hist* druitkinja, keltska svećenica

druidic [druˈidik] *adj* druidski

druidism [ˈdruidizəm] *s* druidizam, druidstvo

drum [drʌm] *s* bubanj; metalna bačva; bubnjanje, zvuk bubnja; bubnjar; *anat* srednje uho, bubnjić; valjak, bure (u obliku valjka); *archit* valjak ili tambur (sastavni dio antičkog stupa); popodnevno ili večernje društvo; *ichth* crnjelj | **~s and fifes** vojna glazba (od bubnjeva i svirala); *anat* **~ of the ear** bubnjić

drum [drʌm] *vi/t* **I.** *vi* bubnjati (ritam); udarati; utuviti (*into a p* komu) **II.** *vt* bubnjati (*on* po), udarati, kucati; lupati, loše svirati (na klaviru); drndati, tandrkati; zvrndati, zujati

drum for [ˈdrʌmˈfɔː] *vt US com* pridobivati, tražiti, vrbovati (kupce, mušterije)

drum out [ˈdrʌmˈaut] *vt* izbubnjati, izbaciti uz bubnjanje, lupom otjerati

drum up [ˈdrʌmˈʌp] *vt* bubnjanjem sazvati, okupiti; *fam* pridobivati, vrbovati

drumbeat [ˈdrʌmbiːt] *s* bubnjanje (zvuk)

drum-fire [ˈdrʌmˌfaiə] *s mil* bubnjarska vatra

drum-fish [ˈdrʌmfiʃ] *s ichth* crnjelj

drumhead [ˈdrʌmhed] *s* gornja opna na bubnju, bubnjača | *mil* **~ court-martial** ratni vojni sud

drummer [ˈdrʌmə] *s* bubnjar; *US com* trgovački putnik

drumstick [ˈdrʌmstik] *s* maljica, batić za bubnjanje; batak (peradi)

drunk [drʌŋk] *pp* od **drink**

drunk [drʌŋk] *pred adj* pijan, pripit; *fig* opijen (*with joy* od veselja) | **to get ~** opiti se; **dead ~, as ~ as a lord, ~ as a fiddler, blind ~** pijan kao zemlja, kao ćuskija

drunk [drʌŋk] *s sl* pijanka; pijanac

drunkard [ˈdrʌŋkəd] *s* pijanica, pijanac

drunken [ˈdrʌŋkən] *adj* (**~ly** *adv*) pijan, opit, napit, pripit; opojen; koji se propio, odan piću; počinjen u pijanstvu, u pijanom stanju

drunkeness [ˈdrʌŋkənnis] *s* pijanstvo; pijanost; *fig* opijenost, zanos

drunkometer [drʌŋˈkɔmitə] *s US* alkotest, balon

drupe [druːp] *s bot* koštunjača, koštičav plod

dry [drai] *adj* (**~ly, drily** *adv*) 1. suh; isušen, presušen (bunar); bez suza; bez oborina; jalova (npr. krava koja ne daje mlijeka); *fam* žedan; koji izaziva žeđu 2. trpak, rezak (vino) 3. *US coll* koji zabranjuje pijenje alkoholnih pića (država) 4. suhoparan, dosadan; oštar; sarkastičan; *fig* hladan, ravnodušan; opor, grub | **to go ~** uvesti zabranu alkoholnih pića, prohibiciju alkohola; **the cow is ~** krava ne daje mlijeka; **to die a ~ death** umrijeti na kopnu ili bez prolijevanja krvi; **to run ~** osušiti se, presahnuti; **~ work** posao pri kojem se suši grlo, koji izaziva žeđ; **as ~ as a bone** potpuno suh, bez kapi vlage; **~ bread** suh kruh bez ičega

dry [drai] *s* suhost, suhoća; suša, suho vrijeme

dry [drai] *vt/i* **I.** *vt* sušiti, osušiti; isprazniti, sipiti **II.** *vi* osušiti se | **to ~ one's hands** obrisati ruke

dry up [ˈdraiˈʌp] *vt/i* **I.** *vt* isušiti; iscrpsti, isprazniti **II.** *vi* osušiti se, usahnuti; *sl* umuknuti, ušutjeti (*dry up*! šuti); zapeti u govoru, prestati, stati

dryad [ˈdraiəd] *s myth* driada, šumska vila

dry-as-dust [ˈdraiəzˌdʌst] *adj* suhoparan, dozlaboga dosadan

dryasdust [ˈdraiəzˌdʌst] *s* suhoparna, dosadna osoba

dry-bob [ˈdraibɔb] *s* učenik Etona, koji igra kriket (protivno *wet-bob*, koji vesla)

dry-clean [ˈdraikliːn] *vt* kemijski čistiti

dry-cleaner [ˈdraiˌkliːnə] *s* vlasnik kemijske čistionice; sredstvo za čišćenje

dry-cure [ˈdraiˈkjuə] *vt* soliti i sušiti meso

dry-dock [ˌdraiˈdɔk] *s mar* suhi dok | **to go into ~** ići na popravak

dry-fly [ˌdraiˈflai] *s* umjetna muha (za pecanje)

dry-goods [ˌdraiˈgudz] *s pl* roba koja nije tekuća (npr. žito); *esp US* suknena, tekstilna roba; roba koja se prodaje na metre

dryness [ˈdrainis] *s* suhoća, suhost; suša; *fig* hladnoća, bešćutnost; dosada, suhoparnost

dry-nurse [ˈdrainəːs] *s* dadilja (koja čuva dijete, ali ga ne doji)

dry-nurse [ˈdrainəːs] *vt* pjestovati, čuvati (dijete umjesto majke, ali ne dojiti)

dry-rot [ˌdraiˈrɔt] *s bot* suh trulež; *fig* trulež, pokvarenost | **~ fungus** guba

dry run [ˌdraiˈrʌn] *s mil sl US* obuka strijelaca (bez gađanja bojevom municijom); *sl* proba, pokus
drysalt [ˈdraisɔːlt] *vt* → **dry-cure**
drysalter [ˈdraiˌsɔːltə] *s GB* trgovac kemikalijama, bojama, prije: konzerviranim mesom
drysaltery [ˈdraiˌsɔːltəri] *s GB* trgovina boja i lakova, prije: konzerviranim mesom
dryshod [ˌdraiˈʃɔd] *adj* suhih nogu, suhih cipela
dry wall [ˌdraiˈwɔːl] *s* suhozidina, montažni zid
dual [ˈdjuəl] *adj* (**~ly** *adv*) dvostruk, dvojan
dual [ˈdjuəl] *s gram* dvojina, dual
dualism [ˈdjuəlizəm] *s phil* & *pol* dualizam, dvojnost
dualist [ˈdjuəlist] *s* dualist, pristaša dualizma
dualistic [ˌdjuəˈlistik] *adj* (**~ly** *adv*) dualističan
duality [djuˈæliti] *s* dvojstvo, dvojnost, dualitet
dualize [ˈdjuəlaiz] *vt* udvojiti; dvojno promatrati
dual number [ˈdjuəlˈnʌmbə] *s gram* dual, dvojina
dual-purpose [ˈdjuəlˈpəːpəs] *adj* koji ima dvije svrhe, koji ima dvostruku namjenu
dub[1] [dʌb] *s esp Scot* (duboka) lokva, barica, jezerce
dub[2] [dʌb] *s US sl* nespretnjaković, šeprtlja (u sportu i dr.)
dub [dʌb] *vt* udarcem mača posvetiti za viteza, učiniti vitezom (*to ~ a p knight*); podijeliti čast; dati nadimak, nazvati; namastiti (kožu); udariti, gurnuti; sinhronizirati, dublirati (film), izvršiti zvučnu montažu
dubbing [ˈdʌbiŋ] *s* mast za kožu (remenje); sinhronizacija (filma), zvučna montaža
dubiety [djuˈbaiəti] *s* sumnja, dvoumica, neizvjesnost, nesigurnost
dubious [ˈdjuːbiəs] *adj* (**~ly** *adv*) neizvjestan; nestalan, nesiguran, nepouzdan; dvosmislen, sumnjiv; neodlučan; nejasan, neodređen (svjetlo)
dubitate [ˈdjuːbiteit] *vi* sumnjati, oklijevati
dubitation [ˌdjuːbiˈteiʃn] *s* sumnja; oklijevanje
dubitative [ˌdjuːbiˈtətiv] *adj* (**~ly** *adv*) neodlučan, u sumnji
ducal [ˈdjuːkl] *adj* (**~ly** *adv*) vojvodski
ducat [ˈdʌkət] *s* dukat | **~s** *pl fam* novac
duchess [ˈdʌtʃis] *s* vojvotkinja
duchy [ˈdʌtʃi] *s* vojvodina, vojvodstvo
duck[1] [dʌk] *s* patka, plovka; pačetina; zlato, miljenče; *US sl* momak | **like a ~ in thunderstorm** smeten, zbunjen, zgranut; **like water on a ~'s back** bezuspješan, bez učinka; **he took to it like a ~ to water** odmah se privikao, pošlo mu za rukom; **fine day for young ~s** kišovit dan; *fig* **lame ~** propao špekulant; invalid, nemoćna osoba, slabić; **in two shakes of ~'s tail** u tren oka; **~s and drakes** igra bacanja žabica (na vodi); *fig* **to play ~s and drakes with, to make ~s and drakes of** tratiti, rasipati što, rasprčkati
duck[2] [dʌk] *s* brzo, kratko uronjenje (pri kupanju); naklon, kimanje (glavom)
duck [dʌk] *vi/t* **I.** *vi* zaroniti, zagnjuriti, ugnjuriti (glavu), prignuti se; sagnuti se, skloniti se (od udarca); umaći **II.** *vt* uroniti, zagnjuriti (što); (naglo) sagnuti (glavu); *US* izbjegavati (koga)
duck[3] [dʌk] *s* vrsta jakog mornarskog platna | **~s** *pl* hlače od gruba sukna
duck-bill [ˈdʌkbil] *s* pačji kljun; *bot* engleska (crvena) pšenica; *zool* kljunaš čudnovati (*Platypus, Ornithorhynchus*)
duck-boards [ˈdʌkbɔːdz] *s pl mil* pod od dasaka (u rovovima ili na blatnom zemljištu)
ducker[1] [ˈdʌkə] *s ornith* gnjurac, ronac
ducker[2] [ˈdʌkə] *s* uzgajatelj pataka
duck hawk [ˈdʌkhɔːk] *s ornith* sivi sokol (*Falco peregrinus*)
duckling [ˈdʌkliŋ] *s* pače, pačica; **ugly ~** ružno pače (i *fig*)
ducks and drakes [ˈdʌksənˈdreiks] *s pl* bacanje plosnatog kamena tako da odskače na površini vode, žabice
duck's egg [ˈdʌkseg] *s* pačje jaje; *sport* ništica, nijedan bod (u kriketu)
duck-shot [ˈdʌkʃɔt] *s hunt* sačma za lov na divlje guske
duck soup [ˈdʌksuːp] *s sl* nešto što je lako napraviti
duck-weed [ˈdʌkwiːd] *s bot* vodena leća, sočivica
ducky [ˈdʌki] *s ornith* pače, pačica; *fam* srce, zlato
duct [dʌkt] *s anat* & *bot* duktus, kanal, provodni kanal
ductile [ˈdʌktail] *adj* pruživ, rastežljiv; podatan; kovak; *fig* gibak, popustljiv, podatljiv
ductility [dʌkˈtiliti] *s* pruživost, rastežljivost; kovkost; *fig* gipkost, popustljivost, poslušnost
ductless [ˈdʌktlis] *adj anat* & *bot* bez kanala | **~ glands** žlijezde s unutrašnjim izlučivanjem, endokrine žlijezde
dud [dʌd] *s sl* strašilo; *mil* bomba, granata itd. koja je zatajila, nije eksplodirala; *fig* ništav čovjek; *fam* mućak | **~s** *pl* stara odjeća, dronjci
dude [djuːd] *s US sl* kicoš; onaj koji oponaša engleski govor i običaje
dudgeon [ˈdʌdʒən] *s* negodovanje, zamjerka, srdžba; *arch* balčak | **in high ~** uvrijeđen, bijesan
dudish [ˈdjuːdiʃ] *adj* kicoški

due [dju:] *adj* dužan; *com* dospio, plativ; određen ili obavezan na stanovito vrijeme; pravi, točan, primjeren, doličan; kako treba; pravovremen | **in ~ time** na vrijeme, pravovremeno; **in ~ course** na vrijeme, pravovremeno; kako treba, valjano, pravilno; **to become ~, to fall ~** dospjeti (mjenica); **to be ~ to a p** ići koga; **the train is ~ in (out) at two** vlak treba da stigne (ode) u dva sata; **~ to** zbog, uslijed; **it is ~ to him to say** ako ćemo biti pravedni prema njemu, moramo reći

due [dju:] *adv* točno, ravno, izravno; u smjeru prema | **to go ~ East** ići ravno prema istoku

due [dju:] *s* što se pristoji; ono što komu pripada, što ga ide, pravo, udio; dug | **~s** *pl* pristojbe, taksa; **to give a man his ~** dati komu što ga ide; **to give the devil his ~** priznati svakome što ga ide (pa i neprijatelju); *mar* **for a full ~** temeljito, potpuno

due-bill ['dju:bil] *s com* priznanica, (neprenosiva) obveznica, bon

due-day ['dju:dei] *s com* dan dospijeća (plaćanja)

duel ['djuəl] *s* dvoboj; borba, megdan | **the ~** dvoboj i pravila o dvoboju

duel ['djuəl] *vi* boriti se (u dvoboju), dijeliti megdan

duellist ['djuəlist] *s* duelant

duenna [dju'enə] *s Span* pratilica (mlade djevojke na zabavu)

duet (duett) [dju'et] *s mus* duet, dvopjev; duo

duettist [dju'etist] *s* onaj koji svira, pjeva u duetu

duff [dʌf] *s dial* tijesto, puding od brašna; *min* sitni ugljen; trula vegetacija na zemlji u šumi

duff [dʌf] *vt sl* obnoviti (robu), dati (čemu) izgled novoga; *Austral* ukrasti (stoku) i izmijeniti znak žigosanja; patvoriti

duffel (duffle) ['dʌfl] *s* vrsta čupave vunene tkanine; bitna odjeća i oprema koju sa sobom nosi lovac, kampist, vojnik i sl., platnena vreća za takvu odjeću i opremu

duffel-bag ['dʌflbæg] *s US* velika cilindrična platnena vreća za odjeću i osobne potrepštine

duffel-coat ['dʌflkəut] *s* kaput do koljena s kukuljicom i gajtanom od čupave vunene tkanine

duffer ['dʌfə] *s* glupan, bukvan, budala; šeprtlja; loš igrač golfa; bezvrijedna stvar; torbar, pokućarac; onaj koji nudi bezvrijednu robu na prodaju kao vrijednu pod izlikom da je prokrijumčarena itd.

dug [dʌg] *s* vime; sisa (u životinja)

dug [dʌg] *pret & pp* **od dig**

dugong ['du:gɔŋ] *s zool* moronj

dug-out ['dʌgaut] *s US* kanù, (urođenički) čamac izduben iz drveta; *mil* podzemno sklonište (za vojnike u rovovima), blindaža; *sl* reaktiviran oficir, penzionirani časnik ponovo pozvan u službu, naftalinac, oficir iz rezerve

duke [dju:k] *s* vojvoda; *sl* ruka; šaka

dukedom ['dju:kdəm] *s* vojvodina, vojvodstvo

dulcet ['dʌlsit] *adj* ljubak, sladak, blag, milozvučan

dulcify ['dʌlsifai] *vt* zasladiti, ublažiti

dulcimer ['dʌlsimə] *s mus* cimbal

dull [dʌl] *adj* (**~y** *adv*) 1. glup, budalast; tup; bešćutan; trom, mlitav, lijen; dosadan; pospan, bez života; utučen; zlovoljan 2. mukao, prigušen, mutan; sumoran, tmuran; bez sjaja; slab (vatra); taman (boja); *com* bez prođe; u zastoju; mrtav (sezona) | **~ of hearing** prigluh; **~ of eyes** slaba vida; as **~ as ditch-water** krajnje dosadan

dull [dʌl] *vt/i* **I.** *vt* tupiti, otupiti, zatupiti; omamiti; ublažiti; zamutiti (pogled); zaslijepiti; oslabiti **II.** *vi* otupjeti, postati tup, omlitaviti; oslabiti; sleći se (vjetar) | *lit & fig* **to ~ the edge of** otupiti oštricu

dullard ['dʌləd] *s* tupoglavac, budala

dull-brained ['dʌlbreind] *adj* tupoglav, nedotupavan, glup, slabouman

dull-eyed ['dʌlaid] *adj* mutna oka; turoban, sjetan

dullish ['dʌliʃ] *adj* prilično dosadan; priglup

dullness (dulness) ['dʌlnis] *s* glupost, tupost; nedotupavnost; lijenost, mlohavost, tromost; mrtvilo, dosada, pospanost; jednoličnost; mutnoća; sumornost; *com* slaba prođa, slab poslovni promet

dull-witted ['dʌl,witid] *adj* tupoglav, glup, slabouman, nedotupavan

duly ['dju:li] *adv* valjano, u redu, kako treba, pravo, propisno; točno, na vrijeme, pravovremeno

dumb [dʌm] *adj* (**~ly** *adv*) nijem, zanijemio; bezglasan; šutljiv; *US fam* glup, tup, mentalno zaostao; bezvučan | **deaf and ~** gluhonijem; **to be ~ concerning something** šutjeti o čemu; **a ~ dog** šutljiv momak; **the ~ millions** milijuni koji ne dolaze do izražaja, bespravne mase; **to strike ~** ušutkati, zabezeknuti

dumb-barge ['dʌmba:dʒ] *s* barka bez jedra, lađa bez pokretne sile

dumb-bells ['dʌmbelz] *s pl* bućice, ručice (za gimnastiku)

dumb cane ['dʌmkein] *s bot* difenbahija

dumbfound [dʌm'faund] *vt* osupnuti koga, zabezeknuti, zaprepastiti

dumbness ['dʌmnis] *s* nijemost

dumb-piano [,dʌm'pjænəu] *s* klavir bez zvuka (sama klavijatura, za vježbu prsta)

dumb-show ['dʌmʃəu] *s* nijema igra; pantomima

dumbstruck [ˈdʌmstrʌk] *adj* bez riječi, zanijemio, osupnut
dumb-waiter [ˌdʌmˈweitə] *s* stolić (stalak, posluživaonik) za okretanje (u blagovaonici); mali lift za slanje hrane, smeća itd. s kata na kat
dumdum [ˈdʌmdʌm] *s mil* dumdum metak, tupo tane
dummy [ˈdʌmi] *s fam* 1. nijema osoba, nijemak; *sl* glupan; zamišljeni četvrti igrač (u vistu); *theat* statist 2. lutka, figura, marioneta; krojačka lutka; voštana lutka (u izlogu); duda varalica (za djecu) 3. *fam* ništica, nitko i ništa 4. *mil* slijepi metak 5. nešto podmetnuto (mjesto pravoga), podmetnuta osoba, figura, lažna stvar, imitacija
dummy [ˈdʌmi] *adj* neprav, lažan, tobožnji, patvoren, podmetnut
dump[1] [dʌmp] *s* 1. malen debeo predmet; *sl* novčić 2. vrsta grede (u brodogradnji) 3. kolut od konopa (za igru na brodu, palubni tenis) 4. vrsta čunja (za kuglanje) 5. vrsta slatkiša 6. mukao udarac 7. debeljko, mala debeljkasta osoba | **it is not worth a ~** ne vrijedi ni pare
dump[2] [dʌmp] *s US* smetište; stovarište; *mil* (privremeno) skladište, spremište (municije na fronti); *sl* grad, mjesto
dump [dʌmp] *vt/i* **I.** *vt* istovariti; baciti (na hrpu), istresti; uskladištiti, složiti; *com* baciti jeftinu robu na tržište; iskrcati suvišne iseljenike u stranoj zemlji **II.** *vi* ljosnuti, bubnuti, tresnuti (na tlo)
dump-car [ˌdʌmpˈkaː] *s US* kola, vagon koji se može istovariti prevrtanjem
dumper [ˈdʌmpə] *s com* prljav, nelojalan konkurent
dumping [ˈdʌmpiŋ] *s com* prodaja robe na inozemnom tržištu uz niske cijene (radi osvajanja tržišta) | **~ ground** istovarište smeća (robe), deponij
dumpling [ˈdʌmpliŋ] *s cul* valjušak; voće (kuhano ili pečeno) u tijestu
dumps [dʌmps] *s pl* potištenost, melankolija, utučenost
dumpy [ˈdʌmpi] *adj* zdepast
dumpy [ˈdʌmpi] *s* zdepast stvor; *ornith* vrsta kratkonoge škotske kokoši; *sl* ružan, zapušten; potišten, melankoličan
dun [dʌn] *adj* zagasito sivosmeđ, tamnosmeđ; crnkast; *fig poet* taman, mrk
dun[1] [dʌn] *s* sivosmeđa boja; mrkalj (konj); vrsta umjetne muhe (za pecanje)
dun[2] [dʌn] *s* dosadan i nestrpljiv vjerovnik; utjerivač dugova; stroga opomena zbog neplateža
dun [dʌn] *vt* opominjati (zbog neplateža); dodijavati, uznemirivati | **dunning letter** (pismena) opomena (da se plati dug)
dun-bird [ˈdʌnbəːd] *s ornith* crvenoglavi ronac ili gnjurac (***Fuligula ferina***)
dunce [dʌns] *s* glupan, bukvan, budala, neznalica | **~'s cap** papirni stožac koji se stavlja na glavu slabom đaku u školi; magareća kapa
dunderhead [ˈdʌndəhed] *s* glupan, bukvan
dunderheaded [ˈdʌndəˌhedid] *adj* glup, tup, blesav
Dundreary [dʌnˈdriəri] *s* | **~ whiskers** dugi zalisci (bez brade)
dune [djuːn] *s* pješčani humak, prud, dina
dung [dʌŋ] *s* gnoj, đubre; balega
dung [dʌŋ] *vt* gnojiti, đubriti
dungaree [ˌdʌŋgəˈriː] *s* gruba pamučna tkanina | **~s** *pl* radno odijelo ili hlače od takve tkanine
dung-beetle [ˈduŋˌbiːtl] *s ent* balegar
dung-cart [ˈdʌŋkaːt] *s* kola za gnoj
dungeon [ˈdʌndʒən] *s* 1. → **donjon** 2. tamnica (podzemna), uze
dungeon [ˈdʌndʒən] *vt* baciti u tamnicu
dung-hill [ˈdʌŋhil] *s* gnojište, đubrište
dungy [ˈdʌŋi] *adj* gnojan, đubrast, đubrevit, blatan, gadan; *fig* prljav, prost; *fam* kukavan, loš
dunk [dʌŋk] *vt* umočiti, umakati
dunlin [ˈdʌnlin] *s ornith* vivak
dunnage [ˈdʌnidʒ] *s mar* daske (i ostali materijal) za zaštitu tereta od udara i vlage
dunnage [ˈdʌnidʒ] *vt mar* zaštititi (teret na brodu) daskama, krpama itd. od udara, vlage i dr.
dunno [dəˈnəu] *coll* = **don't know**
dunnock [ˈdʌnək] *s ornith* sivi kopić (***Prunela modularis***)
duodecimal [ˌdjuəuˈdesiml] *adj* (**~ly** *adv*) duodecimalan, koji se odnosi na dvanaest ili na jednu dvanaestinu
duodecimals [ˌdjuəuˈdesimlz] *s pl* množenje po duodecimalnom sistemu
duodecimo [ˌdjuəuˈdesiməu] *s print* format knjige u kojem je svaki list dvanaestina tiskarskog arka; sitna, sićušna stvar ili osoba
duodenal [ˌdjuəuˈdiːnl] *adj anat* dvanaestopalčani, duodenalni | **~ ulcer** čir na dvanaesniku
duodenary [ˌdjuəuˈdiːnəri] *adj* koji se tiče broja dvanaest; koji se pojavljuje po dvanaest, koji se sastoji od dvanaest
duodenum [ˌdjuəuˈdiːnəm] *s anat* dvanaesnik, dvanaestopalčano crijevo
duologue [ˈdjuəlɔg] *s* razgovor između dvije osobe; *theat* dramsko djelo za dvije osobe
dupability [ˌdjuːpəˈbiliti] *s* lakovjernost, nerazumnost, glupost
dupable [ˈdjuːpəbl] *adj* lakovjeran, nerazuman, glup, koga je lako prevariti
dupe [djuːp] *s* bena, nasamarena osoba, lakovjerna osoba, osoba koju je lako nasamariti
dupe [djuːp] *vt* varati, prevariti, nasamariti, nasaditi
dupery [ˈdjuːpəri] *s* prijevara, varanje

duple [ˈdjuːpl] *s* dvostruk | ~ **ratio** razmjer 2 : 1; *mus* ~ **time,** ~ **rhythm** dvočetvrtinski takt

duplex [ˈdjuːpleks] *adj* dvostruk, dupli | ~ **gas-burner** dvostruki plinski žižak; ~ **lamp** svjetiljka s dva stijenja; ~ **telegraphy** dupleks telegrafija, istodobno odašiljanje vijesti na jednoj žici u oba smjera; ~ **apartment** *US* dupleks, stan na dva kata s nutarnjim stubištem; ~ **house** *US* kuća s dva odjelita stana

duplicate [ˈdjuːplikət] *adj* dvostruk; podvostručen; duplikatan, koji točno odgovara (kojem drugom uzorku) | ~ **ratio,** ~ **proportion** razmjer kvadrata u odnosu prema kvadratu njegovih korijena

duplicate [ˈdjuːplikət] *s* duplikat, kopija, replika, dvojnik | ~ **bill** duplikat mjenice, sekunda

duplicate [ˈdjuːplikeit] *vt* podvostručiti, prepisati, izraditi duplikat ili kopiju, kopirati; umnožiti; ponoviti

duplication [ˌdjuːpliˈkeiʃn] *s* podvostručenje; umnažanje

duplicator [ˈdjuːplikeitə] *s* aparat za umnažanje

duplicity [djuˈplisiti] *s* dvostrukost; *fig* dvoličnost, pretvaranje

durability [ˈdjuərəˈbiliti] *s* trajnost, postojanost

durable [ˈdjuərəbl] *adj* (**durably** *adv*) trajan, stalan, postojan

duralumin [djuəˈræljumin] *s chem* duraluminij (aluminijeva legura)

durance [ˈdjuərəns] *s* zatvor, zatočenje, tamnovanje | **in** ~ **vile** s one strane brave

duration [djuəˈreiʃn] *s* trajanje | **for the** ~ na određeno vrijeme; **of short** ~ na kratko vrijeme; kratka vijeka

durative [ˈdjuərətiv] *adj* trajan (i *gram*)

durative [ˈdjuərətiv] *s gram* trajni oblik

durbar [ˈdəːbaː] *s* dvor indijskog vladara; svečano primanje kod indijskog kneza ili potkralja

duress(e) [djuəˈres] *jur* lišenje (oduzimanje) slobode; strogi zatvor; pritisak, nasilje | **under** ~ pod prinudom; **plea of** ~ molba da se raskine ugovor učinjen pod prinudom

during [ˈdjuəriŋ] *prep* za (vrijeme); dok; preko | ~ **the night** u toku noći, u noći, noću, obnoć

durst [dəːst] *arch pret* od dare

durum [ˈdjuərəm] *s bot* pšenica tvrdica, tvrda pšenica (***Triticum durum***)

dusk [dʌsk] *adj poet* taman, sumračan, nejasan

dusk [dʌsk] *s* sumrak, suton, tama

dusk [dʌsk] *vi/t poet* **I.** *vi* tamnjeti, smračiti se **II.** *vt* potamniti, pomračiti

duskish [ˈdʌskiʃ] *adj* taman, sumračan

dusky [ˈdʌski] *adj* (**duskily** *adv*) taman, zagasit; sumračan, sumoran, tmast; turoban, sjetan

dust [dʌst] *s* prah, prašina; smeće; polen, pelud; *sl* novac; *fig* poniženje; pometnja, zbrka, strka; pepeo, otpaci, smeće; *bot* pelud | *fig* **to shake off the** ~ **of one's feet** otresti prašinu s nogu; **to throw (cast)** ~ **in one's eyes** baciti kome pijesak u oči, zavarati koga; **to bite the** ~ zagristi u ledinu, pasti mrtav, poginuti (naročito u borbi); **honoured** ~ zemni ostaci (pokojnika); **in the** ~ mrtav; **humbled in the** ~, **humbled to the** ~ ponižen; ~ **and heat** uzbuđenje i teškoće borbe; *fig* **to raise (kick up)** ~ uzvitlati prašinu; *fig* **to lick (kiss) the** ~ puzati, biti ponizan, lizati cipele; **make the** ~ **fly** biti energičan, energično djelovati; brzo se kretati

dust [dʌst] *vt/i* 1. zaprašiti, oprašiti; posuti; isprašiti; očetkati 2. okupati se u prašini (ptica); *US sl* uteći, izmaknuti, klisnuti, strugnuti | *fig* **to** ~ **the eyes of a p** baciti komu pijesak u oči, zavarati koga; *fig* **to** ~ **one's jacket** izmlatiti koga, isprašiti tur; **to** ~ **one's hands of a p** ne htjeti više imati posla s kim

dustbin [ˈdʌstbin] *s* kanta za smeće

dust bowl [ˈdʌstbəul] *s US* područje gdje vjetar odnosi gornji plodni sloj tla i postepeno nastaje pustinja

dust-cloth [ˈdʌstkləθ] *s* zaštitna prevlaka (na pokućstvu), presvlaka; krpa za prašinu

dust-coat [ˈdʌstkəut] *s* ogrtač za zaštitu od prašine

dust-colour [ˈdʌstˌkʌlə] *s* zagasita svijetlosmeđa boja

dust-cover [ˈdʌstˌkʌvə] *s* zaštitni omot (knjige), ovitak

duster [ˈdʌstə] *s* krpa za prašinu; peruška za čišćenje od prašine; otirač prašine; kutija za posipavanje; *US* ogrtač za zaštitu od prašine

dust-guard [ˈdʌstgaːd] *s* štitnik (od prašine) (na stroju, biciklu itd.)

dusthole [ˈdʌsthəul] *s* (kućno) smetište, (ozidana) jama za smeće

dusting [ˈdʌstiŋ] *s* prašenje, isprašivanje; *sl* mlaćenje, batine; *mar* uzburkano more; ljuljanje na uzburkanom moru

dustman [ˈdʌstmən] *s GB* smetlar

dust-pan [ˈdʌstpæn] *s* smetlareva lopata za smeće; lopatica za smeće (»mistšaft«)

dustproof [ˈdʌstpruːf] *adj* koji ne propušta prašinu, siguran od prašine, koji štiti od prašine

dusty [ˈdʌsti] *adj* (**dustily** *adv*) prašan; prašnjav; zaprašen, prljav; dosadan | *sl* **not so** ~ prilično dobar

dusty miller [ˈdʌstiˌmilə] *s bot* avrikelj, cvijet lijepe gospođe (*Primula auricula*); umjetna muha za pecanje

Dutch [dʌtʃ] *adj* nizozemski, holandski; *hist* njemački | **to talk to one like a ~ uncle** očinski strogo opominjati koga; **to go ~** *US coll* platiti svatko za sebe

Dutch [dʌtʃ] *s* holandski jezik; *hist* njemački jezik | **double ~** nerazumljiv govor, blebetanje; šatrovački govor

dutch [dʌtʃ] *s* → **duchess**

Dutch auction [ˈdʌtʃˌɔːkʃən] *s* dražba na kojoj se cijena snizuje dok se ne nađe kupac

Dutch barn [ˌdʌtʃˈbaːn] *s* velik natkrit štagalj, sa strane otvoren, za sijeno i slamu

Dutch clover [ˈdʌtʃˌkləuvə] *s bot* bijela djetelina

Dutch courage [ˈdʌtʃˌkʌridʒ] *s* hrabrost izazvana pićem

Dutch crate [ˌdʌtʃˈkreit] *s* holandska (prema dnu sužena) letvarica, sandučić za voće, povrće i dr.

Dutchman [ˈdʌtʃmən] *s* Nizozemac, Holanđanin; nizozemski brod; *sl* Nijemac | **I'm a ~ if...** đavo me odnio ako...; **Flying ~** ukleti Holandez

Dutch oven [ˌdʌtʃˈʌvn] *s* mala pomična pećnica

Dutch-tile [ˌdʌtʃˈtail] *s* pločica, pećnjak, kalj s caklinom i motivom

Dutch treat [ˌdʌtʃˈtriːt] *s US coll* zabava i sl. gdje svatko plaća za sebe

Dutch uncle [ˈdʌtʃˌʌŋkl] *s coll* osoba koja drži prodike

Dutchwoman [ˈdʌtʃˌwumən] *s* Nizozemka, Holanđanka

duteous [ˈdjuːtiəs] *adj* (**~ly** *adv*) vjeran svojoj dužnosti, poslušan; pokoran, ponizan, pun poštovanja

dutiable [ˈdjuːtiəbl] *adj* podležan carini

dutiful [ˈdjuːtiful] *adj* (**~ly** *adv*) poslušan, pokoran

duty [ˈdjuːti] *s* dužnost (i *mil*); poslušnost, poštovanje; obaveza; službena dužnost; služba; posao; *tech* učinak (stroja); pristojba; carina; taksa (*upon* na) | **on ~** u službi; dežuran; **off ~** izvan službe, slobodan; *fig* **to do ~ for** služiti kao, biti upotrijebljen kao; **to take one's ~** preuzeti čiji posao; **to do one's ~ by a p** izvršiti svoju dužnost prema komu

duty-free [ˌdjuːtiˈfriː] *adj* oslobođen carine

duumvir [djuˈʌmvə] *s* (*pl* **~s, duumviri** [djuˈʌmviriː]) duumvir, član vlade dvojice

duumvirate [djuˈʌmvirit] *s* duumvirat, vlada dvojice

dux [dʌks] *s* glavni dječak u razredu, vođa razreda

dwale [dweil] *s bot* bun, bunika, velebilje

dwarf [dwɔːf] *s* patuljak (i *astr*)

dwarf [dwɔːf] *adj* zakržljao, patuljast, sitan

dwarf [dwɔːf] *vt/i* 1. spriječiti u rastu; učiniti da što izgleda maleno, zasjeniti 2. zakržljati; stisnuti se

dwarfish [ˈdwɔːfiʃ] *adj* (**~ly** *adv*) patuljast, sićušan; zakržljao, nerazvijen

dwell [dwel] *vi* (dwelt, dwelt) stanovati, prebivati, boraviti; *arch* zadržavati se, ostati; nalaziti se, ležati; prezati, ustručavati se (konj); razmišljati; zadržati se, nadugačko raspravljati (*on a th* o čemu); naglašavati; ostajati kod čega, zadržavati se

dwell [dwel] *s tech* kratka stanka (u radu stroja, u redovitim razmacima i u određenu svrhu)

dweller [ˈdwelə] *s* stanovnik; konj koji preza (pred zaprekama)

dwelling [ˈdweliŋ] *s* boravak; stan, prebivalište, boravište, obitavalište

dwelling-house [ˈdweliŋhaus] *s* stambena kuća

dwelling-place [ˈdweliŋpleis] *s* mjesto stanovanja

dwindle [ˈdwindl] *vi* iščezavati, nestajati, gubiti se, smanjivati se; izmetnuti se, izroditi se (*into* u)

dwindle away [ˈdwindləˈwei] *vi* nestajati

dyad [ˈdaiæd] *s* brojka dva; par, skupina od dva

dyadic [daiˈædik] *adj* koji uzima brojku dva kao jedinicu

dyarchy [ˈdaiaːki] *s* → **diarchy**

dye [dai] *s* boja (kao sredstvo za bojenje tkanine, kose itd.) | **fast ~** stalna boja (koja ne blijedi); **of the deepest ~** najgore vrste

dye [dai] *vt/i* **I.** *vt* bojiti **II.** *vi* obojiti se | **to ~ again** prebojiti

dyed-in-the-wool [ˈdaidinðəˈwul] *adj* nepokolebljiv, skroz naskroz, do srži, zadrt

dye-house [ˈdaihaus] *s* bojadisaonica

dyeing [ˈdaiiŋ] *s* bojenje

dyer [ˈdaiə] *s* bojadisač

dyer's woad [ˈdaiəzˌwəud] *s bot* vrbovnik, šilina, gvad (*Isatis tinctoria*)

dyestuff [ˈdaistʌf] *s* boja (sredstvo za bojenje)

dye-wood [ˈdaiwud] *s* drvo iz kojega se dobiva boja

dye-works [ˈdaiwəːks] *s pl* bojadisaonica

dying [ˈdaiiŋ] *s* umiranje

dying [ˈdaiiŋ] *adj* koji umire, na samrti, samrtni | **his ~ words, wish** njegove riječi, njegova želja na samrti

dyke [daik] *s sl* lezbijka (naročito muškobanjasta); → **dike**

dynamic [daiˈnæmik] *adj* dinamičan; u pokretu; snažan, energičan

dynamic [daiˈnæmik] *s* pokretna sila

dynamical [daiˈnæmikl] *adj* (**~ly** *adv*) dinamički; u pokretu; snažan | **~ inspiration** više nadahnuće

dynamics [daiˈnæmiks] *s* dinamika

dynamism [ˈdainəmizəm] *s* dinamizam (i *physics*), dinamičnost

dynamist [ˈdainəmist] *s* dinamičar

dynamite [ˈdainəmait] *s* dinamit

dynamite ['dainəmait] *vt* dinamitom dignuti u zrak, dinamitirati
dynamiter ['dainəmaitə] *s* zločinac dinamitom, atentator dinamitnom bombom; onaj koji ima zadatak da dinamitom diže u zrak objekte
dynamitic [ˌdainə'mitik] *adj* dinamitski
dynamo ['dainəməu] *s el* dinamo, generator; *fig* vrlo dinamična osoba, osoba puna energije
dynamoelectric [ˌdainəməui'lektrik] *adj* dinamo-električan
dynamometer [ˌdainə'məmitə] *s phys* dinamometar
dynamometric [ˌdainəmə'metrik] *adj* dinamometrički
dynamotor [ˌdainə'məutə] *s* dinamo-motor, motor-generator
dynast ['dinəst] *s* vladar, dinast
dynastic [di'næstik] *adj* (~**ally** *adv*) dinastički, vladalački
dynasty ['dinəsti] *s* vladalačka kuća, dinastija
dynatron ['dainətrən] *s el* dinatron
dyne [dain] *s phys* din (jedinica sile)
dysenteric [ˌdisn'terik] *adj med* koji boluje od srdobolje, dizenteričan
dysentery ['disntri] *s med* srdobolja, griža, dizenterija
dyspepsia [dis'pepsiə] *s med* loša probava, probavna smetnja, dispepsija
dyspeptic [dis'peptik] *adj* koji pati od slabe probave, slaba želuca; koji boluje od želuca; *fig* neraspoložen, mrzovoljan, čangrizav
dyspeptic [dis'peptik] *s* dispeptik, onaj koji boluje od slabe probave
dyspnoea [dis'pni:ə] *s med* zaduha, astma, teško disanje

E

E, e [iː] *s* E (peto slovo engleske abecede); *mus* E (treća nota prirodne dur-ljestvice); *mar* drugorazredni brod u Lloydovu registru | **E flat** Es; **E sharp** Eis; **E major** E-dur; **E minor** e-mol

each [iːtʃ] *adj* svaki | **~ time** svaki put

each [iːtʃ] *pron* svaki, svaki pojedini | **~ one** svaki pojedini; **~ and every** svi od reda, svi do jednoga; **~ other** jedan drugoga, među sobom, uzajamno (hrvatski se često prevodi povratnim glagolom, npr. *they hate each other* oni se mrze); **a dollar ~** dolar po komadu; dolar na svakoga

eager [ˈiːgə] *adj* (**~ly** *adv*) oštar, ljut, žestok; hitar; strog; popašan, žudan, pohlepan; neobuzdan | *arch* **~ air** hladan zrak; **~ buying** velika potražnja; **~ to** nestrpljiv; **~ after, for** željan čega, požudan; **~ about, in** revan, marljiv

eagerness [ˈiːgənis] *s* želja, živa želja, žudnja, pohlepa; revnost, nestrpljivost, gorljivost

eagle [ˈiːgl] *s* orao; *US* kovani novac od 10 dolara; *golf* pogodak kod golfa | **golden ~** orao zlataš; **bald ~** bjeloglavi strvinar; **quarter ~** 2,50 dolara; **half ~** 5 dolara; **double ~** 20 dolara

eagle-boat [ˌiːglˈbəut] *s US mar* tip lovca na podmornice (manji od razarača)

eagle-eyed [ˌiːglˈaid] *adj* oštra oka, oštrovid, oka sokolova

eagle-owl [ˌiːglˈaul] *s ornith* sova, sovuljaga

eagle ray [ˌiːglˈrei] *s ichth* biskup, sokol (*Myliobatis aquila*)

eaglesighted [ˌiːglˈsaitid] *adj* oštrovid, oštra oka, oka sokolova

eaglet [ˈiːglit] *s* orlić

eaglewinged [ˈiːglwiŋd] *adj* orlovih krila, brz kao orao

eagre [ˈeigə] *s* nagla plima (osobito na ušću) rijeka Humber, Trent i Severn

ear[1] [iə] *s* uho; sluh; pažnja | **prick up one's ~s** naćuliti uši, napeti sluh; **over head and ~s in love** zaljubljen preko ušiju; **over head and ~s in debt** do grla u dugovima, prezadužen; **to set them by the ~s** nahuškati jednoga na drugoga, zavaditi ih; **to bring storm (hornet's nest) about one's ~s** izložiti se općoj kritici, neugodnosti, dirnuti u osinjak; **I would give my ~s to know** sve bih žrtvovao da saznam; **to give (lend) ~ to** saslušati koga; **to have very long ~s** biti vrlo radoznao; **to be up to the ~s in work** biti zaposlen preko glave; **to have a p's ~s** imati čiju naklonost, pažnju; **to be all ~s** napeto, pažljivo slušati, sav se pretvoriti u uho; **a word in your ~s** htio bih vam nešto povjerljivo reći; **an ~ for music** dobar sluh; **it goes in at one ~ and out at the other** na jedno uho unutra, na drugo van; **were your ~s burning last night?** jesu li vam uši gorjele?, je li vam se sinoć štucalo? (kad smo vas spominjali); **sent him away with a flea in his ~** stavio mu je bubu u uho; **to play by ~** svirati po sluhu; **to lend (turn) a deaf ~ to** ne saslušati koga, oglušiti se čijim molbama; **quick ~** oštar sluh; **up to the ~s** preko ušiju; **to be (fall) by the ~s** počupati se; **to come to one's ~s** doprijeti kome do ušiju; **to stop one's ~s** začepiti uši; **to keep an ~ to the ground** *US* osluškivati glas naroda

ear[2] [iə] *s bot* klas | **corn in the ~** žito u klasu

ear[3] [iə] *s mil* mušica (na pušci); ušica

ear [iə] *vi/t* **I.** *vi* klasati **II.** *vt arch* orati, obrađivati zemlju

ear-ache [ˈiəreik] *s* uhobolja

ear-cap [ˈiəkæp] *s* kapa, šubara s naušnjacima

ear-conch [ˈiəkɔntʃ] *s med* ušna školjka

ear-deafening [ˈiəˌdefniŋ] *adj* zaglušan

ear-drop [ˈiədrɔp] *s* naušnica s privjeskom

ear-drum [ˈiədrʌm] *s anat* ušni bubnjić

eared screw [ˌiədˈskruː] *s* krilni vijak

ear-flap [ˈiəflæp] *s anat* → **ear-lap** | **~s** naušnjak, rubni zaklopac kape preko uha

ear-handle ['iə͵hændl] *s* uška, držak u obliku uha
earing ['iəriŋ] *s mar* tanak konopac kojim se veže gornji dio jedra o križ na jarbolu; *agr* klasanje
earl [əːl] *s* grof
ear-lap ['iəlæp] *s anat* resa, jagodica (uha), uvce
earldom ['əːldəm] *s* grofovija, grofovstvo
earless ['iəlis] *adj* bez uha, bez drška (posuda); gluh, bez sluha (npr. za muziku)
earliness ['əːlinis] *s* ranoća, rano doba, ranjenje, rano ustajanje, preuranjenost; gorljivost
Earl Marshal [͵əːl'maːʃəl] *s* službenik koji vodi heraldički ured; dvorski meštar ceremonija
Earlswood ['əːlzwud] *s* bolnica za umobolne u Redhillu (Surrey)
early ['əːli] *adj* ran, uranio; prvi, prvobitni, početni, skori; prethodan, mlađahan; davnašnji | **at your earliest convenience** što prije možete; **at the earliest** što prije; **in ~ life** u ranoj mladosti; **I expect your answer by an ~ post** očekujem vaš što skoriji odgovor; **an ~ riser** ranoranilac; **to keep ~ hours** rano ustajati; **at an ~ date** uskoro; **~ beans** rane mahune; *joc* **an ~ bird (riser)** rana ptica, ranoranilac; **the ~ bird gets the worm** tko rano rani, dvije sreće grabi; **~ English style** rani engleski stil; **~ Victorian** ranoviktorijanski, staromodan
early ['əːli] *adv* rano, skoro | **~ in January** u početku siječnja; **as ~ as April** već u travnju; **he had ~ learned** on je stekao iskustva u prvoj mladosti, već rano
earmark ['iəmaːk] *s* žig (vlasnika) na uhu ovaca; *fig* biljeg
earmark ['iəmaːk] *vt* označiti ovce na uhu žigom vlasnika, žigosati; *fig* obilježiti; odrediti (novac ili druga sredstva) za neku svrhu
ear-muff ['iəmʌf] *s* naušnjak
earn [əːn] *vt* zaraditi, zaslužiti, steći, postići; donositi (prihod, kamate) | **~ed income** prihod od vlastita rada
earnest[1] ['əːnist] *s* ozbiljnost, zbilja | **are you in ~?** govorite li (mislite li) ozbiljno?; **in real ~** najozbiljnije, zaista
earnest[2] ['əːnist] *s* kapara, polog; nagovještaj, znak; zalog | **to give (make) ~** dati kaparu, kapariti; **an ~ of future favours** zalog buduće naklonosti, ljubavi
earnest ['əːnist] *adj* (**~ly** *adv*) ozbiljan, marljiv, revan, usrdan, gorljiv | **to be ~ with a p** usrdno koga što moliti; **he is ~ to know** on svakako želi znati, saznati
earnest-money ['əːnist͵mʌni] *s* kapara
earnestness ['əːnistnis] *s* ozbiljnost, revnost; usrdnost; žestina
earning ['əːniŋ] *s* zarađivanje | **~s** *pl* zarada, dohodak; *com* prihodi
ear-phone ['iəfəun] *s radio, teleph* slušalica
ear-piece ['iəpiːs] *s* slušalica
ear-piercing ['iə͵piəsiŋ] *adj* koji para uši, prodoran, zaglušan
ear-ring ['iəriŋ] *s* naušnica
earshot ['iəʃɔt] *s* doseg zvuka | **out of ~** izvan domašaja zvuka; **within ~** dokle zvuk dopire
ear-splitting ['iə͵splitiŋ] *adj* koji para uši
earth [əːθ] *s* Zemlja, Zemljina kugla; *chem & minr pl* zemlja, tlo; *el* uzemljenje; brlog, jazbina | **on the face of the ~** na Zemljinoj površini; **while he was on ~** dok je živio; **why on ~?** zašto zaboga?; **no use on ~** potpuno beskoristan, neupotrebljiv; **to come back to ~** prenuti se iz maštanja, ponovo trijezno misliti; **to run to ~** iskopati, izvući; zavući se; *fig* **to sink into the ~** propasti u zemlju (od stida)
earth [əːθ] *vt/i* **I.** ukopati, zakopati (u zemlju), pokopati, pokriti zemljom (npr. korijen biljke); *hunt* utjerati u brlog, jazbinu; *el* uzemljiti **II.** *vi* zakopati se, zavući se (u jazbinu)
earthbank ['əːθbæŋk] *s* zemljani nasip
earth-bath ['əːθbaːθ] *s med* blatna kupelj
earth-board ['əːθbɔːd] *s* raz (u pluga), odgrnjača
earth-bob ['əːθbɔb] *s* glista (za udicu)
earth-born ['əːθbɔːn] *adj poet* smrtan, zemaljski, rođen iz prašine; niska roda
earth colour ['əːθ͵kʌlə] *s* zemna (mineralna) boja
earthen ['əːθən] *adj* zemljan, glinen
earthenware ['əːθənwɛə] *s* zemljano posuđe, glinena roba
earther ['əːθə] *s el* uzemljivač
earthiness ['əːθinis] *s* zemljanost; realističnost
earthing ['əːθiŋ] *s el* uzemljenje
earthless ['əːθlis] *adj* nezemaljski, netjelesan
earthliness ['əːθlinis] *s* zemaljsko postojanje, bitisanje, posjedovanje svojstava zemaljskog; tjelesnost, svjetovnost
earthling ['əːθliŋ] *s* sin Zemlje, smrtnik
earthly ['əːθli] *adj* zemaljski, svjetovan; tjelesan, puten, čulan | **no ~ use** potpuno beskoristan, neupotrebljiv; **the ~ paradise** zemaljski raj; *sl* **not an ~** zla sreća, bez ikakva izgleda na uspjeh; **he had nothing ~** nije imao pod bogom ništa
earthly-minded [͵əːθli'maindid] *adj* svjetovan; puten, čulan
earthly-mindedness [͵əːθli'maindidnis] *s* svjetovnost; putenost, čulnost
earth-nut ['əːθnʌt] *s bot* arahid, kikiriki
earth oil ['əːθɔil] *s* zemno ulje
earth pitch ['əːθpitʃ] *s minr* zemna smola, asfalt
earthquake ['əːθkweik] *s* potres, zemljotres

earth-shine ['ə:θʃain] *s astr* djelomično osvjetljenje tamnog dijela Mjeseca svjetlošću sa Zemlje
earth-slip ['ə:θslip] *s* odron zemlje
earth-tremor ['ə:θ,tremə] *s* potres
earth-wax ['ə:θwæks] *s minr* ozokerit
earthwork ['ə:θwə:k] *s* zemljani rad, nasipavanje; zemljani nasip, zid; obrambeni zemljani nasip (kod utvrda), branik
earthworm ['ə:θwə:m] *s* gujavica, glista; *fig* podlac, puzavac, muktaš, prostak
earthy ['ə:θi] *adj* zemljast, poput zemlje, zemljan; svjetovan, puten, čulan; surov, grub
ear-trumpet ['iə,trʌmpit] *s* rog za nagluhe, slušalica
ear-wax ['iəwæks] *s* ušna mast
earwig ['iəwig] *s ent* uholaža; *fig* doušnik
earwig ['iəwig] *vt* došaptavati, dodijavati ili utjecati došaptavanjem, gnjaviti
ear-witness [,iə'witnis] *s* svjedok (koji je čuo na vlastite uši)
ease [i:z] *s* udobnost, ugodnost; mir, odmor, dokolica; lagodnost, olakšica, olakšanje, ublaženje; lakoća, neusiljenost | **at one's ~** ugodno, udobno; mirno, polako, na tenane; nesmetano; **ill at ~** neudobno, neugodno, nelagodno; mučno, tegotno; *mil* **to march (stand) at ~** stupati (stajati u stavu) voljno; **with ~** s lakoćom, bez mnogo truda; **to live at ~** udobno živjeti; **to put (set) a p at ~** ohrabriti koga, rastjerati komu plahost
ease [i:z] *vt/i* **I.** *vt* olakšati, ublažiti, umiriti, utažiti, popustiti (konop) **II.** *vi* popustiti (napetost, pritisak); opustiti se | **to ~ one's mind** olakšati dušu; **~ one of his purse** operušati, orobiti koga; *mar* **~ her ahead (astern)** napred (krmom) polagano; **to ~ the engine** smanjiti brzinu stroja, usporiti; **to ~ nature** obaviti nuždu
ease away ['i:zə'wei] *vt mar* popustiti (uže, jedro na brodu)
ease off ['i:z'ɔf] *vi* popustiti u, smanjiti se (u strogosti, tegobi, nepriličnosti itd.), izbaviti od; *com* pasti (dionice)
ease up ['i:z'ʌp] *vt* umjeriti, usporiti, umanjiti, prestati; odustati
easeful ['i:zful] *adj* (**~ly** *adv*) miran, prijatan, udoban; bezbrižan, dokon
easel ['i:zl] *s* slikarski stalak, nogari, štafelaj
easement ['i:zmənt] *s* 1. *arch* olakšanje, ublaženje; oprost, oslobođenje; prednost, korist 2. *jur* pravo korištenja (tuđim vlasništvom)
easiness ['i:zinis] *s* udobnost, mirnoća; lakoća, bezbrižnost, ravnodušnost, neusiljenost, lakoumnost | **~ of belief** lakovjernost
east [i:st] *s* istok, orijent | **to the ~ of** istočno od; **the East** Orijent; istočne države SAD; *US sl* **about ~** valjano, dobrano, ljudski
east [i:st] *adj* istočni | **East End (of London)** istočna gradska četvrt (Londona); **East Side (of New York)** istočna gradska četvrt (New Yorka); **East Indiaman** brod koji plovi u Indiju; **East Indies** Indija; **Far East** Daleki istok; **Middle East** Bliski istok; *US* **the East** istočne države SAD
east [i:st] *adv* istočno, na istok | *mar* **sails ~** jedra prema istoku, jedrima prema istoku
eastbound ['i:stbaund] *adv* koji plovi prema istoku
East-End ['i:st'end] *s* istočni (radnički, lučki) dio Londona; otmjeni dio New Yorka
Easter ['i:stə] *s* Uskrs | **~ day, ~ Sunday** uskrsna nedjelja; **~ eve** veče uoči Uskrsa; **~ eggs** uskrsna jaja; pisanice; **~ week** svijetla nedjelja (tjedan nakon Uskrsa)
Easter-fair ['i:stəfɛə] *s* uskrsni sajam (u Leipzigu)
easterly ['i:stəli] *adj* istočni, s istoka | **~ wind** istočni vjetar, istočnjak
easterly ['i:stəli] *adv* istočno, s istoka
eastern ['i:stən] *adj* istočni, istočnjački | **Eastern Block** Istočni blok; **Eastern Church** pravoslavna crkva; **Eastern Question** istočno pitanje
eastern ['i:stən] *s* stanovnik istoka, istočnjak; član pravoslavne crkve
easterner ['i:stənə] *s* stanovnik istočnih Sjedinjenih Američkih Država
easternmost ['i:stənməust] *adj* najistočniji, na krajnjem istoku
Easter-tide ['i:stətaid] *s* vrijeme o Uskrsu
East Indies ['i:st'indiz] *s* Indija
easting ['i:stiŋ] *s mar* prevaljeni put prema istoku; istočni kurs
East Side ['i:st'said] *s* istočni dio New Yorka
eastward ['i:stwəd] *adj* okrenut prema istoku
eastward ['i:stwəd] *s* istočni smjer
eastward(s) ['i:stwəd(z)] *adv* prema istoku
easy ['i:zi] *adj* (**easily** *adv*) lagan; lak; udoban, ugodan, lagodan; neužurban; slobodan (od boli, patnja); miran, zadovoljan, bezbrižan; umjeren, pripravan, popustljiv; neusiljen, prirodan; gladak, koji lako ide (stroj); lakomislen; imućan | **make your mind ~** olakšajte dušu (srce); **~ circumstances** povoljne prilike; **free and ~** neusiljena vladanja, neceremonijalan; **the market is ~** tržište je mlitavo; **~ of access** pristupačan, učtiv, ljubazan; **an ~ man** popustljiv, prilagodljiv čovjek; **on ~ terms** uz povoljne uvjete, na otplatu; **stocks were ~** lako se dolazilo do robe, nije bilo potražnje; **easily inflammable** lako upaljiv; **~ of**

belief lakovjeran; *US* **as ~ as falling of a log** to bi svako dijete znalo; *US* **on ~ street** u dobrim prilikama; **~ meat** lak posao; **he is ~ meat** on nije protivnik kojega treba ozbiljno uzeti; **a woman of ~ virtue** razbludna žena, laka roba; *mar* **~ motion** jednakomjerno valjanje
easy ['iːzi] *adv* lako, olako, prijatno, udobno | *mar* **~!** polako!; **take it ~** samo mirno, bez uzrujavanja; **~ all!** stoj! (zapovijed veslačima); *mil* **stand ~** voljno!; *mar* **~ ahead** naprijed-polagano!; **~ astearn** krmom-lagano!; **~ come ~ go** kako došlo, tako prošlo
easy ['iːzi] *s* kratka stanka pri veslanju
easy-chair ['iːzi'tʃɛə] *s* naslonjač
easy-going ['iːziˌgəuiŋ] *adj* laka hoda, lakonog (konj); lagodan, lakouman
eat [iːt] *vt/i* (*pret* ate, eat; *pp* eaten) **I.** *vt* jesti, uživati, žderati; izjedati, izjesti, pojesti, progutati, požderati; uništiti, razoriti; *US* hraniti; *fig* gristi, mučiti **II.** *vi* jesti, hraniti se | **~ one's words** opozvati svoje riječi, polizati, poreći; **~ humble pie** poniziti se, moliti za oproštenje; **cakes ~ crisp** kolači su prhki; **to ~ one's heart out** kinjiti se, izjedati se; **to ~ one's terms** (ili **dinners**) apsolvirati pravne nauke; **the horse eats its head off** konj više pojede nego što je vrijedan; **to ~ a p out of house and home** izjesti koga, dovesti koga na prosjački štap; **to ~ in** nagrizavanjem se uvući u što (crv u sir itd.)
eat away ['iːtə'wei] *vt* izjedati, glodati
eat into ['iːt'intu] *vi* nagrizanjem se uvući
eat out ['iːt'aut] *vt* izjedati, nagrizati
eat up ['iːt'ʌp] *vt* izjesti, istrošiti, pojesti
eat up with ['iːt'ʌp'wið] *vt* potpuno zaokupiti, zanijeti, prožeti (dušu) | **eaten up with pride** obuzet ponosom
eatable ['iːtəbl] *adj* jestiv
eatable ['iːtəbl] *s* (obično *pl*) jestvine, živežne namirnice
eaten ['iːtn] *pp* od **eat**
eater ['iːtə] *s* izješa, izjelica | **he is a poor** (**great**) **~** on malo (mnogo) jede; **opium ~** uživalac opijuma
eating ['iːtiŋ] *s* jedenje, jelo
eating-house ['iːtiŋhaus] *s* gostionica, restoran
eats [iːts] *s US sl* jelo, jestvine
eaves [iːvz] *s pl* streha
eavesdrop ['iːvzdrɔp] *vi* prisluškivati
eavesdropper ['iːvzˌdrɔpə] *s* prisluškivalac, prisluškivalo
ebb [eb] *s* oseka | **~ and flow** oseka i plima; **at a low ~** spao na niske grane; **business was at a low ~** poslovanje je bilo slabo
ebb [eb] *vi* padati, opadati, otjecati, smanjiti se, propadati
ebb-tide [ˌeb'taid] *s* oseka | **~ stream** struja oseke
ebon ['ebən] *adj poet* od ebanovine, crn kao ebanovina; taman, mračan
ebonite ['ebənait] *s* ebonit (tvrdi kaučuk)
ebonize ['ebənaiz] *vt* pocrniti, učiniti da bude poput ebanovine
ebony ['ebəni] *s* ebanovina | **a bit of ~, a piece of ~, son of ~** crnac
ebony ['ebəni] *adj* od ebanovine
ebriate ['iːbriət] *adj* → **ebrious**
ebriety [i'braiəti] *s* pijanstvo
ebrious ['iːbriəs] *adj* pijan
ebullience [i'bʌljəns] *s* vrenje, kipljenje, uzaviranje, uzavrelost, uzburkanost, uskipjelost
ebulliency [i'bʌljənsi] *s* → **ebullience**
ebullient [i'bʌljənt] *adj* uzavreo, kipući; gorljiv, uzburkan
ebullition [ˌebə'liʃn] *s* kipljenje, vrenje; žestina, provala (čuvstva)
ecaudate [i'kɔːdit] *adj* bez repa, kus, kusast
Ecce Homo ['eksi'həuməu] *s* slika Kristova ili kip s trnovom krunom (= evo čovjeka)
eccentric [ik'sentrik] *adj* ekscentričan, nepravilan; *fig* pretjeran, neobičan, čudan, prenapet
eccentric [ik'sentrik] *s mech* ekscentar; *fig* ekscentrik, čudak | **~ rod** motka ekscentra; **~ wheel** ekscentar
eccentrical [ik'sentrikəl] *adj* (**~ly** *adv*) → **eccentric**
eccentricity [ˌeksen'trisəti] *s math* ekscentričnost; *fig* neobičnost, neuravnoteženost
ecclesia [i'kliːzjə] *s* Crkva (kao organizirana hijerarhijska zajednica)
ecclesiast [i'kliːziæst] *s* eklazijast; duhovnik
ecclesiastic [iˌkliːzi'æstik] *s* duhovnik
ecclesiastic [iˌkliːzi'æstik] *adj* crkveni, duhovni
ecclesiastical [iˌkliːzi'æstikl] *adj* (**~ly** *adv*) crkveni, svećenički, duhovni, koji se odnosi na crkveno uređenje | **Ecclesiastical Comissioners** tijelo koje upravlja jednim dijelom dohotka anglikanske crkve
ecclesiasticism [iˌkliːzi'æstisizəm] *s* crkvena načela, oblici, metode, praksa; prianjanje uz ta načela
ecclesiological [iˌkliːziə'lɔdʒikəl] *adj* (**~ly** *adv*) koji se tiče nauke o gradnji crkava
ecclesiologist [iˌkliːzi'ɔlədʒist] *s* učenjak koji se bavi naukom o gradnji crkava
ecclesiology [iˌkliːzi'ɔlədʒi] *s* nauka o crkvama, nauka o gradnji i ukrašivanju crkava
echelon ['eʃəlɔn] *s mil* ešelon | **~ line of bearing** stroj smjera
echelon ['eʃəlɔn] *vt/i mil* svrstati (se) u ešelonskom poretku
echidna [e'kidnə] *s* (*pl* **~ae** [e'kidniː]) *zool* australski krezubi glodavac poput ježa (*Tachyglossus aculeatus*)

echinate ['ekinit] *adj* bodljikav kao jež

echinus [e'kainəs] *s* (*pl* **echini** [e'kainai]) *zool* ježina, morski jež

echo ['ekəu] *s* jeka, odjek | **to cheer a p to the ~** klicanjem koga pozdraviti; **~ depth sounder** zvučni dubinomjer

echo ['ekəu] *vi/t* **I.** *vi* odjekivati, odzvanjati **II.** *vt* održavati (jeku); ponavljati mehanički (riječi za kim)

echoless ['ekəulis] *adj* bez jeke

eclair [ei'klεə] *s cul* vrsta kolača u obliku prsta punjena uleđenom kremom

eclampsia [i'klæmpsiə] *s med* eklampsija, bolest trudnica, rodilja i babinjača s grčevima i nesvjesticama

eclat ['eiklaː] *s* sjaj, uspjeh, odobravanje | **went off with great ~** otišao je s velikim uspjehom, praćen općim odobravanjem

eclectic [e'klektik] *adj phil* eklektički

eclectic [e'klektik] *s phil* eklektik

eclecticism [e'klektisizəm] *s phil* eklekticizam

eclipse [i'klips] *s astr* pomrčina, eklipsa | **annular ~** prstenasta pomrčina; **partial ~** djelomična pomrčina; **total ~** potpuna pomrčina; **lunar ~** pomrčina Mjeseca; **solar ~** pomrčina Sunca

eclipse [i'klips] *vt* pomračiti, zasjeniti, zatamniti; *fig* nadvisiti, natkriliti

ecliptic [i'kliptik] *adj* ekliptičan, ekliptički

ecliptic [i'kliptik] *s astr* ekliptika, prividni godišnji put Sunca

eclogue ['eklɔg] *s* ekloga, kratka pastirska pjesma (idila)

economic [ˌiːkə'nɔmik] *adj* ekonomski, gospodarski; rentabilan | **~ geography (policy)** ekonomska geografija (politika)

economical [ˌiːkə'nɔmikəl] *adj* (**~ly** *adv*) ekonomičan, štedljiv; rentabilan | **~ stove** štednjak; **~ speed** ekonomska vožnja

economics [ˌiːkə'nɔmiks] *s* ekonomska nauka, politička ekonomija; ekonomika

economist [i'kɔnəmist] *s* ekonomist(a); ekonom; štedljiv čovjek

economization [iˌkɔnəmai'zeiʃn] *s* štednja

economize [i'kɔnəmaiz] *vt/i* **I.** *vt* štedljivo upotrebljavati, štedjeti, učiniti što upotrebljivim, korisnim; štedljivo upravljati **II.** *vi* štedjeti, biti štedljiv, ekonomizirati

economy [i'kɔnəmi] *s* privreda, gospodarstvo, ekonomija; štedljivost, štednja, ekonomičnost; umjerenost | **Political Economy** politička ekonomija; **~ of space** štednja prostora; **~ of truth** oprezno baratanje istinom, djelomično otkrivanje istine; **~ of labour (time)** uštednja radne snage (vremena); **~ of nature** uređenje (organizacija) prirode; **one's internal ~** šteđenje vlastitih snaga; **economics** *pl* uštedevina, mjere štednje

ecru ['eikruː] *adj* boje nebijeljena platna, svijetlosmeđ

ecstasize ['ekstəsaiz] *vt/i* **I.** *vt* dovesti koga u zanos, oduševiti, zanijeti koga **II.** *vi* pasti u zanos, oduševljenje, oduševiti se, zanijeti se, mahnitati

ecstasy ['ekstəsi] *s* oduševljenje, zanos, prekomjerna uzbuđenost, mahnitanje, pomama, ekstaza

ecstatic [eks'tætik] *adj* zanesen, oduševljen, pomaman, pomahnitao | **~ fit** grč oduševljenja

ectoplasm ['ektəuplæzəm] *s biol* ektoplazma (vanjski sloj protoplazme)

ecumenical (oecumenical) [ˌiːkjuː'menikl] *adj eccl* ekumenski, opći, općenit; koji predstavlja svu naseljenu zemlju, cjelinu kršćanskih crkava | **~ council** ekumenski sabor

ecumenicity [ˌiːkjuːmə'nisiti] *s eccl* ekumena, stalno nastanjeni prostori Zemlje

eczema ['eksimə] *s med* ekcem

edacious [i'deiʃəs] *adj* proždrljiv, pohlepan, lakom

edacity [i'dæsiti] *s* proždrljivost, pohlepnost, lakomost

eddy ['edi] *s* vir, vrtlog, kovitlac | **~ current** *mar* parazitna struja

eddy ['edi] *vt/i* vrtjeti (se); kovitlati (se); kružiti (ptica)

edelweiss ['eidlvais] *s bot* runolist

Eden ['iːdn] *s* Eden, raj

edentate [i'dentit] *adj* krezub, bez zuba

edge [edʒ] oštrica; brid, ugao, rub, rez, ivica; granica, naoštrenost, britkost; oštrina, snaga, strogost, žestina, osornost | **to be on ~** biti uzbuđen, razdražljiv; **to be on the very ~ of** upravo se negdje nalaziti, upravo nešto htjeti učiniti; **to put to the ~ of the sword** ubiti mačem; **knife has no ~** nož je tup; **to take the ~ off an argument** oslabiti neki dokaz, ublažiti svađu; **to set the teeth on ~** učiniti da zubi trnu, učiniti nervoznim; **with gilt ~s** s pozlaćenim rubom, rezom (knjiga); **to put an ~ on a th** zaoštriti, naoštriti

edge [edʒ] *vt/i* **I.** *vt* 1. oštriti, brusiti, naoštriti, zaoštriti, pooštriti 2. obrubiti, optočiti, obrezati; oblanjati 3. pomicati, gurati 4. *fig* ogorčiti, razdražiti, natjerati **II.** *vi* poći naprijed, pomicati se kosim smjerom | **to ~ one's way out of a crowd** progurati se, probiti se kroz gomilu

edge away ['edʒə'wei] *vi* otići, odmaknuti se, odšuljati se

edge in ['edʒ'in] *vi* urinuti se, ugurati se; *mar* polako se približavati, primicati se

edge into ['edʒ'intu] *vt* ugurati, uvući

edge off ['edʒ'ɔf] *vi* polagano se odmicati, udaljivati se, skretati

edge on ['edʒ'ɔn] *vt* naoštriti, zaoštriti

edge out ['edʒ'aut] *vi* izvući se, izmaknuti

edge-bone ['edʒbəun] *s* 1. *zool* zdjelična, bedrena kost 2. *cul* but

edge-joint ['edʒdʒɔint] *tech* rubni spoj

edge-tool [ˈedʒtuːl] *s* sprava s oštricom; sprava za pravljenje oštrica, rubova | **to play with ~s** igrati se vatrom
edgeways [ˈedʒweiz] *adv* pobočke, postrance | **to get a word in ~** jedva ubaciti koju riječ (jer netko drugi mnogo govori)
edge-wise [ˈedʒwaiz] *adv* pobočke, postrance, brid prema bridu
edging [ˈedʒiŋ] *s* oštrenje; rub, opšav, porub; okrajak, traka, vrpca
edging-shears [ˈedʒiŋʃiəz] *s* velike vrtne škare
edgy [ˈedʒi] *adj* oštrobrid, uglat; oštrih kontura; *fam* nervozan, razdražljiv
edibility [ˌediˈbiləti] *s* jestivost
edible [ˈedibl] *adj* jestiv
edible(s) [ˈedibl(z)] *s* jelo, jestvine
edict [ˈiːdikt] *s* proglas, ukaz, naredba, edikt
edification [ˌedifiˈkeiʃn] *s* (religiozno ili moralno) izgrađivanje, uzdizanje; poučavanje, pouka
edifice [ˈedifis] *s* zgrada, građevina, zdanje
edify [ˈedifai] *vt* izgrađivati, podizati, uzdizati, poučavati
edile [ˈiːdail] *s* → **aedile**
edit [ˈedit] *vt* uređivati (knjigu, članak); redigirati; *film* montirati
edition [iˈdiʃn] *s* izdanje, naklada | **to go through several editions** doživjeti nekoliko izdanja
editor [ˈeditə] *s* (glavni) urednik, redaktor | **~-in-chief** glavni urednik
editorial [ˌediˈtɔːriəl] *adj* urednički | **~ office** uredništvo
editorial [ˌediˈtɔːriəl] *s* uvodni članak (u novinama), uvodnik
editorship [ˈeditəʃip] *s* uredništvo, posao urednika
editress [ˈeditris] *s* urednica, redaktorica
educability [ˌedjukəˈbiləti] *s* odgojivost
educable [ˈedjukəbl] *adj* odgojiv
educate [ˈedjukeit] *vt* odgojiti, poučavati, školovati, izučiti, uvježbati, obrazovati
educated [ˈedjukeitid] *adj* odgojen, školovan, obrazovan
education [ˌedjuˈkeiʃn] *s* odgajanje, odgoj i obrazovanje; školovanje, vježbanje, školstvo, prosvjeta | **course of ~** obrazovni, odgojni tečaj
educational [ˌedjuˈkeiʃnəl] *adj* (**~ly** *adv*) odgojni, obrazovni, prosvjetni | **~ film** nastavni film
educationalist [ˌedjuˈkeiʃnəlist] *s* pedagog, prosvjetni radnik
educationist [ˌedjuˈkeiʃnist] *s* → **educationalist**
educative [ˈedjukətiv] *adj* odgojni; nastavni, obrazovni, prosvjetni
educator [ˈedjukeitə] *s* odgojitelj; pedagog
educe [iˈdjuːs] *vt* izvući, razviti; *fig* izvabiti, izmamiti; *chem* izlučiti
educible [iˈdjuːsəbl] *adj* izlučiv
educt [ˈiːdʌkt] *s chem* izlučevina; *fig* izvod
eduction [iˈdʌkʃən] *s* odvajanje, odvođenje, *tech* odvod; razvijanje
eduction-pipe [iˈdʌkʃənpaip] *s* odvodna cijev
eduction-valve [iˈdʌkʃənvælv] *s tech* ispusni ventil
eductive [iˈdʌktiv] *adj* odvodni, koji izvlači
edulcorate [iˈdʌlkəreit] *vt* očistiti; *chem* osloboditi od kiseline; isprati
eel [iːl] *s ichth* jegulja (*Anguilla vulgaris*) | **as slippery as an ~** klizak kao jegulja; **to skin the ~ from the tail** započeti stvar naopako
eel-buck [ˈiːlbʌk] *s* vrša za hvatanje jegulja
eel-spear [ˈiːlspiə] *s* osti za lov na jegulje
eely [ˈiːli] *adj* jeguljast, klizak
e'en [iːn] *adv* = **even**
e'er [ɛə] *adv* = **ever**
eerie (**eery**) [ˈiəri] *adj* (**eerily** *adv*) praznovjerno plašljiv; stravičan, tajanstven, jezovit
efface [iˈfeis] *vt* izbrisati; sastrugati; uništiti; poništiti; zasjeniti | **~ oneself** skromno, potpuno se povući u pozadinu, smatrati sebe nevažnim
effacement [iˈfeismənt] *s* brisanje, nestajanje, skromno povlačenje
effect [iˈfekt] *s* 1. posljedica; uspjeh, učinak, rezultat; djelovanje, djelo 2. korist, probitak 3. dojam, efekt, moć, ostvarenje, svrha; sadržaj, pojam, bitnost, bitno značenje | **~s** *pl* vlasništvo, pokretnina, namještaj, vrijednosni papiri, mjenice; **of no ~** bez učinka, bez djelovanja, beskoristan, uzaludan, bez efekta; **to bring to ~** izvršiti, izvesti, obaviti, provesti; **to carry into ~** provesti, obaviti, izvršiti; **to come into ~** *jur* stupiti na snagu; **to give ~ to** omogućiti djelovanje; **to take ~** stupiti na snagu, dobiti valjanost, krepost; **to that ~** za tu svrhu, za to, prema tome; **in ~** u biti, zapravo, u stvari, doista, naime; **to no ~** beskorisno, uzaludno; **to the same ~** u istu svrhu, istog sadržaja; **to some ~** s nekom koristi, unekoliko, donekle, prilično; **calculated for ~** sračunat na efekt; **personal ~s** osobna pokretna imovina; **side ~** popratno djelovanje
effect [iˈfekt] *vt* izvesti, provesti, učiniti, obaviti, isposlovati, efektuirati | *com* **to ~ collections** inkasirati; *com* **to ~ a corresponding entry** provesti odgovarajuće knjiženje; **to ~ a change** izvršiti izmjenu; **to ~ a cure** liječiti se, proći kuru; *com* **to ~ a sale** obaviti, izvršiti prodaju; *com* **to ~ an insurance policy** zaključiti osiguranje
effective [iˈfektiv] *adj* (**~ly** *adv*) djelotvoran, efektan, snažan, krepak; koristan; *jur* valjan, vrstan u službi; stvaran, postojeći, efektivan; *mil* sposoban za vojnu

službu | ~ **range,** ~ **distance** *mil* efikasna daljina gađanja; **to become** ~ *jur* stupiti na snagu

effective [i'fektiv] *s* aktivni obučeni vojnik ili dio vojske | ~**s** *pl mil* efektivi, stvarno brojno stanje; ~ **money** gotovina, gotov novac

effectless [i'fektlis] *adj* bezuspješan, uzaludan, bez učinka, jalov

effectual [i'fektjuəl] *adj* koji odgovara svrsi, djelotvoran, valjan, obavezan, snažan, krepak, hitan; ozbiljan

effectuate [i'fektjueit] *vt* učiniti, provesti, izvršiti, izvesti, ostvariti, obaviti

effeminacy [i'feminəsi] *s* mekušnost, raznježenost, ženskost

effeminate [i'feminət] *adj* mekušan, bapski

effeminate [i'femineit] *vt/i* **I.** *vt* raznježiti, učiniti mekušnim, razmekšati **II.** *vi* postati mekušan, omlitaviti

effendi [e'fendi] *s Turk* efendija

efferent ['efərənt] *adj med* koji vodi van (npr. vena)

effervesce [ˌefə'ves] *vi* uskipjeti, uzavreti; pjeniti se, pjenušiti se; *fig* bujati, uzbuditi se

effervescence [ˌefə'vesəns] *s* kipljenje, vrenje; pjenušanje; *fig* gorljivost, uzbuđenje, žar

effervescency [ˌefə'vesənsi] *s* → **effervescence**

effervescent [ˌefə'vesənt] *adj* uskipio, razbuktao; pjenušav

effete [i'fi:t] *adj* neplodan, jalov; iscrpljen, istrošen, slab

efficacious [ˌefi'keiʃəs] *adj* efikasan, djelotvoran, krepak, moćan

efficacy ['efikəsi] *s* efikasnost, djelotvornost, djelovanje, moć, valjanost, uspješnost

efficiency [i'fiʃənsi] *s* djelotvornost, moć, sposobnost djelovanja; proizvodnost, kapacitet proizvodnje, stupanj korisnog djelovanja

efficient [i'fiʃənt] *adj* (~**ly** *adv*) djelotvoran, uspješan, efikasan; sposoban, djelatan, izvježban (vojnik) | ~ **deck-hand** *mar* kvalificirani mornar, kormilar

effigy ['efidʒi] *s* slika, prilika | **to burn a p in** ~, **to hang a p in** ~ spaliti, objesiti čiji lik, lutku (u znak mržnje itd.)

effloresce [ˌeflɔ:'res] *vi* rascvasti se, razviti se, raspupati se; pojaviti se; *chem* prekriti se kristalnom prašinom

efflorescence [ˌeflɔ:'resns] *s* cvjetanje, cvat; *chem* osipavanje kristalnom prašinom; izbijanje maška; *med* osip

efflorescent [ˌeflɔ:'resnt] *adj* rascvjetan, u cvatu

effluence ['efluəns] *s* izljev, istjecanje, otjecanje

effluent ['efluənt] *s* otjecanje, istjecanje | ~**s** otpadne vode

effluent ['efluənt] *adj* koji istječe, otječe

effluvium [i'flu:vjəm] *s* (*pl* **effluvia** [e'flu:vjə]) istjecanje; (neugodno, kužno) isparivanje; *phys* emanacija magnetskih valova

efflux ['eflʌks] *s* istjecanje; ono što istječe

effluxion [i'flʌkʃən] *s* → **efflux**

effort ['efət] *s* napor, nastojanje, trud, muka (*at* oko); *tech* snaga, napetost | **to make an** ~ potruditi se, uložiti napor

effortless ['efətlis] *adj* nenaporan, bez truda, lak

effrontery [i'frʌntəri] *s* drskost, bezobraznost, bezočnost

effulge [i'fʌldʒ] *vt/i* **I.** *vt* ispuštati svjetlost, zrake, toplinu **II.** *vi* sjati, svijetliti, blistati

effulgence [i'fʌldʒəns] *s* sjaj, blijesak, svjetlucanje

effulgent [i'fʌldʒənt] *adj* (~**ly** *adv*) sjajan, blistav, svjetlucav, blještav

effuse [i'fju:s] *adj* rasut, razasut; neumjeren; *arch* obilan; *bot* razasuta cvata

effuse [i'fju:z] *vt/i* **I.** *vt* rasuti, razliti, prolijevati, pustiti da teče **II.** *vi* istjecati (iz krvnih žila), izlijevati se, izbijati

effusion [i'fju:ʒən] *s* izljev, prolijevanje, izlijevanje; nadahnuće; srdačnost, toplina; *med* izljev krvi; krvoproliće

effusive [i'fju:siv] *adj* (~**ly** *adv*) koji se prolijeva, prelijeva; nesuzdržljiv, pretjeran, preobilan, prekomjeran, bujan; srdačan, otvoren

eft [eft] *s zool* vodenjak, daždevnjak

eftsoon(s) [eft'su:n(z)] *adv arch* uskoro, ubrzo, zamalo, zatim, smjesta, odmah

egad [i'gæd] *interj* zaista, dakako, vjere mi, bogme

egalitarianism [iˌgæli'tɛəriənizəm] *s* vjera u jednakost, ravnopravnost

egg [eg] *s* jaje; *army sl* avionska bomba | **in the** ~ u zametku; **bad** ~ mućak, nevrijednik, nevaljalac, nitkov; *sl* **good** ~ sjajan momak; *sl* **old** ~**s** stari zecovi; **have all one's** ~**s in the basket** objesiti sve na jedan klin, staviti sve na jednu kartu; **as sure as** ~**s is** ~**s** nesumnjivo, zacijelo, sasvim sigurno; **hard-boiled** ~ tvrdo kuhano jaje; **soft-boiled** ~ meko kuhano jaje; **teach your grandmother to suck** ~**s** soliti pamet svojoj babi; ~**-and-spoon race** utrka pri kojoj sudionici nose jaje u žlici; *biol* ~ **cleavage** cijepanje oplođenog jajeta

egg [eg] *vt* 1. huškati, nahuškati, potaknuti, podjariti, nagovoriti, napuniti 2. *coll* gađati koga mućcima | *cul* **to** ~ **and crumb** panirati

egg-beater ['egˌbi:tə] *s* pjenjača, tucalo za bjelanjak; *US sl* helikopter

egg-cup ['egkʌp] *s* čašica za jaje

egg-dance ['egda:ns] *s* ples zavezanih očiju između jaja; *fig* zamršen, težak zadatak

egg-flip ['egflip] *s* punč s jajima

egg-head ['eghed] *s sl* intelektualac; teoretičar
egg-nog ['egnɔg] *s* → **egg-flip**
egg-plant ['egplaːnt] *s bot* plavi patlidžan
egg-shaped ['egʃeipt] *adj* jajolik, ovalan
egg-shell ['egʃel] *s* ljuska jajeta; krhka stvar | ~ **china** vrlo fin, tanak porculan
egg-slice ['egslais] *s* lopatica za vađenje prženih jaja iz tave
egg-spoon ['egspuːn] *s* žličica kojom se jede jaje iz ljuske
egg-tooth ['egtuːθ] *s* kika na opni kljuna ptičjeg embrija kojom razbija ljusku jajeta
egg-whisk ['egwisk] *s* tucalo za bjelanjak, pjenjača
eglantine ['egləntain] *s bot* šipak, divlja ruža
egis ['iːdʒis] *s* → **aegis**
ego ['egəu] *s phil* ja, vlastito ja; uobraženost
egoism ['egəuizəm] *s* egoizam, sebičnost, samoživost
egoist ['egəuist] *s* egoist, sebičnjak, samoživ čovjek
egoistic [ˌegəu'istik] *adj* egoističan, sebičan, samoživ
egoistical [ˌegəu'istikl] *adj* (~**ly** *adv*) egoističan, sebičan
egotism ['egəutizəm] *s* često upotrebljavanje riječi »ja«; samoljublje, sebičnost; uobraženost, samodopadnost, egotizam
egotist ['egəutist] *s* onaj koji često sam o sebi govori; egotist
egotistic [ˌegəu'tistik] *adj* samoljubiv, pun sebe, egotističan
egotistical [ˌegəu'tistikl] *adj* (~**ly** *adv*) samoljubiv, pun sebe, egotistički
egotize ['egəutaiz] *vi* neprestano sebe isticati, samo o sebi govoriti
egregious [i'griːdʒəs] *adj* (~**ly** *adv*) pretjeran, prekomjeran, neobičan, nečuven; *arch* odličan, izvrstan, izvanredan, vrli, istaknut; strahovit, nečuven (*folly, blunder*)
egress ['iːgres] *s* izlazak, izlaz, izlaženje, otjecanje; *astr* završetak pomrčine
egress ['iːgres] *vi* izaći
egression [i'greʃn] *s* izlaženje
egret ['iːgret] *s* 1. *ornith* bijela čaplja 2. **nakit na glavi** od perja, cvijeća, dragog kamenja; kukmica; egreta
Egyptian [i'dʒipʃn] *adj* egipatski | ~ **printing-type** "Egyptienne" (debela tiskarska slova)
Egyptian [i'dʒipʃən] *s* Egipćanin, Egipćanka; Ciganin, Ciganka | **the** ~ egipatski jezik
egyptologist [ˌiːdʒip'tɔlədʒist] *s* egiptolog
egyptology [ˌiːdʒip'tɔlədʒi] *s* egiptologija
eh [ei] *interj* e!, što?, je li?, ha?, oho!, gle!
eider ['aidə] *s ornith* gavka (vrsta patke); tuhica, perina
eiderdown ['aidədaun] *s* pahuljice, paperje; perina, blazina, tuhica
eider-duck [ˌaidə'dʌk] *s* → **eider**
eidograph ['aidəugraːf] *s* sprava za povećavanje ili umanjivanje crteža
eight [eit] *adj* osam
eight [eit] *s* brojka osam, osmica (figura kod sklizanja, igraća karta); *sport* osmerac (čamac, momčad) | **the Eights** utakmica osmeraca između momčadi Oxforda i Cambridgea; **to have one over the** ~ opiti se
eight-angled ['eitˌæŋgld] *adj* osmerokutan
eighteen [ˌei'tiːn] *adj* osamnaest
eighteenfold ['ei'tiːnfəuld] *adj* osamnaesterostruk
eighteenth [ˌei'tiːnθ] *adj* osamnaesti
eighteenth [ˌei'tiːnθ] *s* osamnaestina
eightfold ['eitfəuld] *adj* osmerostruk
eightfold ['eitfəuld] *adv* osmerostruko
eighth [eitθ] *adj* osmi
eighth [eitθ] *s* osmina; *mus* osminka (osmi dio cijele note); oktava
eighthly ['eitθli] *adv* osmo
eightieth ['eitiiθ] *adj* osamdeseti
eightieth ['eitiiθ] *s* osamdesetina
eightpence ['eitpəns] *s* vrijednost od osam penija
eighty ['eiti] *adj* osamdeset
eighty ['eiti] *s* (*pl* **eighties**) brojka osamdeset, osamdesetero | **in the Eighties** osamdesetih godina, u osamdesetim godinama; **Eighty Club** liberalni klub osnovan 1880.
eightyfold ['eitifəuld] *adv* osamdeseterostruko
eirenicon [ai'riːnikɔn] *s* → **irenicon**
eisteddfod [ais'teðvɔd] *s* godišnja folklorna književna i glazbena smotra u Walesu
either ['aiðə] *adj* oba, oboje, jedan ili drugi | **on** ~ **side** na obje strane, na jednoj i na drugoj strani
either ['aiðə] *pron* jedan od dvojice, obojica, bilo koji od dvojice
either ['aiðə] *adv (conj)* kako god; (s prethodnom negacijom) ni, niti | ~... **or** ili... ili; **I didn't see him** ~ nisam vidio ni njega; nisam ga ni ja vidio
ejaculate [i'dʒækjuleit] *vt/i* **I.** *vt* izbaciti, ištrcati, ejakulirati; izlanuti, izustiti **II.** *vi* uzviknuti, kriknuti
ejaculation [iˌdʒækju'leiʃn] *s* izbacivanje, ištrcavanje, ejakulacija; uzvik, uzdah; kratka, usrdna molitva
ejaculator [i'dʒækjuleitə] *s* izbacivač, onaj koji izbacuje, izriče
ejaculatory [i'dʒækjulətəri] *adj* naglo izbačen, izlanut, nenadan
eject [i'dʒekt] *vt* izbaciti, otjerati, svrgnuti, odbaciti, protjerati, prognati; ispuštati (dim)
ejection [i'dʒekʃən] *s* izbacivanje, tjeranje, svrgnuće, odbacivanje, protjerivanje

ejective [i'dʒektiv] *adj* koji može izbaciti, istjerati
ejectment [i'dʒektmənt] *s* izgon, tjeranje, protjerivanje; *fig* protjerivanje s posjeda, deložacija | **action of ~** tužba zbog smetanja posjeda
ejector [i'dʒektə] *s* onaj koji izbacuje, koji smeta u posjedu; *tech* ejektor; *mar* ispuljac | *aero* **~-seat** sjedalo s mehanizmom za izbacivanje
eke [i:k] *vt arch* povećati, oduljiti, umnožiti, dodati, spojiti, upotpuniti, dopuniti
eke out ['i:k'aut] *vt* dopuniti, ispuniti, nadopuniti, produljiti, skrpati | **~ one's salary with odd jobs** sastaviti kraj s krajem prigodnim zaradama; **~ the lion's skin with the fox's** spojiti snagu i lukavost; **to ~ a scanty livelyhood** kuburiti, s mukom se probijati
eke [i:k] *adv arch* također, jednako, isto tako
elaborate [i'læbərət] *adj* (**~ly** *adv*) pomno izrađen; potpun, smišljen, savršen; izvještačen; dotjeran
elaborate [i'læbəreit] *vt* razraditi, u tančine izraditi, poboljšati, usavršiti; razglabati
elaborately [i'læbəritli] *adv* opširno, temeljito, iscrpno
elaborateness [i'læbərətnis] *s* pomna, zdušna, mučna obrada, izrada; točnost
elaboration [i,læbə'reiʃn] *s* pomna obrada; razrađenost
elaborative [i'læbərətiv] *adj* obrađen, razrađen
élan [ei'lã:ŋ] *s Fr* zalet, zamah, polet, oduševljenje, zanos, ushit; elan
eland ['i:lənd] *s zool* južnoafrička antilopa slična jelenu (*Taurotragus*)
elapse [i'læps] *vi* prolaziti, proteći, proći (vrijeme)
elastic [i'læstik] *adj* (**~ally** *adv*) elastičan, pruživ, gibak; lak, veseo, savitljiv, prilagodiv | **~ principles** prilagodiva načela; **~conscience** gipka savjest; **~-side boots, ~-sides** visoke cipele s umetkom od elastike
elastic [i'læstik] *s* elastika, gumeno tkivo; *US* podvezica
elasticband [i'læstik'bænd] *s* gumena vrpca
elasticity [,elæs'tisiti] *s* elastičnost, elasticitet, pruživost, opružnost, gipkost, savitljivost, prilagodljivost
elate [i'leit] *adj arch* uznesen, uzvišen; ohol, ponosan
elate [i'leit] *vt* uzvisiti, uznijeti, učiniti oholim | **~d at (with)** ponesen čime
elation [i'leiʃn] *s* oduševljenje, veselo raspoloženje; uznošenje; oholost; zanos
elbow ['elbəu] *s* lakat, pregib, ugao, kut, zavoj, okuka; *tech* koljeno; tesarski uglovnik | **at one's ~** pri ruci, u blizini; **up to the ~s in (work)** do grla u (poslu); **out at ~s** poderanih lakata, otrcan; siromašan, u teškim prilikama, propao; **to bend, crook, lift the ~s too often** prekomjerno piti; **to rub ~s with the great** kretati se u otmjenom društvu
elbow ['elbəu] *vt/i* **I.** *vt* gurati, laktima gurati, izgurati, potisnuti **II.** *vi* stršiti u oštrom kutu, oštro zaokretati | **~ one's way** prokrčiti put laktima; **~ oneself** progurati se, probijati se; **to ~ in** ugurati (se); **to ~ out** izgurati
elbow-chair ['elbəutʃɛə] *s* naslonjač
elbow-grease ['elbəugri:s] *s hum* težak posao, muka, trud
elbow-room ['elbəurum] *s* slobodan prostor za kretanje; sloboda djelovanja
elchee ['eltʃi] *s Turk* poslanik
eld [eld] *s arch* starost; starina, stara vremena
elder ['eldə] *s bot* bazga, zova
elder ['eldə] *attrib adj* (*comp* od **old**) stariji od dva srodnika ili od dvije navedene osobe | **~ hand** igrač koji prvi izigrava (pri kartanju); **~ statesman** penzionirani državnik koji i dalje vrši funkciju savjetnika; **the ~** stariji, senior
elder ['eldə] *s* stariji, starješina, predak; crkveni starješina, član senata; **~s** *pl* pripadnici starijeg naraštaja, preci, starješine, pretpostavljeni | **~s and betters** časne, poštovanja vrijedne osobe; **my ~s** stariji od mene
elder-berry ['eldə,beri] *s* plod bazge (bobica) | **~ wine** bazgovo vino
elderly ['eldəli] *adj* postar, stariji, vremešan
elder-wine [,eldə'wain] *s* bazgovo vino
eldest ['eldist] *attrib adj* (*superl* od **old**) najstariji, prvorođeni (u porodici)
eldritch ['eldritʃ] *adj Scot* nadnaravan, strašan, užasan, jezovit, koban, sudbonosan
elecampane [,elikæm'pein] *s bot* alant, oman (*Inula hellenium*)
elect [i'lekt] *adj* biran, izabran, odabran; unaprijed određen, designiran
elect [i'lekt] *s* izabranik, odabranik
elect [i'lekt] *vt* birati, izabrati, izabirati, odabirati; više voljeti
election [i'lekʃən] *s* biranje, izbor; izbori, dan izbora; *US* javno glasanje; *theol* predestinacija | **~ results** izborni rezultati
electioneer [i,lekʃə'niə] *vi* skupljati glasove za izbore, korteširati, vršiti predizbornu agitaciju
elective [i'lektiv] *adj* (**~ly** *adv*) izborni; birački; fakultativan, neobvezatan | *US* **~ course** fakultativni kolegij; **~ kingdom** izborna kraljevina; **~ franchise** biračko pravo; **~ office** izborni položaj
elector [i'lektə] *s* birač, glasač; *US parl* elektor; *Germ hist* knez izbornik
electoral [i'lektərəl] *adj* (**~ly** *adv*) izborni, birački | **~ committee** izborna komisija; **~ register, ~ roll** birački spisak; *US* **~**

college kolegij izbornika (koji biraju predsjednika i potpredsjednika republike)

electorate [iˈlektərət] *s* dostojanstvo izbornog kneza; izborna kneževina; skup birača, biračko tijelo

electress [iˈlektris] *s* izbornica, biračica; izborna kneginja

electric [iˈlektrik] *adj* (~**ally** *adv*) električan; naelektriziran | ~ **arc** Voltin luk, električni luk; ~ **arc furnace** lučna peć; ~ **blue** čelično plav; ~ **circuit** strujni krug, električno kolo; ~ **chair** električna stolica; ~ **current** električna struja; ~ ~ **eel** *ichth* električna jegulja; ~ **eye** fotoćelija; ~ **field** električno polje; ~ **fire** električna (sobna) peć; ~ **fuse** električni upaljač; električni osigurač; ~ **guitar** električna gitara; ~ **lighting** električno osvjetljenje; ~ **motor** elektromotor; ~ **plant,** ~ **power station** elektrana, električna centrala; ~ **ray** *ichth* drhtulja, žigulja (*Torpedo ocellata*); ~ **shaver** električni aparat za brijanje; ~ **truck** elektrokar; ~ **tube** električni upaljač

electric [iˈlektrik] *s* električno tijelo; loš vodič elektriciteta; *US coll* električna kola, elektromobil

electrical [iˈlektrikl] *adj* (~**ly** *adv*) električan | ~ **engineer** elektrotehničar; inženjer elektrotehnike; ~ **engineering** elektrotehnika; ~ **generator set** generatorski agregat; ~ **jar** Leydenska boca

electrician [ˌilekˈtriʃn] *s* električar

electricity [ilekˈtrisiti] *s* elektricitet; električnost | ~ **works** elektrana, električna centrala

electrification [iˌlektrifiˈkeiʃn] *s* elektrifikacija

electrify [iˈlektrifai] *vt* elektrificirati, elektrizirati; *fig* oduševiti; naelektrizirati

electrization [iˌlektriˈzeiʃn] *s* elektriziranje; *fig* oduševljenje

electrize [iˈlektraiz] *vt* → **electrify**

electrobath [iˈlektrəubaːθ] *s* galvanska kupelj

electro-biology [iˈlektrəubaiˈɔlədʒi] *s* elektrobiologija

electro-brake [iˈlektrəubreik] *s tech* električna kočnica

electro-cardiogram [iˈlektrəuˈkaːdiəugræm] *s* elektrokardiogram

electro-cardiograph [iˈlektrəuˈkaːdiəugraːf] *s* elektrokardiograf

electro-chemistry [iˌlektrəuˈkemistri] *s* elektrokemija

electrocute [iˈlektrəkjuːt] *vt* smaknuti na električnoj stolici; ubiti udarcem električne struje

electrocution [iˌlektrəˈkjuːʃn] *s* smaknuće na električnoj stolici, ubijanje električnom strujom

electrode [iˈlektrəud] *s* elektroda

electro-dynamic [iˌlektrəudaiˈnæmik] *adj* elektrodinamičan | ~ **amplifier** amplidin

electro-dynamics [iˌlektrəudaiˈnæmiks] *s pl* elektrodinamika

electro-engraving [iˌlektrəuinˈgreiviŋ] *s* rezbarenje, graviranje električnom strujom

electrograph [iˈlektrəgraːf] *s* elektrograf (instrument za bilježenje električkih promjena); elektrogram

electro-kinetics [iˌlektrəukaiˈnetiks] *s pl* elektrokinetika

electrolier [iˌlektrəuˈliə] *s* električni luster

electrology [ilekˈtrɔlədʒi] *s* elektrologija

electrolyse (**electrolyze**) [iˈlektrəlaiz] *vt* elektrolizirati, provesti elektrolizu

electrolysis [ˌilekˈtrɔlisis] *s* elektroliza

electrolyte [iˈlektrəlait] *s* elektrolit

electrolytic [iˌlektrəˈlitik] *adj* (~**ally** *adv*) elektrolitički

electro-magnet [iˌlektrəuˈmægnit] *s* elektromagnet

electro-magnetism [iˌlektrəuˈmægnitizəm] *s* elektromagnetizam

electrometer [ilekˈtrɔmitə] *s* elektrometar

electromotion [ˌilektrəuˈməuʃn] *s* kretanje pomoću električne struje

electromotive [iˌlektrəuˈməutiv] *adj* elektromotoran | ~ **force** elektromotorna sila

electro-motor [iˌlektrəuˈməutə] *s* elektromotor

electron [iˈlektrɔn] *s* elektron | ~ **tube** elektronska cijev

electro-negative [iˌlektrəuˈnegətiv] *adj* nabijen negativnim elektricitetom

electronic [ˌilekˈtrɔnik] *adj* elektronski | ~ **brain** elektronski mozak; ~ **circuit** elektronsko kolo; ~ **calculator,** ~ **computer** elektronski računar; ~ **counter** elektronski brojač; ~ **warfare** elektronski rat

electronics [ˌilekˈtrɔniks] *s* elektronika

electropathy [ilekˈtrɔpəθi] *s med* elektropatija (liječenje električnom strujom)

electrophone [iˈlektrəfəun] *s* elektrofon, električna trublja

electrophorus [ilekˈtrɔfərəs] *s* elektrofor

electroplate [iˈlektrəupleit] *vt* galvanizirati

electroplate [iˈlektrəupleit] *s* galvanizirani predmeti

electro-positive [iˌlektrəuˈpɔzitiv] *adj* nabijen pozitivnim elektricitetom

electroscope [iˈlektrəskəup] *s* elektroskop

electrostatics [iˌlektrəuˈstætiks] *s pl* elektrostatika

electrotechnics [iˌlektrəuˈtekniks] *s pl* (*sg constr*) elektrotehnika

electrotype [iˈlektrətaip] *s* galvanoplastički otisak, kliše; galvanotipija

electrotype [iˈlektrətaip] *vt* galvanoplastički umnožiti, kliširati

electrum [iˈlektrəm] *s minr* samorodno zlato s primjesom srebra; legura srebra i aluminija upotrebljavana za antikno patiniranje

electuary [i'lektjuəri] *s med* elektuarij (smjesa ljekovitog praška s medom ili sirupom za čišćenje probavnih organa)

eleemosynary [ˌelii:'mɔsinəri] *adj* milostinjski, prosjački, besplatan, dobrotvoran | ~ **corporation** dobrotvorno društvo

elegance ['eligəns] *s* elegancija, ukus, pristalost, otmjenost, kićenost, finoća, profinjenost, biranost

elegancy ['eligənsi] *s* → **elegance**

elegant ['eligənt] *adj* (~**ly** *adv*) elegantan, ukusan, pristao, otmjen, učtiv, kićen, izvrstan, fin, prekrasan, lijep, prvorazredan

elegant ['eligənt] *s* elegantna osoba; kicoš

elegiac [ˌeli'dʒaiək] *adj* elegijski, elegičan, turoban, žalostan

elegiac [ˌeli'dʒaiək] *s* elegički stih | ~**s** *pl* elegijski distih

elegist ['elidʒist] *s* pjesnik elegija

elegize (elegise) ['elidʒaiz] *vi/t* **I.** *vi* pisati turobno, tugovati **II.** *vt* pisati elegije

elegy ['elidʒi] *s* elegija, žalosna pjesma

element ['elimənt] *s* 1. element, prapočelo, počelo; *el* ćelija 2. porijeklo, temelj, bitna okolnost, bitni moment 3. *fig* (obična) okolina, sfera 4. ~**s** *pl* osnove, temelji (neke nauke) | **the four** ~ četiri elementa (zemlja, voda, zrak, vatra); **to be in one's** ~ biti u svom elementu; **to be out of one's** ~ biti izvan svoga elementa, osjećati se nevoljko, biti nezadovoljan

elemental [eli'mentl] *adj* (~**ly** *adv*) koji pripada elementu, elementaran, prirodan; osnovan, nesložen, jednostavan; bitan

elementary [ˌeli'mentəri] *adj* (**elementarily** *adv*) elementaran, osnovan, početan, nerazlučiv, jednostavan; potreban | ~ **school** osnovna škola, pučka škola

elemi ['elimi] *s* vrsta smole koja se dobiva iz južnoameričkog drveta *Arbol de la Brea*

elenchus [i'leŋkəs] *s* (*pl* **elenchi** [i'lenkai]) protudokaz, pobijanje; lažni izvod | **Socratic** ~ iznalaženje istine kratkim pitanjima i odgovorima

elephant ['elifənt] *s zool* slon; arak papira veličine 28 × 23 palca | *com* **double** ~ papir veličine 40 × 26½ palaca; **white** ~ skup i beskoristan posjed, bofl roba; *US sl* **to see the** ~**s** razgledati znamenitosti grada; upoznati život

elephantiasis [ˌelifən'taiəsis] *s med* elefantijaza

elephantine [ˌeli'fæntain] *adj* slonovski, elefantski; težak, trom, nespretan, zdepast, nezgrapan, bespomoćan

elephantoid [ˌeli'fæntɔid] *adj* kao u slona, slonovski

elevate ['eliveit] *vt* podignuti, uzdignuti, uzvisiti, oplemeniti; uznesti, oduševiti, zanijeti; *mil* elevirati (cijev topa) | **to** ~ **the voice** podići glas, glasnije govoriti; *tech* **elevating conveyer** transporter elevator

elevated ['eliveitid] *adj* visok, povišen; *fig* uzvišen, plemenit; *coll* pripit, supijan | ~ **railway** nadzemna željeznica, željeznica na tračnicama iznad nivoa gradskih prometnica

elevation [ˌeli'veiʃn] *s* uzdignuće, podignuće, dizanje, uzdizanje; uzlet, uznošenje, uzvisivanje; *eccl* podizanje; visina (napose nadmorska ili zvijezde); uzvisina, brežuljak; *mil* visina (elevacija) topovske cijevi; *tech* vertikalna projekcija; uzvišenost, dostojanstvo, veličina, velikodušnost

elevator ['eliveitə] *s* dizalo (teretno); visinsko kormilo (kod aviona); *anat* mišić podizač; *US* osobno dizalo, lift; silos (žitni)

elevatory ['eliveitəri] *adj* koji diže, uzvisuje

eleven [i'levn] *adj* jedanaest

eleven [i'levn] *s* jedanaestica; jedanaestorica | **an** ~ tim od 11 igrača kod kriketa; nogometa itd.; **the Eleven** jedanaest apostola (bez Jude)

elevenses [i'levnsiz] *s pl GB* mali prijepodnevni obrok, »gablec«, »marenda«

elevenfold [i'levnfəuld] *adj* jedanaesterostruk

eleventh [i'levnθ] *adj* (~**ly** *adv*) jedanaesti | **at the** ~ **hour** u posljednji čas

eleventh [i'levnθ] *s* jedanaestina

elf [elf] *s* mali zlobni duh, vila, đavolak, patuljak

elf-bolt ['elfbəult] *s* šiljak strelice (od kremena)

elfin ['elfin] *adj* đavolast, patuljast, vilinski; zloban

elfin ['elfin] *s* đavolak, patuljak, dijete

elfish ['elfiʃ] *adj* (~**ly** *adv*) poput patuljka, poput đavolka; pakostan, zloban; vragoljast, vraški

elf-land ['elflænd] *s* vilinska zemlja

elf-lock ['elflɔk] *s* zamršena kosa; *med* poljska kika (kožna bolest na glavi)

elf-struck ['elfstrʌk] *adj* začaran, uklet

elicit [i'lisit] *vt* izmamiti, izvabiti, iznijeti na vidjelo, iznaći, izvući

elide [i'laid] *vt gram* elidirati, izostaviti samoglasnik u izgovoru, ispustiti slog

eligibility [ˌelidʒə'biləti] *s* izberivost, izbornost; poželjnost, izvrsnost, osobitost, izvanrednost, prikladnost

eligible ['elidʒəbl] *adj* izberiv, izboran, vrijedan da se odabere, poželjan, prikladan; pogodan za ženidbu ili udaju; *com* prihvatljiv (vrijednosni papir) od strane banke, koji se može položiti kao jamstvo

| ~ **partner** prikladan, poželjan bračni drug, dobra partija
eligible ['elidʒəbl] *s fam* osoba poželjna za ženidbu ili udaju
eliminable [i'liminəbl] *adj* koji se može ukloniti, izdvojiti, izlučiti, istjerati, eliminirati
eliminate [i'limineit] *vt* ukloniti, osloboditi čega; odbaciti, poništiti; isključiti, zanemariti; *math, phys, chem* izbaciti, ukinuti, skratiti, izdvojiti, izlučiti, eliminirati
elimination [iˌlimi'neiʃn] *s* eliminacija, oslobađanje, ukinuće, izbacivanje, izlučivanje, izdvajanje, odbacivanje, poništenje, zanemarenje; *math* kraćenje, ukidanje, izlučivanje (u jednadžbama), eliminiranje; *sport* isključivanje, uklanjanje natjecatelja
eliminator [i'limineitə] *s* onaj koji uklanja, ukida, izbacuje, izdvaja
eliquation [ili'kweiʃn] *s* otapanje, taljenje, dobivanje otapanjem
elision [i'liʒən] *s* izostavljanje; *gram* izostavljanje samoglasnika ili sloga u izgovoru, elizija
élite [ei'liːt] *s Fr* elita, ono što je najbolje, cvijet; elitne čete
elixir [i'liksə] *s* čudotvoran napitak, eliksir; bit, suština; kamen mudrosti | ~ **of life** životni napitak, eliksir; *med* ljekovit napitak, siguran lijek
Elizabethan [iˌlizə'biːθən] *adj* elizabetinski, iz vremena engleske kraljice Elizabete
Elizabethan [iˌlizə'biːθən] *s* elizabetinac, čovjek ili književnik iz vremena engleske kraljice Elizabete I
elk [elk] *s zool* sjeverni jelen, los; *US* veliki kanadski jelen (*Cervus canadiensis*)
ell [el] *s* lakat, aršin, rif (stara engleska mjera = $1^1/_4$ jarda) | *arch* **English** ~ engleska mjera = 45 palaca; **give him an inch and he will take an** ~ pruži mu mali prst, a on će cijelu ruku
ellipse [i'lips] *s* elipsa
ellipsis [i'lipsis] *s* (*pl* **ellipses** [i'lipsiːz]) *gram* elipsa
ellipsoid [i'lipsɔid] *s geom* elipsoid
ellipsoidal [ˌelip'sɔidəl] *adj geom* elipsoidan
elliptic [i'liptik] *adj math* poput elipse, eliptičan; *gram* nepotpun, krnj
elliptical [i'liptikəl] *adj* (~**ly** *adv*) eliptički
ellipticity [ˌelip'tisəti] *s* eliptičnost
elm [elm] *s bot* brijest; brestovina
elm-tree ['elmtriː] *s bot* brijest
elmy ['elmi] *adj* obrastao brijestovima, pun brijestova
elocution [ˌelə'kjuːʃn] *s* elokucija, govornička vještina, način izražavanja, predavanja; rječitost
elocutionary [ˌelə'kjuːʃnəri] *adj* koji se tiče predavanja, izgovora, načina izražavanja, govorničke vještine, elokucijski
elocutionist [ˌelə'kjuːʃnist] *s* vješt govornik, učitelj govorničke vještine
éloge [ei'lɔʒ] *s Fr* hvalospjev, pohvala; posmrtni govor (napose članu Francuske akademije)
eloin (**eloign**) [i'lɔin] *vt* udaljiti, odvojiti, maknuti, ukloniti; *jur* udaljiti ili sakriti (npr. robu koju treba zaplijeniti)
elongate ['iːlɔŋgeit] *vt/i* **I.** *vt* produljiti, rastegnuti **II.** *vi* produljiti se, istegnuti se; *bot* imati vitak, šiljast, stožast oblik
elongate ['iːlɔŋgit] *adj* produljen, rastegnut; vitak, stožasta oblika, izdužen
elongation [ˌiːlɔŋ'geiʃn] *s* produljenje, istezanje; udaljenost, daljina, skretanje; *astr* odstupanje, skretanje, udaljenost, elongacija kojega planeta od Sunca
elope [i'ləup] *vi* pobjeći (od muža ili od kuće); izmaknuti, uteći (pravdi); dati se oteti
elopement [i'ləupmənt] *s* bijeg (od kuće, muža, pred zakonom)
eloquence ['eləkwəns] *s* rječitost, snaga izražavanja, okretnost u govoru; elokvencija | **burst of** ~ bujica riječi
eloquent ['eləkwənt] *adj* (~**ly** *adv*) okretan u govoru, govornički uvjerljiv, snažan, izražajan (~ *eyes*); elokventan
else [els] *adj* drugi | **somebody** ~ netko drugi; **anybody** ~ itko drugi; **not anybody** ~, **nobody** ~ nitko drugi; **everybody** ~ svaki drugi; **something** ~ nešto drugo, još nešto; **anything** ~ išta drugo, još nešto; **not anything** ~, **nothing** ~ ništa drugo; **everything** ~ sve drugo; **someone** ~ netko drugi; **anyone** ~ itko drugi; **no one** ~ nitko drugi; **everyone** ~ svaki drugi; **somebody** ~**'s hat** šešir nekoga drugoga, tuđi šešir; **anybody** ~**'s hat** još nečiji šešir, bilo čiji tuđi šešir; **nobody** ~**'s** ničiji više, ničiji drugi; **nobody** ~**'s hat** šešir nikoga drugoga; **everybody** ~**'s hat** šešir svakoga drugoga; **who** ~ tko još; **what** ~ što još; **have you anything** ~ **to tell me?** imate li mi još što reći?; **no, I have nothing** ~ **to tell you** ne, nemam vam ništa više reći
else [els] *adv* drugo, drugdje, drukčije; još | **where** ~ kuda još, gdje još; **nowhere** ~ nigdje, nigdje drugdje; **somehow** ~ nekako drukčije; **how** ~ kako još, na koji još način; **somewhere** ~ nekamo drugamo, negdje drugdje; **anywhere** ~ igdje drugdje; **everywhere** ~ svagdje drugdje
else [els] *conj* drukčije, ako ne, inače | **run** (**or**) ~ **you will be late** trči, drukčije ćeš zakasniti
elsewhere [ˌels'wɛə] *adv* drugamo, drugdje
elucidate [i'luːsideit] *vt* osvijetliti, razjasniti, objasniti, protumačiti
elucidation [iˌluːsi'deiʃn] *s* razjašnjenje, objašnjenje, tumačenje

elucidative [i'lu:sideitiv] *adj* koji razjašnjava, objašnjava, tumači
elucidator [i'lu:sideitə] *s* tumač, objašnjivač
elucidatory [i'lu:sidetəri] *adj* → **elucidative**
elude [i'lu:d] *vt* izbjeći, izmaknuti, zaobići (zakon), izigrati, osujetiti; prevariti, ne udovoljiti (obavezi) | **the sense ~s me** smisao mi nije jasan; **to ~ observation** izmaknuti čijoj pažnji, ostati nezapažen
elusion [i'lu:ʒn] *s* izbjegavanje, izigravanje, zaobilaženje, izgovor; osujećenje; izmicanje, lukavština, varanje
elusive [i'lu:siv] *adj* (**~ly** *adv*) koji izmiče, izbjegava, osujećuje; lukav, varav, prepreden, neuhvatljiv
elusiveness [i'lu:sivnis] *s* uvijenost, lukavost, prepredenost, varavost
elusory [i'lu:səri] *adj* varav, varljiv, prijevaran, sumnjiv
elvan ['elvən] *s* vrsta granita; žila ili sloj toga kamena
elver ['elvə] *s ichth* mlada jegulja
elves [elvz] *pl* od **elf**
elvish ['elviʃ] *adj* → **elfish**
Elysian [i'liziən] *adj* elizejski, rajski
Elysium [i'liziəm] *s myth* Elizejske poljane; *fig* raj
em [em] *s* slovo M; *print* jedinica za mjerenje količine naštampanih slova u retku ili na strani
'em [əm] *fam* = **them**
emaciate [i'meiʃieit] *vt/i* **I.** *vt* učiniti da omršavi, omršaviti, istrošiti, oslabiti, ispijati, iscrpsti **II.** *vi* fizički se trošiti, fizički propadati, slabiti
emaciation [iˌmeisi'eiʃn] *s* mršavljenje, oslabljenje, iscrpljenje
emanate ['eməneit] *vi/t* **I.** *vi* izlaziti, izbijati, istjecati, proistjecati, strujati, širiti se (*from* iz) **II.** *vt* ispuštati (zrake, toplinu, valove), zračiti, emanirati
emanation [ˌemə'neiʃn] *s* zračenje, izlaženje, izviranje, izljev, istjecanje, ispuštanje; *phys* izbijanje, emanacija
emanative ['eməneitiv] *adj* koji zrači, izbija, izvire, istječe, struji, emanira
emancipate [i'mænsipeit] *vt* osloboditi (*from* od društvenog, pravnog ili moralnog ograničenja); *Rom jur* otpustiti ženu, dijete ispod očinske vlasti; dati samostalnost, proglasiti doraslim, punoljetnim; učiniti neovisnim; izjednačiti (u društvenom i pravnom smislu), emancipirati | **~ oneself** osloboditi se (obaveza, obzira, predrasuda), osamostaliti se, emancipirati se
emancipated [i'mænsipeitid] *adj* oslobođen, izjednačen, bez predrasuda, emancipiran
emancipation [iˌmænsi'peiʃn] *s* oslobođenje, izjednačenje (u društvenom i pravnom smislu), slodoba, emancipacija | *US* **Emancipation Proclamation** ukidanje ropstva u SAD 1863.
emancipationist [iˌmænsi'peiʃənist] *s* pobornik ukidanja ropstva
emancipator [i'mænsipeitə] *s* oslobodilac, oslboditelj
emancipatory [i'mænsipeitəri] *adj* koji oslobađa, emancipira
emancipist [i'mænsipist] *s Austr* slobodnjak (kažnjenik koji je izdržao kaznu)
emasculate [i'mæskjulit] *adj* uškopljen, uštrojen, kastriran; nemuški, mekušan, mekoputan; jalov
emasculate [i'mæskjuleit] *vt* uškopiti, uštrojiti, kastrirati; oslabiti, iscrpsti, izmoždititi; osiromašiti (jezik), oduzeti (skraćivanjem) snagu (književnom djelu), osakatiti (tekst)
emasculation [iˌmæskju'leiʃn] *s* uštrojenje, uškopljenje, kastriranje; oslabljenje, iscrpljenje, osiromašenje; sakaćenje (jezika, teksta)
emasculator [i'mæskjuleitə] *s* škopitelj, štrojitelj, onaj koji kastrira, slabi, čini mekušnim, oduzima snagu
emasculatory [i'mæskjuleitəri] *adj* koji uškopljuje, štroji, kastrira, slabi, čini mekušnim, oduzima snagu
embalm [im'ba:m] *vt* balzamirati; namazati mastima, ispuniti miomirisom; sačuvati od zaborava | **to be ~ed** ostati u trajnoj uspomeni
embalmment [im'ba:mmənt] *s* balzamiranje
embank [im'bæŋk] *vt* ograditi nasipom, zajaziti, zagatiti
embankment [im'bæŋkmənt] *s* nasip, gat, (izgrađena) obala, brana, kej | **Embankment** dio sjev. obale Temze u Londonu
embargo [em'ba:gəu] *s* embargo; *jur* zabrana | **to be under an ~** biti pod zabranom; **to lay an ~ on** staviti zabranu na što, konfiscirati
embargo [em'ba:gəu] *vt* staviti zabranu (na brod, trgovinu); konfiscirati (brodove, robu) za državne potrebe
embark [im'ba:k] *vt/i* **I.** ukrcati; uplesti koga u što; uvojačiti **II.** *vi* ukrcati se, upustiti se (*in* u što), dati se (*upon* na što), zaplesti se (*on* u što)
embarkation (embarcation) [ˌemba:'keiʃn] *s* ukrcanje, utovar, ukrcavanje
embarrass [im'bærəs] *vt* smesti, spriječiti, smutiti, zbuniti, dovesti u nepriliku; zaplesti u dugove | **to be ~ed** biti zbunjen, biti u neprilici, u škripcu, u dugovima, pun dugova
embarrassed [im'bærəst] *adj* (**~ly** *adv*) zbunjen, smeten, u neprilici, u škripcu; do vrata u dugovima, prezadužen
embarrassing [im'bærəsiŋ] *adj* (**~ly** *adv*) koji zbunjuje, smeta, stavlja u nepriliku, neugodan, nezgodan, čudan, neprilčan, zamršen

embarrassment [im'bærəsmənt] *s* zapletanje, zbunjenost; smutnja, škripac, neprilika, smetnja, zapreka
embassy ['embəsi] *s* ambasada, poslanstvo | **on an** ~ u izaslanstvu, u izaslaničkoj misiji; ~ **officials** službenici ambasade
embattle [im'bætl] *vt* postaviti u bojne redove; snabdjeti (utvrdu) kruništem
embay [im'bei] *vt* uvesti brod u zaljev; (o vjetru) prisiliti brod da uđe u zaljev; zatvoriti u zaljev
embayment [im'beimənt] *s* morska uvala, zaljev
embed (imbed) [im'bed] *vt* položiti, poleći, zakopati; uložiti (*in* u što), ugraditi, uzidati, ukopati, umetnuti
embellish [im'beliʃ] *vt* uljepšati, ukrasiti
embellishment [im'beliʃmənt] *s* uljepšanje, ukras, nakit
ember ['embə] *s* ugarak, žerava, žiška | ~**s** *pl* žeravica, žar, ugljevlje
ember ['embə] *s* vrsta morske ptice na Orkneyu | ~ **goose,** ~ **diver** gnjurac (*Gavia immer*)
Ember-days ['embədeiz] *s pl* kvatreni post, kvatre
Ember-week ['embəwi:k] *s* kvatreni tjedan
embezzle [im'bezl] *vt* pronevjeriti, utajiti, zatajiti, prevariti; *arch* rasipati, ludo trošiti
embezzlement [im'bezlmənt] *s* pronevjera, utaja, prijevara; *arch* rasipnost
embezzler [im'bezlə] *s* pronevjeritelj; *arch* rasipnik
embitter [im'bitə] *vt* zagorčiti, ogorčiti, pogoršati, otežati, ozlojediti | **to** ~ **a p's life** ogorčiti komu život, natjerati koga u očaj
embitterment [im'bitəmənt] *s* zagorčenje, ogorčenje, pogoršanje, ozlojeđenje
emblazon [im'bleizn] *vt* oslikati grbovima, ukrasiti heraldičkim znakovima; ukrasiti, nakititi; slaviti, veličati, uznositi, uzdizati
emblazonment [im'bleizənmənt] *s* slikanje grbova, stavljanje heraldičkih znakova; ukrašivanje, kićenje; slavljenje, veličanje
emblazonry [im'bleizənri] *s* heraldika; slika grba; prikazivanje u živim bojama; ukras; veličanje
emblem ['embləm] *s* amblem, znak, obilježje, tipična oznaka; slika, lik, simbol; heraldički znak; *arch* parabola, priča u slikama
emblem ['embləm] *vt* prikazati znakovima, slikama, likovima, simbolizirati
emblematic [ˌembli'mætik] *adj* u slici, u liku, simbolički, tipičan
emblematical [ˌembli'mætikəl] *adj* (~**ly** *adv*) → **emblematic**
emblematist [em'blemətist] *s* izrađivač, izumitelj amblema; pisac alegorija
emblematize [em'blemətaiz] *vt* služiti kao simbol, prikazivati u slici
emblement ['embləmənt] *s* prirod, dohodak (od zasijanog zemljišta); žetva
embodiment [im'bɔdimənt] *s* utjelovljenje, ostvarenje; priključenje, uvrštenje, uključenje, jasan izraz
embody [im'bɔdi] *vt/i* **I.** *vt* utjeloviti, ostvariti; spojiti, sastaviti, priključiti; jasno izraziti; uvrstiti u neku jedinicu (napose vojnu), uključiti, obuhvatiti **II.** *vi* utjeloviti se, spojiti se
embog [im'bɔg] *vt* baciti u močvaru, uroniti u kaljužu, zaglibiti
embolden [im'bəuldən] *vt* ohrabriti, osokoliti
embolic [im'bɔlik] *adj med* emboličan
embolism ['embəlizəm] *s* umetanje dana ili jednog mjeseca radi usklađenja kalendara; kratka molitva za oslobođenje od zla; *med* embolija
embonpoint [ˌɔ̃:mbɔ̃:m'pwɛ̃:ŋ] *s Fr* punoća, debljina, gojaznost (osobito o ženama)
embosom [im'buzəm] *vt* zagrliti, nositi u srcu, privinuti na grudi; sadržavati; voljeti | *fig* ~**ed** (*with*) okružen, opkoljen (drvećem, brežuljcima)
emboss [im'bɔs] *vt* ispupčiti, izbočiti, rezbariti, modelirati u reljefu, ukrasiti reljefom; ukrasiti, poljepšati
embossed [im'bɔst] *adj* ispupčen, izbočen, pupčast, u sredini povišen, reljefan, rezbaren | ~ **seal** suhi žig
embossing-roller [im'bɔsiŋˌrəulə] *s* valjak za utiskivanje slova
embossment [im'bɔsmənt] *s* ispupčenje, izbočenje, reljef
embouchure [ˌɔmbu'ʃuə] *s Fr* utok, ušće rijeke, otvor; *mus* pisak, duhaljka kod duhačkih instrumenata; položaj usana pri sviranju na duhačkim instrumentima; *mar* proširenje na kraju doglasne cijevi
embowed [em'bəud] *adj* zasvođen, na svod, sveden; kriv, savijen
embowel [im'bauəl] *vt* rasporiti trbuh, izvaditi utrobu; očistiti, isprazniti; ukopati, sakriti
embowelled [im'bauəld] *adj* očišćen od droba, rasporen; ograđen, zatvoren, opkoljen
embower [im'bauə] *vt* ograditi sjenicom, zatvoriti
embrace [im'breis] *s* zagrljaj
embrace [im'breis] *vt/i* **I.** *vt* zagrliti; *euph* obljubiti; obuhvatiti, obujmiti, obuzeti, okružiti, sadržavati u sebi; poduhvatiti se (čega); prihvatiti; prigrliti; iskoristiti (priliku); podnositi, primiti (sudbinu); voljeti od srca **II.** *vi* zagrliti se
embraceable [im'breisəbl] *adj* koji se može zagrliti, obuhvatiti, obaviti, prihvatiti, prigrliti
embracement [im'breismənt] *s* zagrljaj, grljenje
embracer [im'breisə] *s jur* potkupljivač (osobito porotnika)

embracery [im'breisəri] *s jur* potkupljivanje (osobito porotnika)
embracive [im'breisiv] *adj* sveobuhvatan, opći
embranchment [im'bra:ntʃmənt] *s* odvajanje, odvojak, razgranatost, račvanje (osobito kod rijeka, gorja)
embrangle (**imbrangle**) [im'bræŋgl] *vt* zamrsiti, smutiti, smesti, smiješati, zbrkati
embranglement [im'bræŋgəlmənt] *s* smutnja, smetenost, zbrka
embrasure [im'breiʒə] *s* puškarnica; *mar* toparnica; *archit* ukošeno udubljenje (prozora ili vrata)
embrocate ['embrəkeit] *vt* kupati, pariti; *med* trljati (alkoholom ili uljem za masažu)
embrocation [ˌembrə'keiʃn] *s* trljanje, parenje; tekućina za masažu; vlažan oblog
embroider [im'brɔidə] *vt* vesti; uljepšati, ukrasiti; iskititi, poljepšati
embroiderer [im'brɔidərə] *s* vezilac, vezilja
embroidery [im'brɔidəri] *s* vezenje, vez; ures | **to do ~** vesti
embroil [im'brɔil] *vt* uplesti (koga u što); zbrkati, smesti, smutiti; zavaditi
embroilment [im'brɔilmənt] *s* smućivanje, zbrka; zavada
embrown [im'braun] *vt* učiniti smeđim, potamniti
embryo ['embriəu] *s anat* začetak, embrio; *fig* zametak | **in ~** nerazvijen; u zametku, u nastajanju
embryo ['embriəu] *adj* nerazvijen
embryoctony [ˌembri'ɔktəni] *s* kirurško uklanjanje zametka (iz majčine utrobe)
embryologist [ˌembri'ɔlədʒist] *s* embriolog
embryology [ˌembri'ɔlədʒi] *s* embriologija
embryon ['embriɔn] *s* → **embryo**
embryonic [ˌembri'ɔnik] *adj* embrionalan; *fig* nerazvijen
embryotomy [ˌembri'ɔtəmi] *s* operacija vađenja zametka (iz majčine utrobe)
embus [im'bʌs] *vt/i mil* **I.** *vt* ukrcati u autobus (zalihe, ljude) **II.** *vi* popeti se na motorna vozila, ukrcati se u autobus
emend [iː'mend] *vt* ispraviti pogreške (u tekstu), poboljšati, popraviti
emendable [iː'mendəbl] *adj* koji se može ispraviti, popraviti, poboljšati
emendate ['iːmendeit] *vt* ispraviti (pogreške), poboljšati, popraviti
emendation [ˌiːmen'deiʃn] *s* ispravljanje, ispravak, popravak, poboljšanje
emendator ['iːmendeitə] *s* ispravljač (tekstova)
emendatory [iː'mendətəri] *adj* ispravljački
emerald ['emərəld] *s minr* smaragd; smaragdna boja; *print* tiskarski slog (nešto veći od nonpareillea) | **the Emerald Isle** Irska; **~ green** smaragdno zelen
emeraldine ['emərəldiːn] *adj* smaragdne boje
emerge [i'məːdʒ] *vi* izaći na površinu, izroniti; doći na vidjelo; izaći, proizaći; nastupiti, razviti se; pomaljati se; nastati, postati | **to ~ a prizeman** dobiti (prvu) nagradu, pobijediti (u natjecanju)
emergence [i'məːdʒəns] *s* izronjavanje, pomaljanje, iskrsavanje, pojavljivanje
emergency [i'məːdʒənsi] *s* nenadan događaj, zapletaj (okolnosti), težak položaj, nužda, velika nevolja, opasnost, kritičan čas, izvanredno stanje | **in an ~, in case of ~** u nuždi, u slučaju opasnosti; **~ brake** kočnica za slučaj opasnosti; **~ cable** pomoćno uže, pomoćni kabel; **~ call** poziv za pomoć (u slučaju opasnosti); **~ door, ~ exit** izlaz za nuždu; **~ fund** rezervni fond za slučaj nužde; **~ landing** *aero* prisilno spuštanje; **~ man** onaj koji pomaže u slučaju nužde; rezerva za nuždu; *Ir* pomoćnik sudskog izvršitelja (kod deložacije); **~ measures** specijalne hitne mjere; **~ speed** *mar* maksimalna vožnja
emergent [i'məːdʒənt] *adj* (**~ly** *adv*) koji izlazi, izranja, iskrsava, nastaje, proizlazi; nenadan, nepredviđen; hitan; važan
emeritus [iː'meritəs] *adj* umirovljen (uz zadržavanje počasne titule, npr. sveučilišni profesor: **~** *professor*)
emerods ['emərɔdz] *s pl* → **h(a)emorrhoids**
emersion [i'məːʃn] *s* uzdizanje; izranjanje, iskrsavanje; *astr* izlazak iz pomrčine
emery ['eməri] *s minr* sitnozrni korund; smirak
emery-cloth ['eməriklɔθ] *s* brusno platno, smirkovo platno
emery-paper ['eməriˌpeipə] *s* smirkov papir, šmirgl-papir
emery-wheel ['eməriwiːl] *s* kolo za brušenje obloženo smirkom
emetic [i'metik] *adj* (**~ally** *adv*) *med* koji tjera na povraćanje
emetic [i'metik] *s med* emetik, sredstvo za povraćanje
émeute [ei'məːt] *s Fr* metež, pobuna, buna
emigrant ['emigrənt] *s* iseljenik, emigrant
emigrant ['emigrənt] *adj* iseljenički, emigrantski
emigrate ['emigreit] *vi/t* **I.** *vi* iseliti se, emigrirati; *coll* preseliti se **II.** *vt* iseliti koga, pomoći komu pri emigriranju
emigration [ˌemi'greiʃn] *s* iseljenje, emigracija
emigratory ['emigreitəri] *adj* iseljenički, emigracijski
émigré ['emigrei] *s Fr* (francuski politički) emigrant (napose rojalist koji je pobjegao pred francuskom revolucijom)
eminence ['eminəns] *s* visina, uzvisina, visok položaj; slava; visoko odlikovanje; vrhunac, najviša točka | **Your Eminence** vaša uzoritost (Eminencija) (naslov kardinala)

eminent ['eminənt] *adj* visok, uzvišen; istaknut, ugledan, slavan, odličan (*in, for* u), eminentan
eminently ['eminəntli] *adv* u najvećoj mjeri, osobito, napose, nadasve; vrlo
emir [e'miə] *s Arab* emir
emirate [e'miərət] *s* emirat
emissary ['emisəri] *s* glasnik, izaslanik; poklisar; emisar (obično u kakvoj tajnoj misiji)
emission [i'miʃn] *s* odašiljanje, izviranje, izbacivanje, ispuštanje (svjetla, plinova, valova itd.); ono što se odašilje, izbacuje, ispušta; emisija, izdanje; *phys* zračenje | **~ of heat** gubitak topline
emissive [i'misiv] *adj* koji odašilje, ispušta, izbacuje | **to be ~ of light** davati svjetlo
emissivity [ˌimi'siviti] *s phys* snaga zračenja
emit [i'mit] *vt* davati, odašiljati, izdavati, ispustiti; *com* staviti u opticaj, emitirati
emma ['emə] *s teleph* slovo M | **~ gee** mitraljez
emmesh (immesh) [i'meʃ] *vt* → **enmesh**
emmet ['emit] *s arch ent* mrav
emollient [i'mɔliənt] *adj med* koji umekšava
emollient [i'mɔliənt] *s med* sredstvo za umekšavanje
emolument [i'mɔljumənt] *s* prihod, dohodak (od službe, namještenja); plaća | **~s** *pl* uzgredni dohodak, uzgredna zaslužba
emotion [i'məuʃn] *s* uzbuđenje, uzrujanost; vrenje; afekt, ganuće, emocija
emotional [i'məuʃənl] *adj* (**~ly** *adv*) koji se tiče osjećaja, osjećajan, uzbudljiv, emocionalan
emotionalism [i'məuʃnəlizəm] *s* sklonost duševnim uzbuđenjima, mekoća čuvstava, osjećajnost
emotionalist [i'məuʃnəlist] *s* osjećajna osoba, emocionalan čovjek
emotionality [i'məuʃə'næliti] *s* osjećajnost, emocionalnost
emotionless [i'məuʃənlis] *adj* neosjećajan, miran, hladan
emotive [i'məutiv] *adj* (**~ly** *adv*) emotivan; uzbudljiv
emotivity [ˌiməu'tiviti] *s* uzbudljivost, emotivnost
empanel (impanel) [im'pænl] *vt* unijeti u spisak porotnika, sastaviti panel
emperor ['empərə] *s* car; imperator | *ent* **Purple Emperor** krasna prelijevalica (leptir)
emphasis ['emfəsis] *s* emfaza, naglašavanje pojedinih riječi; snaga, jačina, žestina, krepkoća (izražavanja, osjećanja, djelovanja); važnost, isticanje; naglasak | **to lay great ~ on** pridavati veliku važnost čemu; **with all the ~** posebno, snažno naglašavajući; **to add ~ to a th** pridati čemu posebnu važnost; **to place ~ on a th** posebice što naglasiti, istaknuti
emphasize ['emfəsaiz] *vt* naglasiti, istaknuti | **to ~ a th to a p** dovesti komu neku stvar do svijesti, živo komu što predočiti
emphatic [im'fætik] *adj* (**~ally** *adv*) posebno naglašen, istaknut; izrazit, izražajan; jasan, snažan, krepak; značajan
empire ['empaiə] *s* vladavina, imperij, carstvo | **Empire Day** 24. svibnja (britanski državni blagdan, rođendan kraljice Viktorije); *US* **Empire City** New York (grad); **Empire State** New York (država)
empiric [em'pirik] *adj* iskustven, osnovan na iskustvu, empirijski
empiric [em'pirik] *s* empiričar; nadriliječnik, šarlatan
empirical [em'pirikəl] *adj* (**~ly** *adv*) → **empiric**
empiricism [em'pirisizəm] *s phil* empirizam; nadriliječništvo, šarlatanstvo
empiricist [em'pirisist] *s phil* empiričar, pristaša empirizma; nadriliječnik, šarlatan
emplace [im'pleis] *vt mil* staviti u položaj (top)
emplacement [im'pleismənt] *s* smještaj, smještanje, položaj; *mil* platforma za smještaj topova
emplane [im'plein] *vi/t* **I.** *vi* ući u avion **II.** *vt* ukrcati u avion
employ [im'plɔi] *vt* upotrijebiti; zaposliti, uposliti; primijeniti, iskoristiti | **to ~ oneself** (*in, with*) zaposliti se, baviti se (čim)
employ [im'plɔi] *s* upotreba; služba, namještenje | **in the ~ of a p** namješten, zaposlen kod koga; **in ~** u službi, zaposlen; **out of ~** nezaposlen, izvan službe
employable [im'plɔiəbl] *adj* koji se može zaposliti; upotrebiv, primjenjiv
employé [ɔm'plɔiei] *s Fr* → **employee**
employee [ˌemplɔi'iː] *s* namještenik, službenik | **~s' spokesman** pogonski sindikalni predstavnik
employer [im'plɔiə] *s* poslodavac, gazda, šef; *com* nalogodavac, komitent | **~s' liability insurance** osiguranje zakonske odgovornosti poslodavaca
employment [im'plɔimənt] *s* upotreba, primjena; zaposlenje, posao, služba, zanimanje, zvanje | **out of ~** nezaposlen, izvan službe; **~ agency** posrednička agencija za zapošljavanje; **~ bureau, ~ exchange** burza rada; **~ market** ponuda i potražnja namještenja
empoison [im'pɔizn] *vt* staviti otrov u što, otrovati; pokvariti, izopačiti; sipati otrov (u čiju dušu), zatrovati, zagorčiti
emporium [em'pɔːriəm] *s* trgovačko središte, veliko stovarište, tržnica; dućan, bazar, velika prodavaonica, emporij
empower [im'pauə] *vt* ovlastiti, opunomoćiti; dati pravo, osposobiti

empress [ˈempris] *s* carica; *fig* apsolutna vladarica
emprise [imˈpraiz] *s arch* pustolovina; *poet* pothvat, viteški pothvat
emptiness [ˈemptinis] *s* praznina, prazno, prazan prostor; ispraznost; besmislenost, ništavost; beznačajnost; uzaludnost | **~es** *pl* bezvrijednost
emption [ˈempʃən] *s* kupovanje, kupnja
empty [ˈempti] *adj* (**emptily** *adv*) prazan, pust, lišen čega; *coll* gladan, natašte; nenatovaren; nenastanjen, nenamješten (stan); *fig* isprazan, besmislen, šupalj, beznačajan, ništavan; uzaludan | **to be ~ of a th** nemati što; *fig* **~ head** šuplja tikva
empty [ˈempti] *s* prazna košara, prazan sanduk, prazna ambalaža | **empties** *pl* tara, prazna ambalaža
empty [ˈempti] *vt/i* **I.** *vt* maknuti, prazniti, isprazniti; iznijeti (namještaj, stvari); izliti, iscrpsti **II.** *vi* izlijevati se, utjecati, istjecati, isprazniti se | **to ~ oneself** izlijevati se (o riječi); **to ~ a p of a th** lišiti koga čega, oduzeti komu što
empty-handed [ˌemptiˈhændid] *adj* praznoruk
empty-headed [ˌemptiˈhedid] *adj* šupljoglav, priglup
empty-pated [ˌemptiˈpeitid] *adj* šupljoglav, priglup
empurple [imˈpəːpl] *vt* obojiti grimiznom bojom, zacrveniti
empyreal [ˌempaiˈriːəl] *adj* nebeski, uzvišen; ognjen
empyrean [ˌempaiˈriən] *adj* koji se tiče najvišeg neba, nebeski, uzvišen, ognjen
empyrean [ˌempaiˈriən] *s* ognjeno nebo, najviše nebo (kao sjedište Boga); nebeski svod
emu (**emeu**) [ˈiːmjuː] *s ornith* emu (australski kazuar)
emulate [ˈemjuleit] *vt* natjecati se, takmičiti se, nastojati nadmašiti koga, ugledati se u koga; oponašati, revnosno imitirati, nasljedovati koga
emulation [ˌemjuˈleiʃən] *s* natjecanje, takmičenje, ugledanje; ljubomorna zavist; konkurencija, suparništvo; oponašanje | **in ~ of** natječući se s kim, ugledajući se u koga
emulative [ˈemjulətiv] *adj* koji se natječe, takmiči, ugleda, oponaša | **to be ~ of** ugledati se u koga
emulator [ˈemjuleitə] *s* takmičar, takmac, suparnik
emulous [ˈemjuləs] *adj* (**~ly** *adv*) koji se natječe, takmiči, revnosno ugleda; željan takmičenja, slave, ugleda; ljubomoran, zavidljiv | **~ of fame** slavohlepan
emulsify [iˈmʌlsifai] *vt chem & med* načiniti emulziju, emulgirati
emulsion [iˈmʌlʃn] *s chem & med* emulzija
emulsionize [iˈmʌlʃənaiz] *vt* pretvoriti u emulziju, emulgirati
emulsive [iˈmʌlsiv] *adj* emulzijski, u vezi s emulzijom
en [en] *s print* jedinica za mjerenje količine tiskanih slova u retku (uža za polovicu od em)
enable [iˈneibl] *vt* ovlastiti, dati pravo; omogućiti komu što, olakšati, osposobiti | **Enabling Act** zakon od 1920. koji je anglikanskoj crkvi dao stanovitu autonomiju podvrgnutu parlamentarnom vetu; **to be ~d to** biti ovlašten, biti osposobljen
enact [iˈnækt] *vt jur* ozakoniti, donijeti zakon, odrediti, propisati, narediti; *theat* predstavljati, glumiti | **~ing clauses** klauzule koje sadrže nove zakonske propise; **to be ~ed** događati se, odigravati se
enaction [iˈnækʃən] *s* ozakonjenje
enactive [iˈnæktiv] *adj* koji uređuje, određuje, ozakonjuje; odredbeni
enactment [iˈnæktmənt] *s* zakonska odredba, uredba, ozakonjenje, zakon; *theat* prikazivanje, igranje (na pozornici)
enamel [iˈnæml] *s* caklina, emajl, gleđa, glazura; zubna caklovina; slikanje na emajlu | **~ paint** emajl boja, lak; **~ ware** emajlirano posuđe
enamel [iˈnæml] *vt* pocakliti, emajlirati, glazirati; *poet* ukrasiti bojama
enamour (**enamor**) [iˈnæmə] *vt* ispuniti ljubavlju; očarati, izazvati ljubav, oduševiti | **to be ~ed of** biti zaljubljen u
encaenia [enˈsiːnjə] *s* godišnja komemoracija osnivača i dobrotvora Oksfordskog sveučilišta koja se održava u lipnju
encage (**incage**) [inˈkeidʒ] *vt* zatvoriti u kavez
encamp [inˈkæmp] *vt/i* **I.** *vt mil* utaboriti, smjestiti u logor (vojne jedinice, radne brigade itd.) **II.** *vi* logorovati, utaboriti se
encampment [inˈkæmpmənt] *s* logorovanje, logorište, logor, tabor
encase (**incase**) [inˈkeis] *vt* staviti u sanduk, zatvoriti u kutiju; obložiti, oklopiti
encasement [inˈkeismənt] *s* zatvaranje, okruživanje; presvlaka, ovoj, ljuska, oklop
encash [inˈkæʃ] *vt* unovčiti (račun, mjenicu itd.); primiti, ubrati (gotovinu), inkasirati, realizirati
encashment [inˈkæʃmənt] *s* unovčenje, primitak (gotovine), inkaso
encaustic [enˈkɔːstik] *adj* enkaustičan, užežen (boja), pocakljen | **~ brick, ~ tile** pocakljena opeka, pocakljen crijep
encaustic [enˈkɔːstik] *s* slikanje paljenom obojenom glinom, pocakljivanje, enkaustika
enceinte [ɑ̃ːŋˈsɛ̃ːnt] *adj Fr* (o ženama) noseća, u drugom stanju, trudna
enceinte [ɑ̃ːŋˈsɛ̃ːnt] *s Fr mil* bedem, opkop, pojas utvrđenja

encephalic [ˌenkəˈfælik] *adj anat* koji se tiče mozga, moždani, mozgovni
encephalitis [ˌenkefəˈlaitis] *s med* encefalitis, upala mozga
enchain [inˈtʃein] *vt* privezati lancima, okovati; prikovati, sputati, spriječiti; privući, zaokupiti svu pažnju
enchainment [inˈtʃeinmənt] *s* vezanje lancima, okivanje, sputavanje; splet, veza; zaokupljanje
enchant [inˈtʃaːnt] *vt* opčinjati, zatraviti, očarati, oduševiti | **to be ~ed** biti očaran, ushićen (*at a th* čime; *with a p* kime)
enchanter [inˈtʃaːntə] *s* čarobnjak, onaj koji očarava, oduševljava
enchantingly [inˈtʃaːntiŋli] *adv* očaravajući, tako da oduševljava
enchantment [inˈtʃaːntmənt] *s* čar, čarolija, opčaravanje; oduševljenje, ushit
enchantress [inˈtʃaːntris] *s* čarobnica, vještica, ona koja očarava, oduševljava
enchiridion [ˌenkaiəˈridiən] *s* priručnik
encircle [inˈsəːkl] *vt* okružiti, obuhvatiti, opkoliti, opasati, opisati, napraviti krug
encirclement [inˈsəːklmənt] *s* okruženje, obuhvatanje, opkoljavanje, opasavanje
enclasp [inˈklaːsp] *vt* ogrliti, zagrliti, obuhvatiti
enclave [ˈenkleiv] *s Fr* teritorij okružen tuđom državom, uključen u tuđu državu, enklava
enclitic [inˈklitik] *adj* (**~ally** *adv*) *gram* nenaglašen, enklitički
enclitic [inˈklitik] *s gram* nenaglašena riječ, enklitika
enclose (**inclose**) [inˈkləuz] *vt* okruživati, ograditi (osobito zemlju zidom, plotom i dr.), opkoliti, opasati; optočiti; priložiti (*with a letter* pismu); ograničiti; sadržavati (osobito u matematici), obuhvatiti
enclosed [inˈkləuzd] *adj* okružen, ograđen, opkoljen, optočen; priložen, ograničen, sadržan, obuhvaćen; *mar* zatvorenog tipa | *com* **invoice ~** faktura, račun priložen; **the ~** prilog (pismu); *tech* **~ motor** ugrađen motor; **~ find** u prilogu Vam šaljemo
enclosure [inˈkləuʒə] *s* ograđivanje; plot, ograda, ograđeno zemljište; prilog (pismu) | **Enclosure Act** zakon kojim općinsko zemljište postaje privatno vlasništvo; *com* **to send goods as ~** poslati robu kao prilog, kao uzorak bez vrijednosti
enclothe [inˈkləuð] *vt* obući, odjenuti
encloud [inˈklaud] *vt* zaviti u oblak
encomiast [enˈkəumiæst] *s* slavilac, panegiričar; laskavac
encomiastic [enˌkəumiˈæstik] *adj* slavilački, panegirički; laskav
encomium [enˈkəumiəm] *s* pohvala, pohvalni govor, panegirik
encompass [inˈkʌmpəs] *vt* okružiti, opkoliti, opasati; sadržati; obuhvaćati
encompassment [inˈkʌmpəsmənt] *s* okruživanje, opkoljavanje; sadržavanje; obuhvaćanje
encore [ɔŋˈkɔː] *interj Fr* (obično u kazalištu) još!, bis!, repete!
encore [ɔŋˈkɔː] *s Fr* zahtjev publike (u kazalištu i dr.) da se ponovi; ponavljanje (koje pjesme, plesa i sl.); dodatak (programu)
encore [ɔŋˈkɔː] *vt/i Fr* **I.** *vt* tražiti ponavljanje (u kazalištu i sl.); izazivati pjevača da ponovi **II.** *vi* vikati »još« (u kazalištu i sl.)
encounter [inˈkauntə] *s* (slučajan) susret; neprijateljski susret, sukob; okršaj, čarka, kratka borba
encounter [inˈkauntə] *vt/i* **I.** *vt* sastati, susresti (neprijateljski), naići na koga, na što; naletjeti na koga, navaliti na koga, napasti **II.** *vi* sukobiti se s kim, svađati se s kim, pobiti se s kim, suprotstaviti se komu, čemu; naići na otpor, teškoće i dr.
encourage [inˈkʌridʒ] *vt* hrabriti, sokoliti, bodriti, oduševiti; poticati; ponukati; savjetovati; nagoniti; izazivati; podupirati; potpomagati; podržavati nadu
encouragement [inˈkʌridʒmənt] *s* hrabrenje, sokoljenje, bodrenje, oduševljavanje; poticanje, poticaj, pobuda; savjetovanje, podupiranje, potpomaganje
encouraging [inˈkʌridʒiŋ] *adj* (**~ly** *adv*) koji hrabri, sokoli, bodri, potiče, oduševljava; koji ulijeva nadu; ljubazan, susretljiv
encrimson [inˈkrimzən] *vt* obojadisati grimizom, jarko zacrveniti
encroach [inˈkrəutʃ] *vi* (*on*) dirati (čija prava, posjed, slobodu), zadirati (*on* u); prodrijeti na čiji teritorij; zakinuti; nauditi, naškoditi, prisvajati sebi, pripisati sebi; prekoračiti, presezati, prijeći granicu; prevršiti mjeru; zloupotrijebiti | **to ~ (up)on a p's rights** krnjiti čija prava; **to ~ upon one's kindness** zlorabiti nečiju dobrotu; **sea ~es on the land** more pomalo podriva kopno
encroach [inˈkrəutʃ] *s* presezanje, prodiranje, krnjenje, prisvajanje, zloupotreba
encroachment [inˈkrəutʃmənt] *s* presezanje, zadiranje (*upon* u); prisvajanje; prodiranje (mora) u kopno
encrust (**incrust**) [inˈkrʌst] *vt/i* **I.** *vt* obložiti, obavijati korom, prevući, inkrustirati, prekriti; ukrasiti **II.** *vi* prekriti se korom, okorjeti
encumber [inˈkʌmbə] *vt* spriječiti, opteretiti; opteretiti dugovima (zemlju); zakrčiti, pritijesniti, natovariti; zaplesti, zamrsiti, učiniti nepriličnim
encumbrance [inˈkʌmbrəns] *s* smetnja, zapreka; neugodnost; opterećenje, teret; dijete ili osoba zavisna od koga; teškoća; *jur* hipoteka, dug, teret (na nekretnini)

encumbrancer [in'kʌmbrənsə] *s* hipotekarni vjerovnik
encyclic [en'siklik] *adj* enciklički, opći; koji je upućen širokim krugovima; koji se kreće u krugu
encyclic [en'siklik] *s* opća okružnica, enciklika (osobito papinska)
encyclical [en'siklikl] *adj* → **encyclic**
encyclopaedia (**encyclopedia**) [en,saiklə'pi:djə] *s* enciklopedija
encyclop(a)edic [en,saiklə'pi:dik] *adj* enciklopedijski, sveopći, sveobuhvatan
encyclop(a)edical [en,saiklə'pi:dikl] → **encyclopaedic**
encyclop(a)edical [en,saiklə'pi:dikl] → enciklopedizam
encyclop(a)edist [en,saiklə'pi:dist] *s* enciklopedist
end [end] *s* 1. kraj, konac; vrh, vršak; svršetak; granica 2. dio, predjel, strana 3. okrajak, komadić, ostatak 4. nestanak, prestanak, završetak; uništenje, smrt, kraj svijeta 5. svrha, namjera, cilj, konačni cilj; rezultat, posljedica, korist | **East End** istočni dio Londona; **West End** zapadni dio Londona; **odds and ~s** *pl* sitnice, tričarije, ostaci, otpaci, nevrijedne koještarije; **rope's ~** kratko uže (za bičevanje); **shoemaker's ~** dretva; **to gain one's ~s** postići svoj cilj; **to what ~?** u koju svrhu? zbog čega? čemu? zašto?; **to place on ~** uspraviti, postaviti uspravno; **to turn ~ for ~** prekrenuti, okrenuti; **to turn a th for ~** potpuno iskrenuti, preokrenuti što; **world without ~** uvijek i neprestano; *eccl* na sve vijeke vjekova; **placed ~ to ~** smješten po duljini, jedan za drugim; **~ on** okrenut stražnjim dijelom prema gledaocu; **no ~ of** prekomjerno, beskrajno mnogo; **for three weeks on ~** kroz tri tjedna uzastopce; *fig* **make ~s meet** sastaviti kraj s krajem; **to be at the ~ of one's tether** biti na kraju svojih snaga, bespomoćan, smeten; *com* **carriage paid to your ~** vozarina plaćena franko vaše skladište; **for one's own ~s** za vlastite svrhe; **means and ~s** sredstva i ciljevi; **the ~ justifies the means** cilj opravdava sredstva; **the thin ~ of the wedge** početak zla; **to be at an ~** biti na kraju (sila), na svršetku, završiti; **to come to an ~** završiti, svršiti, doći do kraja; **to draw to an ~** primicati se kraju, završiti; **in the ~** na kraju, konačno; **at your ~** tamo kod vas, na vašoj strani; **to be at one's wits' ~** iscrpsti svu svoju mudrost, ne znati sebi više pomoći, biti sasvim zbunjen, izgubljen; **to put an ~ to** dovršiti, dokrajčiti, dokinuti; **to keep one's ~ up** dobro riješiti (npr. neki posao), dobro se držati (npr. u debati); **to go off (in) the deep ~** uzrujati se, razbjesniti se, planuti; **to make an ~ of** učiniti kraj, dokrajčiti, dokinuti; **at a loose ~** bez zaposlenja, dokon; **at the far ~** na drugom kraju; **the ~ crowns the work** konac djelo krasi; **to have at one's fingers' ~s** temeljito znati, točno poznavati, imati u malom prstu; **at one's tongue's ~** na jeziku, navrh jezika; **from one ~ to the other** od početka do kraja; **from ~ to ~** s jednog kraja na drugi, po čitavoj duljini; **to the ~ that** zato, da; **to fight to the bitter ~** boriti se do kraja; **to stand on ~** stršiti, ježiti se (kosa); **to begin at the wrong ~** naopako, pogrešno početi; **~ lap** *tech* spoj (limova, dasaka), šav
end [end] *vt/i* **I.** *vt* dovršiti, svršiti, završiti; dokrajčiti; uništiti, ubiti; dovesti do čega **II.** *vi* svršiti se, prestati; umrijeti | **to ~ by doing** na kraju, konačno što učiniti; **to ~ in nothing** izjaloviti se; *fig* **to ~ in smoke** rasplinuti se, pasti u vodu, izjaloviti se
end off ['end'ɔf] *vt* završiti, dovršiti, dokrajčiti, zaključiti
end up ['end'ʌp] *vt* dokrajčiti, zaključiti
endamage [in'dæmidʒ] *vt* oštetiti koga, što; nauditi komu, naškoditi komu
endanger [in'deindʒə] *vt* dovesti u opasnost, ugroziti; izvrći opasnosti
endear [in'diə] *vt* učiniti dragim, omiliti | **to ~ oneself** ulaskati se, dodvoriti se (komu)
endearing [in'diəriŋ] *adj* (**~ly** *adv*) ljubak, umiljat, nježan
endearment [in'diəmənt] *s* sklonost, ljubav, omiljelost, milovanje, nježnost
endeavour (**endeavor**) [in'devə] *s* pokušaj, nastojanje, pregnuće, težnja, trud | **in the ~** u nastojanju, nastojeći; **to do one's best ~s** od sveg srca se truditi, nastojati iz petnih žila
endeavour (**endeavor**) [in'devə] *vt/i* nastojati, trsiti se, pokušati; truditi se; tražiti; težiti
endemic [en'demik] *adj* endemički, mjestan, udomaćen
endemic [en'demik] *s* endemička bolest, udomaćena bolest, endemija
endemical [en'demikl] *adj* (**~ ly** *adv*) → **endemic**
endemicity [,endi'misiti] *s* endemičnost
endermic [en'də:mik] *adj med* koji djeluje na kožu
ending ['endiŋ] *s* kraj, svršetak, zaključak; smrt; *gram* nastavak, dočetak
end-iron ['end'aiən] *s* pomična ploča kojom se mijenja veličina rešetke u štednjaku; preklada
endive ['endiv] *s bot* endivija (vrsta salate)
endless ['endlis] *adj* (**~ly** *adv*) beskrajan, beskonačan, vrlo dug; vječan, neprekidan, stalan, neprestan, bez svrhe | *tech* **~ band** beskrajna traka; **~ chain** lanac; **~ screw** beskrajni vijak, puž

endlessness ['endlisnis] *s* beskrajnost, velika duljina
endlong ['endlɔŋ] *adv* po duljini; neprestano, neprekidno; uspravno
end-man[1] ['end'mæn] *s* dokon čovjek, danguba
end-man[2] ['end'mæn] *s* pjevač ili plesač na jednom ili drugom kraju reda pjevačke (plesačke) trupe
endmost ['endməust] *adj* najdalji, najudaljeniji
endocarditis [ˌendəukaː'daitis] *s med* endokarditis, upala srčane opne
endocardium [ˌendəu'kaːdiəm] *s med* srčana opna
endocarp ['endəukaːp] *s bot* unutrašnji sloj usplođa
endocrane ['endəukrein] *s med* unutrašnja površina lubanje
endocrine ['endəukrain] *s med* unutrašnja sekrecija; endokrina žlijezda (žlijezda s unutrašnjom sekrecijom)
endocrine ['endəukrain] *adj med* endokrini, s unutrašnjom sekrecijom
endoderm ['endəudəːm] *s med* unutrašnji sloj zametka
endogamy [en'dɔgəmi] *s* endogamija (brak unutar određene plemenske ili društvene skupine)
endogen ['endəudʒən] *s bot* jednosupnica
endogenous [en'dɔdʒənəs] *adj* 1. endogen, koji nastaje iznutra, iz unutrašnjih uzroka 2. *biol* koji raste iznutra ili na unutrašnjoj strani; koji se razvija unutar stijenke stanice 3. *bot* jednosupan 4. *physiol* koji se odnosi na metabolizam dušičnih sastojaka staničja i tkiva 5. *psych* koji proizlazi iz vlastitih želja pojedinca, urođen
endorse (**indorse**) [in'dɔːs] *vt* naleđiti, pribilježiti na poleđini dokumenta; *com* indosirati (ček), žirirati (mjenicu); prenijeti; potvrditi, potkrijepiti (čije mišljenje), pristati; usvojiti, prihvatiti
endorse over [in'dɔːs'əuvə] *vt* prenijeti (ček, mjenicu, vrijednosni papir i dr.) na koga; doznačiti; indosirati, žirirati
endorsee [ˌendɔː'siː] *s com* indosatar, žiratar (mjenice), naleđovnik
endorsement [in'dɔːsmənt] *s* potpis, bilješka na poleđini dokumenta; *com* izdavanje, prijenos; naleđenje, indosament, žiro, cesija; *fig* ovlaštenje, potvrda, potkrepljenje | *com* **blank** ~ bjanko indosament, otvoreni žiro; **as per** ~ kao na poleđini; **restrictive** ~ ograničeni žiro; **special** ~ potpuni žiro
endorser [in'dɔːsə] *s* naleđovnik, indosant; žirant
endow [in'dau] *vt* obdariti (*with* koga čim); dati, pokloniti (stalan dohodak osobi ili ustanovi); novčano potpomagati, dotirati, subvencionirati; opskrbiti, snabdjeti, opremiti; dati (prava, privilegije osobi ili ustanovi) | **to** ~ **a professorship** osnovati profesuru; ~**ed school** nadarbinska, subvencionirana škola
endowment [in'daumənt] *s* darovanje, prilog, pomoć, dotacija, nadarbina; dar, darovitost, talent (obično *pl*)
endue (**indue**) [in'djuː] *vt* obući, navući (haljine), odjenuti koga; opskrbiti, opremiti; darivati, obdariti, obogatiti | **to be** ~**d with** biti opremljen, biti nadaren; posjedovati
endurable [in'djuərəbl] *adj* (**endurably** *adv*) podnošljiv, izdržljiv, snošljiv
endurance [in'djuərəns] *s* trajanje, trajnost; podnošenje, izdržljivost, otpornost; strpljivost | **beyond** ~, **past** ~ neizdržljiv
endurance-test [in'djuərənstest] *s* pokus za izdržljivost
endure [in'djuə] *vt/i* **I.** *vt* izdržati, podnijeti; iskusiti; trpjeti, pretrpjeti, prepatiti, snositi; pomiriti se s čim **II.** trajati; imati strpljenja, izdržati, ustrajati; odoljeti
enduring [in'djuəriŋ] *adj* (~**ly** *adv*) neprestan, stalan, dugotrajan; otporan, izdržljiv
endways ['endweiz] *adv* sa stražnjim krajem prema naprijed; jedan za drugim; uzduž; uspravno
endwise ['endwaiz] *adv* → **endways**
enema ['enimə] *s* ispiranje crijeva, klistir, klizma; štrcaljka za klistiranje
enemy ['enəmi] *s* neprijatelj, protivnik; neprijateljska vojska, neprijateljska narodnost, protivnička snaga; neprijateljski brod | **the Enemy** đavo; *coll* **how goes the** ~? koliko je sati?; **to be one's own** ~ sam sebi biti neprijatelj, sam sebi škoditi
enemy ['enəmi] *adj* neprijateljski, protivnički | ~ **alien** čovjek nastanjen u zemlji s kojom je njegova domovina zaraćena
energetic [ˌenə'dʒetik] *adj* (~**ally** *adv*) energičan, djelotvoran, stalan, krepak, odlučan
energetics [ˌenə'dʒetiks] *s pl* nauka o energiji, energetika
energize ['enədʒaiz] *vt/i* **I.** *vt* ispuniti energijom, životom, učiniti snažnim, uvesti energiju; *el* uključiti; potkrijepiti, potaknuti **II.** *vi* biti energičan, biti djelotvoran, energično djelovati
energumen [ˌenəː'gjuːmen] *s* onaj koji je opsjednut, fanatik, zanesenjak
energy ['enədʒi] *s* energija, djelotvornost, snaga; napor, sila; radna sposobnost; odrješitost, odlučnost; pregnuće | **energies** *pl* sposobnost, skrivena snaga; **to apply** (**devote**) **one's energies to** posvetiti svoje snage čemu
enervate [i'nəːvit] *adj* oslabljen, slab, iznemogao, iscrpljen, malaksao, mlitav, mlohav

enervate ['enə:veit] *vt* oslabiti, iscrpsti, omlitaviti, istrošiti
enervation [ˌenə:'veiʃn] *s* oslabljenje, slabost, iznemoglost, iscrpljenost, istrošenost, malaksalost, omlitavljelost
enface [in'feis] *vt* pisati (tiskati) na prednjoj strani banknote, mjenice i dr.
enfacement [in'feismənt] *s* pisanje (tiskanje) na prednjoj strani banknote, mjenice i dr.
enfeeble [in'fi:bl] *vt* oslabiti, oduzeti snagu
enfeeblement [in'fi:blmənt] *s* oslabljenje, oduzimanje snage, oslabljivanje
enfeoff [in'fef] *vt jur* dati komu leno; predati, izručiti
enfeoffment [in'fefmənt] *s* darovanje lena, darovnica; leno
enfetter [in'fetə] *vt* baciti u okove, staviti negve; sputati, zarobiti
enfilade [ˌenfi'leid] *s mil* uzdužna (flankirna) vatra
enfilade [ˌenfi'leid] *vt mil* napasti uzdužnom (flankirnom) vatrom
enfold (infold) [in'fəuld] *vt* umotati, omotati, zamotati; obuhvatiti, ogrliti, zagrliti
enforce [in'fɔ:s] *vt* prisiliti, iznuditi; silom provesti, nametnuti, utuviti, pribaviti, potkrijepiti; staviti na snagu; utjerati (tražbinu)
enforceable [in'fɔ:səbl] *adj* koji se može provesti, nametnuti; zakonski utjeriv; koji može imati vrijednost, važnost
enforcement [in'fɔ:smənt] *s* prisiljavanje, provođenje, prisilno provođenje; nametanje
enframe [in'freim] *vt* uokviriti, obuhvatiti; umetnuti (dragi kamen); služiti kao okvir
enfranchise [in'fræntʃaiz] *vt* osloboditi, dati slobodu; dati municipalna prava (gradu); dati izborna prava, dati pravo glasa
enfranchisement [in'fræntʃizmənt] *s* oslobođenje, davanje građanstva, davanje građanskih izbornih prava, davanje prava glasa
engage [in'geidʒ] *vt/i* **I.** *vt* 1. obvezati, vezati (ugovorom, obećanjem) 2. najmiti (slugu), uzeti u službu; zaposliti 3. rezervirati (mjesta, sobu) 4. obećati, jamčiti 5. zaručiti, vjeriti 6. navesti, sklonuti, ponuditi; privući (pažnju), očarati; zaplesti (u razgovor) 7. *mil* uvesti trupe u borbu, napasti; otvoriti vatru (na) 8. ugovoriti vozarinu 9. staviti u pogon; zahvatiti (zupčanici); *mot* uključiti (brzinu) 10. *archit* pričvrstiti (stup u zid) 11. *com* angažirati (sredstva) **II.** *vi* 1. vezati se, obvezati se, biti jamac 2. upustiti se, uplesti se; baviti se (*in* čime) 3. osigurati se 4. sudjelovati, učestvovati, dospjeti u borbu, uhvatiti se ukoštac | **to ~ oneself** obvezati se, baviti se, učestvovati; zaručiti se, vjeriti se; **to ~ each other** zahvatati jedno u drugo, isprepletati se
engage for [in'geidʒ'fɔ:] *vi* biti odgovoran zbog, odgovarati za, biti jamac
engage with [in'geidʒ'wið] *vi* stupiti u borbu s kim
engaged [in'geidʒd] *adj* vezan, obvezan, zaručen, vjeren, obećan; zaposlen, zauzet | ~ (**to be married**) zaručen, vjeren; ~ **couple** zaručnički par, vjerenici; *mil mar* ~ **side** bok broda izložen djelovanju protivnika; **to get** ~ zaručiti se, vjeriti se; **to be** ~ biti zaposlen (*in* čime); biti zauzet; biti zaručen, vjeren
engagement [in'geidʒmənt] *s* 1. dužnost, obaveza 2. zaruke, vjeridba 3. zaposlenje, namještenje 4. poziv, dogovor, urečen sastanak, sporazum 5. *theat* angažman; premijera 6. *mil & mar* okršaj, boj, čarka, kratka borba, bitka | **to be under an** ~ biti vezan ugovorom; **to break off the** ~ razvrći zaruke; *com* **he cannot meet his ~s** on ne može udovoljiti svojim obvezama; **close** ~ borba izbliza; *com* **without** ~ bezobvezno
engaging [in'geidʒiŋ] *adj* (**~ly** *adv*) privlačiv, koji osvaja; prijazan, ljubazan | ~ **child** dražesno dijete; *tech* ~ **lever** spojna poluga
engarland [in'ga:lənd] *vt* staviti vijenac, ukrasiti girlandom, ovjenčati; okružiti
engender [in'dʒendə] *vt fig* stvoriti, začeti, roditi, proizvesti, uzrokovati; izazvati (osjećaj)
engine ['endʒin] *s* (pogonski) stroj, motor, oruđe, ratni stroj; sredstvo; lokomotiva, mašina; vatrogasna štrcaljka | ~ **bearers,** ~ **bed,** ~ **frame** temelj stroja, postolje mašine; ~ **compartment** strojarnica, mašinski prostor; ~ **hatch** palubni ulaz u strojarnicu; ~ **waste** otpaci pamuka, kučine za čišćenje strojeva; ~ **log-book** mašinski dnevnik
engine ['endʒin] *vt* opremiti (brod i dr.) strojevima; namjestiti, montirati
engine-builder ['endʒinˌbildə] *s* graditelj strojeva
engine-driver ['endʒinˌdraivə] *s* strojovođa (na lokomotivi); mašinist
engineer [ˌendʒi'niə] *s* **inženjer;** *mil* **inženjerac,** pionir; tehničar; graditelj strojeva; strojar; *US* strojovođa
engineer [ˌendʒi'niə] *vt/i* **I.** *vt* graditi, podizati (ceste, mostove, željeznice), konstruirati, staviti u pogon; upravljati, ravnati, manevrirati; *coll* urediti, udesiti, izvesti, izmudriti **II.** *vi* biti inženjer
engineering [ˌendʒi'niəriŋ] *s* strojarstvo, mašinogradnja; tehnika; upravljanje; izmudrivanje (smicalica) | ~ **office** tehnički ured
engine-lathe ['endʒinleið] *s* tokarski (strugarski) stroj, strug, točilo
engineman ['endʒinmən] *s mar* mašinist (mornar)

engine-plant ['endʒinplaːnt] *s* pogonski uređaj; strojarnica, mašinski prostor
engine-room ['endʒinrum] *s* strojarnica, mašinski prostor | *mar* ~ **register** mašinski dnevnik; ~ **telegraph** mašinski telegraf
enginery ['endʒinəri] *s* strojevi, mašinerija
engine-sized paper ['endʒinˌsaizd'peipə] *s* strojem rezan i sortiran papir (u različitim veličinama)
engine-turning ['endʒinˌtəːniŋ] *s* rezbarenje simetričnih ornamenata na metalu pomoću stroja, gijoširanje
engird [in'gəːd] *vt* opasati, okružiti, opkoliti
engirdle [in'gəːdl] *vt* → **engird**
Englander ['iŋgləndə] *s* | **Little** ~ protivnik engleske imperijalističke politike
English ['iŋgliʃ] *adj* engleski | ~ **fathom** pomorski sežanj, 6 stopa (1,8288 m); ~ **type** vrsta tiskarskog sloga; **early** ~ **style** rani engleski stil; **he is** ~ on je Englez
English ['iŋgliʃ] *s* engleski jezik | **the** ~, Englezi, engleski narod; ~**-built** proizveden u Engleskoj; ~ **born** rođen Englez; **King's** ~, **Queen's** ~ lijep, pravilan engleski jezik; **murder, mishandle, abuse the King's** ~ kvariti jezik, loše govoriti engleski; **Old** ~ staroengleski jezik (do 1150); **Middle** ~ srednjoengleski (do 1500); **Modern** ~ moderni engleski; **in plain** ~ lijepo engleski, jasno, jednostavnim riječima; **Basic** ~ (*abbr for* **B**ritish, **A**merican, **S**cientific, **I**nternational, **C**ommercial) moderni umjetni engleski jezik s ograničenim brojem riječi; **Standard** ~ korektan, čist engleski jezik, standardni engleski
English ['iŋgliʃ] *vt arch* prevesti na engleski
Englishize ['iŋgliʃaiz] *vt* poengleziti
Englishman ['iŋgliʃmən] *s* (*pl* **Englishmen** ['iŋgliʃmən] Englez; engleski brod
Englishry ['iŋgliʃri] *s* englesko podrijetlo; *esp Ir* dio pučanstva engleskog podrijetla u Irskoj
English-speaking ['iŋgliʃˌspiːkiŋ] *adj* koji govori engleski
Englishwoman ['iŋgliʃˌwumən] *s* (*pl* **Englishwomen** ['iŋgliʃˌwimin]) Engleskinja
engorge [in'gɔːdʒ] *vt* pohlepno progutati, proždrijeti | *med* **to be** ~**d** biti pun, začepljen (osobito krvna žila) (*with* čime)
engorgement [in'gɔːdʒmənt] *s* prenapunjenost, začepljenje
engraft (ingraft) [in'graːft] *vt* ucijepiti; usaditi; utuviti; nakalemiti; dodati, uključiti (*into* u)
engrail [in'greil] *vt* nazupčati, izrezuckati
engrailment [in'greilmənt] *s* nazupčan, izrezuckan rub
engrain (ingrain) [in'grein] *vt* obojadisati neizbrisivom bojom; duboko usaditi, utuviti
engrained [in'greind] *adj* čvrsto ukorijenjen, zastario; nepopravljiv, okorio | **an** ~ **rogue** okorio lopov
engrave [in'greiv] *vt* urezati, rezbariti; ukrasiti; dupsti (likove), gravirati, kliširati; *fig* usjeći, utuviti
engraver [in'greivə] *s* rezbar, graver | ~ **in copper** bakrorezac
engraving [in'greiviŋ] *s* rezbarenje, graviranje; rezbarija, graviran kliše, gravira, bakrorez, drvorez
engross [in'grəus] *vt* napisati (dokument) velikim slovima, prepisati u čisto; izraziti službenim stilom; monopolizirati, prigrabiti; privući, zaokupiti (čiju pažnju) | **to** ~ **the conversation** ne dati drugome da dođe do riječi, govoriti sam; **to be** ~**ed in** biti zadubljen u što; **to be** ~**ed by** dati se od čega privući, zaokupiti
engrossing [in'grəusiŋ] *adj* (~**ly** *adv*) koji monopolizira; privlačiv, napet
engrossing-hand [in'grəusiŋ'hænd] *s* činovnički rukopisi
engrossment [in'grəusmənt] *s* nagomilavanje posjeda; prijepis, čistopis; isprava; zaokupljenost (*of, with* čime)
engulf (ingulf) [in'gʌlf] *vt* proždrijeti, progutati
engulfment [in'gʌlfmənt] *s* pad, propadanje (u ponor)
enhance [in'haːns] *vt* uzdići, povisiti, povećati, pojačati; podići (cijenu); pooštriti (kaznu); unaprijediti; pretjerati; precijeniti
enhancement [in'haːnsmənt] *s* uzdizanje, povišenje, povećanje, pojačanje, dizanje (cijene); pooštrenje (kazne); unapređivanje; pretjerivanje, precjenjivanje
enharmonic [ˌenhaː'mɔnik] *adj* (~**ly** *adv*) *mus* enharmoničan (koji ima intervale manje od polutonova)
enigma [i'nigmə] *s* zagonetka, enigma
enigmatic [ˌenig'mætik] *adj* zagonetan, enigmatičan
enigmatical [ˌenig'mætikəl] *adj* (~**ly** *adv*) → **enigmatic**
enigmatize [i'nigmətaiz] *vt/i* učiniti zagonetnim; govoriti u zagonetkama
enisle (inisle) [i'nail] *vt* pretvoriti u otok; iskrcati, smjestiti na otok; osamiti, izolirati
enjambment [in'dʒæmmənt] *s pros Fr* prelaženje nedovršene rečenice u drugi stih
enjoin [in'dʒɔin] *vt* propisati, nametnuti, zapovjediti (*that a th should be done* da se što učini), narediti (*on a p* kome)
enjoy [in'dʒɔi] *vt* uživati, radovati se, iskusiti; voljeti, naći zadovoljstvo u čemu; imati, posjedovati | **to** ~ **oneself** dobro se zabavljati; **to** ~ **good health, poor health**

biti dobra, loša zdravlja; **do you ~ the cigarette?** prija li vam cigareta?

enjoyable [in'dʒɔiəbl] *adj* (**enjoyably** *adv*) u čemu se može uživati, pun užitka, ugodan, prijatan

enjoyment [in'dʒɔimənt] *s* užitak, naslada, veselje, zadovoljstvo | **to be in the ~ of** imati, uživati, posjedovati što

enkindle [in'kindl] *vt* razbjuktjeti, razjariti, raspaliti, rasplamsati, raspiriti, ražariti; uzbuditi

enlace [in'leis] *vt* obavijati, čvrsto obujmiti, obuhvatiti, oplesti; prekriti čipkom

enlacement [in'leismənt] *s* obuhvatanje, obavijanje, grljenje, stezanje

enlarge [in'la:dʒ] *vt/i* **I.** *vt* povećati, uvećati; rasprostraniti, proširiti; opširno pripovijedati ili pisati; *arch* pustiti na slobodu **II.** *vi* povećati se, uvećati se; rasprostraniti se, proširiti se; raspričati se | *fig* **to ~ oneself** prostirati se; **to ~ one's mind** proširiti svoj vidokrug; *com* **to ~ the payment of** a **bill** prolongirati mjenicu; **to ~ upon a th** naširoko što razlagati; raspričati se o čemu; *com* **~d acceptance** uvjetni prihvat (mjenice)

enlarged [in'la:dʒd] *adj* liberalan, širokogrudan

enlargement [in'la:dʒmənt] *s* proširenje, povećavanje; povećanje (fotografije); rasprostranjenje

enlighten [in'laitn] *vt* rasvijetliti; poučiti; obavijestiti; razbistriti, razjasniti, osvijetliti, prosvijetliti

enlightenment [in'laitnmənt] *s* prosvjećivanje, prosvijećenost | **the (Age of) Enlightenment** doba prosvjetiteljstva

enlink [in'liŋk] *vt* čvrsto povezati (*to, with* s kim, čim)

enlist [in'list] *vt/i* **I.** *vt* pozvati u vojsku, uvojačiti; privući, predobiti **II.** *vi mil* uvojačiti se, dobrovoljno se staviti u službu, postati vojnik; zauzeti se (za što) | **to ~ a p's sympathies** predobiti čije simpatije; **~ed men** vojnici, mornari i podoficiri

enlistment [in'listmənt] *s* uvojačenje; predobivanje

enliven [in'laivn] *vt* oživjeti, okrijepiti, poticati, bodriti; razveseliti

enlock [in'lɔk] *vt* zatvoriti, zaključati

en masse [ã:ŋ'mæs] *adv Fr* u velikoj množini, u cjelini, masovno, an mas

enmesh [in'meʃ] *vt* oplesti, zaplesti, uhvatiti u mrežu

enmeshment [in'meʃmənt] *s* zapletanje, zapletaj

enmity ['enmiti] *s* neprijateljstvo, mržnja | **at (in) ~ with** u neprijateljstvu sa; **he does not bear any ~** nije zlopamtilo

ennead ['eniæd] *s Gr* niz od devet (osoba, stvari, pojmova)

ennoble [i'nəubl] *vt* učiniti plemićem, dati komu plemstvo; *fig* oplemeniti

ennoblement [i'nəublmənt] *s* podjeljivanje plemstva; *fig* oplemenjivanje

ennui [ã:'nwi:] *s Fr* dosada, nezadovoljstvo

enormity [i'nɔ:məti] *s* golemost, strahota, odvratnost; bezakonje, zločin, grozota, užas

enormous [i'nɔ:məs] *adj* (**~ly** *adv*) golem, ogroman, silan, divovski, grdan; strašan, odvratan, užasan

enormousness [i'nɔ:məsnis] *s* golemost, strahovitost, odvratnost

enough [i'nʌf] *adj* dovoljan, obilan (**three are ~** dosta su tri) | **~ joy, joy ~** dovoljno veselja, dosta veselja

enough [i'nʌf] *s* dovoljnost, dostatnost | **I have had ~ of him** dosta mi ga je; **~ of that!** dosta o tom!; **I had ~ to do to get home** dosta sam se namučio dok sam stigao kući; **~ is as good as a feast** umjerenost je najbolja; sve što je previše, ne valja; **~ and to spare** napretek, više nego što treba; **cry "~"!** priznaj da si pobijeđen!; **you have done more than ~** učinili ste više nego što se od vas očekivalo

enough [i'nʌf] *adv* dovoljno, dosta, prilično; potpuno, sasvim | **be kind ~ and come** budi tako ljubazan pa dođi; **curiously ~** čudno, začudo; **oddly ~** zaista čudno, začudo; **safe ~** potpuno siguran; **second-rate ~** sasvim drugorazredan; **sure ~** zaista, zbilja, svakako; **well ~** prilično dobro, lijepo; vrlo dobro, sasvim dobro; **likely ~** vrlo vjerojatno; **he was not man ~ to do** nije bio dosta odlučan da učini

enounce [i:'nauns] *vt* izraziti, izjaviti, objaviti, izustiti

enouncement [i:'naunsmənt] *s* izjava, objava

enow [i'nau] *adj s & adv poet* → **enough**

en passant [ã:m'pæsã:ŋ] *adv Fr* na prolazu, usput, uzgred

enquire [in'kwaiə] *vi/t* → **inquire**

enquiry [in'kwaiəri] *s* → **inquiry**

enrage [in'reidʒ] *vt* razbjesniti, razjariti

enraged [in'reidʒd] *adj* bijesan (*at* na), razjaren (*by* čim)

enrank [in'ræŋk] *vt* poređati (vojnike) u bojni red, postrojiti

enrapt [in'ræpt] *adj* zanesen, ushićen, oduševljen

enrapture [in'ræptʃə] *vt* zanijeti, ushititi, oduševiti | **to be ~d with** biti ushićen kim, čim

enregiment [in'redʒimənt] *vt* složiti u regimentu, organizirati; disciplinirati

enregister [in'redʒistə] *vt* zabilježiti, upisati, unijeti u popis, registrirati

enrich [in'ritʃ] *vt* obogatiti (*with* čim); ukrasiti; učiniti vrijednim; povećati, pojačati (svojstvo); učiniti plodnim (tlo)

enrichment [inˈritʃmənt] *s* obogaćenje, ukras, kićenje, upotpunjenje
enrobe [inˈrəub] *vt* odjenuti, zaodjeti (*in* u)
enrol (enroll) [inˈrəul] *vt* umotati; unijeti u popis, zapisati, popisati (osobito vojne obveznike); uvojačiti, unovačiti, vrbovati; upisati (na sveučilište), učlaniti; uredovno, sudski upisati, staviti u zapsnik, zabilježiti; ovjekovječiti; častiti, slaviti | **to ~ oneself** učlaniti se (u društvo); ići u vojsku, uvojačiti se; **to ~ in a society** učlaniti se u neko društvo
enrolment [inˈrəulmənt] *s* upis, stavljanje u popis (npr. spisa), zaprimanje (spisa), popis; vojačenje; izjava o pristupanju (u neko društvo itd.); broj upisanih (studenata itd.)
enroot [inˈruːt] *vt* učvrstiti korijenjem; duboko usaditi; ukorijeniti
en route [ɑ̃ːnˈruːt] *adv Fr* putem, na putu (*from* od ... *to* do), usput
ensample [enˈsaːmpl] *s arch* primjer, uzorak
ensanguine [inˈsæŋgwin] *vt* okrvaviti, zakrvaviti, krvlju okaljati
ensanguined [inˈsæŋgwind] *adj* krvav, okrvavljen
ensconce [inˈskɔns] *vt* zakloniti, sakriti, zaštititi | **to ~ oneself** sakriti se; *fam* smjestiti se na skrovitu (udobnom, sigurnom) mjestu
ensemble [ɑ̃ːnˈsɑ̃ːmbl] *s Fr* cjelina, opći dojam; *mus* skup, zbor, ansambl (pjevača i svirača); haljina i ogrtač koji pristaju zajedno
ensemble [ɑ̃ːnˈsɑ̃ːmbl] *adv Fr* sve najednom, zajedno
enshrine [inˈʃrain] *vt* zatvoriti (kao) u svetište, čuvati kao svetinju, služiti kao svetište; u srcu nositi | **basic human rights ~d in the constitution** osnovna ljudska prava zajamčena ustavom
enshrinement [inˈʃrainmənt] *s* zatvaranje, čuvanje (svetinje)
enshroud [inˈʃraud] *vt* zaogrnuti, zaodjenuti, umotati, zastrti, obaviti
ensign [ˈensain] *s* zastava, stijeg, znak, obilježje (u službi); potporučnik (u pješadiji); *hist* zastavnik; *US navy* potporučnik | **~ bearer** barjaktar, stjegonoša; **white ~** zastava engleske ratne mornarice; **blue ~** zastava engleske mornaričke rezerve; **red ~** zastava engleske trgovačke mornarice; **to dip one's ~ to** pozdraviti spuštanjem zastave
ensigncy [ˈensainsi] *s mil* služba zastavnika, čin najnižeg oficira
ensilage [ˈensilidʒ] *s* spremanje zelene stočne hrane u silos; zelena stočna hrana (iz silosa); silaža
ensilage [ˈensilidʒ] *vt* spremati (zelenu stočnu hranu) u silos; priređivati zelenu stočnu hranu
ensile [inˈsail] *vt* → **ensilage**
enslave [inˈsleiv] *vt* zarobiti, podjarmiti
enslavement [inˈsleivmənt] *s* zarobljenje, podjarmljivanje, ropstvo, ropska vezanost, sputanost
enslaver [inˈsleivə] *s* zarobljivač, podjarmljivač (osobito o ženi koja hvata muškarce u svoje mreže)
ensnare (insnare) [inˈsnɛə] *vt* uhvatiti u zamku, zavesti, zaplesti, smotati
ensoul (insoul) [inˈsəul] *vt* udahnuti dušu
ensphere [inˈsfiə] *vt poet* okružiti, obuhvatiti
ensue [inˈsjuː] *vi/t* **I.** *vi* dogoditi se kasnije, slijediti; proizlaziti, rezultirati (*from* iz) **II.** *vt* slijediti koga, ići za kim
ensuing [inˈsjuːiŋ] *adj* (**~ly** *adv*) slijedeći, budući, idući
ensure [inˈʃuə] *vt* osigurati, utvrditi, jamčiti, garantirati | **to ~ an income to a p** osigurati dohodak komu; **to ~ oneself** osigurati se (*against* protiv, *from* od)
enswathe (inswathe) [inˈsweið] *vt* povezati, zamotati, omotati, obaviti
enswathement [inˈsweiðmənt] *s* zamatanje, povez, ovoj
entablature [enˈtæblətʃə] *s archit* gornji dio zida ili stupa (koji se obično sastoji od arhitrava, friza i vijenca)
entablement [inˈteiblmənt] *s* horizontalno postolje za kip (koje se nalazi iznad baze ili kocke stupa)
entail [inˈteil] *s* određen, nepromjenljiv red nasljeđa, neotuđivo dobro, leno, fideikomis, baština koja se ne može prodati; *fig* neodjeljiva baština (svojstava, vjerovanja itd.)
entail [inˈteil] *vt jur* prenijeti, ostaviti (npr. zemlju) kao neotuđivu (nekoj osobi i njenim nasljednicima), pretvoriti posjed u fideikomis; nametnuti, povlačiti za sobom, donositi sa sobom; tražiti, zahtijevati
entailment [inˈteilmənt] *s* prenošenje nekog dobra kao neotuđiva, kao fideikomis
entangle [inˈtæŋgl] *vt* zaplesti, zamrsiti; smesti; uhvatiti u mrežu, dovesti u nepriliku | **to become ~d with** stupiti s kim u odnose koji kompromitiraju; **to get ~d** zaplesti se
entanglement [inˈtæŋglmənt] *s* smetnja, zaplet, neprilika, zamka; *mil* žičana zapreka | **an ~ with a woman** ljubavna veza
enter [ˈentə] *vi/t* **I.** *vi* 1. ući, ulaziti; nastupiti (na pozornici itd.) 2. zadubiti se, prodrijeti 3. *sport* prijaviti se (za natjecanje) 4. *jur* stupiti u posjed **II.** *vt* 1. stupiti, poći, zaploviti (u) 2. izlijevati se (o rijeci) 3. postići članstvo (udruženja) 4. zapisati, zabilježiti, unijeti 5. početi, započeti (podučavanje, dresuru) 6. poslati, zapisati (u školu) 7. *jur* sudski provesti, dati provesti, započeti parnicu 8. *com*

proknjižiti; deklarirati robu na carinarnici | **to ~ an appearance** pokazati se, pojaviti se (na sastanku itd.); **to ~ the service** stupiti u (vojnu) službu; **to ~ a protest** unijeti protest u zapisnik, podnijeti utok; **to ~ the church** postati svećenik, zarediti se; **to ~ inwards (outwards)** prijaviti za uvoz (izvoz) brod, robu; **to ~ to the credit of a p** knjižiti u korist, odobriti komu; **to ~ to the debit of a p** upisati na čiji teret, knjižiti na čiji teret; **to ~ one's fifth year** stupiti u petu godinu života; **to ~ a p's head** pasti komu na um; **the thought ~ed my head** ta mi je misao sinula; **to ~ an action (a suit) against** koga optužiti, povesti parnicu protiv koga; **to be ~ed as a student of Oxford University** biti upisan, imatrikuliran na Oxfordskom sveučilištu; **to ~ oneself for an examination** prijaviti se za ispit; **to ~ a th into** umetnuti što, uvesti, uklopiti; **to ~ the lists** izaći na megdan; **to ~ the goods at the custom-house** iskazati, deklarirati robu u carinarnici; **to ~ short** premalo deklarirati; **to ~ a profession** stupiti u koje zvanje; **to ~ the war** početi rat; **to ~ one's name** zapisati svoje ime; *theat* **~ Hamlet** ulazi Hamlet

enter into ['entər'intu] *vi* ući u, prodrijeti; sudjelovati, pristupiti; upustiti se, obvezati se; biti sastavni dio čega | **to ~ an arrangement** sporazumjeti se, nagoditi se; **to ~ a contract** zaključiti ugovor; **to ~ business relations** stupiti u poslovne veze; **to ~ one's mind** pasti na um, udubiti se; **to ~ a p's feelings** shvatiti, razumjeti, cijeniti čije osjećaje, suosjećati s kim; **to ~ details** ulaziti u pojedinosti; **to ~ correspondence with** stupiti u dopisivanje sa; **to ~ partnership with** udružiti se sa, stupiti u poslovno drugarstvo, uortačiti se; **to ~ a treaty** sklopiti ugovor; **to ~ obligations** preuzeti obveze

enter up ['entər'ʌp] *vt* proknjižiti, staviti na račun | **to ~ in the name of Messrs. X** proknjižiti u korist firme X, dati prenijeti na ime firme X

enter (up)on ['entərə'pɔn] *vt* (na)stupiti, doći u, upustiti se; započeti; stupiti u posjed | **to ~ a conversation** upustiti se u razgovor

enterable ['entərəbl] *adj* u koji se može ući; *com* koji se može uvoziti; knjiživ

enteric [en'terik] *adj med* koji se tiče crijeva, crijevni | **~ fever** trbušni tifus

entering ['entəriŋ] *s* ulaz, ulaženje; knjiženje

entering-clerk ['entəriŋkla:k] *s* pomoćni knjigovođa

entering-door ['entəriŋdɔ:] *s* ulazna vrata

entering ladder ['entəriŋ,lædə] *s mar* slaz, bočni siz, vanjske pokretne brodske stepenice

entering-port ['entəriŋpɔ:t] *s mar* brodski otvor kroz koji se spuštaju pokretne brodske stepenice

entering rope ['entəriŋrəup] *s mar* ograda bočnog siza

enteritis [,entə'raitis] *s med* upala crijeva, crijevni katar

enterprise ['entəpraiz] *s* poduzeće; pothvat, poduhvat; poduzetnost, hrabrost; *com* spekulacija | **he has no ~** on nije poduzetan, nije hrabar; *com* **free ~** slobodna inicijativa

enterprising ['entəpraiziŋ] *adj* (**~ly** *adv*) smion, poduzetan, hrabar, poduzimljiv

entertain [,entə:tein] *vt* uzdržavati, zadržavati, podržavati; zabavljati, pozivati u goste; gostiti, primati goste; gajiti (nadu, sumnju i dr.); baviti se mišlju, razmatrati; prihvatiti, primiti | **to be ~ed at dinner by a p** biti pozvan komu na večeru; **they ~ a great deal** oni mnogo pozivaju goste; **to ~ oneself** zabavljati se

entertainer [,entə'teinə] *s* zabavljač; gostoprimac, domaćin

entertaining [,entə'teiniŋ] *adj* (**~ly** *adv*) zabavan, ugodan

entertainment [,entə'teinmənt] *s* zabava, razonoda; veselje, gozba, gošćenje; gostoljubivost; svečanost, primanje, doček; javna priredba, predstava | **to afford ~ to a p** zabavljati koga; **to give an ~** dati zabavu, priredbu; **house of ~** gostionica

enthral (enthrall) [in'θrɔ:l] *vt fig* podjarmiti, zarobiti, očarati

enthralment [in'θrɔ:lmənt] *s fig* zarobljavanje, očaranje

enthrone [in'θrəun] *vt* postaviti na prijestolje (kralja, biskupa), ustoličiti

enthronement [in'θrəunmənt] *s* postavljanje na prijestolje, ustoličenje

enthronization [in,θrəunai'zeiʃn] *s* → **enthronement**

enthuse [in'θju:z] *vi coll* oduševiti se, zanositi se | **to ~ about (over)** zanosno govoriti o

enthusiasm [in'θju:ziæzəm] *s hist* **božanska** inspiracija; oduševljenje, zanos, žar, entuzijazam (*for* za koga; *over* za što)

enthusiast [in'θju:ziæst] *s* zanesenjak, sanjar, entuzijast (*for, of* za)

enthusiastic [in,θju:zi'æstik] *adj* (**~ly** *adv*) oduševljen, zanesen | **to become ~ over** oduševiti se čime

entice [in'tais] *vt* primamiti, mamiti, privući, navesti; napastovati, zavesti

enticement [in'taismənt] *s* mamljenje, privlačenje, napastovanje, zavođenje

enticer [in'taisə] *s* zavodnik

enticing [in'taisiŋ] *adj* zamaman, primamljiv, zavodnički

entire [in'taiə] *adj* (~**ly** *adv*) cio, čitav, sav, potpun, cjelovit; neuškopljen (konj); neoštećen, nepodijeljen, neskraćen; neprekidan, stalan; nepomiješan, čist | ~ **affection** potpuna sklonost, ljubav; ~ **delusion** potpuno, puko razočaranje; *com* ~ **sale** isključiva prodaja, samoprodaja; ~ **wheat** krupno mljeveno brašno, prekrupa; **at your** ~ **disposal** potpuno na vaše raspolaganje

entire [in'taiə] *s* cjelina, potpunost; neuškopljen konj; vrsta tamnog gustog piva | **in** ~ u cijelosti, u svemu, u cjelini

entirely [in'taiəli] *adv* potpuno, sasvim, posve; isključivo

entirety [in'taiəti] *s* potpunost, cjelokupnost, cjelovitost, neoštećenost; konačni zbroj | **in its** ~ u potpunosti, u cjelini; *jur* **possession by entireties** nedjeljiv posjed

entitative ['entitətiv] *adj* bitan, stvaran, zbiljski

entitle [in'taitl] *vt* dati naslov (knjizi, djelu); dati kakvu titulu, naslov; dati komu pravo, ovlastiti koga (*to* na što; *to do* da što učini) | **to be** ~**d** imati naslov (knjiga); **to be** ~**d to** imati pravo na što; *mil* **to be** ~**d to a salute** imati pravo na počasnu paljbu

entity ['entəti] *s* bit, biće, bitnost, suština; entitet

entomb [in'tu:m] *vt* staviti u grob, pokopati; *fig* zakopati

entombment [in'tu:mmənt] *s* ukop, pokop

entomological [ˌentəmə'lɔdʒikl] *adj* (~**ly** *adv*) entomološki, koji se tiče nauke o kukcima

entomologist [ˌentə'mɔlədʒist] *s* entomolog

entomologize [ˌentə'mɔlədʒaiz] *vi* baviti se proučavanjem kukaca

entomology [ˌentə'mɔlədʒi] *s* entomologija, nauka o kukcima

entrails ['entreilz] *s pl* utroba, drob, crijeva; *fig* unutrašnjost (zemlje, motora)

entrain [in'trein] *vt/i* ukrcati u vlak (vojsku, robu); ukrcati se u vlak

entrammel [in'træml] *vt* zaplesti, priječiti, smetati, sputati

entrance ['entrəns] *s* ulaženje, ulazak, pristup, nastup (na pozornici i dr.); vrata, ulaz, prolaz; dozvola za ulazak, ulaznina; puštanje, pravo pristupa; početak, uvod, prijava | **no** ~! ulaz zabranjen!; **to force an** ~ **into** prodrijeti u; **to make one's** ~ unići, nastupiti; **to give** ~ **to** dopustiti komu da uđe

entrance [in'tra:ns] *vt* ushititi, zanijeti, oduševiti

entrance-duty ['entrənsˌdju:ti] *s* uvozna carina

entrance-examination ['entrənsigˌzæmi'neiʃn] *s* prijemni ispit

entrance-fee ['entrəns'fi:] *s* ulaznina, upisnina

entrance-hall ['entrəns'hɔ:l] *s* predvorje

entrancement [in'tra:nsmənt] *s* zanesenost, oduševljenje, ushit

entrant ['entrənt] *s* onaj koji ulazi, koji nastupa (*to* u službu i dr.); *sport* sudionik, natjecatelj

entrap [in'træp] *vt* uhvatiti (kao) u zamku, zaplesti; namamiti (*into* u)

entreat [in'tri:t] *vt arch* postupati s kim, baviti se s kim, gostiti; zaklinjati, preklinjati, usrdno moliti | *bibl* **evil** ~ loše postupati, mučiti

entreaty [in'tri:ti] *s* usrdna molba, zaklinjanje, preklinjanje

entrée ['ɔntrei] *s Fr* ulaz, pravo pristupa; *cul GB* predjelo (prije pečenke); *US* glavno jelo

entrench (**intrench**) [in'trentʃ] *vt/i* **I.** *vt* okružiti vojsku ili grad šančevima; opkopati **II.** *vi* presezati; ušančiti se | ~**ed customs** ustaljeni običaji

entrench upon [in'trentʃə'pɔn] *vi* presezati, krnjiti, prisvojiti

entrenchment [in'trentʃmənt] *s mil* ušančenje, šanac, rov

entrepôt ['ɔntrəpəu] *s Fr* skladište (slobodno od carine), stovarište; trgovačko središte za uvoz, izvoz, sabiranje i distribuciju robe | ~ **trade** reeksportna trgovina, entrepot trgovina

entrepreneur [ˌɔntrəprə'nə:] *s Fr* poduzimač, poduzetnik

entresol ['ɔntrəsɔl] *s Fr* međukat, polukat, mezanin

entropy ['entrəpi] *s* entropija

entrust (**intrust**) [in'trʌst] *vt* povjeriti (*a th to a p* kome što), zadužiti (*a p with a th* koga čime)

entry ['entri] *s* 1. ulaženje, ulazak, svečani ulazak; *jur* stupanje u posjed 2. ulazna vrata, kapija, predvorje; ušće (rijeke) 3. upisivanje; *com* knjiženje, stavka; primitak novca; popis (natjecatelja), zapis 4. prijava robe na carinarnici, carinska deklaracija | **bookkeeping by double** (**single**) ~ dvostruko (jednostruko) knjigovodstvo; ~ **visa** ulazna viza; ~ **on the map** napomena na geografskoj karti; **upon** ~ nakon primitka, kod primitka; **to make an** ~ deklarirati robu na carini; knjižiti, proknjižiti

entwine (**intwine**) [in'twain] *vt* oplesti, isplesti; ogrliti, obuhvatiti, ovjenčati | **to** ~ **oneself** oplesti se, opletati se, obavijati se

entwist (**intwist**) [in'twist] *vt* ispreplesti, oplesti, obaviti

enucleate [i'nju:klieit] *vt* izvaditi jezgru (smisao); protumačiti, objasniti, razjasniti, razmrsiti, razriješiti; *med* izvaditi (tumor, oko i dr.)

enucleation [iˌnju:kli'eiʃn] *s* vađenje jezgre; tumačenje, objašnjenje, razjašnjenje

enumerate [i'nju:məreit] *vt* brojiti, nabrajati, specificirati
enumeration [i,nju:mə'reiʃn] *s* brojenje, nabrajanje, popis, specifikacija
enumerative [i'nju:mərətiv] *adj* koji broji, nabraja
enumerator [i'nju:məreitə] *s* brojilac; onaj koji nabraja; numerator
enunciate [i'nʌnsieit] *vt* izraziti, izreći; izjaviti, proglasiti; izustiti; iskazati; izgovarati (riječi)
enunciation [i,nʌnsi'eiʃn] *s* izraz, izjava, proglas; način izgovora, način izražavanja
enunciative [i'nʌnʃiətiv] *adj* koji se tiče izjave, izgovora; jasan, određen | ~ **power** snaga izražaja
enure [i'njuə] *vt/i* → **inure**
envelop [in'veləp] *vt* zamotati, omotati, zaviti, uviti, pokriti, sakriti; *mil* okružiti, opkoliti (neprijatelja)
envelope ['envələup] *s* zavoj, omot; listovni omot, kuverta; vanjski pokrivač aerostata; vreća (kod balona ili zračnog broda) koja sadržava plin; *astr* prozračna masa koja okružuje komet; *biol & bot* vanjska opna, ljuska, čaška; *mil* zaštitni bedem
envelopment [in'veləpmənt] *s* ovoj, umatanje, pokrivanje, okruživanje, sakrivanje; *mil* obuhvat (neprijatelja)
envenom [in'venəm] *vt* staviti otrov (u jelo, oružje), otrovati; zatrovati, iskvariti, izopačiti, zagorčiti
enviable ['enviəbl] *adj* (**enviably** *adv*) zavisti vrijedan, zavidan (npr. položaj)
envious ['enviəs] *adj* (**~ly** *adv*) zavidljiv, zavidan (*of* kome na čemu)
environ [in'vaiərən] *vt* opkoliti, okružiti | **~ed of (by)** okružen čime
environment [in'vaiərənmənt] *s* okolina, ambijent; okolica
environmental [,invaiərən'mentl] *adj* koji se odnosi na prirodnu okolinu | *US* **Environmental Protection Agency** Savjet za zaštitu čovjekove okoline
environmentalist [in,vaiərən'mentəlist] *s* onaj koji se bavi problemima čovjekove okoline
environs [in'vaiərənz] *s pl* okolica (grada, predjela); predgrađa
envisage [in'vizidʒ] *vt* gledati u lice, suočiti se sa; zamišljati, predočivati; razmatrati, razmišljati; kaniti, namjeravati (*doing*); predviđati
envisagement [in'vizidʒmənt] *s* gledanje u lice, uočenje; razmatranje, razmišljanje
envoy ['envɔi] *s arch* kratka strofa s kojom se završava pjesma; popratne riječi, pogovor nekoj pjesmi, eseju ili knjizi
envoy ['envɔi] *s* poslanik, predstavnik, izaslanik (u činu ispod ambasadora)
envy ['envi] *s* zavist | **to be eaten up with ~** izjedati se od zavisti; **to be green with ~** pozelenjeti od zavisti; **that was the ~ of all his friends** na tom su mu zavidjeli svi njegovi prijatelji
envy ['envi] *vt* zavidjeti, biti zavidljiv | **I ~ their success** zavidim im na uspjehu
enwind [in'waind] *vt* (enwound, enwound) omotati, obaviti
enwrap (**inwrap**) [in'ræp] *vt* umotati, zamotati
enwreathe [in'ri:ð] *vt* ovjenčati, oviti, oplesti
enzyme ['enzaim] *s chem* enzim
eocene ['i:əusi:n] *s geol* eocen
eolith ['i:əuliθ] *s* eolit, grubo kameno oruđe iz najstarijeg razdoblja ljudske prethistorije
eon (**aeon**) ['i:ən] *s* eon, vječnost, beskrajna dužina vremena
eozoic [iə'zəuik] *adj geol* eozojski
epact ['i:pækt] *s astr* epakta, razlika između Mjesečeve i Sunčeve godine
eparch ['epa:k] *s Gr* eparh, namjesnik provincije, biskup
epaulet (**epaulette**) ['epəulet] *s Fr* epoleta, naramenica | **to win one's ~s** postati oficir
epergne [i'pə:n] *s* ukras na stolu (koji se sastoji od nekoliko zdjela ili posuda, obično u obliku grana)
ephemera [i'femərə] *s ent* vodeni cvijet, jednodnevna mušica; vrsta kukaca kratka vijeka (efemeride); *fig* stvar kratka vijeka, prolazna stvar
ephemeral [i'femərəl] *adj* jednodnevan (bolest, cvijet, insekt), kratkotrajan, prolazan; efemeran
ephemerality [i,femə'ræləti] *s* jednodnevnost; kratkotrajnost, prolaznost
ephemeron [i'femərən] *s* → **ephemera**
epic ['epik] *adj* epski, junački, herojski | ~ **achievements** junačka djela; ~ **laughter** homerski smijeh
epic ['epik] *s* epska pjesma, ep, epsko književno djelo | **national** ~ narodni ep; **Epic Dialect** staro grčko narječje na kojem su napisane grčke epske pjesme
epical ['epikl] *adj* (**~ly** *adv*) epski, junački, herojski
epicedium [,epi'si:diəm] *s* tužaljka, pogrebna pjesma
epicene ['episi:n] *adj* obospolan, dvospolan; *gram* koji označuje oba spola bez oznake roda
epicene ['episi:n] *s* osoba s oznakama muškog i ženskog spola, dvospolac
epicentre ['episentə] *s* epicentar; žarište
epicentrum [,epi'sentrəm] *s* → **epicentre**
epicure ['epi,kjuə] *s* sladokusac, izbirljivac, izbirljiv čovjek
epicurean [,epikjuə'ri:ən] *adj* epikurejski
epicurean [,epikjuə'ri:ən] *s* epikurejac, čovjek koji uživa u profinjenim čulnim nasladama

epicureanism [ˌepikjuəˈriənizəm] *s* epikureizam
epicurism [ˈepikjuərizəm] *s* epikureizam, epikurejstvo, sladokustvo
epicycle [ˈepisaikl] *s geom & astr* epicikl
epicycloid [ˌepiˈsaiklɔid] *s geom* epicikloid
epidemic [ˌepiˈdemik] *adj* epidemijski, zarazan
epidemic [ˌepiˈdemik] *s* epidemija, pošast, zaraza
epidemical [ˌepiˈdemikl] *adj* (~**ly** *adv*) epidemijski, zarazan
epidermal [ˌepiˈdəːml] *adj* koji se tiče gornjeg sloja kože, epidermički
epidermic [ˌepiˈdəːmik] *adj* → **epidermal**
epidermis [ˌepiˈdəːmis] *s* epiderma, gornji sloj kože
epidiascope [ˌepiˈdaiəskəup] *s* epidijaskop
epigastrium [ˌepiˈgæstriəm] *s* gornji dio trbuha iznad želuca
epigenesis [ˌepiˈdʒenəsis] *s biol* epigeneza
epiglottis [ˌepiˈglɔtis] *s* jezičac (koji zatvara dušnik)
epigram [ˈepigræm] *s* epigram
epigrammatic [ˌepigrəˈmætik] *adj* (~**ally** *adv*) epigramatski, dosjetljiv, duhovit
epigrammatist [ˌepiˈgræmətist] *s* pisac epigrama
epigrammatize [ˌepiˈgræmətaiz] *vi/t* pisati na način epigrama; pisati epigrame
epigraph [ˈepigraːf] *s* natpis, epigraf
epigraphic [ˌepiˈgræfik] *adj* epigrafski
epigraphy [eˈpigrəfi] *s* epigrafija, nauka i čitanje (osobito starih) natpisa
epilepsy [ˈepilepsi] *s med* epilepsija, padavica
epileptic [ˌepiˈleptik] *adj med* epileptičan, padavičav | ~ **fit** napadaj padavice
epileptic [ˌepiˈleptik] *s med* epileptičar, padavičar
epilogue [ˈepilɔg] *s* epilog, pogovor; osoba koja govori epilog
epiphany [iˈpifəni] *s eccl* Bogojavljenje, Sveta tri kralja; pojava nadnaravna bića
epiphyte [ˈepifait] *s bot* biljka koja raste na kojoj drugoj biljci (ali se ne hrani na njoj); biljni parazit na životinjskom tijelu
episcopacy [iˈpiskəpəsi] *s* biskupska čast; skup biskupa; upravljanje crkvom preko skupa biskupa; episkopat
episcopal [iˈpiskəpl] *adj* (~**ly** *adv*) biskupski, episkopalni
episcopalian [iˌpiskəˈpeiljən] *adj* episkopalni
episcopalian [iˌpiskəˈpeiljən] *s* član episkopalne crkve; pristaša episkopalizma
episcopate [iˈpiskəpit] *s* skup biskupa, biskupovanje; episkopat; biskupsko dostojanstvo
episode [ˈepisəud] *s* dio grčke tragedije između dvije korske pjesme; zgoda; sporedan događaj, upadica, sporedna radnja, epizoda
episodic(al) [ˌepiˈsɔdik(əl)] *adj* (~**ly** *adv*) umetnut, sporedan, epizodički, slučajan
epistle [iˈpisl] *s* epistola, poslanica, pismo (s literarnim pretenzijama) | *eccl* **the Epistle** izbor iz apostolskih poslanica (koji se čita za vrijeme mise, prije evanđelja)
epistolary [iˈpistələri] *adj* koji se tiče poslanice, pisma | ~ **style** stil kojim se pišu pisma literarnih pretenzija; ~ **novel** roman u pismima
epistoler [iˈpistələ] *s eccl* onaj koji čita poslanicu za vrijeme mise (prije evanđelja); pisac epistula
epitaph [ˈepitaːf] *s* nadgrobni natpis, epitaf
epithalamium [ˌepiθəˈleimjəm] *s* (*pl* ~**s, epithalamia** [ˌepiθəˈleimjə]) svadbena pjesma, svatovac
epithelium [ˌepiˈθiːljəm] *s med* epitel, gornji sloj staničja kože i sluznica; *bot* vanjski sloj tkiva načinjen od mladih stanica
epithet [ˈepiθet] *s* ukrasni pridjev, epitet
epithetic [ˌepiˈθetik] *adj* (~**ally** *adv*) pridjevni
epitome [iˈpitəmi] *s* izvadak (iz većeg djela), kratak izvod, kratak sadržaj, sažetak; *fig* stvar koja predstavlja nešto u malom | **man, the world's** ~ čovjek, svijet u malom
epitomize [iˈpitəmaiz] *vt* skratiti, načiniti izvadak (iz kakva djela); prikazati u malom
epoch [ˈiːpɔk] *s* (novo) razdoblje, doba, epoha, prekretnica, međaš | **this made (marked) an** ~ **in the history of** to je načinilo (označilo) novo razdoblje u povijesti
epochal [ˈepɔkəl] *adj* epohalan
epoch-making [ˈiːpɔkˌmeikiŋ] *adj* koji stvara novo razdoblje, koji čini preokret; znamenit, značajan, epohalan | **an** ~ **event** značajan događaj
epode [ˈepəud] *s pros* epoda, vrsta lirske pjesme
eponym [ˈepənim] *s* onaj koji daje ime narodu, mjestu ili ustanovi, eponim
eponymous [iˈpɔniməs] *adj* eponimički
epopee [ˈepəpiː] *s* epopeja; epsko pjesništvo
epos [ˈepɔs] *s* ep, junačka pjesma
epsilon [epˈsailən] *s* peto slovo grčkog alfabeta, epsilon
Epsom [ˈepsəm] *s* grad u Surreyu (Engleska) poznat po konjskim utrkama; konjske utrke u tom gradu | ~ **salts** magnezijev sulfat, gorka sol
equability [ˌekwəˈbiləti] *s* jednakost, jednoličnost; mirnoća, ravnodušnost, staloženost

equable [ˈekwəbl] *adj* (**equably** *adv*) jednak, jednoličan; miran, ravnodušan, staložen

equal [ˈiːkwəl] *adj* jednak, podjednak, isti; jednoličan, ravnomjeran, izjednačen; primjeran, ravan; ravnodušan; sposoban, dorastao, ravnopravan; *arch* prav, pravedan | ~ **to the occasion** dorastao situaciji; **the totals are** ~ zbrojevi su jednaki; **he talks French and Dutch with** ~ **ease** on govori francuski i holandski s jednakom lakoćom; ~ **laws** zakoni koji vrijede za sve; ~ **fight** borba s podjednakim snagama; **twice two is** ~ **to four** dvaput dva je četiri; ~ **protection of the laws** jednakost pred zakonima

equal [ˈiːkwəl] *s* osoba istog čina, staleža i dr. | **my** ~**s** ljudi moga staleža, meni ravni, kao ja; **my** ~**s in age** moji vršnjaci; **to be without** ~ biti bez premca; **mix with your** ~**s** družiti se sa sebi ravnima

equal [ˈiːkwəl] *vt* izjednačiti, učiniti jednakim; biti jednak | **he is** ~**led by no one in strength** nitko mu nije ravan po snazi

equality [iːˈkwɔləti] *s* jednakost | **to be on an** ~ **with** družiti se s kim kao sa sebi ravnim

equalization [ˌiːkwəlaiˈzeiʃn] *s* izjednačenje, uspoređivanje

equalize [ˈiːkwəlaiz] *vt/i* ujednačiti, izjednačiti (*to, with* sa); usporediti; izjednačiti se

equally [ˈiːkwəli] *adv* jednako, izjednačeno, na jednak način, isto tako | ~ **with** jednako kao, isto tako kao

equanimity [ˌekwəˈniməti] *s* ravnodušnost, staloženost, smirenost

equanimous [iːˈkwænimәs] *adj* (~**ly** *adv*) ravnodušan, staložen, smiren

equate [iˈkweit] *vt* izjednačiti; postupati kao s jednakim; uskladiti | **to** ~ **time of payment** dati srednji rok za plaćanje

equation [iˈkweiʃən] *s* jednačenje, ravnoteža; *math* jednadžba | **simple** ~ jednadžba prvog stupnja; **quadratic** ~ kvadratna jednadžba; **cubic** ~ jednadžba trećeg stupnja; ~ **of payments** srednji rok za plaćanje; ~ **of demand and supply** izjednačenje potražnje i ponude

equational [iˈkweiʃənl] *adj* (~**ly** *adv*) koji izjednačuje; jednadžbeni

equator [iˈkweitə] *s* ekvator, polutnik (Zemljin, nebeski) | **magnetic** ~ magnetski ekvator

equatorial [ˌekwəˈtɔːriəl] *adj* (~**ly** *adv*) ekvatorijalni | ~ **telescope** → **equatorial** *s*

equatorial [ˌekwəˈtɔːriəl] *s* vrsta teleskopa

equerry [ˈekwəri] *s* (dvorski) konjušnik (oficir ili plemić); dostojanstvenik engleskog kraljevskog dvora

equestrian [iˈkwestriən] *adj* konjanički, jahački; *hist* koji pripada staležu konjanika (kasnijih vitezova) | ~ **statue** kip jahača na konju; ~ **skill** vještina jahanja

equestrian [iˈkwestriən] *s* jahač, konjanik; akrobat na konju

equiangular [ˌiːkwiˈæŋgjulə] *adj* istokutan, jednakokutan, s jednakim uglovima

equidistant [ˌiːkwiˈdistənt] *adj* (~**ly** *adv*) jednako udaljen, s jednakim udaljenostima

equilateral [ˌiːkwiˈlætərəl] *adj* (~**ly** *adv*) istostraničan, jednakostraničan

equilibrate [ˌiːkwiˈlaibreit] *vt/i* ujednačiti, uravnotežiti, držati ravnotežu; biti u ravnoteži

equilibration [ˌiːkwilaiˈbreiʃn] *s* ekvilibriranje, održavanje ravnoteže, izjednačenje

equilibrist [iːˈkwilibrist] *s* akrobat, plesač na žici, ekvilibrist

equilibrium [ˌiːkwiˈlibriəm] *s* ravnoteža, omjer, izjednačenost; kolebanje | **to be in** ~ biti u ravnoteži, biti uravnotežen; **stable** ~ stabilna ravnoteža; *fig* **political** ~ politička ravnoteža

equimultiple [ˌiːkwiˈmʌltipl] *s* broj koji s kojim drugim brojem ima zajednički faktor

equine [ˈekwain] *adj* (~**ly** *adv*) konjski, poput konja

equinoctial [ˌiːkwiˈnɔkʃəl] *adj* (~**ly** *adv*) ekvinocijski | ~ **gales** ekvinocijalne bure; ~ **line** nebeski ekvator (okomit na Zemljinu os)

equinoctial [ˌiːkwiˈnɔkʃəl] *s* nebeski (Zemljin) ekvator | ~**s** *pl* ekvinocijalna bura

equinox [ˈiːkwinɔks] *s* ekvinocij, izjednačenje dana i noći | **vernal (spring)** ~ proljetni ekvinocij (21. ožujka); **autumnal** ~ jesenji ekvinocij (23. rujna)

equip [iˈkwip] *vt* opskrbiti, snabdjeti (brod, osobu itd.) potrebnim stvarima; opremiti (za put, službu itd.), ekvipirati

equipage [ˈekwipidʒ] *s* oprema (npr. za brod, vojsku, za posao ili putovanje); konji, kočija i pratnja, ekipaža

equipment [iˈkwipmənt] *s* opskrbljivanje, snabdijevanje, opremanje; pribor, oprema, vojnička oprema, oružanje; željeznički vagoni i lokomotive; vozni park; sprema, sposobnost

equipoise [ˈekwipɔiz] *s* jednaka težina; ravnoteža (i *fig*); protuteža, uravnoteženost; ekvinocij

equipoise [ˈekwipɔiz] *vt* držati u ravnoteži; držati u neizvjesnosti

equipollence [ˌiːkwiˈpɔləns] *s* jednakost (snage, vrijednosti, značenja); jednaka vrijednost

equipollent [ˌiːkwiˈpɔlənt] *adj* jednak (po vrijednosti, snazi); jednak (po značenju ili rezultatu)

equipollent [ˌiːkwiˈpɔlənt] *s* stvar jednake vrijednosti, snage itd., ekvivalent

equiponderant [ˌiːkwiˈpɔndərənt] *adj* jednako težak; uravnotežen, jednako važan
equitable [ˈekwitəbl] *adj* (**equitably** *adv*) pravedan, pravičan, nepristran
equitation [ˌekwiˈteiʃn] *s* jahanje, vještina jahanja
equity [ˈekwiti] *s* pravednost, pravičnost, nepristranost; *jur* prirodno pravo | **the Court of Equity** sud dobrih ljudi; *com* ~ **shares** dio dioničkog kapitala koji ne donosi fiksnu kamatnu stopu; **equities** dionice koje nose dividendu poslije prioritetnih dionica
equivalence [iˈkwivələns] *s* jednaka vrijednost; *chem* jednakovalentnost, ekvivalentnost
equivalent [iˈkwivələnt] *adj* (~**ly** *adv*) jednako vrijedan (*to* kao); jednakog značenja (riječ); *geol* jednak; *chem* jednakovalentan, ekvivalentan; koji donosi isti rezultat | *com* ~ **sum** protuvrijednost
equivalent [iˈkwivələnt] *s* stvar jednake vrijednosti, ekvivalent
equivocal [iˈkwivəkəl] *adj* (~**ly** *adv*) dvosmislen, dvoličan, neodređen, nesiguran, neodlučan; sumnjiv, nepouzdan, dvojben
equivocality [iˌkwivəˈkæliti] *s* dvosmislenost, dvoličnost, neodređenost, nesigurnost, neodlučnost, sumnjivost, nepouzdanost
equivocate [iˈkwivəkeit] *vi* dvosmisleno, dvolično govoriti ili raditi; skrivati istinu, izvrtati (smisao), uklanjati se istini; okolišati, ševrdati, lagati, pribjegavati izlikama
equivocation [iˌkwivəˈkeiʃn] *s* dvosmislenost, dvoličnost, skrivanje istine, izvrtanje (riječi, smisla), okolišanje, laganje
equivocator [iˈkwivəkeitə] *s* onaj koji dvosmisleno, dvolično govori, skriva istinu, izvrće (riječi, smisao); lažac
equivoke (equivoque) [ˈekwivəuk] *s* dvosmislica; dvolična dosjetka, igra riječima; dvosmislenost, dvoličnost
era [ˈiərə] *s* era, razdoblje, doba
eradiate [iˈreidieit] *vt* ispuštati (zrake, svjetlost)
eradiation [iˌreidiˈeiʃn] *s* ispuštanje (zraka, svjetlosti), odsjev, eradijacija
eradicable [iˈrædikəbl] *adj* koji se može iščupati s korijenom, uništiv, iskorjenjiv
eradicate [iˈrædikeit] *vt* iščupati s korijenjem, iskorijeniti, istrijebiti; osloboditi se čega
eradication [iˌrædiˈkeiʃn] *s* iskorjenjivanje, istrebljenje
erasable [iˈreizəbl] *adj* koji se može istrugati, izbrisiv, istrebiv, uništiv, utamanjiv
erase [iˈreiz] *vt* istrugati, sastrugati, izbrisati, istrijebiti, uništiti, utamaniti
eraser [iˈreizə] *s* brisač, strugač; nožić za brisanje, brisalo, gumica
erasion [iˈreiʒn] *s* struganje, brisanje; istrebljenje, uništenje, utamanjenje; *med* izbacivanje ploda, pobačaj
erasure [iˈreiʒə] *s* struganje, brisanje; izbrisano mjesto
ere [ɛə] *prep arch poet* prije | ~ **long** naskoro, uskoro; ~ **now** nekada, ranije; ~ **this** već prije
ere [ɛə] *conj arch* prije nego, radije nego
erect [iˈrekt] *adj* (~**ly** *adv*) ravan, uspravan, osovljen, uzdignut, nakostrušen, naježen | **to stand** ~ stajati uspravno; **with hair** ~ s nakostrušenom, naježenom kosom; **to spring** ~ skočiti okomito uvis
erect [iˈrekt] *vt* uspraviti, osoviti, uzdignuti, podignuti; postaviti, namjestiti; izgraditi; *arch* osnovati, oblikovati (npr. sistem itd.); *geom* spustiti okomicu | **to** ~ **oneself** uspraviti se; **to** ~ **a hospital** *etc.* podići bolnicu itd.; **to** ~ **beacons** postavljati navigacijske oznake
erectile [iˈrektail] *adj* koji se može podignuti uvis, uspraviti, osoviti itd.
erection [iˈrekʃən] *s* uspravljanje, dizanje, podizanje, izgradnja; osnivanje; *med* erekcija | *el* ~ **conductor** montažni vod; ~ **diagram** montažna shema
erector [iˈrektə] *s* podizač, uspravljač; graditelj; *anat* mišić pružač
erelong [ɛəˈlɔŋ] *adv poet* zatim, uskoro, ubrzo
eremite [ˈerimait] *s* pustinjak
eremitical [ˌeriˈmitikl] *adj* pustinjački
erenow [ɛəˈnau] *adv* već, prije, ranije
erewhile [ɛəˈwail] *adv* prije, malo prije, ranije
erg [əːg] *s phys* erg (jedinica za mjerenje radnje ili energije)
ergatocracy [ˌəːgəˈtɔkrəsi] *s* vladavina radnika
ergonomics [ˌəːgəˈnɔmiks] *s pl* (*sg constr*) ergonomija, proučavanje ambijenta, životnih uvjeta i radnog učinka radnika
ergot [ˈəːgət] *s bot* ražena glavnica (*Claviceps purpurea*), snijet; *med* alkaloid ražene snijeti; lijek protiv krvarenja; *vet* meki domuz, guka na koljenu (bolest konja)
ergotism [ˈəːgətizəm] *s med* ergotizam (bolest od uživanja ražene snijeti pomiješane u brašno)
Erin [ˈiərin] *s poet* Erin, Irska
eristic [eˈristik] *adj* koji u raspravljanju teži više za pobjedom nego za istinom; svadljiv
eristic [eˈristik] *s* onaj koji u raspravljanju teži više za pobjedom nego za istinom; svadljivac
erk [əːk] *s sl* regrut
ermine [ˈəːmin] *s zool* velika lasica, zerdav, hermelin; hermelinovo krzno; hermelinom optočen plašt engleskih sudaca i dostojanstvenika; *fig* sudačka čast

erne [əːn] *s ornith* veliki riblji orao, orao štekavac (*Haliaetus albicilla*)
erode [iˈrəud] *vt* izjedati, nagrizati, podlokati, razarati, erodirati
erosion [iˈrəuʒn] *s* izjedanje, nagrizanje, podlokavanje, ispiranje, razaranje, erozija; *med* rak
erosive [iˈrəusiv] *adj* koji izjeda, nagriza, podlokava, razara; erozivan
erotic [iˈrɔtik] *adj* ljubavni, erotički
erotic [iˈrɔtik] *s* ljubavna pjesma
erotical [iˈrɔtikəl] *adj* (~**ly** *adv*) → **erotic**
eroticism [iˈrɔtisizəm] *s* erotika
err [əː] *vi* lutati, zalutati, zabluditi, zapasti u bludnju, varati se; pogriješiti, griješiti; skrenuti s pravog puta
errancy [ˈerənsi] *s* lutanje, traženje, pustolovina; pustolovan život
errand [ˈerənd] *s* poruka, nalog; kratak put radi obavljanja nekog naloga, posao; svrha | **to go (run)** ~**s** obavljati poslove; **to go (run) on** ~**s** nositi glasove, vijesti, poruke
errand-boy [ˈerəndbɔi] *s* dostavljač, služitelj, trčkaralo, kurir, teklić
errant [ˈerənt] *adj* (~**ly** *adv*) lutajući, koji luta, putuje, potuca se; koji traži pustolovine; koji bludi, pada u zabludu
errant [ˈerənt] *s* vitez lutalica, putujući vitez, vitez skitnica
errantry [ˈerəntri] *s* lutanje, potucanje; život viteza lutalice
erratic [iˈrætik] *adj* (~**ally** *adv*) koji luta, lutajući, koji se potuca; nejednak, nepravilan; čudan, hirovit; *geol* zalutao, eratski (npr. kamen koji nije iste geološke građe kao slojevi oko njega); *tech* koji nepravilno funkcionira, neispravan; *fig* ekscentričan | *med* ~ **fever** povratna groznica
erratic [iˈrætik] *s* ekscentrična osoba, ekscentrik
erratum [eˈraːtəm] *s* (*pl* **errata** [iˈreitə]) tiskarska ili pisarska pogreška; *pl* (*sg constr*) popis tiskarskih pogrešaka s ispravcima priložen knjizi
erroneous [iˈrəunjəs] *adj* (~**ly** *adv*) pogrešan, nepravilan, kriv, lažan
error [ˈerə] *s* pogreška, omaška, zabluda, grijeh; pogrešno mišljenje; prijestup, prestupak; *jur* formalna pogreška u sudbenom postupku; *astr* odstupanje, skretanje | *com* ~**s excepted** za event. pogreške ne odgovaramo; ~**-and-omission policy** polica za osiguranje robe koja je pomutnjom ostala neosigurana; **the margin of** ~ granica pogreške; *jur* **writ of** ~ nalog za reviziju procesa zbog neke formalne pogreške
Erse [əːs] *s* galski jezik škotskih brđana; *vulg* irski
Erse [əːs] *adj* galskoškotski, irski
erst [əːst] *adv arch* prije, negda, u starini
erstwhile [ˈəːstwail] *adv arch* nekada, prije, ranije
erubescent [ˌeruːˈbesnt] *adj* crven, koji pocrveni
eruct [iˈrʌkt] *vi* → **eructate**
eructate [iˈrʌkteit] *vi* podrignuti se; rigati (vulkan)
eructation [ˌiːrʌkˈteiʃn] *s* podrigivanje; riganje (vulkana)
erudite [ˈerudait] *adj* (~**ly** *adv*) učen, obrazovan, načitan
erudition [ˌeruˈdiʃn] *s* učenost, obrazovanje, načitanost, erudicija
erupt [iˈrʌpt] *vi* probijati, izbiti (zubi), provaliti (vulkan), buknuti
eruption [iˈrʌpʃən] *s* probijanje (zuba), provala, erupcija; *med* osipanje, osip
eruptional [iˈrʌpʃənl] *adj* koji probija, provaljuje, bukne; žestok
eruptive [iˈrʌptiv] *adj* (~**ly** *adv*) koji probija, provaljuje, bukne; žestok, impulzivan, buran, silovit; *geol* eruptivan; *med* popraćen osipom
erysipelas [ˌeriˈsipiləs] *s med* vrbanac, crveni vjetar
escadrille [ˌeskəˈdril] *s mil* & *mar* eskadrila aeroplana (obično šest); eskadra ratnih brodova (obično osam)
escalade [ˌeskəˈleid] *s mil hist* osvajanje zidina na juriš (bojnim ljestvama)
escalade [ˌeskəˈleid] *vt mil hist* napasti (osvojiti) zidine bojnim ljestvama
escalator [ˈeskəleitə] *s* pomične (mehaničke) stepenice | *com* ~ **clause** klauzula ugovora kojom se dopušta povišenje cijene pod određenim okolnostima
escallop [isˈkɔləp] *s* → **scallop**
escapade [ˌeskəˈpeid] *s* bijeg; lakomislen čin, ispad, mladenačka ludorija
escape [isˈkeip] *s* 1. bježanje, bijeg, izbjegavanje; izlaz za nuždu, izlaz za spasavanje 2. ispuštanje, istjecanje, sukljanje, kuljanje (pare, plina itd.) 3. podivljala, nekultivirana vrtna biljka | **to have a narrow** ~ jedva se spasiti; **to have a hair-breadth** ~ jedva umaknuti, za dlaku izmaknuti čemu, jedva se bijegom spasiti; ~ **of steam** gubitak pare; **to make one's** ~ dati se u bijeg, pobjeći, izmaknuti, strugnuti; ~ **literature** eskapistička literatura
escape [isˈkeip] *vi/t* **I.** *vi* pobjeći, izlaziti, istjecati (plin), sukljati (dim); spasiti se, izmaknuti (kazni), podivljati (biljka) **II.** *vt* izbjegavati, izmicati komu, izbjeći; omaknuti se (riječ) | **to** ~ **notice** biti neopažen, izmaknuti pažnji; **to** ~ **one's memory** ispasti iz pamćenja; **his name had** ~**d me** zaboravio sam mu ime
escapement [isˈkeipmənt] *s* bijeg, spas; mehanizam (u satu, na pisaćem stroju) koji regulira kretanje kotačića, njihaljke, valjka itd.

escape-pipe [is'keippaip] *s tech* ispusna cijev (za paru)
escape-shaft [is'keipʃa:ft] *s min* (u rudniku) okno za izlaz u slučaju opasnosti
escape-valve [is'keipvælv] *s tech* ispusni ventil
escapism [is'keipizəm] *s* bježanje od stvarnosti
escarp [is'ka:p] *s fort* strmi nasip ispod bedema; strmina, nagib
escarp [is'ka:p] *vt* načiniti strmim, usjeći u obliku bedema
escarpment [is'ka:pmənt] *s* strmina, nagib
eschalot ['eʃələt] *s* → **shallot**
eschatology [ˌeskə'tələdʒi] *s theol* eshatologija, nauka o četiri posljednje stvari čovjeka (smrti, sudu, nebu i paklu)
escheat [is'tʃi:t] *s jur* prijelaz posjeda kojih je vlasnik umro bez oporuke i bez nasljednika u vlasništvo države; posjed koji je tako prešao u vlasništvo države
escheat [is'tʃi:t] *vt/i* zaplijeniti, konfiscirati, predati u vlasništvo, vratiti u vlasništvo; pripasti pod vlasništvo
eschew [is'tʃu:] *vt* izbjegavati, sustezati se od, kloniti se čega
eschscholtzia [is'kəlʃə] *s bot* vrtna biljka sa žutim cvjetovima, kalifornijski mak
escort ['eskɔ:t] *s* vojnička, oružana pratnja, eskorta; pratilac na putu (počasni, zaštitni); pratnja (počasna, zaštitna), svita; *mar* konvoj | ~ **aircraft carrier** eskortni nosač aviona; *aero* ~ **fighter** lovac u zaštiti; ~ **ship,** ~ **vessel** eskorter, patrolni brod
escort [is'kɔ:t] *vt* pratiti, (s)provoditi, eskortirati | ~**ing ship** brod zaštite konvoja
escritoire [ˌeskri'twa:] *s Fr* pisaći stol
escrow [es'krəu] *s jur* | **in** ~ na čuvanju kod treće osobe dok stranke ne ispune neke uvjete
esculent ['eskjulənt] *adj* koji se može jesti, jestiv
esculent ['eskjulənt] *s* jestvina, jelo
escutcheon [i'skʌtʃən] *s* 1. *her* štit s grbom 2. metalna zaštitna pločica (na bravi) 3. mjesto na krmi broda gdje je napisano ime broda | **blot on one's** ~ ljaga na čijoj časti
Eskimo (Esquimau) ['eskiməu] *s* Eskim
esophagus [i:'sɔfəgəs] *s anat* jednjak
esoteric [ˌesəu'terik] *adj* esoterički, tajan, odabran; koji se tiče samo upućenih; teško razumljiv
esoterical [ˌesəu'terikl] *adj* (~**ly** *adv*) → **esoteric**
espalier [is'pæljə] *s hort* brajda, špalir; voćka koja je pričvršćena na brajdu; kordon
esparto [es'pa:təu] *s bot* vrsta trave koja raste u Španjolskoj i Sjevernoj Africi; alfa trava
especial [i'speʃl] *adj* izvanredan, poseban, osobit, naročit
especially [i'speʃəli] *adv* osobito, pogotovu, napose, naročito
Esperanto [ˌespə'ræntəu] *s* esperanto (međunarodni jezik)
espial [is'paiəl] *s* uhođenje, istraživanje, promatranje, uhodarenje, špijuniranje
espionage [ˌespiə'na:ʒ] *s Fr* uhođenje, uhodarenje, špijunaža
esplanade [ˌesplə'neid] *s* ravan i otvoren prostor, trg pred zgradom, esplanada
espousal [is'pauzəl] *s arch* vjenčanje, svadba; zaruke; pristajanje (*of* uz koju doktrinu), zauzimanje, pobornīštvo
espouse [is'pauz] *vt* dati za ženu, uzeti za ženu; zalagati se, pristati uz, prihvatiti, prigrliti, podupirati (doktrinu itd.)
espy [is'pai] *vt* vrebati, uvrebati, uhoditi, izviđati; otkriti, opaziti, ugledati
Esq. [is'kwaiə] *s* → **esquire**
esquire [is'kwaiə] *s* naslov koji se često piše iza imena adresata (umjesto Mr. ispred imena); skraćeno Esq. (znači otprilike cijenjeni gospodin); *arch* štitonoša; pripadnik nižeg plemstva
ess [es] *s* slovo S; stvar u obliku slova S
essay ['esei] *s* pokušaj, ispitivanje, proba; esej
essay [e'sei] *vt/i* iskušati, okušati, pokušati, probati, ustanoviti; okušati se, nastojati
essayist ['eseiist] *s* pisac eseja, esejist
essence ['esns] *s* 1. duh, biće, bivstvo, bit, bitnost, suština, jezgra, srž, prijeko potrebno svojstvo, apsolutno biće (koje je uzrok stvarnosti) 2. mirisavo ulje, esencija, ekstrakt, miris, parfem
essential [i'senʃl] *adj* bitan, prijeko potreban, neophodan, važan; čist | ~ **oil** eterično ulje
essential [i'senʃl] *s* prijeko potreban element, najvažnije svojstvo, bitnost, glavna stvar
essentiality [iˌsenʃi'æləti] *s* bitnost, važnost, suština
essentially [i'senʃəli] *adv* u biti, u suštini, zapravo, uglavnom
establish [is'tæbliʃ] *vt* 1. utemeljiti, izgraditi, urediti, otvoriti, uvesti, postaviti 2. sigurno smjestiti, namjestiti, okućiti, udomiti, zbrinuti (osobu) 3. učvrstiti, ustanoviti, uglaviti, potvrditi (načela, običaj, vjerovanje); nepobitno dokazati 4. priznati crkvu kao zakonsku, narodnu | **Established Church** Anglikanska (nacionalna, državna) crkva; **to** ~ **oneself** nastaniti se, okućiti se, početi kakav posao, zanat, etablirati se; **to** ~ **business connections** stupiti u poslovne veze; **to** ~ **a claim** postaviti (pravni) zahtjev; **an** ~**ed truth (fact)** neosporiva, utvrđena istina (činjenica); ~**ed credit** čvrst, siguran kredit; ~**ed laws** postojeći zakoni; ~**ed order** postojeći poredak; **to** ~ **order** uspostaviti, uvesti red

establishment [is'tæbliʃmənt] *s* 1. utemeljenje, izgrađivanje, uređenje 2. smještaj, udomljenje, nastamba, kućanstvo 3. ustanovljenje, uglavljenje, postavljanje, potvrda 4. vojska, mornarica, vojna snaga, formacija; činovništvo, posluga 5. javna ustanova 6. etablisman, poduzeće, firma | *GB* **the Establishment** članovi društva koji neslužbeno, posredno utječu na razne vidove javnog života, kao npr. na politiku, kulturu itd.; **the Church Establishment** zakonski priznat crkveni sistem; **to have a separate ~** imati odvojeno, posebno kućanstvo, držati ljubavnicu; **to keep up a large ~** imati veliko kućanstvo, gospodski živjeti; **a military ~** stajaća (mirnodopska) vojska, vojna snaga; **peace (war) ~** smanjena (povećana) vojna snaga u doba mira (rata)

estate [is'teit] *s* 1. *arch* stanje 2. čin, stalež, političko tijelo koje sudjeluje u vladi 3. posjed, dobro, imanje, zemljište, imetak, vlasništvo, aktiva i pasiva (koje osobe); stečajna masa; ostavština | *hist* **the three Estates of the Realm** staleži u engleskom parlamentu (*Lords Spiritual* visoki kler, crkveni prelati; *Lords Temporal* visoko plemstvo; *commons* građanstvo); **Third ~** treći stalež (obično francuska buržoazija prije revolucije 1789); *hum* **fourth ~** štampa; **~ agent** upravitelj imanja; posrednik za kupnju i prodaju nekretnina; *mot* **~ car** karavan; **~ duty** porez na ostavštinu; **the holy ~ of matrimony** sveto bračno stanje; **man's ~** muževna dob

esteem [is'ti:m] *s* štovanje, poštovanje, cijenjenje | **to hold in ~** poštovati

esteem [is'ti:m] *vt* držati (za); smatrati; štovati, poštovati, cijeniti | *com* **your ~ed inquiry** vaš cijenjeni upit; **your ~ed favour (letter)** vaš cijenjeni dopis; **your ~ed firm** vaša ugledna firma

esthete ['i:sθi:t] *s* → **aesthete**

Esthonian (Estonian) [es'təuniən] *s* 1. Estonac, Estonka 2. estonski jezik

Esthonian (Estonian) [es'təuniən] *adj* estonski

estimable ['estiməbl] *adj* **(estimably *adv*)** vrijedan poštovanja

estimate ['estimət] *s* procjena, ocjena (i *fig*); proračun, predračun, troškovnik; mišljenje (o čijim svojstvima, karakteru) | **the Estimate** državni proračun, budžet; **to form ~** procijeniti; prosuditi

estimate ['estimeit] *vt* cijeniti, procijeniti; prosuditi, stvoriti mišljenje, ocijeniti | **the value of the goods is ~d at** vrijednost robe cijeni se na; *mar* **~d speed** proračunska brzina

estimation [ˌesti'meiʃn] *s* procjena, proračun, predračun, troškovnik; visoko mišljenje, poštovanje | **to hold in ~** poštovati

estival [i:s'taivl] *adj* → **aestival**

estop [is'tɔp] *vt* spriječiti, prepriječiti, predusresti

estoppage [is'tɔpidʒ] *s* zapreka, prepreka, predusretanje

estoppel [is'tɔpəl] *s* *jur* **sprečavanje da** protivnik dokaže tvrdnju koja je u protimbi s prijašnjim iskazom, zapisnikom i dr.

estrade [e'stra:d] *s* povišeno mjesto, podij, estrada

estrange [i'streindʒ] *vt* otuđiti, odbiti, odvratiti, odalečiti (neku osobu od druge u osjećajima)

estrangement [i'streindʒmənt] *s* otuđivanje, odbijanje, odalečenje, razilaženje

estreat [i'stri:t] *vt* *jur* napraviti točan izvadak (o globi itd.) iz sudbenih spisa i uputiti ga financijskom sudištu na provedbu

estuary ['estjuəri] *s* morski rukav, zatoka; široko ušće rijeke s plimom i osekom, estuarij

esurience [i'sjuəriəns] *s* glad, nužda, nevolja; pohlepnost, proždrljivost

esurient [i'sjuəriənt] *adj* *hum* gladan, potrebit, nevoljan; pohlepan, proždrljiv

etc. [it'setrə] → **etcetera**

etcetera [it'setrə] *s* i ostalo | **~s** *pl* dodaci, raznovrsna roba, sitnice

etcetera [it'setrə] *phr* i tako dalje

etch [etʃ] *vt/i* **I.** *vt* urezati (kiselinom) na metalu itd., radirati; klišírati **II.** *vi* baviti se radiranjem, klišíranjem

etcher ['etʃə] *s* rezač, radnik koji izrađuje klišeje

etching ['etʃiŋ] *s* urezivanje (kiselinama), radiranje, klišíranje; kliše, radirung

etching-needle ['etʃiŋˌni:dl] *s* igla za radiranje, klišíranje

eternal [i'tə:nl] *adj* (**~ly** *adv*) vječan, vjekovit, neprestan, neprolazan, trajan, stalan, nepromjenljiv, neprekidan | **the Eternal City** vječni grad (Rim); **the ~ triangle** vječni trokut (bračni par i ljubavnik ili ljubavnica)

eternalize [i'tə:nəlaiz] *vt* učiniti vječnim, besmrtnim, ovjekovječiti

eternity [i'tə:nəti] *s* vječnost, stalnost, neprolaznost, trajnost; vrlo dugo vrijeme; besmrtnost

eternize [i:'tə:naiz] *vt* ovjekovječiti, učiniti besmrtnim, nezaboravnim; produljiti na neodređeno vrijeme

Etesian [i'ti:ʒjən] *adj* godišnji, povremen, periodički | **~ winds** etezijski vjetrovi (koji pušu ljeti u Sredozemlju sa sjeverozapada tokom 40 dana); pasatni vjetrovi

ether ['i:θə] *s* eter | **the studio is no longer on the ~** stanica je prestala emitirati

ethereal (etherial) [i'θiəriəl] *adj* (**~ly** *adv*) eteričan; prozračan, nebeski, nadzemaljski

ethereality [iˌθiəriˈæliti] *s* eteričnost; prozračnost
etherealize [iˈθiəriəlaiz] *vt* učiniti prozračnim, nježnim, eteričkim; produhoviti; dokučiti duhovni sadržaj
etheric [iˈθerik] *adj* eterski, poput etera
etherify [ˈiːθərifai] *vt* pretvoriti u eter
etherize [ˈiːθəraiz] *vt chem* pretvoriti u eter; *med* omamiti eterom
ethic [ˈeθik] *adj* etički; koji se tiče ćudoređa, moralan
ethic [ˈeθik] *s* etika; nauka o ćudoređu; rasprava o ćudoređu
ethical [ˈeθikl] *adj* (~**ly** *adv*) → **ethic**
ethics [ˈeθiks] *s pl* (*sg constr*) etika, nauka o ćudoređu; rasprava o ćudoređu; ćudoređe, moral
Ethiopian [ˌiθiˈəupjən] *adj* etiopijski
Ethiopian [ˌiːθiˈəupjən] *s* Etiopljanin; etiopska rasa
Ethiopic [ˌiːθiˈɔpik] *adj* etiopski
Ethiopic [ˌiːθiˈɔpik] *s* Etiopljanin; etiopski jezik
ethnic [ˈeθnik] *adj* → **ethnical**
ethnical [ˈeθnikl] *adj* (~**ly** *adv*) etnički
ethnographer [eθˈnɔgrəfə] *s* etnograf
ethnographic [ˌeθnəˈgræfik] *adj* etnografski
ethnographical [ˌeθnəˈgræfikl] *adj* (~**ly** *adv*) → **ethnographic**
ethnography [eθˈnɔgrəfi] *s* etnografija
ethnologic [ˌeθnəˈlɔdʒik] *adj* → **ethnological**
ethnological [ˌeθnəˈlɔdʒikl] *adj* (~**ly** *adv*) etnološki
ethnologist [eθˈnɔlədʒist] *s* etnolog
ethnology [eθˈnɔlədʒi] *s* etnologija
ethology [iˈθɔlədʒi] *s* etologija, nauka o običajima i navikama nekog naroda ili o karakteru pojedinca; nauka o načinu života životinja
ethos [ˈiːθɔs] *s* duh, običaji karakteristični za neku zajednicu, narod ili sistem
ethyl [ˈeθil] *s chem* etil | ~ **alcohol** etilni alkohol
ethylene [ˈeθiliːn] *s chem* etilen
etiolate [ˈiːtiəuleit] *vt/i* poblijediti, požutiti, dati bolesničku boju (osobi); blijedjeti
etiology [ˌiːtiˈɔlədʒi] *s* → **aetiology**
etiquette [ˈetiket] *s Fr* etiketa, pravila pristojnosti; konvencionalni običaji u otmjenom društvu; dvorski običaji, ceremonijal; nepisani zakon, pravilnik za neku profesiju
etna [ˈetna] *s* kuhalo na žestu
Eton [ˈiːtn] *s* gradić na Temzi, nasuprot Windsoru | ~ **college** jedna od najstarijih i najpoznatijih engleskih srednjih škola (utemeljena 1440); ~ **collar** širok, tvrd ovratnik; ~ **crop** kratko ošišana ženska frizura, Eton frizura; ~ **jacket** kratak dječački kaput koji seže samo do pasa
Etonian [iˈtəunjən] *s* đak etonskoga koledža, ekskluzivne *public school* u Etonu
Etruscan [iˈtrʌskən] *adj* etruščanski
Etruscan [iˈtrʌskən] *s* Etruščanin, Etruščanka
etui (**etwee**) [eˈtwiː] *s Fr* etui, futrola, kutijica
etymologic [ˌetiməˈlɔdʒik] *adj* → **etymological**
etymological [ˌetiməˈlɔdʒikl] *adj* (~**ly** *adv*) etimološki
etymologist [ˌetiˈmɔlədʒist] *s* etimolog
etymologize [ˌetiˈmɔlədʒaiz] *vt/i* izvoditi etimologiju riječi, baviti se etimologijom
etymology [ˌetiˈmɔlədʒi] *s* etimologija, nauka o postanku riječi
etymon [ˈetimɔn] *s* prvobitna riječ iz koje nastaju izvedenice, etimon
eucalyptus [ˌjuːkəˈliptəs] *s bot* eukaliptus
eucharist [ˈjuːkərist] *s* posljednja večera, pričest, euharistija | **give** (**receive**) **the Eucharist** podijeliti (primiti) pričest
eucharistic [ˌjuːkəˈristik] *adj* (~**ally** *adv*) pričesni, euharistijski
euchre [ˈjuːkə] *s* američka kartaška igra slična vistu
euchre [ˈjuːkə] *vt* dobiti na kartama; nadmašiti, nadmudriti, pobijediti, izigrati (koga)
eugenic [juːˈdʒenik] *adj* eugenički
eugenics [juːˈdʒeniks] *s pl* nauka o stvaranju zdravog podmlatka, eugenika
eugenist [juːˈdʒenist] *s* eugeničar
eulogist [ˈjuːlədʒist] *s* hvalilac, slavilac
eulogistic [ˌjuːləˈdʒistik] *adj* (~**ally** *adv*) hvalilački, pohvalan
eulogium [juːˈləudʒiəm] *s* → **eulogy**
eulogize [ˈjuːlədʒaiz] *vt* hvaliti, slaviti, veličati (u riječi i pismu)
eulogy [ˈjuːlədʒi] *s* pohvala, govor u slavu, slavljenje, veličanje
eunuch [ˈjuːnək] *s* eunuh, uškopljenik
eupeptic [juːˈpeptik] *adj med* koji ima dobru probavu; lako probavljiv
euphemism [ˈjuːfimizəm] *s* eufemizam, ublažen izraz
euphemistic [ˌjuːfiˈmistik] *adj* (~**ally** *adv*) eufemistički, ublažen
euphemize [ˈjuːfimaiz] *vt/i* eufemistički, blaže izraziti; služiti se eufemizmima
euphonic [juːˈfɔnik] *adj* (~**ally** *adv*) blagozvučan, blagoglasan, eufoničan
euphonious [juːˈfəuniəs] *adj* (~ **ly** *adv*) blagozvučan, blagoglasan, eufonijski
euphonium [juːˈfəuniəm] *s mus* bas truba
euphonize (**euphonise**) [ˈjuːfənaiz] *vt* učiniti blagozvučnim, blagoglasnim
euphony [ˈjuːfəni] *s* blagozvučje, blagoglasje, eufonija
euphrasy [ˈjuːfrəsi] *s bot* vidac (*Euphrasia officinalis*)
euphoria [juˈfɔːriə] *s* euforija
euphuism [ˈjuːfjuizəm] *s* izvještačen, afektiran, kićen način pisanja i izražavanja, eufuizam (stil XVII st.)
euphuist [ˈjuːfjuist] *s* pisac koji piše na eufuistički način

euphuistic [ˌjuːfjuˈistik] *adj* (~**ally** *adv*) izvještačen, afektiran, eufuistički
Eurasian [juəˈreiʒjən] *adj* eurazijski, koji se tiče evropskog i azijskog kontinenta kao cjeline; koji se odnosi na evropejsko-azijske mješance
Eurasian [juəˈreiʒjən] *s* Eurazijac, mješanac od evropejskih i azijatskih roditelja
eureka [juəˈriːkə] *interj* heureka
eurhythmics [juːˈriðmiks] *s pl* (*sg constr*) skladno kretanje uz glazbu, ritmika, ritmička gimnastika
Euromart [ˈjuərəumaːt] *s* zajedničko evropsko tržište
European [ˌjuərəˈpiːən] *adj* evropski
European [ˌjuərəˈpiːən] *s* Evropejac, Evropejka, Evropljanin, Evropljanka
europeanize [ˌjuərəˈpiːənaiz] *vt* evropeizirati, nametnuti evropske običaje
Eurovision [ˈjuərəˌviʒn] *s* Eurovizija
Eustachian tube [juːsˈteiʃjənˈtjuːb] *s anat* Eustahijeva truba
Euterpe [juːˈtəːpi] *s* Euterpa, božica glazbe; vrsta palme
euthanasia [ˌjuːθəˈneizjə] *s Gr* ubijanje iz samilosti, eutanazija
evacuant [iˈvækjuənt] *adj med* koji čisti crijeva
evacuant [iˈvækjuənt] *s med* sredstvo za čišćenje crijeva
evacuate [iˈvækjueit] *vt* isprazniti, iščistiti (osobito želudac ili drugi koji organ), izbaciti; *mil* napustiti, evakuirati; *fig* oduzeti, lišiti (sadržaja itd.)
evacuation [iˌvækjuˈeiʃn] *s* ispražnjenje, očišćenje; *mil* napuštanje, odlazak, evakuacija
evacuee [iˌvækjuˈiː] *s* evakuirana osoba
evade [iˈveid] *vt* izbjeći, umaknuti komu ili čemu; izigrati (npr. zakonske propise i dr.); izigrati; smesti, smutiti | **to** ~ **the blockade** probijati blokadu
evader [iˈveidə] *s* onaj koji izbjegava, obilazi, izigrava (zakon i dr.)
evaluate [iˈvæljueit] *vt* cijeniti, procijeniti, proračunati; numerički izraziti
evaluation [iˌvæljuˈeiʃn] *s* procjena, proračun, procjenjivanje, prosuđivanje vrijednosti
evanesce [ˌiːvəˈnes] *vi* nestati, proći, iščeznuti
evanescence [ˌiːvəˈnesns] *s* nestajanje, prolaženje, iščezavanje, gubljenje
evanescent [ˌiːvəˈnesnt] *adj* (~**ly** *adv*) koji nestaje, prolazi, iščezava; *math & fig* beskonačno, neizmjerno malen
evangel [iˈvændʒel] *s* evanđelje, doktrina, načela
evangelic [ˌiːvænˈdʒelik] *adj* evanđeoski
evangelic [ˌiːvænˈdʒelik] *s* evangelik, protestant
evangelical [ˌiːvænˈdʒelikl] *adj* (~**ly** *adv*) evanđeoski, koji se tiče evanđelja; evangelički, protestantski
evangelical [ˌiːvænˈdʒelikl] *s* → **evangelic**
evangelicalism [ˌiːvænˈdʒelikəlizəm] *s* protestantstvo
evangelism [iˈvændʒəlizəm] *s* navješćivanje, propovijedanje evanđelja
evangelist [iˈvændʒəlist] *s* evangelist; putujući propovjednik evanđelja (i laik); *US* revijalist (pripadnik vjerske sekte); patrijarh mormonske crkve
evangelistic [iˌvændʒəˈlistik] *adj* evangelistički, koji propovijeda evanđelje
evangelize [iˈvændʒəlaiz] *vt* propovijedati evanđelje, obraćati na kršćanstvo, pokrštavati
evanish [iˈvæniʃ] *vi* nestati, iščeznuti
evanishment [iˈvæniʃmənt] *s* nestajanje, iščezavanje
evaporable [iˈvæpərəbl] *adj* koji se može ispariti, ishlapljiv
evaporate [iˈvæpəreit] *vt/i* **I.** *vt* pretvoriti u paru, pustiti ishlapiti, isparivati, evaporirati **II.** *vi* ispariti se, ishlapiti, izvjetriti se, ispuštati vlagu; *coll* nestati, iščeznuti, umrijeti
evaporation [iˌvæpəˈreiʃn] *s* isparivanje, ishlapljenje, izvjetravanje
evaporative [iˈvæpərətiv] *adj* ishlapljiv, ispariv, koji se izvjetruje
evaporator [iˈvæpəreitə] *s tech* isparivač, evaporator
evasion [iˈveiʒn] *s* uklanjanje, izbjegavanje, bijeg; okolišanje, izgovor, izlika
evasive [iˈveisiv] *adj* (~**ly** *adv*) koji izbjegava, okoliša; neodređen (odgovor) | **to be** ~ izbjegavati; *mil* ~ **action** izbjegavanje
eve [iːv] *s arch* večer; veče uoči (blagdana, velikog događaja i dr.), prethodni dan | **on the** ~ **of** uoči; **New Year's Eve** Stara godina, Silvestrovo
Eve [iːv] *s* Eva, prva žena | **a daughter of** ~ Evina kći (često s aluzijom na žensku radoznalost)
even [ˈiːvn] *adj* (~**ly** *adv*) 1. ravan, vodoravan; plosnat; gladak, jednolik, izjednačen, jednak, isti 2. potpun 3. pravedan, nepristran 4. staložen, uravnotežen, miran 5. paran (broj) | *com* **of** ~ **date** istog datuma; **odd or** ~ par... nepar; ~**-handed justice** jednaka pravda; **to be** ~ **with** biti ravan komu, čemu; *fig* biti s kim kvit; *coll* **to break** ~ proći bez profita, ali i bez gubitka; **to meet on** ~ **ground** imati jednake izglede; ~ **temper** staložena, mirna ćud; *mar* **on an** ~ **keel** na jednakom gazu (brod); **the ship is on an** ~ **beam** brod je uspravan; **to make** ~ **with the ground** izjednačiti, izravnati s tlom; **upon** ~ **terms** uz jednake uvjete, u slozi; **to go** ~ **with** ravnati se po; **to part** ~ **hands** jednako podijeliti, nagoditi se; **to get** ~ **with a p** raščistiti, obračunati s kim

even ['iːvn] *adv* čak, štoviše, dapače, također, isto tako; uopće; *arch* upravo, baš, samo | **he disputes ~ the facts** on osporava i same činjenice; **I never ~ opened it** ja to nisam ni otvorio; **~ so** pa ipak, čak kad bi tako i bilo; **~ as** upravo u času, baš kada; **~ more** štoviše; **~ then** čak i onda, sve kad bi i; **not ~** čak niti; **~ on** ravno naprijed; **~ though, ~ if** čak i da, sve da i, pa da i, pa makar i; **~ now** čak i sada

even ['iːvn] *s poet* večer, veče

even ['iːvn] *vt* izravnati, izjednačiti, postupati kao s jednakim; usporediti; urediti (račun)

even up ['iːvn'ʌp] *vt* izjednačiti

evening ['iːvniŋ] *s* večer, veče; *fig* kraj života | **last ~** sinoć; *mil* **~ quarters** večernji zbor; **this ~** večeras; **the ~ crowns the day** konac djelo krasi

evening-dress ['iːvniŋdres] *s* večernje odijelo; plesna haljina | **~ coat** frak

evening-star ['iːvniŋstaː] *s* zvijezda večernjica

evenly ['iːvnli] *adv* jednako, jednolično

evenminded ['iːvnˌmaindid] *adj* miran, trijezan; nepristran

evenness ['iːvənnis] *s* ravnina; jednakost, jednoličnost; ravan smjer; glatkoća; ravnodušnost, mirnoća; nepristranost

evensong ['iːvənsɔŋ] *s* večernja pjesma; večernja služba u anglikanskoj crkvi; *fig* večer

event [i'vent] *s* događaj, zgoda, slučaj; *sport* disciplina, točka u programu (npr. sportske priredbe); oklada; rezultat, zaključak | **at all ~s** svakako; **in either (any) ~** u svakom slučaju; **quite an ~** važan događaj; **in the ~ of** u slučaju; **table of ~s** program svečanosti; **athletic ~s** lakoatletsko natjecanje; **field ~s** skakačko, bacačko natjecanje, natjecanje u brzom hodanju; **track ~s** trkačko, preponaško, štafetno natjecanje; **in the ~** konačno, na kraju

eventful [i'ventful] *adj* (**~ly** *adv*) važan, značajan, znamenit

eventide ['iːvəntaid] *s* večernje doba, veče

eventual [i'ventʃuəl] *adj* (**~ly** *adv*) konačan, zaključan; krajnji

eventuality [iˌventju'æləti] *s* mogućnost, slučajnost, eventualnost

eventuate [i'ventʃueit] *vt* zaključiti, završiti, ispasti; *US* dogoditi se

ever ['evə] *adv* 1. uvijek, svagda, vazda, neprestano 2. ponovo 3. ikada, uopće; samo | **for ~, for ~ and ~, for ~ and a day** zauvijek, za svagda, neprestano, na sve vijeke; **~ after, ~ since** otada, odonda, od toga vremena; **liberty for ~!** živjela sloboda!; *arch* **~ and anon** ovda-onda, katkada; **be as quick as ~ you can** požuri se što više možeš; **what ~** što mu drago, pa što, što samo; **who ~** tko god, tko mu drago; **when ~** kad god; **where ~** gdje god; **which ~** što god, koji god; **how ~** ma kako, kako samo; **~ so** vrlo, jako, upravo, ma koliko; **yours ~** vaš odani; **~ so little** ma kako malo; **hardly, scarcely ~** gotovo nikad; **for ~ so long** tko zna kako dugo; vrlo dugo; **~ so much** vrlo mnogo; **not... for ~ so much** ni za što na svijetu; **~ so many** vrlo mnogo; **an ~ bigger crowd** sve veće mnoštvo, sve veća gomila; **the ~ increasing horror** sve veća strahota; **the ~-recurrent noise** buka koja se neprestano ponavlja; *fam* **the best ~** najbolji koji je ikada postojao; **yours ~** (na kraju pisma) srdačno te pozdravlja

everglade ['evəgleid] *s* močvaran kraj, osobito (*pl*) močvare u Floridi

evergreen ['evəgriːn] *adj* zimzelen

evergreen ['evəgriːn] *s bot* zimzelen; *fig* uvijek popularan šlager

everlasting [ˌevə'laːstiŋ] *adj* (**~ly** *adv*) vječit, vječan, dugotrajan, neprestan; **trajan (tkanina)**

everlasting [ˌevə'laːstiŋ] *s* vječnost; vrsta jake vunene tkanine; *bot* neven, imortela | **the Everlasting** Bog

evermore [ˌevə'mɔː] *adv* neprestano, uvijek, vječno | **for ~** zauvijek, za sva vremena

eversion [i'vəːʃn] *s med* preokretanje, iskretanje (kojeg organa, npr. očnog kapka); *arch* prevrat, buna

evert [i'vəːt] *vt med* preokrenuti, iskrenuti; srušiti, uništiti

every ['evri] *adj* svaki, svaki pojedini; sav | **~ now and then, ~ now and again** katkada, od vremena do vremena; **all and ~** svi; **~ so often** vrlo često; **~ other day** svaki drugi dan; **~ bit as** baš kao, isto tako ... kao; **~ ten miles** svakih deset milja

everybody ['evribɔdi] *pron* svaki, svatko

everyday ['evridei] *adj* svakidašnji, svakodnevan, običan

everyone ['evriwʌn] *pron* svaki, svatko

everything ['evriθiŋ] *s* sve; najvažnija stvar

everyway ['evriwei] *adv* na svaki način; u svakom pogledu

everywhere ['evriwɛə] *adv* svagdje, svuda, svakamo, svakuda, posvuda

evict [i'vikt] *vt jur* sudbeno izbaciti, protjerati (*from* iz posjeda), oduzeti posjed (zakonskim postupkom); nasilno izbaciti, deložirati

eviction [i'vikʃən] *s jur* sudbeno protjerivanje (*from* iz posjeda), deložacija

evictor [i'viktə] *s* onaj koji protjeruje iz posjeda

evidence ['evidəns] *s* jasnoća, očitost; očiglednost, očevidnost; nagovješćivanje, znak; *jur* dokaz, dokazni materijal; dokazni postupak; sudski iskaz, svjedoče-

nje; svjedočanstvo; svjedok | **in ~** očit; upadljiv; kao dokaz; **to be called in ~** biti pozvan za svjedoka; **turn State's (King's) ~** svjedočiti protiv svojih sučesnika; **verbal ~** usmeni iskaz; **a piece of ~** dokaz; potvrda; **to admit in ~** priznati; **to give ~** svjedočiti; **to establish by ~** dokazati, pokazati; **to furnish ~ of** pružiti dokaze o; **to bear ~ of, to give ~ of** pokazivati znakove čega
evidence [ˈevidəns] *vt* dokazati, pokazati
evident [ˈevidənt] *adj* (**~ly** *adv*) očit, jasan, očevidan, bjelodan | **to make ~** dokazati, jasno pokazati
evidential [ˌeviˈdenʃəl] *adj* (**~ly** *adv*) dokazni
evidentiary [ˌeviˈdenʃəri] *adj* koji dokazuje
evil [ˈiːvl] *adj* (**~ly** *adv*) zao, loš, opak; bezbožan; štetan, pokvaren, izopačen | **of ~ repute** na zlu glasu; **an ~ tongue** pogan jezik; **the Evil one** nečastivi, sotona, đavo; **the ~ eye** zao pogled, uroci
evil [ˈiːvl] *s* zlo, nesreća, šteta, grijeh, opačina; bijeda, tuga; bolest | **of two ~s choose the lesser** od dva zla biraj manje; **the social ~** društveno zlo; prostitucija
evil [ˈiːvl] *adv* zlo, loše, opako, štetno, grešno | **speak ~ of** govoriti loše o, ogovarati (nekoga); **~ entreat** loše postupati
evil-disposed [ˈiːvldisˈpəuzd] *adj* zlonamjeran, zloban
evil-doer [ˌiːvlˈduə] *s* zločinac, zlotvor
evil-eye [ˌiːvlˈai] *s* zao pogled; urokljivo oko; loš utjecaj
evil-minded [ˌiːvlˈmaindid] *adj* zloban, opak, koji ima zle sklonosti ili namjere
evilness [ˈiːvlnis] *s* zloba, opakost, pokvarenost
evil-speaking [ˌiːvlˈspiːkiŋ] *adj* klevetnički
evince [iˈvins] *vt* jasno pokazati, dokazati, iznijeti na vidjelo
evincible [iˈvinsəbl] *adj* (**evincibly** *adv*) koji se može jasno dokazati, pokazati
evincive [iˈvinsiv] *adj* koji jasno dokazuje, pokazuje
evirate [ˈiːvireit] *vt* uškopiti, uštrojiti, kastrirati, oduzeti muškost; oslabiti
eviscerate [iˈvisəreit] *vt* izvaditi utrobu; *fig* oduzeti sadržaj, značenje
evocate [ˈevəkeit] *vt* dozvati, dozivati, zazivati (duhove); *jur* prizivati se
evocation [ˌevəˈkeiʃn] *s* dozivanje, zazivanje, prizivanje, evokacija
evocative [iˈvɔkətiv] *adj* koji priziva, doziva, zaziva, evokativan | **to be ~ of** podsjećati na
evoke [iˈvəuk] *vt* dozivati, zazivati (duhove), izazivati (osjećaj); evocirati; *jur* predati; otpraviti (parnicu) na viši sud, prizivati se
evolute [ˈiːvəluːt] *vi/t* razviti; razviti se
evolute [ˈiːvəluːt] *s math* evoluta
evolution [ˌiːvəˈluːʃn] *s* 1. kretanje, okretanje, obrtanje 2. otvaranje; niz, razvoj, razvitak, evolucija 3. *math* korjenovanje 4. *mil* & *mar* prestrojavanje, pregrupiranje, manevar
evolutional [ˌiːvəˈluːʃənl] *adj* (**~ly** *adv*) koji se tiče razvoja; razvojni, evolucijski
evolutionary [ˌiːvəˈluːʃnəri] *adj* → **evolutional**
evolutionism [ˌiːvəˈluːʃənizəm] *s* evolucionizam, teorija o evoluciji
evolutionist [ˌiːvəˈluːʃənist] *s* evolucionist, pristaša teorije evolucije
evolve [iˈvɔlv] *vt/i* **I.** *vt* otvarati, nizati, ispuštati (toplinu, plin); izazvati; razviti, izvesti, izraditi, stvarati **II.** *vi* otvarati se, nizati se, razviti se, odvijati se
evulsion [iˈvʌlʃn] *s* istrgnuće, nasilno izvlačenje
ewe [juː] *s zool* ovca (ženka)
ewe-lamb [ˈjuːlæm] *s* janješce; *fig* ono što je najmilije, miljenče
ewer [ˈjuə] *s* vrč za vodu
ex [eks] *prep Lat* bez, iz | *com* **~ dividend** bez dividende; **~ quay** franko-obala; **~ ship** franko-brod; **~ waggon** franko-vagon; **~ warehouse** franko-skladište; **~ works** franko-tvornica
ex- [eks] *pref* (pred naslovima itd.) bivši, prijašnji
exacerbate [ekˈsæsəbeit] *vt* pogoršati (bolest); ogorčiti, ozlojediti
exacerbation [ekˌsæsəˈbeiʃn] *s* pogoršanje (bolesti); ogorčenje, ozlojeđenje
exact [igˈzækt] *adj* (**~ly** *adv*) točan, ispravan, zbiljski, pravi; brižljiv, savjestan, pomnjiv, egzaktan | **the ~ sciences** egzaktne znanosti
exact [igˈzækt] *vt* strogo tražiti, uporno zahtijevati, utjerati, iznuditi (plaćanje), insistirati
exacting [igˈzæktiŋ] *adj* (**~ly** *adv*) strog, točan; koji mnogo traži, pun zahtjeva; tegoban, naporan
exaction [igˈzækʃən] *s* utjerivanje; iznuđivanje; protuzakonit ili pretjeran zahtjev; samovoljan ili previsok porez
exactitude [igˈzæktitjuːd] *s* točnost, pomnjivost, brižljivost, preciznost
exactly [igˈzæktli] *adv* točno, sasvim tako, baš tako, upravo | **not ~** ne baš sasvim tako
exactness [igˈzæktnis] *s* točnost, pomnjivost, brižljivost, preciznost
exactor [igˈzæktə] *s* utjerivač (poreza); onaj koji mnogo zahtijeva; iznuđivač, krvopija
exaggerate [igˈzædʒəreit] *vt/i* pretjerivati, preuveličati
exaggeration [igˌzædʒəˈreiʃn] *s* pretjerivanje, preuveličavanje
exaggerative [igˈzædʒərətiv] *adj* (**~ly** *adv*) pretjeran, vrlo povećan, koji pretjeruje, koji preuveličava

exalt [ig'zɔːlt] *vt* uznijeti, uzvisiti; hvaliti, veličati, uzdizati; oplemeniti; pojačati (boje) | **to ~ to the skies** uzdizati do neba, kovati u zvijezde
exaltation [ˌegzɔːl'teiʃn] *s* uzvišenje, uznošenje, veličanje; oduševljenje, zanos, ushit, strastveno uzbuđenje; egzaltacija
exam [ig'zæm] *s coll* ispit
examination [igˌzæmi'neiʃn] *s* (*of, into*) ispitivanje, pregled, pretraga; ispit; istraživanje; *jur* preslušanje | **to take the ~ of a p** ispitati, preslušati koga; **to go in for an ~** podvrći se ispitu; **to pass an ~** položiti ispit; **to fail in an ~** pasti na ispitu; **to be under ~** biti u razmatranju; **board of ~** ispitni odbor; **on (upon) ~** pri bližem ispitivanju, istraživanju; *mar* **~ service** patrolna služba; **eleven plus ~** prijemni ispit za upis u englesku srednju školu
examinational [igˌzæmi'neiʃənl] *adj* ispitivački, ispitni
examination-paper [igˌzæmi'neiʃənˌpeipə] *s* pismeni ispitni zadatak
examine [ig'zæmin] *vt/i* **I.** *vt* (*in, on*) ispitati; pregledati; istražiti, pretražiti; preslušati **II.** *vi* voditi istragu | **to ~ one's own conscience** ispitati svoju savjest; *com* **on examining the invoice** kod pregleda fakture; **examining body** ispitna komisija
examinee [igˌzæmi'niː] *s* ispitanik, kandidat na ispitu
examiner [ig'zæminə] *s* ispitivač; istraživač, istražitelj; revizor (trgovačkih knjiga)
example [ig'zaːmpl] *s* primjerak, uzorak; primjer; uzor; slučaj; opomena | **without ~** bez primjera, vanredan, nečuven; **to set a good ~** prednjačiti dobrim primjerom; **make an ~ of** egzemplarno kazniti koga; **by way of ~, for ~** na primjer; **to hold up as an ~ to a p** komu postaviti za uzor; **to take ~ by** ugledati se u koga
example [ig'zaːmpl] *vt* služiti kao primjer, objasniti primjerima
exanimate [eks'ænimit] *adj* mrtav, bez života, bez duha; pokunjen, snužden
exasperate [ig'zæspəreit] *vt* ozlojediti, ogorčiti, razljutiti, razdražiti, natjerati u očaj; pogoršati, pooštriti
exasperating [ig'zæspəreitiŋ] *adj* (**~ly** *adv*) koji ozlojeđuje, ogorčava, ljuti, razdražuje, pogoršava, pooštrava; očajan
exasperation [igˌzæspə'reiʃn] *s* ozlojeđenost, ogorčenje, ljutina, razdraženost; pogoršanje, pooštrenje
exaudate ['eksɔːdeit] *adj* koji nema repa, bezrep
excavate ['ekskəveit] *vt* izdupsti, iskopati
excavation [ˌekskə'veiʃn] *s* iskapanje, dubljenje; šupljina, udubina, prokop
excavator ['ekskəveitə] *s* iskapač; *tech* ekskavator, bager jaružar
exceed [ik'siːd] *vt/i* **I.** *vt* prekoračiti, prijeći; prelaziti, nadvisiti, natkriliti, nadmašiti **II.** *vi* biti viši, veći, bolji; prijeći mjeru; neumjereno jesti; pretjerivati
exceeding [ik'siːdiŋ] *adj* pretjeran, prekomjeran, izvanredan
exceedingly [ik'siːdiŋli] *adv* izvanredno, krajnje
excel [ik'sel] *vt/i* **I.** *vt* natkriliti, nadmašiti (*in, at* u) **II.** *vi* isticati se, odlikovati se (*in, at* u)
excellence ['eksələns] *s* odličnost, savršenstvo; odlika, vrsnoća, vrlina
excellency ['eksələnsi] *s* ekscelencija (naslov za visoke državne funkcionare) | **Your Excellency** vaša ekscelencija
excellent ['eksələnt] *adj* (**~ly** *adv*) izvrstan, odličan, izvanredan, vrstan
excelsior [ek'selsiɔː] *adj com* prima, prvoklasan
excelsior [ek'selsiɔː] *s* onaj koji je viši, uzvišeniji; *US* meke drvene strugotine (za ambalažu)
except [ik'sept] *vt/i* **I.** *vt* izuzeti, izlučiti, isključiti **II.** *vi* protiviti se, prigovarati | **present company ~ed** prisutni su isključeni
except [ik'sept] *prep* osim, do, doli, izuzevši | **~ for one** osim jednoga
except [ik'sept] *conj arch* osim ako, ako ne
excepting [ik'septiŋ] *prep* osim, do, doli, izuzevši
excepting [ik'septiŋ] *conj* osim ako, ako ne
exception [ik'sepʃən] *s* izuzimanje, isključivanje; iznimka, izuzetak; prigovor; *jur* prigovor (*to* na tužbu) | **the ~ proves the rule** iznimka potvrđuje pravilo; **with the ~ of** izuzevši; **by way of ~** kao izuzetak; **to take ~ to** stavljati prigovor, protiviti se, protestirati, zamjerati; **subject (liable) to ~** komu se mogu stavljati prigovori
exceptionable [ik'sepʃnəbl] *adj* (**exceptionably** *adv*) prijeporan, koji se može osporiti; koji zaslužuje prijekor, koji je za osudu, komu se može prigovoriti
exceptional [ik'sekʃənl] *adj* (**~ly** *adv*) izuzetan, izvanredan, neobičan
exceptive [ik'septiv] *adj* → **exceptional**
excerpt ['eksəːpt] *s* izvadak, ekscerpt (*from* iz)
excerpt [ek'səːpt] *vt* načiniti izvadak, ekscerpirati (*from* iz)
excerption [ek'səːpʃən] *s* izvadak, ekscerpt
excess [ik'ses] *s* prekoračenje, presezanje; prestupak; pretjeranost, neumjerenost, prekomjernost, razuzdanost, krajnost; pretičak, preobilje; *math* višak, ostatak, razlika; *pl* ispadi, divljaštvo, razularenost | **in ~ of** suviše, preko, više nego; **~ baggage (luggage)** višak prtljage;

~ profits duty (tax) porez na izvanrednu (npr. ratnu) dobit; *rly* **~ fare** nadoplatak na putnu kartu; **to carry a th to ~** dovesti što do krajnosti, pretjerati; **to eat to ~** neumjereno jesti; **~ postage** nadoplata poštarine (za nedovoljno frankirana pisma); *tech* **~ pressure** prekotlak

excess [ik'ses] *vt/i* ubirati dodatnu vozarinu; platiti dodatnu vozarinu

excessive [ik'sesiv] *adj* (**~ly** *adv*) prekomjeran, pretjeran, neumjeren, neobičan

excessiveness [ik'sesivnis] *s* prekomjernost, pretjeranost

exchange [iks'tʃeindʒ] *s* izmjena, mijenjanje, zamjena, mjenjački posao, razmjena; devizni tečaj; mjenični promet; burza; mjenica; agio; telefonska centrala | **in ~ for** u zamjenu za; *iron* **~ is no robbery** zamjena nije krađa (isprika za nesavjesnu zamjenu); *com* **bill of ~** mjenica; **~ advice** burzovni izvještaj; **~ control** devizna kontrola; **~ list** tečajnica; **~ rate** devizni tečaj; **~ value** prometna vrijednost, razmjembena vrijednost; **the first of ~** prima (prva) mjenica; **par of ~** nominalna vrijednost, valuta; **Labour Exchange** burza rada

exchange [iks'tʃeindʒ] *vt/i* **I.** *vt* mijenjati, zamijeniti, izmijeniti **II.** *vi* mijenjati novac, zamijeniti se s kim (*for* za)

exchangeability [iks,tʃeindʒə'biləti] *s* izmjenjivost, zamjenjivost

exchangeable [iks'tʃeindʒəbl] *adj* izmjenjiv, zamjenjiv (*for* za) | **~ value** razmjembena vrijednost, prometna vrijednost

exchange-broker [iks'tʃeindʒ,brəukə] *s* mjenjač, burzovni agent, mešetar

exchange-office [iks'tʃeindʒ,ɔfis] *s* mjenjačnica

exchequer [iks'tʃekə] *s* državna riznica, blagajna, erar | **the Exchequer** britansko ministarstvo financija; **Chancellor of the Exchequer** britanski ministar financija; **Court of Exchequer** visoko financijsko sudište; **~ bond** (britanska) državna obveznica

excisable [ek'saizəbl] *adj* koji se može oporezovati (o ljudima), koji podleži porezu ili trošarini (o stvarima)

excise [ek'saiz] *s* akciz, trošarina; trošarinski odjel | **Commissioners of Customs and Excise** trošarinski porezni ured; **the Excise** trošarinski ured; **~ duties** trošarine i porez na promet; *GB* **~ officer** ubirač trošarine

excise[1] [ek'saiz] *vt* oporezovati

excise[2] [ek'saiz] *vt* (operativno) izrezati, izvaditi; urezati

exciseman [ek'saizmən] *s* poreznik, trošarinski činovnik

excise-office [ek'saiz,ɔfis] *s* porezni ured

excision [ek'siʒn] *s med* izrezivanje

excitability [ik,saitə'biləti] *s* razdražljivost, uzbudljivost

excitable [ik'saitəbl] *adj* (**excitably** *adv*) razdražljiv, neuravnotežen

excitant ['eksitənt] *adj* koji razdražuje, razdražljiv

excitant ['eksitənt] *s med* sredstvo za podraživanje

excitation [,eksi'teiʃn] *s* razdraženost, uzbuđenje; poticaj; *el* uzbuda

excitative [ek'saitətiv] *adj* razdražljiv, uzbudljiv; koji draži, potiče

excite [ik'sait] *vt* pokrenuti, pobuditi, nadražiti, razdražiti; učiniti osjetljivim (fot. ploču); uzbuditi, poticati | **to get ~d** uzbuditi se

excitement [ik'saitmənt] *s* razdraženost, uzbuđenje, uzrujavanje, nadražaj

exciter [ik'saitə] *s* razdraživač, pobuđivač; poticaj, pobuda; *med* sredstvo za podraživanje; *el* generator

exciting [ik'saitiŋ] *adj* (**~ly** *adv*) uzbudljiv

exclaim [iks'kleim] *vi/t* uskliknuti, uzviknuti, kriknuti, viknuti

exclaim against [iks'kleimə'geinst] *vt* glasno optužiti, uzvikivati, glasno protestirati

exclamation [,ekskla'meiʃn] *s* usklik, uzvik | **~s** *pl* vika; **note of ~, mark of ~** uskličnik

exclamatory [eks'klæmətəri] *adj* koji uzvikuje, usklikuje, uzvični, usklični

exclude [iks'klu:d] *vt* isključiti, izbaciti, izlučiti; odalečiti, odbaciti, zabaciti (*from* iz) | **not excluding myself** ne isključujući ni mene

exclusion [iks'klu:ʒn] *s* isključivanje, isključenje, izbačenje | **to the ~ of** isključivši, izuzevši

exclusive [iks'klu:siv] *adj* koji isključuje, isključujući, isključan, isključiv; nedjeljiv; ekskluzivan, izbirljiv, zatvoren, nepristupačan | **to be ~ of** isključivati; **~ of** bez obzira na, isključujući

exclusively [iks'klu:sivli] *adv* isključno, isključivo, ekskluzivno; samo, jedino

excogitate [eks'kɔdʒiteit] *vt* zamisliti, smisliti, izmisliti, izumiti

excogitation [eks,kɔdʒi'teiʃn] *s* zamišljanje, izmišljanje, izum

excogitator [eks'kɔdʒiteitə] *s* izmišljač, zamišljač, izumitelj

ex-combattant ['eks'kɔmbətənt] *s* bivši borac (iz svjetskog rata)

excommunicate [,ekskə'mju:nikeit] *vt* izopćiti (iz crkve), ekskomunicirati

excommunication ['ekskə,mju:ni'keiʃn] izopćenje (iz crkve), ekskomunikacija

excommunicative [,ekskə'mju:nikətiv] *adj* koji izopćuje, ekskomunicira

excommunicator [,ekskə'mju:nikeitə] *s* onaj koji izopćuje, ekskomunicira

excoriate [eks'kɔːrieit] *vt* oderati, oguliti, olupiti, skinuti kožu, koru; zaderati, naribati (kožu); *fig* oštro kritizirati
excoriation [eks,kɔːri'eiʃn] *s* zderavanje, skidanje kože; *med* ranjavo mjesto na koži
excrement ['ekskrimənt] *s* izmetina, nečist, blato
excremental [,ekskri'mentl] *adj* izmetinski, blatan
excrescence [iks'kresns] *s* izraslina (i *fig*); izbočina
excrescent [iks'kresnt] *adj* koji abnormalno raste, preobilan; suvišan, neprikladan | *gram* ~ **letter** slovo (glas) dodano u riječi samo radi blagoglasja
excreta [iks'kriːtə] *s pl* izlučine, izmetine, nečist
excrete [eks'kriːt] *vt* izlučiti, izbaciti, očistiti
excretion [eks'kriːʃn] *s* lučenje, izlučivanje, izbacivanje, čišćenje
excretive [eks'kriːtiv] *adj* koji luči, izlučuje, izbacuje, čisti
excruciate [iks'kruːʃieit] *vt* mučiti, kinjiti, stavljati na muke
excruciating [iks'kruːʃieitiŋ] *adj* (**~ly** *adv*) mučan, bolan, tegoban
excruciation [iks,kruːʃi'eiʃn] *s* mučenje, kinjenje, muka, bol
exculpate ['ekskʌlpeit] *vt* oprati od krivnje, ispričati, opravdati, osloboditi od optužbe
exculpation [,ekskʌl'peiʃən] *s* isprika, opravdanje, oslobođenje od optužbe
exculpatory [eks'kʌlpətəri] *adj* koji ispričava, opravdava, oslobađa od optužbe
excurrent [eks'kʌrənt] *adj* koji istječe; *med* koji teče iz srca, arterijski (krv); izlazni; *bot* izbočen
excurse [iks'kəːs] *vi* lutati, zastraniti; udaljiti se od predmeta; načiniti izlet
excursion [iks'kəːʃn] *s* izlet, ekskurzija, putovanje; *arch* ispad, provala (opkoljene posade); zastranjenje, udaljenje od predmeta | ~ **train** izletnički vlak
excursionist [iks'kəːʃnist] *s* izletnik, putnik
excursive [eks'kəːsiv] *adj* (**~ly** *adv*) koji luta, zastranjuje, udaljuje se od predmeta, nesuvisao
excursus [eks'kəːsəs] *s* detaljna rasprava o kojem dijelu knjige (obično na kraju u dodatku)
excusable [iks'kjuːzəbl] *adj* (**excusably** *adv*) oprostiv, koji se može ispričati
excusatory [iks'kjuːzətəri] *adj* koji opršta, ispričava; koji se može ispričati
excusatory [iks'kjuːzətəri] *adj* koji opršta, ispričava; koji služi za ispriku, za opravdanje
excuse [iks'kjuːs] *s* izlika, izgovor, isprika, opravdanje, oslobođenje (od obaveze) | **to make one's ~s** ispričavati se; **in ~ of** u opravdanje; **without ~** neopravdano
excuse [iks'kjuːz] *vt* ispričati, oprostiti, opravdati, dopustiti, odriješiti, osloboditi (*from* obveze) | **I beg to be ~d** molim da mi se to ispriča; **to ~ oneself for** ispričati se za; **we ~ him the fee** oslobađamo ga od pristojbe; **~ me** oprostite mi, ispričajte me
exeat ['eksiæt] *s* dozvola za kraći izostanak (iz škole ili posla); biskupska dozvola svećeniku da može napustiti biskupiju
execrable ['eksikrəbl] *adj* (**execrably** *adv*) odvratan, gadan, ogavan; grozan; opak, proklet
execrate ['eksikreit] *vt/i* **I.** *vt* prokleti, osjećati odvratnost, mrziti **II.** *vi* gaditi se, gnušati se
execration [,eksi'kreiʃn] *s* proklinjanje, prokletstvo; gađenje, odvratnost, gnušanje | **to hold in ~** zgražati se nad
execrative ['eksikreitiv] *adj* (**~ly** *adv*) koji proklinje, osjeća odvratnost, mrzi
executable ['eksikjuːtəbl] *adj* koji se može izvršiti, izvršiv
executant [ig'zekjutənt] *adj* izvođač (projekta, glazbenog komada itd.)
execute ['eksikjuːt] *vt* 1. izvesti, izvršiti, provesti, obaviti; dovršiti; ostvariti, izraditi, učiniti; vršiti službu 2. *jur* učiniti pravovaljanim; ispuniti, sastaviti, ovjeroviti, potvrditi (dokument potpisima, pečatom itd.); ispuniti zahtjeve (npr. sadržane u kojoj ispravi); predati, prenijeti u posjed 3. izvršiti (smrtnu) osudu, smaknuti 4. provesti ovrhu 5. odigrati, odsvirati, izvesti (glazbeni komad itd.)
execution [,eksi'kjuːʃn] *s* 1. izvršenje, provođenje, izvedba; uništenje 2. način izvođenja, predavanje, igra, vještina (npr. pri sviranju instrumenta); prikaz, stil (u književnosti) 3. *jur* ovršni nalog, ovrha, zapljena 4. izvršenje (smrtne) kazne, smaknuće, egzekucija 5. razorno djelovanje, učinak (osobito oružja)
executioner [,eksi'kjuːʃnə] *s* izvršitelj, ovršitelj, krvnik
executive [ig'zekjutiv] *adj* izvršni, egzekutivni | ~ **committee** izvršni odbor; ~ **suite** direktorske prostorije
executive [ig'zekjutiv] *s* izvršna vlast, egzekutiva; *mar* zastava izvršnog signala | *US* **the Executive** guverner jedne države; predsjednik SAD; *mar* ~ **signal** izvršni signal
executor [ig'zekjutə] *s* izvršitelj, ovršitelj, izvađač, izvršitelj oporuke | **literary ~** osoba koja se brine za neobjelodanjena djela nekog pisca
executorship [ig'zekjutəʃip] *s* služba izvršitelja (oporuke)
executory [ig'zekjutəri] *adj* izvršni; ovršni

executrix [ig'zekjutriks] *s* (*pl* **executrices** [ig'zekjutrisi:z] ovršiteljica, izvršiteljica (oporuke)
exegesis [ˌeksi'dʒi:sis] *s* tumačenje (osobito Biblije), eksegeza
exegetic [ˌeksi'dʒetik] *adj* (**~ly** *adv*) koji tumači, eksegetički
exemplar [ig'zemplə] *s* uzor, uzorak, ugled, primjer, tip, ideal; egzemplar
exemplariness [ˌegzem'plærinis] s uzornost
exemplarity [ˌegzem'plærəti] *s* uzornost, uzorno ponašanje
exemplary [ig'zempləri] *adj* (**exemplarily** *adv*) uzoran, primjeran, vrijedan oponašanja, tipičan; koji tumači; egzemplaran, za opomenu, zastrašujući (kazna)
exemplification [igˌzemplifi'keiʃn] *s* tumačenje, dokazivanje pomoću primjera; (ovjerovljen) prijepis
exemplify [ig'zemplifai] *vt* tumačiti, dokazivati primjerima, služiti za primjer; prepisati, ovjeroviti prijepis (isprave); izdati ovjerovljeni prijepis
exempt [ig'zempt] *adj* oslobođen, pošteđen, slobodan, izuzet | **~ from duty** slobodan od carine
exempt [ig'zempt] *s* oslobođenik (od poreza, pristojbi), povlaštenik; oficir koji zapovijeda tjelesnom stražom
exempt [ig'zempt] *vt* osloboditi (od poreza, pristojbi), poštedjeti, izuzeti
exemption [ig'zempʃən] *s* oslobođenje, izuzeće, izuzimanje, oprost; *US* porezna olakšica
exequatur [ˌeksi'kweitə] *s* uredovno ovjerovljenje, potvrda; odobrenje vršenja službe (npr. konzulu, biskupu); dozvola objelodanjenja papinskih bula
exequies ['eksikwiz] *s pl* pogreb, sprovod, pogrebni obred
exercise ['eksəsaiz] *s* 1. izvršenje; vježbanje, vježba; primjena, upotreba; vršenje (službe, funkcija, vjerskih obreda); tjelesno (duhovno) vježbanje 2. zadatak, zadaća, akademska rasprava (za stjecanje akademskog stupnja) | **~s** *pl* vojne vježbe, atletske vježbe; (*religious* **~s** duhovne vježbe, egzercicije); *US* službeni raspored (npr. proslave itd.); **to take ~** kretati se na zraku; *mar* **~ mine** školska mina; *US* **graduation ~s** svečana promocija
exercise ['eksəsaiz] *vt/i* **I.** *vt* 1. vršiti, vježbati 2. primijeniti 3. vršiti službu 4. ocijeniti snagu 5. obučiti (konja) jahanju 6. zbuniti, mučiti **II.** *vi* vježbati se, kretati se; *sport* trenirati | **to be ~d in** biti vješt čemu; **to ~ one's mind** umno raditi, naprezati um
exerciser ['eksəsaizə] *s* vježbač, vršilac
exercitation [egˌzə:si'teiʃn] *s* vježba, vježbanje (književno ili govorničko), književni sastavak
exergue [ek'sə:g] *s* prazan prostor na naleđu medalje (za datum, natpis i dr); natpis na tom prostoru
exert [ig'zə:t] *vt* vršiti (utjecaj); upotrijebiti, primijeniti; vježbati, napreći (snagu) | **to ~ oneself** trsiti se, truditi se, nastojati; naprezati se
exertion [ig'zə:ʃn] *s* primjena, vršenje, naprezanje, napor, nastojanje | **to use every ~** napregnuti sve snage
exes ['eksiz] *s pl sl* troškovi
exeunt ['eksiʌnt] *vi Lat theat* izlaze (scenska uputa)
exfoliate [eks'fəulieit] *vi/t* **I.** *vi* listati se, raščinjati se, rastavljati se na listove, ljuštiti se; raspucati se; rascijepiti se u slojeve **II.** *vt* skinuti lišće; oljuštiti, presvlačiti kožu (zmija); *fig* razviti
exfoliation [eksˌfəuli'eiʃn] *s* skidanje lišća, ljuštenje
exhalation [ˌekshə'leiʃn] *s* ishlapljivanje, isparivanje para, ispuštanje daha, izdisanje
exhale [eks'heil] *vt/i* **I.** *vt* (*from, out of*) isparivati, izdisati, ishlapiti, ispuštati, odisati; *med* izlijevati (iz krvnih žila) **II.** *vi* isparivati se, strujati | **to ~ one's soul** izdahnuti (dušu)
exhaust [ig'zɔ:st] *s mot* ispuh; ispušni ventil (na parnom stroju ili motoru); proces crpljenja zraka iz neke posude; ekshaustor | *tech* **~ chamber** prigušnik, prigušivač šuma
exhaust [ig'zɔ:st] *vt* izvlačiti, iscrpsti, istrošiti, isprazniti, izgrabiti, ispumpati, načiniti zrakopraznim; izmoriti | **to ~ oneself in** iscrpsti se u čemu
exhausted [ig'zɔ:stid] *adj* iscrpen, izmoren; rasprodan
exhaustible [ig'zɔ:stəbl] *adj* koji se može iscrpsti, iscrpiv
exhausting [ig'zɔ:stiŋ] *adj* koji iscrpljuje, naporan, zamoran
exhaustion [ig'zɔ:stʃən] *s* 1. iscrpljenje, ispražnjenje, ispumpavanje; izlaženje, ispuštanje (pare); crpljenje (zraka) 2. umor, iscrpenost
exhaustive [ig'zɔ:stiv] *adj* (**~ly** *adv*) iscrpan; koji iscrpljuje, zamoran | **to be ~ of a subject** neki predmet iscrpno obraditi
exhaust-pipe [ig'zɔ:stpaip] *s tech* ispušna cijev
exhaust-steam [ig'zɔ:ststi:m] *s tech* iskorištena para
exhaust-valve [ig'zɔ:stvælv] *s tech* ispusni ventil
exhibit [ig'zibit] *s* izložbeni predmet, izložak, eksponat; izložba; *jur* dokazni materijal
exhibit [ig'zibit] *vt* pokazati, izložiti; dokazati, iznijeti, predočiti; javno izložiti, prikazati; *jur* podnijeti, predočiti (tužbu, ispravu itd.); raspisati stipendije

exhibition[1] [ˌeksiˈbiʃn] *s* prikaz, izlaganje; izložba; prizor; predočenje (isprava) | **to be on public ~** biti javno izložen; **to make an ~ of oneself** izvrći se ruglu, učiniti se smiješnim
exhibition[2] [ˌeksiˈbiʃn] *s* godišnja stipendija
exhibitioner [ˌeksiˈbiʃnə] *s* stipendist
exhibitor [igˈzibitə] *s* prikazivač, izlagač; predočitelj (isprave itd.)
exhilarant [igˈzilərənt] *adj* koji razveseljuje, veseo, vedar
exhilarate [igˈzilәreit] *vt* razveseliti, razvedriti
exhilaration [igˌziləˈreiʃn] *s* razveseljivanje, veselost
exhilarative [igˈzilərətiv] *adj* koji razveseljuje, veseo
exhort [igˈzɔːt] *vt* opomenuti, potaknuti, pobuditi, ponukati, nagovarati, svjetovati (*to* na što)
exhortation [ˌegzɔːˈteiʃn] *s* opomena, poticanje, nukanje, nagovaranje, svjetovanje
exhortative [igˈzɔːtətiv] *adj* koji opominje, potiče, nuka, nagovara, svjetuje
exhortatory [igˈzɔːtətəri] *adj* → **exhortative**
exhumation [ˌekshjuːˈmeiʃn] *s* ekshumacija, iskapanje mrtvaca
exhume [eksˈhjuːm] *vt* iskopati (mrtvaca), ekshumirati; *fig* iznijeti na vidjelo
exigence [ˈeksidʒəns] *s* hitnost, nužda, (prijeka) potreba; hitan slučaj; kritično stanje
exigency [ˈeksidʒənsi] *s* → **exigence**
exigent [ˈeksidʒənt] *adj* nuždan, hitan, (prijeko) potreban; koji mnogo zahtijeva | **to be ~ of** zahtijevati, (hitno) iziskivati
exigible [ˈeksidʒəbl] *adj* utjeriv, koji se može zahtijevati
exiguity [ˌeksiˈgjuːəti] *s* sitnoća, oskudnost, neznatnost; skučenost prostora
exiguous [egˈzigjuəs] *adj* sitan, neznatan, malen, oskudan
exile [ˈeksail] *s* izgon, progon, progonstvo; prognanik
exile [ˈeksail] *vt* izagnati, prognati (*from* iz)
exilian [egˈziliən] *adj* koji se tiče progonstva Židova u Babilonu
exilic [egˈzilik] *adj* → **exilian**
exility [egˈziləti] *s* slabost, nježnost, finoća, tankoća
exist [igˈzist] *vi* opstojati, biti, postojati, nalaziti se; dogoditi se; živjeti, životariti; trajati; egzistirati | **to ~ as** postojati u obliku (čega); *com* **the ~ing demand** postojeća (sadašnja) tražnja
existence [igˈzistəns] *s* bivstvo, biće; postojanje, život, opstanak, egzistencija | **in ~** koji postoji; **a wretched ~** bijedan život; **to call into ~** ostvariti, oživotvoriti; **to come into ~** postati; **struggle for ~** borba za opstanak
existent [igˈzistənt] *adj* sadašnji; zbiljski; redovan; egzistentan
existential [ˌegziˈstenʃəl] *adj* koji postoji, živi; sadašnji; stvaran; redovan; egzistentan; *log* egzistencijalni
existentialism [ˌegziˈstenʃəlizəm] *s* egzistencijalizam
existentialist [ˌegziˈstenʃəlist] *s* egzistencijalist
exit [ˈeksit] *s* izlaz; izlaženje, izlazak; *theat* odlazak (glumca s pozornice); smrt | **to make one's ~** otići; *fig* umrijeti
exit [ˈeksit] *vi* izaći | **~ Hamlet** izlazi Hamlet (scenska uputa)
ex libris [eksˈlaibris] *s* ex libris, oznaka vlasništva na knjizi (obično s imenom, monogramom ili grbom vlasnika)
exodus [ˈeksədəs] *s* odlazak, odlaženje; seoba, egzodus; seoba Izraelićana iz Egipta; Druga knjiga Mojsijeva (koja se zove Izlazak) | **rural ~** masovni bijeg sa sela u gradove
ex officio [ˌeksəˈfiʃiəu] *adj Lat* po službenoj dužnosti; po položaju
exogamic [ˌeksəˈgæmik] *adj* → **exogamous**
exogamous [ekˈsɔgəməs] *adj* egzogaman; koji uzima ženu izvan svoga vlastitog plemena
exogamy [ekˈsɔgəmi] *s* egzogamija, običaj da se uzima žena izvan vlastitog plemena
exonerate [igˈzɔnəreit] *vt* (*from*) rasteretiti, oteretiti; osloboditi (od prigovora), ispričati; razriješiti (od službe, dužnosti) | *com* **to ~ from all risks** osigurati protiv svake pogibelji, rizika; *com* **exonerating clause** klauzula o povlastici
exoneration [igˌzɔnəˈreiʃn] *s* oterećenje, oslobođenje, razrješenje (od službe, dužnosti itd.)
exonerative [igˈzɔnərətiv] *adj* koji oterećuje, oslobađa, razrješava (od službe, dužnosti itd.)
exorbitance [igˈzɔːbitəns] *s* prekomjernost, pretjeranost; neumjerenost, razuzdanost; bezgraničnost
exorbitant [igˈzɔːbitənt] *adj* (**~ly** *adv*) preuveličan, prekomjeran, pretjeran, neumjeren; razuzdan; bezgraničan
exorcise [ˈeksɔːsaiz] *vt* istjerivati duhove, izgoniti đavla (*from, out of* iz)
exorcism [ˈeksɔːsizəm] *s* zaklinjanje, istjerivanje duhova, izgonjenje đavla, egzorcizam
exordial [ekˈsɔːdjəl] *adj* uvodni, pristupni
exordium [ekˈsɔːdjəm] *s* uvod, pristup, uvodna riječ
exoteric [ˌeksəuˈterik] *adj* (**~ally** *adv*) vanjski, javan; svakom razumljiv, običan; popularan; egzoterički
exoterics [ˌeksəuˈteriks] *s pl* svakom razumljive, popularne doktrine ili rasprave
exotic [igˈzɔtik] *adj* egzotičan, stran, tuđ, inozeman (osobito o biljkama)

exotic [ig'zɔtik] *s* egzotična biljka (i *fig*)
expand [iks'pænd] *vt/i* **I.** *vt* 1. širiti, rastezati; razviti; razapeti (kukca); (*into*) naduti, povećati 2. izlagati, naširoko tumačiti; ispisati **II.** *vi* 1. širiti se, raširiti se, rastezati se; rasprostraniti se; naduti se, povećati se, razviti se (*into* u) 2. postati srdačan, osloboditi se suzdržljivosti
expanse [iks'pæns] *s* prostranstvo, velik prostor; širina, široka ravnina
expansibility [iks,pænsə'biləti] *s* pruživost, rastegljivost, napon (pare)
expansible [iks'pænsəbl] *adj* (**expansibly** *adv*) pruživ, rastezljiv
expansile [iks'pænsail] *adj* → **expansible**
expansion [iks'pænʃən] *s* 1. proširenje, povećanje; razvoj 2. *phys* napon, napetost, ekspanzija 3. velik opseg, prostor, širina | ~ **of the currency** povećanje novčanog optjecaja
expansion-engine [iks'pænʃən'endʒin] *s* *tech* ekspanzijski motor
expansion-valve [iks'pænʃənvælv] *s* *tech* ekspanzijski ventil
expansive [iks'pænsiv] *adj* (~**ly** *adv*) ekspanzivan, opsežan, obuhvatan, širok; *fig* otvoren, srdačan, pun osjećaja; razgovorljiv
expatiate [eks'peiʃieit] *vi* švrljati (i *fig*); naširoko pričati, opširno pisati, razglabati (*on* o)
expatiation [eks,peiʃi'eiʃn] *s* švrljanje (*fig*); opširno pričanje, pisanje, razglabanje, brbljanje
expatiatory [eks'peiʃjətəri] *adj* koji švrlja (i *fig*); opširan, razvučen
expatriate [eks'pætrieit] *vt* prognati, izagnati iz domovine | ~ **oneself** odreći se državljanstva, iseliti se, emigrirati
expatriation [eks,pætri'eiʃn] *s* ekspatrijacija, izgnanje, progonstvo, iseljenje
expect [iks'pekt] *vt* čekati, očekivati, iščekivati (*of, from* od); predvidjeti, sigurno računati na što; slutiti; *coll* misliti, pretpostavljati | **she is** ~**ing** ona je u drugom stanju; *coll* **I** ~ **so** bit će da je tako
expectance [iks'pektəns] *s* čekanje, očekivanje, iščekivanje, nada; izgled
expectancy [iks'pektənsi] *s* čekanje, očekivanje; izgled (osobito na budući posjed); nada
expectant [iks'pektənt] *adj* (~**ly** *adv*) pun očekivanja, koji očekuje, ima izgleda (na posjed, službu itd.); *med* koji liječi uzdajući se u prirodu; *jur* povratan, koji ima izgled na baštinu | ~ **heir** pretendent na prijestolje; ~ **mother** trudnica; **to be** ~ biti u drugom stanju
expectant [iks'pektənt] *s* iščekivalac; budući nasljednik; kandidat za neku službu itd.
expectation [,ekspek'teiʃn] *s* očekivanje, iščekivanje; slutnja, nada; *pl* izgledi na baštinu | **on the tiptoe of** ~ u velikom iščekivanju; ~ **of life** vjerojatno trajanje života; **to answer one's** ~**s** ispuniti čija očekivanja, nade; **beyond** ~ iznad očekivanja; **contrary to** ~**(s)** protiv očekivanja; **to fall short of** ~, **not come up to one's** ~**s** ne ispuniti iščekivanja, iznevjeriti (čije) nade
expectative [iks'pektətiv] *adj jur* povratan, koji ima izgleda na baštinu
expectorant [eks'pektərənt] *adj med* koji olakšava iskašljavanje (ekspektoraciju)
expectorant [eks'pektərənt] *s med* sredstvo za iskašljavanje, ekspektorans
expectorate [eks'pektəreit] *vt* iskašljati, izbaciti sluz; *US* ispljunuti; olakšati dušu
expectoration [eks,pektə'reiʃn] *s* iskašljavanje, izbacivanje sluzi, ekspektoracija; *US* pljuvanje, olakšanje duše
expedience [iks'pi:djəns] *s* uputnost; svrsishodnost, prikladnost, umjesnost; mogućnost; načelo korisnosti; razborita sebična proračunatost
expediency [iks'pi:djənsi] *s* → **expedience**
expedient [iks'pi:djənt] *adj* (~**ly** *adv*) zgodan, prikladan; umjestan; primjeren; koristan; sebičan, koristoljubiv; lukavo oprezan
expedient [iks'pi:djənt] *s* sredstvo, pomagalo, put; lukavština, majstorija, izlika, smicalica; (nepošten) način; pronalazak
expedite ['ekspidait] *vt* požuriti, pospješiti, otpremiti, otpraviti, odaslati; hitno obaviti
expedition [,ekspi'diʃn] *s* put, putovanje, (vojni) pohod, ekspedicija; hitrina, brzina, okretnost; brza otprema, odašiljanje
expeditionary [,ekspi'diʃənəri] *adj* ekspedicijski
expeditious [,ekspi'diʃəs] *adj* (~**ly** *adv*) brz, hitar, okretan
expel [iks'pel] *vt* silom izbaciti, istjerati, protjerati, isključiti, prognati (*from* iz)
expellee [,ikspe'li:] *s* izopćenik, isključeni član
expellent [iks'pelənt] *adj* koji silom izbacuje, tjera, isključuje, progoni
expend [iks'pend] *vt* potrošiti (*upon* na, za), izdati, istrošiti; *mar* oviti (pomoćni) konop oko jarbola
expenditure [iks'penditʃə] *s* izdatak, rashod; trošak, trošenje, potrošak
expense [iks'pens] *s* izdatak, rashod, trošak, trošenje, potrošak; *com pl* troškovi, naknada troškova | **at an** ~ **of** s troškom od; **free of** ~ bez troškova, franko; **to go to the** ~ **of buying a th** baciti se u trošak da se kupi neka stvar; **to have a laugh at his** ~ šaliti se na njegov račun; *com* ~ **account** obračun (putnih itd.) troškova; ~**s of maintenance** troškovi održavanja
expensive [iks'pensiv] *adj* (~**ly** *adv*) skup, skupocjen

experience [iks'piəriəns] *s* iskustvo, praktično opažanje, životno iskustvo, znanje, doživljaj; *pl* stanje vjerskog uzbuđenja | **by my own ~** iz mojeg vlastitog iskustva
experience [iks'piəriəns] *vt* iskusiti, pokušati; saznati; doživjeti, proživjeti; prepatiti | **to ~ difficulties** naići na teškoće; *US* **to ~ religion** obratiti se vjeri; **to ~ a storm** izdržati oluju
experienced [iks'piəriənst] *adj* iskusan; okretan, spretan
experiential [iks,piəri'enʃəl] *adj* (**~ly** *adv*) *phil* iskustven, po iskustvu, empirijski
experiment [iks'perimənt] *s* pokus, opit, eksperiment | **by ~** na temelju pokusa
experiment [iks'perimənt] *vi* praviti pokuse, eksperimentirati (*with, on* s čim, na čemu)
experimental [eks,peri'mentl] *adj* (**~ly** *adv*) koji se temelji na iskustvu, iskustven; pokusni, eksperimentalan; praktičan
experimentalism [eks,peri'mentəlizəm] *s* eksperimentalizam
experimentalist [eks,peri'mentəlist] *s* eksperimentalist
experimentalize [eks,peri'mentəlaiz] *vi* praviti pokuse, eksperimentirati
experimentation [eks,perimen'teiʃn] *s* pravljenje pokusa, eksperimentiranje
experimenter [iks'perimentə] *s* eksperimentator
expert ['ekspə:t] *adj* (**~ly** *adv*) iskusan, stručan, upućen (*in, at* u); okretan, spretan, vješt
expert ['ekspə:t] *s* stručnjak, vještak
expertise [,ekspə:'ti:z] *s* ekspertiza
expertness ['ekspə:tnis] *s* iskusnost; okretnost, spretnost, vještina; stručnost
expiable ['ekspiəbl] *adj* koji se može okajati, ispaštati
expiate ['ekspieit] *vt* okajati, ispaštati
expiation [,ekspi'eiʃn] *s* okajanje, ispaštanje
expiator ['ekspieitə] *s* pokajnik
expiatory ['ekspiətəri] *adj* pokajnički
expiration [,ekspi'reiʃn] *s* izdisanje, izdisaj; izdah, ekspiracija; umiranje, smrt, svršetak, kraj, prestanak, istek; izmak; *com* dospijeće | **at the time of ~** kod dospijeća; **on the ~ of** nakon dospijeća
expiratory [iks'paiərətəri] *adj* koji izdiše, ekspiratoran
expire [iks'paiə] *vt/i* izdisati; izdahnuti, umrijeti, prestati, svršiti, proteći, isteći, prestati važiti; ugasiti se; *com* dospjeti | **~d breath** dah
expiring [iks'paiəriŋ] *adj* umirući, posljednji, samrtni
expiry [iks'paiəri] *s* svršetak, kraj, istek
explain [iks'plein] *vt/i* **I.** *vt* protumačiti, objasniti, opravdati, obrazložiti, razglobiti, eksplicirati **II.** *vi* izjasniti se | **to ~ oneself** izjasniti se, obrazložiti svoj postupak
explain away [iks'pleinə'wei] *vt* obrazloženjima ukloniti nesporazume i dr.
explainable [iks'pleinəbl] *adj* koji se može protumačiti, objašnjiv
explanation [,eksplə'neiʃn] *s* tumačenje, objašnjenje, razlaganje, raspravljanje, izjašnjenje
explanatory [iks'plænətəri] *adj* (**explanatorily** *adv*) koji tumači, objasnidben, eksplanatoran
expletive [eks'pli:tiv] *adj* ekspletivan, koji ispunjuje, popunjuje (osobito rečenicu, stih); suvišan
expletive [eks'pli:tiv] *s* ekspletiv, umetnuta riječ; kletva, uzvik
explicable [ik'splikəbl] *adj* koji se može protumačiti, objasniv, objašnjiv, protumačiv
explicate ['eksplikeit] *vt* razviti, razvijati (teoriju, doktrinu); *arch* tumačiti, objasniti, razjasniti, razložiti, eksplicirati
explication [,ekspli'keiʃn] *s* razvijanje; tumačenje, objašnjenje, razjašnjenje, eksplikacija
explicative [ek'splikətiv] *adj* koji tumači, objašnjava
explicatory [ek'splikətəri] *adj* → **explicative**
explicit [iks'plisit] *adj* (**~ly** *adv*) izrazit, izričit, određen; jasan, razgovijetan; otvoren, iskren; eksplicitan
explicitness [iks'plisitnis] *s* izrazitost; izričitost, određenost; jasnoća, razgovijetnost, otvorenost, iskrenost
explode [iks'pləud] *vt/i* **I.** *vt* zabaciti, odbaciti; kuditi; učiniti da eksplodira (tane, mina i dr.) **II.** *vi* rasprsnuti se, eksplodirati, odletjeti u zrak; *fig* prasnuti (*with laughter* u smijeh); pucati (*with fury* od bijesa)
exploder [iks'pləudə] *s* detonator; *tech mil* pripala; prenosivo punjenje
exploit ['eksplɔit] *s* poduhvat; junačko djelo, izvanredan pothvat
exploit [iks'plɔit] *vt* iskorištavati, eksploatirati
exploitable [iks'plɔitəbl] *adj* koji se može iskorištavati, eksploatirati
exploitation [,eksplɔi'teiʃn] *s* iskorištavanje, eksploatacija
exploiter [iks'plɔitə] *s* izrabljivač, eksploatator
exploration [,eksplɔ:'reiʃn] *s* istraživanje, pretraživanje, izviđanje, putovanje radi otkrivanja
explorative [eks'plɔ:rətiv] *adj* istraživački, istraživalački, izviđački
exploratory [eks'plɔ:rətəri] *adj* → **explorative** | *mar* **~ sweep** kontrolno razminiranje
explore [iks'plɔ:] *vt* istraživati, pretraživati, izviđati; istražiti; putovati radi

otkrivanja; sondirati teren, rekognoscirati
explorer [iks'plɔːrə] *s* ispitivač, istraživač
explosion [iks'pləuʒn] *s* eksplozija, rasprsnuće; potres, provala (strasti, smijeha i dr.) | **population ~** prenagli porast stanovništva, demografska eksplozija
explosive [iks'pləusiv] *adj* (~**ly** *adv*) eksplozivan, nagao | *mar* ~ **fog signal** praskavi signal za maglu; ~ **sweep** minolovka s eksplozivnim rezačima
explosive [iks'pləusiv] *s* eksploziv
exponent [eks'pəunənt] *adj* koji objašnjava, tumači, izlaže
exponent [eks'pəunənt] *s* tumač, objašnjivač, izvođač (glazbe i dr.); predstavnik, pobornik (neke nauke i dr.); *math* eksponent
exponential [ˌekspəu'nenʃl] *adj math* eksponencijalan
export [eks'pɔːt] *vt* izvoziti, eksportirati
export ['ekspɔːt] *s com* izvoz; *pl* izvezena roba; izvoz | ~ **bounty** izvozna premija
exportable [eks'pɔːtəbl] *adj* koji se može eksportirati, izvoziv
exportation [ˌekspɔː'teiʃn] *s* izvoz, eksport
export-duty ['ekspɔːtˌdjuːti] *s* izvozna carina
exporter [eks'pɔːtə] *s* izvoznik
export-invoice ['ekspɔːtˌinvɔis] *s* izvozna faktura
export-licence ['ekspɔːtˌlaisəns] *s* izvozna dozvola
export-trade ['ekspɔːttreid] *s* izvozna trgovina
exposal [iks'pəuzəl] *s* izlaganje, izvrgavanje, dovođenje (u nepriliku i dr.), otkrivanje, pokazivanje, raskrinkavanje
expose [iks'pəuz] *vt* izložiti, izvrgnuti (nepogodi, opasnosti); napustiti (dijete), prepustiti, ostaviti na milost i nemilost; otkriti, razotkriti, raskrinkati; izložiti (robu na prodaju); *phot* osvijetliti, eksponirati | *mar* **to ~ the beam, to ~ the searchlight** zasvijetliti reflektorom
expose [iks'pəuz] *s US* izvještaj, izlaganje; otkriće, razgolićenje, prokazivanje
exposé [eks'pəuzei] *s Fr* ekspoze, izvještaj, izlaganje
exposition [ˌekspə'ziʃn] *s* izlaganje, izvrgavanje; tumačenje, objašnjenje; opis, komentar; izložba
expositive [eks'pɔzitiv] *adj* opisni, koji objašnjava (**of** što)
expositor [eks'pɔzitə] *s* tumač, objašnjivač; izlagač
expository [eks'pɔzitəri] *adj* koji tumači, objašnjava
expostulate [iks'pɔstjuleit] *vi* pravdati se (*with a p* s kim, *for, on* o čemu), prepirati se, prigovarati, protestirati
expostulation [iksˌpɔstju'leiʃn] *s* pravdanje, prepirka; prigovor, opomena, protest, tužba
expostulatory [iks'pɔstjulətəri] *adj* koji prigovara, protestni
exposure [iks'pəuʒə] *s* izlaganje, izvrgavanje (zraku, zimi, opasnosti), napuštanje (djeteta); otkrivanje, raskrinkavanje; izlaganje, izložba (robe) na prodaju; izgled (npr. prema jugu); *phot* ekspozicija, osvjetljivanje | ~ **meter** svjetlomjer; ~ **time** vrijeme ekspozicije; ~ **table** tablica ekspozicije
expound [iks'paund] *vt* razložiti, razglobiti, objasniti, tumačiti
expounder [iks'paundə] *s* objašnjivač, tumač
express [iks'pres] *adj* (~**ly** *adv*) točan, određen, izričit, osobit, jasan; brz, hitan, ekspresni
express [iks'pres] *adv* brzo, hitno; izričito; ekspresno
express [iks'pres] *s* teklić, skoroteča; hitna isporuka; ekspres | *US* ~ **company** otpremničko poduzeće, špedicija; ~ **highway** auto-put; ~ **mail** hitna pošta; ~ **train** ekspresni vlak; **by ~** ekspresno; **by freight ~** brzovozno
express [iks'pres] *vt* 1. istisnuti (zrak, sok), izbaciti, iscijediti, izažimati 2. izraziti, izreći 3. označiti, pokazati, iznijeti na vidjelo 4. poslati brzovozno, dostaviti teklićem 5. *math* izraziti simbolima
expressible [iks'presəbl] *adj* koji se može izraziti, izreciv
expression [iks'preʃn] *s* istiskivanje; izražavanje, izraz, način izražavanja; izraz lica; intonacija glasa, dikcija; *math* formula; *arts* izražaj (karaktera, ličnosti i dr.); *mus* ekspresija | **beyond all ~** neizreciv, neizraziv
expressionable [iks'preʃənəbl] *adj* koji se može izraziti, izražajan
expressional [iks'preʃənl] *adj* (~**ly** *adv*) izražajan
expressionism [iks'preʃnizəm] *s arts* ekspresionizam
expressionist [iks'preʃnist] *s arts* ekspresionist
expressionistic [iksˌpreʃə'nistik] *adj arts* ekspresionistički
expressionless [iks'preʃənlis] *adj* bezizražajan
expressive [iks'presiv] *adj* (~**ly** *adv*) koji izražava, izražajan, snažan, ekspresivan
expressiveness [iks'presivnis] *s* izražajnost, snaga izražavanja
expressly [iks'presli] *adv* izričito, napose, točno, jasno, određeno, osobito
expressway [iks'preswei] *s US* auto-cesta
exprobration [ˌekspre'breiʃən] *s* prijekor, ukor
expropriate [eks'prəuprieit] *vt* izvlastiti, oduzeti posjed, eksproprirati
expropriation [eksˌprəupri'eiʃn] *s* izvlašćenje, oduzimanje posjeda, izvlaštenje, eksproprijacija

expropriator [eks'prəuprieitə] *s* onaj koji izvlašćuje, eksproprijator
expulsion [iks'pʌlʃən] *s* izgnanje, progon, isključenje, izgon (*from* iz); *med* čišćenje (crijeva)
expulsive [iks'pʌlsiv] *adj* koji izgoni, isključuje; *med* koji čisti (crijeva)
expulsive [iks'pʌlsiv] *s med* sredstvo za čišćenje crijeva
expunge [eks'pʌndʒ] *vt* izbrisati, ispustiti, izostaviti (*from* iz)
expurgate ['ekspəːgeit] *vt* pročistiti (*from* od), ukloniti, izdvojiti, izbacivanjem pročistiti (osobito knjigu i dr.), ispraviti
expurgation [ˌekspəː'geiʃn] *s* pročišćenje, uklanjanje, izbacivanje nepoželjnih mjesta (iz knjige), ispravljanje; brisanje (članova)
expurgator ['ekspəːgeitə] *s* onaj koji čisti, uklanja, izbacuje; ispravljač (pogrešaka)
expurgatorial [eksˌpəːgə'tɔːriəl] *adj* koji se tiče pročišćivanja, izbacivanja, ispravljanja
expurgatory [eks'pəːgətəri] *adj* koji čisti, ispravlja
exquisite ['ekskwizit] *adj* (~**ly** *adv*) izabran, probran, sjajan, izvanredan, odličan; živahan, snažan, oštar, osjetljiv
exquisite ['eskwizit] *s* gizdelin, fićfirić, kicoš
exquisiteness ['ekskwizitnis] *s* biranost, finoća, izvanrednost, odličnost; oštrina, istančanost
exsanguinate [ek'sæŋgwineit] *vt* oduzeti krv, pustiti krv
exsanguine [ek'sæŋgwin] *adj* beskrvan
exscind [ek'sind] *vt* izrezati (i *fig*)
exsert [ek'səːt] *vt biol* ispružiti, tjerati izdanke
exsertion [ek'səːʃən] *s biol* pružanje, tjeranje izdanaka
ex-service [ˌeks'səːvis] *adj* izvan službe | ~ **man** bivši borac, demobilizirani vojnik
exsiccate ['eksikeit] *vt* osušiti, isušiti
extant [eks'tænt] *adj* koji još postoji, čega još ima, sadašnji, postojeći
extasy ['ekstəsi] *s* → **ecstasy**
extemporaneous [eksˌtempə'reinjəs] *adj* (~**ly** *adv*) održan bez pripreme (npr. govor i dr.), nepripravljen, improviziran
extemporary [iks'tempərəri] *adj* (**extemporarily** *adv*) → **extemporaneous**
extempore [eks'tempəri] *adv* bez pripreme, smjesta, improvizirano
extempore [eks'tempəri] *adj* održan bez pripreme, improviziran
extemporization [eksˌtempərai'zeiʃn] *s* izlaganje (pisanje) bez pripreme, ekstemporacija
extemporize [iks'tempəraiz] *vt/i* izvesti što bez pripreme, improvizirati; održati (govor) bez pripreme, ekstemporirati
extend [iks'tend] *vt/i* **I.** *vt* 1. istegnuti, protegnuti, rastegnuti; pružiti, ispružiti 2. raširiti, proširiti, produljiti; dosegnuti; nastaviti; povećati (i *fig*) 3. ispisati, prepisati (npr. stenogram i dr.) 4. podijeliti, udijeliti 5. *mil* postrojiti vojnike (s razmacima) u otvorene redove 6. *jur* procijeniti (zemljište i dr.), oduzeti (posjed i dr.) zbog duga 7. *sport sl* napregnuti sile (sportaša, konja i dr.) **II.** *vi* protezati se, rastezati se, prostirati se, dosezati (*to* do) | **to** ~ **an invoice** ispisati račun po stavkama u stupcima, specificirati fakturu; ~**ed order** streljački stroj; *sport* **the horse was fully** ~**ed** konj se napregao do krajnjih granica
extendible [iks'tendəbl] *adj* pruživ, rastezljiv
extensibility [iksˌtensə'biləti] *s* pruživost, rastezljivost
extensible [iks'tensəbl] *adj* pruživ, rastezljiv
extensile [eks'tensail] *adj* pruživ, ispruživ
extension [iks'tenʃən] *s* 1. protezanje, rastezanje, širina, veličina, opseg, domašaj; produljenje, proširenje (i *fig*); nastavak 2. pobočna pruga; *teleph* kućni (interni) broj; *gram* ekstenzija, dodatak, dopuna (npr. subjektu ili predikatu u rečenici) | **University Extension** pučko sveučilište, dopuštenje pristupa eksternim studentima na predavanja i ispite; **to put an** ~ **to** produljiti; ~ **table** stol koji se dade rastegnuti (produžiti)
extensive [iks'tensiv] *adj* (~**ly** *adv*) širok, proširen, raširen, prostran; dalekosežan, obiman, sveobuhvatan, znatan; *agr* ekstenzivan
extensiveness [iks'tensivnis] *s* proširenje, raširenje; širina, veličina, prostranost; opseg
extensor [iks'tensə] *s anat* mišić pružač, ekstenzor
extent [iks'tent] *s* širina, veličina, površina; opseg; stupanj, mjera, domašaj; *jur* procjena (zemljišta i dr.); oduzimanje, odluka o oduzimanju (zemljišta i dr.) | **to a great** ~ u velikoj mjeri, velikim dijelom; **to the** ~ **of** do iznosa od, toliko, tako; **to the full** ~ potpuno, u potpunoj mjeri, u potpunom opsegu; **to a certain** ~, **to some** ~ u stanovitoj mjeri, donekle
extenuate [eks'tenjueit] *vt* smanjiti, umanjiti, ublažiti; prikriti, zabašuriti, uljepšati (povredu, krivnju); *arch* rastanjiti, oslabiti, oduzeti snagu | **extenuating circumstances** olakotne okolnosti
extenuation [eksˌtenju'eiʃn] *s* smanjenje, ublaženje; prikrivanje, zabašurivanje; *arch* stanjivanje, mršavljenje | **to speak in** ~ **of one's guilt** nastojati ublažiti nečiju krivnju

extenuatory [eks'tenjuətəri] *adj* koji ublažuje, olakotan
exterior [eks'tiəriə] *adj* (~**ly** *adv*) vanjski, izvanjski, spoljašnji
exterior [eks'tiəriə] *s* vanjština, spoljašnost, vanjska strana, vanjski izgled; *phot* snimak u prirodi; *film* eksterijer
exteriority [eks,tiəri'ɔrəti] *s* vanjska strana, vanjština, spoljašnost
exteriorize [eks'tiəriəraiz] *vt* zamisliti u vanjskom obliku; pripisati (čemu) postojanje u vanjskom svijetu
exterminable [eks'tə:minəbl] *adj* iskorjenjiv; utamanjiv
exterminate [iks'tə:mineit] *vt* uništiti, utamaniti, iskorijeniti, istrijebiti, eksterminirati
extermination [iks,tə:mi'neiʃn] *s* uništenje, utamanjenje, istrebljenje, eksterminacija
exterminative [iks'tə:minətiv] *adj* koji uništava, tamani, iskorjenjuje, istrebljuje
exterminator [iks'tə:mineitə] *s* uništavalac, tamanilac, iskorjenitelj
exterminatory [iks'tə:minətəri] *adj* koji uništava, tamani, iskorjenjuje, istrebljuje
extern [eks'tə:n] *adj poet* izvanjski, spoljašnji, eksterni
external [eks'tə:nl] *adj* (~**ly** *adv*) vanjski, izvanjski, spoljašnji; inozemni; *theol* koji se sastoji u vanjskim djelima
externalism [eks'tə:nəlizəm] *s* sklonost za sve vanjsko, nebitno; kult vanjskog, nebitnog
externality [,ekstə:'næliti] *s phil* postojanje izvan onoga koji zapaža; predmetnost, stvarnost
externalize [eks'tə:nəlaiz] *vt* učiniti vanjskim; prikazati u vanjskom obliku; pripisati čemu vanjsko postojanje
externally [eks'tə:nəli] *adv* izvana, s vanjske strane; *med* za vanjsku upotrebu
externals [eks'tə:nlz] *s pl* vanjština, spoljašnost; vanjske okolnosti; nebitne pojedinosti
exterritorial ['eks,teri'tɔ:riəl] *adj* (~**ly** *adv*) eksteritorijalan, izuzet ispod vlasti i sudbenosti države na području koje se nalazi (poslanstvo, konzulat i dr.)
exterritoriality ['eksteri,tɔ:ri'æliti] *s* eksteritorijalnost, izuzimanje ispod vlasti i sudbenosti države na području koje se nalazi (poslanstvo, konzulat i dr.)
extinct [iks'tiŋkt] *adj* ugasao, ugašen; izumro, mrtav; zastario, završen; ukinut (zakon)
extinction [iks'tiŋkʃən] *s* gašenje, ugasnulost; otpis, brisanje (duga), izumiranje, uništenje, utamanjenje, propast, ekstinkcija
extinctive [iks'tiŋktiv] *adj* koji gasi, briše, uništava; razoran
extinguish [iks'tiŋgwiʃ] *vt* 1. ugasiti, pogasiti, utrnuti, ugušiti (i *fig*) 2. zamračiti, zasjeniti (i *fig*) 3. ušutkati (protivnika) 4. otpisati (dug) 5. uništiti, iskorijeniti, istrijebiti, razoriti; ukinuti, dokinuti; dokončati
extinguishable [iks'tiŋgwiʃəbl] *adj* ugasiv; uništiv, iskorjenjiv, istrebiv; koji se može ukinuti
extinguisher [iks'tiŋgwiʃə] *s* gasilac; gasilo; aparat za gašenje požara, ekstinkter
extinguishment [iks'tiŋgwiʃmənt] *s* gašenje, ugašenje; brisanje, opis, poništenje; uništenje, utamanjenje, istrebljenje, izumiranje; *jur* ukidanje, dokidanje
extirpate ['ekstə:peit] *vt* iščupati s korijenom, iskorijeniti, uništiti; *med* izrezati, ukloniti operacijom, ekstirpirati
extirpation [,ekstə:'peiʃn] *s* iskorjenjivanje, uništenje; *med* izrezivanje, uklanjanje operacijom, ekstirpacija
extirpator ['ekstə:peitə] *s* uništavač; *agr* pljevilo za čupanje korova, ekstirpator
extol [iks'təul] *vt* hvaliti, uzdizati, veličati | **to ~ a p to the skies** kovati koga u zvijezde
extort [iks'tɔ:t] *vt* iznuditi, silom oduzeti, oteti (*from* od); oglobiti
extortion [iks'tɔ:ʃn] *s* iznuđivanje, otimanje, protuzakonito utjerivanje; ucjena; lihva
extortionate [iks'tɔ:ʃnit] *adj* (~**ly** *adv*) iznuđivački, otimački, lihvarski, pretjeran
extortioner [iks'tɔ:ʃnə] *s* iznuđivač, otimač, ucjenjivač, lihvar
extortive [iks'tɔ:tiv] *adj* iznuđivački, otimački, ucjenjivački, lihvarski
extra ['ekstrə] *adj* dodatni, veći, bolji; poseban, neobičan, izvanredan, naročit
extra ['ekstrə] *adv* više, posebno, ekstra | ~ **charged** posebno zaračunat; ~ **special edition** posebno izdanje (novina)
extra ['ekstrə] *s* posebno izdanje; dodatak koji se posebno zaračunava; dodatna pristojba | **dancing is an ~** za ples se plaća posebna pristojba; ~**s** posebni izdaci
extract ['ekstrækt] *s* ekstrakt, izvadak, izvod (iz knjige), citat
extract [iks'trækt] *vt* 1. istisnuti (sok i dr.), iscijediti 2. prepisati; načiniti izvadak, izbor (iz knjige), citirati 3. polučiti, izvesti 4. izvući, izvaditi (npr. zub) 5. izmamiti, iznuditi 6. *chem* ekstrahirati, izručiti (*from* iz) | *math* **to ~ the root of a number** vaditi korijen nekog broja
extractable [iks'træktəbl] *adj* koji se može izvući, izvadiv, izlučiv
extraction [iks'trækʃən] *s* vađenje, izvadak, izvod; podrijetlo, loza; iznuđivanje; *chem* izlučivanje, ekstrakcija
extractive [iks'træktiv] *adj* koji se može izvući, izlučiv, izvadiv | ~ **industry** ekstraktivna industrija
extractive [iks'træktiv] *s chem* ekstrakt

extractor [iks'træktə] *s mil tech* izbacač praznih čahura
extra-curricular [ˌekstrəkə'rikjələ] *adj* koji je izvan nastavnog plana | ~ **activities** vanškolske aktivnosti
extraditable ['ekstrədaitəbl] *adj* koji se može izručiti, ekstradirati
extradite ['ekstrədait] *vt* izručiti, ekstradirati
extradition [ˌekstrə'diʃn] *s* izručenje, ekstradicija
extra-judicial [ˌekstrədʒuː'diʃl] *adj jur* vansudben, koji je proveden izvan suda
extra-marital [ˌekstrə'mæritl] *adj* vanbračni
extra-mundane ['ekstrə'mʌndein] *adj* vanzemaljski
extra-mural [ˌekstrə'mjuərəl] *adj* koji je izvan zidina ili granica nekog grada; koji ne pripada nekom sveučilištu | ~ **studies** izvanredni tečajevi što ih organizira sveučilište za nestudente; ~ **student** izvanredni student
extraneous [eks'treinjəs] *adj* (~**ly** *adv*) vanjski, stran; nebitan | **to be** ~ **to** ne pripadati čemu; biti irelevantan
extraordinary [iks'trɔːdnəri] *adj* (**extraordinarily** *adv*) poseban, osobit, izvanredan; neobičan, čudan; izuzetan, rijedak
extraordinary [iks'trɔːdnəri] *s* neobično | **extraordinaries** *pl* osobitost, neobičnost; posebni doplatak za vojsku
extra-territorial [ˌekstrəteri'tɔːriəl] *adj* eksteritorijalan
extra-time [ˌekstrə'taim] *s sport* produljeno vrijeme, produljena utakmica, produljenje
extravagance [iks'trævigəns] *s* prekomjernost, pretjeranost; nastranost, neuravnoteženost; žestina, rasipnost, rastrošnost, razuzdanost, ekstravagancija, ekstravagantnost
extravagant [iks'trævigənt] *adj* (~**ly** *adv*) prekomjeran, pretjeran, neumjeren; nepromišljen, neuravnotežen; rasipan, razuzdan, ekstravagantan
extravaganza [eksˌtrævə'gænzə] *s* lakrdija, burleska; fantastično literarno djelo ili glazbena kompozicija
extravagate [iks'trævigeit] *vi* ići predaleko, prevršiti mjeru
extravasate [eks'trævəseit] *vt/i* **I.** *vt* istjerati **II.** *vi med* istjecati iz krvnih žila, izlijevati se
extravasation [eksˌtrævə'seiʃn] *s med* izljev (krvi)
extreme [iks'triːm] *adj* krajnji, najdalji, posljednji, izvanredan; vrlo velik, vrlo žestok; točan, strog; ekstreman | *mil* ~ **elevation** maksimalna elevacija; ~ **unction** posljednja pomast; **an** ~ **case** krajnji slučaj, slučaj nužde
extreme [iks'triːm] *s* krajnost, krajnja granica; najviši stupanj, ekstrem; *log* subjekt ili predikat u rečenici; dio silogizma; *math* prvi ili posljednji član razmjera ili reda | **at the other** ~ na suprotnom kraju; **in the** ~, **to an** ~ prekomjerno, u najvećoj mjeri; *fig* **to carry to an** ~ predaleko poći, prijeći granicu; **to go to** ~**s** prijeći u krajnost; **to go from one** ~ **to the other** prelaziti iz jedne krajnosti u drugu; **to run to an** ~ prijeći u krajnost; ~**s meet** krajnosti se dotiču
extremely [iks'triːmli] *adv* krajnje, izvanredno, neobično, u najvećoj mjeri
extremism [iks'triːmizəm] *s* ekstremizam, pristajanje uz ekstremne nazore (osobito političke)
extremist [iks'triːmist] *s* ekstremist, pristaša ekstremnih nazora, politički ultraradikal
extremity [iks'tremiti] *s* krajnost, krajnja granica, najveći stupanj; kraj, vrh, vršak; krajnja nužda, krajnja neprilika; očajnički korak | **extremities** *pl* udovi; krajnje mjere; **to the last** ~ do krajnosti; **to go (proceed) to extremities** poduzeti krajnje mjere; **to be reduced to extremities** biti u najvećoj nuždi, u najvećoj nevolji
extricable ['ekstrikəbl] *adj* koji se može rasplesti, razmrsiv; izbježiv
extricate ['ekstrikeit] *vt* rasplesti, razmrsiti; osloboditi, izvući (*from* od, iz)
extrication [ˌekstri'keiʃn] *s* raspletanje, razmrsivanje; oslobađanje, izvlačenje
extrinsic [eks'trinsik] *adj* (~**ly** *adv*) vanjski, koji djeluje izvana; nebitan | ~ **value of a coin** nominalna vrijednost kovana novca (ne materijalna)
extroversion [ˌekstrəu'vəːʃn] *s psych* ekstroverzija, stav čovjeka koji se zanima samo za pojave vanjskog svijeta
extrovert ['ekstrəuvəːt] *s psych* ekstrovert
extrude [eks'truːd] *vt* izbaciti, izgurati (*from* iz)
extrusion [eks'truːʒən] *s* izbacivanje, izguravanje
extrusive [eks'truːsiv] *adj* (~**ly** *adv*) koji izbacuje, gura
exuberance [ig'zjuːbərəns] *s* izobilje, pretek, raskoš; zanos, kićenost, izljev, bujica (riječi)
exuberant [ig'zjuːbərənt] *adj* (~**ly** *adv*) obilan, preobilan, prebogat, raskošan; kićen, bujan
exuberate [ig'zjuːbəreit] *vi* biti napretek, obilovati, biti pun čega, bujati
exudation [ˌeksjuː'deiʃn] *s* lučenje, znojenje
exude [ig'zjuːd] *vt/i* **I.** *vt* lučiti **II.** *vi* znojiti se
exult [ig'zʌlt] *vi* veseliti se, radovati se; klicati (*at, in, to* komu, čemu); trijumfirati (*over* nad kim, čim)

exultancy [ig'zʌltənsi] *s* veselje, radovanje, sreća, klicanje od veselja; trijumf

exultant [ig'zʌltənt] *adj* (**~ly** *adv*) veseo, radostan

exultation [ˌegzʌl'teiʃn] *s* → **exultancy**

exuviae [ig'zjuːviiː] *s pl* ljušture, kožice, ostaci (fosilnih ili živih životinja, i *fig*)

exuvial [ig'zjuːvjəl] *adj* koji se tiče ljuštura, kožica, ostataka; fosilni

exuviate [ig'zjuːvieit] *vt/i* **I.** *vt* zbaciti kožu, ljuske **II.** *vi* svlačiti se, ljuštiti se

exuviation [igˌzjuːvi'eiʃn] *s* odbacivanje ljusaka, svlak kože

eyas ['aiəs] *s ornith* mlad sokol; *fig* žutokljunac, novajlija

eye [ai] *s* 1. oko, šarenica 2. pogled; vid, vidik, vidokrug 3. prisutnost (i *fig*) 4. gledište, smisao 5. sjaj, odsjev (npr. dragog kamena) 6. otvor, uho, ušica; zapon, omča, petlja; *mar* očna upletka 7. pup, oko (biljke) 8. rupa (u siru, kruhu) 9. središte | **~ of day** sunce; **in the wind's ~** prema vjetru; *mil* **~s right** gledaj desno; *mil* **~s left** gledaj lijevo; *mil* **~s front** gledaj ravno, naprijed; **~ for ~** oko za oko, odmazda; **to set (clap) ~s on** pogledati, opaziti; **to be all** ~s pomno promatrati; **up to the ~s** preko ušiju, preko glave; **his ~s are bigger than his belly (stomach)** ima veće oči nego želudac; **it made him open his ~s** gledao je to sav zabezeknut; **to open one's ~s to** otvoriti komu oči za što; **up to the ~s in work** preko glave zaposlen; **to cry one's ~s out** isplakati oči, oslijepiti od plača; **to catch a p's ~** privući čiju pažnju; *interj* **my ~** glupost!, ma nemoj!, budalaština!; **to lose an ~** izgubiti vid (na jednom oku); **if you had half an ~** da nisi potpuno slijep, glup; **with the naked ~** golim okom; **to have an ~ to** smjerati na koga ili što, imati koga ili što u vidu; **to keep an ~ on** motriti, promatrati, paziti na koga (i *fig*); **to have an ~ for** imati smisla, oko za što; **in the ~s of** pred očima, sa stajališta, s gledišta; **in the mind's ~** u mislima, u mašti; **to see ~ to ~ with** potpuno se složiti s kim ili čim; **to view with a friendly (jealous) ~** gledati prijateljski (ljubomorno, prijeko); **to throw dust in the ~s of** bacati komu pijesak u oči (*fig*), opsjeniti; **to make ~s at, to cast sheep's ~s** zaljubljeno gledati koga, očijukati; **~ of needle** ušica igle; **hook and ~** kvačica i petlja (na odjeći); **~ rhyme** vizualni srok; *mar* **~ splice** očna upletka; **apple of the ~** zjenica oka (i *fig*); ljubimac; *US sl* **private ~** privatni detektiv; *fig* **green ~** zavist; ljubomora; **to be in the public ~** biti u središtu pažnje javnosti; **with an ~ to** s namjerom da; **to keep (peep) an ~ on** pripaziti na, držati na oku; **there's more to it than meets the ~** ima to svoju skrivenu pozadinu; *coll* **mind your ~** budi oprezan, pripazi; **to nail one's ~s on** ne moći skinuti oka sa; **it struck my ~s** upalo mi je u oči; **to turn a blind ~ to** ne htjeti vidjeti, praviti se slijepim

eye [ai] *vt* gledati, promatrati

eye-ball ['aibɔːl] *s* očna jabučica

eye-bright ['aibrait] *s bot* vidac (***Euphrasia officinalis***)

eye-brow ['aibrau] *s* obrva

eye-glass ['aiglaːs] *s* monokl; okular (dalekozora)

eyeguard ['aigaːd] *s* školjka okulara

eye-hole ['aihəul] *s* okance (na vratima), rupa (na maski i dr.); rupica (na odjeći) kroz koju se provlači vrpca za vezivanje

eye-lash ['ailæʃ] *s* trepavica

eyeless ['ailis] *adj* bez očiju, slijep

eyelet ['ailit] *s* malen okrugli otvor; prozorčić na krovu; petlja, omča, oko, rupica

eye-lid ['ailid] *s* očni kapak | **to hang on by the ~s** jedva se pridržati (*fig*), visiti o jednoj niti, biti u opasnoj situaciji

eyemark ['aimaːk] *s* prizor, predmet gledanja

eye-opener ['aiˌəupnə] *s* događaj koji otvara oči; *US fig* gutljaj žestoka pića | **it was an ~ to him** to mu je otvorilo oči

eye-piece ['aipiːs] *s* okular

eye-servant ['aiˌsəːvənt] *s* udvorica

eye-shot ['aiʃɔt] *s* vidokrug | **within ~** na vidiku

eye-sight ['aisait] *s* vid, očinji vid

eye-sore ['aisɔː] *s* ječmenac; *fig* trn u oku

eye-tooth ['aituːθ] *s* očnjak (zub) | **to cut one's eye-teeth** opametiti se kroz iskustvo

eye-wash ['aiwɔʃ] *s* voda za ispiranje oka; *sl* prijevara, opsjena, podvala

eye-water ['aiˌwɔːtə] *s* suza; voda za ispiranje oka; vodenasta ili staklasta tekućina u oku

eye-witness [ˌai'witnis] *s* očevidac

eyot [eit] *s* otočić (osobito u rijeci)

eyre [ɛə] *s hist* putovanje sudaca po okruzima radi održavanja rasprava

eyrie (eyry) ['aiəri] *s* → **aerie**

F

F [ef] *s* F (šesto slovo engl. abecede); *mus* F (četvrta nota prirodne dur-ljestvice) | **~ major** F-dur; **~ minor** f-mol; **~ flat** fes; **~ sharp** fis

fa [faː] *s mus* **fa**

fab [fæb] *adj coll* basnoslovan

fabaceous [fəˈbeiʃəs] *adj bot* grahov, poput graha

Fabian [ˈfeibjən] *adj pol* fabijevski, koji oklijeva, krzma, zateže (da zamori opoziciju) | **~ Society** socijalističko društvo u Engleskoj, osnovano 1884.

Fabian [ˈfeibjən] *s* član ili pristaša socijalističkog društva Fabian Society

fable [ˈfeibl] *s* basna, bajka, izmišljena pripovijest, priča, laž; mit, legenda; isprazna brbljarija; *fig* priča, izmišljotina, laž | **in ~** u basni, u priči; **fact and ~** istina i laž

fable [ˈfeibl] *vi/t* pričati, lagati; izmisliti, izmišljati (priče), slaviti u pričama

fabled [ˈfeibld] *adj* slavljen u pričama, legendaran; izmišljen

fabler [ˈfeiblə] *s* lažac; basnopisac

fabliau [ˈfæbliəu] *s Fr* priča u stihovima iz rane francuske književnosti

fabric [ˈfæbrik] *s* građa, materijal, građevina; struktura; zgrada; tkanina; tkivo, predivo | **~ gloves** končane rukavice

fabricate [ˈfæbrikeit] *vt* proizvoditi; graditi; praviti; *fig* izmisliti; sastaviti, isfabricirati (laži); skovati; krivotvoriti

fabrication [ˌfæbriˈkeiʃn] *s* gradnja; proizvođenje, fabrikacija; izmišljotina, laž

fabricator [ˈfæbrikeitə] *s* graditelj, proizvođač; lažac; krivotvoritelj, izmišljač

fabulist [ˈfæbjulist] *s* basnopisac; lažac

fabulosity [ˌfæbjuˈlɔsiti] *s* basnoslovnost, legendarnost, fabuloznost, nevjerojatnost

fabulous [ˈfæbjuləs] *adj* (**~ly** *adv*) basnoslovan; legendaran; mitski, fabulozan; golem, nevjerojatan

fabulousness [ˈfæbjuləsnis] *s* → **fabulosity**

façade [fəˈsaːd] *s Fr archit* pročelje, fasada, čelo, lice zgrade

face [feis] *s* lice, obraz, obličje, izgled; izraz lica, grimasa; pogled; vanjština, vanjski lik; prednja strana, prava strana (npr. tkanine), površina; brojčanik (na satu itd.); *mil* fasa (kod utvrda); fronta; *num* lice (novca); *print* slika slova; *archit* fasada; *fig* hladnokrvnost; bezobraznost, drskost, besramnost | **look in the ~** smiono gledati u lice; **set one's ~ against** opirati se, protiviti se; **in the ~ of day** u po bijela dana; **in (the) ~ of** nasuprot, usprkos, unatoč, s obzirom na; **her ~ is her fortune** ljepota joj je jedini miraz; **to a p's ~** otvoreno, u prisutnosti; **to pull a long ~** otegnuti lice, napraviti kiselo lice; **~ to ~** oči u oči, licem u lice; *tech* **~-to-~ joint** suhi spoj (bez podmazivanja); **make ~s** kreveljiti se, praviti grimase; **to have the ~** drznuti se, imati obraza; **to lose the ~** osramotiti se; **to save a p's ~** spasiti čast; **on the ~ of it** na prvi pogled; naočigled, naoko; **to put a good ~ on** mirno primiti, hrabro podnijeti; **to show one's ~** pokazati se; **with wind (sun) in one's ~** protiv vjetra (sunca); **to fly in the ~ of** nasrnuti na koga; **from the ~ of the earth** s lica zemlje; **~ of the muzzle** usta cijevi (topa)

face [feis] *vt/i* **I.** *vt* 1. gledati koga, okrenuti kome lice ili prednju stranu čega 2. naići (na), otkriti (karte) 3. oprijeti se, suprotstaviti se, prkositi; uočiti 4. pokriti, prevući, optočiti, uokviriti, oplatiti, obrubiti **II.** *vi* 1. biti okrenut, gledati (*to, towards* prema, na) 2. *golf* udariti loptu glavom kijače, kad je tjeramo od cilja 3. *mil* okrenuti se s mjesta (nalijevo, nadesno i dr.) | **~ the music** ponijeti se hrabro; *US* izdržati kritiku; *mil* **left ~** nalijevo; **right ~** nadesno; **~ about** nalijevo krug; **~ round** okrenuti se; **to ~ up to** pogledati hrabro u oči, biti dorastao (situaciji); **to ~-harden** kaliti po površini

face across [ˈfeisəˈkrɔs] *vt* tokariti, glačati

face down [ˈfeisˈdaun] *vt* izgladiti; zapanjiti, zbuniti, smesti

face out [ˈfeisˈaut] *vt* provesti, izvesti; ne ustuknuti
face-about [ˈfeisəbaut] *s* preobrat, zaokret
face-ache [ˈfeiseik] *s* bol u živcima lica; neuralgija lica
face-card [ˈfeiskaːd] *s* igraća karta s figurom
face-cloth [ˈfeisklɔθ] *s* pokrov na licu mrtvaca; krpica za pranje lica
faced [feist] *adj* koji ima lice; obrađen, urešen; facetiran; koji ima **brojčanik** | ~ **with marble** obložen mramorom
face-flannel [ˈfeisˌflænl] *s GB* → **face-cloth**
face-guard [ˈfeisgaːd] *s* zaštitna maska
faceless [ˈfeislis] *adj* bezličan, bezizražajna lica; anoniman
face-lift [ˈfeislift] *s* kozmetička operacija lica da se uklone bore; *fig* renoviranje, modernizacija
face-lift [ˈfeislift] *vt* operacijom nategnuti kožu lica; *fig* površno poljepšati; renovirati
face-lifting [ˈfeisˌliftiŋ] *s* → **face-lift** *s*
facer [ˈfeisə] *s* udarac u lice, pljuska; šaka u oko; *GB coll* nenadana teškoća
facet [ˈfæsit] *s* faceta; vid, aspekt
faceted [ˈfæsitid] *adj* izbrušen, facetiran
facetiae [fəˈsiːʃiiː] *s pl* šale, pošurice; **knjige** šaljiva ili nepristojna sadržaja
facetious [fəˈsiːʃəs] *adj* (~**ly** *adv*) šaljiv, dosjetljiv, veseo, vragoljast; podrugljiv
facetiousness [fəˈsiːʃəsnis] *s* šaljivost, veselost
face-value [ˈfeisˌvælju] *s* nominalna vrijednost | **to take something at** ~ shvatiti što doslovno
facia [ˈfeiʃə] *s* natpis na radionici ili dućanu, cimer
facial [ˈfeiʃəl] *adj* lični, koji se tiče lica, obraza | ~ **artery** lična arterija; ~ **angle** rasni lični kut; ~ **expression** izraz lica; ~ **muscle** mišić lica
facile [ˈfæsail] *adj* lak (apstraktno, npr. na lak način), lakovjeran, popustljiv, prilagodljiv; hitar, okretan; prijazan
facilitate [fəˈsiliteit] *vt* olakšati; pomoći, omogućiti
facilitation [fəˌsiliˈteiʃn] *s* olakšanje, olakšavanje
facility [fəˈsiliti] *s* lakoća, okretnost, vještina, spretnost; lakovjernost; pogodna prilika, sredstvo, mogućnost; razgovornost, susretljivost, pristupačnost | **facilities** *pl* olakšice, prednosti; uređaji, objekti; **to give** ~ **of doing** omogućiti, olakšati; **facilities for payment** platežne pogodnosti; **facilities for travel** putničke prometne veze
facing [ˈfeisiŋ] *s* prednja strana, pročelje; oplata, obloga; prevlaka | ~**s** *pl mil* okreti lijevo, desno itd. za vrijeme vojničkih vježbi; ovratnici, manšete itd.; porub, trake (na vojničkoj uniformi); **to put a p through his** ~**s** ispitivati čiju sposobnost, staviti na kušnju; **to go through one's** ~ podvrći se ispitivanju sposobnosti itd.
facing-brick [ˈfeisiŋbrik] *s* opeka za oblaganje
facsimile [fækˈsimili] *s* otisak, snimak, prijepis originala, faksimil | **reproduced in** ~ točno reproduciran; ~ **broadcast(ing)** telefoto
fact [fækt] *s* čin, djelo; istina, zbilja; činjenica, fakt | **in** ~, **as a matter of** ~, **in point of** ~ uistinu, zapravo, u stvari; štoviše, dapače; **his** ~**s are disputable** njegovi su razlozi sumnjivi; *jur* **before the** ~ prije izvršenog čina; *jur* ~**s** *pl* činjenično stanje, stanje stvari; *gr* ~ **mood** činjenični način; ~**s of life** činjenice o spolnom životu
faction [ˈfækʃən] *s* frakcija; strančarstvo, klika; nesloga, razdor; rovarenje, zavjera
factional [ˈfækʃənl] *adj* frakcijski, stranački; frakcionaški, strančarski
factional [ˈfækʃənl] *s* strančar, frakcionaš
factionist [ˈfækʃənist] *s* → **factional** *s*
factious [ˈfækʃəs] *adj* (~**ly** *adv*) strančarski, buntovan, frakcionaški
factiousness [ˈfækʃəsnis] *s* strančarstvo, frakcionaštvo
factitious [fækˈtiʃəs] *adj* (~**ly** *adv*) umjetan, patvoren, oponašan, lažan, izmišljen
factitiousness [fækˈtiʃəsnis] *s* izvještačenost, patvorenost; namještenost
factitive [ˈfæktitiv] *adj* (~**ly** *adv*) uzročan | ~ **verb** uzročan, faktitivan glagol
factor [ˈfæktə] *s* činilac, čimbenik, faktor, važan moment; *com* poslovođa, zastupnik, agent, komisionar; *math* faktor; *Scot* upravitelj imanja
factorage [ˈfæktəridʒ] *s* komisiona trgovina; komisiona provizija
factorial [fækˈtɔːriəl] *s math* produkt niza faktora u aritmetičkoj progresiji, faktorijel
factorize [ˈfæktəraiz] *vt* rastaviti na faktore
factorship [ˈfæktəʃip] *s* zastupstvo, poslovodstvo; ured faktora
factory [ˈfæktəri] *s* tvornica; trgovačka ispostava, faktorija; manufaktura, radionica | ~ **Acts** zakoni o radnim odnosima u tvornicama; ~ **siding** industrijski kolosijek; ~ **warranted** *s* tvorničkom garancijom
factory-hand [ˈfæktərihænd] *s* tvornički radnik
factory-mark [ˈfæktərimaːk] *s* tvornički znak, žig, marka
factory-operative [ˈfæktəriˌɔpərətiv] *s* tvornički radnik
factory-system [ˈfæktəriˌsistəm] *s* sistem industrijske proizvodnje
factotum [fækˈtəutəm] *s* čovjek za svaki posao, faktotum; *fig* desna ruka, oslonac

factual [ˈfæktjuəl] *adj* (**~ly** *adv*) istinit, zbiljski, činjenični
facula [ˈfækjulə] *s* (*pl* **faculae** [ˈfækjuliː]) *astr* svijetle mrlje na površini Sunca
facultative [ˈfækəltətiv] *adj* (**~ly** *adv*) koji dopušta, neobvezan, po slobodnom izboru, fakultativan, po volji; moguć
faculty [ˈfækəlti] *s* sila, moć, snaga; sposobnost, dar; ćud, značaj; vlast, pravo; fakultet; nastavničko osoblje fakulteta; *US jur* & *eccl* ovlaštenje, dopuštenje, odobrenje | *fam* **the ~** liječnici
fad [fæd] *s* hir, mušica; omiljena zabava; modno ludilo
faddiness [ˈfædinis] *s* hirovitost, mušičavost; modno ludovanje
faddish [ˈfædiʃ] *adj* mušičav, hirovit; pomodan
faddy [ˈfædi] *adj* (**faddily** *adv*) → **faddish**
fade [feid] *vi/t* **I.** *vi* venuti, uvenuti; blijedjeti; iščezavati, nestajati, ginuti; gubiti se **II.** *vt* blijedjeti, slabiti, učiniti da što uvene, nestane
fade away [ˈfeidəˈwei] *vi* postepeno iščezavati, nestajati; starjeti, venuti
fade down [ˈfeidˈdaun] *vt film radio* izblendati (sliku), smanjiti (ton)
fade in [ˈfeidˈin] *vi/t* postepeno se pojačavati; *film* ublendati (sliku)
fade out [ˈfaidˈaut] *vi/t* postepeno iščezavati, gubiti se, izblijediti; učiniti da postepeno iščezne; polako pretapati (sliku)
fadeless [ˈfeidlis] *adj* (**~ly** *adv*) neizbrisiv, koji ne vene; stalan, postojan (boja)
fading [ˈfeidiŋ] *adj* koji iščezava, koji blijedi, koji gine, koji nestaje, koji se gubi
fading [ˈfeidiŋ] *s* 1. iščezavanje, izumiranje; blijeđenje 2. *radio* nestajanje zvuka, feding
faecal [ˈfiːkl] *adj* koji se tiče izmetina ili nečisti, fekalni
faeces [ˈfiːsiːz] *s pl* izmetina, nečist, fekalije; talog
faerie (faery) [ˈfeiəri] *s* → **fairy**
faerie (faery) [ˈfeiəri] *adj* → **fairy**
fag [fæg] *s* težak posao; mučenje, naprezanje, kinjenje, teglenje; iscrpenost; radnik koji obavlja teške poslove; mlađi đak u engleskim školama koji mora dvoriti starije đake; bubant; tegleći magarac; *sl* cigareta; *sl* homoseksualac | **what a ~** kakve li muke!; **brain ~** umor, iscrpenost
fag [fæg] *vi/t* 1. teško raditi, mučiti se, kinjiti se, tegliti; tesati, bubati, teško učiti; služiti starijem đaku 2. zamarati, mučiti, gnjaviti
fag out [ˈfægˈaut] *vt sport* (*cricket*) odbiti loptu u polje | **to be fagged out** umoriti se do iznemoglosti
fag-end [ˈfægˈend] *s* škart; *mar* rasukan kraj užeta; okrajak; opušak, čik
fagging [ˈfægiŋ] *s* teglenje, zamoran rad; služenje mlađeg đaka starijem
faggot (fagot) [ˈfægət] *s* svežanj pruća; lomača; svežanj čeličnih šipki; okruglica od mesa; babetina; *sl* homoseksualac | **fire and ~s** spaljivanje na lomači; **to smell of the ~** zaudarati na herezu
faggot [ˈfægət] *vt* vezati u svežanj
faggot-vote [ˈfægətvəut] *s* stečeno pravo glasa na temelju fiktivnog cenzusa
faggot-voter [ˈfægətˌvəutə] *s* birač koji je neispravno stekao pravo glasa na temelju fiktivnog cenzusa
Fahrenheit [ˈfærənhait] *s* skala Fahrenheita (toplomjera s vrelištem kod 212^0 i s ledištem kod 32^0)
faience [faiˈɑːns] *s* fajansa, poluporculan, majolika
fail [feil] *s* propust, zanemarenje; nestašica | **without ~** sigurno, svakako, bezuvjetno, neizostavno, zacijelo
fail [feil] *vi/t* **I.** *vi* 1. manjkati, nedostajati, ne doteći; izostati, izdati (glas); presušiti (vrelo) 2. ne uspjeti, izjaloviti se, propasti; bankrotirati; pasti (na ispitu) 3. varati se; pogriješiti 4. malaksati; postradati; prestati, umrijeti, zamrijeti; nestati; zatajiti, klonuti **II.** *vt* 1. nemati, trpjeti oskudicu; varati; razočarati, prevariti, zavesti, ostaviti na cjedilu; srušiti na ispitu; zanemariti; promašiti; *com* obustaviti plaćanje | **time would ~ me to tell** ne bih imao dovoljno vremena da ispričam; **his heart ~ed him** zatajilo mu je srce; *fig* nije imao dovoljno hrabrosti; **he ~ed to appear** nije došao; **don't ~ to let me know** svakako mi javi; **the prophecy ~ed** nije se ispunilo proročanstvo; **the wind ~ed us** iznevjerio nas je vjetar; **he ~ed in doing (to do)** propustio je da učini; **do not ~ me in my need** ne ostavi me u nevolji; **to ~ in business** nemati uspjeha u poslu, pasti pod stečaj, propasti, bankrotirati; **I ~ words to tell** nemam riječi da izrazim; **I ~ed them** mimoišao sam ih
failing [ˈfeiliŋ] *s* nedostatak, pogreška, slabost, propust; bankrot, stečaj, neuspjeh
failing [ˈfeiliŋ] *adj* (**~ly** *adv*) nedovoljan, neuspješan, slab | **~ health** slabo zdravlje; **in ~ health, ~ in health** bolestan, boležljiv, slaba zdravlja
failing [ˈfeiliŋ] *prep* u slučaju da ne, ako ne, u nedostatku, u slučaju izostanka | **~ this** ako se to ne dogodi; **~ which, which ~** u protivnom slučaju
failure [ˈfailjə] *s* neuspjeh; propust; izostanak; nestašica; slom, brodolom; stečaj, bankrot; promašaj; pad na ispitu; propala stvar, neuspio pokušaj | *mech* **~ of an engine** zatajenje motora; *agr* **~ of the crops** slab urod ljetine; **~ of**

sight oslabljenje vida; **he is a ~** ništa nije postigao, on je promašena egzistencija

fain [fein] *pred adj* veseo; *arch* voljan; pripravan, răd, sklon, oran; primoran (*to do a th* učiniti što)

fain [fein] *adv* rado, sa zadovoljstvom | **I would ~ do it** rado bih to učinio

fainéant [ˈfeineiɑ̃ːŋ] *adj Fr* lijen, besposlen

fainéant [ˈfeineiɑ̃ːŋ] *s Fr* lijenčina, danguba

faint [feint] *s* nesvijest, nesvjestica, slabost | **in a dead ~** u dubokoj nesvjestici

faint [feint] *adj* (**~ly** *adv*) slab, mlitav, malodušan, mlak, blijed, nejasan; nemaran, lijen; plah, strašljiv, bojažljiv, plašljiv; klonuo, nemoćan | **~ heart** strašljivac, kukavica; **~ lines** blijede, slabo vidljive crte; **a ~ idea** nejasna predodžba; **ruled ~** tanko iscrtan; **in a ~ voice** slabim glasom; **not the ~est idea** ni pojma; **not the ~est hope** ni najmanje nade

faint [feint] *vi* onesvijestiti se, umoriti se, oslabiti, ginuti, nestajati, opadati, klonuti; iščeznuti

faint away [ˈfeintəˈwei] *vi* nestajati; gubiti se; onesvijestiti se

faint-heart [ˈfeinthaːt] *s* kukavica, strašljivac

faint-hearted [ˈfeintˈhaːtid] *adj* (**~ly** *adv*) strašljiv, malodušan

faint-heartedness [ˌfeintˈhaːtidnis] *s* malodušnost, bojažljivost, kukavičluk

faintish [ˈfeintiʃ] *adj* slabašan

faintness [ˈfeintnis] *s* slabost, nemoć, umor, malaksalost; nemarnost; plašljivost; sparina; potištenost, klonulost; *fig* nejasnoća

fair [fɛə] *s* sajam, godišnji sajam, velesajam | **to come a day after the ~** doći popodne na misu, stići prekasno

fair [fɛə] *adj* 1. ljepušan, lijep, ljubak; plav (kosa), plavokos, blond, svijetao 2. prijazan, ljubazan, ugodan; povoljan, dobar, sretan, zadovoljavajući; priličan (količina), pristojan 3. vedar, čist, bistar, jasan, čitljiv; otvoren, slobodan 4. pravedan, pravičan, primjeren; besprijekoran, pošten, čestit, nepristran, fer | **the ~ sex** ljepši spol; **the ~** ljepši spol; ženskinje; **a ~** žena; **a ~ heritage** bogata baština; **~ hair** plava kosa; **by ~ means** pošteno, na ispravan način; **all's ~ in love and war** sve je dopušteno u ljubavi i u ratu; **~ or foul weather** bilo lijepo ili ružno vrijeme, po svakom vremenu; **~ tide** povoljna struja; **~ words** blage, ljubazne riječi; **a ~ amount** prilična svota, prilična količina; **~ terms** pravedni, prihvatljivi uvjeti; **a ~ copy** čistopis; **~ trade** slobodna trgovina na osnovi uzajamnosti; **~ play** ispravna igra, pošten postupak; **a ~ wind** povoljan vjetar; **a ~ proposal** prihvatljiv prijedlog; **~ dealing** poštenje, čestitost; **from ~ to middling** osrednje, tako-tako

fair [fɛə] *adv* 1. lijepo, čisto, jasno 2. povoljno, ugodno, poželjno 3. iskreno, otvoreno, nepristrano 4. izravno, neposredno 5. uljudno, učtivo; ispravno, pošteno, pravedno, vjerno 6. nježno, blago, mirno | **to strike ~ in the face** udariti ravno u lice; **to speak a p ~** uljudno govoriti kome; **to write out ~** prepisati načisto; **for ~** zaista, nesumnjivo; **the sea runs ~** more je mirno; **to keep (stand) ~ with a p** biti s kim u dobrim odnosima, dobro se slagati; **~ and softly!** tiho i mirno!; **~ and square** otvoreno i pošteno

fair-copy [ˌfɛəˈkɔpi] *s* čistopis, načisto prepisan tekst, spis

fairing [ˈfɛəriŋ] *s* dar kupljen na sajmu; oblaganje glatkom oplatom

fairly [ˈfɛəli] *adv* lijepo, čisto; pošteno, iskreno; pravo; zgodno; prikladno; blago; potpuno, sasvim; prilično, dobrano

fairness [ˈfɛənis] *s* ljepota; čistoća; poštenje; iskrenost; vedrina, jasnoća, svjetlost; pravednost; blagost, prijaznost; nepristranost; besprijekornost; bjeloputnost; svijetla boja kose | **the ~ of conduct** ispravnost držanja

fair-spoken [ˌfɛəˈspəukən] *adj* udvoran, uljudan, prijazan; umiljat, sladak, laskav; blag, prijatan, mio

fairway [ˈfɛəwei] *s* 1. *mar* plovni put 2. *golf* glatka, kratko pokošena staza

fair-weather [ˈfɛəˌweðə] *adj* prikladan samo za lijepo vrijeme | **~ friends** prijatelji u dobru (koji u nuždi čovjeka ostavljaju)

fairy [ˈfɛəri] *s* vila; dobar ili zao duh; čarobnica

fairy [ˈfɛəri] *adj* vilin, vilinski; čaroban

fairy lamp [ˈfɛərilæmp] *s* obojena staklena svjetiljka za iluminaciju, lampion

fairyland [ˈfɛərilænd] *s* vilinska zemlja, vilinsko carstvo, carstvo čudesa

fairylike [ˈfɛərilaik] *adj* vilinski, čaroban; poput vile

fairy-ring [ˌfɛəriˈriŋ] *s* vilinsko kolo | **~ champignon** šljivna pečurka (*Marasmius oreades*)

fairy-tale [ˈfɛəriteil] *s* bajka, priča o vilama

faith [feiθ] *s* 1. vjera, religija; vjernost, odanost; poštenje 2. ono u što se vjeruje, predmet vjerovanja 3. vjera, povjerenje (*in* u); zadana riječ, obećanje | **to pin one's ~ to (on)** imati tvrdu vjeru u što; **on the ~ of** vjerujući (u), uzdajući se (u); **to give one's ~** zadati riječ; **to break one's ~** pogaziti riječ; **in good ~** u dobroj vjeri (bona fide); **in bad ~** s prijevarnom nakanom; **Punic ~** izdajstvo, nevjera; **by my ~** poštenja mi; **~!, in ~!, my ~!, i'~!** vjere mi!, bogami!, do-

ista; **to have (put) ~ in** uzdati se (u); *jur* **in ~ whereof** u potkrepu čega; **~ healer** onaj koji liječi vjerom i molitvom
faithful [ˈfeiθful] *adj* (**~ly** *adv*) vjeran, pošten, istinit, iskren; pouzdan, vjerodostojan; točan | **the ~** *pl* vjernici; **Father of the ~** kalif
faithfully [ˈfeiθfuli] *adv* vjerno, pošteno, istinito, odano, savjesno | **yours ~** s poštovanjem (završna formula poslovnog pisma); **to promise ~** izričito obećati; **to translate ~** prevesti vjerno, od riječi do riječi
faithfulness [ˈfeiθfulnis] *s* vjernost, odanost
faith-cure [ˈfeiθkjuə] *s* liječenje vjerom (i molitvom)
faithless [ˈfeiθlis] *adj* (**~ly** *adv*) koji ne vjeruje, bezvjeran; nepouzdan, varav, prevrtljiv, vjeroloman
faithlessness [ˈfeiθlisnis] *s* nevjernost, izdaja; bezvjerje
fake[1] [feik] *s sl* varanje, patvorina, izmišljotina; smicalica, prijevara, krivotvorina, imitacija; varalica; finta
fake[1] [feik] *vt sl* varati; krasti; preudesiti, patvoriti; imitirati
fake up [ˈfeikˈʌp] *vt* izmisliti; krivotvoriti
fake[2] [feik] *s mar* voj (užeta, konopa), mrs
fake[2] [feik] *vt mar* složiti (konop)
fakement [ˈfeikmənt] *s* lupeštvo, varanje
faker [ˈfeikə] *s sl* varalica; *US* torbar, ulični prodavač
fakir [ˈfeːkiə] *s* fakir
falcate [ˈfælkeit] *adj scient* savijen poput srpa, srpolik; kukast, savijen
falcated [ˈfælkeitid] *adj astr* srpast
falchion [ˈfɔːltʃən] *s* širok savijen mač
falcon [ˈfɔːlkən] *s ornith* sokol; *hist* malen top
falconer [ˈfɔːlkənə] *s* sokolar, uzgajatelj sokolova, lovac sa sokolovima
falconet [ˈfɔːlkənət] *s* starinski mali top; *ornith* vrsta sokola
falconry [ˈfɔːlkənri] *s* lov sa sokolovima, uzgoj sokolova za lov, sokolarstvo
faldstool [ˈfɔːldstuːl] *s* sklopiva stolica; klecalo; biskupska stolica; kraljevo klecalo pri krunidbi
fall [fɔːl] *s* 1. pad; sniženje; spuštanje (zastora); padanje (kiše, snijega) 2. okot (jagnjenje, telenje) 3. opadanje, silaženje, popuštanje; *fig* propadanje, pogibija, kraj, izmak, svršetak, propast, slom, smrt 4. vodopad, slap 5. obronak, pristranak, spust, nizbrdica 6. *gram* teza, nenaglašeni slog; *mus* kadenca 7. obaranje (drveća), sječa (šume) 8. pad (tvrđave), poraz, slom 9. *US* jesen 10. *mar* teklac, živi kraj (koloturnika); *mar* podigač | **to come to a ~** pasti (i *fig*); pasti pod stečaj; **to ride for a ~** jahati bezobzirno; srljati u propast; **operations for the ~** spekulacija na besu; **to try a ~ with** okušati (mjeriti) se s kim u rvanju, uhvatiti se s kim ukoštac
fall [fɔːl] *vi/t* (fell, fallen) **I.** *vi* 1. pasti, padati (*on, to* na), spasti, stropoštati se, survati se, strmoglaviti se, strovaliti se, srušiti se; (o lišću) padati, opadati, pasti (*from* sa); (o zavjesi, zastoru) pasti, spustiti se; (o kosi) pasti, padati, spustiti se; (o životinjama) roditi se, izleći se; *fig* pasti (npr. primjedba); doći 2. (o cesti) spuštati se, silaziti, nagibati se, uleći se, ugnuti se; (o rijekama) padati, utjecati, izlijevati se (*into* u); (o vjetru) slabiti, jenjati, sleći se, popustiti; (o očima) spuštati se, poniknuti, pasti (*on* na); (o licu) oduljiti se (od razočaranja); (o cijenama) pasti; smanjiti se 3. srušiti se, strovaliti se, stropoštati se; *cricket* ispasti, biti izbačen iz igre; (o državama) srušiti se, pasti, propasti, srozati se; podleći, biti osvojen (tvrđava itd.) 4. *fig* (o osobama) pasti, podleći, biti srušen (s položaja, s vlasti); biti ubijen, stradati, poginuti; moralno pasti, propasti, ogreznuti (u poroku, grijehu) 5. (o vremenu i događajima) dogoditi se, zbiti se, naglo nastati, slučiti se, nastupiti; padati (praznik, godišnjica itd.); nadoći (osveta), morati, trebati **II.** *vt US* & *dial* obarati stabla, sjeći šumu | **to ~ adoing** početi što (npr. **~** *acrying* zaplakati); **to ~ asleep** zaspati; **to ~ a prey, a victim, a sacrifice to** postati plijenom, pasti žrtvom; **to ~ due** dospjeti (mjenica, račun); **to ~ dumb** zanijemiti; **to ~ flat** pasti koliko si dug i širok; ne uspjeti, nemati učinka; **to ~ foul of** sudariti se, zavaditi se; napasti; uplesti se u što; **to ~ in love** zaljubiti se; **to ~ in two** prepoloviti se; **to ~ in value** izgubiti na vrijednosti; **to ~ into conversation with** zapodjeti razgovor (sa); **to ~ into habit** zapasti u naviku; **to ~ into a rage** razbjesnjeti se; **to ~ on a sword** baciti se na mač; *fig* počiniti samoubojstvo; **to ~ on one's feet** imati sreću, sretno se izvući iz teška položaja; **to ~ to blows** potući se; **to ~ to one's lot** biti suđeno, zapasti koga; **to ~ to pieces** razbiti se, raspasti se; **to ~ to the ground** propasti, izjaloviti se; **courage ~s** hrabrost pada; **his face fell** lice mu se oduljilo od razočaranja; **his eye fell on me** pogled mu je pao na me; **vengeance fell** osveta se sručila; **this fell short of a miracle** to bi se gotovo moglo nazvati čudom; **he fell heir to** postao je nečiji baštinik; **it fell to my lot** meni je palo u dio; **cost ~s to you** troškovi idu na vaš teret; **what now ~s to be described** što je sada na redu da se opiše; **a fallen woman** pala žena; **to ~ ill (sick)** oboljeti; **not a word fell from her lips** nije izustila ni riječi

fall aboard [ˈfɔːləˈbɔːd] *vi mar* sudariti se, sukobiti se; naletjeti na; *fig* započeti, zapodjenuti; zakvačiti se, posvaditi se
fall across [ˈfɔːləˈkrɔs] *vi* namjeriti se, naići, nabasati, natrapati, sresti; sukobiti se; pasti poprijeko, isprriječiti se
fall afoul [ˈfɔːləˈfaul] *vi mar* sudariti se (*of* s)
fall among [ˈfɔːləˈmʌŋ] *vi* upasti, zapasti (među), banuti, nahrupiti (neočekivano)
fall apart [ˈfɔːləˈpaːt] *vi* raspasti se; *sl* biti jako nervozan
fall astern [ˈfɔːləˈstəːn] *vi mar* zaostati
fall asunder [ˈfɔːləˈsʌndə] *vi* raspasti se
fall athwart [ˈfɔːləˈθwɔːt] *vi mar* stati bočno (na valove)
fall away [ˈfɔːləˈwei] *vi* otpasti, iznevjeriti se; pasti (u), prijeći (u), prebjeći; omršavjeti, oslabiti, propadati; izroditi se
fall back [ˈfɔːlˈbæk] *vi* uzmaknuti, uzmicati, ustuknuti, odstupiti, povući se, popustiti; ne održati obećanje
fall back upon [ˈfɔːlˈbækəˈpɔn] *vi* skloniti se, pribjeći (čemu); vratiti se na istu misao; *mil* povući se
fall behind [ˈfɔːlbiˈhaind] *vi* zaostati (za)
fall broadside [ˈfɔːlˈbrɔːdsaid] *vi mar* stati bočno (na valove)
fall down [ˈfɔːlˈdaun] *vi* pasti, spasti, padati; propasti; pasti na koljena; urušiti se; pretrpjeti štetu; zatajiti; izjaloviti se, nemati sreće; biti nošen strujom vode
fall for [ˈfɔːlˈfɔː] *vi coll* zanijeti se za koga, diviti se komu, zaljubiti se (u); nasjesti
fall in [ˈfɔːlˈin] *vi* srušiti se, upasti; dospjeti, isteći, proteći (rok, mjenica, ugovor o najmu, o zakupu); pristati, privoljeti se | *mil* ~ **line** stupiti u red; svrstati se, postrojiti se; ~ **upon** iznenada posjetiti
fall into [ˈfɔːlˈintu] *vi* (u)pasti (u), srušiti se (u) | ~ **line** složiti se, podudarati se; *mil* svrstati se
fall in with [ˈfɔːlˈinˈwið] *vi* naići, nabasati na koga, sresti; slagati se s kim ili čim, suglasiti se; podudarati se; pristajati; udovoljiti (komu, čemu)
fall off [ˈfɔːlˈɔf] *vi* otpasti (voće, lišće); opadati, smanjivati se; popuštati; skretati; povući se; izroditi se, otuđiti se; nestati, izgubiti se; *mar* prestati slušati (kormilo); skretati niz vjetar; izumirati (običaj)
fall on [ˈfɔːlˈɔn] *vt* naići na koga; navaliti, okomiti se, napasti (na), nasrnuti; pridružiti se borbi; baciti se (na posao), prionuti, latiti se; navaliti (na jelo); pripasti, dopasti
fall out [ˈfɔːlˈaut] *vi* zapodjenuti kavgu, posvaditi se; razići se (*with* sa); dogoditi se; ispasti; provaliti; *mil* napustiti (borbu), ispasti iz stroja; provaliti (iz)
fall over [ˈfɔːlˈəuvə] *vi* prevrnuti se; pasti preko čega; pasti sa (npr. sa stijene); prijeći k neprijatelju | *sl* ~ **a p** obasuti nježnošću, ulagivati se kome
fall short (of) [ˈfɔːlˈʃɔːt(əv)] *vi* 1. doći u položaj da uzmanjka, ne dotekne, nedostajati, ne zadovoljiti; podbaciti 2. ne smagati, ne dostići, zaostati | **our provisions have fallen short, we fell short of provisions** ponestalo nam je hrane; **the book falls short of my expectations** knjiga zaostaje za mojim očekivanjima, daleko je od onoga što sam očekivao; **this falls short of a miracle** to je gotovo čudo, to već graniči s čudom
fall through [ˈfɔːlˈθruː] *vi* stradati; propasti, propadati; ne uspjeti, izjaloviti se; nasjesti; izostati; razbiti se
fall to [ˈfɔːlˈtuː] *vi* 1. okomiti se, oboriti se na koga 2. latiti se čega, posvetiti se čemu, započeti što, prionuti za što, baciti se (na), naklopiti se (na jelo); zapodjenuti (kavgu, tučnjavu); udariti (u viku) i dr. 3. pripasti, zapasti, dopasti (koga) 4. zatvoriti se automatski (npr. vrata) | **he fell to painting** bacio se na slikanje; **the audience fell to shouting** publika udari u viku
fall under [ˈfɔːlˈʌndə] *vi* pasti, dospjeti pod (npr. autobus); potpadati, ubrajati se (u neku grupu); *jur* podvrgnuti se, potpadati, potpasti (u djelokrug)
fall up [ˈfɔːlˈʌp] *vi* spotaknuti se i pasti penjući se (npr. uza stepenice)
fall upon [ˈfɔːləˈpɔn] *vi* → **fall on**
fall within [ˈfɔːlwiðˈin] *vi* biti uključen, pripadati, spadati, ubrajati se, ulaziti u djelokrug (koga, čega)
fallacious [fəˈleiʃəs] *adj* (~**ly** *adv*) prijevaran, varav, lažan; sumnjiv, prividan
fallacy [ˈfæləsi] *s* prividnost, lažnost; zabluda; pogrešan zaključak; varka
fal-lal [ˈfæˈlæl] *s* trice, tričarije, sitnice, trice i kučine; drangulije, sitni ukras (npr. na haljini), šljokice
fallen [ˈfɔːln] *pp* od **fall**
fallibility [ˌfæliˈbiləti] *s* pogrešivost, varavost, netočnost
fallible [ˈfæləbl] *adj* (**fallibly** *adv*) pogrešiv
falling [ˈfɔːliŋ] *adj* koji pada, padajući; koji se utapa; jesenski; *gram* silazan, descendentan | ~ **tide** oseka
falling [ˈfɔːliŋ] *s* pad, padanje, opadanje | ~ **of business** opadanje trgovačkog posla, smanjenje poslovnog prometa
falling-away [ˈfɔːliŋəˈwei] *s* opadanje; otpadanje, otpadništvo, odmetništvo; ispadanje; propadanje, nestajanje
falling-in [ˈfɔːliŋˈin] *s* propadanje, rušenje; *com* kaduciranje, proglašenje ništetnim (dionica kod kojih nije izvršena uplata)

falling-off [ˈfɔːliŋˈɔf] *s* otpadanje, propadanje; izumiranje; pogoršanje, smanjenje | *com* ~ **in business** smanjenje poslovnog prometa
falling-out [ˈfɔːliŋˈaut] *s* nesloga, svađa, zadjevica, razdor, trvenje; *mil* ispad, napad
falling-sickness [ˈfɔːliŋˌsiknis] *s med* padavica, epilepsija
falling-star [ˈfɔːliŋstaː] *s astr* zvijezda proletuša, meteor
Fallopian tubes [fəˈləupiənˈtjuːbz] *s pl anat* jajovodi
fall-out [ˈfɔːlaut] *s* radioaktivna prašina
fallow [ˈfæləu] *s* ugar; preorana nezasijana zemlja
fallow[1] [ˈfæləu] *adj* neobrađen, pust, na ugaru | **to be (lie)** ~ biti (ležati) **na** ugaru
fallow[2] [ˈfæləu] *adj* blijedo smeđežut, crvenkastožut, riđast
fallow [ˈfæləu] *vt* preorati, uzorati (ali ne zasijati); ostaviti na ugaru
fallow-deer [ˈfæləudiə] *s zool* jelen lopataš, šarenjak, *pl* lopataši
fallowness [ˈfæləunis] *s* ostavljanje na ugaru; neiskorištenost
false [fɔːls] *adj* (~**ly** *adv*) lažan, prijevaran, himben, dvoličan; neispravan, pogrešan; nezakonit, neistinit; izdajnički, nevjeran, kriv, neprav, patvoren, krivotvoren; hinjen, tobožnji, nazovi, izmišljen, prijetvoran, prividan, umjetan; slijep | **to sail under** ~ **colours** ploviti pod lažnom zastavom; *mar* ~ **keel** zaštitna kobilica; *gram* ~ **concord** kršenje pravila o slaganju riječi u rečenici; *jur* ~ **imprisonment** protuzakonito zatvaranje; ~ **position** položaj koji sili čovjeka da radi protiv svojih načela; ~ **pride** neumjestan ponos; ~ **quantity** pogrešna dužina vokala u stihu ili u izgovoru; *sport* ~ **start** pogrešan start; ~ **step** pogrešan korak; pogreška, posrtaj; **on** ~ **pretences** na temelju pogrešnih navoda; ~ **key** otpirač
false [fɔːls] *adv* izdajnički, nevjerno, lažno, krivo, nepravo; dvolično, pogrešno; opako hinjeno, nevaljalo, nezakonito, nepošteno | **to play** ~ prevariti, izigrati, nepošteno postupati
falsehood [ˈfɔːlshud] *s* lažnost, neistinitost, izmišljotina, nepoštenje, laganje, laži, neiskrenost, dvoličnost; izdaja
falseness [ˈfɔːlsnis] *s* lažnost, neiskrenost; nevjernost, izdaja, prijevara; dvoličnost
falsetto [fɔːlˈsetəu] *s It* falset, zvuk, glas, način govora ljutine, srdžbe | **in a** ~ **tone** neprirodno visokim glasom
falsification [ˌfɔːlsifiˈkeiʃn] *s* krivotvorenje; umetanje, dodavanje; falsificiranje; krivotvorina, lažan potpis, falsifikat; krivo prikazivanje, izvrtanje (činjenice); *jur* dokazivanje lažnosti, neispravnosti
falsify [ˈfɔːlsifai] *vt* krivotvoriti, patvoriti, iskriviti, izvrnuti (činjenicu); pokvariti, iskvariti, falsificirati; prekršiti, ne držati (riječ, vjeru); spriječiti, osujetiti, pomrsiti; *jur* pobiti, proglasiti ili dokazati da je što krivo; iznevjeriti (nade, očekivanja)
falsity [ˈfɔːlsiti] *s* lažnost, neistinitost; netočnost; neiskrenost, dvoličnost, licemjernost; lukavost
falt-boat [ˈfɔːltbəut] *s* složiv čamac, kajak
falter [ˈfɔːltə] *vi/t* **I.** *vi* spoticati se, posrtati, teturati; mucati, zapinjati (u govoru); plesti jezikom, propentati; oklijevati, kolebati se, prezati, krzmati, biti neodlučan, skanjivati se, gubiti hrabrost, uzmicati **II.** *vt* promucati | ~ **out an excuse** promucati kakvu ispriku
falteringly [ˈfɔːltəriŋli] *adv* oklijevajući; malodušno
fame [feim] *s* glas, glasine, govorkanje; slava, ugled, dobar glas, proslavljenost | **house of ill** ~ javna kuća, bordel; **good** ~ dobar glas; **ill** ~ zao glas
fame [feim] *vt* iznijeti na glas, proslaviti
famed [feimd] *adj* slavan, čuven, na glasu | ~ **for** slavan, slavljen zbog čega
familial [fəˈmiliəl] *adj* obiteljski
familiar [fəˈmiljə] *adj* poznat, prisan; neusiljen; domaći, porodični, kućni; pouzdan, prijateljski; običan, svakidašnji; uobičajen; dobro upoznat s čim, potpuno obaviješten o čemu | ~ **with** dobro upoznat s kim, s čim; dobro upućen u što; **to make oneself** ~ **with** upoznati se (sa); ~ **quotation** krilatica (riječ)
familiar [fəˈmiljə] *s* intimni prijatelj, kućni prijatelj; kućni duh zaštitnik
familiarity [fəˌmiliˈærəti] *s* prisnost, povjerljivost, prisno prijateljstvo, prisan život s kim, intimnost; dobro poznavanje predmeta, upoznatost; *pl* milovanje, draganje; druženje, prijateljstvo; prijaznost; neusiljenost; familijarnost | ~ **breeds contempt** prevelika prisnost dovodi do nepoštovanja
familiarization [fəˌmiljəraiˈzeiʃn] *s* dobro i točno upoznavanje s čim; navikavanje; sprijateljivanje (*with* sa)
familiarize [fəˈmiljəraiz] *vt* upoznati, odomaćiti, približiti, naviknuti, priučiti | **to** ~ **oneself with** pobliže se upoznati s čim; priviknuti se na što; sprijateljiti se sa
family [ˈfæmili] *s* obitelj, porodica, članovi porodice, družina, domari, ukućani; preci; dom, kuća; rod, koljeno; skupina, grupa; porijeklo | ~ **allowance** obiteljski doplatak; ~ **doctor** kućni liječnik; **in a** ~ **way** neusiljeno, familijarno; ~ **Bible** velika kućna Biblija u koju se bilježe rođenja, vjenčanja itd.; ~ **likeness** rodbinska sličnost; ~ **man** otac porodice; ~ **tree** genealoško (rodoslovno) stablo;

of ~ plemenita roda; ~ **hotel** hotel sa specijalnim pogodnostima za obitelji; **to be in the ~ way** biti trudna; **have you a ~?** imate li djece?; ~ **planning** primjena kontracepcije radi ograničenja broja djece, planiranje porodice

famine ['fæmin] *s* opća glad, nestašica, oskudica; umiranje od gladi; skupoća zbog nestašice | **water ~** nestašica vode; ~ **prices** visoke cijene zbog nestašice robe, hrane itd.; **to die of ~** umirati od gladi

famish ['fæmiʃ] *vt/i* **I.** *vt* izgladniti, moriti, umoriti glađu; glađu primorati, prisiliti na što **II.** *vi* gladovati, izgladnjeti, ginuti, čeznuti, umirati; skapavati, umirati od gladi

famished ['fæmiʃt] *adj* izgladnio

famishing ['fæmiʃiŋ] *adj* koji umire, gine od gladi, koji skapava od žeđi; koji ubija glađu

famous ['feiməs] *adj* (~**ly** *adv*) čuven, slavan; *coll* izvrstan, silan; izvanredan; općenito poznat, javan; glasovit; famozan

famulus ['fæmju:ləs] *s* (*pl* **famuli** ['fæmju:lai]) pomoćnik; podvornik (školski); pomoćnik čarobnjaka

fan[1] [fæn] *s* lepeza; *agr* vijača, vjetrenjača (za vjetrenje žita); krilo vjetrenjače (mlina); *mar* krilo (vijka, propelera); ventilator; rep (npr. pauna) | *radio* ~ **aerial** lepezasta antena

fan[2] [fæn] *s US* (skraćeno od **fanatic**) obožavalac, ljubitelj; *sport* navijač; *radio* amater | ~ **mail** pisma obožavalaca

fan [fæn] *vt/i* hladiti (se) lepezom; raspirivati (i *fig*); (o lahoru, vjetriću itd.) puhati; širiti se kao lepeza; *agr* vijati, vjetriti (žito)

fanatic [fə'nætik] *adj* (~**ally** *adv*) (vjerski) zanesen, zaslijepljen, gorljiv; fanatičan

fanatic [fə'nætik] *s* zanesenjak, fanatik, fanatičar; pobornik, slijep pristaša

fanatical [fə'nætikəl] *adj* → **fanatic**

fanaticism [fə'nætisizəm] *s* zanos, zanesenost, pretjerana revnost, zaslijepljenost, fanatizam

fanaticize [fə'nætisaiz] *vi/t* **I.** *vi* zanijeti se, zanositi se, fanatizirati **II.** *vt* zanijeti, fanatizirati koga; ludo zagrijavati za što

fan belt ['fænbelt] *s mot* remen na ventilatoru

fancier ['fænsiə] *s* onaj koji mašta, sanjar; onaj koji izrađuje umjetničke nacrte; poznavalac, uzgajatelj, uzgajač; trgovac, ljubitelj (životinja, biljaka i sl.)

fanciful ['fænsiful] *adj* (~**ly** *adv*) čudan, čudnovat, neobičan; osobit; maštovit; fantastičan; mušičav, hirovit; nezbiljski; umišljen; imaginaran; čudna oblika, neobično ukrašen ili sagrađen

fancy ['fænsi] *s* mašta, uobrazilja, fantazija; izmišljotina, pogrešna predodžba; uobraženje, utvara; hir; sklonost, ljubav; veselje (za što); moda, ukus; uzgoj domaćih životinja (napose ptica) | **to take a ~ to** zavoljeti što, zanijeti se čime; **to catch the ~ of** svidjeti se; *sl* **the ~** vatrene pristaše, sportski svijet; navijači; **a passing ~** trenutni (modni) hir

fancy ['fænsi] *adj* 1. koji se tiče mašte, fantastičan; šaren, prošaran; šarolik; raznolik; pobrkan, izmiješan; neumjeren (o cijeni); otmjen, ukusan, pomodan, luksuzan, galanterijski; hirovit 2. koji se tiče uzgoja domaćih životinja | ~ **dog** vrsta pasa osobitih odlika; **at a ~ price** uz pretjerano visoku cijenu; ~ **diving** stilsko skakanje u vodu; ~ **waistcoat** šaren prsluk

fancy ['fænsi] *vt/i* **I.** *vt* maštati, zamisliti, zamišljati, uobraziti, predočivati sebi, sanjati, snivati, sanjariti; uzgajati (bilje, životinje itd. s nekim osobitim ciljem) **II.** *vi* prenijeti se (u mislima), uživjeti se, zanijeti se | **he fancies himself hurt** on se smatra povrijeđenim, uvrijeđenim; ~ **him to be here!** zamisli da je on ovdje!; ~!; gle, zamisli!; ~ **that?** tko bi to rekao?; **to ~ oneself** sam se sebi činiti važan

fancy-articles ['fænsi,a:tiklz] *s pl* → **fancy-goods**

fancy-ball [,fænsi'bɔ:l] *s* krabuljni ples

fancy-cakes [,fænsi'keiks] *s pl* fini kolačići, torte

fancy-cloth [,fænsi'klɔθ] *s* šarena tkanina

fancy-dress [,fænsi'dres] *s* odijelo, kostim za krabuljni ples | ~ **ball** krabuljni ples

fancy-fair [,fænsi'fɛə] *s* tombola u dobrotvorne svrhe

fancy-free [,fænsi'fri:] *adj* nezaljubljen; lakomislen

fancy-goods [,fænsi'guds] *s pl* pomodna, galanterijska, luksuzna roba

fancy-man [,fænsi'mæn] *s* dragi; *sl* svodnik, makro

fancy-paper [,fænsi'peipə] *s* luksuzni papir

fancy-pattern [,fænsi'pætən] *s* modni, luksuzni uzorak, šara

fancy-price [,fænsi'prais] *s* previsoka, neumjerena cijena

fancy-shirt [,fænsi'ʃə:t] *s* šarena muška košulja

fancy-shop [,fænsi'ʃɔp] *s* trgovina pomodnom, galanterijskom, luksuznom robom

fancy-stationery [,fænsi'steiʃənri] *s* luksuzni pisaći pribor

fancy-stocks [,fænsi'stɔks] *s pl* spekulativni vrijednosni papiri

fancy-trade [,fænsi'treid] *s* trgovanje luksuznom, pomodnom, galanterijskom robom

fancy-type ['fænsitaip] *s print* ukrasno, ukrašeno pismo

fancy-work ['fænsiwə:k] *s* fini ručni rad; *arch* ornamentika

fandango [fæn'dæŋgəu] s *mus Span* fandango, španjolski narodni ples i arija za nj
fane [fein] s *poet* hram
fanfare ['fænfɛə] s *Fr mus* glazba; vojnička glazba; glazbeno društvo; *mus* fanfara, truba, trubljenje, signal trubama; tuš, pozdrav svirkom truba
fanfaronade [ˌfænfærə'naːd] s *Fr* hvastanje, hvalisanje; razmetanje; junačenje; drzak govor
fang [fæŋ] s zub očnjak (*esp* u pasa i vukova); otrovni zub zmije; zubni korijen; šiljak (oruđa)
fang [fæŋ] *vt* 1. uhvatiti zubima, zagristi (u); zgrabiti; ščepati, ukebati 2. osposobiti sisaljku (pumpu) nalijevanjem vode
fan-heater ['fænˌhiːtə] s kalorifer
fanlight ['fænlait] s *archit* prozor iznad vrata u obliku lepeze
fan mussel ['fænˌmʌsl] s *zool* periska, loštura (školjka) (*Pinna nobilis*)
fanner ['fænə] s vijača; vjetrenjača; ventilator
fanning-machine ['fæniŋmə'ʃiːn] s *agr* vjetrenjača, stroj za vjetrenje žita
fanning-mill ['fæniŋmil] s *agr* stroj za čišćenje žita, trijer
fanny ['fæni] s *sl* stražnjica
fantail ['fænteil] s *ornith* golub lepezasta repa, golub paunaš; lepezast žižak; plamenik (plinski)
fantasia [fæn'teiziə] s *mus* fantazija | *US mus* potpuri, popularna arija
fantast (**phantast**) ['fæntæst] s sanjar, vizionar, fantast, zanesenjak
fantastic [fæn'tæstik] *adj* fantastičan, umišljen, prividan, čudesan; sanjarski, neobičan, pustolovan, hirovit; maštovit
fantastical [fæn'tæstikl] *adj* (~**ly** *adv*) → **fantastic**
fantasticalness [fæn'tæstikəlnis] s čudnovatost, hirovitost, sanjarstvo, neobičnost, fantastičnost, mušičavost
fantasy (**phantasy**) ['fæntəsi] s predodžba, mašta, uobrazilja, sanja, fantazija, tlapnja, sanjarija, utvaranje; *mus* muzička fantazija
fanteague (**fanteeg, fantigue**) [fæn'tiːg] s zbunjenost, smetenost, spletenost, zabuna, neprilika, škripac
fantoccini ['fæntɔ'tʃiːniː] s *pl It* lutke, marionete; kazalište lutaka
fantom ['fæntəm] s → **phantom**
fan vaulting [ˌfæn'vɔːltiŋ] s *archit* lepezasti svod
faquir ['feiˌkiə] s → **fakir**
far [faː] *adv* (*comp* farther, further; *superl* farthest, furthest) daleko; u znatnoj mjeri, mnogo, vrlo, jako, dobrano; davno | ~ **away**, ~ **off** daleko, davno; ~ **and away** nesumnjivo, zacijelo, svakako; ~ **and wide** nadaleko i široko; ~ **out** vrlo daleko (npr. na pučini); **to go** ~ daleko doći, napredovati; **he will go** ~ on ima pred sobom sjajnu budućnost; **I am** ~ **from wishing** nimalo ne želim; **how** ~? dokle? kako daleko?; **as** ~ **as** koliko, do, sve do, upravo do; **as** ~ **back as 1950** već 1950. godine; **in so** ~ **as** koliko, u kojoj mjeri, ukoliko; **so** ~ dosada; **so** ~ **so good** dosada sasvim dobro; ~ **in the day** potkraj dana; ~ **into the night** do kasne noći; **as** ~ **as that goes** što se toga tiče; **to carry a th too** ~ ići predaleko, tjerati mak na konac; **this went** ~ **to convince me** to me je upravo uvjerilo; **he is** ~ **gone in drink** prilično se napio; **I am** ~ **from rich** nisam nipošto bogat
far [faː] *adj* (*comp* farther, further; *superl* farthest, furthest) dalek, udaljen | **in the** ~ **distance** u velikoj udaljenosti; ~ **be it from me to do it** daleko sam od toga da to učinim; **a** ~ **cry** daleko
far [faː] s daljina, udaljenost, velik razmak | **from** ~ iz daljine; **by** ~ daleko, znatno (npr. *too difficult by* ~ preteško); **he is by** ~ **the best** on je kudikamo najbolji; **from** ~ **and near** izdaleka i izbliza
farad ['færəd] s *el* farad, jedinica mjere za kapacitet električne struje
faradaic ['færə'deiik] *adj el* induktivan; induciran, faradejski
far-away ['faːrəwei] *adj* dalek, udaljen; odsutan (duhom), sanjarski | **a** ~ **look** sanjarski pogled
far-between ['faːbi'twiːn] *adj* rijedak
farce¹ [faːs] s lakrdija, farsa; šala; budalaština, ludorija; komedija; izgovor, izlika; izrugivanje
farce¹ [faːs] *vt arch* lakrdijati; šaliti se, ludovati
farce² [faːs] s *cul* nadjev, farša (»fila«) od kosanog mesa
farce² [faːs] *vt cul* nadijevati, puniti; začiniti (i *fig*)
farcical ['faːsikl] *adj* (~**ly** *adv*) lakrdijaški, smiješan; neprirodan, nestvaran, apsurdan; otrcan
farcicality [ˌfaːsi'kæliti] s lakrdijaštvo
farcy ['faːsi] s *vet* sakagija (bolest konja) | ~ **bud** (**button**) jedan od sitnih tumora koji se pojavljuju kod bolesti sakagije
fardel ['faːdl] s *arch* svežanj, snop; teret, breme
fare [fɛə] s cijena vožnje, vozarina, prevoznina; putnik (u najamnom vozilu); hrana, jelo | **bill of** ~ jelovnik; **any more** ~**s**? tko još nema karte? (autobus, tramvaj)
fare [fɛə] *vi* putovati, ići; dogoditi se; osjećati se (dobro ili loše); biti; živjeti; jesti i piti | *poet* ~ **forth** krenuti (na put); **he** ~**s well** dobro mu je; **he** ~**s ill** loše, zlo mu je; **you may go farther and** ~ **worse** ne traži kruha nad pogačom
fare-indicator ['fɛər'indikeitə] s taksametar
farewell [ˌfɛə'wel] *interj* zbogom!

farewell [ˌfɛəˈwel] *s* rastanak, oproštaj | **a ~ party** oproštajno primanje; **~ to arms** rastanak s oružjem; **to bid a p ~** oprostiti se s kim
far-famed [ˌfaːˈfeimd] *adj* vrlo slavan, nadaleko čuven
far-fetched [ˌfaːˈfetʃt] *adj* neuvjerljiv, nategnut; namješten; prisiljen; biran, izvještačen, predaleko zahvaćen
far-flung [ˌfaːˈflʌŋ] *adj reth* jako razvučen; rasprostranjen
far-gone [ˌfaːˈgɔn] *adj* koji je već došao daleko; zabrazdio, uznapredovao, poodmakao (bolest); *fam* jako pijan; napola lud; napola mrtav; zagrezao u dugove
farina [fəˈrainə] *s It* brašno, škrobno brašno, prah; *bot* polen, pelud, cvjetni prah; *chem* škrob
farinaceous [ˌfæriˈneiʃəs] *adj* (**~ly** *adv*) brašnast; brašnjav; brašnen | **~ foods** tjestenine
farinose [ˈfærinəus] *adj* brašnjav; poput brašna, brašnast; posut prahom
farl [faːl] *s Scot* lepinja, zobena pogača (prvobitno četvorinasta oblika)
farm [faːm] *s* zemlja određena za obradbu, poljodjelsko ili stočarsko gospodarstvo, gazdinstvo, farma; kuća za stanovanje na gospodarstvu; dječje oporavilište; *arch* najam, zakup; iznajmljivanje javnih prihoda
farm [faːm] *vt/i* **I.** *vt* ubirati najamninu; dati u zakup (zemlju), iznajmiti javne prihode, radnu snagu; uzeti (dijete) na opskrbu uz dogovorenu naknadu; obrađivati, kultivirati (zemlju); upravljati (farmom) **II.** *vi* baviti se gospodarstvom, biti farmer
farm **out** [ˈfaːmˈaut] *vt* iznajmiti javne prihode; dati u zakup
farmer [ˈfaːmə] *s* zakupnik; zakupnik javnih prihoda; zemljoradnik, poljodjelac; upravitelj, nadzornik zemlje, imanja; farmer | **produce-sharing ~** napoličar
farmhand [ˈfaːmˈhænd] *s* poljoprivredni radnik, težak na farmi
farmhouse [ˈfaːmhaus] *s* dom farmera, seljačka kuća
farming [ˈfaːmiŋ] *s* zakup; poljodjelstvo, obrađivanje zemlje, ratarstvo, zemljoradnja
farming [ˈfaːmiŋ] *adj* poljoprivredni, ratarski, zemljoradnički, poljodjelski | **~ crops** ratarski proizvodi, poljoprivredne kulture; **~ implements** poljoprivredno oruđe, poljoprivredni strojevi
farmstead [ˈfaːmsted] *s* farma sa svim zgradama; poljodjelsko dobro, majur, salaš
farmyard [ˈfaːmjaːd] *s* dvorište za gospodarstvo, gumno
faro [ˈfɛərəu] *s* faro (hazardna kartaška igra)
far-off [ˈfaːrˈɔf] *adj* udaljen, dalek
farouche [fəˈruːʃ] *adj Fr* mrzovoljan; plašljiv; nedruževan; divlji, surov, okrutan
farraginous [fəˈreidʒinəs] *adj* ispremiješan, zbrkan
farrago [fəˈraːgəu] *s* mješavina, smjesa, slitina, legura; zbrka
far-reaching [ˌfaːˈriːtʃiŋ] *adj* dalekosežan, koji ima široku primjenu ili utjecaj
farrier [ˈfæriə] *s* potkivač; konjski vidar; podoficir koji vodi brigu o konjima
farriery [ˈfæriəri] *s* potkivački zanat
farrow [ˈfærəu] *s* prasenje, koćenje prasadi; *arch* odojak | **twenty at one ~** dvadesetero prasadi odjedanput
farrow [ˈfærəu] *adj* jalov (junica)
farrow [ˈfærəu] *vt/i* **I.** *vt* prasiti, oprasiti **II.** *vi* prasiti se, oprasiti se
far-seeing [ˌfaːˈsiːiŋ] *adj* dalekovidan; koji vidi daleko u budućnost; mudar, pametan, pronicav
far-sighted [ˌfaːˈsaitid] *adj* koji zna unaprijed, dalekovidan, koji predviđa; pametan, razuman, razborit; *med* dalekovidan
far-sightedness [ˌfaːˈsaitidnis] *s* razboritost; promišljenost, opreznost; *med* dalekovidnost
fart [faːt] *s vulg* prdac, vjetar
fart [faːt] *vi vulg* prdjeti, ispuštati vjetrove
farther [ˈfaːðə] *adj* (*comp* od **far**) dalji, udaljeniji
farther [ˈfaːðə] *adv* (*comp* od **far**) dalje, udaljenije; više, k tome, nadalje
farthermost [ˈfaːðəməust] *adj* najudaljeniji
farthest [ˈfaːðist] *adj* (*superl* od **far**) najdalji, najudaljeniji
farthest [ˈfaːðist] *adv* (*superl* od **far**) najdalje; najkasnije | **at (the) ~** najudaljenije; najkasnije; najviše
farthing [ˈfaːðiŋ] *s* novčić, četvrtina penija, najmanja moguća količina | **it doesn't matter a ~** nije nimalo važno; **not to care a brass ~** ne mariti ni najmanje
farthingale [ˈfaːðiŋgeil] *s* suknja, donja ženska haljina na obruč, nošnja žena u 16. i 17. stoljeću; krinolina
fasces [ˈfæsiːz] *s pl hist* snop pruća sa sjekirom koji je liktor nosio pred sucem u starom Rimu kao simbol vlasti
fascia [ˈfeiʃə] *s* (*pl* **fasciae** [ˈfeiʃiiː]) *mot* ploča s instrumentima; traka, vrpca; pas, pojas; zavoj, povez, vezica; *archit* vijenac; zabatna ploha; *med* tanak sloj vlaknastog tkiva koji obavija mišić ili koji drugi organ
fasciated [ˈfæʃieitid] *adj bot* zbijen, srastao; prugast
fascicle [ˈfæsikl] *s bot* kita, kitica, snopić, rukovet; svežanj spisa; svezak knjige koja se izdaje u nastavcima
fascicule [ˈfæsikjuːl] *s* → **fascicle**

fascinate ['fæsineit] *vt* očarati, osvojiti, opčiniti, opsjeniti, fascinirati
fascinating ['fæsineitiŋ] *adj* koji zanosi, očarava, pridobiva, privlačiv, fascinantan
fascination [ˌfæsi'neiʃn] *s* očaravanje, opčinjenje, opsjena, fascinacija
fascinator ['fæsineitə] *s* čarobnik, onaj koji očarava
fascine [fæ'siːn] *s* svežanj pruća, naramak granja, pleter od šiblja; *mil* svežanj pruća za utvrđivanje šančeva | ~ **dwelling** sojenica
fascism ['fæʃizəm] *s* fašizam
fascist ['fæʃist] *adj* fašistički
fascist ['fæʃist] *s* fašist
fash [fæʃ] *vt Scot* mučiti, dosađivati, ljutiti, zanovijetati | ~ **oneself** ljutiti se, uzrujavati se
fash [fæʃ] *s Scot* mučenje, dosađivanje, zanovijetanje; briga, srdžba
fashion ['fæʃn] *s* oblik, lik; stil, fazona; kroj; uzorak; nošnja, moda; način, metoda; običaj; vladanje, dobro vladanje, otmjenost; mišljenje | **to bring into** ~ uvesti u modu; **to launch a** ~ uvesti u modu; **to set the** ~ voditi, prednjačiti u modi; diktirati modu; **to walk crab** ~ ići kao rak; **after the** ~ **of** kao, po, prema; **in (after) a** ~ donekle, površno, nemarno, bilo kako; **in** ~ po modi, moderan; **out of** ~ nemoderan, zastario; **man of** ~ čovjek iz mondenog društva, svjetski čovjek; **the latest** ~ najnovija moda; *mar* ~ **piece**, ~ **timber** međurebro krme
fashion ['fæʃn] *vt* oblikovati, dati oblik, lice; fazonirati; tvoriti, načiniti; uresiti; udesiti, preudesiti; prilagoditi | *tech* ~**ed iron** fazonsko željezo
fashionable ['fæʃnəbl] *adj* (**fashionably** *adv*) pomodan, po novom kroju; fin, otmjen, elegantan; uljudan; karakterističan za osobe koje se ponašaju ili odijevaju po modi; moderan
fashioner ['fæʃnə] *s* krojač; onaj koji daje oblik, kroj
fashion-monger ['fæʃnˌmʌŋgə] *s* gizdelin, kicoš
fashion-parade ['fæʃnpəˌreid] *s* modna revija
fashion-plate ['fæʃnpleit] *s* slika ili crtež odjevnog modela; *fig* vrlo elegantna osoba
fashion-show ['fæʃnʃəu] *s* modna revija
fast [faːst] *adj* (~**ly** *adv*) 1. čvrst, jak, tvrd, nepomičan, čvrsto privezan, pričvršćen; stalan, trajan, koji ne blijedi 2. brz 3. lakouman, lake ruke, slobodan, emancipiran 4. otporan; postojan, vjeran | *US sl* ~ **buck** lako zarađen novac; ~ **colour (dye)** stalna, trajna boja; **a** ~ **friend** pouzdan prijatelj; ~ **person** lakouman čovjek; ~ **train** brzi vlak; ~ **tennis court** tvrdo tenisko igralište; **to make door** ~ zaključati, zabraviti vrata; **the watch is** ~ sat ide naprijed; **to take** ~ **hold of** čvrsto uhvatiti; ~ **with gout** prikovan uz krevet zbog kostobolje; **a** ~ **set** veselo društvo (koje banči); **to lead a** ~ **life** živjeti raskalašenim životom; *mar* ~ **patrol boat** torpedni čamac; *tech* ~ **running** brzohodni
fast [faːst] *adv* čvrsto, tvrdo; brzo; sigurno; blizu, tik do; neumjereno, rasipno | *arch* ~ **by**, ~ **beside** blizu, tik do; ~ **bind** ~ **find** zaključano, sačuvano; **to live** ~ živjeti razuzdano; **to make** ~ učvrstiti, privezati; **to sleep** ~ spavati čvrsto, tvrdo; **to play** ~ **and loose** poigravati se, titrati se
fast[1] [faːst] *s* post, uzdržavanje od jela; razdoblje posta
fast [faːst] *vi* postiti, uzdržavati se od jela
fast[2] [faːst] *s mar* konop za privezivanje broda
fast-day ['faːstdei] *s* posni dan, post
fasten ['faːsn] *vt/i* **I.** *vt* učvrstiti, utvrditi; zatvoriti; vezati, privezati; pričvrstiti, pribiti, prikačiti (*to* za) **II.** *vi* držati se, uhvatiti se, ostati | **to** ~ **one's looks upon a p** uprijeti pogled u koga; *fig* **to** ~ **a crime on a p** okriviti koga zbog zločina; **to** ~ **a quarrel** zapodjenuti svađu; **to** ~ **oneself** prikrpiti se
fastener ['faːsnə] *s* kopča, spona, zatvarač; *fig* sredstvo koje služi za pričvršćivanje, utvrđivanje, ojačavanje; *mar* stezalica za neprodušno zatvaranje (vrata, prozora); *sl* nalog za hapšenje
fastening ['faːsniŋ] *s* učvršćivanje, utvrđivanje, ojačavanje; vezivanje, spajanje; sredstvo za učvršćivanje (npr. kopča, brava, lokot, zasun, zatvarač)
fasti ['fæstiː] *s Lat pl* ljetopis, kronika, anali
fastidious [fəs'tidiəs] *adj* izbirljiv, hirovit; gadljiv; nježan, fin, osjetljiv, istančan, profinjen; pretjerano savjestan, točan, cjepidlačarski, sitničav
fastidiousness [fəs'tidiəsnis] *s* izbirljivost, gadljivost, cjepidlačenje, sitničavost
fastigiate [fæs'tidʒiit] *adj* šiljast, zašiljen; *bot & zool* šiljast, koničan
fastness ['faːstnis] *s* čvrstoća, jačina, trajnost; snaga, energija; brzina, hitrost; uvjerenost; raskalašenost, lakoumnost; emancipiranost; *mil* tvrđava, utvrda, utvrđenje
fat [fæt] *s* mast, salo, debljina, tustina; ulje; obilje, izobilje; *fig* bez muke stečeno; ono što je najbolje, najfinije; *theat* efektna uloga; *chem pl* masti | **to live on the** ~ **of the land** živjeti kao bubreg u loju; **the** ~ **is in the fire** prasnut će (srdžba); **rough** ~ loj; **a bit of** ~ nenadana sreća; *theat* za glumca dobra uloga
fat [fæt] *adj* 1. mastan, tust, debeo, ugojen, gojazan, zdepast, krupan, korpulentan, nezgrapan 2. jak, grub, težak 3.

uljast, uljni, uljevit; bituminozan (ugljen); ljepljiv, gnjecav (glina, ilovača i dr.) 4. plodan, bogat, obilan 5. tup, glup 6. nemaran, nehajan, mlitav; neosjetljiv; *US* smolast (drvo i dr.) | **a ~ lot** mnogo; *iron* malo; *print* **~ face (printing) type** mastan tisak; **~ lands** masna, plodna zemlja; **~ jobs, ~ livings** unosni poslovi; *sl* **to cut it ~** pretjerivati, prijeći mjeru; zarezati; **to cut up ~** ostaviti mnogo novaca; **to grow ~** udebljati se; **to make ~** toviti; **~-brained, ~-witted** glup; **~ lime** masno vapno

fat [fæt] *vt* gojiti, toviti, žiriti; hraniti, krijepiti | **to kill the ~ted calf for a p** dočekati koga kao izgubljenog sina, radosno dočekati

fatal [ˈfeitl] *adj* (**~ly** *adv*) koban, sudbonosan, neizbježan; razoran, poguban (*to* za); opasan, smrtonosan; nesretan, fatalan | **~ shears** smrt; **~ sisters** vile suđenice; **~ thread** suđena duljina života

fatalism [ˈfeitəlizəm] *s* vjerovanje u sudbinu, fatalizam

fatalist [ˈfeitəlist] *s* onaj koji vjeruje u sudbinu, fatalist

fatalist [ˈfeitəlist] *adj* koban, sudbonosan, fatalan

fatalistic [ˌfeitəˈlistik] *adj* fatalističan, koji je sklon fatalizmu

fatality [fəˈtæləti] *s* usuc', kob, nesreća, fatalnost; smrt; poguban utjecaj

fatalize [ˈfeitəlaiz] *vt/i* **I.** *vi* naginjati fatalizmu **II.** *vt* prepustiti sudbini

fat-brained [ˈfætˈbreind] *adj* → **fat-witted**

fate [feit] *s* sudbina, kob, udes, usud; smrt; propast, zator, uništenje | *myth* **the Fates** Parke

fate [feit] *vt* prije ili unaprijed odrediti; (obično u pasivu) biti unaprijed suđeno (npr. *he was fated to do* bilo mu je suđeno da to učini)

fated [ˈfeitid] *adj* od sudbine unaprijed određen, osuđen, koban

fateful [ˈfeitful] *adj* (**~ly** *adv*) koban, sudbonosan; zlokoban; odlučan; upravljan od sudbine; proročki

fat-guts [ˈfætgʌts] *s* debeljko, trbonja

fat-head [ˈfæthed] *s* budala, bena

fat-hen [ˈfæthen] *s bot* pitoma loboda, kozji rep (*Chonopodium Bonus Henricus* i *Artiplex paluta*)

father [ˈfaːðə] *s* otac; predak; *eccl* redovnik | **~s** *pl* pradjedovi, preci, gradski oci (vijećnici); **adoptive ~** poočim; **Father of lies** đavo; **Father of the House of Commons** član engleskog parlamenta s dugogodišnjom službom; **~ of waters** rijeke Mississippi i Nil; **such a ~ such a son** kakav otac, takav sin; **to talk like a ~** govoriti očinski; **the Holy Father** sveti otac papa; **he was a ~ to me** bijaše mi kao otac; **Fathers of the City, conscript Fathers** rimski senatori; **to be gathered to one's ~s** priključiti se svojim pradjedovima, umrijeti; **the wish is ~ to the thought** što se babi htilo to se babi snilo; **like ~ like son** kakav otac, takav sin

father [ˈfaːðə] *vt* 1. postati čiji otac, biti čiji otac 2. *fig* stvoriti, proizvesti; uzrokovati, probuditi 3. posiniti, pokćeriti, posvojiti koga 4. izdavati se za oca, priznati se ocem, piscem, autorom; priznati se začetnikom, pokretačem čega, biti odgovoran (za što) 5. njegovati, brinuti se | **to ~ a child on (upon) a p** pripisivati komu očinstvo, podmetnuti komu dijete; **to ~ a th on a p** podvaliti komu što, s nepravom komu što pripisati, neopravdano okriviti koga

fatherhood [ˈfaːðəhud] *s* očinstvo

father-in-law [ˈfaːðərinlɔː] *s* (*pl* **fathers-in-law** [ˈfaːðəzinlɔː]) tast, punac, svekar

fatherland [ˈfaːðəlænd] *s* domovina, otadžbina

fatherless [ˈfaːðəlis] *adj* bez oca

fatherlike [ˈfaːðəlaik] *adj* očinski, poput oca

fatherly [ˈfaːðəli] *adj* očinski

fathom [ˈfæðəm] *s mar* hvat, sežanj, paš (6 stopa = 1,829 metara); dubina (mora)

fathom [ˈfæðəm] *vt* mjeriti dubinu (mora); *fig* shvatiti, doseći

fathomable [ˈfæðəməbl] *adj* dokučiv

fathometer [fəˈðɔmitə] *s mar* dubinomjer

fathomless [ˈfæðəmlis] *adj* (**~ly** *adv*) bez dna; nedokučiv; neshvatljiv

fathom-line [ˈfæðəmlain] *s mar* dubinomjerska uzica

fatidical [feiˈtidikl] *adj* (**~ly** *adv*) obdaren proročkim darom, proročki

fatigue [fəˈtiːg] *s* umor, zamor, trud; napor, muka, patnja, težak posao | *mil* **~ duty** radno zanimanje; fizički rad; **~ of metal** zamorenost metala; **~ stress** preopterećenje, prenaprezanje; **~s** *pl mil* radna uniforma

fatigue [fəˈtiːg] *vt/i* umarati, mučiti; iscrpsti, zamoriti, umoriti se, mučiti se; iscrpsti se

fatigue-party [fəˈtiːgˌpaːti] *s mil* odred vojnika određen za neki rad

fatless [ˈfætlis] *adj* bez masti, bez ulja; mršav, krt (meso)

fatling [ˈfætliŋ] *s* mlado utovljeno govedo

fatness [ˈfætnis] *s* debljina, ugojenost, gojaznost, pretilost, masnoća; mast; plodnost (zemlje); *arch* čulnost, putenost

fatted [ˈfætid] *adj* utovljen, ugojen | **to kill the ~ calf** *fig* prirediti veliki doček, pogostiti koga

fatten [ˈfætn] *vt/i* ugojiti, toviti; gnojiti (zemlju); udebljati se, ugojiti se, utoviti se; udebljati; *fig* obogatiti se

fattish [ˈfætiʃ] *adj* podebeo

fatty ['fæti] *adj* mastan, debeo, tust, pretio, uljast | *med* ~ **degeneration of heart or kidney** osaljenje srca ili bubrega
fatty ['fæti] *s fam* debeljko
fatuity [fə'tjuiti] *s* glupost; budalaština; *arch* slaboumnost
fatuous ['fætjuəs] *adj* blesav, glup, besmislen, smiješan, isprazan
fat-witted ['fæt,witid] *adj* glup, slabouman, tup
faubourg ['fəubuəg] *s Fr* predgrađe; gradska četvrt
faucal ['fɔːkl] *adj* grlen, dubok, gutturalan (zvuk, glas)
fauces ['fɔːsiːz] *s pl med* ždrijelo, grlo
faucet ['fɔːsit] *s esp US* pipac, slavina, pipa
faugh [fɔː] *interj* fuj! (izraz prezira, odvratnosti)
fault [fɔːlt] *s* pogreška, nedostatak, propust, omaška, prestupak; slabost, mana; uvreda; nedostatak, pomanjkanje; nepravilno učinjena kretnja; rizik; nemar, zapuštanje, krivnja; *el* loša izolacija; *hunt* izgubljen trag | **to find ~ with** tužiti se na koga; koriti koga; prigovarati komu; zamjerati komu; **to be at ~** biti u neprilici; u nedoumici; **to be at a ~** imati krivo, biti na pogrešnom tragu, varati se; **in ~** kriv, za osudu, u nepravu; **for ~ of** u pomanjkanju; **to a ~** pretjerano, odviše; *com* **with all ~s** na kupčev rizik; *geol & min* ~ **plane** rasjedanje, rasjelina, prekid sloja
fault [fɔːlt] *vi/t* **I.** *vi* varati se, pogriješiti; *arch* lutati, zalutati **II.** *vt* kriviti, kuditi, koriti; *geol* uzrokovati rasjedanje
faultfinder ['fɔːlt,faində] *s* cjepidlaka, kritizer, prigovaralo
faultfinding ['fɔːlt,faindiŋ] *s* cjepidlačenje, osuđivanje, kuđenje, zanovijetanje, kritikantstvo, traženje dlake u jajetu
fautless ['fɔːltlis] *adj* bez pogreške, bez mane, besprijekoran
faultsman ['fɔːltsmən] *s tel, teleph* tražilac kvarova
faulty ['fɔːlti] *adj* (**faultily** *adv*) pokudan, nesavršen, loš; pokvaren, pun mana; neispravan
faun [fɔːn] *s myth* faun, šumski bog
fauna ['fɔːnə] *s* (*pl* ~**s, faunae** ['fɔniː]) *geog* fauna, životinjsko carstvo (koje zemlje, kojeg doba)
fauteuil ['fəutə'i] *s Fr* naslonjač; *theat* sjedalo u parketu
faux pas [,fəu'pa:] *s Fr* posrtaj, pogreška, promašaj, netaktičnost
favour (favor) ['feivə] *s* 1. naklonost, blagonaklonost 2. pomoć, pomaganje, potpora, podupiranje, zaštita, okrilje 3. ljubaznost, uslužnost; ljubav. usluga, milost 4. sklonost, simpatija 5. dar, poklon za uspomenu (na svršetku plesa itd.) 6. uzao trake, vrpca; rozeta 7. dopuštenje, dozvola 8. pretpostavljanje, davanje prednosti, davanje prvenstva; povlađivanje, potpomaganje, štićenje 9. korist, dobitak 10. *arch* izgled; lice 11. draž, čar 12. *com* pismo, dopis | **to find ~ in one's eye** steći nečiju naklonost, biti voljen od koga; **to lose ~ with a p** pasti u čiju nemilost; **to be out of ~** biti u nemilosti; **to find ~ with a p** steći nečiju naklonost; **to stand high in a p's ~** uživati čije simpatije, čiju naklonost; **to look with ~ on** odobravati što; **do me a ~!** učini mi uslugu (ljubav); **your ~ of yesterday** vaše jučerašnje pismo; *arch* **under ~, by one's ~** s dopuštenjem, s dozvolom; **under ~ of night** pod okriljem noći; **in ~ of** u prilog, u korist (koga, čega), za (koga, što); **to speak in one's ~** govoriti u čiju korist; **checks drawn in one's ~** čekovi ispostavljeni u nečiju korist; **to be in ~ of** biti za, odobravati što
favour (favor) ['feivə] *vt* 1. pomagati, štititi, ići naruku, povlađivati 2. biti sklon, favorizirati 3. počastiti koga (*with* čime), ukazati komu počast 4. poduprijeti, pružiti podršku, potpomoći; dati prednost čemu 5. (o stvarima) potvrditi, potkrijepiti, utvrditi; ukazivati, uputiti na što, pokazivati 6. olakšati komu što 7. *fam* štedjeti, čuvati koga ili što | **may I be ~ed with an answer** smijem li zamoliti za odgovor; **to ~ a p** biti komu sličan
favo(u)rable ['feivərəbl] *adj* (**favo(u)rably** *adv*) povoljan, pogodan, koristan, probitačan; prijazan, dobar, pohvalan; preporučljiv; sklon; koji mnogo obećaje; skladan | ~ **answer** odobrenje, povoljan odgovor; *com* ~ **balance of trade** aktivna trgovinska bilanca; ~ **prospect** povoljan izgled (za budućnost); *mil* ~ **target** rentabilan cilj; **soil ~ to roses** tlo pogodno za uzgajanje ruža
favo(u)red ['feivəd] *adj* štovan, omilio, omiljen; štićen, povlašten, privilegiran; obdaren; uglađen; lijepa lica, obličja | ~ **by** dobrotom (pismo); *arch* **ill ~** ružna lica, gadna obličja; **well ~** lijepa lica, ugodna obličja; **hard ~** gruba lica, kruta obličja; **most ~ nation clause** klauzula najvećeg povlašćenja
favo(u)rite ['feivərit] *s* ljubimac, miljenik | *sport* **the ~** favorit
favo(u)rite ['feivərit] *adj* voljen, omiljen, omilio | ~ **author** najmiliji, omiljeli pisac; ~ **child** miljenče, mezimče; *gram* ~ **sentence-form** favorizirani oblik rečenice
favo(u)ritism ['feivəritizəm] *s* pristranost, favoritizam
fawn [fɔːn] *s* mladunče, mlado (životinje); lane, srnče | **in ~** steona, bređa
fawn [fɔːn] *adj* svijetlo žućkastosmeđ

fawn [fɔːn] *vt/i* **I.** *vt* olaniti **II.** *vi* olaniti se

fawn [fɔːn] *vi* mahati repom (pas); puzati, puzavo se ulagivati, grbiti se, laskati (*on, upon a p* komu)

fawn-coloured [ˈfɔːnˌkʌləd] *adj* svijetlo žućkastosmeđe boje, srnine boje

fawner [ˈfɔːnə] *s* ulizica, udvorica, pripuz, čankoliz

fay [fei] *s poet* vila

faze [feiz] *vt US sl* uznemiriti, dosađivati

fealty [ˈfiːəlti] *s hist* vjernost, odanost feudalnog zakupnika ili vazala svome lenskom gospodaru; postojanost, lojalnost | **to do (make) ~** biti vjeran, odan; **to swear ~** zakleti se na vjernost, odanost; **to receive ~** primiti zakletvu podaničke vjernosti, odanosti

fear [fiə] *s* strah, strahovanje, bojazan, zabrinutost; strahopoštovanje | **for ~** iz bojazni (*of, that, lest* pred, da, da ne), **he ran away for ~ of being hurt** pobjegao je iz bojazni da ne bude povrijeđen; **take heed (for ~) lest any man deceive you** budi na oprezu (iz bojazni) da te tko ne prevari; **without ~ or favour** nepristrano; **to be in fear of one's life** strahovati za svoj život; **no ~ of that!** budite bez brige!, ne bojte se toga!; **no ~** nije vjerojatno!, bez brige!

fear [fiə] *vi/t* **I.** *vi* bojati se, pribojavati se, strašiti se, strepiti; oklijevati, ustezati se; strahovati **II.** *vt* plašiti, poplašiti, strašiti, prestrašiti | **never ~!** ne boj se!, ne strepi!, ne brini

fearful [ˈfiəful] *adj* (**~ly** *adv*) strašan, užasan, plašljiv, bojažljiv, u strahu (*of* od); neodlučan; smjeran, pun poštovanja | *coll* **a ~ mess** strašna zbrka

fearless [ˈfiəlis] *adj* (**~ly** *adv*) neustrašiv

fearnought (fearnaught) [ˈfiənɔːt] *s* 1. *com* grubo vuneno sukno koje se upotrebljava većinom za pravljenje mornarskih kaputa; *mar* pokrivač na vratima skladišta; 2. piće za osvježenje

fearsome [ˈfiəsəm] *adj* (**~ly** *adv*) strašan, užasan

feasibility [ˌfiːzəˈbiləti] *s* provedivost, izvedivost, izvršivost, ostvarivost

feasible [ˈfiːzəbl] *adj* (**feasibly** *adv*) izvediv, izvršiv; koristan; moguć, ostvariv; kojim se lako barata; vjerojatan

feast [fiːst] *s* svetkovina, svečanost, blagdan, praznik, god; gozba, pir, veselje; *fig* slatkiš, poslastica | **~ of reason** učen razgovor; **enough is as good as a ~** ne išti hljeba preko pogače

feast [fiːst] *vi/t* **I.** *vi* gostiti se, častiti se, provoditi se, pirovati; naslađivati se (*upon* čime) **II.** *vt* gostiti, častiti, zabavljati | **~ one's eyes upon** pasti oči na čemu

feat [fiːt] *s* djelo; junaštvo; vještina, majstorija; (umjetničko) ostvarenje, spretnost, okretnost, rutina, izvježbanost | **~ of arms** junačko djelo

feat [fiːt] *adj* (**~ly** *adv*) *arch dial* vješt, spretan, okretan, hitar; oprezan

feather [ˈfeðə] *s* 1. pero; *pl* perje 2. ćud, raspoloženje; vrsta; čuperak, pramen; pjenušavi greben na morskom valu; nešto lako, sitnica; šiške (kod konja) | *mar* kosina, kosa sljubnica; klin | **to show the white ~** pokazati kukavičluk; **birds of a ~ flock together** svaka ptica svome jatu leti; **in high (full) ~** u dobru zdravlju, raspoloženju itd.; *hunt* **fur and ~** zvijeri i ptice; **a ~ in one's cap** čast, dika, ponos, trofej; **to knock down with a ~** zaprepastiti, presenetiti; **to crop one's ~s** poniziti koga; **to ruffle one's ~** razdražiti koga; **in grand ~** svečano odjeven; u dobru zdravlju, u sjajnoj kondiciji; *US sl* **~ merchant** onaj koji traži lake poslove, lijenčina; *mil sl* civil

feather [ˈfeðə] *vt/i* **I.** *vt* 1. ukrasiti, okititi perjem, pokriti, ispuniti, napuniti perjem; *sport* držati vesla pločtimice pri veslanju **II.** *vi* podrhtavati, treperiti | **to ~ an arrow** staviti na strelicu pero; **to tar and ~** premazati smolom i posuti perjem; **~ one's nest** obogatiti se, napuniti sebi džepove (*esp* iz tuđe imovine koja je povjerena na čuvanje)

featherbed [ˈfeðəbed] *s* ležaj od perja; *ornith* grmuša

featherbed [ˈfeðəbed] *vt coll* zaposliti veći broj ljudi nego što je potrebno (da se smanji nezaposlenost); maziti, tetošiti

feather-brained [ˈfeðəbreind] *adj* slabouman, lakomislen, nepromišljen, šuplje tikve

feather-broom [ˈfeðəbruːm] *s* peruška

feather-duster [ˈfeðəˌdʌstə] *s* peruška za čišćenje prašine (s pokućstva)

feather-edge [ˈfeðəredʒ] *s* tanak brid

feather-edged [ˈfeðəredʒd] *adj* koji ima tanak brid

feather-grass [ˈfeðəgraːs] *s bot* kovilje

feather-headed [ˈfeðəhedid] *adj* → **feather-brained**

feather-pate [ˈfeðəpeit] *s* slaboumnik, šuplja tikva, lakomislen čovjek

featherweight [ˈfeðəweit] *s* vrlo mala težina, stvar ili osoba vrlo male težine; *sport* jahač koji nije teži od oko 28 kg; boksač perolake kategorije (težak do 57 kg)

feathery [ˈfeðəri] *adj* pernat; lak kao pero; poput perja

feature [ˈfiːtʃə] *s* lice, crta lica, obličje; pojava, izgled; osobina, osebujnost, značajka; obilježje, detalj; *US* ono što je osobito privlačivo ili značajno u programu, novinama itd.; atrakcija, senzacija | **~s** *pl* crte lica; *st exch* dionice koje se često javljaju u kupnji i prodaji; *mar* **~s**

of a ship svojstva broda, brodske dimenzije; ~ **film** igrani film; **first** ~ glavni film na programu

feature ['fi:tʃə] *vt* biti sličan, nalik; dati oblik, uobličiti; stvoriti lice, obličje; istaknuti osobito; pokazati (npr. u filmu, kinu); prikazati u glavnoj ulozi | **a film featuring X. Y.** film s X Y u glavnoj ulozi

featured ['fi:tʃəd] *adj* načinjen, uobličen, građen, *US* oglašen ili prikazan kao osobito privlačiv (npr. film, roman, novela itd.) | **well** ~ lijep, krasan; **ill** ~ ružan, odvratan

featureless ['fi:tʃəlis] *adj* bezličan, bez oblika, bez izrazitih crta lica

febrifuge ['febrifju:dʒ] *s med* lijek protiv groznice; osvježavajuće piće

febrile ['fi:brail] *adj med* grozničav

February ['februəri] *s* veljača, februar | ~ **fair maids** visibabe; ~ **fill-dike** kiša i snijeg koji padaju u veljači

fecal ['fi:kl] *adj* → **faecal**

feces ['fi:si:z] *s pl* → **faeces**

feckless ['feklis] *adj* (~**ly** *adv*) slab, nemoćan; uzaludan; ništavan

feculence ['fekjuləns] *s* zablaćenost, smrdljivost; izmetina, talog

feculent ['fekjulənt] *adj* mutan; smrdljiv

fecund ['fi:kənd] *adj* plodan, rodan, obilan, bogat; domišljat, stvaralački, produktivan

fecundate ['fi:kəndeit] *vt* oploditi, obremeniti; prožeti

fecundation [ˌfi:kən'deiʃn] *s* oplodnja

fecundity [fi'kʌndəti] *s* plodnost, produktivnost

fed [fed] *pret & pp od* **feed** | **well** ~ dobro hranjen; *fam* **to be** ~ **up with** imati čega navrh glave, biti sit čega

federal ['fedərəl] *adj* (~**ly** *adv*) savezni, federalni

federal ['fedərəl] *s* federalist; *US hist* pristaša vlade u građanskom ratu 1861—1865; *esp* vojnik u federalnoj vojsci

federalism ['fedərəlizəm] *s* federalizam, princip organizacije države na federalnoj bazi

federalist ['fedərəlist] *s* branitelj federalnog sistema države, federalist

federalistic [ˌfedərə'listik] *adj* federalistički

federalization [ˌfedərəlai'zeiʃn] *s* podvrgavanje jurisdikciji savezne vlade, federalizacija

federalize ['fedərəlaiz] *vt* sjediniti ugovorom, kao npr. pod saveznu vladu; podvrgnuti isključivo jurisdikciji savezne vlade

federate ['fedərit] *adj* udružen u federalnom savezu, savezni

federate ['fedəreit] *vt/i* **I.** *vt* udružiti, sklopiti (savez); organizirati na federalnoj osnovi (državu) **II.** *vi* stupiti u savez, organizirati se na federalnoj osnovi

federation [ˌfedə'reiʃn] *s* savez, federacija

federative ['fedərətiv] *adj* (~**ly** *adv*) savezni, federativan

fee [fi:] *s* lensko dobro, vlasništvo; posjed; plaća, nagrada; honorar; pristojba, ispitna taksa; školarina; troškovi; uzgredni dohodak; napojnica; ulaznina | **to hold in** ~**s simple** imati potpuno vlasništvo

fee [fi:] *vt* platiti honorar, nagraditi, isplatiti, honorirati; dati napojnicu; najmiti (uz honorar)

feeble ['fi:bl] *adj* (**feebly** *adv*) slab, nemoćan, iscrpen, iznemogao, malaksao, mutan, nejasan; blijed | ~ **jokes** jeftini vicevi; *mar* ~ **current** slaba struja

feeble ['fi:bl] *s* slabost, slaboća

feeble-minded [ˌfi:bl'maindid] *adj* (~**ly** *adv*) slabouman

feebleness ['fi:blnis] *s* slabost, iznemoglost, malaksalost

feeblish ['fi:bliʃ] *adj* slabašan, prilično slab

feed [fi:d] *s* hranjenje, hrana, jelo; paša; (o konju) obrok zobi itd.; krma; *coll* obrok, gozba; gorivo, voda i dr. potrebno stroju za pogon; sirovine koje se dovode stroju za preradbu; *tech* posmik, posmak; materijal koji se stavlja u stroj za strojnu obradbu; topovsko punjenje; *theat sl* onaj koji drugome daje dobre natuknice | **out at** ~ na paši; **off one's** ~ bez teka; **on the** ~ (o ribama) u potrazi za hranom; ~ **grains** žitna krma

feed [fi:d] *vt/i* (fed, fed) **I.** *vt* hraniti, pitati, kljukati, toviti, uzgajati; pasti (blago, stoku), zadovoljiti (oči, taštinu, želju, osvetu, itd.), pothranjivati, ulijevati (nadu); podržavati, podlagati (vatru, nadu), dolijevati (vodu); opskrbiti (stroj) materijalom za preradbu; ubacivati (podatke u kompjuter); *theat* dati glumcu podsjetne riječi na pozornici **II.** *vi* jesti, hraniti se, žderati; gojiti se; toviti se; napasati se (o stoci) | ~ **on** hraniti se čime; ~ **up** toviti se, zasititi se; **to** ~ **the fishes** utopiti se; povraćati, bljuvati (od morske bolesti); **to** ~ **out of a p's hand** biti pitom, pokoran

feed down ['fi:d'daun] *vt* popasti (pašnjak)

feed up ['fi:d'ʌp] *vt* utoviti, zasititi | **I'm fed up with a th** već mi je dosadilo, dosta mi je čega

feedback ['fi:dbæk] *s mech, biol* povratna sprega

feeder ['fi:də] *s* krmitelj, hranitelj; boca za hranjenje dojenčadi; oprsnjak, ubrus koji se stavlja djetetu oko vrata pri jelu; pritok (potok); *sport* onaj koji baca loptu igraču da je odbije; *tech* dopremni mehanizam; valov; posluživač stroja; dovodni kanal za vodu; *US* sporedan krak pruge, sporedna pruga, industrijski ko-

losijek; *el* napojni vod; *US* autobusna veza između grada i aerodroma
feeding ['fi:diŋ] *s* hranjenje, napasanje; punjenje; poslastica, slatkiš; jedenje; krma
feeding ['fi:diŋ] *adj* koji hrani, koji opskrbljuje, koji postaje sve jači | **a ~ gale** oluja koja biva sve jača
feeding-bottle ['fi:diŋ,bɔtl] *s* boca za hranjenje dojenčadi
feed-pipe ['fi:dpaip] *s tech* dovodna cijev, dolivna cijev
feed-tank ['fi:dtæŋk] *s* kotao, tank s vodom za lokomotivu
feed-trough ['fi:dtrɔf] *s* žlijeb, jarak (mlina)
fee-faw-fum ['fi:,fəu'fʌm] *interj* uzvik za plašenje, zastrašivanje djece, bau-bau
feel [fi:l] *s* čuvstvo, osjećanje, osjet, opip | **soft to the ~** mekan pod prstima, mekan na opip
feel [fi:l] *vt/i* (felt, felt) **I.** *vt* 1. fizički osjetiti; pipati, opipati, dirati, taknuti 2. osjećati, osjećanjem opaziti, svjesno proživjeti, opaziti, uočiti 3. *mil* rekognoscirati 4. smatrati, držati **II.** *vi* 1. pipati, mašati se, pipanjem ustanoviti 2. imati osjećaj, biti svjestan, osjećati se 3. duboko osjećati, uzeti k srcu, osjećati sućut | **to ~ faint** slabo se osjećati; **to ~ one's legs (feet)** osjetiti čvrsto tlo pod nogama; iskušati snagu (u hodu); *fig* iskušati snagu na novoj dužnosti; osjećati se siguran; **I ~ like sleeping** spava mi se; **do you ~ like a cup of tea?** jeste li za šalicu čaja?; **to ~ the pulse of** pipati bilo (i *fig*); **to ~ one's way (ground)** snalaziti se, oprezno ići, orijentirati se pipanjem (i *fig*); **to ~ angry** ljutiti se, srditi se; **to ~ sorry for** sažaljevati; **to ~ with a p** suosjećati s kim; **he ~s warm** toplo mu je; **to ~ well** dobro se osjećati; **to ~ quite oneself** doći k sebi, oporaviti se, zadobiti sigurnost; **to ~ in one's bones** neodređeno osjećati, slutiti; **the air ~s chilly** zrak je hladan; **it ~s like velvet** osjeća se pod rukom kao baršun; *sl* **to ~ cheap** bijedno, slabo se osjećati; **to ~ sure, to ~ certain** biti siguran, uvjeren; **to ~ hurt** osjećati se uvrijeđen, biti povrijeđen; **a felt want** potreba koja se ukazuje; **to make itself felt** ispoljiti se, doći do izražaja
feel about ['fi:lə'baut] *vi* tražiti (pipanjem)
feeler ['fi:lə] *s zool* pipak; ticalo; rog; ralica; *mil* izviđač, izvidnik; pokusni prijedlog, sugestija koja se proširi s namjerom da se utvrdi mišljenje drugih ljudi
feeling ['fi:liŋ] *s* opip; osjećaj, osjećanje (straha, nade itd.); *pl* osjetljivost, razdražljivost; sažaljenje, saučešće; ganuće; dojam; uvjerenje, mišljenje; *psych* stanje svijesti, svijest uopće; *arts* dojam, estetski osjećaj | **to hurt one's ~s** uvrijediti; **no hard ~s** bez zamjere; **the general ~ was against it** javno je mišljenje bilo protiv toga
feeling ['fi:liŋ] *adj* (**~ly** *adv*) osjećajan, sućutan, samilostan; nježan
fee-simple [,fi:'simpl] *s jur* nasljedno neograničeno vlasništvo
feet [fi:t] *s pl* od **foot**
fee-tail [,fi:'teil] *s hist* ograničeno leno
feign [fein] *vt/i* **I.** *vt* hiniti, simulirati, izmisliti (priču), krivotvoriti (spis itd); *arch* zamišljati, uobražavati **II.** *vi* pretvarati se, praviti se, graditi se | **he ~s himself mad** on se pravi lud
feint [feint] *s* hinjenje, pretvaranje, izlika; lukavština, doskočica; *mil* demonstracija, prividni napad; finta (mačevanje) | **to make a ~ of doing** hiniti, pretvarati se kao da se što radi
feint [feint] *vi* prividno napadati (*at, upon, against*)
feint [feint] *adj* hinjen, lažan; prividan, izmišljen, patvoren, krivotvoren; nejasan, slab, tanak (crta) | **~ lines** tanke crte
feint [feint] *adv* nejasno | **to rule ~** tanko iscrtati
feisty ['faisti] *adj US sl* živahan; borben, agresivan
feldspar ['feldspa:] *s minr* ortoklas, feldspar
felicitate [fi'lisiteit] *vt* čestitati (*on* na); usrećiti
felicitation [fi,lisi'teiʃn] *s* (obično *pl*) čestitanje, čestitka
felicitator [fi'lisiteitə] *s* čestitar
felicitous [fi'lisitəs] *adj* (**~ly** *adv*) sretan; zgodan, prikladan, sretno izabran, umjestan (izraz, citat i dr.)
felicity [fi'lisəti] *s* sreća, blaženstvo; blagoslov; uspjeh; sretan potez (izraz, misao); umjesnost; *arch pl* povoljne prilike
feline ['fi:lain] *adj* mačjeg roda, vrste; mačji, prevrtljiv, nevjeran, lukav, potajan, koji se prikrada | **~ amenities** prikrivena zloba, peckanje
feline ['fi:lain] *s* životinja iz roda mačaka
fell[1] [fel] *s* koža, krzno, runo; koža s dlakom; gusta, zamršena kosa | **~ of hair** zamršena, razbarušena kosa
fell[2] [fel] *s* brijeg (samo u imenima); visoravan; vriština
fell[3] [fel] *s* rušenje, obaranje, sječa; količina posječenog drveta; obrub, opšav
fell [fel] *adj poet* okrutan, surov; opasan, razoran; grozan, nečovječan
fell [fel] *vt* rušiti, sjeći, oboriti (stabla); oboriti udarcem (čovjeka, životinju); obrubiti, opšiti
fell [fel] *pret* od **fall**
fellah ['felə] *s* (*pl* **~s, fellaheen** ['feləhi:n]) *Arab* felah, seljak

fell-monger ['fel.mʌŋgə] *s* trgovac krznom, kožama, *esp* ovčjim kožama, krznar
felloe ['feləu] *s* naplatak, obruč (kotača)
fellow ['feləu] *s* 1. drug; par, kolega; čovjek istog položaja, istih svojstava, iste društvene klase; bližnji; suvremenik 2. neotesanac, prostak 3. *coll* čovjek, momak, svat, čeljade 4. član nastavničkog zbora ili uprave sveučilišta; član naučnog društva; stipendist | **Fellow of the Royal Society** član Kraljevske akademije; **stone dead hath no ~** mrtvaci ne govore; **I lost the ~ of a glove** izgubio sam drugu rukavicu; **what can a ~ do!** što se tu može učiniti!, što da se radi?; **let alone a ~!** ostavi me na miru!; **a jolly good ~** veseljak
fellow-being [.feləu'bi:iŋ] *s* bližnji
fellow-citizen [.feləu'sitizən] *s* sugrađanin
fellow-commoner [.feləu'kɔmənə] *s* student koji jede za nastavničkim stolom
fellow-countryman [.feləu'kʌntrimən] *s* zemljak
fellow-creature [.feləu'kri:tʃə] *s* bližnji
fellow-feeling [.feləu'fi:liŋ] *s* suosjećanje, sućut, saučešće
fellow-lodger [.feləu'lɔdʒə] *s* sustanar
fellow-man [.feləu'mæn] *s* bližnji
fellow-passenger [.feləu'pæsindʒə] *s* suputnik
fellowship ['feləuʃip] *s* zajednica; bratstvo; drugarstvo, druženje, uzajamna povezanost; prijateljstvo, pobratimstvo; nastavnički zbor; društvo; ceh, korporacija; čast ili dohodak profesora koledža ili sveučilišta; stipendija (za naučni rad)
fellow-soldier [.feləu'səuldʒə] *s* drug iz vojske, ratni drug, suborac
fellow-sufferer [.feləu'sʌfərə] *s* supatnik
fellow-traveller [.feləu'trævlə] *s* suputnik; *pol* simpatizer, pristaša (*esp* komunističke partije)
felly ['feli] *s* → **felloe**
felo de se [.fi:ləudi:'si:] *s Lat jur* samoubojica; samoubojstvo (samo *sg*)
felon[1] ['felən] *s jur* zločinac, zlotvor; izdajnik
felon[2] ['felən] *s med* prišt, kukac (pod noktom)
felon ['felən] *adj poet* opak, okrutan, zloban, zločinački, podmukao
felonious [fi'ləunjəs] *adj* (~**ly** *adv*) *poet* opak, zao, lopovski, podao, zloban; *jur* zločinački, izdajnički
felony ['feləni] *s jur* težak zločin, krivično djelo
felspar ['felspa:] *s* → **feldspar**
felt [felt] *s* pŭst, klobučina, filc; predmet načinjen od pusta (napose šešir)
felt [felt] *vt/i* **I.** *vt* preraditi u pŭst; filcati, pokriti pustom **II.** *vi* postati kao klobučina, zamrsiti se
felt [felt] *pret & pp* od **feel**
felteric ['feltərik] *s* kožna bolest konja
felt-hat ['felt'hæt] *s* pusten šešir
felting ['feltiŋ] *s* valjanje pusta; pusten materijal
felt-maker ['felt.meikə] *s* izrađivač pusta
felt-roofing ['felt.ru:fiŋ] *s* krovna ljepenka
felt sheet ['felt.ʃi:t] *s* podloga od pusta
felt-tip pen ['felttip'pen[*s* flomaster
felty ['felti] *adj* pusten
felucca [fe'lʌkə] *s mar* feluka, brz brod na jedra
female ['fi:meil] *adj* ženski; *bot* tučkov, plodni (cvijet); *fig* nježan, slab | ~ **sapphire** blijed safir; ~ **child** djevojčica; ~ **friend** prijateljica; ~ **slave** ropkinja; *tech* ~ **nut** matica, navrtka; ~ **thread** unutrašnji narez; *poet* ~ **rime** ženski srok; ~ **suffrage** žensko pravo glasa
female ['fi:meil] *s US* žena, djevojka, ženska; *vulg* žensko; *bot* jednodomna ženska biljka
femaleness ['fi:meilnis] *s* ženstvenost, ženska priroda, žensko svojstvo
feme [fi:m] *s jur* žena; žensko | ~ **covert** *jur* udata žena; ~ **sole** neudata žena; udovica ili udata žena materijalno neovisna o mužu
feminality [.femi'næliti] *s* ženstvenost, ženska narav, ženska odlika
feminine ['feminin] *adj* (~**ly** *adv*) ženskog spola, koji se tiče žena, ženski; *gram* ženski (rod); *pros* ženski (srok, rima) | ~ **rhyme** ženski srok; ~ **ending** ženski završetak stiha; ~ **caesura** cezura iza riječi koja ima naglasak na pretposljednjem slogu
feminine ['feminin] *s* ženski rod; *gram* ženski rod | **the** ~ ženskinje; **the eternal** ~ vječno žensko, vječna Eva
femininity [.femi'ninəti] *s* ženstvenost, nemuškost, ženska priroda, žensko svojstvo
feminism ['feminizəm] *s* ženski karakter, ženska svojstva; feminizam, ženski pokret
feminist ['feminist] *s* pobornik ravnopravnosti žena i muškaraca
feminize ['feminaiz] *vt/i* **I.** *vt* feminizirati, učiniti ženskim **II.** *vi* postati žensko; pokazivati ženske osobine
femora ['femərə] *s pl* od **femur**
femoral ['femərəl] *adj med* bedren
femur ['fi:mə] *s* (*pl* ~**s, femora** ['femərə]) *med* bedrena kost; *ent* treći članak kukčeve nožice
fen [fen] *vt* → **fain**
fen [fen] *s* bara, baruština, močvara, pištalina, tresetište, rit, blato | **the** ~**s** močvarne nizine u nekim krajevima Engleske (*spec* na istočnoj obali)
fen-berry ['fenbəri] *s bot* mahovnica (*Vaccinium oxycoccus*)
fence [fens] *s* ograda, plot, taraba, živica, zid; ograda od žice, međa itd.; branik, vodič, regulator u strojevima; *arch* bedem; *sl* jatak; skrovište ukradenih stvari; *sport* prepona | **master of** ~ vješt mače-

valac; *fig* dobar diskutant; **to sit on the ~** ne opredijeliti se, biti neodlučan, ostati neutralan, iščekivati; **to put a horse at ~** natjerati konja da preskoči preponu
fence [fens] *vi/t* **I.** *vi* braniti se, čuvati se; mačevati se; boriti se, tući se (*with* s); odbiti udarce, argumente, parirati **II.** *vt* 1. braniti, štititi (*from* od); suzbiti (opasnost); *arch* odbiti, odvratiti 2. *hunt* zabraniti lov ili ribolov u stanovito godašnje doba; ograditi, utvrditi 3. *sport* preskočiti preponu (konj) 4. jatakovati; skrivati ukradene stvari
fence about ['fensə'baut] *vt* ograditi, utvrditi, okružiti, opasati (*with* čime); *fig* stražiti, čuvati
fence in ['fens'in] *vt* ograditi, utvrditi, opasati
fence off ['fens'ɔf] *vt* odijeliti ogradom; *fig* odbiti, opovrgnuti
fence out ['fens'aut] *vt* odalečiti ogradom, spriječiti
fence round ['fens'raund] *vt* ograditi ogradom
fence up ['fens'ʌp] *vt* ograditi, utvrditi
fence with ['fens'wið] *vt* boriti se oružjem; parirati; izbjeći | **to ~ a question** izbjegavati odgovor
fenceless ['fenslis] *adj* neograđen, otvoren; *poet* nezaštićen
fence-month ['fensmʌnθ] *s hunt* mjesec lovostaje
fencer ['fensə] *s* mačevalac, učitelj mačevanja; graditelj ili popravljač ograda, zidova itd.; *sport* konj za preskakivanje prepona
fence-rider ['fensˌraidə] *s pl* → **fence-sitter**
fence-season ['fensˌsiːzn] *s hunt* vrijeme lovostaje
fence-sitter ['fensˌsitə] *s pol* oportunist
fence-time ['fenstaim] *s* → **fence-season**
fencible ['fensəbl] *adj Scot* sposoban za obranu
fencible [ˌfensəbl] *s hist* vojnik koji je služio samo za obranu zemlje | **the ~s** *pl* milicija
fencing ['fensiŋ] *s* mačevanje; ograda, plot, živica, ograđivanje, građa za građenje ograda i dr.
fencing-cully ['fensiŋˌkʌli] *s* onaj koji sakriva ukradene stvari; spremište, skrovište ukradenih stvari
fencing-foil ['fensiŋfɔil] *s* floret
fencing-ken ['fensiŋken] *s* jatak; spremište ukradenih stvari
fencing-wire ['fensiŋˌwaiə] *s* žica za ogradu | **~ rod** kolac za ogradu, kolac za ogradu od žice
fen-cricket ['fenˌkrikit] *s ent* rovac, vrlac (***Gryllotalpa vulgaris***)
fend [fend] *vt/i* **I.** *vt arch* braniti, odbiti, suzbiti, odvratiti, zaštititi **II.** *vi* oduprijeti se; braniti se; brinuti se | **~ for oneself** uzdržavati se, prehranjivati se
fend away ['fendə'wei] *vt* odbiti, obraniti
fend for ['fend'fɔː] *vi* opskrbiti se, snabdjeti se
fend off ['fend'ɔf] *vt* odbijati, uklanjati, ne dati blizu
fender ['fendə] *s* zaštitna naprava, branik, odbojnik, blatobran, zaštitni lim, zaštitna rešetka, ograda ispred kamina; *mar* bokobran, bokoštitnica
fenderless ['fendəlis] *adj* bez rešetke, ograde, branika, blatobrana
fender-stool ['fendəstuːl] *s* klupica ispred ognjišta
fen-duck ['fendʌk] *s ornith* patka žličarka
fenestrate [fi'nestreit] *adj bot & zool* rupičast
fenestration [ˌfenis'treiʃn] *s archit* ukrašavanje građevne kompozicije oko prozora, vrata i otvora; prozori, njihova ornamentika i proporcije
fen-fire ['fenfaiə] *s* svjetlost koja se pojavljuje u baruštinama i močvarama kao posljedica izgaranja zemnog plina
fen-fowl ['fenfaul] *s ornith* ptica močvarica
Fenian ['fiːnjən] *s hist* fenijac, član tajne organizacije zvane Fenijsko bratstvo kojoj je cilj bio svrgavanje engleske vladavine u Irskoj; *hist* član Fiannae, vojske koja je postojala u Irskoj u 2. i 3. stoljeću
Fenian ['fiːnjən] *adj* fenijski
Fenianism ['fiːnjənizəm] *s hist* fenijanizam, načela, ciljevi, metode i politika fenijaca
fen-man ['fenmən] *s* stanovnik baruština, močvara
fennel ['fenl] *s bot* anis, komorač (***Foeniculum vulgare***)
fennel-flower ['fenlˌflauə] *s bot* crnika, divlji crni kumin
fenny ['feni] *adj* močvaran
fen-pole ['fenpəul] *s* motka za preskakivanje jaraka
fen-reeve ['fenriːv] *s* nadglednik bara, močvara
fen-runners ['fenˌrʌnəz] *s pl* vrsta klizaljki
fenugreek ['fenjugriːk] *s bot* piskavica, kozji rog, božja travica (***Trigonella foenumgraecum***)
feoff [fef] *s jur* leno
feoff [fef] *vt jur* dati kome leno
feoffee [fe'fiː] *s jur* primalac lena, vazal
feoffer ['fefə] *s jur* davalac lena, lenski gospodar
feoffment ['fefmənt] *s jur* davanje lena
feoffor [fe'fɔː] *s* → **feoffer**
ferae naturae ['fiəriːnə'tjuəriː] *pred adj Lat* divlji, nepripitomljen | **animals ~** divljač, zvjerad

feral [ˈfiərəl] *adj* (~**ly** *adv*) divlji, nepripitomljen, neukroćen; nekultiviran, surov, grub, neobrađen; *fig* žalostan, žaloban, pogrebni, nujan, koban, smrtan; *bot* poljski, podivljao | ~ **creatures** divlje životinje, zvijeri

feretory [ˈferitəri] *s* kovčeg (sa svetim moćima), grob, grobnica; nosila (za mrtvački lijes); kapelica u kojoj se čuvaju kovčezi sa svetim moćima

ferial [ˈfiəriəl] *adj* praznični, blagdanski; *eccl* običan (dan, kad nije ni svetak ni post)

ferine [ˈfiərain] *adj* → **feral**

Feringhee (**Feringi**) [fəˈriŋgi] *s* indijski naziv za Evropljanina i mješanca rođenog u Aziji

ferment [ˈfəːment] *s* kvasac, kvasna gljivica; *chem* ferment; *fig* uzbuna, burkanje; uzbuđivanje, uzrujavanje; uzbuđenost; vrenje; previranje

ferment [fəˈment] *vi/t* **I.** *vi* vreti, kipjeti, ključati, fermentirati; uskisnuti **II.** *vt* učiniti da što uzavre, uskipi, ključa; *fig* uzbuditi, uskomešati

fermentable [fəˈmentəbl] *adj* koji može uzavreti, uskipjeti, uskisnuti

fermentation [ˌfəːmenˈteiʃn] *s* vrenje, fermentacija; *fig* uzbuna, nemir, uzbuđenje

fermentative [fəˈmentətiv] *adj* (~**ly** *adv*) koji uzrokuje vrenje; koji raspiruje; koji uzbuđuje

fern [fəːn] *s bot* paprat | **to go through heath and** ~ nasilno prodirati

fernery [ˈfəːnəri] *s* papratište

fernlike [ˈfəːnlaik] *adj* poput paprati, nalik na paprat

fern-owl [ˈfəːnaul] *s ornith* leganj, kozodoj

fern-seed [ˈfəːnsiːd] *s* sjeme paprati

ferny [ˈfəːni] *adj* pun paprati

ferocious [fəˈrəuʃəs] *adj* (~**ly** *adv*) divlji, ljut, okrutan, oštar, koji grize (pas)

ferociousness [fəˈreuʃəsnis] *s* okrutnost, surovost, divljina

ferocity [fəˈrɔsəti] *s* okrutnost, divljaštvo, svirepost, surovost

ferox [ˈferɔks] *s ichth* velika jezerska pastrva

ferrate [ˈfereit] *s chem* ferat, sol željezne kiseline

ferrel [ˈferəl] *s* → **ferrule**

ferreous [ˈferiəs] *adj* željezovit, koji sadrži željezo

ferret[1] [ˈferit] *s* čvrsta pamučna vrpca za vezanje spisa

ferret[2] [ˈferit] *s* željezna šipka za duhanje stakla, duhaljka

ferret[3] [ˈferit] *s zool* afrički tvor (pripitomljen za hvatanje kunića i štakora); *fig* detektiv, njuškalo

ferret [ˈferit] *vi/t* **I.** *vi* tražiti naokolo; loviti pomoću tvora; čistiti (rupe, jazbine); otjerati (zečeve itd.); istražiti, uhoditi, njuškati **II.** *vt* tražiti, pretražiti (*for*)

ferret about [ˈferitəˈbaut] *vt* tražiti, njuškati

ferret away [ˈferitəˈwei] *vt* istjerati iz zaklona, otjerati

ferret out [ˈferitˈaut] *vt* istjerati iz jazbine; pronjuškati, iščeprkati, ispipati

ferret-eyed [ˈferitaid] *adj* crvenih, vatrenih očiju; *fig* mačjih očiju

ferriage [ˈferiidʒ] *s* skelarina; prevoženje skelom

ferric [ˈferik] *adj chem* željezovit

ferriferous [feˈrifərəs] *adj chem* željezovit, koji sadrži željezo

ferro-concrete [ˌferəuˈkɔŋkriːt] *s* željezni, armirani beton

ferromagnetic [ˌferəumægˈnetik] *adj* feromagnetski

ferro-oxyde [ˌferəuˈɔksaid] *s* ferooksid, željezni oksid

ferrotype [ˈferəutaip] *s* fotografija na limenoj ploči; postupak snimanja takve fotografije

ferrous [ˈferəs] *adj chem* željezovit, koji sadrži željezo | ~ **metals** neobojeni metali; ~ **metalurgy** crna metalurgija (željezo i čelik)

ferruginous [feˈruːdʒinəs] *adj* željezovit; rđast, crvenkastosmeđ

ferrule [ˈferuːl] *s* metalni prsten, okov

ferruled [ˈferuːld] *adj* okovan metalnim prstenom, s metalnom kapicom

ferry [ˈferi] *s* brod, skela, trajekt; prijevoz; *jur* pravo na držanje skele i ubiranje skelarine

ferry [ˈferi] *vt/i* **I.** *vt* prevoziti, prevesti skelom preko vode **II.** *vi* prevesti se

ferry-boat [ˈferibəut] *s* feribot, trajekt

ferry-bridge [ˈferibridʒ] *s* trajekt, brod za prijevoz vlakova

ferryman [ˈferimən] *s* (*pl* **ferrymen** [ˈferimən]) skeledžija; brod za prijevoz

fertile [ˈfəːtail] *adj* (~**ly** *adv*) plodan, rodan; obilan, bogat (*of, in* čime); *fig* stvaralački

fertility [fəːˈtiliti] *s* plodnost, rodnost, bogatstvo, obilje

fertilizable [ˈfəːtilaizəbl] *adj* oplodiv, popravljiv, udobriv (o tlu)

fertilization [ˌfəːtilaiˈzeiʃn] *s agr* udobravanje tla; oplođivanje, oplodnja

fertilize [ˈfəːtilaiz] *vt* oploditi, učiniti plodnim | *com* **fertilizing agent** umjetno gnojivo

fertilizer [ˈfəːtilaizə] *s agr* gnojivo, đubre | ~ **distributor** raspršivač umjetnog gnojiva, fertilizator

ferula [ˈferuːlə] *s* → **ferule**

ferule [ˈferuːl] *s* štap, remen ili ravnalo, kojim su negda tukli učenike po ruci; *fig* kažnjavanje, školska disciplina; *bot* komorač

ferule [ˈferuːl] *vt* šibati
fervency [ˈfəːvensi] *s* vrućina, žar, gorljivost, odanost, usrdnost
fervent [ˈfəːvənt] *adj* (**~ly** *adv*) vruć, užaren, usijan, vatren, gorljiv; *fig* svesrdan, koji ide iz srca, žestok, revan
fervid [ˈfəːvid] *adj* (**~ly** *adv*) vruć, vreo, gorljiv, vatren
fervour (fervor) [ˈfəːvə] *s* gorljivost, vrućina; žestina, žar
Fescennine [ˈfesinain] *adj* nepristojan, sramotan, bestidan | **~ verses** starotalijanske nepristojne svatovske pjesme
Fescennine [ˈfesinain] *s* nepristojan, preslobodan stih ili pjesma
fescue [ˈfeskjuː] *s* slamka, žica, štap i dr., koji učitelj upotrebljava za pokazivanje; neznatna stvar; sjena na sunčaniku; *bot* vijuk, vlasulja, slamica (*Festuca*)
fesse [fes] *s her* horizontalna poprečna pruga povučena preko grba
festal [ˈfestl] *adj* (**~ly** *adv*) svečan, praznični; gozben; veseo, živahan
fester [ˈfestə] *s med* čir, poganac, prištić, gnojna rana
fester [ˈfestə] *vi/t* **I.** *vi* gnojiti se, očiriti se, zatrovati se, upaliti se, razjesti se, rastočiti se; gnjiti, trunuti, kvariti se, izjedati se **II.** *vt* uzrokovati gnojenje, gnjiljenje, trulenje, kvarenje
festival [ˈfestəvl] *adj* svečan, veseo, gozben
festival [ˈfestəvl] *s* svetkovina, svečanost, proslava; gozba, veselje; *mus* festival
festive [ˈfestiv] *adj* (**~ly** *adv*) svečan, veseo, praznični
festivity [fesˈtivəti] *s* svečanost, veselje; svetkovina; *pl* svečano raspoloženje
festoon [fesˈtuːn] *s* lanac, vijenac od cvijeća, lišća ili vrpca; girlanda
festoon [fesˈtuːn] *vt* kititi girlandama, plesti u vijence
festoonery [fesˈtuːnəri] *s* ukras od cvijeća i girlanda
fetch [fetʃ] *vt/i* **I.** *vt* poći ili poslati po koga ili što; dovesti; (poći i) donijeti; napraviti; izazvati (suze); pustiti (krv); ostvariti, donijeti (prihod), postići (cijenu); pribaviti, namaknuti (svotu); izvesti (zaključke, analogije); privlačiti, primamiti, izmamiti; prispjeti, stići, doći do (obale i sl.) **II.** *vi* kretati se; *hunt* donijeti ubijenu lovinu (pas); *mar* držati kurs; okretati se, obrnuti se; mijenjati se (vjetar stići na cilj | **~ and carry** raditi proste poslove; *hunt* aportirati (pas); **far ~ed** dalek, nategnut, neuvjerljiv, problematičan; **to ~ a breath** predahnuti; **to ~ a high price** postići visoku cijenu; **to ~ a sigh** duboko uzdahnuti; **to ~ a p a blow** zadati kome udarac, udariti koga; **to ~ him a box on the ears** prilijepiti mu zaušnicu
fetch away [ˈfetʃəˈwei] *vt/i* **I.** *vt* odnijeti; odvesti, povesti; oduzeti, oteti **II.** *vi* pomaknuti se, popustiti, olabaviti (zakovica, vijak); istrgnuti se, osloboditi se
fetch down [ˈfetʃˈdaun] *vt* donijeti dolje, sniziti, skinuti; *fig* poniziti koga
fetch out [ˈfetʃˈaut] *vt* iznijeti, izvaditi, izmamiti
fetch to [ˈfetʃˈtuː] *vt* izliječiti, pomoći (da ozdravi)
fetch up [ˈfetʃˈʌp] *vt/i* **I.** *vt* donijeti gore; povući gore; stići, dostići; odgojiti (dijete) **II.** *vi* zaustaviti se; povraćati, bljuvati; *fig* nadoknaditi | *mar* **to ~ the steam** podići paru
fetch¹ [fetʃ] *s* donošenje; dobavljanje; postizanje; majstorija, varka, smicalica | **a far (long) ~** dalek put
fetch² [fetʃ] *s* priviđenje; dvojnik
fetching [ˈfetʃiŋ] *adj* (**~ly** *adv*) privlačiv, prijatan, ugodan, ljubak
fête [feit] *s Fr* svečanost, svetkovina, blagdan
fête [feit] *vt Fr* slaviti, svetkovati
fête-day [ˈfeitdei] *s* svetkovina, blagdan; imendan
fetial [ˈfiːʃl] *adj* koji se tiče fecijala | **~ law** zakon o objavi rata ili mirovnih pregovora
fetial [ˈfiːʃl] *s hist* član starorimskog zbora svećenika
fetid (foetid) [ˈfetid] *adj* (**~ly** *adv*) smrdljiv, koji zaudara
fetidness [ˈfetidnis] *s* smrad, zadah
fetish (fetiche) [ˈfiːtiʃ] *s* idol, fetiš, predmet slijepog obožavanja
fetishism [ˈfiːtiʃizəm] *s* fetišizam, klanjanje idolima
fetishist [ˈfiːtiʃist] *s* obožavatelj fetiša
fetishistic [ˌfiːtiˈʃistik] *adj* fetišistički
fetlock [ˈfetlɔk] *s* putište, kičica (u konja); čuperak dlake nad kopitom; puto, putilo, spona
fetor (foetor) [ˈfiːtə] *s* smrad
fetter [ˈfetə] *s* karika, kolut od lanca, negve, lisičine, puto, spone
fetter [ˈfetə] *vt* sputati, sapeti; staviti negve
fetterless [ˈfetəlis] *adj* bez okova, spona, negvi, slobodan
fetterlock [ˈfetəlɔk] *s* → **fetlock**
fettle [ˈfetl] *s sport* položaj, stanje, zdravlje, kondicija, forma
fettle [ˈfetl] *vt* urediti, popraviti; tući, mlatiti
fetus [ˈfiːtəs] *s* → **foetus**
feu [fjuː] *s Scot* leno, lenski posjed
feu [fjuː] *vt Scot jur* dodijeliti zemlju u leno
feud¹ [fjuːd] *s* svađa, zavada, zadjevica, razmirica, neprijateljstvo | *fig* **to be at ~ with** biti u (krvnoj) zavadi s kim; **a deadly ~** krvna osveta do zatora

feud² [fju:d] *s* leno, feud, feudalni posjed
feudal ['fju:dl] *adj* (**~ly** *adv*) lenski, feudalni
feudalism ['fju:dəlizəm] *s* lenski sustav, feudalizam
feudalist ['fju:dəlist] *s* feudalac
feudalistic ['fju:dəlistik] *adj* lenski; feudalistički
feudality [fju:'dæliti] *s* lenska dužnost, feudalnost
feudalization [ˌfju:dəlai'zeiʃn] *s* feudalizacija
feudalize ['fju:dəlaiz] *vt* učiniti lenskim, feudalnim
feudatory ['fju:dətəri] *adj* lenski, feudalan
feudatory ['fju:dətəri] *s* vazal; leno
feuilleton ['fə:itɔ̃:ŋ] *s Fr* podlistak, feljton
fever ['fi:və] *s* groznica, vrućica | *med* **~ therapy** liječenje umjetnim povisivanjem temperature
fever ['fi:və] *vt* uzbuditi, izazvati groznicu
fevered ['fi:vəd] *adj* grozničav; *fig* uzbuđen
feverfew ['fi:vəfju:] *s bot* **bratić, povratić,** rumencvijet (biljka iz porodice glavočika)
fever-heat ['fi:vəhi:t] *s* visoka temperatura od groznice
feverish ['fi:vəriʃ] *adj* (**~ly** *adv*) grozničav, uzbuđen, nemiran; malaričan | **~ cold** prehlada s groznicom, gripa
feverishness ['fi:vəriʃnis] *s* grozničavost
feverous ['fi:vərəs] *adj* (**~ly** *adv*) → **feverish**
few [fju:] *adj* malo (za *pl*), malo njih | **a ~** nekoliko, nekolicina; *arch* **in ~** ukratko; **not a ~** prilično mnogo; *coll* **a good ~** priličan broj; **every ~ days** svakih nekoliko dana; *sl* **a ~** vrlo mnogo; nesumnjivo; **visitors are ~** posjetioci su rijetki; **one rogue the ~er** jedan nitkov manje; **no ~er than 20 boys** najmanje, barem 20 dječaka
few [fju:] *s* malen broj (ljudi, životinja, stvari) | **the ~** manjina; **~ know the truth** malo ih zna istinu
fewness ['fju:nis] *s* malenkost, neznatnost, malen broj
fey [fei] *adj arch Scot* kojemu je suđeno da umre; koji je na samrti; vidovit
fez [fez] *s* fes
fiancé [fi'ã:nsei] *s Fr* zaručnik
fiancée [fi'ã:nsei] *s Fr* zaručnica
fiasco [fi'æskəu] *s It* neuspjeh, poraz, fijasko, blamaža
fiat ['faiæt] *s jur* naredba, nalog, odluka, presuda, dekret
fiat ['faiæt] *vt* narediti, odlučiti, presuditi; odobriti
fib¹ [fib] *s* laganje; izmišljotina, neistina; razmetanje
fib [fib] *vi* lagati
fib² [fib] *s* udarac
fib [fib] *vt* udariti, izudarati (u boksu)
fibber ['fibə] *s* lažac, razmetljivac
fibre (fiber) ['faibə] *s* vlakno, konac, nit (u tkivu mesa, u mahunastim biljkama); vlaknenasta građa; žica, nit; grančica, korjenčić, žilica (stabla, biljke); *anat* fibra; *fig* značaj, čvrsta volja, jakost | **a man of coarse ~** čovjek čvrsta značaja, žilav čovjek
fibred ['faibəd] *adj* vlaknast, žilast, končast
fibreglass ['faibəgla:s] *s* fiberglas, fiber
fibreless ['faibəlis] *adj* bez vlakna, konca, žilica, lika; *fig* bez snage, bez živaca
fibril ['faibril] *s* vlakance, korjenčić, žilica korijena
fibrin ['faibrin] *s* fibrin
fibroid ['faibrɔid] *adj* vlaknaste građe ili izgleda
fibroid ['faibrɔid] *s med* tumor maternice
fibroin ['faibrəuin] *s chem* tvar od koje je građena svila i paučina
fibrosis [fai'brəusis] *s med* fibroza
fibrous ['faibrəs] *adj* (**~ly** *adv*) vlaknast, končast | **~ material** pređa
fibster ['fibstə] *s* → **fibber**
fibula ['fibjulə] *s* (*pl* **fibulae** ['fibjuli:]) *arch* kopča, pribadača (igla); *anat* lisnjača, fibula
fibular ['fibjulə] *adj* koji se tiče fibule
ficelle [fi'sel] *adj Fr* obojen poput špage (npr. **~** *lace* čipke špagine boje)
fichu ['fi:ʃu:] *s Fr* ženska marama (trokutasta)
fickle ['fikl] *adj* promjenljiv, nestalan; kolebljiv, prevrtljiv
fickleness ['fiklnis] *s* kolebljivost, neodlučnost
fictile ['fiktil] *adj* zemljan, glinen | **~ art** keramika, lončarska umjetnost; **~ ware** kamenina
fiction ['fikʃən] *s* maštanje, mašta, izmišljanje, pronalaženje; izmišljotina; beletristika; *jur* fikcija, lažna pretpostavka | **works of ~** prozna književnost; **science ~** znanstvena fantastika
fictional ['fikʃənl] *adj* (**~ly** *adv*) lažan, izmišljen, fiktivan; beletristički
fictioner ['fikʃənə] *s* → **fictionist**
fictionist ['fikʃənist] *s* prozni pisac, romanopisac, prozaik, prozaičar
fictitious [fik'tiʃəs] *adj* (**~ly** *adv*) izmišljen, lažan; namješten, nestvaran, zamišljen; fiktivan, fingiran, patvoren, imitiran, neprav | **a ~ bill** uslužna mjenica; **~ purchase** prividna kupnja; **~ stocks** dionice koje nisu potpuno uplaćene
fictitiousness [fik'tiʃəsnis] *s* fiktivnost, izmišljeno prikazivanje
fictive ['fiktiv] *adj* lažan, fiktivan
fid [fid] *s* 1. *mar* klipak, klin jarbola 2. *pl* gomila, hrpe; velik broj, mnoštvo
fid [fid] *vt mar* pričvrstiti, pritegnuti, stezati (klipkom, klinom)

fiddle ['fidl] *s* gusle, violina; tričarija, besmislica, ludorija | **fit as a ~** zdrav kao dren (ili kao riba), u dobroj formi; **a face as long as a ~** oduljeno, tužno lice; **to hang up one's ~ when one comes home** biti duhovit za javnost, a dosadan kod kuće; **to play the first ~** imati vodeću ulogu; **to play the second ~** imati podređenu ulogu
fiddle ['fidl] *vi/t* **I.** *vi* svirati na violini, guslati, gudjeti, strugati, ljenčariti, tratiti vrijeme; biti lakouman, tašt **II.** *vt* 1. svirati violinu, gusle; svirati melodiju 2. spiskati, profućkati (novac, imovinu); potratiti (vrijeme) 3. *sl* prevariti 4. igrati se, šaliti se, poigravati se, titrati se; prčkati (*with*)
fiddle about ['fidlə'baut] *vt* potratiti vrijeme, propustiti dobru priliku; šalabazati
fiddle away ['fidlə'wei] *vt* profućkati, spiskati (novac); potratiti (vrijeme)
fiddle ['fidl] *interj* koješta!, brus!
fiddle-bow ['fidlbəu] *s* gudalo violine
fiddle-case ['fidlkeis] *s* kutija za violinu
fiddle-de-dee [ˌfidldi'diː] *interj* glupost!, besmislica!, koješta!
fiddle-de-dee [ˌfidldi'diː] *s* besmislica, glupost
fiddle-faddle ['fidlˌfædl] *s* sitnice, trice; lijenčina, besposličar, brbljavac, lajavac
fiddle-faddle ['fidlˌfædl] *adj* neznatan, beznačajan, sitan, malen, tričav, nevažan
fiddle-faddle ['fidlˌfædl] *vt* igrati se, šaliti se, baviti se tricama, mlatiti praznu slamu
fiddle-head ['fidlhed] *s* 1. *mar* gubac, pramčani kip, polena 2. prazna glava, šuplja tikva
fiddle pattern ['fidlˌpætən] *s* predmet (uzorak) koji je savijen poput glave violine (npr. držak žlice, vilice i dr.)
fiddler ['fidlə] *s* guslač, violinist, svirač | **Fiddler's Green** mornarev raj, zamišljeno mjesto gdje mornari besplatno uživaju u piću i dr.
fiddlestick ['fidlstik] *s* gudalo
fiddlesticks ['fidlstiks] *interj* koješta!, glupost!, besmislica!
fiddley ['fidli] *s mar* prostor (galerije) kotlišta iznad rešetke
fiddling ['fidliŋ] *adj* sitan, tričav, malen, neznatan; otrcan, odvratan
fidelity [fi'deləti] *s* odanost, vjernost, točnost, istinitost, časnost, čestitost, poštenje | **with ~** točno, istinito, vjerno
fidelity-bond [fi'deləti'bɔnd] *s com* jamstvo, kaucija; osiguranje poslodavca protiv pronevjere namještenika
fidelity-guarantee [fi'deləti.gærən'tiː] *s com* jamstvo, kaucija
fidget ['fidʒit] *s* nemir, strepnja, zebnja; nemiran čovjek (koji ide na živce) | **to be in a ~** biti uzrujan (zabrinut); **to have the ~s** vrpoljiti se
fidget ['fidʒit] *vi/t* **I.** *vi* vrpoljiti se, biti nemiran **II.** *vt* uznemiriti, uzvrpoljiti, nervirati
fidgetiness ['fidʒitinis] *s* nemir, vrpoljenje
fidgety ['fidʒiti] *adj* (**fidgetily** *adv*) nemiran, nervozan, uzvrpoljen
fiducial [fi'djuːʃjəl] *adj* (**~ly** *adv*) povjerljiv, pouzdan, otvoren; *astr* uzet kao mjerilo, norma | **~ line** poredbena crta; **~ point** poredbena točka
fiduciary [fi'djuːʃjəri] *adj* povjerljiv, pouzdan, čvrst; *com* bez pokrića; kreditiran | **~ currency (money)** kreditiran (papirni) novac; **~ issue** emisija (novčanica) bez pokrića; **~ relationship** čvrsta povezanost; **~ loan** zajam bez jamstva
fiduciary [fi'djuːʃjəri] *s* punomoćnik; upravitelj, kurator, pouzdanik
fie [fai] *interj* pi!, fi!, fuj! | **~ upon you!** sram te bilo!, stid te bilo!
fie-fie ['fai'fai] *adj* nepristojan, sramotan
fief [fiːf] *s* leno, lensko dobro
field [fiːld] *s* 1. polje, njiva, oranica; pašnjak, nalazište (rude, dragulja itd.) 2. površina, ploha; *paint* pozadina, dno; *fig* područje; gledište; *her* polje; *mil* bojište, ratište, poprište borbe, bojno polje; bitka, borba 3. *sport* igralište | *sport* **the ~** momčad; **~ warfare** *mil* manevarski rat; **to leave the rival in possession of the ~** uzmaknuti pred neprijateljem, izgubiti bitku; **fair ~ and no favour** jednaki uvjeti natjecanja; **hold the ~** ostati pobjednik na bojištu; **in the ~** na bojištu, u bici; **to take (keep) the ~** početi (nastaviti) bitku; **hard-fought ~** teško izvojevana bitka; **Field of Cloth of Gold** prizor koji prikazuje susret između Henrika VIII i Franje I 1520. godine; **a good ~** mnogobrojni i dobri natjecatelji; **the whole ~ of history** čitavo područje povijesti; **~ of vision, ~ of sight** polje vidljivosti, vidno polje; **within the magnetic ~** unutar, pod utjecajem magnetskog polja; **open ~ system** poljoprivreda; **to bet against the ~** kladiti se na trkama na konja, psa itd., protiv svih ostalih trkača; **to bring into the ~** započeti bitku; **to fight a ~** biti boj, voditi borbu; **in the ~** u praksi; na terenu; **~ sports** lov i ribolov; **~ and track events** natjecanja u lakoj atletici
field [fiːld] *vi/t* **I.** *vi sport* igrati u polju **II.** *vt sport* uhvatiti (zaustaviti) loptu kao igrač u polju; razmjestiti, rasporediti igrače u polju
field-allowance [ˌfiːldə'lauəns] *s mil* plaća oficira na bojištu
field-ambulance [ˌfiːld'æmbjuləns] *s mil* poljska ambulanta
field-artillery [ˌfiːldaː'tiləri] *s mil* poljska artiljerija

field-ash [ˈfiːldæʃ] *s bot* divlja kruška
field-battery [ˌfiːldˈbætəri] *s mil* poljska baterija topova
field-bed [ˈfiːldbed] *s mil* poljski krevet; *fig* spavanje pod vedrim nebom
field-book [ˈfiːldbuk] *s* dnevnik geodeta (na terenu)
field-colours [ˌfiːldˈkʌləz] *s* zastavica za manje vojničke jedinice
field-cornet [ˌfiːldˈkɔːnit] *s* sudac prvostepenog suda u (bivšoj) Kapskoj koloniji u južnoj Africi
field-day [ˈfiːlddei] *s mil* dan ratne službe, dan ratne vježbe, dan parade; *fig* značajan dan, dan pun događaja
field-duck [ˈfiːlddʌk] *s ornith* dropljica
fielder [ˈfiːldə] *s sport cricket, US baseball* igrač u polju koji ne udara loptu batinom
fieldfare [ˈfiːldfɛə] *s ornith* drozd, drozak, (*Turdus pilaris*)
field-glass [ˈfiːldglaːs] *s mil* dogled, binokl
field-goal [ˈfiːldgəul] *s US football* gol iz polja; *basketball* koš postignut iz slobodnog bacanja
field-grey [ˈfiːldˈgrei] *adj* maslinastosiv
field-gun [ˈfiːldgʌn] *s mil* poljski top
field-hospital [ˌfiːldˈhɔspitl] *s mil* poljska bolnica
fielding [ˈfiːldiŋ] *adj* koji je u polju | *sport cricket* **the ~ side** momčad u polju
field-jacket [ˌfiːldˈdʒækit] *s* vjetrovka
Field Marshal [ˌfiːldˈmaːʃəl] *s mil* feldmaršal
field-mouse [ˈfiːldmaus] *s zool* poljski miš
field-night [ˈfiːldnait] *s fig* važna večernja priredba, važna debata
field-officer [ˌfiːldˈɔfisə] *s mil* viši oficir (major, potpukovnik, pukovnik)
field-piece [ˈfiːldˌpiːs] *s mil* poljski top
field-preacher [ˌfiːldˈpriːtʃə] *s mil* vojni svećenik
field-preaching [ˌfiːldˈpriːtʃiŋ] *s mil* propovijed pod vedrim nebom
field-punishment [ˌfiːldˈpʌniʃmənt] *s mil* vrsta kazne zbog disciplinskih prekršaja u operativnoj vojsci
fieldsman [ˈfiːldzmən] *s cricket* igrač u polju
field sports [ˈfiːldspɔːts] *s pl* lov i ribolov
field-telegraph [ˌfiːldˈteligraːf] *s mil* poljski telegraf
field-telephone [ˌfiːldˈtelifəun] *s mil* poljski telefon
fieldwards [ˈfiːldwədz] *adv* prema polju, van
field-work [ˈfiːldwəːk] *s* 1. vanjski rad 2 *mil* privremena utvrda, rov, šanac 3. *scient* prikupljanje, sabiranje znanstvenih podataka ili činjenica na terenu
fiend [fiːnd] *s* đavo, vrag, sotona; zao duh; demon; *fig* čudovište, neman; rugoba, grdoba, zlobnik, strastveni ljubitelj nečega | **a drug ~** narkoman; **to be a fresh-air ~** strastveno voljeti svjež zrak
fiendish [ˈfiːndiʃ] *adj* (**~ly** *adv*) đavolji, vražji; zloban; zao, neljudski, proklet, paklenski
fiendishness [ˈfiːndiʃnis] *s* pakost, sotonska zloba
fiendlike [ˈfiːndlaik] *adj* đavolski, sotonski, paklen, zloban, pakostan
fierce [ˈfiəs] *adj* (**~ly** *adv*) divlji, okrutan; *fig* bijesan, razjaren, ljut, srdit, grozan; vatren, strastven, buran, žestok, plahovit, vruć (želja), jarki (svjetlo)
fierceness [ˈfiəsnis] *s* divljaštvo; zvjerstvo, krvoločnost, neobuzdanost, razjarenost, bijes, gnjev, ljutina; vatrenost
fieriness [ˈfaiərinis] *s* vrućina, toplina, žar (i *fig*), razdražljivost
fiery [ˈfaiəri] *adj* (**fierily** *adv*) gorući, vatren, užaren, usijan, plamen (pogled); žestok, nagao, ljut; ratoboran, živ; razdražljiv; (o konju) vatren, eksplozivan, upaljiv (o plinu, rudniku itd.) | **~ pit** pakao; **~ district** područje s lako upaljivim stvarima; *hist Scot* **~ cross** ognjeni križ (simbol za ustanak na oružje); *sport cricket* **~ wicket** igralište tako tvrdo da lopta visoko odskače
fiery-red [ˈfaiəriˈred] *adj* užaren, usijan, crven kao plamen
fife [faif] *s mus* frula, poprečna svirala
fife [faif] *vi/t* 1. svirati na svirali, fruli 2. svirati što na svirali ili fruli
fifer [ˈfaifə] *s mus mil* svirač na fruli, svirali
fife-rail [ˈfaifreil] *s mar* klinarica
fifteen [ˌfifˈtiːn] *adj* petnaest
fifteen [ˌfifˈtiːn] *s* petnaestorica, petnaestoro; *sport* momčad u ragbiju od petnaest igrača | **the Fifteen** sudbeno vijeće od petnaest članova; jakobitski ustanak 1715. god.
fifteenfold [ˈfiftiːnˈfəuld] *adj* petnaesterostruk
fifteenth [ˌfifˈtiːnθ] *adj* petnaesti
fifteenth [ˌfifˈtiːnθ] *s math* petnaestina
fifth [fifθ] *adj* (**~ly** *adv*) peti | **to smite under the ~ rib** ubiti; **~ wheel** rezervni kotač; *fig* peti kotač u kolima, suvišna stvar ili osoba; **~ column** peta kolona; **~ columnist** petokolonaš
fifth [fifθ] *s* 1. petina 2. *mus* kvinta 3. onaj koji je peti po redu
fifthly [ˈfifθli] *adv* peto, na petom mjestu
fiftieth [ˈfiftiiθ] *adj* pedeseti
fiftieth [ˈfiftiiθ] *s* 1. onaj koji je pedeseti 2. *math* pedesetina
fifty [ˈfifti] *adj* pedeset | **to have ~ things to tell** imati neizmjerno mnogo pripovijedati
fifty [ˈfifti] *s* pedeset, pedesetoro, pedesetorica | **by fifties** po pedeset; **in the fifties** pedesetih godina (stoljeća, vijeka, starosti)

fifty [ˈfifti] *adv* napola
fifty-fifty [ˌfiftiˈfifti] *adj* koji je razdijeljen na dva jednaka dijela | **on a ~ basis** pol i pol
fifty-fifty [ˌfiftiˈfifti] *adv* popola | **to go ~** dijeliti jednako popola
fiftyfold [ˈfiftiˈfəuld] *adj num* pedeseterostruk
fig[1] [fig] *s* 1. smokva (drvo i plod) 2. nešto maleno, bezvrijedno | **green ~s** svježe smokve; **pulled ~s** rukom ubrane smokve; **I don't care a ~ for it!** ne dam za to ni pišljiva boba, fućkam na to, što me se tiče
fig[2] [fig] *s* odijelo, odjeća, oprema; zdravlje, kondicija | *sl* **in full ~** odjeven u svečano odijelo, paradno, nacifran; **in good ~** u dobroj formi, kondiciji
fig [fig] *vt* uresiti, nakititi, iskititi
fig out [ˈfigˈaut] *vt* napirlitati, ukrasiti
fig up [ˈfigˈʌp] *vt* → **fig out**
fight [fait] *s* borba, boj, bitka; mačevanje; dvoboj; tučnjava; *fig* borba, sukob, kreševo; borbenost | **to give (make) a ~** boriti se, tući se; **to make a ~ of it** boriti se junački, žestoko se oduprijeti; **a running ~** borba s uzmakom; **a stand-up ~** otvorena i formalna bitka; **to show ~** oprijeti se, biti borben; **hand to hand ~** borba prsa o prsa; *pol* **straight ~** predizborna borba između samo dva kandidata; **to put a good ~** hrabro se boriti; **to have plenty of ~ left** imati još dovoljno borbenosti
fight [fait] *vi/t* (fought, fought) 1. boriti se, tući se, voditi borbu; mačevati se 2. biti, suzbiti; potući; boriti se (protiv), vojevati, ratovati (*against* protiv; *with* sa; *for* za; *about* o) | **to ~ shy of a p** kloniti se koga, izbjegavati koga; **to ~ one's way out** probiti se, prokrčiti sebi put; **to ~ a case** voditi parnicu; **to ~ a duel** pobiti se u dvoboju, duelirati se; **to ~ a good fight** hrabro se boriti; **to ~ a fire** suzbijati požar, gasiti vatru; **to ~ a question** braniti koju stvar; **to ~ a p** boriti se s kim, boksati se s kim; **to ~ a gale** boriti se s olujom; **to ~ dogs** nahuckati pse da se među sobom potuku; *mar* **to ~ the guns** posluživati topove; **to ~ to a finish** boriti se do kraja, do posljednjeg daha; **to ~ for dear life** boriti se očajnički, na život i smrt; **to ~ for one's own hand** raditi samo u svome interesu
fight back [ˈfaitˈbæk] *vt* braniti, odbiti udarac, pružiti otpor, odoljeti, opirati se, uzvraćati
fight down [ˈfaitˈdaun] *vt* svladati, ugušiti, suzbiti (vatru, strast); iskorijeniti (korov, pogrešku)
fight off [ˈfaitˈɔf] *vt* odbiti, suzbiti, razbiti, obraniti; otjerati
fight out [ˈfaitˈaut] *vt* raspraviti, riješiti (borbom), izvojevati, izvojštiti
fight up [ˈfaitˈʌp] *vi* boriti se hrabro
fighter [ˈfaitə] *s* borac; mačevalac; boksač; vikač, pravdaš | *mil* **a ~ plane** lovački avion; **~ aviation** lovačka avijacija; **~ bomber** lovac bombarder; **~ cover** lovačka zaštita
fighting [ˈfaitiŋ] *adj* bojni, ratoboran, borben | **~ efficiency** borbena spremnost
fighting-cock [ˈfaitiŋkɔk] *s* pijetao uvježban za borbu; svadljivac
fighting-force [ˈfaitiŋfɔːs] *s mil* borbeni odred
fighting-man [ˈfaitiŋmæn] *s* borac
fighting-services [ˌfaitiŋˈsəːvisiz] *s pl* oružane snage
fig-leaf [ˈfigliːf] *s* smokvin list; *fig* malen, kratak pokrivač
figment [ˈfigmənt] *s* izmišljotina; bajka, priča
fig-tree [ˈfigtriː] *s* stablo smokve | **under one's vine and ~** siguran i sretan kod kuće
figurant [ˈfigjurənt] *s theat* baletni plesač; statist, figurant
figurante [ˌfigjuˈrãːnt] *s theat Fr* baletna plesačica, statistica
figuration [ˌfigjuˈreiʃn] *s* uobličenje, oblikovanje; oblik, obris; slikovita predodžba; *mus* upotreba kićenih, cvjetnih kontrapunkta, ukrasa, fioritura
figurative [ˈfigjurətiv] *adj* (**~ly** *adv*) slikovit, figurativan, simboličan, tipičan, metaforičan | **~ arts** likovne umjetnosti
figure [ˈfigə] *s* 1. oblik, obličje, figura; pojava, prilika, podoba 2. kip 3. rast, stas 4. osoba, ličnost, karakter; značajna pojava 5. *geom* lik, slika, dijagram; skica, nacrt, crtež 6. primjerak, uzorak 7. simbol, uzor 8. plesna figura, obrt 9. brojka, cifra, iznos, svota, suma 10. *coll* cijena 11. slikovit izraz, govorna slika, figura 12. *mus* fraza, figura 13. *log* vrsta silogizma | **to have a well developed ~** imati lijepo razvijen stas; **to keep one's ~** držati vitku liniju; **~ of fun** smiješna osoba, groteskna pojava; **to make a brilliant ~** sjajno djelovati, doimati se; **to cut a poor ~** biti bijedna pojava; **person of ~** istaknuta, ugledna ličnost; **double ~s** broj između 9 i 100; **income of five ~s** dohodak između £ 10.000 i £ 100.000; *sport cricket* **to reach three ~s** polučiti stotinu bodova; **to get something at a low (high) ~** kupiti što za nisku (visoku) cijenu, svotu; **a ~ of speech** govorna slika, slikovit izraz, figura; **~ skating** umjetničko klizanje; *mar* **~ of eight knot** osmica (uzao); **what's the ~?** koliko to stoji?
figure [ˈfigə] *vt/i* **I.** *vt* uobličiti, tvoriti; slikati, prikazati, predočiti; uresiti, ukrasiti uzorkom (tkaninu); označiti brojevi-

ma, obilježiti cijenama **II.** *vi* računati, protumačiti; prikazivati se, figurirati, praviti se, igrati ulogu, pokazati se, nastupiti; praviti figure (u plesu, na ledu) | **to ~ to oneself** zamisliti sebi, predočiti sebi u mislima; **to ~ as a philantropist** graditi se čovjekoljubivim, praviti se dobrotvorom

figure on ['figər'ɔn] *vt US* računati (na)

figure out ['figər'aut] *vt/i* **I.** *vt* izračunati, proračunati, ocijeniti; *fig* pronaći, pronalaziti **II.** *vi* računati se, cijeniti se, procjenjivati se, iznositi, izlaziti (*at* na)

figure up ['figər'ʌp] *vt* izračunati; zbrojiti

figured ['figəd] *adj* slikovit, šaren, kićen, koji ima uzorke | **~ linen** platno s uzorcima; **~ language** slikovit jezik (bogat figurama)

figure-dance ['figədaːns] *s* umjetnički ples, ples pun figura

figure-head ['figəhed] *s mar* 1. gubac, zvir, polena (izrezbaren ukras na vrhu pramčane statve kljuna broda, obično kakva figura anđela, sveca, sirene, glava kakve zbiljske ili fantastične životinje i sl.) 2. figura za reprezentaciju

figureless ['figəlis] *adj* bezobličan, bez oblika, lica, stasa

figurine ['figjuriːn] *s* mali kip, figurina, figurica; sporedna figura; *theat* nacrt za kostim

fig-wort ['figwəːt] *s bot* poljska biljka iz roda gljivica, gljivnjača

filament ['filəmənt] *s* vlakno, vlakance, končić; *el* spiralna nit žarulje; *bot* prašnik; *radio* užarena nit

filamentous [ˌfilə'mentəs] *adj* vlaknast

filature ['filətʃuə] *s Fr* filatura, odmotavanje svilene niti s čahure; motovila za namotavanje svilene niti; tvornica za odmotavanje svilenih niti, filatura

filbert ['filbət] *s bot* lješnjak | *bot* **~ tree** lijeska

filch [filtʃ] *vt* ukrasti, ugrabiti, gepiti, zdipiti, dići (*from* kome)

file[1] [fail] *s* turpija, lima | **to bite (gnaw) a ~** prihvatiti se jalova posla; *sl* **old (deep) ~** varalica, prepredenjak, prefriganac; drug

file[1] [fail] *vt* turpijati, strugati, limati, dotjerivati, usavršiti (*esp* literarno djelo)

file away ['failə'wei] *vt* ostrugati, oturpijati

file[2] [fail] *s* žica na koju se nižu spisi; sprava za pričvršćivanje spisa; dosje, kartoteka, registar, fascikl (spisa, dokumenata); svezak u kojem su kronološki nanizana novinska izdanja; lista, popis, spisak, imenik

file[2] [fail] *vt* poredati, nanizati, upisati (spise dokumente, račune, dopise), urudžbirati, arhivirati, registrirati; *jur* predati, podnijeti (molbu, tužbu i dr.)

file[3] [fail] *s mil* stroj, red, vrsta, kolona u redovima po jedan; kolona po jedan; vod, četa; kolona kocaka na dasci (u šahu) | **Indian ~, single ~** jedan za drugim, u koloni po jedan; **rank and ~** ljudstvo, vojnici, trupe; *fig* masa; **a ~ of men** dvojica jedan za drugim, koji se izdvoje iz vrste

file [fail] *vi/t* **I.** *vi* defilirati, stupati u koloni po jedan **II.** *vt* zapovijedati da vojnici odmarširaju u koloni po jedan

file away ['failə'wei] *vt* odmarširati u koloni po jedan

file off ['fail'ɔf] *vt* → **file away**

filemot ['filimɔt] *adj* smeđožut, boje suhog lišća

filial ['filjəl] *adj* (**~ly** *adv*) sinovski, filijalan

filiate ['filieit] *vt* → **affiliate**

filiation [ˌfili'eiʃn] *s* sinovski odnos; srodstvo, porijeklo; ogranak, stvaranje grana ili ogranak jezika; *jur* posinjenje, posvojenje; odvojak, ogranak, podružnica, filijala

filibeg (philabeg) ['filibeg] *s Scot* → **kilt**

filibuster ['filibʌstə] *s* gusar; *US pol sl* opstrukcionaš u parlamentu

filibuster ['filibʌstə] *vi* gusariti; *US* dugim govorima sprečavati rad parlamenta, opstruirati

filigree (filagree) ['filigriː] *s* filigran

filigree-work ['filigriːwəːk] *s* filigranski rad (posao)

filing[1] ['failiŋ] *s* piljenje, turpijanje, limanje | **~s** (metalne) strugotine

filing[2] ['failiŋ] *s* redanje, sređivanje, registriranje | **~ cabinet** uredski ormar za odlaganje spisa

fill [fil] *s* punoća, dostajanje, dovoljnost, sitost | **to drink (have) one's ~** napiti se do mile volje; **a ~ of tobacco** lula duhana; **to eat one's ~** najesti se do sita (*of* čega); **she cried her ~** isplakala se

fill [fil] *vt/i* **I.** *vt* 1. puniti, napuniti, ispuniti (*with* čime) 2. uliti, natočiti 3. zasititi, nasititi, zadovoljiti; naduvati 4. *US* udovoljiti (zahtjevu, traženju), izvršiti (zapovijed, nalog, narudžbu itd.) 5. popuniti, ispuniti (prazno mjesto) 6. zauzeti (mjesto) 7. imati neku službu, biti u nekom zvanju 8. *fig* zadovoljiti koga 9. zloupotrijebiti što potpuno **II.** *vi* puniti se (*with* čime); napuniti se, raširiti se | **to ~ one's glass** natočiti sebi čašu; **to ~ a p's glass** natočiti kome čašu; *theat* **to ~ a role** igrati ulogu

fill in ['fil'in] *vt* popuniti, ispuniti

fill out ['fil'aut] *vt* uvećati, rastegnuti, raširiti. nabreknuti; popuniti, ispuniti (formular, obrazac)

fill up ['fil'ʌp] *vt* napuniti; ispuniti; popuniti (obrazac); natočiti

filler ['filə] *s* ispunjač, napunjač; lijevak; umetak, unutrašnjost (cigare, između zidova i dr.); aparat za punjenje

fillet ['filit] *s* povez, zavoj, vrpca, traka, uzica (za glavu, čelo, kosu); *pl* krsta, slabine; kuk, bedro, butina, stegno; *archit* letvica, porub; *bot* prašnik; *print* zlatna pruga (na knjizi); *cul* rolat (kolač); odrezak, pečenica, file

fillet ['filit] *vt* povezati vrpcom, ukrasiti trakom, povezom, niti; *cul* rezati meso, ribu na režnje

filling ['filiŋ] *s* ispunjavanje; punjenje, točenje, zasipavanje; potka, poutka (u tkanju); umetak (na odijelu); plomba (u zubu); *cul* nadjevak, fila

filling-in ['filiŋ'in] *s com* ispunjavanje; sastavljanje, pisanje, izrađivanje; otpremanje, otpućivanje; zaključivanje, sklapanje

filling station ['filiŋˌsteiʃən] *s* benzinska crpka, pumpna stanica

fillip ['filip] *s* kvrcanje (prstom); zvrčka; poticaj, pobuda; sitnica, tričarija | **not worth a ~** ne vrijedi ni pišljiva boba

fillip ['filip] *vt* 1. zvrcnuti (prstom); hitnuti kovani novac i sl. palcem uvis; potaknuti, pobuditi koga

filly ['fili] *s* ždrebica; *fig* nestašno djevojče

film [film] *s* tanka kožica, opna; membrana; veo, koprena, maglica, tanak sloj, prevlaka; *med* mrena (na očima); tanka nit, paučina; *phot* film | **~ cartoon** crtani film

film [film] *vt/i* **I.** *vt* prevući tankom kožicom, pokriti opnicom; snimati prizor, roman, dramu, filmovati **II.** *vi* presvući se tankom opnom, mrenom, kožicom; zasjeniti se (vid); prirediti se za snimanje; biti prikladan za filmovanje

filmable ['filməbl] *adj* prikladan za filmovanje

film-actor ['filmˌæktə] *s* filmski glumac

film-fan ['filmfæn] *s* oduševljen posjetilac kina

film-goer ['filmˌgəuə] *s* polaznik kinopredstava

filmize ['filmaiz] *vt* napraviti film (od čega)

film-star ['filmstaː] *s* glasovit filmski glumac, filmska zvijezda

filmy ['filmi] *adj* (**filmily** *adv*) opnast, mrenast, paučinast, pokriven tankom kožicom, mutan (oči); tanak, nježan

filter ['filtə] *s* cjedilo, filtar; *coll* cigareta s filtrom

filter ['filtə] *vt/i* **I.** *vt* cijediti, čistiti, filtrirati **II.** *vi* cijediti se, čistiti se, filtrirati se, procurivati, prokapljivati; *fig* probijati, izlaziti na vidjelo, prodrijeti | **~ing** filtriranje

filter-bed ['filtəbed] *s* naslaga šljunka ili pijeska i dr. koja služi za čišćenje velikih količina vode (industrijsko čistilo vode)

filter-tip ['filtətip] *s* umetak za filtriranje (npr. u cigareta)

filth [filθ] *s* nečist, prljavština; *fig* nemoral

filthy ['filθi] *adj* (**filthily** *adv*) nečist, prljav, blatan; *fig* prost, besraman, nemoralan

filtrate ['filtrit] *s* procijeđena tekućina, filtrat

filtrate ['filtreit] *vt/i* → **filter**

filtration [fil'treiʃn] *s* cijeđenje, filtracija

fin [fin] *s* 1. peraja, perce 2. *mot* rebro (hladnjaka); stabilizator (mine, rakete); *aero* kormilo na repu | **~ keel** pomična kobilica (jedrilice); *sl* **tip (give) us your ~** daj mi capu

finable ['fainəbl] *adj* kažnjiv, koji podliježi globi

final ['fainl] *adj* (**~ly** *adv*) konačan, zaključan, zadnji; odlučan; finalni, krajnji | *gram* **~ clause** namjera, finalna rečenica

final ['fainl] *s sport* finalno natjecanje, završno kolo (serije utakmica) | **~s** *pl* završni ispit

finale [fi'naːli] *s* finale (završni dio muzičkog, dramskog djela ili sportskog natjecanja)

finalist ['fainəlist] *s sport* finalist

finality [fai'næləti] *s* konačnost, svrsishodnost; *phil* teleologija

finalize ['fainəlaiz] *vt* dati konačan oblik (čemu), završiti (što)

finally ['fainəli] *adv* napokon, konačno

finance [fai'næns] *s* nauka o financijama, financijska znanost, financije | **~s** novac; **my ~s are low** slabo stojim financijski

finance [fai'næns] *vt/i* **I.** *vt* pomagati novcem, financirati **II.** *vi* baviti se novčanim poslovima

financial [fai'nænʃəl] *adj* (**~ly** *adv*) financijski | **~ embarrassment** novčana neprilika; **~ year** budžetska godina

financier [fai'nænsiə] *s* financijer, novčar

financier [ˌfainæn'siə] *vt/i* financirati; *US* prevariti, podvaliti | *US* **to ~ a p out of a th** prevariti koga (za što); *US* **to ~ money away** prebacivati (»šibovati«) novac; ulagati novac u velike zalihe radi špekulacije

finch [fintʃ] *s ornith* zeba

find [faind] *s* nalaz, otkriće; *archaeol* iskopina

find [faind] *vt/i* (found, found) **I.** *vt* 1. naći, sresti, naići (na); zateći; otkriti 2. nalaziti, uviđati, misliti, smatrati; vidjeti, zamijetiti, opaziti, ustanoviti, iskusiti, doznati; dobiti, postići 3. pribaviti, nabaviti, smoći, namaknuti, opskrbiti, snabdjeti (*in* čime) 4. *jur* proglasiti (krivim ili nekrivim); izreći, donijeti (presudu) **II.** *vi hunt* ući u trag; *jur* presuditi, donijeti presudu; odlučiti | **to ~ favour** uživati čiju pomoć, zaštitu, potporu; **to ~ one's account in** naći svoj račun u čemu; *fig* **to ~ one's feet** naučiti hodati, naći tlo pod nogama, učvrstiti se na položaju, ući u društvo; **how do you ~ yourself?** kako se snalazite?; **you must take us as you ~ us** morate nas prihvatiti onakve kakvi jesmo; **I cannot ~ it in my heart** nemam srca da to učinim; **I could ~ it in my heart to** sklon sam da; smoći ću odvažnost da; **to ~ one's way** snalaziti se, orijentirati se; probiti se, prodrijeti; **to ~ a true bill** proglasiti valjanim temelj (razlog) tužbe; **they found him in food and lodging** opskrbili su ga hranom i stanom; **the hotel does not ~ tea** hotel ne daje užinu; **all found** stan i hrana besplatno; **eighty dollars and all found** osamdeset dolara i potpunu opskrbu; **to ~ fault with** prigovarati, koriti, kuditi koga; **the jury found him guilty** porota ga je proglasila krivim; **$2 and ~ yourself** evo dva dolara, a za ostalo se sami pobrinite, snađite se; **to ~ time for (to)** naći slobodno vrijeme za što; **I trust this ~s you well** nadam se da će vas ovo pismo zateći u dobru zdravlju; **to ~ oneself** opskrbiti se sam; otkriti u sebi sposobnosti, naći svoj poziv, naći sebe; **how did it ~ its way into the newspapers?** kako je to dospjelo (prodrlo) u novine?

find against [ˈfaindəˈgeinst] *vi jur* donijeti zaključak protiv koga, proglasiti krivim

find for [ˈfaindˈfɔː] *vt jur* donijeti odluku u korist (koga)

find out [ˈfaindˈaut] *vt* otkriti, iznaći, istražiti, izumiti; uhvatiti, zateći; spoznati, riješiti, odgonetnuti | **to ~ about** saznati o komu ili čemu

findable [ˈfaindəbl] *adj* koji se može naći

finder [ˈfaində] *s* nalaznik, otkrivač; pronalazač; prokazivač; *phot* & *opt* tražilo, vizir

finding [ˈfaindiŋ] *s* nalaz, pronalazak, otkriće; *jur* pravorijek (porote); *pl US* alat; zanatlijsko oruđe; pribor, potrepštine; potrebni artikli, potrebne stvari

fine[1] [fain] *s* prekid, kraj, konac, zaključak, konačni cilj; *jur* ugovor, utanačenje, sporazum; globa, penale, odstupnina, naknada | **in ~** konačno; ukratko, sažeto; *jur* **to make a p liable to ~** kazniti koga globom

fine[1] [fain] *vt/i* kazniti novčanom globom; osuditi na novčanu globu; platiti novčanu globu

fine [fain] *adj* 1. nježan, fin, tanak, sitan 2. lijep, krasan, naočit, lijepo građen, stasit, divan 3. uglađen, elegantan, plemenit; profinjen; izvrstan, odličan, osobit, savršen, izvanredan, kvalitetan 4. *iron* lijep, krasan 5. *vulg* prepreden, lukav 6. oštar, nabrušen (nož); zašiljen (pero, olovka); čist, rafiniran (metal) 7. jasan, vedar, lijep (vrijeme, dan) | **(the) ~ arts** likovne umjetnosti; **~ adjustementscrew** mikrometarski vijak; **a ~ pencil** tvrda olovka; **a ~ distinction** istančano razlikovanje, oštro diferenciranje; *iron* **a ~ friend you have been!** lijep si mi ti prijatelj! **~ weather** vedro, lijepo vrijeme; **one ~ day** jednog lijepog dana; **~ feathers** kićena haljina; **~ feathers make ~ birds** odijelo čini čovjeka; **to say ~ things about a p** hvaliti koga, govoriti laskavo o kome; **to call things by ~ names** ružne stvari nazvati lijepim riječima; **~ art publisher** izdavač umjetničkih djela; **~ middling** srednje kakvoće, kvalitete; **that is all very ~ but...** to je sve lijepo, ali...

fine [fain] *adv* nježno, fino, tanko, sitno; lijepo, krasno; uglađeno, plemenito, elegantno; izvrsno, odlično, osobito, divno, savršeno, izvanredno, kvalitetno

fine[2] [fain] *s* vedro vrijeme | **in rain or ~** po kiši ili suncu

fine[2] [fain] *vt/i* 1. čistiti, bistriti, rafinirati 2. razbistriti se, postati jasan, čist

fine away [ˈfainəˈwei] *vt/i* 1. umanjiti, stanjiti, izbrusiti, zašiljiti 2. umanjiti se, stanjiti se, postati fin, razbistriti se, nestajati

fine down [ˈfainˈdaun] *vt/i* 1. bistriti, čistiti 2. staložiti se, razbistriti se | **to ~ beer** razbistriti pivo

fine off [ˈfainˈɔf] *vt/i* → **fine away**

fine-draw [ˌfainˈdrɔː] *vt* (fine-drew, fine-drawn) fino zašiti; fino (umjetno) krpati (tako da se ne opaža)

fine-drawn [ˌfainˈdrɔːn] *adj* vrlo fino preden; tanak, nježan, suptilan; zašiven, zakrpan da se ne opaža; *sport* sveden na minimum (o težini natjecatelja)

fine-fingered [ˌfainˈfiŋgəd] *adj* vješt, okretan, sposoban, iskusan

fine-grained [ˌfainˈgreind] *adj* sitnozrnast

finely [ˈfainli] *adv* vješto, fino; lukavo

fineness [ˈfainnis] *s* finoća, nježnost; tankoća; suptilnost; sitnoća; čistoća (zlata i dr.); oštrina; točnost; elegancija profinjenost; ljepota; lukavost, prepredenost

finery[1] [ˈfainəri] *s* ukras, nakit, ures; sjaj, raskoš, *esp* raskošna odjeća

finery[2] [ˈfainəri] *s* čistionica, rafinerija (u tvornici željeza, čelika i dr.)

fine-spoken [ˌfainˈspəukən] *adj* slatkorječiv, sladunjav, koji se izražava kićenim stilom

fine-spun [ˌfainˈspʌn] *adj* tanko preden; tanak, suptilan

finesse [fiˈnes] *s Fr* finoća, nježnost; profinjenost; oštrina; vitkost; lukavost, prepredenost, rafiniranost; *cards* impas

finesse [fi'nes] *vi/t* **I.** *vi* služiti se lukavošću, smicalicama, spletkama, finesama **II.** *vt* **sjeći (karte); učiniti** impas
fine-stuff [ˌfain'stʌf] *s archit* fini, gornji sloj žbuke
finger ['fiŋgə] *s* prst; širina prsta (kao mjera); kazaljka (na satu); vještina; *tech* zubac, palac | **he has more wit in his little ~ than you in your whole body** on ima više pameti u malom prstu nego ti u glavi; *coll* **to have green ~s** biti vrlo spretan u vrtlarskim poslovima; **to be ~ and glove with a p** biti prisan prijatelj s nekim; **to lay (put) a ~ upon** dotaknuti se; **to lay (put) one's ~ on** točno pokazati; **to look through one's ~s at** gledati kome kroz prste; **to stir a ~** maknuti prstom; **to turn (twist) a p round one's little ~** motati koga oko prsta; **my ~s itch** nestrpljiv sam, jedva čekam, svrbe me prsti; **his ~s are all thumbs** nespretan je; **to burn one's ~s** opeći se, prenagliti se; **to have a ~ in the pie** imati prste u čemu, biti umiješan u što; **to let slip through one's ~s** propustiti što; **he has it at his ~ tips (~ ends)** on to ima u malom prstu; **to the ~ nails** potpuno, u tančine; **you can number them on the ~s** možete ih na prste nabrojiti; **with a wet ~** s lakoćom; **within a ~'s breadth of one's ruin** na rubu propasti; **to arrive at one's ~s' ends** pasti na prosjački štap; **by a ~'s breadth** jedva nekako, teškom mukom; **not to lift a ~ (to help a p)** ni prstom maknuti (da se kome pomogne)
finger ['fiŋgə] *vt* pipati; opipati; dotaknuti prstima, obrađivati; *mus* hvatati, prebirati (žice, tipke); poigravati se
finger-alphabet ['fiŋgərˌælfəbit] *s* abeceda na prste (*esp* gluhonijemih)
fingerboard ['fiŋgəbɔːd] *s mus* vrat, hvataljka (na violini i dr.); klavijatura (na klaviru i dr.)
finger-bowl ['fiŋgəbəul] *s* zdjelica s vodom za pranje prstiju pri jelu
finger-breadth ['fiŋgəbredθ] *s* širina prsta
fingered ['fiŋgəd] *adj* prstast (i *zool*); lakoprst, dugoprst (tatski)
finger-fern ['fiŋgəfəːn] *s bot* paprat kamena
finger-fish ['fiŋgəfiʃ] *s ichth* morska zvijezda
finger-glass ['fiŋgəglaːs] *s* zdjelica s vodom za pranje prstiju pri jelu
fingering[1] ['fiŋgəriŋ] *s* vuna ili pređa za pletenje čarapa
fingering[2] ['fiŋgəriŋ] *s* pipanje, doticanje, diranje; *mus* tehnika prstiju
finger-language ['fiŋgəˌlæŋgwidʒ] *s* govor na prste (*esp* gluhonijemih)
fingerless ['fiŋgəlis] *adj* bez prstiju
finger-licking ['fiŋgəˌlikiŋ] *adj* slastan
finger-nail ['fiŋgəneil] *s* nokat
finger-plate ['fiŋgəpleit] *s* zaštitna ploča oko brave na vratima
finger-post ['fiŋgəpəust] *s* putokaz
finger-print ['fiŋgəprint] *s* otisak prsta (prstiju)
finger-print ['fiŋgəprint] *vt* otisnuti prst (prste); uzeti otiske prstiju
finger-stall ['fiŋgəstɔːl] *s* naprstak; prst rukavice, štitnik za prst (prste)
finger-tip ['fiŋgətip] *s* vrh prsta | **to have at one's ~s** imati u malom prstu, znati u prste, dobro znati što; **to one's ~s** sasvim, potpuno, posve
finial ['fainiəl] *s archit* vršak, kresta na vrhu tornjića i dr.
finical ['finikəl] *adj* (**~ly** *adv*) izvještačen, kićen; točan u pojedinostima, precizan; afektiran; preosjetljiv; izbirljiv
finicking ['finikiŋ] *adj* → **finical**
finikin ['finikin] *adj* → **finical**
finis ['finis] *s Lat* kraj, svršetak; smrt
finish ['finiʃ] *s* svršetak, kraj, konac; cilj (u regati); *sport* finiš; *arts* dovršavanje, glačanje, politiranje; *tech* obrada, politura; sjaj; apretura (tkanina) | **to be in at the ~** ući u konačnu borbu, u konačno natjecanje; **to fight to a ~** boriti se do posljednjeg daha, do konačne odluke
finish ['finiʃ] *vt/i* **I.** *vt* svršiti, dovršiti, završiti, dokrajčiti; ugladiti, polirati, retuširati (papir, predmet i dr.); apretirati; potrošiti, pojesti, progutati, ispiti (ostatak hrane i dr.); *fam* ubiti; zbuniti **II.** *vi* svršiti se, prestati; ostaviti se, odustati; *sport* stići na cilj
finish off ['finiʃ'ɔf] *vt* svršiti, dokončati, dogotoviti; usavršiti, dotjerati; dotući
finish up ['finiʃ'ʌp] *vt* → **finish off**
finished ['finiʃt] *adj* dovršen, izgrađen, svršen, obrazovan | **a ~ gentleman** izgrađen, izobražen čovjek; *com* **~ goods** gotova roba, finalni proizvodi, fabrikati
finisher ['finiʃə] *s* čovjek ili stroj (finišer) koji usavršava neki proizvod; onaj koji obavlja posljednji posao ili posljednju fazu proizvodnje; konačni urednik; odlučan udarac; krajnji svršetak neke stvari
finishing ['finiʃiŋ] *s* dotjerivanje, ukrašavanje, dovršenje, izvršenje, obrada; apretiranje | **~ industry** industrija oplemenjivanja, dorada
finishing ['finiʃiŋ] *adj* koji dotjeruje, usavršava, završava | **to give the ~ touch** učiniti posljednji potez; **to put the ~ hand to** dotjerati, brusiti, glačati, politirati, apretirati; *sport* **~ point** cilj; **the ~ blow** posljednji, smrtni udarac
finishing-process ['finiʃiŋˌprəusis] *s* postupak oplemenjivanja, dogotavljanje proizvoda
finite ['fainait] *adj* (**~ly** *adv*) konačan, krajnji; ograničen | *gram* **~ verb** finitni glagol

fink [fiŋk] *s US sl* štrajbreher; doušnik, denuncijant, potkazivač; nitkov
finless [ˈfinlis] *adj ichth* bez peraja
Finn [fin] *s* Finac
finnan [ˈfinən] *s ichth* na dimu sušen bakalar
finned [find] *adj* koji ima peraje
Finnic [ˈfinik] *adj* → **Finnish**
Finnish [ˈfiniʃ] *adj* finski
Finnish [ˈfiniʃ] *s* finski jezik
finny [ˈfini] *adj ichth* perajast, koji ima peraje
fiord (fjord) [fjɔːd] *s* fjord
fir [fəː] *s bot* jela
fir-apple [ˈfəːrˌæpl] *s* jelov češer
fir-ball [ˈfəːbɔːl] *s* → **fir-apple**
fir-cone [ˈfəːkəun] *s* → **fir-apple**
fire [ˈfaiə] *s* vatra, oganj, plamen, požar; *mil* vatra, paljba; gađanje; *bibl* pakao; sjaj; *fig* gorljivost, žar, strast, žestina, oduševljenje; vrućica; smrt u vatri; smrt na lomači; smrt spaljivanjem | **to set ~ to** potpaliti što; **to strike ~** kresati vatru; **no smoke without ~** nema dima bez vatre; **on ~** zapaljen, gorući, u plamenu; **to set on ~** zapaliti; **to set the Thames on ~** proslaviti se; **to catch (take) ~** zapaliti se; **a burnt child dreads the ~** tko se jedanput opeče, i na hladno puše; **out of the frying pan into the ~** iz zla u gore; **the fat is in the ~** doći će do svađe; **~!** vatra! požar!; **to pour oil on ~** nalijevati ulje na vatru, raspirivati, razbjesniti, ražestiti; **to go through ~ and water** proći kroz vatru i vodu, smjelo gledati u oči svim opasnostima; **~ and sword** ognjem i mačem (zatirati); **to hang (miss) ~** ne opaliti, zatajiti; **to be on ~** gorjeti; **the ~ of his imagination** snaga njegove mašte; **to keep up a ~** podržavati vatru; *mil* ne prekinuti paljbu; **to make up the ~** potaći, podjariti vatru; *mar* **St. Elmo's ~** plameni vrh jarbola, jarbolac, vatra sv. Elma; *med* **St. Anthony's ~** vrbanac; *mil* **to open ~** otvoriti paljbu; **to cease ~** prekinuti paljbu; **to strike ~** iskresati iskru; **between two ~s** između dvije vatre (& *fig*); *mil* **line of ~** borbena linija; **under ~** pod vatrom; *fig* **to take ~** zapaliti se; *fig* raspaliti se, razbješnjeti se na koga (*at*)
fire [ˈfaiə] *vt/i* **I.** *vt* 1. zapaliti, upaliti, potpaliti, raspiriti, podjariti, raspaliti; crvenjeti, rumenjeti, crveno obojiti; ispeći (opeku, crijep); paliti, ispaliti, propaliti, pržiti; *US fam* otpustiti, izbaciti iz službe **II.** *vi* zapaliti se, upaliti se, opaliti se; crvenjeti se, rumenjeti se; pucati (*at, upon* na) | *mil* **to ~ a salute** ispaliti počasnu salvu; *mar* **to ~ a broadside** ispaliti sve topove na jednoj strani broda; **to ~ a salvo** ispaliti plotun; **to ~ a shot** ispaliti metak
fire away [ˈfaiərəˈwei] *vi mil* opaliti, ispaliti; *fig* započeti
fire off [ˈfaiərˈɔf] *vt mil* opaliti, ispaliti | **to ~ a postcard** baciti dopisnicu u poštanski sandučić
fire out [ˈfaiərˈaut] *vt US fam* otpustiti (iz službe); izbaciti
fire up [ˈfaiərˈʌp] *vi* ložiti, zagrijati; *fig* raspaliti se, razjariti se (*at* zbog)
fire-alarm [ˈfaiərəˌlaːm] *s* uzbuna na požar
fire-arms [ˈfaiəraːmz] *s* vatreno oružje
fireback [ˈfaiəbæk] *s ornith* sumatranski fazan
fire-ball [ˈfaiəbɔːl] *s* meteor; *mil* zapaljiva granata; *hist* zapaljiva kugla, tane
fire-balloon [ˈfaiəbəˌluːn] *s* balon napunjen vrućim zrakom
fire-bird [ˈfaiəbəːd] *s ornith* zlatna vuga, zlatara, zlatka
fire-blast [ˈfaiəblaːst] *s bot* snijet, rđa, opala (na žitu)
fire-blight [ˈfaiəblait] *s bot* snijet, opala (hmelja)
fireboat [ˈfaiəbəut] *s* vatrogasni brod
fire-bomb [ˈfaiəbɔm] *s* požarna bomba
fire-box [ˈfaiəbɔks] *s* plamena komora (u lokomotivi i dr.)
firebrand [ˈfaiəbrænd] *s* ugarak, glavnja; *pol* smutljivac
fire-brick [ˈfaiəbrik] *s* nesagoriva opeka od šamota
fire-brigade [ˈfaiəbriˌgeid] *s* vatrogasna četa (brigada)
fire-bug [ˈfaiəbʌg] *s US sl* piroman; palikuća
fire-clay [ˈfaiəklei] *s* glina otporna protiv vatre, šamot
fire control [ˈfaiəkənˌtrəul] *s* suzbijanje šumskih požara; *mil* upravljanje vatrom | **~ and position finding system** komandno-računski uređaj obalske artiljerije
fire-cracker [ˈfaiəˌkrækə] *s* praskalica, žabica
fire-cross [ˈfaiəkrɔs] *s hist* dva ukrštena krvava pruta (nekoć u Škotskoj simbol pozivanja plemena na ustanak)
fire-curtain [ˈfaiəˌkəːtin] *s theat* protupožarni zastor; *mil* vatrena zavjesa
fire-damp [ˈfaiədæmp] *s chem* zapaljivi plin (rudnika); praskavi plin
fire-department [ˈfaiədiˌpaːtmənt] *s US* vatrogasna služba; vatrogasci
fire-dog [ˈfaiədɔg] *s* prijeklad, zglavnik, sprava za naslanjanje cjepanica u ognjištu
fire-drill-training [ˈfaiədrilˈtreiniŋ] *s* vježba u uzbuni za slučaj požara
fire-eater [ˈfaiərˌiːtə] *s* čarobnjak koji guta vatru; *fig* hvalisavac, junak na jeziku; svadljivac, kavgadžija
fire-engine [ˈfaiərˌendʒin] *s* vatrogasna štrcaljka; vatrogasna kola
fire-escape [ˈfaiərisˌkeip] *s* izlaz za slučaj požara (ljestve, stubište itd.)

fire-extinguisher [ˈfaiəriksˌtiŋwiʃə] *s* naprava, aparat za gašenje požara
fire-eyed [ˈfaiəraid] *adj poet* žarkih, vatrenih očiju
fire-fighter [ˈfaiəˌfaitə] *s* vatrogasac
fire-fighting [ˈfaiəˌfaitiŋ] *s mil* suzbijanje požara; protupožarna obrana | ~ **equipment** protupožarni uređaji; ~ **boat** vatrogasni brod
fire-flair [ˈfaiəflɛə] *s ichth* žutulja (porodica *Trygonidae*)
fire-fly [ˈfaiəflai] *s ent* krijesnica
fire-guard [ˈfaiəgaːd] *s* rešetka oko peći (koja štiti od vatre)
fire-hose [ˈfaiəhəuz] *s* vatrogasno crijevo
fire-insurance [ˈfaiərinˌʃuərəns] *s* osiguranje od požara
fire-irons [ˈfaiərˌaiənz] *s pl* kaminski pribor (mašice, lopatica, žarač)
fire-kiln [ˈfaiəkiln] *s* peć za paljenje (opeke, lončarije i dr.)
fireless [ˈfaiəlis] *adj* bez vatre
fire-light [ˈfaiəlait] *s* svjetlost s ognjišta
fire-lighter [ˈfaiəˌlaitə] *s* nažigač
fire-line [ˈfaiəlain] *s mil* vatrena, borbena linija; borbeni položaj
firelock [ˈfaiəlɔk] *s* ognjilo, čanak; kremenjača (puška)
fireman [ˈfaiəmən] *s* vatrogasac; ložač lokomotive i dr.
fire-new [ˈfaiənjuː] *adj arch* ispod čekića, ispod nakovnja, nov novcat
fire-office [ˈfaiərˌɔfis] *s* zavod za osiguranje od požara
fire-pan [ˈfaiəpæn] *s* žeravica, žeravnik
fire-place [ˈfaiəpleis] *s* ognjište, kamin
fire-plug [ˈfaiəplʌg] *s* vodocrp, hidrant
fire-policy [ˈfaiəˌpɔlisi] *s ins* polica za osiguranje od požara
fire-power [ˈfaiəˌpauə] *s mil* vatrena moć
fireproof [ˈfaiəpruːf] *adj* nesagoriv, otporan protiv vatre
firer [ˈfaiərə] *s* onaj koji puca, pali | **single** ~ puška koja samo jedanput pali
fire-raising [ˈfaiəˌreizing] *s* paljenje, potpaljivanje (zlonamjerno)
fire-screen [ˈfaiəskriːn] *s* štitnik ispred peći ili otvora kamina
fireship [ˈfaiəʃip] *s mar* brander, brod upaljivač; brod sa zapaljivim stvarima ili eksplozivom sa zadatkom da zapali neprijateljske brodove; vatrogasni brod
fire-shovel [ˈfaiəˌʃʌvl] *s* lopatica za žeravicu i pepeo
fireside [ˈfaiəsaid] *s* ognjište; dom | **by the** ~ kraj ognjišta, u domaćem krugu
fire-smothering foam [ˈfaiəsmʌðəriŋˈfəum] *s pjena* za gašenje vatre
fire-squad [ˈfaiəskwɔd] *s* dobrovoljna vatrogasna četa (za vrijeme rata)
fire-step [ˈfaiəstep] *s mil* stepenica u rovu s koje se otvara paljba
fire-station [ˈfaiəˌsteiʃn] *s* vatrogasna stanica
fire-stone [ˈfaiəstəun] *s* vatrostalni kamen (u peći itd.)
fire-teazer [ˈfaiəˌtiːzə] *s* žarač, ožeg
fire-tongs [ˈfaiətɔŋz] *s pl* mašice
fire-trap [ˈfaiətræp] *s* mjesto s kojega se teško spasiti u slučaju požara
fire-watcher [ˈfaiəˌwɔːtʃə] *s* dobrovoljni vatrogasac (za vrijeme rata)
fire-water [ˈfaiəˌwɔːtə] *s* žestoko piće; rakija
fire-wood [ˈfaiəwud] *s* drvo za ogrjev
firework [ˈfaiəwəːk] *s pl* vatromet; *fig* duhovitost, oštroumlje | ~ **display** vatromet
fire-worship [ˈfaiəˌwəːʃip] *s* obožavanje vatre
firing [ˈfaiəriŋ] *s mil* pucanje, paljenje, gađanje; grijanje, zagrijavanje, loženje; vatra, gorivo | **cease** ~! prekini paljbu!
firing-line [ˈfaiəriŋlain] *s mil* prvi red u rovu (s kojeg se otvara paljba)
firing-party [ˈfaiəriŋˌpaːti] *s* vod, četa određena za počasnu paljbu
firing-squad [ˈfaiəriŋskwɔd] *s mil* četa za izvršenje smaknuća strijeljanjem
firkin [ˈfəːkin] *s* bačvica za maslac i mast; mjera od 40,89 kg
firm [fəːm] *s com* tvrtka, firma; ime, potpis; trgovac | **long** ~ lopovska družba, lažna tvrtka; **style of the** ~ ime tvrtke
firm [fəːm] *adj* (~**ly** *adv*) čvrst, solidan; tvrd, nepromjenljiv, stalan; uzak, tijesan; postojan; odlučan | *com* ~ **offer**, ~ **bid** čvrsta, sigurna, stalna ponuda
firm [fəːm] *adv* čvrsto; tvrdo; jako, stalno, pouzdano, nepokolebljivo | **to stand** ~ stajati nepokolebljivo; *com* **the offer will hold** ~ ponuda ostaje neopoziva
firm [fəːm] *vt/i* **I.** *vt* učvrstiti, učiniti čvrstim ili kompaktnim; osnažiti; utapkati tlo poslije sadnje **II.** *vi* otvrdnuti, očvrsnuti, zgusnuti se, skrutiti se
firmament [ˈfəːməmənt] *s* nebo, nebeski svod
firman [fəːˈmaːn] *s hist* ferman, ukaz (sultanov)
firm-name [ˈfəːmneim] *s* ime tvrtke
fir-needle [ˈfəːˌniːdl] *s* jelova iglica, četina
firmness [ˈfəːmnis] *s* čvrstoća, jačina; odlučnost, postojanost, stalnost, nepokolebljivost; vjernost, odanost
firry [ˈfəːri] *adj* jelov
first [fəːst] *adj* (~**ly** *adv*) prvi | ~ **cause** prauzrok; ~ **cost** cijena koštanja; ~ **finger** kažiprst; ~ **floor** prvi kat; *US* prizemlje; **to come in** ~ doći prvi na cilj, pobijediti u utrci; **head** ~ glavom naprijed; **First Lord of the Treasury** ministar državne riznice (jedna od dužnosti, koju vrši ministar predsjednik britanske vlade); **First Lord of the Admiralty** ministar mornarice; **First Sea Lord** komandant mornarice; ~ **lieutenant** poručnik; pomoćnik komandanta

(ratnog broda); ~ **mate** prvi oficir (trgovačkog broda); ~ **open water** čim se otvori riječni promet; **at ~ sight** na prvi pogled; ~ **day** nedjelja; ~ **Commoner** predsjednik Donjeg doma; ~ **International** Prva internacionala; ~ **water** najčistije vode (o briljantima)
first [fə:st] *s* prvi, prva spomenuta osoba ili stvar; prvi u mjesecu; prvi stupanj, početak; sve što je god prvo po položaju, vrijednosti i kvaliteti; *mus* prvi glas (u duetu, triju i dr.) | *rly* **the ~s** vagoni prvog razreda; **from the ~** od početka; **from ~ to last** od početka do kraja; **at ~** u početku, isprva; *com* **the ~ of exchange** prima mjenica
first [fə:st] *adv* prvo, prije, isprva, prvi put, najprije, prije svega | ~ **of all** prije svega, najprije; ~ **and foremost** prije svega; ~ **come ~ served** tko prvi, njegova djevojka; ~ **and last** sve u svemu; ~ **or last** prije ili kasnije; *US* ~ **off** u prvi mah, u početku; **to go ~** prednjačiti, voditi
first-aid [ˌfə:stˈeid] *s* prva pomoć | **to render ~** pružiti prvu pomoć; ~ **outfit** pribor za prvu pomoć; ~ **post,** ~ **station** stanica prve pomoći
firstborn [ˈfə:stbɔ:n] *adj* prvorođen
firstborn [ˈfə:stbɔ:n] *s* najstarije dijete, prvorođenče
first-chop [ˌfə:stˈtʃɔp] *s coll* prvorazredna stvar ili osoba
first-class [ˌfə:stˈkla:s] *s* prvi razred; najviši stupanj
first-class [ˌfə:stˈkla:s] *adj* prvorazredan
first-class [ˌfə:stˈkla:s] *adv* prvorazredno, sjajno, u prvom razredu (npr. *he travels first-class*)
first-coat [ˌfə:stˈkəut] *s* prvi sloj boje
first-cost [ˌfə:stˈkɔst] *s* cijena koštanja
first-day [ˌfə:stˈdei] *s* nedjelja
first-fruit [ˈfə:stfru:t] *s* prvi plodovi; *fig* prvi uspjesi, prvenci
first-hand [ˌfə:stˈhænd] *adj* neposredan | **at ~** iz prve ruke, neposredno
firstling [ˈfə:stliŋ] *s* prvenac, prvenče; prvo tele, janje, prase itd.
firstly [ˈfə:stli] *adv* prvo, u prvom redu, prije svega
first-naming [ˈfə:stˌneimiŋ] *s* oslovljavanje prvim (krsnim) imenom
first-night [ˈfə:stnait] *s theat* praizvedba, premijera
first-nighter [ˈfə:stˌnaitə] *s theat* polaznik praizvedaba, posjetilac premijera; *sl* praizvedba, premijera
first-offender [ˈfə:stəˌfendə] *s* prije neporočan prijestupnik
first-rate [ˌfə:stˈreit] *adj* prvorazredan, odličan, najbolji, prvog reda
first-rate [ˌfə:stˈreit] *s mar* ratni brod prvog reda; *hist* ratni brod starog tipa s tri palube
first-refusal [ˈfə:stri.fju:zəl] *s* pravo prvog izbora | **to have the ~** imati pravo prvog izbora (uz mogućnost da odbije)
firth [fə:θ] *s Scot* morski rukavac, uski zaljev, zaton, tjesnac; ušće rijeke
fisc (fisk) [fisk] *s* državna blagajna; fisk, erar
fiscal [ˈfiskəl] *adj* financijski, fiskalni | ~ **stamp** biljeg, taksena marka; ~ **year** budžetska godina
fiscal [ˈfiskəl] *s* financijski činovnik
fish[1] [fiʃ] *s* (*pl* često **fish**) 1. riba (i kolektivno); riblje meso 2. dio naprave koji izvlači sidro 3. čudak, osobenjak; momak, mladić | *astr* **the Fish** zviježđe Riba; **pretty kettle of ~** nered, zbrka; **a ~ out of water** čovjek izvan svog elementa; **drunk as a ~** pijan kao čutura, kao zemlja; **mute as a ~** šutljiv kao riba; **dull as a ~** glup kao noć; **to drink like a ~** piti kao duga; **to feed the ~es** utopiti se; povraćati, bljuvati; **all's ~ that comes to his net** sve prima, ničega se ne žaca; **there's as good ~ in the sea as ever came out of it** nema čovjeka koji se ne bi mogao nadomjestiti; **to have other ~ to fry** imati važnijeg posla; **a loose ~** razvratnik, propao čovjek, propala žena; **queer, odd ~** čudak, osobenjak; ~ **and chips** riba s prženim krumpirom; **flying ~** riba poletuša; **salt water ~** morska riba; **he eats no ~** on je pošten čovjek; **you must not make ~ of the one and flesh of the other** moraš oboje mjeriti istom mjerom; **it is neither ~, fowl nor good red herring** nije ni jedno ni drugo
fish[2] [fiʃ] *s* veza, spojnica od drveta ili željeza za jarbole, tračnice i sl.
fish[3] [fiʃ] *s* igraća marka, žeton
fish [fiʃ] *vi/t* **I.** *vi* loviti ribu; *fig* žudjeti, težiti za čim **II.** *vt* pecati, ribariti; ispipavati, ispitivati | **to ~ for** tražiti u vodi (ribu, biser, školjke i dr.); **to ~ for compliments** izazivati laskanje
fish out [ˈfiʃˈaut] *vt* poloviti svu ribu; *fig* izvaditi, iznijeti, izmamiti
fish up [ˈfiʃˈʌp] *vt* upecati (& *fig*); uhvatiti
fish [fiʃ] *vt rly* spojiti, vezati
fish-ball [ˈfiʃbɔ:l] *s US* pržene okruglice od ribe
fish-bone [ˈfiʃbəun] *s* riblja kost
fish-carver [ˈfiʃˌka:və] *s* nož za ribu
fish-day [ˈfiʃdei] *s* posni dan
fisher [ˈfiʃə] *s poet* ribar; *zool* kanadska kuna; *ornith* morska lasta *(Alcedo ispida)*
fisherman [ˈfiʃəmən] *s* ribar; ribarska barka, brod, lađa; pecač, ribič
fishery [ˈfiʃəri] *s* ribolov, ribarenje; ribarstvo, lovište ribe | **in-shore fisheries** priobalni ribolov; **deep-sea fisheries** oceanski ribolov

fishery-board [ˈfiʃəribɔːd] *s* ministarstvo ribarstva, ribarska uprava
fish-finger [ˈfiʃˌfiŋgə] *s GB* pohani riblji štapići
fish-gig [ˈfiʃgig] *s* ostve, osti, harpun
fish-globe [ˈfiʃgləub] *s* posuda za ribice (u obliku kugle)
fish-glue [ˈfiʃgluː] *s* riblja klija, riblje ljepilo, ljepak
fish-hawk [ˈfiʃhɔːk] *s ornith* kostolom, jastrebac *(Pandion hiliaetus)*
fish-hook [ˈfiʃhuk] *s* udica
fishing[1] [ˈfiʃiŋ] *s* ribarenje, ribanje, ribolov
fishing[2] [ˈfiʃiŋ] *s rly* spajanje, vezivanje (tračnica)
fishing-boat [ˈfiʃiŋbəut] *s* ribarski čamac
fishing fleet [ˈfiʃiŋfliːt] *s* ribarska flota
fishing grounds [ˈfiʃiŋgraundz] *s* zona ribarenja
fishing-line [ˈfiʃiŋlain] *s* povraz, niz udica
fishing-rod [ˈfiʃiŋrɔd] *s* štap za pecanje
fishing-smack [ˈfiʃiŋsmæk] *s* ribarska brodica
fishing-tackle [ˈfiʃiŋˌtækl] *s* pribor za ribarenje (i za pecanje)
fishing vessel [ˈfiʃiŋˌvesl] *s* ribarski brod
fish-joint [ˈfiʃdʒɔint] *s rly* veza, spojnica
fish-kettle [ˈfiʃˌketl] *s* jajolik lonac za kuhanje ribe
fish-knife [ˈfiʃnaif] *s* nož kojim se reže riba
fishlet [ˈfiʃlit] *s* ribica
fish-market [ˈfiʃˌmaːkit] *s* ribarnica
fishmonger [ˈfiʃˌmʌŋgə] *s* trgovac ribom
fishpaste [ˈfiʃpeist] *s* riblja pašteta
fishplate [ˈfiʃpleit] *s rly* veza, spojnica
fish-pond [ˈfiʃpɔnd] *s* ribnjak
fish-pot [ˈfiʃpɔt] *s* vrša (košara od vrbova pruća za hvatanje jegulja, jastoga i dr.)
fish-slice [ˈfiʃslais] *s* nož za serviranje ribe
fish-sound [ˈfiʃsaund] *s* riblji plivaći mjehur
fish-spear [ˈfiʃspiə] *s* ostve, osti, harpun
fish-stick [ˈfiʃstik] *s US* → **fish-finger**
fish-story [ˈfiʃˌstɔri] *s US coll* nevjerojatna priča
fish-tail [ˈfiʃteil] *s* riblji rep
fish-torpedo [ˈfiʃtɔːˌpiːdəu] *s* torpedo u obliku ribe
fish-wife [ˈfiʃwaif] *s* prodavačica ribe
fishy [ˈfiʃi] *adj* (**fishily** *adv*) ribast, riblji; *poet* koji obiluje ribom; bezizražajan, tup; nevjerojatan; nesiguran, loš, sumnjiv; nezgodan, mučan | *sl* ~ **eye** pogled tup kao u ribe
fisk [fisk] *s* → **fisc**
fissile [ˈfisail, *US* ˈfisil] *adj* cjepljiv, cjepak, kalav | ~ **material** fisioni materijal
fissility [fiˈsiləti] *s* cjepkost, kalavost
fission [ˈfiʃn] *s biol* cijepljenje; *phys* fisija
fissionable [ˈfiʃnəbl] *adj* koji se da atomski cijepati
fissure [ˈfiʃə] *s* pukotina, napuklina, naprslina, rascjep; *med* cijepanje, odvajanje; gnojni otvor u kožici, fisura
fist [fist] *s* šaka, ruka; rukopis; *fam* rukopis | **the mailed** ~ željezna ruka, gruba sila; *coll* **give us your** ~ amo vašu ruku; **to write a good** ~ imati lijep rukopis; ~ **law** pravo jačega; **to grease one's** ~ podmazati, podmititi koga
fist [fist] *vt* udarati šakom, pesnicom; *mar* rukovati (jedrom, veslom itd.)
fisticuff [ˈfistikʌf] *s* udarac šakom; *pl* borba pesnicama, šakanje
fistula [ˈfistjulə] *s* 1. *med* fistula, otvor, rupa, prolaz 2. *mus* pisak, cijev, svirala, frula
fistular [ˈfistjulə] *adj* 1. *med & vet* koji je poput fistule, fistularan 2. cjevast
fit[1] **(fytte)** [fit] *s arch* dio pjesme
fit[2] [fit] *s* žestok napadaj (bolesti), navala, napad, spopadanje; međuvrijeme, razmak; raspoloženje; *pl* grčevi, trzavica | **to give one a** ~ ogorčiti, razgnjeviti, uvrijediti koga; **by** ~**s and starts** na mahove, kadikad; **when the** ~ **was on him** kad je bio dobre volje, raspoložen
fit[3] [fit] *s* točno pristajanje, odgovaranje; *gram* akcesija | **it is a good (bad)** ~ dobro (loše) pristaje, stoji; **a tight** ~ potpuno pristaje; **to a** ~ pristaje, odgovara na dlaku
fit [fit] *adj* (~**ly** *adv*) sposoban, vješt, iskusan; pogodan, prikladan; pristao, koji odgovara; valjan, dobar, dostojan, primjeran; mjerodavan; spreman, pripravan, sklon; gotov, iscrpljen; *sport* u dobroj formi, zdrav | **it is** ~ **to do** pristoji se, zgodno je, u redu je, priliči da se učini; **more than is** ~ prekomjerno; pretjerano, neumjereno; **it is not** ~ ne pristoji se; **to be** ~ **for** biti sposoban za, dorastao čemu; **he cried** ~ **to break his heart** od plača umalo da mu srce nije puklo; **he ran** ~ **to burst** trčao je dok mu nije nestalo daha, dok se nije zadihao; **as** ~ **as a fiddle** zdrav kao dren, kao riba; **to feel (keep)** ~ osjećati se čio i zdrav; ~ **time and place** pravo vrijeme i mjesto; **I am not** ~ **to be seen** ne mogu se pokazati; **do as you think** ~ postupajte kako smatrate potrebnim; **he was** ~ **to die of shame** bilo mu je da propadne u zemlju od stida
fit [fit] *vt/i* **I.** *vt* zgotoviti, spremiti; urediti, namjestiti; opskrbiti, snabdjeti; opremiti, naoružati; postaviti, montirati; osposobiti, prilagoditi, podesiti **II.** *vi* slagati se, odgovarati, biti sposoban, valjan, dobar; sjediti, stajati, pristajati; dolikovati, pristojati se
fit in with [ˈfitˈinˈwið] *vi* podudarati se sa, slagati se sa; imati vezu sa

fit on [ˈfitˈɔn] *vt* isprobati (odjeću) radi podešavanja
fit out [ˈfitˈaut] *vt* opremiti, naoružati
fit up [ˈfitˈʌp] *vt* urediti, udesiti, namjestiti; spremiti, pripraviti; opremiti, opskrbiti; prigotoviti
fitch [fitʃ] *s* dlaka tvora; četka načinjena od dlake tvora; krzno tvora
fitchet [ˈfitʃit] *s* → **fitchew**
fitchew [ˈfitʃuː] *s zool* tvor
fitful [ˈfitful] *adj* (~**ly** *adv*) hirovit, mušičav, kapriciozan, promjenljiv, nepostojan, na mahove
fitment [ˈfitmənt] *s* oprema; uređaj; komad namještaja; *arch* ono što se pristoji, dužnost; *tech* armatura (obično *pl*)
fitness [ˈfitnis] *s* prikladnost, primjerenost, pristojnost, pogodnost, sposobnost, valjanost; dosljednost; dobra kondicija
fit-out [ˈfitˈaut] *s* oprema, opremanje, opskrbljivanje
fitter [ˈfitə] *s* krojilac, modelar; monter, strojobravar; krojač koji proba odijela (osobito konfekciju) na mušterijama
fitting [ˈfitiŋ] *adj* (~**ly** *adv*) pristao, zgodan, prikladan, priličan, pogodan, koji pristaje
fitting [ˈfitiŋ] *s* oprema, namještanje, podešavanje; montaža (stroja); proba (odijela) | *el* ~**s** *pl* električni uređaji; namještaj, pribor; armatura
fitting-out [ˈfitiŋˈaut] *s* opremanje | ~ **basin** bazen za opremanje brodova u brodogradilištu; ~ **piece** priključak (na cijevi)
fitting-up [ˈfitiŋˈʌp] *s* uređivanje, namještanje, montaža, sastavljanje
fitting-shop [ˈfitiŋʃɔp] *s* trgovina opremom; montažna hala
fit-up [ˈfitˈʌp] *s theat* privremena pozornica; rekvizit za pozornicu | ~ **company** putujuća glumačka družina
five [faiv] *adj* pet | ~ **o'clock tea** užina; ~ **score** stotina
five [faiv] *s* 1. pet, petica 2. komplet, skup od pet predmeta 3. karta, kocka, domino s pet točaka 4. *cricket* udarac koji se broji kao pet trčanja 5. *pl* obuća ili odjeća veličine broj pet | **the** ~**s** *pl* pet postotaka; **bunch of** ~**s** ruka
five-figure [ˈfaivˌfigə] *adj* petobrojčan, koji je od pet brojaka, pet mjesta | ~ **tables** *pl* tabele s pet brojaka, mjesta
fivefold [ˈfaivfəuld] *adj* peterostruk
fivefold [ˈfaivfəuld] *adv* peterostruko
fiver [ˈfaivə] *s* 1. novčanica od £ 5, novčanica od $ 5; 2. *cricket* udarac lopte koji vrijedi pet trčanja
fives [faivz] *s* vrsta igre loptom
fix [fiks] *s* škripac, neprilika, stiska, neugodan, opasan položaj; *sl* injekcija (narkomanske) droge
fix [fiks] *vt/i* **I.** *vt* 1. pričvrstiti, prilijepiti, nalijepiti (*to* na); prikvačiti, prikopčati što; usaditi, zasaditi, učvrstiti, umetnuti što (*in* u; *on* na); *gram* pripojiti 2. (oči itd.) uprijeti, upiljiti, usmjeriti, upraviti, uperiti; pribosti, ujemčiti, prišiti (*on, upon* na) 3. privući (pažnju, pogled itd.) 4. začarati, zatraviti, opsjeniti, fiksirati koga (očima) 5. zgusnuti, stvrdnuti, ukočiti, ukrutiti što 6. *phot* fiksirati 7. *US fam* popraviti, urediti, udesiti, postaviti, metnuti; smjestiti, zbrinuti, skloniti 8. zbuniti, smesti 9. (mjesto, vrijeme, datum) utvrditi, odrediti, zakazati 10. dati čemu stalan, čvrst oblik 11. utvrditi, propisati (pravopis, pisanje) 12. odrediti, utvrditi (cijenu, iznos, svotu) (*at* na) 13. *US sl* osvojiti, pridobiti koga (silom, mitom itd.) **II.** *vi* očvrsnuti, ukrutiti se, ukočiti se 2. nastaniti se, smjestiti se u stan 3. odlučiti se, riješiti se; posvetiti se čemu | *US sl* **to** ~ **oneself** nastaniti se; namjestiti se; **to** ~ **a circuit** zatvarati strujni krug
fix up [ˈfiksˈʌp] *vt/i* **I.** *vt* 1. utvrditi, fiksirati (datum) 2. *coll* urediti, organizirati 3. sporazumjeti se, izravnati, izgladiti (svađu itd.) 4. smjestiti, skloniti, zbrinuti koga **II.** *vi US coll* iskititi se, ukrasiti se
fix upon [ˈfiksəˈpɔn] *vt* 1. izabrati što 2. odlučiti se za što
fixate [ˈfikseit] *vt/i* fiksirati, učiniti nepromjenljivim; fiksirati očima, netremice gledati
fixation [fikˈseiʃn] *s* ustaljenje, određenje, davanje čvrstog oblika, skrućivanje; *psych* kompleks; fiksacija
fixative [ˈfiksətiv] *s* sredstvo za učvršćivanje, fiksir, fiksativ
fixature [ˈfiksətʃə] *s* → **fixative**
fixed [fikst] *adj* čvrst, nepomičan, nepromjenljiv, stalan; pouzdan, određen; utvrđen, fiksan | ~ **assets** osnovna sredstva; ~ **deposit** stalan ulog, stalna uplata; ~ **draft (bill)** mjenica s određenim danima dospijeća; ~ **interest** stalne, određene kamate; ~ **oil** nehlapljivo ulje; ~ **standard (medium) rate of exchange** utvrđen stalan (srednji) tečaj; ~ **star** zvijezda stajačica; ~ **property** nekretnine; ~ **idea** fiksna ideja; ~ **point** fiksirana točka; određeno mjesto gdje policajac stoji na dužnosti; ~ **fact** utvrđena činjenica; **to be well** ~ dobro stajati (imovinski)
fixedly [ˈfiksidli] *adv* čvrsto, nepomično, stalno, fiksno | **to gaze** ~ ukočeno zuriti
fixer [ˈfiksə] *s* utvrđivalac, određivalac; sredstvo za fiksiranje, fiksir
fixing [ˈfiksiŋ] *s* pričvršćivanje, učvršćivanje, dovođenje u ispravno stanje; *chem* & *phot* fiksiranje | ~**s** *pl US* oprema; uređaj; pribor, aparat; ukras, ures, šara
fixing-bath [ˈfiksiŋˈbaːθ] *s phot* kupelj za fiksiranje

fixity ['fiksiti] *s* čvrstoća, stalnost, stabilnost; *chem* postojanost na vatri, nesagorivost, neupaljivost; gustoća
fixture ['fikstʃə] *s* 1. čvrstoća, jačina, trajnost 2. osoba ili predmet koji je stalan 3. utvrđen dogovor, utanačenje, sporazum 4. *jur* inventar (kućni, zemljišni) 5. *sport* utvrđen datum natjecanja, susret; 6. *theat* kazališni komad na rasporedu; utvrđena izvedba 7. *st exch* kratkoročni zajam | **~s** *pl* pokućstvo, pribor; **~s and fittings** inventar i instalacije; **short ~** kratkoročni zajam
fizz [fiz] šištanje, psikanje, siktanje, pištanje; *US* soda voda; *sl* šampanjac, pjenušac
fizz [fiz] *vi* 1. šikati, šiškati, piskati, pištati, cvrčati 2. uzavreti, ključati, uskipjeti 3. kuljati, šiktati, pjeniti se, pjenušati se
fizzle ['fizl] *s* neuspio pokušaj, propast, fijasko
fizzle ['fizl] *vi* šištati, pištati, cvrčati, šumjeti
fizzle out ['fizl'aut] *vi* šišnuti, psiknuti (npr. zapaljeni mokri barut); *fig* ugasiti se, oslabjeti; izjaloviti se; *sl* pasti (na ispitu)
fizzy ['fizi] *adj* koji kipi, uzavreo, pjenušav
fjord [fjɔːd] *s* → **fiord**
flabbergast ['flæbəgaːst] *vt* smutiti, zbuniti, zapanjiti, zgranuti | **to be ~ed** biti zabezeknut
flabbiness ['flæbinis] *s* labavost, mlitavost, mlohavost
flabby ['flæbi] *adj* (**flabbily** *adv*) labav, mlitav; mlohav, uveo, sasušen; *fig* slab, istrošen, bez snage, bezbojan, blijed, bez duše
flaccid ['flæksid] *adj* (**~ly** *adv*) slab, mlitav, labav; uveo; bez snage, blijed
flaccidity [flæk'sidəti] *s* labavost, mlitavost, slabost
flag[1] [flæg] *s bot* crvena perunika, vodeni božur, vodeni ljiljan
flag[2] [flæg] *s* ploča od kamena i dr. za popločavanje; *pl* pločnik
flag[3] [flæg] *s* zastava, stijeg | **~ at half mast** zastava na pola koplja; *mar* **~ deck** signalni most; **~ locker** signalni ormarić; **~ of truce** bijela zastava parlamentaraca; **to dip the ~** pozdraviti dizanjem ili spuštanjem zastave; **to lower (strike) one's ~** spustiti zastavu na pozdrav ili u znak potčinjavanja ili predaje; **to hoist one's ~** preuzeti zapovjedništvo; *sport* **to drop the ~** zastavicom dati znak za start; *fig* **to keep the ~ flying** visoko uzdizati zastavu (koje ideje); **to get one's ~** postati admiral; **~s of convenience** zastave brodova registriranih u inozemstvu radi izbjegavanja poreza
flag[1] [flæg] *vt* popločati, obložiti kamenim pločama, taracati
flag[2] [flæg] *vt* iskititi zastavama; signalizirati zastavama
flag [flæg] *vi* spustiti se, visiti mlitavo; omlitavjeti, malaksati, popustiti, iznemoći, oslabiti, postati dosadan
flag-boat ['flægbəut] *s sport* čamac koji služi kao cilj u natjecanjima na vodi
flag-captain [ˌflæg'kæptin] *s* kapetan zapovjednik admiralskog broda
flag-day ['flægdei] *s* sabiranje priloga prodavanjem značaka u obliku zastavice; *US hist* spomen na 14. lipnja 1777, kad je Kongres prihvatio zastavu sa zvijezdama i prugama kao nacionalnu zastavu
flagellant ['flædʒələnt] *s eccl* bičevalac; red redovnika koji se bičuju
flagellant ['flædʒələnt] *adj* koji bičuje, šiba
flagellate ['flædʒəleit] *vt* bičevati, šibati
flagellation [ˌflædʒə'leiʃn] *s* bičevanje, šibanje
flagellator ['flædʒəleitə] *s* bičevalac
flagellatory ['flædʒəleitəri] *adj* koji se tiče bičevanja
flagellum [flə'dʒeləm] *s* (*pl* **flagella** [flə'dʒelə] bič; *bot* izdanak, mladica; *zool & biol* bič (u bičaša)
flageolet[1] [ˌflædʒə'let] *s mus* sviralica, frula, flažolet
flageolet[2] [ˌflædʒə'let] *s bot* vrsta graha
flagging ['flægiŋ] *s* popločavanje pločama od kamena; pločnik od kamena
flagging ['flægiŋ] *adj* slab, mlohav, traljav; *US* koji nestaje, vene, gine | **~ ears** klempave uši
flaggy[1] ['flægi] *adj* mekan, mlohav, mlitav; bljutav, neukusan; dosadan; bezbojan
flaggy[2] ['flægi] *adj* kao od pločica
flag-hoist ['flæghɔist] *s mar* signal zastavama
flagitious [flə'dʒiʃəs] *adj* (**~ly** *adv*) pakostan, zloban; užasan, grozan; gnusan, podao, nizak, pokvaren
flag-lieutenant ['flæglef'tenənt] *s* ađutant komandanta plovnog sastava
flagman ['flægmən] *s* onaj koji zastavama daje znak u sportskim natjecanjima i dr.; *rly* čuvar pruge; *mar* signalist
flag-officer ['flægˌɔfisə] *s* komandant plovnog sastava u admiralskom činu
flagon ['flægən] *s* boca, vrč, pehar; čuturica
flagrancy ['fleigrənsi] *s* očitost; očita besramnost, odvratnost, gnusnost, mrskost, sramota (zločina)
flagrant ['fleigrənt] *adj* (**~ly** *adv*) očit, jasan; zloglasan, flagrantan, vapijući sramotan, gnusan, gadan
flagship ['flægʃip] *s* admiralski brod
flagstaff ['flægstaːf] *s* kopljača, koplje (zastave)
flag-station ['flægˌsteiʃn] *s rly* stanica na kojoj se vlak zaustavlja samo na izričit zahtjev

flagstone ['flægstəun] *s minr* pješčanik; kamen za popločavanje
flag-wagging ['flæg͵wægiŋ] *s mil sl* signaliziranje zastavicama
flag-waver ['flæg͵weivə] *s* agitator; *US sl* veliki patriot, šovinist
flail [fleil] *s agr* cijep, mlatilo
flair [flɛə] *s* njuh, njušenje; dobar nos; pronicavost, instinkt; smisao (*for* za)
flak [flæk] *s* protuavionska artiljerija; protuavionska vatra
flake¹ [fleik] *s* stalak, polica za spremanje namirnica; stalak za sušenje ribe
flake² [fleik] *s* pahuljica (*esp* snijega); iskra, varnica, tanka ploha; ploča, **list** (npr. zlata); sloj, vrsta; *bot* karanfil s prugastim laticama
flake [fleik] *vi/t* **I.** *vi* ljuštiti se, listati se, cijepati se (*off, away*) **II.** *vt* cijepati, lomiti u pahuljice, listiće, tanke pločice i dr. (*off, away*)
flake-white [͵fleik'wait] *s* olovno bjelilo
flaky ['fleiki] *adj* (**flakily** *adv*) pahuljast, naslagan u tanke slojeve, koji se ljušti u tankim slojevima, ljuskav
flam [flæm] *s* prijevara, laž, besmislica
flambeau ['flæmbəu] *s Fr* baklja, zublja, luč
flamboyance [flæm'bɔiəns] *s* kićenost
flamboyancy [flæm'bɔiənsi] *s* → **flamboyance**
flamboyant [flæm'bɔiənt] *adj* sjajan, blistav; plamenit; pretjerano nakićen
flamboyant [flæm'bɔiənt] *s bot* ukrasno stabalce afričkih obala i prednje Indije
flame [fleim] *s* plamen, oganj, vatra; žar; ljubav, strast; *fam* draga | **an old ~ of mine** moja stara ljubav; **to fan the ~** razbuktati plamen, vatru; **to burst into ~(s)** rasplamsati se; **to set on ~** zapaliti; **to go up in ~s** planuti
flame [fleim] *vi/t* **I.** *vi* (*away, forth, out, up*) rasplamtjeti se, razbuktati se; plamsati, buktjeti, sijevati, siktati, lizati (o plamenu); *fig* zažariti se, planuti, jako pocrvenjeti **II.** *vt* zapaliti, potpaliti, pripaliti; uzbuditi, oživiti; *tech* staviti na (u) plamen
flame away ['fleimə'wei] *vi* buktjeti, plamtjeti, siktati
flame forth ['fleim'fɔːθ] *vt* buknuti, planuti (& *fig*)
flame out ['fleim'aut] *vi* 1. razbuktjeti se, usplamtjeti, planuti; prasnuti, pući, eksplodirati 2. razljutiti se, naljutiti se, razgnjeviti se
flame up ['fleim'ʌp] *vi* 1. razbuktjeti se, usplamtjeti, planuti 2. pocrvenjeti, zacrvenjeti se (& *fig*); 2. razljutiti se, naljutiti se, razgnjeviti se
flame-coloured ['fleim͵kʌləd] *adj* plamen, vatrene boje
flameless ['fleimlis] *adj poet* bez plamena, bez žara
flamelet ['fleimlit] *s* plamečak
flamen ['fleimen] *s* svećenik u starih Rimljana
flame-projector ['fleimprə͵dʒektə] *s mil* bacač plamena
flame-proof ['fleimpruːf] *s* koji je otporan na vatru, vatrostalan
flame thrower ['fleim͵θrəuə] *s mil* bacač plamena
flaming ['fleimiŋ] *adj* (**~ly** *adv*) plamen, vatren, sjajan, žestok; *fig* strastven, pretjeran; razbuktio, vreo; bogat bojama, kićen
flamingo [flə'miŋgəu] *s ornith* plamenac, flamingo
flamy ['fleimi] *adj* plamen, vatren; užaren
flan [flæn] *s cul* kolač s voćem na vrhu
flange [flændʒ] *s* izbočen obod, rub, ivica; *tech* prirubnica; obod
flange [flændʒ] *vt* spojiti flanšama (cijevi, tračnice i dr.); obrubiti
flank [flæŋk] *s* 1. (o životinjama) slabina, bok, strana (& *fig*) 2. *mil* bok, krilo 3. strana, krilo (zgrade, gore itd.) | *mil* **to turn ~ of** zaobići krilo, bok neprijatelja; **to take the enemy in ~** napasti neprijatelja s boka; **~ attack** bočni napad
flank [flænk] *vt/i* **I.** *vt* 1. *mil* zaštititi bok 2. ugroziti bok 3. napasti s boka 4. gađati, pucati na bok, flankirati | **to ~ a th** zaobići što **II.** *vi* stajati uz bok
flanker ['flæŋkə] *s mil* utvrda koja brani bok; *pl* borci koji napadaju s boka; obrana ili udarac s boka, sa strane
flannel ['flænl] *s* flanel | **~s** *pl* donje rublje; odjeća; *esp* sportske hlače načinjene od flanela
flannel ['flænl] *adj* flanelski; flanelast
flannel ['flænl] *vt* trljati, prati ili omotati flanelom
flannelled ['flænld] *adj* odjeven u flanelsko odijelo
flannelette [͵flænl'et] *s* imitacija flanela
flannelly ['flænli] *adj* flanelast
flap [flæp] *s* pljuska; lak udarac širokim predmetom; lepršanje (krilima); packa, muharnik; poklopac, zaklopac (džepa); priuhak, jagodica uha; jezik (na cipelama, novčarki); preklopnica (stola); zalistak, zatvarač; ventil, poklopac; skut (kaputa i dr.); vodoravan kapak | **to be in a ~** uzmuvati se
flap [flæp] *vt/i* **I.** *vt* udariti; (*away, off*) otjerati (muhe, itd.); udariti pljoštimice krilom; omahivati, okretati, vrtjeti; oklopiti (obod šešira) **II.** *vi* lepršati; udarati krilima; visiti; vijoriti se; *sl* brbljati, klepetati (o čemu) | **to ~ away flies** tjerati muhe
flapdoodle ['flæp͵duːdl] *s* besmislica, ludost
flap-eared ['flæpiəd] *adj* klapavih ušiju

flap-hinge barge ['flæphindʒ'ba:dʒ] *s mar* klapeta; maona s pomičnim vratima za istovar sipkog materijala
flapjack ['flæpdʒæk] *s cul* uštipak; jabučni nabujak; doza za puder, puderijera
flapper ['flæpə] *s* 1. ćuška, pljuska, zaušnica 2. zabilješka (ceduljica u knjizi) 3. plosnata koža i dr. za ubijanje muha 4. čegrtaljka, klepetaljka (za plašenje ptica) 5. mlatilo, mlat, bat 6. plosnata splav 7. *sl* ruka 8. plosnata peraja, rep ljuskara 9. divlje pače 10. *fam* pržena riba 11. šiparica
flapper skate ['flæpə'skeit] *s ichth* volina (*Raja macrohynchus*)
flap-valve ['flæpvælv] *s tech* zaklopka
flare [flɛə] *s* blještavo svjetlo; nenadani plamsaj svjetlosti; svjetlosni signal, raketa za osvjetljavanje; *aero* rasvjetna kugla; *fam* naduvenost, sjaj; nadimanje, izbočivanje, proširivanje; nagib
flare [flɛə] *vt/i* **I.** *vt* 1. širiti, raširiti; slijepiti, zasljepljivati; mahati, uzvitlati 2. rastegnuti, rastezati, proširiti, raširiti; razviti, rasprostrijeti 3. jasno rasvijetliti 4. pustiti da svijetli, sija **II.** *vi* 1. naduti se, proširiti se 2. *mar* visiti (preko) 3. plamtjeti, plamsati, buktjeti, treptjeti; blijeŝtati, svjetlucati se | **to ~ into ashes** izgorjeti u prah i pepeo
flare about ['flɛərə'baut] *vt/i* svjetlucati (se), plamsati
flare out ['flɛər'aut] *vt/i* **I.** *vt* slati, širiti, puštati (signale, znakove uzbune itd.) **II.** *vi* 1. rasplamsati se, razbuktjeti se 2. *fig* razjariti se, razbjesniti se, rasrditi se, ražestiti se (*against*)
flare up ['flɛər'ʌp] *vi* 1. razbuktati se, rasplamsati se (bura, oluja) 3. *fig* planuti, prasnuti
flare-bomb ['flɛəbɔm] *s* rasvjetna bomba
flare-path ['flɛəpa:θ] *s aero* osvijetljena pista
flare-up ['flɛər'ʌp] *s* 1. *mar* svjetlosni znak 2. *aero* svjetlosna lopta, lopta za osvjetljenje 3. *fam* naduvenost, oholost, sjaj, raskoš 4. proširivanje, širenje, rasprostranjenje; oticanje, nadimanje, bubrenje 5. buktanje, plamsanje 6. sjajna i kratkotrajna popularnost; razvijanje 7. srditost, ljutost 8. bučna zabava, veselje; svađa, prepirka
flaring ['flɛəriŋ] *s* nagib, nagnutost
flaring ['flɛəriŋ] *adj* (**~ly** *adv*) koji plamti, bukti; koji praska, eksplodira; blistav, upadljiv, čudan, neobičan, naduven; *mar* koji visi iznad pramca
flash [flæʃ] *s* 1. blijesak, sijevak, plamsaj; *mil* vatra iz usta topa i dr. 2. *fig* buktanje, plamsanje; provala, izljev (radosti, bola, srdžbe itd.) 3. šatrovački govor 4. *US* kratka telegrafska novinska vijest | **in a ~** u trenutku, u tren oka; **a ~ of hope** tračak nade; **~ of lightning** sijevak munje; **~ of wit** dosjetka, iskra duhovitosti; **~ in the pan** promašaj, fijasko; **~ burn** opeklina od eksplozije atomske bombe
flash [flæʃ] *adj* 1. gizdav, šaren, kićen, blještav, sjajan, raskošan, svjetlucav, napirlitan, upadljiv 2. kriv, lažan, krivotvoren (novac) 3. prepreden, tatski, šatrovački | **~ language** šatrovački govor
flash [flæʃ] *vi/t* **I.** *vi* 1. buknuti, planuti (& *fig*), usplamtjeti, uzbuktjeti 2. svjetlucati se, blistati (se), bljesnuti, sjati (se) 3. sinuti, izbiti, probuditi se, iznenada postati vidljiv 4. promicati; prohujati 5. *el* preskočiti (iskra), sijevati (munja) **II.** *vt* 1. razbuktjeti, rasvijetliti 2. proširiti munjevito (vijest); poslati brzo kao munju (svjetlost); bacati (pogled) | **eyes ~ fire** oči sipaju vatru; **an idea ~ed on me** sinula mi je misao; **news was ~ed over England** kao munja se vijest proširila Engleskom; **it ~ed on me** sinulo mi je
flash across ['flæʃə'krɔs] *vi* sinuti | **it flashed across me, across my mind** sinula mi je misao
flash into ['flæʃ'intu] *vi* sinuti | **it flashed into my mind** sinula mi je misao
flash out ['flæʃ'aut] *vi* nenadano i jako zasvijetliti; pojaviti se; istaknuti se (kao pravi junak); izbiti, žestoko provaliti
flash up ['flæʃ'ʌp] *vi* planuti (& *fig*)
flash upon ['flæʃə'pɔn] *vi* sinuti | **it flashed upon me** sinula mi je misao
flashback ['flæʃbæk] *s film & lit* ubačene scene događaja iz prošlosti
flash-bulb ['flæʃbʌlb] *s phot* žarulja za fleš, blic
flash-flood ['flæʃflʌd] *s* bujica
flash-gun ['flæʃgʌn] *s phot* sinhronizator za fleš, blic-uređaj
flashiness ['flæʃinis] *s* blistavilo, upadljiv vanjski sjaj, kričavost, kićenost, šarenilo; površnost, neukusnost
flashing ['flæʃiŋ] *s* 1. blijesak, blistanje, sjaj, cakljenje, ljeskanje, 2. *tech* pokrov od željeznog lima za odvođenje kišnice 3. odraz usijanog stakla 4. napuštanje vode u donji jaz da brod može proći ustavom
flashing ['flæʃiŋ] *adj* koji sijeva, koji se svjetluca, blijeska, blista, zablista, zasja, sine | **~-light signal** žmigavac
flash-lamp ['flæʃlæmp] *s phot* magnezijeva svjetiljka; baterijska svjetiljka
flash-light ['flæʃlait] *s* svjetlo na blijeskove za svjetionike; *phot* magnezijeva svjetlost; fleš, blic; *US* baterijska ručna svjetiljka
flash-man ['flæʃmən] *s* lupež, varalica; čovjek sumnjive reputacije; stalan posjetilac sportskih utakmica

flash-point [flæʃpɔint] *s* točka zapaljenja

flashy [ˈflæʃi] *adj* (**flashily** *adv*) šaren, kićen, blistav, sjajan, raskošan, upadljiv, kričav, drečav; površan, isprazan, lakomislen

flask [flaːsk] *s* opletena boca, pljoska; *chem* (laboratorijska) tikvica; *mil* čuturica; *hunt* kesa, kutijica i dr. za barut

flasket [ˈflaːskit] *s arch* duga plitka košara; košara za rublje; bočica

flat[1] [flæt] *s* 1. ploha, površina, ravnina; niska obala, ravnica, nizina, pličina, prud 2. *theat* pozadina kulise 3. *mus* snizilica, ponizilica 4. kat; stan 5. ploština (mača); plosnati krov 6. *fam* priprost čovjek, glupan 7. *mot* ispražnjena guma, prazna zračnica 8. paluba; plitak čamac | *US* **to fix a ~** zakrpati zračnicu

flat[2] [flæt] *s* crtež; plosnat krov; plosnata strana sablje; dlan ruke | **to use the ~ of one's sabre** udariti sabljom pljoštimice; *mus* **sharps and ~s** crne tipke na klaviru; **to join the ~s** sastaviti dijelove čega u jednu cjelinu

flat [flæt] *adj* 1. ravan, vodoravan, plosnat, spljošten 2. pružen, ispružen, istegnut 3. (o licu itd.) tup, koji je bez duha, prostački 4. *paint* koji je široko osvijetljen i osjenjen; jednoličan, jednak, gladak, bez života 5. prost, nezgrapan, nespretan, zdepast 6. grub (laž) 7. plitak, površan 8. neukusan, monoton, dosadan 9. (o pivu) bljutav, zamućen, koji je bez sjaja, bezbojan 10. koji je bez učinka, bez djelovanja; iscrpen, iznuren, iznemogao, slab; neodlučan 11. obeshrabren, utučen, potišten, pokunjen, skrušen, ponizan 12. odlučan, riješen, odrješit 13. bezuvjetan, jasan, shvatljiv, izričan, očit 14. *com* jedinstven, ravnomjeran 15. nemoćan, uništen, pobijeđen, koji je bez života, bez duše, mrtav 16. *mus* koji je umanjen za pol tona, ponižen | **that's ~** to je jasno, očito, to je otvoreno, izričito, ukratko rečeno; **to give a ~ denial** potpuno, sasvim, otvoreno nijekati, odrješito, odlučno nijekati; **~ race** konjska utrka bez zapreka

flat [flæt] *adv* 1. ravno, vodoravno, plosnato, spljošteno, pruženo, ispruženo 2. izravno, otvoreno, glatko, potpuno, apsolutno, pozitivno, sasvim 3. unaokolo | **to fall ~** spljoštiti se, pasti koliko je dug i širok; *fig* ne uspjeti, promašiti; ne proizvesti dojam, učinak; slabo djelovati; **to lay ~** ležati potrbuške; **to sing ~** pjevati prenisko, pjevati krivo; pjevati s lošom intonacijom

flat [flæt] *vt* spljoštiti | *US* **to ~ out** stanjiti se; *fig* ne uspjeti, izjaloviti se

flat-boat [ˈflætbəut] *s* čamac s ravnim dnom, batana

flat-car [ˈflætkaː] *s rly* vagon-platforma; plato kola

flat-fish [ˈflætfiʃ] *s ichth* iverak, list; *coll* budala

flat-foot [ˈflætfut] *s* ravan, plosnat taban; *US sl* detektiv

flat-footed [ˌflætˈfutid] *adj* koji ima ravne tabane; *US fam* odlučan, beskompromisan

flat-head [ˈflæthed] *s US* Indijanac iz plemena Chinook; *US sl* glupan, blesan

flat-iron [ˈflætˌaiən] *s* glačalo (za rublje); plosnato željezo

flatlet [ˈflætlit] *s* stan za samca, momački stan, garsonijera

flat lobster [ˈflætˈlɔbstə] *s zool* zezalo, kusica, trtica (*Seyllarus aretus*)

flatly [ˈflætli] *adv* odlučno, odrješito, bezuvjetno

flatness [ˈflætnis] *s* 1. ravnina, plosnatost, jednoličnost 2. mlitavost, labavost 3. plitkost, bljutavost 4. sumornost, opadanje, nedostatak ukusa, otrcanost, tupost, glupost, dosada 5. odlučnost, kategoričnost 6. *mus* poniženje note

flat-price [ˈflætprais] *s* jedinstvena cijena

flat-rate [ˈflætreit] *s* jedinstven stav (tarife)

flatten [ˈflætn] *vt/i* **I.** *vt* 1. spljoštiti, izravnati; opružiti, protegnuti, istegnuti, stanjiti 2. *mus* poniziti notu **II.** *vi* 1. splasnuti, opružiti se 2. stišati se (bura, vjetar) 3. postati neukusan (pivo) 4. *mus* poniziti se (nota)

flatten out [ˈflætnˈaut] *vt aero* izravnati avion | **to ~ the glide** umanjiti kut spuštanja

flatter [ˈflætə] *vt* laskati, umiljavati se, ulagivati se; zadovoljiti (taštinu); goditi (npr. uhu); ispuniti, zanijeti koga neosnovanom nadom; prikazati laskavo ili povoljno (npr. portret)

flatterer [ˈflætərə] *s* laskavac, ulizica

flattering [ˈflætəriŋ] *adj* (**~ly** *adv*) laskav

flattery [ˈflætəri] *s* laskanje, ulagivanje, dodvoravanje

flattish [ˈflætiʃ] *adj* ponešto spljošten

flattop [ˈflættɔp] *US coll* nosač aviona

flatulence [ˈflætjuləns] *s med* nadimanje, vjetrovi; nadutost (trbuha od plinova); *fig* naduvenost; ništavost, taština

flatulent [ˈflætjulənt] *adj* (**~ly** *adv*) nadut, podbuo; koji nadima; *fig* naduven, prazan, ništav

flatus [ˈfleitəs] *s* dah; *med* vjetar

flatways [ˈflætweiz] *adv* pljoštimice

flatwise [ˈflætwaiz] *adv* pljoštimice, ničice, koliko je dug i širok (pasti)

flaunt [flɔːnt] *s* ures, sjaj, raskoš; hvastanje, dičenje, kočoperenje

flaunt [flɔːnt] *vi/t* **I.** *vi* vijati se, lepršati, vijoriti se; naduti se, naduvati se (& *fig*); sjati se, gizdati se, razmetati se, šepiriti se, paradirati (čime) **II.** *vt* iznositi što na vidjelo, gizdavo isticati, pokazivati; *fig* ponosno uzdizati zastavu

flaunting [ˈflɔːntiŋ] *adj* (**~ly** *adv*) koji se vijori, lepršav; sjajan, gizdav
flaunty [ˈflɔːnti] *adj* (**flauntily** *adv*) sjajan, raskošan, kićen, gizdav, napirlitan | *Scot* zle volje, lošeg raspoloženja
flautist [ˈflɔːtist] *s mus* svirač flaute, flautist
flavescent [fleiˈvesənt] *adj* žućkast
flavorous [ˈfleivərəs] *adj* dobra okusa, aromatičan
flavour (flavor) [ˈfleivə] *s* miris; aroma; buke (vina); okus, začin
flavour [ˈfleivə] *vt* učiniti ukusnim; začiniti
flavoured [ˈfleivəd] *adj* začinjen; mirisav, ukusan; s ukusom...
flavouring [ˈfleivəriŋ] *s* začin
flavourless [ˈfleivəlis] *adj* bez mirisa, okusa, začina; bljutav
flavoursome [ˈfleivəsəm] *adj* ukusan, mirisav, začinjen mirodijama
flaw[1] [flɔː] *s* pukotina, napuklina, lom; pogreška, mana; pjega, mrlja; napuklo mjesto; *jur* pogreška u formi, formalna pogreška
flaw[2] [flɔː] *s* udar vjetra; kratka oluja
flaw [flɔː] *vt/i* **I.** *vt* okrznuti, kršiti, lomiti, smrskati, zdrobiti, oštetiti, uništiti; *fig* iznakaziti, nagrditi, pokvariti, izopačiti **II.** *vi* razbiti se, napuknuti
flawless [ˈflɔːlis] *adj* (**~ly** *adv*) bez pukotine; besprijekoran, bez mane; bez mrlje
flax [flæks] *s* lan; laneno vlakno
flax-brake [ˈflæksbreik] *s* trlica (za lan)
flax-comb [ˈflækskəum] *s* greben (za grebenanje lana)
flaxen [ˈflæksən] *adj* lanen; poput lana; lanene boje
flax-finch [ˈflæksfintʃ] *s ornith* crvena konopljarka
flax-seed [ˈflækssiːd] *s* laneno sjeme
flaxy [ˈflæksi] → **flaxen**
flay [flei] *vt* oljuštiti, guliti, derati (kožu); *fig* oštro kritizirati; ucjenjivati koga; *fig* oguliti (kožu); (također ~ *off*)
flayer [ˈfleiə] *s* živoder
flay-flint [ˈfleiflint] *s* lihvar, gulikoža; škrtac, tvrdica
flea [fliː] *s ent* buha | **to send a p away with a ~ in his ear** ljudski kome oprati glavu, očitati kome bukvicu; **to put a ~ in a p's ear** prišapnuti kome što, smutiti koga
fleabag [ˈfliːbæg] *s US sl* jeftino prenoćište
fleabane [ˈfliːbein] *s bot* bušak, bušinjak, bušinac
flea-beetle [ˈfliːˌbiːtl] *s ent* vrtna buha
flea-bite [ˈfliːbait] *s* ugriz buhe; *fig* trica, malenkost
fleam [fliːm] *s* lanceta; kratak šiljast nož; nož za puštanje krvi konjima
flèche [fleiʃ] *s Fr* šiljast i vitak toranj
fleck [flek] *s* mrlja; pjega; madež; mala čestica, sitna stvarca, mrvica, zera | **~s of sunlight** pjege od sunca na koži
fleck [flek] *vt* poprskati, posuti mrljama, učiniti šarenim, išarati
flecker [ˈflekə] *vt* → **fleck** *vt*
fleckless [ˈfleklis] *adj* bez mrlje, ljage
fled [fled] *pret & pp* od **flee**
fledge [fledʒ] *vt/i* **I.** *vt* pokriti perjem; njegovati mlade ptice dok ne dobiju perje **II.** *vi* dobiti perje, opernatiti se, okrilatiti
fledgeless [ˈfledʒlis] *adj* bez krila
fledg(e)ling [ˈfledʒliŋ] *s* mlad ptić; *fig* žutokljunac
flee [fliː] *vi/t* (**fled, fled**) 1. pobjeći, uteći, bježati (*from* od); naglo ostaviti (koga ili što); izbjegavati, kloniti se (*before*) 2. bježati, pobjeći (*from* od); *fig* odstupati, udaljivati se; odalečiti se, držati se podalje (*from* od), izbjegavati
fleece [fliːs] *s* runo, vunasta masa (npr. kose); *fig* nešto slično runu (bijel oblak, ovčica)
fleece [fliːs] *vt* ostrići, strići; prevući čime što je nalik na runo; *fig* operušati, očerupati, opljačkati
fleeceable [ˈfliːsəbl] *adj* koji se da operušati, očerupati
fleeced [fliːst] *adj* strižen; operušan (& *fig*) | **~ with** posut čime (npr. *the sky is fleeced with clouds*)
fleece-wool [ˈfliːswul] *s* strižena vuna
fleecy [ˈfliːsi] *adj* vunast, runast, pahuljast, pramenast, čupav
fleer [fliə] *s* podsmijeh, podsmjehivanje, podrugivanje
fleer [fliə] *vi* smijati se podrugljivo, zlobno, pakosno; rugati se; podsmjehivati se, podsmjehnuti se (*at* komu, čemu)
fleet[1] [fliːt] *s mar* flota, brodovlje; vozni park | **the ~** ratna mornarica; **merchant ~** trgovačka flota; **~ of cabs (taxis)** mnoštvo taksija; **~ air arm** mornaričko zrakoplovstvo, pomorske zrakoplovne snage; **~ supply ship** matični brod, brod za opskrbljivanje
fleet[2] [fliːt] *s* draga, dražica, malen zaljev | **the Fleet** kanal koji vodi u Temzu; zatvor u Londonu; **~ marriage** potajno vjenčanje u kapelici londonskog zatvora; **Fleet Street** londonska četvrt, centar engleske štampe; *fig* štampa, novinarstvo, novinari
fleet[1] [fliːt] *adj* (**~ly** *adv*) *poet* brz, hitar, lak, žustar
fleet[2] [fliːt] *adj dial* plitak (o vodi)
fleet [fliːt] *adv dial & agr* plitko (npr. *plough or sow ~* orati ili sijati plitko)
fleet [fliːt] *vi/t* **I.** *vi* plivati, ploviti; bježati, odmicati, iščezavati **II.** *vt* provesti vrijeme; *mar* promijeniti položaj; pomaknuti (motovilo, konop i dr.)
fleet-footed [ˌfliːtˈfutid] *adj* brzonog

fleeting [ˈfliːtiŋ] *adj* koji plovi; koji se gubi, bježi, iščezava; brz; prolazan, nestalan
Fleming [ˈflemiŋ] *s* Flamanac
Flemish [ˈflemiʃ] *adj* flamanski, iz Flandrije
Flemish [ˈflemiʃ] *s* flamanski jezik
flemish [ˈflemiʃ] *vi hunt* drhtati, tresti se (kad pas njuši trag, plijen)
flench [flentʃ] *vt* rasjeći, razrezati (kita); oguliti, oderati (tuljana)
flesh [fleʃ] *s* meso; jezgra (voća); čovječje tijelo, grešni čovjek; put, putenost | **~ and blood** tijelo; krv i meso; čovjek, ljudi, ljudska narav, priroda; **my own ~ and blood** krv moje krvi, moja djeca, rod; **~ and fell** dušom i tijelom, potpuno; **to make his ~ creep** učiniti da se kome koža ježi; **to lose ~** omršavjeti; **to put on ~** udebljati se, ugojiti se; **in ~** debeo, tust; **to become one ~** postati jedna duša i jedno tijelo; **all ~, the way of all ~** ljudska narav; **in the ~** živ, u naravi; **sins of the ~** putenost; *med* **proud ~** divlje meso; **to wear the ~ off one's bones** izmoždìti se, satrti se radeći; **neither fish, ~ nor good red herring** ni ovo ni ono, ni riba ni meso; **after the ~** utjelovljen, materijalan; **to go the way of all ~** umrijeti, otići svojim precima; **to be in ~** dobro izgledati, biti pun, jedar, imati mesa na sebi; **to be in the ~** biti živ, ispunjen životom
flesh [fleʃ] *vt* 1. hraniti (lovačkog psa) prvom divljači, lovinom; dati okusiti meso 2. *fig* učiniti borbenim, ratobornim 3. obučiti, uputiti koga u način ratovanja, u vođenje rata 4. (o oružju) zarinuti u tijelo, probosti koga 5. pokriti, presvući mesom (*spec fig*) 6. gojiti, ugojiti 7. (o sirovoj koži) ukloniti potkožno tkivo, skinuti meso | **to ~ one's sword** upotrijebiti mač prvi put u borbi; **to ~ one's pen** upotrijebiti pero prvi put za pisanje
flesh-colour [ˈfleʃˌkʌlə] *s* boja mesa
flesh-eater [ˈfleʃˌiːtə] *s* mesožder
flesher [ˈfleʃə] *s Scot* mesar; *US* nož za guljenje
flesh-fly [ˈfleʃflai] *s* zlatara, muha mesaruša
flesh-hook [ˈfleʃhuk] *s* kuka za vješanje mesa
fleshings [ˈfleʃiŋz] *s pl* triko boje mesa
fleshless [ˈfleʃlis] *adj* mršav, bez mesa
fleshly [ˈfleʃli] *adj* čulni, puten | **~ minded** puten
flesh-pot [ˈfleʃpɔt] *s* 1. lonac za kuhanje mesa | **~s** *pl* raskoš na kojoj drugi zavide; tjelesne naslade
flesh-tints [ˈfleʃtints] *s pl* boje mesa
flesh-wound [ˈfleʃwuːnd] *s* rana na mesu
fleshy [ˈfleʃi] *adj* mesnat; debeo, tust; tjelesan, puten, zemni, zemaljski, smrtan; od ovoga svijeta
fletcher [ˈfletʃə] *s* proizvođač lukova i strelica; trgovac lukovima i strelicama
fleur-de-lis [ˌfləːdəˈliː] *s her* ljiljanov cvijet
flew [fluː] *pret* **od fly**
flex [fleks] *vt* savijati
flex [fleks] *s el* gajtan, »žnora«
flexibility [ˌfleksəˈbiləti] *s* savitljivost, gipkost, fleksibilnost
flexible [ˈfleksəbl] *adj* (**flexibly** *adv*) savitljiv, gibak, vitak; pokretan, okretan; fleksibilan, povodljiv, poslušan, popustljiv
flexile [ˈfleksil] *adj* gibak, vitak, elastičan; okretan, pokretan; poslušan, povodljiv
flexion (flection) [ˈflekʃən] *s* savijanje; zavijutak, zavoj; okuka; *gram* sklanjanje, sprezanje, mijenjanje, promjena oblika, fleksija
flexional [ˈflekʃənəl] *adj* promjenljiv, koji se može sklanjati, sprezati
flexionless [ˈflekʃənlis] *adj* nepromjenljiv, koji se ne da sklanjati ili sprezati
flexor [ˈfleksə] *s med* mišić pregibač
flexuosity [ˌfleksjuˈɔsiti] *s* krivudavost, vijugavost
flexuous [ˈfleksjuəs] *adj* (**~ly** *adv*) kriv, isprevijan; krivudast, vijugast
flexure [ˈflekʃə] *s* savijanje, previjanje, pregibanje, krivljenje, iskrivljivanje; vijutak, zavoj; ugnutost, savijenost; krivina, prijevoj
flibbertigibbet [ˌflibətiˈdʒibit] *s* brbljavac, ogovarač; vragolan, vjetrogonja, obješenjak; nestaško
flick [flik] *s* lak udarac | *sl* **~s** *pl* kino, film; **to go to the ~** ići u kino
flick [flik] *vt* 1. lako udariti, zvrcnuti, kvrcnuti, pljesnuti 2. odbiti lupanjem, skinuti kucanjem, stresti (*off, away*)
flicker[1] [ˈflikə] *s* trzanje; svjetlucanje; prhanje, lepršanje
flicker[2] [ˈflikə] *s US ornith* djetao
flicker [ˈflikə] *vi* treperiti, svjetlucati se; prhati, lepršati
flickering [ˈflikəriŋ] *adj* (**~ly** *adv*) treperav, svjetlucav, lepršav
flick-knife [ˈfliknaif] *s* džepni nož koji se otvara na pritisak
flier [ˈflaiə] *s* → **flyer**
flight[1] [flait] *s* 1. let, letenje 2. *aero* putovanje, prevaljen put, let 3. način, stil letenja 4. (o vremenu) hujanje, prohujanje 5. prevaljena daljina leta ptice, prelet 6. *fig* polet, uzlet; izljev, uzmah, zamah (mašte, duhovitosti itd.) 7. stube, stepenice (npr. **~** *of stairs*) 8. (o pticama) jato; mnoštvo; skupina, grupa 9. (o projektilima, strelicama itd.) tuča, grǎd 10. *aero* eskadrila 11. natjecanje u gađanju na daleku metu | **to take a (one's) ~** (po)letjeti; **in the first ~** u prvom redu, na prvom, vodećem mjestu; **~ deck** uzletna paluba

flight² [flait] *s* bijeg, bježanje, uzmak | **to take (to) ~** udariti u bijeg, pobjeći, uteći, skloniti se; **to put (turn) to ~** natjerati u bijeg; najuriti, rastjerati, razbiti
flight [flait] *vt/i* ubijati ptice u letu; opskrbiti strelicu perom; letjeti u jatu
flight [flait] *vt* natjerati u bijeg, ustrašiti
flighty ['flaiti] *adj* (**flightily** *adv*) prevrtljiv, nepostojan, nestalan, hirovit, jogunast; rastresen, površan; pretjeran, lakouman; luckast, lud
flim-flam ['flimflæm] *s* trica, besmislica, čavrljanje, prijevara
flimsy ['flimzi] *adj* (**flimsily** *adv*) tanak, rijedak; krhak, loman, slabašan, slab; labav (i *fig*); bijedan, jadan, nevaljao, običan, prost, otrcan; ništav, površan
flimsy ['flimzi] *s* tanak papir (za kopije); *sl* novčanica; telegram
flinch [flintʃ] *vi* odustati, prezati, žacati se, ustuknuti (*from* pred)
flinch [flintʃ] *vt* → **flench**
flinders ['flindəz] *s pl* komadići, iverje, krhotine
fling [fliŋ] *s* 1. hitac; udarac; bockanje 2. zamah, bacanje, ritanje 3. *Scot* živahan ples | **to have a ~ at** pokušati sreću u čemu; *fam* **to have one's ~** izbjesnjeti se, ispraskati se, protjerati svoje, izritati se
fling [fliŋ] *vi/t* (flung, flung) **I.** *vi* 1. baciti se; oboriti se; skočiti, pohitjeti, srnuti, žuriti se; letjeti, poletjeti 2. (o konju) ritnuti se; (o osobama) bjesnjeti, praskati **II.** *vt* 1. baciti, odbaciti, hitnuti 2. oviti ruku (*round* oko) 3. (rvanje, jahanje) oboriti, baciti koga na tlo; *fig* upropastiti koga 4. (zrake, zvuk, jeka) puštati, slati, širiti | **to ~ in a p's teeth** predbaciti kome što, skresati kome što **u** lice, u oči; **to ~ open** naglo otvoriti, nasilno otvoriti, otvoriti širom; **to ~ oneself into a p's arms** baciti se kome u zagrljaj, u naručje; *fig* **to ~ into an enterprise** izvršiti pothvat, podvig, pokušaj; **to ~ oneself on a p** povjeriti se kome
fling away ['fliŋə'wei] *vt* 1. odbaciti, odložiti što 2. potratiti, rasipati, spiskati (novac itd.) 3. otpustiti (koga)
fling back ['fliŋ'bæk] *vt* naglo zabaciti (npr. *to ~ one's head*)
fling down ['fliŋ'daun] *vt* baciti na tlo; zbaciti, porušiti, razoriti, razvaliti
fling forth ['fliŋ'fɔːθ] *vt* izbijati, širiti (zrake, zvuk)
fling off ['fliŋ'ɔf] *vt/i* **I.** *vt* 1. zbaciti; otresti se (koga) 2. otpustiti **II.** *vi* odjuriti, umaći, izmaći
fling out ['fliŋ'aut] *vt* 1. odjuriti (ljutito) 2. raširiti (ruke) 3. izbaciti koga 4. izreći, izlanuti što 5. ritati se
fling to ['fliŋ'tuː] *vt* zatvoriti naglo ili nasilno
fling up ['fliŋ'ʌp] *vt* 1. baciti što uvis 2. napustiti (studij)
flint [flint] *s* kremen | *hist* **~ and steel** kremenjača (puška); **to wring water from a ~** stvarati čudesa; **to skin a ~** biti škrt, biti tvrdica; **he set his face like a ~** lice mu je poprimilo tvrd izraz; **a heart of ~** srce od kamena, čovjek bez srca
flint age ['flinteidʒ] *s* kameno doba
flint-glass [ˌflint'glaːs] *s* kristalno staklo
flint-hearted [ˌflint'haːtid] *adj* nemilosrdan, tvrda srca
flint-lock ['flintlɔk] *s hist* kremenjača (puška)
flint-paper [ˌflint'peipə] *s* stakleni papir
flintstone ['flintstəun] *s* kremen
flinty ['flinti] *adj* (**flintily** *adv*) kremenit, tvrd kao kremen; koji sadrži kremen; *fig* neumoljiv, tvrd
flip [flip] *s* 1. lak udarac 2. alkoholni napitak sa šećerom i jajima 3. *sl aero* kratka vožnja, panoramski let
flip [flip] *vt/i* **I.** *vt* baciti, hitnuti, pustiti, odapeti, zvrcnuti; pljesnuti, pljeskati, lako udariti **II.** *vi* odapeti se, otpustiti se, skočiti, poletjeti
flip-flap ['flipflæp] *s* 1. zvuk kad se nešto odbija od čega 2. prekobacivanje, salto mortale 3. vrsta vatrometa 4. vrtuljak 5. *US* vrsta čajnog peciva
flippancy ['flipənsi] *s* 1. okretnost, lakoća 2. brzopletost, razgovorljivost, nametljivost 3. neumjesna neozbiljnost, drskost
flippant ['flipənt] *adj* (**~ly** *adv*) brbljav, jezičav, brzoplet; plitak, neumjesno neozbiljan; neuljudan, bez poštovanja
flipper ['flipə] *s zool* 1. peraja, plovka; perajasto krilo, perajast ud (za plivanje) 2. *sl* ruka
flipperty-flopperty ['flipəti'flɔpəti] *adj* nestalan, lakouman; raspušten; raskliman; koji visi, koji se njiše, labav
flirt [fləːt] *s* brz hitac; brz udarac; brzo gibanje, kretanje; šala; bockanje; dopadljiva djevojka, namiguša, kaćiperka, koketa; ljepotan, kicoš, gizdelin; udvarač
flirt [fləːt] *vt/i* **I.** *vt* baciti, udariti žestoko; micati brzo, mahati živo (lepezom, ptica repom) **II.** *vi* kretati se, micati se (brzo, živo, okretno, hitro, lako); lepršati; trčati amo-tamo; ćaskati, ćeretati; namigivati, očijukati; titrati se, ljubakati, koketirati, flertovati (*with* sa)
flirtation [fləː'teiʃn] *s* živahno kretanje, micanje; koketiranje, flert
flirtatious [fləː'teiʃəs] *adj* dopadljiv, koketan, koji flertuje
flirtish ['fləːtiʃ] *adj* pomalo nestalan, vjetropirast
flirty ['fləːti] *adj* lepršav, nestalan, vjetropirast, lakomislen
flit [flit] *s* lepršanje, letenje

flit [flit] *vi* lepršati (*about, to and fro* okolo, amo-tamo); pobjeći, šmugnuti (*by* mimo), prhnuti, projuriti
flitch [flitʃ] *s* usoljena sušena šunka ili lopatica praseta; komad kitove slanine; riblji odrezak; odrezak (*esp* vanjski dio) stabla, debla | ~ **beam** greda sastavljena od željezne ploče između dviju dasaka
flitch [flitʃ] *vt* rezati u režnje (deblo, veliku ribu)
flitter ['flitə] *vi* lepršati, lepetati
flitter-mouse ['flitəmaus] *s* šišmiš
flivver ['flivə] *s US sl* jeftin auto ili avion, krntija
float [fləut] *s* 1. plivanje, plovljenje, plutanje, kretanje, komešanje 2. ono što na površini vode pliva, plovi, pluta, kreće se, komeša 3. splav; plovak, pluto; *mar* (označena) plutača; plivaći mjehur ribe; *min* niska rudnička kolica; platforma na kotačima; zidarska daščica za glađenje žbuke i dr.; lopata na točku (vodeničkom, brodskom i dr.) | *theat* **the** ~**s** *pl* rasvjeta uz rampu; ~ **case** keson za dizanje brodova
float [fləut] *vi/t* **I.** *vi* 1. plivati, ploviti, plutati, biti na vodi 2. *fig* lebdjeti, njihati se, lelujati se, lepršati 3. *com* biti u optjecaju, kolati; plivati (valuta) **II.** *vt* činiti da pliva, splavljivati; pokrenuti; poplaviti, preplaviti, ponijeti, prenijeti; porinuti u vodu, odsukati (brod); *fig* podići (na vlast); staviti u akciju, privesti u život (poduzeće itd.); staviti u optjecaj, širiti, raspačavati; osnovati, utemeljiti; izdati (npr. zajam) | **to** ~ **out of dock** izdokovati (brod)
float off ['fləut'ɔf] *vt* splaviti, otplaviti
floatable ['fləutəbl] *adj* koji može ploviti, plutati
floatage ['fləutidʒ] *s* 1. plivanje, plovljenje, plutanje 2. ono što pluta, što se kreće 3. naplavine 4. *jur* pravo na stvari koje more izbacuje 5. splav 6. brodovi itd., koji plove (na rijeci) 7. (ribolov) čep od pluta 8. *tech* kazaljka na manometru 9. balon za spasavanje 10. *mar* rezervna plovnost 11. *naut & mar* nadvodni dio broda
floatation (flotation) [fləu'teiʃn] *s* plivanje, plovljenje, plutanje; plovnost; osnivanje poduzeća; izdanje, emisija (zajma); novoosnovano poduzeće; *min* flotacija | *mar* ~ **line** teretna vodena linija
float-board ['fləutbɔːd] *s* lopata (točka, vitla, kola, vesla)
float-bridge ['fləutbridʒ] *s* splav
floater ['fləutə] *s* plivač ili ono što pliva; mjerilo za visinu tekućine u posudi; prvorazredan vrijednosni papir; sezonski radnik
floating ['fləutiŋ] *adj* (~**ly** *adv*) plutajući, plovan; koji je nošen, tjeran valovima i vjetrovima, koji se nalazi u optjecaju; *fig* kolebljiv, nepouzdan, neizvjestan; koji lebdi | ~ **debt** kratkoročni zajam; ~ **exchange rate** plivajući tečaj razmjene; *ins* ~ **policy** flotantna polica
floating-bridge [ˌfləutiŋ'bridʒ] *s mil* pontonski most
floating-capital [ˌfləutiŋ'kæpitl] *s com* obrtni kapital
floating-cargo [ˌfləutiŋ'kaːgəu] *s com* brodski teret koji se prevozi morem
floating-dock [ˌfləutiŋ'dɔk] *s* plovni dok
floating-harbour [ˌfləutiŋ'haːbə] *s* plovni gat
floating-kidney [ˌfləutiŋ'kidni] *s med* putujući bubreg, nefroptoza
floating-light [ˌfləutiŋ'lait] *s* brod svjetionik
float-plane ['fləutplein] *s* hidroavion s plovkama
floatsam ['fləutsəm] → **flotsam**
float-stone ['fləutstəun] *s* kamen za glađenje; vrsta kamena koji pliva
floccule ['flɔkjuːl] *s* pahuljica, pramičak
flocculent ['flɔkjulənt] *adj* pahuljast, pramenast
flocculus ['flɔkjuləs] *s* pahuljica, pramičak
flock[1] [flɔk] *s* 1. pramen, čuperak, pramičak (vune, pamuka i dr.); *pl* pahuljasti otpaci vune, vunena sukna (za punjenje posteljine); kaša od vune ili prnja za proizvodnju papira 2. *chem* lake, labave mase koje se talože
flock[2] [flɔk] *s* stado, krdo; jato; crkva, vjernici; obitelj; razred; četa; gomila, mnoštvo | ~**s and herds** ovce i stoka; **to come in** ~**s** jatiti se, gomilati se, hrliti, skupljati se, grnuti
flock [flɔk] *vt* gomilati, skupljati
flock [flɔk] *vi* (*about, after, into, to, in, out, together* oko, za, u, van, zajedno) gomilati se, skupljati se, jatiti se, grnuti, hrliti
flock-bed ['flɔkbed] *s* jastuk napunjen vunenim otpacima
flock-master ['flɔkˌmaːstə] *s* farmer, uzgajatelj ovaca, ovčar
flock-paper ['flɔkˌpeipə] *s* tapeta ukrašena pahuljicama, pramičcima
flocky ['flɔki] *adj* pahuljičast, pramenast, čupav
floe [fləu] *s* otkinut dio ledene poljane
flog [flɔg] *vt* tući, mlatiti, udarati, tjerati; bičevati, šibati | **to** ~ **a dead horse** potkivati lipsala konja, soliti more; **to** ~ **a willing horse** udarati, šibati nekoga tko radi, tko se trudi; **to** ~ **a th out of a p** istjerati, izgoniti iz koga što; *sl* poraziti, potući, nadmašiti koga u čemu; prestići koga
flogging ['flɔgiŋ] *s* bičevanje, šibanje, batinanje, kažnjavanje
flong [flɔŋ] *s* specijalni papir za pravljenje matrica
flood [flʌd] priliv, plima; potop, poplava, povodanj; tok; bujica; valovi; *fig* bu-

jica, pljusak; *poet* rijeka, poplava, more | **~ and field** more i kopno; **~ of tears (words)** bujica, rijeka, more suza (riječi); *bibl* **the Flood** opći potop; **to come in a ~** pojaviti se u velikom broju

flood [flʌd] *vt/i* **I.** *vt* poplaviti, preplaviti, navodnjavati, naplaviti **II.** *vi* pljuštati, lijevati; trpjeti od silnog gubitka krvi u maternici, krvariti

flood in [ˈflʌdˈin] *vi* strujati unutra; biti poplavljen, natopljen; prekomjerno krvariti nakon poroda | **~ upon a p** sručiti se na koga (zlo itd.)

flood-cock [ˈflʌdkɔk] *s mar* poplavni ventil

flood-gate [ˈflʌdgeit] *s* brana, ustava; **vrata suhog doka**

floodlight [ˈflʌdlait] *s* svjetlo koje zasljepljuje; svjetlo reflektora | **~s** osvjetljenje reflektorima

floodlight [ˈflʌdlait] *vt* osvijetliti reflektorom

floodtide [ˈflʌdtaid] *s* plima; vrijeme plime

floor [flɔː] *s* pod; tlo; parket; gumno; trijem; tavan; dno (mora ili spilje); kat, sprat; *sl* burza; *mar* rebrenica; *US* dvorana za sjednice; *film* studio, produkcija | *parl* **to ask for the ~** zatražiti riječ; **to take the ~** plesati; *US* izaći na pozornicu; *parl* uzeti riječ; **to hold the ~ of the house** osvojiti parlament govorom; **to wipe the ~ with a p** valjano udesiti koga; potpuno poraziti, satrti; **the film goes on the ~** započinje snimanje filma; **first ~** *GB* prvi kat, *US* prizemlje; **second ~** *GB* drugi kat, *US* prvi kat

floor [flɔː] *vt* pokriti podom, popločati; *fam* baciti, oboriti na tlo; ušutkati, zapanjiti; *univ sl* **to ~ the paper** odgovoriti na sva pitanja na pismenom ispitu

floor-cloth [ˈflɔːklɔθ] *s* linoleum; krpa za pranje poda

floor-ceiling [ˈflɔːˌsiːliŋ] *s mar* podnice (u kaljuži)

floorer [ˈflɔːrə] *s* 1. onaj koji pravi podove; ono od čega se prave podovi 2. *sl* stanar(ka) nekog kata 3. *box sl* porazni udarac 4. neočekivana, neugodna vijest, teška situacija, problem koji zabrinjuje 5. *univ sl* pitanje ili pismeni zadatak koji stavlja u nepriliku 6. (kuglanje) svih devet

flooring [ˈflɔːriŋ] *s* 1. popločavanje, pravljenje poda 2. **pod; ono od** čega je pod napravljen; stelja, parket | **~ strip** popruga

floor-leader [ˈflɔːˌliːdə] *s US pol* vođa stranačkog bloka u Kongresu

floorless [ˈflɔːlis] *adj* bez poda

floorplate [ˈflɔːpleit] *s mar* rebrenica

floor-scrubber [ˈflɔːˌskrʌbə] *s* četka za pod

floor show [ˈflɔːʃəu] *s* program (u baru)

floor-timbers [ˈflɔːˌtimbəz] *s pl mar* podnice

floor-walker [ˈflɔːˌwɔːkə] *s US* šef odjela u robnoj kući

floor-wax [ˈflɔːwæks] *s* laštilo za pod

flop [flɔp] *s* pad, padanje; bubanje, udaranje, bubetanje; *sl* neuspjeh, fijasko; mekušac

flop [flɔp] *adv & interj* pljus! bum! | **to go ~** propasti, ne uspjeti, doživjeti neuspjeh

flop [flɔp] *vi/t* **I.** *vi* hodati nespretno, nezgrapno; (*down*) sjesti, kleknuti, leći, spustiti se, nespretno, nezgrapno bubnuti, ljosnuti, cocnuti; lepetati, udarati krilima; *sl* ljosnuti, srozati se; nadrljati; promašiti **II.** *vt* srušiti, oboriti, zbiti, bubnuti koga

floppy [ˈflɔpi] *adj* (**floppily** *adv*) koji tromo, mlitavo, labavo visi; nemaran, površan

flora [ˈflɔːrə] *s* biljno carstvo, flora

floral [ˈflɔːrəl] *adj* (**~ly** *adv*) koji se tiče flore; cvjetni

Florentine [ˈflɔrəntain] *adj* firentinski

Florentine [ˈflɔrəntain] *s* Firentinac; vrsta svile; vrsta pite s mesom; firentinski dijalekt

florescence [flɔːˈresns] *s* cvjetanje, cvat; vrijeme cvjetanja, doba cvatnje (& *fig*)

florescent [flɔːˈresnt] *adj* koji cvjeta, koji je u cvatu

floret [ˈflɔːrit] *s bot* cvjetić, cvijetak; klasić, vlatak

floriate [ˈflɔːrieit] *vt* iskititi cvjetnim crtežima

floricultural [ˌflɔːriˈkʌltʃərəl] *adj* (**~ly** *adv*) koji se tiče uzgajanja cvijeća

floriculture [ˈflɔːrikʌltʃə] *s* uzgajanje cvijeća

floriculturist [ˌflɔːriˈkʌltʃərist] *s* uzgajatelj cvijeća

florid [ˈflɔrid] *adj* (**~ly** *adv*) cvatući, cvjetan, rascvjetan; kićen; rumena obraza; sjajan; crven; *archit* bogato ukrašen; pretrpan ukrasima; *fig* kričav, upadljiv, prenatrpan, kićen

floridity [flɔˈriditi] *s* cvjetno bogatstvo; svježa rumena boja; kričavost, prenatrpanost; kićen slog

floriferous [flɔːˈrifərəs] *adj* cvjetan, cvjetonosan

florin [ˈflɔrin] *s hist num* zlatnik, dukat iz doba engleskog kralja Edwarda III (1327—1377); srebrnjak od dva šilinga

florist [ˈflɔrist] *s* uzgajatelj cvijeća; cvjećar(ica), trgovac cvijećem; ljubitelj cvijeća; botaničar

floruit [ˈflɔːruit] *s* razdoblje najjače djelatnosti koje glasovite osobe

floss [flɔs] *s* 1. svila na čahurama dudova svilca 2. svilenaste niti u plodu nekih biljaka 3. nesukane i neispredene svilene niti; mekana svilenasta tvar; sirova svila | **~ silk** floretna svila

floss-silk [ˌflɔs'silk] *s* otpaci pri odmatanju svile s čahura; pređa od takve svile; prosta svila

flossy ['flɔsi] *adj* svilenast, mekan kao svila, floretno svilen; *US sl* bezobrazan, besraman

flotation [fləu'teiʃn] *s* → **floatation**

flotilla [fləu'tilə] *s* flotila | ~ **leader** vođa flotile

flotsam ['flɔtsəm] *s* podrtina, ostaci broda nakon brodoloma; ono što more izbaci; ikra ostrige | **the ~ and jetsam of life** prosti, obični, niski, odvratni životni uvjeti; odbačeni i napušteni ljudi

flounce[1] [flauns] *s* nagla i nestrpljiva kretnja

flounce [flauns] *vi* 1. stropoštati se, survati se, ljosnuti, strovaliti se; jurišati, navaliti (*away, out*) 2. skakati amo-tamo (*about, up*) 3. plesati (*to ~ it*) 4. (o konjima) komešati se, poplašiti se

flounce[2] [flauns] *s* volani na rubu ženske suknje; nabor

flounce [flauns] *vt* ukrasiti volanima

flounder[1] ['flaundə] *s ichth* iverak

flounder[2] ['flaundə] *s* koprcanje, praćakanje

flounder ['flaundə] *vi* 1. koprcati se, praćakati se, batrgati se, komešati se, spoticati se, posrtati, teturati; praviti greške 2. *fig* tapkati, gacati; zapinjati (u govoru); bez cilja tumarati, bazati

flour ['flauə] *s* 1. fino brašno (pšenično) 2. fin sitan prah bilo čega

flour ['flauə] *vt* posuti brašnom; *US* mljeti, samljeti; smrviti, zdrobiti u brašno

flourish ['flʌriʃ] *s* 1. cvat, rascvat 2. procvat, napredak, blagostanje; napon snage 3. zavojita šara, repić, ukras (oko slova u rukopisu); ukras govora, izraza 4. zamah (oružjem, rukom i dr.) 5. *mus* tuš (duhačkim instrumentima), fanfara 6. *theat* predigra

flourish ['flʌriʃ] *vi/t* **I.** *vi* 1. ojačati, postati snažan; uspijevati, napredovati; bujati, cvjetati, cvasti 2. šarati, črčkati; izvijati se, sukljati u fantastičnim figurama (dim itd.); kićeno govoriti, hvaliti se, razmetati se; biti na vrhuncu slave, biti u naponu snage **II.** *vt* 1. kititi cvijećem, iskititi (kićenim riječima) 2. (mačem) mahati, vitlati (*about, in* po, u) 3. istaknuti (zastavu)

flourishy ['flʌriʃi] *adj* ukrašen, kićen

flour-mill ['flauəmil] *s* mlin za brašno

floury ['flauəri] *adj* brašnjav; brašnast

flout [flaut] *s* ruganje, podrugivanje, ismjehivanje; *fam* sprdnja, ruglo

flout [flaut] *vt/i* ismjehivati koga, rugati se (*at* komu, čemu); podrugivati se, podsmjehivati se; veseliti se zlurado i podrugljivo

flow [fləu] *s* 1. pritjecanje; rastenje (mora), plima 2. struja, tok 3. izljev; bujica; *mar* pukotina, otvor (na brodskom trupu) 4. glatkoća (govora) 5. talasanje (ženske haljine i dr.) 6. količina proizvodnje 7. obilje, pretek | **ebb and ~** oseka i plima; **a ~ of spirits** veselost, živost, radost; **~ of wind** udarac vjetra, reful; **~ production** lančana proizvodnja; *el* **~ wire** napojni vod

flow [fləu] *vi* teći, curiti; šikati, kolati, strujati; talasati se (odjeća, kosa); izvirati, proizlaziti, proistjecati (*from* od, iz); proliti se (krv); rasti (more)

flower ['flauə] *s* 1. cvijet, cvat 2. nakit, ures, ukras 3. ono što je najbolje, najljepše od svega, jezgra, bit, suština 4. vrijeme cvatnje, rascvat | *chem* **~s** *pl* talog u obliku praha, cvijet (npr. sumporni); **in ~** u cvijetu, u cvatu; **in the ~ of his age** u najljepšoj dobi života

flower ['flauə] *vi/t* **I.** *vi* cvjetati, cvasti, biti u cvatu **II.** *vt* kititi cvijećem; dovesti do rascvata (& *fig*)

flower-bed ['flauəbed] *s* gredica, lijeha cvijeća

flower-de-luce ['flauədi'luːs] *s poet US* ljiljan

flowered ['flauəd] *adj* rascvao; išaran cvijećem

flowerer ['flauərə] *s* biljka koja cvate

floweret ['flauərit] *s* cvijetak, cvjetić

flower-garden ['flauəˌgaːdn] *s* cvjetnjak

flower-girl ['flauəgəːl] *s* cvjećarica

flowerless ['flauəlis] *adj* bez cvijeta

flower-pot ['flauəpɔt] *s* lonac za cvijeće

flower-show ['flauəʃəu] *s* izložba cvijeća

flowery ['flauəri] *adj* cvjetni, kićen

flowing ['fləuiŋ] *adj* (**~ly** *adv*) 1. koji teče, struji; lak, gladak (govor) 2. koji se razvija, napreduje, koji raste; sve veći 3. okretan; koji se vijori, lepršа 4. koji pada u naborima 5. pun, prepun | **~ tide** plima

flowmeter ['fləuˌmiːtə] *s el* mjerač protoka

flown [fləun] *pp* od **fly**

flown [fləun] *adj arch* otečen, nadut; naduven

fluctuate ['flʌktjueit] *vi* 1. kolebati se; njihati se; lelujati se; fluktuirati, mijenjati se; biti nestalan, biti neodlučan 2. *com* dizati se i spuštati (cijene)

fluctuation [ˌflʌktju'eiʃn] *s* fluktuacija; kolebanje, nestalnost, neodlučnost

flue[1] [fluː] *s* mreža potegača, migavica

flue[2] [fluː] *s* pahuljice, paperje, malje

flue[3] [fluː] *s* dimnjak; cijev kamina; kanal u zidu za dovođenje topline; cijev u parnom kotlu za provođenje vode; cijev u lokomotivi za provođenje vatre; otvor na svirali orgulja | **~ gases** plinovi u dimu; **~ tube** cijev ložišta, plamenica

flu(e)[4] [fluː] *s coll* (skraćenica za **influenza**) gripa, influenca

flue[5] [fluː] *s mar* nokat na kraku sidra ili harpuna

flue [flu:] *vi/t* **I.** *vi* biti ukošen, biti proširen koso prema van ili unutra **II.** *vt* ukositi, proširiti koso prema unutra ili van (prozor, vrata)

fluency [ˈfluənsi] *s* tok, struja, lakoća; okretnost, *esp* u govoru; rječitost

fluent [ˈfluənt] *adj* (**~ly** *adv*) koji glatko teče, tečan; lak; gladak, rječit; okretan

fluent [ˈfluənt] *s math* funkcija, integral, promjenljiva veličina

flue-pipe [ˈflu:paip] *s mus* svirala (orgulja)

flue-work [ˈflu:wə:k] *s* registar na orguljama

fluey [ˈflu:i] *adj* pokriven paperjem, pahuljast, maljav

fluff [flʌf] *s* 1. paperje, pahuljice; mekana vunenasta masa; prve malje brade 2. *sl theat* loše naučena ili loše odigrana uloga

fluff [flʌf] *vt/i* **I.** *vt* 1. učiniti od čega pahuljice, paperje, kučine 2. *sport* spetljati, skrpati što 3. (o pticama) šepuriti, šepiriti perje (*out, up*) **II.** *vi* 1. lako se kretati, tiho se spustiti 2. *theat sl* loše govoriti ulogu, iznositi ulogu šeprtljavo | **to ~ oneself out (up)** rašepuriti se (& *fig*)

fluffy [ˈflʌfi] *adj* (**fluffily** *adv*) pahuljast, maljav, mekan, mekušast, pramenast, čupav; *sl* pijan; *theat* šeprtljav

fluid [ˈflu:id] *adj* tekuć, židak, tečan | **~ compass** kompas s tekućinom; *tech* **~ coupling** hidraulični prijenos

fluid [ˈflu:id] *s* tekućina, fluid; sok, sekrecija, izlučina

fluid [ˈflu:id] *vt* učiniti tekućim

fluidify [flu:ˈidifai] *vt* pretvoriti u tekućinu, učiniti tekućim

fluidity [flu:ˈidəti] *s* tekuće stanje, žitkoća, žitkost

fluke[1] [flu:k] *s* vrsta krumpira; *ichth* list (*Pleuronectes Flesus*); crv plošnjak, ovčji metilj

fluke[2] [flu:k] *s mar* krak sidra | **~s** *pl* kitov rep

fluke [flu:k] *vi/t* 1. plivati perajama (kit) 2. pričvrstiti kita lancem ili užetom

fluke[3] [flu:k] *s coll* slučajan pogodak u biljaru; neočekivan uspjeh, sretan slučaj

fluke [flu:k] *vt* (biljar) dobiti pogodak sretnim slučajem; natjerati kuglu u rupu

fluky [ˈflu:ki] *adj* (**flukily** *adv*) neočekivano sretan; neizvjestan, nepouzdan, nesiguran

flume [flu:m] *s* 1. *US* žlijeb, oluk, kanal za dovođenje vode u mlin ili tvornicu 2. *arch* rijeka, potok 3. klanac, klisura kroz koju protječe potok, brzica

flume [flu:m] *vt* dovoditi vodu kanalom; transportirati kanalom

flummery [ˈflʌməri] *s cul* zobena kaša; vrsta voćne kreme; *fig* besmislica, prazno brbljanje, hvalisanje, isprazni komplimenti

flummox [ˈflʌməks] *vt sl* smesti, smutiti, zbuniti; splesti; dovesti koga u nepriliku

flump [flʌmp] *vi/t* **I.** *vi* nezgrapno, bespomoćno se kretati; pasti, ljosnuti **II.** *vt* baciti, oboriti na zemlju s treskom

flump down [ˈflʌmpˈdaun] *vt* srušiti, oboriti

flump [flʌmp] *s* težak pad

flung [flʌŋ] *pret & pp* od **fling**

flunk [flʌŋk] *vi/t US coll* **I.** *vi* ne uspjeti, propasti, pasti (na ispitu); promašiti; ustuknuti, povući se; biti otpušten, odbijen **II.** *vt* otpustiti, odbiti; srušiti (na ispitu)

flunk [flʌŋk] *s US coll* neuspjeh

flunkey [ˈflʌŋki] *s* 1. livriran sluga, lakaj 2. *fig* slugan, čankoliz, ulizica, dodvorica 3. *US sl* neiskusan burzovni špekulant

flunkeydom [ˈflʌŋkidəm] *s coll* služinčad, posluga

flunkeyism [ˈflʌŋkiizəm] *s* sluganstvo, dodvoravanje, čankolištvo

fluor [ˈfluɔ:] *s chem* fluor

fluorescence [ˌfluəˈresns] *s phys* svjetlucanje, fluorescencija

fluorescent [ˌfluəˈresnt] *adj* svjetlucav, fluorescentan

fluorine [ˈfluəri:n] *s chem* fluor

fluor-spar [ˈfluəspa:] *s minr* fluorit

flurry [ˈflʌri] *s* 1. uzbuđenost, uzrujanost, razdraženost; pometnja 2. nalet vjetra, lahor, vjetrić 3. samrtna borba (kita) 4. oluja | **in a ~** uzburkan; uzrujan, uzbuđen; **~ of rain** pljusak; **~ of snow** mećava, zamet

flurry [ˈflʌri] *vt* uznemiriti, uzrujati, uzbuditi

flush[1] [flʌʃ] *s* jato ptica koje je poplašeno uzletjelo

flush[1] [flʌʃ] *vi/t* **I.** *vi* uzletjeti **II.** *vt* natjerati da uzleti, istjerati iz skrovišta (ptice)

flush[2] [flʌʃ] *s* 1. mlaz vode; isplahivanje 2. *fig* pretek 3. navala osjećaja, ganuća, uznesenosti, radosno uzbuđenje 4. bujanje (raslinja) 5. žar, jar; crvenilo od vrućice 6. rumen, rumenilo 7. snaga, cvat, obilje, sjaj; *fig* procvat 8. sve karte iste boje u ruci igrača, fleš

flush[2] [flʌʃ] *vi/t* **I.** *vi* 1. šiknuti, procuriti, provaliti, strujiti, izliti se, navreti 2. klicati, rasti, micati, izbiti, pupati, listati 3. zagrijati se, planuti **II.** *vt* 1. oplahnuti, isprati; preliti, navodniti, poplaviti 2. istjerati, natjerati krv u lice, učiniti da tko pocrveni, zagrijati (npr. vinom), uzbuditi, razjariti; *fig* sjajno obojiti 3. uznijeti, učiniti oholim, ohrabriti 4. toviti (ovce) | **~ed with joy** opojen veseljem

flush [flʌʃ] *vt* ravnati, poravnati, izjednačiti, izgladiti; ispuniti

flush [flʌʃ] *adj* 1. pun, krcat, preobilan 2. svjež, bujan, snažan; pun pouzdanja u sebe 3. (predikativno) bogato opskrbljen, snabdjeven (*of* čime), bogat, obilan (*of* čime) 4. izdašan, rasipan (*with* u čemu) 5. uspješan, sretan 6. ravan, koji je na jednakoj razini, visini (*with* sa) | ~ **with money** krcat novca; ~ **deck** neprekinuta paluba; ~ **decker** brod bez nadgrađa

flusher ['flʌʃə] *s ornith* svračak

fluster ['flʌstə] *s* smetenost, zbunjenost; uzrujanost, uzbuđenje | **to be all in a** ~ biti zbunjen, smeten, uzrujan

fluster ['flʌstə] *vt/i* **I.** *vt* zagrijati (pićem), opiti; smutiti, zbuniti, smesti **II.** *vi* zbuniti se, uzrujati se

flute [flu:t] *s mus* flauta; frula; *archit* brazda, žljebić na stupovima, vitica; žlijebljenje; brazdanje; nabor (haljine)

flute [flu:t] *vi/t* 1. *mus* svirati flautu 2. *archit* ižlijebiti, izdupsti, izbrazdati, nabirati, naborati (rublje, haljinu), plisirati | ~**d glass** izbrazdano staklo; ~**d paper** valovita ljepenka

fluting ['flu:tiŋ] *s* sviranje na flauti; plisiranje, plisé; *archit* žlijebljenje, dubljenje, kaneliranje

fluting ['flu:tiŋ] *adj* milozvučan

flutist ['flu:tist] *s* svirač flaute, flautist

flutter ['flʌtə] *s* lepršanje, komešanje, nemir, uzrujanost; *sl* špekulacija, hazard; *aero* vibriranje (krila) | **to make a** ~ uskomešati, razdražiti, uzrujati; **to cause a** ~ izazvati senzaciju; **to be in a** ~ biti uzbuđen, uzrujan

flutter ['flʌtə] *vi/t* **I.** *vi* lepršati, vijoriti se (zastava), lepetati; oblijetati, lebdjeti, letjeti; mreškati se (voda), treperiti (srce); drhtati, tresti se **II.** *vt* mahati, uznemirivati, zbuniti, zbrkati, smesti, uzrujati

fluty ['flu:ti] *adj* flautovski, mekan i jasan

fluvial ['flu:vjəl] *adj* riječni

fluviatile ['flu:viətail] *adj* riječni, koji se nalazi u rijeci, koji potječe iz rijeke

flux [flʌks] *s* 1. tijek, tok, izljev, istjecanje, strujanje, nadolaženje plime, optjecaj, slijevanje, sastavljanje, sastavci 2. *med* iscjedak, sluz, flus; krvarenje 3. *fig* bujica (riječi) 4. *chem* fluks | ~ **and reflux** plima i oseka, priliv i odliv; **in a state of** ~ **and reflux** u stanju stalne promjene; ~ **of money** optjecaj novca

flux [flʌks] *vi/t* **I.** *vi* teći, istjecati, curiti, strujati (obilno) **II.** *vt* taliti, učiniti tekućim; *med* čistiti

fluxion ['flʌkʃən] *s* 1. tečenje, taljenje, rastapanje 2. *med* curenje, krvarenje, pranje 3. mijenjanje, promjena, promjenljivost | *math* **method of** ~**s** diferencijalni račun

fluxional ['flʌkʃənl] *adj* (~**ly** *adv*) taljiv, promjenljiv; *math* diferencijalni

fluxionary ['flʌkʃnəri] *adj* promjenljiv, kolebljiv; *math* diferencijalni

fly[1] [flai] *s ent* krilat insekt; muha; ušenac; umjetna muha (ribiča); špijun, parazit | ~ **in amber** rijetkost, rijedak ostatak; **a** ~ **on the wheel** čovjek koji precjenjuje svoju vrijednost; **to break (crush) a** ~ **upon the wheel** potrošiti mnogo truda ni za što; **a** ~ **in the ointment** sitna okolnost koja pokvari sav užitak; **there are no flies on him** nema mu prigovora; *US sl* nije nimalo sumnjiv

fly[2] [flai] *s* 1. letenje, let; udaljenost leta 2. laka kočija 3. *theat* prostor iznad proscenija 4. *mech* nemirnica (u satu) 5. krilo kolovrata; krilo, krak vjetrokaza 6. raspor (»šlic«) na hlačama | **on the** ~ u letu, u letenju, u pokretu; **to be on the** ~ veseliti se, lumpati, bančiti

fly [flai] *adj sl* budan, oprezan, prepreden, lukav, prefrigan; žustar, hitar

fly [flai] *vi/t* (flew, flown) **I.** *vi* 1. letjeti, uzletjeti, nastaviti let, odletjeti; žuriti se, hitjeti, juriti, pojuriti, srnuti; (*fly, flying* zamjenjuje *flee, fleeing*) 2. bježati, pobjeći 3. lepršati, vijoriti se 4. odmicati, promicati **II.** *vt* 1. prelijetati, preletjeti 2. kloniti se, izbjegavati 3. loviti (sokolom, jastrebom); dići, natjerati da uzleti (pticu) 4. izvjesiti (zastavu) 5. *sport* prijeći preko čega 6. *aero* upravljati avionom, voziti avionom 7. *fam* poslati, nabaciti (npr. *I will* ~ *you a line*) | **to** ~ **high** biti ambiciozan, biti častohlepan, rado se isticati; **high flown** uzvišen, nadut, bombastičan; **the bird is flown** ptica je umakla; **to** ~ **a kite** pustiti papirnata zmaja; *sl* podići novac na fiktivnu mjenicu; ubaciti kakvu vijest da se ispipa situacija; **to** ~ **to arms** latiti se oružja; **to** ~ **in the face of** nasrnuti, izazvati, uvrijediti, prkositi; **to** ~ **into a passion** rasrditi se, ražestiti se; **to make the money** ~ spiskati novac; **to** ~ **open** naglo otvoriti, **the door flew open** vrata se naglo otvoriše; **the glass flies** staklo se razbija u komadiće; **to let** ~ **at** odapeti, opaliti; **he let** ~ **with his fists** napao je šakama; **to** ~ **in pieces** razletjeti se u nebrojeno komada, razbiti se; smrskati se; **to** ~ **the country** pobjeći iz zemlje; **to** ~ **a danger** bježati pred opasnošću; **to** ~ **to hawks** ići u lov sa sokolovima, jastrebovima; **to** ~ **the river** loviti ptice močvarice; *mar* **to** ~ **a flag** ploviti pod zastavom; *aero* **to** ~ **on instruments** letjeti naslijepo

fly about ['flaiə'baut] *vi* 1. letjeti amo-tamo, letjeti naokolo, oblijetati 2. razglasiti se

fly at ['flai'æt] *vt* napasti; nasrnuti

fly away ['flaiə'wei] *vi* odletjeti

fly down ['flai'daun] *vi* sići, silaziti u letu

fly off ['flai'ɔf] *vi* odletjeti, pasti, otkinuti se; odmetnuti se; umaknuti, žurno uteći

fly on ['flai'ɔn] *vt* navaliti, naletjeti na koga (sa psovkama), okomiti se na koga

fly out ['flai'aut] *vi* istrčati, izjuriti; udariti (u) | **to** ~ **into a rage** razbjesniti se, razjariti se; **to ~ at** osuti koga grdnjama

fly over [ˈflaiˈəuvə] *vt* preletjeti

fly up to [ˈflaiˈʌpˈtuː] *vi* uzletjeti

fly-away [ˈflaiəˌwei] *adj* lepršav, koji se vije (odjeća); nestalan, vjetrenjast, vjetropirast, lakomislen

fly-blown [ˈflaibləun] *adj* zagađen od muha; nečist, prljav (i *fig*)

fly-book [ˈflaibuk] *s* kutija za čuvanje muha za pecanje

fly-by-night [ˈflaibaiˈnait] *s* 1. noćna skitalica 2. *fam* noćna ptica | **~ firm** nesolidno poduzeće

fly-catcher [ˈflaiˌkætʃə] *s* 1. muholovac, muholovka 2. *bot* muholovka (biljka) 3. *ornith* muholovac, muholovka (*Muscicapa grisola*)

flyer (flier) [ˈflaiə] *s* letač; *sport* skok sa zaletom

fly-fish [ˈflaifiʃ] *vi* loviti ribe muhom

fly-fishing [ˈflaiˌfiʃiŋ] *s* pecanje, lovljenje ribe muhom

fly-flap [ˈflaiflæp] *s* predmet za tjeranje ili ubijanje muha; udarac takvim predmetom

flying [ˈflaiiŋ] *s* 1. letenje, uzlijetanje 2. *aero* zrakoplovstvo, avijacija

flying [ˈflaiiŋ] *adj* leteći, koji leti, lepršа; brz | **with ~ colours** s istaknutim zastavama, slavodobitno, pobjedonosno; s vidljivim znacima uspjeha; **~-off deck, ~-on deck** uzletna paluba; **~ fortress** leteća tvrđava; **~ personnel** letačko osoblje; **~ saucer** leteći tanjur; *mar* **~ topsail** letka; **~ vehicle** letjelica; **~ wing** leteće krilo, tip aviona bez trupa i repa

flying-boat [ˈflaiiŋbəut] *s aero* hidroavion

flying-bridge [ˈflaiiŋbridʒ] *s mil* privremeni, pontonski most

flying-buttress [ˈflaiiŋˌbʌtris] *s archit* potporni poluluk; sveden stup

flying-dog [ˈflaiiŋdɔg] *s zool* letipas jestivi (*Pteropus edulis*)

Flying Dutchman [ˈflaiiŋˌdʌtʃmən] *s* ukleti Holandez, sablasni brod; ekspresni vlak

flying-fish [ˈflaiiŋfiʃ] *s ichth* poletuša (*Cypselurus rondeleti*); *astr* ime zviježđa

flying-fox [ˈflaiiŋfɔks] *s* → **flying-dog**

flying-jib [ˈflaiiŋdʒib] *s mar* prečkica | **~ boom** čunac

flying-jump [ˈflaiiŋdʒʌmp] *s* skok sa zaletom

flying-machine [ˈflaiiŋməˌʃiːn] *s* 1. *aero* avion, zrakoplov, aeroplan 2. *theat* stroj za prikazivanje leta na pozornici; vrsta trapeza

flying-man [ˈflaiiŋmæn] *s* avijatičar, letač

flying-officer [ˈflaiiŋˌɔfisə] *s* avijatički oficir, u brit. zrakoplovstvu poručnik

flying-pig [ˈflaiiŋpig] *s sl* mina bačena iz bacača

flying-squad [ˈflaiiŋskwɔd] *s* leteća patrola (policije)

flying squid [ˈflaiiŋˈskwid] *s ichth* totan, lignjun (*Ommastrephes sagittatus*)

flying-start [ˈflaiiŋstaːt] *s sport* leteći start

flying-visit [ˈflaiiŋˌvizit] *s* kratak nenajavljen posjet

fly-leaf [ˈflailiːf] *s* čist list na početku ili na kraju knjige („vorsatz")

fly-line [ˈflailain] *s* 1. običajni let ptice prilikom seobe 2. udica za pecanje s muhom

flyman [ˈflaimən] *s* fijakerist, kočijaš lakog jednoprega, kočije poštanskih kola; *theat* radnik u prostoru iznad proscenija koji upravlja užetima za kulise itd.

flyover [ˈflaiˌəuvə] *s GB* nadvožnjak

fly-paper [ˈflaiˌpeipə] *s* papir premazan ljepilom za lovljenje muha

fly-sheet [ˈflaiʃiːt] *s* letak

fly-time [ˈflaitaim] *s US* proljeće; vrijeme kad su muhe jako dosadne

fly-trap [ˈflaitræp] *s* muholovka (mreža, biljka)

flyway [ˈflaiwei] *s* ustaljeni put ptica selica

fly-weight [ˈflaiweit] *s sport* boksač muha kategorije (ne više od 112 lbs.)

fly-wheel [ˈflaiwiːl] *s tech* kotač zamašnjak

foal [fəul] *s* ždrijebe | **in ~, with ~** ždrebna

foal [fəul] *vt/i* oždrijebiti (se)

foam [fəum] *s* pjena; *poet* more | **~ cushion** spužvasti jastuk; **~ rubber** spužvasta guma; **~ tube extinguisher, ~ installation** vatrogasni aparat za gašenje pjenom

foam [fəum] *vi* pjeniti se | **he ~ed with rage** zapjenio se od srdžbe, usta su mu bila zapjenjena, na usta mu je izlazila pjena; **he ~ed at the mouth** pjena mu je došla na usta

foamless [ˈfəumlis] *adj* bez pjene

foamy [ˈfəumi] *adj* (**foamily** *adv*) pokriven pjenom, pjenušav, pjenast

fob [fɔb] *s* džepić za sat (na hlačama); *US* kratak lanac za sat; malen ukras na kraju lanca, privjesak

fob¹ [fɔb] *vt* metnuti u džep

fob² [fɔb] *vt* varati, natociljati

fob off [ˈfɔbˈɔf] *vt* nasamariti, prevariti | **to ~ a p on a th** naturiti, utrapiti kome što

focal [ˈfəukəl] *adj* (**~ly** *adv*) žarišni, fokusni | **~ distance** žarišna udaljenost

focalization [ˌfəukəlaiˈzeiʃn] *s* spajanje u jednom žarištu

focalize [ˈfəukəlaiz] *vt* spojiti, sastaviti u žarište; *phot* namjestiti leću aparata tako da slika pada u žarište; *med* ograničiti na određeno područje

fo'c'sle [ˈfəuksl] *s* → **forecastle**

focus [ˈfəukəs] *s* (*pl* **foci** [ˈfəusai], **~es**) žarište, središte, fokus (& *med*) | **to bring into ~** pomaknuti, dovesti u žarište; **in ~** u fokusu, u žarištu; točno namješten, oštro prikazan; **out of ~** izvan žarišta, netočno namješten, neoštro prikazan
focus [ˈfəukəs] *vt/i* **I.** *vt* skupiti u žarištu, namjestiti predmet, dalekozor tako da slika postane jasna; *opt* izoštriti (sliku); koncentrirati (pažnju *on* na) **II.** *vi* skupiti se u žarištu, središtu
focussing-glass [ˈfəukəsiŋˈglaːs] *s* → **focussing-screen**
focussing-screen [ˈfəukəsiŋˈskriːn] *s phot* mutno staklo (fotografskog aparata)
fodder [ˈfɔdə] *s* krma, suha stočna hrana
fodder [ˈfɔdə] *vt* krmiti, hraniti
foe [fəu] *s poet* neprijatelj, dušmanin
foeman [ˈfəumən] *s arch* neprijatelj u ratu
foetal (fetal) [ˈfiːtl] *adj med* fetalni
foetation (fetation) [fiːˈteiʃn] *s med* stvaranje fetusa, zametka
foeticide (feticide) [ˈfiːtisaid] *s* pobačaj, pometnuće, abortus
foetus (fetus) [ˈfiːtəs] *s med* plod, fetus
fog¹ [fɔg] *s* otava; bujna trava; *Scot* mahovina
fog¹ [fɔg] *vt/i* **I.** *vt* ostaviti travu na livadi; hraniti stoku otavom **II.** *vi* obrasti mahovinom
fog² [fɔg] *s* 1. magla 2. *phot* maglica, koprena (na razvijenoj ploči ili filmu) | *fig* **in a ~** zbunjen, u neprilici, na čudu, neodlučan; **~ bell (gong, gun, horn, signal, siren)** zvono (gong, top, rog, signal, sirena) za maglu
fog² [fɔg] *vt/i* **I.** *vt* zamagliti; natmuriti, zamračiti, uviti u maglu; *phot* učiniti negativ ploče nejasnim, zamagliti ga; *rly* postaviti signale za slučaj magle; *fig* zbuniti, smesti koga **II.** *vi* zamagliti se; zamračiti se; natmuriti se, uviti se u maglu; propadati, kvariti se od vlage (*off*)
fog-bank [ˈfɔgbæŋk] *s* sloj magle, gusta magla
fog-bound [ˈfɔgbaund] *mar* okružen, opkoljen, zaustavljen maglom (brod)
fog-bow [ˈfɔgbəu] *s* duga na magli nastala od svjetlosti
fogey (fogy) [ˈfəugi] *s* staromodan, konzervativan čovjek; čudak
fogger [ˈfɔgə] *s rly* signal u gustoj magli
foggy [ˈfɔgi] *adj* (**foggily** *adv*) maglovit, zamagljen; oblačan, naoblačen; pun pare; pun isparivanja; *fig* zbrkan, nejasan, mutan | **to have a ~ idea of** imati mutnu, nejasnu predodžbu (o)
fog-horn [ˈfɔghɔːn] *s* sirena za maglu
fogle [ˈfəugl] *s sl* svilena marama, rubac
fog-signal [ˈfɔgˌsignəl] *s* signal u gustoj magli
fogyish [ˈfəugiiʃ] *adj* staromodan, konzervativan
fogyism [ˈfəugiizəm] *s* staromodnost, konzervativnost, čudaštvo
foible [ˈfɔibl] *s fig* slabost, slaba strana; *fencing* gipki dio oštrice mača (od sredine do vrha)
foil¹ [fɔil] *s* 1. *archit* lisnat ukras, lisnat ukrasni uzorak (gotskog prozora itd.), lišće 2. list, listić od kovine, listić kositra itd., tanak metalni listić, folija 3. (o dragulju) listić kovine podložen da dade sjaj 4. okvir, okov, podloga 5. *fig* podloga, pozadina (*for, to* za)
foil² [fɔil] *s hunt* trag progonjene zvijeri | **to run upon the ~** trčati istim tragom po drugi put
foil³ [fɔil] *s* floret
foil⁴ [fɔil] *s arch* poraz, neuspjeh
foil [fɔil] *vt* 1. opskrbiti lisnatim ukrasom, tankim metalnim listićima 2. *hunt* izgubiti, pobrkati, pomrsiti, izbrisati, pomesti (trag) 3. nadjačati, nadvladati, pobijediti, svladati koga 4. osujetiti, pokvariti, pobrkati 5. upropastiti, uništiti 6. varati, prevariti, zavarati, obmanuti 7. ukrstiti, križati 8. preteći, prestići, nadmašiti
foil¹ [fɔil] *vt/i* 1. pokvariti, osujetiti; upropastiti, uništiti, potući, odbiti, otkloniti, izbjeći 2. prevariti, varati 3. *arch* odbiti, poraziti, suzbiti, nadjačati
foil² [fɔil] *vt/i* zamesti trag; nadvladati; osujetiti, uništiti; zavesti s pravog traga
foison [ˈfɔizn] *s arch* obilje, izobilje, mnoštvo
foist [fɔist] *vt* krišom ugurati, uturiti, proturiti, umetnuti (*in, into*) | **to ~ a th on a p** nametnuti, naturiti, utrapiti kome što
foist in [ˈfɔistˈin] *vt* prokrijumčariti
fold¹ [fəuld] *s* tor, obor, ovčara; *eccl* stado, crkva, vjernici
fold [fəuld] *vt* zatvoriti u tor; zatvoriti ovce u tor ili u torove da gnoje zemlju; sabiti
fold² [fəuld] *s* nabor, bora; žlijeb, utor, pregib; svitak (zmije, užeta, konopa itd.), zavoj
fold [fəuld] *vt/i* **I.** *vt* savijati, presaviti, složiti, previjati, nabrati; prekrižiti, sklopiti (ruke); zagrliti; obujmiti **II.** *vi* nabrati se, naborati se, sklopiti se | **to ~ one's arms (hands)** skrstiti, sklopiti ruke; **to ~ a p in one's arms** zagrliti koga
fold down [ˈfəuldˈdaun] *vt* podviti, podvrnuti, previti, suvratiti
fold in [ˈfəuldˈin] *vt* umotati, uviti, zaviti
fold over [ˈfəuldˈəuvə] *vt* previti, preklopiti
fold up [ˈfəuldˈʌp] *vt* složiti, savijati, previjati
foldboat [ˈfəuldbəut] *s* sklopiv čamac
folder [ˈfəuldə] *s* 1. savijač, savijačica 2. nož od kosti ili drva za savijanje papira 3. *US* karta itd. koja se da saviti, previti 4. fascikl, mapa (za spise) 5. lisnica, tor-

ba 6. (reklamni) prospekt (sa slikama) | ~s *pl* naočale

folding [ˈfəuldiŋ] *s* nabor, boranje, nabiranje; savijanje, previjanje, slaganje nabora, brazda (& *fig*); pregib

folding [ˈfəuldiŋ] *adj* sklopiv, preklopni | ~ **boat** sklopivi čamac; ~ **bed** sklopivi krevet; ~ **chair** stolica za sklapanje; ~ **screen** španjolski zid, paravan; ~ **seat** preklopno sjedalo; ~ **wash-basin** preklopni umivaonik

foliaceous [ˌfəuliˈeiʃəs] *adj bot* listast, lisnat, lisni, koji je nalik na lišće

foliage [ˈfəuliidʒ] *s* lišće | ~ **plant** lisnata biljka

foliar [ˈfəuliə] *adj bot* lisni

foliate [ˈfəuliət] *adj* lisnat, bogat lišćem

foliate [ˈfəulieit] *vi/t* **I.** *vi* cijepati se, dijeliti se u listiće, pločice, ljuske, slojeve, listati se, raščinjavati se, rastavljati se na listove **II.** *vt* ukrasiti listićima, lišćem; valjati, tanjiti u listiće, pločice; označavati listove (sveska itd.), brojiti po listovima

foliation [ˌfəuliˈeiʃn] *s* listanje, zaodijevanje lišćem; valjanje u listiće, pločice; oblaganje, pokrivanje (zrcala) figurama lišća; *geol* slojenje, naslaga u slojevima; *archit* lisnat ukras gotskog luka; brojenje listova (knjige)

folio [ˈfəuliəu] *s* list, list od pol arka (knjige), folio; svezak (knjiga) u kojoj su listovi od pol arka; *com* strana knjige za računovodstvo; broj (strana); broj riječi uzet kao jedinica; arak papira presavijen jedanput | **in** ~ (knjiga tiskana) u folio-formatu

folk [fəuk] *s arch* narod, puk; pleme, rasa; *pl* ljudi, čeljad; *US coll pl* ukućani, porodica; rođaci, svojta

folk-custom [ˈfəukˌkʌstəm] *s* narodni običaj

folk-dance [ˈfəukdaːns] *s* narodni ples

folklore [ˈfəukloː] *s* narodne priče, poslovice, običaji, vjerovanja itd.; proučavanje narodnog blaga i nauka o njemu; folklor

folklorist [ˈfəukˌloːrist] *s* onaj koji se bavi proučavanjem narodnih običaja, priča itd., folklorist

folk-song [ˈfəuksoŋ] *s* narodna pjesma

folkways [ˈfəukweiz] *s pl US* način mišljenja i života jedne etničke zajednice

follicle [ˈfolikl] *s* tobolčić, kesica; mjehurić; prištić; čahura; *bot* komušina, mahunast plod

follow [ˈfoləu] *s* udarac (biljar); naknadno naručeno jelo, još jedno jelo

follow [ˈfoləu] *vt/i* **I.** *vt* 1. slijediti koga, ići za kim; progoniti, pratiti koga 2. priključiti se kome; služiti kome 3. slušati, izvršavati (čije zapovijedi, savjete itd.) 4. držati se čega, ravnati se; prihvatiti što; povoditi se, nasljedovati 5. težiti, ići za čim 6. potjecati, proizlaziti (*from* iz) 7. baviti se čime, posvetiti se čemu, dati se na što, predati se čemu; gajiti što 8. tjerati, voditi trgovinu, posao **II.** *vi* 1. slijediti, povoditi se (za kim) 2. vremenski slijediti, dolaziti (npr. *it ~s that* iz toga proizlazi, slijedi da) | **to** ~ **the hounds** ići u lov, loviti sa psima; **to** ~ **one's nose** ići za nosom, prepustiti se slučajnosti; **to** ~ **the plough** baviti se ratarstvom; **to** ~ **suit** prilagoditi se, pokoriti se; ravnati se, slijediti čiji primjer; (igraće karte) odgovarati istom bojom; **to** ~ **the sea** biti mornar; **to** ~ **in his steps** ići njegovim tragom, stopama; **to** ~ **in the wake of** slijediti, ići čijim tragom; **as** ~**s** kako slijedi; **letter to** ~ pismo slijedi; **to** ~ **the pattern** držati se uzora; **do you** ~ **me?** razumijete li me?

follow after [ˈfoləuˈaːftə] *vi* tražiti, težiti za čim

follow in [ˈfoləuˈin] *vt* doći poslije koga, slijediti koga; ići čijim stopama

follow on [ˈfoləuˈon] *vi* nastaviti, ustrajati

follow out [ˈfoləuˈaut] *vt* završiti, izvršiti; ispuniti

follow through [ˈfoləuˈθruː] *vi* nastaviti do kraja

follow up [ˈfoləuˈʌp] *vt* progoniti u stopu; dodati (udarac, primjedbu itd.); *sport ftb* biti blizu igrača da mu se pomogne; nastaviti što, nasljedovati, nadopuniti | **to** ~ **a clue** slijediti trag; **to** ~ **an advantage** iskoristiti prednost

follower [ˈfoləuə] *s* pristaša, sljedbenik, učenik; vjernik; drug; pratilac; *fam* poštovalac, ljubitelj

following [ˈfoləuiŋ] *s* pratnja, pratioci; sljedbenici, pristaše

following [ˈfoləuiŋ] *adj* slijedeći, idući, koji slijedi | ~ **sea (wind)** valovi (vjetar) u krmu

follow-my-leader [ˌfoləumiˈliːdə] *s* igra u kojoj se igrači povode za kretnjama kolovođe

follow-up [ˈfoləuˌʌp] *s* pismo u kome se pozivamo na prethodno pismo

folly [ˈfoli] *s* ludost, budalaština, glupost; besmislica; slaboumnost; lud pothvat

foment [fəuˈment] *vt med* pariti (vlažnim oblozima); grijati, njegovati; izazivati, nadraživati, poticati, podbadati

fomentation [ˌfəumenˈteiʃn] *s* 1. *med* parenje, sredstvo za parenje, topli oblozi, zagrijavanje 2. *fig* poticanje, podjarivanje, podbadanje

fomenter [fəuˈmentə] *s* njegovalac; nagovarač, podmetač, pokretač, podstrekač

fond [fond] *adj* (~**ly** *adv*) (odviše) nježan; zanesen, ludo zaljubljen; naklonjen (*of* čemu); lakovjeran | **to be** ~ **of** voljeti

fondant [ˈfondənt] *s* slatkiš, poslastica koja se topi u ustima, fondan

fondle [ˈfɔndl] *vt/i* **I.** *vt* milovati, tetošiti, gladiti, dragati, maziti; tepati **II.** *vi* milovati se, maziti se, igrati se, šaliti se (*with* sa)
fondling [ˈfɔndliŋ] *s* ljubimac, miljenik, maza, mezimac
fondly [ˈfɔndli] *adv* pretjerano se pouzdajući; nježno
fondness [ˈfɔndnis] *s* nježnost, ljubav, voljenje; zaluđenost; sklonost, naklonost (*for* za)
font[1] [fɔnt] *s eccl* krstionica; posuda za ulje (svjetiljke)
font[2] [fɔnt] *s US* izvor, vrelo, česma, fontana
fontal [ˈfɔntl] *adj* koji pripada izvoru, vrelu
food [fuːd] *s* hrana, jelo, živež, namirnice; krma; izdržavanje; *mil* provijant | **to be ~ for worms** biti mrtav; **to be ~ for fishes** utopiti se; **he is ~ for powder** nije za drugo nego da ga ubiju; **junk ~** gotova hrana koja nema hranjive vrijednosti; **~ office** ured za izdavanje potrošačkih karata za racioniranu robu
food-card [ˈfuːdkaːd] *s* karta za živežne namirnice
food-controller [ˈfuːdkənˈtrəulə] *s* ministar prehrane u ratu
foodless [ˈfuːdlis] *adj* bez hrane, jela; koji oskudijeva hranom
food-stuffs [ˈfuːdstʌfs] *s pl* prehrambeni proizvodi
food-value [ˈfuːdˌvæljuː] *s* hranjivost, hranjiva vrijednost
fool[1] [fuːl] *s* 1. luđak, luda, blesan, glupan, budala 2. *hist* dvorska luda 3. *fig* igračka; ruglo, nasamareni | **he is a ~ to him** on nije ništa prema njemu; **to play the ~** lakrdijati; **no ~ like an old ~** nema gorega nego kad starac poludi; **~'s bolt is soon shot** budali što na srcu to na jeziku; **to make a ~ of** praviti ludu od koga, nasaditi koga, podvaliti kome; **to make a ~ of oneself** načiniti budalu od sebe, učiniti se smiješnim; **to be a ~ for one's pains** raditi zabadava, mučiti se ni za što; **All Fools' Day** prvi aprila; **April ~** čovjek nasamaren 1. aprila; **one ~ makes many** lud čovjek zaludi deset drugih; **~'s errand** jalov trud; **~'s mate** mat u dva poteza; **~'s paradise** zemlja slasti i lasti
fool[2] [fuːl] *s cul* voćna krema
fool [fuːl] *adj US* lud, luckast, budalast, bezuman; smiješan; komičan, vragolast
fool [fuːl] *vi/t* **I.** *vi* 1. ludovati, šaliti se, budaliti, vragolati, tratiti vrijeme, dangubiti 2. *arch* igrati ludu **II.** *vt* zbijati šalu s kim, varati, zaluđivati, nasamariti
fool about [ˈfuːləˈbaut] *vi* ludovati; besposličariti, dangubiti, ljenčariti
fool around [ˈfuːləˈraund] *vi US* besposličiti, ljenčariti, dangubiti
fool away [ˈfuːləˈwei] *vt* tratiti, trošiti (vrijeme, novac) uludo
fool out of [ˈfuːlˈautˈɔv] *vt* varati, prevariti, izmamiti kome što prijevarom
foolery [ˈfuːləri] *s* ludost, ludorija, šala, budalaština
fool-hardy [ˈfuːlˌhaːdi] *adj* (**fool-hardily** *adv*) smion, drzak, ludo odvažan, vratoloman
foolish [ˈfuːliʃ] *adj* (**~ly** *adv*) lud, glup, glupav, blesav; nerazborit; smiješan
foolishness [ˈfuːliʃnis] *s* ludost, glupost, blesavost
fool-proof [ˈfuːlpruːf] *adj* jednostavan, razumljiv, nezamršen, koji neće stradati od budalastih ruku, siguran čak i u rukama budale
foolscap [ˈfuːlskæp] *s* folio-format, uredski, kancelarijski papir
foolscap (fool's-cap) [ˈfuːlzkæp] *s hist* kapa dvorske lude
fool's errand [ˈfuːlzˌerənd] *s* jalov put, jalov, uzaludan trud
fool's mate [ˈfuːlzmeit] *s chess* mat u dva poteza
fool's paradise [ˈfuːlzˌpærədaiz] *s* zemlja slasti i lasti
foot [fut] *s* (*pl* **feet** [fiːt]) 1. stopalo, noga 2. stopa (12 inches = 30,48 cm) 3. *pros* stopa (stiha) 4. stopalo (čarape) 5. osnova, podnožje, dno; donji dio, kraj 6. *coll mil* pješak, pješadija | **at ~** na dnu; na kraju; **at his feet** pred njegovim nogama, njemu na raspolaganju; **from head to ~** od glave do pete; **on ~** pješice, pješke; na nogama; u radu, na poslu; *fig* **to be on one's feet** biti na nogama; biti u snazi, u zdravlju; **to spring to one's feet** skočiti na noge; **under ~** pod noge; na zemlji; *fig* pod noge; **to carry (sweep) a p off his feet** srušiti koga; *fig* otrgnuti, odvući; **to fall at a p's feet** baciti se kome pred noge; **to fall on one's feet** imati uvijek sreću, izvući se iz teške situacije; *fig* **to find one's feet** prohodati, iskazati se, razviti svoje sposobnosti; **to have one ~ in the grave** biti jednom nogom u grobu; *fig* **to help a p to his feet** pomoći kome da stane na noge; **to know the length of a p's feet** znati točno čije slabosti, poznavati koga; **to put one's ~ down** energično, odlučno istupiti (*against* protiv koga), skresati kome; *fam* **to put one's ~ in it (into it)** osramotiti se, obrukati se; **to put one's best ~ foremost** koraknuti snažnim, velikim korakom; napregnuti svu snagu; *fig* **to run off one's feet** spasti s nogu (radeći); **to set ~ in** stupiti (u); **to set on ~** pokrenuti, ostvariti; *fig* **to show the cloven ~** pokazati pravo lice; **to trample (to tread) under ~** gaziti nogama; **to tread from one ~ to the other** premještati se s jedne noge na dru-

gu; *mar* ~ **whaling** unutrašnja oplata (broda)
foot [fut] *vi/t* **I.** *vi* 1. hodati, ići pješke, pješačiti **II.** *vt* 1. gaziti, stupiti, nastupiti 2. plesati, udarati nogom 3. ščepati (pandžama) 4. nadoplesti čarape | **to ~ it** plesati, tapkati, sitno koračati, gackati; *US* **to ~ a bill** (is)platiti račun
foot up [ˈfutˈʌp] *vi fam* 1. popeti se (*to* na, do) 2. zbrojiti | **to ~ a bill** isplatiti račun; **it foots up to** to ukupno iznosi
foot-and-mouth disease [ˈfutəndˈmauθdiˈziːz] *s vet* slinavka i šap
football [ˈfutbɔːl] *s sport GB* nogomet; *US* (američki) ragbi | **~ fan** ljubitelj nogometa, strastveni navijač
footballer [ˈfutbɔːlə] *s* nogometaš
foot-bath [ˈfutbaːθ] *s* pranje nogu; kada za pranje nogu
footboard [ˈfutbɔːd] *s* podnožnica stroja; papuča (stepenica) kočije (automobila, vagona)
foot-boy [ˈfutbɔi] *s* paž; livriran sluga; teklič
foot-brake [ˈfutbreik] *s* nožna kočnica
footbridge [ˈfutbridʒ] *s* mostić, brv; *mar* jurišni siz (na desantnom brodu)
footer [ˈfutə] s 1. pješak 2. (o sokolu) onaj koji dobro zgrabi, ščepa plijen (divljač) pandžama 3. osoba, stvar duga toliko stopa (*a six-~*) 4. *dial sl* nogomet
foot-fall [ˈfutfɔːl] *s* korak, hod, gaz; jeka koraka
foot-gear [ˈfutgiə] *s* obuća
foot-guards [ˈfutgaːdz] *s mil pl* grenadir; gardijski puk, gardijska pješadija
foothill [ˈfuthil] *s* brežuljak na podnožju gora | *US* **~s** *pl* predgorje, pobrđe
foot-horse [ˈfuthɔːs] *s mar* nogostupnica
foothold [ˈfuthəuld] *s* 1. stajalište; uporište 2. *fig* oslonac, potpora, uporište
footing [ˈfutiŋ] *s* 1. stavljanje nogu 2. prostor za noge 3. *fig* uporište, čvrsto tlo 4. uvjeti, prilike, odnosi, položaj, stanje 5. naplet 6. pod; *mar* podnice (u čamcu) 7. potpora, temelj 8. trag, korak 9. ukupan zbroj | **to pay (for) one's ~** platiti članarinu, pristupninu, upisninu, ulazninu; **on a peace ~** u mirnom stanju; **on the same ~ with** uz iste uvjete, ravnopravan; **to get (gain) a ~** utvrditi se, učvrstiti se; **to lose one's ~** okliznuti se, omaknuti se, izgubiti tlo pod nogama; **on a business ~** u poslovnim odnosima; **to carry on a business on the old ~** voditi posao dalje na staroj bazi
footle [ˈfuːtl] *vi sl* vladati se budalasto, šašavo, luckasto; budaliti; raditi i govoriti budalaštine i ludorije; blebetati, brbljati, govoriti koješta
footle [ˈfuːtl] *s pl* nesmisao, ludorije, djetinjarija
footless [ˈfutlis] *adj* koji je bez noge ili nogu (& *fig*); neosnovan; *coll* nespretan
foot-lights [ˈfutlaits] *s pl theat* lampe prednjeg dijela pozornice, svjetiljke rampe | **before the ~** na pozornici; *theat sl* **to get across (over) the ~** djelovati, utjecati na publiku, gledaoce; proizvesti učinak na gledaoce
footling [ˈfutliŋ] *adj sl* budalast, šašav, glup, luckast; prost, otrcan; brbljav
foot-loose [ˈfutluːs] *adj US* slobodan, nesmetan, nesapet
footman [ˈfutmən] *s* pješak; sluga, lakaj
foot-mark [ˈfutmaːk] *s* trag stopala
foot-muff [ˈfutmʌf] *s* vreća ili grijalo za noge
foot-note [ˈfutnəut] *s* napomena na dnu strane, bilješka ispod crte, fusnota
foot-pace [ˈfutpeis] *s* 1. lagan korak 2. *archit* povišeno mjesto | **at a ~** korakom
foot-pad [ˈfutpæd] *s* drumski razbojnik
foot-page [ˈfutpeidʒ] *s* paž; dječak, sluga
foot-passenger [ˈfut.pæsindʒə] *s* putnik koji pješači, pješak
foot-path [ˈfutpaːθ] *s* pješačka staza
foot-plate [ˈfutpleit] *s rly* platforma lokomotive na kojoj stoje strojovođa i ložač
foot-pound [ˈfutˈpaund] *s phys* količina energije koja je potrebna da se težina od jedne funte (1 lb) digne jednu stopu (1 ft)
foot-print [ˈfutprint] *s* otisak stopala, trag noge
foot-race [ˈfutreis] *s* natjecanje u trčanju, utrka u hodanju
foot-rope [ˈfutrəup] *s mar* 1. nogostup, nogostupnica (konop na kojem stoje mornari pri namatanju i odmatanju jedara) 2. donja porubnica, donji porub (konop kojim je opšiven donji rub jedra)
foot-rot [ˈfutrɔt] *s vet* šepavost ovaca; upala papaka
foot-rule [ˈfutruːl] *s* 1. mjerni štap dužine jedne stope 2. metar preklopnik 3. kutomjer
foots [futs] *s pl* talog; uljena pogača; nerafinirani šećer
foot-slogger [ˈfut.slɔgə] *s sl* šetač, pješak; *mil* pješak
foot-soldier [ˈfut.səuldʒə] *s mil* pješak
foot-sore [ˈfutsɔː] *adj* koji ima ranjave noge, ranjavih nogu
foot-stalk [ˈfutstɔːk] *s bot* stabljika, stapka
foot-step [ˈfutstep] *s* korak, hod, trag | **to follow in one's ~s** slijediti čiji primjer, poći čijim tragom, povoditi se za kim
foot-stone [ˈfutstəun] *s* kamen temeljac; ploča na podnožju groba
foot-stool [ˈfutstuːl] *s* podnožna klupica, podnožak
foot-warmer [ˈfut.wɔːmə] *s* grijač za noge
footway [ˈfutwei] *s* staza
footwear [ˈfutwɛə] *s* obuća
foot-work [ˈfutwəːk] *s* tehnika nogu u boksu, nogometu, tenisu itd.

footy ['futi] *adj* 1. *sl* siromašan, bijedan, jadan, kukavan 2. muljevit, koji ima talog, mutan, gust

foozle ['fu:zl] *s sl* kvarenje, šeprtljanje, prtljanje, petljanje

foozle ['fu:zl] *vt sl* spetljati, skrpiti; iskvariti; osakatiti; upropastiti; zabrljati, unakaraditi

fop [fɔp] *s* luda, blesan, bukvan, zvekan, tikvan; fićfirić; uobražen, umišljen, tašt čovjek, kicoš, gizdelin

fopling ['fɔpliŋ] *s* šmokljan, tikvan, mamlaz

foppery ['fɔpəri] *s* glupost, ludost, budalaština, uobraženost; taština, prenemaganje

foppish ['fɔpiʃ] *adj* (~**ly** *adv*) budalast, tašt, uobražen, kićen; isprazan

for [fɔ:] *prep* 1. (zastupanje, zamjena) umjesto, namjesto, mjesto; kao, za: *parl* **he sits ~ Bristol** on je zastupnik grada Bristola; **once ~ all** jedanput zauvijek 2. (u korist): **I am ~ free trade** ja sam za slobodnu trgovinu 3. (namjera) za, radi, da: **to go ~ a walk** poći u šetnju; **I cannot do it ~ the life of me** ne mogu to učiniti ni uz najbolju volju; ni za živu glavu; **he gave up law ~ the church** on je napustio pravo radi teologije; **all ~ nothing** sve uzalud; **~ good** zauvijek 4. smjer) za, na, pred, u: **the train ~ London** vlak u London; **to be off ~** krenuti (u); **it is getting ~ five o'clock** približava se pet sati 5. (čežnja, nastojanje itd.): **to long ~** čeznuti za kim ili čim; **oh ~ a horse!** da mi je konj!; **now ~ it!** a sada prioni na posao!, sada naprijed! 6. (prikladan, pogodan, zgodan, vješt, kadar, sposoban) za: **that is the man ~ me!** taj je čovjek po mom ukusu!; **he is not long ~ this world** on neće dugo živjeti; **there is nothing ~ it but to leave** ne preostaje nam drugo nego da otputujemo; **it is ~ you to write** na vama je da pišete 7. (iza pridjeva) pred akuzativom i infinitivom: **it is usual ~ him to talk like that** on obično tako govori 8. (u svojstvu) kao: **~ certain** kao sigurno; **~ lost** kao izgubljeno; **let him go ~ a coward!** van s kukavicom!; **I ~ one** eto, ja na primjer; **~ the first time** prvi put; **~ example, ~ instance** na primjer 9. radi, u ime, za volju, za ljubav, od, iz; **~ me** zbog mene, što se mene tiče; **~ shame** fuj!; stidi se!; **~ noise** od buke; **~ fun** radi šale, iz šale; **~ your life** ako ti je život mio; **what ~?** zašto, zbog čega; *sl* **to be in ~ it** očekivati kaznu, biti pozvan na odgovornost 10. unatoč, usprkos; **~ all that** unatoč, usprkos svemu; **were it not ~, but ~** da nije bilo, da nije (npr. *but ~ you* da nije tebe) 11. (u uspoređenju, u odnosu prema) za, po: **he is tall ~ his age** visok je za svoje godine; **word ~ word** riječ po riječ 12. s obzirom na što, što se tiče čega, u pogledu čega: **~ all I know** koliko je meni poznato; **he is hard up ~ money** teško mu je u pogledu novca 13. (udaljenost, duljina): **to run ~ a mile** trčati jednu milju 14. (vrijeme) dok, dugo, od, već, za: **~ two weeks** cijela dva tjedna; **~ ages** već cijelu vječnost; **~ some time past** već duže vremena, već odavna; **~ life** doživotno; **I have lived in this house ~ a year** stanujem (živim) u ovoj kući već godinu dana; **the first film ~ 3 months** prvi film u ova tri mjeseca; **Jones ~ ever!** neka živi Jones!; **he won't be back ~ five days** neće ga biti pet dana, vratit će se tek za pet dana; **~ a while** neko vrijeme; **~ the present, ~ the time being** zasada 15. za tvorbu dativa: **he had spoiled their trip ~ them** on im je pokvario izlet; **~ whom the bells toll** kome zvone zvona; *coll* **to be out ~ trouble (a row)** spremati se izazvati kavgu, tražiti kavgu; **to be out ~ a th** ići za čim, spremati se na što

for [fɔ:] *conj* jer, budući da, što

forage ['fɔridʒ] *s* 1. krma, stočna hrana; suha hrana, zaliha namirnica, zaliha hrane 2. *mil* furaža

forage ['fɔridʒ] *vt/i* **I.** *vt* 1. sabirati krmu; opljačkati, poharati, ići u potragu **za** krmom, opskrbiti krmom; osigurati krmu **II.** *vi* opskrbiti se krmom, tražiti krmu; tragati (*for* za); furažirati

forage-cap ['fɔridʒkæp] *s mil* nesvečana, svakidašnja vojnička kapa

forager ['fɔridʒə] *s* dobavljač krme, furažer

foramen [fɔ'reimən] *s anat, zool & bot* otvor, rupa

forasmuch [fərəz'mʌtʃ] *conj* | **~ as** ako, budući da, jer, kad

foray ['fɔrei] *s* haranje, pustošenje, pljačkanje, otimanje; pljačkaški pohod; razbojnički napad

foray ['fɔrei] *vt/i* **I.** *vt* 1. pljačkati, otimati; pustošiti, uništiti, harati **II.** *vi* upasti (u), provaliti (u); pljačkati

forbad(e) [fə'bæd] *pret od* **forbid**

forbear ['fɔ:bɛə] *s* 1. predak, praotac, djed, baka 2. *pl* pradjedovi

forbear [fɔ:'bɛə] *vt/i* (forbore, forborne) 1. uzdržati se, kloniti se, apstinirati 2. ne spomenuti; zadržati za se; ne upotrijebiti; ostaviti se, okaniti se (*from* čega), suspregnuti se; odustati; prestati; biti strpljiv; propustiti (učiniti što), oprostiti | **to bear and ~** strpljivo podnositi; **I cannot ~ laughing** ne mogu a da se ne nasmijem; **~!** mani se!, okani se!

forbearance [fɔ:'bɛərəns] *s* uzdržavanje, ustezanje, popuštanje, popustljivost, strpljivost, strpljenje

forbearing [fɔ:'bɛəriŋ] *adj* (~**ly** *adv*) strpljiv, obziran, blag, milostiv, popustljiv

forbid [fə'bid] *vt* (*pret* forbad, forbade; *pp* forbidden) zabraniti, ne dopustiti; zapriječiti; isključiti; onemogućiti | **God ~!** bože sačuvaj!, ne daj bože!; **he is forbidden tobacco** zabranjeno mu je pušenje; **to ~ the house** zabraniti kome da dolazi u kuću; *mar* **~ all intercourse with the shore** zabraniti saobraćaj s kopnom
forbiddance [fə'bidəns] *s* zabrana
forbidden [fə'bidn] *pp* od **forbid**
forbidden [fə'bidn] *adj* zabranjen, nedopušten, nedozvoljen
forbidding [fə'bidiŋ] *adj* (**~ly** *adv*) koji zabranjuje, kojim se zabranjuje; odvratan, oduran, odbojan, koji ugrožava, opasan
forbiddingness [fə'bidiŋnis] *s* odvratnost, neugodnost
forbore [fɔː'bɔː] *pret* od **forbear**
forborne [fɔː'bɔːn] *pp* od **forbear**
forby (**forbye**) [fə'bai] *prep* & *adv Scot arch* osim, jošte, uz to, povrh toga, a da i ne govorimo; blizu, tik, uz, tik do, pored
force[1] [fɔːs] *s* 1. sila, snaga, jakost; jačina; prisila, prinuda, pritisak na 2. *mil* odred, grupa 3. duševna i moralna snaga; utjecaj, moć 4. *jur* obavezna snaga, valjanost, važnost (zakona) 5. značenje, sadržaj 6. *phys* sila, snaga, energija | **~s** *pl* trupe, čete; **the ~** policija; **by ~** silom, nasilno; **to be put in ~, to come into ~** staviti, stupiti na snagu; **by ~ of** pomoću, posredstvom; **in great ~** snažno, živo
force[2] [fɔːs] *s* vodopad
force [fɔːs] *vt/i* 1. siliti, prisiliti, primorati, prinuditi, natjerati; obeščastiti, oskvrnuti, silovati; učiniti nasilje prema kome 2. napregnuti sve svoje snage; ubrzati, požuriti, pospješiti 3. silom uzeti, otvoriti, prodrijeti, provaliti; silom natjerati; svladati; osvojiti; razbiti; pospješiti rast (biljke itd.), forsirati 4. tjerati naprijed, nametnuti, naturiti (*a th upon a p* kome što); iznuditi | **to ~ one's hand** natjerati koga da se prenagli; **to ~ the bidding** ubrzati ponudu pri dražbovanju; **to ~ one's voice** napregnuti glas; **to ~ the game** riskirati s namjerom da se brzo steknu bodovi; **to ~ an analogy (simile)** pretjerati, uništiti analogiju (poređenje); **to ~ a card** prisiliti koga da nesvjesno izvuče stanovitu kartu (u trikovima); **to ~ a smile** usiljeno se nasmiješiti; **to ~ one's way** silom sebi prokrčiti put; **to ~ the pace** povećati brzinu u trčanju, hodu; *aero* **to be ~d down** prisilno se spustiti; **to ~ open** razbiti, razvaliti, silom otvoriti (npr. blagajnu); *mil* **to ~ a position** osvojiti na juriš; *jur* **~ majeure, ~ major** viša sila; **to ~ wine** miješati razne vrste vina; **to ~ meat** nadijevati meso
force along ['fɔːsə'lɔŋ] *vt* tjerati, goniti naprijed | *fig* **the orator forces his audience along** govornik zanosi svoje slušaoce
force away ['fɔːsə'wei] *vt* otjerati, oteti, otrgnuti, iznuditi, silom uzeti
force back ['fɔːs'bæk] *vt* natjerati natrag, odbiti, suzbiti, potisnuti
force down ['fɔːs'daun] *vt* potjerati dolje, potisnuti dolje, zbaciti, spustiti, skinuti; *aero* prisiliti na spuštanje
force from ['fɔːs'frɔm] *vt* istjerati, iznuditi
force in ['fɔːs'in] *vt* utjerati, zatjerati, utući, utisnuti
force into ['fɔːs'intu] *vt* | **to force oneself into** utisnuti se, ugurati se
force on ['fɔːs'ɔn] *vt* natjerati, potjerati, nagoniti, dalje tjerati
force open ['fɔːs'əupn] *vt* silom otvoriti, razbiti, razvaliti
force out ['fɔːs'aut] *vt* istjerati, istisnuti, istrgnuti, iznuditi
force up ['fɔːs'ʌp] *vt* tjerati gore; rasklimati (kamenje) | **to ~ prices** nabijati cijene
force upon ['fɔːsə'pɔn] *vt* nametnuti, narinuti; silom postići (*a th* što)
forced [fɔːst] *adj* (**~ly** ['fɔːsidli] *adv*) prisiljen, prinudan, usiljen, iznuđen, nenaravan, forsiran | *mil* **~ march** forsirani marš; **~ draught (draft)** umjetna ventilacija; *aero* **~ landing** prisilno spuštanje; **~ labour** prisilni rad; **~ lubrication** podmazivanje pod pritiskom
force-feed [ˌfɔːs'fiːd] *vt* hraniti silom, kljukati (gusku itd.)
forceful ['fɔːsful] *adj* (**~ly** *adv*) jak, snažan, moćan; silan, žestok; prisilan, prinudan; s puno utjecaja, vrlo utjecajan; izrazit, prodoran
force-meat ['fɔːsmiːt] *s cul* isjeckano (kosano) meso, nadjev, meso za punjenje
forceps ['fɔːseps] *s* kliješta (kirurga, akušera, dentista), forceps; pinceta (urara, botaničara itd.)
force-pump ['fɔːspʌmp] *s tech* sisaljka, pumpa, šmrk; pumpa za komprimiranje zraka; tlačna pumpa
forcer ['fɔːsə] *s* onaj koji sili; *tech* stap; mala ručna sisaljka
forcible ['fɔːsəbl] *adj* (**forcibly** *adv*) jak, snažan, moćan, silan, silovit, žestok; prisilan, prinudan; djelotvoran
forcing ['fɔːsiŋ] *s* prisiljavanje, tjeranje, forsiranje; *tech* pokretanje, pogon
forcing-bed ['fɔːsiŋbed] *s* klijalište
forcing-frame ['fɔːsiŋfreim] *s bot* pognojena gredica
forcing-house ['fɔːsiŋhaus] *s bot* staklenik, zimski vrt
ford [fɔːd] *s* gaz, prijelaz (plićak) na rijeci; rijeka koja se može pregaziti
ford [fɔːd] *vt/i* prelaziti, prijeći, pregaziti (rijeku)

fordable [ˈfɔːdəbl] *adj* koji se može pregaziti, pregaziv

fordo (foredo) [fɔːˈduː] *vt* (fordid, fordone) *arch* ubiti, umoriti; uništiti, upropastiti

fordone [fɔːˈdʌn] *adj* premoren, iscrpljen, izmožden, malaksao

fore [fɔː] *s* prednji dio, prednja strana, pročelje; *mar* prednji dio broda | **at the ~** u prvom redu; u istaknutom položaju; **to come to the ~** stupiti naprijed, istaknuti se, preuzeti vodstvo, doći na čelo

fore [fɔː] *adj* prednji; *mar* pramčani

fore [fɔː] *adv* sprijeda, naprijed, na pramcu

fore [fɔː] *prep* | (u uvjeravanju i bogmanju) **~ heaven!** tako mi neba!; **~ George!** vjere mi!

fore [fɔː] *interj* (uzvik u golfu) pažnja!, pozor!

fore-and-aft [ˈfɔːrəndˈaːft] *adj mar* koji je po uzdužnici broda, uzdužni | **~ bulkhead** uzdužna pregrada; **~ sails** sošna jedra

fore-and-aft(er) [ˈfɔːrəndˈaːft(ə)] *s mar* škuna sa sošnim jedrima

forearm [ˈfɔːraːm] *s* podlaktica; *zool* & *ent* odgovarajući dio noge ili krila

forearm [fɔːrˈaːm] *vt* oboružati unaprijed

forebode [fɔːˈbəud] *vt* proricati, predskazivati; predvidjeti, slutiti, naslućivati, nagovješćivati, predosjećati

foreboding [fɔːˈbəudiŋ] *s* proricanje, predskazivanje; proročanstvo; znak, znamenje, zla slutnja, predosjećaj; predskazivanje

forecabin [ˈfɔːˌkæbin] *s mar* prednja kabina, kajita

forecast [ˈfɔːkaːst] *s* predviđanje, predskazivanje, prognoza; opreznost; nacrt, osnova

forecast [fɔːˈkaːst] *vt* (forecast, forecast) predviđati, predskazivati, prognozirati; unaprijed procijeniti; zasnovati, planirati

forecastle (fo'c's'le) [ˈfəuksl] *s mar* prednji kaštel, pramčana nadgradnja | **~ deck** pramčana paluba

foreclose [fɔːˈkləuz] *vt/i* 1. isključiti (*from, of* iz); zapriječiti; odbijati, odbaciti 2. *jur* odbiti koga zbog proteklog roka; riješiti sporni slučaj anticipacijom, na unaprijed utvrđeni način

foreclosure [fɔːˈkləuʒə] *s jur* isključivanje; propadanje; gubitak prava; prekluzija; otkupljivanje, iskupljivanje; isplaćivanje, isplata; propadanje, gubitak hipoteke; (kod založnog prava) odbijanje zbog proteklog roka

forecourt [ˈfɔːkɔːt] *s* vanjsko dvorište

foredeck [ˈfɔːdek] *s mar* pramčana paluba

foredoom [fɔːˈduːm] *vt* unaprijed osuditi (na propast)

fore-end [ˈfɔːrend] *s* prednji kraj; *dial* prijašnji dio; početak; *mar* pramčani dio

forefather [ˈfɔːˌfaːðə] *s* 1. praotac, predak 2. *pl* preci, praoci | **to go to one's ~s** umrijeti

forefinger [ˈfɔːˌfiŋgə] *s* kažiprst

forefoot [ˈfɔːfut] *s* 1. prednja noga 2. *mar* prednji kraj kobilice broda

forefront [ˈfɔːfrʌnt] *s* prednja strana; pročelje; prvi red, isturen položaj

forego [fɔːˈgəu] *vt/i* (forewent, foregone) prethoditi; odreći se

foregoer [fɔːˈgəuə] *s* prethodnik

foregone [fɔːˈgɔn] *adj* unaprijed određen, prethodno stvoren

foreground [ˈfɔːgraund] *s* 1. prvo, istaknuto mjesto 2. *paint* prednji plan

forehand [ˈfɔːhænd] *adj* učinjen, izvršen prije vremena; pravovremen, promišljen oprezan

forehand [ˈfɔːhænd] *s* 1. prednji dio ruke, dlan 2. položaj ispred ili iznad 3. prednji dio konja 4. *ten* udarac naprijed okrenutim dlanom, forhend

forehanded [ˈfɔːhændid] *adj* 1. rani; pravodoban, u pravi čas; *US* koji se brine za budućnost; štedljiv; razborit; *ten* koji igra s naprijed okrenutim dlanom

forehead [ˈfɔrid] *s* čelo

foreign [ˈfɔrin] *adj* stran, tuđ, nepoznat, inozemni | **~ parts** strane, tuđe zemlje; **Foreign Office** britansko ministarstvo vanjskih poslova; **~ affairs** vanjska politika; **~ bill** inozemna mjenica; *com* **~ exchange** devize; **~ currency** strana valuta; **~ trade** vanjska trgovina; *mar* duga plovidba

foreigner [ˈfɔrinə] *s* stranac, tuđinac

forejudge [fɔːˈdʒʌdʒ] *vt* prenagljeno prosuditi; unaprijed odlučiti

foreknow [fɔːˈnəu] *vt* (foreknew. foreknown) unaprijed znati, predvidjeti

foreknowledge [ˌfɔːˈnɔlidʒ] *s* predviđanje, poznavanje budućnosti

forel (forrel) [ˈfɔrəl] *s* vrsta glatkog pergamenta

foreland [ˈfɔːlənd] *s* 1. predgorje, pobrđe, rt, kuk

foreleg [ˈfɔːleg] *s* prednja noga (životinje)

forelock[1] [ˈfɔːlɔk] *s* uvojak, pramen kose na čelu, šiške; čupa (konja) | **to take time (occasion) by the ~** iskoristiti zgodnu priliku

forelock[2] [ˈfɔːlɔk] *s mar* zavoranj

forelock [ˈfɔːlɔk] *vt* zatvoriti zavornjem

foreman [ˈfɔːmən] *s* 1. poslovođa; nadzornik radnika, predradnik, palir 2. *jur* predsjednik porote

foremast [ˈfɔːmaːst] *s mar* prednji jarbol

foremost [ˈfɔːməust] *adj* prednji, najistaknutiji, prvi, čeoni | *mar* **~ frame** prvo pramčano rebro

foremost [ˈfɔːməust] *adv* najprije, prvo | **first and ~** prije svega

forename [ˈfɔːneim] *s* ime, krsno ime

forenoon [ˈfɔːnuːn] *s* prijepodne, dopodne | *mar* ~ **watch** prijepodnevna straža (8--12 sati)
forensic [fəˈrensik] *adj* (~**ally** *adv*) sudbeni | ~ **medicine** sudska medicina
foreordain [ˌfɔːrɔːˈdein] *vt* unaprijed odrediti
forepart [ˈfɔːpaːt] *s* prednji dio
forepeak [ˈfɔːpiːk] *s mar* prednji ili stražnji sudarni prostor; forpik, pramčani pik
fore-reach [fɔːˈriːtʃ] *vi mar* prestići (& *fig*)
forerun [fɔːˈrʌn] *vt* (foreran, forerun) preteći, prestići, doći prije
forerunner [ˈfɔːˌrʌnə] *s* preteča, prethodnik, predvjesnik, predak
foresail [ˈfɔːseil] *s mar* prednje donje jedro
foresee [fɔːˈsiː] *vt* (foresaw, foreseen) predvidjeti; slutiti, predviđati
foreseeable [fəˈsiːəbl] *adj* predvidiv
foreseeing [fɔːˈsiːiŋ] *adj* (~**ly** *adv*) koji predviđa
foreseer [fɔːˈsiːə] *s* onaj koji predviđa
foreshadow [fɔːˈʃædəu] *vt* nagovijestiti, slutiti
foresheet [ˈfɔːʃiːt] *s mar* prednja škota (uzda prednjeg poprečnog jedra) | *mar* ~**s** *pl* škote prednjih jedara
foreshore [ˈfɔːʃɔː] *s* 1. žal, obala 2. obalni pojas, primorje
foreshorten [fɔːˈʃɔːtn] *vt paint* skraćivati likove; perspektivno crtati, risati (likove) skraćeno
foreshortening [fɔːˈʃɔːtniŋ] *s* rakurs
foreshow (**foreshew**) [fɔːˈʃəu] *vt* (foreshowed, foreshown) unaprijed kazivati, proricati, nagovijestiti, najaviti
foresight [ˈfɔːsait] *s* 1. predviđanje; dalekovidnost, skrb za budućnost; oprez, promišljenost 2. *mil* mušica, prednji nišan
foreskin [ˈfɔːskin] *s med* kožna kapica koja pokriva vršak penisa, prepucij
forest [ˈfɔrist] *s* šuma; lovište
forest [ˈfɔrist] *vt* pošumiti, zasaditi šumom
forestall [fɔːˈstɔːl] *vt* preteći; unaprijed pokupovati robu na tržištu; zagospodariti tržištem
forester [ˈfɔristə] *s* šumar; šumski radnik; stanovnik šume; šumsko drvo
forestry [ˈfɔristri] *s* šumarstvo; šumsko područje
foretaste [ˈfɔːteist] *s* predokus
foretaste [fɔːˈteist] *vt* unaprijed osjećati okus; naslućivati
foretell [fɔːˈtel] *vt* (foretold, foretold) proricati, predskazati; unaprijed najaviti
forethought [ˈfɔːθɔːt] *s* predumišljaj, opreznost, smotrenost
foretime [ˈfɔːtaim] *s* prošlost, rano doba
foretoken [ˈfɔːtəukən] *s* znak, znamenje, predznak, predvjesnik
foretoken [fɔːˈtəukən] *vt* unaprijed najavljivati, nagovješćivati
foretop [ˈfɔːtɔp] *s* 1. prednji dio; čuperak, nastavak 2. *mar* vrh prednjeg jarbola | *mar* ~ **mast** prednje jarbolsko deblo; *mar* ~ **yard** prednji križ; *mar* ~ **gallant** prednji košni nastavak jarbola
forever [fəˈrevə] *adv* zauvijek, vječito, za sva vremena
forever [fəˈrevə] *s* vječnost
forewarn [fɔːˈwɔːn] *vt* unaprijed opomenuti, obavijestiti, upozoriti (*of* na)
forewoman [ˈfɔːˌwumən] *s* nadglednica, nadzornica, nadstojnica, predradnica
foreword [ˈfɔːwəːd] *s* predgovor, uvodna riječ
forfeit [ˈfɔːfit] *s* izgubljeno pravo; gubitak zaloga; okajanje, pokora; globa, jamčevina, zalog | **to play** ~**s** igrati se zaloga
forfeit [ˈfɔːfit] *adj* izgubljen, propao, zaplijenjen
forfeit [ˈfɔːfit] *vt* izgubiti vlastitom krivnjom, proigrati; zaplijeniti
forfeitable [ˈfɔːfitəbl] *adj* koji se može izgubiti, proigrati
forfeiture [ˈfɔːfitʃə] *s* gubljenje, gubitak; oduzimanje prava; konfiskacija
forfend [fɔːˈfend] *vt* odvratiti, otkloniti, očuvati, obraniti | **God** ~! bože očuvaj!
forgather [fɔːˈgæðə] *vi* sakupiti se, naći se, sastati se; zabavljati se, slučajno se naći
forgave [fəˈgeiv] *pret* od **forgive**
forge [fɔːdʒ] *s* kovačnica; viganj, kovačko ognjište, talionica | ~ **coal** kovački ugljen; ~ **shop** kovačnica
forge [fɔːdʒ] *vt/i* kovati, skovati (& *fig*); smišljati, snovati; izmišljati; krivotvoriti, patvoriti | ~ **on** zakovati
forge [fɔːdʒ] *vi* silom sebi krčiti put; probijati se
forge ahead [ˈfɔːdʒəˈhed] *vi* silom se gurati naprijed, probiti se na prvo mjesto
forger [ˈfɔːdʒə] *s* kovač; izmišljač; krivotvoritelj
forgery [ˈfɔːdʒəri] *s* krivotvorenje, patvorenje; krivotvorina, patvorina, falsifikat
forget [fəˈget] *vt/i* (forgot, forgotten) **I.** *vt* zaboraviti; zanemariti; izgubiti iz vida; ne uzimati u obzir; propustiti, izostaviti **II.** *vi* zaboraviti (*about a th* što) | **to** ~ **oneself** zaboraviti se(be); vladati se nedostojno; **not to be forgotten** nezaboravan
forgetful [fəˈgetful] *adj* (~**ly** *adv*) zaboravljiv, zaboravan
forgetfulness [fəˈgetfulnis] *s* zaboravljivost
forget-me-not [fəˈgetminɔt] *s bot* potočnica
forge-train [ˈfɔːdʒtrein] *s* valjaonica tračnica
forgettable [fəˈgetəbl] *adj* koji se može zaboraviti; zaboravan
forging [ˈfɔːdʒiŋ] *s* 1. kovanje 2. kovani komad, otkivak | ~**s** *pl* kovana roba
forgivable [fəˈgivəbl] *adj* oprostiv
forgive [fəˈgiv] *vt* (forgave, forgiven) oprostiti; otpustiti (dug)

forgiveness [fə'givnis] *s* oprost, oproštenje, otpust
forgiving [fə'giviŋ] *adj* (~**ly** *adv*) koji oprašta, blag, milostiv, pomirljiv
forgo [fɔː'gəu] *vt* (forwent, forgone) odreći se čega, ostaviti, dići ruke (od), napustiti, odustati
forgot [fə'gɔt] *pret* od **forget**
forgotten [fə'gɔtn] *pp* od **forget**
fork [fɔːk] *s pl* vile; vilica, viljuška; rašlje, račve; ostve; račvanje, rašljanje; *chess* napadanje ukoso na dvije strane | *mus* **tuning** ~ akustička vilica
fork [fɔːk] *vi/t* **I.** *vi* razdvajati se, rašljati se, račvati se (*into* u); brkati, vlatati (žito) **II.** *vt* naviljčiti, nabosti na vile; dizati vilama, tovariti vilama, nositi na vilama
fork in ['fɔːk'in] *vt* bacati, ubaciti vilama
fork out ['fɔːk'aut] *vt/i fig* krvariti, krvavo platiti
forked [fɔːkt] *adj* (~**ly** ['fɔːkidli] *adv*) račvast, rašljast; raskoljen, razdvojen, rascijepan
fork-lift truck ['fɔːklift'trʌk] *s* viljuškar
forky ['fɔːki] *adj* (**forkily** *adv*) *poet* rašljast, račvast, rascijepan
forlorn [fə'lɔːn] *adj* (~**ly** *adv*) napušten, ostavljen; osamljen; bespomoćan, beznadan, nevoljan, nesretan, bijedan, bezizgledan
forlorn-hope [fə'lɔːnhəup] *s* uzaludna nada; vratoloman zadatak, očajnički pothvat
form [fɔːm] *s* 1. oblik, lik, prilika; raspored, poredak, red; način 2. uzorak, kalup, model, tiskanica, obrazac, štampana blanketa, pretisak, formular 3. vladanje, način, stil; društvena forma, formalnost; običaj, svečanost, ceremonija; vanjština, spoljašnost; držanje, ponašanje, postupak 4. *sport* stanje, sposobnost, kondicija, snaga 5. *gram* oblik 6. školska klupa, sjedalo; razred (u školi); *print* forma | **in due** ~ u propisnom obliku, na propisan način, **propisan; in** ~ u kondiciji; **out of** ~ u slaboj formi, kondiciji; **for** ~**'s sake** naoko, samo radi vanjštine, forme radi; **bad** ~ nepristojnost; **good** ~ pristojan ton, takt; **a** ~ **of feeling** neka vrsta osjećaja
form [fɔːm] *vt/i* **I.** *vt* oblikovati, formirati; razviti; urediti, rasporediti, stvoriti, tvoriti, sačinjavati, proizvesti; zadobiti, uzeti, poprimiti (npr. običaj); nabaciti, osnovati, smisliti; služiti kao; *gram* tvoriti; *mil* postaviti, formirati; spojiti **II.** *vi* oblikovati se, razviti se
form up ['fɔːm'ʌp] *vt/i mil* svrstati (se), postrojiti (se), formirati (se), razviti (se)
formal ['fɔːməl] *adj* (~**ly** *adv*) bitan, nematerijalan, sastavni, osnovni; formalan, doličan, koji je u propisanoj formi, obavezan, vičan, uobičajen, svečan; točan, ukočen, strog; vanjski, prividan
formaldehyde [fɔː'mældihaid] *s chem* formaldehid
formalin ['fɔːməlin] *s chem* formalin
formalism ['fɔːməlizəm] *s* formalizam
formalist ['fɔːməlist] *s* formalist
formalistic [ˌfɔːmə'listik] *adj* formalistički, vanjski
formality [fɔː'mæliti] *s* formalnost, kićenost, ceremonijalnost; strogost, ukočenost
formalization [ˌfɔːməlai'zeiʃn] *s* prožimanje formalizmom, ukalupljivanje
formalize ['fɔːməlaiz] *vt* dati stalan, čvrst, konačan, određen oblik čemu; dovesti u ustaljenu formu, formulirati
format ['fɔːmæt] *s* veličina, oblik, format (knjige)
formation [fɔː'meiʃn] *s* uobličavanje, oblikovanje, davanje oblika; formiranje, formacija; *geol* sastav, tvorba; *mil* stroj, poredak
formative ['fɔːmətiv] *adj* tvoran; formativan, koji daje oblik; *geol* & *gram* tvorben; *arts* plastičan
formative ['fɔːmətiv] *s gram* formant
forme [fɔːm] *s print* forma
former ['fɔːmə] *adj* & *pron* prijašnji, bivši, prethodni, pređašnji, nekadašnji, negdašnji; prošli; prvospomenuti | **the** ~ ..... **the latter** prvi ..... posljednji; **Mrs. Smith,** ~ **Brown** gđa Smith rođena Brown
former ['fɔːmə] *s* onaj koji oblikuje; ljevač kalupa | ~ **template** šablona, model
formerly ['fɔːməli] *adv* prije, nekada, nekoć, prije toga, u staro doba
formic ['fɔːmik] *adj chem* mravinji
formidable ['fɔːmidəbl] *adj* (**formidably** *adv*) strašan, grozan, užasan; opasan; golem, silan; kolosalan, impresivan
formless ['fɔːmlis] *adj* (~**ly** *adv*) bezobličan, nakazan; amorfan
formula ['fɔːmjulə] *s* (*pl* **formulae** ['fɔːmjuliː], ~**s**) *chem* & *math* formula, pravilo; *eccl* uobičajena upotreba ili vjerovanje; *med* recept
formularize ['fɔːmjuləraiz] *vt* → **formulate**
formulary ['fɔːmjuləri] *s* zbirka uzoraka (obrazaca, formula)
formulary ['fɔːmjuləri] *adj* šablonski; koji je prema formuli propisan
formulate ['fɔːmjuleit] *vt* formulirati; sistematski prikazati, izložiti u formuli
formulation [ˌfɔːmju'leiʃn] *s* formuliranje; sistematsko izlaganje
fornicate ['fɔːnikeit] *vt* kurvati se, živjeti u bludu, razvratno živjeti; *bibl* bezbožnički živjeti
fornication [ˌfɔːni'keiʃn] *s* razvrat, razvratno življenje, blud, preljub, kurvanje, kurvarstvo; *bibl* bezboštvo
fornicator ['fɔːnikeitə] *s* kurvar, kurviš, razvratnik, bludnik, preljubnik

forpined [fɔːˈpaind] *adj arch* iscrpljen od gladi, od mučenja
forrader [ˈfɔrədə] *adv* → **forward**
forsake [fəˈseik] *vt* (forsook, forsaken) odustati, napustiti, ostaviti na cjedilu, dići ruke (od), okaniti se, odreći se
forsaken [fəˈseikən] *pp* od **forsake**
forsaken [fəˈseikən] *adj* napušten, ostavljen, osamljen, bespomoćan; nenastanjen, nenaseljen, opustio, pust
forsook [fəˈsuk] *pret* od **forsake**
forsooth [fəˈsuːθ] *adv iron* zaista!, doista!, zbilja!, uistinu!
forswear [fɔːˈswɛə] *vt/i* (forswore, forsworn) **I.** *vt* svečano obećati, zavjetovati se, zavjeriti se, zareći se, pod zakletvom obećati, odreći se **II.** *vi* krivo priseći
forswore [fɔːˈswɔː] *pret* od **forswear**
forsworn [fɔːˈswɔːn] *pp* od **forswear**
forsworn [fɔːˈswɔːn] *adj* vjeroloman, krivokletan
fort [fɔːt] *s* 1. tvrđava, utvrđenje, utvrda 2. *hist* trgovačka postaja, utvrđena baza
fortalice [ˈfɔːtəlis] *s arch & poet* tvrđavica
forte [ˈfɔːtei] *s* 1. jaka strana, sposobnost (osobe) 2. *sport* oštrica sablje od balčaka do sredine
forte [ˈfɔːti] *s mus* jak, snažan ton ili stavak
forte [ˈfɔːti] *adj & adv mus* forte, glasan, glasno
forth [fɔːθ] *adv* naprijed, dalje, amo, ovamo, odatle, van | **and so ~** i tako dalje; **so far ~** utoliko, ukoliko; *US* **back and ~** amo-tamo
forth [fɔːθ] *prep arch* od, iz
forthcoming [ˌfɔːθˈkʌmiŋ] *adj* koji dolazi, koji se približava; koji je na pomolu, na vidiku; idući, predstojeći
forthright [ˈfɔːθrait] *adv* ravno
forthright [ˈfɔːθrait] *adj* 1. ravan, izravan 2. *fig* otvoren, pošten 3. stalan, postojan
forthright [ˈfɔːθrait] *s* ravan put
forthwith [ˈfɔːθˈwiθ] *adv* odmah, smjesta
fortieth [ˈfɔːtiiθ] *adj* četrdeseti
fortieth [ˈfɔːtiiθ] *s* četrdeseti; četrdesetina
fortifiable [ˈfɔːtifaiəbl] *adj* koji se može utvrđivati
fortification [ˌfɔːtifiˈkeiʃn] *s* 1. jačanje, pojačavanje vina alkoholom 2. *mil* utvrđivanje; utvrđenje, tvrđava; fortifikacija
fortifier [ˈfɔːtifaiə] *s* utvrđivač; sredstvo za pojačavanje; okrepljujuće sredstvo; okrepljujući napitak
fortify [ˈfɔːtifai] *vt/i* **I.** *vt* 1. pojačati, utvrditi 2. okrijepiti, ojačati, podići duh, ohrabriti 3. pojačati piće (alkoholom); obogatiti (npr. hranu vitaminom) 4. potkrijepiti, potvrditi iskaz, tvrdnju itd. 5. *mil* utvrditi, utvrđivati; graditi utvrđenja, fortifikacije **II.** *vi* utvrđivati se | **to ~ oneself against** oboružati se protiv koga (čega)
fortissimo [fɔːˈtisiməu] *adv It mus* vrlo glasno, fortisimo
fortitude [ˈfɔːtitjuːd] *s* hrabrost, jačina, duševna snaga; odvažnost, smionost
fortnight [ˈfɔːtnait] *s* četrnaest dana | **I would rather keep him a week than a ~** radije bih da ostane kod mene jedan tjedan nego dva (jer je izjelica)
fortnightly [ˈfɔːtnaitli] *adj* četrnaestodnevni
fortnightly [ˈfɔːtnaitli] *adv* svakih četrnaest dana
fortress [ˈfɔːtris] *s mil* tvrđava, utvrda; utvrđen grad
fortress [ˈfɔːtris] *vt poet* služiti kome kao tvrđava; štititi, braniti
fortuitous [fɔːˈtjuːitəs] *adj* (**~ly** *adv*) slučajan, neočekivan, nenadan, nepredviđen
fortuity [fɔːˈtjuːiti] *s* slučaj, slučajnost; sreća; udes, sudbina
fortunate [ˈfɔːtʃnit] *adj* sretan, povoljan
fortunate [ˈfɔːtʃnit] *s* sretnik
fortunately [ˈfɔːtʃnitli] *adv* srećom, na sreću
fortune [ˈfɔːtʃən] *s* 1. sreća; sretan slučaj, uspjeh 2. sudbina, kob, udes 3. blagostanje, bogatstvo, imetak; miraz | **to try one's ~** pokušati sreću, riskirati; **to make a ~** obogatiti se; **to marry a ~** bogato se oženiti; **good ~** sreća; **bad (ill) ~** nesreća; **a soldier of ~** vojnik najamnik, plaćenik; **to tell ~s** gatati, vračati
fortune [ˈfɔːtʃən] *vt/i arch poet* dogoditi se, slučiti se
fortune-hunter [ˈfɔːtʃənˌhʌntə] *s* lovac na imetak, lovac na miraz, pustolov
fortuneless [ˈfɔːtʃənlis] *adj* koji je bez imetka, bez imovine
fortune-teller [ˈfɔːtʃənˌtelə] *s* gatalac, gatalica, vrač, vračara
forty [ˈfɔːti] *adj* četrdeset | *fam* **~ winks** kratko drijemanje (napose poslije ručka)
forty [ˈfɔːti] *s* dob života od četrdeset godina | **the ~ies** četrdesete godine (života ili stoljeća); **the roaring forties** uzburkana područja mora između 39° i 50° južne geografske širine; **the ~-five** jakobitska pobuna 1745.
forum [ˈfɔːrəm] *s* forum
forward [ˈfɔːwəd] *adj* (**~ly** *adv*) 1. prednji; *mar* pramčani 2. napredan, ekstreman (škola, stranka, mišljenje) 3. budući (proizvodnja, urod, prirod) 4. poodmakao, napredan, koji rano dozrijeva, ispunjava se, svršava (biljka, prirod, godišnje doba) 5. rani, dozreo 6. gotov, nagao; gorljiv (da učini što); drzak; koji se pravi važan, pretenciozan; uobražen 7. rani, zreo prije vremena, prerano razvijen; *com* koji je isplativ, isporučiv (u budućnosti), ročni, terminski (posao) | *mar* **~ draught** pramčani gaz

forward [ˈfɔːwəd] *adv* naprijed, unaprijed, dalje, nadalje; sprijeda | **to look ~ to** očekivati (s veseljem); **from this time ~** odsada; **to come ~** dobrovoljno se javiti za dužnost, službu itd.; **to bring ~** upozoriti na što, iznijeti za diskusiju; **to put (set) ~** izjaviti, navesti, tvrditi; **to put oneself ~** isticati se, uzdići se; *com* **to date ~** postdatirati; *com* **carriage ~** neplaćen prijevoz; *com* **carried ~** prijenos; **to go ~** napredovati; *mil* **~ march!** naprijed marš!

forward [ˈfɔːwəd] *s sport* navalni igrač (nogomet, hokej itd.)

forward [ˈfɔːwəd] *vt* ubrzati, požuriti; poduprijeti, potpomoći; pomagati, promicati; poslati (pismo); otpraviti, otpremiti, ekspedirati (što) | **please ~** uputiti za naslovnikom (ako je promijenio adresu)

forwarder [ˈfɔːwədə] *s* pošiljalac; otpremnik, špediter

forwarding [ˈfɔːwədiŋ] *s* odašiljanje, otprema | *com* **~ agent** otpremnik, špediter; **~ business** otpremničko, špeditersko poduzeće, špedicija

forwardness [ˈfɔːwədnis] *s* spremnost; rana dozrelost; preuranjenost; drskost

forwards [ˈfɔːwedz] *adv* naprijed

forweared [fɔːˈwiərid] *adj arch* premoren, istrošen, iscrpen

forwent [fɔːˈwent] *pret* od **forgo**

forworn [fɔːˈwɔːn] *adj arch* premoren, istrošen, iscrpen

fosse [fɔs] *s* kanal, jarak; *mil* rov, šanac; *med* šupljina, duplja

fossette [fɔˈset] *s* udubina

fossick [ˈfɔsik] *vi/t* kopati, čeprkati, tražiti; kopati zlato

fossicker [ˈfɔsikə] *s mil sl* kopač zlata

fossil [ˈfɔsl] *adj* 1. *geol* okamenjen, fosilan 2. *fig* okorio; zastario, zaostao

fossil [ˈfɔsl] *s geol* okamina, fosil

fossilate [ˈfɔsileit] *vt min* pretvoriti se u fosil

fossilation [ˌfɔsiˈleiʃn] *s min* pretvaranje u fosil, okamenjenje

fossiliferous [ˌfɔsiˈlifərəs] *adj* koji sadrži fosile

fossilization [ˌfɔsilaiˈzeiʃn] *s* okamenjivanje, fosiliziranje

fossilize [ˈfɔsilaiz] *vt/i* okameniti (se), fosilizirati (se)

foster [ˈfɔstə] *s arch* hrana

foster [ˈfɔstə] *vt* 1. hraniti 2. njegovati; čuvati; uzgajati; odgojiti, podupirati; buditi, bodriti, poticati, hrabriti; unapređivati; voljeti

fosterage [ˈfɔstəridʒ] *s* hranjenje, njega, uzgoj, odgoj, davanje na odgoj (djeteta); održavanje, upotreba, služenje inkubatora; posvojenje (djeteta)

foster-brother [ˈfɔstəˌbrʌðə] *s* brat po mlijeku

foster-child [ˈfɔstətʃaild] *s* posvojče, gojenac, hranjenik, štićenik

fosterer [ˈfɔstərə] *s* hranitelj, dobročinitelj, dadilja; *fig* unapređivač

foster-father [ˈfɔstəˌfaːðə] *s* poočim, hranitelj

foster-land [ˈfɔstəlænd] *s* druga domovina

fosterling [ˈfɔstəliŋ] *s* posvojče, štićenik

foster-mother [ˈfɔstəˌmʌðə] *s* pomajka, hraniteljka

foster-sister [ˈfɔstəˌsistə] *s* sestra po mlijeku

foster-son [ˈfɔstəsʌn] *s* posinak

fostress [ˈfɔstris] *s* njegovateljica; hraniteljka

fought [fɔːt] *pret & pp* od **fight**

foughten [ˈfɔːtn] *pp arch* od **fight**

foughten [ˈfɔːtn] *adj arch poet* bojni, borbeni

foul [faul] *adj* (**~ly** *adv*) 1. neugodna mirisa, smrdljiv; gnusan, gadan, mrzak 2. zamrljan, prljav, zamazan, blatan, nečist; iznakažen; pokvaren, mutan (zrak, voda); napunjen, zagušen (cijev topa); obrastao korovom, morskim kalom (dno broda itd.) 3. blatan, ružan; oskvrnjen, osramoćen, nepošten, podao (moralno) 4. *sport* nepošten, nepravilan (u igri); *fig* izdajnički; vlažan, gadan, buran, olujan, oblačan (vrijeme); protivan (vjetar); zamršen, zapleten (uže itd.) | *mar* **~ anchor, ~ cable** sidreni lanac namotan oko sidrene motke; **~ copy** koncept; **~ dealings** podlost; **~ tongue** pogan jezik; **~ means** nepoštena sredstva; **~ play** nepoštena igra ili postupak; *fig* izdaja, vjerolomstvo, zločin; **~ language** proste kletve; **~ weather** olujno vrijeme, nevrijeme; **the ~ fiend** đavo; *mar* **to fall ~ of, to run ~ of** naletjeti; *fig* navaliti; posvađati se, sukobiti se s kim

foul [faul] *s* 1. ono što je nepravilno, prljavo, nečisto, prosto 2. *sport* prekršaj, faul, udarac koji je protiv pravila igre | **through ~ and fair** u zlu i u dobru; *sport* **to claim a ~** tražiti da se poništi pobjeda protivnika ili tražiti kaznu zbog kršenja pravila

foul [faul] *adv* nepravilno, nečasno | **to play one ~, to hit him ~** postupati s kim nepravilno, nečasno, podmuklo, izdajnički

foul [faul] *vt/i* **I.** *vt* 1. uprljati, ukaljati, zamazati, okaljati 2. *mar* naletjeti, udariti; zamrsiti, zaplesti (sidro) 3. zagušiti, začepiti (cijev topa) 4. *sport* udariti ili loše postupati s kim **II.** *vi* 1. zaprljati se, ukaljati se, zamazati se (& *fig*) 2. *mar* sudariti se; zaplesti se, zamrsiti se

fouling [ˈfauliŋ] *s mar* obrastanje (brodskog dna) | **~ of the horizon** zamagljivanje horizonta

foully ['fauli] *adv* odvratno, ružno, gnusno, okrutno, zlobno, nepristojno, prosto, na prostački način
fould-mouthed ['faulmauðd] *adj* koji prostački, ružno, prljavo, nepristojno govori; koji ima pogan jezik
foulness ['faulnis] *s* 1. nečistoća, prljavština 2. pokvarenost, nepoštenje; rugoba 3. prostota
foul-play [ˌfaul'plei] *s* nepoštena, prostačka igra; vjerolomstvo
foul-spoken ['faulˌspəukən] *adj* neotesan, surov u govoru
foul-tongued ['faulˌtʌŋd] *adj* → **foul-mouthed**
found [faund] *pret & pp* od **find**
found [faund] *vt/i* **I.** *vt* postaviti, položiti temelj, graditi; osnovati, utemeljiti; zasnovati, ustanoviti; obrazovati, uvesti; stvoriti, podići, temeljiti, graditi (*on, upon* na) **II.** *vi* osnivati se, temeljiti se (*on, upon* na) | **well ~ed** valjan, opravdan, obrazložen
found [faund] *vt* taliti, topiti i liti (kovinu); rastopiti; staliti, pomiješati; izraditi predmet taljenjem
foundation [faun'deiʃn] *s* 1. polaganje, udaranje temelja, utemeljenje, osnivanje, osnutak (& *fig*) 2. *bibl* početak, postanak (svijeta) 3. *archit* temelj, postolje, osnova, fundament (& *fig*) 4. kruto platno 5. ustanova, zavod, zaklada; samostan | **to be on the ~** imati stipendiju koje zaklade; **~ school** zakladna škola; **~ stone** kamen temeljac; **to lay the ~ stone** položiti kamen temeljac; **~ garments** steznici, halteri, grudnjaci
foundationer [faun'deiʃnə] *s* stipendist, pitomac
founder[1] ['faundə] *s* utemeljitelj, osnivač, tvorac | **~'s kin** rođaci osnivača koji imaju pravo prioriteta ili izbora; **~'s shares** prioritetne dionice
founder[2] ['faundə] *s* ljevač (kovine)
founder[3] ['faundə] *s vet* uzetost (reumatizam prsnih mišića konja)
founder ['faundə] *vi/t* **I.** *vi* 1. upasti, srušiti se; spuštati se, padati, urušiti se, uroniti, tonuti (zgrada, zemlja, brod itd.) 2. *mar* potonuti; razbiti se, nasukati se (*on* na), raspršiti se 3. hramati, šepati (o konju) 4. *golf* udariti (loptom) o zemlju 5. pasti, stropoštati se; zaglibiti **II.** *vt* potopiti (brod); izmoriti, satrti (konja)
foundling ['faundling] *s* nahoče
foundress ['faundris] *s* utemeljiteljica, zakladnica
foundry ['faundri] *s* ljevaonica, livnica
foundryman ['faundrimən] *s* ljevač, livac
fount[1] [faunt] *s poet* 1. izvor 2. rezervoar ulja u svjetiljci, tinte u naliv-peru
fount[2] [faunt] *s print* odljev; garnitura tiskarskih slova istoga tipa

fountain ['fauntin] *s* 1. izvor, vrelo (& *fig*) 2. vodoskok; fontana 3. rezervoar (ulja u svjetiljci, tinte u naliv-peru, boje u tiskarskom stroju)
fountain-head ['fauntin'hed] *s* 1. izvor 2. porijeklo 3. *fig* praizvor, pravrelo; prva ruka
fountain-pen ['fauntinpen] *s* naliv-pero
four [fɔː] *adj* četiri | **~ corners of (the) earth** najudaljeniji krajevi svijeta, krajnje točke svijeta; **within the ~ seas** u Velikoj Britaniji; **the ~ freedoms** četiri osnovne ljudske slobode (sloboda govora, ispovijedanja vjere, zaštita od bijede i straha) Franklina Roosevelta
four [fɔː] *s* četiri; četvoro, četvorica, četvorka | *sport* **~s** četverac; **on all ~s** na sve četiri, puzajući rukama i nogama, četvoronoške; **the cases are not on all ~** slučajevi ne odgovaraju potpuno, nisu potpuno analogni; **~ right (left)** formacija od četiri vojnika u dubinu; *com* **~s** *pl* 4%-tni vrijednosni papiri
four-bladed [ˌfɔː'bleidid] *adj tech* | **~ propeller, ~ screw** propeler s četiri krila (peraje), četverokrilni vijak
four-cornered [ˌfɔː'kɔːnəd] *adj* četverokutan, četverougaoni, četvorinast
four-dimensional [ˌfɔːdi'menʃənl] *adj* četverodimenzionalan
four-flusher ['fɔː'flʌʃə] *s US sl* sljepar, hohštapler, blefer
fourfold ['fɔːˌfəuld] *adj* četverostruk, četverodijelan, četverokratan
fourfold ['fɔːˌfəuld] *adv* četverostruko, četverokratno, četiri puta toliko
four-footed [ˌfɔː'futid] *adj* četveronožan
four-in-hand [ˌfɔːrin'hænd] *s* četveropreg
four-legged ['fɔːlegd] *adj* četveronožan
four-letter word ['fɔːletə'wəːd] *s* prosta riječ
fourpence ['fɔːpəns] *s* 1. vrijednost od četiri penija 2. *hist* srebrnjak od četiri penija
fourpenny ['fɔːpəni] *adj* koji stoji, vrijedi četiri penija
four-poster [ˌfɔː'pəustə] *s* 1. krevet na četiri stupa (noge) 2. *mar* brod s četiri jarbola
fourscore [ˌfɔː'skɔː] *adj* 1. osamdeset 2. dob od osamdeset godina
foursome ['fɔːsəm] *s* igra učetvero
foursquare [ˌfɔː'skwɛə] *adj* četverokutan, četverobridan
four-stroke [ˌfɔː'strəuk] *adj tech* četverotaktni (motor)
fourteen ['fɔː'tiːn] *adj* četrnaest
fourteen ['fɔː'tiːn] *s* četrnaest; broj četrnaest
fourteenth ['fɔː'tiːnθ] *adj* četrnaesti
fourteenth ['fɔː'tiːnθ] *s* četrnaesti dio, četrnaestina
fourth [fɔːθ] *adj* (**~ly** *adv*) četvrti

fourth [fɔːθ] *s* 1. četvrti dio, četvrtina 2. *mus* četvrtinka, kvarta | **F~ of July** 4. srpnja, američki narodni praznik (proglašenje nezavisnosti)
four-wheeler [ˌfɔːˈwiːlə] *s* kočija na četiri kotača
fowl [faul] *s* (*pl* ~) ptica; kokoš; ptice (u složenicama) | *coll* **~s** *pl* perad, živad; meso peradi
fowl [faul] *vi hunt* loviti divlje ptice
fowler [ˈfaulə] *s* lovac na divlje ptice, ptičar, lovac ptica
fowl-house [ˈfaulhaus] *s* kokošinjac
fowling [ˈfauliŋ] *s* hvatanje ptica, ptičarstvo, lov na ptice
fowling-piece [ˈfauliŋpiːs] *s* puška za lov na ptice
fowl-pest [ˈfaulpest] *s vet* kokošja kuga
fowl-run [ˈfaulrʌn] *s* uzgajalište peradi, ograđeno dvorište za perad
fox [fɔks] *s* 1. lisac, lisica 2. ovratnik od lisičjeg krzna 3. *iron* (& *fig*) lija, lukav, podmukao, himben, prepreden čovjek 4. *astr* sjeverna konstelacija 5. *US sl* student prve godine, brucoš 6. *mil* pletenica, gajtan
fox [fɔks] *vi/t* **I.** *vi* postupati (raditi što, činiti što) podmuklo (lukavo); pretvarati se, praviti se, prikrivati se, hiniti; ukiseliti se (pivo) **II.** *vt* nadmudriti
fox-brush [ˈfɔksbrʌʃ] *s* lisičji rep
foxed [fɔkst] *adj* okorio; mrljav od vlage
foxglove [ˈfɔksglʌv] *s bot* naprstak, pustikara (*Digitalis purpurea*)
foxhole [ˈfɔkshəul] *s mil* streljački zaklon
foxhound [ˈfɔkshaund] *s* pas lisičar, pas za lov na lisice
fox-hunt [ˈfɔkshʌnt] *s* lov na lisice psima (jašući na konju)
fox-hunt [ˈfɔkshʌnt] *vi* loviti lisice psima (jašući na konju)
fox-hunter [ˈfɔksˌhʌntə] *s* lovac na lisice
foxtail [ˈfɔksteil] *s bot* lisičji rep (*Alopecurus pratensis*)
fox-terrier [ˌfɔksˈteriə] *s* foksterijer (pas)
foxtrot [ˈfɔkstrɔt] *s* fokstrot (vrsta plesa)
foxtrot [ˈfɔkstrɔt] *vi* plesati fokstrot
foxy [ˈfɔksi] *adj* (**foxily** *adv*) nalik na lisicu, poput lisice; lukav, podmukao, prepreden; lisičji, crvenosmeđ (o boji); umrljan od vlage
foyer [ˈfɔiei] *s Fr theat* foaje
fracas [ˈfrækaː] *s Fr* 1. prasak, tresak 2. buka, vika, metež; okršaj
fraction [ˈfrækʃən] *s* lomljenje, lom; odlomak, komadić, dijelak, mrvica; *eccl* lomljenje kruha; *math* razlomak, frakcija | **~ line** razlomačka crta
fractional [ˈfrækʃənl] *adj* razlomački; *chem* frakcionalan; *coll* neznatan | **~ currency** sitni novac manje vrijednosti od osnovne novčane vrijednosti
fractionary [ˈfrækʃənəri] *adj* koji je u ulomcima, u komadićima, u česticama
fractionate [ˈfrækʃəneit] *vt chem* frakcionirati
fractionize [ˈfrækʃənaiz] *vt chem* & *math* rastaviti na dijelove
fractious [ˈfrækʃəs] *adj* (**~ly** *adv*) svadljiv, razdražljiv, zajedljiv; uporan, tvrdoglav, jogunast, neposlušan
fracture [ˈfræktʃə] *s* 1. *med* prijelom, lom (kosti), fraktura; *fig* rascjep, podvojenost 2. *minr* površina prijeloma sloja, raspuklina, pukotina; *gram* diftongacija samoglasnika pred skupinom suglasnika | **simple ~** zatvoren prijelom kosti; **compound ~** otvoren prijelom kosti
fracture [ˈfræktʃə] *vt/i* **I.** *vt* slomiti, prelomiti, skršiti, razlomiti, razbiti **II.** *vi* pucati, kidati se, prsnuti, lomiti se, kršiti se, razbiti se, prebiti se
fragile [ˈfrædʒail] *adj* (**~ly** *adv*) loman, lomljiv, krhak, trošan; slab, nježan, nejak
fragility [frəˈdʒiləti] *s* lomnost, lomljivost, trošnost, krhkost; nježnost, slabost
fragment [ˈfrægmənt] *s* ulomak, komad, dijelak, fragment, ostatak
fragmental [frægˈmentl] *adj geol* koji se sastoji od krhotina, ostataka ili nagomilanih ostataka (stijene, životinja, biljaka itd.)
fragmentary [ˈfrægməntəri] *adj* (**fragmentarily** *adv*) koji se sastoji od odlomaka, nepotpun, krnj, fragmentaran
fragrance [ˈfreigrəns] *s* miomiris
fragrant [ˈfreigrənt] *adj* (**~ly** *adv*) miomirisan
frail [freil] *s* 1. košara od rogoza (za voće) 2. kotarica
frail [freil] *adj* (**~ly** *adv*) krhak; prolazan (život, slast itd.); *fig* nježan, slab (zdravlje); *fig* neotporan, slab (o moralu); grešna, nečedna (žena)
frailty [ˈfreilti] *s* krhkost; *fig* slabost, nejakost, neotpornost, nemoć; pogrešan korak, posrtaj
frame [freim] *s* 1. uobličenje, oblik, okosnica, postolje; (krovna) konstrukcija; fundament 2. raspoloženje; duševno stanje 3. građa tijela 4. okvir (slike, prozora) 5. *hort* staklen prozor, staklo za zaštitu biljaka od studeni 6. *print* regal 7. *mar* rebro (broda); kostur 8. *min* okvir za ispiranje rude 9. tkalački stan | **a man of strong ~** čovjek jake tjelesne građe, jake konstrukcije; **~ of mind** raspoloženje; *radio* **~ areal** okvirna antena
frame [freim] *vt/i* **I.** *vt* 1. u duhu načiniti, izraditi, napraviti, uobličiti, oblikovati, načiniti, tvoriti; zamisliti, izmisliti, izumjeti, skovati, zasnovati; izgraditi, sastaviti, izraziti, izreći (plan, pravilo, teoriju, priču, zaplet itd.) 2. umetnuti, uo-

kviriti (& *fig*) 3. spletkariti, rovariti protiv koga, oklevetati, obijediti, ozloglasiti koga **II.** *vi* zadobiti, poprimiti oblik, razviti se, spremati se

frame-house ['freimhaus] *s* drvenjara (kuća)

frame-knitter ['freim͵nitə] *s tech* stroj za pletenje čarapa

frameless ['freimlis] *adj* koji je bez okvira

framer ['freimə] *s* izrađivač okvira; stvaralac, tvorac; pronalazač; sastavljač, pisac

frame-saw ['freimsɔː] *s* nasađena pila, pila u okviru

frame-silk ['freimsilk] *s* svilena potka

frame-up ['freimʌp] *s US sl* urota, zavjera, potajni napad, smicalica, prijevara, lažna optužba

framework ['freimwəːk] *s* 1. kostur, okosnica, rebra (broda); okvir; skele 2. *fig* građa, uređaj; poredak, sistem 3. tesarsko djelo, tesarski rad, posao 4. sistem, poredak

framing ['freimiŋ] *s mar* orebrenje | **ship ~ timber** kostur broda

franc [fræŋk] *s Fr* franak (novac)

franchise ['fræntʃaiz] *s hist jur* oslobođenje od plaćanja čega; povlastica, privilegij, građansko pravo; *fig* pravo građanstva, pravo glasa, izborno pravo; *ins* franšiza; *US* koncesija, dozvola rada

Franciscan [fræn'siskən] *adj eccl* franjevački, franciskanski, fratarski

Franciscan [fræn'siskən] *s eccl* franjevac, fratar, franciskan

franco ['fræŋkəu] *adv com* franko, besplatno

francolin ['fræŋkəlin] *s Fr ornith* šumska lještarka (*Francolinus vulgaris*)

Francophile ['fræŋkəufail] *s* prijatelj Francuza, frankofil

Francophobe ['fræŋkəufəub] *s* neprijatelj Francuza, frankofob

frangibility [͵frændʒi'biləti] *s* krhkost

frangible ['frændʒibl] *adj* krhak, lomljiv, loman

Frank [fræŋk] *s* Franak; *poet* Francuz

frank [fræŋk] *s* odašiljanje s unaprijed plaćenom poštarinom; frankirano pismo

frank [fræŋk] *adj* (**~ly** *adv*) otvoren, slobodan, iskren, prostodušan, naivan

frank [fræŋk] *vt* 1. *hist* poslati plaćeno pismo; platiti poštarinu, frankirati; olakšati kome dolazak; prevoziti koga besplatno 2. osloboditi plaćanja, poštedjeti (*against, from* od)

frankfurter ['fræŋkfəːtə] *s* frankfurter (kobasica)

Frankish ['fræŋkiʃ] *adj* franački

franklin ['fræŋklin] *s hist* slobodnjak, vlasnik zemlje, mali zemljoposjednik, sitni vlasnik

frankness ['fræŋknis] *s* iskrenost, otvorenost, prostodušnost, naivnost

frank-pledge ['fræŋkpledʒ] *s hist jur* sistem po kojem je svaki član okružja od deset kuća bio odgovoran za drugoga; član takva okružja

frantic ['fræntik] *adj* (**~ally, ~ly** *adv*) mahnit, bijesan, lud (*with* od), divlji, pomaman; *fam* strašan

frap [fræp] *vt mar* stegnuti, čvrsto pritegnuti, pričvrstiti, vezati konopom

fraternal [frə'təːnl] *adj* (**~ly** *adv*) bratski, bratinski

fraternity [frə'təːniti] *s* 1. bratstvo, bratinstvo 2. *US* udruženje studenata nekog koledža ili škole

fraternization [͵frætənai'zeiʃn] *s* bratimljenje

fraternize ['frætənaiz] *vi/t* **I.** *vi* bratimiti se, pobratiti se, bratski živjeti (*with, together* sa, zajedno); zbližiti se, sprijateljiti se sa stanovnicima neprijateljske (okupirane) zemlje **II.** *vt* bratski sjediniti

fratricidal [͵frætri'saidl] *adj* bratoubilački

fratricide ['frætrisaid] *s* bratoubojstvo; bratoubojica

fraud [frɔːd] *s* 1. *jur* prijevara; trik, lukavština, podvala 2. *fam* varalica, prevarant, podvaljivač | **in the ~ of, to the ~ of** s namjerom da koga prevari, da mu podvali

fraudulence ['frɔːdjuləns] *s* varanje, prijevara, lažljivost

fraudulent ['frɔːdjulənt] *adj* (**~ly** *adv*) prijevaran, lažan

fraught [frɔːt] *pred adj* 1. (o brodu) natovaren 2. nakrcan, opskrbljen (*with* čime); pun, ispunjen, krcat; obilan

fray [frei] *s* tučnjava; svađa, vika, kavga, sukob | **eager for the ~** željan borbe

fray [frei] *vt/i* **I.** *vt* otrti, izlizati, istrošiti, izribati, skinuti ribanjem **II.** *vi* izlizati se, otrcati se, istrošiti se, izribati se | *hunt* **to ~ head** ostrugati liko s jelenjih rogova

fray [frei] *vt poet* uliti kome strah

frazil ['freizil] *s US* led na dnu potoka

frazzle ['fræzl] *vt/i* **I.** *vt US sl* poderati, razderati, isjeckati, raskomadati **II.** *vi* otrcati se, izlizati se, pohabati se

frazzle ['fræzl] *s* pohabanost; iscrpenost, iznemoglost | **to a ~** do iznemoglosti

freak [friːk] *s* hir, mušica; ćud, ćudljivost | **~ of nature** hir prirode, nakaza, čudovište, neman, monstrum; smiješan čovjek

freak [friːk] *vi* (i **to ~ out**) *sl* biti u (drogiranom) transu, halucinirati

freaked [friːkt] *adj* umrljan, išaran, iscrtan

freakish ['friːkiʃ] *adj* (**~ly** *adv*) 1. ćudljiv, mušičav, hirovit 2. čudan, neobičan, neprirodan, groteskan, komičan, smiješan

freaky ['friːki] *adj* → **freakish**

freckle [ˈfrekl] *s* pjega od sunca, mrljica (na licu)
freckle [ˈfrekl] *vt/i* **I.** *vt* poprskati pjegama, išarati **II.** *vi* dobiti pjege, opjegaviti
freckled [ˈfrekld] *adj* poprskan pjegama, pjegav, šaren
free [friː] *adj* (**~ly** *adv*) 1. slobodan (*from* od), nepodložan, nezavisan; nevezan; neograničen; bezuvjetan; nespriječen, nesmetan 2. oslobođen, pošteđen, oprošten (dužnosti itd.); bez okova; slobodan (u akciji, stilu, izražavanju); nedoslovan, slobodan (prijevod); dopušten, dozvoljen; otvoren; riješen zapreka, riješen nepoželjnog (*of, from*); ne protivan, ne oprečan (vjetar); *chem* nevezan, nespojen; besplatan; *com* franko; pristupačan 3. neusiljen; naravan; dobrovoljan; izdašan, obilan, neograničen; koji uživa (*spec* u jelu) 4. darežljiv, iskren, otvoren, naravan; intiman, familijaran; prost, besraman, neobuzdan, drzak, nepristojan (u govoru, pričanju itd.) 5. oslobođen (od), izuzet od čega, pošteđen (*from*); nepodvrgnut plaćanju (takse, maltarine, carine, školarine, ulaznine itd.); koji je bez dugova, koji ne duguje (*from, of*); nezauzet; grub, surov | **of my own ~ will** po svojoj slobodnoj volji; **I am ~ to confess** voljan sam, pripravan sam priznati; **carriage ~** prijevoz plaćen unaprijed; **post ~** poštarina plaćena unaprijed; **to set ~** osloboditi, pustiti na slobodu; **~ and easy** naravan; **to spend (give) with a ~ hand** biti darežljiv; *com* **~ of charge** besplatan, bez troškova, neplativ; **~ of duty** oslobođen od plaćanja carine; **~ delivered** besplatno dostavljeno u kuću; **~ domicile** besplatno u mjesto boravišta; **~ factory** franko tvornica; **~ living** uživanje (osobito u jelu); **~ liver** epikurejac, čovjek neumjeren u jelu i pilu; **~ of the city** počasni građanin; **to make ~ with** intimno se prema kome ponašati; **~ fight** opća tučnjava; **~ gift** dar bez uzdarja; **~ of his money** darežljiv; *jur* **~ and unencumbered** neopterećen, bez hipotekarnog duga; **~ alongside (ship)** franko-obala; **~ delivered** franko isporučeno; **~ on board** franko-brod; **~ on rail** franko-vagon
free [friː] *vt* pustiti koga na slobodu, osloboditi, izbaviti (*from* od); riješiti koga čega, olakšati mu (*of*); očistiti, odriješiti, razmrsiti
free-and-easy [ˈfriːəndˈiːzi] *adj* neprisiljen, neusiljen, neizvještačen, nenamješten, slobodan, koji se ne usteže, naravan
free-and-easy [ˈfriːəndˈiːzi] *s* vesela pijanka, zabava
free-bench [ˈfriːbentʃ] *s hist jur* udovištvo
freeboard [ˈfriːbɔːd] *s mar* nadvođe
freeboot [ˈfriːbuːt] *vi* gusariti
freebooter [ˈfriːˌbuːtə] *s* gusar, razbojnik
freebooting [ˈfriːˌbuːtiŋ] *s* gusarenje, pljačkanje, razbojničenje
freebooting [ˈfriːˌbuːtiŋ] *adj* gusarski, razbojnički, pljačkaški
free-born [ˈfriːˈbɔːn] *adj* rođen slobodan, u slobodi
freedman [ˈfriːdmæn] *s Roman hist jur* slobodnjak, oslobođen rob
freedom [ˈfriːdəm] *s* 1. sloboda, nezavisnost; neusiljenost, lakoća, iskrenost, prisnost; smionost; drzovitost; pravo (građanstva); pravo slobodnog uživanja (*of*); slobodan pristup | **to take ~s (with)** dopustiti sebi prisnosti, intimnosti (prema kome); **~ of the city** počasno građanstvo
free-entry [ˌfriːˈentri] *s* oslobođenje od carine
free-hand [ˈfriːhænd] *adj* prostoručan
free-handed [ˈfriːˈhændid] *adj* koji je lake ruke, darežljiv; liberalan
free-hearted [ˈfriːˈhaːtid] *adj* (**~ly** *adv*) iskren, prostodušan
freehold [ˈfriːhəuld] *s jur* neograničeno vlasništvo (nad nekretninama)
freeholder [ˈfriːhəuldə] *s* neograničeni vlasnik (nekretnina)
free-kick [ˈfriː kik] *s sport* slobodni udarac
free-labour [ˌfriːˈleibə] *s* neorganizirano radništvo
free-lance [ˈfriːˈlaːns] *s* 1. *hist mil* plaćenik, najamnik; dobrovoljac 2. *fig* nezavisan novinar, pisac itd. slobodne profesije
freeloader [ˈfriːˌləudə] *s* onaj koji se voli najesti i napiti na tuđi račun, muktaš
freely [ˈfriːli] *adv* otvoreno, iskreno; obilno, darežljivo
freeman [ˈfriːmən] *s* slobodan čovjek, punopravni građanin; majstor (ceha), počasni građanin
freemason [ˈfriːˌmeisn] *s* slobodni zidar, framazon
freemasonry [ˈfriːˌmeisnri] *s* slobodno zidarstvo, framazonstvo
free-spoken [ˌfriːˈspəukən] *adj* otvoren, prostodušan
freestone [ˈfriːstəun] *s* kamen pješčanik
free-stone [ˈfriːstəun] *s* breskva kalanka
freethinker [ˌfriːˈθiŋkə] *s* slobodni mislilac, čovjek slobodna duha, slobodar
free-trade [ˌfriːˈtreid] *s* slobodna trgovina
free-trader [ˌfriːˈtreidə] *s* pristaša slobodne trgovine, slobodne izmjene dobara
freeway [ˈfriːwei] *s US* auto-put
free-wheel [ˌfriːˈwiːl] *s* slobodan hod (bicikla)
freewill [ˌfriːˈwil] *s* slobodna volja | **of one's own ~** dobrovoljno, od svoje volje
freeze [friːz] *vi/t* (**froze, frozen**) **I.** *vi* smrznuti se, slediti se; ukrutiti se, ukočiti se, stisnuti se, zepsti, biti zima **II.** *vt* smrznuti, slediti; paralizirati (osjećaje);

ukočiti, stvrdnuti; ubiti, uništiti hlađenjem; zamrznuti, zalediti (kapital); blokirati (strani kapital); maksimirati (cijene i nadnice); staviti zabranu (na prodaju) | **it ~s** smrzava se; *sl* **to ~ on to** čvrsto prionuti (za); **to ~ to death** umrijeti od smrzavanja, smrznuti se; *fig* ukočiti se od studeni; **to ~ one's blood** zaprepastiti, zaplašiti koga

freeze out [ˈfriːzˈaut] *vt US fig* isključiti koga iz društva, posla itd. natjecanjem, bojkotom

freeze [friːz] *s* smrzavica, studen; smrzavanje, zamrznutost

freezer [ˈfriːzə] *s* aparat za sleđivanje, zaleđivač

freezing [ˈfriːziŋ] *s* smrzavanje, zaleđivanje

freezing [ˈfriːziŋ] *adj* (**~ly** *adv*) leden, ledom pokriven, koji (se) smrzava

freezing-machine [ˈfriːziŋməˌʃiːn] *s* aparat za smrzavanje, za sleđivanje; aparat za pravljenje leda; sprava za pravljenje sladoleda

freezing-mixture [ˈfriːziŋˌmikstʃə] *s phys* smjesa za ohlađivanje, za zaleđivanje

freezing-point [ˈfriːziŋpɔint] *s phys* ledište | **below ~** ispod temperature ledišta

freight [freit] *s* 1. teret, tovar 2. vozarina, prevoznina, brodarina 3. najam, zakup broda za prijevoz tereta i putnika 4. *US rly* sporovozni prijevoz robe | **~ carrier** teretni brod; **~ market** tržište vozarina; **~ rate** vozarinski stav; **~ space** brodski prostor

freight [freit] *vt* 1. tovariti, krcati (brod); ukrcati (teret) 2. najmiti (brod) 3. robu otpremati

freightage [ˈfreitidʒ] *s* 1. prijevoz, transport (robe) 2. teret broda; vozarina, podvoz; brodarina 3. unajmljivanje broda

freight-car [ˈfreitkaː] *s rly* teretni vagon

freighter [ˈfreitə] *s* unajmljivač (broda); teretni brod

freight-train [ˈfreittrein] *s* teretni vlak

freight-yard [ˈfreitjaːd] *s US* ranžirni kolodvor

French [frentʃ] *adj* francuski | **to take ~ leave** otići iz društva ne oprostivši se; **~ floor** parket; **~ horse power** metrička konjska snaga (75 kg/sek)

French [frentʃ] *s* Francuz; francuski jezik | **the ~** Francuzi

French bean [ˈfrentʃbiːn] *s* | **~s** *pl* mahune

French bread [ˈfrentʃbred] *s* kruh s puno kore, pečen u dugačkim, tankim hljebovima; kruščići, roščići pečeni na francuski način

French chalk [ˈfrentʃɔːk] *s* krojačka kreda

French drain [ˈfrentʃdrein] *s* filtar od sitnog šljunka

French grey [ˈfrentʃgrei] *s* ljubičastosiv pigment

French horn [ˈfrentʃhɔːn] *s mus* rog (corno)

frenchify [ˈfrentʃifai] *vt* pofrancuziti; poromaniti

Frenchman [ˈfrentʃmən] *s* Francuz

French polish [ˈfrentʃˈpɔliʃ] *s* šelakova politura

Frenchwoman [ˈfrentʃˌwumən] *s* Francuskinja

frenchy [ˈfrentʃi] *adj* (**frenchily** *adv*) koji je po francuskom ukusu ili modi

frenzied [ˈfrenzid] *adj* mahnit

frenzy [ˈfrenzi] *s* bjesnilo, ludilo, mahnitost

frenzy [ˈfrenzi] *vt* učiniti bijesnim, ludim

frequency [ˈfriːkwənsi] *s* 1. čestoća, čestota; učestalost 2. *phys* frekvencija | **~ list** popis riječi po učestalosti; **~ meter** frekvenciometar; *radio* **~ modulation** frekventna modulacija; **~ rank** čestotni rang

frequent [ˈfriːkwənt] *adj* (**~ly** *adv*) čest, učestao, koji se često ponavlja; frekventan

frequent [friˈkwent] *vt* posjećivati, često pohađati, obilaziti (koga ili što), frekventirati

frequentation [ˌfriːkwenˈteiʃn] *s* često posjećivanje, pohađanje (*of* koga, čega); drugovanje (*with*)

frequentative [friˈkwentətiv] *adj gram* frekventativan, koji izražava učestalost ili intenzivnost radnje

frequentative [friˈkwentətiv] *s gram* frekventativ, glagol, glagolski oblik ili konjugacija koja izražava učestalost ili intenzivnost radnje

frequenter [friˈkwentə] *s* revan posjetilac, stalni gost

frequently [ˈfriːkwəntli] *adv* često

fresco [ˈfreskəu] *s It* freska

fresco [ˈfreskəu] *vt* slikati freske

fresh [freʃ] *adj* (**~ly** *adv*) 1. svjež; nov, drugi, drugačiji; nedavno stigao, nedavno načinjen, neiskusan 2. neslan; (o jajima) nepokvaren, svjež; (o zraku, vremenu) čist, koji okrepljuje, osvježuje, koji hladi 3. živahan, raspoložen; čio, zdrav, jak; cvatući; (o konjima) živahan, bodar, veseo; *US* drzak, smion, uobražen, nadut, važan | **~ from school** tek svršio škole; **to break ~ ground** pokušati nešto neotrcano; latiti se kakva novog, neistraženog posla ili djela; **as ~ as paint (a daisy)** jedar kao jabuka; **a ~ man** novajlija; **a ~ hand** neiskusan čovjek; **~ water** slatka voda; *mar* **~-water load-line** teretna vodena linija u slatkoj vodi

fresh [freʃ] *adv* svježe, novo, nedavno, upravo

fresh [freʃ] *s* prvi dio, početak (godine itd.); svježina, hladovitost; povodanj, poplava; slatka voda; ribnjak, izvor; *US sl* brucoš

freshen ['freʃən] *vt/i* **I.** *vt* **osvježiti, oživiti (koga ili što) II.** *vi* osvježiti se, oživjeti; (o vjetru) ojačati, pojačavati se
fresher ['freʃə] *s* → **freshman**
freshet ['freʃit] *s* povodanj, poplava; bujica (& *fig*)
freshly ['freʃli] *adv* svježe, nedavno, upravo; hladovito
freshman ['freʃmən] *s univ* novajlija; brucoš
freshness ['freʃnis] *s* 1. svježina, hladovitost; jedrina, rumen lica
fresh-run ['freʃrʌn] *adj ichth* (o lososu) koji je upravo došao iz mora u slatku vodu
freshwater ['freʃˌwɔːtə] *adj* slatkovodni, riječni
fret[1] [fret] *s* grčki pravokutni ornament
fret[2] [fret] *s* uzrujanost, razdraženost; uznemirenost; ogorčenost; briga, jad, tuga; nezadovoljstvo; vrenje (žestokih pića) | **the ~ and fume of life** odvratnosti, neugodnosti života; **to put a p in a ~** srditi, dražiti koga; *fig* **to be on the ~** vreti, biti uzburkan, uzbuđen, uzrujan, razdražen
fret [fret] *vt/i* **I.** *vt* izjesti, izjedati, rastakati, izdupsti; trti, istrti, istrošiti; rastočiti; *fig* mučiti, srditi, dražiti **II.** *vi* izjesti se, mučiti se, jadati se, ginuti od jada, tuge, kinjiti se, srditi se, uzrujavati se, bjesnjeti; (o vodi) mreškati se | **to ~ one's life away (out)** propasti od tuge, jada; **to ~ and fume** pjeniti se od bijesa
fret[3] [fret] *s mus* priječnica (rub koji određuje mjesto na glazbalu gdje treba staviti prst da se dobije određeni ton)
fret [fret] *vt arch* išarati, kockasto išarati, ukrasiti izrezuckanim radom
fretful ['fretful] *adj* (**~ly** *adv*) lako razdražljiv, osorljiv, srdit, zlovoljan
fretsaw ['fretsɔː] *s* pilica za rezbarenje, za drvorez
frettage ['fretidʒ] *s mil* ojačavanje cijevi topa
fretted ['fretid] *adj mus* koji ima priječnice ili rubove za određeni ton
fretty[1] ['freti] *adj* ukrašen izrezbarenim radom
fretty[2] ['freti] *adj* razdražljiv, osorljiv, mrzovoljast, zlovoljan
fretwork ['fretwəːk] *s* rešetke; rezbarija
friability [ˌfraiə'biləti] *s* smrvljivost, zdrobljivost
friable ['fraiəbl] *adj* drobiv, koji se može smrviti
friar ['fraiə] *s* redovnik, fratar, kaluđer | *chem* **~'s balsam** benzoeva tinktura; **black ~** dominikanac; **grey ~** franjevac; **white ~** karmelićanin
friary ['fraiəri] *s* fratarski samostan
fribble ['fribl] *s* besposličar, danguba; beznačajan čovjek
fribble ['fribl] *vi* besposličiti, dangubiti, baviti se tričarijama, tratiti vrijeme
fricandeau ['frikəndəu] *s Fr cul* pečena teletina sa slaninom, frikando
fricassee [ˌfrikə'siː] *s Fr cul* meso u komadićima skuhano u umaku, frikase
fricative ['frikətiv] *adj phon* koji je trven, frikativan
fricative ['frikətiv] *s phon* trveni glas, frikativ
friction ['frikʃən] *s* trenje, frikcija; *fig* okapanja, teškoće, suprotnosti, trvenje
frictional ['frikʃənl] *adj* (**~ly** *adv*) koji je proizveden ili se pokreće trenjem, frikcioni
friction-clutch ['frikʃənklʌtʃ] *s tech* frikciono kvačilo, tarna spojka
frictionize ['frikʃənaiz] *vt* trti, trljati; ribati
frictionless ['frikʃənlis] *adj* koji je bez trenja
friction-match ['frikʃənmætʃ] *s* šibica koja se pali trenjem o bilo koji predmet
Friday ['fraidi] *s* petak | **Good ~** Veliki petak; **black ~** crni petak; *fig* nesreća, nezgoda
fridge [fridʒ] *s coll abbr* → **refrigerator**
friend [frend] *s* 1. prijatelj, prijateljica 2. suputnik, pratilac, drug; znanac 3. pomagač; unapređivač; kolega | **one's ~s** rođaci; **to keep (make) ~s with** sprijateljiti se s kim; **Friend** kveker; *hist eccl* **Society of Friends** kvekerska vjerska zajednica; *GB parl* **my honourable ~** moj poštovani kolega (način oslovljavanja članova parlamenta); **our ~ has said** gospodin predgovornik je rekao; **my learned ~** poštovani kolega (tako se pravnici među sobom oslovljavaju u sudu); *prov* **a ~ in need is a ~ indeed** prijatelj se u nevolji poznaje
friend [frend] *vt poet* prijateljski postupati, pomoći, pružiti pomoć
friendless ['frendlis] *adj* koji je bez prijatelja
friendliness ['frendlinis] *s* prijateljstvo, sklonost, naklonost, dobrohotnost
friendly ['frendli] *adj* (**friendlily** *adv*) prijateljski, ljubazan, uslužan, naklonjen, dobrohotan, povoljan | **Friendly Society** socijalno osiguranje radnika; bratinsko društvo za uzajamnu pomoć (u nevolji, bolesti, starosti); **to be on ~ terms** biti u prijateljskim odnosima
friendly ['frendli] *s* pripadnik (urođenik) prijateljskog plemena; prijateljska utakmica
friendly ['frendli] *adv* prijateljski; drugarski, svojski
friendship ['frendʃip] *s* prijateljstvo, drugarstvo, blagonaklonost
Friesic ['friːzik] *adj & s* → **Frisian**
frieze[1] [friːz] *s* friz, čupava tkanina od vune

frieze² [fri:z] s *archit* obrub, raznim ornamentima urešen okrajak grede, atula
frigate ['frigit] s 1. *hist mar* fregata, jedrenjak s tri jarbola 2. *mar GB* fregata, eskortni razarač; *US* vođa flotile razarača | **~-guided missile** fregata s raketnim naoružanjem
frigate-bird ['frigitbə:d] s *ornith* brzan (tropska morska ptica)
fright [frait] s strah, užas, strava, strahota; *fam* strašilo
fright [frait] *vt pret* prestrašiti, uplašiti
frighten ['fraitn] *vt* strašiti, zastrašiti, uplašiti; učiniti malodušnim, obeshrabriti | **to ~ to death** natjerati u smrtni strah; **to be ~ed** (*at, of* koga, čega) strašiti se
frighten away ['fraitnə'wei] *vt* poplašiti
frighten into ['fraitn'intu] *vt* zastrašiti koga da što učini; prijetnjom koga natjerati na što
frighten off ['fraitn'ɔf] *vt* poplašiti
frighten out of ['fraitn'aut'ɔv] *vt* prijetnjom natjerati koga da se okani čega ili da odustane od čega | **to ~ one's wits** dovesti koga da bude izvan sebe od straha
frightful ['fraitful] *adj* (**~ly** *adv*) strašan, užasan
frightfulness ['fraitfulnis] s užas, grozota, strava, strahota
frigid ['fridʒid] *adj* 1. hladan, leden; frigidan 2. *fig* leden, hladan, odbojan | **~ zone** ledeni pojas
frigidity [fri'dʒidəti] s studen, hladnoća; frigidnost
frill [fril] s nabor, ukras (na košulji itd.) | **~s** *pl* prenatrpan ures, drangulije; **to put on ~s** praviti kerefeke, cifrati se, šepiriti se
frill [fril] *vt/i* **I.** *vt* okititi čipkama, naborima (na ovratniku, na prsima košulje i dr.) **II.** *vi* kovrčati se, nabrati se, naborati se, smežurati se
frilled [frild] *adj* nabran, naboran, ukrašen
frillery ['friləri] s kovrčanje, smežuravanje; nabiranje; ukrašavanje volanima
frilling ['friliŋ] s kovrčanje, smežuravanje, nabiranje
frilly ['frili] *adj* → **frilled**
fringe [frindʒ] s rojtica, resica; vrpca za porub; ukras, ures; porub, rub, ivica, okrajak, kraj; šiška; *fig* granica, vanjski rub | **Newgate ~** mala bradica
fringe [frindʒ] *vt* uresiti resicama, rojtama; obrubiti (resama)
fringy ['frindʒi] *adj* resast, rojtast, obrubljen resama
frippery ['fripəri] s stare, iznošene stvari, starudija, starež; *pl* prnje, trice, dronjci, trice i kučine; drangulije
frisette [fri'zet] s *Fr* niz malih umjetnih uvojaka, kovrčica
Frisian ['friziən] *adj* frizijski
Frisian ['friziən] s Frižanin; frizijski jezik
frisk [frisk] s skakanje, skakutanje, poigravanje, cupkanje, đipanje
frisk [frisk] *vt/i* skakati, skakutati, đipati, poskakivati, živahno pokretati; pretražiti kome džepove, vršiti osobnu premetačinu
frisket ['friskit] s *print* okvir, okvirić
frisky ['friski] *adj* (**friskily** *adv*) veseo, živahan, nestašan, vragolast, koji skakuće, divlji, obijestan
frit [frit] s frita, smrvljena kalcinirana supstancija (u keramici i staklarstvu)
frit [frit] *vt* usijati staklenu masu
frith¹ [friθ] s → **firth**
frith² [friθ] s šuma, šumovit kraj; branjevina, šiprag, šumarak, šiblje; grmlje, džbunje, živica
fritillary [fri'tiləri] s *bot* zvonik, vrsta ljiljana (*Fritillaria*); *ent* vrsta leptira (*Argynis*)
fritter ['fritə] s *cul* (voćna) palačinka; krpa, komadić
fritter ['fritə] *vt* raskomadati, razrezati na komadiće, razbiti
fritter away ['fritərə'wei] *vt* rasipati, potratiti (vrijeme, novac)
frivol ['frivəl] *vi/t* **I.** *vi* biti rasipan **II.** *vt* rasipati, potratiti (*away*)
frivolity [fri'vɔliti] s ništetnost, bezvrijednost, lakoumnost, ispraznost; nepristojnost; frivolnost
frivolous ['frivələs] *adj* (**~ly** *adv*) ništavan, bezvrijedan, bijedan, isprazan, lakomislen, lakouman, tašt, frivolan
friz(z) [friz] s kovrčasta kosa, kovrčasta perika, vlasulja
friz(z) [friz] *vt/i* **I.** *vt* kovrčati (kosu itd.); *tech* trljati kožu kamenom plavcem ili tupim nožem (da se umekša površina i ujednači debljina) **II.** *vi* kovrčati se
frizz [friz] *vi* šikati, šištati, piskati, pištati, cvrčati
frizzle ['frizl] s kovrčasta kosa, uvojak
frizzle ['frizl] *vt/i* **I.** *vt* šikati, šištati, piskati, pištati, cvrčati; pirjati, pržiti; kovrčati kosu (*up*) **II.** *vi* peći se, pržiti se; kovrčati se
frizzly ['frizli] *adj* kovrčast
frizzy ['frizi] *adj* kovrčast
fro [frəu] *adv* | **to and ~** amo-tamo, gore-dolje
frock [frɔk] s 1. redovnička haljina, mantija; *fig* svećenički karakter; mornarska vunena bluza; haljina, (dječja) haljinica
frock [frɔk] *vt* 1. obući kaput itd. 2. dati kome službu
frockcoat [ˌfrɔk'kəut] s žaket
frog¹ [frɔg] s *zool* žalba; *derog & sl* Francuz | **tree ~** gatalinka; **to have a ~ in the throat** biti promukao
frog² [frɔg] s *vet* rožna žabica na konjskom kopitu

frog³ [frɔg] *s mil* kožna petlja; korice za bodež, sablju itd. na vojničkom opasaču; gajtan na dolami
frog⁴ [frɔg] *s rly* pomični jezičac skretnice
frog-eater [ˈfrɔg.iːtə] *s fam* onaj koji jede žabe (podrugljiv naziv za Francuza)
frog-fish [ˈfrɔgfiʃ] *s ichth* naziv za ribe iz porodice *Pediculati*
frogged [frɔgd] *adj mil* urešen gajtanima; odjeven u mantiju
Froggy [ˈfrɔgi] *s sl* nadimak za Francuza
froggy [ˈfrɔgi] *adj* pun žaba; poput žabe, žabolik
frog-hopper [ˈfrɔg.hɔpə] *s ent* skakutavi cvrčak (porodica *Cercopidae*)
frog-in-the-throat [ˈfrɔginðəˈθrəut] *s* promuklost, sipljivost
frogman [ˈfrɔgmən] *s* čovjek žaba; *mil* ronilac diverzant
frog-march [ˈfrɔgmaːtʃ] *s* nošenje zatvorenika potrbuške tako da mu svaki stražar drži po jednu ruku, odnosno nogu
frog-spawn [ˈfrɔgspɔːn] *s* žablja ikra; *bot* vrsta slatkovodne alge
frolic [ˈfrɔlik] *s* zabava, veselje, šala, igra, vragolija, obijest, slavlje
frolic [ˈfrɔlik] *adj* veseo, radostan, obijestan, vragolast
frolic [ˈfrɔlik] *vi* šaliti se, igrati se, zbijati šalu, lakrdijati; skakati, skakutati
frolicsome [ˈfrɔliksəm] *adj* (~**ly** *adv*) veseo, radostan, obijestan
from [frɔm] *prep* od, iz, po, o, s, kod, u, odakle | ~ **time to time** od vremena do vremena; ~ **day to day** iz dana u dan; ~ **a child** iz djetinjstva, od djetinjstva; ~ **home** iz kuće, ne kod kuće; ~ **life** prema životu, po prirodi; ~ **above** odozgo; ~ **before** otprije; ~ **between** između; ~ **beyond** s one strane; ~ **on high** odozgo, s visine; ~ **out** iz; ~ **over** s one strane; ~ **under** ispod; ~ **within** iznutra; ~ **without** izvana; **apart** ~ bez obzira na, ne obazirući se (na); **I am far** ~ **saying** daleko sam od toga da kažem; ne pada mi na pamet da (to) kažem; ~ **title to colophone** kroz čitavu knjigu; **where are you** ~?, **where do you come** ~? odakle ste?; ~ **of old** iz davnih vremena; *com* ~ **date** od danas, od današnjeg dana; ~ **what you say** prema tome što vi velite; **he is gone** ~ **home** nema ga kod kuće; **he was prevented** ~ **coming** bio je zapriječen doći; **he died** ~ **a heart attack** umro je od srčanog napadaja; **judging** ~ **his conduct** sudeći po njegovu ponašanju; **to tell a real coin** ~ **a counterfeit** razlikovati pravi kovani novac od krivotvorenoga
frond [frɔnd] *s bot* papratni list, list paprati; list palme
front [frʌnt] *s* 1. *poet* čelo; lice, obličje; *fig* smionost, drzovitost 2. *mil* fronta 3. *archit* prednja strana, pročelje; prednji dio (stvari, predmeta); prednji položaj | **head and** ~ glavni dio, glavni predmet; ~ **to** ~ licem u lice; **to have the** ~ imati obraza, smjelosti što učiniti, biti bezobrazan; **to show a bold** ~ biti drzovit, drzovito nastupiti; *mil* pokazati hrabrost, smionost; **to go to the** ~ ići u borbu, na frontu; **in** ~ **of** ispred; **in** ~ sprijeda, na čelu; **to come to the** ~ istaknuti se; **twopair** ~ soba na drugom katu sprijeda; **to beset** ~ **and rear** opkoliti sprijeda i straga; **look to your** ~! gledaj preda se!
front [frʌnt] *adj* prednji | *mil* ~ **sight** prednji nišan, mušica
front [frʌnt] *adv* pred, ispred
front [frʌnt] *vt/i* **I.** *vt* gledati, biti nasuprot (*to, towards*), oduprijeti se, prkositi kome; sresti, suočiti; *archit* ukrasiti pročeljem; *mil* napraviti frontu, liniju **II.** *vi* nalaziti se sučelice, gledati (prema)
frontage [ˈfrʌntidʒ] *s* zemljište koje međaši s ulicom ili vodom; *mil* širina fronte; *archit* prednji dio, pročelje, fasada
frontal [ˈfrʌntl] *s archit* fasada; *eccl* oltarski pokrov
frontal [ˈfrʌntl] *adj* čeoni, frontalan | ~ **attack** frontalni napad
front-bench [ˈfrʌntbentʃ] *s parl* mjesto u britanskom parlamentu gdje sjede ministri ili bivši ministri
front-door [ˈfrʌntdɔː] *s* glavni ulaz kuće, prednja vrata, kućna veža
frontier [ˈfrʌntjə] *s* granica
frontispiece [ˈfrʌntispiːs] *s archit* pročelje, zabatna strana; *print* naslovna strana knjige, časopisa itd.; *sl* lice
frontless [ˈfrʌntlis] *adj* (~**ly** *adv*) koji je bez pročelja; *arch* besraman, bezobrazan, bestidan
frontlet [ˈfrʌntlit] *s* zavoj preko čela; *zool* čelo životinje; *eccl* uska traka platna preko oltarskog pokrova
front-page [ˈfrʌntpeidʒ] *s* naslovna strana | ~ **news** vijest(i) s prve strane (novina)
front-piece [ˈfrʌntpiːs] *s theat* komad koji se igra ispred zastora
frontward [ˈfrʌntwəd] *adj* okrenut naprijed
frontward(s) [ˈfrʌntwəd(z)] *adv* prema naprijed, sprijeda
front-yard [ˈfrʌntjaːd] *s US* vrt ispred kuće
frost [frɔst] *s* mraz, smrzavica, studen; hladnoća (& *fig*); inje; *sl* neuspjeh | **white** ~, **hoar** ~ inje; **black** ~ zima bez inja; **hard (sharp)** ~ ciča zima; **the play turned out a** ~ komad je bio fijasko
frost [frɔst] *vt/i* **I.** *vt* 1. uništiti (biljke, usjev itd.) mrazom; pokriti injem 2. *cul* posuti šećerom 3. dati sjaj 4. učiniti mutnim, matirati (staklo); *fig* hladnim držanjem odbiti od sebe **II.** *vi* pobijeliti (o kosi) | ~**ed glass** mliječno, mutno staklo

frostbite [ˈfrɔstbait] *s* ozeblina, ozeb, promrzlost; gangrena od promrzlosti
frostbitten [ˈfrɔstˌbitn] *adj* promrzao, smrznut, ozebao
frost-bound [ˈfrɔstbaund] *adj* zamrznut, sasvim zaleđen
frost-glass [ˈfrɔstglaːs] *s* mliječno, mutno staklo
frosting [ˈfrɔstiŋ] *s cul* šećerna glazura
frostwork [ˈfrɔstwəːk] *s pl* grane, šare na zamrznutom prozoru itd.
frosty [ˈfrɔsti] *adj* (**frostily** *adv*) hladan, mrazovit, leden, studen; sijed (o kosi); *fig* hladan, bešćutan, ravnodušan
froth [frɔθ] *s* pjena, talog, izmet (metala, tekućine itd.), trice; bezvrijedna stvar; razgovor pun šupljih fraza
froth [frɔθ] *vi/t* **I.** *vi* 1. pjeniti se, pjenušati se; *fig* zapjenušiti se **II.** *vt* napraviti pjenu
froth up [ˈfrɔθˈʌp] *vt* zapjeniti, pokriti pjenom
frothy [ˈfrɔθi] *adj* (**frothily** *adv*) pjenušav, zapjenjen
frou-frou [ˈfruˈfruː] *s Fr* šuštanje haljine
froward [ˈfrəuəd] *adj* (**~ly** *adv*) *arch* uporan, tvrdoglav, svojeglav, čudan, neugodan, nepokoran, prkosan
frown [fraun] *s* mrk pogled, namrštenost, mrgođenje
frown [fraun] *vi/t* **I.** *vi* namrštiti se; namrgoditi se, mrko gledati **II.** *vt* mrkim pogledom uplašiti koga, odbiti | **to ~ into silence** ušutkati prijetećim pogledom
frown at [ˈfraunˈæt] *vi* namrgoditi se, natmuriti se, poprijeko gledati koga
frown down [ˈfraunˈdaun] *vt* zaplašiti, zastrašiti koga
frown on [ˈfraunˈɔn] *vi* poprijeko gledati koga, mrgoditi se na koga
frowning [ˈfrauniŋ] *adj* (**~ly** *adv*) mrk, namršten, zlovoljan
frowst [fraust] *s* zagušljivost, pokvaren sparan zrak
frowst [fraust] *vi* biti u zagušljivu zraku, udisati smrdljiv zrak
frowsty [ˈfrausti] *adj* zagušljiv, zadušljiv, pokvaren, koji zaudara na plijesan
frowzy [ˈfrauzi] *adj* (**frowzily** *adv*) 1. zagušljiv, zadušljiv, užegnut, pokvaren, koji zaudara na plijesan 2. nečist, neuredan, zamazan, prljav; nemaran, nepočešljan
froze [frəuz] *pret* od **freeze**
frozen [ˈfrəuzn] *pp* od **freeze**
frozen [ˈfrəuzn] *adj* smrznut | **~ locker** hladionik, ledenica
fructiferous [frʌkˈtifərəs] *adj* plodonosan
fructification [ˌfrʌktifiˈkeiʃn] *s bot* oplođenje
fructify [ˈfrʌktiːfai] *vi/t* **I.** *vi* donositi plod, roditi **II.** *vt* oploditi, učiniti plodnim
fructose [ˈfrʌktəus] *s* voćni šećer, fruktoza
fructuous [ˈfrʌktjuəs] *adj* plodonosan, plodan (& *fig*)
frugal [ˈfruːgəl] *adj* (**~ly** *adv*) štedljiv, umjeren, skroman
frugality [fruˈgæləti] *s* štedljivost, umjerenost, skromnost
fruit [fruːt] *s* plod; voće; ljetina, urod; potomstvo; prihod, prinos; učinak, posljedica; korist, dobitak; rezultat | *mar* **~ carrier, ~ ship** brod za prijevoz voća; **first ~s** prvenci; **~ salat** voćna salata
fruit [fruːt] *vi/t* **I.** *vi* roditi, donositi plod **II.** *vt* učiniti da plod sazrije
fruitage [ˈfruːtidʒ] *s* 1. donošenje ploda, prirod voća 2. voće; žetva, branje, berba 3. *fig* prinos, rezultat
fruitarian [fruːˈtɛəriən] *s* vegetarijanac
fruit-bearer [ˈfruːtˌbɛərə] *s* voćka koja rodi, koja donosi plod
fruit-cake [ˈfruːtkeik] *s* (voćni) kolač
fruiter [ˈfruːtə] *s* brod za prijevoz voća 2. voćka 3. voćar, uzgajatelj voćaka
fruiterer [ˈfruːtərə] *s* voćar, voćarica, prodavač(ica) voća | **~'s (shop)** voćarnica
fruitful [ˈfruːtful] *adj* (**~ly** *adv*) plodan, rodan; obilan, izdašan; koristan, unosan; *fig* bogat
fruitfulness [ˈfruːtfulnis] *s* rodnost, plodnost, produktivnost (& *fig*)
fruition [fruːˈiʃn] *s* uživanje, užitak; ostvarenje | **to bring to ~** ostvariti
fruitless [ˈfruːtlis] *adj* (**~ly** *adv*) neplodan; *fig* jalov, beskoristan; uzaludan
fruitlessness [ˈfruːtlisnis] *s* neplodnost, jalovost, uzaludnost
fruit-machine [ˈfruːtməˈʃiːn] *s* automat za kockanje
fruit-piece [ˈfruːtpiːs] *s* slika s voćem (mrtva priroda)
fruit-tree [ˈfruːttriː] *s* voćka
fruity [ˈfruːti] *adj* (**fruitily** *adv*) voćni, mirisan (o vinu); sočan; (glas) bogat i sladunjav; *fig* začinjen, zanimljiv, interesantan
frumenty [ˈfruːmənti] *s cul* pšenična kaša kuhana u mlijeku i začinjena šećerom i mirodijama
frump [frʌmp] *s* staromodno, neukusno odjevena žena; *fig* strašilo
frumpish [ˈfrʌmpiʃ] *adj* staromodan, neukusan, mrzovoljan, zlovoljan; prost, neuljudan
frumpy [ˈfrʌmpi] *adj* (**frumpily** *adv*) → **frumpish**
frustrate [ˈfrʌstreit] *adj* prevaren, izigran, razočaran, osujećen
frustrate [frʌsˈtreit] *vt* pokvariti, pobrkati, ubiti; izigrati, spriječiti; osujetiti, prevariti, razočarati koga; frustrirati
frustration [frʌsˈtreiʃn] *s* osujećivanje, izjalovljenje, izigravanje, razočaranje, frustracija

frustum ['frʌstəm] *s* (*pl* **frusta** ['frʌstə], **~s**) komad; *math* krnje geometrijsko tijelo
frutex ['fru:teks] *s bot* grm, žbun
fry[1] [frai] *s* mrijest, ikra; ribice iz mrijesta 2. *fig* mnoštvo, jato, roj (pčela, žaba itd.)
fry[2] [frai] *s* pečenje, pečenka; krezle, rajžlec, crijevca
fry [frai] *vt/i* **I.** *vt* pržiti, peći, frigati **II.** *vi* pržiti se, peći se | **I have other fish to ~** imam ja prečih briga; **fried eggs** jaja pržena na oko
fryer (**frier**) ['fraiə] *s* onaj koji peče ili prži; tava
frying-pan ['fraiiŋpæn] *s cul* tava | **out of the ~ into the fire** iz zla u gore
fubsy ['fʌbzi] *adj* debeo, zdepast
fuchsia ['fju:ʃə] *s bot* fuksija
fuchsine ['fu:ksi:n] *s chem* fuksin, anilinska crvena boja
fuck [fʌk] *vt/i vulg* spolno općiti, jebati (se) | **~ off** jebi se, idi u p. m.
fucking ['fʌkiŋ] *adj vulg* jeben(o neugodan) | **what a ~ nuisance!** jebena neprilika!
fucker ['fʌkə] *s vulg* jebena budala, idiot
fucus [fju:kəs] *s* (*pl* **fuci** ['fju:sai]) 1. *bot* morska resina 2. ličilo, rumenilo
fuddle ['fʌdl] *s* pijanost, napitost; pijanka | **on the ~** u pijančevanju, pijanstvu
fuddle ['fʌdl] *vi/t* **I.** *vi* opiti se; piti, pijančiti **II.** *vt* 1. opiti, napiti (& *fig*) 2. zbuniti, omamiti, zaprepastiti, ošamutiti
fudge[1] [fʌdʒ] *s* besmislica, glupost, koještarija, razmetanje, petljanje; mekan granuliran kolačić ili slatkiš
fudge[2] [fʌdʒ] *s* petljanija, krparija, šeprtljanje
fudge [fʌdʒ] *vt/i* **I.** *vt* petljati, krpati, šeprtljati, zbubati; varati, izmisliti, skuhati **II.** *vi* (o događajima) naopako izići, loše se svršiti
fudge [fʌdʒ] *interj* besmislica!, glupost!
fuel [fjuəl] *s* gorivo; ogrjev | **to add ~ to the flames** raspirivati plamen, strasti, lijevati ulje na vatru; *mar* **~ bunker** tank pogonskog goriva; **~-oil residue** mazut
fuel [fjuəl] *vt/i* 1. ložiti; opskrbiti gorivom 2. *fig* hraniti 3. *aero* opskrbiti benzinom, tankirati | **~ling station** krcalište goriva
fug [fʌg] *s* zagušljiv zrak, pljesniv zadah 2. prašina, nečistoća, prljavština
fugacious [fju'geiʃəs] *adj* (**~ly** *adv*) prolazan, koji bježi, kratkotrajan; *bot* koji prerano opada
fugacity [fju'gæsiti] *s* prolaznost, nepostojanost
fugal ['fju:gəl] *adj* (**~ly** *adv*) *mus* koji je poput fuge
fuggy ['fʌgi] *adj* koji zaudara na plijesan, zagušljiv, koji davi, pokvaren (zrak, vrućina)
fugitive ['fju:dʒitiv] *adj* (**~ly** *adv*) koji leti, bježi, koji je u bijegu; nepostojan, promjenljiv, pomičan, koji iščezava, nestaje, kratkotrajan; (o književnosti) prolazan, kratkovječan, slučajan, prigodan
fugitive ['fju:dʒitiv] *s* bjegunac
fugle ['fju:gl] *vi mil* služiti kao krilni (*for*); *fig* služiti kao uzor, primjer, ideal (*for*)
fugleman ['fju:glmən] *s mil* krilni; *fig* vođa, prednjak, kolovođa, govornik; zagovornik, sekundant, desna ruka
fugue [fju:g] *s mus* fuga
fugue [fju:g] *vi/t mus* skladati, komponirati fugu; izvoditi fugu
fuguist ['fju:gist] *s* skladatelj fuga, izvoditelj fuga
fulcrum ['fʌlkrəm] *s Lat* (*pl* **fulcra** ['fʌlkrə], **~s**) uporište, oslonac
fulfil [ful'fil] *vt* ispuniti, izvršiti, svršiti, udovoljiti, provesti, izvesti | **to ~ oneself** potpuno se razviti
fulfilment [ful'filmənt] *s* izvršenje, ispunjenje, udovoljenje
fulgent ['fʌldʒənt] *adj* (**~ly** *adv*) *poet* sjajan, blistav, svjetlucav
fulgurate ['fʌlgjuəreit] *vi* 1. bljesnuti, sijevnuti poput munje 2. *med* uništiti elektricitetom
fulgurite ['fʌlgjuərait] *s min* fulgurit; eksploziv
fuliginous [fju:'lidʒinəs] *adj* čađav, zadimljen
full [ful] *adj* (**~y** *adv*) 1. pun; napunjen; prepun, krcat, pretrpan, sit, zasićen 2. širok, prostran; obilat, obilan, bogat, dovoljan; opširan, iscrpan, potanki, neograničen 3. cio, potpun, cjelokupan, neskraćen 4. čist, pravi, rođeni; (o svjetlu) jak, intenzivan; (o boji) dubok, taman; (o gibanju) jak, snažan 5. debeo, zdepast, obao, razvijen, zreo | **to give ~ details** iznijeti sve pojedinosti; **he is very ~ on this point** on opširno, iscrpno raspravlja, govori o toj temi; **~ point, ~ stop** točka; **~ brother (sister)** rođeni brat (sestra); **of the ~ blood** punokrvan, rasni; **~ pay** cijela plaća; **~ age** punoljetnost; **~ dress** svečano odijelo; gala, frak; **~ dress uniform** svečana odjeća, paradna uniforma; **~ dress rehearsal** generalna proba u kostimima; *parl* **~ dress debate** debata o vrlo važnom pitanju; **~ swing** u zamahu, u punom jeku, aktivan; **at ~ length** potpuno, opširno; **in ~** potpuno; **~ length portrait** portret u naravnoj veličini; **~ face** okrenut licem, anfas; **~ power of attorney** neograničeno punomoćje; **~ up** krcat, pun, dupkom pun; nema mjesta!; sit (do grla); **to eat till one is ~** najesti se sit; **~ tide** plima; **in ~ vigour** u naponu snage
full [ful] *s* cjelina, punoća, potpunost; izobilje, dovoljnost; vrhunac | **in ~** u cijelosti, potpuno, neskraćeno; **to the ~**

potpuno, sasvim; **the ~ of it** sve, sva cjelina, sveukupnost; **charges in ~** nesmanjeni troškovi, izdaci, cjelokupni troškovi; **the ~ of the moon** uštap, pun mjesec; **at the ~** na vrhuncu; **at ~** u cijelosti, potpuno; temeljito, skroz naskroz; *com* **in ~ of all demands** za potpuno namirenje svih tražbina; **sign your name in ~** potpišite svoje cijelo ime i prezime

full [ful] *adv* puno, vrlo, sasvim, posve, potpuno, točno | *poet* **~ well** sasvim, vrlo dobro; **he hit him ~ in the face** udario ga je ravno u lice, usred lica

full[1] [ful] *vt* sašiti (odjeću) prostrano, s naborima

full[2] [ful] *vt* valjati sukno (čohu)

full-aged [ˌfulˈeidʒ] *adj* punoljetan

full-back [ˌfulˈbæk] *s ftb* branič, bek

full-blooded [ˌfulˈblʌdid] *adj* punokrvan

full-blown [ˌfulˈbləun] *adj* sasvim rascvaten; *fig* potpuno razvijen

full-bodied [ˌfulˈbɔdid] *adj* debeo, krupan; (o vinu) težak, jak

full-bottomed [ˌfulˈbɔtəmd] *adj* koji je široka dna, širok

fuller[1] [ˈfulə] *s* valjač sukna (čohe, pusta) | **~'s earth** masna valjačka zemlja, terafin

fuller[2] [ˈfulə] *s* 1. kovački čekić za oblikovanje 2. oruđe za žlijebljenje željeza 3. žljebić, brazda na konjskoj potkovi

fuller [ˈfulə] *vt* žlijebiti, dupsti kovačkim alatom

full-face [ˌfulˈfeis] *adv* sučelice, licem u lice

full-face [ˌfulˈfeis] *s print* masni tisak

full-faced [ˌfulˈfeist] *adj* bucmast, obla lica; *print* mastan

full-fledged [ˌfulˈfledʒd] *adj* opernatio za let; *fig* koji se osamostalio, potpun, razvijen, samostalan

full-grown [ˌfulˈgrəun] *adj* potpuno odrastao

full-hand [ˌfulˈhænd] *s* (u pokeru) tri jednake+dvije jednake karte (npr. tri kralja i dvije sedmice)

full-house [ˌfulˈhaus] *s* → **fullhand**

fulling-mill [ˈfuliŋmil] *s* stroj za valjanje sukna

full-length [ˌfulˈleŋθ] *adj* u naravnoj veličini (portret) | **~ film** dugometražni film

full-mouthed [ˌfulˈmauðd] *adj* vrlo glasan, sonoran

fullness (fulness) [ˈfulnis] *s* 1. punoća; obilje, izobilje, mnoštvo, bogatstvo (*of* čega) 2. potpunost, cijelost, čitavost, ukupnost, neokrnjenost 3. širina, prostranstvo, širenje, protezanje 4. nezgrapnost, nespretnost, neotesanost; ugojenost, gojaznost, debljina 5. (o glasu, boji itd.) bogatstvo, punoća, obujam, opseg, jačina | **the ~ of the heart** ganuće, iskreni osjećaji; **in the ~ of time** u određeno vrijeme; **the ~ of the world** prostranstvo, širina svijeta; **in its ~** u punom opsegu

full-sized [ˌfulˈsaizd] *adj* koji je u potpunoj veličini

full-stop [ˈfulstɔp] *s* točka | **to come to a ~** prestati

full-time [ˈfultaim] *adj* s punim radnim vremenom; redovni

full-timer [ˌfulˈtaimə] *s* dijete koje prisustvuje cijeloj obuci; radnik s punim radnim vremenom

fully [ˈfuli] *adv* posve, sasvim, potpuno

fulmar [ˈfulmə] *s ornith* sjeverna burnica (***Fulmarus glacialis***)

fulminant [ˈfʌlminənt] *adj* gromovit, žestok, oštar, vatren, nagao, fulminantan

fulminate [ˈfʌlmineit] *vi/t* **I.** *vi* rasprsnuti se, praskati, eksplodirati; pucati; sijevati, bljeskati; grmjeti; bjesnjeti **II.** *vt* dovesti do eksplozije; *eccl* udariti prokletstvom, prokleti koga, napasti neočekivano i žestoko (o bolesti)

fulminate [ˈfʌlminit] *s chem* fulminat | **~ of mercury** živin fulminat

fulmination [ˌfʌlmiˈneiʃn] *s* grmljavina, prasak, eksplozija; *eccl* izopćenje, prokletstvo; neočekivano, naglo izbijanje (bolesti)

fulminatory [ˈfʌlminətəri] *adj* koji grmi, praskav; prijeteći

fulmine [ˈfʌlmin] *vi/t* → **fulminate**

fulminic [fʌlˈminik] *adj chem* praskav

fulness [ˈfulnis] *s* → **fullness**

fulsome [ˈfulsəm] *adj* (**~ly** *adv*) 1. prekomjeran, pretjeran, neumjeren 2. odvratan, oduran, gadan, gnusan, bljutav, odbojan

fulsomeness [ˈfulsəmnis] *s* odvratnost, gnusnost, bljutavost

fulvescent [fʌlˈvesənt] *adj* crvenkastožut, žutosmeđ

fulvous [ˈfʌlvəs] *adj* crvenkastožut, tamnožut

fumble [ˈfʌmbl] *vi/t* **I.** *vi* 1. pipati (u mraku), tumarati, tapati, nespretno se kretati; petljati, krpariti 2. tražiti što pipanjem (*for, after*) 3. mucati **II.** *vt* nezgrapno, nespretno baratati (loptom i dr.), ne zaustaviti potpuno, zaustaviti nevješto, nespretno | **to ~ with** nezgrapno, nespretno se igrati čime; šeprtljati, prtljati

fumble [ˈfʌmbl] *s* krparija, petljarija, petljanje, šeprtljanje, krparenje

fumbler [ˈfʌmblə] *s* šeprtlja, prtljanac, krpo, nespretnjaković, glupo čeljade

fume [fjuːm] *s* 1. dim; para; *fig* uzbuđenost, razdraženost, ushićenost; gnjev | **to be in a ~** biti silno ljut, strašno srdit

fume [fjuːm] *vt/i* **I.** *vt* sušiti na dimu, kaditi **II.** *vi* dimiti se, pušiti se, isparivati se; *fig* bjesnjeti, srditi se, gnjeviti se

fume away [ˈfju:məˈwei] *vi* ispariti se; izvjetriti se; ishlapiti
fumery [ˈfju:məri] *s* pušionica (droga)
fumigate [ˈfju:migeit] *vt* kaditi, raskuživati (dimom, parom, plinom)
fumigation [ˌfju:miˈgeiʃn] *s* dimljenje, kađenje, raskuživanje
fumigator [ˈfju:migeitə] *s* aparat za dimljenje, kađenje
fumitory [ˈfju:mitəri] *s bot* dimnjača (*Fumus terrae*)
fumy [ˈfju:mi] *adj* koji se dimi, puši
fun [fʌn] *s* šala, zabava, obijest | **to make ~ of** zbijati šalu s kim; **to poke ~ at** podrugivati se, rugati se komu; **for (in) ~** za zabavu, za šalu; **it is good (great) ~** vrlo je zabavno; **like ~** živahno, silno, žestoko; **what ~**! kako zgodno!; **I do not see the ~ of it** ne vidim zašto bi to bilo zgodno, što je u tome zabavno; **figure of ~** smiješna, šaljiva, groteskna osoba
fun [fʌn] *vi* šaliti se, igrati se; zabaviti se
funambulist [fjuˈnæmbjulist] *s* plesač na užetu
function [ˈfʌŋkʃən] *s* djelovanje, djelatnost; obaveza; zadatak; svrha, cilj, namjera; služba, zvanje, zaposlenje, položaj, mjesto, poziv, profesija, zanat; obred, svečanost, ceremonija; *fam* društvena priredba; *math* funkcija
function [ˈfʌŋkʃən] *vi* djelovati, raditi, biti zaposlen, obavljati dužnost, službovati; funkcionirati; fungirati
functional [ˈfʌŋkʃənl] *adj* (**~ly** *adv*) služben, formalan, reprezentativan; *med* (organ) koji ima stanovitu funkciju; *math* funkcionalan
functionary [ˈfʌŋkʃnəri] *s* činovnik, službenik, funkcionar
functionary [ˈfʌŋkʃnəri] *adj* koji djeluje, služben
functionate [ˈfʌŋkʃəneit] *vi* → **function** *vi*
functionless [ˈfʌŋkʃənlis] *adj* bez djelovanja; *med* bez zadatka, rudimentaran (organ)
fund [fʌnd] *s* glavnica; fond, zaklada; zaliha, blago, obilje | **~s** *pl* gotovina, državne obveznice; fondovi
fund [fʌnd] *vt* fundirati, kapitalizirati, konsolidirati tekući državni dug; uložiti kapital u vrijednosne papire; stvarati zalihe
fundament [ˈfʌndəmənt] *s* zadnjica
fundamental [ˌfʌndəˈmentl] *adj* (**~ly** *adv*) temeljni, osnovni, fundamentalan
fundamentalism [ˌfʌndəˈmentəlizəm] *s US* doslovno vjerovanje u Sveto pismo (Bibliju), kao temelj protestantske vjere
fundamentality [ˌfʌndəmenˈtæləti] *s* temeljnost, načelnost
fundamentals [ˌfʌndəˈmentlz] *s pl* temelji, temeljna načela, temeljna pravila, osnove, **počela**
fund-holder [ˈfʌndˌhəuldə] *s* glavničar, dioničar
funebrial [fjuˈni:briəl] *adj* pogrebni, žaloban
funeral [ˈfju:nərəl] *adj* pogrebni, nadgrobni, žaloban, mrtvački | **~ pile (pyre)** lomačą za spaljivanje leša
funeral [ˈfju:nərəl] *s* pogreb, ukop, sprovod, pogrebna povorka | *sl* **none of your ~** nije te briga; *sl* **it's your ~** to je tvoja stvar
funerary [ˈfju:nərəri] *adj* pogrebni
funereal [fju:ˈniəriəl] *adj* (**~ly** *adv*) pogrebni, žaloban; sumoran, turoban, žalostan
fun-fair [ˈfʌnfɛə] *s* zabavište, vašar
fungal [ˈfʌŋgəl] *adj* koji se tiče gljiva
fungible [ˈfʌndʒibl] *adj* koji može zamijeniti
fungicide [ˈfʌŋgisaid] *s* fungicid
fungoid [ˈfʌŋgɔid] *adj* koji je poput gljive, gljivast
fungous [ˈfʌŋgəs] *adj* gljivast; gljivični
fungus [ˈfʌŋgəs] *s* (*pl* **fungi** [ˈfʌŋgai], **~es**) gljiva, guba; gljiva nametnica; *med* izraslina
fungusy [ˈfʌŋgəsi] *adj med* fungozan
funicular [fju:ˈnikjulə] *adj* koji je na užetu, na žici | **~ railway** uspinjača
funk [fʌŋk] *s sl* bojazan, strah, **panika**; kukavica, strašljivac; smrad, vonj; *arch* iskra, varnica | **a blue ~** teror; **in a blue ~** u silnom strahu; **to get into ~** prestrašiti se
funk [fʌŋk] *vi/t* **I.** *vi* strašiti se, bojati se, biti plašljiv; smrdjeti, vonjati, zaudarati **II.** *vt* plašiti, strašiti **koga**; zasmraditi
funk-hole [ˈfʌŋkhəul] *s sl mil* sklonište, zaklon; *fig* sigurno utočište, sklonište
funky [ˈfʌŋki] *adj* (**funkily** *adv*) bojažljiv, strašljiv, plašljiv, kukavički
funnel [ˈfʌnl] *s* lijevak; *mar rly* dimnjak; *min* cijev za ventilaciju, za rasvjetu | *mar* **~ hood** pokrivač dimnjaka; **~ stays** pripone dimnjaka
funnelled [ˈfʌnəld] *adj* koji je poput lijevka
funnies [ˈfʌniz] *s pl US coll* strip
funniment [ˈfʌnimənt] *s* šala, lakrdija
funny [ˈfʌni] *adj* (**funnily** *adv*) šaljiv, smiješan, veseo, čudan, neobičan, osobit; *US sl* zacopan, zateleban | **to feel ~** osjećati se čudno; **a ~ thing** čudnovata stvar; **a ~ business** neugodna, strašna stvar; *US sl* varanje, trik
funny [ˈfʌni] *s* lak čamac za jednu osobu; *coll* **the funnies** stripovi
funnybone [ˈfʌnibəun] *s med* lakatna kost
funny-man [ˈfʌniˌmæn] *s* profesionalni šaljivčina
fur [fə:] *s* krzno; **dlaka**; *zool collect* krznaši; *med* prevlaka, oblog (jezika); kamenac, naslaga vapnenca u kotlu; birsa (vina) | *US* **to make the ~ fly** izazvati

svađu, načiniti nemir, kavgu; ~ **and feather** zvijeri i ptice; **to hunt** ~ loviti zečeve; **~s** *pl* krzna, krznena roba
fur [fəː] *vt/i* **I.** *vt* obući u krzno; podstaviti krznom; pokriti (kotao kamencem); oplatiti **II.** *vi* presvući se oblogom | **~-red tongue** obložen jezik
furbelow [ˈfəːbiləu] *s* naboran rub haljine, volan | *iron* **~s** *pl* sjajni nakit, ures, parada
furbelow [ˈfəːbiləu] *vt* obrubiti naborima
furbish [ˈfəːbiʃ] *vt* čistiti, gladiti, laštiti; *fig* iskititi, obnoviti; osvježiti (znanje)
furcate [ˈfəːkeit] *adj* račvast, rašljast
furcate [ˈfəːkeit] *vi* račvati se, rašljati se
furcation [fəːˈkeiʃn] *s* račvanje, rašljanje
furfuraceous [ˌfəːfjuˈreiʃəs] *adj* krastav; bubuljičav
furibund [ˈfjuəribʌnd] *adj* bijesan, mahnit
furious [ˈfjuəriəs] *adj* (**~ly** *adv*) bijesan, žestok, užasan, strašan | **fast and** ~ bučan, buran, živ
furl [fəːl] *vt/i* **I.** *vt mar* smotati (*sail*); zatvoriti (*fan, umbrella*), sklopiti (*wings*); napustiti (*hopes*) **II.** *vi* smotati se, sklopiti se, saviti se; kovitlajući iščeznuti (*away*)
furlong [ˈfəːlɔŋ] *s* osmina engleske milje (220 jarda = 201,167 metara)
furlough [ˈfəːləu] *s* dopust (napose vojnički)
furlough [ˈfəːləu] *vt* pustiti na dopust (vojnika)
furmety [ˈfəːməti] *s* → **frumenty**
furnace [ˈfəːnis] *s* peć; industrijska peć; plamenica | **tried in the** ~ prekaljen; **to come through the ~ of war** biti iskušan u borbi, u ratu; **blast** ~ visoka peć
furnace [ˈfəːnis] *vt* zagrijati, usijati u peći
furnish [ˈfəːniʃ] *vt* opskrbiti, snabdjeti; nabaviti, dati, dobavljati; opremiti, opraviti; namjestiti (pokućstvom); ukrasiti; davati, pružati, prinositi | **~ed with** opskrbljen čime; **~ed apartments** namješten stan
furnisher [ˈfəːniʃə] *s* dobavljač; trgovac namještajem | ~ **and upholsterer** dekorater i tapetar
furnishing [ˈfəːniʃiŋ] *s tech* dotur | **~s** *pl* kućni namještaj
furniture [ˈfəːnitʃə] *s* namještaj, pokućstvo; oprema (broda); *tech* pribor, ham, orma (konja) | ~ **of his pocket** njegov novac; ~ **of my shelves** moje knjige; ~ **of one's mind** znanje, inteligencija
furniture-remover [ˈfəːnitʃəriˌmuːvə] *s* selidbeni poduzetnik, prijevoznik namještaja
furniture-van [ˈfəːnitʃəvæn] *s* zatvorena kola za prijevoz namještaja
furore [fjuəˈrɔːri] *s It* zanos, ushićenje, mahnitost, ludost | **to make a** ~ napraviti huku i buku, privući pažnju, izazvati senzaciju
furrier [ˈfʌriə] *s* krznar; trgovac krznom
furriery [ˈfʌriəri] *s* krznarija
furring [ˈfəːriŋ] *s* podstavljanje krznom; *mar* oplaćivanje (broda); oplata
furrow [ˈfʌrəu] *s* brazda; bora, mrska; pruga; žlijeb; *mar* podmorska brazda
furrow [ˈfʌrəu] *vt* izbrazdati; izdupsti; ižlijebiti
furrowless [ˈfʌrəulis] *adj* koji je bez brazde, bez žlijeba
furrowy [ˈfʌrəui] *adj* izbrazdan, ižlijebljen; naboran, namršten, smežuran
furry [ˈfəːri] *adj* krznen; poput krzna
further [ˈfəːðə] *adj* dalji; drugi, krajnji, s one strane | **on the ~ side** udaljen; **till ~ notice** do daljnjega, do daljnje obavijesti, do opoziva
further [ˈfəːðə] *adv* dalje, nadalje; osim toga, povrh toga, još
further [ˈfəːðə] *vt* unaprijediti, pomagati, podupirati
furtherance [ˈfəːðərəns] *s* unapređivanje, napredak; pomaganje, podupiranje, pomoć
furthermore [ˌfəːðəˈmɔː] *adv* osim toga, povrh toga, još, uz to
furthermost [ˈfəːðəməust] *adj* najudaljeniji, najdalji
furthersome [ˈfəːðəsəm] *adj* koji unapređuje, koji je od pomoći; koji daje prednost
furthest [ˈfəːðist] *adj* najdalji | **at the** ~ najkasnije
furthest [ˈfəːðist] *adv* najdalje
furtive [ˈfəːtiv] *adj* (**~ly** *adv*) potajan, skriven, učinjen krišom, kradomice
furuncle [ˈfjuərʌŋkl] *s med* čir, poganac, potkožnjak, furunkul
furuncular [fjuˈrʌŋkjulə] *adj* koji se tiče čira, poganca
furunculous [fjuˈrʌŋkjuləs] *adj* → **furuncular**
fury [ˈfjuəri] *s* bijes, jarost, srdžba; *fig* furija, nadžak-baba
furze [fəːz] *s bot* štipavac, žukovina, žutilovka
furzy [ˈfəːzi] *adj* pun štipavca
fuscous [ˈfʌskəs] *adj* taman; smeđ, mrk, crnkast
fuse [fjuːz] *s el* osigurač; *mil* fitilj, upaljač, detonator, Bickfordov štapin | **the ~ is gone** osigurač je pregorio; *US sl* **to blow a** ~ razbjesnjeti se, raspaliti se; ~ **setter** tempirnik, tempirni ključ; ~ **time** tempiranje
fuse [fjuːz] *vt/i* **I.** *vt* rastopiti, rastaliti, pomiješati **II.** *vi* taliti se, sliti se, pomiješati se, slijevati se
fuse [fjuːz] *vt el* pregorjeti; *mil* staviti detonator

fusee [fjuːˈziː] *s* fuzea, zapaljač, velika šibica sumporača; čunjast valjčić u satu; *hist* mušketa; *rly* svjetlosni signal
fuselage [ˈfjuːzilaːʒ] *s aero* trup aviona, fizelaža
fusel oil [ˌfjuːzlˈɔil] *s chem* patočno ulje
fusibility [ˌfjuːzəˈbiləti] *s* taljivost, rastopljivost
fusible [ˈfjuːzəbl] *adj* taljiv, rastopljiv
fusil [ˈfjuːzil] *s hist* puška kremenjača
fusile [ˈfjuːsail] *adj* taljiv, topljiv; rastaljen, rastopljen, tekući
fusilier [ˌfjuːziˈliə] *s mil hist* fizilir, mušketir
fusillade [ˌfjuːziˈleid] *s Fr* puškaranje, pucnjava
fusillade [ˌfjuːziˈleid] *vt* puškarati; strijeljati (koga)
fusion [ˈfjuːʒən] *s* taljenje, topljenje; stopljena, staljena masa; stapanje, spajanje (*into, to* u), fuzija; *pol* koalicija | ~ **welding** autogeno zavarivanje
fusion bomb [ˈfjuːʒənˈbɔm] *s* hidrogenska bomba
fusionist [ˈfjuːʒənist] *s pol* pristaša koalicije
fuss [fʌs] *s* huka, buka, metež; komešanje | **to make a ~ about a th** uzvrpoljiti se, pretjerano se uzrujati zbog čega
fuss [fʌs] *vi/t* **I.** *vi* 1. baviti se neprestano sitnicama 2. vrpoljiti se, kretati se uzbuđeno naokolo, amo-tamo, gore-dolje (*about, up & down*) **II.** *vt* uznemiriti, uzbuditi koga, dosađivati komu
fuss about [ˈfʌsəˈbaut] *vi* uznemirivati se, pretjerano se uzrujavati zbog čega
fussy [ˈfʌsi] *adj* (**fussily** *adv*) 1. bučan, nemiran, nepotrebno zauzet čime, uzrujano užurban 2. pretjeran, kićen (stil)
fustian [ˈfʌstiən] *s com* parhet; *fig* bombastičnost
fustian [ˈfʌstiən] *adj* parhetast, parhetni; *fig* nadut, bombastičan
fustic [ˈfʌstik] *s* rujevina (žuto drvo); boja rujevine
fustigate [ˈfʌstigeit] *vt* batinati, lemati, devetati
fustigation [ˌfʌstiˈgeiʃn] *s* batine, lemanje, devetanje
fusty [ˈfʌsti] *adj* (**fustily** *adv*) pljesniv, buđav, ustajao, natruo, gnjio; *fig* zastario, staromodan
futile [ˈfjuːtail, *US* ˈfjuːtil] *adj* (~**ly** *adv*) isprazan, ništetan, ništav, beskoristan, uzaludan, jalov; površan
futility [fjuːˈtiləti] *s* ispraznost, ništavost, beskorisnost, jalovost, površnost
futtock [ˈfʌtək] *s mar* obluk rebra, nastavak rebra | ~ **shrouds** priponice koša
future [ˈfjuːtʃə] *adj* budući
future [ˈfjuːtʃə] *s* 1. budućnost 2. *gram* buduće glagolsko vrijeme, futur | *com* ~**s** *pl* posao s rokom, terminski posao; roba i zaliha za buduću isporuku
futureless [ˈfjuːtʃəlis] *adj* koji nema budućnosti
futurism [ˈfjuːtʃərizəm] *s arts* futurizam
futurist [ˈfjuːtʃərist] *s* 1. *theol* onaj koji vjeruje da će se ispuniti proročanstva apokalipse 2. *arts* futurist
futurist [ˈfjuːtʃərist] *adj* futuristički
futurity [fjuːˈtjuəriti] *s* budućnost
fuzz [fʌz] *s* pahuljice, malje, mašak; *US sl* policajac, detektiv, policija
fuzzball [ˈfʌzbɔːl] *s bot* puša, puhara (gljiva) (*Lycoperdon bovista*)
fuzzy [ˈfʌzi] *adj* (**fuzzily** *adv*) pahuljast; maljav, kovrčast; zamrljan, nejasan
fy (fye) [fai] *interj* → **fie**
fylfot [ˈfilfɔt] *s Ind* svastika (kukasti križ)
fytte [fit] *s* → **fit**[1]

G

G, g [dʒ] *s* 1. G, g, sedmo slovo engleske abecede 2. *mus* G 3. *US sl* 1 000 dolara | *mus* ~ **flat** ges; *mus* ~ **sharps** gis; *mus* ~ **clef** G (violinski) ključ

gab [gæb] *s* *coll* rječitost, brbljavost, brbljanje, ćeretanje | **stop your** ~ jezik za zube!, zaveži!; **he has the gift of the** ~ on ima okretan jezik; blagoglagoljiv je, dobar je govornik

gabardine [ˈgæbədiːn] *s text* gabarden

gabber [ˈgæbə] *s coll* blebetalo

gabble [ˈgæbl] *s* brbljanje, blebetanje, brz i nejasan govor (izgovaranje); zbrkan, nerazgovijetan govor

gabble [ˈgæbl] *vi/t* **I.** *vi* brbljati, ćeretati, blebetati; govoriti (izgovarati) prebrzo i nejasno; glasno i prebrzo čitati **II.** *vt* izgovarati prebrzo i nejasno; glasno i prebrzo pročitati

gabbler [ˈgæblə] *s* brbljavac, blebetalo, ćeretalo

gabby [ˈgæbi] *adj coll* brbljav

gaberdine [ˈgæbədiːn] *s* 1. dugačak haljetak, kaftan 2. *text* gabarden

gabfest [ˈgæbfest] *s US sl* naklapanje, »tračpartija«; maratonske diskusije

gabion [ˈgeibjən] *s* koš od rogoza ili željezni valjak napunjen zemljom ili kamenjem za zaštitu u ratu ili za izgradnju luka

gabionade [ˌgeibiəˈneid] *s* utvrđivanje (građenje) koševima napunjenim zemljom

gable [ˈgeibl] *s archit* zabat

gabled [ˈgeibld] *adj* sa zabatima, koji ima zabate

gablet [ˈgeiblit] *s archit* tavanka (tavanski prozor s krovićem)

gaby [ˈgeibi] *s arch & dial* budala, glupan, bena

gad[1] [gæd] *s* vršak (strelice, koplja); željezni klin, željezna motka

gad [gæd] *interj* | *arch* **by** ~! vjere mi!, bogami!

gad[2] [gæd] *s* vucaranje, skitanje, tumaranje | **to be on (upon) the** ~ vucarati se naokolo, skitati se, potucati se naokolo

gad [gæd] *vi coll* skitati se, vucarati se, tumarati, lutati, povlačiti se (***about*** naokolo; *abroad, out* vani, napolju) | ~**ding plant** biljka koja divlje (bujno) raste

gadabout [ˈgædəbaut] *s* tumaralo, skitnica, danguba, potucalo

gadfly [ˈgædflai] *s* 1. *ent* obad 2. *fig* nametljivac, kvarilac raspoloženja, nesnosan čovjek, zabadalo

gadget [ˈgædʒit] *s coll* napravica, spravica, »patent«, mali automat

gadgeteer [ˌgædʒəˈtiə] *s coll* ljubitelj (proizvođač) *gadgets*

gadgetry [ˈgædʒətri] *s collect* spravice, patenti, *gadgets*

Gadhelic [gæˈdelik] *s* → **Gaelic**

Gael [geil] *s hist* škotski Kelt; irski Kelt (rijetko)

Gaelic [ˈgeilik] *adj* koji se odnosi na škotske Kelte, gelski

Gaelic [ˈgeilik] *s* gelski (keltski jezik Škotske, Irske i otoka Mana)

gaff[1] [gæf] *s* 1. harpun; kuka za ribu 2. *mar* pik (kosa oblica iza jarbola za pričvršćivanje kosog jedra)

gaff [gæf] *vt* uhvatiti ribu harpunom; izvući ribu kukom

gaff[2] [gæf] *s* | *GB sl* **to blow the** ~ izlanuti, izblebetati (tajnu); *US sl* **to stand the** ~ dobro podnijeti

gaff[3] [gæf] *s arch sl* jeftino zabavište | **penny** ~ jeftino kazalište ili zabavište

gaffer [ˈgæfə] *s* 1. *GB coll* starina, starčić, starkelja 2. *GB* predradnik

gag [gæg] *s* 1. čep za začepljivanje usta (*spec* tampon kojim se drže otvorena usta pacijenta) 2. *fig* kočenje, zapreka; ono što koči ili sprečava (govor) 3. *parl* zaključenje debate 4. *theat* šaljiva improvizacija, »**geg**« 5. ***sl*** prijevara, laž, smicalica

gag [gæg] *vt/i* **I.** *vt* 1. začepiti usta (komu) 2. *fig* ušutkivati; začepiti usta (komu) 3. *sl* varati, prevariti, nasamariti, nadmudriti **II.** *vi theat sl* improvizirati; služiti se »gegovima« | **it made me ~** došlo mi je da povratim

gaga [ˈgæga:, ˈga:ga:] *adj sl* šašav, senilan

gage[1] [geidʒ] *s* 1. zalog, jamstvo. 2. *fig* izazov | *fig* **to throw down a ~** dobaciti rukavicu (izazov)

gage [geidʒ] *vt arch* založiti, ponuditi kao zalog (jamstvo); *fig* staviti na kocku

gage[2] [geidʒ] *s* → **gauge**

gage[3] [geidʒ] *s bot* bijela šljiva

gage[4] [geidʒ] *s naut* položaj u odnosu prema vjetru | *naut* **to have the weather ~ of** biti u privjetrini; *fig* imati prednost pred (kim, čim)

gaggle [ˈgægl] *s* jato gusaka; *derog* čopor žena

gaggle [ˈgægl] *vi* gakati

gagman [ˈgægmən] *s* profesionalni pisac »gegova«

gagster [ˈgægstə] *s coll* → **gagman**

gaiety [ˈgeiəti] *s* veselje, veselost, vedrina, dobro raspoloženje | **gaieties** *pl* zabave, vedre priredbe

gaily [ˈgeili] *adv* → **gay**

gain [gein] *s* dobit, dobitak, zarada, profit; korist, probitak; porast, višak, povećanje; *fig* prednost, korist, dobitak | **~s** *pl* prihodi, zarada; **no ~s without pains** bez muke nema nauke

gain [gein] *vt/i* **I.** *vt* 1. dobiti, postići, zaraditi, steći 2. osvojiti, odnijeti (pobjedu), zauzimati 3. stići, dospjeti (do nekog mjesta) **II.** *vi* 1. dobivati (kod čega), zarađivati, stjecati 2. poboljšati se, dobivati na vrijednosti 3. ići naprijed (sat) | **to ~ the ear of** biti pripravno saslušan od (koga), naići na voljno slušateljstvo; **to ~ the upper hand** postati nadmoćan, odnijeti pobjedu; *fig* **to ~ ground (on)** napredovati, uspijevati (kod koga, u čemu), dobivati prednost (pred kim); **to ~ time** dobiti na vremenu; **to ~ strength** ojačati, oporaviti se, dobiti na snazi; **to ~ by comparison** dobivati (na vrijednosti) pri uspoređivanju

gain over [ˈgeinˈəuvə] *vt* predobiti, premamiti

gain (up)on [ˈgeinəˈpɔn] *vi* 1. približavati se, stizati, dostizati 2. izmicati (komu), odmicati (pred kime) 3. *mar* prodirati (u kopno) 4. *fig* zadobivati, postići sklonost (koga), postati drag (komu), omiljeti (komu)

gainable [ˈgeinəbl] *adj* zadobiv, postiživ, osvojiv, koji se može steći (dobiti)

gainer [ˈgeinə] *s* dobitnik, korisnik; onaj koji dobiva, pobjeđuje

gainful [ˈgeinful] *adj* (**~ly** *adv*) 1. unosan, probitačan, koristan, koji donosi dobit 2. koji je željan dobitka, koji ide za dobitkom (koristi) 3. plaćen, nehonoraran

gainfully [ˈgeinfuli] *adv* unosno | **~ employed** namješten (uz plaću)

gainings [ˈgeiniŋz] *s pl* zarada, prihod; dobit, dobitak, korist, profit

gainly [ˈgeinli] *adj* učtiv, uglađen, taktičan, pristao, skladan, ljubak

gainsay [ˌgeinˈsei] *vt arch & lit* poreći, pobijati, nijekati; protusloviti, proturječiti (kome)

gainsayer [ˌgeinˈseiə] *s arch & lit* onaj koji poriče, niječe, pobija ili proturječi

gainst (**'gainst**) [geinst] *prep poet* → **against**

gait [geit] *s* hod, način hoda, držanje (kod hoda); korak

gaiter [ˈgeitə] *s* 1. dokoljenica, gamaša, sara 2. vrsta visoke cipele sa suknenim umetkom na gornjem rubu | **ready to the last ~ button** potpuno spreman (pripravan)

gaitered [ˈgeitəd] *adj* koji ima dokoljenice (gamaše)

gal [gæl] *s hum & dial* cura, djevojka

gala [ˈga:lə] *s* svečanost, slava, proslava, svečana priredba

galactic [gəˈlæktik] *adj astr* koji se odnosi na Mliječni put

gala-dress [ˈga:lədres] *s* svečano odijelo, svečana odora

Galahad [ˈgæləhæd] *s fig* vitez

galantine [ˈgælənti:n] *s cul* narezana hladna piletina, teletina itd.

galanty-show [gəˈlænti.ʃəu] *s* (dječje) kazalište s igrom sjena na platnu

galaxy [ˈgæləksi] *s* 1. *astr* Mliječni put, Kumovska slama 2. *fig* sjajno (birano) društvo, blistav skup

gale[1] [geil] *s bot* voskovac

gale[2] [geil] *s* snažan vjetar, bura; *naut* oluja; *poet* (blag) lahor, povjetarac; *fig* prasak, provala, bura (smijeha)

gale[3] [geil] *s* (periodično) plaćanje najamnine, kamata itd. | **hanging ~** zaostala najamnina

galeeny [gəˈli:ni] *s ornith* biserka

galena [gəˈli:nə] *s minr* galenit, sulfid olova, olovni sjajnik

galenic [gəˈlenik] *adj med & pharm* galenski

Galilee [ˈgælili:] *s eccl* kapelica, (zapadno) predvorje crkve

galingale [ˈgæliŋgeil] *s bot* kineski đumbir čiji se korijen upotrebljava u ljekovite svrhe

galipot [ˈgælipɔt] *s* smola (omorike)

gall[1] [gɔ:l] *s anat* žuč, žučna kesica, žučni mjehur; *GB* gorčina, ogorčenost, jed, ljutina, zloba, mržnja; *US sl* drskost, smionost, obraz, bezobraština | **~ and**

worm-wood ono što stvara krajnju gorčinu; **to dip one's pen in** ~ pisati žučljivo, s puno gorčine
gall² [gɔːl] *s* 1. bolna nateklina, žulj, rana, vuk (kod konja) 2. ogoljelo, oderano mjesto; čistina, gola površina 3. *fig* muka, bol, jad, pečal
gall [gɔːl] *vt/i* **I.** *vt* 1. oguliti, izguliti, oderati, ogoliti, nažuljiti 2. mučiti, jediti, izjedati, ljutiti, razdraživati, žestiti **II.** *vi* žuljiti, oguliti se; *fig* peći, izjedati, boljeti, kinjiti se
gall³ [gɔːl] *s* šiška, šišarica, šušmula | **oak-**~ hrastova šiška
gallant [ˈgælənt] *adj* (~**ly** *adv*) 1. *arch* sjajan, lijep, otmjen, raskošan (odjeća) 2. divan, krasan, veličajan 3. hrabar, srčan, neustrašiv, odvažan, smion, plemenit, viteški 4. *parl* konvencionalni pridjevak za vojničkog ili mornaričkog člana
gallant [gəˈlænt] *adj* (~**ly** *adv*) galantan; ljubavni, ljubavnički
gallant [ˈgælənt] *s arch* otmjeno (modno) odjeven muškarac, otmjen gospodin; gizdavac, gizdelin
gallant [gəˈlænt] *s* 1. onaj koji je udvoran (učtiv, pažljiv) prema ženama, kavalir 2. udvarač, ljubitelj žena, ljubavnik
gallant [ˈgælənt] *vt/i* **I.** *vt* pratiti (ženu), iskazivati pažnju, udvarati (ženi); ljubakati (*with* sa) **II.** *vi* nastupati (ponašati se) kao kavalir, igrati kavalira
gallantry [ˈgæləntri] *s* 1. junaštvo, hrabrost, srčanost, odvažnost, neustrašivost, smionost, viteštvo 2. galantnost (prema ženama); pažnja, kavalirština 3. udvaranje, ljubakanje; razvratnost, razuzdanost
gall-bladder [ˈgɔːlˌblædə] *s anat* žučna kesica, žučni mjehur
galleon [ˈgæliən] *s hist mar* galija (španjolska ratna ili trgovačka lađa sa 3—4 palube)
gallery [ˈgæləri] *s* 1. *archit* galerija, kolonada, lođa; balkon 2. *theat* galerija, posjetnici na galeriji; *fig* pučki (neotmjen) ukus 3. dugačka uska dvorana, širok hodnik 4. galerija (slika itd.) 5. *min & mil* podzemni (spojni) hodnik (prolaz) | **to play to the** ~ dodvoravati se puku; služiti se jeftinim efektima; *sport* ~ **hit** (**shot**) igranje za publiku, produciranje, razmetanje; **shooting** ~ streljana (dvorana)
galley [ˈgæli] *s* 1. *hist mar* galija; ratna galija 2. *mar* velik čun na vesla (za kapetana ratnog broda) 3. *mar* (brodska) kuhinja 4. *print* lađa; grubi otisak (prije prelamanja na stranice)
galley-proof [ˈgælipruːf] *s print* prva korektura, špalte (prije prelamanja na stranice)
galley-slave [ˈgælisleiv] *s* galijaš, galijot; *fig* radni rob
gall-fly [ˈgɔːlflai] *s ent* naziv za opnokrilce iz porodice šišarica (*Cynipidae*)
galliambic [ˌgæliˈæmbik] *adj pros* galijampski
galliambic [ˌgæliˈæmbik] *s* galijamb; stihovi s galijampskim metrom
gallic [ˈgælik] *adj* žučni, koji se odnosi na žuč, koji se dobiva od žuči
Gallic [ˈgælik] *adj* 1. *hist* galski 2. *joc* francuski
Gallican [ˈgælikən] *adj rel* galikanski, francusko-katolički
Gallican [ˈgælikən] *s rel* član rimokatoličke crkve u Francuskoj; galikanac
gallicanism [ˈgælikənizəm] *s rel* galikanstvo, pokret za nacionalnu rimokatoličku crkvu u Francuskoj
gallicanist [ˈgælikənist] *s rel* galikanac, pristaša galikanstva
gallicism [ˈgælisizəm] *s philol* galicizam
gallicize [ˈgælisaiz] *vt/i* učiniti francuskim (po osjećanju, mišljenju, jeziku), galicizirati (se)
galligaskins [ˌgæliˈgæskinz] *s pl* 1. *hum* hlače 2. *dial* nazuvci, gamaše
gallinaccan [ˌgæliˈneiʃn] *adj* → **gallinaceous**
gallinaceous [ˌgæliˈneiʃəs] *adj ornith* koji spada u rod kokoši, kokošji
galling [ˈgɔːliŋ] *adj* bolan, mrzak, koji ljuti, razdražuje, peče; jedak (*spec fig*)
galliot [ˈgæliət] *s hist mar* brza lađa na vesla i jedra (Sredozemlje)
gallipot [ˈgælipɔt] *s* ćup, zemljan lonac (za marmeladu); ljekarnički lončić (ćup)
gallium [ˈgæliəm] *s chem* galij
gallivant [ˌgæliˈvænt] *vi* ljubakati, zabavljati se (*with* sa); skitati se naokolo (*with* sa), tražiti zabavu okolo
gall-nut [ˈgɔːlnʌt] *s bot* šišarica, šiška, šušmula
gallon [ˈgælən] *s* galon (mjera za zapreminu): engl 4,54 litre; *US* 3,78 litre | **wine** ~ 3,78 litre; **imperial** ~ 4,54 litre
galloon [gəˈluːn] *s* gajtan, rojta
gallop [ˈgæləp] *s* 1. galop, pun kas; trk (jahanje) galopom (upropanj) 2. *fig* velika brzina | **at a** ~ u punom kasu (galopu), punim kasom, upropanj
gallop [ˈgæləp] *vi/t* **I.** *vi* 1. trčati (jahati) punim kasom (upropanj, uzagrepce), galopirati (*at* prema) 2. *fig* letjeti, juriti (u govoru, pri čitanju); prebrzo pročitati (izgovoriti), preletjeti (*through, over*) **II.** *vt* tjerati (konja) upropanj (uzagrepce, u punom kasu), natjerati (konja) u galop | ~**ing consumption** galopirajuća sušica, milijarna tuberkuloza
gallopade [ˌgæləˈpeid] *s* brz, živahan ples, galop; glazba za takav ples
galloper [ˈgæləpə] *s* 1. onaj koji galopira, onaj koji trči (jaše) upropanj; glasnik,

dojavljivač 2. *mil* pobočnik, ađutant; lagani poljski top

Gallovidian [ˌgælə'vidiən] *adj* koji se odnosi na Galloway (pokrajinu Škotske)

Gallovidian [ˌgælə'vidiən] *s* stanovnik Gallowaya (škotske pokrajine)

galloway ['gæləwei] *s* vrsta malena snažna konja iz Gallowaya (Škotska); konjić; vrsta tovna goveda

gallows ['gæləuz] *s pl* 1. vješala; vješanje (kazna) 2. struktura od dva uspravna stupa i poprečne grede | **to have the ~ in one's face** imati mračan (zločinački) izražaj lica; **to come to the ~** dospjeti na vješala; **a ~ look** mračan (zločinački) izražaj, razbojnički izgled; **~ humour** crni humor

gallows-bird ['gæləuzbəːd] *s coll* onaj koji zavređuje vješala, obješenjak

gallows-ripe ['gæləuzraip] *adj* koji zavređuje vješala, zreo za vješanje

gallows-tree ['gæləuztriː] *s* vješala

gall-stone ['gɔːlstəun] *s med* žučni kamenac

Gallup poll ['gæləp'pəul] *s* ispitivanje javnog mišljenja anketom Gallupova instituta

galluses ['gæləsiz] *s pl dial & US coll* naramenice

galoot [gə'luːt] *s sl* klipan

galop ['gæləp] *s* brz, živahan ples (u 2/4 taktu), galop; glazba za takav ples

galop ['gæləp] *vi* plesati galop

galore [gə'lɔː] *adv* mnogo, sva sila, u izobilju, obilato | **beef and ale ~** jela i pila u izobilju

galore [gə'lɔː] *s* obilje, množina | **in ~** u obilju, mnogo, sva sila, na pretek

galosh (golosh) [gə'lɔʃ] *s* kaljača, galoša; kožnata dokoljenica, gamaša, nazuvak

galumph [gə'lʌmf] *vi coll* likovati; napuhavati se, nadimati se, kočoperiti se

galvanic [gæl'vænik] *adj* (**~ally** *adv*) *el* galvanski; *fig* trzav, usiljen (smiješak)

galvanism ['gælvənizəm] *s el* galvanska struja, galvanski elektricitet; *scient* galvanistika; *med* galvanoterapija

galvanist ['gælvənist] *s* student galvanistike, onaj koji proučava galvanizam

galvanization [ˌgælvənai'zeiʃn] *s el* galvanizacija, galvaniziranje, galvaniziranost

galvanize ['gælvənaiz] *vt* 1. galvanizirati, elektrificirati galvanskom strujom 2. *fig* podbosti, potaknuti, potaći, oživjeti 3. prevući kovnom prevlakom | **~ into life** potaknuti na nov život, oživiti (koga); **~d iron** pocinčani lim

galvanometer [ˌgælvə'nɔmitə] *s el* galvanometar, aparat za mjerenje jakosti galvanske struje

gam [gæm] *s sl* noga, lijepa noga (»batak«)

gamba ['gæmbə] *s mus* registar (orgulja) kojim se proizvodi glas nalik na glas gusala ili violončela

gambade ['gæmbeid] *s* → **gambado**

gambado [gæm'beidəu] *s* 1. skok uvis (konja) 2. *fig* ispad, eskapada

gambit ['gæmbit] *s chess* gambit, način otvaranja igre (u šahu); *fig* prvi potez

gamble ['gæmbl] *s* 1. igranje (na visoke uloge), kartanje, kockanje; **hazardno** igranje, hazardiranje 2. igra sreće 3. *fig* smion (opasan) pothvat, špekulacija, rizik | **to be on the ~** igrati hazardnu igru

gamble ['gæmbl] *vi* 1. igrati (na visoke uloge), kartati se, kockati se 2. *st exch* špekulirati 3. *fig* stavljati na kocku, poigravati se (*with* sa)

gamble away ['gæmblə'wei] *vt* proigrati, prokartati, zakartati, prokockati

gambler ['gæmblə] *s* 1. igrač (na visoke uloge), kartaš, kockar 2. *fig* onaj koji mnogo stavlja na kocku (riskira)

gamblesome ['gæmblsəm] *adj* odan kartanju, koji rado igra (na visoke uloge), koji se rado karta (kocka)

gambling ['gæmbliŋ] *s* igranje (kartanje) na novac

gambling-den ['gæmbliŋden] *s arch* kartašnica, igračnica, kockarnica

gambling-house ['gæmbliŋhaus] *s arch* → **gambling-den**

gamboge [gæm'buːʒ] *s* gumigut (žuta smola koja se upotrebljava u slikarstvu i medicini)

gambol ['gæmbəl] *s* poskok, skakutanje, poskakivanje, pocupkivanje

gambol ['gæmbəl] *vi* skakutati, poskakivati, (veselo) skakati, pocupkivati

game[1] [geim] *s* 1. šala, zabava, igra, vesela upadica 2. (društvena) igra, natjecanje 3. *sport* (pojedinačna) igra, kolo; dobivena igra; stanje bodova 4. osnova, pothvat, potajna namjera, smicalica | **~s** *pl* sportske igre; *fig* smicalice, trikovi; **to make ~ of** ismjehivati (koga), narugati se (komu), izrugivati se (komu); **what a ~** dobre li šale!; **to have the ~ in one's hands** imati igru u rukama, moći upravljati igrom; **to play a good (poor) ~** igrati dobro (loše); **the ~ is up** igra je izgubljena; *fig* sve je propalo, gotovo je!; **to play one's ~** igrati čiju igru, (nesvjesno) promicati čije osnove; **~ not worth a candle** ne isplati se, nije vrijedno ni pišljiva boba; *sport* **~ and ~** po jedna dobivena igra na svakoj strani; *sport* **~ and** kratica za **game and set** igra kojom se dobiva partija (tenis); *sport* **~ ball** stanje igre (tenisa) kod kojega jedan daljnji bod donosi pobjedu; *sport* **to be on one's ~** biti u formi (kondiciji); **to beat (outdo) a p at his own ~** pobijediti koga njegovim vlastitim oružjem; **to give the ~ away** odati (izdati) osnovnu tajnu; **to have a ~ with** šaliti se s (kim), narugati se (komu), praviti budalu od (koga); nasamariti, prevariti (koga)

game [geim] *vi* (ugl. *GB*) igrati, kartati se (za novac)

game away [ˈgeiməˈwei] *vt* zakartati, prokartati, proigrati; izgubiti u igri (na novac)

game[2] [geim] *s* 1. *hunt* lovina, divljač; meso od divljači 2. jato (uzgajanih labudova) 3. *fig* lovina, plijen | *fig* **fair ~** slobodan plijen, onaj koji se smije slobodno napasti (progoniti); *fig* **to fly at higher ~** letjeti na više grane, težiti (ići) za većim dobitkom (uspjehom, položajem)

game[1] [geim] *adj* 1. hrabar, poduzetan, odvažan, spreman na (daljnju) borbu, ustrajan, nepopustljiv, koji ne odustaje 2. spreman, voljan, pripravan, poduzetan | **to die ~** hrabro se boriti do kraja; *coll* **to be ~ for (to)** biti spreman na (što), biti raspoložen za (što), biti voljan (što činiti, sudjelovati u čemu)

game[2] [geim] *adj* sakat, hrom, šepav

game-bag [ˈgeimbæg] *s* lovačka torba, naprtnjača (za nošenje lovine)

game-cock [ˈgeimkɔk] *s* kokot uzgajan za borbu

game-fowl [ˈgeimfaul] *s* pernata divljač

gamekeeper [ˈgeimˌkiːpə] *s* lugar, čuvar lovišta

game-law [ˈgeimlɔː] *s* zakon o lovstvu

game-licence [ˈgeimˌlaisəns] *s* lovačka dozvola (karta); dozvola za prodavanje divljači

gamely [ˈgeimli] *adv* smjelo, srčano, odvažno

gameness [ˈgeimnis] *s* smjelost, srčanost, odvažnost

game-preserver [ˈgeimpriˌzəːvə] *s* uzgajatelj divljači

gamesman [ˈgeimzmən] *s coll* pobjednik »na psihologiju«

gamesmanship [ˈgeimzmənʃip] *s coll* pobjeda »na psihologiju« (za razliku od fer borbe); snalažljivost

games-master [ˈgeimzˌmaːstə] *s* nastavnik gimnastike

games-mistress [ˈgeimzˌmistris] *s* nastavnica gimnastike

gamesome [ˈgeimsəm] *adj* (**~ly** *adv*) veseo, vedar, raspoložen, razigran, obijestan

gamester [ˈgeimstə] *s* igrač, kartaš (za novac)

gamete [gæˈmiːt] *s biol* spolna rasplodna stanica

game-tenant [ˈgeimˌtenənt] *s* zakupnik lovišta

gamily [ˈgeimili] *adv* smjelo, srčano, odvažno

gaminess [ˈgeiminis] *s* smjelost, srčanost, odvažnost

gaming [ˈgeimiŋ] *s* **igranje, kartanje (na** novac)

gaming-house [ˈgeimiŋhaus] *s* **igračnica,** kartašnica

gaming-rooms [ˈgeimiŋrumz] *s pl* igračnica, kockarnica, kartašnica

gaming-table [ˈgeimiŋˌteibl] *s* igraći (kartaški) stol 2. *fig* igranje, kartanje

gamma [ˈgæmə] *s* 1. treće slovo grčke abecede 2. simbol za treće u seriji 3. zamjena za slovo C 4. *ent* sovica

gammer [ˈgæmə] *s rust arch* bakica, starica, stara (seljačka) žena, »kuma«, »kumica«

gammon[1] [ˈgæmən] *s* 1. (sušena) šunka, slanina | **~ and spinach** šunka i špinat (jelo); *joc* tek štogod!, besmislica!

gammon[1] [ˈgæmən] *vt* usoliti, sušiti (slaninu, šunku)

gammon[2] [ˈgæmən] *s* 1. pobjeda s dvije igre (u igri *backgammon*)

gammon[2] [ˈgæmən] *vt* pobijediti s dvije igre (u igri *backgammon*)

gammon[3] [ˈgæmən] *s* besmislica, glupost; varka, prijevara

gammon [ˈgæmən] *vi/t* **I.** *vi* pretvarati se, varati (zavaravati) riječima ili činom **II.** *vt* varati, prevariti, zavaravati, nasamariti

gammon[4] [ˈgæmən] *s mar* stopica kosnika (za učvršćivanje noge kosnika)

gammon[3] [ˈgæmən] *vt mar* učvrstiti (kosnik)

gammon [ˈgæmən] *interj* besmislica!, glupost!, tek štogod!

gammy [ˈgæmi] *adj sl* hrom, šepav, kljast

gamp [gæmp] *s GB arch hum* kišobran, kišobrančina

gamut [ˈgæmət] *s* 1. *mus* ljestvica, skala (& *fig*); opseg (glasa, glazbala)

gamy [ˈgeimi] *adj* 1. koji ima zadah (pokvarene) divljači 2. smion, odvažan

gander [ˈgændə] *s* 1. *ornith* gusak 2. *coll* budala, glupan | **sauce for the goose is sauce for the ~** što vrijedi za jednoga, mora vrijediti i za drugoga; *sl* **to take a ~** baciti pogled

gandy dancer [ˈgændiˈdaːnsə] *s US sl* radnik na pruzi

ganef [ˈgaːnəf] *s Yid* lopov, hulja

gang [gæŋ] *s* 1. odred, skupina (radnika, zarobljenika itd.) 2. banda, družba, četa (zločinaca) 4. *tech* garnitura alata 3. *coll* društvo, klapa

gang [gæŋ] *vi/t Scot* ići | **to ~ one's own gait** ići svojim putem, raditi po svojoj glavi; | **to ~ agley** krivo učiniti, krivo poći, pogriješiti, ne uspjeti

gang-bang ['gæŋbæŋ] *s US sl* uzastopni spolni odnos više osoba s jednom; orgija
gang-board ['gæŋbɔːd] *s mar* daska, mostić (za iskrcavanje i ukrcavanje)
gangbuster ['gæŋˌbʌstə] *s US sl* policajac aktivan u borbi protiv gangsterizma
gang-drill ['gæŋdril] *s tech* dubinska bušilica
gange [gændʒ] *vt* žicom oviti (udicu)
ganger ['gæŋə] *s GB* predradnik
gangland ['gæŋlænd] *s US fig* gangstersko podzemlje
gangliated ['gæŋglieitid] *adj* koji ima ganglije, protkan živcima (živčanim stanicama)
gangliform ['gæŋglifɔːm] *adj* koji ima oblik ganglije (živčane stanice)
gangling ['gæŋgliŋ] *adj* mršav i visok, štrkljast, krakat
ganglion ['gæŋgliən] *s* (*pl* **ganglia** ['gæŋgliə], **~s**) 1. koštana naraslica, mrtva kost 2. *anat* ganglija, živčani čvor, živčana stanica, siva supstancija moždine 3. *fig* čvorište, središte, centar
ganglionated ['gæŋgliəneitid] *adj* → **ganglionic**
ganglion-cell ['gæŋgliənsel] *s* živčana stanica
ganglionic [ˌgæŋgli'ɔnik] *adj* koji ima ganglije, ganglijski
gangrene ['gæŋgriːn] *s* 1. *med* gangrena, obamiranje (truljenje, raspadanje) dijela tkiva ili organa 2. *fig* uzrok propadanja, raspadanja
gangrene ['gæŋgriːn] *vi/t* **I.** *vi* obamirati, obamrijeti, raspadati se **II.** *vt* prouzročiti obamiranje (truljenje, raspadanje) čega, izazvati gangrenu
gangrenous ['gæŋgrinəs] *adj* zaražen gangrenom, koji nalikuje gangreni
gang-saw ['gæŋsɔː] *s tech* pila za gater
gangster ['gæŋstə] *s* gangster
gangue [gæŋ] *s Fr min* žica, žila (rude), zemlja koja sadrži rudu
gangway ['gæŋwei] *s* 1. *GB* prolaz, hodnik (između redova sjedala) 2. *parl* poprečni prolaz u polovici redova (engl. Donji dom) 3. *aero* (prenosive) stepenice za ukrcavanje putnika 4. *rly* prolaz između dva vagona 5. *mar* most, mostić, prijelaz, vanjske stepenice (za ulaženje na brod)
gannet ['gænit] *s ornith* bluna (morska ptica)
ganoid ['gænɔid] *adj* gladak, sjajan; koji ima glatke, tvrde i sjajne ljuske (riba)
ganoid ['gænɔid] *s ichth* riba tvrdih, glatkih i sjajnih ljusaka, ganoid
gantlet ['gæntlit] *s US* → **gauntlet**
gantry ['gæntri] *s* 1. stalak za bačvu 2. postolje (dizalice i sl.) 3. *rly* most preko tračnica (sa signalima i sl.)
gaol (**jail**) [dʒeil] *s* zatvor, tamnica, uze; utamničenje
gaol (**jail**) [dʒeil] *vt* zatvoriti, baciti u zatvor (tamnicu), utamničiti, uzaptiti
gaol-bird ['dʒeilbəːd] *s* zatvorenik; lopov, provalnik, zločinac (od navike)
gaol-delivery ['dʒeildiˌlivəri] *s* 1. ispražnjenje zatvora izvođenjem svih zatvorenika pred sud 2. *US* provala, bijeg iz zatvora
gaoler (**jailer, jailor**) ['dʒeilə] *s* tamničar, uzničar; pazitelj, čuvar (zatvora)
gaoleress (**jaileress, jailoress**) ['dʒeiləris] *s* tamničarka, uzničarka; paziteljica, čuvarica (zatvora)
gap [gæp] *s* 1. otvor, pukotina, prodor, rupa 2. klanac, gudura, provalija, ždrijelo 3. praznina, rupa, manjak; 4. *fig* raskorak, nerazumijevanje | *fig* **to fill (stop) a ~** ispuniti prazninu (rupu), nadoknaditi manjak; **to leave a ~ (in)** ostaviti prazninu (manjak), otvoriti rupu (u)
gape [geip] *s* 1. zijev 2. otvor, pukotina, rupa, prodor, zjalo 3. *zool* (najveći) otvor kljuna ili ustâ | *ornith* **~s** *pl* kika (bolest peradi); *joc* **napadaj zijevanja**
gape [geip] *vi* zijevati, zjapiti; razvaliti (razjapiti) usta; zijati, zinuti, blenuti, zuriti; rastvoriti se, razjapiti se, zijevati, biti širom otvoren (npr. vrata)
gape at ['geip'æt] *vi* zijati, zuriti, zinuti, blenuti, zablenuti se, zablejati se (u koga, što)
gaper ['geipə] *s* 1. zijalo, blejalo, onaj koji gleda otvorenih usta 2. *ichth* kanjac (*Serranus cabrilla*)
gaping ['geipiŋ] *adj* zablenut; koji zjapi, otvoren (rana)
gapped [gæpt] *adj* razvaljen, raspuknut, koji ima rupu (prazninu)
gappy ['gæpi] *adj* koji ima rupe; manjkav
gap-toothed ['gæptuːθt] *adj* rijetkih zuba; krezub
gar [gaː] *s ichth US* oklopna koštunjavka (*Lepisosteus osseus*)
garage ['gæraːdʒ] *s* garaža
garage ['gæraːdʒ] *vt* spremiti u garažu | *US* **~ sale** prodaja rabljenih stvari iz vlastitog kućanstva (*esp* zbog selidbe)
garb [gaːb] *s* 1. odijelo, odora, nošnja, halja 2. *fig* ogrtač, kaput, pokrivač
garb [gaːb] *vt* odijevati, odjenuti, obući
garbage ['gaːbidʒ] *s* 1. (kuhinjski) otpaci 2. *arch* drob, utroba, crijeva (životinje ubijene za hranu) 3. *US* smeće 4. *fig* smeće, bezvrijedno štivo | *US* **~ can** kanta za smeće; *US* **~ man** smetlar
garble ['gaːbl] *vt* 1. *fig* iskriviti, iskrivljeno prikazivati 2. *arch* izabrati, probrati (što je najbolje)
garboard ['gaːbəd] *s* | *mar* **~ strake** kobiličin voj

garden ['ga:dn] *s* vrt; *GB* dvorište | **~s** *pl* vrtovi, nasadi, park; plodno područje; niz kuća s vidikom na nasade; **the ~ of England** plodno područje Engleske (Kent, Worcestershire, otok Wight itd.); **~ plants** vrtne (pitome) biljke; *coll* **to lead a p up the ~** nasamariti koga, povući koga za nos; **kitchen ~** povrtnjak; **the Garden** Epikurova škola ili filozofija

garden ['ga:dn] *vi* vrtlariti, baviti se vrtlarstvom, raditi vrtne poslove

garden-city ['ga:dn,siti] *s archit* planski izgrađen grad s obiljem nasada i zelenila

gardened ['ga:dnd] *adj* obrađen, njegovan (kao vrt); koji ima vrt, koji se nalazi u vrtu

garden-engine ['ga:dn,endʒin] *s* prenosiva pumpa za polijevanje vrta

gardener ['ga:dnə] *s* vrtlar

garden-frame ['ga:dnfreim] *s hort* rasadnik, klilo

garden-glass ['ga:dngla:s] *s* stakleno zvono (za pokrivanje biljaka)

gardenia [ga:'di:njə] *s bot* gardenija

gardening ['ga:dniŋ] *s* vrtlarstvo, vrtlarski rad

garden-party ['ga:dn,pa:ti] *s* vrtna zabava, primanje pod vedrim nebom

garden-plot ['ga:dnplɔt] *s* komad vrta, vrtić

garden-seat ['ga:dnsi:t] *s* vrtna klupa (stolica); slično sjedalo za 1—2 osobe na gornjem katu omnibusa

Garden State ['ga:dn'steit] *s US fig* New Jersey

garden-stuff ['ga:dnstʌf] *s* povrće, voće, vrtni proizvodi

garden-suburb ['ga:dn,sʌbə:b] *s* vrtno predgrađe, predgrađe s vrtovima

garden-truck ['ga:dntrʌk] *s US* povrće uzgajano za prodaju na veliko

garden-white ['ga:dnwait] *s ent* kupusov bijelac

garfish ['ga:fiʃ] *s ichth* igla, iglica (*Belone acus*)

gargantuan [ga:'gæntjuən] *adj* golem, ogroman, divovski

garget ['ga:git] *s vet* pjegasta krvavka (upala glave ili grla domaćih životinja); upala vimena

gargle ['ga:gl] *s med* grgača, tekućina za ispiranje grla

gargle ['ga:gl] *vt/i* **I.** *vt* ispirati (grlo) (*with* čime) **II.** *vi* grgljati

gargoyle ['ga:gɔil] *s archit* oborinski izljev (odvod) u obliku grotesknog ljudskog ili životinjskog lika (*spec* na gotskim građevinama)

garibaldi [,gæri'bɔ:ldi] s 1. (crvena) ženska ili dječja bluza 2. *ichth* vrsta tamnocrvene jestive kalifornijske ribe iz porodice *Pomacentridae*

garish ['gɛəriʃ] *adj* (**~ly** *adv*) nametljiv, napadan, upadljiv, kričav

garland ['ga:lənd] *s* 1. vijenac, girlanda (& *archit*) 2. *fig* (pobjednički) lovor-vijenac 3. *arch* antologija, zbirka (pjesama i sl.), vijenac, rukovet

garland ['ga:lənd] *vt* ovjenčati, uresiti (okititi) vijencem

garlic ['ga:lik] *s bot* češnjak, bijeli luk

garlicky ['ga:liki] *adj* koji ima miris češnjaka, koji nalikuje (podsjeća) na češnjak

garment ['ga:mənt] *s* 1. komad odjeće, halja 2. *fig* pokrov, vanjski izgled | **~s** *pl* odjeća, nošnja, haljine | **~ industry** industrija konfekcije; **~ worker** radnica (radnik) u industriji konfekcije

garment ['ga:mənt] *vt poet* zaodjeti, odjenuti (*in* u); ukrasiti čime (*in*)

garner ['ga:nə] *s* 1. *poet* spremnica, žitnica, ambar (& *fig*) 2. *fig* zaliha, zbirka, blago

garner ['ga:nə] *vt* spremiti (na zalihu), pohraniti, nakupiti, nagomilati

garnet ['ga:nit] *s minr* granat

garnish ['ga:niʃ] *s* 1. ukras, ures; oblog (jelu) 2. *lit* (književni) ukras

garnish ['ga:niʃ] *vt* 1. uresiti, okititi, iskititi, opremiti, dotjerati; *cul* obložiti, garnirati; *jur* dostaviti pljenidbeni nalog držaocu imovine dužnika; zaplijeniti tražbinu dužnika kod treće osobe

garnishee [,ga:ni'ʃi:] *s jur* 1. držalac tuđe imovine koja se ima plijeniti 2. takav pljenidbeni postupak

garnisher ['ga:niʃə] *s* 1. resilac, onaj koji ukrašuje, kiti, dotjeruje 2. *jur* onaj koji daje sudski zaplijeniti imovinu dužnika kod treće osobe

garnishing ['ga:niʃiŋ] *s* 1. ukras, ures; kićenje, rešenje, dotjerivanje; oblog, garniranje (jela) 2. *lit* (književni) ukras, ukrašivanje, kićenje

garnishment ['ga:niʃmənt] *s* 1. ukras, ures 2. *jur* upozorenje na sudski poziv; zapljena

garniture ['ga:nitʃə] *s* 1. ukras, oprema (& *fig*); sitan pribor 2. oblog, garniranje (jela) 3. kostim, garnitura

garret ['gærət] *s* 1. *archit* potkrovnica, mansarda, tavanska soba; tavan 2. *sl* glava, pamet, mozak | **to be wrong in the ~** biti malo luckast, neuravnotežen

garret ['gærət] *vt archit* ispuniti kamenčićima (pukotine u grubo građenu zidu)

garreteer [,gærə'tiə] *s* onaj koji stanuje u potkrovnici, tavanski stanar

garrison ['gærisn] *s mil* posada, garnizon

garrison ['gærisn] *vt mil* zaposjesti (radi obrane); opskrbiti posadom; dodijeliti (vojsku) kao posadu | *US mil* **~ cap** vojnička kapa (slična titovki)

garrotte (garotte) [gə'rɔt] *s Span* 1. garota (ogrlica za davljenje zločinaca); smrtna kazna davljenjem 2. drumsko razbojstvo izvršeno davljenjem žrtve

garrotte [gə'rɔt] *vt Span* 1. smaknuti davljenjem (garotom) 2. zadaviti (radi pljačke)

garrotter [gə'rɔtə] *s* (drumski) razbojnik koji davi svoje žrtve

garrulity [gæ'ruːləti] *s* brbljavost, razgovorljivost

garrulous ['gærulǝs] *adj* (**~ly** *adv*) 1. brbljav, razgovorljiv 2. koji žubori, mrmori (potok i sl.)

garter ['gaːtə] *s* podvezica | **the Garter** Red Podvezice (najviši engl. viteški red); lenta toga reda; članstvo toga reda

garter ['gaːtə] *vt* 1. pričvrstiti (vezati) podvezicom (čarapu); podvezati podvezicom; podijeliti Red Podvezice (kome)

garter-snake ['gaːtəsneik] *s zool* neotrovna, vrlo rasprostranjena zmija u SAD (*Thamnophis*)

garth [gaːθ] *s GB arch* & *dial* dvorište, vrt; ograđen prostor

gas [gæs] *s* 1. plin 2. *sl* (prazno) blebetanje, naklapanje 3. *US coll* benzin 4. *US coll* nadutost | **to light (turn on) the ~** zapaliti (otvoriti) plin; **to turn down (off, out) the ~** zatvoriti (ugasiti) plin; *mot coll* **to step on the ~** pritisnuti akcelerator, (do)dati gas

gas [gæs] *vt/i* 1. *vt* opskrbiti plinom 2. *mil* puštati otrovni plin (na neprijatelja); napasti plinom; otrovati plinom 3. paliti na plinu **II.** *vi GB coll* blebetati, naklapati; *fig* mlatiti praznu slamu

gas-up ['gæs'ʌp] *vi US coll* uzeti benzin

gas-bag ['gæsbæg] 1. plinski balon 2. *sl* blebetalo, naklapalo, ćeretalo

gas-bracket ['gæsˌbrækit] *s* plinska cijev s plamenikom (za rasvjetu prostorije)

gas-chamber ['gæsˌtʃeimbə] *s* plinska komora

gas-coal ['gæskəul] *s* bituminozni ugljen (iz kojeg se dobiva plin)

gas-coke ['gæskəuk] *s* (plinski) koks

Gascon ['gæskən] *s Fr* 1. Gaskonjac 2. *fig* hvastavac, hvališa

gasconade [ˌgæskə'neid] *s* hvastanje, hvalisanje

gaselier [ˌgæsə'liə] *s* plinska svjetiljka (luster) s više plamenika

gas-engine ['gæsˌendʒin] *s* plinski motor, motor na plin

gaseous ['gæsjəs] *adj* plinovit, nalik na plin, plinski

gas-fire ['gæsˌfaiə] *s* vatra od plina, plinska vatra; *GB* plinska peć(ica)

gas-fitter ['gæsˌfitə] *s* uvođač plina, postavljač plinskih cijevi

gas-fittings ['gæsˌfitiŋz] *s pl* (pojedini) dijelovi plinskog uređaja

gash [gæʃ] *s* duboka otvorena rana; dugačak i dubok rez, zasjekotina, zasjeklina; pukotina

gash [gæʃ] *vt* duboko raniti, duboko zarezati (zasjeći), rasporiti

gas-helmet ['gæsˌhelmit] *s mil* & *min* plinska maska (koja se nosi preko čitave glave)

gasholder ['gæsˌhəuldə] *s* gazometar

gashouse ['gæshaus] *s* → **gasholder**

gasify ['gæsifai] *vt* pretvoriti u plin; dobivati plin (iz čega)

gasket ['gæskit] *s* 1. *mech* brtvilo 2. *mar* povezica, povez, podvez | *sl* **to blow a ~** planuti, eksplodirati

gas-light ['gæslait] *s* plinsko svjetlo, plinska rasvjeta (svjetiljka), plinski plamen

gas-main ['gæsmein] *s* glavna plinska cijev

gas-man ['gæsmæn] *s* 1. radnik plinare; inkasator plinare

gas-mask ['gæsmaːsk] *s mil* & *min* plinska maska

gas-meter ['gæsˌmiːtə] *s* plinska ura, plinomjer | **to lie like a ~** lagati sve u šesnaest

gasoline ['gæsəliːn] *s chem* gazolin; *US* benzin

gasometer [gæ'sɔmitə] *s* 1. *GB* plinska spremnica, gazometar 2. *chem* aparat za skupljanje, spremanje ili mjerenje plina

gas-oven ['gæsˌʌvn] *s* plinska pećnica

gasp [gaːsp] *s* dahtaj, dahtanje, teško disanje, soptanje | **at one's last ~** u posljednjem dahu, na izdisaju

gasp [gaːsp] *vi* dahtati, soptati, teško disati; dahnuti, zinuti (od čuda)

gasp out ['gaːsp'aut] *vt* izdahnuti, izdahtati, daščući izustiti | **to ~ one's life** izdahnuti, ispustiti dušu, umrijeti

gasper ['gaːspə] *s GB arch sl* jeftina (prosta) cigareta; čik

gasping ['gaːspiŋ] *adj* (**~ly** *adv*) dahtav, zadihan, usopljen; grčevit, trzav

gas-pipe ['gæspaip] *s* plinska cijev

gas-proof ['gæspruːf] *adj* → **gas-tight**

gas pump ['gæspʌmp] *s US* benzinska pumpa

gas-ring ['gæsriŋ] *s* plinsko kuhalo

gassed [gæst] *adj US coll* pijan

gasser ['gæsə] *s sl* nešto vrlo zabavno

gas-shell ['gæsʃel] *s mil* plinska granata

gas station ['gæsˌsteiʃn] *s US* benzinska pumpa

gassy ['gæsi] *adj* (**gassily** *adv*) 1. plinski, plinovit, plinast, pun plina, bogat plinom; *sl* bombastičan, razmetljiv, brbljav, blebetav

gas-tar ['gæstaː] *s* katran koji se dobiva pri proizvodnji plina

gas-tight ['gæstait] *adj* koji ne propušta plin, hermetičan

gastric ['gæstrik] *adj med* želučani, koji se odnosi na želudac, gastričan | ~ **juice** želučani sok; ~ **ulcer** čir na želucu

gastritis [gæs'traitis] *s med* akutni želučani katar, gastritis

gastrologer [gæs'trɔlədʒə] *s* → **gastrologist**

gastrologist [gæs'trɔlədʒist] *s* sladokusac, gurman

gastrology [gæs'trɔlədʒi] *s* kuharstvo, kuharsko umijeće

gastronome ['gæstrənəum] *s* → **gastronomer**

gastronomer [gæs'trɔnəmə] *s* sladokusac, gurman, gastronom

gastronomic [ˌgæstrə'nɒmik] *adj* (~**ally** *adv*) sladokusan, gurmanski, gastronomski

gastronomist [gæs'trɔnəmist] *s* sladokusac, gurman, gastronom

gastronomy [gæs'trɔnəmi] *s* kuharsko umijeće, sladokustvo, gurmanstvo, gastronomija

gastropod ['gæstrəpɔd] *s zool* puž, gastropod

gas welding ['gæs'weldiŋ] *s* autogeno zavarivanje

gasworks ['gæswəːks] *s (sg constr)* plinara

gat [gæt] *s US sl* revolver, »pljuca«

gate[1] [geit] *s* 1. (glavna) vrata, kapija 2. *fig* put, pristup, vrata 3. brklja, rampa 4. splavničko vratište, splavničke vratnice 5. *tech* žljebovi u obliku slova H 6. brdski prijelaz 7. *bibl* sudska vijećnica, sudnica 8. *sport* (& *pl*) broj gledalaca (koji je ušao kroz ulaz); ubrana (ukupna) ulaznina | *US sl* **to give the** ~ otpustiti, izbaciti

gate[2] [geit] *s Scot* ulica, cesta, put

gate [geit] *vt GB* zabraniti (komu) izlaz iz koledža (ili internata)

gateau ['gætəu] *s GB* torta; kriška torte

gate-bill ['geitbil] *s univ* zapisani sati izostanka studenta iz koledža nakon određenog sata; globa za taj izostanak

gate-crash ['geitkræʃ] *vt sl* ući bez ulaznice ili poziva, upasti kao »padobranac«

gate-crasher ['geitˌkræʃə] *s sl* onaj koji ulazi bez ulaznice ili poziva, »padobranac«

gatehouse ['geithaus] *s* 1. vratarska kućica 2. stražarnica (nad gradskim vratima)

gate-keeper ['geitˌkiːpə] *s* 1. vratar 2. *rly* čuvar, nadglednik 3. *ent* vrsta leptira

gate-post ['geitpəust] *s* stup na vratima, dovratnik | **between you and me and the** ~ u četiri oka, u strogu povjerenju

gateway ['geitwei] *s* 1. veža, kapija, prolaz, ulaz 2. *fig* pristup, put

gather ['gæðə] *vt/i* **I.** *vt* 1. sabirati, okupiti, sakupiti, skupljati; brati, pobirati, pokupiti (žetvu, plodove); nakupljati 2. *fig* dobivati na čemu; skupiti, pribrati (snagu) 3. dobivati, skupiti, pribirati (podatke) 4. nabirati, naborati (haljinu) **II.** *vi* 1. sakupiti se, okupiti se, sabrati se; nakupiti se 2. povećati se, rasti 3. zaključivati, razabirati (*that*) 4. skupiti se, zgusnuti se, dozreti 5. *med* dozreti, dozrijevati, zagnojiti se | **to** ~ **oneself together** pribrati se, sabrati se, skupiti se; **to** ~ **way** dobivati na brzini; *fig* napredovati; **to be** ~**ed to one's fathers** biti pozvan Bogu na istinu, umrijeti; **rolling stone** ~**s no moss** skitnja kuće ne gradi; **to** ~ **head** pojačavati se, dozreti, dozrijevati; **to** ~ **strength** dobivati na snazi, pojačavati se, ojačati; **to** ~ **the brows** mrštiti se, navorati čelo, nabrati obrve; **to** ~ **ground (upon)** stizati, dostići, dostizati; preteći

gather from ['gæðə'frɔm] *vi* razabrati zaključiti, razumjeti iz (čega), po (čemu)

gather up ['gæðər'ʌp] *vt* 1. podići, pobrati, pokupiti (s tla) 2. skupiti, privući, pritegnuti (noge) 3. *fig* sabrati, skupiti (činjenice); sabrati, pribrati, skupiti (misli, snagu)

gatherer ['gæðərə] *s* sakupljač, sabirač; berač, žetelac

gathering ['gæðəriŋ] *s* 1. skupština, sastanak, zbor, skup; skupljanje, okupljanje, sabiranje, zbirka 2. *med* oteklina, nateklina; gnojenje, absces 3. *print* složen arak

gathers ['gæðəz] *s pl* nabori (haljine)

'gator ['geitə] *s US coll* aligator

gauche [gəuʃ] *adj Fr* nespretan, nepažljiv, netaktičan

gaucherie ['gəuʃəri] *s Fr* nespretnost, nepažljivost, nezgrapnost, netaktičnost

gaucho ['gautʃəu] *s Span* gaučo, pastir pampe (na konju)

gaud [gɔːd] *s* (jeftina) kićenost, (neukusan) nakit, blistavilo | ~**s** *pl* svečanosti, sjajne priredbe, zabave

gaudy ['gɔːdi] *s GB* velika (sjajna) zabava (*spec* godišnji svečani ručak u koledžu u čast starih članova)

gaudy ['gɔːdi] *adj* (**gaudily** *adv*) 1. sjajan, živopisan 2. šarolik, kričav, napirlitan (previše ili neukusno) kićen

gauffer ['gɔːfə] *vt & s* → **goffer**

gauge (**gage**) [geidʒ] *s* 1. propisana (standardna) mjera; opseg, zapremina 2. *mil* & *tech* kalibar; debljina (lima) 3. *rly* širina kolosijeka 4. instrument za mjerenje, mjerilo, menzura, manometar 5. *print* limen okvir za određivanje širine ruba 6. *mar* privjetrina (*spec* **gage**); gaz (broda) 7. *fig* razmjer, opseg, dohvat, doseg; mjerilo | **to take the** ~ **of** izmjeriti, procijeniti; *mar* **to have the weather** ~ **of** biti u privjetrini, oduzeti vjetar; *fig* imati prednost pred (kim); *rly*

broad (standard, narrow) ~ širok (normalni, uski) kolosijek
gauge (gage) [geidʒ] *vt* 1. (točno) izmjeriti, iskalibrirati; baždariti 2. *fig* procijeniti, prosuditi (*by* po) 3. svesti na standardnu mjeru (oblik), izjednačiti, uskladiti
gaugeable ['geidʒəbl] *adj* koji se dade točno izmjeriti, izmjerljiv
gauge-glass ['geidʒglaːs] *s* menzura, mjerilo za određivanje visine vode u parnom kotlu
gauger ['geidʒə] *s* baždar; *GB* financ
gauging ['geidʒiŋ] *s* baždarenje
gauging-rod ['geidʒiŋrɔd] *s* baždarska mjera, baždarski štap
Gaul [gɔːl] *s hist* Gal, stanovnik stare Galije; *joc* Francuz
Gaulish ['gɔːliʃ] *adj hist* galski; *joc* francuski
Gaulish ['gɔːliʃ] *s hist* galski jezik
Gaullism ['gəulizəm] *s pol* degolizam
Gaullist ['gəulist] *s pol* degolist
Gaullist ['gəulist] *adj pol* degolistički
gaunt [gɔːnt] *adj* (**~ly** *adv*) 1. mršav, tanak, suhonjav; ispijen, izmožden, upao 2. neugodan, mračan, sablastan, stravičan, avetan
gauntlet[1] (gantlet) ['gɔːntlit] *s* 1. *hist* željezna rukavica 2. *sport* dugačka rukavica (za mačevaoce, jahače, automobiliste itd.) 3. *fig* izazov | *fig* **to fling (throw) up the** ~ dobaciti rukavicu, izazvati; *fig* **to pick (take) up the** ~ prihvatiti izazov
gauntlet[2] (gantlet) ['gɔːntlit] *s* | **to run the** ~ trčati kroz šibe (kazna); *fig* naletjeti na jezike, dopasti oštre kritike
gauze [gɔːz] 1. gaza, flor, koprena 2. maglica, para
gauzy ['gɔːzi] *adj* (**gauzily** *adv*) magličast, poput pare; tanahan, prozračan, lagašan, koprenast
gave [geiv] *pret* od **give**
gavel ['gævl] *s US* čekić (predsjedatelja ili dražbovatelja)
gavelkind ['gævlkaind] *s GB hist jur* pravo po kojem su sinovi nasljeđivali zemlju u jednakim dijelovima
gavial ['geiviəl] *s zool* gavijal (indijski krokodil)
gavotte [gə'vɔt] *s* gavota (ples); *mus* gavota
gawk [gɔːk] *s* nespretnjaković, sramežljivac, plašljivac
gawky ['gɔːki] *adj* (**gawkily** *adv*) nespretan, stidljiv, sramežljiv
gawky ['gɔːki] *s* nespretnjaković, sramežljivac
gay [gei] *adj* (**gaily** *adv*) 1. veseo, vedar, živahan 2. živ, šarolik, sjajan, kićen 3. lakouman, površan, razuzdan, raskalašen 4. *sl* homoseksualan | **to be** ~ **with** biti iskićen (čime); ~ **lady** površna (laka) žena; dama (u igri karata); *sl* ~ **bar** lokal u kojem se okupljaju homoseksualci
gaze [geiz] *s* upiljen pogled, zurenje, piljenje | **stand at** ~ (stajati i) blenuti (zuriti), zablenuti se
gaze [geiz] *vi* zuriti, buljiti, piljiti (*on, upon, into* u koga, u što); zabuljiti se, zagledati se (*at* u koga, u što)
gazelle [gə'zel] *s zool* gazela
gazer ['geizə] *s* promatrač, motrilac; zijalo, blejalo
gazette [gə'zet] *s* 1. novine 2. *GB* službeni vjesnik, službene novine; službeni sveučilišni glasnik (Oxford i dr.)
gazette [gə'zet] *vt GB* objaviti u službenom vjesniku (listu)
gazetteer [ˌgæzi'tiə] *s* 1. zemljopisni imenik 2. dopisnik službenih novina; novine, gazeta
gazogene (gasogene) ['gæzədʒiːn] *s* aparat za miješanje vode s ugljičnom kiselinom
gazump [gə'zʌmp] *vt GB sl* povisiti već pogođenu cijenu (nekretnine) prije potpisivanja ugovora
gear [giə] *s* 1. (konjska) orma 2. alat, oruđe, oprema, uređaj; imovina 3. *mech* pogonske naprave, pogonski uređaj, zupčanici 4. *mot & mech* brzina, hod; prijenos 5. *arch* odjeća, oprema | **out of** ~ izvan pogona; pokvaren, poremećen, rasklíman (& *fig*); *GB mot* **to shift** ~ mijenjati brzinu; *mot* **to go into low (bottom)** ~ ubaciti prvu brzinu
gear [giə] *adj GB sl* sjajan, silan, moderan
gear [giə] *vt/i* **I.** *vt* 1. ujarmiti, upregnuti, zapregnuti (i *gear up*) 2. *mech* staviti u pogon; uskladiti, namjestiti (zupčanike) 3. *arch* opremiti **II.** *vi mech* pristajati, zahvaćati (u što), biti u skladu (*with* sa)
gear down ['giə'daun] *vt tech & mot* smanjiti prijenos (stroja), staviti u niži hod (nižu brzinu)
gear into ['giər'intu] *vi tech* točno zahvaćati, pristajati
gear to ['giə'tuː] *vt* usko povezati (uskladiti) sa
gear up ['giər'ʌp] *vt tech & mot* povećati prijenos (stroja), staviti u viši hod (višu brzinu)
gear with ['giə'wið] *vi* biti u skladu (sa), raditi u skladu (s čim), pristajati
gear-box ['giəbɔks] *s mot* prijenosnik, mjenjačka kutija
gear-lever ['giəˌliːvə] *s GB mot* poluga mjenjača
gearshift ['giəʃift] *s US mot* poluga mjenjača
gear-wheel ['giəwiːl] *s* prednji zupčanik (na biciklu)
gee [dʒiː] *s GB coll* konj
gee[1] [dʒiː] *interj* gijo!, haj!, hi!

gee² [dʒiː] *interj* (i ~ **whiz**) o!, zamisli!; uh!, oh!
gee-gee [ˈdʒiːdʒiː] *s fam* konj
gee-ho [ˈdʒiːˈhəu] *interj* gijo!, gista haj!, hi!
geese [giːs] *pl* od **goose**
gee-up [ˈdʒiːʌp] *interj* gijo!, gista haj!, hi!
gee-wo [ˈdʒiːˈwəu] *interj* gijo!, gista haj!, hi!
geezer [ˈgiːzə] *GB coll* starkelja
gefilte fish [geˈfiltəˈfiʃ] *s US cul* riblje okruglice s krušnim mrvicama
Geiger counter [ˈgaigəˈkauntə] *s* Geigerov brojač
geisha [ˈgeiʃə] *s Jap* gejša
gelatine [ˌdʒeləˈtiːn] *s* želatina, životinjsko ljepilo, tutkalo
gelatinize [dʒəˈlætinaiz] *vt/i* **I.** *vt* pretvoriti u želatinu **II.** *vi* pretvoriti se (pretvarati se) u želatinu, postati želatinozan
gelatinous [dʒəˈlætinəs] *adj* želatinozan, poput tutkala
gelation [dʒeˈleiʃn] *s* zamrzavanje, uleđivanje, zaleđivanje
geld [geld] *vt* (*pret* ~ed, gelt; *pp* ~ed, gelt) uškopiti, kastrirati
gelding [ˈgeldiŋ] *s* (uškopljen) konj; škopljenje, kastriranje
gelid [ˈdʒelid] *adj* (~**ly** *adv*) leden, mrazan; studen, hladan (& *fig*)
gelignite [ˈdʒelignait] *s chem* gelignit, nitroglicerinski eksploziv
gem [dʒem] *s* 1. dragulj, dragi kamen; izrezbaren (polu)dragulj, gema 2. *fig* dragocjenost, dragulj 3. *bot* pupoljak, pupoljčić
gem [dʒem] *vt* optočiti (uresiti, ukrasiti) draguljima
geminate [ˈdʒeminit] *adj bot* & *zool* dvostruk, koji se pojavljuje u parovima
geminate [ˈdʒemineit] *vt bot* & *zool* podvostručiti, ponoviti; složiti (sastaviti) u parove
gemination [ˌdʒemiˈneiʃn] *s* podvostručenje, podvostručenost; *gram* geminacija
Gemini [ˈdʒeminai] *s pl astr* Blizanci
gemini [ˈdʒeminai] *interj arch* & *vulg* vraga!, bogati!, što kažeš!
gemma [ˈdʒemə] *s* 1. *bot* pupoljak; rasplodna stanica (gljiva, mahovine) 2. *zool* pupoljasta izraslina na životinjama niže vrste iz koje se razvija nova jedinka
gemmate [ˈdʒemeit] *adj* 1. *bot* pupoljast, koji ima pupoljke 2. *zool* koji se razmnožava pupoljastim izraslinama
gemmate [ˈdʒemeit] *vi* 1. *bot* pupati, tjerati pupoljke 2. *zool* rasplođivati se pupoljastim izraslinama
gemmation [dʒeˈmeiʃn] *s* 1. *bot* tvorenje (nastajanje) pupoljaka, pupanje 2. *zool* razmnožavanje pupoljastim izraslinama
gemmiferous [dʒeˈmifərəs] *adj* 1. *bot* pupoljast, koji tjera (nosi) pupoljke 2. *zool* koji se razmnožava pupoljastim izraslinama
gemmiparous [dʒeˈmipərəs] *adj* (~**ly** *adv*) 1. *bot* koji tjera pupoljke, koji pupa 2. *zool* koji se razmnožava pupoljastim izraslinama
gemmule [ˈdʒemjuːl] *s bot* & *zool* pupoljak, pupoljčić; pupoljasta izraslina
gemmy [ˈdʒemi] *adj* poput dragulja, sjajan, blistav
gemsbock [ˈgemzbɔk] *s zool* južnoafrički pasan (dugoroga antilopa) (*Oryx gazella*)
gen [dʒen] *s GB sl* informacije
gen [dʒen] *vt* & *vi GB sl* | **to ~ up on** informirati (se)
gendarme [ˈʒãːndaːm] *s Fr* žandar
gendarmery [ʒãːnˈdaːməri] *s Fr* žandarmerija, žandari
gender [ˈdʒendə] *s* 1. gramatički rod 2. *joc* spol
gender [ˈdʒendə] *vt poet* roditi, proizvesti
genderless [ˈdʒendəlis] *adj* 1. koji nema (gramatičkog) roda 2. *joc* bespolan
gene [dʒiːn] *s biol* gen
genealogical [ˌdʒiːnjəˈlɔdʒikl] *adj* (~**ly** *adv*) rodoslovni, genealoški | ~ **tree** porodično stablo, rod
genealogist [ˌdʒiːniˈælədʒist] *s* genealog, onaj koji proučava rodoslovlja
genealogize [ˌdʒiːniˈælədʒaiz] *vt/i* **I.** *vt* istražiti čije porijeklo (rodoslovlje) **II.** *vi* baviti se istraživanjem porijekla, genealogijom
genealogy [ˌdʒiːniˈælədʒi] *s* rodoslovlje, genealogija, porodično stablo
genera [ˈdʒenərə] *pl* od **genus**
general [ˈdʒenərəl] *adj* 1. sveopći, općenit, sveobuhvatan; proširen; generalan, masovan 2. običan, uobičajen, redovit 3. glavni, generalan 4. približan, koji nije pobliže određen | **in a ~ way** na uobičajen način, redovito; ~ **cargo** mješovit teret; *mar* ~ **trader** tramper, brod slobodne plovidbe; **General Assembly** glavna skupština; ~ **dealer** trgovac mješovitom robom; **General Manager** glavni ravnatelj (direktor); **General Post Office** središnji poštanski ured u Londonu; ~ **practitioner** liječnik opće prakse; **in ~** uglavnom, općenito; **as a ~ rule** u pravilu, redovito, općenito, ponajčešće; ~ **reader** prosječni čitatelj; ~ **election** opći izbori; *US* ~ **delivery** poste restante
general [ˈdʒenərəl] *s* 1. *mil* (pješadijski) general 2. *eccl* glavar (jezuitskog itd.) reda 3. *fig* vojskovođa, strateg 4. *GB coll* djevojka za sav kućni posao | *arch* **the ~** općinstvo, publika; ~**s** *pl* općenitost, glavna načela (pravila); većina, veći dio

generalissimo [ˌdʒenərə'lisiməu] *s It* vrhovni zapovjednik (vojskovođa), generalisimus

generality [ˌdʒenə'ræləti] *s* 1. općenitost 2. neodređenost; općenita tvrdnja (načelo, zakon) 3. većina

generalization [ˌdʒenərəlai'zeiʃn] *s* uopćenje, poopćenje, generalizacija, generaliziranje

generalize ['dʒenərəlaiz] *vt/i* **I.** *vt* poopćiti, uopćiti, generalizirati; uvesti u opću upotrebu **II.** *vi* stvarati preopćenite zaključke, generalizirati; neodređeno govoriti; davati samo tipične značajke (u slikarstvu)

generalizer ['dʒenərəlaizə] *s* onaj koji uopćuje, onaj koji generalizira, onaj koji govori općenito

generally ['dʒenərəli] *adv* ponajčešće, uglavnom, redovito, u većini slučajeva; općenito, uopće, obično | ~ **speaking** govoreći općenito

generalship ['dʒenərəlʃip] *s mil* položaj ili čast generala; strateška sprema (sposobnost), zapovjedničke vrline

generate ['dʒenəreit] *vt* 1. roditi, stvoriti, proizvesti 2. *fig* prouzročiti, izazvati; uroditi (čime) 3. *math* tvoriti, proizvesti (crtu ili lik)

generating set ['dʒenəreitiŋ'set] *s el* generatorski agregat

generating-station ['dʒenəreitiŋˌsteiʃn] *s* električna centrala

generation [ˌdʒenə'reiʃn] *s* 1. stvaranje, rađanje, proizvođenje 2. naraštaj, pokoljenje, rod, koljeno, generacija

generative ['dʒenərətiv] *adj* koji rađa (tvori, proizvodi); rodan, plodan

generator ['dʒenəreitə] *s* 1. tvorac, proizvođač 2. *fig* otac, roditelj 3. *tech* generator (plinski, električni itd.), dinamo 4. *mus* temeljni ton

generatrix ['dʒenəreitriks] *s* (*pl* **generatrices** ['dʒenəreitrisiːz]) *geom* generatrisa, izvodnica

generic [dʒi'nerik] *adj* (~**ally** *adv*) koji se odnosi na rod ili vrstu; opći, generični

generosity [ˌdʒenə'rɔsəti] *s* velikodušnost, velikodušje, plemenitost, darežljivost

generous ['dʒenərəs] *adj* (~**ly** *adv*) velikodušan, plemenit, darežljiv

genesis ['dʒenisis] *s* postanje, postanak; *rel* Geneza, prva knjiga Starog zavjeta

genet ['dʒenit] *s zool* evropska cibetka (*Genetta genetta*)

genetic [dʒi'netik] *adj* (~**ally** *adv*) genetski, genetički, koji se odnosi na postanak

genetics [dʒi'netiks] *s pl biol* genetika (nauka o pojavama i zakonima nasljednosti)

geneva [dʒi'niːvə] *s* borovička (rakija)

Geneva [dʒi'niːvə] *s* Ženeva | ~ **bands** kolar kalvinističkih svećenika; ~ **gown** crna halja kalvinističkih svećenika; ~ **cross** Crveni križ; ~ **Conventions** Ženevska konvencija (iz 1864. god.), kojom je zaštićena neutralnost bolnica itd. za vrijeme rata

Genevan [dʒi'niːvən] *adj* ženevski; *rel* kalvinistički

Genevan [dʒi'niːvən] *s* Ženevljanin, stanovnik Ženeve; *rel* pristaša kalvinizma, kalvinist

Genevese [ˌdʒeni'viːz] *adj* → **Genevan** *adj*

Genevese [ˌdʒeni'viːz] *s* → **Genevan** *s*

genial ['dʒiːnjəl] *adj* (~**ly** *adv*) 1. *poet* plodan, rodan 2. blag, topao, pogodovan, povoljan (vrijeme) 3. vedar, koji oživljuje (raspoložuje, osvježuje) 4. prijazan, srdačan, ljubazan, ugodan, društven 5. *arch* genijalan

genial [dʒi'naiəl] *adj anat* koji se odnosi na podbradak, bradu

geniality [ˌdʒiːni'æləti] *s* 1. blagost, pogodovnost, povoljnost (vremena) 2. prijaznost, srdačnost, toplina, ljubaznost

genialize ['dʒiːnjəlaiz] *vt* učiniti ugodnim, prijaznim, srdačnim, toplim

geniculated [dʒi'nikjuleitid] *adj bot & zool* koljenčast, koljenast, koji ima koljence; savijen poput koljena, čvorast

genie ['dʒiːni] *s* (*pl* ~**s, genii** ['dʒiːniai]) (zao) duh

genista [dʒi'nistə] *s bot* žutilovka

genital ['dʒenitl] *adj* spolni, koji se odnosi na spolne organe

genitals ['dʒenitlz] *s pl anat* vanjski spolni organi, genitalije

genitival [ˌdʒeni'taivl] *adj gram* genitivni, koji se odnosi na genitiv (2. padež)

genitive ['dʒenitiv] *adj gram* genitivni, koji se odnosi na genitiv (2. padež)

genitive ['dʒenitiv] *s gram* genitiv, 2. padež

genius ['dʒiːnjəs] *s* (*pl* **genii** ['dʒiːniai], ~**s**) 1. (dobar, zao) duh, demon 2. bitna (neodjeljiva) značajka, karakteristika, osobito svojstvo; bitan značaj, temeljna priroda, duh 3. *fig* (duhovna) nadarenost, umna sposobnost; (neobičan) dar (*for* za), genijalnost 4. genij, veleum, genijalan čovjek | ~ **loci** karakteristična atmosfera itd. nekog mjesta; **good** ~ dobri duh, dobri anđeo; **evil** ~ zloduh

genocide ['dʒenəsaid] *s* genocid

Genoese [ˌdʒenəu'iːz] *adj* genoveški, koji se odnosi na Genovu

Genoese [ˌdʒenəu'iːz] *s* Genovežanin, Genovežanka

genre [ʒãːŋr] *s Fr* vrsta, stil, žanr

gent [dʒent] *s vulg & joc* (otmjen) gospodin | *GB coll* **the** ~**s** muški zahod

genteel [dʒen'tiːl] *adj* (~**ly** *adv*) *iron & vulg* otmjen, fin, gospodski; elegantan

| **shabby** ~ siromašan, a s pretenzijama na otmjenost
gentian ['dʒenʃiən] *s bot* goreč, gorčica, gencijana
gentile ['dʒentail] *adj* 1. koji ne pripada židovskoj (semitskoj) rasi, arijski 2. koji nije Mormonac
gentile ['dʒentail] *s* pripadnik nežidovske rase, goj, arijac; onaj koji nije Mormonac; poganin, krivovjerac
gentiledom ['dʒentaildəm] *s* nesemitski svijet, nežidovske rase, arijstvo
gentility [dʒen'tiləti] *s* (naglašena) otmjenost (*spec iron*) | **shabby** ~ otrcana (jeftina) otmjenost, elegancija
gentle ['dʒentl] *adj* 1. otmjen, gospodski, plemenita roda 2. *her* koji ima pravo nositi grb 3. *arch* plemenit, velikodušan 4. blag, nježan, mekan; popustljiv, trpeljiv, obziran; mio, umiljat, pitom (životinja); umjeren, postepen, lagašan (~ *slope*) | ~ **reader** plemeniti (poštovani) čitatelj; ~ **and simple** bogato i siromašno; *fig* **the** ~ **sex** slabi spol
gentle ['dʒentl] *s* 1. *GB* ličinka, crv (za ribolov) 2. *arch* gospodin | *vulg* ~**s** *pl* gospoda; ~**s all!** gospodo!
gentlefolk ['dʒentlfəuk] *s* gospoda
gentlehood ['dʒentlhud] *s* 1. gospodstvo 2. blagost, uglađenost, učtivost
gentleman ['dʒentlmən] *s* (*pl* **gentlemen** ['dʒentlmən]) 1. *hist* neplemić koji smije nositi oružje 2. *hist* & *arch* plemić; član određenih zvanja; dvorjanin, komornik 3. *jur* onaj koji živi od svojeg imetka 4. (otmjen, pravi) gospodin; čovjek od riječi, džentlmen, kavalir | **old** ~ đavo, vrag; ~**'s** ~ osobni sluga, komornik, sobar; *pol* & *fig* ~**'s agreement** prijateljski sporazum; ~ **at large** (imućan) čovjek bez posebna zanimanja; *hist* dvoranin koji nema osobite dužnosti; ~ **in waiting** dvoranin, pratilac (kraljevske osobe ili velikaša); ~ **ranker** čovjek više naobrazbe ili otmjena roda koji služi kao običan vojnik; ~ **usher** upravitelj ceremonijala
gentleman-at-arms [ˌdʒentlmənət'a:mz] *s* član (engl.) kraljevske tjelesne straže
gentlemanhood ['dʒentlmənhud] *s* gospodstvo, otmjenost; položaj ili značaj (pravog) gospodina
gentlemanlike ['dʒentlmənlaik] *adj* otmjen, gospodski; pristojan, dobro odgojen, uglađen
gentlemanly ['dʒentlmənli] *adj* → **gentlemanlike**
gentlemanship ['dʒentlmənʃip] *s* → **gentlemanhood**
gentleness ['dʒentlnis] *s* blagost, nježnost, mekoća, ljupkost; popustljivost, trpeljivost, obzirnost; pitomost
gentlewoman ['dʒentlˌwumən] *s* (*pl* **gentlewomen** ['dʒentlˌwimin]) otmjena (obrazovana) gospođa, dama, žena otmjena roda
gentlewomanlike ['dʒentlˌwumənlaik] *adj* koji dolikuje otmjenoj (obrazovanoj) gospođi, koja nalikuje na damu
gentlewomanly ['dʒentlˌwumənli] *adj* → **gentlewomanlike**
gently ['dʒentli] *adv* 1. blago, nježno, ljupko; mirno; popustljivo, obzirno 2. otmjeno, gospodski | ~ **born and bred** otmjena roda i odgoja
gentry ['dʒentri] *s* 1. niže plemstvo, vlastela; gospoda (neplemići) 2. *arch* potomstvo; otmjen rod 3. (vrsta) ljudi | *derog* **these** ~ ta družba, ti ljudi
gents *s pl* → **gent**
genual ['dʒenjuəl] *adj* koji se odnosi na koljeno
genuflect ['dʒenju:flekt] *vi* kleknuti, klečati, savijati koljeno (pri molitvi)
genuflection (genuflexion) [ˌdʒenju:'flekʃən] *s* klečanje, klecanje (pri molitvi); *fig* klanjanje (*before* pred)
genuflectory [ˌdʒenju:'flektəri] *adj* koji kleči (kleca), koji savija koljeno; koji se klanja
genuine ['dʒenjuin] *adj* (~**ly** *adv*) pravi, originalan, istinit; čist, nepatvoren, autentičan; iskren
genuineness ['dʒenjuinnis] *s* istinitost; čistoća, nepatvorenost, autentičnost; iskrenost
genus ['dʒi:nəs] *s* (*pl* **genera** ['dʒenərə]) 1. *biol* rod 2. vrsta, razred, skupina, rod, pleme | **the** ~ čovjek, ljudski rod
geocentric [ˌdʒi:əu'sentrik] *adj* (~**ally** *adv*) 1. *astr* geocentričan, kao da je gledan iz središta Zemlje 2. koji smatra Zemlju središtem
geode ['dʒi:əud] *s geol* šupljina u kamenu ispunjena kristalima, druza
geodesic [ˌdʒi:əu'desik] *adj* mjernički, geodetski
geodesist [dʒi:'ɔdisist] *s* mjernik, geodet
geodesy [dʒi:'ɔdisi] *s* mjerništvo, geodezija
geodetic [ˌdʒiəu'detik] *adj* (~**ally** *adv*) mjernički, geodetski
geognosy [dʒi'ɔgnəsi] *s* zemljoznanstvo, geognozija (geologija i nauka o kamenju)
geographer [dʒi'ɔgrəfə] *s* zemljopisac, geograf
geographic [dʒiə'græfik] *adj* zemljopisni, geografski
geographical [dʒiə'græfikəl] *adj* (~**ly** *adv*) zemljopisni, geografski | ~ **mile** geografska milja (1855 metara)
geography [dʒi'ɔgrəfi] *s* zemljopis, geografija; geografsko obličje, geografski položaj (nekog kraja)
geoid ['dʒi:ɔid] *s* geoid, oblik Zemlje, nepravilna kugla
geological [ˌdʒiə'lɔdʒikl] *adj* (~**ly** *adv*) geološki
geologist [dʒi'ɔlədʒist] *s* geolog

geologize [dʒiˈɔlədʒaiz] *vi/t* **I.** *vi* studirati geologiju; vršiti geološka istraživanja (ispitivanja) **II.** *vt* geološki istraživati
geology [dʒiˈɔlədʒi] *s* geologija
geomancy [ˈdʒi:əmænsi] *s* gatanje iz pijeska ili nasumce označenih točaka
geometer [dʒiˈɔmitə] *s ent* naziv za gusjenice leptira grbica (*Geometridae*)
geometrical [dʒiəˈmetrikəl] *adj* (**~ly** *adv*) geometrijski, geometričan
geometrician [ˌdʒiəumeˈtriʃn] *s* student geometrije, geometričar, onaj koji proučava geometriju
geometrize [dʒiˈɔmitraiz] *vi/t* **I.** *vi* studirati (proučavati) geometriju; držati se geometrijskih pravila i metoda **II.** *vt* izračunavati geometrijski
geometry [dʒiˈɔmətri] *s* geometrija (nauka i knjiga)
geophysics [ˌdʒi:ɔˈfiziks] *s pl sg constr* geofizika
Geordie [ˈdʒɔ:di] *s GB* stanovnik regije oko rijeke Tyne s Newcastleom kao središtem
George [dʒɔ:dʒ] *s* | 1. **St. ~** sv. Juraj, engl. svetac zaštitnik 2. lik sv. Jurja na odlikovanju engl. Reda Podvezice; **by ~** tako mi boga!; **brown ~** velik smeđ zemljan krčag
georgette [dʒɔ:ˈdʒet] *s* žoržet (tkanina)
Georgian[1] [ˈdʒɔ:dʒiən] *adj* koji se odnosi na razdoblje vladavine Gjure I, II, III i IV u Engleskoj (1714—1830); koji se odnosi na razdoblje vladavine Gjure V i VI (1910—1952, *esp* na engl. knjiž. 1910—1920)
Georgian[2] [ˈdʒɔ:dʒiən] *adj* gruzijski, gruzinski; *US* koji se odnosi na američku državu Georgiju
Georgian [ˈdʒɔ:dʒiən] *s* Gruzin; *US* stanovnik američke države Georgije
geostatics [ˌdʒiəˈstætiks] *s pl sg constr* geostatika
geranium [dʒiˈreinjəm] *s bot* iglica, kačik; geranij; *pop* pelargonija
gerfalcon [ˈdʒə:ˌfɔ:lkən] *s ornith* lovni sokol (*Falco rusticolus*)
geriatric [ˌdʒeriˈætrik] *adj med* gerijatrijski
geriatrician [ˌdʒeriəˈtriʃn] *s med* gerijatar
geriatrics [ˌdʒeriˈætriks] *s pl sg constr med* gerijatrija
germ [dʒə:m] *s bot & zool* klica, zametak (& *fig*); mikrob, bacil | **in ~** u zametku, nerazvijen; **~ warfare** bakteriološki rat
germ [dʒə:m] *vi fig* nicati, klijati
german [ˈdʒə:mən] *adj* | **brother ~** rođeni (krvni) brat
German [ˈdʒə:mən] *adj* njemački | **~ Ocean** Sjeverno more; **~ sausage** vrsta velike kobasice od kuhana sušena mesa; **~ silver** slitina od nikla, cinka i bakra; *print* **~ text** gotica; *med* **~ measles** rubeola; *US* **~ shepherd** njemački ovčar (pas)
German [ˈdʒə:mən] *s* Nijemac, Njemica; njemački (jezik) | **High ~** skupina narječja kojima se nekad govorilo na jugu i u jednom dijelu Srednje Njemačke; današnji njemački književni jezik; **Low ~** sjevernonjemačka narječja
germander [dʒə:ˈmændə] *s bot* dubac, dubočac; čestoslavica; zmijina trava, trbušac (*Teucrium chamaedris*)
germane [dʒə:ˈmein] *adj* prikladan, primjeran (*to*); koji pristaje ili pripada (*to* čemu); koji se odnosi (*to* na što), koji ima veze s čim
Germanic [dʒə:ˈmænik] *adj hist* germanski, teutonski
Germanic [dʒə:ˈmænik] *s* germanski (jezik); germanska rasna skupina
Germanism [ˈdʒə:mənizəm] *s* 1. germanstvo 2. pristajanje uz Njemačku 3. germanizam
Germanist [ˈdʒə:mənist] *s* student germanistike, germanist
Germanity [dʒə:ˈmæniti] *s* germanstvo, nijemstvo
germanization [ˌdʒə:mənaiˈzeiʃn] *s* germaniziranje, ponjemčivanje; germaniziranost, ponjemčenje
germanize [ˈdʒə:mənaiz] *vt/i* germanizirati, ponijemčiti, ponjemčivati
germanizer [ˈdʒə:mənaizə] *s* onaj koji ponjemčuje, germanizira
Germanophil [dʒə:ˈmænəfil] *s* germanofil, onaj koji voli Nijemce (njemački jezik, kulturu itd.)
Germanophobe [ˌdʒə:ˈmænəfəub] *s* germanofob, onaj koji mrzi Nijemce
germ-carrier [ˈdʒə:mˌkæriə] *s* kliconoša
germ-free [ˈdʒə:mfri:] *adj* bez (očišćen od) klica (bakterija, mikroba), sterilan
germicide [ˈdʒə:misaid] *s* sredstvo za uništavanje (zaraznih) klica
germicide [ˈdʒə:misaid] *adj* koji ubija (zarazne) klice
germinal [ˈdʒə:minl] *adj* (**~ly** *adv*) koji se odnosi na zametak, klicu; *fig* nerazvijen, koji je u zametku, rudimentaran
germinant [ˈdʒə:minənt] *adj fig* koji klija, niče, pupa, koji se zameće
germinate [ˈdʒə:mineit] *vi/t* **I.** *vi* proklijati, niknuti, propupati, razvijati se (& *fig*) **II.** *vt* pustiti da niče (klija, pupa); razvijati, proizvesti
germination [ˌdʒə:miˈneiʃn] *s* klijanje, nicanje, pupanje, razvijanje (& *fig*)
germinative [ˈdʒə:minətiv] *adj* koji izaziva (koji se odnosi na) klijanje, nicanje ili pupanje
germinator [ˈdʒə:mineitə] *s* onaj koji izaziva klijanje, nicanje ili pupanje
germon [ˈdʒə:mən] *s ichth* → **albacore**

gerontocracy [ˌdʒərɔnˈtɔkrəsi] *s* gerontokracija, vladavina staraca
gerrymander [ˈgeriˈmændə] *vt US pol* »skrojiti« teritorij izbornih kotara tako da se osigura izborna većina
gerund [ˈdʒerənd] *s Lat* gerund, glagolska imenica
gerund-grinder [ˈdʒerəndˌgraində] *s derog* strog (pedantan) učitelj (latinskog jezika)
gerundial [dʒiˈrʌndiəl] *adj* gerundski, gerundijalan, gerundni, koji se odnosi na gerund
gerundival [ˌdʒerənˈdaivəl] *adj* (~**ly** *adv*) gerundivni, koji se odnosi na gerundiv
gerundive [dʒiˈrʌndiv] *adj* (~**ly** *adv*) gerundski, gerundijalan, koji se odnosi na gerund (glagolsku imenicu)
gerundive [dʒiˈrʌndiv] *s gram* gerundiv, glagolski pridjev
gesso [ˈdʒesəu] *s* sadra; sadrena žbuka
gestation [dʒesˈteiʃn] *s* trudnoća, razdoblje trudnoće; inkubacija (jaja)
gestatorial [ˌdʒestəˈtɔːriəl] *adj* | ~ **chair** svečana nosiljka rimskog pape
gesticulate [dʒəsˈtikjuleit] *vi/t* **I.** *vi* mahati rukama, gestikulirati, popratiti govor (živim) kretnjama **II.** *vt* izražavati kretnjama ruku (gestikuliranjem)
gesticulation [dʒesˌtikjuˈleiʃn] *s* mahanje (žive kretnje) rukama (i licem), izražavanje (živim) kretnjama ruku, gestikulacija
gesticulative [dʒesˈtikjulətiv] *adj* koji je obilježen (popraćen) gestikulacijom (kretnjama)
gesticulator [dʒesˈtikjuleitə] *s* onaj koji popraćuje svoj govor (živahnim) kretnjama
gesticulatory [dʒesˈtikjulətəri] *adj* koji se odnosi na gestikulaciju; koji se izražava živahnim kretnjama (gestikulacijom)
gesture [ˈdʒestʃə] *s* kretnja, pokret, gesta (ruke, lica)
gesture [ˈdʒestʃə] *vi/t* → **gesticulate** *vi/t*
get [get] *vt/i* (*pret* got; *pp* got, gotten) **I.** *vt* 1. dobivati 2. primiti, primati, dobivati (plaću), zasluživati, zaraditi, zarađivati (*a living* za život) 3. dohvatiti; dokopati se, domoći se (prednosti, premoći); postići, osvojiti, polučiti (uspjeh, slavu) 4. pribaviti, nabaviti (*for* komu, za koga) (*he got him a place* pribavio mu je mjesto) 5. dopasti (kazne, bolesti), dobiti (*he got a heavy sentence* dopao je teške kazne); uhvatiti (bolest), oboljeti (od čega) (*he got the measles* obolio je od ospica) 6. spremiti, pokupiti (žetvu) 7. uhvatiti (ribu); zgrabiti, ščepati, uhvatiti (na djelu); zatjerati u škripac (*I have got you!* sad te imam!) 8. dobiti, pretrpjeti (udarac) 9. razumjeti, shvatiti, dokučiti (*to* ~ *a p wrong* pogrešno razumjeti koga); naučiti, doznati, saznati (*I got it from him* doznao sam to od njega) 10. *US sl* ubiti, dohvatiti 11. *US sl* izmučiti, naljutiti, jediti; razdraživati, izazivati; ganuti (*it* ~*s me* to prelazi moje shvaćanje) 12. *fam* pojesti 13. *coll* **I have got** imam, posjedujem; **I have got to** moram, treba da, imam da (*I have got to go* moram ići, ići mi je) 14. izleći, okotiti 15. dovesti, dopremiti; odvesti, otpremiti, otpraviti (*from* iz, od); spremiti (*into* u); izbaviti, izvaditi, izvući (*out of* iz); provući, progurati, provesti, protjerati (*through*) 16. *fig* navesti, navući (*into* u; *upon a subject* na neku temu) 17. s *pp* dati (što činiti, napraviti) (*I got it done* dao sam učiniti; *you must* ~ *it made* moraš dati napraviti; *to* ~ *oneself shaved* dati se obrijati); pretrpjeti povredu (*I got my arm dislocated* iščašio sam ruku); ~ *you gone* nosi se!, tornjaj se!, izdiri mi s očiju! 18. s *adj* obaviti, učiniti (*to* ~ *a thing quite right* nešto obaviti /izvršiti/ kako treba; *to* ~ *a p nervous* učiniti koga nestrpljivim) 19. s *inf* ponukati, navesti, nagovoriti, nagnati, natjerati (*to do*) (*I got him to do it for me* naveo sam ga da to učini za me) **II.** *vi* 1. postati 2. dospjeti, stići, prispjeti, doći, doprijeti, ići 3. *US sl* umaknuti, otprašiti, dati petama vjetra 4. s *inf* naviknuti se (na što), poprimiti naviku (što činiti) (*one soon* ~*s to like it* čovjek to brzo zavoli; *to* ~ *to know* doznati, upoznati; *to* ~ *to hear* dočuti, doznati) 5. s *pres p* početi što činiti (*they got talking* počeše razgovarati) | **to** ~ **the best of it** najbolje proći, izvući dulji kraj; **to** ~ **religion** obratiti se, postati pobožan; **to** ~ **it into one's head** zabiti sebi što u glavu, biti uvjeren; **to** ~ **on one's nerves** ići komu na živce, razdraživati koga; **to** ~ **(have) the wind of a ship** oduzeti vjetar brodu; *fig* **to** ~ **(have) the wind (start, advantage, better) of a p** zadobiti premoć (prednost) nad (pred) kim; *GB coll* **to** ~ **the wind up** prestrašiti se, zaplašiti se; **to** ~ **wind of** nanjušiti, načuti, doznati; **to** ~ **it** nastradati, dopasti kazne (batina itd.); **to** ~ **the boot (sack, mitten)** dobiti otkaz; **I have not got a penny** nemam ni (prebite) pare; **to** ~ **with child** učiniti trudnom; **to** ~ **by heart** naučiti napamet (naizust); *US* **to** ~ **one's goat** razljutiti, razbjesniti; **to** ~ **(thing, person) on the brain** imati (koga, što) na umu, neprestano misliti (na koga, na što); **to** ~ **speech of** dobiti audijenciju, biti primljen u audijenciju; **to** ~ **sight (a glimpse) of** ugledati, spaziti, zapaziti, opaziti; **to** ~ **the upper hand of** nadvladati koga, nadjačati koga; *US sl* **to** ~ **there** uspjeti, pos-

tići (svoj) cilj; shvatiti, razumjeti; **to ~ well (better)** oporaviti se (od bolesti); **to ~ tired** umoriti se; **to ~ rid of** riješiti se, osloboditi se; **to ~ married** oženiti se, udati se; *US sl* **to ~ left** biti razočaran, poražen; **to ~ a grip of** svladati; **to ~ in hand** primiti u ruke, urediti, organizirati; **to ~ into debt** zapasti u dug; **to ~ near** približiti se, prikučiti se; **to ~ ready** spremiti (se), prirediti, priređivati, dogotoviti, pripremiti (se); **to ~ clear** osloboditi se; **to ~ lost** izgubiti se, zalutati; **to ~ wise to** saznati, doći do svijesti (da); *sl* **~ cracking!** prihvati se posla!

get about ['getə'baut] *vi* 1. izlaziti (poslije bolesti), ići naokolo (za svojim poslom) 2. pročuti se, doznati se, saznati se, proširiti se, razglasiti se

get abroad ['getə'brɔːd] *vi* pročuti se, proširiti se (vijest, glasina), razglasiti se

get across ['getə'krɔs] *vt/i coll* djelovati, učiniti dojam, dojmiti se koga, imati uspjeha; uvjeriti; *GB sl* razljutiti

get ahead ['getə'hed] *vi* uznapredovati, odmaknuti, odmicati, uspijevati (& *fig*)

get along ['getə'lɔŋ] *vi/t* **I.** *vi* 1. uznapredovati, odmaknuti, odmicati, uspijevati 2. slagati se, razumijevati se, izlaziti (izaći) na kraj (*together, with* međusobno, sa) **II.** *vt* otpremiti, otpraviti, potjerati naprijed | **~ with you** ajde, ajde!, nosi se!, kupi se!, izdiri!

get around ['getə'raund] *vt/i US* putovati; kretati se; → **get round**

get at ['get'æt] *vi* 1. postići, dospjeti, doprijeti, doći (do koga, čega); dokučiti se, domoći se, dohvatiti se (koga, čega) 2. doznati, saznati, iznaći, shvatiti, dokučiti (što) 3. *sl* smotati, predobiti, prevabiti, podmititi (koga) 4. *sl* napadati (koga), rugati se (komu) | *coll* **what are you getting at?** na što ciljate?

get away ['getə'wei] *vi/t* **I.** *vi* otići, umaknuti (*from*); maknuti se; osloboditi se (posla) **II.** *vt* otpraviti, odvesti, odvući, otpremiti | **to ~ from** odricati se (koga, čega), poricati, nijekati (što); *coll* **to ~ with a th** umaknuti s čime; **to ~ with it** jeftino proći; *coll* **~ with you!** idi!, kupi se!, ajde, ajde!, ajd' ne budali!, tek štogod!

get back ['get'bæk] *vi/t* **I.** *vi* vratiti se, doći kući **II.** *vt* dobiti natrag | *coll* **to ~ at a p** osvetiti se kome; *sl* **to ~ (some of) one's own** vratiti milo za drago, osvetiti se

get behind ['getbi'haind] *vi* 1. zaostajati 2. *fig* zapasti u dug

get by ['get'bai] *vi coll* proći, provući se (*with* sa), snaći se

get down ['get'daun] *vi/t* **I.** *vi* sići, silaziti; izaći, iskrcati se (iz vozila); sjahati (s konja) **II.** *vt* 1. skinuti, donijeti **dolje** 2. progutati 3. *coll* deprimirati | **to ~ to** latiti se, primiti se, prihvatiti se (čega), prionuti za (što); *fig* **to ~ to business** prijeći na (najvažniju) stvar, primiti se ozbiljna posla

get home ['get'həum] *vi* 1. stići kući 2. *fig* upaliti, pogoditi ono pravo | **to ~ on (a p)** pogoditi (koga) u živac (u osjetljivo mjesto)

get in ['get'in] *vi/t* **I.** *vi* 1. ući, ulaziti, unići; ukrcati se (u vozilo) 2. *pol* biti izabran u parlament **II.** *vt* 1. unijeti, ugurati; unositi, spremati (žetvu); ubrati, pokupiti (dužni novac) 2. obaviti (u određenu vremenu), uskladiti sa svojim radnim vremenom 3. smjestiti (udarac) | **to get one's hand in** priviknuti se (radu), uvježbati se; **I can't ~ a word edgeways** ne mogu ubaciti ni jedne riječi, nikakve primjedbe

get into ['get'intu] *vi* 1. ući, uljesti, zaći, stići, dospjeti u (što) 2. *coll* obući, navući (odjeću); (o piću) udariti (u glavu) | **to ~ a habit** zapasti u naviku

get off ['get'ɔf] *vt/i* **I.** *vt* 1. odriješiti, osloboditi, otkopčati; otpremiti, otpraviti 2. *com* spremiti (robu) 3. svući, skinuti (odjeću) 4. naučiti 5. skinuti (s konja, vozila) 6. omogućiti (komu) da prođe bez kazne, izvući, izbaviti **II.** *vi* 1. sjahati, sići, silaziti (s konja, vozila); sići, maknuti se (s trave), ne gaziti (po travi) (**~** *the grass!* ne gazi po travi!) 2. istupiti, izvući se, izaći, povući se (iz obaveze) 3. izbjeći, izmaknuti; dobro proći, osloboditi se, izvući se (s lakšom kaznom) 4. krenuti, poći, polaziti 5. zaspati, zadrijemati 6. *aero* dići se, uzdignuti se, otisnuti se (sa zemlje), krenuti | *coll* **to ~ with** upoznati se sa; spetljati se sa; **I told him where to ~ (where he gets off)** očitao sam mu svoje, sredio (srezao) sam ga, poklopio sam ga

get on ['get'ɔn] *vi/t* **I.** *vi* 1. napredovati, uspijevati, odmicati (*with* sa) 2. (moći) izlaziti na kraj, proći (*without* bez); slagati se, podnositi se (*with* sa) 3. starjeti, odmicati u godinama (*in life*) **II.** *vt* obući, odjenuti, navući, staviti na se | **to ~ (to) one's feet** ustati (*spec* radi održavanja govora); *sl* **get a move on** ajde!, kreni!, miči se!; **~ or get out** primi se posla ili se gubi (tornjaj)!; *GB* **he is getting on for fifty** blizu je pedesetoj; *GB* **it was getting on for six** bilo je već blizu šest sati; **how are you getting on?** kako ste?, kako vam ide?

get out ['get'aut] *vi/t* **I.** *vi* 1. izaći, istupiti (*of* iz); izvući se, izbaviti se, iskopati se (*of* iz) 2. izbiti, prodrijeti, probiti (u javnost, na vidjelo) 3. prestati (*of doing* činiti); napustiti (*habit* naviku) **II.** *vt* 1. izvaditi, izvući, izbaviti (*of* iz) 2. izmamiti, izvući (podatke, novac) (*of* komu), dobiti (*of* iz koga) 3. izustiti, izgovoriti; objaviti, izdati (djelo) | **to ~ of bed on wrong side** ustati na lijevu nogu; **to ~ of sight** nestati (izgubiti se) iz vida; **to ~ of one's depth (control)** izgubiti tlo pod nogama (& *fig*); **to ~ of hand** izmaknuti (izmicati) vlasti (nadzoru), razmahati se; dovršiti posao; **to ~ of a duty** izmaknuti se (izmicati) dužnosti, izvući se iz obaveze; **to ~ of one's mind** smetnuti s uma, izbrisati iz misli; **to ~ of a habit** odviknuti se, otresti se navike; **~!** ajde!, ne brbljaj štogod!

get over ['get'əuvə] *vt/i* **I.** *vt* 1. prenijeti, prebaciti, prevući 2. preboljeti (bolest, žalost), oporaviti se, pribrati se (od iznenađenja); prijeći preko (čega), oprostiti 3. dokrajčiti, privesti kraju, dovršiti 4. svladati, nadvladati, prebroditi (teškoću); nadjačati, pobiti (dokaz) 5. *sl* nadmudriti **II.** *vi* prijeći, prelaziti; doći (stići) prijeko | **to get it over (with)** svršiti, riješiti se

get round ['get'raund] *vt/i GB* **I.** *vt* 1. predobiti, premamiti, namamiti, nagovoriti 2. nadvladati, svladati, prebroditi 3. izmaknuti, izbjeći (čemu) **II.** *vi* 1. oporaviti se, pribrati se 2. (*to*) stići na, dospjeti (na), naći vremena za

get through ['get'θruː] *vt/i* 1. proći, probiti se; provući se; dovršiti (što), svršiti 2. progurati (što) 3. položiti, svršiti (ispit) 4. *parl* biti odobren (prihvaćen) 5. *teleph* dobiti vezu | **I can't ~ to them** ne mogu ih uvjeriti, kao da govorim gluhima

get to ['get'tuː] *vi* primiti se, latiti se (čega); stići do, doći do (čega), postići (što)

get together ['gettə'geðə] *vt/i* **I.** *vt* sabrati, sakupiti, okupiti, pribrati, složiti, sastaviti **II.** *vi* 1. sakupiti se, okupiti se, sabrati se; složiti se 2. *US* sjediniti se, udružiti se

get under ['get'ʌndə] *vt/i* **I.** *vt* svladati, nadvladati; ugušiti (požar) **II.** *vi* propasti, potonuti | **to ~ way** staviti u pokret (brod), otisnuti se, zaploviti

get up ['get'ʌp] *vt/i* **I.** *vt* 1. podići; uzdignuti, popraviti; učiniti da se što podigne ili pojača 2. probuditi 3. naučiti, proučiti, pripremiti (za ispit) 4. dotjerati, urediti, udesiti, opremiti; slagati, složiti (rublje); organizirati; pokrenuti 5. rasplamsavati, rasplamtjeti, razjarivati, raspaliti, raspirivati **II.** *vi* 1. ustajati, dići se, uspraviti se 2. uspeti se, popeti se (na konja), uzjahati 3. razmahati se, rasplamsati se, razbjesniti se 4. *hunt* dići se, izaći (iz skrovišta) 5. *sport* naglo uzletjeti (lopta u kriketu) | **to ~ steam** otvoriti paru; *fig* doći u zamah, razmahati se, raspaliti se; *GB sl* **to get the wind up** prestrašiti se, zaplašiti se, bojati se; **to ~ a p's back** naljutiti, razbjesniti, raspaliti, razjariti koga

get [get] *s* mladunčad, mladi, podmladak, okot (od životinje)

get-at-able [get'ætəbl] *adj* dohvatljiv, postiživ, dostiživ, pristupačan

get-away ['getəwei] *s* polazak, odlazak; umaknuće, **bijeg**

get-off ['getɔf] *s* 1. odlazak; umaknuće, bijeg 2. *aero* polazak, start, dizanje

get-out ['getaut] *s coll* izlika, izvlačenje, povlačenje

get-together ['gettə'geðə] *s coll* sastanak; malo društvo, žur

get-up ['getʌp] *s* 1. oprema, ukras, iskićenost; inscenacija 2. *US fam* poduzetnost, odlučnost, odvažnost, energija, ambicija, prodornost

geum ['dʒiːəm] *s bot* zečja stopa, blaženak (zeljasta biljka)

gew-gaw ['gjuːgɔː] *s* igračka, trica, jeftin ukras | *fig* **~s** *pl* ništavosti, beznačajnosti, ispraznosti, igrarije

gey [gei] *adv Scot* znatno, jako, vrlo, veoma

geyser ['gaizə] *s* 1. *geog* gejzir 2. *GB* plinski bojler

geyser ['giːzə] *s* grijalo za vodu, plinska peć (u kupaonici)

ghastliness ['gaːstlinis] *s* 1. stravičnost, sablasnost, jezovitost, grozota, užas, strava 2. sablastan (grozan, jezovit) izgled 3. sablasna (mrtvačka) bljedoća

ghastly ['gaːstli] *adj* (**ghastlily** *adv*) 1. stravičan, strahovit, sablastan, grozan, užasan, jezovit, avetan (& *coll*) 2. (sablasno) blijed 3. prisilan, usiljen (smiješak)

ghastly ['gaːstli] *adv* mrtvački, sablasno, jezovito, stravično, grozno, užasno, avetno

gha(u)t [gɔːt] *Ind* 1. brdski prijelaz 2. pristanište (do kojega vode stube)

ghee [giː] *s Ind* maslac (od bivoljeg mlijeka)

gherkin ['gəːkin] *s* mali krastavac (za kiseljenje) | **picked ~s** kiseli krastavci

ghetto ['getəu] *s* 1. *hist* geto, židovska četvrt 2. sirotinjska četvrt; *US* crnačka (portorikanska, meksička itd.) četvrt

ghost [gəust] 1. duh, duša 2. duh, prikaza, utvara, sablast 3. *fig* sjena; trag 4. *phys* popratna slika u vidokrugu (pogrešnog) teleskopa 5. *lit* pisac ili umjetnik za čiji rad poslodavac odnosi slavu | **to give up the ~** izdahnuti (dušu); **not the ~ of a chance** ni najmanjeg izgleda; **as white as a ~** blijed kao avet, mrtvački blijed; *theat* **the ~ walks** isplaćuju se plaće; **to raise a ~** probuditi (dozvati) duha; **to lay a ~** protjerivati duha

ghostlike ['gəustlaik] *adj* sablastan, avetan, poput duha

ghostly ['gəustli] *adj* 1. *arch* duhovan, duševan, crkven, svet 2. sablastan, avetan;

poput duha (utvare, prikaze), koji nalikuje na duha
ghost town ['gəusttaun] *s US* sasvim (ili gotovo) napušteno naselje
ghost writer ['gəustˌraitə] *s* osoba plaćena da anonimno piše za drugoga (pod njegovim imenom)
ghoul [guːl] *s* 1. demon, duh, vukodlak 2. *fig* lešinar
ghoulish ['guːliʃ] *adj* 1. poput vukodlaka, koji nalikuje na zloduha, demonski 2. *fig* lešinarski
ghyll [gil] *s* → **gill**² *s*
GI ['dʒiː'ai] *s US sl* amer. vojnik u 2. svjetskom ratu (i ~ **Joe**) | ~ **bride** djevojka koja se udala za amer. vojnika izvan SAD
giant ['dʒaiənt] *s* 1. div, gorostas, orijaš, gigant 2. *fig* velikan, genij | *sport* ~'s **stride** kovitlo
giant ['dʒaiənt] *adj* divovski, orijaški, gorostasan, ogroman, golem, silan, gigantski
giantess ['dʒaiəntis] *s* orijaškinja, ženski div
giantism ['dʒaiəntizəm] *s med* abnormalan rast, akromegalija
giantlike ['dʒaiəntlaik] *adj* divovski, orijaški, gorostasan, ogroman, golem, silan, gigantski
giant-sized ['dʒaiənt'saizd] *adj* golem, ogroman, divovski
gib¹ [dʒib] *s* 1. *ichth* izraslina, bradavica (koja se pojavljuje na donjoj čeljusti lososa mužjaka nakon mriještenja) 2. *mech* kuka, protuklin, zatik
gib² [dʒib] *s* kratica za **Gilbert** | ~ **cat** (kastriran) mačak
gibber ['dʒibə] *s* (nerazumljivo) brbljanje, ćeretanje, blebetanje
gibber ['dʒibə] *vi* (nerazumljivo) brbljati, ćeretati, blebetati
gibberish ['dʒibəriʃ] *s* (nerazumljivo) brbljanje, ćeretanje, blebetanje; nerazumljiv jezik
gibbet ['dʒibit] *s* 1. vješala 2. *tech* stup s vodoravnom gredom; priječnica | **to die on the** ~ biti obješen (vješan), poginuti na vješalima
gibbet ['dʒibit] *vt* 1. objesiti (na vješala) 2. *fig* izvrgnuti javnoj poruzi, izložiti ruglu
gibbon ['gibən] *s zool* gibon (majmun)
gibbosity [gi'bɔsiti] *s* 1. grbavost, grba, grbina; izbočina, ispupčina 2. izbočenost, svedenost, svod
gibbous ['gibəs] *adj* (~**ly** *adv*) grbav, ispupčen, izbočen; sveden | **the** ~ **moon** mjesec u trećoj četvrti
gibe (jibe) [dʒaib] *s* poruga, ruganje, podrugivanje, ismjehivanje, bockanje, peckanje
gibe (jibe) [dʒaib] *vi/t* **I.** *vi* rugati se, izrugivati se, ismjehivati se, podrugivati se (*at*) **II.** *vt* ismjehivati, bockati, peckati
giber ['dʒaibə] *s* podrugljivac
gibing ['dʒaibiŋ] *adj* (~**ly** *adv*) podrugljiv, podsmješljiv, koji se ruga
giblets ['dʒiblits] *s pl cul* ponutrica (sitnež) peradi
Gibson girl ['gibsn'gəːl] *s US* tipična amer. djevojka s kraja prošlog stoljeća
gibus ['dʒaibəs] *s* sklopiv cilindar
giddiness ['gidinis] *s* 1. vrtoglavica, omaglica, nesvjestica 2. nepostojanost, kolebljivost, nestalnost; prevrtljivost, lakoumnost, nepromišljenost, površnost
giddy ['gidi] *adj* 1. komu se vrti, koji ima vrtoglavicu (omaglicu); vrtoglav, koji izaziva omaglicu (& *fig*) 2. koji se vrti (okreće) 3. nepostojan, nestalan, kolebljiv, prevrtljiv; lakouman, nepromišljen, površan; besmislen, glupav, budalast | **to play the** ~ **goat** igrati budalu (ludu)
giddy ['gidi] *vt/i* **I.** *vt* stvarati vrtoglavicu (komu) **II.** *vi* imati (dobivati) vrtoglavicu (*with* od)
giddy-go-round ['gidigəuˌraund] *s GB* vrtuljak
gift [gift] *s* 1. dar, poklon 2. *jur* dar, poklon, nadarbina; pravo darivanja 3. darovitost, nadarenost, talent | *bibl* ~ **of tongues** čudesni dar govorenja nepoznatim jezicima; *US eccl* besmisleni slogovi (riječi) izgovarani u vjerskom zanosu; ~ **of the gab** dar govora, rječitost; **I would not have (take) it as a** ~ ne bih ga (uzeo) ni da mi ga tko pokloni
gift [gift] *vt* 1. darovati, pokloniti (*to* komu; *away*) 2. obdariti, nadariti
gifted ['giftid] *adj* nadaren, obdaren, talentiran (*with* čime)
gift-horse ['gifthɔːs] *s* | **you don't look a** ~ **in the mouth** poklonjenom konju ne gledaju se zubi, daru se ne prigovara
giftie ['gifti] *s Scot* sposobnost
gig¹ [gig] *s* 1. gig, jednoprežna kola na dva kotača 2. *mar* zapovjednikov čamac 3. *sport* dugačak lagan čamac 4. *mech* grebenjača | **to drive a** ~ biti imućan (ugledan)
gig² [gig] *s* vrsta ostava (ribarski alat)
gig³ [gig] *s US sl* (kratak) angažman džez-muzičara
gigantean [ˌdʒaigæn'tiːən] *adj* → **gigantic**
gigantesque [ˌdʒaigæn'tesk] *adj* → **gigantic**
gigantic [dʒai'gæntik] *adj* (~**ally** *adv*) divovski, orijaški, gorostasan, golem, ogroman, silan, gigantski
giggle ['gigl] *s* 1. hihot, cerekanje 2. *GB coll* šala
giggle ['gigl] *vi* hihotati, cerekati se
giggler ['giglə] *s* cerekanje, onaj koji hihoće
gig-lamps ['giglæmps] *s pl sl* očale, naočari
gigolo ['ʒigələu] *s* žigolo

gigot ['dʒigət] *s Fr* ovnujski (janjeći) but | ~ **sleeve** rukav u obliku ovčjeg buta
gigue [ʒi:g] *s* 1. *hist mus* vrsta gusala, viola 2. vrsta živahnog starinskog plesa, gig; glazba za takav ples
gild [gild] *s* → **guild**
gild [gild] *vt* (*pret* ~**ed**; *pp* ~**ed**, **gilt**) 1. pozlatiti, pozlaćivati 2. poljepšavati, ukrasiti, (izvana) dotjerati; popraviti, ublažiti, uljepšati (novcem) | **to** ~ **the pill** zasladiti (gorku) pilulu, ublažiti neugodnu dužnost
gilded ['gildid] *adj* pozlaćen | *parl* **Gilded Chamber** engl. Gornji dom; *iron* ~ **youth** zlatna mladež
gilder ['gildə] *s* pozlatar
gilding ['gildiŋ] *s* 1. pozlata; pozlaćivanje; pozlaćenost 2. *fig* poljepšavanje, prikrivanje nedostataka
gill[1] [gil] *s* 1. *ichth* (obično ~**s** *pl*) škrge 2. *ornith* resa 3. podvoljak, podbradak 4. *bot* listići, režnjevi (gljive) 5. *sl* visok tvrd ovratnik | **green about the** ~**s** bolesna izgleda; smućen; **rosy about the** ~**s** zdrava (svježa) izgleda; **stewed about the** ~**s** temeljito nakresan
gill [gil] *vt* 1. očistiti (ribu), izvaditi drob (ribi) 2. očistiti (gljivu), odrezati režnjeve (gljivi)
gill[2] [gil] *s GB* gudura, klanac; brdska bujica, gorski potok
gill [dʒil] *s* mjera za tekućinu (*GB* 0.14 lit., *US* 0.12 lit.); posuda te zapremine
Gill (Jill) [dʒil] *s* | **Jack and** ~ momče i djevojče, momak i djevojka
gillie ['gili] *s Scot* 1. sluga, pomoćnik lugara, dječak koji prati lovca 2. *hist* pratilac plemenskog glavara
gillyflower ['dʒili,flauə] *s bot arch* 1. karanfil, klinčić 2. šeboj
gilt [gilt] *s* 1. pozlata, zlato 2. *fig* vanjska ljepota, vanjski sjaj | **to take the** ~ **off the gingerbread** razoriti (pokvariti) čar (iluziju)
gilt [gilt] *adj* pozlaćen
gilt-cup ['giltkʌp] *s bot* maslačak
gilt-edged [,gilt'edʒd] *adj* 1. sa zlatnim rubom, sa zlatorezom 2. *sl fig* prvorazredan, odličan 3. *st exch* siguran, pouzdan | ~ **securities** pupilarni vrijednosni papiri
gilt-head ['gilthed] *s ichth* lovrata, podlanica (*Chrysophrys aurata*)
gimbal ['dʒimbəl] *s* 1. prsten sastavljen od dva isprepletena prstena 2. *mar* kardansko vješanje, kardan (uređaj od više prstena na koje se objese instrumenti da budu uvijek u ravnoteži) 3. *arch* vrsta kolača
gimcrack ['dʒimkræk] *s* bezvrijedan (sitan) ukrasni predmet, beskorisna stvarčica, trica, jeftin ukras
gimcrack ['dʒimkræk] *adj* beskoristan, jeftin, bezvrijedan; pretrpan, nakinđuren
gimcrackery ['dʒim,krækəri] *s* bezvrijedne stvarčice, jeftini ukrasni predmeti
gimlet ['gimlit] *s* svrdlo (za drvo)
gimlet ['gimlit] *vt* bušiti (ručnim) svrdlom
gimmick ['gimik] *s coll* nešto efektno, trik, »štos«
gimmickry ['gimikri] *s collect* razni efektni trikovi (»štosovi«), drangulije
gimp[1] (**gymp**) [gimp] *s* 1. rojta, gajtan 2. povraz od svile vezan žicom 3. deblja nit, koja ocrtava uzorak čipke
gimp[2] [gimp] *s US sl* bogalj; hromost, šepanje
gimp [gimp] *adj US sl* hrom
gin[1] [dʒin] *s* 1. zamka, klopka; omča (& *fig*) 2. *mech* vrsta dizalice 3. *mech* stroj za čišćenje pamuka od sjemena 4. *mech* čekrk, dolap
gin [dʒin] *vt* 1. uhvatiti (hvatati) u zamku (klopku, omču) 2. očistiti (pamuk od sjemena)
gin[2] [dʒin] *s* 1. džin (žestoko piće od žita ili slada začinjeno borovicom) | *vulg* & *coll* ~ **and water voice (nose)** glas (nos) pijanice; ~ **palace** otmjena rakijašnica; *US* ~ **sling** ulеđen napitak od džina, šećera i voćnog soka
gin [gin] *conj Scot* ako
ginger ['dʒindʒə] *s* 1. đumbir 2. *fig* hrabrost, odvažnost, smionost, poduzetnost 3. svijetla crvenkastožuta boja | ~ **shall be hot in the mouth** želja za užitkom je vječna; *GB parl* ~ **group** aktivistička grupa; ~ **brandy** liker od đumbira; *coll* ~ **pop** → **ginger-ale**
gingerade ['dʒindʒəreid] *s US* gazirano piće s aromom đumbira; *GB* → **ginger-beer**
ginger-ale [,dʒindʒər'eil] *s* slatko gazirano piće blago začinjeno đumbirom
ginger-beer [,dʒindʒə'biə] *s* gazirano piće žestoko začinjeno đumbirom
ginger-bread ['dʒindʒəbred] *s cul* paprenjak, medenjak začinjen đumbirom
gingerly ['dʒindʒəli] *adj* pažljiv, oprezan; kićen; koji se prenemaže, afektiran
gingerly ['dʒindʒəli] *adv* pažljivo, oprezno, polako; kićeno, afektirano
ginger-wine [,dʒindʒə'wain] *s* piće od fermentiranog šećera, vode, đumbira, limuna i grožđica
gingery ['dʒindʒəri] *adj* 1. koji se odnosi na đumbir, koji ima okus đumbira, nalik na đumbir 2. oštar, papren, ljut 3. *fig* žestok, nagao, oštar 4. crven, crvenkast (kosa)
gingham ['giŋəm] *s* 1. prugasta (kockasta) pamučna tkanina 2. *coll* (nezgrapan) kišobran (od pamučne tkanine)
gingival [dʒi'n'dʒaivl] *adj med* koji se odnosi na zubno meso (desni)
gingko ['giŋkəu] *s bot* ginko (kinesko ukrasno drvo lepezastog lišća) (*Gingko lobata*)

gin-horse ['dʒinhɔːs] *s* konj koji vuče čekrk
gink [giŋk] *s US sl* momak, čovo, tip
gin mill ['dʒin'mil] *s US sl* krčma, bife
gin-palace ['dʒin,pælis] *s GB* drečavo dekorirani *pub*
gin-ring ['dʒinriŋ] *s* krug u kojem stupa konj koji vuče čekrk
gin rummy ['dʒin'rʌmi] *s car* kartaška igra slična kanasti
ginseng ['dʒinseŋ] *s bot* kineska ljekovita biljka
gin-shop ['dʒinʃɔp] *s* rakijašnica, točionica džina
gin-wheel ['dʒinwiːl] *s mech* kolo grebenjače
gip [dʒip] *s* → **gipsy** *s*
gip [gip] *vt* očistiti ribu, izvaditi drob (ribi)
gippo ['dʒipəu] *s mil sl* juha, gulaš; mast (od pečenke)
gippy ['dʒipi] *s mil sl* egipatski vojnik
gipsy (gypsy) ['dʒipsi] *s* 1. Ciganin, Ciganka, Ciganče (& *fig*); **Gipsy** ciganski jezik | ~ **bonnet** šešir široka oboda vezan ispod brade; ~ **table** lagan okrugao tronožak; *mar* ~ **winch** malo vitlo
gipsy (gypsy) ['dʒipsi] *vi* živjeti (privremeno) kao **Ciganin; logorovati** (jesti) pod vedrim nebom; ići na izlet
gipsy-cart ['dʒipsi'kaːt] *s* ciganska (natkrita) kola
gipsydom ['dʒipsidəm] *s* → **gipsyhood**
gipsyfied ['dʒipsifaid] *adj* pociganjen, ciganski
gipsy-hat ['dʒipsihæt] *s* šešir široka oboda
gipsyhood ['dʒipsihud] *s* ciganstvo, ciganluk
gipsyism ['dʒipsiizəm] *s* ciganski izraz, ciganska navika; ciganski običaji, ciganstvo
giraffe [dʒi'raːf] *s zool* žirafa
girandole ['dʒirəndəul] *s Fr* 1. višekraki svijećnjak ili luster 2. veliko kolo (kod vatrometa ili vodoskoka) 3. naušnica ili ukras s velikim središnjim kamenom koji je okružen malim kamenima
girasole ['dʒirəsəul] *s Fr arch bot* suncokret; *minr* vrsta opala
gird [gəːd] *s* poruga, ruganje, podrugivanje, ismjehivanje; bockanje, draženje
gird [gəːd] *vt* (*pret* ~ed, girt; *pp* ~ed, girt) 1. opasati (*about, round* oko); pripasati, pripasivati (*on, upon, to*); potpasivati, podvezivati (u struku) 2. *fig* spremiti (se) (*to do*), zasukati rukave 3. opkoliti, okružiti, opasati, ograditi | *fig* **to ~ oneself (one's loins) (up)** zasukati rukave, pripremiti se za akciju
gird [gəːd] *vi* 1. rugati se, izrugivati se, ismjehivati se (*at* komu), bockati, dražiti
gird at ['gəːd'æt] *vi* prigovarati (komu, čemu), zanovijetati
girder ['gəːdə] *s tech* greda, nosač, traverza
girdle[1] ['gəːdl] *s* 1. pojas, pas, opasač, remen 2. steznik, halter 3. *fig* pojas, opseg 4. *anat* prstenasta koštana građa 5. prsten oko stabla nastao uklanjanjem kore | *fig* **to put a ~ round** putovati naokolo; opasati (okružiti) telegrafskom (željezničkom) linijom
girdle ['gəːdl] *vt* 1. opasati, zaokružiti, opkoliti (*about, in, round*) 2. ukloniti koru u obliku prstena
girdle[2] ['gəːdl] *s Scot* željezna ploča za pečenje kolača
girdler ['gəːdlə] *s* onaj koji opasuje; pojasar
girl [gəːl] *s* 1. **djevojka** 2. služavka, djevojka 3. draga, djevojka 4. *hunt* dvogodišnji srndać | **poor old ~** jadnica, sirotica; **the ~s** kćerke obitelji; **~ of the period** suvremena djevojka; *coll* **~ Friday** univerzalna službenica; **djevojka za** sve
girlfriend ['gəːlfrend] *s* djevojka, prijateljica
girlhood ['gəːlhud] *s* djevojaštvo
girlie ['gəːli] *s* djevojčica | ~ **magazine** ilustrirana publikacija s mnogo golotinje, »pornić«
girlish ['gəːliʃ] *adj* (~**ly** *adv*) djevojački, nalik na djevojku, mekušast
girl-guide ['gəːlgaid] *s GB* (*US* ~**-scout**) planinka (ženski skaut)
girt [gəːt] *s* opseg
girt [gəːt] *prep* & *pp* od **gird**
girt [gəːt] *vt/i* **I.** *vt* mjeriti opseg (čega), opkoliti, opasati **II.** *vi* mjeriti u opsegu, obasizati
girth [gəːθ] *s* 1. kolan, poprug 2. opseg
girth [gəːθ] *vt/i* **I.** *vt* opasati kolanom (konja); pričvrstiti (sedlo) kolanom (*on, up*) **II.** *vi* mjeriti u opsegu, opsezati
gismo ['gizməu] *s US sl* dio, naprava, ono nešto
gist [dʒist] *s* bit, srž, jezgra, bitna točka
gitt [git] *GB sl* bezveznjak
gittern ['gitəːn] *s mus* starinsko glazbalo nalik na lutnju
give [giv] *s* popuštanje, elastičnost, povitljivost (& *fig*)
give [giv] *vt/i* (gave, given) **I.** *vt* 1. davati; darovati, pokloniti, udijeliti (vlast, milost); pružati, pružiti 2. predati, isporučiti, izručiti (pozdrave itd.) 3. povjeriti, predati (*into custody* na čuvanje) 4. žrtvovati, posvetiti (život, vrijeme) (*to a th* čemu) 5. zadati (udarac, brigu); pružati, prirediti (*pleasure* veselje); pridavati (*charm* draž) 6. izvesti, recitirati, otpjevati (pjesmu itd.) 7. saopćiti, navesti, spomenuti, iznijeti (imena, podatke i sl.) 8. zaraziti (*he has given me his cold* zarazio me svojom prehladom) 9. dozvoliti, dopustiti (*to ~ oneself a rest* dopustiti sebi odmor; *all right, I ~ you that* u redu, dopuštam to) 10. davati, izreći (sud,

mišljenje) (*against* protiv koga) 11. *theat* & *mus* davati, izvoditi **II.** *vi* 1. davati, darivati 2. popustiti, otpustiti; biti elastičan 3. (o cesti, putu, vratima) voditi (*into, in* u; *on, on to* na, prema, u); (o prozoru) gledati (*on, on to, upon* na) | **to ~ mitten (sack, boot)** dati košaricu; dati otkaz, otkazati (službu); **to ~ as good as one gets** vratiti milo za drago; **to ~ a Roland for an Oliver (to ~ tit for tat)** vratiti milo za drago, istom mjerom uzvratiti; **to ~ orders** nalagati, određivati, zapovijedati, izdavati (podijeliti) naloge; **to ~ the time of day (goodday)** nazvati (zaželjeti) dobar dan (kome), pozdraviti (koga); **to ~ a piece of one's mind** kazati svoje mišljenje; **to ~ to the world** objaviti, izdati, objelodaniti (knjigu); **to ~ oneself trouble** potruditi se; **to ~ oneself account of** polagati sebi račun o (čemu); **to ~ oneself airs** razmetati se, kočoperiti se, napuhati se; **to ~ birth to** roditi (dijete, zamisao), stvoriti, proizvesti (djelo); **to ~ chase (to)** poći u lov, potjeru (za kim); **to ~ ear** poslušati, saslušati; **to ~ tongue** zalajati (nanjušivši trag); *fig* izraziti (*to* što), brbljati, vikati, razvikati se; **to ~ ground** uzmaknuti, uzmicati, ustuknuti; **to ~ a child something to cry for** kazniti zbog bezrazložna plača; *sl* **to ~ one what for** karati, ukoriti, kazniti; **to ~ place** dati (ustupiti) mjesto; **to ~ rise to** izazvati, prouzročiti, pobuditi, dati priliku; **to ~ way (to)** povući se, ustuknuti (pred kim); popustiti, ustupiti mjesto (kome); **~ me the good old times** ja sam za stara dobra vremena; *fam* **to ~ it a p (hot)** (dobro) isprašiti tur komu, (valjano) istući koga; **to ~ one joy** zaželjeti kome sreću; **to ~ one to understand** staviti kome na znanje, saopćiti komu; **~ her my love** izruči joj moje najsrdačnije pozdrave; **I ~ you the ladies** pijem u zdravlje gospođa, nazdravljam gospođama; **to ~ one's life (to)** posvetiti svoj život (čemu), žrtvovati se doživotno (za što); **to ~ one's hand** pružiti ruku; **to ~ one's word** zadati riječ, obreći; **to ~ a hand with** pomoći kod (čega); *fig* **to ~ a p his head** prepustiti kome na volju; **to ~ a horse his head** prepustiti uzde konju; **to ~ heed to** obazirati se (na koga, što), obraćati pažnju (na koga, na što); **to ~ on the nail** dati odmah, smjesta; **to ~ the lie to** natjerati koga u laž, dokazati, pobiti (čiju) laž; **to ~ battle** zametnuti bitku, pobiti se; **to ~ a ball (lunch)** priređiti ples (ručak); **to ~ a cry** uzviknuti, zaviknuti; **to ~ a jump** poskočiti; **to ~ a knock** pokucati, zakucati; **to ~ a laugh** nasmijati se; **to ~ a look** dobaciti pogled; **to ~ a toast** nazdraviti, izreći zdravicu; **to ~ thanks** zahvaliti se, biti zahvalan; *fig* **to ~ a dog a bad name** oklevetati, ocrniti koga; **to ~ a bird** izviždati (koga); **to ~ a ring** nazvati koga telefonski; **I don't ~ a damn for it** fućka mi se za to; **to ~ went to one's feelings** dati oduška osjećajima; *coll* **what ~s?** što je?, što se dogodilo?

give away [ˈgivəˈwei] *vt* 1. dati, pokloniti, darovati, razdijeliti 2. propustiti, promašiti (priliku) 3. predati mladenku (budućem suprugu pred oltarom) 4. odati; izvrgnuti ruglu 5. podijeliti, podjeljivati (nagrade) | **to ~ the show** razotkriti sve slabosti ili nedostatke (čega), demaskirati što

give back [ˈgivˈbæk] *vt/i* **I.** *vt* uzvratiti; vratiti milo za drago **II.** *vi* povući se, ustuknuti, uzmaknuti

give forth [ˈgivˈfɔːθ] *vt* izdati, objaviti, najaviti

give in [ˈgivˈin] *vt/i* **I.** *vt* uručiti, predati, upisati, prijaviti **II.** *vi* popustiti, popuštati

give off [ˈgivˈɔf] *vt* davati, ispuštati, isijavati, zračiti

give out [ˈgivˈaut] *vt/i* **I.** *vt* 1. objaviti, najaviti, obznaniti 2. razdijeliti, porazdijeliti, podjeljivati 3. tvrditi, navoditi 4. davati, isijavati, zračiti, ispuštati **II.** *vi* nestajati, isteći, iscrpsti se, istrošiti se, gubiti se

give over [ˈgivˈəuvə] *vt/i* **I.** *vt* 1. predati, prepustiti, izručiti (*to* komu) 2. odustati (od čega), prestati (čime) **II.** *vi* prestati, odustati

give up [ˈgivˈʌp] *vt/i* **I.** *vt* 1. predati, prepustiti; napustiti, ostaviti (položaj) 2. odreći se, ostaviti se (čega), napustiti 3. smatrati beznadnim (slučaj) 4. predati, izručiti (bjegunca), otkriti, odati (imena ortaka i sl.) **II.** *vi* 1. odustati (od čega), odreći se (svake nade) 2. prestajati, ići kraju 3. predati se, prepustiti se (*oneself to* čemu) | **to ~ the ghost** ispustiti dušu, izdahnuti, preminuti; **to be given up to** biti sklon ili odan (čemu)

give-and-take [ˌgivənˈteik] *s* 1. obostrano popuštanje (u sporu), kompromis 2. živahna izmjena mišljenja

give-away [ˈgivəˌwei] *s* nehotično odavanje tajne; reklamni dar | **at ~ prices** u bescjenje, vrlo jeftino

given [ˈgivn] *pp* **od give**

given [ˈgivn] *adj* 1. određen, poznat, dan, prihvaćen 2. odan, sklon (*to* čemu) 3. *math* zadan, poznat, koji se pretpostavlja | *US* **~ name** krsno ime

giver [ˈgivə] *s* 1. davalac, darovatelj, pozajmljivač 2. *com* prodavalac; onaj koji ispostavlja | *com* **~ of a bill** trasant

giver-on [ˈgivərɔn] *s st exch* reporter

gizmo [ˈgizməu] *s* → **gismo**

gizzard [ˈgizəd] *s* 1. želudac (ptice) 2. *fam* grlo, guša 3. (osobito mišićav) želudac nekih riba i kukaca | *fig* **fret one's ~** izjedati se, ožalostiti se, brinuti se; *fig* **that sticks in my ~** to mi se gadi, odvratno mi je

glabrous ['gleibrəs] *adj biol* gol, gološav, neobrastao; gladak

glacial ['gleisjəl] *adj* (**~ly** *adv*) 1. leden, nalik na led (ledenjak); hladan kao led (& *fig*) 2. *chem* kristaliziran

glaciate ['gleisieit] *vt* 1. zalediti, pretvoriti u led(enjak) 2. *tech* ohrapaviti (nagrešpati) površinu (metala i dr.)

glaciation [ˌglæsi'eiʃn] *s* 1. zaleđenje, zaleđivanje, pretvaranje u led(enjak) 2. *tech* postupak kojim se hrapavi površina (metala)

glacier ['glæsjə] *s geol* ledenjak, plasina, glečer

glacis ['glæsis] *s* (*pl* **glacis** ['glæsiz], **~es**) *fort* glasija, gladak blag obronak ili nagib gdje je neprijatelj izvrgnut paljbi

glad [glæd] *adj* (**~ly** *adv*) 1. veseo, sretan, radostan, razdragan (*I am ~* drago mi je, milo mi je; *I shall be ~ to help* rado ću pomoći) 2. vedar, veseo, prijatan, ugodan | *sl* **to give a p the ~ eye** očijukati s kime, namigivati komu; *sl* **~ rags (clothes)** svečano odijelo, blagdansko ruho; *sl* **~ hand** srdačan prijem

glad [glæd] *vt arch* razveseliti, obradovati

gladden ['glædn] *vt* razveseliti, obradovati, razvedriti, razblažiti, razgaliti

glade [gleid] *s* čistina, proplanak, prosjeka

gladiator ['glædieitə] *s* 1. *hist* gladijator, borac 2. *fig* polemičar

gladiatorial [ˌglædiə'tɔːriəl] *adj* (**~ly** *adv*) gladijatorski

gladiolus [ˌglædi'əuləs] *s* (*pl* **~es, gladioli** [ˌglædi'əulai]) *bot* gladiola, sabljičica; vrsta perunike

gladly ['glædli] *adv* rado, s veseljem, drage volje, dragovoljno, pripravno

gladness ['glædnis] *s* veselje, radost

gladsome ['glædsəm] *adj* (**~ly** *adv*) *poet* radostan, veseo, vedar

Gladstone ['glædstən] *s* 1. vrsta lagane kožnate putne torbe (*~ bag*) 2. vrsta dvosjedišne kočije na četiri kotača

glagolitic [ˌglægə'litik] *adj* glagoljski

glair [glɛə] *s* 1. bjelanjak, bjelance (za premazivanje) 2. ljepljiva bijela tvar nalik na bjelanjak

glair [glɛə] *vt* prevući (premazati) bjelanjkom

glaireous ['glɛəriəs] *adj* nalik na bjelanjak; ljepljiv, sluzav; premazan bjelanjkom

glairy ['glɛəri] *adj* → **glaireous**

glaive [gleiv] *s arch* & *poet* širok mač, vrsta koplja

glamorize ['glæməraiz] *vt* učiniti blistavo (filmski) lijepim, idealizirati, romantizirati

glamorous ['glæmərəs] *adj* čaroban, krasan, divan, pun čara, zamaman, koji opsjenjuje

glamour (glamor) ['glæmə] *s* čar; zamamna ljepota; sjaj koji očarava, opsjena; blistavost; romantika | *iron* **~ boy** ljepotan; **~ girl** ljepotica; **to cast a ~ over** pridavati čar (čemu)

glamour ['glæmə] *vt* očaravati, opsjeniti (*by* čime)

glance[1] [glaːns] *s* 1. odboj, odskok, odraz 2. *sport* udarac koso nagnutom palicom (kriket) 3. blijesak, sijevak, sjaj, odraz, odsjev 4. letimičan pogled (*at, into, over* na, u, preko); promatranje, motrenje | **at a ~** jednim pogledom; **at first ~** na prvi pogled; **to cast a forward ~** pogledati (baciti pogled) u budućnost

glance[2] [glaːns] *s minr* sjajnik

glance [glaːns] *vi/t* **I.** *vi* 1. bljesnuti, sjevnuti, zasvijetliti 2. baciti letimičan pogled (*at, into* na, u) **II.** *vt* letimice pogledati | **to ~ one's eye** preletjeti pogledom (okom) (*over, down* preko, niz)

glance aside ['glaːnsə'said] *vi* proletjeti, proskliznuti (mimo); odbiti se, odskliznuti se (u stranu)

glance at ['glaːns'æt] *vi* 1. letimice pogledati, dobaciti letimičan pogled; preletjeti očima (preko čega) 2. kratko se dotaći (predmeta, teme); natuknuti, napomenuti, kratko spomenuti (što)

glance off ['glaːns'ɔf] *vi* odbijati se, odskliznuti se, odraziti se (*from* od čega)

glance over ['glaːns'əuvə] *vi* letimice pregledati (pročitati), preletjeti očima

glance [glaːns] *vt* laštiti, nalaštiti, uglačati, polirati (kovinu)

glancing ['glaːnsiŋ] *adj* (**~ly** *adv*) 1. svjetlucav, sjajan 2. (udarac) koji se odbija, koji odsklizne

gland [glænd] *s* 1. *anat* žlijezda 2. *bot* organ (dlačice i sl.) za izlučivanje

glandered ['glændəd] *adj* koji trpi od bolesti sluznih žlijezda; *vet* (konj) koji boluje od sakagije

glanderous ['glændərəs] *adj vet* koji boluje od sakagije, koji ima sakagiju

glanders ['glændəz] *s pl sg constr vet* sakagija

glandiferous [glæn'difərəs] *adj* koji rađa žirom

glandiform ['glændifɔːm] *adj* koji ima oblik žlijezde; koji ima oblik žira

glandular ['glændjulə] *adj* koji se odnosi na žlijezde

glandule ['glændjuːl] *s* žljezdica, mala žlijezda; izraslinica, malen tumor

glans [glænz] *s anat* glans, glavić

glare [glɛə] *s* 1. bljeŝtavilo, sijevanje, svjetlo koje zasljepljuje, blistav sjaj (& *fig*) 2. divlji (bijesan, prodoran) pogled, piljenje

glare [glɛə] *vi/t* **I.** *vi* 1. zabliještiti, sijevati, blistati (se); zaslijepiti 2. zuriti, buljiti, piljiti (*at, upon* u koga, u što, na što); bijesno (prijeteći) gledati **II.** *vt* (ukočenim) pogledom izraziti

glaring [ˈglɛəriŋ] *adj* (**~ly** *adv*) 1. blistav, koji zasljepljuje 2. napadan, kričav, upadljiv, koji udara u oči 3. očit, očevidan, neprikriven, bestidan

glary [ˈglɛəri] *adj* blistav, koji zasljepljuje

glass [glaːs] *s* 1. staklo 2. stakleni predmeti, prozori, staklenici 3. staklena posuda, čaša (& *fig*); koliko stane u čašu 4. staklena leća; teleskop; dalekozor; mikroskop; barometar 5. prozor (kočije); ogledalo, zrcalo 6. *sl* vojni zatvor | **flat ~** ravno staklo; **crown ~** krunsko (češko) staklo; **flint ~** optičko staklo; **plate ~** staklo za izloge; **water ~** cijev sa staklenim dnom za promatranje predmeta pod vodom; vodeno staklo; **looking ~** zrcalo, ogledalo; **~ of antimony** antimonovo staklo; **to have a ~ too much** nakititi se, preduboko zaviriti u čašu; **~ cloth** tkanina od staklenih niti; **~ case** ormar sa staklom; **~ eye** stakleno (umjetno) oko; **~ dust** smrvljeno staklo, staklena prašina; **under ~** u stakleniku, pod staklom; **to enjoy (be fond of) a ~ now and then** voljeti popiti koju (čašu); **~es** *pl* očale, naočari

glass [glaːs] *vt* ostakliti, pokriti, prekriti staklom | **to ~ oneself** odražavati se (*in* u)

glass-blower [ˈglaːsˌbləuə] *s* staklopuhač

glass-cloth [ˈglaːsklɔθ] *s* 1. krpa za brisanje stakla 2. tkanina sa staklenim prahom (za laštenje)

glass-culture [ˈglaːsˌkʌltʃə] *s hort* uzgajanje u stakleniku

glass-cutter [ˈglaːsˌkʌtə] *s* 1. staklar, rezač (brusač) stakla 2. alat za rezanje stakla

glassful [ˈglaːsful] *s* čaša (mjera, količina)

glass-house [ˈglaːshaus] *s* 1. staklana, tvornica stakla 2. *GB hort* staklenik 3. dvorana za fotografiranje sa staklenim krovom 4. *GB mil sl* vojni zatvor | **people who live in ~s shouldn't throw stones** neka kudi samo onaj tko sam nema mana

glassiness [ˈglaːsinis] *s* staklenost, prozirnost, glatkoća, staklen sjaj

glassman [ˈglaːsmən] *s* staklar, prodavač stakla

glass-painting [ˈglaːsˌpeintiŋ] *s* slika, slikanje na staklu

glass-paper [ˈglaːsˌpeipə] *s GB* smirkov papir, šmirgl-papir

glass-snake [ˈglaːssneik] *s zool* amer. sljepić (kome se lako otkida rep) (*Ophisaurus ventralis*)

glass-stainer [ˈglaːsˌsteinə] *s* slikar na staklu

glassware [ˈglaːswɛə] *s com* staklo, sitna staklena roba

glass-wool [ˈglaːswul] *s* staklena vuna

glasswork [ˈglaːswəːk] *s* staklarski rad, staklene izrađevine; staklarski zanat

glassworks [ˈglaːswəːks] *s pl* staklana, tvornica stakla

glassy [ˈglaːsi] *adj* (**glassily** *adv*) 1. staklenast, nalik na staklo 2. *fig* gladak; proziran 3. (o oku) staklenast, ukočen

Glaswegian [glæsˈwiːdʒiən] *s* stanovnik Glasgowa

Glauber's salt [ˈglɔːbəzˈsɔːlt] *s chem* Glauberova sol, natrijev sulfat

glaucoma [glɔːˈkəumə] *s med* zelena mrena, glaukoma

glaucomatous [glɔːˈkəumətəs] *adj med* koji ima zelenu mrenu, nalik na zelenu mrenu, glaukomatozan

glaucous [ˈglɔːkəs] *adj* 1. sivkastozelen, plavkastosiv 2. *bot* mašast, prekriven maškom

glaze [gleiz] *s* 1. pocakljenje, caklina, caklovina, gleđa; prevlaka, glazura, lazura 2. sjaj, glatkoća, ulaštenost 3. pocakljeni lončarski predmeti 4. staklen (ukočen) pogled

glaze [gleiz] *vt/i* **I.** *vt* 1. ostakliti, opremiti staklom (prozorima) (*in*) 2. uglačati, laštiti; pocakliti, prevući ocaklinom 3. lazurirati (sliku) **II.** *vi* 1. postati staklen(ast), dobiti staklen izgled 2. *fig* postati staklen, dobiti staklen izgled, ukočiti se, zamutiti se | **~d tile** keramička pločica (za oblaganje zidova, podova); **~d paper** satinirani papir

glazer [ˈgleizə] *s* 1. laštilac, onaj koji pocakljuje 2. alat za pocakljivanje (laštenje itd.)

glazier [ˈgleizjə] *s* 1. staklar 2. onaj koji pocakljuje | *joc* **is your father a ~?** je li ti otac staklar? (= nisi proziran — makni se!)

glazing [ˈgleiziŋ] *s* 1. pocakljivanje, laštenje 2. caklina, pocaklina, gleđa; glazura, prevlaka, lazura 3. prozori, stakla | **double ~** dvostruko prozorsko staklo

glazy [ˈgleizi] *adj* 1. ulašten, sjajan, koji se cakli 2. staklen(ast), ukočen, mutan, bez života (pogled)

gleam [gliːm] *s* 1. (slab) sjaj, odsjev; (blijedo) svjetlo, tračak svjetla 2. *fig* tračak, zraka (nade)

gleam [gliːm] *vi* 1. (blijedo) sjati, svijetliti (se), svjetlucati, blistati 2. *fig* sijevati, sijevnuti, svjetlucati se, odsijavati; izbijati, odražavati se (*out*)

gleamy [ˈgliːmi] *adj poet* sjajan, svjetlucav, blistav

glean [gliːn] *vi/t* **I.** *vi* pabirčiti (& *fig*) **II.** *vt* popabirčiti (& *fig*), sakupiti, sakupljati, pobirati, pokupiti

gleaner [ˈgliːnə] *s* pobirač; sabirač

gleanings [ˈgliːniŋz] *s* pabirci

glebe [gli:b] *s* 1. *arch* & *poet* zemlja, tlo, gruda, polje 2. zemlja koja pripada župi, nadarbina
glede [gli:d] *s GB reg ornith* rđasta lunja (*Milvus milvus*)
glee [gli:] *s* 1. veselje, radost, raspoloženje, vedrina 2. *mus* vrsta pjesme (kanon)
glee-club ['gli:klʌb] *s* pjevačko društvo (zbor)
gleeful ['gli:ful] *adj* (~**ly** *adv*) veseo, radostan, raspoložen, vedar; uzbudljiv
gleeman ['gli:mən] *s arch* putujući pjevač, minstrel, bard
gleesome ['gli:səm] *adj* → **gleeful**
gleet [gli:t] *s med* (gnojan) iscjedak
gleety ['gli:ti] *adj med* koji izlučuje iscjedak, gnojan
glen [glen] *s* udolina, uska draga, gudura
glengarry [glen'gæri] *s Scot* vrsta kape
glib [glib] *adj* (~**ly** *adv*) 1. gladak, sklizak, klizav 2. brz, hitar, lak 3. brbljav, okretan na jeziku, rječit
glib [glib] *adv* rječito, govorljivo, brbljavo
glibness ['glibnis] *s* rječitost, brbljavost, okretnost na jeziku
glide [glaid] *s* 1. kliženje 2. *mus* glissando 3. *phon* prijelaz
glide [glaid] *vi/t* **I.** *vi* 1. kliziti (*along* dalje), šuljati se; otkliziti, odšuljati se (*away*); iskliznuti, išuljati se (*out*); ukliziti, ušuljati se, šmugnuti (*into* u) 2. zapasti, upasti (*into debt* u dug) 3. *aero* jedriličariti, kliziti, letjeti bez motora **II.** *vt* puštati da što klizi; preletjeti jedrilicom
glider ['glaidə] *s* 1. *aero* jedrilica (*esp* ona koju vuče avion); jedriličar 2. onaj koji (ono što) klizi
gliding ['glaidiŋ] *s aero* jedriličarstvo, jedriličarenje
glim [glim] *s sl* svjetlo, svjetiljka, svijeća | **to dowse the** ~ ugasiti svjetlo
glimmer ['glimə] *s* 1. svjetlucanje, slaba svjetlost, tinjanje 2. *fig* odsjev, trak, tračak 3. *minr* tinjac
glimmer ['glimə] *vi* svjetlucati se, slabo sjati, plamsati; tinjati (& *fig*)
glimmering ['glimәriŋ] *s* → **glimmer** *s*
glimpse [glimps] *s* 1. odsjev, tračak, bljesak (& *fig*) 2. letimičan (kratak) pogled (*of* na); letimičan dojam (*of* o); letimičan uvid (*of* u)
glimpse [glimps] *vt/i* **I.** *vt* letimice (djelomično) vidjeti, ugledati, spaziti načas; letimice pogledati (*at*) **II.** *vi poet* zasvijetliti, proviriti, letimice (načas) se pojaviti
glint [glint] *s* sjaj, sijevak, ljesak, zraka svjetla, odsjev
glint [glint] *vi/t* **I.** *vi* sjati (se), odsijevati, sijevnuti, svjetlucati se, ljeskati se, zasvijetliti se **II.** *vt* obasjati, rasvijetliti
glint back ['glint'bæk] *vt* odražavati, odraziti (svjetlo)
glissade [gli'sa:d] *s* kliženje (spuštanje na stopalima niz ledeni ili snježni obronak); povlačenje nogu po podu (vrsta koraka kod plesa)
glissade [gli'sa:d] *vi* kliziti (spuštati se na stopalima niz ledeni ili snježni obronak)
glisten ['glisn] *s* sjaj, svjetlucanje, bljesak
glisten ['glisn] *vi* blistati se, sjati (se), svjetlucati se, sijevati, ljeskati se
glister ['glistə] *s arch* → **glisten** *s*
glister ['glistə] *vi arch* → **glisten** *vi*
glitch [glitʃ] *s US sl* kvar, defekt, nepravilno funkcioniranje
glitter ['glitə] *s* svjetlucanje, iskrenje; sjaj (& *fig*)
glitter ['glitə] *vi* sjati (& *fig*), svjetlucati se, iskriti se (*with* od) | **all is not gold that** ~**s** nije zlato sve što sja
gloaming ['gləumiŋ] *s* suton, sumrak, sumračje
gloat [gləut] *vi* uživati (u čemu), naslađivati se (čime) (*over, on, upon*); zlurado se radovati (čemu), zlobno uživati (u čemu) (*over, on, upon*)
gloat [gləut] *s* užitak, zluradost, (zlobno) uživanje, likovanje
gloating ['gləutiŋ] *adj* (~**ly** *adv*) zlurad, zloban; zadovoljan, koji potajno uživa (likuje)
globate ['gləubeit] *adj* okrugao, koji ima oblik kugle, kugličast
globe [gləub] *s* 1. kugla, okruglo tijelo; (staklena) kugla svjetiljke; okrugla (staklena) vaza 2. *geog* globus 3. *astr* planet, zvijezda, sunce 4. zlatna jabuka (znak suvereniteta) | **the** ~ Zemlja, Zemljina kugla; *arch* **the use of the** ~**s** podučavanje zemljopisa i zvjezdoznanstva pomoću globusa; ~ **of the eye** očna jabučica
globe [gləub] *vt/i* **I.** *vt* dati oblik kugle (čemu) **II.** *vi* dobiti (poprimiti) oblik kugle, zgrudati se
globe-fish ['gləubfiʃ] *s ichth* naziv za ribe iz porodice gušavice (*Gymnodontes*)
globe-flower ['gləubˌflauə] *s bot* planinčica (*Trollius europaeus*)
globe-glass ['gləubgla:s] *s* stakleno zvono, staklena kugla
globe-trotter ['gləubˌtrɔtə] *s* svjetska skitnica, svjetski putnik
globose ['gləubəus] *adj* (~**ly** *adv*) okrugao, koji ima oblik kugle, konveksan
globosity [gləu'bɔsəti] *s* okruglost, oblik kugle
globular ['glɔbjulə] *adj* (~**ly** *adv*) okrugao, koji ima kuglice
globule ['glɔbju:l] *s* kuglica; (okrugla) kapljica, pilula
globulin ['glɔbjulin] *s biochem* globulin
glockenspiel ['glɔknspi:l] *s mus* **gloknšpil** (metalne pločice raznih tonova u koje se udara batićima)
glomerate ['glɔmərit] *adj* gusto nabijen, nagomilan, sklupčan

glomerate ['glɔməreit] *vt* gusto nabiti, nakupiti, nagomilati, sklupčati
gloom [glu:m] *s* 1. tama, mrak, tmina 2. *fig* sjeta, sumor, nujnost, potištenost
gloom [glu:m] *vi/t* **I.** *vi* 1. mračno (zlovoljno) gledati, biti sjetan (mrk), mrštiti se 2. (o nebu) natmuriti se, oblačiti se, potamnjeti, mutiti se, prijetiti 2. nazirati se, nejasno se vidjeti **II.** *vt* potamniti, zamračiti, prekriti mrakom, zaviti u tamu; prevući (prekriti) sjetom
gloominess ['glu:minis] *s* 1. mrak, tama, tmina 2. *fig* mrkost, neraspoloženje, zlovolja, sjeta, sumornost, neveselost, beznadnost; ono što izaziva potištenost
gloomy ['glu:mi] *adj* (**gloomily** *adv*) 1. mračan, taman, mrk 2. *fig* mrk, neraspoložen, zlovoljan, sjetan, sumoran, neveseo, beznadan; koji izaziva potištenost
glorification [ˌglɔ:rifi'keiʃn] *s* 1. slavljenje, uzdizanje, hvaljenje, dičenje, veličanje, uznošenje, uzvisivanje, pjevanje hvalospjeva 2. *rel* hvaljenje, dičenje, slavljenje, veličanje (Boga); uzvisivanje u vječnu slavu 3. poljepšavanje, ukrašavanje, dotjerivanje
glorify ['glɔ:rifai] *vt* 1. slaviti, hvaliti, veličati, uzveličavati, uzdizati, uznositi, uzvisivati, dičiti (čovjeka, njegova djela ili sposobnosti), pjevati hvalospjeve (komu, čemu) 2. *rel* slaviti, hvaliti, veličati, dičiti (Boga); uzvisivati u vječnu slavu 3. proslaviti, proslavljivati 4. poljepšavati, ukrasiti, dotjerati
glorious ['glɔ:riəs] *adj* (~**ly** *adv*) 1. slavan, dičan, uzvišen; koji služi na čast (slavu, diku) 2. predivan, veličanstven, veličajan, prekrasan, bajan, pun sjaja, nadzemaljski 3. *joc* sjajan, krasan, odličan, divan (izlet, zabava itd.) 4. *iron* blažen, slavan, valjan, potpun, temeljit, pošten 5. *coll* razblažen, sav blažen (od pića) | *iron* **a ~ muddle** temeljita zbrka
gloriousness ['glɔ:riəsnis] *s* sjaj, divota, bajnost, veličanstvenost
glory ['glɔ:ri] *s* 1. slava, čast, dika 2. krasota, divota, sjaj; nadzemaljska ljepota, veličajnost 3. ponos, dika, ukras, ures 4. vrhunac, pun sjaj, zenit; pravi (potpun) užitak 5. *rel* blaženstvo, nebeska slava 6. svetačka aureola | *coll* **to go to ~** umrijeti, preseliti se u vječnost; *coll* **to send to ~** ubiti; *interj* **~ (be)!** nebesa!, sveti bože!; *vulg* bogati!; *US* **Old Glory** američka nacionalna zastava
glory ['glɔ:ri] *vi* uživati (*in* u čemu), likovati (*in* nad čime); hvastati se, dičiti se, ponositi se, razmetati se (*in* čime ili *to do, that*)
glory-hole ['glɔ:rihəul] *s* 1. *mar* spremište glavnog konobara (stewarda) 2. *sl* ropotarnica, neuredna ladica
gloss[1] [glɔs] *s* 1. glosa, objašnjenje, tumačenje (uz tekst), komentar, parafraza 2. pogrešno izlaganje tuđih riječi 3. glosar(ij), prijevod (uz tekst), tumač nejasnih riječi, bilješke; rječnik
gloss [glɔs] *vt/i* **I.** *vt* 1. popratiti glosama, umetati tumačenje (u tekst), upisati glose 2. komentirati (*spec* nepovoljno), tumačiti svojevoljno, drukčije izlagati; pridavati drukčije značenje (čemu) **II.** *vi* davati tumačenje, stavljati primjedbe
gloss over ['glɔs'əuvə] *vt* umanjivati, ispričavati, uljepšavati (pogrešku)
gloss[2] [glɔs] *s* 1. površinski sjaj 2. ulaštena (uglađena) površina 3. *fig* premaz, prevlaka, tanak površinski sloj; lažan odsjev (kreposti) | **~ paint** lak-boja
gloss [glɔs] *vt* 1. ulaštiti, nalaštiti, uglačati, učiniti sjajnim
glossarial [glɔ'sεəriəl] *adj* koji se odnosi (koji je nalik) na rječnik (glosar)
glossarist ['glɔsərist] *s* sastavljač glosarija (rječnika)
glossary ['glɔsəri] *s* glosarij, malen rječnik; abecedni popis slabo poznatih (domaćih ili stranih) riječi
glossator [glɔ'seitə] *s* 1. pisac glosa (tumačenja uz tekst) 2. *arch* komentator (*spec* građanskog i kanonskog prava u srednjem vijeku)
glossed [glɔst] *adj* protumačen (popraćen) glosama (tumačenjima uz tekst), glosiran
glossiness ['glɔsinis] *s* sjaj, sjajnost, glatkoća, ulaštenost, politura
glossitis [glɔ'sitis] *s med* upala jezika
glossographer [glɔ'sɔgrəfə] *s* komentator, tumač, pisac glosa
glossolalia [ˌglɔsəu'leiliə] *s* → **gift of tongues**
glossological [ˌglɔsəu'lɔdʒikəl] *adj arch* jezikoslovni, filološki
glossology [glɔ'sɔlədʒi] *s arch* jezikoslovlje, komparativna filologija, terminologija
glossy ['glɔsi] *adj* (**glossily** *adv*) sjajan, ulašten; nalašten, gladak (& *fig*) | **~ magazine** (slikovni, modni) časopis tiskan na sjajnom papiru
glottal ['glɔtl] *adj* koji nastaje u grkljanu | *phon* **~ stop** zatvorni, praskavi ili eksplozivni glas koji nastaje u grkljanu
glottic ['glɔtik] *adj* → **glottal**
glottis ['glɔtis] *s Lat anat* glotis, glasnica
glottology [glɔ'tɔlədʒi] *s* → **glossology**
glove [glʌv] *s* rukavica | **to throw down the ~ to a p** izazvati koga, dobaciti komu rukavicu; **to take up the ~** prihvatiti izazov; **it fits like a ~** pristaje kao saliveno; **to be hand in ~ with** biti prisno sprijateljen s (kim); *fig* **to take the ~s off** ozbiljno se boriti, nemilosrdno (bez okolišanja) nastupiti, postati surov; *mot* **~ compartment** pretinac na šoferskoj ploči za rukavice, dokumente i sl.
glove [glʌv] *vt* obući rukavicu
glove-fight ['glʌvfait] *s* borba u boksačkim rukavicama

glover ['glʌvə] *s* rukavičar
glove-stretcher ['glʌvˌstretʃə] *s* kalup za rastezanje rukavica
glow [gləu] *s* 1. žar, usijanost, sijevanje 2. *fig* toplina, voljkost 3. jasnoća, žarkost (boja); žar, sijev (očiju) 4. crvenilo, rumenilo, žar (obraza) 5. *fig* žar, vatra, zagrijanost, strast
glow [gləu] *vi* 1. ražariti se, užariti se, usijati se, odsijevati; tinjati 2. zarumenjeti se, zažariti se (*with* od); (o očima) sijevati, sijevnuti (*with* čime) 3. (o bojama) toplo sjati, žariti se, živo se isticati 4. *fig* gorjeti, sijevati (*with* čime); žariti se (*with shame, pride* od stida, ponosa)
glower ['glauə] *vi* zuriti, buljiti, mrko gledati (*at* u)
glower ['glauə] *s* (mrko) zurenje, buljenje; mrk, namršten pogled, pogled negodovanja ili prijetnje
glowering ['glauəriŋ] *adj* (**~ly** *adv*) mrk, prijeteći, mračan, pun negodovanja
glowing ['gləuiŋ] *adj* (**~ly** *adv*) 1. zažaren, užaren, usijan, jarki 2. *fig* topao; vatren (pristaša); vruć; živ, oduševljen (prikaz) 3. žarki, živ, sjajan (u boji) 4. zarumenjen. rumen, usijan, užaren (obraz)
glow-worm ['gləuwəːm] *s ent* (*esp GB*) krijesnica
gloxinia [glɔk'sinjə] *s bot* gloksinija (ukrasna biljka)
gloze [gləuz] *vi/t* **I.** *vi* ulagivati se, umiljavati se, dodvoravati se; puzati (pred kime), laskati (komu) **II.** *vt* 1. uljepšavati, poljepšavati, umanjivati (greške), prelaziti preko grešaka (*over*) 2. *arch* komentirati
glozing ['gləuziŋ] *adj* (**~ly** *adv*) koji uljepšava, koji umanjuje pogreške; laskav, koji se ulaguje (umiljava, dodvorava), puzav
glucinum [gluː'sainəm] *s chem* berilij
glucose ['gluːkəus] *s chem* glikoza, glukoza, grožđani šećer
glue [gluː] *s* tutkalo, klija, lijepak (& *fig*) | **to stick like ~ to** lijepiti se kao čičak (uz koga)
glue [gluː] *vt* 1. zalijepiti, slijepiti, nalijepiti (*on*), prilijepiti (*to, unto* na) 2. čvrsto pritisnuti, prisloniti (uho na ključanicu), nepomično držati (oko na ključanici)
glue-pot ['gluːpɔt] *s* lonac za tutkalo
gluey ['gluːi] *adj* ljepljiv
glum [glʌm] *adj* (**~ly** *adv*) zlovoljan, mrzovoljan, neraspoložen, natmuren, mrk, šutljiv
glume [gluːm] *s bot* pljevica, obuvenac (dio cvata kod trava)
glumness ['glʌmnis] *s* zlovoljnost, mrzovoljnost
glut [glʌt] *s* 1. zatrpanost, prenatrpanost, prenapunjenost, prezasićenost, pretovarenost 2. *fig* pretičak, izobilje | **a ~ in the market** prezasićenost (zatrpanost) tržišta (robom)
glut [glʌt] *vt* prenapuniti, prenatrpati, natovariti (želudac hranom, tržište robom); prezasititi, namiriti, nahraniti (& *fig*), zatrpati | **to ~ the market** prezasititi tržište (robom)
gluten ['gluːtən] *s* gluten, biljno ljepilo; *arch* ljepak
glutinize ['gluːtinaiz] *vt* učiniti ljepljivim
glutinosity [ˌgluːti'nɔsiti] *s* ljepljivost
glutinous ['gluːtinəs] *adj* (**~ly** *adv*) ljepljiv
glutton ['glʌtn] *s* 1. proždrljivac, izjelica, žderonja 2. *fig* nezasitnik 3. *zool* gorska kuna (*Gulo luscus*) | **a ~ for work** netko kome nikad nije dosta rada; **a ~ of books** pohlepan čitalac
gluttonize ['glʌtənaiz] *vi* premnogo jesti i piti, žderati
gluttonous ['glʌtənəs] *adj* (**~ly** *adv*) proždrljiv; pohlepan (*of* za) (& *fig*)
gluttony ['glʌtəni] *s* proždrljivost, pohlepa, lakomost
glycerinate ['glisərineit] *vt med* dodavati glicerin (čemu), miješati s glicerinom
glycerine (**glycerin**) [ˌglisə'riːn] *s chem* glicerin, glicerol
glycogen ['glikədʒen] *s chem* glikogen
glycol ['glikɔl] *s chem* glikol
glyph [glif] *s* 1. *archit* vertikalni žlijeb, žljebić, zarez, brazda 2. *archaeol* duborezom izrađen lik
glyphograph ['glifəgraːf] *s print* galvanoplastičkim postupkom izrađena ploča za tisak; otisak dobiven pomoću takve ploče
glyphography [gli'fɔgrəfi] *s print* izradba ploča za tisak galvanoplastičkim postupkom
glyptic ['gliptik] *adj* koji se odnosi na rezanje ili urezivanje (u kamen, dragulje itd.), kamenorezački
glyptics ['gliptiks] *s pl* vještina rezanja dragog kamenja, rezbarenja bjelokosti i sl.; nauka o tome; kamenorezbarstvo
glyptograph ['gliptəgraːf] *s* urezan dragi kamen, pečat itd.; urezan uzorak, lik itd.
glyptography [glip'tɔgrəfi] *s* kamenorezačko umijeće, kamenorezbarstvo, urezivanje dragog kamenja; nauka o urezanom (dragom) kamenju
G-man ['dʒiːmæn] *s US coll* agent FBI
gnarl [naːl] *s* čvor, čvoruga, kvrga (na drvu)
gnarled [naːld] *adj* čvornat, kvrgav, čvorovit, čvorugav
gnarly ['naːli] *adj* → **gnarled**
gnash [næʃ] *vi/t* škrgutati, škripati zubima (*with the teeth*) | *fig* **to ~ the teeth** škrgutati; *fig* ceriti se od bijesa, biti bijesan
gnat [næt] *s* 1. *ent* komarac, mušica 2. *fig* sitnica, trica | **to strain at a ~** cjepidlačiti, zadržavati se na tricama

gnathic ['næθik] *adj* čeljusni, koji se odnosi na čeljust (laloku), alveolaran
gnaw [nɔː] *vt/i* (*pret* ~ed; *pp* ~ed, gnawn) **I.** *vt* 1. oglodati, naglodati; preglodati (*in two* nadvoje); proglodati 2. ugristi, griskati, grickati (*to ~ one's lips* griskati usnu, ugristi se za usnu) 3. *fig* mučiti, izjesti, izjedati, podjedati, podgrizavati, satrti, satirati **II.** *vi* 1. glodati, griskati (*at, upon, into*) 2. *fig* gristi, izgrizati, izjedati; zagristi se (*into* u)
gnaw away ['nɔːə'wei] *vt* odglodati, izglodati
gnaw off ['nɔː'ɔf] *vt* odglodati, izglodati
gnawing ['nɔːiŋ] *adj* (~**ly** *adv*) 1. koji glođe, naglodava ili griska 2. *fig* koji izjeda, muči, izgriza, podgrizuje, satire
gneiss [nais] *s geol* gnajs (kristalasti škriljevac)
gnome[1] [nəum] *s* gnoma, mudra izreka, sentencija, aforizam, maksima
gnome[2] [nəum] *s myth* gnom, patuljak (koji u zemlji čuva blago) | *GB* ~**s of Zurich** švicarski velebankari
gnomic ['nəumik] *adj* koji je u vezi s (koji se temelji na) gnomama (mudrim izrekama), koji se odnosi na gnome, koji se sastoji od gnoma; aforističan; poučan, mudar
gnomish ['nəumiʃ] *adj* nalik na gnoma (patuljka), poput gnoma
gnomon ['nəumɔn] *s* 1. kazaljka na sunčanoj uri; sjenomjer 2. uspravan stup i sl. za promatranje podnevne visine sunca 3. *geom* dio paralelograma koji preostaje kad se iz jednog njegova kuta oduzme sličan paralelogram 4. *arch joc* nos
gnomonic [nəu'mɔnik] *adj* (~**ally** *adv*) koji se odnosi na kazaljku na sunčanoj uri; koji se odnosi na sunčanu uru
gnosis ['nəusis] *s Gr* spoznaja, duboko vjersko saznanje, gnosticizam
gnostic ['nɔstik] *adj* (~**ally** *adv*) spoznajni, gnostički; mističan, tajnovit, okultan
gnostic ['nɔstik] *s rel* gnostik (član ili pristaša heretičke kršćanske sekte koja je tvrdila da ima višu duhovnu spoznaju)
gnosticism ['nɔstisizəm] *s rel* gnosticizam (učenje gnostika)
gnu [nuː] *s zool* gnu (vrsta antilope)
go [gəu] *vi/t* (went, gone) **I.** *vi* 1. ići, kretati (se), micati se; otići, odlaziti, krenuti, poći, polaziti (*it is time for us to ~* vrijeme nam je ići, poći; *the train is just ~ing* vlak upravo polazi); uputiti se (*into* u, *to* u, prema, k) 2. voziti se, odvesti se, otputovati (vlakom i sl.) 3. *arch* hodati 4. dospjeti, doprijeti, dopirati, doseći, stići (*he will ~ far on* će daleko doprijeti) 5. (o cesti, crti) voditi, ići, pružati se, teći, sezati (*this road ~es to* ova cesta vodi u; *the boundary ~es along the river* međa teče duž rijeke; *the plank just ~es across the brook* daska upravo seže preko potoka) 6. ravnati se (*by, upon* po komu, čemu) (*to have nothing to ~ upon* nemati se po čemu ravnati); držati se (*by* čega), slijediti (*by* što) (*I shall ~ entirely by what the doctor says* ravnat ću se potpuno po onome što liječnik kaže); pristajati (*with* uza što), postupati u skladu (*with* sa) 7. ići, raditi, funkcionirati (stroj, sat itd.); biti u pogonu (*keep ~ing* držati u pogonu; *set ~ing* staviti u pogon); napredovati, uspijevati (poduzeće, posao) 8. držati se, ponašati se, praviti određenu kretnju (*all the time he was speaking he went like this* čitavo vrijeme dok je govorio držao se ovako, pravio je ovakve kretnje) 9. (o zvukovima) oglasiti se, zazvučiti, zazvoniti (*when the sirens ~* kad zazvuče, zatule sirene; *I heard the bells ~* čuo sam kako zvona zvone); grunuti, puknuti (top i sl.); udariti, kucati, odbijati (*it has just gone six* upravo je odbilo šest; *I felt my heart ~ing at a tremendous rate* osjećao sam kako mi srce udara silnom brzinom); (uz uzvike) bubnuti, tresnuti, grunuti, prasnuti (*to ~ bang, crack*) 10. (o vremenu) minuti, proteći, prolaziti, isteći 11. kolati (*the story ~es* priča se, kola pripovijest); biti u optjecaju, biti prihvaćen, priznat (novac, valuta); biti znan, poznat (*by* ili *under the name of* po imenu ili pod imenom); biti uobičajen, običan, prosječan, očekivan (*as men ~* kako se od ljudi već može očekivati; *as hotels ~* kako je to već uobičajeno u hotelima) 12. (o tekstu, stihovima) glasiti, teći (*I forget how the words ~* zaboravio sam kako glase riječi; *this is how the verses ~* stihovi teku evo ovako); (o pjesmi) pristajati (*to a tune* uz napjev) 13. (o događajima) kretati se, proteći, odvijati se, uspjeti (*everything went well* sve je proteklo dobro; *dinner went well* ručak je dobro uspio) 14. (o izborima) završiti (*for* u korist, *against* na štetu), glasati (*for, against* za, protiv), odlučiti se (za politički smjer), postati (*Liverpool ~es Labour* Liverpool glasa za laburiste; *to ~ Conservative* postati konzervativac; *America went dry* Amerika se odlučila za prohibiciju) 15. (o robi) biti prodavan, postići određenu cijenu (*eggs went cheap* jaja su se prodavala uz jeftinu cijenu); (o novcu) biti utrošen (*in* na što) (*the money went in cigars* novac se utrošio na cigare) 16. nestati, izgubiti se, gasiti se, propadati (*the clouds have gone* oblaci su nestali; *his life is ~ing fast* život mu se naglo gasi; *our trade is ~ing* naša trgovina propada); povući se, povlačiti se, prestati, ispasti, ispadati, otpasti, otpadati, izostati (*Greek must ~!* grčki mora otpasti!; *this sentence ~es altogether* ova rečenica posve ispada) 17. popu-

stiti, popuštati (*I thought the dam would* ~ mislio sam da će nasip popustiti); otkinuti se, odlomiti se, otrgnuti se, srušiti se (*first the sail and then the mast went* najprije se otrgnulo jedro, a onda se srušio jarbol) 18. stupiti u (zvanje), postati (*he went to the bar* stupio je u odvjetničko zvanje) 19. stati, ići (*into* u što), imati mjesta (*in* u čemu) (*the book will not* ~ *into your pocket* knjiga neće stati u vaš džep); proći, dati se provući (*thread too thick to* ~ *through needle* predebela nit da bi prošla kroz iglu) 20. pripadati, imati svoje mjesto, biti spremljen (smješten) (*that book* ~*es on the top shelf* ta knjiga pripada na najvišu policu, toj je knjizi mjesto na najvišoj polici; *the silver* ~*es into the drawer every night* srebro se sprema u ladicu svake večeri; *I want the table to* ~ *in my room* želim da se stol smjesti u moju sobu) 21. pripasti, zapasti, dopasti, ostati, ići (*to* komu), otpadati, otpasti (na koga, što) (*at my death my money shall* ~ *to my sister* nakon moje smrti moj novac neka pripadne mojoj sestri; *victory always* ~*es to the strong* pobjeda uvijek dopadne jakomu); ići (u što) (*12 inches* ~ *to the foot* jedna stopa ima 12 palaca) 22. biti upotrijebljen (*towards* za; *to* do); dovoditi (*to* do); pridonijeti, pridonositi, pomoći, pomagati, služiti (*to* čemu; *to* do) 23. sezati, dopirati, prodirati; dotjecati, doteći, dostajati, dotrajati (*to* do) (*the difference* ~*es deep* razlika seže duboko; *to* ~ *a long way* obilno doteći; *to* ~ *a short way* ne dotjecati, ne dostajati) 24. postati; prijeći (u stanje) (*to* ~ *vacant* isprazniti se; *to* ~ *red* pocrvenjeti; *to* ~ *blind* oslijepiti) 25. (s *pres part*) *to* ~ *shooting* ići u lov; *to* ~ *fishing* (*skating, skiing* etc.) ići na ribolov (sklizanje, skijanje itd.); neprestano nešto činiti (*he* ~*es frightening people* neprestano plaši ljude) 26. *pres part going,* za kojim slijedi infinitiv, označuje: a) radnju ili događaj u bliskoj budućnosti (*it's going to rain* kiša će; *there is going to be meat for dinner* bit će mesa za večeru); b) namjeru (*I'm going to ask him a favour* molit ću ga za uslugu; *I'm not going to tell* ne namjeravam, neću kazati) 27. (o jelu) još postojati, još biti raspoloživo (*is steak stil* ~*ing?* ima li još odreska?) **II.** *vt* 1. izdržati, podnijeti, podnositi (*to* ~ *the whole hog* temeljito ili valjano obaviti što, ne sustezati se (u mislima, govoru ili djelima) 2. poduzeti, riskirati (*to* ~ *one better than a p* nadmašiti koga, više ponuditi od koga; *I'll* ~ *you* prihvaćam okladu) 3. (u igri kartama) zaigrati, izbaciti (kartu) (*fig to* ~ *nap* visoko zaigrati, mnogo riskirati) | **to** ~ **for a walk** ići (poći) na šetnju; *mil sl* **to** ~ **west** pasti (na ratištu), poginuti; **to** ~ **the pace** juriti, ići svom brzinom; *fig* neumjereno živjeti; **to** ~ **with tide (times)** povoditi se za vremenom (većinom); **who** ~**es there?** tko si?, tko je? (povik straže); **his tongue** ~**es nineteen to the dozen** klepeće kao vodeničko kolo; **the story** ~**es** priča se, kaže se; **it** ~**es without saying** samo se po sebi razumije; **go!** sad! (uzvik za početak utrke i sl.); (*na dražbi*) ~**ing,** ~**ing, gone!** po prvi, drugi, treći put! (=prodano!); **to** ~ **to see** ići u pohode (komu), pohoditi koga; **to** ~ **to the devil (the dogs)** otići do đavola, propasti; ~ **to the devil!** idi do vraga!; **to** ~ **the way of all the earth (all flesh)** poći putem svega smrtnoga, umrijeti; **to** ~ **to a better world** preseliti se na drugi svijet, umrijeti; **to** ~ **to one's account (one's own place)** otići Bogu na račun (istinu), umrijeti; ~ **to hell!** nosi se do đavola!, idi do vraga!; **to** ~ **to the bar** postati odvjetnik; **to** ~ **to sea** postati pomorac, otići na more; **to** ~ **on the stage** postati glumac (pjevač); **to** ~ **on the streets** poći na ulicu, postati prostitutka; **to** ~ **to stool** obavljati nuždu; *GB pol* **to** ~ **to the country** izborima tražiti mišljenje naroda, raspisati izbore; **to** ~ **to war** zaratiti se, ići u rat; **to** ~ **halves (shares)** podijeliti napola (na jednake dijelove); **to** ~ **to one's heart** dirati (pogađati) u srce koga; **he went hot and cold** oblijevao ga je hladan znoj (& *fig*): **to** ~ **to pieces** raspasti se (rastrgati se) na komade; *mil* **to** ~ **sick** javiti se bolestan; **to be gone** pokupiti se, otići; **dead and gone** gotov, mrtav; *sl* **gone on** sav lud, zanesen (za kim, čim); **far gone** zagrezao; veoma bolestan; ~ **fetch!** (zapovijed psu) idi donesi!; **to** ~ **wrong** zalutati; varati, prevariti se; krenuti stranputicom; **to** ~ **hungry** gladovati; **to** ~ **with child** očekivati dijete, biti trudna; **to** ~ **waste** (uludo) propasti, propadati; **as men** ~ kako se od ljudi može očekivati; **as things** ~ kako je već uobičajeno; **how** ~**es the time?** koliko je sati?; **I must be gone** moram otići; **to** ~ **into holes** dobiti rupe, proderati se; **to** ~ **all lengths** sve poduzeti, ne prezati ni od čega; **to** ~ **and do** biti dovoljno lud i učiniti (što); **I have been and gone and done it** eh, baš sam se iskazao!; *GB* **to** ~ **bad** pokvariti se, ukiseliti se (jelo); *GB* **to** ~ **green (black)** pozelenjeti (pocrnjeti); **to** ~ **mad** poludjeti; **to** ~ **queer in the head** šenuti umom; **to** ~ **native** poprimiti navike domorodaca (o bijelcu); *sl* **to** ~ **phut** raspasti se, rasplinuti se, propasti; *bot* **to** ~ **to seed** ocvasti, tjerati u sjeme; *fig* (duševno ili tjelesno) slabiti, stariti, popuštati, ocvasti, gasiti se; **to** ~ **to the bottom** potonuti; ~ **it!** udri!, ne daj se!, iskaži se!; **to ~ it (strong)** krepko (živo, žestoko, dobrano) prionuti; odvažno ili odlučno postupati, ne dati se; pretjerivati, masno lagati; neumjereno ili raspojasano živjeti; **you have been ~ing it!** valjano si se probećario, dobrano si sebi dao oduška; **to ~ free (unpunished)** umaknuti nekažnjen, proći bez kazne; **let it ~ at that** neka ostane pri tome; **to ~ from one's word** prekršiti riječ, odstupiti od obećanja; **to ~ bail (for)** jamčiti (za koga); *coll* **I'll ~ bail** uvjeravam vas; **to ~ to great expense (trouble)** ne žaliti troška (truda); **a little of her company ~es a long way** i kratko vrijeme u društvu s njom čovjeku je dosta; **what he says ~es** što on kaže mora biti, njegova je riječ zakon

go about ['gəuə'baut] *vi* **A** (*prep*) primiti se, latiti se (rada) **B** (*adv*) 1. naokolo ići (putovati); kolati, kružiti 2. *mar* obilaziti, zaokretati 3. truditi se, nastojati (*to do*)

go abroad ['gəuə'brɔːd] *vi* ići (poći) na put, otputovati u inozemstvo

go against ['gəuə'geinst] *vi* protiviti se

go ahead ['gəuə'hed] *vi* ići (poći) naprijed, napredovati, nastaviti | ~! ajde!, nastavi!

go aloft ['gəuə'lɔft] *vi* 1. *mar* popeti se (u snast) 2. *sl* umrijeti

go along ['gəuə'lɔŋ] *vi* ići (putem), ići dalje; ići, poći (*with* sa) | **~ (with you)!** 1. nosi se!, kupi se!, idi! 2. ajde!, ne budali!

go at ['gəu'æt] *vi* 1. uhvatiti se, prihvatiti se (čega), zgrabiti 2. *coll* poći, navaliti, poletjeti, pojuriti (na koga) | **to ~ it hammer and tongs** odlučno se prihvatiti (čega), energično primiti u ruke

go back ['gəu'bæk] *vt* 1. ići natrag, vratiti se 2. *fig* kvariti se, propadati, zaostajati | **to ~ from (upon) one's word** prekršiti zadanu riječ, ne ispuniti obećanje; **to ~ on a p** izdati, izigrati, prevariti koga; **to ~ to** vratiti se (vremenski) na što

go behind ['gəubi'haind] *vi* 1. ispitivati, istraživati, provjeravati (podatke, činjenice)

go between ['gəubi'twiːn] *vi* posredovati

go beyond ['gəubi'jɔnd] *vi* prijeći, prelaziti, pretjerati, premašiti

go by ['gəu'bai] *vi* proći (mimo), prolaziti, proteći | **to ~ the name of** biti poznat pod imenom

go down ['gəu'daun] *vi* 1. (o nebeskim tijelima) zaći, sjesti, zapasti, zapadati 2. sići, silaziti, spustiti se 3. dopirati, dosezati (*to* do čega) 4. *univ* ostaviti sveučilište (Oxford, Cambridge) 5. biti progutan, kliznuti niz grlo; *fig* naići (nailaziti) na odobravanje (prihvat, vjerovanje) (*with somebody* kod koga) 6. leći, pasti u postelju (*with an illness*) 7. ostati zabilježen, biti zapamćen, spominjati se 8. podleći (neprijatelju), pokleknuti (*before* pred kim)

go for ['gəu'fɔː] *vi* 1. ići po (što) 2. vrijediti, značiti 3. nastojati postići (što) 4. *sl* oboriti se na koga, žestoko napasti koga | **to ~ nothing** biti smatran nevrijednim

go forth ['gəu'fɔːθ] *vi* izaći, biti objelodanjen (izdan)

go in ['gəu'in] *vi* 1. ući, ulaziti; stići 2. natjecati se 3. *sport* igrati (kriket) 4. (sunce itd.) zaći, sakriti se, zavući se, nestati | **~ and win** sreća je sklona hrabrima; *coll* **to ~ for** baviti se (čime), biti sklon, posvetiti se (čemu), uživati u; **to ~ for an examination** pristupiti ispitu

go into ['gəu'intu] *vi* 1. ući, stupiti (u što), pristupiti (čemu) 2. sudjelovati u čemu, poduzimati što 3. baviti se čime; upustiti se, ulaziti (u što), (potanko) ispitivati, istraživati (*to ~ details*) 4. posjećivati, pohađati; zalaziti u (društvo) 5. zapasti, provaliti (u plač itd.), prepustiti se čemu 6. odjenuti se u (crninu)

go near ['gəu'niə] *vi* približiti se, približavati se

go off ['gəu'ɔf] *vi* **A** (*prep*) | **to ~ one's head** sići s uma; **to ~ the hooks** 1. poludjeti, šenuti umom 2. razulariti se, raspojasati se 3. umrijeti; **to ~ the rails** iskliznuti (iskočiti) s tračnica **B** (*adv*) 1. otići; poći, pokupiti se; umaknuti, pobjeći 2. početi 3. (o oružju) opaliti, odapeti, eksplodirati 4. *fig* provaliti (*into* u), predati se (*into* čemu) 5. *coll* popuštati, slabiti, propadati, pogoršavati se, kvariti se 6. gubiti svijest, onesvijestiti se, utonuti u san, zaspati 7. naići na prođu 8. proteći, proći, odvijati se, biti izveden, uspjeti (*the performance went off well* predstava je dobro protekla)

go on ['gəu'ɔn] *vi* **A** (*prep*) 1. pasti na teret (čemu) 2. *US* voljeti, cijeniti **B** (*adv*) 1. ići dalje, nastaviti (*with, in* čime); dalje činiti (*she went on crying* ona je dalje plakala) 2. ponašati se, vladati se, izvoditi 3. odvijati se 4. potrajati (dalje), postojati 5. (o odjeći) pristajati, dati se obući 6. *coll* oboriti se, navaliti (*at* na koga), udariti (*at* po komu) 7. *fam* govoriti, pripovijedati (*about* o) 8. *theat* nastupiti, pojaviti se (na pozornici) 9. *sport* početi bacati (kriket) 10. doći na red (*to do something*) 11. *US* stupiti u redakciju nekog lista i sl. | **~!** 1. nastavi!, dalje! 2. ajde, ne budali!; **to be going on for** primicati se (vremenu, dobi života)

go out ['gəu'aut] *vi* **A** (*prep*) | **to ~ of business** napustiti posao, istupiti iz posla **B** (*adv*) 1. izaći, izlaziti (iz kuće), ići, izlaziti (u društva) 2. ugasiti se, prestajati; *sl* umrijeti 3. istupiti iz (državne) službe, odstupiti 4. ići (izaći) na dvoboj 5. izaći (izlaziti) iz mode 6. otići u kolonije (*to*) 7. otići (od kuće) u službu (*as* kao) 8. stupiti u štrajk | **my heart goes out to** suosjećam sa

go over ['gəu'əuvə] *vi* **A** (*prep*) pregledati, istražiti, pretražiti; proći, pročitati, promisliti, ispitati | *mil* **to ~ the top (bags)** iskočiti iz rovova, poći na juriš **B** (*adv*) 1. prijeći, prelaziti, prestupiti (**to** k, na) 2. prebaciti se, srušiti se, prevrnuti se 3. *theat sl* imati uspjeha

go round ['gəu'raund] *vi* 1. dostajati, biti dovoljno (za sve), dotrajati, doteći, dotjecati (*there's not enough wine to ~* nema dovoljno vina za sve); sezati naokolo 2. navratiti se (*to* kome), posjetiti (*to* koga)

go through ['gəu'θruː] *vi* **A** (*prep*) 1. proći, prolaziti, potanko raspraviti 2. izvesti 3. proživjeti, doživjeti, izdržati, podnijeti, pretrpjeti 4. (o knjigama) doživjeti (više izdanja) **B** (*adv*) proći, prolaziti, biti prihvaćen, naići na odobravanje | **to ~ with** provesti do kraja, ići do kraja

go to ['gəu'tuː] *vi arch* | **~!** 1. idi!, nosi se! 2. ajde!, samo naprijed!

go together ['gəutə'geðə] *vi* slagati se, poklapati se; pristajati (jedan uz drugoga)

go under ['gəu'ʌndə] *vi* 1. potonuti, zaroniti 2. *fig* propasti, podleći

go up ['gəu'ʌp] *vi* **A** (*prep*) popeti se, uspeti se (na što), poći, uzaći (uza što) | **to ~ the line** ići u bojne linije **B** (*adv*) 1. ići (poći) gore, popeti se, uspeti se, uspinjati se, uzaći, uzlaziti; (o cijenama) porasti, poskočiti, dići se 2. odletjeti u zrak, eksplodirati; (o zgradama) planuti, izgorjeti (*in flames*) 3. *US* propasti | **to ~ to town** otići (otputovati) u London

go with ['gəu'wið] *vi* 1. pratiti; držati ili pristajati uz (koga); pristajati (komu, čemu), slagati se s (kim, čim) 2. razumjeti (*do you ~ me?* razumijete li me?) | **I can't ~ you in everything you say** ne mogu se složiti s vama u svemu što kažete

go without ['gəuwið'aut] *vi* biti (ostati) bez (čega), izlaziti na kraj bez (čega), odreći se (čega)

go [gəu] *s* 1. kretanje, hodanje 2. poduzetnost, smionost, životna krepkost 3. gutljaj, zalogaj 4. napad (bolesti) | *coll* **it's no ~** to ne ide, tu se ne da ništa učiniti; **all (quite) the ~** posljednja moda; *coll* **it was a near ~** za dlaku je manjkalo (da); *coll* **on the ~** u pogonu (pokretu); u odilaženju; **come-and-~** dolaženje i odilaženje, živ promet; *coll* **hare is a ~ (a ram ~)** lijepa popara (pripovijest)!; **to have a ~ at a th** okušati se u (na) čemu, pokušati malo; *univ* **Great Go** završni ispit (Cambridge); **Little Go** prijamni ispit (Cambridge); **is it a ~?** vrijedi li?, jesmo li se sporazumjeli?

goad [gəud] *s* 1. badalj, ostan 2. *fig* poticaj

goad [gəud] *vt* 1. tjerati, goniti 2. *fig* podbadati, poticati, podstrekavati, natjerati, nagnati, nagoniti (*to, on, into* na; *to do, into doing*)

go-ahead ['gəuəhed] *adj* poduzetan, odlučan, koji ide naprijed; napredan, progresivan, moderan

goal [gəul] *s* 1. cilj, meta (& *fig*), nišan, biljega; odredište 2. *sport* vrata; (postignut) gol 3. *hist* stup na zaokretu u natjecanjima na bojnim kolima

goal-keeper ['gəulˌkiːpə] *s sport* vratar

goal-line ['gəullain] *s sport* kraća poprečna granica (nogometnog igrališta)

goal-post ['gəulpəust] *s sport* greda, vratnica (nogometnih vrata), stativa

go-as-you-please ['gəuəzju'pliːz] *adj* površan, nehajan, ležeran, koji se ne drži pravila, koji nema plana

goat [gəut] *s* 1. *zool* koza 2. *fig* pohotan čovjek (*an old ~*) 3. *fam* budala, luda | *astr* **The Goat** Jarac (zviježđe); **to get one's ~** razdražiti, razljutiti (koga); **billy-~** jarac; *US sl* **to be the ~** okajati tuđe grijehe; **to play the giddy ~** ponašati se glupavo (lakomisleno), vladati se kao budala

goatee [gəu'tiː] *s* šiljasta (kozja) bradica

goat-herd ['gəuthəːd] *s* pastir (čuvar) koza, kozar

goatish ['gəutiʃ] *adj* (**~ly** *adv*) 1. kozji, jarčji, nalik kozi (jarcu) 2. *fig* pohotan 3. koji prodorno zaudara

goatling ['gəutliŋ] *s* jare, jarić

goat's-beard ['gəutsbiəd] *s bot* kozja brada

goatskin ['gəutskin] *s* kozje krzno, kozja koža; kožuh, mijeh itd. (od kozje kože)

goat-sucker ['gəutˌsʌkə] *s ornith* leganj mračnjak (*Caprimulgus europaeus*)

goaty ['gəuti] *adj* kozji, jarčji, nalik na kozu (jarca)

gob[1] [gɔb] *s vulg* pljuvačka, ispljuvak

gob [gɔb] *vi vulg* pljuvati, pljuckati, pljucnuti, ispljunuti

gob[2] [gɔb] *s US sl* mornar

gobang [gəu'bæŋ] *s* vrsta japanske društvene igre na igraćoj dasci

gobbet ['gɔbit] *s arch* 1. komad, zalogaj 2. odlomak iz teksta (određen za prijevod ili komentar na ispitu)

gobble ['gɔbl] *vt/i* **I.** *vt* lakomo gutati, požderati, bacati u sebe **II.** *vi* lakomo gutati, žderati

gobble ['gɔbl] *s sport* brz udarac u rupu (*golf*)

gobble ['gɔbl] *vi* (o puranu) blebetati (& *fig*)

gobbledegook ['gɔbldiguk] *s US coll* lupetanje, mutno izlaganje, (birokratsko) fraziranje

gobbler[1] ['gɔblə] *s* žderonja, onaj koji lakomo guta, proždrljivac
gobbler[2] ['gɔblə] *s coll* puran
gobelin ['gəubəlin] *s* goblen
go-between ['gəubiˌtwi:n] *s* posrednik
goblet ['gɔblit] *s* 1. *arch* čaša s nožicom, pehar, kupa 2. *poet* pehar
goblin ['gɔblin] *s* zao demon (duh)
goby ['gəubi] *s ichth* glavoč (*Gobius sp.*) | **rock** ~ glavoč porupnjak (*Gobius paganellus*)
go-by ['gəubai] *s* | **to give the** ~ **to** umaknuti, (namjerno) izmicati (komu, čemu); izbjegavati (koga, što); ne obazirati se (na koga, na što), ignorirati, namjerno previdjeti; prelaziti preko (čega)
go-cart ['gəuka:t] *s* hodaljka za dijete (okvir na kotačima u kojem dijete uči hodati)
god [gɔd] *s* bog, božanstvo, idol (& *fig*) | ~ **of heaven** Jupiter; ~ **of hell** Pluto; ~ **of the sea** Neptun; ~ **of fire** Vulkan; ~ **of war** Mars; ~ **of love** (**blind** ~) Kupido, Amor; ~ **of wine** Bakho; ~ **of this world** đavo; **that was a feast** (**sight**) **for the** ~**s** i bogovi bi se naslađivali; **with God** mrtav; **God's truth** prava (potpuna) istina; **God's earth** čitava zemlja, čitav božji svijet; *theat* **the** ~**s** galerija; **for God's sake** zaboga (miloga)!, boga radi!; **God's book** Biblija; **house od God** hram Božji, kuća Božja
god [gɔd] *vt* obožavati, činiti idolom | **to** ~ **it** pridavati sebi božanske odlike, nastupati kao kakvo božanstvo
godbox ['gɔdbɔks] *s US sl* crkva
godchild ['gɔdtʃaild] *s* kumče
goddam ['gɔdæm] *adj* proklet
goddam ['gɔdæm] *interj* k vragu!
goddamned ['gɔd'dæmd] *adj* proklet
god-daughter ['gɔdˌdɔ:tə] *s* kumče (žensko dijete)
goddess ['gɔdis] *s* boginja, božica (& *fig*)
godfather ['gɔdˌfa:ðə] *s* krsni kum
godfather ['gɔdˌfa:ðə] *vt* kumovati (komu na krštenju)
god-fearing ['gɔdˌfiəriŋ] *adj* bogobojazan, pobožan, nabožan
god-forsaken ['gɔdfəˌseikn] *adj* bijedan, jadan, od svih napušten
god-given ['gɔdˌgivən] *adj* od boga darovan (poslan), bogodan, spasonosan
godhead ['gɔdhed] *s* božanstvo, bog, narav božja; ono što je od boga (božice)
godless ['gɔdlis] *adj* (~**ly** *adv*) bezbožan, bezvjeran
godlessness ['gɔdlisnis] *s* bezbožnost
godlike ['gɔdlaik] *adj* božanski, božanstven, nalik na boga
godliness ['gɔdlinis] *s* pobožnost, nabožnost, bogobojaznost
godly ['gɔdli] *adj* pobožan, nabožan, bogobojazan
god-man [ˌgɔd'mæn] *s* Krist
godmother ['gɔdˌmʌðə] *s* krsna kuma
godown ['gəudaun] *s* skladište, magazin (u Indiji, Kini itd.)
godparent ['gɔdˌpεərənt] *s* kum(a) na krštenju
God's-acre ['gɔdzˌeikə] *s* groblje
godsend ['gɔdsend] *s* nešto kao od boga poslano, spas
godship ['gɔdʃip] *s* božanstvo; značaj, narav ili položaj boga ili božanstva
godson ['gɔdsʌn] *s* kumče (muško dijete)
god-speed [ˌgɔd'spi:d] *s* pozdrav kod ispraćaja | **to wish** (**bid**) **a p** ~ zaželjeti komu sretan put (ili svaki uspjeh)
godward ['gɔdwəd] *adj* koji teži k bogu, koji je uperen prema bogu
godward(s) ['gɔdwəd(z)] *adv* prema (k) bogu
godwit ['gɔdwit] *s ornith* crnorepa muljača (*Limosa limosa*) ili riđa muljača (*Limosa lapponica*)
goer ['gəuə] *s* hodač, pješak, onaj koji ide; posjetnik
goffer ['gəufə] *s* nabor, ukrasni plise; glačalo za plisiranje
goffer ['gəufə] *vt* nabrati, plisirati
go-getter ['gəuˌgetə] *s US coll* sposobna, prodorna osoba
goggle ['gɔgl] *vi/t* **I.** *vi* zuriti, buljiti, piljiti; kolutati očima (*his eyes* ~*d*); izbečiti se, izbuljiti se **II.** *vt* prevrtati (očima)
goggle ['gɔgl] *adj* ispupčen, izbečen, izbuljen, kolutav
goggle-eyed ['gɔglaid] *adj* buljook, ispupčenih očiju
goggles ['gɔglz] *s pl* 1. naočale za zaštitu (od prašine, jakog svjetla itd.) 2. *sl* naočale s okruglim staklima 3. *vet* brljivost
going ['gəuiŋ] *s* 1. hodanje, kretanje, napredovanje, vožnja 2. odlazak, polazak 3. put, priroda tla, tlo (preko kojega se putuje)
going ['gəuiŋ] *adj* 1. koji ide (hoda, polazi, vozi se), koji je u pokretu 2. koji dobro uspijeva ili napreduje 3. koji postoji, koji se može dobiti | **a** ~ **concern** uspješan posao; **to keep** ~ držati u pogonu (pokretu); **to set** ~ staviti u pogon (pokret)
going back ['gəuiŋ'bæk] *s* povratak, vraćanje, opadanje
going down ['gəuiŋ'daun] *s* propast, propadanje
going out ['gəuiŋ'aut] *s mar* isplovljenje (broda)
goings-on ['gəuiŋz'ɔn] *s pl* ponašanje, postupak, odvijanje, zbivanje; ljubavna veza, šaranje
goitre ['gɔitə] *s med* guša
goitred ['gɔitəd] *adj* gušav, koji ima gušu
goitrous ['gɔitrəs] *adj* koji se odnosi na gušu, koji je nalik na gušu; gušav, koji ima gušu

gold [gəuld] *s* 1. zlato (& *fig*) 2. zlatnik, zlatan novac; bogatstvo, imetak 3. predmeti ili ukrasi od zlata 4. pozlata 5. središte mete (za strijeljanje iz luka) | **all is not ~ that glitters** nije sve zlato što sja; **the countries on ~** zemlje sa zlatnom valutom

gold [gəuld] *adj* zlatan, od zlata; zlatne boje, zlaćan | **~ backing on currency** zlatno pokriće valute

gold-beater ['gəuld.bi:tə] *s* pozlatar

gold-beater's skin ['gəuld.bi:təzskin] *s* tanka opna od volujskog crijeva za odjeljivanje listića zlata, pokrivanje rana ili podstavu zrakoplovnih balona

gold-bond ['gəuldbɔnd] *s* obveznica plativa u zlatu

gold-brick ['gəuldbrik] *s US sl* ono što nije pravo, ono što ima tobožnju vrijednost; zlatan mamac | **to sell a p a ~** nasamariti koga

goldbrick ['gəuldbrik] *vi US sl* zabušavati

goldbrick(er) ['gəuldbrik(ə)] *s US sl* zabušant

gold-bug ['gəuldbʌg] *s* 1. *ent* zlatna mara 2. *US pol sl* onaj koji zagovara zlatnu valutu

gold-coin ['gəuldkɔin] *s* zlatan novac, zlatnik

gold-currency ['gəuld.kʌrənsi] *s* zlatna valuta

gold-digger ['gəuld.digə] *s* kopač zlata; *sl* namiguša koja izmamljuje novac od muškaraca

gold-dust ['gəulddʌst] *s* zlatni prah

golden ['gəuldən] *adj* 1. *arch* zlatan; pun zlata 2. zlatne boje, zlaćan 3. zlata vrijedan, skupocjen, povoljan, sjajan | **~ opinions** duboko poštovanje, visoko priznanje; **the ~ age** zlatno doba; *myth* prvo od četiriju doba, kad su ljudi bili sretni i nevini; **~ rain** vrsta vatrometa; **~ wedding** zlatni pir; **~ balls** znak nad vratima zalagaonice, zalagaonica; **~ key** ključ nebeskih vrata; **~ mean** zlatna sredina; **~ number** broj po kojemu se izračunava dan Uskrsa; **~ opportunity** divna (sjajna) prigoda; **~ calf** zlatno tele; **~ hours** sretna vremena; *bibl* **~ rule** zlatno pravilo (što ne želiš sebi, ne čini drugima); **~ bridge** časni uzmak; *hist* **Golden Bull** Zlatna bula; *myth* **Golden Fleece** zlatno runo

golden-mouthed ['gəuldən.mauðd] *adj* rječit, govorljiv, zlatoust

golden-rod ['gəuldənrɔd] *s bot* krčica, kudelja; zlatnica, poganska trava (vrsta korovne biljke)

gold-exchange ['gəuldiks'tʃəindʒ] *s st exch* zlatni tečaj

gold-fever ['gəuld.fi:və] *s* zlatna groznica, groznica za zlatom

gold-field ['gəuldfi:ld] *s* nalazište zlata

goldfinch ['gəuldfintʃ] *s* 1. *ornith* češljugar 2. *sl* zlatnik, dukat

goldfish ['gəuldfiʃ] *s ichth* zlatna ribica

gold-lace [.gəuld'leis] *s* zlatna rojta (resa), zlatni gajtan (na odorama)

gold-leaf ['gəuldli:f] *s* listić od zlata, zlatni listić; pozlata

gold-mine ['gəuldmain] *s* 1. rudnik zlata 2. *fig* zlatni rudnik

gold-plate ['gəuldpleit] *s* suđe, predmeti ili stolni pribor od zlata

gold-rate ['gəuldreit] *s st exch* tečaj zlata

gold-rush ['gəuldrʌʃ] *s* potjera za zlatom

gold-size ['gəuldsaiz] *s* tanak, ljepljiv premaz na koji se zalijepi pozlata

goldsmith ['gəuldsmiθ] *s* zlatar

gold-standard ['gəuld.stændəd] *s* zlatna valuta

Goldstick ['gəuldstik] *s* zlatna palica koju u svečanim povorkama nosi pred engl. suverenom pukovnik tjelesne konjaničke straže; nosilac te palice

golf [gɔlf] *s sport* golf

golf [gɔlf] *vi sport* igrati golf

golf-club ['gɔlfklʌb] *sport* 1. palica (udaraljka) za golf 2. klub (udruženje) igrača golfa; zgrada takva kluba

golf-links ['gɔlfliŋks] *s pl sg constr sport* igralište za golf

Goliath [gə'laiəθ] *s* 1. *bibl* Golijat 2. gorostas, div, golijat, orijaš

golliwog ['gɔliwɔg] *s* 1. groteskna lutka crnih obraza, izbuljenih očiju i guste crne nakostrušene kose 2. ružna osoba groteskna izgleda, grdoba, rugoba

golly ['gɔli] *interj* uh! | **~!** (**by ~!**) o, bože!, Kriste!, Isuse!

golosh [gə'lɔʃ] *s* → **galosh**

goluptious [gə'lʌpʃəs] *adj* slastan, sladak, izvrstan

gondola ['gɔndələ] *s* 1. *mar* gondola 2. *aero* gondola (zrakoplova) 3. *US rly* otvoren vagon

gondolier [.gɔndə'liə] *s* gondoljer, upravljač gondole

gone [gɔn] *pp* od **go**

gone [gɔn] *adj* 1. izgubljen, propao, nestao; uništen; beznadan 2. koji je prošao, otišao, minuo ili poodmakao 3. zauzet, zaposjednut | *sl* **a ~ coon** beznadan slučaj, čovjek kojemu nema više spasa; **a ~ man** propao čovjek; *coll* **~ case** propala stvar; *sl* **~ on** zaljubljen u (koga, što); *GB sl* **~ for a Burton** mrtav, uništen, izgubljen; *US sl* **~ for six** nestao (u ratu)

goner ['gɔnə] *s sl* propao čovjek, čovjek smrti

gonfalon ['gɔnfələn] *s* zastava obješena na poprečnu motku stijega (*spec* u srednjovjekovnim talijanskim državicama ili sjedištu pape)

gonfanon ['gɔnfənən] *s* → **gonfalon**

gong [gɔŋ] *s* gong; *GB mil sl* medalja (odlikovanje)

gong [gɔŋ] *vt* udarcem o gong zaustaviti (motorista)

goniometer [ˌgəuniˈɔmitə] *s* goniometar

gonorrhoea [ˌgɔnəˈriə] *s med* gonoreja

good [gud] *adj* (better, best) 1. dobar, valjan; nepokvaren, svjež (meso); vrijedan, pravi (novac) 2. (& *iron*) drag, mio (*your* ~ *lady* vaša mila supruga); lijep (*a* ~ *leg*) 3. ispravan, kako treba; koristan 4. čestit, krepostan, pošten 5. dobrostiv, plemenit, dobroćudan 6. povoljan (~ *news*) 7. zdrav, koristan (*milk is* ~ *for children*) 8. vješt (čemu), dobar u čemu (*at*); spretan, nadaren, sposoban (*for* za što) 9. *com* pouzdan, siguran, sposoban za plaćanje; utjeriv (~ *debts*) 10. obilan, temeljit, valjan (*a* ~ *beating*) 11. priličan, znatan (*a* ~ *many* prilično mnogo) 12. čitav, pun (*a* ~ *hour*) pun sat; ***it is three miles*** ~ ***from the station*** ima pune (dobre) tri milje od stanice | *coll* **not** ~ **enough** koji ne valja, koji ne zadovoljava; **to keep** ~ držati se, ostati svjež (meso); ~ **soil** dobro (plodno) tlo; **be** ~ **enough to do (be so** ~ **as to)** budite tako dobri, pa..; **to have a** ~ **time** dobro se zabavljati, lijepo se provesti; *sl* **that's a** ~ **un** (**one**)! ta (šala) vrijedi!; **to be** ~ **for** 1. valjati, biti dobar (zdrav, sposoban za koga, što) 2. biti raspoložen za što (*are you* ~ *for a cup of tea?*) 3. *com* biti vrijedan kredita, moći platiti; **a** ~ **deal** (prilično) mnogo, znatno, dobrano; silno, svu silu; **to be as** ~ **as one's word** držati riječ, biti pouzdan; **enough is as** ~ **as a feast** ne traži hljeba preko pogače; **to hold (stand)** ~ još vrijediti, biti još na snazi; *com* **a** ~ **man** koji može udovoljiti svojim novčanim obavezama, solventan; **to make** ~ nadoknaditi; **all in** ~ **time** sve u svoje vrijeme; **in** ~ **time** na vrijeme, pravovremeno; ~ **at (languages)** nadaren za (jezike); ~ **heavens!**, ~ **gracious!** nebesa!, sveti bože!; **to say a** ~ **word for** uložiti dobru riječ za koga, zagovarati koga; **to have a** ~ **night** dobro spavati; **a** ~ **story** zabavna pripovijest; *ins* **a** ~ **life** očekivan dug život (prihvatljiv za osiguravajući zavod); **I have a** ~ **mind to go there** dolazi mi da odem onamo; ~ **breeding** dobar odgoj; ~ **citizen** svjestan građanin; ~ **fellow** društven čovjek, ugodan drug; **Good Friday** Veliki petak; ~ **humour** dobroćudnost, dobro raspoloženje; ~ **looks** privlačiva (lijepa) vanjština; ~ **luck (to you)**! želim vam svaku sreću!; *coll* ~ **money** dobra plaća, visoka nadnica; *arch* ~ **morrow** dobro jutro! ~ **nature** dobroćudna (prijazna) narav; ~ **sense** svjesno (zdravo) prosuđivanje, razboritost; ~ **temper** dobroćudnost, mirna (blaga) ćud; ~ **thing** 1. dobar posao 2. duhovita izreka (primjedba); ~ **things** poslastice; ~ **offices** diplomatsko posredovanje; *com* **your** ~ **self** vaša cijenjena tvrtka; Vi; *com* ~ **trade paper** kratkoročna robna mjenica sposobna za diskontiranje; **to be** ~ **in law** biti pravno valjan; *sl* **to be feeling** ~ biti u dobru zdravlju i raspoloženju; *coll* **not so** ~! kakve li pogreške!, kakva li neuspjeha!

good [gud] *s* 1. dobri ljudi (*the* ~) 2. dobro, korist; valjana svrha, smisao | **to do** ~ činiti dobro, koristiti (*to* komu); **to the** ~ u korist (dobro); **to have £100 to the** ~ imati 100 funti viška; **come to (no)** ~ dobro (loše) završiti; **for** ~ **(and all)** zauvijek, za vazda, za svagda; **to be any** ~ biti od ikakve koristi; **no** ~ ništa dobro; **~s** *pl* pokretni imetak; trgovačka roba; *joc* **piece of ~s** osoba, čovjek; *US sl* **to be the ~s** biti ono pravo; *US sl* **to deliver the ~s** ispuniti očekivanja (obećanje); **~s and chattels** pokretna imovina; **what is the** ~ **of** koja (je) korist, kakva smisla ima; **it is no** ~ nema smisla, beskorisno je

good-bye [ˌgudˈbai] *interj* zbogom, do viđenja | **to say** ~ oprostiti se, kazati zbogom

good-bye [ˌgudˈbai] *s* oproštaj

good-day [ˌgudˈdeˌ] *interj* dobar dan

good-day [ˌgudˈdei] *s* pozdrav dobar dan

good-evening [ˌgudˈiːvniŋ] *interj* dobro veče

good-fellowship [ˈgudˌfeləuʃip] *s* društvenost, druževnost

good-for-nothing [ˈgudfəˌnʌθiŋ] *adj* beskoristan, nevaljao

good-for-nothing [ˈgudfəˌnʌθiŋ] *s* nevaljalac, ništarija, nikogović

good-hearted [ˌgudˈhaːtid] *adj* dobrodušan, dobroćudan, meka srca

good-humoured [ˌgudˈhjuːməd] *adj* (~**ly** *adv*) dobroćudan, prijazan, blage (mirne) ćudi

goodish [ˈgudiʃ] *adj* prilično dobar, priličan, znatan

goodliness [ˈgudlinis] *s* 1. ljupkost, dražest, ljepota 2. dobrota, dobrostivost

good-looking [ˌgudˈlukiŋ] *adj* pristao, zgodan, stasit, privlačive vanjštine, lijep

goodly [ˈgudli] *adj* 1. ljubak, lijep, dražestan 2. znatan, priličan, obilan, valjan, zamašan 3. *iron* sjajan, divan, krasan

goodman [ˈgudmæn] *s arch Scot* starješina (kuće), gazda, suprug,. otac

good-natured [ˌgudˈneitʃəd] *adj* (~**ly** *adv*) dobroćudan, dobrohotan, dobronamjeran, dobrodušan, dobre (blage) ćudi

goodness [ˈgudnis] *s* 1. dobrota, čestitost; prijaznost, dobrohotnost, dobrostivost 2. vrijednost, valjanost, dobra kakvoća, dobre odlike 3. u uzvicima mjesto *God* | ~

knows sam bog zna; **thank ~!** hvala bogu!; **for ~'s sake** za boga miloga!

goods-account ['gudzə,kaunt] *s com* račun o robi, robni konto

goods-agent ['gudz,eidʒənt] *s GB* otpremnik, špediter

goods-department ['gudzdi,pa:tmənt] *s rly GB* otprema robe

good-sized [,gud'saizd] *adj* povelik, omašan, pokrupan

goods-office ['gudz,ɔfis] *s GB* ured za otpremu robe

goods-station ['gudz,steiʃn] *s GB* teretna stanica, teretni kolodvor

goods-train ['gudztrein] *s GB* teretni vlak

goods-yard ['gudzja:d] *s GB* teretni kolodvor

good-tempered [,gud'tempəd] *adj* (**~ly** *adv*) dobroćudan, blage ćudi, blag

goodwife ['gudwaif] *s* gospodarica, domaćica, gazdarica (*spec Scot*)

goodwill [,gud'wil] *s* 1. dobronamjernost, prijaznost; sklonost, naklonost (*to* za) 2. pripravnost, spremnost, srdačnost 3. *com* dobar glas (tvrtke); mušterije, klijentela; pravo poslovanja pod imenom kupljene tvrtke

goody[1] ['gudi] *s arch* vremešna žena nižeg staleža

goody[2] ['gudi] *s* slatkiš, bombon

goody ['gudi] *adj* (**goodily** *adv*) naoko pobožan, koji se pravi svecem, bogomoljački; izvještačen, namješten, koji se prenemaže; previše osjetljiv

goof [gu:f] *s sl* budala, glupan

goof [gu:f] *vi US sl* pogriješiti | **to ~ off** zabušavati

go-off ['gəuɔf] *s* početak; polazak, kretanje | **at first ~** odmah, izravno, s prvog maha; **at one ~** u jednom potezu, jednim mahom

goofy ['gu:fi] *adj sl* budalast, glupav

googly ['gu:gli] *s sport* varava lopta

gook [guk] *s* stanovnik otoka Južnog Pacifika; *US sl* Koreanac

goon [gu:n] *s* 1. *GB sl* glupan, bezveznjak 2. *US sl* plaćeni siledžija (razbijač, ubojica)

goose [gu:s] *s* (*pl* **geese** [gi:s]) 1. guska (& *fig*) 2. (krojačko) glačalo (*pl* **gooses**) | **every man thinks his own geese are swan** svaki cigo svoga konja hvali; **to turn geese into swans** pretjerivati, precjenjivati; **to kill the ~ that lays the golden eggs** žrtvovati budući probitak sadašnjoj manjoj koristi; **to cook a p's ~** udesiti koga, zasoliti komu, pokazati komu; **he can't say boo to a ~** veoma je plah, bojažljiv; **sauce for ~ is sauce for gander** što je dobro za jednoga, mora biti dobro i za drugoga; **fox and geese** vrsta društvene igre na ploči

gooseberry ['guzbəri] *s bot* ogrozd; *GB coll* nepoželjan treći

gooseberry-fool ['guzbəri'fu:l] *s* 1. *cul* krema od ogrozda 2. *fig* umišljen fićfirić

goose-chase ['gu:stʃeis] *s fam* neuspjeh

goose-club ['gu:sklʌb] *s* društvo čiji članovi plaćaju male doprinose u toku godine da bi o Božiću mogli kupiti gusku

goose-down ['gu:sdaun] *s* guščje pahuljice

goose-flesh ['gu:sfleʃ] *s fig* guščja koža, naježena koža, žmarci

goosegog ['guzgɔg] *s bot* ogrozd

goose-grass ['gu:sgra:s] *s bot* troskot

goose-green ['gu:sgri:n] *adj* žućkastozelen

goose-quill ['gu:skwil] *s* guščje pero

goose-skin ['gu:sskin] *s* → **goose flesh**

goose-step ['gu:sstep] *s mil* paradni (»pruski«) korak

goosey ['gu:si] *s fig* guščica

gopher ['gəufə] *s* → **goffer**

gopher ['gəufə] *vi* nabrati, složiti u sitne nabore, naborati, gufrirati

Gordian ['gɔ:djən] *adj* gordijski | **to cut the ~ knot** presjeći gordijski čvor

gore[1] [gɔ:] *s* krv

gore[2] [gɔ:] *s* trouglat ili klinast umetak (od tkanine i dr.); trouglat komad, trokut

gore[1] [gɔ:] *vt* skrojiti u obliku trokuta; snabdjeti trouglatim umetkom

gore[2] [gɔ:] *vt* proburaziti (probosti) rogovima, kljovama, nabosti na rogove

gorge[1] [gɔ:dʒ] *s* 1. grlo, grkljan, ždrijelo 2. ono što je progutano, sadržaj želuca 3. *fig* odvratnost, gađenje 4. (gorski) klanac, prijevoj, prijelaz 5. *mil* uzak ulaz kroz vanjske dijelove utvrđenja 6. *arch* žlijeb 7. vrsta tvrde meke za hvatanje riba | **my ~ rises at** osjećam gađenje od (čega); **to cast the ~ at** odbiti s gađenjem

gorge[2] [gɔ:dʒ] *s* žderanje, pohlepno jedenje

gorge [gɔ:dʒ] *vi/t* **I.** *vi* žderati, pohlepno jesti (*on a th*) **II.** *vt* žderati, proždirati, proždrijeti, pohlepno progutati; prenatrpati (*with*) | **to ~ oneself** nažderati se

gorgeous ['gɔ:dʒəs] *adj* (**~ly** *adv*) 1. sjajan, blistav, krasan, divan 2. *coll* divan, sjajan

gorgeousness ['gɔ:dʒəsnis] *s* sjaj, krasota

gorget[1] ['gɔ:dʒit] *s* 1. *hist* ogrlica (dio oklopa koji štiti vrat) 2. ovratnik, rubac, šal, marama 3. ogrlica (nakit) 4. mrlja (u boji) na vratu ptica itd. 5. *mil* uresni ovratnik od kovine na svečanoj odori

gorget[2] ['gɔ:dʒit] *s med* žljebast instrument za operativno vađenje kamenaca

gorgon ['gɔ:gən] *s* 1. *myth* meduza, gorgona 2. strašna, odvratna osoba, rugoba, nakaza

gorgonian [gɔ:'gəunjən] *adj* gorgonski, koji izaziva strah, strašan, užasan, nakazan

gorgonize ['gɔ:gənaiz] *vt* zuriti u koga poput gorgone

gorilla [gə'rilə] *s zool* gorila

goriness ['gɔ:rinis] *s* krvavost

gormandize ['gɔːməndaiz] *s* sladokusnost, sladokusje, proždrljivost, pohlepnost
gormandize ['gɔːməndaiz] *vi/t* **I.** *vi* pohlepno jesti, prežderavati se **II.** *vt* pohlepno jesti, žderati
gormandizer ['gɔːməndaizə] *s* sladokusac, proždrljivac
gorse [gɔːs] *s bot* 1. štipavac 2. kleka, borovica 3. tlo obraslo takvom biljkom
gorsy ['gɔːsi] *adj* pun štipavca ili borovice; nalik na štipavac ili borovicu
gory ['gɔːri] *adj* (**gorily** *adv*) krvav (~ *battle*); zakrvavljen
gosh [gɔʃ] *interj sl* oh! uh! | **by** ~ bogami!, vraga!
goshawk ['gɔshɔːk] *s ornith* jastreb kokošar
gosling ['gɔzliŋ] *s* guščica, mlada guska, gušče
gospel ['gɔspəl] *s* evanđelje (& *fig*) | ~ **oath** neprekršiva zakletva; ~ **truth** prava istina; **to take everything as (for)** ~ uzimati sve pod gotov groš
gospeller ['gɔspələ] *s* 1. evanđelist 2. (*spec* putujući) propovjednik evanđelja 3. *fig* vatren zagovornik
gossamer ['gɔsəmə] *s* 1. bablje ljeto, leteća paučina 2. ono što je tanko poput paučine 3. *joc* šešir 4. *US* vrlo tanka (nepromočiva) tkanina; odjeća od takve tkanine
gossamer ['gɔsəmə] *adj* 1. lagan, lagašan, tanak, paučinast 2. *fig* prazan, površan
gossamery ['gɔsəməri] *adj* → **gossamer** *adj*
gossip ['gɔsip] *s* 1. *arch* kuma, prija; prisna prijateljica, znanica 2. naklapača, brbljavica, ćeretuša, klepetuša 3. čavrljanje, brbljanje 4. naklapanje 5. ogovaranje, trač
gossip ['gɔsip] *vi* čavrljati, ćeretati, brbljati; naklapati, klepetati; ogovarati, tračati
gossiper ['gɔsipə] *s* brbljavac, ćeretalo, čavrljavac; ogovaralo, tračer
gossipry ['gɔsipri] *s* brbljanje, brbljarija
gossipy ['gɔsipi] *adj* 1. brbljav, čavrljav, ćeretav; koji voli ogovarati, tračljiv 2. isprazan, svakodnevan, trivijalan
gossoon [gɔ'suːn] *s Ir* momak, mladić
got [gɔt] *pret & pp* od **get**
Gothic ['gɔθik] *adj* (~**ally** *adv*) 1. gotski, koji se odnosi na Gote 2. *fig* neodgojen, surov, barbarski 3. *archit* gotski, u gotskom stilu
Gothic ['gɔθik] *s* 1. *philol* jezik starih Gota 2. *archit* gotika 3. *print* gotica
Gothicism ['gɔθisizəm] *s* 1. *philol* goticizam, osobina gotskog jezika 2. *archit* koji naginje gotskom stilu 3. *fig* surovost, barbarstvo, neuglađenost
gothicize ['gɔθisaiz] *vi/t* **I.** *vi* postajati gotski, dobivati osobine gotike **II.** *vt* dati gotski izgled (čemu), učiniti gotskim, srednjovjekovnim

go-to-meeting ['gəutəˌmiːtiŋ] *adj* (o odjeći) nedjeljni, praznički, svečan
gotta ['gɔtə] *coll & vulg* = (*have*) **got a**, (*have*) **got to**
gotten ['gɔtn] *pp* od **get** (*arch & US*)
gouache [gu'aːʃ] *s arts* gvaš
gouge [gaudʒ] *s* 1. dubač, poluokruglo dlijeto 2. *US* žlijeb 3. *US sl* prijevara; varalica
gouge [gaudʒ] *vt* 1. (dlijetom) dupsti, rezati 2. nasamariti, prevariti (*out of* za što)
gouge out ['gaudʒ'aut] *vt* 1. izdupsti (dlijetom) 2. (palcem) istisnuti (oko)
gourd [guəd] *s* 1. buća, tikva, tikvica 2. tikva (za vodu)
gourdful ['guədful] *s* količina koja stane u tikvu
gourmand ['guəmənd] *adj* sladokusan, koji voli jelo, proždrljiv
gourmand ['guəmənd] *s* sladokusac, gurman, onaj koji voli (dobro) jelo; proždrljivac
gourmandise ['guəməndaiz] *vi/t* → **gormandize** *vi/t*
gourmet ['guəmei] *s* sladokusac, poznavalac dobrog jela i pića
gout [gaut] *s* 1. *med* ulozi, podagra, giht 2. *bot* bolest pšenice 3. *arch & poet* kaplja, grudica (*spec* krvi), mrlja, ljaga
gouty ['gauti] *adj* (**goutily** *adv*) podagričan, koji potječe od uloga; koji naginje podagri (ulozima), gihtičan
govern ['gʌvən] *vt/i* **I.** *vt* 1. vladati, upravljati (čim) 2. *mil* zapovijedati (čim) 3. voditi 4. utjecati (na koga, što) 5. *fig* svladavati, obuzdavati; vladati (čim) 6. odrediti, određivati; tražiti, zahtijevati (*to* ~ *the dative*) **II.** *vi* vladati
governable ['gʌvənəbl] *adj* kojim se može vladati
governance ['gʌvənəns] *s* 1. *arch* vlast (*of* nad) 2. *fig* svladavanje, nadvladavanje, obuzdavanje (čega), vlast (*over* nad kim, čim)
governess ['gʌvənis] *s* odgojiteljica, guvernanta
governing ['gʌvəniŋ] *adj* 1. upravni, koji je na vlasti, vladajući 2. vodeći, glavni | ~ **body** upravno tijelo
government ['gʌvənmənt] 1. vlast 2. uprava, vodstvo 3. vlada, država; područje vlasti 4. svladavanje, nadvladavanje, obuzdavanje 5. *gram* određivanje, rekcija | ~ **subsidy** državna subvencija; ~ **bonds** državne obveznice; ~ **stocks** državni papiri; ~ **loan** državni zajam; ~ **securities** obveznice državnog zajma
governmental [ˌgʌvən'mentl] *adj* (~**ly** *adv*) državni, vladin, upravni
governor ['gʌvənə] *s* 1. vladar, upravljač, regent 2. guverner (u koloniji ili dominionu i u pojedinim državama SAD) 3. zapovjednik (tvrđave) 4. ravnatelj, upra-

vitelj, predsjednik 5. guverner banke 6. *GB* upravitelj zatvora 7. *GB* otac, stari, šef; gospodin 8. *mech* automatski regulator (za plin, paru, vodu itd.) 9. vrsta muhe za ribolov

governor-general [ˌgʌvənəˈdʒenərəl] *s* generalni guverner (*esp* zastupnik brit. vladara u dominionu)

governor-generalship [ˌgʌvənəˈdʒenərəlʃip] *s* položaj i služba generalnog guvernera

governorship [ˈgʌvənəʃip] *s* položaj ili služba guvernera, guvernerstvo, guvernerska vlast

gowan [ˈgauən] *s Scot bot* tratinčica, katarinčica

gowk [gauk] *s* 1. *ornith dial* kukavica 2. kukavelj, budala

gown [gaun] *s* (prostrana) haljina, starorimska toga; (službenička) halja, talar; večernja haljina | **town and** ~ građanstvo i studenti; **arms and** ~ rat i mir

gown [gaun] *vt* odjenuti (službeničku) halju (talar)

gownsman [ˈgaunzmən] *s* 1. građanin, civilna osoba 2. student

grab [græb] *s* 1. iznenadan zahvat, ščepavanje, naglo posezanje (za čim) 2. grabljenje, nepošteno prigrabljivanje, otimanje (*spec pol & com*) 3. mehanička naprava za grabljenje i dizanje teških utega 4. dječja igra kartama | *sl* **to have (get) the** ~ **on** biti u velikoj prednosti pred (kim); **to make a** ~ **at** (naglo) posegnuti za čim

grab [græb] *vt/i* **I.** *vt* zgrabiti, ščepati, naglo posegnuti (za čim) **II.** *vi* grabiti, (naglo) posezati (*at* za čim)

grabber [ˈgræbə] *s* pohlepnik, grabilac, otimač, onaj koji prigrabljuje (*spec: land* ~)

grabble [ˈgræbl] *vi/t* tapkati, pipkati, posezati (*for* za čim); postupati s kim surovo ili grubo

grabby [ˈgræbi] *s GB sl* vojnik

grabby [ˈgræbi] *adj coll* gramžljiv, lakom

grace [greis] *s* 1. ljupkost, dražest, gracija; otmjenost, sklad, lakoća, dotjeranost, skladnost 2. prijaznost, učtivost, pristojnost (*have the* ~ *to do*) 3. ukras, ures; *fig* krepost, odlika (*spec pl*) 4. *mus* ukrasna nota (nebitna za harmoniju) 5. milost, volja, dobrohotnost; (božja) milost, milosrđe; oproštenje 6. *univ* dozvola za polaganje diplomskog ispita; oslobođenje od propisa 7. milost, oproštenje; odluka, zaključak (*by* ~ *of the senate* prema zaključku senata) 8. oprost, dozvola odgode (plaćanja), rok milosti 9. molitva (prije ili poslije jela) 10. naslov kojim se oslovljuje vojvoda, vojvotkinja ili nadbiskup (*His, Her, Your Grace*) | *myth* **the Graces** (tri) Gracije; **with a good** ~ pripravno, dragovoljno; **with a bad** ~ protiv volje, nerado; **airs and** ~**s** izvještačeno (afektirano) ponašanje, prividna otmjenost; **to be in one's good** ~**s** biti u nečijoj milosti; **by the** ~ **of God** po milosti Božjoj; **to give a day's** ~ dati jednodnevnu odgodu; *com* **days of** ~ (zakonski ili običajem) dopušteno prekoračenje roka za isplatu mjenice ili premije osiguranja, respektni dani; **Act of Grace** službeno (*spec* opće) pomilovanje zaključkom parlamenta; **in the year of** ~ ljeta Gospodnjeg

grace [greis] *vt* ukrasiti, uresiti (*with*); počastiti, odlikovati, uzvisiti, uzveličati (*with* čime)

grace-cup [ˈgreiskʌp] *s* čaša vina koja kruži oko stola poslije molitve; oproštajna napitnica ili čaša vina

graceful [ˈgreisful] *adj* (~**ly** *adv*) ljubak, dražestan, umiljat, skladan, graciozan; otmjen, pristojan, uglađen

gracefulness [ˈgreisfulnis] *s* ljupkost, dražest, umiljatost, gracioznost

graceless [ˈgreislis] *adj* (~**ly** *adv*) 1. pokvaren, bezbožan, okorio (*arch & joc*); bestidan, besraman 2. koji je bez dražesti ili ljupkosti, nesklapan

gracelessness [ˈgreislisnis] *s* bestidnost; neljupkost, nesklapnost

grace-note [ˈgreisnəut] *s mus* ukrasna nota nebitna za harmoniju ili melodiju

gracile [ˈgræsail] *adj* vitak, nježan, sitan, gracilan

gracility [græˈsiləti] *s* vitkost, nježnost, gracilnost

gracious [ˈgreiʃəs] *adj* (~**ly** *adv*) 1. *arch* koristan, dobrotvoran, blagoslovljen 2. *poet* dobrodušan, prijazan, susretljiv, dobrostiv 3. ljubak, dražestan, umiljat 4. (o kraljevima) milostiv; (o Bogu) milosrdan, milostiv

gracious [ˈgreiʃəs] *interj* | **Good** ~! milostivi Bože!, **my** ~! Bože moj!, ~ **me!** gospode Bože!

graciousness [ˈgreiʃəsnis] *s* ljupkost, umiljatost; dobrota, milostivost, milost

grackle [ˈgrækl] *s ornith* vrsta južnoazijske ptice iz porodice čvoraka (*Eulabes religiosa*)

grad [græd] *s US sl* diplomirani đak ili student

gradate [grəˈdeit] *vi/t* **I.** *vi* postupno prelaziti, mijenjati se (*into* u što) **II.** *vt* stupnjevati, gradirati

gradation [grəˈdeiʃn] *s* 1. stupnjevanje, gradacija; postepenost 2. *philol* prijevoj 3. neprimjetan prijelaz iz tona u ton | **by** ~ postupno

gradational [grəˈdeiʃənl] *adj* (~**ly** *adv*) postupan

grade [greid] *s* 1. *math* stupanj 2. *mil* čin, klasa, red, razred 3. kakvoća, razred, vrsta 4. vrsta (goveda) dobivena križanjem domaćeg goveda s plemenitijom pasminom; *zool* skupina koja se vjerojatno odvojila od zajedničke loze na stanovitom stupnju razvoja 5. *philol* položaj pojedinog oblika unutar prijevojnog reda 6. *US* nagib, strmina 7. *US sch* razred, ocjena | **to be on the up ~** uspinjati se, dizati se; **to be on the down ~** opadati, smanjivati se; *coll* **to make the ~** uspjeti; *US* **~ school** osnovna škola

grade [greid] *vt* 1. stupnjevati, gradirati; sortirati; uskladiti tonove boje (u slikarstvu) 2. (cestogradnja) smanjivati nagib, dati povoljan nagib čemu 3. križati (goveda s boljom pasminom) 4. *philol* mijenjati prijevojem

grade up ['greid'ʌp] *vt/i* poboljšati lozu križanjem s boljom pasminom | **to ~ with** dati se usporediti s (čim, kim)

gradient ['greidiənt] *s GB* nagib, strmina; uspinjanje; padanje, gradijent

gradin(e) ['greidin] *s* stepenica ili sjedalo (u nizu amfiteatralno poredanih stepenica ili sjedala); poličica iza oltara na kojoj stoje svijeće

gradual ['grædʒuəl] *s eccl* gradual (crkvena popijevka koja se negda pjevala za vrijeme mise na stepenicama pred oltarom)

gradual ['grædʒuəl] *adj* (**~ly** *adv*) postupan

graduate ['grædʒuət] *s* 1. *GB* onaj koji ima diplomu, diplomirani student; *US* diplomirani đak ili student 2. menzura (apotekarska ili laboratorijska mjerna posuda) | *US univ* **~ school** profesionalni fakultet (za one koji već imaju stupnjeve B. A. i B. S.); *US univ* **~ student** student 3. stupnja

graduate ['grædjueit] **I.** *vi* 1. *univ* diplomirati 2. *US* završiti bilo koju školu (tečaj) 3. postupno se gubiti, nestajati; postupno se mijenjati (*into* u što); uspinjati se (*from - to*) **II.** *vt* 1. obilježiti ljestvicom sa stupnjevima, podijeliti na stupnjeve gradirati 2. *US* podijeliti diplomu (komu), promovirati (koga); *fig* rasporediti prema jakosti (tona, boje itd.), osjenčiti 3. koncentrirati (rastopinu) isparivanjem | **to ~ from a school** svršiti školu

graduation [ˌgrædju'eiʃn] *s* 1. *univ* diplomiranje, promocija 2. podjela prema stupnjevima (jakosti, veličine itd.); gradiranje; *chem* koncentriranje otopine isparivanjem

graduator ['grædjueitə] *s* onaj koji određuje stupnjeve; onaj koji svrstava po stupnjevima; *tel* regulator; *chem* aparat za raspršivanje otopine na velike površine radi isparivanja

gradus ['grædəs] *s* rječnik latinskih sinonima

Gr(a)ecism ['griːsizəm] *s philol* grecizam, izraz ili jezična konstrukcija po uzoru grčkog jezika; grčki duh ili stil

Gr(a)ecize ['griːsaiz] *vt/i* **I.** *vt* grecizirati; davati grčki oblik, značaj ili izražaj (čemu); učiniti Grkom, pogrčiti **II.** *vi* povoditi se za grčkim načinom izražavanja, imitirati Grke

graffito [grə'fiːtəu] *s* (*pl* **~iti** [-iːti]) natpis, crtež, črčkarija na zidu, u zahodima i sl.

graft[1] [graːft] *s* 1. *hort* kalem, cijep, mladica; spremanje (izrada) kalema; kalemljenje, cijepljenje, oplemenjivanje; rez u koji se usađuje kalem 2. *med* nacijepljen komad tkiva, transplantacija, transplantiranje

graft [graːft] *vt* cijepiti, nakalemiti (*in, into, on, upon, together*), oplemeniti cijepljenjem; *fig* nakalemiti, ucijepiti, usaditi (*on, upon* komu što); *med* transplantirati (komad živa tkiva i sl.); *mar* omotati klin (za vezivanje užeta) tankim konopom

graft[2] [graːft] *s* količina zemlje iskopana jednim zahvatom lopate; dubina do koje zahvati lopata kad se zarine u zemlju; lopata s polumjesečastom oštricom

graft[3] [graːft] *s US coll* korupcija, mito, podmićivanje, nepoštena zarada (*spec pol*)

graft [graːft] *vi US coll* biti korumpiran, primati ili davati mito, podmićivati, nečasno zarađivati (*spec pol*)

grafter ['graːftə] *s* 1. *US sl* podmićenik, nesavjestan (korumpiran) činovnik, korupcionaš; varalica 2. *GB* dobar radnik

grail[1] [greil] *s* → **gradual** *s*

grail[2] [greil] *s* gral (legendarna čudotvorna zdjela iz koje je Krist jeo na posljednjoj večeri i u koju je Josip iz Arimateje navodno skupio njegovu krv kad je Krist bio proboden na križu)

grail[3] [greil] *s* poluokrugla turpija koja služi u proizvodnji češljeva

grain [grein] *s* 1. zrno (žita); *US* žito, žitarice, vrsta žita 2. zrno, zrnce (pijeska, praha i sl.) 3. *pharm* gran (apotekarska mjera za težinu, 0,06 grama) 4. *fig* mrva, mrvica, mrvičak, zera, zrnce, trag 5. *arch* grimiz (boja); (svaka) trajna boja (obojenje); *poet* boja, obojenje 6. zrnčanje, granulacija (poredak zrnaca, vlakana itd. u tkivu, koži i dr.); sastav, građa 7. *fig* priroda, narav, sklonost, inklinacija | **~s of Paradise** ili **Guinea ~s** košuljica ploda zapadnoafričke biljke koja se upotrebljava kao mirodija ili lijek; **in ~** pravi, prirodan; neizbrisiv, temeljit; *fig* **against the ~** protiv naravi ili prirodne sklonosti; **to dye in the ~** obojiti grimizom ili ma kojom trajnom bojom; temeljito obojiti; **to receive with a ~ of salt** primiti (saopćenje) oprezno (s rezervom)

grain [grein] *vt/i* **I.** *vt* 1. pretvoriti (usitniti) u zrnca, granulirati; dati čemu zrnčastu površinu 2. temeljito obojiti; **obojiti grimizom 3.** ukloniti dlaku (sa sirove kože) 4. slikanjem imitirati šare u drvu

ili žile mramora, marmorirati **II.** *vi* dobivati zrnast sastav, postajati zrnast, granulirati se
grain-crop ['greinkrɔp] *s* žetva žita (*spec* pšenice)
grain-elevator ['grein͵eliveitə] *s* *US* silo; dizalica za žito
grain-fodder ['grein͵fɔdə] *s* *agr* žitna krma
grainer ['greinə] *s* 1. onaj koji slikanjem imitira vlakna drva ili žile mramora; kist za takvo slikanje 2. onaj koji skida dlaku (sa sirove kože)
graining ['greiniŋ] *s* slikanje kojim se imitiraju šare u drvu ili žile mramora, marmoriranje
grainless ['greinlis] *adj* koji nema zrnaca ili vlakana
grains [greinz] *s pl sg constr* harpuna, osti
grainy ['greini] *adj* zrnat, zrnčast, koji ima zrna, pun zrnja
gram[1] [græm] *s* 1. *bot* slanutak, slani grah, naut 2. mahunasti plodovi koji služe kao krma konjima
gram[2] [græm] *s* → **gramme** *s*
grame [greim] *s* *poet arch* tuga, jad
gramercy [grə'məːsi] *interj arch* tisuću puta hvala!
graminaceous [͵græmi'neiʃəs] *adj* travnat, nalik na travu, koji se odnosi na travu
gramineous [grə'miniəs] *adj* → **graminaceous**
grammalogue ['græmələg] *s* riječ prikazana jednim znakom; slovo ili znak koji zamjenjuje riječ; logogram
grammar ['græmə] *s* 1. gramatika (i knjiga), slovnica; *fig* temeljna načela ili pravila (umjetnosti ili znanosti)
grammarian [grə'mɛəriən] *s* gramatičar, jezikoslovac, filolog
grammar-school ['græməskuːl] *s* *GB* 1. srednja škola humanističkog smjera 2. *hist* škola gdje se predavao latinski jezik 3. *US* osnovna škola
grammatic [grə'mætik] *adj* → **grammatical**
grammatical [grə'mætikl] *adj* (~**ly** *adv*) gramatički, gramatski, koji se odnosi na gramatiku; jezično ispravan | *ling* ~ **key word** upornica
grammaticality [grə͵mæti'kæliti] *s* gramatičnost
grammaticize [grə'mætisaiz] *vt/i* **I.** *vt* učiniti gramatskim, svesti na gramatička pravila **II.** *vi* raspravljati o pravilima gramatike
gramme (gram) [græm] *s* gram (mjera za težinu)
gramophone ['græməfəun] *s* *GB* gramofon
grampus ['græmpəs] *s* 1. *zool* glavata pliskavica 2. osoba koja glasno diše
granary ['grænəri] *s* žitnica, ambar (& *fig*)
grand [grænd] *adj* (~**ly** *adv*) 1. (u naslovima) velik, visok 2. glavni (~ *staircase*); važan, značajan, glavni (~ *question*, ~ *mistake*) 3. sjajan, svečan, veličanstven, otmjen; *fig* velik, veličajan, uzvišen, uznosit; *coll* divan, sjajan, kolosalan | *US* **G~ Old Party** Republikanska stranka (u SAD)
grand [grænd] *s* *US sl* tisuću dolara
grandam ['grændæm] *s* *arch* baka; *fig* bakica, majčica
grand-aunt ['grændaːnt] *s* sestra ili sestrična djeda ili bake
grandchild ['græntʃaild] *s* (*pl* **grandchildren** ['grænd͵tʃildrən]) unuče
gran(d)-dad ['grændæd] *s* dida, djed
grand-daughter ['græn͵dɔːtə] *s* unuka
grand-duchess [͵grænd'dʌtʃis] *s* velika vojvotkinja
grand-duke [͵grænd'djuːk] *s* veliki vojvoda
grandee [græn'diː] *s* španjolski ili portugalski plemić najvišeg roda; osoba visoka položaja ili velika ugleda
grandeur ['grændʒə] *s* veličina; veličanstvenost, veličajnost, uzvišenost, uznositost; sjaj, otmjenost
grandfather ['grænd͵faːðə] *s* djed | ~**('s) clock** velika starinska stojeća ura
grandfatherly ['grænd͵faːðəli] *adj* djedovski; prijazan, dobrohotan
grandiloquence [græn'diləkwəns] *s* razmetanje u govoru, služenje velikim riječima, pompoznost, patos
grandiloquent [græn'diləkwənt] *adj* (~**ly** *adv*) koji se razmeće u govoru, koji se služi velikim riječima, pompozan, razmetljiv
grandiose ['grændiəus] *adj* (~**ly** *adv*) veličanstven, veličajan, grandiozan; sjajan, pompozan
grandiosity [͵grændi'ɔsəti] *s* veličanstvenost, veličajnost, grandioznost; sjaj, pompoznost
grandma ['grænmaː] *s* → **grandmamma**
grandmamma ['grænmə͵maː] *s* baka
grandmother ['grænd͵mʌðə] *s* baka, baba
grandmotherly ['grænmʌðəli] *adj* koji nalikuje na baku; *fig* sitničav, uskogrudan
grand-nephew ['græn͵nevju] *s* nećak u drugom koljenu, pranećak
grand-niece ['grænniːs] *s* nećakinja u drugom koljenu, pranećakinja
grandpapa ['grænpə͵paː] *s* djed
grandparent ['græn͵pɛərənt] s djed ili baka
grandsire ['græn͵saiə] *s* 1. predak; *arch* djed 2. način zvonjenja zvonima
grandson ['grænsʌn] *s* unuk
grand-stand ['grænd'stænd] *s* glavna (zapadna) tribina | *US fig* ~ **play** nešto sračunano na efekt
grand-uncle ['grænd͵ʌŋkl] *s* brat ili bratić bake ili djeda
grange [greindʒ] *s* 1. *US* mjesni ogranak poljoprivrednog udruženja 2. stambena zgrada i gospodarske zgrade na majuru (farmi); *arch* ambar, žitnica, suša, sprem-

nica; ladanjska kućica (s gospodarskim zgradama)
grangerize ['greindʒəraiz] *vt* pretrpati (knjigu) ilustracijama iz drugih knjiga i time pokvariti tekst
granite ['grænit] *s geol* granit | *fig* **to bite on ~** zagristi u tvrd orah, prihvatiti se jalova posla, uzalud se upinjati
granitic [græ'nitik] *adj* granitan, koji nalikuje na granit
granny ['græni] *s* bakica
granolithic [ˌgrænə'liθik] *adj* koji je od umjetnog granita, granolitan
grant [gra:nt] *s* odobrenje, dozvola, dopuštenje; potpora, subvencija; dodjeljenje, podjeljivanje; *jur* nadarbina, darovanje; prijenos (*to* na), pismena darovnica (posjeda ispravom)
grant [gra:nt] *vt* 1. odobriti, dopustiti, dozvoliti, podijeliti, udijeliti, dodijeliti, podariti (komu što) 2. *jur* prepisati, prenijeti, dopisati, podijeliti, odobriti (kome što) 3. priznati, dopustiti, potvrditi, prihvatiti (kao istinito) | **to take for ~ed** prihvatiti kao gotovu činjenicu; **to ~ an advance** odobriti predujam; **~ed that** uzevši da, pretpostavivši da
grantable ['gra:ntəbl] *adj* odobriv, dopustiv; prihvatljiv; koji se može udijeliti; *jur* prenosiv (*to* na koga)
grantee [gra:n'ti:] *s jur* korisnik (na kojeg se prenosi imovina)
granter ['gra:ntə] *s* onaj koji odobrava ili podjeljuje dopuštenje; onaj koji vrši prijenos
grant-in-aid ['gra:ntin'eid] *s* pomoć, subvencija
grantor [gra:n'tɔ:] *s jur* onaj koji vrši prijenos ili ustupa neka prava, cedent
granular ['grænjulə] *adj* (**~ly** *adv*) zrnast, koji ima zrnast sastav, granulozan | **~ iron** zrnasto željezo
granularity [ˌgrænju'læriti] *s* zrnatost
granulary ['grænjuləri] *adj* → **granular**
granulate ['grænjuleit] *vt/i* **I.** *vt* usitniti, uzrniti, pretvoriti u zrnasto stanje; učiniti površinu (čega) hrapavom, granulirati **II.** *vi* postati zrnast ili granulozan, dobiti zrnastu površinu ili zrnast sastav; *med* granulirati, cijeliti, spajati se
granulation [ˌgrænju'leiʃn] *s* zrnčanje, granulacija; *med* divlje meso (na rani); stvaranje novog svježeg tkiva u ranama (znak da rana zacjeljuje)
granule ['grænju:l] *s* zrnce
granulous ['grænjuləs] *adj* zrnast, koji ima zrnast sastav
grape [greip] *s* grožđe (obično **~s** *pl*); boba grožđa; loza | *vet* **~s** *pl* baga (bolest nogu kod konja); **the juice of the ~** vino; *fig* **the ~s are sour** (**sour ~s**) kiselo je grožđe
grape-brandy ['greipˌbrændi] *s* konjak, vinjak
grape-fruit ['greipfru:t] *s bot* grep(frut)
grape-gathering ['greipˌgæðəriŋ] *s* berba grožđa
grape-grower ['greipˌgrəuə] *s* vinogradar
grape-harvest ['greipˌha:vist] *s* berba
grape-house ['greiphaus] *s* staklenik za uzgoj vinove loze
grapery ['greipəri] *s* pergola od vinove loze; staklenik za uzgajanje grožđa
grape-scissors ['greipˌsizəz] *s pl* škare za obrezivanje ili rezanje grozdova
grape-shot ['greipʃɔt] *s mil* karteča; krupna sačma
grape-stone ['greipstəun] *s* koščica ili sjemenka grožđa
grape-sugar ['greipˌʃugə] *s* grožđani šećer, dekstroza ili glukoza
grape-vine ['greipvain] *s* 1. vinova loza, čokot 2. *sport* lik koji se izvodi na klizaljkama 3. glasine
graph[1] [græf] *s* dijagram, grafikon | **~ paper** milimetarski papir
graph[2] [græf] *s* aparat za kopiranje
graph [græf] *vt* kopirati, praviti otiske (aparatom za kopiranje), umnožavati
grapheme ['græfi:m] *s ling* slovo, grafem
graphic ['græfik] *adj* (**~ally** *adv*) grafički; pisarski (**~** *error*); grafički, crtački; *minr* koji je išaran na površini ili na prijelomu; *fig* živopisan, slikovit, vjeran (opis, prikaz); *scient* grafički, dijagramni
graphics ['græfiks] *s pl* grafika; grafičko prikazivanje; *tech* & *archit* izračunavanje izdržljivosti pomoću grafičkog prikaza
graphite ['græfait] *s minr* grafit
graphology [græ'fɔlədʒi] *s* grafologija
grapnel ['græpnəl] *s mar* čaklja; malo sidro s više kuka za pričvršćivanje čamaca ili balona
grapple ['græpl] *s mar* 1. čaklja, kuka; malo sidro za pričvršćivanje čamaca ili balona 2. (čvrst) zahvat (pri rvanju); rvanje, tučnjava 3. *tech* oruđe za hvatanje, kliješta
grapple ['græpl] *vt/i* **I.** *vt* 1. *mar* uhvatiti, zakvačiti ili privući (čakljom) 2. zgrabiti, ščepati, zahvatiti 3. *fig* povezati, privezati (*to* uza što) **II.** *vi* 1. *mar* upotrijebiti čaklju, započeti borbu izbliza 2. zakvačiti se, čvrsto se primiti (*to* za što) 3. potući se, rvati se, upustiti se u tučnjavu (*with* s kim); *fig* boriti se, ozbiljno se prihvatiti rješavanja (*with* čega)
grappling-iron ['græpliŋˌaiən] *s mar* čaklja, kuka
grapy ['greipi] *adj* grožđan; koji obiluje grožđem; koji nalikuje na grožđe; koji ima tek po grožđu; koji je od grožđa (pripređen); *vet* koji boluje od bage (bolesti nogu kod konja)
grasp [gra:sp] *s* 1. (čvrst) zahvat 2. vlast, moć; dohvat, doseg 3. primanje, sposobnost shvaćanja, shvaćanje, razumijevanje

| **within one's ~** nadohvat moći (vlasti) koga, unutar dosega koga; **beyond one's ~** izvan dohvata koga; izvan mogućnosti shvaćanja (koga)

grasp [graːsp] *vt/i* **I.** *vt* 1. (pohlepno) zgrabiti, zahvatiti, ščepati; čvrsto držati; *fig* shvatiti, pojmiti, razumjeti **II.** *vi* pohlepno grabiti, posezati (za čim) | *GB fig* **to ~ the nettle** uhvatiti bika za rogove, odlučno se prihvatiti zadatka

grasp at [ˈgraːspˈæt] *vi* posezati (posegnuti) za (čim), hvatati se za (što), pohlepno prihvatiti; *fig* težiti za (čim) | **to ~ a straw** hvatati (uhvatiti) se za slamku

grasping [ˈgraːspiŋ] *adj* (**~ly** *adv*) *fig* gramžljiv, pohlepan, koji žudi za dobitkom

grass [graːs] *s* 1. *bot* trava 2. *sl* šparga 3. paša, pašnjak, ispaša, travnjak, tratina; *min* tlo pod jamom, okno 4. *US sl* marihuana | *fig* **to hear the ~ grow** čuti kako trava raste; *fig* **at ~** dokon, na odmoru; **to be at ~** pasti, biti na paši; *fig* praznikovati; **to go to ~** ići na pašu; *fig* praznikovati, ne ići na rad; *sl* biti srušen na zemlju, pasti; **to put (send, turn out) to ~** poslati (istjerati) na pašu; *fig* **to send to ~** srušiti na zemlju; **not to let the ~ grow under one's feet** ne časiti časa, ne trpjeti odgađanja; **as long as ~ grows** za sva vremena, dok je šuma zelena

grass [graːs] *vt* 1. zasijati travom 2. bijeliti (lan) na travi; *sl* srušiti na zemlju (protivnika); *hunt* izvući (ribu) na obalu; oboriti (pticu hicem) na zemlju

grass-cutter [ˈgraːsˌkʌtə] *s* indijski kućni sluga koji donosi krmu konjima i sl.; onaj koji kosi travu, kosac; stroj za košenje trave, kosilica

grass-green [ˌgraːsˈgriːn] s živozelena boja, boja trave

grasshopper [ˈgraːsˌhɔpə] *s ent* skakavac; *mil sl* laki nenaoružani izviđački avion

grassless [ˈgraːslis] *adj* na kome nema trave, koji je bez trave, gol

grass-mower [ˈgraːsˌməuə] *s* kosilica, stroj za rezanje trave

grass-plot [ˌgraːsˈplɔt] *s* tratinica, malen travnjak

grass-roots [ˌgraːsˈruːts] *adj* pučki, narodni

grass-roots [ˌgraːsˈruːts] *s pl fig* široke mase; srž, bit

grass-snake [ˈgraːssneik] *s zool* bjelouška

grass-widow [ˌgraːsˈwidəu] *s* bijela (slamnata) udovica

grassy [ˈgraːsi] *adj* (**grassily** *adv*) travast, nalik na travu; travnat, prekriven (obrastao) travom

grate [greit] *s* 1. ograda (rešetka) kamina 2. kamin, štednjak, ognjište

grate [greit] *vt/i* **I.** *vt* 1. strugati, trljati 2. škripati, škrgutati (zubima) 3. (zvučno) strugati (*against,* (*up*)*on* o što); *fig* ljutiti, povrijediti **II.** *vi* grepsti (*against, upon* po čem), strugati, škripati, zaškripiti; *fig* neugodno pogađati koga, biti veoma neugodan prema komu (*upon*) | **to ~ (up)on one's ear (nerves)** vrijeđati komu uho (živce)

grateful [ˈgreitful] *adj* (**~ly** *adv*) 1. zahvalan 2. (o stvarima) ugodan, povoljan, pogodan

gratefulness [ˈgreitfulnis] *s* 1. zahvalnost 2. (o stvarima) ugodnost, povoljnost, pogodnost

grater [ˈgreitə] *s* ribež

gratification [ˌgrætifiˈkeiʃn] *s* 1. zadovoljenje, zadovoljavanje; zadovoljstvo (*at* nad čim) 2. zadovoljstvo, veselje, užitak 3. *arch* nagrada, dar, napojnica; mito

gratify [ˈgrætifai] *vt* 1. nagraditi, nadariti; platiti; podmititi 2. zadovoljiti, namiriti, razveseliti koga, biti ugodan komu 3. predati se, prepustiti se, popustiti, ugađati (čemu)

gratifying [ˈgrætifaiiŋ] *adj* (**~ly** *adv*) radostan, koji razveseljuje, ugodan (*to* kome)

grating [ˈgreitiŋ] *s* 1. rešetka 2. *archit* vodoravan, drven okvir koji podupire temelje zgrade 3. *opt* rešetka od tanke žice ili usporednih linija na staklu itd. (da se dobiju spektri lomljenjem zraka)

grating [ˈgreitiŋ] *adj* (**~ly** *adv*) koji škripi ili grebe, prodoran, rezak; *fig* neugodan, bolan, koji vrijeđa

gratis [ˈgreitis] *adv* zabadava, bez naplate, gratis

gratis [ˈgreitis] *adj* koji je zabadava, koji se ne plaća, gratis

gratitude [ˈgrætitjuːd] *s* zahvalnost

gratuitous [grəˈtjuːitəs] *adj* (**~ly** *adv*) 1. koji je zabadava, koji se ne plaća; *jur* bez protuusluge 2. neopravdan, proizvoljan, neizazvan, bez temelja, bezrazložan

gratuitousness [grəˈtjuːitəsnis] *s* neopravdanost, proizvoljnost, neizazvanost, bezrazložnost

gratuity [grəˈtjuːəti] *s* nagrada, napojnica; novčani dar (*spec* vojnicima koji stupaju u mirovinu)

gratulate [ˈgrætjuleit] *vt poet* → **congratulate**

gratulation [ˌgrætjuˈleiʃn] *s* → **congratulation**

gratulatory [ˈgrætjuleitəri] *adj* → **congratulatory**

gravamen [grəˈveimen] *s* (*pl* **gravamina** [grəˈveiminə]) 1. *jur* pritužba, prigovor 2. najvažniji (bitni) dio optužnice

grave [graːv] *s gram* gravis (akcent: \)

grave[1] [greiv] *s* 1. grob (& *fig*), grobni humak 2. *fig* smrt 3. brazda koja nastaje pri okapanju krumpira | *fig* **to turn in one's ~** okrenuti se u grobu; **someone walking on my ~** netko je prešao preko mojeg groba; **one foot in the ~** jednom nogom u grobu, na rubu smrti

grave[2] [greiv] *s* → **grave** [graːv] *s*

grave [greiv] *adj* (**~ly** *adv*) 1. ozbiljan, značajan, važan, težak, opasan (pitanje, položaj itd.) 2. (o ljudima) ozbiljan, dostojanstven, svečan 3. (o odjeći) jednostavan, taman 4. (o zvuku) dubok, nizak

grave[1] [greiv] *vt* (*pret* ~d; *pp* ~n, ~d) 1. *arch* pokopati 2. *archit* urezati, uklesati (*on* u) 3. *fig* neizbrisivo utisnuti, usjeći (u srce, pamet itd.)

grave[2] [greiv] *vt mar* čistiti (brodsko dno) paljenjem i mazati katranom

grave-clothes ['greivkləuðz] *s pl* mrtvačka ponjava, odjeća u kojoj se pokapa mrtvac

grave-digger ['greiv,digə] *s* grobar

gravel ['grævl] *s* šljunak, pijesak; *med* mokraćni pijesak; *geol* & *minr* pješčani sloj (*spec* koji sadrži zlato)

gravel ['grævl] *vt* 1. pošljunčiti, posuti šljunkom ili pijeskom 2. *arch* nasukati (brod) na pješčani prud 3. *fig* smesti, dovesti u nepriliku 4. izazvati hramanje konja šljunkom u potkovi

gravel-blind ['grævəlblaind] *adj* koji gotovo ništa ne vidi, poluslijep

gravelly ['grævli] *adj* šljunkast, pjeskovit

gravel-pit ['grævəlpit] *s* jama za kopanje pijeska, šljunčara

gravel-walk [,grævəl'wɔːk] *s* pošljunčana staza

graven ['greivən] *pp* od **grave** & *adj* urezan, uklesan, izrezbaren | ~ **image** idol

graver ['greivə] *s* 1. klesar, rezbar 2. rezbarski nož, klesarsko dlijeto, jetkalo; dijamantni šiljak za struganje kovine

grave-stone ['greivstəun] *s* nadgrobni kamen, (grobni) spomenik

graveward ['greivwəd] *adv* prema grobu, prema smrti

graveward ['greivwəd] *adj* koji se primiče grobu (smrti)

graveyard ['greivjaːd] *s* groblje | ~ **shift** treća (noćna) smjena

gravid ['grævid] *adj* trudna, gravidna

gravidity [græ'viditi] *s* trudnoća, graviditet

graving-dock ['greiviŋdɔk] *s mar* suhi dok

gravitate ['græviteit] *vi/t* **I.** *vi* 1. kretati se, naginjati, gravitirati (*to, towards* prema komu, čemu) 2. tonuti (u tekućini), padati na dno 3. *fig* težiti, gravitirati, biti instinktivno privučen (*to* prema) **II.** *vt* (pri kopanju dijamanata) puštati da krupniji šljunak potone na dno

gravitation [,grævi'teiʃn] *s* 1. sila teža, gravitacija 2. sklonost, naginjanje, težnje (*towards* prema komu, čemu)

gravitational [,grævi'teiʃənl] *adj* gravitacijski, koji se odnosi na silu težu; koji teži

gravity ['græviti] *s* 1. važnost, značajnost, teškoća, ozbiljnost, opasnost 2. svečanost, dostojanstvo, ozbiljnost, trijeznost 3. *phys* težina (samo u izrazu *specific* ~) 4. sila teža, gravitacija 5. (o zvukovima) dubina | *mar* ~ **davit** klizna (gravitacijska) soha

gravure [grə'vjuə] *s* kratica za **photogravure**

gravy ['greivi] *s* sok od pečenke

gravy-boat ['greivibəut] *s* posuda (zdjelica) za umak (sok od pečenja)

gray [grei] *adj, s* & *vi/t* → **grey**

grayling ['greiliŋ] *s ichth* lipen; *ent* vrsta leptira s krilima smeđe i žute boje na gornjoj, a sive na donjoj strani

graze [greiz] *vi/t* **I.** *vi* pasti **II.** *vt* 1. popasti (travu) 2. pasti (goveda), voditi na pašu

graze [greiz] *s* lagan dodir, površinska ozljeda, okrzak

graze [greiz] *vt/i* **I.** *vt* lagano dodirnuti, dotaknuti u prolazu (& *fig*) 2. (lagano) oguliti, oderati, okrznuti (kožu) **II.** *vi* (u prolazu) lagano se dotaći, okrznuti se (*against, by, past* o), proći (*through* kroza što) lagano se dotičući (čega), kretati se (*along*) lagano dodirujući što

grazier ['greizjə] *s* stočar, uzgajatelj (tovilac) goveda

graziery ['greizjəri] *s* stočarstvo, uzgoj goveda

grazing ['greiziŋ] *s* ispaša; pašnjak

grease [griːs] *s* 1. (otopljena) mast, salo 2. mazivo, tovotna mast 3. uljevita izlučina ovčjeg runa; neočišćena (neprana) vuna 4. *vet* baga (bolest nogu kod konja) | *hunt* **in pride (prime) of** ~ (jelen) dorastao za odstrijel; **wool in the** ~ neočišćena (neprana) vuna

grease [griːz] *vt* 1. namastiti, podmazati, nauljiti, namazati; zaprljati (mašću, uljem) 2. *fam* & *fig* potplatiti, potkupiti, podmititi, podmazati 3. zaraziti bagom (konja) | *fig* **to** ~ **the wheels** podmazati kotače, požuriti rješenje novcem; **to** ~ **the palm of a p** podmititi, potplatiti, potkupiti koga; *sl* **like** ~**d lightning** strelovito brzo

grease-box ['griːsbɔks] *s rly* mazalica, kutija za podmazivanje kotača

grease-paint ['griːspeint] *s* šminka (za glumce)

grease-proof ['griːspruːf] *adj* | *GB* ~ **paper** masni papir, »fetpapir«

greaser ['griːzə] *s* 1. podmazivač; *mar* glavni ložač 2. uređaj za podmazivanje, mazalica 3. *US sl* Meksikanac ili Amerikanac meksičkog porijekla

grease-trap ['griːstræp] *s tech* mastolovac (pod izlivnikom)

greasiness ['griːsinis] *s* premasnost; zamašćenost

greasy ['griːsi] *adj* (**greasily** *adv*) 1. mastan (*with* od), zamašten, zaprljan (*with* čime) 2. (o vuni) neopran, neočišćen 3. *vet* koji boluje od bage (bolesti nogu kod konja) 4. *GB* sluzav, vlažan, sklizak

great [greit] *adj* 1. velik; *fig* važan, glavni; velik, slavan; plemenit; divan, uzvišen 2. osobito vješt (*at, on* čemu), koji ima veliko znanje (*at, on* u čemu), 3. *coll* sjajan, krasan, silan, kolosalan 4. golem, ogroman (*a ~ big stick*) 5. *arch* trudna | **a ~ deal** (ili **a ~ many**) vrlo mnogo, sva sila; **a ~ while ago** prije mnogo vremena; **~ with child** trudna; **the ~ world** visoko društvo; **the ~ Commoner** engl. političar William Pitt Stariji; **the ~ go** diplomski ispit filozofskog fakulteta (Cambridge); **the ~ house** glavna kuća u selu; **~ hundred** sto i dvadeset; *coll* **that's ~** to je sjajno; **~ toe** nožni palac; **a ~ little man** velik čovjek unatoč malom rastu; **to have a ~ mind to** imati veliku volju (činiti što); **to have a ~ notion that** biti sklon pomisli da

great [greit] *s* ono što je veliko; cjelina | **in the ~** uključivši sve; **the ~** velika gospoda, otmjen svijet; **~ and small** veliko i malo, bogato i siromašno; *coll* **the ~s** diplomski ispit filozofskog fakulteta (Oxford); *US* **no ~** ništa veliko, ne mnogo

great-aunt [ˌgreitˈaːnt] *s* pratetka

great-coat [ˈgreitkəut] *s* kabanica (& *mil*), (zimski) ogrtač, kaput

great-coated [ˈgreitˌkəutid] *adj* koji nosi kabanicu, koji je obučen u zimski kaput

greaten [ˈgreitn] *vt/i arch* **I.** *vt* učiniti velikim **II.** *vi* postati velik

great-granddaughter [ˌgreitˈgrænˌdɔːtə] *s* praunuka

great-grandfather [ˌgreitˈgrændˌfaːðə] *s* pradjed

great-grandmother [ˌgreitˈgrændˌmʌðə] *s* prababa

great-grandson [ˌgreitˈgrændsʌn] *s* praunuk

great-hearted [ˌgreitˈhaːtid] *adj* 1. hrabar, smion, odvažan 2. plemenit, velikodušan

greatly [ˈgreitli] *adv* 1. mnogo, vrlo, u velikoj mjeri; znatno 2. plemenito, uzvišeno

greatness [ˈgreitnis] *s* 1. veličina 2. značajnost, važnost 3. čast, visok položaj, gospodstvo, moć 4. duševna veličina, uzvišenost; velikodušje 5. sjaj, krasota, divota 6. snaga, žestina

greaves[1] [griːvz] *s pl mil* štitnik za potkoljenicu

greaves[2] [griːvz] *s pl* čvarci

grebe [griːb] *s ornith* gnjurac; perje gnjurca kao ukras

Grecian [ˈgriːʃn] *adj* grčki, koji se odnosi na staru Grčku

Grecian [ˈgriːʃn] *s* 1. Grk (stanovnik stare Grčke), Grkinja 2. helenizirani Židov; Židov koji govori grčki 3. onaj koji se bavi proučavanjem starogrčkog jezika i kulture 4. đak najvišeg razreda srednje škole Christ's Hospital

greed [griːd] *s* pohlepa, požuda, lakomost, gramžljivost

greediness [ˈgriːdinis] *s* → **greed**

greedy [ˈgriːdi] *adj* (**greedily** *adv*) pohlepan, požudan, lakom, gramžljiv

Greek [griːk] *s* 1. Grk, Grkinja 2. helenizirani Židov 3. član Grčke pravoslavne crkve 4. grčki (jezik) 5. *arch* drug, prijatelj (u zabavi) 6. *fig* prevejanac, lukavac | **when ~ meets ~** kad se sukobe dva hrabra protivnika (bit će ljuta boja); **that is ~ to me** to su za mene španjolska sela, to mi je posve nerazumljivo

Greek [griːk] *adj* grčki | **~ Fathers** crkveni oci koji su pisali na grčkom jeziku; **~ Church** Grčka pravoslavna crkva, istočnopravoslavna crkva; **~ gift** trojanski konj, danajski dar; **on the ~ Calends** nikada

green [griːn] *adj* 1. zelen 2. svjež, zelen (hrana) 3. nedozreo, sirov; nesušen, neštavljen; nesoljen; nepečen (*~ brick*); *hunt* mlad; *coll* nezreo, zelen; neiskusan, lakovjeran; neujašen (konj) 4. (godišnje doba) blag, bez snijega 5. *fig* zavidljiv, nenavidan, ljubomoran 6. svjež, koji cvate, krepak | **a ~ Christmas** Božić bez snijega; **a ~ season** blago godišnje doba; **~ eye** zavist, ljubomora; **in the ~ tree** u doba krepkoće (mladosti) ili blagostanja; **~ cheese** nedozreo sir; **~ table** kartaški stol; *coll* **~ fingers** (*US* **~ thumb**) smisao za (uspjeh u) vrtlarstvo, uzgoj biljaka; **~ hand** novajlija, početnik (radnik, mornar); *coll* **~ light** »zeleno svjetlo«, dozvola, odobrenje

green [griːn] *s* 1. zelenilo, lišće; zelena boja; *fig* znak lakovjernosti 2. travnjak, tratina, igralište s travom, općinski pašnjak 3. krepkost, svježina, mladost | **~s** *pl* svježe povrće; **in the ~** u naponu snage; **do you see any ~ in my eye** smatrate li me tako neiskusnim (lakovjernim)?

green [griːn] *vi/t* **I.** *vi* zelenjeti se, pozelenjeti **II.** *vt* pozeleniti, zeleno obojiti; *sl* povući za nos, nasamariti, prevariti, nadmudriti

greenback [ˈgriːnbæk] *s US* dolarska novčanica; *fam* papirni novac bez pokrića

green-blind [ˈgriːnblaind] *adj med* slijep za zelenu boju

green-book [ˈgriːnbuk] *s* službena publikacija indijske vlade

greener [ˈgriːnə] *s sl* novajlija (*spec* novopridošli stranac koji traži posao)

greenery [ˈgriːnəri] *s* zelenilo, lišće; staklenik, rasadnik, klilo

green-eyed [ˈgriːnaid] *adj* ljubomoran, zavidljiv, nenavidan

greenfinch [ˈgriːnfintʃ] *s ornith* obična zelenka (*Chloris chloris*)

greenfly [ˈgriːnflai] *s ent GB* ušenjak (porodica *Aphididae*)

greengage [ˈgriːngeidʒ] *s GB* ringlo šljiva

greengrocer ['griːnˌgrəusə] *s GB* trgovac povrćem, piljar, voćar
greengrocery ['griːnˌgrəusəri] *s* trgovina povrćem i voćem
greenhorn ['griːnhɔːn] *s* početnik, novajlija, žutokljunac
greenhouse ['griːnhaus] *s* staklenik; *sl* omnibus
greening ['griːniŋ] *s* vrsta zelenih jabuka
greenish ['griːniʃ] *adj* zelenkast
greenly ['griːnli] *adv* sa zelenilom, u svježem zelenilu; *fig* svježe, živahno; nedozrelo, budalasto
greenness ['griːnnis] *s* zelenilo, zeleno obojenje; svježina; nedozrelost, neiskusnost
green-room ['griːnrum] *s theat* zajednička soba za glumce dok nisu na pozornici; *com* prostorija za spremanje poluproizvoda
greensand ['griːnsænd] *s geol* formacija koja sadrži mnogo glaukonita; *minr* glaukonit
greensick ['griːnsik] *adj med* malokrvan, slabokrvan, anemičan (& *fig*)
green-stick ['griːnstik] *s med* djelomičan lom kosti (u djeteta)
greenstone ['griːnstəun] *s minr* nefrit
green-stuff ['griːnstʌf] *s* zelenilo, raslinstvo; zeleno povrće
green-sward ['griːnswɔːd] *s* travnjak, tratina
greenth [griːnθ] *s arch* zelenilo, vegetacija, raslinstvo
greenwood ['griːnwud] *s* gusta lisnata šuma (*spec* kao boravište odmetnika)
greeny ['griːni] *adv* zelenkast
greenyard ['griːnjaːd] *s* tor za dolutala goveda
greet [griːt] *vt* pozdraviti, pozdravljati, dočekati (*with* sa); (o stvarima) dopirati, dolaziti do; padati (u oči)
greet [griːt] *vi Scot* plakati
greeting ['griːtiŋ] *s* pozdrav, pozdravljanje, dobrodošlica | ~ **card** čestitka
greffier ['grefiei] *s Fr* bilježnik (*spec* na otocima u Kanalu)
gregarious [gri'gɛəriəs] *adj* (~**ly** *adv*) koji živi u stadu ili zajednici; *fig* društven, koji voli društvo; *bot* koji raste u grozdovima
gregariousness [gri'gɛəriəsnis] *s* društvenost, druževnost
Gremlin ['gremlin] *s sl* zao duh koji uzrokuje kvarove na avionu
grenade [gri'neid] *s* 1. *mil* granata 2. stakleni tuljac ispunjen kemikalijama za gašenje vatre i sl.
grenadier [ˌgrenə'diə] *s Fr mil* grenadir; *ornith* južnoafrički tkalac | **Grenadiers** *pl* prva pukovnija pješadijske tjelesne straže engleskog vladara
grenadine[1] [ˌgrenə'diːn] *s cul* slaninom nadjeven odrezak mesa ili piletine
grenadine[2] [ˌgrenə'diːn] *s text* grenadin
grew [gruː] *pret* od **grow**
grewsome ['gruːsəm] *adj* → **gruesome**
grey (gray) [grei] *adj* (~**ly** *adv*) 1. siv; naoblačen, tmuran, sjetan, bezbojan; *fig* beznadan, mračan 2. sijed, drevan, star; *fig* iskusan, zreo | ~ **monk** cistercitski monah; ~ **friar** franjevac; ~ **sister** opatica trećeg franjevačkog reda; **the ~ mare is the better horse** žena zapovijeda mužu; ~ **matter** sivo moždano tkivo; *fig* ~ **hairs** starost
grey (gray) [grei] *s* 1. sivilo, sivoća, siva boja; hladno svjetlo bez sunca 2. siva odjeća; siv konj | **the Greys** Druga pukovnija engleskih draguna
grey (gray) [grei] *vi/t* **I.** *vi* posivjeti, postati siv, posijedjeti **II.** *vt* 1. posiviti 2. *phot* učiniti (površinu stakla) mutnom, dati mekši izgled fotografiji prekrivši negativ mutnim staklom
greyback ['greibæk] *s ornith* siva vrana
greybeard ['greiˌbiəd] *s* 1. starac 2. zemljan krčag; *bot* vrsta lišaja
greycoat ['greikəut] *s* čovjek u sivom (odijelu); vojnik u sivoj odori
grey-drake ['greidreik] *s ent* obični vodencvijet (*Ephemera vulgata*)
grey-eyed ['greiaid] *adj* sivook, koji ima sive oči
greygoose ['greiguːs] *s* → **greylag**
grey-haired [ˌgrei'hɛəd] *adj* sjedokos
grey-hen ['greihen] *s ornith* mali tetrijeb (ženka)
greyhound ['greihaund] *s zool* hrt | **Ocean** ~ brza lađa
greyish ['greiiʃ] *adj* sivkast
greylag ['greilæg] *s ornith* divlja guska
greyness ['greinis] *s* sivoća, sivilo, siva boja
greystone ['greistəun] *s minr* vulkansko kamenje
grid [grid] *s* 1. rešetka 2. *el* žičana mrežica 3. *geog* mreža numeriranih četvorina na vojnim i dr. kartama 4. *el* & *rly* dalekovodna električna mreža 5. roštilj
griddle ['gridl] *s* 1. tiganj za pečenje kolača 2. *min* sito (sa žičanom rešetkom)
griddle ['gridl] *vt min* prosijati
gride [graid] *s* škripanje, struganje, grebenje
gride [graid] *vi* škripeći ili stružući prolaziti (*along, through* kroza što); strugati, trti (*against* o)
gridiron ['gridˌaiən] *s* 1. roštilj (za prženje okvir od usporednih greda koje podumesa) 2. *hist* rešetka za mučenje 3. *mar* piru brod u suhom doku; *mar* & *mil* dvostruka fronta (vrsta bojne formacije) 4. *theat* užište 5. *rly* niz usporednih kolosijeka za razvrstavanje vagona 6. *el* mreža vodova visoke napetosti 7. *tech* kompenzacijsko njihalo (~ *pendulum*) 8. *US* igralište amer. ragbija

gridleak ['gridliːk] s *radio* odvodni otpornik, rešetkasti otpornik
grief [griːf] s duboka žalost, teški jad, pečal | **to come to ~** nastradati, propasti; **to bring to ~** uništiti, upropastiti
grievance ['griːvəns] s pritužba, razlog tužbe ili prigovora; nedaća; *arch* tugovanje, tuga
grieve [griːv] *vt/i* **I.** *vt* rastužiti, ražalostiti, ožalostiti, ojaditi; zadavati boli (komu) **II.** *vi* žalostiti se (*at, over* nad čime; *for, about* zbog čega)
grievous ['griːvəs] *adj* (**~ly** *adv*) 1. žalostan, težak, teretan, mučan, gorak, bolan, neugodan; *arch* težak, teretan, strašan
grievousness ['griːvəsnis] s teškoća, tegoba, bolnost, teretnost, mučnost; ozbiljnost, opasnost
griffin[1] ['grifin] s *Anglo-Ind* novopridošli Evropljanin; novajlija, početnik, žutokljunac; *US* mulat
griffin[2] ['grifin] s 1. mitološko biće s orlujskom glavom i krilima te lavljim tijelom 2. *ornith* vrsta lešinara
griffon ['grifən] s *zool* oštrodlaki prepeličar
grig [grig] s *zool* 1. mala ili mlada jegulja 2. *dial* cvrčak, skakavac 3. vrsta kratkonoge peradi
grill[1] [gril] s roštilj
grill[2] [gril] s 1. (na roštilju) isprženа hrana 2. → **grill-room**
grill [gril] *vt/i* **I.** *vt* 1. ispeći, ispržiti; kuhati (oštrige i sl.) u školjci 2. *fig* žeći, pržiti, peći, paliti; podvrći oštrom ispitivanju (*spec* kod redarstva) **II.** *vi* peći se, pržiti se (& *fig*)
grillage ['grilidʒ] s *archit* potporni temelj od unakrst složenih greda
grille (grill) [gril] s 1. rešetka (*spec* na vratima) 2. rešetkasti okvir za mrestilište 3. *sport* četverouglast otvor u teniskoj ogradi 4. *mot* ukrasna maska
griller ['grilə] s onaj koji prži, peče ili pali
grill-room ['grilrum] s prostorija gdje se prži (i jede) meso na **roštilju**
grilse [grils] s *ichth* mlad losos (poslije prvog povratka iz mora)
grim [grim] *adj* (**~ly** *adv*) strašan, krut, okrutan; bijesan, nepopustljiv, nemilosrdan, strog, oštar; gadan, odvratan; mračan, sablastan, žalostan, jezovit | **to hold on like ~ death** grčevito se držati
grimace [gri'meis] s grimasa, kreveljenje, iscereno ili nakreveljeno lice
grimace [gri'meis] *vi* ceriti se, kreveljiti se, praviti grimase
grimacer [gri'meisə] s onaj koji se ceri ili krevelji, onaj koji pravi grimase
grimalkin [gri'mælkin] s (stara) mačka; zlobna starica
grime [graim] s nečistoća, blato, prljavština (& *fig*); čađa
grime [graim] *vt* zaprljati, uprljati, zablatiti; začađiti
griminess ['graiminis] s zaprljanost, prljavština, zablaćenost; začađenost
grimness ['grimnis] s okrutnost, krutost, strogost, oštrina; strahota; bijes, nepopustljivost, nemilosrdnost; gadost, odvratnost; mračnost, sablasnost, jezovitost
grimy ['graimi] *adj* (**grimily** *adv*) prljav, zaprljan, blatan, nečist; čađav
grin [grin] s cerenje, kešenje zubâ; smiješak, nasmiješenost
grin [grin] *vi/t* **I.** *vi* kesiti zube, ceriti se; smješkati se (*at* čemu) **II.** *vt* izražavati cerenjem, kešenjem zuba ili smješkanjem (prezir, zadovoljstvo i dr.)
grind [graind] *vt/i* (ground, ground) **I.** *vt* 1. samljeti, smrviti; izlizati, izlokati 2. kožu oguliti, oderati; *fig* mučiti, ugnjetavati; *US* ljutiti, jediti 3. brusiti (staklo, nož), oštriti (škare, nož itd.) 4. vrtjeti, okretati (mlinac, ulične orguljice) 5. mukom podučavati (*in* u čemu); tuviti (*into a p* komu u glavu) 6. utisnuti, ugaziti (*into* u); trti, trljati, strugati (čime) (*on, against* po čemu, o što) 7. škrgutati, škripati (zubima) **II.** *vi* mljeti, dati se mljeti; svirati na ulične orguljice; *fig* (*away*) mučiti se (*at* čime), naporno raditi (*at* na čemu), bubati, naporno učiti (*at* što) | **to ~ the faces of the poor** isisavati sirotinju; **to have an axe to ~** imati neki osobni interes
grind down ['graind'daun] *vt/i* **I.** *vt* 1. samljeti (u prah), smrviti 2. stanjiti, izbrusiti; *fig* izmučiti, iscrpsti **II.** *vi* dati se samljeti
grind out ['graind'aut] *vt* 1. (mukom) stvoriti, istisnuti, iscijediti 2. svirati na orguljicama 3. procijediti, promrsiti (kroza zube) | **to ~ an oath** promrsiti kletvu
grind up ['graind'ʌp] *vt* samljeti, izmljeti; smrviti (u prah)
grind [graind] s 1. trljanje, mljevenje, mrvljenje; oštrenje, brušenje 2. *fig* težak, jednoličan rad, tegoban posao 3. *sport* oštro hodanje, naporna šetnja; vrsta trke sa zaprekama 4. *US univ sl* bubant
grinder ['graində] s 1. brusač (obrtnik); onaj koji vrti orguljice 2. brus 3. *GB* bubant 4. *anat* kutnjak (zub) | *fam* **~s** *pl* zubi
grindery ['graindəri] s sitni postolarski pribor
grindstone ['graindstəun] s brus, kamen za oštrenje; vrsta kamena od kojeg se prave brusovi | **to hold (keep) a p's nose to the ~** siliti koga na neprekidan rad
gringo ['griŋgəu] s *derog* stranac (*esp* Angloamerikanac u Lat. Americi)

grip[1] [grip] *s* 1. (čvrst) zahvat (& *fig*), stisak (ruke) 2. *fig* vlast, moć (*of, on* nad kim, čim); moć shvaćanja ili razumijevanja (*of, on* čega) 3. *tech* držak, ručka 4. *US* ručna ili putna torba | **to be at ~s with** biti u borbi s kim (& *fig*); **to make a ~ at** posegnuti za (kim, čim); *fig* **in the ~ of** u vlasti, u šakama (koga, čega); **to have a ~ on** držati u napetosti (koga); **to come to ~s** uhvatiti se ukoštac; *fig* (ozbiljno) posvađati se, pograbiti se (*with* s kim)

grip[2] [grip] *s dial* malen jarak

grip [grip] *vt/i* **I.** *vt* zgrabiti, dohvatiti, ščepati, stisnuti, čvrsto držati; hvatati, zahvaćati; obuzeti, držati u napetosti, držati u vlasti (šakama); razumjeti, shvatiti **II.** *vi* zahvaćati, grabiti; *fig* držati u napetosti, imati snažno djelovanje

gripe [graip] *s* 1. zahvat, stisak; *fig* moć, vlast 2. *mar* priveza, pramčani konop; uzvoj pramca, obluk pramčane statve | *coll* **~s** *pl* trbušne boli, kolika

gripe [graip] *vt/i* **I.** *vt* 1. (rukom) zgrabiti, zahvatiti, uhvatiti, stisnuti 2. mučiti, štipati, boljeti, zavijati (u želucu) 3. *mar* privezati, pričvrstiti **II.** *vi* 1. boljeti, zavijati (u želucu) 2. *mar* uhvatiti privjetrinu

grippe [grip] *s med* (*esp US*) gripa, influenca

gripper ['gripə] *s* alat za hvatanje

gripsack ['gripsæk] *s US* putna ili ručna torba

griskin ['griskin] *s GB* 1. praščić 2. komad svinjetine od hrptenice ili slabina

grisliness ['grizlinis] *s* jezovitost, sablasnost, strahota, grozota

grisly ['grizli] *adj* strašan, užasan, jezovit, sablastan, grozan, strahovit; odvratan, gadan

grist [grist] *s* 1. žito (za meljavu) 2. usitnjen slad (za pravljenje piva) 3. *US* množina, mnogo | *fig* **to bring ~ to the mill** tjerati vodu na mlin; *fig* **all is ~ that comes to his mill** njemu sve dobro dođe, sve je voda na njegov mlin

gristle ['grisl] *s anat* hrskavica, kvržica | **in the ~** nedozreo, nerazvijen

gristly ['grisli] *adj* hrskavičav, kvržičast

grit [grit] *s* 1. *GB* (grub) pijesak, kamenčić, šljunak 2. *geol* pješčanik; građa, sastav (kamena) 3. *fig* čvrstoća značaja, izdržljivost, otpornost, hrabrost, petlja | **to put (a little) ~ in the machine** ometati

grit [grit] *vi/t* **I.** *vi* grepsti, škripati, škrgutati, zvrčati **II.** *vt* 1. nasuti šljunkom 2. škrgutati, škripati (zubima)

grits [grits] *s* ljuštena, nesamljevena zob; krupica; grubo zobeno brašno; šrot, sačma

gritstone ['gritstəun] *s geol* pješčanik

gritty ['griti] *adj* (**grittily** *adv*) 1. pješčan, šljunkast, koji sadrži pijesak 2. *fig* hrabar, odlučan, poduzetan 3. jak (vjetar)

grizzle ['grizl] *s* 1. sivoća, siva boja; sijeda kosa, sjedina 2. *arch* siv konj; djelomice ispečena opeka

grizzle ['grizl] *vi* ceriti se, smješkati se (*at* komu); *GB coll* cmizdriti, cendrati

grizzled ['grizld] *adj* sivkast; sijed, sjedokos

grizzly ['grizli] *adj* siv, sivkast, sjedokos **~ king (queen)** vrsta muhe za ribolov

grizzly ['grizli] *s zool* sivi američki medvjed

groan [grəun] *s* stenjanje, ječanje, (težak) uzdah; mrmljanje, gunđanje

groan [grəun] *vi/t* **I.** *vi* 1. stenjati, uzdisati, ječati 2. *fig* cviljeti, stenjati, lomiti se, savijati se (*under* pod čim), pucati (*under* od čega) 3. živo čeznuti (*for* za čim) **II.** *vt* izustiti stenjući (*out*) | **to ~ inwardly** stenjati u duši, biti nesretan

groan down ['grəun'daun] *vt* ušutkati govornika stenjanjem (uzdasima)

groaning ['grəuniŋ] *adj* (**~ly** *adv*) koji stenje ili teško uzdiše | **~ board** (jelom) natovaren (pretrpan) stol

groat [grəut] *s hist* srebrn novčić (od četiri penija) | **I don't care a ~** nimalo ne marim

groats [grəuts] *s pl* ljuštena zob, zobena krupica

grocer ['grəusə] *s* trgovac špecerajskom i kolonijalnom robom | *GB* **~'s shop** trgovina mješovitom robom

grocery ['grəusəri] *s* 1. *coll* špecerajska (kolonijalna) roba; trgovanje takvom robom 2. *US sl* rakijašnica, krčma | *US* **~ store → grocer's shop**

grog [grɔg] *s* grog (piće od ruma, konjaka ili araka sa šećerom i vrućom vodom)

grog [grɔg] *vi/t* **I.** *vi* piti grog **II.** *vt* uklanjati alkohol (iz prazne bačve) ulijevanjem vruće vode

grog-blossom ['grɔg,blɔsəm] *s* crven nos, nos pijanice

grogginess ['grɔginis] *s* 1. pijanstvo 2. *vet* ukočenost (u nogama konja)

groggy ['grɔgi] *adj* (**groggily** *adv*) 1. pripit, pijan, nakresan; sklon piću 2. teturav, nesiguran; (o konjima) ukočenih nogu 3. drhtav, slab, nemoćan 4. (o stvarima) klimav, raskliman, slab, koji ne drži

grogram ['grɔgrəm] *s* gruba tkanina od svile i vune

grogshop ['grɔgʃɔp] *s* krčma, rakijašnica

groin[1] [grɔin] *s* 1. *anat* prepone, slabine; spolni organi 2. *archit* brid što ga tvore dva svoda koji se ukrštavaju; rebro; krstast svod 3. *math* tijelo koje se dobiva ukrštanjem dvaju valjaka; površina toga tijela

groin[1] [grɔin] *vt archit* graditi s rebrima (lukovima)

groin² **(groyne)** [grɔin] *s* drvena brana za učvršćivanje pješčane obale
groin² **(groyne)** [grɔin] *vt* drvenom branom učvrstiti pješčanu obalu
groom [gruːm] *s* 1. konjušar, momak, sluga 2. zaručnik, mladoženja 3. član dvorskog kućanstva, dvoranin
groom [gruːm] *vt* 1. timariti, njegovati (konja) 2. *coll* pripremiti | **well ~ed** valjano njegovan, dotjeran
groomsman [ˈgruːmzmən] *s* (*pl* **groomsmen** [ˈgruːmzmən]) kum (svjedok) mladoženje
groove [gruːv] *s* 1. brazda, žlijeb, užljebina, udubak 2. *tech* utor (*~ and tongue* utor i šip) 3. *fig* kalup, šablona, uobičajena kolotečina | **in the ~** u punoj (odličnoj) formi
groove [gruːv] *vt* & *vi* 1. izdupsti, utoriti, užlijebiti; urezati žljebiće (u čemu) 2. *sl* uživati, biti na istoj valnoj dužini
groovy [ˈgruːvi] *adj* (**groovily** *adv*) *fig* uskogrudan, jednostran, šablonski, koji se drži jednog kalupa; *sl* sjajan, odličan
grope [grəup] *vi/t* tapkati; pipkajući tražiti (*for, after*) (& *fig*); polako i oprezno tražiti put (*towards* prema) (& *fig*)
gross [grəus] *s* *com* gros, dvanaest tuceta (144 komada) | **great ~** dvanaest grosa (1728 komada); **in the ~** u cijelomu, uđuture, odreda; *jur* **in ~** neovisan; **koji** se odnosi samo na osobu
gross [grəus] *adj* (**~ly** *adv*) 1. (vrlo) debeo, tust, golem; zdepast 2. grub (*powder*); gust (*air, liquids*) 3. očigledan, napadan, upadljiv, strašan, težak, grub (*error, insult, injustice*) 4. prost, preobilan, odvratan, jeftin (*food, vegetation*) 5. (o osjetilima) tup, tvrd, neosjetan 6. *arch* opipljiv 7. *fig* prost, grub, neotesan, neotmjen, vulgaran, nepristojan 8. *com* ukupan, zbirni, bruto
grossness [ˈgrəusnis] *s* (pretjerana) debljina, glomaznost, ogromnost, gromotnost 2. gustoća, grubost (tvari) 3. *fig* grubost, prostota, neotesanost, nepristojnost, vulgarnost 4. glupost, tupost
grot [grɔt] *s* *poet* pećina, spilja
grotesque [grəuˈtesk] *s* *arts* groteskni stil, groteskni lik (crtež), groteska
grotesque [grəuˈtesk] *adj* (**~ly** *adv*) groteskan
grotesqueness [grəuˈtesknis] *s* grotesknost
grotto [ˈgrɔtəu] *s* (*pl* **~es; ~s**) (slikovita ili umjetna) pećina, spilja
grotty [ˈgrɔti] *adj* *GB* *sl* loš, grozan, prljav
grouch [grautʃ] *s* 1. zlovolja, zloćudnost, mrzovolja 2. prigovaralo, nezadovoljnik, mrzovoljnik, čangrizavac, gunđalo
grouchiness [ˈgrautʃinis] *s* zlovoljnost, mrzovoljnost
grouchy [ˈgrautʃi] *adj* zlovoljan, zloćudan, mrzovoljan; čangrizav
ground [graund] *s* 1. dno (mora) 2. *el* zemlja, spoj sa zemljom, uzemljenje 3. temelj, osnova (& *fig*); (obično *pl*) razlog, osnova, povod (*for, of* za) 4. *arts* pozadina, temeljna boja, grundiranje; osnovica; sredstvo namazano na kovinu za otpor protiv kiseline (kod bakroreza) 5. zemlja, tlo (*to fall to the ~*) 6. područje, kraj, oblast 7. *sport* igralište (*GB*); *mil* vježbalište; *hunt* lovište (*hunting ~, fishing ~*) 8. zemlja, posjed, tlo 9. stav, stajalište (*to shift one's ~* promijeniti svoj stav) 10. (plodna) zemlja, tlo 11. *min* sloj koji sadrži naslagu rude | **~s** *pl* talog; nasadi, ukrasni vrt (oko kuće); **to touch ~** dodirnuti dno; *fig* prijeći na stvar (u diskusiji); *mar* **to take ~** nasukati se; **to take a ~** zauzeti stajalište; **on the ~ of** zbog (čega), time da, pod izlikom da; **on public ~s** iz obzira prema javnosti; **to hold (stand) one's ~** zadržati svoj stav, ne popuštati; *fig* **to fall** (ili **be dashed**) **to the ~** ne uspjeti, propasti; **to break ~** orati; podsjesti, započeti opsadu; *fig* započeti; *coll* **down to the ~** u svakom pogledu, temeljito, skroz naskroz; **above ~** živ, na životu; **to cut the ~ from under one's feet** stjerati u škripac (koga); **to gain ~** *lit* uznapredovati; *fig* dobivati prednost; **to lose (give) ~** gubiti, popuštati, biti prisiljen na uzmak; **forbidden ~** *lit* zabranjeno područje; *fig* nedopuštena tema (razgovora); **classic ~** historijsko mjesto (tlo); **it is common ~** općenito se zna; svi se slažu u tome (*that* da)
ground [graund] *vt/i* **I.** *vt* 1. osnovati, utemeljiti 2. podučavati (*in* u čemu) 3. stavljati pozadinu (osnovicu), podložiti, grundirati 4. staviti (položiti) na zemlju 5. *el* spojiti sa zemljom 6. *aero mil* prisiliti na spuštanje, ne dopustiti da leti; *mar mil* prisiliti (brod) da se nasuče **II.** *vi* 1. *mar* nasukati se 2. *aero* spustiti se (na zemlju), pristati | **to ~ arms** odložiti oružje, položiti oružje na zemlju
ground [graund] *pret* & *pp* od **grind**
groundage [ˈgraundidʒ] *s* *mar com* lučka pristojba
ground-ash [ˌgraundˈæʃ] *s* *bot* mlad jasen; štap od jasenova drva
ground-bait [ˌgraundˈbeit] *s* meka koja se baca na dno rijeke
ground-bait [ˌgraundˈbeit] *vt* *sport* pripremiti (teren za ribolov) bacivši meku na dno
ground-bass [ˌgraundˈbeis] *mus* instrumentalna basova dionica, basso continuo
ground-circuit [ˌgraundˈsəːkit] *s* *el* strujni krug koji djelomice ide kroz zemlju
ground clearance [ˌgraundˈkliərəns] *s* *mot* razmak između donjeg dijela šasije i tla
ground-colour [ˌgraundˈkʌlə] *s* temeljna (osnovna) boja, pozadina
ground crew [ˌgraundˈkruː] *s* tehničko osoblje na aerodromu

grounded ['graundid] *adj* (~**ly** *adv*) osnovan, koji ima temelja
ground-fish [ˌgraund'fiʃ] *s* pridnena riba
ground-fishing [ˌgraund'fiʃiŋ] *s* ribolov s mekom bačenom na dno
ground-floor [ˌgraund'flɔː] *s GB* prizemlje | *coll* **to get in on the** ~ pristupiti (trgovačkom društvu) uz jednake uvjete kao osnivači
ground-game [ˌgraund'geim] *s hunt* niska divljač
ground-gudgeon [ˌgraund'gʌdʒən] *s ichth* mala jestiva slatkovodna riba
ground-hog [ˌgraund'hɔg] *s zool* američki mrmot
ground-ice ['graundais] *s* led koji se stvara na dnu
grounding ['graundiŋ] *s* 1. polaganje, stavljanje (na zemlju) 2. *arts* stavljanje pozadine ili osnovice; grundiranje 3. temeljna obuka, osnovno podučavanje (*in* u) | *el* ~ **protection** dozemna zaštita
ground-ivy ['graundˌaivi] *s bot* niski bršljan (*Glacoma hederacea*)
groundless ['graundlis] *adj* (~**ly** *adv*) 1. koji nema temelja, bestemeljan 2. *fig* neosnovan, bezrazložan
groundling ['graundliŋ] *s* 1. *ichth* tivuška 2. *bot* biljka puzavica ili patuljasta biljka 3. *theat hist* gledalac (ili čitalac) slaba ukusa; gledalac u prizemlju
ground-man ['graundmæn] *s* (*pl* **ground-men** ['graundmen]) *sport* održavatelj terena
ground meat [ˌgraund'miːt] *s US* kosano meso
ground-nut ['graundnʌt] *s GB* kikiriki
groundplan [ˌgraund'plæn] *s archit* tloris, tlocrt
groundsel[1] ['graunsl] *s bot* staračac, oštriš, goluždravka
groundsel[2] ['graunsl] *s archit* temeljna greda, prag
groundsman ['graundzmən] *s* → **ground-man**
ground-swell ['graundswel] *s mar* mrtvo more; *fig* snažno uzbuđenje
ground-to-air ['graundtu'ɛə] *adj mil* zemlja-zrak
ground-water [ˌgraund'wɔːtə] *s* podzemna voda
groundwood ['graundwud] *s* drvenjača, trljanica, bruševina
groundwork ['graundwəːk] *s* temelj, osnova, kostur (obično *fig*); glavni sastavni dio; pozadina, osnovica; temeljno načelo
groundy ['graundi] *adj* koji sadrži talog
group [gruːp] *s* skupina, skup, gomila, odred, grupa; krug (ljudi)
group [gruːp] *vt/i* **I.** *vt* poredati (u skupinu), grupirati **II.** *vi* poredati se, složiti se (u skupinu), grupirati se | **to** ~ **oneself round** okupiti se oko (čega, koga)
grouper ['gruːpə] *s ichth* kirnja (*Serranus gigas*)
groupie ['gruːpi] *s sl* djevojka koja prati pop-grupu na gostovanjima
grouse[1] [graus] *s ornith* škotska lještarka (*Lagopus scoticus*) | **black** ~ mali tetrijeb; **hazel** ~ lještarka; **white** ~ alpinska bijelka; **wood** ~ tetrijeb gluhan
grouse[2] [graus] *s coll* prigovaranje, mrmljanje, gunđanje
grouse [graus] *vi coll* mrmljati, prigovarati, gunđati; tužiti se (*about* na što)
grouser ['grausə] *s* gunđalo, prigovaralo
grout[1] [graut] *s* grubo brašno, mekinje (obično *pl*)
grout[2] [graut] *s* rijetka žbuka (malter)
grout [graut] *vt* žbukati, puniti rijetkom žbukom
grout [graut] *vi/t* (o svinjama) rovati (po zemlji), prevrtati (zemlju)
grove [grəuv] *s* gaj, lug, dubrava
grovel ['grɔvl] *vi* puzati po zemlji; *fig* puzati (*before, to* pred kim)
groveller ['grɔvlə] *s fig* puzavac, podlac, ulizica
grovelling ['grɔvliŋ] *adj* (~**ly** *adv*) *fig* koji puže, koji se ponizuje, puzav; podao, nizak
grovy ['grəuvi] *adj* koji obiluje gajevima (lugovima); koji se odnosi na gaj (lug)
grow [grəu] *vi/t* (*pret* grew; *pp* grown, ~ed) **I.** *vi* 1. rasti, uspijevati; dobivati (*in* na čemu); narasti, porasti, povećavati se, povisivati se 2. (uz razne nadopune) postati, bivati (*to* ~ *grey* posivjeti; *to* ~ *old* starjeti, ostarjeti; *to* ~ *pale* poblijedjeti) 3. srasti se (*on* s kim, čim); postajati sve draži (*on* komu), imati sve veći utjecaj (*on* na koga), obuzimati (*on* koga) **II.** *vt* uzgajati, gojiti; dopustiti (čemu) da raste | **to** ~ **into fashion** postati moda; **to** ~ **out of use** izaći iz upotrebe; **to** ~ **out of a bad habit** odučiti se loše navike; **to** ~ **out of one's clothes** prerasti svoju odjeću; **he grew to be a great man** postade velik čovjek; **to** ~ **downwards** smanjivati se
grow down ['grəu'daun] *vi* smanjivati se, skratiti se, skraćivati se
grow out ['grəu'aut] *vi* nicati, niknuti, proklijati, izbijati
grow up ['grəu'ʌp] *vi* odrasti, uzrasti
growable ['grəuəbl] *adj* uzgojiv, koji se da uzgajati
grower ['grəuə] *s* 1. uzgajivač, uzgojitelj 2. ono što raste na specifičan način (*a rank* ~ biljka koja bujno raste)
growing ['grəuiŋ] *adj* (~**ly** *adv*) 1. koji raste, koji se razvija; koji se povećava (pojačava) 2. koji se odnosi na rastenje 3. koji pogoduje rastu usjeva (~ *weather*); koji se odnosi na rast usjeva (~ *season*)
growing ['grəuiŋ] *s* 1. rastenje 2. uzgoj, uzgajanje
growl [graul] *s* režanje, gunđanje

growl [graul] *vi/t* **I.** *vi* 1. režati; *fig* gunđati, mrmljati (*at*) 2. (o gromu) tutnjiti **II.** *vt* prorežati, progunđati
growler ['graulə] *s* 1. pas koji reži; *fig* onaj koji reži ili gunđa 2. *fam* staromodna kočija na četiri kotača 3. *ichth* → **grunt** 4. mala santa leda 5. vrč (za pivo)
growling ['grauliŋ] *adj* (**~ly** *adv*) koji reži, gunđav
growly ['grauli] *adj* koji reži ili gunđa
grown [grəun] *pp* od **grow** | **~ man** odrastao čovjek
grown-up [ˌgrəun'ʌp] *adj* odrastao
grown-up ['grəunʌp] *s* odrastao čovjek
growth [grəuθ] *s* 1. rastenje, razvoj, razvijanje; porast, dobivanje (*in* na čemu), povećanje 2. uzgoj, proizvodnja 3. raslinstvo, porasla kosa 4. *med* izraslina
groyne [grɔin] *s* → **groin²** *s*
groyne [grɔin] *vt* → **groin²** *vt*
grub [grʌb] *s* 1. *ent* kukuljica, ličinka, crv 2. *fig* nemarna (neuredna) osoba 3. *sport* niska lopta 4. *sl* hrana, jelo
grub [grʌb] *vi/t* **I.** *vi* 1. kopati, rovati 2. mučiti se, kinjiti se, prebijati se (*along, away, on*) 3. tražiti, kopkati 4. *sl* hraniti se, jesti **II.** *vt* 1. iskopati; iskrčiti, oplijeviti (i **~** *up*) 2. *fig* iskopati, izvući, izvaditi (i **~** *up, out*)
grub about ['grʌbə'baut] *vi* prekapati; kopkati, pretraživati (*in* po čemu)
grubber ['grʌbə] *s* 1. onaj koji iskopava korijenje (gomolje i sl.) 2. alat za plijevljenje
grubbiness ['grʌbinis] *s* prljavost, neurednost
grubby ['grʌbi] *adj* (**grubbily** *adv*) 1. koji obiluje ličinkama, koji je pun kukuljica 2. prljav, nemaran, neuredan
Grub Street ['grʌbstriːt] *s fig* piskarala
grudge [grʌdʒ] *s* zamjeravanje, zamjerka, neraspoloženje, mržnja, ljutnja
grudge [grʌdʒ] *vi/t* **I.** *vi* mrmljati, gunđati, prigovarati (*at* protiv koga, čega), biti nezadovoljan **II.** *vt* nenavidjeti, ne priuštiti, zamjeriti, zamjeravati (komu što); zavidjeti, biti kivan (*to* komu na čemu)
grudger ['grʌdʒə] *s* zavidnik, nenavidnik, onaj koji zamjerava (komu što), onaj koji je kivan (komu na čemu)
grudging ['grʌdʒiŋ] *adj* (**~ly** *adv*) zavidljiv, nenavidan; koji nerado daje; sitničav, škrt, uskogrudan
gruel [gruəl] *s* (zobena) kaša | *sl* **to have (get) one's ~** dobiti svoje, stradati; poginuti; **to give a p his ~** dati komu što ga ide; udesiti koga; ubiti koga
gruel [gruəl] *vt sl* strogo kazniti koga, dati komu što ga ide; ubiti
gruelling ['gruəliŋ] *adj sl* oštar, naporan, koji iscrpljuje
gruelling ['gruəliŋ] *s sl* kazna, kažnjavanje, oštar postupak
gruesome ['gruːsəm] *adj* (**~ly** *adv*) strašan, stravičan, užasan, sablastan, avetan, jeziv; odvratan
gruff [grʌf] *adj* (**~ly** *adv*) 1. grub, opor, hrapav (glas) 2. mrzovoljan, zlovoljan, čangrizav; grub, osoran
grumble ['grʌmbl] *s* 1. mrmljanje, gunđanje; prigovaranje 2. tutnjava, grmljavina
grumble ['grʌmbl] *vi/t* **I.** *vi* 1. mrmljati, gunđati; prigovarati (*at, about, over* čemu) 2. (o gromu) tutnjiti, grmjeti **II.** *vt* izgunđati, zlovoljno izustiti (*out*)
grumbler ['grʌmblə] *s* prigovaralo, nezadovoljnik, gunđalo
grume [gruːm] *s med* grudica (krvi i sl.)
grumous ['gruːməs] *adj* 1. *med* grudičast, zgrudan, ugrušen; nalik na grudicu, koji ima oblik grudice 2. *bot* kvrgav, čvorugav; debeo, kijačast
grumpiness ['grʌmpinis] *s coll* čangrizavost, zlovoljnost, mrzovoljnost; razdražljivost
grumpy ['grʌmpi] *adj* (**grumpily** *adv*) čangrizav, mrzovoljan, zlovoljan, razdražljiv
grunt [grʌnt] *s* 1. roktanje; gunđanje 2. *ichth* karipska morska riba koja zarokće kad se izvadi iz vode
grunt [grʌnt] *vi/t* **I.** *vi* roktati; gunđati **II.** *vt* izroktati; progunđati
grunter ['grʌntə] *s* 1. *zool* svinja 2. roktavac, onaj koji rokće 3. *ichth* → **grunt**
gryphon ['graifən] *s* → **griffin**
g-string ['dʒiːstriŋ] *s* minimalno pokrivalo spolovila (striptizetin trokut i sl.)
g-suit ['dʒiːˌsjuːt] *s aero* avijatičarska odjeća za zaštitu od suvišnog opterećenja (u brzom letu)
guarantee [ˌgærən'tiː] *s* 1. jamac, garant 2. onaj koji prima jamstvo 3. jamstvo, garancija (*of, for* za što) | *com* **company limited by ~** društvo s ograničenim jamstvom
guarantee [ˌgærən'tiː] *vt* jamčiti, garantirati (za što); preuzeti jamstvo (za što); jamstvom se obvezati na što; osigurati ili zaštititi (*from, against* protiv)
guarantee-fund [ˌgærən'tiːfʌnd] *s* jamčevina (u novcu)
guarantor [ˌgærən'tɔː] *s* jamac, garant
guaranty ['gærənti] *s* jamstvo, garancija (& *fig*)
guard [gaːd] *s* 1. straža; čuvanje 2. *fig* budnost, oprez 3. *sport* obrambeni stav ili udarac 4. čuvar, straža 5. *mil* oružan pratilac, tjelesna straža 6. *rly GB* vlakovođa, kondukter; *US* čuvar pruge 7. *tech* štitnik, zaštitna naprava 8. *US sport* branič | *GB* **~s** *pl* tjelesna straža, garda; *mil* **advanced ~** predstraža; **to be off one's ~** biti nepažljiv, neoprezan; **to throw a p off his ~** iznenaditi koga, zateći koga nepripravna; **to stand ~ over** čuvati što, držati (čuvati) stražu nad čim

guard [gaːd] *vt/i* **I.** *vt* čuvati, štititi, zaštićivati, braniti (*against, from* protiv, od); paziti na što, nadzirati; osigurati **II.** *vi* čuvati se (*against* od); paziti, biti na oprezu; zaštititi se

guard-boat [ˈgaːdbəut] *s mar* stražarski čamac

guard-chain [ˈgaːdtʃein] *s* lančić za osiguranje (džepnog sata, broša i sl.)

guard-changing [ˈgaːd.tʃeindʒiŋ] *s* izmjena (smjena) straže

guarded [ˈgaːdid] *adj* (~**ly** *adv*) oprezan

guardedness [ˈgaːdidnis] *s* opreznost

guard-house [ˈgaːdhaus] *s* stražarnica; vojni zatvor

guardian [ˈgaːdjən] *s* 1. čuvar, stražar; zaštitnik 2. *jur* skrbnik, staratelj, tutor 3. *eccl* glavar franjevačkog ili kapucinskog samostana, gvardijan

guardian-angel [ˈgaːdjənˈeindʒəl] *s* anđeo čuvar

guardianship [ˈgaːdjənʃip] *s* 1. *jur* starateljstvo, skrbništvo (*of* nad) 2. *fig* zaštita, okrilje, pokroviteljstvo

guard-rail [ˈgaːdreil] *s* zaštitna ograda (na stubištu); branik (na cesti)

guard-room [ˈgaːdrum] *s mil* stražarnica, stražarska prostorija

guard-ship [ˈgaːdʃip] *s mar* stražarski brod

guardsman [ˈgaːdzmən] *s* (*pl* **guardsmen** [ˈgaːdzmən]) 1. stražar, straža 2. *GB mil* član tjelesne straže, gardist 3. *US* pripadnik teritorijalnih jedinica (*National Guard*) SAD

gudgeon[1] [ˈgʌdʒən] *s* 1. *ichth* krkuša 2. *fig* budala, glupan, lakovjeran čovjek

gudgeon[2] [ˈgʌdʒən] *s tech* klin, čep, rukavac, ušica, prsten

guerdon [ˈgəːdən] *s poet* nagrada, nadoknada, naplata

guerdon [ˈgəːdən] *vt poet* nagraditi

guerilla (guerrilla) [gəˈrilə] *s mil* gerilski rat (obično ~ *war*); gerilac

guernsey [ˈgəːnzi] *s* 1. debela vunena košulja ili haljetak 2. vrsta pasmine goveda (s otoka Guernsey u La Mancheu)

guess [ges] *s* nagađanje, pretpostavka; pogodak | **by ~** nasumce; **to make a ~** pogoditi, odgonetnuti

guess [ges] *vt/i* **I.** *vt* procijeniti (*at* na) 2. pogađati, pogoditi, nagađati 2. riješiti, odgonetnuti, pogoditi **II.** *vi* pogađati, nagađati (također *at*) | *US* **I ~** mislim, uvjeren sam

guessable [ˈgesəbl] *adj* koji se da nagađati; rješiv, koji se da odgonetnuti; koji se može zamisliti

guess-work [ˈgeswəːk] *s* nagađanje, pretpostavljanje; pogađanje, odgonetanje

guest [gest] *s* 1. gost, uzvanik, posjetnik 2. *bot & zool* parazit | **paying ~** podstanar (i na hrani)

guest [gest] *vt/i* **I.** *vt* primiti (podvoriti) kao gosta, ugostiti **II.** *vi* biti gost, biti u gostima

guest-chamber [ˈgest.tʃeimbə] *s* soba za gosta

guestling [ˈgestliŋ] *s hist jur* cehovska komora saveza Cinque Ports

guest-night [ˈgestnait] *s* priredba društva ili udruženja na koju dolaze uzvanici

guest-room [ˈgestrum] *s* soba za goste

guest-rope [ˈgestrəup] *s mar* konop za vuču ili vezanje čamaca koji pristaju uz brod

guffaw [gʌˈfɔː] *s* prasak (salva) smijeha, bučan smijeh

guffaw [gʌˈfɔː] *vi/t* **I.** *vi* glasno, bučno se nasmijati, prasnuti u smijeh **II.** *vt* smijući se reći, izreći kroz smijeh

guggle [ˈgʌgl] *vi GB* klokotati

gugglet [ˈgʌglit] *s* zemljan krčag za vodu

guidable [ˈgaidəbl] *adj* upravljiv, kojim se može upravljati (ravnati), koji se da voditi

guidance [ˈgaidəns] *s* vodstvo, vođenje, ravnanje, upravljanje; poduka

guide [gaid] *s* 1. vodič, vodilja (& *fig*) 2. *mil* član izvidnice, vodnik 3. *mar* brod vodič (po kojemu se pri manevriranju ravnaju drugi brodovi) 4. priručnik, vodič (knjiga) 5. *mech* vodilica, provodič; uređaj ili naprava koja vodi kretanje (alata itd.)

guide [gaid] *vt* voditi; upravljati (čime)

guide-book [ˈgaidbuk] *s* vodič (knjiga)

guided missile [ˈgaididˈmisail] *s* dirigirani projektil

guideline [ˈgaidlain] *s* smjernica

guide-post [ˈgaidpəust] *s* putokaz

guide-rail [ˈgaidreil] *s rly* dodatna tračnica koja sprečava ispadanje kotača s glavnih tračnica

guide-rope [ˈgaidrəup] *s tech* konop kojim se učvršćuje teret (na dizalici); *aero* konop za vezanje balona ili zrakoplova

guideway [ˈgaidwei] *s mech* žlijeb, tračnica (kojom klizi neki pokretni dio)

guiding [ˈgaidiŋ] *s* vodstvo, vođenje

guidon [ˈgaidən] *s* (trokutasta) zastavica (konjaničkih odreda)

guild (gild) [gild] *s* ceh (obrtnika)

guilder [ˈgildə] *s hist* (holandski) zlatni ili srebrni novac

guildhall [.gildˈhɔːl] *s* vijećnica srednjovjekovnih cehova | *GB* **the Guildhall** londonska gradska vijećnica

guile [gail] *s* prijevara, lukavstvo, lukavština, prevejanost; izdajstvo, izdaja

guileful [ˈgailful] *adj* (~**ly** *adv*) prijevaran, lukav, prevejan; izdajnički

guileless [ˈgaillis] *adj* (~**ly** *adv*) bezazlen, prostodušan, koji nema zlih namjera

guilelessness [ˈgaillisnis] *s* bezazlenost, prostodušnost

guillotine [.giləˈtiːn] *s* 1. giljotina; *med* instrument za rezanje resice itd.; *tech* stroj za rezanje papira; *GB parl coll* metoda kojom se sprečava opstrukcija (ograničavanjem dužine rasprave o zakonskom prijedlogu)

guillotine [ˌgilə'tiːn] *vt* pogubiti (smaknuti) giljotinom; odrezati glavu giljotinom (komu); *GB parl coll* požuriti prihvaćanje zakonskog prijedloga (ograničavanjem dužine rasprave)

guilt [gilt] *s* krivnja; *theol* grijeh

guiltiness ['giltinis] *s* krivnja, osjećaj krivnje

guiltless ['giltlis] *adj* (**~ly** *adv*) nevin; koji nije kriv (*of* za što) | **to be ~ of** ne znati, ne posjedovati

guilty ['gilti] *adj* (**guiltily** *adv*) kriv (*of* za što); koji je skrivio (*of* što); koji osjeća krivnju, koji je svjestan krivnje; *arch* koji zavređuje (*of* neku kaznu)

guinea ['gini] *s GB* gvineja (21 šiling u upotrebi do 1971); *hist* engleski zlatni novac kovan za trgovanje u Africi; *US sl* Talijan, odn. osoba talijanskog porijekla

guinea-corn ['ginikɔːn] *s bot* indijsko proso

guinea-fowl ['ginifaul] *s ornith* perlinka, morska kokoš, biserka

guinea-pig ['ginipig] *s zool* zamorac; *fig* probni kunić, osoba na kojoj se obavljaju eksperimenti

guise [gaiz] *s* način odijevanja, ruho, odjeća, halja; *arch* vanjski izgled, pojava, uobičajeno ponašanje, način, moda; poprimljen lik, pojava | **in the ~ of** prerušen u (što), u liku (čega); **under the ~ of** pod izlikom, pod krinkom

guiser ['gaizə] *s* onaj koji je zakrabuljen (prerušen u što) | *coll* **an old ~** starkelja

guitar [gi'taː] *s mus* gitara

guitarist [gi'taːrist] *s* svirač na gitari, gitarist

gulch [gʌltʃ] *s US* uski klanac, klisura, ždrijelo (*spec* s nalazištem zlata)

gules [gjuːlz] *s her* crvenilo, crvena boja

gulf [gʌlf] *s* zaljev; ponor, provalija (& *fig*), grotlo, ždrijelo; *poet* ponor, bezdan; dubina oceana; vir; *univ sl* najniži akademski stupanj za kandidata koji položi s dovoljnim uspjehom

gulf [gʌlf] *vt* 1. progutati, proždrijeti (& *fig*) 2. *univ sl* podijeliti najniži akademski stupanj (komu)

gulfy ['gʌlfi] *adj* pun virova

gull[1] [gʌl] *s ornith* galeb

gull[2] [gʌl] *s* glupan, budala

gull [gʌl] *vt* nadmudriti, nasamariti, prevariti, povući za nos; namamiti, navesti (*into* na što)

gullet ['gʌlit] *s anat* jednjak; grlo, ždrijelo; *arch* & *dial* vododerina, tjesnac, klanac, gudura

gullibility [ˌgʌlə'biləti] *s* lakovjernost, lakovjerje

gullible ['gʌləbl] *adj* lakovjeran

gullish ['gʌliʃ] *adj* budalast, glupav

gully[1] ['gʌli] *s* vododerina; malen klanac; odvodni jarak (cijev, kanal itd.); *tech* užlijebljena tramvajska tračnica

gully[2] ['gʌli] *s Scot* velik nož

gully ['gʌli] *vt* tvoriti vododerine (u čemu), izderati, izdubiti, izlokati

gulosity [gjuː'lɔsiti] *s* proždrljivost, pohlepnost

gulp [gʌlp] *s* gutljaj

gulp [gʌlp] *vt/i* **I.** *vt* (naglo) progutati, gutnuti (obično *down*) 2. *fig* progutati; potisnuti, suzdržati **II.** *vi* (teško) gutati, gutnuti | **to ~ down sobs (tears)** potiskivati jecaje, gutati suze

gulpy ['gʌlpi] *adj* koji se guta, koji nalikuje na gutljaj, koji davi

gum[1] [gʌm] *s anat* (zubne) desni, zubno meso

gum[2] [gʌm] *s* 1. kaučuk, guma, biljna smola; *GB* uredsko ljepilo 2. krmelj 3. »gumeni« bombon 4. *bot* smolasta izlučina na deblu voćke (bolest) | **chewing ~** guma za žvakanje; *US* **~s** *pl* gumene cipele; **~ arabic** gumiarabika

gum[3] [gʌm] *s vulg* | **by ~** bogami!

gum [gʌm] *vt/i* **I.** *vt* premazati gumom, gumirati; zalijepiti (*down, in, up*); slijepiti (*together*) **II.** *vi* izlučivati kaučuk (smolu)

gumbo ['gʌmbəu] *s US* bamija (i varivo od nje)

gumboil ['gʌmbɔil] *s med* apsces na zubnom mesu

gum-boots ['gʌmbuːts] *s pl GB* gumene čizme

gummy ['gʌmi] *adj* (**gummily** *adv*) koji se odnosi na kaučuk (gumu); ljepljiv; premazan ljepilom; natečen, odebljao (noge i dr.)

gumption ['gʌmpʃən] *s coll* pronicavost, (prirođena) bistrina uma, dovitljivost, zdrav razbor, snalažljivost

gumshoe ['gʌmʃuː] *s US sl* detektiv

gum-tree ['gʌmtriː] *s bot* gumovac, eukaliptus | *sl* **up a ~** natjeran u škripac (ćorsokak)

gun [gʌn] *s* 1. vatreno oružje, top, puška; *US sl* revolver 2. topovski hitac 3. lovac (s puškom) | **sure as a ~** nesumnjivo, sigurno; **to stand (stick) to one's ~s** ne odstupati od svojeg stajališta, ne popuštati; *naut coll* **son of a ~** klipan; *coll* **big ~** važna osoba, velika zvjerka; *mar* **to blow great ~s** bjesnjeti (o vjetru)

gun-barrel ['gʌnˌbærəl] *s* puščana (topovska) cijev

gunboat ['gʌnbəut] *s mar* topnjača, monitor | *US joc* **~s** *pl* noge

gun-bus ['gʌnbʌs] *s sl* avion oboružan topom

gun-carriage ['gʌnˌkæridʒ] *s mil* lafeta, postolje za topovsku cijev

gun-case ['gʌnkeis] *s* kutija (futrola) za lovačku pušku; sudački krzneni ovratnik

gun-cotton [ˈgʌnˌkɔtn] *s chem* nitroceluloza

gun-fire [ˈgʌnˌfaiə] *s mil* & *naut* topovska paljba; pucanje topova (*spec* ujutro i uveče kao vremenski znak)

gung ho [ˈgʌŋˈhəu] *adj US sl* prodoran, energičan; brzoplet

gun-harpoon [ˈgʌnhaːˌpuːn] *s* harpuna (koja se izbacuje iz topa na kitolovcu)

gun-house [ˈgʌnhaus] *s mil* sklonište za top i momčad

gun-lock [ˈgʌnlɔk] *s* zatvarač (na vatrenom oružju)

gunman [ˈgʌnmən] *s* (*pl* **gunmen** [ˈgʌnmən]) naoružani napadač; plaćenik; odmetnik

gunnel[1] [ˈgʌnl] *s ichth* mala morska riba nalik na jegulju

gunnel[2] [ˈgʌnl] *s* → **gunwale**

gunner [ˈgʌnə] *s mil* tobdžija, topnik, artiljerac; *naut* potčasnik koji se brine za topove, municiju i sl. | *naut arch* **~'s daughter** top na koji su se vezali mornari radi bičevanja; *naut sl arch* **to kiss (marry) the ~'s daughter** biti izbičevan

gunnery [ˈgʌnəri] *s* topništvo, artiljerijska vještina

gunning [ˈgʌniŋ] *s* pucanje, lov puškom, služenje vatrenim oružjem

gunny [ˈgʌni] *s* gruba jutena tkanina; vreća od grube jute

gun-pit [ˈgʌnpit] *s* topovski jarak

gunpowder [ˈgʌnˌpaudə] *s mil* barut | **~ tea** vrsta finog čaja s lišćem smotanim u kuglice

gun-room [ˈgʌnrum] *s naut* blagovaonica za mlađe časnike (na ratnom brodu)

gun-runner [ˈgʌnˌrʌnə] *s* krijumčar oružja

gun-running [ˈgʌnˌrʌniŋ] *s* krijumčarenje oružja

gunshot [ˈgʌnʃɔt] *s mil* topovski hitac; domet topa

gun-shy [ˈgʌnʃai] *adj* koji se plaši pucnjave (*esp* lovački pas ili konj)

gunsmith [ˈgʌnsmiθ] *s GB* puškar, oružar

gun-stock [ˈgʌnstɔk] *s* kundak, usadnik (drveni potporanj puščane cijevi)

gunter [ˈgʌntə] *s* logaritamsko računalo; *mar* pomični nastavak (na jarbolu malih jedrilica)

gunwale (**gunnel**) [ˈgʌnl] *s mar* rub, ivica (čamca), rub ograde (broda), razma

gurgitation [ˌgəːdʒiˈteiʃn] *s* uzbibanost, uskomešanost, kipljenje; klokotanje

gurgle [ˈgəːgl] *s* žubor, mrmor, klokotanje

gurgle [ˈgəːgl] *vi/t* **I.** *vi* mrmoriti, žuboriti, klokotati **II.** *vt* prožuboriti, promrmoriti, žuboreći izraziti (reći)

gurnard [ˈgəːnəd] *s ichth* kokot, krkotajka, kapun (*Trigla sp.*) | **armed ~** turčin, kokot (*Peristedion cataphractum*); **flying ~** kokot krilaš (*Cactylopherus volitans*)

guru [ˈguruː] *s* duhovni učitelj

gush [gʌʃ] *s* izljev, mlaz, provala (& *fig*); *fam* zanošenje, pretjerana ushićenost, pretjeranost (u izražavanju)

gush [gʌʃ] *vi/t* **I.** *vi* šiknuti, lijevati, lijevati se (*forth, out*), izlijevati se (*from* iz čega), prelijevati se; *fig* previrati (*with* čime, od čega); zanositi se, služiti se pretjeranim riječima **II.** *vt* prolijevati, liti, izlijevati

gusher [ˈgʌʃə] *s fig* koji se rado ushićuje ili zanosi, koji rado pretjeruje; *US* eruptivna bušotina

gushing [ˈgʌʃiŋ] *adj* (**~ly** *adv*) *fam* pretjeran, koji se pretjerano ushićuje

gushy [ˈgʌʃi] *adj* → **gushing**

gusset [ˈgʌsit] *s* ušitak

gust[1] [gʌst] *s* žestok udarac (vjetra), pljusak, zamah (kiše), nagla provala (dima, zvuka itd.); *fig* provala (strasti i sl.)

gust[2] [gʌst] *s* užitak, zadovoljstvo; *arch* & *poet* ukus, okus, tek (& *fig*) | **to have a ~ of** cijeniti

gustation [gʌsˈteiʃn] *s* kušanje, okus

gustative [ˈgʌstətiv] *adj* → **gustatory**

gustatory [ˈgʌstətəri] *adj* okusni, koji se odnosi na osjetilo okusa

gusto [ˈgʌstəu] *s arch* okus, tek; *fig* osobita sklonost (*for* za što), užitak, naslada, zanos, zamah

gusty [ˈgʌsti] *adj* (**gustily** *adv*) olujan, buran, koji naglo provaljuje

gut [gʌt] *s* 1. crijevo 2. žica od ovčjeg crijeva; žilav materijal za povraze koji se dobiva od dudova svilca 3. uzan prolaz, tjesnac 4. *univ* zavoj rijeke na veslačkoj pruzi (Oxford i Cambridge) | **~s** *pl* crijeva, trbuh, utroba; *coll* hrabrost, petlja, odlučnost, značaj, otpornost, izdržljivost; **it has no ~s in it** nema pravog sadržaja (vrijednosti)

gut [gʌt] *vt/i* **I.** *vt* izvaditi utrobu (životinje), očistiti; *fig* isprazniti, popljačkati, razoriti (poharati vatrom) čitavu unutrašnjost (zgrade); izvaditi bitni sadržaj **II.** *vi* žderati, pohlepno jesti

gutsy [ˈgʌtsi] *adj sl* hrabar

gutta-percha [ˌgʌtəˈpəːtʃə] *s* gutaperča

gutter [ˈgʌtə] *s* žlijeb, oluk, užljeb; jarak, odvod, slivnik; *tech* žlijeb, užljebina; *fig* ulica, bijeda, siromaštvo, kal | **to take a child out of the ~** izbaviti dijete iz bijede

gutter [ˈgʌtə] *vt/i* **I.** *vt* izdubiti, užlijebiti; izbrazdati, izlokati **II.** *vi* kapati, cijediti se, tvoriti žlijeb (*spec* goruća svijeća)

gutter-child [ˈgʌtətʃaild] *s* ulični deran

gutter-man [ˈgʌtəmən] *s* ulični prodavač

guttersnipe [ˈgʌtəsnaip] *s* ulični deran, sirotinjsko dijete; *US sl* mešetar koji nije član burze

guttle [ˈgʌtl] *vi/t* **I.** *vi* žderati, lakomo (pohlepno) jesti; prežderavati se **II.** *vt* požderati, lakomo pojesti

guttler [ˈgʌtlə] *s* žderonja, proždrljivac, lakomac, sveždérač
guttural [ˈgʌtərəl] *adj* (**~ly** *adv*) grlen, guturalan; *fig* opor, grlen
guttural [ˈgʌtərəl] *s phon* grlen glas, gutural
gutturalize [ˈgʌtərəlaiz] *vt* grleno (guturalno) izgovarati, učiniti grlenim (guturalnim)
guy[1] [gai] *s* uže kojim se učvršćuje teret na dizalici, šator itd.
guy [gai] *vt* osigurati (učvrstiti užetom
guy[2] [gai] *s* 1. groteskni lik koji se na dan 5. studenoga nosi naokolo i spaljuje u spomen otkrića zavjere, prema kojoj je Guy Fawkes god. 1605. namjeravao barutom dići u zrak zgradu engleskog parlamenta; *GB fig* plašilo, strašilo, groteskno odjevena osoba; *US coll* čovjek, momak | *GB sl* **to give the ~ to** umaknuti (komu, čemu), odmagliti; *GB sl* **to do a ~** nestati, iščeznuti
guy [gai] *vt/i GB* **I.** *vt* prikazati likom; ismjehivati, učiniti smiješnim, izvrgnuti ruglu **II.** *vi sl* umaknuti, pobjeći, odmagliti
guzzle [ˈgʌzl] *s* lokanje; žderanje, žderačina, bančenje
guzzle [ˈgʌzl] *vi/t* **I.** *vi* (pohlepno) piti, lokati; žderati, lakomo jesti **II.** *vt* (pohlepno) piti, polokati; požderati, lakomo pojesti; rasipavati (novac), zapiti (*away*)
guzzler [ˈgʌzlə] *s* žderonja, proždrljivac, lakomac, onaj koji lakomo jede ili pije
gybe (jibe) [dʒaib] *s mar* suskretanje, prebacivanje jedara
gybe (jibe) [dʒaib] *vt/i mar* **I.** *vt* prebaciti, okrenuti, okretati (jedra), suskrenuti **II.** *vi* suskretati, prebaciti jedra
gyle [gail] *s* partija piva koja se odjednom vari; kaca za varenje piva; sredstvo koje izaziva varenje
gym [dʒim] *s sl* kratica za **gymnasium**
gymnasial [dʒimˈneiziəl] *adj* gimnastički, koji se odnosi na gimnastičku dvoranu
gymnasium [dʒimˈneizjəm] *s* gimnastička dvorana, vježbaonica; gimnazija (na kontinentu)
gymnast [ˈdʒimnæst] *s* vježbač, gimnastičar
gymnastic [dʒimˈnæstik] *adj* (**~ally** *adv*) gimnastički; *fig* koji vježba um ili značaj
gymnastic [dʒimˈnæstik] *s* (obično *pl* **~s**) tjelovježba, gimnastika; *fig* vježba (za duh itd.)
gymnosophist [dʒimˈnɔsəfist] *s* indijski asket
gymnosophy [dʒimˈnɔsəfi] *s* učenje indijske asketske sekte
gym-shoe [ˈdʒimʃuː] *s GB* gimnastička papuča; tenisica
gynaecocracy [ˌgainiˈkɔkrəsi] *s* vladavina žene ili žena
gynaecological [ˌgainikəˈlɔdʒikl] *adj med* ginekološki
gynaecologist [ˌgainiˈkɔlədʒist] *s med* ginekolog
gynaecology [ˌgainiˈkɔlədʒi] *s med* ginekologija
gyp[1] [dʒip] *s GB univ coll* sluga u koledžu (Cambridge, Durham)
gyp[2] [dʒip] *s GB sl* | **to give a person ~** izmlatiti, isprebijati, istući, nalemati; izgrditi koga
gyp [dʒip] *vt US sl* prevariti
gyp-room [ˈdʒiprum] *s univ coll* spremište, spremnica, ostava
gypseous [ˈdʒipsiəs] *adj minr* sadren, sadrenast
gypsous [ˈdʒipsəs] *adj* → **gypseous**
gypsum [ˈdʒipsəm] *s minr* sadra, gips
gypsy [ˈdʒipsi] *s* → **gipsy**
gyrate [ˈdʒaiərit] *adj bot* zavijen, smotan, poredan u prstenima
gyrate [ˌdʒaiəˈreit] *vi* okretati se, vrtjeti se, rotirati
gyration [ˌdʒaiəˈreiʃn] *s* okretanje, vrtenje, vrtnja, rotiranje; okret, zavoj
gyratory [ˈdʒaiərətəri] *adj* koji se okreće, vrti ili rotira
gyre [ˈdʒaiə] *s poet* okret; krug, kolo, vrtlog
gyre [ˈdʒaiə] *vi poet* okretati se, vrtjeti se
gyromancy [ˈdʒaiərəmænsi] *s* gatanje iz krugova
gyropilot [ˈdʒaiərəuˌpailət] *s aero* automatski pilot
gyroscope [ˈdʒaiərəskəup] *s phys* giroskop; *mot, aero & mar* žiroskop
gyroscopic [ˌdʒaiərəsˈkɔpik] *adj* giroskopski
gyrostat [ˈdʒaiərəstæt] *s phys* vrsta giroskopa
gyrostatic [ˌdʒaiərəsˈtætik] *adj* girostatski
gyve [dʒaiv] *s poet* (obično *pl* **~s**) okovi, negve, lisičine
gyve [dʒaiv] *vt poet* okovati, vezati; baciti u okove; staviti negve komu; *fig* spriječiti

H

H, h [eitʃ] *s* H, h, osmo slovo engleske abecede; *mus* h | **to drop one's ~'s** ne izgovarati glas h (osobina londonskoga pučkog narječja cockneyja)
ha [haː] *interj* ha!
ha [haː] *vi* → **hum**
haaf [haːf] *s* duboko mjesto (u moru) pogodno za ribolov (kod Shetlandskih i Orkneyskih otoka)
habeas corpus [ˈheibjəsˈkɔːpəs] *s* (*writ of* ~) *jur* nalog za izvođenje osobe pred sud
haberdasher [ˈhæbədæʃə] *s* trgovac kratkom robom i galanterijom; *US* trgovac muškom galanterijom i pomodnom robom
haberdashery [ˈhæbədæʃəri] *s* kratka i pozamenterijska roba; *US* muška pomodna roba; prodavaonica takve robe
habergeon [ˈhæbədʒən] *s hist* oklopna košulja bez rukava
habile [ˈhæbil] *adj* spretan, okretan
habiliment [həˈbilimənt] *s hum* odjeća | **~s** *pl* posebna odjeća (za neku prigodu)
habilitate [həˈbiliteit] *vt/i* 1. *US* osposobiti, opskrbiti (rudnik) uređajem za rad 2. osposobiti se, habilitirati se za kakvu dužnost, položaj 3. odjenuti, obući
habilitation [həˌbiliˈteiʃn] *s* osposobljenje, habilitacija
habit [ˈhæbit] *s* navika, običaj; sklonost; temperament; tjelesna građa; *bot & zool* način života, rasta; odjeća, nošnja (osobito vjerskih redova) | **from ~** iz običaja, iz navike; **from force of ~** silom navike; **to be in the ~ of** imati naviku, običavati; **to fall (get) into a ~** odati se kakvoj navici, pasti u naviku, naviknuti se; **to get out of a ~** napustiti naviku, odviknuti se
habit [ˈhæbit] *vt* odijevati, oblačiti; *arch* obitavati, prebivati
habitability [ˌhæbitəˈbiləti] *s* naseljivost, prikladnost za stanovanje
habitable [ˈhæbitəbl] *adj* (**habitably** *adv*) prikladan za stanovanje
habitant [ˈhæbitənt] *s* stanovnik
habitant [ˈhæbitɔ̃ːŋ] *s Fr* Kanađanin francuskog porijekla
habitat [ˈhæbitæt] *s zool & bot* nalazište, prebivalište, postojbina, zavičaj, domovina
habitation [ˌhæbiˈteiʃn] *s* stanovanje; nastamba
habit-ridden [ˈhæbitˈridn] *adj* koji je rob navike
habitual [həˈbitjuəl] *adj* (**~ly** *adv*) uobičajen, običajan, stalan; koji je postao navikom; koji ima naviku, koji nešto čini po navici | **~ drunkard** okorjela pijanica
habituate [həˈbitjueit] *vt* naviknuti, priviknuti (*to* na)
habituation [həˌbitjuˈeiʃn] *s* navikavanje, priučavanje
habitude [ˈhæbitjuːd] *s* navika, običaj; sklonost
habitué [həˈbitjuei] *s Fr* stalan posjetilac, gost
hacienda [ˌhæsiˈendə] *s* imanje s kućom, majur (u Južnoj i Srednjoj Americi)
hack[1] [hæk] *s* pijuk, budak, trnokop; motika; zarez, urez, rovaš; udarac (nogom u goljenicu); *US* mucanje, zapinjanje u govoru; kratak isprekidan kašalj, kašljucanje
hack[2] [hæk] *s* 1. najamni, fijakerski konj, tegleći konj; obični jahaći konj; kljuse 2. *sl* bludnica, drolja 3. (literarni) nadničar | **~ writer** literarni nadničar, pisac plaćenik, piskaralo
hack[1] [hæk] *vt/i* 1. udarati; zarezati, (za)sjeći, cijepati, raskomadati; udariti nogom (u goljenicu); loše govoriti, natucati koji jezik 2. kratko i suho kašljati, kašljucati | **~ing cough** kratak suh kašalj, kašljucanje
hack[2] [hæk] *vt/i* 1. učiniti običnim, istrošiti, otrcati; davati u najam, iznajmljivati; zaposliti kao literarnog nadničara 2. jahati korakom po cesti; iznajmljivati se; provoditi život nadničara
hack [hæk] *adj* najamni, unajmljen; nadničarski, plaćenički; *fig* otrcan

hackberry ['hækberi] *s bot* koprivić (drvo srodno brijestu)
hackery ['hækəri] *s* indijska kola s volovskom zapregom
hackle ['hækl] *s* grebenjača, sprava za grebenjanje (vune, sirove svile, lana itd.); leđno ili vratno perje pijetla; umjetna muha za ribolov | **with his ~s up** nakostriješen, ljutit, spreman na borbu; **to get a p's ~s up** razbijesniti, raspaliti koga
hackle ['hækl] *vt/i* grebenati; praviti umjetne muhe za ribolov
hackle ['hækl] *vt* raskomadati, rasjeći, raskoliti
hackly ['hækli] *adj* raskomadan, rasječen; hrapav, neravan, nazupčan
hackney ['hækni] *s* običan jahaći ili fijakerski konj, najamni konj; najamnik, plaćenik | **~ carriage, ~ coach** fijaker, najamna kočija
hackney ['hækni] *vt* dugotrajnom upotrebom iskvariti, izlizati, otrcati | **~ed phrase** otrcana fraza
hacksaw ['hæksɔːl] *s* sitno nazupčana ručna pila za rezanje metala
had [hæd] *pret & pp* od **have**
haddock ['hædək] *s ichth* vrsta bakalara (*Gadus aeglefinus*)
hade [heid] *vi geol* odvajati se od vertikalne crte
Hadji ['hædʒiː] *s* hodža
haemal (hemal) ['hiːml] *adj anat* krvni; crven kao krv
haematic (hematic) [hiː'mætik] *adj* krvni, koji sadrži krv; crven kao krv
haematic (hematic) [hiː'mætik] *s med* lijek koji djeluje na krv
haematite (hematite) ['hemətait] *s minr* hematit (željezna ruda)
haemoglobin [ˌhiːməu'gləubin] *s* hemoglobin
haemophilia [ˌhiːməu'filiə] *s med* hemofilija
haemophiliac [ˌhiːməu'filiæk] *s* osoba koja trpi od hemofilije
haemorrhage (hemorrhage) ['heməridʒ] *s* krvarenje
haemorrhoids (hemorrhoids) ['hemərɔidz] *s* hemoroidi, šuljevi
haft [haːft] *s* držak, držalo (noža, bodeža, sjekire itd.)
haft [haːft] *vt* opremiti, snabdjeti drškom, držalom (nož, bodež, sjekiru itd.)
hag[1] [hæg] *s* ružna, stara žena, *fig* vještica; *ichth* vrsta ribe parazita slične paklari (*Lampreta*)
hag[2] [hæg] *s* močvara; močvarni predjel; tvrdo, čvrsto mjesto u močvari
hagberry ['hægberi] *s bot Scot* višnja (plod); koprivić (drvo srodno brijestu)
hag-fish ['hægfiʃ] *s* vrsta ribe srodne paklari
haggard ['hægəd] *s* divlji, nepripitomljen sokol
haggard ['hægəd] *adj* (**~ly** *adv*) divlji, nepripitomljen (osobito o sokolima); divljeg izgleda; preplašen, zbunjen; mršav; oronuo
haggis ['hægis] *s* tlačenica od ovčjih iznutrica
haggish ['hægiʃ] *adj* (**~ly** *adv*) poput vještice; pakostan; ružan, odvratan
haggle ['hægl] *vi* sjeckati, cjepkati; svađati se, prepirati se; cjenkati se (*about, over* o), pogađati se, natezati se (oko čega)
haggle ['hægl] *s* cjenkanje, natezanje, pogađanje
hagiographer [ˌhægi'ɔgrəfə] *s* hagiograf, pisac života svetaca
hagiography [ˌhægi'ɔgrəfi] *s* hagiografija, opis života svetaca
hagiology [ˌhægi'ɔlədʒi] *s* nauka o životu svetaca
hag-ridden ['hægˌridn] *adj* mučen, koji trpi od more
hag-seed ['hægsiːd] *s* vještičino sjeme, dijete vještice
hah [haː] *interj* ha!, ah!
ha ha [haː'haː] *interj* ha! ha! (smijeh)
ha ha [haː'haː] *s* glasan smijeh
ha ha [haː'haː] *vi* glasno se smijati
ha-ha [haː'haː] *s* jarak s duboko uzidanom ogradom oko vrta ili parka (da ne smeta vidiku)
hail[1] [heil] *s* tuča, grȁd; **pljusak** (& *fig*)
hail [heil] *vi/t* 1. padati (tuča, grȁd) 2. obasuti tučom (& *fig*) | **it ~s** tuča pada
hail down ['heil'daun] *vt/i fig* obasuti, obasipavati, sručiti (se), padati poput tuče (*on* po)
hail[2] [heil] *s* pozdrav; dozivanje; doseg glasa | **within ~** na doseg glasa
hail [heil] *vt* pozdraviti, pozdravljati, doz(i)vati; osloviti
hail from ['heil'frɔm] *vi* potjecati iz, dolaziti iz, biti porijeklom iz; *mar* biti registriran u (kojoj luci), imati kao matičnu luku, dolaziti (iz) | **where does he ~?** odakle je on?
hail [heil] *interj* zdravo!, živio!
hail-fellow ['heilˌfeləu] *s* prisni prijatelj
hail-fellow-well-met ['heilˌfeləuˌwel'met] *adj* (vrlo) prijateljski, prisan, intiman (*with*)
hailstone ['heilstəun] *s* zrno tuče, grȁda
hailstorm ['heilstɔːm] *s* oluja praćena tučom
haily ['heili] *adj* poput tuče, s tučom
hair [hɛə] *s* dlaka, kosa, vlas, dlačica; trun | **against the ~** uz dlaku; **to a ~** precizno, navlas točno; **a ~ of the dog that bit you** mamurluk se razbija pijući nanovo; *sl* **keep your ~ on!** samo hladnokrvno!; **to put up her ~, to turn up her ~** podići kosu na tjeme; (za dje-

vojku) češljati se kao odrasla žena; **not to turn a ~** ni pisnuti, ni trenuti okom; *fig* **to comb a p's ~ for him** dobro izgrditi koga, oprati mu glavu; *sl* **to get a p by the short ~s** imati koga potpuno u vlasti; *fig* **to tear one's ~** čupati sebi kosu (od očaja); **to lose one's ~** (o)ćelaviti; *fig* raspaliti se, razbjesnjeti se; **to let one's ~ down** raspustiti kosu (niz pleća); *fig* opustiti se, ležerno se ponašati; **not to touch a ~ of a p's head** ne učiniti kome ništa nažao, ni dotaknuti koga; *fig* **to make one's ~ stand on end** (na)tjerati u užas, izaz(i)vati jezu (u komu); **to split ~s** cjepidlačiti

hair-breadth [ˈhɛəbredθ] *s* sasvim neznatan razmak, širina dlake | **to have a ~ escape** umaknuti (nevolji) za dlaku

hairbrush [ˈhɛəbrʌʃ] *s* četka za kosu

haircloth [ˈhɛəklɔθ] *s* pûst, tkanina od životinjske dlake

haircut [ˈhɛəkʌt] *s* šišanje, način kako je kosa ošišana

hair-do [ˈhɛəduː] *s coll* frizura

hairdresser [ˈhɛəˌdresə] *s* frizer(ka)

hair-dryer [ˈhɛəˌdraiə] *s* aparat za sušenje kose, fen

hair-dye [ˈhɛədai] *s* boja za kosu

hair-felt [ˈhɛəfelt] *s* vrsta pûsta

hairiness [ˈhɛərinis] *s* dlakavost, kosmatost, rutavost

hairless [ˈhɛəlis] *adj* bez kose, bez dlaka; ćelav

hairlike [ˈhɛəlaik] poput kose, sličan kosi

hairline [ˈhɛəlain] *s* rub čela gdje počinje rasti kosa; vrlo tanka crta ili potez

hairline [ˈhɛəlain] *adj* tanak poput vlasi

hairnet [ˈhɛənet] *s* mrežica za kosu

hair-oil [ˈhɛərɔil] *s* ulje za kosu

hairpiece [ˈhɛəpiːs] *s* lažna pletenica, umetak od lažne kose

hairpin [ˈhɛəpin] *s* ukosnica | **~ bend** oštar, dvostruk zavoj (ceste)

hair-raising [ˈhɛəˌreiziŋ] *adj* jezovit, od kojega se kosa ježi

hair's breadth [ˈhɛəzbredθ] *s* sasvim neznatan razmak, širina dlake | **to escape by a ~** umaknuti (nevolji) za dlaku

hair-shirt [ˌhɛəˈʃəːt] *s* košulja od kostrijeti

hair-slide [ˈhɛəslaid] *s* kopča za kosu, špangica

hair-splitter [ˈhɛəˌsplitə] *s* cjepidlaka

hair-splitting [ˈhɛəˌsplitiŋ] *adj* koji cjepidlači

hair-splitting [ˈhɛəˌsplitiŋ] *s* cjepidlačenje

hair-spring [ˈhɛəspriŋ] *s* spirala u satu

hair-stroke [ˈhɛəstrəuk] *s* vrlo tanka crta ili potez u pisanju

hair-trigger [ˈhɛəˌtrigə] *s* ubrzač, otponac (puške) koji reagira na najmanji pritisak

hairy [ˈhɛəri] *adj* (**hairily** *adv*) dlakav, kosmat, rutav

hake [heik] *s ichth* oslić (*Merluccius merluccius*)

hakim [ˈhaːkim] *s Arab* sudac; upravljač

halberd [ˈhælbəd] *s* helebarda

halbert [ˈhælbət] *s* → **halberd**

halcyon [ˈhælsiən] *s ornith* vodomar ribič

halcyon [ˈhælsiən] *adj* vedar, miran, spokojan | **~ days** sretni dani

hale [heil] *adj* snažan, čvrst, čio, zdrav | **~ and hearty** snažan i bodar

hale [heil] *vt arch* silom (od)vući, dovući koga

half [haːf] *s* (*pl* **halves** [haːvz]) polovica, polovina, pola; polugodište; *jur* stranka, dionik | **two pounds and a ~, two and a ~ pounds** dvije funte i pol, dvije i pol funte; **~ as much again** jedan i pol puta toliko; **the larger ~** veća polovica; **better ~** bolja polovica (žena); **too clever by ~** prepametan; **to go halves with a p** dijeliti popola; **to cry halves** zahtijevati jednak udio; **to go halves in** (po)dijeliti na jednake dijelove; **in ~, in halves** napola, raspolovljen; **to do by halves** (u)činiti (što) samo napola

half [haːf] *adj* pol, pola, ne sasvim učinjen, nepotpun | **a ~ share** pola udjela; **to have ~ a mind** gotovo imati volju (učiniti što); **that is ~ the battle** pola posla je (time) obavljeno; *fig* **one can see that with ~ an eye** i slijepac bi to vidio, i letimičan pogled dostaje; **~ a loaf is better than no bread** bolji je vrabac u ruci nego golub na krovu

half [haːf] *adv* pol, napola; prilično; sasvim; gotovo, skoro | *sl* **not ~** ne malo, pošteno; strahovito, užasno; **not ~!** još i kako!, i te kako!; **not ~ good enough for you** to nije ni izdaleka dosta dobro za vas; **I don't ~ like it** ja to nikako ne volim

half-a-crown [ˌhaːfəˈkraun] *s* pola krune (engleski srebrni novac=2s=6d)

half-and-half [ˌhaːfəndˈhaːf] *s* mješavina od dvije vrste piva (ale i porter)

half-and-half [ˌhaːfəndˈhaːf] *adj* polovičan

half-back [ˈhaːfˈbæk] *s sport* pomagač; *ftb* half, polutka

half-baked [ˌhaːfˈbeikt] *adj fig* nedovršen; *coll* glupav, sirov, neiskusan, nezreo

half-barrier [ˈhaːfˌbæriə] *s rly* branik koji seže samo do polovice ceste

half-binding [ˈhaːfˌbaindiŋ] *s* polukožni uvez

half-blood [ˈhaːfblʌd] *s* mješanac, polutan

half-bound [ˌhaːfˈbaund] *adj* uvezan u polukožni uvez

half-bred [ˈhaːfbred] *adj* koji je miješana porijekla, nečistokrvan; hibridan

half-breed [ˈhaːfbriːd] *s* mješanac, polutan; hibrid

half-brother [ˈhaːfˌbrʌðə] *s* polubrat

half-calf [ˈhaːfkaːf] *s* polukožni uvez

half-caste [ˈhaːfkaːst] *s* mješanac

half-court line [ˈhaːfkɔːtˈlain] *s ten* linija u sredini polja

halfcrown [ˌhaːfˈkraun] *s* pola krune (engleski srebrni novac=2s=6d)
half-dozen [ˌhaːfˈdʌzn] *s* pola tuceta
half-hearted [ˌhaːfˈhaːtid] *adj* (**~ly** *adv*) bezvoljan, mlak, mlitav, malodušan
half-holiday [ˌhaːfˈhɔlədi] *s* polublagdan
half-hose [ˌhaːfˈhəuz] *s* kratka čarapa
half-hourly [ˌhaːfˈauəli] *adj* polsatan
half-hourly [ˌhaːfˈauəli] *adv* svako pola sata
half-length [ˌhaːfˈleŋθ] *adj arts* | **~ portrait** poprsje
half-mast [ˌhaːfˈmaːst] *s* pola visine jarbola ili stijega | **at ~** (zastava) na pola stijega
half-measure [ˌhaːfˈmeʒə] *s* polovična stvar, nepotpunost, polovičnost, kompromis
half-moon [ˌhaːfˈmuːn] *s* polumjesec
half-mourning [ˌhaːfˈmɔːniŋ] *s* polukorota
half-pay [ˌhaːfˈpei] *s* pola plaće, plaća snižena na polovicu
halfpence [ˈheipəns] *s* vrijednost ½ penija
halfpenny [ˈheipni] *s* pola penija, engleski bakreni novac | *sl* **~ lick** sladoled koji se (u tuljcu) prodaje na ulici; **to turn up again like a bad ~** neprestano se pojavljivati, vraćati se kao krivi groš
halfpenny [ˈheipni] *adj* vrijedan pola penija; petparački
halfpennyworth [ˈheipniwəːθ] *s* vrijednost pola penija, ono što stoji ½ penija; bezvrijedna stvar
half-price [ˌhaːfˈprais] *s* pola cijene
half-seas-over [ˌhaːfsiːzˈəuvə] *adj* na pola puta preko mora; *fig* napola gotov s poslom; *coll* pripit, nakresan
half-shift [ˌhaːfˈʃift] *s mus* polupomak
half-sister [ˈhaːfˌsistə] *s* polusestra
half-size [ˈhaːfsaiz] *adj* upola manji od uobičajene ili redovite veličine, polubroj
half-sovereign [ˌhaːfˈsɔvrin] *s* engleski zlatni novac (= 10 šilinga)
half-tide [ˌhaːfˈtaid] *s* vrijeme ili stanje između plime i oseke
half-timbered [ˈhaːfˌtimbəd] *adj archit* sagrađen napola od drvenih greda i napola od kamena ili opeke
half-time [ˌhaːfˈtaim] *s* pola radnog vremena; *sport* poluvrijeme
half-timer [ˌhaːfˈtaimə] *s* radnik koji radi samo pola radnog vremena; učenik koji prisustvuje samo polovici obuke, a inače je zaposlen
half-tint [ˈhaːftint] *s* srednja boja, nijansa; *phot* poluton
half-tone [ˈhaːftəun] *s* srednja boja, nijansa; crno-bijela foto-gravira srednje nijanse; *mus* poluton; *print* **~ process** snimanje pomoću rastera
half-track [ˈhaːftræk] *s mil* vozilo s gusjenicama na stražnjim kotačima
half-truth [ˈhaːftruθ] *s* poluistina
half-volley [ˌhaːfˈvɔli] *s sport* poluvolej (udarac u loptu kad se ona diže)
half-volley [ˌhaːfˈvɔli] *vt/i sport* **I.** *vt* uzeti (loptu) poluvolejem **II.** *vi* igrati poluvolej
half-way [ˌhaːfˈwei] *adj* koji je na pola puta, polovičan, kompromisan | **~ house** gostionica na pola puta; međupostaja; *fig* kompromis, nagodba, etapa
half-way [ˌhaːfˈwei] *adv* na pola puta; polovično | *fig* **to meet one ~** biti spreman na kompromis, nagoditi se s kim
half-wit [ˈhaːfwit] *s* glupak, budala, slaboumnik
half-witted [ˌhaːfˈwitid] *adj* budalast, glupav, nedotupavan, idiotski
half-year [ˈhaːfˈjəː] *s* pola godine, polugodište, semestar
half-yearly [ˌhaːfˈjəːli] *adj* polugodišnji
half-yearly [ˌhaːfˈjəːli] *adv* svako pola godine, polugodišnje
halibut [ˈhælibət] *s ichth* velika ploča
halitosis [ˌhæliˈtəusis] *s med* pokvaren dah, neugodan zadah iz usta
hall [hɔːl] *s* dvorana; predvorje, trijem, predsoblje, hal; tržnica; prodavaonica; sudnica; sud; cehovska kuća, vijećnica; dvorac, vlastelinska kuća; *univ* studentski dom, glavna zgrada koledža; zajednička blagovaonica studenata; večera u toj blagovaonici | **servants' ~** blagovaonica za služinčad; **Saddlers' Hall** cehovska kuća sedlara; **liberty hall** mjesto slobode, gdje svatko radi što hoće; **Town** (ili **City**) **Hall** gradska vijećnica
hallelujah [ˌhæliˈluːjə] *s* → **alleluia**
halliard [ˌhæljəd] *s* → **halyard**
hall-mark [ˈhɔːlmaːk] *s* zlatarski znak, žig, punca; *fig* obilježje, odlika, svojstvo, karakteristika
hall-mark [ˈhɔːlmaːk] *vt* obilježiti zlatarskim žigom, puncirati; *fig* obilježiti
hallo (**halloa**) [həˈləu] *interj* halo!, zdravo!, hej!, pozor!
hallo (**halloa**) [həˈləu] *vi* vikati »halo«, »hej«
hallo (**halloa**) [həˈləu] *s* povik »halo«, »hej«
halloo [həˈluː] *interj* puci ga!, drž'ga! (povik za huckanje pasa); hej! (povik za upozorenje, dozivanje)
hallo [həˈluː] *s* povik »puci ga«, drž'ga!« (psima); povik »hej« (kod dozivanja)
halloo [həˈluː] *vi/t* huckati, vikati; dozivati | *fig* **do not ~ until you are out of the wood** ne reci hop dok ne preskočiš, ne likuj prije vremena
hallow [ˈhæləu] *vt* učiniti svetim, posvetiti, štovati kao sveca
hallow [ˈhæləu] *s* svetac, danas sačuvano samo u: **All Hallows** Svisveti (blagdan)
Hallowe'en [ˌhæləuˈiːn] *s Scot & US* veče uoči blagdana Svisveta (31. listopada)

Hallowmas [ˈhæləumæs] *s* Svisveti (blagdan)
hall-stand [ˈhɔːlstænd] *s* stalak za kišobrane i šešire
hallucinate [həˈluːsineit] *vt/i* izazvati tlapnje, priviđenja, halucinacije u koga; imati halucinacije, priviđenja, trabunjati, buncati, halucinirati
hallucination [həˌluːsiˈneiʃn] *s* tlapnja, priviđenje, halucinacija
halm [haːm] *s* → **haulm**
halma [ˈhælmə] *s* halma (društvena igra)
halo [ˈheiləu] *s* kolut svjetla (oko Sunca i Mjeseca); vijenac svjetla, (svetačka) aureola; nimbus; *fig* slava
halo [ˈheiləu] *vt* okružiti vijencem svjetla, aureolom
halt [hɔːlt] *s* odmor, zastoj, mirovanje; *rly* stajalište | *mil* **to make ~** (za)stati, zaustaviti se; **to come to a ~** stati, zaustaviti se; **to call a ~** narediti da se stane; *fig* **to call a ~ to** dokrajčiti
halt [hɔːlt] *vi/t* *mil* **I.** *vi* stati, zaustaviti se **II.** *vt* zaustaviti (trupe)
halt [hɔːlt] *adj* *arch* šepav, hrom, kljast
halt [hɔːlt] *vi* oprezno hodati; oklijevati, krzmati, kolebati se; *fig* hramati, šepati (osobito o stilu); *arch* hramati, šepati
halter [ˈhɔːltə] *s* ular, povodac, oglav; uže, konopac (za vješanje osuđenika); smrt vješanjem
halter [ˈhɔːltə] *vt* uhvatiti ularom; zaulariti; *fig* obuzdati; objesiti (na vješalima)
halter-break [ˈhɔːltəbreik] *vt* priviknuti (konja) na ular
halting[1] [ˈhɔːltiŋ] *adj* koji zastaje | **~ place** odmaralište, mjesto za odmor
halting[2] [ˈhɔːltiŋ] *adj* (**~ly** *adv*) koji oklijeva, krzma, koleba se
halve [ˈhaːv] *vt* raspoloviti, prepoloviti, podijeliti; svesti, smanjiti na polovicu
halyard (halliard) [ˈhæljəd] *s* *mar* podigač (uže za dizanje ili spuštanje jedra ili križa)
ham [hæm] *s* bedro, but, butina, stegno; šunka, pršut; *sl* slab, neiskusan glumac, dilelant (i ~ *actor*); *sl* radio-amater (i *radio* ~) | ~**s** *pl* zadnjica
ham [hæm] *vt/i* pretjerivati (i ~ *up*)
hamburger [ˈhæmbəːgə] *s* kosani odrezak, faširana šnicla, sendvič s kosanim odreskom
hame [heim] *s* kamut, ajam
ham-fisted [ˌhæmˈfistid] *adj* koji ima nespretne ruke
ham-handed [ˈhæmˌhændid] *adj* → **ham-fisted**
hamlet [ˈhæmlit] *s* zaselak, seoce
hammer [ˈhæmə] *s* čekić, bat, malj, kladivo; predmet ili stroj poput čekića; batić (u satu, u klaviru); klatno (u zvonu); udarna igla u pušci | **to come under the ~** otići na bubanj, biti prodan na dražbi; **knight of the ~** kovač; *sport* **throwing the ~** bacanje kladiva; **~ and tongs** svom snagom; **~ and sickle** srp i čekić
hammer [ˈhæmə] *vt/i* **I.** *vt* udarati, lupati čekićem, kovati; zabi(ja)ti; bubati, bubetati (šakama); *coll* odlučno potući, poraziti; *st exch* proglasiti koga insolventnim **II.** *vi* lupati, udarati (čekićem), bubetati
hammer at [ˈhæmərˈæt] *vi* udarati, lupati po čemu; nabijati; *fig* naporno na čemu raditi
hammer away [ˈhæmərəˈwei] *vi* neprestano lupati čekićem, nabijati; udarati, lupati (po čemu); ustrajno što raditi
hammer down [ˈhæməˈdaun] *vt* prikovati, zakovati, zabi(ja)ti (čekićem)
hammer in [ˈhæmərˈin] *vt* zabi(ja)ti, ukucati, zatjerati (čavle); *fig* utuviti
hammer into [ˈhæmərˈintu] *vt* zabi(ja)ti, ukuca(va)ti, zatjerati; *fig* utuviti | **we shall hammer these facts into his head** utuvit ćemo mu to u glavu
hammer out [ˈhæmərˈaut] *vt* čekićem izravnati, spljoštiti; iskovati; *fig* (napornim radom) proizvesti, izmisliti, izmudriti
hammercloth [ˈhæməklɔθ] *s* ukrasni pokrov na kočijaševu sjedalu
hammered [ˈhæməd] *adj* tučen (kovina); učinjen hrapavim na jednoj strani (staklo)
hammer-head [ˈhæməhed] *s* glava čekića ili batića; *ichth* jaram (vrsta morskog psa) (*Zygaena malleus*); *zool* vrsta afričkog šišmiša
hammering [ˈhæməriŋ] *s* kovanje, udaranje, lupanje čekićem; mucanje, zamuckivanje; *mil* jaka paljba | **to give a good ~** dobro nalemati (koga)
hammerman [ˈhæməmən] *s* kovač, radnik koji radi čekićem
hammersmith [ˈhæməsmiθ] *s* kovač
hammock [ˈhæmək] *s* viseća mreža za ležanje, visaljka
hammock-chair [ˈhæməktʃɛə] *s* (vrtna, palubna) ležaljka
hamper [ˈhæmpə] *s* košara (osobito za jelo, za put)
hamper [ˈhæmpə] *vt* smetati, priječiti, sprečavati; poremetiti, pokvariti
ham-roll [ˈhæmrəul] *s* pecivo sa šunkom
hamshackle [ˈhæmʃækl] *vt* sputati (prednju nogu i glavu životinje); *fig* sputa(va)ti, obuzdati, suzbi(ja)ti, svladati
hamster [ˈhæmstə] *s* *zool* hrčak
hamstring [ˈhæmstriŋ] *s* *anat* koljena tetiva
hamstring [ˈhæmstriŋ] *vt* rasjeći koljene tetive; *fig* onemogućiti, spriječiti
hand [hænd] *s* ruka, šaka, pest; prednja noga četveronošca; strana; smjer; pomoć; čovjek; sluga; radnik; momak; mornar; čovjek s iskustvom, poznavalac, stručnjak; raspolaganje; vrelo, izvor (informa-

cija); udio; jedna igra (karata); igrač; karte koje igrač ima u ruci; kazaljka (na satu); rukopis; potpis; odobravanje, aplauz; mjera za visinu konja (= 4 inča = 10,16 cm) | ~ **tool** ručni alat; ~ **tame** pitom, pripitomljen, koji jede iz ruke; *fam* **~s** *pl* radnici; momčad; **to have a ~ in it** imati svoje prste u čemu; **by the ~s of** posredovanjem koga; **to pass through many ~s** proći kroz mnogo ruku; **a good ~ at** spretan u (čemu); **an old ~ (at)** iskusan (u čemu), stari majstor; stručnjak; **at first ~** iz prve ruke; **at second ~** indirektno; **cool ~** hladnokrvan čovjek; **he has a ~ for** on je spretan, nadaren (za što); **a legible ~** čitljiv rukopis; **to witness the ~ of** posvjedočiti, ovjeroviti čiji potpis; **at ~** blizu, pri ruci; na dohvatu; **at a p's ~** od nekoga, s nečije strane; **by ~** rukom, ručnim radom; **delivered by ~** poslan po dostavljaču; **brought up by ~** othranjen na bočicu (bez majčina mlijeka); **for one's own ~** za vlastiti račun; **from ~ to ~** iz ruke u ruku; **to live from ~ to mouth** živjeti od danas na sutra, iz dana u dan; **in ~** u ruci; u radu; na raspolaganju; pod nadzorom; **cash in ~** gotovina; **on ~** *com* na skladištu, na raspolaganju; *US* pri ruci, uza se; **(to be) on one's ~s** (biti) kome na teret, na brizi, na vratu; **to have one's ~s full** imati pune ruke posla; **on all ~s** na sve strane, sa svih strana; **on the one ~** s jedne strane, u jednu ruku; **on the other ~** s druge strane, u drugu ruku; **out of ~** odmah, smjesta, bez okolišanja; **to get out of ~** izmicati kontroli, postati neobuzdan; **to one's ~** u pripravnosti, na dohvatu, na raspolaganju; **with a heavy ~** nasilnički; **to come to ~** (pismo) stići (u ruke); *com* **your letter is to ~** primili smo vaš dopis; **to give** (ili **lend**) **a ~ (with)** pomoći (pri čemu); **to do a ~'s turn** načiniti vrlo neznatan napor, maknuti prstom; **to lay (one's) ~s on** dohvatiti, zgrabiti; dići ruku na (koga); naći; *eccl* potvrditi, zarediti, posvetiti (polaganjem ruku); *fig* **not to lift a ~, not to do a ~'s turn** ni prstom maknuti (da bi se pomoglo); **to lift** (ili **raise**) **a ~** (ili **one's ~**) **against a p** dići ruku na koga; **to take in ~** poduzeti, započeti; preuzeti, uzeti u svoje ruke; **to change ~s** prijeći iz ruke u ruku, promijeniti vlasnika; *fig* **clean ~s** čisti prsti; **to get one's ~ in** uvježbati se, steći praksu; **to keep one's ~ in** (nastojati) ostati u vježbi; **his ~ is out** on je izvan vježbe, nije u formi; **to win ~s down** lako pobijediti; *fig* **to get sth off one's ~s** skinuti sebi što s vrata, riješiti se odgovornosti za što; **~s off!** ruke k sebi!, ne diraj!; **~s up!** ruke uvis!; **~ in ~** rukom o ruku, držeći se za ruke; *fig* **to go ~ in ~** ići zajedno, ići jedno uz drugo; **~ over ~ (fist)** stavljajući jednu ruku iznad druge (kao pri penjanju po užetu); *fig* brzo i stalno; **~ to ~** (borba) prsa o prsa; **to bind one ~ and foot** svezati komu ruke i noge; *fig* sputa(va)ti; **to serve** (ili **wait**) **on a p ~ and foot** ispunjavati svaku želju, odano služiti (kome); **to be ~ in glove with** biti u prisnu prijateljstvu (s kim); **to write a good ~** imati lijep rukopis; **to shake ~s with, to shake a p's ~** rukovati se (s kim); *fig* **to show one's ~** otkriti karte; **to take a ~ (in)** pomoći, imati udjela (u čemu); **to try one's ~ at** okušati se u čemu; **let me have a ~ now** pusti sada mene (da to učinim), daj sada ću ja; **factory ~** tvornički radnik; *fig* **to feed out of one's ~** biti sasvim pitom, pokoran, jesti iz ruke; **to give one's ~ on a bargain** pružiti ruku u znak utanačena posla; **time hangs heavy on his ~s** dugo mu je vrijeme, vrijeme mu se vuče; **to ask for (win) a lady's ~** zaprositi (dobiti) ruku dame; **to have oneself well in ~** dobro se znati svladavati; **to keep a p well in ~s** držati koga na uzdi, u disciplini; **to have a p's life in one's ~s** imati čiji život u svojim rukama; **the upper ~** nadmoć, premoć; **to have a good (bad, poor) ~** imati dobre (loše) karte; **to play a good (bad, poor) ~** dobro (loše) igrati (karte); **to take a ~ at** priključiti se (kartaškoj igri); **to play (for) one's own ~** igrati za vlastiti račun; *fig* brinuti se za vlastite interese; **to play into somebody else's ~s (into the ~s of a p)** raditi u tuđu korist, koristiti kome; **to set one's ~ to (a document)** staviti svoj potpis na (ispravu), potpisati; **~s** grb grofovije Ulster; **even ~s** izjednačeni, kvit; **to lend** (ili **give**) **a (helping) ~** priskočiti u pomoć, pružiti pomoć; **to get a good ~** dobiti velik aplauz; **to give a p a good ~** pozdraviti (koga) jakim pljeskom

hand [hænd] *vt* uručiti, izručiti, predati, dodati | *coll* **~ it to a p** priznati kome (kao zaslugu)

hand down [ˈhændˈdaun] *vt* skinuti, dodati dolje; ostaviti komu što u baštinu, namrijeti

hand in [ˈhændˈin] *vt* uručiti, predati (molbu); pomoći kome da uđe, uvesti

hand off [ˈhændˈɔf] *vt sport* protivnika rukom odgurnuti

hand on [ˈhændˈɔn] *vt* dodati, predati, dati dalje

hand out [ˈhændˈaut] *vt* predati, izručiti; pomoći (kome) da iziđe; podijeliti, udijeliti (kao milostinju)

hand over [ˈhændˈəuvə] *vt* predati, izručiti; napustiti, odstupiti (od)

hand round [ˈhændˈraund] *vt* dodavati naokolo

hand up ['hænd'ʌp] *vt* dodati gore
hand-bag ['hændbæg] *s* ručna torba, torbica
handball ['hændbɔːl] *s* lopta; rukomet
hand-barrow ['hænd.bærəu] *s* ručna kolica; tačke
handbell ['hændbel] *s* ručno zvonce
handbill ['hændbil] *s* tiskanica, oglas, letak
handbook ['hændbuk] *s* priručnik
handbrake ['hændbreik] *s mot* ručna kočnica
handcar ['hændkaː] *s rly* drezina
hand-carried ['hænd'kærid] *adj* ručni, prenosiv
handcart ['hændkaːt] *s* ručna kolica
handclap ['hændklæp] *s* pljesak, lupkanje dlanom o dlan
handcuff ['hændkʌf] *vt* staviti (kome) lisičine
handcuffs ['hændkʌfs] *s pl* lisičine
handful ['hændful] *s* rukovet, pregršt, šaka (koliko stane u šaku), šačica; *coll* muka, nevolja, (prava) pokora
hand-glass ['hændglaːs] *s* povećalo; ručno ogledalo
hand-grenade ['hændgrə.neid] *s* ručna granata
hand-grip ['hændgrip] *s* stisak, zahvat rukom; držak, balčak | **to come to ~s** pograbiti se, uhvatiti se ukoštac, potući se
hand-gun ['hændgʌn] *s* pištolj, revolver
handhold ['hændhəuld] *s* prihvatište, uporište
handicap ['hændikæp] *s sport* natjecanje uz davanje prednosti u distanci, vremenu, bodovima itd., hendikep; poteškoća, smetnja, zapreka
handicap ['hændikæp] *vt sport* izjednačiti, priječiti, sprečavati, hendikepirati | **socially ~ped child** socijalno ugroženo dijete
handicraft ['hændikraːft] *s* ručni rad, umjetni obrt
handicraftsman ['hændikraːftsmən] *s* obrtnik
handiness ['hændinis] *s* spretnost, prikladnost
handiwork ['hændiwəːk] *s* ručni rad, rad, djelo
handkerchief ['hæŋkətʃif] *s* rubac, marama; (i *pocket* ~) džepni rupčić, maramica | **neck ~** šal
handle ['hændl] *s* držak, držalo; ručica, ručka, poluga; kvaka; *fig* prilika, povod, izlika | *hum* **~ of the face** nos; *sl* **~ to one's name** naslov, titula pred imenom; **to fly off the ~** raspaliti se, planuti
handle ['hændl] *vt* dotaknuti, pipati, opipavati; obrađivati; rukovati, baratati (čime); postupati (s kim, čim); upravljati (kim, čim); *com* trgovati (čime) | **~ with care!** postupaj oprezno!, ne tumbaj!
handlebar ['hændlbaː] *s* upravljač (na biciklu), guvernal
handless ['hændlis] *adj* bezruk; *fig* nespretan
hand-line ['hændlain] *s* struk, povraz
handling ['hændliŋ] *s* rukovanje; postupanje; obrađivanje; trgovanje
handloom ['hændluːm] *s* razboj, ručni tkalački stan
hand-luggage ['hænd.lʌgidʒ] *s* ručna prtljaga
hand-made ['hænd'meid] *adj* izrađen rukom
handmaid ['hændmeid] *s* služavka, sobarica
hand-me-down ['hændmi'daun] *s* stara baštinjena stvar, komad stare odjeće; *US* konfekcija
hand-organ ['hænd.ɔːgən] *s* organac, ulične orguljice
hand-out ['hændaut] *s* izjava za štampu; prospekt, letak; umnoženi materijal uz predavanje; milostinja, milodar
hand-picked ['hændpikt] *adj* pomno odabran, probran
hand-rail ['hændreil] *s* ograda (na stubama), perda
handsaw ['hændsɔː] *s* ručna pila
handsel ['hænsl] *s* novogodišnji poklon; dar mladoženje nevjesti; kapara; *fig* predokus
handsel ['hænsl] *vt* prvi put upotrijebiti; posvetiti; (za)kapariti
handshake ['hændʃeik] *s* stisak ruke, rukovanje
handsome ['hænsəm] *adj* (**~ly** *adv*) lijep, pristao, zgodan; fin, pristojan; plemenit, velikodušan, širokogrudan; znatan, obilan, darežljiv | **~ is that ~ does** dobrota se poznaje po djelima; **to come down ~ly** pokazati se darežljivim, velikodušnim
handspike ['hændspaik] *s mil & mar* (okovana) ručna poluga, pralica
handstand ['hændstænd] *s* stoj na rukama
hand-to-hand ['hændtə'hænd] *adj* prsa o prsa
hand-to-mouth ['hændtə'mauθ] *adj* od danas do sutra, iz dana u dan; nesređen
handwork ['hændwəːk] *s* ručni rad
handwriting ['hænd.raitiŋ] *s* rukopis
handy ['hændi] *adj* (**handily** *adv*) pri ruci, nadohvat, bliz; prikladan, pogodan; raspoloživ; spretan, lak za baratanje | **to come in ~** (još) dobro doći, biti (još) od koristi, dobro poslužiti
handy-dandy ['hændi'dændi] *s* dječja igra (kad se mora pogoditi u kojoj se ruci nalazi skriveni predmet)
handyman ['hændimæn] *s* radnik za povremene poslove; nadničar; sluga za sve; *coll* mornar
hang [hæŋ] *vt/i* (*pret* hung, ~ed; *pp* hung, ~ed) **I.** *vt* 1. vješati, objesiti; povješati (slike); zavjesiti (vrata) 2. uresiti (zid sli-

kama), oblijepiti (tapetama); lijepiti (tapete); spustiti, pokunjiti, sagnuti (glavu); opremiti, ukrasiti, zastrti (*with* čime) **3.** (*pret* i *pp* **~**ed) objesiti, vješati (na vješalima) **II.** *vi* visiti, biti obješen (i na vješalima); nagnuti se, naginjati se; lebdjeti (& *fig*), ostati neriješen; ovisiti (*on* o); objesiti se (*on* na), čvrsto se držati (*on* za); ostati, zadržavati se; biti u neizvjesnosti; biti u vezi, biti povezan (s čime) | **I'll be ~ed if** neka me đavo odnese ako; neka me objese ako; **~ it!** do đavola! **~ you!** vrag te odnio!; **to ~ fire** (vatreno oružje) kasno (o)paliti; *fig* kasniti, oklijevati; polako se razvijati; **to ~ a room with paper** sobu obložiti tapetama; **a ~ing judge** strog, nesmiljen sudac; **to ~ a leg** vući nogu; *fig* **to ~ by a (single) thread (hair)** visiti o niti; *coll* **to let something go ~** pustiti da nešto ode do đavola, napustiti neku stvar; **to ~ in doubt** biti u sumnji, u nedoumici; *fig* **to ~ in the balance** biti na vagi, biti neizvjestan; **to ~ together** ostati zajedno, držati skupa; poklapati se, pristajati jedno uz drugo; biti skladan; dosljedan; **to ~ heavy** polako prolaziti, vući se; *fig* **to ~ on a p's sleeve** ovisiti o kome; **to ~ over sth** visiti nad čim, nadvi(ja)ti se nad čim; *fig* **to ~ over a p** visiti nad glavom kome, prijetiti kome; **to ~ upon a p's words (lips)** slušati koga s najvećim zanimanjem, gutati nečiju svaku riječ

hang about [ˈhæŋəˈbaut] *vi* zadržavati se, stajati naokolo (čekajući), dangubiti

hang around [ˈhæŋəˈraund] *vi* → **hang about**

hang back [ˈhæŋˈbæk] *vi* oklijevati, krzmati; zaostajati

hang behind [ˈhæŋbiˈhaind] *vi* zaostajati

hang down [ˈhæŋˈdaun] *vi* visiti

hang off [ˈhæŋˈɔf] *vi* (is)pustiti; držati se podalje; zaostajati; odustati; ne biti sklon ili voljan

hang on [ˈhæŋˈɔn] *vi* čvrsto se držati; *fig* ustrajati, izdržati, ostati uporan | **to ~ to sth** čvrsto držati, ne puštati iz ruku; **to ~ by the eyelids** jedva se pridržavati; *fig* visiti o niti; *coll* **~ a minute!** pričekaj(te) časak

hang out [ˈhæŋˈaut] *vt/i* **I.** *vt* izvjesiti **II.** *vi* visiti; *sl* stanovati; *fig* izdržati, istrajati, opirati se, ne popuštati

hang over [ˈhæŋˈəuvə] *vi* visiti nad čim, nadviti se nad čim, lebdjeti

hang round [ˈhæŋˈraund] *vi* → **hang about**

hang up [ˈhæŋˈʌp] *vt* objesiti; *teleph* objesiti (spustiti) slušalicu, prekinuti razgovor; *fig* obustaviti, odgoditi; *sl* založiti, dati u zalog | *coll* **to ~ on a p** zatvoriti kome telefon, prekinuti razgovor; *fig* **to be (feel) hung up** biti (osjećati se) posve sputan, osujećen, nalaziti se u ćorsokaku

hang [hæŋ] *s* pad(anje); padina, obronak; nagib; *fig* smisao, značenje | **to get (see) the ~ of** shvatiti, dokučiti, razumjeti što; **not a ~** nimalo, ni mrve

hangar [ˈhæŋə] *s aero* hangar

hangdog [ˈhæŋdɔg] *s* lupež, podlac

hangdog [ˈhæŋdɔg] *adj* lupeški, podao, podmukao

hanger[1] [ˈhæŋə] *s* strm, pošumljen obronak; vrsta kratkog mača

hanger[2] [ˈhæŋə] *s* onaj koji vješa, lijepi (npr. plakate); *mot* radnik koji ugrađuje opremu u automobil; vješalica; petlja; kuka

hanger-on [ˌhæŋərˈɔn] *s* sljedbenik, pristaša; *derog* čankoliz, privjesak, prišipetlja

hanging [ˈhæŋiŋ] *s* vješanje; draperija na zidu | **~ committee** odbor koji odlučuje gdje će se koja slika objesiti na izložbi; **~ matter** prijestup koji se kažnjava vješanjem

hangover [ˈhæŋˌəuvə] *s* mamurluk; *fig* preostatak, nešto što se još održalo

hangman [ˈhæŋmən] *s* krvnik

hangnail [ˈhæŋneil] *s* zanoktica

hang-up [ˈhæŋʌp] *s* sputanost, osujećenost, osjećaj frustracije

hank [hæŋk] *s* svitak, klupko, povjesmo, petlja (za pričvršćivanje); *mar* prsten za pričvršćivanje letnog jedra

hanker [ˈhæŋkə] *vi* čeznuti, žudjeti (*after, for* za), željeti

hanky [ˈhæŋki] *s* džepni rupčić (dječji govor)

hanky-panky [ˈhæŋkiˈpæŋki] *s coll* hokus-pokus, sljeparija, prijevara, podvala, lopovština, trik | **to be up to some ~** smišljati neku psinu

hansel [ˈhænsəl] *s vt* → **handsel**

hansom [ˈhænsəm] *s* | **~-cab** kočija za dvoje na dva kotača (vozač sjedi straga)

hap [hæp] *s arch* (sretan) slučaj, sreća

hap [hæp] *vi arch* dogoditi se, slučiti se

haphazard [ˌhæpˈhæzəd] *s* (puki) slučaj | **at ~** slučajno, nasumce, na slijepu sreću

haphazard [ˌhæpˈhæzəd] *adj* slučajan

haphazard [ˌhæpˈhæzəd] *adv* slučajno, nasumce, neplanski

hapless [ˈhæplis] *adj* (**~ly** *adv*) *arch* nesretan

haply [ˈhæpli] *adv arch* slučajno, nasumce; možda

ha'p'orth [ˈheipəθ] *s* = **halfpennyworth**; vrijednost $^1/_2$ penija

happen [ˈhæpn] *vi* dogoditi se, zbiti se, desiti se, zgoditi se, slučiti se; bivati | **it ~s that** događa se, biva, zna se dogoditi; **as it ~s** slučajno; **he ~ed to be there** on se slučajno zadesio tamo; **as it ~s he has left his keys at home** slučaj je htio da je ostavio ključeve kod kuće; **to ~ (up) on** slučajno naići na (što), nabasati (na)

happening [ˈhæpəniŋ] *s* zbivanje, događaj; hepening

happily [ˈhæpili] *adv* sretno, na sreću, srećom, sretnim slučajem | ~ **enough** na svu sreću

happiness [ˈhæpinis] *s* sreća, radost; okretnost, umješnost; elegancija izražavanja

happy [ˈhæpi] *adj* (**happily** *adv*) sretan, radostan, zadovoljan; koji odražava sreću, koji donosi sreću; ugodan, koristan, plodan (misao); prikladan, zgodan, umjestan (odgovor); *coll* dobre volje, pripit | **the** ~ **dispatch** harakiri; **as** ~ **as the day is long** uvijek radostan, veseo; **as** ~ **as a king** presretan, blažen; **many** ~ **returns**! sretan rođendan!; **I shall be** ~ **to accept your invitation** rado, drage volje ću prihvatiti vaš poziv

happy-go-lucky [ˌhæpigəuˈlʌki] *adj* lakomislen, bezbrižan

hara-kiri [ˌhærəˈkiri] *s* harakiri

harangue [həˈræŋ] *s* (dug i glasan) govor; tirada; *derog* nadut, bombastičan govor

harangue [həˈræŋ] *vi/t* **I.** *vi* održati govor, govoriti; deklamirati **II.** *vt* osloviti dugim govorom

harass [ˈhærəs] *vt* neprestano dosađivati kome, uznemiravati, mučiti, gnjaviti; *mil* stalno napadati

harassment [ˈhærəsmənt] *s* uznemirivanje, dosađivanje, dodijavanje, mučenje; stalno napadanje

harbinger [ˈhaːbindʒə] *s* preteča, glasnik; *hist* službenik koji se brine o konačištu za vojsku, dvorjanike itd.

harbinger [ˈhaːbindʒə] *vt* na(go)vijestiti, nagovješćivati

harbour (harbor) [ˈhaːbə] *s* luka; *fig* utočište, sklonište | ~ **dues** lučke pristojbe

harbour (harbor) [ˈhaːbə] *vt/i* **I.** *vt* uzeti na noćenje, pružiti kome utočište, skloniti, skrivati; *fig* gajiti (mržnju itd.); *hunt* slijediti životinju do njezina skrovišta **II.** *vi* usidriti se, ukotviti se, pristati u luku, biti u luci; skloniti se, sklanjati se; utaboriti se, zadržavati se

harbourage [ˈhaːbəridʒ] *s* sklonište, utočište; prenoćište, konačište

harbourless [ˈhaːbəlis] *adj* bez luke, bez utočišta, beskućan

harbour-master [ˈhaːbəˌmaːstə] *s* lučki kapetan

hard [haːd] *adj* 1. tvrd, krut; čvrst, žilav, izdržljiv 2. težak, tegoban, mučan, naporan, mukotrpan, teško podnošljiv; teško shvatljiv; teško izvediv 3. neosjećajan, tvrda srca, krut, nemilostiv; grub (crte lica); okorio, nesavitljiv, nesalomljiv; škrt 4. strog; neugodan, neprijazan; oštar, surov, žestok, okrutan 5. visok, skup (cijena) 6. snažan, silan; vrijedan, revan, marljiv; uporan 7. kiseo; trpak, opor (na okus) 8. *gram* tvrd (samoglasnik) 9. *US coll* razbojnički, prijestupnički | *fig* ~ **of hearing** nagluh; ~ **of belief** koji teško vjeruje; ~ **cash** gotovina; *US* kovani novac; *min* ~ **coal** antracit; ~ **core** šuta, krš (za gradnju cesta, nasipavanje temelja itd.); *fig* jezgra, srž; *ten* ~ **court** tvrdo igralište (ne travnato); ~ **currency** tvrda valuta; ~ **drinks** žestoka pića; ~ **drugs** teške droge; ~ **facts** krute, neoborive činjenice; ~ **and fast** krut; ~ **labour** robija, prisilni rad; ~ **liquor** žestoko piće; ~ **lines**, ~ **luck** loša sreća; *fig* **a** ~ **nut to crack** tvrd orah, težak problem; **a** ~ **row to hoe** težak zadatak; ~ **shoulder** traka (na auto-putu) za zaustavljanje u slučaju nezgode; ~ **standing** tvrdo parkiralište; ~ **times** teška vremena; ~ **words** teške, grube riječi; ~ **winter** oštra, ciča zima; **as** ~ **as nails** snažan, čvrst kao stijena; bezosjećajan, tvrd kao kamen; **prices are** ~ cijene su visoke; **to be** ~ **(up)on a p** biti strog prema kome; **to drive a** ~ **bargain** cjenkati se do krajnjih granica; **he is a** ~ **case** on je nepopravljiv; *fig* **to take a** ~ **line** ne praviti ustupke, biti beskompromisan; **he is** ~ **to please, he is a** ~ **man to please** njemu je teško ugoditi; **she found it** ~ **to make up her mind** bilo joj je teško odlučiti se

hard [haːd] *adv* 1. teško; čvrsto, snažno; silovito; tvrdo; mučno, s mukom, tegobno; uporno; pretjerano; revno, marljivo, uporno 2. odmah, neposredno, brzo; tik (iza, nakon *after, upon, behind*) | ~ **pressed** pritiješnjen; **to be** ~ **put to it** biti u velikoj neprilici, u škripcu, u teškom položaju; ~ **by** sasvim blizu, tik do, uz; ~ **on** sasvim blizu, u neposrednoj blizini, tik do, uz; **to drink** ~ žestoko piti; **it will go** ~ **with him** teško će mu biti, zlo mu se piše; **to run a p** ~ uporno progoniti, biti kome tik za petama; **to be** ~ **up** biti u novčanoj stisci; **to be** ~ **up (for sth)** biti u neprilici, u nedoumici

hard [haːd] *s* tvrdo tlo, tvrd put preko močvarnog područja; tvrda obala, čvrst pristan; *fig* teškoća; *sl* robija | ~**s** *pl* nužda; nevolja, brige

hardback [ˈhaːdbæk] *s* tvrdo ukoričena knjiga

hardbacked [ˌhaːdˈbækt] *adj* → **hardbound**

hard-baked [ˌhaːdˈbeikt] *adj* jako pečen, dobro propečen

hard-bitten [ˌhaːdˈbitən] *adj* tvrdokoran, uporan; neugodan, koji ne poznaje šale

hardboard [ˈhaːdbɔːd] *s* vrsta (ploče) iverice

hard-boiled [ˌhaːdˈbɔild] *adj* tvrdo kuhan; *fig* krut, bešćutan, okorio, nesentimentalan

hardbound [ˌhaːdˈbaund] *adj* tvrdo vezan

hardcover [ˈhaːdkʌvə] *s* → **hardback**

hardcovered [ˈhaːdˌkʌvəd] *adj* u tvrdim koricama, tvrdo vezan

hard-drinking [ˌhaːdˈdrinkiŋ] *adj* koji mnogo pije, koji je sklon opijanju
hard-driven [ˌhaːdˈdrivn] *adj* prezaposlen
hard-earned [ˌhaːdˈəːnd] *adj* teško, s mukom zarađen
harden [ˈhaːdn] *vt/i* **I.** *vt* učiniti tvrdim, jakim, krepkim, otpornim, okorjelim, neosjećajnim; očeličiti; učvrstiti; kaliti (čelik) **II.** *vi* otvrdnuti; stvrdnuti se; postati neosjetljiv, tvrd, krut, otporan; okorjeti; ustaliti se; porasti (cijene) | **~ing furnace** kalionička peć
harden off [ˈhaːdnˈɔf] *vi bot* dovoljno očvrsnuti za presađivanje
hard-favoured [ˌhaːdˈfeivəd] *adj* ružan, grubih crta lica
hard-featured [ˌhaːdˈfiːtʃəd] *adj* → **hard-favoured**
hard-fisted [ˌhaːdˈfistid] *adj* tvrdih, snažnih ruku, šaka; *fig* škrt
hard-headed [ˌhaːdˈhedid] *adj* praktičan; trijezan, nesentimentalan
hard-hearted [ˌhaːdˈhaːtid] *adj* (**~ly** *adv*) tvrda srca, bezosjećajan, krut
hardihood [ˈhaːdihud] *s* hrabrost, smionost, odvažnost
hardiness [ˈhaːdinis] *s* hrabrost, smionost; tjelesna snaga, izdržljivost, otpornost, čvrstoća
hardish [ˈhaːdiʃ] *adj* dosta tvrd, prilično tvrd
hard-liner [ˈhaːdˈlainə] *s* onaj tko ne pravi ustupke, beskompromisan čovjek
hardly [ˈhaːdli] *adv* teško, mučno, s mukom; oštro, kruto, strogo; jedva
hard-mouthed [ˌhaːdˈmauðd] *adj* tvrd na uzdu (konj); *fig* tvrdoglav, neukrotiv
hardness [ˈhaːdnis] *s* tvrdoća, čvrstoća; strogost, krutost, oštrina; teškoća, mučnost
hardpan [ˈhaːdpæn] *s US* stvrdnuti sloj zemlje; *fig* osnovni dio, bitna odlika; najniži stalež
hard-set [ˈhaːdset] *adj* u nevolji; tvrd, nepopustljiv, uporan
hard-shell [ˈhaːdʃel] *adj* koji ima tvrdu ljusku; *fig* nepopustljiv, tvrd, beskompromisan
hardship [ˈhaːdʃip] *s* nevolja, nesreća, patnja, tegoba
hard-tack [ˈhaːdˈtæk] *s mar* mornarski dvopek
hardtop [ˈhaːdtɔp] *s mot* kola s nepomičnim (nerasklopivim) krovom
hardware [ˈhaːdwɛə] *s* željezna, metalna roba, željezarija
hardwareman [ˈhaːdwɛəmən] *s* proizvođač željezne, metalne robe
hard-wearing [ˌhaːdˈwɛəriŋ] *adj* veoma otporan, čvrst, izdržljiv
hardwood [ˈhaːdwud] *s* tvrdo drvo (bjelogorično)
hardy [ˈhaːdi] *adj* (**hardily** *adv*) hrabar, smion, odvažan; snažan, krepak, očeličen, otvrdnuo; *bot* otporan protiv mraza | *joc* **~ annual** nešto što se često ponavlja
hare [hɛə] *s* zec | **mad as a March ~** potpuno lud; **first catch your ~ then cook him** ne pravi ražanj dok ti je zec još u šumi; **hold (run) with the ~ and run (hunt) with the hounds** sjediti na dvije stolice, igrati dvostruku, dvoličnu igru
harebell [ˈhɛəbel] *s bot* plavi zvončić; divlji zumbul
hare-brained [ˈhɛəbreind] *adj* luckast, šašav, zvrkast, nepromišljen, lakouman, površan
harelip [ˌhɛəˈlip] *s anat* zečja usna
harem [ˈhaːrim] *s* harem | **~ skirt** dimije
hare's-foot [ˈhɛəzfut] *s bot* zečja djetelina; vrsta plutovine
haricot [ˈhærikəu] *s cul* ragu od ovčetine i povrća; *cul* (i **~** *bean*) bijeli grah
hark [haːk] *vi/t* osluškivati, slušati (*to, at*) | **~!** čuj!; **~ away!** naprijed! (povik psima); **to ~ back** (o psima) vraćati se (na trag); dozivati natrag (pse); *fig* uporno, stalno se vraćati (*to* na neki prijašnji razgovor ili predmet); **~ on** (povicima) tjerati naprijed, huckati
harlequin [ˈhaːlikwin] *s* harlekin; lakrdijaš | **~ duck** vrsta sjeverne patke šarenog perja; **~ snake** vrsta male sjevernoameričke zmije otrovnice (*Mierurus fulvius*)
harlequinade [ˌhaːlikwiˈneid] *s* harlekinada, lakrdija, scena s harlekinom; lakrdijašenje
harlot [ˈhaːlət] *s* bludnica, drolja
harlot [ˈhaːlət] *vi* živjeti, ponašati se kao drolja
harlotry [ˈhaːlətri] *s* blud, razvrat
harm [haːm] *s* šteta, nepravda, zlo | **out of ~'s way** u sigurnosti, izvan opasnosti; **there is no ~ in doing** što smeta ako, u tome nema zla; **where is the ~ in?** u čemu je zlo?; **to do a p ~** kome naškoditi, učiniti neko zlo, učiniti nažao; **he meant no ~** on nije mislio ništa zla
harm [haːm] *vt* oštetiti; ozlijediti; naškoditi, učiniti nažao (kome); povrijediti
harmful [ˈhaːmful] *adj* (**~ly** *adv*) štetan, škodljiv (*to* komu, čemu, za koga, za što)
harmless [ˈhaːmlis] *adj* (**~ly** *adv*) neopasan, neškodljiv; bezazlen, nevin
harmonic [haːˈmɔnik] *adj* (**~ally** *adv*) skladan, harmoničan
harmonic [haːˈmɔnik] *s* harmonijski, alikvotni ton | **~s** *pl* harmonija, znanost o harmoniji
harmonica [haːˈmɔnikə] *s* usna harmonika
harmonicon [haːˈmɔnikən] *s* harmonika; orkestrion
harmonious [haːˈməunjəs] *adj* (**~ly** *adv*) harmoničan, skladan, složan (i *fig*); blagozvučan, melodiozan

harmonist [ˈhaːmənist] *s* glazbenik; učitelj harmonije; uspoređivač raznih tekstova (osobito Biblije)
harmonium [haːˈməunjəm] *s mus* harmonij
harmonization [ˌhaːmənaiˈzeiʃn] *s* harmonizacija, usklađivanje
harmonize [ˈhaːmənaiz] *vt/i* **I.** *vt* uskladiti, pomiriti, dovesti u sklad (*with* sa); *mus* harmonizirati **II.** *vi* harmonirati, uskladiti se, slagati se
harmony [ˈhaːməni] *s* harmonija, sklad, blagozvučje; skladnost, složnost
harness [ˈhaːnis] *s hist* oklop; ratna oprema; konjska oprema, orma; *fig* radna oprema | **in ~** usred redovitog posla; **double ~** orma za dva konja; **to die in ~** umrijeti radeći još aktivno; *fig* **to work (run) in double ~** raditi s partnerom ili s bračnim drugom
harness [ˈhaːnis] *vt* staviti opremu (na konja), zapregnuti; *fig* iskoristiti pogonsku snagu (rijeke, slapa, itd.); upregnuti u jaram, zauzdati
harness-maker [ˈhaːnisˌmeikə] *s* sedlar
harp [haːp] *s mus* harfa
harp [haːp] *vi* svirati na harfi | *fig* **to be always ~ing on the same string** pjevati uvijek istu pjesmu, uvijek istu kozu derati; *fig* **~ on (upon)** stalno se vraćati na istu temu, neprestano po istom guslati
harper [ˈhaːpə] *s* harfist(ica)
harpist [ˈhaːpist] *s* harfist(ica)
harpoon [haːˈpuːn] *s* harpun
harpoon [haːˈpuːn] *vt* loviti harpunom, harpunirati
harpsichord [ˈhaːpsikɔːd] *s mus* (klavi)čembalo
harpy [ˈhaːpi] *s myth* harpija (i *fig*)
harquebus [ˈhaːkwibəs] *s hist* arkebuza, puška kremenjača
harridan [ˈhæridən] *s* stara, mršava žena, stara svadljivica, nadžak-baba, oštrokondža, stara vještica
harrier[1] [ˈhæriə] *s* uništavač; pljačkaš; mučitelj
harrier[2] [ˈhæriə] *s zool* lovački pas zečar; *ornith* grabljivica iz roda jastreba; *sport* trkač krosa | **~s** *pl* čopor pasa zečara s lovcima
harrow [ˈhærəu] *s* drljača, brana | *fig* **(a toad) under the ~** u velikoj nevolji
harrow [ˈhærəu] *vt* drljati, branati; *fig* mučiti, kinjiti; izazivati boli, vrijeđati (osjećaje)
harrowing [ˈhærəuiŋ] *adj* koji izaziva bolne osjećaje, koji para srce
harry [ˈhæri] *vt* uništavati; pljačkati, (o)robiti; mučiti, uznemiravati
harsh [haːʃ] *adj* (**~ly** *adv*) hrapav, grub; oštar (ton, boja itd.); opor, neskladan; strog, nesmiljen, krut
harshness [ˈhaːʃnis] *s* hrapavost, grubost; oštrina; oporost, neskladnost; strogost, nesmiljenost, krutost
harslet [ˈhaːzlit] *s* → **haslet**
hart [haːt] *s zool* (odrasli) jelen s deset parožaka
hartal [ˈhaːtaːl] *s Ind* dan žalosti; zatvaranje dućana u znak protesta ili bojkota
hartshorn [ˈhaːtshɔːn] *s* jelenji rog; *chem* amonijak | **salt of ~** amonijačna sol; sol za mirisanje, udisanje (protiv nesvjestice); **spirit of ~** vodena amonijačna rastopina
hartstongue [ˈhaːtstʌŋ] *s bot* jezičac, jelenjak (vrsta paprati)
harum-scarum [ˈhɛərəmˈskɛərəm] *adj* nesređen, nepromišljen, lakomislen, zvrkast
harum-scarum [ˈhɛərəmˈskɛərəm] *s* nesređen, nepromišljen, lakomislen, zvrkast čovjek, vjetrogonja
harvest [ˈhaːvist] *s* žetva, prirod, urod, ljetina, pobiranje plodova; doba žetve; *fig* rezultat, korist, dobit | **to reap the ~ of one's hard work** biti nagrađen za svoj mukotrpni rad; **~ festival, ~ thanksgiving** svečanost zahvalnosti za dobru žetvu; **~ home** proslava žetve (koju posjednik priređuje za svoje radnike); **~ moon** pun Mjesec oko jesenskog ekvinocija
harvest [ˈhaːvist] *vt* (po)žeti, pobirati, kupiti plodove, ob(i)rati, ub(i)rati **II.** *vi* žeti, obavljati žetvu (žita), berbu (plodova); spremati žetvu (u hambar)
harvester [ˈhaːvistə] *s* žetelac, žetelica; stroj za žetvu
has [hæz] 3. lice *sg pres ind* od **have**
has-been [ˈhæzbiːn] *s fig* propala veličina, zastarjela, preživjela stvar, nekad bilo
hash [hæʃ] *s* haše, sjeckano, kosano meso; *US* jelo; *fig* podgrijana stvar, zbrka | *coll* **to settle a p's ~** srediti, udesiti koga; *fig* **to make a ~ of** načiniti zbrku, upropastiti, pokvariti; *US sl* **~ house** jeftina gostionica; *coll* hašiš
hash [hæʃ] *vt* (i)sjeckati, (s)kosati (meso) (*up*); *fig* zbrkati, upropastiti, zabrljati
hashish, hasheesh [ˈhæʃiʃ] *s* hašiš
haslet [ˈheizlit] *s* (svinjska) ponutrica pečena na ražnju
hasn't [ˈhæznt] = **has not**
hasp [haːsp] *s* kračun, kuka, kvaka, kopča, preklopac
hasp [haːsp] *vt* zakvačiti, zakračunati, zakopčati, zatvoriti poklopcem
hassock [ˈhæsək] *s* jastučić za klečanje; busen trave; rogozina
hast [hæst] 2. lice *sg pres ind* od **have** (*arch*)
haste [heist] *s* žurba, preša, hitnost, hitnja; prenagljenost | **more ~ less speed** tko polako ide prije dođe; **to make ~** žuriti se, hitjeti; **make ~!** požuri!; **make ~ slowly!** žuri se polako!; **in ~** hitno, žurno, naglo, u žurbi, na brzu ruku

haste [heist] *vi* žuriti se, hitjeti, užurbati se
haste away [ˈheistəˈwei] *vi* žurno, naglo otići, pohitjeti, odhrliti, odjuriti
hasten [ˈheisn] *vt/i* **I.** *vt* požuri(va)ti, ubrza(va)ti, poticati na žurbu **II.** *vi* žuriti (se), požuriti se, hitjeti (*to* prema)
hastiness [ˈheistinis] *s* žurba, užurbanost; naglost, prenagljenost; *fig* naglost, naprasitost
hasty [ˈheisti] *adj* (**hastily** *adv*) žuran, užurban, hitan; nagao, prenagljen, nepromišljen; naprasit, nagao
hat [hæt] *s* šešir, klobuk | **top ~** cilindar; *sl* **a bad ~** nevaljalac, loš čovjek; **as black as my ~** potpuno crn; **~ in hand** sa šeširom u ruci, s poštovanjem, ponizno, servilno; **to send (pass) round the ~** načiniti novčanu sabirnu akciju; *coll* **to talk through one's ~** govoriti gluposti; blefirati; **red ~** kardinalski šešir; funkcija, čast kardinala; **under one's ~** u glavi; (po)tajno; **keep it under your ~!** o tome nikome ni riječi, drži to za sebe; **to hang up one's ~** ostati dugo kod koga u posjetu, ugnijezditi se, zasjesti; **his ~ covers his family** sam je kao prst; *fig* **to take one's ~ off to** diviti se kome; skidati kapu pred (kim); *sl* **my ~!** ni govora!, brus!; **~ off (to)!** kapu dolje!
hat [hæt] *vt* pokriti šeširom, staviti šešir (na); *eccl* podijeliti kardinalski šešir
hat-band [ˈhætbænd] *s* vrpca na šeširu
hat-block [ˈhætblɔk] *s* kalup za pravljenje šešira
hat-box [ˈhætbɔks] *s* kutija za šešire
hatch[1] [hætʃ] *s* 1. poluvrata, donja polovica (razdijeljenih) vrata; prozorčić u vratima, zidu; natkrit otvor u podu, na palubi; *mar* grotlo; pokrov grotla 2. brana, gat, ustava | *mar* **under ~es** pod palubom; u zatvoru; izvan službe; *fig* u nevolji; uklonjen iz vida; mrtav
hatch[2] [hætʃ] *s* leženje, leglo, nasad | **~es, catches, matches and dispatches** stranice u novinama na kojima se oglašuju rođenja, zaruke, vjenčanja i smrti; **serving ~** prozorčić za serviranje
hatch [hætʃ] *vt/i* **I.** *vt* (iz)leći (mlade), (iz)valiti (piliće); smišljati, snovati **II.** *vt* (iz)leći se, (iz)valiti se; razvijati se, napredovati
hatch[3] [hætʃ] *s* urezana, šrafirana crta
hatch [hætʃ] *vt* urez(iv)ati crte; (is)crtkati, šrafirati
hatcher [ˈhætʃə] *s* 1. snovalac, onaj koji smišlja 2. inkubator
hatchery [ˈhætʃəri] *s* mrestilište, ribogojilište
hatchet [ˈhætʃit] *s* sjekira, bradva, sjekirica | **to bury the ~** zakopati ratnu sjekiru, sklopiti mir, izmiriti se; **to throw the helve after the ~** dodati nov gubitak nečemu već izgubljenom; **to dig up (take up) the ~** zaratiti se, iskopati ratnu sjekiru
hatchet-face [ˈhætʃitfeis] *s* usko, dugo lice oštrih crta
hatchway [ˈhætʃwei] *s mar* grotlo
hate [heit] *s poet* mržnja | *mil sl* **morning and ~** njemačko bombardiranje (obično u zoru)
hate [heit] *vt* mrziti, ne voljeti, ne trpjeti | **I ~ to do it** mrzi me, mrsko mi je to učiniti
hateful [ˈheitful] *adj* (**~ly** *adv*) pun mržnje; omražen; mrzak, odvratan
hatful [ˈhætful] *s* koliko stane u jedan šešir
hath [hæθ] 3. lice *sg pres ind* od **have** (*arch*)
hatless [ˈhætlis] *adj* bez šešira, gologlav
hatred [ˈheitrid] *s* mržnja, neprijateljstvo (*of, for* prema)
hatter [ˈhætə] *s* klobučar, šeširdžija | **as mad as a ~** potpuno lud; silno ljut
hat-trick [ˈhættrik] *s sport* tri zgoditka istog igrača na istoj utakmici, het-trik
hauberk (hawberk) [ˈhɔːbəːk] *s* oklop od veriga
haugh [hɔː] *s Scot* niska livada kraj rijeke
haughty [ˈhɔːti] *adj* (**haughtily** *adv*) ohol, uznosit; nabusit; bahat
haul [hɔːl] *vt/i* **I.** *vt* vući, navlačiti; tegliti, prevoziti; *min* kopati (rudu); *mar* potezati, pritezati, pritegnuti (uže); promijeniti smjer (brodu) **II.** *vi* vući (*at, upon* za); okrenuti se (vjetar); *mar* povući, pritezati, pritegnuti; *mar* ploviti (određenim smjerom); *fig* promijeniti smjer, kurs; mijenjati, promijeniti stav | **to ~ (upon) the wind** okrenuti, okretati u vjetar; *fig* povući se, ustuknuti; *fig* **to ~ over the coals** oštro izgrditi
haul down [ˈhɔːlˈdaun] *vt mar* spustiti, spuštati, uvući, uvlačiti, ubrati (jedra) | *fig* **to ~ one's flag (colours)** predati se
haul up [ˈhɔːlˈʌp] *vt/i* **I.** *vt fig* oštro izgrditi; *mar* dizati, dići (jedra itd.) **II.** *vi* zaustaviti se, povući se na počinak; *mar* ploviti uz vjetar
haul [hɔːl] *s* vučenje, potezanje, teglenje; poteg; udaljenost na koju se što tegli, prevozi; ulov (riba); *fig* lovina, plijen
haulage [ˈhɔːlidʒ] *s* prijevoz, prijenos; troškovi prijevoza; *min* kopanje (rude); *fig* privlačna snaga | **~ contractor** prijevoznik
haulier [ˈhɔːljə] *s* prijevoznik; *min* teglilac
haulm [hɔːm] *s* stabljika, stapka; slamka, vlat; *sg constr* stabljike, vlaće (graška, graha itd.)
haunch [hɔːntʃ] *s* bedro, stegno, bok, but
haunt [hɔːnt] *vt* često posjećivati, obilaziti; *fig* progoniti, salijetati; mučiti | **~ed house** kuća duhova; **the house is ~ed** u kući se pojavljuju duhovi

haunt [hɔːnt] *s* često posjećivano mjesto, mjesto čestog zadržavanja; stjecište; prebivalište; skrovište (životinje)

hautboy (hoboy) [ˈəubɔi] *s mus* oboa

have hæv] *vt/i* (had, had) 1. imati; posjedovati; sadržati; dobiti, primiti; znati; razumjeti (*he has no Greek*); *sl* nasamariti; tvrditi; kazati (*as Plato has it*); dopustiti; trpjeti (*I will not ~ you say such things*); čuti, saznati (*from* od); pojesti; popiti (*we had some eggs and coffee*); dovesti u nepriliku; pobijediti; dati napraviti; pretrpjeti; željeti (*what would you ~ me do*) 2. s infinitivom: morati, trebati (*I have to go*) | *sl* **you ~ been had** nasamarili su te; **to ~ a p shot** dati koga ustrijeliti; **to ~ about one** imati uza se; **to ~ a p down** imati koga kao gosta; **to ~ a p in** imati koga u kući, kod sebe; **to ~ sth in** imati što u kući; *sl* to ~ **it off (with a p)** imati ljubavni odnošaj (s kim); **to ~ sth on** imati na sebi, nositi (odjeću); imati obavezu, imati u programu; *coll* **to ~ a p on** varati koga, nasamariti, (po)vući za nos; **to ~ a p up** imati u gostima; izvesti koga pred sud; *sl* **let him ~ it** udesi ga valjano, sredi ga, daj mu da osjeti; *parl* **the Ayes ~ it** većina je za to; **I had him there** potukao sam ga, bio sam mu u tome nadmoćan; **had better** bolje bi bilo; **I had rather** radije bih; **~ done!** prestani!, dosta!; **to ~ done with** dovršiti, prestati; **to ~ sth done** dati što napraviti; **~ your hair cut** daj se ošišati; **he had his head cut off** odrubili su mu glavu; **to ~ it out with** (**a p**) objasniti se (s kim), izvesti što načistac (s kim); izvesti načistac; **to ~ by heart** znati napamet; **to ~ and to hold** čvrsto držati, ne puštati iz ruku; **to ~ a baby** dobiti dijete; **~ it your own way** radi kako te volja, neka bude po tvojemu; **to ~ in mind** imati na umu; **to ~ breakfast, lunch, dinner (supper), tea** doručkovati; ručati; večerati; užinati; **to ~ ready** spremiti, pripremiti; **to ~ a good time** dobro se zabavljati, dobro se provesti; **to ~ a look** pogledati; **let's ~ a drink!** popijmo nešto!, popijmo čašicu!; **to ~ a chat** (po)čavrljati; **to ~ a swim** plivati; **to ~ a walk** prošetati se; **to ~ a wash** oprati se; **to ~ a rest** otpočinuti; **let me ~ a try** daj da (ja) pokušam; **to ~ a smoke** popušiti cigaretu; **~ a cigarette!** izvoli(te) cigaretu!; *sl* **you ~ had it** propao si, nadrljao si; ništa od toga; **he will ~ it that he is right** on tvrdi da ima pravo; **he had an arm broken** slomio je ruku; **I won't ~ it** ja to neću trpjeti; **you ~ it right** pogodio si; **coffee is not to be had here** ovdje se ne može dobiti kava; **you ~ me, ~ you not?** vi me razumijete, zar ne?; **to ~ to do with** (**a p, th**) imati posla (sa), imati veze (s kim, čim); **I had as well...** bilo bi isto tako dobro kad bih...

have at [ˈhævˈæt] *vi* navaliti na

have on [ˈhævˈɔn] *vt* imati na sebi, nositi (odjeću); imati obavezu, imati u programu | *coll* **to have a p on** varati koga, nasamariti, povući za nos

have [hæv] *s* | *coll* **the ~s and the ~-nots** bogataši i siromasi

haven [ˈheivn] *s* luka; sklonište, zaklon | *poet* **~ of rest** utočište, luka mira

haven't [ˈhævnt] = **have not**

haversack [ˈhævəsæk] *s* telećak, naprtnjača

having [ˈhæviŋ] *s* vlasništvo, posjed, imetak

havoc [ˈhævək] *s* pustošenje, haračenje, uništenje | **to make ~ of, to play ~ among (with)** uništiti, razoriti, opustošiti, poharati; **to cry ~** dati znak vojsci za pljačku (sada *fig*)

haw[1] [hɔː] *s bot* gloginja, šipak

haw[2] [hɔː] *s* treći neparni kapak, opna migavica (u ptica, konja, pasa itd.)

haw [hɔː] *vi* kašljucati; zamuckivati

hawfinch [ˈhɔːfintʃ] *s ornith* batokljun trešnjar

haw-haw [ˈhɔːˈhɔː] *interj* ha! ha!

haw-haw [ˈhɔːˈhɔː] *s* glasan, bučan smijeh, grohot

haw-haw [ˈhɔːˈhɔː] *vi* glasno se smijati

hawk [hɔːk] *s* jastreb (i *fig*), sokol

hawk[1] [hɔːk] *vi/t* loviti; progoniti; ići u lov sa sokolom, napadati kao jastreb (*at* na)

hawk [hɔːk] *vt* piljariti, prodavati (robu) po kućama, torbariti; *fig* širiti, prenositi (vijesti)

hawk[2] [hɔːk] *vi/t* nakašljati se; hraknuti; (*up*) iskašljati, izbaciti (sluz)

hawker[1] [ˈhɔːkə] *s hunt* sokolar

hawker[2] [ˈhɔːkə] *s* piljar, ulični prodavač s kolicima, torbar

hawk-eyed [ˈhɔːkaid] *adj* sokolova oka, oštrovid

hawkish [ˈhɔːkiʃ] *adj* sokolast, poput sokola

hawk-moth [ˈhɔːkmɔθ] *s ent* ljiljak

hawk-nosed [ˈhɔːknəuzd] *adj* kukasta, oštra (orlovskog) nosa

hawksbill [ˈhɔːksbil] *s zool* morska kornjača

hawse [hɔːz] *s mar* pramčano ždrijelo

hawse-hole [ˈhɔːzhəul] *s mar* ždrijelo (otvor kroz koji prolaze lanci ili privezi)

hawser [ˈhɔːzə] *s mar* debelo uže, čelo; tanko, čelično uže

hawthorn [ˈhɔːθɔːn] *s bot* glog

hay [hei] *s* sijeno | **~ fever** peludna groznica; **to look for a needle in a bottle (bundle) of ~** tražiti iglu u stogu sijena; **to make ~** spremati sijeno; *fig* **to make ~ of** napraviti zbrku; **to make ~ while**

the sun shines kovati željezo dok je vruće

hay [hei] *vt/i* **I.** *vt* sušiti (pokošenu travu), kupiti (sijeno); opskrbiti sijenom **II.** *vi* sušiti sijeno

haybote [ˈheibəut] *s* šiblje za popravak ograda; pravo zakupca na upotrebu toga šiblja

hay-box [ˈheibɔks] *s* sanduk za prigrijavanje jela

haycock [ˈheikɔk] *s* plast, stog sijena

hay-cooker [ˈheiˌkukə] *s* → **hay-box**

hay-field [ˈheifiːld] *s* sjenokoša

hay-fork [ˈheifɔːk] *s* vile za sijeno

hayloft [ˈheilɔft] *s* sjenik

hay-maker [ˈheiˌmeikə] *s* kosac, kosilica; *fig US* nokaut udarac

hayrick [ˈheirik] *s* stog, plast sijena

hayseed [ˈheisiːd] *s US coll* nespretnjaković sa sela

haystack [ˈheistæk] *s* stog, plast sijena

haywire [ˈheiwaiə] *s* žica za vezanje bala sijena | *coll* **to go ~** pošašaviti, zahiriti; poći naopako, posve se poremetiti

hazard [ˈhæzəd] *s* hazard(na igra); slučaj; rizik, opasnost | **at all ~s** u svakom slučaju, po svaku cijenu; **to run a ~** riskirati

hazard [ˈhæzəd] *vt* riskirati, staviti na kocku, izložiti pogibelji; usuditi se, odvažiti se (na što)

hazardous [ˈhæzədəs] *adj* (**~ly** *adv*) opasan, riskantan

haze [heiz] *s* sumaglica; para; *fig* magla

haze[1] [heiz] *vt* zamagliti

haze[2] [heiz] *vt mar* mučiti teškim radom; *US coll* šikanirati, mučiti, grubo se šaliti s kim

hazel [ˈheizl] *s bot* lijeska; kestenjasta boja

hazel-nut [ˈheizlnʌt] *s* lješnjak

hazy [ˈheizi] *adj* (**hazily** *adv*) magličast, mutan; *fig* maglovit, nejasan

H-bomb [ˈeitʃbɔm] *s* H-bomba, hidrogenska bomba

he [hiː] *pron* on | **~ who, ~ that** onaj koji, tko; **~ laughs best who laughs last** tko se zadnji smije, najbolje se smije; **~ who digs a pit for others falls in himself** tko pod drugim jamu kopa sam će u nju pasti

he [hiː] *s* muškarac; mužjak | *coll* **a ~** muško; **~-man** pravi muškarac; **~-goat** jarac

head [hed] *s* 1. glava; duljina glave (mjera kod konjskih utrka); *fig* razum, volja, duh; lice, glava, prednja strana (kovanog novca); rogovlje jelena 2. osoba, pojedinac; komad, grlo (stoke), broj 3. krov, koš (kola); glava, glavica, gornji dio (cvijeta, kupusa, čavla, čekića itd.); pramac (broda); pjena (na tekućini); vrh, vršak; krošnja (stabla); gornji dio; izvor, najgornji tok (rijeke); kraj jezera (u koji uvire rijeka); uzglavlje (kreveta); voda zadržana ustavom na stanovitoj razini (npr. za mlin); pritisak zatvorene vode, pare itd. (na jedinicu površine); čelo (povorke, vojske, stola, vlaka itd.); predgorje, predbrežje, rt; krajnji dio podzemnog prolaza u ugljenokopu 4. glava(r), predstojnik, pročelnik, upravitelj, direktor, šef; poglavica; *fam* natkonobar; vodeći položaj 5. glavna točka (npr. govora); odlomak, glava, poglavlje (knjige); natpis; rubrika, stupac; stavka (u računu); kategorija; kriza, vrhunac | **I have a terrible ~** strašno me boli glava; **~ money** glavarina; nagrada za hvatanje odbjegla zločinca ili za glavu neprijatelja; **~ office** centrala, matična kuća; **~ waiter** natkonobar, ober; **~ waters** izvori i gornji pritoci (rijeke), povirje; *fig* **I cannot make ~ or tail of it** za mene je to bez repa i glave, ništa od toga ne razumijem; **~ I win, tails you lose** gubiš igru u svakom slučaju; *sl* **King's (Queen's) ~** poštanska marka; **~ and front** bit, glavni sadržaj; *pol* vođa, glava (zavjere, pobune); **deer of the first ~** jelen, srnjak, komu rastu prvi parošci; **crowned ~s** okrunjene glave, vladari; *fig* **hot ~** usijana glava; **large ~ of game** mnoštvo divljači; **at the ~ of** na čelu, u vodećem položaju; **to come to a ~** *fig* doći do vrhunca, do kritične točke, zaoštriti se; (čir) sazreti; **old ~ on young shoulders** mlad a razborit čovjek; **to have a good ~ on one's shoulder** imati mnogo razbora; biti sposoban; **to put a th out of a p's ~** izbiti komu što iz glave; **off one's ~** lud; izvan sebe; **to go off one's ~** poludjeti; **to bite a p's ~ off** žestoko izgrditi, izdevetati koga; **to eat one's ~ off** najesti se do grla, prežderа(va)ti se; **to go to one's ~** udariti komu u glavu (piće i *fig*); *fig* **on one's ~** bez po muke, kao ništa; **on your own ~ be it** na tvoju vlastitu odgovornost; **over one's ~** nad glavom (npr. opasnost); iznad čijeg shvaćanja (*he talks over our ~s*); *fig* **over the ~s of others** preko reda, prije od drugih (zaslužnijih); **by the ~ and ears** silom, na silu, izvještačeno; **over ~ and ears** preko glave, preko ušiju, potpuno; **from ~ to foot** od glave do pete, potpuno; **a nice ~ of hair** gusta kosa; **~ over heels** naopako, naglavce, navrat-nanos; *fig* preko ušiju; *fig* **to be ~ and shoulders above** daleko nadmašivati (koga); *fig* **by ~ and shoulders** silom, na silu, izvještačeno; mnogo; znatno; **to lose one's ~** izgubiti život, glavu; *fig* (iz)gubiti glavu; **to keep one's ~** sačuvati hladnokrvnost; *fig* **to keep one's ~ above water** nemati dugova, sastavljati kraj s krajem; **to make ~ against** uspješno se odupirati (čemu); **to put a th into a p's ~**

napuniti komu glavu čim; ~ **first (foremost)** naglavce, strmoglavce; *fig* nesmotreno, nepromišljeno; **to give the horse its ~** pustiti uzde konju; *fig* **to give a p his ~** dati slobodne ruke komu; **to laugh one's head off** smijati se kao lud, pucati od smijeha; **to lay (put) ~s together** savjetovati se, dogovarati se; **to talk a p's ~ off** zamoriti koga na mrtvo ime razgovorom; **to take the ~** preuzeti vodstvo; **to take sth into one's ~** zabiti sebi u glavu; **to turn a p's ~** zavrtjeti komu glavom; zaluditi koga; **to beat a p's ~ off** natkriliti, nadmašiti, nadvladati koga; **two ~s are better than one** četiri oka vide više nego dva; *fig* **to knock a th on the ~** dokrajčiti, onemogućiti, osujetiti; *mar* **down by the ~** nosotežan (pramac dublje uronjen u vodu od krme); **this horse eats his ~ off** taj konj više pojede nego što vrijedi; **weak in the ~** slabe pameti; **to weep one's ~ off** isplakati oči, ubiti se od plača

head [hed] *vt/i* **I.** *vt* 1. (pred)voditi, stajati na čelu, zapovijedati, prednjačiti (komu), rukovoditi (čime) 2. staviti glavu, naslov itd. (čemu) 3. skinuti, odsjeći vrh, krošnju (biljke, drveta) 4. ići ispred (koga, čega), biti, stajati na vrhu (koga, čega) 5. *ftb* udariti (loptu) glavom **II.** *vi* 1. biti usmjeren, krenuti, kretati se, smjerati (*for* prema) 2. *mar* držati kurs, ploviti (*for* prema) 3. (salata, kupus) tvoriti glavicu 4. *US* izvirati (rijeka) | **to ~ for disaster** srljati u propast; **to ~ a p (th) off** zaustaviti, predusresti, skrenuti koga (što); *fig* spriječiti, odvratiti

headache [ˈhedeik] *s* glavobolja

headachy [ˈhedeiki] *adj* koji pati od glavobolje; koji uzrokuje glavobolju

headband [ˈhedbænd] *s* 1. vrpca (oko glave, preko čela) 2. *Scot* vrpca na gornjem rubu hlača 3. *US* ukrasni ornament na početku poglavlja ili strane (u knjizi)

head-dress [ˈheddres] *s* ukras, nakit u glavi; frizura

header [ˈhedə] *s* predvodnik, vođa; *archit* glava, vežnjak (kamen, opeka, ugrađena u pravom kutu prema zidu); *coll* skok ili pad naglavce | *coll* **to take a ~** skočiti na glavu, baciti se naglavce

headfirst [ˌhedˈfəːst] *adv* naglavce

headforemost [ˌhedˈfɔːməust] *adv* naglavce

headgear [ˈhedgiə] *s* pokrivalo, ukras za glavu; čeonik (hama); *min* dizalica na vrhu okna

headiness [ˈhedinis] *s* naglost; tvrdoglavost; opojnost

heading [ˈhediŋ] *s* *ftb* udaranje lopte glavom; naslov, glava, rubrika; natpis

head-hunter [ˈhedˌhʌntə] *s* lovac na ljudske glave

head-lamp [ˈheadlæmp] *s* *mot* far, reflektor, prednja svjetiljka

headland [ˈhedlənd] *s* predgorje, predbrežje, rt

headless [ˈhedlis] *adj* bez glave, bezglav (i *fig*); bez vođe

headlight [ˈhedlait] *s* *mot* prednje svjetlo, far, reflektor; svjetlo na jarbolu

headline [ˈhedlain] *s* (novinski) naslov | *radio* **the ~s** kratak sadržaj glavnih vijesti; **he hits the ~s** o njemu se mnogo piše u novinama, pune su ga novine

headlong [ˈhedlɔŋ] *adv* naglavce, strmoglavce; *fig* navrat-nanos, nesmotreno, nepromišljeno, naglo

headlong [ˈheadlɔŋ] *adj* strmoglav; *fig* nesmotren, nepromišljen, nagao

headman [ˌhedˈmæn] *s* vođa, glavar, poglavica; predradnik, nadzornik

headmaster [ˌhedˈmaːstə] *s* direktor, ravnatelj škole

headmistress [ˌhedˈmistris] *s* direktorica, ravnateljica škole

headmost [ˈhedməust] *adj* najprvi

head-note [ˈhednəut] *s* *jur* uvodna bilješka (na vrhu dokumenta)

head-on [ˌhedˈɔn] *adv* frontalno

head-on [ˌhedˈɔn] *adj* frontalan

headphones [ˈhedfəunz] *s* slušalice za telefon ili radio

headpiece [ˈhedpiːs] *s* kaciga; *coll* glava, razum, pamet; pametan čovjek; *print* ukrasna vinjeta na početku strane ili poglavlja u knjizi

headquarters [ˌhedˈkwɔːtəz] *s pl sg constr* 1. *mil* glavni stan, štab 2. glavno sjedište, glavna poslovnica, centrala

headrace [ˈhedreis] *s* dovodni jarak za vodeničko kolo; *tech* dovodna cijev za parni kotao

head-rest [ˈhedrest] *s* naslon za glavu (kod zubara, brijača, u autu, itd.)

head-room [ˈhedrum] *s* slobodan prostor, međuprostor

headsail [ˈhedseil] *s* *mar* prednje jedro

headset [ˈhedset] *s* *radio* slušalice

headship [ˈhedʃip] *s* vrhovni, (ruko)vodeći položaj

headsman [ˈhedzmən] *s* 1. glavar, šef 2. krvnik 3. zapovjednik na kitolovcu

headspring [ˈhedspriŋ] *s* (pra)izvor, vrelo

headstall [ˈhedstɔːl] *s* oglav

head-stock [ˈhedstɔk] *s* *mech* ležaj; držak (za alat)

headstone [ˈhedstəun] *s* ugaoni kamen, kamen temeljac; nadgrobni kamen

headstrong [ˈhedstrɔŋ] *adj* tvrdoglav; svojeglav

headway [ˈhedwei] *s* *mar* napredovanje, brzina napredovanja; *fig* napredak; slobodan prostor ispod luka nosača, dovratnika itd. koji dopušta nesmetan prolaz | *fig* **to make ~** napredovati

head-wind [ˈhedwind] *s* *mar* suprotni vjetar, vjetar u pramac

headword ['hedwə:d] *s* (masno tiskana) riječ koja služi kao naslov (u knjizi); natuknica; *gram* osnovna riječ

head-work ['hedwə:k] *s* umni, intelektualni rad; *archit* ukras na kamenom potpornjaku luka

head-workman ['hed,wə:kmən] *s* umni, intelektualni radnik

heady ['hedi] *adj* (**headily** *adv*) nagao, žestok, nepromišljen, nesmotren; tvrdoglav; koji opaja; opojan (piće); *fig* koji udara u glavu

heal [hi:l] *vt/i* **I.** *vt* (iz)liječiti, vidati, iscijeliti (*of* od); smiriti, dokrajčiti **II.** *vi* cijeliti; zacijeljeti | **time ~s all sorrows** vrijeme sve liječi

heal over ['hi:l'əuvə] *vi* zarasti, zacijeljeti (& *fig*)

heal up ['hi:l'ʌp] *vi* zacijeljeti (rana)

healable ['hi:ləbl] *adj* izlječiv

heal-all ['hi:l'ɔ:l] *s* univerzalni lijek

heald [hi:ld] *s* → **heddle**

healer ['hi:lə] *s* liječnik, vidar; lijek, ljekovito sredstvo | **time is a great ~** vrijeme liječi sve

healing ['hi:liŋ] *adj* (**~ly** *adv*) koji liječi, koji ublažava, ljekovit; liječnički; blagotvoran, umirljiv

health [helθ] *s* zdravlje; zdravstvo | **Ministry of Health** ministarstvo zdravlja; **~ service** zdravstvena služba; **~ resort** lječilište; **Board of Health** zdravstvena uprava; **to drink a p's ~, to drink a ~ to a p** nazdraviti komu

healthful ['helθful] *adj* (**~ly** *adv*) zdrav, ljekovit (*to* za)

healthy ['helθi] *adj* (**healthily** *adv*) zdrav, koristan zdravlju; ljekovit

heap [hi:p] *s* gomila, hrpa, kup; *coll* mnogo, mnoštvo, sva sila | **a ~ of people** sva sila ljudi; **~s of times** mnogo puta; **he is ~s better** on je mnogo bolji, njemu je mnogo bolje; *coll* **he was struck (knocked) all of a ~** kao da ga je grom ošinuo

heap [hi:p] *vt* (*up, together*) gomilati, nagomila(va)ti, (na)slagati na hrpu, nabacati, natrpati; natovariti, nametati, pretrpati, nakrcati (*with* čime); obasipavati, obasuti (nagradama, uvredama) (*on, upon*) | **to ~ coals of fire on a p's head** vratiti komu zlo dobrim, stvarati komu lošu savjest; **the table was ~ed with presents** stol je bio krcat darova

hear [hiə] *vt/i* (heard, heard) **I.** *vt* čuti, slušati; poslušati, saslušati; ispitati (lekciju); *jur* preslušati, saslušati svjedoke, voditi (istragu, sudski postupak); raspravljati, pretresati; uslišiti; doznati (*of* o; *from* od) **II.** *vi* čuti, dobiti vijest (*about* o); čuti (*of* za); dočuti; primiti glas (*from* od) | **to ~ a p out** saslušati koga do kraja; **~! ~!** čujmo! čujmo!; *iron* gle! gle!; **I've heard tell of** kazivali su mi; **I won't ~ of such a thing** neću ni da čujem za nešto takvo; neću trpjeti takvo što; *fig* **to make oneself heard** privući pažnju na sebe; *fam* **you will ~ about it** odgovarat ćeš ti za to

hearable ['hiərəbl] *adj* koji se može čuti, čujan

heard [hə:d] *pret* & *pp* od **hear**

hearer ['hiərə] *s* slušač, slušatelj(ica), slušalac

hearing ['hiəriŋ] *s* sluh; slušanje; *jur* saslušanje, preslušavanje, rasprava; audijencija, saslušanje; domašaj glasa | **hard of ~** nagluh; **within (out of) ~** na domašaj (izvan domašaja) glasa; **to gain a ~** biti saslušan; **to give a p a fair ~** nepristrano koga saslušati

hearken (harken) ['ha:kən] *vi arch* čuti, slušati; prisluškivati; saslušati

hearsay ['hiəsei] *s* govorkanje, rekla-kazala, prepričavanje, naklapanje | **by ~** po pričanju drugih

hearse [hə:s] *s* mrtvačka kola; odar, katafalk

hearsecloth ['hə:skləθ] *s* mrtvački pokrov

heart [ha:t] *s* srce; duša; osjećaj, samilost; hrabrost, srčanost; bit, jezgra, srž; srce (biljke) | **~s** *pl* srce, boja igraćih karata; **the queen of ~s** herc-dama; **smoker's ~** srčane smetnje od pušenja; **dear ~** srce moje, milo moje (izraz ljubavi); **~ to ~** od srca k srcu, iskreno, otvoreno; **after his own ~** kako mu srce želi; *mar* **my ~s** srčani momci; *fig* **~ of oak** hrabro srce, srce od čelika; srčan, nepokolebljiv čovjek; **Hearts of Oak** brodovlje i mornari britanske mornarice; **the ~ of the matter** bit, srž stvari; **in good ~** u dobru stanju, u dobru zdravlju; plodan (zemlja); **out of ~** snužden, malodušan; u lošu stanju; neplodan (zemlja); **at ~** u duši, u srcu; **by ~** napamet; **from one's ~** od sveg srca, iz dna duše, iskreno, otvoreno; **from the bottom of one's ~** iz dna duše; **in one's ~ of ~s** u dnu duše; **in ~** dobro raspoložen, dobre volje; **near one's ~** srcu drag, mio, omiljen; **to one's ~ content** do mile volje; **with all one's ~** od sveg srca, svim srcem; **to cut to the ~** pogoditi u srce, najdublje povrijediti; **to find in one's ~** (obično s neg.) odlučiti se što učiniti; **to have no ~ for** nemati smilovanja za; **have a ~!** smiluj(te) se!, milost!; samo hrabro!, ne daj se!; **to have sth at ~** imati velik interes za što, od srca željeti što; **I have a matter at ~** nešto mi leži na srcu; **to lay (take) a th to ~** biti duboko kosnut čime, primiti k srcu; **change of ~** preobraćenje, preobražaj; **to break a p's ~** slomiti komu srce; **to cry one's ~ out** beskrajno se žalostiti; patiti u duši; **to do one's ~ good** ohrabriti, razvedriti, razblažiti dušu; **to eat one's ~ out** izjedati se od brige, muke, boli; **to have the ~ to** (često s neg.) imati srca (što učiniti); **~ and head**

zdušno, oduševljeno; ~ **and soul** srcem i dušom; **to have one's ~ in sth** imati neobičnu sklonost za što, silno voljeti; **to have one's ~ in one's mouth** biti nasmrt preplašen; **his ~ is in the right place** srce mu je na pravom mjestu; **to lose ~** obeshrabriti se, izgubiti odvažnost, postati malodušan; **to lose one's ~ to sth** silno zavoljeti što; **to lose one's ~ to a p** zaljubiti se u koga; **to open one's ~** izjadati se komu, raskriti dušu; **to pluck up ~** skupiti hrabrost, osokoliti se; **to set one's ~ on** ludo željeti, preduzeti sebi; **to have one's ~ set on** željeti iz sve duše; **to take (fresh) ~ (at sth)** osokoliti se, steći pouzdanje (čime); **to take ~ of grace** smoći hrabrosti, odvažiti se; **to wear one's ~ (up)on one's sleeve** biti veoma iskren; što na srcu to i na jeziku; **it does my ~ good** to me veseli, godi mi; **his ~ sank into his boots** srce mu je palo u pete; **my ~ leaps up** srce mi igra, srce mi uzbuđeno kuca; **at the bottom of one's ~** u dnu duše, srca

heartache [ˈhaːteik] *s* bol u srcu, tuga, jad, čemer

heartbeat [ˈhaːtbiːt] *s* kucanje srca

heart-blood [ˈhaːtblʌd] *s* krv; život

heartbreak [ˈhaːtbreik] *s* težak bol, jad, čemer

heartbreaking [ˈhaːtˌbreiˈkiŋ] *adj* koji para srce, bolan; *coll* zamoran, dosadan

heartbroken [ˈhaːtˌbrəukən] *adj* slomljena srca, ucviljen

heartburn [ˈhaːtbəːn] *s med* žgaravica

heartburning [ˈhaːtbəːniŋ] *s* zavist, ljubomora; ljutina, ojađenost

heart-complaint [ˈhaːtkəmˈpleint] *s* srčana bolest, srčana smetnja

heart-disease [ˈhaːtdiˈziːz] *s* srčana bolest

hearten [ˈhaːtn] *vt* ohrabriti; osokoliti; razvedriti, razveseliti

heart-failure [ˈhaːtˈfeiljə] *s* srčana kap

heartfelt [ˈhaːtfelt] *adj* iskren, srdačan

hearth [haːθ] *s* ognjište; *fig* kućno ognjište, dom, kuća

hearth-rug [ˈhaːθrʌg] *s* sag pred kaminom

hearth-stone [ˈhaːθstəun] *s* (kamen koji tvori) ognjište; *fig* dom

heartily [ˈhaːtili] *adv* srdačno, iskreno, usrdno; krepko, zdušno, s velikom voljom; veoma, vrlo, temeljito; s uživanjem, s apetitom

heartiness [ˈhaːtinis] *s* srdačnost, otvorenost, toplina, usrdnost, žar; snaga, jačina, krepkost

heartless [ˈhaːtlis] *adj* (~**ly** *adv*) bez srca, bez osjećaja, bezdušan; malodušan

heart-rending [ˈhaːtˌrendiŋ] *adj* (~**ly** *adv*) koji kida, para srce

heart-searching [ˈhaːtˌsəːtʃiŋ] *s* ispitivanje vlastite savjesti, preispitivanje vlastitih nazora, postupaka

heart's-ease [ˈhaːtsiːz] *s bot* divlja maćuhica

heartsick [ˈhaːtsik] *adj fig* veoma potišten, utučen, sništen, klonuo duhom

heart-sickness [ˈhaːtˌsiknis] *s* bolest srca; *fig* duboka potištenost, utučenost

heartsome [ˈhaːtsəm] *adj Scot* koji oživljuje, razveseljuje; živahan, veseo

heartsore [ˈhaːtsɔː] *adj* duboko potišten, utučen, čemeran

heart-strings [ˈhaːtstriŋz] *s pl fig* najdublji osjećaji | **to pull at one's ~** izazivati najdublje osjećaje, duboko ganuti, taknuti u srce

heart-tearing [ˈhaːtˌtɛəriŋ] *adj* koji para srce

heart-to-heart [ˈhaːttəˈhaːt] *adj* iskren, otvoren

heart-whole [ˈhaːthəul] *adj* slobodan od ljubavi, slobodna srca; neustrašiv, nepokolebljiv; iskren; odan

heart-wood [ˈhaːtwud] *s* srž, srce drveta

hearty [ˈhaːti] *adj* (**heartily** *adv*) srdačan, usrdan, iskren, topao; zdrav, snažan; krepak; hranjiv; obilan; zdrav, dobar (tek); plodan (tlo)

hearty [ˈhaːti] *s* dobar čovjek, drug; mornar

heat [hiːt] *s* vrućina, toplota; žar, žestina, strast, bijes; tjeranje, doba parenja (životinja); *sport* pojedina trka, natjecanje | *sport* **preliminary (trial) ~s** prednatjecanja; **dead ~** mrtva trka, neodlučena utrka; **to be on (in, at) ~** tjerati se (ženka životinje); **prickly ~** kožna bolest česta u toplim krajevima; **at one ~** u jednom mahu, odjednom; **the ~ of battle** žestina bitke, bijes borbe, boja; *US* ~ **lightning** sijavica

heat [hiːt] *vt/i* (*up, with, by*) **I.** *vt* zagrija(va)ti; usijati, užariti, ražariti; grijati, ložiti; *fig* uzbuditi, raspaliti **II.** *vi* zagrija(va)ti se, postati vruć; usijati se, užariti se; raspaliti se, uzbuditi se

heat-apoplexy [ˈhiːtˌæpəpleksi] *s med* sunčanica

heated [ˈhiːtid] *adj* (~**ly** *adv*) ugrijan, usijan, ražaren, raspaljen; vatren, žestok; grijan, ložen

heat-engine [ˈhiːtˌendʒin] *s tech* termički motor

heater [ˈhiːtə] *s* grijač, grijalo, grijalica, peć

heath [hiːθ] *s bot* vriština, ledina, pustopoljina: *bot* vrijes

heath-bell [ˈhiːθbel] *s bot* vrsta vrijeska; plavi zvončić

heath-berry [ˈhiːθberi] *s bot* brusnica; borovica

heath-cock [ˈhiːθkɔk] *s ornith* tetrijeb ružovac

heathen [ˈhiːðən] *adj* poganski, neznabožački; divljački, neprosvijećen

heathen ['hi:ðən] *s* poganin; *fig* neprosvijećen čovjek, divljak(uša)
heathendom ['hi:ðəndəm] *s* poganstvo, pogani, poganske zemlje
heathenish ['hi:ðəniʃ] *adj* (**~ly** *adv*) poganski; *fig* neprosvijećen, divlji
heathenism ['hi:ðənizəm] *s* poganstvo
heathenize ['hi:ðənaiz] *vt/i* učiniti poganinom; *fig* učiniti divljakom; postati poganin; *fig* podivljati
heathenry ['hi:ðənri] *s* poganstvo; barbarstvo
heather ['heðə] *s bot* vrijes(ak); vriština | **to take to the ~** odbjeći, odmetnuti se; *fig* **to set the ~ on fire** napraviti gužvu, stvoriti zbrku; izazvati smutnju
heather-bell ['heðəbel] *s bot* vrsta vrijeska
heather-mixture ['heðə,mikstʃə] *s* vunena tkanina od raznobojnih niti
heathery ['heðəri] *adj* obrastao vrijeskom; poput vrijeska
heathy ['hi:θi] *adj* (**heathily** *adv*) → **heathery**
heating ['hi:tiŋ] *s* loženje, grijanje
heating ['hi:tiŋ] *adj* grijaći | **~ battery** baterija za grijanje; **~ bowl** električno sunce; **~ cushion, ~ pad** električni termofor
heat-spot ['hi:tspɔt] *s* bubuljica od vrućine (na koži); mjesto (na koži) gdje se osjeća vrućina; pjega od sunca
heat-stroke ['hi:tstrəuk] *s med* sunčanica; toplotni udar
heat-treat ['hi:t'tri:t] *vt* pasterizirati
heatwave ['hi:tweiv] *s* val vrućine
heave [hi:v] *vt/i* (*pret* **~d**, hove; *pp* **~d**, hove) **I.** *vt* 1. dignuti, podići, povući uvis; *geol* maknuti, pomaknuti (sloj, žilu) 2. *mar* & *coll* (dići, dignuti i) baciti 3. *mar* zaustaviti (jedrilicu vitlom) 4. uzbibati; nadimati **II.** *vi* 1. (polako) se dizati, dizati se i spuštati, uzbibati se, talasati se, 2. nadimati se 3. dahtati, teško disati; podrigivati se 4. *mar* (po)vući, potezati (*at, on* za što); (jedrilica) (pri)stati | **to ~ a sigh** uzdahnuti; **to ~ a groan** zastenjati; **to ~ the gorge** podrigivati se; *mar* **to ~ in sight** pojaviti se na vidiku; **~ ho!** diži (sidro)!; *mar* **~ away!** vuci!, poteži!; **to ~ the lead** baciti dubinomjer, mjeriti dubinu; **to ~ the anchor** dizati, dignuti sidro; **to ~ for breath** dahtati, soptati; teško disati; hvatati dah
heave about ['hi:və'baut] *vt mar* okrenuti (brod)
heave down ['hi:v'daun] *vt mar* nagnuti brod na bok radi čišćenja
heave to ['hi:v'tu:] *vi mar* zaustaviti se, stati (jedrilica)
heave [hi:v] *s* 1. (po)dizanje (i vitlom) 2. nadimanje (grudi) 3. bibanje, valjanje, talasanje 4. podrigivanje; podražaj na povraćanje 5. vrsta zahvata u rvanju | **~s** *pl* nadam (bolest konja)
heaven ['hevn] *s* 1. nebo; (obično *pl*) nebeski svod; *fig* nebesa 2. nebesko carstvo; bog, providnost 3. sreća, blaženstvo | *fig* **seventh ~, ~ of ~s** sedmo nebo; **by ~!** tako mi boga!; **good ~s!** zaboga!; **thank ~!** hvala bogu!; **to move ~ and earth** pokrenuti nebo i zemlju; sve učiniti; **would to ~** da bog da; **~ forbid** ne dao bog, sačuvaj bože
heaven-born ['hevnbɔ:n] *adj* božanskog porijekla
heavenly ['hevnli] *adj* nebeski; nadzemaljski, božanski; uzvišen; *coll* božanstven, sjajan, divan | **the ~ city** raj; **the ~ kingdom** kraljevstvo nebesko; **~ bodies** nebeska tijela, zvijezde; **the Heavenly Twins** Blizanci (zviježđe); *coll* **what ~ figs!** divnih li smokava!
heavenly-minded ['hevnli,maindid] *adj* svet; pobožan
heavensent ['hevnsent] *adj* poslan od providnosti
heavenward ['hevnwəd] *adj* okrenut prema nebu
heavenward(s) ['hevnwəd(z)] *adv* prema nebu
heaver ['hi:və] *s* istovarivač (u doku); dizalica; poluga za pritezanje užeta
heaviness ['hevinis] *s* težina, pritisak (i *fig*); *fig* tromost; potištenost
heavy ['hevi] *adj* (**heavily** *adv*) 1. težak, velike težine; masivan; bogat, obilan (žetva); teško natovaren; teško naoružan 2. snažan, jak, žestok (kiša, oluja); oštar (npr. mraz) 3. teško prohodan, raskvašen (tlo, cesta); teško obradiv (zemlja); gnjecav (kruh) 4. taman, tmuran, tmast, mračan, gusto naoblačen (nebo); sparan; krupan, glomazan; debeo, mastan (tisak); zdepast, trom, polagan, spor; dosadan; pretrpan (stil) 5. strog, ozbiljan 6. težak, loš (udes, vijest); mučan, naporan, težak (rad); opojan, težak (miris); ožalošćen, žalostan, tužan, sjetan, potišten; pospan, lijen, trom | *fig* **~ on hand** težak, dosadan u razgovoru; *fig* **~ metal** jaki argumenti; čovjek s autoritetom; **to have a ~ hand** imati tešku ruku, biti nespretan; biti (vrlo) strog; *el* **~ current** jaka struja; **~ going** težak (za rješavanje, svladavanje); težak, dosadan (čovjek), gnjavator; *mil* **~ guns (artillery)** teški topovi, teška artiljerija; *fig* težak napad, nadmoćni argumenti; **~ tidings** loše vijesti; **~ sea** uzburkano more; **~ traffic** gust promet; *chem* **~ water** teška voda
heavy ['hevi] *s* → **heavy-weight;** *film* negativan karakter
heavy ['hevi] *adv* → **heavily** | **time hangs ~** vrijeme sporo odmiče
heavy-browed [,hevi'braud] *adj poet* mrk, mrka pogleda
heavy-handed [,hevi'hændid] *adj* nespretan, nezgrapan; nasilan, tiranski

heavy-hearted [ˌheviˈhaːtid] *adj* potišten, utučen, žalostan
heavyish [ˈheviiʃ] *adj* dosta težak; potežak
heavy-laden [ˌheviˈleidn] *adj* teško natovaren
heavy-spar [ˈheviˌspaː] *s min* barit
heavy-weight [ˈheviweit] *s box* teška kategorija, boksač teške kategorije (težina iznad 79,3 kg)
hebdomad [ˈhebdəmæd] *s* tjedan, sedmica
hebdomadal [hebˈdɔmədl] *adj* (~**ly** *adv*) tjedni, sedmični | **Hebdomadal Council** (na Oxfordskom sveučilištu) nadzorni odbor za studij koji se sastaje jedanput tjedno
hebdomadary [hebˈdɔmədəri] *adj* tjedni, sedmični
Hebe [ˈhiːbiː] *s Gr myth* Heba; *fig* konobarica
hebetate [ˈhebiteit] *vt/i* otupiti, otupjeti
Hebraic [hiːˈbreiik] *adj* (~**ally** *adv*) hebrejski
Hebraism [ˈhiːbreiizəm] *s* hebreizam, hebrejstvo; hebrejski običaj ili način mišljenja
Hebraist [ˈhiːbreiist] *s* hebreist, učenjak koji se bavi proučavanjem hebrejstva; pristaša hebrejstva
hebraistic [ˌhiːbreiˈistik] *adj* (~**ally** *adv*) hebreistički
hebraize [ˈhiːbreiaiz] *vt/i* **I.** *vt* učiniti hebrejskim, požidoviti **II** *vi* postati hebrejski, požidoviti se
Hebrew [ˈhiːbruː] *s* Hebrejac, Hebrejka, Židov(ka); hebrejski jezik | *coll* **it's ~ to me** to je za mene španjolsko selo; **written ~-wise** pisan zdesna nalijevo
Hebrew [ˈhiːbruː] *adj* hebrejski, židovski
Hebridean [heˈbridiən] *s* Hebriđanin, stanovnik Hebridskih otoka
hecatomb [ˈhekətuːm] *s Gr hist* hekatomba, javna velika žrtva (obično sto volova); krvava žrtva
heck [hek] *s sl euphem* đavao, vrag | **What the ~!** do đavola!, do vraga!, baš me briga!, pa što onda!
heckle [ˈhekl] *vt* grebenati (lan); *fig* prekidati govornika neugodnim pitanjima
heckle [ˈhekl] *s* → **hackle**
heckler [ˈheklə] *s* izazivač, upadač, provokator (na političkim skupovima)
hectare [ˈhektaː] *s* hektar (10 000 m^2)
hectic [ˈhektik] *adj* (~**ally** *adv*) *med* hektički, sušičav, hektičan; koji iscrpljuje; bolesno rumen; *coll* uzbudljiv, grozničav | **~ fever** sušica
hectic [ˈhektik] *s* sušica; sušičav čovjek; *fig* hektičko rumenilo
hectogramme [ˈhektəgræm] *s* hektogram (100 grama)
hectograph [ˈhektəgraːf] *s* hektograf, stroj za umnožavanje
hectolitre [ˈhektəˌliːtə] *s* hektolitar
hectometre (hectometer) [ˈhektəˌmiːtə] *s* hektometar (= 100 metara)
hector [ˈhektə] *s* nasilnik, kavgadžija, razbijač; hvalisavac, razmetnik
hector [ˈhektə] *vt/i* **I.** *vt* zaplaši(va)ti, zastraši(va)ti, tiranizirati **II.** *vi* hvalisati se, razmetati se, praviti se važan
heddle [ˈhedl] *s* vrpca, rojta, traka, obrub, obrvka (u tkanju)
heddle [ˈhedl] *vt* obrubiti, opšiti vrpcom, trakom, rojtom
hedge [hedʒ] *s* živica; *fig* ograda, zaštita, osiguranje
hedge [hedʒ] *vt/i* **I.** *vt* ograditi živicom, ograditi, okružiti (*with* čime); pritijesniti, prikliještiti **II.** *vi* graditi, uređivati živicu; *fig* ograditi se, zaštititi se, osigurati se; *fig* izmicati, izvlačiti se, izbjegavati odgovor, vrdati | **to ~ a bet** kladiti se u obje mogućnosti
hedge in [ˈhedʒˈin] *vt* stisnuti, pritijesniti, opkoliti, prikliještiti
hedge off [ˈhedʒˈɔf] *vt* odijeliti živicom
hedge up [ˈhedʒˈʌp] *vt* zakrčiti (živicom); zagraditi
hedge-bill [ˈhedʒbil] *s* kosijer
hedgebote [ˈhedʒbəut] *s* → **haybote**
hedger [ˈhedʒə] *s* onaj koji pravi ili popravlja živice; *fig* onaj koji izmiče (odgovoru), koji vrda, koji neće da riskira
hedge-hog [ˈhedʒhɔg] *s zool* jež; *fam* grubijan, prostak; *bot* bodljikava sjemena čaška nekih biljaka; *US* dikobraz
hedge-hop [ˈhedʒhɔp] *vi aero* letjeti u brišućem letu; *fig* skakati s predmeta na predmet (u razgovoru)
hedge-lawyer [ˈhedʒˌlɔːjə] *s* nadripisar
hedge-marriage [ˈhedʒˌmæridʒ] *s* potajni brak
hedge-row [ˈhedʒrəu] *s* živica
hedge-sparrow [ˈhedʒˌspærəu] *s ornith* popić sivi
hedonic [hiːˈdɔnik] *adj* hedonistički
hedonism [ˈhiːdənizəm] *s phil* hedonizam
hedonist [ˈhiːdənist] *s* hedonist
hedonistic [ˌhiːdəˈnistik] *adj* (~**ally** *adv*) hedonistički
heed [hiːd] *vt/i* paziti na, obazirati se, osvrtati se na što, voditi računa o (čemu), mariti, hajati za (što)
heed [hiːd] *s* pažnja, obaziranje | **to take (pay, give) (no) ~ (of sth, of a p)** (ne) paziti, (ne) obazirati se (na što, na koga); **to pay (no) ~ to** (ne) obazirati se na (što); **to take no ~ of danger** ne mariti za opasnost, ne obazirati se na opasnost
heedful [ˈhiːdful] *adj* (~**ly** *adv*) pažljiv | **to be ~ of** paziti na (što), obazirati se na (što), voditi računa o (čemu)
heedless [ˈhiːdlis] *adj* (~**ly** *adv*) nepažljiv, nesmotren, nepromišljen, nerazborit; koji ne pazi (na što), koji ne mari, ne haje (za što), koji se ne obazire (na što) | **to be ~ of** ne mariti, ne hajati za (što)

hee-haw [ˌhiːˈhɔː] *s* njakanje, revanje; glasan, bučan smijeh, grohot
hee-haw [ˌhiːˈhɔː] *vi* njakati, revati; glasno, bučno, grohotom se smijati
heel[1] [hiːl] *s anat* peta; peta na obući, čarapi; potpetica; stražnja noga u životinje; ostruga (pijetla); kopito; skočni zglob (konja i dr.); *US sl* propalica, protuha; okrajak (hljepca); završni dio, kraj | ~!, **come (keep) to** ~! uz nogu (zapovijed psu); *fig* **to come to** ~ (u)pokoriti se; *fig* ~ **of Achilles, Achilles'** ~ Ahilova peta, slaba strana; **at (on, upon) a p's** ~**s** za petama (komu), u stopu; **down at** ~ izgaženih peta; *fig* neuredan, otrcan; **to** ~ za petama, u stopu; pod nadzorom, poslušno; *fig* **under the** ~ **of** u vlasti, pod jarmom; **head over** ~**s** naglavce, navrat-nanos; **to kick (to cool) one's** ~**s** (morati) dugo čekati; **to lay (clap) by the** ~**s** uhapsiti, utamničiti; **to show a clean pair of** ~**s**, **to take to one's** ~**s** pobjeći, dati se u bijeg, dati petama vjetra, podbrusiti pete; **to have the** ~**s of** prestići; **to turn on one's** ~ okrenuti se na peti; ~**s foremost** s petama naprijed; *fig* kao leš; *fig* **the iron** ~ željezna peta, jaram; **by the** ~ **and toe** sa svih strana; **out at** ~**s** poderanih čarapa; *fig* otrcan; u bijedi; **to tread on one's** ~**s** slijediti koga u stopu, biti komu za petama; **to kick up one's** ~**s** poskakivati od radosti; ludo se radovati; otegnuti papke, umrijeti; **from head to** ~**s** od glave do pete; *fig* **my heart sank into my** ~**s** srce mi je palo u pete, ostavila me hrabrost
heel[1] [hiːl] *vi/t* **I.** *vi* izvoditi petama, udarati, tuckati petama; hodati uz nogu (pas) **II.** *vt* staviti potpeticu; naplesti petu (na čarapu); progoniti, slijediti u stopu; uhvatiti, ščepati za pete | *US sl* **well** ~**ed** dobro opskrbljen novcem; dobro naoružan
heel in [ˈhiːlˈin] *vt* privremeno zagrnuti korijenje biljke zemljom
heel out [ˈhiːlˈaut] *vt ftb* izbaciti loptu petom
heel[2] [hiːl] *s mar* nagibanje (broda) na jednu stranu
heel[2] [hiːl] *vi/t mar* nagnuti se na bok; nagnuti (brod)
heel over [ˈhiːlˈəuvə] *vi/t mar* nagnuti (se) (na bok)
heeler [ˈhiːlə] *s sl* slijepi politički sljedbenik, čankoliz
heeltap [ˈhiːltæp] *s fig* ostatak pića na dnu čaše | **no** ~! (ispij) do dna! eks!
heft [heft] *vt US sl* vagati, odvagnuti, odrediti težinu dizanjem
hefty [ˈhefti] *adj* snažan, mišićav
hegemonic [ˌhiːdʒiˈmɔnik] *adj* najviši, vodeći, vladajući
hegemony [hiˈgeməni] *s* hegemonija, vodstvo
he-goat [ˈhiːgəut] *s* jarac
heifer [ˈhefə] *s* junica
heigh [hei] *interj* hej!
heigh-ho [ˌheiˈhəu] *interj* ah! (izražava dosadu, razočaranje)
height [hait] *s* visina; uzvisina, brežuljak, brdo; najviša točka, najviši stupanj, vrhunac; *fig* uzvišenost | **in the** ~ **of the season** u jeku sezone; **to come to a** ~ dostići vrhunac; **in the** ~ **of fashion** najmodernije, po najnovijoj modi
heighten [ˈhaitn] *vt/i* **I.** *vt* povisiti, uzvisiti; pojačati; povećati; produbiti **II.** *vi* povećati se; pojačati se; dizati se (obično *fig*)
heinous [ˈheinəs] *adj* (~**ly** *adv*) mrzak, odvratan, ogavan, gnusan
heir [ɛə] *s* nasljednik, baštinik | ~ **apparent** zakoniti nasljednik, prestolonasljednik; ~ **presumptive** vjerojatni nasljednik
heir-at-law [ˌɛərətˈlɔː] *s* zakoniti nasljednik
heirdom [ˈɛədəm] *s* nasljedstvo, baština; pravo na nasljedstvo; nasljeđe
heiress [ˈɛəris] *s* nasljednica, baštinica
heirless [ˈɛəlis] *adj* bez nasljednika, bez baštinika
heirloom [ˈɛəluːm] *s* predmet iz porodične baštine
heirship [ˈɛəʃip] *s* položaj nasljednika; pravo nasljedstva
held [held] *pret & pp* od **hold**
heliacal [hiːˈlaiəkəl] *adj* (~**ly** *adv*) *astr* Sunčev; koji je blizu Sunca
helianthus [ˌhiːliˈænθəs] *s bot* suncokret
helibus [ˈhelibʌs] *s US coll* helikopter-omnibus (prijevozno sredstvo na aerodromima)
helical [ˈhelikl] *adj* spiralan, pužasta oblika
helicopter [ˈhelikɔptə] *s* helikopter
heliocentric [ˌhiːliəuˈsentrik] *adj* (~**ally** *adv*) heliocentričan
heliochromy [ˈhiːliəuˌkrəumi] *s* fotografija u bojama
heliogram [ˈhiːliəgræm] *s* heliogram
heliograph [ˈhiːliəgraːf] *s* heliograf
heliographic [ˌhiːliəˈgræfik] *adj* heliografski | ~ **calking** kopiranje kroz prozirni papir
heliography [ˌhiːliˈɔgrəfi] *s* heliografija
heliometer [ˌhiːliˈɔmitə] *s* heliometar
helioscope [ˈhiːljəskəup] *s* helioskop
heliosis [ˌhiːliˈəusis] *s med* sunčanica
heliotrope [ˈheljətrəup] *s bot* sunčanica: heliotrop (i boja)
heliport [ˈhelipɔːt] *s* aerodrom za helikoptere
helium [ˈhiːljəm] *s chem* helij
helix [ˈhiːliks] *s* (*pl* ~**es, helices** [ˈhelisiːz]) *math* spiralna crta; *archit* pužast ornament, uvojnica; *anat* pužnica (u uhu)
hell [hel] *s* pakao (i *fig*); kartašnica, jazbina | **a** ~ **of a noise** paklenska buka; **what**

the ~ do you want? koga vraga hoćeš?; **go to ~!** idi do vraga; **to ride ~ for leather** jahati bijesnim trkom; **to suffer ~** trpjeti paklenske muke; **to raise ~** podići galamu, izazvati urnebes; **oh ~!** prokletstvo!

hell-bent [ˈhelbent] *adj* | *US sl* **be ~ on** bezobzirno stremiti prema (čemu), utuviti sebi u glavu (što)

hellcat [ˈhelkæt] *s fig* vještica, furija

hellebore [ˈhelibɔː] *s bot* kukurijek, čemerika

Hellene [ˈheliːn] *s* Helen, Grk(inja)

Hellenic [heˈliːnik] *adj* helenski, grčki

hellenism [ˈhelinizəm] *s* helenizam

hellenist [ˈhelinist] *s* helenist

hellenistic [ˌheliˈnistik] *adj* (**~ally** *adv*) helenistički, grčki

hellenize [ˈhelinaiz] *vt/i* helenizirati, učiniti grčkim; nasljedovati Grke, Helene

hellish [ˈheliʃ] *adj* (**~ly** *adv*) paklen(ski), užasan

hello [həˈləu] *interj* halo!; zdravo!

helm[1] [helm] *s arch* kaciga, šljem

helm[2] [helm] *s mar* rudo (kormila), kormilo (i *fig*); *fig* vodstvo; uprava, vlada | **to take the ~** preuzeti vodstvo, upravu, vladu

helm-cloud [ˈhelmklaud] *s* olujni oblak (nad brdom)

helmet [ˈhelmit] *s* šljem, kaciga, tropski šljem

helmeted [ˈhelmitid] *adj* koji ima kacigu, šljem, s kacigom na glavi

helminthology [ˌhelminˈθɔlədʒi] *s* helmintologija, nauka o crvima (osobito nametničkim)

helmsman [ˈhelmzmən] *s* kormilar

helot [ˈhelət] *s Gr hist* helot, (državni) rob (i *fig*); *fig* pripadnik najnižeg sloja pučanstva

helotism [ˈhelətizəm] *s* helotizam; ropstvo

helotry [ˈhelətri] *s* roblje, heloti; helotstvo, ropstvo

help [help] *s* pomoć, pripomoć, pomaganje; pomagač(ica); pomoćno sredstvo; *US* kućna pomoćnica, posluga, služavka | **by the ~ of** pomoću (čega); **lady ~** pomagačica domaćice; **mother's ~** njegovateljica djece; **there is no ~ for it** tome nema pomoći, iz toga nema izlaza; **to be of (much, little) ~ (to)** biti od (velike, slabe) pomoći (komu)

help [help] *vt/i* (*pret* ~ed, holp; *pp* ~ed, holpen) **I.** *vt* 1. pomoći (komu), pomagati, priteći u pomoć (komu) 2. unaprijediti, potpomoći; pridonijeti (čemu); ublažiti, oteretiti 3. pribaviti, pružiti, dodati; ponuditi, služiti (*to* čime), posluži(va)ti, servirati (kod stola); 4. spriječiti 5. (s *can* i *neg*) ne moći odoljeti, morati **II.** *vi* pomagati, koristiti, služiti (*to* da) | **to ~ oneself to a th** poslužiti se čime; **I can't ~ it** tu ja ne mogu ništa; **I can't ~ thinking** moram pomisliti, ne mogu a da ne pomislim; **I can't ~ his being so foolish** nisam ja kriv što je on tako budalast; **every little ~s** sve će dobro doći; **he cannot ~ his views** što je on kriv da ima takve nazore; **don't be longer than you can ~** nemoj ostati dulje nego što je potrebno; **it can't be ~ed** tu se ne da ništa učiniti; **so ~ me God** tako mi Bog pomogao!

help along [ˈhelpəˈlɔŋ] *vt* pomagati (komu), potpomagati (koga)

help down [ˈhelpˈdaun] *vt* pomoći (komu) da siđe; pomoći (kome) da skine, donese dolje (što *with*)

help forward [ˈhelpˈfɔːwəd] *vt* pomoći, pomagati (komu) da pođe naprijed; unaprijediti

help off [ˈhelpˈɔf] *vi* pomoći (komu) da skine (odjeću)

help on [ˈhelpˈɔn] *vt* pomoći (komu) da obuče (*with* što); potpomagati (koga), pomoći, pomagati (komu u napredovanju)

help out [ˈhelpˈaut] *vt* pomoći (komu) da iziđe, da se izvuče (npr. iz neprilike); pomoći (komu) da iznese (što *with*)

help over [ˈhelpˈəuvə] *vt* pomoći (komu) da prijeđe

help to [ˈhelpˈtuː] *vt* ponuditi, poslužiti, podvoriti (koga), servirati, dodati (komu)

help up [ˈhelpˈʌp] *vt* pomoći (komu) da se uspne; pomoći (komu) da digne (što *with*)

helper [ˈhelpə] *s* pomagač(ica), pomoćnik, pomoćnica

helpful [ˈhelpful] *adj* (**~ly** *adv*) koristan, koji je od pomoći; uslužan

helping [ˈhelpiŋ] *s* porcija (jela) | **have another ~!** izvolite se još poslužiti!

helpless [ˈhelplis] *adj* (**~ly** *adv*) bespomoćan

helpmate [ˈhelpmeit] *s* pomagač(ica), pomoćnik, pomoćnica; drugarica, supruga

helpmeet [ˈhelpmiːt] *s* → **helpmate**

helter-skelter [ˌheltəˈskeltə] *adv* navrat-nanos, bez reda, kuda koji

helter-skelter [ˌheltəˈskeltə] *adj* bez reda, (izvršen) na brzinu, navrat-nanos

helter-skelter [ˌheltəˈskeltə] *s* velika žurba; što je izvršeno navrat-nanos; visok tobogan (u pučkom zabavištu)

helve [helv] *s* držalo, držak, ručka, ručica | *fig* **to throw the ~ after the hatchet** kud je otišla krava nek ide (još) i tele

helve [helv] *vt* nasaditi (sjekiru), staviti držak, ručku (na što)

Helvetian [helˈviːʃjən] *adj* helvetski; švicarski

Helvetian [helˈviːʃjən] *s* Helvećanin, Helvećanka

Helvetic [helˈvetik] *adj* helvetski, švicarski

hem[1] [hem] *s* (po)rub, ivica, okrajak

hem [hem] *vt* (po)rubiti, opšiti, optočiti

hem about [ˈheməˈbaut] *vt* okružiti, opkoliti
hem around [ˈheməˈraund] *vt* → **hem about**
hem in [ˈhemˈin] *vt* zatvoriti, okružiti, opkoliti, stisnuti
hem² [hem] *s* nakašljavanje, zamuckivanje
hem [hem] *vi* nakašljati se, reći hm
hem [hm] *interj* hm!
he-man [ˈhiːmæn] *s* pravi muškarac, veoma muževan čovjek
hematic [hiːˈmætik] *adj* → **haematic**
hematite [ˈhemətait] *s* → **haematite**
hemicycle [ˈhemiˌsaikl] *s* polukrug
hemisphere [ˈhemisfiə] *s* hemisfera, polukugla, polutka; polovica (velikog mozga)
hemispheric [ˌhemiˈsferik] *adj* hemisferni
hemistich [ˈhemistik] *s pros* polustih
hemline [ˈhemlain] *s* (po)rub
hemlock [ˈhemlɔk] *s bot* kukuta; piće od kukute | **~-tree** vrsta američke jele
hemophilia [ˌhiːməuˈfiliə] *s* → **haemophilia**
hemophiliac [ˌhiːməˈfiliæk] *s* → **haemophiliac**
hemorrhage [ˈhemərid͡ʒ] *s* → **haemorrhage**
hemorrhoids [ˈhemərɔidz] *s pl* → **haemorrhoids**
hemp [hemp] *s bot* konoplja; kudjelja; uže; *sl* uže za vješanje; lopov, galženjak | **(Indian) ~** narkotik od indijske konoplje (hašiš, kanabis, marihuana itd.)
hempen [ˈhempən] *adj* konoplja, od konoplje; poput konoplje | **~ collar** omča za vješanje; **~ widow** udovica obješenoga
hem-stitch [ˈhemstitʃ] *vt* vesti, ukrasiti šupljikom, raspletom, ažurom, ažurirati
hem-stitch [ˈhemstitʃ] *s* šupljika, rasplet (vrsta veza), ažur
hen [hen] *s ornith* kokoš, ženka (ptice); *hum* žena, supruga; strašljiva osoba | *fig* **like a ~ with one chicken** bezrazložno nemiran, bučan
henbane [ˈhenbein] *s bot* bunika; otrov od bunike
hence [hens] *adv* odavde, odavle; odsada; odatle, iz toga; zbog toga, zato, stoga, dakle | **a year ~** za godinu dana; *fig* **to go ~** umrijeti; **~ with it** odavle s tim!, miči to!; **~!** odavle!, idi!, tornjaj se!
henceforth [ˌhensˈfɔːθ] *adv* odsada, odsele
henceforward [ˌhensˈfɔːwəd] *adv* odsada, ubuduće
henchman [ˈhentʃmən] *s hist* paž, skutonoša, štitonoša, glavni pratilac škotskoga glavara; *pol* slijepi pristaša, pristalica; slugan
hen-coop [ˈhenkuːp] *s* kokošinjac
hendecagon [henˈdekəgən] *s geom* jedanaesterokut
hendecasyllabic [ˌhendekəsiˈlæbik] *s pros* jedanaesterac
hendecasyllabic [ˌhendekəsiˈlæbik] *adj pros* koji ima jedanaest slogova
hendecasyllable [ˈhendekəˌsiləbl] *s* → **hendecasyllabic**
hen-hearted [ˈhenˌhaːtid] *adj* plašljiv, bojažljiv, malodušan
hen-house [ˈhenhaus] *s* kokošinjac
henna [ˈhenə] *s bot* hena; crvenosmeđa boja za kosu, hena
henna [ˈhenə] *vt* obojiti henom
hennery [ˈhenəri] *s* kokošinjac; uzgajalište peradi
henny [ˈheni] *adj* kokošji, poput kokoši
henny [ˈheni] *s* pijevac sličan kokoši
hen-party [ˈhenˌpaːti] *s* žensko društvo
hen-peck [ˈhenpek] *vt fam* **držati koga pod papučom**
hen-pecked [ˈhenpekt] *adj* koji je pod papučom
hen-roost [ˈhenruːst] *s* prečka za kokoši; kokošinjac
hen-run [ˈhenrʌn] *s* dvorište za kokoši
hep [hep] *adj US sl* koji vodi računa o naprednim strujanjima; koji je u skladu s naprednim tokovima | **to be ~ to** dobro poznavati što
hepatic [hiˈpætik] *adj* koji se tiče jetre, jetreni; crvenosmeđ
hepatitis [ˌhepəˈtaitis] *s med* hepatitis, upala jetre
heptachord [ˈheptəkɔːd] *s* heptakord (lira sa sedam žica); skala, ljestvica od sedam tonova
heptad [ˈheptæd] *s Gr* niz, skupina od sedam
heptaglot [ˈheptəglɔt] *s* knjiga na sedam jezika
heptagon [ˈheptəgən] *s geom* sedmerokut
heptarchy [ˈheptaːki] *s* vlada od sedam vladara; sedam područja ili kraljevstva koja su u prijateljstvu ili savezu
heptasyllabic [ˌheptəsiˈlæbik] *adj* koji ima sedam slogova
her [həː] *pron* (n)joj, (n)ju, je; nje; njom; *coll* ona (*was that* ~?)
her [həː] *adj* njezin, njen
herald [ˈherəld] *s* glasnik, glasonoša, vjesnik; *fig* preteča; *hist* nadzornik kod viteških igara; službenik koji vodi knjige o genealogijama i obiteljskim grbovima
herald [ˈherəld] *vt* najaviti, navijestiti, nagovještavati
heraldic [heˈrældik] *adj* (**~ally** *adv*) glasnički; heraldički, koji se tiče grbova
heraldry [ˈherəldri] *s* heraldika, nauka o grbovima
herb [həːb] *s bot* trava, biljka | **~ beer** piće od trava
herbaceous [həːˈbeiʃəs] *adj* poput trave, nalik travi | **~ plant** zeljasta biljka
herbage [ˈhəːbid͡ʒ] *s* trava, bilje; paša; *jur* pravo na pašu (na tuđem zemljištu)
herbal [ˈhəːbəl] *adj* travni
herbal [ˈhəːbəl] *s* knjiga koja opisuje trave; zbirka trava, herbar(ij)

herbalist [ˈhəːbəlist] *s* poznavalac, sakupljač trava, bilja, travar(ica); trgovac ljekovitim biljem
herbarium [həːˈbɛəriəm] *s* herbar(ij)
herbivorous [həːˈbivərəs] *adj* koji se hrani biljkama, biljojed
herborist [ˈhəːbərist] *s* → **herbalist**
herborize [ˈhəːbəraiz] *vi* uzgajati, sakupljati bilje, botanizirati
herby [ˈhəːbi] *adj* travnat, obrastao biljem; nalik na trave
herculean [ˌhəːkjuˈliːən] *adj fig* herkulski
Hercules [ˈhəːkjuliːz] *s* Herkul, Heraklo | ~ **powder** dinamit
herd[1] [həːd] *s* stado, krdo; jato (kitova); gomila | *derog* **the common (vulgar)** ~ prosti svijet, raja
herd[2] [həːd] *s* pastir
herd [həːd] *vi/t* **I.** *vi* jatiti se, živjeti u krdu; stanovati (*together* zajedno); združiti se (*with* s, sa) **II.** *vt* skupiti u stado; čuvati (stoku); zbiti, natjerati u gomilu
herdbook [ˈhəːdbuk] *s* knjiga s rodovnikom ovaca ili goveda
herdsman [ˈhəːdzmən] *s* pastir, čobanin
here [hiə] *adv* ovdje; tu, na tom mjestu; ovamo; u tom slučaju | **near** ~ ovdje u blizini; **~'s to....!** u zdravlje (koga)!, živio!; živjela!; živjeli!; ~ **goes!** evo počinjem!; ~ **and there** ovdje-ondje, tu i tamo; mjestimice; ponekad, ovda-onda; ~, **there and everywhere** svagdje, (po)svuda; *coll* **that is neither** ~ **nor there** to se ne odnosi na stvar, nije važno, nema veze; ~ **you are!** evo!, izvoli(te)!
here [hiə] *s* ovo mjesto, ova točka
hereabout(s) [ˈhiərəˌbaut(s)] *adv* ovdje negdje, tu blizu, tu negdje, tu u blizini
hereafter [ˌhiərˈaːftə] *adv* odsada, ubuduće
hereafter [ˌhiərˈaːftə] *s* budućnost; drugi svijet
hereat [hiərˈæt] *adv arch* na to, time
hereby [ˌhiəˈbai] *adv* time, ovime; zbog toga
hereditable [hiˈreditəbl] *adj jur* nasljediv, koji se može baštiniti; koji može naslijediti ili baštiniti
hereditament [ˌheriˈditəmənt] *s jur* posjed koji se može naslijediti, nasljedstvo, baština
hereditarian [ˌherediˈtɛəriən] *s* pristaša znanosti o nasljednosti, hereditarnosti
hereditary [hiˈreditəri] *adj* (**hereditarily** *adv*) naslijeđen; nasljedan, hereditaran
hereditism [hiˈreditizəm] *s* načelo, teorija nasljednosti
heredity [hiˈrediti] *s* nasljednost, hereditarnost
herein [ˌhiərˈin] *adv* u tome; ovdje
hereinafter [ˌhiərinˈaːftə] *adv jur* niže, dolje navedeno
hereinbefore [ˌhiərinbiˈfɔː] *adv jur* gore navedeno
hereof [ˌhiərˈɔv] *adv jur* o tome
heresy [ˈherəsi] *s* krivovjerje, hereza
heretic [ˈherətik] *s* krivovjerac, krivovjerka, heretik
heretical [hiˈretikl] *adj* (**~ly** *adv*) krivovjeran, heretički
hereto [ˌhiəˈtuː] *adv arch* & *jur* do sada, do ovoga; prije, ranije
heretofore [ˌhiətuˈfɔː] *adv* do sada; prije, ranije
hereunder [ˌhiərˈʌndə] *adv jur* ovdje, ovime, u ovom (dokumentu)
hereunto [ˌhiərʌnˈtuː] *adv* do sada, do ovog vremena; dotle, do ovog mjesta
hereupon [ˌhiərəˈpɔn] *adv* nato, zatim, potom
herewith [ˌhiəˈwið] *adv com* ovime, u prilogu
heritable [ˈheritəbl] *adj* (**heritably** *adv*) nasljediv, koji se može naslijediti, nasljedan
heritables [ˈheritəblz] *s pl* nasljediva nekretnina
heritage [ˈheritidʒ] *s* nasljedstvo, baština; *fig* nasljeđe
heritor [ˈheritə] *s* nasljednik, baštinik
hermaphrodite [həːˈmæfrədait] *s zool bot* dvospolac, hermafrodit
hermaphrodite [həːˈmæfrədait] *adj* dvospolan, hermafroditski
hermetic [həːˈmetik] *adj* (**~ally** *adv*) hermetski, koji ne propušta (zrak itd.) | **the** ~ **art** alkemija
hermit [ˈhəːmit] *s* pustinjak
hermitage [ˈhəːmitidʒ] *s* pustinjakova nastamba (ćelija, koliba, kućica); zabitna nastamba
hermit-crab [ˈhəːmitkræb] *s zool* rak samac
hern [həːn] *s* → **heron**
hernia [ˈhəːnjə] *s med* kila, hernija
hero [ˈhiərəu] *s* junak, heroj; glavni junak, glavno lice (u književnom djelu)
heroic [hiˈrəuik] *adj* (**~ally** *adv*) junački, herojski; epski; vrlo velik, golem; pompozan, pretjeran, visokoparan (stil); drastičan (lijek) | ~ **verse** epski stih; ~ **couplet** epski distih
heroic [hiˈrəuik] *s* junačka pjesma, epski stih | *iron* **~s** pretjeran, pompozan govor; pretjeran zanos
heroicomic [hiˈrəuiˈkɔmik] *adj* herojsko komičan
heroin [ˈherəuin] *s pharm* heroin
heroine [ˈherəuin] *s* junakinja, heroina, glavno žensko lice (u književnom djelu), protagonistkinja
heroism [ˈherəuizəm] *s* junaštvo, heroizam
heron [ˈherən] *s ornith* čaplja
heronry [ˈherənri] *s* mjesto gdje se čaplje gnijezde
hero-worship [ˈhiərəuˌwəːʃip] *s* obožavanje junaka, heroja, divljenje junacima, herojima

hero-worshipper [ˈhiərəuˌwəːʃipə] *s* obožavatelj junaka

herpes [ˈhəːpiːz] *s med* herpes

herring [ˈheriŋ] *s ichth* haringa (*Clupea harengus*) | **kippered ~, red ~** u dimu sušen sleđ; *fig* **neither fish, flesh nor good red ~** ni ovo ni ono; ni pečeno ni vareno; **packed as close as ~s** stisnuti, nagurani kao sardine; **to draw a red ~ across the path** nastojati odvratiti pažnju

herring-bone [ˈheriŋbəun] *s* kost sleđa; *text* riblja kost; dračasti uzorak (u vezenju) | **~ stitch** dračasti bod

herring-pond [ˈheriŋpɔnd] *s hum* (*spec* Atlantski) ocean

hers [həːz] *pron* njen(a), njeno, njezin(a), njezino

herself [həːˈself] *pron* ona sama, sama glavom; nju samu, njoj samoj, (sama, samu) sebe, (samoj) sebi, (sama, samom) sobom | **she is not ~** ona nije (sasvim) zdrava, nije (sasvim) normalna; **by ~** sama, bez tuđe pomoći

hertz [həːts] *s el* herc

hesitance [ˈhezitəns] *s* oklijevanje, krzmanje, prezanje, skanjivanje; neodlučnost

hesitancy [ˈhezitənsi] *s* → **hesitance**

hesitant [ˈhezitənt] *adj* (**~ly** *adv*) koji oklijeva, koji krzma, neodlučan

hesitate [ˈheziteit] *vi* oklijevati, krzmati, biti neodlučan, skanjivati se; prezati (*at* pred čim); mucati, zapinjati u govoru

hesitating [ˈheziteitiŋ] *adj* (**~ly** *adv*) koji oklijeva, krzma, skanjuje se, neodlučan

hesitation [ˌheziˈteiʃn] *s* oklijevanje, krzmanje, skanjivanje, kolebanje, neodlučnost

hesitative [ˈheziteitiv] *adj* (**~ly** *adv*) → **hesitating**

Hesperus [ˈhespərəs] *s* večernja zvijezda, Venera, zvijezda Danica

hessian [ˈhesiən] *s* 1. čvrsta, gruba tkanina od konoplje ili jute; tkanina za vreće 2. vrsta čizme s visokom sarom | **Hessian** stanovnik Hessena

Hessian [ˈhesiən] *adj* hesenski

heteroclite [ˈhetərəklait] *adj* nepravilan, neredovit; čudan, neobičan

heteroclite [ˈhetərəklait] *s* imenica koja se nepravilno deklinira

heterodox [ˈhetərədɔks] *adj* inovjeran, koji je druge vjere, heterodoksan; neortodoksan

heterodoxy [ˈhetərədɔksi] *s* krivovjerje, inovjerje; neortodoksnost

heterodyne [ˈhetərədain] *adj radio* koji se tiče interferencije valova

heterogamous [ˌhetəˈrɔgəməs] *adj bot biol* heterogaman

heterogeneity [ˌhetərədʒiˈniːəti] *s* nejednakost, raznovrsnost, raznorodnost, heterogenost

heterogeneous [ˌhetərəˈdʒiːnjəs] *adj* (**~ly** *adv*) nejednak, različit, raznolik, raznorodan, raznovrstan, heterogen

heterogenesis [ˌhetərəˈdʒenisis] *s* heterogeneza, rađanje živog bića bez udjela roditelja; spontano stvaranje organske materije iz neorganske

heterogenetic [ˌhetərədʒiˈnetik] *adj* heterogenetski, heterogenetičan, koji se rađa bez udjela roditelja

heteronymous [ˌhetəˈrɔniməs] *adj* heteroniman, koji se piše jednako kao koja druga riječ različita značenja

heteronymy [ˌhetəˈrɔnimi] *s* heteronimija, jednak pravopis dviju riječi s različitim značenjem

heterosexual [ˌhetərəˈseksjuəl] *adj* heteroseksualan, normalno seksualan

het-up [ˈhetˈʌp] *adj* uzbuđen, razdražen, raspaljen

heuristic [hjuəˈristik] *adj* heuristički, koji se odnosi na heuristiku; koji pomaže stjecanju spoznaje, koji usmjerava

heuristics [hjuəˈristiks] *s* heuristika, znanost o metodama istraživanja novih spoznaja; metoda rješavanja problema induktivnim razmišljanjem

hew [hjuː] *vt/i* (*pret* **~ed**; *pp* **~ed**, hewn) **I.** *vt* sjeći; tesati; udarati; cijepati; otesati, izdjeljati; (*down*) posjeći, oboriti; (*away, off*) odsjeći, otesati; (*asunder*) rasjeći, raskoliti, rascijepati **II.** *vi* sjeći; tesati | **to ~ to pieces** sasjeći, rasjeći na komade; **to ~ one's way, to ~ a path for oneself** (pro)krčiti sebi put (& *fig*); **to ~ out a career for oneself** (vlastitim snagama) stvoriti sebi karijeru

hewer [ˈhjuːə] *s* drvosječa; onaj koji siječe; tesar; kamenosjek; *min* rudar, kopač | *fig* **~s of wood and drawers of water** radnici koji obavljaju najteže fizičke poslove

hexachord [ˈheksəkɔːd] *s mus* heksakord, skala od šest dijatoničkih stupnjeva

hexagon [ˈheksəgən] *s geom* šesterokut

hexagonal [hekˈsægənl] *adj* (**~ly** *adv*) šesterokutan

hexagram [ˈheksəgræm] *s* heksagram, šestokraka zvijezda

hexahedron [ˌheksəˈhedrən] *s* heksaedar, kocka, kubus

hexameter [hekˈsæmitə] *s pros* heksametar

hexametric [ˌheksəˈmetrik] *adj* heksametrički

hey [hei] *interj* ej!, hej!, ha! (uzvik dozivanja, veselja ili čuđenja) | **~ for ...!** hura za...!; **~ presto!** hokus-pokus!

heyday [ˈheidei] *interj* iju!, ijuju!, oho! (veselje, čuđenje)

heyday [ˈheidei] *s* vrhunac, napon snage; doba procvata

H-hour [ˈeitʃˈauə] *s mil* sat u koji treba da započne napad

hi [hai] *interj* hej!; *US* zdravo!
hiatus [hai'eitəs] *s* pukotina, praznina, rupa; *gram* hijat, zijev
hibernal [hai'bəːnl] *adj* zimski
hibernant ['haibəːnənt] *adj* koji proizvodi zimu u zimskom snu
hibernate ['haibəneit] *vi* prezimiti (u zimskom snu); zimovati; spavati zimski san
hibernation [ˌhaibə'neiʃn] *s* zimovanje, zimski san, hibernacija
Hibernian [hai'bəːniən] *adj* irski
Hibernian [hai'bəːniən] *s* Irac, Irkinja
hibernicism [hai'bəːnisizəm] *s* osobina irskog jezika
hibiscus [hi'biskəs] *s bot* hibiskus (tropska biljka čiji su cvjetovi živih boja)
hiccup (hiccough) ['hikʌp] *s* štucanje, štucavica | **to have the ~s** imati štucavicu
hiccup (hiccough) ['hikʌp] *vi/t* štucati, imati štucavicu
hick [hik] *s sl, derog* seljak, seljačina, seljo
hickory ['hikəri] *s bot* hikori, američki orah; drvo tog stabla
hid [hid] *pret & pp* od **hide**
hidalgo [hi'dælgəu] *s* hidalgo, španjolski plemić
hidden ['hidn] *pp* od **hide**
hide[1] [haid] *s* koža; krzno; *coll* čovječja koža; kožni bič | *fig* **to save one's own ~** spasiti vlastitu kožu; *fig* **to have a thick ~** imati debelu kožu; *fig* **to dress (tan) a p's ~** isprašiti komu leđa
hide [haid] *vt coll* izlemati, isprebijati
hide[2] [haid] *s* skrivanje; skrovište; (kamuflirana) osmatračnica (za fotografiranje životinja)
hide [haid] *vt/i* (*pret* hid; *pp* hidden, hid) 1. sakriti, sakrivati, (*from* komu) (za)tajiti, prikri(va)ti (*from* pred kim) 2. sakri(va)ti se (*from* pred kim), prikri(va)ti se | *fig* **to ~ one's light under a bushel** biti skroman, prikrivati svoje sposobnosti ili dobre odlike; **to ~ one's head** sakri(va)ti se od stida
hide[3] [haid] *s* mjera za zemlju, lanac (oko 120 jutara)
hide-and-coop ['haidənd'kuːp] *s US* igra skrivača
hide-and-seek ['haidənd'siːk] *s* igra skrivača | **to play at ~** igrati se skrivača (& *fig*)
hide-bound ['haidbaund] *adj* s tijesno pripijenom kožom ili korom; mršav; *fig* uskogrudan, zadrt, sitničav
hideous ['hidiəs] *adj* (**~ly** *adv*) strašan, užasan; gadan, odvratan
hiding[1] ['haidiŋ] *s* batine, lemanje | **give a p a good ~** valjano izlemati koga
hiding[2] ['haidiŋ] *s* skrivanje; skrovište | **to be in ~** skrivati se; **to go into ~** sakriti se
hiding-place ['haidiŋpleis] *s* skrovište
hie [hai] *vi arch & joc* žuriti se, hitjeti, (od)juriti (*to*)
hierarch ['haiəraːk] *s* vrhovni svećenik, vjerski poglavar, hijerarh
hierarchal [ˌhaiə'raːkl] *adj* svećenički, hijerarhijski
hierarchic [ˌhaiə'raːkik] *adj* (**~ally** *adv*) svećenički, hijerarhijski
hierarchy ['haiəraːki] *s* hijerarhija; vladavina svećenstva, svećenstvo; poredak po činu, službena ljestvica
hieratic [ˌhaiə'rætik] *adj* svećenički, hijeratski (osobito vrsta staroegipatskog pisma)
hieroglyph ['haiərəglif] *s* hijeroglif
hieroglyphic [ˌhaiərə'glifik] *adj* (**~ally** *adv*) hijeroglifski
hieroglyphics [ˌhaiərə'glifiks] *s pl* hijeroglifi, (staroegipatsko) slikovno pismo
hi-fi [ˌhai'fai] *adj coll abbr* od *high fidelity* maksimalno vjeran originalu (aparati za reproduciranje zvuka)
higgle ['higl] *vi* cjenkati se, pogađati se, natezati se; torbariti, pokućariti
higgledy-piggledy [ˌhigldi'pigldi] *adv* u neredu, pobrkano, zbrkano, zbrda-zdola
higgledy-piggledy [ˌhigldi'pigldi] *adj* neuredan, pobrkan, zbrkan, bez reda, bez plana
higgledy-piggledy [ˌhigldi'pigldi] *s* potpun nered, zbrka, konfuzija
higgling ['higliŋ] *s* cjenkanje, pogađanje | **~ of the market** određivanje dnevnih cijena pogađanjem
high [hai] *adj* 1. visok, velik; uzvišen, plemenit; izvrstan, odličan; skup; otmjen; bahat, nadut, ohol; odležan, koji već ima miris (meso, divljač); koji je na vrhuncu, (dobrano) poodmakao (*~ noon, ~ summer, ~ day*); jak, silan, snažan; žestok; krajnji; prodoran, svijetao, visok (zvuk): *coll* pijan; *sl* opijen (drogom), drogiran | **~ altar** glavni oltar; **~ colour** jako rumenilo (obraza); *sport* **~ diving** skakanje s tornja; **~ jinks** bučno veselje, raspojasanost; *sport* **~ jump** skok uvis; *fig* **he is for the ~ jump** on se sprema na riskantan pothvat; *sl* spremaju mu se vješala (smrtna kazna), objesit će ga; **~ life** otmjeno društvo; **~ living** raskošan život; **~ priest** vrhovni svećenik; **~ relief** (visoki) reljef; **~ school** *GB* visoka škola; *US & Scot* gimnazija; **the ~ seas** otvoreno more (izvan teritorijalnih voda); **~ spirits** odlično raspoloženje; **~ spot** posebna značajka, značajan događaj; **~ street** glavna ulica; *univ* **~ table** stol (na podiju) za kojim jede više nastavničko osoblje; **~ tea** obilata (kasna) užina (čaj, meso, riba, kolači itd.); **~ tide** plima; vrijeme najjače plime; **a ~ Tory** ekstremni konzervativac; **~ treason** veleizdaja; **~ velocity (speed)** velika brzina; **~ water** visok vodostaj; plima; **~ wind** snažan vjetar; **the wind was ~** puhao je snažan vjetar; **~ words**

žestoke riječi; *sl* **how is that for ~?** to je malo previše! što kažete na to?; **it's ~ time to go** krajnje je vrijeme da se ide; **to have a ~ time** odlično se provesti, sjajno se zabavljati; **in ~ feather** u sjajnu raspoloženju; *mar* **~ and dry** na suhu, nasukan; *fig* izvan toka događaja, posve neupućen; *fig* **with a ~ hand** bahato, preuzetno, naduto; **on the ~ horse** bahato, oholo; **~ and low** ljudi svih staleža; *coll* **~ and mighty** ohol, nadut; *coll* **on the ~ ropes** ohol, nadut; sav napet, nervozan; **corn is ~** žito je skupo; **the Most High** Bog; **High Church** Anglikanska crkva; **High Mass** svečana misa

high [hai] *adv* visoko; snažno, žestoko; obilno; jako | **to play ~** igrati jakom kartom; **~ and low** svagdje, posvuda; **to live ~** živjeti na velikoj nozi; *fig* **to fly ~** imati velike ambicije; *mar* **to run ~** imati jaku struju (zbog plime); *fig* veoma se uzbuditi, uzavreti; razmahati se

high [hai] *s* visina; visok nivo; *meteor* područje visokog tlaka; najjača karta (u igri) | **on ~** na visini, gore, na visoku položaju; **from on ~** s neba

high-ball ['haibɔːl] *s* viski sa sodom i ledom

highborn ['haibɔːn] *adj* plemenita, visoka roda

high-bred ['haibred] *adj* fino odgojen

highbrow ['haibrau] *adj* intelektualan; *derog* umišljen zbog svoje obrazovanosti

highbrow ['haibrau] *s* intelektualac; onaj koji je umišljen zbog svoje obrazovanosti

high-class ['haiklas] *adj* prvorazredan

high-coloured [ˌhai'kʌləd] *adj* žive boje

high-day ['haidei] *s* svečan dan, blagdan

higher-ups ['haiə'ʌps] *s pl coll* pretpostavljeni, osobe na višem položaju

high-explosive ['haiiks'pləusiv] *adj* visoke razorne moći

high-falutin [ˌhaifə'luːtin] *adj coll* nadut, naduven, bombastičan

high-fidelity [ˌhaifi'deliti] *adj* koji vjerno reproducira

highflier (highflyer) [ˌhai'flaiə] *s fig* častohlepan čovjek; vrlo sposoban, talentiran čovjek; *hist* krajnji torijevac

highflown ['haifləun] *adj* zanesen, pretjeran, kićen (stil)

high-flying [ˌhai'flaiiŋ] *adj fig* častohlepan, ambiciozan

high-grade ['haigreid] *adj* izvrstan

high-handed [ˌhai'hændid] *adj* preuzetan, bahat

high-hat ['haihæt] *s US sl* snob

high-hat ['haihæt] *vt US sl* tretirati s visoka

high-jack ['haidʒæk] *s* → **hijack**

high-keyed [ˌhai'kiːd] *adj* visok (u tonu); *fig* nervozan, napetih živaca, preosjetljiv

highland ['hailənd] *s* gorovito zemljište | **the Highlands** sjeverni dio Škotske

highlander ['hailəndə] *s* brđanin, gorštak; stanovnik sjevernog dijela Škotske

high-level [ˌhai'levl] *adj* koji je na visoku nivou | **~ climb** alpinizam

highlight ['hailait] *s* (obično *pl*) najsvjetlije mjesto (na slici, fotografiji); *fig* najvažniji događaj, dio, najznačajnija točka (programa), vrhunac

highlight ['hailait] *vt* istaknuti

highly ['haili] *adv* visoko, veoma, u velikoj mjeri, jako, silno, izvanredno | **~ descended** otmjena roda; **to speak ~ of** hvaliti koga

high-minded [ˌhai'maindid] *adj* plemenit, otmjene duše, visokih načela

high-mindedness [ˌhai'maindidnis] *s* plemenitost, otmjenost duše

high-necked [ˌhai'nekt] *adj* zatvoren do vrata, s malim izrezom (haljina)

highness ['hainis] *s* visina; uzvišenost; pikantan okus (mesa) | **His (Her, Your) Highness** njegovo (njezino, vaše) visočanstvo

high-octane [ˌhai'ɔktein] *adj* visokooktanski, s visokim oktanskim brojem

high-pitched [ˌhai'pitʃt] *adj* visoko postavljen, prodoran (glas); strm (krov); *fig* nadut, bahat

high-power [ˌhai'pauə] *adj* velike snage | **~ radio station** jaka radio-stanica

high-powered [ˌhai'pauəd] *adj fig* nasrtljiv, uporan

high-pressure [ˌhai'preʃə] *s* visok pritisak, visok tlak

high-pressure [ˌhai'preʃə] *adj* koji ima visok pritisak ili jak tlak; *fig* nasrtljiv, uporan

high-priced [ˌhai'praist] *adj* skup, visoke cijene

high-principled [ˌhai'prinsəplt] *adj* koji ima visoka načela

high-ranking ['haiˌræŋkiŋ] *adj* visok, koji ima visok čin (oficir *itd.*)

high-rise ['hairaiz] *adj archit* s mnogo katova, neboderski | **~ building** neboder

high-rise ['hairaiz] *s* neboder, visokokatnica

highroad ['hairəud] *s* glavna cesta

high-sounding ['haiˌsaundiŋ] *adj* razmetljiv, bombastičan, pompozan (stil); zvučan (naslov)

high-speed ['haispiːd] *adj* koji razvija veliku brzinu; *mech* brzohodan | **~ steel** brzorezan čelik

high-spirited [ˌhai'spiritid] *adj* ponosan; vatren

high-stepper [ˌhai'stepə] *s* konj visoka kasa; *fig* vrlo ugledna ili sposobna osoba

high-strung ['haistrʌŋ] *adj* lako uzbudljiv, napet, nervozan, preosjetljiv

high-tension [ˌhai'tenʃən] *adj el* visokonaponski

high-toned [ˌhaiˈtəund] *adj US coll* (obično *derog*) vrlo fin, otmjen
high-up [ˈhaiʌp] *s* osoba visoka društvenog položaja
high-water mark [ˈhaiˈwɔːtəmaːk] *s* trag najvišeg vodostaja; *fig* najviše dostignuće
highway [ˈhaiwei] *s* glavni put, glavna cesta; *fig* najpoznatije, glavno područje (u znanosti, književnosti); *fig* izravni, najlakši put
highwayman [ˈhaiweimən] *s* drumski razbojnik (obično na konju)
hijack(er) [ˈhaiˌdʒæk(ə)] *s US sl* naoružan drumski razbojnik; otmičar aviona
hijack [ˈhaidʒæk] *vt* prisilno zaustaviti i orobiti (vozilo); oteti (avion)
hike [haik] *vi/t coll* pješačiti, putovati pješice
hike [haik] *s* pješačenje, putovanje pješice
hiker [ˈhaikə] *s* pješak, izletnik
hilarious [hiˈlɛəriəs] *adj* (**~ly** *adv*) veseo i bučan
hilarity [hiˈlærəti] *s* bučno veselje; bučan smijeh
hill [hil] *s* brežuljak, brdo, uzvisina; uzbrdica; hrpa, kup | **up ~ and down dale** preko brda i dola, uzbrdo-nizbrdo (i *fig*); **as old as the ~s** prastar, drevan
hill-billy [ˈhilbili] *s US coll* (obično *derog*) brđanin s juga SAD; zaostao čovjek, primitivac
hill-climbing [ˈhilˌklaimiŋ] *s mot* brdska vožnja | *mot* **~ contest** brdska utrka
hilliness [ˈhilinis] *s* brdovitost
hillman [ˈhilmæn] *s* brđanin, gorštak
hillock [ˈhilək] *s* brežuljčić, brdašce, humak
hillside [ˌhilˈsaid] *s* obronak, padina brijega
hilly [ˈhili] *adj* brežuljkast, brdovit
hilt [hilt] *s* držak, ručica, balčak (noža, bodeža) | *fig* **up to the ~** potpuno, sasvim, do grla; *fam* do daske
hilt [hilt] *vt* opremiti drškom, ručicom, balčakom
him [him] *pron* (nje)ga; (nje)mu; njim; *coll* on (*that's ~*)
himself [himˈself] *pron* sebe, se; sebe sam; (sam) sebi; sam | **by ~** sam, za sebe; **of ~** sam od sebe; **he is not quite ~** on nije (sasvim) zdrav, nije (sasvim) normalan
hind [haind] *s* košuta
hind [haind] *adj* stražnji; zadnji
hinder [ˈhaində] *adj* stražnji; zadnji
hinder [ˈhində] *vt* spriječiti, (za)priječiti, sprečavati, zadrža(va)ti, smetati, kočiti
Hindi [ˈhindi] *adj* sjevernoindijski
Hindi [ˈhindi] *s* sjevernoindijski jezik, hindu
hindmost [ˈhaindməust] *adj* posljednji, najzadnji
hindrance [ˈhindrəns] *s* zapreka, prepreka, smetnja
Hindu (Hindoo) [ˌhinˈduː] *s* Hindus, Indijac, Indijka (kojemu ili kojoj je vjera hinduizam)
Hindu (Hindoo) [ˌhinˈduː] *adj* indijski, hinduski
Hinduism (Hindooism) [ˈhinduːizəm] *s* hinduizam
Hindustani (Hindoostanee) [ˌhinduˈstaːni] *s* hindustanski jezik
Hindustani (Hindoostanee) [ˌhinduˈstaːni] *adj* hindustanski
hinge [hindʒ] *s* šarka, baglama (na vratima); šarnir; *fig* najbitnija točka, stožer | *fig* **off the ~s** neuravnotežen, rastrojen
hinge [hindʒ] *vt/i* **I.** *vt* okovati šarkama **II.** *vi fig* okretati se (oko), zavisiti (od) (*upon, on*)
hinged [hindʒd] *adj* koji se da rasklopiti; koji ima šarke, okovan šarkama
hingeless [ˈhindʒlis] *adj* bez šarki
hinny [ˈhini] *s* mazga
hint [hint] *s* znak, mig, nagovještaj, sugestija; aluzija; trag | **to take a ~** shvatiti znak, razumjeti, prihvatiti sugestiju
hint [hint] *vt/i* **I.** *vt* nagovijestiti, dati naslutiti **II.** *vi* nišaniti, ciljati, aludirati (*at* na); dati razumjeti
hinterland [ˈhintəlænd] *s Ger geog* zaleđe; unutrašnjost zemlje; *mil* etapno područje, pozadina
hip¹ [hip] *s* bedro, kuk, bok | **~ and thigh** nemilosrdno, neštedimice; **on the ~** u nepovoljnom položaju
hip² [hip] *s bot* šipak
hip³ [hip] → **hep**
hip⁴ [hip] *s* potištenost, snuždenost
hip [hip] *vt* potištiti, snuždíti
hip [hip] *interj* | **~, ~, hurrah!** hura! živio!
hip-bath [ˈhipbaːθ] *s* kada za sjedenje
hip-boot [ˈhipbuːt] *s* čizma koja seže do kuka, ribarska čizma
hipped¹ [hipt] *adj* ozlijeđen u kuku
hipped² [hipt] *adj* potišten, utučen, neraspoložen; koji se dosađuje; *US sl* opčaran
hippie [ˈhipi] *s coll* hipi
hippish [ˈhipiʃ] *adj* potišten, utučen, nujan, turoban
hippo [ˈhipəu] *s zool coll* vodeni konj
hippocampus [ˌhipəˈkæmpəs] *s* (*pl* **hippocampi** [ˌhipəˈkæmpai]) *ichth* morski konjić
hippodrome [ˈhipədrəum] *s* trkalište, hipodrom
hippogriff [ˈhipəgrif] *s* krilati konj
hippopotamus [ˌhipəˈpɔtəməs] *s* (*pl* **~es, hippopotami** [ˌhipəˈpɔtəmai]) vodeni konj
hipster [ˈhipstə] *s* onaj tko vodi računa o naprednim strujanjima
hipster [ˈhipstə] *adj* | **~ trousers** hlače koje sežu samo do kukova
hirable [ˈhaiərəbl] *adj* unajmljiv; iznajmljiv

hircine ['hə:sain] *adj* kao jarac, koji zaudara na prčevinu; razuzdan, pohotan
hire ['haiə] *s* najam, zakup; nadnica; najamnina | **on ~** iznajmljiv, za iznajmljivanje
hire ['haiə] *vt* najmiti; iznajmiti, dati u zakup; uzeti u službu | **to ~ oneself** unajmiti se
hire out ['haiər'aut] *vt* iznajmiti
hireling ['haiəliŋ] *s* najamnik, plaćenik
hire-purchase ['haiə,pə:tʃəs] *adj GB* na otplatu | **~ system** sistem kupovanja na otplatu
hire-purchase [,haiə'pə:tʃəs] *s GB* kupnja na otplatu
hirer ['haiərə] *s* unajmljivač
hirsute ['hə:sju:t] *adj* rutav, kosmat; čupav
his [hiz] *adj* njegov
his [hiz] *pron* njegov
hiss [his] *s* siktanje, psikanje, zvižduk
hiss [his] *vi/t* **I.** *vi* siktati, pištati, psikati, zviždati **II.** *vt* izviždati, ispsikati, isfućkati (*away, down*); govoriti sikćući
hiss off ['his'ɔf] *vt theat* ispsikati, izviždati, isfućkati
hist [hist] *interj arch* pst!, tiho!
histological [,histə'lɔdʒikl] *adj* (**~ly** *adv*) histološki
histologist [his'tɔlədʒist] *s* histolog
histology [his'tɔlədʒi] *s* histologija, znanost o organskim tkivima
historian [his'tɔ:riən] *s* historičar, povjesničar
historiated [his'tɔ:rieitid] *adj* ukrašen slikama ljudi i životinja (osobito inicijali u srednjovjekovnim knjigama)
historic [his'tɔrik] *adj* historijski, povijesni
historical [his'tɔrikl] *adj* (**~ly** *adv*) historijski, povijesni
historicity [,histɔ'risiti] *s* povijesno značenje. povijesna vjerodostojnost (nekog događaja)
historiographer [,histɔ:ri'ɔgrəfə] *s* historiograf, povjesničar
historiography [,histɔ:ri'ɔgrəfi] *s* historiografija, pisanje povijesti
history ['histəri] *s* povijest, životopis; pripovijest, prikaz; razvoj; prošlost | **natural ~** prirodopis; **to make ~** stvarati povijest
histrion ['histriən] *s* glumac (obično *derog*)
histrionic [,histri'ɔnik] *adj* (**~ally** *adv*) glumački, kazališni; izvještačen, teatralan
histrionics [,histri'ɔniks] *s pl* glumačka umjetnost, gluma, glumljenje; teatralnost
histrionism ['histriənizəm] *s* gluma, glumljenje; izvještačenost, teatralnost
hit [hit] *s* udarac; zlobna primjedba, podvala; pogodak, sreća, zgoditak; uspjeh; sretna zamisao, dobra ideja; *theat* šlager, hit | **~ parade** popis najpopularnijih gramofonskih ploča; **to make a ~** postići velik uspjeh
hit [hit] *vt/i* (hit, hit) **I.** *vt* lupiti, udariti (*at* na, *against* o), tresnuti; pogoditi; *fig* povrijediti; naići, nabasati (na); udariti (smjerom); *US* stići, prispjeti **II.** *vi* lupati, udarati, tući (*at* po); udariti, tresnuti (*against* o što); naići, nabasati, slučajno naići (*upon*) | **to ~ below the belt** *box* udariti ispod struka; *fig* nepošteno se boriti, učiniti što podlo; **to ~ the nail on the head** točno pogoditi, pogoditi ono pravo; **to ~ it** točno pogoditi; *fig* **to ~ a man when he is down** zadati oborenu neprijatelju udarac; *fig* **hard ~** teško pogođen; **to ~ one's fancy** svidjeti se; **to ~ the headlines** biti novinska senzacija; **to ~ the road** krenuti na put
hit off ['hit'ɔf] *vt coll* ukratko i točno prikazati | **to hit it off (with a p, together)** slagati se (s kim)
hit out ['hit'aut] *vi* zadavati udarce, udarati oko sebe; *fig* žestoko napasti (*against*)
hit upon ['hitə'pɔn] *vi* slučajno naići na, pronaći, nabasati, natrapati
hit-and-run ['hitən'rʌn] *adj* | **~ driver** vozač koji pobjegne s mjesta nesreće
hitch [hitʃ] *s* trzaj, povlačenje; *mar* vrsta uzla; *fig* zapinjanje, zastoj, prekid, zapreka, smetnja | **without a ~** bez smetnje, glatko
hitch [hitʃ] *vt/i* **I.** *vt* vući, pomicati (na mahove), trznuti; privezati, pričvrstiti, zakvačiti; *sl* vjenčati **II.** *vi* zapinjati; zaplesti se, držati se; zakvačiti se, zapeti, zadjenuti se; *US coll* poklapati se, biti u skladu; *sl* sklopiti brak; *mil sl* stupiti u vojsku | *coll* **to ~ horses** složiti se, udružiti snage; **to ~ one's waggon to a star** imati velike pretenzije; **he ~ed a ride** zamolio je nekog (vozača) da ga poveze
hitch up ['hitʃ'ʌp] *vt* privući, povući gore (npr. hlače)
hitch-hike ['hitʃhaik] *vi* putovati auto-stopom
hitch-hiker ['hitʃhaikə] *s* auto-stopist
hither ['hiðə] *adv* (ov)amo | **~ and thither** amo i tamo
hither ['hiðə] *adj* ovostrani, bliži
hitherto [,hiðə'tu:] *adv* do sada, do ovog časa
hive [haiv] *s* košnica (& *fig*), pčelinjak; roj
hive [haiv] *vt/i* **I.** *vt* spremati, staviti (pčele, med) u košnicu, stvarati zalihe **II.** *vi* ući u košnicu; stanovati zajedno, živjeti u tijesnoj zajednici
hive off ['haiv'ɔf] *vt/i* odijeliti (se), odvojiti (se) (*from*)
hive up ['haiv'ʌp] *vt* stvarati zalihe, nagomilati
hives [haivz] *s pl med* osip; upala grla
ho [həu] *interj* hej!, oho! | **westward ~!** na zapad!

hoar [hɔː] *adj* sijed; bijelosiv; siv od starosti; posut injem
hoard [hɔːd] *s* skrivena zaliha, blago; *fig* mnoštvo (*a ~ of facts*)
hoard [hɔːd] *vt* skupljati, spremati, gomilati, nagomila(va)ti (*up*), zgrtati; čuvati u srcu, gajiti; *fin* tezaurirati; stvarati velike zalihe hrane za vrijeme rata
hoarder [ˈhɔːdə] *s* onaj tko stvara zalihe
hoarding[1] [ˈhɔːdiŋ] *s* zgrtanje, skupljanje, stvaranje zaliha; *fin* tezauriranje | **~s** *pl* ušteda
hoarding[2] [ˈhɔːdiŋ] *s* (privremena) ograda od dasaka (oko gradilišta itd.)
hoarfrost [ˈhɔːˈfrɔst] *s* mraz, inje
hoarse [hɔːs] *adj* (**~ly** *adv*) promukao, hrapav, grub, graktav | **as ~ as a crow** potpuno promukao
hoarsen [ˈhɔːsn] *vt/i* **I.** *vt* učiniti promuklim, hrapavim **II.** *vi* promuknuti, ohrapaviti
hoarseness [ˈhɔːsnis] *s* promuklost, hrapavost
hoary [ˈhɔːri] *adj* (**hoarily** *adv*) sijed, siv; bjelkast; (pra)star; poštovanja vrijedan, častan; *bot & biol* pokriven pahuljastim dlačicama | **a ~ sinner** stari grešnik; **~-headed** sjedoglav
hoax [həuks] *vt* prevariti, nasamariti; našaliti se (s kim); varkom namamiti (*into* na što)
hoax [həuks] *s* (neslana) šala, psina, prijevara, varka, obmana; netočna vijest
hob [hɔb] *s* polica sa strane u kaminu (za odlaganje posuđa i podgrijavanje hrane); kolčić (cilj kod bacanja); salinac (na saonicama)
hobbadehoy [ˌhɔbədiˈhɔi] *s* → **hobbledehoy**
hobble [ˈhɔbl] *s* 1. hramanje, šepanje; posrtanje 2. uže, klada (za sputavanje konja, krave)
hobble [ˈhɔbl] *vi/t* **I.** *vi* hramati, šep(es)ati (*& fig*) **II.** *vt* sputati noge (životinji)
hobbledehoy [ˌhɔbldiˈhɔi] *s* nespretan momčić, deran
hobbledehoyish [ˌhɔbldiˈhɔiʃ] *adj* deranski, dječački nespretan
hobby[1] [ˈhɔbi] *s* najmilija zabava, strast, pasija, hobi
hobby[2] [ˈhɔbi] *s ornith* lovac (vrsta sokola)
hobby-horse [ˈhɔbihɔːs] *s* drveni konjić (za njihanje); konjić na vrtulju; *fig* omiljena tema
hobgoblin [ˈhɔbgɔblin] *s* vražić, đavolak
hobnail [ˈhɔbneil] *s* čavao s krupnom glavom (za teške cipele)
hobnailed [ˈhɔbneild] *adj* okovan čavlima
hobnob [ˈhɔbnɔb] *vi* pijančevati, družiti se, biti prisan (*with* sa, *together*)
hobo [ˈhəubəu] *s US* prigodni radnik bez stalnog mjesta boravka; skitnica
hock[1] [hɔk] *s zool* gležanj stražnje noge, ključ, skočni zglob
hock[2] [hɔk] *s* vrsta rajnskog vina
hock[3] [hɔk] *s sl* zalog | **in ~** založen; **~ shop** zalagaonica
hock [hɔk] *vt* osakatiti; onemogućiti; onesposobiti; *sl* založiti, dati u zalog
hockey [ˈhɔki] *s sport* hokej | **ice ~** hokej na ledu
hocus [ˈhəukəs] *vt* nasamariti, prevariti; opiti, omamiti drogama; miješati, patvoriti (piće)
hocus-pocus [ˌhəukəsˈpəukəs] *s* hokus-pokus, prijevara, sljeparija
hocus-pocus [ˌhəukəsˈpəukəs] *vt/i* varati, prevariti; praviti sljeparije
hod [hɔd] *s* drveno korito za prenošenje opeke, žbuke itd. (pri gradnji)
hodden [ˈhɔdn] *s Scot* gruba vunena tkanina
Hodge [hɔdʒ] *s coll* poljoprivredni radnik
hodge-podge [ˈhɔdʒpɔdʒ] *s & vt* → **hotchpotch**
hodman [ˈhɔdmən] *s* pomoćni radnik na gradnji: *fig* onaj tko samo poslužuje drugoga; plaćeni pisac
hoe [həu] *s* motika
hoe [həu] *vt/i* **I.** *vt* okopati, okapati **II.** *vi* kopati motikom | *fig* **a long row to ~** mučan posao
hoe-cake [ˈhəukeik] *s US* pogača od kukuruznog brašna
hog [hɔg] *s* svinja, prase (i *fig*); jednogodišnja ovca; prostak, podlac, gad, prljavac; *rly sl* teretna lokomotiva | **to eat (behave) like a ~** prostački jesti (ponašati se); *fig* **to go the whole ~** (neku stvar) temeljito uraditi; *coll* **~ in armour** nesigurna, nespretna osoba; *coll* **to bring one's ~s to the wrong market** obratiti se na pogrešnu adresu
hog [hɔg] *vt/i* (grivu) kratko ostrići, podrezati; *sl* pohlepno grabiti, žderati (hranu)
hoggery [ˈhɔgəri] *s* uzgajalište svinja; krdo svinja; *fig* prostačko ponašanje
hoggish [ˈhɔgiʃ] *adj* (**~ly** *adv*) svinjski (i *fig*); proždrljiv, lakom, pohlepan; prljav, prost
hoglike [ˈhɔglaik] *adj* kao svinja, svinjski
hogling [ˈhɔgliŋ] *s* prasence; janješce
Hogmanay [ˈhɔgmənei] *s Scot* Stara godina (31. prosinca); proslava Stare godine
hogshead [ˈhɔgzhed] *s* velika bačva za pivo; mjera za tekućine (oko 238,65 l, *US* oko 234,5 l)
hogwash [ˈhɔgwɔʃ] *s* napoj, sudoperine, splačine; *fig* besmislica, prazno blebetanje
hoik (hoick) [hɔik] *vt/i* **I.** *vt* prisiliti (avion) na strmo dizanje **II.** *vi aero* strmo se dizati
hoi polloi [ˌhɔiˈpɔlɔi] *s* (obično *the ~*) *derog* prosti puk, raja
hoise [hɔiz] *vt* (samo u *pp* **hoist**) | **hoist with his own petard** ulovljen u vlastitu zamku

hoist [hɔist] *s* dizanje; dizalo; dizalica | *coll* **to give a p a ~** pomoći komu da se uspne, dignuti koga

hoist [hɔist] *vt* dignuti, dizati, (po)vući uvis

hoity-toity [ˌhɔitiˈtɔiti] *adj coll* kojemu sve smeta, koji s visoka gleda na druge, umišljen

hoity-toity [ˌhɔitiˈtɔiti] *interj* oho!, gle ti njega!

hokey-pokey [ˌhəukiˈpəuki] *s* jeftin sladoled koji se prodaje na ulici

hokum [ˈhəukəm] *s US sl* traženje jeftinog efekta; kič; prijevara

hold[1] [həuld] *s* držanje; zahvat (i *box*); oslonac, uporište; sklonište, boravište (životinje); moć, vlast, utjecaj; utvrđeno mjesto, tvrđava; tamnica | **to take (get, seize, lay, catch) ~ of** uhvatiti, uloviti, zgrabiti; dočepati se (koga, čega); **to let go one's ~ of** ispustiti iz ruku, iz zahvata; **~ (on, over)** utjecaj (na); moć, vlast (nad); **to get a firm ~ of the market** čvrsto zavladati tržištem

hold[2] [həuld] *s* donji prostor u brodu, tovarni prostor broda, spremište za teret

hold [həuld] *vt/i* (*pret* held; *pp* held, holden) **I.** *vt* 1. držati, pridrža(va)ti, zadrža(va)ti; zaustaviti, suzdrža(va)ti 2. sadržavati, obuhvaćati, zapremati 3. *mil* držati (položaj), obraniti; *fig* zaokupiti, privući (pažnju); *fin* posjedovati, imati (dionice); zauzimati (položaj) 4. održa(va)ti (priredbu, sastanak); slaviti, svetkovati (blagdan); voditi (razgovor) 5. suzdrža(va)ti, obuzda(va)ti, odvratiti 6. smatrati, misliti, vjerovati; zastupati, imati (mišljenje); *jur* presuditi, odlučiti, odrediti **II.** *vi* držati se; izdržati; potrajati; vrijediti, valjati | *arch* ~! stani!, čekaj!; **to ~ one's breath** (za)držati dah; **to ~ one's hand** suzdržati se (od neke akcije); **to ~ one's head high** uznositi se; **to ~ one's ground, to ~ one's own** ne uzmicati, ne dati se, ne popuštati, biti nepokolebljiv; **to ~ oneself** ostati miran, ne micati se; **to ~ oneself in readiness (for)** biti, ostati spreman (za slučaj potrebe); **to ~ one's sides with laughter** previjati se od smijeha; **~ it!** čekaj malo!, stani!; **~ hard!** stani!; **to ~ cheap** ne cijeniti; **to ~ dear** cijeniti; voljeti; *fig* **to ~ the fort** brinuti se o čemu, voditi poslove (u čijoj odsutnosti); **to ~ fast** čvrsto držati; **to ~ good** (ili **true**) vrijediti, važiti; *teleph* **~ the line!** ostani(te) na aparatu!; **to ~ a p in high esteem** visoko cijeniti koga; **to ~ a p in low esteem** malo držati do koga, ne cijeniti koga; **to ~ sth against a p** upis(iv)ati što u zlo komu; **to ~ one's tongue** držati jezik za zubima; **to ~ water** biti valjan, biti logičan; **to eat as much as one can ~** jesti koliko se god može; **to ~ a man to his promise** držati koga za riječ, podsjetiti na obećanje; **to ~ a stock** imati zalihu, držati na zalihi; **neither to ~ nor to bind** kojim se ne može upravljati, neobuzdan; **~ tight!** držite se čvrsto! (povik konduktera u autobusu); *mot* **(car) ~s the road well** (auto) dobro leži na cesti

hold aloof [ˈhəuldəˈluːf] *vi* držati se po strani (*from* od), suzdržavati se

hold back [ˈhəuldˈbæk] *vt/i* **I.** *vt* zadrža(va)ti, suzdrža(va)ti; kočiti; zadržati za sebe, ne saopćavati, prešutjeti **II.** *vi* oklijevati, suzdrža(va)ti se; držati se po strani

hold by [ˈhəuldˈbai] *vi* osta(ja)ti pri (čemu), držati, pridržavati se (čega); ravnati se po (komu, čemu)

hold down [ˈhəuldˈdaun] *vt* pritisnuti, držati (dolje); tlačiti, ugnjetavati | *coll* **to hold a job down** zadržati stalno namještenje

hold forth [ˈhəuldˈfɔːθ] *vt/i* **I.** *vt* staviti u izgled, pružati, nuditi **II.** *vi* (obično *derog*) održati (čitav) govor, docirati

hold in [ˈhəuldˈin] *vi/t* **I.** *vi* suzdrža(va)ti se, obuzda(va)ti se, savlada(va)ti se

hold off [ˈhəuldˈɔf] *vi/t* **I.** *vi* držati se daleko, ne približiti se **II.** *vt* držati podalje; odbijati | **~ for a minute!** pričekaj časak!, stani malo!

hold on [ˈhəuldˈɔn] *vt/i* **I.** *vt* zadržati, pridržati, držati na mjestu **II.** *vi* ustrajati, izdržati, držati se; *teleph* ostati na aparatu; ne puštati iz ruku (*to* što); držati se (*to* za što) | *coll* ~! stani!, čekaj (malo)!

hold out [ˈhəuldˈaut] *vt/i* **I.** *vt* pružiti (ruku); nuditi, pružati, obeća(va)ti, da(va)ti nade **II.** *vi* izdržati, istrajati; ne popuštati (*for, on*) | **to ~ hopes** da(va)ti nade

hold over [ˈhəuldˈəuvə] *vt/i* **I.** *vt* odgoditi **II.** *vi jur* zadržati u posjedu, vršiti vlast i nakon isteka zakonskog roka | *fig* **to hold sth over a p** prijetiti komu čime, upisivati u zlo komu što

hold to [ˈhəuldˈtuː] *vi/t* držati se, pridržavati se (koga, čega); ne odstupati od (čega) | **to hold a p to a th** zahtijevati od koga da se pridržava čega; **to hold a p (up) to ransom** ucjenjivati koga

hold together [ˈhəuldtəˈgeðə] *vi/t* držati se skupa; držati zajedno, biti složan; držati skupa, zadržati na okupu

hold up [ˈhəuldˈʌp] *vt/i* **I.** *vt* podignuti, držati uvis; *fig* prikazivati, isticati kao primjer; zaustaviti, zadržati, spriječiti; izvršiti oružani napad na (koga) **II.** *vi* zadržati se od pada; podržavati, zadržati brzinu; biti stalan (vrijeme) | **to hold one's head up** *fig* držati glavu gore, ne dati se obeshrabriti | **to hold a p up to derision (scorn, ridicule)** izvrgavati, izvrći koga ruglu

hold with [ˈhəuldˈwið] *vi* slagati se s (kim); odobravati (što)
hold-all [ˈhəuldɔːl] *s* putna torba
hold-back [ˈhəuldbæk] *s* zapreka, smetnja, prepreka
holder [ˈhəuldə] *s* držalac, imalac, vlasnik, vlasnica; zakupnik, posjednik | **pen-~** držalo; **cigarette-~** cigarluk, cigaretšpic; **kettle-~** krpa za primanje vrućeg posuđa
hold-fast [ˈhəuldfaːst] *s* spona, skoba, stezaljka
holding [ˈhəuldiŋ] *s* 1. držanje, pridržavanje; održavanje 2. zakupljeno dobro, posjed 3. posjed dionica | **small ~** mali posjed, malo gospodarstvo; **~ company** matična kuća grupacije poduzeća
hold-over [ˈhəuldəuvə] *s US* ostatak, suvišak
hold-up [ˈhəuldʌp] *s* zastoj; *US sl* razbojnički prepad
hole [həul] *s* rupa, otvor, prodor, šupljina; jama, duplja, **jazbina**; *coll* škripac; *fig* bijedna nastamba, rupa, gnijezdo | **to pick ~s in** prigovarati, kritizirati; *fig* **to make a ~ in** duboko zadrti (u), dobrano istrošiti; **a round (square) peg in a square (round) ~** čovjek na krivu mjestu ili položaju; **to be in a ~** nalaziti se u škripcu
hole [həul] *vt/i* (iz)dupsti; (pro)bušiti, prošupljiti; (pro)kopati; natjerati (životinju) u rupu
hole-and-corner [ˌhəuləndˈkɔːnə] *adj coll* potajan, skriven; podmukao
holiday [ˈhɔlədi] *s* blagdan, praznik, slobodan dan; odmor, dopust | **bank ~** dan kad su sve banke zatvorene (obično i opći praznik); **~s** *pl* praznici, ferije, dopust; **summer ~s** ljetni (veliki) praznici; **to be on ~** biti na odmoru (dopustu); **to go on ~** ići na odmor (dopust)
holiday-maker [ˈhɔlədiˌmeikə] *s* izletnik
holiness [ˈhəulinis] *s* svetost
holla [hɔˈlaː] *interj* → **hollo**
holland [ˈhɔlənd] *s* nebijeljeno platno
hollands [ˈhɔləndz] *s* klekovača, borovička
hollo [ˈhɔləu] *interj* hej!, halo!
hollo [ˈhɔləu] *s* povik »halo«
hollo (hollow, holloa) [ˈhɔləu] *vi/t* **I.** *vi* vikati hej, halo **II.** *vt* glasno dozivati
hollow [ˈhɔləu] *s* rupa, šupljina; udubina, ulegnina; mala dolina, kotlina; *tech* žlijeb
hollow [ˈhɔləu] *adj* (**~ly** *adv*) šupalj; prazan; upao (obraz); mukao (glas); *fig* (is)prazan, bezvrijedan; neiskren, himben, lažan
hollow [ˈhɔləu] *adv* šuplje; *coll* posve, potpuno (i *all* ~) | **to beat ~** potpuno pobijediti, daleko nadmašiti
hollow [ˈhɔləu] *vt* iskopati, izdupsti, prošupljiti (*out*)
hollow-eyed [ˈhɔləuaid] *adj* upalih očiju
hollow-hearted [ˈhɔləuˌhaːtid] *adj* neiskren
holly [ˈhɔli] *s bot* božikovina
hollyhock [ˈhɔlihɔk] *s bot* trandofilje, vrtni sljez
holm (holme) [həum] *s* otočić (u rijeci), ravna obala, poloj
holm-oak [ˌhəumˈəuk] *s bot* (primorski) hrast, crnika; hrastovina
holocaust [ˈhɔləkɔːst] *s* žrtva paljenica; *fig* opće uništenje (vatrom)
holograph [ˈhɔləgraːf] *s* vlastoručno napisana isprava
holpen [ˈhəulpən] *pp* od **help** (*arch*)
holster [ˈhəulstə] *s* tok (pištolja)
holt [həult] *s poet* šumarak, lug, gaj
holy [ˈhəuli] *adj* (**holily** *adv*) svet, posvećen | **~ writ** Biblija, Sveto pismo; **the Holy One** Bog; *sl* **a ~ terror** strašan čovjek; nesnosno dijete, sam vrag; **the Holy City** Jeruzalem; **the Holy Land** Sveta zemlja, Palestina, Judeja; *mar sl* **~ Joe** bogomoljac; **Holy Thursday** Spasovo; Veliki četvrtak; **Holy Saturday** Velika subota; **Holy Week** Veliki tjedan; **~ water** sveta vodica; **~ orders** svećenički stalež; **to take ~ orders** zarediti se (za svećenika); **the Holy Father** papa; **the Holy Office** inkvizicija
holy [ˈhəuli] *s* | **the Holy of Holies** vrhovno svetište (i *fig*); *fig* najveća svetinja
holystone [ˈhəulistəun] *s mar* plavac, plavučac, porozni kamen za ribanje
holystone [ˈhəlistəun] *vt mar* ribati (palubu) plavcem, plavučcem
homage [ˈhɔmidʒ] *s hist* zakletva na vjernost lenskom gospodaru; klanjanje, iskazivanje poštovanja | **to pay (do) ~ to** pokloniti se, izraziti, iskaz(iv)ati poštovanje
Homburg (hat) [ˈhɔmbəːg(ˈhæt)] *s* idn-šešir
home [həum] *s* dom, kuća; kućanstvo; stan; obitavalište; rodni kraj, zavičaj, domovina, postojbina; cilj (kod raznih igara) | **long ~, last ~** grob, posljednje počivalište; **at ~** kod kuće; u domovini; **Mrs Brown is not at ~ to anyone** gđa Brown nije kod kuće ni za koga, ne prima nikoga; **at-~** dan primanja; **away from ~** izvan doma; u tuđini; **to be at ~ in** dobro se razumjeti u što; **make yourself at ~** budite kao kod kuće, raskomotite se; **to feel oneself at ~** osjećati se kao kod kuće; **to feel at ~ in** osjećati se lagodno, sigurno; **a ~ from ~** mjesto gdje se čovjek osjeća udobno (kao u vlastitom domu); **orphans' ~** sirotište, dječji dom; **nursing ~** klinika
home [həum] *adj* kućni, domaći; tuzemni; žestok, temeljit, koji dobro pogađa (udarac itd.); točan; koji se lako uviđa (istina) | **the Home Counties** pokrajine oko Londona; **the Home Office** ministarstvo unutrašnjih poslova; **Home Secretary** ministar unutrašnjih poslova; **Home Rule**

samouprava (neke zemlje); *mar* ~ **trade** mala obalna plovidba; *sport* **the ~ straight (stretch)** posljednji dio trkačke staze prije cilja; **the ~ front** civilno stanovništvo (u zaraćenoj zemlji); **the Home Fleet** domovinska flota; **the Home Guard** rezervne snage dobrovoljaca u drugom svjetskom ratu za obranu od invazije; **the Home Service** emisija BBC-ja za Veliku Britaniju

home [həum] *adv* kući, doma; u domovinu; na pravo mjesto; čvrsto, dokraja, jako, temeljito | **curses come ~ to roost** kletve se osvećuju na onome tko ih izriče; **to drive an argument ~** uvjerljivo objasniti, rastumačiti komu što, uvjeriti o čemu; **to be ~** biti (opet) kod kuće; **to come ~ to a p** dirnuti u živac, pogoditi; postati jasan; **to bring sth ~ to a p** učiniti što jasnim komu, natjerati koga da što uvidi, utuviti što komu

home [həum] *vi/t* ići kući; ići u dom; biti u domu; stanovati, obitavati; smjestiti u dom; poslati kući

home-baked [ˌhəum'beikt] *adj* napravljen, ispečen kod kuće, domaći

home-born [ˌhəum'bɔːn] *adj* domaći

home-bred [ˌhəum'bred] *adj* odgojen, othranjen u kući, domaći

home-brewed [ˌhəum'bruːd] *adj* kod kuće varen

home-coming ['həumˌkʌmiŋ] *s* povratak, dolazak kući

home-felt [ˌhəum'felt] *adj* duboko osjećan

home-grown [ˌhəum'grəun] *adj* uzgajan kod kuće, proizveden u (vlastitoj) zemlji

home-keeping ['həumˌkiːpiŋ] *adj* koji mnogo sjedi kod kuće

homeland ['həumlænd] *s* domovina

homeless ['həumlis] *adj* bez doma, bez kuće

homelike ['həumlaik] *adj* ugodan, udoban, kao kod kuće

homely ['həumli] *adj* (**homelily** *adv*) domaći, kućni; udoban, ugodan; jednostavan, priprost; neugledan; nepretenciozan; nelijep, bez draži

home-made [ˌhəum'meid] *adj* pravljen kod kuće

Homeric [həu'merik] *adj* homerski

home-sick ['həumsik] *adj* pun čežnje za domom ili domovinom

home-sickness ['həumˌsiknis] *s* čežnja za domom ili domovinom, nostalgija

homespun ['həumspʌn] *adj* načinjen, preden, tkan kod kuće; *fig* jednostavan, priprost

homespun ['həumspʌn] *s* tkanina izrađena od niti ispredenih kod kuće

homestead ['həumsted] *s* kuća s okućnicom i gospodarskim zgradama; gospodarstvo; malen posjed; seoska kuća

home-thrust [ˌhəum'θrʌst] *s* uspio udarac, pogodak u pravo mjesto (& *fig*)

homeward ['həumwəd] *adj* koji je usmjeren prema domu, prema kući

homeward(s) ['həumwəd(z)] *adv* prema domu, prema kući

homework ['həumwəːk] *s* domaći rad; domaća zadaća

homicidal [ˌhɔmi'saidl] *adj* (~**ly** *adv*) ubilački

homicide ['hɔmisaid] *s* ubojstvo, umorstvo

homiletic ['hɔmi'letik] *adj* propovjednički

homiletics ['hɔmi'letiks] *s pl* propovjedništvo

homily ['hɔmili] *s* propovijed, dosadna moralna prodika

homing ['həumiŋ] *adj* koji se vraća kući; *mil* samonavodeći (projektil) | ~ **instinct** nagon za vraćanjem kući; ~ **pigeon** golub pismonoša

hominy ['hɔmini] *s* kukuruzna kaša | *US* ~ **grits** keksi od kukuruznog brašna

homo ['həuməu] *s* čovjek

homoeopath ['həumiəpæθ] *s* homeopat

homoeopathic [ˌhəumiə'pæθik] *adj* (~**ally** *adv*) homeopatski

homoeopathist [ˌhəumi'ɔpəθist] *s* homeopat

homoeopathy [ˌhəumi'ɔpəθi] *s* homeopatija

homogamous [hɔ'mɔgəməs] *adj bot* homogaman

homogamy [hɔ'mɔgəmi] *s bot* homogamija

homogeneity [ˌhɔmədʒe'niːətː] *s* istorodnost, istovrsnost

homogeneous [ˌhɔmə'dʒiːnjəs] *adj* (~**ly** *adv*) istorodan, istovrstan, homogen

homograph ['hɔməgraːf] *s* riječ koja se jednako piše (kao neka druga) ali ima drugo značenje

homologate [hɔ'mɔləgeit] *vt* dovesti u sklad; *jur* odobriti, potvrditi, ovjeroviti

homological [ˌhɔmə'lɔdʒikl] *adj* (~**ly** *adv*) homologan, koji se podudara

homologize [hɔ'mɔlədʒaiz] *vi/t* biti, postati homologan; učiniti homolognim

homologous [hɔ'mɔləgəs] *adj* homologan, koji se podudara; odgovarajući

homology [hɔ'mɔlədʒi] *s* homologija, podudaranje

homonym ['hɔmənim] *s* homonim

homonymic [ˌhɔmə'nimik] *adj* homoniman

homonymous [hɔ'mɔniməs] *adj* homoniman

homonymy [hɔ'mɔnimi] *s* homonimija

homophone ['hɔməfəun] *s gram* homofon, riječ istog zvuka ali drukčijeg oblika i značenja

homophonic [ˌhɔmə'fɔnik] *adj* homofoničan, istog zvuka; *mus* monodičan, homofon, jednoglasan

homophonous [hɔ'mɔfənəs] *adj* → **homophonic**

homophony [hɔ'mɔfəni] *s* homofonija, jednoglasje

homosexual [ˌhəuməu'seksjuəl] *adj* homoseksualan

homosexual [ˌhəuməu'seksjuəl] *s* homoseksualac

homosexuality [ˌhəuməuseksju'æləti] *s* homoseksualnost
homy ['həumi] *adj* koji podsjeća na dom; domaći; udoban, kao kod kuće
hone [həun] *s* brus
hone [həun] *vt* brusiti, oštriti
honest ['ɔnist] *adj* (**~ly** *adv*) pošten, čestit, ispravan, častan; iskren, otvoren; pošteno zarađen, zaslužen; valjano napravljen | **to earn an ~ penny** zarađivati novac na pošten način; **to make an ~ woman of** oženiti se zavedenom djevojkom; **to be quite ~ about it** da budem posve iskren...; **~ Injun (Indian)** *US sl* poštena riječ
honest-to-goodness ['ɔnisttə'gudnis] *adj US* pošten; dobronamjeran
honey ['hʌni] *s* 1. med 2. *fig* slatkoća 3. *fam* milo moje, dragi, draga | **as sweet as ~** sladak kao med; *fig* presladak, divan
honey-bee ['hʌnibiː] *s* pčela
honeycomb ['hʌnikəum] *s* saće (meda); ornament nalik na saće
honeycomb ['hʌnikəum] *vt* prošupljiti, izdupsti poput saća; ukrasiti ornamentom nalik na saće
honey-dew ['hʌnidjuː] *s* 1. ljepljiv sok na nekim biljkama, sijer, medljika 2. duhan zaslađen melasom
honeyed (honied) ['hʌnid] *adj* sladak kao med, medan, meden (& *fig*)
honeymoon ['hʌnimuːn] *s* medeni mjesec, svadbeno putovanje
honeymoon ['hʌnimuːn] *vi* provoditi, provesti medeni mjesec
honey-suckle ['hʌniˌsʌkl] *s bot* kozja krv
honey-sweet ['hʌniswiːt] *adj* sladak kao med, meden
honey-tongued ['hʌniˌtʌŋd] *adj* slatkorječiv
honk [hɔŋk] *s* 1. zov divlje guske 2. glas automobilske trube
honk [hɔŋk] *vi* 1. oglašavati se, dozivati 2. trubiti (automobilskom trubom)
honorarium [ˌɔnə'rɛəriəm] *s* honorar
honorary ['ɔnərəri] *adj* počasni
honorific [ˌɔnə'rifik] *adj* koji izražava poštovanje
honorific [ˌɔnə'rifik] *s* riječ ili fraza kojom se izražava poštovanje
honour (honor) ['ɔnə] *s* čast; počast, slava; 2. odlikovanje, počasni položaj 3. *fig* ures, ukras, dika | **~s** *pl* 1. iskazivanje počasti 2. *univ* najviše ocjene 3. najjače karte u kartanju; *coll* **to do the ~s** dočekivati, primati goste; **the ~s of war** privilegije koje se odobravaju poraženom neprijatelju; **military ~s** vojne počasti; **last ~s** posljednja počast; **birthday ~s** popis naslova i odlikovanja koje podjeljuje monarh na svoj rođendan; *univ* **to take an ~s degree** studirati na višem specijalističkom nivou; *univ* **to pass with ~s** položiti (ispit) s najvišom ocjenom; **Your (His) Honour** Vaše (Njegovo) blagorođe; **to be on one's ~** to imati moralnu obavezu; **upon my ~** poštenja mi; **~ bright** poštena riječ; **law of ~** zakon časti; kodeks časti; **affair of ~** stvar časti; dvoboj; **debt of ~** častan dug; **guard of ~** počasna straža; **maid of ~** dvorska dama, počasna pratilja; **point of ~** stvar časti; **word of ~** poštena riječ, svečano obećanje; *com* **act of ~** časni prihvat; *com* **acceptor for another's ~** časni prihvatnik; **acceptance of a bill for the ~ of** časni prihvat mjenice; **~ is satisfied** časti je udovoljeno; **may I have the ~ of** smijem li imati čast, hoćete li me počastiti; **to put a p on his ~** vezati koga čašću; **to render the last ~s** odati, iskazati posljednju počast; *com* **to pay (do) ~ to a bill of exchange** honorirati mjenicu; **to meet due ~** biti isplaćen, prihvaćen (mjenica)
honour (honor) ['ɔnə] *vt* 1. (po)častiti (*with, by* čime), (po)štovati, slaviti 2. *com* isplatiti, prihvatiti mjenicu, honorirati
honourable (honorable) ['ɔnərəbl] *adj* (**honourably** *adv*) častan, poštovanja vrijedan; dostojan; pošten, ispravan | **Honourable** naslov za suce, neke visoke službenike, djecu visokih plemića i članove Donjeg doma (za vrijeme debate)
honourableness (honorableness) ['ɔnərəblnis] *s* poštenje, čestitost, uvaženost
hooch [huːtʃ] *s US sl* (jeftino) alkoholno piće; pijača
hood¹ [hud] *s* kukuljica, kapuljača; kapa (i *tech*); *univ* ogrtač (oznaka) koji se nosi preko talara i označuje akademski stupanj; *univ* doktorski šešir; kožna kapa za sokola; *mot* (zaštitni) pokrov; *mot* poklopac automobila, hauba; krov (kočije) | **to receive the ~** dobiti doktorski naslov
hood² [hud] *s* → **hoodlum**
hood [hud] *vt* prekriti, zastrti, opskrbiti kukuljicom, itd.
hooded ['hudid] *adj* prekriven kapom itd.; *fig* prikriven | *ornith* **~ crow** vrana pepeljava; **~ gull** vrsta galeba
hoodless ['hudlis] *adj* bez kape, nepokriven
hoodlum ['huːdləm] *s US sl* mladi razbijač, razbojnik, kriminalac
hoodoo ['huːduː] *s spec US* čovjek ili predmet koji donosi nesreću; loša sreća
hoodoo ['huːduː] *vt US* donijeti nesreću (komu)
hoodwink ['hudwiŋk] *vt* prekriti, zavezati komu oči; *fig* prevariti, nasamariti
hooey ['huːi] *s US sl* besmislica, glupost
hoof [huːf] *s* kopito; papak | **cloven ~** đavo, sotona; **on the ~** živ; *sl* **to pad the ~** hodati; **under the ~** zgažen
hoof [huːf] *vt* udariti nogom, ritnuti | *sl* **to ~ it** ići pješke, pješačiti

hoof out ['hu:f'aut] *vt sl* izbaciti, otpustiti iz službe, dati nogom (komu)
hoofed [hu:ft] *adj* koji ima kopita, papke
hook [huk] *s* 1. kuka, kvaka, kvačica; vješalica, udica 2. *fig* zamka, stupica 3. okuka (rijeke) 4. svinut alat za rezanje, srp, kosijer 5. *box* kratak udarac (svinutom rukom) | **crochet ~** kačkalica, kukica; **~ and eye** kopča i zapon; **by ~ or by crook** milom ili silom, iz oka iz boka; *sl* **to go off the ~s** šenuti umom, pošašaviti; krenuti krivim putem, pokvariti se; umrijeti; *sl* **on one's own ~** za vlastiti račun, na vlastitu ruku; *sl* **to take (sling) one's ~** pokupiti se, otići; *coll* **to be on the ~** imati problema; **to be (to get) off the ~** riješiti se problema, biti u boljoj situaciji; *fig* **~, line and sinker** sa svime zajedno, potpuno, kompletno
hook [huk] *vt/i* **I.** *vt* 1. svinuti, zakriviti, 2. zakvačiti, prikvačiti, zadjeti, prikopčati, skopčati, (za)kopčati (*in* u, *on* na, *up* na) 3. uhvatiti, upecati (& *fig*) 4. *sl* dignuti, dipiti, gepiti **II.** *vi* kopčati se; zakvačiti se, zadjeti se | *sl* **to ~ it** dati petama vjetra, podbrusiti pete, strugnuti
hook in ['huk'in] *vt* povući, zahvatiti (kao) kukom
hook on ['huk'ɔn] *vi* zakvačiti, prikvačiti, objesiti na kuku
hook up ['huk'ʌp] *vt* zakačiti; *coll* zapregnuti (konje); *tech* priključiti
hooka(h) ['hukə] *s* nargila
hooked [hukt] *adj* svinut, kukast; opremljen kukom | *sl* **to be (to get) ~ on a th** biti lud (poludjeti) za čim
hooker ['hukə] *s* vrsta ribarskog čamca; *US sl* lopov; prostitutka
hook-nosed ['huknəuzd] *adj* kukasta, orlovskoga nosa
hook-up ['hukʌp] *s tech el* međusobno povezivanje; *radio* mreža međusobno povezanih radio-stanica
hookworm ['hukwə:m] *s zool* trakavica
hooky ['huki] *adj* kukast
hooky ['huki] *s* | *US* **to play ~** markirati (školu)
hooligan ['hu:ligən] *s* ulični razbijač, huligan, uličnjak
hooliganism ['hu:ligənizəm] *s* divljaštvo, huliganstvo
hoop[1] [hu:p] *s* obruč, kolut, prsten; krinolina
hoop [hu:p] *vt* staviti obruče, vezati obručima; *fig* okružiti, opkoliti
hoop[2] [hu:p] *s* hripanje, hripav zvuk
hoop [hu:p] *vi* hripati
hooper ['hu:pə] *s* bačvar
hooping (whooping)-cough ['hu:piŋkɔf] *s med* (kašalj) hripavac
hoop-iron ['hu:p,aiən] *s* željezo za obruče, trakasto željezo
hoop-la ['hu:pla:] *s* vrsta igre kolutima
hoopoe ['hu:pu:] *s ornith* pupavac
hooray [hu'rei] → **hurrah**
hoot[1] [hu:t] *s* hukanje, krik sove; tuljenje; trubljenje; povik negodovanja
hoot [hu:t] *vi/t* **I.** *vi* hukati (sova); tuliti, trubiti **II.** *vt* ispsikati, izviždati
hoot down ['hu:t'daun] *vt* ušutkati povicima
hoot off ['hu:t'ɔf] *vt* istjerati vikom, ispsikati, izviždati
hoot out ['hu:t'aut] *vt* istjerati povicima negodovanja, ispsikati, izviždati
hoot[2] [hu:t] *s* sitnica, mrvica | *sl* **I don't care (give) a ~ (two ~s)** baš me briga, fućka mi se; **not to be worth a ~** ne vrijediti ni pišljiva boba
hooter ['hu:tə] *s* vikač; sirena, parna pištaljka; *mot* truba
hoot(s) [hu:t(s)] *interj* uzvik nestrpljenja ili negodovanja
hoove [hu:v] *s vet* nadam, nadutost
hoover ['hu:və] *vt GB coll* (o)čistiti usisavačem
hop[1] [hɔp] *s bot* hmelj | **~s** *pl* šišarice hmelja
hop[1] [hɔp] *vt/i* **I.** *vt* začiniti (pivo) hmeljom **II.** *vi* ob(i)rati hmelj
hop[2] [hɔp] *s* skakanje, skakutanje, kratak skok; *sl* »čaga«, ples; *aero* etapa | **on the ~** na skoku, u žurbi; *sport* **~, skip (step) and jump** troskok; **to catch a p on the ~** uhvatiti, zateći nepripravna; uhvatiti koga na odlasku; **to keep a p on the ~** stalno ganjati koga, ne dati komu da popusti (u revnosti itd.)
hop[2] [hɔp] *vi/t* **I.** *vi* skakati, skakutati, poskakivati, đipati; *sl* plesati **II.** *vt* preskakivati, preskočiti | *sl* **to ~ it** (iz)gubiti se, kidnuti, odmagliti, uteći; *sl* **to ~ the twig** izbjegavati svoje vjerovnike; umrijeti; *coll* **~ping mad** izvan sebe od bijesa; *US sl mot* **~ped up** pojačan, »friziran« (motor)
hop off ['hɔp'ɔf] *vi aero* dići se, uzletjeti
hop-bine ['hɔpbain] *s bot* stabljika hmelja
hope [həup] *s* nada, uzdanje, ufanje | *US* **~ chest** škrinja u koju djevojka sprema svoju opremu za udaju; **past (beyond) ~** beznadan, bezizgledan
hope [həup] *vi/t* **I.** *vi* nadati se (*for* čemu), gajiti nade; pouzdavati se (*in* u) **II.** *vt* nadati se (čemu)
hopeful ['həupful] *adj* (**~ly** *adv*) pun nade, pouzdanja; koji pruža nade
hopeful ['həupful] *s iron* nadobudan mladić (djevojka)
hopeless ['həuplis] *adj* (**~ly** *adv*) beznadan; očajan
hop-field ['hɔpfi:ld] *s* hmeljik
hop-garden ['hɔp,ga:dn] *s* hmeljik
hop-kiln ['hɔpkiln] *s* peć za sušenje hmelja
hoplite ['hɔplait] *s* hoplit (teško naoružani pješak u antičkoj Grčkoj)
hop-o'-my-thumb [,hɔpəmi'θʌm] *s* patuljak, kepec

hopper¹ [ˈhɔpə] *s* 1. skakač 2. insekt koji skače (skakavac, buha); *Austr* klokan 3. *tech* lijevak, žlijeb (za tovarenje žita, ugljena itd.) 4. *agr* naprava za sijanje 5. barka za odvoz mulja
hopper² [ˈhɔpə] *s* berač hmelja
hop-picker [ˈhɔpˌpikə] *s* berač hmelja
hopple [ˈhɔpl] *vt* → **hobble**
hop-pole [ˈhɔppəul] *s* pritka, trklja, motka za hmelj
hopscotch [ˈhɔpskɔtʃ] *s* škola (dječja igra)
hop-vine [ˈhɔpvain] *s bot* vriježa, hvataljka hmelja
horal [ˈhɔːrəl] *adj* koji se odnosi na sat, (jedno)satni
horary [ˈhɔːrəri] *adj* koji se odnosi na sat, (jedno)satni; koji se zbiva svaki sat, koji traje (samo) jedan sat; kratkotrajan, prolazan
horde [hɔːd] *s* (nomadsko) pleme; (obično *derog*) horda, rulja, četa, čopor; veliko mnoštvo
horde [hɔːd] *vi* skupljati se u horde, čopore; živjeti u hordi, čoporu
horehound (hoarhound) [ˈhɔːhaund] *s bot* bjelušina, tetrljan
horizon [həˈraizn] *s* obzorje, vidokrug, horizont (& *fig*)
horizontal [ˌhɔriˈzɔntl] *adj* (~**ly** *adv*) vodoravan, horizontalan | *sport* ~ **bar** preča, vratilo
horizontal [ˌhɔriˈzɔntl] *s* horizontala, vodoravna crta
horizontality [ˌhɔriznˈtæliti] *s* horizontalnost, vodoravan položaj
hormone [ˈhɔːməun] *s* hormon
horn [hɔːn] *s* 1. rog; ticalo; čuperak perja (na glavi nekih ptica) 2. roževina 3. čaša od roga 4. *mus* rog (duhaći instrument); automobilska truba; gramofonski lijevak 5. vrh Mjesečeva srpa 6. rukav rijeke, rukavac | ~**s** *pl* rogovlje (jelena); **to take a bull by the ~s** uhvatiti se ukoštac s teškoćama; *fig* **to draw in one's ~s** malo popustiti u gorljivosti; ~ **of plenty** rog izobilja; **the Horn** Rt Horn; **on the ~s of a dilemma** u škripcu
horn [hɔːn] *vt/i* ukloniti, otpiliti rogove; probosti rogovima, nabosti na rogove; puhati u rog
horn in [ˈhɔːnˈin] *vi sl* upletati se, upadati, nametati se (*on a p*)
hornbeam [ˈhɔːnbiːm] *s bot* grab
hornbill [ˈhɔːnbil] *s ornith* kljunorožac
hornblende [ˈhɔːnblend] *s minr* amfibol (vrsta silikata)
hornbook [ˈhɔːnbuk] *s hist* abecedar, početnica
horned [ˈhɔːnid] *adj* rogat; koji ima na glavi izraslinu, čuperak; kojemu su skinuli rogove | **the ~ moon** Mjesečev srp
horner [ˈhɔːnə] *s* majstor koji pravi predmete od roga; trubač
hornet [ˈhɔːnit] *s ent* stršljen | **to bring a ~'s nest about one's ears, to stir up a nest of ~s** dirnuti u osinjak
hornful [ˈhɔːnful] *s* ono što stane u rog (količina)
hornpipe [ˈhɔːnpaip] *s* živahan (mornarski) ples; glazba za takav ples
horn-rimmed [ˈhɔːnrimd] *adj* koji ima (debeo) rožnat okvir (naočale)
horn-shell [ˈhɔːnʃel] *s zool* zavijača, vrtaljica, šiljak (vrsta školjke) (*Cerithium vulgatum*)
hornswoggle [ˈhɔːnswɔgl] *vt US sl* nasamariti, »umočiti«
hornwork [ˈhɔːnwəːk] *s* 1. *fort hist* vanjski dio tvrđave 2. predmeti od roga
horny [ˈhɔːni] *adj* (**hornily** *adv*) rožnat, žuljevit; *US coll* obuzet seksom, spolno potentan, pohotan
horny-handed [ˈhɔːniˌhændid] *adj* žuljevitih ruku
horography [hɔˈrɔgrəfi] *s* umijeće pravljenja satova
horologe [ˈhɔrəlɔdʒ] *s* sat, ura
horologer [hɔˈrɔlədʒə] *s* urar
horological [ˌhɔrəˈlɔdʒikl] *adj* urarski
horologist [hɔˈrɔlədʒist] *s* urar
horology [hɔˈrɔlədʒi] *s* znanost mjerenja vremena; načela i umijeće pravljenja satova
horoscope [ˈhɔrəskəup] *s* horoskop | **to cast a ~** sastaviti horoskop
horoscopic [ˌhɔrəˈskɔpik] *adj* horoskopski
horoscopist [hɔˈrɔskəpist] *s* onaj koji sastavlja horoskope
horoscopy [hɔˈrɔskəpi] *s* horoskopija
horrible [ˈhɔrəbl] *adj* (**horribly** *adv*) strašan, grozan, jeziv, užasan, odvratan; *coll* nepodnošljiv, neugodan
horrid [ˈhɔrid] *adj* (~**ly** *adv*) strašan, užasan, grozan; ružan, gadan, odvratan
horrific [hɔˈrifik] *adj coll* užasan, strašan
horrify [ˈhɔrifai] *vt* pobuđivati užas; prestraviti, prestrašiti; užasnuti, užasavati
horror [ˈhɔrə] *s* užas, strava, groza, jeza, strah; gađenje, gnušanje; strahota, grozota; *med* drhtavica (kao simptom bolesti) | **the ~s** *pl* napadaj straha; ~ **films** filmovi strave i užasa
horror-stricken [ˈhɔrəˌstrikn] *adj* obuzet stravom
horror-struck [ˈhɔrəstrʌk] *adj* → **horror-stricken**
horse [hɔːs] *s* 1. konj, at, parip, pastuh, ždrijebac; mužjak 2. konjaništvo, konjica, kavalerija 3. konj (gimnastička sprava) 4. stalak, kozlić | *fig* **you may take a ~ to the water, but you can't make him drink** silom se ne može sve postići; *mil* **light ~** lako naoružana konjica; ~ **artillery** konjička artiljerija; **to take ~** uzjahati; **to ~!** uzjaši!; *fig* **to flog a dead ~** uzalud trošiti trud; **you don't look a gift ~ in the mouth** poklonjenu konju ne gledaju

se zubi; **to mount (ride) the high ~** praviti se važan, dizati nos; *fig* **dark ~** stvar ili čovjek čije će se odlike tek otkriti; **to spur a willing ~** poticati bez potrebe; *fig* **the willing ~** voljan radnik; *fig* **to hold one's ~s** oklijevati, suzdržavati se; **to put the cart before the ~** izvrnuti redoslijed; uzeti posljedicu za uzrok; **to eat (work) like a ~** jesti (raditi) kao konj; *mar* **~ latitudes** pojas tišina (*spec* na Atlantskom oceanu); **to play ~ with a p** grubo postupati s kim; **a ~ of another colour** nešto sasvim drugo; *mil* **~ and foot** konjica i pješadija; *fig* svim silama; *fig* **straight from the ~'s mouth** iz prve ruke; **the Horse Guards** (engleska) konjička garda; *US* **~ opera** trećerazredni kaubojski film

horse-back [ˈhɔːsbæk] *s* | **on ~** (jašući) na konju; **to be (to go) on ~** jahati; **to get on ~** uzjahati

horse-bean [ˈhɔːsbiːn] *s bot* bob

horse-block [ˈhɔːsblɔk] *s* klupica za uzjahivanje konja

horsebox [ˈhɔːsbɔks] *s* kola, vagon za prijevoz konja; prostor na brodu određen za konje

horse-breaker [ˈhɔːsˌbreikə] *s* čovjek koji ujahuje konje

horse-chestnut [ˌhɔːsˈtʃestnʌt] *s bot* divlji kesten

horse-cloth [ˈhɔːsklɔθ] *s* konjski pokrivač

horse-collar [ˈhɔːsˌkɔlə] *s* ham, komut

horse-comb [ˈhɔːskəum] *s* češagija

horse-coper [ˈhɔːsˌkəupə] *s* (nepošten) trgovac konjima

horse-dealer [ˈhɔːsˌdiːlə] *s* trgovac konjima

horse-doctor [ˈhɔːsˌdɔktə] *s coll* potkivač; veterinar

horse-flesh [ˈhɔːsfleʃ] *s* 1. konjsko meso, konjetina 2. konji

horse-fly [ˈhɔːsflai] *s ent* obad

horse-hair [ˈhɔːsheə] *s* konjska struna

horse-laugh [ˈhɔːslaːf] *s* grub i glasan smijeh; grohot

horseman [ˈhɔːsmən] *s* jahač, konjanik

horsemanship [ˈhɔːsmənʃip] *s* jahanje, jahačka vještina

horse-marines [ˈhɔːsməˌriːnz] *s pl joc* mornarska konjica | **tell that to the ~** pričaj ti to svojoj babi

horse-meat [ˈhɔːsmiːt] *s* → **horse-flesh**

horse-play [ˈhɔːsplei] *s* gruba, neslana, surova šala; bučna igra

horse-pond [ˈhɔːspɔnd] *s* konjsko pojilo

horsepower [ˈhɔːsˌpauə] *s tech* konjska sila

horserace [ˈhɔːsreis] *s* konjska trka

horseracing [ˈhɔːsˌreisiŋ] *s* konjske trke

horseradish [ˈhɔːsˌrædiʃ] *s bot* hren

horse-sense [ˈhɔːssens] *s* zdrav razbor

horseshoe [ˈhɔːʃʃuː] *s* potkova

horse-tail [ˈhɔːsteil] *s bot* preslica

horse-whip [ˈhɔːswip] *s* bič za konje

horse-whip [ˈhɔːswip] *vt* bičevati koga konjskim bičem

horse-woman [ˈhɔːsˌwumən] *s* jahačica

horsy [ˈhɔːsi] *adj* (**horsily** *adv*) koji se tiče konja ili konjskih trka; koji voli konje ili konjske trke, koji se odijeva i ponaša kao džokej; konjušnički

hortative [ˈhɔːtətiv] *adj* koji opominje

hortatory [ˈhɔːtətəri] *adj* → **hortative**

horticultural [ˌhɔːtiˈkʌltʃərəl] *adj* vrtlarski

horticulture [ˈhɔːtikʌltʃə] *s* vrtlarstvo

horticulturist [ˌhɔːtiˈkʌltʃərist] *s* vrtlar, onaj koji se bavi vrtlarstvom

hortus siccus [ˈhɔːtəsˈsikəs] *s* herbarij

hosanna [həuˈzænə] *s bibl* hosana, povik obožavanja

hose[1] [həuz] *s pl hist* duge čarape, triko; *com* čarape

hose[2] [həuz] *s* cijev, crijevo za polijevanje

hose [həuz] *vt* polijevati, zalijevati (šmrkom); (o)prati šmrkom (*down*)

hose-pipe [ˈhəuzpaip] *s* cijev za polijevanje, šmrk

hose-reel [ˈhəuzriːl] *s* vitao za namotavanje cijevi za polijevanje

hosier [ˈhəuʒə] *s* trgovac čarapama i pletenom robom

hosiery [ˈhəuʒəri] *s* trgovina čarapama, pletenom robom; *com* čarape i pletena roba; tvornica čarapa, pletene robe

hospice [ˈhɔspis] *s* konačište (*spec* u samostanu); dom za stare ili nemoćne

hospitable [ˈhɔspitəbl] *adj* (**hospitably** *adv*) gostoljubiv

hospital [ˈhɔspitl] *s* bolnica; *mil* lazaret | **~ nurse** bolničarka; **Hospital Sunday** nedjelja kad se skupljaju prilozi za bolnice; **~ fever** groznica koja je nekad harala u pretrpanim bolnicama

hospitality [ˌhɔspiˈtæləti] *s* gostoljubivost

hospitalize [ˈhɔspitəlaiz] *vt* smjestiti u bolnicu, liječiti u bolnici

hospitalization [ˈhɔspitəlaiˈzeiʃn] *s* bolničko liječenje

hospital-ship [ˈhɔspitəlʃip] *s* bolnički brod

hospital-train [ˈhɔspitəltrein] *s* bolnički vlak

hoss [hɔs] *s coll* konj

host[1] [həust] *s poet* 1. vojska 2. množina, mnoštvo, gomila, sva sila | **he is a ~ in himself** on sam vrijedi koliko stotinu drugih; *rel* **Lord of Hosts** gospodar nebeskih vojski; **~ of heaven** Sunce, Mjesec i zvijezde; anđeli

host[2] [həust] *s* gostoprimac, domaćin; gazda, gostioničar, krčmar; *biol* domar | *fig* **to reckon without one's ~** praviti račun bez krčmara

Host[3] [həust] *s eccl* hostija

hostage [ˈhɔstidʒ] *s* talac | **to give ~s to fortune** nerazboritim postupkom riskirati gubitak ili nevolju u budućnosti

hostel [ˈhɔstl] *s* prenoćište; *univ* studentski dom | **youth ~** omladinsko prenoćište

hosteler [ˈhɔstələ] *s* onaj tko putuje od prenoćišta do prenoćišta; student koji stanuje u studentskom domu
hostelry [ˈhɔstəlri] *s* gostionica; hotel
hostess [ˈhəustis] *s* domaćica; gazdarica; gostioničarka, krčmarica
hostile [ˈhɔstail] *adj* (**~ly** *adv*) neprijateljski (raspoložen)
hostility [hɔsˈtiləti] *s* neprijateljstvo | **hostilities** *pl* rat; neprijateljstva
hostler [ˈɔslə] *s* konjušar (u gostionici)
hot [hɔt] *adj* 1. vruć, žarki 2. oštar, papren, ljut (jelo) 3. žarki, vatren, strastven, žestok, gorljiv 4. (još) topao, svjež (trag) 5. još topao, tek dogotovljen; *fig* najnoviji, upravo objavljen (vijest) 6. živo željan (*on*) 7. (ukraden predmet) (pre)opasan (jer ga policija može pronaći) 8. *mus* pun snažnih ritmova, improvizacija i sinkopa 9. radio-aktivan | **~ and ~** još sasvim vruće, izravno s vatre (jelo); **to make a place too ~ for a p** učiniti komu tlo pod nogama vrućim; **~ air** vrući zrak; *fig* besmislen govor, prazno blebetanje, prazna slama; **~ and strong** žestok; *sl* **~ stuff** sjajna stvar; silan momak; škakljiva stvar; *coll* **~ water** neprilika, nevolja, nezgodan položaj; **~ well** vruć izvor, rezervoar u kondenznom parnom stroju; **to get ~ (over a th)** uzbuditi se, uzrujati se, raspaliti se; **it goes like ~ cakes** to se prodaje kao halva; **he dropped it like a ~ potato** ispustio je to iz ruke kao užarenu tavu; **you are getting ~** blizu ste cilju, pogotku; vruće, vruće!; *fig* **to be (get) ~ under the collar** uzbuditi se, raspaliti se; **I am ~** vruće mi je; **~ blood** uzbuđenje, afekt; **to be ~ on the trail of a p (on a p's tracks)** biti komu tik za petama; **~ dog** vruće hrenovke u žemlji ili između dvije kriške kruha; *coll* **~ gospeller** gorljiv (putujući) propovjednik evanđelja; **~ line** direktna (telefonska ili teleprinterska) veza između šefova vlada; *fin* **~ money** kratkoročna novčana sredstva koja špekulanti prebacuju iz jednog financijskog centra u drugi da bi ih osigurali i postigli visoku kamatnu stopu; **~ news** najnovija (*spec* senzacionalna) vijest; **~ pants** vrlo kratke ženske hlačice; *fig coll* **~ potato** neugodan problem, škakljiva stvar; *US sl mot* **~ rod** auto s pojačanim motorom; *fig* **~ seat** silno neugodan položaj; **the ~ seat** električna stolica
hot [hɔt] *adv* vruće, snažno, žestoko | **~ on the heels** u stopu (za kim), (kome) za petama; *fig* **to blow ~ and cold** ići iz jedne krajnosti u drugu; **give it him ~** dobro mu operi glavu, izgrdi ga valjano
hot up [ˈhɔtˈʌp] *vt/i coll* zagrija(va)ti; pojačati brzinu (automobilu, brodu); *fig* postati uzbudljiviji, zahuktati se
hotbed [ˈhɔtbed] *s* klijalište; *fig* žarište, leglo, rasadište
hot-blooded [ˌhɔtˈblʌdid] *adj* žarki, strastven, vatren
hot-brained [ˌhɔtˈbreind] *adj* usijane glave
hotchpotch [ˈhɔtʃpɔtʃ] *s* zbrka, mišmaš; *cul* pirjano meso s povrćem, »lonac«
hotel [həuˈtel] *s* hotel; svratište
hotelier [həuˈteliei] *s* hotelijer(ka)
hotfoot [ˈhɔtfut] *adv* žustro; u velikoj žurbi
hotfoot [ˈhɔtfut] *vi US* (po)žuriti se, pohitati, odjuriti, pojuriti
hothead [ˈhɔthed] *s fig* usijana glava
hot-headed [ˌhɔtˈhedid] *adj* naprasit, nagao, usijane glave
hothouse [ˈhɔthaus] *s* staklenik; *tech* sušionica
hotly [ˈhɔtli] *adv* vruće; *fig* vatreno, uzbuđeno, žestoko, gorljivo
hotness [ˈhɔtnis] *s* vrućina, žar (& *fig*); žestina, ljutina; oštrina, ljutost (na okus)
hotplate [ˈhɔtpleit] *s* žarna ploča za kuhanje ili zagrijavanje jela
hot-pot [ˈhɔtpɔt] *s* meso pečeno s krumpirom
hotspur [ˈhɔtspəː] *s* usijana glava, napržica
hotspur [ˈhɔtspəː] *adj* naprasit, neobuzdan, plahovit, nagao
hot-tempered [ˌhɔtˈtempəd] *adj* nagao, lako raspaljiv
hot-water bottle [ˌhɔtˈwɔːtəˌbɔtl] *s* (i *hot-water bag*) grijalica (za postelju), termofor
hound [haund] *s* (lovački) pas, gonič, pas tragač; *fig* pas, hulja, podlac | **to follow the ~s, to ride to ~s** loviti (jašući) psima goničima; **Master of Hounds** vrhovni lovnik; **hare and ~s → paper-chase**
hound [haund] *vt* loviti, goniti psima; *fig* tjerati, goniti, proganjati
hound on [ˈhaundˈɔn] *vt* huckati, podjarivati
hound's tongue [ˈhaundztʌŋ] *s bot* trpunjac, pasji jezik
hour [ˈauə] *s* sat, ura; puni sat; vrijeme, čas; doba | **at the eleventh ~** u dvanaesti sat, u posljednji čas; **(office) ~s** radno vrijeme; *eccl* **~s** molitve koje se mole u određeno vrijeme; **after ~s** nakon završetka radnog vremena; **out of ~s** izvan redovitog radnog vremena; **in the small ~s** u sitne sate; **the question of the ~** (najvažnije) pitanje ovog časa; **in a good (evil) ~** u dobar (zao) čas; **to keep good (late) ~s** rano (kasno) ustajati i lijegati; **the hero of the ~** junak dana; **to ask the ~** pitati koliko je sati; **by the ~** na sat, po satu; **the ~ and the man** pravi čovjek u pravom času; **at an early ~** rano; **at all ~s (of the day and night)** u svako doba (dana i noći), neprestano; **~ hand** kazaljka na satu koja pokazuje sate

hour-angle [ˈauərˌæŋgl] *s astr* śatni ugao (kut)

hour-circle [ˈauəˌsəːkl] *s astr* deklinacijski krug, satni krug

hourglass [ˈauəglaːs] *s* pješčani sat, pješčana ura

houri [ˈhuəri] *s* hurija, rajska djevica (u muslimanskom raju)

hourly [ˈauəli] *adj* koji se zbiva svakog sata; stalan, neprestan

hourly [ˈauəli] *adv* svakog sata, jedanput na sat; svaki čas

house [haus] *s* 1. kuća; dom; stan 2. domaćinstvo, kućanstvo 3. obitelj, rod, loza, dinastija; *com* poduzeće, tvrtka 4. *theat* slušateljstvo, publika; predstava 5. koledž | **summer ~** ljetnikovac; **the House of God** crkva, hram; **public ~** gostionica; *univ* **the House** koledž (osobito Christ Church u Oxfordu); *coll GB* londonska burza; Donji dom; Gornji dom; **to enter the House** postati član parlamenta; *parl* **the House of Commons** engl. Donji dom; *parl* **the House of Lords** engl. Gornji dom; *US* **the House of Representatives** Donji dom Kongresa; **the Houses of Parliament** engleski parlament (Gornji i Donji dom); **full ~** puno kazalište, rasprodana predstava; **the House of Windsor** kuća Windsor (engleska kraljevska porodica); **~ arrest** kućni zatvor; **on the ~** na trošak poduzeća, ustanove; **~ of call** konačište, prenoćište; sastajalište za sklapanje poslova i dr.; **~ of correction** popravilište; **~ of ill fame** javna kuća; **~ and home** kuća i kućište; *fig* **~ of cards** kuća od karata; *theat* **to bring down the ~** oduševiti slušateljstvo; **to keep ~** voditi kućanstvo; **to keep open ~** biti veoma gostoljubiv; **to keep a good ~** pružati dobru hranu i udobnost; **to keep the ~** ne izlaziti iz kuće; **to get on like a ~ on fire** brzo se složiti, sprijateljiti; **disorderly ~** kuća na zlu glasu (javna kuća, kartašnica); **as safe as a ~** sasvim siguran, sasvim pouzdan; *fig* **to set (put) one's ~ in order** urediti svoje stvari, napraviti reda u svojim poslovima; **~ agent** posrednik za prodaju i najam nekretnina; **~ physician (surgeon)** liječnik (kirurg) koji stanuje u bolnici

house [hauz] *vt/i* **I.** *vt* 1. primiti koga (što) u kuću, spremiti pod krov, uzeti na stan; opskrbiti kućom, smjestiti 2. *mar* staviti u siguran položaj, pričvrstiti **II.** *vi* stanovati, prebivati

house-bills [ˈhausbilz] *s pl com* vlastiti akcepti (prihvaćene mjenice)

houseboat [ˈhausbəut] *s* čamac za stanovanje

housebound [ˈhausbaund] *adj* vezan za kuću, prikovan uz kuću (zbog slaba zdravlja)

housebreaker [ˈhausˌbreikə] *s* 1. provalnik 2. čovjek koji se bavi rušenjem starih kuća

housebroken [ˈhausˌbrəukn] *adj* → **house-trained**

house-check [ˈhaustʃek] *s* (kućna) premetačina

housecoat [ˈhauskəut] *s* (ženski) kućni ogrtač

housecraft [ˈhauskraft] *s* kućanstvo, domaćinstvo; vođenje kućanstva

housedog [ˈhausdɔg] *s* pas čuvar

housefather [ˈhausˌfaːðə] glavar dječjeg doma, internata

house-flag [ˈhausflæg] *s* zastava brodovlasnika

housefly [ˈhausflai] *s* sobna muha

houseful [ˈhausful] *s* puna kuća

household [ˈhaushəuld] *s* ukućani, obitelj; kućanstvo; gospodarstvo | **~ troops** tjelesna straža, garda; **~ word** uobičajena, svakidašnja riječ ili ime; **~ expenses** troškovi kućanstva; **~ coal** ugljen za kućanstvo; **~ effects** kućne potrepštine, predmeti za kućanstvo

householder [ˈhausˌhəuldə] *s* kućevlasnik; kućegazda, starješina kućanstva; čovjek koji stanuje u vlastitoj ili unajmljenoj kući

housekeeper [ˈhausˌkiːpə] *s* domaćica, kućanica, gazdarica; nadstojnica (kuće)

housekeeping [ˈhausˌkiːpiŋ] *s* gospodarstvo; vođenje kućanstva

houseless [ˈhauslis] *adj* bez kuće

houselights [ˈhauslaits] *s pl* svjetla u gledalištu (kazališta), u dvorani (kina)

housemaid [ˈhausmeid] *s* sobarica

housemaid's knee [ˈhausmeidzˈniː] *s* upala ivera u koljenu (od mnogog klečanja)

housemaster [ˈhausˌmaːstə] *s* nadstojnik internata, đačkog doma

house-place [ˈhauspleis] *s* dnevna soba u ladanjskoj kući

house-rent [ˈhausrent] *s* stanarina, najamnina

house-room [ˈhausrum] *s* prostor u kući | **I would not give it ~** ne bih to primio niti kao dar; **to give a p ~** primiti koga u kuću

housetop [ˈhaustɔp] *s* vrh kuće, krov | *fig* **to proclaim (publish, cry) sth from the ~s** javno proglasiti, govoriti na sva usta (o čemu); razbubnjati

house-trained [ˈhaustreind] *adj* tako dresiran da se može držati u kući (pas itd.)

house-warming [ˈhausˌwɔːmiŋ] *s* proslava useljenja u kuću

housewife [ˈhauswaif] *s* domaćica, kućanica, gospodarica, gazdarica

housewife [ˈhʌzif] *s* kutija sa šivaćim priborom (igle, konac itd.)

housewifely [ˈhauswaifli] *adj* kućanički, kućanski; kućevan

housewifery [ˈhauswifəri] *s* kućanstvo, vođenje kućanstva, kućanski poslovi

housework ['hauswə:k] *s* kućni posao
housewrecker ['haus,rekə] *s US* čovjek koji se bavi rušenjem starih kuća
housing[1] ['hauziŋ] *s* 1. stan(ovi), stanovanje, stambeni prostor; *com* uskladištenje | ~ **problem** stambeni problem; ~ **estate** planski izgrađena stambena četvrt, mikrorajon
housing[2] ['hauziŋ] *s* ukrašen pokrivač ispod sedla
hove [həuv] *pret* & *pp* od **heave**
hovel ['hɔvl] *s* suša, šupa; koliba, čatrlja
hoveller ['hɔvlə] *s* barkar koji obavlja prigodne poslove
hover ['hɔvə] *vi* lebdjeti; vrsti se (oko); *fig* oklijevati
hovercraft ['hɔvəkra:ft] *s* vozilo koje lebdi na jastuku komprimiranog zraka, lebdjelica
how [hau] *adv* kako; na koji način; koliko | ~'s **that**? odakle to?, što to znači?, a kako bi to bilo?, što mislite o ovome?; ~**many**?, ~ **much**? koliko?; **and** ~! i te kako!; ~ **are you**? kako ste?; ~ **do you do**? pozdrav (*spec* pri upoznavanju, predstavljanju); ~ **about**... kako bi bilo da...?; *coll* ~ **come**? kako to?; ~ **so**? kako (to)?, zašto tako?; ~ **large a room** kakva velika soba; ~ **well he looks** što on dobro izgleda
how [hau] *s* način, sredstvo | **the** ~ način; **the** ~**s and whys** kako i zašto
howbeit ['hau'bi:it] *adv arch* kako bilo da bilo, bilo kako mu drago, uza sve to
howdah ['haudə] *s* sjedalo na slonovim leđima
however [hau'evə] *adv* ma kako, ma koliko; kako god, koliko god | ~ **rich** koliko god bogat; ~ **he may try** ma koliko pokušavao
however [hau'evə] *conj* ipak; međutim
howitzer ['hauitsə] *s mil* haubica
howl [haul] *s* urlanje, zavijanje, tuljenje, urlanje, urlikanje, jauk(anje)
howl [haul] *vi/t* zavijati, (za)tuliti, url(ik)ati, zaurlati; vikati; jaukati, zajaukati | **to** ~ **down a speaker** ušutkati govornika vikom, grajom
howler ['haulə] *s* 1. *zool* majmun urlikavac 2. narikača 3. glupa i smiješna pogreška
howlet ['haulit] *s ornith* mlada ili mala sova
howling ['hauliŋ] *adj* koji urla, tuli, zavija, jauče; *sl* strašan, užasan, krajnji
howsoever [,hausəu'evə] *adv arch* ma kako, ma koliko
hoy [hɔi] *interj* hej!, stoj!
hoya ['hɔiə] *s bot* pepeljuša, voska
hoyden ['hɔidn] *s* neobuzdana, vragolasta, nestašna djevojka; divljakuša
hoydenish ['hɔidəniʃ] *adj* neobuzdan, vragolast, nestašan
hub[1] [hʌb] *s* glavčina kotača; *fig* stožer; središte | ~ **of the universe** središte svemira
hub[2] [hʌb] *s coll* muž, suprug (skraćenica od *husband*)
hubble-bubble ['hʌbl.bʌbl] *s* 1. vrsta nargile 2. šum, žubor, bućkanje; mrmor, žagor
hubbub ['hʌbʌb] *s* žagor, buka, graja, galama; zbrka, metež
hubby ['hʌbi] *coll* muž, suprug (skraćenica od *husband*)
hubris ['hju:bris] *s* oholost, nadutost
huckaback ['hʌkəbæk] *s* vrsta grubog platna s ispupčenim šarama (za ručnike)
huckle ['hʌkl] *s* bedro, bok
huckleberry ['hʌklbəri] *s bot* američka borovnica
huckle-bone ['hʌklbəun] *s anat* 1. bedrena kost 2. gležanj
huckster ['hʌkstə] *s* pokućarac, piljar, torbar; onaj koji organizira i režira trgovačke reklame na radiju i televiziji
huckster ['hʌkstə] *vi/t* pogađati se, cjenkati se; kućariti, torbariti (čime); preprodavati, trgovati
hud [hʌd] *s* ljuska, lupina
huddle ['hʌdl] *s* zbrka, nered, metež, gužva | *coll* **to be in (to go into) a** ~ sastati se, okupiti se (radi dogovora)
huddle ['hʌdl] *vt/i* **I.** *vt* nabacati, nagomilati (*together, up*); *fig* obaviti na brzinu i nemarno; pobacati, ugurati (*into* u); prebaciti (odjeću) (*on*) **II.** *vi* stisnuti se, šćućuriti se, privinuti se (*up, against*)
huddle up ['hʌdl'ʌp] *vt/i* **I.** *vt* izvršiti na brzinu i površno, sprtljati **II.** *vi* stisnuti se, privinuti se (*against* uz)
hue[1] [hju:] *s* boja, nijansa
hue[2] [hju:] *s* | ~ **and cry** hajka, gonjenje s vikom; *fig* galama, graja, sveopća vika
hued [hju:d] *adj* obojen
huff [hʌf] *s* zlovolja, ljutina, napadaj srdžbe
huff [hʌf] *vt/i* **I.** *vt* 1. grubo napasti; grubim postupkom natjerati (*into* na); grubo istjerati (*out of*) **II.** *vi* puhati, duhati; (raz)ljutiti se, razbjesniti se, mrgoditi se, naći se uvrijeđen
huffish ['hʌfiʃ] *adj* (~**ly** *adv*) ljut, bijesan, nakostrušen; uvredljiv, razdražljiv
huffy ['hʌfi] *adj* (**huffily** *adv*) → **huffish**
hug [hʌg] *s* zagrljaj, obuhvaćanje
hug [hʌg] *vt* (za)grliti, obujmiti, privijati uza se; prianjati uza što, čvrsto se držati (čega); *mar* držati se (obale) | **to** ~ **oneself** čestitati sebi (*over* na čemu), biti zadovoljan sobom; *fig* **to** ~ **one's chains** više voljeti ropstvo od slobode
huge [hju:dʒ] *adj* (~**ly** *adv*) golem, ogroman, silan, divovski
hugely ['hju:dʒli] *adv* silno, vrlo mnogo
hugger-mugger ['hʌgə,mʌgə] *s* tajnost, potaja, tajna; zbrka, metež
hugger-mugger ['hʌgə,mʌgə] *adj* potajan; zbrkan

hugger-mugger ['hʌgə,mʌgə] *adv* tajno, kradom, krišom; zbrkano, kako god
Huguenot ['hju:gənɔt] *s hist* hugenot (francuski protestant)
hula ['hu:lə] *s* ples havajskih domorodaca
hulk [hʌlk] *s* raspremljen brod (koji služi kao skladište); *fig* klada, krupan nespretan čovjek
hulking ['hʌlkiŋ] *adj* krupan, glomazan, nespretan
hull[1] [hʌl] *s* ljuska, lupina, komuška
hull [hʌl] *vt* ljuštiti, komušati
hull[2] [hʌl] *s mar* trup (broda) | *mar* ~ **down** gotovo ispod horizonta; *mil* kojemu se vidi samo topovska kula
hullabaloo [,hʌləbə'lu:] *s* metež, graja, urnebes
huller ['hʌlə] *s tech* ljuštilica
hullo (hulloa) [hə'ləu] *interj* (*spec teleph*) halo!, hej!
hum[1] [hʌm] *s* mrmor, žamor; brujanje; zujanje, zuka
hum [hʌm] *vi/t* **I.** *vi* zujati, brujiti, mumljati; pjevuckati; *fig coll* biti u stanju živahne djelatnosti; *sl* zaudarati, smrditi **II.** *vt* pjevuckati, mumljati | *coll* **to ~ and haw** zapinjati u govoru, zamuckivati; **to make things ~** pokrenuti što
hum[2] [hʌm] *s sl* prijevara, sljeparija
hum [hʌm] *interj* hm!
human ['hju:mən] *adj* (**~ly** *adv*) ljudski, čovječji, čovječanski; čovječan, human
human ['hju:mən] *s hum* ljudsko biće
humane [hju'mein] *adj* (**~ly** *adv*) human, čovječan, čovjekoljubiv, samilostan | **~ learning** humanistička naobrazba; **~ killer** sredstvo za bezbolno ubijanje životinja
humaneness [hju'meinnis] *s* humanost, čovječnost
humanism ['hju:mənizəm] *s* 1. čovječnost 2. *hist* humanizam 3. klasična naobrazba
humanist ['hju:mənist] *s* 1. onaj tko proučava ljudsku prirodu i ljudske probleme 2. *hist* humanist 3. onaj tko se bavi studijem grčko-rimske književnosti i starina
humanistic [,hju:mə'nistik] *adj* humanistički
humanitarian [hju:,mæni'tɛəriən] *s* čovjekoljubac, filantrop
humanitarian [hju:,mæni'tɛəriən] *adj* čovjekoljubiv
humanitarianism [hju:,mæni'tɛəriənizəm] *s* čovjekoljubivost, filantropija
humanity [hju:'mænəti] *s* 1. ljudska priroda 2. čovječanstvo, ljudstvo 3. čovječnost | **humanities** *pl* čovjekoljubiva djela; ljudske značajke; **the humanities** klasični jezici i književnost; humanističke znanosti
humanization [,hju:mənai'zeiʃn] *s* počovječenje, davanje ljudskog oblika, predočivanje u ljudskom obliku, humanizacija; obrazovanje, prosvjećivanje
humanize ['hju:mənaiz] *vt/i* **I.** *vt* učiniti ljudskim, čovječnim, humanizirati; prosvijetiti, uljuditi, civilizirati **II.** *vi* postati ljudski, čovječan, civiliziran, uljuditi se
humankind [,hju:mən'kaind] *s* čovječanstvo, ljudski rod
humanly ['hju:mənli] *adv* čovječno; na čovječan način | **~ possible** što je u ljudskoj moći
humble ['hʌmbl] *adj* (**humbly** *adv*) čedan, skroman; smjeran, skrušen, ponizan | **to eat ~ pie** ponizno moliti za oprost, poniziti se; **my ~ self** moja malenkost
humble ['hʌmbl] *vt* poniziti
humble-bee ['hʌmblbi:] *s ent* bumbar
humbleness ['hʌmblnis] *s* čednost, skromnost; smjernost, skrušenost, poniznost
humbug ['hʌmbʌg] *s* prijevara, sljeparija; varalica, sljepar, šarlatan; glupost, besmislica
humbug ['hʌmbʌg] *vt* varati, prevariti, prijevarom namamiti, natociljati
humdinger [hʌm'diŋə] *s US sl* sjajna stvar; silan momak
humdrum ['hʌmdrʌm] *adj* običan, svakidanji, jednoličan, dosadan
humdrum ['hʌmdrʌm] *s* svagdašnjost, jednoličnost, dosada
humeral ['hju:mərəl] *adj anat* nadlaktični, koji pripada nadlaktici; rameni
humerus ['hju:mərəs] *s anat* nadlaktična kost, nadlaktica
humid ['hju:mid] *adj* vlažan, mokar
humidify [hju:'midifai] *vt* navlažiti, smočiti, pokvasiti
humidity [hju:'midəti] *s* vlaga, mokrina
humiliate [hju:'milieit] *vt* poniziti, posramiti
humiliating [hju:'milieitiŋ] *adj* ponizujući
humiliation [hju:'mili'eiʃn] *s* poniženje
humility [hju'militi] *s* poniznost
humming ['hʌmiŋ] *adj sl* snažan, jak | **a ~ blow** snažan udarac; **a ~ knock on the head** silan udarac po glavi
humming ['hʌmiŋ] *s* zujanje, brujanje
hummingbird ['hʌmiŋbə:d] *s ornith* kolibrić
humming-top ['hʌmiŋtɔp] *s* zvrk
hummock ['hʌmək] *s* brežuljak, humak, kupa; izbočina, greben (na ledenoj poljani)
hummocky ['hʌməki] *adj* brežuljkast, humovit; pun izbočina, grebenast
humoresque [,hju:mə'resk] *s mus* humoreska
humorist ['hju:mərist] *s* šaljivac, komičar, humorist
humoristic ['hju:mə'ristik] *adj* šaljiv, komičan, humoristički
humorous ['hju:mərəs] *adj* (**~ly** *adv*) pun humora, šaljiv, komičan
humo(u)r ['hju:mə] *s* 1. *arch* tjelesni sok 2. raspoloženje, volja; temperament 3.

šala, humor; šaljivost, smiješnost | **good (ill)** ~ dobro (loše) raspoloženje; **in the** ~ **for** raspoložen za; **out of** ~ neraspoložen

humo(u)r [ˈhjuːmə] *vt* ugađati, ugoditi (komu), pristati na čije želje; popuštati (komu), udobrovoljiti, udobrovoljavati

humo(u)red [ˈhjuːməd] *adj* raspoložen

humo(u)rless [ˈhjuːməlis] *adj* bez humora, bez smisla za šalu

humo(u)rsome [ˈhjuːməsəm] *adj* (**~ly** *adv*) mušičav, hirovit, kapriciozan

hump [hʌmp] *s* grba; izbočina; humak; *sl* loše raspoloženje, mrzovolja, zlovolja | **it gives me the** ~ to me ozlovoljuje

hump [hʌmp] *vt* učiniti grbavim, zgrbiti, nagrbiti, svinuti (*up*); *sl* ljutiti, ozlovoljiti, ozlojediti

humpback [ˈhʌmpbæk] *s* grbavac, guravac

humpbacked [ˈhʌmpbækt] *adj* grbav, gurav

humped [hʌmpt] *adj* grbav, gurav

humph [m̩m] *interj* hm!, pf!

humph [m̩m] *vi* reći »hm« ili »pf«

humpty-dumpty [ˌhʌmtiˈdʌmti] *s* mala, debela osoba, debeljko

humpy [ˈhʌmpi] *adj* grbav, gurav; pun grba, neravan (cesta)

humus [ˈhjuːməs] *s Lat* humus, crnica (zemlja)

Hun [hʌn] *s hist* Hun; *fig* divljak, barbar; *sl* njemački vojnik, Nijemac

hunch [hʌntʃ] *s* 1. grba, gura, izraslina, izbočina 2. debeo komad, komadina 3. *US sl* slutnja, predosjećaj | **to have a** ~ slutiti

hunch [hʌntʃ] *vt* svinuti, svijati, zgrbiti; (na)grbiti

hunch-back [ˈhʌntʃbæk] *s* grbavac, guravac

hunchbacked [ˈhʌntʃbækt] *adj* grbav, gurav

hundred [ˈhʌndrəd] *s* 1. sto; stotina 2. *hist* okrug, kotar | **~s and ~s** (na) stotine i stotine; **~s upon ~s** stotine za stotinama; **great (long)** ~ sto i dvadeset

hundred [ˈhʌndrəd] *adj* sto, stotina | **to have a** ~ **things to do** imati svu silu poslova; **a** ~ **and one things** mnoštvo stvari

hundredfold [ˈhʌndrədfəuld] *adj* stostruk

hundredth [ˈhʌndrədθ] *adj* stoti

hundredth [ˈhʌndrədθ] *s* stoti dio, stotnina, stotinka

hundredweight [ˈhʌndrədweit] *s* engleska centa (= 50,8 kg)

hung [hʌŋ] *pret & pp* od **hang**

Hungarian [hʌŋˈgɛəriən] *adj* mađarski

Hungarian [hʌŋˈgɛəriən] *s* Mađar(ica); mađarski jezik

hunger [ˈhʌŋgə] *s* glad (i *fig*); *fig* silna želja (*for* za čim) | ~ **is the best sauce** glad je najbolji začin

hunger [ˈhʌŋgə] *vi* biti gladan, gladovati; *fig* čeznuti, žudjeti, hlepiti (*for, after* za čim)

hunger-strike [ˈhʌŋgəstraik] *s* štrajk glađu | **to be on (a)** ~ štrajkati glađu; **to go on (a)** ~ stupiti u štrajk glađu

hungry [ˈhʌŋgri] *adj* (**hungrily** *adv*) 1. gladan, izgladnio; koji izaziva glad 2. neplodan (tlo) 3. *fig* željan, pohlepan (*for*) | ~ **as a hunter** gladan kao vuk; **to go** ~ gladovati; **the** ~ **forties** glad (u dijelovima Vel. Britanije i Irske 1840 —1846)

hunk [hʌŋk] *s* velik, debeo komad, komadina

hunkers [ˈhʌŋkəz] *s pl coll* stegna, bedra | **on one's** ~ čučeći, čučećke

hunks [hʌŋks] *s sl* stari škrtac, tvrdica

hunky(-dory) [ˈhʌŋki(-dəuri)] *adj US sl* k'o po loju, prima

Hunnish [ˈhʌniʃ] *adj hist* hunski; *fig* barbarski, divljački

hunt [hʌnt] *s* 1. lov, lovljenje, hajka (& *fig*); potraga 2. lovačko društvo (koje lovi na konjima i sa psima); lovište takva društva | ~ **ball** lovački ples; **on the** ~ **for** u lovu na, u potrazi za

hunt [hʌnt] *vt/i* **I.** *vt* 1. loviti, goniti, tjerati, hajkati; protjerati, istjerati; proganjati 2. loviti (u nekom predjelu); voditi (konja, pse) u lov **II.** *vi* 1. ići u lov, biti u lovu, loviti 2. uporno tražiti 3. oscilirati (stroj), ići na mahove | **to** ~ **high and low** posvuda tražiti, sve prekopati

hunt after [ˈhʌntˈɑːftə] *vi* biti u lovu za kim ili čim

hunt down [ˈhʌntˈdaun] *vt* hajkati, tjerati, goniti dok nije uhvaćena (divljač ili osoba)

hunt for [ˈhʌntˈfɔː] *vi* loviti, tražiti (& *fig*) | **to** ~ **a job** tražiti namještenje

hunt out [ˈhʌntˈaut] *vt* tražiti, kopati (za čim); iskopati, pronaći, iščeprkati

hunt up [ˈhʌntˈʌp] *vt* tražiti, kopati (za čim); pronaći, iščeprkati

hunter [ˈhʌntə] *s* 1. lovac 2. lovački konj 3. džepni sat (s metalnim poklopcem) | **fortune** ~ lovac na miraz

hunting [ˈhʌntiŋ] *s* lov, lovljenje; proganjanje

hunting-box [ˈhʌntiŋbɔks] *s* lovačka kućica

hunting-ground [ˈhʌntiŋgraund] *s* lovište (i *fig*)

hunting-horn [ˈhʌntiŋhɔːn] *s* lovački rog

huntress [ˈhʌntris] *s* žena lovac

huntsman [ˈhʌntsmən] *s* 1. lovac 2. čovjek koji upravlja psima (u lovu na konjima)

hurdle [ˈhəːdl] *s* 1. (privremena) ograda, pleter 2. *sport* prepona 3. *fig* zapreka

hurdle [ˈhəːdl] *vt/i* **I.** *vt* izrađivati ograde od pletera; ograditi pleterom, zatvoriti privremenom ogradom; *sport* preskočiti **II.** *vi* trčati preponsku trku; preskočiti

hurdler [ˈhəːdlə] *s* 1. radnik koji pravi ograde od pletera 2. *sport* trkač preko prepona

hurdle-race [ˈhəːdlreis] *s* trka s preponama
hurdy-gurdy [ˈhəːdiˌgəːdi] *s mus* orguljice
hurl [həːl] *s* bacanje sa zamahom
hurl [həːl] *vt* 1. snažno baciti, hitnuti, zavitlati; napasti (koga čim)
hurling [ˈhəːliŋ] *s sport* vrsta irske igre loptom
hurly-burly [ˈhəːliˌbəːli] *s* zbrka, metež, galama, urnebes
hurrah [huˈraː] *interj* hura!, živio!
hurrah [huˈraː] *vi/t* 1. klicati »hura«, »živio« 2. pozdraviti koga povicima »hura«, »živio«
hurray [huˈrei] *interj, s & vi/t* → **hurrah**
hurricane [ˈhʌrikən] *s* hurikan, žestoka oluja, vihor (& *fig*) | *mar* **~-deck** olujna paluba; **~ lamp (lantern)** zaštićeni fenjer (vrsta svjetiljke koja odolijeva oluji)
hurried [ˈhʌrid] *adj* žuran, obavljen na brzinu
hurry [ˈhʌri] *s* žurba, hitnja, naglost | **in a ~** u žurbi; *coll* **not in a ~** ne tako skoro; **to be in a ~** žuriti se; **is there any ~?** je li hitno?
hurry [ˈhʌri] *vt/i* **I.** *vt* 1. požurivati, tjerati, goniti, nagoniti (*into, along, on*) 2. brzo donijeti, dovesti, dopremiti; hitno otpremiti (*away*) 3. ubrza(va)ti, nagliti **II.** *vi* 1. žuriti (se), hitjeti, (po)žuriti (se) 2. odjuriti (*away, off*)
hurry up [ˈhʌriˈʌp] *vt/i* požurivati, natjerivati; požuriti se, pohitjeti
hurry-scurry [ˌhʌriˈskʌri] *adv* u divljoj žurbi, navrat-nanos
hurry-scurry [ˌhʌriˈskʌri] *s* divlja žurba
hurry-scurry [ˌhʌriˈskʌri] *vi* ludo se žuriti
hurt [həːt] *s* rana, ozljeda, povreda (& *fig*); bol; udarac
hurt [həːt] *vt/i* **I.** *vt* raniti, ozlijediti, povrijediti; boljeti; *fig* pozlijediti, pogoditi, vrijeđati, povrijediti; učiniti nažao; oštetiti, (na)škoditi (komu) **II.** *vi* zadavati bol, boljeti; škoditi | **my wound ~s** rana me peče; **my hand ~s** ruka me boli; **it won't ~** neće biti nikakva nevolja, neće biti štete (ako ...)
hurtful [ˈhəːtful] *adj* (**~ly** *adv*) škodljiv, štetan (*to* za)
hurtle [ˈhəːtl] *s* tresak, prasak, lomot, sraz
hurtle [ˈhəːtl] *vi* 1. sudariti se, sukobiti se 2. tresnuti (*against* o, na) 3. naglo se srušiti, (po)padati
husband [ˈhʌzbənd] *s* muž, suprug | **~'s tea** slab i hladan čaj; *arch* **good (bad) ~** dobar (loš) gospodar; *mar* **ship's ~** brodski agent
husband [ˈhʌzbənd] *vt* 1. štedljivo gospodariti (čime), štedjeti 2. *poet hum* uzeti za ženu
husbandly [ˈhʌzbəndli] *adj* supružnički, bračni | **~ duties** bračne dužnosti
husbandman [ˈhʌzbəndmən] *s arch* poljodjelac, ratar; gospodar
husbandry [ˈhʌzbəndri] *s* poljoprivreda, poljodjelstvo, ratarstvo; gospodarstvo, gospodarenje; štedljivost | **animal ~** stočarstvo; **crop ~** ratarstvo
hush [hʌʃ] *s* mir, tišina; tajac
hush [hʌʃ[*vt/i* **I.** *vt* 1. utišati, umiriti; ušutkati **II.** *vi* zašutjeti, umiriti se, utihnuti
hush up [ˈhʌʃˈʌp] *vt* zataškati, zabašuriti
hush [hʌʃ] *interj* pst!, tiho!
hush-boat [ˈhʌʃbəut] *s* naoružan brod maskiran kao ribarski ili trgovački da bi primamio njemačke podmornice (u prvom svjetskom ratu)
hush-hush [ˌhʌʃˈhʌʃ] *adj* potajan, tajanstven, misteriozan, o kome se šapće
hush-money [ˈhʌʃˌmʌni] *s* mito za šutnju, zataškavanje
husk [hʌsk] *s* ljuska, lupina, komuška; *fig* prazna ljuska
husk [hʌsk] *vt* (o)ljuštiti, komušati
huskiness [ˈhʌskinis] *s* promuklost, hrapavost
husky [ˈhʌski] *s* eskimski pas; Eskim(ka); eskimski jezik
husky [ˈhʌski] *adj* (**huskily** *adv*) 1. pun ljusaka, ljuskav; nalik na ljusku 2. hrapav, promukao, grub, mukli (glas) 3. *US sl* jak, snažan, čvrst
hussar [huˈzaː] *s* husar
Hussite [ˈhʌsait] *s* husit
hussy [ˈhʌsi] *s* 1. drska, neodgojena djevojka ili žena 2. žena sumnjiva značaja
hustings [ˈhʌstiŋz] *s pl* predizborne pripreme
hustle [ˈhʌsl] *vt/i* **I.** *vt* grubo gurnuti, (u)gurati; *fig* siliti, natjerati (*into* na) **II.** *vi* gurati se (*against* o); probijati se (*through*); (po)žuriti (se), hitjeti; *US coll* raditi brzo i energično | **to ~ a th through** provesti što na brzinu
hustle [ˈhʌsl] *s* 1. gužva, guranje, vreva 2. *US* energična radinost, aktivnost
hustler [ˈhʌslə] *s* onaj koji se gura; brz, energičan radnik
hut [hʌt] *s* koliba, kućica, kućerak; sklonište; *mil* baraka
hut [hʌt] *vt/i* **I.** *vt* smjestiti u kolibe ili barake **II.** *vi* stanovati u kolibama, barakama
hutch [hʌtʃ] *s* škrinja, sanduk; naćve, korito; *fam* koliba, kućica
hutch [hʌtʃ] *vt* pohraniti, spremiti (u škrinju, sanduk)
hutment [ˈhʌtmənt] *s mil* stanovanje, smještaj u barakama; logor s barakama
hutting [ˈhʌtiŋ] *s* materijal od koga se grade vojničke barake
huzza [huˈzaː] *interj* hura!
hyacinth [ˈhaiəsinθ] *s bot* 1. zumbul, hijacint 2. hijacint (vrsta dragog kamena)
hyacinthine [ˌhaiəˈsinθain] *adj* boje hijacinta
hyaena [haiˈiːnə] *s* → **hyena**

hybrid [ˈhaibrid] *s* mješanac, polutan; *zool* križanac; *bot* hibrid; *fig* riječ sastavljena od dijelova koji pripadaju različitim jezicima
hybrid [ˈhaibrid] *adj* hibridan, križan, miješana porijekla, raznorodan
hybridism [ˈhaibridizəm] *s* hibridizam, miješano porijeklo; miješanje, križanje
hybridity [haiˈbriditi] *s* hibriditet, polutanstvo
hybridization [ˌhaibridaiˈzeiʃn] *s* križanje, miješanje vrsta
hybridize [ˈhaibridaiz] *vt/i* **I.** *vt* križati, miješati (vrste) **II.** *vi* križati se, miješati se (životinje, biljke)
hydra [ˈhaidrə] *s* hidra, sedmoglava aždaja; *fig* zlo koje se teško da iskorijeniti
hydrangea [haiˈdreindʒə] *s bot* hortenzija
hydrant [ˈhaidrənt] *s* hidrant
hydrate [ˈhaidreit] *s chem* hidrat
hydrate [ˈhaidreit] *vt/i chem* hidrirati
hydration [haiˈdreiʃn] *s chem* hidracija
hydraulic [haiˈdrɔːlik] *adj* (**~ally** *adv*) hidraulički
hydraulics [haiˈdrɔːliks] *s pl* hidraulika
hydric [ˈhaidrik] *adj* hidrički
hydro [ˈhaidrəu] *s coll abbr* hidropatsko lječilište
hydroaeroplane [ˌhaidrəuˈɛərəplein] *s aero* hidroplan
hydrocarbon [ˌhaidrəuˈkaːbən] *s chem* ugljikovodik
hydrochloric [ˌhaidrəuˈklɔrik] *adj* solni | **~ acid** solna kiselina
hydrodynamic [ˌhaidrəudaiˈnæmik] *adj* (**~ally** *adv*) hidrodinamički
hydrodynamics [ˌhaidrəudaiˈnæmiks] *s pl* hidrodinamika
hydroelectric [ˌhaidrəuiˈlektrik] *adj* hidroelektrički
hydrofoil [ˈhaidrəufɔil] *s* gliser
hydrogen [ˈhaidridʒən] *s chem* vodik, hidrogen | **~ bomb** hidrogenska bomba; **~ peroxide** vodikov prekis
hydrogenated [ˈhaidrədʒineitid] *adj* hidriran
hydrogenous [haiˈdrɔdʒinəs] *adj* koji sadrži vodik, hidrogenski
hydrography [haiˈdrɔgrəfi] *s* hidrografija
hydrology [haiˈdrɔlədʒi] *s* hidrologija
hydrolysis [haiˈdrɔlisis] *s* hidroliza
hydrometer [haiˈdrɔmitə] *s* hidrometar
hydrometry [haiˈdrɔmitri] *s* hidrometrija
hydropathic [ˌhaidrəuˈpæθik] *adj* hidropatski | **~ establishment** hidropatsko lječilište, hidroterapija
hydropathy [haiˈdrɔpəθi] *s* hidropatija, hidroterapija, liječenje vodom
hydrophobia [ˌhaidrəuˈfəubjə] *s* hidrofobija, strah od vode; bjesnilo
hydrophobic [ˌhaidrəuˈfəubik] *adj* hidrofobičan
hydroplane [ˈhaidrəuplein] *s* hidroplan; gliser
hydroponics [ˌhaidrəˈpɔniks] *s pl* uzgajanje biljaka bez zemlje (u vodi s kemikalijama)
hydroscope [ˈhaidrəuskəup] *s* hidroskop
hydrostat [ˈhaidrəustæt] *s* hidrostat
hydrostatic [ˌhaidrəuˈstætik] *adj* (**~ally** *adv*) hidrostatski | **~ press** hidraulička preša
hydrostatics [ˌhaidrəuˈstætiks] *s pl* hidrostatika
hydrous [ˈhaidrəs] *adj chem* & *minr* koji sadrži vodu
hydroxide [haiˈdrɔksaid] *s chem* hidroksid
hyena (hyaena) [haiˈiːnə] *s zool* hijena
hygiene [ˈhaidʒiːn] *s* higijena
hygienic [haiˈdʒiːnik] *adj* (**~ally** *adv*) higijenski
hygienics [haiˈdʒiːniks] *s pl* higijena, nauka o zdravlju
hygienist [haiˈdʒiːnist] *s* higijeničar
hygrology [haiˈgrɔlədʒi] *s* higrologija, nauka o vlazi
hygrometer [haiˈgrɔmitə] *s* higrometar
hygroscope [ˈhaigrəskəup] *s* higroskop
hymen [ˈhaimen] *s anat* djevičanska opna, himen | **Hymen** Himen (grčki bog braka)
hymeneal [ˌhaimeˈniːəl] *adj* svadbeni
hymn [him] *s* himna, hvalospjev, slavospjev; crkvena pjesma
hymn [him] *vt/i* **I.** *vt* hvaliti, slaviti, veličati **II.** *vi* pjevati himne, crkvene pjesme
hymnal [ˈhimnəl] *adj* koji se odnosi na himnu, poput himne
hymnal [ˈhimnəl] *s* pjesmarica (crkvenih pjesama)
hymnary [ˈhimnəri] *s* pjesmarica (crkvenih pjesama)
hymn-book [ˈhimbuk] *s* pjesmarica (crkvenih pjesama)
hymnic [ˈhimnik] *adj* poput himne, himnički
hymnist [ˈhimnist] *s* pjesnik himni
hymnody [ˈhimnədi] *s* pjevanje himna; himne; himnologija
hymnologist [himˈnɔlədʒist] *s* učenjak koji se bavi proučavanjem himni
hymnology [himˈnɔlədʒi] *s* nauka o himnama; himne; pisanje himna
hyoid [ˈhaiɔid] *adj* u obliku slova »u«
hyoid [ˈhaiɔid] *s anat* jezična kost
hyperbola [haiˈpəːbələ] *s* (*pl* **hyperbolae** [haiˈpəːbəliː], **~s**) *geom* hiperbola
hyperbole [haiˈpəːbəli] *s rhet* hiperbola, pretjerivanje
hyperbolic [ˌhaipəˈbɔlik] *adj* (**~ally** *adv*) *geom* hiperbolički
hyperbolical [ˌhaipəˈbɔlikl] *adj rhet* pretjeran
hyperbolism [haiˈpəːbəlizəm] *s* hiperbolizam
hyperbolist [haiˈpəːbəlist] *s* hiperboličar

hyperborean [ˌhaipəbɔːˈriːən] *adj* hiperborejski, sjeverni
hyperborean [ˌhaipəbɔːˈriːən] *s* hiperborejac, sjevernjak
hypercritical [ˈhaipəˈkritikl] *adj* (~**ly** *adv*) hiperkritičan, previše kritičan
hypercriticism [ˈhaipəˈkritisizəm] *s* prevelika kritičnost
hypercriticize [ˌhaipəˈkritisaiz] *vt/i* **I.** *vt* prestrogo kritizirati **II.** *vi* biti previše kritičan
hypermarket [ˈhaipəˌmaːkit] *s GB* golema robna kuća s velikim prostorom za parkiranje
hypermetropia [ˌhaipəmiˈtrəupiə] *s med* abnormalna dalekovidnost
hypersensitive [ˌhaipəˈsensitiv] *adj* preosjetljiv, hipersenzitivan
hypertension [ˌhaipəˈtenʃən] *s med* abnormalno visok krvni tlak u arterijama
hypertrophy [haiˈpəːtrəfi] *s* hipertrofija
hyphen [ˈhaifn] *s gram* crtica (između dviju riječi ili dvaju slogova)
hyphen [ˈhaifn] *vt* staviti crticu (između dviju riječi ili dvaju slogova), spojiti crticom
hyphenate [ˈhaifəneit] *vt* → **hyphen** *vt* | ~**d American** Amerikanac stranog porijekla, npr. *Irish-American*, *German-American* itd.
hypnosis [hipˈnəusis] *s* hipnoza
hypnotic [hipˈnɔtik] *adj* (~**ally** *adv*) hipnotičan
hypnotic [hipˈnɔtik] *s* sredstvo za uspavljivanje; čovjek koji lako podliježe hipnozi
hypnotism [ˈhipnətizəm] *s* hipnotizam
hypnotist [ˈhipnətist] *s* hipnotizer
hypnotization [ˌhipnətaiˈzeiʃn] *s* hipnotiziranje
hypnotize [ˈhipnətaiz] *vt* hipnotizirati (i *fig*)
hypnotizer [ˈhipnətaizə] *s* hipnotizer
hypo[1] [ˈhaipəu] *s coll* potkožna injekcija; šprica za injekcije
hypo[2] [ˈhaipəu] *s sl* hipohondar
hypocaust [ˈhaipəkɔːst] *s* u rimskim kućama prostor ispod poda gdje se nakupljala toplina od peći i grijala kuću ili kupaonicu
hypochondria [ˌhaipəˈkɔndriə] *s* hipohondrija
hypochondriac [ˌhaipəˈkɔndriæk] *adj* hipohondričan
hypochondriac [ˌhaipəˈkɔndriæk] *s* hipohondar
hypochondriacal [ˌhaipəkɔnˈdraiəkəl] *adj* (~**ly** *adv*) → **hypochondriac**
hypocrisy [hiˈpɔkrəsi] *s* hipokrizija, licemjerstvo
hypocrite [ˈhipəkrit] *s* hipokrit, licemjer
hypocritic [ˌhipəˈkritik] *adj* hipokritski, licemjeran
hypocritical [ˌhipəˈkritikl] *adj* (~**ly** *adv*) → **hypocritic**
hypodermic [ˌhaipəˈdəːmik] *adj* (~**ally** *adv*) *med* potkožni | ~ **injection** potkožna injekcija; ~ **syringe** šprica za injekcije
hypostasis [haiˈpɔstəsis] *s phil* hipostaza, osnova, podloga, bit; *med* usporen optok krvi
hypostatize [haiˈpɔstətaiz] *vt* hipostazirati
hypotenuse [haiˈpɔtənjuːz] *s geom* hipotenuza
hypothec [ˈhaipəθik] *s jur* hipoteka
hypothecary [haiˈpɔθikəri] *adj* hipotekarni
hypothecate [haiˈpɔθikeit] *vt* založiti (nekretnine)
hypothecation [haiˌpɔθiˈkeiʃn] *s* uknjiženje prava zaloga | **advances against** ~ (**of goods**) robni lombard; **letter of** ~ založnica, hipoteka; ~ **of ships** davanje brodova u zalog
hypothecator [haiˈpɔθikeitə] *s* hipotekarni vjerovnik
hypothesis [haiˈpɔθisis] *s* (*pl* **hypotheses** [haiˈpɔθisiːz]) hipoteza, pretpostavka
hypothesize [haiˈpɔθisaiz] *vi/t* **I.** *vi* postaviti hipotezu **II.** *vt* pretpostavljati
hypothetic [ˌhaipəˈθetik] *adj* (~**ally** *adv*) hipotetski
hypsometer [hipˈsɔmitə] *s* hipsometar, sprava za mjerenje visina
hypsometry [hipˈsɔmitri] *s* hipsometrija, određivanje visina
hyson [ˈhaisn] *s* vrsta zelenog kineskog čaja
hyssop [ˈhisəp] *s bot* velenduh, isop (vrsta metvice)
hysteria [hisˈtiəriə] *s Lat med* histerija
hysterical [hisˈterikl] *adj* (~**ly** *adv*) histeričan
hysterics [hisˈteriks] *s pl* napad histerije | **to go into** ~ postati histeričan

I

I, i [ai] *s* slovo i, deveto slovo engl. abecede; rimski broj I; *chem* simbol za element jod; *math* simbol za imaginarnu veličinu | *phil* **the ~** ja, ego
I [ai] *pron* ja
iamb [ˈaiæmb] *s* → **iambus**
iambic [aiˈæmbik] *adj* (**~ally** *adv*) *pros* jampski
iambic [aiˈæmbik] *s pros* jamb; jampski stih
iambus [aiˈæmbəs] *s* (*pl* **iambi** [aiˈæmbai], **~es** [aiˈæmbəsiz]) *pros* jamb
Iberian [aiˈbiəriən] *adj hist* iberski (danas pirenejski)
Iberian [aiˈbiəriən] *s* Iberac, stanovnik stare Iberije
ibex [ˈaibeks] *s* (*pl* **ibexes** [ˈaibeksiz]) *zool* kozorog
ibidem [iˈbaidəm] *adv Lat* na istom mjestu u knjizi, poglavlju, odlomku itd., ibidem
ibis [ˈaibis] *s ornith* ibis
ice [ais] *s* led; sladoled; glazura na torti | *geol* **~ sheet** ledeno polje; ledenjak, glečer; **to break the ~** *fig* probiti led; **it cuts no ~ (with a p)** to nema učinka, ne djeluje, ne pali (kod koga); *fig* **to skate on thin ~** stupiti na tanak led, dodirnuti škakljivo pitanje; **straight off the ~** sasvim svježe; **to keep a th on ~** držati što na ledu; *fig* čuvati što za kasniju upotrebu
ice [ais] *vt/i* zalediti, ulediti, pretvoriti u led, zamrznuti; (ras)hladiti (piće); prevući glazurom ili šećerom; zalediti se, zamrznuti se, prekriti se ledom *(over, up)*
Ice Age [ˈais ˈeidʒ] *s geol* ledeno doba
ice-axe [ˈaisæks] *s sport* cepin
iceberg [ˈaisbəːg] *s* ledeni brijeg u moru, golema santa leda; *fig* hladan čovjek
iceblink [ˈaisblink] *s* odsjaj leda na nebu
iceboat [ˈaisbəut] *s mar* jedrilica na ledu
icebound [ˈaisbaund] *adj* okružen ledom, zaleđen, zamrznut
icebox [ˈaisbɔks] *s* rashladna škrinja; *US* hladionik
icebreaker [ˈaisˌbreikə] *s mar* ledolomac
icecap [ˈaiskæp] *s* pokrov od vječnog leda
ice-chest [ˈaistʃest] *s US* hladionik
ice-cold [ˈaiskəuld] *adj* hladan kao led
ice-cream [ˌaisˈkriːm] *s* sladoled
icefall [ˈaisfɔːl] *s* strmi dio ledenjaka
ice-ferns [ˈaisfəːnz] *s pl* ledeno cvijeće na prozoru
icefield [ˈaisfiːld] *s* ledena poljana
ice-floe [ˈaisfləu] *s* santa leda
ice-hill [ˈaishil] *s* sanjkalište
ice-hilling [ˈaisˌhiliŋ] *s* sanjkanje
ice-hockey [ˈaisˌhɔki] *s sport* hokej na ledu
icehouse [ˈaishaus] *s* ledana
Icelander [ˈaisləndə] *s* Islanđanin, Islanđanka
ice-lolly [ˈaisˌlɔli] *s* sladoled na štapiću
ice-man [ˈaismæn] *s US* dobavljač leda
icepack [ˈaispæk] *s* ploha gusto nabijenih santa leda
icepick [ˈaispik] *s sport* cepin
icerink [ˈaisriŋk] *s* klizalište (u dvorani)
ice-skate [ˈaisskeit] *s sport* klizaljka
ice-skate [ˈaisskeit] *vi* klizati na ledu
ice-tray [ˈaistrei] *s* plitka posuda za pravljenje ledenih kocaka (u hladioniku)
ichneumon [ikˈnjuːmən] *s* 1. *zool* ihneumon, vrsta cibetke; mungo 2. *ent* (i **~-fly**) kukac nametnik koji odlaže jajašca u živo tkivo drugih kukaca
ichthyologist [ˌikθiˈɔlədʒist] *s* ihtiolog, prirodoslovac koji se bavi proučavanjem riba
ichthyology [ˌikθiˈɔlədʒi] *s* ihtiologija, nauka o ribama
icicle [ˈaisikl] *s* ledena svijeća, ledena siga
icing [ˈaisiŋ] *s* šećerna glazura na kolačima; zaleđenje, nakupljanje leda
icing-sugar [ˈaisiŋˌʃugə] *s* šećer u prahu
icon [ˈaikɔn] *s* ikona
iconoclasm [aiˈkɔnəklæzəm] *s* uništavanje ikona, slika svetaca, kipova; rušenje svetinja; *fig* opovrgavanje priznatih vrednota i zasada
iconoclast [aiˈkɔnəklæst] *s* ikonoklast; *fig* rušilac priznatih ideala

iconoclastic [ai.kɔnə'klæstik] *adj* **ikonoklastički;** *fig* koji obara priznate vrednote i zasade

iconography [.aikɔ'nɔgrəfi] *s* ikonografija, proučavanje ikona ili slika

icterus ['iktərəs] *s med* žutica

ictus ['iktəs] *s pros* iktus, naglas, udar, arza | *med* ~ **solis** sunčanica

icy ['aisi] *adj* (**icily** *adv*) leden (i *fig*), pokriven ledom

I'd [aid] = **I should, I would, I had**

ide [aid] *s ichth* jez, riba iz porodice šarana

idea [ai'diə] *s* 1. ideja 2. pojam, predodžba 3. misao, mišljenje 4. zamisao, namjera, osnova, plan 5. pretpostavka, slutnja | **the Idea** apsolutna ideja; **in** ~ u duhu, pojmovno; **to form an** ~ **of** stvoriti predodžbu (o komu, čemu); **what is the** ~? što to znači?; **I have an** ~ **he will come** nekako mi se čini da će doći; **I have no** ~ nemam pojma; **to put** ~**s into a p's head** izaz(i)vati u kome teško ispunjiva očekivanja; **the** ~ **of such a thing!, what an** ~! koje li (lude) zamisli!, kakva ludost!

ideal [ai'diəl] *adj* (~**ly** *adv*) 1. uzoran, savršen, idealan 2. idejan, koji postoji samo u zamisli

ideal [ai'diəl] *s* ideal, uzor, savršenstvo

idealism [ai'diəlizəm] *s* idealizam; idealnost

idealist [ai'diəlist] *s* idealist, zanesenjak

idealistic [ai.diə'listik] *adj* idealistički

idealization [ai.diəlai'zeiʃn] *s* idealiziranje

idealize [ai'diəlaiz] *vt* idealizirati, uljepšavati

ideally [ai'diəli] *adv* idealno; savršeno; u duhu, u idealnom pogledu

idem ['aidem] *s Lat* isti autor, ista riječ, isto djelo, izvor itd.

identic [ai'dentik] *adj* → **identical**

identical [ai'dentikl] *adj* (~**ly** *adv*) identičan, istovjetan (*with* sa) | ~ **twins** jednojajčani blizanci

identifiable [ai'dentifaiəbl] *adj* koji se može poistovjetiti, identificirati ili ustanoviti

identification [ai.dentifi'keiʃn] *s* izjednačivanje, identificiranje; isprava, legitimacija

identification-card [ai.dentifi'keiʃnka:d] *s* legitimacija, osobna karta, iskaznica

identification disk [ai.dentifi'keiʃəndisk] *s mil* pločica s imenom i podacima koju vojnik nosi oko vrata

identify [ai'dentifai] *vt* **poistovjetiti, izjednačiti, dovoditi u tijesnu vezu, povezivati, svesti na isti pojam** (*with* sa); identificirati; ustanoviti (čiji) identitet, legitimirati; prepoznati | **to** ~ **oneself with** solidarizirati se, biti tijesno povezan (s čim)

identikit [ai'dentikit] *s* crtež (fotografija) lica neidentificirane osobe (*spec* kriminalca) sastavljen prema podacima osoba koje su je vidjele

identity [ai'dentiti] *s* istovjetnost, potpuna jednakost; identitet, ličnost, osobnost | **to prove one's** ~ iskazati se, legitimirati se; ~ **card** legitimacija, osobna karta, iskaznica; ~ **disk** pločica s imenom i podacima koju vojnik nosi oko vrata

ideogram ['idiəgræm] *s* slika kao pismeni znak, ideogram, simbol za pojam

ideograph ['idiəgra:f] *s* → **ideogram**

ideographical [.idiə'græfikl] *adj* (~**ly** *adv*) ideografski

ideography [.idi'ɔgrəfi] *s* ideografija, prikazivanje pojmova grafičkim znakovima

ideologist [.aidi'ɔlədʒist] *s* 1. ideolog 2. nepraktičan teoretičar

ideology [.aidi'ɔlədʒi] *s* 1. ideologija 2. teoretiziranje

ides [aidz] *s pl Rom hist* ide (15. odnosno 13. dan u mjesecu)

idiocy ['idiəsi] *s* slaboumnost, idiotizam; krajnja glupost

idiom ['idiəm] *s* 1. idiom, narječje, dijalekt 2. jezična osobitost, način izražavanja svojstven kojem jeziku 3. *gram* fraza

idiomatic [.idiə'mætik] *adj* (~**ally** *adv*) 1. idiomatski, svojstven nekom jeziku ili narječju 2. pun idioma

idiosyncrasy [.idiə'sinkrəsi] *s* način mišljenja ili ponašanja svojstven nekoj osobi

idiot ['idiət] *s* slaboumnik, slaboumnica, idiot(kinja); glupan, blesan, budala

idiotic [.idi'ɔtik] *adj* (~**ally** *adv*) slaboumman, tupoglav, idiotski; glup, (su)lud, blesav

idiotism ['idiətizəm] *s* 1. idiotizam 2. jezična osobitost

idle ['aidl] *adj* (**idly** *adv*) 1. nezaposlen, besposlen, dokon 2. lijen, mlitav, neradin 3. neiskorišten, neproduktivan, mrtav (kapital) 4. uzaludan, beskoristan; (is)prazan, ništavan, bezvrijedan, beznačajan 5. *tech mot* u praznom hodu | *tech* ~ **wheel** spojni, prijenosni kotač; *com* ~ **capital** mrtvi kapital; ~ **hours** sati dokolice; *mot* ~ **motion** prazni hod; *tech* **to run** ~ raditi u praznom hodu

idle ['aidl] *vi/t* **I.** *vi* besposličiti, ljenčariti, plandovati (*about*) **II.** *vt* tratiti vrijeme (*away*), gubiti (dane, vrijeme itd.), ljenčariti; *mech* biti u pogonu u praznom hodu

idleness ['aidlnis] *s* 1. besposlenost, nerad, dokonost 2. danguba, badavadženje, ljenčarenje; lijenost 3. ispraznost, ništavost

idler ['aidlə] *s* lijenčina, besposličar(ka), danguba; *mech* potporni valjak

idling ['aidliŋ] *s mech* prazan hod

idol ['aidl] *s* idol (i *fig*), kumir

idolater [ai'dɔlətə] *s* idolopoklonik; *fig* štovalac, obožavalac

idolatress [ai'dɔlətris] *s* idolopoklonica; *fig* štovateljica, obožavateljica
idolatrous [ai'dɔlətrəs] *adj* (**~ly** *adv*) idolopoklonički
idolatry [ai'dɔlətri] *s* idolatrija, idolopoklonstvo; *fig* obožavanje
idolization [ˌaidəlai'zeiʃn] *s* obožavanje idola, kumira; *fig* pretjerano divljenje komu, slijepa ljubav
idolize ['aidəlaiz] *vt* obožavati, pretjerano štovati, ljubiti; klanjati se, pretjerano se diviti (komu)
idyll (idyl) ['idil] *s* idila
idyllic [ai'dilik] *adj* (**~ally** *adv*) idiličan, idilički, idilski
idyllist ['aidilist] *s* pjesnik idila, idiličar
idyllize ['aidilaiz] *vt* opisati što na idilički način
if [if] *conj* 1. ako, (u slučaju) da, kad 2. (obično *even* ~) iako, pa makar, premda, ma 3. da li (u neupr. pitanju) | **Well, ~ that isn't Bill!** Bogami, pa to je Bill!; **as ~** kao da; **it isn't as ~** nije da; **~ only he arrives in time!** kad bi samo stigao na vrijeme!; **~ only she had known!** da je to samo znala!; **~ so** u tom slučaju; **~ not** u protivnom slučaju; **he is sixty ~ a day** najmanje mu je šezdeset godina
if [if] *s* pogodba, uvjet | *prov* **if ~s and ands were pots and pans** kad bi to bilo tako; **without ~s or ands** bez izmotavanja
iffy ['ifi] *adj US coll* neizvjestan, koji sadrži jedno »ako«
igloo ['iglu:] *s* iglu, eskimska koliba od snijega i leda
igneous ['igniəs] *adj* ognjen, vatren; *geol* eruptivan
ignitable [ig'naitəbl] *adj* upaljiv
ignite [ig'nait] *vt/i* **I.** *vt* (za)paliti; *chem* zažariti **II.** *vi* zapaliti se, zažariti se
ignition [ig'niʃn] *s* (za)paljenje; *chem* zažarivanje; *mot* paljenje | **~ key** ključ za paljenje motora
ignoble [ig'nəubl] *adj* (**ignobly** *adv*) 1. niska porijekla, neznatna roda, neugledan 2. nizak, podao, nečastan, sramotan
ignobleness [ig'nəublnis] *s* niskost, podlost, nečasnost, nedostojnost, sramota
ignominious [ˌignə'miniəs] *adj* (**~ly** *adv*) sramotan, sraman, vrijedan prezira, nečastan
ignominy ['ignəmini] *s* sramota, bruka; sramotan čin, nečasno djelo; nečasno ponašanje; nečasnost
ignoramus [ˌignə'reiməs] *s* neznalica, ignorant
ignorance ['ignərəns] *s* neznanje, neobrazovanost, neukost, nepoznavanje
ignorant ['ignərənt] *adj* (**~ly** *adv*) 1. neobrazovan, bez znanja, neuk; neupućen 2. koji odražava neznanje, koji dolazi od neznanja; glupav | **to be ~ of** biti neupućen, ne znati
ignore [ig'nɔ:] *vt* ignorirati, ne osvrtati se na što, ne uzimati u obzir; *jur* odbaciti
ilex ['aileks] *s bot* božikovina, crnika, česvina
Iliad ['iliəd] *s* (Homerova) Ilijada
ilk [ilk] *adj* isti | *hum joc* **of that ~** istog imena; te vrste, tog soja
ill [il] *adj* 1. zao, loš, slab, rđav 2. bolestan | **to be taken ~, to fall ~** razboljeti se; *prov* **it's an ~ wind that blows nobody any good** u svakom zlu ima nešto dobra; *prov* **~ weeds grow apace** neće grom u koprive; **to do a p an ~ turn** učiniti kome lošu uslugu, napakostiti kome; **he is ~ to please** teško mu je ugoditi; **~ fame** zao glas, ozloglašenost; **house of ~ fame** javna kuća; **~ humour (temper)** loše raspoloženje, zlovolja, mrzovolja
ill [il] *s* zlo; nevolja, nedaća | **for good or ~** u dobru i u zlu
ill [il] *adv* zlo, teško, loše; slabo; jedva | **take ~** zamjeriti; **to be (to feel) ~ at ease** osjećati se nelagodno, biti u neprilici; **it ~ becomes him to speak** ne priliči mu, ne pristaje mu da govori; **he can ~ afford** jedva može sebi dopustiti; **to fall out ~** ne uspjeti; **to bear ~** teško podnositi; **he is ~ off** loše mu ide; **to fare ~** nemati sreće
I'll [ail] = **I shall, I will**
ill-advised [ˌiləd'vaizd] *adj* (**~ly** *adv*) nerazborit, nesmotren | **you would be ~ to do so** bilo bi nerazborito da to učiniš
ill-affected [ˌilə'fektid] *adj* nesklon (*towards* komu, čemu)
illation [i'leiʃn] *s* zaključak, dedukcija, izvod
illative [i'leitiv] *adj* (**~ly** *adv*) zaključni, izveden zaključcima, deduktivnim putem, koji iz čega slijedi
ill-bred [ˌil'bred] *adj* loše odgojen, neodgojen, prost, neotesan, neobrazovan
ill-breeding [ˌil'bri:diŋ] *s* neodgojenost, prostota, loše vladanje, neotesanost
ill-conditioned [ˌilkən'diʃənd] *adj* 1. zle ćudi, zlih sklonosti 2. u lošem stanju
ill-disposed [ˌildis'pəuzd] *adj* 1. loše raspoložen (*to, towards* prema), nesklon 2. ne dobronamjeran
illegal [i'li:gl] *adj* (**~ly** *adv*) nezakonit, protuzakonit, nedopušten, ilegalan, protupravan
illegality [ˌili:'gæliti] *s* nezakonitost, protuzakonitost, protuzakonit čin, ilegalnost, protupravnost
illegibility [iˌledʒi'biləti] *s* nečitljivost
illegible [i'ledʒəbl] *adj* (**illegibly** *adv*) nečitljiv
illegitimacy [ˌili'dʒitiməsi] *s* nevaljanost, nezakonitost, nelegitimnost; vanbračnost
illegitimate [ˌili'dʒitimət] *adj* (**~ly** *adv*) 1. nezakonit, protupravan 2. vanbračan 3. kriv, pogrešan (zaključak)

illegitimate [ˌili'dʒitimət] *s* vanbračno dijete
illegitimate [ˌili'dʒitimeit] *vt* proglasiti nezakonitim, nelegitimnim, vanbračnim; učiniti protuzakonitim
ill-fated [ˌil'feitid] *adj* nesretan, zle sudbe; koban
ill-favoured [ˌil'feivəd] *adj* ružan
ill-gotten [ˌil'gɔtən] *adj* krivo, nepošteno stečen
ill-humoured [ˌil'hjuːməd] *adj* (**~ly** *adv*) zlovoljan, neraspoložen
illiberal [i'libərəl] *adj* (**~ly** *adv*) 1. neliberalan, uskogrudan, zagrižen, netolerantan, natražnjački 2. tvrd, škrt
illiberality [iˌlibə'ræləti] *s* 1. neliberalnost, uskogrudnost, zagriženost, netolerantnost, 2. škrtost
illicit [i'lisit] *adj* (**~ly** *adv*) nedopušten, zabranjen, protuzakonit, nezakonit
illimitable [i'limitəbl] *adj* (**illimitably** *adv*) neizmjeran, neograničen, bezgraničan, beskrajan
illiteracy [i'litərəsi] *s* nepismenost, neobrazovanost, neukost, neznanje
illiterate [i'litərit] *adj* (**~ly** *adv*) nepismen, neobrazovan neuk
illiterate [i'litərit] *s* neobrazovan, nepismen čovjek
ill-judged [ˌil'dʒʌdʒd] *adj* nepromišljen, nerazborit
ill-luck [ˌil'lʌk] *s* zla sreća, nesreća, nedaća; *fam* smola, peh
ill-mannered [ˌil'mænəd] *adj* neotesan, neučtiv, neodgojen, prost
ill-natured [ˌil'neitʃəd] *adj* zle ćudi, mrzovoljan
illness ['ilnis] *s* bolest
illogical [i'lɔdʒikəl] *adj* (**~ly** *adv*) nedosljedan, nelogičan
ill-omened [ˌil'əumend] *adj* kojemu se sprema nevolja, kojemu se piše zlo; nesretan
ill-starred [ˌil'staːd] *adj* nesretan, loše sreće, rođen pod nesretnom zvijezdom
ill-tempered [ˌil'tempəd] *adj* zle ćudi, zlovoljan, mrzovoljan, neprijazan, svadljiv
ill-timed [ˌil'taimd] *adj* u nezgodan čas, u zao čas, neprikladan
ill-treat [ˌil'triːt] *vt* zlostavljati; loše postupati (s kim)
ill-treatment [ˌil'triːtmənt] *s* zlostavljanje, loše postupanje, okrutnost
illume [i'ljuːm] *vt poet* osvijetliti; ukrasiti
illuminant [i'ljuːminənt] *adj* koji daje ili širi svjetlost, koji rasvjetljuje
illuminant [i'ljuːminənt] *s* sredstvo za osvjetljivanje; izvor svjetlosti; rasvjetno tijelo
illuminate [i'ljuːmineit] *vt* 1. osvijetliti, osvjetljavati; rasvijetliti, rasvjetljavati (i *fig*); iluminirati 2. *fig* objašnjavati, razjasniti 3. ukrasiti (bojama, inicijalima itd.) | **~d advertising** svijetleća reklama
illuminating [i'ljuːmineitiŋ] *adj* koji objašnjava, poučan
illumination [iˌljuːmi'neiʃn] *s* 1. rasvjeta; osvjetljavanje; iluminacija 2. prosvjećivanje; objašnjenje, razjašnjavanje 3. ukrašavanje (bojama, crtežima) | **~s** svečana iluminacija; ukrasi, ukrašeni inicijali (u srednjovjekovnom rukopisu)
illuminative [i'ljuːminətiv] *adj* koji osvjetljuje, daje svjetlost; koji prosvjećuje; koji objašnjava
illumine [i'ljuːmin] *vt* osvijetliti, rasvijetliti; *fig* prosvjećivati, prosvijetliti; razjasniti, razbistriti; razvedriti (koga)
ill-usage [ˌil'juːzidʒ] *s* zlostavljanje, loš postupak, okrutnost, nepravda; neispravna upotreba, loše rukovanje
ill-use [ˌil'juːz] *vt* zlostavljati; loše postupati (s kim); neispravno upotrebljavati, loše rukovati (čime)
illusion [i'luːʒn] *s* varka, prijevara, opsjena, zavaravanje; privid(nost), utvara, iluzija | **to cherish an ~ (the ~ that)** zavaravati se
illusionary [i'luːʒənəri] *adj* varav, koji postoji samo u iluziji
illusionist [i'luːʒənist] *s* magičar, mađioničar; čarobnjak
illusive [i'luːsiv] *adj* (**~ly** *adv*) → **illusory**
illusory [i'luːsəri] *adj* (**illusorily** *adv*) iluzoran, varav, prividan, nestvaran
illustrate ['iləstreit] *vt* 1. rasvijetliti, razjasniti, objasniti (primjerima) 2. ilustrirati, ukrasiti slikama
illustration [ˌiləs'treiʃn] *s* 1. objašnjenje, tumačenje, primjer 2. slika, ilustracija; ilustriranje
illustrative ['iləstrətiv] *adj* (**~ly** *adv*) koji objašnjava, tumači, ilustrira (*of*)
illustrator ['iləstreitə] *s* onaj koji objašnjava, tumači; ilustrator
illustrious [i'lʌstriəs] *adj* (**~ly** *adv*) slavan, glasovit, uzvišen; svijetao (primjer); odličan
illustriousness [i'lʌstriəsnis] *s* slava, uzvišenost
ill-will [ˌil'wil] *s* ljutitost, zla volja; zlonamjernost, mržnja, neprijateljstvo
ill-wisher [ˌil'wiʃə] *s* zlonamjernik, onaj koji želi komu zlo
Illyrian [i'liriən] *adj* ilirski
Illyrian [i'liriən] *s* Ilirac, Ilirka, stanovnik stare Ilirije; ilirski jezik
I'm [aim] = **I am**
image ['imidʒ] *s* 1. slika, kip 2. lik, oblik, prilika; odraz 3. slika, predodžba 4. poredba, metafora | **he is the very ~ of his father** on je očeva slika i prilika
image ['imidʒ] *vt* 1. naslikati, ocrtati 2. odraziti, odražavati 3. u duhu predočiti, zamisliti 4. zorno prikazati
imageable ['imidʒəbl] *adj* koji se može prikazati; predočljiv, zamisliv

imagery ['imidʒəri] *s* 1. kipovi, slike 2. slikovito prikazivanje; slikovit govor
imaginable [i'mædʒinəbl] *adj* (**imaginably** *adv*) zamisliv
imaginary [i'mædʒinəri] *adj* (**imaginarily** *adv*) zamišljen, izmišljen, nestvaran, prividan, imaginaran
imagination [i,mædʒi'neiʃn] *s* 1. (stvaralačka) mašta, fantazija, imaginacija, uobrazilja; sposobnost zamišljanja 2. uobraženje, umišljena stvar
imaginative [i'mædʒinətiv] *adj* (**~ly** *adv*) stvaralački, iznalažljiv, domišljat, maštovit, pun ideja, fantazije | **~ faculty** (**power**) moć uobražavanja, mašta
imaginativeness [i'mædʒinətivnis] *s* sposobnost zamišljanja, domišljanja, stvaranja predodžbi, bogatstvo fantazije, maštovitost
imagine [i'mædʒin] *vt/i* zamišljati, zamisliti, predočiti sebi | **just ~** zamislite, molim vas!
imago [i'meigəu] *s* (*pl* **~s**, **imagines** [i'meidʒini:z]) *ent* kukuljica, imago
imam [i'ma:m] *s* muslimanski svećenik, imam; islamski vjerski poglavar
imbalance [im'bæləns] *s* neravnoteža, debalans, raskorak
imbecile ['imbisi:l] *adj* (**~ly** *adv*) 1. slabouman, blesav
imbecile ['imbisi:l] *s* slaboumnik, imbecil; glupan, blesavac
imbecility [,imbi'siləti] *s* slaboumnost, imbecilnost; glupavost, blesavost
imbibe [im'baib] *vt* usisa(va)ti, upi(ja)ti; *fam* srkati, piti; *vulg* lokati; *fig* usvajati, usvojiti, poprimiti, poprimati
imbroglio [im'brəuliəu] *s* zaplet, zbrka, zamršena situacija
imbrute (**embrute**) [im'bru:t] *vt/i* **I.** *vt* učiniti životinjom, poživinčiti, učiniti divljim **II.** *vi* podivljati, poživinčiti, osuroviti, pasti na stupanj životinje
imbue [im'bju:] *vt* 1. namočiti, nakvasiti, natopiti 2. zamrljati 3. obojiti 4. *fig* nadahnuti, prožeti, zadojiti
imitable ['imitəbl] *adj* koji se može oponašati, imitirati
imitate ['imiteit] *vt* ugledati se u koga, povoditi se za kim; oponašati, imitirati, kopirati; biti nalik na (što)
imitation [,imi'teiʃn] *s* 1. ugledanje, povođenje, oponašanje; imitacija, imitiranje, kopiranje; patvorina | **in ~ of** po uzoru na; **~ leather** imitacija kože; **~ jewellery** umjetni dragulji
imitative ['imitətiv] *adj* (**~ly** *adv*) koji oponaša, imitira; koji se povodi za kim, imitatorski; kopiran, neoriginalan, patvoren | **~ arts** slikarstvo i kiparstvo, likovne umjetnosti; **~ word** onomatopoetska riječ
imitator ['imiteitə] *s* oponašatelj, podražavalac, imitator; nasljedovalac, povodljivac, plagijator

immaculate [i'mækjulət] *adj* (**~ly** *adv*) čist, neokaljan, neoskvrnut; bez i najmanje greške; *fig* besprijekoran | **~ conception** bezgrešno začeće
immanence ['imənəns] *s* prisutnost u biti neke pojave, imanentnost
immanent ['imənənt] *adj* (**~ly** *adv*) u čemu sadržan, čemu svojstven, imanentan
immaterial [,imə'tiəriəl] *adj* (**~ly** *adv*) 1. nematerijalan, bestjelesan, netvaran, duhovan 2. nevažan, sporedan, neznatan, nebitan | **it's ~ to me** svejedno mi je, nije mi važno
immaterialism [,imə'tiəriəlizəm] *s* filozofski sistem koji tvrdi da materija ne postoji, imaterijalizam, spiritualizam
immateriality ['imə,tieri'æləti] *s phil* 1. nematerijalnost, bestjelesnost 2. nevažnost, nebitnost
immaterialize ['imo'tiəriəlaiz] *vt* učiniti bestjelesnim, lišiti tijela, materije, oduhoviti
immature [,imə'tjuə] *adj* (**~ly** *adv*) nezreo, nerazvijen, nedovršen, ran, preuranjen
immaturity [,imə'tjuərəti] *s* ne(do)zrelost, nerazvijenost, preuranjenost
immeasurability [i,meʒərə'biləti] *s* nemjernost, ne(iz)mjerivost, neizmjernost
immeasurable [i'meʒərəbl] *adj* (**immeasurably** *adv*) ne(iz)mjeriv, neizmjeran, beskrajan, bezgraničan, golem
immediacy [i'mi:djəsi] *s* neposrednost, neposredna blizina, izravnost; bezodvlačnost
immediate [i'mi:djət] *adj* (**~ly** *adv*) neposredan, slijedeći, najbliži, direktan, izravan; sadašnji, skor; bezodvlačan, bez odgode, trenutan
immediately [i'mi:djətli] *adv* neposredno, izravno, direktno; smjesta, odmah; u neposrednoj blizini
immediately [i'mi:djətli] *conj* čim
immemorial [,imi'mo:riəl] *adj* (**~ly** *adv*) prastari, od pamtivijeka, vajkadašnji
immense [i'mens] *adj* (**~ly** *adv*) beskrajan, neizmjeran, ogroman, golem; *sl* sjajan, famozan
immensity [i'mensəti] *s* beskrajnost, neizmjernost, golemost; beskrajan prostor, golemo prostranstvo ili množina
immerse [i'mə:s] *vt* umočiti, uroniti, potopiti; *fig* zadubiti se, udubiti se, utonuti (u misli, dugove, brige)
immersion [i'mə:ʃn] *s* umakanje, uranjanje; *fig* zadubljivanje, zadubljenost, udubljenost, utonulost (u misli) | **~ heater** grijalo koje se uroni u tekućinu
immigrant ['imigrənt] *adj* useljeni, koji se useljava, useljenički
immigrant ['imigrənt] *s* doseljenik, useljenik, imigrant
immigrate ['imigreit] *vt/i* **I.** *vi* useliti se (*into* u stranu zemlju) **II.** *vt* naseliti koga (u stranoj zemlji)

immigration [ˌimiˈgreiʃn] *s* imigracija, useljavanje, useljenje (u stranu zemlju)
imminence [ˈiminəns] *s* prijeteća blizina (opasnosti, pogibelji), neizbježnost, neminovnost, neposredna opasnost
imminent [ˈiminənt] *adj* (**~ly** *adv*) koji neposredno nailazi, skor, predstojeći, koji prijeti (opasnost), koji će se uskoro dogoditi, neminovan
immitigable [iˈmitigəbl] *adj* (**immitigably** *adv*) neublaživ; koji se ne da umekšati, neumoljiv
immobile [iˈməubail] *adj* nepomičan, nepokretan, ukočen
immobility [ˌiməˈbiləti] *s* nepokretnost, nepomičnost, ukočenost
immobilization [iˌməubilaiˈzeiʃn] *s* dovođenje u nepokretno stanje, imobilizacija; nepokretnost; *com* povlačenje novca iz opticaja
immobilize [iˈməubilaiz] *vt* učiniti nepokretnim, dovesti u nepokretno stanje; spriječiti u djelovanju; imobilizirati; *com* povući (novac iz opticaja)
immoderate [iˈmɔdərit] *adj* (**~ly** *adv*) neumjeren, prekomjeran, pretjeran
immoderation [ˈiˌmɔdəˈreiʃn] *s* neumjerenost, pretjeranost
immodest [iˈmɔdist] *adj* (**~ly** *adv*) 1. neskroman, nečedan; nepristojan; bestidan
immodesty [iˈmɔdisti] *s* 1. neskromnost, nečednost, nepristojnost; drskost, bestidnost
immolate [ˈiməleit] *vt* žrtvovati, prinijeti žrtvu (& *fig*)
immolation [ˌiməˈleiʃn] *s* žrtva, žrtvovanje, prinošenje žrtve
immoral [iˈmɔrəl] *adj* (**~ly** *adv*) nećudoredan, razvratan, raspušten, razuzdan, raskalašen, poročan, pokvaren, opak, nemoralan
immorality [ˌiməˈræləti] *s* nećudorednost, razvratnost, raskalašenost, razuzdanost, pokvarenost, nemoralnost
immortal [iˈmɔːtl] *adj* neumrli, besmrtan, vječan, neprolazan
immortal [iˈmɔːtl] *s* besmrtnik; božanstvo | **the ~s** grčko-rimski bogovi
immortality [ˌimɔːˈtæləti] *s* besmrtnost
immortalization [iˌmɔːtəlaiˈzeiʃn] *s* ovjekovječenje, obesmrćivanje
immortalize [iˈmɔːtəlaiz] *vt* učiniti besmrtnim, ovjekovječiti
immortelle [ˌimɔːˈtel] *s bot* smilje
immovability [iˌmuːvəˈbiləti] *s* nepomičnost, nepokretnost; nepokolebljivost, postojanost, čvrstoća
immovable [iˈmuːvəbl] *adj* (**immovably** *adv*) nepomičan, nepokretan; *fig* nepokolebljiv, postojan | **~ property** nekretnine
immovable [iˈmuːvəbl] *s* ono što je nepokretno | **~s** *pl* nekretnine

immune [iˈmjuːn] *adj* imun, slobodan (*from* od), zaštićen (*against* protiv), siguran (*against* od), otporan (na)
immunity [iˈmjuːnəti] *s jur* imunitet, oslobođenje, izuzimanje (*from* od obaveza, poreza itd.); *med* imunost, imunitet
immunization [iˌmjuːnaiˈzeiʃn] *s med* imunizacija
immunize [ˈimjuːnaiz] *vt* zaštititi od zaraze, učiniti imunim, imunizirati
immunology [ˌimjuːnˈɔlədʒi] *s* imunologija
immure [iˈmjuə] *vt* obzidati, uzidati, zazidati, okružiti zidom; zatvoriti, utamničiti | *fig* **~ oneself** zatvoriti se, povući se, zakopati se
immutability [iˌmjuːtəˈbiliti] *s* nepromjenljivost, neizmjenljivost
immutable [iˈmjuːtəbl] *adj* (**immutably** *adv*) nepromjenljiv, neizmjenljiv
imp [imp] *s* đavolak, vražić; vragolan, nestašno dijete
impact [ˈimpækt] *s* udar, udarac, sudar, sraz; *fig* djelovanje, učinak, utjecaj, silina udarca
impact [imˈpækt] *vt* stisnuti, zbiti, zatjerati, nabiti; učvrstiti, ukliještiti
impair [imˈpɛə] *vt* oštetiti, oslabiti, umanjiti; pogoršati; naškoditi (zdravlju)
impairment [imˈpɛəmənt] *s* oštećenje, slabljenje, umanjenje, pogorš(av)anje, škođenje (zdravlju)
impale [imˈpeil] *vt* nataknuti, nabosti, nabiti (na kolac); probosti, probadati (i *fig*)
impalement [imˈpeilmənt] *s* nabijanje na kolac
impalpability [imˌpælpəˈbiləti] *s* neopipljivost, neosjetnost; *fig* nedokučivost, neshvatljivost, suptilnost
impalpable [imˈpælpəbl] *adj* (**impalpably** *adv*) neopipljiv, neosjetan; *fig* neshvatljiv, nedokučiv, suptilan, profinjen
impart [imˈpaːt] *vt* (pri)dati, pružiti, podijeliti; saopćiti, kazati (*to* komu)
impartial [imˈpaːʃl] *adj* (**~ly** *adv*) nepristran
impartiality [ˈimˌpaːʃiˈæləti] *s* nepristranost
impartible [imˈpaːtəbl] *adj* (**impartibly** *adv*) neodjeljiv
impassability [ˈimˌpaːsəˈbiləti] *s* neprohodnost
impassable [imˈpaːsəbl] *adj* (**impassably** *adv*) neprohodan, neprolazan
impasse [æmˈpaːs] *s Fr* slijepa ulica, ćorsokak; mrtva točka
impassibility [ˈimˌpæsiˈbiləti] *s* 1. neosjetljivost (*to* na) 2. ravnodušnost, bešćutnost
impassible [imˈpæsəbl] *adj* (**impassibly** *adv*) 1. neosjetljiv (*to* na) 2. ravnodušan, bešćutan, bezosjećajan
impassion [imˈpæʃn] *vt* raspaliti, uzbuditi strasti, duboko uzbuditi
impassioned [imˈpæʃənd] *adj* raspaljen, duboko uzbuđen; strastven

impassive [im'pæsiv] *adj* (**~ly** *adv*) **neosjetljiv**; miran, ravnodušan, bezvoljan
impassiveness [im'pæsivnis] *s* → **impassivity**
impassivity [ˌimpæ'sivəti] *s* neosjetljivost; ravnodušnost, bezvoljnost
impaste [im'peist] *vt* umotati u tijesto; *paint* slikati debelim namazom boja, impastirati
impasto [im'paːstəu] *s paint* slikanje debelim namazom boje, nabacivanje boja
impatience [im'peiʃəns] *s* 1. nestrpljivost, nemir, grozničava uzrujanost 2. nestrpljivost (*of* prema); nesklonost (*of* prema); negodovanje; gnjev
impatient [im'peiʃənt] *adj* (**~ly** *adv*) nestrpljiv (*at, of* prema); nemiran, razdražljiv; netrpeljiv, nesnošljiv (*of* prema); željan (*for* čega; *to inf* da)
impawn [im'pɔːn] *vt* založiti, dati u zalog; *fig* zadati (riječ, vjeru)
impeach [im'piːtʃ] *vt* (po)sumnjati u što, stavljati u pitanje; prigovarati (čemu); *jur* optužiti, okriviti
impeachable [im'piːtʃəbl] *adj* koji (što) se može optužiti; koji (što) zavređuje osudu; u kog (što) se može posumnjati; vrijedan prijekora
impeachment [im'piːtʃmənt] *s* optužba; prigovor
impeccability [imˌpekə'biləti] *s* nepogrešivost; besprijekornost
impeccable [im'pekəbl] *adj* (**impeccably** *adv*) nepogrešiv; besprijekoran
impecuniosity [ˌimpikjuːni'ɔsəti] *s* nestašica novca, neimaština, siromaštvo
impecunious [ˌimpi'kjuːnjəs] *adj* (**~ly** *adv*) bez novca, siromašan
impedance [im'piːdəns] *s el* otpor vlastitom indukcijom
impede [im'piːd] *vt* spriječiti, sprečavati, smetati, zadržavati, kočiti, usporavati
impediment [im'pedimənt] *s* zapreka, poteškoća; smetnje u govoru, mucanje
impedimenta [imˌpedi'mentə] *s pl mil* vojna oprema, prtljaga
impel [im'pel] *vt* (na)tjerati, nagnati, prinukati, prinuditi (*to* na)
impellent [im'pelənt] *adj* koji tjera, nagoni, prisiljava
impeller [im'pelə] *s aero* rotor, krilo rotora (mlaznog motora)
impend [im'pend] *vi* visiti, lebdjeti (*over* nad čim); *fig* predstojati, biti blizu, prijetiti
impendence [im'pendəns] *s* → **impendency**
impendency [im'pendənsi] *s* približavanje, blizina (događaja, opasnosti)
impendent [im'pendənt] *adj* koji visi, lebdi nad čim; *fig* koji se približava, koji će se uskoro dogoditi, bliz, koji predstoji, koji prijeti
impending [im'pendiŋ] *adj* → **impendent**
impenetrability [imˌpenitrə'biləti] *s* neprodirnost, neprobojnost; *fig* nedokučivost; *fig* neprijemljivost, nepristupačnost
impenetrable [im'penitrəbl] *adj* (**impenetrably** *adv*) neprodiran, neprobojan; *fig* nedokučiv; *fig* neprijemljiv, nepristupačan (*to* za)
impenetrate [im'penitreit] *vt* prodrijeti (u što)
impenitence [im'penitəns] *s* nekajanje, nepokajanost, okorjelost
impenitent [im'penitənt] *adj* (**~ly** *adv*) nepokajnički, okorio
imperative [im'perətiv] *adj* (**~ly** *adv*) zapovjedni, zapovjednički; nužan, prijeko potreban, imperativan | *gram* **~ mood** imperativ, zapovjedni način
imperative [im'perətiv] *s* 1. *gram* imperativ, zapovjedni način 2. zapovijed
imperator [ˌimpə'raːtɔː] *s* imperator, car
imperatorial [imˌperə'tɔːriəl] *adj* (**~ly** *adv*) imperatorski, carski
imperceptibility ['impəˌseptə'biləti] *s* nezamjetnost
imperceptible [ˌimpə'septəbl] *adj* (**imperceptibly** *adv*) nezamjetan, jedva primjetljiv
impercipient [ˌimpə'sipiənt] *adj* neosjetljiv, koji nema sposobnost zapažanja, opažanja
imperfect [im'pəːfikt] *adj* (**~ly** *adv*) nepotpun, nesavršen, nedovršen, manjkav | *gram* **~ tense** imperfekt
imperfect [im'pəːfikt] *s gram* imperfekt
imperfection [ˌimpə'fekʃən] *s* nepotpunost, nesavršenost; manjkavost, nedostatak, mana
imperforate [im'pəːfərət] *adj* neprobušen, posve zatvoren, bez otvora; neperforiran
imperial [im'piəriəl] *adj* (**~ly** *adv*) carski, vladarski; državni, koji se odnosi na (britanski) imperij; (utezi, mjere) standardni; *fig* gospodski, sjajan, veličanstven | *med* **~ section** carski rez
imperial [im'piəriəl] *s* 1. format papira (57×78 cm) 2. bradica pod donjom usnom
imperialism [im'piəriəlizəm] *s* imperijalizam
imperialist [im'piəriəlist] *s* imperijalist; pristaša cara ili carske vladavine
imperialistic [im'piəriəlistik] *adj* (**~ly** *adv*) imperijalistički
imperialize [im'piəriəlaiz] *vt* staviti pod carsku vlast; uvesti imperijalistička načela (u što)
imperil [im'perəl] *vt* dovesti u opasnost, ugroziti, ugrožavati
imperious [im'piəriəs] *adj* (**~ly** *adv*) 1. zapovjedan, zapovjednički 2. bahat 3. hitan, prijeko potreban
imperishable [im'periʃəbl] *adj* (**imperishably** *adv*) neprolazan, neuništiv
impermanence [im'pəːmənəns] *s* nestalnost, nepostojanost

impermanent [im'pəːmənənt] *adj* nestalan, nepostojan, prolazan
impermeability [im,pəːmjə'biləti] *s* neprodirnost, nepropusnost, nepromočivost
impermeable [im'pəːmjəbl] *adj* (**impermeably** *adv*) neprodiran, nepropustan, nepromočiv
impersonal [im'pəːsənl] *adj* (**~ly** *adv*) bezličan; koji se ne odnosi ni na koju osobu; koji nije pod utjecajem vlastitih osjećaja | **~ forces** prirodne sile
impersonality [im,pəːsə'næləti] *s* bezličnost
impersonate [im'pəːsəneit] *vt* personificirati, utjeloviti; izdavati se za; *theat* predstavljati, prikazivati
impersonation [im,pəːsə'neiʃn] *s* personifikacija, utjelovljenje; *theat* predstavljanje, prikazivanje
impersonify [,impəː'sɔnifai] *vt* → **impersonate**
impertinence [im'pəːtinəns] *s* 1. nepovezanost (s predmetom razgovora) 2. drskost, drzovitost, impertinencija, bezobraznost; bezobraština
impertinent [im'pəːtinənt] *adj* (**~ly** *adv*) 1. bez veze s predmetom 2. drzak, bezobrazan, impertinentan
imperturbability ['impə,təːbə'biləti] *s* duševni mir, neuzbudljivost, nepokolebljivost, mirnoća, hladnokrvnost
imperturbable [,impə'təːbəbl] *adj* (**imperturbably** *adv*) miran, koji se ne da smesti, uzbuditi, hladnokrvan, nepokolebljiv
impervious [im'pəːvjəs] *adj* (**~ly** *adv*) (*to*) neprodiran, neprobojan, nepropustan; *fig* nepristupačan, nedostupan (za)
impetuosity [im,petju'ɔsəti] *s* žestina, naglost, neobuzdanost, plahovitost
impetuous [im'petjuəs] *adj* (**~ly** *adv*) žestok, nagao, neobuzdan, nepromišljen
impetus ['impitəs] *s* pokretna sila, sila gibanja; poriv, zamah, jak poticaj, impuls
impiety [im'paiəti] *s* 1. bezbožnost; grijeh 2. nepoštovanje 3. riječ ili čin koji pokazuje pomanjkanje pijeteta
impinge [im'pindʒ] *vi* udariti (o), padati, pasti, djelovati (*on, upon* na); *fig* kositi se, doći u sukob (sa), kršiti, narušavati
impingement [im'pindʒmənt] *s* udar; sudaranje; padanje; djelovanje; *fig* ogrešivanje (o), sukobljavanje; kršenje, narušavanje
impious ['impiəs] *adj* (**~ly** *adv*) bezbožan; bez strahopoštovanja, bez pijeteta, bezočan
impish ['impiʃ] *adj* (**~ly** *adv*) vragoljast
implacability [im,plækə'biləti] *s* nepomirljivost, neumoljivost, nesmiljenost
implacable [im'plækəbl] *adj* (**implacably** *adv*) nepomirljiv, neumoljiv, nesmiljen, neublaživ
implant ['implaːnt] *s med* radijumska igla (za liječenje raka)
implant [im'plaːnt] *vt fig* usaditi, ucijepiti (*in* u)
implantation [,implaːn'teiʃn] *s* usađivanje, ucjepljivanje
impledge [im'pledʒ] *vt* založiti, dati u zalog; obvezati se
implement ['implimənt] *s* oruđe, alat, pribor; sprava
implement ['impliment] *vt* provesti, izvršiti
implementation [,implimen'teiʃn] *s* provedba, izvršenje, primjena
implicate ['implikeit] *vt* sadržavati, obuhvaćati; *fig* uplesti, umiješati, uvući
implication [,impli'keiʃn] *s fig* upletenost, umiješanost; podrazumijevanje, dublji smisao, implikacija | **by ~** prešutno, indirektno
implicit [im'plisit] *adj* (**~ly** *adv*) 1. prešutan, indirektan, koji se podrazumijeva, koji proizlazi sam po sebi 2. bezuvjetan, slijep (vjera itd.)
implied [im'plaid] *adj* (**~ly** [im'plaiidli] *adv*) koji se podrazumijeva, koji proizlazi sam po sebi; posredno izražen
implore [im'plɔː] *vt* moliti, preklinjati, zaklinjati
imply [im'plai] *vt* uključivati u sebi; kazivati, značiti; podrazumijevati; dati razumjeti, dati naslutiti, indirektno izraziti; podmetati
impolicy [im'pɔləsi] *s* nepolitičnost; nerazboritost
impolite [,impə'lait] *adj* (**~ly** *adv*) neuljudan, nepristojan, neučtiv
impoliteness [,impə'laitnis] *s* neuljudnost, neučtivost, nepristojnost
impolitic [im'pɔlətik] *adj* (**~ly** *adv*) nerazborit; nepolitičan
imponderabilia [im,pɔndərə'biliə] *s Lat* imponderabilije
imponderable [im'pɔndərəbl] *adj* (**imponderably** *adv*) koji se ne može vagati, koji nema težine, vrlo lagan; *fig* koji se ne može procijeniti
imponderable [im'pɔndərəbl] *s* stvar koja se ne može odvagnuti | *fig* **~s** *pl* stvari čiji se učinak ne može točno procijeniti, imponderabilije
import ['impɔːt] *s* 1. *com* uvoz, import 2. značenje, smisao 3. važnost | **~s** *pl* uvozna roba, uvoz; **~ licence** uvozna dozvola; **~ duty** uvozna carina, uvoznina; **~ trade** uvozna trgovina
import [im'pɔːt] *vt* 1. *com* uvoziti, uvesti; unijeti, unositi; uzrokovati, dati povod 2. značiti; kazivati 3. biti važan za (koga)
importable [im'pɔːtəbl] *adj* koji se može uvesti
importance [im'pɔːtəns] *s* važnost, značajnost, ugled, utjecaj | **of no ~** beznačajan, nevažan
important [im'pɔːtənt] *adj* (**~ly** *adv*) 1. važan, značajan; ugledan, utjecajan

importation [ˌimpɔːˈteiʃn] *s* uvoz, uvoženje; uvozni artikl
importer [imˈpɔːtə] *s* uvoznik, importer
importunate [imˈpɔːtjunət] *adj* (**~ly** *adv*) 1. dosadan, nesnosan, nametljiv 2. hitan, prešan, neodgodiv
importune [imˈpɔːtjuːn] *vt* 1. moljakati, salijetati, navaljivati (na koga molbama), nagovoriti (prostitutka prolaznika)
importunity [ˌimpɔːˈtjuːniti] *s* dosađivanje, dodijavanje, navaljivanje, salijetanje, moljakanje, nametanje
impose [imˈpəuz] *vt/i* **I.** *vt* 1. nametnuti, naturiti, natovariti (poreze, globe, zadatak), udariti (porez) 2. podmetnuti, podvaliti, prevariti | **to ~ (oneself) on a p** nametati se nametnuti se komu; **to ~ upon sth** iskoristiti, iskorišćavati, zlorabiti; **he is easily ~d upon** njega je lako prevariti; **to ~ upon oneself** zavaravati se; *eccl* **to ~ hands** položiti ruke (kod blagoslova, potvrde itd.)
imposing [imˈpəuziŋ] *adj* (**~ly** *adv*) impozantan, koji ulijeva poštovanje
imposition [ˌimpəˈziʃn] *s* 1. *eccl* polaganje ruku (*~ of hands*) 2. nametanje (poreza, dužnosti, itd.); namet, porez, kaznena zadaća (u školi) 3. prijevara, podvala
impossibility [imˌpɔsəˈbiləti] *s* nemogućnost, nemoguća stvar
impossible [imˈpɔsəbl] *adj* (**impossibly** *adv*) nemoguć; nepodnošljiv
impost [ˈimpəust] *s* teret, namet, porez, dažbina, carina; *sl sport* težina koju konj nosi na hendikepskim utrkama
impostor [imˈpɔstə] *s* varalica, hohštapler
imposture [imˈpɔstʃə] *s* varanje, prijevara, hohštaplerija
impotence [ˈimpətəns] *s* nemoć, slabost, nesposobnost, iznemoglost; *physiol* impotencija
impotent [ˈimpətənt] *adj* (**~ly** *adv*) 1. slab, nemoćan, nesposoban; *physiol* iznemogao, impotentan
impound [imˈpaund] *vt* 1. satjerati (odlutalu stoku) u tor 2. zatvoriti, zaključati 3. *jur* zaplijeniti, konfiscirati
impoverish [imˈpɔvəriʃ] *vt* osiromašiti, dovesti na prosjački štap; iscrpsti (zemlju) | **~ed rubber** guma koja je izgubila elastičnost
impoverishment [imˈpɔvəriʃmənt] *s* osiromašenje, osiromašivanje; iscrpljivanje (tla)
impracticability [imˌpræktikəˈbiləti] *s* neizvedivost neostvarivost; neprohodnost (puta); neposlušnost, nepokornost
impracticable [imˈpræktikəbl] *adj* (**impracticably** *adv*) 1. neizvediv, neprovediv, neostvariv 2. neprohodan 3. neposlušan, nepokoran
impractical [imˈpræktikl] *adj* nepraktičan
imprecate [ˈimprikeit] *vt* proklinjati, kleti, zazivati zlo, nesreću (*upon* na koga)
imprecation [ˌimpriˈkeiʃn] *s* proklinjanje, kletva, zazivanje zla na koga
imprecatory [ˈimprikeitəri] *adj* koji proklinje
impregnability [imˌpregnəˈbiləti] *s* nesavladivost; neoborivost; nepokolebljivost
impregnable [imˈpregnəbl] *adj* (**impregnably** *adv*) nesavladiv, neosvojiv; neoboriv; nepokolebljiv
impregnate [imˈpregnit] *adj* oplođen; *chem* natopljen, zasićen; *fig* prožet, pun, bremenit
impregnate [ˈimpregneit] *vt* oploditi; *chem* natopiti, zasititi, impregnirati; *fig* prožeti, ispuniti, zadojiti
impregnation [ˌimpregˈneiʃn] *s* oplođenje, oplođivanje; *chem* natapanje, zasićivanje, impregnacija; *fig* prožimanje
imprescriptible [ˌimpriˈskriptəbl] *adj jur* nezastariv; neotuđiv, nepovrediv, neokrnjiv
impress [ˈimpres] *s* 1. otisak, biljeg, žig 2. *fig* obilježje, biljeg, žig, pečat; dojam, utisak
impress [imˈpres] *vt* 1. utisnuti, udariti žig; otisnuti, otiskivati 2. *fig* usjeći se (u), ostaviti dubok dojam, dojmiti se, impresionirati; imponirati (kome) 3. utuviti (*on* kome) 4. *mil mar* silom novačiti (i *fig*) 5. zaplijeniti, rekvirirati 6. *fig* upotrijebiti, poslužiti se (čime)
impressario [ˌimpreˈsaːriəu] *s* impresario
impressible [imˈpresəbl] *adj* (**impressibly** *adv*) prijemljiv za dojmove
impression [imˈpreʃn] *s* 1. utiskivanje, otiskivanje, utisak, otisak 2. *print* otisak, kopija; pretisak; naklada, izdanje 3. *fig* dojam, utisak, impresija; djelovanje, učinak | **to be under the ~ that** imati dojam da
impressionability [imˌpreʃənəˈbiləti] *s* prijemljivost za dojmove
impressionable [imˈpreʃənəbl] *adj* koji lako prima dojmove, prijemljiv
impressionism [imˈpreʃənizəm] *s arts* impresionizam
impressionist [imˈpreʃənist] *s arts* impresionist
impressionistic [imˌpreʃəˈnistik] *adj* (**~ally** *adv*) impresionistički
impressive [imˈpresiv] *adj* (**~ly** *adv*) *fig* koji ostavlja dojam, dojmljiv, impresivan
impressiveness [imˈpresivnis] *s* dojmljivost, impresivnost
imprest [ˈimprest] *s* predujam iz državne blagajne
imprimatur [ˌimpriˈmeitə] *s* odobrenje za tisak, imprimatur
imprimis [imˈpraimis] *adv* najprije, prvo, prije svega

imprint ['imprint] *s* otisak, trag (i *fig*); *fig* biljeg; *print* naznaka tiskara, nakladnika, mjesta i godine tiskanja
imprint [im'print] *vt* utisnuti, otisnuti, natisnuti (*on, upon* na); nalijepiti, prilijepiti (poštansku marku) (*with*); *fig* urezati, usjeći
imprison [im'prizn] *vt* uhapsiti, zatvoriti, utamničiti
imprisonment [im'priznmənt] *s* uhapšenje, zatvaranje, utamničenje; zatvor; kazna zatvorom
improbability [im,prɔbə'biləti] *s* nevjerojatnost
improbable [im'prɔbəbl] *adj* (**improbably** *adv*) nevjerojatan
improbity [im'prəubəti] *s* nepoštenje, nečasnost
impromptu [im'prɔmptjuː] *adv Fr* improvizirano, bez pripreme
impromptu [im'prɔmptjuː] *s Fr* improvizacija; *mus* improptu; što se učini bez smišljanja, bez pripreme
impromptu [im'prɔmptjuː] *adj Fr* bez pripreme (izveden ili izrečen), improviziran
improper [im'prɔpə] *adj* (~**ly** *adv*) 1. neprikladan, nepristao; nepriličan, nepristojan 2. kriv, neispravan, pogrešno upotrijebljen, koji ne odgovara, netočan | *math* ~ **fraction** nepravi razlomak
impropriate [im'prəuprieit] *vt jur & eccl* prisvojiti; prenijeti (crkvenu imovinu) na laike
impropriation [im,prəupri'eiʃn] *s eccl* prisvajanje, prisvojenje; prijenos ili izručenje crkvene imovine na laike
impropriator [im'prəuprieitə] *s eccl* onaj koji prisvaja, prisvojitelj; laik kome je dano na uživanje crkveno dobro
impropriety [,imprə'praiəti] *s* 1. neprikladnost, netočnost, neispravnost, pogreška 2. nepriličnost, nedoličnost, nepristojnost
improvability [im,pruːvə'biləti] *s* sposobnost ili mogućnost poboljšanja, usavršenja
improvable [im'pruːvəbl] *adj* (**improvably** *adv*) koji se može usavršiti, poboljšati, popraviti, oplemeniti
improve [im'pruːv] *vt/i* **I.** *vt* 1. poboljša(va)ti, popraviti, popravljati, poljepšati, dotjer(iv)ati, oplemeniti; usavršiti; nadmašiti, učiniti boljim od (*upon*); *agr* meliorirati; *US* razvi(ja)ti, povećavati vrijednost (zemljišta) 2. korisno upotrijebiti, iskoristiti (priliku) **II.** *vi* poboljšati se, popraviti se, usavršiti se; napredovati | **to** ~ **the occasion** iskoristiti priliku; **to** ~ **away** pogoršati ili pokvariti pokušavajući popraviti, pokvariti i ono što je bilo dobro
improvement [im'pruːvmənt] *s* 1. poboljšanje, popravljanje, usavršavanje; dotjerivanje, poljepšavanje; *agr* melioracija; *US* razvijanje, razvoj, poveća(va)nje vrijednosti (zemljišta) 2. korisno upotrebljavanje, iskorišćivanje 3. nadmašivanje; napredak ([*up*]*on* prema)
improver [im'pruːvə] *s* 1. koji (ili što) poljepšava, poboljšava, usavršava, popravlja, dotjeruje 2. sredstvo za poboljšavanje ili popravljanje 3. onaj tko se usavršava (u zanatu)
improvidence [im'prɔvidəns] *s* neopreznost, nesmotrenost, lakomislenost; neštedljivost
improvident [im'prɔvidənt] *adj* (~**ly** *adv*) neoprezan, nesmotren, lakomislen; neštedljiv
improvisation [,imprəvai'zeiʃn] *s* 1. improviziranje; *mus theat* improvizacija, improviziranje
improvisator ['imprəvaizeitə] *s* improvizator
improvise ['imprəvaiz] *vt* improvizirati; pisati, govoriti, svirati ili pjevati bez pripreme
imprudence [im'pruːdəns] *s* nerazboritost, nepromišljenost, nesmotrenost
imprudent [im'pruːdənt] *adj* (~**ly** *adv*) nerazborit, nepromišljen, nesmotren
impudence ['impjudəns] *s* bestidnost, besramnost, bezočnost, drskost, bezobrazluk, bezobraština
impudent ['impjudənt] *adj* (~**ly** *adv*) bestidan, besraman, bezobrazan, bezočan, drzak
impudicity [,impju'disəti] *s* → **impudence**
impugn [im'pjuːn] *vt* opovrgavati, pobijati, napadati, poricati
impugnable [im'pjuːnəbl] *adj* koji se može napasti, pobiti, opovrći
impugnment [im'pjuːnmənt] *s* pobijanje, napadanje, poricanje, opovrgavanje
impulse ['impʌls] *s* 1. pokretna sila; *el* impuls 2. *fig* poriv, nagon; poticaj, pobuda, zamah | **a man of** ~ impulzivan čovjek; **on** ~ impulzivno; *el* ~ **generator** udarni generator
impulsion [im'pʌlʃən] *s* pokretanje, pogon; *fig* poriv, nagon; poticaj, pobuda, zamah
impulsive [im'pʌlsiv] *adj* (~**ly** *adv*) pokretni, koji stavlja u pogon; impulzivan, nagao
impulsiveness [im'pʌlsivnis] *s* impulzivnost, naglost
impunity [im'pjuːnəti] *s* nekažnjavanje; oprost, izuzeće od kazne | **with** ~ nekažnjeno
impure [im'pjuə] *adj* (~**ly** *adv*) nečist, prljav; pomiješan; *fig* nečist (motiv), prljav, grešan, pokvaren
impurity [im'pjuərəti] *s* nečistoća, prljavost; *fig* prljavština; pokvarenost
imputability [im,pjuːtə'biləti] *s* odgovornost (za postupke), mogućnost pripisivanja (komu)
imputable [im'pjuːtəbl] *adj* koji se može komu pripisati

imputation [ˌimpjuˈteiʃn] *s* pripisivanje (komu), upisivanje u grijeh, neizravno optuživanje, podmetanje, imputacija

imputative [imˈpjuːtətiv] *adj* (~**ly** *adv*) koji neizravno okrivljuje; podmetnut, pripisan, imputiran

impute [imˈpjuːt] *vt* pripis(iv)ati (*to* komu, čemu), neizravno okriviti, imputirati, podmetati, podmetnuti

in [in] *prep* 1. (mjesno, većinom na pitanje gdje?) u, na | ~ **Europe** u Evropi; ~ **the east** na istoku; ~ **the house** u kući; (o većim gradovima) ~ **London,** ~ **Paris** u Londonu, u Parizu; ~ **the street** na ulici; ~ **the country** na selu, na ladanju; ~ **the field** na polju; ~ **the window** na prozoru; ~ **the sky** na nebu; ~ **town** u gradu (o kojem je riječ); ~ **the world** u svijetu 2. (preneseno) u, na, pri | ~ **the army** u vojsci; **a professor** ~ **the university** profesor na sveučilištu; ~ **the play** u kazališnom komadu; ~ **Shakespeare** u Shakesperea; **blind** ~ **one eye** slijep na jedno oko; **not one** ~ **a hundred** nijedan od stotinu njih; **what would you do** ~ **my place** što biste učinili na mojem mjestu; **a place** ~ **a million** mjesto kakvo nećeš naći pa da ih milijun obiđeš; **a shilling** ~ **the pound** jedan šiling po funti; ~ **old people** u starih ljudi; **he had it** ~ **him** bio je stvoren za to; **to be** ~ **it** sudjelovati; **it is not** ~ **her to** ne leži joj da...; **there is not much** ~ **it** nije bogzna što 3. (stanje, okolnost) ~ **good health** u (pri) dobru zdravlju; ~ **despair** u očajanju; ~ **arms** pod oružjem; ~ **leather (bronze, marble, silk)** od kože (bronce, mramora, svile); ~ **this heat** po toj vrućini; ~ **the moonlight** po mjesečini, na mjesečini; ~ **the rain** po kiši; ~ **the sun(shine)** na suncu; ~ **any case** u svakom slučaju; ~ **no way** ni na koji način, nikako, nipošto; **nouns ending** ~ imenice koje se svršavaju na... 4. (vremenski) ~ **1900** godine tisuću devetstote; ~ **March** u ožujku; ~ **the day,** ~ **(the) day-time** po danu, obdan; ~ **life** za života; ~ **the reign** *(of)* za vladanja; ~ **my sleep** u snu, dok sam spavao; ~ **time** na vrijeme, u pravi čas; ~ **a minute** u minuti, za jednu minutu, začas; ~ **a week,** ~ **a week's time** u (za, u roku od) tjedan dana 5. (način, sredstvo, odnos) **a ride** ~ **a motor car** vožnja autom; **to cut sth** ~ **two** razrezati napola, raspoloviti; ~ **one word** jednom riječi; ~ **short** ukratko; ~ **dozens** na tucete; ~ **ink (pencil)** (pisano) tintom (olovkom); ~ **writing** pismeno, napismeno; ~ **English** na engleskom jeziku; ~ **order to** da, da bi, kako bi; ~ **my opinion** po mome mišljenju; ~ **all probability** po svoj prilici 6. (stupanj, mjera) **3 feet** ~ **length** 3 stope u duljinu; ~ **size** u (po) veličini; **six** ~ **number** šestoro njih na broju; ~ **strength** po jačini 7. (domet, domašaj) ~ **my power** u mojoj moći, koliko stoji do mene 8. (uzrok, svrha) ~ **my defence** u moju obranu; ~ **his honour** njemu u čast; ~ **remembrance** na uspomenu 9. ~ **that** time što, utoliko, jer; ~ **as (so) far as** utoliko što; ~ **itself** samo po sebi

in [in] *adv* (smjer, u vezi s glagolima) unutra; u kući; pod krovom | **to come** ~ ući, ulaziti; **to be** ~ **biti u sobi, kod kuće;** (voće itd.) na prodaju; (odjeća) u modi; *pol* na vlasti, izabran; **the train is** ~ vlak je stigao; **is the fire still** ~**?** da li (vatra) još gori?; **we are** ~ **for** sprema nam se, čeka nas (nešto neugodno); **to be** ~ **for** prijaviti se (za utrku); **to be** ~ **for it** nemati drugog izlaza, biti u škripcu; *coll* **to be** ~ **on** sudjelovati (u čemu); **to be well** ~ **with** biti na dobroj nozi (s kim); **to have it** ~ **for a p** imati koga na zubu, samo čekati prigodu da se koga kazni; ~ **between** u međuvremenu; **to breed** ~ **and** ~ sparivati životinje bliske po srodstvu; ~ **and** ~ uvijek isto, u istom krugu; **day** ~ **day out, year** ~ **year out** iz dana u dan, iz godine u godinu; ~ **and out** sad unutra sad van, malo unutra malo van; *US sl* **he is all** ~ posve je iscrpljen

in [in] *s* (većinom *pl* ~**s**) | **the** ~**s oni koji** su na vlasti, vladajuća stranka; **the** ~**s and the outs** 1. vlada i opozicija 2. *fig* smicalice; pojedinosti (nekoga pitanja)

inabillity [ˌinəˈbiləti] *s* nesposobnost, nemoć | *com* ~ **to pay** insolventnost

inaccessibility [ˈinækˌsesəˈbiləti] *s* nepristupačnost

inaccessible [ˌinækˈsesəbl] *adj* (**inaccessibly** *adv*) nepristupačan

inaccuracy [inˈækjurəsi] *s* netočnost, neispravnost, pogreška

inaccurate [inˈækjurət] *adj* (~**ly** *adv*) netočan, neispravan, pogrešan

inaction [inˈækʃən] *s* nerad, nepokretnost, mirovanje, neaktivnost

inactive [inˈæktiv] *adj* (~**ly** *adv*) trom, pasivan, nepokretan, miran, neaktivan; nedjelatan; *com* labav; *chem* & *med* nedjelotvoran

inactivity [ˌinækˈtivəti] *s* nedjelatnost, tromost, neaktivnost, nepokretnost; *com* labavost; *chem* & *med* nedjelotvornost

inadaptability [ˌinədæptəˈbiləti] *s* neprilagodljivost

inadaptable [ˌinəˈdæptəbl] *adj* neprilagodljiv

inadequacy [inˈædikwəsi] *s* nedostatnost, nedovoljnost; neprimjerenost; nedoraslost; manjkavost

inadequate [inˈædikwət] *adj* (~**ly** *adv*) nedostatan, nedovoljan; neprimjeran (*to* komu, čemu); nedorastao (čemu); manjkav

inadmissibility [ˈinədˌmisəˈbiləti] *s* nedopustivost, neprihvatljivost

inadmissible [ˌinəd'misəbl] *adj* (**inadmissibly** *adv*) nedopustiv, neprihvatljiv
inadvertence [ˌinəd'vəːtəns] *s* nepažljivost, nepažnja, nesmotrenost; pogreška iz nemara, omaška
inadvertent [ˌinəd'vəːtənt] *adj* (**~ly** *adv*) nepažljiv, nesmotren, nemaran, nehajan; nehotičan, nenamjeran, nesvjestan
inadvertently [ˌinəd'vəːtəntli] *adv* nehotice, iz nepažnje
inalienability [inˌeiljənə'biləti] *s* neotuđivost
inalienable [in'eiljənəbl] *adj* (**inalienably** *adv*) neotuđiv, neprenosiv
inalterable [in'ɔːltərəbl] *adj* (**inalterably** *adv*) nepromjenljiv
inane [i'nein] *adj* (**~ly** *adv*) *fig* prazan, ništavan, beznačajan, plitak, besmislen, šupalj, bez duha, glupav
inanimate [in'ænimət] *adj* (**~ly** *adv*) neživ, beživotan, mrtav; *fig* bez duha, dosadan, mlitav
inanimation [inˌæni'meiʃn] *s* beživotnost, mrtvilo; tupost, nepokretnost; mlitavost
inanition [ˌinə'niʃn] *s* praznina; iznemoglost, iscrpljenost od gladi; malaksalost
inanity [i'næniti] *s* praznina, ništavnost; *fig* ispraznost, glupavost, besmislenost; besmislica | **inanities** *pl* prazne riječi, mlaćenje prazne slame
inappeasable [ˌinə'piːzəbl] *adj* neublaživ; neutaživ, neugasiv; nepomirljiv
inappellable [ˌinə'peləbl] *adj* *jur* besprizivan
inapplicability ['inˌæplikə'biləti] *s* neprimjenljivost, neupotrebljivost
inapplicable [in'æplikəbl] *adj* (**inapplicably** *adv*) neprimjenljiv (*to* na), neupotrebljiv, neprikladan (*to* za)
inapposite [in'æpəzit] *adj* (**~ly** *adv*) neprikladan, neprimjeren; neprilićan, neumjestan; koji ne odgovara, koji nema veze
inappreciable [ˌinə'priːʃəbl] *adj* (**inappreciably** *adv*) neprimjetan, neznatan, beznačajan
inappreciation [ˌinəpriːʃi'eiʃn] *s* nedovoljno ocjenjivanje ili priznavanje vrijednosti
inappreciative [ˌinə'priːʃiətiv] *adj* (**~ly** *adv*) koji ne zna cijeniti, koji nedovoljno cijeni
inapprehensible [inˌæpri'hensəbl] *adj* (**inapprehensibly** *adv*) nerazumljiv, neshvatljiv
inapproachable [ˌinə'prəutʃəbl] *adj* (**inapproachably** *adv*) *fig* nepristupačan
inappropriate [ˌinə'prəupriit] *adj* (**~ly** *adv*) neprikladan; neumjestan
inapt [in'æpt] *adj* (**~ly** *adv*) nepodesan, nesposoban, nespretan; neprikladan, neprimjeren
inaptitude [in'æptitjuːd] *s* nesposobnost, nepodesnost, nespretnost; neprikladnost; neprimjerenost
inarticulate [ˌinaː'tikjuːlit] *adj* (**~ly** *adv*) neartikuliran, nejasan, nerazgovijetan (govor); koji ne može razgovijetno govoriti; koji se ne zna valjano izraziti; škrt na riječima; neizražen riječima, neizgovoren; *zool* bez zglavaka (članaka)
inartificial [inˌaːti'fiʃl] *adj* neumjetan, jednostavan, prirodan, neizvještačen
inartistic [ˌinaː'tistik] *adj* (**~ally** *adv*) neumjetnički
inasmuch [ˌinəz'mʌtʃ] *adv* | **~ as** jer, budući da, s obzirom na to što; ukoliko
inattention [ˌinə'tenʃn] *s* nepažljivost, nepažnja, neobaziranje, nemar, nehaj
inattentive [ˌinə'tentiv] *adj* (**~ly** *adv*) nepažljiv (*to* prema), nemaran, nehajan
inaudibility [inˌɔːdə'biləti] *s* nečujnost
inaudible [in'ɔːdəbl] *adj* (**inaudibly** *adv*) nečujan
inaugural [i'nɔːgjurəl] *adj* nastupni, uvodni
inaugural [i'nɔːgjurəl] *s* nastupni, uvodni govor
inaugurate [i'nɔːgjureit] *vt* (svečano) otvoriti (izložbu, novu javnu zgradu itd.); (svečano) uvesti u (dužnost); *fig* uvoditi, uvesti, započeti
inauguration [iˌnɔːgju'reiʃn] *s* svečano otvorenje, uvođenje u dužnost | *US Inauguration Day* uvođenje u dužnost novoizabranog predsjednika SAD
inaugurator [i'nɔːgjureitə] *s* koji svečano otvara, koji uvodi koga u dužnost
inauspicious [ˌinɔːs'piʃəs] *adj* (**~ly** *adv*) nepovoljan, s lošim predznacima, zloslutan
inboard ['inbɔːd] *adj* *mar* koji se nalazi u unutrašnjosti broda
inboard ['inbɔːd] *adv* u unutrašnjost(i) broda
inborn [ˌin'bɔːn] *adj* prirođen, urođen, samonikao
inbred [ˌin'bred] *adj* prirođen, urođen, baštinjen, prirodan; *biol* stvoren od roditelja koji su u bliskom srodstvu
inbreed [ˌin'briːd] *vt* *biol* pariti životinje (križati biljke) koje su u bliskom srodstvu
inbreeding [ˌin'briːdiŋ] *s* parenje životinja (križanje biljaka) koje su u uskom srodstvu
incalculability [inˌkælkjulə'biləti] *s* neproračunljivost, neizračunljivost
incalculable [in'kælkjuləbl] *adj* (**incalculably** *adv*) neproračunljiv, neizračunljiv, neprocjenjiv; nepredvidiv
incandesce [ˌinkæn'des] *vi/t* usijati (se), užariti (se)
incandescence [ˌinkæn'desns] *s* usijanost, užarenost; razbijeljeni žar
incandescent [ˌinkæn'desnt] *adj* usijan, užaren (do bjelila); sjajan, jasan; koji daje svjetlo kad je užaren
incantation [ˌinkæn'teiʃn] *s* čaranje, bajanje, vračanje

incapability [inˌkeipəˈbiləti] *s* nesposobnost
incapable [inˈkeipəbl] *adj* (**incapably** *adv*) nesposoban, koji ne može, nije kadar | **drunk and ~** mrtav pijan
incapacitate [ˌinkəˈpæsiteit] *vt* onesposobiti (*for, from* za); diskvalificirati
incapacitation [ˈinkəˌpæsiˈteiʃn] *s* onesposobljenje, onesposobljenost; *jur* proglašenje nesposobnim, diskvalificiranje
incapacity [ˌinkəˈpæsiti] *s* nesposobnost (*for* za); nemoć; diskvalifikacija
incarcerate [inˈkaːsəreit] *vt* zatvoriti, utamničiti | *med* **~d hernia** uklije̋štena kila
incarceration [inˌkaːsəˈreiʃn] *s* utamničenje
incarnate [inˈkaːneit] *adj* utjelovljen; u čovječjoj podobi
incarnate [ˈinkaːneit] *vt* utjeloviti; dati konkretan oblik, konkretizirati
incarnation [ˌinkaːˈneiʃn] *s* utjelovljenje | **the Incarnation** utjelovljenje Kristovo
incase [inˈkeis] *vt* → **encase**
incautious [inˈkɔːʃəs] *adj* (**~ly** *adv*) neoprezan, nesmotren, nerazborit, nagao
incendiarism [inˈsendjərizəm] *s* palež, podmetanje požara; *fig* huškanje
incendiary [inˈsendjəri] *adj* koji podmeće požare, palikućni; koji prouzrokuje požar, zapaljiv; *fig* huškački | *mil* **~ bomb** zapaljiva bomba
incendiary [inˈsendjəri] *s* palikuća; huškač
incense [ˈinsens] *s* tamjan; *fig* **kađenje, laskanje**
incense [ˈinsens] *vt* kaditi tamjanom; *fig* kaditi komu, laskati
incense [inˈsens] *vt* raspaliti, **razbjesniti,** razjariti
incensory [inˈsensəri] *s* kadionica
incentive [inˈsentiv] *s* poticaj, pobuda, stimulans, stimulacija
inception [inˈsepʃən] *s* počinjanje, početak
inceptive [inˈseptiv] *adj* početni; *gram* inhoativni
inceptive [inˈseptiv] *s gram* inhoativni glagol
incertitude [inˈsəːtitjuːd] *s* **neizvjesnost, nesigurnost**
incessant [inˈsesnt] *adj* (**~ly** *adv*) neprestan, neprekidan
incest [ˈinsest] *s* rodoskvrnuće, incest
incestuous [inˈsestjuəs] *adj* (**~ly** *adv*) rodoskvrni
inch [intʃ] *s* palac (2,54 cm), inč, col(a); sitnica, malenkost | **~es** *pl* rast, stas; **by ~es** malo-pomalo; za malenkost, za koji centimetar; **every ~** od glave do pete; **give him an ~ and he'll take an ell** pruži mu prst, a on zgrabi cijelu ruku; **he came within an ~ of being struck by...** umalo da ga nije udario... ; **to flog a p within an ~ of his life** isprebijati na mrtvo ime; **~ by ~** malo-pomalo, postepeno; **not to yield an ~** ne popustiti ni za dlaku, ne uzmaknuti ni za pedalj
inch [intʃ] *vi/t* micati (se) korak po korak, malo-pomalo; mjeriti u inčima; razdijeliti na palce, inče
inch-board [ˈintʃbɔːd] *s* daska debela jedan inč, colarica
inched [intʃt] *adj* razdijeljen na inče
inchoate [ˈinkəueit] *adj* (**~ly** *adv*) upravo započet; nerazvijen, nepotpun
inchoative [ˈinkəueitiv] *adj* početni, uvodni; *gram* inhoativni
inch-rule [ˈintʃruːl] *s* složivi metar
incidence [ˈinsidəns] *s* nastupanje, pojavljivanje; rasprostranjenost; *phys* **upadanje** | *phys* **angle of ~** kut upadanja
incident [ˈinsidənt] *s* slučaj, događaj; nemio slučaj, incident; *theat* sporedna radnja, epizoda; upadica
incident [ˈinsidənt] *adj* svojstven (*to* čemu), uobičajen (*to* kod); *phys* **upadni**; *jur* **zavisan** (*to* od), povezan (*to* sa)
incidental [ˌinsiˈdentl] *adj* (**~ly** *adv*) slučajan, uzgredan, sporedan; **prigodan**; **koji** proizlazi (*to* iz), koji prati (*to* što)
incinerate [inˈsinəreit] *vt* spaliti, pretvoriti u pepeo
incineration [inˌsinəˈreiʃn] *s* spaljivanje, pretvaranje u pepeo; *US* spaljivanje mrtvaca, kremacija
incinerator [inˈsinəreitə] *s* peć za spaljivanje (osobito otpadaka)
incipience [inˈsipiəns] *s* početak; početni stadij
incipient [inˈsipiənt] *adj* (**~ly** *adv*) početni
incise [inˈsaiz] *vt* urezati, usjeći, zarezati; gravirati
incision [inˈsiʒn] *s* rezanje, urezivanje; (u)rez; graviranje
incisive [inˈsaisiv] *adj* (**~ly** *adv*) oštar, rezak, jedak, zajedljiv; **pronicljiv, prodoran** | *med* **~ tooth** sjekutić
incisor [inˈsaizə] *s anat* sjekutić
incitation [ˌinsaiˈteiʃn] *s* → **incitement**
incite [inˈsait] *vt* podbadati, poticati, podjarivati, huškati; pobuđivati, izazivati
incitement [inˈsaitmənt] *s* podbadanje, podjarivanje, poticanje, huškanje; pobuđivanje, izazivanje; pobuda, stimulacija, stimulans
incivility [ˌinsiˈviliti] *s* neuljudnost, **nepristojnost**, neučtivost
inclemency [inˈklemənsi] *s* oporost, surovost, oštrina (klime, vremena); neprijaznost; nemilosrdnost
inclement [inˈklemənt] *adj* (**~ly** *adv*) opor, surov, oštar; neprijazan; nemilosrdan
inclinable [inˈklainəbl] *adj* sklon, naklonjen (*to* čemu)
inclination [ˌinkliˈneiʃn] *s* nagib, naklon, nagnutost; inklinacija, naginjanje; sklonost, naklonost; tendencija (*to, towards*)
incline [inˈklain] *s* nagib, kosina; obronak
incline [inˈklain] *vt/i* **I.** *vt* sagibati, sagnuti, nagibati, nagnuti, pognuti, nakloniti; kloniti; *fig* skloniti, navoditi, navesti **II.** *vi*

nagibati se, nagnuti se; biti kos, spuštati se; *fig* biti sklon; imati volje, biti raspoložen (za što); naginjati (*to* na što)
inclose [in'kləuz] *vt* → **enclose**
inclosure [in'kləuʒə] *s* → **enclosure**
include [in'klu:d] *vt* uključi(va)ti, uklopiti; uračunati; obuhvatiti, obuhvaćati, sadržavati | **postage ~d** uključivo poštarine
including [in'klu:diŋ] *prep* uračunavši, uključivo, inkluzive
inclusion [in'klu:ʒn] *s* uključivanje, uključenje; obuhvaćanje, uklapanje, pripadnost
inclusive [in'klu:siv] *adj* (**~ly** *adv*) koji sadržava, obuhvaća, uključuje | **~ terms** u cijeni je sve uključeno; **~ of** uključivo, inkluzive; **from 1 May to 3 June ~** od 1. svibnja do uključivo 3. lipnja
incog [in'kɔg] *adv coll abbr* → **incognito**
incognito [in'kɔgnitəu] *adj* ne odavajući svoje ime i ličnost, inkognito
incognito [in'kɔgnitəu] *adv* pod drugim imenom, tajno, inkognito
incognito [in'kɔgnitəu] *s* izmišljeno ime, inkognito
incognizable [in'kɔgnizəbl] *adj* koji se ne može (pre)poznati, raspoznati
incognizant [in'kɔgnizənt] *adj* koji ne prepoznaje; nesvjestan, ne znajući (*of* za)
incoherence [ˌinkəu'hiərəns] *s* nepovezanost, nesuvislost; nedosljednost, nespojivost; *phys* nedostatak kohezije | **~s** *pl* proturječje
incoherent [ˌinkəu'hiərənt] *adj* (**~ly** *adv*) nepovezan, bez veze, nesuvisao; nedosljedan; proturječan
incombustibility ['inkəmˌbʌstə'biliti] *s* nespaljivost, nesagorivost
incombustible [ˌinkəm'bʌstəbl] *adj* nesagoriv, nespaljiv
income ['inkəm] *s* prihod, dohodak
incomer ['inˌkʌmə] *s* pridošlica, došljak; doseljenik; *jur* novi vlasnik, nasljednik
income-tax ['inkəmtæks] *s* porez na dohodak
incoming ['inˌkʌmiŋ] *s* 1. ulaz, ulaženje; dolazak, pridolazak; prispijevanje 2. prihod, dohodak | **~s** *pl* dohodak, prihod
incoming ['inˌkʌmiŋ] *adj* koji ulazi; koji (na)dolazi, koji nastupa; koji se useljuje; koji prispijeva
incommensurability ['inkəˌmenʃərə'biliti] *s* neusporedivost; raskorak, nerazmjer
incommensurable [ˌinkə'menʃərəbl] *adj* (**incommensurably** *adv*) neusporediv; u raskoraku (*with* sa), nerazmjeran
incommensurate [ˌinkə'menʃərət] *adj* (**~ly** *adv*) neusporediv; koji je u raskoraku (*to, with*), nerazmjeran (čemu)
incommode [ˌinkə'məud] *vt* smetati koga, uznemiravati koga, uzrokovati neprilike (komu)
incommodious [ˌinkə'məudiəs] *adj* (**~ly** *adv*) neugodan; neudoban
incommunicable [ˌinkə'mju:nikəbl] *adj* (**incommunicably** *adv*) nesaopćiv, nepriopćiv
incommunicative [ˌinkə'mju:nikətiv] *adj* (**~ly** *adv*) nerazgovorljiv, šutljiv; zatvoren, povučen, suzdržljiv
incommutable [ˌinkə'mju:təbl] *adj* (**incommutably** *adv*) nezamjenljiv, nepromjenljiv
incomparable [in'kɔmpərəbl] *adj* (**incomparably** *adv*) neusporediv (*with, to* sa), jedinstven
incompatibility ['inkəmˌpætə'biliti] *s* nespojivost, nezdruživost, neslaganje, nesuglasnost, neusklađenost, inkompatibilnost (*with* sa)
incompatible [ˌinkəm'pætəbl] *adj* (**incompatibly** *adv*) nespojiv, nezdruživ, nesuglasan, inkompatibilan
incompetence [in'kɔmpitəns] *s* nesposobnost; *jur* nekompetentnost, inkompetencija, nenadležnost
incompetent [in'kɔmpitənt] *adj* (**~ly** *adv*) nesposoban; *jur* nenadležan, nekompetentan
incomplete [ˌinkəm'pli:t] *adj* (**~ly** *adv*) nepotpun, nedovršen
incompleteness [ˌinkəm'pli:tnis] *s* nepotpunost, nedovršenost
incomprehensibility [inˌkɔmprihensə'biliti] *s* nerazumljivost, neshvatljivost
incomprehensible [inˌkɔmpri'hensəbl] *adj* (**incomprehensibly** *adv*) neshvatljiv, nerazumljiv
incomprehension [inˌkɔmpri'henʃən] *s* neshvaćanje, nerazumijevanje
incompressibility ['inkəmˌpresə'biliti] *s* nestlačivost
incompressible [ˌinkəm'presəbl] *adj* nestlačiv
incomputable [ˌinkəm'pju:təbl] *adj* koji se ne može izračunati, neizračunljiv
inconceivability ['inkənˌsi:və'biliti] *s* nepojmljivost, neshvatljivost, što se ne može zamisliti
inconceivable [ˌinkən'si:vəbl] *adj* (**inconceivably** *adv*) nepojmljiv, neshvatljiv, koji se ne može zamisliti; slabo vjerojatan
inconclusive [ˌinkən'klu:siv] *adj* (**~ly** *adv*) neuvjerljiv, bez dokazne snage; koji ne dovodi do određenog rezultata ili zaključka
incondensable [ˌinkən'densəbl] *adj* koji se ne može zgusnuti, skratiti, sažeti
incondite [in'kɔndait] *adj* nedotjeran, loše izrađen
inconformity [ˌinkən'fɔ:miti] *s* nespojivost, nesličnost, raznovrsnost, nepodudaranje, neujednačenost (*with, to* sa)
incongruity [ˌinkɔŋ'gruiti] *s* nepodudaranje, nepristajanje, neslaganje; neprimjerenost, neskladnost, nerazmjer
incongruous [in'kɔŋgruəs] *adj* (**~ly** *adv*) koji se ne slaže, ne podudara, koji je u

neskladu (*with* sa), koji ne pristaje (*to* komu, čemu); neprimjeren, neskladan
inconsequence [in'kɔnsikwəns] *s* nedosljednost, nelogičnost, inkonzekventnost
inconsequent [in'kɔnsikwənt] *adj* (**~ly** *adv*) nedosljedan, nesuvisao, nelogičan; nevažan, beznačajan
inconsequential [inˌkɔnsi'kwenʃəl] *adj* (**~ly** *adv*) → **inconsequent**
inconsiderable [ˌinkən'sidərəbl] *adj* (**inconsiderably** *adv*) neznatan, beznačajan, nevažan
inconsiderate [ˌinkən'sidərət] *adj* (**~ly** *adv*) nesmotren, nepromišljen; nepažljiv, neobziran (*towards* prema)
inconsiderateness [ˌinkən'sidərətnis] *s* → **inconsideration**
inconsideration ['inkənˌsidə'reiʃn] *s* nesmotrenost, nepromišljenost; nepažljivost, neobazrivost
inconsistency [ˌinkən'sistənsi] *s* 1. neslaganje, nerazmjer; nespojivost, protuslovlje, nekonsekventnost 2. nedosljednost, nepostojanost, nestalnost
inconsistent [ˌinkən'sistənt] *adj* (**~ly** *adv*) 1. nespojiv, u neskladu (*with* sa); nekonsekventan, protuslovan 2. nedosljedan, nepostojan, nestalan
inconsolable [ˌinkən'səuləbl] *adj* (**inconsolably** *adv*) neutješiv, neutješan
inconspicuous [ˌinkən'spikjuəs] *adj* (**~ly** *adv*) neupadljiv, nenapadan, neprimjetan, nezamjetan
inconstancy [in'kɔnstənsi] *s* nepostojanost, nestalnost, kolebljivost; promjenljivost
inconstant [in'kɔnstənt] *adj* (**~ly** *adv*) nepostojan, nestalan, kolebljiv; promjenljiv
inconsumable [ˌinkən'sju:məbl] *adj* nepotrošiv
incontestable [ˌinkən'testəbl] *adj* (**incontestably** *adv*) neosporan, nepobitan, neoboriv
incontinence [in'kɔntinəns] *s* nesuzdržljivost, neumjerenost; *med* inkontinencija
incontinent [in'kɔntinənt] *adj* neumjeren, nesuzdržljiv; *med* nesposoban da zadrži mokraću
incontinently [in'kɔntinəntli] *adv* odmah, smjesta, bez odgađanja
incontrovertible [ˌinkɔntrə'və:təbl] *adj* (**incontrovertibly** *adv*) neosporan, nepobitan, neoboriv
inconvenience [ˌinkən'vi:njəns] *s* neudobnost, neugodnost, neprilika, teškoća
inconvenience [ˌinkən'vi:njəns] *vt* smetati, uznemiravati, biti kome na nepriliku
inconvenient [ˌinkən'vi:njənt] *adj* (**~ly** *adv*) neugodan, nepriličan, nezgodan, neprikladan; koji dolazi u nevrijeme
inconvertibility ['inkənˌvə:tə'biliti] *s* nepromjenljivost, nepretvorivost; *com* nekonvertibilnost, neunovčivost
inconvertible [ˌinkən'və:təbl] *adj* (**inconvertibly** *adv*) nepromjenljiv, nepretvoriv; *com* nekonvertibilan, neunovčiv
inconvincible [ˌinkən'vinsəbl] *adj* koji se ne da ili ne može uvjeriti
incoordination ['inkəuˌɔ:di'neiʃn] *s* pomanjkanje koordinacije
incorporate [in'kɔ:pərit] *adj* utjelovljen, uključen, ujedinjen, udružen, inkorporiran
incorporate [in'kɔ:pəreit] *vt/i* **I.** *vt* pripojiti, priključiti, uključiti, utjeloviti; primiti kao člana; spojiti, pomiješati **II.** *vi* združiti se, udružiti se, sjediniti se, povezati se, spojiti se; stvoriti korporaciju | **~d** inkorporiran, zakonski konstituiran; *US* **~d company** dioničarsko društvo
incorporation [inˌkɔ:pə'reiʃn] *s* utjelovljenje; priključenje, uključenje; spajanje, miješanje; sjedinjavanje, udruživanje, povezivanje
incorporeal [ˌinkɔ:'pɔ:riəl] *adj* (**~ly** *adv*) bestjelesan, netvaran, netjelesan, nematerijalan
incorrect [ˌinkə'rekt] *adj* (**~ly** *adv*) netočan, neispravan, pogrešan, nekorektan; nedoličan, nepriličan, neumjestan
incorrectness [ˌinkə'rektnis] *s* netočnost, nekorektnost, neispravnost, pogrešnost; nedoličnost, neumjesnost
incorrigibility [inˌkɔridʒə'biliti] *s* nepopravljivost, okorjelost
incorrigible [in'kɔridʒəbl] *adj* (**incorrigibly** *adv*) nepopravljiv, okorio
incorrupt [ˌinkə'rʌpt] *adj* (**~ly** *adv*) (tvar) nepokvaren, zdrav, čist; *fig* nepokvaren; pošten, čestit; nepodmitljiv
incorruptibility ['inkəˌrʌptə'biliti] *s* nepokvarljivost (i *fig*), neuništivost; *fig* nepodmitljivost
incorruptible [ˌinkə'rʌptəbl] *adj* (**incorruptibly** *adv*) neuništiv, nepokvarljiv; *fig* nepodmitljiv
increase ['inkri:s] *s* (po)rast, povećanje, umnažanje, prirast, pojačanje, dobivanje (na težini itd.) (*in*); povišenje, povišica (plaće) (*of*) | **on the ~** u porastu
increase [in'kri:s] *vi/t* **I.** *vi* (po)rasti, poveća(va)ti se, jačati, pojačati se, umnožiti se, umnažati se **II.** *vt* povećati, umnožiti, pojačati, povisiti
increasing [in'kri:siŋ] *adj* (**~ly** *adv*) koji raste, koji se povećava, koji je u porastu; sve veći, sve jači
incredibility [inˌkredi'biliti] *s* nevjerojatnost
incredible [in'kredəbl] *adj* (**incredibly** *adv*) nevjerojatan
incredulity [ˌinkri'dju:liti] *s* nevjerovanje, nepovjerljivost, sumnjičavost, skeptičnost
incredulous [in'kredjuləs] *adj* (**~ly** *adv*) nepovjerljiv, koji ne vjeruje, sumnjičav, skeptičan

increment [ˈinkrimənt] *s* (po)rast, prirast; povećanje; dodatak, povišenje, povišica; korist, dobitak; višak vrijednosti

incriminate [inˈkrimineit] *vt* okriviti, okrivljavati, optužiti, teretiti, inkriminirati

incriminatory [inˈkriminətəri] *adj* koji optužuje, okrivljuje, koji tereti, inkriminira

incrust [inˈkrʌst] *vt/i* → **encrust**

incrustation [ˌinkrʌsˈteiʃn] *s* oblaganje korom; pretvaranje u koru, okoravanje; kora, tvrda prevlaka; optakanje, ukrašavanje uloženim uzorcima, inkrustacija

incubate [ˈinkjubeit] *vt/i* **I.** *vt* (iz)leći **II.** *vi* sjediti na jajima

incubation [ˌinkjuˈbeiʃn] *s* leženje; sjedenje na jajima; *med* inkubacija

incubator [ˈinkjubeitə] *s* inkubator

incubus [ˈiŋkjubəs] *s* mora, tjeskoba

inculcate [ˈinkʌlkeit] *vt* uliti u glavu, utuviti, usaditi (*upon, in* komu)

inculcation [ˌinkʌlˈkeiʃn] *s* ulijevanje u glavu, utuvljivanje

inculpate [ˈinkʌlpeit] *vt* kriviti, okrivljavati, optuži(va)ti

inculpation [ˌinkʌlˈpeiʃn] *s* okrivljavanje, optuživanje

incumbency [inˈkʌmbənsi] *s eccl* nadarbeni posjed, nadarbina; *eccl* uživanje nadarbine, rok uživanja nadarbine

incumbent [inˈkʌmbənt] *s eccl* korisnik nadarbine

incumbent [inˈkʌmbənt] *adj* (**~ly** *adv*) obavezan (*upon* za), stavljen u dužnost (*upon* komu) | **I think it ~ on me** smatram to svojom dužnošću

incunabula [ˌinkjuˈnæbjulə] *s pl* prve štampane knjige (prije 1500); *fig* počeci, začeci

incur [inˈkəː] *vt* navući na se, natovariti na se, naprtiti sebi; izvrći se, izložiti se (čemu); pretrpjeti (gubitak)

incurability [inˌkjuərəˈbiliti] *s* neizlječivost; nepopravljivost

incurable [inˈkjuərəbl] *adj* (**incurably** *adv*) neizlječiv; nepopravljiv

incurable [inˈkjuərəbl] *s* neizlječiv bolesnik

incuriosity [inˌkjuəriˈɔsiti] *s* nedostatak radoznalosti, neznatiželja, ravnodušnost, nezainteresiranost

incurious [inˈkjuəriəs] *adj* (**~ly** *adv*) neradoznao, neznatiželjan, ravnodušan, nezainteresiran

incursion [inˈkəːʃən] *s* upad, navala, najezda

incursive [inˈkəːsiv] *adj* napadački, upadni

incurvation [ˌinkəːˈveiʃn] *s* zavoj, zavinutost, svinutost (prema unutra)

incurve [inˈkəːv] *vt* uvinuti, s(a)vinuti (prema unutra)

incuse [inˈkjuːz] *adj* utisnut, otisnut

incuse [inˈkjuːz] *s* otisak, znak (na novcu itd.)

incuse [inˈkjuːz] *vt* utisnuti (lik, slova, znak)

indebted [inˈdetid] *adj* zadužen, dužan (*to* komu, *for* za); *fig* obavezan, dužan zahvalu

indecency [inˈdiːsnsi] *s* nepristojnost, prostota, bestidnost; nepriličnost, nedostojnost

indecent [inˈdiːsnt] *adj* (**~ly** *adv*) nepristojan, prost, bestidan; neprilični, nedostojan | **~ assault** prekršaj protiv ćudorednosti

indecipherable [ˌindiˈsaifərəbl] *adj* nečitljiv, neodgonetljiv

indecision [ˌindiˈsiʒn] *s* neodlučnost, oklijevanje, kolebljivost

indecisive [ˌindiˈsaisiv] *adj* (**~ly** *adv*) neodlučan, kolebljiv; neodlučen; neodređen

indeclinable [ˌindiˈklainəbl] *adj gram* nesklonjiv

indecomposable [ˈinˌdiːkəmˈpəuzəbl] *adj* nerastavljiv, nerazdjeljiv, nerastvoriv, nerašččlanjiv

indecorous [inˈdekərəs] *adj* (**~ly** *adv*) nepristojan, neumjestan

indecorum [ˌindiˈkɔːrəm] *s* nepristojnost, prostota, neumjesnost

indeed [inˈdiːd] *adv* zaista, doista, uistinu, zbilja; svakako, dakako

indeed [inˈdiːd] *interj* dabome!, zašto ne?, nije moguće!, što kažete?, ta nemojte!

indefatigability [ˈindiˌfætigəˈbiliti] *s* neumornost

indefatigable [ˌindiˈfætigəbl] *adj* (**indefatigably** *adv*) neumoran

indefeasibility [ˈindiˌfiːzəˈbiliti] *s jur* nepovredivost; neotuđivost

indefeasible [ˌindiˈfiːzəbl] *adj* (**indefeasibly** *adv*) *jur* nepovrediv; neotuđiv

indefectible [ˌindiˈfektəbl] *adj* bez greške; koji se neće pokvariti, koji neće zatajiti

indefensibility [ˈindiˌfensəˈbiliti] *s* neobranjivost; nemogućnost opravdanja

indefensible [ˌindiˈfensəbl] *adj* (**indefensibly** *adv*) neobranjiv, koji se ne može opravdati

indefinable [ˌindiˈfainəbl] *adj* (**indefinably** *adv*) neodrediv; neodređen; *gram* koji se ne može definirati

indefinite [inˈdefinit] *adj* (**~ly** *adv*) neodređen (i *gram*); nejasan; *gram* indefinitan

indelibility [inˌdeliˈbiliti] *s* neizbrisivost, neuklonjivost

indelible [inˈdelibl] *adj* (**indelibly** *adv*) neizbrisiv, neuklonjiv | **~ ink** tinta za kopiranje; tuš; **~ pencil** tintana olovka

indelicacy [inˈdelikəsi] *s* netaktičnost, nedelikatnost; nečednost; neprofinjenost

indelicate [inˈdelikit] *adj* (**~ly** *adv*) netaktičan, nedelikatan; nečedan; neprofinjen

indemnification [inˈdemnifiˈkeiʃn] *s* osiguranje (*from, against* protiv čega); oslobađanje (od odgovornosti); odšteta, naknada (štete)

indemnify [in'demnifai] *vt* naknaditi štetu, dati odštetu, odštetiti; osigurati (*from, against* protiv čega); osloboditi odgovornosti (*for* za što)

indemnity [in'demniti] *s* osiguranje protiv štete, gubitaka itd.; zakonsko oslobođenje od kazne; odšteta, naknada štete | **act of ~** pomilovanje

indemonstrable [in'demənstrəbl] *adj* koji se ne može pokazati, prikazati

indent[1] ['indent] *s* 1. (u)rez, zarez, rovaš, usjek 2. *print* uvlačenje retka 3. *com* narudžbenica; nalog 4. *mil* trebovanje

indent [in'dent] *vt/i* 1. nazupčati, urezati, usjeći, narovašiti 2. *print* uvući (redak); *com* naručiti (*on* kod koga, *for* što), izdati nalog (*on* komu, *for* za što); *mil* izdati trebovanje; *jur* izdati u duplikatu | **~ed coastline** razvedena obala

indent[2] ['indent] *s* uleknuće

indent [in'dent] *vt* udubiti, uleknuti, utisnuti

indentation [ˌinden'teiʃn] *s* zupčasti urez, zupčanje, nazupčenje, zarez, usjek; razvedenost (obale); *print* uvlačenje retka

indenture [in'dentʃə] *s* nazupčenje, usjek; *jur* ugovor; naučnikov ugovor; isprava, popis (u duplikatu); razvedenost (obale) | **to take up one's ~s, to be out of one's ~s** osloboditi se, postati pomoćnik

indenture [in'dentʃə] *vt* (oba)vezati koga ugovorom; dati ili uzeti u nauk

independence [ˌindi'pendəns] *s* nezavisnost, neovisnost (*from* od, o), samostalnost; dovoljna sredstva za život, (vlastita) imovina | *US* **Independence Day** Dan nezavisnosti (4. srpnja)

independent [ˌindi'pendənt] *adj* (**~ly** *adv*) nezavisan, neovisan (*of* od, o), samostalan; na koga se ne može utjecati; slobodan; materijalno neovisan, s vlastitim prihodom | **~ gentleman** rentijer; **~ means** vlastita imovina

independent [ˌindi'pendənt] *s* samostalan čovjek; *pol* nezavisan, samostalan

indescribability ['indisˌkraibə'biliti] *s* neopisivost

indescribable [ˌindis'kraibəbl] *adj* (**indescribably** *adv*) neopisiv

indescribable [ˌindis'kraibəbl] *s* | *joc* **~s** *pl* hlače

indestructibility ['indisˌtrʌktə'biliti] *s* neuništivost, nerazorivost

indestructible [ˌindis'trʌktəbl] *adj* (**indestructibly** *adv*) neuništiv, nerazoriv

indeterminable [ˌindi'təːminəbl] *adj* neodrediv; što se ne može odlučiti; nerješiv (*spec* industrijski spor)

indeterminacy [ˌindi'təːminəsi] *s* neodredivost, nemogućnost predodređivanja

indeterminate [ˌindi'təːminit] *adj* (**~ly** *adv*) neodređen; koji ne dovodi do zaključka

indetermination ['indiˌtəːmi'neiʃn] *s* neodređenost; neodlučnost

indeterminism [ˌindi'təːminizəm] *s phil* indeterminizam

index ['indeks] *s* (*pl* **~es, indices** ['indisiːz]) 1. kazalo; kazaljka 2. *math* eksponent 3. *fig* pokazatelj, pokazivač 4. imenik; registar; popis; kazalo, sadržaj, indeks | *eccl* **the Index** index (zabranjenih knjiga); **the ~ finger** kažiprst; **~ number (figure)** indeks, pokazatelj

index ['indeks] *vt* dodati (knjizi) popis (sadržaj, indeks), sastaviti popis (indeks); unijeti u popis (indeks)

India ['indjə] *s* Indija | **~ paper** fini tanki papir

Indiaman ['indjəmən] *s mar* brod za trgovinu s Indijom

Indian ['indjən] *adj* indijski; indijanski; *US* napravljen od kukuruza | **Red (American) ~** indijanski; **West ~** zapadnoindijski; *sport* **~ club** čunj; **~ corn** kukuruz; **in ~ file** u koloni jedan po jedan; **~ hemp** narkotik od indijske konoplje (hašiš, kanabis, marihuana itd.); **~ ink** tuš; *US* **~ gift** dar za koji se očekuje jednako vrijedan ili vredniji uzvrat; **~ red** žućkastocrvena boja ili zemlja; **~ summer** bablje ljeto; *fig* druga mladost; *US* **~ meal** kukuruzno brašno; *US sl* **~ hay** marihuana

Indian ['indjən] *s* Indijac, Indijka | **Red (American) ~** Indijanac, Indijanka; indijanski jezik; **West ~** Zapadnoindijac, Zapadnoindijka

india-rubber [ˌindjə'rʌbə] *s* guma, kaučuk; brisalo, gumica; kaljača

indicate ['indikeit] *vt* pokaz(iv)ati, ukaz(iv)ati (na što), naznači(va)ti; staviti do znanja; iziskivati, biti uputan; *med* indicirati | *el* **indicating instrument** mjerni aparat, mjerni instrument

indication [ˌindi'keiʃn] *s* pokazivanje, ukazivanje; znak; nagovještaj | **to give ~ of a th** pokazivati što; **there is every ~** sve govori (za to), svi su znaci

indicative [in'dikətiv] *adj* (**~ly** *adv*) koji pokazuje, naznačuje, nagovješćuje (*of*); *gram* indikativan, izričan | *gram* **the ~ mood** indikativ

indicative [in'dikətiv] *s gram* indikativ, izrični način

indicator ['indikeitə] *s* pokazivač; kazalo; *tech* indikator, brojilo | *mot* **traffic-~** pokazivač smjera, blinker; *rly* **train ~** ploča s oznakom odlaska i dolaska vlakova, broja perona itd.

indicatory ['indikeitəri] *adj* koji pokazuje (*of* što), koji ukazuje (*of* na što); *med* simptomatičan

indict [in'dait] *vt jur* optužiti (*for, on a charge of* zbog, za)
indictable [in'daitəbl] *adj* optuživ; kažnjiv | ~ **offence** krivično djelo
indictment [in'daitmənt] *s* optužba; optuživanje; optužnica | **to bring in an ~ against a p** podići optužbu protiv koga
indifference [in'difrəns] *s* ravnodušnost, nemar, nehaj, indiferentnost (*to, towards* prema), nezainteresiranost; nevažnost, beznačajnost; neutralnost | **it is a matter of ~ to me** svejedno mi je
indifferent [in'difrənt] *adj* (~**ly** *adv*) ravnodušan, nemaran (*to* prema), indiferentan, nezainteresiran; neutralan; beznačajan, osrednji
indigence ['indidʒəns] *s* siromaštvo, neimaština, oskudica
indigene ['indidʒiːn] *s* urođenik, domorodac, starosjedilac; autohtona biljka ili životinja
indigenous [in'didʒinəs] *adj* (~**ly** *adv*) urođenički, domorodački, starosjedilački; domaći; autohtoni (*to*); *fig* prirođen
indigent ['indidʒənt] *adj* (~**ly** *adv*) siromašan, ubog
indigested [ˌindi'dʒəstid] *adj* neprobavljen (i *fig*)
indigestibility ['indiˌdʒestə'biliti] *s* neprobavljivost
indigestible [ˌindi'dʒestəbl] *adj* (**indigestibly** *adv*) neprobavljiv (*lit & fig*)
indigestion [ˌindi'dʒestʃən] *s* loša probava, probavne smetnje, dispepsija
indigestive [ˌindi'dʒestiv] *adj* koji pati od loše probave; teško probavljiv
indignant [in'dignənt] *adj* (~**ly** *adv*) srdit, ljut (*at* na), ozlojeđen, ogorčen (*at* na, *with* čime), indigniran
indignation [ˌindig'neiʃn] *s* srdžba, ljutnja, gnjev, ogorčenje (*at, against* prema čemu, *with* prema komu), zgražanje, indignacija | ~ **meeting** protestni zbor
indignity [in'digniti] *s* nedostojnost; sramota; uvreda; ponižavanje; nedostojan postupak
indigo ['indigəu] *s* indigo | ~ **blue** plavoljubičast
indirect [ˌindi'rekt] *adj* (~**ly** *adv*) neizravan, posredan, indirektan, zaobilazan | ~ **expenses** opći izdaci; *jur* ~ **intent** dolus eventualis (zla namjera); *gram* ~ **speech** neupravni govor
indiscernible [ˌindi'səːnəbl] *adj* (**indiscernibly** *adv*) nerazaberiv, nezamjetljiv
indiscipline [in'disiplin] *s* neposlušnost, nepokornost, nediscipliniranost, pomanjkanje stege
indiscreet [ˌindis'kriːt] *adj* (~**ly** *adv*) 1. nerazborit, neoprezan, nesmotren, nepromišljen 2. neskroman, nečedan 3. indiskretan, netaktičan, nametljiv
indiscrete [ˌindis'kriːt] *adj* kojemu se ne mogu razabrati sastavni dijelovi; homogen
indiscretion [ˌindis'kreʃn] *s* 1. nerazboritost, neopreznost, nepromišljenost, nesmotrenost 2. nečednost, neskromnost 3. netaktičnost, nametljivost, indiskrecija | **years of ~** godine mladosti, ludosti
indiscriminate [ˌindis'kriminət] *adj* (~**ly** *adv*) koji ne pravi razlike, nekritičan | ~**ly** bez razlike, nekritički, ne praveći razlike, odreda, na slijepo
indiscriminating [ˌindis'krimineitiŋ] *adj* (~**ly** *adv*) → **indiscriminate**
indiscrimination ['indisˌkrimi'neiʃn] *s* nerazlikovanje, nepravljenje razlike, nesposobnost razlikovanja; nerasuđivanje, nekritičnost
indiscriminative [ˌindis'kriminətiv] *adj* (~**ly** *adv*) → **indiscriminating**
indispensability ['indisˌpensə'biliti] *s* nužnost, prijeka potreba
indispensable [ˌindis'pensəbl] *adj* (**indispensably** *adv*) bitno važan, nužan, prijeko potreban
indispose [ˌindis'pəuz] *vt* 1. učiniti nesposobnim, neprikladnim (*for a th* za što) 2. odvratiti, odgovoriti (*from* od) 3. oneraspoložiti, učiniti nesklonim (*to, towards* prema komu)
indisposed [ˌindis'pəuzd] *adj* koji se loše osjeća, indisponiran; nesklon, neraspoložen (*for, to do*)
indisposition [ˌindispə'ziʃn] *s* 1. onesposobljenost; slabo zdravlje, nelagodnost, indispozicija 2. nesklonost, neraspoloženje, nevoljkost (*to* za što)
indisputability ['indisˌpjuːtə'biliti] *s* neospornost, neprijepornost, nepobitnost
indisputable [ˌindis'pjuːtəbl] *adj* (**indisputably** *adv*) neosporan, neprijeporan, nepobitan
indissolubility ['indiˌsɔlju'biliti] *s* nerastvorivost, nerastopivost; *fig* nerazdvojivost, neraskidljivost, nerazrješivost
indissoluble [ˌindi'sɔljubl] *adj* (**indissolubly** *adv*) nerastvoriv, nerastopiv; *fig* nerazdvojiv, neraskidiv, nerazrješiv
indistinct [ˌindis'tiŋkt] *adj* (~**ly** *adv*) nejasan, nerazgovijetan, mutan
indistinctive [ˌindis'tiŋktiv] *adj* (~**ly** *adv*) koji se ne razlikuje, ne raspoznaje (od drugih)
indistinguishable [ˌindis'tiŋgwiʃəbl] *adj* (**indistinguishably** *adv*) koji se ne može razlikovati
indite [in'dait] *vt* napisati (pismo), sastaviti (pjesmu), izraziti riječima, opisati, zapisati
indivertible [ˌindi'vəːtəbl] *adj* (**indivertibly** *adv*) koji se ne može skrenuti, otkloniti
individual [ˌindi'vidjuəl] *adj* pojedini, pojedinačan; osobni; karakterističan, ose-

bujan, svojstven, individualan | ~ **deposit** privatni ulog (u banci); ~ **property** privatna imovina
individual [ˌindi'vidjuəl] *s* osoba, pojedinac; individuum; *coll* tip, kreatura, individuum
individualism [ˌindi'vidjuəlizəm] *s* individualizam; sebičnost
individualist [ˌindi'vidjuəlist] *s* pristaša individualizma; individualist; sebična osoba
individualistic [ˌindiˌvidjuə'listik] *adj* individualistički; sebičan
individuality [ˌindiˌvidju'æliti] *s* individualnost, ličnost
individualization [ˌindiˌvidjuəlai'zeiʃn] *s* pojedinačno razmatranje, potanko navođenje, individualizacija
individualize [ˌindi'vidjuəlaiz] *vt* individualizirati; da(va)ti osobni pečat, obilježje; pojedinačno razmatrati, prikazivati, predočivati; ulaziti u pojedinosti; individualizirati
individually [ˌindi'vidjuəli] *adv* pojedinačno, pojedince, zasebno, samo za sebe
individuum [ˌindi'vidjuəm] *s* pojedinac; individuum
indivisibility ['indiˌvizi'biliti] *s* nedjeljivost, nerazdjeljivost
indivisible [ˌindi'vizəbl] *adj* (**indivisibly** *adv*) nedjeljiv, nerazdjeljiv
indocile [in'dəusail] *adj* nepoučljiv, nepokoran, neposlušan
indocility [ˌindəu'siliti] *s* nepoučljivost, nepokornost, neposlušnost
indoctrinate [in'dɔktrineit] *vt* poučavati, poučiti; prožeti, zadojiti koga (*with* čime), indoktrinirati
Indo-European ['indəuˌjuərə'pi:ən] *adj* indoevropski
Indo-European ['indəuˌjuərə'pi:ən] *s* Indoevropljanin, Indoevropljanka; indoevropski jezik
indolence ['indələns] *s* lijenost, nemar, indolencija, indolentnost; *med* bezbolnost
indolent ['indələnt] *adj* (~**ly** *adv*) lijen, nemaran, indolentan; *med* bezbolan
indomitable [in'dɔmitəbl] *adj* (**indomitably** *adv*) neukrotiv, nesavladiv, nepopustljiv, koji ne uzmiče
indoor ['indɔ:] *adj* unutarnji, domaći, kućni, sobni; koji je u kući, u zatvorenom (prostoru), pod krovom, natkrit | ~ **aerial** sobna antena; ~ **games** društvene igre u zatvorenom; ~ **plant** sobna biljka; ~ **relief** pomaganje siromaha koji žive u domovima; *print* ~ **reader** kućni korektor; ~ **swimming-bath** natkrito kupalište
indoors [ˌin'dɔ:z] *adv* kod kuće, unutra, u kući, u sobi; pod krovom; u kuću
indorsation [ˌindɔ:'seiʃn] *s com* indosiranje, prijenos mjenice, potpis na poleđini mjenice
indorse [in'dɔ:s] *vt* → **endorse**
indorsee [ˌindɔ:'si:] *s* donosilac (čeka), osoba u korist koje se isplaćuje ček
indorsement [in'dɔ:smənt] *s* → **endorsement**
indrawn [ˌin'drɔ:n] *adj* uvučen
indubitable [in'dju:bitəbl] *adj* (**indubitably** *adv*) nesumnjiv, nedvojben
induce [in'dju:s] *vt* 1. skloniti, navesti, potaknuti, nagovoriti, ponukati (koga); izazvati, uzrokovati (što) 2. *phys* & *el* inducirati 3. *phil* izvesti, izvoditi, zaključivati, inducirati
inducement [in'dju:smənt] *s* povod; uzrok, poticaj, motiv
induct [in'dʌkt] *vt* uvesti, uvoditi (*to, into*) u dužnost ili položaj, ustoličiti; primiti u članstvo
inductance [in'dʌktəns] *s el* induktivnost
inductile [in'dʌktail] *adj* nerastezljiv; neelastičan (i *fig*)
induction [in'dʌkʃən] *s* uvođenje (koga u dužnost, položaj); navođenje činjenica; *phys, phil* indukcija | ~ **coil** indukcioni svitak
inductive [in'dʌktiv] *adj* (~**ly** *adv*) koji vodi (*to* k, do), koji navodi (na što); *log* induktivan; *el* indukcioni
inductor [in'dʌktə] *s* uvoditelj, tko uvodi koga u dužnost, položaj, članstvo; *phys* induktor, indukcioni aparat
indulge [in'dʌldʒ] *vt/i* biti obziran (prema komu), popuštati, ugađati (komu), udovoljavati (čijim željama, mušicama), gledati komu kroz prste; počastiti (*with* čime); *coll* zaviri(va)ti u čašu, opijati se; dopustiti sebi, priuštiti sebi (*in* što); prepuštati se, oda(va)ti se (*in* čemu)
indulgence [in'dʌldʒəns] *s* 1. obzir(nost), popuštanje, ugađanje 2. milost 3. udovoljavanje željama, prepuštanje (užicima, lošim navikama); užitak 4. *com* odgoda plateža 5. *eccl* oprost od grijeha, dispenzacija | **to ask a p's** ~ tražiti od koga oprost, milost, poštedu
indulgent [in'dʌldʒənt] *adj* (~**ly** *adv*) obziran, blag, popustljiv, mek, koji prašta
indurate ['indjuəreit] *vt/i* **I.** *vt* stvrdnuti, učiniti tvrdim; *fig* učiniti krutim, neosjetljivim **II.** *vi* stvrdnuti se; *fig* otvrdnuti, okorjeti
induration [ˌindjuə'reiʃn] *s* stvrdnuće, otvrdnuće
industrial [in'dʌstriəl] *adj* (~**ly** *adv*) industrijski; obrtnički, obrtni | ~ **art** umjetni obrt; ~ **court** privredni sud; ~ **estate** planski izgrađena industrijska četvrt
industrialism [in'dʌstriəlizəm] *s* industrijalizam
industrialist [in'dʌstriəlist] *s* industrijalac; pristaša industrijalizma
industrialize [in'dʌstriəlaiz] *vt* industrijalizirati

industrious [inˈdʌstriəs] *adj* (**~ly** *adv*) marljiv, vrijedan, revan, radin
industry [ˈindəstri] *s* radinost, marljivost, revnost; industrija; obrt, radinost
indwell [ˌinˈdwel] *vt/i* **I.** *vt fig* biti uvijek prisutan (u duši, mislima), ispunjati **II.** *vi* stanovati, obitavati
indweller [ˌinˈdwelə] *s* stanovnik, žitelj
indwelling [ˌinˈdweliŋ] *adj fig* uvijek prisutan u mislima ili duši
inebriate [iˈniːbriət] *adj* pijan
inebriate [iˈniːbriət] *s* pijanica, pijanac, alkoholičar
inebriate [iˈniːbrieit] *vt* opiti, napiti; *fig* omamiti
inebriation [iˌniːbriˈeiʃn] *s* pijanstvo, napitost; opijanje; opojenost
inebriety [ˌiniˈbraiəti] *s* napitost, pijanstvo, odanost piću
inedible [inˈedibl] *adj* nejestiv, neprikladan za jelo
inedited [inˈeditid] *adj* neizdan, neobjavljen, neštampan
ineffable [inˈefəbl] *adj* (**ineffably** *adv*) neiskazan; neizreciv, neopisiv
ineffaceable [ˌiniˈfeisəbl] *adj* (**ineffaceably** *adv*) neizbrisiv
ineffective [ˌiniˈfektiv] *adj* (**~ly** *adv*) nedjelotvoran, bez učinka, jalov, neefikasan; nesposoban
ineffectiveness [ˌiniˈfektivnis] *s* nedjelotvornost, neefikasnost, jalovost; nesposobnost; neuspješnost; slabost
ineffectual [ˌiniˈfektjuəl] *adj* (**~ly** *adv*) bez učinka, neuspješan; nesposoban
inefficacious [ˌinefiˈkeiʃəs] *adj* (**~ly** *adv*) nedjelotvoran, bez učinka, jalov; neuspješan, neefikasan
inefficacy [inˈefikəsi] *s* nedjelotvornost, neuspješnost, neefikasnost
inefficiency [ˌiniˈfiʃənsi] *s* nesposobnost; nedjelotvornost, slabo funkcioniranje
inefficient [ˌiniˈfiʃənt] *adj* (**~ly** *adv*) nesposoban; nedjelotvoran, koji slabo funkcionira, koji ne daje očekivani učinak
inelastic [ˌiniˈlæstik] *adj* neelastičan (i *fig*), nerastezljiv; *fig* neprilagodljiv, krut
inelasticity [ˌinilæsˈtisiti] *s* neelastičnost (i *fig*), nerastezljivost; *fig* neprilagodljivost, krutost
inelegance [inˈeligəns] *s* neotmjenost, neuglađenost, neprofinjenost; nedotjeranost (stila); neukusnost, neelegantnost, nebiranost
inelegant [inˈeligənt] *adj* (**~ly** *adv*) neotmjen, neuglađen, neprofinjen; nedotjeran; neukusan, nebiran, neelegantan
ineligibility [inˌelidʒəˈbiliti] *s* neizberivost; neprikladnost, nepodesnost
ineligible [inˈelidʒəbl] *adj* (**ineligibly** *adv*) neizberiv; nepodesan, neprikladan, koji ne dolazi u obzir; nesposoban (osobito za vojsku)
ineluctable [ˌiniˈlʌktəbl] *adj* neizbježan, neminovan, neuklonjiv
inept [iˈnept] *adj* (**~ly** *adv*) neprikladan, neumjestan; budalast, glupav
ineptitude [iˈneptitjuːd] *s* neprikladnost, neumjesnost; glupavost, besmislenost; gluparija, besmislica, neumjesna primjedba
inequality [ˌiniˈkwɔliti] *s* nejednakost, neujednačenost, nerazmjernost; nejednolikost, neravnost; nepravilnost; neravnina, grbavost (površine); *astr* skretanje s jednolike putanje
inequitable [inˈekwitəbl] *adj* (**inequitably** *adv*) nepravičan, nepravedan
inequity [inˈekwiti] *s* nepravednost, nepravičnost
ineradicable [ˌiniˈrædikəbl] *adj* (**ineradicably** *adv*) neiskorjenjiv
inerrable [inˈerəbl] *adj* (**inerrably** *adv*) nepogrešiv
inerrancy [inˈerənsi] *s* nepogrešivost
inerrant [inˈerənt] *adj* nepogrešiv
inert [iˈnəːt] *adj* (**~ly** *adv*) *phys & chem* inertan; *fig* trom, nepokretan, pasivan, mlitav, tup
inertia [iˈnəːʃiə] *s phys & chem* inercija, ustrajnost; *fig* tromost, nepokretnost, pasivnost, mlitavost, tupost
inescapable [ˌinisˈkeipəbl] *adj* neizbježiv, neminovan
inessential [ˌiniˈsenʃəl] *adj* nebitan, sporedan, nevažan
inestimable [inˈestiməbl] *adj* (**inestimably** *adv*) neocjenjiv, neprocjenjiv
inevitability [inˌevitəˈbiliti] *s* neizbježivost, neminovnost
inevitable [inˈevitəbl] *adj* (**inevitably** *adv*) neizbježiv, neminovan
inexact [ˌinigˈzækt] *adj* (**~ly** *adv*) netočan
inexactitude [ˌinigˈzæktitjuːd] *s* → **inexactness**
inexactness [ˌinigˈzæktnis] *s* netočnost
inexcusable [ˌiniksˈkjuːzəbl] *adj* (**inexcusably** *adv*) neoprostiv, za kojeg nema isprike
inexhaustibility [ˈinigˌzɔːstəˈbiliti] *s* neiscrpljivost; neumornost
inexhaustible [ˌinigˈzɔːstəbl] *adj* (**inexhaustibly** *adv*) neiscrpljiv; neumoran
inexorability [inˌeksərəˈbiliti] *s* neumoljivost, nesmiljenost, nemilosrdnost, nepopustljivost
inexorable [inˈeksərəbl] *adj* (**inexorably** *adv*) neumoljiv, nesmiljen, nemilosrdan, nepopustljiv
inexpediency [ˌiniksˈpiːdjənsi] *s* neprikladnost, nesvrsishodnost, neuputnost
inexpedient [ˌiniksˈpiːdjənt] *adj* (**~ly** *adv*) neprikladan, nesvrsishodan, neuputan
inexpensive [ˌiniksˈpensiv] *adj* (**~ly** *adv*) koji nije skup, jeftin
inexperience [ˌiniksˈpiəriəns] *s* neiskusnost, neiskustvo

inexperienced [ˌiniks'piəriənst] *adj* neiskusan
inexpert [in'ekspəːt] *adj* (**~ly** *adv*) neiskusan, neupućen, nespretan, nevješt, neizvježban
inexpiable [in'ekspiəbl] *adj* (**inexpiably** *adv*) koji se ne može okajati; neoprostiv; nepomirljiv, neumoljiv
inexplicability [inˌeksplikə'biliti] *s* neobjašnjivost; nepojmljivost, neshvatljivost
inexplicable [in'eksplikəbl] *adj* (**inexplicably** *adv*) neobjašnjiv; nepojmljiv, neshvatljiv
inexplicit [ˌiniks'plisit] *adj* (**~ly** *adv*) nejasan, neodređen; neprecizan; ne izričito izrečen
inexplosive [ˌiniks'pləusiv] *adj* neeksplozivan
inexpressible [ˌiniks'presəbl] *adj* (**inexpressibly** *adv*) neizreciv, neizraziv, neiskazan
inexpressibles [ˌiniks'presəblz] *s pl joc* hlače
inexpressive [ˌiniks'presiv] *adj* (**~ly** *adv*) bezizražajan, beznačajan; koji se ne može izraziti, šutljiv
inexpugnable [ˌiniks'pʌgnəbl] *adj* neosvojiv, nepobjediv, nesavladiv
inextensible [ˌiniks'tensəbl] *adj* nerasteziv, neelastičan
inextinguishable [ˌiniks'tiŋgwiʃəbl] *adj* (**inextinguishably** *adv*) neugasiv (*lit* & *fig*), neutaživ; *fig* neizbrisiv, neuklonjiv
inextricable [in'ekstrikəbl] *adj* (**inextricably** *adv*) nerazmrsiv, nerazrješiv, zamršen
infallibilism [in'fæləbilizəm] *s eccl* dogma o papinoj nepogrešivosti
infallibility [inˌfælə'biliti] *s* nepogrešivost
infallible [in'fæləbl] *adj* (**infallibly** *adv*) nepogrešiv; siguran, pouzdan
infamous ['infəməs] *adj* (**~ly** *adv*) 1. ozloglašen, zloglasan; sraman, nečastan, sramotan, besraman, infaman 2. *jur* poročan, koji je izgubio časna prava
infamy ['infəmi] *s* nečasnost, sramota, nepoštenje, besramnost; podlost
infancy ['infənsi] *s* rano djetinjstvo; *jur* maloljetnost, nedoraslost (u Engleskoj do navršene 18. godine); *fig* prvi počeci, rani stadij, povoji
infant ['infənt] *s* malo dijete, dojenče; *jur* maloljetnik
infant ['infənt] *adj* dječji, djetinji; nerazvijen
infanta [in'fæntə] *s Span* infantkinja
infante [in'fænti] *s Span* infant
infanticide [in'fæntisaid] *s* čedomorstvo; čedomorac, čedomorka
infantile ['infəntail] *adj* dječji; djetinjski, djetinji; djetinjast, infantilan | **~ paralysis** dječja paraliza
infantine ['infəntain] *adj* → **infantile**
infantry ['infəntri] *s mil* infanterija, pješadija
infantryman ['infəntrimən] *s* pripadnik pješadije, pješak, pješadinac
infant-school ['infəntskuːl] *s* dječji vrtić
infatuate [in'fætjueit] *vt* zaluditi, zaslijepiti, zanijeti
infatuated [in'fætjueitid] *adj* (**~ly** *adv*) lud, poludio (*with* za kim), zaluđen, zaslijepljen (*by* od)
infatuation [inˌfætju'eiʃn] *s* slijepa zanesenost, zaslijepljenost, zaluđenost; ludovanje (*for* za kim), slijepa zaljubljenost, zatreskanost (*for* u koga)
infect [in'fekt] *vt* zaraziti (*lit* & *fig*), inficirati, otrovati, okužiti, zagaditi (*with* čime) | **to become ~ed** zaraziti se
infection [in'fekʃən] *s* klica zaraze; zaraza (i *fig*); okuženje, zagađenje, zagađenost, infekcija, pošast
infectious [in'fekʃəs] *adj* (**~ly** *adv*) zarazan, kužan
infective [in'fektiv] *adj* (**~ly** *adv*) → **infectious**
infelicitous [ˌinfi'lisitəs] *adj* nesretan, nepodesan, neprikladan, neumjestan, loše izabran ili izražen
infelicity [ˌinfi'lisiti] *s* nesreća, nevolja; neprikladnost, neumjesnost; loše izabran izraz
infer [in'fəː] *vt* zaključi(va)ti, ukazivati (na što), uključivati, značiti
inferable [in'fəːrəbl] *adj* zaključiv, izvediv
inference ['infərəns] *s* zaključivanje, izvođenje, zaključak
inferential [ˌinfə'renʃəl] *adj* (**~ly** *adv*) izveden zaključivanjem
inferior [in'fiəriə] *adj* (**~ly** *adv*) donji; niži, podređen; manje vrijedan, slabiji, lošiji (*to* nego, od), inferioran; *print* naštampan ispod crte | **to be ~ to** zaostajati (za kim, čim)
inferior [in'fiəriə] *s* podređeni
inferiority [inˌfiəri'ɔriti] *s* podređenost, potčinjenost, niži stupanj, niži položaj; manja vrijednost, slabija kakvoća, inferiornost; zaostajanje; manji broj | **~ complex** kompleks manje vrijednosti
infernal [in'fəːnl] *adj* (**~ly** *adv*) paklenski, đavolski, infernalan; *coll* užasan, proklet | **~ machine** pakleni stroj
infernality [ˌinfəː'næliti] *s* đavolstvo, paklenost, odvratnost, infernalnost; đavolština
inferno [in'fəːnəu] *s It* pakao, inferno
inferrable [in'fəːrəbl] *adj* → **inferable**
infertile [in'fəːtail] *adj* neplodan, nerodan, jalov
infertility [ˌinfəː'tiliti] *s* neplodnost, nerodnost, jalovost
infest [in'fest] *vt* biti prisutan u velikom broju | **to be ~ed** (**with**) biti pun (čega), vrvjeti (čime), biti preplavljen (čime)

infestation [ˌinfesˈteiʃn] *s* često pojavljivanje; zagađenost, preplavljenost
infidel [ˈinfidəl] *s* nevjernik, nekršćanin, poganin, neznabožac
infidel [ˈinfidəl] *adj* nevjernički, nekršćanski, neznabožački
infidelity [ˌinfiˈdeliti] *s* nevjerovanje, poganstvo; nevjernost, nevjera, vjerolomstvo | **conjugal** ~ bračna nevjera
infighting [ˈinˈfaitiŋ] *s box* borba izbliza; *coll* bezobzirna konkurencija
infiltrate [ˈinfiltreit] *vt/i* **I.** *vt* ucijediti, protjerati kroz filtar; pomalo prodirati (*into* u) **II.** *vi* pomalo prodirati, prokapa(va)ti (*into, through*); *mil* neopazice se uvlačiti, infiltrirati
infiltration [ˌinfilˈtreiʃn] *s* ucjeđivanje, prokapavanje; postepeno prodiranje, uvlačenje, infiltracija
infinite [ˈinfinit] *adj* (**~ly** *adv*) beskrajan, neograničen, bezgraničan, beskonačan, neizmjeran, bezbrojan
infinite [ˈinfinit] *s* beskrajnost | **the Infinite** Bog; **the** ~ beskraj, beskrajni prostor
infinitesimal [ˌinfiniˈtesiməl] *adj* (**~ly** *adv*) beskonačno malen, infinitezimalan
infinitival [inˌfiniˈtaivl] *adj* (**~ly** *adv*) infinitivni
infinitive [inˈfinitiv] *adj* (**~ly** *adv*) neodređen, infinitivan | ~ **mood** neodređeni način, infinitiv
infinitive [inˈfinitiv] *s gram* neodređeni način, infinitiv
infinitude [inˈfinitjuːd] *s* beskrajnost, beskonačnost; neizmjerna veličina ili količina
infinity [inˈfiniti] *s math* neizmjerno (∞); neizmjerna veličina ili količina
infirm [inˈfəːm] *adj* (**~ly** *adv*) slab, nemoćan; nesiguran | ~ **of purpose** neodlučan
infirmary [inˈfəːməri] *s* bolnica; bolnički odjel, ambulanta
infirmity [inˈfəːmiti] *s* slabost (i *fig*), nemoć, bolest | ~ **of purpose** neodlučnost
infix [ˈinfiks] *s gram* element umetnut u osnovu riječi, umetak, infiks
infix [inˈfiks] *vt* učvrstiti; *fig* utuviti (u glavu), usaditi
inflame [inˈfleim] *vt/i* **I.** *vt* upaliti; *fig* raspaliti, razjariti, raspiri(va)ti, potpiri(va)ti, razbuktati, rasplamsati **II.** *vi* (većinom *med*) upaliti se; *fig* rasplamsati se, raspaliti se, uzavreti
inflammability [ˌinflæməˈbiliti] *s* zapaljivost, upaljivost; *fig* razdražljivost, raspaljivost
inflammable [inˈflæməbl] *adj* (**inflammably** *adv*) zapaljiv, upaljiv; *fig* razdražljiv, raspaljiv, koji brzo plane, nagao
inflammables [inˈflæməblz] *s pl* lako zapaljive tvari
inflammation [ˌinfləˈmeiʃən] *s* zapaljivanje, zapaljenost; *fig* rasplamsavanje, rasplamsalost, potpirivanje, raspaljenost; *med* upala
inflammatory [inˈflæmətəri] *adj med* upalni; *fig* raspaljiv, koji podjaruje, potpiruje
inflatable [inˈfleitəbl] *adj* koji se dade napuhnuti
inflate [inˈfleit] *vt* napuhavati, napuhnuti; *fig* naduti, napuhnuti; *com* umjetno podizati (cijene), prekomjerno povećati količinu novca u opticaju
inflated [inˈfleitid] *adj fig* napuhnut, nadut; visokoparan, bombastičan (stil)
inflation [inˈfleiʃn] *s* napuhavanje, nadimanje; *com* inflacija; *fig* nadutost, naduvenost
inflationary [inˈfleiʃənri] *adj* inflacijski, inflacioni
inflect [inˈflekt] *vt* savi(ja)ti, svinuti, uvinuti; *gram* sklanjati, sprezati; pregibati glas, modulirati
inflection (inflexion) [inˈflekʃən] *s* savijanje, pregibanje; *gram* sklanjanje, sprezanje, fleksija, infleksija, nastavak; pregibanje glasa, moduliranje
inflectional [inˈflekʃənl] *adj gram* koji se odnosi na sklanjanje ili sprezanje, koji nastavcima pokazuje promjenu u broju, licu, padežu itd.
inflective [inˈflektiv] *adj* koji se može pregibati, savitljiv; *gram* koji se može sklanjati ili sprezati
inflexibility [inˌfleksəˈbiliti] *s* nesavitljivost; *fig* neslomljivost, nepopustljivost, nepokolebljivost
inflexible [inˈfleksəbl] *adj* (**inflexibly** *adv*) nesavitljiv, negibak; *fig* nesalomljiv, nepopustljiv, nepokolebljiv
inflexion [inˈflekʃən] *s* → **inflection**
inflexional [inˈflekʃənl] *adj* → **inflectional**
inflexionless [inˈflekʃənlis] *adj gram* koji nema nastavaka, koji se ne sklanja, ne spreže
inflict [inˈflikt] *vt* zadati, nanijeti (udarac, bol itd.) (*upon* komu); dosuditi kaznu (*upon* komu) | **to** ~ **oneself (one's company) upon a p** nametnuti se (svoje društvo) komu
inflictable [inˈfliktəbl] *adj* koji se može nanijeti, zadati, dosuditi, nametnuti
infliction [inˈflikʃən] *s* nanošenje, zadavanje (boli); dosuđivanje, izricanje kazne; nedaća, nevolja, patnja
inflorescence [ˌinflɔˈresns] *s bot* cvat; cvjetovi jedne biljke; način cvjetanja; *fig* cvjetanje, rascvat
inflow [ˈinfləu] *s* utjecanje; dotok, priliv, pritjecanje | ~ **pipe** dovodna cijev
influence [ˈinfluəns] *s* utjecanje, moć, utjecaj, upliv, djelovanje (*upon, over* na); utjecaj, upliv (*with* kod) | **to be an** ~ utjecati

influence ['influəns] *vt* utjecati, imati utjecaj, djelovati (na koga)
influent ['influənt] *adj* koji utječe, pritječe
influent ['influənt] *s* pritok
influential [ˌinflu'enʃl] *adj* (~**ly** *adv*) utjecajan, uplivan
influenza [ˌinflu'enzə] *s med* gripa
influx ['inflʌks] *s* → **inflow**
inform [in'fɔːm] *vt/i* **I.** *vt* obavijestiti, izvijestiti (*of, about* o), uputiti, informirati **II.** *vi* podnijeti prijavu (*against* protiv), prijaviti, denuncirati
informal [in'fɔːml] *adj* (~**ly** *adv*) neslužben; neukočen, neusiljen, ležeran; koji se ne obazire na propise
informality [ˌinfɔː'mæliti] *s* neslužbenost; neobaziranje na propise; neukočenost, neusiljenost, ležernost
informant [in'fɔːmənt] *s* onaj tko daje podatke, informator, izvjestitelj; *jur* denuncijant, doušnik
information [ˌinfə'meiʃn] *s* 1. obavještavanje, obavijest, obavještenje, upućivanje, informacija; podatak 2. znanje (*about, on* o), poučavanje, upućivanje 3. *jur* tužba | ~ **film** dokumentarni film; **a piece of** ~ (jedna) informacija, (jedno) obavještenje; ~ **potential** obavijesna možnost (kod obavijesne teorije); ~ **retrival** iskladištenje obavijesti; ~ **storage** uskladištenje obavijesti; **to gather** ~ raspit(iv)ati se, prikupljati podatke (*about* o)
informative [in'fɔːmətiv] *adj* obavještajan, informativan, poučan
informatory [in'fɔːmətəri] *adj* → **informative**
informed [in'fɔːmd] *adj* obaviješten, upućen; koji zna, obrazovan, naobražen
informer [in'fɔːmə] *s* izvjestitelj, informator; prokazivač, doušnik, denuncijant
infra ['infrə] *adv Lat* ispod, niže, dolje; dalje
infraction [in'frækʃən] *s* (pre)kršenje, krnjenje, prekršaj, povreda | ~ **of faith** vjerolomstvo
infrequency [in'friːkwənsi] *s* rijetkost, neobičnost, što se ne događa često
infrequent [in'friːkwənt] *adj* (~**ly** *adv*) rijedak, koji nije čest
infringe [in'frindʒ] *vt/i* **I.** *vt* povrijediti, (pre)kršiti, krnjiti, narušiti, pogaziti (ugovor, zakon itd.) **II.** *vi* ogriješiti se (*on, upon* o); posezati (u čija prava)
infringement [in'frindʒmənt] *s* prekršaj, povreda, krnjenje, narušavanje, kršenje, posizanje (u čija prava)
infructuous [in'frʌktjuəs] *adj* neplodan, nerodan; *fig* jalov, bezuspješan
infuriate [in'fjuərieit] *vt* razbjesniti, dovesti do bjesnila, razjariti
infuse [in'fjuːz] *vt/i* **I.** *vt* uliti (*into* u); natopiti, namočiti; preliti vrućom tekućinom (čaj itd.), **popariti, opariti;** *fig* **uliti** (komu što), ispuniti (koga čime) **II.** *vi* močiti se, natapati se, pariti se, vući
infusible [in'fjuːzəbl] *adj* nerastvoriv, nerastopiv; netaljiv
infusion [in'fjuːʒn] *s* ulijevanje (& *fig*); močenje, natapanje, parenje; ekstrakt dobiven močenjem; primjesa; *med* infuzija
infusoria [ˌinfjuː'sɔːriə] *s pl zool* infuzorija, naljevnjaci
ingathering ['inˌgæðəriŋ] *s* kupljenje, pobiranje; žetva, berba | *bibl* **feast of** ~ praznik žetve
ingenious [in'dʒiːnjəs] *adj* (~**ly** *adv*) dosjetljiv, domišljat, dovitljiv, vješt, spretan, pronalazački, izumilački, genijalan; dobro izmišljen
ingenuity [ˌindʒi'njuiti] *s* dosjetljivost, domišljatost, dovitljivost, genijalnost
ingenuous [in'dʒenjuəs] *adj* (~**ly** *adv*) prostodušan, otvoren, iskren, bezazlen, prirodan
ingest [in'dʒest] *vt* uzimati, gutati (hranu)
ingestion [in'dʒestʃən] *s* uzimanje, gutanje (hrane)
ingle ['iŋgl] *s* vatra; ognjište; kamin
ingle-nook ['iŋglnuk] *s* kut kraj ognjišta
inglorious [in'glɔːriəs] *adj* (~**ly** *adv*) neslavan, nepoznat; nečastan, sraman
ingoing ['inˌgəuiŋ] *adj* koji ulazi, koji se useljava
ingot ['iŋgət] *s* šipka, ingot, **blok lijevanog** metala | ~ **steel** čelik (željezo) u blokovima
ingraft [in'graːft] *vt* → **engraft**
ingrain [ˌin'grein] *adj* obojen još kao pređa; *fig* ukorijenjen, urođen
ingrained [ˌin'greind] *adj* (~**ly** *adv*) urastao, koji duboko prodire; *fig* ukorijenjen, urođen
ingratiate [in'greiʃieit] *vi* | **to** ~ **oneself (with a p)** ulagivati se, umiljavati se, dodvoravati se (komu)
ingratitude [in'grætitjuːd] *s* nezahvalnost
ingredient [in'griːdjənt] *s* sastavni dio, sastojak; primjesa
ingress ['ingres] *s* ulazak, pristup; pravo ulaska, pristupa
ingrowing ['inˌgrəuiŋ] *adj* koji urašćuje (*spec* nokat u meso)
ingurgitate [in'gəːdʒiteit] *vt* pohlepno (pro)gutati, lakomo (po)jesti; *fig* progutati
ingurgitation [inˌgəːdʒi'teiʃn] *s* pohlepno gutanje
inhabit [in'hæbit] *vt* stanovati (u), nastavati; *fig* ispunjavati
inhabitable [in'hæbitəbl] *adj* pogodan za stanovanje
inhabitancy [in'hæbitənsi] *s* prebivanje, nastavanje
inhabitant [in'hæbitənt] *s* stanovnik, žitelj
inhabitation [inˌhæbi'teiʃn] *s* stanovanje, nastavanje, obitavanje; stan, obitavalište

inhalation [ˌinhəˈleiʃn] *s* udisanje; *med* inhaliranje, inhalacija
inhale [inˈheil] *vt/i* udisati, udahnuti; *med* inhalirati
inhaler [inˈheilə] *s med* inhalator
inharmonic [ˌinhaːˈmɔnik] *adj* (**~ally** *adv*) neskladan, neharmoničan, disonantan
inharmonious [ˌinhaːˈməunjəs] *adj* (**~ly** *adv*) → **inharmonic**
inhere [inˈhiə] *vi* biti svojstven ili urođen (*in* komu); biti sadržan (*in* u čemu), biti tijesno povezan (čime)
inherence [inˈhiərəns] *s* svojstvenost, prirođenost; nerazdvojivost, inherencija
inherent [inˈhiərənt] *adj* (**~ly** *adv*) koji tvori bitan dio (*in* čega), koji je (tijesno) povezan (*in* čime), inherentan; urođen, svojstven; nerazdvojiv; bitan
inherit [inˈherit] *vt/i* **I.** *vt* naslijediti, baštiniti **II.** *vi* postati baštinik, naslijediti imetak
inheritable [inˈheritəbl] *adj* nasljedan; sposoban da naslijedi, koji ima pravo baštiniti
inheritance [inˈheritəns] *s* baštinjenje, baština, nasljedstvo, nasljeđe
inheritor [inˈheritə] *s* nasljednik, baštinik
inheritress [inˈheritris] *s* nasljednica, baštinica
inheritrix [inˈheritriks] *s* → **inheritress**
inhibit [inˈhibit] *vt* (s)priječiti, sprečavati (*a p from doing a th* koga da što učini); obuzda(va)ti, kočiti; inhibirati
inhibition [ˌinhiˈbiʃn] *s* sprečavanje, priječenje, kočenje; zapreka; sustezanje; *psych* inhibicija, smetnja
inhibitory [inˈhibitəri] *adj* 1. koji priječi, koči, ne dopušta, smeta; inhibitoran
inhospitable [inˈhɔspitəbl] *adj* (**inhospitably** *adv*) negostoljubiv, neprijazan; pust, koji ne pruža zaklona
inhospitality [ˈinˌhɔspiˈtæliti] *s* negostoljubivost, neprijaznost
inhuman [inˈhjuːmən] *adj* (**~ly** *adv*) nečovječan, neljudski, bezdušan, nehuman
inhumane [ˌinhjuːˈmein] *adj* (**~ly** *adv*) → **inhuman**
inhumanity [ˌinhjuːˈmæniti] *s* nečovječnost, okrutnost, bezdušnost
inhumation [ˌinhjuːˈmeiʃn] *s* pokop, sahrana, ukop
inhume [inˈhjuːm] *vt* pokopati, sahraniti
inimical [iˈnimikl] *adj* (**~ly** *adv*) neprijateljski, protivan; štetan
inimitable [iˈnimitəbl] *adj* (**inimitably** *adv*) koji se ne može oponašati; koji je bez premca, jedinstven, neusporediv
iniquitous [iˈnikwitəs] *adj* (**~ly** *adv*) nepravedan, nepravičan; pokvaren
iniquiti [iˈnikwiti] *s* nepravda, nepravičnost, nepravednost, protupravnost; pokvarenost
initial [iˈniʃl] *adj* (**~ly** *adv*) početni, prvotni | **~ word** kratica sastavljena od početnih slova punih riječi naslova (npr. UNRRA)
initial [iˈniʃl] *s* početno slovo | **~s** *pl* inicijali, početna slova imena i prezimena
initial [iˈniʃl] *vt* obilježiti početnim slovima imena
initially [iˈniʃəli] *adv* u početku, prvotno, na početku
initiate [iˈniʃieit] *vt* započeti, pokrenuti; dati inicijativu (za što); uvesti (u članstvo itd.); uputiti (u tajnu), upoznati (s čime)
initiate [iˈniʃiət] *adj* početni, prvotni; uveden, upućen, upoznat
initiate [iˈniʃiət] *s* onaj koji je uveden (u članstvo), upućen (u tajnu)
initiation [iˌniʃiˈeiʃn] *s* uvođenje; (za)počinjanje, pokretanje; upućivanje, upoznavanje | *US* **~ fee** upisnina, pristupnina
initiative [iˈniʃiətiv] *s* prvi potez, prvi korak; prvi poticaj, pobuda, inicijativa; poduzetnost
initiative [iˈniʃiətiv] *adj* početni, prvotni
initiator [iˈniʃieitə] *s* inicijator, pokretač, začetnik
initiatory [iˈniʃiətəri] *adj* (**initiatorily** *adv*) koji uvodi; koji upućuje
inject [inˈdʒekt] *vt* ubrizga(va)ti, uštrca(va)ti (*into* u), dati injekciju (u što, *with* čega), injicirati; *fig* uliti
injection [inˈdʒekʃən] *s* ubrizgavanje, uštrcavanje; *med* injekcija
injector [inˈdʒektə] *s tech* sprava za uštrcavanje
injudicious [ˌindʒuˈdiʃəs] *adj* (**~ly** *adv*) nerazuman, nerazborit, nepromišljen; neprikladan; loše prosuđen
injunction [inˈdʒʌŋkʃən] *s* ozbiljna opomena, izričit nalog; sudski nalog ili zabrana
injure [ˈindʒə] *vt* učiniti komu nažao, uvrijediti, povrijediti; raniti, ozlijediti; oštetiti (što); nanijeti štetu, nauditi, naškoditi (čemu)
injurious [inˈdʒuəriəs] *adj* (**~ly** *adv*) štetan, škodljiv, poguban (*to* za); koji vrijeđa; uvredljiv
injury [ˈindʒəri] *s* šteta, oštećenje; povreda, ozljeda; *fig* uvreda, povreda (osjećaja), škođenje (dobru glasu itd.) | **to do a p an ~** naškoditi komu
injustice [inˈdʒʌstis] *s* nepravda, nepravednost | **to do a p an ~** nanijeti komu nepravdu, biti nepravedan prema komu
ink [iŋk] *s* tinta, crnilo; (i *printer's* **~**) tiskarsko crnilo | **as black as ~** crn kao ugljen; **Indian** (**Chinese**) **~** tuš; **written in ~** tintom pisan
ink [iŋk] *vt* tintom crniti; umrljati, zapackati | **~ in, ~ over** tintom prevući
ink-bottle [ˈinkˌbɔtl] *s* bočica s tintom, tintarnica
inkling [ˈiŋkliŋ] *s* nagovještavanje, mig, znak, aluzija; natucanje, nagađanje, na-

slućivanje | **to give a p an ~ of a th** natuknuti komu što
ink-pad ['iŋkpæd] *s* jastučić za štambilje
ink-pencil ['iŋk,pensl] *s* **tintena olovka,** olovka za kopiranje
ink-pot ['iŋkpɔt] *s* tintarnica
ink-stand ['iŋkstænd] *s* tintarnica, stalak za tintu i pribor za pisanje
ink-well ['iŋkwel] *s* tintarnica upuštena u školsku klupu
inky ['iŋki] *adj* (**inkily** *adv*) crn poput tinte; zamrljan tintom
inlaid ['inleid] *s* umetnut; s intarzijama | **~ work** intarzija; **~ floor** parket s uzorkom
inland ['inlənd] *s* unutrašnjost koje zemlje
inland ['inlənd] *adj* unutrašnji, daleko od mora; domaći, unutarnji | **Inland Revenue** *GB* prihod od poreza; *coll* porezne vlasti; **~ sea** more gotovo posve okruženo otocima
inland [in'lænd] *adv* prema unutrašnjosti, daleko od obale ili granice, u unutrašnjosti
inlander ['inləndə] *s* čovjek iz unutrašnjosti, stanovnik unutrašnjosti
inlay ['inlei] *s* umetanje, ulaganje; intarzija; umetak; *dent* lijevana plomba
inlay [,in'lei] *vt* (inlaid, inlaid) umetnuti, umetati, upustiti, uložiti (*in* u); ukrasiti intarzijom
inlet ['inlet] *s* umetak; *mar* draga, uvala
inmate ['inmeit] *s* stanar(ka), ukućanin, ukućanka; putnik
inmost ['inməust] *adj* najunutarnjiji; *fig* najdublji, najtajniji, najskrovitiji
inn [in] *s* svratište, gostionica, krčma, konačište
innards ['inədz] *s pl* unutrašnji dijelovi; *coll* unutrašnji organi
innate [,i'neit] *adj* (**~ly** *adv*) prirođen, prirodan, urođen, svojstven
innavigable [i'nævigəbl] *adj* neplovan
inner ['inə] *adj* unutarnji, unutrašnji; skrovit, potajan | **the ~ man** čovjekova duša; *joc* želudac; **to refresh one's ~ man** okrijepiti se; *mot* **~ tube** zračnica
inner ['inə] *s* središtu cilja najbliži krug; pogodak u taj krug
innermost ['inəməust] *adj* **→ inmost**
innings ['iniŋz] *s sg constr sport* vrijeme tokom kojega igrač ili momčad ima pravo udarca; *fig* vrijeme provedeno na vlasti ili na položaju; *coll* razdoblje aktivnog života
inn-keeper ['in,ki:pə] *s* gostioničar(ka), krčmar(ica)
innocence ['inəsns] *s* nevinost, bezazlenost, prostodušnost, naivnost; nedužnost; neškodljivost
innocent ['inəsnt] *adj* (**~ly** *adv*) prostodušan, bezazlen; naivan; nevin, nekriv, nedužan (*of*); neškodljiv, bezazlen; besmislen
innocent ['inəsnt] *s* prostodušna, naivna osoba; nevino dijete; slaboumnik; naivčina, glupan | *parl sl* **massacre of the ~s** skraćivanje dnevnog reda zbog nedostatka vremena pri završetku zasjedanja
innocuous [i'nɔkjuəs] *adj* (**~ly** *adv*) neškodljiv, bezazlen
innominate [i'nɔminət] *adj* bezimen, neimenovan | *anat* **~ bone** kuk
innovate ['inəveit] *vi* uvoditi novosti; vršiti promjene, inovirati
innovation [,inə'veiʃn] *s* uvođenje novotarija; novotarija, novost, novina; promjena, inovacija
innovator ['inəveitə] *s* koji uvodi novotarije, novosti, promjene; novator
innovatory ['inəveitəri] *adj* koji unosi novost, novatorski
innoxious [i'nɔkʃəs] *adj* (**~ly** *adv*) **→ innocuous**
innuendo [,inju'endəu] *s Lat* aluzija
innuendo [,inju'endəu] *vi* praviti aluzije, aludirati
innumerable [i'nju:mərəbl] *adj* (**innumerably** *adv*) nebrojen, bezbrojan, neizbrojiv
innutrition [,inju:'triʃən] *s* nestašica, nedostatak hrane
innutritious [,inju:'triʃəs] *adj* nehranjiv
inobservance [,inəb'zə:vəns] *s* neizvršavanje, nepoštovanje, kršenje; nepažnja, nemar
inoccupation ['in,ɔkju'peiʃn] *s* besposlenost
inoculate [i'nɔkjuleit] *vt hort* cijepiti, okulirati, (na)kalemiti; *med* cijepiti (*against* protiv); *fig* komu što uliti, usaditi, zadojiti (koga čime)
inoculation [i,nɔkju'leiʃn] *s hort* cijepljenje, kalemljenje, okuliranje; *med* cijepljenje, ucjepljivanje; *fig* ulijevanje, usađivanje
inodorous [in'əudərəs] *adj* bezmirisan
inoffensive [,inə'fensiv] *adj* (**~ly** *adv*) neškodljiv, bezazlen, nevin; dobroćudan, dobronamjeran
inoperable [in'ɔpərəbl] *adj med* koji se ne da operirati
inoperative [in'ɔpərətiv] *adj* koji ne djeluje, bez učinka, nedjelotvoran; nevaljan
inopportune [in'ɔpətju:n] *adj* (**~ly** *adv*) nezgodan, neprikladan, u krivi čas
inordinate [i'nɔ:dinət] *adj* (**~ly** *adv*) neumjeren, pretjeran, prekomjeran
inorganic [,inɔ:'gænik] *adj* (**~ly** *adv*) neorganski; anorganski; koji nije prirodno izrastao, bez organske povezanosti | **~ chemistry** anorganska kemija
inorganized [in'ɔ:gənaizd] *adj* (**~ly** *adv*) neorganiziran; bez organa, neorganski
in-patient ['in,peiʃənt] *s* bolesnik koji se liječi u bolnici, stacionirani bolesnik
inpouring ['inpɔ:riŋ] *s* pritjecanje, priliv

inpouring [ˈinpɔːriŋ] *adj* koji pritječe
input [ˈinput] *s* ono što se umeće, ubacuje, čime se što opskrbljuje, što ulazi | **~ language** ulazni jezik (kod strojnog prevođenja)
inquest [ˈinkwest] *s* istraga (*on* o) | *jur* **coroner's ~** istražni postupak radi utvrđivanja uzroka smrti; **the Last (the Great) Inquest** Sudnji dan, posljednji sud
inquietude [inˈkwaiətjuːd] *s* nemir, nespokojstvo, briga, uznemirenost, strepnja, zebnja
inquire (**enquire**) [inˈkwaiə] *vt/i* **I.** *vt* pitati (*of* za) **II.** *vi* propitkivati se, raspit(iv)ati se (*about, concerning, upon, after* o čemu), pitati (*for* za), tražiti | **these goods are much ~d after** ova se roba mnogo traži
inquire into [inˈkwaiərˈintu] *vi* (temeljito) ispitati, istražiti
inquiring [inˈkwaiəriŋ] *adj* (**~ly** *adv*) koji traži, istražuje, ispituje; ispitivački, radoznao
inquiry (**enquiry**) [inˈkwaiəri] *s* istraživanje, istraga, ispitivanje, traženje, raspitivanje; propitkivanje; *com* upit, traženje | **on ~** na zahtjev, na upit; **to make inquiries** raspitivati se; **court of ~** istražni sud; **writ of ~** sudski nalog da se povede istraga; **to hold an official ~ (into)** vršiti službenu istragu (o); **there is no ~ for these goods** ova se roba ne traži
inquisition [ˌinkwiˈziʃn] *s* istraga, istraživanje, ispitivanje | *hist* **the Inquisition** inkvizicija
inquisitive [inˈkwizitiv] *adj* (**~ly** *adv*) radoznao, znatiželjan, koji svuda zabada nos | **to be ~ about** željan (do)znati što
inquisitor [inˈkwizitə] *s* istražilac, istražitelj; *hist* inkvizitor
inquisitorial [inˌkwiziˈtɔːriəl] *adj* (**~ly** *adv*) istražujući, istražni; inkvizitorski
inroad [ˈinrəud] *s* provala, upad, prepad; *fig* zadiranje (u što), napadaj (na što)
inrush [ˈinrʌʃ] *s* provala, prodiranje, nadiranje, navala
insalubrious [ˌinsəˈluːbriəs] *adj* nezdrav, štetan zdravlju
insalubrity [ˌinsəˈluːbriti] *s* nezdravost
insane [inˈsein] *adj* (**~ly** *adv*) lud, umobolan; *fig* luđački, sulud | **~ asylum** ludnica
insanitary [inˈsænitəri] *adj* (**insanitarily** *adv*) nezdrav, nehigijenski
insanity [inˈsæniti] *s* umobolnost, ludilo; bezumnost, ludost
insatiability [inˌseiʃiəˈbiliti] *s* nezasitnost
insatiable [inˈseiʃiəbl] *adj* nezasitan
insatiate [inˈseiʃiət] *adj* → **insatiable**
inscribable [inˈskraibəbl] *adj* koji se može upisati
inscribe [inˈskraib] *vt* 1. upisati, zapisati, ispisati (*on, in, with*); *geom* ucrtati; unijeti (u popis), registrirati
inscription [inˈskripʃən] *s* natpis; upis(ivanje); *geom* ucrtavanje
inscriptive [inˈskriptiv] *adj* natpisni
inscrutability [inˌskruːtəˈbiliti] *s* nedokučivost; tajnovitost, zagonetnost
inscrutable [inˈskruːtəbl] *adj* (**inscrutably** *adv*) nedokučiv; tajnovit, zagonetan
insect [ˈinsekt] *s* kukac, insekt, zareznik, buba; *fig* gad, gnjida (o čovjeku)
insectarium [ˌinsekˈtɛəriəm] *s* insektarij
insecticidal [inˈsektisaidl] *adj* koji tamani kukce, gamad, insekticidni
insecticide [inˈsektisaid] *s* sredstvo za tamanjenje kukaca, gamadi, insekticid
insectivore [inˈsektivɔː] *s zool* kukcožder
insectivorous [ˌinsekˈtivərəs] *adj zool & bot* koji se hrani kukcima
insectology [ˌinsekˈtɔlədʒi] *s* nauka o kukcima
insect-powder [ˈinsektˌpaudə] *s* prašak za uništavanje kukaca, gamadi
insecure [ˌinsiˈkjuə] *adj* (**~ly** *adv*) nesiguran, nepouzdan; varav; koji nema pouzdanja
insecurity [ˌinsiˈkjuəriti] *s* nesigurnost, nepouzdanost; varavost
inseminate [inˈsemineit] *vt* oploditi; *fig* usaditi
insemination [ˌinsemiˈneiʃn] *s* oplođivanje, oplodnja; *fig* usađivanje | **artificial ~** umjetno osjemenjivanje (u. o.)
insensate [inˈsenseit] *adj* (**~ly** *adv*) koji ništa ne osjeća, bezosjećajan; bezuman
insensibility [inˌsensəˈbiliti] *s* neosjetljivost, bezosjećajnost, bešćutnost; ravnodušnost (*to* prema), neprijemljivost (*to* za); besvijest
insensible [inˈsensəbl] *adj* (**insensibly** *adv*) bez svijesti, u nesvijesti; bezosjećajan, bešćutan; ravnodušan (*to* prema), neprijemljiv (*to* za); nesvjestan (*of* čega); neosjetljiv, otupio (*to* na); nezamjetljiv, neprimjetan | **he was ~ of the danger** nije bio svjestan opasnosti
insensitive [inˈsensitiv] *adj* neosjetljiv (*to* za, na); neosjećajan (*to* za)
insentient [inˈsenʃiənt] *adj* bez svijesti; bez osjećaja; bez sposobnosti opažanja
inseparability [inˌsepərəˈbiliti] *s* nerazdvojivost, nerazdruživost
inseparable [inˈsepərəbl] *adj* (**inseparably** *adv*) nerazdvojiv, nerazdvojan, nerazdruživ
insert [inˈsəːt] *vt* umetnuti, uklopiti; turiti, staviti (*in, into* u što); uvrstiti (u novine)
insertion [inˈsəːʃən] *s* umetanje, uklapanje; umetak; uvrštenje; oglas (u novinama)
in-service [ˈinˈsəːvis] *adj* koji se vrši tokom službe
inset [ˈinset] *s* umetak, uložak, dodatak, prilog; popratna slika

inset [ˌinˈset] *vt* (*pret* inset, insetted; *pp* inset, insetted) umetnuti, uklopiti, dodati, priložiti
inshore [ˌinˈʃɔː] *adv* blizu obale, tik uz obalu
inshore [ˌinˈʃɔː] *adj* (pri)obalni | ~ **of** bliži obali od
inside [ˌinˈsaid] *s* 1. unutrašnjost, unutrašnja strana; unutarnji dio 2. putnik u unutrašnjosti poštanske kočije 3. *coll* utroba, trbuh, želudac | **the ~ of a week** sredina tjedna; ~ **out** naopačke, s unutrašnjom stranom prema van; **to turn a th ~ out** okrenuti unutrašnju stranu van; isprevrtati, isprevrnuti
inside [ˌinˈsaid] *adj* unutrašnji, unutarnji | *ftb* ~ **left** (**right**) lijeva (desna) spojka; **the ~ track** *sport* unutarnja staza; *fig* položaj koji pruža prednost; *coll* **an ~ job** krađa koju su počinili sami namještenici ili počinjena njihovom pomoću
inside [ˌinˈsaid] *adv* iznutra, unutra; *sl* u zatvoru, zatvoren | *coll* ~ **of** unutar, u manje od
inside [ˌinˈsaid] *prep* unutar; u
insider [ˌinˈsaidə] *s* osoba koja je upućena (jer je član nekog društva, organizacije itd.)
insidious [inˈsidiəs] *adj* (~**ly** *adv*) podmukao, neprimjetan, koji se prikrada
insight [ˈinsait] *s* 1. uvid (*into* u što) 2. pronicavost, oštroumnost, razumijevanje, sposobnost opažanja, poniranje (u što); pronicava misao, oštroumno opažanje 3. letimična vizija, predodžba
insignia [inˈsigniə] *s pl* znakovi, simboli časti, položaja, insignije
insignificance [ˌinsigˈnifikəns] *s* beznačajnost; nevažnost, tričavost
insignificant [ˌinsigˈnifikənt] *adj* (~**ly** *adv*) beznačajan, nevažan, tričav
insincere [ˌinsinˈsiə] *adj* (~**ly** *adv*) neiskren, dvoličan, licemjeran
insincerity [ˌinsinˈseriti] *s* neiskrenost, dvoličnost, licemjernost
insinuate [inˈsinjueit] *vt/i* 1. neopazice što unijeti, proturiti; podmetnuti, podmetati 2. natuknuti, neizravno reći, insinuirati (*that*), aludirati; dati razumjeti (*that*) | **to ~ oneself** (**into**) uvlačiti se (*lit & fig*), uvući se, ušuljati se
insinuating [inˈsinjueitiŋ] *adj* (~**ly** *adv*) koji što podmeće; koji neizričito kaže; koji se ulaguje, umiljava, laskav, umilan
insinuation [inˌsinjuˈeiʃn] *s* uvlačenje, ulagivanje, umiljavanje; neizravna aluzija, aludiranje, insinuacija
insinuative [inˈsinjuətiv] *adj* → **insinuating**
insipid [inˈsipid] *adj* (~**ly** *adv*) neukusan, bez teka, bljutav; *fig* bez duha, nezanimljiv, dosadan
insipidity [ˌinsiˈpiditi] *s* neukusnost, bljutavost; *fig* suhoparnost, nezanimljivost, neduhovitost
insipidness [inˈsipidnis] *s* → **insipidity**
insipience [inˈsipiəns] *s* glupavost, tupoglavost, nedostatak inteligencije
insipient [inˈsipiənt] *adj* glup(av), budalast, blesav, neinteligentan
insist [inˈsist] *vi* ustrajati na čemu, biti uporan, ne popuštati, inzistirati; uporno tvrditi (*that* da); uporno tražiti, zahtijevati, inzistirati (*on* na, *that* da); stalno isticati, naglašavati (*on*)
insistence [inˈsistəns] *s* uporna tvrdnja, stalno naglašavanje ili isticanje; uporno zahtijevanje; neodustajanje, nepopuštanje, ostajanje pri čemu, inzistiranje; navaljivanje
insistent [inˈsistənt] *adj* (~**ly** *adv*) uporan, postojan, koji ne popušta, koji ostaje na čemu; koji požuruje, navaljuje; istaknut, upadljiv, naglašen
insobriety [ˌinsəˈbraiəti] *s* neumjerenost (u piću); pijanstvo
insofar [ˌinsəuˈfaː] *conj* (*in so far*) **utoliko** (*as* što, ukoliko)
insolation [ˌinsəˈleiʃn] *s* izlaganje utjecaju sunčevih zraka; insolacija
insole [ˈinsəul] *s* tabanica; uložak (koji se stavlja u cipelu)
insolence [ˈinsələns] *s* drskost, bezobraznost
insolent [ˈinsələnt] *adj* (~**ly** *adv*) drzak, bezobrazan
insolubility [inˌsɔljuˈbiliti] *s* nerastopivost, netopljivost; *fig* nerješivost
insoluble [inˈsɔljubl] *adj* (**insolubly** *adv*) nerastopiv, netopiv, nerastvoriv; *fig* nerješiv
insolvable [inˈsɔlvəbl] *adj* nerješiv
insolvency [inˈsɔlvənsi] *s com & jur* nesposobnost plaćanja, insolvencija, insolventnost
insolvent [inˈsɔlvənt] *adj com & jur* nesposoban da plati; insolventan | ~ **estate** stečajna masa; **to become ~** postati insolventan, pasti pod stečaj, najaviti stečaj
insolvent [inˈsɔlvənt] *s* dužnik koji ne može plaćati dugove, bankroter
insomnia [inˈsɔmniə] *s* besanica
insomuch [ˌinsəuˈmʌtʃ] *adv* | ~ **that** toliko da, do tog stupnja da, u tolikoj mjeri da, tako da; ~ **as** utoliko što, ukoliko
insouciance [inˈsuːsiəns] *s Fr* bezbrižnost, nehaj
insouciant [inˈsuːsiənt] *adj Fr* bezbrižan, nehajan
inspan [inˈspæn] *vt/i S Afr* **I.** *vt* ujarmiti (vola), upregnuti (konja) **II.** *vi* uprezati, zapregnuti
inspect [inˈspekt] *vt* nadzirati, nadgledati, pregleda(va)ti; razgleda(va)ti
inspection [inˈspekʃən] *s* nadziranje, nadzor, nadgledavanje; inspekcija, kontrola, pregledavanje; pregled; razgledavanje

inspector [in'spektə] *s* nadzornik, inspektor | **police ~** policijski inspektor
inspectorate [in'spektərit] *s* nadzorništvo; inspektorat (služba i područje)
inspectress [in'spektris] *s* nadzornica, inspektorica
inspiration [ˌinspə'reiʃn] *s* udisanje; *fig* nadahnuće, poticaj, inspiracija
inspirator ['inspəreitə] *s* aparat za inhaliranje, inhalator
inspire [in'spaiə] *vt* udisati, udahnuti; *fig* nadahnuti (*sth in a p, a p with sth* koga čime), pobuditi u komu (*with* što), ulijevati, uliti što (*in* komu), potaknuti, inspirirati | **an ~d article** (novinski) članak diktiran ili napisan na sugestiju neke utjecajne, dobro upućene osobe
inspiring [in'spaiəriŋ] *adj* (**~ly** *adv*) koji nadahnjuje, pobuđuje, inspirira
inspirit [in'spirit] *vt* oživiti, uliti života, živosti, probuditi
instability [ˌinstə'biliti] *s* nestabilnost; *fig* nepostojanost, nestalnost
install [in'stɔːl] *vt* uvesti koga (u dužnost, službu), ustoličiti; *tech* uvesti (svjetlo, vodu itd.), instalirati, uvesti | **to ~ oneself** smjestiti se, namjestiti se
installation [ˌinstə'leiʃn] *s* uvođenje u službu, na položaj, ustoličenje; *tech* uvođenje, instaliranje; *tech* instalacija, uređaj, postrojenje
instalment [in'stɔːlmənt] *s* obrok, (obročna) otplata, rata; nastavak (romana, novele itd.) | **by ~s** na otplatu, na obroke; **payment by ~s** otplaćivanje; **in ~s** u nastavcima; *US* **~ plan** kupovanje na otplatu
instance ['instəns] *s* primjer, slučaj; *jur* instancija | **for ~** na primjer; **at the ~ of** na zahtjev, na traženje, na poticaj; **in the first ~** u prvom redu, ponajprije, prije svega; **court of first ~** prvostepeni sud; **in the last ~** na kraju krajeva
instance ['instəns] *vt* navesti kao primjer
instancy ['instənsi] *s* hitnost, nužnost, žurnost
instant ['instənt] *adj* hitan, nuždan; trenutačan, brz, neposredan, koji odmah djeluje ili nastupa; *com* (obično *inst.*) ovog ili tekućeg mjeseca; (o hrani) koji je gotov za tren, koji ne treba kuhati | **on the 9th inst.** 9. ovog mjeseca
instant ['instənt] *s* čas, trenutak, mah, tren | **this ~, on the ~** smjesta, odmah; **the ~ you call** čim zovnete; **in an ~** začas, u tren oka, odmah
instantaneous [ˌinstən'teinjəs] *adj* (**~ly** *adv*) trenutačan, časovit; istovremen
instanter [in'stæntə] *adv* smjesta, odmah
instantly ['instəntli] *adv* smjesta, odmah
instate [in'steit] *vt* postaviti (u službu)
instead [in'sted] *adv* u zamjenu; umjesto toga
instead [in'sted] *prep* | **~ of** umjesto, mjesto (koga, čega); **he has been playing ~ of getting on with his work** on se igrao umjesto da se prihvati svojeg posla
instep ['instep] *s anat* svod stopala, gornji dio stopala, rist | *fam* **to be high in the ~** dizati nos
instep-raiser ['instep'reizə] *s* (ortopedski) uložak
instigate ['instigeit] *vt* poticati, podbadati, huckati, huškati
instigation [ˌinsti'geiʃn] *s* poticanje, podbadanje, huškanje, huckanje
instigator ['instigeitə] *s* podbadač, poticatelj, huškač
instil (instill) [in'stil] *vt fig* uliti, ulijevati, usaditi, usađivati (*into* kome)
instillation [ˌinsti'leiʃn] *s fig* ulijevanje, usađivanje
instinct ['instiŋkt] *s* instinkt, (prirodni) nagon; urođeni osjećaj (*for* za)
instinct [in'stiŋkt] *pred adj* ispunjen, prožet (čime), pun (čega)
instinctive [in'stiŋktiv] *adj* (**~ly** *adv*) nagonski, instinktivan; nesvjestan
institute ['institjuːt] *s* zavod, institut (i zgrada, ured); učeno društvo
institute ['institjuːt] *vt* ustanoviti, utemeljiti, osnovati; uvesti (običaj, pravilo); pokrenuti (postupak); imenovati, uvesti (u službu), postaviti
institution [ˌinsti'tjuʃn] *s* 1. osnivanje, utemeljenje, ustanovljivanje; uvođenje (običaja, pravila); pokretanje (postupka) 2. zavod, ustanova; institucija 3. uvriježen zakon, običaj ili praksa; zasada; *coll fig* osoba koju svatko poznaje zbog dugog službovanja ili čudnih navika
institutional [ˌinsti'tjuːʃənl] *adj* koji se odnosi na ustanovu, zavod, instituciju
instruct [in'strʌkt] *vt* učiti, podučavati, instruirati; upućivati, uputiti, dati upute; narediti (komu što, da); obavijestiti
instruction [in'strʌkʃən] *s* podučavanje, poduka; uputa; nalog, naredba | **~s** *pl* naredbe, upute, instrukcije; *com* dispozicija
instructional [in'strʌkʃənl] *adj* odgojni, obrazovni, poučan | **~ film** poučni, naučno-popularni film
instructive [in'strʌktiv] *adj* (**~ly** *adv*) poučan
instructor [in'strʌktə] *s* učitelj, podučavatelj; instruktor; *US univ* lektor
instructress [in'strʌktris] *s* učiteljica; instruktorica
instrument ['instrumənt] *s* oruđe, sprava; alat (i *fig*), instrument; *fig* posrednik, sredstvo, izvršilac; *mus* glazbalo, instrument; *jur* isprava, dokument | *mus* **stringed ~** žičani instrument; **wind ~** duhački instrument; *aero* **~ landing** slijepo slijetanje; *el* **~ transformer** mjerni transformator
instrument ['instrumənt] *vt mus* instrumentirati

instrumental [ˌinstruˈmentl] *adj* (**~ly** *adv*) koji služi kao oruđe, sredstvo; koji pomaže; *gram* & *mus* instrumentalan | **to be ~ in** pripomoći (čemu), posredovati (u čemu)
instrumental [ˌinstruˈmentl] *s gram* instrumental
instrumentalist [ˌinstruˈmentəlist] *s* glazbenik, instrumentalni muzičar
instrumentality [ˌinstrumenˈtæliti] *s* posredstvo, posredovanje | **by the ~ of** pomoću, posredstvom
instrumentation [ˌinstrumenˈteiʃn] *s mus* instrumentacija; *scient* usavršavanje, izrada ili primjena instrumenata
insubordinate [ˌinsəˈbɔːdnit] *adj* nepokoran, neposlušan
insubordination [ˈinsəˌbɔːdiˈneiʃn] *s* nepokornost, neposlušnost
insubstantial [ˌinsəbsˈtænʃəl] *adj* nebitan, nestvaran, nezbiljski; netvaran, netjelesan; *fig* krhak, slab, slabo osnovan
insubstantiality [ˌinsəbstænʃiˈæliti] *s* nebitnost, nestvarnost; netvarnost; slaba osnovanost
insufferable [inˈsʌfərəbl] *adj* (**insufferably** *adv*) nesnosan, nepodnošljiv
insufficiency [ˌinsəˈfiʃənsi] *s* nedovoljnost, nedostatnost; nedostatak; nesposobnost; nevaljanost; *med* insuficijencija
insufficient [ˌinsəˈfiʃənt] *adj* (**~ly** *adv*) nedovoljan, nedostatan; nesposoban; nevaljan; insuficijentan
insular [ˈinsjulə] *adj* (**~ly** *adv*) otočni, inzularan; odvojen; *fig* uskogrudan, ograničen
insularism [ˈinsjulərizəm] *s* → **insularity**
insularity [ˌinsjuˈlæriti] *s* otočni položaj, otočna značajka, ograničenost na stanoviti otok; *fig* jednostranost, uskogrudnost, ograničenost
insulate [ˈinsjuleit] *vt* učiniti otokom; odijeliti, odvojiti, osamiti, izolirati (& *phys*)
insulating [ˈinsjuleitiŋ] *adj el* izolacioni | **~ tape** ljepljiva traka za izoliranje, »izolirband«
insulation [ˌinsjuˈleiʃn] *s* odvajanje, izoliranje; *el* izolacija; materijal za izolaciju
insulator [ˈinsjuleitə] *s phys* loš vodič, izolator
insult [ˈinsʌlt] *s* uvreda, poruga; napad, nasrtaj
insult [inˈsʌlt] *vt* uvrijediti, vrijeđati, napasti pogrdama
insulting [inˈsʌltiŋ] *adj* (**~ly** *adv*) uvredljiv, pogrdan
insuperability [inˌsjuːpərəˈbiliti] *s* nesavladivost, nepremostivost
insuperable [inˈsjuːpərəbl] *adj* (**insuperably** *adv*) nesavladiv, nepremostiv
insupportable [ˌinsəˈpɔːtəbl] *adj* (**insupportably** *adv*) nesnosan, nepodnošljiv, neizdržljiv
insuppressible [ˌinsəˈpresəbl] *adj* (**insuppressibly** *adv*) nezatomiv, nezadrživ
insurable [inˈʃuərəbl] *adj* koji se može osigurati (protiv štete, gubitka)
insurance [inˈʃuərəns] *s* osiguranje, osiguravanje; osiguranina; polica | **~ company** osiguravajuće društvo; **~ policy** polica; **life ~** životno osiguranje
insurant [inˈʃuərənt] *s* osiguranik
insure [inˈʃuə] *vt* osigurati (*against* protiv čega)
insured [inˈʃuəd] *s* (**the ~**) osiguranik
insurer [inˈʃuərə] *s* osiguravatelj
insurgency [inˈsəːdʒənsi] *s* buntovnost
insurgent [inˈsəːdʒənt] *adj* pobunjen, buntovnički, ustanički, buntovan
insurgent [inˈsəːdʒənt] *s* buntovnik, pobunjenik, ustanik
insurmountable [ˌinsəˈmauntəbl] *adj* (**insurmountably** *adv*) koji se ne može prijeći, nesavladiv
insurrection [ˌinsəˈrekʃən] *s* (po)buna, ustanak
insurrectional [ˌinsəˈrekʃənl] *adj* buntovnički, pobunjenički, ustanički
insurrectionary [ˌinsəˈrekʃnəri] *adj* → **insurrectional**
insurrectionist [ˌinsəˈrekʃənist] *s* buntovnik, pobunjenik, ustanik
insusceptibility [ˈinsəˌseptəˈbiliti] *s* neosjetljivost, neprijemljivost
insusceptible [ˌinsəˈseptəbl] *adj* neosjetljiv (*of* na), neprijemljiv, nepristupačan (*of, to* za)
intact [inˈtækt] *adj* nedirnut, nepovrijeđen, netaknut, neoštećen, čitav, intaktan
intagliated [inˈtælieitid] *adj* usječen, urezan
intaglio [inˈtaːliəu] *s It* urezan, urezbaren motiv; dragi ili poludragi kamen s urezbarenim ukrasom; intaljo
intake [ˈinteik] *s* 1. priliv, pritjecanje 2. *tech* dovodni otvor; *min* **okno, ulaz u produšnicu** 3. meliorirano zemljište
intangibility [inˌtændʒəˈbiliti] *s* neopipljivost, nedodirljivost, nezahvativost; *fig* neshvatljivost; neodredivost
intangible [inˈtændʒəbl] *adj* (**intangibly** *adv*) nedodirljiv, neopipljiv; *fig* neshvatljiv; neodrediv, neizmjeriv
integer [ˈintidʒə] *s math* cijelo, cjelina; *arith* cijeli broj
integral [ˈintigrəl] *adj* (**~ly** *adv*) sastavni, neodjeljiv, integralan; cio, potpun; *math* integralan | **~ calculus** integralni račun
integral [ˈintigrəl] *s* cjelina; *math* integral
integrality [ˌintiˈgræliti] *s* cjelovitost, potpunost, integralnost
integrant [ˈintigrənt] *adj* sastavni, bitan, integralan
integrate [ˈintigrit] *adj* složen od sastavnih dijelova; potpun, čitav

integrate ['intigreit] *vt* sastaviti u cjelinu; popunjavati, upotpuniti; uklopiti; činiti cjelinu; integrirati
integration [ˌinti'greiʃn] *s* sastavljanje u cjelinu; upotpunjavanje; uklapanje, integracija
integrity [in'tegriti] *s* cjelovitost, potpunost, netaknutost; integritet; *fig* poštenje, čestitost, besprijekornost
integument [in'tegjumənt] *s* vanjski omot, ovoj (koža, opna, komuška, kora, ljuska), integument
integumentary [inˌtegju'mentəri] *adj* ovojni
intellect ['intilekt] *s* um, razum, duh, intelekt; čovjek uma, intelektualac
intellectual [ˌinti'lektjuəl] *adj* (**~ly** *adv*) duhovni, duševni, umni; intelektualni
intellectual [ˌinti'lektjuəl] *s* intelektualac
intellectuality ['intiˌlektju'æliti] *s* intelektualnost
intellectualism [ˌinti'lektjuəlizəm] *s phil* intelektualizam
intelligence [in'telidʒəns] *s* 1. pamet, razum, inteligencija; pronicljivost, razumijevanje; sposobnost shvaćanja; brzo shvaćanje, prisebnost, snalažljivost 2. obavijest | *mil & mar* **~ department (service)** obavještajna služba; **~ office** ured za informacije; *US* ured za posredovanje službe
intelligencer [in'telidʒənsə] *s* obavještajac, agent, špijun
intelligent [in'telidʒənt] *adj* (**~ly** *adv*) razuman, pametan, razborit, inteligentan
intelligentzia (intelligentsia) [inˌteli'dʒəntsiə] *s* inteligencija, školovani ljudi
intelligibility [inˌtelidʒə'biliti] *s* razumljivost, jasnoća, shvatljivost
intelligible [in'telidʒəbl] *adj* (**intelligibly** *adv*) razumljiv, jasan, shvatljiv
intemperance [in'tempərəns] *s* neumjerenost, nesuzdržavanje, pretjerivanje, pretjeranost; pijanstvo, odanost piću
intemperate [in'tempərit] *adj* (**~ly** *adv*) neumjeren, pretjeran, nesuzdržljiv, neobuzdan; odan piću
intend [in'tend] *vt* namjeravati, kaniti, naumiti, namišljati, smjerati; htjeti kazati, misliti; odrediti; predvidjeti (*for* za), namijeniti (*for* komu) | **what do you ~ by the remark?** što želite reći tom primjedbom?; **is this sketch ~ed to be me?** zar ovaj crtež treba da prikazuje mene?; *coll* **my ~ed** moj budući (moja buduća)
intense [in'tens] *adj* (**~ly** *adv*) jak, silan; žestok, intenzivan; žarki; prenapet, strastven | **~ cold** ciča zima
intenseness [in'tensnis] *s* → **intensity**
intensification [inˌtensifi'keiʃn] *s* pojačavanje; pojačanost, intenzifikacija
intensifier [in'tensifaiə] *s phot* pojačavač
intensify [in'tensifai] *vt/i* pojača(va)ti (se)
intensity [in'tensiti] *s* jačina, žestina, intenzivnost; *phys* intenzitet
intensive [in'tensiv] *adj* (**~ly** *adv*) jak, žestok, silan, intenzivan; temeljit; *gram* koji pojačava; *agr* intenzivan | **~ care unit** šok-soba
intent [in'tent] *adj* (**~ly** *adv*) napet, pažljiv; koncentriran, usredotočen ([*up*]*on sth* na što), zaokupljen ([*up*]*on sth,* [*up*]*on doing sth* čime)
intent [in'tent] *s* namjera, namisao, nakana; *jur* predumišljaj | **with good (evil) ~s** s dobrom (zlom) namjerom; **to all ~s and purposes** u svakom pogledu, praktički
intention [in'tenʃən] *s* nakana, namjera, naum, namisao, intencija
intentional [in'tenʃənl] *adj* (**~ly** *adv*) namjeran, hotimičan
intentioned [in'tenʃənd] *adj* učinjen s namjerom | **well-~** dobronamjeran; **ill-~** zlonamjeran
inter [in'tə:] *vt* pokopati, sahraniti
inter ['intə] *prep Lat* među, između | **~ alia** između ostalog; **~ nos** među nama; **~ vivos** među živima
interact ['intərækt] *s theat* 1. odmor između činova 2. međučin, međuigra, interludij
interact [ˌintər'ækt] *vi* međusobno djelovati
interaction [ˌintər'ækʃən] *s* međusobno, uzajamno djelovanje, utjecanje
interactive [ˌintər'æktiv] *adj* koji uzajamno djeluju, utječu jedan na drugog
interblend [ˌintə'blend] *vt/i* **I.** *vt* (iz)miješati jedno s drugim **II.** *vi* (iz)miješati se
interbreed [ˌintə'bri:d] *vt/i zool & bot* **I.** *vt* križati **II.** *vi* križati se, miješati se
intercalary [in'tə:kələri] *adj* umetnut, dodan, dometnut; prijestupni | **~ day** umetnuti dan u prijestupnoj godini (29. II); **~ year** prijestupna godina
intercalate [in'tə:kəleit] *vt* umetnuti, dodati
intercalation [inˌtə:kə'leiʃn] *s* umetanje, dodavanje
intercede [ˌintə'si:d] *vi* zauzeti se, zalagati se, založiti se, posredovati (*with* kod koga, *for, on behalf of* za koga); zagovarati (koga)
intercept [ˌintə'sept] *vt* predusresti, presresti; presjeći put (komu); zaustaviti; uhvatiti (pismo, vijest); sprečavati, spriječiti (prolaz, vidik)
interception [ˌintə'sepʃən] *s* presretanje, presijecanje, zakrčivanje (puta); zaustavljanje; sprečavanje (prolaza); hvatanje (tuđih pisama itd.), prisluškivanje (telefonskih razgovora)
interceptor [ˌintə'septə] *s* onaj koji ili ono što presreće, zaustavlja, sprečava, hvata; *mil* presretač
intercession [ˌintə'seʃn] *s* posredovanje, zauzimanje za koga, zalaganje, zagovor
intercessor [ˌintə'sesə] *s* posrednik, zagovornik

intercessory [ˌintəˈsesəri] *adj* koji se zauzima, zalaže, posrednički
interchange [ˌintəˈtʃeindʒ] *s* razmjena; međusobna izmjena; mijenjanje, izmjenjivanje, zamjena, izmjena
interchange [ˌintəˈtʃeindʒ] *vt/i* **I.** *vt* izmjenjivati, izmijeniti, razmjenjivati, razmijeniti (mišljenja, darove, pisma); zamijeniti (jednu stvar drugom); mijenjati **II.** *vi* izmjenjivati se, izmijeniti se
interchangeable [ˌintəˈtʃeindʒəbl] *adj* (**interchangeably** *adv*) koji se može zamijeniti, izmijeniti, izmjenljiv, zamjenljiv
intercollegiate [ˌintəkəˈliːdʒiət] *adj* međuuniverzitetski
intercolonial [ˌintəkəˈləunjəl] *adj* međukolonijalni
intercom [ˈintəkɔm] *s coll abbr* | **the ~** unutrašnji telefonski sistem (u avionu, zgradi itd.)
intercommunicate [ˌintəkəˈmjuːnikeit] *vi* biti u međusobnoj vezi, međusobno saobraćati
intercommunication [ˈintəkəˌmjuːniˈkeiʃn] *s* međusobna veza ili saobraćanje
intercommunion [ˌintəkəˈmjuːnjən] *s* (*spec eccl*) bliska veza, srodnost; razmjena misli
intercommunity [ˌintəkəˈmjuːniti] *s* zajednički interesi
interconnect [ˌintəkəˈnekt] *vt/i* **I.** *vt* međusobno povezati, spojiti **II.** *vi* biti međusobno povezan, spojen
intercontinental [ˈintəˌkɔntiˈnentl] *adj* međukontinentalan, interkontinentalan
intercourse [ˈintəkɔːs] *s* saobraćanje, općenje; razmjena; spolno općenje, spolni odnos (*sexual* **~**)
intercross [ˌintəˈkrɔs] *vt/i* **I.** *vt* ukrstiti, križati, položiti ukriž **II.** *vi* križati se, sjeći se
intercurrent [ˌintəˈkʌrənt] *adj* koji se javlja, vraća na mahove
interdepend [ˌintədiˈpend] *vi* međusobno ovisiti
interdependence [ˌintədiˈpendəns] *s* međusobna ovisnost
interdependent [ˌintədiˈpendənt] *adj* (**~ly** *adv*) međusobno zavisan
interdict [ˈintədikt] *s* zabrana, interdikcija; *eccl* interdikt
interdict [ˌintəˈdikt] *vt* zabraniti; *eccl* isključiti iz sakramenata i bogoslužja
interdiction [ˌintəˈdikʃən] *s* zabrana; *jur* interdikcija
interdictory [ˌintəˈdiktəri] *adj* koji zabranjuje, isključuje
interest [ˈintrist] *s* 1. zanimanje, interes, zanimljivost 2. korist, probit 3. *com* pravo (*in* na), udio (*in* u); kamate | **in the ~ of** na korist koga, u interesu koga; **it is to your ~** u vašem je interesu; **to be of ~ to** biti zanimljiv za (koga); **to take an ~ in** zanimati se za; **to lend out money at ~** pozajmljivati novac uz kamate; **to have an ~ in** imati udio u; **the business ~s** poslovni krugovi; **the landed ~** zemljoposjednici; **to charge ~** zaračunavati kamate; **rate of ~** kamatnjak, kamatna stopa; *fig* **with ~** s kamatama
interest [ˈintrist] *vt* zanimati, interesirati; pobuditi kod koga zanimanje, zainteresirati (*in* za što) | **to be ~ed in** zanimati se za (što); *com* imati udio u (čemu)
interested [ˈintristid] *adj* (**~ly** *adv*) zainteresiran, koji se zanima; koji odaje zanimanje; *com* koji ima udio (u čemu); interesiran, sebičan; pristran (svjedok)
interesting [ˈintristiŋ] *adj* (**~ly** *adv*) zanimljiv, interesantan | **she is in an ~ condition** ona je u drugom stanju
interfere [ˌintəˈfiə] *vi* (u)miješati se, uplitati se, plesti se (*in* u što, *between* među); dirati, petljati se u što (*with*); dolaziti u sukob (*with* s čim); smetati (*with* čemu)
interference [ˌintəˈfiərəns] *s* miješanje, uplitanje; *radio* smetanje, smetnja; *phys* interferencija
interflow [ˌintəˈfləu] *vi* utjecati jedan u drugog
interfluent [inˈtəːfluənt] *adj* koji utječe jedan u drugog
interim [ˈintərim] *s Lat* međuvrijeme | **in the ~** u međuvremenu, međutim; zasada
interim [ˈintərim] *adj Lat* privremen
interior [inˈtiəriə] *adj* (**~ly** *adv*) (u)nutarnji; unutrašnji, koji je u unutrašnjosti zemlje; domaći; *fig* duševni
interior [inˈtiəriə] *s* unutrašnjost (zemlje, kuće); *fig* nutrina, srce, duša; *theat* interijer; *coll* utroba | **~ decorator** soboslikar, ličilac; tapetar; *pol* **the ~** unutrašnji poslovi; ministarstvo unutrašnjih poslova; *US* **the Department of the Interior** ministarstvo unutrašnjih poslova
interjacent [ˌintəˈdʒeisənt] *adj* koji se nalazi između, koji leži između
interject [ˌintəˈdʒekt] *vt* ubaciti (primjedbu itd.)
interjection [ˌintəˈdʒekʃən] *s* ubacivanje; *gram* usklik, uzvik, interjekcija
interlace [ˌintəˈleis] *vt/i* **I.** *vt* preplesti, ispreplitati, ispreplesti, protkati (*with* čime) **II.** *vi* ispreplesti se, ispreplitati se
interlacement [ˌintəˈleismənt] *s* prepletanje, ispreplitanje, isprepletenost; splet
interlard [ˌintəˈlaːd] *vt* prošarati, garnirati (govor, tekst) stranim riječima, izrazima
interleaf [ˈintəliːf] *s* umetnuti prazan list (u knjizi itd.)
interleave [ˌintəˈliːv] *vt* umetnuti, umetati prazne listove u knjigu i dr.
interline [ˌintəˈlain] *vt* 1. pisati između redaka; *print* slagati s proredom
interlinear [ˌintərˈliniə] *adj* koji je napisan, naštampan između redaka, interlinearan
interlineation [ˈintəˌliniˈeiʃn] *s* umetanje među retke; umetak između redaka

interlingua [ˌintəˈliŋgwə] *s* jezik posrednik (kod strojnog prevođenja)
interlink [ˌintəˈliŋk] *vt* (po)vezati, međusobno spojiti
interlock [ˌintəˈlɔk] *vi/t* **I.** *vi* međusobno se spojiti, povezati se, zahvaćati jedno u drugo, zakvačiti se **II.** *vt* čvrsto spojiti, međusobno zakvačiti, povezati jedno s drugim
interlocution [ˌintələˈkjuːʃn] *s* razgovor, dijalog, dogovor
interlocutor [ˌintəˈlɔkjutə] *s* osoba koja sudjeluje u razgovoru, sugovornik, subesjednik
interlocutory [ˌintəˈlɔkjutəri] *adj* razgovorni, koji je u obliku razgovora, dijaloga
interlocutress [ˌintəˈlɔkjutris] *s* sugovornica, subesjednica
interlocutrix [ˌintəˈlɔkjutriks] *s* → **interlocutress**
interlope [ˌintəˈləup] *vi* 1. neovlašteno se miješati (u što), nepozvano se uplitati, nametati se
interloper [ˈintələupə] *s* osoba koja se u što (nepozvano, neovlašteno) miješa; nametljivac
interlude [ˈintəluːd] *s* međuigra; kratko (među)razdoblje; *theat* & *mus* interludij
intermarriage [ˌintəˈmæridʒ] *s* 1. brak između članova raznih obitelji, rasa itd. 2. brak između rođaka
intermarry [ˌintəˈmæri] *vi* sklapati brak s pripadnicima drugih rodova i rasa (*with*); međusobno sklapati brakove
intermeddle [ˌintəˈmedl] *vi* uplitati se, miješati se, pačati se (*with, in* u što)
intermediary [ˌintəˈmiːdiəri] *adj* posredni; koji se nalazi između; prijelazni
intermediary [ˌintəˈmiːdiəri] *s* posrednik; sredstvo; prijelazni oblik ili stadij
intermediate [ˌintəˈmiːdjət] *adj* (~**ly** *adv*) koji se nalazi u sredini, između; među...; srednji; prijelazni; posredni | ~ **product** međuproizvod, poluproizvod; ~ **frequency** među-frekvencija; ~**-range ballistic missile** projektil srednjeg dometa; ~ **transformer** međutransformator; *aero* ~ **landing** pristajanje za nuždu; **Intermediate Military Government Court** drugostepeni vojni sud; ~ **school** škola drugog stupnja; *US* srednja škola; ~ **trade** preprodaja
intermediate [ˌintəˈmiːdjət] *s* posrednik; nešto srednje, nešto što se nalazi u sredini; *fig* karika, veza
intermediate [ˌintəˈmiːdieit] *vi* posredovati (*between* između koga)
intermediation [ˈintəˌmiːdiˈeiʃn] *s* posredovanje; posredništvo
intermediator [ˌintəˈmiːdieitə] *s* posrednik
interment [inˈtəːmənt] *s* ukop, pokop, sahrana
intermezzo [ˌintəˈmetsəu] *s It theat* & *mus* intermeco
interminable [inˈtəːminəbl] *adj* (**interminably** *adv*) beskrajan, beskonačan
intermingle [ˌintəˈmiŋgl] *vt/i* **I.** *vt* (po)miješati, smiješati, izmiješati **II.** *vi* (po)miješati se, izmiješati se
intermission [ˌintəˈmiʃn] *s* prekid, stanka; prekidanje, prestanak; odmor, počinak, pauza | **without** ~ neprekidno
intermit [ˌintəˈmit] *vt/i* **I.** *vt* prekinuti, obustaviti **II.** *vi* prestati; (za)stati
intermittent [ˌintəˈmitənt] *adj* (~**ly** *adv*) koji se povremeno prekida ili izostaje; koji povremeno popušta (u žestini, jačini); koji dolazi ili se javlja na mahove, povratan | ~**ly** u razmacima, povremeno
intermix [ˌintəˈmiks] *vt/i* **I.** *vt* (međusobno) (s)miješati, izmiješati, pomiješati **II.** *vi* (međusobno) miješati se, izmiješati se, pomiješati se
intermixture [ˌintəˈmikstʃə] *s* mješavina, smjesa
intern [inˈtəːn] *vt* internirati
intern [ˈintəːn] *s US* liječnik stažist
internal [inˈtəːnl] *adj* (~**ly** *adv*) unutrašnji, unutarnji; *fig* nutarnji, duhovni; domaći, unutrašnji | ~ **combustion** unutrašnje izgaranje, sagorijevanje; ~**-combustion engine** eksplozivni motor; ~ **evidence** dokaz koji je sadržan u samoj stvari; ~ **loan** unutarnji zajam; ~ **revenue** prihod od poreza
internation [ˌintəˈneiʃn] *s* → **internment**
international [ˌintəˈnæʃnl] *adj* (~**ly** *adv*) međunarodan, internacionalan
international [ˌintəˈnæʃnl] *s sport* internacionalac | *pol* **the International** Internacionala
internationale [ˌintənæʃəˈnaːl] *s* | **the** ~ Internacionala (himna proletarijata)
internationalism [ˌintəˈnæʃnəlizəm] *s* internacionalizam
internationalist [ˌintəˈnæʃnəlist] *s* student međunarodnog prava; sljedbenik internacionalizma
internationality [ˌintənæʃəˈnæliti] *s* internacionalnost
internationalization [ˈintəˌnæʃnəlaiˈzeiʃn] *s* internacionalizacija
internationalize [ˌintəˈnæʃnəlaiz] *vt* internacionalizirati
interne [inˈtəːn] *s US* → **intern** *s*
internecine [ˌintəˈniːsain] *adj* krvav, ubojit, ubitačan, koji traje do istrebljenja | ~ **war** rat do međusobnog uništenja
internee [ˌintəˈniː] *s* internirac, zatočenik
internment [inˈtəːnmənt] *s* internacija, zatočenje (ograničavanje slobode kretanja)
internship [ˈintənʃip] *s US* (liječnički) staž
interpellate [inˈtəːpeleit] *vt parl* interpelirati, tražiti objašnjenje
interpellation [inˌtəːpeˈleiʃn] *s parl* interpelacija, upit, traženje objašnjenja

interpellator [in'tə:peleitə] *s parl* interpelant

interpenetrate [ˌintə'penitreit] *vt/i* **I.** *vt* probiti, prodrijeti, ući u što, proći kroza što **II.** *vi* prodirati, prodrijeti jedno u drugo

interpenetration ['intəˌpeni'treiʃn] *s* probijanje, prodiranje

interpenetrative [ˌintə'penitrətiv] *adj* koji probija, prodire

interphone ['intəfəun] *s US* → **intercom**

interplanetary [ˌintə'plænitəri] *adj* interplanetaran, međuplanetaran

interplay [ˌintə'plei] *s* međusobno djelovanje, uzajamno utjecanje

Interpol ['intəpɔl] *s* Interpol

interpolate [in'tə:pəleit] *vt* umetati, umetnuti (u knjigu) riječi ili rečenice (osobito s pogrešnim podacima); *math* interpolirati

interpolation [inˌtə:pə'leiʃn] *s* umetnuta riječ, rečenica ili tekst; umetak; umetanje; *math* interpolacija

interpose [ˌintə'pəuz] *vt/i* **I.** *vt* staviti između, umetnuti; ubaciti (primjedbu) **II.** *vi* (*oneself*) posredovati (*between* između koga, *in* u čemu); uplesti se (u razgovor), upasti u riječ

interposition [inˌtə:pə'ziʃn] *s* umetanje; upadanje u riječ, uplitanje (u razgovor); posredovanje; miješanje

interpret [in'tə:prit] *vt/i* **I.** *vt* (pro)tumačiti, objasniti, objašnjavati; *theat* prikaz(iv)ati, tumačiti (ulogu), interpretirati, reproducirati; (usmeno) prevoditi, prevesti **II.** *vi* biti tumač, tumačiti, prevoditi

interpretable [in'tə:pritəbl] *adj* rastumačiv, prevodiv, objašnjiv

interpretation [inˌtə:pri'teiʃn] *s* tumačenje, objašnjenje, izlaganje, prikazivanje; prevođenje; *theat* tumačenje (uloge), interpretacija

interpretative [in'tə:pritətiv] *adj* (~**ly** *adv*) koji služi za tumačenje; koji tumači, objašnjava

interpreter [in'tə:pritə] *s* tumač, prevodilac; interpret

interpretress [in'tə:pritris] *s* tumač (žena), prevoditeljica; interpretkinja

interregnum [ˌintə'regnəm] *s* međuvlađe, interregnum; *fig* međuvrijeme, razmak, interval

interrelation [ˌintəri'leiʃn] *s* uzajamna, međusobna veza, međusobni odnos (*of, between*)

interrelationship ['intəri'leiʃənʃip] *s* međuodnos, međusobni odnosi

interrogate [in'terəgeit] *vt* pitati, ispitivati; *jur* presluša(va)ti

interrogation [inˌterə'geiʃn] *s* ispitivanje; *jur* preslušavanje | *gram* **point (mark, note) of** ~ upitnik

interrogative [ˌintə'rɔgətiv] *adj* (~**ly** *adv*) upitni, u obliku pitanja

interrogative [ˌintə'rɔgətiv] *s gram* upitna čestica

interrogatory [ˌintə'rɔgətəri] *adj* upitni

interrogatory [ˌintə'rɔgətəri] *s* ispitivanje; *jur* preslušavanje; pismeni upit

interrupt [ˌintə'rʌpt] *vt* prekinuti, prekidati; smetati (čemu), sprečavati; prekidati, prekinuti, upadati, upasti u riječ

interruptedly [ˌintə'rʌptidli] *adv* s prekidima

interrupter [ˌintə'rʌptə] *s* onaj koji prekida (čiji razgovor) ili upada (u riječ), remetilac; *el* prekidač

interruption [ˌintə'rʌpʃən] *s* prekidanje, prekid

intersect [ˌintə'sekt] *vt/i* **I.** *vt* sjeći; presjeći, presijecati **II.** *vi* sjeći se, presijecati se, ukrštavati se

intersection [ˌintə'sekʃən] *s* presijecanje, presjek; *geom* sjecište; križanje, raskršće (ulica); *rly* raskrsnica

interspace [ˌintə'speis] *s* međuprostor; razmak

interspace [ˌintə'speis] *vt* razmaknuti, razrijediti, prorijediti, spacionirati

intersperse [ˌintə'spə:s] *vt* razasuti, rasuti, posuti, posijati, posaditi (*between, among* između); prošarati (*with* čime); *fig* protkati (*with* čime)

interstate [ˌintə'steit] *adj US* međudržavni

interstellar [ˌintə'stelə] *adj* interstelaran, međuzvjezdan

interstice [in'tə:stis] *s* (malen) međuprostor, razmak; međuvrijeme, interval; pukotina, raspuklina

intertribal [ˌintə'traibəl] *adj* međuplemenski, između plemena

intertropical [ˌintə'trɔpikl] *adj* (~**ly** *adv*) međutropski; tropski

intertwine [ˌintə'twain] *vt/i* ispreplesti (se)

intertwinement [ˌintə'twainmənt] *s* ispreplitanje; isprepletenost

intertwist [ˌintə'twist] *vt/i* → **intertwine**

interval ['intəvəl] *s* međuprostor, razmak; međuvrijeme, vremenski razmak; pauza, stanka; *mus* interval | **at** ~**s** u razmacima

intervene [ˌintə'vi:n] *vi* 1. doći između, (dotle, u međuvremenu) nastupiti, iskrsnuti; (dotle, u međuvremenu) proteći, proći (vrijeme) 2. umiješati se; posredovati, intervenirati (*in* u čemu)

intervener [ˌintə'vi:nə] *s* posrednik, onaj koji intervenira

intervention [ˌintə'venʃən] *s* pridolazak, nastupanje (u međuvremenu); miješanje, uplitanje (u što); posredovanje, intervencija; *mil* intervencija

interview ['intəvju:] *s* sastanak, razgovor, intervju

interview ['intəvju:] *vt* postavljati pitanja (komu), razgovarati (s kim), intervjuirati

interviewer [ˈintəvjuːə] *s* onaj koji postavlja pitanja, koji intervjuira
inter-war [ˈintəwɔː] *adj* koji se odnosi na razdoblje između dva rata
interweave [ˌintəˈwiːv] *vt* (interwove, interwoven) protkati, ispreplesti (i *fig*)
interzonal [ˌintəˈzəunl] *adj* međuzonski
intestacy [inˈtestəsi] *s jur* nepostojanje oporuke
intestate [inˈtestit] *adj jur* (koji je umro) bez oporuke; intestatan; za koji ne postoji oporuka
intestate [inˈtestit] *s jur* osoba koja umre ne ostavivši oporuku, intestat
intestinal [inˈtestinl] *adj* crijevni; utrobni
intestine [inˈtestin] *adj fig* unutrašnji, domaći | ~ **war** građanski rat
intestine [inˈtestin] *s* (obično *pl*) *med* crijevo; utroba, drob
intimacy [ˈintiməsi] *s* prisnost, intimnost, intimitet; prisno prijateljstvo, prijateljsko druženje; *euphem* spolni odnos
intimate [ˈintimit] *adj* (~**ly** *adv*) blizak, prisan, intiman; povjerljiv; posve osoban | **to be on ~ terms (with)** biti u prisnim ili drugarskim odnosima (s kim); **to get on ~ terms (with)** sprijateljiti se, postati prisan (s kim); **to have an ~ knowledge of a th** temeljito poznavati, poznavati u tančine
intimate [ˈintimit] *s* prisan prijatelj, intimus
intimate [ˈintimeit] *vt* natuknuti, dati razumjeti (*to* komu, *that* da); najaviti, staviti do znanja (*that* da)
intimation [ˌintiˈmeiʃn] *s* najava, mig, aluzija, (neizravno) saopćenje
intimidate [inˈtimideit] *vt* strašiti, zastraši(va)ti
intimidation [inˌtimiˈdeiʃn] *s* zastrašivanje; zastrašenost
intimidator [inˈtimideitə] *s* zastrašivač
intimity [inˈtimiti] *s* povjerljivost; prisnost, intimnost; povučenost
into [ˈintu] *prep* (smjer) u | **to come ~ the room** doći u sobu; **to turn stones ~ gold** pretvarati kamenje u zlato; **to collect ~ heaps** skupljati u hrpe; **divide ~ equal parts** podijeliti na jednake dijelove; **the rain changed ~ snow** kiša se pretvorila u snijeg; **to translate ~ English** prevesti na engleski
intolerable [inˈtɔlərəbl] *adj* (**intolerably** *adv*) nesnosan, nepodnošljiv; nemoguć
intolerance [inˈtɔlərəns] *s* nesnošljivost, netrpeljivost, netolerantnost
intolerant [inˈtɔlərənt] *adj* (~**ly** *adv*) nesnošljiv, netrpeljiv, netolerantan (*of* prema)
intonate [ˈintəuneit] *vt* → **intone**
intonation [ˌintəuˈneiʃn] *s* započinjanje pjevanja ili sviranja, intoniranje; intonacija
intone [inˈtəun] *vt* izgovarati u pjevnom tonu, pjevati; govoriti s posebnom intonacijom
intoxicant [inˈtɔksikənt] *adj* otrovan; omaman, opojan
intoxicant [inˈtɔksikənt] *s* opojno sredstvo, opojno piće
intoxicate [inˈtɔksikeit] *vt* opiti (i *fig*); *fig* opojiti | ~**d** pijan
intoxicating [inˈtɔksikeitiŋ] *adj* opojan
intoxication [inˌtɔksiˈkeiʃn] *s* pjanost; *med* trovanje alkoholom; *fig* opijenost
intractability [inˌtræktəˈbiliti] *s* tvrdoglavost, nepopustljivost, neukrotivost; tvrdokornost
intractable [inˈtræktəbl] *adj* (**intractably** *adv*) neukrotiv, tvrdoglav, nepopustljiv, tvrdokoran
intramural [ˌintrəˈmjuərəl] *adj* koji se nalazi, obavlja unutar zidova (grada, zgrade itd.)
intra-national [ˌintrəˈnæʃənl] *adj* međunacionalan
intransigent [inˈtrænsidʒənt] *adj* nepomirljiv, uporan, nepopustljiv; beskompromisan
intransigent [inˈtrænsidʒənt] *s* nepomirljiv, beskompromisan čovjek (u politici), tvrdoglavac
intransitive [inˈtrænsitiv] *adj* (~**ly** *adv*) *gram* neprelazan, intranzitivan
intransitive [inˈtrænsitiv] *s gram* neprelazan glagol
intrant [ˈintrənt] *s* nov član, novajlija; osoba koja nastupa službu
intrastate [intrəˈsteit] *adj US* unutar države
intra-uterine [ˌintrəˈjuːtərain] *adj med* intrauterini | ~ **device** mehaničko intrauterino kontracepcijsko sredstvo
intravenous [ˌintrəˈviːnəs] *adj med* intravenozan
intrench [inˈtrentʃ] *vt* → **entrench**
intrepid [inˈtrepid] *adj* (~**ly** *adv*) neustrašiv
intrepidity [ˌintriˈpiditi] *s* neustrašivost
intricacy [ˈintrikəsi] *s* zamršenost, zapletenost, zakučastost, kompliciranost; komplikacija
intricate [ˈintrikit] *adj* (~**ly** *adv*) zamršen, zapleten, zakučast, kompliciran
intrigue [inˈtriːg] *s* spletka, intriga; spletkarenje, tajna ljubavna veza
intrigue [inˈtriːg] *vi/t* **I.** *vi* 1. spletkariti, rovariti, intrigirati (*with* s kim, *against* protiv koga) 2. imati tajne ljubavne veze, ljubakati **II.** *vt* zainteresirati (koga), pobuditi zanimanje, radoznalost (u komu); fascinirati
intrinsic [inˈtrinsik] *adj* (~**ally** *adv*) pravi, istinski, stvaran; unutarnji, bitan, urođen

introduce [ˌintrəˈdjuːs] *vt* 1. uvesti, uvoditi (i *fig*) 2. upoznati (*to* s kim, čim), predstaviti (*to* komu) 3. načeti, pokrenuti (temu) 4. umetnuti, utaknuti 5. *parl* podnijeti (zakonski prijedlog) (*before*)
introduction [ˌintrəˈdʌkʃən] *s* uvod; uvođenje; predstavljanje, upoznavanje; uvod, predgovor; *mus* introdukcija | **letter of ~** preporuka
introductory [ˌintrəˈdʌktəri] *adj* (**introductorily** *adv*) uvodni
introspect [ˌintrəuˈspekt] *vi* ispit(iv)ati vlastite misli i osjećaje
introspection [ˌintrəuˈspekʃən] *s* ispitivanje (svojih misli, osjećaja), samoispitivanje, samopromatranje, introspekcija
introspective [ˌintrəuˈspektiv] *adj* (**~ly** *adv*) koji je sklon samopromatranju; koji se temelji na samopromatranju, introspektivan
introversion [ˌintrəuˈvəːʃn] *s* okretanje prema unutra; poniranje u vlastitu nutrinu
introvert [ˈintrəvəːt] *s psych* osoba zatvorene naravi, povučena osoba
introvert [ˌintrəuˈvəːt] *vt* usmjeriti, okrenuti unutra, u vlastitu nutrinu
intrude [inˈtruːd] *vt/i* **I.** *vt* ugurati (*into* u); nametati, nametnuti, naturiti (*upon* komu, čemu) **II.** *vi* ugurati se (*into* u), nametnuti se, nametati se, dosađivati (*upon* komu); smetati
intruder [inˈtruːdə] *s* nametljivac, nezvan gost, uljez
intrusion [inˈtruːʒn] *s* nametanje, (bespravno, nedopušteno) ulaženje, upadanje; smetanje; naturivanje (svojeg mišljenja)
intrusive [inˈtruːsiv] *adj* (**~ly** *adv*) koji smeta, nametljiv
intrust [inˈtrʌst] *vt* → **entrust**
intuit [inˈtjuːit] *vt/i* intuitivno osjećati, shvatiti intuicijom, intuirati
intuition [ˌintjuːˈiʃn] *s* instinktivno poimanje, intuicija
intuitive [inˈtjuitiv] *adj* (**~ly** *adv*) intuitivan
intumescence [ˌintjuːˈmesns] *s med* oticanje; otok, oteklina
intumescent [ˌintjuːˈmesnt] *adj med* koji otiče
inunction [inˈʌŋkʃən] *s* utrljavanje (masti, ulja itd.) u kožu; mazanje uljem; *eccl* pomazanje
inundate [ˈinʌndeit] *vt* poplaviti, preplaviti
inundation [ˌinʌnˈdeiʃn] *s* poplava, povodanj
inure (enure) [iˈnjuə] *vt/i* **I.** *vt* priučiti, privikavati, priviknuti, otvrdnuti **II.** *vi jur* stupiti na snagu, biti na snazi
inutile [iˈnjuːtil] *adj* beskoristan
inutility [ˌinjuːˈtiliti] *s* beskorisnost
invade [inˈveid] *vt* 1. *mil* provaliti, upasti (u) 2. *fig* navaliti (u velikom broju), poplaviti; spopadati, spopasti, obuzimati (misli) 3. kršiti, povrijediti (čija prava)
invader [inˈveidə] *s* upadač, napadač; uljez; zavojevač
invalid [inˈvælid] *adj* koji ne vrijedi, nevažeći, nevaljan, koji nema zakonske valjanosti
invalid [ˈinvəlid] *adj* (**~ly** *adv*) slab, boležljiv, nemoćan; nesposoban za službu, rad, vojsku; onesposobljen | **~ chair** invalidska kolica; **~ diet** bolesnička hrana
invalid [ˈinvəlid] *s* boležljiva, nemoćna osoba, bolesnik; osoba nesposobna za službu, rad, vojsku; *mil* invalid
invalid [ˈinvəliːd] *vt* pretvoriti u invalida, učiniti nesposobnim; *mil* poslati kući kao invalida (*to be ~ed home*), izvaditi iz aktivne službe kao invalida
invalidate [inˈvælideit] *vt* oduzimati, oduzeti vrijednost, valjanost (čemu), obesnažiti; *jur* poništiti (pravovaljanost)
invalidation [inˌvæliˈdeiʃn] *s jur* poništenje, obesnaženje
invalidism [ˈinvəlidizm] *s* (kronično) slabo zdravlje, boležljivost
invalidity [ˌinvəˈliditi] *s jur* pravno nevaženje, bezvrijednost; invalidnost
invaluable [inˈvæljuəbl] *adj* neprocjenjiv, dragocjen
invariability [inˌvɛəriəˈbiliti] *s* nepromjenljivost, stalnost
invariable [inˈvɛəriəbl] *adj* (**invariably** *adv*) nepromjenljiv, uvijek jednak, uvijek isti, stalan, postojan
invasion [inˈveiʒn] *s* upad, provala, najezda, invazija; *fig* navala, napad, prepad; *med* napadaj; *jur* kršenje, povreda
invasive [inˈveisiv] *adj* napadački, upadački; koji se širi, uzima maha
invective [inˈvektiv] *s* grdnja, vrijeđanje, prostačko napadanje; (obično *pl*) pogrda, psovka, prostota
inveigh [inˈvei] *vi* grditi, psovati, žestoko napadati (*against* koga)
inveigle [inˈveigl] *vt* pridobiti laskanjem, namamiti, zavesti koga (*into doing* da što učini)
inveiglement [inˈveiglmənt] *s* zavođenje, namamljivanje
invent [inˈvent] *vt* izumiti, iznaći, izmisliti; smisliti
invention [inˈvenʃən] *s* pronalazak, izum; domišljatost, sposobnost iznalaženja, invencioznost, invencija; izmišljotina; *arch* otkriće, nađenje
inventive [inˈventiv] *adj* (**~ly** *adv*) pronalazački, iznalazački, izumilački; domišljat, dosjetljiv
inventor [inˈventə] *s* izumitelj(ica), pronalazač(ica); izmišljač
inventory [ˈinvəntri] *s* popis, inventar | **to draw up an ~ of** napraviti inventar
inverse [ˌinˈvəːs] *adj* (**~ly** *adv*) obrnut, obratan
inverse [ˌinˈvəːs] *s* obratna stvar, obratno

inversion [in'vəːʃn] *s* obrtanje, preokretanje; preokrenutost, obrnut red ili poredak; *gram* inverzija, premet
invert ['invəːt] *s psych* homoseksualac, homoseksualka
invert [in'vəːt] *vt* obrnuti, (pre)okrenuti, preokretati; okrenuti naglavce; *gram* invertirati | **~ed commas** navodni znaci; *aero* **~ed flight** letenje poleđice
invertebrate [in'vəːtibrit] *adj* koji je bez kralježnice (i *fig*)
invertebrate [in'vəːtibrət] *s* beskralježnjak (*zool* i *fig*)
invest [in'vest] *vt/i* (za)odjenuti, opremiti, okružiti (*with* čime); podijeliti komu (*with* što); prida(va)ti komu (*with* što); *mil* opkoliti, okružiti, opsjedati, opsjednuti, podsjedati, podsjednuti; *com* uložiti, ulagati, investirati
investigate [in'vestigeit] *vt* istraži(va)ti, ispit(iv)ati
investigation [inˌvesti'geiʃn] *s* ispitivanje, istraživanje
investigator [in'vestigeitə] *s* istraživač(ica), ispitivač(ica)
investiture [in'vestitʃə] *s* investitura, svečano uvođenje u službu, čast, položaj itd.
investment [in'vestmənt] *s* (za)odijevanje; službeno uvođenje u dužnost; *mil* opsjedanje, podsjedanje, okruživanje; *com* ulaganje, investiranje; investicija
investor [in'vestə] *s com* ulagač, investitor
inveteracy [in'vetərəsi] *s* ukorijenjenost, okorjelost, nepopravljivost
inveterate [in'vetərət] *adj* (**~ly** *adv*) ukorijenjen (stvar), okorio, nepopravljiv (čovjek)
invidious [in'vidiəs] *adj* (**~ly** *adv*) pakostan, zlonamjeran, zloban; koji izaziva zlovolju, ljutitost, zavist; nepravedan
invigilate [in'vidʒileit] *vi* nadzirati studente prilikom pismenih ispita
invigilation [inˌvidʒi'leiʃn] *s* nadgledanje
invigilator [in'vidʒileitə] *s* pazitelj, nadzornik (prilikom pismenih ispita)
invigorate [in'vigəreit] *vt* (o)krijepiti, okrepljivati, (o)jačati, osvježiti, osvježavati
invincibility [inˌvinsi'biliti] *s* nepobjedivost, neosvojivost, nesavladivost
invincible [in'vinsəbl] *adj* (**invincibly** *adv*) nepobjediv, neosvojiv, nesavladiv
inviolability [inˌvaiələ'biliti] *s* nepovredivost, nenarušivost, neprekršivost
inviolable [in'vaiələbl] *adj* (**inviolably** *adv*) nepovrediv, nenarušiv, neprekršiv
inviolate [in'vaiələt] *adj* (**~ly** *adv*) nepovrijeđen, nedirnut, neprekršen, neokrnjen
invisibility [inˌvizə'biliti] *s* nevidljivost
invisible [in'vizəbl] *adj* (**invisibly** *adv*) nevidljiv | **~ ink** nevidljiva tinta; **~ mending** umjetno krpanje; **to be ~** ne primati posjete
invisible [in'vizəbl] *s* | **the ~** nevidljiv svijet, bog
invitation [ˌinvi'teiʃn] *s* poziv; pozivanje | **~ card** pozivnica
invite [in'vait] *vt* poz(i)vati (u goste, na priredbu itd.); pozvati; zamoliti (koga); zatražiti (što); izazivati (što), poticati (na što), ohrabri(va)ti, pobuđivati; privlačiti, (pri)mamiti, namamiti (koga) | *com* **to ~ tenders** raspisati licitaciju
invite [in'vait] *s US sl* poziv
inviting [in'vaitiŋ] *adj* (**~ly** *adv*) koji poziva; privlačiv, zamaman, primamljiv
invocation [ˌinvə'keiʃn] *s* prizivanje, dozivanje, zazivanje; *eccl* zaziv
invoice ['invɔis] *s com* račun, faktura
invoice ['invɔis] *vt com* staviti u račun, izdati fakturu (kome); fakturirati | **as ~d** prema fakturi
invoke [in'vəuk] *vt* prizivati, dozivati, zazivati; obratiti se (kome), (za)tražiti pomoć (od koga)
involuntary [in'vɔləntəri] *adj* (**involuntarily** *adv*) nehotičan, nehotimičan, nenamjeran; nesvjestan, makinalan
involute ['invəluːt] *adj* zapleten, zamršen, zakučast, složen, kompliciran; *bot* uvijenih rubova
involution [ˌinvə'luːʃn] *s* zapletenost, zamršenost; zapletena, zamršena stvar, komplikacija; uvijanje, uvijenost; *math* potenciranje
involve [in'vɔlv] *vt* uplesti, zaplesti (i *fig*); *fig* umiješati (u što); obuhvaćati, sadržavati, povlačiti za sobom, imati za posljedicu; *math* dići na potenciju
involved [in'vɔlvd] *adj* zamršen, zakučast, kompliciran; uključen, uvučen, upleten (u što) | **~ in debt** zagrezao u dugove; **to get ~** zaplesti se (u što)
involvement [in'vɔlvmənt] *s* uplitanje, upletenost; novčana neprilika; zamršena situacija, teškoća
invulnerability [inˌvʌlnərə'biliti] *s* neranjivost, nepovredivost; nepobitnost
invulnerable [in'vʌlnərəbl] *adj* (**invulnerably** *adv*) neranjiv, nepovrediv; nepobitan
inward ['inwəd] *adj* (**~ly** *adv*) unutarnji, unutrašnji; okrenut, usmjeren prema unutra
inward ['inwəd] *s* nutrina | *coll* **~s** *pl* utroba, drob
inward ['inwəd] *adv* prema unutra, unutra; u nutrini
inwardly ['inwədli] *adv* u svojoj nutrini, u sebi; (prema) unutra
inwardness ['inwədnis] *s* nutrina; bit, suština
inwards ['inwədz] *adv* → **inward**
inweave (enweave) ['in'wiːv] *vt* (inwove, inwoven) utkati (što), protkati (čime) (i *fig*)
inwrap [in'ræp] *vt* → **enwrap**

inwrought [ˌinˈrɔːt] *adj* ukrašen (*with* čime), protkan (*with* čime); umetnut, utkan, urađen (*in* u što)
iodate [ˈaiədeit] *s chem* jodat, sol jodne kiseline
iodic [aiˈɔdik] *adj chem* jodni | ~ **acid** jodna kiselina
iodide [ˈaiədaid] *s chem* jodid, jodni spoj
iodine [ˈaiədiːn] *s chem* jod (I)
iodize [ˈaiədaiz] *vt* jodirati, premazati jodom; pomiješati s jodom
iodoform [aiˈɔdəfɔːm] *s* jodoform
iolite [ˈaiəlait] *s min* jolit, vodeni safir
ion [ˈaiən] *s phys* ion
Ionian [aiˈəunjən] *adj* jonski
Ionian [aiˈəunjən] *s* Jonjanin, Jonjanka
Ionic [aiˈɔnik] *adj* jonski
ionic [aiˈɔnik] *adj phys* ionski | ~ **cleavage** cijepanje iona; ~ **valve** elektronka
ionization [ˌaiɔnaiˈzeiʃn] *s* ionizacija
ionize [ˈaiənaiz] *vt/i phys* (na)ionizirati (se)
ionosphere [aiˈɔnəsfiə] *s phys* ionosfera
iota [aiˈəutə] *s* jota; *fig* mrv(ic)a, trun(ak)
I O U [ˈaiəuˈjuː] *s* (= I owe you), zadužnica, obveznica, bon, revers
Iranian [aiˈreinjən] *adj* iranski
Iranian [aiˈreinjən] *s* Iranac, Iranka, Perzijanac, Perzijanka; iranski jezik
Iraqi [iˈraːkiː] *adj* irački
Iraqi [iˈraːkiː] *s* Iračanin, stanovnik Iraka; dijalekt arapskog koji se govori u Iraku
irascibility [iˌræsiˈbiliti] *s* raspaljivost, naglost, razdražljivost, razdražljiva narav
irascible [iˈræsibl] *adj* (**irascibly** *adv*) razdražljiv, raspaljiv, nagao
irate [aiˈreit] *adj* (~**ly** *adv*) srdit, ljutit, bijesan, razbješnjen, raspaljen
ire [ˈaiə] *s* gnjev, srdžba, jarost, bijes
ireful [ˈaiəful] *adj* (~**ly** *adv*) gnjevan, srdit, ljutit
irenic [aiˈriːnik] *adj theol* miroljubiv, mirotvoran, pomirljiv
irenical [aiˈriːnikl] *adj* → **irenic**
iridescence [ˌiriˈdesns] *s* prelijevanje u duginim bojama
iridescent [ˌiriˈdesnt] *adj* koji se prelijeva u duginim bojama
iridium [aiˈridiəm] *s chem* iridij (Ir)
iris [ˈaiəris] *s anat* šarenica u oku; *bot* perunika, iris
Irish [ˈaiəriʃ] *adj* irski
Irish [ˈaiəriʃ] *s* Irac; irski jezik | **the** ~ Irci, irski narod
Irishism [ˈaiəriʃizm] *s* irska jezična osobina, irski način izražavanja
Irishman [ˈaiəriʃmən] *s* Irac
Irishwoman [ˈaiəriʃˌwumən] *s* Irkinja
irk [əːk] *vt* srditi, ljutiti, jediti, biti dosadan, biti nesnosan | **it** ~**s me** mrsko mi je
irksome [ˈəːksəm] *adj* (~**ly** *adv*) neugodan, zamoran, mrzak, dosadan
iron [ˈaiən] *s* 1. željezo, gvožđe 2. željezni alat; palica za golf sa željeznim vrškom; motka sa žigom (za žigosanje stoke); glačalo (obično *flat-*~) | ~**s** *pl* okovi, lanci; **fire-**~**s** žarač, vatralj; **pig** ~ sirovo željezo; **bar** ~ šipčano željezo; **wrought** ~ kovano željezo; **cast** ~ lijevano željezo; **scrap** ~ staro željezo; *fig* **a man of** ~ tvrd, krut čovjek; **strike while the** ~ **is hot** kuj željezo dok je vruće; **to have too many** ~**s in the fire** raditi previše stvari istodobno; **to rule with a rod of** ~ vladati željeznom rukom (krajnjom strogosti)
iron [ˈaiən] *adj* željezan (i *fig*), gvozden; tvrd, krut, neslomljiv | **the Iron Age** željezno doba; *met* ~ **casting** lijevano željezo; ~ **castings** željezni odljevci; **the Iron Duke** prvi vojvoda od Wellingtona; ~ **horse** lokomotiva; *fig* ~ **curtain** željezna zavjesa; *med* ~ **lung** čelična pluća, aparat za umjetno disanje; ~ **metallurgy** crna metalurgija; *mil* ~ **rations** željezna zaliha; **to rule with an** ~ **hand** vladati željeznom rukom (krajnjom strogosti); **an** ~ **fist in a velvet glove** krutost ili odlučan značaj iza prividno blage vanjštine
iron [ˈaiən] *vt* okovati, baciti u okove; okovati željezom, opremiti željeznim dijelovima; glačati, peglati
iron out [ˈaiənˈaut] *vt* izglačati, ispeglati; *fig* izgladiti
iron-bound [ˈaiənbaund] *adj* okovan (željezom); *fig* neslomiv, tvrd, krut; (o obali) hridinast, stjenovit
ironclad [ˈaiənklæd] *adj* oklopljen
ironclad [ˈaiənklæd] *s mar* oklopnjača
iron-founder [ˈaiənˌfaundə] *s* ljevač željeza
iron-foundry [ˈaiənˌfaundri] *s* ljevaonica, talionica željeza; željezara
iron-gray (iron-grey) [ˌaiənˈgrei] *adj* željeznosiv
iron-headed [ˈaiənˌhedid] *adj* koji ima željezni vrh; *fig* tvrdoglav, nepopustljiv
iron-hearted [ˈaiənˌhaːtid] *adj fig* tvrda srca, krut
ironic [aiˈrɔnik] *adj* podrugljiv, ironičan
ironical [aiˈrɔnikl] *adj* (~**ly** *adv*) → **ironic**
ironing [ˈaiəniŋ] *s* glačanje
ironing-board [ˈaiəniŋbɔːd] *s* daska za glačanje
iron-master [ˈaiənˌmaːstə] *s* vlasnik talionice željeza; veletrgovac željezom, željezar
ironmonger [ˈaiənˌmʌŋgə] *s* željezar, trgovac željeznom robom, gvožđar
ironmongery [ˈaiənˌmʌŋgəri] *s* trgovina željeznom robom, željeznarija
ironmould [ˈaiənməuld] *s* rđa, mrlja od rđe
ironmould [ˈaiənməuld] *vt* umrljati rđom
ironside [ˈaiənsaid] *s fig* čvrst, nepokolebljiv čovjek | **Ironsides** *pl hist* Cromwellova konjica

ironware ['aiənwɛə] *s* željezna roba
ironwork ['aiənwəːk] *s* željezni dijelovi, željezna oprema
ironworks ['aiənwəːks] *s pl* ljevaonica, talionica željeza; željezara
irony ['aiərəni] *s* ironija
irony ['aiəni] *adj* željezan, od željeza, gvozden; željezovit, nalik na željezo
irradiance [i'reidiəns] *s* zračenje, isijavanje, žarenje, iradijacija
irradiant [i'reidiənt] *adj* koji zrači svjetlost, koji žari, sija, blistav
irradiate [i'reidieit] *vt* (o)zračiti, obasja(va)ti (zrakama, svjetlom), osvijetliti, osvjetljavati (i *fig*); isijavati; *fig* ozariti; *fig* zračiti
irradiation [iˌreidi'eiʃn] *s* zračenje, sijanje, isijavanje, žarenje; obasjavanje, ozračivanje; *phys* iradijacija
irrational [i'ræʃənl] *adj* (**~ly** *adv*) nerazuman; nerazborit, glupav, bezuman, nelogičan; *math* iracionalan
irrational [i'ræʃənl] *s math* iracionalni broj
irrationality [iˌræʃə'næliti] *s* nerazumnost; nerazboritost, bezumnost, nelogičnost; *phil* iracionalnost
irrebuttable [ˌiri'bʌtəbl] *adj* koji se ne da pobiti
irreclaimable [ˌiri'kleiməbl] *adj* (**irreclaimably** *adv*) nepovratan
irrecognizable [i'rekəgnaizəbl] *adj* koji se ne može prepoznati
irreconcilability [iˌrekənsailə'biliti] *s* nepomirljivost; nespojivost
irreconcilable [i'rekənsailəbl] *adj* (**irreconcilably** *adv*) nepomirljiv; nespojiv
irrecoverable [ˌiri'kʌvərəbl] *adj* (**irrecoverably** *adv*) nenadoknadiv, izgubljen unepovrat, nepovratan; *com* neutjeriv
irredeemable [ˌiri'diːməbl] *adj* (**irredeemably** *adv*) neotkupiv, neiskupiv; *com & fin* nenamirljiv, neutjeriv, neunovčiv, neizmjenjiv; *fig* nepopravljiv, nenadoknadiv, nepovratan
irredentism [ˌiri'dentizm] *s* iredentizam, iredenta
irredentist [ˌiri'dentist] *s* iredentist
irreducible [ˌiri'djuːsəbl] *adj* (**irreducibly** *adv*) neumanjiv; koji se ne da svesti (*to* na); *math & chem* koji se ne da reducirati | **the ~ minimum** krajnji minimum
irrefutability [iˌrefjutə'biliti] *s* nepobitnost, neospornost, neoborivost
irrefutable [i'refjutəbl] *adj* (**irrefutably** *adv*) nepobitan, neosporan, neoboriv
irregular [i'regjulə] *adj* (**~ly** *adv*) nepravilan (i *gram*), nepropisan, protupropisan, neispravan; neredovit; nejednolik, neujednačen; neravan; neuredan, nesređen (život)
irregular [i'regjulə] *s* | **~s** *pl* neredovita vojska, neregularne čete
irregularity [iˌregju'læriti] *s* nepravilnost, nepropisnost, protupropisnost, neispravnost; odstupanje; neredovitost; nejednolikost, neujednačenost; neuređenost, nesređenost
irrelative [i'relətiv] *adj* (**~ly** *adv*) neomjeran; bez veze, bez odnosa (*to* sa)
irrelevance [i'relivəns] *s* neprimjenljivost, nepovezanost s predmetom; nevažnost, sporednost
irrelevancy [i'reləvənsi] *s* → **irrelevance**
irrelevant [i'relivənt] *adj* (**~ly** *adv*) bez veze s predmetom, irelevantan; nevažan, sporedan
irreligion [ˌiri'lidʒən] *s* bezvjerje, nevjerovanje, bezbožnost, nereligioznost
irreligious [ˌiri'lidʒəs] *adj* (**~ly** *adv*) bezbožan, bezvjeran, nereligiozan; bezvjerački
irremediable [ˌiri'miːdiəbl] *adj* (**irremediably** *adv*) neizlječiv, neiscjeljiv; nepopravljiv, nenadoknadiv; kome nema lijeka
irremissible [ˌiri'misəbl] *adj* (**irremissibly** *adv*) neoprostiv (grijeh); obavezan, neodgodiv
irremovability ['iriˌmuːvə'biliti] *s* neuklonjivost, neudaljivost; nesmjenjivost
irremovable [ˌiri'muːvəbl] *adj* neuklonjiv, neudaljiv, nesmjenjiv
irreparable [i'repərəbl] *adj* (**irreparably** *adv*) nepopravljiv, nenadoknadiv, nepovratan
irrepatriable [ˌiri'pætriəbl] *adj* koji se ne može repatriirati
irreplaceable [ˌiri'pleisəbl] *adj* nenadoknadiv, nenadomjestiv
irrepressible [ˌiri'presəbl] *adj* (**irrepressibly** *adv*) neukrotiv, nesuspréžljiv, nezatomljiv
irreproachability ['iriˌprəutʃə'biliti] *s* besprijekornost, nepokudnost
irreproachable [ˌiri'prəutʃəbl] *adj* (**irreproachably** *adv*) besprijekoran, bez mane, bez prigovora, nepokudan
irresistibility ['iriˌzistə'biliti] *s* neodoljivost
irresistible [ˌiri'zistəbl] *adj* (**irresistibly** *adv*) neodoljiv
irresolute [i'rezəluːt] *adj* (**~ly** *adv*) neodlučan, neodrešit, kolebljiv
irresolution [iˌrezə'luːʃn] *s* neodlučnost, neodrešitost, kolebljivost
irresolvable [ˌiri'zɔlvəbl] *adj* nerazrješiv, nerastavljiv, nerastvoriv, nerješiv
irrespective [ˌiris'pektiv] *adj* (**~ly** *adv*) ne obazirući se (*of* na) | **~ of** bez obzira na
irresponsibility ['irisˌpɔnsə'biliti] *s* neodgovornost
irresponsible [ˌiris'pɔnsəbl] *adj* (**irresponsibly** *adv*) neodgovoran; neuračunljiv
irretentive [ˌiri'tentiv] *adj* koji nije kadar zadržati; koji nije sposoban zapamtiti
irretrievability ['iriˌtriːvə'biliti] *s* nenadoknadivost, nenadomjestivost, nepovratnost

irretrievable [ˌiriˈtriːvəbl] *adj* (**irretrievably** *adv*) nenadoknadiv, nenadomjestiv, nepovrativ; nepopravljiv
irreverence [iˈrevərəns] *s* nepoštovanje, nepoštivanje, neukazivanje poštovanja
irreverent [iˈrevərənt] *adj* (**~ly** *adv*) bez poštovanja, koji ne ukazuje poštovanje
irreversibility [ˈiriˌvəːsəˈbiliti] *s* neizmjenljivost, neopozivost; neprikladnost za preokretanje ili funkcioniranje u protivnom smjeru
irreversible [ˌiriˈvəːsəbl] *adj* (**irreversibly** *adv*) neizmjenljiv, neopoziv; koji se ne može (pre)okrenuti, koji ne funkcionira u obratnom smjeru
irrevocability [iˌrevəkəˈbiliti] *s* neopozivost, neizmjenljivost
irrevocable [iˈrevəkəbl] *adj* (**irrevocably** *adv*) neopoziv, neizmjenljiv
irrigable [ˈirigəbl] *adj* koji se može navodnjavati
irrigate [ˈirigeit] *vt* natapati, navodnjavati, polijevati; *med* ispirati, irigirati
irrigation [ˌiriˈgeiʃn] *s* natapanje, navodnjavanje; polijevanje; *med* ispiranje, irigiranje
irrigator [ˈirigeitə] *s* onaj koji natapa, navodnjava; irigator, sprava za ispiranje; prskalica
irritability [ˌiritəˈbiliti] *s* razdražljivost
irritable [ˈiritəbl] *adj* (**irritably** *adv*) razdražljiv; silno osjetljiv (rana)
irritancy[1] [ˈiritənsi] *s* razdraženost; neugodna smetnja, iritiranje
irritancy[2] [ˈiritənsi] *s jur* poništenje; poništenost
irritant[1] [ˈiritənt] *adj* koji draži, razdražuje, ljuti, iritira
irritant[2] [ˈiritənt] *adj jur* koji poništava
irritant [ˈiritənt] *s* sredstvo za draženje, razdraživanje
irritate[1] [ˈiriteit] *vt* dražiti, razdraži(va)ti; (raz)ljutiti, ići na živce (komu), iritirati; podraži(va)ti
irritate[2] [ˈiriteit] *vt jur* poništiti
irritating [ˈiriteitiŋ] *adj* (**~ly** *adv*) koji razdražuje, uzrujava, ide na živce, ljuti; koji iritira, smeta, podražuje
irritation [ˌiriˈteiʃn] *s* draženje, razdraživanje, iritacija, iritiranje; ljutnja, razdraženost, iritacija, neugodna smetnja
irritative [ˈiriteitiv] *adj* koji razdražuje, ide na živce, iritativan
irruption [iˈrʌpʃən] *s* upad, provala
is [iz] 3 lice *sg pres ind* od **to be**
isabella [ˌizəˈbelə] *s* sivkastožuta, prljavožuta boja; *bot* (i *Isabella grape*) izabela (grožđe)
isagogic [ˌaisəˈgɔdʒik] *adj* uvodni
ischiatic [ˌiskiˈætik] *adj* → **sciatic**
isinglass [ˈaiziŋglaːs] *s* riblje tutkalo; *coll* liskun, tinjac
Islam [ˈizlaːm] *s* islam, muslimanstvo; muslimani
islamic [izˈlæmik] *adj* islamski, muslimanski, muhamedanski
Islamism [ˈizləmizm] *s* islam, muslimanstvo, muhamedanstvo
Islamite [ˈizləmait] *s* muhamedanac, musliman
island [ˈailənd] *s* otok, ostrvo (i *fig*) | **traffic ~** stajalište za pješake usred prometne ulice
islander [ˈailəndə] *s* otočanin, otočanka
isle [ail] *s* otok, ostrvo
islet [ˈailit] *s* otočić
ism [ˈizm] *s* (većinom *derog*) teorija, sistem, smjer, »izam«
isn't [ˈiznt] = **is not**
isobar [ˈaisəubaː] *s phys* izobara
isochromatic [ˌaisəkrəˈmætik] *adj opt* iste boje, izokromatičan
isochronal [aiˈsɔkrənl] *adj* istodoban, jednak po trajanju, izohron
isochronism [aiˈsɔkrənizm] *s* istodobnost, istovremenost, izohronizam
isolate [ˈaisəleit] *vt* odvojiti, odijeliti, izdvojiti, usamiti, izolirati; *el* izolirati
isolated [ˈaisəleitid] *adj* (**~ly** *adv*) izoliran, osamljen, odvojen, zaseban; *fig* samotan
isolation [ˌaisəˈleiʃn] *s* odvajanje, odjeljivanje; osamljivanje; osamljenost, samoća, izoliranost; izolacija (i *el*) | **~ hospital** bolnica za zarazne bolesti
isolationism [ˌaisəuˈleiʃnizm] *s pol* izolacionizam
isolationist [ˌaisəuˈleiʃnist] *s pol* izolacionist
isomeric [ˌaisəuˈmerik] *adj chem* izomeran
isometric [ˌaisəuˈmetrik] *adj* (**~ly** *adv*) izometričan
isosceles [aiˈsɔsiliːz] *adj math* istokračan
isotherm [ˈaisəuθəːm] *s* izoterma
isotope [ˈaisətəup] *s phys* izotop
Israeli [izˈreili] *adj* izraelski
Israeli [izˈreili] *s* Izraelac, Izraelka
Israelite [ˈizˌriəlait] *s* Izraelićanin, Izraelićanka
Israelitish [ˈizˌriəlaitiʃ] *adj* izraelski
issuable [ˈisjuəbl] *adj* koji se može izdati, ispostaviti, pustiti u promet; *jur* koji vodi k odluci
issuance [ˈisjuəns] *s US mil* izdavanje (zapovijedi, obroka)
issue [ˈisjuː] *s* 1. izlaženje, istjecanje, izlazak, istek 2. izdavanje, izdanje (knjige i dr.); primjerak, svezak, broj (časopisa itd.) 3. *fin* izdavanje, emitiranje, emisija (novčanica) 4. posljedica, ishod, rezultat 5. potomak, potomstvo, rod, dijete, djeca 6. izdavanje (naredaba, materijala i dr.) 7. predmet, pitanje; *jur* prijeporna točka, sporno pitanje, predmet raspravljanja, pravorijek porote 8. izljev, ušće (rijeke) 9. *med* izljev (krvi) | **in the ~** na kraju, konačno; **~ in fact** činjenično stanje; **point (matter) at ~** sporna točka,

sporno pitanje; **at** ~ u pitanju, na diskusiji; **to join (take)** ~ **with a p (on, about a th)** (početi) diskutirati s kim (o čemu), prepirati se s kim (zbog čega); **to be at** ~ **as to** ne slagati se, biti protivna mišljenja (u); *com* **bank of** ~ emisiona banka

issue ['isju:] *vi/t* **I.** *vi* izaći, izlaziti, istjecati, izvirati, izbijati, potjecati, proizlaziti; utjecati, ulijevati se **II.** *vt* izda(va)ti (naređenja, materijal); objaviti, izda(va)ti (knjigu i dr.); puštati u opticaj, emitirati; *mil* opremiti, opskrbiti (čime)

issueless ['isju:lis] *adj* bez potomka

isthmus ['isməs] *s geog* istam, prevlaka

it [it] *pron pers* **I.** *nom* ono, to (u hrvatskom se često i ne prevodi); (Who is there?) ~ **is John** (to je) John; ~ **is soldiers** to su vojnici; (kao subjekt bezlične rečenice) ~ **seems** čini se; ~ **is difficult to say** teško je reći; ~**'s no use** nema smisla; ~ **doesn't matter** ništa zato; ~ **is chilly** hladno je; ~ **is raining (snowing)** kiša pada (snježi); ~ **says in the Bible** u Bibliji piše **II.** 1. (iza prijedloga) **at** ~ kod toga, na tome, pri tom; **by** ~ time; **for** ~ za to; **from** ~ od toga, iz toga; **in** ~ u tome; **of** ~ od toga, o tome, iz toga; **to** ~ k tomu, na tome 2. (o predmetima i živim bićima, bez obzira na rod) on, ona, ono **III.** *acc* 1. (kao neodređeni objekt) **confound** ~! do vraga!, prokletstvo!; **that's** ~! tako!, tako valja!, to je to!; **to fight** ~ boriti se; *coll* **to go** ~ prihvatiti se posla; *sl* **go** ~! hajde!, navali! 2. (iza prijedloga) **we had a fine time of** ~ izvrsno smo se zabavili; **there is nothing for** ~ **but to obey** nema druge nego se pokoriti 3. (o stvarima i dr.) njega, nju **IV.** *pron refl* (iza prijedloga) sebe, se, sebi, sobom; **the war brought with** ~ rat je donio sa sobom

it [it] *s emph* ono pravo, »ono nešto« | **you are** ~ baš si sila, imaš ono nešto

Italian [i'tæljən] *adj* talijanski

Italian [i'tæljən] *s* Talijan(ka); talijanski jezik

Italianism [i'tæljənizm] *s* talijanizam

italianize [i'tæljənaiz] *vt* potalijančiti

italics [i'tæliks] *s pl print* kurziv

itch [itʃ] *s* svrbež, svrbljenje, svrab; *fig* čežnja, stalna želja

itch [itʃ] *vi* svrbjeti | **to have an** ~**ing palm** biti gramziv, lakom na novac; **I** ~ svrbi me; **my fingers** ~ svrbe me prsti (da te udarim); **to be** ~**ing to** (**do**) izgarati od želje da..., nestrpljivo očekivati (*for*)

itchy ['itʃi] *adj* svrbljiv; *fig* željan, nestrpljiv od želje

item ['aitəm] *s* pojedinost, pojedini predmet ili točka; pojedina točka (programa), pojedino jelo (na jelovniku); stavka, uknjižba; novinska bilješka ili članak | **that is an important** ~ to je važna stvar

item ['aitəm] *adv* također, isto tako; nadalje

itemize ['aitəmaiz] *vt* pojedince nabrajati, navoditi, navesti; detaljirati, specificirati

iterate ['itəreit] *vt* ponoviti; ponavljati

iteration [ˌitə'reiʃn] *s* ponavljanje

iterative ['itərətiv] *adj* koji (se) ponavlja, učestao, iterativan

itinerancy [i'tinərənsi] *s* putovanje od mjesta do mjesta, lutanje

itinerant [i'tinərənt] *adj* koji putuje, koji nema stalnog boravišta; putujući

itinerary [ai'tinərəri] *adj* putni

itinerary [ai'tinərəri] *s* put; putopis; dnevnik putovanja; putni vodič (knjiga), itinerar; plan puta

itinerate [i'tinəreit] *vi* putovati (naokolo)

it'll ['itl] = **it will**

it's [its] = **it is**

its [its] *pron* njegovo (njegov, njezin za predmete i životinje); svoj, svoja, svoje

itself [it'self] *pron* ono samo; (*refl*) se; (s prijedlozima) sebi, sebe, sobom | **by** ~ samo od sebe, samo po sebi; **in** ~ samo po sebi

ivied ['aivid] *adj* obrašten, prekriven bršljanom

ivory ['aivəri] *s* slonova kost, bjelokost | **black** ~ crno roblje, afrički robovi; *sl* **the ivories** predmeti od slonove kosti (biljarske kugle, tipke na klaviru itd.); *sl* zubi

ivory ['aivəri] *adj* od slonove kosti, bjelokostan; boje slonove kosti

ivy ['aivi] *s bot* bršljan

J

J, j [dʒei] *s* J, j, deseto slovò engleske abecede
jab [dʒæb] *vt* bosti, probosti; gurnuti
jab [dʒæb] *s* ubod; *box* lijevi direkt; *coll* injekcija
jabber [ˈdʒæbə] *vi/t* brbljati, ćeretati, klepetati, blebetati, nejasno govoriti, natucati
jabber [ˈdʒæbə] *s* besmisleno brbljanje, ćeretanje, klepetanje, blebetanje
jabberer [ˈdʒæbərə] *s* klepetalo
jabot [ˈʒæbəu] *s* žabo, nabran ukras od čipke ili tkanine ispod vrata na ženskoj haljini; *hist* nabran ukras na prsima muške košulje
jacinth [ˈdʒæsinθ] *s minr* hijacint, cirkon, žutocrv; *bot* hijacint, zumbul
Jack [dʒæk] *s fam* oblik engl. imena John
jack[1] [dʒæk] *s* prosječan čovjek, čovjek; budala; drzak momak; nametljiv, brbljav klipan, surov čovjek; težak; doljnjak (u igraćim kartama); mužjak nekih životinja; naziv za mnoge vrste alata i oruđa; dizalica za kola; čekrk; *US* magarac; mlada štuka | **every man ~** svatko, svi do jednoga, svaki pojedinac; **cheap ~** ulični prodavač, sajamski kramar; **before you can say Jack Robinson** u tren oka; **Jack and Gill** momak i djevojka; **~ of all trades** sveznadar, čovjek spretan za sve, majstor koji se bavi svim mogućim poslovima
jack [dʒæk] *vt* dizati dizalicom; *coll* podići (cijene)
jack up [ˈdʒækˈʌp] *vt* podići dizalicom; *fig* napustiti; upropastiti, uništiti; *coll* podići cijenu; *sl* zavitlavati, zafrkavati, udesiti
jack[2] [dʒæk] *s* brodska zastava koja označuje narodnost | **the Union ~** zastava Ujedinjenog Kraljevstva
jack[3] [dʒæk] *s arch* tunika bez rukava za vojnike pješake | **black ~** posuda od navoštene kože premazane katranom (i dr.)
jack[4] [dʒæk] *s bot* vrsta indijskog krušnog drveta, krušara; plod toga drveta
jack-a-dandy [ˈdʒækəˈdændi] *s* kicoš, fićfirić
jackal [ˈdʒækɔːl] *s zool* šakal, čagalj; *fig* pomagač, ortak, suučesnik, jatak, uslužan pratilac
jackal [ˈdʒækɔːl] *vi* služiti kao pomagač, kao pomoćni radnik
jackanapes [ˈdʒækəncips] *s zool* majmun; *fig* fićfirić, kicoš; uobražen čovjek; nevaljalac, fakin
jackass [ˈdʒækæs] *s* magarac; *fig* glupan
jack-boot [ˈdʒækbuːt] *s* konjanička čizma, visoka čizma preko koljena
jackdaw [ˈdʒækdɔː] *s ornith* čavka
jacket [ˈdʒækit] *s* kratak kaput, sako, jakna; vanjski plašt kotla; zaštitnik; ovitak knjige; omot, ovoj, krzno, koža | **potatoes boiled in their ~s** kuhan neoguljen krumpir; **to dust (thrash) a p's ~** istući, izlemati koga, naravnati kome leđa; **cooling ~** rashladni plašt
jacket [ˈdʒækit] *vt* odjeti u kaputić, staviti u ovoj; *sl* izlupati
jackfish [ˈdʒækfiʃ] *s ichth* štuka
jack-flag [ˈdʒækflæg] *s mar* pramčana zastava
Jack Frost [ˈdʒækˈfrɔst] *s* ciča zima; *fam* baba zima
Jack-in-office [ˈdʒækinˌɔfis] *s* birokrat, uobražen činovnik
jack-in-the-box [ˈdʒækinðəbɔks] *s* lutka na pero koja iskače kad se otvori kutija; vrsta vatrometa; *tech & mar* dizalica za velike terete
Jack-in-the-pulpit [ˈdʒækinðəˌpulpit] *s bot* rod tropskog bilja (*Arisaema triphyllum*) iz porodice kozlaca (*Araceae*)
jack-knife [ˈdʒæknaif] *s* velik džepni nož na sklapanje
Jack-of-all-trades [ˌdʒækəvˈɔːltreidz] *s* majstor za sve, sveznalica
jack-o'-lantern [ˈdʒækəˌlæntən] *s* divlji oganj, varava svjetlost, lutajući oganj nad močvarama; izdubena bundeva s izrezanim očima, nosom i ustima u kojoj je zapaljena svijeća

jack-plane [ˈdʒækplein] *s* vrsta grube blanje
jackpot [ˈdʒækpɔt] *s* cjelokupni ulog (kod pokera); najviši dobitak na automatu za kockanje | **to hit the ~** imate veliku sreću
jack-pudding [ˌdʒækˈpudiŋ] *s* lakrdijaš, budala
jack-rabbit [ˌdʒækˈræbit] *s zool* vrsta sjevernoameričkog divljeg zeca
jack-screw [ˌdʒækˈskruː] *s* tesarski zavrtanj; dizalica na vijak
jack-snipe [ˌdʒækˈsnaip] *s ornith* barska šljuka
jack-staff [ˌdʒækˈstaːf] *s mar* pramčano koplje
jack-tar [ˌdʒækˈtaː] *s coll* mornar, morski vuk
jack-towel [ˌdʒækˈtauəl] *s* ručnik na valjku
Jacobean [ˌdʒækəˈbiən] *adj* iz doba engl. kralja Jamesa I. (1603—1625)
Jacobean [ˌdʒækəˈbiən] *s* osoba iz doba engl. kralja Jamesa I.
Jacobin [ˈdʒækəbin] *s hist* jakobinac; *pol* radikal
jacobin [ˈdʒækəbin] *s ornith* krunasti golub
Jacobinical [ˌdʒækəˈbinikəl] *adj* (**~ly** *adv*) *hist* jakobinski; krajnje revolucionaran
Jacobite [ˈdʒækəbait] *s* jakobit, pristaša engl. kralja Jamesa II. i njegova sina
Jacobitical [ˌdʒækəˈbitikəl] *adj* (**~ly** *adv*) jakobitski
Jacob's-ladder [ˌdʒeikəbzˈlædə] *s bot* rod uzgajanog bilja iz porodice jurnica (*Polemoniaceae*); *mar* siz, jakovnica
Jacob's-staff [ˌdʒeikəbzˈstaːf] *s* mjernički štap sa željeznim šiljkom; instrument za mjerenje udaljenosti i visina
Jacobus [dʒəˈkəubəs] *s* zlatnik iz doba engl. kralja Jamesa I.
jactation [dʒækˈteiʃn] *s* hvalisanje
jactitation [ˌdʒæktiˈteiʃn] *s med* bacanje, trzanje tijela u bolesti, trzanje uda ili mišića; nemir; hvalisanje, hvastanje
jade[1] [dʒeid] *s* kljuse, raga; *hum* prosta žena; cura, ženska
jade[2] [dʒeid] *s minr* nefrit (poludragi kamen)
jade [dʒeid] *vt* izmučiti, iscrpsti, izmoriti; udarati nogom; učiniti smiješnim
jaded [ˈdʒeidid] *adj* izmoren, iscrpljen, iznuren
jaffa [ˈdʒæfə] *s* jafa-naranča
jag[1] [dʒæg] *s* zarez, urez, zubac pile, škrba; zub pećine, zupčast vrh; čistač za pušku; *Scot* ubod nožem
jag [dʒæg] *vt* načiniti ureze, nazupčati
jag[2] [dʒæg] *s dial* krpa, krpica, dronjak; *US* malen teret, tovar, breme; *fig* stanovita količina, dio, udio; *US sl* pijanka | *US sl* **to have a ~ on** biti pijan
jagged [ˈdʒægid] *adj* (**~ly** *adv*) zupčast, nazupčan, s urezima, narovašen; škrbast
jagger [ˈdʒægə] *s* nazupčan kotačić; sedlarski alat za zupčanje
jaggy [ˈdʒægi] *adj* (**jaggily** *adv*) → **jagged**
jaguar [ˈdʒægjuə] *s zool* jaguar
jail [dʒeil] *s* zatvor, tamnica, uze | **~ breaker** odbjegli zatvorenik
jail [dʒeil] *vt* utamničiti, zatvoriti
jailbird [ˈdʒeilbəːd] *s coll* zatvorenik, utamničenik; reštanac; čovjek koji često sjedi u tamnici; okorio zločinac, stara tamnički ptičica
jail-delivery [ˈdʒeildiˌlivəri] *s* oslobođenje iz zatvora
jailer (jailor) [ˈdʒeilə] *s* tamničar, uzničar, čuvar zatvora
jaileress (jailoress) [ˈdʒeiləris] *s* tamničarka, uzničarka, nadstojnica zatvora (tamnice)
jail-fever [ˈdʒeilˌfiːvə] *s med* tifus
jakes [dʒeiks] *s US* zahod
jalap [ˈdʒæləp] *s bot* jalapa, biljka povijuša ljekovitih gomolja iz porodice slakova (*Convolvulaceae*)
jalopy [dʒəˈlɔpi] *s US sl mot aero* krntija
jalousie [ˈʒæluːziː] *s* žaluzija, drveni kapak s pomičnim daščicama
jam[1] [dʒæm] *s* 1. gnječenje, ozljeda od gnječenja; *med* kontuzija 2. zaglavljenje, gužva, stiska, zastoj prometa; radio-smetnja; *coll* škripac, neprilika
jam [dʒæm] *vt/i* **I.** *vt* (*into*) snažno pritisnuti, utisnuti, ugnječiti, prignječiti, ukliještiti; zakrčiti, blokirati, smetati; stiskati, komprimirati, onesposobiti (stroj) | **II.** *vi* zabiti se, ukliještiti se, zaglaviti se, zapeti; *tech* zaribati se
jam[2] [dʒæm] *s* pekmez, marmelada, slatko od voća; slastica; *vulg* dražesna djevojka; *fig* nešto izvrsno | *sl* **a real ~** prava milina
jam [dʒæm] *vt* pretvoriti u pekmez, namazati pekmezom
jam [dʒæm] *adv US* potpuno, posve
jamb [dʒæm] *s archit* dovratnik, prozorski okvir; potporni zid; kameni okvir kamina
jamboree [ˌdʒæmbəˈriː] *s sl* proslava, bučna zabava; zbor skauta
jamming [ˈdʒæmiŋ] *s radio* ometanje rada druge radio-stanice | **~ knot** zaporni uzao
jam-packed [ˈdʒæmˈpækt] *adj coll* krcat, pun puncat
jam-pot [ˈdʒæmpɔt] *s* posuda za marmeladu, lončić za pekmez; *sl* visok tvrd ovratnik
jam-jar [ˈdʒæmdʒaː] *s* staklenka za pekmez
jangle [ˈdʒæŋgl] *s* buka, štropot, neugodan zvuk; zbrka glasova, brbljanje; *arch* svađa, prepirka, galama
jangle [ˈdʒæŋgl] *vi/t* bučati, drečati, štropotati, kričati, kriještati; brbljati, kle-

petati; brenčati; neugodno se dojmiti (*upon* koga); *arch* svađati se
janissary ['dʒænisəri] *s* → **janizary**
janitor ['dʒænitə] *s* vratar; *US* pazikuća
janizary ['dʒænizəri] *s* janjičar
January ['dʒænjuəri] *s* siječanj, januar
Janus ['dʒeinəs] *s* (starorimsko božanstvo) Janus
Jap [dʒæp] *s coll* Japanac
japan [dʒə'pæn] *s* tvrda japanska pokost, lak; lakirane izrađevine, slika izrađena lakom
japan [dʒə'pæn] *vt* prevući tvrdom japanskom pokosti, lakirati
Japanese [ˌdʒæpə'niːz] *adj* japanski
Japanese [ˌdʒæpə'niːz] *s* Japanac, Japanka; japanski jezik
jape [dʒeip] *s* šala, doskočica, poruga
jape [dʒeip] *vi* šaliti se, lakrdijati, podsmjehivati se, rugati se
japonica [dʒə'pɔnikə] *s bot* japanska dunja
jar[1] [dʒaː] *s* neskladan zvuk, škripa, štropot; svađa, prepirka, nesuglasica, nesloga; udarac, potres
jar[2] [dʒaː] *s* posuda, krčag, ćup; vrč, lonac
jar[3] [dʒaː] *s* kretanje, okret (samo u frazi) | *coll* **on the ~** prislonjen, napola otvoren, pr tvoren (vrata), odškrinut
jar [dʒaː] *vt/i* **I.** *vt* (*with*) škripati, potresati (čime); škripati, krieštati, štropotati; tresti se, uzdrhtati; čegrtati, zvrndati **II.** *vi* neugodnim zvukom vrijeđati, pogađati (koga); dirati (uho), svađati se, protiviti se (*with* kome); *fig* uznemirivati | **to ~ upon one's ear** vrijeđati kome uho
jarful ['dʒaːful] *s* lonac (čega) kao mjera
jargon ['dʒaːgən] *s* nerazumljiv govor, žargon, govor nekoga staleža ili kruga ljudi
jargonelle [ˌdʒaːgə'nel] *s bot* kruška ranka
jargonize ['dʒaːgənaiz] *vi/t* **I.** *vi* nerazumljivo govoriti, govoriti žargonom **II.** *vt* prenijeti u žargon
jarl [jaːl] *s hist* staronordijski plemić, poglavica
jarring ['dʒaːriŋ] *adj* neskladan
jarvey ['dʒaːvi] *s* kočijaš fijakera
jasmine ['dʒæsmin] *s bot* jasmin
jasper ['dʒæspə] *s minr* jaspis
jaundice ['dʒɔːndis] *s med* žutica; *fig* zavist, jal
jaundice ['dʒɔːndis] *vt* izazvati žuticu; *fig* ispuniti zavišću
jaundiced ['dʒɔːndist] *adj med* bolestan od žutice; *fig* zavidan, jalan
jaunt [dʒɔːnt] *s* lutanje, šetnja, pješačenje, izlet, putovanje, vožnja; napor | **to give one a ~** provozati koga
jaunt [dʒɔːnt] *vi* lutati, tumarati, praviti izlet, prošetati se
jaunting-car ['dʒɔːntiŋ'kaː] *s* irska lagana kočija na dva kotača s uzdužnim sjedalima
jaunty ['dʒɔːnti] *adj* (**jauntily** *adv*) živahan, veseo, obijestan; otmjen, elegantan, dražestan
jaunty ['dʒɔːnti] *s mar* mornarički policajac
Javanese [ˌdʒaːvə'niːz] *adj* javanski
Javanese [ˌdʒaːvə'niːz] *s* Javanac, Javanka; javanski jezik | **the ~** Javanci
javelin ['dʒævlin] *s* sulica; *sport* koplje
jaw [dʒɔː] *s* čeljust, vilica, laloka; *pl* usta, nepce, ždrijelo, ralje, gubica; uska vrata doline, grotlo, otvor kanala; čeljust škripca (hvataljke); *fam* pričanje, naklapanje, ogovaranje; *coll* govorljivost; *fam* čitanje bukvice, prodika; *Scot* val, mlaz, velika masa vode | **to hold one's ~** držati jezik za zubima
jaw [dʒɔː] *vi/t* brbljati, naklapati, čavrljati; ogovarati, ružiti, grditi, naklapanjem dosađivati komu; očitati bukvicu (*at* kome)
jaw-bone ['dʒɔːbəun] *s* čeljusna kost, laloka, čeljust
jaw-breaker ['dʒɔːˌbreikə] *s coll* teško izgovorljiva riječ
jay [dʒei] *s ornith* šojka kreštalica; *fig* dosadan brbljavac; lakoumna djevojka; *sl* lakovjerna budala, nespretnjaković; čudak
jay-walk ['dʒei'wɔːk] *vi US* prelaziti ulicu bez obzira na prometne znakove
jay-walker ['dʒeiˌwɔːkə] *s US sl* neoprezan pješak koji prelazi ulicu bez obzira na prometne znakove, rastresen prolaznik
jazz [dʒæz] *s* džez
jazz [dʒæz] *adj* poput džeza; neskladan, kričave boje; neotesan, grub; groteskan
jazz [dʒæz] *vi/t* svirati džez; preraditi za džez; živahno ili groteskno prikazati | **to ~ up** oživjeti, unijeti života u
jazz-band ['dʒæzbænd] *s* džez orkestar
jazzy ['dʒæzi] *adj* kričave boje, drečav; blistav
jealous ['dʒeləs] *adj* (**~ly** *adv*) ljubomoran, nenavidan, kivan, zavidan; sumnjičav, nepovjerljiv; revan; zabrinut, brižan
jealousy ['dʒeləsi] *s* (*of, towards, at, over*) ljubomora, nepovjerenje, sumjičavost, nenavist, zavist, kivnost; revnost, zabrinutost
jean [dʒiːn] *s* čvrsto pamučno platno | **~s** *pl* traperice, farmerke
jeep [dʒiːp] *s mot* džip
jeer[1] [dʒiə] *s* poruga, ismijavanje, ruganje, bockanje
jeer [dʒiə] *vi/t* rugati se (*at* komu), ismijavati, izrugivati se, izvrći ruglu
jeer[2] [dʒiə] *s mar* podigač; križni nateg
Jehovah [dʒi'həuvə] *s bibl* Jehova
jejune [dʒi'dʒuːn] *adj* (**~ly** *adv*) mršav, slab, prazan (hrana); *fig* suhoparan, dosadan, bez duha, nezanimljiv
jelly ['dʒeli] *s* hladetina; žele

jelly ['dʒeli] *vt/i* **I.** *vt* zgusnuti, pretvoriti u žele **II.** *vi* skrutiti se, zgusnuti se u hladetinu
jelly-fish ['dʒelifiʃ] *s ichth* morski klobuk, meduza; *fig* mekušac, slabić
jemmy ['dʒemi] *s GB* kratka željezna motka (alat provalnika), prasećа noga; *GB cul* pečena ovčja glava
jennet ['dʒenit] *s* vrsta malog španjolskog konja
jenny ['dʒeni] *s* ženka raznih životinja; *tech* pokretna dizalica | ~ **ass** magarica
jeopardize ['dʒepədaiz] *vt* ugroziti, izvrći opasnosti, staviti na kocku
jeopardy ['dʒepədi] *s* opasnost, rizik | **to put in** ~ ugroziti
jerboa [dʒəː'bəuə] *s zool* skočimiš egipatski
jeremiad [ˌdʒeri'maiæd] *s* tužaljka, jadikovka, jeremijada
Jericho ['dʒerikəu] *s fam* zatvor, tamnica; vrlo udaljeno, neugodno mjesto | **go to** ~! idi do đavola!
jerk [dʒəːk] *s* iznenadan udarac, trzaj, nagao okret; potisak, impuls; *sl* dripac, mamlaz; grč | ~**s** *pl* grčevito trzanje udova i lica (osobito u vjerskom zanosu); *fig* duhovita dosjetka; **with a** ~ iznenada, jednim trzajem (potezom), naglo; **by** ~**s** u trzajima, na mahove, isprekidano; **to give a th a** ~ trgnuti, potegnuti; *sl* **to put a** ~ **in it** čestito se prihvatiti čega, valjano prionuti uza što; **to get a** ~ **on (with)** požuriti se
jerk [dʒəːk] *vt/i* **I.** *vt* iznenada gurnuti, trzajem baciti, trgnuti, potegnuti, povući; *gymn* uprijeti; odapeti, hitnuti, baciti; *fig* isprekidano izreći, izmucati **II.** *vi* trgnuti se, trzati se
jerk [dʒəːk] *vt* (meso) rezati u trake i sušiti na zraku
jerkin ['dʒəːkin] *s hist* kožni kaputić, haljetak
jerky ['dʒəːki] *adj* (**jerkily** *adv*) trzav, grčevit, hirovit, nestrpljiv; isprekidan
jerque [dʒəːk] *vt mar* ispitati, pregledati brodske dokumente ili robu
jerque-note ['dʒəːknəut] *s mar* potvrda o izvršenom carinskom pregledu
jerquer ['dʒəːkə] *s mar* carinski revizor (za brodove)
jerquing ['dʒəːkiŋ] *s mar* carinski pregled broda
Jerry ['dʒeri] *s mil sl* njemački vojnik, Nijemac
jerry ['dʒeri] *s GB sl* noćna posuda; *US sl* radnik na održavanju pruge
jerry-builder ['dʒeriˌbildə] *s* graditelj kuća od lošeg materijala
jerry-building ['dʒeriˌbildiŋ] *s* nesolidna gradnja (od lošeg materijala)
jerry-built ['dʒeribilt] *adj* nesolidno građen
jerrymander ['dʒerimændə] *vt* → **gerrymander**
jerry-shop ['dʒeriʃɔp] *s* prosta, zloglasna krčma, jazbina
jersey ['dʒəːzi] *s* džersej (materijal); *GB* pulover; sportska vunena majica; vrsta krave s otoka **Jerseyja**
jess [dʒes] *s* remenčić ili svilena vrpca za vezanje sokola u lovu
jess [dʒes] *vt* vezati sokola za nogu
jessamine ['dʒesəmin] *s* → **jasmine**
jest [dʒest] *s* šala, poruga, doskočica; predmet zadirkivanja | **to make a** ~ **of** rugati se, izrugivati se, zbijati šalu s kim; **in** ~ u šali, šaljivo; **he is a standing** ~ on je stalan predmet zadirkivanja; on je opće ruglo
jest [dʒest] *vi/t* **I.** *vi* rugati se, šaliti se, podrugivati se, izrugivati se **II.** *vt* ismjehivati, izvrgavati ruglu, zadirkivati
jester ['dʒestə] *s* šaljivčina, podrugljivac, lakrdijaš | **the king's** ~ dvorska luda
Jesuit ['dʒezjuit] *s* isusovac, jezuit; *fig* spletkar, podmukao čovjek, lukavac, podlac
jesuitical [ˌdʒezju'itikl] *adj* (~**ly** *adv*) isusovački, jezuitski; *fig* podmukao, lukav, neiskren, prepreden, podao
jet[1] [dʒet] *s minr* ahat, gagat, džet, crni jantar
jet[2] [dʒet] *s* mlaz, struja; štrcaljka; pipac, sapnica, mlaznica; *aero* mlažnjak | ~ **assisted take-off** startna raketa; ~**-powered** na mlazni pogon; ~**-thrust** potisak mlaznog motora; **gas** ~ plinski žižak
jet [dʒet] *adj* crn poput ahata, gagata
jet [dʒet] *vt/i* **I.** *vt* izbaciti u mlazu, štrcati **II.** *vi* izbijati u mlazu, šiknuti
jet aeroplane ['dʒet'ɛərəplein] *s aero* avion na mlazni (reaktivni) pogon
jet aircraft ['dʒet'ɛəkraːft] *s aero* mlazni avion, mlaznjak
jet-black [ˌdʒet'blæk] *adj* crn kao ugljen
jet engine ['dʒet'endʒin] *s tech* mlazni (reaktivni) motor
jet propelled ['dʒetprə'peld] *adj tech* na mlazni (reaktivni) pogon
jet propulsion ['dʒetprə'pʌlʃən] *s tech* mlazni (reaktivni) pogon | ~ **missile** reaktivni projektil
jetsam ['dʒetsəm] *s mar* roba pobacana s broda koji je u opasnosti; naplavljeni predmeti; *fig* beskorisne, bezvrijedne stvari; sudbinom teško pogođena osoba
jet set ['dʒetˌset] *s* internacionalno mondensko društvo
jet-set ['dʒetˌset] *adj* internacionalno-mondenski
jettison ['dʒetisn] *s* bacanje tereta s broda koji je u opasnosti | **to make** ~ pobacati dio tereta da se olakša brod
jettison ['dʒetisn] *vt* pobacati robu s broda; *fig* odbaciti, napustiti sve
jettisonable ['dʒetisnəbl] *adj* koji se može odbaciti

jetty [ˈdʒeti] *s mar* gat, molo, pristanište; lukobran; brana
jetty [ˈdʒeti] *adj* izrađen od ahata, poput ahata, crn kao ahat
Jew [dʒuː] *s* Židov; *fig* lihvar, gulikoža | **the Wandering ~** vječni Žid; **unbelieving ~** nevjerovani Toma; **tell that to the ~s** pričaj ti to svojoj babi
jew [dʒuː] *vt coll* varati, nasamariti, prevariti za novac, ćiftariti
Jew-baiting [ˈdʒuːˈbeitiŋ] *s* progon Židova
jewel [ˈdʒuːəl] s dragulj, dragi kamen; rubin u satu; *fig* osobito draga ili cijenjena osoba
jewel [ˈdʒuːəl] *vt* ukrasiti draguljima, opremiti sat rubinima
jeweller [ˈdʒuːələ] *s* draguljar
jewellery (jewelry) [ˈdʒuːəlri] *s* dragulji, nakit, draguljarski rad
Jewess [ˈdʒuis] *s* Židovka
jewish [ˈdʒuiʃ] *adj* (**~ly** *adv*) židovski
Jewry [ˈdʒuəri] *s* židovstvo, Židovi; *hist* židovska četvrt, ghetto
Jew's-ear [ˈdʒuːzˈiə] *s bot* Judino uho (jestiva gljiva)
Jew's-harp [ˈdʒuːzˈhaːp] *s mus* drombulja, brunda
Jezebel [ˈdʒezəbl] *s* drolja, bestidnica
jib [dʒib] *s mar* flok, prečka, prečnjača | **the cut of one's ~** vanjština, odjeća, izraz lica; **~ crane** konsolna dizalica; **~ of a crane** krak dizalice
jib [dʒib] *vt/i* 1. *mar* prevući (uže, konop) s jedne strane broda na drugu; okrenuti ili zaokretati uz vjetar 2. okretati se uz vjetar
jib [dʒib] *vi* poplašiti se, zazirati, prezati, propinjati se, ustobočiti se (o konjima); *fig* zaustaviti se, stati, protiviti se, opirati se, poplašiti se čega (*at something*), zgaditi se (*at* nad)
jibber [ˈdʒibə] *s* plašljiv, nepokoran konj
jib-boom [ˌdʒibˈbuːm] *s mar* prikosnik
jib-door [ˌdʒibˈdɔː] *s* skrivena, tajna vrata, tapetirana vrata
jibe [dʒaib] *s & v* → **gibe**
jibe [dʒaib] *vi US* složiti se, biti u skladu | **it ~s with my plans** slaže se, poklapa se s mojim osnovama
jib-stay [ˌdʒibˈstei] *s mar* protustraj prečke
jiff(y) [ˈdʒif(i)] *s fam* časak, tren | **in a ~** u tren oka, začas, odmah
jig [dʒig] *s* vrsta brzog plesa; glazba za takav ples; *tech* šablona, uzorak; oznaka za razne strojarske naprave; sito za ispiranje ili lučenje (ugljena, zlata itd.); *US* vrsta udice | *US coll* **the ~ is up** svemu je kraj
jig [dʒig] *vi/t* **I.** *vi* plesati, skakutati, poskakivati; tresti se, trzati se; (o ribi) bacakati se; loviti ribu takvom vrstom udice **II.** *vt* tresti, trzati; *tech* odijeliti, izlučiti (sitom), rešetati; raditi pomoću šablona
jigger[1] [ˈdʒigə] *s* plesač *jiga;* ispirač zlata; nagao trzaj udicom kod hvatanja ribe; *mar* bezan (uzdužno jedro na posljednjem jarbolu); malen jarbol, malo jedro, brodica s takvim jedrom; ručni vitao, kolotur, dizalica; *mil sl* zatvor; *tech* rešeto, strojarsko sito (za ispiranje zlata, lučenje ugljena itd.); posuda s označenom ljestvicom za mjerenje alkoholnih pića; lončarsko kolo; postolarski alat za poliranje gornje kože ili ruba potplata; *US* mala jednoprežna kola konjskog tramvaja; vrsta teretnih kola; električno kazalo za označavanje cijena na burzi; *US sl* »čašica«
jigger[2] [ˈdʒigə] *s ent* buha pješčara
jiggered [ˈdʒigəd] *adj* začuđen; iscrpljen | **I'm ~ if** odnio me đavo ako, bio proklet ako
jigger-mast [ˈdʒigəmaːst] *s mar* posljednji jarbol (od pet ili više)
jiggery-pokery [ˈdʒigəriˈpəukəri] *s coll* hokus-pokus, sljeparija; »kuhinja«; *GB* glupost
jiggle [ˈdʒigl] *vt/i* **I.** *vt* lagano potresati, njihati, drmati **II.** *vi* drmati se, gegati se
jigsaw [ˈdʒigsɔː] *s* pilica za rezbarenje | **~ puzzle** sastavljanje slika od izrezanih dijelova (igra)
jilt [dʒilt] *s* namiguša, koketna žena, žena koja se poigrava s muškarcima
jilt [dʒilt] *vt* varati, ostaviti dragog (dragu)
Jim Crow [ˈdʒimˈkrəu] *s US* Crnac; rasna diskriminacija | *rly* **~ car** vagon za crnce
jiminy [ˈdʒimini] *int coll* (usklik čuđenja)
jim-jams [ˈdʒimdʒæmz] *s pl sl* delirijum tremens; žmarci, napadaj straha | **he gives me the ~** ide mi na živce
jimp [dʒimp] *adj Scot* vitak, nježan, otmjen, zgodan, prijatan; oskudan, slab, škrt
jingle [ˈdʒiŋgl] *s* zveckanje, klepet, zveka; stih ili pjesmica u kojoj se ponavljaju glasovi; irska i australska jednoprežna kola na dva kotača
jingle [ˈdʒiŋgl] *vi/t* zveckati, klopotati, zvoniti, štropotati
jingo [ˈdʒiŋgəu] *interj* | **by ~!** sto mu gromova!, do sto đavola!, grom i pakao!, bogati!
jingo [ˈdʒiŋgəu] *s* pristaša borbene politike, šovinist, hvalisav rodoljub
jingo [ˈdʒiŋgəu] *adj* šovinistički, borben, pretjerano rodoljuban
jingoism [ˈdʒiŋgəuizəm] *s* šovinizam, pretjerano borbeno rodoljublje
jingoist [ˈdʒiŋgəuist] *s* šovinist, hvalisavi rodoljub, pristaša borbene politike
jingoistic [ˈdʒiŋgəuistik] *adj* → **jingo** *adj*

jinks [dʒiŋks] *s pl* | **high** ~ razigranost, razuzdana veselost, bučno zabavljanje

jinricksha (jinriksha) [ˌdʒinˈrikʃə] *s* rikša, laka kolica na dva kotača koja vuče čovjek (daleki Istok)

jinx [dʒinks] *s sl* osoba ili stvar koja donosi nesreću | **to put a ~ on a p** ureći koga

jitney [ˈdʒitni] *s US sl* komad kovanog novca od pet centa; jeftin privatni autobus

jitter [ˈdʒitə] *vi sl* drhtati, tresti se; plesati

jitter [ˈdʒitə] *s sl* nervozna osoba | **the ~s** živčana razdraženost, trnci, srsi, žmarci, groza

jitterbug [ˈdʒitəbʌg] *s sl* preosjetljivo nervozna osoba; zaneseni plesač *swinga*

jitterbug [ˈdʒitəbʌg] *vi coll* zaneseno plesati *swing*

jittery [ˈdʒitəri] *adj sl* razdražljiv, nervozan; strašljiv

jiu-jitsu [dʒuːˈdʒitsuː] *s* → **ju-jitsu**

jive [dʒaiv] *s US sl* glazba *swinga*, plesanje na brzi džez uz improvizacije; žargon; »foliranje«

jive [dʒaiv] *vi/t US sl* slobodno improvizirati u plesanju *swinga;* »folirati«, zafrkavati, zadirkivati

jo [dʒəu] *s arch* veselje, užitak; *Scot* draga, dragi

job[1] [dʒɔb] *s* posao, rad, akord(ni rad), zadatak, dužnost; pothvat; izvršenje posla; zaposlenje, namještenje; spekulacija; *sl* šiberstvo, poslić; *print* akcidencija | *sl* **on the ~** zaposlen, radin, okretan; **to do a p's ~** likvidirati, uništiti koga; **bad ~** gadna stvar; težak položaj, neuspjeh; **good ~** dobra, povoljna stvar; **odd ~s** sitni, povremeni poslovi; **an odd-~ man** svaštar; **to give a th up as a bad ~** napustiti što kao bezizgledno; **~s for the boys** namještenja za političke pristaše; **by the ~** u akordu, po komadu, po obavljenoj količini rada; **out of ~** nezaposlen, bez namještenja; **a put-up ~** prijevara, podvala; **it is a good ~** i dobro je tako, i pravo je tako; **to make a good ~ of it** s uspjehom izvesti što, valjano izvršiti, uspješno privesti kraju

job[1] [dʒɔb] *vi/t* **I.** *vi* raditi u akordu; trgovati dionicama; guliti, lihvariti, spekulirati; *com* posredovati, mešetariti **II.** *vt* dati u akordni rad; unajmljivati i iznajmljivati (konje); preprodavati, spekulirati; spletkama ugurati na mjesto ili položaj; zloupotrebljavati (položaj, službu)

job[2] [dʒɔb] *s* ubod, probod, udarac

job[2] [dʒɔb] *vt/i* **I.** *vt* udariti, bosti, ubosti, probosti, (*out*) izbosti; kljucnuti; kvrcnuti; ozlijediti konja pritezanjem žvala **II.** *vi* (*at*) bosti, udarati

Job [dʒəub] *s bibl* Job | **~'s comforter** slab, loš, neuspio tješitelj; *bot* **~'s tears** vrsta tropske trave srodne kukuruzu (*Coix lacrymajobi*); **~'s news** žalosna vijest; **~'s post** glasnik nesreće, crni glasnik

jobation [dʒəuˈbeiʃn] *s* grdnja, ukor, bukvica

jobber [ˈdʒɔbə] *s* radnik u akordu, nadničar, prigodni radnik; preprodavač, spekulant; trgovac dionicama, burzovni mešetar; iznajmljivač konja

jobbernowl [ˈdʒɔbənəul] *s coll* budala, glupan, tupoglavac

jobbery [ˈdʒɔbəri] *s* preprodavanje; trgovanje dionicama; korupcija; zloupotreba (službe, položaja) | **a piece of ~** spekulacija

jobbing [ˈdʒɔbiŋ] *adj* koji obavlja prigodne radove, akordni; *com* upotreba uslužnih mjenica; izdavanje mjenica na sve strane radi dobavljanja novaca | **~ tailor** krpar, krojač za sitne popravke; *print* **~ work** akcidencija

jobholder [ˈdʒɔbˌhəuldə] *s* osoba u radnom odnosu; *US coll* državni službenik

job-horse [ˈdʒɔbhɔːs] *s* unajmljen konj

jobless [ˈdʒɔblis] *adj* nezaposlen

joblessness [ˈdʒɔblisnis] *s* nezaposlenost

job-master [ˈdʒɔbˌmaːstə] *s GB* iznajmljivač konja, kola

job-work [ˈdʒɔbwəːk] *s* akordni rad, posao; *print* akcidencija

Jock [dʒɔk] *s mil sl* škotski vojnik; Škot

jock [dʒɔk] *s coll* džokej; *US sl* atletičar; → **disc jockey**

jockey [ˈdʒɔki] *s* džokej, profesionalni jahač (na konjskim utrkama); momak, pomoćnik, prigodni radnik, podređeni namještenik; varalica | **Jockey Club** klub ljubitelja jahačkog sporta; **disc ~** najavljivač i voditelj emisije zabavne glazbe na pločama

jockey [ˈdʒɔki] *vt/i* **I.** *vt* prevariti, spletkama istisnuti iz položaja, nasamariti, nadmudriti, izvarati; spriječiti, osujetiti; natjerati, navesti (*into* na) **II.** *vi* varati | **to ~ a p out of his money** izmamiti komu prijevarom novce

jocko [ˈdʒɔkəu] *s zool* čimpanza

jocose [dʒəˈkəus] *adj* (**~ly** *adv*) šaljiv, vedar, smiješan, veseo, raspoložen za šalu

jocosity [dʒəˈkɔsəti] *s* šaljivost, sklonost za šalu; šala

jocular [ˈdʒɔkjulə] *adj* (**~ly** *adv*) šaljiv, spreman na šalu, veseo, raspoložen

jocularity [ˌdʒɔkjuˈlærəti] *s* šaljivost, raspoloženost za šalu; šala

jocund [ˈdʒɔkənd] *adj* (**~ly** *adv*) *poet* vedar, raspoložen, spreman na šalu

jocundity [dʒɔˈkʌndəti] *s* veselost, raspoloženost

jodhpurs [ˈdʒɔdpəz] *s pl* jahaće hlače

Joe [dʒəu] *s* skraćen oblik imena **Joseph** | **not for ~** ni po koju cijenu; **~ Miller** otrcana dosjetka, dosadna šala

jog [dʒɔg] *s* lagan udarac, gurkanje, tresenje; težak, trom hod ili kas, drmanje; *US* izbočina ili uleknina, nepravilnost (linije ili površine); *fig* trom, nehajan čovjek

jog [dʒɔg] *vt/i* 1. lagano gurnuti, blago udariti, gurkati; stresti, potresti, zdrmati 2. trčkarati, poskakivati naokolo; *sport* trčati korakom, klipsati; lagano kasati, trupkati; (*on, along*) dalje kasati; *fig* ići dalje, nastaviti | **to ~ a p's memory** podsjetiti koga

jogger ['dʒɔgə] *s* osoba koja redovito trči radi kondicije

jogging ['dʒɔgiŋ] *s* trčanje radi kondicije

joggle[1] ['dʒɔgl] *s* lagana trešnja, drmanje

joggle[2] ['dʒɔgl] *s* čvrsto spajanje komada kamena ili drveta umetkom; spoj, sastav na šip i utor; ukrštavanje greda; zglob

joggle ['dʒɔgl] *vt/i* **I.** *vt* lagano tresti, trzati, blago drmati **II.** *vi* tresti se, stresti se

joggle ['dʒɔgl] *vt* čvrsto spajati komade kamena ili drveta; spajati na šip ili utor; ukrštavati (grede); učvrstiti zupcima

jog-trot ['dʒɔgtrɔt] *s* lagan kas; *fig* nehajan, lijen čovjek

john [dʒɔn] *s US sl* zahod | **long ~s** duge muške gaće

John Bull ['dʒɔn'bul] *s fig* engleski narod; tipičan Englez

john dory [ˌdʒɔn'dɔːri] *s ichth* kovač (*Zeus faber*)

johnny ['dʒɔni] *s* momak, mladić, mladac; besposlen kicoš | *US* **~ cake** vrsta kukuruznog kolača

join [dʒɔin] *s* spoj, spajanje, sastav, točka, crta ili površina spajanja; spojna karika, članak; utor, šav

join [dʒɔin] *vt/i* **I.** *vt* spojiti (*to* sa), sastaviti (*things together*); povezati, združiti, priključiti, stići, sresti, dostići, dodirivati, ticati **II.** *vi* priključiti se, pridružiti se, udružiti se, združiti se; pristupiti čemu, učlaniti se; sjediniti se, praviti društvo komu; slagati se (*with* s kime; *in* u čemu); graničiti sa, dodirivati se, ulijevati se u, utjecati u; *mil* & *mar* nastupiti službu; | **to ~ battle** zametnuti tučnjavu, započeti bitku; **to ~ hands** sklopiti ruke; rukovati se; poduprijeti koga, pomoći komu; *mil* **to ~ the army** stupiti u vojsku; **to ~ company with** priključiti se kome, udružiti se sa; **to ~ forces with** udružiti snage sa; *mar* **to ~ a ship** vratiti se na brod s obale

joiner ['dʒɔinə] *s* tesar, stolar

joinery ['dʒɔinəri] *s* tesarski radovi; stolarstvo, stolarski zanat

joint [dʒɔint] *s* sastav, spoj, spojka, vez, članak, utor; komad mesa, butina; *bot* čvor, koljeno (stabljike) iz kojega raste list; *anat* zglob; *tech* utor, presjek, užljeb, šarka, *geol* pukotina; *US sl* prosti lokal, krčma, jazbina | **out of ~** iščašen; *fig* raskliman, nesređen, poremećen, pobrkan; **to put a p's nose out of ~** izgurati, istisnuti koga, izigrati koga, izbaciti iz sedla

joint [dʒɔint] *adj* (**~ly** *adv*) spojen, sastavljen, sjedinjen, udružen, združen, zajednički, solidaran | *com* **~ account** zajednički račun; **~ adventure** prigodno trgovačko društvo; **~ liability** solidarno jamstvo; **~ chiefs of staff** vrhovna komanda; **~ commission** mješovita komisija; **~ ownership** suvlasništvo; **~ rate** kombinirana vozarinska tarifa; **~ undertaking** sudioništvo; **~ venture** zajedničko ulaganje

joint [dʒɔint] *vt* spojiti, sastaviti, učiniti da pristaje; izblanjati bridove (na daskama); ispuniti žbukom i dr.; raščlaniti, rasjeći, rastaviti na dijelove, razrezati

jointer ['dʒɔintə] *s* strug, rende, blanja; zidarski alat za popunjenje sastava žbukom ili cementom; radnik zavarivač | **~ plane** velika blanja

jointless ['dʒɔintlis] *adj* (kao) bez članaka, bez zglobova, bez sastava; krut, ukočen

jointress ['dʒɔintris] *s* udova s doživotnim pravom uživanja posjeda naslijeđenog od muža

joint-stock ['dʒɔintstɔk] *s com* dionička glavnica | **~ company** dioničko društvo

jointure ['dʒɔintʃə] *s* posjed ostavljen ženi s isključivim pravom doživotnog uživanja nakon muževe smrti

jointure ['dʒɔintʃə] *vt* namrijeti ženi posjed s pravom doživotnog uživanja

joist [dʒɔist] *s* poprečna greda (u stropu ili podu)

joke [dʒəuk] *s* šala, doskočica, pošalica, duhovitost, dosjetka | **to crack (cut) a ~** našaliti se, staviti šaljivu primjedbu, pričati dosjetku; **to play a practical ~ upon a p** neslano se našaliti s kime, načiniti komu psinu; **it is no ~** bez šale, ozbiljno; **he can't see a ~** ne razumije šalu

joke [dʒəuk] *vi/t* **I.** *vi* šaliti se, zbijati šalu (*with* sa) **II.** *vt* peckati (*about* zbog), zadirkivati koga | **joking apart** šalu na stranu

joker ['dʒəukə] *s* šaljivčina, lakrdijaš, zadirkivalo, peckalo; *US jur* potajno umetnuta klauzula; *sl* čovo, momak; džoker, igraća karta koja može zamijeniti svaku drugu kartu

joking ['dʒəukiŋ] *adj* (**~ly** *adv*) šaljiv, u šali, iz šale, dosjetljiv

joky ['dʒəuki] *adj* raspoložen za šalu, vragolast, šaljiv

jollification [ˌdʒɔlifi'keiʃn] *s* veselost, vedro raspoloženje, zabavljanje; terevenka, pijančevanje

jollify ['dʒɔlifai] *vi/t* **I.** *vi* zabavljati se, piti **II.** *vt* raspoložiti koga, opiti

jollity ['dʒɔliti] *s* veselost, vedro raspoloženje, zabavljanje, zabava; pijanka, terevenka

jolly ['dʒɔli] *adj* (**jollily** *adv*) veseo, zgodan, dobro raspoložen, radostan, razdragan, svjež; pripit; *coll* ugodan, dražestan; krasan, divan (vrijeme) | *myth* **the ~ god** Bakho; **Jolly Roger** crna gusarska zastava

jolly ['dʒɔli] *adv GB coll* vrlo, jako, silno, vraški

jolly ['dʒɔli] *s sl* vojnik britanske mornarice

jolly ['dʒɔli] *vt* rugati se, ismjehivati se (komu), bockati, peckati koga, zadirkivati (koga); *US sl* raspoložiti, nasmijati, razveseliti (koga); laskati komu

jolly-boat ['dʒɔlibəut] *s mar* brodski radni čamac, šljupka s četiri veslača

jolt [dʒəult] *s* guranje, udarac | **~s** *pl* drmusanje, drndanje, trešnja

jolt [dʒəult] *vt/i* **I.** *vt* tresti, drmati **II.** *vi* (*along*) tresti se, drmusati se, drndati se, truskati se

jolterhead ['dʒəultəhed] *s* budala, glupan, tupoglavac, blesan

jolty ['dʒəulti] *adj* (**joltily** *adv*) drmusav, drndav, koji se trese

Jonathan ['dʒɔnəθən] *s* | **Brother ~** tipičan Amerikanac; Amerikanci

jonquil ['dʒɔŋkwil] *s bot* vrsta sunovrata (*Narcissus jonquilla*)

jordan ['dʒɔːdn] *s vulg* noćna posuda

jorum ['dʒɔːrəm] *s* velika posuda za piće; bola, kuhano vino, punč

joseph (**Joseph**) ['dʒəuzif] *s* nevin, čist muškarac; *hist* dugačak ženski jahaći ogrtač iz 18. st. | **not for ~** ni za što na svijetu, ni po koju cijenu; *bot* **Joseph's flower** kozja brada

josh [dʒɔʃ] *vt US sl* šaliti se, zbijati šale, lakrdijati

josh [dʒɔʃ] *s US sl* šala, doskočica; šaljivčina, lakrdijaš

joss [dʒɔs] *s* kineski kumir; slika, lik božanstva

josser ['dʒɔsə] *s sl* budala, luda; momak, čovo

joss-house ['dʒɔshaus] *s* kineski hram, pagoda

joss-stick ['dʒɔsstik] *s* prutić za kađenje božanstvu, kadilo

jostle ['dʒɔsl] *s* guranje, udarac; sukob, gurnjava, metež

jostle ['dʒɔsl] *vi/t* **I.** *vi* (*against*) udariti o, naletjeti na; sukobiti se, sudariti se (*with* sa); natezati se (*with* s kim, *for* za što) **II.** *vt* gurkati, gurnuti, odgurnuti, bubnuti, istisnuti, izgurati

jot [dʒɔt] *s* jota, točkica; malenkost, sitnica | **not a ~** nimalo, ni najmanje, ni truna, ni mrve

jot [dʒɔt] *vt* baciti na papir, ukratko zabilježiti | **to ~ down** pribilježiti, brzo zapisati

jotter ['dʒɔtə] *s* bilježnica, notes

jottings ['dʒɔtiŋz] *s pl* pribilješke

joule [dʒuːl] *s phys* džaul, jedinica za mjerenje rada (energije električne struje)

jounce [dʒauns] *vt/i* **I.** *vt* tresti, potresati, stresati, uzdrmati, bacati amo-tamo, drmati **II.** *vi* tromo hodati, drndati se, drmusati se, tresti se, truskati se

journal ['dʒəːnl] *s* dnevnik, časopis, dnevne novine; *com* žurnal, dnevnik; *mar* brodski dnevnik; *tech* rukavac, čep (osovine); rame (topa), ležište | *parl* **~s** *pl* protokol, zapisnik

journalese [ˌdʒəːnəˈliːz] *s fam* novinarski žargon, žurnalistički stil; nemaran, pretjeran ili naduven stil

journalism ['dʒəːnəlizəm] *s* novinarstvo, žurnalistika

journalist ['dʒəːnəlist] *s* novinar, novinarka; pisac dnevnika

journalistic [ˌdʒəːnəˈlistik] *adj* (**~ally** *adv*) novinarski, žurnalistički

journalize ['dʒəːnəlaiz] *vt/i* **I.** *vt* zabilježiti, unositi u dnevnik **II.** *vi* pisati dnevnik, voditi dnevnik

journey ['dʒəːni] *s* put, putovanje, vožnja; prevaljeni put

journey ['dʒəːni] *vi* putovati (*esp* kopnom)

journeyman ['dʒəːnimən] *s* pomoćnik, kalfa; *fig* najamnik; *arch* nadničar

journey-work ['dʒəːniwəːk] *s* nadničarski posao, obrtnikov rad od jednoga dana; najamni rad; *fig* nevješto obavljen rad, nevaljano učinjen posao

joust [dʒaust] *s hist* viteški dvoboj na turniru | **~s** *pl* viteški turnir

joust [dʒaust] *vi hist* boriti se na turniru

Jove [dʒəuv] *s myth* Jupiter | **by ~!** tako mi boga!

jovial ['dʒəuvjəl] *adj* (**~ly** *adv*) veseo, druževan, društven, srdačan, dobrodušan, prijazan; Jupitrov, jupiterski

joviality [ˌdʒəuviˈæləti] *s* veselost, veselo raspoloženje, prijaznost, dobrodušnost, druževnost

Jovian ['dʒəuviən] *adj astr* poput Jupitra; Jupitrov

jowl [dʒaul] *s* čeljust, vilica, laloka; obraz, lice; podvoljak; *zool* podvoljak; *ornith* volja; *cul* glava i prednji dio ribe | **cheek by ~** zbijeni jedan do drugoga, tijesno jedno uz drugo

joy [dʒɔi] *s* veselje, radost, ushit, oduševljenje; ono što pruža užitak; sreća, dobrobit | **to give a p ~** obradovati koga

joy [dʒɔi] *vi/t* **I.** *vi* veseliti se, radovati se (čemu), razveseliti se (*in* čim) **II.** *vt poet* obradovati, razveseliti

joyful ['dʒɔiful] *adj* (**~ly** *adv*) veseo, pun veselja, radostan; koji izaziva veselje, radost; divan, krasan

joyless ['dʒɔilis] *adj* (**~ly** *adv*) bez veselja, neveseo, bez radosti; žalostan, turoban
joyous ['dʒɔiəs] *adj* (**~ly** *adv*) → **joyful**
joy-ride ['dʒɔiraid] *s sl* vožnja za zabavu, izlet, besplatna vožnja
joy-stick ['dʒɔistik] *s aero sl* komandna ručica
jubilance ['dʒuːbiləns] *s* klicanje, bučno slavlje, oduševljenje, ushit
jubilant ['dʒuːbilənt] *adj* (**~ly** *adv*) koji kliče, bučno slavi, zanosan
jubilate ['dʒuːbileit] *vi* klicati, bučno slaviti, radovati se, potcikivati, poskakivati od radosti
jubilation [ˌdʒuːbiˈleiʃn] *s* klicanje, bučno slavljenje, potcikivanje
jubilee ['dʒuːbiliː] *s* obljetnica, jubilej; svečanost, proslava, slavlje; silno veselje | **silver, golden, diamond ~** 25-, 50-, 60-godišnjica
Judaic [dʒuːˈdeiik] *adj* (**~ally** *adv*) židovski
Judaism ['dʒuːdeiizəm] *s* židovska vjera, židovstvo
judaize ['dʒuːdeiaiz] *vi/t* poprimiti židovske običaje i obrede; požidoviti (se)
Judas ['dʒuːdəs] *s bibl* Juda; *fig* izdajica, neiskren prijatelj; otvor za promatranje na vratima | **~-coloured (haired)** crvenokos, riđ
judder ['dʒʌdə] *vi* snažno drhtati
judge [dʒʌdʒ] *s* sudac; poznavalac; stručnjak | **~ advocate** vojni tužilac; **to be a ~ of** razumjeti se u, biti dobar poznavalac čega; **to be ~ and jury in one's own cause** kadija tuži, kadija sudi
judge [dʒʌdʒ] *vt/i* **I.** *vt* suditi, osuditi, dosuditi, odlučiti, prosuditi, zaključiti (*by* po); smatrati za, držati koga za **II.** *vi* suditi, prosuditi (*of* o; *by, from* prema, po) donijeti sud o
judg(e)ment ['dʒʌdʒmənt] *s* sud, osuda, presuda, suđenje, sudbena odluka, sudbeni pravorijek; božji sud; prosuđivanje, mišljenje, sposobnost prosuđivanja, oštroumnost, pronicavost, razumnost, razboritost | *eccl* **the last ~** posljednji sud; **in my ~** po mome mišljenju; **against one's better ~** protiv svog uvjerenja; *eccl* **the Day of Judgement** Sudnji dan; **to pass (pronounce) ~** donijeti (izreći) osudu; **to come to ~** uvidjeti; **to sit in ~ on** suditi kome, osuđivati koga
judgement-day ['dʒʌdʒməntdei] *s* sudnji dan
judgement-seat ['dʒʌdʒməntsiːt] *s* sudačka stolica, sud
judgeship ['dʒʌdʒʃip] *s* sudačka služba, sudački položaj
judgmatic [ˌdʒʌdʒ'mætik] *adj* (**~ally** *adv*) *coll* koji zna prosuditi; mudar, razborit, razuman, uviđavan, promišljen, pronicav
judicature ['dʒuːdikətʃə] *s* sudstvo, pravosuđe; sud, sudište, suci; sudačka služba; kompetencija sudske vlasti, podložnost sudu | **the supreme court of ~** vrhovno sudište za Englesku i Wales
judicial [dʒuːˈdiʃl] *adj* sudski, sudbeni, izrečen po sudu; kritičan, nepristran | **~ murder** pravno umorstvo; **~ system** pravosudni sistem
judiciary [dʒuːˈdiʃiəri] *adj* sudački, sudski, sudbeni, pravni
judiciary [dʒuːˈdiʃiəri] *s* sudstvo, sudbena vlast, pravosuđe
judicious [dʒuːˈdiʃəs] *adj* (**~ly** *adv*) razborit, razuman, pametan, uviđavan, pronicav, zdrava prosuđivanja
judo ['dʒuːdəu] *s sport* judo
jug[1] [dʒʌg] *s* vrč, krčag, ćup | *sl* **(store-)~** zatvor, tamnica, buhara, butura
jug [dʒʌg] *vt/i cul* pirjati, kuhati; *sl* zatvoriti, baciti u tamnicu
jug[2] [dʒʌg] *s* biglisanje (slavuja)
jug [dʒʌg] *vi* biglisati (slavuj)
jugful ['dʒʌgful] *s* koliko stane u vrč, vrč pun (čega) | *US sl* **not by a ~** nipošto, ni za što na svijetu, ni na koji način
juggernaut ['dʒʌgənɔːt] *s fig* moloh; cilj ili uvjerenje koji traže velike žrtve; *coll* teški kamion za duge relacije
juggins ['dʒʌginz] *s GB sl* budala, glupan, naivčina
juggle ['dʒʌgl] *s* čarolija, trik, žonglerstvo; smicalica, prijevara, sljeparija
juggle ['dʒʌgl] *vi/t* **I.** *vi* žonglirati, izvoditi trikove ili čarolije; poigravati se (*with* sa); nepošteno postupati sa, varati, služiti se smicalicama, iskrivljivati (činjenice) **II.** *vt* varati, prevariti, nasamariti (*out of* za); nadmudriti, odmamiti (*away*), smicalicama ili lukavštinama namamiti (*into* na), sljepariti
juggler ['dʒʌglə] *s* žongler, mađioničar, čovjek koji izvodi trikove (kartama itd.); opsjenar, varalica, sljepar
jugglery ['dʒʌgləri] *s* vještina izvođenja trikova (kartama i dr.), žonglerstvo; varanje, obmanjivanje, sljeparija
Jugoslav [ˌjuːgəuˈslaːv] *adj* jugoslavenski
Jugoslav [ˌjuːgəuˈslaːv] *s* Jugoslaven, Jugoslavenka
jugular ['dʒʌgjulə] *adj anat* vratni, grleni; *ichth* kojemu su trbušne peraje ispred prsnih
jugulate ['dʒʌgjuleit] *vt* ubiti, prerezati grkljan, zaklati; *fig* silom suspregnuti, zaustaviti, zatomiti, obuzdati, spriječiti (bolest i dr.)
juice [dʒuːs] *s* sok (voća i dr.), tekućina; umak; *fig* sok, snaga, bit, srž, duh, sadržaj; *sl* benzin, električna struja (kao pogonska energija) | *fig* **to stew in one's own ~** snositi posljedice svog čina
juiceless ['dʒuːslis] *adj* bez soka, suh; *fig* bez sadržaja, bez duha, prazan, pust, suhoparan
juicy ['dʒuːsi] *adj* (**juicily** *adv*) sočan; *fig* sadržajan, krepak, zanimljiv, pun začina,

napet; sjajan, odličan, izvanredan; *fam* vlažan (o vremenu)

ju-jitsu [dʒuːˈdʒitsuː] *s* điju-đicu (japanski način rvanja)

juju [ˈdʒuːdʒuː] *s* zapadnoafrički fetiš i njegova čarobna moć

jujube [ˈdʒuːdʒuːb] *s bot* jujub, čičimak, drvo i plod iz roda *Zizyphus;* prsna karamela

ju-jutsu [dʒuːˈdʒutsuː] *s* → **ju-jitsu**

jukebox [ˈdʒuːkbɔks] *s* muzički automat, džuboks

julep [ˈdʒuːlep] *s med* julap, sladak, hladan napitak; ljekovit napitak za osvježenje; *US* uhlađeno i metvicom začinjeno piće od viskija ili konjaka i vode

Julian [ˈdʒuːljən] *adj* julijanski, koji se tiče Julija Cezara | ~ **calendar** julijanski kalendar

July [dʒuˈlai] *s* srpanj, juli

jumble [ˈdʒʌmbl] *s* zbrka, nered, darmar, vašar, rusvaj, metež; zbrkana mješavina, smjesa

jumble [ˈdʒʌmbl] *vi/t* **I.** *vi* naokolo trčati, neuredno se kretati; ispremiješati se; pobrkati se, poremetiti se, ispremetati se **II.** *vt* ispremiješati, isprebacati, pobrkati, ispretresti, ispremetati, poremetiti, razbacati

jumble-sale [ˈdʒʌmblseil] *s GB* prodaja raznih predmeta u dobrotvorne svrhe; *com* prodaja svakojake robe uz niske cijene

jumble-shop [ˈdʒʌmblʃɔp] *s* trgovina raznovrsnom jeftinom robom, bazar

jumbly [ˈdʒʌmbli] *adj* isprebacan, ispremiješan, pobrkan, zbrkan

jumbo [ˈdʒʌmbəu] *s* krupan, nezgrapan čovjek, životinja ili predmet; *fig* osobito značajan čovjek, čovjek velika uspjeha ili naročitih sposobnosti, prvak, ljudina; slonovo mladunče | ~ **jet** širokotrupni putnički avion na mlazni pogon

jump [dʒʌmp] *s* skok, preskok; napadaj; nagao porast (cijena i dr.); iznenadan prijelaz, prekid | *sl* **the ~s** živčani napadaji, delirij, delirijum tremens; *US sl* **on the ~** u pokretu, u uzbuđenju, u velikoj žurbi; **to give a p a ~** prestrašiti koga; **to make (take) a ~** učiniti skok, skočiti, poskočiti; **to take the ~** preskočiti zapreku; **not by a long ~** ni izdaleka ne, još zadugo ne; *US* **from the ~** od samog početka, spočetka; **high ~** skok uvis; **long ~** skok udalj

jump [dʒʌmp] *vi/t* **I.** *vi* skakati, skočiti, skakutati, skoknuti, skočiti na (*train*); naglo se trgnuti, odskočiti, skočiti na noge; tresti se, drmati se, bacati se amo-tamo; skočiti u stranu (*aside*), uskočiti (*in*), skokom se prebaciti (*across*), skočiti mimo (*past*), priskočiti, skočiti k (*to*); *fig* naglo tući (srce); skočiti uvis, naglo porasti (cijene) **II.** *vt* preskočiti (*across, over*); učiniti da što skače (konj), pomoći (komu) da skoči; tresti, drmati, bacati amo-tamo; prestrašiti, napasti, silom oduzeti; navesti (*into* na) | **to ~ a child on one's knees** ljuljati dijete na koljenima; **don't ~ my nerves** ne razdiri mi živce, ne uzrujavaj me!; **his tastes and his means do not ~** njegov se ukus i sredstva ne poklapaju; **to ~ a claim** zaposjesti komad zemlje na koji ima pravo tko drugi; **to ~ clear of a p** u jednom skoku projuriti (mimo koga); **to ~ for joy** skakati od veselja; **to ~ to conclusions** praviti prenagle zaključke; **to ~ the rails** iskočiti iz tračnica; *sport* **to ~ the gun** prerano startati; **to ~ the queue** ići izvan reda, ne čekati na svoj red

jump about [ˈdʒʌmpəˈbaut] *vi* skakati, skakutati, poskakivati naokolo; *fig* oblijetati, skakati oko (koga)

jump at [ˈdʒʌmpˈæt] *vt* nasrnuti na (koga), skočiti na; *fig* objeručke prihvatiti, prihvatiti bez promišljanja

jump down [ˈdʒʌmpˈdaun] *vi/t* **I.** *vi* skočiti niz, saskočiti; *coll* riječima žestoko napasti, žestoko odgovoriti, silovito prekinuti u govoru **II.** *vt* pomoći komu da skoči dolje | **he jumped the child down** pomogao je djetetu da skoči dolje; **to ~ a p's throat** upasti kome u riječ

jump off [ˈdʒʌmpˈɔf] *vi* odskočiti, skočiti u stranu, skočiti sa (čega)

jump on [ˈdʒʌmpˈɔn] *vt* skočiti na (*to*); baciti, oboriti se (na koga), napasti, nasrnuti na; *coll* kuditi, koriti

jump out [ˈdʒʌmpˈaut] *vi* iskočiti, skočiti iz | *fig* **to ~ of one's skin** trgnuti se, poskočiti od iznenađenja, od straha

jump over [ˈdʒʌmpˈəuvə] *vi* preskočiti, skokom se prebaciti, u skoku prijeći

jump up [ˈdʒʌmpˈʌp] *vi* poskočiti (*from* sa), skočiti uz, skočiti gore na; trgnuti se, skočiti na noge | **~!** uzjaši!, na konja!

jump with [ˈdʒʌmpˈwið] *vi* slagati se sa, poklapati se sa, odgovarati čemu

jumper[1] [ˈdʒʌmpə] *s* skakač; buha, skakavac i svi insekti koji skaču; crv u siru; *min* bušilica, svrdlo s dlijetastim vrhom; *coll* metodist i dr. koji skakanjem služe bogu; *mar* konop za osiguranje (jarbola, katarke)

jumper[2] [ˈdʒʌmpə] *s* platnena mornarska bluza; *GB* (ženski) džemper; *US* pregačica, kecelja; haljina s naramenicama

jumpiness [ˈdʒʌmpinis] *s* nervoza

jumping [ˈdʒʌmpiŋ] *adj* koji skače | ~ **board** odskočna daska (& *fig*); ~ **sheet** vatrogasna ponjava za spasavanje; ~ **pole** motka za skakanje

jumping-off [ˈdʒʌmpiŋˈɔf] *s* odskok | ~ **place** polazna točka, ishodište

jumpy [ˈdʒʌmpi] *adj* nestrpljiv, nervozan, rastrojen

junction [ˈdʒʌŋkʃən] *s* spoj, sastav, vrsta spajanja; dodirna točka, stjecište; raskršće, čvor, čvorište | *tech* ~ **box** spojna kutija; ~ **piece** spojna cijev

juncture [ˈdʒʌŋktʃə] *s* spoj, šav, zglob, sastav; spojna (dodirna) točka; stjecaj (okolnosti), stanje, položaj; odlučan čas, kritično vrijeme; konjunktura | **at this** ~ sada; u to vrijeme; **at this** ~ **of things** pri tom stanju stvari

June [dʒuːn] *s* lipanj, juni

jungle [ˈdʒʌŋgl] *s* džungla, (močvarna) guštara; *fig* gusto isprepletena masa, zbrka

jungly [ˈdʒʌŋgli] *adj* nalik na džunglu, obrastao džunglom, prekriven guštarom i močvarom

junior [ˈdʒuːnjə] *adj* mlađi, podređen, nižeg položaja | ~ **clerk** pomoćni knjigovođa; *US* ~ **high school** tip škole (otprilike viši razredi osnovne osmogodišnje škole)

junior [ˈdʒuːnjə] *s* junior, mlađi (od dvojice); *fam* mali; *US univ* student treće godine | **he is my** ~ **by two years, he is two years my** ~ mlađi je od mene dvije godine; *com* ~ **partner** mladi ortak, kompanjon

juniority [ˌdʒuːniˈɔrəti] *s* manja starost, manji broj godina; *sport* juniorstvo

juniper [ˈdʒuːnipə] *s bot* borovica

junk[1] [dʒʌŋk] *s* stari konopi, užetina, vrvlje; stara, rabljena roba, bezvrijedne stvari, starudija; komadina, velika gruda; otpad; *fig* nešto posve bezvrijedno; besmislica; *mar sl* žilavo usoljeno meso; *US sl* droga

junk [dʒʌŋk] *vt* razrezati na komade, rasjeći; baciti u staro željezo, na smeće; *fig* odbaciti

junk[2] [dʒʌŋk] *s mar* džunka, kineski jedrenjak plosnata dna

junk-dealer [ˈdʒʌŋkˌdiːlə] *s* trgovac otpacima (*esp* starim željezom)

Junker [ˈjuŋkə] *s* plemić zemljoposjednik (u bivšoj Pruskoj); uskogrudan, naduven član pruske aristokracije

junket [ˈdʒʌŋkit] *s* skuta; zaslađeno zgrušano mlijeko; *US* gozba, slava, zabava, veselje; putovanje na državni račun

junket [ˈdʒʌŋkit] *vi* slaviti, gostiti se, zabavljati se, putovati na državni račun, ali bez potrebe

junketing [ˈdʒʌŋkitiŋ] *s* slavljenje, održavanje gozbe | ~ **party** piknik

junkie (**junky**) [ˈdʒʌŋki] *s US sl* narkoman

junta [ˈdʒʌntə] *s Sp* hunta; španjolsko zakonodavno ili upravno vijeće, skupština

junto [ˈdʒʌntəu] *s* tajni savez, politička klika, frakcija

jural [ˈdʒuərəl] *adj* pravni, pravnički, pravosudni

jurat [ˈdʒuəræt] *s Lat* gradski vijećnik (osobito na otocima u Kanalu); član stalnog žirija

juridical [ˌdʒuəˈridikl] *adj* (~**ly** *adv*) juridički, sudbeni, pravni, pravosudni, sudski

jurisconsult [ˈdʒuəriskənˌsʌlt] *s* pravnik, jurist

jurisdiction [ˌdʒuərisˈdikʃən] *s* sudbena nadležnost, pravosuđe, sudstvo; sudska vlast; područje sudske vlasti, jurisdikcija

jurisdictional [ˌdʒuərisˈdikʃənl] *adj* (~**ly** *adv*) koji se tiče sudske vlasti ili područja te vlasti

jurisprudence [ˌdʒuərisˈpruːdəns] *s* pravna znanost, nauka o pravu, pravo, pravoslovlje

jurisprudent [ˌdʒuərisˈpruːdənt] *s* pravnik, jurist

jurisprudent [ˌdʒuərisˈpruːdənt] *adj* pravnički, vješt zakonima, koji se tiče pravne znanosti

jurisprudential [ˌdʒuərispruˈdenʃəl] *adj* (~**ly** *adv*) pravnički, koji se tiče nauke o pravu, koji se odnosi na pravnu znanost

jurist [ˈdʒuərist] *s* pravnik, jurist

juristic [dʒuəˈristik] *adj* (~**ally** *adv*) pravnički, juristički; zakonski

juror [ˈdʒuərə] *s* porotnik, član porote; član žirija

jury [ˈdʒuəri] *s* porota; odbor za dosuđivanje nagrada; *sport* suci, žiri; *fig* pravorijek, osuda, ocjena | **grand** ~ istražni sud (od 12 do 23 člana); **petty** ~ porota od 12 članova koja jednoglasno donosi pravorijek

jury-box [ˈdʒuəribɔks] *s* klupa za porotnike, sjedište porote u sudnici

jury-leg [ˈdʒuərileg] *s* drvena noga

juryman [ˈdʒuərimən] *s* član porote, porotnik

jury-mast [ˈdʒuərimaːst] *s mar* jarbol za nuždu

jussive [ˈdʒʌsiv] *adj gram* zapovjedni

just [dʒʌst] *adj* pravedan, ispravan, nepristran; osnovan, opravdan, obrazložen; čestit, valjan, pošten, prav; uredan, primjeren, točan; istinit, vjeran (*to*); *mus* čist, cijeli (ton) | *com* ~ **dealings** kulantan postupak

just [dʒʌst] *adv* baš, upravo, točno; tek, samo, malone, jedva, teškom mukom; naprosto; *coll* posve | **he was** ~ **too late for the train** vlak mu je pred nosom otišao; **it is** ~ **the thing** to je baš ono pravo; ~ **as well** baš tako, jednako; ~ **imagine** zamisli samo

just [dʒʌst] *vi* & *s* → **joust**

just as [ˈdʒʌstˈæz] *conj* baš kao, kao što

justice [ˈdʒʌstis] *s* pravednost, pravda, pravo, pravosuđe; opravdanost, ispravnost; sud; sudac | **Court of Justice** sud (vijeće ili zgrada); **Justice of the Peace** mirovni sudac, sudac za prekršaje, pokrajinski ili mjesni sudac u Britaniji; **to do ~ to a p** pravedno postupati s kime, znati cijeniti koga, odati priznanje komu, biti pravedan prema komu; valjano prionuti za (jelo); **to do oneself ~** iskazati se; **to bring to ~** izvesti pred sud, predati pravdi

justiceship [ˈdʒʌstisʃip] *s* zvanje suca, sudska služba

justiciable [dʒʌsˈtiʃiəbl] *adj* sudski, sudbeni, koji je podložan sudu; komu treba suditi

justiciar [dʒʌsˈtiʃiaː] *s hist* vrhovni politički i sudski činovnik u Engleskoj za normanskih kraljeva i prvih kraljeva iz kuće Plantagenet

justiciary [dʒʌsˈtiʃiəri] *s* sudac

justiciary [dʒʌsˈtiʃiəri] *adj* sudbeni, sudski

justifiable [ˈdʒʌstifaiəbl] *adj* (**justifiably** *adv*) opravdan, koji se može opravdati; prav

justification [ˌdʒʌstifiˈkeiʃn] *s* opravdanje, opravdanost; razlog, izgovor, obrana

justificative [ˈdʒʌstifikeitiv] *adj* koji opravdava, ispričava

justificatory [ˈdʒʌstifikeitəri] *adj* → **justificative**

justifier [ˈdʒʌstifaiə] *s* onaj koji opravdava; *print* curihter, strojar koji priređuje formu

justify [ˈdʒʌstifai] *vt* opravdati, pravdati, nalaziti ispravnim, ispričavati; *eccl* odriješiti; *print* curihtati, prirediti (formu)

justly [ˈdʒʌstli] *adv* s pravom, ispravno, pravo, pošteno, valjano, točno, temeljito, kako treba

jut [dʒʌt] *s* ono što strši, izbočina

jut [dʒʌt] (i **~ out**) *vi* stršiti, viriti, provirivati, isticati se, izbijati, nadvisivati što, biti izbočen, biti ispupčen

jute [dʒuːt] *s bot* juta, indijska konoplja

Jute [dʒuːt] *s hist* Jut (pripadnik germanskog plemena)

juvenescence [ˌdʒuːvəˈnesns] *s* pomlađivanje; mladolikost, mladost, mladenaštvo; nezrelost, nerazvijenost

juvenescent [ˌdʒuːvəˈnesnt] *adj* mladenački; nezreo, nerazvijen

juvenile [ˈdʒuːvənail] *adj* mlad, mlađahan, momački, mladenački; malodoban; dječji | **~ court** sud za malodobne, maloljetnike; **~ delinquent** malodobni prestupnik

juvenile [ˈdʒuːvənail] *s* mladić, mladac, malodobnik

juvenility [ˌdʒuːvəˈniləti] *s* mladost, mladenačko doba, mladenaštvo; mladenačka nezrelost, mladenački žar, mladenačka ideja, mladenački grijeh | **juvenilities** *pl* djetinjarije, mladenačke ludorije

juxtapose [ˌdʒʌkstəˈpəuz] *vt* postaviti jedno uz drugo, poredati, nanizati | *gram* **~d compound** jukstapozitivna složenica

juxtaposition [ˌdʒʌkstəpəˈziʃn] *s* postavljanje jednog uz drugo, ređanje, nizanje, graničenje; *med* rastenje izvana, prirastanje; *gram* jukstapozicija, supoloženost

juxtapositional [ˌdʒʌkstəpəˈziʃənl] *adj* koje se stavlja jedno uz drugo

K

K, k [kei] *s* K, k, jedanaesto slovo engleske abecede

Kaffir [ˈkæfə] *s* Kafar; *derog* Afrikanac

kail [keil] *s* → **kale**

kail-yard [ˈkeiljaːd] *s* → **kale-yard**

Kaiser [ˈkaizə] *s* (njemački) car (prije 1918. godine)

kale (kail) [keil] *s bot* kelj; *US sl* novac | **Scotch ~** crveni kupus; juha od kupusa; ručak

kaleidoscope [kəˈlaidəskəup] *s* kaleidoskop

kaleidoscopic [kəˌlaidəˈskɔpik] *adj* (**~ally** *adv*) kaleidoskopski

kalends [ˈkælendz] *s pl* → **calends**

kale-yard [ˈkeiljaːd] *s* povrtnjak

kale-yard school [ˈkeiljaːdˈskuːl] *s* skupina pisaca koji opisuju škotski ladanjski život

kampong [kæmˈpɔŋ] *s* (malajsko) selo; obor

kangaroo [ˌkæŋgəˈruː] *s zool* klokan golemi | **~ court** (od radnika, kažnjenika itd.) improviziran ilegalni sud

kaolin [ˈkeiəlin] *s minr* kaolin

karate [kəˈraːti] *s sport* karate

karma [ˈkaːmə] *s Hind* karma (u budizmu); *fig* sudbina, usud

kar(r)oo [kəˈruː] *s S Afr* karu, suha bezvodna visoravan

kasha [ˈkæʃə] *s* vrsta tkanine za ženske haljine

katydid [ˈkeitidid] *s ent* vrsta američkog skakavca

kayak [ˈkaiæk] *s* eskimski čun od tuljanove kože; *sport* lak čamac, kajak

kea [ˈkeiə] *s ornith* vrsta novozelandske papige (*Nestor notabilis*)

keck [kek] *vi* gušiti se, osjećati podražaj na povraćanje, gaditi se

keck at [ˈkekˈæt] *vt* zgaditi se nad čim

kedge [kedʒ] *s mar* sidarce, strujno sidro

kedge [kedʒ] *vi/t mar* 1. ploviti s bačenim sidarcem; okretati se pomoću strujnog sidra 2. povlačiti sidarcem

kedgeree [ˌkedʒəˈriː] *s* jelo od riže, ribe i jaja; *US sl* zbrka; *fig* kaša

keel[1] [kiːl] *s mar* kobilica (broda); *poet* brod | **on an even ~** podjednako opterećen (natovaren); *fig* mirno, glatko

keel[2] [kiːl] *s mar* maona, teglenica, šlep

keel [kiːl] *vt/i* **I.** *vt mar* okrenuti kobilicom gore, izvrnuti; nagnuti, izvrnuti (brod radi popravka, čišćenja i sl.); opremiti kobilicom; *fig* prebaciti na leđa, preokrenuti, oboriti poleđice **II.** *vi* preokrenuti se, prebaciti se; *fig* ležati poleđice

keel over [ˈkiːlˈəuvə] *vt/i* **I.** *vt mar* okrenuti kobilicom gore, prebaciti, izvrnuti, prevrnuti; *fig* prebaciti, srušiti poleđice **II.** *vi mar* okrenuti se kobilicom gore, prebaciti se, prevrnuti se, izvrnuti se; *fig* ležati poleđice

keel [kiːl] *vt* hladiti, rashlađivati | **~ the pot** spriječiti da lonac ne prekipi

keelage [ˈkiːlidʒ] *s mar GB* pristojba za sidrenje u luci

keelhaul [ˈkiːlhɔːl] *vt mar* provući ispod kobilice broda (kazna); *fig* oštro ukoriti

keelless [ˈkiːllis] *adj mar* bez kobilice

keelson [ˈkelsn] *s mar* pasmo, hrptenica

keen [kiːn] *s* irska tužaljka, naricaljka, jadikovka

keen [kiːn] *adj* oštar, bridak, šiljat; *fig* jak, snažan, žestok, dubok; prodoran, probojan, rezak; jarki; strog; jedak, ljut, gorak; živ, živahan, bodar, žustar, žarki. strastven, vatren, oduševljen; revan, gorljiv, sposoban; pronicav, oštrouman; istančan, produbljen, profinjen; *coll* (*on*) živo željan čega, pohlepan na što, popašan na što, pun zanimanja za što, oduševljen za što | **~ as mustard** silno oduševljen; *com* **~ prices** konkurentne cijene

keen [kiːn] *vi/t* **I.** *vi* tugovati, jadikovati **II.** *vt* oplakivati, tugovati (*for* nad)

keen-edged [ˈkiːnˌedʒd] *adj* oštar, oštrobrid, oštrih rubova

keenly [ˈkiːnli] *adv fig* oštro, snažno, žestoko, živo, silno, jako, ljuto, prodorno

keenness [ˈkiːnnis] *s* oštrina, žestina; gorčina, jetkost, ljutost; revnost, žustrina, živahnost; pronicavost, oštroumnost; istančanost, profinjenost

keen-set ['kiːnset] *adj* (*for*) gladan čega, živo željan čega

keen-sighted [ˌkiːn'saitid] *adj* oštrook, oštrovidan

keen-witted [ˌkin'witid] *adj* oštrouman

keep [kiːp] *s* briga, skrb; uzdržavanje, stan i hrana, opskrba, sredstva za život, prehrana; paša; zaklon; *hist* glavni toranj dvorca, tvrđava, tamnica; *mil* opkop, reduta | *sl* **for ~s** zauvijek

keep [kiːp] *vt/i* (kept, kept) 1. držati, održati, uzdržati, podržavati; poštovati (zakon); slaviti, održavati, svetkovati (Božić, rođendan); čuvati, očuvati (*from* od); zaštićivati, štititi, braniti (*against* od); uzdržavati, prehranjivati (ženu, obitelj); uzgajati (pčele, krave, konje); opskrbljivati (*in money* novcem); voditi (knjige, račune); upravljati (školom); posjedovati (dućan); sačuvati, spremati, pohraniti (stara pisma, staru odjeću); držati na zalihi (robu); spriječiti, suzdržati (*from* u); držati u nekom stanju ili djelatnosti (*he ~s me waiting* pušta me da čekam) 2. ostati (kod kuće, u sobi), zadržavati se (u kući); osjećati se (*he ~s well; how are you ~ing?* kako ste?); držati se, očuvati se, sačuvati se, ne pokvariti se, ostati svjež (hrana); ostati u nekom stanju ili djelatnosti (*he ~s smiling* neprestano se smješka; *they ~ being tiresome* neprestano dosađuju); *US coll* stanovati | **to ~ silence** šutjeti; **to ~ in bread and water** održavati goli život; **to ~ open house** biti gostoljubiv; **to ~ company** praviti društvo; **to ~ pace** držati korak (& *fig*); **to ~ time** držati takt; **to ~ watch** čuvati stražu (*over, on* nad); **to ~ the ball rolling** održati što u toku, ne dati da što prestane; **to ~ one's balance** zadržati, očuvati ravnotežu; **to ~ one's counsel** zadržati za se; **to ~ track of** ne izgubiti iz vida; **to ~ house** voditi kućanstvo; **to ~ in good health** biti, održavati u dobru zdravlju; **to ~ in touch with** biti, ostati u vezi sa; **to ~ cool** ostati hladnokrvan; **to ~ friends** ostati u prijateljstvu; **to ~ straight on** ići ravno dalje; **to ~ one's feet** zadržati se na nogama; **to ~ one's hand in** ostati u vježbi, u formi; **to ~ together** držati se na okupu, biti složan; **to ~ a diary** voditi dnevnik; **the meat will ~ for two days** meso će se držati dva dana; **to ~ hold of** čvrsto držati, ne puštati iz ruku; *com* **to ~ books** voditi knjige; **to ~ a good lookout** budno paziti; *com* **to ~ a p posted (informed, up to date)** neprestano izvještavati koga; **to ~ in suspense** držati u neizvjesnosti; *com* držati u evidenciji (privremeno neriješeno); **to ~ clear of** držati se podalje od, kloniti se; **to ~ body and soul together** jedva sastavljati kraj s krajem, životariti; **to ~ dark** tajiti, držati tajnim; *mil* **to ~ the field** ustrajati u borbi; ne uzmaknuti, održati se (& *fig*); **to ~ one's head** ostati miran; *coll* **to ~ an eye on** dobro paziti na; **to ~ one waiting** ostaviti koga da čeka; **to ~ in mind** imati na umu, ne zaboraviti; **to ~ in money** opskrbiti novcem; **to ~ in view** držati na oku; imati u vidu; *mar* **to ~ headway** kretati se naprijed; **~ her so!** pravo! (komanda za kormilo); **to ~ station** održavati mjesto u stroju; **to ~ the map up to date** korigirati kartu prema najnovijim podacima; **to ~ clear of** čuvati se od, držati se podalje od

keep at ['kiːp'æt] *vi* ostati kod čega, držati se čega, prianjati za što; dosađivati neprestano čime | **they ~ me with appeals** salijetaju me molbama

keep away ['kiːpə'wei] *vt/i* **I.** *vt* uklanjati, odvratiti, držati podalje, ne dopustiti komu ili čemu da dođe bliže **II.** *vi* uklanjati se, držati se podalje; *mar* držati se podalje od obale; ploviti ne sasvim uz vjetar

keep back ['kiːp'bæk] *vt/i* **I.** *vt* svladati, zatomiti, prigušiti, potisnuti, suzdržavati; odbijati; zadržavati; zatajiti, prešutjeti (*from* od) **II.** *vi* držati se u pozadini; svladavati se, suzdržavati se; izostati

keep by ['kiːp'bai] *vt com* držati u pričuvi, na zalihi

keep down ['kiːp'daun] *vt/i* **I.** *vt* potiskivati, zatomiti, prigušiti; pritiskivati; sniziti, poniziti, smanjiti; ograničiti (*to* na); ne dopustiti da se podigne; *print* štampati malim slovima (ne verzalom) **II.** *vi* ostati dolje, ne dizati se; *com* održavati niske cijene

keep from ['kiːp'frɔm] *vi/t* **I.** *vi* suzdržati se, ustezati se od čega, uklanjati se čemu, izostati od čega **II.** *vt* odvratiti od, zadržati od, spriječiti u, prešutjeti pred kim, uskratiti komu; izbjegavati | **he could not ~ laughing** nije mogao a da se ne nasmije

keep in ['kiːp'in] *vt/i* **I.** *vt* držati, zadržati u čemu; zadržati za se, kriti, zatajiti, prešutjeti; obuzdavati, suzdržavati; podržavati (vatru) **II.** *vi* ostati unutra, ostati kod kuće, zadržati se u | **to be kept in** biti zadržan u školi poslije obuke radi kazne; **to ~ with a p** slagati se s kime, ostati u dobrim odnosima s kime

keep off ['kiːp'ɔf] *vt/i* **I.** *vt* suzdržati od, uklanjati od, odvratiti, odbijati, tjerati od, ne pripuštati; izbjegavati **II.** *vi* uklanjati se čemu, kloniti se čega; suzdržavati se od čega, čuvati se (*from* od); *mar* otpadati (kod jedrenja) | **~ the grass!** ne gazi po travi!

keep on ['kiːp'ɔn] *vt/i* **I.** *vt* zadržati na sebi (šešir itd.); zadržati u službi **II.** *vi* nastaviti, ostati kod čega | **~ doing** neprestano, opetovano činiti, raditi što;

sl **keep your hair (shirt) on** ne uzrujavaj se!, smiri se!

keep out [ˈkiːpˈaut] *vt/i* **I.** *vt* isključiti, izostaviti, ne dopustiti komu da uđe, ne pripustiti, držati podalje; očuvati od (zatvora) **II.** *vi* ostati vani, zadržavati se vani; ne upletati se, držati se podalje, uklanjati se | **to ~ of sight** izbjegavati, sakrivati se, kriti se, ne pojavljivati se; **to ~ of range** držati se izvan dometa; **to ~ of the way** ustupiti prolaz

keep to [ˈkiːpˈtuː] *vi* držati se čega, prianjati za što, ostajati kod čega, pridržavati se čega; držati (riječ); *mar* prihvatiti (kod jedrenja) | **to keep oneself to oneself** ostati sam za se, povučeno živjeti, izbjegavati društvo

keep under [ˈkiːpˈʌndə] *vt* držati potisnuto, u podložnosti; potiskivati, tlačiti; obuzdavati

keep up [ˈkiːpˈʌp] *vt/i* **I.** *vt* držati, držati uspravno; podržavati, održavati; očuvati **II.** *vi* držati, održati se, oduprijeti se; ne klonuti, ne popustiti; ostati budan, na nogama | **to ~ one's spirit** bodriti, hrabriti, ne klonuti duhom; **to ~ to the mark** redovito obavještavati koga (o najnovijim događajima); **to ~ with a p** držati s kime korak, isto činiti; **to ~ with the Joneses** natjecati se sa susjedima u životnom standardu, isticati se (kupovanjem skupih odijela, kola itd.)

keep with [ˈkiːpˈwið] *vi* držati s kim, biti uz koga, općiti **s kim**

keeper [ˈkiːpə] *s* čuvar, pazitelj; držalac; zaštitnik; posjednik, vlasnik; uzgajatelj; njegovatelj, bolničar; nadglednik, upravitelj, kustos; skretničar; uzničar; ono što se dobro drži, što ne propada lako (roba, hrana); *tech* zaštitni kolut; *sport* vratar; *mar* požarni

keeping [ˈkiːpiŋ] *s* čuvanje, držanje; nadzor, paska, nadgledavanje; njegovanje; pohranjivanje; zaštićivanje; izdržavanje, prehranjivanje; sklad, razmjer; zatvor | **to be in ~ with** slagati se s kim ili čim, biti u skladu sa, odgovarati; **to be out of ~ with** ne slagati se s kim ili čim, ne biti u skladu sa, ne odgovarati; **nothing is safe in his ~** u njegovim rukama ništa nije sigurno

keeping-apples [ˈkiːpiŋˌæplz] *s pl* jabuke koje se dobro drže, koje se mogu spremiti za zimu

keeping-room [ˈkiːpiŋrum] *s* obiteljska soba, soba za dnevni boravak

keepsake [ˈkiːpseik] *s* uspomena, poklon za uspomenu, suvenir

keg [keg] *s* bačvica, burence

kelp [kelp] *s bot* alge, morska trava; pepeo od alga (iz kojeg se vadi jod); *com* sirova soda

kelpie (kelpy) [ˈkelpi] *s Scot* vodeni duh u konjskom obličju

kelson (keelson) [ˈkelsn] *s mar* pasmo

Kelt [kelt] *s* → **Celt**

Keltic [ˈkeltik] *adj* → **Celtic**

kemp [kemp] *s* tvrda vunenasta kosa

kempy [ˈkempi] *adj* tvrd, oštar, čekinjast

ken [ken] *s poet* doseg oka, daljina dogleda, vidokrug, dogled | **in (out of, beyond) one's ~** u (izvan, preko) mogućnosti čijeg shvaćanja; **within ~** na dogled

ken [ken] *vt* prepoznati, vidjeti, spaziti, ugledati; *Scot* poznati, razumjeti, znati, prepoznati, razlikovati; *Scot jur* sudbeno priznati

kennel[1] [ˈkenl] *s* pseća kućica, štenara; životinjski brlog ili sklonište; bijedna sirotinjska koliba ili nastamba; čopor pasa

kennel [ˈkenl] *vi/t* **I.** *vi* boraviti, stanovati u bijednoj kolibi ili nastambi **II.** *vt* staviti (psa) u štenaru, držati (psa) u štenari; vratiti ili spremiti (pse) u štenaru

kennel[2] [ˈkenl] *s* ulični dovod, kanal, slivnik, oluk, jarak

Kentish [ˈkentiʃ] *adj* kentski, koji pripada engleskoj pokrajini Kent | **~ fire** bučno, dugotrajno odobravanje ili negodovanje na javnom zboru

kentledge [ˈkentlidʒ] *s mar* željezni balast, gruz

kept [kept] *pret & pp* od **keep**

kerb [kəːb] *s* rub pločnika, kameni rub

kerb-stone [ˈkəːbstəun] *s* rubni kamen (pločnika)

kerchief [ˈkəːtʃif] *s* marama, rubac (za glavu ili vrat); *poet* džepni rupčić

kerchiefed [ˈkəːtʃift] *adj* pokriven rupcem, omotan maramom

kerf [kəːf] *s* rez, zarez, urez, usjekotina (sjekirom), rovaš; pukotina

kermes [ˈkəːmiz] *s* isušeno tijelo ženke štitaste uši, kermesa; grimizna boja (dobivena od kermesa); *bot* hrast oštrika, prnar (*Quercus coccifera*); *minr* amorfni trisulfid antimona živocrvene boje

kermis [ˈkəːmis] *s* proštenje, zbor, crkveni god; *US* kostimirana dobrotvorna zabava

kern(e) [kəːn] *s Ir hist* lako oboružan pješak; seoski klipan, vucibatina, skitnica

kernel [ˈkəːnl] *s* koštica (voća); sjemenka, jezgra, sadržaj koštice; zrno žitarica; *fig* jezgra, bit, srž, temeljna stvar

kernelled [ˈkəːnld] *adj* koji ima košticu, koštičav; koji ima jezgru; *fig* jezgrovit

kerosene [ˈkerəsiːn] *s* rafinirani petrolej za rasvjetu, kerozin

kersey [ˈkəːzi] *s* vrsta grube vunene tkanine

kerseymere [ˈkəːzimiə] *s* fina, gusto unakrst tkana glatka vunena tkanina | **~s** *pl* hlače od te tkanine

kestrel [ˈkestrəl] *s ornith* vjetruša kliktavka, vrsta sokola (*Timunculus timunculus*)

ketch [ketʃ] *s mar* mali obalni jedrenjak s dva jarbola, keč

ketchup ['ketʃəp] *s* pikantni umak od rajčica, gljiva i dr.
kettle ['ketl] *s* kotao, kotlić; čajnik | *iron* **a pretty ~ of fish** lijepa popara
kettle-drum ['ketldrʌm] *s mus* timpanon, talambas; *fam* veliko društvo na popodnevnom čaju
kettleful ['ketlful] *s* kotao pun čega
kettle-holder ['ketl.həuldə] *s* krpa za prihvaćanje vrućeg drška (čajnog) kotlića
kettle-maker ['ketl.meikə] *s* kotlar
kevel ['kevil] *s mar* kljuna, kljunac
key[1] [kiː] *s* ključ (i *fig*); tipka, dirka (na klaviru, pisaćem stroju i dr.); **zalistak** (na flauti itd.); prekidač (struje); općenita visina ili ton glasa u govoru; *mil* ključni, dominantan položaj; *mus* ključ, temeljni ton, tonalitet, ljestvica, tonski red; *fig* ključ, ton, sklad, sporazum, stil misli ili izražavanja; *tech* zavlaka, zatik, rascjepka; klin, svornjak; *archit* zaglavni kamen | **to get (have) the ~ of the street** biti izbačen iz kuće, ostati (biti) bez doma, biti beskućnik; **master ~ ključ koji** otvara razne brave (u hotelima i dr.); **skeleton ~** otpirač; **House of Keys** zastupnički dom otoka Mana; *eccl* **power of the ~s** papinska vlast; **~ bed** utor, žlijeb; **~ pitch** ključna visina glasa; **~ industry** ključna industrija
key [kiː] *vt* (*in, on*) pričvrstiti, stegnuti klinom, svornjakom; ukliniti; *mus* ugađati (klavir i druga glazbala)
key up ['kiː'ʌp] *vt fig* potaknuti, podjariti (*to* na); podignuti, povećati, povisiti (cijene); pokrenuti, pobuditi, napeti | **to ~ offer (demand)** povisiti ponudu (zahtjev)
key[2] [kiː] *s* plosnat otok ili greben
key-bit ['kiːbit] *s* sjekirica, bradvica, pero ključa
keyboard ['kiːbɔːd] *s* tipke (na klaviru i dr.), klavijatura, tastatura
key hole ['kiːhəul] *s* ključanica, otvor na bravi (za ključ)
key-industry ['kiː.indəstri] *s* temeljna, bazna, najvažnija industrija (koje je proizvodnja bitno važna za mnoge industrije), ključna industrija
keyless ['kiːlis] *adj* koji je bez ključa; *fig* nerazjašnjiv, nerješiv | **~ watch** ura za navijanje
key-note ['kiːnəut] *s* temeljni ton, glas, nota; *fig* glavna misao, temeljni uređaj
key-ring ['kiːriŋ] *s* kolut za ključeve
keystone ['kiːstəun] *s* zaglavni kamen, glavni potpornjak (lûka); *fig* potpora, stup; temeljni položaj; glavna misao, misao vodilja
keyway ['kiːwei] *s tech* utor za klin
key-word ['kiːwəːd] *s* natuknica, podsjetna riječ (glumcu da počne govoriti); *gram* upornica
khaki ['kaːki] *adj* sivožut, boje prašine, kaki
khaki ['kaːki] *s* kaki, gusto tkana sivožuta pamučna ili vunena tkanina (*spec* za odore britanskih vojnika) | **~ election** izbori upriličeni vremenski tako da se iskoristi ratno oduševljenje glasača
khan[1] [kaːn] *s* (mongolski) kan
khan[2] [kaːn] *s Turk* han, karavanseraj, svratište
kibble ['kibl] *s min* željezni koš za dizanje (ugljena, rude i dr.)
kibble ['kibl] *vt* sjeckati, sitniti, krupiti, drobiti
kibe [kaib] *s* zagnojena ozebina (*spec* na peti) | **to tread on one's ~s** dodijavati, dosađivati
kibitzer ['kibitsə] *s US fam* kibic
kibosh ['kaibɔʃ] *s sl* besmislica | **to put the ~ on** dokrajčiti, dokončati; uništiti koga
kick[1] [kik] *s* udarac nogom ili kopitom; udar, zamah; odboj, odskok (topa, puške i dr.); *sport* onaj koji udara loptu, igrač (nogometa); *coll* probojna, udarna snaga, energija; osobit čar; žestoko djelovanje; jakost (alkoholnog pića); *sl* komad novca od šest penija; najnovija moda; otpust, otkaz; neobična sreća; *US sl* prigovor, pritužba, zanovijetanje | **he has no ~ left** u njemu nema više otporne snage; **more ~s than halfpence** više batina nego kruha; **to get the ~** biti otpušten; **he has always the ~ on his side** on uvijek ima sreću; **let's have one more ~** hajde da pokušamo još jedanput; **to get a ~ out of something** uživati u čemu; **it's got a ~ to it** to je vraška stvar; *sl* **for ~s** za zabavu, radi užitka
kick [kik] *vi/t* **I.** *vi* udariti nogom ili kopitom, ritati se, bacati se; poletjeti uvis; odskočiti natrag, trzati (vatreno oružje nakon ispaljivanja hica); *sl* odupirati se, žestoko se braniti **II.** *vt* udariti, gurnuti nogom ili kopitom; *fam* odbiti obožavatelja; *mar* zanijeti, baciti | **to ~ back** vratiti milo za drago; **to ~ downstairs** baciti niza stube, izbaciti; **to ~ one's heels** uludo čekati, načekati se; *sl* **to ~ the bucket** zagristi u ledinu, umrijeti; **to ~ to it** odapeti, otegnuti papke, umrijeti; **to ~ against the pricks** uzalud se opirati, šut se bode s rogatim!; **to ~ up dust** uzvitlati prašinu; **to ~ up a fuss (noise, row)** dignuti halabuku (graju); **to ~ the wind (clouds)** biti obješen
kick in ['kik'in] *vt* (nogom) ugurati, urinuti, zagurati, zarinuti | *US sl* **to ~ with** dati novaca
kick off ['kik'ɔf] *vt* zbaciti (obuću, odjeću)
kick out ['kik'aut] *vt* izbaciti
kick[2] [kik] *s* udubina na dnu staklene boce
kicker ['kikə] *s* onaj koji udara nogom, konj koji se rita; nogometaš; *US sl* čan-

grizavac, prigovaralo, tvrdoglavac, zanovijetalo
kick-off ['kikɔf] *s sport* prvi, početni udarac
kickshaw ['kikʃɔ:] *s* slastica, slatkiš; igrarija, malenkost, sitnica; trica, drangulija
kick-starter ['kik,sta:tə] *s* nožni pokretač (na motociklu), starter
kick-up ['kikʌp] *s fam* buka, galama, graja, bruka, skandal
kid[1] [kid] *s* jare; mlado od antilope; jaretina; jareća koža; *sl* dijete (osobito muško); *US sl* mlad čovjek
kid[2] [kid] *s sl* prijevara, varka; besmislica
kid[3] [kid] *s* drvena bačvica; čabar, plosnata zdjela u kojoj mornari dobivaju jelo
kid [kid] *vt/i* **I.** *vt sl* zavaravati, navesti (*into* na), povući za nos, nasamariti; okoziti jare **II.** *vi* varati se, pretvarati se; okoziti se
kiddle ['kidl] *s* riječna ustava s vratima koja su zatvorena mrežom za hvatanje riba
kiddy ['kidi] *s coll* djetešce, djetence; momčić; *sl* tat
kid-glove ['kidglʌv] *s* rukavica od jareće kože (glacé) | **to handle a p with ~s** postupati s kim u rukavicama
kid-glove ['kidglʌv] *adj* preosjetljiv, nježan, koji izmiče svakodnevnom radu
kidnap ['kidnæp] *vt* oteti (osobito dijete)
kidnapper ['kidnæpə] *s* otmičar (osobito djece)
kidney ['kidni] *s* bubreg; *fig* vrsta, sorta, soj | **a man of that ~** čovjek toga tipa, te vrste, toga soja
kidney-bean ['kidnibi:n] *s bot* vrsta niskog graha
kier [kiə] *s* badanj za bijeljenje tkanine, sukna
kike [kaik] *s US sl derog* Židov
kilderkin ['kildəkin] *s* bačva; mjera za tekućinu (70 do 80 litara)
kill[1] [kil] *s* ubijanje; lovina, plijen | **on the ~** s namjerom da ubije; u lovu za plijenom
kill [kil] *vt* 1. ubiti, ubijati, zatući, utući, usmrtiti; zaklati (životinju); tamaniti (štetočinu); *fig* uništiti, razoriti; *mar* potopiti (podmornicu); ugasiti; zatomiti, potisnuti, gušiti, ugušiti; učiniti neškodljivim; neutralizirati, oduzeti djelovanje (čemu); onemogućiti, oslabiti; *fam* obasipati (pretjeranom pažnjom itd.); *sport* udariti loptu tako da je protivnik ne može vratiti (tenis); naglo zaustaviti loptu (nogomet); *parl* potpuno pobiti (zakonski prijedlog) | **to ~ two birds with one stone** jednim udarcem ubiti dvije muhe; **pigs do not ~ well at that age** u toj dobi svinje nisu dobre za klanje; **to ~ with kindness** škoditi komu dobrotom, prijaznošću; **a ~ or cure remedy** drastičan lijek; **to ~ time** kratiti vrijeme; **she is dressed up to ~** odjevena je vrlo elegantno; **she dances to ~** pleše do iznemoglosti; **~ed steel** čelik bez kisika
kill off ['kil'ɔf] *vt* ubiti, poubijati, uništiti, potamaniti, istrijebiti
kill out ['kil'aut] *vt* poubijati, potamaniti, istrijebiti, iskorijeniti
kill[2] [kil] *s US* kanal, rukav, potok, rijeka, rječica, pritok
killer ['kilə] *s* ubojica, koljač; mesar; oruđe (sjekira) za klanje životinja; životinja za klanje
killing ['kiliŋ] *adj* koji ubija, uništava, ubilački, ubojit, smrtonosan, razoran; strašan, strahovit; *fig* neodoljiv, predražestan; *fam* neodoljiv
killing ['kiliŋ] *s* ubijanje, usmrćivanje, klanje, tamanjenje; lovina, plijen; *US fam* financijski uspjeh
kill-joy ['kildʒɔi] *s* onaj koji kvari veselje drugima
killock ['kilək] *s mar* sidarce
kill-time ['kiltaim] *s* razonoda, razbibriga
kiln [kiln] *s* peć za pečenje (vapna, opeke); sušara; sušionica
kiln-dry ['kilndrai] *vt* sušiti u sušari, vapnari
kilocycle ['kiləusaikl] *s el* kilocikl
kilogramme (kilogram) ['kiləgræm] *s* kilogram
kilolitre (kiloliter) ['kilə,li:tə] *s* tisuću litara (mjera)
kilometre (kilometer) ['kilə,mi:tə] *s* kilometar
kilowatt ['kiləwɔt] *s* kilovat | **~ hour** kilovat-sat
kilt [kilt] *s* kratka, u nabore složena suknja škotskih brđana; škotska narodna nošnja
kilt [kilt] *vt* potpasati suknju; nabrati, složiti u nabore, plisirati | **~ed regiment** puk škotskih vojnika u suknjama
kiltie ['kilti] *s* škotski vojnik u odori sa suknjom
kimono [ki'məunəu] *s* kimono
kin [kin] *s* rod, obitelj, rodbina, krvno srodstvo; loza, vrsta, rasa | **kith and ~** obitelj i rodbina; **of ~ to** u rodu sa, srodan sa, srodan (komu); **near of ~** u bliskom srodstvu; **next of ~** najbliži rođak
kin [kin] *adj* srodan, u rodu; sličan, istovrstan (*to* sa) | **to be ~** biti u rodu
kinchin ['kintʃin] *s sl* dijete, djetešce | **~ lay** krađa, otimanje novca djeci na ulici
kind [kaind] *s* rod, vrsta, razred, sorta, odlika; *arch* priroda, narav; način; *eccl* jedan od elemenata euharistije (kruh ili vino) | **nothing of the ~** ništa takvo, nipošto, nikako; **we had coffee of a ~** pili smo neku bijednu kavu; **to pay in ~** plaćati u naravi; **to repay in ~** vratiti milo za drago; **of a ~** istovrstan; **~ of** donešto, prilično, u neku ruku, pomalo,

donekle; **I ~ of expected it** otprilike, nekako, gotovo sam to i očekivao; **this is the ~ of thing I want** to je baš ono što želim; **human ~** ljudski rod; **to grow out of ~** odroditi se

kind [kaind] *adj* (**~ly** *adv*) prijazan, ljubazan, dobrostiv, susretljiv, uslužan (*to* prema) | **with ~est regards** sa srdačnim pozdravom

kindergarten [ˈkindəˌgaːtn] *s* dječji vrtić

kind-hearted [ˌkaindˈhaːtid] *adj* (**~ly** *adv*) dobrodušan, dobra srca

kindle [ˈkindl] *vt/i* **I.** *vt* zapaliti, upaliti, potpaliti; *fig* raspaliti, rasplamsati, poticati, podbadati, podjariti (*to* na); nadahnuti **II.** *vi* zapaliti se, upaliti se; *fig* raspaliti se, planuti, zagrijati se, oduševljavati se (*at* čime); uzrujati se, uzbuditi se, ražariti se

kindling [ˈkindliŋ] *s* potpaljivanje, zapaljenje, upaljivanje; *fig* poticanje, podbadanje, nadahnjivanje | **~s** *pl* sitno drvo (triješće) za potpaljivanje vatre

kindly [ˈkaindli] *adj* dobrodušan, prijazan, dobrostiv; ugodan, povoljan (podneblje i dr.); sklon | *arch* **a ~ Scot** rođeni Škot

kindly [ˈkaindli] *adv* dobrostivo, prijazno, ljubazno | **will you ~ help me** hoćete li biti ljubazni da mi pomognete

kindness [ˈkaindnis] *s* dobrota, prijaznost, ljubaznost, susretljivost, uslužnost; dobro djelo, usluga; sklonost | **out of ~** iz naklonosti, iz simpatije

kindred [ˈkindrid] *s* (krvno) srodstvo, rod (po ženidbi); koljeno, pleme; *fig* srodnost značaja, sličnost; *coll* rođaci, obitelj, svojta

kindred [ˈkindrid] *adj* srodan, u krvnom rodu; *fig* srodan, istovrstan, sličan

kindredship [ˈkindridʃip] *s* krvno srodstvo, rodbinstvo, srodnost

kine [kain] *s pl arch* krave, goveda

kinema [ˈkinimə] *s* → **cinema**

kinematic [ˌkiniˈmætik] *adj* (**~ally** *adv*) *phys* kinematski, koji se odnosi na nauku o gibanju

kinematics [ˌkiniˈmætiks] *s pl* kinematika, nauka o gibanju (bez obzira na pokretnu silu)

kinematograph [ˌkiniˈmætəgraːf] *s* → **cinematograph**

kinemics [kiˈniːmiks] *s* kinematika

kinetic [kaiˈnetik] *adj phys* koji se kreće, koji je u pokretu, kinetički; *fig* snažan, pokretan, dinamičan | **~ energy** kinetička energija; *gram* **~ consonant (tone)** kinetički suglasnik (ton)

kinetics [kaiˈnetiks] *s pl phys* kinetika

king [kiŋ] *s* kralj (& *fig*); dama (u igri dame) | *fam* **King Baby** djetešce oko kojega se vrti čitava obitelj; *ichth* **~ carp** šaran; **~ of ~s** Bog; **King of Terrors** smrt; **~ of beasts** lav; **King of birds** orao; **King of the Castle** vrsta dječje igre; **~'s evil** skrofule; **~'s peg** napitak od šampanjca i konjaka; **King's Counsel** vrhovni državni odvjetnik; **King's English** engleski književni jezik; **King's Highway** glavna cesta, carski drum; *fig* izravan, neposredan put; **~'s weather** lijepo vrijeme (prilikom službenih svečanosti); *jur* **to turn King's evidence** svjedočiti protiv sučesnika

king [kiŋ] *vi/t* **I.** *vi* kraljevati, vladati **II.** *vt* učiniti kraljem | **to ~ it** igrati kralja

king-bolt [ˈkiŋbəult] *s tech* glavni zavoranj, klin

king-crab [ˈkiŋkræb] *s zool* vrsta velikog morskog raka (Sundajsko otočje)

kingcraft [ˈkiŋkraːft] *s* vještina vladanja, državništvo

king-cup [ˈkiŋkʌp] *s bot* maslačak; žabljak ljutić

kingdom [ˈkiŋdəm] *s* kraljevstvo, kraljevina; kraljevska vlast, moć; *zool* & *bot* carstvo | **~ of heaven** kraljevstvo nebesko

kingdom-come [ˈkiŋdəmˈkʌm] *s* nebo, budući život, drugi svijet | *sl* **to go to ~** umrijeti, preminuti, preseliti se u vječnost, otići na drugi svijet

kingfisher [ˈkiŋˌfiʃə] *s ornith* vodomar

kingless [ˈkiŋlis] *adj* bez kralja, u bezvlađu

kinglet [ˈkiŋlit] *s derog* beznačajan kralj, vladarčić

kinglike [ˈkiŋlaik] *adj* kraljevski, poput kralja, nalik na kralja, veličanstven, dostojanstven

kingly [ˈkiŋli] *adj* kraljevski, poput kralja, dostojanstven, veličanstven

king-maker [ˈkiŋˌmeikə] *s* onaj koji postavlja kralja (svrgavanjem drugoga)

king-pin [ˈkiŋpin] *s US coll* središnji čunj (kralj) kod kuglanja; veoma važna, glavna osoba

king-post [ˈkiŋpəust] *s archit mar* stup samarice

kingship [ˈkiŋʃip] *s* kraljevska čast, kraljevanje; kraljevsko dostojanstvo

king-size [ˈkiŋsaiz] *adj fam* veći (duži) od uobičajenog

kink [kiŋk] *s* trubni uzao, omča, petlja, mrs (na užetu, žici itd.); *fig* mušica, hir, ekscentričnost; *US* greška u poslovanju | *fam* **to have a ~** biti šašav

kink [kiŋk] *vi/t* **I.** *vi* zauzlati se; zaglaviti se, zaribati se **II.** *vt* složiti u petlje, zauzlati

kinkajou [ˈkiŋkədʒuː] *s zool* vitičavi rakun (*Cercoleptes candivolvulus*)

kinkle [ˈkiŋkl] *s* kovrčica, uvojak

kinky [ˈkiŋki] *adj* (**kinkily** *adv*) zauzlan, zamršen, vunenast (kosa); *coll* šašav; homoseksualan

kinless [ˈkinlis] *adj* bez rodbine, bez igdje svoga

kino [ˈkiːnəu] *s* smola raznog tropskog

drveća (koja se upotrebljava u proizvodnji lijekova i kod činjenja kože)
kinsfolk [ˈkinzfəuk] *s pl* (krvni) rođaci, rodbina
kinship [ˈkinʃip] *s* (krvna) srodnost, srodstvo; *fig* bliza srodnost, sličnost
kinsman [ˈkinzmən] *s* rođak
kinswoman [ˈkinzˌwumən] *s* rođakinja
kiosk [ˈkiːɔsk] *s* kiosk
kip¹ [kip] *s* sirova koža teleta ili druge mlade životinje; izrađena koža od toga
kip² [kip] *s sl* javna kuća; prenoćište; soba ili krevet u prenoćištu
kip [kip] *vi sl* ići na spavanje; spavati
kipper [ˈkipə] *s ichth* mužjak lososa za vrijeme i poslije mriještenja; usoljena ili u dimu sušena riba (sleđ i dr.); *sl* osoba, čovjek, dijete
kipper [ˈkipə] *vt* usoliti ili u dimu sušiti (sleđeve i dr.)
kirk [kəːk] *s Scot* crkva; vjernici, pripadnici crkvene općine | **Kirk of Scotland** Škotska crkva; ~ **session** najniže sudište Škotske crkve i drugih prezbiterijanskih crkava
kirkman [ˈkəːkmən] *s* član Škotske crkve
kirsch [kiəʃ] *s* → **kirsch-wasser**
kirsch-wasser [ˈkiəʃˌvaːsə] *s* rakija od divljih trešanja
kirtle [ˈkəːtl] *s* ženska suknja ili podsuknja, skuti; *arch* ženski ili muški kratak kaput, jakna
kismet [ˈkismet] *s Turk* sudbina, usud
kiss [kis] *s* poljubac; lagan dodir biljarskih kugala; pjena ili mjehurići na čaju ili mlijeku (dječji izraz)
kiss [kis] *vt* poljubiti | **to ~ the book** poljubiti Bibliju (kod polaganja prisege), priseći; **to ~ the dust** duboko se poniziti; *fig* biti ubijen, poginuti, umrijeti, zagristi u ledinu; **to ~ the ground** pasti ničice; *fig* poniziti se; **to ~ one's hand to** domahnuti poljubac komu; **to ~ the rod (cross)** pokorno primiti kaznu; **to ~ away the tears** poljupcima otrti suze; ~ **of life** umjetno disanje usta na usta (kod pružanja prve pomoći)
kissing-bug [ˈkisiŋbʌg] *s ent* američka stjenica
kissing-crust [ˈkisiŋkrʌst] *s* mekana kora na kruhu (na mjestu gdje se jedan hljeb dodirivao s drugim kod pečenja)
kissing-gate [ˈkisiŋgeit] *s* vratašca na pero kroz koja može proći samo po jedna osoba
kissing-kind [ˈkisiŋkaind] *adj* koji je u osobito ljubaznim, prijateljskim odnosima
kiss-in-the-ring [ˈkisinðəˈriŋ] *s* vrsta društvene igre za mladež
kiss-me-quick [ˈkismiˈkwik] *s* malen ženski šešir (koji se nosi na zatiljku); kovrčica ispred uha
kit¹ [kit] *s* čabar, kaca; torba, vreća ili sanduk u koji vojnik ili mornar sprema svoje odijelo i predmete; *mil* oprema, prtljaga vojnika ili mornara (isključivši oružje); oprema, alat; pletena košara od rogoza; *phot* kazetni uložak; rodbina, svojta; zbirka (predmeta) | **all the ~** cijelo društvo, svi zajedno
kit² [kit] *s* skraćen oblik riječi **kitten**
kit³ [kit] *s arch* male gusle (koje upotrebljava učitelj plesa)
kit-bag [ˈkitbæg] *s* vojnička pletena torba ili vreća, ranac, telećak, naprtnjača; velika kožna putna torba
kitcat [ˈkitkæt] *s hist* član kluba Kitcat | **Kitcat Club** klub političara vigovaca (liberala); ~ **portrait** poprsje (slika)
kitchen [ˈkitʃin] *s* kuhinja
kitchener [ˈkitʃinə] *s* štednjak; vrhovni samostanski kuhar, šef kuhinje
kitchenette [ˌkitʃiˈnet] *s* čajna kuhinja
kitchen-garden [ˌkitʃinˈgaːdn] *s* povrtnjak
kitchen-maid [ˈkitʃinmeid] *s* služavka, pomoćnica kuhara, sudoperka
kitchen-midden [ˌkitʃinˈmidn] *s* kućno smetište; *archaeol* prethistorijsko smetište s ljudskim i životinjskim kostima, školjkama, oruđem, kućnim potrepštinama itd.; otpaci, smetište primitivnog naselja
kitchen physic [ˌkitʃinˈfizik] *s* dobra i obilna hrana
kitchen-police [ˈkitʃinpəˈliːs] *s US mil* vojnici dodijeljeni na pomoćni rad kuharima u kantini (i njihov posao)
kitchen sink [ˈkitʃinˈsiŋk] *s* kuhinjska školjka, praonik za suđe | ~ **drama** vrsta društvene drame iz života britanskog radničkog staleža sredinom 20. stoljeća
kitchen-stuff [ˈkitʃinstʌf] *s* ono što je potrebno za kuhinju (napose povrće); kuhinjski otpaci
kitchen unit [ˌkitʃinˈjuːnit] *s* kombinirani kuhinjski uređaj i namještaj
kite [kait] *s ornith* lunja crvenkasta, vrsta sokola (*Milvus milvus*); *fig* lakomac, gramzivac, škrtac; (papirni) zmaj; *com sl* podrumska mjenica | *mar* ~s *pl* gornja jedra; **to fly a ~** puštati papirnog zmaja; *fig* provjeravati, iskušavati javno mnijenje (širenjem glasina); izdavati podrumske mjenice; *US sl* **high as a kite** pijan kao zemlja
kite [kait] *vi/t* **I.** *vi* letjeti, uzlijetati, uzvinuti se poput sokola; *US* brzo se kretati; *com* ispostavljati mjenice na nesigurnoj osnovi **II.** *vt* puštati da što leti, da poleti, da se uzvine poput sokola; *com* stavljati na nesigurnu osnovu, ispostavljati mjenice bez pokrića
kite-balloon [ˈkaitbəˌluːn] *s mil* vezani osmatrački balon, aerostat
kite-flyer [ˈkaitˌflaiə] *s* onaj koji pušta papirne zmajeve; *com* izdatnik mjenice iz uslužnosti
kite-flying [ˈkaitˌflaiiŋ] *s* puštanje papirnih zmajeva; letenje, lebdenje; širenje tendencioznih političkih vijesti radi ispi-

tivanja javnog mišljenja; *com sl* izdavanje podrumskih mjenica
kith [kiθ] *s* | **~ and kin** rođaci i prijatelji
kitsch [kitʃ] *s* kič
kitten [ˈkitn] *s* mlado od mačke, mače, mačić, mačkica; nepostojana, mušičava djevojka
kitten [ˈkitn] *vt/i* **I.** *vt* omaciti **II.** *vi* omaciti se
kittenish [ˈkitniʃ] *adj* poput mlade mačke, mačkast, koji se voli igrati; komu je samo igra na pameti, zaigran
kittiwake [ˈkitiweik] *s ornith* troprsti galeb (*Rissa tridactyla*)
kittle [ˈkitl] *adj fig* osjetljiv, škakljiv; težak, koji zadaje neprilike | **~ cattle** ljudi s kojima je teško postupati; *fig* nesiguran, nepouzdan
kitty [ˈkiti] *s* mačkica, mače, mačić; novčani ulog (kod kartanja)
kiwi [ˈkiːwiː] *s ornith* kivikalac novozelandski; *sl* Novozelanđanin
Klansman [ˈklænzmən] *s US* član Ku-Klux--Klana
klaxon [ˈklæksən] *s* klakson, električna truba
kleenex [ˈkliːneks] *s* vrsta papirne maramice
kleptomania [ˌkleptəuˈmeinjə] *s* patološki nagon za krađu, kleptomanija
kleptomaniac [ˌkleptəuˈmeiniæk] *s* kleptoman
klipspringer [ˈklipˌspriŋə] *s zool* mala južnoafrička antilopa
kloof [kluːf] *s S Afr* dubok klanac, udolina
knack [næk] *s* puckanje, pucketanje (prstima); vješt zahvat, trik; spretnost, okretnost, umijeće, majstorluk, vještina; igračka, sitnica, bezvrijedan predmet | **you must know the ~ of it** moraš znati u čemu se sastoji trik
knacker [ˈnækə] *s* onaj koji kupuje i kolje stare konje, živoder; onaj koji kupuje stare brodove, kuće itd. radi materijala | **~'s yard** stovarište otpadnog materijala
knackery [ˈnækəri] *s* klaonica za stare konje; živoderstvo
knacky [ˈnæki] *adj* spretan, vješt, okretan
knag [næg] *s* kvrga, čvor (u drvu), donji dio odsječene grane (koji se drži uza stablo); klin
knaggy [ˈnægi] *adj* čvorast, kvrgav
knap [næp] *s dial* vrh, vrhunac, glavica brda, brežuljak
knap [næp] *vt* lomiti, razlomiti, tući, drobiti, razbijati, tucati čekićem (kamenje)
knapper [ˈnæpə] *s* onaj koji tuca, razbija kamenje; čekić za tucanje kamenja
knapsack [ˈnæpsæk] *s* naprtnjača, ranac, telećak, ruksak
knapweed [ˈnæpwiːd] *s bot* različak
knar [naː] *s* čvor, kvrga, grba, izbočina (na stablu)
knave [neiv] *s* nepoštenjak, podlac, varalica, lopov, lupež, hulja; dečko, donjak (u igraćim kartama); *arch* dječak, momak, sluga
knavery [ˈneivəri] *s* nepoštenje, lopovluk, nitkovluk, varanje, prijevara, lupeštvo
knavish [ˈneiviʃ] *adj* (**~ly** *adv*) lopovski, prijevaran, lupeški, podao
knead [niːd] *vt* mijesiti, zamijesiti, gnječiti, tiještiti, masirati; *fig* oblikovati, dati oblik čemu
kneadable [ˈniːdəbl] *adj* koji se da gnječiti, mijesiti; *fig* koji se da oblikovati
kneader [ˈniːdə] *s* stroj za miješanje (tijesta itd.)
kneading-trough [ˈniːdiŋtrɔf] *s* naćve
knee [niː] *s* koljeno; dio odjeće koji prekriva koljeno; *bot* koljence, čvor; *tech* pregib | **to give a ~ to** pomoći (komu), poduprijeti (koga); **on one's ~s** klečeći, na koljenima, ponizno; **to bring a p to his ~s** prisiliti koga na koljena, upokoriti; **on the ~s of the gods** u božjoj volji, ruci; **to go on one's ~s** kleknuti, pasti, spustiti se na koljena, pokleknuti (*to* pred)
knee [niː] *vt* dodirnuti, dotaknuti koljenom; *coll* razvući, ispupčati (hlače) na koljenu; *tech* pričvrstiti, spojiti koljenčastim okovom
knee-breeches [ˈniːˌbritʃiz] *s pl* hlače koje sežu do koljena ili ispod koljena
knee-cap [ˈniːkæp] *s* štitnjak, zaštitna pločica za koljeno; *anat* iver (koljena), patella
knee-deep [ˌniːˈdiːp] *adj* koji seže do koljena; *fig* duboko uronjen, jako upleten, zagrezao
knee-high [ˌniːˈhai] *adj* koji seže do koljena
knee-joint [ˈniːdʒɔint] *s* zglob koljena; *tech* koljenčasti zglob, sastav
kneel [niːl] *vi* (knelt, knelt) klečati (*to* pred)
kneel down [ˈniːlˈdaun] *vi* kleknuti, pokleknuti
knee-pan [ˈniːpæn] *s* → **knee-cap**
knee-piece [ˈniːpiːs] *s tech* koljenčast dio (od drva ili željeza), okov; *mar* & *com* koljenčasto drvo
knee-rider [ˈniːˌraidə] *s tech* okvirno koljeno
knee-swell [ˈniːswel] *s US mus* pedal (orgulja i dr.) koji se pokreće koljenom
knee-timber [ˈniːˌtimbə] *s mar* & *com* koljenčasto drvo
knell [nel] *s* posmrtna, pogrebna zvonjava, mrtvačko zvono; *fig* objava ili događaj koji nagovješta smrt ili uništenje | **death ~** pogrebna zvonjava
knell [nel] *vi/t* **I.** *vi* turobno, žalobno zvoniti; *fig* zlokobno, zloslutno zvučati **II.** *vt* zvonjavom objaviti (smrt); *fig* objaviti, nagovijestiti (žalostan događaj, propast); *arch* zvoniti
knelt [nelt] *pret* & *pp* od **kneel**
Knesset [ˈkneset] *s* izraelski parlament

knew [njuː] *pret* od **know**
knickerbocker ['nikəbɔkə] s stanovnik New Yorka, Njujorčanin (nizozemskog porijekla) | **~s** *pl* pump-hlače; ženske gaće; **~ stockings** (sportske) dokoljenke
knickers ['nikəz] *s pl coll* (dugačke) ženske gaće bez dugmeta
knick-knack (nick-nack) ['niknæk] *s* igrarija, sitnica, trica; sitan ukrasni predmet
knick-knackery (nick-nackery) ['niknækəri] *s* trice, sitnarije, svaštice, sitnice, sitni ukrasni ili bezvrijedni predmeti
knife [naif] *s* nož | *fig* **to get one's ~ into a p** napadati koga, podvrći oštroj kritici, progoniti koga; **war to the ~** rat na noževe, nemilosrdna borba; **before you can say ~** prije no što bi okom trenuo, za tren oka, u tili čas; **to play a good ~ and fork** rado i obilato jesti
knife [naif] *vt* (nožem) rezati, izrezati, prerezati, obrezati, sjeći; ubosti, probosti, udariti; *US sl* nastojati pobijediti podmuklim sredstvima (napose u politici); tajno raditi ili glasati protiv (kandidata vlastite stranke)
knife-board ['naifbɔːd] *s* daščica za čišćenje (šmirglanje) noževa
knife-edge ['naifedʒ] *s* oštrica noža; (oštrobridan) mostić vage, ležište ravnoteže vage; *fig* osobito oštar brid ili rub
knife-grinder ['naif,graində] *s* (ulični) brusač noževa i škara
knife-rest ['naifrest] *s* podložak za odlaganje noža i viljuške kod jela
knife-switch ['naifswitʃ] *s el* polužna sklopka, prekidač
knight [nait] *s hist* vitez; *fig* borac, vitez, kavalir; skakač, konj (u šahu); član engleskog nižeg plemstva stečenog za zasluge | *hist* **~ of the shire** zastupnik grofovije u parlamentu; **~ of the Garter** vitez Reda Podvezice; **~ of the post** onaj koji je zaradio lažnim svjedočenjem; **~ of the road** trgovački putnik; drumski razbojnik; **~ of the pen** novinar; **~ of the needle (thimble)** krojač; *sl* **~ of industry** onaj koji živi od svoje dosjetljivosti
knight [nait] *vt* učiniti vitezom; podijeliti niže plemstvo za zasluge; osloviti sa Sir
knightage ['naitidʒ] *s coll* viteški stalež, vitezovi sveukupno; popis pripadnika engleskog nižeg plemstva
knight-bachelor [,nait'bætʃələ] *s* vitez koji ne pripada nekom posebnom viteškom redu
knight-errant [,nait'erənt] *s* lutajući vitez; *fig* zanešenjak, oduševljen pristaša propale stvari ili ideje; onaj koji putuje naokolo i govori u prilog neke posebne stvari ili ideje
knighthood ['naithud] *s* viteški stalež, viteška čast, viteški red; viteštvo, vitezovi sveukupno; *fig* viteštvo (svojstvo)
knightly ['naitli] *adj* viteški, kavalirski, velikodušan
knightly ['naitli] *adv poet* viteški, kavalirski
knight-service ['nait,səːvis] *hist* viteška služba (vladaru)
knight-templar ['nait'templə] *s hist* vitez templar
knit [nit] *vt/i* (*pret* knit, knitted; *pp* knit, knitted) **I.** *vt* plesti, splesti; spojiti, vezati, povezati, sastaviti, sjediniti; mrštiti (čelo); *fig* uhvatiti vezu (*with* sa) **II.** *vi* splesti se, spajati se, vezati se, povezivati se, sastaviti se, sjediniti se; mrštiti se
knit up ['nit'ʌp] *vi/t* **I.** *vi* pletenjem popraviti, pokrpati; dignuti, dizati očice (pletiva); *fig* sjediniti se, tijesno se povezati, spojiti se, udružiti se **II.** *vt* sklopiti, zaključiti (sporazum)
knitter ['nitə] *s* pletačica; stroj za pletenje
knitting ['nitiŋ] *s* pletenje, pletivo
knitting-machine ['nitiŋmə,ʃiːn] *s* stroj za pletenje
knitting-needle ['nitiŋ,niːdl] *s* pletaća igla
knitting-yarn ['nitiŋjaːn] *s* pređa za pletenje
knittle ['nitl] *s mar* zaporni štrop
knitwear ['nitwɛə] *s* pletena roba, trikotaža
knives [naivz] *s pl* od **knife**
knob [nɔb] s dugme, puce, gumb; čvor, kvrga, izbočina; grudica (šećera, ugljena itd.); bradavica; *US* zaobljen vrh broda; *sl* glava (obično *nob*) | **door-~** dugme, okrugla ručica na vratima; *sl* **with ~s on** što sve još ne bi htio!, da ne bi!
knob [nɔb] *vt/i* **I.** *vt* opremiti pucetima, dugmetima **II.** *vi* biti ispupčen, izbočen
knobble ['nɔbl] *s* gumbić, pucence; čvorić, kvržica
knobbly ['nɔbli] *adj* pun dugmadi, malih puceta; osut čvorićima, kvržicama
knobby ['nɔbi] *adj* s dugmetima, pun dugmadi, posut pucetima; sličan dugmetu, oblika dugmeta; čvorav, kvrgav; *US* pun okruglih brežuljaka
knob-kerrie ['nɔb,keri] *s* kratka batina s čvorastim vrškom (oružje južnoafričkih plemena)
knobstick ['nɔbstik] *s* kvrgasta, čvorasta batina ili štap (napose kao oružje); štrajkolomac
knock [nɔk] *s* udarac, lupa, kucanje; *sport sl* vrijeme u kojemu momčad ili igrač jedne strane ima pravo odbijati loptu (*cricket, baseball*); *US sl* kritika | *sl* **to take the ~** pretrpjeti težak gubitak
knock [nɔk] *vt/i* **I.** *vt* udariti, udarati, kucati, pokucati, tući, lupnuti (*at, on* na, o, po); gurnuti; *coll* zaprepastiti, osupnuti, zapanjiti; *US sl* ogovarati, oštro kritizirati **II.** *vi* udarati, tući, lupati, kucati, pokucati; *US sl* prigovarati, gunđati | **to ~ on the head** udariti po glavi; *fig* dokraj-

čiti, osujetiti; **to ~ one's head against** udariti glavom o; *fig* naletjeti, naići na teške zapreke; **to ~ into a cocked hat** uništiti, razoriti, iznakaziti; potpuno poraziti, smlaviti (protivnika); osujetiti, pomrsiti (osnove); **to ~ one into the middle of next week** udariti koga tako da odleti; **to ~ the bottom out of** potpuno pobiti, poraziti; **to ~ home** čvrsto zabiti (čavao); *fig* utuviti komu u glavu; **to ~ into the head of a p** utuviti komu u glavu; **to ~ to pieces** razbiti na komade; **to ~ at an open door** nepotrebno se truditi; *ins* **~ for ~** sporazum između osiguratelja motornih vozila oštećenih u sudaru da svaki plaća odštetu za vozilo koje je kod njega osigurano

knock about ['nɔkə'baut] *vt/i* **I.** *vt* tući, udarati, biti; ispremlatiti, izubijati; grubo postupati s kim **II.** *vi* skitati se, potucati se, putovati naokolo; neuredno živjeti

knock against ['nɔkə'geinst] *vi* udariti o, naletjeti na, sukobiti se sa

knock back ['nɔk'bæk] *vt* popiti nadušak, iskapiti, istrusiti

knock down ['nɔk'daun] *vt* zabiti; oboriti (udarcem); razoriti, uništiti, srušiti; *fig* uništiti, poraziti, pobiti (protivnika, tvrdnju); udarcem čekića objaviti prihvaćanje konačne ponude (na dražbi); dodijeliti predmet nudiocu (na dražbi); *US sl* pronevjeriti ili krasti (vozarinu); predstaviti koga; obratiti se komu, uputiti komu (riječ), nazdraviti komu; rastaviti na dijelove (stroj itd.) | **you might have knocked me down with a feather** zgranuo sam se od čuda, presenetio sam se

knock in ['nɔk'in] *vt/i* **I.** *vt* zabiti, ukucati, zatjerati u, ugnječiti **II.** *vi univ sl* ući u koledž itd. kucanjem nakon zatvaranja vrata

knock off ['nɔk'ɔf] *vt/i* **I.** *vt* (udarcem ili naglom kretnjom) ukloniti, maknuti; odbiti; smanjiti (brzinu) za, odbiti od (cijene, računa); napustiti, obustaviti (rad), prekinuti (rad); *coll* na brzinu, letimice, nasumce obaviti, izvršiti; sklepati **II.** *vi* ukloniti se, maknuti se; prestati s radom; *sl* umrijeti | *fig* **to knock a p's head off** s lakoćom nadmašiti koga; **to ~ work** prekinuti rad

knock out ['nɔk'aut] *vt* (udarcima ili čekićem) izbiti, istjerati; (udarcima ili kuckanjem) isprazniti, istresti; *sport* onesposobiti protivnika za dalju borbu, zadati nokaut (boksanje); *fig* pobijediti, nadvladati; omamiti; ukloniti; među sobom prodavati (nakon dražbe); dogovorno smanjiti cijenu na dražbi; *coll* na brzinu zasnovati, sklepati, nabaciti, skalupiti

knock over ['nɔk'əuvə] *vt/i* **I.** *vt* (udarcem) oboriti, prevrnuti, prevaliti, prebaciti; *fig* nadvladati **II.** *vi* prevrnuti se, prevaliti se, prebaciti se; *fig* podleći, umrijeti

knock together ['nɔktə'geðə] *vt* udarati, tući jednom stvari o drugu; na brzinu sastaviti, pobacati zajedno, skalupiti, sklepati | **to knock their heads together** prisiliti ih na sporazum, slogu

knock under ['nɔk'ʌndə] *vi* upokoriti se, popustiti, priznati se pobijeđenim, predati se

knock up ['nɔk'ʌp] *vt/i* **I.** *vt* udarcem dignuti uvis; probuditi (kucanjem); izmoriti, izmučiti, iscrpsti; na brzinu načiniti, sklepati **II.** *vi* izmoriti se, izmučiti se, iscrpsti se; (*against*) naletjeti na koga ili što, sukobiti se s kime ili čime

knockabout ['nɔkəbaut] *adj* bučan, glasan; nemiran, nepristojan, nespokojan; otporan, izdržljiv (odjeća); *theat* kabaretski

knockabout ['nɔkəbaut] *s* bučna, glasna predstava (u kabaretu itd.); onaj koji se potuca, skitnica; čvrst i izdržljiv odjevni predmet

knock-down [ˌnɔk'daun] *adj* koji smlavljuje, obara, silan, snažan; *fig* koji zapanjuje, smućuje, zaprepaštava, porazan; koji se da rastaviti | *com* **~ price** najniža, minimalna cijena

knock-down [ˌnɔk'daun] *s* snažan udarac, udarac koji obara; sveopća tučnjava; *fam* porazna vijest, neugodno iznenađenje

knocker ['nɔkə] *s* onaj koji kuca; alka (na vratima); *US sl* prigovaralo, čangrizavac, zanovijetalo; duh rudnika koji kucanjem najavljuje prisutnost rude | *sl* **up to the ~** savršeno, sjajno, bog-bogova

knock-kneed [ˌnɔk'ni:d] *adj* komu koljena udaraju jedno o drugo u hodu, koji ima noge u obliku slova X | **~ argument** šepav (labav) argument

knock-knees ['nɔkni:z] *s pl* onaj komu koljena udaraju jedno o drugo u hodu, onaj koji ima noge u obliku slova X

knock-out ['nɔkaut] *s sport* odlučan udarac koji onesposobljuje protivnika, nokaut; izvanredna osoba, sjajna stvar; *sl* droga koja snažno omamljuje, prividna, prijevarna dražba; član družbe koja sudjeluje na prijevarnoj dražbi

knoll [nəul] *s* humak

knoll [nəul] *vt/i arch* zvoniti (osobito kod pogreba), zvonjavom dozivati (koga); izbijati, odbijati (sati)

knop [nɔp] *s arch* dugme, puce, držak; *poet* pupoljak

knot [nɔt] *s* uzao, čvor, petlja; splet, klupko, pletenica, epoleta; vezanka; *mar* uzao, čvor (jedna nautička milja na sat); *bot* kvrga, čvor, koljence; *fig* poteškoća, tegoba, zaplet | **sailor's ~** način vezanja kravate; *fig* **to cut the ~** presjeći čvor;

nasumce riješiti, rješavati kratkim putem; **marriage ~** bračna veza; **true lover's ~** dvostruka, simetrična vezanka; **to tie the ~** ženiti se, udati se, stupiti u brak; **to tie oneself in ~s** zaplesti se, zapetljati se, upasti u poteškoće; **to gather in ~s** okupljati se u hrpama, skupinama, gomilicama; **running ~** petlja

knot [nɔt] *vt/i* **I.** *vt* (uzlom) vezati, svezati; uzlati, zauzlati; mrštiti (čelo) **II.** *vi* uzlati se, zauzlati se, zaplesti se, zamrsiti se; praviti čvorove, uzlove, pupčiti se, vlatati se, plesti se

knotgrass ['nɔtgraːs] *s bot* troskot (korovna biljka koja raste na ugaženim mjestima, *Polygonum aviculare*)

knot-hole ['nɔthəul] *s* rupa koja nastane u drvetu kad ispadne kvrga

knotting ['nɔtiŋ] *s* uzlanje (vrsta veziva), uzlovi (ukras); *mar* **~ and splicing** užetarski radovi

knotty ['nɔti] *adj* (**knottily** *adv*) čvorast, kvrgast, koji ima uzlove, pun čvorića; *fig* zapleten, zamršen, kompliciran

knot-work ['nɔtwəːk] s uzlanje, pletena čitma (vrsta pletenja)

knout [naut] *s* knuta | **the ~** bičevanje knutom; vrlo stroga kazna

knout [naut] *vt* bičevati, izbičevati, udarati, tući knutom

know [nəu] *s* znanje | *coll* **to be in the ~** razumjeti, biti upućen (u stvari), biti točno obaviješten, upućen

know [nəu] *vt/i* (knew, known) **I.** *vt* znati, saznati, doznati, poznati, prepoznati; spoznati; razlikovati (*from* od) **II.** *vi* znati | **to ~ by sight** poznavati po viđenju; **he ~s his own mind** on zna što hoće; **to ~ what's what, to ~ the ropes biti iskusan,** biti upućen; **I ~ better than to** nisam tako lud da, suviše sam razborit da; **to get (come) to ~** upoznati, doznati, saznati; **to make known** objaviti, javiti, oglasiti, dati na znanje; **to ~ B from a bull's foot** moći (znati) razlikovati; **to ~ on which side one's bread is buttered** znati gdje leže prednosti; **there is no knowing** ne može se znati

know [nəu] *s coll* | **to be in the ~** biti upućen (*of* u)

knowable ['nəuəbl] *adj* koji se može, dade upoznati ili raspoznati; druževan, pristupačan

know-all ['nəu'ɔːl] *s* sveznalica, koji svašta zna

know-how ['nəuhau] *s* iskustvo, vještina

knowing ['nəuiŋ] *adj* bistar, razborit, razuman, pametan, inteligentan; koji zna, razumije; pun razumijevanja; spretan, okretan, vješt; upućen, iskusan; *coll* pristao, elegantan

knowingly ['nəuiŋli] *adv* svjesno, namjerno, hotimice; vješto, okretno, znalački, spretno

know-it-all ['nəuit'ɔːl] *s sl* sveznalica

knowledge ['nɔlidʒ] *s* znanje, poznavanje; spoznaja, saznanje; vijest, glas, obavijest; vještina | **not to my ~** koliko ja znam ne, koliko je meni poznato ne; **to the best of one's ~ and belief** po svom najboljem znanju i uvjerenju; **carnal ~ of** puteno općenje sa

knowledgeable ['nɔlidʒəbl] *adj coll* obrazovan, upućen

known [nəun] *pp* od **know;** poznat | **to make ~** objaviti

know-nothing ['nəuˌnʌθiŋ] *s* neznalica

knuckle ['nʌkl] *s* zglob prsta; *cul* koljenica | *fig* **to give (get) a rap on (over) the ~s** dati (dobiti) po prstima, po nosu; ukoriti, opomenuti; dobiti ukor, biti opomenut

knuckle ['nʌkl] *vt/i* **I.** *vt* (zglobovima prstiju) pritiskivati, trljati, **udariti, dotaći,** dodirnuti **II.** *vi* uprti zglobovima prstiju o zemlju (kod igre špekulama)

knuckle down ['nʌkl'daun] *vi* pokoriti se, popustiti komu

knuckle down to ['nʌkl'daun'tuː] *vi* svojski, živo se prihvatiti čega, žustro prionuti uza što

knuckle under ['nʌkl'ʌndə] *vt* popustiti, pokoriti se komu

knuckle-bone ['nʌklbəun] *s* kost zgloba na prstu; *cul* koljenična kost; kamenčić za titranje (igra piljaka)

knuckle-duster ['nʌklˌdʌstə] *s* bokser (oružje)

knuckle-joint ['nʌkldʒɔint] *s tech* zglob, šarnir, zgib

knur(r) [nəː] *s* kvrga, čvor, grba; drvena kugla (kod vrste igre)

knurl [nəːl] *s* čvor, kvrga, grba, izbočina

knut [nʌt] *s* kicoš, fićfirić

kohlrabi [ˌkəul'raːbi] *s bot* koraba

kola ['kəulə] *s* → **cola**

kook [kuːk] *s US sl* **ekscentrik, čudak**

kooky ['kuːki] *adj* šašav, čudački

Koran [kɔ'raːn] *s* Kuran

kosher ['kəuʃə] *adj* koji ispunjava propise židovskog zakona, košer

kotow [ˌkəu'tau] *s* ponizno iskazivanje poštovanja (dodirivanjem poda čelom)

kotow [ˌkəu'tau] *vi* duboko se klanjati; *fig* dodvoravati se, ulagivati se, puzati (*to* pred kim)

kraal [kraːl] *s* (ograđeno) urođeničko selo ili naselje (Južna Afrika); tor, obor, ograda

Kraut [kraut] *s US sl* Nijemac

Kremlin ['kremlin] *s* Kremlj

kris [kriːs] *s* → **creese**

kudos ['kjuːdɔs] *s sl* slava, čast

Ku-Klux-Klan [ˌkjuːklʌks'klæn] *s* tajna organizacija u SAD

kulak ['kuːlæk] *s R* kulak

kwela ['kweilə] *s* vrsta južnoafričke urođeničke džez-glazbe

L

L, l [el] *s* L, l, dvanaesto slovo engleske abecede; L rimski broj 50; *US* L kratica za gradsku nadzemnu željeznicu (*elevated railway*)

la [laː] *s mus* la, šesta nota u oktavi

la [laː] *interj* gle!, vidi!, zaista!

laager [ˈlaːgə] *s S Afr* tabor, logor okružen kolima; *mil* mjesto za parkiranje oklopljenih vozila

laager [ˈlaːgə] *vt/i* **I.** *vt* smjestiti u tabor, logor **II.** *vi* utaboriti se, podići tabor, logorovati; podići logor okružen kolima

lab [læb] *s coll* laboratorij

label [ˈleibl] *s* natpis, cedulja, naljepnica, etiketa; značka; *fig* oznaka, značajka, karakteristika; zao glas; *archit* vijenac (nad prozorom ili vratima); plomba

label [ˈleibl] *vt* opremiti, opskrbiti natpisom, etiketom, označiti ceduljom; *fig* opisati, označiti, okarakterizirati

labial [ˈleibjəl] *adj* usnen, labijalan

labial [ˈleibjəl] *s* usnen glas, labijal

labialization [ˌleibiəlaiˈzeiʃn] *s phon* usneno izgovaranje, labijalizacija

labialize [ˈleibiəlaiz] *vt* usneno izgovarati

labiate [ˈleibieit] *adj* koji ima usne ili oblik usana

labile [ˈleibail] *adj chem & phys* nepostojan, labilan

labiodental [ˌleibiəuˈdentl] *adj phon* zubnousneni, labiodentalni

labiodental [ˌleibiəuˈdentl] *s phon* zubnousneni glas, labiodental

labiodorsal [ˌleibiəuˈdɔːsl] *s phon* labiodorsal

labiograph [ˈleibiəugraːf] *s phon* labiograf

laboratory [ləˈbɔrətri, *US* ˈlæbərəˌtɔri] *s* laboratorij | *fig* **~ of the mind (ideas)** kritička misao; **~ assistant** laborant

laborious [ləˈbɔːriəs] *adj* (**~ly** *adv*) marljiv, radišan; mučan, tegoban, naporan; težak, trom, nezgrapan (stil)

labour (labor) [ˈleibə] *s* rad, posao; trud, napor; rabota; muka, briga; porođajne muke, trudovi; radna snaga, radnici, radništvo, radnička klasa | **Labour** brit. laburistička stranka, laburisti; **hard ~** prisilan rad, robija; **lost ~** uzaludan trud; **~ of love** posao koji se rado obavlja (iz ljubavi prema kome); **~-intensive crops** radnointenzivne kulture; **~ record book** radna knjižica; **~-saving devices** kućanski aparati; **~ of Hercules** neobično težak, mučan posao; **his ~s are over** on se više ne muči, preminuo je, umro je; **to be in ~** ležati u trudovima, porođajnim mukama; **to have one's ~ for one's pains** uzalud se truditi

labour [ˈleibə] *vi/t* **I.** *vi* 1. raditi (*at* na čemu), mučiti se (*for* za što), naprezati se, nastojati, boriti se za što 2. kretati se teško ili naporno, micati se polagano, mučno napredovati, probijati se 3. ležati u porođajnim mukama ili trudovima 4. *mar* snažno se ljuljati, valjati se 5. *arch & poet* obrađivati zemlju **II.** *vt* pomno izraditi, podrobno obraditi, nadugačko razglabati | **~ing man** radnik, trudbenik

labourage [ˈleibəridʒ] *s com* radnička nadnica

Labour-Day [ˈleibəˌdei] *s US* blagdan rada (prvi ponedjeljak u rujnu)

labour-dispute [ˈleibədisˌpjuːt] *s* radnički spor, spor zbog nadnica

laboured [ˈleibəd] *adj* nezgrapan; usiljen, ukočen; mučan, tegoban, naporan; polagan, spor

labourer [ˈleibərə] *s* nekvalificirani radnik; tȅžāk

Labour-Exchange [ˈleibəriksˈtʃeindʒ] *s* burza rada

labouring [ˈleibəriŋ] *s mar* valjanje (broda)

labourist [ˈleibərist] *s* pristaša Laburističke (radničke) stranke; član Laburističke stranke, laburist

labourite [ˈleibərait] *s parl* laburistički zastupnik, zastupnik radničke stranke; član Laburističke stranke, laburist; pristaša Laburističke stranke

labour-market [ˈleibəˌmaːkit] *s* tržište radnom snagom

Labour Party [ˈleibəˈpaːti] *s* Laburistička stranka (engl. radnička stranka)

labour-saving ['leibəˌseiviŋ] *adj* koji ušteđuje ljudski rad | ~ **devices (appliances)** kućanski aparati
labour union ['leibəˌjuːnjən] *s* radnički sindikat
laburnum [lə'bəːnəm] *s bot* zanovijet
labyrinth ['læbərinθ] *s* labirint; *fig* zbrka; zaplet | ~ **seal** labirintna brtva
labyrinthian [ˌlæbə'rinθiən] *adj* → **labyrinthine**
labyrinthine [ˌlæbə'rinθain] *adj* labirintski; *fig* zbrkan, zamršen, zapleten
lac [læk] *s* crvena pokost, lak; lakirane izrađevine ili predmeti
lace [leis] *s* vezanka, vrpca, gajtan, traka, oputa; rojta, resa; čipka; blaga mješavina konjaka, džina i neke druge tekućine
lace [leis] *vt/i* **I.** *vt* 1. (vrpcom) vezati, stegnuti (i ~ *up*); ukrasiti resama ili rojtama; izraditi, uresiti čipkom; provući vrpcu (*through*); išarati bojama; primiješati žestoko piće (*with* nekoj tekućini) 2. išibati, izbičevati; istući, izlemati; (batinama) utuviti (*into* komu) **II.** *vi* vezati se (vrpcom) | *fig* **to ~ a p's jacket** isprašiti komu leđa, izlemati ili istući koga; **~d boots** cipele na vezice
lacerate ['læsəreit] *vt* rastrgati, raskomadati, razdrijeti, razderati; *fig* mučiti, razdirati
laceration [ˌlæsə'reiʃn] *s* komadanje, razdiranje; rastrganost, razderanost; razderana rana; *fig* razdrtost
laches ['leitʃiz] *s jur* nemar, propust
lachrymal ['lækriməl] *adj* suzan, suzni
lachrymal ['lækriməl] *s* posudica ili vaza za sabiranje suza žalobnika (u poganskim grobovima)
lachrymatory ['lækrimətəri] *adj* koji izaziva suze, koji tjera na suze, suzan | ~ **gas** suzavac
lachrymose ['lækriməus] *adj* (**~ly** *adv*) suzan, plačljiv, plačan, žaloban
lacing ['leisiŋ] *s mar* uzica
lack [læk] *s* manjak, pomanjkanje, neimanje, nestašica, oskudica | **no ~ of** dosta čega, obilje čega; **for ~ of** u nestašici (čega), u pomanjkanju (čega)
lack [læk] *vi/t* **I.** *vi* nedostajati, manjkati **II.** *vt* nemati (čega), biti u pomanjkanju (čega), trpjeti oskudicu ili nestašicu (*for* čega)
lackadaisical [ˌlækə'deizikl] *adj* (**~ly** *adv*) bezvoljan, mlitav, apatičan
lackey (lacquey) ['læki] *s* lakaj, livriran sluga; *fig* ulizica, udvorica, servilan čovjek
lackey (lacquey) ['læki] *vt* služiti (komu) kao lakaj; *fig* dodvoravati se ili ulagivati se (komu), biti pretjerano uljudan ili uslužan (prema komu)
lack-lustre ['lækˌlʌstə] *adj* mutan, zamagljen, bez sjaja
laconic [lə'kɔnik] *adj* (**~ally** *adv*) kratak, lakonski, lakoničan
laconism ['lækənizəm] *s* kratak, jezgrovit način govora, lakonizam
lacquer (lacker) ['lækə] *s* pokost, lak; lakirani predmet ili izrađevina
lacquer (lacker) ['lækə] *vt* lakirati, prevući pokošću
lacquey ['læki] *s* → **lackey**
lacrosse [lə'krɔs] *s sport* igra loptom slična hokeju na travi (kanadski nacionalni sport)
lactate ['lækteit] *vi* izlučivati mlijeko; dojiti (mlado)
lactation [læk'teiʃn] *s* laktacija, izlučivanje mlijeka; dojenje
lacteal ['læktiəl] *adj* mliječan
lactic ['læktik] *adj chem* mliječan | ~ **acid** mliječna kiselina
lactiferous [læk'tifərəs] *adj* koji daje mlijeka, mliječan
lactose ['læktəus] *s* laktoza, mliječni šećer
lacuna [lə'kjuːnə] *s* (*pl* **lacunae** [lə'kjuːniː], **~s**) izostavljen ili ispušten dio (u knjizi, rukopisu); praznina, rupa (u znanju); šupljina (u kosti, tkivu)
lacy ['leisi] *adj* (**lacily** *adv*) čipkast; nalik na čipku, poput čipke
lad [læd] *s* mladić, momak; dječak; *coll* čovjek
ladder ['lædə] *s* ljestve (& *fig*); *mar* bočni siz; spuštena očica (na čarapi itd.) | **the ~ of success** put prema uspjehu; **to get one's foot on the ~** početi, učiniti početak; **he kicked away (down) the ~ by which he rose** prezreo je, odbacio je one koji su mu pomogli do uspjeha; **~ rope** ograda bočnog siza
ladder ['lædə] *vi* imati spuštene ili pale očice (o **čarapi**)
ladder-proof ['lædə'pruːf] *adj* kojemu ne padaju očice (čarapa itd.)
laddie ['lædi] *s* momčić, dječak; *sl* stari momče!, prijatelju!, dragoviću!
lade [leɪd] *vt* (*pret* **~d**; *pp* laden, **~d**) tovariti, nakrcati (što, na što, u što); crpsti, grabiti (lopatom, zaimačom itd.) | **~n with thought** misaon, ispunjen mislima
laden ['leidn] *adj* natovaren, krcat, opterećen
la-di-da [ˌlaːdi'daː] *adj coll* gospodski, pretenciozan; usiljen, izvještačen
lading ['leidiŋ] *s* tovarenje, utovar, krcanje; tovar, teret | *mar* **bill of ~** teretnica, konosman
ladle ['leidl] *s* zaimača; kutlača, varjača; kablica, vedrica, crpaljka
ladle ['leidl] *vt* vaditi, crpsti, grabiti (zaimačom itd.)
ladle out ['leidl'aut] *vt* vaditi, crpsti, grabiti zaimačom (iz posude); *fig coll* ne birajući dijeliti (časti, pohvale)
ladleful ['leidlful] *s* koliko bi zagrabio zaimačom; velika žlica (mjera)

lady ['leidi] *s* gospođa, dama; gospođa plemenita roda; gospodarica; naslov za supruge engl. plemića (ispod vojvode) i kćeri vojvoda, markiza i grofova; *poet* žena; *vulg* & *arch* supruga; zaručnica; djevojka, draga; uz oznaku zvanja za određivanje ženskoga roda (*lady-doctor* liječnica) | **Our Lady** Naša Gospa, Majka Božja; **first ~** supruga predsjednika SAD; **Lady Mayoress** supruga gradonačelnika; **your good ~** vaša draga supruga; **young ~** gospođica; **~ of easy virtue** (**~ of pleasure**) kurtizana, laka žena
lady-bird ['leidibə:d] *s ent* božja ovčica, bubamara
lady-bug ['leidibʌg] *s ent US* božja ovčica
lady-chair ['leiditʃɛə] *s* improvizirano sjedalo (za prijenos ranjenika itd.) načinjeno tako da dva čovjeka ukrste ruke
Lady-chapel ['leidi,tʃæpəl] *s* kapela posvećena Majci Božjoj
Lady Day ['leididei] *s* Blagovijest (25. ožujka)
lady-finger ['leidi,fiŋgə] *s* piškota
lady-help [,leidi'help] *s* žena namještena u domaćinstvu
lady-in-waiting [,leidiin'weitiŋ] *s* dvorska dama
lady-killer ['leidi,kilə] *s* umišljen osvajač ženskih srca, Don Juan
ladylike ['leidilaik] *adj* otmjen, uglađen, koji dolikuje gospođi; ženskast, feminin
lady-love ['leidilʌv] *s* voljena, ljubljena djevojka, draga
ladyship ['leidiʃip] *s* položaj, čast gospođe | **your ~** vaše gospodstvo
lady's-maid ['leidizmeid] *s* sobarica, komorkinja (gospođe)
lady's man ['leidiz'mæn] *s* muškarac koji voli žensko društvo, koji je osobito pažljiv prema ženama
lag[1] [læg] *s* zakašnjenje; zastoj; *phys* zaostajanje, retardacija | **~ of tide** vremenski razmak za koji plima i oseka zaostaju iza srednjega vremena za 1. i 3. četvrti Mjeseca; **phase ~** fazni pomak
lag [læg] *vi* vući se, zaostajati (*behind* iza) | *mar* **~ging current** struja zadržavanja
lag[2] [læg] *s sl* zatvorenik, osuđenik, uznik, kažnjenik, logoraš
lag[1] [læg] *vt* uhapsiti, zatvoriti; otpremiti u logor, na prisilni rad, deportirati
lag[3] [læg] *s* materijal za toplotnu izolaciju (bojlera)
lag[2] [læg] *vt* obložiti materijalom za toplotnu izolaciju (vodovodne cijevi, bojler itd.)
lagan ['lægən] *s jur* brodski teret ili potonuli brod na morskom dnu
lager ['la:gə] *s* vrsta laganog njemačkog piva
laggard ['lægəd] *adj* spor, trom, lijen, mlitav, bezvoljan, nepoduzetan, **neodlučan**
laggard ['lægəd] *s* oklijevalo, bezvoljnik, mlitavac
lagoon (lagune) [lə'gu:n] *s* laguna
laic ['leiik] *adj* (**~ally** *adv*) svjetovan, laički
laic ['leiik] *s* svjetovnjak, laik
laicize ['leiisaiz] *vt* posvjetovnjačiti, učiniti svjetovnim, učiniti pristupačnim svjetovnim osobama
laid [leid] *pret* & *pp* od **lay** | **~ off vessel** raspremljen brod; *mar* **~ rope** kruto čelik čelo
lain [lein] *pp* od **lie**
lair [lɛə] *s* brlog, jazbina, duplja; ležaj; nastamba, stan; tor, obor; ležaj, počivalište (za životinje koje se vode na trg)
lair [lɛə] *vi/t* **I.** *vi* ležati, boraviti, zadržavati se, počivati ili biti u brlogu, duplji itd., povući se u duplju itd. **II.** *vt* spremiti na počivalište, u tor, u obor
laird [lɛəd] *s Scot* posjednik zemlje
lairdship ['lɛədʃip] *s Scot* položaj posjednika zemlje; posjedništvo; posjed, imanje
laity ['leiəti] *s* svjetovnjaštvo; svjetovnjaci, laici; osobe neintelektualnih zvanja
lake[1] [leik] *s* jezero | **the Lake District** dio sjeverozapadne Engleske s brojnim jezerima; **the Great Lake** Atlantski ocean; **the Great Lakes** velika jezera na granici SAD i Kanade
lake[2] [leik] *s* grimizna boja (za bojenje)
lake-dwelling ['leik,dweliŋ] *s* sojenica
lake-land ['leiklænd] *s* englesko jezersko područje
lakelet ['leiklit] *s* malo jezero, jezerce
laker ['leikə] *s* jezerski brod
lakh [læk] *s* | **a ~ of rupees** sto tisuća rupija
laky ['leiki] *adj* jezerski, pun jezera; nalik na jezero, poput jezera; grimizan, tamnocrven
lam [læm] *vt/i sl* **I.** *vt* udarati, udariti, mlatiti, tući, lemati, isprebijati **II.** *vi* mlatiti, tući, lemati | **to ~ into a p** napasti koga
lama ['la:mə] *s* lama, budistički kaluđer (u Tibetu)
lamasery ['la:məsəri] *s* budistički samostan, manastir (u Tibetu)
lamb [læm] *s* janje, jaganjce, janjčić, janješce; janjetina | **like a ~** popustljiv, blag, bez otpora, bez opiranja; **wolf (fox) in ~'s skin** vuk (lisac) u janjećoj koži, licemjer; **the Lamb (of God)** jaganjac božji; **you may as well be hanged for a sheep as for a ~** kad si već jedanput sagriješio, možeš i drugi put, jedan grijeh više ili manje
lamb [læm] *vt/i* **I.** *vt* ojanjiti, ojagnjiti, janjiti, jagnjiti; pomagati ovci prilikom janjenja **II.** *vi* ojanjiti se, janjiti se
lambda ['læmdə] *s* grčko slovo lambda
lambdacism ['læmdəsizəm] *s* izgovaranje slova *r* poput slova *l*

lambency [ˈlæmbənsi] *s* plamsanje, lizanje, palucanje (plamena); svjetlucanje, igranje (svjetla); duhovitost, dosjetljivost
lambent [ˈlæmbənt] *adj* (**~ly** *adv*) svjetlucav, plamsav, ližući (plamen); duhovit, dosjetljiv
lambkin [ˈlæmkin] *s* posve mlado janje, janješce; naziv od milja za malo dijete
lamblike [ˈlæmlaik] *adj* janjeći; blag, popustljiv, umiljat, krotak, nalik na janje, poput janjeta
lambrequin [ˈlæmbəkin] *s* 1. *arch* rubac ili veo kojim se šljem zaštićivao od vrućine ili vlage 2. kratak zastor nad gornjim dijelom vrata ili prozora ili na gornjem rubu kamina
lambskin [ˈlæmskin] *s* janjeće krzno; janjeća koža
lambswool (**lamb's-wool**) [ˈlæmzwul] *s* 1. fina, mekana vuna 2. zašećereno vruće pivo začinjeno mirodijama i pomiješano s kašom od pečenih jabuka
lame [leim] *adj* (**~ly** *adv*) kljast, sakat; hrom, šepav; *fig* blijed, slab, mršav, jeftin, neuvjerljiv, nedovoljan (dokaz, isprika), loš (stih) | **~ duck** šepavac; kljast čovjek; nemoćna osoba (koja treba pomoć); onesposobljen brod; poduzeće u financijskim teškoćama; propali burzovni špekulant; *US* senator koji nije ponovno izabran
lame [leim] *vt* osakatiti; učiniti hromim, šepavim (& *fig*); onesposobiti
lamé [ˈlaːmei] *s Fr* sukno s utkanim metalnim nitima
lameness [ˈleimnis] *s* hromost, šepavost; sakatost
lament [ləˈment] *s* kukanje, jadanje, jadikovanje; jadikovka, tužaljka, naricaljka
lament [ləˈment] *vt/i* **I.** *vt* oplakivati, žaliti **II.** *vi* kukati, jadikovati, jadati se, naricati (*over* zbog čega, nad čim), oplakivati (*for* koga)
lamentable [ˈlæməntəbl] *adj* (**lamentably** *adv*) žalostan, jadan, očajan, bijedan; *arch* žaloban, tužan, pun tuge
lamentation [ˌlæmenˈteiʃn] *s* jadikovanje, tuženje, kukanje, jadanje, lamentacija; teška, duboka žalost
lamented [ləˈmentid] *adj* oplakivan, pokojni; **the ~** pokojnik
lamina [ˈlæminə] *s* (*pl* **laminae** [ˈlæminiː]) tanka pločica; lamela
laminar [ˈlæminə] *adj* izrađen od tankih pločica | **~ flow** laminarno strujanje
laminate [ˈlæmineit] *vt/i* **I.** *vt* valjati, spljoštiti, pretvarati, kovati u pločice ili listove, cijepati, kalati na pločice itd.; pokriti, presvući listićima **II.** *vi* cijepati se, kalati se (na listove), pretvarati se u listiće
laminated [ˈlæmineitid] *adj* pločast, listast, koji je u listićima ili tankim pločicama | *tech* **~ spring** lisnato pero

Lammas [ˈlæməs] *s* 1. kolovoza, nekoć žetvena svečanost u Engleskoj
lamp [læmp] *s* svjetiljka, fenjer, luč; grijalica; kuhalo; *fig* svjetlo; lučonoša; sunce, mjesec, zvijezda | **to smell of the ~** odavati težak, mučan (noćni) rad, imati težak, krut stil; **to pass** (ili **hand**) **on the ~** unapređivati, promicati, razvijati (nauku itd.); *mar* **~ locker** spremište za fenjere; **kerosene ~** petrolejka; **floor ~** stojeća lampa
lamp [læmp] *vi/t* **I.** *vi* svijetliti, sjati **II.** *vt* osvijetliti, rasvijetliti, opremiti svjetiljkama; *US sl* gledati, pogledati
lampas [ˈlæmpəz] *s* zuberine (oticanje nepca, vrsta bolesti konja)
lamp-black [ˈlæmpblæk] *s* čađa (od svjetiljke); pigment od čađe
lamp-chimney [ˈlæmpˌtʃimni] *s* staklo petrolejske svjetiljke, cilindar
lamp-glass [ˈlæmpglaːs] *s* → **lamp-chimney**
lampion [ˈlæmpiən] *s* lampion, papirna svjetiljka
lamp-light [ˈlæmplait] *s* umjetno svjetlo | **by ~** kod umjetnog svjetla
lamp-lighter [ˈlæmpˌlaitə] *s* nažigač, čovjek koji pali ulične svjetiljke | **like a ~** vrlo brzo, strelovito
lamp-oil [ˈlæmpɔil] *s* petrolej (za svjetiljku)
lampoon [læmˈpuːn] *s* pogrdan spis ili članak, satira, rugalica
lampoon [læmˈpuːn] *vt* napasti (koga), izrugivati se, narugati se (komu) pogrdnim spisom ili satirom; pisati pogrdne članke protiv koga
lampooner [læmˈpuːnə] *s* pisac rugalica, satira
lampoonist [læmˈpuːnist] *s* → **lampooner**
lamp-post [ˈlæmppəust] *s* stup ulične svjetiljke
lamprey [ˈlæmpri] *s ichth* zmijuljica, gujavica, piškor
lamp-shade [ˈlæmpʃeid] *s* sjenilo, zaslon na svjetiljci
lanate [ˈlæneit] *adj* vunen, vunast
Lancastrian [læŋˈkæstriən] *adj* koji pripada, koji se odnosi na engl. pokrajinu Lancaster ili Lancashire; *hist* koji potječe od kraljevske kuće Lancaster ili pristaje uz nju
Lancastrian [læŋˈkæstriən] *s* stanovnik Lancastera ili Lancashirea; *hist* pripadnik ili pristaša kraljevske kuće Lancaster
lance [laːns] *s* koplje; harpun; kopljanik, kopljonoša
lance [laːns] *vt* napasti, ubosti, proburaziti, probosti kopljem, nabaciti se kopljem na koga; *poet* baciti sa zamahom; *med* razrezati (kirurškim nožem, lancetom)
lance-corporal [ˌlaːnsˈkɔːpərəl] *s mil* razvodnik, kaplar
lance-fish [ˈlaːnsfiʃ] *s ichth* vrsta ribe u Pacifiku (*Gomorhynchus grayi*)

lance-jack [ˈlaːnsdʒæk] *s mil sl* razvodnik, kaplar

lancelet [ˈlaːnslit] *s zool* kopljača (*Amphioxus,* najbliži srodnik kralježnjaka)

lanceolate [ˈlaːnsiəleit] *adj bot* zašiljen, kopljasta oblika

lancer [ˈlaːnsə] *s mil* ulan, kopljanik, konjanik | ~**s** *pl* vrsta kadrile; glazba za takav ples

lance-sergeant [ˌlaːnsˈsaːdʒənt] *s mil* desetar koji zamjenjuje vodnika

lancet [ˈlaːnsit] *s* kirurški nož; lanceta

lancet arch [ˈlaːnsitaːtʃ] *s archit* šiljast luk

lance-wood [ˈlaːnswud] *s* vrsta žilava, elastična drva za izradbu lukova, ribarskih prutila itd.

land [lænd] *s* kopno, (suha) zemlja; kraj, predio, područje; zemlja, država; **tlo,** zemljište; posjed, imanje; komad oranice ili pašnjaka između dva odvodna jarkâ; *mil* polje (dio stijenke puščane cijevi između dviju užljebina); *arch* selo, ladanje | ~**s** *pl* nekretnine; **to see how the ~ lies** vidjeti kako stoje stvari; **~ of lakes, ~ of the thistle** Škotska; *Scot* **~ of the leal** nebo, nebesa; **~ of the living** sadašnji život, ovaj svijet; **~ of Nod** san; **Land of Promise** Obećana zemlja; **by ~** kopnom; **to go on the ~** ići na selo; **to make ~** ugledati kopno, pristati; **the ~ question** agrarno pitanje; **~ reclamation** melioracija zemljišta; **~ reform** agrarna reforma; **~ register** gruntovnica, gruntovni ured

land [lænd] *vt/i* **I.** *vt* iskrcati (*at* kod, u), izvući na suho; smjestiti, dovesti, dopremiti (do čega); *mar* iskrcati; *sport* dovesti na cilj (konja), zatjerati (loptu); *fig* predobiti koga, osvojiti, osigurati sebi (što) **II.** *vi* iskrcati se; stići, dospjeti, pristati; dočekati se (nakon skoka); zapasti; upasti | **to ~ a p a blow** udariti koga, zadati udarac kome; **I'll ~ you one** opalit ću ti jednu; **to ~ oneself in** zapasti u što; **to ~ on one's head** pasti na glavu; **to be nicely ~ed** biti u dobru položaju; **to ~ a man with coat that doesn't fit** dovesti koga u neugodan položaj; **to be ~ed in a great difficulty** zapasti u veliku nepriliku; **to be ~ed in a loss** pretrpjeti gubitak; **to ~ on one's feet, to ~ like a cat** imati sreću, izmaći opasnosti

land-agent [ˈlændˌeidʒənt] *s US* posrednik pri kupovanju nekretnina; *GB* upravitelj imanja

landau [ˈlændɔː] *s* zatvorena kočija s rasklopivim krovom, landau

land-bank [ˈlændbæŋk] *s* hipotekarna banka

land-borne trade [ˈlændbɔːnˈtreid] *s* suhozemna trgovina

land-breeze [ˈlændbriːz] *s* povjetarac s kopna

land-bridge [ˈlændbridʒ] *s* prevlaka između dva kopna

land-carriage [ˈlændˌkæridʒ] *s* prijevoz kopnom | **by ~** kopnenim putem, željeznicom ili cestom

land-crab [ˈlændkræb] *s zool* kopnena rakovica (*Gecarcinus ruricola*)

landed [ˈlændid] *adj* zemljišni, koji se sastoji od zemlje ili nekretnina; koji posjeduje zemlju | **~ estate (property)** (zemljišni) posjed; **~ security** jamstvo zemljoposjedom

landfall [ˈlændfɔːl] *s mar* približavanje obali

land-forces [ˈlændfɔːsiz] *s pl mil* kopnena vojska, kopnene snage

land-girl [ˈlændgəːl] *s GB* dobrovoljna poljoprivredna pomoćnica (*spec* za vrijeme rata)

landgrabber [ˈlændˌgræbə] *s* onaj koji nezakonito zaposjedne zemlju; onaj koji preuzme zemlju s koje je zakupnik protjeran (*spec* u Irskoj)

landgrave [ˈlændgreiv] *s* naslov poglavara samostalnih državica u bivšem njemačkom carstvu, landgraf

landgravine [ˈlændgrəviːn] *s* žena poglavara samostalne državice u bivšem njemačkom carstvu

landholder [ˈlændˌhəuldə] *s* zemljoposjednik; zakupnik

land-holding [ˈlændˌhəuldiŋ] zakup zemlje

land-hunger [ˈlændˌhʌŋgə] *s* glad za zemljom ili posjedom

landing [ˈlændiŋ] *s* pristajanje, iskrcavanje, prispijeće; izvlačenje na suho; pristajalište, mjesto pristajanja, iskrcavanja, prispijeća; odmorište, podest, terasa (na stubištu)

landing-account [ˈlændiŋəˌkaunt] *s* istovarnica, istovarni list

landing craft [ˈlændiŋkraːft] *s* desantni brod

landing gear [ˈlændiŋgiə] *s aero* stajni trap

landing-net [ˈlændiŋnet] *s sport* mreža na dugom dršku za vađenje udicom uhvaćenih riba

landing-place [ˈlændiŋpleis] *s* pristajalište, iskrcavalište

landing-stage [ˈlændiŋsteidʒ] *s* malo pristanište; brv, mostić; pristan na vodi mostom spojen s kopnom

landing-strip [ˈlændiŋstrip] *s aero* pista; pomoćni aerodrom

landing-weight [ˈlændiŋweit] *s* težina kod iskrcavanja, istovarna težina

land-jobber [ˈlændˌdʒɔbə] *s* mešetar zemljištima, spekulant nekretninama

landlady [ˈlænˌleidi] *s* kućevlasnica; vlastelinka, posjednica, vlasnica zakupljene zemlje; vlasnica hotela ili svratišta, gazdarica, gostioničarka

landless ['lændlis] *adj* koji nema zemlje, koji je bez posjeda
land line ['lændlain] *s* telegrafski ili telefonski vod
land-locked ['lændlɔkt] *adj* posve ili većim dijelom okružen kopnom, zatvoren | ~ **country** zemlja bez izlaza na more
land-loper ['lænd,ləupə] *s* skitnica, protuha, probisvijet
landlord ['lænlɔːd] *s* posjednik, vlastelin, vlasnik zakupljene zemlje, gospodar; gostioničar; kućevlasnik, kućegazda, gazda; svratištar, hotelijer
landlordism ['lænlɔːdizəm] *s* način mišljenja i ponašanja veleposjednika kao klase; sistem privatnog vlasništva zemlje koja se daje u najam
landlordly ['lænlɔːdli] *adj* vlastelinski, gazdinski, veleposjednički, koji se odnosi na položaj veleposjednika
land-lubber ['lænd,lʌbə] *s mar sl* čovjek s kopna (podrugljiv izraz pomorca za čovjeka koji je neznalica u pomorstvu), žabar
landmark ['lændmaːk] *s* međaš, granični znak; nadaleko vidljiv objekt koji služi kao vodič; *mar* navigacijska oznaka, orijentir; *fig* značajan događaj; znamenje
landmine ['lændmain] *s* nagazna mina
landocracy [læn'dɔkrəsi] *s* posjednički stalež, vlastela, zemljoposjednici
land-office ['lænd,ɔfis] *s* zemljišni ured, zemljišnoknjižni ured, katastar
land-owner ['lænd,əunə] *s* zemljoposjednik
landrail ['lændreil] *s ornith* kosac prepeličar (*Crex crex*)
land-roller ['lænd,rəulə] *s* poljski valjak
landscape ['lænskeip] *s* krajolik; pejzaž, okolina | ~ **architecture** planiranje zelenih površina; ~ **gardening** stvaranje zelenih površina
landscapist ['læn,skeipist] *s* slikar pejzaža
Land's End ['lændz'end] *s* zapadni rt Cornwalla
land-service ['lænd,səːvis] *s* poljoprivredna služba (*spec* za vrijeme rata)
land-shark ['lændʃaːk] *s* kopneni gusar, onaj koji vara ili iskorišćuje mornare na kopnu; onaj koji otima zemlju drugomu
land-slide ['lændslaid] *s* odron zemlje, urvina; *pol* preokret, dobivanje velike većine na izborima; *fig* katastrofa
landslip ['lændslip] *s* odron zemlje
landsman ['lændzmən] *s* onaj koji nije pomorac, čovjek od kraja, stanovnik kopna, žabar
land-surveying ['lændsəː'veiiŋ] *s* izmjera zemlje
land-surveyor ['lændsə,veiə] *s* mjernik, geometar
land-tax ['lændtæks] *s* zemljarina, porez na zemlju
land-tie ['lændtai] *s archit* potporna greda, zid itd.
land-turn ['lændtəːn] *s mar* vjetar s kraja
landward ['lændwəd] *adj* koji je okrenut prema kopnu ili kraju, koji je blizu kopna ili kraja
landward(s) ['lændwəd(z)] *adv* prema kopnu, kraju
land-wind ['lændwind] *s* vjetar s kopna (na more)
land worker ['lænd,wəːkə] *s* tèžāk, poljoprivredni radnik
lane [lein] *s* uska ulica, uličica, uzak put; prolaz (kroz gomilu ljudi); prometna traka; *mar aero* propisana ruta, koridor; *mar* prolaz u ledu | **it is a long ~ that has no turning** u svakom zlu ima nešto dobro; **four-~ road** cesta s četiri prometne trake
lang syne [,læŋ'sain] *adv Scot* davno, nekoć, nekada, u dobra stara vremena
lang syne [,læŋ'sain] *s Scot* davna prošlost, dobra stara vremena
language ['læŋgwidʒ] *s* jezik, govor; *vulg* prost govor, nepristojne riječi | ~ **of flowers** simboličko značenje različitih vrsta cvijeća; **bad** ~ nepristojan govor, psovke; **fine** ~ kićen stil, govor; **strong** ~ oštre, grube riječi; **I won't have any ~ here** ne dopuštam nikakve prostote; **to use ~ to a p** napasti psovkama koga
language-master ['læŋgwidʒ,maːstə] *s* učitelj jezika
languid ['læŋgwid] *adj* (**~ly** *adv*) mlitav, mlak, lijen, slab, trom, bez života, malaksao, klonuo; polagan, spor
languish ['læŋgwiʃ] *vi* ginuti, sahnuti, pogibati, venuti, čeznuti (*for, under* za, pod); slabiti, blijedjeti, klonuti, omlitaviti; propadati, opadati; čamiti; čeznutljivo gledati
languishing ['læŋgwiʃiŋ] *adj* (**~ly** *adv*) čeznutljiv, tugaljiv, turoban, potišten; osjećajan; koji gine, vene, sahne, pogiba; koji blijedi, slabi, opada
languishment ['læŋgwiʃmənt] *s* (ljubavna) čežnja, čeznutljivost; čama; mlitavost, tromost
languor ['læŋgə] *s* mlohavost, mlitavost, slabost, iznemoglost, klonulost, tromost, nehaj, mlakost, nepokretnost; snenost, čeznutljivost, sanjarija
languorous ['læŋgərəs] *adj* (**~ly** *adv*) klonuo, trom, nehajan, mlitav, slab, mlak, nepokretan; čeznutljiv, sanjarski; sparan
langur [læŋ'guə] *s* vrsta dugorepa majmuna, langur
lank [læŋk] *adj* vitak, tanak, mršav, slabašan, sitan, nježan; ravan, gladak, neuvijen (kosa)
lanky ['læŋki] *adj* (**lankily** *adv*) vitak, tanak; visok i mršav

lanner [ˈlænə] *s ornith* južni sokol (ženka)
lanneret [ˈlænərit] *s ornith* južni sokol (mužjak)
lanolin(e) [ˈlænəliːn] *s* lanolin
lantern [ˈlæntən] *s* svjetiljka, fenjer; rasvjetna komora svjetionika; *archit* tornjić (na kupoli itd.) koji propušta svjetlo ili zrak; *ent* rilo fenjeruše; *US fig* lučonoša | **parish** ~ Mjesec; **Chinese** ~ lampion; **magic** ~ laterna magica
lantern-fly [ˈlæntənflai] *s ent* fenjeruša (*Laternaria phosphorea*)
lanternist [ˈlæntənist] *s* čovjek koji barata laternom magikom
lantern-jawed [ˈlæntəndʒɔːd] *adj* upalih obraza
lantern-jaws [ˈlæntəndʒɔːz] *s pl* upali (šuplji) obrazi, ispijeno lice
lantern-slide [ˈlæntənslaid] *s* dijapozitiv
lanyard [ˈlænjəd] *s mar* 1. podvezica, uzica 2. stezaljka (od konopa) 3. vrpca za nož
lap¹ [læp] *s* skut, krilo; koljena (& *fig*); okrajak, rub, dio koji visi; *anat* ušna resa, uvce, priuhak | **in fortune's** ~ u krilu sreće, sretan; **in the** ~ **of luxury** u izobilju, bogatstvu
lap² [læp] *s* prijevoj, pregib; preklop; spoj, šav; naslaga (pamuka itd.) na valjku; pojedini namot (užeta, konca) oko kalema; *sport* okrug | *tech* **half** ~ preklopno spajanje
lap¹ [læp] *vt/i* **I.** *vt* omotati, složiti oko čega, ogrnuti, oviti, zaviti, uviti (*about, round, in*); *fig* obaviti, okružiti, opkoliti (*in* čime); položiti jedno preko drugoga; zavrnuti, suvratiti (*over*); *sport* preteći suparnika za jedan ili više krugova; prevaliti, prijeći krug **II.** *vi* viriti, provirivati; sezati, zahvaćati (*over* preko čega, *into* u); poklapati se
lap³ [læp] *s tech* ploča za bušenje, poliranje ili glačanje
lap [læp] *vt* glačati, polirati, brusiti
lap⁴ [læp] *s* tekuća pseća hrana; količina (tekućine) zagrabljena jezikom; pljuskanje (valića); *sl* slabo alkoholno piće
lap² [læp] *vi/t* lizati, jezikom zahvaćati (tekućinu), laptati; pohlepno popiti, polokati (*up, down*); lizati, oplakivati (valovi obalu), zapljuskivati; udarati, zapljusnuti (*at, against* o)
lap-dog [ˈlæpdɔg] *s* psić (koji se drži na krilu), pas koji se pretjerano tetoši
lapel [ləˈpel] *s* suvratak (na kaputu), rever
lapelled [ləˈpeld] *adj* koji ima revere
lapful [ˈlæpful] *s* koliko stane u krilo ili pregaču
lapidary [ˈlæpidəri] *adj* kameni; koji se odnosi na brušenje ili rezanje dragulja; uklesan; *fig* zbijen, kratak i jezgrovit, lapidaran
lapidary [ˈlæpidəri] *s* kamenorezac; rezbar ili brusač dragulja; stručnjak za dragulje, poznavalac dragulja; pismena rasprava o draguljima
lapidate [ˈlæpideit] *vt* napasti ili zasuti kamenjem, kamenovati
lapis lazuli [ˌlæpisˈlæzjulai] *s* lazurni kamen
lap-joint [ˈlæpdʒɔint] *s tech* preklopni spoj
Laplander [ˈlæplændə] *s* Laponac, Laponka
Lapp [læp] *s* → **Laplander**; laponski jezik
lappet [ˈlæpit] *s* okrajak, rub, dio koji visi ili seže preko čega; (ušna) resa; (plućni) režanj; suvratak (kaputa); vrpca na ženskom šeširu; zaštitna pločica oko ključanice
Lappish [ˈlæpiʃ] *adj* laponski
Lappish [ˈlæpiʃ] *s* laponski jezik
Lapponian [læˈpəunjən] *adj s* → **Lappish**
lapse [læps] *s* pogreška, greška, zabuna, propust; zastranjenje, odmetnuće, udaljivanje, skretanje; propadanje, upadanje (*into* u), tonjenje; protjecanje, prolaženje, odmicanje; razdoblje, razmak (vremena); lagan tok (vode); *jur* zastara, propadanje prava (na ostavštinu smrću korisnika); ~ **of tongue** zabuna u govoru; ~ **of memory** loše sjećanje
lapse [læps] *vi fig* odmetnuti se, otpasti, otpadati; skretati, odmicati (*from* od); utonuti, zapadati, zapasti, zagreznuti (*into* u), sagriješiti, skriviti, ponovo zapasti ili zagreznuti (u grijeh); *jur* prijeći na drugoga, pripasti komu (*to*); proteći, isteći, izgubiti valjanost, propasti, zastarjeti
lapse away [ˈlæpsəˈwei] *vi* kliziti, teći, protjecati, proteći, proći, prolaziti, odmicati (vrijeme); popuštati, popustiti, gubiti se, nestajati
lap-stone [ˈlæpstəun] *s* postolarski kamen (koji se drži na koljenima)
lap-strap [ˈlæpstræp] *s aero* sigurnosni pojas
lapsus [ˈlæpsəs] *s* greška, lapsus
Laputan [ləˈpjuːtən] *adj* laputanski, koji se odnosi na Laputu (leteći otok u »Guliverovim putovanjima«); *fig* besmislen, fantastičan, apsurdan
Laputan [ləˈpjuːtən] *s* Laputanac, stanovnik Lapute; *fig* zanesenjak, fantast
lap welding [ˈlæpweldiŋ] *s* preklopno zavarivanje
lapwing [ˈlæpwiŋ] *s ornith* vivak
lar [lɑː] *s* (*pl* **lares** [ˈlɛəriːz]) rimski kućni bog; *fig* praotac; *zool* (*pl* ~**s**) bjeloruki burmanski gibon | ~**es and penates** kućno ognjište, dom
larboard [ˈlɑːbəd] *s mar* lijeva strana broda (kad se gleda prema pramcu)
larboard [ˈlɑːbəd] *adj mar* koji je na lijevoj strani broda, koji se odnosi na tu stranu
larcenist [ˈlɑːsinist] *s* kradljivac, tat

larcenous [ˈlaːsənəs] *adj* (~**ly** *adv*) kradljiv, tatski
larceny [ˈlaːsəni] *s jur* krađa | **petty** ~ sitna krađa
larch [laːtʃ] *s bot* ariš
lard [laːd] *s* (svinjska) mast, salo
lard [laːd] *vt* nadjenuti slaninom; *fig* ukrasiti, začiniti, okititi (*with* čime)
larder [ˈlaːdə] *s* smočnica, ostava
lardoon [laːˈduːn] *s* kriška ili traka slanine (za nadjevanje mesa)
lardy [ˈlaːdi] *adj* mastan, tust, salast
lardy-dardy [ˈlaːdiˈdaːdi] *adj* afektiran; blaziran, snobovski
lares [ˈlɛəriːz] *s pl* od **lar**
large [laːdʒ] *adj* velik, krupan; širok, prostran, opsežan, zamašan; brojan; obilan, izdašan, bogat; *arch* velikodušan, širokogrudan, plemenit, dobrohotan | **on the ~ side** ponešto prevelik ili preširok
large [laːdʒ] *adv* naveliko, važno, hvalisavo | **to talk** ~ služiti se velikim riječima; **by and** ~ u cijelosti, sve u svemu
large [laːdʒ] *s* sloboda | **at** ~ na slobodi; općenito; naprečac; **to talk at** ~ govoriti opširno, pripovijedati podrobno ili potanko; **to be left at** ~ biti prepušten sam sebi; **gentleman at** ~ dvorjanin bez posebnih dužnosti; čovjek bez zanimanja ili zaposlenja
large-handed [ˌlaːdʒˈhændid] *adj* darežljiv, velikodušan, plemenit
large-handedness [ˌlaːdʒˈhændidnis] *s* darežljivost, velikodušnost, plemenitost
large-hearted [ˌlaːdʒˈhaːtid] *adj* velikodušan, širokogrudan
large-heartedness [ˌlaːdʒˈhaːtidnis] *s* velikodušje, širokogrudnost
largely [ˈlaːdʒli] *adv* obilato, opsežno, zamašno; ponajviše, ponajčešće; u velikoj mjeri, mnogo
large-minded [ˌlaːdʒˈmaindid] *adj* širokogrudan; slobodouman, bez predrasuda
large-mindedness [ˌlaːdʒˈmaindidnis] *s* širokogrudnost, plemenitost, trpeljivost
largeness [ˈlaːdʒnis] *s* veličina (& *fig*), širina, prostranstvo, opsežnost; velikodušnost, širokogrudnost
large-scale [ˈlaːdʒskeil] *adj* u velikom razmjeru; velik; opsežan
large-sized [ˈlaːdʒsaizd] *adj* velikog formata
largess(e) [laːˈdʒes] *s arch* novac ili bogati darovi (*spec* neke ličnosti prilikom proslava ili svečanosti); *fig* velikodušje, darežljivost
larghetto [laːˈgetəu] *adv mus* prilično polagano, larghetto
largish [ˈlaːdʒiʃ] *adj* povelik, okrupan, poširok; prilično obilat, zamašan ili izdašan
largo [ˈlaːgəu] *adv mus* veoma polagano, largo
lariat [ˈlæriət] *s* omča, laso
lariat [ˈlæriət] *vt* hvatati, uhvatiti omčom ili lasom
lark[1] [laːk] *s ornith* ševa čevrljuga | **to rise with a** ~ rano ustati; **if the sky fall we shall catch ~s** zlo nije nikada tako crno kako se čini
lark[2] [laːk] *s* šala, lakrdija; zabava, veselje; obijest, bećarenje | **to have a** ~ veselo se provesti, proveseliti se; **he only did (said) it for a** ~ učinio (rekao) je to samo za šalu; **what a** ~ kako zgodno!, koje li šale!
lark [laːk] *vi* šaliti se, tjerati šalu, zabavljati se, zbijati ludorije
lark about [ˈlaːkəˈbaut] *vi* ludo se zabavljati, obijestiti, zbijati obijesne šale
larkspur [ˈlaːkspəː] *s bot* kokotić
larky [ˈlaːki] *adj* šaljiv, spreman na šalu ili ludoriju, koji voli zabavu, obijestan
larn [laːn] *vt/i coll dial* → **learn**
larrikin [ˈlærikin] *s Austr sl* mladi razbijač, galamdžija, siledžija
larva [ˈlaːvə] *s* (*pl* **larvae** [ˈlaːviː]) *ent* larva, ličinka; *hist* sablast, duh, prikaza; *zool* prijelazno stanje životinja u metamorfozi (punoglavac itd.); vrsta sablasna, nadnaravna čudovišta; duh (zemlje, zraka itd.)
laryngeal [ˌlærinˈdʒiːəl] *adj med* grlen, koji se odnosi na grkljan ili grlo
laryngitis [ˌlærinˈdʒaitis] *s med* upala grla, laringitis
laryngology [ˌlæriŋˈgɔlədʒi] *s med* nauka o ljudskom grlu, laringologija
laryngoscope [ləˈriŋgəskəup] *s med* instrument s ogledalima za pregledavanje grkljana, laringoskop
larynx [ˈlæriŋks] *s anat* grkljan, grlo
lascar [ˈlæskə] *s* indijski mornar
lascivious [ləˈsiviəs] *adj* (~**ly** *adv*) pohotan, puten, bludan, požudan, lascivan
laser [ˈleizə] *s phys* laser
lash [læʃ] *s* švigalo (biča); udarac (bičem); oštar ukor; poruga; *fig* poticaj, pobuda | **the** ~ bičevanje (kazna); *fig* oštra, jetka kritika ili poruga; **eye-~** trepavica
lash [læʃ] *vi/t* **I.** *vi* naglo trgnuti ili zamahnuti, švigati, švignuti (čim); žestoko udariti, napasti, tresnuti koga (*at*); žestoko se ritnuti ili ritati (*out*); lijevati, pljuštati, šibati (kiša itd.); *fig* provaliti u bujicu riječi, iznenada žestoko napasti riječima **II.** *vt* švignuti, opaliti, bičevati, šibati, mlatiti, istući; žestoko udarati (o što); *fig* raspaliti, razbjesniti, oštro izazvati, natjerati u što; izgrditi, psovati, žestoko napasti (koga); izrugivati se, rugati se, podrugivati se (komu) | **to ~ oneself into a fury** natjerati se u bijes, planuti, razjariti se
lash [læʃ] *vt* privezati, pričvrstiti (*down, on, to* za što), svezati (*together*), vezati konopom

lasher ['læʃə] *s* propust ili otvor na brani; voda koja se ruši preko brane; voda iznad ili ispod brane ili slapa
lashing[1] ['læʃiŋ] *s* bičevanje, mlaćenje, udaranje | **~s** *pl* mnogo, sva sila, izobilje (*spec* jela i pila)
lashing[2] ['læʃiŋ] *s* vezanje, privezivanje, pričvršćivanje; užad, konopci; *mar* povezica | **~ eye** okce mreže
lass [læs] *s Scot & dial* djevojka; djevojčica; draga; *fam* način oslovljavanja žena koje su ravne govorniku, mlađe od njega ili nižega položaja
lassie ['læsi] *s Scot & dial* djevojka; djevojčica, djevojče
lassitude ['læsitju:d] *s* umor, mlohavost, iscrpljenost, slabost, tromost
lasso ['læsəu] *s* laso
lasso ['læsəu] *vt* hvatati ili uhvatiti lasom
last[1] [la:st] *s* postolarski kalup | **to stick to one's ~** ne miješati se u stvari u koje se čovjek ne razumije
last[2] [la:st] *s* trgovačka mjera za težinu, zapreminu ili količinu | **~ of wool** 12 vreća ili 2061,27 kg vune
last [la:st] *adj* (**~ly** *adv*) posljednji, zadnji, najzadnji; najnoviji, krajnji, konačni; minuli, prеđašnji, prošli | **~ but not least** posljednji po redu, ali ne po važnosti; **~ day** Sudnji dan; **on one's ~ legs** na rubu groba, na kraju svojih snaga; **of the ~ importance** osobito važan, izvanredno značajan; **the ~ but one** pretposljednji, predzadnji; **~ night** sinoć
last [la:st] *adv* na kraju, najzad, najposlije, konačno, posljednji put | **~ not least** na kraju, ali ne manje važno
last[3] [la:st] *s* onaj koji je posljednji spomenut; zadnja (riječ), posljednje pismo; najnovija (riječ, izjava); posljednji (čovjek); posljednji časovi, kraj, smrt | **at ~** najzad; konačno; **at long ~** na kraju krajeva; konačno nekako; **to** (ili **till**) **the ~** do zadnjega, do smrti, do kraja; **to breathe one's ~** izdisati, umirati
last[4] [la:st] *s* izdržljivost, otpornost
last [la:st] *vi* trajati, potrajati; izdržati, držati se; dostajati, doteći
last out ['la:st'aut] *vi/t* **I.** *vi* izdržati, održati se; potrajati; dostajati **II.** *vt* izdržati jednako dugo ili dulje nego tko drugi, nadmašiti koga
lasting ['la:stiŋ] *s* vrsta izdržljive tkanine
lasting ['la:stiŋ] *adj* (**~ly** *adv*) trajan, stalan, postojan, koji će izdržati
latch [lætʃ] *s* kvaka na vratima ili prozoru; zasun brave; patentna brava | **on the ~** zatvoreno samo kvakom
latch [lætʃ] *vt* kvakom zatvoriti (vrata ili prozor)
latchet ['lætʃit] *s* remenčić za vezanje cipele
latch-key ['lætʃki:] *s* ključ patentne brave | *pol* **~ voter** podrugljiv naziv za onoga koji je dobio pravo glasa kao kućevlasnik
latch-lock ['lætʃlɔk] *s* brava na pero, skakavica, patentna brava
late [leit] *adj* (*comp* **~r, latter;** *superl* **~st, last**) kasan, okasnio, zakasnio, zaostao; pokojni; prošli, prijašnji, prеđašnji; svojedobni, nedavni; novi | **~-comer** kasni dolaznik; **at (the) ~st** najkasnije; **to be ~** zakasniti, kasniti; **to keep ~ hours** kasno lijegati; **of ~ years** posljednjih godina; **the ~st thing** najnovija, najmodernija stvar
late [leit] *s* | **of ~** u posljednje vrijeme, prije kratkog vremena, pred kratko vrijeme, odnedavna, odskora
late [leit] *adv* (*comp* **~r,** *superl* **~st, last**) kasno; *poet* nedavno, onomadne, u posljednje vrijeme; prije | **better ~ than never** bolje ikada nego nikada; **sooner or ~r** prije ili kasnije; **early or ~ (soon or ~)** prije ili poslije; *coll* **~ in the day** malo okasno; **as ~ as** sve do, još do; tek; **~ of** prije na stanu u, prije zaposlen kod; **~r on** kasnije, poslije
lateen [lə'ti:n] *adj mar* | **~ sail** latinsko jedro; **~ ship** brod s latinskim jedrom
lately ['leitli] *adv* u posljednje vrijeme, prije nekog vremena, nedavno, odnedavna
laten ['leitn] *vt/i* **I.** *vt* učiniti kasnim, zavući **II.** *vi* zakasniti, okasniti
latency ['leitənsi] *s* skrivenost, skrovitost, prikrivenost, pritajenost, latentnost
latent ['leitənt] *adj* (**~ly** *adv*) skriven, skrovit, prikriven, pritajen, latentan
lateral ['lætərəl] *adj* (**~ly** *adv*) postran, bočni, poprečni | *phon* **~ consonant** lateralni suglasnik (l)
lateral ['lætərəl] *s* ono što je postrano, bočno; *phon* lateralni suglasnik
laterite ['lætərait] *s minr* laterit
latex ['leiteks] *s* lateks
lath [la:θ] *s* letva; motka | **as thin as a ~** kost i koža
lath [la:θ]] *vt* letvama obiti, obložiti
lathe[1] [leið] *s* jedno od pet upravnih područja grofovije Kent
lathe[2] [leið] *s* strug, blanjalica, tokarska klupa | **potter's ~** lončarsko kolo
lather ['la:ðə] *s* sapunica; pjena; konjski znoj
lather ['la:ðə] *vt/i* **I.** *vt* nasapunati, prekriti pjenom ili sapunicom; istući, izlemati, izmlatiti **II.** *vi* pjeniti se, zapjeniti se
lathery ['la:ðəri] *adj* zapjenjen, prekrit sapunicom ili pjenom
lathing ['la:θiŋ] *s* građa (konstrukcija) od letava
lathy ['la:θi] *adj* poput letve, štrkljast, dugačak i tanak
Latin ['lætin] *adj* latinski; romanski | **the ~ Church** Rimokatolička crkva
Latin ['lætin] *s* latinski (jezik); *hist* Latinac, stanovnik Latiuma; Roman | **thieves'**

~ šatrovački jezik, tajni govor provalnika i kradljivaca
Latine [læ'taini] *adv* na latinskom, latinski
latinism ['lætinizəm] *s philol* latinizam, osobina latinskog jezika, izraz iz latinskog jezika
latinist ['lætinist] *s* proučavatelj ili poznavalac latinskoga jezika, latinist; latinac
latinity [lə'tiniti] *s* latinski stil, pisanje latinskim slogom
latinization [ˌlætinai'zeiʃn] *s* prijevod na latinski jezik; polatinjenje, latinizacija; pokatoličenje; upotrebljavanje latinskih fraza ili latinskog stila
latinize ['lætinaiz] *vt/i* **I.** *vt* polatiniti, prevesti na latinski jezik; latinizirati; pokatoličiti **II.** *vi* služiti se latinskim stilom ili izrazima
latish ['leitiʃ] *adj* prilično kasan
latitude ['lætitjuːd] *s* širina, opseg, prostranstvo; *fig* širokogrudnost, širina, slobodoumnost, trpeljivost; sloboda; *geog* zemljopisna širina; područje, pojas; *astr* kutna udaljenost nebeskog tijela od Sunčeve putanje | *mar* ~ **left (in)** zemljopisna širina mjesta polaska (dolaska)
latitudinal [ˌlæti'tjuːdinl] *adj* koji se odnosi na zemljopisnu širinu, latitudinalan
latitudinarian [ˌlætitjuːdi'nɛəriən] *adj* širokogrudan, slobodouman, liberalan; slobodarski, trpeljiv
latitudinarian [ˌlætitjuːdi'nɛəriən] *s* slobodoumnik, liberal, onaj koji ima slobodarske nazore
latrine [lə'triːn] *s* zahod (u kasarni, bolnici itd.), latrina
latter ['lætə] *adj* kasniji, drugi; potonji, pozniji, noviji | **in these ~ days** u posljednje, novije vrijeme, u današnje doba; ~ **end** kraj, konac, smrt; ~ **grass** otava
latter-day ['lætədei] *adj* moderan, suvremen, sadašnji, koji pripada novijem vremenu | *US* ~ **saints** Mormoni
latterly ['lætəli] *adv* napokon, potkraj, na kraju, pri kraju, kasnije; u posljednje, novije vrijeme, nedavno, dan-danas
lattice ['lætis] *s* rešetka | ~ **window** prozor s rešetkom ili s oknima u dijagonalnim okvirima; ~ **mast** rešetkasti jarbol
lattice ['lætis] *vt* opremiti, prekriti ili zatvoriti rešetkom
latticed ['lætist] *adj* isprepleten, rešetkast
lattice-work ['lætiswəːk] *s* rešetka, konstrukcija s rešetkom
Latvian ['lætviən] *adj* litvanski
Latvian ['lætviən] *s* Litvanac, Litvanka, litvanski jezik
laud [lɔːd] *s* hvala, pohvala, hvaljenje, hvalospjev | *eccl* ~**s** *pl* rana misa
laud [lɔːd] *vt* hvaliti, pohvaliti, uzdizati, slaviti
laudability [ˌlɔːdə'biləti] *s* pohvalnost, hvalevrijednost
laudable ['lɔːdəbl] *adj* (**laudably** *adv*) pohvalan, hvale vrijedan
laudanum ['lɔdnəm] *s pharm* alkoholna tinktura opijuma, laudanum
laudation [lɔː'deiʃn] *s* hvaljenje, slavljenje, pohvala; slava, uzdizanje, hvalospjev
laudative ['lɔːdətiv] *adj* pohvalan; koji slavi, hvali, uznosi
laudatory ['lɔːdətəri] *adj* (**laudatorily** *adv*) pohvalan; koji hvali, slavi, uznosi (*of* koga)
laugh [laːf] *s* smijeh, smijanje | **to join in the** ~ pridružiti se, priključiti se smijehu (šali), razumjeti šalu; **to have (get) the** ~ **of** moći ismijati koga, moći likovati nad kim; **to have the** ~ **on a p** ismijati koga
laugh [laːf] *vi/t* **I.** *vi* smijati se **II.** *vt* smijući se izustiti | **to** ~ **in one's sleeve** smijuckati se u sebi, potiho se zabavljati nad čim; *fam* **to** ~ **on the wrong side of one's mouth** kiselo se nasmijati; **he** ~**s best who** ~**s last** tko se posljednji smije, najslađe se smije; **to** ~ **one's head off** umirati od smijeha
laugh at ['laːf'æt] *vi* smijati se, podrugivati se (komu, čemu), ismijati (koga)
laugh away ['laːfə'wei] *vi/t* **I.** *vi* samo se dalje smijati **II.** *vt* smijehom rastjerati, raspršiti, odagnati
laugh down ['laːf'daun] *vt* smijehom ušutkati, nadglasati, učiniti nečujnim
laugh off ['laːf'ɔf] *vt* (smijehom ili šalom) izbjeći (čemu); prijeći (preko čega), izvući se (iz čega)
laugh out of ['laːf'autəv] *vt* smijehom odučiti ili izliječiti (od čega), smijehom odvratiti (koga od čega)
laugh over ['laːf'əuvə] *vi* smijati se čemu; smijući se razgovarati o čemu
laughable ['laːfəbl] *adj* (**laughably** *adv*) smiješan
laughing ['laːfiŋ] *adj* (~**ly** *adv*) nasmijan; smiješan | **it is no** ~ **matter** to je ozbiljna stvar, to nije šala
laughing ['laːfiŋ] *s* smijeh, smijanje
laughing-gas ['laːfiŋgæs] *s chem* rajski plin (zubarsko anestetično sredstvo), Stickozydul, Lachgas, Nitrooxydul, N_2O
laughing-jackass ['laːfiŋ'dʒækæs] *s ornith* vrsta australskog vodomara
laughing-stock ['laːfiŋstɔk] *s* predmet općeg ismijavanja, ruglo
laughter ['laːftə] *s* smijeh, smijanje | **Homeric** ~ homerski smijeh, grohotan smijeh
launce [laːns] *s ichth* vrsta sjevernomorske ribe iz porodice *Ammodytidae*
launch[1] [lɔːntʃ] *s mar* puštanje ili klizenje broda u more; *mil* ~ **site** pozicija lansiranja rakete

launch² [lɔːntʃ] *s mar* najveći čamac na ratnom brodu, barkasa; izletnički parni ili motorni brod
launch [lɔːntʃ] *vt* izbaciti, pustiti, lansirati, ispaliti, opaliti (& *fig*); započeti, pokrenuti, poduzeti; gurnuti, spustiti u vodu (čamac, brodicu); *mar* porinuti u more (brod)
launch out [ˈlɔːntʃˈaut] *vi* poći, krenuti (na morsko putovanje ili otkrića) (*into*); *fig* upustiti se u što, prihvatiti se čega, poduzeti što, baciti se na što, započeti što
launcher [ˈlɔːntʃə] *s mil* lanser, rampa (za rakete)
launching [ˈlɔːntʃiŋ] *s* porinuće; lansiranje, ispaljivanje (rakete) | ~ **pad** rampa za lansiranje rakete; ~ **rail** tračnica raketnog lansera; ~ **tube** cijev za lansiranje raketa (torpeda)
launder [ˈlɔːndə] *vt/i* **I.** *vt* prati i glačati rublje **II.** *vi* baviti se pranjem i glačanjem rublja
launderette [ˌlɔːndəˈret] *s GB* praonica sa samoposluživanjem u automatima
laundress [ˈlɔːndris] *s* pralja; paziteljica zgrade londonske odvjetničke komore
laundromat [ˈlɔːndrəmæt] *s* praonica sa samoposluživanjem u automatima
laundry [ˈlɔːndri] *s* praonica, poduzeće za pranje i glačanje rublja; pranje rublja; *coll* rublje (poslano u praonicu ili vraćeno iz praonice)
laundryman [ˈlɔːndrimən] *s* dostavljač praonice rublja
laureate [ˈlɔːriət] *adj* ovjenčan lovorikom; lovorov; koji zavređuje lovor kao pjesnik itd.
laureate [ˈlɔːriət] *s* onaj koji je ovjenčan lovorom, laureat | **Poet Laureate** engl. službeni dvorski pjesnik
laureateship [ˈlɔːriətʃip] *s* čast i položaj službenog dvorskog pjesnika, laureatstvo
laurel [ˈlɔrəl] *s bot* lovor; *fig* čast, priznanje, nagrada, lovorika | **to win (reap)** ~**s** ubrati lovorike; **to rest on one's** ~**s** počivati na lovorikama; **to look to one's** ~**s** ljubomorno čuvati stečenu slavu ili čast
laurel [ˈlɔrəl] *vt* ovjenčati ili okititi lovorom
lava [ˈlaːvə] *s geol* lava
lavabo [ləˈveibəu] *s eccl* pranje ruku; ručnik ili posuda za obred pranja ruku; samostansko korito za pranje; (porculanski) umivaonik | ~**s** *pl* zahod
lavation [læˈveiʃn] *s* pranje; voda za pranje
lavatory [ˈlævətri, *US* ˈlævətɔri] *s* zahod, nužnik, toaleta; umivaonica
lave [leiv] *vt poet* oprati, okupati; protjecati; oplakivati
lavement [ˈleivmənt] *s med* ispiranje; klizma, klistir
lavender [ˈlævində] *s bot* despik, lavanda; blijeda ljubičastoplava boja | **to lay up in** ~ pohraniti (rublje); *fig* pomno spremiti
lavender [ˈlævində] *vt* staviti despik ili lavendu (među rublje)
lavender-water [ˈlævindəˌwɔːtə] *s* mirisava vodica od despika (lavande)
laver¹ [ˈleivə] *s bot* vrsta jestivih morskih algi
laver² [ˈleivə] *s bibl* posuda za pranje
lavish [ˈlæviʃ] *adj* (~**ly** *adv*) velikodušan, otvorene ruke, rasipan (*of* čime), rastrošan, koji se razbacuje; pretjeran (*in* u čemu), ekstravagantan; izdašan, obilat, bogat, raskošan
lavish [ˈlæviʃ] *vt* obasipati (čime), rasipati, obilato ili bogato davati, (objeručke, punim rukama) darivati
lavishment [ˈlæviʃmənt] *s* rasipanje, obasipanje, rastrošnost, obilato ili bogato darivanje ili davanje
lavishness [ˈlæviʃnis] *s* rastrošnost, rasipanje, bogato darivanje
law [lɔː] *s* zakon; pravilo; načelo; sudski postupak; sud; pravo, pravna znanost, pravničke nauke, pravničko zvanje; odah, rok milosti; *sport* prednost | ~**s of the Medes and Persians** nepromjenljiv sistem ili praksa; **to lay down the** ~ određivati; propisati zakon; *fig* samovoljno postupati; ~ **and order** javni red i mir; **necessity knows no** ~ nužda ne poznaje zakona, sila kola lomi; **to be a** ~ **unto oneself** samovoljno postupati, ne držati se konvencije; **to be at** ~ parničiti se; **to read** ~ studirati pravo; **to give the** ~ **to** nametnuti svoju volju komu; **to go to** ~ **with a p** tužiti koga sudu; **to take the** ~ **into one's own hands** sam (silom) sebi pribaviti svoje pravo; **to take (have) the** ~ **of** tužiti koga sudu; **the** ~**s of the game** pravila igre
law-abiding [ˈlɔːəˌbaidiŋ] *adj* koji poštuje zakon, koji se drži zakona; vrijedan, čestit; miran, pokoran; miroljubiv
law-agent [ˈlɔːˌeidʒənt] *s Scot* pravni zastupnik, odvjetnik, branilac
law-book [ˈlɔːbuk] *s* zakonik, knjiga zakona, pravnička knjiga
law-breaker [ˈlɔːˌbreikə] *s* kršitelj zakona
law-breaking [ˈlɔːˌbreikiŋ] *s* kršenje zakona, prestupništvo
law-court [ˈlɔːkɔːt] *s jur* sud; sudnica
lawful [ˈlɔːful] *adj* (~**ly** *adv*) zakonit, koji je u skladu sa zakonom, zakonski | ~ **age** punoljetnost
law-giver [ˈlɔːˌgivə] *s* zakonodavac, onaj koji donosi ili propisuje zakone
lawless [ˈlɔːlis] *adj* (~**ly** *adv*) bezakonit, protuzakonit, koji se ne pokorava zakonu; u kojemu vlada bezakonje; neobuzdan, svojevoljan

law-lord ['lɔːlɔːd] *s* član engl. Gornjeg doma koji pomaže u zakonodavnom radu parlamenta

law-maker ['lɔːˌmeikə] *s* zakonodavac, tvorac zakona

law-making ['lɔːˌmeikiŋ] s zakonodavstvo

law-merchant ['lɔːˌməːtʃənt] *s* trgovački zakon

lawn[1] [lɔːn] *s* tanko laneno platno, batist

lawn[2] [lɔːn] *s* tratina; *poet* čistina

lawn-mower ['lɔːnˌməuə] *s* stroj za košenje tratine, kosilica

lawn-sprinkler ['lɔːnˌsprinklə] *s* prskalica za polijevanje tratine

lawn-tennis [ˌlɔːn'tenis] *s sport* tenis (na travnom igralištu)

lawny ['lɔːni] *adj* travnat, prekrit tratinom

law-officer ['lɔːˌɔfisə] *s* predstavnik zakona; *spec* državni odvjetnik ili tužilac

law-suit ['lɔːsjuːt] *s jur* tužba (sudu); suđenje, proces, pravni postupak | **to make a ~** podići parnicu, podnijeti tužbu

lawyer ['lɔːjə] *s* pravnik; odvjetnik, advokat

lax [læks] *adj* (**~ly** *adv*) slab, mlohav, mlitav, malaksao; nenapet, mek, labav, ovješen, opušten; *fig* popustljiv; nemaran, nehajan; neodređen, netočan; kolebljiv; raspušten; *med* koji ima proljev

lax [læks] *s ichth* švedski ili norveški losos

laxative ['læksətiv] *adj med* koji pospješuje ili olakšava stolicu

laxative ['læksətiv] *s med* sredstvo za pospješivanje ili olakšavanje stolice, laksativ

laxity ['læksiti] *s* netočnost; nehajnost, mlitavost, mlohavost; nemarnost; popustljivost, labavost, kolebljivost; raspuštenost

lay[1] [lei] *s* kratka lirska pjesma; balada; pjesma (ptica)

lay[2] [lei] *s* 1. smjer, pravac; smještaj, položaj 2. *sl* zanimanje, zaposlenje, posao, polje rada; pothvat; poduzeće 3. *US* zarada, udio na dobitku 4. smjer ili broj namota u sastavu užeta | **at a good ~** uz povoljnu cijenu ili zaradu; *coll* **she is an easy ~** ona je »laka roba«; **she is a good ~** ona je dobra u krevetu

lay [lei] *adj* svjetovni, laički; nestručan | **~ brother** fratar laik, redovnik koji nije svećenik; **~ sister** redovnica koja obavlja manuelni rad; **~ clerk** pjevač u katedrali ili crkvi; pisar župnog ureda; **~ communion** svjetovni članovi crkve; **~ judge** sudac porotnik; **~ lord** član engl. Gornjeg doma, koji ne pomaže u zakonodavnom radu parlamenta

lay [lei] *pret* od **lie**

lay [lei] *vt/i* (laid, laid) **I.** *vt* 1. položiti, poleći, polagati, odložiti; postaviti, stavljati; baciti, povaliti, svaliti, spolno općiti sa 2. smiriti, umiriti, ublažiti 3. leći, nesti, snijeti (jaje) 4. naciljati, usmjeriti (top) 5. sukati (uže itd.) 6. prekrivati, prevući, premazati, posuti, obložiti (*with* čime) **II.** *vi* 1. nesti, snijeti, leći (jaje) 2. kladiti se (*that, against*) | **to ~ to sleep (rest)** položiti u postelju, spremiti na počinak; *fig* pokopati; **to ~ one's bones** položiti kosti, pokopati; **to ~ heads together** savjetovati se, skupiti glave; **to ~ hold on (of)** zgrabiti, ščepati, dohvatiti; *fig* iskoristiti, uhvatiti se (za); **to ~ great store upon** visoko cijeniti (što), pridavati veliku važnost (čemu); **to ~ hands on** ščepati, zgrabiti, naći, prisvojiti (što), domoći se (čega); dići ruku na (koga); *eccl* potvrditi polaganjem ruku; **to ~ hands on oneself** dići ruku na se, počiniti samoubojstvo; **to ~ eyes on** ugledati; spaziti; **to ~ a p under obligation (necessity)** obvezati, prisiliti (koga); **to ~ a p under contribution** prisiliti koga da dade prilog; **to ~ bare** ogoliti, razgoliti; **to ~ open** razotkriti; objasniti; ogoliti; razrezati; **to ~ waste** opustošiti, poharati; **to ~ siege to** opsjesti, opsjedati; **to ~ wait (for)** čekati u zasjedi (koga); **to ~ land fallow** staviti zemlju na ugar; **to ~ field to field** povećavati posjed kupnjom zemljišta; **to ~ by the heels** = **to ~ fast** zatvoriti, baciti u okove; *fig* onemogućiti, lišiti slobode kretanja; **to ~ an accusation against** optužiti; **to ~ an information against** prijaviti; tužiti; *arch* **to ~ fault to a p ~** pripisivati krivnju (komu); **to ~ to one's charge** = **to ~ at (to) one's door** pripisivati krivnju komu, kriviti koga zbog čega; **to ~ stress (weight, emphasis)** naglasiti, naglašavati (što), pripisivati važnost čemu; **to ~ stick (blows, it) on** istući; udariti; **to ~ the table (the cloth)** prostrijeti stol; **to ~ the fire** pripremiti gorivo za vatru (u peći); **to ~ one's finger on** pokazati prstom na što; **to ~ claim to** tvrditi, podizati zahtjev na što; **to ~ a tax upon** oporezovati (koga, što), nametnuti porez (komu); **to ~ a th to heart** uzeti što k srcu; **laid paper** rebrast papir; **to ~ one's accounts with** računati na (koga, što); **to ~ low** svaliti, oboriti; *fig* poniziti; **to ~ the damages at** tražiti naknadu za štetu; **to ~ the dust** učiniti da se prašina slegne; **~ on the oars!** ravno vesla!

lay aboard ['leiə'bɔːd] *vt mar* privesti brod bokom uz bok drugoga (u bitki)

lay about ['leiə'baut] *vi* udarati oko sebe (& *fig*)

lay against ['leiə'geinst] *vt* prigovoriti; okriviti

lay along ['leiə'lɔŋ] *vt* protegnuti, prostrijeti

lay aside ['leiə'said] *vt* odložiti, staviti u stranu, prestati upotrebljavati, spremiti; napustiti

lay by [ˈleiˈbai] *vt* ukloniti, staviti u stranu, spremiti, uštedjeti; napustiti, zabaciti

lay down [ˈleiˈdaun] *vt* 1. položiti, poleći; odložiti; spremiti, pohraniti 2. odstupiti (sa službe ili položaja), napustiti, ostaviti 3. tvrditi; navoditi, izjaviti; razložiti; oblikovati, postavljati (pravilo), propisivati 4. graditi (put, brod itd.); sastaviti (osnovu), zasnovati, planirati, započeti gradnju 5. zasaditi; zasijati (*in, to, under, with* čim) | **to ~ one's arms** položiti oružje, predati se; **to ~ the law** samovoljno se ponašati, praviti propise; *mar* **to ~ a bearing (course)** ucrtati smjer (kurs); **to ~ one's life** žrtvovati svoj život; **to ~ office** dati ostavku u službi

lay in [ˈleiˈin] *vt* 1. pohraniti, spremiti na zalihu; opskrbiti se, nakupovati, nabaviti 2. zasaditi (živicu, biljke itd.) | *fam* **to ~ a good meal** dobro se najesti, izdašno založiti

lay into [ˈleiˈintu] *vi US sl* oboriti se na koga, napasti, tući, udarati, izmlatiti

lay off [ˈleiˈɔf] *vt* 1. odložiti, skinuti, staviti u stranu 2. *mar* okretati, odmicati (od obale ili drugog broda) 3. odrediti međe zemljištu, omeđašiti 4. *US* otpustiti (iz službe); *US sl* prestati s čim

lay on [ˈleiˈɔn] *vt/i* **I.** *vt* 1. staviti, metnuti; premazati, prevući (bojom itd.) 2. nametnuti (porez, danak); odrediti, propisati (kaznu); izdati (zapovijed), narediti, naložiti, odrediti (komu što) 3. tući, zadati udarce komu 4. uvesti (plin, vodovod itd.) 5. nagnati (pse) na trag **II.** *vi* navaliti, udariti; tući | **to lay it on thick (with a trowel)** grubo laskati, pretjerano hvaliti, pretjerivati

lay out [ˈleiˈaut] *vt* 1. izložiti; raširiti, rasprostrijeti; prirediti, pripremiti 2. položiti mrtvaca na odar 3. izdati, utrošiti, (dobro) uložiti (novac) 4. zasnovati, planirati; učiniti osnovu (plan) za što; zasaditi (vrt), sagraditi (cestu) 5. *US sl* svaliti, oboriti; ubiti | **to lay oneself out (for)** potruditi se, upeti sile (za što); pripremiti se, biti spreman (na što); *mar* **to ~ an anchor** iznositi sidro

lay over [ˈleiˈəuvə] *vt* obložiti, prekriti, prevući; premazati (*with* čime)

lay to [ˈleiˈtuː] *vt/i mar* suskrenuti, suskretati (jedrenjak u tešku nevremenu držati pod što manjim jedrima)

lay up [ˈleiˈʌp] *vt* spremiti, pohraniti, uskladištiti, staviti na zalihu; naslagati, nakupiti; uštedjeti; ostaviti na ugaru (zemlju); *mar* staviti u raspremu, povući iz aktivne službe; vezati (brod); prikovati uz postelju (*with*)

lay-by [ˈleibai] *s* prostor, odvojak pokraj auto-puta koji služi za zaustavljanje vozila, parkiralište

lay-days [ˈleideiz] *s pl mar* stojnice, stalije

layer[1] [ˈleiə] *s* onaj koji slaže, nanosi ili stavlja; polagač; nosilica (kokoš); *mil* topnik, nišandžija; *sport* kladilac

layer[2] [ˈleiə] *s* 1. naslaga, sloj; namaz, premaz, prevlaka 2. loza povaljenica 3. polje ostriga | **~s** *pl* povaljeno žito

layer [lɛə] *vt/i* **I.** *vt* položiti mladicu u zemlju (ne odijelivši je od biljke) kako bi potjerala korijenje **II.** *vi* povaliti se, poleći (žito)

lay-figure [ˌleiˈfigə] *s* lutka s pokretnim udovima, ljudski model; *fig* beznačajna osoba, puka figura; onaj koji daje samo svoje ime za neki trgovački posao; beznačajan lik (u romanu), nestvaran značaj

laying [ˈleiiŋ] *s* polaganje; leženje (jaja); *mil* nišanjenje (topom) | *mar* **~ the course** ucrtavanje kursa; **~ devices** nišanske sprave

laylock [ˈleilɔk] *s bot arch* jorgovan

layman [ˈleimən] *s* svjetovnjak, laik; nestručnjak; onaj koji nema određena zvanja

lay-off [ˈleiɔf] *s* privremeno otpuštanje radnika

lay-out [ˈleiaut] *s* osnova, plan, raspored; planiranje, zasnivanje, raspoređivanje; projekt; trasa; *archit* tlocrt, horizontalna projekcija

lay-reader [ˌleiˈriːdə] *s* svjetovnjak kojemu je dopušteno obavljati vjersku službu

lay shaft [ˈleiʃaːft] *s tech* bregasta osovina

laystall [ˈleistɔːl] *s GB* smetlište

lazar [ˈlæzə] *s* bolestan i prljav prosjak, bijednik; *arch* gubavac

lazaret(to) [ˌlæzəˈret(əu)] *s* lazaret, bolnica za zarazne bolesti (za ubogare ili gubavce); karantena; *mar* spremnica za brodske zalihe

Lazarus [ˈlæzərəs] *s* Lazar; prosjak, ubogar, siromah, lazar

laze [leiz] *s* odmor, počinak, počivanje

laze [leiz] *vi/t* **I.** *vi* ljenčariti, dangubiti, plandovati, besposličiti; odmarati se, počivati **II.** *vt* tratiti, proljenčariti, protepsti (vrijeme) u neradu

laziness [ˈleizinis] *s* lijenost, tromost, nemarnost

lazy [ˈleizi] *adj* (**lazily** *adv*) lijen, trom, nemaran

lazy [ˈleizi] *vi/t* → **laze** *vi/t*

lazy-bones [ˈleiziˌbəunz] *s* lijenčina, ljenivac

lazy-tongs [ˈleizitɔŋz] *s pl* škarasta kliješta ili hvataljka

lea[1] [liː] *s poet* poljana, livada; travnjak

lea[2] [liː] *s* mjera za dužinu pamuka

leach [liːtʃ] *vt* navlažiti, namočiti; isprati, otplaviti; načiniti ili prirediti lužinu; oprati lužinom, lužiti, izlužiti (*away*)

lead [led] *s* 1. *minr* olovo 2. *archit* visak, olovnica 3. *mar* olovo, dubinomjer 4. *print* olovni umetak za širenje proreda 5. grafit (*black* ~) | ~**s** *pl* olovne ploče; **ounce of** ~ metak; *mar* **to arm the** ~ staviti loj u olovo (radi ispitivanja morskog dna); *mar sl* **to swing the** ~ zabušavati, izvlačiti se; *mar* **to cast (heave) the** ~ mjeriti dubinu; ~**-acid battery** olovni akumulator; **red** ~ minij

lead [led] *vt/i* **I.** *vt* 1. olovom pokriti, opteretiti, zaliti, uokviriti, plombirati 2. *print* razmaknuti, olovnim umetkom proširiti prored **II.** *vi* prevući se slojem olova

lead [li:d] *vt/i* (led, led) **I.** *vt* 1. voditi, predvoditi; povesti; odvesti, odvoditi (*away, to*), dovesti (do čega) 2. zavesti, navoditi, ponukati (na što) 3. prednjačiti (komu, čemu) 4. upravljati, ravnati, rukovoditi, dirigirati (kime, čime) 5. biti (ići) na čelu čega 6. provući, provesti (uže) 7. napustiti, navesti (vodu) 8. provoditi, provesti (život) 9. izigrati, prvi bacati (kartu) **II.** *vi* 1. voditi, predvoditi, biti u vodstvu 2. prednjačiti (komu, čemu) 3. biti na čelu (čega), biti prvi, na prvome mjestu | **to** ~ **one a (nice) dance** slati koga od Poncija do Pilata, zadavati komu mnogo neprilika (posla); **to** ~ **the way** voditi, povesti, pokazati put; **to** ~ **one a life** ogorčavati kome život; **led horse** rezervni konj, povodnik; **led captain** ulizica; muktaš, parazit; **to** ~ **(woman) to altar** povesti pred oltar; **to** ~ **by the nose** = **to** ~ **up the garden path** povući koga za nos, nasamariti; *US* **to** ~ **captive** voditi, odvesti kao zarobljenika; **to** ~ **a dog's life** provoditi pasji život, bijedno živjeti; *jur Scot* **to** ~ **evidence** posvjedočiti; *fig* **the blind** ~**ing the blind** slijepac vodi slijepca; *parl* **to** ~ **the House** voditi poslove Doma (određivati raspored za podnošenje zakonskih prijedloga Domu itd.); **to** ~ **a double life** voditi dvostruki život

lead astray ['li:də'strei] *vt* zavesti, dovesti u bludnju, na pogrešan put (& *fig*)

lead away ['li:də'wei] *vt* odvesti | **to be led away** dati se navesti (na što); oduševiti se, zanijeti se

lead in ['li:d'in] *vt* uvesti, uvoditi; ukoriti

lead off ['li:d'ɔf] *vt/i* **I.** *vt* odvesti **II.** *vi* započeti, otvoriti (što)

lead on ['li:d'ɔn] *vt/i* **I.** *vt* (dalje) voditi, povesti, odvesti **II.** *vi* namamiti; ponukati, ohrabriti

lead out ['li:d'aut] *vt/i* **I.** *vt* 1. izvesti 2. poći po damu (na plesu) **II.** *vi* 1. (put, cesta) voditi (*to* u) 2. (prostorija) graničiti, biti povezan (*of* sa)

lead up ['li:d'ʌp] *vi* 1. navesti, navući; prijeći (*to* na) 2. dovesti (*to* do)

lead [li:d] *s* 1. vodstvo, vođenje, upravljanje; preticanje 2. prednjačenje, primjer; uzor; uputa 3. *sport* prednost 4. umjetan tok vode (*spec* za mlin); *mar* prolaz u ledu 5. *el* vod 6. uzica, remen (za psa) 7. pravo kao prvi zaigrati (baciti kartu), prednost 8. *theat* glavna, naslovna uloga; prvi glumac (glumica), prvak (prvakinja) | **to return** ~ izigrati kartu iste boje; **to take the** ~ povesti, ići naprijed, poći prvi, voditi, predvoditi, biti u vodstvu, preuzeti vodstvo (inicijativu); **to give one the** ~ uputiti, podučiti (koga), savjetovati (koga), dati upute ili savjet; *sport* **to have the** ~ voditi, biti u prednosti (*of*); **it is your** ~ na vama je red (izigrati kartu); **to take over (lose) the** ~ prijeći u (izgubiti) vodstvo

leadable ['li:dəbl] *adj* koji se dade voditi

leaden ['ledn] *adj* olovan; olovnat, poput olova; olovnosiv; *fig* težak; tup; nepokretan, trom, mutan | ~ **slumber** dubok, težak, tvrd san; ~ **sword** tup mač, beskorisno oružje

leader ['li:də] *s* 1. vođa, predvodnik, upravljač; *mar* vođa flotile; čeoni brod 2. *parl* & *jur* predsjedatelj debate, predsjednik, voditelj 3. upravitelj, glavar; *mil* komandant 4. *mus* koncertni meštar 5. prednjak (konj) 6. uvodni članak, uvodnik 7. *bot* najviša grana; najjači i najdublji izdanak grane 8. tetiva; žila 9. *print* niz crtica ili točaka koje služe kao vodič oku | *parl* ~ **of House of Commons** vođa Donjeg doma (član vlade koji određuje raspored za podnošenje zakonskih prijedloga Domu)

leaderette [ˌli:də'ret] *s GB* kratak novinski uvodnik tiskan jednakim slogom kao i glavni uvodni članak

leaderless ['li:dəlis] *adj* koji nema vođe ili vodstva

leadership ['li:dəʃip] *s* vodstvo, vođenje, upravljanje

lead-in [ˌli:d'in] *s* uvodne napomene, uvod (*to* u); *radio* vod koji spaja antenu s prijemnikom

leading ['lediŋ] *s* oprema olovom, olovno uokvirenje; olovni materijal

leading ['li:diŋ] *adj* vodeći, glavni, koji je na čelu; istaknut, najvažniji, najznačajniji | ~ **article** uvodni članak, (novinski) uvodnik; *com* roba koja se prodaje uz nisku cijenu da bi primamila kupce za drugu robu; *jur* ~ **case** presedan; *mar* ~ **light** svjetlo pokritog smjera; ~ **line (marks)** pokriti smjer; *theat* ~ **man (lady)** glavni glumac (glumica), ~ **part** glavna uloga; ~ **question** sugestivno pitanje; *mar* ~ **seaman** mornarički desetar

leading-rein ['li:diŋrein] *s* vođica, vojka

leading-staff ['li:diŋsta:f] *s* vodiljka, motka pričvršćena biku za nozdrve

leading-strings ['li:diŋstriŋz] *s pl* remen kojim se vodi dijete kad uči hodati, povodac | *fig* **to be in ~** biti nesamostalan, ovisan, nedozreo

lead-off [ˌli:d'ɔf] *s* početak, polazak

lead-pencil [ˌled'pensl] *s* olovka, pisaljka

leads [ledz] *s pl* olovne pločice (za pokrivanje krovova); olovni krov; olovni okviri za (obojene) prozore

lead shot ['ledʃɔt] *s* sačma

leadsman ['ledzmən] *s mar* mjerač dubine

lead-works ['ledwə:ks] *s* talionica olova

leady ['ledi] *adj* olovnat, poput olova, nalik na olovo

leaf[1] [li:f] *s* 1. *bot* list, lišće; *fam* latica 2. list (knjige), arak 3. vrlo tanka pločica (kovine, mramora itd.), listić, folija 4. preklopna daska stola, umetak za produljivanje stola 5. krilo (vratâ itd.) 6. pomično krilo preklopnog mosta, pomost 7. *mil* nišanski povlačak na preklapači 8. *tech* zubac malog zupčanika | **fall of the ~** jesen; **in ~** prolistao; *fig* **to turn over a new ~** započeti nov život, popraviti se; **~ brass** mjed u listićima; **to take a ~ out of a p's book** slijediti čiji uzor, uzeti koga za uzor, povoditi se za kim

leaf[2] [li:f] *s GB mar & mil sl* dopust, odmor

leaf [li:f] *vi* listati, prolistati

leafage ['li:fidʒ] *s* lišće

leafless ['li:flis] *adj* bez lišća, gol

leaflet ['li:flit] *s* listić, arak; letak, prospekt

leaf-mould ['li:fməuld] *s* vrtno gnojivo od spremljenog sagnjilog lišća

leafy ['li:fi] *adj* lisnat, pun lišća; koji se sastoji od lišća

league[1] [li:g] *s* morska milja (obično oko 4,8 km)

league[2] [li:g] *s* savez, savezništvo, liga (i u sportu)

league [li:g] *vt/i* **I.** *vt* priključiti savezu, udružiti u savez **II.** *vi* sklopiti savez, udružiti se u savez, povezati se (*oneself with* sa)

leaguer[1] ['li:gə] *s arch* logor, tabor (*spec* opsadne vojske); opsada

leaguer[2] ['li:gə] *s* saveznik, član lige ili saveza

leak [li:k] *s* 1. pukotina, rupa, otvor, napuklina, oštećeno mjesto 2. voda, para itd., koja probija kroz pukotinu (na posudi, brodu itd.); istjecanje, manjak zbog curenja; odavanje tajne; *fam* mokrenje; *el* otjecanje elektr. naboja s nedovoljno izoliranog provodiča; *radio* jak otpor koji omogućuje otjecanje pozitivne struje s mrežne elektrode u cijevi (također *grid-leak*) | **to spring (start) a ~** napuknuti; procuriti, početi propuštati; *mar* **~ alarm** uzbuna zbog prodora vode; *el* **~ current** struja koja propada zbog loše ili pogrešne izolacije

leak [li:k] *vi* propuštati (vodu, tekućinu); curiti; probijati, isteći (*in, out*); *fam* mokriti; imati rupu ili pukotinu; kapati; *fig* pomalo izbiti na javu (na vidjelo) | **secret ~s out** tajna pomalo izbija na vidjelo

leakage ['li:kidʒ] *s* 1. propuštanje, probijanje; istjecanje, gubitak zbog curenja; *com* lekaža 2. *fig* izbijanje u javnost, (neovlašteno) otkrivanje (tajne itd.); *fig* gubitak, smanjenje 3. neobjašnjen nestanak novca (koji upućuje na pronevjerenje itd.)

leaky ['li:ki] *adj* napuknut, koji propušta, koji ima rupu ili pukotinu; koji ne može zadržavati mokraću; *fig* brbljav, koji ne zna čuvati tajnu

leal [li:l] *adj Scot* vjeran, lojalan | **land of the ~** nebo, raj

lean [li:n] *s* nagib (*to* na, prema)

lean [li:n] *adj* (**~ly** *adv*) mršav, suh, tanak, slab, bez masti; *fig* slab, mršav; neplodan

lean [li:n] *s* mršavo, nemasno meso; *fig* ono što je neplodno ili nekorisno | **~ time** vrijeme puno neuspjeha

lean [li:n] *vi/t* (*pret* **~ed**, leant; *pp* **~ed**, leant) **I.** *vi* nagnuti se, naginjati se; oduprijeti se, odupirati se (*on* o koga, što); nasloniti se, naslanjati se, poduprijeti se, podupirati se (*on* na); biti kos (**~ing** *tower* kosi toranj); visiti preko čega; *fig* osloniti se (*on* na koga), pouzdavati se ili uzdati se (*on* u koga); *fig* više voljeti (koga, što), pristajati uza što, slagati se s kim ili čim, zauzimati se za što, naginjati čemu (*to, towards*) **II.** *vt* nasloniti, naslanjati, nagnuti, naginjati, oduprijeti (*against* na, o)

lean forward ['li:n'fɔ:wəd] *vi* nagnuti se, nagibati se naprijed

lean out ['li:n'aut] *vi* nagnuti se van, naginjati se van

leaning ['li:niŋ] *s* naslanjanje, nagibanje, odupiranje; *fig* sklonost, pristajanje, tendencija, simpatije (& *pl*)

leanness ['li:nnis] *s* mršavost, slabost, neplodnost, suhoća (& *fig*)

lean-to ['li:n'tu:] *s archit* dograda, prigradnja, ono što je dozidano

lean-to ['li:n'tu:] *adj archit* koji se naslanja na drugu zgradu; prizidan, dozidan

leap [li:p] *s* 1. skok (& *fig*) 2. prepona, ono što se preskakuje | **by ~s and bounds** velikim skokovima, silnom brzinom; **a ~ in the dark** skok u nepoznato; **with a ~** naglo, silno brzo, iznenada

leap [li:p] *vi/t* (*pret* **~ed**, leapt; *pp* **~ed**, leapt) **I.** *vi* 1. skakati; skočiti; skoknuti; poskakivati, skakutati 2. odskakivati, odskočiti (*from*); preskočiti, preskakivati (*over*); iskočiti, izletjeti (*out*) 3. (o krvi) jurnuti, navaliti 4. *mil* napredovati u skokovima **II.** *vt* 1. preskočiti, preskakivati; prebaciti se skokom preko čega 2. natjerati (konja) da skoči | **look before you ~** najprije ispeci, onda reci!, radi promišljeno!; **to ~ to the eye** upadati, udariti u oči

leap at ['li:p'æt] *vi* skočiti prema (komu, čemu), baciti se na (koga, što); *fig* objeručke zgrabiti ili prihvatiti

leaper ['li:pə] *s* skakač, skakačica

leap-frog ['li:pfrɔg] *s* preskakivanje raznoškom preko sagnutih leđa (dječja igra)

leap-frog ['li:pfrɔg] *vi/t* **I.** *vi* preskakivati se, preskočiti (*over*) (u dječjoj igri) **II.** *vt* preskočiti ili preskakivati (u dječjoj igri)

leap-year ['li:pjə:] *s* prijestupna godina

learn [lə:n] *vt/i* (*pret* ~ed, learnt; *pp* ~ed, learnt) **I.** *vt* 1. učiti; naučiti; izučiti, doučiti 2. saznati, doznati; upoznati 3. *arch* & *vulg* podučavati **II.** *vi* 1. učiti; naučiti; priviknuti se 2. doznati, saznati; čuti; razabrati (*from, of* od, o) | **to ~ by heart** naučiti napamet; **to ~ by rote** naučiti pukom vježbom ili rutinom; učiti napamet

learnable ['lə:nəbl] *adj* koji se može naučiti

learned ['lə:nid] *adj* (~**ly** *adv*) učen, mudar, visoko naobražen, znanstven; iskusan (*in* u)

learner ['lə:nə] *s* onaj koji uči, učenik

learning ['lə:niŋ] *s* znanje, naobrazba, učenost, mudrost; učenje, naukovanje

lease[1] [li:s] *s* zakup, najam; zakupni (najamni) ugovor; zakupna (najamna) prava; zakupni (najamni) rok; davanje (ili uzimanje) pod zakup (u najam) | **to put out to ~** dati pod zakup (u najam); **by ~** zakupom; **on ~** u zakup(u); **a new ~ of life** nove životne snage; **to take on ~** zakupiti, uzeti pod zakup; **to take a ~ of** zakupiti, unajmiti

lease [li:s] *vt* 1. dati pod zakup, iznajmiti 2. uzeti pod zakup, unajmiti

lease[2] [li:s] *s* ukrštanje niti osnove (na tkalačkom stanu)

lease-hold ['li:shəuld] *s* zakup

lease-hold ['li:shəuld] *adj* zakupljen, unajmljen, pod zakupom

lease-holder ['li:s,həuldə] *s* zakupnik, zakupac, unajmitelj

leash [li:ʃ] *s* 1. (višestruki) remen, uzica 2. *hunt* tri (psa, zeca itd.) | *fig* **to hold in ~** držati na uzdi, obuzdavati; **to strain at the ~** (nestrpljivo) željeti se osloboditi, otimati se

leash [li:ʃ] *vt* privezati na remen ili uzicu, držati na uzici

leasing ['li:siŋ] *s bibl* laganje, laž

least [li:st] *adj* (*superl* od **little**) najmanji, najslabiji, najbeznačajniji | **the line of ~ resistance** put najmanjeg otpora

least [li:st] *s* ono što je najmanje, najslabije ili najbeznačajnije | **to say the ~ of it** blago rečeno; **at (the) ~** barem, najmanje; **~ said soonest mended** što manje riječi, to bolje; **not in the (very) ~** nipošto, nikako; ni najmanje

least [li:st] *adv* (*superl* od **little**) najmanje, najslabije | **last not ~** na kraju, ali ne manje važno; **this fact is not the ~ important** ova je činjenica prilično važna; **this fact is not in the ~ important** ova činjenica nije nimalo važna

leastways ['li:stweiz] *adv vulg* najmanje, ili barem, u najmanju ruku

leastwise ['li:stwaiz] *adv* najmanje, ili barem, u najmanju ruku

leat [li:t] *s* vodenični jarak, kanal za dovod ili odvod vode (u mlinu)

leather ['leðə] *s* 1. (štavljena) koža 2. kožni predmet, izrađevina od kože; *fam* lopta (kriket, nogomet) 3. *sl* koža (na tijelu) | **~s** *pl* kožne hlače, jahačke kožne gamaše; *fig* **nothing like ~** košulja je bliža od kaputa; **~ belt** remen

leather ['leðə] *vt/i* **I.** *vt* 1. (kožom) opšiti, optočiti, presvući 2. *coll* (remenom) istući, izmlatiti, ispremlatiti, nalemati, izbiti **II.** *vi* teško raditi (*at*), dalje se mučiti (*away*)

leather-dresser ['leðə,dresə] *s* štavitelj kože

leatherette [,leðə'ret] *s* umjetna koža, imitacija kože

leather-head ['leðəhed] *s* budala, tupoglavac, glupan

leathering ['leðəriŋ] *s sl* batine

leathern ['leðən] *adj* kožni, od kože

leather-neck ['leðənek] *s US sl* pripadnik pomorske pješadije

leatheroid ['leðərɔid] *s* → **leatherette**

leathery ['leðəri] *adj* kožnat, žilav, nalik na kožu, poput kože

leave[1] [li:v] *s* 1. dopuštenje, dozvola 2. dopust; odmor | **~ of absence** dopust; **on ~** na dopust(u); **to take ~ of** oprostiti se s (kim); **to take ~ of one's senses** šenuti umom; **to take French ~** otići ne oprostivši se; **ticket of ~** uvjetni dopust (osuđenika); **~ off** dopuštenje za izostanak; **by your ~** ako mi dopustite, s vašim dopuštenjem; **~ on pay** plaćeni dopust

leave[2] [li:v] *s* položaj u kojem igrač ostavlja biljarske kugle

leave [li:v] *vt/i* (left, left) **I.** *vt* 1. ostaviti, ostavljati, napustiti; zapustiti; prepustiti, prepuštati 2. proći (mimo čega) 3. namrijeti, ostaviti 4. *arch* prestati 5. *US* dopustiti, dozvoliti **II.** *vi* otići, otputovati | **to ~ it at that** ostaviti kako jest, ne poduzimati više ništa; **to ~ card on a p** ostaviti posjetnicu; **to ~ alone** pustiti na miru; *vulg* **to ~ go** pustiti (iz ruku); **to ~ hold of** ispustiti; **to ~ in the lurch** ostaviti na cjedilu; **to ~ X for Y** otputovati iz X u Y; **to ~ harbour (port)** isploviti iz luke; **to ~ word** ostaviti poruku, vijest; **to be left till called for** poste restante; **I have no money left** nemam više novaca, nije mi preostalo ništa novca; **left-luggage office** *rly* prtljažnica, garderoba; **to ~ open** ostaviti neriješeno, neodlučeno; **left on hand** preostalo (na skladištu)

leave behind [ˈliːvbiˈhaind] *vt* ostaviti (za sobom)

leave off [ˈliːvˈɔf] *vt/i* **I.** *vt* 1. prestati; odustati od čega, ostaviti se čega 2. odložiti, ostaviti, odbaciti **II.** *vi* prestati | **left off** odložen, ostavljen; odbačen

leave out [ˈliːvˈaut] *vt* ispustiti, izostaviti, ne opaziti, ispustiti iz vida

leave over [ˈliːvˈəuvə] *vt* ostaviti (kao višak) | **left over** preostao; **left-overs** *pl* preostaci

leave-breaker [ˈliːvˌbreikə] *s* mornar koji premaši dopušteni rok dopusta

leaved [liːvd] *adj* lisnat, koji ima listove | **four-~** četverolistan; **two-~ door** dvokrilna vrata

leaven [ˈlevn] *s* 1. kvas, kvasac (& *fig*) 2. primjesa; sukus 3. *fig* snažan unutarnji utjecaj

leaven [ˈlevn] *vt* 1. primiješati, staviti kvasca (u što); činiti da što ukisne 2. prožeti, ispuniti; promijeniti, ublažiti (*with* čime)

leaves [liːvz] *s pl* od **leaf**

leave-taking [ˈliːvˌteikiŋ] *s* opraštanje (pri odlasku)

leaving [ˈliːviŋ] *s* 1. ostavljanje, odlazak 2. ostatak | **~s** *pl* preostaci

lecher [ˈletʃə] *s arch* bludnik, razvratnik, raskalašen čovjek, pohotnik

lecherous [ˈletʃərəs] *adj* (**~ly** *adv*) bludan, puten, pohotan, razvratan, raskalašen

lechery [ˈletʃəri] *s* blud, pohota, razvratnost, raskalašenost, bludnost, razbluda

lectern [ˈlektən] *s* stalak za evanđelje ili psaltir u protestantskoj crkvi

lectionary [ˈlekʃnəri] *s eccl* zbirka odlomaka iz Biblije (knjiga)

lecture [ˈlektʃə] *s* 1. predavanje 2. ukor; opomena | **to read a p a ~** očitati bukvicu komu; **course of ~s** niz predavanja, kolegij

lecture [ˈlektʃə] *vi/t* **I.** *vi* predavati, poučavati (*on* o) **II.** *vt* održati predavanje; *fig* očitati bukvicu, lekciju

lecturer [ˈlektʃərə] *s* predavač; sveučilišni docent; lektor; *eccl* pomoćni propovjednik

lectureship [ˈlektʃəʃip] *s* položaj sveučilišnog lektora ili docenta, docentura; *eccl* položaj ili služba pomoćnog propovjednika

led [led] *pret* & *pp* od **lead**

ledge [ledʒ] *s* polica, greda; izbočina; greben, kuk (strme stijene); *min* ležaj, naslaga, sloj; *archit* podvoj, podboj (prozora); prsobran | **~ of rocks** kamenita hrid

ledger [ˈledʒə] *s* 1. *com* glavna knjiga, saldokonto 2. *archit* poprečna greda (zidarske) skele 3. plosnat (i nadgrobni) kamen

ledger-bait [ˈledʒəbeit] *s* meka za ribu na ukotvljenoj udici

ledger-hook [ˈledʒəhuk] *s* ukotvljena udica

ledger-line [ˈledʒəlain] *s* ukotvljen ili pričvršćen povraz; *mus* pomoćna (notna) crta

lee [liː] *s* zaštita, zaklon; zaštićena strana ili položaj; *mar* zavjetrina, od vjetra zaklonjena strana | **on the ~** u zavjetrini; **under the ~ of** u zaklonu (od čega); *mar* **~ anchor** zavjetrinsko sidro; **~ side** zavjetrina, od vjetra zaklonjena strana; **~ shore** obala u zavjetrini broda

lee-board [ˈliːbɔːd] *s mar* bočna sjekira (izrađena od dasaka ili sličnog materijala za smanjivanje zanošenja)

leech[1] [liːtʃ] *s arch poet* liječnik; ranarnik, vidar

leech[2] [liːtʃ] *s zool* pijavica; *fig* krvopija | **to stick like a ~** pripiti se kao pijavica

leech[3] [liːtʃ] *s mar* rub jedra

leek [liːk] *s bot* poriluk; *her* nacionalni amblem Walesa | **to eat the ~** poniziti se, podnijeti poniženje

leer[1] [liə] *s* pohotan, prijek ili zloban pogled, pogled ispod oka; cerenje

leer [liə] *vi* isprijeka ili ispod oka gledati ili pogledavati

leer at [ˈliərˈæt] *vi* ceriti se (komu); isprijeka, ispod oka ili sa strane gledati ili pogledavati, škiljiti

leer[2] [liə] *s tech* peć za hlađenje stakla

leerfish [ˈliəfiʃ] *s ichth* lica, bilizna (*Lichia amia*)

leering [ˈliəriŋ] *adj* (**~ly** *adv*) koji isprijeka (ispod oka, zlobno) gleda ili pogledava; koji se ceri

leery [ˈliəri] *adj* koji gleda ispod oka, isprijeka ili zlobno; *sl* lukav, podmukao, prepreden; *US sl* sumnjiv

lees [liːz] *s pl* drozga, talog; *fig* dno, talog; krajnost | *lit* & *fig* **to drain (drink) the ~** iskapiti (ispiti) do dna; **the ~ of life** dno života, životni talog

lee-shore [ˈliːʃɔː] *s* obala izložena vjetru | *fig* **on a ~** u neprilici, u teškoćama

leet [liːt] *s hist jur* (polu)godišnje suđenje koje su održavali vlastelinski gospodari za manje krivične prijestupe (i *court ~*); pravorijek ili područje takva suda

leeward [ˈliːwəd] *adj mar* zaklonjen (otkrenut) od vjetra, koji je u zavjetrini; zavjetrinski

leeward [ˈliːwəd] *s* zavjetrina, strana otkrenuta ili zaklonjena od vjetra | *mar* **to drive to ~** zanositi u zavjetrinu; *mar* **to fall to ~** skretati u zavjetrinu

leeward [ˈliːwəd] *adv mar* prema zavjetrini, u zavjetrinu

leewardly [ˈliːwədli] *adj mar* koji se okreće u zavjetrinu, koji se nalazi na strani zaklonjenoj od vjetra

leeway ['li:wei] *s mar* zanošenje (u zavjetrinu) | *fig* **to make up the ~** nadoknaditi zanemareno
left [left] *adj* lijevi; *pol* ljevičarski, lijevi | **to marry with the ~ hand** sklopiti divlji (neslužbeni) brak; *sl* **over the ~ (shoulder)** obratno, neiskreno (govoriti); **~-hand side** lijeva strana
left [left] *adv* lijevo, nalijevo, ulijevo, slijeva
left [left] *s* ljevica, lijeva ruka; lijeva strana; *mil* lijevo krilo; *pol* ljevica, lijevo krilo, opozicija, radikali | **to the ~** lijevo, nalijevo, ulijevo
left [left] *pret* & *pp* od **leave**
left-handed [ˌleft'hændid] *adj* (**~ly** *adv*) 1. lijevi, koji je nalijevo ili na lijevoj strani, koji dolazi slijeva; koji je ljevak, ljevoruk 2. nespretan, zdepast 3. dvosmislen, neiskren 4. (o braku) divlji, neslužben 5. *arch* zlokoban, mračan, zloslutan; *tech* s lijevim navojem | **~ compliment** dvosmislen (sumnjiv) kompliment
left-hander [ˌleft'hændə] *s* ljevak, onaj koji se služi lijevom rukom; *sport* udarac slijeva ili lijevom rukom
leftist ['leftist] *s* ljevičar, član političke ljevice
leftmost ['leftməust] *adj* krajnji slijeva, zadnji na lijevoj strani
left-off [ˌleft'ɔf] *adj* odbačen
left-over ['leftəuvə] *s* ostatak
leftward ['leftwəd] *adj* lijevi, koji je nalijevo, koji je slijeva, koji dolazi s lijeve strane
leftward(s) ['leftwəd(z)] *adv* lijevo, nalijevo, ulijevo, na lijevu ruku
left-wing ['leftwiŋ] *adj* koji pripada političkoj ljevici, ljevičarski
leg [leg] *s* 1. noga; stegno; *cul* koljenica; plećka; but 2. sara (na čizmi); hlačnica, nogavica 3. dubok poklon (savijanjem koljena) 4. varalica 5. krak (šestara) 6. stranica (trokuta) 7. *sport* dio igrališta desno iza igrača koji udara loptu (u kriketu) 8. *mar* & *aero* etapa, prevaljen put 9. *tech* šipka, osovina, klip; oslon, podloga; stalak | **all ~s** dugonja, krakonja, vrlo visok čovjek; **boot is on other ~** stvar je točno obratna; *fam* **to pull one's ~** šaliti se s kim, peckati koga, tjerati šalu s kim; **to give one a ~ up** pomoći komu da se uspne ili da se popne preko zapreke (& *fig*); **to have the ~s of** biti brži, brže ići (od koga); **to put the best ~ foremost** požuriti se, ići ili hodati svom brzinom, produljiti korake; **to shake a ~** plesati, zaigrati; **to shake a loose ~** lakoumno živjeti; **to stretch one's ~s** opružiti noge, prošetati se; **to take to one's ~s** dati petama vjetra; **on one's (hind) ~s** na (stražnjim) nogama; stojeći; *fig* oporavljen, na nogama (poslije bolesti ili materijalnih nedaća); *fig* **to set one on one's ~s** postaviti koga na noge; **to stand on one's own ~s** stajati na vlastitim nogama, biti (postati) samostalan; *fig* **to fall on one's ~s** snaći se, zadržati ravnotežu; *fig* **has not a ~ to stand on** nema nikakve osnove, opravdanja ili isprike; *fam* **on one's last ~s** na rubu groba, blizu smrti; **to feel (find) one's ~s** osoviti se na noge, prohodati; **to keep one's ~s** zadržati se na nogama, sačuvati ravnotežu (& *fig*); *mar* **has not yet got his sea-~s** još se ne zna kretati po brodu koji se ljulja, još nije pravi mornar; **to run one off one's ~s** tjerati koga do iznemoglosti, izmučiti koga; **to walk one of one's ~s** izmučiti koga hodanjem, natjerati koga da hoda do iznemoglosti; **to show a ~** ustati iz kreveta, dići se
leg [leg] *vi/t* **I.** *vi* hodati, ići; pobjeći, uteći, umaknuti; otrčati **II.** *vt* tjerati (čamac) kroz tunel kanala otiskujući se nogama od zidova | **to ~ it** dobrano ili brzo hodati ili trčati
legacy ['legəsi] *s* ostavština, baština, nasljeđe (& *fig*)
legal ['li:gəl] *adj* (**~ly** *adv*) 1. zakonski, zakonit, legalan, pravovaljan; pravni, pravnički 2. *theol* koji se odnosi na učenje da se spasenje može postići djelima | **~ adviser** pravni savjetnik; **~ tender** zakonska moneta; **to take ~ proceedings (ili action) against a p** povesti zakonski postupak protiv koga; **~ entity** pravna osoba; **~ holder** zakonit (punopravni) posjednik; **~ time** građansko, zonsko vrijeme
legalism ['li:gəlizəm] *s* 1. *theol* pretpostavljanje zakona evanđelju, učenje da se spasenje može postići djelima 2. pretjerano prianjanje uza slovo zakona, birokracija, birokratizam
legalist ['li:gəlist] *s* onaj koji se prestrogo drži slova zakona ili zakonskih propisa, birokrat; *theol* onaj koji naginje učenju da se spasenje može postići djelima
legality [li'gæliti] *s* zakonitost, legalnost
legalization [ˌli:gəlai'zeiʃn] *s* sudsko ovjerovljenje, ozakonjenje, legalizacija, legaliziranje
legalize ['li:gəlaiz]] *vt* ozakoniti, zakonski priznati, službeno ili sudski ovjeroviti ili potvrditi, legalizirati
legat(e) ['legit] *s* papinski izaslanik, nuncij, legat; *arch* poslanik, ambasador, izaslanik
legate [li'geit] *vt jur* legirati, zapisati kome legat
legatee [ˌlegə'ti:] *s* oporučni nasljednik, legatar
legateship ['legitʃip] *s* položaj ili služba (papinskog) izaslanika, nuncijatura
legatine ['legətain] *adj arch* izaslanički, poslanički, legatski

legation [li'geiʃn] *s* izaslanstvo, legacija (po položaju niža od ambasade); sveukupno osoblje legacije; službeno sjedište glavnog diplomatskog predstavnika; ured legacije

legato [lə'ga:təu] *adv mus* povezano, legato

legator [li'geitə] *s* oporučitelj, legator

leg-bail [ˌleg'beil] *s* | **to give** ~ dati petama vjetra

leg-bye [ˌleg'bai] *s sport* osvojen bod za loptu što dotakne igrača koji udara (u kriketu)

legend ['ledʒənd] *s* 1. *hist lit* zbirka životopisa svetaca 2. bajka, gatka; legenda (& *fig*) 3. natpis ili moto (*spec* na kovanu novcu ili medalji); tekst uz ilustraciju; *sl* izborni poklik, parola

legendary ['ledʒəndəri] *adj* basnoslovan; fabulozan, legendarni; mitski

legendary ['ledʒəndəri] *s* zbirka životopisa svetaca ili legenda

legendry ['ledʒəndri] *s* zbirka legenda ili mitskih pripovijesti

legerdemain ['ledʒədə'mein] *s* 1. kartaški trikovi, vještina pravljenja trikova s kartama; majstorluk; *fig* izvrtanje, sofizam

legged [legd] *adj* | **bare-**~ bosonog; **bow-**~ krivonog, svinutih nogu; **long-**~ dugonog; **thick-**~ debelonog itd.

legging ['legiŋ] *s* gamaša; dokoljenica

leg-guard [ˌleg'ga:d] *s sport* štitnik za nogu

leggy ['legi] *adj* 1. dugonog 2. (biljka penjačica ili grm) koji ima duge gole stabljike pri dnu, a listove i cvjetove na vrhu

leghorn [le'gɔ:n] *s* vrsta kokoši, leghorn

leghorn ['leghɔ:n] *s* vrsta pletene slame za šešire; šešir od takve slame

legibility [ˌledʒi'biləti] *s* čitljivost, čitkost, jasnoća

legible ['ledʒəbl] *adj* (**legibly** *adv*) čitljiv, čitak, jasan

legion ['li:dʒən] *s* 1. *mil* legija 2. silna množina, bezbroj, golemo mnoštvo | **British Legion** nacionalno udruženje veterana osnovano god. 1921; **their name is** ~ ima ih bezbroj, nema im broja

legionary ['li:dʒənəri] *adj mil* legionarski, legijski

legionary ['li:dʒənəri] *s mil* legionar, član ili pripadnik legije

legislate ['ledʒisleit] *vi* stvarati, praviti ili donositi zakone

legislation [ˌledʒis'leiʃn] *s* donošenje, stvaranje, pravljenje zakona; zakonodavstvo, legislacija

legislative ['ledʒislətiv] *adj* (~**ly** *adv*) zakonodavan, legislativan, koji se odnosi na donošenje zakona, koji je u vezi sa zakonodavstvom

legislator ['ledʒisleitə] *s* zakonodavac, legislator; član zakonodavnog tijela

legislature ['ledʒisleitʃə] *s* zakonodavno tijelo, legislatura

legist ['li:dʒist] *s* pravnik, poznavalac zakona

legitimacy [li'dʒitiməsi] *s* 1. zakonitost, legitimnost 2. zakonitost (djeteta po rođenju) 3. ispravnost, valjanost, pravilnost, poklapanje s priznatim uzorom

legitimate [li'dʒitimit] *adj* (~**ly** *adv*) 1. zakonit, legitiman, pravovaljan 2. prav, priznat kao prav 3. ispravan, opravdan, osnovan, besprijekoran | ~ **drama** zbirka drama priznate i prihvaćene vrijednosti

legitimate [li'dʒitimeit] *vt* ozakoniti; proglasiti zakonitim, priznati pravovaljanim, opravdati

legitimation [liˌdʒiti'meiʃn] *s* ozakonjenje; proglašivanje ili priznavanje zakonitim ili pravovaljanim, ovjerovljenje; legitimacija

legitimatize [li'dʒitimətaiz] *vt* → **legitimate** *vt*

legitimism [li'dʒitimizəm] *s pol* pristajanje uz načelo nasljednje monarhije (*spec* Španjolska, Francuska), legitimizam

legitimist [li'dʒitimist] *s pol* pristaša načela nasljednje monarhije, legitimist; (u Francuskoj) pristaša Burbonaca

legitimization [liˌdʒitimi'zeiʃn] *s* → **legitimation**

legitimize [li'dʒitimaiz] *vt* → **legitimate** *vt*

legless ['leglis] *adj* beznog, koji nema nogu, bez nogu

leg-man ['legmən] *s US* reporter, terenski novinar; čovjek koji za drugoga obavlja posao, trčkaralo

leg-pulling ['legˌpuliŋ] *s* zafrkavanje, zavitlavanje

leguminous [le'gju:minəs] *adj bot* mahunast

leister ['li:stə] *s* osti za hvatanje ribe (*spec* losose)

leister ['li:stə] *vt* hvatati ribu (*spec* losose) ostima

leisure ['leʒə] *s* dokolica, slobodno vrijeme, besposlica, odmor | **at** ~ 1. dokon, slobodan, besposlen 2. bez žurbe, kad bude zgodno, po volji; **at your** ~ kad budete imali vremena, kad god želite, kad vam je po volji; **to wait one's** ~ čekati dok tko bude imao vremena; ~ **hours** slobodno vrijeme

leisured ['ledʒəd] *adj* dokon, slobodan, besposlen

leisureless ['leʒəlis] *adj* koji nema dokolice ili odmora, koji nije dokon ili besposlen

leisurely ['leʒəli] *adj* lagan, udoban, neužurban, ležeran

leisurely ['leʒəli] *adv* lagano, udobno, ležerno, bez žurbe

leman ['lemən] *s arch* ljubavnik, ljubavnica; dragi, draga; *derog* ljubavnik, ljubavnica; kurtizana
lemma ['lemə] *s* (*pl* **~s, ~ta** ['lemətə]) 1. *phil* premisa, pretpostavka 2. *lit* tema, predmet 3. (glavna) riječ u (rječniku), lema, natuknica; napomena 4. moto (na slici)
lemming ['lemiŋ] *s zool* leming, lemar (vrsta glodavca koji živi u sjev. polarnim područjima, *Lemmus lemmus*)
lemon[1] ['lemən] *s bot* limun, limunovo stablo | *sl* **the answer's a ~** pitanje je problematično; **to hand a p a ~** prevariti koga (u kakvu poslu)
lemon[2] ['lemən] *s ichth* maloglavi iverak (*Pleuronectes microcephalus*) (*spec:* **~** *sole*)
lemonade [ˌlemə'neid] *s* limunada
lemon-drop ['leməndrɔp] *s* kiseli bombon (s limunovim okusom)
lemon-juice ['lemənʤuːs] *s* limunov sok
lemon-squash [ˌlemən'skwɔʃ] *s* piće od limunova soka i sode ili vode
lemon-squeezer ['lemənˌskwiːzə] *s* kuhinjska spravica za gnječenje limuna
lemony ['leməni] *adj* limunast, poput limuna, nalik na limun
lemur ['liːmə] *s zool* lemur, maki (polumajmun)
lend [lend] *vt* (lent, lent) 1. posuditi; pozajmiti (kome) 2. pružiti, davati; pridavati; podijeliti | **to ~ ear (one's ears)** poslušati, saslušati; **to ~ a (helping) hand** pomoći, pomagati, biti od koristi, pružiti ruku pomoćnicu; *arch* **to ~ a p a box on the ear** dati (opaliti) zaušnicu komu, udariti po obrazu koga; **to ~ assistance** pomoći, biti na pomoć, biti koristan; **to ~ oneself to** pristati (na); **it does not ~ itself to the purpose** nije prikladno za tu svrhu; *US* **~ and lease bill** zakon o najmu i zajmu; **to ~ a sympathetic ear** saslušati s razumijevanjem
lender ['lendə] *s* posuđivač, pozajmljivač; zajmodavac
lending ['lendiŋ] *s* pozajmljivanje; posuđivanje, posudba; ono što je posuđeno ili pozajmljeno, zajam
lending-library ['lendiŋˌlaibrəri] *s* posudbena knjižnica
length [leŋθ] *s* 1. duljina; udaljenost 2. trajanje 3. komad, dužina (puta, tkanine) 4. *sport* udaljenost od vrata s koje se baca lopta (kriket) | *coll* **to know the ~ of a p's foot** znati kako tko diše, poznavati čiji značaj; **at arm's ~** podalje, što dalje od sebe; **keep one at arm's ~** držati koga podalje, ne upuštati se s kim; **at ~** 1. napokon, konačno, na kraju 2. potanko, podrobno, opširno, natenane, nadugačko i naširoko; **at full ~** 1. čitavom duljinom tijela, koliko je dug i širok 2. u naravnoj veličini 3. potanko, podrobno, opširno, nadugačko i naširoko; **to go the ~ of saying** ne žacati se čak ni reći da; ići tako daleko i kazati; **to go to ~s** ne žaliti truda, ići vrlo daleko; **to go to any ~s** ne prezati ni pred čim, sve poduzeti; *mar* **~ of cable** uza lanca
lengthen ['leŋθən] *vt/i* **I.** *vt* produljivati, oduljiti, otegnuti, otezati, rastegnuti, rastezati, istegnuti, istezati **II.** *vi* produljiti se, otezati se, protegnuti se, rastegnuti se, rastezati se, istegnuti se, istezati se
lengthways ['leŋθweiz] *adv* po duljini, duljinom, uzduž, uzdužno
lengthwise ['leŋθwaiz] *adj* koji ide po duljini, uzdužan
lengthwise ['leŋθwaiz] *adv* → **lengthways**
lengthy ['leŋθi] *adj* (**lengthily** *adv*) podugačak, razvučen, otegnut; preopširan, previše podroban; dosadan, dugotrajan
lenience ['liːnjəns] *s* popustljivost, blagost, mekoća; obazrivost, uviđavnost
lenient ['liːnjənt] *adj* (**~ly** *adv*) blag, popustljiv, mekan; obazriv, uviđavan
lenitive ['lenitiv] *adj* koji ublažuje
lenitive ['lenitiv] *s* sredstvo za ublaživanje (& *fig*)
lenity ['lenəti] *s* popustljivost, blagost, mekoća; obazrivost, uviđavnost
leno ['liːnəu] *s* tanko pamučno tkivo (za zastore, vela itd.)
lens [lenz] *s phys* leća | **~ system** optika
lensed [lenzd] *adj phys* koji ima leću ili leće
lent [lent] *s* post, korizma | *bot* **~ lily** žuti sunovrat; **~ term** školski ili sveučilišni rok između Nove godine i Uskrsa
lent [lent] *pret* & *pp* od **lend**
lenten ['lentən] *adj* 1. posni, korizmen 2. slab, mršav, oskudan | **~ face** koji ima jadan ili žalostan izražaj; **~ fare** nemrs, posno jelo, mršav obrok
lenticular [len'tikjulə] *adj* (**~ly** *adv*) lećasta oblika, poput leće; koji se odnosi na leću
lentil ['lentil] *s bot* leća
lentitude ['lentitjuːd] *s* tromost, polaganost, lijenost
lento ['lentəu] *adv It mus* lento, polagano
lentoid ['lentɔid] *adj phys* lećasta oblika
Leo ['liːəu] *s astr* Lav (u zodijaku)
leonine ['liːənain] *adj* lavovski, lavlji, poput lava, nalik na lava
Leonine ['liːənain] *adj* koji se odnosi na osobe (*spec* pape) imena Leo | **~ City** dio Rima oko Vatikana, koji je utvrdio papa Leo IV; *pros* **~ verse** leoninski stih
Leonine ['liːənain] *s pros* leoninski stih
leopard ['lepəd] *s zool* leopard | **American ~** jaguar; **snow ~** (tibetanski ili sibirski) snježni leopard (*Felis uncia*); **hunting ~** čita, gepard; *fig* **can the ~ change his spots** vuk dlaku mijenja, ali ćud nikada
leopardess ['lepədis] *s* leopard (ženka)

leotard ['li:əta:d] *s* triko za gimnastičarke i baletne plesače
leper ['lepə] *s* gubavac
leporine ['lepərain] *adj zool* zečji; koji nalikuje na zeca, poput zeca, koji spada među zečeve
leprechaun ['leprəkɔ:n] *s Ir* vila; malik
leprosy ['leprəsi] *s* guba, lepra | *fig* **moral ~** (sveopća) nećudorednost, pokvarenost
leprous ['leprəs] *adj* gubav, leprozan
Lesbian ['lezbiən] *adj* 1. *hist* koji se odnosi na otok Lezbos 2. lezbijski
lesbian ['lezbiən] *s* lezbijka
lese-majesty [ˌli:z'mædʒisti] *s jur* uvreda veličanstva, veleizdaja
lesion ['li:ʒən] *s* 1. *med* ozljeda, rana, oštećenje 2. *jur* uvreda, šteta
less [les] *adj* (*comp* od **little**) manji, sitniji; slabiji; niži; manje važan ili značajan, neznatniji | **may your shadow never be ~** svako dobro!, nikada vam ništa ne uzmanjkalo!; **your shadow hasn't grown any ~** niste omršavjeli, oslabili; **no ~ a person than** nitko manji nego, nitko drugi nego
less [les] *s* 1. (ono što je) manje, slabije, sitnije, niže, manje važno, neznatnije 2. oni koji su manje vrijedni, manje značajni 3. manja količina | *joc* **in ~ than no time** za tren, odmah, u tili čas
less [les] *adv* (*comp* od **little**) manje, slabije, neznatnije, manje vrijedno | **none the ~** usprkos tome, ipak; **no ~ (than)** ne manje, ništa manje ili nitko manji (nego); **not the ~** ne manje, ništa manje; **nothing ~** ništa manje, sve prije; **the ~ so as** to manje što (ili jer); **~ and ~** sve manje (slabije) i manje (slabije)
less [les] *prep* manje, odbivši, minus
lessee [le'si:] *s* zakupnik, najmoprimac, unajmitelj
lessen [lesn] *vi/t* **I.** *vi* smanjivati se, umanjiti se; stanjivati se; spadati, spasti, opadati, popustiti, popuštati; gubiti se, nestajati **II.** *vt* smanjivati, umanjivati, slabiti, oslabljivati, stanjiti; popustiti, popuštati; *fig* umanjivati; potcijeniti, potcjenjivati | *mil* **to ~ the range** smanjiti duljinu gađanja
lessening ['lesniŋ] *s gram* deminucija
lesser ['lesə] *adj* manji, slabiji, manje vrijedan, neznatniji, manje značajan | *astr* **the Lesser Bear** Mali Medvjed; **the ~ of two evils** od dvaju zala manje; **the ~ light** Mjesec; **Lesser Asia** Mala Azija
lesson ['lesn] *s* 1. poduka, lekcija, zadaća 2. sat, predavanje, obuka 3. pouka, lekcija 4. *eccl* čitani odlomak iz Biblije | *eccl* **first ~** (čitani) odlomak iz Staroga zavjeta; *eccl* **second ~** (čitani) odlomak iz Novoga zavjeta; *eccl* **proper ~** odlomak iz Biblije prikladan za određeni dan; **~s** *pl* nastava, predavanje; **to give (take) ~s in** davati (primati) poduku (satove) iz (čega); **to read a p a ~** očitati bukvicu (lekciju) komu, ukoriti koga; **let this be a ~ to you** neka ti to služi kao pouka
lesson ['lesn] *vt* podučavati; podučiti; opomenuti, ukoriti
lessor [le'sɔ:] *s* onaj koji daje pod zakup, najmodavac
lest [lest] *conj* da ne (bi), kako ne (bi)
let[1] [let] *s fam* zakup, najam, iznajmljenje
let[1] [let] *vt* (let, let) 1. pustiti, puštati 2. iznajmiti, izdati ili dati u najam (pod zakup) 3. dopustiti, dati (komu) | **rooms to ~** iznajmljuju se sobe; **to ~ one know** obavijestiti koga, javiti komu; **to ~ a p alone** ostaviti koga na miru, ne dirati u koga; **~ me alone to do** ne brini se — ja ću učiniti; ne boj se da neću učiniti; **to ~ a th alone** ne dirati, ne miješati se, ne upletati se (u što); **~ alone** a kamoli, a nekmoli; **to ~ be** ostaviti na miru, ne dirati; **to ~ fall** 1. ispustiti (iz ruke); *mar* odriješiti (vez broda) 2. *geom* povući okomicu iz vanjske točke na crtu; **to ~ fall a word (remark)** izlanuti, izbrbljati, tobože nehotice reći; **to ~ drive** zamahnuti, opaliti, zatjerati (*at* na, prema); **to ~ fly** pustiti (da poleti), odapeti (strijelu itd.); **to ~ go (of)** ispustiti (iz ruku), ostaviti; **to ~ go the anchor** baciti sidro; **to ~ oneself go** dati sebi oduška; prepustiti se čemu; **to ~ loose** pustiti, raspustiti, osloboditi; **to ~ slip** ispustiti; dopustiti da izmakne (prilika), propustiti ili ne iskoristiti (priliku); **~ it be done at once** neka se (to) odmah učini (izvrši); **~ me see** daj da vidim!, pokaži mi!; *coll* čekaj! da se prisjetim; **to ~ a p hear** obavijestiti koga, javiti ili saopćiti komu; **~ bygones be bygones** ne spominji lanjski snijeg!, bilo pa prošlo!; **to ~ into a p** napasti koga, navaliti na koga; *prov* **~ well alone** ne diraj lava dok spava
let down ['let'daun] *vt* spustiti; *fig* umanjiti ugled, naškoditi (čemu); *fig* poniziti; razočarati; prevariti; ostaviti na cjedilu | **he let him down gently** postupao je s njim obzirno
let in ['let'in] *vt* 1. pustiti u što, pustiti unutra; dopustiti pristup ili ulaz (čemu, komu) 2. umetnuti 3. razjasniti, objasniti; povjeriti, otkriti (komu); dati objašnjenje komu (*on* o) 4. nasamariti, prevariti | **to let oneself in for** nakopati sebi na vrat, pribaviti sebi (neprilike)
let into ['let'intu] *vt* staviti (u); uvesti (u); upoznati (sa) (*he has been ~ the secret* povjerena mu je tajna)
let off ['let'ɔf] *vt* 1. ispaliti; odapeti (& *fig*) 2. istresti 3. propustiti, ispustiti; otpustiti 4. dalje iznajmiti 5. oprostiti (komu), pustiti (bez kazne) | **to ~ steam** ispustiti paru; *fig* dati sebi oduška
let on ['let'ɔn] *vi sl* odati (se), otkriti tajnu (*that*)

let out [ˈletˈaut] *vt/i* **I.** *vt* 1. pustiti (van, na slobodu), osloboditi; pustiti; propustiti; dopustiti komu da umakne 2. ispustiti (rub, šav itd.) 3. otkriti, izbrbljati (tajnu), izlanuti 4. iznajmiti, dati pod zakup (*spec* više nego jednom zakupniku) **II.** *vi* 1. otkriti, izbrbljati (tajnu), izlanuti (*that*) 2. zamahnuti šakom; izmahnuti petama, ritnuti se (*at*); žestoko napasti riječima, ispsovati, oboriti se na koga (*at*) | **to let the cat out of the bag** izbrbljati, izlanuti (tajnu)

let up [ˈletˈʌp] *vt US coll* popuštati, prestajati

let² [let] *s arch* zapreka, smetnja; *sport* slučajno smetanje lopte ili igrača (koje se ne računa kao greška, pa se dopušta ponovno igranje)

let² [let] *vt* (*pret* let, letted; *pp* let, letted) *arch* spriječiti, zapriječiti

let-alone [ˈletəˌləun] *s* popustljivost, popuštanje; obazrivost; pošteda

let-down [ˈletdaun] *s sl* razočaranje; manjak; gubitak

lethal [ˈliːθəl] *adj* (**~ly** *adv*) smrtan, smrtonosan; samrtan, mrtvački, letalan | **~ chamber** komora za bezbolno ubijanje životinja

lethargic [leˈθaːdʒik] *adj* (**~ally** *adv*) bolesno pospan, letargičan; *fig* tup, trom, bešćutan, apatičan

lethargy [ˈleθədʒi] *s* bolećiva snenost, dugotrajan neprirodan san, letargija; *fig* tupost, tromost, bešćutnost, apatija, ravnodušnost

Lethe [ˈliːθiː] *s myth* Leta (rijeka u podzemlju, prijelazom koje sve pada u zaborav); *fig* zaborav

let-off [ˈletɔf] *s* 1. otpust, ispust, odvod 2. svečanost, priredba 3. oslobođenje; umaknuće, bijeg

Lett [let] *s* → **Lettish** *s*

letter¹ [ˈletə] *s* 1. slovo 2. pismo, list, dopis; poslanica; obavijest | **~s** *pl* 1. natpis; opis 2. punomoć, isprava; povelja 3. književnici; književnost; znanost, nauka 4. osnovno znanje čitanja; **by ~** pismeno; **the ~ of law** slovo zakona; **to the ~** doslovno, doslovce, bukvalno; **man of ~s** pisac, književnik, literat; učenjak; učena glava; **~s patent** 1. *jur* povelja; dekret, ovlaštenje, punomoć 2. *com* patentna isprava; **~ of attorney** punomoć; *dipl* **~s of credence** akreditivi, vjerodajnice; *com* **~ of credit** kreditno pismo; *com* (**documentary**) **~ of credit** (dokumentarni) akreditiv; **~ of guarantee** garantno pismo; *univ* **to get one's ~** postati član momčadi; **in ~ and spirit** po obliku i sadržaju; *com* **~ of advice** avizo, pismena obavijest; *jur* **~s of administration** dekret o upravi ostavine; **~ of marque** punomoć za hvatanje stranih brodova i zapljenu brodskog tereta; **the profession of ~s** književnički zanat, literarna ili naučna profesija; **commonwealth of ~s (republic of ~s)** književnički svijet, pisci, literati; **~s of business** kraljeva punomoć skupštini ili sinodu da raspravlja o nekom pitanju; **prepaid ~** frankirano pismo; **returned ~ office** ured za neuručiva pisma; **~ to be called for** pismo poste restante; **~ of acceptance** prihvaćena mjenica, akcept; **~ of allotment** dosudna ili urudžbena isprava; **~ of bottomry** brodska hipoteka; **~ of confirmation** potvrdno pismo, pismena potvrda; **~ of grace (respite)** pismeno odobrenje odgode plaćanja; **~ of indemnity** jamčevno (garantno) pismo; **~ of introduction** preporučno pismo, pismena preporuka; **~ of lien** založnica; *mar* **~ signal** slovčani signal

letter [ˈletə] *vt* dati naslov (knjizi); opremiti ili ukrasiti slovima; opisati

letter² [ˈletə] *s* iznajmljivač, iznajmitelj, najmodavac

letter-bag [ˈletəbæg] *s* torba za pisma

letter-balance [ˈletəˌbæləns] *s* vaga za pisma

letter-book [ˈletəbuk] *s* knjiga za spremanje prijepisa ili kopija pisama

letter-box [ˈletəbɔks] *s* škrinjica za pisma, poštanski sandučić

letter-card [ˈletəkaːd] *s* zatvorena dopisnica

letter-carrier [ˈletəˌkæriə] *s* pismonoša, listonoša, dostavljač pisama, poštar

letter-case [ˈletəkeis] *s* lisnica

lettered [ˈletəd] *adj* 1. opremljen slovima; koji ima natiskan naslov 2. učen, obrazovan; književno ili literarno naobražen; naučan, znanstven

letter-file [ˈletəfail] *s* mapa za odlaganje pisama, fascikl

letter-folder [ˈletəˌfəuldə] *s* nož za savijanje papira, kostilo

letter-founder [ˈletəˌfaundə] *s print* ljevač slova

letter-foundry [ˈletəˌfaundri] *s* ljevaonica slova

lettergram [ˈletəgræm] *s* letertelegram (koji se otprema kao brzojav, a dostavlja redovitom poštom)

letterhead [ˈletəhed] *s com* zaglavlje pisma

lettering [ˈletəriŋ] *s* označivanje ili opremanje slovima; opis; natpis, natisak

letter-lock [ˈletəlɔk] *s* brava koja se otvara biranjem određenih slova

letter-perfect [ˌletəˈpəːfikt] *adj theat* koji doslovce zna svoj tekst ili ulogu

letter-press [ˈletəpres] *s print* tiskarski stroj; *print* tisak, štampani tekst (za razliku od ilustracija); *com* tijesak (preša) za kopiranje pisama

letter-weight [ˈletəweit] *s* (ukrasni) predmet kojim se pritiskaju pisma

Lettic [ˈletik] *adj* baltički; latrijski

Lettic [ˈletik] *s* Balti; Latrijac, Latrijka
Lettish [ˈletiʃ] *adj* baltički; latrijski
Lettish [ˈletiʃ] *s* letonski ili latvijski (jezik)
lettuce [ˈletis] *s bot* ločika (salata)
let-up [ˈletˈʌp] *s* popuštanje; odmor, prekid, prestanak, prestajanje
leucocyte [ˈljuːkəsait] *s* leukocit, bijelo krvno tjelešce
leuk(a)emia [ljuːˈkiːmiə] *s* leukemija
levant [liˈvænt] *vi* odmagliti, pobjeći, uteći, umaknuti (ne plativši dug)
levanter [liˈvæntə] *s* onaj koji odmagli ili uteče ne plativši dug
Levanter [liˈvæntə] *s* 1. Levantinac, Levantinka 2. snažan istočni vjetar na Sredozemnom moru
Levantine [ˈlevəntain] *adj* levantinski
Levantine [ˈlevəntain] *s* Levantinac, Levantinka
levator [liˈveitə] *s anat* levator, mišić podizač
levee[1] [ˈlevi] *s hist* jutarnje primanje na dvoru (prilikom ustajanja vladara); primanje kod vladara ili njegova zastupnika kojem prisustvuju samo muškarci; skup posjetilaca
levee[2] [ˈlevi] *s US* 1. obala rijeke (nastala naslagama iz aluvija) 2. nasip (protiv poplave)
level [ˈlevl] *s* 1. *archit* razulja, libela 2. ravnina, vodoravna ploha; razina, plan 3. smjer, pravac 4. položaj, mjesto; nivo 5. stupanj; (normalna) visina 6. *geog* ravnica, ravan, zaravanak 7. *min* (ravan) rov | *US fam* **on the ~** pošteno, otvoreno, iskreno; **on a ~ with** u istoj ravnini, na istoj razini (s kim, čim); **to find one's ~** naći svoj pravi položaj, doći u normalan položaj; **to rise to higher ~s** doći na viši stupanj, napredovati; **to be on the same ~** poklapati se
level [ˈlevl] *adj* (**~ly** *adv*) 1. ravan, vodoravan, horizontalan 2. jednak, podjednak (& *fig*) 3. *mus* iste ili jednake visine (položine) 4. *fig* jednolik, izjednačen | **~ race** izjednačena utrka, podjednaka utrka; **~ crossing** cestovni prijelaz preko željezničke pruge; prijelaz u nivou; **to do one's ~ best** učiniti koliko se najbolje (najviše) može, dati sve od sebe; *mar* **~ keel draught** gaz na ravnoj kobilici
level [ˈlevl] *vt* 1. izravnati, poravnati, sravniti, izjednačiti, svesti na istu razinu ili stupanj (*to, with* sa) (& *fig*); nivelirati 2. svaliti, srušiti, porušiti, oboriti 3. ukinuti, ukidati, ukloniti, uklanjati, dokinuti (razlike) 4. ciljati, uperiti, nišaniti, usmjeriti (*at, against* na) | **to ~ with the ground** sravniti sa zemljom
level down [ˈlevlˈdaun] *vt* poniziti, svesti na niži stupanj; smanjiti, sniziti, izjednačiti prema dolje
level off [ˈlevlˈɔf] *s aero* izravnati
level up [ˈlevlˈʌp] *vt* povisiti, dići na viši stupanj; podići, izjednačiti prema gore
level-headed [ˌlevlˈhedid] *adj* promišljen, razuman, razborit, trijezan
leveller [ˈlevlə] *s* nivelirac; onaj koji izravnava, poravnava, sravnjuje ili izjednačuje; *pol* pristaša načela socijalnog izjednačivanja
levelling [ˈlevliŋ] *s* nivelacija | (**topographical**) **~** niveliranje; **~ instrument** nivelir
lever [ˈliːvə] *s tech* poluga; ručka, krak ručice, rukohvat
lever [ˈliːvə] *vi/t* **I.** *vi* raditi ili služiti se polugom, upotrijebiti ili primijeniti polugu **II.** *vt* (polugom) micati; dizati, dignuti; odignuti; prebaciti; ukloniti (*along, away, out, over, up*)
leverage [ˈliːvəridʒ] *s* snaga poluge; polužje; poređaj poluga; *fig* moć; utjecaj
leveret [ˈlevərit] *s zool* mlad (*spec* jednogodišnji) divlji zec
leviathan [liˈvaiəθən] *s* 1. *bibl* levijatan, morska neman 2. golem brod 3. *fig* div, grdosija, čudovište
levigate [ˈlevigeit] *vt* smrviti, zdrobiti, usitniti, samljeti, pretvoriti u prah; pretvoriti u kašu
levigation [ˌleviˈgeiʃn] *s* usitnjavanje, mrvljenje (u prah), pretvaranje u kašu
levin [ˈlevin] *s poet* bljesak strijele
levis [ˈliːvaiz] *s pl US* traperice
levitate [ˈleviteit] *vi/t* **I.** *vi* lebdjeti, dizati se sa zemlje **II.** *vt* učiniti da što **lebdi**, oduzeti čemu silu teže (u spiritizmu)
levitation [ˌleviˈteiʃn] *s* lebdenje, dizanje sa zemlje (spiritizam); levitacija
Levite [ˈliːvait] *s* 1. *bibl* pripadnik ili potomak plemena Levi; pomoćnik svećenika, levit 2. *fam* Židov 3. *arch* ženska opasana halja iz 18. stoljeća
levitical [liˈvitikl] *adj* (**~ly** *adv*) 1. koji se odnosi na biblijsko pleme Levi; **levitski** 2. koji se odnosi na zakone treće knjige Mojsijeve
levity [ˈleviti] *s* lakoća; *fig* površnost, ispraznost, lakoumnost, lakomislenost, **ne**stalnost, prevrtljivost, nepostojanost; **ne**pristojnost, frivolnost | **with ~** lakoumno
levy [ˈlevi] *s* 1. raspis, određivanje, nametanje (poreza itd.); (urban) porez, danak itd. 2. novačenje, podizanje vojske, pozivanje pod oružje (u vojsku); skupljena, podignuta vojska, broj ljudi pozvanih pod oružje (& *pl*) 3. prilog, doprinos 4. *jur* sudska zapljena, konfiskacija | **capital ~** porez na glavnicu; **~ in mass** opća mobilizacija
levy [ˈlevi] *vt* nametnuti, raspisati, odrediti, udariti ili ubirati (porez, danak itd.); kupiti, dizati (vojsku); *jur* konfiscirati (*on a p's property* čiju imovinu) | **to ~ war** objaviti rat (*upon, against* kome)
lewd [luːd] *adj* (**~ly** *adv*) raskalašen, razuzdan, nećudoredan, raspušten, nepri-

stojan, pokvaren, besraman; *bibl* nizak, zao, podao; prost; neuk
lewis [ˈluːis] *s tech* željezni klin (za dizanje)
lexical [ˈleksikəl] *adj* (**~ly** *adv*) leksički, koji se odnosi na riječi (jezika)
lexicographer [ˌleksiˈkɔgrəfə] *s* pisac rječnika, leksikograf
lexicographical [ˌleksikəˈgræfikl] *adj* leksikografski, koji se odnosi na pisanje rječnika
lexicography [ˌleksiˈkɔgrəfi] *s* pisanje ili sastavljanje rječnika; način i načela pisanja rječnika; leksikografija
lexicological [ˌleksikəˈlɔdʒikl] *adj* leksikološki
lexicology [ˌleksiˈkɔlədʒi] *s* leksikologija
lexicon [ˈleksikən] *s* rječnik, leksikon; leksik
Leyden jar [ˌleidnˈdʒaː] *s el* lajdenska boca
liability [ˌlaiəˈbiliti] *s* odgovornost, obaveza, dužnost; izvrgnutost, podvrgnutost, podložnost, izloženost; sklcnost | *com* **liabilities** *pl* novčane obaveze, pasiva, terećenja, dugovi
liable [ˈlaiəbl] *adj* odgovoran (*for* za što); obvezan, dužan (platiti što) (*for, to*); izvrgnut, podvrgnut, podložan, izložen (*to* čemu); sklon, koji naginje (*to* čemu); predisponiran (*to* za što); *jur* koji jamči | ~ **to fits of temper** koji se lako ražesti; ~ **to catch cold** koji se lako (brzo) prehladi; **difficulties are** ~ **to occur** vjerojatno (postoji opasnost) da će biti poteškoća; **to be** ~ **to** naginjati čemu; ~ **to duty** koji podliježe carini; ~ **to punishment** kažnjiv
liaison [liːˈeizɔ̃ːŋ] *s Fr* 1. *mil* (tijesna) veza, suradnja 2. ljubavni odnos | ~ **officer** oficir za vezu
liana [liˈaːnə] *s bot* lijana, povijuša
liar [ˈlaiə] *s* lažac, lažljivac, lažljivica, lažljivka
lias [ˈlaiəs] *s* plavi vapnenac; *geol* lijas, najstariji sloj jure
liassic [laiˈæsik] *adj geol* koji se odnosi na najstariji sloj jure, lijaski
lib [lib] *s coll abbr* za **liberation** | **women's lib** pokret za oslobođenje žena od društvene i ekonomske nejednakosti
libation [laiˈbeiʃn] *s* 1. *hist* prolijevanje vina u slavu bogova 2. *joc* napitnica, zdravica; pijanka
libel [ˈlaibəl] *s* 1. *jur* optužnica 2. pogrdni članak ili spis, paskvil 3. kleveta, uvreda, objeda (& *jur*); netočno prikazivanje | **it is a** ~ **on** ne odgovara stvarnosti, nije nimalo nalik na (koga, što), to izvrgava (koga, što) ruglu
libel [ˈlaibəl] *vt* 1. podići optužbu (protiv koga), tužiti 2. oklevetati, optužiti, ocrniti, obijediti 3. *fam* nanijeti nepravdu (komu), biti nepravedan (prema komu)
libelee [ˌlaibəˈliː] *s jur* optuženik, tuženi
libellant [ˈlaibələnt] *s jur* tužilac, optužitelj
libeller [ˈlaibələ] *s* klevetnik, onaj koji ogovara; pisac pogrdnog članka
libellist [ˈlaibəlist] *s* → **libeller**
libellous [ˈlaibləs] *adj* (**~ly** *adv*) klevetnički, pogrdan; podrugljiv
liberal [ˈlibərəl] *adj* (**~ly** *adv*) 1. *arch* otmjen, gospodski 2. darežljiv, plemenit, velikodušan (*of*) 3. obilat (obrok), bogat, izdašan, znatan, priličan 4. slobodan, širokogrudan, slobodouman, otvoren, koji nema predrasuda, liberalan 5. *pol* liberalan, koji pripada Liberalnoj stranci | ~ **education** svestrana (humanistička) naobrazba; ~ **arts** humanističke znanosti
liberal [ˈlibərəl] *s pol* liberalac, član Liberalne stranke
liberalism [ˈlibərəlizm] *s* slobodoumnost; *pol* liberalizam, slobodoumna načela
liberalist [ˈlibərəlist] *adj pol* liberalan, koji pristaje uz slobodoumna načela
liberalist [ˈlibərəlist] *s pol* liberalac, pristaša slobodoumnih načela
liberalistic [ˌlibərəˈlistik] *adj* liberalistički
liberality [ˌlibəˈræliti] *s* velikodušnost, darežljivost; širokogrudnost, slobodoumnost, liberalnost
liberalization [ˌlibərəlaiˈzeiʃn] *s* liberalizacija, davanje većih sloboština, liberaliziranje
liberalize [ˈlibərəlaiz] *vt/i* **I.** *vt* 1. ublažiti (zakone), liberalizirati; učiniti slobodoumnim, slobodnijim 2. prosvijetliti, naobraziti **II.** *vi* postati slobodouman ili liberalan, ukloniti predrasude, liberalizirati se
liberate [ˈlibəreit] *vt* osloboditi, riješiti (*from* čega) (& *chem*)
liberation [ˌlibəˈreiʃn] *s* oslobođenje, oslobađanje
liberationism [ˌlibəˈreiʃənizm] *s* načelo odvajanja crkve od države; pristajanje uz to načelo
liberationist [ˌlibəˈreiʃənist] *s* pristaša načela odvajanja crkve od države
liberator [ˈlibəreitə] *s* oslobodítelj, oslobodilac
Liberian [laiˈbiəriən] *adj* liberijski (zap. Afrika)
Liberian [laiˈbiəriən] *s* Liberijac, Liberijka
libertarian [ˌlibəˈtɛəriən] *s* pristaša načela slobodne volje, libertarijanac
libertarian [ˌlibəˈtɛəriən] *adj* koji vjeruje u načelo slobodne volje, koji se odnosi na to načelo, libertarijanski
liberticidal [liˈbəːtisaidl] *adj* koji razara, uništava ili ruši slobodu
liberticide [liˈbəːtisaid] *s* zatiranje, uništavanje slobode; zatirač slobode, ugnjetavač

libertinage ['libətinidʒ] *s* 1. *rel* slobodoumlje, slobodoumnost 2. raskalašenost, razuzdanost, raspuštenost
libertine ['libətiːn] *s* 1. *rel* slobodoumnik 2. raskalašenjak, raskalašenica, razuzdanac, razuzdanica, propalica | **chartered** ~ razuzdanac kojega javnost blago sudi
libertine ['libətiːn] *adj* 1. *rel* slobodouman 2. raskalašen, raspušten, razuzdan
libertinism ['libətinizm] *s* → **libertinage**
liberty ['libəti] *s* sloboda, nezavisnost; slobodan izbor, svojevoljnost; dozvola, dopuštenje | *jur* **liberties** *pl* prava, sloboštine, povlastice; područje povlastica; ~ **of conscience, of speech, of the press** sloboda savjesti, govora, tiska; **at** ~ slobodan, nezaposlen; **you are at** ~ **to (do)** slobodno vam je (činiti); **to set at** ~ osloboditi, pustiti na slobodu; **to take the** ~ **of doing (to do)** dopustiti sebi, biti slobodan činiti; **to take liberties (with)** biti neuljudan, štošta sebi dopustiti (prema komu), preslobodno postupati (s kim); **to take liberties with another person's property** ogriješiti se o tuđu imovinu
liberty-bond ['libəti'bɔnd] *s US* obveznica ratnog zajma
liberty-man ['libəti'mæn] *s* mornar na dopustu na kopnu
libidinous [li'bidinəs] *adj* (~**ly** *adv*) požudan, pohotan, razvratan, razbludan
libra ['laibrə] *s* (*pl* **librae** ['laibriː]) *hist* libra rimska mjera za težinu; *astr* Vaga (u zodijaku)
librarian [lai'brɛəriən] *s* knjižničar, bibliotekar; knjižničarka, bibliotekarka
librarianship [lai'brɛəriənʃip] *s* položaj ili zvanje knjižničara, knjižničarstvo, bibliotekarstvo
library ['laibrəri] *s* knjižnica, biblioteka | **lending** ~ posudbena knjižnica; **reference** ~ stručna knjižnica, priručna biblioteka; **free** ~ javna knjižnica (gdje se ne plaća članarina); **circulating** ~ posudbena knjižnica; *fig* **walking** ~ živa knjiga, čovjek neobična znanja; ~ **edition** izdanje (knjige) koje je po veličini i tisku prikladno za knjižnicu
librate ['laibreit] *vi* 1. njihati se, titrati, vibrirati; hvatati ravnotežu, ljuljati se 2. lebdjeti; biti ili stajati u ravnoteži
libration [lai'breiʃn] *s* 1. titranje, podrhtavanje, kolebanje, drhtanje; ljuljanje, hvatanje ravnoteže 2. stajanje u ravnoteži | *astr* ~ **of moon** prividno titranje Mjesečeva ruba
libratory ['laibrətəri] *adj* 1. koji se njiše, titra, vibrira; koji se ljulja, koji hvata ravnotežu 2. koji stoji u ravnoteži
librettist [li'bretist] *s mus* pisac libreta, libretist
libretto [li'bretəu] *s* (*pl* **libretti** [li'breti]) *mus* tekst opere, libreto
Libyan ['libiən] *adj* 1. *hist* libijski, koji se odnosi na staru Libiju 2. *poet* afrički 3. berberski, hamitski
Libyan ['libiən] *s* 1. *hist* Libijac, Libijka (stanovnik stare Libije) 2. *poet* Afrikanac, Afrikanka 3. berberski (hamitski) jezik
lice [lais] *pl* od **louse**
licence (license) ['laisəns] *s* dozvola, dopuštenje, privola, odobrenje; ovlaštenje, licencija; sloboda, sloboština; razuzdanost, raspuštenost | **on-**~ (lokal) u kojem se smiju piti alkoholna pića; **off-**~ prodaja alkoholnih pića za »preko puta«; **to take out a** ~ pribaviti sebi dozvolu, nabaviti koncesiju; **hunting** ~ lovačka karta (legitimacija); **driving** ~ vozačka dozvola; *mot* ~ **plate** registarska tablica
license (licence) ['laisəns] *vt* dopustiti, dozvoliti, izdati dozvolu (komu); opunomoćiti (*to do*); odobriti, dopustiti (izdavanje knjige, predstavu itd.); licencirati
licensed ['laisənst] *adj* koji ima odobrenje, dopuštenje ili dozvolu; koncesioniran, privilegiran | ~ **premises** ugostiteljski objekti u kojima je dopušteno točenje alkoholnih pića; ~ **quarters** dio grada u kojem su koncesionirane javne kuće
licensee [ˌlaisən'siː] *s* onaj koji ima licenciju (dozvolu za točenje alkoholnih pića itd.); koncesionar
licenser (licensor) ['laisənsə] *s* onaj koji dopušta, dozvoljava, odobrava; onaj koji podjeljuje dopuštenje itd.; cenzor
licentiate [lai'senʃiət] *s* 1. onaj koji posjeduje sveučilišnu diplomu 2. *eccl* diplomirani propovjednik kojemu još nije dodijeljena služba (u Prezbiterijanskoj crkvi)
licentious [lai'senʃəs] *adj* (~**ly** *adv*) slobodan, preslobodan; nepravilan (srok); razuzdan, raspušten, razvratan
lich (lych) [litʃ] *s arch* mrtvac, leš, lešina, (mrtvačko) truplo
lichen ['laikən, 'litʃin] *s bot* lišaj; *med* lišaj (kožna bolest)
lichenous ['laikənəs] *adj* koji ima lišaj, koji je zaražen lišajem; koji nalikuje na lišaj
lichgate ['litʃgeit] *s* natkrit ulaz u groblje
licit ['lisit] *adj* (~**ly** *adv*) (zakonom) dopušten, dozvoljen
lick [lik] *s* lizanje; *hunt* solište; *fam* žestok udarac, batine; *sl* žurba, brzina | *sl* **at a great** ~ velikom brzinom; **at full** ~ svom brzinom; **a** ~ **and a promise** površno pranje (čišćenje); **a** ~ (nešto) malo, zeru; **not a** ~ ni truna, ni zere
lick [lik] *vt/i* **I.** *vt* 1. polizati; oblizati; liznuti 2. pažljivo dotjerati 3. *sl* izmlatiti, tući, izbiti; pobijediti, svladati, nadvladati 4. *sl* prelaziti čije shvaćanje **II.** *vi* lizati, liznuti; (o vatri) palucati, lizati, liznuti; *sl* juriti, brzo ići | **he** ~**s his chops (lips)** oblizuje usnice, rastu mu zazubice; *fam* **to** ~ **into shape** dotjerati

(što), dati pravi oblik (čemu); *fig* **to ~ one's shoes** lizati pete komu; *fig* **to ~ the dust** biti pobijeđen, oboren; zagristi u ledinu; **this ~s me** tome nisam dorastao, to ne mogu shvatiti; *sl* **as hard as he could ~** koliko god je brzo mogao trčati; *sl* **that ~s everything** to prelazi sve, to je vrhunac; **to ~ one's wounds** oporavljati se nakon poraza

lick off [ˈlikˈɔf] *vt* polizati, lizanjem ukloniti

lick up [ˈlikˈʌp] *vt* polizati, polaptati

licker [ˈlikə] *s* onaj koji liže, lizalo; *tech* podmazivač; *sl* onaj koji tuče; pobjednik

lickerish (liquorish) [ˈlikəriʃ] *adj* sladokusan, proždrljiv, pohlepan, požudan (*after* za)

licking [ˈlikiŋ] *s* lizanje; *sl* batine; *sport* poraz

lickspittle [ˈlikˌspitl] *s* podla ulizica

licorice [ˈlikəris] *s* → **liquorice**

licorous [ˈlikərəs] *adj* → **lickerish**

lictor [ˈliktə] *s hist* liktor, pratilac rimskih konzula ili diktatora koji je nosio svežanj prutova

lid [lid] *s* 1. poklopac, zaklopac, pokrov 2. kapak 3. *US sl* šešir, kapa 4. *US sl* ograničenje prodaje alkohola | **with the ~ off** u svoj svojoj golotinji (strahoti), neprikriveno; *sl* **this puts the ~ on** to prevršuje mjeru, to je ono posljednje

lidded [ˈlidid] *adj* koji ima poklopac ili kapak

lidless [ˈlidlis] *adj* koji je bez poklopca ili kapka

lie[1] [lai] *s* laž, neistina, izmišljotina | **to tell a ~** lagati, slagati; **to act a ~** lagati djelom, ne riječima; **white ~** dobronamjerna laž; **to give the ~** optužiti koga da laže; **to give the ~ to** dokazati komu da laže

lie [lai] *vi/t* **I.** *vi* lagati, slagati, govoriti laži (neistinu) **II.** *vt* lažima navesti ili namamiti koga (*into* na, u) | **to ~ in one's teeth (throat)** lagati kome u lice, drsko lagati; **he ~s like a gas-meter** laže čim otvori usta, laže kao pas; **to ~ oneself out of** lažima se izvući iz (čega)

lie[2] [lai] *s* položaj, smještaj; ležaj; nastamba, skrovište (životinje) | **the ~ of the land** položaj, stanje, situacija

lie [lai] (*pret* lay; *pp* lain, lien) 1. ležati, leći, lijegati, počivati 2. biti, postojati, nalaziti se 3. biti smješten, pružati se, sterati se, prostirati se 4. voditi (cesta, put) 5. *hunt* ne uzlijetati (ptice) 6. *mil* stajati 7. *arch* prenoćiti, spavati, odsjesti 8. *jur* biti dopušten ili prihvatljiv, imati mjesta | **to ~ asleep** spavati; **to ~ sick** ležati bolestan; *sl* **to ~ doggo** nepomično (skriveno) ležati, pritajiti se; *fig* **let sleeping dogs ~** ne vuci vraga za rep!, ne spominji lanjski snijeg!, bolje o tome ne govoriti!; **you will ~ on the bed you have made** kako prostreš, onako ćeš spavati; **to ~ in state** ležati na odru, biti izložen na odru; **to ~ in prison** čamiti u tamnici, sjediti u zatvoru; **to ~ idle** ljenčariti, biti nezaposlen; **to ~ close** skrivati se, kriti se, pritajiti se; **to ~ low** 1. *poet* ležati, biti ispružen, oboren, ponižen, mrtav 2. šćućuriti se, pogružiti se 3. *sl* pritajiti se; **to ~ in wait** čekati (ležati) u zasjedi, vrebati (*for* koga); **to ~ out of one's money** ostati neplaćen, nepodmiren; **to ~ in ruins** ležati u ruševinama; **to ~ heavy** teško pritiskati, tištiti, opteretiti; *fig* **to find out how the land ~s** izvidjeti stvar, ispitati situaciju; **to ~ hid** biti prikriven, pritajivati se; **to ~ open** biti otvoren, slobodan; **to ~ waste** biti neobrađen; pust; **her talents do not ~ that way** ona nema dara za takvo što; **to ~ at one's door** biti odgovoran (kriv) za što; **to ~ at anchor** biti usidren; *mar* **to ~ off and on** voziti u kursu i protivkursu; **it ~s with you** do tebe je, na tebi je; **as far as in me ~s** koliko to o meni ovisi, sve što ja tu mogu učiniti

lie back [ˈlaiˈbæk] *vi* leći, ispružiti se

lie by [ˈlaiˈbai] *vi* biti (ležati) neupotrebljavan; mirovati; biti (ležati) blizu

lie down [ˈlaiˈdaun] *vi* 1. leći, ispružiti se 2. bez protivljenja ili ponizno prihvatiti

lie in [ˈlaiˈin] *vi* ležati nakon poroda (u babinjama) | **lying-in hospital** rodilište

lie off [ˈlaiˈɔf] *vi mar* ležati podaleko od obale ili drugog broda

lie over [ˈlaiˈəuvə] *vi* biti odgođen

lie to [ˈlaiˈtuː] *vi mar* suskretati, suskrenuti

lie under [ˈlaiˈʌndə] *vi* podlijegati; biti osumnjičen

lie up [ˈlaiˈʌp] *vi* ležati (u postelji bolestan); leći u postelju, ostati u krevetu; povući se, živjeti povučeno; *mar* ići u dok ili raspremu, biti povučen iz aktivne službe

lie-abed [ˈlaiəbed] *s* pospanac; lijenčina, ljenivac

lie detector [ˈlaidiˈtektə] *s* aparat za otkrivanje laži

lief [liːf] *adv* rado, pripravno, voljno, drage volje | **I would as ~ go there as anywhere else** jednako bih rado išao onamo kao i bilo kamo drugamo; **I would ~er die than live dishonoured** radije bih umro nego živio obeščašćen

liege [liːdʒ] *adj* 1. lenski, feudalan 2. obavezan, koji je dužan odanost; feudalan, vazalan | **~ lord** lenski gospodar, feudalni suveren

liege [liːdʒ] *s* 1. (lenski ili feudalni) gospodar 2. vazal, podanik

liegeman [ˈliːdʒmæn] *s* (zakleti) vazal; *fig* vjeran pristaša, sljedbenik

lien [ˈliən] *s jur* pravo zadržavanja, retenciono pravo | *jur* **to lay a ~ on** izvršiti pravo zadržanja
lien [ˈlaiən] *pp arch* od **lie** *vi*
lieu [ljuː] *s* | **in ~ of** namjesto, umjesto (koga, čega)
lieutenancy [lefˈtenənsi] *s mar* & *mil* čin ili položaj poručnika ili zamjenika pretpostavljene osobe, poručništvo; namjesništvo, zamjena
lieutenant [lefˈtenənt] *s* 1. zamjenik, vršilac dužnosti, namjesnik; guverner 2. *mar* & *mil* poručnik
lieutenant-colonel [lef.tenəntˈkəːnl] *s mil* potpukovnik
lieutenant-commander [lef.tenəntkəˈmaːndə] *s mar* & *mil* oficirski čin u engl. mornarici koji otprilike odgovara činu poručnika bojnog broda I klase
lieutenant-general [lef.tenəntˈdʒenərəl] *s mil* generallajtnant
lieutenant-governor [lef.tenəntˈgʌvənə] *s* zamjenik generalnog guvernera (u brit. dominionu ili koloniji); *US* zamjenik guvernera
life [laif] *s* život, žiće, življenje, vijek, žitak; *fig* živost, živahnost; duša; *ins* životni osiguranik | **to come to ~** oživjeti, osvijestiti se; nastati, roditi se; **to bring to ~** oživjeti, privesti k svijesti; **as large as ~** u naravnoj veličini; osobno, glavom; **to portray to the ~** vjerno naslikati; *sl* **to have the time of one's ~** prekrasno se provesti; uživati više nego ikada; **expectation of ~** prosječno predviđeno trajanje života; **nothing in ~** baš ništa, uopće ništa; **upon my ~** života mi!, duše mi!; **to take a p's ~** oduzeti život komu, ubiti koga; **to take one's own ~** oduzeti sebi život, ubiti se, počiniti samoubojstvo; **to see ~** uživati ili upoznati život; **pool-player has three lives** igrač biljara ima pravo zaigrati tri puta; **for ~** doživotno; **not for the ~ of me** ni za što na svijetu; **high ~** život viših (otmjenih) slojeva; *arts* **still ~** mrtva priroda; **for one's ~, for dear ~** iz sve snage, kao da se radi o životu; *space* **~-support system** uređaj u svemirskom brodu za održavanje okoline pogodne za život posade; **president for ~** doživotni predsjednik
life-assurance [ˈlaifə.ʃuərəns] *s* životno osiguranje
life-annuity [ˈlaifəˈnjuiti] *s* doživotna renta
life-belt [ˈlaifbelt] *s mar* pojas za spasavanje
life-blood [ˈlaifblʌd] *s* 1. krv 2. *fig* duša; srce; glavni pokretač 3. nehotično trzanje usnice ili očnog kapka
life-boat [ˈlaifbəut] *s mar* čamac za spasavanje
life-buoy [ˈlaifbɔi] *s mar* pojas ili splav za spasavanje (& *fig*); spas
life-estate [.laifisˈteit] *s* posjed s pravom doživotnog uživanja
life expectancy [ˈlaifiksˈpektənsi] *s* vjerojatnost duljine življenja
life force [.laifˈfɔːs] *s* životna snaga, vitalnost
life-giving [ˈlaif.giviŋ] *adj* koji daje život, koji oživljuje; koji osvježuje ili krijepi
life-guard [ˈlaifgaːd] *s mil* tjelesna straža; *US* spasavalac, pazitelj (u kupalištima) | **Life Guards** kraljeva konjanička tjelesna straža (Engleska)
life-interest [.laifˈintrist] *s jur* pravo na doživotan posjed ili doživotno uživanje (*in* čega)
life-jacket [ˈlaif.dʒækit] *s mar* prsluk za spasavanje (brodolomaca)
lifeless [ˈlaiflis] *adj* (**~ly** *adv*) beživotan, mrtav, bez života, bez snage, mlitav, trom
lifelike [ˈlaiflaik] *adj* posve vjeran ili sličan (uzoru), posve naravan, kao živ
life-line [ˈlaiflain] *s mar* uže za spasavanje brodolomaca (s obale)
lifelong [ˈlaiflɔŋ] *adj* doživotan
life-office [ˈlaif.ɔfis] *s* ured za životna osiguranja
life-preserver [ˈlaifpri.zəːvə] *s* 1. kratka palica s teškim vrhom (oružje) 2. pojas za plivanje; *mar* pojas za spasavanje
lifer [ˈlaifə] *s sl* doživotni osuđenik
life raft [.laifˈraːft] *s mar* splav za spasavanje
life-rent [ˈlaifrent] *s* doživotna renta
life-saver [ˈlaif.seivə] *s* spasavalac (u kupalištima)
life-saving [ˈlaif.seiviŋ] *s* koji može spasiti život, koji spašava život, spasonosan za život | *mar* **~ gun** signalni top; **~ station** stanica za spasavanje
life-sentence [ˈlaif.sentəns] *s* osuda na doživotni zatvor, doživotna robija
life-size [.laifˈsaiz] *s* naravna (prirodna) veličina
life-span [ˈlaif.spæn] *s* vijek života
life-tenancy [.laifˈtenənsi] *s jur* doživotno uživanje, pravo doživotnog uživanja posjeda
life-tenant [.laifˈtenənt] *s jur* onaj koji ima pravo na doživotno uživanje nekog posjeda
lifetime [ˈlaiftaim] *s* život, trajanje života, ljudski vijek
life-work [ˈlaifwəːk] *s* životno djelo
lift [lift] *s* 1. dizanje, podizanje; porast 2. (jedan) sloj kože u peti cipele 3. *fig* poticaj, podstrek; pomoć 4. *tech* dizalo, lift; dizalica 5. uzvisina 6. *aero* uzgon, potisak 7. *mar* klobučnica (konop) | **to give one a ~** povesti koga (kolima itd.); *fig* pomoći komu, priskočiti komu u pomoć; **heavy ~** težak teret; **dead ~** ono što

je preteško da se makne; *mar* ~ **block** žaba klobučnica

lift [lift] *vt/i* **I.** *vt* 1. dići, dizati, uspraviti, podići, podizati, pridići, pridizati, povisiti, uzdići, uzdizati, uzvijati, uzvinuti (*up*); izdići, izdizati (*out*); skinuti (*off* sa) 2. pomicati; maknuti, ukinuti 3. ukrasti, zdipiti (*spec* govedo) 4. kopati, iskapati, izvaditi (iz zemlje) 5. spremiti, složiti, ukloniti (šatore itd.) 6. *sport* (udarcem) dići (kriket) **II.** *vi* 1. dići se, dizati se; raspršiti se, nestati, gubiti se (oblaci, magla itd.) 2. dati se dići, micati ili pomaknuti 3. nadimati se, naduti se, biti izbočen | *fig* **to ~ one's hand** priseći, položiti zakletvu; **to ~ a hand** sasvim malo se napregnuti, maknuti rukom; **to ~ one's hat** skinuti šešir, pozdraviti; pokloniti se; **to lift (up) one's head** 1. uzdizati se; pojaviti se, pojavljivati se, javljati se, provirivati, pomoliti glavu 2. pribrati se, uzdići glavu; **to ~ one's voice against** podići glas protiv (koga, čega), usprotiviti se (komu, čemu), buniti se protiv (koga, čega); **to ~ a p's face** izvesti na kome plastičnu operaciju lica; **to ~ a story** plagirati priču

lift up [ˈliftˈʌp] *vt* podići, dizati, dignuti, pridići, pridizati, uzdići, uzdizati, uzdignuti, uzviti | **to ~ one's head** 1. dizati se; pojaviti se, pojavljivati se, javljati se, provirivati, pomoliti glavu 2. pribrati se, uzdići glavu; **to ~ one's heel** udariti nogom, ritati se; **to ~ one's horn** uznositi se, dizati nos, biti ponosan ili častohlepan; **to ~ a cry** podići viku ili kriku, uzgalamiti se

lift-attendant [ˈliftəˈtendənt] *s* poslužitelj dizala, upravljač lifta

lift-boy [ˈliftbɔi] *s* upravljač dizala, liftboj

lifter [ˈliftə] *s* 1. *sport* dizač utega 2. tat, kradljivac 3. *tech* uređaj ili sprava za dizanje, dizalo

lifting [ˈliftiŋ] *s* podizanje, uzdizanje; povisivanje; pomoć | ~ **jack** (automobilska) dizalica, vitao; ~ **gear** dizalica; ~ **power** uzgon

liftman [ˈliftmæn] *s* → **lift-attendant**

lift-off [ˈliftɔf] *s* *space* uzlet

ligament [ˈligəmənt] *s* *arch* veza, spona (& *fig*); *anat* ligament; *mar* poveza

ligamental [ˌligəˈmentl] *adj* spojni, koji veže ili povezuje

ligamentous [ˌligəˈmentəs] *adj* → **ligamental**

ligate [ˈlaigeit] *vt* *med* vezati, povezivati, podvezati, spajati, spojiti

ligation [laiˈgeiʃn] *s* *med* vezanje, povezivanje, podvezivanje, ligacija

ligature [ˈligəˌtʃuə] *s* veza, spona; *med* zavoj, podvez, podvezivanje; *mus* spojka, ligatura; *print* znak od dva ili više spojenih slova

ligature [ˈligəˌtʃuə] *vt* povezati, podvezati; povezivati, spojiti

liger [ˈlaigə] *s* križanac lava i tigrice

light [lait] *s* 1. svjetlo, svjetlost, rasvjeta, osvjetljenje 2. svjetiljka, svijeća, luč; žigica; vatra; oganj 3. sunčano ili danje svjetlo, sunce; zvijezda 4. svjetionik 5. *pros* jedna od glavnih riječi akrostiha 6. prozor, okno, staklo 7. *paint* obasjana ili svjetlija površina 8. *poet* (očni) vid 9. *fig* luč; prosviježenost, prosvjećenje; jasnoća; znanje 10. *theol* nebesko svjetlo, obasjanje duše božanskom istinom 11. *jur* svjetlo koje pada na prozore; pravo uživanja toga svjetla | **~s** *pl* 1. pojedinosti ili momenti koji objašnjavaju 2. umne snage ili sposobnosti 3. *sl* oči; **according to one's ~s** po svom najboljem znanju i uvjerenju; **a box of ~s** kutija šibica; **to stand in one's ~** stajati komu na svjetlu, zastirati komu svjetlo; *fig* biti komu na putu, smetati komu; **to see the ~** ugledati svjetlo dana; *theat* biti prvi put izveden; *US fig* biti uvjeren, shvatiti, uvidjeti; **to come (bring) to ~** izići (iznijeti) na vidjelo; **~ of my eyes** zjenica oka mojega; *fig* **to throw ~ upon** osvijetliti, objasniti, objašnjavati, razjasniti; **to shed (throw) a new ~ on** prikazati što u novom svjetlu; **to put a ~ to** zapaliti; **by the ~ of nature** po prirodnoj nadarenosti, prirođenom bistrinom uma; **to place a th in a good ~** povoljno prikazati (što); **to strike a ~** zapaliti šibicu, upaljač itd.; **give me a ~** molim vatre!; *fig* **shining ~(s)** lučonoša; **appeared in the ~ of a scoundrel** činio se (izgledao je) kao lopov; **to stand in one's own ~** sam sebi naškoditi, biti sam sebi na putu; *fig* **~ and shade** snažne protivštine; **Ancient Lights** natpis koji upozorava da se ne smije smetati pravo uživanja svjetla što pada na prozore

light¹ [lait] *adj* (**~ly** *adv*) 1. lak, lagan, lagašan, olak; *mar* prazan, bez tereta 2. vitak, tanak 3. slab, blag (piće) 4. rijedak; šupljikast; rahal; sipak, prhak 5. nevažan; površan, lakouman, neozbiljan (žena) 6. okretan, hitar, brz 7. nepostojan, nestalan, prevrtljiv 8. blag (kazna, porez) 9. lak, zabavan (štivo) 10. bezbrižan, vedar, lak (srce) 11. nenaglašen (slog) | *mar* ~ **air** povjetarac; *el* ~ **current** slaba struja; ~ **woman** laka žena; **to make ~ of** prikazati nevažnim, olako shvaćati; **~ of foot** brzonog, hitar; ~ **fingers** dugi prsti, sklonost krađi; **he did it with a ~ heart** učinio je to laka srca, bezbrižno ili prenagljeno

light² [lait] *adj* svijetao, jasan, sjajan; plav (kosa)

light [lait] *adv* lako, lagano | **to travel ~** putovati s malo prtljage; **~ come, ~ go** kako došlo, tako prošlo

light¹ [lait] *vt/i* (*pret* ~ed, lit; *pp* ~ed, lit) **I.** *vt* zapaliti, upaliti (*up*); osvijetliti,

osvjetljavati, rasvijetliti, rasvjetljavati **II.** *vi* zapaliti se, paliti se, upaliti se, zasvijetliti, zasjati, sinuti
light up [ˈlaitˈʌp] *vt/i* **I.** *vt* rasvijetliti, (živo) osvijetliti, obasjati; *fig* oživjeti, ozariti **II.** *vi* 1. *coll* zapušiti, zapaliti (lulu, cigaretu); zapaliti svjetla 2. oživjeti, ozariti se, zasjati | **lighting-up time** vrijeme obaveznog paljenja ulične rasvjete i svjetla na vozilima
light[2] [lait] *vt/i* (*pret* ~ed, lit; *pp* ~ed, lit) **I.** *vt mar* povući, povlačiti, dići, dizati, podignuti, podići (uže, jedro) **II.** *vi* 1. *arch* spustiti se, pasti na što, sići, silaziti (*down, off, from* s čega) 2. dogoditi se, desiti se 3. slučajno naići, namjeriti se, naletjeti (*on, upon* na)
light beacon [ˌlaitˈbiːkn] *s mar* svijetleća oznaka
lightboat [ˈlaitbəut] *s mar* brod svjetionik
light dues [ˈlaitdjuːz] *s pl mar* svjetionička pristojba
lighten[1] [ˈlaitn] *vt/i* **I.** *vt* olakšati, oteretiti, učiniti lakšim; *fig* ublažiti, olakšati **II.** *vi* oteretiti se, olakšati sebi, laknuti komu, postati lakši
lighten[2] [ˈlaitn] *vt/i* **I.** *vt* osvijetliti, osvjetljavati, rasvijetliti, rasvjetljavati, obasjati, ozariti **II.** *vi* osvijetliti se, zasvijetliti, sinuti; bljesnuti, bljeskati, sijevnuti, sijevati
lighter[1] [ˈlaitə] *s mar* mauna, teglenica
lighter [ˈlaitə] *vt mar* otpremati ili prevoziti teglenicom
lighter[2] [ˈlaitə] *s* upaljač; onaj **koji** svijetli, pali ili upaljuje
lighterage [ˈlaitəridʒ] *s mar* pristojba za upotrebu teglenica, maunarina
lighterman [ˈlaitəmən] *s mar* maunar
light-fingered [ˈlaitfiŋgəd] *adj* spretan, okretan, nježnih ruku; kradljiv, dugih prstiju
light-fitting [ˈlaitˌfitiŋ] *s* rasvjetno tijelo
light-foot [ˈlaitfut] *adj poet* → **light-footed**
light-footed [ˈlaitˌfutid] *adj* okretan, brz, hitar, lakonog, brzonog
light-handed [ˈlaitˌhændid] *adj* 1. nježnih ruku, spretan, lakoruk 2. koji nema ništa teško u rukama
light-headed [ˌlaitˈhedid] *adj* (~**ly** *adv*) lakouman, lakomislen, nepromišljen; ošamućen, smušen
light-hearted [ˌlaitˈhaːtid] *adj* (~**ly** *adv*) vedar, bezbrižan, veseo, raspoložen
light-heeled [ˌlaitˈhiːld] *adj* okretan, brz, hitar, žustar, lakonog, brzonog
light-horseman [ˌlaitˈhɔːsmən] *s mil* laki konjanik, lako oboružan konjanik
lighthouse [ˈlaithaus] *s* svjetionik | ~ **tender** brod za posluživanje svjetionika
lighthouse keeper [ˈlaithausˌkiːpə] *s* čuvar svjetionika, svjetioničar
light-infantry [ˌlaitˈinfəntri] *s mil* laka pješadija
lighting [ˈlaitiŋ] *s* rasvjeta | ~ **up** bljesak; *el* ~ **point** iskrište
lightish [ˈlaitiʃ] *adj* 1. prilično svijetle ili blijede boje 2. prilično lagan (po težini)
lightless [ˈlaitlis] *adj* bez svjetla, nerasvijetljen, neosvijetljen, mračan, taman
light-minded [ˌlaitˈmaindid] *adj* (~**ly** *adv*) lakouman, lakomislen, bezbrižan, nehajan
lightning [ˈlaitniŋ] *s* strijela, munja; **grom** | **like (greased)** ~ poput munje, kao strijela, munjevitom brzinom
lightning-arrester [ˈlaitniŋəˌrestə] *s* → **lightning-conductor**
lightning-conductor [ˈlaitniŋkənˌdʌktə] *s el* munjovod, gromobran
lightning-protector [ˈlaitniŋprəˌtektə] *s* → **lightning-conductor**
lightning-rod [ˈlaitniŋrɔd] *s* → **lightning--conductor**
light-o'-love [ˈlaitəˈlʌv] *s* lakoumna žena, namiguša; ljubavnica, kurtizana
lights [laits] *s pl* pluća (zaklane životinje)
lightship [ˈlaitʃip] *s mar* brod svjetionik
lightsman [ˈlaitsmæn] *s* svjetioničar
lightsome[1] [ˈlaitsəm] *adj* (~**ly** *adv*) lagan, lagašan, lak; otmjen; ljubak; vedar, veseo; živahan, okretan
lightsome[2] [ˈlaitsəm] *adj* koji svijetli, koji daje svjetlost; dobro ili živo obasjan ili osvijetljen
light-spirited [ˌlaitˈspiritid] *adj* vedar, bodar, raspoložen
light-wave [ˈlaitweiv] *s phys* val svjetlosti
light-weight [ˈlaitweit] *s* 1. onaj koji je ispod prosječne težine 2. *sport* laka kategorija, boksač koji nema više od 61,85 kg; jahač koji nema više od 69,85 kg; konj za takva jahača
lightwood [ˈlaitwud] *s* smolasto drvo
light year [ˈlaitjəː] *s astr* svjetlosna godina
ligneous [ˈligniəs] *adj bot* drven; drvnat, drvenast, nalik na drvo, poput drva
lignification [ˌlignifiˈkeiʃn] *s* drvenjenje, podrvenjenost
lignify [ˈlignifai] *vt/i* **I.** *vt* drveniti, učiniti drvenim **II.** *vi* drveniti se, odrvenjeti, postati drven
lignite [ˈlignait] *s minr* lignit
likable [ˈlaikəbl] *adj* ugodan, privlačiv, ljubak, mio, simpatičan, **koji** se sviđa, ljubazan
like [laik] *adj* sličan, jednak (komu, čemu), nalik na (koga, što); *arch* vjerojatno, po svoj prilici (*we are* ~ *to have war*) | *vulg* **as** ~ **as not** po svoj prilici, najvjerojatnije; **on this and the** ~ **subjects** o ovome i sličnim predmetima; **and (or) the** ~ i tako dalje, i tome slično; **as** ~ **as two peas** slični kao jaje jajetu
like [laik] *adv arch* jednako, slično; *vulg* tako reći | **very** ~ (~ **enough**) vrlo vjerojatno

like [laik] *prep* 1. poput, kao (*a house* ~ *yours*) 2. blizu, nešto oko (*something* ~ *£1000*) 3. sjajan, krasan, kako treba (*this is something* ~ *a day*) | **to look** ~ nalikovati na (što), biti sličan (komu, čemu); **what does he look** ~ kako izgleda?, kakav je?; **it looks** ~ **rain** čini se (kao) da će kiša; **it looks** ~ **lasting** čini se da će potrajati (izdržati); **nothing** ~ **as good** ni približno (ni izdaleka) tako dobar; **to feel** ~ biti raspoložen za što, imati volju za što; ~ **that** ovakav, takav; ovako, tako; ~ **master** ~ **man** kakav gospodar, takav i sluga; **there is nothing** ~ nema ništa bolje od (čega); *coll* ~ **anything** bijesno, bjesomučno, ludo, luđački, kao lud; **that's more** ~ **it** to je već bolje, to se već može prihvatiti

like [laik] *conj vulg* & *coll* kao (što), kako

like[1] [laik] *s* onaj koji je jednak ili ravan (komu, čemu), ono što je slično (komu, čemu) ili nalik na (što); *sport* udarac kojim se izjednačuje broj odigranih udaraca na obje strane (golf) | **mix with your** ~**s!** druži se sa sebi ravnima!; **did you ever see the** ~ **of it** jeste li ikada takvo što vidjeli?; *coll* **the** ~**s of you** ljudi vašeg (visokog) staleža ili položaja, ljudi vama ravni; *coll* **not for the** ~**s of me** ne za takve beznačajnike kao što sam ja, ne za ljude mojega kova

like[2] [laik] *s* ono što se sviđa (komu), ono što tko voli | ~**s and dislikes** sklonosti i predrasude

like [laik] *vt/i* **I.** *vt* 1. voljeti 2. rado jesti 3. *fam* prijati, pruditi (*wine does not* ~ *him*) **II.** *vi* htjeti, željeti (*do as you* ~) | **I do not** ~ **this picture** ova mi se slika ne sviđa; **I should** ~ (**to**) rado bih; **how do you** ~ **it?** kako vam se sviđa (osoba, predmet)?, kako vam prija (jelo)?; **if you** ~ **it** ako vam je po volji (drago); **do you** ~ **biscuits?** jedete li rado, volite li dvopek?; **do you** ~ **this dish?** prija li vam, sviđa li vam se to jelo?; **as you** ~ **it** kako vam drago

likelihood ['laiklihud] *s* vjerojatnost, izgled, prilika | **in all** ~ vjerojatno, po svoj prilici, sva je prilika

likely ['laikli] *adj* 1. vjerojatan 2. prikladan, pogodan, podoban, zgodan 3. moguć, kadar; *US* koji mnogo obećava | **he is** ~ **to come** on će vjerojatno, po svoj prilici doći; **not** ~ teško, vjerojatno ne; **he is most** ~ **to win** on ima vrlo mnogo izgleda da pobijedi

likely ['laikli] *adv* vjerojatno | **most** (**very**) ~ vrlo vjerojatno, najvjerojatnije; **as** ~ **as not** vrlo vjerojatno, po svoj prilici

likeminded [ˌlaik'maindid] *adj* srodna duha, sličnih nazora, srodnih misli; koji se slaže (s kim); jednakog mišljenja

liken ['laikən] *vt* usporediti, uspoređivati, sravnjivati (*to* s kim, čim); smatrati sličnim (*to* komu, čemu); učiniti sličnim (*to* komu, čemu) ili nalik na (*to* koga, što)

likeness ['laiknis] *s* sličnost, jednakost (*between, to* između, sa); slika, portret | **to have one's** ~ **taken** dati se slikati, fotografirati; **in the** ~ **of** u obliku, po izgledu

likewise ['laikwaiz] *adv* slično, jednako, na isti način

likewise ['laikwaiz] *conj* također, isto, jednako tako, nadalje

liking ['laikiŋ] *s* sklonost, voljenje, dopadanje, simpatija; ukus, smisao | **is it to your** ~? je li po vašem ukusu?, je li onako kako se vama sviđa?; **to take a** ~ **to** zavoljeti, osjetiti sklonost za (koga, što); **to have a** ~ **for** voljeti (koga, što)

lilac ['lailək] *s* 1. *bot* jorgovan 2. blijedoljubičasta boja

lilac ['lailək] *adj* blijedoljubičast

liliaceous [ˌlili'eiʃəs] *adj bot* koji pripada porodici ljiljana

Lilliputian [ˌlili'pjuːʃiən] *s* Liliputanac, Liliputanka, stanovnik Liliputa

Lilliputian [ˌlili'pjuːʃiən] *adj* liliputanski; *fig* sićušan, sitan, malešan

lilt [lilt] *s* 1. vedra pjesma, ritmički napjev 2. (oštar, izrazit) ritam; pjevajući način govora

lilt [lilt] *vt/i* **I.** *vt* veselo pjevati, pjevušiti **II.** *vi* 1. veselo pjevati, pjevušiti 2. ljuljati se amo-tamo, zanašati se u hodu

lily ['lili] *s bot* ljiljan, lijer | ~ **of the valley** đurđica; **to paint the** ~ pokvariti prirodnu ljepotu čega umjetnim ukrasima; **to gild the** ~ suvišno uljepšavati

lily-livered [ˌlili'livəd] *adj* kukavički, kukavan

lily-white [ˌlili'wait] *adj* bijel poput ljiljana

limb[1] [lim] *s* 1. udo 2. glavna grana (stabla) 3. jedan od četiri kraka križa 4. *coll* deran, nevaljano dijete 5. izdanak (brda) 6. *fig* dio, komad | **to escape with life and** ~ iznijeti živu glavu, izbjeći bez teške ozljede; **to go out on a** ~ dovesti se u opasan položaj, izvrgnuti se opasnosti; ~ **of the devil** dijete sotone, odvjetak đavla; *derog* ~ **of the law** fiškal; policajac, pandur, žbir

limb [lim] *vt* osakatiti; raskomadati, razuditi

limb[2] [lim] *s* 1. *astr* limb, rub ili kraj (površine nebeskog tijela) 2. gornji prošireni rub cvjetne čaške; rub lista mahovine (kad se razlikuje od peteljke bojom i građom) 3. *astr* označen rub kvadranta (astronomske sprave)

limber[1] ['limbə] *s mil* prednjak (prednji dio topovskih kola)

limber ['limbə] *vt mil* staviti ili pričvrstiti (top) na prednjak (i *to* ~ *up*)

limber² ['limbə] *s mar* slivak, slivnik, slivnica (rupa za odvod vode)
limber ['limbə] *adj* povitljiv, savitljiv, gibljiv, gibak
limbless ['limlis] *adj* koji je bez uda, sakat
limbo ['limbəu] *s* zatvor, tamnica, uze; *rel* limb, čistilište, pretpakao, predvorje pakla; *fig* ropotarnica, ostava za starudiju
lime¹ [laim] *s* 1. ljepilo, ljepak 2. vapno, kreč
lime [laim] *vt* 1. namazati (grančicu) ljepkom; uhvatiti (pticu) na ljepak (& *fig*) 2. gnojiti vapnom; krečiti (zemlju, sirove kože itd.)
lime² [laim] *s bot* limeta (*Citrus aurantifolia*)
lime³ [laim] *s bot* lipa
lime-juice ['laimdʒuːs] *s* sok od limete
limekiln ['laimkiln] *s* vapnenica, vapnara; krečna peć
lime-light ['laimlait] *s* jarko bijelo svjetlo, Drummondovo svjetlo (*spec* za pozornicu); svjetlost kazališnih reflektora; *fig* središte javne pažnje | **to be in the** ~ biti u središtu pažnje, biti zapažen
limen ['laimen] *s psych* granica ispod koje se dani podražaj više ne primjećuje; najmanji podražaj potreban da se izazove osjet; limen
lime-pit ['laimpit] *s* nalazište vapnenca; vapnara; krečana; lužnjak
limerick ['limərik] *s* vrsta šaljive pjesmice, obično bez smisla (od pet stihova, s rimom, a, a, b, b, a)
limestone ['laimstəun] *s geol* vapnenac, krečnjak
lime-tree ['laimtriː] *s bot* lipa
limewash ['laimwɔʃ] *s* vapno za bijeljenje, kreč
limewash ['laimwɔʃ] *vt* bijeliti vapnom, obijeliti
lime-water ['laimˌwɔːtə] *s* vapnena voda
limey ['laimi] *s US sl* (engl.) mornar ili vojnik
limit ['limit] *s* (krajnja) granica, kraj, skrajnost, vrhunac; (vremenski) rok; *math* limes; *com* limit, krajnja cijena; *pl* područje, dohvat | **without** ~**s** beskrajno, bezgranično, bez granica, bez mjere; *sl* **that's the** ~ to je vrhunac!, tu prestaje sve!; *sport* ~ **man** jahač koji dobije najdulji start (u hendikepu)
limit ['limit] *vt* ograničiti, omeđiti; *com* limitirati (cijenu, *to* na)
limitable ['limitəbl] *adj* koji se dade ili može ograničiti
limitarian [ˌlimi'tɛəriən] *adj* koji ograničuje; koji se odnosi na vjerovanje da će se spasiti samo ograničen dio čovječanstva
limitarian [ˌlimi'tɛəriən] *s rel* pristaša učenja da će se spasiti samo ograničen dio čovječanstva
limitary ['limitəri] *adj* ograničen, granični; koji ograničuje (*of* što); koji graniči (s čim)
limitation [ˌlimi'teiʃn] *s* ograničenje, ograničavanje; granica (& *fig*); *jur* ograničenje prava posjeda; (zakonski određen) vremenski rok; limitacija
limitative ['limitətiv] *adj* koji ograničuje
limited ['limitid] *adj* ograničen | **to be** ~ **to** ograničiti se na (što); *com* ~ **demand** ograničena, slaba potražnja; *com* ~ **(liability) company** (komanditno ili dioničko) društvo s ograničenim jamstvom; *com* ~ **partnership (with share capital)** komanditno (dioničko) društvo; ~ **monarchy** ustavno kraljevstvo, ustavna monarhija
limitless ['limitlis] *adj* bezgraničan, neograničen, bez granica, beskrajan
limitrophe ['limitrəuf] *adj* granični, pogranični; koji graniči (*to* sa)
limn [lim] *vt arch* slikati, crtati; *fig* oslikati, opisati, ocrtati, (živo) prikazati
limner ['limnə] *s arch* crtač; slikar (portreta)
limousine ['limuːziːn] *s mot* limuzina
limp [limp] *s* hramanje, šepanje, šepesanje | **to walk with a** ~ hramati, šepati
limp [limp] *vi* hramati, šepati, šepesati (& *fig*)
limp [limp] *adj* (~**ly** *adv*) opušten, ovješen, labav, mlitav; *fig* slab, neotporan, popustljiv, beskičmen, mlohav
limpet ['limpit] *s zool* lupar, priljepak (*Patella coerulea*); *fig* čovjek (*spec* državni činovnik) koji se grčevito drži svojega položaja | *mil* ~ **mine** mina pričvršćena o dno broda; *fig* **to stick like a** ~ prilijepiti se kao krpelj
limpid ['limpid] *adj* (~**ly** *adv*) proziran, bistar, jasan, čist, providan, prozračan (& *fig*)
limpidity [lim'piditi] *s* bistrina, jasnoća, prozračnost, prozirnost, čistoća, providnost
limping ['limpiŋ] *adj* (~**ly** *adv*) šepav, hrom
limy ['laimi] *adj* vapnenast, krečast; ljepljiv
linage ['lainidʒ] *s print* broj (štampanih) redaka; honorar po retku
linchpin ['lintʃpin] *s* (zaustavni) klin, čivija (na kotaču); *fig* bitni dio, glavna osoba
linden ['lindən] *s bot* lipa
line¹ [lain] *s* lan, laneno vlakno, laneni konac
line¹ [lain] *vt* podstaviti, presvući; ispuniti; opšiti, obrubiti, optočiti; obložiti | **to** ~ **one's pockets** napuniti sebi džepove
line² [lain] *s* 1. crta, linija, potez, obris; crta, bora, nabor (na licu, ruci); *math* crta 2. uže, konop, konopac, uzica; tanka vrpca (za mjerenje); *sport* povraz, kanap; *teleph* žica, kabel, vod, linija, pri-

ključak 3. red, niz; *mil* stroj (vojnika), poredak, (bojna) linija, fronta; niz šatora ili nastambi (u logoru ili taboru); brit. redovita vojska osim tjelesne straže i artiljerije; *print* red, redak 4. kratko pismo, pisamce; *pros* stih 5. smjer, put, (autobusna, željeznička) pruga, linija; *rly* tračnice, pruga; *mar* (parobrodarska) linija 6. *geog* ekvator, podnevnik 7. stav, stajalište, mišljenje, načelo, shvaćanje, držanje 8. mig, uputa (*to give a p a* ~) 9. *pol* smjernica, načelo 10. rod, loza, koljeno, potomci 11. zanat, struka, zanimanje, zvanje, profesija, posao; *fig* sklonost, ukus 12. predmet, tema (razgovora) 13. *com* branša, struka; vrsta (robe) 14. $^1/_{12}$ cola (jedinica za mjerenje dužine) | **~s** *pl* 1. određen broj lat. stihova koje đak mora ispisati za kaznu 2. *jur* isprava, potvrda (*marriage ~s* vjenčani list) 3. *theat* tekst (uloge), uloga 4. *pros* pjesma 5. *mar* nacrt, plan (broda, *spec* u presjeku) 6. *fig bibl* sudbina, usud, sreća, kob, (životne) prilike; **hard ~s** teška sudba, krut udes, nesreća, loša sreća; **to give one ~ enough** popustiti malo uzde (komu), dati malo predaha (komu); **by rule and ~** posve točno, precizno; *fig* **to draw the ~** povući, postaviti granicu; stati, zaustaviti se (*at* kod); **on the ~** na granici; *fig* **to come (fall) into ~** prilagoditi se, suglasiti se, složiti se; **to bring into ~** dovesti u sklad (*with* sa); *pol* & *fig* **to toe the ~** prihvatiti (stranački) program, pokoriti se; *mil* **to go up the ~** ići u prednje linije; *mar* **~ abeam, ~ abreast** stroj fronta; *mil* **~ of battle** poredak za borbu, borbeni poredak; **ship of the ~, ~-of-battle ship** (ratni) linijski brod; *fig* **all along the ~** u svakom smjeru, posvuda; **to read between the ~s** čitati između redaka; **to take (keep) to one's own ~** prihvatiti se, držati se vlastitoga smjera (& *fig*); **to be in ~ with** slagati se, poklapati se (s kim, čim); **to go over the ~** prijeći granicu, prevršiti mjeru (*lit* & *fig*); **to hold the ~** ostati na (telef.) aparatu; *rly* **to get off the ~s** iskočiti iz tračnica; **to be in ~ for** biti prvi na redu (za); **to take the ~** stati na stajalište; **to get a ~ on** biti obaviješten, ustanoviti; **to step out of ~** odstupiti od stranačke linije; **along these ~s** u tom smislu, u tom smjeru, po tim načelima; **that is not in my ~** to ne ulazi u moje područje, to ne ide u moju struku; **in the ~ of** u pogledu, s obzirom na; **somewhere along the ~** nekom prilikom, u stanovitom momentu; *phys* **~ of magnetic forces** silnica; **~ of least resistance** linija najmanjeg otpora; **~ of no dip** magnetski ekvator; *sl* **to shoot a ~** hvalisati se, hvastati se; *coll* **to drop a p a ~** javiti se komu s nekoliko riječi, napisati komu kratko pisamce

line [lain] *vt/i* **I.** *vt* iscrtati, linirati; išarati, prekriti ili označiti (crtama); izbrazdati; poredati, postaviti u redove; obrubiti, zasaditi (drvećem) **II.** *vi* poredati se, svrstati se, stajati u redovima, zauzeti položaj | **to ~ the streets** praviti špalir

line in ['lain'in] *vt* ubilježiti, ucrtati, urisati, urezati

line off ['lain'ɔʃ] *vt* omeđiti, odijeliti crtom

line out ['lain'aut] *vt/i* **I.** *vt* 1. poredati, rasporediti, postaviti u liniju, svrstati u redove 2. nacrtati, prikazati u glavnim crtama, iznijeti, opisati **II.** *vi* poredati se, postaviti se u redove, svrstati se, stati u liniju

line through ['lain'θruː] *vt* iscrtati, precrtati, prekrižiti, prešarati

line up ['lain'ʌp] *vi* poredati se, postaviti se u redove, svrstati se; *fig* zbiti se u redove, okupiti se (*against* protiv)

line[2] [lain] *vt* pariti se sa (o psima)

lineage ['liniidʒ] *s* loza, obitelj, rod, koljeno, porijeklo, podrijetlo

lineal ['liniəl] *adj* (**~ly** *adv*) 1. koji pripada izravnoj lozi ili koljenu 2. koji se sastoji od crta, linearan, duljinski

lineament ['liniəmənt] *s* crta, potez (lica); *fig* značajka, osobina, osebujnost

linear ['liniə] *adj* (**~ly** *adv*) pravocrtan, koji se sastoji od ravnih crta; linearan; uspravan, ravan, poput crte ili linije | *phys* **~ accelerator** linearni akcelerator

lineation [ˌlini'eiʃən] *s* crtanje, označivanje crtama, liniranje; crte, potezi, linije

lined[1] [laind] *adj* iscrtan, liniran; išaran, prekriven ili označen crtama; izbrazdan; obrubljen, zasađen (drvećem); pun redova (ljudi)

lined[2] [laind] *adj* podstavljen, obložen, presvučen; ispunjen

line-engraving ['lainiŋˌgreiviŋ] *s* bakrorez, bakrorezbarstvo

linen ['linin] *adj* lanen, platnen, prten

linen ['linin] *s* laneno platno; rublje; posteljina | *fig* **to wash one's dirty ~ in public (at home)** prati svoje prljavo rublje pred svima (kod kuće)

linen-draper ['lininˌdreipə] *s* trgovac platnom ili rubljem

liner ['lainə] *s mar* brod linijske plovidbe | **~ terms** uvjeti prijevoza robe brodovima linijske plovidbe (na temelju teretnice)

linesman ['lainzmən] *s mil* vojnik u (prvim) bojnim redovima, frontovski vojnik, frontaš, borac u prednjim linijama; *rly* nadglednik pruge; *sport* linijski sudac, aut-sudac

ling[1] [liŋ] *s ichth* manić (sjevernomorska riba, *spec Molva molva*)

ling[2] [liŋ] *s bot* vrsta vrijeska

linger ['liŋgə] *vi* zadržavati, odugovlačiti,

zatezati; oklijevati; zaostajati (*behind*), vući se (& *fig*); ginuti, venuti, čeznuti (za kim, čim); potrajati; dulje se pozabaviti (*over, upon* oko čega, čime)
linger about ['liŋgərə'baut] *vi* tratiti, gubiti vrijeme postajkujući naokolo, zadržavati se
linger away ['liŋgərə'wei] *vt* gubiti ili tratiti (vrijeme)
linger on ['liŋgər'ɔn] *vi* nekako se vući, životariti, vegetirati
linger out ['liŋgər'aut] *vt* produljiti, razvući, rastegnuti | **to ~ one's days (life)** životariti, polako se gasiti
lingerer ['liŋgərə] *s* onaj koji zaostaje, oklijevalo, onaj koji zateže, onaj koji gubi vrijeme ili se (nepotrebno) zadržava
lingerie ['læːnʒəri] *s Fr com* žensko rublje
lingering ['liŋgəriŋ] *adj* (**~ly** *adv*) 1. polagan, spor; dugotrajan 2. podmukao (bolest) 3. koji zaostaje, koji se zadržava; koji se naknadno osjeća (okus), zaostao, preostao 4. koji oklijeva
lingo ['liŋgəu] *s derog* strani jezik; žargon, način govora; rječnik posebnog sloja ljudi, šatrovački, lingo
lingua franca [ˌliŋgwə'fræŋkə] *s* mješavina francuskog, talijanskog, grčkog i španjolskog jezika, koja se govori na Levantu; mješovit žargon kojim se sporazumijevaju različiti narodi (& *fig*)
lingual ['liŋgwəl] *adj* (**~ly** *adv*) *anat* koji se odnosi na jezik, koji je u vezi s jezikom; *philol* jezični; *phon* koji se oblikuje jezikom, jezičan
lingual ['liŋgwəl] *s phon* lingval, jezični suglasnik (d, l, n)
linguist ['liŋgwist] *s* jezikoslovac, lingvist; onaj koji govori strane jezike
linguistic [liŋ'gwistik] *adj* (**~ally** *adv*) jezikoslovni, lingvistički, jezični, filološki
linguistics [liŋ'gwistiks] *s pl* jezikoslovlje, nauka o jeziku, lingvistika
lingulate ['liŋgjuleit] *adj* koji ima oblik jezika, jezičast
linguo-dental [ˌliŋgwəu'dentl] *adj phon* koji se tvori jezikom i zubima, lingvodentalan
liniment ['linimənt] *s med* mast; ulje (za masažu)
lining ['lainiŋ] *s* podstava, prevlaka, oplata; porub, optočenje | **every cloud has a silver ~** u svakom zlu ima i nešto dobra
link[1] [liŋk] *s* karika, spona, spojka, veza (& *fig*); spoj, članak, član, zglob; očica (pletiva); jedinica za mjeru (20,116 cm); *mech* ojnica | *fig* **a chain is no stronger than its weakest ~** jedno proturječje opovrgava cijelu tvrdnju; **~ belt** člankasti redenik; *gram* **~ verb** spona, kopula
link [liŋk] *vt/i* **I.** *vt* spojiti, složiti, vezati, povezivati, svezati, sastaviti (*to, together* sa, zajedno) **II.** *vi* spojiti se, spajati se, povezivati se; priključiti se čemu | **to ~ arm in (through) another's** uzeti, primiti koga pod ruku; **they ~ed arms** uhvatiše se pod ruku
link in ['liŋk'in] *vi* povezati se (s kim, čim), pristupiti (komu, čemu) (*to*)
link on ['liŋk'ɔn] *vi* povezivati se (s kim, čim), pristupiti (komu, čemu) (*to*)
link up ['liŋk'ʌp] *vt/i* **I.** *vt* povezati, spojiti, dovesti u vezu (*with* sa) **II.** *vi* povezivati se, spojiti se, udružiti se, sjediniti se (*with* sa); priključiti se, pridružiti se (čemu)
link[2] [liŋk] *s hist* baklja (od smole i loja), luč
linkage ['liŋkidʒ] *s* spajanje, spoj, povezivanje; *mech* sistem ojnica za prijenos rada stroja, polužje
link-boy ['liŋkbɔi] *s hist* (ulični) bakljonoša, lučonoša
linkman ['liŋkmæn] *s GB* voditelj i koordinator TV i radio-diskusija
link-man ['liŋkmən] *s* → **link-boy**
links [liŋks] *s pl geog* (pješčana) dina; *sport* igralište za golf (također *a* ~, *sg constr*)
link trainer ['liŋkˌtreinə] *s* simulator za vježbanje u pilotiranju
linn [lin] *s Scot* vodopad, slap; jezero, jezerce
linnet ['linit] *s ornith* konopljarka
lino ['lainəu] *s* → **linoleum**
linocut ['lainəukʌt] *s* linorez
linoleum [li'nəuljəm] *s* linoleum
linotype ['lainətaip] *s print* linotip; izliven red slova na linotipu
linseed ['linsiːd] *s* laneno sjeme | **~ cake** lanena komina (pogača od tiještena lanena sjemena koja služi kao krma); **~ oil** laneno ulje
linsey-woolsey ['linzi'wulzi] *s* tkanina od vune i pamuka
linstock ['linstɔk] *s mil hist* fitilj (za paljenje topa)
lint [lint] *s* mekano laneno platno (za povijanje rana), šarpija
lintel ['lintl] *s archit* nadvoj, nadboj, gornji prag, pobočna ili gornja greda, lintel
lintelled ['lintld] *adj archit* koji ima nadvoj, gornju ili bočnu gredu ili gornji prag
liny ['laini] *adj* (**linily** *adv*) iscrtkan, s crtama, koji ima crte, izliniran, išaran; pun bora
lion ['laiən] *s zool* lav; *fig* junak, heroj; znamenita (književna itd.) ličnost | *fig* **~ in the way** (umišljena) zapreka, neprilika; **~'s share** lavlji udio; *her* **~ and unicorn** alegorične životinje koje podupiru britanski kraljevski grb; **~'s skin** lažna, prividna hrabrost; **to twist ~'s tail** izazivati ili vrijeđati Vel. Britaniju; **~s** *pl* znamenitosti (grada); znamenite ili zloglasne ličnosti; **the British Lion** britanska nacija, Britanci; *fig* **to put one's**

head into the ~'s mouth stavljati glavu na panj, stavljati mnogo na kocku; **like a ~** bijesno, snažno, hrabro, junački
lioncel ['laiənsel] *s* lavić, malen ili mlad lav
lionesque [laiə'nesk] *adj* poput lava, kao lav, lavlji, nalik na lava
lioness ['laiənis] *s zool* lavica
lionet ['laiənit] *s* lavić, malen lav
lion-hearted ['laiən͵ha:tid] *adj* hrabar, smion, junački, neustrašiv (poput lava), lavljeg srca
lion-hunter ['laiən͵hʌntə] *s* lovac na lavove; osoba koja se nastoji kretati u društvu istaknutih ličnosti
lionism ['laiənizm] *s* 1. postupanje s kim kao sa slavnom ličnosti; nastojanje neke osobe da se kreće u društvu istaknutih ličnosti 2. *med* lavlji izražaj lica gubavca u poodmaklom stadiju te bolesti
lionize ['laiənaiz] *vt/i* **I.** *vt* smatrati slavnom osobom; postupati (s kim) kao sa slavnom ličnošću; diviti se (komu), uznositi (koga) **II.** *vi* razgledavati ili pokazivati znamenitosti (grada)
lionlike ['laiənlaik] *adj* lavlji, poput lava, nalik na lava; srčan, hrabar, smion, odvažan, junački; velikodušan
lion-tamer ['laiən͵teimə] *s* krotitelj lavova
lip [lip] *s* 1. usna, usnica 2. rub, ivica (šupljine, rane); kljun (vrča) 3. *vulg* drskost, drzovitost; brbljanje, drzovit govor, bezobraština, bezobrazluk | **to bite one's ~** ugristi (se za) usnu, griskati usnu; **stiff upper ~** duševna jakost, otpornost, čvrstoća; tvrdokornost, upornost; **to curl one's ~** posprdno, podrugljivo ili prezirno razvući usne; **to hang one's ~** objesiti nos, poklopiti se; **to lick one's ~s** oblizivati usne (*lit & fig*); **to hang on one's ~s** ne skidati očiju s čijih usta, napeto slušati ili pratiti čiji govor; pridavati veliku važnost onomu što tko govori; **it escaped his ~s** izbjeglo mu je (u govoru), omaklo mu se, izlanuo je; *sl* **none of your ~**, ne budi drzak!, ne želim tvojih bezobraština
lip [lip] *vt* 1. (usnama) dotaći, doticati, dodirnuti, dotaknuti, dodirivati, milovati; prisloniti usta (na što) 2. *poet* poljubiti, ljubiti 3. dodirivati, oplakivati (valovi obalu) 4. mrmljati, tiho izustiti
lip-deep ['lipdi:p] *adj* površan, neiskren, koji se iskazuje, ali se ne osjeća
lipless ['liplis] *adj* koji nema usana, koji je bez usana
lip-language ['lip͵læŋgwidʒ] *s* govor samo usnama (govor nijemih)
lipography [li'pɔgrəfi] *s* izostavljanje slova ili riječi (u pisanju)
lipped [lipt] *adj* usnat, koji ima usne (usnu); koji ima kljun (vrč itd.)
lip-reading ['lip͵ri:diŋ] *s* čitanje s usana (način sporazumijevanja gluhonijemih)
lip-salve ['lipsælv] *s* mast za (ispucane) usne; *fig* laskanje, dodvoravanje, ulagivanje, sladak govor
lip-service ['lip͵sə:vis] *s* laskanje, neiskreno izražavanje naklonosti, poštovanja, udivljenja itd., puke ili prazne riječi; puka, prazna ili neiskrena obećanja | **to pay ~ to** razmetati se praznim riječima
lip-speaking ['lip͵spi:kiŋ] *s* govor usnama (gluhonijemih)
lipstick ['lipstik] *s* rumenilo za usne, ruž
liquate [li'kweit] *vt* odijeliti ili čistiti (kovinu) taljenjem
liquation [li'kweiʃn] *s* odjeljivanje ili čišćenje (kovine) taljenjem
liquefaction [͵likwi'fækʃən] *s* taljenje, rastaljivanje; rastaljenost
liquefiable ['likwifaiəbl] *adj* taljiv, koji se može taliti, topiv
liquefier ['likwifaiə] *s chem* aparat za pretvaranje plinova u tekućinu
liquefy ['likwifai] *vt/i* **I.** *vt* taliti, rastaljivati, otaliti, istaliti; rastopiti, rastapati, otopiti, istopiti, pretvarati u tekućinu **II.** *vi* rastaliti se, topiti se, rastapati se, otapati se; pretvoriti se u tekućinu
liquescent [li'kwesnt] *adj* taljiv, topiv, koji se topi ili tali
liqueur [li'kjuə] *s* liker | **~-chocolate** liker-bombon
liqueur [li'kjuə] *vt* začinjati šampanjac mješavinom šećera i alkohola ili vina
liqueur-glass [li'kjuəgla:s] *s* čašica za liker
liquid ['likwid] *adj* 1. tekući, židak; vodenast 2. bistar, jasan, vedar (nebo, oči); prozračan (zrak); jasan, čist (zvuk); koji lako teče (stih) 3. *fig* nestalan, nepostojan, kolebljiv, promjenljiv 4. *com* likvidan | **~ eyes** bistre, jasne i vlažne oči; **~ fuel** tekuće gorivo; **~ propelled rocket engine** reaktivni motor s tekućim gorivom; **~ sky** prozračno, vedro ili bistro nebo; *com* **~ debts** odmah plativi dugovi; *com* **~ securities** vrijednosni papiri koji se mogu odmah unovčiti
liquid ['likwid] *s* tekućina; *phon* tekući suglasnik, likvid (slovo l, r, m ili n)
liquidate ['likwideit] *vt/i* **I.** *vt* 1. isplatiti, podmiriti, urediti (račun, dug); likvidirati (poduzeće) 2. *fig* dokrajčiti, obustaviti; likvidirati, riješiti se (koga, čega) **II.** *vi com* likvidirati
liquidation [͵likwi'deiʃn] *s* isplata, podmirenje (duga); likvidacija (poduzeća) | **to go into ~** stupiti u likvidaciju
liquidator ['likwideitə] *s com* stečajni upravitelj, likvidator
liquidity [li'kwiditi] *s* tekuće stanje, žitkost; bistrina, prozračnost, jasnoća, vedrina (oka, neba); *com* likvidnost, lakoća realizacije
liquidize ['likwidaiz] *vt* učiniti tekućim ili žitkim, pretvoriti u tekućinu

liquidizer ['likvidaizə] *s* (električni) aparat za gnječenje voća itd.

liquidness ['likwidnis] *s* → **liquidity**

liquor ['likə] *s* 1. tekućina (*spec* alkoholna) 2. *med* iscjedak, izlučina 3. isperina; voda u kojoj se kuhala hrana; voda koja se upotrebljava kod varenja piva | **in** ~, **the worse for** ~, **disguised with** ~ pripit, pijan; ~ **traffic** trgovanje žestokim pićem, prodaja žestokih pića

liquor ['laikwɔː] *s pharm* & *chem* vodena otopina (lijekova)

liquor ['likə] *vt/i* **I.** namazati, mastiti, nauljiti (sirovu kožu); namakati, močiti, vlažiti (slad u pivovari) **II.** *vi* močiti se, odmakati se

liquor up ['likər'ʌp] *vi sl* popiti čašicu, popiti jednu, gucnuti

liquorice (licorice) ['likəris] *s bot* slatki korijen, gospino bilje (*Glycyrrhiza glabra*); vrsta slatkiša

liquorish (lickerish) ['likəriʃ] *adj* (~**ly** *adv*) koji voli piće, koji naginje piću

lisle thread ['lailθred] *s* tanak, čvrsto sukan pamučni konac

lisp [lisp] *s* šušljanje; pogrešan izgovor (*spec* slova s); *poet* šapat, tiho zapljuskivanje (vode); šuštanje, šapat, šušanj (lišća)

lisp [lisp] *vt/i* **I.** *vi* pogrešno izgovarati slovo s, šušljati, šušketati; *poet* tepati, (dijete); šaptati; zamuckivati **II.** *vt* nejasno izgovoriti ili izgovarati; izmucati; tepati

lisp out ['lisp'aut] *vt/i* prošuškati, izreći pogrešno izgovarajući slovo s; protepati, promucati

lisping ['lispiŋ] *adj* (~**ly** *adv*) šuškav, šušketav; pogrešan; koji tepa, koji zamuckuje, koji zapinje u govoru

lisping ['lispiŋ] *s* šušljetanje, šuškav izgovor; tepanje, zamuckivanje

lissom(e) ['lisəm] *adj* gibak, savitljiv, povitljiv; okretan, živahan

list[1] [list] *s* rub, ivica; porub; traka (sukna) | ~ **slippers** papuče od suknenih traka; ~**s** *pl* 1. *hist* ograda (oko igrališta za turnire) 2. *fig* poprište (borbe, natjecanja), borilište; *fig* **to enter the** ~ **against** dobaciti ili prihvatiti izazov; izaći na megdan (komu); stupiti u spor (s kim)

list[1] [list] *vt* obrubiti, opšiti, optočiti ili obložiti (suknenom) trakom

list[2] [list] *s* popis, spisak, lista, imenik; *com* cjenik | *com* ~ **of charges** popis troškova, troškovnik

list[1] [list] *vt/i* **I.** *vt* nabrojiti, nabrajati, navesti, navoditi; popisati; unijeti u popis; staviti na popis, katalogizirati **II.** *vi vulg* javiti se u vojsku

list[2] [list] *vt arch* željeti; voljeti; sviđati se, biti po volji (komu) | **he did as him** ~ učinio je kako ga je bila volja

list[3] [list] *s* nagib, naginjanje | *mar* ~ **to port (starboard)** nagib na lijevi (desni) bok

list [list] *vi* nagibati se, nagnuti se (*spec mar*); visiti (na jednu stranu)

list[2] [list] *vi/t arch* & *poet* **I.** *vi* čuti, slušati, osluškivati, osluhnuti **II.** *vt* slušati, osluškivati, poslušati, čuti

listen ['lisn] *vi/t* **I.** *vi* slušati, osluškivati, osluhnuti, prisluškivati, prisluhnuti (*to*) **II.** *vt* slušati, osluškivati, prisluškivati

listen in ['lisn'in] *vi* prisluškivati tuđem telef. razgovoru ukapčanjem posebnog aparata (*to*); slušati (na) radio (*to* što)

listener ['lisnə] *s* slušač, slušalac; prisluškivač

listener-in ['lisnər'in] *s* (radio) slušač; osluškivač

listing ['listiŋ] *s* obrubljivanje, opšivanje (trakom); (suknena) traka, tkanica; nagib (broda)

listless ['listlis] *adj* (~**ly** *adv*) ravnodušan, trom, mlitav, nehajan, koji je bez interesa

list-price ['list'prais] *s com* cijena po cjeniku; *US* temeljna ili normalna cijena za žito

lit [lit] *pret* & *pp* od **light** *vt/i* | *sl* ~ **up** pijan, pripit; **to get** ~ napiti se

litany ['litəni] *s eccl* litanija | ~ **desk** klecalo (na kojemu svećenik kleči dok moli litanije)

literacy ['litərəsi] *s* pismenost

literal ['litərəl] *adj* (~**ly** *adv*) 1. slovčan, koji se odnosi na slova abecede; doslovan, koji je od riječi do riječi, bukvalan; vjeran originalu 2. trijezan, stvaran, prozaičan 3. točan, nepretjeran, potpun; pravi | **a** ~ **error** tiskarska greška; **a** ~ **interpretation** doslovno tumačenje; **a** ~ **translation** doslovan prijevod; **a** ~ **account** točan prikaz (bez pretjerivanja); **the** ~ **truth** sušta istina

literal ['litərəl] *s print* tiskarska pogreška

literalism ['litərəlizm] *s* doslovnost; doslovno shvaćanje slova (teksta); sklonost za prihvaćanje doslovnog tumačenja; pretjeran realizam; upotrebljavanje izrazito književnih izraza; književni izraz

literalist ['litərəlist] *s* onaj koji naginje doslovnom shvaćanju (u teoriji i praksi)

literality [ˌlitə'ræliti] *s* doslovnost; doslovno tumačenje

literalize ['litərəlaiz] *vt* činiti doslovnim; doslovno tumačiti

literary ['litərəri] *adj* (**literarily** *adv*) književan, literaran, književnički, knjiški; (književno) naobražen, učen, obrazovan | ~ **history** povijest književnosti; ~ **property** autorsko pravo; ~ **man** književno obrazovan čovjek; književnik; ~ **language** književni jezik

literate ['litərət] *adj* pismen; (književno) obrazovan, školovan, naobražen; književan

literate ['litərət] *s* pismena osoba; obrazovan čovjek; literat, književnik; *eccl* osoba koja se prima u anglikanske redove bez sveučilišne diplome

literati [ˌlitə'raːtiː] *s pl* književnici, literati, pisci, ljudi od pera; obrazovani ljudi, učenjaci, učene glave

literator ['litəreitə] *s* književnik, pisac; učen čovjek, učena glava

literature ['litrətʃə] *s* 1. *arch* književna kultura 2. književnost, literatura; književnici 3. *coll* štampana stvar

litharge ['liθaːdʒ] *s minr* olovna gleđa, oksid olova

lithe [laið] *adj* (~**ly** *adv*) okretan, gibak, gibljiv, savitljiv, povitljiv, podatan, elastičan | ~ **as an eel** okretan kao jegulja

litheness ['laiðnis] *s* gipkost, okretnost, gibljivost, savitljivost, povitljivost, podatnost, elastičnost

lithesome ['laiðsəm] *adj* gibak, okretan, gibljiv, savitljiv, povitljiv, podatan, elastičan

lithia ['liθiə] *s minr* litijev oksid

lithic[1] ['liθik] *adj* koji se odnosi na kamen, koji nalikuje na kamen; *med* koji se odnosi na (bubrežni itd.) kamenac

lithic[2] ['liθik] *adj chem* litijev

lithium ['liθiəm] *s chem* litij (element)

lithograph ['liθəgraːf] *s print* litografija (otisak), kamenotisak

lithograph ['liθəgraːf] *vt print* litografirati

lithographer [li'θɔgrəfə] *s print* litograf

lithographic [ˌliθə'græfik] *adj* (~**ally** *adv*) litografski

lithography [li'θɔgrəfi] *s print* litografija, kamenotisak

lithology [li'θɔlədʒi] *s geol* litologija, nauka o kamenju (mineralima); *med* proučavanje (bubrežnih itd.) kamenaca

lithotomy [li'θɔtəmi] *s med* litotomija, operativno uklanjanje kamenca

Lithuanian [ˌliθju'einjən] *adj* litavski

Lithuanian [ˌliθju'einjən] *s* Litavac, Litavka; litavski jezik

litigable ['litigəbl] *adj* koji se može pobijati, sporan (*jur* & *fig*)

litigant ['litigənt] *adj jur* koji se parniči ili parbi

litigant ['litigənt] *s jur* parničar, parbenik, onaj koji se parbi

litigate ['litigeit] *vi/t* **I.** *vi* parničiti se, parbiti se, ići pred sud, voditi parnicu **II.** *vt* 1. *jur* utužiti; tužiti (sudu); povesti parnicu (zbog čega) 2. *fig* pobijati, opovrgavati; prepirati se (zbog čega)

litigation [ˌliti'geiʃn] *s jur* parničenje, parbenje, parnica, proces, sudski spor

litigious [li'tidʒəs] *adj* (~**ly** *adv*) koji se rado parniči, koji je sklon parničenju; svadljiv, koji se rado prepire; sporan, koji se da pobijati, parnični

litmus ['litməs] *s chem* lakmus

litmus-paper ['litməs'peipə] *s chem* lakmusov papir

litotes ['laitətiːz] *s rhet* ublažavanje značenja slabijim izrazom ili niječnim oblikom suprotnog značenja, litota

litre (liter) ['liːtə] *s* litra (mjera)

litter ['litə] *s* 1. nosiljka, nosila 2. stelja (za stoku); slama; gnoj itd. za pokrivanje biljaka 3. leglo, okot, mladunčad, gnijezdo 4. otpaci, smeće, porazbacani (sitni) predmeti; nered | ~**-basket** košara za smeće; ~**-bin** posuda za smeće; ~**-lout** osoba koja otpacima zagađuje okolinu

litter ['litə] *vt/i* **I.** *vt* 1. nastirati, nastrijeti (stelju životinjama) (*down*); pokriti (pod, biljke) slamom, nastrijeti, nastirati slamom 2. zasmetiti, nasmetiti, staviti u nered (*with* čime); porazbacati 3. *arch* okotiti, baciti, izleći **II.** *vi* okotiti se, baciti, izleći mlade; *vulg* roditi (dijete)

littery ['litəri] *adj* koji se odnosi na stelju, koji nalikuje na stelju; neuredan, prekriven otpacima ili porazbacanim predmetima

little ['litl] *adj* (*comp* less, smaller; *superl* least, smallest) 1. malen, sitan, malešan; mlad 2. neznatan, slab; kratak 3. osebujan, čudan, smiješan (*his* ~ *ways*) 4. beznačajan, ograničen 5. sitan, bijedan 6. malo (*gained* ~ *advantage from it*) | **the** ~ **Robinsons** Robinsonova djeca; **a** ~ **man** dječak, mališan, momčić; **the** ~ **people** vile; **the** ~ **ones** djeca; mladunčad; **the** ~ **finger** mali prst; *fam* ~ **Mary** želudac; **the Little Masters** skupina njemačkih crtača i bakrorezača iz 16. i 17. st., koji su izrađivali male slike; *arch* **Little Russian** → **Ukrainian; the** ~ mali beznačajni ljudi, mali svijet; **big and** ~ (**great and** ~) veliko i malo, veliki i mali (ljudi); **a** ~ **boy (girl)** dječačić (djevojčica)

little ['litl] *adv* (*comp* less; *superl* least) malo, slabo, (po)nešto; kratko (vrijeme); rijetko (kada); uopće ne | ~ **known** slabo poznat

little ['litl] *s* ono što je maleno, neznatno, slabo; malo, malenkost, (puka) sitnica | **a** ~ malo; **to make** ~ **of** ne obazirati se mnogo na (što), pridavati malo važnosti (čemu); **not a** ~ (prilično) mnogo, nemalo; **by** ~**s** u malim količinama; **in** ~ u malome; **by** ~ **and** ~ (~ **by** ~) malo-pomalo; ~ **or nothing** gotovo ništa

little-ease ['litliːz] *s hist* tamnička ćelija u kojoj sužanj nije mogao ni uspravno stajati ni ležati ispružen; *fig* neugodnost, nelagodnost; kukavnost, bijeda

little-englander [ˌlitl'iŋgləndə] *s pol* pristaša načela da bi Velika Britanija morala ograničiti svoje političke ciljeve i imperij i usredotočiti pažnju više na domaća pitanja

littlego ['litlgəu] *s coll* prvi ispit za diplomu na sveučilištu u Cambridgeu

littleness ['litlnis] *s* majušnost, malenost, neznatnost, sitnost, nevažnost; malena visina; sitničavost, beznačajnost; podlost

littoral ['litərəl] *adj* obalni, priobalni, pribrežni, litoralan, primorski

littoral ['litərəl] *s* prostor između najvišeg i najnižeg vodostaja na morskoj obali; uski dio mora uz obalu; obalno područje, primorje

liturgical [li'tə:dʒikl] *adj* (**~ly** *adv*) liturgijski, misni, obredni, koji se odnosi na službu božju

liturgics [li'tə:dʒiks] *s pl* liturgija, nauka o crkvenim obredima

liturgist ['litədʒist] *s* onaj koji zagovara primjenu propisane liturgije kod crkvenih obreda; onaj koji provodi i nastoji nametnuti strogo primjenjivanje propisane liturgije

liturgy ['litədʒi] *s* liturgija, ustaljeni propisi i pravila za vršenje vjerskih obreda i služenje mise

livable ['livəbl] *adj* 1. vrijedan da se živi, izdržljiv, podnošljiv (život) 2. prikladan, udoban, ugodan (kuća, prostorija) 3. ugodan, prijatan, druževan, snošljiv, podnošljiv | **~-with** društven (čovjek)

live [laiv] *adj* 1. živ 2. pravi (pravcati) 3. *fig* živahan, svjež, pokretan, aktivan, pun snage; koji je na snazi, koji važi 4. gorući, užaren, vruć (žeravica) 5. oštar (metak); *el* nabijen; nov, nezapaljen (šibica) 6. *mech* koji se okreće, miče; pokretan | *mech* **~ axle** pogonska osovina; *radio, TV* **~ transmission** prijenos uživo, direktna emisija; **a real ~ burglar** pravi pravcati provalnik; **~ shell** *mil* bojeva granata; **~ cargo** živi teret, stoka; **~ coal** žeravica; **~ steam** svježa para; *US sl fig* **~ wire** poduzetan čovjek pun žustrine

live [liv] *vi/t* **I.** *vi* živjeti; trajati, izdržati; preživjeti; stanovati **II.** *vt* živjeti; proživjeti; iživjeti, provoditi (život) | **~ wage** nadnica koja podmiruje samo najpreče životne potrebe; **to ~ and let ~** živjeti i dati drugome da živi; **to ~ from hand to mouth** oskudno živjeti, živjeti iz ruke u usta; **to ~ fast** raskalašeno, lakoumno živjeti; **to ~ in clover** živjeti raskošno, živjeti kao bubreg u loju; **to ~ well** čestito živjeti; dobro, udobno živjeti; **to ~ in a small way** živjeti skromno, povučeno; životariti; **to ~ close** pretjerano štedljivo živjeti; **to ~ a double life** provoditi dvostruki život; **to ~ to oneself** živjeti sam za sebe; **to ~ a lie** provoditi život laži; **we ~ and learn** učimo dok živimo; **to ~ by one's wits** nepošteno živjeti od svoje snalažljivosti; **to ~ to see** doživjeti; **to ~ off the land** prehranjivati se radom na zemlji

live down ['liv'daun] *vt* svojim načinom života pobiti (objede), baciti u zaborav (prijestup)

live in ['liv'in] *vi* stanovati, živjeti u istoj kući gdje se ima zaposlenje (*spec* trgovački pomoćnik); živjeti kod gazde

live out ['liv'aut] *vt/i* **I.** *vt* preživjeti, proživjeti, izdržati **II.** *vi* stanovati, živjeti izvan kuće svojega zaposlenja | **to ~ the night** preživjeti noć

live through ['liv'θru:] *vt* preživjeti, proživjeti

live up ['liv'ʌp] *vi* živjeti po ili prema (čemu *to*), (svojim životom) pokazati se ili biti vrijedan (koga, čega *to*) | **to ~ to one's promise** održati obećanje; **to ~ to a standard** živjeti po nekoj normi

live (up)on ['liv(əp)'ɔn] *vi* živjeti od (čega), uzdržavati se (čime); hraniti se, prehranjivati se, prehraniti se (čime); ovisiti o (komu) | **to ~ the fat of the land** raskošno živjeti, obilato se hraniti, živjeti u izobilju

live-circuit [ˌlaiv'sə:kit] *s el* strujni krug pod naponom

livelihood ['laivlihud] *s* (sredstva za) život, (svagdanji) kruh, žitak, uzdržavanje | **to make a decent ~** zarađivati za pristojan život; **to pick up a scanty ~** životariti, zarađivati za najskromniji život; **to earn an honest ~** pošteno zarađivati svoj kruh

liveliness ['laivlinis] *s* živost, živahnost; životopisnost; budnost; promjenljivost, uzbudljivost; nemir

livelong ['livlɔŋ] *adj poet* trajan, dugotrajan, vječan | **the ~ day** cijeli bogovetni dan

lively ['laivli] *adj* (**livelily** *adv*) živ, živahan, pun života, pokretan; upadljiv, napadan; snažan (osjećaj); živopisan, zanimljiv; bistar, živahan, pronicav (um); *joc* uzbudljiv, napet, opasan; žustar (ples) | *mar* **~ ship** brod s oštrim valjanjem

liven ['laivn] *vt/i* **I.** *vt* oživiti, dati život (čemu), unijeti života (u što), učiniti živahnim **II.** *vi* oživjeti, živnuti, postati živahan

liven up ['laivn'ʌp] *vt/i* **I.** *vt* oživiti (što), dati život (čemu), unijeti života (u što), učiniti živahnim **II.** *vi* oživjeti, živnuti, postati živahan

liver[1] ['livə] *s anat* jetra | *fig* **hot ~** nagla, raspaljiva ćud; **white ~** kukavičluk; **lily ~** plašljivost, kukavičluk

liver[2] ['livə] *s* 1. onaj koji živi 2. stanovnik | **good ~** kreposnik; onaj koji zna dobro živjeti, sladokusac; **fast ~** razuzdanac; **town ~** gradski stanovnik

live-rail [ˌlaiv'reil] *s el & rly* sabirnica (tračnica) pod naponom

livered ['livəd] *adj* koji ima jetru | **white ~** kukavičan
liveried ['livərid] *adj* koji nosi odoru, livriran
liverish ['livəriʃ] *adj fam* koji trpi od poremećaja u jetri; žučljiv, jadljiv, razdražljiv, koji lako plane
liverless ['livəlis] *adj* koji je bez (zdrave) jetre
liver-loaf ['livələuf] *s* jetrena pašteta
liver-oil ['livərɔil] *s* → **cod-liver-oil**
Liverpudlian [ˌlivə'pʌdliən] *adj* liverpulski
Liverpudlian [ˌlivə'pʌdliən] *s* stanovnik Liverpoola
livery ['livəri] *s* 1. *hist* opskrba hranom ili odjećom 2. dobava krme, opskrba krmom (za konje) 3. livreja, (cehovska) odora (& *fig*) 4. *jur* zakonsko uručenje, predaja posjeda; rješenje ili isprava o stupanju u posjed | **the ~ of woe (grief)** žalobno odijelo, crnina; *jur* **to sue for (one's) ~** putem suda tražiti dopuštenje za stupanje u posjed; **to keep horses at ~** držati na hrani i njegovati tuđe konje za plaću; **in ~** livriran, u livreji; **out of ~** u običnom odijelu (sluga); **birds in their winter ~** ptice u svojoj zimskoj odori; **to take up one's ~** postati član (londonskog) ceha; **~ company** ceh (londonskog Cityja); **~ fine** pristupnina koja se plaća pri stupanju u ceh; **~ servant** livriran sluga, lakaj; **~ stable** konjušnica gdje se hrane tuđi konji; **~ and bait** plaća za prehranu konja
livery ['livəri] *adj* jetrenast, koji nalikuje na jetru; koji trpi od poremećaja na jetri
liveryman ['livərimən] *s* 1. član ceha 2. vlasnik konjušnice gdje se hrane tuđi konji
livery servant ['livəriˌsəːvənt] *s ichth* knez, vladika (*Coris julis*)
live-stock ['laivstɔk] *s* stoka, blago, marva, živi inventar; *sl* gamad
live-weight ['laivweit] *s* živa vaga
live-wire ['laivwaiə] *s el* žica pod naponom
livid ['livid] *adj* (**~ly** *adv*) plavkast, plavičast, pepeljaste boje, siv, blijed | **~ with anger** zelen od srdžbe; **~ with cold** blijed od zime; **~ mark** modrica
lividity [li'viditi] *s* bljedoća, bljedilo, sivilo, boja olova
living ['liviŋ] *s* 1. život, življenje, žitak 2. način života 3. stanovanje 4. uzdržavanje, (svagdanji) kruh 5. *eccl* prihod, dohodak | **to earn one's ~** zarađivati, zaraditi za život, zarađivati (svoj) kruh; **to make a ~ out of** uzdržavati se, prehranjivati se (čime); *mar* **~ accommodation, ~ quarters** stambene prostorije; **~ room, ~ space** životni prostor; **~ wage** egzistencijski minimum
living ['liviŋ] *adj* (**~ly** *adv*) živ, živući; gorući; živahan; zanimljiv, živopisan | **~ rock** živa stijena, živ kamen; **~ death** životarenje, krajnja bijeda; **~ water** živa voda; **the ~** živi (ljudi); **~ language** živi jezik
living-room ['liviŋrum] *s* soba za dnevni boravak
lixiviate [lik'sivieit] *vt* lučiti, odvojiti rastopljivu tvar od nerastopljive (filtriranjem)
lixiviation [likˌsivi'eiʃn] *s* liksivijacija; odvajanje rastopljive tvari od nerastopljive (filtriranjem)
lizard ['lizəd] *s zool* gušter, gušterica
lizard fish ['lizədfiʃ] *s ichth* zelembać, blavor (*Saurus griseus*)
llama ['laːmə] *s zool* lama; tkanina od lamine vune
Lloyd's [lɔidz] *s* Lloyd, ustanova za (pomorsko itd.) osiguranje | **A 1 at ~** prvorazredni (brod), najbolji svoje vrste (& *fig*); **~ Register of Shipping** Lloydov registar brodova
lo [ləu] *interj arch* gle!, gledaj!, vidi!, eto!, evo!, eno! | **~ and behold!** gle čuda!
loach [ləutʃ] *s ichth* brkata tikvuša (*Nemachilus barbatula*)
load [ləud] *s* 1. teret (& *fig*); tovar, voz (sijena, drva itd.); težina 2. *archit* opterećenje; nosivost 3. *mech* radna sposobnost; opterećenje; broj radnih sati | **to take a ~ off one's mind** skinuti teret sa srca; *coll* **~s** *pl* sva sila, silesija, mnogo, brdo; **under ~** natovaren, pod teretom; *mar* **~ chain** lanac samarice; **~ displacement** puni deplasman; **~ draught** najveći gaz
load [ləud] *vt/i* **I.** *vt* 1. nakrcati, ukrcati, tovariti, natovariti (*up*); naprtiti 2. *fig* obasuti, obasipati (pohvalama, pogrdama) 3. napuniti, prenapuniti, natrpati, prenatrpati (želudac) 4. (umjetno) pojačati (vino) 5. otežati, opremiti ili ispuniti olovom; opteretiti, opterećivati (*with* čime) 6. nabijati, puniti (vatreno oružje) **II.** *vi* nabiti se, puniti se; krcati se; *st exch* obilato, mnogo ili živo kupovati
load up ['ləud'ʌp] *vi* 1. natovariti, nakrcati 2. *coll* natrpati se, pretrpati se, valjano se najesti
loaded ['ləudid] *adj* natovaren, natrpan, opterećen; prekrcan, pretovaren, prenakrcan, prenatrpan, prenatovaren, preopterećen; *sl* pun para | **~ dice** krivotvorene igraće kocke (opterećene olovom, tako da uvijek pokazuju šesticu); **~ wine** umjetno pojačano vino; vino kojemu je primiješan narkotik; **~ stick** palica kojoj je držak ispunjen olovom (oružje)
loader ['ləudə] *s* 1. onaj koji krca, tovari ili utovaruje; lučki radnik 2. onaj koji nabija (oružje); nabijač; uređaj ili naprava za nabijanje oružja 3. *mech* naprava za tovarenje

loading ['ləudiŋ] *s* tovarenje, utovarivanje, krcanje, ukrcavanje; tovar, teret; nabijanje, punjenje (oružja); *ins* posebni nadoplatak na premiju osiguranja

loading ['ləudiŋ] *adj* tovarni, koji se odnosi na teret ili krcanje; nabojni, koji (se) nabija ili puni (oružje); *mar* ~ **berth** vez, privezište; ~ **boom** tovarica, soha za dizanje tereta

load-line ['ləudlain] *s* → **load-waterline** | ~ **certificate** svjedodžba o nadvođu

loadstone (**lodestone**) ['ləudstəun] *s* 1. *minr* magnetski oksid željeza 2. magnet 3. *fig* ono što privlači, magnet

load-waterline ['ləud,wɔːtəlain] *s mar* teretna vodena linija, Plimsollova linija, oznaka nadvođa

loaf[1] [ləuf] *s* 1. hljebac (kruha), hljeb, hljepčić 2. glava (šećera) | **loaves and fishes** osobni probitak (kao mamac za ispovijedanje vjere ili vršenje javne službe); **half a** ~ **is better than no bread** bolje išta nego ništa; **brown** ~ hljebac kruha od pšeničnog brašna i posija, crni kruh; *sl* **to use one's** ~ promisliti, raditi glavom

loaf [ləuf] *vi* savijati se u glavicu, praviti glavu (zelje itd.)

loaf[2] [ləuf] *s* skitnja, besposličenje, danguba | **to have a** ~ skitati se, dangubiti, proskitati se

loaf [ləuf] *vi/t* **I.** *vi* besposličiti, dangubiti, skitati se; bezvoljno ili nemarno raditi **II.** *vt* gubiti vrijeme, dangubiti | *coll* **to** ~ **on one** gubiti vrijeme na čiji račun ili trošak

loaf about ['ləufə'baut] *vi* besposličiti, dangubiti, uludo tratiti vrijeme; skitati se naokolo

loaf away ['ləufə'wei] *vt* tratiti; provesti ili provoditi u dangubi

loafer ['ləufə] *s* 1. besposličar, danguba, skitalica, skitnica, protuha; lijenčina, ljenivac; 2. životinja koja nije pogodna za rasplod

loaf-sugar ['ləuf,ʃugə] *s* šećer u glavama

loam [ləum] *s* humozno ilovasta zemlja, glinasto pjeskovito tlo

loamy ['ləumi] *adj* humozno ilovast, glinasto pjeskovit

loan [ləun] *s* zajam, posudba | **on** ~ na posudbu, u zajam, u zajmu; **may I have the** ~ **of** mogu li uzajmiti?; **to put out to** ~ dati na posudbu, posuditi; ~ **shark** zelenaš, lihvar; *ling* ~ **translation** kalk

loan [ləun] *vt US* pozajmiti, posuditi, dati u zajam ili na posudbu

loanable ['ləunəbl] *adj* pozajmljiv, koji se može pozajmiti, posuditi

loan-collection ['ləunkə,lekʃən] *s* zbirka slika koje vlasnik pozajmi (galeriji itd.) za izložbu

loanee [ləu'niː] *s* onaj koji dobiva zajam, korisnik zajma, uzajmljivač

loaner ['ləunə] *s* zajmodavac, pozajmljivač, onaj koji posuđuje (što) ili daje zajam

oan-holder ['ləun,həuldə] *s* vjerovnik, zajmodavac

loan-office ['ləun,ɔfis] *s* kreditna ustanova

loan-society ['ləunsə,saiəti] *s* blagajna uzajamne pomoći

loan-word ['ləunwəːd] *s* tuđica, posuđenica, pozajmica

loath (**loth**) [ləuθ] *adj* nerad, nesklon, koji nije pripravan | **nothing** ~ posve voljan, pripravan; rado, pripravno; *com* **I am very** ~ **to trouble you** vrlo mi je žao što vas uznemirujem

loathe [ləuð] *vt* mrziti, prezirati, odbijati s gađenjem; gaditi se ili gnušati se (nad čim); *coll* ne voljeti, nerado jesti | **I** ~ **the sight of food** gadi mi se i vidjeti hranu

loathing ['ləuðiŋ] *s* gnušanje, gađenje, prezir, odvratnost, ogavnost, mržnja (*at* nad kim, čim, prema komu, čemu)

loathingly ['ləuðiŋli] *adv* s gađenjem, gnušanjem, prezirno, s mržnjom

loathly ['ləuðli] *adj arch* → **loathsome**

loathsome ['ləuðsəm] *adj* (~**ly** *adv*) odvratan, ogavan, gadan, gnusan, mrzak, prezira vrijedan

lob [lɔb] *s sport* lopta koja polako ide u visokom luku, lob, visok udarac

lob [lɔb] *vi/t* **I.** *vi* valjati se, kretati se nespretno, tromo ili polako (*along*) **II.** *vt sport* mekano i visoko baciti loptu

lobate ['ləubeit] *adj* → **lobed**

lobby ['lɔbi] *s* predvorje, predsoblje, čekaonica, hodnik; sala za čekanje u hotelu; *parl* predvorje gdje publika može razgovarati s članovima parlamenta, kuloari; *theat* foaje; *pol* grupe koje nastoje utjecati na glasanje članova parlamenta

lobby ['lɔbi] *vt/i parl pol* **I.** *vt* 1. raspravljati (o čemu) u predvorju parlamenta 2. *US* utjecati privatnim razgovorima (na zastupnike); progurati (zakon) privatnim razgovorima sa zastupnicima **II.** *vi* 1. posjećivati predvorje parlamenta, zadržavati se u kuloarima 2. voditi privatne razgovore sa zastupnicima 3. (nastojati) utjecati na zastupnike privatnim razgovorima 4. spletkariti, kriomice ili potajno raditi

lobbyist ['lɔbiist] *s parl pol* lobist, onaj koji privatnim razgovorima nastoji utjecati na zastupnike

lobe [ləub] *s* 1. *anat* resa; režanj, krilo (unutrašnjeg organa koji se sastoji od dva ili više dijelova, npr. pluća, prostata i dr.) 2. *bot* reska, resica | ~ **of the ear** ušna resica, uvce

lobed [ləubd] *adj* koji ima reske ili režnjeve, resičav

lobeless ['ləublis] *adj* koji nema reske ili resice, koji je bez režnja

lobster [ˈlɔbstə] *s* 1. *zool* jastog (*Palinurus vulgaris*) 2. *arch* britanski vojnik (u crvenoj odori) | **red as a** ~ crven kao rak, kao paprika; ~ **pot** vrše za jastoge; **Norway** ~ skampi (*Nephrops norvegicus*)

lobster-eyed [ˈlɔbstəraid] *adj* buljook, koji ima ispupčene, izbuljene oči

lobular [ˈlɔbjulə] *adj* resičast, režnjast, koji se odnosi na resu ili režanj, resolik, nalik na režanj

lobule [ˈlɔbjuːl] *s* resica, režnjić

lobworm [ˈlɔbwəːm] *s zool* glista, crv (za ribolov)

local [ˈləukl] *s* 1. mještanin, mjesni stanovnik, domaći 2. ono što je mjesno, lokalno 3. mjesna vijest 4. mjesni propovjednik 5. poštanska marka koja vrijedi samo za ograničeno područje 6. mjesni ispit

local [ˈləukl] *adj* (~**ly** *adv*) mjesni, lokalni, domaći; ograničen na jedno mjesto | ~ **government** mjesna uprava; *teleph* ~ **call** mjesni razgovor; ~ **custom** mjesni običaj; *com* ~ **rates** općinske daće; *com* ~ **bill** domicilirana mjenica; ~ **train** lokalni (putnički) vlak; *lit* ~ **colour** pojedinosti koje su značajka nekoga kraja ili doba, lokalni kolorit; *mil* ~ **aiming** individualno nišanjenje; ~ **time** mjesno vrijeme

local(e) [ləuˈkaːl] *s* poprište, pozornica, scena (nekog događaja)

localism [ˈləukəlizm] *s* privrženost nekom mjestu, sklonost davanja prednosti onomu što je mjesnog značenja; *fig* uskogrudnost, ograničenost; *philol* mjesno narječje, mjesni naglasak ili idiom, provincijalizam, lokalizam

locality [ləuˈkæliti] *s* 1. položaj, smještaj, mjesto 2. sposobnost snalaženja, pamćenje (za mjesta)

localizable [ˈləukəlaizəbl] *adj* koji se može lokalizirati, ograničiti na neko mjesto ili područje; kojemu se može dati mjesna značajka

localization [ˌləukəlaiˈzeiʃn] *s* lokaliziranje, lokalizacija, ograničavanje ili ograničenje na neko mjesto ili područje; pridavanje mjesne značajke (čemu); usredotočenje (pažnje) (*upon* na)

localize [ˈləukəlaiz] *vt* davati mjesnu značajku (čemu); ograničiti ili ograničavati (na neko mjesto ili područje); usredotočiti (pažnju) na što (*upon*); lokalizirati

locate [ləuˈkeit] *vt* 1. smjestiti, položiti, postaviti, namjestiti 2. *US* odrediti smještaj (zgrade); odrediti međe (zemljištu) 3. *fig* dodijeliti ili odrediti mjesto (komu, čemu) 4. (točno) odrediti, pronaći ili otkriti smještaj ili položaj (koga, čega); *mil* određivati poziciju | *US* **to be** ~**d** biti smješten; stanovati

location [ləuˈkeiʃn] *s* 1. položaj, smještaj, mjesto 2. *US* određivanje međa (zemljištu), izmjera (zemljišta) 3. *Austral* posjed, farma; *S Afr* predgrađe za afričko (domorodačko) stanovništvo 4. naseljenje, stan, mjesto boravka 5. *jur* iznajmljivanje 6. određivanje, pronalaženje smještaja ili položaja (& *mil*) | *film* ~ **scene** eksterijer, scena snimljena izvan studija; **on** ~ (snimanje) izvan studija

locative [ˈlɔkətiv] *adj gram* koji se odnosi na lokativ (6. padež), lokativan

locative [ˈlɔkətiv] *s gram* lokativ, 6. padež

locator [ləuˈkeitə] *s US* onaj koji zauzme svoj posjed; punopravni ili pravovaljani nasljednik; lokator

loch [lɔx] *s Scot* jezero; (morska) draga, uvala, zaljev

lock[1] [lɔk] *s* 1. uvojak, pramen, čuperak (kose); resa, kita, kitica, vitica, pram (vune itd.) 2. rukovet, pregršt

lock[2] [lɔk] *s* 1. brava; ključanica; lokot 2. zatvarač (na pušci) 3. zapor, paočanica, zavornica 4. brana, ustava, (brodarska) splavnica; splavnička komora 5. *tech* pretkomora (komore u kojoj se radi komprimiranim zrakom) 6. zastoj (prometa), gužva 7. *sport* vrsta čvrstog zahvata (u rvanju) 8. paočanica, kut zakretanja | **dead** ~ potpun zastoj (prometa); ~, **stock and barrel** sve zajedno, sve poprijeko; potpuno, posve; **Lock Hospital** bolnica za spolne bolesti; **under** ~ **and key** onkraj brave; pod ključem, dobro zaključan

lock [lɔk] *vt/i* **I.** *vt* 1. zaključati, zaključivati, zabraviti; zatvoriti, zatvarati 2. *fig* (pomno, brižno) spremiti, pohraniti 3. zapaočiti, čvrsto spojiti ili povezati, pričvrstiti; čvrsto ispreplesti (prste, ruke itd.); obgrliti 4. podignuti ustavu ili splavnicu (na kanalu) 5. voditi ili provući (čamac) kroz splavnicu (*up, down* uz vodu, niz vodu) **II.** *vi* 1. zaključavati se, zatvarati se, dati se zaključati ili zatvoriti (o bravi) 2. (o kolima) dati se zaokretati, moći zaokretati (neovisno o stražnjim kotačima) 3. zaglaviti se 4. *mil* stupati u gustim redovima (tako da stopala vojnika u stražnjem redu upadaju u korak vojnika u prednjem) 5. prolaziti ili ploviti kroz splavnicu | *fig* **to** ~ **the stable door after the horse has been stolen** kasno je popodne k misi; *mil* (o projektilu, raketi) **to** ~ **on to a target** radarom pratiti cilj

lock away [ˈlɔkəˈwei] *vt* zakıjučati, staviti pod ključ, spremiti i zaključati

lock in [ˈlɔkˈin] *vt* 1. zaključati, zatvoriti (u sobu) 2. opkoljavati, obrubljivati | **to lock oneself in** zaključati se (u prostoriju, zgradu)

lock out [ˈlɔkˈaut] *vt* 1. spriječiti ili sprečavati (komu) ulaz zabravivši vrata 2.

isključiti iz rada, onemogućiti radnicima rad zatvaranjem radnih prostorija (prilikom industrijskog spora)

lock up ['lɔk'ʌp] *vt/i* **I.** *vt* zaključavati, zabraviti, zatvoriti, pozatvarati, spremiti pod ključ; uložiti (kapital) **II.** *vi* zaključati kuću, pozaključavati vrata | **to lock oneself up in one's room** zatvoriti se, povući se u svoju sobu

lockage ['lɔkidʒ] *s* 1. visina vodostaja u brodarskoj splavnici 2. ustavarina, pristojba za upotrebu splavnice 3. upotreba splavnice 4. uređaj, naprave brodarske splavnice

locker ['lɔkə] *s* 1. ključar 2. ladica s bravom, pretinac 3. *mar* sanduk, kutija, ormar ili pretinac za odjeću, municiju itd. | **not a shot in the ~** bez prebijene pare; **to go to (to be in) Davy Jones's ~** utopiti se (u moru); **~ plant** hladnjača (zgrada); **~ room** garderoba (na sportskom igralištu, plivalištu itd.)

locket ['lɔkit] *s mil* 1. metalna pločica ili spona na koricama bajoneta (kojom se bajonet objesi o kukicu na pojasu) 2. medaljon 3. *arch* nakit od dragulja; kopča ili spona (ogrlice)

lockgate [ˌlɔk'geit] *s* splavničko vratište, prolaz

lock-jaw ['lɔkdʒɔː] *s med* ukočenje čeljusti, trismus

lock-keeper ['lɔkˌkiːpə] *s* splavničar, čuvar ustave

lockless ['lɔklis] *adj* koji nema brave ili ključanice

locksman ['lɔksmən] *s* → **lock-keeper**

locksmith ['lɔksmiθ] *s* bravar

lockstitch ['lɔkstitʃ] *s* vrsta boda (šivaćim strojem) kod kojega se dvije niti čvrsto povezuju, zrnčanje

lock-up ['lɔkʌp] *s* 1. zatvaranje, zaključavanje 2. vrijeme zatvaranja (škole itd.); prestanak rada 3. (školski) zatvor, pritvor 4. spremište, pohrana | **~ garage** garaža pod ključem (u hotelu itd.)

loco ['ləukəu] *s abbr* → **locomotive engine**

loco ['ləukəu] *adj sl* šenut, lud, luckast

loco citato ['ləukəusai'teitəu] *adv Lat* kako je već navedeno, napomenuto

locomote ['ləukəməut] *vi biol* micati se, maknuti se, putovati

locomotion [ˌləukə'məuʃn] *s* pokretnost, micanje, pokretanje, putovanje, lokomocija

locomotive ['ləukəˌməutiv] *adj* pokretan, pomičan, pokretljiv, koji neprestano mijenja mjesto; *joc* koji (neprestano) putuje | **~ engine** lokomotiva, parni stroj; **~ organs** organi koji omogućuju kretanje, noge

locomotive ['ləukəˌməutiv] *s* 1. *rly* lokomotiva, parni stroj 2. pokretno biće, životinja; *sl pl* noge

locomotor ['ləukəˌməutə] *s* onaj koji je pokretan, koji se miče ili putuje

locomotor [ˌləukə'məutə] *adj* pokretan, pomičan, pokretljiv, koji se miče, koji putuje; lokomotoran

locomotory [ˌləukəu'məutəri] *adj* → **locomotor** *adj*

locum ['ləukəm] *s* → **locum-tenens**

locum-tenency ['ləukəm'tiːnensi] *s* zamjeništvo, zastupanje, namjesništvo, vršenje dužnosti (*spec* svećenika i liječnika)

locum-tenens ['ləukəm'tiːnenz] *s* zamjenik, vršilac dužnosti, zastupnik, namjesnik, lokumtenens

locus ['ləukəs] *s* (*pl* **loci** ['ləusai]) mjesto, položaj, smještaj; prilika, mogućnost | **~ classicus** najpoznatiji ili najautoritativniji odlomak o nekoj temi

locust ['ləukəst] *s ent* skakavac; *fig* čankoliz; proždrljivac; parazit | *bot* **~ tree** rogačevo stablo; lažna akacija

locution [lə'kjuːʃn] *s* izričaj, lokucija; izraz, uzrečica

locutory ['lɔkjutəri] *s* prostorija ili rešetka za razgovor (u samostanu)

lode [ləud] *s* (odvodni) jarak, otoka; *min* rudna žila

lodestar ['ləudstaː] *s* zvijezda po kojoj se ravnaju moreplovci; zvijezda sjevernjača, polarna zvijezda; *fig* zvijezda vodilja, glavno načelo, misao vodilja, cilj

lodestone ['ləudstəun] *s* → **loadstone**

lodge [lɔdʒ] *s* 1. (lovačka) kućica, koliba 2. *US* (indijanski) šator, logor 3. (slobodnozidarska) loža; sastajalište ili sastanak slobodnih zidara 4. *univ* obitavalište glavara koledža u Cambridgeu 5. vratarnica 6. *hunt* nastamba, dabrova kula, vidrin stan | **the Porter's Lodge** prostorije uz glavni ulaz u koledž (Oxford); **grand ~** velika loža (slobodnih zidara); upravno tijelo društva slobodnih zidara i sličnih udruženja

lodge [lɔdʒ] *vt/i* **I.** *vt* 1. primiti na stan, ukonačiti, smjestiti 2. sadržavati 3. ostaviti, pohraniti, spremiti (*in, with* u, kod), povjeriti (komu) 4. *jur* podastrijeti, predati, podnijeti, uložiti, podignuti (tužbu itd.), staviti ili podići (prigovor itd.) 5. dati, podijeliti ili predati (vlast itd.) komu (*in, with, in the hands of*) 6. povaliti (žito) 7. zatjerati, utjerati (tane); smjestiti, opaliti (udarac) **II.** *vi* 1. stanovati, obitavati, konačiti, prenoćiti 2. zastati, zapeti, zabiti se, zaglaviti se | **~ money with** položiti, deponirati novac kod (koga); *hunt* **to ~ a stag** natjerati jelena u skrovište; **to ~ information against** prijaviti (koga)

lodgement (lodgment) ['lɔdʒmənt] *s* 1. *mil* uporište 2. *com* polaganje, deponiranje (novca); polog; *jur* ulaganje (protesta, žalbe itd.); pohrana 3. nakupina, nakup-

ljanje, naslaga 4. stan, nastamba, obitavalište, prebivalište
lodger ['lɔdʒə] *s* stanar, podstanar
lodging ['lɔdʒiŋ] *s* 1. stanovanje, konačenje, prenoćivanje 2. stan, (najmljena) soba, konačište, prenoćište, prebivalište | **~s** *pl* namještena soba; **the Lodgings** službeni stan glavara (koledža u Oxfordu); **board and ~** stan i hrana
lodginghouse ['lɔdʒiŋhaus] *s* kuća u kojoj se iznajmljuju sobe
loess ['ləuis] *s geol* lapor
loft [lɔft] *s* 1. tavan, potkrovlje, potkrovnica, podstrešje; pogon, radionica 2. golubinjak; jato golubova 3. galerija (u crkvi ili dvorani) 4. *golf* sveden rub udarača koji sili loptu da se digne; takav udarac
loft [lɔft] *vt* 1. *golf* udariti (loptu) da preleti zapreku; dati rubu udarača sveden oblik 2. spremiti na tavan, pod krov ili u potkrovlje 3. držati (golubove) u golubinjaku
lofter ['lɔftə] *s golf* udarač za visoke lopte
lofty ['lɔfti] *adj* (**loftily** *adv*) 1. visok 2. *fig* uzvišen, dičan, uznosit, veličajan, otmjen, plemenit; ponosan, ohol, nadut, dostojanstven
log [lɔg] *s* 1. klada, cjepanica, panj, deblo, trupac 2. *mar* brzinomjer, log; brodski dnevnik 3. tablica po kojoj se izračunava radno vrijeme krojačkog pomoćnika | **in the ~** grub, neobrađen (drvo); *pol derog* **roll my ~ and I'll roll yours** ruka ruku mije; pomozi meni, pa ću ja tebi; **King Log** nesposoban čovjek na važnu položaju; **to lie like a ~** ležati kao klada; **to fall like a ~** pasti kao klada; **to sleep like a ~** spavati kao top; *mar* **to heave the ~** mjeriti brzinu broda; **~ board, ~ ship** daščica brzinomjera; **~ entry, ~ record** podatak brodskog dnevnika
log [lɔg] *vt* 1. rezati u cjepanice ili klade 2. *mar* unijeti u brodski dnevnik; prevaliti (broj uzlova) na dan; zapisati u dnevnik; kazniti (prestupnika)
logan ['lɔgən] *s geol* (velik) kamen koji se može micati, njihati
loganberry ['ləugənbəri] *s bot* vrsta crne bobe (koja se dobije križanjem maline i kupine)
logan-stone ['lɔgənstəun] *s* → **logan**
logarithm ['lɔgəriðəm] *s math* logaritam
logarithmic [ˌlɔgə'riðmik] *adj* (**~ally** *adv*) *math* logaritmički
log-book ['lɔgbuk] *s mar* brodski dnevnik, navigacijski dnevnik; *mot* dnevnik putovanja; *aero* dnevnik leta; školski dnevnik
log-cabin ['lɔgˌkæbin] *s* brvnara
loggerhead ['lɔgəhed] *s* 1. budala, glupan, tupoglavac 2. željezna motka s kuglom na kraju koja se užaruje radi taljenja katrana itd. 3. *mar* rašlje, vilica, kuka (za konop) 4. *ornith* vrsta grlice | **to be at ~s with** biti u zavadi (s kim), biti posvađen ili zavađen (s kim)
loggia ['ləudʒə] *s archit* loggia
logging ['lɔgiŋ] *s* šumski radovi, rušenje stabala
logic ['lɔdʒik] *s* 1. logika, nauka o zakonima mišljenja; rasprava o logici 2. način mišljenja; uvjerljivost, dokazi, izvod; logika, zdravo razmatranje | **to chop ~** cjepidlačiti
logical ['lɔdʒikl] *adj* (**~ly** *adv*) logičan, logički; razuman, koji ispravno misli; nužan
logicality [ˌlɔdʒi'kæliti] *s* logičnost, ispravnost mišljenja, razumnost, nužnost
logician [ləu'dʒiʃn] *s* logičar
logistics [ləu'dʒistiks] *s pl mil* služba pozadine; nauka o pozadinskoj službi (transportu i opskrbljivanju)
logogram ['lɔgəgræm] *s* pisani znak koji predstavlja jednu ili više riječi
logograph ['lɔgəgraːf] *s* → **logogram**
logogriph ['lɔgɔgrif] *s* logogrif, zagonetka sa slovima
logomachy [lɔ'gɔməki] *s* logomahija, borba riječima
logotype ['lɔgətaip] *s print* logotip, više slova ili riječi lijevani u komadu
log-roll ['lɔgrəul] *vi/t* **I.** *vi* uzajamno se (javno) hvaliti ili uzdizati (političari, književnici) **II.** *vt pol* privatnim utjecajem progurati (zakon); nastojati predobiti (koga) ili djelovati (na koga)
log-rolling ['lɔgˌrəuliŋ] *s* 1. *US* slaganje trupaca ili debala 2. *pol* uzajamna pomoć ili podupiranje; utjecanje (privatnim putem) na zakonodavstvo, korupcija 3. *fig* međusobno uzdizanje, hvaljenje, pjevanje hvalospjeva
log-rolling ['lɔgˌrəuliŋ] *adj* 1. *pol* koji se međusobno pomažu ili podupiru; koji (privatnim putem) utječe na zakonodavstvo; nepošten, korumpiran 2. *fig* koji se međusobno uzdižu, koji sebi međusobno pjevaju hvalospjeve
loin [lɔin] *s anat* krsta, slabine; *cul* bedro, butina, bubrežnjak | *fig* **to gird up one's ~s** zasukati rukave; spremiti se na put (ili posao); **sprung from the ~s (of)** odvjetak, potomak (koga)
loin-cloth ['lɔinklɔθ] *s* komad tkanine koji se nosi oko bokova kao jedina odjeća
loiter ['lɔitə] *vi* tumarati, vući se, postajkivati, zastajkivati, lutati; klatiti se, besposličariti, dangubiti
loiter away ['lɔitərə'wei] *vt* dangubiti, tratiti vrijeme | **to ~ one's time** prodangubiti vrijeme
loiterer ['lɔitərə] *s* danguba, neradiša, tumaralo, besposličar; onaj koji postajkuje ili luta naokolo
loitering ['lɔitəriŋ] *adj* (**~ly** *adv*) koji za-

ostaje, zastajkuje, postajkuje ili popostaje; koji luta ili tumara; koji oklijeva

loll [lɔl] *vt/i* **I.** *vt* objesiti, vješati, pustiti da visi, opustiti (glavu itd.), isplaziti (jezik), otromboljiti **II.** *vi* objesiti se, ovjesiti se, opustiti se, otromboljiti se; visiti (*out*); lijeno se naslanjati, protezati se, razvlačiti se

loll about [ˈlɔləˈbaut] *vi* lijeno se vući, klatiti se, razvlačiti se, postajkivati naokolo | **to ~ the door** postajkivati oko vrata

loll out [ˈlɔlˈaut] *vt* ovjesiti, opustiti, isplaziti; pustiti da visi (jezik)

lolling [ˈlɔliŋ] *adj* (**~ly** *adv*) obješen, ovješen, opušten, ispružen, isplažen, otromboljen

lollipop [ˈlɔlipɔp] *s* lilihip | *GB coll* **~ man (woman)** osoba koja ručnim signalnim znakom upravlja prometom gdje školska djeca prelaze cestu

lollop [ˈlɔləp] *vi* nespretno hodati ili trčati; klatiti se u hodu, gegati se

lolly [ˈlɔli] *s coll* → **lollipop;** *GB sl* novac, »lova«

Lombardic [lɔmˈbaːdik] *adj* lombardijski

lomprey [ˈlɔmpri] *s ichth* paklarka (*Petromyzon marinus*)

Londoner [ˈlʌndənə] *s* Londonac, Londonka, stanovnik Londona

lone [ləun] *adj poet* samotan, osamljen, pust, nenastavan, zapušten, sam | **~ woman** neudata žena; *fig* **to play a ~ hand** poduzeti što na vlastitu ruku

loneliness [ˈləunlinis] *s* samoća, samotnost, osamljenost, osama

lonely [ˈləunli] *adj* samotan, osamljen; pust, zapušten, nenastavan; sam | **to feel ~** osjećati se osamljen, napušten

lonesome [ˈləunsəm] *adj* (**~ly** *adv*) → **lonely**

long [lɔŋ] *adj* dug, dugačak; dugotrajan; davan; dalek | **do not be ~** nemoj dugo izbivati; **to make a ~ arm** posegnuti, ispružiti ruku (za čim); **to have a ~ arm** imati dalekosežnu moć; **a ~ face** kiselo lice; **a ~ head** pronicav ili dosjetljiv čovjek, lukavac; **to make a ~ nose** pokazati dugi nos; **to have a ~ tongue** imati dug jezik, biti brbljav; **two ~ miles** preko dvije milje; **by a ~ chalk** daleko; i te kako; **of ~ standing** pradavan, davnašnji, od davnine, star; **Long Tom** dugačak dalekometni top; **~ sight** dalekovidnost (& *fig*); pronicavost; **little pitchers have ~ ears** djeca lako nešto načuju; **to take ~ views** predvidjeti posljedice, pomišljati na kasnije djelovanje; **~ odds** velik nerazmjer (kod oklada); *com* **at ~ date** na dugi rok, dugoročno; **as broad as it is ~** svejedno, sve isto; **~ clay** dugačka lula; **a ~ drink** piće koje se služi u visokim čašama; **~ ears** glupost; **the ~ finger** kažiprst; *sport* **~ jump** skok udalj; **~ measure** mjera za dužinu; **~ metre** kitica od četiri stiha po osam slogova; **gentlemen of the ~ robe** odvjetnici, pravnici; **in the ~ run** napokon, najposlije, naposljetku; na kraju; **~ vacation** ljetni ili godišnji praznici; **to have a ~ wind** imati dobre noge, dobra pluća, moći dobro trčati; *fig* (moći) mnogo i zamorno govoriti ili pisati; **a ~ figure (price)** visoka brojka (cijena); **a ~ family** brojna porodica (s mnogo djece); *mar sl* **~ pig** ljudsko meso što ga jedu ljudožderi; **a ~ purse** dubok džep, debela kesa, mnogo novaca; **~ home** grob; **as ~ as** dokle god; *US* **~ bit** komad novca od 15 centi; **~ chair** ležaljka; **~ dozen** trinaest komada; **~ haul** prijevoz ili promet na veliku udaljenost; **~ hundred** sto i dvadeset; **~ playing record** gramofonska ploča koja dugo svira, mikroploča, longplej ploča; **~ ton** duga tona (2 240 funti, 1 016 kg)

long [lɔŋ] *s mus* duga nota; *phon* dug glas ili slog | **the Long** veliki (ljetni) praznici

long [lɔŋ] *adv* dugotrajno, dugo; davno, odavna; daleko | **as ~ ago as 1900** već 1900. godine; **so ~!** do viđenja!

long [lɔŋ] *vi* čeznuti, ginuti, venuti, žudjeti (*for* za kim, čim); željeti, priželjkivati (*for* koga, što)

longboat [ˈlɔŋbəut] *s mar* glavni čamac, barkasa

long-bow [ˈlɔŋbəu] *s* dugačak luk (oružje) | *fig* **to draw the ~** pretjerivati, pričati izmišljotine, izmišljati

long-cherished [ˈlɔŋˌtʃeriʃt] *adj US* koji je davno priželjkivan

long-dated [ˈlɔŋˈdeitid] *adj com* dugoročan | **~ bill** dugoročna mjenica

long-distance [ˌlɔŋˈdistəns] *s* velika udaljenost, duga pruga | *teleph* **~ call** međugradski razgovor; **~ transport** promet na dugim relacijama

longeron [ˈlɔndʒərən] *s aero Fr* greda koja teče uzduž trupa aviona

longeval [lɔnˈdʒiːvl] *adj* dugovječan, dugovjek, koji dugo živi

longevity [lɔnˈdʒeviti] *s* dugovječnost, dug život

longhair [ˈlɔŋhɛə] *adj US sl* intelektualan; umjetnički nastrojen; klasičan (muzika)

longhand [ˈlɔŋhænd] *s* obično pismo (za razliku od stenografije)

long-headed [ˌlɔŋˈhedid] *adj* 1. koji ima dugačku lubanju 2. *fig* oštrouman, domišljat, bistar, pronicav, dovitljiv

longing [ˈlɔŋiŋ] *s* čežnja, žudnja, želja, priželjkivanje

longing [ˈlɔŋiŋ] *adj* (**~ly** *adv*) čeznutljiv, željan, požudan; koji gine ili vene (za čim)

longish [ˈlɔŋiʃ] *adj* dugoljast, odug, podugačak

longitude [ˈlɔndʒitjuːd] *s geog* (zemljopisna) dužina, longituda

longitudinal [ˌlɔndʒiˈtjuːdinl] *adj* (~**ly** *adv*) 1. duljinski, uzdužni, longitudinalan, koji ide (teče) po duljini 2. *geog* koji se odnosi na (zemljopisnu) dužinu, longitudinalan

long-lived [ˌlɔŋˈlivd] *adj* dugovječan, dugovjek; trajan; koji dugo živi, koji je duga života

long-nosed skate [ˈlɔŋˌnəuzdˈskeit] *s ichth* klinka, nosatica (*Raja oxyrhynchus*)

long-range [ˌlɔŋˈreindʒ] *adj attr* dugoročan; dalekosežan; *mil* dalekometan | ~ **gun** dalekometni top; ~ **planning** dugoročno planiranje; ~ **weather forecast** dugoročna vremenska prognoza

longshoreman [ˈlɔŋʃɔːmən] *s* lučki radnik; obalni ribar; *coll* onaj koji se u primorskim kupalištima bavi prigodnim poslovima (iznajmljuje čamce itd.)

long-sighted [ˌlɔŋˈsaitid] *adj* dalekovidan; *fig* pronicav, oštrouman, dalekovidan

long-sightedness [ˌlɔŋˈsaitidnis] *s* dalekovidnost; *fig* oštroumnost, pronicavost, dalekovidnost

long-standing [ˈlɔŋstændiŋ] *adj* davni; dugotrajan; dugogodišnji

long-tail [ˈlɔŋteil] *s* konj duga repa

long-term [ˈlɔŋtəːm] *adj* dugoročan

longtime [ˈlɔŋtaim] *adj* dugogodišnji

longways [ˈlɔŋweiz] *adv* → **longwise**

long-winded [ˌlɔŋˈwindid] *adj* koji ima dug dah; *fig* opširan, dugočasan, dosadan, zamoran

longwise [ˈlɔŋwaiz] *adv* po duljini, duljinom, uzduž

loo[1] [luː] *s* vrsta igre kartama (kod koje se za pogrešku plaća kazna); (plaćena) kazna za počinjenu pogrešku u toj igri

loo [luː] *vt* prisiliti (koga) da plati kaznu (u igri kartama)

loo[2] [luː] *s GB sl* zahod

looby [ˈluːbi] *s* budala, glupan

look [luk] *s* pogled; izgled, izraz (lica) (& *pl*) | **good** ~**s** pristala vanjština, lijepa pojava; **to have a** ~ **at a th** pogledati nešto; **I like the** ~ **of him** sviđa mi se njegov izgled; *sl* ~**-see** letimičan pogled; pregled, razgledanje; kratak boravak; **new** ~ najnovija moda

look [luk] *vi/t* **I.** *vi* 1. pogledati; gledati, pogledavati, motriti, promatrati (*at*); *fam* začuditi se, zinuti, zuriti, zjati; pripaziti 2. činiti se, izgledati, pričinjati se 3. tražiti (*after* koga, što); gledati (*after* za kim, čim), slijediti (*after* koga) pogledom; pripaziti, paziti (*after* na koga, što), brinuti se (*after* za koga, što) 4. tražiti (*for* što); čekati, očekivati (*for* koga, što), obećavati sebi (*for* što) 5. zaviriti, pogledati (*into* u što), ispitati, razmotriti, razmatrati, istraživati (*into* što) 6. biti smješten, ležati, gledati (*towards, in*(*to*) prema, u); pokazivati 7. pregledavati, nadgledati (*over* što) 8. pogledati ili vidjeti (*through* kroza što); viriti, provirivati, proviriti (*through* kroza što) 9. pripaziti, paziti (*to* na koga, što), brinuti se (*to* za koga, što); očekivati (*to* od koga, *for* što); obratiti se, obraćati se, računati (*to* na koga), pouzdavati se (*to* u koga, *for* za što) **II.** *vt* gledati, pogledati, pogledavati, motriti, promatrati, promotriti; *arch* smatrati (za što) (*on*) | ~ **before you leap** najprije ispeci, pa onda reci!, ne prenagljuj se!; **to** ~ **a gift horse in the mouth** poklonjenom konju gledati u zube; *fig* **let him** ~ **at home** neka mete pred svojim vratima; ~ **here!** pazi (ovamo)!, čuj!, gledaj!; ~ **alive!** požuri (se)!; **to** ~ **as if** izgledati, činiti se kao da; **to** ~ **like** izgledati kao, poput, nalikovati na (koga, što), biti sličan (komu), biti nalik na (koga, što); **it** ~**s like rain** kao da će kiša, sprema se na kišu; **he** ~**s his age** izgleda toliko star koliko mu je godina; **to** ~ **black** biti ljut, mrko gledati, mrgoditi se; **to** ~ **blue** izgledati, biti neraspoložen, potišten; izgledati nepovoljno, pružati slabe nade; **to** ~ **daggers** sijevati, strijeljati očima, bacati otrovne poglede (*at* komu); **to** ~ **oneself again** izgledati opet normalno, činiti se oporavljen; **to** ~ **sharp (with)** požuriti se (s čim); **to** ~ **small** pokazati se u bijednu svjetlu, ostaviti jadan dojam; ~ **you!** zamisli!, pazi!, vidi!; **a cat may** ~ **at a king** i mačka je cara pogledala; **to** ~ **through and through** skroz naskroz prozreti; **to** ~ **down one's nose at** gledati s visoka, promatrati s prikrivenim prezirom (koga); *vulg coll* ~ **towards** nazdravljati komu, piti u čije zdravlje; **to** ~ **disdain** prezirno gledati

look about [ˈlukəˈbaut] *vi* ogledavati se (*for* za čim), razgledavati se, obazreti se, obazirati se; promisliti

look ahead [ˈlukəˈhed] *vi* gledati preda se ili naprijed; *sport* ogledavati se radi držanja smjera (pri veslanju)

look back [ˈlukˈbæk] *vi* osvrnuti se, ogledati se; baciti pogled u prošlost

look down [ˈlukˈdaun] *vi* 1. spustiti pogled, oboriti oči, poniknuti 2. *com* pasti u cijeni 3. prezirno gledati (*on, upon* koga)

look forward [ˈlukˈfɔːwəd] *vi* radovati se unaprijed, nadati se (čemu), s veseljem iščekivati što (*to*) | **looking forward to** očekujući (rado)

look in [ˈlukˈin] *vi* navratiti se (*on* kome), skoknuti do (koga), posjetiti (koga)

look on [ˈlukˈɔn] *vi* motriti, promatrati, gledati | ~ **with** gledati s kim u knjigu, zajedno čitati s kim

look out [ˈlukˈaut] *vi* gledati van; ogledati se za čim; paziti se, biti oprezan, čuvati se (*for* čega)

look up ['luk'ʌp] *vi/t* **I.** *vi* dignuti pogled, oči; pogledati gore; *com sl* popraviti se, popravljati se, poboljšavati se **II.** *vt* 1. posjetiti, potražiti 2. potražiti, pogledati (u rječniku itd.) 3. poštovati, gledati s poštovanjem | **to ~ and down** mjeriti pogledom (od pete do glave)

looker ['lukə] *s* onaj koji ima privlačnu pojavu ili pristalu vanjštinu, naočit čovjek

looker-on [ˌlukər'ɔn] *s* promatrač, gledalac | **lookers-on see most of the game** najviše vidi onaj koji (što) promatra sa strane

look-in ['lukin] *s* letimičan pogled; kratak posjet; *US sport* prigoda, prilika, izgledi | *sport* **to have a ~** imati izgleda u pobjedu

looking ['lukiŋ] *adj* koji izgleda, koji ima vanjštinu ili izraz | **good ~** pristao, ugodne vanjštine, lijepe pojave

looking-glass ['lukiŋglaːs] *s* ogledalo, zrcalo

look-out ['lukaut] *s* 1. izgledanje, razgledanje, potraga 2. osmatračnica; straža, stražar, osmatrač; patrola 3. oprez, budnost 4. pogled, vidik; izgled (& *fig*) 5. briga; posao | **to keep a good ~** budno paziti, oprezno se razgledati; **on the ~** u potrazi (*for* za); **that is my ~** to je moja briga; *mar* **~ station** obalna osmatračka stanica; **~ vessel** izvidnički brod

loom[1] [luːm] *s* 1. tkalački stan (stroj), razboj 2. rucelj (vesla)

loom[2] [luːm] *s* obrisi; pojavljivanje, izranjanje

loom [luːm] *vi* pomoliti se, ukazivati se, pojaviti se, pojavljivati se, izranjati, dizati se (& *fig*); ocrtavati se u daljini | *fig* **to ~ large** poprimiti veliku važnost, izgledati prijeteći

looming ['luːmiŋ] *s* miraža

loon[1] [luːn] *s arch Scot* skitnica, lunjalo, protuha; klipan, momak

loon[2] [luːn] *s ornith* gnjurac

loony ['luːni] *s sl* luđak, luđakinja

loony-bin ['luːnibin] *s sl* ludnica

loop [luːp] *s* 1. omča, zamka, petlja; zavoj; ušica (igle) 2. ručica, prsten, kuka 3. *rly* pruga koja se odvaja od glavne linije i vraća natrag u velikom luku; zavojit gornji dio centrifugalne željeznice kojim se prelazi naglavce 4. luping (aviona) | **~ arial** okvirna antena; **the Loop** poslovni centar Chicaga

loop [luːp] *vt/i* **I.** *vt* savijati, saviti, slagati ili složiti u omču ili petlju, pričvrstiti omčom (*back*); spojiti, sastaviti omčom ili petljom (*together*) **II.** *vi* praviti omču, petlju; (o gusjenici) grbiti se | *aero* **to ~ the loop** praviti lupinge

loop up ['luːp'ʌp] *vt* zadignuti, zagrnuti, zavrnuti, zadjenuti (haljinu); pričvrstiti krajeve čega da tvore petlju

looper ['luːpə] *s* naprava na šivaćem stroju za pravljenje petlji; *ent* grba, grbica mjernik (vrsta gusjenice)

loophole ['luːphəul] *s* 1. puškarnica 2. otvor, rupa, okance 3. *fig* izgovor, isprika, izlika; izlaz iz neprilike | **~s in the law** rupe u zakonu

loop-line ['luːplain] *s rly & teleph* pruga, linija koja se odvaja od glavne linije i vraća se opet u (velikom) luku; *aero* luping

loose [luːs] *s* odušak, mah, dah | **to give a ~ to one's feelings** dati maha, oduška svojim osjećajima; **to go on the ~** ići na pijanku, pijančevati

loose [luːs] *adj* (**~ly** *adv*) 1. slobodan; labav, mlohav, ovješen; odriješen, otpušten; opušten, oslabljen; slabo pričvršćen, nestegnut, nepritegnut, koji popušta; rahal (zemlja), nezbijen, šupljikav; rijedak (tkanje); mekan (ovratnik); prostran, širok (haljina); klimav, raskliman (zub) 2. *fig* neodređen; netočan; nehajan; nejasan, mutan; nestalan, popustljiv; netočan, nevjeran (prijevod), negramatski 3. raspušten, raskalašen; površan, nesavjestan; lakouman 4. *med* koji naginje proljevu 5. neizvjestan; nestalan; neriješen | **to come ~, to get ~, to work ~** osloboditi se, odriješiti se, popustiti, rasklimati se, olabaviti, otkopčati se, otvoriti se; **to let ~** pustiti (s lanca), osloboditi, razriješiti; *fig* dati maha ili oduška (čemu); **to play fast and ~** bezobzirno, neuviđavno postupati, izmicati odgovornosti; **at a ~ end** bez određena zanimanja; **with a ~ rein** otpuštenih uzda; *fig* popustljivo, obzirno, blago; **to have a ~ tongue** biti brbljav, brz na jeziku, prenagao; *med* **~ bowels** mekana stolica; **~ handwriting** neuredan, neispisan rukopis; **to be on the ~** bančiti, pijančevati, raskalašeno živjeti; **~-leaf note-book** notes sa slobodnim (izmjenljivim) listovima; **a ~ fish** lakoumnik, raskalašenjak, bećar; **to have a screw ~** biti luckast, neuravnotežen; **to break ~** provaliti (van), otrgnuti se, otkinuti se; razulariti se; **to play fast and ~ with a p** poigravati se s kim; *com* **~ cash** gotovina, gotov novac; **~ gown** kućna haljina; **~ wool** vuna u pahuljama; *el* **~ connection** labav kontakt

loose [luːs] *adv* slobodno, labavo, mlohavo, slabo pričvršćeno, nestegnuto, nepritegnuto; klimavo, rasklimano; *com* nepakirano, rinfuza; *fig* nehajno, nemarno, ležerno | **to sit ~ to** biti ravnodušan prema (čemu), ne mariti za (što); **to come ~** otpustiti, otpuštati, rasklimati se, olabaviti, popustiti, odriješiti se, raskopčati se, otkopčati se

loose [luːs] *vt/i* **I.** *vt* osloboditi, odriješiti, razriješiti; razvezati, odvezati, raspustiti;

otkopčati; odviti; popustiti (zahvat, uzde); odapeti, pustiti (strijelu); ispaliti (top); *mar* podići (sidro), ispustiti (uže) **II.** *vi* otpuštati, popuštati, popustiti; dignuti sidro, otploviti; odapeti, pucati (*at, on* na, po) | **his tongue was loosed by drink** piće mu je razvezalo jezik

loosen [ˈluːsn] *vt/i* **I.** *vt* 1. popustiti, popuštati, otpuštati, osloboditi; otvoriti, otvarati; otkopčati, raskopčavati; razvezivati, razriješiti, odriješiti 2. *fig* popustiti, ublažiti (stegu) 3. *med* smekšati (stolicu), ublažiti (kašalj) **II.** *vi* 1. popuštati, otpuštati, osloboditi se; otvarati se; otkopčavati se, raskopčati se; razvezivati se, odriješiti se 2. *fig* popuštati, postati blaži ili mekši 3. *med* smekšavati se (stolica); popustiti, popuštati (kašalj) | **to ~ one's grip of** (**one's hold on**) popustiti, ne stezati više, blaže stezati (& *fig*)

loot [luːt] *s* pljačka, plijen; nepoštena dobit

loot [luːt] *vt/i* **I.** *vt* pljačkati, opljačkati, zaplijeniti **II.** *vi* pljačkati, plijeniti, otimati

looter [ˈluːtə] *s* pljačkaš

lop¹ [lɔp] *s* podrezivanje, obrezivanje; (odrezane) grančice | **~ and top, ~ and crop** način podrezivanja krošnje (stabla)

lop¹ [lɔp] *vt/i* **I.** *vt* odrezati, rezati, podrezivati, sjeći, odsijecati, obrezivati, potkresati (*off, away*) (& *fig*); odrubiti, odsjeći (glavu) **II.** *vi* sjeći (*at* po)

lop² [lɔp] *vi/t* **I.** *vi* ovjesiti se, (mlohavo) visiti, vući se, razvlačiti se, postajkivati, bazati (*about* naokolo) **II.** *vt* opustiti, poklopiti (uši)

lop² [lɔp] *s* nabiranje, mreškanje (vode); ukršteni valovi, mrtvo more

lop [lɔp] *vi* mreškati se, nabirati se, praviti sitne valove

lope [ləup] *s* dugačak korak, kas

lope [ləup] *vi/t* trčati dugim koracima, kasati, grabiti

lop-ear [ˈlɔpiə] *s zool* vrsta divljeg kunića

lop-eared [ˈlɔpˌiəd] *adj* dugouh, klempavih ušiju

lop-ears [ˈlɔpiəz] *s pl* duge (klempave) uši

loppings [ˈlɔpiŋz] *s pl* odsječene, podrezane grančice; otpaci (od podrezivanja drveća)

lop-side [ˈlɔpsaid] *s mar* nadvođe

lop-sided [ˌlɔpˈsaidid] *adj* (**~ly** *adv*) naheren, nagnut, kos, koji visi, kojemu je jedna strana veća, nerazmjeran, nesimetričan; jednostran (& *fig*)

loquacious [ləˈkweiʃəs] *adj* (**~ly** *adv*) govorljiv, brbljav, rječit

loquacity [ləˈkwæsiti] *s* govorljivost, brbljavost, rječitost

lor [lɔː] *interj vulg* izraz za Lord | **a ~!** Gospode (bože)!, Kriste!

loral [ˈlɔrəl] *adj zool* koji se odnosi na dio između oka i gornje čeljusti (ptice) ili između oka i nosnice (zmije)

lord [lɔːd] *s* gospodar, vladar, glavar; knez; plemić, aristokrat; gospodin; lord, član engl. Gornjeg doma; *poet* posjednik, vlastelin; *com* magnat; kralj; *hist* lenski ili feudalni gospodar; *poet* & *joc* suprug, muž; *astrol* dominantni planet | **Lord** lord (naslov engl. markiza, grofa, viskonta i baruna kao i mlađeg sina vojvode ili markiza); pridjevak uz neke engl. službene naslove; **the Lord** Bog, Gospod; gospodin Bog; **our Lord** Krist, Spasitelj; **~s of creation** čovječanstvo; *joc* muškarci; **~ and mate** suprug, muž; **Lord's prayer** Očenaš (molitva); **Lord's supper** pričest, euharistija; **Lord's day** nedjelja, dan Gospodnji; **Lord's table** 1. oltar 2. pričest, euharistija; **drunk as a ~** pijan kao čep, kao zemlja; **to swear as a ~** kleti kao kočijaš; **House of Lords** (engl.) Gornji dom, kuća lordova; **Lords Commissioners** visoki predstavnici engl. vlade; **Lords of the Admiralty** odbor engl. admiraliteta, ministarstvo mornarice; **Lords of the Treasury** vladin odbor za financije, ministarstvo financija; riznica; **First Lord** predsjednik engl. vladina odbora, ministar; **Lord Rector** počasni predsjednik škotskog sveučilišta; *bot* **~s and ladies** divlji ljiljan; **in the year of our Lord** ljeta Gospodnjeg; **Lord Mayor of London** londonski gradonačelnik

lord [lɔːd] *vi/t* **I.** *vi* igrati se gospodina; gospodovati, vladati (*over* nad) **II.** *vt* podijeliti naslov lorda (komu), zvati lordom | **to ~ it** igrati se (velikog) gospodina, razmetati se

lordling [ˈlɔːdliŋ] *s* mlad ili beznačajan lord, lordić

lordly [ˈlɔːdli] *adj* ohol, nadut, ponosit, preziran; gospodski, veličajan, sjajan, otmjen, odličan, dostojanstven, lordovski

lordship [ˈlɔːdʃip] *s* gospodstvo, vlast; vlasništvo (*of, over* nad); područje vlasti; posjed, vlastelinstvo | **your ~** vaše gospodstvo

lore¹ [lɔː] *s* skup tradicija i činjenica (o nekom predmetu), predaja; znanost; nauka; *arch* učenje; nauka, doktrina, naobrazba, znanost

lore² [lɔː] *s zool* dio glave između oka i gornje čeljusti (ptice) ili između oka i nosnice (zmije)

loricate [ˈlɔrikeit] *adj zool* koji ima obrambeni oklop, ljuske itd.

loriner [ˈlɔrinə] *s hist* obrtnik koji izrađuje žvale i ostruge (dio naslova ceha)

lorn [lɔːn] *adj arch poet* izgubljen, samotan, osamljen, pust

lorry [ˈlɔri] *s* teretni automobil, teretnjak, kamion; *rly* niski, otvoreni vagon; postolje (vagona i tramvajskih kola)

lorry-hop [ˈlɔrihɔp] *vi* putovati auto-stopom, *esp* kamionom

lory [ˈlɔːri] *s ornith* šareni lori, vrsta malajske papige

losable [ˈluːzəbl] *adj* koji se može izgubiti

lose [luːz] *vt/i* (lost, lost) **I.** *vt* izgubiti, zametnuti; potratiti (vrijeme); riješiti se (čega); promašiti; zakasniti (na vlak); uzrokovati gubitak (komu), stajati, lišiti (čega); zaostajati (o satu) **II.** *vi* nestati, propasti, izgubiti, ne uspjeti, zatajiti; zaostajati (sat) | **to ~ one's head** izgubiti glavu, izgubiti prisutnost duha, smesti se; **to ~ one's temper** izgubiti strpljivost, razljutiti se; **to ~ ground** opadati, popuštati, gubiti na položaju; **to ~ one's heart** zaljubiti se, zagledati se (u koga); **to ~ one's way** zalutati, izgubiti se, izgubiti put; **to ~ sight of** izgubiti iz vida; **to ~ in the telling** gubiti (na vrijednosti) kod pripovijedanja; **to ~ the thread of** izgubiti nit (predavanja itd.); **it will ~ him his place** to će ga stajati njegova mjesta

loser [ˈluːzə] *s* onaj koji gubi, gubilac | **to be a ~ by** pretrpjeti gubitak (od); **good ~** onaj koji se ne ljuti kad gubi (pri kartanju itd.); **to come off a ~** izvući kraći kraj

loss [lɔs] *s* gubitak, gubljenje; šteta, propadanje | **to cut a ~** pravovremeno izbjeći gubitak; otpisati gubitak; **at a ~** u neprilici; u nedoumici, neodlučan; **I am at a ~ to understand** ne mogu razumjeti; *ling* **~ of accent** dezakcentuacija; **~ of meaning** desemantizacija

loss-proof [ˈlɔspruːf] *adj* koji se ne može izgubiti (novac u obliku čeka)

lost [lɔst] *pret & pp* od **lose** | **~ property office** ured za izgubljene predmete; **~ souls** proklete, izgubljene duše; **~ upon** uzaludan, uludo utrošen; **~ to** izgubljen (za), nepristupačan (za što); potpuno bez (čega); **~ labour** uzaludan trud

lot [lɔt] *s* 1. ždrijeb 2. (ždrijebom dosuđen) dio, udio; usud, sudbina, udes 3. *US* čestica, komad (zemlje), zemljište, gradilište, parcela 4. *com* dio, partija, određena količina robe; (pojedini) predmet na dražbi; *mil* partija baruta 5. kup, gomila, sve (zajedno), svi (zajedno); *coll* mnogo 6. čovjek; predmet | **to cast (draw) ~s for** vući ždrijeb za (što); **a ~ of** mnogo; **~s and ~s** sva sila, silno, množina; **bad ~** nevaljalac, zao čovjek, probisvijet, pokvarenjak; *fig coll* **the ~** cijela količina, sve (zajedno); **to fall to a p's ~** zapasti koga; **to throw in one's ~ with** dijeliti sudbinu s nekim

lot [lɔt] *vt* 1. podijeliti, dijeliti, razdijeliti (zemlju) na dijelove, rasparcelirati (*out*) 2. (ždrijebom) dodijeliti

loth [ləuθ] *adj* → **loath**

lotion [ˈləuʃn] *s med* tekućina za ispiranje; (kozmetički) losion; *sl* (alkoholno) piće

lottery [ˈlɔtəri] *s* lutrija (& *fig*)

lotto [ˈlɔtəu] *s* loto; tombola

lotus [ˈləutəs] *s* 1. *bot* lotos; lokvanj; vrsta djeteline 2. *arch* ornament u obliku lotosova cvijeta

lotus-eater [ˈləutəsˌiːtə] *s fig* onaj koji se nehajno prepušta užitku; sanjar

loud [laud] *adj* (**~ly** *adv*) bučan, glasan, zvučan, galamljiv; napadan, upadljiv, kričav (boja, haljina itd.)

loud [laud] *adv* glasno, zvučno, bučno, galamljivo, naglas

loudness [ˈlaudnis] *s* glasnoća, galama; *radio* jačina zvuka

loud-speaker [ˌlaudˈspiːkə] *s radio* zvučnik

lough [lɔx] *s Ir* jezero

lounge [laundʒ] *s* 1. lijeno šetanje, polagana šetnja 2. predvorje (hotela itd.); *theat* foaje 3. sofa; dug naslonjač | **~ chair** fotelja; **~ coat** kratki muški kaput, sako; *sl* **~-lizard** salonski lav; profesionalni partner u plesu; **~ suit** dnevno muško odijelo

lounge [laundʒ] *vi/t* **I.** *vi* lijeno ili nehajno hodati, vući se (naokolo), razvlačiti se; dangubiti, besposličiti, ljenčariti; šetkati, postajkivati **II.** *vt* gubiti (vrijeme) (*away*)

lounge about [ˈlaundʒəˈbaut] *vi* vući se, razvlačiti se, lijeno ili nehajno postajkivati, tumarati (naokolo); besposličiti, dangubiti, ljenčariti

lounge away [ˈlaundʒəˈwei] *vi* dangubiti, besposličiti, ljenčariti, tratiti vrijeme

lounger [ˈlaundʒə] *s* besposličar, danguba, lijenčina, ljenivac, tumaralo

lour (lower) [ˈlauə] *s* mrgođenje, namrgođenost, mrštenje, namrštenost; mračnost, zamračenost, mrkost, prijetnja (neba)

lour (lower) [ˈlauə] *vi* tmuriti se, namrštiti se, mrko gledati (*on, upon, at* koga, što); smrknuti se, smračiti se, mrčiti se, namračiti se, tamnjeti, omrknuti; prijetiti

louring [ˈlauəriŋ] *adj* (**~ly** *adv*) mrk, namrgođen, namršten, mračan, zlovoljan; tmuran, taman, crn, sumoran, pun prijetnje (nebo)

louse [laus] *s* (*pl* **lice** [lais]) *ent* uš

louse [lauz] *vt* tražiti uši, trijebiti uši

lousy [ˈlauzi] *adj* (**lousily** *adv*) ušljiv, pun uši; *fig* prljav, gadan, jadan, prost, odvratan, pušljiv; *sl fig* pun, krcat (*with* čega)

lout [laut] *s* nespretnjaković; klipan, glupan, budala; neotesanac

lout [laut] *vi arch & poet* nakloniti se, pokloniti se, sagnuti se, sagibati se, pasti ničice

loutish [ˈlautiʃ] *adj* (**~ly** *adv*) nespretan, nezgrapan; neotesan, prost, grub

louver (louvre) [ˈluːvə] *s* žaluzija, rešetkasti otvor, rešetka | **~s** *pl* slaganje krovnih daščica ili staklenih pločica tako da propuštaju zrak, ali ne kišu

lovable ['lʌvəbl] *adj* (**lovably** *adv*) ljubazan, drag, mio, vrijedan ljubavi

love [lʌv] *s* 1. ljubav (*of, for, towards* za, prema) 2. draga, djevojka; dragi, momak; *coll* (pre)draga osoba ili stvar 3. *sport* nula, nijedan bod | **to give (send) ~ to** izručiti (poslati) komu najljepše pozdrave; **not for ~ or money** ni za ptičje mlijeko, ni na koji način, ni za što; **labour of ~** rad iz ljubavi; **there's no ~ lost between them** ljube se kroz kamiš; **in ~ with** zaljubljen u (koga); **to fall in ~ (with)** zaljubiti se, zagledati se (u koga); **all's fair in ~ and war** u ratu i ljubavi sva su sredstva dopuštena; **~ in a cottage** materijalno slabo osiguran brak; **to make ~ (to)** udvarati se (komu); biti u ljubavnom zagrljaju; spolno općiti (sa); *sport* **~ all** 0:0 (obje strane nula); **~ game** igra u kojoj poražena strana nije osvojila nijedan bod (tenis); **the ~ of country** rodoljublje, domoljublje, ljubav za domovinu; **to play for ~** igrati igre radi (a ne radi dobitka); **for the ~ of God** za volju božju

love [lʌv] *vt/i* **I.** *vt* ljubiti, voljeti, obožavati; (osobito) rado činiti (ili jesti) **II.** *vi* ljubiti, voljeti

love-affair ['lʌvəˌfɛə] *s* ljubav, ljubavni odnos, ljubavna veza

love-apple ['lʌvˌæpl] *s bot* rajčica

love-begotten ['lʌvbiˌgɔtn] *adj* nezakonit, vanbračni, koji je začet u ljubavi

lovebird ['lʌvbəːd] *s ornith* nerazdruživa papiga (*Agapornis pullaria*), vrsta patuljaste papige (koja ugiba od žalosti za mrtvim drugom) | **~s** *pl* (mladi) ljubavnici, ludo zaljubljen par

love-child ['lʌvtʃaild] *s* vanbračno dijete, dijete ljubavi

love-feast ['lʌvfiːst] *hist* zajednički obrok prvih kršćana u znak bratske ljubavi; *rel* vjerski obred metodista

love-knot ['lʌvnɔt] *s* poseban način vezanja vrpce

Lovelace ['lʌvleis] *s lit* ime osobe iz djela »Clarissa Harlowe« engl. pisca Richardsona; *fig* zavodnik, raskalašenjak, bećar, razuzdanac

loveless ['lʌvlis] *adj* (**~ly** *adv*) bez ljubavi, bez osjećaja, hladan, krut; neljubljen

love-letter ['lʌvˌletə] *s* ljubavno pismo

loveliness ['lʌvlinis] *s* krasota, ljepota, divota; dražest, čarobnost

lovelorn ['lʌvlɔːn] *adj* koji gine, umire od ljubavi; koji je izgubio svoju dragu; nesretno zaljubljen

lovely ['lʌvli] *adj* krasan, divan, čaroban, dražestan, lijep, ljubak

love-making ['lʌvˌmeikiŋ] *s* udvaranje, milovanje; ljubakanje; spolno općenje

love-match ['lʌvmætʃ] *s* brak iz ljubavi

love-philtre ['lʌvˌfiltə] *s* → **love-potion**

love-potion ['lʌvˌpəuʃn] *s* ljubavni napitak

lover ['lʌvə] *s* ljubavnik, dragi, momak, dragan; prosac; udvarač; zavodnik; onaj koji ljubi; ljubitelj, obožavalac, žarki pristaša (*of* čega) | **the ~s** ljubavnici, ljubavni par

lover-boy ['lʌvəbɔi] *s US sl* ženskar, osvajač

loverly ['lʌvəli] *adj* ljubavnički, ljubavni, koji pristaje ljubavniku

love-sick ['lʌvsik] *adj* koji gine od ljubavi

love-song ['lʌvsɔŋ] *s* ljubavna pjesma

love-story ['lʌvstɔːri] *s* ljubavna priča

love-token ['lʌvˌtəukn] *s* zalog ljubavi, amanet

loving ['lʌviŋ] *adj* (**~ly** *adv*) pun ljubavi, koji proizlazi iz ljubavi; vjeran (podanik)

loving-cup ['lʌviŋkʌp] *s* vrč (pića) iz kojega piju svi gosti redom

loving-kindness [ˌlʌviŋ'kaindnis] *s* obzirnost, blagost, dobrota srca

lovingly ['lʌviŋli] *adv* s ljubavlju

low [ləu] *adj* 1. nizak 2. dubok (poklon; izrez na haljini); nizak, dubok, tih (glas) 3. plitak (voda) 4. *geog* koji nisko leži, nizinski, nizozemski 5. običan, priprost, prost, jednostavan (podrijetlo, položaj) 6. nizak, podao, prostački, vulgaran (značaj) 7. slab; neznatan, oskudan; neishranjen 8. gotovo prazan, znatno iscrpljen (*spec fig*) 9. nedavan, skorašnji, najnoviji | **~ relief** basreljef; *philol* **Low German** donjonjemačka narječja; zapadnogermanski jezici, uključujući engleski i holandski; **high and ~** svi (ljudi), svatko (bez razlike); *sl* **to lie ~** pritajiti se, skrivati svoje namjere, čekati povoljnu priliku za se; **Low Latin** srednjovjekovni latinski; **Low Mass** tiha misa; **Low Sunday** Bijela nedjelja (nedjelja poslije Uskrsa); **Low Countries** Nizozemska, Belgija i Luksemburg; *fig* **in ~ water** šupljih ili praznih džepova; **brought ~** ponižen; *fig* **at a ~ ebb** posve iscrpljen (sredstva); **~ diet** mršava, skromna hrana; *fig* **to lay ~** ubiti; tlačiti; svaliti, oboriti; **in ~ spirits** potišten, malodušan, pokunjen, neveseo, neraspoložen, utučen; **to have a ~ opinion of** imati nepovoljno, slabo mišljenje o (komu, čemu); **at the ~est** najmanje, minimalno uzevši, računajući najnižu količinu, svotu itd.

low [ləu] *adv* 1. nisko; duboko 2. *fig* skromno; jadno, bijedno 3. tiho, poluglasno; dubokim glasom; niskim glasom, duboko 3. *com* jeftino, uz nisku cijenu

low¹ [ləu] *s* mukanje (krave)

low² [ləu] *s* nizak položaj; *meteor* depresija, ciklona, područje niskog pritiska

low [ləu] *vi/t* **I.** *vi* mukati, zamukati **II.** *vt* promukati (*forth*)
low-born [ˌləu'bɔːn] *adj* niska, jednostavna ili priprosta roda
low-bred [ˌləu'bred] *adj* neodgojen, prostački, neotesan, neuglađen
low-brow ['ləubrau] *s* onaj koji nema velikih intelektualnih zahtjeva, neintelektualac
low-browed ['ləubraud] *adj* koji nema velikih intelektualnih zahtjeva
low-church [ˌləu'tʃəːtʃ] *s eccl* smjer u Anglikanskoj crkvi koji zazire od vanjskog sjaja i odlikuje se jednostavnošću svojih obreda
low-churchman [ˌləu'tʃəːtʃmən] *s eccl* pripadnik ili pristaša onoga smjera Anglikanske crkve koji zazire od vanjskoga sjaja i odlikuje se jednostavnošću obreda
low-down ['ləudaun] *adj* podao, nizak, nečastan
low-down ['ləudaun] *adv* podlo, nisko, nečasno | **to play it ~** nečasno se ponijeti; **to play it ~ on** postupati podlo s (kim)
lowdown ['ləudaun] *s sl* činjenice, prava istina
lower ['ləuə] *vt/i* **I.** *vt* 1. spustiti, spuštati, snizivati, smanjivati 2. poniknuti (pogledom), oboriti (oči) 3. *fig* poniziti, ponižavati 4. *coll* progutati (jelo, piće) **II.** *vi* spustiti se, spuštati se; tonuti, greznuti, opadati, slabiti | *mar* **to ~ away a boat, sail** etc. spustiti čamac, jedro itd.
lower ['lauə] *vi* → **lour**
lowering ['lauəriŋ] *adj* (**~ly** *adv*) mrk, namrgođen, namršten, mračan, zlovoljan; zamračen, sumoran, taman, crn, pun prijetnje (nebo)
lowermost ['ləuəməust] *adj* najniži, najdonji
low-grade ['ləugreid] *adj* slabe kvalitete, loš
low-keyed ['ləukiːd] *adj* uzdržan, diskretan
lowland ['ləulənd] *s* nizozemlje, nizina, niska (plosnata, ravna) zemlja | **the Lowlands** južne grofovije ili pokrajine Škotske
lowland ['ləulənd] *adj* nizinski, nizozemski
lowlander ['ləuləndə] *s* stanovnik nizine
lowliness ['ləulinis] *s* niskost; skromnost; poniznost, čednost; siromaštvo
lowly ['ləuli] *adj* (**lowlily** *adv*) nizak, dubok; priprost; čedan, skroman; ponizan
low-necked [ˌləu'nekt] *adj* duboko izrezan, dekoltiran (haljina)
lowness ['ləunis] *s* niskoća; oskudica; *mus* dubina | **~ of spirits** utučenost
low-priced ['ləupraist] *adj* jeftin
low-rated [ˌləu'reitid] *adj* slabo cijenjen; nisko oporezovan
low-shoe ['ləuʃuː] *s* polucipela, niska cipela
low-spirited [ˌləu'spiritid] *adj* (**~ly** *adv*) potišten, malodušan, pokunjen, utučen, neveseo, neraspoložen
low-water [ˌləu'wɔːtə] *s mar* najniža oseka
loxodromic [ˌlɔksəu'drɔmik] *s mar* loksodroma (i ~ *line*)
loyal ['lɔiəl] *adj* (**~ly** *adv*) vjeran, privržen, odan, lojalan (*to* komu, čemu); čestit, valjan, pouzdan, pošten, nepokolebljiv, iskren
loyalist ['lɔiəlist] *s* privrženik vladara; vjeran pristaša vladara i vlade u vrijeme bune
loyalty ['lɔiəlti] *s* privrženost, odanost, vjernost, lojalnost; pouzdanost, poštenje, čestitost, nepokolebljivost
lozenge ['lɔzindʒ] *s* 1. romb (lik) 2. *her* romboidni štit (s grbom neudate žene ili udovice) 3. *pharm* pastila, pilula, tableta; bombon (protiv kašlja) 4. okno u obliku romba
L. s. d. [ˌeles'diː] *s* funte, šilinzi i peniji; *fig* novac, bogatstvo | **L. S. Deism** obožavanje novca, klanjanje mamonu
LSD [ˌeles'diː] *s* polusintetična droga LSD
L-plate ['elpleit] *s* L-tablica (vozačke škole)
lubber ['lʌbə] *s* klipan, nespretnjaković, budala, blesan; *mar* nespretan ili nesposoban mornar
lubberly ['lʌbəli] *adj* nespretan, nevješt, nesposoban, nezgrapan, zdepast
lubberly ['lʌbəli] *adv* nespretno, nevješto, nesposobno, nezgrapno, zdepasto
lubricant ['luːbrikənt] *s mech* sredstvo za podmazivanje, podmaz, mazivo (& *fig*)
lubricate ['luːbrikeit] *vt/i* mazati, podmazivati, uljiti (& *fig*)
lubrication [ˌluːbri'keiʃn] *s mech* mazanje, podmazivanje, uljenje; podmazanost, nauljenost | **~ hole** otvor za podmazivanje
lubricator ['luːbrikeitə] *s* 1. onaj koji podmazuje 2. *mech* mazivo, sredstvo za podmazivanje; mazalica, uređaj za automatsko podmazivanje
lubricity [luː'brisiti] *s* 1. skliskost, klizavost 2. *fig* nepostojanost, kolebljivost; glatkoća, skliskost; raspuštenost, raskalašenost, pohota, putenost
luce [luːs] *s ichth* štuka (*spec* posve odrasla)
lucency ['luːsnsi] *s* sjaj, svjetlucavost; jasnoća, bistrina, prozirnost, providnost, prozračnost
lucent ['luːsnt] *adj* sjajan, svjetlucav, svijetao; jasan, bistar; proziran, providan, prozračan
lucern(e) [luː'səːn] *s bot* lucerna, djetelina sedmača, vija, *coll* lucerka
lucid ['luːsid] *adj* (**~ly** *adv*) 1. *poet* svijetao, sjajan; bistar, proziran, providan, prozračan 2. *ent* & *bot* koji ima glatku ili

sjajnu površinu 3. *fig* jasan, razumljiv (stil); bistar (um), lucidan

lucidity [luːˈsiditi] *s poet* sjaj, bistrina, prozirnost, providnost, prozračnost; *fig* jasnoća, razumljivost (stila); bistrina (uma), lucidnost

Lucifer [ˈluːsifə] *s* đavo, vrag, sotona, nečastivi, Lucifer; *poet* jutarnja zvijezda, Danica | **as proud as ~** silno ponosan; *arch* **~ match** šibica koja se pali trenjem

luck [lʌk] *s* sreća; sudbina, usud; *arch* predmet za koji je vezana sreća (obitelj itd.) | **bad (ill, hard) ~** nesreća, smola; **good ~** sreća; **good ~!** sretno!, mnogo sreće!; **to be off one's ~** biti loše sreće; **to be in (out of) ~** imati (nemati) sreće; **to be down on one's ~** nemati sreće, imati smolu; **~-bone** jadac (rašljasta kost na prsima peradi)

luckless [ˈlʌklis] *adj* (**~ly** *adv*) nesretan, koji nema sreće

lucky [ˈlʌki] *adj* (**luckily** *adv*) sretan, koji ima sreću; koji donosi sreću | **~ dip** lonac iz kojega se izvlače zgodici u lutriji

lucky [ˈlʌki] *s* | *sl* **to cut one's ~** dati petama vjetra, pokupiti se, odmagliti

lucrative [ˈluːkrətiv] *adj* (**~ly** *adv*) unosan, probitačan, koristan, koji donosi dobit, lukrativan

lucre [ˈluːkə] *s* (materijalna) dobit, zarada, korist; lakomost, pohlepa, gramzljivost | **for ~** iz pohlepe ili gramzljivosti

lucubrate [ˈluːkjuːbreit] *vi* 1. pisati noću, raditi pri svjetlu 2. pismeno izraziti, izražavati svoja razmišljanja 3. *fig* naporno ili teško raditi

lucubration [ˌluːkjuːˈbreiʃn] *s* naporno (noćno) učenje i razmišljanje; književno djelo ili naučni rad (*spec* preopširan) | **~s** *pl* učeni rad

luculent [ˈluːkjulənt] *adj* (**~ly** *adv*) bistar, sjajan, proziran, providan; *fig* jasan, razumljiv

ludicrous [ˈluːdikrəs] *adj* (**~ly** *adv*) smiješan, nemoguć, apsurdan

ludo [ˈluːdəu] *s* čovječe ne ljuti se (vrsta igre kockom)

luff [lʌf] *s mar* privjetrina

luff [lʌf] *vi/t mar* **I.** *vi* okrenuti se na vjetar **II.** *vt* okrenuti na vjetar, okretati oštrije u vjetar | **to ~ a-lee** otpadati (u jedrenju)

lug[1] [lʌg] *s* potezanje, poteg, trzaj, vuča

lug [lʌg] *vt/i* **I.** *vt* (teško ili naporno) vući, povlačiti, potegnuti, potezati (*along* za sobom, *about* naokolo) **II.** *vi* (snažno, naporno) vući, potegnuti, potezati (*at* za što)

lug in [ˈlʌgˈin] *vt* nespretno ili silom uplesti u razgovor (& *into*)

lug[2] [lʌg] *s Scot* uho; *mech* udubina; oslonac, nosač (kotla)

luggage [ˈlʌgidʒ] *s* prtljaga | *rly* **~-van** kola za prtljagu; **~-carrier** nosač za prtljagu (na biciklu, vozilu); *mot* **~-grid** nosač za prtljagu; *rly* **~-rack** polica, mreža za prtljagu

lugger [ˈlʌgə] *s mar* luger (malen brod s četverokutnim jedrom na prvom i drugom jarbolu)

lugsail [ˈlʌgseil] *s mar* lugersko jedro (četverokutno)

lugubrious [luːˈguːbriəs] *adj* (**~ly** *adv*) tužan, žalostan, jadan, pogreban; utučen, potišten, neraspoložen, žaloban

lukewarm [ˈluːkwɔːm] *adj* (**~ly** *adv*) mlak, mlačan; *fig* ravnodušan, mlak, slab

lukewarm [ˈluːkwɔːm] *s* mlitavac; onaj koji je ravnodušan

lull [lʌl] *s* zatišje, zastoj, stanka, (kratak) prekid

lull [lʌl] *vt/i* **I.** *vt* uspavati, uljuljati; umirivati, smiriti, utišati (riječima); nagovoriti, nagovarati, navesti, navoditi (*into* na) **II.** *vi* popustiti, popuštati, jenjati, sleći se, smiriti se, umirivati se, utihnuti, utišati se, smiriti se

lullaby [ˈlʌləbai] *s* uspavanka

lullaby [ˈlʌləbai] *vt* uspavljivati, uspavati (uspavankom)

lumbago [lʌmˈbeigəu] *s med* krstobolja, lumbago

lumber [ˈlʌmbə] *s* starudija, staro bezvrijedno pokućstvo, stari suvišni ili nevrijedni predmeti, ropotarija 2. *US* građevno drvo 3. suvišna mast (debljina) | **~ Jack** šumski radnik; **~ ship** brod za prijevoz drveta

lumber [ˈlʌmbə] *vi* tromo, teško se kretati; drndati, lupati, tutnjiti, treskati (*along*); prodrndati, protutnjiti, velikom bukom prolaziti (*past, by* mimo, kraj)

lumber [ˈlʌmbə] *vt/i* **I.** *vt* 1. natrpati, nabacati, nagruvati, zatrpati, zakrčiti (*up*) (*with* čime); pobacati na hrpu (*up*) 2. sjeći (drvo za građu) **II.** *vi* 1. porazbacano ležati 2. *US* izrađivati građevno drvo

lumberer [ˈlʌmbərə] *s US* drvosječa, šumski radnik

lumbering [ˈlʌmbəriŋ] *adj* (**~ly** *adv*) tutnjav, drndav, tandrkav, koji pravi veliku buku; nezgrapan, nepokretan, zdepast, glomazan

lumberjack [ˈlʌmbədʒæk] *s US* drvosječa, šumski radnik; kratak kaput od kockaste vunene tkanine

lumberman [ˈlʌmbəmən] *s* drvosječa, šumski radnik

lumber-mill [ˈlʌmbəmil] *s US* pilana

lumber-room [ˈlʌmbərum] *s* ropotarnica, prostorija za stare, bezvrijedne predmete

lumberyard [ˈlʌmbəjaːd] *s US* skladište drvene građe

luminary ['lu:minəri] *s* prirodan izvor svjetla (Sunce, Mjesec); *fig* lučonoša, svjetlonoša; prosvijećena, učena glava

luminiferous [ˌlu:mi'nifərəs] *adj* svjetlonosan, koji daje svjetlo

luminosity [ˌlu:mi'nɔsiti] *s* sjaj, sjajnost, blistavost, svijetljenje, svjetlost

luminous ['lu:minəs] *adj* (**~ly** *adv*) 1. svijetleći; svjetlosni 2. *fig* jasan, bistar, razumljiv; koji prosvjećuje | **~ paint** svjetleća boja

lump [lʌmp] *s* 1. gruda, grumen, gvala; komad, komadina; kocka; ploča; blok (leda); kup, hrpa, velika količina 2. nateklina, rog, guka, bokva, čvoruga, izbočina 3. nezgrapan ili glup čovjek | **~ sugar** šećer u kockama; **~ sum** paušalna svota, okrugli iznos; **in the ~** u cijelome, poprijeko, uđuture; **to have a ~ in the throat** imati stegnuto grlo (od uzbuđenja)

lump [lʌmp] *vt/i* **I.** *vt* 1. pobacati na hrpu, nagomilati, nabacati; uzimati poprijeko, u cijelome, sve zajedno (*together*) 2. staviti sav novac (*on* na) 3. *fig* isprebacati, zbrkati, pobrkati, izmiješati, pomiješati (*with* sa); skupiti, sabrati (*in, into* u; *under* pod) **II.** *vi* zgrudati se, zgrušati se 2. teško ili nezgrapno hodati, klipsati (*along*); teško se spustiti, baciti se (na stolicu) (*down*) | **if you don't like it you can ~ it** ako ti se ne sviđa, ostavi'

lumper ['lʌmpə] *s* 1. lučki radnik 2. mali poduzetnik koji preuzima čitav posao i daje ga pojedinačno na izvršenje 3. onaj koji uzima stvari napoprijeko (uđuture)

lumpfish ['lʌmpfiʃ] *s ichth* morski okunj (*Cyclopterus lumpus*)

lumping ['lʌmpiŋ] *adj coll* glomazan, zdepast, gromotan, obilat, golem, težak, masivan

lumpish ['lʌmpiʃ] *adj* (**~ly** *adv*) nezgrapan, glomazan; zdepast, trom, težak, glup

lumpy ['lʌmpi] *adj* (**lumpily** *adv*) grudičast, grumenast, prekriven grudicama, grudav, gvalast; *fig* nezgrapan, glupav, tup; namreškan (površina vode); *sl* pripit, pijan

lunacy ['lu:nəsi] *s* ludilo, ludost, umobolnost; velika glupost, ludorija

lunar ['lu:nə] *adj* 1. Mjesečev, koji se odnosi na Mjesec, lunarni 2. blijed, slab 3. koji ima oblik polumjeseca, polumjesečast 4. srebrn, koji sadrži srebro | *chem* **~ caustic** lapis; **~ month** sinodički mjesec

lunarian [lu:'nɛəriən] *s* 1. stanovnik Mjeseca, selenit 2. onaj koji osobito dobro poznaje Mjesec

lunate ['lu:neit] *adj bot* koji ima oblik polumjeseca, polumjesečast

lunatic ['lu:nətik] *adj* lud, umobolan; *fig* pretjeran, lud, sulud, luckast | **~ asylum** ludnica

lunatic ['lu:nətik] *s* luđak, umobolnik (& *fig*); *US fam* **~ fringer** ekstremni pristaša neke grupe

lunation [lu:'neiʃn] *s astr* vrijeme od jednoga mlađaka do drugog, sinodički mjesec

lunch [lʌntʃ] *s* objed, ručak; (obilat) doručak

lunch [lʌntʃ] *vi/t* **I.** *vi* objedovati, ručati; (obilato) doručkovati **II.** *vt* podvoriti (ručkom, objedom)

luncheon ['lʌntʃən] *s* objed, ručak (*spec* svečani)

luncheon ['lʌntʃən] *vi* → **lunch** *vi*

lune [lu:n] *s* predmet ili lik u obliku polumjeseca

lunette [lu:'net] *s* 1. *archit* luneta 2. *mil* tlocrt šanca u obliku polumjeseca 3. staklo (na satu) sa spljoštenom sredinom 4. rupa za glavu na giljotini 5. vrsta konveksno-konkavne leće za naočale 6. vrsta konjske potkove (samo za prednji rub kopita) 7. ronilački okvir sa staklom 8. naočnjak (za konja)

lung [lʌŋ] *s anat* plućni režanj; *pl* pluća; *bot* vrsta lišaja (koji se smatra lijekom protiv plućnih bolesti); *fig* otvoren prostor, zelena površina (u gradu) | **to have good ~s** imati snažan glas, moći vikati; **~s of London** londonski parkovi i nasadi; **~ power** snaga glasa

lunge[1] (**longe**) [lʌndʒ] *s* dugačko uže kojim konjanici uče konje kasati; okruglo vježbalište za vježbanje konja

lunge (**longe**) [lʌndʒ] *vt* vježbati konja (držeći ga na dugačkom užetu)

lunge[2] [lʌndʒ] *s* nagao udarac, zamah; *sport* ispad (u mačevanju itd.)

lunge [lʌndʒ] *vi* 1. navaliti, udariti, zamahnuti (oružjem) 2. baciti se, pojuriti, poletjeti, zaletjeti se, srnuti (naprijed) 3. *sport* naglo udariti, iskoračiti (mačevanje) (*at, out*); *box* zadati udarac iz ramena (*at, out*) 4. ritati se, ritnuti se (*out*)

lunger ['lʌŋgə] *s US sl* plućni bolesnik

lung-fish ['lʌŋfiʃ] *s ichth* naziv za ribe iz odjela dvodihalice (*Dipnoi*)

lupin(e) ['lu:pin] *s bot* vučji bob, vučika

lupine ['lu:pain] *adj* vučji; koji nalikuje na vuka

lurch[1] [lə:tʃ] *s arch* kritična faza igre | **to leave one in the ~** ostaviti koga na cjedilu

lurch[2] [lə:tʃ] *s* iznenadan nagib na jednu stranu; trzaj; posrtanje, teturanje

lurch [lə:tʃ] *vi* iznenada se nagnuti; posrtati, posrnuti, zateturati, teturati

lurcher ['lə:tʃə] *s* tat; varalica; uhoda; *hunt* pas nečiste pasmine (*spec* u službi zvjerokradica)

lure [ljuə] *s* 1. mamac za dozivanje sokola (snop perja s mekom na dugačkoj uzici); umjetna meka 2. *fig* mamac, meka, vabac; čar, privlačivost, primamljivost
lure [ljuə] *vt* 1. dozivati (sokola) mamcem 2. namamiti, vabiti (*into* u, na); odmamiti, odvabiti (*away*)
lurid [ˈljuərid] *adj* (**~ly** *adv*) 1. žarki, plameni, koji zasljepljuje, kričav; rujan, živobojan 2. blijed; *fig* sablastan, avetan, jeziv; neprijatan; mračan, sumoran
lurk [ləːk] *s* 1. zasjeda, busija; vrebanje; šuljanje 2. skrovište | **on the ~** u zasjedi, iz busije
lurk [ləːk] *vi* skrivati se, prikrivati se (*in, under, about* u, pod, naokolo); pritajiti se; vrebati, ležati u zasjedi
lurking-place [ˈləːkiŋpleis] *s* skrovište
luscious [ˈlʌʃəs] *adj* (**~ly** *adv*) 1. sočan, tečan; opojan, sladak, slastan 2. *fig* bogat, prenatrpan; sočan, prebujan; presladak; sladunjav, odvratan (laskanje)
lush [lʌʃ] *s sl* piće; *US sl* alkoholičar
lush [lʌʃ] *adj* sočan; bujan, bogat
lush [lʌʃ] *vt/i* **I.** *vt sl* piti; opijati se (čime) **II.** *vi sl* piti, opijati se
lushy [ˈlʌʃi] *adj sl* pijan, pripit, nakresan
lust [lʌst] *s* pohota, putenost, blud; strast, požuda, pomama (& *fig*)
lust [lʌst] *vi* žudjeti, hlepiti, pomamiti se, pomamljivati se (*after, for* za čim)
lustful [ˈlʌstful] *adj* (**~ly** *adv*) puten, bludan, pohotan, požudan, pomaman
lustiness [ˈlʌstinis] *s* snažnost, jakost, krepkost; pomamnost, bludnost, putenost
lustral [ˈlʌstrəl] *adj eccl* koji se odnosi na čišćenje, pranje, koji je u vezi s čišćenjem, pranjem
lustrate [lʌsˈtreit] *vt eccl* čistiti, oprati (od grijeha) žrtvama itd.
lustration [lʌsˈtreiʃn] *s* čišćenje, pranje (& *fig*); *eccl* obred čišćenja ili pranja (od grijeha)
lustre[1] (**luster**) [ˈlʌstə] *s* 1. sjaj, odsjev, svjetlucanje, laštenje; *fig* sjaj, slava, ugled 2. (kristalni) svijećnjak, luster; staklena prizma na kristalnom lusteru 3. lister (crna lagana tkanina od vune i pamuka); vrsta vune sa sjajnom površinom | **to add ~ to** povećati slavu (čemu); **to throw (shed) ~ on** pridati, podati sjaj (čemu); slaviti, proslaviti
lustre[2] [ˈlʌstə] *s* → **lustrum**
lustreless [ˈlʌstəlis] *adj* bez sjaja, mutan, zamagljen, tup
lustrous [ˈlʌstrəs] *adj* (**~ly** *adv*) sjajan, blistav; koji se lašti; svjetlucav
lustrum [ˈlʌstrəm] *s* (*pl* **lustra** [ˈlʌstrə], **~s**) lustrum, lustar, petoljeće
lusty [ˈlʌsti] *adj* (**lustily** *adv*) živ, živahan; krepak, jedar, snažan; bujan; sočan
lutanist [ˈluːtənist] *s* lutnjaš, svirač na lutnji
lute[1] [luːt] *s mus* lutnja | *fig* **rift within the ~** naoko neznatna okolnost dovoljna da ugrozi ili razori sreću, slogu itd.
lute[2] [luːt] *s* ljepilo, lijep; kit, brtvilo
lute [luːt] *vt* lijepiti, zalijepiti, zabrtviti
luteous [ˈluːtiəs] *adj* tamnonarančaste boje
lutetia [luːˈtiːʃə] *s mar* lutecija, uređaj za ručno okretanje propelera u čamcima za spasavanje
Lutetian [luːˈtiːʃən] *adj* Parižanin, Parižanka (od Lutetia, staro ime Pariza)
Lutheran [ˈluːθərən] *adj* luteranski; luterski
Lutheran [ˈluːθərən] *s hist* sljedbenik Martina Luthera, luteranac; *rel* luteran
Lutheranism [ˈluːθərənizm] *s rel* luteranstvo
lutist [ˈluːtist] *s* lutnjaš, svirač lutnje
luxate [ˈlʌkseit] *vt* iščašiti, uganuti, istegnuti, nategnuti
luxe [luks] *s Fr* otmjenost; raskoš, sjaj, luksuz
luxuriance [lʌgˈzjuəriəns] *s* bogatstvo, raskoš, sjaj; bujnost, preobilje (& *fig*)
luxuriant [lʌgˈzjuəriənt] *adj* (**~ly** *adv*) bogat, plodan, raskošan; bujan; *fig* preobilan, pretjeran
luxuriate [lʌgˈzjuərieit] *vi* bujati; uživati (*in, on* u čemu), naslađivati se, sladiti se (*in, on* na čemu, čime)
luxurious [lʌgˈzjuəriəs] *adj* (**~ly** *adv*) raskošan, bogat, sjajan; bujan; rastrošan, rasipan
luxury [ˈlʌkʃəri] *s* raskoš, bogatstvo, obilje, sjaj, luksuz, rastrošnost, rasipnost; *com* luksuzna roba; *fig* (velik) duševni užitak, duševna naslada | **~ tax** porez na luksuznu robu
lyceum [laiˈsiəm] *s* sjedište književnog društva (zgrada)
lych [litʃ] *s* → **lich**
lychgate [ˈlitʃgeit] *s* → **lichgate**
lyddite [ˈlidait] *s mil* lidit, melinit (jak eksploziv od pikrične kiseline)
Lydian [ˈlidiən] *adj hist* lidijski, koji se odnosi na Lidiju (Malu Aziju); *fig* mekan, mekoputan, ženstven
Lydian [ˈlidiən] *s* 1. Lidijac, Lidijka 2. lidijski (jezik)
lye (**lie**) [lai] *s* lug, lužina, lukšija, cijeđ
lye-tub [ˈlaitʌb] *s* parenica
lying [ˈlaiiŋ] *s* ležanje; ležište, ležaj; laganje
lying [ˈlaiiŋ] *adj* (**~ly** *adv*) lažan, prijevaran, lažljiv; kriv, neistinit, neprav
lying-in [ˌlaiiŋˈin] *s* porod, babinje, rađanje | **~ hospital** rodilište
lyke-wake [ˈlaikweik] *s* bdjenje nad mrtvim tijelom, mrtvačka straža
lymph [limf] *s poet* izvor-voda; *physiol* limfa; *med* serum
lymphatic [limˈfætik] *adj* (**~ally** *adv*) 1. *physiol* limfatičan, limfni 2. beskrvan, blijed, bljedunjav, mlitav, mlohav

lymphatic [limˈfætik] *s physiol* limfna žila, limfna žlijezda
lymphous [ˈlimfəs] *adj* limfni
lynch [lintʃ] *s* linč, linčovanje | **Judge Lynch** tobožnja vlast kojoj se pripisuju osude
lynch [lintʃ] *vt* linčovati
lynch-law [ˈlintʃlɔː] *s* zakon linča
lynchpin [ˈlintʃpin] *s* → **linchpin**
lynx [liŋks] *s zool* ris
lynx-eyed [ˈliŋksaid] *adj* oštrovidan, oka sokolova
lyrate [ˈlaiərit] *adj bot* koji ima oblik lire
lyre [ˈlaiə] *s mus* lira
lyre-bird [ˈlaiəbəːd] *s ornith* lirašica
lyric [ˈlirik] *adj* lirski; koji se odnosi na liru, koji je napisan za liru (glazba)
lyric [ˈlirik] *s* lirska pjesma | **~s** *pl* stihovi, lirika, tekst pjesme
lyrical [ˈlirikl] *adj* (**~ly** *adv*) liričan, lirski; osjećajan
lyricism [ˈlirisizm] *s* lirski značaj, sadržaj ili izražaj; izljev osjećaja; liričnost
lyricist [ˈlirisist] *s* lirski pjesnik, liričar
lyrist [ˈlaiərist] *s mus* liraš, svirač na liri
lyrist [ˈlirist] *s* lirski pjesnik, lirik, liričar
lysol [ˈlaisɔl] *s chem* lizol (dezinfekcijsko sredstvo)

M

M, m [em] *s* (*pl* **~s, ~'s**) M, m, trinaesto slovo engleske abecede; M (rimska brojka 1000)
ma [maː] *s fam* mama
ma'am [mæm] *s coll* gospođo; gospođice
mac [mæk] *s GB coll abbr* → **mackintosh**
macabre [məˈkaːbr] *adj Fr* jezovit, stravičan; mrtvački | **dance ~** mrtvački ples, mrtvačko kolo
macadam [məˈkædəm] *s* tucanik za cestu; makadam | **~ road** makadamska cesta, cesta od valjana tucanika (po sustavu škotskog graditelja McAdama)
macadamization [məˌkædəmaiˈzeiʃn] *s* makadamiziranje (ceste)
macadamize [məˈkædəmaiz] *vt* makadamizirati, posuti cestu tucanikom i valjati
macaque [məˈkaːk] *s zool* makaki (majmun)
macaroni [ˌmækəˈrəuni] *s It pl* makaroni
macaroon [ˌmækəˈruːn] *s cul* vrsta kolačića (od mljevenih badema, bjelanjaka, šećera itd.)
macaw[1] [məˈkɔː] *s ornith* makao, crvena ara
macaw[2] [məˈkɔː] *s bot* vrsta američke palme
mace[1] [meis] *s hist* buzdovan; žezlo
mace[2] [meis] *s* muškat, orašac (mirodija)
mace-bearer [ˈmeisˌbɛərə] *s* nosač žezla
Macedonian [ˌmæsiˈdəunjən] *adj* makedonski
Macedonian [ˌmæsiˈdəunjən] *s* Makedonac, Makedonka; makedonski jezik
macerate [ˈmæsəreit] *vt/i* (s)mekšati (se) namakanjem; trapiti (se) (postom); *fig* mučiti, trapiti
maceration [ˌmæsəˈreiʃn] *s* kvašenje, namakanje; mučenje, trapljenje
Mach [maːk] *s phys* | **~ number** Mach
machete [məˈtʃeti] *s* mačeta (nož široke oštrice)
machiavellian [ˈmækiəˈveliən] *adj* makijavelistički
machinate [ˈmækineit] *vi* spletkariti, intrigirati
machination [ˌmækiˈneiʃn] *s* spletka, makinacija; spletkarenje, rovarenje, intrigiranje; intriga
machinator [ˈmækineitə] *s* spletkar, intrigant
machine [məˈʃiːn] *s* stroj, mašina (i *fig*); lokomotiva, bicikl, avion itd.; *fig* mašinerija, mehanizam, politička mašina (*esp US*) | **the god from the ~** deus ex machina; *fig* nenadano rješenje
machine [məˈʃiːn] *vt/i* (ob)raditi strojem
machine-gun [məˈʃiːngʌn] *s mil* strojnica, strojna puška, (puško)mitraljez
machine-made [məˈʃiːnmeid] *adj* izrađen strojem; tvornički (proizvod, roba itd.)
machinery [məˈʃiːnəri] *s* strojevi; mašinerija; *fig* ustrojstvo, mehanizam
machine-tool [məˈʃiːntuːl] *s* alatni stroj, alatljika
machinist [məˈʃiːnist] *s* strojar, mašinist; radnik (radnica) na stroju
mack [mæk] *s GB coll abbr* → **mackintosh**
mackerel [ˈmækrəl] *s ichth* skuša, lokarda (*Scombridae*) | **~ sky** nebo s prugastim bijelim oblacima
mackinaw [ˈmækinɔː] *US* kratak dvoredni kaput od debela sukna
mackintosh [ˈmækintɔʃ] *s* kišna kabanica (od gumirane tkanine)
macrobiotic [ˌmækrəubaiˈɔtik] *adj* makrobiotičan, koji produžava život
macrocosm [ˈmækrəkɔzm] *s* čitava priroda, svemir, makrokozam
macron [ˈmækrɔn] *s* znak duljine nad samoglasnikom (npr. ā)
macula [ˈmækjulə] *s Lat* (*pl* **maculae** [ˈmækjuliː]) (tamna) mrlja (na mineralu); pjega (na koži, Suncu)
macular [ˈmækjulə] *adj* pjegav, mrljav, posut mrljama
maculated [ˈmækjuleitid] *adj* → **macular**
mad [mæd] *adj* (**~ly** *adv*) lud, šašav, pošašavio, šenut; mahnit; pomaman, lud (*after, for, on, about* za čim); bijesan, ljut (*at, about* zbog); bijesan (pas) | **I ran like ~** trčao sam kao lud; **as ~ as a March hare, as ~ as a hatter** sasvim lud; **to go**

~, **to run** ~ poludjeti, pomahnitati, sići s uma; **to drive a p** ~ tjerati koga u ludilo; **to be** ~ **with a p** biti ljutit, (raz)ljutiti se na koga; ~ **with pain** lud od boli
madam ['mædəm] *s* 1. gospođo, gospođice 2. *coll* žena koja voli drugima zapovijedati 3. *coll* upraviteljica javne kuće
madcap ['mædkæp] *s* luda glava, mahnitac, ludov
madcap ['mædkæp] *adj* lud, mahnit, vratoloman, divlji
madden ['mædn] *vt* učiniti ludim, razbjesniti, razbješnjavati
maddening ['mædniŋ] *adj* (~**ly** *adv*) koji razbješnjuje, koji tjera u ludilo
madder ['mædə] *s bot* broć; (crvena) boja od broća
mad-doctor ['mædˌdɔktə] *s* liječnik za duševne bolesti
made [meid] *pret* & *pp* od **make**
made [meid] *adj* učinjen, izrađen, napravljen; gotov; građen; nepravi, umjetan | ~ **man** gotov čovjek; **well** ~ dobro građen (čovjek)
mademoiselle [ˌmædəmə'zel] *s Fr* gospođica
made-up ['meidʌp] *adj* gotov, konfekcijski, tvornički (odijelo); izmišljen (priča, izlika); našminkan
madhouse ['mædhaus] *s coll* ludnica
madman ['mædmən] *s* luđak; pomahnitao čovjek
madness ['mædnis] *s* ludost; ludilo; mahnitost; bijes (*at* na); pomama
madrepore [ˌmædri'pɔː] *s* koralj luknjaš
madrigal ['mædrigəl] *s It mus* & *pros* madrigal
madrigalist ['mædrigəlist] *s* madrigalist
madwoman ['mædˌwumən] *s* luđakinja
maelstrom ['meilstrəum] *s* vir, vrtlog (& *fig*)
maenad ['miːnæd] *s myth* menada; *fig* pomahnitala žena
maestoso [ˌmaːes'təuzəu] *adv It mus* veličanstveno, uzvišeno
maestro [maː'estrəu] *s It mus* maestro (počasni naziv za uglednog umjetnika, kompozitora, učitelja ili dirigenta)
maffick ['mæfik] *vi* ijujuškati od veselja, klicati od radosti, bučno slaviti
mag [mæg] *s coll abbr* → **magazine**
magazine [ˌmægə'ziːn] *s* magazin, spremište, skladište; magazin (u pušci); (zabavni) časopis
magdalen ['mægdəlin] *s fig* pokajnica
magenta [mə'dʒentə] *s It* vrsta grimizne boje
maggot ['mægət] *s* ličinka, larva, crvić; *fig* hir, mušica
maggoty ['mægəti] *adj* crvljiv, pun ličinaka
Magi ['meidʒai] *s pl* | **the** ~ tri kralja (mudraca) s Istoka
magic ['mædʒik] *s* čarolija, vradžbina, vračanje, čarobnjaštvo, magija; *fig* **čar, čarobnost** | **black** ~ crna magija, zazivanje đavla; **white** ~ bijela magija, zazivanje anđela
magic ['mædʒik] *adj* (~**ally** *adv*) čaroban, magičan; vračarski, čarobnjački | *coll* ~ **eye** magično oko; ~ **lantern** lanterna magica; ~ **square** magični kvadrat (zagonetka)
magical ['mædʒikl] *adj* (~**ly** *adv*) → **magic** *adj*
magician [mə'dʒiʃn] *s* čarobnjak, vrač, magičar, mađioničar
magisterial [ˌmædʒis'tiəriəl] *adj* (~**ly** *adv*) poglavarski; sudački, *fig* nepristran; mjerodavan; autoritativan; dostojanstven
magistracy ['mædʒistrəsi] *s* položaj ili služba suca za prekršaje | **the** ~ suci (sudstvo) za prekršaje
magistrate ['mædʒistrit] *s* sudac za prekršaje; mirovni sudac
magistrature ['mædʒistrəˌtjuə] *s* → **magistracy**
magnanimity [ˌmægnə'nimiti] *s* velikodušnost
magnanimous [mæg'nænimәs] *adj* (~**ly** *adv*) velikodušan
magnate ['mægneit] *s* magnat | **territorial** ~**s** krupni zemljoposjednici
magnesia [mæg'niːʃə] *s chem* magnezija
magnesian [mæg'niːʃən] *adj* magnezijski
magnesium [mæg'niːzjəm] *s chem* magnezij
magnet ['mægnit] *s* magnet (i *fig*)
magnetic [mæg'netik] *adj* (~**ally** *adv*) magnetski; magnetičan; *fig* magnetičan, privlačiv | ~ **field** magnetsko polje; ~ **mine** magnetska mina; ~ **tape** magnetofonska vrpca
magnetics [mæg'netiks] *s pl* magnetika, nauka o magnetizmu
magnetism ['mægnitizm] *s* magnetizam (i *fig*)
magnetite ['mægnitait] *s minr* magnetit, magnetovac
magnetization [ˌmægnitai'zeiʃn] *s* magnetiziranje; magnetiziranost
magnetize ['mægnitaiz] *vt* magnetizirati (i *fig*); *fig* privlačiti, očarati
magneto [mæg'niːtəu] *s* aparat za magnetsko paljenje (motora na unutrašnje sagorijevanje)
magnification [ˌmægnifi'keiʃn] *s opt* poveća(va)nje; *fig* uveličavanje
magnificence [mæg'nifisns] *s* veličanstvenost; veličajnost
magnificent [mæg'nifisnt] *adj* (~**ly** *adv*) veličanstven, raskošan; veličajan, divan
magnifico [mæg'nifikəu] *s It* mletački velmoža; velikaš
magnifier ['mægnifaiə] *s* povećalo, lupa; onaj koji uveličava

magnify ['mægnifai] *vt* poveća(va)ti; *fig* uveličavati, pretjerivati | **~ing glass** povećalo, lupa
magniloquence [mæg'niləkwəns] *s* fraziranje, razmetanje riječima
magniloquent [mæg'niləkwənt] *adj* (**~ly** *adv*) razmetljiv, pompozan, bombastičan, pun kićenih fraza
magnitude ['mægnitju:d] *s* veličina; *fig* važnost | *astr* **star of the first ~** zvijezda prve veličine; *fig* **of the first ~** izvanredno važno
magnolia [mæg'nəuljə] *s bot* magnolija
magnum ['mægnəm] *s Lat* (boca od) 2 kvarta (2,212 litre)
magnum-bonum [ˌmægnəm'bəunəm] *s bot* vrsta velike šljive; vrsta krumpira
magpie ['mægpai] *s ornith* svraka; *fig* brbljavac, brbljavka, klepetuša; *fig* sitni tat
Magyar ['mægja:] *s* Mađar(ica); mađarski jezik
Magyar ['mægja:] *adj* mađarski
maharaja(h) [ˌma:hə'ra:dʒə] *s* maharadža
maharanee [ˌma:hə'ra:ni:] *s* maharadžina žena, maharani
Mahatma [mə'ha:tmə] *s* počasni naslov za velike indijske duhovne vođe i suce
mah-jong(g) [ma:'dʒɔŋ] *s* kineska društvena igra (vrsta domina)
mahl-stick ['mɔ:lstik] *s* → **maulstick**
mahogany [mə'hɔgəni] *s bot* mahagoni; mahagonovina; boja mahagonija | *fig* **to have one's knees under a p's ~** uživati čije gostoprimstvo
mahout [mə'haut] *s Ind* gonič slonova
maid [meid] *s* djevojka; *poet* djevica; služavka, kućna pomoćnica | **~ of honour** dvorska dama; *US* prva djeveruša; **old ~** stara djevojka, usidjelica
maiden ['meidn] *s dial* djevojka
maidan [mai'da:n] *s Ind* otvoren prostor u gradu; poljana; prostor za održavanje svečanih smotra
maiden ['meidn] *adj* djevojački; djevičanski; *fig* prvi | **~ aunt** neudata tetka; **~ castle** nikada osvojena tvrđava; **~ name** djevojačko prezime; **~ speech** nastupni govor (u parlamentu); **~ voyage** prvo putovanje (nova broda)
maidenhair ['meidnhεə] *s bot* gospina kosa, vilina kosa
maidenhead ['meidnhed] *s* djevičanstvo; *anat* himen
maidenhood ['meidnhud] *s* djevojaštvo
maidenish ['meidniʃ] *adj* djevojački, čedan, krotak, stidljiv
maidenlike ['meidnlaik] *adj* djevojački, poput djevojke; čedan, krotak, sramežljiv, stidljiv
maidenly ['meidnli] *adj* → **maidenlike**
maidish ['meidiʃ] *adj* → **maidenish**
maid-of-all-work [ˌmeidəv'ɔ:lwə:k] *s* djevojka za sve
maid-servant ['meidˌsə:vənt] *s* služavka, sluškinja
mail[1] [meil] *s* oklop (od pletene žice ili pločica), pancir
mail[1] [meil] *vt* odjenuti u oklop (od pletene žice ili pločica) | *fig* **the ~ed fist** kruta sila
mail[2] [meil] *s* pošta; poštanske pošiljke | **air ~** zračna pošta; **by return of ~** prvom poštom; **~ order** narudžba robe za dostavu poštom
mail[2] [meil] *vt* (po)slati poštom; predati na poštu
mailbag ['meilbæg] *s* poštanska torba, vreća za poštanske pošiljke
mail-boat ['meilbəut] *s* poštanski brod
mailbox ['meilbɔks] *s US* poštanski ormarić
mail-cart ['meilka:t] *s* poštanska kola; dječja kolica
mail-coach ['meilkəutʃ] *s* poštanska kočija
mail order ['meil'ɔ:də] *s* narudžba robe za dostavu poštom | **~ firm,** *spec US* **~ house** robna kuća koja prima narudžbe poštom i dostavlja robu poštom
mail-train ['meiltrein] *s* poštanski vlak
maim [meim] *vt* osakatiti
main [mein] *s* (fizička) sila, snaga; *poet* pučina, ocean; glavni vod (za struju, plin), glavni odvod (kanalizacije), (gradski) vodovod | **with might and ~** iz sve snage, iz petnih žila; **in the ~** u biti, u suštini, većinom, uglavnom; *el* **~s supply** javna (električna) mreža; **~s set** radio-aparat na struju; **the Spanish Main** sjeveroistočna obala Južne Amerike i dio Karipskog mora ispred nje
main [mein] *adj* (**~ly** *adv*) glavni, najvažniji | **to have an eye to the ~ chance** paziti na vlastitu materijalnu korist; *mar* **~ deck** gornja paluba; **by ~ force** svom snagom, svom silom
mainland ['meinlənd] *s* kopno
mainly ['meinli] *adv* uglavnom
mainmast ['meinma:st] *s mar* veliki jarbol, glavni jarbol
mainsail ['meinseil] *s mar* veliko (glavno) jedro
mainspring ['meinspriŋ] *s* glavna opruga (ure i dr.); *fig* glavna pobuda, glavni poticaj
mainstay ['meinstei] *s mar* zaputka; *fig* glavno uporište
mainstream ['meinstri:m] *s fig* glavna struja, glavna tendencija
maintain [mein'tein] *vt* uzdržavati (novcem); održavati (u redu); podržavati (vezu, prijateljske odnose); (za)držati (službu, cijenu); braniti (svoja prava); podrža(va)ti (stajalište, mišljenje, neku opću stvar); tvrditi (*that* da), dokazivati
maintainable [mein'teinəbl] *adj* koji se može održati, podržati, tvrditi, opravdati

maintenance ['meintinəns] *s* uzdržavanje (novcem); podržavanje, održavanje; branjenje; tvrdnja, dokazivanje | ~ **men (gang)** radnici koji održavaju u redu (cestu, kanalizaciju, instalacije itd.)
maisonette [ˌmeizə'net] *s* mala kuća; stan na jedan ili više katova
maize [meiz] *s bot* kukuruz
majestic [mə'dʒestik] *adj* (~**ally** *adv*) veličanstven, dostojanstven, majestozan, majestetičan
majesty ['mædʒisti] *s* veličanstvo, dostojanstvo; veličanstvenost, dostojanstvenost, majestetičnost
majolica (maiolica) [mə'jɔlikə] *s It* majolika
major[1] ['meidʒə] *s mil* major
major ['meidʒə] *adj* veći, glavni; značajniji, važniji; stariji; *mus* dur | ~ **key** dur-ljestvica; ~ **third** velika terca; **the** ~ **premise** gornja premisa; **the** ~ **part** većina
major[2] ['meidʒə] *s* punoljetnik, punoljetna osoba; gornja premisa; *US univ* glavni predmet (studija)
major-domo [ˌmeidʒə'dəuməu] *s It & Span hist* dvorski upravitelj (talijanskog ili španjolskog dvora); majordomus, upravitelj, glavni sluga, domar
major-general [ˌmeidʒə'dʒenərəl] *s mil* general-major
majority [mə'dʒɔriti] *s* većina; punoljetnost; *mil* čin majora, majorski čin | *fig* **to join the** ~ umrijeti; **to attain one's** ~ postati punoljetan
majorship ['meidʒəʃip] *s mil* čin majora
majuscule ['mædʒəskjuːl] *s* veliko slovo
make [meik] *vt/i* (made, made) **I.** *vt* (na)činiti, učiniti, (na)praviti; graditi, tvoriti; stvoriti, stvarati; zgotoviti, prigotoviti, izrađivati, izraditi (*of, out of* od); proizvesti, proizvoditi (*from, out of* od); obaviti; zarađivati, zaraditi; postići, uspjeti (da); izaz(i)vati, uzrokovati, prouzročiti; dati učiniti, naložiti da se učini; (o)držati (govor); prisiliti, prinukati, natjerati, navesti; napisati, sačiniti (knjigu); (po)staviti (zahtjev), sastaviti, ispostaviti (ispravu), sklopiti (ugovor); prikaz(iv)ati kao, opisati kao (da), navoditi (da); stvoriti (sud, zaključak); pokazati se kao, postati, biti (*she ~s a good wife*); pružati, dati (*the book ~s interesting reading for...*); napraviti, spremiti (krevet); zaključiti (posao); pretrpjeti (gubitak); ukupno iznositi; tvoriti, sačinjavati; prevaliti (put), napredovati (određenom brzinom); stići do, prispjeti u, doseći; izabrati, imenovati za (*they made him president*); misliti, smatrati (*what time do you ~ it?* koliko misliš da je sati?); ocjenjivati, procijeniti, računati; postići, uspjeti (u čemu); jesti (*to ~ a good breakfast*) **II.** *vi* započeti, spremiti se na što, pokušati (*to do*); kretati se, ukazivati na, pokazivati prema; graditi se, praviti se, činiti se (*to ~ as if, as though* kao da); nadolaziti, nastupati, nastupiti (plima, oseka); miješati (karte) | **to ~ clear a th, to ~ it clear** jasno pokazati; **to ~ a deal (with a p)** pogoditi se, nagoditi se (s kim); **to ~ an effort** nastojati, potruditi se; **to ~ known** obznaniti; objaviti; **to ~ no bones** (*about*) ne sustezati se, nemati skrupula; ne krzmati; **to ~ way** napredovati; **to ~ way for** napraviti mjesta komu; **to ~ one's way in life (in the world)** uspjeti (u životu); **to ~ one's way out** izaći; **it ~s a difference** to nije isto; drugo je, drukčije je; **to ~ water** *mar* propuštati (vodu); mokriti; **to ~ a habit of** usvojiti kao naviku; *mar* **to ~ land** ugledati kopno, stići do obale; **to ~ port** stići do luke; *coll* **to ~ oneself scarce** povući se, rijetko se pokazivati; **to ~ believe (that, to be)** praviti (se) (kao da), pretvarati se (da), graditi se; ~ **head** napredovati; **to ~ love** milovati se, imati ljubavni odnošaj; **to ~ as if** pretvarati se, graditi se kao da; **to ~ bold** usuditi se (*to do*); **to ~ free** (*with*) uzimati sebi slobodu, dopuštati sebi koješta; **to ~ good** uspjeti (u životu); **to ~ sth good** nadoknaditi; postići, uspjeti u čemu; dokazati; popraviti; urediti; *fig* **to ~ a beast of oneself** (u)činiti od sebe životinju; žderati; **to ~ a clean sweep of** sasvim ukloniti, izbaciti; **to ~ a fool of** učiniti budalu od (sebe, drugoga), postupati poput budale; **to be as clever as they ~ them** biti izvanredno mudar, lukav, prepreden; **to ~ it worth a p's while (to do a th)** nagraditi koga; **to ~ one's hackles rise** razbjesniti, raspaliti koga; **to ~ sth do** biti dovoljan; **to ~ do with a th** zadovoljiti se čime; **to ~ do and mend** ne kupovati ništa novo već krpati i prepravljati staro; **to ~ sth go round** postići da što bude dovoljno (za sve); **to ~ a fortune** zaraditi velik imetak, obogatiti se; *coll* **to ~ a go of a th** potruditi se da što uspije; **to ~ one's day** uljepšati dan komu; **to ~ one's mark** istaknuti se; **to ~ merry** veseliti se, zabavljati se, terevenčiti; **to ~ much of** pridavati važnosti, značenja; mnogo razumjeti (*cannot ~ much of it*); **to ~ shift** (*with*) nekako izaći nakraj, snaći se; **to ~ short work of** brzo svršiti s čim; **to ~ the best of** iskoristiti najbolje što se može; učiniti što se može; pomiriti se sa (neugodnom stvari); vedro prijeći preko (neugodnosti); **to ~ the cards** miješati (igraće) karte; **to ~ money** zaraditi, zarađivati novce; **to ~ a name for oneself** steći sebi ime, doći na glas; **to ~ oneself understood** jasno se izraziti; *sl* **to ~ a pass at (a woman)** pokušati se pribli-

žiti, udvarati se, nametati se; *prov* **as you ~ your bed so you must lie upon it** kako prostreš onako ćeš i spavati; **to ~ a good (fine) job of a th** valjano (izvrsno) obaviti što; **to ~ a proposal** staviti prijedlog; **to ~ ready** spremiti (se), pripremiti (se); **to ~ an appointment** dogovoriti, zakazati, ureći sastanak; **to ~ haste** (po)žuriti se, pohitjeti; **to ~ war on** zaratiti se s kim; **to ~ or mar (break)** odlično izvesti ili upropastiti

make after ['meik'a:ftə] *vi arch* progoniti koga, pojuriti za kim

make against ['meikə'geinst] *vt* biti nepovoljan za (koga), kvariti

make at ['meik'æt] *vi* nasrnuti, baciti se na (koga)

make away with ['meikə'wei'wið] *vi* ukloniti, ubiti koga; uništiti (što), ukrasti (što); protepsti, spiskati, rasipati (novac) | **to ~ oneself** ubiti se, počiniti samoubojstvo

make for ['meik'fɔ:] *vi* pridonijeti, pridonositi (čemu), biti od koristi za; krenuti, uputiti se prema; pohrliti prema, navaliti, srnuti na

make forth ['meik'fɔ:θ] *vi arch* (brzo) otići, odjuriti, uteći

make into ['meik'intu] *vt* preraditi u, pretvoriti u

make off ['meik'ɔf] *vi* otići, odjuriti, pobjeći

make out ['meik'aut] *vt/i* **I.** *vt* sastaviti, načiniti (popis); ispostaviti, izdati (dokument, račun); ispuniti (ček); razab(i)rati (slova, obrise itd.); prikazati kao; shvatiti, shvaćati, razumjeti (koga) **II.** *vi* razvijati se; napredovati (*with a p*); tvrditi (*that*) | **to make oneself out to be** izdavati se za, prikazivati se kao, praviti se; **to make it out** shvatiti, razumjeti, odgonetnuti, (pro)tumačiti; **to ~ a case for** zagovarati, govoriti u prilog čega, zalagati se, založiti se za što; **to ~ a case against** pobijati (što), iznositi argumente protiv (čega); **to ~ one's case** dokazati ispravnost svojeg stajališta, argumentirati

make over ['meik'əuvə] *vt* prenijeti (posjed) (*to* na koga); izmijeniti, pretvoriti, preobratiti (*into* u što)

make up ['meik'ʌp] *vt* popuniti, upotpuniti, ispuniti; nadoknaditi, nadomjestiti; izmisliti, izmišljati (priču); *print* (na)praviti špigl; sastavljati; napraviti, pripraviti (lijek); pripremiti (naručenu robu); slagati, složiti; podjariti (vatru), dodati gorivo; (na)praviti, izrađivati, izraditi (odijelo *itd.* od čega); složiti, pripremiti (ležaj), urediti (postelju); (na)šminkati (se), dotjer(iv)ati (se), udesiti (se), urediti se | **to ~ one's mind** odlučiti (se); **to make it up (with)** pomiriti se (s kim); **to ~ for a th** nadomjestiti, nadoknaditi što

make up to ['meik'ʌp'tu:] *vi* odštetiti (*a p for a th* koga za što); ulagivati se (*a p* komu) | **to make it up to a p** nadoknaditi komu što

make [meik] *s* djelo, rad; tvorevina; izrada, izvedba; proizvod; ustroj, sastav; građa (tijela); *fig* kov; *el* spajanje, spoj | *sl* **on the ~** u lovu za dobitkom ili uspjehom; *com* **our own ~** (naš) vlastiti proizvod

make-believe ['meikbi,li:v] *s* prividnost, varka; pričinjanje, pretvaranje, prenavljanje

makepeace ['meikpi:s] *s* miritelj, mirotvorac

maker ['meikə] *s* izrađivač, proizvođač; tvorničar, fabrikant; tvorac, stvoritelj, bog

makeshift ['meikʃift] *s* pomoć za nuždu, privremeno pomagalo, sredstvo za nevolju

make-up ['meikʌp] *s* sastav, ustrojstvo, građa, struktura; dotjerivanje, šminkanje)

makeweight ['meikweit] *s* dodatak, nadopuna; *fig* zakrpa; nadomjestak

making ['meikiŋ] *s* nastajanje; stvaranje, izradba, proizvodnja; građa, ustroj; uzrok ili sredstvo napretka ili uspjeha | **~s** *pl* zarada; odlike, sposobnosti; **to be the ~ of** biti nečija sreća, razlog čijeg uspjeha; **to have the ~s of** imati sve potrebne odlike za

malachite ['mæləkait] *s minr* malahit

maladjusted [,mælə'dʒʌstid] *adj* neprilagodljiv, loše prilagođen, neprilagođen; *psych* društveno neprilagođen

maladjustment [,mælə'dʒʌstmənt] *s* neprilagodljivost

maladministration ['mæləd,minis'treiʃn] *s* loše upravljanje, loše poslovanje

maladroit [,mælə'drɔit] *adj* (**~ly** *adv*) nespretan; bez takta

malady ['mælədi] *s* bolest

Malagasy [,mælə'gæsi] *adj* madagaskarski; s Madagaskara

Malagasy [,mælə'gæsi] *s* stanovnik Madagaskara

malaise [mæ'leiz] *s Fr* nelagodnost; slabost, pobolijevanje

malapropism ['mæləprɔpizm] *s* izvrtanje riječi, loša primjena (sličnih) riječi, upotreba (slične) riječi u pogrešnom značenju

malapropos [,mæl'æprəpəu] *adv Fr* u krivo vrijeme, u nezgodan čas, u nevrijeme, nezgodno

malapropos [,mæl'æprəpəu] *adj* neumjestan, nezgodan, neprikladan, nepodesan

malaria [mə'lɛəriə] *s It med* malarija

malarial [mə'lɛəriəl] *adj* malaričan

malarian [mə'lɛəriən] *adj* malaričan

malarious [mə'lɛəriəs] *adj* malaričan
malark(e)y [mə'la:ki] *s US* neiskren govor, ševrdanje; besmislica, glupariја
Malay [mə'lei] *s* Malajac, Malajka; malajski jezik
Malay [mə'lei] *adj* malajski
Malayan [mə'leiən] *adj* malajski
malcontent ['mælkən,tent] *adj* nezadovoljan (političkim prilikama)
malcontent ['mælkən,tent] *s* nezadovoljnik
male [meil] *adj* muški | *tech* ~ **screw** (muški) vijak (koji dolazi u maticu), uvojnik
male [meil] *s* mužjak (životinje); muška osoba, muškarac
malediction [,mæli'dikʃən] *s* kletva, proklinjanje, prokletstvo
maledictory [,mæli'diktəri] *adj* koji proklinje
malefaction [,mæli'fækʃən] *s* zlodjelo
malefactor ['mælifæktə] *s* zločinac, zlotvor
maleficence [mə'lefisns] *s* pakost, zloba; štetnost, škodljivost
maleficent [mə'lefisnt] *adj* štetan, škodljiv (*to* komu), pakostan, zloban
malevolence [mə'levələns] *s* zloba, pakost; zlonamjernost
malevolent [mə'levələnt] *adj* (~**ly** *adv*) zloban, pakostan; zlonamjeran
malfeasance [mæl'fi:zəns] *s jur* zlodjelo, protuzakonitost, protuzakonito djelo
malfeasant [mæl'fi:zənt] *adj* protuzakonit, kriminalan
malfeasant [mæl'fi:zənt] *s* prijestupnik, zločinac, kriminalac
malformation [,mælfɔ:'meiʃn] *s* izobličenost, deformacija, deformiranost
malformed [,mæl'fɔ:md] *adj* izobličen, deformiran
malfunction [,mæl'fʌŋkʃən] *s tech* loše, slabo, pogrešno funkcioniranje
malic ['mælik] *adj chem* jabučni (~ *acid*)
malice ['mælis] *s* zloba, pakost, zluradost, zlonamjernost | **to bear** ~ **(to)** biti kivan na koga; *jur* **with** ~ **aforethought, with** ~ **prepense** sa (zlonamjernim) predumišljajem
malicious [mə'liʃəs] *adj* (~**ly** *adv*) zloban, pakostan, zlurad, zlonamjeran
malign [mə'lain] *adj* (~**ly** *adv*) štetan, poguban; zloban, zlurad, zlonamjeran
malign [mə'lain] *vt* klevetati, ocrnjivati; omalovažavati, potcjenjivati
malignancy [mə'lignənsi] *s* zloba, pakost, zluradost, zlonamjernost; *med* zloćudnost, malignost
malignant [mə'lignənt] *adj* (~**ly** *adv*) zao, zloban, pakostan, zlurad; *med* zloćudan, maligni
malignity [mə'ligniti] *s* → **malignancy**
malinger [mə'liŋgə] *vi* graditi se bolesnim, simulirati
malingerer [mə'liŋgərə] *s* simulant
mallard ['mæla:d] *s ornith* divlja patka
malleability [,mæliə'biliti] *s* rastezljivost, kovkost; *fig* povodljivost, prilagodljivost
malleable ['mæliəbl] *adj* kovak, rastezljiv; *fig* povodljiv, prilagodljiv
mallet ['mælit] *s* batić, čekić s drvenom glavom; *sport* palica za polo ili kroket
mallow ['mæləu] *s bot* sljez
malm [ma:m] *s* meki vapnenac, glineno, vapnenačko tlo
malmsey ['ma:mzi] *s* malvazija (vino)
malnutrition [,mælnju:'triʃn] *s* slaba prehrana, neishranjenost
malodorous [mæl'əudərəs] *adj* smradan, smrdljiv
malpractice [,mæl'præktis] *s* nesavjesnost, zanemarivanje dužnosti, zloupotreba službe; nesavjestan postupak (liječnika)
malt [mɔ:lt] *s* slad | ~ **liquor** piće priređeno vrenjem slada (*spec* pivo)
malt [mɔ:lt] *vt/i* **I.** *vt* pretvoriti u slad; doda(va)ti slada **II.** *vt* pretvoriti se u slad
Maltese [,mɔ:l'ti:z] *adj* malteški
Maltese [,mɔ:l'ti:z] *s* Maltežanin, Maltežanka; malteški jezik
malt-house ['mɔ:lt'haus] *s* sladara, prerađivaonica slada
Malthusian [mæl'θju:zjən] *adj* maltuzijanski
Malthusian [mæl'θju:zjən] *s* pristaša Malthusove teorije
malting ['mɔ:ltiŋ] *s* pripravljanje slada; sladara, prerađivaonica slada
maltose ['mɔltəus] *s chem* maltoza, sladni šećer
maltreat [,mæl'tri:t] *vt* zlostavljati
maltreatment [,mæl'tri:tmənt] *s* zlostavljanje
maltster ['mɔ:ltstə] *s* sladar, prerađivač slada
malty ['mɔ:lti] *adj* sladni; nalik na slad
malversation [,mælvə:'seiʃn] *s* pronevjerenje, pronevjera, utaja, malverzacija; *jur* zloupotreba službenog položaja
mamba ['mæmbə] *s zool* mamba
mamilla [mə'milə] *s Lat anat* bradavica (na dojci)
mamma (mama) [mə'ma:, *US* 'ma:mə] *s* mama
mamma ['mæmə] *s* (*pl* **mammae** ['mæmi:]) dojka, sisa
mammal ['mæməl] *s zool* sisavac
mammalia [mæ'meiljə] *s pl Lat zool* sisavci
mammalian [mæ'meiljən] *adj* koji pripada sisavcima, koji ide u rod sisavaca
mammalian [mæ'meiljən] *s* sisavac
mammon ['mæmən] *s bibl* mamon, bogatstvo ovoga svijeta | **Mammon** Mamon, bog pohlepe za zlatom
mammoth ['mæməθ] *s* mamut
mammoth ['mæməθ] *adj* golem, ogroman, divovski
mammy ['mæmi] *s fam* majčica, mamica; *US* dadilja Crnkinja

man [mæn] *s* (*pl* **men** [men]) 1. čovjek, ljudski stvor; osoba, netko; muškarac; suprug, muž; *hist* vazal 2. sluga; namještenik; radnik 3. figura (u šahu, dami itd.) | **men** *pl* ljudi, ljudski rod; *mil* vojnici, mornari, momčad; **to a ~, to the last ~** svi do jednoga, do posljednjeg čovjeka; **the inner ~** ljudski duh, duša; *joc* želudac; **the outer ~** (čovjekova) vanjština; *adv* **~ and boy** od djetinjstva; **if you want to sell your car, I'm your ~** ako želite prodati svoja kola, ja sam taj; **If you want a good music teacher, here's your ~** ako trebate dobrog učitelja glazbe, on je taj; **to be one's own ~** biti svoj čovjek, biti svoj gazda; **every ~ jack** svaki pojedinac, svatko; **~ Friday** vjeran sluga; **~ about town** (londonski) društven čovjek; elegantan besposličar; **the ~ in the street** običan čovjek, prosječni građanin; **~ of letters** učenjak, literat; **a ~ and a brother** drug, bližnji; **little ~** mališan, mali; **no ~** nitko; **an Oxford ~** čovjek koji je svršio sveučilište u Oxfordu; **one's ~ of business** čiji agent, zastupnik; čiji odvjetnik, pravni savjetnik; **~ alive!** ama čovječe! (uzvik nestrpljenja); **like master, like ~** kakav gospodar, onakav i sluga

man [mæn] *vt mil* & *mar* opskrbiti posadom; staviti ljudstvo (na položaj) | **to ~ oneself** osokoliti se, ohrabriti se; skupiti se

manacle ['mænəkl] *s* lisičine, okovi, negve (obično **~s**)

manacle ['mænəkl] *vt* staviti u lisičine; staviti okove; *fig* sputa(va)ti

manage ['mænidʒ] *vt/i* **I.** *vt* rukovati, baratati (čime); upravljati, ravnati, rukovoditi (čime); nadgledati, voditi (što); gospodariti (imanjem); *fig* držati na uzdi (koga), izlaziti nakraj (s kim); *coll* svladati, pojesti, popiti **II.** *vi* izvesti, izvršiti, obaviti, provesti (u djelo); uspijevati, uspjeti (*to do a th*), izlaziti nakraj, isplivati, snalaziti se, snaći se (*without* bez čega) | *fin* **~d currency** dirigirana valuta

manageability [ˌmænidʒə'biliti] *s* prikladnost za rukovanje, upravljanje; povodljivost, prilagodljivost

manageable ['mænidʒəbl] *adj* (**manageably** *adv*) prikladan za rukovanje; kojim se može upravljati; povodljiv; izvediv

management ['mænidʒmənt] *s* rukovanje, baratanje; upravljanje, vođenje poslova, rukovođenje, gospodarenje; uprava, (ruko)vodstvo; *fig* vještina, vješta taktika | **the ~** uprava, ravnateljstvo, direkcija, rukovodstvo

manager ['mænidʒə] *s* upravitelj, ravnatelj, rukovodilac; direktor; *theat* intendant; nadstojnik, poslovođa, menedžer; gospodar (*a good ~, a bad ~*)

manageress [ˌmænidʒə'res] *s* upraviteljica, ravnateljica, direktorica, nadstojnica

managerial [ˌmænə'dʒiəriəl] *adj* upravni, upraviteljski, ravnateljski, direktorski, menedžerski

managership ['mænidʒəʃip] *s* položaj, služba ravnatelja, upravitelja, direktora itd.

managing ['mænidʒiŋ] *adj* rukovodeći, koji upravlja, rukovodi; *fig* koji voli drugima zapovijedati; *fig* (pretjerano) štedljiv, škrt | **~ clerk** prokurist; **~ director** administrativni rukovodilac, direktor

manakin ['mænəkin] *s* → **manikin**

man-at-arms [ˌmænət'aːmz] *s* (*pl* **men-at-arms** [ˌmenət'aːmz]) *hist* oklopnik, teški konjanik

manatee [ˌmænə'tiː] *s zool* morska krava, lamantin, manati

Manchester ['mæntʃistə] *s* | *GB* **~ goods** pamučna roba; **~ School** pristaše slobodne trgovine

man-child ['mæntʃaild] *s* dječak, muško dijete

Manchu [ˌmæn'tʃuː] *s* Mandžurac, Mandžurka; mandžurski jezik

Manchu [ˌmæn'tʃuː] *adj* mandžurski

Manchurian [mæn'tʃuəriən] *adj* mandžurski

manciple ['mænsipl] *s* opskrbnik, ekonom

Mancunian [mæŋ'kjuːnjən] *s* stanovnik Manchestera

mandarin(e) ['mændərin] *s* 1. mandarin; *derog* budža, budžovan 2. jezik školovanih Kineza 3. *bot* mandarinka (*~ orange*) | *ornith* **~ duck** kineska patka; **~ prose** visokoparan, teško razumljiv jezik

mandatary ['mændətəri] *s* opunomoćenik, ovlaštenik, zastupnik, mandator

mandate ['mændeit] *s* mandat, nalog, naredba; punomoć, ovlaštenje

mandate ['mændeit] *vt* staviti (zemlju) pod mandat, staviti pod (čiju) upravu, dati na upravljanje (komu) | **the ~d territories** mandatne zemlje

mandatory ['mændətəri] *adj* koji ovlašćuje, nalaže; mandatni

mandatory ['mændətəri] *s* → **mandatary**

man-day [ˌmæn'dei] *s* jednodnevni rad ili radni učinak jednog radnika

mandible ['mændibl] *s anat* donja čeljust, vilica; gornji (donji) dio kljuna

mandibular [mæn'dibjulə] *adj anat* čeljusni, vilični

mandolin ['mændəlin] *s mus* mandolina

mandragora [mæn'drægərə] *s* → **mandrake**

mandrake ['mændreik] *s bot* koločep, mandragora, alrauna

mandrill ['mændril] *s zool* mandril

mane [mein] *s* griva (*lit* & *fig*)

man-eater ['mænˌiːtə] *s* ljudožder

maned [meind] *adj* grivast, s grivom

manège [mæ'neiʒ] *s Fr* obučavanje konja (jahanjem); jahaonica; škola jahanja

maneless ['meinlis] *adj* bez grive

manes ['ma:neiz] *s pl Lat myth* **mani, duše** pokojnika
manful ['mænful] *adj* (**~ly** *adv*) muževan, hrabar, odlučan
manfulness ['mænfulnis] *s* muževnost, hrabrost, odlučnost
manganese ['mæŋgəni:z] *s chem* mangan
manganic [mæŋ'gænik] *adj chem* manganov, manganski; koji sadrži mangana
mange [meindʒ] *s vet* šuga
mangel(-wurzel) ['mæŋgl(,wə:zl)] *s bot* blitva
manger ['meindʒə] *s* jasle | **dog in the ~** zavidljivac (koji drugima neće dati ni ono čime se sam ne može koristiti)
mangle ['məŋgl] *s* stroj za izažimanje rublja, tijesak za rublje
mangle[1] ['mæŋgl] *vt* izažimati (rublje u tijesku)
mangle[2] ['mæŋgl] *vt* razmrcvariti, raskomadati, razderati, teško povrijediti; *fig* osakatiti, iznakaziti
mango ['mæŋgəu] *s bot* mango (plod i stablo)
mangold ['mæŋgəld] *s bot* blitva
mangrove ['mængrəuv] *s bot* mangrovo drvo
mangy ['meindʒi] *adj* (**mangily** *adv*) *vet* šugav; *fig* otrcan, prljav, zapušten, neuredan
man-handle ['mæn,hændl] *vt* pokretati ljudskom snagom; *sl* surovo, grubo postupati (s kim)
Manhattan [mæn'hætn] *s US* koktel od viskija i vermuta
manhole ['mænhəul] *s* otvor, rupa za ulaz (u podu, pločniku itd.)
manhood ['mænhud] *s* muževnost; muževno doba; *coll* (svi) muškarci (neke zemlje) | *pol* **~ suffrage** biračko pravo za muškarce
man-hour ['mænauə] *s* radni sat po čovjeku
mania ['menjə] *s Lat* ludilo, mahnitost, bijes; *fig* bolest, strast, pomama, manija (*for* za)
maniac ['meiniæk] *s* luđak, mahnitac; *fig* zanesenjak, manijak
maniacal [mə'naiəkəl] *adj* (**~ly** *adv*) lud, bijesan, mahnit; *fig* **lud, luđački,** zanesen, pomaman, manijački, manijakalan
manicure ['mænikjuə] *s* njega ruku i nokata, manikiranje, manikira | **~ case** pribor za manikiranje
manicure ['mænikjuə] *vt* manikirati, njegovati ruke i nokte
manicurist ['mænikjuərist] *s* maniker(ka)
manifest ['mænifest] *s com* brodski manifest, iskaz robe (za carinjenje)
manifest ['mænifest] *adj* (**~ly** *adv*) očit, jasan, očevidan
manifest ['mænifest] *vt/i* **I.** *vt* očitovati, ispoljiti, ispoljavati; (jasno) pokaz(iv)ati; manifestirati; objaviti, objelodaniti (proglas); (*oneself*) pojaviti se, pojavljivati se; *mar* unijeti u brodski manifest **II.** *vi pol* manifestirati (*for* u korist, *against* protiv čega); pojaviti se (duh)
manifestation [,mænifes'teiʃn] *s* objavljivanje, objava; očitovanje, jasno pokazivanje, ispoljavanje; manifestiranje, manifestacija; pojavljivanje (duhova)
manifesto [,mæni'festəu] *s It* manifest, proglas
manifold ['mænifəuld] *adj* (**~ly** *adv*) mnogostruk; raznolik, raznovrstan; brojan
manifold ['mænifəuld] *s tech* cijev s više otvora
manifold ['mænifəuld] *vt* umnožiti, umnožavati
manikin ['mænikin] *s* patuljak, patuljčić, čovječuljak; anatomski model ljudskog tijela; krojačka lutka → **mannequin**
Manil(l)a [mə'nilə] *s* manilska konoplja (**~** *hemp*); manilska kudelja; manila (cigara) | **~ paper** čvrst, smeđi omotni papir; **~ envelope** listovni omot od čvrstog smeđeg papira
maniple ['mænipl] *s hist* manipul, odio rimske legije (120 ili 60 vojnika); *eccl* naručnik (dio misnog ruha)
manipulate [mə'nipjuleit] *vt* rukovati, upravljati, postupati, manipulirati (čime); udešavati, podešavati, udesiti, podesiti, utjecati na
manipulation [mə,nipju'leiʃn] *s* rukovanje, baratanje, upravljanje, postupanje, manipulacija, manipuliranje; podešavanje, smicalica, spletkarenje
manipulative [mə'nipjulətiv] *adj* manipulativan
manipulatory [mə'nipjuleitəri] *adj* → **manipulative**
mankind [mæn'kaind] *s* ljudski rod, čovječanstvo, ljudi (*all* **~**)
mankind ['mænkaind] *s* muški rod, muškarci
manlike ['mænlaik] *adj* muževan, muški; muškarački, muškobanjast
manliness ['mænlinis] *s* muževnost
manly ['mænli] *adj* muževan, muški; muškarački (žena)
manna ['mænə] *s bibl* mana; slatki sok raznih biljaka; *fig* mana s neba
mannequin ['mænikin] *s Fr* maneken, manekenka; (krojačka) lutka
manner ['mænə] *s* način; *paint* itd. manira, stil; vrsta, soj | **~s** *pl* običaji, navike; (dobro) ponašanje, vladanje, manire; **after this ~, in this ~** na taj način; **in a ~ of speaking** tako reći; **adverb of ~** prilog načina; **(as) to the ~ born** (kao) rođen za to (za taj položaj itd.); **the grand ~** starinski način društvenog saobraćanja, staromodno dostojanstvo; **good ~s** dobro ponašanje, pristojnost; **bad ~s** loše ponašanje, nepristojnost; **he has no ~s** on je neodgojen, nema odgoja, ima loše

ponašanje; **all** ~ **of** svakojaki, svakakvi, svake vrste; **no** ~ **of** nikakav; **in a** ~ donekle, u neku ruku; **other times, other** ~**s** druga vremena, drugi običaji; **it is bad** ~**s (to)** nepristojno je; **by no** ~ **of means** nikako, nipošto, ni u kojem slučaju

mannered ['mænəd] *adj* uglađen, odgojen; koji ima posebne navike | **well-**~ dobro odgojen, uglađen, uljudan; **ill-**~ neodgojen, neotesan, neuglađen, neučtiv, prost

mannerism ['mænərizm] *s* osobitost u ponašanju, govoru itd. (obično iz afektacije); manirizam

mannerist ['mænərist] *s paint* manirist

mannerless ['mænəlis] *adj* bez manira, bez ponašanja, neuglađen, neotesan

mannerliness ['mænəlinis] *s* uglađenost, uljudnost, učtivost

mannerly ['mænəli] *adj* uglađen, uljudan, učtiv, pristojan, lijepa ponašanja

mannikin ['mænikin] *s* → **mannequin**

mannish ['mæniʃ] *adj* muškarački, muškobanjast, neženski (žena); muški

manoeuvre (manoeuver) [mə'nu:və] *s Fr mil & mar* manevar (i *fig*); *fig* varka, smicalica, zavaravanje, manevriranje | ~**s** *pl* manevri, vojne vježbe

manoeuvre (manoeuver) [mə'nu:və] *vi/t* **I.** *vi* manevrirati; *mil & mar* izvoditi, održavati manevre, imati vojne vježbe **II.** *vt* manevrirati (čime); izmanevrirati; spretnošću postići (što); (svojom spretnošću, utjecajem itd.) pomoći komu (do čega); vješto rukovati; (spretno, varkom) namamiti, navesti (koga na što)

man-of-war [,mænəv'wɔ:] *s (pl* **men-of-war** [,menəv'wɔ:]) ratni brod

manometer [mə'nɔmitə] *s phys* manometar

manometric [,mænə'metrik] *adj phys* manometarski

manor ['mænə] *s* plemićko, viteško dobro, vlastelinstvo | **lord of the** ~ vlasnik plemićkog dobra, vlastelin

manor-house ['mænəhaus] *s* (plemićki) dvorac, vlastelinski dvor

manorial [mə'nɔ:riəl] *adj* vlasteoski, koji pripada plemićkom dobru

man-power ['mæn,pauə] *s* ljudstvo; (ljudska) radna snaga

mansard ['mænsa:d] *s archit* potkrovlje, mansarda; krov na prijelom (~ *roof*)

manse [mæns] *s Scot* prezbiterijanski župni dvor

manservant ['mæn,sə:vənt] *s* sluga

mansion ['mænʃən] *s* velika, gospodska kuća, palača | ~**s** *pl* blok stambenih zgrada | **the Mansion-House** službena rezidencija londonskog gradonačelnika

man-sized ['mænsaizd] *adj US sl* koji zahtijeva snage cijelog čovjeka

manslaughter ['mæn,slɔ:tə] *s* ubojstvo; *jur* ubojstvo iz nehata

manslayer ['mæn,sleiə] *s* ubojica; *jur* ubojica (iz nehata)

mantel ['mæntl] *s* okvir kamina

mantelpiece ['mæntlpi:s] *s* okvir kamina, polica iznad kamina

mantelshelf ['mæntlʃelf] *s* polica iznad kamina

mantilla [mæn'tilə] *s Span* mantilja, čipkasta marama ili veo

mantis ['mæntis] *s ent* pravokrilac | *ent* **praying** ~ bogomoljka

mantle ['mæntl] *s* (ženski) ogrtač (bez rukava), pelerina; *fig* ogrtač, plašt, pokrov, veo; plinska mrežica; *zool* plašt

mantle ['mæntl] *vt/i* **I.** *vt* pokriti, zastrijeti, zaodjenuti, (za)ogrnuti; prekriti, zarumeniti, navaliti, navrijeti (krv u lice) **II.** *vi* zarumenjeti se, porumenjeti, navaliti, navrijeti (krv u lice) (*over*)

mantlet ['mæntlit] *s* → **mantelet**

mantrap ['mæntræp] *s* zamka, stupica

manual ['mænjuəl] *adj* (~**ly** *adv*) ručno obavljan; rukom rađen, ručni | ~ **alphabet** abeceda na prste (za gluhonijeme); *mil* ~ **exercises** vježbe u rukovanju oružjem; ~ **labour** rad rukama; **sign** ~ vlastoručni potpis

manual ['mænjuəl] *s* **priručnik;** ***mus*** **ma**nual (klavijatura **orgulja)**

manufacture [,mænju'fæktʃə] *s* izrađivanje, izrada, proizvodnja, fabrikacija; proizvod; izrađevina | *com* ~**s** *pl* tvornička roba, tvornički proizvodi

manufacture [,mænju'fæktʃə] *vt* proizvoditi, izrađivati; prerađivati (*into* u); fabricirati; *fig* izmisliti (priču, izgovor) | *com* ~**d article** tvornički proizvod, fabrikat; ~**d goods** tvornička roba

manufacturer [,mænju'fæktʃərə] *s* tvorničar, proizvođač, fabrikant

manumission [,mænju'miʃn] *s hist* oslobađanje (roba ili kmeta)

manumit [,mænju'mit] *vt hist* osloboditi (roba, kmeta)

manure [mə'njuə] *s* (stajski) gnoj, đubre | **artificial** ~ umjetno gnojivo; ~ **spreader** rasturivač stajskog gnoja, fertilizator

manure [mə'njuə] *vt* (po)gnojiti, đubriti

manurial [mə'njuəriəl] *adj* koji se tiče gnoja, đubreta

manuscript ['mænjuskript] *adj* rukom pisan, rukopisni

manuscript ['mænjuskript] *s* rukopis, manuskript

Manx [mæŋks] *adj* s otoka Mana, koji se tiče otoka Mana | ~ **cat** kusasta mačka (s otoka Mana)

Manx [mæŋks] *s* jezik stanovnika otoka Mana | **the** ~ stanovnici otoka Mana

Manxman ['mæŋksmən] *s* stanovnik otoka Mana

many ['meni] *adj* (*comp* more; *superl* most) mnogi; mnogobrojan; mnogo | ~ **a** mnogi, koji taj; ~ **a one** mnogo tko; **to be (one) too** ~ **for** biti nadmoćan (komu), nadmudriti; **he was one too ~ for you** nisi mu bio dorastao; **for ~ a long day** za vrlo dugo vrijeme; **~ a year** mnogu i mnogu godinu; **how ~?** koliko?; **as ~** isto toliko; **as ~ again** još jedanput toliko; **twice as ~** dvaput toliko; **too ~** previše; **as ~ as 20** ne manje od 20; **to be one too ~** biti nepoželjan, suvišan; **to have one too ~** preduboko zaviriti u čašicu, biti pripit

many ['meni] *s* mnoštvo, velik broj | **a good ~, a great ~** priličan broj, veliko mnoštvo; **the ~** široke mase

manysided [ˌmeni'saidid] *adj* mnogostran

manysidedness [ˌmeni'saididnis] *s* mnogostranost

map [mæp] *s* (zemljopisna) karta | *fig* **to put a th on the ~** učiniti što važnim, značajnim; *coll* **off the ~** zabačen, nepristupačan (mjesto); nevažan, otpisan, zastario

map [mæp] *vt* prikazati u obliku zemljopisne karte; nacrtati kartu (čega); ucrtati, unijeti, zacrtati (u kartu)

map out ['mæp'aut] *vt* nacrtati; *fig* prikazati; rasporediti (vrijeme)

maple ['meipl] *s bot* javor; javorovina

maple-leaf ['meipl'liːf] *s* javorov list (amblem Kanade)

mapper ['mæpə] *s* kartograf

maquis ['mæki] *s* maki, pripadnik francuske partizanske organizacije | **the ~** maki, francuska partizanska organizacija

mar [maː] *vt* (po)kvariti, (po)remetiti; smetati (čemu)

marabou ['mærəbuː] *s ornith* marabu

maraschino [ˌmærəs'kiːnəu] *s* maraskino

maraud [mə'rɔːd] *vi/t* **I.** *vi* pljačkati, ići na pljačkaški pohod **II.** *vt* opljačkati

marauder [mə'rɔːdə] *s* pljačkaš

marble ['maːbl] *s* 1. mramor; kuglica, špekula 2. *attr* mramoran, bijel kao mramor; *fig* tvrd, krut, bezosjećajan | *pl* **~s** mramorna plastika; špekulanje; **to play at ~s** špekulati se

marble ['maːbl] *vt* marmorirati, išarati poput mramora

marbly ['maːbli] *adj* nalik na mramor, poput mramora, kao mramor

marcasite ['maːkəsait] *s minr* markasit

March [maːtʃ] *s* ožujak, mart | **as mad as a ~ hare** obijestan kao zec u ožujku (u vrijeme parenja), sasvim lud

march[1] [maːtʃ] *s hist* međa, granica | **the ~es** *pl* pogranično područje (između Engleske i Škotske); **Julian March** Julijska krajina

march [maːtʃ] *vi* graničiti *(upon)*; imati zajedničku granicu *(with)*

march[2] [maːtʃ] *s mil* marš, stupanje, hod, koračanje; *fig* napredovanje, odmicanje, tok (događaja); koračnica, marš | **on the ~** na maršu, za vrijeme marša; **line of ~** marš-ruta, smjer kretanja; *mus* **dead ~, funeral ~** žalobna koračnica; **forced ~** forsirani marš; *mil* **~ past** parada, mimohod, defile; *fig* **to steal a ~ on a p** preteći koga (u čemu)

march [maːtʃ] *vi/t* **I.** *vi mil* marširati; hodati, ići, stupati, koračati; promarširati (*by, past*), umarširati (*in*), izmarširati (*out*), odmarširati (*away, off*); *fig* napredovati, odmicati **II.** *vt* u maršu prevaliti, promarširati (neku udaljenost); odvoditi, odvesti (*away, off*) | **to ~ past (a p)** (paradnim korakom) prodefilirati (pred kim); *mil* **quick ~!** naprijed marš!; *mil* **~ing orders** zapovijed za pokret

marchioness ['maːʃənis] *s* markiza

marchpane ['maːtʃpein] *s* marcipan

mare [mɛə] *s* kobila; magarica | **the grey ~ is the better horse** žena sposobnija od muža, žena vodi riječ; *fig* **~'s nest** lažno otkriće, izmišljotina, novinarska patka

margarine [ˌmaːdʒə'riːn] *s* margarin

marge [maːdʒ] *s coll abbr* → **margarine**

margin ['maːdʒin] *s* rub; granica; slobodan prostor; *print* margina; višak; *com* razlika između kupovne i prodajne cijene, marža | **~ of profit** granica zarade; **~ of safety** sigurnosna granica

marginal ['maːdʒinl] *adj* (**~ly** *adv*) rubni; napisan na rubu, sa strane; granični, krajnji; marginalni; *econ* koji jedva pokriva troškove proizvodnje; *pol* osvojen malom većinom glasova; *fig* neznatan, nebitan | **~ notes** marginalije, bilješke na rubovima stranica; **~ land** zemlja koja odbacuje slabu dobit

marginalia [ˌmaːdʒi'neljə] *s pl Lat* bilješke na rubu, marginalije

margrave ['maːgreiv] *s hist* markgrof

margravine ['maːgrəviːn] *s hist* markgrofica

marguerite [ˌmaːgə'riːt] *s bot* ivančica

Maria [mə'raiə] *s* | *coll* **black ~** crna marica (policijska kola za prijevoz uhapšenika)

marigold ['mærigəuld] *s bot* neven, bileć

marijuana (marihuana) ['mæri'hwaːnə] *s* marihuana, hašiš

marimba [mə'rimbə] *s mus* marimba (instrument sličan ksilofonu)

marina [mə'riːnə] *s mar* marina

marinade [ˌmæri'neid] *s cul* marinada

marinade [ˌmæri'neid] *vt cul* marinirati

marine [mə'riːn] *adj* morski; pomorski; brodski (*~ boiler*); mornarički (*~ airplane*) | **~ insurance** pomorsko osiguranje; **~ stores** brodske potrebe; **~ engineering** brodska strojogradnja

marine [mə'riːn] *s* mornarica; pomorstvo; *mil* pomorski pješak; *paint* marina | **tell that to the (horse) ~s!** to pričaj nekom drugom!

mariner ['mærinə] *s* pomorac, mornar | **master ~** kapetan u trgovačkoj mornarici

marionette [ˌmæriəˈnet] *s Fr* marioneta
marital [ˈmæritl] *adj* (**~ly** *adv*) bračni, supružni | **~ status** bračno stanje
maritime [ˈmæritaim] *adj* pomorski; obalni, primorski | **~ law** pomorsko pravo
marjoram [ˈmaːdʒərəm] *s bot* mažuran
mark[1] [maːk] *s* 1. znak, oznaka; žig, biljeg, znamenje; križ (umjesto potpisa) 2. (školska) ocjena 3. mrlja, ogrebotina, oštećenje; *fig* ožiljak, trag; otisak (žiga) 4. *com* oznaka cijene (*price* ~) 5. potrebni standard, nivo 6. (željeni) cilj 7. važnost, ugled (*a man of no* ~) 8. *sport* startna linija | *com* **trade ~** zaštitni znak; **a man of ~** ugledan čovjek, velika ličnost; **below the ~** ispod očekivanja, nedostatan; *fig* **beside the ~, off the ~** bez veze s predmetom, što ne spada na stvar; *fig* **up to the ~** dovoljan, na visini; **to be (fall) wide of the ~** biti netočan, neprecizan, postići slab pogodak; **to make one's ~** steći ime, istaći se; ostaviti dojam (*with* na); *fig* **to hit the ~** uspjeti, pogoditi; *fig* **to miss the ~** promašiti, ne uspjeti; *coll* **an easy ~** laka žrtva (za varanje), laka meta, dobar objekt (za izrugivanje); **not be (feel) (quite) up to the ~** ne osjećati se (posve) dobro, ne biti (zdravstveno) kako treba; *sport* **on your ~s!** na mjesta!; **punctuation ~s** interpunkcija
mark[2] [maːk] *s* marka (novac i mjera za težinu)
mark [maːk] *vt* obilježiti, obilježavati, zabilježiti, označi(va)ti; signirati; žigosati; ocijeniti, ocjenjivati, dati ocjenu (čemu), bodovati; *fig* karakterizirati, obilježavati; *com* obilježiti (robu) cijenom; opaziti, uočiti, vidjeti; paziti, upamtiti | **to ~ time** stupati na mjestu; *fig* čekati do daljnjega
mark down [ˈmaːkˈdaun] *vt com* sniziti cijenu (čemu)
mark off [ˈmaːkˈɔf] *vt* označiti (granice, mjere itd.) (*from* od)
mark out [ˈmaːkˈaut] *vt* označiti crtama, obilježiti (što); odrediti, odabrati, predodrediti, predvidjeti, predbilježiti (koga) (*for* za što)
mark up [ˈmaːkˈʌp] *vt com* staviti više cijene na (artikle)
marked [ˈmaːkt] *adj* (**~ly** [ˈmaːkidli] *adv*) izrazit, značajan, napadan, naglašen; potvrđen (ček) | **a ~ man** ožigosan čovjek
marker [ˈmaːkə] *s* bilježitelj; brojač (kod biljara itd.); znak (predmet koji služi kao znak (npr. zastavica, kolčić itd.); zaloga (u knjizi) (*book-~*)
market [ˈmaːkit] *s* 1. trg, tržište; sajam, vašar; tržnica; sajmište 2. trgovina, poslovanje (kupnja i prodaja), prođa; potražnja (*for*); *st exch* novčano tržište; (tržna) cijena | **to go to ~** ići na trg (tržnicu); *fig* **to go to a good (bad) ~** (ne)uspjeti; *fig* **to bring one's eggs** (ili **hogs**) **to a bad ~** prevariti se u svojim namjerama, namjeriti se na krivoga; *fig* **to make a good ~ of** okoristiti se čime; **to come on** (ili **to**) **the ~** doći na tržište (radi prodaje), biti stavljen u prodaju, biti na prodaju; **to place on the ~, to put on the ~** staviti u prodaju; **to meet with a ready ~** nailaziti, naići na brzu prođu; **to find a ~** naći, nalaziti prođu; **a poor ~** slabi izgledi za prođu; *st exch* **to boom the ~, to rig the ~** (na)tjerati tečajeve uvis; **to play the ~** špekulirati (na burzi); **the corn ~** žitno tržište, trgovina žitom; **money-~** novčano tržište; **at the top of the ~** uz najvišu tržnu cijenu; **~ hall** tržnica; **~ price** tržna cijena; **~ research** ispitivanje tržišta; **~ value** tržna, tečajna vrijednost; **the Common Market** (Evropsko) zajedničko tržište
market [ˈmaːkit] *vi/t* **I.** *vi* kupovati, prodavati, trgovati (na sajmu, na tržnici) **II.** *vt* donositi, donijeti na trg; baciti (robu) na tržište, staviti u prodaju; prodavati na tržištu; tržiti (čime); naći prođu (za što) | **to go ~ing** ići na trg, na tržnicu
marketable [ˈmaːkitəbl] *adj* (**marketably** *adv*) koji nailazi na prođu, koji se može prodati
market-day [ˈmaːkitdei] *s* sajmeni dan, sajam
marketeer [ˌmaːkəˈtiə] *s* | **black ~** švercer, crnoburzijanac
market-gardener [ˌmaːkitˈgaːdnə] *s* povrćar, vrtlar koji uzgaja robu za trg
market-gardening [ˌmaːkitˈgaːdniŋ] *s* uzgoj povrća za tržnicu, povrćarstvo
marketing [ˈmaːkitiŋ] *s* trgovanje, trženje, prodaja (na veliko)
market-place [ˈmaːkitpleis] *s* trg, tržnica, sajmište
market-square [ˈmaːkitskwɛə] *s* → **market-place**
market-town [ˈmaːkittaun] *s* trgovište
marking [ˈmaːkiŋ] *s* obilježavanje, označavanje itd.; *zool* oznaka, šara, obilježje
marking-ink [ˈmaːkiŋiŋk] *s* tuš za obilježavanje
marksman [ˈmaːksmən] *s* dobar strijelac, majstor u gađanju
marksmanship [ˈmaːksmənʃip] *s* streljačka vještina
mark-up [ˈmaːkʌp] *s com* povišenje (cijene)
marl [maːl] *s geol* lapor
marl [maːl] *vt agr* gnojiti laporom
marline [ˈmaːlin] *s mar* mrlin (konop do 10 mm promjera)
marlin-spike [ˈmaːlinspaik] *s mar* trn, rog, klin (za otvaranje strukova užadi pri izradi upletaka)
marly [ˈmaːli] *adj* laporast
marmalade [ˈmaːməleid] *s* džem, marmelada (osobito od naranči)

marmoreal [maːˈmɔːriəl] *adj poet* mramoran; poput mramora
marmoset [ˈmaːməzet] *s zool* vrsta malog tropskog američkog majmuna
marmot [ˈmaːmət] *s zool* svizac
marocain [ˈmærəkein] *s text* maroken
maroon[1] [məˈruːn] *s* kestenjasta boja
maroon[2] [məˈruːn] *s* (signalna) raketa
maroon [məˈruːn] *adj* kestenjast
maroon[3] [məˈruːn] *s* odbjegli rob crnac; zapadnoindijski crnac; osoba iskrcana na pustoj obali ili nenastanjenu otoku
maroon [məˈruːn] *vt/i* **I.** *vt* iskrcati (koga) na pustu otoku (za kaznu); ostaviti (koga) u bespomoćnoj osamljenosti **II.** *vi* potucati se, lutati; *US* logorovati
marplot [ˈmaːplɔt] *s* onaj koji pokvari ili osujećuje neki plan ili pothvat svojim prerevnim uplitanjem
marque [maːk] *s mot* tip, model | *hist* **letter(s) of ~** dozvola za zarobljavanje i pljačkanje neprijateljskih brodova
marquee [maːˈkiː] *s* velik šator
marquetry (marqueterie) [ˈmaːkitri] *s* intarzija (od drva, bjelokosti itd.) za ukras na pokućstvu
marquis (marquess) [ˈmaːkwis] *s* markiz
marquise [maːˈkiːz] *s* markiza (ne engleska)
marram [ˈmærəm] *s bot* okrek
marriage [ˈmæridʒ] *s* brak; vjenčanje, ženidba, udaja | **to give a daughter in ~** udati kćer; **to take a p in ~** oženiti se kime, udati se za koga; **~ certificate** vjenčani list; *coll* **~ lines** *pl* vjenčani list; **church ~** crkveno vjenčanje; **civil ~** civilno vjenčanje, vjenčanje u matičnom uredu
marriageable [ˈmæridʒəbl] *adj* sposoban za ženidbu; sposobna, dorasla za udaju
married [ˈmærid] *adj* vjenčan; oženjen (muškarac), udata (žena); bračni | **~ life** bračni život; **~ state** brak, bračno stanje; **~ couple** bračni par
marrow [ˈmærəu] *s* mozak, moždina (u kostima); *fig* srž, bit, jezgra | **frozen** (ili **chilled) to the ~** skroz promrznut; **to the ~ of one's bones** do srži, do u dno duše; *bot* **vegetable ~** vrsta tikvice
marrowbone [ˈmærəubəun] *s* kost s moždinom | **~s** *pl* koljena; **to go down on one's ~s** (po)kleknuti
marrowy [ˈmærəui] *adj* pun moždine; jedar, bogat, pun sadržaja
marry [ˈmæri] *vi/t* **I.** *vt eccl* vjenčati; (o)ženiti (sina), uda(va)ti (kćer); (o)ženiti (djevojku), udati se za (koga); doći do čega ženidbom (udajom); *fig* spojiti, združiti (*with* sa) **II.** *vi* vjenčati se; oženiti se, udati se (*for love* iz ljubavi); priženiti se (*into a family*) | **to get married** vjenčati se; oženiti se, udati se; **she married off all her daughters** poudavala je sve svoje kćeri

marsh [maːʃ] *s* močvara, bara, baruština; močvarno tlo | **~ gas** barski plin, metan; **~ fever** malarijska groznica, malarija
marshal [ˈmaːʃl] *s hist* dvorski maršal, majstor ceremonija (engleskog dvora); upravitelj svečanosti; *mil* maršal; *jur* viši sudski činovnik; *US* upravitelj sudbenog okruga s dužnostima šerifa; *US* šef policije, šef vatrogasne službe
marshal [ˈmaːʃl] *vt* (po)redati; postrojiti; postaviti u red, svrsta(va)ti; svečano uvesti (*into* u) | **~ling yard** ranžirni kolodvor
marshalship [ˈmaːʃəlʃip] *s* služba maršala, čast maršala
marsh-mallow [ˈmaːʃˈmæləu] *s* 1. *bot* bijeli sljez 2. vrsta slastice
marsh-marigold [ˈmaːʃˈmærigəuld] *s bot* kopitac, kaljužnica
marshy [ˈmaːʃi] *adj* močvaran, barovit, podvodan
marsupial [maːˈsjuːpiəl] *adj zool* s tobolcem, s trbušnom kesom
marsupial [maːˈsjuːpiəl] *s zool* tobolčar
mart [maːt] *s poet* trg, tržište; dražbovaonica
marten [ˈmaːtin] *s zool* kuna; krzno od kune
martial [ˈmaːʃl] *adj* (**~ly** *adv*) ratni, bojni; vojni (**~** *music*); vojnički (**~** *bearing*); ratnički, ratoboran, marcijalan (**~** *spirit*) | *astr* **Martial** Marsov; **~ law** prijeki sud, opsadno stanje
Martian [ˈmaːʃjən] *adj* Marsov
Martian [ˈmaːʃjən] *s* Marsovac
martin [ˈmaːtin] *s ornith* crna čiopa (*house* **-~**)
martinet [ˌmaːtiˈnet] *s* onaj koji zahtijeva i provodi najstrožu disciplinu; onaj koji se pedantno pridržava propisa
martini [maːˈtiːni] *s* koktel od džina i vermuta
Martinmas [ˈmaːtinməs] *s* Martinje (11. studenoga)
martyr [ˈmaːtə] *s* mučenik, mučenica; patnik, patnica; žrtva | **to make a ~ of oneself** graditi se mučenikom; žrtvovati se (*for* za); **to be a ~ to a th** silno patiti od (čega), biti žrtva čega
martyr [ˈmaːtə] *vt* smaknuti kao mučenika; mučiti, stavljati, staviti na muke
martyrdom [ˈmaːtədəm] *s* mučeništvo
martyrize [ˈmaːtəraiz] *vt* učiniti od koga mučenika; mučiti, stavljati na muke; žrtvovati | **to ~ oneself** žrtvovati se
martyry [ˈmaːtəri] *s* svetište posvećeno mučeniku
marvel [ˈmaːvl] *s* čudo; divota; *coll* divna osoba | **a ~ of a th** čudo, uzor
marvel [ˈmaːvl] *vi* čuditi se, diviti se (*at* čemu; *that*); pitati se, biti radoznao (*why*)
marvellous [ˈmaːvələs] *adj* (**~ly** *adv*) divan, čudesan
Marxism [ˈmaːksizm] *s* marksizam

Marxist ['ma:ksist] *s* marksist
marzipan [ˌma:zi'pæn] *s* → **marchpane**
mascara [mæs'ka:rə] *s* kozmetičko sredstvo za bojenje obrva i trepavica, maskara
mascot ['mæskət] *s* donosilac sreće; maskota, amajlija, talisman
masculine ['mæskjulin] *adj* muški; muževan; muškarački, poput muškarca; *gram* muškog roda | *gram* ~ **gender** muški rod
masculine ['mæskjulin] *s gram* muški rod
masculinity [ˌmæskju'liniti] *s* muževnost
mash[1] [mæʃ] *s* smjesa; mješavina; sladna kaša (za varenje piva); *agr* krmna smjesa; kaša, pire
mash[1] [mæʃ] *vt* miješati (slad s vrelom vodom); (z)drobiti, (z)gnječiti; *chem* muljiti | ~**ed potatoes** pire od krumpira
mash[2] [mæʃ] *vt sl* uzbuditi ljubavne osjećaje (u osobi protivnog spola); zaluditi | **to be** ~**ed on** biti zatreskan u (koga), ludovati za (kim)
mash[2] [mæʃ] *s sl* osvajač tuđih srdaca; zaljubljenost, zatreskanost
masher[1] ['mæʃə] *s* (kuhinjska) gnječilica
masher[2] ['mæʃə] *s sl* umišljeni osvajač ženskih srca; *sl* jeftin kicoš
mashie (mashy) ['mæʃi] *s sport* palica (za golf) s metalnim vrškom
mask [ma:sk] *s* maska, krinka (i *fig*); zaštitna maska; krabulja, maškara; glava lisice (kao trofeja) | **death** ~ posmrtna maska; *fig* **throw off the** ~ skinuti krinku, odbaciti masku, otkriti svoje prave namjere; **under the** ~ **of friendship** pod maskom prijateljstva
mask [ma:sk] *vt/i* **I.** *vt* maskirati, zakrinkati, zakrabuljiti, staviti masku; *fig* prikriti; *mil* kamuflirati **II.** *vi* zakrabuljiti se, maskirati se | ~**ed ball** krabuljni ples
masker (masquer) ['ma:skə] *s* krabulja
masochism ['mæsəkizəm] *s* mazohizam
masochist ['mæsəkist] *s* mazohist
masochistic [ˌmæsə'kistik] *adj* mazohistički
mason ['meisn] *s* zidar; slobodni zidar (*free* ~)
mason ['meisn] *vt* zidati, graditi (od kamena)
masonic [mə'sɔnik] *adj* slobodnozidarski
masonry ['meisnri] *s* zidarstvo; zidani dijelovi, zidna konstrukcija; slobodno zidarstvo
masque [ma:sk] *s* drama u stihovima (često s glazbom, plesom i raskošnim kostimima; *spec* prikazivana u engleskim plemićkim dvorcima u 16. i 17. st.)
masquerade [ˌmæskə'reid] *s* krabuljni ples; maskarada; *fig* lažno prikazivanje, maskerada, maskiranje, kamuflaža
masquerade [ˌmæskə'reid] *vi* maskirati se, zakrabuljiti se; prerušiti se (*as* u)
Mass [mæs] *s eccl & mus* misa | **to say** ~ služiti misu, misiti; **High** ~ svečana misa; **Low** ~ tiha misa
mass[1] [mæs] *s* masa (i *phys*), gomila, hrpa, velika množina, mnoštvo | **in the** ~ u cjelini; **the** ~ većina; **the** ~**es** mase, široki slojevi, narod; ~ **meeting** masovni zbor, sastanak; ~ **communications,** ~ **media** sredstva masovnog obavještavanja, masovni mediji; ~ **production** serijska proizvodnja
mass [mæs] *vt/i* **I.** *vt* (na)gomilati; okupiti, okupljati (u velikom broju); *mil* koncentrirati **II.** *vi* (na)gomilati se, okupiti se, okupljati se, sakupljati se, sakupiti se
massacre ['mæsəkə] *s* pokolj, klanje, masakr | *parl* ~ **of the innocents** skraćivanje dnevnog reda zbog nedostatka vremena pri završetku zasjedanja; *bibl* **Massacre of the Innocents** Pokolj nevine dječice
massacre ['mæsəkə] *vt* poklati, poubijati, izvršiti pokolj nad (kim), masakrirati
massage ['mæsa:ʒ] *s Fr* masaža, masiranje
massage ['mæsa:ʒ] *vt Fr* masirati
masseur [mæ'sə:] *s Fr* maser
masseuse [mæ'sə:z] *s Fr* maserka
massif ['mæsi:f] *s Fr* planinski masiv
massive ['mæsiv] *adj* (~**ly** *adv*) masivan; krupan; glomazan; *fig* golem, silan
mass-produce ['mæsprəˌdju:s] *vt* proizvoditi serijski
massy ['mæsi] *adj* masivan, čvrst; krupan, glomazan
mast[1] [ma:st] *s mar* jarbol; visok stup | *mar* **before the** ~ kao običan mornar
mast[2] [ma:st] *s* žir, bukvica (kao krma)
master ['ma:stə] *s* 1. gospodar; gazda, poslodavac; vlasnik (psa, itd.) 2. nadzornik; ravnatelj, glavar (škole) 3. majstor; stručnjak; učitelj, nastavnik; *paint* majstor (slikar); slika starog majstora 4. *mar* kapetan (trgovačkog broda) 5. mladi gospodin (oslovljavanje dječaka do 14 godina) 6. *attr* majstorski; glavni, najveći | **the** ~ **of the house** (kuće)vlasnik, domaćin; **to be** ~ **of** biti gospodar čega, upravljati, vladati čime; **to make oneself** ~ **of** steći, svladati što; **mathematics** ~ učitelj matematike, nastavnik iz matematike; **music** ~ učitelj glazbe; **the Master** Učitelj, Krist; **Master of Arts, Master of Science** magistar nauka (drugi akademski stupanj filozofskog fakulteta); **Master of Ceremonies** meštar ceremonija; **Master of the Horse** engleski dvorski konjušar
master ['ma:stə] *vt* savladati (što); upokoriti (koga); usvojiti, (temeljito) naučiti (jezik itd.)
master-at-arms ['ma:stərət'a:mz] *s mar* brodski policijski oficir
masterful ['ma:stəful] *adj* (~**ly** *adv*) zapovjednički, koji voli gospodovati

master-key ['ma:stəki:] *s* glavni ključ (koji otvara više brava)
masterless ['ma:stəlis] *adj* bez gospodara; kojim nitko ne upravlja; kojim se ne može upravljati
masterly ['ma:stəli] *adj* majstorski
mastermind ['ma:stəmaind] *s fig* mozak, glavni »maher«, onaj koji smišlja planove ili pothvate i njima upravlja iz pozadine
mastermind ['ma:stəmaind] *vt* smisliti, zasnovati (plan, pothvat), upravljati, dirigirati (pothvatom)
masterpiece ['ma:stəpi:s] *s* majstorsko djelo, remek-djelo
mastership ['ma:stəʃip] *s* gospodstvo, moć, vlast (*over* nad); majstorstvo; vladanje, znanje (*of a subject*); služba učitelja; položaj glavara, ravnatelja
masterstroke ['ma:stəstrəuk] *s* majstorluk, majstorski potez
mastery ['ma:stəri] *s* vlast (*of, over* nad); prevlast, nadmoć (*to gain the ~ over*); vještina, svladavanje, znanje (*his ~ of English*)
mast-head ['ma:sthed] *s mar* vrh jarbola
mastic ['mæstik] *s* mastiks (smola od trišlje); *bot* trišlja
masticable ['mæstikəbl] *adj* koji se može prožvakati
masticate ['mæstikeit] *vt* žvakati
mastication [ˌmæsti'keiʃn] *s* žvakanje
masticator ['mæstikeitə] *s* onaj koji žvače, žvakač; *tech* mlin, mlinac; stroj za usitnjavanje, drobilica
masticatory ['mæstikeitəri] *adj* žvakaći | **~ process** proces žvakanja
mastiff ['mæstif] *s* mastif (vrsta buldoga)
mastodon ['mæstədɔn] *s zool* mastodont
masturbate ['mæstəbeit] *vi* onanirati
masturbation [ˌmæstə'beiʃn] onanija
mat[1] [mæt] *s* rogožina, hasura, prostirač; otirač (*doormat*); podložak; klupko, čuperak | **to leave a p on the ~** ostaviti koga pred vratima, ne htjeti koga primiti
mat [mæt] *vt/i* **I.** *vt* pokriti rogožinom, prostiračima; zaplesti, zamrsiti, splesti **II.** *vi* zamrsiti se, ispreplesti se | **~ted hair** zamršena kosa
mat (matt, *US* matte) [mæt] *adj* mutan, bez sjaja; *phot* mat
mat[2] [mæt] *s tech sl* matrica
matador ['mætədɔ:] *s Span* matador
match[1] [mætʃ] *s* 1. onaj koji je kome par, dorastao, jednak, ravan 2. natjecanje, utakmica, meč (*boxing ~*) 3. brak, ženidba | **to make a ~** sklopiti brak; **to be a good ~** dobro pristajati (jedan drugome), dobro se slagati (jedan s drugim); biti dobra partija (za brak); **to be a ~ for a p** biti kome dorastao, ravan; **to meet (find) one's ~** naći sebi ravna; **he is up against more than his ~** namjerio se na jačega od sebe; **a love ~** brak iz ljubavi
match[2] [mætʃ] *s* žigica, šibica; *hist* fitilj, lunta | **safety-~** šibica koja se pali samo na specijalno priređenoj podlozi | **to strike a ~** zapaliti šibicu
match [mætʃ] *vt/i* **I.** *vt* 1. združiti, oženiti, udati (*with*) 2. mjeriti se (s kime), biti ravan (komu), dostići (koga); odmjeriti (snagu) (*against, with*); učiniti što jednako dobro kao netko drugi; prilagoditi (komu, čemu), naći, pribaviti što pristaje, spariti **II.** *vi* slagati se, biti jednak, pristajati jedan drugome | **to be well ~ed** dobro pristajati (jedan drugome), slagati se (jedan s drugim); **to ~** koji tome pristaje (*gloves to ~*)
match-ball ['mætʃbɔ:l] *s ten* lopta odlučna za ishod igre
match-box ['mætʃbɔks] *s* kutija za šibice
matchet ['mætʃit] *s* → **machete**
matchless ['mætʃlis] *adj* (**~ly** *adv*) bez premca, komu nema ravna, neusporediv
match-lock ['mætʃlɔk] *s mil hist* puška na fitilj, fitiljača
match-maker ['mætʃˌmeikə] *s* provodadžija, provodadžinica
match-point ['mætʃpoint] *s sport* odlučujući bod
matchwood ['mætʃwud] *s* drvo za šibice; sitno iverje, treščice | **to make ~ of, to reduce (smash) to ~** smrskati, razbiti u paramparčad; *fig* potpuno uništiti
mate[1] [meit] *s* → **checkmate**
mate [meit] *vt* matirati, zadati mat (komu)
mate[2] [meit] *s* drug, drugarica; *coll* bračni drug, bračna družica, suprug(a), muž, žena; *zool, ornith* mužjak; ženka; pomoćnik; *mar* časnik (trgovačke mornarice)
mate [meit] *vt/i* **I.** *vt zool, ornith* (s)pariti (*with* s kim) **II.** *vi* pariti se
mateless ['meitlis] *adj* bez druga, bez para
mater ['meitə] *s Lat sch sl* majka
material [mə'tiəriəl] *adj* (**~ly** *adv*) materijalan; tvaran, stvaran, zemaljski; tjelesan, fizički; bitan, koji pridonosi (*to* čemu); materijalistički | **~ science** prirodna znanost
material [mə'tiəriəl] *s* građa, gradivo, tvar, materija; materijal; tkanina | **raw ~, working ~** sirovina; **dress ~s** tkanine za haljine; **writing ~s** pisaći pribor
materialism [mɔ'tiəriəlizm] *s* materijalizam
materialist [mə'tiəriəlist] *s* materijalist
materialistic [məˌtiəriə'listik] *adj* (**~ally** *adv*) materijalistički
materiality [məˌtiəri'æliti] *s* tjelesnost; tvarnost, stvarnost; materijalnost
materialization [məˌtiəriəlai'zeiʃn] *s* ostvarenje, materijalizacija
materialize [mə'tiəriəlaiz] *vt/i* **I.** *vt* otjeloviti, dati tjelesan oblik (čemu); učiniti tvarnim, materijalnim, materijalističkim

II. *vi* pojaviti se u tjelesnom obliku (duh); poprimiti stvaran ili vidljiv oblik; *coll* pojaviti se; ostvariti se, ispuniti se, materijalizirati se

maternal [mə'tə:nl] *adj* (~**ly** *adv*) majčinski, majčin, materinski, materinji; po majci | ~ **uncle** ujak

maternity [mə'tə:niti] *s* majčinstvo, materinstvo | ~ **hospital** rodilište; ~ **ward** porodiljski odjel; ~ **nurse** primalja; ~ **dress** haljina za trudnice; ~ **bag** oprema za novorođenče

matey ['meiti] *adj coll* drugarski, prisan, intiman (*with*)

mathematical [ˌmæθi'mætikl] *adj* (~**ly** *adv*) matematski, matematički

mathematician [ˌmæθimə'tiʃn] *s* matematičar(ka)

mathematics [ˌmæθi'mætiks] *s pl* matematika

maths [mæθs] (*US* **math** [mæθ]) *s coll abbr* → **mathematics**

matin ['mætin] *s poet* jutarnja pjesma (ptica) | *coll* ~**s** *pl* jutrenja; jutrenje, zornica

matiné ['mætinei] *s Fr* matineja, poslijepodnevna predstava ili priredba | ~ **idol** mnogo obožavan glumac, idol publike

matrass ['mætrəs] *s chem* retorta, staklena posuda s dugim grlom

matriarch ['meitria:k] *s* žena kao glava porodice ili plemena, matrijarh

matriarchy ['meitria:ki] *s* matrijarhat

matric [mə'trik] *s* → **matriculation**

matrices ['meitrisi:z] *s pl* → **matrix**

matricidal ['meitrisaidl] *adj* materoubilački

matricide ['meitrisaid] *s* umorstvo (vlastite) majke; ubojica vlastite majke

matriculate [mə'trikjuleit] *vt/i univ* **I.** *vt* upisati (u visoku školu) **II.** *vi* upisati se u visoku školu, stupiti na sveučilište

matriculation [məˌtrikju'leiʃn] *s GB univ* upis(ivanje), prijamni ispit, matrikulacija

matrimonial [ˌmætri'məunjəl] *adj* (~**ly** *adv*) bračni | ~ **column** oglasni stupac za ženidbe

matrimony ['mætriməni] *s* brak

matrix ['meitriks] *s* (*pl* ~**es, matrices** ['meitrisi:z]) *Lat anat* maternica; *print* matrica; *tech* kalup; *geol* matriks, osnova

matron ['meitrən] *s* matrona, ugledna (starija) udata žena ili udovica; časna gospođa; gazdarica, domaćica, upraviteljica, nadzornica (bolnice, internata itd.)

matronal ['meitrənl] *adj* matronski, poput matrone; prikladan za stariju gospođu, koji se dolikuje starijoj gospođi

matronly ['meitrənli] *adj* matronski, dostojanstven; koji se dolikuje starijoj gospođi; prikladan za starije gospođe

matt [mæt] *adj* → **mat**[2]

matter ['mætə] *s phys* 1. tvar, materija; građa, gradivo 2. sadržaj, stvar, predmet, pitanje 3. *med* gnoj 4. *print* rukopis; slog; *jur* predmet; sporno pitanje | **a** ~ **of opinion** stvar shvaćanja; **postal** ~ ono što se može slati poštom; **printed** ~ tiskanica; **reading** ~ štivo; **no** ~ nije važno, ne čini ništa, ništa za to; **no** ~ **who (what, where** itd.) bez obzira na to tko (što, gdje); **what** ~? pa što onda?; **what's the** ~? što je?, što se dogodilo?; *coll* **what's the** ~ **with it?** a zašto ne?, a što to smeta?; **what is the** ~ **with you?** što vam je?, što ti je?; **a** ~ **of course** naravna stvar, nešto što se samo po sebi razumije; **a** ~ **of fact** činjenica, fakt; **as a** ~ **of fact** zapravo, u stvari; **for that** ~, **for the** ~ **of that** što se toga tiče, zapravo, praktički; **in the** ~ **of** u pogledu, što se tiče (čega); **a hanging** ~ stvar (prijestup) koja se kažnjava vješanjem; **a** ~ **of** otprilike; **within a** ~ **of hours** u roku (samo) nekoliko sati; **a** ~ **of taste** stvar ukusa; **it's no laughing** ~ nije to šala; **it is a** ~ **of indifference to me (whether)** svejedno mi je (da li...)

matter ['mætə] *vi* biti važno, značiti (*to* za); gnojiti se | **what does it** ~? što smeta?; **it does not** ~ ništa za to, nije važno, ne čini ništa

matter-of-course [ˌmætərəv'kɔ:s] *adj* koji se sam po sebi razumije, sam po sebi razumljiv

matter-of-fact [ˌmætərəv'fækt] *adj* koji se strogo pridržava činjenica, koji ništa ne uljepšava, suhoparan, prozaičan

matting ['mætiŋ] *s* materijal za rogožine, otirače, hasure; prostirač, hasura, otirač

mattins ['mætinz] *s* → **matin**

mattock ['mætək] *s* motika; pijuk, trnokop

mattress ['mætris] *s* strunjača, madrac | **spring** ~ madrac od opruga

maturate ['mætjuəreit] *vi med* dozrijevati, dozreti (čir itd.)

maturation [ˌmætjuə'reiʃn] *s* dozrijevanje

mature [mə'tjuə] *adj* (~**ly** *adv*) zreo; dozreo, sazreo, potpuno razvijen, odrastao; dobro promišljen (plan, odluka); *com* dospio | ~ **deliberation** zrelo, brižljivo promišljanje

mature [mə'tjuə] *vt/i* **I.** *vt* učiniti zrelim; izraditi, razraditi (plan itd.) **II.** *vi* zreti, sazreti, sazrijevati, dozreti, dozrijevati; *com* dospjeti, dospijevati

maturity [mə'tjuəriti] *s* zrelost; dozrelost; *com* dospjelost, dospijeće

matutinal [ˌmætju:'tainl] *adj* jutarnji; ran

maudlin ['mɔ:dlin] *adj* plačljiv, pretjerano osjećajan, sentimentalan (od pića)

maul [mɔ:l] *vt* teško pozlijediti; tući, (iz)biti, (iz)lemati, (iz)mlatiti, (iz)batinati; nepažljivo, grubo baratati (čime); oštro na-

pasti (kritikom) | **to ~ a p about** grubo s kim postupati
maulstick (mahlstick) [ˈmɔːlstik] *s paint* slikarev potporni štap
maunder [ˈmɔːndə] *vi* tromo se kretati, vući se (*about, along*); biti rastresen, mlitav; trabunjati, blebetati, nejasno, nesuvislo govoriti
maundy [ˈmɔːndi] *s eccl* pranje nogu; dijeljenje novca siromasima (na Veliki četvrtak u Engleskoj) | **Maundy Thursday** Veliki četvrtak
mausoleum [ˌmɔːsəˈliəm] *s* mauzolej
mauve [məuv] *s Fr* boja sljezova cvijeta, svijetloljubičasta boja
mauve [məuv] *adj* svijetloljubičast
maverick [ˈmævərik] *s US* 1. nežigosano tele 2. politički neopredijeljena osoba
mavis [ˈmeivis] *s poet ornith* drozd
maw [mɔː] *s* želudac (životinje); sirište (četvrti želudac preživača); *fig* ždrijelo, ponor (*death's ~, the ~ of time*)
mawkish [ˈmɔːkiʃ] *adj* (**~ly** *adv*) bljutav, sladunjav, odvratan; *fig* sladunjav, jeftino sentimentalan
mawseed [ˈmɔːsiːd] *s bot* makovo sjeme
mawworm [ˈmɔːwəːm] *s zool* crijevna glista
maxi [ˈmæksi] *s coll* ženska odjeća (suknja, ogrtač itd.) koja seže do gležnja
maxilla [mækˈsilə] *s* (*pl* **maxillae** [mækˈsiliː]) *Lat anat* (gornja) čeljust, čeljusna kost
maxim [ˈmæksim] *s* načelo, geslo, maksima
Maxim [ˈmæksim] *s mil* mitraljez (starijeg tipa)
maximalist [ˈmæksimәlist] *s* maksimalist
maximize [ˈmæksimaiz] *vt* maksimalno povećati, pojačati; *fig* preuveliča(va)ti
maximum [ˈmæksiməm] *s* (*pl* **maxima** [ˈmæksimə]) *Lat* maksimum, najveći stupanj, najveća veličina, najveća količina, najveći iznos; *attr* maksimalan, najveći, najviši (mogući)
may [mei] *v defect* (*pret* might) smjeti, moći | **be that as it ~** kako bilo; **come what ~** došlo što došlo, što god se dogodilo; **~ you be happy**! sretan bio!; **it ~ be true** možda je to istina; **he ~ live to see the day** on će to možda doživjeti
may [mei] *s poet* → **maiden**
May [mei] *s* svibanj, maj; *fig* mladost; cvijet mladosti | **~ Day** Prvi maj, prvomajski praznik; **~s** *pl univ* ispiti u majskom roku; veslačka regata u svibnju (na sveučilištu u Cambridgeu); *bot* **may** glogov cvijet
maybe (may-be) [ˈmeibiː] *s* mogućnost, vjerojatnost, eventualnost
maybe (may-be) [ˈmeibiː] *adv* možda | **as soon as ~** što prije
may-beetle [ˈmeibiːtl] *s* → **may-bug**
may-bug [ˈmeibʌg] *s ent* hrušt
mayday [ˈmeidei] *s aero mar* međunarodni radiotelegrafski signal opasnosti
mayfly [ˈmeiflai] *s ent* vodencvijet
mayhem [ˈmeihem] *s jur hist* teška ozljeda, osakaćenje; *fig* divljački nered, pustošenje
mayonnaise [ˌmeiəˈneiz] *s Fr cul* majoneza
mayor [mɛə] *s* gradonačelnik, predsjednik (gradske) općine | **the Lord ~ of London** načelnik Londona
mayoral [ˈmɛərəl] *adj* (grado)načelnički
mayoralty [ˈmɛərəlti] *s* načelnička služba; čast gradskog načelnika; rok službe gradonačelnika
mayoress [ˈmɛəris] *s* načelnikovica, žena (gradskog) načelnika; (grado)načelnik (žena)
maypole [ˈmeipəul] *s* svibanjski stup (oko kojeg se pleše prilikom svečanosti prvoga svibnja)
maze [meiz] *s* labirint; zbrka; zbunjenost, konfuzija | **to be in a ~** biti smeten, zbunjen
maze [meiz] *vt* zbuniti, smutiti, smesti
McCoy [məˈkɔi] *US sl* | **the real ~** pravi čovjek, prava stvar (ne imitacija)
me [miː] *pron* mene, me; meni, mi; mnom | **ah ~!, dear ~!** bože moj!; *coll* **it's ~** to sam ja, ja sam; *US* **I built ~ a house** sagradio sam sebi kuću
mead[1] [miːd] *s* medovina, medica
mead[2] [miːd] *s poet* → **meadow**
meadow [ˈmedəu] *s* livada | *ornith* **~ lark** američka poljska ševa
meadow-saffron [ˈmedəuˈsæfrən] *s bot* mrazovac
meadowy [ˈmedəui] *adj* poput livade; pun livada
meagre (meager) [ˈmiːgə] *adj* (**~ly** *adv*) mršav (i *fig*); slab, oskudan (hrana); siromašan, neplodan (zemlja); malobrojan
meagre [ˈmiːgə] *s ichth* krb, grb (*Sciaena aquila*)
meagreness [ˈmiːgənis] *s* mršavost, oskudnost
meal[1] [miːl] *s* (grubo mljeveno) brašno | *US* **corn ~** kukuruzno brašno; brašno (od drugih žitarica); *fig* **in ~ or in malt** ovako ili onako, izravno ili neizravno, na sve načine
meal[2] [miːl] *s* obrok, jelo | **to have a good ~** dobro se najesti
mealie [ˈmiːli] *s bot* južnoafrički kukuruz (obično *pl*)
mealtime [ˈmiːltaim] *s* vrijeme jela
mealy [ˈmiːli] *adj* brašnjav, brašnast; *bot* pokriven ili kao da je posut prašinom; blijed (lice)
mealy-bug [ˈmiːlibʌg] *s* **vrsta biljne uši**
mealy-mouthed [ˈmiːlimauðd] *adj fig* slatkorječiv, medoustan, koji se prenemaže u govoru

mean¹ [mi:n] *s* sredina; srednja vrijednost, prosjek | **the happy (golden) ~** zlatna sredina

mean² [mi:n] *s* → **means**

mean¹ [mi:n] *adj* srednji; poprečni, prosječni | **Greenwich Mean Time** srednje vrijeme po Greenwichu

mean² [mi:n] *adj* malen, nizak; beznačajan; bijedan, jadan, siromašan, otrcan; podmukao, podao, zao, gadan; nizak (po položaju ili porijeklu), prost; loš, slab; škrt, tvrd | **he is no ~ scholar** on je dobar đak; **(a man) of no ~ ability** (čovjek) nemalih sposobnosti, vrlo sposoban; *coll* **to feel ~ (for doing)** stidjeti se (zbog, što)

mean [mi:n] *vt/i* (meant, meant) kaniti, namjeravati; predvidjeti, predodrediti; namijeniti; imati na umu, naumiti; htjeti reći (*by* čime); misliti; značiti, predstavljati | **he was meant for a soldier** bio je određen, stvoren za vojnika; **to ~ well, to ~ well by** misliti komu dobro; **what do you ~ by it?** što time misliš?; *coll* **to ~ business** ozbiljno misliti, ne šaliti se

meander [mi'ændə] *vi* vijugati, krivudati (rijeka, potok); lutati amo-tamo, bez cilja; *fig* govoriti bez veze, razvlačiti, mljeti

meanderings [mi'ændriŋz] *s pl* vijugav put, tok, vijuganje

meanie ['mi:ni] *s coll* podlac, gad(an čovjek)

meaning ['mi:niŋ] *s* značenje; smisao; namjera | **with ~** značajno

meaning ['mi:niŋ] *adj* (**~ly** *adv*) značajan | **well-~** dobronamjeran

meaningful ['mi:niŋful] *adj* značajan, pun značenja

meaningless ['mi:niŋlis] *adj* beznačajan; besmislen; bezrazložan, bez povoda

meanly ['mi:nli] *adv* podlo; škrto

meanness ['mi:nnis] *s* niskost, podlost; prostota; jadnost, bijednost; škrtost

means¹ [mi:nz] *s pl* način, sredstvo | **by ~ of** pomoću (čega); **by ~ of words** riječima; **by all ~** svakako, na svaki način; **by no ~** nikako, nipošto; **by no manner of ~** ni na koji način; **by some ~ or other** nekako, ovako ili onako, na ovaj ili onaj način; **by fair ~ or foul** na bilo koji način, lijepim ili ružnim, ne birajući sredstva; **to find ways and ~** naći sredstva i načina; **~ of production** proizvodna sredstva

means² [mi:nz] *s pl* bogatstvo, imetak, (novčana) sredstva | **to live beyond one's ~** živjeti (trošiti) preko svojih (financijskih) mogućnosti; **to live within one's ~** trošiti u granicama svojeg dohotka; **~ test** provjeravanje imovinskog stanja ili dohotka (radi dodjeljivanja mirovine ili socijalne pomoći)

meant [ment] *pret & pp* od **mean**

meantime [ˌmi:n'taim] *adv* međutim; u međuvremenu

meantime [ˌmi:n'taim] *s* međuvrijeme | **in the ~** međutim; dotle, u međuvremenu

meanwhile [ˌmi:n'wail] *adv* međutim; u međuvremenu, dotle

meany ['mi:ni] *s* → **meanie**

measles ['mi:zlz] *s pl med* ospice

measly ['mi:zli] *adj coll* bezvrijedan, bijedan, jadan, mizeran

measurable ['meʒərəbl] *adj* (**measurably** *adv*) (iz)mjeriv | **within ~ distance (of)** posve blizu (čega, čemu)

measure ['meʒə] *s* 1. mjera; razmjer; mjerilo; mjerica 2. granica 3. *math* djelitelj, faktor 4. *mus* takt; *pros* stopa, metar; ritam 5. *arch* plesna melodija; ples 6. stupanj, opseg 7. *jur* zakonska mjera | **(made) to ~** (učinjen) po mjeri; **to take a p's ~** uzeti komu mjeru; **to take ~s** poduzeti korake, mjere; *fig* **to set ~s to** postaviti granice (čemu); **to tread a ~ (with a p)** (za)plesati (s kim); **beyond ~** silan, silno, golem(o), neizreciv(o), preko svake mjere; **in a ~** u stanovitoj mjeri; **out of ~** prekomjerno, pretjerano; **to give full ~** da(va)ti dobru mjeru (vagu); **to give short ~** da(va)ti slabu mjeru, zakidati (na vagi); *fig* **to get the ~ of a p** procijeniti, prosuditi koga; *fig* **to give the ~ of** pokazati, izraziti (što) u punoj mjeri; **in some ~** donekle, u neku ruku; **in great (large) ~** uvelike; **in no small ~** nemalo, prilično, dobrano; **~ of capacity** mjera za zapremninu; **liquid ~** mjera za tekućine

measure ['meʒə] *vt/i* mjeriti, izmjeriti, odmjeriti; (pro)cijeniti; (pro)suditi (*by* po); uzeti mjeru komu (*for* za) | **to ~ one's length** pasti koliko je tko dug i širok; *fig* **to ~ swords with** okušati svoju snagu s kim; **to ~ a p with one's eye** mjeriti koga očima; **to ~ one's strength (with a p)** mjeriti, odmjeravati svoju snagu (s kim); *fig* **to ~ other people's corn by one's own bushel** suditi koga po sebi; *el* **measuring transformer** mjerni transformator

measure off ['meʒər'ɔf] *vt* odmjeriti

measure out ['meʒər'aut] *vt* odmjeriti

measure up ['meʒər'ʌp] *vi US* biti dorastao čemu, imati potrebne sposobnosti za što

measured ['meʒəd] *adj* (**~ly** *adv*) odmjeren, jednoličan, pravilan; promišljen | **~ tread** odmjeren korak

measureless ['meʒəlis] *adj* neizmjeran

measurement ['meʒəmənt] *s* mjerenje; mjera; veličina | **~s** *pl* dimenzije

meat [mi:t] *s* 1. meso (kao hrana); *arch* hrana, jelo; *sl* užitak 2. *fig* sadržaj(nost) | **green ~** zelenje, povrće; **as full as an egg is of ~** sasvim pun; **one man's ~**

is another man's poison što je za jednoga dobro, za drugoga je štetno; **this was ~ and drink to him** to je za nj bio velik užitak; **before ~** prije jela; **after ~** poslije jela; **a ~ tea** obilata užina (s nekim jelom od mesa); **~ fly** muha zujara, zundarača, mesarska muha; **~ packing plant** industrijska klaonica; mesna industrija

meatless ['mi:tlis] *adj* bezmesan (**~** *day*)

meaty ['mi:ti] *adj* mesnat; mesni; *fig* snažan, pun, jedar; sadržajan

mechanic [mi'kænik] *s* obrtnik, zanatlija; strojar; mehaničar

mechanical [mi'kænikl] *adj* (**~ly** *adv*) strojarski, mašinski; mehanički; *fig* mehaničan | **~ engineering** strojarstvo; *el* **~ rectifier** mehanički ispravljač

mechanician [ˌmekə'niʃn] *s* mehaničar, monter

mechanics [mi'kæniks] *s pl* (*sg constr*) mehanika (nauka)

mechanism ['mekənizm] s mehanizam; ustrojstvo

mechanist ['mekənist] *s* mehanist, pristalica mehanističkog materijalizma

mechanization [ˌmekənai'zeiʃn] *s* mehanizacija, mehaniziranje

mechanize ['mekənaiz] *vt* mehanizirati; motorizirati | **~d troops** motorizirane jedinice, motorizacija

medal ['medl] *s* medalja, kolajna; orden, odlikovanje; spomen-kolajna, spomenica | *fig* **the reverse of the ~** druga strana medalje

medalled ['medld] *adj* odlikovan (medaljom)

medallion [mi'dæljən] *s Fr* velika medalja; medaljon (ukras u obliku medalje)

medallist ['medlist] *s* rezbar medalja; posjednik medalje, nosilac odlikovanja

meddle ['medl] *vi* miješati se, pačati se, upletati se (*in* u što); dirati (*with* u što), prčkati (*with* po čemu)

meddler ['medlə] *s* onaj koji se pača u tuđe poslove, zabadalo; nametljivac

meddlesome ['medlsəm] *adj* nametljiv, radoznao, koji se rado miješa u tuđe poslove

media ['mi:diə] *pl* od **medium**

mediaeval (medieval) [ˌmedi'i:vl] *adj* (**~ly** *adv*) srednjovjekovni; sredovječan

medial ['mi:diəl] *adj* (**~ly** *adv*) srednji, središnji; prosječan

median ['mi:diən] *adj scient* srednji, središnji, centralni

median ['mi:diən] *s scient* srednja točka, crta, središnji dio

mediate ['mi:diət] *adj* (**~ly** *adv*) posredan, indirektan

mediate ['mi:dieit] *vi/t* **I.** *vi* posredovati (*between*) **II.** *vt* postići, ishoditi posredovanjem

mediation [ˌmi:di'eiʃn] *s* posredovanje (*through his ~*), posredništvo, posredstvo

mediator ['mi:dieitə] *s* posrednik | **the Mediator** Krist

mediatory ['mi:dieitəri] *adj* posrednički; koji posreduje

mediatrix [ˌmi:di'eitriks] *s* posrednica

medic ['medik] *s coll abbr* student medicine, medicinar; *US* liječnik

medicable ['medikəbl] *adj* izlječiv

medical ['medikl] *adj* (**~ly** *adv*) liječnički; medicinski | **~ board** zdravstvena uprava; **~ certificate** liječnička potvrda, zdravstvena svjedodžba; **~ evidence** zdravstveni nalaz, liječničko mišljenje; **~ examination** liječnički, zdravstveni pregled; **~ officer** liječnik, zdravstveni radnik; **~ ward** bolnički odjel; **~ man** liječnik; medicinar; **our ~ man** naš kućni liječnik; **~ jurisprudence** pravni aspekti medicine; **~ student** student medicine, medicinar; **~ specialist** (liječnik) specijalist

medical ['medikl] *s coll* student medicine, medicinar; liječnički pregled

medicament [me'dikəmənt] *s* lijek, medikament

Medicare ['medikɛə] *s US* zdravstveno osiguranje (za stare ljude)

medicate ['medikeit] *vt* liječiti; učiniti ljekovitim, natopiti ljekovitom tvari, raskuži(va)ti

medication [ˌmedi'keiʃn] *s* liječenje; raskuživanje

medicative ['medikeitiv] *adj* ljekovit

medicinal [me'disinl] *adj* (**~ly** *adv*) medicinski; ljekovit | **~ herbs** ljekovito bilje; **~ preparation** medicinski preparat

medicine ['medsin] *s* liječništvo, medicina; lijek, ljekarija; čarolija | *fig* **to take one's ~** pomiriti se sa sudbinom; *fig* **to get some (a little) of one's own ~** dobiti milo za drago

medicine ['medsin] *vt* liječiti

medicine-ball ['medsinbɔ:l] *s sport* medicinka

medicine-chest ['medsintʃest] *s* priručna apoteka

medicine-man ['medsinmæn] *s* vrač, čarobnjak (kod urođenika)

medico ['medikəu] *s It coll, hum* liječnik; student medicine, medicinar

medieval [ˌmedi'i:vl] *adj* → **mediaeval**

mediocre ['mi:diəukə] *adj* osrednji

mediocrity [ˌmi:di'ɔkriti] *s* osrednjost; osrednja sposobnost ili nadarenost; čovjek osrednjih sposobnosti, mediokritet

meditate ['mediteit] *vt/i* **I.** *vt* namjeravati, snovati; razmišljati (o čemu), pomišljati (na što) **II.** *vi* razmišljati (*on, upon, over* o); biti zadubljen u misli, meditirati; promišljati

meditation [ˌmedi'teiʃn] *s* razmišljanje; razmatranje; meditacija

meditative ['meditətiv] *adj* (**~ly** *adv*) misaon, koji razmišlja; duboko zamišljen, utonuo u misli, meditativan

Mediterranean [ˌmeditəˈreinjən] *adj* sredozemni, mediteranski | **the ~ Sea** Sredozemno more

Mediterranean [ˌmeditəˈreinjən] *s* Sredozemno more, Mediteran; Mediteranac

medium [ˈmiːdjəm] *s* (*pl* **media** [ˈmiːdjə], **~s**) 1. sredina 2. posrednik; vodič 3. sredstvo; posredstvo 4. (spiritistički) medij | **the happy ~** zlatna sredina; **the media** (obično *sg constr*) sredstva javnog obavještavanja; **by the ~ of, through the ~ of** posredstvom, putem (čega)

medium [ˈmiːdjəm] *adj* srednji, prosječan

medium-sized [ˈmiːdjəmsaizd] *adj* srednje veličine

medlar [ˈmedlə] *s bot* mušmula, mešpola

medley [ˈmedli] *s* mješavina; zbrka; šarenilo; šareno društvo; *mus* potpuri

medley [ˈmedli] *adj* miješan; šaren

meed [miːd] *s poet* nagrada; plaća; (zasluženi) dio, onoliko koliko koga ide

meek [miːk] *adj* (**~ly** *adv*) krotak, blag; ponizan | **as ~ as a lamb** krotak kao janje

meerschaum [ˈmiəʃəm] *s* stiva; lula od stive

meet [miːt] *s* 1. *GB hunt* sastanak (prije lova) 2. *US* sastanak, zbor; *sport* utakmica; miting

meet [miːt] *vt/i* (met, met) **I.** *vt* 1. sresti, susresti, sastati (*to ~ each other, to ~ one another* sresti se), dočekati (koga na kolodvoru), ići (komu) u susret 2. doticati, dotaknuti 3. pobiti, odbiti (kritiku, prigovor) 4. upoznati (koga), upoznati se (s kim) 5. izaći u susret, udovoljiti (traženju, želji); zadovoljiti (obavezi), namiriti, platiti (račun); honorirati (mjenicu) **II.** *vi* 1. sresti se, sretati se, sasta(ja)ti se; sakupiti se; sukobiti se; *rly* križati se 2. upoznati se (osobno); naći se 3. doticati se, dotaknuti se 4. naići, namjeriti se (*with* na koga, na što) 5. doživjeti, pretrpjeti (nesreću) | **~ my wife** (dopustite) da vas upoznam sa svojom ženom; **to ~ the case** biti dovoljan; *fig* **to ~ a p halfway** malo popustiti komu, učiniti neke ustupke komu; **to make both ends ~** sastavljati kraj s krajem; **to ~ the eye** biti vidljiv, primjetljiv; **to ~ a p's eye** uzvratiti čiji pogled; **to come (go, run) to ~ a p** doći (ići, (po)trčati) komu u susret

meet [miːt] *adj* (**~ly** *adv*) *arch* prikladan, zgodan; doličan; umjestan (*for, to do, to be done*)

meeting [ˈmiːtiŋ] *s* sastanak; zbor, skupština; zasjedanje, sjednica, konferencija; miting

meeting-house [ˈmiːtiŋhaus] *s* zgrada za sastanke; *spec* bogoslužno sastajalište kvekera

meeting-place [ˈmiːtiŋpleis] *s* zborište, sastajalište

megabuck [ˈmegəbʌk] *US sl* milijun dolara

megacycle [ˈmegəˌsaikl] *s el* → **megahertz**

megadeath [ˈmegədeθ] *s* smrt jednog milijuna ljudi (u nuklearnom ratu)

megafog [ˈmegəfɔg] *s mar* vrlo glasan signal za maglu

megahertz [ˈmegəhəːts] *s el* megaherc, milijun herca

megalith [ˈmegəliθ] *s* golem kamen, monolit; prethistorijski kameni spomenik

megalomania [ˌmegələuˈmeinjə] *s* megalomanija, ludilo veličine; umišljenost u vlastitu veličinu

megalomaniac [ˌmegələuˈmeiniæk] *s* megaloman, umišljena veličina

megaphone [ˈmegəfəun] *s* megafon, zvučnik; doglasnik, doglasalo

megaton [ˈmegətʌn] *s* megatona, eksplozivna snaga ravna 1 000 000 tona trinitrotoluola

megrim [ˈmiːgrim] *s med* migrena, glavobolja; *fig* hir, mušica | **the ~s** *pl* snuždenost, sjeta, melankolija

meiosis [maiˈəusis] *s* → **litotes**

melancholia [ˌmelənˈkəuljə] *s Lat med* melankolija

melancholic [ˌmelənˈkɔlik] *adj* sjetan, tužan, turoban, nujan, potišten, snužden, melankoličan

melancholy [ˈmelənkəli] *s* sjeta, tuga, potištenost, snuždenost, nujnost, turobnost, melankolija

melancholy [ˈmelənkəli] *adj* sjetan, tužan, turoban, potišten, snužden, nujan, melankoličan

mélange [meiˈlɑ̃ːnʒ] *s Fr* mješavina; zbrka; šarenilo

melanism [ˈmelənizm] *s* melanizam, prekomjerni razvitak tamnog pigmenta

meld [meld] *vt/i US* stopiti (se), spojiti (se)

mêlée [ˈmelei] *s Fr* gužva, guranje, (opća) tučnjava, kreševo

meliorate [ˈmiːliəreit] *vt/i* poboljšati (se), popraviti (se)

melioration [ˌmiːliəˈreiʃn] *s* poboljšanje, popravljanje

melliferous [meˈlifərəs] *adj* koji daje med, medonosan; sladak

mellifluence [meˈlifluəns] *s* slatkoća, ljupkost, milina (zvuka, riječi)

mellifluent [meˈlifluənt] *adj fig* sladak, ljubak, meden, milozvučan

mellifluous [meˈlifluəs] *adj* (**~ly** *adv*) → **mellifluent**

mellow [ˈmeləu] *adj* (**~ly** *adv*) zreo; slastan, sočan (voće); ljubak (vino); mekan, nježan, blag (boja, zvuk); bogat (zemlja); mudar, (do)zreo (sud); *coll* dobro raspoložen; *sl* dobre volje, pripit

mellow [ˈmeləu] *vt/i* sazreti, sazrijevati, dozreti, dozrijevati; učiniti zrelim; umekšati, smekša(va)ti (se), ublažiti (se); postati mudar i suosjećajan (zbog starosti i iskustva)

melodic [mi'lɔdik] *adj* melodičan, melodiozan, blagozvučan

melodious [mi'ləudjəs] *adj* (**~ly** *adv*) blagozvučan, milozvučan, skladan, melodičan, melodiozan

melodiousness [mi'ləudjəsnis] *s* blagozvučnost, milozvučnost, melodioznost

melodist ['melədist] *s* pjevač; skladatelj melodija, melodičar

melodize ['melədaiz] *vi/t* **I.** *vi* pjevati ili skladati napjev **II.** *vt* učiniti melodičnim; uglazbiti (tekst)

melodrama ['melə,drɑːmə] *s* melodrama (i *fig*)

melodramatic [,melədrə'mætik] *adj* (**~ally** *adv*) melodramski; *fig* melodramatičan

melodramatist [,melə'dræmətist] *s* pisac melodrama

melody ['melədi] *s* melodija, napjev

melon ['melən] *s bot* dinja | *US sl* **to cut a ~** dijeliti profit; **~ tree → papaw**

melt [melt] *s* taljenje; rastaljen metal

melt [melt] *vi/t* (*pret* **~**ed; *pp* **~**ed, molten) **I.** *vi* (ras)topiti se, (ras)taliti se, rastapati se; *fig* smekšati se, rastapati se **II.** *vt* (ras)topiti, (ras)taliti; *fig* ganuti, dirnuti; smekšati | **I am simply ~ing (with heat)** naprosto se rastapam (od vrućine); **to ~ in one's mouth** rastapati se u čijim ustima (hrana); **to ~ into tears** rasplakati se, kupati se u suzama, briznuti u plač, liti suze

melt away ['meltə'wei] *vi* rastopiti se, otopiti se; *fig* pomalo nesta(ja)ti, razići se, rasplinuti se, nestati

melt down ['melt'daun] *vt* rastopiti, pretopiti, rastaliti

melting ['meltiŋ] *adj* (**~ly** *adv*) *fig* čeznutljiv (pogled); mek, blag, umiljat, pun osjećaja; ganut, dirnut; koji se rastapa

melting-point ['meltiŋpɔint] *s* talište

melting-pot ['meltiŋpɔt] *s* tiganj za talenje; *fig* zemlja u kojoj se useljenici raznih rasa asimiliraju (*spec* SAD) | *fig* **to go into the ~** potpuno se preobraziti

member ['membə] *s anat* ud; član; dio | *fig* **unruly ~** jezik; **~s of Christ** kršćani; **Member of Parliament** narodni zastupnik, poslanik, član parlamenta

membership ['membəʃip] *s* članstvo; članovi | **~ fee** članarina

membrane ['membrein] *s* opna, kožica, membrana

membran(e)ous [mem'breinjəs] *adj* opnast

memento [mi'mentəu] *s Lat* opomena; spomen, memento

memo ['meməu] *s* (*pl* **memos** ['meməuz]) *abbr* **→ memorandum**

memoir ['memwɑː] *s Fr* kratak životopis; biografska bilješka (u časopisu); naučna rasprava | **~s** *pl* memoari

memorable ['memərəbl] *adj* (**memorably** *adv*) značajan, znamenit, koji (što) vrijedi pamtiti

memorandum [,memə'rændəm] *s* (*pl* **memoranda** [,memə'rændə], **~s**) bilješka, podsjetnik; *com* kratka pismena obavijest; *jur* predugovor; *pol* predstavka, memorandum

memorial [mi'mɔːriəl] *s* spomenik; molbenica, podnesak | **~s** *pl* zapisi, kronike; **~ tablet** spomen-ploča; **~ service** rekvijem, zadušnica, komemoracija; **Memorial Day** *US* spomen-dan za pale u ratu (30. svibnja)

memorialist [mi'mɔːriəlist] *s* sastavljač spomenice; potpisnik molbenice

memorialize [mi'mɔːriəlaiz] *vt* (pro)slaviti uspomenu (čiju, na što), komemorirati; predati molbu (komu)

memorize ['meməraiz] *vt* (za)pamtiti; (na)učiti napamet, memorirati

memory ['meməri] *s* pamćenje, sjećanje; spomen; uspomena | **in ~ of a p, to the ~ of a p** za uspomenu, u sjećanje na koga, u spomen koga; **to call to ~** podsjećati, doz(i)vati u sjećanje; **to commit (a th) to ~** (za)pamtiti, naučiti napamet (što); **it is within living ~** mnogi živi se toga još sjećaju; **within (beyond) the ~ of men** od (prije) pamtivijeka; **to speak from ~** govoriti napamet

men [men] *pl* od **man**

menace ['menəs] *s* prijetnja, grožnja, opasnost; osoba koja dosađuje, gnjavator(ica), zanovijetalo, (prava) napast

menace ['menəs] *vt* prijetiti (kome), ugrožavati

menacing ['menəsiŋ] *adj* (**~ly** *adv*) prijeteći

ménage [me'nɑːʒ] *s Fr* kućanstvo, gospodarstvo

menagerie [mi'nædʒəri] *s Fr* zvjerinjak, menažerija

mend [mend] *s* zakrpano mjesto; *fig* poboljšanje | **on the ~** na putu k ozdravljenju, nabolje

mend [mend] *vt/i* **I.** *vt* popraviti, popravljati; krpati, zakrpati, okrpiti; poboljšati, ispraviti **II.** *vi* popraviti se, popravljati se; oporaviti se, oporavljati se, ozdraviti | **to ~ the fire** pojačati, podjariti vatru (dodavanjem goriva); **to ~ one's ways** popraviti se; **to ~ one's pace** pospješiti korak

mendable ['mendəbl] *adj* koji se može popraviti, popravljiv

mendacious [men'deiʃəs] *adj* (**~ly** *adv*) lažljiv, lažan

mendacity [men'dæsiti] *s* lažljivost; laž

mender ['mendə] *s* popravljač(ica), krpač(ica)

mendicancy ['mendikənsi] *s* prosjačenje; prosjaštvo

mendicant ['mendikənt] *adj* koji prosi, prosjački
mendicant ['mendikənt] *s* prosjak
mendicity [men'disiti] *s* prosjačenje; prosjaštvo
menfolk ['menfəuk] *s pl coll* muškarci, *spec* muški članovi obitelji
menial ['mi:njəl] *adj* (**~ly** *adv*) nizak, prost, koji se dolikuje slugi; *derog* kućni, kućanski
menial ['minjəl] *s* (obično *derog*) sluga, služavka
meningitis [ˌmenin'dʒaitis] *s med* meningitis, upala moždane opne
menopause ['menəupɔ:z] *s med* menopauza, klimakterij
menses ['mensi:z] *s pl* → **menstruation**
menstrual ['menstruəl] *adj astr* mjesečni; *med* menstruacijski
menstruate ['menstrueit] *vi med* menstruirati, imati menstruaciju
menstruation [ˌmenstru'eiʃn] *s med* menstruacija, mjesečno pranje, perioda
mensurability [ˌmenʃurə'biliti] *s* mjerivost
mensurable ['menʃurəbl] *adj* mjeriv
mensural ['menʃərəl] *adj* mjerni; *mus* menzuralni
mensuration [ˌmensjuə'reiʃn] *s* mjerenje; mjerna pravila
mental ['mentl] *adj* (**~ly** *adv*) duševni; umni; *coll* živčano rastrojen, »živčan« | **~ arithmetic** računanje napamet; **~ deficiency** duševna zaostalost, slaboumnost; **~ home** (ili **hospital**) bolnica za duševne bolesti; **~ illness** duševna bolest, umobolnost; **~ patient** duševno bolesna osoba, umobolnik; **~ specialist** (liječnik) specijalist za duševne bolesti; **~ly deficient (defective)** slabouman, duševno zaostao, defektan
mentality [men'tæliti] *s* mentalitet, duševne sposobnosti; način mišljenja, stav, raspoloženje
menthol ['menθɔl] *s chem* mentol
mentholated ['menθəleitid] *adj* kojemu je dodan mentol, začinjen mentolom
mention ['menʃən] *s* spominjanje, spomen | **honourable ~** pohvala bez nagrade; **to make ~ of** spomenuti
mention ['menʃən] *vt* spomenuti, spominjati, napomenuti, napominjati | **don't ~ it!** molim; nije spomena vrijedno; **not to ~, without ~ing** a da i ne spomenemo, a da i ne govorimo (o)
mentionable ['menʃənəbl] *adj* koji se može spomenuti; vrijedan spomena, vrijedan da se spomene
mentor ['mentɔ:] *s Gr* mentor
menu ['menju:] *s Fr* jelovnik
mephitic [me'fitik] *adj* kužan, zakužen; otrovan, zatrovan; smradan
mephitis [me'faitis] *s Lat* otrovne isparine; ogavan smrad
mercantile ['mə:kəntail] *adj* trgovački; trgovinski; merkantilan | **~ marine** trgovačka mornarica
mercantilism ['mə:kəntilizm] *s* merkantilizam
mercenary ['mə:sinəri] *adj* (**mercenarily** *adv*) plaćenički, koji radi samo za plaću; najmljen; najamnički; koristoljubiv; potkupljiv, podmitljiv
mercenary ['mə:sinəri] *s mil* plaćenik
mercer ['mə:sə] *s* trgovac svilom; trgovac tekstilom
mercerize ['mə:səraiz] *vt* mercerizirati, dati pamučnoj robi svilen sjaj
mercery ['mə:səri] *s* trgovina svilom, tekstilom; svilena roba, tekstil
merchandise ['mə:tʃəndaiz] *s* (trgovačka) roba
merchant ['mə:tʃənt] *s* veletrgovac, trgovac; *Scot & US* trgovac na malo, prodavalac; *sl* čovjek koji silno voli (što), koji je odan (čemu) | *mot* **speed ~** vozač koji pretjeruje u brzini; **the ~ marine (service)** trgovačka mornarica; **~ ship (vessel)** trgovački brod; **~ bank** poslovna banka
merchantable ['mə:tʃəntəbl] *adj* koji se može prodati; koji se lako prodaje
merchantman ['mə:tʃəntmən] *s* trgovački brod
merchant-seaman ['mə:tʃənt'si:mən] *s* mornar na trgovačkom brodu
merciful ['mə:siful] *adj* (**~ly** *adv*) milosrdan, samilostan; milostiv (bog); povoljan, sretan (okolnost)
merciless ['mə:silis] *adj* (**~ly** *adv*) nemilosrdan, nesmiljen; okrutan
mercurial [mə:'kjuəriəl] *adj* (**~ly** *adv*) *chem* živin, koji sadrži živu; *fig* nepostojan; živahan, žustar | **~ poisoning** (o)trovanje živom
mercuric [mə:'kjuərik] *adj chem* živin
mercurous ['mə:kjurəs] *adj chem* živin, koji sadrži živu
mercury ['mə:kjuri] *s* živa, živo srebro | **the ~ is rising** termometar raste; barometar raste (i *fig*); *fig* **he has no ~ in him** on je mlitav, bez života
Mercury ['mə:kjuri] *s* (planet) Merkur; *joc* glasnik
mercy ['mə:si] *s* milosrđe; sažaljenje; smilovanje; milost; blagost; blagoslov, sreća | **at the ~ of (a p, a th)** na milost i nemilost (koga, čega); **to have ~ (up)on, to show ~ to** smilovati se komu; **~ on us!** neka nam se Bog smiluje!; **to be left to the tender ~ (mercies) of** biti prepušten na (čiju) milost i nemilost; **thankful for small mercies** zadovoljan i malim; **what a ~ that...** kakva sreća što...; **~ killing** ubijanje iz samilosti, eutanazija
mere [miə] *s* jezero, jezerce, ribnjak
mere [miə] *adj* (**~ly** *adv*) puki | **~(st) nonsense** puka budalaština; **~ words** puke

(puste) riječi; **she is a ~ child** ona je još (tek) dijete; *jur* **of ~ motion** vlastitom voljom

merely ['miəli] *adv* samo, jedino, tek

meretricious [ˌmeri'triʃəs] *adj* (**~ly** *adv*) samo naoko vrijedan, jeftin; nakinđuren, jeftino elegantan

merganser [məː'gænsə] *s ornith* ronac, gnjurac

merge [məːdʒ] *vt/i* **I.** *vt* stopiti (*in* sa), sjediniti; *com* fuzionirati, integrirati **II.** *vi* stopiti se (*in* sa), sjediniti se; (postepeno) prelaziti, prijeći, pretvoriti se (*into* u što); *com* fuzionirati se, integrirati se; nestati, utonuti (*in* u)

mergence ['məːdʒəns] *s* stapanje; sjedinjenje

merger ['məːdʒə] *s* stapanje, sjedinjenje; *com* fuzija, integracija

meridian [mə'ridiən] *s* podnevnik, meridijan; podne; zenit; *fig* vrh, vrhunac, zenit; puna (životna) snaga

meridian [mə'ridiən] *adj* meridijanski, podnevni; *fig* vrhunski, najviši, najveći

meridional [mə'ridiənl] *adj* (**~ly** *adv*) južni, južnjački; južnoevropski, *spec* južnofrancuski; meridijanski, meridionalan

meridional [mə'ridiənl] *s* južnjak (osobito stanovnik južne Francuske)

meringue [mə'ræŋ] *s cul* masa od tučenog bjelanceta i šećera; slastica od tučenog bjelanceta i šećera, »pusli«

merino [mə'riːnəu] *s* merino-ovca (i **~-sheep**); merino-vuna; merino-tkanina

merit ['merit] *s* zasluga; vrijednost, odlika, vrlina | **~s** *pl* stvarna vrijednost, bit (neke stvari); **to make a ~ of** pripis(iv)ati sebi kao zaslugu; **to judge a th on its ~s** suditi što po bitnoj vrijednosti same stvari; **there is less ~ in... than** manje je hvalevrijedno ako... nego; **Order of Merit** Orden za zasluge

merit ['merit] *vt* zaslužiti; zavrijediti (nagradu, kaznu itd.)

meritocracy [ˌmeri'tɔkrəsi] *s* meritokracija, osobe velikih praktičnih i umnih sposobnosti; vladavina zaslužnih

meritorious [ˌmeri'tɔːriəs] *adj* (**~ly** *adv*) hvalevrijedan, zaslužan; dobronamjeran

merlin ['məːlin] *s ornith* sokol lovac

mermaid ['məːmeid] *s* sirena, morska vila

merman ['məːmæn] *s* triton; vodenjak, (vodeni) vilenjak

merriment ['merimənt] *s* veselje, zabava

merry ['meri] *s bot* crna divlja trešnja

merry ['meri] *adj* (**merrily** *adv*) veseo, raspoložen; sretan; **arch** ugodan, prijatan; *coll* pripit | **to make ~** veseliti se, zabavljati se; **to make ~ over** ismijavati (koga), rugati se (komu); **Merry Christmas!** sretan Božić!

merry-andrew [ˌmeri'ændruː] *s* pomoćnik sajamskog varalice; lakrdijaš

merry-go-round ['merigəuˌraund] *s* vrtuljak

merrymaker ['meriˌmeikə] *s* onaj koji se veseli, zabavlja

merry-making ['meriˌmeikiŋ] *s* zabava, veselje

merrythought ['meriθɔːt] *s* vilična kost (u pileta)

mesa ['meisə] *s* mesa, stjenovita visoravan s okomitim padinama

meseems [mi'siːmz] *vi arch* čini mi se

mesentery ['mesəntəri] *s anat* mezenterij, crijevna opna

mesh [meʃ] *s* oko, očica (mreže); *fig* zamka, stupica | *fig* **~es** *pl* mreža; *tech* **to be in ~** zahvaćati jedan u drugi (zupčanici)

mesh [meʃ] *vt/i* **I.** *vt* uhvatiti u mrežu (i *fig*); *fig* zaplesti u svoje mreže **II.** *vi* *tech* zahvaćati se (zupčanici) (*with* sa); *fig* slagati se, poklapati se, biti u skladu

mesmeric [mez'merik] *adj* hipnotičan

mesmerism ['mezmərizəm] *s* mesmerizam; hipnotizam; hipnoza

mesmerist ['mezmərist] *s* hipnotizer

mesmerize ['mezməraiz] *vt* hipnotizirati (i *fig*)

meson ['miːzɔn] *s phys* mezon, mezotron

mesozoic [ˌmesəu'zəuik] *adj geol* mezozojski

mess¹ [mes] *s* zbrka, nered, *fam* ričet; prljavština, *fam* svinjarija, svinjac; *fig* škripac, neprilika, *fam* kaša, sos | *fig* **to make a ~ of a th** pokvariti, upropastiti, spetljati, zabrljati

mess² [mes] *s* društvo, družina koja zajedno uzima dnevne obroke; (zajednička) blagovaonica, kantina; zajednički dnevni obrok | *mil* & *mar* **at ~** kod jela, za stolom; *mil* & *mar* **to go to ~** ići k stolu, na jelo

mess [mes] *vt* (obično **~** *up*) uzneredíti, pobrkati; pokvariti, poremetiti, zabrljati, upropastiti; uprljati

mess about ['mesə'baut] *vi/t* **I.** *vi* dangubiti, tratiti vrijeme, šeprtljati, motati se naokolo; glupariti se **II.** *vt* pokvariti, zabrljati, upropastiti; grubo, bezobzirno postupati (s kim)

message ['mesidʒ] *s* poruka, glas, vijest; obavijest, saopćenje | *sl* **got the ~?** je li ti jasno?, jesi li shvatio?

message ['mesidʒ] *vt coll* (do)javiti, poslati (pismenu) poruku, poručiti

messenger ['mesindʒə] *s* glasnik, vjesnik; kurir; dostavljač

messmate ['mesmeit] *s mar* drug kod zajedničkog jela

mess-room ['mesrum] *s mil* & *mar* blagovaonica; kantina

Messrs. ['mesəz] *s pl* gospoda (*pl* od Mr.); *com* tvrtka, poduzeće

mess-tin ['mestin] *s mil* porcija

messuage ['meswidʒ] *s jur* kuća s pripadajućim gospodarskim zgradama i zemljom

mess-up ['mesʌp] *s coll* zbrka, nesporazum
messy ['mesi] *adj* (**messily** *adv*) neuredan, u neredu; nečist, prljav, koji stvara prljavštinu
mestizo [me'stizəu] (*pl* **mestizoes** [me'stizəuz]) *s* mestic, mješanac bijelih i indijanskih roditelja
met [met] *pret & pp* od **meet**
Met[1] [met] *s* (*abbr* od Meteorological) | **the latest ~ report** najnoviji vremenski izvještaj; **the ~ Office** meteorološki ured
Met[2] [met] *s* (*abbr* od Metropolitan Opera House) | **the ~** Met, Metropolitan (glavna njujorška operna kuća)
metabolic [ˌmetə'bɔlik] *adj* metaboličan
metabolism [me'tæbəlizm] *s biol* metabolizam
metacarpus [ˌmetə'ka:pəs] *s anat* zapešće
metal ['metl] *s* kovina, metal; tucanik (za cestogradnju) | **~s** *pl* tračnice, kolosijek; **to run off the ~s, to leave (jump) the ~s** iskočiti iz tračnica
metal ['metl] *vt* popraviti, posuti tucanikom (cestu) | **~led road** neasfaltirana, prašna cesta
metalanguage ['metəˌlæŋgwidʒ] *s ling* pajezik
metallic [mi'tælik] *adj* (**~ally** *adv*) metalan, kovni; kovinast
metalliferous [ˌmetə'lifərəs] *adj* koji sadrži kovinu
metalline ['metəlain] *adj* → **metallic**
metallize ['metəlaiz] *vt* učiniti metalnim; obložiti kovinom; vulkanizirati (kaučuk)
metallography [ˌmetə'lɔgrəfi] *s* metalografija
metalloid ['metəlɔid] *adj* metaloidan
metalloid ['metəlɔid] *s* metaloid
metallurgic [ˌmetə'lə:dʒik], **metallurgical** [ˌmetə'lə:dʒikl] *adj* metalurški, metalurgijski
metallurgist [me'tælədʒist] *s* metalurg
metallurgy [me'tælədʒi] *s* metalurgija
metamorphose [ˌmetə'mɔ:fəuz] *vt* preobraziti, pretvoriti, promijeniti (*into* u)
metamorphosis [ˌmetə'mɔ:fəsis] *s* (*pl* **metamorphoses** [ˌmetə'mɔ:fəsi:z]) metamorfoza, preobrazba
metaphor ['metəfə] *s* metafora, poredba
metaphorical [ˌmetə'fɔrikl] *adj* (**~ally** *adv*) metaforički; pun metafora; koji ima preneseno značenje, slikovit
metaphrase ['metəfreiz] *s* doslovan prijevod (od riječi do riječi)
metaphysical [ˌmetə'fizikl] *adj* (**~ly** *adv*) metafizički; apstraktan
metaphysician [ˌmetəfi'ziʃn] *s* metafizik, metafizičar
metaphysics [ˌmetə'fiziks] *s pl* (*sg constr*) metafizika
metathesis [me'tæθəsis] *s* (*pl* **metatheses** [me'tæθəsi:z]) metateza
mete [mi:t] *vt poet* mjeriti
mete out ['mi:t'aut] *vt* odmjeriti (kaznu); dodijeliti, podijeliti (nagradu)
meteor ['mi:tjə] *s* meteor (i *fig*)
meteoric [ˌmi:ti'ɔrik] *adj* (**~ally** *adv*) meteorski (i *fig*); atmosferski
meteorite ['mi:tjərait] *s* meteor, meteorit
meteorological [ˌmi:tjərə'lɔdʒikl] *adj* (**~ally** *adv*) meteorološki
meteorologist [ˌmi:tjə'rɔlədʒist] *s* meteorolog
meteorology [ˌmi:tjə'rɔlədʒi] *s* meteorologija
meter[1] ['mi:tə] *s* mjerilo, brojilo (sprava) | **electricity-~** električno brojilo; **gas-~** plinomjer, plinska ura; **parking-~** parking-ura; **water-~** ura za vodu, brojilo za vodu
meter[2] ['mi:tə] *s US* → **metre**
methane ['mi:θein] *s* metan, močvarni plin
methanol ['meθənɔ:l] *s chem* metanol
methinks [mi'θiŋks] *vi* (*pret* methought) *arch* čini mi se
method ['meθəd] *s* metoda; red; sustav; način, postupak; metodičnost
methodical [mi'θɔdikl] *adj* (**~ally** *adv*) metodičan, metodički, metodski; sustavan, planski, promišljen; uredan
Methodism ['meθədizm] *s eccl* metodizam
methodist ['meθədist] *s* metodičar(ka)
Methodist ['meθədist] *s eccl* metodist
methodology [ˌmeθə'dɔlədʒi] *s* metodologija
methought [mi'θɔ:t] *arch pret* od **methinks**
meths [meθs] *s pl coll abbr* od **methylated spirit**
methyl ['meθil] *s chem* metil | **~ alcohol** metilni alkohol; drvena žesta
methylate ['meθileit] *vt chem* pomiješati s metilom; denaturirati | **~d spirit** denaturirana žesta
meticulous [mi'tikjuləs] *adj* (**~ly** *adv*) veoma točan, poman, brižan, pedantan
métier ['meitiei] *s* zvanje, zanimanje, struka, zanat
metonymy [mi'tɔnimi] *s* metonimija
metre[1] (**meter**) ['mi:tə] *s pros* stopa, mjera stiha, metar
metre[2] (**meter**) ['mi:tə] *s* metar
metric ['metrik] *adj* metrički; metarski | **the ~ system** metrički sistem, decimalni sistem; **~ ton** tona (1 000 kg)
metrical ['metrikl] *adj* (**~ly** *adv*) *pros* metričan, metrički; u stihovima; metarski; mjerni | **~ geometry** mjerna geometrija
metrication [ˌmetri'keiʃn] *s* pretvaranje u metrički (decimalni) sistem
metricize ['metrisaiz] *vt* pretvoriti u metrički (decimalni) sistem
metrics ['metriks] *s pl pros* metrika, nauka o stihu
metro ['metrəu] *s* podzemna željeznica | **Metro** pariška podzemna željeznica
metronome ['metrənəum] *s mus* metronom, taktomjer

metronomic [ˌmetrəˈnɔmik] *adj mus* metronomski
metropolis [miˈtrɔpəlis] *s* glavni grad, metropola; *eccl* nadbiskupija | *GB* **the ~** London
metropolitan [ˌmetrəˈpɔlitən] *adj* metropolitanski, prijestolnički, koji pripada glavnom gradu; matični (zemlja); *eccl* nadbiskupski, prvostolni | *eccl* **~ bishop** nadbiskup, metropolit; **Metropolitan France** Francuska (za razliku od njezinih prekomorskih posjeda)
metropolitan [ˌmetrəˈpɔlitən] *s* stanovnik glavnog grada | *eccl* **Metropolitan** nadbiskup, metropolit
mettle [ˈmetl] *s* vatrenost, temperament; srčanost, odvažnost, borbenost | **on one's ~** pobuđen da dade sve od sebe; **to put a p on his ~** potaći koga da dade sve od sebe, natjerati koga da se iskaže
mettlesome [ˈmetlsəm] *adj* vatren; srčan, odvažan, borben
mew[1] [mjuː] *s ornith* galeb (obično *sea-~*)
mew[2] [mjuː] *s* mijauk(anje); mijau
mew [mjuː] *vi* mijaukati
mew [mjuː] *vt arch* (obično *~ up*) zatvoriti, zatočiti
mews [mjuːz] *s* (*sg constr*) 1. *hist* konjušnica, staje 2. nekadašnje staje pregrađene u garaže ili stanove
Mexican [ˈmeksikən] *adj* meksički, meksikanski
Mexican [ˈmeksikən] *s* Meksikanac, Meksikanka
mezzanine [ˈmetsəniːn] *s archit* polukat, međukat, mezanin
mezzosoprano [ˌmedzəusəˈpraːnəu] *s mus* mezzosopran
mezzotint [ˈmedzəutint] *s print* mezotint, vrsta bakroreza
mi [miː] *s mus* mi, e (treći zvuk dijatonske ljestvice)
miaow [miːˈau] *s* mijaukanje, mijauk; mijau
miaow [miːˈau] *vi* mijaukati, mijauknuti
miasma [miˈæzmə] *s* kužno isparivanje, štetne isparine, mijazam
mica [ˈmaikə] *s minr* tinjac, liskun
mice [mais] *pl* od **mouse**
Michaelmas [ˈmiklməs] *s* Miholje (29. rujna) | *bot* **~ daisy** divlja astra; *univ* **~ term** jesenski rok
mickey [ˈmiki] *s* | *sl* **to take the ~ (out of a p)** zadirkivati (koga), rugati se (komu), *fam* zafrkavati
mickle [ˈmikl] *s Scot* (i **muckle**) velik iznos, mnogo | **many a little makes a ~** zrno do zrna pogača
microbe [ˈmaikrəub] *s* mikrob, bakterija, sitnoživ
microbial [maiˈkrəubiəl] *adj* mikropski
microbiology [ˌmaikrəubaiˈɔlədʒi] *s* mikrobiologija
micro-copy [ˈmaikrəukɔpi] *s* mikrosnimka
microcosm [ˈmaikrəkɔzm] *s* mikrokozam; svijet (čovjek, slika) u malome
microdot [ˈmaikrəudɔt] *s* fotografija svedena na veličinu sitne točke
microelectronics [ˌmaikrəuˌelikˈtrɔniks] *s pl* (*sg constr*) mikroelektronika
microfiche [ˈmaikrəufiʃ] *s* (jedan) mikrofilm
microfilm [ˈmaikrəufilm] *s* mikrofilm
micromesh [ˈmaikrəumeʃ] *adj* sitnih očica (*~ stockings*)
micrometer [maiˈkrɔmitə] *s* mikrometar
micron [ˈmaikrɔn] *s* mikron, tisućina milimetra
micronize [ˈmaikrənaiz] *vt* usitniti do promjera od nekoliko mikrona
micro-organism [ˌmaikrəuˈɔːgənizm] *s* mikroorganizam
microphone [ˈmaikrəfəun] *s* mikrofon
microscope [ˈmaikrəskəup] *s* mikroskop, sitnozor
microscopic [ˌmaikrəˈskɔpik] *adj* (**~ally** *adv*) mikroskopski; sićušan
microwave [ˈmaikrəuweiv] *s* mikroval
micturate [ˈmiktjuəreit] *vi* puštati vodu, mokriti
micturition [ˌmiktjuəˈriʃn] *s* bolesno tjeranje na mokrenje; mokrenje, puštanje vode
mid [mid] *adj* srednji, u sredini | **in ~ air** u zraku; **from ~ June to ~ August** od sredine lipnja do sredine kolovoza; **in ~ winter** usred zime
mid [mid] *prep poet* → **amid**
midday [ˈmiddei] *s* podne
midden [ˈmidn] *s dial* smetlište, đubrište
middle [ˈmidl] *adj* srednji | **~ age** srednje godine (života); **the Middle Ages** srednji vijek; **~ class** srednji stalež; *com* srednja klasa, srednja kvaliteta; *fig* **to take (follow) a ~ course** odabrati (slijediti) srednji put; **the Middle East** Srednji istok; *hist* **the Middle Kingdom** Carstvo sredine (Kina); **~ name** drugo (vlastito) ime; *mar* **the ~ watch** druga noćna straža (od ponoći do 4 sata ujutro); **the Middle West** (američki) Srednji zapad
middle [ˈmidl] *s* sredina, centar; polovica, polovina; struk; posrednik | **in the ~ of the century** sredinom stoljeća; **in the ~ of the night** usred noći; **in the very ~ of the night** u gluho doba noći; **in the ~ of the street** nasred ulice
middle-aged [ˌmidlˈeidʒd] *adj* srednjih godina | *coll* **the middle-age(d) spread** tjelesna debljina koju donosi poodmakla životna dob
middle-bracket [ˈmidlˌbrækit] *adj* | **~ taxpayers** porezni obveznici sa srednjim prihodom
middlebrow [ˈmidlbrau] *s coll* poluintelektualac

middle-class [ˌmidlˈklaːs] *adj* koji pripada srednjem staležu, građanski, srednjeg staleža
middleman [ˈmidlmæn] *s com* posrednik
middlemost [ˈmidlməust] *adj* srednji, središnji, u samoj sredini
middle-of-the-road [ˈmidləvðəˈrəud] *adj fig & pol* koji izbjegava krajnosti, umjeren, ni lijevi ni desni
middle-sized [ˈmidlsaizd] *adj* srednje veličine
middle-weight [ˈmidlweit] *s box* srednja kategorija (66,6 — 72,5 kg)
middling [ˈmidliŋ] *adj* srednji; osrednji | *coll* **to feel only ~ (fair to ~)** ne osjećati se (zdravstveno) predobro
middling [ˈmidliŋ] *adv coll* (o)srednje, umjereno
middling [ˈmidliŋ] *s* (obično *pl*) roba osrednje kvalitete | *agr* **~s** *pl* pšenično stočno brašno
middy [ˈmidi] *s fam* → **midshipman** | **~ (blouse)** bluza s mornarskim ovratnikom
midge [midʒ] *s* mušica
midget [ˈmidʒit] *s* patuljak, kepec; *attrib* patuljast, minijaturni
midinette [ˌmidiˈnet] *s Fr* mlada pariška prodavačica (*spec* kitničarka)
midland [ˈmidlənd] *s* unutrašnjost (kopna, otoka) | **the Midlands** srednja Engleska, centralne grofovije Engleske
midmost [ˈmidməust] *adj* → **middlemost**
midnight [ˈmidnait] *s* ponoć | **dark (black) as ~** crn kao noć; **to burn the ~ oil** raditi do kasno u noć; **the ~ sun** ponoćno sunce
midriff [ˈmidrif] *s* 1. *anat* ošit 2. trbuh
midshipman [ˈmidʃipmən] *s mar* mornarički podoficir; *US mar* mornarički kadet
midships [ˈmidʃips] *adv* → **amidships**
midst [midst] *s lit, arch* sredina | **in the ~ of** nasred, usred, posred; **in our ~** među nama
midst [midst] *prep poet* usred; među
midsummer [ˈmidˌsʌmə] *s* početak ljeta, razdoblje oko 21. lipnja | **Midsummer Day** Ivanje (24. lipnja); **~ madness** vrhunac ludosti, **krajnja** ludost
midway [ˌmidˈwei] *adj poet* srednji
midway [ˌmidˈwei] *adv* (**~** *between*) u sredini, na pola puta
Midwest [ˌmidˈwest] *s* → **the Middle West**
midwife [ˈmidwaif] *s* primalja
midwifery [ˈmidwifəri] *s* primaljstvo, porodiljstvo
midwinter [ˌmidˈwintə] *s* početak zime; razdoblje zimske suncostaje (21. prosinca)
mien [miːn] *s lit* izraz lica
miff [mif] *s fam* zlovolja; mala svađa, zadjevica
might [mait] *s* moć, sila; snaga; jakost | **~ is right** tko je jači taj tlači; sila boga ne moli; **with (by) ~ and main, with all one's ~** iz sve snage, svom snagom, iz petnih žila
might [mait] *pret* od **may**
might-have-beens [ˈmaithəvˈbiːnz] *s pl* promašene prigode; oni koji nisu ispunili očekivanja
mightiness [ˈmaitinis] *s* sila, snaga, moć; veličina; *hist & hum* veličanstvo (kao naslov)
mighty [ˈmaiti] *adj* (**mightily** *adv*) moćan, silan; golem; *coll* **velik, važan, značajan** | *coll* **high and ~** naduven; **the ~** mogućnici; **mightily** silno; *coll* krajnje
mighty [ˈmaiti] *adv coll* vrlo, veoma, silno, vraški
mignonette [ˌminjəˈnet] *s bot* rezeda
migraine [ˈmiːgrein] *s* migrena
migrant [ˈmaigrənt] *adj* koji se seli, migrantski
migrant [ˈmaigrənt] *s* ptica selica; selilac, migrant
migrate [maiˈgreit] *vi* seliti se; putovati; migrirati
migration [maiˈgreiʃn] *s* seoba; migracija
migratory [ˈmaigrətəri] *adj* koji se seli; putujući; migracijski; nomadski | **~ birds** ptice selice
mikado [miˈkaːdəu] *s* mikado, japanski car
mike [maik] *s sl* mikrofon
milady [miˈleidi] *s* engleska plemkinja; otmjena dama
milage [ˈmailidʒ] *s* → **mileage**
Milanese [ˌmiləˈniːz] *adj* milanski
Milanese [ˌmiləˈniːz] *s* Milanac, Milanka
milch [miltʃ] *adj* koji daje mlijeko | **~ cow** krava muzara (*lit & fig*)
mild [maild] *adj* (**~ly** *adv*) blag (po ćudi); prijazan (odgovor); blag (kazna); ugodan, topao (vrijeme), blag (zima); blag (na okus), lagan (cigara) | **~ steel** mekani čelik; *fig coll* **draw it ~!** ne pretjeruj!, lakše, lakše!, suzdrži se!; **to put it ~ly** blago rečeno
mildew [ˈmildjuː] *s* snijet, plijesan
mildew [ˈmildjuː] *vt/i* pljesniviti, popljesniviti
mildewy [ˈmildjuːi] *adj* snjetljiv; pljesniv; nalik na plijesan
mildness [ˈmaildnis] *s* blagost
mile [mail] *s* milja (1 609,34 m) | **nautical ~, sea ~** morska milja (1 852 m); *sport* **the metric ~** (trčanje na) 1 500 m; **for ~s and ~s** na milje daleko, nadaleko i naširoko; *coll* **she's feeling ~s better today** ona se danas osjeća mnogo mnogo bolje; *coll* **there's no one within ~s of him as a tennis player** kao tenisaču nitko mu nije dorastao
mileage [ˈmailidʒ] *s* broj milja, daljina u miljama; miljarina
mileometer [maiˈlɔmitə] *s auto* brojač za milje

miler ['mailə] *s sport* trkač na prugu od jedne milje
milestone ['mailstəun] *s* miljokaz; *fig* prekretnica
milfoil ['milfɔil] *s bot* stolisnik, hajdučka trava, kunica, kunji rep
milieu ['miːljəː] *s Fr* društvena sredina, okolina, krug, miljé
militancy ['militənsi] *s* ratobornost, borbenost
militant ['militənt] *adj* (~**ly** *adv*) koji se bori, koji vojuje; ratoboran, borben, militantan
militarism ['militərizm] *s* militarizam
militarist ['militərist] *s* militarist
militarization [ˌmilitəraiˈzeiʃn] *s* militarizacija; povojničenje
militarize ['militəraiz] *vt* militarizirati; povojničiti
military ['militəri] *adj* (**militarily** *adv*) vojnički; vojni | ~ **service** vojna služba; ~ **uniform** vojnička uniforma
military ['militəri] *s* (*pl constr*) vojnici, vojska
militate ['militeit] *vi arch* ratovati, vojevati, boriti se | *fig* **to ~ against** sprečavati, spriječiti; ići na štetu (čega), raditi protiv (čega)
militia [miˈliʃə] *s* (obično *the* ~) građanska ili narodna vojska; milicija
militiaman [miˈliʃəmən] *s* vojnik građanske vojske; milicionar
milk [milk] *s* mlijeko | **powdered ~** mlijeko u prahu; **whole ~** punomasno mlijeko; *fig* **~ for babes** prejednostavan, suviše popularan; *fig* **~ and honey** med i mlijeko; *fig* **land of ~ and honey** zemlja slasti i lasti; **~ of human kindness** osnovna ljudska dobrota; **(it's) no use crying over spilt ~** nad prolivenim mlijekom ne valja plakati; *fig* **~ and water** luk i voda; **~ fever** mliječna groznica, dojiljska groznica; **~ loaf** mliječni kruh
milk [milk] *vt/i* **I.** *vt* musti (kravu, kozu itd.); vaditi, cijediti, oduzimati (sok iz čega, otrov zmiji itd.); *fig* (iz)musti, izvlačiti (novac, informacije); *sl* prisluškivati telefonskom razgovoru; hvatati tuđe telegrafske poruke **II.** *vi* davati mlijeko | **to ~ the ram (the bull)** laćati se jalova posla
milk-bar ['milkbaː] *s* mliječni bife
milk-churn ['milktʃəːn] *s* kanta za mlijeko
milker ['milkə] *s* muzac, muzilja; (krava) muzara
milk-float ['milkfləut] *s* mljekarska kola
milking-machine ['milkiŋməˈʃiːn] *s* stroj za muzenje
milkmaid ['milkmeid] *s* mljekarica; muzilja
milkman ['milkmən] *s* mljekar; prodavač mlijeka
milk-powder ['milkˌpaudə] *s* mlijeko u prahu
milk-shake ['milkʃeik] *s* napitak od mlijeka s umućenim jajima, čokoladom itd., frape
milksop ['milksɔp] *s* mekušac, slabić
milk-tooth ['milktuːθ] *s* mliječni zub, mliječnjak
milk-weed ['milkwiːd] *s bot* mlječika, zmijino mlijeko
milk-white ['milkwait] *adj* bijel kao mlijeko
milky ['milki] *adj* (**milkily** *adv*) mliječan; mutan (tekućina) | *astr* **the Milky Way** Mliječna staza, Kumova slama
mill[1] [mil] *s* mlin; tvornica; predionica; mlinac, žrvanj | *fig* **to put through the ~** morati proći kroz tešku školu; *fig* **to go through the ~** proći kroz tešku (životnu) školu; **the ~s of God grind slowly** Bog je spor, ali dostižan; **coffee-~** mlinac za kavu; **paper-~** tvornica papira; **silk-~** predionica svile; **cotton-~** predionica pamuka; **steel-~** čeličana, željezara; **saw-~** pilana; **rolling-~** valjaonica; *fig* **that is grist to his ~** to je voda za njegov mlin
mill[2] [mil] *s US* tisući dio dolara
mill [mil] *vt* mljeti; drobiti; valjati, obrađivati valjkom, strojem; (na)zupčati (rub kovanog novca), glodati | *tech* **~ing cutter** glodalo, nož za glodalicu; **~ing machine** glodalica, frez-mašina
mill about ['miləˈbaut] *vi* vrvjeti, miljeti (naokolo)
millboard ['milbɔːd] *s* ljepenka, karton
mill-dam [ˌmildæm] *s* ustava (za mlin)
millenarian [ˌmiliˈnɛəriən] *s* onaj koji vjeruje u dolazak zlatnog doba
millenary [miˈlenəri] *adj* tisućugodišnji, hiljadugodišnji
millenary [miˈlenəri] *s* tisućljeće, (razdoblje od) tisuću godina; tisućugodišnjica
millennial [miˈleniəl] *adj* tisućugodišnji, hiljadugodišnji
millennium [miˈleniəm] *s* tisućljeće, razdoblje od tisuću godina, milenij; *fig* zlatno doba, vijek sreće i blagostanja
millepede ['milipiːd] *s ent* stonoga
miller ['milə] *s* mlinar; vodeničar | *fig* **to drown the ~** previše razvodniti (piće)
millesimal [miˈlesiml] *adj* tisući, hiljaditi
millesimal [miˈlesiml] *s* tisućinka, hiljaditi dio
millet ['milit] *s bot* proso
mill-girl ['milgəːl] *s* tvornička radnica (*spec* u predionici pamuka)
mill-hand ['milhænd] *s* tvornički radnik
milliard ['miljaːd] *s* milijarda
millibar ['milibaː] *s meteor* milibar
milligram(me) ['miligræm] *s* miligram
millimeter ['miliˌmiːtə] *s* milimetar
milliner ['milinə] *s* kitničarka, modistica
millinery ['milinəri] *s* kitničarstvo; kitničarska roba; kitničarski dućan

million ['miljən] *s* milijun, milion | *fig* **the ~** mnoštvo, većina, mase
millionaire [ˌmiljə'nɛə] *s* milijunaš, milionar
millionairess [ˌmiljə'nɛəris] *s* milijunašica, milionarka
millionfold ['miljənfəuld] *adj* milijun puta tolik
millipede ['milipiːd] *s* → **millepede**
mill-pond ['milpɔnd] *s* vodenični jaz | **smooth as a ~** mirno kao ulje (more)
mill-race ['milreis] *s* vodenični jarak; struja vode koja pokreće mlinsko kolo
millstone ['milstəun] *s* mlinski kamen (i *fig*) | **between the upper and the nether ~** u vrlo tešku položaju, između dvije vatre; *fig* **hard as the nether ~** krajnje krut, posve bez srca
mill-wheel ['milwiːl] *s* mlinsko kolo
millwright ['milrait] *s* graditelj vodenica i vjetrenjača
milometer [mai'lɔmitə] *s auto* brojač za milje
milord [mi'lɔːd] *s* milord; engleski plemić; bogat Englez
milt [milt] *s anat* slezena; mliječ (ribe)
milter ['miltə] *s* mužjak ribe (u vrijeme mrijesta)
mime [maim] *s hist* mim (vrsta antičke komedije); mimika; glumac mimičar
mime [maim] *vi/t* glumiti mimikom; izraziti mimikom; posprdno oponašati
mimeograph ['mimiəgraːf] *s* stroj za umnožavanje, šapirograf
mimeograph ['mimiəgraːf] *vt* umnožavati, umnožiti na šapirografu, šapirografirati
mimetic [mi'metik] *adj* (**~ally** *adv*) koji oponaša; mimički
mimic ['mimik] *adj* imitiran, tobožnji, neprav; *zool* mimikričan | *zool* **~ colouring** zaštitna boja
mimic ['mimik] *s* vješt imitator, mimičar
mimic ['mimik] *vt* oponašati, imitirati; majmunisati; (o predmetima) biti vrlo sličan, nalikovati (na koga, što)
mimicry ['mimikri] *s* oponašanje, imitiranje, podražavanje; majmunisanje; *biol & zool* mimikrija (*protective ~*)
mimosa [mi'məuzə] *s bot* mimoza
minaret ['minəret] *s* minaret
minatory ['minətəri] *adj* prijeteći
mince [mins] *vt/i* **I.** *vt* (i)sjeckati, nasjeckati, sasjeckati, kosati, mljeti, faširati; *fig* uljepšavati, poljepšavati; ublažiti **II.** *vi* prenemagati se, prenavljati se | **to ~ one's words** nenaravno govoriti, afektirati; **not to ~ matters (one's words)** otvoreno govoriti, reći bez uvijanja, nemati dlake na jeziku
mince [mins] *s* kosano, mljeveno meso
mincemeat ['minsmiːt] *s* smjesa od grožđica, jabuka, šećera itd. (za kolač) | *coll* **to make ~ of** potpuno poraziti, dotući (protivnika), potpuno pobiti (tvrdnju, argument)
mincing ['minsiŋ] *adj* (**~ly** *adv*) koji se prenemaže, afektiran; kićen
mind [maind] *s* 1. pamćenje, sjećanje 2. mišljenje, mnijenje, nazor; misao 3. namjera, nakana, volja, želja; sklonost, raspoloženje 4. duh, duša; um, razum, pamet, mozak, glava | **to bear (keep) a th in ~** držati što na umu; **to bring (call) a th to ~** dozvati u sjećanje, podsjećati na što; **to come to ~** pasti na pamet; **to go (pass) out of (from) one's ~** ispasti iz misli; **it passed completely from my ~** potpuno sam smetnuo s uma; **to turn one's ~ to** svratiti pažnju na; **to keep one's ~ on a th** ne odvraćati pažnje od čega; **to take one's ~ off** odvratiti pažnju od; **to have a th on one's ~** biti zabrinut zbog čega; **to put a p in ~ of a th** podsjetiti koga na što; **to read another's ~** čitati, pogađati tuđe misli; **to speak one's ~** otvoreno kazati svoje mišljenje; **to make up one's ~** odlučiti, stvoriti odluku; pomiriti se s čim (*to a th*); **to be of a p's ~** dijeliti s kim mišljenje; **to be of one ~ (about a th)** biti istoga mišljenja (o čemu); **to be of the same ~** misliti isto, dijeliti mišljenje (s drugima); ne mijenjati (svoje) mišljenje; **to change one's ~** predomisliti se; **to open one's ~ to** povjeriti komu svoje misli, osjećaje; **to be in two ~s about a th** biti neodlučan, premišljati se; **to give one's ~ to a th** posvetiti pažnju čemu; **to give a p a piece of one's ~** očitati komu bukvicu, reći komu svoje; **to have half a ~ to** gotovo htjeti (što učiniti); **to have a good ~ to** imati veliku volju (što učiniti); **to know one's own ~** znati što se hoće, biti odlučan; **to set one's ~ on a th** silno željeti što, čvrsto sebi poduzeti što; **to cast one's ~ back** vratiti se u duhu, u mislima (*to one's childhood* u djetinjstvo); **time out of ~** davna prošlost; **out of one's ~** sišao s uma, lud; **he is not in his right ~** on nije pri zdravu razboru, on nije sasvim pri sebi; **in the ~'s eye** u duhu, u mislima; **frame of ~** (trenutno) raspoloženje; **absence of ~** odsutnost duha; **presence of ~** prisutnost duha; **to one's ~** po čijem mišljenju; po čijoj volji; *prov* **out of sight, out of ~** daleko od oka, daleko od srca; **no two ~s think alike** koliko ljudi, toliko mišljenja
mind [maind] *vt/i arch* podsjetiti; paziti (na što); mariti; brinuti se za (koga, što); obazirati se; protiviti se, imati što protiv (čega); ne smetati (komu); zamjeriti, zamjerati, prigovarati | **~ (out)!** pazi!; **who is ~ing the baby?** tko se brine o djetetu (pazi na nj)?; **never ~!** ništa za to!, ne čini ništa!; **~ your own business!** brini se za svoj posao, ne pačaj se u

tuđe poslove!; **do you ~ if I smoke?** imate li što protiv ako zapušim?; **would you ~ opening the window** biste li bili tako dobri pa otvorili prozor?; **would you ~ my opening the window?** da li bi vam smetalo ako otvorim prozor?; **~ you** znate!, razumijete?, vidite!; *coll* **~ and do what you're told** pazi da (svakako) učiniš što ti je naloženo!; **~ your head!** čuvaj glavu!; **~ the dog!** čuvaj se psa!; *sl* **~ your eye** pazi!, čuvaj se!; **to ~ one's P's and Q's** dobro paziti što se kaže ili radi; **~ the step!** pazi na stepenicu (tj. čuvaj se da ne padneš); **I should not ~ a glass of cold beer** čaša hladnog piva ne bi mi smetala; **... if you don't ~ ...** ako nemate ništa protiv ... ; **if you don't ~ you'll be hurt** ako ne budeš pazio, ozlijedit ćeš se

mind-blowing ['maind,bləuiŋ] *adj coll* koji izaziva duševno uzbuđenje, ekstazu (droga)

minded ['maindid] *adj* sklon, voljan, rad, nakan; raspoložen (za što); (u složenicama s imenicom) koji vodi računa o (čemu), koji je svjestan važnosti (čega) (*traffic-~, food-~*); (u složenicama s *adj* ili *adv*) koji ima takvu narav, takve sklonosti | **high-~** velikodušan, plemenit, visokih načela; **small-~** uskogrudan

minder ['maində] *s* koji se brine o čemu, pazi na što, poslužuje što (*baby-~, machine-~*); nadglednik, nadglednica, pazitelj(ica)

mindful ['maindful] *adj* (**~ly** *adv*) koji ima (uvijek) na umu (*of* što), koji vodi računa (*of* o čemu); obziran, pažljiv, pomnjiv

mind-reader ['maind,ri:də] *s* onaj koji čita ili pogađa tuđe misli

mine [main] *s min* rudnik, rudokop, majdan; *mil & mar* mina; *fig* obilan izvor | **the ~s** *pl* rudarstvo; *fig* **to lay a ~ for a p** podmetnuti komu nogu, podvaliti, komu

mine [main] *vt/i* kopati, vaditi (rudu); potkopati, praviti rov; *fig* potkopavati, podrovati; *mil & mar* minirati

mine-detector ['maindi'tektə] *s mar & mil* detektor za mine

mine-disposal ['maindis'pəuzl] *s* uklanjanje, demontiranje mina

minefield ['mainfi:ld] *s mil & mar* minsko polje

mine-layer ['main,leiə] *s mar* minonosac, minopolagač

mine-laying ['main,leiiŋ] *adj mar* koji polaže mine | **~ vessel** minopolagač

miner ['mainə] *s* rudar; *mil* miner

mineral ['minərəl] *s* ruda, mineral; mineralna voda

mineral ['minərəl] *adj* rudni, mineralni; *chem* anorganski | **~ pitch** asfalt; **~ water** mineralna voda; *GB* bezalkoholno pjenušavo piće; **~ jelly** vazelin; **~ kingdom** rudno carstvo; **~ wool** mineralna vuna

mineralogical [,minərə'lɔdʒikl] *adj* (**~ly** *adv*) mineraloški

mineralogist [,minə'rælədʒist] *s* mineralog

mineralogy [,minə'rælədʒi] *s* mineralogija

mine-sweeper ['main,swi:pə] *s mar* minolovac

mine-sweeping ['main,swi:piŋ] *adj mar* koji uklanja mine

mine-thrower ['main,θrəuə] *s* minobacač

minever (miniver) ['minivə] *s* hermelin

mingle ['miŋgl] *vt/i* **I.** *vt* (po)miješati, izmiješati (*with* sa) **II.** *vi* (po)miješati se, izmiješati se; družiti se (*with* sa); pridružiti se (*in* komu), umiješati se (*in* među) | **~d feelings** miješani osjećaji

mingy ['mindʒi] *adj GB coll* škrt

miniate ['minieit] *vt* crveniti, obojiti cinoberom; ukrasiti, iskititi (rukopis, knjigu) ukrasnim slovima

miniature ['minjətʃə] *s* minijatura; sitnoslikarstvo | **in ~** u malome

miniature ['minjətʃə] *adj* u malome, sitan, minijaturan | *film* **~ camera** mala kamera (za filmove do 35 mm); **~ grand** kratki klavir; **~ rifle shooting** gađanje malokalibarskom puškom

miniature ['minjətʃə] *vt* slikati u malome, izraditi u minijaturi

miniaturist ['minjətjuərist] *s* slikar minijatura, sitnoslikar

minify ['minifai] *vt* umanji(va)ti

minikin ['minikin] *s* patuljčić, kepec, sićušno stvorenje ili stvarca

minim ['minim] *s mus* polovinka; čestica, dijelak; kapljica

minimal ['miniməl] *adj* najmanji; posve malen; neznatan; minimalan

minimalist ['miniməlist] *s* minimalist, menjševik

minimization [,minimai'zeiʃn] *s* smanjivanje, umanjivanje; smanjenje

minimize ['minimaiz] *vt* umanji(va)ti; smanji(va)ti, svesti na najmanju moguću mjeru; *fig* potcjenjivati, omalovažiti, umanji(va)ti

minimum ['miniməm] *s* (*pl* **minima** ('minimə]) *Lat* najmanje; najmanja mjera, količina; najmanji iznos; najniža granica, minimum | **the ~ temperature** najniža temperatura; **~ wage** minimalna nadnica

mining ['mainiŋ] *s* kopanje, vađenje (rude); kop; rudarstvo | **~ engineer** rudarski inženjer; **the ~ industry** rudarstvo; *min* **~ face** otkopno čelo

minion ['minjən] *s* ljubimac, miljenik; udvorica, sluga | *derog* **the ~s of the law** sluge zakona, uzničari, tamničari, policajci itd.

minister [ˈministə] *s* sluga, pomoćnik, izvršitelj, oruđe (*of, to*); *parl* ministar; *dipl* poslanik; svećenik | **the Prime Minister** ministar predsjednik; **Minister of State** ministar (u vladi)
minister [ˈministə] *vi* služiti; brinuti se o čijim potrebama (*to*); pridonositi (*to* čemu)
ministerial [ˌminisˈtiəriəl] *adj* (~**ly** *adv*) izvršni, administrativni; uslužni, pomoćni; *eccl* crkveni, svećenički, duhovnički; *parl* ministarski, vladin
ministrant [ˈministrənt] *adj* koji služi
ministrant [ˈministrənt] *s* pomagač, pomoćnik; onaj koji obavlja neku službu; *eccl* ministrant
ministration [ˌminiˈstreiʃn] *s* pomoć, pomaganje, posluživanje (*to*); davanje, pružanje (*of*); *eccl* služba, služenje, ministriranje
ministrative [ˈministrətiv] *adj* koji služi, pomaže
ministry [ˈministri] *s* 1. *pol* ministarstvo; ministarski položaj, služba; rok službe ministra, ministrovanje; kabinet 2. *eccl* svećenstvo | *eccl* **the** ~ svećenici, svećenstvo; svećeničko zvanje; *eccl* **to enter the** ~ postati svećenik, zarediti se
miniver [ˈminivə] *s* → **minever**
mink [miŋk] *s* vrsta zerdava, nerc
minnow [ˈminəu] *s* *ichth* klen; zlatan; vrsta metalnog mamca za pecanje
minor [ˈmainə] *adj* manji, manje važan; malen, neznatan; mlađi; donji; *mus* mol | *mus* ~ **key** mol (ljestvica); *mus* **in a** ~ **key** u molu; *fig* turoban; poluglasan
minor [ˈmainə] *s* maloljetnik; *log* donja premisa (silogizma); *mus* mol; *eccl* minorit, franjevac reda Male braće
minor [ˈmainə] *vi* *US univ* studirati kao sporedni predmet
minority [maiˈnɔriti] *s* manjina; maloljetnost, malodobnost; *US univ* sporedni predmet | ~ **government** manjinska vlada
minster [ˈminstə] *s* *eccl* samostanska crkva, stolna crkva, katedrala
minstrel [ˈminstrəl] *s* *hist* minstrel, menestrel, putujući pjesnik-glazbenik | ~**s** *pl* pučki pjevači-zabavljači (često prerušeni u crnce); pjevači crnačkih napjeva
minstrelsy [ˈminstrəlsi] *s* *hist* umjetnost putujućih pjesnika-glazbenika; *poet* pjesništvo
mint¹ [mint] *s* *bot* metvica
mint² [mint] *s* kovnica (novca) | *coll* **to make (earn) a** ~ **of money** zaraditi golemu svotu novca; **in** ~ **condition** u besprijekornom stanju, *fam* ispod čekića
mint [mint] *vt* kovati novac; *fig* izmišljati, kovati (riječi)
mintage [ˈmintidʒ] *s* kovanje (novca & *fig*); kovani novac; pristojba za kovanje novca
minuet [ˌminjuˈet] *s* *mus* menuet
minus [ˈmainəs] *prep* *Lat* minus, manje; *fam* bez (*he came-back* ~ *an arm,* ~ *his umbrella*)
minus [ˈmainəs] *adj* negativan (~ *sign*); *fam* koji nedostaje (~ *amount*)
minus [ˈmainəs] *s* negativan predznak, znak minus (—); negativna količina (svota), manjak
minuscule [ˈminəskjuːl] *adj* vrlo malen, sitan, sićušan; beznačajan
minuscule [ˈminəskjuːl] *s* malo slovo, minuskula
minute [ˈminit] *s* minuta; časak, tren; službena bilješka (s uputama, primjedbama itd.), memorandum; koncept | **the** ~**s** *pl* zapisnik; **to keep the** ~**s** voditi zapisnik; **in a** ~ začas, za tren; **to the** ~ (točno) na minutu; **the** ~ **(that)** čim, onaj čas kad; *attr* **up-to-the-**~ najnoviji; **I shan't be a** ~ vratit ću se začas
minute [ˈminit] *vt* točno odrediti trajanje (čega); sastaviti nacrt (spisa); zabilježiti u obliku podsjetnika; staviti u zapisnik
minute [maiˈnjuːt] *adj* (~**ly** *adv*) sićušan, sitan; poman, podroban, iscrpan, minuciozan
minutely [ˈminitli] *adj* koji se događa svake minute; minutan
minuteness [maiˈnjuːtnis] *s* sićušnost; točnost, potankost, pomnost, iscrpnost, minucioznost
minute-book [ˈminitbuk] *s* zapisnik
minute-glass [ˈminitglaːs] *s* pješčani sat za mjerenje minuta
minute-gun [ˈminitgʌn] *s* top koji se ispaljuje u razmacima od jedne minute (kao znak za opasnost na moru itd.)
minute-hand [ˈminithænd] *s* velika kazaljka (na satu)
minute-man [ˈminitmæn] *s* *US hist* pripadnik oboružanih građanskih odreda uvijek spreman ubaciti se u borbu onog časa kada ga pozovu
minutia [maiˈnjuːʃə] *s* *Lat* (*pl* **minutiae** [maiˈnjuːʃiiː]) točna pojedinost; potankost, iscrpnost; nevažan detalj
minx [miŋks] *s* *fam* obijesna, drska djevojka; namiguša
miocene [ˈmaiəsiːn] *adj* *geol* miocenski
miocene [ˈmaiəsiːn] *s* *geol* miocen, mlađe tercijarno razdoblje
miracle [ˈmirəkl] *s* čudo | **to a** ~ izvanredno dobro; ~ **play** misterij, srednjovjekovna religiozna drama; **to work** ~**s** stvarati čudesa
miraculous [miˈrækjuləs] *adj* (~**ly** *adv*) čudesan; nadnaravan; divan
mirage [ˈmiraːʒ] *s* *Fr* fatamorgana; *fig* tlapnja, samoobmana, iluzija
mire [maiə] *vt/i* zablatiti, prekriti blatom; zatjerati u blato, uvaliti u glib; zaglibiti; *fig* uvaliti (u nepriliku)

mire ['maiə] *s* blato, glib, kal, mulj; močvara, močvarno tlo | *fig* **to stick in the ~** biti u škripcu; *fig* **to drag a p (a p's name) through the ~** povlačiti koga (čije ime) po blatu
mirror ['mirə] *s* zrcalo, ogledalo | *mot* **driving ~** retrovizor
mirror ['mirə] *vt* odražavati
mirth [mə:θ] *s* veselje, veselost, smijeh
mirthful ['mə:θful] *adj* (**~ly** *adv*) veseo, vedar, nasmijan
mirthless ['mə:θlis] *adj* (**~ly** *adv*) neveseo, bez radosti
miry ['maiəri] *adj* blatan; glibovit, močvaran
misadventure [ˌmisəd'ventʃə] *s* nesreća; nezgoda, nesretan slučaj | **by ~** nesretnim slučajem
misadvise [ˌmisəd'vaiz] *vt* pogrešno savjetovati (komu)
misalliance [ˌmisə'laiəns] *s* neprikladna veza, neprikličan brak, mezalijansa
misanthrope ['mizənθrəup] *s* čovjekomrzac, mizantrop
misanthropic [ˌmizən'θrɔpik] *adj* (**~ally** *adv*) mizantropski
misanthropist [mi'zænθrəpist] *s* → **misanthrope**
misanthropy [mi'zænθrəpi] *s* mržnja na ljude, mizantropija
misapplication ['misˌæpli'keiʃn] *s* pogrešno upotrebljavanje; zloupotreba
misapply [ˌmisə'plai] *vt* pogrešno primijeniti; zloupotrijebiti
misapprehend ['misˌæpri'hænd] *vt* pogrešno shvatiti, krivo razumjeti
misapprehension ['misˌæpri'henʃən] *vt* krivo shvaćanje (*of*); nesporazum | **to be under a ~** biti u zabludi
misappropriate [ˌmisə'prəuprieit] *vt* protupravno prisvojiti, pronevjeriti (novac)
misappropriation ['misəˌprəupri'eiʃn] *s* protupravno prisvajanje, pronevjerenje, pronevjera
misbecome [ˌmisbi'kʌm] *vt* ne dolikovati, ne pristojati se (komu)
misbecoming [ˌmisbi'kʌmiŋ] *adj* nedoličan
misbegotten [ˌmisbi'gɔtn] *adj* vanbračan; *fig* bezvrijedan, loš, nemoguć, apsurdan
misbehave [ˌmisbi'heiv] *vi/t* loše se vladati (*to ~ oneself*); loše se ponijeti
misbehaviour [ˌmisbi'heivjə] *s* loše ponašanje; nečastan postupak
misbelief [ˌmisbi'li:f]] *s* pogrešno mišljenje; krivovjerje
misbelieve [ˌmisbi'li:v] *vi/t* pogrešno vjerovati
misbeliever [ˌmisbi'li:və] *s* onaj koji ima pogrešno mišljenje; krivovjernik
miscalculate [ˌmis'kælkjuleit] *vt/i* loše (pro)računati; pogrešno ocijeniti ili prosuditi; zaračunati se
miscalculation ['misˌkælkju'leiʃn] *s* pogrešno računanje; loše prosuđivanje; greška u računu
miscall [ˌmis'kɔ:l] *vt* pogrešno nazivati (imenom), dati pogrešno ime (komu)
miscarriage [mis'kæridʒ] *s* neuspjeh; zagubljenje, nestanak (pisma, pošiljke); zagubljena, izgubljena pošiljka; *med* pobačaj; *jur* griješenje suda; pogreška suda, pogreška pravde
miscarry [mis'kæri] *vt/i* ne uspjeti, izjaloviti se, promašiti, poći naopako; zagubiti se, izgubiti se, ne stići na cilj (pismo, pošiljka); *med* pobaciti
miscegenation [ˌmisidʒi'neiʃn] *s* miješanje rasa
miscellanea [ˌmisi'leinjə] *s Lat pl* književni izbor, zbirka raznog štiva
miscellaneous [ˌmisi'leinjəs] *adj* (**~ly** *adv*) mješovit, miješan; razni, raznovrstan, raznolik
miscellany [mi'seləni] *s* mješavina, zbirka (raznovrsnog štiva)
mischance [mis'tʃa:ns] *s* nesreća, nezgoda, nesretan slučaj
mischief ['mistʃif] *s* 1. nesreća, nedaća, nevolja, zlo; šteta 2. nevaljalština, nestašluk, vragolija, vragolanstvo 3. psina, nepodopština 4. osoba koja izaziva neprilike, smutljivac, smutljivka, mutikaša; nestašno dijete, vragolan 5. razdor | **to do a p a ~** ozlijediti, raniti koga; **to make ~ (between)** sijati, stvarati razdor (među); **to work ~** izaz(i)vati gužvu, (pro)buditi zle strasti; **he's up to ~ again** on opet sprema neku psinu; **what ~?** koga đavla?
mischief-maker ['mistʃifˌmeikə] *s* osoba koji sije razdor, stvara neraspoloženje, smutljivac, smutljivko, mutikaša
mischievous ['mistʃivəs] *adj* (**~ly** *adv*) štetan, koji izaziva nevolju; nestašan, vragolast, koji uvijek sprema neku psinu
miscible ['misibl] *adj* koji se može (po)miješati (*with* sa)
misconceive [ˌmiskən'si:v] *vi/t* krivo misliti, pogrešno shvatiti; imati pogrešne pojmove (*of* o čemu)
misconception [ˌmiskən'sepʃən] *s* pogrešno shvaćanje, pogrešan pojam
misconduct [ˌmis'kɔndəkt] *s* loše vladanje; loše vodstvo, loše upravljanje; preljub
misconduct [ˌmiskən'dʌkt] *vt* loše voditi (što), loše upravljati (čime) | **to ~ oneself** loše se vladati; počiniti preljub (*with*)
misconstruction [ˌmiskəns'trʌkʃən] *s* pogrešno tumačenje
misconstrue [ˌmiskən'stru:] *vt* pogrešno tumačiti; loše shvatiti
miscount [ˌmis'kaunt] *s* pogrešno brojenje, pogreška u brojenju; pogrešan račun, pogreška u računu
miscount [ˌmis'kaunt] *vt/i* pogrešno brojiti, krivo (iz)računati; zaračunati se
miscreant ['miskriənt] *s* lopov, ništarija, hulja, nitkov

misdate [ˌmis'deit] *vt* staviti pogrešan datum (na što), pogrešno datirati
misdeal [ˌmis'diːl] *s* pogreška u podjeli (igraćih karata)
misdeal [ˌmis'diːl] *vt/i* (misdealt, misdealt) loše dijeliti (igraće karte)
misdeed [ˌmis'diːd] *s* zlodjelo, nedjelo
misdemeanour [ˌmisdi'miːnə] *s jur* prekršaj
misdirect [ˌmisdi'rekt] *vt* krivo uputiti; poslati na pogrešnu adresu, pogrešno adresirati (pismo); krivo (na)ciljati, loše (na)nišaniti
misdirection [ˌmisdi'rekʃən] *s* pogrešno adresiranje, pogrešna adresa; krivo upućivanje
misdoing [ˌmis'duːiŋ] *s* zlodjelo, nedjelo, prijestup
misdoubt [mis'daut] *vt arch* sumnjati (u što), nemati povjerenja (u što), biti nepovjerljiv (prema čemu)
mise [miːz] *s hist* pogodba, sporazum; ulog (u igri) | **Mise of Lewes** sporazum Henrika III i barunâ 1264.
misemploy ['misim'plɔi] *vt* krivo primijeniti, loše upotrijebiti
misemployment [ˌmisim'plɔimənt] *s* pogrešna primjena, loša upotreba
mise en scène ['miːzɑ̃ːn'sein] *s Fr* inscenacija, mizanscena; *fig* okvir, pozadina
miser ['maizə] *s* škrtac, tvrdica
miserable ['mizərəbl] *adj* (**miserably** *adv*) bijedan, jadan; nesretan; ubog, kukavan; slab, loš, mizeran, mizerabilan; nizak, prezira vrijedan
miserly ['maizəli] *adj* škrt
misery ['mizəri] *s* bijeda, jad, nevolja; patnje, muka; *coll* osoba koja stalno jadikuje
misfeasance [mis'fiːzəns] *s jur* zloupotreba službenog položaja
misfire [ˌmis'faiə] *vi* zatajiti (vatreno oružje), (o motoru) ne (u)paliti; *coll* nemati očekivanog uspjeha, ne upaliti (šala, doskočica)
misfire [ˌmis'faiə] *s* zatajenje, nepaljenje (puške, motora); *fig* potpun promašaj
misfit ['misfit] *s* loš kroj; loše krojena odjeća, odjeća koja ne pristaje osobi kojoj je namijenjena; *fig* osoba koja ne pristaje u svoju okolinu
misfortune [mis'fɔːtʃən] *s* nesreća, nezgoda; nevolja
misgive [mis'giv] *vt* (misgave, misgiven) ispuniti sumnjom, zlim slutnjama | **my heart ~s me** slutim zlo, imam zle slutnje
misgiving [mis'giviŋ] *s* bojazan, zla slutnja; sumnja
misgovern [ˌmis'gʌvən] *vt* loše vladati, loše upravljati (čime)
misgovernment [ˌmis'gʌvənmənt] *s* zla vladavina, loša uprava
misguidance [ˌmis'gaidəns] *s* zavođenje, upućivanje u pogrešnom smjeru
misguide [ˌmis'gaid] *vt* zavesti, pogrešno uputiti
misguided [ˌmis'gaidid] *adj* (**~ly** *adv*) zaveden; koji je posljedica pogrešnog upućivanja (*~ conduct*)
mishandle [ˌmis'hændl] *vt* zlostavljati; loše voditi; pogrešno ili nespretno rukovati (čime)
mishap ['mishæp] *s* nezgoda
mishmash ['miʃˌmæʃ] *s* zbrka, kaša, miš-maš
misinform [ˌmisin'fɔːm] *vt* (koga) pogrešno uputiti, loše obavijestiti
misinformation [ˌmisinfə'meiʃn] *s* pogrešna obavijest, pogrešna uputa
misinterpret [ˌmisin'təːprit] *vt* pogrešno (pro)tumačiti, pogrešno zaključi(va)ti
misinterpretation ['misinˌtəːpri'teiʃn] *s* pogrešno tumačenje, pogrešno zaključivanje, pogrešna interpretacija
misjudge [ˌmis'dʒʌdʒ] *vt/i* pogrešno (pro)suditi; pogrešno procijeniti
misjudgement [ˌmis'dʒʌdʒmənt] *s* pogrešan sud
mislay [mis'lei] *vt* (mislaid, mislaid) (što) zametnuti
mislead [mis'liːd] *vt* (misled, misled) pogrešno voditi; zavesti, zavoditi; zavar(av)ati, navesti na pogrešno mišljenje
misleading [mis'liːdiŋ] *adj* koji zavodi; varav, koji navodi na pogrešno mišljenje
mismanage [ˌmis'mænidʒ] *vt* loše, pogrešno voditi; loše upravljati, slabo gospodariti (čime); zabrljati, pokvariti
mismanagement [ˌmis'mænidʒmənt] *s* loše upravljanje, loše vođenje, slabo gospodarenje
misname [ˌmis'neim] *vt* nazivati pogrešnim imenom, pogrešno nazivati (čime)
misnomer [ˌmis'nəumə] *s* pridavanje pogrešnog naziva ili imena
misogamist [mi'sɔgəmist] *s* mrzitelj braka
misogamy [mi'sɔgəmi] *s* mržnja na brak
misogynic [mai'sɔdʒinik] *adj* ženomrzački
misogynist [mai'sɔdʒinist] *s* ženomrzac
misogyny [mai'sɔdʒini] *s* mržnja na žene
misplace [ˌmis'pleis] *vt* zametnuti; staviti na pogrešno mjesto; upotrijebiti na pogrešnu mjestu, pogrešno primijeniti
misplacement [ˌmis'pleismənt] *s* pogrešno smještanje; upotreba na pogrešnu mjestu
misprint [ˌmis'print] *s* tiskarska pogreška
misprint [ˌmis'print] *vt* pogrešno (od)štampati; učiniti tiskarsku pogrešku
misprision [mis'priʒən] *s jur* zatajenje kažnjivog djela; propust prijave zločina
misprize [mis'praiz] *vt* prezirati; potcjenjivati, potcijeniti
mispronounce [ˌmisprə'nauns] *vt* pogrešno izgovoriti, pogrešno izgovarati

mispronunciation ['misprə͵nʌnsi'eiʃn] *s* pogrešan izgovor, pogrešno izgovaranje
misquotation [͵miskwəu'teiʃn] *s* pogrešan navod; pogrešan citat
misquote [͵mis'kwəut] *vt* pogrešno navoditi ili navesti; pogrešno citirati
misread [͵mis'ri:d] *vt* (misread, misread) pogrešno pročitati; pogrešno tumačiti
misread [͵mis'red] *pret* & *pp* od **misread**
misrepresent ['mis͵repri'zent] *vt* pogrešno prikazati; izvrnuti
misrepresentation ['mis͵reprizen'teiʃn] *s* pogrešno prikazivanje, pogrešan prikaz; izvrtanje
misrule [͵mis'ru:l] *s* loša vladavina; bezakonje; nered, zbrka
miss[1] [mis] *s* promašaj; neuspjeh; *coll* pobačaj | **a ~ is as good as a mile** neuspjeh ostaje neuspjeh kako god on bio blizu uspjehu; glavno je izbjeći nevolji pa makar samo i za dlaku; *coll* **to give a th a ~** propustiti, izostaviti, preskočiti; **to give a p a ~** namjerno izbjegavati koga
miss [mis] *vt/i* **I.** *vt* 1. promašiti, ne pogoditi; izbjeći (nevolji); ne postići, ne dostići, ne doseći; ne naći, ne uhvatiti 2. previdjeti, ne opaziti; ne čuti; ne shvatiti 3. propustiti; izbjeći (nevolji) 4. primijetiti da koga, čega nema, osjećati nedostajanje čega, manjkati, nedostajati komu **II.** *vi* ne pogoditi, promašiti; ne uspjeti | **to ~ one's footing** omaknuti se; **to ~ one's hold** ispustiti iz ruku; **hit or ~** ili sve ili ništa; *fig* **to ~ the mark** promašiti u svom nastojanju; ne uspjeti u pokušaju; biti neprikladan; **to ~ a train (a boat)** ne uhvatiti vlak (brod), zakasniti na vlak (brod)
miss out ['mis'aut] *vi/t* **I.** *vi* nešto (ugodno) propustiti; propustiti priliku (*on a th*) **II.** *vt* preskočiti, ispustiti, izostaviti
miss[2] [mis] *s* gospođica; *derog* mala
missal ['misəl] *s eccl* misal, misna knjiga
misshapen [͵mis'ʃeipən] *adj* nakazan; izobličen, deformiran
missile ['misail] *s* predmet koji se baca kao oružje (kamen, cigla itd.), projektil; raketa, metak, tane, zrno, strelica | **ballistic ~** balistički projektil; raketa; **guided ~** vođeni projektil; **~ base (site)** raketna baza
missing ['misiŋ] *adj* koji manjka, koji nedostaje, kojega nema; (*spec mil*) nestao | **reported ~** javljen kao nestao; *mil* **the dead, wounded and ~** mrtvi, ranjeni i nestali; **the ~ link** ono što još nedostaje u nekom nizu; tip životinje za koju se smatra da je postojala između antropoidnog majmuna i čovjeka
mission ['miʃn] *s pol* izaslanstvo, poslanstvo, misija, specijalna delegacija; zadaća, povjereni zadatak; (unutarnji) poziv, zvanje; *spec mil US* borbeni let, posebni zadatak | **~ in life** životni poziv, cilj života
missionary ['miʃnəri] *adj eccl* koji pripada misiji; misionarski
missionary ['miʃnəri] *s eccl* misionar
missis ['misiz] *s fam* (milostiva) gospođa; (*the, my, his, your ~*) supruga, žena
missive ['misiv] *s hum* (dugačko) pismo, poslanica
misspell [͵mis'spel] *vt/i* (*pret* ~ed, misspelt; *pp* ~ed, misspelt) pogrešno napisati, pisati lošim pravopisom
misspend [͵mis'spend] *vt* (misspent, misspent) utrošiti u pogrešnu svrhu; rasipati; protepsti; potratiti
misstate [͵mis'steit] *vt* pogrešno, neispravno prikazati, netočno navesti
misstatement [͵mis'steitmənt] *s* pogrešno prikazivanje, netočan prikaz, iskrivljivanje činjenica
missus ['misəz] *s* → **missis**
missy ['misi] *s fam* mlada gospođica, frajlica
mist [mist] *s* magla (i *fig*), maglica, sumaglica; para; *fig* mrak, tama | *fig* **to be in a ~** biti smeten
mist [mist] *vi/t* (*~ over*) zamagliti (se), zamračiti se (*it is ~ing* spušta se magla); zahukati se (staklo)
mistakable [mis'teikəbl] *adj* koji se može pogrešno shvatiti
mistake [mis'teik] *s* pomutnja, zabuna; pogreška | **by ~** zabunom; **in ~ for** zabunom umjesto (*a florin in ~ for a shilling*); *coll* **and no ~!** o tom nema sumnje; **to make a ~** pogriješiti, napraviti pogrešku
mistake [mis'teik] *vt/i* (mistook, mistaken) **I.** *vt* pogrešno razumjeti, pogrešno shvatiti **II.** *vi arch* varati se | **to ~ a p (a th) for** zamijeniti koga (što) s (kim, čim); **there is no mistaking** tu nema mogućnosti zabune
mistaken [mis'teikən] *adj* (*~***ly** *adv*) pogrešan, pogrešno shvaćen | **to be ~** (*about a th*) varati se, biti u zabludi; **if I'm not ~** ako se ne varam
mister ['mistə] *s* (kao titula uz prezime piše se Mr.) gospodin; *vulg* (kao vokativ bez prezimena) gospodine!
mistime [͵mis'taim] *vt* učiniti ili reći u pogrešan trenutak
mistiness ['mistinis] *s* maglovitost, zamagljenost, zahukanost; *fig* nejasnost
mistletoe ['misltəu] *s bot* imela
mistook [mis'tuk] *pret* od **mistake**
mistral ['mistrəl] *s* maestral, hladan, suh sjeverni vjetar koji puše dolinom Rhone
mistranslate [͵mistra:ns'leit] *vt* pogrešno prevoditi ili prevesti
mistranslation [͵mistra:ns'leiʃn] *s* pogrešan prijevod
mistress ['mistris] *s* gospodarica, gazdarica; domaćica; majstorica (u nekom umi-

jeću); *poet* odabranica srca, ljubljena, draga(na); ljubavnica, metresa; učiteljica, nastavnica; (kao titula ispred prezimena umjesto Mrs. ili Miss); gospođa | **the French** ~ učiteljica, nastavnica iz francuskog jezika

mistrust [ˌmisˈtrʌst] *s* nepovjerenje, nepouzdanje (*of* prema čemu)

mistrust [ˌmisˈtrʌst] *vt* ne vjerovati (komu), ne pouzdati se (u koga, što), biti nepovjerljiv (prema komu)

mistrustful [ˌmisˈtrʌstful] *adj* (~**ly** *adv*) nepovjerljiv, sumnjičav | **to be** ~ **of** nemati povjerenja u (koga, što), biti nepovjerljiv prema (komu, čemu)

misty [ˈmisti] *adj* (**mistily** *adv*) maglovit, magličast, mutan; zamagljen, zahukan, zaparen; *fig* mutan, nejasan

misunderstand [ˌmisʌndəˈstænd] *vt* (misunderstood, misunderstood) pogrešno razumjeti, pogrešno shvatiti

misunderstanding [ˌmisʌndəˈstændiŋ] *s* nesporazum

misunderstood [ˌmisʌndəˈstud] *pret* & *pp* od **misunderstand**

misusage [ˈmisˈjuːzidʒ] *s* pogrešna upotreba, pogrešna primjena; zloupotreba; zlostavljanje

misuse [ˈmisjuːs] *s* → **misusage**

misuse [ˌmisˈjuːz] *vt* pogrešno upotrijebiti, pogrešno primijeniti; zloupotrijebiti; zlostavljati

mite[1] [mait] *s zool* crv, grepalj, grinja | **cheese-**~ crvić u siru, sirni rastoč

mite[2] [mait] *s* filir, novčić; sitan doprinos; *fam* sitnica, malenkost, mrva, mrvica; sitan stvor | **not a** ~ nimalo; *fig* **a** ~ **(of a child)** sitno dijete, djetešce

miter [ˈmaitə] *s* → **mitre**

mitigate [ˈmitigeit] *vt* stišati, olakša(va)ti, ublažiti, utišati, utažiti | **mitigating circumstances** olakotne okolnosti

mitigation [ˌmitiˈgeiʃn] *s* ublažavanje, ublaženje; olakša(va)nje

mitigatory [ˈmitigeitəri] *adj* koji ublažuje, stišava, smiruje

mitre[1] **(miter)** [ˈmaitə] *s eccl* mitra, biskupska kapa; *fig* biskupska čast

mitre[2] **(miter)** [ˈmaitə] *s archit* klin; pol pravog kuta

mitre [ˈmaitə] *vt archit* spojiti pod kutom od 45°

mitred [ˈmaitəd] *adj* urešen mitrom, s mitrom na glavi

mitt [mit] *s* rukavica bez prstiju; rukavica za bejzbol; *coll* boksačka rukavica; *sl* ruka, šaka | *fig* **he gave me the frozen** ~ hladno me pozdravio, hladno me primio

mitten [ˈmitn] *s* rukavica bez prstiju (samo s palcem); rukavica koja prekriva samo polovicu prstiju | *sl fig* **to give the** ~ dati košaricu, ostaviti (dragu, dragoga); *sl fig* **to get the** ~ dobiti košaricu, biti ostavljen

mix [miks] *s* mješavina; masa (*a cake* ~)

mix [miks] *vt/i* **I.** *vt* (po)miješati, izmiješati (*with* sa), namiješati, smiješati **II.** *vi* (po)miješati se; dati se (moći se) miješati; družiti se, općiti, slagati se (*with* s kim) | **to** ~ **in society** zalaziti u društvo; **he doesn't** ~ **well** on nije osobito društven, on se ne snalazi dobro u svakom društvu

mix up [ˈmiksˈʌp] *vt* (temeljito) izmiješati, pomiješati (*with* sa); *fig* zamijeniti (*with* sa), pobrkati | **to be mixed up with** biti spleten (s kim); **to get mixed up with** splesti se (s kim); **to get mixed up in** (u)miješati se, uplesti se (u što); **to be mixed up in** biti upleten u; *fig* **to feel mixed up** biti zbunjen, ne moći se opredijeliti (*about*)

mixed [mikst] *adj* (po)miješan, izmiješan; mješovit; šaren; *fam* smeten, zbunjen, smućen | **a** ~ **company** šareno društvo; ~ **school** mješovita škola; ~ **motives** ne sasvim nepristrane pobude; *ten* ~ **doubles** mješovita igra parova; ~ **cargo** mješovit teret; ~ **grill** miješano meso s roštilja; ~ **marriage** mješovit brak; ~ **feelings** miješani osjećaji; ~ **farming** ratarstvo i stočarstvo

mixer [ˈmiksə] *s* mješač, miješalica, mikser, stroj za miješanje; *film, TV* mikser | **cement** ~ betonska miješalica; *coll* **a good** ~ čovjek koji se dobro snalazi u društvu, druževna osoba; **a bad** ~ čovjek koji se slabo snalazi u društvu, nedruževna osoba

mixture [ˈmikstʃə] *s* miješanje; mješavina (i *fig*), smjesa (*of*); *med* mikstura, smjesa lijekova

mix-up [ˈmiksʌp] *s coll* zbrka, zabuna, pometnja, konfuzija; kaša

mizzen (mizen) [ˈmizn] *s mar* (~ *mast*) krmeni jarbol; *mar* (~*-sail*) krmeno jedro, zadnjača

mizzle[1] [ˈmizl] *vi dial* ili *coll* sipiti, sitno kišiti, rositi

mizzle [ˈmizl] *s* sitna kišica, rosulja

mizzle[2] [ˈmizl] *vi sl* umaći, kidnuti; otprašiti, odmagliti

mnemonic [niˈmɔnik] *adj* koji pomaže pamćenju, mnemotehnički

mnemonics [niˈmɔniks] *s pl* mnemotehnika

mo [məu] *s sl* (*abbr* od **moment**) trenutak, tren, čas(ak) | **half a** ~ samo čas(ak)

moan [məun] *s* stenjanje, (tiho) jaukanje; jauk

moan [məun] *vi/t* stenjati, (tiho) jaukati; kukati, jadikovati; tugovati (za kim); oplakivati; stenjući izgovarati (i ~ *out*)

moat [məut] *s* (obrambeni) jarak, šanac

moated [ˈməutid] *adj* okružen šancem, (obrambenim) jarkom

mob [mɔb] *s* svjetina, rulja, gomila, masa; zločinačka družba, banda | **~ law, ~ rule** zakon rulje, vladavina razularene svjetine, nasilje; **swell ~** banda otmjeno odjevenih džepara; **the ~** prosti puk; **~ oratory** govorništvo kakvo voli svjetina
mob [mɔb] *vt* bučno navaliti, nasrnuti u rulji (na koga)
mob-cap ['mɔbkæp] *s hist* vrsta ženske kućne kape
mobile ['məubail] *s* sobni viseći ukras čiji se dijelovi pokreću već pri najslabijoj zračnoj struji
mobile ['məubail] *adj* pokretan; *mil* mobilan; koji se lako i često mijenja; nestalan, promjenljiv; gibak, živahan
mobility [məu'biliti] *s* pokretnost
mobilization [ˌməubilai'zeiʃn] *s mil* mobilizacija
mobilize ['məubilaiz] *vt* učiniti pokretnim; *mil* mobilizirati, dovesti u borbenu gotovost
moccasin ['mɔkəsin] *s* mekana jelenska koža | **~s** *pl* (indijanski) mokasin; mokasinke, mekane cipele s niskom petom
mocha ['məukə] *s minr* (također *~-stone*) moka kamen (svijetli kalcedon)
mocha ['mɔkə] *s* (također *~ coffee*) 1. moka-kava 2. vrsta fine kože (za rukavice)
mock [mɔk] *s arch* ismijavanje, podrugivanje, izrugivanje | **to make a ~ of** izrugivati se komu, ismijavati koga, činiti koga smiješnim
mock [mɔk] *adj* neprav, patvoren, imitiran; prividan; kriv, lažan, tobožnji | **~-heroic** heroikomičan; **~ pearls** lažni biseri
mock [mɔk] *vt/i* **I.** *vt* 1. ismijavati, izrugivati, rugati se, podrugivati se (komu) 2. oponašati, podrugljivo imitirati, majmunisati 3. *fig* zavar(av)ati, prevariti 4. prkositi (čemu) **II.** *vi* izrugivati se, rugati se (*at* komu)
mocker ['mɔkə] *s* izrugivač, podrugljivac
mockery ['mɔkəri] *s* 1. izrugivanje, ruganje, sprdnja 2. oponašanje; varka, opsjena; lakrdija (*the ~ of a trial*) | **to make a ~ of** rugati se komu
mocking ['mɔkiŋ] *adj* (**~ly** *adv*) podrugljiv, koji se ismijava, koji oponaša | **~ bird** ptica rugalica; *ornith* američki drozd
mock-up ['mɔkʌp] *s* model (čega) u naravnoj veličini; *print* nacrt izgleda novinske stranice, špigl
mod [mɔd] *adj sl* moderan i elegantan | **Mod** *s GB* mlada osoba koja nosi posebnu modernu odjeću i nalazi glavnu zabavu u vožnji motociklom
modal ['məudl] *adj* (**~ly** *adv*) načinski; *gram* modalan
modality [məu'dæliti] *s* modalnost; uvjetovanost; *phil* modalitet
mode [məud] *s* način; moda; običaj; *mus* tonalitet
model ['mɔdl] *s* uzorak, obrazac, model; *fig* uzor, kalup; slikarski model; *com* maneken; *attr* uzoran | **after the ~ of, on the ~ of** po uzoru na; **to act as a ~ to** služiti komu kao (slikarski) model; *coll* **she's the ~ (a perfect ~) of her mother** ona je slika i prilika svoje majke
model ['mɔdl] *vt/i* modelirati; oblikovati; raditi kao (slikarski) model ili maneken; prikazivati (haljine, šešire) kao maneken | **to ~ oneself (up)on a p** slijediti čiji uzor
modeller ['mɔdlə] *s* modelar
modelling ['mɔdliŋ] *s* modeliranje; način oblikovanja
moderate ['mɔdərət] *adj* (**~ly** *adv*) umjeren, srednji, osrednji
moderate ['mɔdərət] *s* umjerenjak
moderate ['mɔdəreit] *vt/i* **I.** *vt* ublažiti, smanjiti; obuzdati, smiriti, uzdržati; umjeriti, učiniti umjerenim **II.** *vi* postati umjeren; popuštati, smiri(va)ti se, jenja(va)ti (vjetar)
moderation [ˌmɔdə'reiʃn] *s* umjerenost, uzdržljivost; umjeravanje, mjera; ublažavanje; umanjivanje | **in ~** umjereno
moderator ['mɔdəreitə] *s eccl Scot* predsjedatelj crkvenog suda 2. *univ* ispitivač 3. *phys* moderator, supstanca za usporavanje neutrona u nuklearnom reaktoru
modern ['mɔdən] *adj* (**~ly** *adv*) moderan, nov, suvremen, današnji | **~ times** moderno doba, moderna vremena
modern ['mɔdən] *s* suvremen čovjek, osoba ovoga vijeka | **the ~s** *pl* pristaše suvremenog smjera (u umjetnosti, književnosti itd.)
modernism ['mɔdənizm] *s* suvremeni nazori ili metode; *theol* modernizam
modernist ['mɔdənist] *s* pristaša suvremenih nazora ili metoda; *theol* modernist
modernity [mɔ'də:niti] *s* modernost, suvremenost
modernization [ˌmɔdənai'zeiʃn] *s* modernizacija, moderniziranje
modernize ['mɔdənaiz] *vt* modernizirati
modest ['mɔdist] *adj* (**~ly** *adv*) čedan; skroman; umjeren
modesty ['mɔdisti] *s* čednost, skromnost; umjerenost; stidljivost | **in all ~** bez i najmanjeg hvalisanja
modicum ['mɔdikəm] *s Lat* nešto malo, malenkost (*a ~ of*)
modifiable ['mɔdifaiəbl] *adj* preinačiv, izmjenljiv
modification [ˌmɔdifi'keiʃn] *s* 1. ublažavanje, umjeravanje, ublaženje; modifikacija 2. mijenjanje, promjena, preinačavanje, preinaka
modifier ['mɔdifaiə] *s* modifikator, riječ koja pobliže označuje

modify ['mɔdifai] *vt* 1. promijeniti, izmijeniti, mijenjati, preinačiti 2. ublaži(va)ti; svesti na pravu mjeru, umjeriti, smanjiti, modificirati 3. *gram* određivati smisao (riječi)
modish ['məudiʃ] *adj* (**~ly** *adv*) modni; moderan; po modi
modiste [məu'di:st] *s Fr* kitničarka, modistica; krojačica
modular ['mɔdjulə] *adj* koji se temelji na standardnom elementu ili sklopu
modulate ['mɔdjuleit] *vt/i* prilagoditi, uskladiti; *mus, radio* modulirati
modulation [ˌmɔdju'leiʃn] *s* prilagođavanje, prilagođenje; usklađivanje 2. mijenjanje, pregibanje (glasa); *mus, radio* modulacija
module ['mɔdju:l] *s Fr* jedinica mjere, mjerilo; (standardni, gotov) element (u graditeljstvu, proizvodnji pokućstva); sklop (elektronskih) komponenata; modul (svemirskog broda)
modulus ['mɔdjuləs] *s* (*pl* **~es, moduli** ['mɔdjulai]) *Lat math* modul
modus ['məudəs] *s Lat* način | **~ operandi** način rada, postupak; **~ vivendi** (sporazuman) način života (do konačnog rješenja spora)
mogul ['məugʌl] *s fig* velika ličnost, važna, bogata osoba, mogućnik
mohair ['məuhɛə] *s* vuna angorske koze; tkanina od angorske vune
Mohammedan [məu'hæmidən] *adj* muhamedanski, islamski
Mohammedan [məu'hæamidən] *s* muhamedanac, muhamedanka
Mohammedanism [məu'hæmidənizm] *s* muhamedanstvo, islam
Mohican ['məuikən] *s* Mohikanac
moiety ['mɔiəti] *s* polovica
moil [mɔil] *vi* mučiti se, kinjiti se | **toil and ~** mučiti se, naporno raditi
moire [mwa:] *s Fr* moare, (svilena) tkanina s utkanim valovitim šarama
moist [mɔist] *adj* vlažan; ovlažen, navlažen
moisten ['mɔisn] *vt/i* (o)vlažiti, navlažiti, nakvasiti
moisture ['mɔistʃə] *s* vlaga, mokrina
moke [məuk] *s GB sl* magarac (i *fig*); budala; *US sl* crnac
molar ['məulə] *s* (zub) kutnjak
molar ['məulə] *adj chem* masivan
molasses [mə'læsiz] *s pl* (*sg constr*) melasa; (šećerni) sirup
mold [məuld] *s* → **mould**
molder ['məuldə] *vi* → **moulder**
molding ['məuldiŋ] *s* → **moulding**
moldy ['məuldi] *adj* → **mouldy**
mole[1] [məul] *s* madež, pjega
mole[2] [məul] *s zool* krt, krtica | **blind as a ~** slijep kao krt
mole[3] [məul] *s* molo, muo, mul, gat, lukobran
mole[4] [məul] *s chem* gram-molekula
molecular [məu'lekjulə] *adj* (**~ly** *adv*) molekularni
molecule ['mɔlikju:l] *s chem & phys* molekula
mole-hill ['məulhil] *s* krtičnjak | *fig* **to make a mountain out of a ~** pretjerivati, od buhe praviti slona
mole-skin ['məulskin] *s* krzno od ptice; *com* moleskin, engleska koža (vrsta jake pamučne tkanine) | **~s** *pl* hlače od engleske kože
molest [mə'lest] *vt* dosađivati, dodijavati (komu), uznemirivati, molestirati (koga)
molestation [ˌməules'teiʃn] *s* dodijavanje, dosađivanje, uznemirivanje, molestiranje
moll [mɔl] *s sl* uličarka, djevojčura; gangsterova prijateljica
mollification [ˌmɔlifi'keiʃn] *s* umekšanje, smekšanje, ublaženje, smirivanje
mollify ['mɔlifai] *vt* smekšati, umekšati, ublažiti, smiriti, umiriti
mollusc (mollusk) ['mɔləsk] *s zool* mekušac
molluscan [mɔ'lʌskən] *adj* koji se tiče mekušaca
molly ['mɔli] *s* mekušac, mamina maza
mollycoddle ['mɔlikɔdl] *s* → **molly**
mollycoddle ['mɔlikɔdl] *vt* tetošiti, (raz)maziti
Moloch ['məulɔk] *s* Moloh (semitsko božanstvo kojemu su se žrtvovala djeca); Moloh, proždrljiva neman
molt [məult] *vt/i* → **moult**
molt [məult] *s* → **moult**
molten ['məultən] (*pp* od **melt**) (ras)taljen; lijevan
moment ['məumənt] *s* 1. čas(ak), tren(utak), moment 2. značenje, važnost | **half a ~, just a ~** (čekaj) časak, samo čas; **in a ~** začas, u času; **at the ~** baš sada, momentano; (onaj) isti čas, čim; **for the ~** zasad, ovaj čas, momentano; **to the ~** točan (na čas); **at a ~'s notice** u najkraćem roku, odmah, smjesta; **a matter of ~** važna, značajna stvar; **of no ~** beznačajan, nevažan; **not for a ~** ni časka, ni jednog trenutka
momentary ['məuməntəri] *adj* (**momentarily** *adv*) časomičan, trenut(ač)an, momentan; svaki čas, svaki tren (*in ~ expectation of an accident*)
momentous [məu'mentəs] *adj* (**~ly** *adv*) važan, značajan
momentum [məu'mentəm] *s Lat* (*pl* **~s, momenta** [məu'mentə]) *scient* moment sile (u mehanici); *fig* zamah
monad ['mɔnæd] *s phil* monada; *biol* nedjeljivo biće, organska jedinica, prabiće
monandry [mɔ'nændri] *s* monoandrija
monarch ['mɔnək] *s* vladar, monarh
monarchic [mɔ'na:kik] *adj* (**~ally** *adv*) monarhijski

monarchism ['mɔnəkizm] *s* monarhizam
monarchist ['mɔnəkist] *s* monarhist
monarchy ['mɔnəki] *s* monarhija
monastery ['mɔnəstri] *s* samostan, manastir
monastic [mə'næstik] *adj* (~**ally** *adv*) samostanski, manastirski; kaluđerski, monaški, redovnički
monasticism [mə'næstisizm] *s* monaštvo, kaluđerstvo
monaural [ˌmɔn'ɔːrəl] *adj* koji je samo za jedno uho; (*com abbr* **mono**) ne stereofonski
Monday ['mʌndi] *s* ponedjeljak (*on* ~ u ponedjeljak)
Mondayish ['mʌndiiʃ] *adj coll* neraspoložen (za rad), mlitav
monetary ['mʌnitəri] *adj* (**monetarily** *adv*) novčani; monetarni | ~ **reform** reforma valute
money ['mʌni] *s* novac; novci; *com* sredstvo plaćanja, moneta; *fig* novac, novci, pare, bogatstvo, imetak | *jur, arch* ~**s** *pl* novac, novci, (novčane) svote; ~ **of account** novčana vrijednost, (novčane) svote, iznos; *sl* **to be in the** ~ biti bogat; *com* ~ **in cash,** ~ **in hand** stanje blagajne; **it's** ~ **for jam** to je laka zarada; ~ **makes the mare go** novcem se može sve postići, zlatan ključić i željezna vrata otvara; **ready** ~ gotov novac, gotovina; **to come into** ~ doći do novca, naslijediti novac; **to be short of** ~ ne biti pri novcu; *sl* **to be coining (minting)** ~ brzo se obogaćivati; **to make** ~ zarađivati, zaraditi novac; **to marry** ~ bogato se oženiti (udati); **to put** ~ **into a th** uložiti novac u što; **(to pay)** ~ **down** (platiti) u gotovu (novcu); **to raise** ~ pribaviti novčana sredstva, sakupiti novac; **not for love or** ~ nizašto; **to get one's** ~**'s worth** dobiti punu protuvrijednost za (svoj) utrošeni novac
money-bag ['mʌnibæg] *s* kesa za novac; *fig* škrt bogataš | *fig coll* ~**s** *pl* novac, bogatstvo
money-box ['mʌnibɔks] *s* kasica (za štednju ili milodare)
money-changer ['mʌniˌtʃeindʒə] *s* mjenjač novca
moneyed ['mʌnid] *adj* imućan, bogat | **the** ~**ed interest** vlasnici kapitala
money-grubber ['mʌniˌgrʌbə] *s* škrtac, gramzivac (za novcem)
money-grubbing ['mʌniˌgrʌbiŋ] *adj* gramziv (za novcem)
money-grubbing ['mʌniˌgrʌbiŋ] *s* gramzivost (za novcem)
money-lender ['mʌniˌlendə] *s* lihvar, zelenaš
moneyless ['mʌnilis] *adj* bez novca
money-making ['mʌniˌmeikiŋ] *s* stjecanje novca
money-order ['mʌniˌɔːdə] *s* poštanska novčana uputnica
money-spinner ['mʌniˌspinə] *s coll* knjiga ili kazališni komad kojim se zarađuje mnogo novaca
money-wort ['mʌniwəːt] *s bot* metiljeva trava (biljka iz porodice jaglaca)
monger ['mʌŋgə] *s* trgovac, prodavač, prodavalac (uglavnom u složenicama: *ironmonger, fishmonger* itd.)
Mongol ['mɔŋgɔl] *s* Mongol, Mongolka
Mongol ['mɔŋgɔl] *adj* mongolski
Mongolian [mɔŋ'gəuljən] *adj* mongolski
Mongolian [mɔŋ'gəuljən] *s* Mongol, Mongolka; mongolski jezik
mongoose (mungoose) ['mɔŋguːs] *s zool* 1. mungo 2. maki-majmun, polumajmun
mongrel ['mʌŋgrəl] *s* mješanac, bastard; melez
mongrel ['mʌŋgrəl] *adj* miješane rase; mješovite pasmine; mješovita porijekla
monism ['mɔnizm] *s phil* monizam
monist ['mɔnist] *s phil* monist
monistic [mɔ'nistik] (~**ally** *adv*) *phil* monistički
monition [məu'niʃn] *s* opomena; upozorenje
monitor ['mɔnitə] *s arch* opominjač; monitor, đak prefekt (u engleskim školama); *mar* monitor; *radio, TV* službenik koji prati strane emisije; *tech* kontrolni aparat, monitor; *TV* ~ **picture** kontrolna slika; *TV* ~ **(screen)** kontrolni ekran; *zool* monitor (vrsta guštera)
monitor ['mɔnitə] *vt/i* pratiti emisije drugih radio-stanica; provjeravati, kontrolirati, nadzirati; pratiti na kontrolnom aparatu
monk [mʌŋk] *s* redovnik, kaluđer, monah
monkery ['mʌŋkəri] *s* (*spec derog*) kaluđerstvo, monaštvo, kaluđeri, redovnici; samostan, manastir
monkey ['mʌŋki] *s zool* majmun (i *fig*); *sl* 500 funti sterlinga; *sl* hipoteka | *sl* **to get one's** ~ **up** raspaliti se, razbjesniti se; *sl* **to put a p's** ~ **up** razljutiti, razbjesniti koga; **to be (get) up to** ~ **business (tricks)** spremati, praviti psine, praviti gluposti; *sl* **to have a** ~ **on one's back** biti narkoman; zamjeravati (što), biti kivan
monkey ['mʌŋki] *vt/i* **I.** *vt* pokvariti, poremetiti, spetljati, ušeprtljati **II.** *vi* praviti psine, gluposti, majmunarije
monkey about ['mʌŋkiə'baut] *vi* (*with*) igrati se (čime), petljati se oko čega, prčkati po čemu
monkey-bread ['mʌŋkibred] *s bot* plod baobaba
monkeyish ['mʌŋkiiʃ] *adj* majmunski, poput majmuna
monkey-jacket ['mʌŋkiˌdʒækit] *s* kratka mornarska bluza

monkey-nut [ˈmʌŋkinʌt] *s bot* kikiriki, arašid
monkey-puzzle [ˈmʌŋkiˌpʌzl] *s bot* čileanski bor, araukarija
monkey-spanner [ˈmʌŋkiˌspænə] *s* → **monkey-wrench**
monkey-wrench [ˈmʌŋkirentʃ] *s tech* francuski ključ, francuz
monkhood [ˈmʌŋkhud] *s* redovništvo, kaluđerstvo, monaštvo
monkish [ˈmʌŋkiʃ] *adj* (*spec derog*) redovnički, kaluđerski, monaški, samostanski
mono [ˈmɔnəu] *adj* → **monaural**
monochord [ˈmɔnəukɔːd] *s mus, phys* monokord
monochrome [ˈmɔnəkrəum] *s* jednobojna slika, monokrom
monochrome [ˈmɔnəkrəum] *adj* jednobojan, monokroman, (u više nijansa) jedne boje
monocle [ˈmɔnəkl] *s* monokl
monocular [mɔˈnɔkjulə] *adj* jednook, samo s jednim okom; samo za jedno oko
monodic [mɔˈnɔdik] *adj mus* monodijski
monodist [ˈmɔnədist] *s mus* pjevač ili skladatelj monodija
monody [ˈmɔnədi] *s* monodija (skladba za jedan glas uz instrumentalnu pratnju)
monogamist [mɔˈnɔgəmist] *s* monogamist
monogamous [mɔˈnɔgəməs] *adj* monogaman, koji ima samo jednog bračnog partnera
monogamy [mɔˈnɔgəmi] *s* monogamija, brak s jednom ženom ili jednim mužem
monogram [ˈmɔnəgræm] *s* monogram
monograph [ˈmɔnəgraːf] *s* monografija
monographer [mɔˈnɔgrəfə] *s* monograf
monographic [mɔnəˈgræfik] *adj* (**~ally** *adv*) monografski
monogynous [mɔˈnɔdʒinəs] *adj zool* koji se pari samo s jednom ženkom; *bot* koji ima samo jedan pestić
monogyny [mɔˈnɔdʒini] *s zool* parenje samo s jednom ženkom
monolith [ˈmɔnəliθ] *s* monolit
monolithic [ˌmɔnəˈliθik] *adj* monolitan, monolitski
monologize [mɔˈnɔlədʒaiz] *vi* voditi monolog
monologue [ˈmɔnəlɔg] *s* monolog
monomania [ˌmɔnəuˈmeinjə] *s* monomanija, fiksna ideja
monomaniac [ˌmɔnəuˈmeinjæk] *s* monoman, čovjek koji pati od fiksne ideje
monomial [mɔˈnəumiəl] *adj math* monomni, monomski
monophthong [ˈmɔnəfθɔŋ] *s* monoftong, jednoglasnik
monophthongal [ˌmɔnəfˈθɔŋgəl] *adj* monoftonski, jednoglasan, koji se sastoji od samo jednog glasa
monophthongize [ˈmɔnəfθɔŋgaiz] *vt* pretvoriti u jednoglasnik, monoftongizirati
monoplane [ˈmɔnəplein] *s aero* jednokrilac, monoplan
monopolism [məˈnɔpəlizm] *s* monopolizam
monopolist [məˈnɔpəlist] *s* monopolist
monopolistic [məˌnɔpəˈlistik] *adj* monopolistički
monopolization [məˌnɔpəlaiˈzeiʃn] *s* monopoliziranje, monopolizacija, uvođenje monopola
monopolize [məˈnɔpəlaiz] *vt* monopolizirati, imati, držati monopol | *fig* **to ~ the conversation** neprestano voditi glavnu riječ, ne dati drugima do riječi
monopoly [məˈnɔpəli] *s* monopol; isključivo pravo (*of* na što); *fig* potpuno prisvajanje
monorail [ˈmɔnəureil] *s* jednotračna željeznica
monosyllabic [ˌmɔnəsiˈlæbik] *adj* (**~ally** *adv*) jednosložan
monosyllable [ˈmɔnəˌsiləbl] *s* jednosložna riječ | **to speak in ~s** vrlo kratko odgovarati, govoriti samo »da«, »ne« itd.
monotheism [ˈmɔnəθiːˌizm] *s* jednoboštvo, monoteizam
monotheist [ˈmɔnəθiːˌist] *s* jednobožac, monoteist
monotheistic [ˌmɔnəθiːˈistik] *adj* (**~ally** *adv*) jednobožački, monoteistički
monotone [ˈmɔnətəun] *s* jednoličan zvuk | **in a ~** monotono, jednolično
monotone [ˈmɔnətəun] *vt/i* jednolično, neprestano istim glasom govoriti ili pjevati
monotonic [ˌmɔnəˈtɔnik] *adj mus* jednozvučan, jednoglasan, bez promjene visine glasa, monotoničan
monotonous [məˈnɔtənəs] *adj* (**~ly** *adv*) jednoglasan, jednozvučan; jednoličan, jednolik, monoton (i *fig*); *fig* dosadan
monotony [məˈnɔtəni] *s* jednozvučnost; jednoličnost, monotonija (i *fig*)
monotype [ˈmɔnətaip] *s print* monotip
Monroeism [mənˈrəuizm] *s* Monroeva doktrina (»Amerika Amerikancima«)
Monroeist [mənˈrəuist] *s* pristaša Monroeve doktrine
monsoon [mɔnˈsuːn] *s* monsun
monster [ˈmɔnstə] *s* čudovište, neman; grdosija; monstrum, nakaza, nagrda, rugoba; *attr* golem, ogroman, divovski
monstrance [ˈmɔnstrəns] *s eccl* monstranca
monstrosity [mɔnsˈtrɔsiti] *s* grozota, strahota, čudovišnost, nakaznost; nakaza
monstrous [ˈmɔnstrəs] *adj* (**~ly** *adv*) strahovit, užasan, grozovit, grozan; nenaravan, neprirodan; golem, divovski; nakazan, monstruozan; *coll* nevjerojatan, apsurdan, nemoguć, skandalozan
montage [ˈmɔntaːʒ] *s Fr film* montaža; *phot* foto-montaža
Montenegrin [ˌmɔntiˈniːgrin] *s* Crnogorac, Crnogorka
Montenegrin [ˌmɔntiˈniːgrin] *adj* crnogorski

month [mʌnθ] *s* mjesec, mjesec dana | *coll* (**not once in**) **a ~ of Sundays** nikada, ni u sto godina; **this day ~** danas mjesec dana, za mjesec dana; **calendar ~** kalendarski mjesec; **lunar ~** lunarni mjesec, 28 dana; **for ~s** mjesecima, mnogo mjeseci; **by the ~** mjesečno
monthly [ˈmʌnθli] *adj* mjesečni | **~ season ticket** mjesečna karta
monthly [ˈmʌnθli] *s* mjesečnik | *coll* **monthlies** *pl* mjesečno pranje, perioda, menstruacija
monthly [ˈmʌnθli] *adv* mjesečno, na mjesec, svaki mjesec
monument [ˈmɔnjumənt] *s* spomenik; *fig* veliko, značajno djelo (*~ of learning*) | **The Monument** stup u Londonu u spomen velikog požara **1666**.
monumental [ˌmɔnjuˈmentl] *adj* (**~ly** *adv*) 1. koji pripada spomeniku 2. koji je za spomen 3. monumentalan; trajne vrijednosti 4. veličanstven, golem, silan, kolosalan | **~ inscription** spomen-natpis; **~ mason** klesar, graditelj nadgrobnih spomenika; *US* **Monumental City** grad spomenika (= Baltimore); **~ ignorance** zapanjujuće, silno, golemo neznanje
moo [muː] *vi* mukati (krava)
moo [muː] *s* mukanje (krave)
mooch (**mouch**) [muːtʃ] *vi* dangubiti, tratiti vrijeme, vući se, postajkivati (*about, around*)
moo-cow [ˈmuːkau] *s* krava (u dječjem govoru)
mood[1] [muːd] *s* raspoloženje, volja; ćud | **to be in the ~ for** biti raspoložen, imati volje za; **I am in no ~** (*to do*) nemam nimalo volje da . . . ; **a man of ~s** ćudljiv čovjek
mood[2] [muːd] *s gram* način; *log* modus; *mus* → **mode**
moodiness [ˈmuːdinis] *s* zlovolja; ćudljivost
moody [ˈmuːdi] *adj* (**moodily** *adv*) ćudljiv; zle volje, mrk, zlovoljan
moon [muːn] *s* Mjesec (planet); *poet* mjesec dana; mjesečina | **new ~** mladi mjesec, mlađ; **full ~** pun mjesec, uštap; *coll* **once in a blue ~** vrlo rijetko, svakih sto godina; **the man in the ~** prividni lik čovjeka u mjesecu; **to know no more about a th than the man in the ~** nemati ni pojma o čemu; **~'s men** tati, lopovi; **to aim at the ~** pucati na visoko, imati velike ambicije; **to cry for the ~** žudjeti za nečim nedostiživim; **to promise a p the ~** obeća(va)ti komu brda i doline
moon [muːn] *vi* (*~ about, around*) bezvoljno se kretati, biti kao duhom odsutan
moon away [ˈmuːnəˈwei] *vt* bezvoljno provoditi (vrijeme)
moonbeam [ˈmuːnbiːm] *s* mjesečeva zraka
moon-calf [ˈmuːnkaːf] *s* rugoba, nakaza; *fig* (rođena) budala
moonflower [ˈmuːnˌflauə] *s bot* vrsta velike tratinčice, veliki krasuljak
moonless [ˈmuːnlis] *adj* bez mjesečine
moonlight [ˈmuːnlait] *s* mjesečina; *attr* s mjesečinom | **in the ~** na mjesečini, po mjesečini; **~ night** noć s mjesečinom
moonlit [ˈmuːnlit] *adj* mjesečinom obasjan
moonshine [ˈmuːnʃain] *s* mjesečina; *fig* tlapnja, prazno blebetanje, besmislica; *US sl* krijumčareni, potajno destilirani viski itd.
moonshiner [ˈmuːnʃainə] *s US sl* krijumčar alkohola
moonstone [ˈmuːnstəun] *s minr* mjesečev kamen, pravi adular
moonstruck [ˈmuːnstrʌk] *adj* lud, šašav, smušen, sulud, luckast
moony [ˈmuːni] *adj* (**moonily** *adv*) nalik na mjesec; *fig* sanjarski, smušen, duhom odsutan; *sl* pripit
moor [muə] *s* pustopoljina, vriština, tresetište
moor [muə] *vt* (u)sidriti, privezati (krmu i pramac broda)
Moor [muə] *s* Maur
moorcock [ˈmuəkɔk] *s ornith* jareb, mužjak jarebice
moorfowl [ˈmuəfaul] *s* vrsta jarebice
moorgame [ˈmuəgeim] *s* → **moorfowl**
moorhen [ˈmuəhen] *s* jarebica (ženka); vrsta močvarice
mooring [ˈmuəriŋ] *s mar* mrtvi vez; vezanje (broda), (u)sidrenje | *aero* **~ mast** stup za vezanje cepelina; **~s** *pl* sidrište; užeta, lanci, sidra itd. za vezanje broda
moorish [ˈmuəriʃ] *adj* močvaran, barovit
Moorish [ˈmuəriʃ] *adj* maurski
moorland [ˈmuələnd] *s* pustopoljina, pištalina, vriština, tresetište
moose [muːs] *s zool* sjevernoamerički los (*Alces machlis americanus*)
moot [muːt] *s* 1. *hist* (savjetodavna) skupština, (pučko sudsko) vijeće, zborovanje 2. rasprava, debata; *jur* (studentska) vježba u raspravljanju (izmišljenog pravnog slučaja)
moot [muːt] *adj* prijeporan, sporan, koji još treba riješiti, nejasan, sumnjiv (*a ~ point, a ~ question*)
moot [muːt] *vt* pokrenuti (pitanje), staviti na diskusiju
mop [mɔp] *s* mekana metla, otirač od resa na dugačkom držalju; četka za pranje posuđa; pahalica; čupa (kose)
mop [mɔp] *vt* (o)brisati, čistiti otiračem, (o)brisati, otrti (suze, znoj) | *sl* **to ~ the floor with** s lakoćom poraziti (koga), biti silno nadmoćan (kome)
mop up [ˈmɔpˈʌp] *vt* otrti, obrisati, osušiti (*with* čime, *from* sa), počistiti; *sl* pokupiti, pobrati (dobit); *coll* dovršiti, posvršavati (poslove), počistiti, likvidirati (ostatke neprijateljske vojske)

mop [mɔp] *vi arch* | ~ **and mow** praviti grimase, kreveljiti se
mope [məup] *s* potišten čovjek, kunjalo | **the** ~**s** *pl* potištenost, pokunjenost, utučenost, tupost, bezvoljnost, depresija
mope [məup] *vi* biti potišten, bezvoljan, pokunjen; kunjati, ne mariti ni za što; sažaljevati sebe
mope about ['məupə'baut] *vi* kunjati, bezvoljno se kretati
moped ['məuped] *s mot* moped
moppet ['mɔpit] *s* 1. lutkica, lutka od krpa 2. *fig* djevojčica, djevojče 3. mops (psić)
moraine [mə'rein] *s geol* morena
moral ['mɔrəl] *s* pouka, moral; *coll* slika i prilika (*of a person*) | ~**s** *pl* moral, ćudorednost, ćudoređe; **to draw the** ~ izvesti moralnu pouku
moral ['mɔrəl] *adj* (~**ly** *adv*) moralan, ćudoredan; krepostan; duševan, duhovni | ~ **certainty** tolika vjerojatnost da nema razumnog razloga za sumnju; ~ **courage** duševna snaga; ~ **law** moralni zakon, zakon morala; ~ **philosophy** moralna filozofija; moralka; etika; ~ **sense** moralni osjećaj, sposobnost razlikovanja dobra i zla; ~ **victory** moralna pobjeda
morale [mɔ'ra:l] *s Fr mil* moral, vjera u sebe, samodisciplina, polet
moralist ['mɔrəlist] *s* moralist
moralistic [ˌmɔrə'listik] *adj* (~**ally** *adv*) moralistički
morality [mə'ræliti] *s* moral; moralnost, ćudorednost; *theat hist* (~ *play*) vrsta drame s moralnom poukom, popularne u 16. st.
moralization [ˌmɔrəlai'zeiʃn] *s* moraliziranje
moralize ['mɔrəlaiz] *vi/t* moralizirati, raspravljati o moralu, propovijedati moral (*about*, (*up*)*on*); držati moralne pouke; izvoditi moralnu pouku
morass [mə'ræs] *s* bara, močvara; *fig* zbrka; smutnja | *fig* ~ **of vice** leglo poroka
moratorium [ˌmɔrə'tɔ:riəm] *s Lat* moratorij, odgoda roka plaćanja dugova
Moravian [mə'reivjən] *adj* moravski
Moravian [mə'reivjən] *s* Moravac, Moravka; *eccl* član reda Moravska braća
moray ['mɔ:rei] *s ichth* morina, murina (*Muraena helena*)
morbid ['mɔ:bid] *adj* (~**ly** *adv*) nezdrav, bolestan; boležljiv; bolećiv, morbidan | ~ **anatomy** patološka anatomija
morbidity [mɔ:'biditi] *s* 1. nezdravost; boležljivost; bolećivost, morbidnost 2. broj bolesnih, postotak oboljenja (u nekom kraju)
morbidness ['mɔ:bidnis] *s* bolećivost, morbidnost
mordant ['mɔ:dənt] *s* jetko sredstvo, sredstvo za izjedanje
mordant ['mɔ:dənt] *adj* (~**ly** *adv*) 1. *fig* oštar, zajedljiv, jedak, sarkastičan 2. koji podgriza, izjeda
more [mɔ:] *s* više, još | **we shall see** ~ **of him** još ćemo ga vidjeti, viđat ćemo ga češće; **give me a little** ~ **(of)** daj mi još malo (čega); **as many** ~ još jedanput toliko
more [mɔ:] *adj* (*comp* od **much, many**) više, još | **will you give me some** ~ **butter, please** molim te daj mi još maslaca; **some** ~ **books** još nekoliko knjiga; **three** ~ **books, three books** ~ još tri knjige; **so much the** ~ utoliko više, to prije
more [mɔ:] *adv* više; još, povrh | ~ **or less** manje ili više, otprilike; ~ **and** ~ sve više, sve jače; ~ **and** ~ **expensive** (**exciting** itd.) sve skuplji (uzbudljiviji itd.); **the** ~**..., the** ~ što više..., to više; **the** ~ **so** to više, to prije; **no** ~ ne više; **we saw him no** ~ više ga nismo vidjeli; **no** ~**... than...** ništa više nego; samo; **once** ~ još jedanput, opet; **to be no** ~ biti mrtav, ne postojati više; **never** ~ nikada više; ~ **beautiful** ljepši; ~ **often** češće; **and what is** ~ štoviše, a što je još (važnije, gore itd.); **the** ~**'s the pity** to gore, to veća šteta
morello [mə'reləu] *s bot* višnja amarela
moreover [mɔ:'rəuvə] *adv* osim toga, povrh toga; nadalje, uz to, k tomu; uostalom
mores ['mɔri:z] *s pl lit* običaji, pravila ponašanja
Moresque (**Mauresque**) [mɔ:'resk] *adj* maurski
morganatic [ˌmɔ:gə'nætik] *adj* (~**ally** *adv*) morganatski
morgue [mɔ:g] *s Fr* 1. mrtvačnica 2. fascikl, kartoteka itd. (u novinskom poduzeću) s podacima i kratkim nekrologom o znamenitim (još živim) osobama koji se drže u pripremi za slučaj njihove smrti | *US* ~ **wagon** mrtvačka kola, furgon
Mormon ['mɔ:mən] *s eccl* mormon(ka)
Mormonism ['mɔ:mənizm] *s eccl* mormonizam, mormonstvo
morn [mɔ:n] *s poet* jutro, zora
morning ['mɔ:niŋ] *s* jutro; prijepodne; *fig* zora, svitanje, početak | ~ **walk** jutarnja šetnja; ~ **coat** žaket; ~ **draught** piće prije doručka; ~ **performance** matineja; *eccl* **Morning Prayer** rana (prijepodnevna) misa; ~**-room** jutarnji salon; **the** ~ **star** (zvijezda) Danica, Venera; ~ **sickness** jutarnja mučnina od koje često trpe žene u početku trudnoće; *mar* ~ **watch** jutarnja straža od 4 do 8 sati; *sl* **the** ~ **after the night before** mamurluk, mamurnost; **in the** ~ ujutro; **this** ~ jutros; **tomorrow** ~, **yesterday** ~ sutra ujutro, jučer ujutro; **good** ~!, *fam* ~! dobro jutro!
morocco [mə'rɔkəu] *s* maroken, safijan
moron ['mɔ:rɔn] *s* imbecil, slaboumnik; *coll* budala
morose [mə'rəus] *adj* (~**ly** *adv*) mrzovoljan
moroseness [mə'rəusnis] *s* mrzovolja

morph [mɔːf] *s ling* lik, oblik
morpheme [ˈmɔːfiːm] *s ling* morfem, obličje
Morpheus [ˈmɔːfjuːs] *s myth* Morfej, bog sna
morphia [ˈmɔːfjə] *s* morfij
morphine [ˈmɔːfiːn] *s chem* morfij
morphinism [ˈmɔːfinizm] *s* morfinizam
morphinist [ˈmɔːfinist] *s* morfinist
morphological [ˌmɔːfəˈlɔdʒikl] *adj* (**~ly** *adv*) morfološki
morphologist [mɔːˈfɔlədʒist] *s* morfolog
morphology [mɔːˈfɔlədʒi] *s* morfologija
morris [ˈmɔris] *s hist* (~ *dance*) muški narodni ples
morrow [ˈmɔrəu] *s arch* jutro; *lit* sutrašnji dan, sutrašnjica | **the ~** sutradan, slijedeći dan; **on the ~ of the revolution** odmah nakon revolucije, u prvo vrijeme nakon revolucije
Morse [mɔːs] *s* Morse | **the ~ alphabet** Morseova abeceda
morsel [ˈmɔːsl] *s* zalogaj; komadić, mrva, mrvica
mortal [ˈmɔːtl] *s* smrtnik; *coll* čovjek, stvor
mortal [ˈmɔːtl] *adj* (**~ly** *adv*) smrtan, samrtan; smrtonosan; *fig* doživotan; *coll* silan, strašan, užasan | **~ combat** borba na život i smrt; **~ enemy** smrtni neprijatelj; **~ sin** smrtni grijeh; *coll* **in a ~ hurry** u silnoj žurbi; *coll* **for two ~ hours** (kroz) dva duga, dosadna sata; **the ~ remains of** zemni ostaci (koga); **~ly** smrtno, nasmrt
mortality [mɔːˈtæliti] *s* smrtnost; broj umrlih, mortalitet; pomor, umiranje, ugibanje
mortar[1] [ˈmɔːtə] *s* mužar; *mil* merzer, mužar
mortar[2] [ˈmɔːtə] *s* žbuka, malter
mortar [ˈmɔːtə] *vt* (o)žbukati; spojiti žbukom
mortar-board [ˈmɔːtəbɔːd] *s* 1. daska za žbuku 2. plosnata, četverokutna kapa sveučilištaraca
mortgage [ˈmɔːgidʒ] *s* zalog; založena imovina; hipoteka | **to borrow on ~** uzeti zajam na hipoteku; **to lend on ~** dati zajam na hipoteku; **to raise a ~ on a house** uzeti hipotekarni zajam na kuću
mortgage [ˈmɔːgidʒ] *vt* založiti (nekretninu), opteretiti hipotekom
mortgagee [ˌmɔːgəˈdʒiː] *s* založni vjerovnik, vjerovnik hipoteke
mortgager [ˈmɔːgidʒə] *s* založni dužnik, dužnik hipoteke
mortgagor [ˌmɔːgəˈdʒɔː] *s* → **mortgager**
mortice [ˈmɔːtis] *s* → **mortise**
mortification [ˌmɔːtifiˈkeiʃn] *s* ugušivanje strasti mučenjem tijela, trapljenje; *med* obamiranje, rastvaranje; *fig* poniženje, uvreda; muka, jad; stid, postiđenost
mortify [ˈmɔːtifai] *vt/i* poniziti, uvrijediti, povrijediti, posramiti; osjećati se postiđen, biti sav sništen; *med* rastvarati se, obamirati, postati gangrenozan | **to ~ the flesh** obuzdavati pohotu, ugušivati tjelesne strasti
mortise (mortice) [ˈmɔːtis] *s* zasjek, utor
mortise (mortice) [ˈmɔːtis] *vt* pričvrstiti ili spojiti pomoću šipa i utora
mortuary [ˈmɔːtjuəri] *adj* pogrebni, mrtvački
mortuary [ˈmɔːtjuəri] *s* mrtvačnica
mosaic [məˈzeiik] *s* mozaik
mosaic [məˈzeiik] *adj* od mozaika, mozaički
Mosaic [məˈzeiik] *adj* Mojsijev | **the ~ law** pet knjiga Mojsijevih, Pentateuh
moselle [məˈzel] *s Fr* mozelsko vino
Moslem [ˈmɔzlem] *s* (*pl* **~s, Moslemin** [ˈmɔzlemin]) musliman(ka), muhamedanac, muhamedanka
Moslem [ˈmɔzlem] *adj* muslimanski, muhamedanski
mosque [mɔsk] *s* džamija, mošeja
mosquito [məsˈkiːtəu] *s ent* moskito, komarac | *mar & mil* **~ craft, ~ fleet** mali oboružani brodovi za brzo manevriranje; **~ curtain, ~ net** zastor, mreža protiv komaraca
moss [mɔs] *s bot* mahovina | *fig* **a rolling stone gathers no ~** tko prečesto mijenja zanimanje ili se ne može ustaliti na jednom mjestu ne može uspjeti u životu; **~ hag** tresetište
moss-grown [ˈmɔsgrəun] *adj* obrastao mahovinom
mossy [ˈmɔsi] *adj* (**mossily** *adv*) obrastao mahovinom, mahovinast
most [məust] *adj* (*superl* od **much, many**) najviše; većina (~ *people*); najveći dio | **for the ~ part** većinom, u cijelosti, **sve** u svemu, ponajvećma
most [məust] *s* većina, najveći dio; najviše, maksimum | **to make the ~ of** najbolje iskoristiti što; **at (the) ~, at the very ~** najviše, u najboljem slučaju
most [məust] *adv* najviše; naj-, ponaj- (za tvorbu superlativa: *the ~ beautiful*); veoma, silno, krajnje, izvanredno, nadasve; *dial, US coll* gotovo; skoro | **~ of all** osobito
mostly [ˈməustli] *adv* najviše, ponajviše, većinom, uglavnom, **najčešće**
mote [məut] *s* čestica (prašine); trun | *bibl* **the ~ that is in thy brother's eye** trun u oku bližnjega svoga
motel [məuˈtel] *s US* motel
motet [məuˈtet] *s mus* motet
moth [mɔθ] *s ent* moljac; noćni leptir
mothball [ˈmɔθbɔːl] *s* kuglica protiv moljaca | *mar, aero* **in ~s** u rezervi; **~ fleet** flota u rezervi
moth-eaten [ˈmɔθˌiːtn] *adj* izjeden od moljaca; *fig* staromodan, zastario
mother[1] [ˈmʌðə] *s* majka, mati (i *fig*); časna majka (u samostanu) | **artificial ~ inku-**

bator; **the ~ country** domovina; matična zemlja; **~ tongue** materinski jezik; **~ earth** majka zemlja; *coll* **to kiss ~ earth** pasti; *mar* **~ ship** brod koji opskrbljuje druge brodove; **Mother Superior** časna majka (nadstojnica samostana); **~ wit** zdrav razum, prirođena inteligencija; *ornith* **Mother Carey's chicken** burnica; **necessity is the ~ of invention** u nuždi se čovjek svačemu dovine; **every ~'s son** svatko, svaki čovjek
mother² [ˈmʌðə] *s chem* (*~ of vinegar*) octeni kvasac, matica
mother [ˈmʌðə] *vt* materinski se starati o kome, biti komu kao majka; priznati svojim; uzeti pod svoje
motherhood [ˈmʌðəhud] *s* majčinstvo, materinstvo
mother-in-law [ˈmʌðərinlɔː] *s* punica; svekrva
motherless [ˈmʌðəlis] *adj* bez majke
motherlike [ˈmʌðəlaik] *adj* poput majke, majčinski, materinski
motherliness [ˈmʌðəlinis] *s* majčinske odlike
motherly [ˈmʌðəli] *adj* majčinski, materinski
mother-of-pearl [ˌmʌðərəvˈpəːl] *s* sedef
mothery [ˈmʌðəri] *adj* mutan, s talogom, zamućen od taloga
moth-proof [ˈmɔθpruːf] *adj* siguran protiv moljaca
moth-proof [ˈmɔθpruːf] *vt* učiniti sigurnim protiv moljaca
mothy [ˈmɔθi] *adj* pun moljaca
motif [məuˈtiːf] *s* (glavni) motiv; *mus* tema
motion [ˈməuʃn] *s* kretanje, pokret, micanje, gibanje; hod; kretnja; *parl* prijedlog | **in ~** u pokretu; **to set in ~, to put in ~** staviti u pokret, pokretati, pokrenuti; *parl* **to put forward a ~** iznijeti prijedlog; *parl* **the ~ was adopted (carried)** prijedlog je bio prihvaćen (usvojen); **~ picture** film; **~-picture theatre** kino; *coll* **to go through the ~s** učiniti što samo površno i reda radi
motion [ˈməuʃn] *vt/i* kretnjom pozvati, mahanjem upozoriti, uputiti (*to, towards, away, in*), dati znak, mahnuti komu (*to do* da)
motionless [ˈməuʃənlis] *adj* nepokretan, nepomičan
motivate [ˈməutiveit] *vt* potaknuti, dati pobudu
motivation [ˌməutiˈveiʃn] *s* davanje pobude, pobuđivanje, pobuda
motive [ˈməutiv] *s* povod; pobuda; motiv
motive [ˈməutiv] *adj* koji pokreće; pokretan | **~ power** pokretna sila
motiveless [ˈməutivlis] *adj* bezrazložan, neosnovan
motley [ˈmɔtli] *adj* šaren, šarolik; raznolik
motley [ˈmɔtli] *s* šarenilo; *hist* šarena odjeća dvorskog luđaka | **to wear the ~** biti (dvorski) luđak, igrati ludu
motor [ˈməutə] *s* stroj koji pokreće; motor; automobil | **~ show** automobilska izložba; **the ~ industry** automobilska industrija
motor [ˈməutə] *adj* motorni; pokretni, koji pokreće; pogonski; automobilski
motor [ˈməutə] *vi/t* voziti (se) automobilom
motor-assisted [ˈməutərəˈsistid] *adj* s pomoćnim motorom (bicikl)
motor-bicycle [ˈməutəˌbaisikl] *s* motocikl
motor-bike [ˈməutəbaik] *s fam* motocikl
motor-boat [ˈməutəbəut] *s* motorni čamac
motor-bus [ˈməutəbʌs] *s* autobus
motor-cab [ˈməutəkæb] *s* taksi
motorcade [ˈməutəkeid] *s US* povorka automobila
motor-car [ˈməutəkaː] *s* automobil
motor-coach [ˈməutəkəutʃ] *s* autobus
motor-cycle [ˈməutəˌsaikl] *s* motocikl
motor-cyclist [ˈməutəˌsaiklist] *s* motociklist
motoring [ˈməutəriŋ] *s* vožnja automobilom; automobilizam, automobilistički sport
motorist [ˈməutərist] *s* automobilist
motorize [ˈməutəraiz] *vt* motorizirati; opskrbiti motorom
motorman [ˈməutəmən] *s* (tramvajski) vozar; strojovođa
motor-scooter [ˈməutəˌskuːtə] *s* (moto)skuter, vespa
motor-ship [ˈməutəʃip] *s* motorni brod
motor-spirit [ˈməutəˌspirit] *s* benzin (kao pogonsko gorivo za motore)
motor-vehicle [ˈməutəˌviːikl] *s* motorno vozilo
motorway [ˈməutəwei] *s* auto-cesta, auto-put, auto-strada
mottle [ˈmɔtl] *vt* išarati, izmrljati
mottled [ˈmɔtld] *adj* išaran, šaren, pjegast
motto [ˈmɔtəu] *s* moto, lozinka, geslo; epigraf
mouch [muːtʃ] *vi/t* → **mooch**
moujik [ˈmuːʒik] *s R* mužik, ruski seljak
mould¹ [məuld] *s* 1. sipka zemlja, humus 2. zemlja, tlo
mould² [məuld] *s* kalup (i *fig*), odljev; *fig* karakter, značaj, priroda | *fig* **to be cast in the same (a different) ~** biti istog (drukčijeg) značaja, imati istu (drukčiju) narav
mould³ [məuld] *s* plijesan
mould¹ [məuld] *vt* oblikovati, dati oblik; modelirati; *fig* oblikovati, formirati
mould² [məuld] *vi US* pljesniviti, zapljesniviti se
moulder [ˈməuldə] *vi* trunuti (i *fig*), propadati, raspadati se (*away*)
moulding [ˈməuldiŋ] *s* oblikovanje; modeliranje; način oblikovanja; *archit* ukrasni reljef, vijenac, friz | **~ clay** lončarska

glina; ~ **box** kalupnik; ~ **sand** ljevački pijesak

mouldy [ˈməuldi] *adj* pljesniv; ustajao; koji zaudara na plijesan; *fig* star, zastario, staromodan

moult [məult] *s ornith* mitarenje; *zool* linjanje

moult [məult] *vt/i ornith* mitariti se; *zool* linjati se

mound [maund] *s* humak, brežuljak; nasip

mount[1] [maunt] *s* 1. *poet* brdo, gora 2. (u geogr. imenima kratica Mt.): *Mt. Vesuvius* Vezuv

mount[2] [maunt] *s* 1. okvir, podloga; stakalce (za preparat za mikroskopiranje) 2. podloga slike (od ljepenke, platna itd.); ukrasni okvir (dragulja u prstenu itd.), fasung; (topovska) lafeta 3. *fam* (jahaći) konj

mount [maunt] *vi/t* **I.** *vi* 1. penjati se, uspeti se, popeti se; dizati se, uzdići se; navrijeti (krv u lice, glavu itd.) 2. *fig* uspeti se, popeti se (*to power* na vlast); rasti 3. uzjahati **II.** *vt* 1. popeti se na (brdo, konja, bicikl itd.) 2. postaviti, posaditi, montirati (*on* na) 3. postaviti, montirati (stroj); ugraditi 5. optočiti (*with* čime); umetnuti (dragulj); uokviriti (sliku); nalijepiti (sliku na podlogu); staviti na stakalce (mikroskopski preparat) 6. *theat* postaviti na pozornicu, inscenirati; opremiti 7. opasati (pastuh kobilu) | **to ~ guard** (*at, over*) biti na straži, čuvati stražu (kod, nad); **to ~ the throne** uspeti se na prijesto; *mil* **to ~ a gun** postaviti, montirati top; **to ~ a picture** montirati sliku, staviti sliku na podlogu; *mil* **to ~ an offensive** prijeći u napadaj; **to ~ a specimen** pričvrstiti mikroskopski preparat na objektno stakalce; **~ed police** redarstvo na konjima; **~ed troops** konjica

mount up [ˈmauntˈʌp] *vi* (po)rasti, narasti, poveća(va)ti se

mountain [ˈmauntin] *s* brdo, gora; *fig* brdo, gomila, hrpa | **~ high** vrlo visok; *fig* **to make a ~ out of a molehill** (u)činiti od buhe slona; *bot* **~ ash** gorski jasen; **~ chain, ~ range** gorski lanac; *coll* **~ dew** škotski viski; **~ sickness** visinska bolest; **~ goat** sjevernoamerička divlja (bijela) koza; **~ guide** gorski vodič; **~ lion** puma, kuguar; **~ zebra** južnoafrička zebra; **the ~ in labour** tresla se brda, rodio se miš

mountaineer [ˌmauntiˈniə] *s* 1. brđanin, gorštak, goranin 2. planinar, alpinist

mountaineer [ˌmauntiˈniə] *vi* planinariti, baviti se planinarenjem, alpinistikom

mountaineering [ˌmauntiˈniəriŋ] *s* planinarstvo, planinarenje, alpinistika

mountain-high [ˈmauntinˈhai] *adj* visok kao gora

mountainous [ˈmauntinəs] *adj* brdovit, gorovit

mountebank [ˈmauntibæŋk] *s* sajamski varalica; nadriliječnik, šarlatan, opsjenjivač

mounting [ˈmauntiŋ] *s* montiranje, montaža; optok (dragog kamena), fasung; oprema

mourn [mɔːn] *vi/t* tugovati, žaliti (*for, over* za kim, čim); oplakivati, žaliti (koga, što)

mourner [ˈmɔːnə] *s* žalobnik, ožalošćeni

mournful [ˈmɔːnful] *adj* (**~ly** *adv*) žalostan, tužan; žaloban

mourning [ˈmɔːniŋ] *s* 1. žalost, žalovanje 2. korota; crnina | **deep ~** duboka korota; duboka crnina; **to go into (out of) ~** obući (svući) crninu; *hum* **nails in ~** prljavi, crni nokti

mourning-band [ˈmɔːniŋbænd] *s* flor, žalobna traka (oko rukava)

mourning-paper [ˈmɔːniŋˌpeipə] *s* korotni listovni papir (s crnim rubom)

mourning-ring [ˈmɔːniŋriŋ] *s* prsten koji se nosi za sjećanje na pokojnu osobu

mouse [maus] *s* (*pl* **mice** [mais]) miš; *sl* modro oko, modrica; *fig* plaha osoba | **field-~** poljski miš; **to play like a cat with a ~** igrati se kao mačka s mišem

mouse [mauz] *vi* hvatati miševe

mouse-coloured [ˈmausˌkʌləd] *s* mišje boje

mouser [ˈmauzə] *s* mišolovac (mačka, pas itd.)

mouse-trap [ˈmaustræp] *s* mišolovka | *hum* **~ cheese** vrlo loš sir

mousse [muːs] *s cul* jelo od začinjenog i ulеđenog tučenog vrhnja (*chestnut ~, chocolate ~*)

mousseline [ˈmuːslin] *s text* muselin

moustache (mustache) [məsˈtaːʃ] *s* brk

mousy [ˈmausi] *adj* poput miša; mišje boje, sivkastosmeđ; *fig* plah

mouth [mauθ] *s* 1. usta (i *fig*); njuška, gubica; žvale 2. ušće (rijeke); ždrijelo (topa); otvor; ulaz (u pećinu, zaljev); pisak (svirale) 3. *sl* bezobrazan govor, drskost | **useless ~** onaj koji ne radi, a jede; **by word of ~** usmeno; **down in the ~** potišten, utučen; **to put words into a p's ~** stavljati komu riječi u usta; određivati komu što će reći; **to take the words out of a p's ~** uzeti komu riječi iz usta, kazati ono što je on upravo htio reći; **to give ~** javiti se lavežom, zalajati; *fig* **to stop a p's ~** začepiti komu usta; **to laugh on the wrong side of one's ~** biti razočaran, jadikovati; **to make a wry ~** nakriviti usta, lice; **to make one's ~ water** dobivati zazubice, stvarati zazubice; **to open one's ~ too wide** previše zahtijevati ili očekivati; tražiti previsoku cijenu; *fig* **to look a gift-horse in the ~** poklonjenom konju gledati u zube

mouth [mauð] *vt/i* govoriti nenaravno, važno, afektirano, s patosom; pretjerano pomnjivo izgovarati, žvakati riječi; stavljati, staviti u usta; jesti, žvakati
mouthful ['mauθful] *s* zalogaj; *US sl* mnogo, sva sila | **to have (take) a ~ of** malo prigristi, založiti; *coll* **he gave me a ~** dobrano me izgrdio
mouth-organ ['mauθ,ɔːgən] *s mus* usna harmonika
mouthpiece ['mauθpiːs] *s* pisak (duhaćeg glazbala), usnik (lule); *fig* onaj koji govori u čije ime
mouthy ['mauði] *adj* blagorječiv, razmetljiv u govoru; kićen, bombastičan
movability [,muːvə'biliti] *s* pokretnost, pokretljivost
movable ['muːvəbl] *adj* pomičan; pokretan, pokretljiv | **~ feast** pomična svetkovina; **~ property** pokretna imovina, pokretnine, mobilijar
movable ['muːvəbl] *s* | **~s** *pl* pokretna imovina, pokretnina, mobilijar
move [muːv] *s* 1. potez (u šahu, i *fig*) 2. *fig* korak, mjera, akcija 3. kretanje, micanje, pokret 4. seoba, preseljenje | **on the ~** u pokretu; **to make a ~** poduzeti korake, poduzeti nešto; pokrenuti se, krenuti; *sl* **to get a ~ on** požuriti se
move [muːv] *vt/i* **I.** *vt* 1. (po)micati, pomaći; pokrenuti, pokretati; pospješiti 2. potaći, prinukati, ponukati 3. ganuti, dirnuti, dirati 4. *spec parl* predložiti, predlagati 5. (pre)seliti; *com* prevesti, otpraviti, otpremiti, prebaciti; *mil* prebaciti (*to ~ troops*) 6. pospješiti (probavu) **II.** *vi* 1. (po)kretati se, (po)micati se; ići, napredovati, nadirati; pokrenuti se, maknuti se 2. povući potez (u šahu) 3. razvijati, odvijati se (radnja, događaj itd.) 4. (pre)seliti se 5. predlagati, predložiti (*that* da) 6. proraditi (probava) 7. nešto poduzeti | **to be ~d** biti ganut (*at* zbog čega; *by* čime); **to be ~d to tears** biti ganut do suza; **to ~ heaven and earth** učiniti sve moguće, sve pokrenuti; **to ~ house** (pre)seliti se; **to ~ quickly (slowly)** brzo (sporo) napredovati; **the prices ~ upwards** cijene rastu; **to feel ~d (to do)** dobiti volju (da); **to ~ a p to laughter (to anger)** nagnati koga u smijeh (u srdžbu)
move about ['muːvə'baut] *vi* vrsti se (naokolo); seliti se s mjesta na mjesto
move along ['muːvə'lɔŋ] *vi* krenuti naprijed, pomaknuti se naprijed
move away ['muːvə'wei] *vi* udalji(va)ti se, odmaknuti se (*from* od)
move down ['muːv'daun] *vi* sići, spustiti se, odmaći se, pomaknuti se naprijed
move for ['muːv'fɔː] *vi parl* predložiti što, iznijeti prijedlog za što
move in ['muːv'in] *vi/t* ući; useliti (se)
move off ['muːv'ɔf] *vi* udaljiti se; otići; odmaći se
move on ['muːv'ɔn] *vi/t* **I.** *vi* ići naprijed, krenuti dalje, ne zaustavljati se **II.** *vt* tjerati naprijed, goniti dalje, ne dati komu da se zaustavlja | **time moves on** vrijeme odmiče
move out ['muːv'aut] *vi/t* (i)seliti (se)
move over ['muːv'əuvə] *vi* krenuti prijeko, prijeći
move up ['muːv'ʌp] *vi* pomaknuti se naprijed
movement ['muːvmənt] *s* 1. micanje, gibanje, kretanje; seoba 2. kretnja; pokret (i *mil*) 3. odvijanje, razvoj (događaja) 4. *mus* stavak 5. živahnost, živost 6. *pol* pokret 7. *tech* pokretni uređaj, pokretni dio 8. *med* stolica 9. *com* potražnja, prođa
mover ['muːvə] *s* predlagač; *tech* pokretna sila, pokretač; *fig* pokretač, podstrekač | **the prime ~** glavna pokretna sila, glavni pokretač
movie ['muːvi] *s coll* film | **the ~s** kino; kinematografija; filmska industrija; **to go to the ~s** ići u kino
moving ['muːviŋ] *adj* (**~ly** *adv*) koji se kreće; pokretan 2. koji pokreće, tjera 3. *fig* ganutljiv, dirljiv | **~ pictures** kino; kinematografija; **~ staircase** pokretne stepenice; **the ~ spirit** glavni pokretač, duša
mow [məu] *s* plast, stog; kup, hrpa; spremište za sijeno u ambaru
mow [mau] *vi* → **mop** *vi*
mow [məu] *vt* (*pret* **~ed**; *pp* **~ed**, mown) (po)kositi
mow down ['məu'daun] *vt fig* pokositi
mower ['məuə] *s* kosac, kosač(ica); kosilica (stroj)
mowing ['məuiŋ] *s* košnja, kosidba
mowing-machine ['məuiŋmə,ʃiːn] *s* kosilica
Mr. ['mistə] *s* → **mister**
Mrs. ['misiz] *s* naslov uz porodično ime udate žene (**~** *Brown* gospođa Braun)
much [mʌtʃ] *adj* mnogo | **nothing ~** ništa naročito; **how ~** koliko; **how ~ a kilo is that beef?** koliko stoji kilogram te govedine?; **as ~** toliko; **I thought as ~** to sam i mislio; **as ~ as** (isto) toliko koliko (kao); **as ~ again** još jedanput toliko; **(with) not so ~ as, without so ~ as** a da čak ne . . .; **he left without so ~ as saying 'thank you'** otišao je a da čak nije rekao ni »hvala«; **so ~** toliko; **so ~ for that** toliko o tome; **not so ~ as** ne toliko koliko (kao); čak ni; **he didn't so ~ as ask me to sit down** nije čak ni ponudio da sjednem; **so ~ so that** toliko, u tolikoj mjeri da . . .; **too ~** previše; **he was too ~ for me** nisam mu bio dorastao; **that book is too ~ for me** ta je knjiga preteška za mene; **to do too ~ of a good thing** pretjer(iv)ati
much [mʌtʃ] *s* mnogo; velik dio | **this (that) ~** toliko, ovoliko; **(not) up to ~** ne naročito dobar, valjan itd.; **to make ~ of**

shvatiti, razumjeti; pridavati previše važnosti (čemu), preuveličavati; **to think ~ of** mnogo držati do (koga); **he is not ~ of a linguist** on nije naročit lingvist
much [mʌtʃ] *adv* 1. mnogo; vrlo, veoma 2. (na)daleko, uvelike 3. prilično; otprilike; malone, gotovo; skoro | **~ more** (a) još više; **~ less** mnogo manje; a kamoli (da); **very ~** mnogo, veoma, silno; **~ of a size** gotovo iste veličine; **~ the most likely** najvjerojatnije; **~ the same** gotovo jednak, skoro isti; **~ too ~** mnogo previše; **~ as** koliko god; **~ as I should like to...** koliko god bih rado...; **~ to my surprise (regret)** na moje veliko iznenađenje (na moju veliku žalost); **how ~** koliko, u kolikoj mjeri; **too ~** previše; **so ~** toliko; **so ~ the better** toliko bolje, to bolje; **~ the best** najbolji
muchness ['mʌtʃnis] *s coll* | **much of a ~** otprilike isto, uglavnom ista stvar
mucilage ['mju:silidʒ] *s* (biljno) ljepilo
muck [mʌk] *s* gnoj, đubre; prljavština, blato, nečist; *fig* smeće, đubre | *coll* **to make a ~ of a th** zaprljati; pokvariti, spetljati, zabrljati
muck [mʌk] *vt* (po)gnojiti, (po)đubriti; *vulg* zaprljati, zamazati, zablatiti, zasrati; *sl* pokvariti, spetljati, zabrljati
muck about ['mʌkə'baut] *vi sl* dangubiti, badavadžiti, motati se naokolo
muck out ['mʌk'aut] *vt* očistiti (staju) od gnoja, uklanjati gnoj (iz čega)
muck up ['mʌk'ʌp] *vt coll* zaprljati, zablatiti; pokvariti, zabrljati
mucker ['mʌkə] *s sl* težak pad; *fig* nezgoda, neprilika | *sl* **to come a ~** ljosnuti, tresnuti; nastradati; upasti u golemu nevolju
muckle ['mʌkl] *s* → **mickle**
muckrake ['mʌkreik] *s* vile za gnoj, grablje za gnoj
muck-raker ['mʌkreikə] *s* osoba koja voli iznositi na javu korupciju, prljavštine, skandale, *spec* putem štampe
muckworm ['mʌkwə:m] *s* ličinka koja se razvija u gnoju; *fig* škrtac, tvrdica
mucky ['mʌki] *adj* (**muckily** *adv*) prljav, blatan
mucosity [mju:'kɔsiti] *s* sluzavost
mucous ['mju:kəs] *adj* sluzav | *anat* **~ membrane** sluznica
mucus ['mju:kəs] *s Lat* sluz
mud [mʌd] *s* blato, glib, kal, mulj; *fig* prljavština | *fig* **to fling (to throw) ~ at a p** nabacivati se blatom na koga; **his name is ~** njega se ne smije ni spomenuti, on je u dubokoj nemilosti
mud-bath ['mʌdba:θ] *s med* blatna kupelj
muddle ['mʌdl] *s* nered; zbrka | **to make a ~ of** zabrljati, spetljati, pokvariti; **to get into a ~** zapasti u nepriliku
muddle ['mʌdl] *vt/i* smutiti, zbuniti, smesti; ošamutiti; pobrkati, pomiješati (*up, together*); spetljati, zbrljati, pokvariti
muddle along ['mʌdlə'lɔŋ] *vi* (nekako) petljati, šeprtljiti
muddle on ['mʌdl'ɔn] *vi* → **muddle along**
muddle through ['mʌdl'θru:] *vi* propetljati se, uspjeti se nekako provući
muddle up ['mʌdl'ʌp] *vt* pobrkati, pomiješati
muddle-headed ['mʌdl͵hedid] *adj* smušen
muddle-headedness ['mʌdl͵hedidnis] *s* smušenost; smetenost, zbunjenost
muddy ['mʌdi] *adj* (**muddily** *adv*) blatan, prljav, zablaćen; mutan; prljave boje; zbrkan, smušen
muddy ['mʌdi] *vt* zablatiti, zaprljati; (za)mutiti
mud-guard ['mʌdga:d] *s mot* blatobran
mudlark ['mʌdla:k] *s* ulični deran
muezzin [mu:'ezin] *s* mujezin
muff¹ [mʌf] *s* muf, kolčak
muff² [mʌf] *s* šeprtlja, nespretnjaković; *fig* promašaj | **to make a ~ of a th** spetljati, zabrljati, pokvariti što
muff [mʌf] *vt* sprtljati, zabrljati, pokvariti; promašiti, ne uhvatiti (loptu u kriketu itd.)
muffin ['mʌfin] *s* vrsta čajnog kolačića koji se jede vruć s maslacem
muffle ['mʌfl] *vt* zamotati, umotati, omotati (*up*); prigušiti (zvuk) | **~d voices** prigušeni glasovi
muffler ['mʌflə] *s* marama za vrat, šal; *tech* prigušivač
mufti¹ ['mʌfti] *s* muftija
mufti² ['mʌfti] *s* obično, civilno odijelo | **in ~** u civilu
mug¹ [mʌg] *s* vrč, pehar, vrčić; *sl* usta, lice, faca
mug² [mʌg] *s sl* (dobra) budala, lakovjerna osoba
mug [mʌg] *vt sl* napasti i orobiti (u mračnoj ulici, liftu, praznom prolazu itd.)
mugger ['mʌgə] *s sl* ulični napadač
muggins ['mʌginz] *s sl* budala, glupan
muggy ['mʌgi] *adj* (**muggily** *adv*) sparan, zagušljiv (vrijeme)
mug-house ['mʌghaus] *s* točionica piva
mugwump ['mʌgwʌmp] *s US derog* budža, budžovan, važna osoba; čovjek koji sebe smatra važnom osobom
mujik ['mu:ʒik] *s* → **moujik**
mulatto [mju'lætəu] *s Span* mulat(kinja)
mulberry ['mʌlbəri] *s bot* dud, murva | **~ tree** dud (stablo)
mulch [mʌltʃ] *s* zaštitni pokrov od vlažne slame, gnojiva, lišća itd. kojim se prekriva korijenje mladica, grmlja itd.
mulch [mʌltʃ] *vt* prekriti zaštitnim pokrovom od vlažne slame, gnojiva, lišća itd., malčirati
mulct [mʌlkt] *s arch* novčana kazna, globa
mulct [mʌlkt] *vt* (o)globiti (*£5, in* £5 sa 5 funti); (od)uzeti komu (novac) (*of*)
mule¹ [mju:l] *s zool* mula; mazga, mazgov; *fig* tvrdoglavac; *tech* vrsta stroja **za**

predenje | **as obstinate (stubborn) as a ~** tvrdoglav kao mazga
mule² [mju:l] *s* (jutarnja) papuča
muleteer [ˌmju:li'tiə] *s* gonič mula, mazgar
mulish ['mju:liʃ] *adj* (**~ly** *adv*) tvrdoglav, svojeglav
mull¹ [mʌl] *s* vrsta tankog muselina
mull² [mʌl] *s sl* zbrka | **to make a ~ of** zabrljati, pokvariti
mull³ [mʌl] *s* predgorje, rt
mull¹ [mʌl] *vt sl* zabrljati, pokvariti
mull² [mʌl] *vt* zagrijati i začiniti mirodijama (vino, pivo)
mull³ [mʌl] *vt* razmišljati (*over a th* o čemu), promišljati, promisliti (*a th over* što)
mullah (moollah) ['mʌlə] *s* mula (naslov muslimanskog svećenika, učenjaka)
mullein (mullen) ['mʌlin] *s bot* divizma, lepuh
mullet ['mʌlit] *s ichth* (i **grey ~**) cipal (*Mugil cephalus*) | **golden grey ~** cipal zlatac, javra (*Mugil auratus*)
mulligatawny [ˌmʌligə'tɔ:ni] *s* (*~ soup*) *Anglo-Ind* vrsta jako začinjene juhe
mulligrubs ['mʌligrʌbz] *s pl coll* želučani bolovi, grčevi u želucu, kolika; potištenost, utučenost; zlovolja
mullion ['mʌliən] *s archit* okomit (kameni) stup koji dijeli prozorska krila
mullioned ['mʌliənd] *adj* (prozor) s okomitim (kamenim) stupom u sredini
multi-coloured ['mʌltiˌkʌləd] *adj* mnogobojan, višebojan
multifarious [ˌmʌlti'fɛəriəs] *adj* (**~ly** *adv*) raznovrstan, raznoličan
multiform ['mʌltifɔ:m] *adj* raznolik, mnogolik, mnogoličan, s mnogo oblika
multilateral [ˌmʌlti'lætərəl] *adj* mnogostran, višestran, multilateralan
multi-millionaire [ˌmʌltimiljə'nɛə] *s* multimilijunaš, mnogostruki milijunaš
multinomial [ˌmʌlti'nəumiəl] *adj math* mnogočlan, polinomski
multiparous [mʌl'tipərəs] *adj zool* koji istodobno rađa nekoliko mladih
multiphase ['mʌltifeiz] *adj el* višefazan
multiple ['mʌltipl] *adj* mnogostruk, višestruk | **~ firm** tvrtka s mnogo podružnica; **~ mark** znak množenja (×); **~ shop (store)** trgovačko poduzeće s mnogo prodavaonica; **~ machine** stroj koji vrši nekoliko operacija; **~ meaning** višeznačnost
multiple ['mʌltipl] *s math* višekratnik | **least (lowest) common ~** najniži zajednički višekratnik
multiplex ['mʌltipleks] *adj* mnogostruk, višestruk
multiplicand [ˌmʌltipli'kænd] *s Lat math* multiplikand, broj koji treba pomnožiti, množenik
multiplication [ˌmʌltipli'keiʃn] *s zool* razmnožavanje; *math* množidba, množenje, multiplikacija | **~ table** jedanputjedan
multiplicative [ˌmʌlti'plikətiv] *adj* umnožni
multiplicity [ˌmʌlti'plisiti] *s* mnogostrukost, raznolikost, mnoštvo, množina
multiplier ['mʌltiplaiə] *s* množitelj(ica); *math* multiplikator, broj kojim se množi
multiply ['mʌltiplai] *vt/i* **I.** *vt* (u)množiti; *math* (po)množiti (*by* sa) **II.** *vi* množiti se, razmnožavati se, razmnožiti se
multitude ['mʌltitju:d] *s* mnoštvo; množina; gomila, svjetina | **the ~** masa, najširi slojevi
multitudinous [ˌmʌlti'tju:dinəs] *adj* (**~ly** *adv*) vrlo brojan, mnogobrojan
mum [mʌm] *interj* tiho!, pst! | **~'s the word!** o tome nikome ni riječi!
mum [mʌm] *adj* tih, miran, bez riječi | **to be ~, to keep ~** šutjeti
mum [mʌm] *vi* glumiti u pantomimi
mum¹ [mʌm] *s vulg* → **madam**
mum² [mʌm] *s coll* mama
mum³ [mʌm] *s derog* glumac
mumble ['mʌmbl] *vi/t* 1. (pro)mrmljati, (pro)mumljati 2. žvakati (bez zubâ)
mumble ['mʌmbl] *s* mumljanje
mummification [ˌmʌmifi'keiʃn] *s* mumifikacija, mumificiranje, balzamiranje
mummify ['mʌmifai] *vt* mumificirati, balzamirati; osušiti, skvrčiti
mummy¹ ['mʌmi] *s* mumija | **to beat to a ~** smlaviti u kašu
mummy² ['mʌmi] *s coll* mamica
mumps [mʌmps] *s pl med* mumps, zauške, zaušnjaci; *fig* zlovolja, mrzovolja
munch [mʌntʃ] *vt/i* žvakati; mljaskati
mundane ['mʌndein] *adj* (**~ly** *adv*) svjetski, svjetovni; zemaljski
mungoose ['mʌŋgu:s] **s** → **mongoose**
municipal [mju:'nisipl] *adj* (**~ly** *adv*) gradski; općinski; mjesni; samoupravni; municipalan | *jur* **~ law** municipalno pravo
municipalism [mju:'nisipəlizm] *s* pristajanje uz načelo mjesne samouprave; lokalni patriotizam
municipalist [mju:'nisipəlist] *s* pristaša načela mjesne samouprave; lokalni patriot
municipality [mju:ˌnisi'pæliti] *s* 1. samoupravna općina 2. uprava grada, općinska uprava
munificence [mju:'nifisns] *s* silna darežljivost, velikodušnost
munificent [mju:'nifisnt] *adj* (**~ly** *adv*) silno darežljiv, velikodušan
muniments ['mju:nimənts] *s pl jur* povelje, dokumenti, isprave
munition [mju:'niʃn] *s* | **~s** *pl* vojna oprema; municija
munition [mju:'niʃn] *vt* opskrbiti municijom

mural ['mjuərəl] *adj* (**~ly** *adv*) zidni; poput zida | **a ~ painting** zidna slika, freska
mural ['mjuərəl] *s* zidna slika, freska
murder ['məːdə] *s* umorstvo; ubojstvo | **~ will out** svako djelo dođe na vidjelo; **~!** umorstvo!, u pomoć! (uzvik paničnog uzbuđenja); *coll* **to cry blue ~** (uz)derati se kao lud, dići silnu graju
murder ['məːdə] *vt* umoriti; ubiti; *fig* upropastiti, iskvariti, izobličiti (govor, jezik)
murderer ['məːdərə] *s* ubojica, ubica
murderess ['məːdəris] *s* (žena) ubojica, ubica
murderous ['məːdərəs] *adj* (**~ly** *adv*) 1. ubilački, ubojnički 2. ubojit, smrtonosan, poguban 3. krvožedan 4. *fig* strašan, nepodnošljiv
murk [məːk] *s* tama, mrak
murky ['məːki] *adj* (**murkily** *adv*) taman, mračan; gust (tama)
murmur ['məːmə] *s* romon, žubor; mrmljanje, mrmor; tihi žagor; žamor, šum
murmur ['məːmə] *vi/t* **I.** *vi* mrmljati, gunđati, prigovarati (*against, at*); žuboriti, romoniti **II.** *vt* (pro)mrmljati, progunđati; promrsiti
murphy ['məːfi] *s sl* krumpir
murrain ['mʌrin] *s* stočna pošast | *arch* **a ~ on you!** proklet bio!, ubila te kuga!
muscat ['mʌskət] *s* → **muscatel**
muscatel [ˌmʌskə'tel] *s* muškat (grožđe i vino)
muscle ['mʌsl] *s* mišić; mišićje, muskulatura; tjelesna snaga | **not move a ~** ni okom trepnuti
muscle ['mʌsl] *vi sl* | **to ~ in (on)** silom sebi pribaviti udio u dobiti (*spec* među gangsterskim grupama)
muscle-bound ['mʌslbaund] *adj* stvrdnutih, ukočenih mišića (od premorenosti)
muscle-man ['mʌslmæn] *s* snažan, mišićav čovjek, jakota
muscoid ['mʌskɔid] *adj* mahovinast, poput mahovine
muscology [ˌmʌs'kɔlədʒi] *s* nauka o mahovinama
Muscovite ['mʌskəuvait] *s arch* Rus
Muscovy ['mʌskəuvi] *s arch* Rusija
muscular ['mʌskjulə] *adj* 1. mišićni 2. mišićav, muskulozan, snažan, jak | **~ Christianity** učenje prema kojemu samo tjelesno zdrav i krepak čovjek može biti dobar kršćanin
muscularity [ˌmʌskju'læriti] *s* mišićavost, muskuloznost, jakost
musculature ['mʌskjulətʃə] *s* mišićje, muskulatura
muse[1] [mjuːz] *s myth* muza, boginja umjetnosti | *poet* **the ~** muza, izvor pjesničkog nadahnuća
muse [mjuːz] *vi* razmišljati, misliti, mozgati (*on, over, upon* o čemu); zamisliti se (nad čime), utonuti u misli
muse[2] [mjuːz] *s arch* razmišljanje; zamišljenost
museum [mjuː'ziəm] *s* muzej
museworthy ['mjuːzˌwəːði] *adj* koji je vrijedan razmišljanja
mush[1] [mʌʃ] *s* kaša; *US* kukuruzna kaša; *fig* besmislica, prazna brbljarija, naklapanje | **to make a ~ of** pokvariti, zabrljati, upropastiti
mush[2] [mʌʃ] *s sl* kišobran
mushroom ['mʌʃrum] *s bot* gljiva; pečurka; *fig* skorojević; *attr* nalik na gljivu, u obliku gljive; koji je tek nedavno nastao, koji je naglo nikao | **to shoot up like ~s** nicati kao gljive; **~ cloud** oblak nuklearne eksplozije
mushroom ['mʌʃrum] *vi* 1. brati gljive 2. poprimiti oblik gljive; deformirati se (metak) 3. naglo nicati (kao gljive) | **to go ~ing** ići brati gljive
mushy ['mʌʃi] *adj* kašast; *coll* sladunjav, jeftino sentimentalan
music ['mjuːzik] *s* glazba, svirka, muzika; glazbena umjetnost; glazbeni komad; muzikalije, note | **~ teacher** učitelj glazbe; **~ school** muzička (glazbena) škola; **to face the ~** pogledati kritici itd. u oči, hrabro dočekati neugodnost, poteškoće itd.; **to play without ~** svirati napamet (bez nota); **to set (put) to ~** uglazbiti
musical ['mjuːzikl] *adj* (**~ly** *adv*) glazben, muzikalan; muzički; *fig* melodičan, milozvučan | **~ comedy** opereta; **~ instrument** glazbalo, muzički instrument
musical ['mjuːzikl] *s* 1. *US* glazbena zabava, privatno muzičko veče **2.** opereta; mjuzikl 3. film u kojem glazba ima bitan udio
musical-box ['mjuːziklbɔks] *s* kutija koja svira
musicale [ˌmjuːzi'kæl] *s US* → **musical** 1.
musicality [ˌmjuːzi'kæliti] *s* glazbenost, muzikalnost
music-box ['mjuːzikbɔks] *s* → **musical-box**
music-hall ['mjuːzikhɔːl] *s* dvorana za vedre muzičke priredbe; varijete
musician [mjuː'ziʃn] *s* glazbenik, muzičar(ka)
music-paper ['mjuːzikˌpeipə] *s* notni papir
music-shop ['mjuːzikʃɔp] *s* trgovina muzikalija
music-stand ['mjuːzikstænd] *s* stalak za note
music-stool ['mjuːzikstuːl] *s* stolac za klavir
musk [mʌsk] *s* mošak, mošus; *zool* jelen mošutnjak; *bot* mirišljavac | **~ melon** vrsta dinje
musk-cat [ˌmʌsk'kæt] *s zool* cibetka
musk-deer [ˌmʌsk'diə] *s zool* jelen mošutnjak
musk-duck [ˌmʌsk'dʌk] *s ornith* plovka mirišljavka
musket ['mʌskit] *s hist* mušketa, puška

musketeer [ˌmʌski'tiə] *s hist* mušketir
musketry ['mʌskitri] *s* 1. *hist* muškete; mušketiri 2. puščana paljba; pucanje, strijeljanje, gađanje | ~ **training** vježba gađanja
musk-rat ['mʌskræt] *s zool* kanadski mošusni štakor, bizamski štakor
musk-rose ['mʌskrəuz] *s bot* bizamska ruža
musk-wood ['mʌskwud] *s bot* mošusovo drvo
musky ['mʌski] *adj* (**muskily** *adv*) koji miriše na mošus; mošusov (~ *taste*)
Muslim ['muslim] *s* → **Moslem**
muslin ['mʌzlin] *s* muselin
musquash ['mʌskwɔʃ] *s zool* bizamski štakor; krzno bizamskog štakora
muss [mʌs] *s US* nered, zbrka, kaša
muss [mʌs] *US vt* poremetiti, unerediti, razbašuriti (kosu) (i ~ *up*)
mussel ['mʌsl] *s zool* dagnja (*Mytilus galloprovincialis*) | **fan** ~ periska, lostura (*Pinna nobilis*)
Mussulman ['mʌslmən] *s* musliman
must[1] [mʌst] *s* mošt
must[2] [mʌst] *s* plijesan; pljesnivost
must [mʌst] *adj* mahnit, bjesomučan (mužjak slona ili deve u doba parenja)
must[3] [mʌst] *s* mahnitost, bjesomučnost (mužjaka slona ili deve); bjesomučan slon
must [mʌst] *v aux* | **I must** moram; **he** ~ **have seen me** mora da me je vidio; **you** ~ **be hungry after your long walk** mora da ste gladni nakon svoje duge šetnje; **you** ~ **be joking!** mora da se šališ!, to ne možeš misliti ozbiljno!; **I** ~ **not** ne smijem
must[4] [mʌst] *s coll* ono što se nikako ne smije propustiti učiniti, vidjeti, čuti itd.; *fig* imperativ
mustang ['mʌstæŋ] *s zool* mustang
mustard ['mʌstəd] *s* 1. *bot* gorušica, slačica 2. muštarda, senf | **English** ~ oštar senf; **French** ~ blag senf; *fig* **grain of** ~ **seed** sitna stvar koja može prerasti u nešto golemo; **as keen as** ~ silno žustar, silno oduševljen; ~ **gas** iperit (otrovni bojni plin)
muster ['mʌstə] *s* 1. *mil* smotra, pregled, zbor 2. okupljanje, sakupljanje | *fig* **to pass** ~ zadovoljiti, odgovarati (svrsi), izdržati ispit, proći (na ispitu)
muster ['mʌstə] *vt/i* sakupiti (se), sabrati, sazvati; *mil* postrojiti (se); okupiti (se); *fig* (većinom ~ *up*) sabrati, skupiti, prikupiti (snagu, hrabrost)
mustiness ['mʌstinis] *s* pljesnivost, zadah plijesni, ustajalost
musty ['mʌsti] *adj* (**mustily** *adv*) pljesniv; koji ima zadah na plijesan; ustajao; *fig* zastario
mutability [ˌmju:tə'biliti] *s* promjenljivost; nestalnost, kolebljivost, nepostojanost
mutable ['mju:təbl] *adj* (**mutably** *adv*) promjenljiv; nestalan, nepostojan, kolebljiv
mutate [mju:'teit] *vt/i* mijenjati (se)
mutation [mju:'teiʃn] *s* 1. mijenjanje, promjena 2. *biol* mutacija 3. *gram* prijeglas
mute [mju:t] *adj* (~**ly** *adv*) bez glasa, nijem; tih; *gram* koji se ne izgovara (~ *letter*)
mute [mju:t] *s* 1. nijema osoba, mutavac 2. *theat* statist 3. *gram* bezvučni suglasnik 4. *mus* sordina 5. najmljeni žalobnik na pogrebu | **deaf** ~ gluhonijemi
mute [mju:t] *vt* pridušiti, prigušiti (zvuk)
mutilate ['mju:tileit] *vt* osakatiti, unakaziti (i *fig*); (o)kljaštriti
mutilation [ˌmju:ti'leiʃn] *s* (o)sakaćenje, unakazivanje, kljaštrenje; osakaćenost, unakaženost, okljaštrenost
mutineer [ˌmju:ti'niə] *s* pobunjenik
mutinous ['mju:tinəs] *adj* (~**ly** *adv*) buntovan, buntovnički
mutiny ['mju:tini] *s* buna, pobuna
mutiny ['mju:tini] *vi* (po)buniti se (*against* protiv koga, čega)
mutt [mʌt] *s sl* 1. budala 2. pas mješanac
mutter ['mʌtə] *vi/t* **I.** *vi* mrmljati, gunđati, brundati (*against* protiv, *at* na; *to oneself* za se) **II.** *vt* (pro)gunđati, (pro)mrmljati
mutter ['mʌtə] *s* mrmljanje, gunđanje
mutterer ['mʌtərə] *s* gunđalo, brundalo
mutton ['mʌtn] *s* 1. ovčetina, bravetina | *fig* **to our** ~**s** vratimo se na naš predmet; **as dead as** ~ nedvojbeno mrtav; **to eat one's** ~ **with** jesti (s kim); ~ **dressed as lamb** suviše mladoliko odjevena žena
mutton-head ['mʌtnhed] *s coll* budala, glupan
mutual ['mju:tʃuəl] *adj* (~**ly** *adv*) uzajaman, međusoban, obostran; zajednički | ~ **interest** zajednička korist; ~ **insurance** osiguranje na bazi uzajamnosti
mutuality [ˌmju:tju'æliti] *s* uzajamnost
muzzle ['mʌzl] *s* 1. gubica, njuška 2. brnjica 3. usta (cijevi puške); zjalo, ždrijelo (topa) | ~**-loading gun** sprednjača, puška nabijača; ~ **velocity** početna brzina (taneta)
muzzle ['mʌzl] *vt* staviti brnjicu; *fig* začepiti usta (komu), ušutkati
muzzle-loader ['mʌzlˌləudə] *s* sprednjača, puška nabijača; sprednjak, top koji se puni sprijeda
muzzy ['mʌzi] *adj* (**muzzily** *adv*) tup, smućen; poblesavio od pića
my [mai] *adj* moj, moja, moje | **oh** ~! ~ **goodness!** o bože!; **I have** ~ **hat in** ~ **hand** imam šešir u ruci
myalgia [mai'ældʒiə] *s* bol u mišićima, mijalgija
mycology [mai'kɔlədʒi] *s* nauka o gljivama, mikologija

myelitis [maiə'laitis] *s med* upala leđne moždine, mijelitis
mynheer [main'hiə] *s coll* Nizozemac, Holanđanin, *arch* Holandez
myope ['maiəup] *s* kratkovidan čovjek
myopia [mai'əupjə] *s* kratkovidnost
myopic [mai'ɔpik] *adj* kratkovidan
myriad ['miriəd] *s poet* mirijada; golem broj; neizmjerna količina, bezbrojno mnoštvo (~*s of*)
myrmidon ['məːmidən] *s derog* pokorni sluga | **~s of the law** sluge zakona (policajci, ovrhovoditelji itd.)
myrrh [məː] *s bot* mirha, mirisna smola
myrtle ['məːtl] *s bot* mirta, mrča, mrta
myself [mai'self] *pron* 1. ja sâm, ja osobno, lično ja 2. meni; mene 3. sebe, se; sebi | **I hurt ~** povrijedio sam se; **I can do it (all) by ~** mogu to učiniti (posve) sam; **I ~ said so** ja sâm sam tako rekao; **I am not ~ today** nisam danas onaj pravi, ne osjećam se najbolje
mysterious [mis'tiəriəs] *adj* (**~ly** *adv*) tajanstven, zagonetan, misteriozan
mystery ['mistəri] *s* 1. tajna, misterij; zagonetka (*to* za) 2. tama, tajanstvenost 3. (i **~ play**) misterij, religiozna drama | *hist* **mysteries** *pl* misterije, tajni religiozni obredi (Grka i Rimljana)
mystic ['mistik] *adj* tajanstven, mističan
mystic ['mistik] *s* mistik
mystical ['mistikl] *adj* (**~ly** *adv*) → **mystic** *adj*
mysticism ['mistisizm] *s* misticizam
mystification [ˌmistifi'keiʃn] *s* smućivanje, zbunjivanje; smućenost, zbunjenost; tajna, misterij, zagonetka
mystify ['mistifai] *vt* smućivati, zbunjivati, stavljati (koga) pred zagonetku
myth [miθ] *s* 1. mit 2. bajka; puka izmišljotina
mythical ['miθikl] *adj* (**~ally** *adv*) mitski; bajoslovan; izmišljen, nestvaran, tobožnji
mythological [ˌmiθə'lɔdʒikl] *adj* (**~ally** *adv*) mitološki; mitski; nestvaran
mythologist [mi'θɔlədʒist] *s* mitolog
mythology [mi'θɔlədʒi] *s* mitologija; mitovi
myxomatosis [ˌmiksəmə'təusis] *s* miksomatoza, zečja kuga

N

N, n [en] *s* (*pl* **~s, ~'s**) 1. N, n, četrnaesto slovo engleske abecede 2. jedinica za mjerenje; *math* n, nepoznanica, neodređeni broj | *math* **to the ~th** na n-tu (potenciju); *fig* **to the ~th degree** u najvišem stupnju, do krajnosti
'n [n] *conj fam US* = **than** i **and**
nab [næb] *vt sl* uhvatiti, ščepati, uvrebati, zgrabiti; uhapsiti
nabob ['neibɔb] *s hist* muhamedanski državni namjesnik u mogulskom carstvu; *arch* bogataš (*spec* koji se vratio s imetkom iz Indije); *fig* Krez, bogataš
nacarat ['nækəræt] *s* svijetla narančastocrvena boja; tanka tkanina takve boje
nacelle [næ'sel] *s aero* košara balona; gondola zrakoplova; motorska kućica, prednji dio aviona
nacre ['neikə] *s zool* vrsta polipa; školjka bisernica; sedef
nacreous ['neikriəs] *adj* sedefast, koji nalikuje na sedef; svjetlucav, sjajan
nacrous ['neikrəs] *adj* → **nacreous**
nadir ['nei,diə] *s astr* nadir (zenitu suprotna točka); *fig* najniža točka, najniži stupanj razvoja
nag[1] [næg] *s zool* malen jahaći konj, poni; *coll* loš konj, kljuse, raga
nag [næg] *vi/t* **I.** *vi* prigovarati, gunđati; zapovijedati, grditi (*at*) **II.** *vt* izjedati, gristi (prigovorima), mučiti, ljutiti, jediti, »piti krv«
nag[2] [næg] *s* prigovaranje, zanovijetanje, gunđanje, prigovor, izjedanje; osoba koja prigovara (grize, »pije krv«)
nagger ['nægə] *s* prigovaralo, zanovijetalo, gunđalo, onaj koji neprestano prigovara
naggy ['nægi] *adj* koji neprestano prigovara ili zanovijeta, koji neprestano grdi
naiad ['naiæd] *s myth* najada, riječna nimfa; *fig* plivačica
naif [na'i:f] *adj* → **naive**
nail [neil] *s* 1. nokat; *zool* čaporak, pandža; tvrda izraslina na vrhu mekanog kljuna nekih ptica 2. stara mjera za dužinu 0,057 m | **to hit the ~ (right) on the head** pogoditi ono pravo, točno pogoditi; **~ in one's coffin** ono što požuruje nečiju smrt ili propast; **it was a final ~ in his coffin** to ga je strpalo u grob; **on the ~** odmah, smjesta, bezodvlačno; **to pay on the ~** platiti u gotovu; **hard as ~s** čvrst kao kremen, snažan, otporan, krepak; **right as ~s** potpuno točan (ispravak); **~s in mourning** prljavi nokti
nail [neil] *vt* (čavlima) zabiti, pričvrstiti (*down, in, together*), pribijati (*on, to* na što); potkopavati, okovati (čavlima); *sl* zgrabiti, ščepati, uhvatiti (lopova i sl.); ukrasti; (u školi) uhvatiti, zateći, otkriti; *fig* upiljiti (pogled) (*on, to* u što), prikovati (pogled, pažnju) | *fig* **to ~ colours to the mast** otvoreno se izjasniti; ne odstupati od svoje odluke; *fig* **to ~ to the counter (barndoor)** dokazati ili raskrinkati (laž i sl.)
nail up ['neil'ʌp] *vt* (čavlima) zabiti, zakovati, *fig* sklepati | **nailed-up drama** slabo konstruirana drama
nail-brush ['neilbrʌʃ] *s* četkica za nokte
nailer ['neilə] *s* čavlar, onaj koji pravi čavle; *sl* onaj koji je vrlo sposoban (*to, at* za što), koji je osobito spretan (*at, to* u čemu), momak i po, izvrstan igrač
nailing ['neiliŋ] *adj* koji zabija čavle, koji pribija što; *sl* sjajan; odličan, izvrstan, kolosalan
nail polish ['neil,pɔliʃ] *s US* lak za nokte
nail varnish ['neil,va:niʃ] *s GB* lak za nokte
naïve [na:'i:v] *adj* (**~ly** *adv*) naivan, bezazlen, prostodušan, prirodan, otvoren, neusiljen, iskren
naive [neiv] *adj* (**~ly** *adv*) → **naïve**
naïveté [na:'i:vtei] *s* naivnost, bezazlenost, prostodušnost, neusiljenost, prirodnost, otvorenost, iskrenost
naïvety [na:'i:vti] *s* → **naïveté**
naivety ['neivti] *s* → **naïvety**
naked ['neikid] *adj* (**~ly** *adv*) 1. gol, neodjeven; bos; goluždrav, gološav; nezaštićen, gol; ogoljen, pust, prazan 2. neuređen, neukrašen; *fig* gol, otvoren, neprikriven, sušt (*the ~ truth* gola ili su-

šta istina; *the* ~ *facts* gole ili sušte činjenice) 3. lišen, koji je ostao bez (čega) | **with the ~ eye** golim okom

nakedness ['neikidnis] *s* 1. golotinja, ogoljelost; *fig* očitost, neprikrivenost; nezaštićenost 2. pomanjkanje (*of* čega), siromaštvo 3. jednostavnost, jasnoća 4. *arch* & *bibl* skroviti dijelovi tijela

namable ['neiməbl] *adj* koji se može imenovati, koji je vrijedan da se imenuje, spomena vrijedan

namby-pamby [ˌnæmbi'pæmbi] *adj* prazan, otrcan, šupalj (razgovor); sladunjav, izvještačen, beznačajan, ljigav (čovjek)

namby-pamby [ˌnæmbi'pæmbi] *s* slabić, sladunjavac, beznačajnik, ljigavac; beznačajna brbljarija, naklapanje, mlaćenje prazne slame; izvještačen **stil ili govor**; otrcanost; izvještačenost

name [neim] *s* 1. ime; imenovanje; oznaka 2. ime, glas, ugled, slava; znamenit, slavan čovjek; loza, rod, obitelj 3. puko ime, puka riječ (*honour had become a* ~, *to reduce to a* ~) | **to know by ~** poznati po imenu; **by (under) the ~ of** po imenu, imenom; **to put one's ~ down for** predbilježiti se, prijaviti se (za ispit i sl.); **to keep one's ~ on the books** ostati članom (kluba, škole i sl.); **to take one's ~ off the books** ispisati se, istupiti (iz kluba i sl.); *sl* **give it a ~** naručiti što god želiš — ja plaćam! (piće); **of ~** ugledan, značajan; **to call (a p) ~s** nadjenuti pogrdna imena komu, obružiti, izgrditi koga; **to give a dog a bad ~ and hang him** osuditi koga samo na temelju glasina ili ga zbog malog prestupka za sva vremena prezreti

name [neim] *vt* 1. imenovati, dati, nadjenuti ime komu, prozvati (*after, from* po komu, čemu); zvati (po imenu); (poimence) navesti, imenovati, nabrojiti 2. odrediti (dan, cijenu) 3. imenovati, postaviti (*for, to* za koga ili čime) 4. *parl* pozvati na red (prozvati zastupnika zbog nedolična ponašanja ili nepokoravanja odredbi predsjedatelja); isključiti sa sjednice | **to ~ but one** da spomenem samo jednog (jedan)

nameable ['neiməbl] *adj* → **namable**

name-day ['neimdei] *s* imendan

name-dropper ['neimdrɔpə] *s* netko tko se nabacuje imenima poznatih osoba kao svojim znancima

nameless ['neimlis] *adj* (~**ly** *adv*) bezimen, koji nema imena, anoniman; komu se ne želi spomenuti ime; nepoznat, neslavan; *fig* neopisiv, neizreciv, strašan, strahovit, odvratan, gadan, užasan

namelessness ['neimlisnis] *s* bezimenost, anonimnost; *fig* neopisivost, neizrecivost, strahota, užas, odvratnost

namely ['neimli] *adv* naime, to jest

namesake ['neimseik] *s* imenjak, onaj koji (ono što) ima isto ime

naming ['neimiŋ] *s* imenovanje; prozivanje; navođenje, nabrajanje

nance [næns] *s GB sl* efeminiran, ženskast muškarac

nancy ['nænsi] *s* → **nance**

nancy ['nænsi] *adj GB sl* mekušan, ženskast, efeminiran | ~ **boy** homoseksualac

nankeen [næŋ'kiːn] *s text* nankin, angin (tkanina za perine); žuta ili žućkasta boja | ~**s** *pl* hlače od nankina

nanny ['næni] *s GB* dadilja

nanny-goat ['nænigəut] *s* koza (ženka)

nap[1] [næp] *s* drijem, drijemež | **to take a ~** prodrijemati, pridrijemati, prileći

nap [næp] *vt* pridrijemati, zadrijemati, dremuckati | **to catch a p ~ping** zateći koga nepripravna, uhvatiti (u pogrešci)

nap[2] [næp] *s* čupava (dlakava) strana tkanine; mekana, pahuljasta površina | ~**s** *pl* grube, čupave tkanine

nap [næp] *vt* učiniti čupavim ili hrapavim

nap[3] [næp] *s GB* vrsta kartaške igre | *fig* **to go ~ (on a th)** staviti sve na kocku (zbog čega)

napalm ['neipaːm] *s mil* napalm

nape [neip] *s* zatiljak (obično ~ *of neck*)

napery ['neipəri] *s Scot* & *arch* kućanske potrepštine (*spec* stolno rublje)

naphtha ['næfθə] *s chem* ligroin; teški benzin

napkin ['næpkin] *s* ubrus, servijeta; *GB* (dječje) pelenice | *fig* **to lay up in a ~** odložiti (što), ne služiti se (čime); **sanitary ~** higijenski uložak

napoo [naː'puː] *interj GB sl* gotovo!, propalo!, svršeno!, ode!, ne ide!

napoo [naː'puː] *adj GB sl* beskoristan, besmislen; gotov, mrtav

napoo [naː'puː] *vt GB sl* ubiti, skončati, likvidirati

nappy ['næpi] *s GB coll* pelena

narc [naːk] *s US sl* policijski agent angažiran u borbi protiv droga

narcissism ['naːsisizm] *s* narcisizam

narcissist ['naːsisist] *s* narcisist

narcissistic [ˌnaːsi'sistik] *adj* narcistički

narcissus [naː'sisəs] *s* (*pl* ~**es, narcissi** [naː'sisai]) *bot* (žuti ili bijeli) sunovrat, ovčica, zelenkada

narcosis [naː'kəusis] *s med* narkoza

narcotic [naː'kɔtik] *s* narkotik, opojno sredstvo, sredstvo za uspavljivanje

narcotic [naː'kɔtik] *adj* (~**ally** *adv*) narkotičan, koji uspavljuje ili omamljuje; *fig* opojan, omamljiv

narcotism ['naːkətizm] *s med* narkotično stanje, uspavanost, omamljenost; odavanje narkoticima

narcotist ['naːkətist] *s* narkotičar, onaj koji uživa opojna sredstva

narcotize ['naːkətaiz] *vt med* narkotizirati, uspavati, (narkotikom) omamiti

nard [naːd] *s bot* indijska biljka od koje se dobiva ljekovito ulje i mast
narghile ['naːgili] *s* nargila
nark [naːk] *s GB sl* doušnik, uhoda, njuškalo, konfident, agent
nark [naːk] *s* → **narc**
narrate [nə'reit] *vt* pripovijedati, pričati, kazivati
narration [nə'reiʃn] *s* pripovijest, pripovijetka, pripovijedanje, prikazivanje, priča
narrative ['nærətiv] *s* pripovijest, pripovijetka; prikaz, pripovijedanje
narrative ['nærətiv] *adj* (**~ly** *adv*) pripovjedački, naratìvan
narrator [nə'reitə] *s* pripovjedač, pripovjedalac
narrow ['nærəu] *adj* uzak, uzan, tijesan; malen (*~ house*); slab, mršav (*~ circumstances*); *pol* malen, slab (*a ~ majority*); *fig* ograničen, sitničav, pun predrasuda, uskogrudan; koji škrtari (*with* čime); potanki, podroban, točan (*a ~ examination*) | *bibl* **the ~ way** put kreposti; **to have a ~ escape (squeak)** umaknuti za dlaku
narrow ['nærəu] *s* (obično *pl*) tjesnac, moreuz; (uzak) prolaz, uska ulica
narrow ['nærəu] *vi/t* **I.** *vi* suziti se, sužavati se, stješnjavati se, stisnuti se, stegnuti se **II.** *vt* suziti, učiniti tijesnijim, stisnuti, stiskati; *fig* ograničiti, smanjiti; (o pletivu) oduzimati (očice)
narrow-gauge ['nærəugeidʒ] *s rly* uskotračna pruga
narrowish ['nærəuiʃ] *adj* uzan, pouzak, ponešto tijesan; ponešto ograničen, sitničav, uskogrudan
narrowly ['nærəuli] *adv* točno, potanko, podrobno, brižljivo; jedva, teško, s mukom
narrow-minded [ˌnærəu'maindid] *adj* (**~ly** *adv*) uskogrudan, sitničav, ograničen, pun predrasuda
narrow-mindedness [ˌnærəu'maindidnis] *s* uskogrudnost, sitničavost, ograničenost
narrowness ['nærəunis] *s* tjesnoća, uskost, uzina, stiješnjenost
narwhal (narwal) ['naːwəl] *s zool* narval
nasal ['neizl] *s phon* nazal, nosni glas
nasal ['neizl] *adj* (**~ly** *adv*) nosni, koji se odnosi na nos; *phon* nosni, nazalni
nasalism ['neizəlizm] *s phon* nazalno, nosno izgovaranje
nasality [nei'zæliti] *s phon* nazalnost
nasalization [ˌneizəlai'zeiʃn] *s phon* nazalno izgovaranje; mijenjanje u nazalni glas
nasalize ['neizəlaiz] *vi/t* **I.** *vi* govoriti kroz nos **II.** *vt* izgovarati kroz nos (nazalno)
nasally ['neizəli] *adv* nazalno, nosno
nascent ['næsnt] *adj* koji se rađa, koji nastaje, koji se pojavljuje; koji raste, koji se razvija
nastiness ['naːstinis] *s* prljavost, prljavština, gadnost, rugoba, odvratnost; nepristojnost; zloća, zloba, opakost
nasturtium [nəs'təːʃəm] *s bot* potočarka
nasty ['naːsti] *adj* (**nastily** *adv*) prljav, odvratan, gadan; nepristojan; strašan, ružan; neugodan (*weather*); težak, opasan (*sea*); ozbiljan, težak (*accident*); (o čovjeku) opak, zloban, neugodan, gadan (*to* prema komu) | **a ~ piece of work** zloba, podvala
natal ['neitl] *adj* (**~ly** *adv*) rodni, koji se odnosi na rođenje
natality [nei'tæliti] *s* broj poroda, natalitet
natant ['neitənt] *adj bot & zool* koji pliva
natation [nei'teiʃn] *s* plivanje, plivačka vještina
nates ['neitiːz] *s pl anat* debelo meso, stražnjica, zadnjica
nath(e)less ['næθ(ə)lis] *adv arch* unatoč tome, usprkos tome, ipak
nation ['neiʃn] *s* narod, nacija; *univ* skupina studenata koji pripadaju istom kraju ili području
national ['næʃənl] *adj* (**~ly** *adv*) narodni, nacionalni | **~ anthem** državna himna; *US* **National Guard** teritorijalne jedinice SAD; **~ enterprise** državno (općedruštveno) poduzeće; *GB* **~ service** opća vojna obaveza; *GB* **~ serviceman** vojni obveznik; *GB* **N~ Insurance** socijalno osiguranje
national ['næʃənl] *s* državljanin, državljanka | **~s** *pl* državljani, sunarodnjaci, zemljaci
nationalism ['næʃnəlizm] *s* nacionalizam; rodoljublje
nationalist ['næʃnəlist] *s* nacionalist, rodoljub
nationality [ˌnæʃə'næliti] *s* narodnost, narodna pripadnost, nacionalitet; nacija; nacionalni osjećaj, rodoljublje, nacionalna nezavisnost
nationalization [ˌnæʃnəlai'zeiʃn] *s* nacionaliziranje, nacionalizacija, podržavljenje; naturaliziranje, naturalizacija
nationalize ['næʃnəlaiz] *vt* nacionalizirati, podržaviti; učiniti nacijom; proširiti u narodu; naturalizirati
nationally ['næʃnəli] *adv* nacionalno, s nacionalnog stajališta; javno, uz sudjelovanje cijele nacije
nationhood ['neiʃənhud] *s* nacionalnost, stanje narodnog jedinstva
nation-wide ['neiʃənwaid] *adj* koji se odnosi na cijeli narod ili naciju, koji obuhvaća cijeli narod, svenarodni, općenarodni
native ['neitiv] *s* 1. urođenik; domaći sin, onaj koji je rodom (*of* iz) 2. umjetno uzgojena engl. ostriga 3. *Austr* bijelac rođen u Australiji | **a ~ of Canada** rođeni Kanađanin, osoba rodom iz Kanade

native ['neitiv] *adj* (**~ly** *adv*) 1. rođen, koji se odnosi na rođenje 2. urođenički 3. prirođen, urođen, domaći 4. prirodan, jednostavan | **to go ~** (o bijelcima) poprimiti (domorodačke) navike

nativity [nə'tiviti] *s* rođenje; *rel* rođenje Kristovo, Djevice Marije ili sv. Ivana Krstitelja; Božić, blagdan rođenja Djevice Marije (8. IX) ili sv. Ivana Krstitelja (24. VI); slikovni prikaz Kristova rođenja; *astrol* horoskop

natter ['nætə] *vi GB coll* zanovijetati, prigovarati, blebetati, ceketati, čantrati

nattiness ['nætinis] *s* čistoća, urednost

natty ['næti] *adj* (**nattily** *adv*) čist, uredan, dotjeran; okretan, brz, pokretan, spretan

natural ['nætʃrəl] *s* 1. idiot, slaboumnik, kreten 2. *mus* bijela tipka; nota bez predznaka; povratilica ili razrješnica | *coll* **he is ~ for the job** on je stvoren za taj posao

natural ['nætʃrəl] *adj* prirodan, naravan; fizički; prirođen (*abilities*); nezakonit; naravan (*son, child*) | *mus* **~ key** prirodna ljestvica; *mus* **~ scale** C-dur ljestvica; **~ weapons** nokti, zubi, šake itd.; **~ treasures** prirodne ljepote

naturalism ['nætʃrəlizm] *s phil* & *arts* naturalizam; prirodnjaštvo

naturalist ['nætʃrəlist] *s* 1. *scient* prirodoslovac, prirodoznanac 2. *phil* & *arts* naturalist 3. trgovac živim životinjama 4. preparat (koji puni životinje)

naturalistic [ˌnætʃrə'listik] *adj* (**~ally** *adv*) *phil* & *arts* naturalističan, naturalistički; *scient* prirodopisan, prirodoslovni, prirodoznanstven

naturalization [ˌnætʃrəlai'zeiʃn] *s* naturalizacija, podjeljivanje državljanstva; udomaćenje

naturalize ['nætʃrəlaiz] *vt/i* **I.** *vt* naturalizirati, primiti u državljanstvo; poprimiti (stranu riječ); uvesti, udomaćiti (biljku, životinju); učiniti prirodnim (stil i dr.); postaviti na naturalističke temelje **II.** *vi* 1. naturalizirati se 2. baviti se prirodoslovljem

nature ['neitʃə] *s* priroda, narav; *mil* veličina, kalibar; *bot* smola, sok; *arts* prirodnost, vjernost (slikanja) | **by ~** prirodno, po prirodi; **debt of ~** smrt; **in ~** koji doista postoji u prirodi (bilo gdje, uopće); **in a state of ~** gol golcat, kao od majke rođen; **in the course of ~** prirodno, po prirodnom toku; **in the ~ of** nalik na (što), od iste vrste; **to ease ~** obaviti nuždu, isprazniti crijeva ili mjehur

nature-printing ['neitʃəˌprintiŋ] *s print* način tiska pri kojem se lišće i sl. pričvrsti na posebno pripremljenu ploču, kojom se tada prave otisci

naturism ['neitʃərizm] *s* nudizam

naturist ['neitʃərist] *s* nudist

naught [nɔːt] *s arch* ništa; *math* ništica, nula | **to set at ~** ne obazirati se na (što); **all for ~** sve uzalud, bez svrhe; **to bring to ~** uništiti, razoriti, osujetiti

naught [nɔːt] *pred adj* bezvrijedan, nekoristan, koji nije ni za što

naughtiness ['nɔːtinis] *s* neposlušnost, neodgojenost, nestašluk, nestašnost, nevaljalost

naughty ['nɔːti] *adj* (**naughtily** *adv*) neposlušan, neodgojen, nepristojan, nevaljao, nestašan

nausea ['nɔːsiə] *s* mučnina, povraćanje, morska bolest; *fig* gađenje, odvratnost

nauseate ['nɔːsieit] *vt/i* **I.** *vt* povraćati, bacati; tjerati na mučninu (povraćanje); *arch* gaditi se nad čim, mrziti; *fig* izazivati osjećaj gađenja (u komu) **II.** *vi* zgaditi se, osjećati gađenje (*at* nad čim), mrziti (*at* što)

nauseous ['nɔːsiəs] *adj* (**~ly** *adv*) koji izaziva mučninu, odvratan, ogavan

nautical ['nɔːtikəl] *adj* (**~ly** *adv*) pomorski, nautički

naval ['neivəl] *adj* (**~ly** *adv*) pomorski, brodarski; *mil* mornarički, koji se odnosi na ratnu mornaricu | **~ officer** pomorski oficir, oficir ratne mornarice; **~ aviation** mornaričko zrakoplovstvo, pomorska avijacija; **~ power** pomorska sila (država); **~ stores** oprema i hrana za mornaricu; *com* smola, katran, terpentin i dr.; *GB* **~ stockyard** vojno brodogradilište

nave[1] [neiv] *s* glavina, glavčina kotača

nave[2] [neiv] *s archit* (srednja ili glavna) lađa (crkve)

navel ['neivəl] *s anat* pupak; *fig* središte, središnja točka | *bot* **~ orange** vrsta velike naranče; *anat* **~ string** pupkovina

navicert ['nævisəːt] *s com* potvrda da brodski teret ne sadrži krijumčareni ratni materijal

navicular [næ'vikjulə] *adj zool anat* čunjast, koji ima oblik lađice

navigability [ˌnævigə'biliti] *s* plovnost (rijeke i sl.); *mar* & *aero* upravljivost

navigable ['nævigəbl] *adj* (**navigably** *adv*) plovan, kojim se može ploviti; *aero* & *mar* upravljiv, kojim se može upravljati

navigate ['nævigeit] *vi/t* **I.** *vi* ploviti, brodariti **II.** *vt mar* & *aero* upravljati (čim), ploviti (morem, zrakom), preploviti, oploviti; *parl* voditi, provesti

navigation [ˌnævi'geiʃn] *s aero* & *mar* upravljanje, navigacija, plovljenje; plovidba; *mar* brodarenje, moreplovstvo, brodarstvo; *mar arch* plovni prolaz

navigator ['nævigeitə] *s* onaj koji plovi, moreplovac, pomorac; *mar* & *aero* navigator

navvy ['nævi] *s GB* radnik na kopanju kanala, gradnji željezničke pruge, ceste i sl.; *tech* (obično *steam* ~) mehanički jaružar, bager

navy ['neivi] s *mil* (ratna) mornarica; *poet* brodovlje | *US* ~ **yard** vojno brodogradilište; *GB* ~ **cut** fino rezan duhan za lulu od prešanih duhanskih pogačica

navy-blue ['neiviblu:] *adj* tamnoplav, tamnomodar, mornarski modar

nay [nei] *adv arch* ne; (na početku rečenice) eh, tà, pa; čak, štoviše

nay [nei] s (riječ) ne; otklon, odbijanje; *parl* negativan glas | **yea and** ~ i da i ne, i bi i ne bi

Nazarene [ˌnæzə'ri:n] Nazarenac, Nazarenka, onaj koji potječe iz Nazareta; (u Židova i Muslimana) kršćanin; *rel* nazaren (pripadnik rane židovsko-kršćanske sekte)

naze [neiz] s predgorje, rt, stijena

Nazi ['na:tsi] s *pol* nacist, pristaša njemačke nacionalno-socijalističke stranke, hitlerovac

nazify ['na:tsifai] *vt* nacificirati, pretvoriti u nacista

nazim ['neizim] s naslov za višeg indijskog redarstvenog činovnika

nazism ['na:tsizəm] s nacizam

neap [ni:p] *adj* | ~ **tide** najniža plima ili vrlo niska plima

neap [ni:p] s najniži stupanj plime, najniža ili vrlo niska plima

neap [ni:p] *vt/i* **I.** *vt* (o niskoj plimi) spriječiti (brod) da isplovi **II.** *vi* (o plimi) približavati se razdoblju najnižeg stupnja

Neapolitan [niə'pɔlitən] *adj* napuljski, napolitanski

Neapolitan [niə'pɔlitən] s Napuljac, Napuljka, Napolitanac, Napolitanka

near [niə] *adv* blizu, u blizini (koga, čega); *arch* gotovo, malone; (s negacijom) ni približno | **far and** ~ nadaleko i široko, posvuda; ~ **at hand** posve blizu, na dohvatu; ~ **by** u blizini, blizu, tik do (čega); ~ **upon** blizu (vremenski); ~ **to** blizu, do (čega); ~ **sight** kratkovidnost; ~ **miss** blizak pogodak (& *fig*)

near [niə] *adj* 1. bliz, bliski, blizak; neposredan, skorašnji, (o dijelovima životinja i vozila) lijevi; izravan (put, cesta); malone osujećen (~ *escape*); točan, vjeran (prijevod); vrlo bliz (pogodak); štedljiv, škrt; *US coll* samo sličan | ~ **work** rad koji jako napreže vid; **the** ~ **distance** srednja dubina slike; *US* ~ **true** gotovo istinito; ~ **akin** u bliskom srodstvu; **the Near East** Bliski istok

near [niə] *prep* blizu, (tik) do

near [niə] *vi/t* približavati (se), primicati (se) (*to*)

nearby ['niəbai] *adj* obližnji, bliz, blizak

nearish ['niəriʃ] *adj* dosta bliz, ponešto bliz

nearly ['niəli] *adv* blizu; potanko, podrobno, pažljivo; u velikoj mjeri, jako; gotovo, malone, skoro | **not** ~ ni izdaleka, ni približno

nearness ['niənis] s blizina, bliskost; bliza srodnost; škrtost, štedljivost; točnost

nearside ['niəsaid] *adj GB mot* na lijevoj strani

near-sighted [ˌniə'saitid] *adj* kratkovidan

nearsightedness [ˌniə'saitidnis] s kratkovidnost

neat [ni:t] s *arch* govedo; *pl constr* rogato blago, rogata stoka

neat [ni:t] *adj* (~**ly** *adv*) uredan, čist; skladan, jednostavno otmjen; vješt, valjan (rad); jezgrovit, jasan, kratak; (o piću) čist, nerazrijeđen; *arch com* bez odbitka, netto | ~ **hand** lijep, čitljiv rukopis

neath [ni:θ] *prep poet* → **beneath**

neat-handed ['ni:tˌhændid] *adj* okretan, spretan, vješt (rukama)

neat-herd ['ni:thə:d] s pastir goveda, govedar

neat-house ['ni:thaus] s staja za goveda

neatness ['ni:tnis] s urednost, skladnost; jezgrovitost

neb [neb] s *Scot* kljun; nos; njuška; vršak, šiljak

nebula ['nebjulə] s (*pl* **nebulae** ['nebjuli:], ~**s**) *astr* nebula, maglica; *med* bijela mrlja ili zamagljenost na rožnici

nebular ['nebjulə] *adj astr* nebularni, magličast

nebulosity [ˌnebju'lɔsiti] s magličavost, zamagljenost; *fig* nejasnost, neodređenost, mutnost, zamućenost, nebuloznost

nebulous ['nebjuləs] *adj* (~**ly** *adv*) 1. *astr* magličast, koji je sličan magli, koji je u maglici, nebulozan 2. zamagljen, mutan, oblačan 3. *fig* neodređen, mutan, nejasan, nebulozan

necessary ['nesisəri] *adj* (**necessarily** *adv*) nuždan, potreban; obvezatan (*to, for* za koga, što; *that* da); neizbježiv | *arch* ~ **house** zahod

necessary ['nesisəri] s potreba, nužda; *com* roba široke potrošnje, svakidašnja potrepština (obično *pl*); *jur* životna sredstva | *sl* **the** ~ potrebna sredstva; *arch* zahod

necessitarian [niˌsesi'teəriən] s *phil* determinist

necessitate [ni'sesiteit] *vt* zahtijevati, tražiti, učiniti potrebnim ili nužnim, uvjetovati; prisiliti, natjerati (*to do*)

necessitous [ni'sesitəs] *adj* (~**ly** *adv*) siromašan, bijedan, koji trpi oskudicu (u čemu)

necessity [ni'sesiti] s nužda, potreba; prisila; (obično *pl*) oskudica, bijeda, siromaštvo, nevolja

neck¹ [nek] s 1. vrat, šija; *cul* vratina, šija (*spec* od ovčetine); (o haljinama) izrez, dekolte 2. grlo (boce); *geog* (uzak) prolaz, kanal, tjesnac, moreuz; prevlaka, istam; *archit* vrat (glavice, kapitela) | **to break one's** ~ slomiti šiju; **to break the** ~ **of** (**a piece of work, job,** itd.) svladati najteži, najgori dio; **to save one's ~** spasiti glavu, umaknuti vješalima; *fig* spasiti se (od neugodnih posljedica); **~ and crop** koliko je dug i širok, naglavce; sve zajedno; *sl* **to get it in the ~** (teško) nastradati, loše proći, dobiti po nosu; *sport* **~ and ~** mrtva (trka); *GB coll* **he's got a ~** on je drzak, bezobrazan; **up to the ~** do grla, do vrata; **go ~ or nothing** srljati u propast, staviti sve na kocku; **~ or nothing** po svaku cijenu; sve ili ništa, krajnji rizik; **to stick one's ~ out** trčati pred rudo, istrčati se, eksponirati se

neck [nek] *vt/i* grliti (se), milovati (se); zakrenuti vratom; odrubiti glavu

neck[2] [nek] *s* posljednji snop (žita)

neck-and-neck [ˈnekəndˈnek] *adj* gotovo jednak po vrijednosti, gotovo izjednačen

neckband [ˈnekbænd] *s* porub oko vrata (košulje) na koji se pričvršćuje ovratnik

neckcloth [ˈnekklɔθ] *s arch* marama za vrat, šal

neckerchief [ˈnekətʃif] *s* marama za vrat, šal

necklace [ˈneklis] *s* ogrlica, đerdan

necklet [ˈneklit] *s* ukras za vrat; krzneni ovratnik; ogrlica

neckline [ˈneklain] *s* izrez haljine oko vrata, dekolte

necktie [ˈnektai] *s* kravata

neck-verse [ˈnekvəːs] *s* latinski stihovi što su ih morali čitati u dokaz svoje obrazovanosti oni koji su tražili pogodnosti od svećenstva

neckwear [ˈnekwεə] *s com & vulg* zbirni naziv za kravate, marame i ovratnike

necrologist [neˈkrɔlədʒist] *s* pisac nekrologa

necrology [neˈkrɔlədʒi] *s* popis umrlih (*spec* članova manastira ili nekog društva); osmrtnica; nekrolog

necromancer [ˈnekrəmænsə] *s* onaj koji doziva duhove umrlih (radi vračanja ili proricanja), nekromant; vrač, čarobnjak

necromancy [ˈnekrəmænsi] *s* dozivanje duhova radi vračanja ili proricanja, nekromantija, vračarija, vračanje, čaranje, crna magija

necropolis [neˈkrɔpəlis] *s* groblje (*spec* prethistorijskog ili starog grada)

necrosis [neˈkrəusis] *s med* nekroza

nectar [ˈnektə] *s* 1. *myth* nektar, piće bogova 2. slatko piće; vino osobito dobre kakvoće; vrsta bezalkoholnog pića 3. *bot* nektar, sladak sok koji izlučuju biljke

nectarine [ˈnektəriːn] *s* breskva glatke kore

née [nei] *adj Fr* rođena (*Mrs. Brown ~ Smith*)

need [niːd] *s* potreba, nužda; nevolja; siromaštvo, oskudica, neimaština, bijeda | **to have ~** trebati (*of* što; *to do*); **he had ~ remember** trebao bi zapamtiti; **a friend in ~ is a friend indeed** pravi se prijatelj poznaje u nevolji

need [niːd] *vi/t* **I.** *vi* oskudijevati, biti u nevolji; *arch* biti potreban (*it ~s not*) **II.** *vt* 1. trebati, biti potreban čega; tražiti, zahtijevati 2. (kao pomoćni glagol bez nastavka, pred infinitivom bez *to*, u upitnim i negativnim rečenicama) morati, trebati (*~ I come?* je li potrebno da dođem?; *he ~ not hurry* on se ne mora žuriti; *he ~ not have hurried* nije se trebao žuriti) 3. (kao pomoćni glagol s nastavkom, ispred infinitiva s *to* u jesnim ili negativnim i upitnim rečenicama) morati (*one ~s to be careful* čovjek mora biti oprezan; *they did not ~ to be included* nisu se morali uključiti)

needful [ˈniːdful] *adj* (**~ly** *adv*) potreban, nuždan (*to, for* za koga, što; komu, čemu; *to do, that*); *arch* težak, koji je pun nestašice ili oskudice

needful [ˈniːdful] *s* | *sl* **the ~** (potrebni) novac; **~s** *pl* ono što je potrebno, potrebne stvari

needfulness [ˈniːdfulnis] *s* potreba, nužda, trebanje; nužnost

neediness [ˈniːdinis] *s* oskudica, neimaština, siromaštvo, bijeda

needle [ˈniːdl] *s* 1. igla; kačkalica 2. *bot* iglica 3. obelisk; zub (stijene) 4. *mil* udarna igla (na vatrenom oružju) 5. *tech* (metalna ili drvena) motka za podupiranje (grede) | **to look for a ~ in a bottle (bundle) of hay** tražiti iglu u stogu sijena; **I have got pins and ~s in my leg** utrnula mi je noga; **~'s eye** ušica (igle); *GB sl* **to have the ~** biti ljut, neraspoložen; *GB sl* **to get the ~** razljutiti se, razbjesniti se, oneraspoložiti se

needle [ˈniːdl] *vt/i* **I.** *vt* šivati, bosti, probadati, izbosti, bockati; (iglom) probušiti ili izbušiti; *fig* bockati, peckati; *tech* poduprijeti (gredom, motkom) **II.** *vt* provlačiti se (*through* kroza što); tvoriti iglice

needle-bath [ˈniːdlbaːθ] *s* snažan tuš finog mlaza

needle-case [ˈniːdlkeis] *s* kutijica za igle

needle-fish [ˈniːdlfiʃ] *s ichth* igla

needleful [ˈniːdlful] *s* nit (konca)

needle-lace [ˈniːdlleis] *s* iglom izrađena čipka

needle-point [ˈniːdlpɔint] *s* šiljak, vršak igle; ptipoen; fina čipka izrađena iglom

needless [ˈniːdlis] *adj* (**~ly** *adv*) nepotreban, izlišan, suvišan

needlework [ˈniːdlwəːk] *s* vez, vezivo, ručni rad, švelo

needments [ˈniːdmənts] *s* potrepštine (*spec* putne)

needs [niːdz] *adv* (samo ispred i iza *must*) svakako, bezuvjetno, nužno; jednostavno; upravo, baš | **he ~ must do it** on to svakako mora učiniti; *iron* **he must ~ leave**

today baš danas mora otputovati; *prov* ~ **must when the devil drives** sila kola lomi
needy ['ni:di] *adj* (**needily** *adv*) siromašan, bijedan, bez sredstava, koji trpi oskudicu
ne'er [nɛə] *adv poet* = **never**
ne'er-do-well ['nɛədu,wel] *s* nevaljalac, nikogović, ništarija
ne'er-do-well ['nɛədu,wel] *adj* ni od kakve koristi, nevaljao
nefarious [ni'fɛəriəs] *adj* (~**ly** *adv*) zao, pokvaren, opak, zlikovački; podao, sramotan
nefariousness [ni'fɛəriəsnis] *s* zloća, pokvarenost, opakost; podlost; sramotnost
negate [ni'geit] *vt* nijekati, oporeći, poricati, negirati
negation [ni'geiʃn] *s* nijekanje, poricanje, negacija; zabacivanje, uništavanje; *fig* beznačajnost, beznačajna stvar, nula
negative ['negətiv] *s* negativ; niječna čestica (riječ); niječna riječ (izjava), niječan, negativan odgovor; *fig* negativna osobina; *math* minus količina; *el & phot* negativna ploča, negativ; *parl* pravo veta | **in the** ~ niječan, u negativu, ne
negative ['negətiv] *adj* (~**ly** *adv*) niječan, negativan; koji je bez pozitivnih odlika (~ *virtue* suzdržavanje od zlodjela); *math* minus, koji se odbija (~ *sign* znak minusa); *el & phot* negativan | *coll* **a** ~ **quantity** ništa
negative ['negətiv] *vt* 1. odbiti, otkloniti; uložiti veto (protiv čega); dati negativan odgovor (na što) 2. pobijati, proturječiti 3. osujetiti, onemogućiti
neglect [ni'glekt] *s* zanemarivanje, zapuštanje, zapuštenost; neobaziranje (*of* na što); nemar, nehaj
neglect [ni'glekt] *vt* zanemarivati, zapustiti, ne obazirati se (na što)
neglectability [ni,glektə'biliti] *s* zanemarivost; beznačajnost
neglectable [ni'glektəbl] *adj* koji se može zanemariti, zapustiti; na kojega se ne treba obazirati
neglectful [ni'glektful] *adj* (~**ly** *adv*) nemaran, nehajan; koji zanemaruje ili zapušta (svoje dužnosti, obitelj itd.)
neglectfulness [ni'glektfulnis] *s* nemarnost, nehajnost, nemar, nehaj
négligé ['negli:ʒei] *s* negliže; jutarnja kućna haljina; nemarna ili nehajna odjeća; nemaran izgled
negligeable ['neglidʒəbl] *adj* → **negligible**
negligence ['neglidʒəns] *s* nemar, nehaj, nepažljivost; *jur* negligencija
negligent ['neglidʒənt] *adj* (~**ly** *adv*) nemaran, nepažljiv, nehajan
negligible ['neglidʒəbl] *adj* (**negligibly** *adv*) beznačajan, nevažan, neznatan, na kojeg se ne treba obazirati
negotiability [ni,gəuʃiə'biliti] *s* prodajnost, utrživost; mogućnost ugovaranja; premostivost (zapreke); prohodnost
negotiable [ni'gəuʃiəbl] *adj* (**negotiably** *adv*) utrživ, prodajan, koji se može utržiti ili prodati; koji se da svladati, koji se može prijeći, prohodan; premostiv, prebrodiv (zapreka); preko kojega se može popeti
negotiate [ni'gəuʃieit] *vi/t* **I.** *vi* pregovarati, voditi pregovore (*with* s kim), pogađati se **II.** *vt* 1. ugovarati, ugovoriti 2. *com* pustiti, puštati u opticaj; unovčiti, prodati, plasirati 3. svladati, premostiti, prebroditi, prijeći; popeti se (preko čega)
negotiation [ni,gəuʃi'eiʃn] *s* pregovaranje, ugovaranje, pregovor; *com* puštanje u promet, plasiranje; svladavanje (zapreka i sl.)
negotiator [ni'gəuʃieitə] *s* pregovarač, ugovarač; *com* posrednik, mešetar
negress ['ni:gris] *s* crnkinja
negro ['ni:grəu] *s* crnac
negro ['ni:grəu] *adj* crnački
negro-head ['ni:grəuhed] *s* 1. jak crn duhan za žvakanje 2. kaučuk slabije kakvoće
negroid ['ni:grɔid] *adj* negroidan
negroid ['ni:grɔid] *s* pripadnik negroidne rase, negroid
negus ['ni:gəs] *s* kuhano vino
neigh [nei] *s* rzanje
neigh [nei] *vi* rzati
neighbour (**neighbor**) ['neibə] *s* susjed(a); *fig* bližnji
neighbour ['neibə] *vt/i* **I.** *vt* graničiti (s čim), doticati se (čega), dopirati (do čega) **II.** *vt* graničiti (*upon* s čim), doticati se (*upon* čega), dopirati (*upon* do čega)
neighbourhood ['neibəhud] *s* susjedstvo, blizina, (bliža) okolica; kraj; *fig* susjedski osjećaji, susjedsko ponašanje | *fig* **in the** ~ **of** otprilike, nešto oko, nekih
neighbouring ['neibəriŋ] *adj* susjedni, obližnji, okolišni; koji graniči (*to* s čim)
neighbourless ['neibəlis] *adj* koji nema susjeda
neighbourliness ['neibəlinis] *s* dobrosusjedski stav (ponašanje), spremnost da se pomogne, susretljivost
neighbourly ['neibəli] *adj* susjedski; prijazan, društven, prijateljski, ljubazan
neighbourship ['neibəʃip] *s* susjedstvo, blizina
neither ['naiðə] *adv* | ~ ... **nor** ni ... ni; **that is** ~ **here nor there** to ništa ne znači, to nema nikakve važnosti, to je bez veze
neither ['naiðə] *conj* niti
neither ['naiðə] *adj* nijedan (od dvojice), ni jedan ni drugi
neither ['naiðə] *pron* nijedan (od dvojice), ni jedan ni drugi; ni jedno ni drugo
nek [nek] *s S Afr* tjesnac, klanac, ždrijelo, prijevoj, klisura, uzina

nenuphar [ˈnenjufaː] *s bot* lopoč
neo-latin [ˌniəuˈlætin] *adj* romanski, koji potječe od latinskog jezika
neolithic [ˌniəuˈliθik] *adj hist & geol* neolitski, koji se odnosi na kasnije kameno doba
neologism [niːˈɔlədʒizm] *s* neologizam, nova riječ, jezična novotvorina; uvođenje ili upotreba nove riječi; upotreba obične riječi u novom smislu; *theol* prihvaćanje ili podupiranje novih ili racionalističkih nazora
neologist [niːˈɔlədʒist] *s* onaj koji uvodi nove riječi ili neologizme; *theol* onaj koji uvodi nove ili racionalističke nazore
neologize [niːˈɔlədʒaiz] *vi* uvoditi nove riječi u jezik; davati nov smisao običnoj riječi; *theol* uvoditi nove ili racionalističke nazore
neology [niːˈɔlədʒi] *s* stvaranje ili upotreba novih riječi ili izraza; pridavanje novog smisla uvedenoj riječi; *theol* novo ili racionalističko gledanje
neon [ˈniːən] *s chem* neon | ~ **sign** neonska (svijetleća) reklama
neophyte [ˈniːəufait] *s* 1. *eccl hist* neofit, onaj koji je nedavno kršten i primljen u primitivnu kršćansku crkvu; novoobraćenik 2. novo zaređen svećenik Rimokatoličke crkve; novak (samostanskog ili vjerskog reda) 3. *fig* početnik, novajlija
neoprene [ˈniːəpriːn] *s chem* neopren (umjetna guma)
neoteric [ˌniːəˈterik] *adj* (~**ally** *adv*) nov, moderan, novotarski, novo izumljen
neozoic [ˌniːəˈzəuik] *adj geol* neozoički, koji se odnosi na najmlađe razdoblje u razvoju Zemlje
nepenthe [neˈpenθi] *s poet* čarobni napitak koji donosi zaborav (& *fig*); *bot* vretenika, štukavac
nephew [ˈnevjuː] *s* nećak
nephrite [ˈnefrait] *s minr* nefrit
nephritis [neˈfraitis] *s med* nefritis, upala bubrega
nepotism [ˈnepətizm] *s* nepotizam, dijeljenje položaja i milosti vlastitim rođacima i prijateljima
neptunian [nepˈtjuːnjən] *adj geol* neptunski, koji je nastao djelovanjem vode
neptunian [nepˈtjuːnjən] *s geol* zastupnik nazora da je djelovanje vode najviše pridonijelo oblikovanju stijena
nerve [nəːv] *s anat* živac, živčano vlakance; *poet* žila, tetiva; *bot & zool* žilica (lista ili krila kukca); *fig* snaga, hrabrost, odlučnost, hladnokrvnost; *coll* smionost, drskost | **a fit of** ~**s** živčani napadaj; **to get on one's** ~**s** nervirati, jediti, razdraživati; **to strain every** ~ nastojati iz petnih žila, upeti iz petnih žila
nerve [nəːv] *vt* ojačati, osnažiti; podati snage (čemu); ohrabriti | **to** ~ **oneself** prikupiti se, pribrati snage, ohrabriti se
nerve-cell [ˈnəːvsel] *s* živčana stanica
nerve-centre [ˈnəːvˌsentə] *s anat* živčani centar ili čvor, ganglija
nerveless [ˈnəːvlis] *adj* (~**ly** *adv*) *anat* koji nema živaca ili živčanog sistema; *bot* koji nema žilica; koji je bez snage ili odlučnosti; *fig* mlitav, mlohav
nerve-racking [ˈnəːvˌrækiŋ] *adj* koji uzrujava
nervous [ˈnəːvəs] *adj* (~**ly** *adv*) 1. *anat & physiol* živčani, nervni 2. nervozan, razdražljiv, koji ima slabe živce; *fig* plah, plašljiv; uzbudljiv 3. žilav, mišićav; *fig* krepak, snažan
nervousness [ˈnəːvəsnis] *s* nervoznost; plašljivost
nervy [ˈnəːvi] *adj* (**nervily** *adv*) *poet* žilav, snažan, jak, *coll sl* hladnokrvan, siguran; drzak, bezobrazan; *GB sl* nervozan, razdražljiv, rastrojen; *GB sl* koji nepovoljno djeluje na živce, enervantan
nescience [ˈnesiəns] *s* neznanje, nepoznavanje (*of čega*), ignorantstvo; *theol* agnosticizam
nescient [ˈnesiənt] *adj* koji ne zna (*of* što, za što); *theol* agnostički
nescient [ˈnesiənt] *s* neznalica, onaj koji ne zna ili ne poznaje (što); *theol* agnostik
ness [nes] *s* predgorje, rt
nest [nest] *s* 1. gnijezdo (& *fig*) 2. leglo (& *fig*) 3. *fig* sklonište, skrovište 4. serija ili garnitura predmeta koji pristaju jedan u drugi; ormarić s ladicama, mala komoda | **it's an ill bird that fouls its own** ~ ni ptica ne zagađuje vlastito gnijezdo; **to leather one's** ~ napuniti džepove
nest-egg [ˈnesteg] *s* 1. polog (jaje koje se ostavlja u gnijezdu da se kokoš ponuka da u nj dalje nese jaja) 2. bijeli novci zu crne dane, ušteđevina
nestful [ˈnestful] *s* gnijezdo, količina koja stane u gnijezdo
nestle [ˈnesl] *vi/t* **I.** *vi* udobno se smjestiti, ugnijezditi se (*in, into, down* u; *among* među); privijati se, privinuti se, priljubiti se, pripiti se (*to, against* uz koga, što) **II.** *vt* privijati, privinuti, priljubiti; (nježno) nasloniti (*against* uz koga, što)
nestling [ˈnestliŋ] *s ornith* poletarac, golužđravac, (ptić) golac
net [net] *s* mreža (& *fig*), mrežica; (o vezivu) preplet
net [net] *adj* neto, bez odbitka, čist, bez ostatka | ~ **price** neto-cijena, čista cijena; ~ **profit** čista, neto-zarada; ~ **balance** čisti saldo; ~ **proceeds** čisti, neto-utržak; ~ **weight** neto-težina
net [net] *vt/i* **I.** *vt* mrežom hvatati, uhvatiti ili loviti; mrežom opkoliti, ograditi ili opskrbiti; *fig* uhvatiti, postići **II.** *vi* praviti, plesti mrežu; (o vezenju) preplетati | **to** ~ **a river** mrežom hvatati ribe u rijeci

net [net] *vt* zaraditi neto (kao čist dobitak); donijeti čist dobitak (od) | *com* **to ~ the invoice cost** prodati bez gubitka, ali i bez zarade
net-ball ['netbɔːl] *s sport* igra slična košarci; *ten* lopta u mrežu
netful ['netful] *s* mreža; količina koja stane u mrežu
nether ['neðə] *adj* niži, donji | **~ garments** hlače; **~ man (person)** noge; *fig* **~ millstone** tvrdo srce; **~ world (regions)** podzemni svijet, podzemlje, pakao
Netherlander ['neðələndə] *s* Nizozemac, Nizozemka; Holanđanin, Holanđanka
Netherlandish ['neðələndiʃ] *adj* nizozemski, holandski
nethermost ['neðəməust] *adj* najdonji, najniži
net-lace ['netleis] *s* laka mrežasta tkanina, til
netting ['netiŋ] *s* mreža; komad mreže; hvatanje, lovljenje ili ograđivanje mrežom; (o vezivu) prepletanje, preplet
nettle ['netl] *s bot* kopriva | *fig* **to grasp the ~** ščepati bika za rogove, uhvatiti se ukoštac s poteškoćama
nettle ['netl] *vt* opeći koprivom; *(oneself)* opeći se na koprivu; *fig* peći, ljutiti, jediti, razdraživati
nettle-hemp ['netlhemp] *s bot* srba (*Galeopsis tetrahit*)
nettlerash ['netlræʃ] *s med* urtikarija, koprivnjača
nettle-tree ['netltriː] *s bot* koprivić (*Celtis australis*)
network ['netwəːk] *s* mreža; splet
neum(e) [njuːm] *s mus hist* neuma, srednjovjekovni notni znak
neural ['njuərəl] *adj* (**~ly** *adv*) *anat* & *med* nervni, živčani, koji se odnosi na živce ili živčani sistem
neuralgia [njuə'rældʒə] med neuralgija
neuralgic [njuə'rældʒik] *adj* (**~ally** *adv*) *med* neuralgičan
neurasthenia [ˌnjuərəs'θiːniə] *s med* neurastenija, živčana rastrojenost
neurasthenic [ˌnjuərəs'θenik] *adj* (**~ally** *adv*) *med* neurasteničan, koji ima rastrojene živce
neurasthenic [ˌnjuərəs'θenik] *s med* neurastenik, onaj koji ima rastrojene živce
neuritis [njuə'raitis] *s med* neuritis, upala živaca
neurologist [njuə'rɔlədʒist] *s med* neurolog
neurology [njuə'rɔlədʒi] *s med* neurologija
neuropath ['njuərəpæθ] *s med* neuropat, onaj koji ima bolesne živce
neuropathology [ˌnjuərəpə'θɔlədʒi] *s med* neuropatologija, nauka o živčanim bolestima
neuropathy [ˌnjuə'rɔpəθi] *s med* neuropatija, bolest živaca, sklonost neurozi
neurosis [njuə'rəusis] *s med* neuroza; *psych* promjena u živčanim stanicama mozga prije psihičke djelatnosti
neurotic [njuə'rɔtik] *s med* neurotik; sredstvo, droga koja djeluje na živčani sistem (*spec* kao otrov)
neurotic [njuə'rɔtik] *adj* (**~ally** *adv*) *med* neurotičan, živčan, koji se odnosi ili djeluje na živčani sistem; jako nervozan
neuroticism [njuə'rɔtisizm] *s* neurotičnost
neuter ['njuːtə] *adj* 1. *gram* srednjeg roda; (o glagolu) neprelazan 2. *bot* bespolan, koji nema ni pestića ni prašnika 3. *ent* bespolan (*spec* pčela, mrav) 4. neutralan; neopredijeljen; nepristran
neuter ['njuːtə] *s* 1. *gram* imenica, zamjenica ili pridjev srednjeg roda; neprelazni glagol 2. *ent* bespolac (*spec* mrav, pčela); *zool* kastrirana životinja (*spec* mačka) 3. neutralac, onaj koji ne pristaje ni uz jednu stranu
neutral ['njuːtrəl] *s pol* neutralac; neutralna država; *mot* mrtvi hod, »ler«
neutral ['njuːtrəl] *adj* (**~ly** *adv*) neutralan (*spec pol*); nepristran; neopredijeljen, neodređen; *bot* bespolan, aseksualan; *chem* neutralan, koji ne daje ni kiselinsku ni lužinsku reakciju; *el* nenabijen, neutralan; *mot* mrtav, prazan (hod)
neutrality [njuːtræliti] *s* neutralnost, neutralitet; nepristranost, neopredijeljenost, neopredjeljenje
neutralization [ˌnjuːtrəlai'zeiʃn] *s* neutralizacija, neutraliziranost, neutraliziranje; *fig* osujećenje
neutralize ['njuːtrəlaiz] *vt* neutralizirati, učiniti neutralnim; *fig* osujetiti, onemogućiti; poništiti; *chem* neutralizirati
neutron ['njuːtrɔn] *s phys* neutron
never ['nevə] *adv* nikada | **now or ~** sada ili nikada; **well, I ~!** to je nevjerojatno!, tako što još nisam doživio!, tu ti prestaje pamet!, no, čujete!; **~ mind** ništa zato!, nije važno; **~ a** nijedan (uopće); **~ a one** nijedan; **~ so** ma koliko (god), koliko mu drago; **~ fear** bez straha!, ne boj(te) se!, nema straha; **better late than ~** bolje ikada nego nikada; **it is ~ too late to mend** nikada nije prekasno da se što popravi
never-do-well [ˌnevəduː'wel] *s* nevaljalac, nikogović, ništarija, vjetropir, vjetrogonja
never-ending ['nevərˌendiŋ] *adj* beskonačan, beskrajan, kojemu nema nikad kraja, koji nikad ne prestaje
never-failing ['nevəˌfeiliŋ] *adj* siguran, pouzdan
nevermore ['nevə'mɔː] *adv* nikada (više)
never-never ['nevə'nevə] *s* | *GB sl* **on the ~** na otplatu
nevertheless [ˌnevəðə'les] *adv* unatoč tomu, usprkos tomu, ipak

nevertheless [ˌnevəðəˈles] *conj* ipak, međutim
never-to-be-forgotten [ˈnevətəbiːfəˈgɔtn] *adj* nezaboravan
new [njuː] *adj* nov; mlad (vino, krumpir itd.), svjež | **to put on the ~ man** preobraziti se, popraviti se; **the New World** Novi svijet (američko kopno); *astr* **~ moon** mlađ, mladi mjesec; *US pol* **the New Deal** program socijalnih i gospodarskih reformi koje je provodila Rooseveltova vlada od 1932. godine
new [njuː] *adv* (samo u složenicama) novo, nedavno, tek, upravo; nanovo, iznova, ponovo
new-blown [ˈnjuːbləun] *adj* upravo ili tek rascvao, procvao
newborn [ˈnjuːbɔːn] *adj* novorođen, upravo ili tek rođen; preporođen
new-build [ˈnjuːbild] *vt* nanovo sagraditi, pregraditi
new-coined [ˈnjuːkɔind] *adj* novo skovan (*spec* riječ)
newcome [ˈnjuːkʌm] *adj* novodošli, pridošli, koji je nedavno stigao
newcomer [ˈnjuːˌkʌmə] *s* nov došljak, pridošlica; novajlija (*to a subject* u nekom predmetu)
newel [ˈnjuːəl] *s archit* središnji stup zavojitih stuba; stup koji podupire stubišnu ogradu ili rukohvat; prostor oko kojega se penju zavojite stube
new-fangled [ˈnjuːfæŋgld] *adj arch* koji voli novotarije; ultramoderan, novotarski; koji se ravna po novoj modi
new-fashioned [ˌnjuːˈfæʃənd] *adj* nedavno stvoren, koji je po najnovijoj modi
new-form [ˈnjuːfɔːm] *vt* nanovo formirati, preoblikovati
new-found [ˈnjuːfaund] *adj* nedavno pronađen; nanovo otkriven
newish [ˈnjuːiʃ] *adj* prilično nov, dosta nov
new-laid [ˈnjuːleid] *adj* svježe snesen (jaje)
newly [ˈnjuːli] *adv* nedavno, prije kratkog vremena; iznova, nanovo, ponovo; na nov način
newly-weds [ˈnjuːliwedz] *s pl* mladi bračni par, mladenci
new-model [ˈnjuːˌmɔdl] *vt* nanovo oblikovati, preoblikovati, premodelirati
newness [ˈnjuːnis] *s* novost; mladost; svježina
news [njuːz] *s pl* (*sg constr*) vijest, novost; ono što je novo | **no ~ is good ~** zla se vijest i prebrzo sazna; bolje nikakve nego loše vijesti; **to break the ~ to** priopćiti (žalosnu ili neugodnu) vijest (komu)
news-agent [ˈnjuːzˌeidʒənt] *s GB* prodavač novina i časopisa
news-boy [ˈnjuːzbɔi] *s* ulični prodavač novina
newscaster [ˈnjuːzˌkaːstə] *s US* spiker (komentator)
newsdealer [ˈnjuːzˌdiːlə] *s US* → **news-agent**
news-letter [ˈnjuːzˌletə] *s hist* okružnica s dnevnim vijestima koja se tjedno razašiljala pretplatnicima izvan Londona u 17. stoljeću prije uvođenja novina
newsman [ˈnjuːzmən] *s* ulični prodavač novina, kolporter; *US* novinar
newsmonger [ˈnjuːzˌmʌŋgə] *s* onaj koji voli prepričavati novosti; naklapalo, brbljavac
newspaper [ˈnjuːsˌpeipə] *s* novine, list
news-print [ˈnjuːsprint] *s* papir za novine, novinski papir, roto-papir
news-reel [ˈnjuːzriːl] *s* (filmski) žurnal, dnevnik
news-room [ˈnjuːzrum] *s GB* čitaonica (novina i časopisa)
news-sheet [ˈnjuːzʃiːt] *s* bilten, novinske vijesti tiskane na jednom arku
news-stand [ˈnjuːzstænd] *s* kiosk za prodaju novina
newsvendor [ˈnjuːzˌvendə] *s* prodavač novina i časopisa
newsy [ˈnjuːzi] *adj* pun novosti ili naklapanja, brbljav
newsy (newsie) [ˈnjuːzi] *s* onaj koji je pun novosti; brbljavac, naklapalo
newt [njuːt] *s zool* vodenjak, triton
New-Year [ˈnjuːˈjəː] *s* Nova godina, početak nove godine | **~'s Day** Nova godina, blagdan Nove godine; **~'s Eve** Stara godina, Silvestrovo
next [nekst] *prep* tik (do), kraj, neposredno do, tik uz | **~ to nothing** gotovo ništa; **~ to impossible** gotovo nemoguće
next [nekst] *adj* 1. najbliži (komu, čemu; uz koga, što), susjedni, pokrajnji, koji je tik do koga ili čega (*to*) 2. slijedeći, idući, naredni, drugi; prvi (koji slijedi) | **~ door to** u neposrednom susjedstvu, posve blizu (čega); *fig* gotovo; **what ~?** što još?, što bi još?; **to be ~ best** biti drugi (iza najboljeg); *jur* **~ friend** osoba (ne staratelj ili tutor) koja zastupa maloljetnika ili onoga koji zakonski ne može sam nastupiti u nekom pravnom postupku; **I will ask the ~ man** pitat ću prvog prolaznika; **the ~ but one** prvi iza idućeg, drugi (treći)
next [nekst] *s* najbliži (rođak); iduće pismo; slijedeći broj ili primjerak | **the ~ of kin** najbliži rođak; **the ~ to come** slijedeći, idući; **in my ~** u mojem idućem pismu; **in our ~** u našem idućem broju (nastavku, primjerku itd.)
next [nekst] *adv* zatim, tada, onda; najbliže, tik iza prvoga; drugi put, drugom prilikom
next-door [ˈnekstdɔː] *adv* u susjednoj ili najbližoj kući, vrata do vrata; *fig* gotovo (*to*)

nexus ['neksəs] *s fig* veza, povezivanje; serija, skupina, lanac
nib [nib] *s* vrh guščjeg pera; pero (bez držala); šiljak ili vršak (alata); *arch* (ptičji) kljun | **~s** *pl* smrvljeno zrnje kakaa
nib [nib] *vt* naoštriti ili zašiljiti (guščje pero); popraviti (vrh guščjeg pera); staviti pero (u držalo)
nibble ['nibl] *s* 1. griskanje, grickanje; (oprezno) zagrizanje (ribe & *fig*) 2. šaka, pregršt (trave)
nibble ['nibl] *vt/i* **I.** *vt* grickati, grizuckati, griskati; nagristi, odgricnuti **II.** *vi* grickati, griskati (*at*); *fig* poigravati se, očijukati (*at* s čim); *fig* sitničavo prigovarati, zanovijetati (*at* čemu)
niblick ['niblik] *s sport* vrsta palice za golf (s velikom, okruglom, teškom glavom)
nibs [nibz] *s pl (sg constr)* | *sl iron* **His ~** ... njegova milost, njegovo gospodstvo, njegova preuzvišenost; *hum* mladi gospodin
nice [nais] *adj* (**~ly** *adv*) 1. izbirljiv (*about, in* u čemu); točan, savjestan, pedantan, skrupulozan (*in doing*); pažljiv, oprezan 2. težak, škakljiv, složen, zakučast (problem, pitanje itd.) 3. izoštren, istančan, profinjen 4. okretan, vješt, precizan 5. *coll* zgodan, ugodan, privlačan, pristao, lijep, simpatičan, drag, ljubazan, susretljiv (*to* prema komu); *iron* krasan, lijep | **~ and warm** ugodno toplo; **~ and thin** lijepo tanko
nice [nais] *adv* lijepo, ugodno; prilično, dobrano, dovoljno
nice-looking ['naisˌlukiŋ] *adj* pristao, zgodan, lijep, privlačan, ugodne vanjštine
nicely ['naisli] *adv coll* (vrlo) dobro; sjajno, izvrsno (*that will do* **~** to izvrsno pristaje, odgovara; *she is doing* **~** dobro joj je, bolje joj je; lijepo, zgodno, ugodno; ljubazno, susretljivo; ljupko; pažljivo, potanko, točno
niceness ['naisnis] *s* 1. točnost, pedantnost 2. istančanost, izoštrenost, profinjenost; oštrina (suda) 3. teškoća, složenost 4. *coll* ljupkost, dražest; ljubaznost, susretljivost
nicety ['naisti] *s* 1. točnost, preciznost, pedantnost 2. istančanost, profinjenost; oštrina 3. složenost, kompliciranost | **niceties** *pl* sitne razlike ili pojedinosti, sitnice
niche [nitʃ] *s archit* niša, dupka, udubina *fig* prikladno mjesto | **~ in the temple of fame** mjesto među slavnim imenima
niche [nitʃ] *vt* staviti ili smjestiti u nišu; naći nišu (za što); *fig* (*oneself*) udobno se smjestiti, naći sebi prikladan položaj (*in* u čemu)
nick [nik] *s* zarez, urez; laka porezotina; (o kockanju) bacanje | **in the ~ of time** upravo na vrijeme, baš u pravom času
nick [nik] *vt/i* **I.** *vt* 1. zarezati; učiniti rez (u čemu) (*spec* učiniti poprečan rez ispod repa konja, da bi ga više podizao) 2. pogoditi, otkriti, naletjeti na (istinu) 3. *GB coll* ukrasti, ščepati, zdipiti 4. uhvatiti, stići na (vlak); *sl* uhvatiti, ščepati, zgrabiti (tata i sl.) 5. (o hazardnim igrama) dobro baciti **II.** *vi* (*in*) presjeći (put); uskočiti, upasti (u riječ); (o stoci) križati se
Nick [nik] *s* đavao (*obično* **Old Nick**)
nickel ['nikl] *s chem* nikal; *US* (komad kovana novca od) 5 centa
nickel ['nikl] *vt chem* poniklovati
nick-nack ['niknæk] *s* → **knick-knack**
nickname ['nikneim] *s* nadimak; ime od milja
nickname ['nikneim] *vt* nadjenuti nadimak (komu), prozvati, nazivati, nazvati
nicotian [ni'kəuʃiən] *adj* duhanski
nicotian [ni'kəuʃiən] *s* pušač
nicotine ['nikətiːn] *s chem* nikotin
nicotinism ['nikətiːnizm] *s* otrovanje nikotinom
nicotinize ['nikətiːnaiz] *vt* nikotinizirati
nictate ['nikteit] *vt* → **nictitate**
nictitate ['niktiteit] *vt* žmirkati
nicy ['naisi] *s fam* slatkiš, slastica
niddering ['nidəriŋ] *s* kukavica, podlac, nitkov, izdajica
niddering ['nidəriŋ] *adj* kukavičan, podao, nevjeran, izdajnički
nidify ['nidifai] *vi* gnijezditi (se), graditi gnijezdo
nid-nod ['nidnɔd] *vi* neprestano kimati (glavom)
niece ['niːs] *s* nećakinja
nifty ['nifti] *adj US sl* dotjeran, stilski
nifty *s US sl* oštroumna, pametna primjedba
niggard ['nigəd] *s* škrtica, škrtac, tvrdica, pohlepnik
niggard ['nigəd] *adj* škrt, tvrd, pohlepan
niggardliness ['nigədlinis] *s* škrtost, pohlepnost
niggardly ['nigədli] *adj* škrt, tvrd; oskudan
niggardly ['nigədli] *adv* škrto, tvrdo; oskudno
nigger ['nigə] *s* 1. *sl* (obično *derog*) crnac 2. tamnosmeđa boja 3. *US* naziv za razne vrste strojeva koji obavljaju težak rad 4. vrsta vrtne gusjenice | **to work like a ~** raditi kao životinja; *US sl* **~ in the woodpile (fence)** skrivena mana, prikriven nedostatak; *US theat* **~ heaven** galerija
niggerhead ['nigəhəd] *s* → **negro-head**
niggle ['nigl] *vi* gubiti vrijeme (sitnicama), cjepidlačiti, sitničiti (*at, over* oko); gubiti se u nevažnim pojedinostima
niggliness ['niglinis] *s* sitničavost
niggling ['nigliŋ] *adj* sitničav, pedantan, uskogrudan; minuciozan; koji previše za-

lazi u pojedinosti; zgrčen; črčkav (rukopis)
niggly ['nigli] *adj* sitničav
nigh [nai] *prep* blizu, tik kraj, tik uz, do, uz
nigh [nai] *adv arch poet & dial* blizu; gotovo; skoro
nigh [nai] *adj* bliz
night [nait] *s* noć; veče; mrak, tama (& *fig*) | **a dirty ~** olujna ili kišna noć; **to have a good (bad) ~** dobro (loše) spavati ili provesti noć; **to make a ~ of it** proslaviti; probančiti noć; **~ and day** noć i dan, neprestano; *coll* **o' ~s** po noći, noću; **~ by ~** noć na noć, svake noći; **last ~** sinoć; prošle noći
night-attire ['naitə,taiə] *s* odjeća za spavanje, noćna košulja, spavaćica
night-bird ['naitbə:d] *s* noćna ptica (*spec* sova ili slavuj) (& *fig*)
night-blindness ['nait,blaindnis] *s med* niktalopija, noćna sljepoća (očiju koje danju vide dobro)
night-cap ['naitkæp] *s* noćna kapica; *fig* napitak prije spavanja
night-chair ['naittʃɛə] *s* sobni zahod, natkrivena noćna posuda
night-club ['naitklʌb] *s* noćni lokal, noćno zabavište, bar (*GB spec* za članove)
night-dress ['naitdres] *s GB* (ženska ili dječja) noćna košulja, spavaćica
nightfall ['naitfɔ:l] *s* nastup mraka
night-gown ['naitgaun] *s US* (ženska ili dječja) noćna košulja, spavaćica
night-hawk ['naithɔ:k] *s ornith* leganj mračnjak; *fig* noćna ptica, noćni šetač
nightingale ['naitiŋgeil] *s ornith* slavuj
nightjar ['naitdʒa:] *s ornith* leganj mračnjak
night-light ['naitlait] *s* noćno svjetlo (*spec* uz postelju bolesnika)
night-line ['naitlain] *s sport* parangal
night-long ['naitlɔŋ] *adj* koji traje čitavu noć
nightly ['naitli] *adj* svakonoćni; *poet* noćni
nightly ['naitli] *adv* svake noći, noću, po noći
nightmare ['naitmɛə] *s* (noćna) mòra; ružan san; *fig* mòra; užas; *arch* mòra (duh)
nightmarish ['naitmeəriʃ] *adj* koji naliku-je na moru, mučan, užasan
night-rider ['nait,raidə] *s US* član tajne družbe koji noću jaši zamaskiran i počinja nasilna djela radi kažnjavanja ili zastrašivanja
night-school ['naitsku:l] *s* večernja škola, večernji tečajevi
night-season ['nait'si:zən] *s poet* noćno doba
nightshade ['naitʃeid] *s bot* velebilje, beladona
nightshirt ['naitʃə:t] *s* (muška ili dječačka) noćna košulja, spavaćica
night-soil ['naitsɔil] *s GB* fekalije, sadržaj zahodske jame (koji se noću odvozi)
night-stick ['naitstik] *s US* gumena palica, pendrek
night-stool ['naitstu:l] *s* → **night-chair**
night-suit ['naitsju:t] *s* (noćna) pidžama
night-time ['naittaim] s noćno doba, noć
night-walker ['nait,wɔ:kə] *s* mjesečar, somnabulist; *fig* noćna ptica; ulična djevojka
night-watch [,nait'wɔtʃ] *s* noćna straža, noćni stražar; vrijeme noćne straže | *fig* **in the ~** za mučnih (ili budnih) noćnih sati
night-watchman [,nait'wɔtʃmən] *s* noćobdija
nigrescence [nai'gresəns] *s* crnjenje, proces poprimanja crne boje; crnilo, tamno obojenje, garavost (*spec* puti)
nigrescent [nai'gresənt] *adj* koji crni ili postaje crn, koji tamni ili potamnjuje; crnkast, garav
nigritude ['naigritju:d] *s* crnilo, crna ili tamna boja, garavost; *fig* mračnost
nihilism ['naiilizm] *s* nihilizam, nijekanje ustaljenih vjerovanja i tradicija
nihilist ['naiilist] *s* nihilist; onaj koji potpuno niječe sva načela i tradiciju; terorist, anarhist
nihilistic [,naii'listik] *adj* nihilistički
nil [nil] *s GB* ništa; *sport* nula
nill [nil] *vi arch* | **will he ~ he** htio—ne htio
nimble ['nimbl] *adj* (**nimbly** *adv*) brz, okretan, žustar; živ, koji lako shvaća, bistar | **the ~ sixpence** sitan se novac brzo promeće
nimbleness ['nimblnis] *s* okretnost, žustrost
nimble-witted ['nimbl,witid] *adj* dosjetljiv, dovitljiv, pronicav, lukav
nimiety ['nimaiiti] *s* prekomjernost, pretjeranost; izobilje, preobilnost
niminy-piminy [,nimini'pimini] *adj* izvještačen, afektiran, koji se prenemaže; previše kićen, iskićen
nimulus ['nimjuləs] *s bot* vrsta zijevalice (ukrasne biljke iz porodice *Scrophulariaceae*) koja raste osobito u Sjev. Americi
nincompoop ['ninkəmpu:p] *s* glupan, budala; naivčina, šeprtlja
nine [nain] *adj* devet; devetoro | **~ days' wonder** svako čudo za tri dana; *US* **in the ~ holes** u poteškoćama, u neprilici, u škripcu; **to look ~ ways** škiljiti; **~ times out of ten** gotovo uvijek, gotovo bez iznimke, u 90 posto slučajeva
nine [nain] *s* brojka devet, devetica; onaj koji je deveti po redu | **the Nine** devet muza; **to the ~s** do krajnosti, savršeno; **dressed up to the ~s** brižno ili kićeno odjeven, jako dotjeran
ninefold ['nainfəuld] *adj* deveterostruk

ninefold ['nainfəuld] *adv* devet puta, deveterostruko
ninepin ['nainpin] *s* čun | *GB coll sport* **~s** *pl* kuglanje, kuglaški sport; **to play at ~s** kuglati se
nineteen [ˌnain'tiːn] *adj* devetnaest | *GB coll* **to talk ~ to the dozen** neprekidno ili uporno brbljati, klopotati kao vodeničko kolo, govoriti kao mitraljez
nineteen [ˌnain'tiːn] *s* (broj) devetnaest
nineteenth [ˌnain'tiːnθ] *adj* devetnaesti
nineteenth [ˌnain'tiːnθ] *s* devetnaestina, devetnaesti dio
ninetieth ['naintiiθ] *adj* devedeseti
ninetieth ['naintiiθ] *s* devedesetina, devedeseti dio
ninety ['nainti] *adj* devedeset
ninety ['nainti] *s* (broj) devedeset | **the nineties** stupnjevi od 89 do 100 na termometru i sl.; godine od 89. do 100. u pojedinom stoljeću (*spec* devetnaestom)
ninny ['nini] *s* budala, glupan; naivčina, šeprtlja
ninth [nainθ] *adj* deveti | *fig* **~ part of a man** krojač
ninth [nainθ] *s* devetina, deveti dio
ninthly ['nainθli] *adv* deveto, na devetom mjestu
nip[1] [nip] *s* ugriz, ujed, štipanje; uštip; mraz, studen, zima; ozebina; *fig* oštra riječ, jetka primjedba | *US* **~ and tuck** oštra borba (kod utrka)
nip[2] [nip] *s* gutljaj; čašica
nip[1] [nip] *vt/i* **I.** *vt* uštinuti; ugristi, ujesti; odsjeći; podrezati; (o vjetru, mrazu) opaliti, oštetiti, uništiti; (o zimi) ujedati, štipati; *fig* ugušiti, pogasiti; *coll & sl* ukrasti, zdipiti; uhvatiti, ščepati, uhapsiti (lopova) **II.** *vi* štipati; gristi | *lit & fig* **to ~ in the bud** ugušiti u zametku
nip along ['nipə'lɔŋ] *vi GB coll* žuriti se, pohitjeti, požuriti se
nip in ['nip'in] *vi GB coll* zaletjeti se; zalijetati se; ugurati se; upasti, upadati
nip off ['nip'ɔf] *vt GB coll* odjuriti, othrliti, odletjeti, odmagliti
nip on ['nip'ɔn] *vi GB coll* | **~ ahead** pojuriti, odletjeti, zaletjeti se naprijed; izbiti na čelo
nip[2] [nip] *vi/t* popiti (čašicu ili gutljaj), pijuckati, gucnuti, guckati
nipper[1] ['nipə] *s* 1. onaj koji štipa ili grize (*spec* neke vrste riba) 2. *GB sl* dijete, dečkić 3. *zool anat* sjekutić (konja); štipaljka, kliješta, hvataljka (raka i sl.) 5. lisičine, okovi; *coll* cviker | *tech* **~s** *pl* kliješta, štipaljka, hvataljka
nipper[2] ['nipə] *s* gutljaj, gutljajčić; onaj koji pijucka, guckalo
nippiness ['nipinis] *s* okretnost, žustrina; reskost, jetkost
nipping ['nipiŋ] *adj* (**~ly** *adv*) koji štipa, ujeda ili grize; oštar, leden, mrazan
nipple ['nipl] *s* bradavica (*spec* na grudima); *US* duda (na bočici); ispupčina, bradavica (na staklu, kovini itd.); okrugla uzvisina; *mil hist* ispupčina na pušci nabijači kamo se stavlja kapsla
nippy ['nipi] *adj* (**nippily** *adv*) *GB coll* okretan, brz, žustar, hitar; *sl* oštar, rezak, ujedljiv, jedak, podrugljiv; *GB coll* vrlo hladan; *sport* otporan, koji može podnijeti udarac; *Scot* štedljiv, škrt
nippy ['nipi] *s GB sl* konobarica (u restoranima Lyons u Londonu)
nisi ['niːsi, 'naisai] *adj Lat jur* → **decree ~**
nit [nit] *s ent* gnjida (uši); jajašce (parazita)
nit-pick ['nitpik] *vi* kritizirati, cjepidlačiti
nitrate ['naitreit] *s chem* **nitrat (dušikova** sol); čilska salitra
nitrate ['naitreit] *vt chem* pretvoriti u nitrat, spojiti s dušičnom kiselinom ili nitratom
nitre (niter) ['naitə] *s chem* salitra
nitric ['naitrik] *adj chem* **dušikov, nitričan**
nitrify ['naitrifai] *vt chem* (oksidacijom) pretvoriti u salitru, dušikovu sol ili dušičnu **kiselinu, nitrificirati**
nitrite ['naitrait] *s chem* nitrit, sol dušičaste kiseline
nitrogen ['naitridʒən] *s chem* dušik, nitrogen
nitrogenous [nai'trɔdʒinəs] *adj chem* dušični, **nitrogenski**
nitro-glycerine [ˌnaitrəu'glisəriːn] *s chem* nitroglicerin
nitrous ['naitrəs] *adj chem* dušičast, nitrogenski
nitty-gritty ['niti'griti] *s US coll* konkretni (praktični) detalji **(činjenice), bitne** stvari
nitwit ['nitwit] *s sl* neznalica, nesposobnjak, budala, šeprtlja, **bezveznjak**
nix [niks] *interj sl* uzvik kojim se upozorava na dolazak zapovjednika, šefa itd.
nix[1] [niks] *s* vodeni vilenjak
nix[2] [niks] *s sl* ništa
nixie[1] ['niksi] *s* vodena vila
nixie[2] ['niksi] *s US* neizručivo pismo ili pošiljka
no [nəu] *adj* nijedan, nikoji | **~ song ~ supper** tko ne radi, ne treba ni jesti; **there is ~ end** nema kraja; **by ~ means** nipošto, nikako; **~ cards ~ flowers** molimo tihu sućut; **~ doubt** bez sumnje; **~ fear** nema straha, bez straha; **~ wonder** nikakvo čudo; **in ~ time** u tren (oka); *mil sl* **~ bon** ne valja, ne vrijedi, ne ide; **~ man** nitko, nijedan čovjek; osoba koja se uvijek protivi, vječni opozicionar; **~ man's land** ničija zemlja (*spec mil*); **~ meaning** nikakav smisao, besmislica; **~ one** nitko, nijedan; **~ thoroughfare** zabranjen prolaz; **~ went** nipošto, nikako; **~ such ništa takvo**; **~ smoking** pušenje zabranjeno

no [nəu] *adv* (uz *comp*) ništa; nipošto, nikako; (iza *or*) ne | *mil sl* ~ **compree** ne razumijem; **whether or** ~ da ili ne; ~ **sooner .... than** čim (ili tek) ..... već; ~ **less than** barem, najmanje, ništa manje nego; ~ **less for** usprkos; ~ **longer** više ne; ~ **more** ništa više, više ne; niti
no [nəu] *s* ne | *pol* ~**es** *pl* glasači protiv prijedloga; *pol* **the** ~**es have it** većina je protiv (prijedloga)
no-account ['nəuə'kaunt] *adj US* beznačajan, bezvrijedan
Noah's ark ['nəuəza:k] *s zool* mušula, kunjka (vrsta školjke) (*Arca noae*)
nob[1] [nɔb] *s sl* glava
nob [nɔb] *vt sport sl* udariti po glavi (*spec box*)
nob[2] [nɔb] *s GB sl* (otmjen) gospodin
nobble ['nɔbl] *vt GB sl* onesposobiti konja za utrku; podmititi, mititi; prevariti, varati, nasamariti; ukrasti; uhvatiti, ščepati (tata); *parl* nagovoriti, predobiti
nobbler ['nɔblə] *s GB sl* onaj koji onesposobi konja za utrku; varalica
nobby ['nɔbi] *adj* (**nobbily** *adv*) *sl* otmjen, gospodski, elegantan
no-being ['nəu,bi:iŋ] *s* nepostojanje
nobiliary [nəu'biliəri] *adj* aristokratski, plemićki
nobility [nəu'biliti] *s* plemenitost, otmjenost | **the** ~ (visoko) plemstvo, plemići, aristokrati
noble ['nəubl] *adj* (**nobly** *adv*) 1. otmjen, plemenit, uzvišen; visoka roda; *fig* plemenit, otmjen; uzvišen, uznosit; velikodušan 2. sjajan, krasan, veličajan; izvrstan; bogato iskićen (*with* čim) 3. (o kovinama) vrijedan, plemenit
noble ['nəubl] *s* 1. plemić, aristokrat; *hist* velikaš 2. *hist* zlatan novac iz vremena vladanja Eduarda III (vrijedan oko 40 penija)
nobleman ['nəublmən] *s* (*pl* **noblemen** ['nəublmən]) (visoki) plemić, aristokrat; *hist* velikaš
noble-minded [,nəubl'maindid] *adj* plemenit, velikodušan; otmjen
nobleness ['nəublnis] *s* plemenitost, otmjenost (roda); *fig* velikodušnost; plemenitost, dostojanstvo
noblesse [nəu'bles] *s* plemstvo, aristokracija (*spec* strane zemlje); velikaši
noblewoman ['nəubl,wumən] *s* plemkinja, aristokratkinja; *hist* velikašica
nobody ['nəubədi] *s* nitko; nikogović, beznačajnik, nula | **everybody's business is** ~**'s business** odgovornost se ne može dijeliti, mnogo ljudi — mala odgovornost
nock[1] [nɔk] *s* zarez na luku (u kojoj je učvršćena tetiva); zarezani kraj strelice koji se natakne na tetivu
nock [nɔk] *vt* načiniti zarez (na vrhovima luka ili na kraju strelice); zataknuti (strelicu za tetivu)
nock[2] [nɔk] *s mar* prednji gornji kut jedra
noctambulant [nɔk'tæmbjulənt] *adj* somnambulan, onaj koji luta noću ili u snu
nocturnal [nɔk'tə:nl] *adj* (~**ly** *adv*) noćni
nocturne ['nɔktə:n] *s mus* nokturno; *arts* noćni prizor; *eccl* večernjica, blagoslov
nocuous ['nɔkjuəs] *adj* škodljiv, štetan; otrovan
nod [nɔd] *s* kimanje (glavom); drijemanje | **Land of Nod** san, snovi, zemlja snova; **on the** ~ na vjeresiju, na kredit
nod [nɔd] *vi/t* **I.** *vi* 1. (glavom) kimati, kimnuti; zadrijemati 2. *fig* biti nepažljiv; drijemati, spavati; pogriješiti 3. (o predmetima) naginjati se, njihati se, klimati, poskakivati, lepršati **II.** *vt* (glavom) kimnuti ili potvrditi
nodal ['nəudl] *adj* (~**ly** *adv*) čvorast, čvornat, koji se odnosi na čvor ili čvorište
noddle ['nɔdl] *s coll* glava, tikva
noodle ['nɔdl] *vt* kimati, kimnuti, klimati (glavom)
noddy ['nɔdi] *s* glupan, budala, šeprtlja; *ornith* bluna (*Anous stolidus*)
node [nəud] *s bot* čvor, čvoruga, kvrga, koljence; *med* čvor (u mišiću i dr.); *astr & math* presjecište; *phys* uporište (tijela koje titra)
nodose [nə'dəus] *adj bot* čvorast, čvornat, kvrgav
nodular ['nɔdjulə] *adj* čvorast, čvorugav, kvrgav, kvržičast, grudičast
nodule ['nɔdju:l] *s geol* gruda, grudica, kvržica; *bot* čvor, čvorić, kvrga
nodulous ['nɔdjuləs] *adj* → **nodular**
noetic [nəu'etik] *adj* (~**ally** *adv*) umni, mozgovan, razumski, intelektualan, duševni, spoznajni, noetički
noetics [nəu'etiks] *s pl* noetika, nauka o mišljenju ili spoznaji
nog[1] [nɔg] *s* (drveni) klin; *archit* (drvena) priječnica, greda; panj, kvrga, čvoruga
nog [nɔg] *vt* pričvrstiti klinom; uokviriti ili poduprijeti gredama
nog[2] [nɔg] *s GB* vrsta jakog piva; vrčić, malen krčag
noggin ['nɔgin] *s* 1. drvena posudica, drven vrčić 2. mjera za tekućinu (0,142 l) 3. *sl* glava
nogging ['nɔgiŋ] *s archit* slaganje opeke i sl. u okvir od greda, čatmara
nohow ['nəuhau] *adv vulg* nikako, nipošto; beznačajno | **to feel** ~ slabo se osjećati; **to look** ~ loše (nikako) izgledati
noil [nɔil] *s* iščešljano kratko vuneno i dr. vlakno
noise [nɔiz] *s* buka, galama; štropot; šum; *arch* glasina, govorkanje | **to make a** ~ bučati, galamiti; *fig* mnogo se tužiti ili prigovarati (*about* zbog); *fig* pobuditi veliku pažnju, uzvitlati prašinu; *US coll* **a big** ~ važna osoba, velika ličnost, velika zvjerka; ~ **improvement** nepometnjivost (u obavijesnoj teoriji)

noise [nɔiz] *vt/i* **I.** *vt* razglasiti, razbubnjati **II.** *vi* bučiti, galamiti, vikati
noise-cancelling [ˈnɔizˌkænsəliŋ] *adj tech* koji uklanja (isključuje) buku
noiseless [ˈnɔizlis] *adj* (**~ly** *adv*) tih, nečujan, bešuman, koji ne buči ili ne štropoće
noiselessness [ˈnɔizlisnis] *s* bešumnost, nečujnost
noisiness [ˈnɔizinis] *s* bučnost; štropot; galama
noisome [ˈnɔisəm] *adj* (**~ly** *adv*) štetan, škodljiv, nezdrav; smradan, koji zaudara; odvratan, ogavan
noisy [ˈnɔizi] *adj* (**noisily** *adv*) bučan, glasan, galamljiv, štropotljiv; *fig* kričav, napadan, upadljiv, živ, žestok (boja, odjeća i dr.)
nomad [ˈnəumæd] *s* nomad, skitalac, selilac; lutalica
nomad [ˈnəumæd] *adj* nomadski, selilački; *fig* nepostojan, nestalan, skitalački
nomade [ˈnəumeid] *s* & *adj* → **nomad**
nomadic [nəuˈmædik] *adj* (**~ally** *adv*) nomadski, selilački; skitalački; *fig* nepostojan, nestalan, skitalački
nomadize [ˈnəumədaiz] *vi* seliti se, skitati se, lutati, živjeti kao nomad
no-man's-land [ˈnəumænzlænd] *s* ničija zemlja (*spec mil*)
nomenclature [nəuˈmenklətʃə] *s* nomenklatura, terminologija, nazivlje; *arch* popis, katalog
nomic [ˈnəumik] *adj* uobičajen, običan
nominal [ˈnɔminl] *adj* (**~ly** *adv*) 1. koji se odnosi na ime, imenski 2. *gram* imenični 3. koji sadržava imena 4. nominalan, koji postoji samo po imenu; neznatan, beznačajan | **~ capital** temeljna glavnica
nominate [ˈnɔmineit] *vt* 1. imenovati, predložiti, postaviti (*for* za) 2. zvati imenom, naznačiti
nomination [ˌnɔmiˈneiʃn] *s* imenovanje; predlaganje (za kandidata); *sport* predbilježba imena konja za utrku; *pol* pravo predlaganja za službu | **to be in ~** biti postavljen ili imenovan za kandidata
nominative [ˈnɔminətiv] *adj* (**~ly** *adv*) imenovan; *gram* nominativni, koji se odnosi na prvi padež
nominative [ˈnɔminətiv] *s gram* nominativ, prvi padež; riječ u nominativu; (glagolski) subjekt
nominator [ˈnɔmineitə] *s* onaj koji imenuje
nominee [ˌnɔmiˈniː] *s* onaj koji je imenovan ili predložen, kandidat
non-abstainer [ˌnɔnəbˈsteinə] *s* neapstinent, netrezvenjak
non-acceptance [ˌnɔnəkˈseptəns] *s* neprihvat, neprihvaćanje, uskrata prihvata
nonage [ˈnəunidʒ] *s* maloljetnost; *fig* nedozrelost, nezrelost
nonagenarian [ˌnəunədʒiˈnɛəriən] *adj* devedesetogodišnji, koji je u devedesetim godinama
nonagenarian [ˌnəunədʒiˈnɛəriən] *s* devedesetogodišnjak, onaj koji je u devedesetim godinama
non-aggression [ˌnɔnəˈgreʃn] *s* nenapadanje
non-aligned [ˌnɔnəˈlaind] *adj pol* nesvrstan, izvanblokovski
non-alignment [ˌnɔnəˈlainmənt] *s pol* nesvrstanost, nevezivanje za blokove
non-appearance [ˌnɔnəˈpiərəns] *s* izostanak, nedolazak, nedolaženje, izbivanje
nonary [ˈnəunəri] *adj math* kojemu je temelj broj devet
non-attendance [ˌnɔnəˈtendəns] *s* neprisustvovanje, neprisutnost, izbivanje, izostanak, nedolazak
nonce [nɔns] *s* | **for the ~** (samo) zasada, za ovaj put, samo za ovaj slučaj
nonce-word [ˈnɔnswəːd] *s* kovanica za jednu prigodu, prigodna riječ, hapakslegomenon
nonchalance [ˈnɔnʃələns] *s* nemar, nehaj, ravnodušnost, nonšalansa
nonchalant [ˈnɔnʃələnt] *adj* (**~ly** *adv*) nehajan, nemaran, ravnodušan, nonšalantan
non-collegiate [ˌnɔnkəˈliːdʒiit] *adj univ* koji ne pripada nekom određenom koledžu (*spec* Oxford, Cambridge)
non-combatant [ˌnɔnˈkɔmbətənt] *s* neborac; civil
non-commissioned [ˌnɔnkəˈmiʃənd] *adj* koji nema oficirskog dekreta | **~ officer** podoficir
non-committal [ˌnɔnkəˈmitl] *adj* koji ništa ne odaje, neobvezatan; suzdržljiv, neodređen
non-compliance [ˌnɔnkəmˈplaiəns] *s* neispunjenje, neizvršenje; nepokoravanje
non-conductor [ˈnɔnkənˌdʌktə] *s el* izolator, loš vodič
nonconformist [ˌnɔnkənˈfɔːmist] *s* nekonformist; *GB eccl* konformist, otpadnik, onaj koji se ne slaže s učenjem (*spec* engleske) Crkve
nonconformity [ˌnɔnkənˈfɔːmiti] *s* nekonformizam; *GB eccl* nonkonformizam, neslaganje s učenjem (*spec* engleske) Crkve; nonkonformisti, otpadnici
non-delivery [ˌnɔndiˈlivəri] *s* neizručivost, neuručenje (pisma i sl.)
non-denominational [ˈnɔndiˌnɔmiˈneiʃənl] *adj* nekonfesionalan; nevezan za određenu vjeroispovijest
nondescript [ˈnɔndiskript] *adj* koji se teško može opisati ili odrediti, neodređen
nondescript [ˈnɔndiskript] *s* onaj koji (ono što) se teško može opisati ili odrediti
none [nəun] *s arch* dio dana od tri do šest sati poslije podne | **~s** *pl* deveti dan prije Ida (7. ožujka, svibnja, srpnja i

listopada, te 5. dan u ostalim mjesecima); *eccl* podnevna služba božja
none [nʌn] *s* nijedan, nitko, ništa
none [nʌn] *pron* (*sg & pl constr*) nitko, nijedan; ništa | **~ other than the general himself** sam general, general osobno; **~ more so** nitko više; **~ but fools believe** samo budale vjeruju; **we ~ of us** nijedan od nas
none [nʌn] *adj arch* nijedan; nikakav; nikoji
none [nʌn] *adv* nikako, nipošto; ništa | **~ the less** ipak, usprkos (tomu); **I am ~ the better for seeing you** nije mi ništa bolje (nemam ništa od toga) što vas vidim; **~ so high** nipošto tako visok(o); **~ too high** nipošto previsok(o); **~ too well** ne baš dobro, tako-tako; **~ too soon** gotovo prekasno, nipošto prerano
nonentity [nɔn'entiti] *s* nepostojanje; ono što ne postoji, ono što je umišljeno; *fig* beznačajnik, nula
non-essential [ˌnɔni'senʃəl] *adj* nebitan, nevažan, koji nije bitno važan
non-essentiality ['nɔniˌsenʃi'æliti] *s* nebitnost
non-existence [ˌnɔnig'zistəns] *s* nepostojanje
non-existent [ˌnɔnig'zistənt] *adj* nepostojeći
nonpareil ['nɔnpərəl] *adj* neprispodobiv, jedinstven, komu nema premca
nonpareil ['nɔnpərəl] *s* 1. naziv za razne odlične vrste voća 2. *print* nonparel (vrlo sitna slova)
nonplus [ˌnɔn'plʌs] *s* neprilika, smetenost; škripac | **at a ~** u neprilici
nonplus [ˌnɔn'plʌs] *vt* staviti (dovesti) u nepriliku (zabunu), smesti; stjerati u škripac
non-profit making ['nɔnprɔfit'meikiŋ] *adj* koji ne radi za dobit, nekomercijalan
non-resident [ˌnɔn'rezidənt] *adj eccl* koji ne stanuje u zgradi ili mjestu službe; odsutan
non-resident [ˌnɔn'rezidənt] *s* onaj koji samo privremeno stanuje u nekom mjestu; onaj koji stanuje negdje drugdje
nonsense ['nɔnsəns] *s* besmislica, glupost, budalaština, nesmisao
nonsensical [nɔn'sensikl] *adj* (**~ly** *adv*) besmislen, budalast
non-smoker ['nɔn'sməukə] *s* nepušač
non-smoking ['nɔn'sməukiŋ] *s rly* odio i sl. za nepušače
non-stop [ˌnɔn'stɔp] *adj rly & aero* direktan, koji ne staje; neprekidan, bez stanke, koji ne prestaje
non-stop [ˌnɔn'stɔp] *s rly* direktan vlak, vlak koji ne staje
nonsuch (nonesuch) ['nʌnsʌtʃ] *s* uzor, onaj kojemu (ono čemu) nema premca; *bot* vrsta djeteline lucerne; vrsta jabuka
nonsuit ['nɔn'sjuːt] *s jur* zabačenje tužbe
nonsuit [ˌnɔn'sjuːt] *vt jur* prisiliti na obustavu, zabačenje tužbe ili postupka
non-U ['nɔn'juː] *adj GB coll* neuglađen, neotmjen, tipičan za niže slojeve
noodle[1] ['nuːdl] *s* glupan, budala, tupoglavac, tikvan, šeprtlja
noodle[2] ['nuːdl] *s* rezanac (od tijesta) | **~s** *pl* tjestenina
nook [nuk] *s* kut, kutić, ugao, skrovište
noon [nuːn] s podne; *poet* ponoć; *fig* vrhunac, zenit
noonday ['nuːndei] *s* podne; *fig* vrhunac, zenit
noontide ['nuːntaid] *s* podne; *fig* vrhunac, zenit
noose [nuːs] *s* petlja, zamka, omča; *fig* bračni okovi | *fig* **to put one's neck into the ~** staviti glavu na panj
noose [nuːs] *vt* uhvatiti u zamku (& *fig*) loviti zamkom; praviti omču (*in* u); položiti ili staviti omču (*over, round* preko, oko)
nope [nəup] *adv US coll* ne
nor [nɔː] *adv* ni(ti)
nor [nɔː] *conj* ni(ti) | **neither ... ~ ...** niti ... niti ...
Nordic ['nɔːdik] *adj* nordijski; sjevernjački
Nordic ['nɔːdik] *s* Nordijac, Nordijka; sjevernjak, sjevernjakinja
norland ['nɔːlənd] *s* sjeverna zemlja, sjeverno područje, sjeverni predjel
norm [nɔːm] *s* norma, pravilo, mjerilo, obrazac
normal ['nɔːml] *adj* (**~ly** *adv*) prirodan, naravan, normalan, redovit, pravilan, uobičajen, običan; *geom* okomit | *arch* **~ school** preparandija, učiteljska škola, pedagoška škola
normal ['nɔːml] *s* normala, redovito ili obično stanje, prosjek; *geom* okomica
normalcy ['nɔːməlsi] *s* normalnost, sređenost, normalno stanje
normality [nɔː'mæliti] *s* normalnost, prirodnost, redovitost, uobičajenost, pravilnost
normalization [ˌnɔːməlai'zeiʃn] *s* normaliziranje, normalizacija
normalize ['nɔːməlaiz] *vt* normalizirati
normally ['nɔːməli] *adv* obično, redovno, normalno, prirodno, naravno
Norman ['nɔːmən] *s* Norman, Normanka, stanovnik Normandije
Norman ['nɔːmən] *adj* normanski | **~ French** francuski jezik kojim su govorili Normani (a koji se kasnije upotrebljavao u engleskim sudovima; **~ English** engleski jezik s primjesom normanskog
Norse [nɔːs] *s* norveški jezik | **Old ~** staronorveški jezik (kojim se govorilo do 14. stoljeća); **the ~** *pl* Norvežani
Norse [nɔːs] *adj* norveški
Norseman ['nɔːsmən] *s* Norvežanin
north [nɔːθ] *adv* sjeverno, na sjever(u) | **~ by east** sjeveroistočno; **~ of** sjeverno

od, na sjeveru (čega); **due ~** točno prema sjeveru, sjeverno od (čega); **lies ~ and south** leži u smjeru sjever-jug; **he is too far ~ for me** on je lukaviji (spretniji) od mene
north [nɔːθ] *s* 1. sjever; sjeverni dio zemlje; sjeverna Engleska; sjeverne države SAD 2. sjevernjak, sjeverni vjetar, bura
north [nɔːθ] *adj* sjeverni; *sl* prepreden, lukav, dovitljiv
north-east [ˌnɔːθˈiːst] *adv* sjeveroistočno, na sjeveroistok(u) (*of* od)
north-east [ˌnɔθˈiːst] *adj* sjeveroistočni
north-east [ˌnɔːθˈiːst] *s* sjeveroistok, sjeveroistočni predjel
north-easter [ˌnɔːθˈiːstə] *s* sjeveroistočnjak, bura
north-easterly [ˌnɔːθˈiːstəli] *adj* sjeveroistočni
north-easterly [ˌnɔːθˈiːstəli] *adv* sjeveroistočno, prema sjeveroistoku, na sjeveroistok(u)
north-eastern [ˌnɔːθˈiːstən] *adj* sjeveroistočni
north-eastward [ˌnɔːθˈiːstwəd] *adj* sjeveroistočno, prema sjeveroistoku, na sjeveroistok(u)
norther [ˈnɔːðə] *s US* vrlo hladan, jak sjeverni vjetar (koji jeseni i zimi puše nad Teksasom, Floridom i Meksičkim zaljevom)
northerly [ˈnɔːðəli] *adj* sjeverni
northerly [ˈnɔːðəli] *adv* sjeverno, prema sjeveru, na sjever(u); sa sjevera
northern [ˈnɔːðən] *adj* sjeverni; sjevernjački
northern [ˈnɔːðən] *s* → **northerner**
northerner [ˈnɔːðənə] *s* sjevernjak(inja), stanovnik sjevernih država SAD
northernmost [ˈnɔːðənməust] *adj* najsjeverniji
northing [ˈnɔːθiŋ] *s mar* napredovanje ili odmicanje na sjever; put ili udaljenost prema sjeveru
north-north-east [ˌnɔːθnɔːθˈiːst] *adj* sjevero-sjeveroistočno
north-north-east [ˌnɔːθnɔːθˈiːst] *s* sjever-sjeveroistok
north-north-east [ˌnɔːθnɔːθˈiːst] *adj* sjevero-sjeveroistočni
north-north-west [ˌnɔːθnɔːθˈwest] *adv* sjevero-sjeverozapadno
north-north-west [ˌnɔːθnɔːθˈwest] *adj* sje-sjeverozapad
north-north-west [ˌnɔːθnɔːθˈwest] *adj* sjevero-sjeverozapadni
north-polar [ˌnɔːθˈpəulə] *adj* arktički, koji se odnosi na Sjeverni pol
Northumbrian [nɔːˈθʌmbriən] *adj* koji se odnosi na pokrajinu Northumberland; *hist* koji se odnosi na pokrajinu Northumbriju (sjeverno od rijeke Humber u Engleskoj)
Northumbrian [nɔːˈθʌmbriən] *s* stanovnik (ili narječje) pokrajine Northumberland; *hist* stanovnik (ili narječje) pokrajine Northumbrije (sjeverno od rijeke Humber u Engleskoj)
northward [ˈnɔːθwəd] *adv* sjeverno, prema sjeveru, na sjever
northward [ˈnɔːθwəd] *s* sjeverni smjer ili predjel
northward [ˈnɔːθwəd] *adj* sjeverni, koji leži na sjeveru ili prema sjeveru
northwardly [ˈnɔːθwədli] *adv* sjeverno, prema sjeveru, na sjever
northwards [ˈnɔːθwədz] *adv* prema sjeveru, na sjever, sjeverno
northwards [ˈnɔːθwədz] *s* sjeverni smjer ili predjel
north-west [ˌnɔːθˈwest] *adv* sjeverozapadno, na sjeverozapad(u) (*of* od)
north-west [ˌnɔːθˈwest] *s* sjeverozapad
north-west [ˌnɔːθˈwest] *adj* sjeverozapadni
north-wester [ˌnɔːθˈwestə] *s* sjeverozapadnjak, sjeverozapadni vjetar
north-westerly [ˌnɔːθˈwestəli] *adj* sjeverozapadni
north-westerly [ˌnɔːθˈwestəli] *adv* sjeverozapadno, na sjeverozapadu, prema sjeverozapadu
north-western [ˌnɔːθˈwestən] *adj* sjeverozapadni
north-western [ˌnɔːθˈwestən] *adv* sjeverozapadno, na sjeverozapad(u), prema sjeverozapadu
north-westward [ˌnɔːθˈwestwəd] *adj* sjeverozapadni, koji leži na (ili prema) sjeverozapadu
north-westward [ˌnɔːθˈwestwəd] *adv* na sjeverozapad(u), prema sjeverozapadu, sjeverozapadno
north-westwardly [ˌnɔːθˈwestwədli] *adj* sjeverozapadni, koji leži na (ili prema) sjeverozapadu
north-westwardly [ˌnɔːθˈwestwədli] *adv* prema sjeverozapadu, na sjeverozapad, sjeverozapadno
Norwegian [nɔːˈwiːdʒən] *adj* norveški
Norwegian [nɔːˈwiːdʒən] *s* Norvežanin, Norvežanka; norveški jezik
no-school [ˈnəuskuːl] *adj* koji ne pripada nijednoj školi
nose [nəuz] *s* 1. nos; *fig* njuh 2. miris (sijena, čaja) 3. otvor (cijevi i dr.); prednji dio (broda i dr.); vršak, vrh 4. *sl* uhoda, njuškalo, douškivač | **parson's ~** biškup, mitra, trtica (kod peradi); **~ of wax** mekušac; osoba na koju se lako može utjecati; **to make long ~** pokazati dugi nos; **to keep one's ~ to the grindstone** naporno raditi, grbiti se nad poslom; **as plain as the ~ in your face** jasno kao na dlanu, jasno kao sunce; **to count (tell) ~s** brojiti osobe (*spec* pristaše); **to follow one's ~** ići za nosom; voditi se instinktom; *fig* **to poke (thrust) one's ~ into**

gurati nos u (što), uplitati se u (što); **to turn up one's ~ at** prezirati (koga), iskazivati prezir prema (komu); **to cut off one's ~ to spite one's face** u srdžbi (ili iz zlobe) naškoditi vlastitom interesu; **to put a p's ~ out of joint** izigrati koga (kod koga); osujetiti čije osnove; **to bite (snap) one's ~ off** riječima napasti, oštro razgovarati; **to pay through the ~** skupo (masno) platiti; **to speak through one's ~** govoriti kroz nos; **to lead by the ~** povući za nos, nasamariti; **under one's (very) ~** pred (samim) nosom, pred očima

nose [nəuz] *vt/i* **I.** *vt* njušiti, njuškati; onjuškivati; nosom dodirnuti; *fig* otkriti, pronaći, iznjušiti **II.** *vi* 1. njušiti, njuškati (*at, about* po čemu, naokolo po čemu), ponjušiti; tražiti (*after, for*); *fig* gurati nos (*into* u što), uplitati se, miješati se (*into* u što) 2. polako sebi probijati put, oprezno napredovati | **to ~ one's way** oprezno probijati sebi put; **to ~ about the room** njuškati po prostoriji

nose out ['nəuz'aut] *vt fig* iznjušiti, pronaći, iznaći, otkriti

nose over ['nəuz'əuvə] *vi aero* pasti (prevrnuti se) na nos

nose-bag ['nəuzbæg] *s* zobnica

nose-dive ['nəuzdaiv] *s aero* pikiranje, obrušavanje

nose-dive ['nəuzdaiv] *vi aero* pikirati, obrušavati se

nosegay ['nəuzgei] *s* kita cvijeća, rukovet

noser ['nəuzə] *s* 1. udarac po nosu, pad na nos 2. jak vjetar u lice

nose-rag ['nəuzræg] *s sl* (džepni) rupčić, maramica

nose-warmer ['nəuz͵wɔːmə] *s sl* kratka lula

nosey ['nəuzi] *adj* dugonos, nosat, koji ima dugačak nos; koji zaudara, smrdljiv, smradan; *sl* znatiželjan | *GB coll* **~ Parker** znatiželjna baba, njuškalo

nosh [nɔʃ] *s GB sl* »njupa«, »klopa«

nosing ['nəuziŋ] *s* obao brid, zaobljen rub (stepenice i sl.); metalni zaštitni rubni okov (stepenice i sl.)

nosography [nɔ'sɔgrəfi] *s* opis ili klasifikacija bolesti

nosology [nɔ'sɔlədʒi] *s* nauka o bolestima

nostalgia [nɔs'tældʒiə] *s* čežnja za domom ili domovinom, nostalgija, sjeta

nostalgic [nɔs'tældʒik] *adj* (**~ally** *adv*) koji čezne za domom ili domovinom, nostalgičan, čeznutljiv, sjetan

nostril ['nɔstril] *s* nosnica

nostrum ['nɔstrəm] *s* nadrilijek, patentni lijek (*fig & pol*)

nosy ['nəuzi] *adj* → **nosey**

nosy ['nəuzi] *s* nosonja, nosan, nosko, dugonosi (*spec* vojvoda od Wellingtona); *sl* njuškalo, znatiželjnik

not [nɔt] *adv* ne | *sl* **~ half** nemalo, i te kako; **more often than ~** ponajčešće, ponajviše; **~ at all** nipošto, nikako; **~ that** ne da (bi); **~ yet** još ne

notability [͵nəutə'biliti] *s* ličnot, odličnik, ugledna osoba; značajnost, odlika, istaknuta osobina; ono što je vrijedno da se vidi; (o ženama) kućanska vještina

notable ['nəutəbl] *adj* (**notably** *adv*) značajan, istaknut, ugledan, odličan; upadljiv, napadan; *chem* zamjetljiv; (o ženama) vrijedna, kućevna

notable ['nəutəbl] *s* odličnik, ugledna osoba

notarial [nəu'tɛəriəl] *adj* (**~ly** *adv*) bilježnički; koji je ovjerio bilježnik

notary ['nəutəri] *s* (javni) bilježnik, notar

notation [nəu'teiʃn] *s* označivanje, obilježavanje, bilježenje, notacija

notch [nɔtʃ] *s* 1. zarez, urez, rovaš; *US fig* stepenica 2. tjesnac, klanac, gudura, klisura

notch [nɔtʃ] *vt* zarezati; urezati, usjeći (rez u što), načiniti rez (*into* u čemu); *archit* učvrstiti (umetnuti) stepenice u zareze

notchy ['nɔtʃi] *adj* zarezan, usječen; koji ima zareze

note [nəut] *s* 1. *mus* nota; tipka 2. klik, zov, pjev (ptice) 3. *fig* ton, nota, prizvuk 4. oznaka, značajka, odlika, obilježje; *fig* biljeg, žig 5. znak (npr. *~ of exclamation*) 6. značenje, ugled (*a family of ~*) 7. pažnja (*worthy of ~*) 8. bilješka, pribilješka, zapisak; opaska 9. pisamce, poruka; račun 10. *pol* (diplomatska) nota, pismena predstavka 11. *com* obveznica (*spec: ~ of hand*) 12. *GB* novčanica, banknota | **bank-~** novčanica, banknota; **person of ~** ugledna, značajna ili slavna osoba; **to speak without ~s** govoriti slobodno, bez bilježaka; **to take ~s of (about)** zapisati, pribilježiti (što); **to give a p ~ of** obavijestiti koga, saopćiti komu (što); **to take ~ of** obraćati pažnju na (koga što)

note [nəut] *vt* 1. zapisati, zabilježiti, pribilježiti (*down*); obilježiti, popratiti bilješkama 2. opaziti, primiti do znanja; obratiti pažnju (čemu); napose spomenuti, primijetiti; *mus* notama zabilježiti ili označiti, ukajditi; *com* protestirati, prosvjedovati (*to ~ a bill*)

note-book ['nəutbuk] *s* bilježnica, notes

noted ['nəutid] *adj* poznat, slavan, glasovit; zloglasan, ozloglašen, na zlu glasu (*for* zbog, s)

notedly ['nəutidli] *adv* izričito; očito; osobito

notedness ['nəutidnis] *s* glasovitost

note-forger ['nəut͵fɔːdʒə] *s* krivotvoritelj novčanica

note-issue ['nəut͵isjuː] *s* izdanje novčanica

note-paper ['nəut͵peipə] *s GB* listovni papir (*spec* za privatna pisma)

noteshaver ['nəut͵ʃeivə] *s US sl* lihvar, gulikoža, izrabljivač

noteworthy ['nəut,wəːði] *adj* (**noteworthily** *adv*) spomena vrijedan, vrijedan pažnje, značajan

nothing ['nʌθiŋ] *s* (samo *sg*) 1. ništa; *math* ništica, nula; *fig* ono što ne postoji 2. nula, beznačajna osoba, nitko i ništa | **~s** *pl* beznačajnosti, trice, nevažne primjedbe ili događaji; *sl* **~ doing** tu se ne da ništa učiniti, nema pomoći, ne ide; **~ venture ~ have** smionom se sreća smije; tko ne stavlja na kocku, ne može očekivati uspjeh; tko riskira profitira; **for ~** nizašto, uzalud; zabadava, bez naplate; **~ like leather** svaki cigo svoga konja hvali, košulja je bliža od kaputa; **neck or ~** sve ili ništa; *adj* slijep, očajan; **to dance on ~** biti vješan, biti obješen; **to fade away to ~** postepeno se gubiti, nestajati, iščeznuti; **no ~** baš ništa, uopće ništa; **~ else than** ništa drugo nego (osim), samo, jedino; **~ but** samo, ništa osim; **that is ~ to you** to se tebe ništa ne tiče; to tebi ništa ne znači; **to make ~ of doing** učiniti lako, učiniti bez daljnjega; **he can make ~ of** on ne može razumjeti ili shvatiti; on ne zna iskoristiti; **to come to ~** propasti, ne uspjeti; **to have ~ to do with** nemati posla s (kim, čim), ne biti ni u **kakvoj vezi** s (kim, čim); **all to ~** sasvim, u najvećoj mjeri; **the little ~s of life** životne sitnice; **there is ~ for it but to leave** nema druge nego otputovati

nothing ['nʌθiŋ] *adv* ništa, nimalo, nipošto, nikako; *interj coll* ni govora

nothingness ['nʌθiŋnis] *s* ništa; ništetnost, ništavilo; beznačajnost, nevažnost, trice, beskorisnost

notice ['nəutis] *s* 1. obavijest, saopćenje, vijest, poruka; upozorenje, opomena; oglas, objava 2. otkaz 3. pažnja, pozornost, zamjećivanje, osvrtanje, marenje, znanje 4. bilješka, člančić (u novinama) | **to give ~** obavijestiti, upozoriti; **to have ~** doznati, biti obaviješten; **at short ~** odmah, u kratkom roku; **~ to quit** otkaz; **till further ~** do dalje obavijesti; **to come into ~** izazvati pažnju, razglasiti se; **to take no ~ of something** ne obazirati se na što, ignorirati što; **obituary ~** osmrtnica, obavijest o smrti; **to give a servant ~** otkazati sluzi; *mar* **~ of readiness** pismo spremnosti

notice ['nəutis] *vt* 1. primijetiti, spomenuti, napomenuti; *GB* (knjigu) oglasiti, najaviti 2. opaziti, zamijetiti 3. osvrtati se (na koga, što), ukazivati pažnju (komu), poštovati, priznavati 4. otkazati komu

noticeable ['nəutisəbl] *adj* (**noticeably** *adv*) zamjetljiv, znatan, priličan, vidljiv

noticeableness ['nəutisəblnis] *s* zamjetljivost, znatnost

notice-board ['nəutisbɔːd] *s GB* oglasna ploča

notifiable ['nəutifaiəbl] *adj* (o bolestima) što treba prijaviti (vlastima)

notification [,nəutifi'keiʃn] *s* obavijest, objava, najava, proglas, objavljivanje, upozorenje; prijava (bolesti)

notify ['nəutifai] *vt* objaviti, oglasiti, najaviti, prijaviti (što); obavijestiti, upozoriti (koga) (*of* o čemu, *that* da); *com* avizirati

notion ['nəuʃn] *s* 1. pojam; predodžba (*of* o komu, čemu); ideja, zamisao; namjera (*of doing*) 2. stajalište, stanovište, mišljenje, gledanje 3. *US com sl* kratka i galanterijska roba

notional ['nəuʃənl] *adj* (**~ly** *adv*) idejni; pojmovan, spekulativan; zamišljen, umišljen, koji postoji samo u mašti, imaginaran; pun fantazije

notionality [,nəuʃə'næliti] *s* pojmovnost

notoriety [,nəutə'raiəti] *s* glasovitost, ozloglašenost; dobro poznata osoba

notorious [nəu'tɔːriəs] *adj* (**~ly** *adv*) opće poznat, općenito poznat; zloglasan, ozloglašen, notoran

notwithstanding [,nɔtwiθ'stændiŋ] *prep* usprkos (čemu)

notwithstanding [,nɔtwiθ'stændiŋ] *adv* ipak, unatoč tome, usprkos tomu

notwithstanding [,nɔtwiθ'stændiŋ] *conj arch* premda, mada, (*that*) makar

nougat ['nuːgaː] *s Fr* nugat

nought [nɔːt] *s poet & arch* ništa; *GB* nula, ništica | **to come to ~** propasti, ne uspjeti; **to bring to ~** osujetiti, uništiti; razoriti; *fig* **to set at ~** odbaciti, ne obazirati se na (što), ne mariti za (što); **~s and crosses** dječja igra na kockastom papiru

noun [naun] *s gram* imenica, supstantiv

nourish ['nʌriʃ] *vt lit* hraniti, jačati (*on* čime); *fig* hraniti (*with*); *fig* gajiti (nadu); *arch* uzgajati, gojiti

nourishing ['nʌriʃiŋ] *adj* hranjiv, krepak

nourishment ['nʌriʃmənt] *s* hrana (& *fig*), hranjenje, prehrana, ishrana

novation [nə'veiʃn] *s* obnova, obnavljanje

novel ['nɔvl] *s* roman; *jur* kasnija izmjena ili dopuna zakonika, novela

novel ['nɔvl] *adj* nov, neobičan

novelette [,nɔvə'let] *s* kratak roman; (duga) pripovijest; *mus* klavirska kompozicija slobodne forme s nekoliko tema

novelist ['nɔvəlist] *s* pisac romana, romanopisac

novelize ['nɔvəlaiz] *vt* pretvoriti u roman

novelty ['nɔvəlti] *s* novost, neobičnost, novotarija, novitet

November [nəu'vembə] *s* studeni, novembar

novice ['nɔvis] *s* novajlija, početnik, nevježa; *eccl* novak; novoobraćenik

noviciate (novitiate) [nəu'viʃiit] *s eccl* novicijat, vrijeme iskušenja, pripremanje za redovničko zvanje; novak; nastamba novaka; *fig* naukovanje, vrijeme naukovanja

now [nau] *adv* 1. sada; (u pričanju) tada, zatim, onda, sada 2. no, ajde! | **~ and then** (ili **~ and again**) tu i tamo, povremeno, od vremena do vremena; **~ ... ~** sad ... sad; **~ ... than** sad ... onda; **~ ... and again** sad ... onda; **~ or never!** sad ili nikad!; **come ~!** (ili **~ ~!**) ajde, ajde!

now [nau] *conj* sada (kad), otkako, kad već; budući da (*that*)

now [nau] *s* sada, sadašnjost | **before ~** (već) prije; ranije; **by ~** međutim; dosada

nowaday ['nauədei] *adj* (dan)današnji

nowadays ['nauədeiz] *adv* (dan)danas

nowadays ['nauədeiz] *s* današnjica, moderno vrijeme, današnja vremena

noway(s) ['nəuwei(z)] *adv* nikako, nipošto

nowhence ['nəuwens] *adv* niotkuda; niodakle

nowhere ['nəuwεə] *adv* nigdje; nikamo | **~ near** ni približno; *sl* **to be ~** biti posve poražen; daleko zaostajati; *sl* **to come in ~** (uopće) ne dolaziti u obzir

nowhither ['nəu͵wiðə] *adv* nikamo

nowise ['nəuwaiz] *adv* nikako, nipošto; nimalo

noxious ['nɔkʃəs] *adv* (**~ly** *adv*) štetan, škodljiv, poguban, opasan, nezdrav, ubitačan

noxiousness ['nɔkʃəsnis] *s* štetnost, škodljivost, pogubnost

nozzle ['nɔzl] *s* otvor, vršak (cijevi i sl.), štrcalo, duhalica, izljev, raspršivač; *tech* sisak, sapnica, mlaznica, »diza«; *sl* nos, njuška

nuance [nju:'ã:ns] *s* nijansa, postupni prijelaz (& *fig*)

nub [nʌb] *s* → **nubble**

nubble ['nʌbl] *s* grumen, gruda, grudica (*spec* ugljena); *US* jezgra, srž (pripovijesti)

nubbly ['nʌbli] *adj* grudičast, grudast, zgrudan, koji ima grude

nubile ['nju:bail] *adj* zrela za udaju

nucleal ['nju:kliəl] *adj* → **nuclear**

nuclear ['nju:kliə] *adj* jezgrovan, koji se tiče jezgre, nuklearan

nuclear-powered ['nju:kliə'pauəd] *adj* na atomski (nuklearni) pogon, atomski

nucleate ['nju:klieit] *vt/i* **I.** *vt* pretvoriti u jezgru **II.** *vi* tvoriti jezgru

nucleus ['nju:kliəs] *s* (*pl* **nuclei** ['nju:kliai]) 1. *astr* nukleus, najgušći dio kometa; tamno središte Sunčeve pjege 2. jezgra, srž, nukleus, središte (& *fig*) 3. *bot* jezgra sjemenke; *biol* jezgra stanice

nude [nju:d] *adj* 1. gol (& *fig*), nag, razgaljen; neprikriven 2. *jur* službeno neovjeren, ništetan, nevaljan 3. (o čarapama i sl.) u boji kože

nude [nju:d] *s* goli lik ili kip, akt | **in the ~** gol, nag; *fig* očit, neprikriven

nudeness ['nju:dnis] *s* golotinja, nagost

nudge [nʌdʒ] *vt* (laktom) gurati, gurnuti, gurkati

nudge [nʌdʒ] *s* gurkanje (laktom)

nudism ['nju:dizm] *s* nudizam, kult golotinje

nudity ['nju:diti] *s* golotinja, golost, nagost *arts* akt, goli lik

nugatory ['nju:gətəri] *adj* (**nugatorily** *adv*) bezvrijedan, nevrijedan, tričav; jalov, koji nema djelovanja, uzaludan

nugget ['nʌgit] *s* gruda (samorodnog zlata)

nuisance ['nju:sns] *s* smetnja, neprilika, muka, neugodnost; ono što je štetno, neugodno ili nevaljalo; onečišćenje; *fig* dosadan čovjek, zanovijetalo, napasnik | **it's a great ~** velika je neprilika, vrlo je neugodno; **what a ~!** kako neugodno!, kako glupo!, kako nezgodno!

nuke [nju:k] *s US sl* nuklearna bomba

null [nʌl] *adj* neobvezatan, nevaljan, ništetan, bez zakonske važnosti; *fig* beznačajan, bezizražajan, bezvrijedan | **~ and void** koji nema nikakve valjanosti

null [nʌl] *s* nula

nullification [͵nʌlifi'keiʃn] *s* poništenje, poništenost, ukidanje, ukinuće

nullify ['nʌlifai] *vt* poništiti, ukinuti; uništiti; osujetiti; obeskrijepiti

nullity ['nʌliti] *s* nevažnost, nevrijednost; *GB jur* poništenje, poništenost; *fig* nitko, ništa, nula

numb [nʌm] *adj* (**~ly** *adv*) ukočen, obamro; *fig* tup, neosjetljiv | **~ with cold** ukočen od zime; *sl* **~ hand** šeprtlja, nespretnjaković

numb [nʌm] *vt* ukočiti, omamiti; učiniti tupim ili neosjetljivim

number ['nʌmbə] *s* broj(ka); *mus* ritam | **golden ~** broj po kojem se izračunava dan Uskrsa; **science of ~s** aritmetika; **to lose the ~ of one's mess** umrijeti; **his ~ goes up** on umire; **~ one** čovjek sam, vlastita osoba; *mar sl* prvi oficir; **back ~** istekli, stari broj (primjerak); *fig* ono što nije moderno, što je zaostalo ili zaboravljeno; **without ~** bezbroj; **in ~** brojčano, po broju; **his ~ is up** kucnuo mu je čas; **~s** *pl* brojčana premoć; *poet* stihovi; *mus* napjevi; **Numbers** naslov četvrte knjige Starog zavjeta; **someone's opposite ~** nečiji pandan, netko tko vrši istu dužnost (ima isti položaj); *GB mot* **~ plate** registarska tablica

number ['nʌmbə] *vt* brojiti; pobrojati; označiti brojem; iznositi, sadržavati, imati; *fig* računati, ubrojiti, ubrajati (*among, in* među, u)

numberless ['nʌmbəlis] *adj* bezbrojan, nebrojen, bez broja

numb-skull ['nʌmskʌl] *s* → **numskull**

numerable ['nju:mərəbl] *adj* brojiv, izbrojiv, koji se da pobrojati

numeral ['nju:mərəl] *adj* brojčani

numeral ['nju:mərəl] *s* brojka, broj

numeration [ˌnjuːməˈreiʃn] *s* brojenje, označivanje brojem, numeriranje, numeracija
numerative [ˈnjuːmərətiv] *adj* brojčani, numeralni
numerator [ˈnjuːməreitə] *s* brojač; *math* brojnik; decimala
numerical [njuˈmerikl] *adj* (**~ly** *adv*) brojčan
numerous [ˈnjuːmərəs] *adj* (**~ly** *adv*) brojan, mnogobrojan, brojčano velik, mnogi; *arch* gusto napučen; (o stihovima i prozi) skladan, ritmički
numerousness [ˈnjuːmərəsnis] *s* brojnost
numismatic [ˌnjuːmizˈmætik] *adj* (**~ally** *adv*) numizmatički
numismatics [ˌnjuːmizˈmætiks] *s pl* (*sg constr*) numizmatika, nauka o kovanom novcu i medaljama
numismatist [njuːˈmizmətist] *s* numizmatičar, sabirač starog kovanog novca
nummary [ˈnʌməri] *adj* novčan, koji se odnosi na kovani novac
nummulary [ˈnʌmjuləri] *adj* → **nummary**
numskull [ˈnʌmskʌl] *s* glupan, budala, tupoglavac
nun [nʌn] *s* opatica, redovnica, koludrica; *ornith* & *ent* naziv za razne vrste golubova (moljaca) | **~'s cloth** tanka vunena tkanina; **~'s thread** tanak bijeli konac; **~'s veiling** tanka vunena tkanina
nun-buoy [ˈnʌnbɔi] *s mar* konična plutača
nunhood [ˈnʌnhud] *s* koludrištvo, opatištvo, redovništvo
nunlike [ˈnʌnlaik] *adj* opatički, redovnički, koludrički; blag, čist, nevin, čedan; koji nalikuje na opaticu
nunnery [ˈnʌnəri] *s* (ženski) samostan
nunship [ˈnʌnʃip] *s* → **nunhood**
nuptial [ˈnʌpʃəl] *adj* (**~ ly** *adv*) vjenčani, ženidbeni, bračni
nuptials [ˈnʌpʃəlz] *s pl* vjenčanje, ženidba; pir
nurse [nəːs] *s* 1. dadilja, dojilja 2. zaštitnica, hraniteljica 3. hranjenje, dojenje; *fig* njegovanje, briga 4. njegovateljica; sestra, bolničarka 5. *bot* drvo zasađeno kao zaštita drugom drveću 6. *ent* radilica, radnik; *zool* jedinka u bespolnoj fazi razvoja | **wet-~** dojilja; **dry-~** odgojiteljica, dadilja; **at ~** na njezi, na hranjenju; **to put out (to) ~** dati na dojenje ili u njegu
nurse [nəːs] *vt/i* **I.** *vt* 1. dojiti, hraniti, njegovati, čuvati; odgojiti 2. *fig* uzgajati, gojiti 3. brinuti se (za što), paziti (na što), oprezno upravljati (čime) 4. dvoriti, njegovati (bolesnika) 5. *GB* tetošiti, milovati (dijete) 6. *GB pol* posvećivati se svojim izbornicima (prije izbora) 7. držati (biljarske) kugle na okupu 8. (o utrkama) zatvarati put (komu) 9. *com* staviti (račun) pod zapor **II.** *vi* (o djeci) dojiti, sisati; biti njegovateljica (bolesnika)
nurse-child [ˈnəːstʃaild] *s* dijete po mlijeku, gojenče; posvojče
nurse-frog [ˈnəːsfrɔg] *s zool* vrsta žabe čiji mužjak nosi jajašca dok se ne izvale mladi
nurs(e)ling [ˈnəːsliŋ] *s* dojenče, gojenče; *fig* mezimče; *bot* mladica
nurser [ˈnəːsə] *s* njegovatelj
nursery [ˈnəːsəri] *s* dječja soba; *hort* rasadnik, biljevište; *zool* gojilište; *ichth* mrestilište; *fig* uzgajalište; (o biljaru) nablizu smještene kugle
nursery-maid [ˈnəːsrimeid] *s* djevojka (služavka) za djecu
nursery-man [ˈnəːsrimən] *s* (*pl* **nursery--men** [ˈnəːsrimən]) vlasnik rasadnika
nursery-rhyme [ˈnəːsəriraim] *s* dječja pjesmica
nursery-school [ˈnəːsəriˌskuːl] s obdanište, dječji vrtić
nurse-ship [ˈnəːsʃip] *s mar* matični brod
nursing home [ˈnəːsiŋˈhəum] *s* starački dom; *GB* privatni sanatorij
nurture [ˈnəːtʃə] *s* (pre)hrana; njega; odgoj
nurture [ˈnəːtʃə] *vt* othraniti, uzgojiti (& *fig*); njegovati; gajiti (osjećaj)
nut [nʌt] *s* 1. *bot* orah, oraščić, orašac, jezgra oraha, lješnjak, bukvica 2. *vulg* fićfirić, kicoš 3. *sl* glava, pamet 4. *tech* kuglast okretljiv dio; matica (vijka); orah (krug s urezom, u koji se utiče kvaka) 5. *mus* žabica (na gudalu) | **~s** *pl* lud, šenuo umom, poludio; orašasti ugljen *sl* **not ... for ~s** nikako, uopće ne; *fig* **hard ~ to crack** tvrd orah, teško rješiv problem; *sl* **to be ~s to** (ili **for**) ludo se sviđati (komu), biti prava naslada ili užitak za (koga); *sl* **to be (dead) ~s on** biti lud za (kim, čim), ludovati za (kim, čim); *sl* **off one's ~** lud, šenuo umom; *sl* **for ~s** za šalu
nut [nʌt] *vi* brati ili kupiti orahe
nutate [njuːˈteit] *vi bot* ovjesiti se, savijati se
nutation [njuːˈteiʃn] *s bot* ovješenost, savijanje; *astr* oscilacija zemaljske osi, nutacija
nut-brown [ˈnʌtbraun] *adj* crvenkastosmeđ, preplanuo
nut-butter [ˈnʌtˌbʌtə] *s* maslac od orahova ulja
nutcracker [ˈnʌtˌkrækə] *s* 1. lice kojemu se vrh nosa i brada gotovo sastavljaju 2. *ornith* šarena kreja (*Nucifraga caryocatactes* | **~s** *pl* drobilica (kliješta) za orahe i lješnjake
nut-house [ˈnʌthaus] *s sl* ludnica
nutmeg [ˈnʌtmeg] *s* muškatov orah, oraščić (mirodija)
nutria [ˈnjuːtriə] *s* nutrija (krzno)
nutrient [ˈnjuːtriənt] *adj* hranjiv, krepak
nutrient [ˈnjuːtriənt] *s* hranjiva tvar, hrana
nutriment [ˈnjuːtrimənt] *s* hrana (& *fig*). hranjiva tvar

nutrimental [ˌnjuːtriˈmentl] *adj* hranjiv
nutrition [njuːˈtriʃn] *s* hranjenje, prehrana, ishrana; hrana (& *fig*) | **~ scientist** stručnjak za prehranu
nutritionist [njuːˈtriʃənist] *s* stručnjak za prehranu
nutritious [njuːˈtriʃəs] *adj* (**~ly** *adv*) hranjiv
nutritiousness [njuːˈtriʃəsnis] *s* hranjivost
nutritive [ˈnjuːtritiv] *adj* (**~ly** *adv*) hranjiv; koji se odnosi na prehranu
nutritive [ˈnjuːtritiv] *s* hranjiva tvar, hrana
nutshell [ˈnʌtʃel] *s* 1. ljuska (oraha, lješnjaka) 2. *fig* sićušna posuda; kućerak 3. najkraći način izražavanja | **to give in a ~** izraziti najsažetije; **it lies in a ~** posve je jasno
nutter [ˈnʌtə] *s* maslac od orahova ulja
nutty [ˈnʌti] *adj* 1. plodan orasima, pun oraha; koji ima okus oraha 2. orašast 3. *fig* tečan, sočan; *sl* oštar, pikantan 4. *vulg* lud (*upon* za kim, čim); *sl* lud, šenuo umom, luckast
nuzzle [ˈnʌzl] *vi/t* **I.** *vi* njuškom ili rilom rovati, tražiti, njuškati, prekapati (*in* po čemu, *for* za čim); njušku gurnuti, gurkati (*into* u što); njuškom trti (*against* o što), maziti se (*to*); *fig* pognuto hodati **II.** *vt* 1. njuškom ili rilom dodirivati, njuškati; rilom iskapati, kopati; gurati (njušku) u što 2. milovati, tetošiti, maziti
nylon [ˈnailɔn] *s* 1. najlon | **~s** *pl* najlonske čarape; rublje od najlona
nymph [nimf] *s* *myth* nimfa, vila; *ent* kukuljica, čahura; *poet* krasotica, ljepotica, djeva
nymphal [ˈnimfl] *adj* *myth* nalik na nimfu, poput nimfe; koji se odnosi na nimfe; *ent* koji se odnosi na kukuljicu ili čahuru; kukuljičast, čahurast
nymphean [nimˈfiːən] *adj* *myth* nalik na nimfu, poput nimfe; koji se odnosi na nimfe
nymphish [ˈnimfiʃ] *adj* → **nymphean**
nymphlike [ˈnimflaik] *adj* koji nalikuje na nimfu, sličan nimfi
nymphomania [ˌnimfəˈmeiniə] *s* *med* nimfomanija
nymphomaniac [ˌnimfəˈmeiniæk] *s* med nimfomanka

O

O, o [əu] *s* (*pl* **~s, ~'s ~es**) 1. O, o, 15. slovo engleske abecede 2. okrugao predmet, znak, krug 3. *math* ništica, nula | *teleph* **two o three** 203

o, oh [əu] *interj* oh!, ah!, o!

o' [ə] *prep abbr* od **of, on** | **five ~clock** pet sati; **man-~-war** ratni brod; **he cannot sleep ~ nights** ne može spavati noću; potomak (u irskim vlastitim imenima)

oaf [əuf] *s* 1. *arch* čudovište; podmetnuto dijete 2. glupan, budala, bena; klipan

oafish ['əufiʃ] *adj* glup, budalast; neotesan

oak [əuk] *s* 1. *bot* hrast; hrastovina 2. *poet* drveni brodovi 3. *univ* vanjska vrata stana 4. hrastovo lišće 5. boja mladog hrastova lišća | *bot* **holm ~** zelenika, zimzelen; **the Oaks** konjske trke u Epsomu; **to sport one's ~** zatvoriti vrata posjetiocima, ne primati posjetioce; **heart of ~** srčevina, dubovina; *fig* srčan, hrabar čovjek; *fig* & *poet* drveno brodovlje; **Hearts of oak** brodovi i posade britanske ratne mornarice

oak-apple ['əukˌæpl] *s bot* šiška, babuška

oaken ['əukn] *adj* hrastov, od hrastovine

oak-gall ['əukgɔːl] *s bot* šiška, babuška

oakling ['əukliŋ] *s bot* hrastić, mladi hrast

oak-tree ['əuktriː] *s bot* hrast

oakum ['əukəm] *s* kučina, kučine, stari raščupani konopi | **to pick ~** čijati, čehati, čupkati, češljati kučinu

oak-wood ['əukwud] *s* 1. hrastovo drvo, hrastovina 2. hrastik, hrastova šuma

oar [ɔː] *s* 1. veslo 2. veslač 3. *fig* ruka, krilo, peraja | **pair-~** čamac sa dva veslača; **four-~** četverac, čamac s četiri veslača; **to pull a good ~** biti dobar veslač, dobro veslati; **to put in one's ~** miješati se (u što); **to shove one's ~ in** uplitati se, pačati se (u što); **to have an ~ in every man's boat** u sve se miješati; **to rest on one's ~s** prestati veslati, odmarati se, prestati raditi; *fig* počivati na lovorikama; **to toss the ~s** podići vesla na pozdrav; **ship your ~s!** spremi vesla!; **unship your ~s!** vesla van!; *fig* **chained to the ~** prikovan uza svoj posao

oar [ɔː] *vt/i poet* veslati | **to ~ one's arms (hands)** veslati (micati) rukama (kao veslima); **to ~ one's way** pomicati se veslajući, ploviti veslajući

oarage ['ɔːridʒ] *s* pokret veslima; veslačka naprava

oarsman ['ɔːzmən] *s* (*pl* **oarsmen** ['ɔːzmən]) veslač

oarsmanship ['ɔːzmənʃip] *s* veslačka vještina

oarswoman ['ɔːzˌwumən] *s* veslačica

oasis [əu'eisis] *s* (*pl* **oases** [əu'eisiːz]) oaza

oast [əust] *s* sušara za hmelj

oast-house ['əusthaus] *s* sušionica hmelja

oat [əut] *s bot* zob (biljka); *poet* pastirska sviralica od zobenih vlati | **~s** *pl* zob, ovas; **to sow one's wild ~s** izludovati se u mladosti; *coll* **to feel one's ~s** biti raspoložen; osjećati se važnim, uzobijestiti se

oatcake ['əutkeik] *s* zobeni kolač

oaten ['əutn] *adj* zoben, od zobi

oath [əuθ] *s* prisega, zakletva; kletva, psovka | **~ of allegiance** zakletva vjernosti; **~ of office** službena zakletva; **on ~** pod prisegom, pod zakletvom; **to take an ~** položiti prisegu, priseći, zakleti se; **to put one on (his) ~** zakleti, zaprisegnuti (nekoga); **to administer an ~** zakleti (nekoga); **to tender an ~** zakleti (nekoga)

oath-breaker ['əuθˌbreikə] *s* vjerolomnik; krivokletnik

oath-breaking ['əuθˌbreikiŋ] *s* kršenje zakletve

oatmeal ['əutmiːl] *s* zobeno brašno, zobena kaša

obbligato [ˌɔbli'gaːtəu] *s mus* obavezna dionica, neizostavni dio

obduracy ['ɔbdjurəsi] *s* okorjelost, tvrdokornost, upornost; bezdušnost

obdurate ['ɔbdjurit] *adj* (**~ly** *adv*) okorio, tvrdokoran, uporan; tvrda srca

obduration [ˌɔbdjuə'reiʃn] *s* okorjelost, tvrdokornost, upornost

obedience [ə'bi:djəns] *s* poslušnost, pokornost; ovisnost; *eccl* pokoravanje višoj crkvenoj vlasti | **passive ~** slijepa pokornost, bezuvjetno pokoravanje

obedient [ə'bi:djənt] *adj* (**~ly** *adv*) poslušan, pokoran; *fig* ovisan | **Your ~ servant** vaš odani (kao završna formula u službenim pismima)

obedientiary [ə,bi:di'enʃəri] *s* potčinjenik, vršilac koje podređene dužnosti u samostanu

obeisance [əu'beisəns] *s* poklon, naklon; odavanje počasti, iskazivanje podaničke vjernosti | **to do ~, to make ~, to pay ~** odati počast, iskazati poštovanje; pokloniti se

obeisant [əu'beisənt] *adj* poslušan, pokoran; popustljiv; povodljiv

obelisk ['ɔbəlisk] *s* 1. *archit* obelisk 2. predmet u obliku obeliska 3. *print* križić kojim se upućuje na bilješku na dnu strane 4. znak u starim rukopisima da je odlomak lažan

obelus ['ɔbiləs] *s* → **obelisk** 4.

obese [əu'bi:s] *adj* debeo, gojazan, pretio

obeseness [əu'bi:snis] *s* debljina, gojaznost, pretilost

obesity [əu'bi:siti] *s* debljina, gojaznost, pretilost

obey [ə'bei] *vt/i* **I.** *vt* slušati, poslušati **II.** *vi* biti poslušan; pokoravati se

obfuscate ['ɔbfʌskeit] *vt* zamračiti, potamniti; *fig* smutiti, smesti, ošamutiti, omamiti

obfuscation [,ɔbfʌs'keiʃn] *s* zamračenje, potamnjenje; smetenost, ošamućenost, omama

obit ['ɔbit] *s arch* zadušnice, spomen-slava

obituarist [ə'bitjuərist] *s* pisac nekrologa

obituary [ə'bitjuəri] s nekrolog

obituary [ə'bitjuəri] *adj* posmrtni | **~ notice** osmrtnica

object ['ɔbdʒikt] *s* 1. predmet; stvar; objekt 2. cilj, svrha 3. *gram* objekt 4. *phil* objekt | **what an ~ you are**! pa kako vi to izgledate!; **money is no ~** novac je sporedna stvar, novac ne igra ulogu

object [əb'dʒekt] *vt/i* **I.** *vt* prigovoriti, primijetiti, osuđivati, ne odobravati, ne dopustiti **II.** *vi* protiviti se, usprotiviti se

object-glass ['ɔbdʒiktgla:s] *s phys* objektiv

objectify [əb'dʒektifai] *vt* objektivirati, konkretizirati, utjeloviti, učiniti stvarnim

objection [əb'dʒekʃən] *s* 1. prigovor, prijekor, primjedba; protest 2. negodovanje 3. nedostatak; pogreška | **to have no ~** ne prigovarati, ne braniti, nemati ništa protiv; **to raise ~s** prigovarati, protiviti se; **to take ~** prigovoriti, protestirati

objectionable [əb'dʒekʃnəbl] *adj* (**objectionably** *adv*) komu se može prigovoriti, prijekora vrijedan, nevaljao

objective [əb'dʒektiv] *adj* (**~ly** *adv*) objektivan, stvaran, neličan, nepristran, bez predrasuda

objective [əb'dʒektiv] *s* 1. *phys* objektiv 2. *gram* padež objekta 3. cilj, svrha 4. *mil* cilj operacije

objectiveness [əb'dʒektivnis] *s* objektivnost, stvarnost, nepristranost

objectivism [əb'dʒektivizm] *s phil* objektivizam; objektivnost

objectivity [,ɔbdʒek'tiviti] *s* objektivnost, nepristranost

object lens ['ɔbdʒiktlenz] *s phys* objektiv

objectless ['ɔbdʒiktlis] *adj* bespredmetan, besciljan, bez svrhe

object-lesson ['ɔbdʒikt,lesn] *s* 1. zorna obuka; *fig* zoran primjer, školski primjer, klasičan primjer, podsjetnik

objector [əb'dʒektə] *s* prigovarač, onaj koji se protivi | **conscientious ~** čovjek koji zbog svojih uvjerenja ili savjesti odbija služiti vojsku

object-teaching ['ɔbdʒikt'ti:tʃiŋ] *s* zorna nastava

objurgate ['ɔbdʒə:geit] *vt/i* koriti, karati, prekoravati, grditi, psovati

objurgation [,ɔbdʒə:'geiʃn] *s* korenje, prekoravanje, grđenje, grdnja, psovanje

objurgatory [ɔb'dʒə:gətəri] *adj* (**objurgatorily** *adv*) koji kara, prijekoran; pogrdan

oblate ['ɔbleit] *s eccl* redovnik, laik; *hist* dijete odgojeno u samostanu

oblate ['ɔbleit] *adj phys* spljošten na polovima, sferoidan

oblation [ə'bleiʃn] *s* žrtva, žrtvovanje, prinošenje; dar (u pobožne svrhe)

oblational [ɔ'bleiʃənl] *adj* žrtven

obligate ['ɔbligeit] *vt jur* obvezati, prisiliti

obligation [,ɔbli'geiʃn] *s* 1. obaveza, obećanje; nagodba, ugovor 2. *jur* & *com* obveznica, zadužnica, obligacija 3. dužnost, težak zadatak, obvezanost | **to be under an ~** biti obavezan; **to put under an ~** obvezati; **to discharge one's ~s** ispunjavati svoje obaveze

obligatory [ə'bligətəri] *adj* (**obligatorily** *adv*) obvezatan, koji primorava, prinudan, obligatan

oblige [ə'blaidʒ] *vt* 1. *jur* vezati, obvezati zakletvom 2. prinuditi, primorati 3. učiniti uslugu, obvezati na zahvalnost 4. učiniti nešto nekome za volju

obligee [,ɔbli'dʒi:] *s jur* vjerovnik

obliger [ə'blaidʒə] *s* onaj koji obvezuje, zadužuje (koga)

obliging [ə'blaidʒiŋ] *adj* (**~ly** *adv*) uslužan, prijazan, ljubazan, susretljiv

obligor [,ɔbli'gɔ:] *s jur* dužnik

oblique [ə'bli:k] *adj* (**~ly** *adv*) 1. kos, nakrivljen, naheren 2. neizravan, posredan, indirektan, prikriven; neiskren, nepošten; *gram* ovisan, neupravan | **~ case** kosi padež; **~ angle** kosi kut; **~ speech** neupravni govor

oblique [ə'bli:k] *vi* koso napredovati (osobito *mil*)
obliquity [ə'blikwiti] *s* kosina, nakrivljenost, kosi smjer; *fig* stranputica, zabluda, zastranjivanje; neiskrenost
obliterate [ə'blitəreit] *vt* istrti, izbrisati, poništiti; *fig* istrijebiti, razoriti, uništiti, zatrti
obliteration [ə,blitə'reiʃn] *s* brisanje; *fig* istrebljenje, uništenje
oblivion [ə'bliviən] *s* zaboravljivost; zaborav, pomilovanje | **Act (Bill) of Oblivion** amnestija; **to fall into ~** pasti u zaborav; **to bury in ~** prepustiti zaboravu; **to sink into ~** pasti u zaborav
oblivious [ə'bliviəs] *adj* (**~ly** *adv*) zaboravan, zaboravljiv
oblong ['ɔblɔŋ] *s geom* pravokutnik
obloquy ['ɔbləkwi] *s* prijekor, ukor; kleveta, ogovaranje; sramota, zao glas
obnoxious [əb'nɔkʃəs] *adj* (**~ly** *adv*) 1. *arch* podložan, izložen 2. škodljiv, štetan; neugodan; poguban; omražen, mrzak; pokudan, zazoran
oboe ['əubəu] *s mus* oboa
oboist ['əubəuist] *s mus* oboist
obscene [əb'si:n] *adj* (**~ly** *adv*) bestidan, bludan, sramotan, opscen, nepristojan, prostački; *arch* odvratan, ogavan
obscenity [əb'səniti] *s* bestidnost, bludnost, sramotnost, opscenost, nepristojnost; prostota; bestidan, prostački izraz
obscurant [ɔb'skjuərənt] *s* mračnjak
obscurantism [,ɔbskjuə'ræntizm] *s* mračnjaštvo, nazadnjaštvo
obscurantist [,ɔbskjuə'ræntist] *s* → **obscurant**
obscuration [,ɔbskjuə'reiʃn] *s astr* pomračenje, pomrčina, zatamnjenje, zamračenje
obscure [əb'skjuə] *adj* (**~ly** *adv*) 1. taman, mračan; nejasan, mutan; nerazgovijetan 2. skriven, prikriven 3. neopažen, nepoznat, neslavan, skroman, neugledan; neznatan, opskuran; skrovit; nerazjašnjiv, neobjašnjen, sumnjiv, nerazumljiv
obscure [əb'skjuə] *s poet* tmina, tama, mrak
obscure [əb'skjuə] *vt* 1. potamniti, zamračiti 2. sakriti, prikriti; učiniti nejasnim, nerazgovijetnim, zamutiti 3. umanjiti, zasjeniti, staviti u sjenu
obscurity [əb'skjuəriti] *s* 1. tama, tmina, mrak 2. skrovitost, skrivenost; nepoznatost; neznatnost, neuglednost, zabitnost, opskurnost 3. nejasnoća, nerazgovijetnost
obsecration [,ɔbsi'kreiʃn] *s* usrdna molba, zaklinjanje; *eccl* litanija
obsequial [ɔb'si:kwiəl] *adj* pogrebni
obsequies ['ɔbsikwiz] *s pl* pogreb, ukop, sprovod
obsequious [əb'si:kwiəs] *adj* (**~ly** *adv*) 1. *arch* pokoran, poslušan 2. podložan, sluganski, puzav, ropski
observable [əb'zə:vəbl] *adj* (**observably** *adv*) primjetan, opažljiv, vidljiv, primjetljiv; značajan
observance [əb'zə:vəns] *s* pažnja, pridržavanje, obdržavanje, vršenje (dužnosti); držanje svetim, svetkovanje, slavljenje, proslava; običaj; crkveni običaj, propisi reda
observant [əb'zə:vənt] *adj* (**~ly** *adv*) koji se pridržava (reda, propisa), pažljiv, pomnjiv; pronicljiv; koji zapaža, pozoran
observation [,ɔbzə'veiʃn] *s* opažanje, opažaj, motrenje, zapažanje; iskustvo; primjećivanje, primjedba, izjava; *mil* promatranje | **to keep under ~** promatrati, čuvati, držati na oku; **to take an ~** izvršiti astronomsko promatranje
observational [,ɔbzə'veiʃənl] *adj* (**~ly** *adv*) opservacijski, opservacioni, promatrački
observation-car [,ɔbzə'veiʃənka:] *s rly* otvoren vagon koji omogućuje dobar vidik
observatory [əb'zə:vətri] *s* zvjezdarnica, opservatorij
observe [əb'zə:v] *vt/i* **I.** *vt* 1. paziti, čuvati, držati se (zakona, propisa), udovoljavati 2. svetkovati, slaviti 3. pažljivo promatrati, motriti, stražariti 4. opaziti, primijetiti; utvrditi (pojavu) 5. izjaviti, napomenuti **II.** *vi* vršiti opažanja, praviti napomene | **to ~ the time** biti točan
observer [əb'zə:və] *s* promatrač, promatračica, motritelj, gledalac, opažač; vršilac
observing [əb'zə:viŋ] *adj* (**~ly** *adv*) koji opaža, koji se drži (čega); pažljiv, pomnjiv; promatrački
obsess [əb'ses] *vt* opsjednuti, mučiti, salijetati, proganjati, spopadati
obsession [əb'seʃn] *s* opsjednuće, opsjednutost, mučenje, salijetanje, bjesomučnost, proganjanje; manija proganjanja, fiksna ideja, opsesija
obsessive [əb'sesiv] *adj* opsesivan
obsidian [ɔb'sidiən] *s minr* opsidijan
obsolescence [,ɔbsə'lesns] *s* starenje, zastarijevanje, zastarjelost
obsolescent [,ɔbsə'lesnt] *adj* zastario, koji zastarijeva
obsolete ['ɔbsəli:t] *adj* (**~ly** *adv*) 1. zastario, izvan upotrebe, koji se više ne upotrebljava 2. istrošen 3. *biol* nedovoljno razvijen, rudimentaran, zakržljao
obsolete ['ɔbsəli:t] *s* zastario predmet, stara osoba
obsoleteness ['ɔbsəli:tnis] *s* zastarjelost
obstacle ['ɔbstəkl] *s* zapreka, prepreka, smetnja | **~ race** trka s preprekama
obstetric [ɔb'stetrik] *adj* (**~ally** *adv*) primaljski, porodiljski, opstetrički
obstetrician [,ɔbste'triʃn] *s* liječnik specijalist za porođaje, opstetričar
obstetrics [ɔb'stetriks] *s pl* (*sg constr*) primaljstvo, porodiljstvo

obstinacy ['ɔbstinəsi] *s* svojeglavost, tvrdoglavost, upornost, tvrdokornost, nepopustljivost
obstinate ['ɔbstinit] *adj* (**~ly** *adv*) svojeglav, jogunast, uporan, tvrdokoran, nepopustljiv
obstreperous [əb'strepərəs] *adj* (**~ly** *adv*) bučan, šuman, glasan; tvrdoglav, svojeglav, svojevoljan, samovoljan, neposlušan
obstruct [əb'strʌkt] *vt/i* **I.** *vt* začepiti, zakrčiti, zaustaviti, prepriječiti, spriječiti, sprečavati, smetati, kočiti; *fig* spriječiti, osujetiti, zavlačiti, zatezati **II.** *vi* voditi opstrukciju (osobito *parl*)
obstruction [əb'strʌkʃən] *s* **1.** začepljenje, zakrčenje; smetnja, zapreka, kočenje **2.** *med* zatvor **3.** *parl* opstrukcija
obstructionism [əb'strʌkʃənizm] *s parl* opstrukciona politika
obstructionist [əb'strʌkʃənist] *s parl* opstrukcionist
obstructive [əb'strʌktiv] *adj* (**~ly** *adv*) koji smeta, sprečava, zateže, zavlači; opstruktivan, opstrukcijski
obstructive [əb'strʌktiv] *s* smetnja, zapreka; protivnik napretka, pristaša opstrukcione politike
obtain [əb'tein] *vt/i* **I.** *vt* dobiti, postići, polučiti, steći; provesti; pribaviti, nabaviti, dokopati se **II.** *vi* prevladavati; biti u upotrebi, postojati; imati valjanost, biti priznat
obtainable [əb'teinəbl] *adj* (**obtainably** *adv*) koji se može dobiti, postići, polučiti; dostižan
obtainment [əb'teinmənt] *s* postignuće, polučenje
obtest [əb'test] *vt/i* **I.** *vt arch* zaklinjati, usrdno moliti, kumiti, preklinjati; obavezati **II.** *vi* prosvjedovati, protestirati
obtrude [əb'tru:d] *vt/i* **I.** *vt* nametati, nametnuti, narinuti **II.** *vi* nametnuti se
obtruder [əb'tru:də] *s* nametljivac; parazit
obtrusion [əb'tru:ʒn] *s* nametanje, dodijavanje; nametljivost
obtrusive [əb'tru:siv] *adj* (**~ly** *adv*) nametljiv
obturate ['ɔbtjuəreit] *vt* začepiti, zatvoriti, zapečatiti, zapušiti; zaptivati, zabrtviti
obturation [ˌɔbtjuə'reiʃn] *s* začepljenje, zatvaranje, zapušavanje, zaptivanje, brtvljenje
obturator ['ɔbtjuəreitə] *s tech* zapušač, brtvilo; *mil* zaptivka; brtva
obtuse [əb'tju:s] *adj* (**~ly** *adv*) tup; *geom* tupokutan; potmuo, tup (bol); *fig* ograničen, tupoglav, glup | **~ angle** tupi kut
obverse ['ɔbvə:s] *adj* (**~ly** [ɔb'və:sli] *adv*) **1.** *bot* uži na bazi nego na vrhu, okrenut **2.** okrenut prema promatraču, prednji **3.** *fig* odgovarajući, pandan, suprotan
obverse ['ɔbvə:s] *s* lice, prednja strana (novca, medalje); *fig* protivnost, suprotnost
obviate ['ɔbvieit] *vt* odstraniti, ukloniti; predusresti; osujetiti, spriječiti; učiniti nepotrebnim ili suvišnim
obviation [ˌɔbvi'eiʃn] *s* odstranjenje, uklanjanje; predusretanje; osujećenje
obvious ['ɔbviəs] *adj* (**~ly** *adv*) očit, očevidan, očigledan; jasan, razumljiv; upadljiv, drečeći
obviousness ['ɔbviəsnis] *s* očevidnost, očitost; jasnoća, razumljivost
ocarina [ˌɔkə'ri:nə] *s mus* okarina
occasion [ə'keiʒn] *s* **1.** prilika, prigoda, okolnost, povoljna prilika **2.** razlog, uzrok; povod; slučajnost **3.** potreba, nužda **4.** slučaj, slučajan događaj, zgoda; stjecaj prilika; *coll* svečana prigoda **5.** **~s** *pl* poslovi, poslovanje | **to take ~ to (do)** poslužiti se prilikom; **to take ~ by the forelock** zgrabiti priliku; **on ~** u slučaju potrebe, zgodimice, povremeno; **on the ~ of** u povodu (čega), prigodom, prilikom; **for the ~** u tu svrhu; **to be the ~ of** biti povod, uzrok, razlog čemu; **to rise to the ~** pokazati se doraslim u nekoj prilici
occasion [ə'keiʒn] *vt* prouzročiti, skriviti, dati povod
occasional [ə'keiʒənl] *adj* (**~ly** *adv*) prigodan; za posebnu prigodu; povremen; slučajan; neredovit
occasionalist [ə'keiʒnəlist] *s phil* pristaša okazionalizma
occident ['ɔksidənt] *s poet & rhet* zapad, zapadni svijet, zapadnjačka civilizacija | **the ~** zapadne zemlje
occidental [ˌɔksi'dentl] *adj* (**~ly** *adv*) zapadni, zapadnjački
occidentalism [ˌɔksi'dentəlizm] *s* zapadnjaštvo
occidentalist [ˌɔksi'dentəlist] *s* pristaša zapadnjačke civilizacije, zapadnjak
occidentalize [ˌɔksi'dentəlaiz] *vt* učiniti zapadnjačkim, približiti zapadnjačkoj civilizaciji
occipital [ɔk'sipitl] *adj* (**~ly** *adv*) *anat* koji pripada zatiljku, zatiljni
occiput ['ɔksipʌt] *s anat* zatiljak
occlude [ɔ'klu:d] *vt* zatvoriti, zapušiti, začepiti; *chem* apsorbirati
occlusion [ɔ'klu:ʒn] *s* zatvor, zatvaranje, začepljenje; apsorpcija
occlusive [ɔ'klu:siv] *adj gram* zatvorni, okluzivan (glas)
occult [ɔ'kʌlt] *adj* (**~ly** *adv*) skriven, tajan, tajnovit, misteriozan; nadnaravan, magičan, mističan, okultan
occult [ɔ'kʌlt] *vt/i* **I.** *vt* sakriti, potamniti; *astr* pomračiti, zakriti (nebesko tijelo) **II.** *vi* nestati
occultation [ˌɔkʌl'teiʃn] *s astr* pomrčina; zakrivanje, prekrivanje
occultism ['ɔkəltizm] *s* okultizam
occultist ['ɔkəltist] *s* okultist, okultistkinja, pristaša okultizma

occupancy ['ɔkjupənsi] *s* zaposjednuće, zauzeće, stanovanje, useljenje, posjed; držanje u posjedu
occupant ['ɔkjupənt] *s* 1. držalac, imalac, posjednik 2. stanar, gost 3. koji uzima u posjed
occupation [ˌɔkju'peiʃn] *s* 1. zauzeće, zaposjednuće; *mil* okupacija 2. posjed 3. zaposlenje, zanimanje; zvanje; obrt, zanat; posao
occupational [ˌɔkju'peiʃənl] *adj* stručan, koji se tiče zvanja | ~ **disease** profesionalna bolest; ~ **health** medicina rada; ~ **therapy** radna terapija
occupier ['ɔkjupaiə] *s* privremeni posjednik, užitnik, stanar; okupator
occupy ['ɔkjupai] *vt* 1. zaposjesti, zauzeti; *mil* okupirati 2. imati, posjedovati; zauzimati mjesto, ispunjavati; nastavati, stanovati; useliti 3. vršiti službu, dužnost 4. zahtijevati vrijeme, trajati 5. zabaviti, zaposliti
occur [ə'kəː] *vi* 1. javljati se, nalaziti se 2. događati se, zbivati se 3. pasti na pamet | **it ~ed to me** palo mi je na pamet, došla mi je misao
occurrence [ə'kʌrəns] *s* zgoda, događaj, slučaj, zbivanje, prilika; učestalost, frekvencija
ocean ['əuʃn] *s* ocean; *fig* velika množina, velik broj, sva sila, more | **~-going vessel** brod duge plovidbe
Oceanian [ˌəuʃi'einjən] *adj* oceanijski, koji pripada Oceaniji
Oceanian [ˌəuʃi'einjən] *s* Oceanijac
oceanic [ˌəuʃi'ænik] *adj* oceanski
oceanographer [ˌəuʃjə'nɔgrəfə] *s* oceanograf
oceanographic [ˌəuʃjənə'græfik] *adj* oceanografski
oceanography [ˌəuʃjə'nɔgrəfi] *s* oceanografija
ocelot ['əusilɔt] *s zool* ozelot (*Felis pardelis*)
ochery ['əukəri] *adj* koji sadrži okera, koji je kao oker
ochre ['əukə] *s* oker, žutosmeđa boja; žuta zemlja
ochreous ['əukriəs] *adj* koji sadrži okera, koji je poput okera
o'clock [ə'klɔk] → **clock**
octachord ['ɔktəkɔːd] *s mus* oktakord, instrument s osam žica; niz od osam tonova, dijatonička oktava
octagon ['ɔktəgən] *s geom* osmerokut
octagon ['ɔktəgən] *adj geom* osmerokutan
octagonal [ɔk'tægənl] *adj* (**~ly** *adv*) osmerokutan
octahedral [ˌɔktə'hedrəl] *adj geom* oktaedričan
octahedron [ˌɔktə'hedrən] *s geom* oktaedar
octane ['ɔktein] *s chem* oktan | **high-~** visokooktanski; ~ **rating** oktanski broj
octant ['ɔktənt] *s geom* oktant; *mar* sprava za mjerenje **kutova**
octave ['ɔktiv] *s mus* oktava; *pros* kitica od osam stihova; prve dvije kitice soneta
octave ['ɔkteiv] *s* osmi dan nakon nekog svetka, blagdana; osmodnevno svetkovanje
octavo [ɔk'teivəu] *s* oktav, knjiga formata velike osmine
octennial [ɔk'tenjəl] *adj* (**~ly** *adv*) koji traje, koji se vraća svakih osam godina, osmogodišnji
octet(te) [ɔk'tet] *s mus* oktet
octillion [ɔk'tiljən] *s* oktilijun
October [ɔk'təubə] *s* listopad, oktobar
octocentenary [ˌɔktəusen'tiːnəri] *s* osamstogodišnjica
octogenarian [ˌɔktəudʒi'nɛəriən] *adj* osamdesetogodišnji
octogenarian [ˌɔktəudʒi'nɛəriən] *s* osamdesetogodišnjak
octopus ['ɔktəpəs] *s zool* hobotnica (*Octopus vulgaris*) | **curled** ~ tračan (*Eledone moschata*)
octoroon [ˌɔktə'ruːn] *s* osoba s jednom osminom crnačke krvi
octosyllabic [ˌɔktəsi'læbik] *adj* od osam slogova, osmosložan (stih)
octosyllable ['ɔktəˌsiləbl] *s* riječ ili stih od osam slogova
octroi ['ɔktrwaː] *s Fr* gradski namet na uvezenu robu, maltarina; mitnica
octuple ['ɔktjuːpl] *adj* osmerostruk
octuple ['ɔktjuːpl] *s* umnožak broja osam
octuple ['ɔktjuːpl] *vt* množiti brojem osam
ocular ['ɔkjulə] *adj* (**~ly** *adv*) očni; očevidan
ocular ['ɔkjulə] *s phys* okular
oculist ['ɔkjulist] *s* okulist, liječnik specijalist za očne bolesti
od [ɔd] *s* od (navodno zračenje iz ljudskog tijela)
odalisque ['əudəlisk] *s* odaliska, ropkinja, priležnica (u haremu)
odd [ɔd] *adj* (**~ly** *adv*) 1. neparan, rasparen; pojedini, pojedinačan 2. neodređen (broj) (*200 ~ pages* nešto više od 200 stranica) 3. dodatan, neuračunat; preostao, prekobrojan; slučajan, nepovezan, neredovit, prigodan 4. čudan, neobičan, osebujan; nastran, luckast, ekscentričan | **the ~ man** odbornik koji kod neparnog broja članstva ima odlučan glas; ~ **man out** onaj koji nema para, koji se izlučuje, koji se ne uklapa; ~ **& even** igra na par i nepar; **forty** ~ nešto više od četrdeset; ~ **months** mjeseci koji imaju 31 dan; **at ~ times** katkad, prigodice, tu i tamo; ~ **jobs** uzgredni poslovi; ~ **number** neparni broj; ~ **shoe** cipela bez para, rasparena cipela; ~ **fish** čudak
odd [ɔd] *s sport* prednost koja se u golfu daje slabijem igraču
oddish ['ɔdiʃ] *adj* prilično čudnovat, neobičan, nastran

oddity [ˈɔditi] *s* 1. čudnovatost, neobičnost, nastranost, osobenjaštvo 2. čudak
odd-looking [ˈɔdˌlukiŋ] *adj* koji je čudna, neobična izgleda
oddly [ˈɔdli] *adv* neobično, čudno
oddments [ˈɔdmənts] *s pl* ostaci, otpaci, preostala roba
odds [ɔdz] *s pl* (često *sg constr*) 1. nejednaki predmeti 2. nejednakost; razlika 3. neslaganje, nesloga, zavada 4. prednost; nadmoć; *sport* davanje prednosti 5. nejednaka oklada; vjerojatnost, sreća, šansa | **to make ~ even** izjednačiti, ukloniti nejednakosti; **what's the ~?** što to smeta?, pa što zato?; **to take ~** prihvatiti davanje prednosti; **~ and ends** *s pl* razne sitnice, ostaci, otpaci, bezvrijedne stvari; **what ~ is it to him?** što ga je to briga?, što se to njega tiče?; **to be at ~ with** svađati se s kim, biti u zavadi s kim; **to fight against ~** boriti se u neravnopravnim okolnostima, boriti se protiv premoći; **that makes no ~** to ne mijenja ništa na stvari; **he is the best man by long ~** on je neusporedivo najbolji čovjek; **even ~** podjednaki izgledi; **the ~ are against you** nemaš izgleda; **the ~ are that** vjerojatno je da; **~-on chance** dobri izgledi za uspjeh
ode [əud] *s* oda
odeum [əuˈdiːəm] *s* (*pl* **odea** [əuˈdiə], **~s**) *mus* odeon
odious [ˈəudjəs] *adj* (**~ly** *adv*) mrzak, odvratan, gadan, odbojan, omražen, odiozan
odium [ˈəudjəm] *s* mržnja, omrznutost, mrskost, ljaga, prijekor, pokuda
odontology [ˌɔdɔnˈtɔlədʒi] *s med* odontologija
odorant [ˈəudərənt] *adj* mirisav
odoriferous [ˌəudəˈrifərəs] *adj* (**~ly** *adv*) mirisav, miomirisan
odorous [ˈəudərəs] *adj* (**~ly** *adv*) mirisav, miomirisan
odour (odor) [ˈəudə] *s* miris, zadah, vonj; miomiris; *fig* trag; glas, reputacija | *arch* **~s** *pl* mirisave tvari
odourless [ˈəudəlis] *adj* bez mirisa
oecumenical [ˌiːkjuːˈmenikl] *adj eccl* opći, sveopći, ekumenski
oedema [iːˈdiːmə] *s path* edem
oedematous [iːˈdemətəs] *adj path* edematičan
o'er [əuə] *adv* & *prep poet* → **over**
oesophagus [iːˈsɔfəgəs] *s* (**oesophagi** [iːˈsɔfəgai]; **~es**) *anat* jednjak
oestrus [ˈiːstrəs] *s Lat zool* obad; *fig* nagon; polet; strast
of [ɔv] *prep* 1. od (*to cure ~* izliječiti od; *to deprive ~* lišiti čega) 2. (podrijetlo) od, iz (*born ~* rođen od; *Mr. Brown, ~ Liverpool* g. Brown iz Liverpoola) 3. (uzrok, posljedica) od, po, na (*to die ~* umrijeti od; *to smell ~* mirisati na; *afraid ~* uplašen od; *proud ~* ponosan na) 4. (odnos, veza) na, o, s obzirom na (*to remind ~* podsjetiti na; *to think ~* misliti o, na; *to complain ~* tužiti se na; *the hope ~* nada u) 5. (tvar, materijal, sadržaj) od (*made ~* načinjen od; *three years ~ age* u dobi od tri godine; *the university ~ Oxford* Oksfordsko sveučilište) 6. (stvarna veza; kod nas obično objektivni genitiv) (*the levying ~ taxes* ubiranje poreza; *impatient ~* nestrpljiv zbog) 7. (opis, svojstvo, stanje) od ili genitiv kvalitativni (*farm ~ 100 acres* imanje od sto jutara; *hour ~ prayer* vrijeme molitve) 8. (dioba; svrstavanje, uvrštenje, izbor, vrijeme) od, među, između ili genitiv partitivni (*five ~ us* nas petorica, petoro, pet između nas; *the whole ~ it* sve to; *he ~ all men* baš on od svih; *song ~ songs* pjesma nad pjesmama; *a friend ~ mine* jedan moj prijatelj; *that long nose ~ his* taj njegov dugački nos; *he comes in ~ an evening* on dolazi navečer; *~ old* od starine) 9. (pripadanje, veza, posjed) od, iz ili genitiv posesivni (*we ~ the working class* mi iz radničke klase; *a thing ~ the past* stvar prošlosti; *the master ~ the house* gospodar kuće; *the cause ~ the ruin* razlog propasti) | **~ age** punoljetan; **because ~** zbog; **by means ~** pomoću; **for fear ~** iz straha od; **for the sake ~** za volju, zbog, u cilju, zato da; **in (on) behalf ~** za volju, u cilju, zbog, u ime; **in case ~** u slučaju; **in face ~** usprkos; **in respect ~** što se tiče, s obzirom na; **in spite ~** usprkos; **instead ~** mjesto, umjesto; **on account ~** zbog; **(to be) on the point ~ (doing)** upravo htjeti što (učiniti); **~ course** naravno, svakako
off [ɔf] *adv* 1. (smjer) od, odatle, dalje (*he rode ~* on je odjahao) 2. (udaljenost) odavde, odavle; od sada (*far ~* vrlo udaljen; *a month ~* za mjesec dana) 3. (odvajanje) od, odatle (*to break ~* odlomiti; *to take a day ~* uzeti sebi slobodan dan) 4. neprivezano, skinuto, pokretno (*my hat is ~* spao mi je šešir) 5. prekinuto, svršeno, dokrajčeno (*the gas is ~* plin je zatvoren) 6. nesvježe, pokvareno (meso); nevoljko (stanje) | **~ with you!** odlazi!, nestani!; **~ with his head!** odrubite mu glavu!; **right ~** odmah, bez odgađanja (obično *US*); **straight ~** izravno, odmah, bez odgađanja; **~ and on** katkad, prigodice; **on and ~** katkad, prigodice, na mahove, tu i tamo; **well ~** dobro stojeći, imućan; **badly ~** u lošim prilikama, siromašan; *coll* **~ one's head** lud
off [ɔf] *prep* 1. (pokret) od; odavle; odatle, dalje, iz, sa 2. (mirovanje) daleko, udaljeno od; izvan, postrani od 3. *mar* u visini, ispred | **~ shore** nedaleko od obale, blizu obale; priobalni; *sport* **~ side**

ofsajd; **never ~ one's legs** uvijek na nogama; **~ work** izvan posla, bez posla, bez namještenja; **~ form** izvan forme; *sl* **~ the map** nestao, koji više ne postoji; u divljini, bogu za leđima, gdje je vrag rekao laku noć; **~ the point** nevažan, nevažno, nebitno; **~ one's feed** bez teka, bez apetita; **~ one's head** lud, mahnit; **~ colour** izvan forme, neraspoložen, boležljiv; **in a street ~ the Strand** u pokrajnoj ulici koja vodi od Stranda; **~ duty** izvan službe; **to be ~ smoking** više ne pušiti

off [ɔf] *adj* 1. desni (konj, kotač, strana u kriketu) 2. dalji, udaljen; postrani, pokrajan (& *fig*) 3. slučajan, moguć, nesiguran, nevjerojatan 4. slobodan | **~ day** slobodan dan, dan izvan službe, praznik; **~ street** pokrajna ulica; **~ chance** slaba vjerojatnost, blijeda mogućnost; **on the ~ chance** na sreću, za svaku eventualnost

off [ɔf] *s sport* desna strana (u kriketu)

off [ɔf] *vt* napustiti, povući se; otkloniti, odbiti

offal [ˈɔfəl] *s* 1. otpadak, ostaci, otpaci od mesa, utroba, iznutrice 2. strvina, smrdljivo meso 3. bezvrijedna riba 4. mekinje, posije 5. smeće, talog, izmet

off-beat [ˌɔfˈbiːt] *adj coll* nekonvencionalan, neuobičajen

offcast [ˈɔfkaːst] *adj* odbačen, izbačen

offcast [ˈɔfkaːst] *s* odbačenik, izopćenik

off-drive [ˈɔfdraiv] *s* postrana, pokrajna cesta

offence (**offense**) [əˈfens] *s* 1. *mil* napad, navala 2. uvreda, povreda, vrijeđanje, smutnja 3. prijestup, prekršaj, povreda | **no ~!** bez uvrede!; **to give ~ to** uvrijediti; **to take ~ at** biti, osjećati se povrijeđen, uvrijediti se

offenceless [ɔˈfenslis] *adj* bezazlen, koji ne vrijeđa

offend [əˈfend] *vi/t* **I.** *vi* pogriješiti, zgriješiti, ogriješiti se o **II.** *vt* povrijediti, uvrijediti, vrijeđati, ljutiti, razljutiti | **to be ~ed** ljutiti se, biti uvrijeđen

offendedly [əˈfendidli] *adv* uvrijeđeno

offender [əˈfendə] *s* vrijeđalac, grešnik; *jur* prekršitelj, prijestupnik, krivac | **first ~** osoba koja nije bila prije kažnjavana; **old ~** osoba koja je bila često kažnjavana, okorjeli prijestupnik, povratnik, recidivist

offending [əˈfendiŋ] *adj* (**~ly** *adv*) koji vrijeđa, uvredljiv

offensive [əˈfensiv] *adj* (**~ly** *adv*) 1. napadački, navalni, ofenzivan 2. uvredljiv, sablažnjiv 3. odvratan, neugodan

offensive [əˈfensiv] *s* napad, navala, ofenziva

offer [ˈɔfə] *s* ponuda, nuđanje, ženidbena ponuda; *com* ofert, ponuda; ponuđena cijena, *st exch* ponuda | **on ~** ponuđen na prodaju; **to be open to an ~** biti spreman razmotriti ponudu

offer [ˈɔfə] *vt/i* **I.** *vt* 1. nuditi, ponuditi, staviti na raspolaganje; nuditi na prodaju 2. žrtvovati, prinijeti kao žrtvu 3. davati otpor, prisiliti, vršiti nasilje 4. izreći; pružiti; prikazati 5. ponuditi; namjeravati; pokušati **II.** *vi* 1. žrtvovati, prinijeti žrtvu 2. nuditi se, prikazivati se, pokazati se | **to ~ one's hand** ispružiti ruku; **to ~ one's hand in marriage** ponuditi ruku, ponuditi brak; **to ~ violence** upotrijebiti silu; **to ~ resistance** oduprijeti se; **to ~ a remark** primijetiti; **as occasion ~s** već prema prilici, kako se pruži prilika

offerer [ˈɔfərə] *s* nudilac, onaj koji žrtvuje, prinosi žrtvu

offering [ˈɔfəriŋ] *s* žrtvovanje, žrtva; ponuda, dar

offertory [ˈɔfətəri] *s eccl* ofertorij, uvodna molitva; sabiranje milodara u crkvi | **~-box** škrabica za milodare u crkvi

offhand [ˌɔfˈhænd] *adv* smjesta, bez okolišanja, brzo, bez pripreme, improvizirano

offhand [ˌɔfˈhænd] *adj* nepripravan, improviziran; nevezan, neusiljen; neuljudan, neučtiv

offhanded [ˌɔfˈhændid] *adj* (**~ly** *adv*) nepripravan; nevezan, neusiljen; neuljudan, neučtiv

office [ˈɔfis] *s* 1. usluga, pažnja; služba, posao, zvanje; zanimanje, namještenje; zadatak 2. javna, državna služba, funkcija, položaj 3. *eccl* oficij, posebna služba u crkvi 4. ured, poslovnica, pisarna; podružnica, ispostava; ministarski ured, ministarstvo 5. *pl* kuhinjske, gospodarske zgrade, nusprostorije 6. osiguravajuće društvo 7. *sl* znak, mig | **to take ~** nastupiti, preuzeti službu; **to leave ~**, **to resign ~** napustiti službu; *sl* **to give the ~** dati znak; mig; *sl* **to take the ~** primiti na znanje neki mig, poslužiti se migom; **to come into ~** nastupiti službu; **to hold an ~** zauzimati položaj; **good ~s** usluge; **booking ~** blagajna za prodaju putnih karata; **box-~** blagajna za prodaju úlaznica

office-bearer [ˈɔfisˌbɛərə] *s* vršilac neke funkcije, funkcionar

office-boy [ˈɔfisbɔi] *s* uredski teklić, podvornik, kurir, administrativni manipulant

office-clerk [ˈɔfisklaːk] *s* činovnik

office-holder [ˈɔfisˌhəuldə] *s* vršilac neke funkcije, funkcionar

office-hours [ˈɔfisˌauəz] *s pl* radno vrijeme, uredovni sati, primanje stranaka

officer [ˈɔfisə] *s* 1. činovnik; državni činovnik; funkcionar; vršilac dužnosti 2. sudski poslužitelj; policajac, pandur 3. *mil* & *mar* oficir, časnik | **Naval ~s** pomorski oficiri; **Army ~s** oficiri kopnene vojske; **the ~ of the day** oficir u službi, dežurni oficir; **~ of the guard** komandir straže; **personnel ~** kadrovik; **safety ~** referent zaštite pri radu; **duty ~** dežurni

officer [ˈɔfisə] *vt* opskrbiti, popuniti oficirima; voditi

office-seeker [ˈɔfisˌsiːkə] *s* kandidat za neki položaj, čovjek koji se otimlje za javnom službom

official [əˈfiʃl] *s* činovnik, funkcionar, dužnosnik; *eccl jur* biskupijski činovnik, predsjednik biskupijskog suda | **~s** *pl* činovništvo, činovnici

official [əˈfiʃl] *adj* (**~ly** *adv*) 1. služben, oficijelan; koji je u javnoj službi; službeno ovlašten 2. *med* u skladu s farmakopejom, naveden u knjizi lijekova 3. svečan, formalan

officialdom [əˈfiʃəldəm] *s* činovništvo, činovnici; birokratizam

officialese [əˌfiʃəˈliːz] *s* birokratski jezik, uredski stil

officialism [əˈfiʃəlizəm] *s* činovništvo; birokratizam

officialize [əˈfiʃəlaiz] *vt* dati služben značaj; urediti, izdati naredbe; nadzirati, kontrolirati

officiant [ɔˈfiʃiənt] *s eccl* svećenik koji služi misu, misnik

officiary [ɔˈfiʃiəri] *adj* služben

officiate [əˈfiʃieit] *vi* vršiti službu; služiti misu; vršiti dužnost, fungirati

officinal [ˌɔfiˈsainl] *adj* (**~ly** *adv*) *med* & *pharm* koji se upotrebljava u medicini ili farmakopeji, gotov (lijek) u ljekarni napravljen prema farmakopeji, naveden u farmakopeji

officious [əˈfiʃəs] *adj* (**~ly** *adv*) pretjerano uslužan, revan, nametljiv; *dipl* poluslužben, oficiozan, nevezan, neobvezatan

officiousness [əˈfiʃəsnis] *s* pretjerana uslužnost, revnost, nametljivost

offing [ˈɔfiŋ] *s mar* pučina pred lukom, otvoreno more pred tjesnacima koji vode u luku | **in the ~** na otvorenom moru, na pučini, udaljen od obale; *fig* u stanovitoj udaljenosti; *fig* na vidiku

offish [ˈɔfiʃ] *adj coll* povučen, hladan, ukočen, neprijazan, rezerviran

offishness [ˈɔfiʃnis] *s* povučenost; hladnoća, ukočenost, neprijaznost, rezerviranost

off-licence [ˈɔfˌlaisəns] *s* dozvola za prodaju alkoholnih pića; trgovina koja ima dozvolu za prodaju alkoholnih pića

off-peak [ˈɔfpiːk] *adj* izvan glavne sezone, izvansezonski

offprint [ˈɔfprint] *s* otisak; poseban otisak, separat

off-putting [ˈɔfˌputiŋ] *adj* odbojan

offscourings [ˈɔfˌskauəriŋz] *s pl* smeće; talog; *fig* ološ

offset [ˈɔfset] *s* 1. polazak, odlazak (na put) 2. izdanak, mladica; obronak; ogranak (& *fig*) 3. protuzahtjev; protuvrijednost, naknada; protuteža; izjednačenje, poravnanje 4. *geom* ordinata 5. *archit* izbočen sloj, izbočina u zidu 6. *tech* zavoj (u cijevi) 7. *print* ofset

offset [ˈɔfset] *vt/i US* **I.** *vt* 1. izjednačiti, nadoknaditi, izravnati, poravnati, učiniti neškodljivim; ublažiti, djelovati kao protuteža 2. načiniti izbočinu (na zidu) **II.** *vi* granati se, odvojiti se

offshoot [ˈɔfʃuːt] *s* mladica, izdanak; ogranak (& *fig*)

off-shore [ˈɔfʃɔː] *adj* obalni; s kopna na more, kopneni; vanjski, inozemni

offside [ˌɔfˈsaid] *s sport* ofsajd

offspring [ˈɔfspriŋ] *s* potomak, potomstvo; *fig* tvorevina, plod, rezultat, posljedica

off-stage [ˈɔfsteidʒ] *adj* zakulisni, izvan pozornice; u privatnom životu

off-street [ˈɔfstriːt] *adj* u pokrajnoj ulici

offtake [ˈɔfteik] *s* kupovina, kupovanje (robe); odbitak

off-the-record [ˌɔfðəˈrekɔːd] *adj* povjerljiv, koji nije za javnost

off-time [ˈɔftaim] *s* slobodno vrijeme

off-white [ˈɔːfwait] *adj* žućkastobijeli, sivobijeli

oft [ɔft] *adv poet* često

often [ˈɔfn] *adv* često, više puta

often [ˈɔfn] *adj arch* čest

ofttimes [ˈɔfttaimz] *adv arch* često

ogee [ˈəudʒiː] *s archit* ukras u obliku slova S, S-profil, valovito užljebljenje, karnis

ogee [ˈəudʒiː] *adj archit* koji ima valovit oblik

ogival [əuˈdʒaivl] *adj archit* koji ima šiljat oblik, gotski

ogive [ˈəudʒaiv] *s archit* šiljat luk, dijagonalno rebro gotskog luka; *mil* prednji dio topovskog zrna

ogle [ˈəugl] *s* očijukanje, zaljubljen pogled

ogle [ˈəugl] *vi/t* očijukati, zaljubljeno gledati

ogler [ˈəuglə] *s* onaj koji zaljubljeno gleda, očijuka

ogre (oger) [ˈəugə] *s* ljudožder, neman (iz bajke)

ogreish [ˈəugəriʃ] *adj* ljudožderski

ogress [ˈəugris] *s* ljudožderka (iz bajke)

oh [əu] *interj* → **o**

ohm [əum] *s* om

oho [əuˈhəu] *interj* oho!

oil [ɔil] *s* ulje; nafta; *pl* uljene boje, uljene slike, »ulja« | *fig* **to pour ~ on the flames** lijevati ulje u vatru; **to smell of ~** odavati savjestan rad; **to burn the midnight ~** raditi, čitati do kasno u noć; **~ & vinegar** suprotne stvari, nespojivi pojmovi; **to paint in ~s** slikati uljenim bojama; **to strike ~** naići na, pronaći naftu; *fig* imati sreću, naići na što povoljno; *fig* **to pour ~ on the waters** izgladiti stvar, stišati, smiriti, izmiriti

oil [ɔil] *vt/i* uljiti, nauljiti, namazati uljem, podmazati (& *fig*); postati uljevit | **to ~ one's hand** podmititi, potkupiti koga; *fig* **to ~ the wheels** nauljiti kotače; podmazati (mitom); **to ~ one's tongue** laskati, dodvoravati se

oil-bag [ˈɔilbæg] *s* 1. *anat* & *zool* lojna žlijezda 2. kesa za tiještenje uljevitih plodova 3. *mar* uljem impregnirana vreća

oil-bearing [ˈɔilˌbɛəriŋ] *adj* naftonosan

oil-cake [ˈɔilkeik] *s* uljana pogača od lanenog sjemena (kao hrana za stoku)

oil-can [ˈɔilkæn] *s* limena posuda za podmazivanje

oil-cloth [ˈɔilklɔθ] *s* voštana tkanina, voštano platno

oil-colour [ˈɔilˌkʌlə] *s* uljena boja

oiler [ˈɔilə] *s* onaj koji ulji, podmazuje; limenka za ulje (za podmazivanje); naftaš (brod); *sl* laskavac, udvorica

oil-field [ˈɔilfiːld] *s* naftonosno polje

oilman [ˈɔilmən] *s* (*pl* **oilmen** [ˈɔilmən]) trgovac uljem ili uljenim bojama

oil-paint [ˌɔilˈpeint] *s* uljena boja

oil-painting [ˌɔilˈpeintiŋ] *s* slikanje uljenim bojama; uljena slika, »ulje«

oil-paper [ˈɔilˌpeipə] *s* nauljeni papir, masni papir

oil-rig [ˈɔilrig] *s* bušaća platforma, platforma za podmorsko bušenje

oilskin [ˈɔilskin] *s* nauljeno platno, odijelo od nauljenog platna, nepromočiva odjeća

oil-slick [ˈɔilslik] *s* naftna mrlja na moru

oil-stone [ˈɔilstəun] *s* zrnat kamen za brušenje

oil-tanker [ˈɔilˌtæŋkə] *s* tanker za prijevoz nafte

oilwell [ˈɔilwel] *s* izvor nafte

oily [ˈɔili] *adj* (**oilily** *adv*) uljan, uljevit; mastan, zamazan; *fig* laskav, slatkorječiv, sklizav; zanosan, pobožnjački

ointment [ˈɔintmənt] *s* *med* mast, pomast

okay [ˌəuˈkei] *adj* *coll* u redu

old [əuld] *adj* 1. star, drevan, vremešan, ostario 2. star, iskusan, prepreden 3. istrošen, ponošen, otrcan; *coll* velik, obilan; sjajan 4. vrlo star, davno prošao; dobro poznat, prisan; *fam* drag, star 5. starinski; prijašnji, nekadašnji, bivši; zastario, nemoderan, antikan | **the ~** starci; **young & ~** staro i mlado; svi; **~ man of the sea** osoba koje se teško riješiti, nametljivac; *mar* **~ man** kapetan broda, stari, barba; *coll* **my ~ man** moj stari, otac, muž, suprug; *bot* **~ man's beard** vrsta mahovine, vrsta biljke penjačice; **an ~ head on young shoulders** mudar, iskusan mlad čovjek; **~ bird** prepreden čovjek; **~ hand** iskusan radnik, dobar stručnjak; **~ stager** iskusan čovjek, radnik; *geol* **~ red sandstone** sloj pješčanika ispod karbona (kamenougljene formacije); **~ boy** stari drug (osobito u vokativu: stari druže, stari prijatelju!); bivši đak neke škole; *sl* **~ bean** stari drug, student; *coll US* **~ timer** veteran, čovjek duga iskustva, staromodan čovjek ili predmet; **~ age** starost; **~ age pension** starosna penzija, mirovina; **~ Glory** američka zastava; **~ country** stari kraj; **one's ~ school** škola koju je čovjek nekoć polazio; **~ guard** stara garda; **~ Harry** đavo

old [əuld] *s* davnina, starina, staro doba | **of ~** od starine, u starini, nekada; **from ~** od starine, od davnine

old-clothesman [ˌəuldˈkləuðzmæn] *s* (*pl* **old-clothesmen** [ˌəuldˈkləuðzmen]) staretinar

olden [ˈəuldən] *adj* *arch* star, starinski, nekadašnji

olden [ˈəuldən] *vt/i* stariti, ostariti; učiniti starim

old-fashioned [ˌəuldˈfæʃənd] *adj* staromodan

old-fogyish [ˌəuldˈfəugiiʃ] *adj* staromodan, starinski

old-gentlemanly [ˌəuldˈdʒentlmənli] *adj* koji je poput stara gospodina

oldish [ˈəuldiʃ] *adj* postar, postariji, dosta star

old-maidish [ˌəuldˈmeidiʃ] *adj* usidjelički

oldness [ˈəuldnis] *s* starost, starina

oldster [ˈəuldstə] *s* *coll* star čovjek

old-time [ˈəuldtaim] *adj* star, starinski, staromodan

old-womanish [ˌəuldˈwumənіʃ] *adj* bapski, koji je kao stara žena

old-womanly [ˌəuldˈwumənli] *adj* bapski, koji je kao stara žena

old-world [ˌəuldˈwəːld] *adj* star, starinski, starosvjetski, zastario; koji se odnosi na istočnu polutku

oleaginous [ˌəuliˈædʒinəs] *adj* uljan, uljast, uljevit, mastan

oleander [ˌəuliˈændə] *s* *bot* oleandar

oleaster [ˌəuliˈæstə] *s* *bot* divlja maslina

oleograph [ˈəuliəgraːf] *s* oleografija

olfaction [ɔlˈfækʃən] *s* njuh, osjetilo mirisa

olfactory [ɔlˈfæktəri] *adj* *anat* njušni, olfaktorni

olfactory [ɔlˈfæktəri] *s* *anat* organ za njuh

olibanum [ɔˈlibənəm] *s* tamjan

oligarch [ˈɔligaːk] *s* oligarh, član oligarhije

oligarchic [ˌɔliˈgaːkik] *adj* (**~ally** *adv*) oligarhijski

oligarchy [ˈɔligaːki] *s* oligarhija

oligocene [ɔˈligəsiːn] *adj* *geol* oligocen (srednji dio tercijara)

olio [ˈəuliəu] *s* jelo od raznih vrsta mesa; *fig* smjesa, zbrka

olivaceous [ˌɔli'veiʃəs] *adj* maslinaste boje, zelenkast
olive ['ɔliv] *s bot* maslina, maslinovo drvo; maslinasta boja; *pl* jelo od sjeckane govedine (teletine) s maslinama; *zool* vrsta mekušaca; predmet (osobito puce) u obliku masline; *fig* maslinova grana kao znak mira
olive ['ɔliv] *adj* maslinaste boje, zelenkast
olive-branch ['ɔlivbraːntʃ] *s* 1. maslinova grančica; grančica mira 2. potomak | **to hold out the** ~ pružiti grančicu mira, ponuditi mir
olive-coloured ['ɔlivˌkʌləd] *adj* maslinaste boje, maslinast, zelenkast
olive-drab ['ɔlivdræb] *s US* službeni naziv za zelenosmeđu boju uniformi američke vojske
olive-oil [ˌɔliv'ɔil] *s* maslinovo ulje
oliver ['ɔlivə] *s* vrsta malena čekića (za obradu čavala)
olive-tree ['ɔlivtriː] *s bot* maslinovo stablo, maslina
olive-wood ['ɔlivwud] *s* maslinik
Olympiad [əu'limpiæd] *s* olimpijada, Olimpijske igre
Olympian [əu'limpiən] *adj* olimpski, božanski; *fig* uzvišen, veličanstven; nadmoćan
Olympian [əu'limpiən] *s* stanovnik Olimpa, grčki bog, Olimpijac (& *fig*)
Olympic [əu'limpik] *adj* olimpijski | **the** ~ **games** Olimpijske igre
ombre ['ɔmbə] *s* kartaška igra (popularna u 17. i 18. stoljeću)
ombudsman ['ɔmbudzmən] *s* parlamentarni zaštitnik prava građana od samovolje državnih organa vlasti
omega ['əumigə] *s* omega; posljednja riječ; *fig* konačni razvoj, konačni stadij | **alpha and** ~ početak i kraj, alfa i omega
omelet(te) ['ɔmlit] *s* omlet | *fig* **you cannot make an** ~ **without breaking eggs** ako želiš što postići, moraš pridonijeti žrtve; bez muke nema nauke; ne možeš imati ovce i novce
omen ['əumen] *s* znamenje, slutnja, koban znak
omen ['əumen] *vt* proricati, slutiti na što
ominous ['ɔminəs] *adj* (~**ly** *adv*) koban, zloslutan, prijeteći; značajan
omissible [əu'misibl] *adj* koji se može ispustiti, izostaviti
omission [ə'miʃn] *s* ispuštanje, izostavljanje; propust
omissive [ə'misiv] *adj* koji ispušta, izostavlja
omit [ə'mit] *vt* ispustiti, izostaviti; zaboraviti, ne opaziti, propustiti, zanemariti, preskočiti
omnibus ['ɔmnibəs] *s* omnibus
omnibus ['ɔmnibəs] *adj* opći, skupni
omnifarious [ˌɔmni'fɛəriəs] *adj* svakovrstan, svakojak, raznolik, raznovrstan
omnipotence [ɔm'nipətəns] *s* svemoć, svemogućnost
omnipotent [ɔm'nipətənt] *adj* (~**ly** *adv*) svemoguć, svemoćan
omnipresence [ˌɔmni'prezəns] *s* posvudašnjost, sveprisutnost
omnipresent [ˌɔmni'prezənt] *adj* (~**ly** *adv*) posvudašnji, sveprisutan
omniscience [ɔm'nisiəns] *s* sveznanje
omniscient [ɔm'nisiənt] *adj* (~**ly** *adv*) sveznajući
omnivorous [ɔm'nivərəs] *adj* (~**ly** *adv*) koji sve jede, svežderački
on [ɔn] *prep* 1. na (~ *the wall* na zidu, ~ *the piano* na klaviru, ~ *foot* pješice); kod, pri (*have you a match* ~ *you?* imate li kod sebe šibice?; ~ *the Times* zaposlen kod Timesa); na (~ *sale* na prodaju; ~ *my honour* časti mi) 2. na temelju, zbog; od (*to live* ~ *annuity* živjeti od rente; *imprisonment* ~ *suspicion* pritvor na temelju sumnje) 3. tik do, na, uz, prema (*house* ~ *the shore* kuća uz obalu; *they marched* ~ *London* oni su pošli prema Londonu; *coll:* ***this is*** ~ ***me*** to ide na moj račun) 4. oznaka vremena: na (~ *the third of May* 3. svibnja; ~ *Sundays* nedjeljom, ~ *Sunday* u nedjelju; ~ *the eve* uoči; ~ *time* na vrijeme, točno); nakon, poslije (~ *further consideration* nakon daljeg razmišljanja; ~ *this occasion* tom prigodom); neposredno poslije (~ *publication* odmah poslije objavljivanja) 5. o, u vezi sa, nad (*to think* ~ razmišljati o; *work tells severely* ~ *him* rad mu jako škodi) | ~ **an average** u prosjeku, prosječno; ~ **the contrary** naprotiv, nasuprot; ~ **the whole** u cjelini, u cijelosti; ~ **purpose** namjerno, hotice, navlaš; ~ **the instant** odmah, smjesta; ~ **fire** u plamenu; ~ **duty** na dužnosti, u službi; ~ **foot** pješice, pješke; **the joke is** ~ **him** svi mu se smiju
on [ɔn] *adv* 1. na (*to have a coat* ~ imati kaput na sebi) 2. smjer: dalje, naprijed (*to go* ~ ići dalje, nastaviti; *later* ~ kasnije; *and so* ~ i tako dalje; *to be* ~ prikazivati se, igrati, davati se, biti na programu, biti za što, sudjelovati, biti u toku, biti uključen; *sl* biti pripit, pijan; ~ *to* van, prema; *to step* ~ *to the balcony* izaći na balkon) | ~ **and off** katkada, od vremena do vremena; ~ **and** ~ neprestano, sve dalje; **the gas is** ~ plin gori, plin je otvoren; **the play is** ~ komad se prikazuje
on [ɔn] *adj sport* koji je s lijeve strane (u kriketu) | **an** ~ **drive** udarac koji tjera loptu prema lijevoj strani igrališta; ~ **licence** dozvola za točenje pića samo u lokalu

on [ɔn] *s sport* lijeva strana (u kriketu)
onager ['ɔnəgə] *s zool* vrsta azijskog divljeg magarca; *hist* vrsta katapulta
onanism ['əunənizəm] *s* onanija
onanist ['əunənist] *s* onanist
on-carriage ['ɔnˌkæridʒ] *s US* dalja otprema, dalja vozarina
once [wʌns] *adv* jedanput, jednom, jednoć; ikada, uopće, samo; nekada | ~ **for all** jednom zasvagda, konačno; ~ **in a while (way)** vrlo rijetko; ~ **and away** jednom zasvagda, konačno; **at** ~ odmah, smjesta; **all at** ~ najednom, iznenada; **for** ~ ovaj put, izuzetno, iznimno; ~ **and again** katkad, povremeno; ~ **bitten twice shy** tko se jednom opeče, taj i na mrzlo puše; **more than** ~ češće, više puta; **not** ~ nikada; ~ **more** još jedanput; ~ **upon a time** nekoć
once [wʌns] *conj* čim, kad
once [wʌns] *s* jedanput
once-over ['wʌnsˌəuvə] *s US coll* brz pogled od glave do pete, letimičan pogled, površan pregled
oncer ['wʌnsə] *s coll* čovjek koji neku dužnost izvrši samo iznimno
oncoming ['ɔnˌkʌmiŋ] *s* pridolaženje, nadolaženje, primicanje
oncoming ['ɔnˌkʌmiŋ] *adj* koji pridolazi, nailazi, nadolazeći | ~ **traffic** promet iz suprotnoga smjera
oncost ['ɔnkɔst] *s com* dodatni trošak
on-drive ['ɔndraiv] *vt sport* udariti (loptu) tako da pođe prema lijevoj strani igrališta (u kriketu)
one [wʌn] *adj* 1. jedan jedini; neki; nekakav 2. isti, istovjetan, jedinstven | **to become** ~ spojiti se, sjediniti se; **in the year** ~ davno; **they came by** ~**s and twos** dolazili su po jedan, po dva; **never a** ~ nijedan; **ten to** ~ deset naprama jedan; vrlo vjerojatno; **all in** ~ istodobno, zajedno; **it is** ~ **too many for him** ovo mu je za jedan (stupanj) previše, preteško; **it is all** ~ **to me** to mi je svejedno; ~ **and all** svi zajedno i svaki pojedinac; ~ **by** ~ jedan po jedan, jedan za drugim; ~ **after another** jedan za drugim; ~ **with another** jedno s drugim, prosječno; ~ .... **the other** jedan ... drugi (npr. *one is white, the other is yellow*); ~ **another** jedan drugoga, jedan drugomu, među sobom; *fig* ~ **in the eye** obrisač, prigovor; **to make** ~ **of** pripadati komu (čemu), biti sastavni dio koga (čega); **number** ~ ono što je prvorazredno, prvoklasno; vlastita korist, probitak; **I for** ~ što se mene tiče
one [wʌn] *pron* 1. netko, itko, tkogod, bilo tko, tko mu drago 2. jedan (za zamjenu imenice ili pridjeva: *the programme is a compromise* ~ ovaj program je kompromis; *the little* ~ mališan) | **little** ~**s** djeca; **many a** ~ mnogi ljudi; **the Holy One, One above** Bog, božanstvo; **the evil one** đavo, sotona
one [wʌn] *s* jedan, pojedinac, pojedini predmet; čovjek; jedinica, broj jedan | ~ **and all** svi zajedno i pojedinačno; **you are a** ~ ti si čudak
one-armed [ˌwʌn'aːmd] *adj* jednoruk | ~ **bandit** automat za hazardne igre
one-eyed [ˌwʌn'aid] *adj* jednook
onefold ['wʌnfəuld] *adj* jednostruk
one-horse [ˌwʌn'hɔːs] *adj* koji ima jednog konja, jednoprežan; *US coll* bijedan, jadan; malen
one-legged [ˌwʌn'legd] *adj* jednonog
oneness ['wʌnnis] *s* jedinstvo, jedinstvenost, jednodušnost; jednakost, istovjetnost; ujedinjenost, sklad, sloga
oner ['wʌnə] *s sl* izvanredna stvar ili osoba, majstor; *fam* udarac | **a** ~ **at** vještak u čemu; **he gave him a** ~ zadao mu je oštar udarac
onerous ['ɔnərəs] *adj* (~**ly** *adv*) tegoban, težak
onerousness ['ɔnərəsnis] *s* tegobnost, težina
oneself [wʌn'self] *pron* sam sebe, sebi, se | **of** ~ sam od sebe; **by** ~ sam, vlastitim snagama; **to be** ~ biti neusiljen
onesided [ˌwʌn'saidid] *adj* (~**ly** *adv*) koji naginje na jednu stranu, jednostran, pristran; nejednak, nesimetričan
one-sidedness [ˌwʌn'saididnis] *s* jednostranost, pristranost
one-step ['wʌnstep] *s* step, vrsta fokstrota
one-storied [ˌwʌn'stɔːrid] *adj* jednokatan, na jedan kat
one-time ['wʌntaim] *adj* nekadašnji, svjejedobni
one-track ['wʌntræk] *adj* jednostruk; jednotračan; *fig* jednostran, ograničen | ~ **mind** ograničen mozak
one-way ['wʌnwei] *adj* jednostran | ~ **street** jednosmjerna ulica
onfall ['ɔnfɔːl] *s* napad, prepad
ongoings ['ɔnˌgəuiŋz] *s pl* zbivanja, pojave; postupci
onion ['ʌnjən] *s bot* luk; *aero* svjetlosna raketa, svjetlosni metak; *sl* urođenik otočja Bermuda | **off one's** ~ *sl* lud, poremećen; ~ **dome** zaobljena kupola (kao na ruskoj crkvi)
onion-skin ['ʌnjənskin] *s* kožica luka; tanak, čvrst, proziran papir
oniony ['ʌnjəni] *adj* koji ima luka, koji je poput luka
on-licence ['ɔnˌlaisəns] *s* dozvola točenja alkoholnih pića samo u lokalu
onlooker ['ɔnˌlukə] *s* gledalac, promatrač
only ['əunli] *adj* jedini, sam, jedinstven
only ['əunli] *adv* samo, jedino | ~ **not** malone, gotovo; ~ **just** upravo, tek, baš; **if** ~ samo kad, samo da

only ['əunli] *conj* samo što, ipak; međutim; kad ne bi bilo
only-begotten ['əunlibi'gɔtən] *adj* jedinorođen
onomastic [ˌɔnə'mæstik] *adj* koji se tiče imena, onomastički
onomatopoeia [ˌɔnəmətə'piːə] *s* onomatopeja
onomatopoeic [ˌɔnəmətə'piːik] *adj* (**~ally** *adv*) onomatopejski
onrush ['ɔnrʌʃ] *s* napad, juriš; nastup, napadaj
onset ['ɔnset] *s* napad, napadaj, nalet, juriš; početak
on-shore ['ɔnʃɔː] *adj* s mora prema kopnu
onslaught ['ɔnslɔːt] *s* snažan napad, juriš, nalet
onto ['ɔntu] *prep* → **on**
ontological [ˌɔntə'lɔdʒikl] *adj phil* ontološki
ontology [ɔn'tɔlədʒi] *s phil* ontologija
onus ['əunəs] *s Lat* teret, dužnost, odgovornost | **~ of proof** teret dokaza
onward ['ɔnwəd] *adj* (**~ly** *adv*) koji ide prema naprijed, dalji
onward(s) ['ɔnwəd(z)] *adv* naprijed, prema naprijed, dalje
onyx ['ɔniks] *s minr* oniks
oodles ['uːdlz] *s sl* sva sila, izobilje, pretičak
oof [uːf] *s sl* novac, gotovina; bogatstvo
oof-bird ['uːfbəːd] *s sl* bogata osoba; izvor novaca
oofy ['uːfi] *adj sl* vrlo bogat
oolite ['əuəlait] *s geol* oolit
oolitic [ˌəuə'litik] *s geol* oolitski
oology [əu'ɔlədʒi] *s ornith* proučavanje i sabiranje ptičjih jaja; nauka o ptičjim jajima
oomph [uːmf] *s sl* seksepil
ooze[1] [uːz] *s* mulj, blato, glib; *fig* zbrka, nered, darmar
ooze[2] [uːz] *s* ekstrakt za štavljenje, štava
ooze[3] [uːz] *s* prokapana, procurena, procijeđena tekućina, iscjedak
ooze [uːz] *vi/t* **I.** *vi* prokapati, procuriti, curiti, probijati, polagano otjecati **II.** *vt* propustiti vodu, vlagu; *fig* izaći na vidjelo
oozy ['uːzi] *adj* (**oozily** *adv*) muljevit, blatan, glibovit; vlažan
opacity [əu'pæsiti] *s* neprozirnost; *fig* tama
opal ['əupl] *s minr* opal; *com* napola prozirno bijelo staklo
opalescence [ˌəupə'lesns] *s* opalescencija, prelijevanje poput opala, opaliziranje
opalescent [ˌəupə'lesnt] *adj* koji se prelijeva kao opal
opaline ['əupəlain] *adj* koji je kao opal, koji se prelijeva
opaline ['əupəliːn] *s* **napola prozirno bijelo staklo**
opaque [əu'peik] *adj* (**~ly** *adv*) neproziran, nepropustan; *fig* taman, nejasan; tup, koji polagano shvaća, ograničen
opaque [əu'peik] *s fig* tama, tmina; ograničenost
ope [əup] *vt/i poet* → **open**
open ['əupn] *adj* 1. otvoren; slobodan, nezauzet 2. nepokriven, otkrit, izložen 3. nesložen, nesavijen 4. probušen, porozan; isprekidan 5. slobodan, nevezan 6. blag (zima) 7. *fig* očit, jasan; javan 8. otvoren, iskren; darežljiv; gostoljubiv (kuća) 9. *com* otvoren, tekući (račun); neodlučan, neriješen 10. pristupačan | **in the ~ air** vani, pod vedrim nebom; **to lay ~** izložiti, otvoriti, rastvoriti; **with ~ ears** vrlo pažljivo (slušati), **with ~ mouth** otvorenih usta (od proždrljivosti, gluposti, čuđenja itd.); **an ~ mind** otvorena glava, bistar čovjek, osoba bez predrasuda; **to keep ~ doors** (ili **house**) biti gostoljubiv, rado primati goste; **to force an ~ door** probijati otvorena vrata; **~ time** vrijeme kad je dopušteno loviti divljač; **~ weather** vrijeme bez mraza; **~ country** ravnica; širok vidik; *fig* **~ book** otvorena knjiga, iskrena osoba; **~ ice** led kroz koji se može ploviti; **with ~ arms** srdačno, objeručke, raširenih ruku; **with ~ hand** darežljivo; **to throw ~ for** pripremiti, urediti; otvoriti komu; **to keep one's eyes (ears) ~** budno paziti; *com & pol* **the ~ door** zemlja koja omogućuje trgovinu svim narodima; *US* **~ shop** poduzeće u kojem se ne pravi razlika između sindikalno organiziranih i neorganiziranih radnika; provođenje takve politike; **an ~ town** nezaštićen grad, otvoren grad; **~ competition** slobodna konkurencija; **~ question** otvoreno pitanje; **~ to conviction** koji se dade uvjeriti; **~ manner** prirodno ponašanje, iskrenost; **~ force** gola sila; **~ to criticism** podložan kritici; **~ to argument** pristupačan razlozima; **~ character** otvoren, iskren karakter; **~ contempt** otvoren, neskriven prezir; **~ prison** zatvor otvorenog tipa; **~ sea** otvoreno more; **~ house** primanje bez pozivnica, otvorena kuća za zvane i nezvane; **~ secret** javna tajna
open ['əupn] *s* | **the ~** otvoren prostor; svjež zrak; otvoreno more, pučina
open ['əupn] *vt/i* **I.** *vt* 1. otvoriti; urediti (dućan), posvetiti (kuću) 2. učiniti prohodnim, osloboditi od zapreka, raskrčiti 3. *fig* otkriti, razotkriti, razviti, razastrti 4. *mar* ugledati 5. *fig* odati, otkriti, prokazati, širiti, proširiti 6. učiniti pristupačnim 7. početi, započeti, otvoriti (ples, debatu, parlament) **II.** *vi* 1. otvoriti se, biti otvoren (o prozoru, vratima); voditi u, gledati na (u vrt) 2. *fig* objaviti se, objasniti se, otkriti se, pokazati se (kop-

no) 3. otvoriti sjednicu, početi, započeti | **to ~ the ground** iskrčiti, izorati tlo; **to ~ bowels** pročistiti crijeva; **to ~ the door to** dati mogućnosti (za), dati priliku (za); **to ~ one's eyes** začuditi se, otvoriti začuđeno oči; **to ~ into (on to)** (o prozoru, vratima) voditi (u), gledati (na); **to ~ one's heart** otvoriti srce; **to ~ one's mind** otvoriti dušu; **to ~ fire** otvoriti vatru

open out ['əupn'aut] *vt/i* **I.** *vt* proširiti; razotkriti, razviti **II.** *vi* prostirati se, širiti se; postati povjerljiv, povjeriti se

open up ['əupn'ʌp] *vt/i* **I.** *vt* otvoriti, započeti; učiniti pristupačnim; saopćiti, otkriti, dati **II.** *vi* otvoriti se, pokazati se

open-air [ˌəupn'ɛə] *adj* koji se nalazi, događa na otvorenom, pod vedrim nebom, ljetni, vrtni

open-armed [ˌəupn'aːmd] *adj* topao, srdačan

open-door [ˌəupn'dɔː] *adj* otvorenih vrata | **~ policy** politika slobodnog uvoza

open-eared [ˌəupn'iəd] *adj* koji ima fin, izoštren sluh; pažljiv

opener ['əupnə] *s* otvarač, ključ (za konzerve); ključar, ključarica

open-eyed [ˌəupn'aid] *adj* budan; pažljiv

open-handed [ˌəupn'hændid] *adj* (**~ly** *adv*) darežljiv

open-handedness [ˌəupn'hændidnis] *s* darežljivost

open-hearted [ˌəupn'haːtid] *adj* (**~ly** *adv*) otvoren, iskren

opening ['əupniŋ] *s* otvaranje, otvorenje; otvor, rupa, prolaz, pukotina; čistina, proplanak; početak, uvodni dio; povoljna prilika, dobar izgled; slobodno radno mjesto | **~ night** praizvedba, premijera; **~ time** vrijeme otvaranja lokala

openly ['əupənli] *adv* otvoreno, iskreno; javno

open-minded [ˌəupn'maindid] *adj* (**~ly** *adv*) otvoren, iskren; bez predrasuda, nepristran

open-mouthed [ˌəupn'mauðd] *adj* otvorenih usta, zabezeknut; pohlepan

openness ['əupənnis] *s* 1. otvorenost, iskrenost 2. blagost (vremena)

open-work ['əupənwəːk] *s* (ženski ručni) rad s rupicama

opera ['ɔpərə] *s* opera

operable ['ɔpərəbl] *adj med* koji se može operirati, operabilan

opera-bouffe ['ɔpərə'buːf] *s* komična opera

opera-cloak ['ɔpərəkləuk] *s* (ženski) ogrtač za kazalište, pelerina

opera-dancer ['ɔpərəˌdaːnsə] *s* baletni plesač, baletna plesačica

opera-glasses ['ɔpərəˌglaːsiz] *s pl* kazališni dogled

opera-hat ['ɔpərəhæt] *s* cilindar koji se sklapa, klak

opera-house ['ɔpərəhaus] *s* opera (zgrada)

operant ['ɔpərənt] *adj* koji djeluje, djelotvoran

operant ['ɔpərənt] *s* onaj koji djeluje, operater

operate ['ɔpəreit] *vi/t* **I.** *vi* raditi, djelovati, funkcionirati; *med* operirati (*on*); *mil* vršiti operacije, nastupati, nadirati; *com* trgovati, špekulirati **II.** *vt* uzrokovati, proizvesti; poslovati; posluživati (stroj), staviti u pogon, tjerati, rukovati, regulirati; *fig* urediti, udesiti, regulirati; odrediti

operatic [ˌɔpə'rætik] *adj* (**~ally** *adv*) operni

operating ['ɔpəreitiŋ] *s med* operiranje | **~ room** dvorana za operacije; **~ theatre** operacijska dvorana; **~ table** operacijski stol; **~ costs** pogonski troškovi; **~ expenses** pogonski troškovi; **~ instructions** upute za rukovanje

operation [ˌɔpə'reiʃn] *s* 1. djelovanje, radnja, rad, funkcioniranje 2. ishod, posljedica 3. postupak, izvršenje; valjanost; svrha 4. pogon 5. *med* operacija, kirurški zahvat 6. *com* špekulacija, financijska transakcija 7. *math* & *mil* operacija | **to come into ~** proraditi; stupiti na snagu; **to put into ~** staviti (pustiti) u pogon; **the ~ to (for)** operacija na (vratu, slijepom crijevu); **to undergo an ~** podvrći se operaciji

operational [ˌɔpə'reiʃənl] *adj* operacioni, operacijski; operativan | **~ research** operacijska istraživanja; **~ costs** pogonski troškovi, **~ expenditure** pogonski troškovi

operative ['ɔpərətiv] *adj* (**~ly** *adv*) koji djeluje, djelotvoran; praktičan; *med* operativan, koji se tiče operacija; *tech* pogonski

operative ['ɔpərətiv] *s* radnik, tvornički radnik

operator ['ɔpəreitə] *s* onaj koji djeluje; pokretna, pogonska sila; operator, kirurg; *com* spekulant; poslovođa; upravitelj pogona; poduzetnik; *film* kino-operater; telefonist (na centrali); tehničar; mašinist, rukovalac strojem; *US sl* maher, varalica | **wireless ~** radio-telegrafist

operetta [ˌɔpə'retə] *s* opereta

ophicleide ['ɔfiklaid] *s mus* vrsta duhačkog instrumenta nalik na tubu

ophthalmia [ɔf'θælmiə] *s med* upala oka

ophthalmic [ɔf'θælmik] *adj* očni; bolesnih očiju

ophthalmology [ˌɔfθæl'mɔlədʒi] *s med* oftalmologija

opiate ['əupiət] *adj arch* koji sadrži opijum, koji uspavljuje

opiate ['əupiət] *s* opijat, lijek za uspavljivanje, sredstvo za ublažavanje bolova

opiate ['əupieit] *vt* pomiješati s opijumom

opine [əu'pain] *vt* misliti, smatrati, držati

opinion [ə'pinjən] *s* 1. mnijenje, mišljenje, nazor 2. sud 3. uvjerenje, osvjedočenje | **in my** ~ po mome mišljenju; **a matter of** ~ stvar shvaćanja; **to be of** ~ **that** ... smatrati da ...; **public** ~ javno mnijenje; ~ **poll** ispitivanje javnog mnijenja, anketa; **to have the courage of one's** ~ postupati u skladu sa svojim uvjerenjem

opinionated [ə'pinjəneitid] *adj* samouvjeren; tvrdoglav, tvrdokoran, uporan, svojeglav, nepopustljiv

opinionative [ə'pinjəneitiv] *adj* → **opinionated**

opium ['əupjəm] *s chem* opijum

opium ['əupjəm] *vt* liječiti opijumom

opium-den ['əupjəmden] *s* pušionica opijuma

opium-eater ['əupjəm,i:tə] *s* uživalac opijuma

opossum [ə'pɔsəm] *s zool* oposum (*Didelephys virginiana*) | *US sl* **to play** ~ praviti se bolestan, biti vrlo oprezan

oppidan ['ɔpidən] *adj* gradski (rijetko); eksterni, vanjski (đak u Etonu)

oppidan ['ɔpidən] *s* stanovnik grada (rijetko); eksterni učenik u Etonu

opponency [ə'pəunənsi] *s* oponiranje, protivništvo; suprotnost

opponent [ə'pəunənt] *adj* protivnički; suprotan; oprečan; nesklon

opponent [ə'pəunənt] *s* protivnik, konkurent

opportune ['ɔpətju:n] *adj* (~**ly** *adv*) prikladan, podesan, zgodan, povoljan; pravovremen, pravodoban

opportunism ['ɔpətju:nizm] *s* oportunizam, prilagođivanje, sporazumaštvo, prevrtljivost

opportunist ['ɔpətju:nist] *s* oportunist, sporazumaš, prevrtljivac

opportunity [,ɔpə'tju:niti] *s* prigoda, zgoda, povoljna prilika | **opportunities** *pl*

opportunity [,ɔpə'tju:niti] *s* prigoda, zgodu; ~ **makes the thief** prilika čini lopova

opposable [ə'pəuzəbl] *adj* (**opposably** *adv*) kojemu se može usprotiviti

oppose [ə'pəuz] *vt* suprotstaviti, staviti nasuprot; opirati se, oprijeti se, usprotiviti se, suprotstaviti se, odupirati se, oponirati; pobijati, kočiti, osujetiti

opposed [ə'pəuzd] *adj* protivan, suprotan, oprečan, sasvim različit

opposing [ə'pəuziŋ] *adj* suprotan, protivan, koji se protivi

opposite ['ɔpəzit] *adj* (~**ly** *adv*) suprotan, protivan, oprečan; različan | ~ **number** pandan, kolega; partner; **to be** ~ **to** biti nasuprot, sučelice čemu, biti potpuno različan (od); biti protivan čemu

opposite ['ɔpəzit] *s* suprotnost, opreka, oprečnost | **just the** ~ upravo obratno

opposite ['ɔpəzit] *s* suprot, nasuprot, na drugoj strani

opposite ['ɔpəzit] *prep* nasuprot

opposition [,ɔpə'ziʃn] *s* 1. suprotnost, protivnost; *astr* opozicija 2. opreka, proturječje, protuslovlje 3. otpor, protivljenje 4. *pol* opozicija 5. zapreka; *com* konkurencija | **in** ~ **to** u opreci sa; **to meet with** ~ naići na otpor

oppositional [,ɔpə'ziʃənl] *adj* suprotan, protivan, oprečan, opozicijski, opozicioni

oppositionist [,ɔpə'ziʃənist] *s* opozicionar

oppositive [ə'pɔzitiv] *adj* koji se protivi, suprotstavlja, oprečan

oppress [ə'pres] *vt* tištati, pritiskivati; tlačiti, ugnjetavati; deprimirati

oppression [ə'preʃn] *s* tištanje, pritisak; tlačenje, ugnjetavanje; tjeskoba, nevolja, bijeda, potištenost, deprimiranost

oppressive [ə'presiv] *adj* (~**ly** *adv*) koji tišti, tlači, ugnjetava; deprimantan; težak, sparan (zrak); okrutan, tiranski, ugnjetavački

oppressiveness [ə'presivnis] *s* pritisak, tlačenje; sparina

oppressor [ə'presə] *s* tlačitelj, ugnjetavač, tiranin

opprobrious [ə'prəubriəs] *adj* (~**ly** *adv*) pokudan, pogrdan; sraman, sramotan

opprobrium [ə'prəubriəm] *s* sramota, bruka

oppugn [ɔ'pju:n] *vt fig* pobijati, boriti se protiv; (*rijetko*) napadati, odupirati se čemu

oppugnancy [ɔ'pʌgnənsi] *s* protivljenje, otpor

opt [ɔpt] *vi* opirati, odlučiti se | **to** ~ **for** odlučiti se za nešto, izabrati nešto; **to** ~ **out** isključiti se, povući se

optative ['ɔptətiv] *adj* (~**ly** *adv*) *gram* optativni, željni

optative ['ɔptətiv] *s gram* optativ

optic ['ɔptik] *adj* (~**ally** *adv*) očni, vidni; optički

optical ['ɔptikl] *adj* (~**ly** *adv*) optički | ~ **illusion** optička varka

optician [ɔp'tiʃn] *s* optičar

optics ['ɔptiks] *s pl* (*sg constr*) optika; *hum* oči

optimal ['ɔptiməl] *adj* optimalan

optimates [,ɔpti'meiti:z] *s pl Rom hist* optimati; plemstvo, velikaši

optime ['ɔptimi] *s Cambridge univ* student koji je na ispitu iz matematike dobio ocjenu drugog ili trećeg stupnja

optimism ['ɔptimizm] *s* optimizam

optimist ['ɔptimist] *s* optimist

optimistic [,ɔpti'mistik] *adj* (~**ally** *adv*) optimistički

optimum ['ɔptiməm] *adj* optimalan

optimum ['ɔptiməm] *s* optimum

option ['ɔpʃən] *s* izabiranje, izbor, slobodan izbor, pravo izbora, opcija; alternativa; *jur* mogućnost, ishod; *com* pravo opcije; *st exch* pravo opcije, premijski posao | *com* **plain** ~ jednostavni premijski posao; **double** ~ dvostruki premijski posao; **buying** ~ opcija za kupnju, pravo kupnje; **to have no** ~ nemati izbora, morati; **to leave one's** ~**s open** ostaviti sebi slobodne ruke

optional ['ɔpʃənl] *adj* (~**ly** *adv*) stavljen na volju, na izbor, prepušten izboru, neobavezan, alternativan

opulence ['ɔpjuləns] *s* bogatstvo, obilje, izobilje, luksuz

opulent ['ɔpjulənt] *adj* (~**ly** *adv*) bogat, obilan, luksuzan; pun cvjetova

opus ['əupəs] *s lit & mus* djelo, opus | **magnum** ~ veliko djelo

opuscule [ɔ'pʌskju:l] *s* malo književno ili muzičko djelo, djelce

or [ɔ:] *prep arch* prije | *poet* ~ **ever** prije

or[1] [ɔ:] *conj arch poet* prije nego

or[2] [ɔ:] *conj* ili; inače, ako ne, drukčije | **either** ... ~ ili ... ili; **whether** ... ~ **not** da li ... ili ne

orach ['ɔritʃ] *s bot* (divlja) loboda (*Atriplex*)

oracle ['ɔrəkl] *s* proročanstvo, proročište; *fig* nepogrešiv autoritet | *fig* **to work the** ~ raditi, djelovati iza kulisa

oracular [ɔ'rækjulə] *adj* (~**ly** *adv*) proročki, proročanski; *fig* nejasan, tajanstven, zagonetan; mjerodavan, nepogrešan, siguran

oral ['ɔ:rəl] *adj* (~**ly** *adv*) usmen; *anat* usni; koji se uzima kroz usta | ~ **examination** usmeni ispit; ~ **tradition** usmena predaja

orange ['ɔrindʒ] *s bot* naranča, narančino drvo, narančasta boja | *fig* **squeezed** ~ iscijeđen limun

orange ['ɔrindʒ] *adj* narančast, narančaste boje

orangeade [ˌɔrindʒ'eid] *s* oranžada

orange-blossom ['ɔrindʒˌblɔsəm] *s* narančin cvijet

orange-coloured ['ɔrindʒˌkʌləd] *adj* narančaste boje

orange-peel ['ɔrindʒpi:l] *s* narančina kora, lupina

orangery ['ɔrindʒəri] *s* oranžerija, staklenik za uzgoj naranča

orang-outan [ɔ:ˌræŋu:'tæn] *s* → **orang-outang**

orang-outang [ɔ:ˌræŋu:'tæn] *s zool* orangutan

orate [ɔ:'reit] *vi hum* govoriti, držati duge govore, ponašati se kao govornik (od zanata)

oration [ɔ:'reiʃn] *s* službeni, svečan govor; *gram* govor (*direct* ~ direktan, upravan govor)

orator ['ɔrətə] *s* govornik | **Public** ~ službeni govornik sveučilišta (osobito Cambridgea i Oxforda)

oratorical [ˌɔrə'tɔrikl] *adj* (~**ly** *adv*) govornički, retorički, oratorski

oratorio [ˌɔrə'tɔ:riəu] *s mus* oratorij

oratory[1] ['ɔrətəri] *s* kapelica, soba za molitvu; udruženje rimokatoličkih svjetovnih svećenika

oratory[2] ['ɔrətəri] *s* govornička vještina, govorništvo

orb [ɔ:b] *s* krug, kolo; prsten (*rijetko*); kugla, nebesko tijelo; *poet* očna jabučica, oko; *her* kugla s križem kao znak kraljevske i carske vlasti; *fig* organizirana cjelina; okrugla masa

orb [ɔ:b] *vt/i poet* okružiti, kretati se u krugu, kružiti

orbed [ɔ:bd] *adj* okrugao, obao; okružen

orbicular [ɔ:'bikjulə] *adj* (~**ly** *adv*) okrugao kao lopta, savršeno okrugao

orbit ['ɔ:bit] *s anat* orbita, očna šupljina; *ornith & ent* rub oko oka ptice ili kukca; *astr* putanja planeta, satelita, orbita; *fig* tok, područje djelovanja, sfera

orbit ['ɔ:bit] *vi* kružiti u putanji, kružiti u orbiti; izbaciti u orbitu

orbital ['ɔ:bitl] *adj* koji se tiče očne šupljine; orbitalan, putanjski

orc (ork) [ɔ:k] *s zool* vrsta kita; (morska) neman

orchard ['ɔ:tʃəd] *s* voćnjak

orchardist ['ɔ:tʃədist] *s* voćar, uzgajatelj voćaka

orchestra ['ɔ:kistrə] *s* orkestar; prostor za glazbenike u kazalištu; muzička kapela | ~ **pit** prostor za orkestar; ~ **stalls** circle, parket

orchestral [ɔ:'kestrəl] *adj* (~**ly** *adv*) *mus* orkestralni

orchestrate ['ɔ:kistreit] *vt/i mus* orkestrirati, prirediti, obraditi za orkestar

orchestration [ˌɔ:kes'treiʃn] *s mus* orkestracija, orkestralna obrada

orchestrion [ɔ:'kestriən] *s mus* orkestrion

orchid ['ɔ:kid] *s bot* orhideja

orchidaceous [ˌɔ:ki'deiʃəs] *adj* koji je poput orhideje, sličan orhideji

orchil ['ɔ:tʃil] *s* crvena ili ljubičasta boja

ordain [ɔ:'dein] *vt* dosuditi, odrediti, narediti, zapovjediti; *eccl* zarediti

ordeal [ɔ:'di:l] *s hist* božji sud; *fig* teško iskušenje, muka, kušnja

order ['ɔ:də] *s* 1. niz, red, razred, čin 2. stalež, društveni sloj; društveno uređenje, poredak 3. vrsta, stupanj; korporacija, bratovština, crkveni čin 4. *pl* duhovnički stalež, vjerski red, viteški red; odlikovanje viteškog reda 5. *archit* red, niz stupova; stil gradnje (osobito dorski, jonski, **korintski) 6.** *math* **red,** stupanj (*equation of the first* ~ jednadžba prvog stupnja) 7. *zool & biol* razred, red 8. red, redoslijed, poredaj; *mil* postrojavanje, raspored, formacija; odora, uniforma 9. utvrđen red ili oblik 10. prirodni red; ćudoređe 11. liturgijski red, oblik 12. pravilnik, poslovnik 13. urednost, sređenost, red 14. ovlaštenje; propis, odredba; zapovijed, naređenje, nalog; odluka, raspis 15. *com* isplatni nalog; narudžba; nalog 16. propusnica, posebna ulaznica (i besplatna za kazalište, muzej) 17. posebna narudžba | **holy ~s** duhovnički stalež; **to take ~s** zarediti se, postati svećenik; **in ~s** zaređen; **out of ~** neuredan, defektan, pokvaren; izvan redoslijeda; *med* narušen (zdravlje); *parl* nedopustiv; **to take ~ with** urediti što, raspolagati čime; **~ of the day** dnevni red; dnevna zapovijed; **to keep ~** održavati red, nadgledati, nadzirati; **in ~ to** (zato) da; **by ~** po nalogu (& *com*), po zapovijedi; **postal ~** poštanska novčana uputnica; *mil* **close ~** zbijen stroj, zbijeni redovi, zatvorena formacija; **standing ~s** poslovnik, red poslovanja; **to call to ~** otvoriti (sastanak); pozvati na red, pozvati na poštovanje pravilnika, poslovnika; **money ~** novčana uputnica; *US* **in a short ~** odmah, neodgodivo; **on ~** naručen, po narudžbi; **made to ~** napravljen po mjeri; **quite in ~** potpuno u redu; **under the ~s of** pod zapovjedništvom; **marching ~** marševski poredak; **review ~** paradni poredak; **cheque payable to the ~ of** ček isplativ nekoj osobi; **large ~** prevelik zahtjev; **tall ~** prevelik zahtjev; **point of ~** proceduralno pitanje; **~! ~!** na dnevni red! držimo se dnevnog reda!; **to fill an ~** izvršiti narudžbu; **to set in ~** dovesti u red, popraviti; **~ book** knjiga narudžbi; **~ form** narudžbenica

order ['ɔːdə] *vt* 1. urediti, staviti u red, uređivati, poredati 2. odrediti, zapovjediti, naložiti, propisati (& *med*) 3. otposlati (koga), uputiti (koga kamo) 4. naručiti (što) 5. *arch* zarediti (svećenika) | *mil* **~ arms!** (pušku) k nozi!; **to ~ a p about** slati koga amo-tamo, samovoljno izdavati zapovijedi komu, komandirati; **to ~ a th for dinner** naručiti što za večeru

orderer ['ɔːdərə] *s* redatelj, redateljica, uređivač, uređivačica; naručitelj, naručiteljica

ordering ['ɔːdəriŋ] *s* poređaj, uređenje, redanje, sređivanje; naručivanje

orderliness ['ɔːdəlinis] *s* urednost, redovitost, red

orderly ['ɔːdəli] *adj* uredan, redovit, redovan; sređen, metodičan; miran, učtiv; *mil* koji vrši službu, dežurni | **~ room** četna kancelarija; **~ officer** oficir u službi

orderly ['ɔːdəli] *s* 1. *mil* kurir, posilni, ordonans 2. bolničar (osobito u vojnoj bolnici) 3. pometač cesta

order-paper ['ɔːdəˌpeipə] *s* raspored dnevnog reda

order-word ['ɔːdəwəːd] *s* lozinka, parola

ordinal ['ɔːdinl] *adj* (**~ly** *adv*) redni

ordinal ['ɔːdinl] *s* 1. redni broj 2. obredna knjiga; ritual

ordinance ['ɔːdinəns] *s* 1. uredba, odredba, nalog, naredba 2. vjerski obred, sakrament 3. poređaj

ordinary ['ɔːdnri] *adj* (**ordinarily** *adv*) 1. redovan, pravilan 2. običan, uobičajen, svakidašnji; normalan; prosječan; prost, neznatan 3. redovit, stalni, kućni, osobni

ordinary ['ɔːdnri] *s* 1. redovni sudac (osobito u crkvenim stvarima); biskup 2. obredna knjiga, ritual 3. određen obrok, jelo (objed ili večera) uz stalnu cijenu; *arch* gostionica; blagovaonica 4. jednostavan heraldički znak na grbu 5. *coll* redovno stanje 6. starinski bicikl | **in ~** stalno namješten, kućni, tjelesni, osobni (liječnik)

ordinate ['ɔːdnit] *s* *geom* ordinata

ordination [ˌɔːdiˈneiʃn] *s* 1. poređaj, svrstavanje 2. zaređenje 3. odredba; naredba

ordnance ['ɔːdnəns] *s* *mil* & *mar* teški topovi, artiljerija; oružana, slagalište oružja, arsenal, služba opskrbljivanja | **~ map, Ordnance Survey map** generalštabna karta, vojnička specijalka; **~ survey** službeno premjeravanje zemljišta, katastralna izmjera za kartografske svrhe; **~ stores** skladište artiljerijsko-tehničke službe; skladište vojnog materijala

ordure ['ɔːdjuə] *s* izmetina, nečist, blato, gnoj; *fig* prljavština, bestidan govor

ore [ɔː] *s* ruda; *poet* kovina, metal (osobito zlato)

oread ['ɔːriæd] *s* *myth* gorska vila

organ ['ɔːgən] *s* 1. *mus* orgulje; harmonij 2. alat, oruđe, sredstvo; *anat* organ 3. ljudski glas, organ 4. *fig* oruđe, posrednik, nosilac; organ, glasilo, novine | *mus* **mouth ~** usna harmonika; *mus* **American ~** vrsta harmonija

organ-blower ['ɔːgənˌbləuə] *s* onaj koji gazi mijeh orgulja

organ-builder ['ɔːgənˌbildə] *s* graditelj orgulja

organdy (organdie) ['ɔːgəndi] *s* organdi

organ-grinder ['ɔːgənˌgraində] *s* ulični svirač na orguljicama

organic [ɔːˈgænik] *adj* (**~ally** *adv*) organski

organism ['ɔːgənizm] *s* organizam (& *fig*)

organist ['ɔːgənist] *s* orguljaš

organizable ['ɔːgənaizəbl] *adj* koji se može organizirati

organization [ˌɔːgənaiˈzeiʃn] *s* organiziranje, organizacija, uređenje, red, sustav; ustrojstvo; građa

organizational [ˌɔːgənaiˈzeiʃnəl] *adj* organizatoran, organizacijski, organizacioni

organize ['ɔːgənaiz] *vt/i* **I.** *vt* dati organe; urediti, prirediti, organizirati **II.** *vi* postati organski, organizirati se

organizer ['ɔːgənaizə] *s* organizator, organizatorka, priređivač
organ-loft ['ɔːgənlɔft] *s* kor za orgulje
organ-screen ['ɔːgənskriːn] *s archit* ukrasni zid u crkvi (obično između lađe i kora) na kojemu su orgulje
organ-stop ['ɔːgənstɔp] *s mus* registar u orguljama
orgasm ['ɔːgæzm] *s* orgazam
orgy ['ɔːdʒi] *s* orgija, raskalašena pijanka; gozba
oriel ['ɔːriəl] *s archit* zatvoren balkon
orient ['ɔːriənt] *s poet* Istok, Orijent; sjaj (bisera)
orient ['ɔːriənt] *adj* istočni, koji izlazi (sunce), istočnjački, orijentalan; *poet* sjajan, skupocjen, dragocjen
orient ['ɔːrient] *vt/i* **I.** *vt* izgraditi (kuću, crkvu) tako da gleda prema istoku; pokopati koga s nogama prema istoku; odrediti položaj ili smjer pomoću kompasa, upraviti, usmjeriti; *fig* orijentirati, informirati **II.** *vi* okrenuti se prema istoku ili drugom određenom smjeru; orijentirati se, snaći se
oriental [ˌɔːri'entl] *adj* (**~ly** *adv*) *arch* istočni; istočnjački, orijentalan
oriental [ˌɔːri'entl] *s* orijentalac, orijentalka, istočnjak
orientalism [ˌɔːri'entəlizm] *s* istočnjački život, orijentalizam; orijentalistika
orientalist [ˌɔːri'entəlist] *s* orijentalist
orientalize [ˌɔːri'entəlaiz] *vt/i* orijentalizirati, dati istočnjački karakter, postati istočnjački
orientate ['ɔːrienteit] *vt/i* → **orient**
orientation [ˌɔːrien'teiʃn] *s* smještanje, izgradnja (kuće, crkve) prema istoku; smjer; sposobnost orijentacije, orijentacija; usmjerivanje, upravljanje
orifice ['ɔrifis] *s* otvor, rupa; ušće, usta (cijevi)
oriflamme ['ɔriflæm] *s* zastava francuskih kraljeva (do 1453); *fig* zastava, znak, simbol
origin ['ɔridʒin] *s* porijeklo, podrijetlo; *fig* izvor; početak; rod
original [ə'ridʒənl] *adj* (**~ly** *adv*) 1. izvorni, prvobitni; urođen, početan, najraniji, prirođen 2. originalan, nov, jedinstven, osebujan, neovisan, stvaralački | **~ sin** istočni grijeh; **~ capital** osnovna glavnica
original [ə'ridʒənl] *s* 1. original, izvornik, prauzor, uzor; izvorno izdanje 2. čudak, osobenjak, ekscentrična osoba
originality [əˌridʒi'næliti] *s* originalnost, izvornost, osebujnost, samoniklost
originate [ə'ridʒineit] *vt/i* **I.** *vt* uzrokovati, oživotvoriti, proizvesti **II.** *vi* nastati, početi; vući porijeklo (*from* od); poteći, imati svoj početak, vući korijen (*with* od)
origination [əˌridʒi'neiʃn] *s* nastajanje, nastanak, stvaranje, porijeklo
originative [ə'ridʒineitiv] *adj* stvaralački
originator [ə'ridʒineitə] *s* stvaralac, začetnik, utemeljitelj; osnivač, pokretač
oriole ['ɔːriəul] *s ornith* vuga zlatna (*Oriolus galbula*)
orison ['ɔrizən] *s arch* molitva
orlop ['ɔːlɔp] *s mar* najdonja paluba
ormer ['ɔːmə] *s zool* puzlatka, petrovo uho (vrsta morskog puža, *Haliotis tuberculata*)
ormolu ['ɔːməluː] *s* zlatna bronca (za ukrašivanje pokućstva), slikarska pozlata; predmeti od zlatne bronce
ornament ['ɔːnəmənt] *s* 1. (*eccl* obično *pl*) ukras, nakit 2. *fig* dika, ponos 3. ures, šara, ornament
ornament ['ɔːnəment] *vt* ukrasiti, uresiti, okititi, ornamentirati
ornamental [ˌɔːnə'mentl] *adj* (**~ly** [ˌɔːnə'mentəli] *adv*) ukrasni, ornamentalan, dekorativan
ornamentation [ˌɔːnəmen'teiʃn] *s* ukrašavanje, kićenje, ornamentacija
ornate [ɔː'neit] *adj* (**~ly** *adv*) kićen, ukrašen, urešen; kitnjast; pun figura, slika (stil)
ornery (ornary) ['ɔːnəri] *adj US coll* mrzovoljan, zlovoljan, svadljiv; grub
ornithological [ˌɔːniθə'lɔdʒikl] *adj* (**~ly** *adv*) ornitološki
ornithologist [ˌɔːni'θɔlədʒist] *s* ornitolog
ornithology [ˌɔːni'θɔlədʒi] *s* ornitologija
orographic [ˌɔrə'græfik] *adj* (**~ally** *adv*) orografski
orography [ɔ'rɔgrəfi] *s* orografija (opisivanje gora)
orological [ˌɔrə'lɔdʒikl] *adj* orološki
orology [ɔ'rɔlədʒi] *s* orologija (nauka o gorama)
orotund ['ɔrətʌnd] *adj* dostojanstven, impozantan; pretenciozan, izvještačen, patetičan
orphan ['ɔːfən] *s* siroče, sirota, dijete bez roditelja
orphan ['ɔːfən] *adj* osirotio, sirotan
orphan ['ɔːfən] *vt* učiniti siročetom
orphanage ['ɔːfənidʒ] *s* sirotište
orpiment ['ɔːpimənt] *s chem* auripigment, arsenov trisulfid
orpine ['ɔːpin] *s bot* bogorodičina trava (*Hypericum perforatum*)
orrery ['ɔrəri] *s astr* planetarij
orris¹ ['ɔris] *s bot* perunika
orris² ['ɔris] *s* vrsta zlatne ili srebrne čipke; zlatni ili srebrni vez
orthochromatic ['ɔːθəkrə'mætik] *adj phot* ortokromatski
orthodox ['ɔːθədɔks] *adj* (**~ly** *adv*) pravovjeran, ortodoksan; ispravan, priznat | **the ~ Church** Pravoslavna crkva, pravoslavlje
orthodoxy ['ɔːθədɔksi] *s* ortodoksija, pravovjernost; ortodoksno mišljenje
orthoepic(al) [ˌɔːθəu'epik(l)] *adj* (**~ly** *adv*) koji se tiče pravilnog izgovora, ortoepski

orthoepist ['ɔːθəuepist] *s* poznavalac, učitelj ispravnog izgovora, ortoep
orthoepy ['ɔːθəuepi] *s* nauka o pravilnom izgovoru, ortoepija
orthogonal [ɔː'θɔgənl] *adj* pravokutan
orthographer [ɔː'θɔgrəfə] *s* pravopisac, ortograf
orthographic [ˌɔːθə'græfik] *adj* (**~ally** *adv*) pravopisni, ortografski; okomit
orthography [ɔː'θɔgrəfi] *s* pravopis, ortografija
orthopaedic [ˌɔːθəu'piːdik] *adj* (**~ally** *adv*) ortopedski
orthopaedy ['ɔːθəupiːdi] *s med* ortopedija
ortolan ['ɔːtələn] *s ornith* strnadica vrtna (*Emberiza hortulana*)
oryx ['ɔriks] *s zool* oriks, vrsta afričke antilope dugih ravnih rogova
Oscar ['ɔskə] *s* filmska nagrada (statua) Oskar
oscillate ['ɔsileit] *vi/t* **I.** *vi* podrhtavati, titrati, oscilirati; *fig* kolebati se **II.** *vt* zanjihati, zatitrati, dovesti u oscilaciju
oscillation [ˌɔsi'leiʃn] *s* njihanje, njihaj, titraj, oscilacija; *fig* kolebanje
oscillator ['ɔsileitə] *s* kolebljivac; *tech* oscilator
oscillatory ['ɔsilətəri] *adj* koji oscilira, oscilirajući
oscillograph [ɔ'siləgraːf] *s* oscilograf
oscilloscope [ɔ'siləskəup] *s* osciloskop
osculant ['ɔskjulənt] *adj* koji cjeliva, koji dodiruje
osculate ['ɔskjuleit] *vi/t* **I.** *vi geom* doticati se u više točaka, dodirivati se **II.** *vt* cjelivati, poljubiti; dodirivati
osculation [ˌɔskju'leiʃn] *s* cjelivanje, cjelov, poljubac; *geom* dodirivanje
osculatory ['ɔskjulətəri] *adj* koji se tiče cjelova
osier ['əuʒə] *s bot* vrba, iva; vrbov prut, vrbova šiba
osier-bottle ['əuʒəˌbɔtl] *s* opletena boca, boca s opletom
osier-work ['əuʒəwəːk] *s* roba pletena od vrbova šiblja, košaračka roba
Osmanli [ɔz'mænli] *adj* & *s* → **Ottoman**
osmium ['ɔzmiəm] *s chem* osmij
osmosis [ɔz'məusis] *s* osmoza
osmotic [ɔz'mɔtik] *adj* (**~ally** *adv*) osmotički, osmotski
osprey ['ɔspri] *s ornith* orao štekavac (*Haliaetus albicilla*)
osseous ['ɔsiəs] *adj* koštan, košćat; bogat fosilnim kostima
ossicle ['ɔsikl] *s* koščica, mala kost
ossification [ˌɔsifi'keiʃn] *s* okoštavanje
ossifrage ['ɔsifridʒ] *s ornith* → **osprey**
ossify ['ɔsifai] *vi/t* **I.** *vi* okostiti se, okoštiti se, okoštati se, pretvoriti se u kost; *fig* postati tvrd, ukočen **II.** *vt* učiniti koštanim, poput kosti; *fig* otvrdnuti, učiniti tvrdim
ossuary ['ɔsjuəri] *s* kosturnica
ostensibility [ɔsˌtensi'biliti] *s* prividnost, navodnost
ostensible [ɔs'tensəbl] *adj* (**ostensibly** *adv*) prividan, tobožnji, navodni
ostensive [ɔs'tensiv] *adj* 1. demonstrativan, koji pokazuje, zorno prikazuje 2. hvalisav 3. tobožnji
ostentation [ˌɔsten'teiʃn] *s* pokazivanje; razmetanje, hvalisanje, kočoperenje
ostentatious [ˌɔsten'teiʃəs] *adj* (**~ly** *adv*) hvalisav, razmetljiv; raskošan
osteological [ˌɔstiə'lɔdʒikl] *adj* (**~ly** *adv*) *anat* osteološki
osteology [ˌɔsti'ɔlədʒi] *s anat* osteologija, nauka o kostima
osteopath ['ɔstiəpæθ] *s med* osteopat
osteopathy [ˌɔsti'ɔpəθi] *s med* osteopatija
ostiary ['ɔstiəri] *s eccl* vratar
ostler ['ɔslə] *s* konjušar, sluga
ostracism ['ɔstrəsizm] *s* ostracizam, progonstvo, prognanstvo, izopćenje
ostracize ['ɔstrəsaiz] *vt* prognati, izagnati, izopćiti; bojkotirati, izbjegavati
ostrich ['ɔstritʃ] *s ornith* noj | **to have the digestion of an ~** moći i čavle probaviti; **to bury one's head like an ~ in the sand** zakopati glavu u pijesak poput noja, ne htjeti pogledati opasnosti, činjenicama u oči
ostrich-feather ['ɔstritʃˌfeðə] *s* nojevo pero
other ['ʌðə] *adj* drugi, ostali; drugačiji; dalji | **the ~ day** neki dan, nedavno, onomad; **every ~ year** svake druge godine; **on the ~ hand** s druge strane, u drugu ruku
other ['ʌðə] *s* drugi, druga, drugo | **~s** *pl* drugi ljudi
other ['ʌðə] *pron* drugi, druga, drugo | **the ~** drugi; **of all ~s** među svima, od svih, prije svih; **some way or ~** na neki način, na bilo koji način; **each ~** jedan drugoga, jedan drugomu, međusobno
other ['ʌðə] *adv* drugačije, drukčije
otherness ['ʌðənis] *s* različnost, drugo
otherwise ['ʌðəwaiz] *adv* inače, drugačije, na drugi način
otherworld ['ʌðəwəːld] *s* drugi svijet
otherworldly ['ʌðəˌwəːldli] *adj* koji se tiče drugog svijeta
otiose ['əuʃiəus] *adj* (**~ly** *adv*) dokon; besplodan, bez učinka; bez svrhe, jalov; suvišan, beskoristan, bespredmetan, besmislen, uzaludan, izlišan
otiosity [ˌəuʃi'ɔsiti] *s* nerad, dokolica; bespredmetnost, uzaludnost, suvišnost
otology [əu'tɔlədʒi] *s med* otologija, nauka o uhu
otoscope ['əutəskəup] *s* otoskop
otter ['ɔtə] *s* 1. *zool* vidra, vidrino krzno 2. vrsta pribora za ribarenje; *mar* zmaj (oruđe koje drži minolovku na određenoj dubini)
otter-hound ['ɔtəhaund] *s zool* vrsta lovačkog psa (za lov na vidre)

Ottoman ['ɔtəmən] *adj* turski, otomanski
Ottoman ['ɔtəmən] *s* Turčin
ottoman ['ɔtəmən] *s* otoman, počivaljka; vrsta svilene ili vunene tkanine
oubliette [ˌuːbli'et] *s Fr* podzemna tamnica
ouch [autʃ] *s* 1. *arch* kopča, ogrlica 2. *interj* joj, jao
ought [ɔːt] *s vulg* nula, ništica (broj)
ought [ɔːt] *v aux* morao bih, trebao bih, trebalo bi da | **you ~ to do** trebalo bi da učiniš; **you ~ to have done** morao si učiniti
ouija ['wiːdʒaː] *s* ploča za primanje poruka od duhova (na spiritističkim seansama)
ounce[1] [auns] *s* unca (mjera za težinu: 28,349 g; za zlato i srebro 31,1 g); *fig* mrvica, zrnce | **by the ~** po težini
ounce[2] [auns] *s zool* irbis (*Panthera uncia*), vrsta leoparda
our ['auə] *adj* naš, naša; naše, naši
ours ['auəz] *pron* naš, naša; naše, naši
ourself [ˌauə'self] *pron* (*pl* **ourselves** [ˌauə'selvz]) mi sami, nas same, nama samima
ousel ['uːzl] *s* → **ouzel**
oust [aust] *vt jur* istisnuti, izbaciti, izagnati, istjerati; oduzeti; smijeniti, skinuti (s položaja, dužnosti)
ouster ['austə] *s jur* izgnanje, protjerivanje iz posjeda
out [aut] *s* vanjska strana; izlaz (& *fig*); izlika, isprika; *print* izostavljanje | *parl* **the ins and ~s** vladajuća stranka i opozicija; *parl* **the ~s** članovi opozicije
out [aut] *adj sport* aut, koji je u autu; vanjski, koji se ne igra na domaćem terenu, u gostima (utakmica) | **~ size** natprosječne veličine, neobično velik
out [aut] *vt/i* **I.** *vt sl* udarcem učiniti koga neškodljivim; *sport* pobijediti **II.** *vi* napraviti izlet (često: *to ~ it*)
out [aut] *adv* **I.** (pokret): 1. van, napolje, napolju (*he has been ~ for a walk* prošetao se); izvan 2. u potrazi, željan (*to be ~ for* nekuda smjerati, težiti za) 3. dokraja, sasvim (*to hear a p ~* dokraja saslušati koga) 4. u pogonu, u cvatu 5. jasno, glasno (*read ~!* čitaj glasno!) 6. javno, u javnosti, objelodanjeno (*the book is just ~* knjiga je upravo izašla; *murder will ~* tajne uvijek izlaze na vidjelo; zaklela se zemlja raju da se tajne sve doznaju) **II.** (položaj): 1. vani, izvan kuće, na otvorenom, na pučini; *mil* na (bojnom) polju; u inozemstvu; iščašeno (*my arm is ~*) 2. izvan službe, ne na vlasti, smijenjen 3. u zabludi (*to be far ~* vrlo se varati) 4. u zavadi, u kavzi (*to be ~ with a p* biti zavađen s kim) 5. na gubitku (*he is £ 50 ~* on ima 50 funti manje) 6. ugasao, nestao (*the fire is ~* vatra se ugasila); izašao iz vježbe (*my hand is ~* nisam uvježban); izašao iz mode (*white gloves are ~*); prošao, protekao, svršen (*school is ~* škola se svršila); *sport* nevažeći, nevaljan, aut, nesposoban za borbu (boks) 7. razvijen, otkriven, očit, jasan (*~ in revolt* u otvorenoj pobuni) 8. uveden u društvo (osobito o djevojci: *she is not ~ yet* ona još nije uvedena u društvo); koji postoji, koji je na svijetu (*the best thing ~* najbolja stvar na svijetu) 9. objelodanjen, objavljen, izdan, publiciran (knjiga) 10. u štrajku | **~ with him** van s njim, izbacite ga; **~ for, ~ to do** u nastojanju, u potrazi; *coll* **all ~** svim silama; **~ at elbows** poderanih lakata, otrcan, bijedan, siromašan; **~ and about** na nogama; **~ and away** iznad (svih drugih); daleko; **~ and ~** potpuno, sasvim; skroz naskroz; **way ~** izlaz, izlazak
out [aut] *prep* **I.** (pokret): **~ (of)** iz, izvan, van (*to be ~ of the programme* biti izvan programa); zbog; radi; od (*two ~ of ten* dva od desetorice, jedna petina) **II.** (položaj): 1. izvan, van (*3 miles ~ of London* tri milje izvan Londona) 2. slobodan od, lišen (*to be ~ of* biti bez čega, nemati što) 3. porijeklom od (*a foal by Caesar ~ of Cleopatra* ždrebe kojemu je otac Cezar a majka Kleopatra) | **from ~** iz, van; **~ of doors** na otvorenom, napolju; **~ of breath** bez daha; **~ of doubt** bez sumnje, izvan sumnje, nesumnjivo; **~ of it** isključivši; lišen; s gubitkom, u neprilici; neupućen, u zabludi; **~ of date** zastario, nemoderan; **~ of one's own head** sam od sebe, iz vlastite pobude; **to take ~ of bond** izvaditi (obično nakon carinjenja) robu iz carinskog skladišta; *com* **~ of stock** rasprodan, čega više nema na zalihi; **~ of sight ~ of mind** daleko od očiju, daleko od srca; **~ of danger** izvan opasnosti; **~ of money** bez novaca
out [aut] *interj* van!, napolje! | **~ upon you!** stidite se!, stid vas bilo!
out-and-out [ˌautənd'aut] *adj* izvrstan, odličan; krajnji, stopostotni, korjenit; okorio
out-and-outer [ˌautənd'autə] *s sl* 1. sjajna stvar, sjajan momak, koji je bez premca 2. lopov 3. laž
outback ['autbæk] *s Austr* pozadina, zaleđe
outbalance [ˌaut'bæləns] *vt* prevagnuti, nadmašiti
outbid [ˌaut'bid] *vt* više nuditi, ponuditi; nadbiti koga ponudom
outblaze [aut'bleiz] *vi/t* **I.** *vi* rasplamsati se **II.** *vt* nadmašiti
outboard ['autbɔːd] *adj mar* izvan palube, s vanjske strane broda | **~ motor** vanbrodski motor
outbound ['autbaund] *adj* koji putuje u inozemstvo, koji plovi izvan zemlje, koji isplovljava

outbrave [ˌautˈbreiv] *vt* prkositi komu, nadmašiti koga smjelošću, ljepotom
outbreak [ˈautbreik] *s* provala, navala, početak, nastup; izljev, izbijanje
outbuilding [ˈautˌbildiŋ] *s* pokrajna, sporedna zgrada, nadogradnja, gospodarska zgrada
outburst [ˈautbəːst] *s* provala, nastup, izljev
outcast [ˈautkaːst] *s* izagnanik, prognanik, izopćenik
outcast [ˈautkaːst] *adj* izagnan, prognan, izbačen, izopćen
outcaste [ˈautkaːst] *s* parija, čovjek izvan kaste, izopćenik iz kaste (u Indiji)
outcaste [ˈautkaːst] *vt* izopćiti iz kaste, lišiti kaste
outclass [ˌautˈklaːs] *vt* pobijediti, nadmašiti, natkriliti
outcome [ˈautkʌm] *s* posljedica, posljedak, rezultat; izlazak, ishod
outcrop [ˈautkrɔp] *s geol* izbijanje, izlaženje na površinu (sloja ili žile), vanjski sloj; *fig* izbijanje na vidjelo
outcry [ˈautkrai] *s* uzvik, usklik, povik; vika, galama, dreka, graja, bučan prosvjed; *com* izvikivanje
outdated [ˌautˈdeitid] *adj* zastario, staromodan
outdistance [ˌautˈdistəns] *vt* ostaviti koga daleko iza sebe, odmaći nekome, preteći
outdo [ˌautˈduː] *vt* (outdid, outdone) nadmašiti, natkriliti
outdoor [ˈautdɔː] *adj* vanjski, koji je pod vedrim nebom, napolju; koji je izvan parlamenta | ~ **games** igre pod vedrim nebom, igre u prirodi; ~ **patients department** ambulanta, poliklinika
outdoors [ˌautˈdɔːz] *adv* vani, napolju, napolje, na zraku, u prirodi
outer [ˈautə] *adj* vanjski, izvanjski, spoljašnji | **the** ~ **world** vanjski svijet; **the** ~ **man** čovjekova vanjština; ~ **space** svemirski prostor, svemir, kozmos; ~ **garments** gornja odjeća; ~ **wear** gornja odjeća
outer [ˈautə] *s* vanjski rub (mete)
outermost [ˈautəməust] *adj* krajnji, posljednji
outface [ˌautˈfeis] *vt* prkositi komu, zaplašiti, smesti koga
outfall [ˈautfɔːl] *s* istjecanje, otjecanje, odljev, ušće
outfield [ˈautfiːld] *s* vanjsko polje, udaljeno polje (& *fig*); *sport* polje udaljeno od igrača (u kriketu)
outfight [ˌautˈfait] *vt* nadjačati u borbi, pobijediti
outfit [ˈautfit] *s* oprema; pribor; *US coll* ekipa radnika, brigada radnika; *army sl* četa, vojna jedinica
outfit [ˈautfit] *vt* otpremiti, opskrbiti, snabdjeti
outfitter [ˈautfitə] *s* oprematelj, opskrbljivač, snabdjevač; dobavljač; vlasnik dućana muških odjevnih predmeta; trgovac
outfitting [ˈautfitiŋ] *s* oprema; pribor
outflank [ˌautˈflæŋk] *vt mil* obići s krila, opkoliti, preteći; nadmudriti
outflow [ˈautfləu] *s* otjecanje, istjecanje, izljev, odljev; provala
outfox [autˈfɔks] *vt* nadmudriti
outgeneral [ˌautˈdʒenərəl] *vt* taktički nadmašiti
outgo [ˈautgəu] *s* 1. ukupni izdaci 2. provala, otjecanje, odljev 3. rezultat
outgo [ˌautˈgəu] *vt* (outwent, outgone) ići brže od koga; nadmašiti, natkriliti; nadmudriti
outgoer [ˈautˌgəuə] *s* onaj koji odlazi, odstupa
outgoing [ˈautˌgəuiŋ] *s* izlaz, izlaženje | ~**s** *pl* izdaci
outgoing [ˈautˌgəuiŋ] *adj* koji izlazi, odlazi, odstupa, koji je na odlasku
outgrow [ˌautˈgrəu] *vt* 1. preteći u rastu, prerasti, izrasti (iz haljine); prebujati, prekriliti; prerasti komu preko glave 2. izbrisati sjećanje, zaboraviti 3. osloboditi se navike, odviknuti se | **to** ~ **one's strength** prebrzo rasti
outgrowth [ˈautgrəuθ] *s* izdanak, mladica, izraslina; prirodna posljedica, rezultat, proizvod, produkt
out-herod [ˌautˈherəd] *vt* nadmašiti u okrutnosti
outhouse [ˈauthaus] *s* pokrajna, sporedna zgrada; pojata, šupa; *US* zahod izvan kuće, vanjski zahod
outing [ˈautiŋ] *s* izlet, ekskurzija
outlander [ˈautˌlændə] *s* stranac, inozemac, tuđinac
outlandish [autˈlændiʃ] *adj* (~**ly** *adv*) stran, inozeman, tuđ; neobičan, čudan, egzotičan; udaljen, zabačen; zaostao, nazadan
outlast [ˌautˈlaːst] *vt* dulje trajati od, preživjeti, nadživjeti
outlaw [ˈautlɔː] *s* izopćenik, razbojnik, odmetnik, čovjek izvan zakona, bjegunac pred zakonom
outlaw [ˈautlɔː] *vt* izopćiti, staviti izvan zakona
outlawry [ˈautlɔːri] *s* izopćenje, stavljanje izvan zakona
outlay [ˈautlei] *s* izdavanje, izdatak (novca), trošak, rashod
outlay [autˈlei] *vt* izdati, trošiti
outlet [ˈautlet] *s* izlaz, otvor, odušak; otjecanje, istjecanje, odljev; tržište, prodavaonica, trgovina; *el* utičnica, zidni kontakt; *fig* izlaz, izlazak
outlier [ˈautˌlaiə] *s* onaj koji stanuje izvan mjesta, grada; osamljen dio, erozijom odvojena stijena
outline [ˈautlain] *s* 1. obris, kontura 2. nacrt, skica 3. *fig* kratak pregled | ~**s**

pl opće, glavne crte; **in ~** u skici, skiciran; **~ scheme** idejni projekt, idejni plan
outline [ˈautlain] *vt* dati obrise, ocrtati, skicirati; općenito prikazati, izložiti u glavnim crtama
outlive [ˌautˈliv] *vt* preživjeti, živjeti duže od
outlook [ˈautluk] *s* gledanje van, vidik, izgled, perspektiva; *pl* izgledi, položaj; pogled; *fig pol* cilj; gledište, stanovište; nazor na svijet, shvaćanje, vidokrug | **to be on the ~ for** biti u potrazi (za)
outlying [ˈautˌlaiŋ] *adj* koji leži vani, vanjski, izvanjski; postran, udaljen, zabačen; koji je na granici
outmanoeuvre [ˌautməˈnuːvə] *vt* izmanevrirati, nadmudriti, prevariti
outmarch [ˌautˈmaːtʃ] *vi* prestići u maršu
outmarch [ˈautˈmaːtʃ] *s* izlazak, odlazak
outmatch [ˌautˈmætʃ] *vt* nadmašiti, natkriliti
outmoded [ˌautˈməudid] *adj* nemoderan, staromodan, zastario
outmost [ˈautməust] *adj poet* krajnji
outnumber [ˌautˈnʌmbə] *vt* biti mnogobrojniji (od), brojem nadmašiti
out-of-date [ˌautəvˈdeit] *adj* zastario, nesuvremen; istekao, nevažeći
out-of-door [ˌautəvˈdɔː] *adj* koji je izvan kuće, na otvorenom, vani, u prirodi
out-of-doors [ˌautəvˈdɔːz] *adj* → **out-of--door**
out-of-fashion [ˌautəvˈfæʃn] *adj* nemoderan, zastario
out-of-place [ˌautəvˈpleis] *adj* deplasiran, neumjestan
out-of-the-way [ˌautəvðəˈwei] *adj* zabačen, udaljen, zabitan, skriven; neobičan, čudan; pretjeran (cijena)
out-of-wedlock [ˌautəvˈwedlɔk] *adj* vanbračni
out-of-work [ˌautəvˈwəːk] *adj* nezaposlen, koji nije u pogonu
outpace [ˌautˈpeis] *vt* ići brže (od), preteći, ostaviti iza sebe
out-patient [ˈautˌpeiʃənt] *s* vanjski, ambulantni bolesnik
outplay [ˌautˈplei] *vt* nadigrati, nadmašiti u igri, poraziti
outport [ˈautpɔːt] *s mar* vanjska luka
outpost [ˈautpəust] *s mil* istureni položaj, straža (& *fig*)
outpour [ˈautpɔː] *s* izljev, odljev; *fig* provala
outpour [ˌautˈpɔː] *vt/i poet* izliti, proliti, provaliti
outpouring [ˈautˌpɔːriŋ] *s* izlijevanje; *fig* izljev
output [ˈautput] *s* 1. *minr* iskopana ruda 2. utržak, prihod, prinos 3. produkcija, proizvodnja, proizvedena količina; stvaralaštvo 4. izlazni rezultat, izlazni podaci, autput
outrage [ˈautreidʒ] *s* nasilje, zločin (& *fig*); izgred, eksces; grub prestupak; atentat; sramotna uvreda; pogrda, oskvrnuće, svetogrđe
outrage [ˈautreidʒ] *vt* počiniti nasilje, zlostavljati; uvrijediti; silovati, oskvrnuti
outrageous [autˈreidʒəs] *adj* (**~ly** *adv*) pretjeran, prekomjeran, neobuzdan; žestok, bijesan, nasilan, opak, podao, sramotan, nečuven
outrange [ˌautˈreindʒ] *vt mil* prebaciti (kod pucanja), imati dalji domet
outrank [ˌautˈræŋk] *vt* imati viši čin
outré [ˈuːtrei] *adj* koji prelazi, prevršuje mjeru
outreach [ˌautˈriːtʃ] *vt* dopirati dalje (od), nadvisiti, natkriliti, dalje segnuti
out-relief [ˈautriˌliːf] *s* potpora siromasima izvan ubožnice
outride [ˌautˈraid] *vt* (outrode, outridden) jahati brže (od), prkositi vjetru, oluji (brod)
outrider [ˈautˌraidə] *s* jahač pred kolima, pred ostalim jahačima; motociklist u počasnoj pratnji (ispred automobila)
outrigger [ˈautˌrigə] *s mar* plovak, jaram; urođenički čamac; *archit* greda s koloturima; produženje podložnja (pod srčanicom u koju se upregne dodatni konj); tako upregnut konj
outright [ˈautrait] *adv* ravno, izravno, otvoreno; potpuno, sasvim; odmah, smjesta | **to laugh ~** glasno se nasmijati, prasnuti u smijeh; **to kill ~** ubiti na mjestu; **to sell ~** prodati uz obavezu neodgodive isporuke
outright [ˈautrait] *adj* izravan, potpun, cio; pravi
outrival [ˌautˈraivəl] *vt* nadmašiti, natkriliti
outroot [ˌautˈruːt] *vt fig* iskorijeniti
outrun [ˌautˈrʌn] *vt* (outran, outrun) brže trčati (od), prestići; *fig* prijeći, prekoračiti
outrunner [ˈautˌrʌnə] *s* preteča (& *fig*), jahač pred kolima ili ostalim jahačima; pas prednjak, vođa zaprege
outsail [ˌautˈseil] *vt* brže jedriti
outsell [ˌautˈsel] *vt* (outsold, outsold) prodavati se bolje ili brže
outset [ˈautset] *s* polazak, odlazak (na put); početak
outshine [ˌautˈʃain] *vt* (outshone, outshone) nadmašiti sjajem, zasjeniti (& *fig*)
outside [ˌautˈsaid] *s* 1. vanjska strana, vanjština, spoljašnost; površina; omotni list na cigari 2. vanjski svijet 3. osoba koja ostaje po strani; putnik koji se vozi na vanjskoj strani autobusa 4. krajnost | **~s** *pl* vanjski arci rizme papira; **~ in** s vanjskom stranom okrenutom prema unutra

outside [ˌaut'said] *adj* vanjski, spoljašnji; koji dolazi izvana; neuveden, neučlanjen, nepripušten; krajnji, najviši
outside [ˌaut'said] *adv* vani, izvana, napolju, napolje; na moru, na pučini; prema vani, izvan međe; *US coll* osim, izuzevši | ~ **of** izvan; *sl* ~ **of a horse** jašući
outside [ˌaut'said] *prep* izvan, s one strane; osim, izuzevši
outside-left ['autsaid'left] *s sport* lijevo krilo (u nogometu)
outsider [ˌaut'saidə] *s* osoba koja ostaje po strani, koja ne sudjeluje; *sport* autsajder, neučlanjena, neupućena osoba; nestručnjak; samac
outside-right ['autsaid'rait] *s sport* desno krilo (u nogometu)
outsight ['autsait] *s* gledanje, pogled prema vanjskom svijetu (suprotno: *insight*), promatranje, sposobnost zapažanja
outsit [aut'sit] *vt* dulje sjediti od koga
outsize ['autsaiz] *adj* prevelik, (odjeća) velikih brojeva
outskirts ['autskə:ts] *s pl* vanjski rub, predgrađe, periferija; okolica, granično područje; *fig* granice
outsleep [ˌaut'sli:p] *vt* (outslept, outslept) prespavati (vrijeme), zakasniti na što zbog spavanja, spavati duže
outsmart [ˌaut'sma:t] *vt coll* nadmudriti
outspan [ˌaut'spæn] *vi/t* ispregnuti
outspoken [ˌaut'spəukn] *adj* (~**ly** *adv*) otvoren, prostodušan, iskren
outspread [ˌaut'spred] *adj* razastrt, raširen, razgranat, rasprostranjen
outstanding [aut'stændiŋ] *adj* koji iskače, odskače, koji strši; istaknut, glavni; preostao, neriješen, nenamiren, nenaplaćen, neispunjen, neizvršen, zaostao; otvoren; *fig* izvanredan
outstandings [aut'stændiŋz] *s pl* neplaćeni dugovi, računi
outstation ['autˌsteiʃn] *s* vanjska stanica, ispostava
outstay [ˌaut'stei] *vt* ostati dulje (od) | **to ~ one's welcome** ostati dulje nego što je poželjno
outstretch [ˌaut'stretʃ] *vt* ispružiti, rastegnuti
outstrip [ˌaut'strip] *vt* brže trčati (od), prestići; *fig* nadmašiti, natkriliti
out-top [ˌaut'tɔp] *vt* nadvisiti; *fig* nadmašiti
outturn ['auttə:n] *s* proizvod; ishod, rezultat
outvalue [ˌaut'vælju] *vt* premašiti vrijednošću
outvie [ˌaut'vai] *vt* nadmašiti
outvote [ˌaut'vəut] *vt* nadglasati, dobiti više glasova
outvoter ['autˌvəutə] *s* birač ili izbornik koji ne stanuje u biračkom okrugu
outward ['autwəd] *adj* (~**ly** *adv*) vanjski, izvanjski, spoljašni; vidljiv, očit | *mar* ~ **cargo** teret za otpremu; *mar* ~ **freight** otpremna vozarina; ~ **passage** put onamo, odlazak
outward(s) ['autwəd(z)] *adv* van, vani, napolje, na odlasku
outward ['autwəd] *s* vanjština, spoljašnost, vanjski svijet
outward-bound ['autwəd'baund] *adj* (**outwardly-bound** *adv*) *mar* koji je određen, spreman za odlazak (brod), koji isplovljuje
outwardly ['autwədli] *adv* vani, napolju, izvana, vanjštinom
outwardness ['autwədnis] *s* vanjski oblik; vanjština, spoljašnost
outwear [ˌaut'wɛə] *vt* (outwore, outworn) istrošiti (odijelo), iscrpsti; izdržati dulje (od); osloboditi se navike
outweigh [ˌaut'wei] *vt* pretegnuti, prevagnuti, biti teži (od)
outwent [ˌaut'went] *pret* od **outgo**
outwit [ˌaut'wit] *vt* nadmudriti, prevariti
outwore ['autwɔ:] *pret* od **outwear**
outwork[1] ['autwə:k] *s fort* vanjsko utvrđenje; *fig* branik
outwork[2] ['autwə:k] *s* domaći, kućni rad; rad izvršen izvan radionice, rad »na sic«
outwork [ˌaut'wə:k] *vt* bolje ili više raditi od koga; nadmašiti
outworker ['autˌwə:kə] *s* radnik koji radi kod kuće
outworn ['autwɔ:n] *pp* od **outwear**
ouzel (ousel) ['u:zl] *s ornith* drozd
oval ['əuvl] *adj* (~**ly** *adv*) jajast, jajolik, ovalan
oval ['əuvl] *s* oval, jajolik oblik ili prostor; jajolikost, ovalnost
ovariotomy [əuˌvɛəri'ɔtəmi] *s med* ovariotomija, operacija jajnika
ovary ['əuvəri] *s anat* jajnik; *bot* plodnica
ovate ['əuveit] *adj* jajast, jajolik, ovalan
ovation [əu'veiʃn] *s* ovacija, klicanje, burno odobravanje
oven ['ʌvn] *s* peć (za pečenje), pećnica
over ['əuvə] *prep* **I.** (položaj): 1. preko, na; nad (*a bridge ~ the river* most preko rijeke) 2. kod, pri (*~ the fire* kod (kaminske) vatre; *~ a glass of wine* kod čaše vina) **II.** (pokret): po; preko, na drugu stranu (*all ~ the world* po cijelom svijetu) **III.** (stupanj i čin): 1. nad, iznad (*he reigns ~ twenty millions* on vlada nad dvadeset milijuna) 2. više od, preko (*~ twenty pounds* više od dvadeset funti) **IV.** (vrijeme): preko, za vrijeme (*~ the weekend* preko vikenda; *~ a century* za vrijeme jednog stoljeća; *~ the long vacation* za vrijeme velikih školskih praznika) | **hand ~ hand** jednom rukom iznad druge ruke (kao kad se penje po konopu); *fig* postojano, uporno; brzo napredujući; ~ **head and ears (in love)** preko ušiju (zaljubljen); ~ **shoes**

~ **boots** bez oklijevanja, navrat-nanos; ~ **and above** povrh toga, pored toga, osim toga; bez obzira na to; ~ **the top** glavom bez obzira, bezobzirce; ~ **the way** preko puta, nasuprot; ~ **night** preko noći

over ['əuvə] *adv* 1. više, iznad, preko (*to lean* ~ nagnuti se) 2. na drugu stranu, onamo (*to turn a thing* ~ prevrnuti što; *to fall* ~ prevaliti se, prevrnuti se, srušiti se) 3. ovamo (*ask him* ~ pozovite ga ovamo, kao gosta) 4. s one strane, prijeko, mimo, na suprotnu stranu (*to go* ~ *to the enemy* prijeći na stranu neprijatelja) 5. na drugoj strani (~ *there* tamo prijeko) 6. osim toga, uz to; gotovo, svršeno | ~ **against** nasuprot (tomu); **not** ~ **well** prilično loše; **it is all** ~ **with him** gotov je, s njim je svršeno; ~ **and above** osim toga, uz to; **that's him all** ~ to je baš njemu slično; **all** ~ potpuno, sasvim; ~ **and** ~ **again** opet, nanovo, iznova; *com* **carried** ~ prijenos; **see** ~ vidi slijedeću stranu

over ['əuvə] *adj* gornji; vanjski; viši; prekomjeran (obično pisano zajedno s kojim pridjevom)

over ['əuvə] *s sport* (u kriketu) broj udaraca dopušten između jedne i druge izmjene mjesta igrača

overabundance [ˌəuvərə'bʌndəns] *s* obilje, preobilje, prekomjernost

overabundant [ˌəuvərə'bʌndənt] *adj* (~**ly** *adv*) prekomjeran, preobilan

overact [ˌəuvər'ækt] *vt/i* pretjerivati, pretjerati

overage [əuvər'eidʒ] *adj* prestar, iznad dobne granice

overagio [ˌəuvər'ædʒəu] *s st exch* ekstra premija, posebni prid

overall ['əuvərɔːl] *adj* ukupni, sveukupni, ukupno uzet, opći, sveobuhvatan

overall ['əuvərɔːl] *s* (ženski) ogrtač | ~**s** *pl* gornja odjeća; radno odijelo, zaštitno odijelo, radnički kombinezon; dječje odijelo za igru | *mil* ~**s** *pl* uske hlače za svečanu uniformu; **to measure** ~ mjeriti od kraja do kraja

over-anxiety [ˌəuvəræŋ'zaiəti] *s* prekomjerna bojažljivost ili zabrinutost; pretjerana revnost

over-anxious [ˌəuvər'æŋkʃəs] *adj* (~**ly** *adv*) prekomjerno bojažljiv ili zabrinut; pretjerano revan

overarch [ˌəuvə'aːtʃ] *vt* nadsvoditi

overarm ['əuvəraːm] *adj sport* koji je u slobodnom stilu (plivanje); koji baca preko ramena (kriket)

overawe [ˌəuvər'ɔː] *vt* strašiti, plašiti, držati u strahu

overbalance [ˌəuvə'bæləns] *s* prevaga, višak; neujednačenost

overbalance [ˌəuvə'bæləns] *vi/t* **I.** *vi* prevaliti se, prevrnuti se, izgubiti ravnotežu **II.** *vt* prevaliti, prevrnuti, poremetiti ravnotežu; *fig* prevagnuti

overbear [ˌəuvə'bɛə] *vt* (overbore, overborne) pobijediti, nadvladati, nadjačati, svladati, poklopiti; tlačiti, ugnjetavati; prevagnuti

overbearing [ˌəuvə'bɛəriŋ] *adj* (~**ly** *adv*) drzak, nadut, bahat, arogantan, zapovjednički, ohol

overbid [ˌəuvə'bid] *vt* više nuditi; nadmetati se u cijeni, nadbiti ponudom

overblow [ˌəuvə'bləu] *vt* (overblew, overblown) 1. stišati se (vjetar, oluja) 2. *mus* duhati u sviraljku takvom snagom da se čuje harmonična a ne temeljna nota

overblown [ˌəuvə'bləun] *adj* ocvao; prenapuhan, prenapuhnut

overboard ['əuvəbɔːd] *adv* preko ruba palube, s broda (u more) | *fig* **to throw** ~ baciti u more; *fig* napustiti, dići ruke; **to go** ~ pretjerati, ići u ekstreme

overbridge ['əuvəbridʒ] *s* nadvožnjak

overbrim [ˌəuvə'brim] *vt/i* prelijevati se, izlijevati se; teći preko čega; stršiti

overbuild [ˌəuvə'bild] *vt* ozidati, nadzidati; ograditi, nadograditi, previše graditi kuće | **to** ~ **oneself** graditi kuću preko svojih novčanih mogućnosti

overburden [ˌəuvə'bəːdn] *vt* preopteretiti, pretovariti

overbusy [ˌəuvə'bizi] *adj* prezaposlen

overcall [ˌəuvə'kɔːl] *vt* nadjačati, nadlicitirati (u igri kartama)

over-careful [ˌəuvə'kɛəful] *adj* (~**ly** *adv*) previše brižljiv

overcast ['əuvəkaːst] *vt* zastrijeti oblacima; *fig* naoblačiti, zamračiti; opšiti (rub, šav)

overcast ['əuvəkaːst] *adj* prekriven oblacima, naoblačen, tmuran (& *fig*); opšiven na rubovima, šavovima

overcast ['əuvəkaːst] *s* naoblaka, naoblačenje

overcharge [ˌəuvə'tʃaːdʒ] *s* preopterećenje; previsoka cijena, prevelik zahtjev

overcharge [ˌəuvə'tʃaːdʒ] *vt* preopteretiti, pretovariti, prenapuniti, prenabiti, precijeniti, previše zaračunati, prevariti, oštetiti (koga)

overcloud [ˌəuvə'klaud] *vt* prekriti oblacima, naoblačiti, zamračiti (& *fig*)

overcoat ['əuvəkəut] *s* gornji kaput, ogrtač

over-colour [ˌəuvə'kʌlə] *vt* prejako obojiti; *fig* pretjerati, pretjerivati (u opisivanju)

overcome [ˌəuvə'kʌm] *vt* (overcame, overcome) nadvladati, svladati, pobijediti, nadjačati; obuzeti | **to be** ~ **with** biti obuzet čime

over-confidence [ˌəuvə'kɔnfidəns] *s* prevelika povjerljivost; prekomjerna samosvijest, preveliko samopouzdanje

over-confident [ˌəuvəˈkɔnfidənt] *adj* (**~ly** *adv*) previše povjerljiv; prekomjerno samosvjestan, pretjerano samopouzdan
over-cooked [ˌəuvəˈkukt] *adj* prekuhan; prepečen
over-credulous [ˌəuvəˈkredjuləs] *adj* previše lakovjeran
overcrop [ˌəuvəˈkrɔp] *vt* iscrpsti zemlju intenzivnim uzgojem kultura, preintenzivno obrađivati
overcrowd [ˌəuvəˈkraud] *vt* prenapuniti, pretrpati, nagurati
over-develop [ˌəuvədiˈveləp] *vt phot* previše razviti
over-development [ˌəuvədiˈveləpmənt] *s phot* prejako razvijanje
overdo [ˌəuvəˈduː] *vt* (overdid, overdone) pretjerati; prenapeti; previše skuhati; prepeći; previše naprezati | *fig* **to ~ it** ići predaleko, prekoračiti granice
overdone [ˌəuvəˈdʌn] *pp* od **overdo** & *adj* prekuhan; prepečen; pretjeran
overdose [ˈəuvədəus] *s* prevelika doza
overdose [ˌəuvəˈdəus] *vt* dati preveliku dozu
overdraft [ˈəuvədraːft] *s com* prekoračenje bankovnog računa; prekoračeni iznos | **~ facilities** pogodnost prekoračenja bankovnog računa
overdraught [ˈəuvədraːft] *s* → **overdraft**
overdraw [ˌəuvəˈdrɔː] *vt/i* (overdrew, overdrawn) prekoračiti bankovni račun; pretjerati, prenapeti | **to ~ one's account** prekoračiti bankovni račun
overdress [ˈəuvədres] *s* gornja haljina
overdress [ˌəuvəˈdres] *vt/i* previše (se) kititi, udesiti (se), napirlitati se, oblačiti se previše elegantno
overdrive [ˈəuvəˈdraiv] *vt* (overdrove, overdriven) predaleko ići, pretjerati, previše goniti
overdrive [ˈəuvədraiv] *s* peta brzina (na automobilu)
overdue [ˌəuvəˈdjuː] *adj* dospio, odavno prispio, zastario, zakasnio, kojemu je rok prošao, prekoračio rok, zaostao | **the train is ~** vlak ima zakašnjenje; **~ claim** zastarjela tražbina
overdue [ˌəuvəˈdjuː] *s* zaostali dug
overeat [ˌəuvərˈiːt] *v refl/i* (overate, overeaten) previše jesti, prejesti se
overestimate [ˌəuvərˈestimeit] *vt* precijeniti
overestimate [ˌəuvərˈestimit] *s* previsoka procjena
overexpose [ˌəuvəriksˈpəuz] *vt phot* previše osvijetliti, predugo eksponirati
overexposure [ˌəuvəriksˈpəuʒə] *s phot* prejako osvjetljenje, predugo eksponiranje
overfall [ˈəuvəfɔːl] *s* 1. uzburkano more, turbulencije (zbog podvodnih struja); prelivna brana
overfatigue [ˌəuvəfəˈtiːg] *vt* previše zamoriti, iscrpsti
overfatigue [ˌəuvəfəˈtiːg] *s* prevelik umor, iscrpljenost
overfeed [ˌəuvəˈfiːd] *vt/i* (overfed, overfed) previše hraniti, odviše davati jesti; prejesti se
overflow [ˈəuvəfləu] *s* poplava; prelijevanje; višak
overflow [ˌəuvəˈfləu] *vt/i* **I.** *vt* poplaviti, preplaviti; uzrokovati poplavu, bujati, valjati se preko čega **II.** *vi* prelijevati se, izlijevati se; obilovati; bujati, nabujati
overflowing [ˌəuvəˈfləuiŋ] *s* izlijevanje, poplava, preplavljivanje; obilje, prepunost | **full to ~** prepun
overflowing [ˌəuvəˈfləuiŋ] *adj* prepun, prenatrpan, preobilan
overfly [ˌəuvəˈflai] *vt* (overflew, overflown) preletjeti, prelijetati, nadlijetati
overfold [ˈəuvəfəuld] *s geol* donji sloj preko gornjeg, obrnuti nabor
overfreight [ˈəuvəfreit] *s* teret preko određene mjere, prevelika težina
overfulfil [ˌəuvəfulˈfil] *vt* premašiti (plan), prebaciti (normu)
overfull [ˌəuvəˈful] *adj* prepun
overground [ˈəuvəgraund] *adj* nadzemni
overgrow [ˌəuvəˈgrəu] *vt/i* (overgrew, overgrown) **I.** *vt* prerasti, prebujati, obrasti; *fig* pretovariti, pretrpati (*with* čime) **II.** *vi* previše rasti
overgrown [ˌəuvəˈgrəun] *adj* obrastao (*with* čime); previše visok i mršav, previsok
overgrowth [ˈəuvəgrəuθ] *s* prebujni rast; zaraštenost u korov; preobilje
overhand [ˈəuvəhænd] *adv sport* preko ramena; slobodnim stilom
overhand [ˈəuvəhænd] *adj* s nadlanicom prema gore; *sport* koji je u slobodnom stilu (plivanje), koji baca preko ramena (kriket)
overhang [ˈəuvəhæŋ] *s* prevjesak, ispupčenje, izbočina, stršenje
overhang [ˌəuvəˈhæŋ] *vt/i* (overhung, overhung) prevjesiti; visiti ili ležati iznad čega, viriti, stršiti; *fig* lebdjeti nad čim; prijetiti
over-happy [ˌəuvəˈhæpi] *adj* presretan
over-hasty [ˌəuvəˈheisti] *adj* prenagao, prenagljen
overhaul [ˌəuvəˈhɔːl] *vt* 1. temeljito pretražiti, ispitati, istražiti, rastaviti u dijelove radi pregleda; pregledati ponovo (račune) 2. *mar* dostići, pristići; popraviti (brod), izvršiti remont
overhaul [ˈəuvəhɔːl] *s* prestizanje, dostizanje; ispitivanje, istraživanje; pregledavanje; generalni remont
overhead [ˈəuvəhed] *adv* nad glavom, gore, u gornjem katu, odozgo
overhead [ˈəuvəhed] *adj* gornji, nadzemni; *com* opći, sveopći, ukupni, režijski
overhead [ˈəuvəhed] *s coll* opći troškovi, režijski troškovi, režija

overhear [ˌəuvəˈhiə] *vt* (overheard, overheard) slučajno čuti, načuti; prisluškivati
overheat [ˌəuvəˈhiːt] *vt/i* previše ugrijati, pregrijati; postati prevruć
overindulge [ˌəuvərinˈdʌldʒ] *vt/i* popustiti (navici), zadovoljiti; potpuno se odati, podati se uživanju
over-indulgence [ˌəuvərinˈdʌldʒəns] *s* prevelika popustljivost, blagost
overissue [ˌəuvərˈisjuː] *s* inflacija papirnog novca, prekomjerno izdavanje vrijednosnih papira
overjoyed [ˌəuvəˈdʒɔid] *adj* oduševljen, zanesen, ushićen, presretan
overjump [ˌəuvəˈdʒʌmp] *vt* predaleko skočiti; *fig* prekoračiti, prijeći
overkill [ˈəuvəkil] *s* nuklearni arsenal koji višestruko nadilazi količinu potrebnu da se uništi neprijatelj
overladen [ˌəuvəˈleidn] *adj* prekrcan, pretovaren (& *fig*)
overland [ˈəuvəlænd] *adj* koji ide preko kopna, kopnen | ~ **trade** kopnena trgovina
overland [ˌəuvəˈlænd] *adv* preko kopna, kopnom
overlap [ˌəuvəˈlæp] *vt/i* **I.** *vt* prehvatati, stršiti preko, nad; presezati (u), ići preko, zahvaćati preko (& *fig*) **II.** *vi* ležati jedno nad drugim, preklapati se, nalijegati; *fig* sastati se, poklapati se, sjeći se, ukrštavati se
overlap [ˈəuvəlæp] *s* preklapanje, prehvatanje, ležanje jednog nad drugim
overlay [ˌəuvəˈlei] *vt* pokriti, prekriti, prevući, zastrijeti; obložiti, presvući
overlay [ˈəuvəlei] *s* pokrivanje, oblaganje, presvlaka
overleaf [ˌəuvəˈliːf] *adv* na slijedećoj stranici
overleap [ˌəuvəˈliːp] *vt* predaleko, previsoko skočiti; preskočiti, nadvladati, svladati; *fig* ispustiti, preskočiti; ne osvrtati se na što, ne htjeti znati
overlie [ˌəuvəˈlai] *vt* ležati na čemu, nad čim, ležati povrh, preko
overload [ˈəuvələud] *s* prekrcanje, preopterećenje, prevelik teret
overload [ˌəuvəˈləud] *vt* prekrcati, preopteretiti, ukrcati prevelik teret
overlook [ˌəuvəˈluk] *vt* 1. previdjeti, pregledati; ne opaziti; zapustiti, ne osvrtati se (na) 2. oprostiti (prijestup) 3. gledati odozgo, pregledati, imati vidik (na), gledati (na); nadzirati
overlord [ˈəuvəlɔːd] *s* vrhovni lenski gospodar, sizeren
overly [ˈəuvəli] *s* pretjerano
overman [ˈəuvəmæn] *s* (*pl* **overmen** [ˈəuvəmen] *minr* nadstojnik, nadzornik; *phil* natčovjek
overmantel [ˈəuvəˌmæntl] *s* ploča nad kaminom
overmaster [ˌəuvəˈmaːstə] *vt fig* nadvladati
overmatch [ˌəuvəˈmætʃ] *s* onaj koji je jači, koji je nadmoćan, prejak protivnik
overmatch [ˌəuvəˈmætʃ] *vt* nadmašiti, natkriliti, biti nadmoćan (komu)
overmuch [ˌəuvəˈmʌtʃ] *adj* prevelik; previše brojan
overmuch [ˌəuvəˈmʌtʃ] *adv* previše, prekomjerno
overmuch [ˌəuvəˈmʌtʃ] *s* onaj koji je prevelik; prevelika količina
over-nice [ˌəuvəˈnais] *adj* prefin; previše izbirljiv; preosjetljiv
overnight [ˌəuvəˈnait] *adv* preko noći, za vrijeme noći; sinoć, noćas
overnight [ˌəuvəˈnait] *adj* noćni
overpass [ˌəuvəˈpaːs] *vt* prijeći preko, prekoračiti; *fig* doći do kraja, prekoračiti; izdržati
overpass [ˈəuvəpaːs] *s* cestovni nadvožnjak
overpast [ˌəuvəˈpaːst] *adj* prošao
overpay [ˌəuvəˈpei] *vt* preplatiti
overpeopled [ˌəuvəˈpiːpld] *adj* prenapučen, prenaseljen
overplay [ˌəuvəˈplei] *vt* pretjerati (u igri, ulozi) | *fig* **to** ~ **one's hand** predaleko ići, zaletjeti se
overplus [ˈəuvəplʌs] *s* suvišak, pretičak; obilje
overpopulate [ˌəuvəˈpɔpjuleit] *vt* prenapučiti
overpower [ˌəuvəˈpauə] *vt* nadvladati, svladati (& *fig*)
overpowering [ˌəuvəˈpauəriŋ] *adj* (~**ly** *adv*) neodoljiv, pretežan; prejak; nesnosan
overpressure [ˌəuvəˈpreʃə] *s* prevelik pritisak, nadtlak; preopterećenje radom
overprint [ˈəuvəprint] *s* pretisak
overprint [ˈəuvəprint] *vt* otisnuti, štampati preko čega; *phot* pretamno kopirati
overproduce [ˌəuvəprəˈdjuːs] *vt/i* previše proizvoditi
overproduction [ˌəuvəprəˈdʌkʃən] *s* hiperprodukcija, prekomjerna proizvodnja
overrate [ˌəuvəˈreit] *vt* precijeniti, previsoko procijeniti
overreach [ˌəuvəˈriːtʃ] *vt/i* **I.** *vt* sezati preko, presizati; nadmudriti, nasamariti **II.** *vi* ići predaleko; ići za svojim probitkom | **to** ~ **oneself** ići predaleko, previše sebi dopustiti, prekardašiti
overread [ˌəuvəˈriːd] *vi* (overread, overread) previsoko očitati; previše čitati; previše učiti
over-refine [ˌəuvəriˈfain] *vi* previše čistiti; cjepidlačiti
override [ˌəuvəˈraid] *vt* (overrode, overridden) jahati preko (polja); prejahati, prevesti; (konja) jašući premoriti; *fig* srušiti, oboriti; odbaciti, ne obazirati se, prijeći preko; tlačiti; *med* klizati preko, poleći preko

overriding [ˌəuvəˈraidiŋ] *adj* najvažniji, glavni; bahat
overripe [ˌəuvəˈraip] *adj* prezreo
overrule [ˌəuvəˈruːl] *vt* voditi; prevladati, dobiti vlast (nad); zabaciti, oboriti, odbiti, ukinuti presudu; nadglasati
overrun [ˌəuvəˈrʌn] *vt* (overran, overrun) 1. trčati brže (od); trčati preko, pretrčati; teći kroz; poplaviti 2. preplaviti, opustošiti, pregaziti; proširiti se, rasprostraniti se, prekriti (drač, bršljan) 3. ići preko, prekoračiti 4. *print* prelomiti | **to be ~ with** vrvjeti
over-scrupulous [ˌəuvəˈskruːpjuləs] *adj* (**~ly** *adv*) presavjestan
oversea [ˌəuvəˈsiː] *s* prekomorska zemlja
oversea(s) [ˌəuvəˈsiː(z)] *adv* preko mora, u inozemstvu
oversea(s) [ˌəuvəˈsiː(z)] *adj* prekomorski, inozemni | **~ trade** prekomorska trgovina, vanjska trgovina
oversee [ˌəuvəˈsiː] *vt* nadgledati, nadzirati
overseer [ˈəuvəsiə] *s* nadglednik, nadzornik
overset [ˌəuvəˈset] *vt/i* **I.** *vt* oboriti, prevrnuti, prevaliti; *fig* smesti, dovesti u nered, oboriti **II.** *vi* prevrnuti se, prevaliti se
oversexed [ˌəuvəˈsekst] *adj* s prejakim spolnim nagonom, opsjednut seksom, pretjerano seksualan
overshadow [ˌəuvəˈʃædəu] *vt* zasjeniti, potamniti, zamračiti (& *fig*); zakloniti, zaštititi, zakriliti
overshoe [ˈəuvəʃuː] *s* kaljača, galoša
overshoot [ˌəuvəˈʃuːt] *vt* (overshot, overshot) pucati preko, prijeći preko, prebaciti cilj, premetnuti, premašiti, poći predaleko (& *fig*) | **~ the mark** pretjerati, poći predaleko, prevršiti mjeru; **to ~ oneself** zaračunati se, zaletjeti se
overshot [ˌəuvəˈʃɔt] *adj* na koji voda pada odozgo (kolo)
overside [ˌəuvəˈsaid] *adv* preko boka (broda), bočno, pobočno, niz bok | **free ~** bez troškova iskrcavanja; **to take delivery ~** preuzeti (robu) bez troškova iskrcavanja
oversight [ˈəuvəsait] *s* 1. nadzor, nadziranje, pregled 2. omaška, pogreška, pomutnja, propust
oversize [ˈəuvəsaiz] *adj* prevelik, prevelikog broja, veličine iznad normalne
overslaugh [ˈəuvəslɔː] *s* 1. *mil* oslobođenje od službe zbog kakve važnije dužnosti 2. *US* pješčan prud, gomila mulja
overslaugh [ˈəuvəslɔː] *vt mil* prekomandirati; *US* zapostaviti, mimoići, preskočiti (pri unapređivanju); spriječiti
oversleep [ˌəuvəˈsliːp] *v refl/i* (overslept, overslept) predugo spavati, zaspati, prespavati
overspend [ˌəuvəˈspend] *vt/i* (overspent, overspent) **I.** *vt* previše trošiti **II.** *vi* trošiti se, ne štedjeti se, obnemoći
overspill [ˌəuvəˈspil] *vi* preliti se
overspill [ˈəuvəspil] *s* prelijevanje, preticanje, višak, pretičak
overspread [ˌəuvəˈspred] *vt* (overspread, overspread) prevući, pokriti, prekriti, zastrti
overstate [ˌəuvəˈsteit] *vt* prejako naglasiti; preuveličavati; pretjerivati
overstatement [ˌəuvəˈsteitmənt] *s* pretjerivanje
overstay [ˌəuvəˈstei] *vt* predugo ostati, predugo boraviti, predugo se zadržati | **to ~ one's welcome** predugo se zadržati u gostima
overstep [ˌəuvəˈstep] *vt* prekoračiti (& *fig*)
overstock [ˌəuvəˈstɔk] *s* suvišak, preobilje, prevelike zalihe
overstock [ˌəuvəˈstɔk] *vt* prenapuniti, prekrcati, pretrpati, stvoriti prevelike zalihe
overstrain [ˈəuvəstrein] *s* premorenost, prevelik umor, prevelik napor, prenapregnutost
overstrain [ˌəuvəˈstrein] *vt* premoriti, prenapeti, prenapregnuti
overstrung [ˌəuvəˈstrʌŋ] *adj* premoren, prenapet, prenapregnut; egzaltiran
overstrung [ˈəuvəstrʌŋ] *adj* koji ima ukrštene žice (glasovir)
overstudy [ˌəuvəˈstʌdi] *vi* previše učiti ili studirati
overstuffed [ˌəuvəˈstʌft] *adj* debelo podstavljen, meko tapeciran (naslonjač)
oversubscribe [ˌəuvəsəbˈskraib] *vt* previše upisati (dionice, zajam)
oversupply [ˌəuvəsəˈplai] *s* prevelik dovoz, prevelika doprema, prevelika ponuda
overt [ˈəuvəːt] *adj* (**~ly** *adv*) očit, očevidan, javan; otvoren | **market ~** otvoreni trg, sajam, tržnica
overtake [ˌəuvəˈteik] *vt* (overtook, overtaken) sustići, dostići, prestići; zateći, iznenaditi, uhvatiti (& *fig*); obaviti u određenom vremenu, nadoknaditi
overtask [ˌəuvəˈtaːsk] *vt* preopteretiti, previše zaokupiti
overtax [ˌəuvəˈtæks] *vt* precijeniti čiju snagu; preopteretiti porezima, previsoko oporezovati; previše zaokupiti; *fig* preopteretiti
overthrow [ˈəuvəθrəu] *s* pad, propast; rušenje, obaranje, prevrat; uništenje; *mil* poraz; *sport* loše vraćena lopta (u kriketu)
overthrow [ˌəuvəˈθrəu] *vt* (overthrew, overthrown) srušiti, oboriti, porušiti (& *fig*); uništiti; pobijediti, poraziti
overtime [ˈəuvətaim] *s* prekovremeni rad, prekodužno vrijeme
overtime [ˈəuvətaim] *adv* prekovremeno | **to work ~** prekovremeno raditi

overtime [ˌəuvəˈtaim] *vt phot* previše osvijetliti, previše eksponirati
overtire [ˌəuvəˈtaiə] *vt* premoriti
overtone [ˈəuvətəun] *s mus* alikvotni (parcijalni) ton; prizvuk (& *fig*)
overtop [ˌəuvəˈtɔp] *vt* nadvisiti; premašiti; prijeći preko čega, ne osvrtati se na što
overtrain [ˌəuvəˈtrein] *vt* pretrenirati
overtrump [ˌəuvəˈtrʌmp] *vt* izigrati jaču kartu, nadbiti, tući jačim adutom (& *fig*)
overture [ˈəuvətjuə] *s* ponuda (ženidbena); uvertira; *fig* predigra, uvod | **~s** *pl* pokušaji približenja, prijedlozi
overturn [ˈəuvətəːn] *s* prevrat
overturn [ˌəuvəˈtəːn] *vt/i* prevrnuti, srušiti, oboriti
overvalue [ˌəuvəˈvælju] *vt* previsoko cijeniti, precijeniti
overweening [ˌəuvəˈwiːniŋ] *adj* (**~ly** *adv*) uobražen, nadut, umišljen, samosvjestan; drzak, osoran
overweight [ˈəuvəweit] *s* pretega, prevaga
overweight [ˌəuvəˈweit] *adj* pretežak, koji je iznad dopuštene težine, teži od normale, predebeo
overweighted [ˌəuvəˈweitid] *adj* preopterećen, pretovaren
overwhelm [ˌəuvəˈwelm] *vt* zasuti, zatrpati; *fig* pokopati; nadjačati, prevladati; svladati, pobijediti; poraziti, uništiti; obasuti, salijetati
overwhelming [ˌəuvəˈwelmiŋ] *adj* (**~ly** *adv*) silan, neodoljiv; pretežan, nadmoćan
overwork [ˈəuvəwəːk] *s* prevelik posao, prekomjeran rad, preveliko umaranje
overwork [ˌəuvəˈwəːk] *vt/i* **I.** *vt* preopteretiti radom, previše umarati, premoriti **II.** *vi* previše se napregnuti, premoriti se
overwrought [ˌəuvəˈrɔːt] *adj* premoren od rada, iznuren, previše izmoren; prenapet, uzrujan, razdražen
oviduct [ˈəuvidʌkt] *s anat* jajovod
oviform [ˈəuvifɔːm] *adj* jajolik
ovine [ˈəuvain] *adj* ovčji, poput ovce
oviparous [əuˈvipərəs] *adj* koji nosi jaja, koji mlade dobiva iz jaja
ovular [ˈəuvjulə] *adj* koji se tiče jajeta
ovule [ˈəuvjuːl] *s bot* & *zool* jaje, jajašce
ovum [ˈəuvəm] *s* (*pl* **ova** [ˈəuvə]) *zool* jaje
owe [əu] *vt/i* **I.** *vt* 1. dugovati, biti dužan što; biti obvezan 2. *fig* dugovati zahvalnost, zahvaliti 3. *sport* dati prednost **II.** *vi* biti dužan, biti čiji dužnik | **I ~ you a grudge** ljutim se na tebe; **IOU** (= I owe you) zadužnica
owing [ˈəuiŋ] *pred adj* još neplaćen, koji se još duguje | **~ to** radi, poradi; zbog, uslijed; **he paid all that was ~** platio je sav dug
owl [aul] *s ornith* sova; glupan, budala | *fig* **to fly with the ~** biti noćna ptica; **as blind (stupid) as an ~** slijep (glup) kao sova, potpuno slijep, glup
owler [ˈaulə] *s arch* krijumčar
owlery [ˈauləri] *s* omiljelo skrovište sova, sovinjak
owlet [ˈaulit] *s ornith* mlada sova
owlish [ˈauliʃ] *adj* (**~ly** *adv*) koji je poput sove; glup, budalast
owl-light [ˈaullait] *s* sumrak
own [əun] (samo iza posvojnog pridjeva ili posvojnog genitiva): 1. vlastiti (*my ~ house* moja kuća; *with my ~ eyes* svojim očima) 2. poseban, osobit, naročit 3. pravi, istinski 4. koji pripada u vlastiti posjed, vlastitu obitelj | **to be one's ~ man** biti nezavisan, slobodan čovjek, biti svoj čovjek; **~ brother (sister)** pravi, rođeni brat (sestra); **my ~** moj najdraži (osobito u vokativu); **of one's ~** što kome pripada, svoje (*I have nothing of my ~* nemam ništa svoga); **to hold one's ~** zadržati svoje dostojanstvo, svoj mir; ne dati se nadjačati; ostati pri svome, ne ustuknuti; **on one's ~** samostalno, iz vlastite pobude, na vlastitu odgovornost; samo od sebe; na vlastiti trošak, vlastitim sredstvima; **to come into one's ~** doći do izražaja, pribaviti sebi važnost, uvaženje, doći na svoje; **to get one's ~ back** vratiti milo za drago
own [əun] *vt/i* **I.** *vt* 1. imati, posjedovati 2. priznati kao svoje, potvrditi **II.** *vi* priznati, priznavati se, dopuštati, pokoriti se
own to [ˈəunˈtuː] *vi* priznati
own up [ˈəunˈʌp] *vi* otvoreno priznati, ispovjediti
owner [ˈəunə] *s* posjednik, posjednica, vlasnik, vlasnica | *com* **at ~'s risk** na vlastitu pogibao, na vlastiti rizik
ownerless [ˈəunəlis] *adj* koji je bez vlasnika, ničiji
ownership [ˈəunəʃip] *s* posjedovanje, vlasništvo
ox [ɔks] *s* (*pl* **oxen** [ˈɔksən]) *zool* vol, govedo
oxalic [ɔkˈsælik] *adj chem* oksalni
oxbird [ˈɔksbəːd] *s ornith* žalar krivokljuni (*Tringa subarcuata*)
oxbow [ˈɔksbəu] *s* 1. jaram za volove 2. *US* polukružna okuka (rijeke)
Oxbridge [ˈɔksbridʒ] *s* Oxford i Cambridge
oxen [ˈɔksən] *pl* od **ox**
oxer [ˈɔksə] *s* jaka ograda (od stupaca, živice i jaraka) za stoku
ox-eye [ˈɔksai] *s* 1. volovsko oko, veliko oko 2. *bot* ime za više vrsta biljaka; žablja trava (*Anthemis cotula*); titrica (*Matricaria chamomilla*); veliki krasuljak
ox-eyed [ˈɔksaid] *adj* koji ima volovske, velike oči, buljook
ox-hide [ˈɔkshaid] *s* volujska koža
oxidate [ˈɔksideit] *vt/i chem* **I.** *vt* oksidirati **II.** *vi* spojiti se s kisikom, izgarati; rđati

oxidation [ˌɔksiˈdeiʃn] *s chem* oksidacija, izgaranje; rđanje
oxide [ˈɔksaid] *s chem* oksid
oxidizable [ˈɔksidaizəbl] *adj* koji može oksidirati, izgarati, rđati
oxidization [ˌɔksidaiˈzeiʃn] *s chem* oksidacija
oxidize [ˈɔksidaiz] *vt/i* → **oxidate**
oxlip [ˈɔkslip] *s bot* jaglac, jagorčika (*Primula acaulis*)
Oxonian [ɔkˈsəunjən] *adj* oksfordski
Oxonian [ɔkˈsəunjən] *s* oksfordski đak, osoba koja je studirala u Oxfordu
ox-tail [ˈɔksteil] *s* volovski rep | ~ **soup** juha od govеđeg repa
oxter [ˈɔkstə] *s Scot* pazuho
ox-tongue [ˈɔkstʌŋ] *s* 1. volujski jezik 2. *bot* pačje gnijezdo (vrsta trave: *Anchusa officinalis*)
oxygen [ˈɔksidʒən] *s chem* kisik | ~ **mask** maska s kisikom; ~ **tent** šator s kisikom nad bolesničkim krevetom
oxygenate [ɔkˈsidʒəneit] *vt chem* spojiti s kisikom, oksidirati
oxygenation [ɔkˌsidʒəˈneiʃn] *s chem* spajanje s kisikom
oxygenize [ˈɔksidʒənaiz] *vt* → **oxygenate**
oxygenous [ɔkˈsidʒənəs] *adj chem* koji sadrži kisika, koji se sastoji od kisika
oxyhydrogen [ˈɔksiˈhaidrədʒən] *adj chem* hidrooksigenski
oxymel [ˈɔksimel] *s* sirup od meda i octa
oxytone [ˈɔksitəun] *adj Gr* koji ima naglasak na posljednjem slogu
oxytone [ˈɔksitəun] *s Gr* oksitonon (riječ s naglaskom na posljednjem slogu)
oyer [ˈɔiə] *s* | *jur* ~ **and terminer** presuda kriminalnih slučajeva u porotnom sudištu
oyez [əuˈjes] *interj* čujte i počujte!, pažnja!
oyster [ˈɔistə] *s* 1. *zool* ostriga, kamenica (*Ostrea edulis*) 2. malen komad mesa peradi (obično na leđima)
oyster-bar [ˈɔistəbaː] *s* restoran u kome se poslužuju ostrige
oyster-bed [ˈɔistəbed] *s* sprud ostriga, gajilište ostriga
oyster-catcher [ˈɔistəˌkætʃə] *s ornith* oštrižarka, morska ptica
oyster-farm [ˈɔistəfaːm] *s* → **oyster-fishery**
oyster-fishery [ˈɔistəˌfiʃəri] *s* gajilište ostriga
oyster-patty [ˈɔistəˈpæti] *s cul* pašteta od ostriga
oyster-shell [ˈɔistəʃel] *s* školjka, ljuštura ostrige
ozone [ˈəuzəun] *s chem* ozon
ozonic [əuˈzɔnik] *adj chem* ozonski, koji sadrži ozona
ozoniferous [ˌəuzəuˈnifərəs] *adj chem* koji stvara ozon
ozonize [ˈəuzəunaiz] *vt* pretvoriti u ozon, ozonizirati

P

P, p [piː] *s* (*pl* **~s, ~'s**) slovo p, šesnaesto slovo engl. abecede; *chem* oznaka za element fosfor; *mus* piano, tiho | **to mind one's P's and Q's** paziti se, dobro slušati, pristojno se ponašati

pa [paː] *s coll* tata

pabulum ['pæbjuləm] *s Lat* hrana (za tijelo ili za duh)

pace [peis] *s* 1. korak, koračaj (kao kretnja i kao mjera) 2. hod, brzina hoda, kretanja, način hodanja 3. način kretanja konja, trupkalica; tempo | **to put a p through his ~s** iskušati čiju sposobnost, vrijednost, prorešetati koga; **to keep ~ with** ići ukorak s kim; **to go the ~** brzo ići, hodati; *fig* rasipati, živjeti na velikoj nozi; **to hit the ~** juriti; **to set the ~** dati, odrediti tempo (i *fig*)

pace [peis] *vi/t* **I.** *vi* odmjereno hodati, koračati, hodati; ići laganim korakom, trupkati (za konja); koračati gore-dolje **II.** *vt* mjeriti koracima, hodati ili koračati po čemu; predvoditi, davati tempo; prijeći (neku udaljenost)

pace out ['peis'aut] *vt* izmjeriti koracima

pace ['peisi] *prep* bez zamjere, uvrede; s dopuštenjem

paced [peist] *adj* 1. odmjeren, ravnomjeran 2. iskusan, prepreden, prefrigan | **a ~ scoundrel** arcilopov

pace-maker ['peisˌmeikə] *s sport* trkač, konj, automobil itd. na čelnoj poziciji (koji određuje tempo); *anat* srčani predvodnik; *med* elektronski stimulator srca

pacer ['peisə] *s* 1. konj koji ide laganim korakom 2. *sport* v. **pace-maker** *sport*

pachyderm ['pækidəːm] *s* (*pl* **~s, ~ata** [ˌpæki'dəːmətə]) *zool* debelokožac; *fig* debelokožac, neosjetljiva osoba

pachydermatous [ˌpæki'dəːmətəs] *adj zool* debelokožan, koji se odnosi na debelokošca; *fig* neosjetljiv, debelokožan

pacific [pə'sifik] *adj* (**~ally** *adv*) 1. miroljubiv, miran, blag

Pacific [pə'sifik] *s* Tihi (Pacifički) ocean, Pacifik

Pacific [pə'sifik] *adj* pacifički, koji se odnosi na Tihi ocean

pacificate [pə'sifikeit] *vt* → **pacify**

pacification [ˌpæsifi'keiʃn] *s* 1. uspostavljanje mira, širenje mira 2. smirivanje, umirivanje, izmirenje, stišavanje, pacifikacija

pacificatory [pə'sifikətəri] *adj* miroljubiv, miran; pomirben

pacificism [pə'sifisizm] *s* pacifizam

pacificist [pə'sifisist] *s* pacifist

pacifier ['pæsifaiə] *s* mirotvorac; *US* varalica, duda

pacifism ['pæsifizm] *s* → **pacificism**

pacifist ['pæsifist] *s* → **pacificist**

pacify ['pæsifai] *vt* 1. smiriti, pomiriti, umiriti 2. uspostaviti, donijeti mir, pacificirati

pack [pæk] *s* 1. omot, zavežljaj, smotak, svežanj, paket; kutija (cigareta) 2. denjak, bala (mjera za količinu robe, npr. pamuka, papira itd.); tovar 3. množina, mnoštvo, niz (briga, laži itd.); banda, grupa, rulja (ljudi) 4. čopor (pasa, vukova itd.); jato (ptica) 5. *sport* navala momčadi kod ragbija 6. »špil« karata 7. zdrobljene ledene sante 8. količina pakirane ribe, voća i dr. u godini 9. *med* oblog 10. *mil* ranac 11. *arch* bagaža, bagra

pack [pæk] *vt/i* **I.** *vt* 1. zamotati, svezati, složiti, spakirati, upakirati; natovariti, nakrcati, naslagati; napuniti, natrpati, zbiti, skupiti; konzervirati, spremiti (hranu); *med* umotati (bolesnika) u obloge 2. pripremiti članove porote za povoljnu presudu; natrpati sastanak, skupštinu i dr. da se osigura većina 3. namiješati karte (za varanje) 4. otpremiti, otjerati (npr. bolesnika u krevet); otpustiti 5. poslati, prenijeti, odnijeti; *US* držati, posjedovati **II.** *vi* 1. biti stisnut, nalaziti se u gomili, čoporu, jatu 2. spakirati, spremiti se (za put) 3. pokupiti se, tornjati se | **to send a p ~ing** otjerati, najuriti koga; **I am ~ed** spakirao sam, složio sam stvari; **~ed house** puna kuća (kad su prodana sva mjesta); **close-~ed** dobro upakiran; *US* **to ~ in** privlačiti brojne gledaoce

pack away ['pækə'wei] *vi* → **pack off**

pack off ['pæk'ɔf] *vt/i* **I.** *vt* otpremiti, otjerati, odaslati **II.** *vi* žurno otići, pokupiti se | **~ !** gubi se!

pack out ['pæk'aut] *vt* izvaditi, isprazniti, istovariti, raspakirati

pack up ['pæk'ʌp] *vt/i* **I.** *vt* umotati, spremiti, spakirati, natovariti **II.** *vi* 1. spakirati se, spremiti se za put 2. *sl* postati neupotrebljiv, ostarjeti, umrijeti

package ['pækidʒ] *s* svežanj, zamotak; paket, bala, denjak, prtljaga; omot, pakiranje, ambalaža; troškovi za pakiranje; paket usluga i sl.

package ['pækidʒ] *vt* (za)pakirati; staviti (robu) u ambalažu koja će privući kupce; ponuditi kao paket usluga

package deal ['pækidʒ'di:l] *s coll* nagodba o više pitanja koja su međusobno uvjetovana

package tour ['pækidʒ'tuə] *s coll* kružno putovanje koje agencija unaprijed organizira u detalje i nudi za fiksnu cijenu

pack-animal ['pækˌænimәl] *s* tegleća životinja

pack-drill ['pækdril] *s mil* marš za kaznu pod punom ratnom opremom

packer ['pækə] *s* 1. paker; radnik na konzerviranju koji stavlja živežne namirnice u konzerve; stroj za pakiranje, spremanje robe, prijenosnik (osoba koja prenosi robu na teglećim životinjama)

packet ['pækit] *s* zavežljaj, svežanj, paket; kutija (cigareta); *fig* zbirka, serija; *mar* poštanski brod; *sl* mnogo novaca

packet-boat ['pækitbəut] *s mar* poštanski brod

pack-horse ['pækhɔ:s] *s* tegleći konj

packing ['pækiŋ] *s* 1. zamatanje, pakiranje, slaganje 2. materijal za pakiranje; ambalaža 3. *tech* oblaganje, zaštićivanje, omatanje; izolacija

packing-box ['pækiŋbɔks] *s tech* zaptivača, šupernica

packing-case ['pækiŋkeis] *s* sanduk za pakiranje

packing-needle ['pækiŋˌni:dl] *s* velika igla koja se upotrebljava za šivanje bala

packing-sheet ['pækiŋʃi:t] *s* grubo platno za umatanje paketa; *med* oblog

packman ['pækmən] *s* (*pl* **packmen** ['pækmən]) pokućarac, torbar

packsack ['pæksæk] *s US* naprtnjača, ranac

pack-saddle ['pækˌsædl] *s* samar

pack-thread ['pækθred] *s* uzica, špaga

pack-train ['pæktrein] *s US* povorka teglećih životinja

pact ['pækt] *s* ugovor, pogodba, sporazum, pakt

pad[1] [pæd] *s sl* put, cesta | **gentleman (knight, squire) of the ~** drumski razbojnik

pad [pæd] *vt/i* pješačiti; skitati se; bešumno hodati ili trčati cestom; ići pješice | **to ~ it, to ~ the hoof** ići pješice, pješačiti

pad[2] [pæd] *s* 1. jastuk, jastučić, dušek 2. mekano podstavljeno sedlo 3. mekan jastuk koji se upotrebljava da umanji pritisak, trenje, udarac itd. (npr. podstavljeni dijelovi odjeće kod hokeja itd.); *sport* nazuvak (za zaštitu cjevanica) 4. blok; jastuk (za žig) 5. jastučić na šapi nekih životinja (mačaka), šapa (lisice, zeca); trag (vuka, lisice itd.) 6. *US* veliki list nekih vodenih biljaka koji pliva na vodi, napose lopoča 7. tuckanje, tapkanje | **writing ~** blok pisaćeg papira; **launching ~** platforma za lansiranje raketa

pad [pæd] *vt* 1. napuniti (perjem i dr.), podstaviti, obložiti (pamukom i dr.); nepotrebno povećati broj osoblja 2. nabiti, nagnjesti; *fig* nadrobiti, napričati, ispuniti praznim riječima, trabunjati koješta | **~ded room (cell)** tapecirana, obložena soba (ćelija)

pad out ['pæd'aut] *vt* tapecirati, obložiti, ispuniti | **to ~ a sentence** ispuniti rečenicu praznim riječima

pad[3] [pæd] *s* mala košara koja se upotrebljava kao mjera za voće

padding ['pædiŋ] *s* 1. punjenje, podstavljanje, podstava 2. materijal za punjenje, za podstavu 3. *fig* prazne riječi u rečenici ili tekstu, književni materijal koji se umeće da se produži tekst; *tech* grundiranje (tkanina) | *tech* **~ machine** stroj za temeljno bajcanje i grundiranje (tkanina)

paddle[1] ['pædl] *s* lopata; kratko veslo; pero, lopatica na kotaču, kolu (parobroda, vodenice); miješalica; prakljača; *US* reket (za ping-pong)

paddle ['pædl] *vi/t* **I.** *vi* 1. voziti se u čamcu (koji se kreće pomoću malog vesla, odnosno kotača) **II.** *vt* veslati, upravljati (kratkim veslom); pokretati (kao veslom); *US* udariti pljoštimice | *fig* **to ~ one's own canoe** oslanjati se, uzdati se u se, ne zavisiti ni od koga

paddle[2] ['pædl] *s* veslanje (malim kratkim veslom)

paddle[3] ['pædl] *s* mulj, kal, prljavština, blato, kaša

paddle ['pædl] *vi* gacati, hodati (*in* po vodi), pljuskati, brčkati, igrati se (*in, about, on* po vodi)

paddle-boat ['pædlbəut] *s* brod na kotače, brod lopatar

paddle-box [ˈpædlbɔks] *s* kućište kotača na brodu
paddle-steamer [ˈpædlˌstiːmə] *s* → **paddle--boat**
paddle-wheel [ˈpædlwiːl] *s* kotač s lopatama na brodu, vodenici i dr.
paddock[1] [ˈpædək] *s* mala livada, ograđen pašnjak uz konjušnicu; tratina (u blizini trkališta, gdje se konji skupljaju pred trku), pedok
paddock[2] [ˈpædək] *s archit dial* žaba krastača
Paddy [ˈpædi] *s* nadimak za Irca
paddy[1] [ˈpædi] *s* neoljuštena riža | ~ **field** rižište (rižino polje)
paddy[2] [ˈpædi] *s coll* bijes, ljutina, jarost, srdžba, gnjev; batine
paddy wagon [ˈpædiˈwægən] *s US sl* »crna marica«, policijska kola
paddywhack [ˈpædiwæk] *s coll* → **paddy**[2]
pad-horse [ˈpædhɔːs] *s* kljuse, konj
padishah [ˈpaːdiʃaː] *s* padišah
padlock [ˈpædlɔk] *s* lokot
padlock [ˈpædlɔk] *vt* metnuti lokot, zaključati katancem, lokotom, zatvoriti
pad-nag [ˈpædnæg] *s* konj koji trupka; kljuse, star konj
padre [ˈpaːdri] *s sl* velečasni, titula za svećenika; *mil* vojni svećenik
padrone [pəˈdrəuni] *s It* 1. vlasnik trgovačkog broda (na Sredozemnom moru) 2. poduzetnik koji eksploatira ulične glazbenike i pjevače, radnike emigrante i djecu prosjake 3. vlasnik (talijanske) krčme
paean [ˈpiːən] *s* pobjednička himna, pjesma zahvalnica
paederasty [ˈpedəræsti] *s* → **pederasty**
pagan [ˈpeigən] *s* 1. poganin, poganka, neznabožac, bezbožac, bezbožnica 2. *arch sl* djevojčura, drolja
pagan [ˈpeigən] *adj* poganski, neznabožački, bezbožnički
pagandom [ˈpeigəndəm] *s* 1. pogani, neznabošci 2. poganske, neznabožačke, mnogobožačke zemlje
paganish [ˈpeigəniʃ] *adj* poganski, neznabožački, koji se odnosi na poganina
paganism [ˈpeigənizm] *s* poganstvo, neznaboštvo, bezboštvo
paganize [ˈpeigənaiz] *vt/i* **I.** *vt* učiniti poganinom, neznabošcem **II.** *vi* postati poganin, neznabožac
page[1] [peidʒ] *s* paž, dječak-plemić u službi na dvoru ili kod kakve istaknute osobe; mladić u livreji (koji otvara vrata u hotelu i dr.), pikolo; *US* vratar, poslužitelj u sudu
page[1] [peidʒ] *vt/i* **I.** *vt* (po)zvati preko sluge ili razglasa **II.** *vi* služiti kao paž
page[2] [peidʒ] *s* stranica, list (knjige); *fig* djelo, knjiga, spis; epizoda
page[2] [peidʒ] *vt/i* paginirati, označiti stranice brojevima; prelomiti, napraviti prelom (špalti); listati
pageant [ˈpædʒənt] *s* svečana povorka, parada, pompozna svečanost, priredba; dramska izvedba koja prikazuje epizode iz povijesti mjesta (kraja) gdje se izvodi; alegorička slika; *fig* lažan sjaj
pageantry [ˈpædʒəntri] *s* raskošna svečanost, pompa, sjaj; *fig* prazan, lažan sjaj
pager [ˈpeidʒə] *s* paginator
paginal [ˈpædʒinl] *adj* (~**ly** *adv*) koji se odnosi na stranice (knjige), koji se sastoji od stranica
paginary [ˈpædʒinəri] *adj* → **paginal**
paginate [ˈpædʒineit] *vt* paginirati, označivati stranice brojevima
pagination [ˌpædʒiˈneiʃn] *s* paginiranje, označivanje stranica brojevima
paging [ˈpeidʒiŋ] *s* paginiranje, označivanje stranica brojevima | ~ **machine** sprava za paginiranje, za označivanje stranica brojevima
pagoda [pəˈgəudə] *s* pagoda, hram Hindusa, Kineza; *hist* zlatni novac koji se nekad upotrebljavao u Indiji | ~ **tree** vrsta drveta u Kini i Japanu koje raste u obliku pagode; **to shake the ~ tree** obogatiti se u Indiji na lak i brz način
pah [paː] *interj* pi!, uzvik koji izražava prezir, gađenje
paid [peid] *pret & pp* od **pay**
pail [peil] *s* kabao, čabar, vjedro; količina tekućine koju zahvaća kabao
pailful [ˈpeilful] *s* količina tekućine koja stane u kabao
paillasse [ˈpæliæs] *s Fr* slamnjača, slamarica
paillette [pælˈjet] *s Fr* sjajna metalna pločica koja se upotrebljava za emajliranje; ukras, sjajna pločica, šljoka
pain [pein] *s* 1. bol; muka, patnja, jad; *pl* porođajni bolovi, trudovi 2. kazna (samo u frazama: *(up)on, under ~ of* pod prijetnjom kazne; *on, under ~ of death* pod prijetnjom smrtne kazne; *~s and penalties pl* kazne i globe) 3. *pl* muka, trud, napor | **to be in ~** patiti, trpjeti, biti uznemiren, zabrinut; **to take ~s** naprezati se, mučiti se, potruditi se, nastojati; **to be at the ~s of doing something** mučiti se oko čega, truditi se, nastojati što učiniti; **to get a thrashing for one's ~s** dobiti batine kao nagradu za trud, muku; **to give one a ~** dodijavati; **to be a fool for one's ~s** truditi se uzalud; *US sl* **he's a ~ in the neck** on je nemoguć; *US sl* **it's a ~ in the neck** to je prava gnjavaža
pain [pein] *vt/i* **I.** *vt* 1. mučiti, boljeti, patiti 2. zadavati boli, brige, jad **II.** *vi* boljeti, patiti

pained [peind] *adj* pun bola, koji osjeća bol, brigu, jad; uvrijeđen, povrijeđen, žalostan
painful ['peinful] *adj* (~**ly** *adv*) bolan; mučan, težak, naporan; gorak; poman, točan; pretjeran; dosadan; neprijatan
painfulness ['peinfulnis] *s* bolnost; bol, muka, trud, napor, nastojanje; nemir, briga, skrb, tegoba
pain-killer ['pein,kilə] *s* sredstvo za ublažavanje bolova, analgetik
painless ['peinlis] *adj* (~**ly** *adv*) bezbolan
painlessness ['painlisnis] *s* bezbolnost
painstaker ['peinz,teikə] *s* neumoran radnik, trudbenik
painstaking ['peinz,teikiŋ] *s* brižljivost, pomnjivost
painstaking ['peinz,teikiŋ] *adj* (~**ly** *adv*) poman, brižljiv, pažljiv
paint [peint] *s* 1. boja 2. ličilo, šminka | **wet ~**! svježe obojeno!
paint [peint] *vt/i* **I.** *vt* 1. premazati, obojiti, ukrasiti, ukrašavati bojama, ličiti 2. slikati, naslikati, maljati; nabijeliti, narumeniti, namazati lice, namazati (usta, obrve itd.) kozmetičkim sredstvima, našminkati 3. *fig* naslikati, prikazati, riječima slikovito opisati **II.** *vi* 1. slikati, maljati, baviti se slikarstvom 2. bijeliti se, narumeniti se, ličiti se, (na)šminkati se, (na)mazati se (kozmetičkim sredstvima) | **not so black as he is ~ed** (vrag) nije tako crn kao što se slika; *zool* **~ed lady** vrsta leptira narančastocrvene boje s crvenim i bijelim točkicama; *sl* **to ~ the town red** bučno se veseliti; **to ~ the lily** pretjerano hvaliti; **to ~ in oils** slikati uljenim bojama
paint in ['peint'in] *vt* uslikati, unijeti nove detalje na slici
paint out ['peint'aut] *vt* premazati, prebojiti, premaljati, prekriti bojom
paint-box ['peintbɔks] *s* kutija za slikarske boje
paint-brush ['peintbrʌʃ] *s* kist za ličenje
painter[1] ['peintə] *s* 1. slikar (umjetnik) 2. slikar (obrtnik), ličilac
painter[2] ['peintə] *s mar* konop kojim se privezuje čamac, brod | *mar* **to cut the ~** odriješiti se; *fig* osamostaliti se, poći svojim putem; odmagliti
painting ['peintiŋ] *s* slikanje; slikarstvo; slika; ličenje | **oil ~** uljena slika
paintress ['peintris] *s* slikarica
painty ['peinti] *adj* previše namazan bojom; pretrpan, prepun boja
pair [pɛə] *s* 1. par (dvije stvari, dva jednaka predmeta koja se upotrebljavaju zajedno) 2. par (dvije stvari koje čine cjelinu) 3. par (dvoje ljudi, dvije životinje i dr.) 4. *parl* dva člana protivničkih stranaka koji se sporazumiju da će se suzdržati od glasanja 5. par (jedan od dvaju predmeta koji pripadaju zajedno, npr. *here is the ~ to this stocking*) | **a ~ of stairs** stepenice, kat, sprat, pod; **a ~ of bellows** mijeh
pair [pɛə] *vt/i* **I.** *vt* pariti, spariti; sjediniti, združiti **II.** *vi* spariti se, sparivati se; sjediniti se; vjenčati se; *parl* s članom protustranke dogovoriti da ni jedan ni drugi neće glasati ili da neće doći na glasanje
pair off ['pɛər'ɔf] *vt/i* **I.** *vt* svrstati po dvoje **II.** *vi* svrstati se, poredati se dvoje po dvoje, otići udvoje; *fam* vjenčati se
pair-horse ['pɛəhɔːs] *adj* dvoprežan
pairing ['pɛəriŋ] *s* sparivanje, parenje; određivanje parova (kod različitih natjecanja) | **~s** *pl* popis parova (za neko natjecanje)
pairing-time ['pɛəriŋtaim] *s* doba parenja (u životinja)
pair-oar ['pɛərɔː] *s* čamac na dva vesla
paisano [pai'saːnəu] *s* zemljak; *sl* drug, prijatelj
pajamas [pə'dʒaːməz] *s pl* → **pyjamas**
pal [pæl] *s sl* intiman drug, prijatelj, pajdaš
pal [pæl] *vi* sprijateljiti se, postati intiman (*up, with* sa), prijateljevati, drugovati
palace ['pælis] *s* palača, dvorac; službena rezidencija vladara, biskupa itd.
paladin ['pælədin] *s hist* paladin, vitez; *fig* hrabar čovjek
palaeobotany [,pæliəu'bɔtəni] *s* paleobotanika
palaeographer (paleographer) [,pæli'ɔgrəfə] *s* paleograf
palaeographic (paleographic) [,pæliə'græfik] *adj* paleografski
palaeography (paleography) [,pæli'ɔgrəfi] *s* paleografija
palaeolithic (paleolithic) [,pæliə'liθik] *adj geol* paleolitski
palaeontological (paleontological) [,pæliɔntə'lɔdʒikl] *adj* paleontološki
palaeontologist (paleontologist) [,pæliɔn'tɔlədʒist] *s* paleontolog
palaeontology (paleontology) [,pæliɔn'tɔlədʒi] *s* paleontologija
palaeotype (paleotype) ['pæliətaip] *s phon* sistem abecednih fonetskih znakova (koje je izmislio A. J. Ellis)
palaeozoic (paleozoic) [,pæliəu'zəuik] *adj* paleozojski
palanquin (palankeen) [,pælən'kiːn] *s* palankin, zatvorena istočnjačka nosiljka
palatable ['pælətəbl] *adj* (**palatably** *adv*) ukusan, tečan; *fig* prijatan, ugodan, prihvatljiv
palatal ['pælətl] *adj phon* palatalan, nepčan
palatal ['pælətl] *s phon* palatal, nepčani glas
palatalization [,pælətəlai'zeiʃn] *s phon* palatalizacija

palatalize ['pælətəlaiz] *vt phon* palatalizirati

palate ['pælit] *s* nepce; *fig* okus, apetit, intelektualni ukus, intelektualna sklonost

palatial [pə'leiʃl] *adj* koji se odnosi na palaču, poput palače; sjajan, velik i raskošan

palatinate [pə'lætinit] *s hist* palatinstvo, vojvodstvo, falcgrofija

palatine[1] ['pælətain] *adj hist* dvorski, koji se odnosi na vojvodu, palatina (koji ima kraljevske privilegije i pravo na svom teritoriju, u Engleskoj u Lancashireu i Cheshireu)

palatine ['pælətain] *s* 1. palatin 2. kratak krzneni ogrtač koji nose žene

palatine[2] ['pælətain] *adj* nepčani, palatalni, koji se odnosi na nepce

palatines ['pælətainz] *s pl* nepčana kost

palatogram ['pælətəgræm] *s phon* palatogram, dijagram koji pokazuje dio ili dijelove nepca što ih jezik dodiruje pri tvorbi pojedinih suglasnika

palatography [ˌpælə'tɔgrəfi] *s phon* proučavanje i objašnjavanje glasova pomoću palatograma

palaver [pə'la:və] *s* svečano pregovaranje, dogovaranje s domorocima; *fam* besmisleno brbljanje, prazan razgovor; laskanje, ulagivanje

palaver [pə'la:və] *vi/t* voditi duge i besmislene razgovore; čavrljati; laskati, umiljavati se, ulagivati se

pale [peil] *s* kolac; kolje, ograda od kolja; granica; područje, ograničen prostor; zona; *her* okomita pruga u grbu | **within the ~ of** u području; u okrilju; **beyond the ~** izvan, preko granice; **the English Pale** područje u Istočnoj Irskoj, pod engleskom upravom poslije 12. st.

pale [peil] *adj* (**~ly** *adv*) blijed; svijetao, slab (za boju); nejasan, mutan | **~ ale** bijelo pivo; **to turn ~** problijedjeti

pale [peil] *vi/t* **I.** *vi* blijedjeti, poblijedjeti, problijedjeti **II.** *vt* učiniti blijedim, poblijediti, nabijeliti, namazati lice | **to ~ before** blijedjeti, izgubiti se pred kim

pale [peil] *vt* ograditi koljem

paled [peild] *adj* ograđen koljem

pale-face ['peilfeis] *s* bijelac, pripadnik bijele rase

paleness ['peilnis] *s* blijedost, bljedilo, bljedoća

paletot ['pæltəu] *s Fr* palto, širok ogrtač

palette ['pælət] *s* paleta; *fig* boje kojima se služi slikar; izražajna sredstva nekog umjetnika

palette-knife ['pælətnaif] *s* slikarski nož za miješanje (struganje) boja

palfrey ['pɔ:lfri] *s arch* jahaći konj za žene

palimpsest ['pælimpsest] *s* palimpsest

palindrome ['pælindrəum] *s* palindrom

palindromic [ˌpælin'drɔmik] *adj* (**~ally** *adv*) koji se odnosi na palindrom

paling ['peiliŋ] *s* ograda od kolja; ograđivanje; zašiljeno kolje za ogradu

palingenesis [ˌpælin'dʒenisis] *s* palingeneza (ponovno rađanje, uskrsnuće; obnavljanje, preporod; *biol* ponavljanje osobina koje potječu od predaka)

palinode ['pælinəud] *s* palinoda, pjesma kojom se opoziva prijašnja uvredljiva pjesma

palisade [ˌpæli'seid] *s* ograda od kolja ili željeznih šipki; *pl US* niz vrlo strmih klisura (obično duž rijeke)

palisade [ˌpæli'seid] *vt* ograditi, utvrditi koljem, palisadom

palish ['peiliʃ] *adj* bljedunjav, bljedolik

pall [pɔ:l] *s* mrtvački pokrov; *eccl* pallium, plašt koji nosi papa ili drugi crkveni dostojanstvenici; *fig* plašt, pokrov

pall [pɔ:l] *vt* 1. umotati, ogrnuti, prekriti (*on*) plaštom, pokrovom

pall [pɔ:l] *vi/t* dodijati, postati bljutav, bezukusan; oslabiti, obljutaviti; presititi se; učiniti tupim za što, učiniti ravnodušnim, blaziranim, zasititi | **~ on a p** izgubiti čar, draž, privlačnost za koga, zgaditi se

palladium[1] [pə'leidjəm] *s fig* zaštita, obrana; utočište, skrovište

palladium[2] [pə'leidjəm] *s chem* element paladij

pall-bearer ['pɔ:lˌbɛərə] *s* član počasne pratnje lijesa, nosilac lijesa

pallet[1] ['pælit] *s* slamarica, slamnjača

pallet[2] ['pælit] *s* 1. slikarska paleta 2. lončarsko kolo 3. lopatica na mlinskom kolu 4. zalistak za zatvaranje na cijevima orgulja

palliasse ['pæliæs] *s* → **paillase**

palliate ['pælieit] *vt* ublažiti, umanjiti; ispričati, prikriti, prikrivati, uljepšati; *med* ublažiti, smanjiti, prividno izliječiti

palliation [ˌpæli'eiʃn] *s* prikrivanje, ublaživanje, uljepšavanje; isprika

palliative ['pæliətiv] *adj* (**~ly** *adv*) koji ublažava, olakšava; koji prikriva, uljepšava

palliative ['pæliətiv] *s* sredstvo za ublaživanje boli (*lit & fig*); *fig* pomoć

pallid ['pælid] *adj* (**~ly** *adv*) blijed, vrlo blijed; slab

pallidness ['pælidnis] *s* bljedilo, bljedoća

pallium ['pæliəm] *s* 1. palij, plašt od bijele vune u obliku četverokuta koji su nosili stari Grci 2. *eccl* bijeli vuneni ovratnik sa po jednom trakom na prsima i leđima, ukrašen crnim križevima, koji papa podjeljuje nadbiskupima i zaslužnim biskupima 3. *zool* plašt (u mekušaca)

pall-mall [ˌpel'mel] *s hist* vrsta igre loptom (slična kroketu)

pallor ['pælə] *s* bljedilo, bljedoća

palm[1] [paːm] *s* 1. *bot* palma 2. *fig* palmin list, palmina grančica, znak pobjede; pobjeda | **to bear the ~** odnijeti pobjedu, pobijediti; **to yield the ~ to** priznati pobjedu drugome, priznati se pobijeđen od koga; **Palm Sunday** Cvjetna nedjelja, Cvjetnica

palm[2] [paːm] *s* dlan; mjera za dužinu (oko 3—4 palca); *mar* lopata vesla; nokat na sidru | **to grease a p's ~** podmititi, potplatiti, potkupiti koga; **to have an itching ~** *coll* biti pohlepan za novcem

palm [paːm] *vt* dodirnuti, udariti, pogladiti dlanom; sakriti u dlanu, palmirati; prevariti, podmititi, potplatiti, potkupiti

palm off ['paːm'ɔf] *vt* prevariti, podmetnuti, prišiti što komu, podvaliti | **to palm oneself off as** izdavati se za koga ili što

palmaceous [pæl'meiʃs] *adj* koji se odnosi na palmu, poput palme

palmar ['pælmə] *adj anat* palmaran, koji se odnosi na dlan, koji se nalazi na dlanu

palmary ['pælməri] *adj* dostojan, vrijedan nagrade; izvrstan, glasovit, znamenit; pobjednički

palmate ['pælmit] *adj* u obliku dlana; *bot* dlanasto sastavljen (list)

palmer ['paːmə] *s* hodočasnik, poklonik; *zool* vrsta palmina crva; *sport* vrsta umjetne muhe za pecanje

palmetto [pæl'metəu] *s bot* vrsta male palme *US* **Palmetto State** Južna Karolina

palmful ['paːmful] *s* što može stati u dlan, u šaku

palmhouse ['paːmhaus] *s* staklenik za palme

palmiped ['pælmiped] *adj ornith* koji ima opnu za plivanje na nogama

palmiped ['pælmiped] *s ornith* ptica plivačica

palmist ['paːmist] *s* hiromant, čovjek koji čita sudbinu iz dlana

palmistry ['paːmistri] *s* hiromantija, čitanje sudbine iz dlana

palm-oil ['paːmɔil] *s* palmino ulje; *joc* mito

palmy ['paːmi] *adj* (**palmily** *adv*) *poet* koji obiluje, koji je bogat palmama; *fig* cvatući, sretan, sjajan, uspješan, pobjedonosan

palpability [ˌpælpə'biliti] *s* opipljivost; *fig* očiglednost, jasnoća, shvatljivost

palpable ['pælpəbl] *adj* (**palpably** *adv*) opipljiv; *fig* očigledan, očit, jasan, shvatljiv

palpate ['pælpeit] *vt med* pipati, opipavati, pregledati pipanjem

palpation [pæl'peiʃn] *s med* pipanje, pregled pipanjem, palpacija

palpitate ['pælpiteit] *vi* kucati, udarati, lupati (za srce); podrhtavati; pulzirati; *poet* kucati, udarati, titrati; drhtati (*with* od zadovoljstva, sreće) | **of palpitating interest** neobično uzbudljivo, zanimljivo

palpitation [ˌpælpi'teiʃn] *s* kucanje, udaranje, lupanje (srca), udaranje (bila); *fig* drhtanje, treperenje

palsied ['pɔːlzid] *adj* uzet, ukočen, paraliziran; kljast; *fig* kolebljiv, nepouzdan, neodlučan

palsy ['pɔːlzi] *s med* ukočenost, uzetost, kap, kaplja, kljenut, paraliza; stanje ukočenog zastoja, nedjelatnosti; apatičnost, nesposobnost; *fig* poguban utjecaj koji koči

palsy ['pɔːlzi] *vt* uzeti, ukočiti, osakatiti, paralizirati; oslabiti, onesposobiti

palter ['pɔːltə] *vi* podvaljivati, varati, dvosmisleno govoriti, šarati (*with* s, *about* prema); cjenjkati se

paltriness ['pɔːltrinis] *s* bezvrijednost, ništavost, podlost, kukavičluk, nepoštenje

paltry ['pɔːltri] *adj* (**paltrily** *adv*) bezvrijedan, ništavan, jadan, bijedan, podao, nepošten, kukavan | **a ~ sum** beznačajna, mala svota

paludal [pə'ljuːdl] *adj* barski, močvarni; malaričan

paly ['peili] *adj poet* bljedunjav

pampas ['pæmpəs] *s pl* pampa (južnoamerička stepa)

pamper ['pæmpə] *vt* bogato, obilno hraniti, kljukati, toviti; maziti, ugađati

pamphlet ['pæmflit] *s* pamflet; brošura

pamphleteer [ˌpæmfli'tiə] *s* pamfletist

pamphleteer [ˌpæmfli'tiə] *vi* pisati pamflete

pan [pæn] *s* 1. tava, tiganj, šerpa, duboka zemljana ili metalna posuda (koja se upotrebljava u kuhinji), posuda za ispiranje zlata; posudica vage 2. nepropustljiv sloj pod mekotom 3. prirodna udubina, bazen 4. *mil sl* lice, gubica, njuška | **frying ~** tava; **stew ~** šerpa; **brain ~** šupljina lubanje (u kojoj je smješten mozak); **salt ~** soljenka; *anat* **knee ~** čašica, iver; **a flash in the ~** mnogo buke ni za što, tresla se brda — rodio se miš; bura u čaši vode; *coll* **dead ~** bezizražajno lice

pan[1] [pæn] *vt/i* **I.** *vt* 1. ispirati (zlato i dr.) u tavi 2. *fig* stvarati, donositi, pružati korist, dobitak **II.** *vi* 1. davati zlato 2. ispasti dobro, uspjeti, poći za rukom

pan[2] [pæn] *vt/i film* **I.** *vt* pratiti kamerom (neki predmet) **II.** *vi* (o kameri) pomicati se od jednog predmeta na drugi; pratiti očima

pan off ['pæn'ɔf] *vt* ispirati zlato

pan out ['pæn'aut] *vt/i* **I.** *vt* 1. ispirati zlato 2. *coll* stjecati novac **II.** *vi* 1. donositi, davati zlato 2. *fig* poći za rukom, uspjeti; proizaći, uslijediti 3. slobodno se porazgovoriti | *US* **the business did not ~** posao nije upalio

Pan [pæn] *s myth* Pan (bog šuma) | *mus* **~'s pipe** Panova frula

panacea [ˌpænəˈsiə] *s* panaceja (lijek protiv svih bolesti)
panache [pəˈnæʃ] *s Fr* perjanica, ukras od perja; *fig* sjaj, raskoš, efektnost; samouvjerenost, bezbrižnost, poletnost
Panama [ˌpænəˈmaː] *s* | ~ **hat** panama, slamnati šešir
Pan-America [ˌpænəˈmerikə] *s* Panamerika (Sjeverna, Srednja i Južna Amerika zajedno)
Pan-American [ˌpænəˈmerikən] *adj* panamerički
Pan-Americanism [ˌpænəˈmerikənizm] *s* panamerikanizam
pan-anglican [ˌpænˈæŋglikən] *adj* koji obuhvaća čitavu Anglikansku crkvu, pananglikanski
panatel(l)a [ˌpænəˈtelə] *s US* dugačka tanka cigara
pancake [ˈpænkeik] *s cul* palačinka | *aero sl* ~ **landing** prisilno ateriranje na trup
pancake [ˈpænkeik] *vi sl aero* aterirati na trup
pancreas [ˈpæŋkriəs] *s* pankreas, gušterača
pancreatic [ˌpæŋkriˈætik] *adj med* koji se odnosi na pankreas, na žlijezdu gušteraču
pancreatitis [ˌpæŋkriːəˈtaitis] *s med* upala gušterače, pankreatitis
panda [ˈpændə] *s* (i **giant** ~) panda (vrsta polumedvjeda)
Pandean [pænˈdiːən] *adj* koji se odnosi na Pana | ~ **pipe** Panova frula
pandects [ˈpændekts] *s pl* 1. *hist jur* pandekta 2. zbirka zakona
pandemic [pænˈdemik] *adj* pandemičan; opći, sveopći
pandemic [pænˈdemik] *s* pandemija
pandemonium [ˌpændiˈməunjəm] *s* pakao, pandemonij; carstvo zlih duhova, mjesto na kome vlada velik nered, zbrka; mjesto poroka; buka, galama
pander [ˈpændə] *s* svodnik, svodilja, podvodnik, podvodilja; pomagač, posrednik, ortak (u nekom prljavom poslu)
pander [ˈpændə] *vi/t* **I.** *vi* ugađati, zadovoljavati (niske strasti) **II.** *vt* svoditi, podvoditi | **to** ~ **to a passion** ugađati, zadovoljavati strasti
pandora [pænˈdɔːrə] *s* pandora, muzički instrument sa žicama sličan lutnji
pandour (pandoor) [ˈpænduə] *s hist* pandur
pane [pein] *s* 1. uokvireno staklo, okno na prozoru; četvorina na uzorku tkanine; četverokutan komad zemlje, površina zemlje, parcela; pretinac; umetak oplate (npr. vrata)
pane [pein] *vt* snabdjeti oknom
panegyric [ˌpæniˈdʒirik] *s* panegirik; hvalospjev, pretjerano hvaljenje koga ili čega
panegyric [ˌpæniˈdʒirik] *adj* pohvalni, u nečiju slavu, panegiričan
panegyrical [ˌpæniˈdʒirikl] *adj* → **panegiric**
panegyrist [ˌpæniˈdʒirist] *s* panegiričar, sastavljač panegirika
panegyrize [ˈpænidʒiraiz] *vt* pretjerano hvaliti (koga, što); pjevati (pisati) hvalospjeve
panel [ˈpænl] *s* 1. pravokutna ploča, umetak, daščica, površina, oplata (na zidu, stropu, vratima) 2. komad pergamenta; *jur* popis porotnika, porota; *Scot jur* optuženik 3. popis liječnika socijalnog osiguranja; bolesnička blagajna 4. slika na platnu, pano, crtež 5. komadi raznobojnih tkanina umetnutih u haljinu 6. *aero* pomični dio na krilu aviona 7. *phot* visok, uzak format 8. skupina sudionika u diskusiji na radiju ili TV | **on the** ~ na popisu liječnika socijalnog osiguranja; **advisory** ~ savjetodavno tijelo; ~ **discussion** panel-diskusija
panel [ˈpænl] *vt* 1. umetnuti, oblagati, ukrašavati drvenim pločama, umecima, panoima, oplatiti 2. razdijeliti na mala polja, površine 3. ukrasiti haljinu šarenim umecima
panel-doctor [ˈpænlˌdɔktə] *s* liječnik bolesničke blagajne
paneless [ˈpeinlis] *adj* koji nema okna, bez stakla na prozoru
panel-frame [ˈpænlfreim] *s* okvir (za sliku, umetak, pano i dr.)
panelist [ˈpænəlist] *s* član žirija (kod kviza i sl.); učesnik u panel-diskusiji
panelling (paneling) [ˈpænəliŋ] *s* umetanje, oblaganje zidova drvenim, plastičnim i drugim pločama, panoima; ploče, daščice, panoi, oplata
panel truck [ˈpænltrʌk] *s US* kamionet
panel-work [ˈpænlwəːk] *s* oblaganje drvetom, drvenim pločama, oplatom
pan fish [ˈpænfiʃ] *s US* riba za prženje (cijela)
pan-fry [ˈpænfrai] *vt* pržiti u tavi
panful [ˈpænful] *s* što stane u šerpu, tavu, u tiganj
pang [pæŋ] *s* probadanje, jak bol (fizički ili duševni), bodac, muka, tjeskoba
pangenesis [pænˈdženəsis] *s biol* pangeneza
pangolin [pæŋˈgəulin] *s zool* ljuskavac (*Pholidota*)
panhandle [ˈpænhændl] *s US* usko područje neke zemlje, države
panhandle [ˈpænhændl] *vt/i US sl* prositi, prosjačiti
panhandler [ˈpænhændlə] *s US sl* prosjak
panic[1] [ˈpænik] *s bot* proso (*Panicum*)
panic [ˈpænik] *adj* paničan
panic[2] [ˈpænik] *s* panika, iznenadan strah, uzbuna
panic [ˈpænik] *vt/i* **I.** *vt* izazivati uzbunu, paniku **II.** *vi* biti obuzet strahom, panikom
panicky [ˈpæniki] *adj coll* paničan

panicle ['pænikl] *s bot* metlica, kitica
panic-monger ['pænik,mʌŋgə] *s* paničar, širitelj zastrašujućih glasina
panic-stricken ['pænik,strikn] *adj* koji je u paničnom strahu, upaničen
panicular [pæ'nikjulə] *adj bot* metličast, koji ima metlice, kitice
paniculated [pæ'nikjuleitid] *adj* → **panicular**
panification [,pænifi'keiʃn] *s* pravljenje kruha
panjandrum [pæn'dʒændrəm] *s* naduvena, umišljena ličnost
pannage ['pænidʒ] *s* tovljenje; šumska hrana za svinje (kao žir, bukvica, kesten itd.); plaća za hranjenje svinja u šumi
panne [pæn] *s* vrsta vrlo mekog baršuna za haljine, pan-samt
pannier[1] ['pæniə] *s Fr* 1. košara, velika košara (što se nosi na leđima), košara za konjski samar 2. pokrivena košara za lijekove i instrumente koja se nalazi u bolničkim kolima 3. dio suknje podstavljen ili skrojen tako da poveća kukove (turnira)
pannier[2] ['pæniə] *s coll* konobar u blagovaonici u Inner Templeu
pannikin ['pænikin] *s* 1. mali metalni vrč za piće, cimenta 2. *sl* glava
panoplied ['pænəplid] *adj* potpuno opremljen, naoružan, oboružan
panoply ['pænəpli] *s* potpuna viteška bojna oprema (*lit & fig*); oklop
panoply ['pænəpli] *vt* potpuno opremiti, opskrbiti, ukrasiti
panorama [,pænə'ra:mə] *s* panorama, opsežan vidik
panoramic [,pænə'ræmik] *adj* (**~ally** *adv*) koji se odnosi na panoramu, panoramski; *fig* koji obuhvaća, prostran | **~ sight** *mil* panoramski nišan (topa)
pan-pipe ['pænpaip] *s* Panova frula
pansy ['pænzi] *s bot* maćuhica (*Viola tricolor*); *coll* homoseksualac
pansy-coloured ['pænzi,kʌləd] *adj* šaren poput maćuhice
pant [pænt] s zadihanost, dahtanje, brektanje; udaranje, lupanje srca
pant [pænt] *vi/t* **I.** *vi* 1. dahtati, teško disati, brektati, zadihati se 2. isprekidano, zadihano govoriti, mucati 3. *fig* čeznuti, žudjeti, težiti (*for, after* za kim, čim) 4. udarati, kucati (kao srce) **II.** *vt* isprekidano što reći, promucati (*out*) | **to ~ for breath** nemati daha, biti bez daha
pantalettes [,pæntə'lets] *s pl* ženske hlače; biciklističke hlače; ženske gaće s čipkama na nogavicama koje sežu do gležnjeva (19. st.)
pantaloon [,pæntə'lu:n] *s* 1. lakrdijaš, komedijaš 2. *pl US hist* uske hlače s remenom ispod cipele
pantechnicon [pæn'teknikən] *s* 1. trgovina pokućstva 2. kola za prijevoz pokućstva
pantheism ['pænθi:izm] *s* panteizam
pantheist ['pænθi:ist] *s* panteist, pristaša panteizma
pantheistic [,pænθi:'istik] *adj* (**~ally** *adv*) panteistički
pantheon ['pænθiən] *s hist* panteon
panther ['pænθə] *s zool* leopard, pantera
pantheress ['pænθəris] *s zool* leopardica, pantera (ženka)
pantile ['pæntail] *s* žljebast, valovit crijep
pantisocracy [,pænti'sɔkrəsi] *s* pantisokracija
pantograph ['pæntəgra:f] *s* pantograf, sprava za precrtavanje, kopiranje
pantographic [,pæntə'græfik] *adj* koji se odnosi na pantograf, pantografski
pantomime ['pæntəmaim] *s* 1. *hist theat* pantomima 2. *theat* pantomima, božićna predstava za djecu 3. pantomima, nijemo izražavanje
pantomime ['pæntəmaim] *vt/i* izražavati misli, osjećaje kretnjama, mimikom, pantomimom, igrati, glumiti u pantomimi
pantomimic [,pæntə'mimik] *adj* (**~ally** *adv*) pantomimski, koji se izražava kretnjama, mimikom, koji se odnosi na pantomimu
pantomimist ['pæntəmaimist] *s* glumac koji glumi u pantomimi, pantomimičar
pantry ['pæntri] *s* smočnica, ostava, soba za posuđe i čaše, soba za serviranje (prije donošenja jela na stol)
pantryman ['pæntrimən] *s* sluga koji vodi brigu o serviranju
pants [pænts] *s pl* gaće; *US coll* hlače | **a kick in the ~** udarac nogom u tur; *fig* ukor
pantsuit ['pæntsju:t] *s US* žensko odijelo
panty hose ['pæntihəuz] *s US* hulahup čarape
pantywaist ['pæntiweist] *s US sl* slabić, razmaženko, mamina maza
panzer- ['pæntzə] *adj* oklopljen
pap[1] [pæp] *s* 1. *arch* bradavica na prsima 2. *pl* čunjasti vršci brežuljaka
pap[2] [pæp] *s* kaša, polutekuća hrana za djecu, bolesnike, papica; voćna pulpa; *bot* mezgra; *chem* pasta, emulzija, polutekuća masa; presimplificirano pisanje, previše pojednostavnjeno prikazivanje; *coll US* novčane i druge koristi od državne službe
papa [pə'pa:] *s* tata
papacy ['peipəsi] *s* 1. papinstvo, papinska čast 2. papinska vlast, uprava, razdoblje čijeg papinstva; pape kolektivno
papal ['peipl] *adj* (**~ly** *adv*) papinski, koji se odnosi na papu
papalism ['peipəlizm] *s* pristajanje uz papinsku vlast; vjera u Rimokatoličku crkvu

papalist ['peipəlist] *s* pristaša papinske vlasti, Rimokatoličke crkve
papalize ['peipəlaiz] *vt/i* **I.** *vt* obratiti, pridobiti koga za Rimokatoličku crkvu, dovesti pod papin utjecaj **II.** *vi* držati se principa, dogmi Rimokatoličke crkve
papaveraceous [pəˌpeivə'reiʃəs] *adj* poput maka, kao mak, od maka; *fig* koji uspavljuje
papaverous [pə'peivərəs] *adj* → **papaveraceous**
papaw [pə'pɔː] *s bot* papaja (*Carica papaya*), tropska američka voćka s dugoljastim žućkastim plodom, sličnim dinji; plod tih voćaka
paper ['peipə] *s* 1. papir 2. pisan ili tiskan spis, isprava, dokument 3. *pl* osobni papiri, isprave, dokumenti, akti 4. *pl* popis pitanja na ispitu; rasprava, predavanje, radnja, disertacija 5. *sl* besplatna ulaznica za kazalište 6. časopis, novine 7. *com* papirni novac; *pl* vrijednosni papiri | **to put pen to ~** latiti se pera, početi pisati; **~ war** raspravljanje, polemiziranje preko časopisa, novina; *US* **~ profits** nestvarni dobici; **on ~** napismeno, napisano; **to send in one's ~s** dati ostavku; **wall ~** papirne zidne tapete; **printed ~s** šaren papir za tapete; **to read a ~ on** držati referat, predavanje o (čemu)
paper ['peipə] *vt* 1. ukrasiti, obložiti, presvući papirom; nalijepiti tapetama 2. umotati, zaviti u papir 3. *sl* napuniti kazalište besplatnim ulaznicama
paperback ['peipəbæk] *s* broširana knjiga
paper-bag ['peipəbæg] *s* papirna vrećica
paper basket ['peipəˌbaːskit] *s* košara za papirne otpatke i sl.
paperboy ['peipəbɔi] *s* raznosač novina
paper-case ['peipəkeis] *s* kutija (od drveta ili kartona) u kojoj stoji pribor za pisanje
paper-chase ['peipətʃeis] *s sport* kros-kontri u kojem jedan od trkača ostavlja za sobom trag od papirića da odredi smjer drugima
paper clip ['peipəklip] *s* spojnica
paper-credit ['peipəˌkredit] *s* mjenična vjeresija, otvorena vjeresija
paper-currency ['peipəˌkʌrənsi] *s* papirni novac
paper-hanger ['peipəˌhæŋə] *s* ljepilac zidnih tapeta; *sl* osoba koja proturuje krivotvorene novčanice ili čekove
paper-hangings ['peipəˌhæŋiŋz] *s pl* papirne tapete
paper-knife ['peipənaif] *s* nož za rezanje papira
paper-mill ['peipəmil] *s* tvornica papira
paper-money ['peipəˌmʌni] *s* papirni novac (katkada su pod ovaj naziv uključeni i čekovi, mjenice i sl.)
paper-stainer ['peipəˌsteinə] *s* tiskar, štampar šarenog papira ili papirnih tapeta
paper-weight ['peipəweit] *s* pritiskivač za papire
paper work ['peipəwəːk] *s* administrativni poslovi, administracija; uredski posao
papery ['peipəri] *adj* (tanak) poput papira, papirni, kao papir
papeterie ['pæpətri] *s Fr* kutija pribora za pisanje
papier mâché [ˌpæpjei'mæʃei] *s Fr* papir-maše
papilionaceous [pæˌpiliə'neiʃəs] *adj bot* leptirast (s laticama u obliku leptira)
papilla [pə'pilə] *s* (*pl* **papillae** [pə'piliː]) sitna bradavica, sitna izraslina na koži; *bot* izraslina na biljci u obliku bradavice; papila
papillary [pə'piləri] *adj* bradavičast, papilaran
papillate [pə'pileit] *adj* bradavičast, posut bradavicama
papillose ['pæpiləus] *adj* pun bradavica, posut bradavicama
papist ['peipist] *s derog* pristaša pape, papist, katolik
papistic [pə'pistik] *adj* (**~ally** *adv*) papistički
papistry ['peipistri] *s derog* papizam
papoose [pə'puːs] *s* malo dijete (u sjevernoameričkih Indijanaca)
pappy ['pæpi] *adj* poput kaše, kašast, mekan, polutekuć
paprika ['pæprikə] *s* paprika
papula ['pæpjulə] *s* (*pl* **papulae** ['pæpjuliː]) bubuljica
papular ['pæpjulə] *adj* bubuljičast, poput bubuljice, kao bubuljica
papule ['pæpjuːl] *s* bubuljica
papulous ['pæpjuləs] *adj* bubuljičav, posut bubuljicama
papyrus [pə'paiərəs] *s* (*pl* **papyri** [pə'paiərai], **~es**) 1. *bot* papirus (*Cyperus papyrus*) 2. papirus, papir za pisanje načinjen od papirusove trske 3. svitak papirusa s tekstom na njemu
par¹ [paː] *s* 1. jednakost, jednaka vrijednost; ista visina, razina 2. *com* normalna vrijednost, redovita vrijednost 3. normalno (duševno, fizičko) stanje | **on a ~ with** podjednak, jednak sa, iste vrijednosti kao; **at ~** al pari, po nominalnoj vrijednosti; **below ~** ispod nominalne vrijednosti; *fig* neraspoložen; **~ of exchange** jednakost, paritet tečajeva; **~ value** nominalna vrijednost
par² [paː] *s coll* paragraf
parable ['pærəbl] *s* parabola, poredba
parabola [pə'ræbələ] *s geom* parabola
parabolic [ˌpærə'bɔlik] *adj* (**ally** *adv*) 1. paraboličan, koji se odnosi na priču, parabolu, izrečen u priči, paraboli 2. *math* paraboličan
paraboloid [pə'ræbəlɔid] *s geom* paraboloid
parachute ['pærəʃuːt] *s* padobran

parachute ['pærəʃu:t] *vi* spuštati se padobranom, skočiti, skakati padobranom
parachuter ['pærəʃu:tə] *s* padobronac
parachutism ['pærəʃu:tizm] *s* padobranstvo, padobranski sport
parachutist ['pærəʃu:tist] *s* padobranac
parade [pə'reid] *s* 1. svečanost, parada, svečana povorka; sjaj 2. *mil* svečana smotra, vojna parada 3. *fig* pokazivanje, izlaganje, isticanje, paradiranje 4. mjesto za održavanje smotri, svečanih parada; šetalište | **to make a ~ of** pokazivati, isticati; hvalisati se; *mil* **passing out ~** svečanost prilikom proizvođenja pitomaca u čin
parade [pə'reid] *vt/i* **I.** *vt* 1. vršiti smotru 2. okupljati, okupiti, postrojiti za paradu; paradirati (*a band parading the streets*) 3. *fig* isticati, iznositi na vidjelo **II.** *vi* 1. ići u svečanoj povorci, paradi, postrojiti se za paradu 2. *fig* isticati se, hvaliti se, pokazivati se, kočoperiti se, paradirati
parade-ground [pə'reidgraund] *s* mjesto za održavanje svečanih smotri, paradâ
paradigm ['pærədaim] *s gram* primjer, obrazac, paradigma
paradigmatic [ˌpærədig'mætik] *adj* (**~ally** *adv*) koji se odnosi na paradigmu, koji služi kao primjer, obrazac, paradigmatski
paradisaic(al) [ˌpærədi'seiik(əl)] *adj* rajski
paradise ['pærədais] *s* raj, nebo (& *fig*); rajski, nebeski vrt; *fig* stanje rajskog blaženstva | **bird of ~** rajska ptica
paradisiac [ˌpærə'disiæk] *adj* (**~ally** *adv*) rajski, nebeski
paradisian [ˌpærə'disiən] *adj* → **paradisiac**
paradisic [ˌpærə'dizik] *adj* → **paradisiac**
parados ['pærədɔs] *s mil* stražnja traverza (u utvrdi)
paradox ['pærədɔks] *s* paradoks
paradoxical [ˌpærə'dɔksikl] *adj* (**~ly** *adv*) čudnovat, neobičan, proturječan, suprotan, paradoksalan
paradoxicality [ˌpærədɔksi'kæliti] *s* proturječje, suprotnost, paradoksalnost
paradoxy ['pærədɔksi] *s* → **paradoxicality**
paraffin(e) ['pærəfin] *s chem* parafin; *GB* petrolej za grijanje i kuhanje
paraffin ['pærəfin] *vt* mazati, premazati, prevući parafinom
paraffin lamp ['pærəfin'læmp] *s* petrolejka, petrolejska svjetiljka
paragoge [ˌpærə'gəudʒi] *s gram* dodavanje jednog slova ili sloga na kraju riječi
paragogic [ˌpærə'gɔdʒik] *adj* koji se odnosi na dodavanje sloga ili slova na kraju riječi
paragon ['pærəgən] *s* 1. uzor, uzoran čovjek; paragon 2. dijamant, savršeno okrugao velik biser koji ima više od 100 karata; *print* veličina slova (20 točaka)
paragon ['pærəgən] *vt poet* poređivati
paragraph ['pærəgra:f] *s* 1. odlomak, pasus (nekog teksta) 2. kratak članak (u novinama), bilješka, notica 3. znak za početak novog odsjeka kakav upotrebljavaju korektori
paragraph ['pærəgra:f] *vt* 1. razdijeliti na odlomke, pasuse 2. pisati bilješke, notice
paragrapher ['pærəgra:fə] *s* pisac kratkih članaka u novinama
paragraphic [ˌpærə'græfik] *adj* (**~ally** *adv*) koji se sastoji od odlomaka, paragrafa
paragraphist ['pærəgra:fist] *s* → **paragrapher**
parakeet ['pærəki:t] *s ornith* vrsta male papige s dugim repom
parallactic [ˌpærə'læktik] *adj astr* koji se odnosi na paralaksu, paralaktički
parallax ['pærəlæks] *s* paralaksa (prividna promjena mjesta nekog tijela zbog promjene mjesta promatrača); *astr* promjena prividnog mjesta nebeskog tijela
parallel ['pærəlel] *adj* 1. usporedan, paralelan 2. *fig* sličan, jednak, analogan, odgovarajući | *gymn* **~ bars** ruče za vježbe; **~ ruler** ravnalo za izvlačenje paralela
parallel ['pærəlel] *s* 1. *math* paralela, paralelna crta, usporednica; *geog* usporednica, paralela 2. *fig* paralelan slučaj, pandan 3. paralelan položaj, paralelizam 4. *fig* analognost, sličnost, slaganje 5. *fig* paralela, poređenje 6. *pl print* znak upućivanja na što (||) | **in ~ with** sličan, odgovarajući; **to draw a ~ between** uporediti, povući paralelu; **to put in ~** upoređivati; **without ~** neuporediv, jedinstven, besprimjeran
parallel ['pærəlel] *vt* 1. učiniti paralelnim 2. prikazati sličnim ili jednakim, izjednačiti; porediti (*with* s) 3. postići jednakost (s čim); premašiti 4. *US* teći paralelno
parallelepiped [ˌpærəle'lepiped] *s geom* paralelepiped, kvadar
parallelism ['pærəlelizm] *s* 1. uporednost, paralelnost, paralelizam, paralelni smjer 2. jednakost, podudaranje, sukladnost u obliku, idejama itd. 3. istovremenost (u zbivanju dviju pojava itd.)
parallelogram [ˌpærə'leləgræm] *s* pačetvorina, paralelogram
paralogism [pə'rælədʒizm] *s log* pogrešan, pogrešno izveden zaključak, paralogizam
paralogize [pə'rælədʒaiz] *vt* pogrešno zaključivati
paralysation [ˌpærəlai'zeiʃn] *s* 1. *med* nastup uzetosti, lišavanje moći snage kretanja (nekog dijela tijela), paraliziranje 2. *fig* onemogućavanje, osujećivanje, paraliziranje, slabljenje
paralyse (paralyze) ['pærəlaiz] *vt* 1. oslabiti, lišiti sile, moći, izazvati uzetost, paralizirati 2. *fig* spriječiti, onemogućiti, onesposobiti, paralizirati

paralysis [pə'rælisis] *s* (*pl* **paralyses** [pə'rælisiːz]) 1. *med* uzetost, nemoć, paraliza 2. *fig* nemoć, slabost, nesposobnost, paraliziranost, bespomoćnost
paralytic [ˌpærə'litik] *adj* (**ally** *adv*) uzet, nemoćan, ukočen, paraliziran; paralitičan
paralytic [ˌpærə'litik] *s* paralitik, paralitičar
paramagnetic [ˌpærəmæg'netik] *adj phys* paramagnetičan
paramagnetism [ˌpærə'mægnətizm] *s phys* paramagnetizam
paramecium [ˌpærə'miːʃiəm] *s* (*pl* **paramecia** [ˌpærə'miːʃiə]) *zool* papučica, paramecij
paramedic [ˌpærə'medik] *s mil US* bolničar padobransko-desantne jedinice; član pomoćnog medicinskog osoblja
paramedical [ˌpærə'medikl] *adj* koji se odnosi na pomoćno medicinsko osoblje (primalje, sanitetsko osoblje, laboratorijske tehničare i sl.)
parameter [pə'ræmitə] *s math* parametar (i *fig*); mjerilo, faktor
paramilitary [ˌpærə'militəri] *adj* poluvojni
paramnesia [ˌpæræm'niːzjə] *s psych* paramnezija; déjà-vu
paramount ['pærəmaunt] *adj* vrhovni, najviši, glavni | *hist* **lord ~** vrhovni lenski gospodar; **~ to** važniji, iznad svega, na prvom mjestu
paramountcy ['pærəmauntsi] *s* prevlast, premoć, gospodstvo, sila
paramountly ['pærəmauntli] *adv* iznad svega, osobito, nadasve, poglavito, pretežno
paramour ['pærəˌmuə] *s arch* ljubavnik, ljubavnica, dragi, draga
paranoia (paranoea) [ˌpærə'nɔiə] *s med* paranoja
parapet ['pærəpit] *s* ograda, pregrada, zaslon, parapet; *mil* prsobran
parapeted ['pærəpitid] *adj* koji ima ogradu, zaslon
paraphernalia [ˌpærəfə'neiljə] *s pl* 1. *hist jur* nakit i druge stvari koje žena donosi u brak, a koje ne spadaju u miraz 2. raznovrsne sitnice kod opreme (konja itd.), pribor, parafernalija, oprema
paraphrase ['pærəfreiz] *s* prepričavanje, opisivanje (tuđeg teksta svojim riječima), parafraza
paraphrase ['pærəfreiz] *vt* slobodno prepričavati, slobodno tumačiti ili prevesti, opisivati (tuđi tekst), parafrazirati
paraphrastic [ˌpærə'fræstik] *adj* (**~ally** *adv*) slobodno prepričan, koji opisuje drugim riječima, parafraziran
parasite ['pærəsait] *s* 1. *biol* nametnik, parazit 2. *fig* gotovan, čankoliz 3. eksploatator
parasitic [ˌpærə'sitik] *adj* (**~ally** *adv*) 1. parazitski, nametnički 2. *fig* gotovanski 3. *tech* neproduktivan
parasitism ['pærəsitizm] *s* 1. parazitizam, nametništvo 2. *fig* gotovanstvo
parasitize ['pærəsaitaiz] *vt* zaraziti parazitima
parasol ['pærəsɔl] *s* suncobran
paratactic [ˌpærə'tæktik] *adj* (**~ally** *adv*) *gram* koji se odnosi na parataksu, paratktičan, usporedan, naporedan
parataxis [ˌpærə'tæksis] *s gram* parataksa (ređanje jedne rečenice za drugom bez veznika)
parathyroid [ˌpærə'θairɔid] *adj med* paratiroidni
paratrooper ['pærətruːpə] *s mil* padobranac
paratroops ['pærətruːps] *s pl mil* padobranske jedinice
paratyphoid ['pærə'taifɔid] *s med* paratifus
paravane ['pærəvein] *s mar* naprava za čuvanje brodskog trupa od sudara s minama
parboil ['paːbɔil] *vt* 1. napola skuhati 2. *fig* »skuhati« (od vrućine i sl.)
parbuckle ['paːbʌkl] *s mar* konop za tovarenje kojim se diže i spušta teret
parbuckle ['paːbʌkl] *vt mar* dizati i spuštati teret pomoću konopa
parcel ['paːsl] *s* 1. *arch* komad, dio 2. komad, dio zemlje, čestica, parcela 3. omot, paket, svežanj, zamotak 4. *com* pošiljka, partija 5. gomila, množina | **part and ~ of** bitni, sastavni dio (čega); *com* **bill of ~s** tovarni list, sprovodnica, specifikacija; **~ of land** dio, komad zemlje, čestica, parcela; **~ post** paketna pošta; **by ~s** komad po komad; **a ~ of scamps** banda nitkova; **a ~ of lies** same laži
parcel ['paːsl] *adv* djelomice | **~ gilt** djelomice pozlaćen; **~-deaf** nagluh
parcel ['paːsl] *vt* 1. razdijeliti (*out*) u dijelove; razdijeliti, podijeliti (*in, into* u, na) 2. *mar* omotati nepromočivim platnom
parcelling ['paːsliŋ] *s* 1. *mar* trake nepromočivog platna, jedrenine (premazani katranom) za umotavanje užadi 2. razdjeljivanje, dijeljenje, distribucija
parcel-paper ['paːslˌpeipə] *s* papir za umotavanje paketa
parcel post ['paːsl'pəust] *s* paketna pošta
parcenary ['paːsinəri] *s jur* nerazdijeljena baština
parcener ['paːsinə] *s jur* subaštinik
parch [paːtʃ] *vt/i* **I.** *vt* 1. propržiti 2. sušiti, osušiti 3. opržiti, ispržiti, sparušati (vrućina ili hladnoća) **II.** *vi* osušiti se; biti vrlo žedan, biti vrlo vruće | **to be ~ed with thirst** umirati, gorjeti od žeđi; **~ed corn** pečenjak, pečen kukuruz
parchment ['paːtʃmənt] *s* 1. pergament (načinjen od životinjske kože) 2. rukopis na pergamentu, dokument

parchment-paper ['pɑːtʃmənt,peipə] *s* pergamentni papir
parchmenty ['pɑːtʃmənti] *adj* poput pergamenta; *fig* blijed, beskrvan (lice)
pard¹ [pɑːd] *s arch* leopard, pantera
pard² [pɑːd] *s sl US* partner, drug, kolega
pardon ['pɑːdn] *s* 1. oprost, oproštenje 2. *jur* pomilovanje 3. *eccl* otpust, oprost od grijeha | *jur* **general ~** opće pomilovanje, amnestija; **I beg your ~** molim oprostite; **I beg your ~?** molim?, što ste rekli?, što izvolite?; **~?** molim?, kako molim?
pardon ['pɑːdn] *vt* 1. oprostiti, opraštati, ispričati 2. pomilovati (koga), oprostiti, otpustiti (komu *for* što, kaznu, grijeh itd.) | **~ me!** oprostite!; **to ~ a p a th** oprostiti komu što; **he was ~ed the letter** oprošteno mu je (ono) pismo; **~ my saying so** oprostite mi ako tako kažem
pardonable ['pɑːdnəbl] *adj* (**pardonably** *adv*) oprostiv
pardonableness ['pɑːdnəblnis] *s* oprostivost
pardoner ['pɑːdnə] *s* 1. *hist eccl* svećenik koji je prodavao papin oprost od grijeha 2. onaj koji oprašta
pare [pɛə] *vt* 1. rezati, obrezati, podrezati (nokte) 2. guliti, oljuštiti 3. *fig* potkresati
pare away ['pɛərə'wei] *vt* odrezati, podrezati; oljuštiti, oguliti
pare down ['pɛə'daun] *vt* odrezati, srezati; *fig* potkresati, umanjiti
pare off ['pɛər'ɔf] *vt* ljuštiti, oljuštiti, guliti, zguliti; odrezati
paregoric [,pærə'gɔrik] *s pharm* sredstvo protiv bolova i poremećene probave
parenchyma [pə'reŋkimə] *s anat & bot* parenhim
parent ['pɛərənt] *s* 1. roditelj, otac, majka 2. *pl* roditelji; praroditelji, preci 3. *fig* porijeklo, izvor; uzrok | **our first ~s** Adam i Eva, praroditelji
parentage ['pɛərəntidʒ] *s* podrijetlo, loza; srodstvo, rod; *fig* izvor, početak
parental [pə'rentl] *adj* (**~ly** *adv*) 1. roditeljski, očinski, materinski 2. izvoran, prvobitan, iskonski 3. *biol* parentalan
parent-bank ['pɛərəntbæŋk] *s* matična banka
parenthesis [pə'renθisis] *s* (*pl* **parentheses** [pə'renθisiːz] 1. *gram* uklopljena, umetnuta riječ, rečenica 2. zagrada (okrugla) 3. *fig* međuvrijeme, interval; međuigra, međučin, umetak, epizoda | **by way of ~** uzgred, prilikom, prigodom
parenthesize [pə'renθisaiz] *vt* 1. umetati, uklopiti 2. stavljati u zagrade
parenthetic [,pærən'θetik] *adj* (**~ally** *adv*) 1. koji se nalazi u zagradi, zagrađen, uklopljen, umetnut 2. *fig* ubačen, uzgredan; usput spomenut
parenthood ['pɛərənthud] *s* roditeljstvo
parentless ['pɛərəntlis] *adj* koji nema roditelja, koji je bez roditelja

parer ['pɛərə] *s* 1. obrezivač, okresivač, ljuštilac 2. sprava za ljuštenje, guljenje itd.; strugač
par excellence [pɑːr'eksəlɑ̃ːns] *adv* osobito, nadasve, u prvom redu
parget ['pɑːdʒit] *s* žbuka, kreč
parget ['pɑːdʒit] *vt* ožbukati, okrečiti
pargeting ['pɑːdʒitiŋ] *s* 1. žbukanje, krečenje 2. žbuka, sloj vapna na zidu 3. prevlaka, premaz (sadrena štukatura)
parhelion [pɑː'hiːljən] *s astr* parhelij, pasunce
pariah ['pæriə] *s Hind* parija; *fig* odbačen, od svih prezren čovjek | **~ dog** pas skitnica koji nema gospodara
Parian ['pɛəriən] *adj* parski, s otoka Parosa
Parian ['pɛəriən] *s* parski porculan
parietal [pə'raiitl] *adj* (**~ly** *adv*) *anat & bot* parijetalan | *anat* **~ bones** tjemene kosti
paring ['pɛəriŋ] *s* 1. ljuštenje, guljenje, obrezivanje, podrezivanje 2. oljuštena ljuska, kora, lupina | **~s** *pl* strugotine, otpaci
paring-knife ['pɛəriŋnaif] *s* nož za ljuštenje, guljenje, podrezivanje; postolarski nož
paring-shovel ['pɛəriŋ,ʃʌvl] *s* strugalo
Paris ['pæris] *s* 1. *myth* Paris, sin trojanskog kralja Prijama 2. Pariz, glavni grad Francuske | **~ blue** parisko modrilo (vrsta boje); **~ green** parisko zelenilo; **~ doll** krojačka lutka; **~ white** parisko bjelilo, kalcit
parish ['pæriʃ] *s* 1. župa, crkvena općina 2. civilna općina (u području crkvene) koja se samostalno brine za odgoj i za pomaganje sirotinje 3. župljani 4. *US* kongregacija, vjersko društvo | **to go on the ~** pasti na teret općini; **~ council** lokalno administrativno tijelo koje dijeli potporu sirotinji; **~ register** matična knjiga; *fig* **~ lantern** Mjesec; **civil ~** područje župe u kojem se svjetovna lica brinu za pomoć sirotinji; **~ clerk** crkvenjak
parishioner [pə'riʃənə] *s* župljanin
parish register ['pæriʃ'redʒistə] *s* župna matična knjiga
Parisian [pə'rizjən] *adj* pariski | **~ blue** parisko modrilo
Parisian [pə'rizjən] *s* Parižanin, Parižanka
parisyllabic ['pærisi'læbik] *adj* koji ima isti broj slogova
parity¹ ['pæriti] *s* 1. jednakost, ravnopravnost, istovrijednost; sličnost; istovjetnost, analogija 2. *com* paritet, obračunski tečaj; *US* garantirana cijena (nekih poljoprivrednih proizvoda) | **at ~** podjednako, jednako, al pari; **by ~ of reasoning** zaključivanjem po analogiji
parity² ['pæriti] *s med* sposobnost za rađanje

park [pa:k] *s* perivoj, park; zabavište, zabavni park; nacionalni park 2. *mil* rajon za održavanje tehnike, mjesto za parkiranje vozila, skladište 3. parkiralište | **the Park** Hyde Park u Londonu; **oyster ~** ograđen prostor za odgajanje oštriga

park [pa:k] *vt/i* ograditi perivojem; *mil* poređati, postrojiti; parkirati; *coll* ostaviti, pohraniti | **to ~ a child** ostaviti dijete na čuvanje

parka ['pa:kə] *s* krzneni kaput krojen poput košulje; nepromočiva bluza s kapuljačom

parkin ['pa:kin] *s* kolač (od zobena brašna i sirupa)

parking ['pa:kiŋ] *s* parkiranje (vozila) | **no ~** parkiranje zabranjeno

parking lot ['pa:kiŋ'lɔt] *s US* parkiralište

parking meter ['pa:kiŋ,mi:tə] *s* ura za parkiranje

parkway ['pa:kwei] *s* široka ulica (cesta) obrubljena drvećem, grmljem ili tratinom; auto-put koji vodi kroz zelene površine

parky ['pa:ki] *adj sl* svjež, prohladan, oštar

parlance ['pa:ləns] *s* 1. način govora, izražavanja; izraz 2. govor, razgovor | **in common ~** štono se kaže

parley ['pa:li] *s* 1. pregovaranje, pregovor; razgovor, diskusija 2. *mil* pregovori | **to sound a ~, to beat a ~** dati trubljom, bubnjem znak za pregovore o predaji

parley ['pa:li] *vi/t* **I.** *vi* pregovarati **II.** *vt coll* govoriti (napose strani jezik)

parliament ['pa:ləmənt] *s* parlament, skupština, sabor | **to enter (go into) Parliament** postati članom, biti izabran za člana Donje kuće; **Hight Court of Parliament** (službeni naziv za) engleski parlament; **to summon ~** sazvati skupštinu; **to dissolve ~** raspustiti skupštinu

parliamentarian [,pa:ləmen'tɛəriən] *s* osoba upućena u zakone i propise engleskog parlamenta; vješt govornik; *hist* pristaša parlamentarne stranke (za vrijeme Charlesa I); *US* osoba određena da pazi na održavanje parlamentarnih propisa

parliamentarian [,pa:ləmen'tɛəriən] *adj* parlamentaran, koji se odnosi na Parlament

parliamentarism [,pa:lə'mentərizm] *s* parlamentarizam

parliamentary [,pa:lə'mentəri] *adj* 1. parlamentaran, od parlamenta donijet, zaključen, ustavni 2. *coll* učtiv, uljudan, pristojan | *parl* **~ agent** pravni savjetnik koji zastupa interese privatne stranke u Parlamentu; **old ~ hand** iskusan parlamentski »stari zec«; **~ language** jezik dopušten u Parlamentu; **~ train** jeftin vlak trećeg razreda, »bumler«

parlor-car ['pa:ləka:] *s rly US* salonska kola

parlour (parlor) ['pa:lə] *s* 1. soba za primanje posjeta; *US* salon (kozmetički i sl.), lokal, radnja 2. soba za razgovor (u banci i dr.), soba za bolje goste (u gostionici) | **~ boarder** učenik koji ima svoju sobu (u školi s internatom); **~ game** društvena igra

parlour-maid ['pa:ləmeid] *s* sobarica

parlous ['pa:ləs] *adj* (**~ly** *adv*) *arch* opasan, težak, kritičan; *fig* opasno pametan, zlonamjeran, prepreden, lukav

parlous ['pa:ləs] *adv arch* krajnje, neobično

Parmesan [,pa:mi'zæn] *s* parmezanski sir

Parnassian [pa:'næsiən] *adj* 1. parnaski 2. koji se odnosi na francusku školu poezije Parnasovaca

Parnassus [pa:'næsəs] *s* Parnas; *fig* poezija, pjesništvo; pjesnici

parochial [pə'rəukjəl] *adj* (**~ly** *adv*) župni; *fig* ograničen, skučen, uskogrudan | **~ school** *US* crkvena škola, osnovna škola kojom upravlja crkva

parochialism [pə'rəukjəlizm] *s* 1. sistem crkvene lokalne uprave sa župom kao jedinicom 2. *fig* ograničenost, uskogrudnost, malograđanština

parochiality [pə,rəuki'æliti] *s* → **parochialism**

parochialize [pə'rəukjəlaiz] *vt* 1. razdijeliti u župe 2. formirati u župu

parodist ['pærədist] *s* pisac, sastavljač parodija

parody ['pærədi] *s* parodija; loša imitacija

parody ['pærədi] *vt* parodirati

parole [pə'rəul] *s* časna, zadana riječ, svečano obećanje; uvjetni otpust zatvorenika; *mil* obaveza ratnog zarobljenika da se neće boriti ako bude djelomično ili potpuno oslobođen | **on ~** uvjetno otpušten iz zatvora; uvjetno oslobođen (v. **parole** *mil*); **to break one's ~** prekršiti zadanu riječ

parole [pə'rəul] *vt* potpuno ili djelomično osloboditi (ratnog zarobljenika) uz obećanje da neće pobjeći, da se neće dalje boriti i sl.; uvjetno otpustiti iz zatvora

paroquet ['pærəket] *s* → **parakeet**

parotid [pə'rɔtid] *adj anat* koji se nalazi pokraj uha | **~ gland** podušna žlijezda

parotid [pə'rɔtid] *s anat* podušna žlijezda

parotitis [pærə'taitis] *s med* mumps, parotitis

paroxysm ['pærəksizm] *s med* paroksizam; napadaj (i *fig*)

paroxysmal [,pærək'sizməl] *adj* (**~ly** *adv*) koji se odnosi na paroksizam, grčevit, žestok

paroxytone [pə'rɔksitəun] *adj Gr gram* koji ima oštar naglasak na pretposljednjem slogu

paroxytone [pə'rɔksitəun] *s Gr gram* riječ s oštrim naglaskom na pretposljednjem slogu

parquet ['paːkei, paː'kei] *s Fr* parket (pod od daščica); *US theat* parket
parquet ['paːkei] *vt Fr* oblagati pod parketima, parketirati
parquetry ['paːkitri] *s* parket, daščice za podlaganje poda, složene u geometrijske figure, parketarija
par(r) [paː] *s ichth* mlad losos prije nego što uđe u slanu vodu; mlado nekih drugih riba
parrakeet ['pærəkiːt] *s* → **parakeet**
parricidal [ˌpæri'saidl] *adj* (~**ly** *adv*) ocoubilački
parricide ['pærisaid] *s* 1. ubojica roditelja, ocoubojica; izdajnik domovine 2. umorstvo roditelja, ocoubojstvo; izdaja domovine
parrot ['pærət] *s ornith* & *fig* papiga
parrot ['pærət] *vt* mehanički ponavljati; oponašati, imitirati
parrot fever ['pærət'fiːvə] *s med* psitakoza, papagajska bolest
parrot-fish ['pærətfiʃ] *s ichth* šareno, živo obojena vrsta tropske ribe
parrotry ['pærətri] *s* besmisleno ponavljanje, glupo oponašanje, brbljanje, blebetanje
parry ['pæri] *s* otklanjanje, odbijanje udarca, pariranje
parry ['pæri] *vt* odbiti, otkloniti, izbjeći (udarac i dr.), parirati; spriječiti, zaustaviti; *fig* izbjeći, ukloniti se
parse [paːz] *vt gram* analizirati rečenicu; rastavljati rečenicu na njene sastavne dijelove i opisati ih
parsimonious [ˌpaːsi'məunjəs] *adj* (~**ly** *adv*) škrt, štedljiv
parsimony ['paːsiməni] *s* štedljivost, škrtost; *fig* škrtarenje (riječima)
parsley ['paːsli] *s bot* peršin
parsnip ['paːsnip] *s bot* pastrnjak
parson ['paːsn] *s* pastor, župnik, vikar; *coll* svećenik, pop | ~**'s nose** trtica, »biskup« od peradi
parsonage ['paːsnidʒ] *s* župni dvor; zemlja ili plaća za izdržavanje župnika
parsonic [paː'sɔnik] *adj* (~**ally** *adv*) svećenički, pastorski, crkveni, župni
part [paːt] *s* 1. dio, komad, čestica 2. sastavni dio, sastojak 3. mjesto, područje, predjel, kraj, zemlja 4. odjeljak, svezak, dio, nastavak 5. zadaća, dužnost, uloga 6. *theat* uloga 7. *mus* glas, dionica 8. učešće, udio, sudjelovanje 9. zagovaranje, držanje nečije strane 10. *pl* duševne, umne sposobnosti, odlike 11. značenje, važnost, uloga 12. *anat* dio životinjskog tijela 13. *gram* vrsta riječi | **to be art and** ~ imati udio u čemu, sudjelovati u čemu, biti sastavni dio, duša čega; **to play a noble** ~ ponijeti se plemenito; **to play a** ~ glumiti, igrati ulogu, pretvarati se; ~ **and parcel** glavni, bitni, sastavni dio; **for the most** ~ većinom, najvećim dijelom; **to take** ~ sudjelovati; **to take the** ~ **of** stati na čiju stranu, biti na čijoj strani; **for my** ~ što se mene tiče; **in** ~ djelomice, djelomično, donekle; **on the** ~ **of one** od strane koga; što se koga tiče; **most** ~ najveći dio; **the** ~**s** a) sastavni dijelovi b) visoke duševne sposobnosti; **have neither** ~ **nor lot in** nemati ni najmanjeg udjela u čemu, nemati ni najmanje veze s čim; **to take in bad (good)** ~ uzeti za zlo (ne uzeti za zlo); **to be careful of one's** ~**s of speech** paziti na čistoću, ljepotu jezika, na način govora; **of** ~**s** darovit, izvrstan; mnogostran; **in foreign** ~**s** u tuđini; **what** ~ **do you come from?** iz kojeg ste kraja?; **payment in** ~**s** obročno plaćanje; ~ **of speech** *gram* vrsta riječi
part [paːt] *adv* dijelom, djelomice | ~... ~... djelomice ... djelomice ..., što ... što
part [paːt] *vt/i* **I.** *vt* 1. dijeliti, rastavljati, odvojiti 2. razdijeliti, raščlaniti, rastaviti, podijeliti (na dijelove); odvojiti, raskinuti, prekinuti (prijateljstvo); *fig* razlikovati (što od čega) 3. podijeliti, razdijeliti (*among* među); omeđiti; *physiol* izlučivati; *chem* rastaviti, odijeliti **II.** *vi* 1. odijeliti se, razići se 2. granati se, dijeliti se, račvati se 3. otići, otputovati, rastati se 4. okaniti se, otresti se; *mar* otisnuti se, isploviti 5. *poet* umrijeti | **let us** ~ **friends** raziđimo se kao prijatelji; **to** ~ **one's hair** razdijeliti kosu; **to** ~ **up with** predati, uručiti (što)
part with ['paːt'wið] *vi* rastati se (od koga, čega), riješiti se čega; prodati; izgubiti | **to** ~ **a p** otpustiti koga
partake [paː'teik] *vt/i* (partook, partaken) **I.** *vt* dijeliti s kim, učestvovati, udioništvovati (*of* u čemu), skupa uživati (*of* što); *coll* jesti, piti **II.** *vi* 1. sudjelovati, učestvovati, uživati (*in* u čemu) 2. pokazivati svojstva, osobine (*of*) | **to** ~ **of a meal** pojesti što, založiti; **to** ~ **of the nature of** biti donekle nalik na; **the vegetation** ~**s of a tropical nature** raslinstvo ima djelomice tropski karakter
partaker [paː'teikə] *s* sudionik, učesnik
parterre [paː'tɛə] *s* 1. *hort* ornamentalni cvjetnjak 2. *theat* parter
part-expenses ['paːtiksˌpensiz] *s pl* djelomični troškovi
parthenogenesis ['paːθinəu'dʒenisis] *s biol* partenogeneza
parthenogenetic ['paːθinəudʒi'netik] *adj biol* partenogenetski
Parthian ['paːθiən] *adj* partski, koji se odnosi na Parte | ~ **shaft (glance, shot)** neprijateljska gesta ili primjedba u času odlaska
partial ['paːʃl] *adj* (~**ly** *adv*) 1. djelomičan, parcijalan 2. pristran 3. sklon, koji nešto voli 4. *bot* sporedan, drugoga reda

5. *mus* koji se slabije čuje (za visinske tonove) | **he is ~ to drink** on voli popiti; *com* ~ **bond** djelomična zadužnica; ~ **acceptance** djelomično prihvaćanje

partiality [ˌpaːʃiˈæliti] *s* pristranost; osobita sklonost

partible [ˈpaːtəbl] *adj* djeljiv, razdjeljiv

participant [paːˈtisipənt] *s* dionik, sudionik, učesnik

participate [paːˈtisipeit] *vt/i* **I.** *vt* dijeliti (sudbinu, slavu i dr. *with* s kim) **II.** *vi* 1. imati udjela (*in* u čemu, *with* s kim), sudjelovati, učestvovati (*in* u čemu) 2. imati nešto zajedničko, podsjećati (*of* na)

participation [paːˌtisiˈpeiʃn] *s* sudjelovanje, učestvovanje; dijeljenje; udio; uživanje

participator [paːˈtisipeitə] *s* dionik, sudionik, učesnik

participial [ˌpaːtiˈsipiəl] *adj* (~**ly** *adv*) *gram* participijalni, koji se odnosi na particip

participle [ˈpaːtisipl] *s gram* particip

participled [ˈpaːtisipld] *adj sl* proklet

particle [ˈpaːtikl] *s* čestica, najmanji djelić tvari, dijelak, komadić; mrvica, trun; *gram* partikula, čestica

particoloured (**party-coloured**) [ˈpaːtiˌkʌləd] *adj* šaren, raznobojan

particular [pəˈtikjulə] *adj* (~**ly** *adv*) 1. poseban, osobit, naročit 2. osoban, ličan, individualan 3. *log* koji se izvodi, zaključuje iz pojedinosti 4. neobičan, osobit, čudan, izvanredan 5. određen, točan; potanki, iscrpan, opširan 6. pomnjiv, oprezan; brižljiv, marljiv 7. kojega je teško zadovoljiti, izbirljiv, razmažen, osjetljiv, koji mnogo zahtijeva, traži | **in** ~ potanko, iscrpno, opširno, s pojedinostima, napose; **to be ~ about** biti izbirljiv u čemu, teško se zadovoljiti čim; *mar* ~ **average** djelomična havarija; **a ~ friend** blizak prijatelj; **for no ~ reason** bez osobita razloga; **he is ~ in speech** on pomno bira izraze; **he is ~ as to what he eats** on je izbirljiv u jelu; **he is ~ about his dress** on vrlo pazi na svoje odijevanje; *mar* ~ **average** partikularna havarija

particular [pəˈtikjulə] *s* 1. pojedinost, detalj 2. posebna stvar, osobit slučaj 3. poglavlje, točka, paragraf; predmet 4. *pl* pojedinosti, potankosti, detalji; potanji podaci, izvještaj 5. privatno lice, privatna osoba | **to go into ~s** ulaziti u pojedinosti

particularism [pəˈtikjulərizm] *s* 1. partikularizam, privrženost, separatizam 2. *eccl* učenje da se samo izabrani mogu spasiti

particularist [pəˈtikjulərist] *s* pristaša partikularizma

particularity [pəˌtikjuˈlæriti] *s* svojstvenost, individualnost, osobitost, osebujnost; točnost, pomnja, brižljivost; detaljnost, potankost; izbirljivost, probirljivost; detalj, sitna pojedinost

particularization [pəˌtikjuləraiˈzeiʃn] *s* potanko, opširno opisivanje, izlaganje

particularize [pəˈtikjuləraiz] *vt/i* **I.** *vt* opširno, potanko, nabrajati, navoditi **II.** *vi* navoditi pojedinosti

particularly [pəˈtikjuləli] *adv* 1. osobito, napose, navlaš, naročito, poglavito, izričito 2. potanko, pobliže 3. detaljno, potanko

parting [ˈpaːtiŋ] *s* 1. dijeljenje, razgranjivanje, račvanje; *fig* razilaženje, udaljivanje, raskršće; *chem* odjeljivanje, odvajanje 2. razdiranje, razrezivanje, odrezivanje; pukotina; *geol* rasjelina; jalovina 3. rastajanje, rastanak, oproštaj, odlazak 4. razdjeljak u kosi | **the ~ of the ways** račvanje putova; *fig* raskrsnica

parting [ˈpaːtiŋ] *adj* koji se dijeli; odlazeći, oproštajni | ~ **shot** posljednja dobačena riječ u svađi

partisan[1] (**partizan**) [ˌpaːtiˈzæn] *s* 1. (oduševljen) pristaša, sljedbenik (stranke, ideje i dr.) 2. *mil* partizan, član neregularnih trupa koje imaju posebne zadatke; član oružanih odreda koji daju otpor neprijatelju

partisan[2] (**partizan**) [ˌpaːtiˈzæn] *s hist* partizana, starinsko koplje slično helebardi

partisanship (**partizanship**) [ˌpaːtiˈzænʃip] *s* 1. strančarstvo, privrženost kojoj stranci, ideji 2. partizanstvo (stanje oružanog otpora stanovništva zemlje u koju je prodro neprijatelj)

partite [ˈpaːtait] *adj bot* razdijeljen list

partition [paːˈtiʃn] *s* dijeljenje, odjeljivanje; pregrada, paravan; *jur* dioba; odjeljenje

partition [paːˈtiʃn] *vt* dijeliti, razdijeliti, odjeljivati pregradom

partition off [paːˈtiʃnˈɔf] *vt* odijeliti

partitioned [paːˈtiʃənd] *adj jur* podijeljen, razdijeljen (među nasljednike)

partitive [ˈpaːtitiv] *adj* (~**ly** *adv*) 1. *gram* partitivni 2. koji dijeli, odjeljuje

partitive [ˈpaːtitiv] *s gram* partitiv

Partlet [ˈpaːtlit] *s* vlastito ime kokoši; *fig* koka; *joc & derog* žena

part-load [ˈpaːtləud] *s com* djelomičan teret

part-lot [ˈpaːtlɔt] *s com* djelomična pošiljka

partly [ˈpaːtli] *adv* djelomice, dijelom, donekle | ~ ... ~ ... dijelom ... dijelom ..., što ... što ...

partner [ˈpaːtnə] *s* 1. sudionik, suučesnik (*with* s kim; *in, of* u čemu); kompanjon, ortak, partner, drug (u poslu i dr.) 2. drug (u nekoj zabavi, igri, plesu i dr.); muž, žena | ~**s** *pl mar* drvena konstrukcija koja pojačava jarbol; *com* **sleeping** (**silent**) ~ tihi kompanjon; **acting** ~ aktivni kompanjon

partner [ˈpaːtnə] *vt* vezati (se), združiti (se) (*with* s kim u poslu, igri, zabavi i dr.)
partnerless [ˈpaːtnəlis] *adj* koji je bez druga, bez partnera
partnership [ˈpaːtnəʃip] *s* sudjelovanje, zajednica, udruživanje, združenost; udruženje, društvo, dioništvo; *com* javno trgovačko društvo, komanditno društvo | *com* **sleeping** ~ tiho dioništvo; **deed of** ~ poslovni ugovor o kompanjonstvu; **limited** ~ trgovačko društvo s ograničenim jamstvom; **to enter into** ~ (*with*) udružiti se s kim, stupiti s kim u zajednički posao; **to take a p into** ~ uzeti koga za kompanjona
partook [paːˈtuk] *pret* od **partake**
part-owner [ˈpaːtˌəunə] *s* suvlasnik
part-payment [ˈpaːtˌpeimənt] *s com* djelomična otplata; kapara
partridge [ˈpaːtridʒ] *s ornith* poljska trčka, obična jarebica (*Perdix perdix*); američka lještarka (*Bonasa umbellus*); virdžinijska prepelica (*Colinus Virginianus*)
partridge-wood [ˈpaːtridʒwud] *s* vrsta tvrda drveta crvene boje (koje se upotrebljava za izradbu namještaja)
part-singing [ˈpaːtˌsiŋiŋ] *s mus* pjevanje u dva glasa ili u više glasova
part-song [ˈpaːtsɔŋ] *s mus* pjesma za dva glasa ili više glasova
part-time [ˈpaːttaim] *adj* honorarni, koji radi samo nekoliko sati (a ne puno radno vrijeme) | ~ **worker** radnik koji radi samo nekoliko sati (a ne određeno radno vrijeme), prigodni radnik; ~ **place (post)** honorarno mjesto
part-timer [ˈpaːttaimə] *s* radnik koji ne radi puno radno vrijeme
parturient [paːˈtjuəriənt] *adj* bremenita, trudna; porođajni; *fig* plodonosan, plodan; sažet; značajan
parturition [ˌpaːtjuəˈriʃn] *s* porođaj, rađanje
part-writing [ˈpaːtˌraitiŋ] *s mus* vođenje dionica
party [ˈpaːti] *s* 1. stranka, partija; udruženje, grupa ljudi istog mišljenja; društvo (okupljeno za razonodu ili kakvu drugu zajedničku zabavu, kao čitanje, ribolov i sl.) 2. priredba, posijelo, zabava, čajanka 3. *mil* odjeljenje, odred, četa 4. *jur* optuženik, tužitelj, stranka 5. *vulg coll* osoba, lice 6. *sl* neka osoba | **tea** ~ čajanka; **to be a** ~ **to a th** pripadati nekom društvu, sudjelovati, učestvovati u čemu; ~ **to a contract** ugovorna stranka, sudionik u ugovoru, ugovarač; **to be a** ~ **to an engagement** preuzeti obavezu; **to be of the** ~ biti među uzvanicima; **dancing** ~ ples, igranka; **dinner** ~ objed, večera s gostima; **I'll be no** ~ **to this affair** neću da imam posla s tom stvari; **a third** ~ treća osoba; **hen** ~ žensko društvo; **stag** ~ muško društvo
party-coloured [ˈpaːtiˌkʌləd] *adj* → **particoloured**
party-line [ˈpaːtilain] *s* 1. *teleph* dvojnik 2. partijska linija
party-man [ˈpaːtimæn] *s* (*pl* **party-men** [ˈpaːtimen]) strančar, čovjek koji pripada nekoj političkoj stranci, partiji, partijac
party pooper [ˈpaːtiˌpuːpə] *s US sl* kvaridruštvo
party-spirit [ˌpaːtiˈspirit] *s* stranački duh
party-wall [ˈpaːtiwɔːl] *s* (zajednički) zid, zajednički dvjema zgradama
parvenu [ˈpaːvənjuː] *s Fr* parveni, skorojević
parvis [ˈpaːvis] *s* predvorje, prostor pred glavnim vratima crkve
pas [paː] *s* (*pl* **pas** [paːz]) *Fr* 1. korak (kod plesa) 2. ples, igra 3. prednost, prvenstvo | **to give the** ~ **to** dati komu prvenstvo; ~ **seul** solistička plesna točka; ~ **de deux** ples za dvoje; **to take the** ~ imati prednost
paschal [ˈpaːskəl] *adj* 1. uskršnji, koji se odnosi na Uskrs 2. koji se odnosi na Pashu (židovski praznik)
pasha (pacha) [ˈpaːʃə] *s* paša
pashalic (pachalic) [ˈpæʃəlik] *s* pašaluk
pasque-flower [ˈpaːskˌflauə] *s bot* sasa, šumarica (*Anemone*)
pasquinade [ˌpæskwiˈneid] *s* paskvil
pass[1] [paːs] *s* 1. dobar uspjeh, (najniža) prolazna ocjena; ispit 2. položaj, situacija, kritično stanje (*to be at a desperate* ~ nalaziti se u tešku položaju) 3. propusnica, (slobodan) prolaz, ulaz, dopusni list; kratak dopust; besplatna karta (za vožnju), besplatna ulaznica 4. putni list, pasoš 5. vrsta udarca, navala pri mačevanju; finta 6. *sport* dodavanje, pasiranje lopte (u nogometu) | **to bring to** ~ provesti, izvršiti; ostvariti; **to come to** ~ dogoditi se, slučiti se; **free** ~ besplatna ulaznica, karta; **things have come to a pretty** ~ položaj je prilično težak, stvar je otišla predaleko; **to make a** ~ **at** napastovati (koga)
pass[2] [paːs] *s* 1. prilaz, prolaz, prijelaz, put, tjesnac, klanac 2. *mil* ključni položaj 3. plovni dio rijeke | **to sell the** ~ izdati zemlju, zajedničku stvar; **to hold the** ~ braniti svoju stvar
pass [paːs] *vt/i* **I.** *vt* 1. proći (*lit & fig*) 2. prijeći, prevesti (preko mora), preletjeti, prekoračiti (granicu), proći (kroz vrata, usta), prenijeti 3. staviti, metnuti, prebaciti, provući (iglu), probosti (mačem) 4. *mil* izvršiti smotru (trupa) 5. *fig* proći, preletjeti (u mislima) 6. dati, dodati, pružiti 7. *sport* dodati, dodavati, pasirati loptu 8. pustiti u opticaj (novac) 9. provesti, provoditi (vrijeme) 10. staviti (primjedbu), dati, izreći mišljenje 11. nadma-

šiti, nadvisiti, nadvisivati, premašiti, prelaziti 12. odobriti, prihvatiti, primiti glasanjem (zakon, uredbu) 13. *jur* dosuditi, izreći presudu, kaznu 14. preskočiti (u čitanju), previdjeti, pregledati, propustiti, ispustiti, izostaviti 15. prosijati, procijediti, protjerati, pasirati (*through*) 16. otpremiti, poslati, izručiti, prenijeti, dati dalje (poruku, vijest) 17. proživjeti, doživjeti, pretrpjeti, izdržati 18. propustiti, pustiti (*in, into*); *fig* prijeći preko čega 19. položiti ispit **II.** *vi* 1. ići, hodati, proći, prolaziti (*along* duž, uzduž, *by* mimo, pokraj, *down* niz, *over* preko), izaći (*out*); voziti se, jahati, putovati, proputovati, dospjeti, stići 2. prolaziti, protjecati, teći, minuti (vrijeme, bol); pružati se, protezati se 3. promijeniti se, prijeći (*from ... to* iz jednog stanja u drugo); otići, nestati; *fig* umrijeti 4. ići (od ruke do ruke, od mjesta do mjesta) 5. proći, biti primljen, prihvaćen, odobren, postati zakonom 6. *jur* suditi, izreći presudu, odlučiti 7. vrijediti, prolaziti (za novac); uspjeti, proći 8. dogoditi se, slučiti se 9. proći, prestati, nestati, iščeznuti, svršiti se 10. proći na ispitu, položiti ispit 11. biti smatran, držan, priznat, sloviti (*for* za, kao) 12. ne igrati, pasirati (u kartama) | **to ~ the baby** prebaciti odgovornost na drugoga; **to ~ muster** izdržati kušnju, probu; **to ~ water** pustiti vodu, mokriti; **to ~ the time of the day** izmijeniti pozdrave, pozdraviti se; **to come to ~** dogoditi se, slučiti se; doći; **to bring to ~** prouzrokovati; **to ~ the word, to ~ one's word** zadati riječ, dati riječ; **to ~ one's hand across** prijeći rukom preko (čega); **to ~ one's eye over** preletjeti očima (preko čega), baciti pogled (na što); **to ~ a th to a p's account** pripisati što na čiji račun; **to ~ a th to a p's credit** upisati komu (što) u dobro; **to ~ a p over** uputiti koga komu, odaslati koga; *com* **to ~ an account** (suglasno) knjižiti; **to ~ the customs** proći kroz carinarnicu; ocariniti; **to ~ a bill** donijeti zakon, prihvatiti zakonski prijedlog; **to ~ the buck** svaliti odgovornost na drugoga; **it has ~ed into a proverb** to je postalo poslovično; **to ~ out of sight** nestati iz vida; **let that ~** nećemo o tome govoriti; **that won't ~** to neće proći, to ne smije biti

pass along ['pa:sə'lɔŋ] *vi* prolaziti, ići duž, uzduž, kraj

pass away ['pa:sə'wei] *vi/t* **I.** *vi* 1. proći, prolaziti, protjecati 2. nestati, iščeznuti, minuti; *fig* umrijeti **II** *vt* rasipati (imetak, novac), potrošiti, izgubiti (vrijeme)

pass beyond ['pa:sbi'jɔnd] *vi* prelaziti, premašiti, nadmašiti

pass by ['pa:s'bai] *vi/t* **I.** *vi* 1. ići, prolaziti mimo, pokraj 2. nestati, minuti **II.** *vt* 1. propustiti, previdjeti, pregledati 2. ignorirati, ne obraćati pažnju (na koga, što), ne primjećivati (koga, što) 3. oprostiti

pass for ['pa:s'fɔ:] *vi* izdavati se (za koga, što)

pass in ['pa:s'in] *vi/t* **I.** *vi* ući **II.** *vt* 1. propustiti, pustiti (unutra) 2. iznije i, izložiti; *com* predočiti ček | *sl* **to ~ one's checks** umrijeti, otići bogu na račun

pass off ['pa:s'ɔf] *vi/t* **I.** *vi* 1. iščeznuti, izgubiti se, uminuti, prestati (za bol i sl.) 2. odigrati se, dogoditi se **II.** *vt* prikazati, izdavati (za što), proturati; odvraćati pažnju, učiniti što neprimjetnim; odbiti, parirati (udarac) | **to pass oneself off as** (ili **for**) izdavati se (za koga, što)

pass on ['pa:s'ɔn] *vi/t* **I.** *vi* 1. ići dalje, ići svojim putem; prijeći na što 2. umrijeti **II.** *vt* dodati, dodavati, dati dalje, prenositi; nametnuti

pass out ['pa:s'aut] *vi/t* **I.** *vi coll* 1. onesvijestiti se, izgubiti svijest; napiti se do besvijesti 2. izlaziti, istjecati **II.** *vt* 1. izdavati (knjige) 2. dati, podijeliti

pass over ['pa:s'əuvə] *vi/t* **I.** *vi* umrijeti **II.** *vt* 1. prevesti, prijeći 2. dati, predati; *fig* prenijeti, saopćiti 3. previdjeti, pregledati, prijeći preko čega (šutke) 4. premašiti, preteći

pass through ['pa:s'θru:] *vi* proživjeti, doživjeti; proći (*lit & fig*); propustiti, prosijati, procijediti

pass up ['pa:s'ʌp] *vt US* odustati od čega, napustiti (što), dići ruke od čega, odreći se čega

passable ['pa:səbl] *adj* (**passably** *adv*) 1. prolazan, prohodan, pristupačan 2. prihvatljiv, priličan, nepatvoren, pravi (npr. novac)

passage ['pæsidʒ] *s* 1. prolaz, prolazak 2. *com* tranzit; prijelaz, prijevoj 3. putovanje (preko mora, zrakom) 4. *fig* put, pristup 5. slobodan ulaz (ili izlaz) 6. podvoz, vozarina 7. mjesto, odlomak (u tekstu, knjizi); *mus* odlomak, pasaža 8. događaj; *pl* niz događaja; objašnjavanja; odnosi, općenje 9. sukob, borba 10. *med* stolica 11. prolaz, tjesnac; hodnik, ulaz, izlaz; otvor, kanal 12. prihvaćanje (zakona) | **bird of ~** ptica selica; **~ of arms** okršaj, bitka; *fig* rasprava, borba; **to take one's ~, to book ~ for** rezervirati mjesto (na brodu, avionu i sl.)

passage ['pæsidʒ] *vi/t* **I.** *vi* jahati postrance (za konja); kretati se u stranu **II.** *vt* skretati, okretati (konja) u stranu

passage-book ['pæsidʒbuk] *s com* uložna knjižica

passage-way ['pæsidʒwei] *s* (uzak) prolaz, hodnik, galerija, pasaža

passant ['pæsənt] *adj her* (za životinje) koji ima uzdignutu desnu prednju šapu

pass-bill ['pa:sbil] *s com* carinska propusnica

passboat ['pa:sbəut] *s mar* skela
pass-book ['pa:sbuk] *s* 1. kreditna knjižica 2. uložna knjižica
passé(e) ['pæsei] *adj Fr* 1. uveo, bez svježine 2. ocvala (za ženu)
passel ['pæsl] *s coll* skupina, zbirka, grupa
passenger ['pæsindʒə] *s* putnik | ~ **traffic** putnicki promet; ~ **car** osobni automobil
passenger-train ['pæsindʒə,train] *s* putnički vlak
passe-partout ['pæspa:tu:] *s Fr* 1. otpirač, glavni ključ 2. širok okvir od kartona na slici, paspartu
passer ['pa:sə] *s* prolaznik, putnik
passer ['pæsə] *s ornith* vrabac (općenito kao porodica ptica)
passer-by [,pa:sə'bai] *s* (*pl* **passers-by** [,pa:səz'bai]) prolaznik
passerine ['pæsərain] *adj ornith* koji se odnosi na ptice, kao vrapce i dr., vrapčji
passerine ['pæsərain] *s ornith* → **passer**
pass-holder ['pa:s,həuldə] *s* posjednik besplatne karte
passibility [,pæsi'biliti] *s* osjetljivost, sposobnost osjećanja, patnje
passible ['pæsibl] *adj* osjetljiv, sposoban osjećati, trpjeti
passim ['pæsim] *adv Lat* ovda-onda, često; rastrkano, razbacano, razasuto
passing ['pa:siŋ] *s* 1. prolazak, prolaženje 2. nestajanje, protjecanje, odlaženje, iščezavanje, umiranje 3. smrt 4. usvajanje nekog zakona i dr. 5. *mus* odlomak, pasaža 6. događanje, zbivanje, nastajanje | **in** ~ usput
passing ['pa:siŋ] *adj* 1. prolazan, nestalan 2. uzgredan, usputan 3. prolazan (ocjena), zadovoljavajući 4. tekući, sadašnji
passing ['pa:siŋ] *adv arch* neobično, mnogo, vrlo
passing-bell ['pa:siŋbel] *s* mrtvačko, pogrebno zvono
passingly ['pa:siŋli] *adv* usput, uzgred, u prolazu, površno, letimice
passing-note ['pa:siŋnəut] *s mus* prijelazna nota
passion ['pæʃn] *s* 1. jako duševno uzbuđenje, emocija, strast 2. želja, žudnja, sklonost, nagon, čežnja, hlepnja (*for* za čim) 3. žar, žestina 4. (**P**~) *eccl* muke Isusove 5. jarost, bijes; oduševljenje, ljubav prema čemu 6. spolna želja, strast
passion ['pæʃn] *vi poet* osjećati (i pokazivati) ljubav, strast
passional ['pæʃənl] *s eccl* knjiga u kojoj su sabrane priče o životu, mukama i stradanjima svetaca i mučenika
passional ['pæʃənl] *adj* strastven, silan, žestok
passionate ['pæʃənət] *adj* (~**ly** *adv*) 1. naprasit, nagao, lako razdražljiv, koji se lako uzbudi 2. žestok, vatren, oduševljen, snažan 3. strastven, zagrijan 4. nježan, dirljiv
passion-flower ['pæʃən,flauə] *s bot* božja krunica, pasiflora (*Passiflora*)
passionless ['pæʃənlis] *adj* (~**ly** *adv*) 1. koji ne osjeća, koji je bez strasti 2. miran, hladan, bestrastan
passion-play ['pæʃənplei] *s* prikazivanje muke Isusove
passive ['pæsiv] *adj* (~**ly** *adv*) 1. *gram* pasivan, trpni 2. pokoran, koji se ne opire, strpljiv, ravnodušan, bezvoljan, pasivan 3. neaktivan, nepokretan, nedjelatan 4. *com* pasivan | ~ **debt** beskamatni dug
passiveness ['pæsivnis] *s* 1. neopiranje, strpljenje, pasivnost 2. nedjelatnost, nerad 3. držanje po strani (od čega), nesudjelovanje (u čemu)
passivity [pæ'siviti] *s* → **passiveness**
pass-key ['pa:ski:] *s* otpirač, ključ kojim se otvaraju mnoge brave; rezervni ključ
passman ['pa:smæn] *s* (*pl* **passmen** ['pa:smen]) student koji je dobio prolaznu ocjenu na ispitu
Passover ['pa:s,əuvə] *s* Pasha (židovski vjerski praznik)
passport ['pa:spɔ:t] *s* putnica, putna isprava, pasoš; *fig* preporuka
passthrough ['pa:sθru:] *s* prozor (otvor) između kuhinje i blagovaonice (često s policom) za donošenje jela
passway ['pa:swei] *s* prolaz (u ulici); tjesnac, klanac
password ['pa:swə:d] *s* lozinka
past [pa:st] *adj* minuli, prošli, bivši, protekli | *gram* ~ **tense** prošlo vrijeme, preterit; ~ **participle** particip perfekta
past [pa:st] *s* prošlost; *gram* prošlo vrijeme
past [pa:st] *prep* 1. preko, poslije, iza 2. *fig* bez, izvan (opsega, područja, domašaja) | **half** ~ **five** pet i po; ~ **cure** neizlječiv; ~ **due** predospio, odavno dospio; ~ **hope** beznadan; ~ **all shame** bez ikakva srama; ~ **praying for** u očajnu položaju, bez nade u poboljšanje; **I wouldn't put it** ~ **him** vjerujem da je u stanju to učiniti
past [pa:st] *adv* mimo
paste [peist] *s* tijesto; tjestenina; pašteta; pasta; ljepilo (od brašna); kaša, smjesa; smjesa olovnog stakla za imitacije dragog kamenja; lažni dijamant, dragi kamen, Strassovo staklo; lončarska zemlja; *fig sl* željeznička karta, posjetnica, vizitkarta | **scissors and** ~ neoriginalan rad, kompilacija, plagijat (za knjigu i dr.)
paste [peist] *vt* lijepiti (*up, on*), nalijepiti (*down*), zalijepiti (*together*), slijepiti (*with*), prilijepiti (*on*)
pasteboard ['peistbɔ:d] *s* ljepenka, karton; *US sl* igraća karta, ulaznica, posjetnica
pasteboard ['peistbɔ:d] *adj* od ljepenke; kao od ljepenke; slabašan; lažan

paste-grain ['peistgrein] *s* imitacija marokenske kože
pastel ['pæstəl] *s* vrbovnik, sač (biljka od koje se dobiva modra boja); modra boja (koja se dobiva od vrbovnika, sača)
pastel [pæ'stel] *s* olovka u boji; slika nacrtana olovkom u boji, pastel
pastel ['pæstl] *adj* pastelan
pastelist ['pæstəlist] *s* slikar pastela
pastellist [pæ'stelist] *s* → **pastelist**
paster ['peistə] *s US* ljepilac; papir za lijepljenje (osobito za priljepljivanje imena u biračkom spisku)
pastern ['pæstə:n] *s* spona, putilo, putište, dio konjske noge između gležnja i kopita
pasteurization [ˌpæstərai'zeiʃn] *s* pasterizacija
pasteurize ['pæstəraiz] *vt* pasterizirati
pastil(le) [pæs'ti:l] *s* 1. mirisava smjesa (u obliku tableta) za kađenje ili raskuživanje soba i dr. 2. slatkiš, bombon 3. pilula; pastila
pastimate ['pa:staim] *s* zabava, razonoda; igra, sport
past-master [ˌpa:st'ma:stə] *s* majstor, poznavalac, stručnjak | **to be a ~ in (of)** dobro poznavati (neki posao), biti dobro upućen, uveden u što, upoznat s čime; **a ~ in diplomacy** iskusan diplomat
pastor ['pa:stə] *s* pastor (protestantski svećenik); župnik, dušobrižnik
pastoral ['pa:stərəl] *adj* (**~ly** *adv*) pastirski; ladanjski, seoski, pastoralan
pastoral ['pa:stərəl] *s* pastorala; idila; *eccl* pastirsko pismo
pastorale [ˌpæstə'ra:li] *s mus* pastorala
pastoralism ['pa:stərəlizm] *s* pastoralizam, književni smjer (koji obrađuje teme iz pastirskog, seoskog života)
pastorate ['pa:stərət] *s* pastorova župa, služba pastora; pastori
past perfect ['pa:st'pə:fikt] *s gram* pluskvamperfekt
pastrami [pə'stra:mi] *s* vrlo začinjen dimljen komad govedine (naročito od plećke)
pastry ['peistri] *s* kolači, fino pecivo; lisnato tijesto; pita, kolač
pastrycook ['peistrikuk] *s GB* slastičar, kolačar
pasturable ['pa:stʃərəbl] *adj* prikladan, dobar za pašu
pasturage ['pa:stjuridʒ] *s* trava, paša, krma, stočna hrana; pašnjak; pravo ispaše, ispaša
pasture ['pa:stʃə] *s* trava, sijeno, paša, stočna hrana; pašnjak | **to put to ~** penzionirati
pasture ['pa:stʃə] *vt/i* **I.** *vt* 1. pasti, napasati 2. pružati pašu (o livadi i sl.) 3. iskorišćivati zemlju kao pašnjak **II.** *vi* pasti se
pasty ['peisti] *s* pašteta, mesna pita
pasty ['peisti] *adj* (**pastily** *adv*) 1. ljepljiv, mekan kao tijesto 2. blijed, bijel | **~ faced** blijeda, nezdrava lica
pat [pæt] *s* 1. lagan udarac, dodir rukom, tapšanje 2. komad, komadić 3. tapkanje, zvuk koji nastaje laganim udaranjem
pat [pæt] *vt/i* **I.** *vt* tapkati, pljeskati; tapšati, rukom lako dodirnuti, udariti, pogladiti; kucati **II.** *vi* pljeskati | **to ~ a p on the back** potapšati po ramenu (u znak odobravanja, simpatije), pohvaliti
pat [pæt] *adv* 1. upravo, u pravo vrijeme, u zgodan čas, zgodno, na dlaku, točno 2. spremno, točno | *fig* **to stand ~** ostati kod odluke, ne mijenjati odluku; **to know a th off ~** imati što u malom prstu
pat [pæt] *adj* spreman, zgodan, prikladan, koji dolazi u pravi čas; previše uvjerljiv (pa izgleda kao izmišljen)
Pat [pæt] *s* nadimak za Irca (skraćeno od Patrick)
pat-a-cake ['pætəkeik] *s* prve riječi poput pjesmice popraćene pljeskanjem ruku kojima mati zabavlja malo dijete
pat-ball ['pætbɔ:l] *s sport* igra odbijanja (lopte); *joc* tenis
patch [pætʃ] *s* 1. krpa, krpica, komadić tkanine (kao znak), zakrpa 2. melem, flaster; zaštitni ovoj na oku i dr. 3. umjetni madež na licu 4. malen komad zemlje 5. ostatak 6. površina koja se svojom bojom i dr. razlikuje od svoje okoline 7. *coll* par (u smislu jednak) | *fig sl* **not a ~ on** ne može se ni porediti, nije ništa prema; *sport* **to strike a bad ~** nemati sreće, izaći iz forme; **a purple ~** najljepše mjesto (u književnom djelu); **a ~ of potatoes** parcela zasađena krumpirom; **~es of fog** mjestimična magla
patch [pætʃ] *vt* zakrpiti, okrpiti, popraviti; *fig* popraviti, prikriti, uljepšati; na brzinu napraviti, skrpiti (*lit* & *fig*) | **the field was ~ed with snow** polje je mjestimice bilo pokriveno snijegom
patch up ['pætʃ'ʌp] *vt* urediti, popraviti, površno, traljavo uraditi, skrpiti; *fig* zagladiti (svađu i dr.), zabašuriti, prikriti
patchable ['pætʃəbl] *adj* koji se može zakrpati, pokrpati
patcher ['pætʃə] *s* krpo, onaj koji krpa, popravlja; *fig* šeprtlja, pacer, fušer
patchery ['pætʃəri] *s* krparija, krpež, krpljenje; *fig* loš sastav, kompilacija
patchouli (**patchouly**) ['pætʃuli] *s* pačuli (biljka *Pogostemon patchouli* i aromatsko ulje koje se od nje dobiva)
patch-pocket ['pætʃˌpɔkit] *s* našiven džep
patch-up ['pætʃʌp] *s* krpanje, krpež, krparija
patchwork ['pætʃwə:k] *s* krpljenje, krpanje krpež; pokrivač i slično načinjen od malih komadića, krpica; *fig* krparija
patchy ['pætʃi] *adj* (**patchily** *adv*) sav pokrpan, pun zakrpa; nejednak; nepravi-

lan, neujednačen; čekinjast (brada) | ~ **knowledge** slučajno, površno znanje
pate [peit] *s joc* glava, tjeme; pamet, mozak
patella [pə'telə] *s anat* čašica, iver (kost na koljenu), patela
paten ['pætən] *s eccl* plitica, diskos, plitka zdjelica
patency ['peitənsi] *s* rasprostranjenost, raširenost, javnost, publicitet, poznatost, razglašenost, očiglednost
patent ['peitənt] *s* 1. patent, povelja, privilegij, povlastica, dekret, pismo 2. patent, dozvola koja se izdaje izumitelju za pravo isključivog iskorišćivanja izuma | ~ **of nobility** plemićka povelja; ~ **rolls** *pl* patentni registar; **to take out a** ~ prijaviti patent, patentirati; **letters** ~ javna povelja, kraljevski patent, ukaz; ~ **office** patentni ured; **he has a** ~ **of gentility on his face** na licu mu se odražava plemenitost
patent ['peitənt] *adj* (~**ly** *adv*) 1. otvoren, javan, očit, očevidan, očigledan, pristupačan 2. zaštićen poveljom, zakonom, patentom 3. povlašten, ovlašten, patentiran 4. nov, patentan, upotrebljiv, izvrstan, duhovit
patent ['peitənt] *vt* 1. ovlastiti, povlastiti 2. patentirati, uzeti, izdati patent (za neki izum i dr.)
patentee [ˌpeitən'tiː] *s* posjednik patenta
patent fuel [ˌpeitənt'fjuəl] *s* patentirano gorivo, prešani ugljen, briketi
patent-leather [ˌpeitənt'leðə] *s* lakirana koža
pater ['peitə] *s sl* otac, tata
paternal [pə'təːnl] *adj* (~**ly** *adv*) očinski, očev | ~ **grandmother** baka s očeve strane
paternity [pə'təːniti] *s* očinstvo; porijeklo po ocu; *fig* porijeklo, izvor, autorstvo
paternoster [ˌpætə'nɔstə] *s* Očenaš (naročito na latinskom); promrmljana molitva; krunica
path [paːθ] *s* (*pl* **paths** [paːðz]) staza, puteljak, put; nogostup; *fig* smjer, put; putanja; *sport* pruga | **to cross a p's** ~ isprijećiti se kome na putu; **to break a** ~ utrti stazu
pathetic [pə'θetik] *adj* (~**ally** *adv*) patetičan, pun osjećaja, koji dira u srce, u dušu, koji uzbuđuje, koji uzrujava; svečan, dostojanstven; vrijedan samilosti, jadan
pathetics [pə'θetiks] *s* proučavanje, studiranje ljudskih strasti, osjećaja
pathfinder ['paːθˌfaində] *s* izviđač; vodič, skaut
pathless ['paːθlis] *adj* besputan, neprohodan, bez staze
pathologic [ˌpæθə'lɔdʒik] *adj* (~**ally** *adv*) patološki
pathologist [pə'θɔlədʒist] *s* patolog
pathology [pə'θɔlədʒi] *s* patologija
pathos ['peiθɔs] *s* patos
pathway ['paːθwei] *s* staza, stazica, puteljak, put (i *fig*)
patience ['peiʃəns] *s* 1. strpljenje, strpljivost 2. pasijans (igra kartama) | **to be out of** ~ **with** izgubiti strpljenje (s kim, čim)
patient ['peiʃənt] *adj* (~**ly** *adv*) strpljiv; ustrajan, marljiv | ~ **of** koji mirno, strpljivo podnosi što
patient ['peiʃənt] *s* pacijent, bolesnik
patina ['pætinə] *s* patina
patinated ['pætineitid] *adj* patiniran, koji ima patinu, koji je prevučen patinom
patination [pæti'neiʃən] *s* patiniranje, prevlačenje patinom
patinous ['pætinəs] *adj* koji je poput patine, koji ima patinu
patois ['pætwaː] *s Fr* narječje
patriarch ['peitriaːk] *s* 1. patrijarh, otac, glava, starješina porodice, roda, kuće, plemena; *fig* praotac, osnivač 2. *eccl pl* patrijarsi (sinovi Jakovljevi i njihovi praoci); poglavica, patrijarh Istočne crkve
patriarchal [ˌpeitri'aːkl] *adj* (~**ly** *adv*) 1. patrijarhalan, pradjedovski, starinski, prastar; častan 2. koji se odnosi na patrijarha
patriarchate ['peitriaːkit] *s* patrijarhat, čast, položaj patrijarha
patriarchism ['peitriaːkizm] *s* patrijarhat, uprava, vlast patrijarha
patriarchy ['peitriaːki] *s* čast, vlast patrijarha
patrician [pə'triʃn] *s* patricij, plemić, aristokrat
patrician [pə'triʃn] *adj* patricijski, plemićki
patricianship [pə'triʃənʃip] *s* patricij, plemstvo, aristokracija
patriciate [pə'triʃiət] *s* → **patricianship**
patricidal [ˌpætri'saidl] *adj* (~**ly** *adv*) ocoubilački
patricide ['pætrisaid] *s* ocoubojica, ocoubojstvo
patrimonial [ˌpætri'məunjəl] *adj* (~**ly** *adv*) očinski, nasljedni, naslijeđen (po ocu)
patrimony ['pætriməni] *s* 1. očevina, nasljedstvo (*lit* & *fig*), baština 2. *eccl* crkvena nadarbina
patriot ['pætriət] *s* rodoljub, patriot
patriotic [ˌpætri'ɔtik] *adj* (~**ally** *adv*) rodoljubiv, patriotski
patriotism ['pætriətizm] *s* rodoljublje, domoljublje, patriotizam
patristic [pə'tristik] *adj* koji se odnosi na stare crkvene oce (ili na njihova djela)
patrol [pə'trəul] *s* izvidnica, patrola, patroliranje, policijska patrola, patrolni odred, brod i dr.
patrol [pə'trəul] *vi/t* **I.** *vi* stražariti, patrolirati **II.** *vt* obilaziti patrolom, pretražiti, istražiti, izvidjeti

patrolman [pə'trəulmæn] *s* (*pl* **patrolmen** [pə'trəulmen]) policajac koji patrolira
patrol wag(g)on [pə'trəul,wægən] *s* policijski auto, »crna marica«
patron ['peitrən] *s* patron, zaštitnik, pokrovitelj; svetac, svetitelj; *com* kupac, gost, mušterija; *fig* pokrovitelj
patronage ['pætrənidʒ] *s* pokroviteljstvo, patronat, zaštita; patronatsko pravo; pokroviteljsko, superiorno vladanje; snishodljivost; *com* klijentela, mušterije, kupci
patronal ['pætrənl] *adj* patronatski, koji zaštićuje, koji se odnosi na sveca zaštitnika
patroness ['peitrənis] *s* zaštitnica, pokroviteljica, patronesa
patronize ['pætrənaiz] *vt* štititi, zaštićivati; braniti, pomagati, potpomagati; pokroviteljski, superiorno s kim postupati; *com* ići na ruku, pomagati (čiji posao) | **to ~ a shop** biti stalna mušterija
patronizer ['pætrənaizə] *s* zaštitnik, pokrovitelj, branitelj
patronizing ['pætrənaiziŋ] *adj* (**~ly** *adv*) pokroviteljski, zaštitnički; ljubazan
patronymic [,pætrə'nimik] *adj* (**~ally** *adv*) koji se dobiva, izvodi iz očeva imena, baštinjen po ocu
patronymic [,pætrə'nimik] *s* obiteljsko ime, prezime
patroon [pə'tru:n] *s US hist* patron, vlasnik zemlje
patten ['pætn] *s* drvena cipela, klompa; *dial* klizaljka; *archit* podnožje, stopa
patter[1] ['pætə] *s* žargon, šatrovački jezik (kojim se služe ljudi samo jedne sredine i koji je drugima potpuno nerazumljiv); *sl* brbljanje, čavrljanje, mehaničko govorenje napamet
patter[1] ['pætə] *vt/i* **I.** *vt* (mehanički) ponavljati (molitve i dr.) **II.** *vi* brbljati, ćaskati | **to ~ flash** govoriti šatrovačkim jezikom
patter[2] ['pætə] *s* 1. pljuskanje, pljuštanje, škrapanje (kiše) 2. trupkanje, tapkanje (nogu)
patter[2] ['pætə] *vi/t* **I.** *vi* pljuštati, pljuskati, zapljuskivati 2. tapkati, cupkati, trupkati (nogama) **II.** *vt* liti vodu (tako da pljušti)
pattern ['pætən] *s* 1. uzor, primjer, slika, ideal 2. uzorak, obrazac, model, šablona, kroj; struktura 3. uzorak, mustra, ogled 4. crtež, šara, desen 5. kroj 6. *US* odrezak, kupon (komad tkanine dovoljan za kakav odjevni predmet) 7. model za pravljenje kalupa u koji se lijeva kovina 8. *mil* površina rasturanja, slika rasturanja | **by ~ post** kao uzorak bez vrijednosti
pattern ['pætən] *vt* 1. načiniti, oblikovati što (*after, upon*) prema nekom uzoru, kopirati 2. išarati, ukrasiti šarom, uzorcima 3. modelirati, uzeti kao uzor
pattern-book ['pætənbuk] *s com* uzorci, knjiga uzoraka (tekstila, vune i dr.)
pattern-shop ['pætənʃɔp] *s* radionica za modeliranje
patter-song ['pætəsɔŋ] *s* šaljiva pjesma koja se pjeva vrlo brzo
patty ['pæti] *s* kolačić, mala pašteta
patulous ['pætjuləs] *adj* (**~ly** *adv*) raširen, širok, razvučen
paucity ['pɔ:siti] *s* malenkost, malen broj, mala količina, sitnica, pomanjkanje, nestašica
Paul [pɔ:l] *s* Pavao | **rob Peter to pay ~** riješiti se jednog duga, a pasti u drugi; **~ Pry** radoznao čovjek
Pauline ['pɔ:lain] *adj* koji se odnosi na apostola Pavla (i na njegove poslanice)
Pauline ['pɔ:lain] *s* član, učenik škole St. Paul u Londonu
paulownia [pɔ:'ləuniə] *s bot* paulovnija (*Paulownia*)
paunch [pɔ:ntʃ] *s* trbuh; trbušina; burag; *mar* udarna ili zaštitna hasura
paunch [pɔ:ntʃ] *vt* rasporiti (trbuh); izvaditi, očistiti (utrobu)
paunchy ['pɔ:ntʃi] *adj* trbušast
pauper ['pɔ:pə] *s* siromah, onaj koji živi od milostinje, prosjak; *jur* onaj koji je zbog siromaštva oslobođen plaćanja poreza
pauperdom ['pɔ:pədəm] *s* siromaštvo; sirotinja, siromasi
pauperism ['pɔ:pərizm] *s* trajno siromaštvo, uboštvo; prosjaci, siromasi, sirotinja
pauperization [,pɔ:pərai'zeiʃn] *s* osiromašenje, pauperizacija, materijalno propadanje
pauperize ['pɔ:pəraiz] *vt* osiromašiti, dovesti (koga) na prosjački štap
pause [pɔ:z] *s* odmor, pauza, stanka; prekid, prestanak; neodlučnost, oklijevanje; *mus* pauza; *print* crtica, stanka; cezura | **to give ~ to** zaustaviti koga (u govoru), dati komu vremena za razmišljanje, načas pokolebati; **to bring to a ~** zaustaviti
pause [pɔ:z] *vi* 1. prestati, stati, prekinuti se, zaustaviti se, čekati; *mus* zastati, praviti pauzu 2. oklijevati, razmišljati
pavage ['peividʒ] *s* 1. popločavanje, taracanje 2. cestarina
pavan ['pævən] *s* pavana, starinski ples
pave [peiv] *vt* taracati, popločiti, kaldrmiti, asfaltirati, pokriti betonskom dekom, popločiti opekom i sl.; prekriti | *fig* **to ~ the way** utrti put
pavé ['pævei] *s Fr* široka asfaltirana cesta
pavement ['peivmənt] *s* tarac, asfalt, kaldrma, kolnik, popločena, asfaltirana cesta; *GB* pločnik (za pješake)
paver ['peivə] *s* 1. taracar, radnik koji polaže asfalt, pločnik 2. kamen za popločivanje

pavilion [pə'viljən] *s* 1. vrsta velikog šatora 2. natkrivena laka građevina u parku, vrtu i dr., paviljon 3. postran dio, krilo kuće s krovom u obliku šatora
pavilion [pə'viljən] *vt* 1. pokriti, snabdjeti šatorom 2. pokriti, zaštititi, prekriti
paving ['peiviŋ] *s* 1. popločivanje, taracanje 2. tarac, građa za popločivanje
paving-stone ['peiviŋstəun] *s* kamen za popločivanje
paviour (pavior) ['peivjə] *s* taracar, radnik koji polaže pločnik, asfalt, kaldrmu
paw [pɔː] *s* šapa, capa, životinjska noga s pandžama; *coll* ruka, šapa (čovječja); rukopis
paw [pɔː] *vt/i* **I.** *vt* 1. udariti šapom, pandžom, (za konja) udariti kopitom 2. nešto nespretno uzeti; nezgrapno dohvatiti 3. *coll* svirati na klavir; grubo pipati **II.** *vi* grepsti, kopati, strugati (nogama)
pawky ['pɔːki] *adj* (**pawkily** *adv*) *Scot dial* lukav, prepreden, bistar, dosjetljiv
pawl [pɔːl] *s tech* zapinjač, zapon, reza, skakavica; otvarač, klipak
pawl [pɔːl] *vt* snabdjeti rezom, zapinjačom, zaponom, klipkom
pawn[1] [pɔːn] *s* 1. pješak, pion (u šahu) 2. *fig* šahovska figura; nevažna osoba koja služi drugome za postizanje njegovih ciljeva
pawn[2] [pɔːn] *s* zalog (*lit* & *fig*), založen predmet; talac; zalaganje | **to give in ~** založiti, dati u zalog
pawn [pɔːn] *vt* založiti, dati u zalog; staviti na kocku
pawnbroker ['pɔːn,brəukə] *s* vlasnik zalagaonice
pawnbroking ['pɔːn,brəukiŋ] *s* posao, zanimanje vlasnika zalagaonice
pawnee [pɔː'niː] *s* osoba koja uzima stvar u zalog
pawner ['pɔːnə] *s* osoba koja zalaže, daje stvar u zalog, zalagač
pawnshop ['pɔːnʃɔp] *s* zalagaonica
pawn ticket ['pɔːn,tikit] *s* potvrda zalagaonice (o založenom predmetu), založnica
pax [pæks] *s* 1. *eccl* sveta slika, ikona 2. *school sl* mir, primirje
paxwax ['pækswæks] *s anat* tetiva zatiljka
pay [pei] *s* 1. plaća, nadnica, najamnina 2. isplata, plaćanje 3. nagrada 4. prihod, dobitak, dohodak | **in the ~ of** u nečijoj službi, najmljen od nekoga
pay [pei] *vt/i* (paid, paid) **I.** *vt* 1. platiti, plaćati, isplaćivati 2. izravnati, namiriti (račun) 3. isplatiti, isplatiti se (*it will ~ him to listen*) 4. nagraditi 5. uplatiti, uplaćivati, položiti (novac) 6. donositi (*a job that ~s $90*), donositi korist, dobitak 7. *fig* obraćati, iskazivati pažnju, poštovanje, čast, odati priznanje 8. praviti posjet, vratiti posjet **II.** *vi* 1. plaćati, isplatiti 2. isplatiti se, vrijediti 3. dostajati; okajati, ispaštati | **to ~ him in his own coin** vratiti milo za drago; **to ~ one's way** živjeti od svoje zarade, u granicama svojih mogućnosti; *sl* **to ~ the piper** snositi troškove, odgovornost za što; *fig* platiti tuđe užitke; **to ~ one's shot** snositi troškove; **to ~ through the nose** platiti (*for* što) pretjerano skupo; **to ~ in kind** platiti u robi, u naravi (mjesto u novcu); **to ~ penalty** platiti globu; **to ~ the debt of nature** umrijeti; **to ~ attention to** paziti, obraćati pažnju na što; **to ~ a visit** posjetiti, ići u pohode; **it does not ~** ne isplati se, nije vrijedno; **he ~s his attention to her** on joj se udvara; **to ~ with fine speeches** izvući se lijepim riječima; **to ~ on the nail** platiti smjesta; **the devil to ~** bit će nevolje; **he who ~s the piper calls the tune** tko plaća, taj i zapovijeda; **~ as you go** *US* plaćati troškove kako se pojavljuju; **you can put paid to that** to možete smatrati gotovim
pay away ['peiə'wei] *vt* 1. isplatiti, izdati (novac) 2. *mar* lagano puštati, otpuštati konop
pay back ['pei'bæk] *vt* otplatiti, vratiti (uzajmljen novac)
pay down ['pei'daun] *vt* platiti u gotovu, položiti novac najedanput
pay for ['pei'fɔː] *vt* 1. platiti, nagraditi; izravnati, nadoknaditi, naknaditi štetu i sl. (*lit* & *fig*) 2. okajati, ispaštati, platiti za što
pay in ['pei'in] *vt* uplatiti, položiti novac na račun
pay off ['pei'ɔf] *vt* isplatiti (i otpustiti koga); isplatiti, amortizirati (dug); *mar* teško vjetar prihvatiti, teško se vjetru primicati (za brod)
pay out ['pei'aut] *vt* isplatiti, dati (novac); *fig* otplatiti, odmazditi; *mar* lagano otpuštati uže
pay over ['pei'əuvə] *vt* preplatiti
pay up ['pei'ʌp] *vt* isplatiti, namiriti (zaostatak duga)
pay [pei] *vt mar* mazati, premazivati katranom, smolom
payable ['peiəbl] *adj* (**payably** *adv*) plativ, koji je dospio, koji treba da se plati; koji se može platiti; koji se isplati, koji nosi dobit, korist
pay-box ['peibɔks] *s* blagajna
paycheck ['peitʃek] *s US* plaća čekom
pay-day ['peidei] *s* 1. dan isplate 2. *st exch* & *com* dan isplate dugova, obračuna u banci
pay-dirt ['peidəːt] *s US* bogata ruda; *sl* dobri rezultati istraživanja
payee [pei'iː] *s* osoba kojoj se ima neka svota isplatiti, osoba u čiju je korist izdana mjenica, primalac nekog iznosa
pay envelope ['pei,enviləup] *s* platna vrećica
payer ['peiə] *s* platac; *com* trasat, osoba na koju se vuče tezica

paygrade ['peigreid] *s* platni razred
pay-in ['pei'in] *s US* | ~ **schedule** carinska uplatnica; ~ **book** uplatna knjižica
paying ['peiiŋ] *adj* koji plaća, isplaćuje; unosan, vrijedan, koji nosi dobit, koristan | ~ **guest** gost u pansionu; podstanar; **a** ~ **concern** unosan posao, poduzeće; ~ **capacity** platežna sposobnost
payload ['peiləud] *s* koristan teret, korisna nosivost
paymaster ['pei,ma:stə] *s* blagajnik
payment ['peimənt] *s* isplata, isplaćivanje, plaćanje, uplata, uplaćivanje, polaganje novca; plaća, nadnica itd. | ~ **in advance** plaćanje unaprijed; ~ **in full,** ~ **in cash** plaća se u cijelosti, najedanput, u gotovu; **on** ~ nakon uplate, isplate
paynim ['peinim] *s arch poet* poganin, nevjernik (napose musliman)
paynize ['peinaiz] *vt* impregnirati drvo kemikalijama po Paynovu načinu
payoff ['peiɔf] *s US* isplata; obračun; naknada, zarada; *coll* mito; kulminacija, neočekivan završetak (niza događaja)
payola [pei'əulə] *s US* mito za specijalne komercijalne, reklamne i druge usluge
pay packet ['pei,pækit] *s GB* platna vrećica
pay-roll ['peirəul] *s US* platni spisak, isplatna lista; novac potreban za isplatu | **to be off the** ~ biti otpušten, nezaposlen
paysage ['pei,za:ʒ] *s* 1. pejzaž, predjel 2. slika, crtež koji predstavlja predjel, prirodu, pejzaž
pay-sheet ['peiʃi:t] *s* isplatna lista
pea [pi:] *s bot* grašak (plod i biljka) | **as like as two** ~**s (in a pod)** sliči kao jaje jajetu
peace [pi:s] *s* **1.** mir (mirno stanje, mirovni ugovor) 2. mir, sigurnost 3. mir (unutarnji), smirenost, spokojnost 4. mir, tišina, red | **at** ~ u miru, u mirnom stanju, u slozi; **to hold one's** ~ šutjeti, biti miran; *jur* **to keep the** ~ održavati mir, biti miran; spriječiti narušavanje reda i mira; **to make one's** ~ **with** pomiriti se s kim; sklopiti mir; **to break the** ~ narušiti javni mir; **to leave a p in** ~ ostaviti koga na miru; **make** ~ pomiriti se, izmiriti se
peaceable ['pi:səbl] *adj* (**peaceably** *adv*) miran, tih, miroljubiv
peaceful ['pi:sful] *adj* (~**ly** *adv*) miran, tih; mirnodopski; bez svađe, bez rata
peacefulness ['pi:sfulnis] *s* mir, tišina, mirnoća
peacemaker ['pi:s,meikə] *s* 1. mirotvorac, mirovni posrednik 2. *joc* oružje kojim se nasilno uspostavlja mir, revolver, puška i dr.
peacenik ['pi:snik] *s US derog* borac za mir (koji sudjeluje u demonstracijama protiv rata)
peace-offering ['pi:s,ɔfəriŋ] *s* 1. ponuda za pomirenje, za primirje, mir 2. *bibl* žrtva zahvalnica
peace officer ['pi:s,ɔfisə] *s* čuvar javnog reda i mira (šerif, policajac)
peach [pi:tʃ] *s* 1. *bot* breskva (drvo i voće) 2. *US sl* lijepa mlada djevojka, žena
peach [pi:tʃ] *vt/i* **I.** *vt* izbrbljati **II.** *vi sl* tužakati, denuncirati, odati, izdati (*against, on* koga, što)
peach-coloured ['pi:tʃ,kʌləd] *adj* boje breskvina cvijeta, svijetloružičast
peachick ['pi:tʃik] *s* mlad paun, paunica, paunče
peachwood ['pi:tʃwud] *s bot* breskvino drvo
peachy ['pi:tʃi] *adj* kao breskva, poput breskve, nalik na breskvu
pea-coal ['pi:kəul] *s* orašast ugljen
peacock ['pi:kɔk] *s ornith* paun, paunica
peacock ['pi:kɔk] *vt/i* kititi se (čime); šepiriti se, kočoperiti se, nadimati se, praviti se važan
peacockery ['pi:kɔkəri] *s* uobraženo držanje, isticanje, pokazivanje sebe, nadutost
peacockish ['pi:kɔkiʃ] *adj* poput pauna, kao paun; *fig* koji se ističe, šepiri, nadimlje, ohol, uobražen
peacocky ['pi:kɔki] *adj* poput pauna, kao paun (u boji); *fig* koji se ističe, šepiri, uobražen, naduven
peafowl ['pi:faul] *s* paun, paunica
pea-green [,pi:'grin] *adj* boje mladoga graška
peahen [,pi:'hen] *s* paunica
pea-jacket ['pi:,dʒækit] *s* kratak dvoredan mornarski kaput
peak [pi:k] *s* **1.** vrh, vršak, šiljak 2. vrhunac (na brdu i dr.) 3. najviša točka, visina, stupanj 4. najviši, najistaknutiji, najistureniji dio na čemu (~ *of a cap* štit na kapi) 5. *mar* pik (na koji se veže koso jedro) 6. šiljak kojim svršava kosa na čelu | ~ **hours** sati najvećeg prometa (potrošnje struje)
peak [pi:k] *vi* smršaviti, ušiljiti se, pobolijevati | *poet* **to** ~ **and pine** ginuti, venuti, propadati, slabiti
peak [pi:k] *vt/i* **I.** *vt mar* dizati, dići, uspraviti, ukositi (vesla, jedra itd.) 2. (o kitu) dizati rep u zrak **II.** *vi* (o kitu) roniti s repom dignutim u zrak; ukositi se; doći do vrhunca
peaked [pi:kt] *adj* zašiljen, šiljast; mršav, ušiljen, slab, blijed, oslabio, upala lica
peak-load ['pi:kləud] *s* vrhunac, najviša točka, maksimala; *el* vršno opterećenje
peak-time ['pi:ktaim] *s* 1. vrijeme najjačeg prometa 2. najbolje vrijeme, najbolja dob, najbolje godine
peaky ['pi:ki] *adj* šiljast, isturen, oštar, zašiljen; slab, boležljiv, klonuo
peak-year ['pi:kjə:] *s* rekordna godina

peal [piːl] *s* zvonjenje zvona, zvonjava; prasak, tutnjava, urnebes | **a ~ of laughter** urnebesan smijeh, grohot

peal [piːl] *vi/t* **I.** *vi* zvoniti, zvečati, odjekivati, tutnjiti, praskati, grmjeti, brujati, oriti se **II.** *vt* jasno, glasno zazvoniti, udariti u zvono i dr.

peanut [ˈpiːnʌt] *s bot* orašac, kikiriki; *US sl* beznačajna ili sitna osoba

pear [pɛə] *s bot* kruška (plod i stablo)

pearl[1] [pəːl] *s* biser; *fig* biser, uzor, najbolji u svojoj vrsti; kap (rose, kiše, znoja i dr.); *print* vrsta sitnih slova | **to cast ~s before swine** bacati biser pred svinje; **seed ~** sitni biser; **mother-of-~** sedef, bisernica; **culture ~** umjetni biser

pearl [pəːl] *vt/i* **I.** *vt* 1. izrađivati zrna kao biser 2. ukrasiti biserom ili sedefom, osuti rosom, kapljicama znoja i dr. **II.** *vi* 1. blistati, sjati kao biser 2. kapati (u sitnim kapima), izbijati u kapljama

pearl[2] [pəːl] *s* ukrasna petlja, čvor (na čipki i dr.)

pearl-ash [ˈpəːlæʃ] *s chem* američka potaša

pearl-barley [ˈpəːlˈbaːli] *s* prekrupa, očišćen, prekrupljen ječam

pearl-button [ˈpəːlˈbʌtn] *s* sedefno dugme

pearl-diver [ˈpəːlˌdaivə] *s* ronilac, lovac bisernih školjaka

pearled [pəːld] *adj* 1. biserom ukrašen 2. biseran, kao biser, biserna sjaja, biserne boje

pearl-fisher [ˈpəːlˌfiʃə] *s* lovac bisernih školjaka

pearl-fishery [ˈpəːlˌfiʃəri] *s* 1. hvatanje bisernih školjaka 2. mjesto gdje se love biserne školjke, lovište bisernih školjaka

pearlies [ˈpəːliz] *s pl* odijela ukrašena bisernim ili sedefnim dugmetima

pearling [ˈpəːliŋ] *s* 1. vrsta čipke 2. nizanje bisera 3. ljuštenje (riže, ječma i dr.)

pearl-oyster [ˈpəːlˌɔistə] *s* indijska bisernica (školjka)

pearl-powder [ˈpəːlˌpaudə] *s* bjelilo, prah za bijeljenje lica, puder

pearl-shell [ˈpəːlʃel] *s* biserna školjka, bisernica, sedef (u bisernoj školjki)

pearl-white [ˈpəːlwait] *s* → **pearl-powder**

pearly [ˈpəːli] *adj* biserast, poput bisera, u obliku bisera, kao biser sjajan, biserni; ukrašen biserima ili sedefom

pear-shaped [ˈpɛəʃeipt] *adj* u obliku kruške, kruškolik, kruškast; *fig* jasan, zvonak, pun (pjevani tonovi)

pear-tree [ˈpɛətriː] *s* kruška (drvo)

peasant [ˈpezənt] *s* seljak, tèžāk, ratar; seljačina

peasantry [ˈpezəntri] *s* seljaštvo

pease [piːz] *s arch* grašak

pea-shooter [ˈpiːˌʃuːtə] *s* duhaljka, puhaljka (za izbacivanje zrna suhoga graška)

pea-soup [ˌpiːˈsuːp] *s* 1. juha od graška (većinom suhog) 2. gusta, žućkasta magla

peasouper [ˌpiːˈsuːpə] *s coll* vrlo gusta magla

pea-soupy [ˌpiːˈsuːpi] *adj* gust, žućkast (kao magla)

peat[1] [piːt] *s* treset

peat[2] [piːt] *s arch* miljenče

peat-bog [ˈpiːtbɔg] *s* tresetina, tresetište

peat-coal [ˈpiːtkəul] *s* tresetni ugljen

peat-hag [ˈpiːthæg] *s* neiskorišten dio tresetišta

peat-moss [ˈpiːtmɔs] *s* tresetina; mahovina od koje nastaje treset; treset

peat-reek [ˈpiːtriːk] *s* 1. dim koji se razvija kad gori vatra od treseta 2. miris što ga dobiva rakija koja se peče na vatri od treseta

peatery [ˈpiːtəri] *s* tresetište

pea-time [ˈpiːtaim] *s US* konac, kraj, svršetak svijeta; smrt

peaty [ˈpiːti] *adj* tresetni, od treseta

pebble [ˈpebl] *s* 1. oblutak, šljunak 2. *pl* osulina, obluće, plazina 3. vedrac, vrsta gorskog prozirnog kristala (koji se upotrebljava za leće) 4. vrsta ahata

pebble [ˈpebl] *vt* pošljunčiti

pebbly [ˈpebli] *adj* šljunkast, posut oblutkom, šljunkom, šljunkovit; hrapav (površina)

pecan [piˈkæn] *s US* vrsta oraha iz Kalifornije i juga SAD

peccability [ˌpekəˈbiliti] *s* grešnost, pogrešivost

peccable [ˈpekəbl] *adj* grešan, pogrešiv

peccadillo [ˌpekəˈdiləu] *s Sp* sitan grijeh

peccancy [ˈpekənsi] *s* grešnost, nevaljalstvo; grijeh, zlodjelo; *med* loše, bolesno stanje

peccant [ˈpekənt] *adj* (**~ly** *adv*) grešan; zao, pokvaren; bolestan; boležljiv, truo

peccary [ˈpekəri] *s zool* pekari, vrsta američke divlje svinje

peck[1] [pek] *s* 1. engleska jedinica za mjerenje žita (otprilike 9 l); mjerica, posuda koja toliko mjeri, hvata 2. *fig* mnoštvo, množina | **to be in a ~ of troubles** biti u velikoj nevolji

peck[1] [pek] *vt/i* **I.** *vt* 1. kljuvati, kljucati, udarati kljunom, kljuvati jamu 2. glasno poljubiti, cmokati 3. kopati pijukom, trnokopom, budakom 4. pojesti, jesti na brzinu, vrlo malo **II.** *vi* kljucati, kljuvati | **~ing order** red po važnosti, hijerarhija

peck at [ˈpekˈæt] *vi* kljucati po čemu; griskati; *fig* cijepati po komu, zanovijetati, čangrizati

peck down [ˈpekˈdaun] *vt* rušiti, oboriti (zid i dr.)

peck out [ˈpekˈaut] *vt* izvaditi kljunom, pijukom i dr., iskljucati

peck up [ˈpekˈʌp] *vt* 1. zobati, halapljivo i naglo jesti 2. prekopati zemlju

peck² [pek] *s* ubod, kljucaj (kljunom); udar, udarac; kopanje 2. *sl* jelo, hrana, namirnice; *fig* površan poljubac

peck² [pek] *vt/i sl* **I.** *vt* bacati kamenje (*at* na) **II.** *vi* nabacivati se kamenjem

pecker ['pekə] *s* 1. onaj koji kljuca, kopa (*US* obično djetao); *sl* onaj koji jede 2. pijuk, motika; *sl* kljun, nos 3. *sl* odvažnost | **keep your ~ up!** ne kloni duhom! samo hrabro!

peckish ['pekiʃ] *adj* (**~ly** *adv*) *fam* pomalo gladan; razdražljiv, mrzovoljan

pectoral ['pektərəl] *s* 1. *her* prsni oklop, ploča 2. ukrasna ploča koju su na prsima nosili židovski svećenici 3. *ichth pl* prsne peraje 4. prsna peraja, prsni mišići 5. lijek za prsa

pectoral ['pektərəl] *adj* (**~ly** *adv*) 1. prsni, grudni, pektoralni 2. koji se upotrebljava kao lijek za prsa, pluća | **~ lozenge** prsna karamela

peculate ['pekjuleit] *vt/i* **I.** *vt* pronevjeriti, utajiti **II.** *vi* izvršiti pronevjeru, utaju

peculation [ˌpekju'leiʃn] *s* pronevjerenje, utaja

peculator ['pekjuleitə] *s* pronevjeritelj

peculiar [pi'kjuːljə] *adj* svojstven; osobit, čudan, čudnovat, neobičan, poseban, osebujan; upadljiv, nastran

peculiar [pi'kjuːljə] *s* 1. svojina, vlastiti posjed 2. pravo 3. *eccl* crkva koja ne spada pod jurisdikciju biskupa u čijoj se dijecezi nalazi

peculiarity [piˌkjuːli'æriti] *s* 1. svojstvenost, osobitost, osebujnost, posebnost, karakteristika 2. neobičnost, čudnovatost

peculiarly [pi'kjuːljəli] *adv* 1. osobno, lično 2. naročito, osobito, posebno 3. neobično, čudno

pecuniary [pi'kjuːnjəri] *adj* (**pecuniarily** *adv*) novčan, u novcu, u gotovu, koji se odnosi na plaćanje u novcu, koji se odnosi na novac

pedagogic [ˌpedə'gɔdʒik] *adj* (**~ally** *adv*) nastavni, odgojni, pedagoški

pedagogics [ˌpedə'gɔdʒiks] *s pl* pedagogija, nauka o nastavi, odgoju

pedagogue ['pedəgɔg] *s* 1. nastavnik, učitelj, odgojitelj, pedagog 2. *joc* onaj koji voli da druge ispravlja, poučava, pedant

pedagogy ['pedəgɔgi] *s* → **pedagogics**

pedal ['pedl] *s* 1. pedal, papučica (kod orgulja, klavira, bicikla i dr.), podnožnik

pedal ['pedl] *adj zool* nožni

pedal ['pedl] *vi/t* **I.** *vi* 1. služiti se pedalom, pritiskivati pedal (na klaviru i dr.) 2. upotrebljavati pedal na biciklu **II.** *vt* gaziti pedal, voziti bicikl

pedant ['pedənt] *s* pedant, sitničav čovjek, cjepidlaka, uobražen učenjak; nadriučenjak

pedantic [pi'dæntik] *adj* (**~ally** *adv*) sitničav, sitničarski, cjepidlački, pedantan

pedantry ['pedəntri] *s* cjepidlačenje, pedanterija; nametljivo pokazivanje svoje učenosti

peddle ['pedl] *vi/t* **I.** *vi* (po)kućariti, torbariti; *fig* baviti se glupostima, sitnicama, tratiti vrijeme na sitnice **II.** *vt* prodavati, raznositi (vijesti, tračeve), širiti (ideje)

peddler ['pedlə] *s* torbar, pokućar, galantar

peddling ['pedliŋ] *s* torbarenje, kućarenje

peddling ['pedliŋ] *adj* sitan, neznatan, nevažan, beznačajan; koji se bavi sitnicama, sitničav

pederast ['pedəræst] *s* pederast, homoseksualac

pederasty ['pedəræsti] *s* pederastija

pedestal ['pedistl] *s* podnožje (stupa, kipa i dr.), postolje, pijedestal (*lit* & *fig*); *fig* osnova, temelj | **to set (a p) upon a ~** podići na pijedestal, veličati, hvaliti, idolizirati

pedestal ['pedistl] *vt* staviti, podići (koga, što) na podnožje, na pijedestal

pedestrian [pi'destriən] *adj* 1. koji ide pješke, pješice 2. pješački 3. nezanimljiv, bez mašte, prozaičan, dosadan

pedestrian [pi'destriən] *s* pješak

pedestrianism [pi'destriənizm] *s* pješačenje, hodanje, putovanje pješice

pedestrianize [pi'destriənaiz] *vi* ići pješke, pješice, pješačiti

pedicle (pedicel) ['pedikl] *s bot* & *zool* peteljka, stapka; mala izraslina u obliku peteljke

pedicular [pe'dikjulə] *adj* ušljiv

pediculous [pə'dikjuləs] *adj* → **pedicular**

pedicure ['pedikjuə] *s Fr* 1. njega nogu, pedikiranje 2. pediker, pedikerka

pedigree ['pedigriː] *s* 1. rodovnik, loza, genealogija 2. porijeklo, rodoslovlje, pedigri (za ljude i životinje) 3. etimologija, porijeklo (riječi) | **~ stock** *agr* stoka za priplod

pedigreed ['pedigriːd] *adj* kojemu je poznato porijeklo, rodoslovlje, koji ima pedigri

pediment ['pedimənt] *s archit* zabat, zabatić (u obliku trokuta)

pedimental [ˌpedi'mentl] *adj archit* u obliku zabata, poput zabata

pedimented ['pedimentid] *adj archit* koji ima zabat, koji se svršava zabatom

pedlar ['pedlə] *s* kućarac, torbar; kočevar; *fig* onaj koji raznosi glasine, koji ogovara | **~'s French** šatrovački jezik

pedlary ['pedləri] *s* kućarenje, torbarenje; sitničarska roba koja se prodaje po kućama

pedometer [pi'dɔmitə] *s* pedometar, sprava za mjerenje (učinjenih) koraka

peek [piːk] *vi* viriti, provirivati, gledati; *US* žmiriti

peek-a-boo ['piːkə'buː] *s* igra skrivača

peel[1] [piːl] *s hist* malen četverouglast tornjić na tvrđavi
peel[2] [piːl] *s* pekarska, krušna lopata
peel[3] [piːl] *s* ljuska, kora, lupina, koža (voća, povrća)
peel [piːl] *vt/i* **I.** *vt* oguliti, oljuštiti **II.** *vi* 1. guliti se, ljuštiti se, otpadati 2. *sl* svući se, skinuti se gol
peel off [ˈpiːlˈɔf] *vt* oguliti, oljuštiti, skinuti | *aero* **to ~ aeroplanes** pojedince izašiljati avione iz sastava
peeled [piːld] *adj US* (o očima) otvoren | **to keep one's eyes ~** držati otvorene oči, budno paziti
peeler[1] [ˈpiːlə] *s* 1. ljuštilac 2. stroj za ljuštenje, guljenje
peeler[2] [ˈpiːlə] *s coll* policajac, redarstvenik; *hist arch* član irskog redarstva (koje je osnovao Peel 1812—18)
peeling [ˈpiːliŋ] *s* ljuštenje, guljenje; oljuštena kora
peep[1] [piːp] *s* pijuk, pijukanje, cijuk
peep[1] [piːp] *vi* pijukati, cijukati; pištati (od straha i sl.)
peep[2] [piːp] *s* pogled, potajan, radoznao pogled, virenje, zavirivanje; pomaljanje, javljanje; svitanje, osvit | **at ~ of day** u zoru; **to have (to take) a ~** potajno zaviriti
peep[2] [piːp] *vi* 1. viriti, kradom, tajno gledati 2. pomoliti se, proviriti pojaviti se, pokazati se | **~ing Tom** osoba koja nalazi zadovoljstvo, naročito seksualno, u tome da potajno promatra druge osobe, voajer
peeper[1] [ˈpiːpə] *s* radoznao, tajni promatrač, onaj koji zaviruje, virkalo; *US sl* privatni detektiv | *sl* **~s** *pl* oči
peeper[2] [ˈpiːpə] *s* pijukavac, pijukalo, cijukalo; *zool* gatalinka, žaba kreketuša (*Hylidae*)
peep-hole [ˈpiːphəul] *s* mala rupa, rupica, malen otvor na vratima, zastoru i dr. kroz koji se gleda, špijunka
peep-show [ˈpiːpʃəu] *s* sajamska panorama
peep sight [ˈpiːpˈsait] *s* diopterski nišan
peer [piə] *s* onaj koji je komu ravan po časti, položaju, porijeklu 2. per, plemić, velikaš, titula pripadnika najvišeg plemstva u Engleskoj, član Gornje kuće (~ *of the realm* ili *United Kingdom* plemić koji ima nasljedno pravo da sjedi u Gornjoj kući) 3. *arch* drug | **you will not find his ~** nećete mu naći ravna
peer [piə] *vt/i* **I.** *vt* 1. izjednačiti (koga s kim), uzdići u stalež pera, učiniti koga perom **II.** *vi* biti jednak, imati istu čast, položaj s kim
peer [piə] *vi* 1. zagledati se 2. pomaljati se, pojaviti se, proviriti
peer at [ˈpiərˈæt] *vi* radoznalo ogledavati
peer in [ˈpiərˈin] *vi* zavirivati
peer out [ˈpiərˈaut] *vi* izvirivati, provirivati
peer over [ˈpiərˈəuvə] *vt/i* zirkati prijeko, preko čega | *US* **to ~ the fence** umrijeti
peerage [ˈpiəridʒ] *s* 1. čast, položaj pera, perstvo 2. velikaši, visoko plemstvo u Engleskoj 3. knjiga u kojoj se nalazi genealogija visokog plemstva
peeress [ˈpiəris] *s* perova žena; žena koja je velikaški, perski naslov naslijedila ili ga sama stekla
peerless [ˈpiəlis] *adj* (**~ly** *adv*) komu (ili čemu) nema para, ravna, neusporediv
peeve [piːv] *vt/i* **I.** *vt sl* ljutiti, srditi, rasrditi, razljutiti **II.** *vi sl* biti ljut, ljutiti se, rasrditi se
peeved [piːvd] *adj sl* ljut, razdražen, ozlojeđen; svadljiv
peevish [ˈpiːviʃ] *adj* (**~ly** *adv*) zlovoljan, mrzovoljan, neraspoložen, svadljiv, osoran
peevishness [ˈpiːviʃnis] *s* zlovolja, razdražljivost, mrzovolja, neraspoloženje, osornost
peewit [ˈpiːwit] *s ornith* vivak
peg [peg] *s* drven ili željezni čavao, klin; kuka; kolčić; štipaljka (za pričvršćivanje rublja na uže); *fig* predmet razgovora, izlika; čivija (ključ za zatezanje žica na gudačkom instrumentu); *sl* čašica pića (osobito brendi i soda | **round ~ in square hole** čovjek neprikladan za mjesto na kome se nalazi; *fig* **a ~ to hang on** predmet razgovora, izlika; **to take (a p) down a ~ or two** poniziti (koga); **there are always more round ~s than round holes** uvijek ima više kandidata nego raspoloživih mjesta
peg [peg] *vt/i* **I.** *vt* kolčićem, klincima pričvrstiti, pribiti, spojiti; zakovati, prikovati 2. ograničiti, okolčiti, označiti kolčićima 3. *st exch* umjetno držati cijene na istom nivou 4. *sl* bacati kamenje (*at* na) **II.** *vi* trsiti se, truditi se, nastojati 2. nišaniti, ciljati (*at* na)
peg away [ˈpegəˈwei] *vi* truditi se oko čega, živo, marljivo raditi
peg down [ˈpegˈdaun] *vt* 1. pričvrstiti kolčićima, prikovati 2. *fig* ograničiti, odrediti (tok, smjer rada, djelovanja i dr.), vezati
peg out [ˈpegˈaut] *vt/i* **I.** *vt* 1. ograničiti, označiti kolčićima i dr. granicu 2. *sport croquet* svršiti igru **II.** *vi coll* 1. biti iscrpljen, biti na kraju snaga 2. umrijeti, izdahnuti, preminuti
pegamoid [ˈpegəmɔid] *s* umjetna koža
pegboard [ˈpegbɔːd] *s* ploča s rupicama u koje se mogu utaći klinci ili kuke koji drže izloženu robu i sl.
peg leg [ˈpegleg] *s coll* drvena noga, čovjek s drvenom nogom

peg-top ['pegtɔp] *s* zvrk, čigra | ~ **trousers** hlače koje su u pasu široke, a dolje uske, trapez-hlače

peignoir ['peinwaː] *s Fr* ženska kućna haljina, kućni ogrtač, penjoar

pejoration [piːdʒə'reiʃn] *s* pogoršanje, obezvređenje; *ling* pejoracija

pejorative ['piːdʒərətiv] *adj* 1. pogrdan, pejorativan

pejorative ['piːdʒərətiv] *s* 1. pogrdna, pejorativna riječ 2. riječ koja je dobila drugi, loš ili pogrdan smisao

pekan ['pekən] *s zool* kanadska kuna (*Mustela pennanti*)

pekinese [ˌpiːki'niːz] *s* pekinezer (pas)

Pekingese [ˌpiːkiŋ'iːz] *s* 1. stanovnik Pekinga 2. pekinški dijalekt

pekoe ['piːkəu] *s* bolja vrsta čaja (sa Šri Lanke ili iz Indije od sitnog lišća na vršcima grančica)

pelagian [pe'leidʒən] *adj* koji se odnosi na duboko more, ocean, morski, oceanski, koji živi u dubokom moru, oceanu

pelagic [pe'lædʒik] *adj* → **pelagian**

pelargonium [ˌpelə'gəunjəm] *s bot* pelargonija

pelerine ['peləriːn] *s Fr* ženski ogrtač, pelerina

pelf [pelf] *s derog* novac, bogatstvo, dobitak; ukradena imovina

pelican ['pelikən] *s ornith* pelikan, nesit

pelisse [pe'liːs] *s Fr* 1. bunda, krzneni ogrtač 2. dječji kaput, ogrtač 3. kapa ili ogrtač optočen krznom (koji nose husarski časnici), atila

pellet ['pelit] *s* 1. kuglica, loptica (od papira, kruha i dr.) 2. pilula, tableta 3. sačma, metak za zračnu pušku

pellet ['pelit] *vt* praviti ili bacati kuglice (od papira, kruha i dr.)

pellicle ['pelikl] *s* kožica, opna, tanka prevlaka

pellicular [pe'likjulə] *adj* poput kožice, opne, kao kožica, opna, koji ima tanku prevlaku, opnu

pell-mell [ˌpel'mel] *adv* zbrkano, smiješano, pobrkano, u neredu; navrat-nanos, strmoglavce

pell-mell [ˌpel'mel] *adj* 1. zbunjen, smeten 2. poremećen, nesređen, kaotičan

pell-mell [ˌpel'mel] *s* zbrka, nered, pomutnja, kaos, darmar

pellucid [pe'ljuːsid] *adj* (~**ly** *adv*) proziran, providan, bistar; *fig* jasan, lako razumljiv (stil i dr.)

pellucidity [ˌpeljuː'siditi] *s* prozirnost, providnost, bistrina; *fig* jasnoća, razumljivost

pelt[1] [pelt] *s* koža s krznom; krzno; *joc* ljudska koža

pelt [pelt] *vt/i* **I.** *vt* 1. gađati, napasti (*lit* & *fig*) 2. bacati, obasipati (*lit* & *fig*) **II.** *vi* 1. padati, pljuštati (za kišu i dr.) 2. gađati, nišaniti, bacati, nabacivati se 3. juriti, hitati, žuriti se

pelt[2] [pelt] *s* 1. udarac, hitac, pogodak; bacanje, nabacivanje 2. pljusak, pljuštanje | (**at**) **full** ~**s** punom brzinom

peltry ['peltri] *s* neučinjena krzna

pelvic ['pelvik] *adj anat* zdjelični, karlični, pelvisni | ~ **fin** *zool* trbušna peraja; ~ **girdle** *anat* bočni obruč, pelvisni pojas

pelvis ['pelvis] *s anat* zdjelica, karlica

pemmican ['pemikən] *s* osušeno, kosano meso; *fig* jezgrovit i kratak prikaz, sadržaj nekog djela i dr., kratak pregled

pen[1] [pen] *s* tor, obor; kokošinjac; svinjac; malo spremište za uskladištenje; posjed, farma, plantaža; dok ili skrovište za popravak podmornica, obično zaštićeno betonskom nadgradnjom protiv bombardiranja iz zraka

pen[1] [pen] *vt* (*pret* ~ned; *pp* ~ned, pent) zatvoriti u obor, tor, kokošinjac, utoriti

pen[2] [pen] *s* pero (guščje), pisaće pero; *fig* pisanje, spisateljstvo; stil, način pisanja; pisaći pribor | **the best** ~**s of the day** najbolji suvremeni pisci; **to live by one's** ~ živjeti od književnog rada

pen[2] [pen] *vt* 1. pisati, sastaviti (*up*) 2. govoriti, kazivati (*in* u pero)

pen[3] [pen] *s* labudica

penal ['piːnl] *adj* (~**ly** *adv*) 1. kaznen, kričan 2. kažnjiv, koji se može, treba kazniti, kaznenopravni | ~ **law** kazneni zakon; ~ **servitude** doživotna robija; ~ **colony** kaznena naseobina, naseobina kažnjenika; ~ **offence** kažnjivo djelo

penalize ['piːnəlaiz] *vt* kazniti, proglasiti kažnjivim; globiti; *fig* & *sport* kazniti, staviti u nepovoljan položaj

penalty ['penlti] *s* kazna, globa; penale; *sport* penale | ~ **area** kazneni prostor; ~ **kick** slobodan udarac; **the** ~ **of greatness** neugodnosti vezane uz visok položaj

penance ['penəns] *s* pokora

penance ['penəns] *vt* zadati pokoru

pen-and-ink [ˌpenənd'iŋk] *adj* napisan, napismen, crno na bijelom

pen-and-ink [ˌpenənd'iŋk] *s* 1. pisaći pribor 2. pisanje

penates [pe'naːteiz] *s pl myth* penati, kućni bogovi, zaštitnici

pence [pens] *s pl* → **penny**

penchant ['pãːŋʃãŋ] *s Fr* sklonost, naklonost, ljubav, smisao, sposobnost

pencil ['pensl] *s* 1. *arch* kist; *fig* stil nekog slikara 2. olovka, pisaljka, crtaljka 3. *geom* lik sastavljen od pravaca koji se sijeku u jednoj točki 4. *opt* snop svjetlosnih zraka koje se sastaju u jednoj točki

pencil ['pensl] *vt* slikati, risati, crtati olovkom; olovkom pisati, crtati; *fig* fino crtati, opisivati; *sport* zapisati ime konja u knjigu oklada

pencil-case ['penslkeis] *s* kutija za olovke; pernica; držalo za olovku
pencil-compass ['pensl,kʌmpəs] *s* šestar s olovkom
pencil-pusher ['pensl,puʃə] *s* činovnik, administrativac
pencraft ['penkra:ft] *s* vještina pisanja; krasopis
pendant (pendent) ['pendənt] *s Fr* 1. privjesak, naušnica, nakit, ukras koji visi, bilo što što visi 2. *mar* zastavica na vrhu glavnog jarbola; zastavica za signaliziranje 3. par, pandan
pendency ['pendənsi] *s* neizvjesnost; *gram* stanje u kom je nešto nedovršeno, nepotpuno
pendent (pendant) ['pendənt] *adj* koji visi, objesen, koji se nadvio; *fig* neodređen, neodlučan; pendantan; *gram* zavisan, podređen
pending ['pendiŋ] *adj* 1. neodređen, neodlučan, nedovršen, neriješen 2. tekući, u toku | **a suit was then ~** tužba je tada bila u toku
pending ['pendiŋ] *prep* za, za vrijeme; do | **~ his arrival** do njegova dolaska; **~ your further orders** do vaših daljnjih odredaba
pendragon [pen'drægən] *s hist* poglavica, vođa (u Britaniji i Walesu)
pendulate ['pendjuleit] *vi* kretati se, njihati se kao klatno, njihalo; *fig* biti neodlučan, kolebati se
penduline ['pendjulain] *adj* koji visi (npr. gnijezdo)
pendulous ['pendjuləs] *adj* (**~ly** *adv*) viseći, obješen, povinut, nagnut
pendulum ['pendjuləm] *s* njihalo, klatno | **swing of the ~** preokret u javnom mišljenju
penetrability [,penitrə'biliti] *s* probojnost, prodornost
penetrable ['penitrəbl] *adj* (**penetrably** *adv*) probojan, koji se može probiti, u koji se može prodrijeti
penetralia [,peni'treiljə] *s pl* najskrovitiji dio unutrašnjosti (hrama i dr.); svetište; tajna; skrovitost
penetrate ['penitreit] *vt/i* **I.** *vt* 1. probiti, prodrijeti (*into* u) 2. proći, probiti (*through* kroz); *fig* prozrijeti, proniknuti; spoznati, dokučiti 3. prožeti, ispuniti, obuzeti **II.** *vi* probiti se, provaliti, prodrijeti (*through, into* u), doći, dospjeti (*to* do)
penetrating ['penitreitiŋ] *adj* (**~ly** *adv*) koji probija, prodoran; *fig* prodoran, koji prozire, pronicav, oštrouman
penetration [,peni'treiʃn] *s* 1. prodiranje, probijanje, penetracija 2. pronicanje, pronicavost, oštroumnost, sposobnost rasuđivanja; *mil* probojna snaga
penetrative ['penitrətiv] *adj* (**~ly** *adv*) → **penetrating**
penetrator ['penitreitə] *s* onaj koji prodire
pen-feather ['pen,feðə] *s* pero (iz krila)
pen-friend ['penfrend] *s* prijatelj putem dopisivanja
penful ['penful] *s* pero (puno tinte, zamočeno u tintu)
penguin ['peŋgwin] *s ornith* tučnjak, pingvin
penholder ['pen,həuldə] *s* držalo za pero, stalak ili posuda za držalo
penial ['pi:niəl] *adj* koji se odnosi na penis
penicillate ['penisilit] *adj bot & zool* koji ima male dlačice, koji je obrastao malim dlačicama, dlakav, kitnjast
penicillin [,peni'silin] *s* penicilin
peninsula [pi'ninsjulə] *s* poluotok
peninsular [pi'ninsjulə] *adj* poluotočni, poput poluotoka
peninsular [pi'ninsjulə] *s* stanovnik poluotoka
peninsulate [pi'ninsjuleit] *vt* pretvoriti u poluotok, dati obilježje poluotoka
penis ['pi:nis] *s pl* (**penes** ['pi:niz]) *anat* penis, muški spolni organ
penitence ['penitəns] *s* pokora, kajanje, pokajanje
penitent ['penitənt] *adj* (**~ly** *adv*) koji čini pokoru, pokajnički
penitent ['penitənt] *s* pokajnik, grešnik
penitential [,peni'tenʃl] *adj* (**~ly** *adv*) pokajnički, skrušen
penitentiary [,peni'tenʃəri] *adj* 1. kažnjenički, kazneni, kazneno-popravni 2. pokajnički
penitentiary [,peni'tenʃəri] *s* 1. ispovjednik 2. Veliki crkveni sud (u Rimu) 3. kazneno-popravni dom; *US* kaznionica, *GB* popravilište za prostitutke
penknife ['pennaif] *s* perorez, džepni nožić
penlight (penlite) ['penlait] *s US* svjetiljka veličine nalivpera (na bateriju)
penman ['penmən] *s* (*pl* **penmen** ['penmən]) 1. pisar 2. pisac, spisatelj, dobar stilist | **he is a good ~** on ima lijep rukopis
penmanship ['penmənʃip] *s* 1. pisanje, rukopis; stil 2. spisateljstvo
penname ['penneim] *s* književno ime, pseudonim
pennant ['penənt] *s mar* uska, duga zastavica, plamenac; *mus* kvačica na noti koja joj određuje vrijednost; *US sport* zastavica u znak pobjede u natjecanju
penniless ['penilis] *adj* (**~ly** *adv*) siromašan, bez novca, bez prebite pare
pennon ['penən] *s* zastavica, stijeg (u konjici); *mar* plamenac; *fig* duga traka
penny ['peni] *s* (*pl* **pennies** ['peniz], **pence** [pens]) 1. peni (engleski novac) 2. novac, sitan novac; *fig* malenkost, neznatna svota; *US coll* cent | **a pretty ~** prilična, zamašna svota novca; **Peter's ~** 1. *hist* Petrov novčić (godišnji porez koji se plaćao papinskoj blagajni) 2. dobrovoljni prilog u novcu koji katolici daju u religiozne

i dobrotvorne svrhe; **a ~ for your thoughts** da mi je samo znati što misliš?; **in for a ~, in for a pound** što se započne, mora se i završiti, tko se u kolo hvata, mora i da poigra; **take care of the pence** budi štedljiv na sitnicama, kod malih izdataka; **to turn an honest ~** pošteno zarađivati, zasluživati novac; **a ~ plain and twopence coloured** poruga jeftinoj napirlitanosti; *coll* **to spend a ~** ići na WC; **~-wise and pound foolish** štedljiv kod malih, a rasipan kod velikih svota

penny-a-line [ˌpeniəˈlain] *adj* jeftin (stil i sl.), koji se plaća po retku (za novinara, pisca)

penny-a-liner [ˌpeniəˈlainə] *s* piskaralo

penny arcade [ˈpeniaːˈkeid] *s* zabavište s raznim automatima

penny-dreadful [ˈpeniˌdredful] *s GB* jeftina pripovijetka, roman sa strašnim, uzbudljivim sadržajem

penny-in-the-slot [ˈpeniinðəˈslɔt] *adj* automatski

penny pincher [ˈpeniˌpintʃə] *s* škrtica, štedljivac

penny-post [ˈpenipəust] *s* pošta u Vel. Britaniji koja je nekada zaračunavala peni za odašiljanje pisama

pennyroyal [ˌpeniˈrɔiəl] *s bot* gorska metvica, drobna metvica, pasja meta (*Mentha pulegium*)

penny-weight [ˈpeniweit] *s* dvadeseti dio jedne unce (težina od 1,555 g)

penny-wise [ˈpeniwaiz] *adj* štedljiv na sitnim, beznačajnim stvarima | **to be ~ and pound-foolish** štedljiv na malim stvarima, a rastrošan na velikim

pennywort [ˈpeniwəːt] *s bot* vodeni pupakčić, ljubljančica

penny-worth [ˈpenəθ] *s* ono što vrijedi jedan peni, što se može dobiti, kupiti za jedan peni | **a good ~** jeftina, povoljna kupovina; **he has got his ~** dobio je što ga ide

penological [ˌpiːnəˈlɔdʒikl] *adj* 1. kažnjiv, koji treba da se kazni 2. kaznenopravni

penologist [piːˈnɔlədʒist] *s* kriminolog

penology [piːˈnɔlədʒi] *s jur* kriminalistika; nauka o upravljanju kaznionicama i dr.

pen pal [ˈpenpæl] *s* nepoznata osoba s kojom se tko redovito dopisuje (naročito iz druge zemlje)

pensile [ˈpensail] *adj* koji visi, obješen

pension [ˈpenʃən] *s* 1. mirovina, penzija 2. godišnji prihod, renta 3. novac koji se plaća za hranu i stan u hotelu, pansionu i dr. | **old-age ~** starosna mirovina

pension [ˈpenʃən] *vt* staviti u mirovinu, umiroviti, penzionirati; dati mirovinu, penziju

pension off [ˈpenʃənˈɔf] *vt* poslati u mirovinu, umiroviti

pension [ˈpãːŋsiɔ̃ːŋ] *s* 1. pansion, privatni hotel (sa stanom i opskrbom) 2. škola s internatom (stanom i opskrbom)

pensionable [ˈpenʃənəbl] *adj* koji ima pravo na mirovinu, penziju, koji je za mirovinu, penziju; penzioni

pensionary [ˈpenʃənəri] *adj* umirovljen, penzioniran, koji dobiva mirovinu, penziju, mirovinski

pensionary [ˈpenʃənəri] *s* 1. umirovljenik, penzioner 2. najamnik, plaćenik

pensioner [ˈpenʃənə] *s* 1. umirovljenik, penzioner 2. (ratni) invalid 3. najamnik, plaćenik 4. student koji sam plaća školarinu, stan i opskrbu (u koledžu)

pensionnaire [ˌpãːnsiəˈnɛə] *s* → **pensioner**

pensive [ˈpensiv] *adj* (**~ly** *adv*) zamišljen, ozbiljan, sjetan

pensiveness [ˈpensivnis] *s* zamišljenost, sjeta, tuga

penstock [ˈpenstɔk] *s* ustava, brana (na jazu), gat; otvor ili vrata na ustavi; *US* dovodni kanal vodene ustave

pent [pent] *adj* zatvoren, uhvaćen, strpan (u obor, tor, štalu i dr.); *fig* skriven, prikriven, suzdržan

pentad [ˈpentæd] *s* 1. broj pet 2. skupina ili niz od pet 3. razdoblje od pet godina, mjeseci i dr. 4. *chem* peterovalentni element ili radikal

pentagon [ˈpentəgən] *s* peterokut | **the P~** glavno sjedište ministarstva oružanih snaga SAD

pentagonal [penˈtægənl] *adj* peterokutan

pentagram [ˈpentəgræm] *s* 1. pentagram, zvijezda s pet krakova 2. mističan znak, simbol

pentameter [penˈtæmitə] *s pros* 1. pentametar 2. engleski jampski stih od 10 slogova

pentangular [penˈtæŋgjulə] *adj* peterokutan

Pentecost [ˈpentikɔst] *s eccl* Duhovi

pentecostal [ˌpentiˈkɔstl] *adj* duhovski

penthouse [ˈpenthaus] *s* 1. streha, nadstrešnica, trijem, zaklon od vjetra (uz kuću); šupa, suša (uz kuću) 2. zaklon, svod, platneni krov i dr. 3. stan na vrhu veće zgrade

pentice [ˈpentis] *s* → **penthouse**

pentstemon [ˈpentstimən] *s bot* američka biljka iz porodice zijevalica

pent-up [ˈpentʌp] *adj* zatomljen, suzdržan, prigušen

penult [peˈnʌlt] *adj* predzadnji, pretposljednji

penult [peˈnʌlt]] *s* predzadnji, pretposljednji slog

penultimate [peˈnʌltimit] *adj* → **penult**

penultimate [peˈnʌltimit] *s* → **penult**

penumbra [piˈnʌmbrə] *s* polusjena; *astr* penumbra; granično, neodređeno područje

penumbral [piˈnʌmbrəl] *adj* poluzasjenjen, poluzamračen, polumračan; nejasan

penurious [pi'njuəriəs] *adj* (**~ly** *adv*) **1.** oskudan, siromašan, kukavan, bijedan **2.** škrt, tvrd

penury ['penjuri] *s* **1.** oskudica, bijeda, neimaština, siromaštvo **2.** tvrdičenje, škrtost

peon [pju:n] *s* **1.** (u Indiji) pješak, vojnik 2. straža, glasnik 3. pratilac, sluga

peon ['pi:ən] *s US* radnik, težak, nadničar; u španjolskoj Americi i u jugozapadnim državama koje su nekoć pripadale Meksiku; tèžāk ili nadničar koji je morao svoj dug odrađivati vjerovniku

peonage ['pi:ənidʒ] *s* vrsta prisilnog rada kojim su dužnici otplaćivali dug; polukmetstvo

peony ['piəni] *s bot* božur

people ['pi:pl] *s* (*pl* **~**, **~s**) **1.** narod, nacija 2. stanovništvo, pučanstvo 3. ljudi, puk 4. prosti puk, narod, neobrazovani obični ljudi 5. *pl* podanici; sljedbenici; župljani; čete 6. *pl* roditelji, srodnici, svojta, članovi obitelji, preci, pleme | **~ say** govori se, ljudi kažu; **the chosen ~** izabrani narod; **the good ~** vile; **old ~** starci; **young ~** mladež; **trade's ~** trgovci; **French ~** Francuzi; **literary ~** književnici; **town ~** građani; **country ~** ljudi sa sela; **he of all ~** i baš on

people ['pi:pl] *vt* naseliti, napučiti, nastaniti

pep [pep] *s US coll* snaga, polet, živost, energija

pep [pep] *vt* potaći, ohrabriti, osokoliti

pepper ['pepə] *s bot* papar, biber (biljka i plod); paprika | **green ~** zelena paprika; **Spanish ~s** feferoni

pepper ['pepə] *vt* 1. papriti, zapapriti, zabiberiti, posuti, začiniti paprom 2. zasuti, obasuti udarcima, pitanjima i dr. (*lit* & *fig*) 3. istući, izmlatiti, izlemati; *fig* začiniti paprenom šalom | **to ~ with shrapnel** obasuti šrapnelima

pepper-and-salt ['pepərən'sɔ:lt] *adj* sa sitnim točkicama u dvije boje (naročito crnoj i bijeloj)

pepper-box ['pepəbɔks] *s* 1. paprenka, posuda u kojoj stoji papar 2. kamena stražarnica na uglu tvrđave

pepper-castor ['pepə,ka:stə] *s* paprenka, posuda u kojoj stoji papar

pepper-corn ['pepəkɔ:n] *s bot* osušeno zrno (plod) papra; *fig* beznačajna, bezvrijedna stvar, sitnica

peppergrass ['pepəgra:s] *s bot* grbica, grbak (*Lepidium*)

peppermint ['pepəmint] *s bot* paprena metvica, metvica, nana (*Mentha piperita*); pepermint (bombon) | **~ oil** ulje od nane (metvice)

pepper-pot ['pepəpɔt] *s* paprenka; *cul* indijsko jelo s mesom i povrćem, jako papreno

peperwort ['pepəwə:t] *s bot* raznorotka (*Marsilea*)

peppery ['pepəri] *adj* (**pepperily** *adv*) papren, oštar, ljut; *fig* nagao, žestok, vatren, plahovit, strastven; zajedljiv

pep pill ['pep'pil] *s US sl* tableta za stimulaciju (naročito amfetamina)

peppy ['pepi] *adj US sl* snažan, jak, energičan, poletan, poduzetan

pepsin ['pepsin] *s chem* pepsin

peptic ['peptik] *adj* peptičan, koji ubrzava, pospješuje probavu | **~ gland** probavna žlijezda

peptics ['peptiks] *s pl joc* probavni organi

peptone ['peptəun] *s* peptoni (tvari koje sadrže dušik, a nastaju razgradnjom bjelančevine kod probave)

peptonize ['peptənaiz] *vt* pretvarati, razgrađivati bjelančevine u peptone

per [pə:] *prep* 1. (u latin. frazama: na, po) **~ annum** na godinu, godišnje; **~ diem, mensem** na dan, mjesečno; **~ caput** po glavi, po duši; **~ procurationem** (*abbr* **~ proc, ~ pro, p.p.**) po punomoćju, kao punomoćnik; **~ se** samo po sebi 2. (u engl. frazama: prema, po) **~ post, steamer** poštom, parobrodom; **a shilling ~ man** 1 šiling po osobi; **5 ~ cent** 5%; **~ advice** po naputku, prema uputi; **as ~ your letter** prema vašem pismu

peradventure [pərəd'ventʃə] *s arch* neizvjesnost, sumnja, slučajnost | **beyond ~** izvan sumnje

peradventure [perəd'ventʃə] *adv arch* slučajno, možda | **if ~** ako kojim slučajem; **lest ~** da ne bi kojim slučajem

perambulate [pə'ræmbjuleit] *vt/i* 1. šetati, hodati, prolaziti (ulicama i dr. i razgledati) 2. posjetiti, vidjeti, obići 3. nadgledati, obilaziti (župu i dr.)

perambulation [pə,ræmbju'leiʃn] *s* šetanje, putovanje, obilaženje, pohađanje, nadgledanje (župe i dr.); godišnje inspekcijsko putovanje

perambulator ['præmbjuleitə] *s* **1.** hodomjer, aparat za mjerenje (prijeđenih) koraka 2. *GB* dječja kolica

per annum [pər'ænəm] *adv Lat* godišnje, na godinu

percale [pə'keil] *s text* perkal

perceivable [pə'si:vəbl] *adj* (**perceivably** *adv*) **1.** primjetljiv, zamjetljiv, opipljiv, koji se može opaziti, oćutjeti, primijetiti 2. vidljiv, razumljiv, shvatljiv, pojmljiv

perceive [pə'si:v] *vt* **1.** opaziti, opažati, zapažati, osjetiti, oćutjeti, zamijetiti 2. razumjeti, shvatiti

perceiver [pə'si:və] *s* onaj koji osjeti, osjeća, opaža, primjećuje, promatrač

per cent [pə'sent] *adv* posto, (toliko) od sto, na sto

percentage [pə'sentidʒ] *s* **1.** *com* postotak, procent; dio, dobit, provizija, tantijema 2. dio, količina, sadržaj 3. *coll* korist

percept ['pəːsept] *s phil* predmet, stvar opažanja
perceptibility [pəˌseptə'biliti] *s* zamjetljivost
perceptible [pə'septəbl] *adj* (**perceptibly** *adv*) zamjetljiv, osjetan, znatan
perch[1] [pəːtʃ] *s ichth* grgeč
perch[2] [pəːtʃ] *s* 1. kolac, soha, pritka, prečka, šipka 2. sjedalo, lijegalo (u kokošinjcu, krletki) 3. mjera za duljinu (= 5,029 m) 4. srčanica 5. *fig* čvrst položaj | **bird takes its ~** ptica se spušta, slijeće na lijegalo, sjedalo; **to hop the ~** umrijeti, preminuti, izdahnuti; **to knock off his ~** pobijediti, uništiti (koga)
perch [pəːtʃ] *vi/t* **I.** *vi* spustiti se, sjesti (*upon* na lijegalo, granu i dr.), sjesti, sjediti **II.** *vt* posaditi, smjestiti, staviti (na visoko mjesto)
perchance [pə'tʃaːns] *adv* možda, slučajno
percipience [pə'sipiəns] *s* opažanje, zamjećivanje
percipient [pə'sipiənt] *adj* koji osjeća, zamjećuje, opaža | **to be ~ of** zapažati, opažati
percipient [pə'sipiənt] *s* 1. onaj koji osjeća, opaža, prima utiske 2. medij (u telepatiji)
percoid ['pəːkɔid] *s ichth* grgečka (red *Percomorphi*)
percolate ['pəːkəleit] *vi/t* **I.** *vi* kapati, curiti, cijediti se **II.** *vt* cijediti, procijediti, čistiti, filtrirati
percolation [ˌpəːkə'leiʃn] *s* cijeđenje, procjeđivanje, filtriranje, čišćenje
percolator ['pəːkəleitə] *s* 1. cjedilo, filtar, aparat za filtriranje 2. aparat za kuhanje, filtriranje kave
percuss [pə'kʌs] *vt med* perkutirati, pregledati kucanjem po tijelu
percussion [pə'kʌʃn] *s* 1. sudar, udarac, sraz 2. *med* perkusija, perkutiranje 3. *mus* jeka, treperenje, potresanje | **instruments of ~, ~ instruments** *mus* udaraljke
percussion-cap [pə'kʌʃnkæp] *s* kapica, udarna kapsla
percussionist [pə'kʌʃənist] *s mus* svirač na udaraljkama
percussion lock [pə'kʌʃn'lɔk] *s* udarni mehanizam
percussive [pə'kʌsiv] *adj* koji udara, potresa, udarni, koji nastaje udarcem, potresom
percutaneous [ˌpəːkju'teinjəs] *adj med* koji djeluje kroz kožu, perkutani
perdition [pəː'diʃn] *s* 1. gubitak, propast, pogibija 2. prokletstvo, pakao
perdu (perdue) [pəː'djuː] *adj* 1. *mil* skriven, u zasjedi, busiji 2. izgubljen, skriven, mrtav | **to lie ~** ležati u zasjedi, busiji
perdurability [pəˌdjuərə'biliti] *s* trajnost, nepromjenljivost
perdurable [pə'djuərəbl] *adj* (**perdurably** *adv*) 1. trajan, postojan 2. vječan, nepromjenljiv
perdure [pə'djuə] *vt* trajati
peregrinate ['perigrineit] *vi/t* **I.** *vi arch joc* putovati **II.** *vt* proputovati, proći
peregrination [ˌperigri'neiʃn] *s* putovanje
peregrinator ['perigrineitə] *s* putnik
peregrin(e) ['perigrin] *adj arch* stran, tuđ, koji je iz tuđeg kraja, vanjski, inozemni, tuđinski, koji se seli, koji putuje
peregrin(e) ['perigrin] *s arch ornith* | **~ falcon** sokol sivi
peremptoriness [pə'remptərinis] *s* 1. određenost, odlučnost 2. izvjesnost, konačnost
peremptory [pə'remptəri] *adj* (**peremptorily** *adv*) odlučan, određen, koji ne trpi prigovora, uporan, dogmatičan; *jur* konačan, odlučan | *jur* **~ writ** neotklonjiv sudski poziv
perennial [pə'renjəl] *adj* (**~ly** *adv*) 1. koji traje cijelu godinu 2. vječan, neprestan, trajan 3. *bot* koji traje više od godine dana, višegodišnji
perennial [pə'renjəl] *s bot* trajnica, perena
perfect ['pəːfikt] *adj* (**~ly** *adv*) 1. savršen, besprijekoran, bez mane, uzoran, perfektan 2. potpun, završen, dovršen, sasvim gotov, cjelovit 3. točan 4. vrlo spretan, okretan, vješt; koji potpuno (čime) vlada 5. *gram* završen, svršen | **a ~ stranger** sasvim tuđ čovjek
perfect ['pəːfikt] *s gram* prošlo vrijeme, perfekt
perfect [pə'fekt] *vt* 1. svršiti, dovršiti, završiti 2. usavršiti, usavršavati, izgraditi, upotpuniti
perfectibility [pəˌfekti'biliti] *s* usavršivost
perfectible [pə'fektəbl] *adj* usavršiv, popravljiv
perfection [pə'fekʃən] *s* 1. usavršavanje 2. savršenstvo, besprijekornost 3. upotpunjivanje, potpunost; svršetak, zrelost; najviši stupanj; *fig* kruna, vrhunac | **~s** *pl* odlične osobine, svojstva; bespogrešnost, izvrsnoća; **to ~** u visoku savršenstvu, izvrsno; majstorski
perfectionism [pə'fekʃənizm] *s US* perfekcionizam (vjerovanje da se moralno, vjersko ili društveno savršenstvo može i treba postići u ovom životu); težnja za savršenstvom (u poslu i sl.)
perfectionist [pə'fekʃənist] *s* 1. onaj koji vjeruje u čovječje usavršavanje 2. *eccl hist* onaj koji vjeruje da se može postići moralno savršenstvo 3. *coll* vrlo pedantna osoba
perfective [pə'fektiv] *adj gram* svršen (glagolski vid)
perfective [pə'fektiv] *s* svršen glagolski vid, svršeni glagol
perfectly ['pəːfiktli] *adv* savršeno; potpuno, sasvim

perfervid [pəːfəːvid] *adj* vatren, usrdan, žarki; zanesen, ushićen
perfidious [pəˈfidiəs] *adj* (~**ly** *adv*) nevjeran, vjeroloman, izdajnički, lažan, himben, podmukao, perfidan
perfidy [ˈpəːfidi] *s* nevjera, vjerolomstvo, izdaja, podmuklost, perfidija
perforable [ˈpəːfərəbl] *adj* koji se može probiti, probušiti
perforate [ˈpəːfəreit] *vt/i* **I.** *vt* probiti (*into*), probušiti, proći, probiti (*through*), perforirati; napraviti, probušiti rupice (na papiru i dr.) **II.** *vi* prodirati (*through*), ući (*into*)
perforate [ˈpəːfərit] *adj* perforiran
perforation [ˌpəːfəˈreiʃn] *s* 1. bušenje, probijanje, bušenje rupica, perforiranje, perforacija 2. rupa, rupica, otvor
perforative [ˈpəːfərətiv] *adj* koji buši, probija, prodire
perforator [ˈpəːfəreitə] *s* sprava za bušenje, pravljenje rupica, otvora i dr.
perforce [pəˈfɔːs] *adv* 1. silom, na silu, pod silu 2. nužno, neizbježno
perform [pəˈfɔːm] *vt/i* **I.** *vt* obaviti, izvršiti, izvesti, provesti, završiti; ispuniti, održati riječ; *theat* prikazati, igrati (komad, ulogu) **II.** *vi* igrati, prikazivati, glumiti, predstavljati, nastupati | ~**ing artist** reproduktivni umjetnik
performable [pəˈfɔːməbl] *adj* izvediv, provediv, izvršiv
performance [pəˈfɔːməns] *s* 1. izvođenje, provođenje, ispunjavanje 2. izvedba, provedba, izvršenje, vršenje 3. igra, gluma 4. predstava, prikazivanje, priredba 5. djelo, čin, dostignuće 6. performansa, rad (stroja i sl.)
performer [pəˈfɔːmə] *s* 1. izvršitelj 2. izvođač, glumac, glumica, umjetnik, umjetnica, virtuoz
performing [pəˈfɔːmiŋ] *adj* koji izvodi razne vještine (o dresiranim životinjama)
perfume [ˈpəːfjuːm] *s* 1. miris, miomiris 2. parfem
perfume [pəˈfjuːm] *vt* 1. ispuniti ugodnim mirisom 2. namirisati (parfemom), parfimirati
perfumer [pəˈfjuːmə] *s* trgovac ili proizvođač parfema
perfumery [pəˈfjuːməri] *s* parfimerija
perfunctoriness [pəˈfʌŋktərinis] *s* površnost, nepažljivost
perfunctory [pəˈfʌŋktəri] *adj* (**perfunctorily** *adv*) površan, nemaran, na brzu ruku
perfuse [pəˈfjuːz] *vt* 1. politi, poprskati, zaliti (*with*) 2. prožeti, napuniti (*with*)
perfusion [pəˈfjuːʒn] *s* 1. polijevanje, prskanje, zalijevanje; *fig* prožimanje, punjenje
perfusive [pəˈfjuːsiv] *adj* koji polijeva, prska, zalijeva; koji prožima, koji ispunja
pergola [ˈpəːgələ] *s* pergola, brajda
perhaps [pəˈhæps, præps] *adv* možda, moguće
perhaps [pəˈhæps, præps] *s* pretpostavka, mogućnost
peri [ˈpiəri] *s* 1. *myth* vila, dobri duh, patuljak 2. dražesno, ljupko stvorenje
pericarditis [ˌperikaːˈdaitis] *s* *med* perikarditis, upala osrčja
pericardium [ˌperiˈkaːdjəm] *s* *anat* osrčje, perikardij
pericarp [ˈperikaːp] *s* *bot* usplođe
pericranium [ˌperiˈkreinjəm] *s* *anat* opna lubanje; *joc* tikva, glava
peridot [ˈperidɔt] *s* *minr* zelenkastožut dragi kamen, vrsta krizolita, olivin
perigee [ˈperidʒiː] *s* *astr* perigej
perihelion [ˌperiˈhiːljən] *s* *astr* perihelij
peril [ˈperil] *s* opasnost, pogibelj; odgovornost | **in** ~ **of** uz opasnost, u opasnosti; **in** ~ **of one's life** u opasnosti po život; **at one's** ~ na vlastitu opasnost (rizik); ~**s of the sea** pomorske opasnosti, kategorija rizika svojstvenih pomorskom prijevozu
peril [ˈperil] *vt* dovesti u opasnost, staviti na kocku, ugroziti
perilous [ˈperiləs] *adj* (~**ly** *adv*) opasan, pogibeljan
perilune [ˈperiluːn] *s* perilun, periselen (točka eliptičke putanje umjetnog satelita najbliža Mjesecu)
perimeter [pəˈrimitə] *s* *geom* opseg, perimetar; *opt* perimetar (aparat za određivanje vidnog polja); *mil* prednji kraj kružne obrane
perimetry [pəˈrimitri] *s* *opt* perimetrija (ispitivanje vidnog polja)
period [ˈpiəriəd] *s* 1. razdoblje, period 2. *astr* vrijeme ophoda (planeta oko Sunca) 3. doba, razdoblje, epoha; stanovit dio vremena, vremenski odsjek; *geol* razdoblje povijesti Zemlje u kojem se odvijala tvorba neke geološke formacije 4. neodređen dio vremena 5. dio govora, odlomak; retorički govor 6. *gram* period, rečenički sklop; točka 7. odmor, stanka 8. *math* vraćanje, ponavljanje (reda brojeva, npr. 6:11 = 0,5454); *arith* točka (decimalna); *phys* trajanje titraja tijela 9. *mus* po sebi zatvoren odsjek, obično od osam taktova 10. *print* točka koja završava rečenicu ili koja se stavlja uza skraćenu riječ 11. kraj, konac, svršetak; cilj, ispunjenje 12. *med* perioda, menstruacija | **the girl of the** ~ suvremen tip djevojke; **to put a** ~ **to** završiti, staviti točku na što
periodic [ˌpiəriˈɔdik] *adj* 1. periodičan, koji se javlja, ponavlja ili zbiva u određenim vremenskim razmacima 2. koji se odnosi na ophod nebeskih tijela 3. periodski 4. govornički, retorski | ~ **law** periodski zakon; ~ **sentence** periodska rečenica (kod koje glavna informacija dolazi na

kraju); ~ **system** periodski sistem elemenata; ~ **table** periodska tablica elemenata
periodical [ˌpiəriˈɔdikl] *adj* (~**ly** *adv*) 1. periodičan, koji se javlja, zbiva, ponavlja u određenim vremenskim razmacima 2. koji izlazi, koji se pojavljuje u određenim vremenskim razmacima (za časopis i dr.)
periodical [ˌpiəriˈɔdikl] *s* časopis, mjesečnik, stručni list; novine
periodicity [ˌpiəriəˈdisiti] *s* periodičnost, periodično vraćanje, ponavljanje u određenim razmacima
periosteum [periˈɔstiəm] *s* (*pl* **periostea** [periˈɔstiə]) *anat* periost, pokosnica
periostitis [ˌperiɔsˈtaitis] *s* *med* upala pokosnice
peripatetic [ˌperipəˈtetik] *adj* (~**ally** *adv*) 1. aristotelovski, peripatetički, koji se odnosi na Aristotelovu filozofiju, nauku 2. koji se šeta, koji hoda (po nekom poslu)
peripatetic [ˌperipəˈtetik] *s* 1. peripatetik, učenik ili pristaša Aristotelove nauke 2. *joc* trgovački putnik
peripateticism [ˌperipəˈtetisizm] *s* 1. Aristotelova nauka, filozofija, naučavanje Aristotela i njegovih sljedbenika 2. hodanje, obilaženje od mjesta do mjesta
peripheral [pəˈrifərəl] *adj* (~**ly** *adv*) periferan, vanjski
peripheric [ˌperiˈferik] *adj* (~**ally** *adv*) → **peripheral**
periphery [pəˈrifəri] *s* 1. periferija, obod, opseg; rub, granica 2. vanjska strana
periphrasis [pəˈrifrəsis] *s* (*pl* **periphrases** [pəˈrifrəsiːz]) perifraza, prepričavanje, opisivanje; opis
periphrastic [ˌperiˈfræstik] *adj* (~**ally** *adv*) 1. perifrastičan, koji prepričava, opisan, pun opisa 2. *gram* perifrastičan (koji se tvori pomoćnim glagolom ili participom)
periscope [ˈperiskəup] *s* periskop
periscopic [periˈskɔpik] *adj* periskopski
perish [ˈperiʃ] *vi/t* **I.** *vi* ginuti, slabiti, venuti, nestajati, umirati (*with* od); poginuti, propasti, izumrijeti; prestati **II.** *vt* uništiti
perishable [ˈperiʃəbl] *adj* (**perishably** *adv*) 1. prolazan, kratkotrajan, trošan 2. pokvarljiv
perishables [ˈperiʃəblz] *s pl* lako pokvarljiva roba
perishing [ˈperiʃiŋ] *adj* (~**ly** *adv*) 1. prolazan, koji propada 2. koji uništava, smrtonosan 3. *sl* proklet, strašan
peristyle [ˈperistail] *s* *archit* peristil, predvorje sa stupovima, hodnik sa stupovima ili red stupova oko zgrade
peritoneum [ˌperitəˈniːəm] *s* *anat* potrbušnica
peritonitis [ˌperitəˈnaitis] *s* *med* upala potrbušnice
periwig [ˈperiwig] *s* vlasulja, perika
periwinkle[1] [ˈperiˌwiŋkl] *s* *bot* zimzelen
periwinkle[2] [ˈperiˌwiŋkl] *s* *zool* obalar, nanara, ugrc (*Litorina littorea*) (vrsta morskog puža)
perjure [ˈpəːdʒə] *v refl* krivo se kleti, zakleti, krivo prisizati
perjurer [ˈpəːdʒərə] *s* krivokletnik
perjury [ˈpəːdʒəri] *s* 1. kriva prisega, kriva zakletva 2. svjesno izrečena laž
perk [pəːk] *adj* 1. ohol, drzak, bezobrazan 2. lijep, kićen, ukrašen
perk [pəːk] *vi/t* **I.** *vi* 1. šepiriti se; *fig* dizati nos (*up*) 2. razmetati se, hvalisati se, busati se, drsko nastupati 3. razvedriti se, živnuti (*up*) **II.** *vt* 1. dotjerati, okititi, uresiti 2. dići (*up* uvis glavu), naćuliti (uši) 3. razvedriti, potaknuti, oživjeti
perk up [ˈpəːkˈʌp] *vi* oporaviti se; pribrati se; dotjerati se
perkiness [ˈpəːkinis] *s* 1. samosvijest, obijest, drskost, oholost 2. veselost, živahnost
perky [ˈpəːki] *adj* (**perkily** *adv*) 1. veseo, živahan, bodar, čio 2. ohol, drzak, bezobrazan
perm [pəːm] *s* trajno kovrčanje kose, trajna ondulacija
permanence [ˈpəːmənəns] *s* trajanje, stalnost, trajnost
permanency [ˈpəːmənənsi] *s* trajanje, stalnost, neprekidnost, stalno trajanje; sigurnost
permanent [ˈpəːmənənt] *adj* (~**ly** *adv*) permanentan, neprekidan, trajan, stalan | ~ **debt** fundiran dug, osiguran državni dug; ~ **wave** trajna ondulacija; *rly* ~ **way** željeznički nasip
permanent [ˈpəːmənənt] *s* *coll* trajna ondulacija
permeability [ˌpəːmjəˈbiliti] *s* probojnost, propusnost
permeable [ˈpəːmiəbl] *adj* (**permeably** *adv*) probojan, propustan (*to*)
permeant [ˈpəːmiənt] *adj* koji probija, prodire, ispunjava, natapa, prožima
permeate [ˈpəːmieit] *vt/i* **I.** *vt* probiti, prodrijeti (*lit* & *fig*); natopiti, prožeti **II.** *vi* natopiti se (*through*), raširiti se (*among*)
permeation [ˌpəːmiˈeiʃn] *s* probijanje, prodiranje, prožimanje, natapanje
permissible [pəˈmisəbl] *adj* (**permissibly** *adv*) dopustiv
permission [pəˈmiʃn] *s* dopuštenje, dozvola; pristanak | **by** ~ s dopuštenjem, dozvolom, privolom
permissive [pəˈmisiv] *adj* (~**ly** *adv*) 1. popustljiv, previše tolerantan 2. dopušten, dozvoljen, slobodan, dopustiv
permit [ˈpəːmit] *s* 1. dozvola, dopuštenje; propusnica 2. *com* izvozna dozvola (za robu i dr.)
permit [pəˈmit] *vt/i* **I.** *vt* 1. dopustiti, omogućiti, dozvoliti 2. podnositi, trpjeti, pristati na što **II.** *vi* dozvoliti sebi, biti slo-

bodan, moći | **weather ~ting** ako budu vremenske prilike dopuštale

permittee [pəmiˈtiː] *s* onaj koji ima propusnicu, dozvolu, onaj komu je dopušteno

permitter [pəˈmitə] *s* onaj koji daje dozvolu, propusnicu i dr.

permutable [pəˈmjuːtəbl] *adj* zamjenljiv, izmjenljiv, premjestiv

permutation [ˌpəːmjuːˈteiʃn] *s* 1. *math* permutacija, premještanje 2. zamjena, zamjenjivanje, promjena 3. *com* razmjena, trampa

permutation-lock [ˌpəːmjuːˈteiʃnlɔk] *s* brava koja se otvara pomoću sistema slova ili brojeva

permute [pəˈmjuːt] *vt* zamijeniti, zamjenjivati, premjestiti, premještati; *math* permutirati

pernicious [pəˈniʃəs] *adj* (**~ly** *adv*) vrlo škodljiv, štetan, opasan, poguban, smrtonosan, *med* perniciozan

pernickety [pəˈnikəti] *adj coll* 1. sitničav, pedantan, pretjerano uredan, točan 2. izbirljiv, komu je teško ugoditi; škakljiv (posao)

pernoctation [ˌpəːnɔkˈteiʃn] *s* bdjenje

perorate [ˈperəreit] *vi* 1. govoriti nadugačko i naširoko, opširno pričati, blagoglagoljiti 2. završiti, zaključiti govor

peroration [ˌperəˈreiʃn] *s* svečan (kićen) završetak govora; bombastičan govor

peroxide [pəˈrɔksaid] *s chem* superoksid

perpend [pəˈpend] *vt arch* razmišljati, misliti

perpendicular [ˌpəːpənˈdikjulə] *adj* (**~ly** *adv*) 1. okomit, vertikalan, perpendikularan 2. vrlo strm, (gotovo) okomit (za stijene)

perpendicular [ˌpəːpənˈdikjulə] *s* 1. okomica 2. ravnalo, kutomjer; visak 3. *sl* jelo, zakuska koju gosti pojedu stojećki 4. perpendikularni stil (kasna engleska gotika)

perpendicularity [ˈpəːpənˌdikjuˈlæriti] *s* okomitost, perpendikularnost

perpetrate [ˈpəːpitreit] *vt* učiniti, počiniti (zločin, grijeh i dr.) | **to ~ a joke** loše ispričati šalu

perpetration [ˌpəːpiˈtreiʃn] *s* čin, izvršenje (zločina i dr.)

perpetrator [ˈpəːpitreitə] *s* počinitelj, krivac, zločinac

perpetual [pəˈpetʃuəl] *adj* (**~ly** *adv*) 1. vječan, beskonačan 2. neprekidan, trajan 3. koji se neprekidno obnavlja, koji traje bez prestanka | **~ motion** perpetum mobile

perpetuance [pəˈpetʃuəns] *s* neprekidno trajanje, neprekidnost, neprestanost, produženje, produživanje, nastavljanje

perpetuate [pəˈpetʃueit] *vt* ovjekovječiti, spasiti od zaborava, učiniti besmrtnim

perpetuation [pəˌpetʃuˈeiʃn] *s* neprekidno trajanje, neprekidnost; ovjekovječivanje

perpetuity [ˌpəːpiˈtjuːiti] *s* vječnost, neprestano trajanje; *jur* neograničeno, doživotno posjedovanje, uživanje prihoda i dr., doživotna renta | **in ~, for ~, to ~** zauvijek, za cijeli život, za vječna vremena

perplex [pəˈpleks] *vt* zbuniti, smesti, smutiti, zakomplicirati, dovesti u nedoumicu

perplexed [pəˈplekst] *adj* (**~ly** [pəˈpleksidli] *adv*) 1. zbunjen, smeten, zapanjen, presenećen 2. zamršen, zapleten; *fig* složen, težak

perplexing [pəˈpleksiŋ] *adj* (**~ly** *adv*) 1. koji stvara smetenost, zbrku 2. zamršen, zapleten

perplexity [pəˈpleksiti] *s* 1. smetenost, zbunjenost, nedoumica 2. smetnja, teškoća, nevolja, neprilika

perquisite [ˈpəːkwizit] *s* dohodak, prihod, redovita nuzzarada, beneficija | **~s** *pl* sporedni dohoci, prihodi

perron [ˈperən] *s Fr archit* vanjske (obično ukrasne) stepenice, stubište koje vodi do glavnog ulaza zgrade; peron, platforma, rampa

perry [ˈperi] *s* kruškovača

perse [pəːs] *adj arch* sivkastoplav

persecute [ˈpəːsikjuːt] *vt* 1. progoniti 2. dosađivati, mučiti, kinjiti, dodijavati, ne davati mira, salijetati

persecution [ˌpəːsiˈkjuːʃn] *s* 1. proganjanje 2. mučenje, dosađivanje, uznemirivanje

persecutor [ˈpəːsikjuːtə] *s* progonitelj, mučitelj

perseverance [ˌpəːsiˈviərəns] *s* 1. ustrajnost, postojanost, stalnost 2. *eccl* čvrstoća i stalnost u vjeri i vrlini

perseverant [ˌpəːsiˈviərənt] *adj* ustrajan, postojan, stalan, marljiv, vrijedan

perseverate [pəːˈsevəreit] *vi psych* spontano se neprestano vraćati, ponavljati

persevere [ˌpəːsiˈviə] *vi* ustrajati, istrajati, ne odustajati

persevering [ˌpəːsiˈviəriŋ] *adj* (**~ly** *adv*) ustrajan, postojan, stalan, izdržljiv, koji se tvrdo drži čega

Persian [ˈpəːʃən] *adj* perzijski | **~ blind** žaluzija

Persian [ˈpəːʃən] *s* 1. Perzijanac, Perzijanka 2. perzijski jezik 3. perzijski sag

persiflage [ˌpeəsiˈflaːʒ] *s Fr* podrugivanje, duhovito ruganje, ismijavanje, persiflaža

persimmon [pəːˈsimən] *s bot* dragun, lotos-drvo (*Diospyros*)

persist [pəˈsist] *vi* 1. ustrajati (*in* u čemu), ostati pri čemu, ne popuštati, biti uporan 2. nastaviti, dalje trajati

persistence [pəˈsistəns] *s* 1. postojanost, stalnost, ustrajnost, izdržljivost, upornost, tvrdoglavost 2. dalje trajanje, postojanje

persistency [pəˈsistənsi] *s* 1. ustrajnost, postojanost, izdržljivost 2. upornost, tvrdoglavost, tvrdokornost

persistent [pə'sistənt] *adj* (**~ly** *adv*) 1. ustrajan, postojan, stalan, trajan, izdržljiv 2. tvrdoglav, tvrdokoran, uporan 3. koji se ne mijenja
persisting [pə'sistiŋ] *adj* (**~ly** *adv*) → **persistent**
person ['pəːsn] *s* 1. osoba, lice, čovjek, čeljade, živa duša; ličnost; netko; *derog* persona 2. izgled, vanjština 3. *gram* lice 4. *jur* pravno lice, osoba 5. *theat* lice, uloga | **in ~** osobno, lično, sam glavom; **he has a fine ~** on je lijep; **you are the very ~ I want** baš vas trebam
persona [pəː'səunə] *s* (*pl* **personae** [pəː'səuniː]) osoba, lice, ličnost, persona
personable ['pəːsnəbl] *adj* 1. privlačan, ugodne vanjštine, naočit 2. *jur* pravno sposoban
personage ['pəːsnidʒ] *s* 1. ličnost, ugledna osoba, odličnik 2. lice u drami, romanu i sl. 3. pojava, vanjština
personal ['pəːsnl] *adj* (**~ly** ['pəːsnəli] *adv*) 1. osobni, lični, vlastit; ljudski, međuljudski; tjelesni 2. koji je samo za jednu osobu 3. *jur* privatan; pokretan (imovina) 4. *gram* lični 5. *fig* ličan (npr. primjedba o ličnosti sugovornikovoj, a ne o predmetu o kojem se raspravlja) | **~ favour** lična usluga; **~ effects** pokretna imovina
personal ['pəːsnl] *s US* lična vijest, vijest o lokalnoj ličnosti ili lokalnim ličnostima
personality [ˌpəːsə'næliti] *s* 1. osobnost, ličnost, identitet 2. lično obilježje 3. osoba, lice 4. *pl* uvredljive riječi, vrijeđanje, lična uvreda 5. *jur* osobna svojina, imovina, pokretna imovina
personalization [ˌpəːsənəlai'zeiʃn] *s* utjelovljivanje, personificiranje
personalize ['pəːsnəlaiz] *vt* utjeloviti; shvaćati osobno, personificirati
personalty ['pəːsnəlti] *s* pokretna imovina
personate ['pəːsəneit] *vt/i* **I.** *vt* 1. *theat* predstavljati, igrati, prikazivati 2. lažno predstavljati (koga), lažno se izdavati (za) 3. personificirati **II.** *vi theat* predstavljati, glumiti, oponašati
personation [ˌpəːsə'neiʃn] *s* 1. (lažno) izdavanje, predstavljanje i personifikacija 2. *theat* predstavljanje, igranje (uloge)
personator ['pəːsəneitə] *s* 1. onaj koji se lažno predstavlja, koji se lažno izdaje za koga ili što 2. glumac, predstavljač
personification [pəːˌsɔnifi'keiʃn] *s* utjelovljenje, personifikacija
personify [pəː'sɔnifai] *vt* predstavljati, utjeloviti, personificirati
personnel [ˌpəːsə'nel] *s* 1. osoblje, personal 2. *pl mil* ljudstvo, trupe 3. personalni odsjek, personalni odjel 4. *pl mar* posada
personnel [ˌpəːsə'nel] *adj* personalni (koji se odnosi na osoblje)
perspective [pə'spektiv] *s* 1. perspektiva; slika, crtež u perspektivi 2. *fig* gledanje, promatranje stvari, događaja u njihovu pravom odnosu 3. pogled u daljinu, vidik, izgled 4. *fig* izgledi za budućnost
perspective [pə'spektiv] *adj* (**~ly** *adv*) perspektivan, u perspektivi
perspicacious [ˌpəːspi'keiʃəs] *adj* (**~ly** *adv*) oštrouman, pronicav
perspicacity [ˌpəːspi'kæsiti] *s* oštroumnost, bistrina, pronicavost
perspicuity [ˌpəːspi'kjuiti] *s* jasnost, jasnoća, bistrina; shvatljivost, razumljivost
perspicuous [pə'spikjuəs] *adj* (**~ly** *adv*) jasan, lako razumljiv, shvatljiv
perspirable [pəs'paiərəbl] *adj* koji se može isparivati, znojiti; propustljiv
perspiration [ˌpəːspə'reiʃn] *s* znojenje, isparivanje; znoj
perspiratory [pəs'paiərətəri] *adj* koji se odnosi na znojenje, isparivanje, znojni, koji pospješuje ili prouzrokuje znojenje
perspire [pəs'paiə] *vi/t* **I.** *vi* znojiti se, isparivati se, hlapiti **II.** *vt* uznojiti
persuadable [pə'sweidəbl] *adj* koji se može nagovoriti, uvjeriti, navesti, sklonuti na što
persuade [pə'sweid] *vt* 1. uvjeriti, osvjedočiti 2. nagovoriti, navesti, sklonuti
persuader [pə'sweidə] *s* 1. nagovarač 2. *sl* prinudno sredstvo | **~s** *pl* ostruge
persuasibility [pəˌsweizi'biliti] *s* sklonost čovjeka da se dade nagovoriti, povodljivost
persuasible [pə'sweizəbl] *adj* koji se dade nagovoriti, uvjeriti, povodljiv
persuasion [pə'sweiʒn] *s* 1. nagovaranje, uvjeravanje 2. uvjerenje, osvjedočenje, vjera, vjeroispovijest, mišljenje 3. *coll* vrsta, sorta, spol
persuasive [pə'sweisiv] *adj* (**~ly** *adv*) uvjerljiv
persuasive [pə'sweisiv] *s* sredstvo kojim se uvjerava, nagovara
persuasiveness [pə'sweisivnis] *s* uvjerljivost; sposobnost uvjeravanja, nagovaranja
pert [pəːt] *adj* (**~ly** *adv*) 1. drzak, smion, bezobrazan, izazovan 2. elegantan
pertain [pəː'tein] *vi* 1. pripadati (*to*), odnositi se (*to* na)
pertinacious [ˌpəːti'neiʃəs] *adj* (**~ly** *adv*) tvrdoglav, uporan, ustrajan, tvrdokoran
pertinacity [ˌpəːti'næsiti] *s* upornost, tvrdokornost, ustrajnost, tvrdoglavost
pertinence ['pəːtinəns] *s* primjerenost, prikladnost, doličnost, valjanost (za što)
pertinency ['pəːtinənsi] *s* → **pertinence**
pertinent ['pəːtinənt] *adj* (**~ly** *adv*) pertinentan, relevantan, umjestan, ispravan, koji pripada, koji se odnosi na
pertinents ['pəːtinənts] *s pl* pripadni dijelovi, ono što čemu pripada; pribor

pertness ['pəːtnis] *s* drskost, smionost, bezobraznost, preuzetnost, naduvenost
perturb [pə'təːb] *vt* 1. smetati, poremetiti, narušiti 2. buniti, zbuniti, uznemiriti, uzbuditi
perturbable [pə'təːbəbl] *adj* koji se može poremetiti, narušiti, uznemiren, uzrujan
perturbation [ˌpəːtə'beiʃn] *s* narušavanje reda, poretka, bunjenje, nemir, nered, zbrka, smetnja, perturbacija
perturbative [pə'təːbətiv] *adj* koji izaziva nered, zbrku, zabunu, koji uznemiruje, koji je na smetnju
pertussis [pə'tʌsis] *s med* hripavac
peruke [pə'ruːk] *s Fr* perika (duga nakovrčana)
perusal [pə'ruːzəl] *s* točan pregled, pomno čitanje, ispitivanje | **for ~ and return** na uvid i povrat
peruse [pə'ruːz] *vt* pažljivo pročitati, pregledati, ispitati, istražiti
Peruvian [pə'ruːvjən] *adj* peruanski
pervade [pəː'veid] *vt* 1. probiti, prodrijeti, prožeti (*lit & fig*) 2. napuniti, ispuniti
pervasion [pə'veiʒn] *s* prodiranje, prožimanje, širenje
pervasive [pə'veisiv] *adj* (**~ly** *adv*) koji prodire, ispunjava, prožima, koji se širi
perverse [pə'vəːs] *adj* (**~ly** *adv*) 1. pokvaren, izopačen, opak, zao, perverzan, nastran, iskrenut, protuprirodan, čudan (za ljude) 2. iskrivljen, kriv, lažan, iznakažen (za stvari)
perverseness [pə'vəːsnis] *s* izopačenost, nastranost, opačina, perverznost
perversion [pə'vəːʃn] *s* izopačivanje, iskrivljavanje (istine i dr.), izopačenost, perverzija
perversity [pə'vəːsiti] *s* → **perversion**
perversive [pə'vəːsiv] *adj* koji (što) izopačuje, kvari, izvraća, izopačen
pervert [pə'vəːt] *vt* kvariti, izopačivati, iskriviti, izopačiti, zavesti, zloupotrijebiti
pervert ['pəːvəːt] *s* pervertit, spolno nastran čovjek; zavedeno lice; *eccl* otpadnik
pervious ['pəːvjəs] *adj* (**~ly** *adv*) prohodan, prolazan, otvoren, pristupačan, propustan
pesky ['peski] *adj* (**peskily** *adv*) *US sl* nesnosan, odvratan, neugodan, mučan
pessary ['pesəri] *s med* pesar (za kontracepciju ili podržavanje maternice)
pessimism ['pesimizm] *s* pesimizam
pessimist ['pesimist] *s* pesimist
pessimistic [ˌpesi'mistik] *adj* (**~ally** *adv*) pesimistički, pesimističan, mračan, sumoran, beznadan
pest [pest] *s* 1. kuga, pomor, pošast 2. zlo, nevolja, bijeda, napast; gamad, štetočine
pester ['pestə] *vt* dosađivati, dodijavati, uznemirivati, salijetati, mučiti
pestering ['pestəriŋ] *adj* (**~ly** *adv*) koji dosađuje, dodijava, uznemiruje, muči
pest-house ['pesthaus] *s* bolnica za kužne bolesti
pesticide ['pestisaid] *s* sredstvo za uništenje štetočina, pesticid
pestiferous [pes'tifərəs] *adj* (**~ly** *adv*) 1. zarazan, kužan, priljepčiv 2. poguban, škodljiv, opasan
pestilence ['pestiləns] *s* kuga, pošast, epidemija; *fig* otrov
pestilent ['pestilənt] *adj* (**~ly** *adv*) 1. kužan, zarazan, priljepčiv 2. poguban, pogibeljan, otrovan, škodljiv 3. *coll* dosadan, nesnosan
pestilential [ˌpesti'lenʃl] *adj* (**~ly** *adv*) 1. zarazan, kužan, priljepčiv 2. poguban, opasan, škodljiv 3. *coll* proklet, odvratan, dosadan
pestle ['pestl] *s* tučak (u mužaru), batić, miješalica
pestle ['pestl] *vt/i* tući, tucati, stući, smrviti, zdrobiti, usitniti
pet[1] [pet] *s* ljubimac (životinja); razmaženo dijete, maza, miljenče | **~ name** ime od milja; **his ~ subject** njegov omiljen predmet; **horror films are her ~ aversion** filmovi strave osobito su joj mrski
pet [pet] *vt* maziti, razmaziti, tetošiti, nježno postupati s kim
pet[2] [pet] *s* srdžba, zlovolja, jed, ljutnja | **to take the ~** ljutiti se, srditi se; duriti se, pućiti se
petal ['petl] *s bot* latica
petaline ['petəlain] *adj* koji se odnosi na laticu, poput latice
petard [pe'taːd] *s* 1. vrsta praskalice, žabica 2. *hist mil* petarda (vrsta bombe za razaranje) | **to hoist with his own ~** potući (koga) njegovim vlastitim oružjem
Peter ['piːtə] *s* Petar | **to rob ~ to pay Paul** platiti dug novim dugom; *eccl* **~'s penny** Petrov novčić (godišnji porez koji se plaćao papinskoj blagajni); *ichth* **blue ~** Petrova riba; *US* **~ boat** prijevozni, ribarski čamac; *mar* **Blue ~** modra zastavica s bijelom četvorinom u sredini koju brod ističe neposredno prije isplovljenja
peter ['piːtə] *vi sl* presušiti, presahnuti (*out*), pomalo prestati, iscrpsti se, rasplinuti se
petersham ['piːtəʃəm] *s* 1. kaput, ogrtač od debela sukna 2. debela, vunena tkanina 3. svilena traka, vrpca (od ripsa)
petiole ['petiəul] *s bot* peteljka; *zool* trbušni držak
petite [pə'tiːt] *adj* malena i lijepo građena (žena) | **~ bourgeoisie** malograđanska klasa, sitna buržoazija
petition [pi'tiʃn] *s* molba, zahtjev, peticija | **to file one's ~ in bankruptcy** najaviti stečaj; **to grant a ~** uslišati molbu

petition [pi'tiʃn] *vt/i* **I.** *vt* uputiti, napisati, predati molbu, moliti, zamoliti, tražiti, zahtijevati **II.** *vi* moliti, umoljavati
petitionary [pi'tiʃnəri] *adj* molben, koji moli, traži, koji se odnosi na molbu, zahtjev
petitioner [pi'tiʃnə] *s* molitelj
pet-name ['petneim] *s* nadimak, ime od milja
pet nap(p)ing ['pet,næpiŋ] *s* krađa pasa radi prodaje laboratorijima za eksperimente
petrel ['petrəl] *s* *ornith* zovoj, burnica (morska ptica); *fig* nemiran duh
petrifaction [,petri'fækʃən] *s* pretvaranje u kamen, okamenjenje; *fig* skamenjenost, zaprepaštenost | **~s** *pl* okamenine, fosili
petrify ['petrifai] *vt/i* **I.** *vt* pretvarati u kamen, okameniti; *fig* skameniti, ukočiti **II.** *vi* pretvoriti se u kamen; *fig* okameniti se, ukočiti se
petrol ['petrəl] *s* *GB* benzin
petrol ['petrəl] *vt* opskrbiti benzinom
petroleum [pi'trəuljəm] *s* *chem* nafta
petrol-station ['petrəl,steiʃn] *s* benzinska stanica
pet-shop ['petʃɔp] *s* prodavaonica kućnih životinja, ptica, ribica itd.
petticoat ['petikəut] *s* podsuknja | **~s** *pl* dječje haljine; **the ~** žena, žensko čeljade; **I have known him since he was in ~s** znam ga još od malih nogu, poznajem ga još iz djetinjstva
pettifog ['petifɔg] *vi* služiti se smicalicama, upotrebljavati varku, lukavstvo, izvrtati; baviti se sumnjivim odvjetničkim poslovima; cjepidlačariti
pettifogger ['petifɔgə] *s* nadriodvjetnik, čovjek koji se služi smicalicama, sumnjivim sredstvima da dođe do cilja; cjepidlaka; smutljivac
pettifoggery ['petifɔgəri] *s* podvaljivanje, izvrtanje zakona, nadriodvjetništvo; cjepidlačarenje
pettifogging ['petifɔgiŋ] *adj* koji se bavi izvrtanjem zakona, koji se služi smicalicama; sitničav, sitan; smutljiv
pettiness ['petinis] *s* malenkost, sićušnost, neznatnost, sitnica; sitničavost
petting ['petiŋ] *s* *coll* ljubakanje
pettish ['petiʃ] *adj* (**~ly** *adv*) zlovoljan, hirovit, mrzovoljan
pettitoes ['petitəuz] *s pl* *cul* svinjske noge; *joc* noge (osobito u djeteta)
petty ['peti] *adj* (**pettily** *adv*) 1. malen, sitan, neznatan, nevažan, beznačajan, bezvrijedan 2. niži, podređen 3. nizak, vrijedan prezira; sitničav, škrt | **~ bourgeois** malograđanin; **~ cash** priručna blagajna; **~ jury** mala porota; **~ larceny** sitna krađa; **~ officer** *mar* podoficir; **~ sessions** malo, redovito zasjedanje suda; *mar* **~ average** mala havarija
petulance ['petjuləns] *s* 1. nestašnost, neobuzdanost, živahnost, obijest, drskost 2. raspuštenost, bezobraznost 3. razdraženost, hirovitost, mrzovolja
petulant ['petjulənt] *adj* (**~ly** *adv*) 1. nestašan, neobuzdan, drzak, obijestan 2. raspušten, bezobrazan 3. razdražljiv, nestrpljiv, hirovit
petunia [pi'tju:njə] *s* *bot* petunija
pew [pju:] *s* klupa, sjedalo u crkvi
pewage ['pju:idʒ] *s* iznos koji se plaća za sjedalo u crkvi
pew-holder ['pju:,həuldə] *s* osoba koja ima svoje sjedalo u crkvi
pewit (peewit) ['pi:wit] *s* *ornith* vivak; zov vivka | **~ gull** crnoglav galeb
pew-rent ['pju:rent] *s* novac koji se plaća za mjesto, sjedalo u crkvi
pewter ['pju:tə] *s* 1. engleski tvrdi kositar 2. posuđe od kositra 3. *GB sl* nagrada (u novcu); nagradni pehar
phagocyte ['fægəsait] *s* | *physiol* **~s** *pl* fagociti (bijela krvna zrnca koja uništavaju uzročnike bolesti u krvi)
phalange ['fælændʒ] *s* → **phalanx**
phalanx ['fælæŋks] *s* (*pl* **~es, phalanges** [fæ'lændʒi:z]) 1. *hist* bojni red teško oružane pješadije, falanga 2. četa u zbijenim redovima; *fig* bojni red 3. idealna socijalistička radna zajednica 4. *anat* članak prsta
phallic ['fælik] *adj* koji se odnosi na penis, koji se odnosi na obožavanje penisa kao simbola plodnosti, generativne snage u prirodi
phallus ['fæləs] *s* (*pl* **~es, phalli** ['fælai]) lik penisa kao simbola plodnosti
phanerogam ['fænərəugæm] *s* *bot* fanerogama (javnocvjetka, tj. papratnjače i cvjetnjače)
phanerogamic [,fænərəu'gæmik] *adj* (**~ally** *adv*) *bot* koji se odnosi na fanerogame
phantasm ['fæntæzm] *s* utvara, sablast, priviđenje, fantom; tlapnja, uobraženje, optička varka
phantasmagoria [,fæntæzmə'gɔriə] *s* opsjena, vještina opsjenjivanja; prikazivanje fantastičnih, čudnovatih slika pomoću optičkih varki u mračnoj sobi; fantazmagorija, neobične slike koje čovjek vidi bolesnom uobraziljom; brzo izmjenjivanje slika, okoline, prizora
phantasmagoric [,fæntæzmə'gɔrik] *adj* (**~ally** *adv*) opsjenarski, lažan, varav, fantazmagoričan
phantasmal [fæn'tæzməl] *adj* (**~ly** *adv*) nezbiljski, uobražen, umišljen, lažan, koji opsjenjuje, varav, sablastan, prividan
phantasy ['fæntəsi] *s* → **fantasy**
phantom ['fæntəm] *s* prikaza, sablast, duh, avet, utvara, fantom; iluzija, privid
pharaoh ['fɛərəu] *s* faraon
pharaonic [,fɛərə'ɔnik] *adj* faraonski

pharisaic [ˌfæriˈseiik] *adj* (**~ally** *adv*) licemjeran, farizejski
pharisaism [ˈfæriseiizm] *s* licemjerje, farizejstvo
pharisee [ˈfærisiː] *s* licemjer, farizej
pharmaceutical [ˌfaːməˈsjuːtikl] *adj* (**~ly** *adv*) ljekarnički, farmaceutski | **~ chemist** ljekarnik, apotekar
pharmaceutics [ˌfaːməˈsjuːtiks] *s* ljekarništvo, farmacija
pharmaceutist [ˌfaːməˈsjuːtist] *s* ljekarnik, apotekar
pharmacist [ˈfaːməsist] *s* ljekarnik, apotekar
pharmacognosy [ˌfaːməˈkɔgnəsi] *s* farmakognozija
pharmacologist [ˌfaːməˈkɔlədʒist] *s* farmakolog
pharmacology [ˌfaːməˈkɔlədʒi] *s* farmakologija
pharmacopoeia [ˌfaːməkəˈpiːə] *s* farmakopeja, popis lijekova
pharmacopoeial [ˌfaːməkəˈpiːəl] *adj* koji se odnosi na farmakopeju
pharmacy [ˈfaːməsi] *s* 1. ljekarništvo, farmacija 2. ljekarna, apoteka
pharos [ˈfɛərɔs] *s* svjetionik
pharyngal [fəˈriŋgəl] *adj* ždrijelni
pharyngeal [ˌfærinˈdʒiːəl] *adj* → **pharyngal**
pharyngitis [ˌfærinˈdʒaitis] *s med* katar ždrijela, faringitis
pharynx [ˈfæriŋks] *s anat* ždrijelo
phase [feiz] *s* 1. *astr* faza, mijena 2. promjena, stupanj razvoja, promjena oblika ili stanja | **to enter upon its last ~** dospjeti u posljednju fazu; **the ~s of the moon** Mjesečeve mijene
phase [feiz] *vt* provesti u fazama | **to ~ out** postupno ukinuti
phasic [ˈfeizik] *adj* fazni, koji se odnosi na mijenu, promjenu, fazu, izmjenični
phasis [ˈfeisis] *s* (*pl* **phases** [ˈfeisiːz]) → **phase**
pheasant [ˈfeznt] *s zool* gnjeteo, fazan
phenomenal [fiˈnɔminl] *adj* (**~ly** *adv*) 1. *phil* vanjski, pojavni, koji se može spoznati osjetilima 2. *coll* izvanredan, jedinstven, sjajan, fenomenalan
phenomenalism [fiˈnɔminəlizm] *s* fenomenalizam (subjektivnoidealistički smjer u filozofiji)
phenomenon [fiˈnɔminən] *s* (*pl* **phenomena** [fiˈnɔminə]) 1. fenomen, pojava; prirodna pojava 2. neobična, rijetka pojava, čudo, rijetkost 3. *phil* fenomen, predmet percepcije, opažanja | **infant ~** čudo od djeteta
phi [fai] *s* grčko slovo
phial [ˈfaiəl] *s* staklena bočica, fijola, cjevčica
Phi Beta Kappa [ˈfaiˈbeitəˈkæpə] *s US* udruženje najboljih studenata; član tog udruženja
philander [fiˈlændə] *vi* ljubakati
philanderer [fiˈlændərə] *s* ženskar
philanthrope [ˈfilənθrəup] *s* čovjekoljubac, dobrotvor, filantrop
philanthropic [ˌfilənˈθrɔpik] *adj* (**~ally** *adv*) čovjekoljubiv, dobrotvoran, filantropski
philanthropist [fiˈlænθrəpist] *s* → **philanthrope**
philanthropy [fiˈlænθrəpi] *s* čovjekoljublje, filantropija, dobrotvornost
philatelic [ˌfiləˈtelik] *adj* koji se odnosi na sabiranje maraka, filatelistički
philatelist [fiˈlætəlist] *s* filatelist
philately [fiˈlætəli] *s* filatelija
philharmonic [ˌfilaːˈmɔnik] *adj* filharmonijski; koji voli glazbu
philharmonic [ˌfilaːˈmɔnik] *s* filharmonijsko društvo, društvo koje financira simfonijski orkestar; *coll* filharmonijski orkestar, filharmonijski koncert
philhellene [ˈfilheliːn] *s* helenofil
philhellenic [ˌfilheˈliːnik] *adj* prijateljski raspoložen prema Grcima
philippic [fiˈlipik] *s* filipika
philistine [ˈfilistain] *s* filistar; uskogrudan čovjek; *joc* malograđanin | **to fall among ~s** dopasti šaka (kome)
philistine [ˈfilistain] *adj* filistarski; ograničen, licemjeran, malograđanski
philistinism [ˈfilistinizm] *s* filistarstvo, uskogrudnost, malograđanština; neobrazovanost
philological [ˌfiləˈlɔdʒikl] *adj* (**~ly** *adv*) filološki, koji se odnosi na filologiju
philologist [fiˈlɔlədʒist] *s* filolog
philologize [fiˈlɔlədʒaiz] *vi* baviti se filologijom, proučavati jezik
philology [fiˈlɔlədʒi] *s* filologija
philosopher [fiˈlɔsəfə] *s* filozof, mislilac, mudrac | **natural ~** prirodoslovac
philosophic [ˌfiləˈsɔfik] *adj* (**~ally** *adv*) 1. filozofski, koji se odnosi na filozofiju i filozofe 2. mudar, razuman, razborit, miran, ravnodušan
philosophism [fiˈlɔsəfizm] *s* lažna filozofija, sofizam
philosophist [fiˈlɔsəfist] *s* sofist
philosophize [fiˈlɔsəfaiz] *vi/t* **I.** *vi* umovati, mudrovati, filozofirati, baviti se filozofijom, razmišljati o filozofskim pitanjima **II.** *vt* razmišljati, raspravljati o čemu, filozofski razmatrati
philosophy [fiˈlɔsəfi] *s* filozofija; gledanje na život, uravnoteženost, duševni mir | **natural ~** prirodoslovlje, prirodna znanost (naročito fizika)
philtre (**philter**) [ˈfiltə] *s* ljubavni, čarobni napitak
phimosis [faiˈməusis] *s med* fimoza
phiz [fiz] *s sl* lice, fizionomija, izraz; faca, njuška
phlebitis [fliˈbaitis] *s med* flebitis, upala vene

phlebotomy [fli'bɔtəmi] *s med* puštanje krvi
phlegm [flem] *s* 1. *med* sluz 2. hladnokrvnost, ravnodušnost, flegma, tromost, tupost
phlegmatic [fleg'mætik] *adj* (**~ally** *adv*) 1. pun sluzi, sluzav 2. hladnokrvan, ravnodušan, miran, flegmatičan; trom, tup
phlegmy ['flemi] *adj* 1. pun sluzi, sluzav (od kašlja) 2. flegmatičan
phlox [flɔks] *s bot* floks, plamenac
phobia ['fəubiə] *s* fobija
Phoebus ['fi:bəs] *s* Febus, grčki bog sunca, *poet* sunce
Phoenician [fi'niʃiən] *s* Feničanin, Feničanka; fenički jezik
Phoenician [fi'niʃiən] *adj* fenički
phoenix (phenix) ['fi:niks] *s myth* feniks, mitološka ptica
phonate [fəu'neit] *vi* izgovarati glasove, izgovarati glas po glas
phonation [fəu'neiʃn] *s* izgovaranje glasova
phonatory ['fəunətəri] *adj* koji se izgovara, koji može izgovarati glasove
phonautograph [fəu'nɔ:təgra:f] *s* fonatograf, aparat za bilježenje glasova
phone[1] [fəun] *s coll* telefon | **to be on the ~** imati vezu, govoriti s kim preko telefona
phone [fəun] *vi/t* **I.** *vi* telefonirati, govoriti telefonski **II.** *vt* nazvati koga telefonom
phone up ['fəun'ʌp] *vt* nazvati koga telefonski
phone[2] [fəun] *s phon* glas, zvuk (suglasnik ili samoglasnik)
phoneme ['fəuni:m] *s phon* fonem
phonemic [fəu'ni:mik] *adj phon* fonemski
phonetic [fəu'netik] *adj* (**~ally** *adv*) fonetski, koji se odnosi na glas, koji se odnosi na fonetiku
phonetician [ˌfəuni'tiʃn] *s* fonetičar, onaj koji se bavi fonetikom
phoneticism [fəu'netisizm] *s* fonetsko predočivanje glasova
phoneticist [fəu'netisist] *s* fonetičar
phoneticize [fəu'netisaiz] *vt* predočiti fonetskim simbolima
phonetics [fəu'netiks] *s pl* (*sg constr*) fonetika, nauka o glasovima
phonetist ['fəunitist] *s* fonetičar, onaj koji zastupa fonetski pravopis
phoney (phony) ['fəuni] *adj* lažan, krivotvoren, patvoren, kriv, tobožnji, neprav
phonic ['fəunik] *adj* (**~ally** *adv*) glasovan, akustičan, koji se odnosi na glasove govora
phonics ['fəuniks] *s pl* (*sg constr*) fonetika, nauka o glasovima
phonogram ['fəunəgræm] *s phon* fonogram, simbol kojim se predstavljaju glasovi govora
phonograph ['fəunəgra:f] *s US* gramofon; fonograf
phonograph ['fəunəgra:f] *vt* bilježiti glasove fonografom
phonographer [fəu'nɔgrəfə] *s arch* stenograf
phonographic [ˌfəunə'græfik] *adj* (**~ally** *adv*) fonografski, koji se odnosi na glasove predstavljene fonografski; *US* gramofonski
phonographist [fəu'nɔgrəfist] *s arch* stenograf
phonography [fəu'nɔgrəfi] *s* fonografija, Pitmanov sistem stenografije
phonological [ˌfəunə'lɔdʒikl] *adj* (**~ly** *adv*) fonološki
phonology [fəu'nɔlədʒi] *s* fonologija
phonotype ['fəunətaip] *s print* fonetsko tiskarsko, štamparsko slovo, znak
phony ['fəuni] *adj coll* lažan
phony ['fəuni] *s coll* osoba koja se izdaje za ono što nije, folirant
phooey [fu:i] *excl* fuj!
phosgene ['fɔzdʒi:n] *s chem* fosgen
phosphate ['fɔsfeit]] *s chem* fosfat
phosphatic [fɔs'fætik] *adj chem* fosfatni
phosphene ['fɔsfi:n] *s* fosfen, svjetlac
phosphite ['fɔsfait] *s chem* fosfit
phosphorate ['fɔsfəreit] *vt* vezati s fosforom, natopiti fosforom
phosphoresce [ˌfɔsfə'res] *vi* fosforescirati, svijetliti u mraku
phosphorescence [ˌfɔsfə'resəns] *s* fosforescencija, sposobnost svijetljenja u mraku (npr. riba, kukac i dr.)
phosphorescent [ˌfɔsfə'resənt] *adj* koji fosforescira, svijetli u mraku, fosforescentan
phosphoric [fɔs'fɔrik] *adj chem* fosforan, koji sadrži fosfor, bogat fosforom
phosphorous ['fɔsfərəs] *adj chem* fosforast, koji ima fosfora
phosphorus ['fɔsfərəs] *s chem* fosfor
phossy ['fɔsi] *s med fam* upala čeljusti (uzrokovana radom s fosforom)
phossy-jaw ['fɔsidʒɔ:] *s med fam* upala čeljusti (nastaje kod radnika koji rade s fosforom)
photo ['fəutəu] *s* fotografija, snimak
photo ['fəutəu] *vt/i* **I.** *vt* fotografirati, snimati **II.** *vi* fotografirati se, snimati se
photochrome ['fəutəkrəum] *s* fotografija, snimak u boji
photoelectric cell [ˌfəutəui'lektrik'sel] *s* foto-ćelija
photogenic [ˌfəutə'dʒenik] *adj* fotogeničan
photograph ['fəutəgra:f] *s* fotografija, snimak | **to take a ~** fotografirati
photograph ['fəutəgra:f] *vt/i* **I.** *vt* fotografirati, snimati **II.** *vi* fotografirati se, snimati se | **I do not ~ well** ne ispadam dobro na fotografiji
photographer [fə'tɔgrəfə] *s* fotograf
photographic [ˌfəutə'græfik] *adj* (**~ally** *adv*) fotografski, poput fotografije, kao fotografija

photography [fə'tɔgrəfi] *s* fotografiranje, snimanje; fotografija (kao zanimanje)
photogravure [ˌfəutəgrə'vjuə] *s* reproduciranje, reprodukcija bakroreza putem fotografije, foto-gravira
photogravure [ˌfəutəgrə'vjuə] *vt* reproducirati bakrorez putem fotografije, foto-gravirati
photometer [fəu'tɔmitə] *s* fotometar, svjetlomjer
photometry [fəu'tɔmətri] *s* fotometrija
photomontage ['fəutəmɔn'taːʒ] *s* foto-montaža
photon ['fəutɔn] *s phys* foton
photoperiod [ˌfəutə'piəriəd] *s biol* foto-period
photophobia [ˌfəutə'fəubiə] *s* foto-fobija
photo-play ['fəutəplei] *s US coll* film
photoreceptor [ˌfəutəri'septə] *s physiol* foto-receptor
photoreconnaisance [ˌfəutəri'kɔnisəns] *s mil* foto-izviđanje, aerofoto-izviđanje
photosensitive [ˌfəutə'sensitiv] *adj* fotosenzitivan
photosphere ['fəutəusfiə] *s* fotosfera, vanjski plašt Sunca od kojega izravno dobivamo Sunčevu svjetlost
photostat ['fəutəustæt] *s* fotostat (vrsta fotografskog aparata za snimanje dokumenata i dr.)
phototype ['fəutətaip] *s print* fototipija, fototip, klišej
phototype ['fəutətaip] *vt* fotografski umnožiti
phrase [freiz] *s* 1. rečenica, izraz; izreka; idiomatski izraz, način izražavanja, stil 2. *pl* fraze, prazne, šuplje riječi 3. *mus* muzička misao, fraza
phrase [freiz] *vt* izraziti, opisati; nazvati | **as he ~d it** kako je on to nazvao
phrase-book ['freizbuk] *s* zbirka fraza, izraza
phrase-monger ['freizˌmʌŋgə] *s* frazer, onaj koji se služi blistavim izrazima bez dubljeg sadržaja
phraseogram ['freiziəgræm] *s* znak, simbol za rečenicu, frazu (npr. u stenografiji)
phraseological [ˌfreiziə'lɔdʒikl] *adj* (**~ly** *adv*) koji se odnosi na frazeologiju; karakterističan za neki jezik, stil, frazeološki
phraseology [ˌfreizi'ɔlədʒi] *s* frazeologija, način izražavanja karakterističan za neki jezik, stil i dr.
phrasing ['freiziŋ] *s* stil, način pisanja
phrenetic [fri'netik] *adj* (**~ally** *adv*) bijesan, mahnit, lud; frenetički, zaglušan, lud od oduševljenja, buran, urnebesan
phrenic ['frenik] *adj anat* frenički, koji se odnosi na dijafragmu, ošit
phrenological [ˌfrenə'lɔdʒikl] *adj* (**~ly** *adv*) frenološki, koji se odnosi na frenologiju, na istraživanje lubanje
phrenologist [fri'nɔlədʒist] *s* frenolog, onaj koji se bavi frenologijom
phrenology [fri'nɔlədʒi] *s* frenologija (nauka koja po obliku lubanje zaključuje o duševnim osobinama čovjeka)
Phrygian ['fridʒiən] *adj* frigijski | **~ cap** frigijska kapa, simbol slobode
phthisical ['θaisikl] *adj* (**~ly** *adv*) sušičav, tuberkulozan
phthisis ['θaisis] *s med* sušica, tuberkuloza pluća
phut [fʌt] *s* puk, bum (zvuk koji nastane kad pukne mjehur i dr.)
phut [fʌt] *adv* | **to go ~** raspasti se, puknuti, propasti, ne uspjeti
phylactery [fi'læktəri] *s* amulet, amajlija, zapis, talisman koji čuva od uroka, zla, bolesti, nesreće; *eccl* molitveno remenje Židova; kutijica s relikvijama u prvih kršćana; poštovanje vjerskih obreda
phylloxera [ˌfilɔk'siərə] *s* (*pl* **phylloxerae** [ˌfilɔk'siəriː] **~s**) filoksera, trsna uš
physic ['fizik] *s arch* medicina, ljekarstvo; *fam* lijek, ljekarija, medicina; sredstvo za čišćenje
physic ['fizik] *vt* liječiti, davati lijek (*lit & fig*); *sl* davati sredstvo za čišćenje | **to ~ oneself** sam se liječiti
physical ['fizikl] *adj* (**~ly** *adv*) 1. fizički, tjelesan, stvaran, vanjski 2. koji se odnosi na fiziku, koji se tiče prirodnih nauka, fizikalni | *sl* **~ jerks** tjelesne vježbe; **~ training** fizička kultura, tjelovježba, gimnastika; **a ~ impossibility** apsolutna nemogućnost
physician [fi'ziʃn] *s* liječnik (svaki osim kirurga)
physicist ['fizisist] *s* fizičar
physicky ['fiziki] *adj* koji je kao lijek (npr. miris, okus i dr.)
physics ['fiziks] *s pl* (*sg constr*) fizika
physiocracy [ˌfizi'ɔkrəsi] *s* fiziokracija, sistem vladavine koji priznaje zemlju jedinim izvorom bogatstva, fiziokratski sistem
physiognomic [ˌfiziə'nɔmik] *adj* (**~ally** *adv*) fizionomski, koji se odnosi na fizionomiju, crte lica
physiognomist [ˌfizi'ɔnəmist] *s* fizionomičar, onaj koji po crtama lica zaključuje o sposobnostima, osobinama čovjeka
physiognomy [ˌfizi'ɔnəmi] *s* 1. izraz lica, crte lica, fizionomija; *vulg* lice 2. vanjski izgled (predjela i dr.) 3. vještina, poznavanje čovjekovih osobina po crtama lica
physiography [ˌfizi'ɔgrəfi] *s* opisivanje prirode, prirodnih pojava, fizikalna geografija
physiologic [ˌfiziə'lɔdʒik] *adj* (**~ally** *adv*) fiziološki
physiologist [ˌfizi'ɔlədʒist] *s* fiziolog
physiology [ˌfizi'ɔlədʒi] *s* fiziologija
physiotherapy [ˌfiziəu'θerəpi] *s* fizikalna terapija

physique [fi'ziːk] *s* vanjski oblik, izgled, građa, struktura (tijela)
phytography [fai'tɔgrəfi] *s* opisivanje bilja
pi [pai] *s* grčko slovo p; matematički simbol π
pi [pai] *adj sl* pobožan
piacular [pai'ækjulə] *adj* grešan, pokajnički
piaffe [pi'æf] *vi* lagano kasati, ići laganim hodom (za konja)
piaffer [pi'æfə] *s* lagan kas
pianino [piə'niːnəu] *s* pianino
pianissimo [pjæ'nisiməu] *adv mus* vrlo tiho, pianissimo
pianist ['piənist] *s* pijanist, muzičar koji svira na klaviru
piano [pi'ænəu] *s mus* klavir | **cottage ~** kratak klavir; **grand ~** koncertni klavir; **upright ~** pianino; **~ recital** klavirski solo koncert
piano ['pjaːnəu] *adv mus* tiho, piano
pianoforte [ˌpjænə'fɔːti] *s arch* klavir
pianola [pjæ'nəulə] *s* mehanički klavir, pijanola
piano-organ [pi'ænəuˌɔːgən] *s* orguljice, organac, vergl
piano-player [pi'ænəuˌpleiə] *s* pijanist
piano-school [pi'ænəuskuːl] *s* škola (metoda) za učenje klavira
piano-stool [pi'ænəustuːl] *s* stolica za klavir
piazza [pi'ætsə] *s It* javni trg, pijaca, tržnica; *US* veranda
pibroch ['piːbrɔk] *s Scot* ratna svirka na škotskim gajdama
picaresque [ˌpikə'resk] *adj* pikareskni (stil, roman i dr.), pustolovan
picaroon [ˌpikə'ruːn] *s* 1. varalica, pustolov 2. gusar, gusarski brod
picaroon [ˌpikə'ruːn] *vi* pljačkati, živjeti od pljačke, piratstva
picayune [pikə'juːn] *s US* 1. novčić od pet centa 2. nevažna stvar, osoba
picayune [pikə'juːn] *adj US* nizak, sitničav, uskogrudan, beznačajan
piccaninny (pickaninny) ['pikənini] *s* crnačko dijete
piccaninny (pickaninny) ['pikənini] *adj* vrlo malen, majušan
piccolo ['pikələu] *s (pl* **~s**) *It mus* pikola, pikolo
pick[1] [pik] *s* 1. motika, pijuk, trnokop 2. šiljast predmet ili alat 3. *print* mrlja na knjizi i dr. od zamazanog slova
pick [pik] *vt/i* **I.** *vt* 1. kopati, prekopavati, udarati (čim oštrim o zemlju); kljuvati, kljucati, bosti; probušiti 2. čačkati, čistiti (zube i dr.) 3. brati, trgati, kupiti (cvijeće, voće) 4. čupati (perje), čijati (vunu, kudjelju i dr.), perušati, raščinjati (vlakno i dr.), glodati, oglodati (kost i dr.) 5. zobati, kljucati (za ptice); jesti pomalo (za ljude) 6. pažljivo birati (riječi, korake i dr.), izbirati, odabrati; *US mus* prebirati (strune, npr. kod bendža) 7. krasti, pokrasti 8. kritizirati, prigovarati, nalaziti manu; tražiti, izazvati (svađu) **II.** *vi* 1. krasti 2. jesti malo-pomalo, grickati 3. oporaviti se (*up*) | *fig* **~ to holes in** nalaziti manu, grešku, prigovarati; **to ~ a pocket** krasti; **to ~ and steal** krasti; **to ~ a lock** otvoriti bravu otpiračem; **to ~ to pieces** raščlaniti, raskidati; *fig* kritizirati, oboriti se, okomiti se na koga; **to ~ one's way** tražiti, pipati put, oprezno ići naprijed; **not to ~ and choose** ne izabirati; **to ~ a quarrel with** tražiti priliku za svađu; **I have a bone to ~ with you** imam ja još s tobom obračun; **to ~ an acquaintance** sklopiti slučajno poznanstvo; **to give one a bone to ~** začepiti kome usta, dobaciti kome kost
pick off ['pik'ɔf] *vt* skinuti, otrgnuti, otkinuti, obrati, zguliti, sadrijeti; *mil* postrijeljati, posmicati (jednog po jednog)
pick on ['pik'ɔn] *vt* bockati (koga), odabrati koga za žrtvu
pick out ['pik'aut] *vt* 1. izvaditi, vaditi, iskopati, istrgnuti, isparati 2. očistiti, ukloniti, iskljuvati 3. izabrati, istaknuti, izvući (smisao, značenje); shvatiti, razumjeti (tekst i dr.) 4. ukrasiti, uresiti 5. pomno istražiti, razlikovati, raspoznati, iznaći 6. svirati, pjevati po sluhu, sjećanju
pick up ['pik'ʌp] *vt* 1. raskopati, otkopati (budakom); dignuti, pokupiti; uzeti u ruke, primiti, prihvatiti, latiti se čega 2. povesti, uzeti koga (sa sobom), doći po koga 3. steći, stvoriti, namaknuti 4. otkriti, ugledati, uhvatiti, naći (izgubljen put i dr.) 5. naučiti, uhvatiti, upecati (riječ, izraz i dr.) 6. slučajno doznati 7. snagu ponovo dobiti; *radio* loviti, hvatati (stanice i dr.); *US* pojačavati (paru, brzinu) | **to pick oneself up** dići se, ustati (nakon pada); **to ~ flesh** opet debljati
pick[2] [pik] *s* 1. izbor, najbolje 2. udarac šiljastim predmetom | **the ~ of** najbolji od; **to take one's ~** odabirati
pick-a-back ['pikəbæk] *adv* na leđima ili na ramenima (jahati ili nositi)
pickax(e) ['pikæks] *s* pijuk, trnokop
pickax(e) ['pikæks] *vt/i* **I.** *vt* kopati, iskopati **II.** *vi* kopati
picked [pikt] *adj* izabran; ubran
picker ['pikə] *s* 1. berač, beračica, obirač, sabirač, skupljač (klasova), prebirač, trijebilac; stroj za čišćenje vune 2. čaklja, pijuk, trnokop, budak 3. tat, lopov, kradljivac 4. svadljivac
pickerel ['pikərəl] *s ichth* mlada štuka; *US* vrsta štuke
picket ['pikit] *s* kolac, proštac, letva; drvena ograda; *mil* predstraža, predstražno odjeljenje, predstražni vod; patrolni brod, patrolni avion; član štrajkaške straže,

agitator (za štrajk); demonstrator (koji nosi parole)
picket ['pikit] *vt/i* **I.** *vt* 1. ograditi kolcima, zaštititi kolcima itd., utvrditi; privezati za kolac (životinju); *fig* postaviti u razmacima 2. *mil* postaviti stražu 3. agitirati (za štrajk), demonstrirati **II.** *vi* stajati na straži
picking ['pikiŋ] *s* 1. branje, sabiranje, skupljanje, čupanje, odabiranje, sortiranje 2. krađa 3. *pl* ukradeno; ostaci; nepošten dobitak; malen prihod; *fig* uzgredna zarada | ~ **and stealing** krađa
pickle ['pikl] *s* 1. salamura, slana voda 2. *pl* razno povrće spremljeno u octu, soli; usoljeno meso 3. neprilika, nezgoda, škripac; *fam* nestašno dijete | **to have a rod in ~ for** imati spremnu šibu kad ustreba; **to be in a ~** biti u škripcu
pickle ['pikl] *vt* usoliti, ukiseliti, marinirati | **~d cabbage** kiseli kupus; **~d plate** dekapirani lim
picklock ['piklɔk] *s* 1. obijač, provalnik 2. otpirač
pick-me-up ['pikmi:ʌp] *s* lijek za jačanje, gutljaj jaka, dobra pića
pickpocket ['pik,pɔkit] *s* džepar
picksome ['piksəm] *adj* izbirljiv, probirljiv
pick-thank ['pikθæŋk] *s arch* laskavac, ulizica
pick-up ['pikʌp] *s* 1. ubrzanje 2. kamionet za dostavu 3. slučajan poznanik, suputnik, auto-stopist uzet u automobil 4. lijek, napitak koji osvježuje, okrepljuje; *tech* naprava za prenošenje zvuka s električnog gramofona na zvučnik, pikap
pickwick ['pikwik] *s* vrsta jeftine cigare
picnic ['piknik] *s* izlet, piknik, zabava za koju svaki učesnik nešto pridonese (u hrani ili novcu); *sl* lijepo vrijeme, pravi užitak, laka stvar | **no ~** nije laka stvar
picnic ['piknik] *vi* ići na izlet, piknik, piknikovati
picnicker ['piknikə] *s* sudionik, učesnik u pikniku (izletu), izletnik
picnicky ['pikniki] *adj* koji se odnosi na izlet, piknik, poput piknika, izletnički
picotee [,pikə'ti:] *s bot* vrsta karanfila
picquet ['pikit] *s & vt/i* → **picket**
picric ['pikrik] *adj chem* pikrinski
Pict [pikt] *s* Pikt (prastanovnik Engleske)
Pictish ['piktiʃ] *adj* piktski (koji se odnosi na Pikte)
pictograph ['piktəgra:f] *s* piktograf, piktogram
pictographic [,piktə'græfik] *adj* piktografski, piktogramski
pictography [pik'tɔgrəfi] *s* piktografija, slikovno pismo
pictorial [pik'tɔ:riəl] *adj* (**~ly** *adv*) 1. slikarski, slikovni 2. slikovit 3. ilustriran | **~ art** slikarstvo
pictorial [pik'tɔ:riəl] *s* ilustrirani časopis
picture ['piktʃə] *s* 1. slika, crtež; snimak 2. lijepa osoba, lijep predmet 3. predodžba, duhovna slika 4. *fig* utjelovljenje, slika i prilika 5. slikovit, zoran opis, slika, prikaz 6. prizor, pogled, slika | **~s** *pl GB* kino; **to be in the ~** biti poznata, važna osoba; **to come into the ~** postati čuven, poznat, popularan; **out of the ~** nevažan, zaboravljen; **to have one's ~ taken** fotografirati se
picture ['piktʃə] *vt* 1. crtati, slikati, naslikati 2. živo, slikovito opisivati, prikazivati 3. predočiti sebi, zamisliti 4. ukrasiti slikama, crtežima
picture-book ['piktʃəbuk] *s* slikovnica
picture-card ['piktʃəka:d] *s* igraća karta (sa slikom)
picturedom ['piktʃədəm] *s* filmski svijet
picture-gallery ['piktʃə,gæləri] *s* galerija slika; *US sl* policijska kartoteka fotografija
picture-hat ['piktʃəhæt] *s* ženski šešir s velikim obodom, ukrašen perjem i cvijećem
picture-palace ['piktʃə,pælis] *s* kino
picture-postcard ['piktʃə,pəustka:d] *s* razglednica
picturesque [,piktʃə'resk] *adj* (**~ly** *adv*) 1. slikovit 2. živ, slikovit (jezik, stil) 3. lijep, naočit (za osobu)
picture-theatre ['piktʃə,θiətə] *s* kino
picture-writing ['piktʃə,raitiŋ] *s* slikovno pismo
picturize ['piktʃəraiz] *vt* ukrasiti slikama
piddle ['pidl] *vi arch* baviti se sitnicama, igrati se, biti dokon; *coll* piškiti (u dječjem govoru)
pidgin ['pidʒin] *adj* | **Pidgin-English** iskvareni engleski (kojim se služe azijski narodi u saobraćanju s Englezima)
pidgin ['pidʒin] *s sl* posao, stvar
pie[1] [pai] *s ornith* svraka
pie[2] [pai] *s cul* pita; *sl* nešto neobično dobro ili lako; političko mito; ukupna svota koju treba podijeliti | **to have a finger in the ~** sudjelovati u čemu; *fig* imati svoje prste u čemu; **(as) easy as ~** lako kao ništa
pie[3] [pai] *s print* pomiješana, zbrkana tiskarska, štamparska slova; *fig* zbrka, kaos, nered
pie[4] [pai] *s Ind* najsitniji bakreni novčić
pie [pai] *vt print* zbrkati, pomiješati tiskarska, štamparska slova
piebald ['paibɔ:ld] *adj* šaren, dvobojan (naročito bijel i crn)
piebald ['paibɔ:ld] *s* šarac (konj)
piece [pi:s] *s* 1. komad, dio, komadić, čestica 2. *mus & lit* odlomak, djelo, komad 3. primjer, uzorak, djelo 4. određena mjera, količina (za tkaninu, papir i dr.); komad puta, kratka udaljenost 5. bure vina i dr. 6. šahovska figura; bilo tko 7. metalni novac 8. komad, cjelina (*a* ~

of furniture) 9. *sl* žena, djevojka 10. top, puška, pištolj | **in ~s** razbijen, u komadima; **pick up the ~s** pokupi se, digni se; **to give a ~ of one's mind** reći komu svoje (iskreno) mišljenje; *com* **by the ~** po komadu, na komad; **to fall in ~s** raspasti se, razbiti se, slomiti se; **to break to ~s** razbiti, razlupati; **to fall to ~s** raspasti se, poderati se; **to take to ~s** rastaviti, rasklopiti; *hum* **~ of goods** osoba; **a ~ of flesh** ženska; **test ~** obrazac, uzorak; **a ~ of candle** ogorak svijeće; **a ~ of water** jezero, zatoka; **a ~ of work** rad, posao, djelo; **a bad ~ of business** gadan posao; **a ~ of luck** sreća, sretan slučaj; **a ~ of news** vijest; **a ~ of poetry** pjesma; **~ rate system** akordni sistem nadnice; **a ~ of beauty** lijepa žena; **a ~ of virtue** uzor krijeposti; *coll* **it's a ~ of cake** to je lako; **(all) of a ~** dosljedan, istovrstan; koji je u skladu

piece [piːs] *vt* sastaviti, vezati, spojiti, zakrpati, dodati, nastaviti | **to ~ together** sastaviti, skrpiti komade

piece on ['piːs'ɔn] *vt/i* **I.** *vt* dodati, dometnuti, pripojiti **II.** *vi* dobro pristajati, odgovarati

piece out ['piːs'aut] *vt* 1. produljiti, proširiti; *fig* povećati, dopuniti, produžiti 2. iskonstruirati (događaj i dr. sastavljanjem pojedinih dijelova)

piece up ['piːs'ʌp] *vt* 1. prikrpiti, pokrpiti, zakrpiti; *fig* popraviti, zabašuriti, urediti, izgladiti

piece-goods ['piːsgudz] *s pl* manufaktura, pamučne tkanine (prodavane u balama)

piecemeal ['piːsmiːl] *adv* 1. na komad, po komadu, pojedinačno 2. malo-pomalo, postepeno

piecemeal ['piːsmiːl] *adj* odvojen, pojedinačan

piece-work ['piːswəːk] *s* posao koji se plaća po komadu, prema svršenom poslu, »na akord«

pie-crust ['paikrʌst] *s* korica (na kruhu, piti)

pied [paid] *adj* šaren, raznobojan, bijelo-crn

pier [piə] *s* 1. kamen, stup, luk (na mostu i dr.) 2. molo, gat, lučka brana, lukobran, nasip, pristanište, šetalište (izgrađeno daleko u more poput mola)

pierage ['piəridʒ] *s* pristanišna pristojba

pierce [piəs] *vt/i* **I.** *vt* 1. probiti, probušiti, probosti, prodrijeti, provrtati 2. (za svjetlost, zvuk, hladnoću i dr.) probiti 3. *fig* prozreti, proniknuti 4. kosnuti, ganuti (čije osjećaje) **II.** *vi* proći, prodrijeti

pierceable ['piəsəbl] *adj* koji se može probiti, probušiti

piercer ['piəsə] *s* bušilo, šilo, svrdlo, šiljak

piercing ['piəsiŋ] *adj* (**~ly** *adv*) 1. koji buši, probija 2. oštar, ljut, jak, koji siječe; *fig* prodoran, pronicav, oštrouman; dirljiv, ganutljiv

pier-dues ['piədjuːz] *s pl* pristanišne pristojbe

pier-glass ['piəglaːs] *s* veliko zidno ogledalo

pietism ['paiətizm] *s* pobožnjaštvo, pijetizam

pietist ['paiətist] *s* pobožnjak, pijetist

pietistic [ˌpaiə'tistik] *adj* (**~ally** *adv*) pobožnjački, pijetistički

piety ['paiəti] *s* pobožnost, ljubav, poštovanje, štovanje, pijetet

piffle ['pifl] *vi coll* igrati se, šaliti se, baviti se sitnicama

piffle ['pifl] *s coll* brbljanje, besmislica, glupost, piskaranje

piffler ['piflə] *s coll* brbljavac, besposlen čovjek

piffling ['pifliŋ] *adj coll* koji brblja, koji se bavi sitnicama

pig [pig] *s* 1. prase, svinja; odojak, svinjetina 2. prljava, lakoma, odvratna osoba 3. poluga sirova željeza ili drugog metala, ingot; kalup za lijevanje | **guinea ~** morsko prasence, zamorac; **to buy a ~ in a poke** kupiti mačka u vreći; **to bring one's ~s to a fine market** prevariti se u računu; **~s might fly** čudesa se mogu dogoditi; *joc* **please the ~s** ugodi vragu; **to make a ~ of oneself** preždерати se; **in ~** suprasna (krmača); **when the ~s fly** nikada

pig [pig] *vi/t* **I.** *vi* živjeti u krdu kao svinje **II.** *vt* oprasiti (mlade)

pigboat ['pigbəut] *s US mar sl* podmornica

pig-copper ['pigˌkɔpə] *s* sirovi bakar, bakar u bloku

pigeon[1] ['pidʒin] *s ornith* golub; *sl* luda, glupan | **~ pair** brat i sestra (blizanci); **that's my ~** to je moj posao; **homing ~** golub listonoša

pigeon ['pidʒin] *vt* varati, prevariti

pigeon[2] ['pidʒin] *s* → **pidgin**

pigeon-breast ['pidʒinbrest] *s* kokošja, šiljata, izbočena prsa

pigeon-breasted ['pidʒinˌbrestid] *adj* kokošjih prsa

pigeon-fancier ['pidʒinˌfænsiə] *s* uzgajač golubova

pigeon hawk ['pidʒin'hɔːk] *s zool* soko kraguljčić, golubinji sokolić (*Falco columbarius*)

pigeon-hearted ['pidʒinˌhaːtid] *adj* strašljiv, plašljiv, bojažljiv, kukavički

pigeon-hole ['pidʒinhəul] *s* 1. otvor na golubinjaku 2. pretinac, pregrada

pigeon-hole ['pidʒinhəul] *vt* 1. metnuti u pretinac, pregradu 2. odložiti, zanemariti, ne riješiti spis; staviti ad akta 3. svrstati, točno odrediti, označiti, klasificirati

pigeon-house ['pidʒinhaus] *s* golubinjak

pigeon-livered ['pidʒinˌlivəd] *adj* blag, miroljubiv, pitom, krotak, golubinje ćudi

pigeonry ['pidʒinri] *s* golubinjak
pigeon's milk ['pidʒinzmilk] *s* (napola probavljena) hrana kojom golubovi hrane svoje mlade
pigeon-toed ['pidʒintəud] *adj* koji ima nožne prste okrenute prema unutra
piggery ['pigəri] *s* svinjac, kotac (i *fig*)
piggish ['pigiʃ] *adj* (~**ly** *adv*) poput praseta, sličan prasetu, svinjski, prljav, zamazan; pohlepan, proždrljiv, halapljiv, lakom
piggy ['pigi] *s* prase, prasence
piggy bank ['pigibæŋk] *s* kasica-prasica
piggy-wiggy ['pigi'wigi] *s* gica (dječji izraz)
pigheaded [ˌpig'hedid] *adj* (~**ly** *adv*) *coll* uporan, tvrdoglav, svojeglav
pig-iron ['pigˌaiən] *s* sirovo željezo
pig Latin ['pigˌlætin] *s coll* vrsta dječjeg »tajnog« govora
pig-lead ['pigled] *s* lijevano olovo u blokovima
piglet ['piglit] *s* odojak, prasence
pigling ['pigliŋ] *s* → **piglet**
pigment ['pigmənt] *s* 1. tvar koja se upotrebljava za boju, pigment 2. tvar koja daje životinjskom ili biljnom tkivu boju, pigment
pigment ['pigmənt] *vt* obojiti, dati boju
pigmental [pig'mentl] *adj* pigmentni, koji daje pigment, boju
pigmentary ['pigməntəri] *adj* → **pigmental**
pigmentation [ˌpigmən'teiʃn] *s* pigmentacija
pigmy ['pigmi] *s* → **pygmy**
pignut ['pignʌt] *s bot* bijeli američki orah (plod; *Hicoria glabra*)
pigskin ['pigskin] *s* svinjska koža; *sl* sedlo; *US sl* nogometna lopta
pigsticker ['pigˌstikə] *s* lovac na divlje svinje
pigsticking ['pigˌstikiŋ] *s* hajka, lov na divlje svinje; klanje svinje
pigsty ['pigstai] *s* 1. svinjac, kotac 2. prljava, neuredna soba
pigtail ['pigteil] *s* 1. pletenica, perčin 2. svitak, smotak duhana
pigwash ['pigwɔʃ] *s* 1. napoj, hrana za svinje, pomije 2. slaba, loša juha
pigweed ['pigwi:d] *s bot* loboda (korovna biljka, *Chenopodium*)
pi-jaw ['paidʒɔ:] *s sl* opomena, prijekor, ukor; prodika
pi-jaw ['paidʒɔ:] *vt sl* držati prodiku, ukoriti, opomenuti
pike[1] [paik] *s* 1. koplje; ražanj; *dial* vile za sijeno i dr.; planinarski cepin, pijuk 2. šiljast vrhunac, rt 3. *ichth* štuka
pike [paik] *vt* probosti kopljem, proburaziti
pike[2] [paik] *s* mitnička brklja, rampa
pike-fish ['paikfiʃ] *s ichth* štuka
pike-keeper ['paikˌki:pə] *s* mitničar
pikeman ['paikmən] *s* 1. mitničar 2. kopljanik
piker ['paikə] *s US sl* preoprezan kockar; škrtac; sitna duša
pikestaff ['paikstaːf] *s* držalo, motka koplja, kopljača; štap s oštrim željeznim šiljkom
pilaster [pi'læstə] *s archit* četvorobridni stup, polustup, pilaster
pilch [piltʃ] *s* trouglasta pelena od flanela
pilchard ['piltʃed] *s ichth* sardela, srdjela (*Sardina pilchardus*)
pile[1] [pail] *s* zašiljen kolac, balvan (za nabijanje), drven stup, pilon
pile [pail] *vt* zabiti, zabijati balvane, stupove, poduprijeti balvanima, stupovima
pile[2] [pail] *s* 1. hrpa, gomila; lomača; *coll* hrpa, hrpa novaca 2. skupina velikih zgrada ili jedna velika zgrada 3. (električna) baterija; atomski reaktor
pile [pail] *vt/i* **I.** *vt* 1. zgrtati, gomilati, nagomilavati (*up*); slagati, naslagati 2. natrpati, pretrpati, pretovariti **II.** *vi US* verati se, puzati, penjati se | **to ~ arms** staviti puške u kupove; *fam* **to ~ it on** pretjerivati, dodavati
pile[3] [pail] *s arch* naličje kovanog novca | **cross or ~?** pismo ili glava?
pile[4] [pail] *s* 1. meka dlaka, vuna (od ovce); pahuljica, paperje, runo; vlas, dlaka, dlačica 2. fina dlačica na suknu, baršunu i dr.
pile[5] [pail] *s med* hemoroid
pile-bridge ['pailbridʒ] *s* most na drvenim stupovima
pile-carpet ['pailˌka:pit] *s* baršunast sag
pile-driver ['pailˌdraivə] *s* stroj za nabijanje stupova, pilona
pile-dwelling ['pailˌdweliŋ] *s* sojenica
pile-up ['pailʌp] *s* gomila, hrpa; gomilanje; *US coll* sudar nekoliko automobila
pile-warp ['pailwɔ:p] *s* čvorić, uzao na baršunastoj tkanini
pile-weaving ['pailˌwi:viŋ] *s* tkanje baršuna
pilfer ['pilfə] *vt/i* **I.** *vt* ukrasti, smotati, dići **II.** *vi* krasti, potkradati
pilferage ['pilfəridʒ] *s* sitna krađa
pilferer ['pilfərə] *s* kradljivac, lopov, tat
pilgrim ['pilgrim] *s* putnik, hodočasnik, poklonik
pilgrim ['pilgrim] *vi* hodočastiti; putovati na hodočašće
pilgrimage ['pilgrimidʒ] *s* hodočašće, putovanje, obilaženje znamenitih mjesta; *fig* put kroz život, životni put
pilgrimage ['pilgrimidʒ] *vi* hodočastiti, putovati na hodočašće
pilgrim scallop ['pilgrim'skɔləp] *s ichth* mahalica, jakobska kapica (*Pecten jacobaeus*)
pill [pil] *s* pilula; *fig* nešto neprijatno, gorko; *sl* lopta (za tenis i dr.), okruglo topovsko tane; *pl* biljarska kugla; *US sl* neugodna osoba | **the Pill** pilula za kon-

tracepciju; **to sugar (gild) the ~** zasladiti gorku pilulu

pill¹ [pil] *vt sl* otkloniti, ne primiti, glasati protiv koga (prilikom primanja u društvo, klub i dr.)

pill² [pil] *vt arch* pljačkati, robiti, harati, pustošiti

pillage ['pilidʒ] *s* 1. robljenje, pljačkanje, haranje 2. pljačka, grabež, plijen

pillage ['pilidʒ] *vt* oplijeniti, opljačkati, orobiti, poharati (*spec* u ratu)

pillar ['pilə] *s* stup, potporanj (i *fig*) | **to drive from ~ to post** slati od nemila do nedraga, od Poncija do Pilata

pillar ['pilə] *vt* opasati, utvrditi, ukrasiti stupovima

pillar-box ['piləbɔks] *s* listovna uložnica (u obliku stupa)

pill-box ['pilbɔks] *s* kutijica za pilule, tablete; *sl joc* malo, zatvoreno prijevozno sredstvo; *mil* okrugao bunker; okrugla niska kapa

pill-corn ['pilkɔːn] *s bot* pšenica golica

pillion ['piljən] *s* sjedalo za putnika (iza vozača) na motociklu; *hist* žensko sedlo

pillion-rider ['piljənˌraidə] *s* suputnik na motociklu

pillory ['piləri] *s* sramotni stup, stup sramote; *fig* sramota, ruglo | *fig* **in the ~** ismijan, osramoćen

pillory ['piləri] *vi* izložiti (javno) ruglu, sramoti

pillow ['piləu] *s* 1. jastuk, uzglavlje, dušek 2. *tech* podloga, ležište | **to take counsel of one's ~** razmisliti o čemu, prespavati što; pametnije je jutro od večeri

pillow ['piləu] *vt/i* **I.** *vt* položiti, staviti, poduprijeti (glavu na jastuk i dr.), služiti kao jastuk **II.** *vi* nasloniti glavu (kao) na jastuk

pillow-case ['piləukeis] *s* jastučnica

pillow-fight ['piləufait] *s* tobožnja tučnjava, bitka; tučnjava jastucima (u đačkom internatu)

pillow sham ['piləuʃæm] *s US* ukrasni pokrov za jastuk

pillow-slip ['piləuslip] *s* jastučnica

pillowy ['piləui] *adj* mekan, podatan

pilot ['pailət] *s* 1. *mar* provodič brodova, lučki peljar, pilot; kormilar 2. *aero* upravljač aviona, pilot 3. vodič, vođa (*lit* & *fig*) | **to drop the ~** napustiti pouzdana savjetnika; **test ~** probni pilot

pilot ['pailət] *vt mar* provoditi, peljati, voditi, pilotirati; kormaniti; *aero* upravljati avionom, pilotirati; voditi, upravljati (*lit* & *fig*)

pilot ['pailət] *adj* pokusni, eksperimentalan | **~ plant** pokusno postrojenje

pilotage ['pailətidʒ] *s* 1. upravljanje, vođenje, pilotiranje 2. pristojba za pilotiranje

pilot-balloon ['pailətbəˌluːn] *s* pokusni balon (i *fig*)

pilot-boat ['pailətbəut] *s naut* pilotski brodić

pilot-cloth ['pailətklɔθ] *s* debelo tamnomodro sukno (od kojeg se prave mornarski ogrtači)

pilot-engine ['pailətˌendʒin] *s* lokomotiva koja ide pred vlakom (da raskrči put)

pilot-lamp ['pailətˌlæmp] *s* kontrolna žaruljica

pilot plant ['pailətˌplaːnt] *s* pokusno postrojenje

pilular ['piljulə] *adj* u obliku pilule, poput pilule, okrugao

pilule ['piljul] *s* mala pilula, kuglica

pily ['paili] *adj* pahuljast, dlakav, baršunast

pimento [pi'mentəu] *s* papar iz Jamaike, piment (»najkvirc«)

pimp [pimp] *s* svodnik, svodilja

pimp [pimp] *vi* svoditi, podvoditi

pimpernel ['pimpənel] *s bot* bedrinac

pimping ['pimpiŋ] *adj* malen, majušan, malešan, sitan, slabačak, nježan, boležljiv; beznačajan, nevažan; razmažen

pimple ['pimpl] *s* bubuljica, prištić

pimpled ['pimpld] *adj* bubuljičav, prištav

pimply ['pimpli] *adj* → **pimpled**

pin [pin] *s* 1. klin, klinac, čavao, čavlić (od drveta ili metala) 2. strelica, kazaljka, igla, krak, stožer (na kompasu), osovina, os (na koloturu, čekrku) 3. šiljak, kolčić, vršak (igle, čavla i dr.), kuka, klin, čivija (na kotaču); čivija (na muzičkom instrumentu), kuka (za vješanje zavjesa) 4. pribadača; igla, broš, značka 5. bure, sud 6. pisaljka; šilo, dlijeto 7. *fig* malenkost, sitnica 8. *coll pl* noge 9. čunj (kuglanje) | **hair~** ukosnica; **nine~** čunj; **I don't care a ~** nije mi ni najmanje stalo; **~s and needles** trnci, srsi; **in a merry ~** veseo, dobre volje, dobro raspoložen; **not a ~ to choose between them** slični su kao jaje jajetu; **you might have heard a ~ fall** mogla se čuti muha kako leti; *coll* **I am on my ~s again** opet sam na nogama (zdrav)

pin [pin] *vt/i* **I.** *vt* 1. pribosti, prikvačiti, pričvrstiti 2. pribiti, probiti (čavlom, klinom i dr.) 3. pribiti, prikovati, ne puštati (*lit* & *fig*) 4. zatvoriti, okružiti, ograditi **II.** *vi* biti pričvršćen, prilijepiti se, pripiti se | **to ~ one's faith on (to)** posve se pouzdavati, oslanjati na koga, slijepo vjerovati komu; **to ~ oneself to one** prikrpeljiti se kome, živjeti na tuđ račun; *coll* **to ~ someone's ears back** pobijediti, izgrditi koga na pasja kola; *coll* **to ~ (something) on someone** pripisati kome (što loše), svaliti (što) na koga

pin down ['pin'daun] *coll vt* pričvrstiti; *fig* prikliještiti | **to pin a p down** natjerati koga da se izjasni

pin up ['pin'ʌp] *vt* pričvrstiti (na zid i sl.)
pinafore ['pinəfɔː] *s* pregačica, kecelja (za djecu)
pinaster [pai'næstə] *s* ***bot*** primorski bor (*Pinus pinaster*)
pinball machine ['pinbɔːlmə'ʃiːn] *s* fliper
pince-nez ['pænsnei] *s* (*pl* ~ ['pænsneiz]) cvikeri
pincer ['pinsə] *vt* štipati; mučiti kliještima | *mil* **~ing** okruživanje; *mil* **~ attack** napad s obuhvatom; *mil* **~ movement** dvojni obuhvat
pincers ['pinsəz] *s pl* 1. kliješta, pinceta 2. štipaljke (kod raka i dr.)
pinch [pintʃ] *s* 1. štipanje, pritiskivanje, stiskanje, pritisak, uštip 2. štipetak, ono što se uzme s tri prsta; *fig* škripac, stiska, nevolja, neprilika; *sl* krađa; uhapšenje | **at a ~** na muci, u nuždi, u stisci; **when it comes to the ~** u odlučnom trenutku
pinch [pintʃ] *vt/i* **I.** *vt* 1. štipati, uštinuti, stisnuti, pritiskati, ukliještiti 2. gnječiti, prignječiti 3. *fig* tištati, mučiti, grčiti 4. lišiti čega; *sl* ukrasti, oteti, orobiti; zatvoriti, uhapsiti **II.** *vi* 1. tištati, biti u stisci; mučiti, boljeti 2. škrtariti, tvrdičiti, zlopatiti se | **that is where the shoe ~es** u tome i jest teškoća; **~ed with hunger** izgladnio; **~ed with cold** prozebao; **it is ~ing cold** ciča je zima; **to ~ and scrape** jedva sastaviti kraj s krajem; **~ed for money** u novčanoj stisci
pinchbeck ['pintʃbek] *s* tambak, slitina bakra i cinka (imitacija zlata)
pinchbeck ['pintʃbek] *adj* lažan, kriv, patvoren
pincushion ['pin,kuʃn] *s* jastučić za igle
Pindaric [pin'dærik] *adj* (**~ally** *adv*) pindarski (stih, metar), koji se odnosi na Pindara (grčkog pjesnika oda)
pindarics [pin'dæriks] *s pl pros* pindarski metar; pindarske ode
pine [pain] *s bot* bor, borovina
pine [pain] *vi* ginuti, venuti, čeznuti | **to ~ away** ginuti, žalovati
pineal body ['piniːəl'bɔdi] *s anat* hipofiza
pineapple ['pain,æpl] *s bot* ananas; *mil* ručna granata, bomba
pine-cone ['painkəun] *s* borov češer
pine needle ['painniːdl] *s bot* borova iglica
pinery ['painəri] *s* 1. borik, rasadnik borova 2. plantaža ananasa, staklenik s ananasima
pinesap ['painsæp] *s bot* bezlistac (*Monotropa*)
pine siskin ['pain,siskin] *s ornith* američki češljugar (*spinus*)
pine-tree ['paintriː] *s* bor
pine-wood ['painwud] *s* borovina, borovo drvo
pinfold ['pinfəuld] *s* tor za zalutalu stoku
ping [piŋ] *s* zviždanje, fijukanje taneta
ping [piŋ] *vi* zviždati, fijukati (za tane)
ping-pong ['piŋpɔŋ] *s* ping-pong, stolni tenis
pinguid ['piŋgwid] *adj* tust, debeo, mastan; bogat (za zemlju)
pinhole ['pinhəul] *s* mala rupica (koja nastaje od uboda igle i dr.)
pinion[1] ['pinjən] *s* vrh, vršak krila, letno pero; *poet* krilo
pinion ['pinjən] *vt* 1. podrezati krila 2. vezati, sputati (ruke)
pinion[2] ['pinjən] *s tech* zupčast kotač, nazubljeno kolo, zupčanik
pink[1] [piŋk] *s* 1. *bot* vrtni karanfil, klinčić 2. *fig* ogledalo, uzor, savršenstvo, ono što je najbolje, vrhunac, najviši stupanj 3. blijedocrvena boja, ružičasta boja; crveni kaput (koji nose lovci na lisice); lovac na lisice 4. *US* čovjek prilično radikalnih, ljevičarskih nazora | *sl* **to be in the ~** osjećati se dobro, biti odlična zdravlja; **in the ~ of fashion** po posljednjoj modi
pink [piŋk] *adj* rumen, ružičast, boje karanfila; *US sl* sjajan, blistav
pink[2] [piŋk] *s* žućkasta boja (koja se dobiva miješanjem vegetabilne boje s bijelom bazom)
pink[3] [piŋk] *s ichth* mlad losos
pink[4] [piŋk] *s* jedrenjak s uskom krmom
pink [piŋk] *vt* bosti, probiti, bušiti, probušiti; rupicama ukrasiti, izreckati, nazupčati
pink-eye ['piŋkai] *s vet* (kod konja) prehlada; *med* upala očiju
pinkish ['piŋkiʃ] *adj* crvenkast, ružičast
pinkster ['piŋkstə] *s US* Duhovi
pinky ['piŋki] *adj* → **pinkish**
pin-money ['pin,mʌni] *s* džeparac, novac koji žena dobiva za svoje osobne potrebe
pinnace ['pinis] *s mar* pinasa, bočni čamac na ratnom brodu; lađica, oveća barka, osmerac
pinnacle ['pinəkl] *s* tornjić, kupolica; vrh, vrhunac (na brdu); *fig* najviša točka, kulminacija
pinnacle ['pinəkl] *vt* okruniti, ukrasiti tornjićima; tvoriti vrhunac čega
pinnated ['pineitid] *adj* (**~ly** *adv*) *bot* & *zool* koji je poredan, raspoređen u obliku pera, s obje strane (npr. žilice na listu)
pinner ['pinə] *s* 1. onaj koji pribada ili pričvršćuje 2. vrsta kape s dugim krilima (koja se nosila u 18. st.) 3. keceljica, podbradnik (za djecu)
pinny ['pini] *s* keceljica, podbradnik
pin-point ['pinpɔint] *s* vršak igle; *fig* finesa | **~ bombing** precizno bombardiranje; **to argue about ~s** natezati se zbog sitnica
pin-prick ['pinprik] *s* ubod igle; *fig* sitan uzrok neraspoloženja; neznatna bol
pin-prick ['pinprik] *vt* mučiti, gnjaviti sitnicama
pint [paint] *s* pinta, jedinica za mjerenje tekućine (0.47 l)

pintail [ˈpinteil] *s ornith* gavka (vrsta patke)
pin-teeth [ˈpintiːθ] *s pl* umjetni zubi (pričvršćeni vijkom na korijen)
pintle [ˈpintl] *s* zavoranj, željezan klin, topovska svornica; *mar* kuka za veslo
pinto [ˈpintəu] *adj* šaren (dvobojan)
pinto [ˈpintəu] *s* šarac
pint-size(d) [ˈpaintsaiz(d)] *adj* sitan, malen
pin-up [ˈpinʌp] *s* vrlo privlačna djevojka, slika takve djevojke pričvršćena na zid i sl. (i ~ *girl*)
pin-vice [ˈpinvais] *s* mali (urarski) škripac
pinwheel [ˈpinwiːl] *s* vatreno kolo (vrsta vatrometa)
pinworm [ˈpinwəːm] *s zool* dječja glista, bijela glista (*Enterobius vermicularis*)
piny [ˈpaini] *adj* borov, obrastao borom
pion [ˈpaiɔn] *s phys* pi-mezon
pioneer [ˌpaiəˈniə] *s* pionir; prvi naseljenik; *mil* pionir, inžinjerac; *fig* istraživač, pionir, onaj koji utire putove
pioneer [ˌpaiəˈniə] *vi/t* **I.** *vi* krčiti, ići naprijed **II.** *vt* krčiti, utirati put; voditi, predvoditi
pious [ˈpaiəs] *adj* (~**ly** *adv*) pobožan; nježan, savjestan
pip[1] [pip] *s* 1. kika, bolest peradi, ptica 2. *sl* neraspoloženje, mučnina | **to give a p the ~** ulijevati odvratnost, gađenje; **to have the ~** ne osjećati se dobro, biti bolestan
pip[2] [pip] *s* 1. znak, točka na kartama, kocki (za igranje), dominu i dr. 2. zvijezda (na naramenicama, epoletama i dr.) 3. pup, cvijet 4. isječak, komad ananasa
pip[3] [pip] *s* slovo p u signalizaciji
pip[4] [pip] *s* koštica, zrno, sjeme (u voću, npr. jabuci, naranči i dr.)
pip [pip] *vt/i* **I.** *vt fam* okrznuti, očešati (tanetom); ubiti, usmrtiti; *fig* ubiti u zametku, zatrti; pobijediti, nadmudriti, prevariti, izigrati **II.** *vi* pijukati, cijukati
pip out [ˈpipˈaut] *vi fam* umrijeti
pipage [ˈpaipidʒ] *s* prenošenje vode (plina) cijevima; sistem cijevi; pristojba za prenošenje vode i sl. cijevima
pipe [paip] *s* 1. cijev (za dovod vode, zraka, plina i dr.), kanal, dovodna cijev 2. frula, svirala, duhaljka (od trske), mala flauta, zurla; *pl* diple, gajde 3. dušnik 4. glas (u pjevanju) 5. lula 6. *anat* kanal, cijev 7. velika bačva (477 l) 8. *minr* sloj, naslaga rude (u obliku cijevi) 9. *hist* iskaz državne blagajne o državnim dohocima 10. *sl* laka stvar, lak zadatak | **put that in your ~ and smoke it** zapamti to i pomiri se s tim
pipe [paip] *vi/t* **I.** *vi* svirati na fruli i dr.; zviždati, fijukati, hujati (za vjetar); pijukati (za ptice), kreštavo govoriti, piskutati; *sl* plakati **II.** *vt* svirati pjesmu na fruli i dr., zviždukati 2. *mar* pozvati posadu (signalom svirale) 3. snabdjeti cijevima, uvesti cijevi (za vodu, plin i dr.) 4. presađivati, razmnožavati mladicom (cvijeće, drveće) 5. obrubiti, ukrasiti haljinu
pipe away [ˈpaipəˈwei] *vt mar* dati signal (zviždanjem) za polazak broda
pipe down [ˈpaipˈdaun] *vi US sl* umiriti se, postati skromniji
pipe up [ˈpaipˈʌp] *vi* zasvirati (na fruli i dr.), zapjevati, progovoriti (tankim, piskutljivim glasom)
pipeclay [ˈpaipklei] *s* bijela lončarska glina (upotrebljava se za bijeljenje kožnih predmeta); *fig mil* pretjerano posvećivanje pažnje odjeći
pipe dream [ˈpaipdriːm] *s US* fantastična ideja, uzaludna nada, puka želja
pipefish [ˈpaipfiʃ] *s ichth* šilo, divlja iglica (*Syngnathus acus*)
pipe-line [ˈpaiplain] *s* dovodna cijev (za petrolej i dr.), cjevovod; *fig* kanal za povjerljiva obavještenja | **oil ~** naftovod; **in the ~** u pripremi, u toku
piper [ˈpaipə] *s* svirač | **to pay the ~** platiti račun, troškove (za druge); snositi posljedice; **he who pays the ~ calls the tune** onaj koji plaća, ima pravo da određuje, zahtijeva
pipette [piˈpet] *s Fr chem* pipeta
piping [ˈpaipiŋ] *s* 1. sviranje, zviždanje, fijukanje, hujanje; pijukanje; krieštanje, piskutanje 2. cijevi, cjevovod 3. gajtani, ukrasi (na haljini); ukrasi od šećera na kolačima
piping [ˈpaipiŋ] *adj* 1. koji svira, zviždi, puše, pišti, fijuče 2. pastirski, miran, idiličan 3. oštar, piskutljiv (glas)
piping [ˈpaipiŋ] *adv* | ~ **hot** vrelo, kipuće, vruće; *fig* ispod čekića, sasvim novo
pipistrel(le) [ˌpipiˈstrel] *s zool* patuljast šišmiš, malen netopir (*Pipistrellus*)
pipit [ˈpipit] *s ornith* trepteljka (*Anthus*)
pipkin [ˈpipkin] *s* zemljani lončić
pippin [ˈpipin] *s* vrsta jabuke
pippy [ˈpipi] *adj* pun sjemenja, koštica (o voću)
pipsissewa [pipˈsisəwə] *s bot* zelenčić (*Chimaphila*)
pip-squeak [ˈpipskwiːk] *s sl* beznačajna osoba »pik-zibner«
pipy [ˈpaipi] *adj* cjevast; vrištav, oštar (zvuk)
piquancy [ˈpiːkənsi] *s* 1. oštrina, žestina, pikantnost, reskoća; jak miris, začin, pikantnost 2. draž, čar, zanimljivost, prijatnost 3. zajedljivost, jetkost, oporost
piquant [ˈpiːkənt] *adj* (~**ly** *adv*) 1. pikantan 2. zanimljiv, privlačiv, izazovan, koji pobuđuje interes, pikantan
pique [piːk] *s* gnjev, ljutina, razdraženost, pizma, neraspoloženje

pique [pi:k] *vt* izazvati (čije) neraspoloženje, uvrijediti, vrijeđati, dražiti, izazivati (koga)
pique ['pi:kei] *s Fr* pike, prugasta (jednobojna) pamučna tkanina
piquet ['pikit] *s* izvidnica, izviđačka četa
piquet [pi'ket] *s* piket (igra sa 32 karte za 2 osobe)
piracy ['paiərəsi] *s* 1. gusarstvo, pljačkanje, robljenje (na moru) 2. nedopušteno reproduciranje, tiskanje, štampanje (književnih djela); plagijat
pirate ['paiərit] *s* 1. gusar, pirat 2. gusarski brod 3. onaj koji reproducira, tiska, štampa književna djela bez autorova pristanka; plagijator
pirate ['paiərit] *vt/i* **I.** *vt* 1. izdavati, tiskati, štampati (književna djela) bez autorova odobrenja 2. robiti, pljačkati, krasti **II.** *vi* gusariti | **~d edition** neautorizirano izdanje književnog djela
piratical [pai'rætikl] *adj* (**~ly** *adv*) gusarski, razbojnički
piscary ['piskəri] *s* | *jur* **common of ~** pravo ribolova
piscatorial [ˌpiskə'tɔ:riəl] *adj* (**~ly** *adv*) ribarski, riblji, ribolovni
piscatory ['piskətəri] *adj* (**piscatorily** *adv*) ribarski, riblji
Pisces ['pisi:z] *s pl* Ribe (12. znak u zodijaku)
pisciculture ['pisikʌltʃə] *s* ribogojstvo, uzgajanje riba
piscina [pi'si:nə] *s* 1. ribnjak 2. bazen za kupanje (u Rimljana)
piscine ['pisi:n] *s* bazen za plivanje
piscine ['pisain] *adj* riblji
pish [piʃ] *interj* pih!, pu!, fuj!
pisiform ['paisəfɔ:m] *s anat* graškasta kost, sezamska kost
pismire ['pismaiə] *s zool* mrav
piss [pis] *vi/t* **I.** *vi vulg* mokriti, pomokriti se, popišati se **II.** *vt* pomokriti, popišati
piss [pis] *s vulg* mokrenje, pišanje; mokraća, pišalina
pissed-off ['pistɔf] *adj vulg* ljut, ogorčen; krepan
piss-pot ['pispɔt] *s* noćna posuda
pistachio [pis'ta:ʃiəu] *s* 1. *bot* trišlja, pistacija 2. zelena boja pistacije (koja se upotrebljava za ukrašavanje kolača)
pistil ['pistil] *s bot* tučak, pestić
pistol ['pistl] *s* pištolj, revolver
pistol ['pistl] *vt* opaliti iz pištolja, ubiti pištoljem
pistolgrip ['pistlgrip] *s* držak pištolja
pistol-shot ['pistlʃɔt] *s* hitac iz pištolja
pistol-whip ['pistlwip] *vt* izudarati pištoljem (naročito po glavi)
piston ['pistən] *s mech* stap, pokretni klip, čep; *mus* piston (ventil na limenim duhaljkama)
piston-bearing ['pistənˌbɛəriŋ] *s mech* ležaj stapa
piston ring ['pistənriŋ] *s mech* prsten klipa
piston-rod ['pistənrɔd] *s mech* stapajnica, klipnjača
pit¹ [pit] *s* 1. jama, rupa, graba, šupljina, udubljenje (u zemlji); pećina, spilja; rudnik, rov, zamka, klopka (*lit* & *fig*); ponor, provalija, bezdan, propast; *fig* pakao (*the* ~) 2. *anat* šupljina, duplja 3. udubina, uleknina; otisak, trag; rupica, ožiljak (od boginja) 4. *theat* parket; publika u parketu 5. *mot racing* mjesto gdje se kola opskrbljuju benzinom i dr. 6. grob, raka 7. borilište, rvalište, arena 8. *US sl* dio robne burze određen za poslovanje stanovitom vrstom robe (*wheat* ~) | **coal ~** ugljenokop; *fig* **to dig a ~ for** kopati komu jamu; **~ of the stomach** trbušna šupljina
pit [pit] *vt/i* **I.** *vt* 1. pohraniti, utrapiti, staviti (povrće i dr.) u trap, jamu, rupu; uhvatiti, uloviti u jamu, rupu, u zamku 2. nahuckati (pse), razdražiti (pijetlove) da se bore jedan protiv drugoga; suprotstaviti **II.** *vi* 1. izdubiti se, iznakaziti se (od boginja), uleknuti se 2. boriti se (protiv koga, čega), biti u neprijateljskom taboru
pit² [pit] *s US* koštica voća
pit-a-pat [ˌpitə'pæt] *adv* tik-tak, kuc-kuc, kljuc, brzo, ubrzano (udarati, kucati)
pit-a-pat [ˌpitə'pæt] *adj* koji brzo udara, kuca, lupa, tuče
pit-a-pat [ˌpitə'pæt] *s* zvuk od škropljenja kiše; tapkanje, lupkanje (za korake); lupanje, udaranje, kucanje (srca, bila)
pitch¹ [pitʃ] *s* smola, paklina, katran | **mineral ~** bitumen
pitch¹ [pitʃ] *vt* zaliti, preliti smolom, katranom, katraniti, šuperiti (brod)
pitch² [pitʃ] *vt/i* **I.** *vt* 1. zabosti, zabiti, usaditi (kolac u zemlju i dr.); podići, razapeti (šator, mrežu i dr.) 2. posaditi, postaviti, metnuti, rasporediti, izložiti (robu i dr.) 3. taracati, popločiti, prevući asfaltom 4. procijeniti, odrediti vrijednost, cijenu i dr.; *fig* izraziti na poseban način, posebnim stilom; *fam* izmišljati, pričati 5. baciti, zavitlati; *sport* gađati, nišaniti, zamahnuti; *mus* ugoditi **II.** *vi* 1. utaboriti se, smjestiti se 2. pasti naglavce; *mar* (o lađi) posrtati (naprijed i natrag) 3. (o krovu) nagnuti se, spustiti se | *sl* **to ~ a story** izmisliti priču; **to ~ it strong** pretjerivati, iskititi neistinom
pitch in ['pitʃ'in] *vi coll* svojski se latiti posla; *US* prihvatiti se jela, naklopiti se na jelo
pitch into ['pitʃ'intu] *vi* napasti, udariti (na koga), grditi, ružiti; navaliti (na jelo)
pitch upon ['pitʃə'pɔn] *vi* odlučiti se
pitch² [pitʃ] *s* 1. *mar* ljuljanje lađe oko poprečne osovine 2. *cricket* način dodavanja, bacanja lopte 3. *com* roba izložena na

prodaju, ponuda (u tržnici) 4. mjesto gdje se netko obično zadržava, gdje se nešto obično nalazi; *cricket* mjesto između i oko vratašca 5. visina, stupanj, stepen, jakost; *mus* visina, jakost glasa 6. nagib, naklon, pad, strmina 7. uspon, uzlazak 8. *fig* vrh, vrhunac, vršak 9. bacanje, zamahivanje; udaljenost | **to queer a p's ~** pomrsiti komu račune, osujetiti čije namjere; **the noise rose to a deafening ~** nastala je zaglušna galama

pitch-and-toss [ˈpitʃənˈtɔs] *s* igra s novčićima, glava ili pismo

pitch-black [ˌpitʃˈblæk] *adj* crn kao ugljen; taman kao u rogu

pitchblende [ˈpitʃblend] *s chem* uranov oksid, uranov smolinac

pitch-dark [ˌpitʃˈdaːk] *adj* potpuno taman, mračan kao u rogu

pitcher[1] [ˈpitʃə] *s* vrč, pehar | **little ~s have long ears** djeca sve čuju, treba paziti što se pred djecom govori

pitcher[2] [ˈpitʃə] *s US baseball* igrač koji baca loptu

pitcherful [ˈpitʃəful] *s* ono što stane, koliko stane u vrč

pitchfork [ˈpitʃfɔːk] *s* vile (za sijeno ili sl.)

pitchfork [ˈpitʃfɔːk] *vt* dizati, bacati vilama; *fig* neočekivano, nenadano dovesti, postaviti koga na neko mjesto, položaj

pitchman [ˈpitʃmən] *s* (*pl* **pitchmen** [ˈpitʃmən]) *US* bučni ulični prodavač koji reklamira sitne nove proizvode i sl.

pitch-pine [ˈpitʃpain] *s* smolasti bor (naročito *Pinus rigida*)

pitch-pipe [ˈpitʃpaip] *s mus* mala pištaljka kojom se daje ton

pitchy [ˈpitʃi] *adj* poput smole, katrana, pun smole, smolast, taman, crn

pitcoal [ˈpitkəul] *s* kameni ugljen

piteous [ˈpitiəs] *adj* (**~ly** *adv*) dostojan sažaljenja, koji izaziva, pobuđuje sažaljenje, jadan, bijedan, tužan; ubog; nevoljan; dirljiv, žalostan

pitfall [ˈpitfɔːl] *s* zamka, klopka (i *fig*)

pith [piθ] *s* 1. srž, srčika, moždina, jezgra; *fig* srž, bit, jezgra, suština 2. jakost, snaga; značenje, važnost | **~ and moment** važnost

pith [piθ] *vt* ubiti ili paralizirati (životinju) probadanjem ili presijecanjem moždine u hrptenjači; odstraniti srčiku

pit-head [ˈpithed] *s min* ulaz u jamu, okno

pithiness [ˈpiθinis] *s* jezgrovitost, sažetost; jakost, snaga, energija

pithless [ˈpiθlis] *adj* (**~ly** *adv*) bez srčike, jezgre; *fig* mlohav, slab, mlitav, bez snage, beskičmen

pithy [ˈpiθi] *adj* (**pithily** *adv*) pun srčike, jezgre, jedar; *fig* jezgrovit, sadržajan

pitiable [ˈpitiəbl] *adj* (**pitiably** *adv*) vrijedan sažaljenja, jadan, bijedan, kukavan

pitiableness [ˈpitiəblnis] *s* bijeda, kukavnost, nevolja

pitiful [ˈpitiful] *adj* (**~ly** *adv*) 1. milostiv, milosrdan, koji suosjeća 2. kukavan, jadan, bijedan 3. vrijedan prezira, neznatan, bezvrijedan, beznačajan

pitifulness [ˈpitifulnis] *s* 1. milosrđe, sažaljenje 2. bijeda, nevolja, kukavnost

pitiless [ˈpitilis] *adj* (**~ly** *adv*) nemilosrdan, neumoljiv, nemilostiv, okrutan, bezosjećajan, bezdušan, nesmiljen

pitilessness [ˈpitilisnis] *s* nemilosrdnost, okrutnost, nesmiljenost, bezosjećajnost, beščutnost

pitman [ˈpitmən] *s* (*pl* **pitmen** [ˈpitmən]) kopač u ugljenokopu, rudar

pitpan [ˈpitpæn] *s* izduben čun

pit-saw [ˈpitsɔː] *s* velika pila kojom pile dva čovjeka, jedan na trupcu a drugi ispod u jami

pittance [ˈpitəns] *s* 1. *hist* dnevni obrok hrane (u samostanu), dar (u hrani), izdržavanje 2. mala svota novca, bijedna zarada, mali obrok (hrane)

pituitary [piˈtjuitəri] *adj anat* hipofizni | *anat* **~ gland** hipofiza

pit viper [ˈpitˈvaipə] *s zool* jamičarka (zmija iz porodice *Crotalidae*)

pitwood [ˈpitwud] *s* rudničko drvo

pity [ˈpiti] *s* 1. milosrđe, sažaljenje, smilovanje, milost, samilost, sućut 2. razlog za žaljenje | **to take ~ on** sažaliti se; smilovati se (komu); **what a ~!** kakva šteta!; **it is a ~** šteta je; **for ~'s sake** zaboga!, boga radi; iz sažaljenja; **more's the ~** utoliko gore, utoliko veća šteta

pity [ˈpiti] *vt* sažaljevati, žaliti (koga)

pitying [ˈpitiiŋ] *adj* (**~ly** *adv*) koji suosjeća, koji sažaljuje, žali (koga)

pivot [ˈpivət] *s* 1. *tech* stožer, klin, zaglavnik, čep 2. *mil* krionik (onaj koji je na krilu čete) 3. *fig* glavna, središnja točka

pivot [ˈpivət] *vt/i* **I.** *vt* snabdjeti stožerom, klinom **II.** *vi* okretati se, vrtjeti se oko stožera; *fig* okretati se oko (čega)

pivotal [ˈpivətl] *adj* koji se odnosi na stožer, klin; *fig* važan, centralni, o kojemu što ovisi

pivot-bridge [ˈpivətbridʒ] *s* pokretni most (koji se horizontalno okreće)

pixie (**pixy**) [ˈpiksi] *s* vilenjak, vila

placability [ˌpleikəˈbiliti] *s* pomirljivost, blagost, popustljivost

placable [ˈpleikəbl] *adj* (**placably** *adv*) pomirljiv, popustljiv, blag, koji prašta, zaboravlja

placard [ˈplækaːd] *s* plakat, oglas

placard [ˈplækaːd] *vt* plakatima oglasiti, oblijepiti plakatima, plakatirati

placate [pləˈkeit] *vt* umiriti, pomiriti, smiriti; *US pol* kupiti prešutni pristanak protivne stranke

place [pleis] *s* 1. mjesto, položaj, prostor (koji zauzima neko tijelo, živo biće) 2. predjel, mjesto, kraj; grad, mjesto, selo; prebivalište, obitavalište, kuća, stan;

zgrada, prostorija, trg, mjesto (koje se upotrebljava za posebnu svrhu: ~ *of worship* hram) 3. mjesto na površini tijela i dr.; mjesto, citat u knjizi, tekstu i dr. 4. položaj, služba, čast; dužnost, služba, zaposlenje 5. mjesto (kod stola i dr.), sjedalo (u kazalištu, kolima i dr.) 6. mjesto u slijedu, nizu broja (koje pokazuje njegovu vrijednost) 7. *racing* mjesto koje zauzimaju takmaci | **in** ~ na pravom mjestu, u pravu položaju (& *fig*); **out of** ~ neumjesno, nezgodno; bez službe; **in the first** ~ najprije, na prvom mjestu; **to take** ~ dogoditi se, odigrati se; **to give** ~ **to** ustupiti mjesto, uzmaći, popustiti; **in** ~ **of** mjesto; **to know one's** ~ znati svoje mogućnosti, znati svoje mjesto; **in** ~**s** mjestimice; *US* **to go** ~**s** razgledati znamenitosti; **eight** ~**s were laid** stol je bio prostrt za osam osoba; **in the next** ~ zatim; **to keep one in his** ~ ne dati kome da postane preuzetan; **to take the** ~ **of** zamijeniti koga; **there is no** ~ **like home** svagdje je dobro, ali je kod kuće najbolje; **to hold one's** ~ junački se oprijeti

place [ˈpleis] *vt* 1. staviti, metnuti, postaviti, položiti 2. smjestiti, zaposliti, namjestiti, naći komu posla, službu, mjesto, dati komu položaj, čast 3. *com* uložiti novac, unijeti, knjižiti, podijeliti narudžbu 4. prepoznati, sjetiti se (koga) 5. procijeniti, ocijeniti (čiju) vrijednost, karakter, staviti (koga) na pravo mjesto, poredati po časti, zasluzi i dr. 6. *racing* odrediti mjesta (prvih triju takmaca)

place-kick [ˈpleiskik] *s rugby ftb* slobodni udarac sa zemlje

placeman [ˈpleismən] *s* (*pl* **placemen** [ˈpleismən]) službena osoba (obično *joc*)

place mat [ˈpleismæt] *s* individualna prostirka (na stolu)

placement [ˈpleismənt] *s* postavljanje, stavljanje; namještenje, nalaženje zaposlenja; mjesto, položaj

place-name [ˈpleisneim] *s* ime mjesta

placenta [pləˈsentə] *s* (*pl* ~**e** [pləˈsentiː], ~**s**) *anat, bot, zool* placenta, plodva, posteljica

placer [ˈpleisə] *s min* aluvion

placet [ˈpleiset] *s* odobrenje, pristanak, dozvola | **non-**~ nepristajanje, odbijanje, otklanjanje, negativan glas, neprihvaćanje

placet [ˈpleiset] *vi Lat* glasati, dati svoj pristanak (nepristanak)

placid [ˈplæsid] *adj* (~**ly** *adv*) blag, miran, spokojan, tih

placidity [plæˈsiditi] *s* blagost, mir, spokojnost, mirnoća

placket [ˈplækit] *s* raspor sa zatvaračem u struku suknje ili haljine (radi lakšeg oblačenja i svlačenja)

plagal [ˈpleigl] *adj mus* kojemu je temeljna nota između dominante i njene oktave

plagiarism [ˈpleidʒiərizm] *s* književna krađa, plagijat

plagiarist [ˈpleidʒiərist] *s* plagijator, čovjek koji plagira

plagiarize [ˈpleidʒiəraiz] *vt* plagirati, učiniti plagijat

plagiary [ˈpleidʒiəri] *s* → **plagiarism**

plague [pleig] *s* pomor, pošast, kuga; *fig* kazna, pokora, zlo, nesreća; *coll* muka, pokora, nevolja | ~ **on it!** do vraga!; **he is a regular** ~ on je prava napast

plague [pleig] *vt* okužiti, zaraziti; *coll* dodijavati, mučiti, gnjaviti | **to** ~ **a p's life out** salijetati koga, dosađivati komu

plaguesome [ˈpleigsəm] *adj coll* dosadan, nesnosan, koji zadaje muke, jada

plague-spot [ˈpleigspɔt] *s med* kužna micina; kraj u kome vlada, hara kuga; *fig* izvor, znak moralne pokvarenosti

plaguy [ˈpleigi] *adj* (**plaguily** *adv*) *coll* dosadan, nesnosan

plaguy [ˈpleigi] *adv coll* strašno, užasno; potpuno, preko svake mjere

plaice [pleis] *s ichth* iverak (*Pleuronectes platessa*)

plaid [plæd] *s* vunen pokrivač, deka (s kockastim šarama), pled; karirana tkanina

plaid [plæd] *adj* kariran, kockast

plain [plein] *s* ravnica, ravan, ravnina, nizina, poljana; bojište; ravna površina

plain [plein] *adj* (~**ly** *adv*) 1. ravan, gladak, plosnat 2. jasan, očit, očigledan, vidljiv; shvatljiv, razumljiv 3. jednostavan, bez ukrasa; skroman, običan; jednobojan; nezačinjen, prost (za hranu) 4. otvoren, iskren, koji ne okoliša; neuglađen, neprofinjen, naravan, neistančan 5. ružan, neugledan (za osobu); *fig* gol, čist | **to be** ~ **with** ne okolišati, govoriti otvoreno, bez uvijanja; ~ **clothes** civilno odijelo; ~ **as a pikestaff, as** ~ **as point** jasno kao dan, kao sunce; **in** ~ **English** dobrim, jednostavnim jezikom; ~ **cooking** jednostavna, domaća kuhinja; ~ **sewing** bijeli vez, šivanje bijelog rublja; ~ **dealing** pošten postupak

plain [plein] *adv* jasno, razumljivo; otvoreno, pošteno

plain [plein] *vi arch poet* tugovati; žaliti se, jadati se, plakati, naricati

plainback [ˈpleinbæk] *s text* tkanina od češljane vune s glatko tkanim naličjem

plainclothesman [ˈpleinkləuðzˈmæn] *s* policajac u civilu

plain-looking [ˈpleinˌlukiŋ] *adj* ružan

plainnes [ˈpleinnis] *s* jasnoća, vidljivost, očiglednost, shvatljivost, razumljivost; jednostavnost, skromnost; otvorenost, iskrenost, čestitost; naravnost, prirodnost; neuglednost, ružnoća

plainsman [ˈpleinzmən] *s* čovjek iz ravnice, stanovnik prerije

plainsong ['pleinsɔŋ] *s* tužaljka, naricaljka
plain-spoken [ˌplein'spəukn] *adj* otvoren, iskren, pošten, koji ne okoliša
plaint [pleint] *s jur* tužba, optužba; *poet* naricaljka, tužaljka; tužba
plaintiff ['pleintif] *s jur* tužitelj, tužilac
plaintive ['pleintiv] *adj* (**~ly** *adv*) tugaljiv, žalostan, žaloban, plačan
plain-work ['pleinwəːk] *s* šivanje bijelog rublja
plait [plæt] *s* bora, nabor (na tkanini, haljini); pletenica (kose), splet
plait [plæt] *vt* slagati u bore, nabore, nabrati, nabirati; plesti, splesti
plan [plæn] *s* 1. nacrt, tlocrt, plan, projekt, osnova 2. namjera, osnova, zamisao | *US* **American ~** (u hotelu) soba s obrocima
plan [plæn] *vt* nacrtati plan, načiniti nacrt, sastavljati, razrađivati projekte, planove, planirati; *fig* smišljati, snovati, nakaniti
planarian [plə'neiriən] *s zool* trepetaš (razred *Turbellaria*)
planch [plaːnʃ] *s* metalna (ili kamena) ploča
planchette [plaːn'ʃet] *s* pločica u obliku srca na kotačićima, za koju je pričvršćena olovka (upotrebljava se na spiritističkim seansama)
plane¹ [plein] *s bot* platana
plane² [plein] *adj* ravan, plosnat, ujednačen, u istoj visini
plane [plein] *vt* izravnati, poravnati (*down*), strugati, blanjati, izgladiti (*away*)
plane [plein] *vi* voziti se u avionu, jedrilici
plane³ [plein] *s* ravnica, râvan, ravnina, nizina; *geom* ravnina; *fig* stupanj, stepen, visina, nivo; *coll* avion; krilo (aviona); *min* glavni hodnik u rovu rudnika | **inclined ~** kosina
planet¹ ['plænit] *s astr* planet | *mech* **sun-and-~** sistem zupčanika u kojem se kotač okreće oko svoje osi i ujedno oko drugog kotača koji on pokreće
planet² ['plænit] *s* misnička odjeća
planetarium [ˌplæni'tɛəriəm] *s* planetarij
planetary ['plænitəri] *adj* planetni; zemaljski, svjetovni; *fig* koji luta, putuje, nestalan
planetoid ['plænətɔid] *s* asteroid
plane-tree ['pleintriː] *s bot* platana
planimeter [plæ'nimitə] *s* planimetar
planimetry [plæ'nimitri] *s* planimetrija
planing-bench ['pleiniŋbentʃ] *s* stolarska klupa, stružnica
planish ['plæniʃ] *vt* izravnati (metalnu ploču i dr.), spljoštiti, rastanjiti; izgladiti, izglačati (fotografiju); glatko istrugati
planisher ['plæniʃə] *s* ravnač
plank [plæŋk] *s* 1. planka, debela daska, trenica, podnica; *mar* platnica 2. *US* načelo, program, princip (političke stranke) | *fig* **to walk the ~** ići u sigurnu smrt
plank [plæŋk] *vt* daskama obložiti, popoditi | **to ~ it** na tvrdom ležati
plank down ['plæŋk'daun] *vt* odložiti, spustiti, položiti; *sl* platiti u gotovu, unaprijed
plank-bed ['plæŋkbed] *s* ležaj u zatvoru (od dasaka)
planking ['plæŋkiŋ] *s* daske, pod, podnice
plank-saw ['plæŋksɔː] *s* pila za daske
plankton ['plæŋktɔn] *s biol* plankton
planless ['plænlis] *adj* bez plana, besciljan
planner ['plænə] *s* planer
planning ['plæniŋ] *s* planiranje, planski smišljen rad i dr., razrađivanje planova, projekata
plant [plaːnt] *s* 1. biljka; sadnica, mladica 2. oprema, sve potrepštine, materijal za kakav pogon; postrojenje, tvornica; *sl* smicalica, zamka; policijska zasjeda; varka, prijevara; *fig* duhovni inventar | **in ~** u rastu, u cvatu; **to lose ~** sušiti se, venuti; **to miss ~** ne proklijati, ne isklijati
plant [plaːnt] *vt* 1. saditi, posaditi (*in*), zasaditi (*with* čime), posijati (*on* na), zasijati (*with* čime); usaditi, učvrstiti (u zemlju); staviti, metnuti; *sl* postaviti koga (kao špijuna) 2. osnovati, utemeljiti (grad, društvo i dr.), naseliti, kolonizirati (naseljenike), urediti, ukrasiti, zasaditi (drvećem); *fig* zasaditi, usaditi, utuviti, uliti, ucijepiti (ideju, misao i dr.) 3. smjestiti, prilijepiti (udarac, ćušku); *US* skriti, sakriti; pokopati 4. *fam* ostaviti koga na cjedilu; pohraniti ukradene stvari; zadati (udarac) | **to ~ a th on a p** utrapiti komu što, podvaliti; **to be ~ed** stajati kao ukopan
plant out ['plaːnt'aut] *vt* posaditi u razmacima; presaditi
plantable ['plaːntəbl] *adj* koji se može zasaditi, posaditi; presaditi
plantain ['plæntin] *s bot* trputac (*Plantago*); admaščica, brašnata banana, konjska banana (*Musa paradisiaca*)
plantation [plæn'teiʃn] *s* plantaža, nasad (pamuka, kave i dr.)
planter ['plaːntə] *s* zemljodjelac, sadilac; plantažer; naseljenik; osnivač, utemeljitelj; sadilac, stroj za sađenje
planthouse ['plaːnthaus] *s* staklenik, rasadnik za bilje
plantlet ['plaːntlit] *s* biljčica, mlada biljka
plaque [plaːk] *s* metalna (emajlirana) pločica (koja služi kao ukras, kopča, znak i dr.); komemorativna ploča; *med* ploča (kod kožne bolesti)
plaquette [plæ'ket] *s* plaketa, ploča s reljefom
plash¹ [plæʃ] *s* plitka bara, lokva, kaljuža
plash² [plæʃ] *s* zapljuskivanje, pljuskanje, žubor, romon

plash [plæʃ] *vt/i* **I.** *vt* dodirnuti, dotaći, uzbibati (površinu vode); uprskati, poprskati, zaprskati **II.** *vi* pljuskati, prskati, brčkati

plash [plæʃ] *vt* savinuti granje i splesti ga u živicu, potkresivati živicu

plashy[1] ['plæʃi] *adj* močvaran, barovit, glibovit, kaljužast; vlažan

plashy[2] ['plæʃi] *adj* koji pljuska, zapljuskuje, koji žubori, romoni

plasm [plæzm] *s biol* plazma, protoplazma

plasma ['plæzmə] *s* 1. *minr* zelena vrsta kvarca 2. plazma, bezbojna tekućina (bez bijelih i crvenih krvnih tjelešaca) od koje se sastoji krv, krvna plazma 3. plazma (četvrto agregatno stanje) | ~ **membrane** *biol* stanična membrana

plasmatic [plæz'mætik] *adj* plazmatičan, koji se odnosi na plazmu, protoplazmu

plasmic ['plæzmik] *adj* plazmičan, koji se odnosi na plazmu

plasmodium [plæz'məudiəm] (*pl* **plasmodia** [plæz'məudiə]) *bot, zool* plazmodij

plasmolysis [plæz'mɔlisis] *s biol* plazmoliza

plaster ['pla:stə] *s med* melem, flaster; žbuka, lijep, maz, kreč, gips, sadra; štukatura | ~ **of Paris** bijeli gips

plaster ['pla:stə] *vt* 1. žbukati, olijepiti, omazati, okrečiti, prevući, ukrasiti gipsom, štukaturiti 2. staviti melem, pokriti flasterom 3. čistiti sadrom (vino)

plaster-cast ['pla:stəka:st] *s* gipsani odljev; *surg* sadreni povoj, gips

plastered ['pla:stəd] *adj sl* pijan

plasterer ['pla:stərə] *s* radnik sadrom, štukom, štukater

plastering ['pla:stəriŋ] *s* žbukanje, mazanje sadrom, krečenje; štukatura, ukras od gipsa, sadre; čišćenje (vina) sadrom

plastery ['pla:stəri] *adj* poput žbuke, gipsa, sadre, od žbuke, gipsa, sadre

plastic ['plæstik] *adj* (~**ally** *adv*) 1. plastičan, koji može zadobiti i sačuvati oblik 2. koji ima lijepe i gipke forme, koji se može modelirati, gibak; *fig* koji se može formirati, povodljiv (o karakteru) 3. plastičan, reljefan, slikovit, jasan, uočljiv | ~ **arts** kiparstvo, keramička umjetnost

plastic ['plæstik] *s* plastična masa, plastika; predmet napravljen od plastike

plasticine ['plæstisi:n] *s* plastelin

plasticity [plæs'tisiti] *s* sposobnost za oblikovanje, plastičnost, gipkost (*fig* & *lit*); slikovitost

plasticizer ['plæstisaizə] *s* plasticizer

plastid ['plæstid] *s biol* plastid

plastron ['plæstrən] *s* 1. prsni oklop, kožni prsluk za mačevanje 2. ukrasni dio na prsima na ženskoj haljini; uškrobljena prsa (muške košulje); trbušni oklop (kornjače)

plat[1] [plæt] *s* malen komad zemljišta, polja; plan čestica (parcela) za građenje (gradilišta)

plat[2] [plæt] *s* pletenica; splet

plat [pla:] *s Fr* jelo (kao dio objeda, večere i dr.)

platan ['plætən] *s bot* platana

plate [pleit] *s* 1. metalna ploča, metalni poklopac, metalni oklop, metalni listić, metalna ploča za graviranje, otisak s takve pločice, bakrorez; metalna pločica s imenom, adresom, natpisom i dr.; tabela, ilustracija, slika (u knjizi) 2. fotografska ploča; *print* klišej, otisak; *archit* greda na kojoj stoji krov kuće 3. srebrnina, srebro, galvanizirano srebro, zlato (stolno posuđe i dr.) 4. pladanj, tanjur, plitica; pojedino jelo u obroku 5. srebrni ili zlatni pehar (nagrada prilikom utrka) 6. *med* nepce od plastičnog materijala (na kojem su pričvršćeni umjetni zubi); *radio* anoda cijevi 7. vrsta željezničkih tračnica | **thin** ~ lim; **steel** ~ čelični lim; **finger** ~ okrugla ploča s rupicama na telefonskom brojčaniku; **hour** ~ brojčanik na satu; **to put his** ~ **in Harley Street** otvoriti ordinaciju, započeti liječničku praksu

plate [pleit] *vt* prevući metalnim pločama, oklopiti (brod); prevući metalom, galvanizirati, posrebriti, pozlatiti; *print* urediti slog za tiskanje, štampanje

plate-armour ['pleit,a:mə] *s* oklop od ploča (na brodu), pločasti oklop

plateau ['plætəu] *s* visoravan, plato

plate-basket ['pleit,ba:skit] *s* košarica za viljuške, noževe i drugi stolni pribor

plateful ['pleitful] *s* ono što stane na tanjur, količina hrane koja može stati na tanjur

plate-glass [,pleit'gla:s] *s* debelo staklo za izloge, ogledala i dr.

plate-iron ['pleit,aiən] *s* crni lim

plate-layer ['pleit,leiə] *s* polagač željezničkih tračnica

platelet ['pleitlit] *s* (krvna) pločica

platen (**platten**) ['plætn] *s print* gornja ploča za pritisak; valjak (na pisaćem stroju)

plate-powder ['pleit,paudə] *s* prah za čišćenje srebra

plater ['pleitə] *s* galvanizer; radnik koji radi na postavljanju oklopa na ratnom brodu

platform ['plætfɔ:m] *s* 1. zaravanak, plato 2. platforma, terasa; govornica, podij 3. uzvisina od dasaka duž tračnica na željezničkoj stanici; nasip 4. *fig* platforma, mjesto gdje se može iznijeti svoje mišljenje i dr.; program rada političke stranke

platform ['plætfɔ:m] *vt/i* **I.** *vt* dignuti, staviti koga na platformu (da govori) **II.** *vi* govoriti s platforme

platform-car ['plætfɔ:mka:] *s rly* otvoreni vagon, platforma

platform scale ['plætfɔːmskeil] *s* mosna vaga
plating ['pleitiŋ] *s* galvaniziranje, posrebrivanje; metalna prevlaka, galvaniziran metal; oklop; utrka za nagradu, za pehar
platinize ['plætinaiz] *vt* platinirati, prevući platinom
platinotype ['plætinətaip] *s phot* platinski tisak; fotografija koja se dobiva takvim postupkom
platinum ['plætinəm] *s chem* platina
platitude ['plætitjuːd] *s* plitkost, plitkoća (duha), otrcana primjedba (naročito kad je tobože vrlo nova i originalna)
platitudinarian ['plæti͵tjuːdi'nεəriən] *s* osoba koja je suhoparna, koja nema duha, koja brblja otrcane fraze i dr.
platitudinarian ['plæti͵tjuːdi'nεəriən] *adj* plitak, svakidašnji, suhoparan, običan, poznat, otrcan
platitudinize [͵plæti'tjuːdinaiz] *vi* govoriti svima poznate, općenito poznate plitkosti
platitudinous [͵plæti'tjuːdinəs] *adj* suhoparan, običan, plitak, otrcan
Platonic [plə'tɔnik] *adj* (**~ally** *adv*) platonski (koji se odnosi na Platona i njegovu filozofiju), (obično **p~**) platonski (duhovan: odnos između muškarca i žene)
Platonism ['pleitənizm] *s* platonizam, naučavanje grčkog filozofa Platona
platonist ['pleitənist] *s* platonist, sljedbenik platonizma
platonize ['pleitənaiz] *vt* tumačiti što u duhu platonizma, idealizirati
platoon [plə'tuːn] *s mil* vod
platoon [plə'tuːn] *vt* podijeliti na vodove
platoon sergeant [plə'tuːn'saːdʒənt] *s US mil* vodni podoficir, zamjenik komandira voda
platter ['plætə] *s arch* plitica, plitka zdjela; drven pladanj
plaudit ['plɔːdit] *s* pljeskanje, odobravanje, aplauz
plausibility [͵plɔːzə'biliti] *s* vjerojatnost, vjerodostojnost, prihvatljivost, uvjerljivost
plausible ['plɔːzəbl] *adj* (**plausibly** *adv*) plauzibilan, uvjerljiv, vjerojatan
play [plei] *s* 1. igra, zabava, igranje, dokolica, razonoda, šala, razbibriga 2. postupak, rad, vladanje, držanje 3. *theat & mus* gluma, predstavljanje, igra; kazališni komad, drama; muzički komad; *fig* sloboda rada, kretanja i dr., mogućnost, zamah, razmah, prostor 4. treperenje, titranje, prelijevanje, igra boja (svjetla) 5. djelovanje, djelatnost; hod, gibanje, kretanje; nerad, dangubljenje 6. kockanje, kartanje 7. *sport* igra | **to make ~** uspješno djelovati; **~ of words** igra riječima; **~ (up)on words** igra riječi, šarada; **fair ~** pošten postupak, poštena igra; **foul ~** prijevara, podvala, nepošten postupak; **in ~** u igri, u šali; **to come into ~** početi se kretati, početi raditi, djelovati; **to bring into ~** staviti u pogon, pokrenuti; **in full ~** u punom pogonu, u jeku; **to give the full ~ to one's fancy** dati maha mašti; **it is my ~** ja izigravam, na meni je red
play [plei] *vi/t* **I.** *vi* 1. igrati se, šaliti se, zabavljati se; skakutati 2. zaigrati, zatreperiti, titrati, svjetlucati, prelijevati se; vijati se, vijoriti se, lepršati (zastava i dr.) 3. kretati se, okretati se, gibati se, ići, raditi, biti u pogonu, pokretu (o mehanizmu); skakati (vodoskok), štrcati (šmrk, štrcaljka), letjeti, kliziti 4. pucati, paliti (top) 5. igrati (za igru), baviti se nekim sportom; *sport* nišaniti, ciljati, gađati 6. ponašati se, vladati se 7. kockati se, igrati za novce 8. biti u dobru stanju (igralište) 9. svirati, davati glas, puštati zvuk (o instrumentu) 10. *theat* glumiti, igrati (ulogu i dr.) 11. *dial* ne raditi, praznovati, ne ići na posao, biti u štrajku **II.** *vt* 1. pokrenuti, staviti u pogon, pokret, upotrebljavati, rukovati, služiti se čim, upravljati 2. paliti, opaliti (top i dr.), pucati (iz topova i dr.) 3. izmoriti, zamoriti (ribu udicom) 4. igrati tenis i dr.; nišaniti, ciljati, gađati; bacati (loptu) 5. *fig* u šali oponašati 6. napraviti šalu i dr. 7. igrati karte (ili koju drugu igru), izigrati (kartu i dr.) 8. svirati (na nekom instrumentu), izvoditi muzičko djelo; dočekati, ispratiti s muzikom 9. *theat* igrati, glumiti ulogu 10. *fig* ponašati se, vladati se kao, predstavljati (koga), igrati neku ulogu | **to ~ along (with)** surađivati (sa), pridružiti se (komu); **to ~ a good stick** biti dobar mačevalac, dobro se mačevati; **to ~ ducks and drakes** 1. igrati se žabica (na vodi) 2. *fig* poigravati se s kim; **to ~ ball with a p** postupati pošteno s kime; **to ~ fair** raditi pošteno, igrati s otvorenim kartama; **to ~ by ear** svirati po sluhu; **to ~ the game** raditi pošteno; **to ~ fast and loose** neozbiljno, neodgovorno se ponašati, iskorišćivati koga, poigravati se s kim; **to ~ into the hands** raditi u čiju korist, nehotice ići na ruku; **to ~ hooky** *US* neopravdano izostati iz škole, markirati; *sl* **to ~ it on** prevariti koga, iskoristiti čiju slabost; **to ~ it low on, to ~ down on** prevariti, nasamariti, izigrati koga; **to ~ upon the square** pošteno raditi, igrati s otvorenim kartama; **to ~ upon words** igrati se riječima; **to ~ booty** varati, prevariti, skovati prijevaru; *fig* **to ~ one's cards well** iskoristiti priliku; **to ~ first (second) fiddle** igrati važnu, glavnu (nevažnu, sporednu) ulogu; *fig* **to ~ up to** ulagivati se komu, laskati, raditi po čijoj volji; **to ~ into one another** surađivati; nadopunjavati se; **to ~**

into each other's hands potpomagati se; *mil* to ~ on gađati, nišaniti, ciljati; to ~ on a p prevariti, nasamariti koga; to ~ to a p izdavati se za što pred kime; to ~ a good knife and fork jesti s dobrim tekom, mazati; to ~ one a trick napraviti komu psinu, podvaliti; to ~ one's cards brinuti se za sebe, gledati svoj posao; to ~ the devil (deuce) with pomrsiti, pokvariti račune; to ~ tricks with našaliti se s kim, podvaliti komu; to ~ for time odugovlačiti, zavlačiti; he is not to be ~ed with s njim nema šale; to ~ for love igrati za zabavu (ne za novce); to ~ the fool praviti od sebe ludu; to ~ the knave varati; to ~ safe ići nasigurno

play away ['pleiə'wei] *vi/t* **I.** *vi* gubiti **II.** *vt* proigrati, izgubiti novac u igri, trošiti novce; *fig* trošiti, rasipati (zdravlje), tratiti

play off ['plei'ɔf] *vt* glumiti, pretvarati se, izigravati; izigrati, prevariti (koga), podrugivati se (komu)

play out ['plei'aut] *vt* izigrati (kartu i dr.); iscrpiti, iskoristiti, završiti, svršiti, odigrati | **played out** zastario; bezvrijedan

play up ['plei'ʌp] *vi/t* **I.** *vi* zalagati se, sudjelovati svim srcem u igri; aktivno sudjelovati (u razgovoru, poslu i dr.) **II.** *vt* igrati (neku igru) svim srcem, zalagati se za igru; *US* reklamirati

playable ['pleiəbl] *adj* koji se može igrati, odigrati, na čemu se može igrati (teren, zemljište)

playact ['pleiækt] *vi* glumiti (u kazališnom komadu); *fig* teatralno se ponašati

play-actor ['plei,æktə] *s joc* glumac

playback ['pleibæk] *s* plejbek, preslušavanje snimke (na magnetofonu i sl.)

play-bill ['pleibil] *s* kazališni oglas, program

play-book ['pleibuk] *s* tekst komada (za glumce)

play-box ['pleibɔks] *s* kutija, kovčežić za igračke

playboy ['pleibɔi] *s* plejboj

play-club ['pleiklʌb] *s sport golf* udarač (štap)

play-day ['pleidei] *s* školski praznik; *dial* dan na koji se ne ide na posao (zbog štrajka)

play-debt ['pleidet] *s* kartaški dug

player ['pleiə] *s* igrač; glumac; svirač; kockar; gramofon

player piano ['pleiəpi'ænəu] *s US* automatski klavir

playfellow ['plei,feləu] *s* drug u igri

playful ['pleiful] *adj* (~**ly** *adv*) nestašan, veseo, živahan, obijestan, šaljiv, koji se voli zabavljati, šaliti; učinjen u šali, rečen u šali

playfulness ['pleifulnis] *s* nestašnost, veselost, živahnost, obijest, raspoloženost za šalu, igru, zabavu

playgame ['pleigeim] *s fig* obična šala, igrarija, sitnica, igra

playgoer ['plei,gəuə] *s* čest ili redovit posjetilac kazališta

playground ['pleigraund] *s* igralište; omiljeno izletište

playhouse ['pleihaus] *s* kazalište; dječja kućica; kuća za lutku

playing ['pleiiŋ] *s* igranje, sviranje; igra

playing cards ['pleiiŋka:dz] *s pl* igraće karte

playing field ['pleiiŋfi:ld] *s* igralište (za neku određenu vrstu sporta)

playlet ['pleilit] *s* dramolet

playmate ['pleimeit] *s* → **playfellow**

play-off ['pleiɔf] *s sport* majstorica; finalna utakmica; ponovno igranje neriješene utakmice

playpen ['pleipen] *s* ogradica (u kojoj se malo dijete može bez opasnosti igrati)

playroom ['pleirum] *s US* soba za igru i zabavu

plaything ['pleiθiŋ] *s* igračka (*lit* & *fig*)

playtime ['pleitaim] *s* vrijeme igre, zabave, razonode

playwright ['pleirait] *s* pisac kazališnih komada, dramatičar

plaza ['pla:zə] *s US* trg, tržnica

plea [pli:] *s* 1. *jur* pravni spor, parnica; obrana, replika, prigovor 2. izgovor, opravdanje, izlika 3. molba, preklinjanje; zahtjev

pleach [pli:tʃ] *vt* ispreplesti, preplesti (granje živice)

plead [pli:d] *vi/t* **I.** *vi* 1. *jur* obraćati se sudu; braniti se, govoriti pred sudom; izjaviti, izjasniti se 2. zastupati, zauzimati se, boriti se, govoriti (*for*) za koga, u čiju korist, pledirati **II.** *vt* 1. *jur* zauzimati se za koga, braniti (pred sudom) koga, zastupati 2. braniti (što), zauzimati se (*with*) kod koga (*for*) za koga 3. ispričavati (koga), pozivati se na što, iznositi razloge, navesti kao dokaz ili opravdanje

pleadable ['pli:dəbl] *adj* koji se može navesti kao pravni razlog, koji se može uzeti kao opravdanje, o kojem se može raspravljati, pravovaljan; opravdan, obrazložen, uvjerljiv

pleader ['pli:də] *s jur* branitelj, odvjetnik; *fig* branitelj, zastupnik; pristaša

pleading ['pli:diŋ] *s* 1. *jur* obrana, zastupanje, opravdanje; *pl* parbeni spisi, iskazi parničkih stranaka, sudbena rasprava 2. molba, zauzimanje, plediranje 3. *coll* izvrtanje paragrafa

pleading ['pli:diŋ] *adj* (~**ly** *adv*) koji moli, preklinje, koji se zauzima (*for* za)

pleasance ['plezəns] *s* 1. *arch* zadovoljstvo, veselje, užitak 2. vrt, perivoj, vrt za zabavu

pleasant ['pleznt] *adj* (~**ly** *adv*) ugodan, prijatan; ljubak, mio; *arch* šaljiv, dosjetljiv, veseo

pleasantness ['plezəntnis] *s* ugodnost, prijatnost; ljupkost; živahnost, veselje
pleasantry ['plezntri] *s* veselje, živahnost; šala, dosjetka, duhovitost, doskočica
please [pli:z] *vt/i* **I.** *vt* 1. ugoditi, ugađati (komu), zadovoljiti koga 2. veseliti, razveseliti 3. dopadati se (komu), goditi (čemu) **II.** *vi* 1. dopadati se, sviđati se, militi se, goditi, biti ugodan, biti po volji 2. htjeti, izvoljeti, blagoizvoliti | **he is hard to ~** njemu je teško ugoditi; **~ yourself** radite kako vam se sviđa; **to be ~d with** biti kim (čime) zadovoljan; **I shall be ~d to** bit će mi drago da; **if you ~** ako vam je po volji; izvolite; s dopuštenjem; molim vas lijepo, zamislite!; **~ God** ako Bog da; **~ sit down** izvolite sjesti; **~ not** molim nemojte; **let them say what they ~** neka govore što hoće
pleased [pli:zd] *adj* (**~ly** *adv*) veseo, zadovoljan, sretan
pleasing ['pli:ziŋ] *adj* (**~ly** *adv*) ugodan, prijatan
pleasurable ['pleʒərəbl] *adj* (**pleasurably** *adv*) koji pruža zadovoljstvo, prijatnost, u kojem se može uživati, ugodan
pleasure ['pleʒə] *s* 1. veselje, radost, zadovoljstvo, užitak; čulni užitak 2. (iza posvojne zamjenice) želja, volja, izbor 3. razonoda, zabava, odmor 4. uživanje (putem čula) | **man of ~** čovjek koji voli tjelesne, čulne užitke; **what is your ~?** što izvolijevate?; **at ~** po volji, prema želji
pleasure ['pleʒə] *vt/i* **I.** *vt* pružati, praviti (komu) veselje, goditi, ugoditi (komu) **II.** *vi* uživati, ugađati (sebi)
pleasure-boat ['pleʒəbəut] *s* izletnički brod
pleasure-ground ['pleʒəgraund] *s* zabavište (u parku), park za zabavu, za razonodu
pleat [pli:t] *s* nabor, bora (na tkanini, haljini), plise
pleat [pli:t] *vt* složiti, slagati u bore, nabore, nabrati, nabirati (tkaninu), plisirati
pleb [pleb] *s sl* → **plebeian**
plebe [pli:b] *s US sl* pitomac u pomorskoj ili vojnoj akademiji
plebeian [pli'bi:ən] *s* plebejac, čovjek iz puka, pučanin; prostak
plebeian [pli'bi:ən] *adj* plebejski, pučki; prostački, prost, grub, neotesan
plebiscitary ['plebisitəri] *adj* plebiscitarni, stvoren, donesen, izabran, zaključen narodnom odlukom, voljom
plebiscite ['plebisit] *s* plebiscit
plebs [plebz] *s* (*pl* **plebes** ['pli:bi:z]) plebs; obični ljudi, široke narodne mase
pledge [pledʒ] *s* 1. zalog, jamstvo; jamac 2. dokaz, znak (ljubavi, vjernosti i dr.) 3. obećanje, riječ, vjera, obaveza 4. zdravica, nazdravica | **under ~ of secrecy** pod obavezom držanja u tajnosti; **to take (sign) the ~** odreći se (žestokih) pića; **to put in ~** dati u zalog, založiti, zadati (riječ); **to take in ~** uzeti kao zalog, jamstvo
pledge [pledʒ] *vt* 1. založiti, dati u zalog; *fig* dati, zadati riječ, obećati, obvezati se 2. nazdraviti, piti u čije zdravlje | **to ~ one's word** zadati riječ, vjeru
pledgeable ['pledʒəbl] *adj* koji se može založiti, kojim se može jamčiti
pledgee [ple'dʒi:] *s* onaj koji prima, uzima zalog, jamstvo
pledger ['pledʒə] *s* onaj koji daje zalog, jamstvo, jamac, zalagač
pledging ['pledʒiŋ] *s* hipotekarno opterećenje zemljišnog posjeda
plenary ['pli:nəri] *adj* (**plenarily** *adv*) 1. potpun, apsolutan, neograničen 2. pun, potpun, opći, plenarni, komu prisustvuju svi članovi | **~ powers** neograničena ovlast, punomoć; **~ session** plenarna sjednica
plenipotentiary [,plenipə'tenʃəri] *adj* opunomoćen (o osobi); neograničen, apsolutan (za vlast)
plenipotentiary [,plenipə'tenʃəri] *s* opunomoćeni poslanik, ambasador
plenitude ['plenitju:d] *s* punoća, potpunost, bogatstvo, obilje; *med* sitost
plenitudinous [pleni'tju:dinəs] *adj* obilan, obilat; debeo, krupan
plenteous ['plentjəs] *adj* (**~ly** *adv*) *poet* obilan, pun, bogat; izdašan, plodan
plentiful ['plentiful] *adj* (**~ly** *adv*) obilan, bogat
plenty ['plenti] *s* obilje, izobilje, mnoštvo, obilnost | **horn of ~** rog izobilja
plenty ['plenti] *adj pred* & *adv coll* (dovoljno) širok, velik, prostran; obilan, obilno, prilično, puno, mnogo
plenum ['pli:nəm] *s* (*pl* **~s, plena** ['pli:nə]) 1. prostor ispunjen nekom tvari 2. plenum
pleonasm ['pli:ənæzm] *s rhet* pleonazam
pleonastic [pliə'næstik] *adj* (**~ally** *adv*) *rhet* pleonastičan
plethora ['pleθərə] *s med* pletora; *fig* preobilje, pretek, pretičak; prenapunjenost
plethoric [ple'θɔrik] *adj* (**~ally** *adv*) *med* pletoričan; *fig* preobilan, prepun, prebogat
pleura ['pluərə] *s anat* pleura, porebrica, plućna maramica
pleural ['pluərəl] *adj* pleuralan
pleurisy ['pluərisi] *s med* pleuritis, upala porebrice
pleuritic [pluə'ritik] *adj* (**~ally** *adv*) *med* pleuritičan, koji se odnosi na pleuritis, upalu porebrice
pleuro-pneumonia [,pluərəunju'məunjə] *s med* pleuropneumonija
plew [plu:] *s* dabrova koža
plexus ['pleksəs] *s* (*pl* **~es, ~**) *anat* pleksus, splet

pliability [ˌplaiəˈbiliti] *s* gipkost; *fig* prihvatljivost, popustljivost, povodljivost
pliable [ˈplaiəbl] *adj* (**pliably** *adv*) gibak, savitljiv; *fig* popustljiv, prihvatljiv, povodljiv, prilagodljiv
pliancy [ˈplaiənsi] *s* gipkost; *fig* popustljivost, prihvatljivost, povodljivost, prilagodljivost
pliant [ˈplaiənt] *adj* (**~ly** *adv*) → **pliable**
plication [plaiˈkeiʃn] *s* savijanje, nabiranje, nabor
pliers [ˈplaiəz] *s pl* kliješta za žicu; kombinirke
plight[1] [plait] *s* svečana obaveza, obećanje; zaruke
plight [plait] *vt* dati, zadati riječ, vjeru, obećati, priseći vjernost | **to ~ one's troth** obećati brak, zaručiti (se)
plight[2] [plait] *s* stanje, položaj, loše stanje, nepovoljne okolnosti
plim [plim] *vt/i dial* **I.** *vt* napuhati, nadunuti **II.** *vi* nateći, oteći, narasti, napuhnuti se, naduti se
plimsolls [ˈplimsəlz] *s pl* tenisice
plinth [plinθ] *s archit* podnožje, osnova stupa, ploča, podstavak, stopa
Pliocene [ˈplaiəsiːn] *adj geol* pliocenski
Pliocene [ˈplaiəsiːn] *s geol* pliocen
plod [plɔd] *vi/t* **I.** *vi* klipsati, teško, s naporom raditi, učiti, napredovati i dr., rintati
plod [plɔd] *s* mučan, naporan rad (*lit* & *fig*)
plodder [ˈplɔdə] *s* trudbenik; *fig* neumoran radnik, bubalo
plop [plɔp] *s* pad teška predmeta, zvuk koji time nastaje
plop [plɔp] *adv* tras, tres
plop [plɔp] *vt/i* **I.** *vt* teško udariti, lupiti **II.** *vi* pljusnuti, bućnuti
plosion [ˈpləuʒn] *s phon* eksplozija (zraka)
plosive [ˈpləusiv] *adj phon* zatvorni, praskavan, eksplozivan
plosive [ˈpləusiv] *s phon* zatvorni, praskavan ili eksplozivan glas
plot[1] [plɔt] *s* čestica, parcela; mjesto, mjestance
plot [plɔt] *vt* nacrtati (krivulju i dr.), unositi, unijeti u dijagram, prikazati grafički
plot[2] [plɔt] *s* 1. zavjera, urota 2. nacrt, plan; zaplet (u drami), radnja, fabula
plot [plɔt] *vt/i* **I.** *vt* kovati, smišljati (zavjeru, urotu); snovati, misliti, skovati, zametnuti **II.** *vi* sudjelovati u zavjeri; praviti planove
plotless [ˈplɔtlis] *adj* bez plana, bez radnje (za književno djelo)
plotter [ˈplɔtə] *s* 1. tehnički crtač, risač dijagrama 2. urotnik, zavjerenik; spletkar; začetnik
plotting-paper [ˈplɔtiŋˌpeipə] *s* milimetarski papir
plough (**plow**) [plau] *s* 1. plug, ralo 2. oranica 3. *tech* blanja za ustruške, strug 4. plug, ralica za krčenje snijega i dr. 5. *astr* Veliki Medvjed | *fig* **to put one's hand to the ~** latiti se posla, započeti posao; *coll* **to take a ~** pasti na ispitu
plough [plau] *vt/i* **I.** *vt* orati, preorati, plužiti, brazdati, prebrazdati; *fig* krčiti put; *mar* sjeći more, praviti brazdu (o brodu); *univ sl* srušiti na ispitu **II.** *vi* 1. orati, plužiti, brazdati, izbrazdati se 2. truditi se, mučiti se, probijati se; *univ sl* pasti na ispitu | **to ~ the sand** baviti se jalovim, uzaludnim poslom; **to ~ one's way** (*lit* & *fig*) krčiti, utirati put
plough out [ˈplauˈaut] *vt* iskopati, preorati
plough through [ˈplauˈθruː] *vi* s mukom se probijati
plough up [ˈplauˈʌp] *vt* uzorati
ploughable [ˈplauəbl] *adj* koja je dobra za oranje, koja se lako ore (zemlja); obradiv
ploughboy [ˈplaubɔi] *s* orač, onaj koji na oranju tjera volove; seljanče
ploughman [ˈplaumən] *s* (*pl* **ploughmen** [ˈplaumən]) orač, ratar
ploughshare [ˈplauʃɛə] *s* lemeš, ralo
ploughtail [ˈplauteil] *s* ručica na plugu
plover [ˈplʌvə] *s ornith* zviždovka
plow [plau] *s* → **plough**
ploy [plɔi] *s* manevar, varka, trik; posao
ploy [plɔi] *vi mil* smanjiti frontu, pregrupirati se u kolonu
pluck [plʌk] *s* 1. trzanje, trzaj, čupanje, vučenje 2. drob, utroba, iznutrica (jestivi dijelovi utrobe peradi) 3. srčanost, hrabrost, odvažnost 4. *univ sl* neuspjeh, padanje (na ispitu) | **to give a th a ~** trgati, čupati, povući, potegnuti (što)
pluck [plʌk] *vt/i* **I.** *vt* 1. trgati, otrgnuti, otkinuti, kidati (*off*), sabirati, skupljati, brati (cvijeće, voće i dr.); očistiti, očupati, očerupati, perušati (perad); trzati (žice instrumenta), prebirati (po žicama); *sl* ogoliti, opljačkati, prevariti koga (u igri); *univ sl* srušiti, oboriti na ispitu; *arch* ugrabiti, odvući (*away, from* od) **II.** *vi* trgati, vući, čupati (*at*); hvatati | **I have a crow to ~ with him** imam da obračunam s njim; **to ~ a pigeon** prevariti, nasamariti glupana; **to ~ up one's heart** skupiti hrabrost, odvažiti se
plucked [plʌkt] *adj* hrabar, srčan, odvažan, smion
pluckless [ˈplʌklis] *adj* plašljiv, bojažljiv
plucky [ˈplʌki] *adj* (**pluckily** *adv*) srčan, odvažan, hrabar, odlučan
plug [plʌg] *s* 1. čep, klin 2. pipa, slavina, zatvarač; utikač; držak, ručka; *mot* svjećica 3. komad prešana duhana, komad duhana za žvakanje 4. *US sl* kljuse, star konj; cilindar; knjiga koja se teško prodaje; *coll* predmet oštećen ležanjem u dućanu; reklama umetnuta u nekomercijalni dio radio-programa ili TV-programa, članka u časopisu i sl.

plug [plʌg] *vt/i* **I.** *vt* 1. zatisnuti, začepiti, ispuniti čime 2. *sl* pucati, gađati, ustrijeliti; udariti šakom 3. *US sl* silom privući, skrenuti čiju pažnju (na što), nametnuti, naturiti (pjesmu i dr., upornim ponavljanjem); uporno reklamirati **II.** *vi coll* marljivo raditi

plug-ugly ['plʌg'ʌgli] *s US sl* gangster

plum [plʌm] *s* 1. *bot* šljiva (drvo i plod) 2. sušeno grožđe, grožđice; *fig* željena stvar, najbolje u svojoj vrsti; *sl* svota od (čovjek koji posjeduje) 100 000 funti sterlinga; velik imetak, bogatstvo

plumage ['plu:midʒ] *s* perje (na ptici)

plumb [plʌm] *s* 1. olovo, komadić olova (na ribarskom povrazu, na visku i dr.) 2. olovnica, gruzilo (sprava za mjerenje dubine) | **out of ~** kos, nakrivljen, koji nije uspravan

plumb [plʌm] *adj* okomit, uspravan, ravan; *fig* čist, pravi | **~ nonsense** čist nesmisao

plumb [plʌm] *adv* okomito; *fig* točno, pravo; *US sl* potpuno, sasvim

plumb [plʌm] *vt/i* **I.** *vt* 1. mjeriti dubinu (gruzilom); *fig* proniknuti, dokučiti, otkriti (tajnu), razumjeti 2. mjeriti okomitost **II.** *vi* baviti se postavljanjem olovnih cijevi

plumbago [plʌm'beigəu] *s* pisaljka, olovka; *minr* grafit; *bot* blitvina

plumbeous ['plʌmbiəs] *adj* olovan, olovnast

plumber ['plʌmə] *s* vodoinstalater, limar; *arch* radnik koji radi s olovom

plumbery ['plʌməri] *s* ljevaonica olova; olovne cijevi, instalacije; limarija

plumbic ['plʌmbik] *adj chem* olovan; poput olova, olovnast, olovost; *med* koji je uzrokovan olovom

plumbing ['plʌmiŋ] *s* lijevanje olova; radnja s olovom; polaganje, uvođenje cijevi (za plin, vodu i dr.), limarija, vodovodne instalacije, odvodne cijevi

plumbism ['plʌmbizm] *s med* trovanje olovom

plumb-level ['plʌm,levl] *s* visak, olovnica, razulja

plumb-line ['plʌmlain] *s* olovnica, visak, gruzilo

plumb-rule ['plʌmru:l] *s* visak, razulja, olovnica

plume [plu:m] *s* 1. (veliko ili ukrasno) pero, perje, paperje 2. perjanica | *fig* **he wears borrowed ~s** kiti se tuđim perjem

plume [plu:m] *vt* okititi perjem; čistiti perje (za ptice); čupati perje | **to ~ oneself** kititi se, dičiti se

plumeless ['plu:mlis] *adj* bez perja, gološav

plumelet ['plu:mlit] *s* malo pero, perce; mlado lišće

plumelike ['plu:mlaik] *adj* poput pera, kao pero, u obliku pera

plummer-block ['plʌməblɔk] *s mech* klizni ležaj

plummet ['plʌmit] *s* olovnica, visak, gruzilo; olovo na ribarskom povrazu

plummy ['plʌmi] *adj* poput šljive (po okusu, mirisu), u kojem ima šljiva; *coll* izvrstan, odličan

plumose ['plu:məus] *adj zool & bot* koji ima perje, koji je pokrit, posut perjem, maljama, pahuljicama

plump[1] [plʌmp] *s arch* gomila, skupina, grupa

plump[1] [plʌmp] *adj* (**~ly** *adv*) debeljkast, punašan, bucmast; pun puncat (kesa)

plump[1] [plʌmp] *vt/i* **I.** *vt* toviti, pothraniti, ugojiti **II.** *vi* ispuniti se, udebljati se, ugojiti se, nabreknuti, zaobliti se, dozreti (o voću)

plump[2] [plʌmp] *s* 1. (težak, nagao) pad, udarac 2. iznenadan pljusak

plump[2] [plʌmp] *vi/t* **I.** *vi* pasti, tresnuti, ljosnuti, bubnuti; *parl* glasati samo za jednog od više mogućih kandidata **II.** *vt* ispustiti, oboriti, baciti; *parl* dati svoj glas samo za jednoga od više mogućih kandidata

plump [plʌmp] *adv* 1. naglo, teško 2. izravno, bez uvijanja, bez okolišanja

plump[2] [plʌmp] *adj* jasan, izravan, otvoren

plumper[1] ['plʌmpə] *s* jastučić, ono što je naborano, nadignuto, našušureno

plumper[2] ['plʌmpə] *s* 1. *parl* glasovi dani isključivo za jednog kandidata, kad se moglo glasati za više 2. čista, prosta laž

plumpness ['plʌmpnis] *s* debljina, punašnost

plum-pudding [,plʌm'pudiŋ] *s* fin kolač s grožđicama i dr.; običan kolač s grožđicama

plumpy ['plʌmpi] *adj* debeo, tust, pun, gojazan

plumy ['plu:mi] *adj* pernat, pokriven, obrastao perjem; ukrašen perjem; poput pera

plunder ['plʌndə] *s* robljenje, haranje, pljačkanje, krađa, pronevjerenje, pljačka, plijen

plunder ['plʌndə] *vt/i* orobiti, porobiti, poharati, opljačkati, plijeniti; pokrasti, ukrasti; pljačkati

plunderage ['plʌndəridʒ] *s* krađa, pronevjerenje; plijen, pljačka, grabež

plunderer ['plʌndərə] *s* razbojnik, pljačkaš; pronevjeritelj

plunge [plʌndʒ] *s* 1. ronjenje, zaronjivanje, zagnjurivanje; skok, pad 2. ritanje (o konju) 3. *fig* odlučan, presudan, prvi korak; vratolomija

plunge [plʌndʒ] *vt/i* **I.** *vt* 1. zaroniti, zagnjuriti (u tekućinu); rinuti, zarinuti (nož i dr.) 2. gurnuti (npr. u rat, siromaštvo i dr.) 3. *hort* zabiti (lonac sa cvijećem) do ruba u zemlju **II.** *vi* 1. *lit & fig* zaletjeti se, baciti se, iznenada nastupiti, naći se, skočiti, pasti 2. ritati se (o konju), (u)roniti, ponirati (o brodu) 3. kockati se, špekulirati, hazardirati (nepromišljeno i za velike novce); *US* pasti u dugove; naglo pasti, naglo se spustiti

plunger ['plʌndʒə] *s* ronilac; *mech* masivan čep, klip ili teško stapalo (u sisaljci); *sl* nerazuman, lakouman igrač, kockar, hazarder, špekulant; *sl* teški konjanik

plunk [plʌŋk] *s* udarac, pad; *US sl* dolar

plunk [plʌŋk] *vt/i* **I.** *vt* (naglo) gurnuti, tresnuti, rinuti, baciti; učiniti, prouzrokovati težak, metalan zvuk; *US sl* osuti vatrom, paljbom, bombardirati **II.** *vi* (teško) pasti, tresnuti, ljosnuti

pluperfect [ˌpluː'pəːfikt] *adj gram* davno prošli, koji označuje radnju svršenu u prošlosti prije neke druge radnje

pluperfect [ˌpluː'pəːfikt] *s gram* pluskvamperfekt, davno prošlo vrijeme

plural ['pluərəl] *adj* (**~ly** *adv*) 1. *gram* pluralni, u pluralu, koji označuje dva ili više 2. višebrojan, višestruk, množinski

plural ['pluərəl] *s gram* plural, množina

pluralism ['pluərəlizm] *s* držanje više nadarbina, položaja u isto vrijeme; *phil* pluralizam

pluralist ['pluərəlist] *s* onaj koji uživa nekoliko položaja, nadarbina u isto vrijeme; *phil* pristaša pluralizma

plurality [ˌpluə'ræliti] *s* 1. *gram* množina 2. uživanje više nadarbina ili položaja u isto vrijeme 3. većina, veći broj, množina (glasova); *US* višak glasova kod izbora

pluralize ['pluərəlaiz] *vt/i* **I.** *vt* staviti u plural, množinu, izraziti u pluralu, množini **II.** *vi* uživati nekoliko nadarbina, položaja u isto vrijeme

plus [plʌs] *prep* više, plus, i

plus [plʌs] *adj* plus, pozitivan; dodatan, koji ima pozitivan predznak; *el* pozitivno elektriziran, koji ima pozitivan elektricitet

plus [plʌs] *s* znak plus (+); dodatna ili pogodna količina ili stvar; *math* pozitivna veličina, vrijednost

plus-fours ['plʌs'fɔːz] *s pl* vrsta hlača (pumperice)

plush [plʌʃ] *s* pliš (vrsta baršuna) | **~es** *pl* hlače od pliša (koje nosi sluga)

plush [plʌʃ *adj* raskošan, hiperelegantan

plushy ['plʌʃi] *adj* poput pliša, kao pliš, od pliša; *sl* luksusan, luksusno opremljen, otmjen

plutarchy ['pluːtaːki] *s* → **plutocracy**

plutocracy [pluː'tɔkrəsi] *s* plutokracija; novčana aristokracija

plutocrat ['pluːtəkræt] *s* plutokrat

plutocratic [ˌpluːtə'krætik] *adj* plutokratski

Plutonian [pluː'təunjən] *adj geol* → **Plutonic**

Plutonic [pluː'tɔnik] *adj* podzemni, koji se odnosi na Plutona, boga podzemlja; **(p~)** *geol* dubinski

Plutonic [pluː'tɔnik] *s* | **~ rocks** *geol* stijene koje su nastale iz ognja, duboko u zemlji, vulkansko stijenje

plutonomist [pluː'tɔnəmist] *s* pristaša plutonomije, političke ekonomije

plutonomy [pluː'tɔnəmi] *s* plutonomija, politička ekonomija

pluvial ['pluːviəl] *s eccl hist* dug plašt, ogrtač (za svečanosti)

pluvial ['pluːviəl] *adj* kišni, kišovit, koji se odnosi na kišu; *geol* koji je nastao zbog kiše, pluvijalan

pluviometer [pluːvi'ɔmitə] *s* kišomjer

pluvious ['pluːvjəs] *adj* kišni, kišovit, koji se odnosi na kišu

ply [plai] *s* nabor, bora, prijevoj, pregib, debljina (tkanine, drveta i dr.); struk, vlat, nit (užeta, konca i dr.); *fig* sklonost, naklonost, običaj, smjer

ply [plai] *vt/i* **I.** *vt* 1. rukovati (čime), upotrebljavati (što), služiti se čim, marljivo raditi, primiti se svojski posla, prionuti za posao, postojano, neprestano raditi, obavljati svoj posao 2. salijetati, dosađivati, dodijavati, nuditi, obasipati; nagovarati **II.** *vi* 1. savijati se, sagibati se, popuštati 2. truditi se, mučiti se, neumorno raditi 3. žuriti se, požuriti se, pohitjeti; *mar* ploviti protiv vjetra

plywood ['plaiwud] *s* šperploča

pneumatic [nju'mætik] *adj* (**~ally** *adv*) zračni, uzdušni, koji se odnosi na zrak, uzduh, koji djeluje pomoću zraka, uzduha, pneumatički, koji je ispunjen zrakom, uzduhom, koji se pokreće pomoću zgusnutog zraka; *zool* koji je ispunjen zrakom (kosti nekih ptica)

pneumatic [nju'mætik] *s* pneumatik, gumeni kotač ispunjen zrakom (kod auta i dr.) | **~s** *pl* pneumatika (dio mehanike koji proučava zakone kretanja plinova)

pneumatologist [ˌnjuːmə'tɔlədʒist] *s* onaj koji se bavi pneumatologijom

pneumatology [ˌnjuːmə'tɔlədʒi] *s* 1. pneumatika 2. *phil & theol* nauka o duhovnim bićima, anđelima i dusima, naročito o Sv. Duhu

pneumonia [njuː'məunjə] *s* upala pluća, pneumonija

pneumonic [njuː'mɔnik] *adj* plućni

po [pəu] *s* → **pot**

poach[1] [pəutʃ] *vt cul* poširati

poach[2] [pəutʃ] *vt/i* **I.** *vt* 1. nedopušteno loviti divljač na tuđem zemljištu, krasti zvjerad, kradom loviti; *fig* ukrasti (čiju ideju i dr.), doći (do čega) nepoštenim načinom 2. izrovati (tlo kopitima); zagnjuriti, potopiti (zemljište pod vodu); miješati s vodom dok ne nastane jednolična masa **II.** *vi* 1. nedopušteno loviti na tuđem zemljištu; *fig* povrijediti tuđa prava 2. *fig* zaći u tuđe područje, krasti, uzeti (tuđi posao, misao i dr.) 3. postati vlažan, mokar, izgažen (za zemlju, tratinu i dr.); upadati u meku ili vlažnu zemlju

poacher[1] ['pəutʃə] *s* posuda za poširanje jaja

poacher[2] ['pəutʃə] *s* 1. zvjerokradica 2. onaj koji krnji tuđa prava

pochard ['pəutʃəd] *s ornith* ronac, gavka, evropska patka ronilica

pocket ['pɔkit] *s* 1. kesa, vreća (kao mjera) 2. džep; *fig* novci, novčana sredstva, mogućnosti 3. vreća, kesa (sa strane na biljarskom stolu u koju se utjeruju lopte); *min* šupljina u zemlji ispunjena zlatom ili kojom drugom rudom; *aero* zračna rupa; *mil* džep, izolirano područje okruženo neprijateljem | *fig* **to put one's hand in one's ~** zavući ruku u džep, platiti; **out of one's own ~** iz vlastitog džepa, iz svojih sredstava; *fig* **a deep ~** duboka kesa, čovjek koji ima mnogo novaca; **to put one's pride in one's ~** zaboraviti svoj ponos; **I am 5 pounds in ~** imam, zaradio sam 5 funti; **out of ~** u novčanoj neprilici, bez novaca; **she has him in her ~** ima ga potpuno u svojoj vlasti; **to pick a ~** pokrasti, okrasti (koga); **~ battleship** džepna krstarica

pocket ['pɔkit] *vt* 1. metnuti, turiti u džep; *fig* obogatiti se; *mil* zaokružiti, okružiti, zatvoriti (koga) 2. (nepošteno) prisvojiti, uzeti 3. progutati, primiti (uvredu i dr.) 4. sakriti, prikriti, zatomiti (osjećaje) 5. zatjerati loptu u rupu (kod biljara); *US* uložiti veto

pocketable ['pɔkitəbl] *adj* koji se može staviti u džep

pocket-book ['pɔkitbuk] *s* novčarka, lisnica; džepna knjiga; notes; *US* ženska lisnica, torbica

pocket-edition [ˌpɔkiti'diʃn] *s* malo, džepno izdanje (knjige)

pocketful ['pɔkitful] *s* koliko stane u džep, pun džep

pocket-handkerchief [ˌpɔkit'hæŋkətʃif] *s* džepni rupčić, džepna maramica

pocket-knife ['pɔkitnaif] *s* džepni nožić

pocketless ['pɔkitlis] *adj* koji je bez džepa, koji nema džepa

pocket-money ['pɔkitˌmʌni] *s* džeparac, novci za sitne potrebe; sitniš

pocket-size ['pɔkitsaiz] *adj* džepni

pockmark ['pɔkmaːk] *s* ožiljak od kozica, boginja

pockmarked ['pɔkmaːkt] *adj* pun ožiljaka od boginja, kozičav

pock-wood ['pɔkwud] *s bot* gvajak, vrsta vrlo tvrda drveta

pococurante [ˌpəukəukjuə'rænti] *adj* ravnodušan, kome je sve svejedno, nehajan

pococurante [ˌpəukəukjuə'rænti] *s* ravnodušan čovjek

pod[1] [pɔd] *s tech* glava u koju se učvršćuje svrdlo na ručnoj bušilici

pod[2] [pɔd] *s bot* mahuna, komuška; *zool* kukuljica; ljuska skakavčeva jajašca; mreža s uskim grlom za lovljenje jegulja; *vulg* trbuh, slabine; *aero* viseći kontejner

pod[1] [pɔd] *vi/t* **I.** *vi* nabubriti, mahunati se **II.** *vt* oljuštiti, skinuti mahunu, trijebiti

pod[3] [pɔd] *s* malo jato tuljana ili kitova

pod[2] [pɔd] *vt/i* **I.** *vt* natjerati tuljane u stada **II.** *vi* skupljati se u stada (za tuljane)

podagra ['pɔdəgrə] *s med* podagra, ulozi u nožnom palcu, nožna kostobolja

podded ['pɔdid] *adj* koji ima mahune, koji raste u mahunama, mahunast; *fig* osiguran, zaklonjen, zaštićen

podge [pɔdʒ] *s* malen zdepast čovjek

podgy ['pɔdʒi] *adj* (**podgily** *adv*) debeo, zdepast, dežmekast

podium ['pəudiəm] *s* podij; neprekinuta klupa koja strši iz zidova neke prostorije

Podunk ['pəudʌŋk] *s US coll* dosadan i beznačajan grad

poem ['pəuim] *s* spjev, pjesma (i *fig*)

poesy ['pəuizi] *s arch* poezija, pjesništvo; pjesničko djelo; *fig* ljepota, čar

poet ['pəuit] *s* pjesnik, poeta

poetaster [ˌpəui'tæstə] *s* stihotvorac, nadripjesnik, piskaralo (stihova), stihoklepac

poetess ['pəuitis] *s* pjesnikinja

poetic [pəu'etik] *adj* (**~ally** *adv*) pjesnički, poetičan, koji se odnosi na pjesništvo, poeziju

poeticize [pəu'etisaiz] *vi/t* **I.** *vi* sastavljati, pisati pjesme **II.** *vt* izraziti, izreći, proslaviti u stihovima, pjesnički obraditi

poetics [pəu'etiks] *s pl* poetika, nauka o umjetničkoj književnosti; teorija poezije

poetize ['pəuitaiz] *vi/t* → **poeticize**

poetry ['pəuitri] *s* pjesništvo, poezija, pjesničko stvaranje; *coll* pjesnička djela, pjesme; *fig* pjesnička ljepota, čar

poignancy ['pɔinənsi] *s* oštrina, ljutina, žestina, gorčina; reskoća, jetkost

poignant ['pɔinənt] *adj* (**~ly** *adv*) oštar, ljut, jak, žestok, bolan; jedak, rezak, zajedljiv

point [pɔint] *s* **A.** 1. točka (geometrijska, pravopisna, dijakritička), točkica, piknja 2. *math* decimalni zarez (u anglosaskim se zemljama upotrebljava točka), decimalna točka 3. gledište, stanovište, mišljenje; prijeporna, sporna stvar, ono o čemu se raspravlja, pitanje 4. točka koja određuje položaj: a) u prostoru (*a ~ on road, map* mjesto, točka na karti, putu); b) u vremenu: čas, trenutak, vrijeme, moment (*at the ~ of death* na samrti); poenta, glavna misao; oštrina, jasnoća, jakost; znak, strijela, strelica, oznaka 5. smisao, svrha 6. poen, bod (u sportu, natjecanju, igri karata i dr.) 7. *print* jedinica za mjerenje veličine tiskarskog, štamparskog sloga 8. ispupčena točkica u Brailleovoj abecedi 9. *mar pl* stupanj na kompasu, točka 10. stupanj (kod temperature) 11. svojstvo, odlika, osobina, jaka (slaba) strana 12. odjeljak, poglavlje, točka, paragraf, stavak, pojedinost, detalj (u govoru, raspravljanju i dr.) 13. čipka (izrađena iglom); *her* točka na grbu 14. *mar* kratko uže za podvezivanje jedara 15. (za lovačkog psa) pokazivanje, stajanje (kraj divljači, lovine) 16. naperenost (igle na kompasu), upravljanje; oznaka (da je računato, brojeno) **B.** 1. vrh, šiljak (noža, mača i dr.); vršak, kraj (prsta, nosa, kopita i dr.); rt, jezičak (zemlje koja zalazi u more) 2. privjesak na gajtanu, širit za zakopčavanje (na oficirskoj uniformi) 3. bakrorezačko dlijeto, rezaljka 4. igla kojom se izrađuje čipka 5. *pl rly* ugibalište; tračnice koje se mogu pokretati 6. *mil* izviđački odred | **full ~** točka; **to stretch a ~** prijeći preko dopuštenih granica, učiniti izuzetak, izići komu u susret; **to give ~s to** dati komu prednost u igri (u bodovima, poenima); **boiling, melting, freezing ~** vrelište, talište, ledište; **to come to the ~** doći do glavne stvari, do jezgre, do onoga što je bitno, glavno; (za psa) doći do lovine; **to keep to the ~** držati se, ne udaljivati se od predmeta; **to make a ~ of** staviti sebi u dužnost; smatrati što za važno, isticati što kao važno; nastojati, gledati; inzistirati; **to give ~ to a th** pridati važnost čemu, istaknuti što; **to carry one's ~** uvjeriti koga (u što), postići svoj cilj, svoju namjeru; **to make a ~** uvjeriti (koga), dokazati (što); uzeti kao pravilo; **I don't see the ~** ne razumijem, ne vidim u čemu je težište (šale, problema i dr.); **potatoes and ~s** slabo jelo bez (ili s vrlo malo) mesa; **at all ~s** posve, sasvim, u svemu, u svakom pogledu; **in ~ of fact** zapravo; **to be on the ~ of doing** upravo se spremati što učiniti, uraditi; **the ~ of honour** pitanje časti; **~ of view** stajalište, stanovište, gledište, shvaćanje; *parl* **~ of order** dnevni red; **there is not much ~ in doing it** nema mnogo koristi od toga, nema u tome ništa osobito (vrijedno); **that is the ~** o tome se radi, to je ono glavno, u tome je težište, stvar; **here is the ~** evo o čemu se radi; **beside, off the ~** što ne spada na stvar, što se udaljuje od predmeta; **in ~** u zgodan, u pravi čas, na zgodnu mjestu; **to a ~** do posljednje sitnice, točno, potpuno, sasvim; **up to a ~** do stanovitog stupnja, do stanovite mjere, donekle; **~ of intersection** sjecište; **~ of interest** ono zanimljivo; **at the ~ of the sword** pod prijetnjom, primoran, prisiljen; *US* **~ of origin** mjesto porijekla; *mil* polazna točka (taneta i dr.); **not to put too fine a ~ on it** reći što otvoreno, bez okolišanja; **to stand upon ~s** paziti na svaku sitnicu, biti odviše točan; **will you make a ~ of writing?** hoćete li pisati, molim vas?; **at this ~** u ovom trenutku; **a case in ~** slučaj koji baš pristaje, umjestan primjer; **in that ~** u tom pogledu, u tome; **when it came to the ~** kad je došlo do toga; **to bring to a ~** svršiti, dokrajčiti; **~ of exclamation, interrogation** uskličnik, upitnik; **he has got ~s** u njega ima dostojanstva; **this is not his strong ~** to mu nije jaka strana; **he does not see our ~** on nas ne shvaća; **his remarks lack ~** njegove su primjedbe plitke; **to press a ~** inzistirati na čemu; **a buck of six ~s** jelen sa šest parožaka na rogovima; **to be on ~s** biti racioniran; **to be off ~s** biti u slobodnoj prodaji; **to put on ~s** racionirati

point [pɔint] *vt/i* **I.** *vt* 1. zaoštriti, zašiljiti (olovku i dr.); *arch* staviti točku; postaviti znakove u pisanju (i pjevanju); *fig* istaknuti, naglasiti; potkrijepiti 2. sastaviti opeke žbukom; ispuniti, zamazati (pukotine) 3. prekopati zemlju 4. skrenuti pažnju, upozoriti, pokazati (*to*); smjerati, ciljati (*at, lit & fig*); naperiti pušku, usmjeriti dalekozor (*at* na); pokazati prstom (*at*), pokazati **II.** *vi* 1. pokazivati, kazivati, upirati (prstom), označivati, smjerati, ukazivati; (za pse) stajanjem pokazivati gdje se nalazi lovina, divljač 2. (o kući) ležati, gledati, biti okrenut

point out ['pɔint'aut] *vt* istaknuti, označiti, pokazati, ukazati (pogreške i dr.), izjasniti, objasniti (kretnjom, riječima i dr.); (za pse) stajanjem pokazati gdje se nalazi lovina

point up ['pɔint'ʌp] *vt* pokazati (što) prstom, glavom

point-blank [ˌpɔint'blæŋk] *adj* neposredan; otvoren, bez uvijanja, izravan | *mil* **~ distance** udaljenost neposrednog gađanja ili bliske vatre

point-blank [ˌpɔint'blæŋk] *adv* ravno, u pravcu; *fig* otvoreno, iskreno, bez okolišanja

point-device ['pɔintdiˌvais] *adj arch* potpuno točan, precizan

point-duty ['pɔintˌdju:ti] *s* služba koja se vrši na jednom mjestu (npr. prometnik)

pointed ['pɔintid] *adj* (**~ly** *adv*) 1. šiljat, šiljast, oštar, zašiljen; *fig* oštar, s poentom; zajedljiv 2. točkama označen 3. uperen (*at*)

pointer ['pɔintə] *s* 1. kazaljka, pokazivač, putokaz 2. prepeličar, ptičar, poenter; *coll* koristan savjet, korisna obavijest i sl. | *astr* **~s** *pl* dvije zvijezde u Velikom Medvjedu pomoću kojih se može naći Sjevernjača

pointillism [ˈpwæntəlizm] *s arts* poentilizam

pointing [ˈpɔintiŋ] *s* 1. interpunkcija 2. sastavljanje (opeka žbukom)

point-lace [ˌpɔintˈleis] *s* čipka izrađena iglom

pointless [ˈpɔintlis] *adj* (**~ly** *adv*) tup, nezašiljen, bez šiljka, vrška; *fig* bez žalca, bez oštrine, bez poente; besmislen

pointsman [ˈpɔintsmən] *s* (*pl* **pointsmen** [ˈpɔintsmən]) *rly* skretničar; prometni stražar (na dužnosti)

poise [pɔiz] *s* 1. ravnoteža, trijeznost, postojanost; težina 2. držanje (glave, tijela) 3. višenje, lebdenje (u zraku)

poise [pɔiz] *vt/i* **I.** *vt* 1. dovesti u ravnotežu, (za)držati u ravnoteži, izbalansirati; držati (glavu) 2. vagati, odvagnuti (*lit* & *fig*), mjeriti 3. pretezati, pritisnuti, opteretiti (*down*) **II.** *vi* lebdjeti, visiti u zraku

poison [ˈpɔizn] *s* otrov; *fig* otrov, ono što je štetno, škodljivo za duh | **to hate like ~** mrziti iz dna duše; **~ pen** pisac klevetničkih anonimnih pisama

poison [ˈpɔizn] *vt* 1. dati komu otrov, otrovati 2. inficirati, otrovati (*što*); *fig* zatrovati, pokvariti, štetno, nepovoljno djelovati (na koga)

poisoner [ˈpɔiznə] *s* trovatelj, trovateljica

poisoning [ˈpɔizniŋ] *s* (o)trovanje

poisonous [ˈpɔiznəs] *adj* (**~ly** *adv*) otrovan, smrtonosan, poguban; kužan, škodljiv, prljav; *fig* koji truje, kvari, koji štetno djeluje, opasan; *coll* odvratan, neugodan (za vrijeme, osobu i dr.)

poke¹ [pəuk] *s* vreća, torba, kesa | **to buy a pig in a ~** kupiti mačka u vreći

poke [pəuk] *vt/i* **I.** *vt* 1. gurati, gurnuti (u rebra), turati, bosti (rukom, štapom i dr.) 2. razgrtati, poticati (vatru), kopkati, čeprkati 3. proturiti (glavu), gurati (nos, *into* u što) **II.** *vi* 1. nametljivo se gurati 2. pipati, tapkati, tražiti (u mraku) | **don't ~ your nose into my affairs** ne pačaj se u moje poslove; **to ~ and pry** biti radoznao, turati nos u tuđe poslove; **to ~ one in the ribs** gurnuti, bocnuti koga u rebra; **to ~ fun at** podrugivati se, rugati se komu

poke about [ˈpəukəˈbaut] *vi* pipati, tražiti, tapkati (u mraku)

poke away [ˈpəukəˈwei] *vt* gurati, odgurnuti, otjerati

poke out [ˈpəukˈaut] *vt* izbiti, iskopati (oko)

poke through [ˈpəukˈθruː] *vt* probiti, probušiti, prokopati

poke up [ˈpəukˈʌp] *vt fam* zatvoriti (u tijesnu prostoriju)

poke² [pəuk] *s* 1. udarac, ćuška 2. vrsta jarma za stoku

poker¹ [ˈpəukə] *s* 1. žarilo, žarač, vatralj 2. *univ sl* palica, žezlo rektora; pedel koji nosi to žezlo

poker [ˈpəukə] *vt* izrađivati u drvu crteže užarenim željezom, ispaljivati šare u drvu

poker² [ˈpəukə] *s* poker (kartaška igra)

poker³ [ˈpəukə] *s US* strašilo | **by the holy ~!** do vraga!

poker-face [ˈpəukəfeis] *s US sl* bezizražajno lice

poker-work [ˈpəukəwəːk] *s* izradba slike, crteža u drvu užarenim željezom, ispaljivanjem

pokeweed [ˈpəukwiːd] *s bot* kermes, vinobojka (*Phytolacca americana*)

pokey [ˈpəuki] *s sl* zatvor, ćuza

poky [ˈpəuki] *adj* (**pokily** *adv*) 1. trom, spor 2. zagušljiv, tijesan 3. otrcan, pohaban, bijedan

polar [ˈpəulə] *adj* (**~ly** *adv*) 1. *geog* polarni, koji se odnosi na polove, koji se nalazi na polu, koji je svojstven polu 2. *phys* koji pripada magnetskom polu, polarni, koji ima pozitivan i negativan elektricitet 3. *geom* koji se odnosi na polaru 4. *fig* (potpuno) suprotan, oprečan

polar [ˈpəulə] *s geom* polara

polar bear [ˌpəuləˈbɛə] *s zool* sjeverni (bijeli) medvjed (*Ursus maritimus*)

polarimeter [ˌpəuləˈrimitə] *s opt* polarimetar

polariscope [pəuˈlæriskəup] *s opt* polariskop

polarity [pəuˈlæriti] *s* 1. *phys* polarnost, polaritet 2. *fig* oprečnost, suprotnost 3. usmjerenost, ukalupljenost

polarization [ˌpəuləraiˈzeiʃn] *s phys* polarizacija (prenošenje, stjecanje polarnosti)

polarize [ˈpəuləraiz] *vt/i* **I.** *vt* 1. *phys* polarizirati 2. *fig* dati određen smjer, tok (mislima, riječi i dr.) **II.** *vi* 1. *phys* polarizirati se 2. ići određenim smjerom (za misao i dr.)

polarizer [ˈpəuləraizə] *s phys* polarizator

polder [ˈpəuldə] *s* polder (plodni dijelovi isušenog kopna koji se nalaze niže od morske razine, npr. u Nizozemskoj)

pole¹ [pəul] *s* 1. kolac, motka; drven stup; čaklja, ruda (na kolima) 2. mjera za dužinu (= 5,029 m) | *mar* **under bare ~s** sa spuštenim, nerazapetim jedrima; *sl* **up the ~** sišao s pameti, lud; u poteškoćama, u neugodnu položaju; *racing* **to have the ~** biti na unutarnjoj stazi

pole [pəul] *vt* tjerati, gurati, motkom otiskivati (čamac i dr.)

pole² [pəul] *s* 1. *astr, phys* & *geog* pol, krajnja točka zamišljene zemaljske osi; područje u blizini Sjevernog ili Južnog pola; magnetski polovi; *fig* suprotnost, ekstrem 2. *el* pozitivni ili negativni pol na bateriji; elektroda 3. magnet, polovi na magnetu | *el* **~ shole** polni nastavak

Pole [pəul] *s* Poljak, Poljakinja
pole-axe ['pəulæks] *s* 1. *hist* nadžak, bojna sjekira na dugoj ručici 2. *mar* sjekira koja nasuprot oštrici ima kuku, čekić ili šiljak 3. mesarska sjekira
pole-axe ['pəulæks] *vt* ubiti (stoku) mesarskom sjekirom
polecat ['pəulkæt] *s zool* tvor
polemic [pə'lemik] *adj* (**~ally** *adv*) polemički, svadljiv
polemic [pə'lemik] *s* polemika, spor, oštra (znanstvena, književna i dr.) prepirka; polemičar
polemical [pə'lemikl] *adj* → **polemic**
polemicist [pə'lemisist] *s* polemičar
polemize ['pɔlimaiz] *vi* polemizirati, voditi polemiku, prepirati se
pole-star ['pəulstaː] *s* zvijezda Sjevernjača; *fig* putokaz, vodilja
pole vault ['pəulvɔːlt] *s* skok s motkom
poleward(s) ['pəulwəd(z)] *adv* prema polu, u smjeru pola
police [pə'liːs] *s* policija, redarstvo; *US mil* čišćenje prostorija i dvorišta; odjel vojnika određen za čišćenje kasarne
police [pə'liːs] *vt* održavati red, poredak, javnu sigurnost pomoću policije; *fig* vladati, upravljati; *US mil* očistiti, urediti (kasarne ili logor)
police-court [pə'liːskɔːt] *s* redarstveni sud, sud za prekršaje pri policiji
police dog [pə'liːsdɔg] *s* policijski pas (naročito njemački ovčar)
police-magistrate [pə'liːs'mædʒistrit] *s* predsjednik policijskog suda
policeman [pə'liːsmən] *s* (*pl* **policemen** [pə'liːsmən]) redarstvenik, policajac, stražar | **~ on point-duty** saobraćajac, prometnik
police-office [pə'liːs'ɔfis] *s* policijska stanica (ured)
police-officer [pə'liːs'ɔfisə] *s* policajac, redarstveni stražar
police state [pə'liːs'steit] *s* policijska država
police-station [pə'liːs'steiʃn] *s* policija, redarstvo, kvart, policijska stanica
policlinic [ˌpɔli'klinik] *s* poliklinika
policy[1] ['pɔlisi] *s* politika, djelatnost u vezi s upravljanjem državom, određen smjer kojega se drži vlada, država, ustanova ili pojedina osoba; opreznost, razboritost, lukavost (u vođenju poslova i dr.)
policy[2] ['pɔlisi] *s* polica (osiguranja); *US* kockanje, hazardiranje na brojeve državne lutrije | **to take out a ~ on one's life** zaključiti životno osiguranje; **life ~** polica životnog osiguranja
policy-holder ['pɔlisiˌhəuldə] *s* osiguranik, vlasnik police
polio ['pəuliːəu] *s med coll* polio(mijelitis), dječja paraliza
poliomyelitis [ˌpəuliəumaiə'laitis] *s* → **polio**
polish ['pɔliʃ] *s* 1. sjaj, glatkoća, laštenje 2. laštilo, politura; *fig* uglađenost, dotjeranost, profinjenost, uljuđenost
polish ['pɔliʃ] *vt/i* **I.** *vt* 1. laštiti, gladiti, svjetlati, usjajiti; *fig* uljepšati, ugladiti, dotjerati, uljuditi **II.** *vi* ulaštiti se, uglađiti se
polish off ['pɔliʃ'ɔf] *vt coll* brzo svršiti, obaviti, zaključiti (posao i dr.)
polish up ['pɔliʃ'ʌp] *vt* poljepšati, dotjerati, ugladiti
Polish ['pəuliʃ] *s* poljski jezik
Polish ['pəuliʃ] *adj* poljski
polishable ['pɔliʃəbl] *adj* koji se može ugladiti, usjajiti, ulaštiti
polisher ['pɔliʃə] *s* 1. gladilac, laštilac; brusilac, brusač (stakla i dr.) 2. sprava za laštenje 3. laštilo
polishing ['pɔliʃiŋ] *s* 1. glačanje, glađenje poliranje, laštenje 2. sjaj, ulaštenost; politura
polite [pə'lait] *adj* (**~ly** *adv*) 1. uglađen, otmjen, pristojan, dobro odgojen, uljudan, fin, učtiv 2. istančan, profinjen, elegantan | *coll* **to do the ~** otmjeno se ponašati; **~ letters, ~ literature** lijepa književnost, beletristika
politeness [pə'laitnis] *s* uglađenost, otmjenost, pristojnost, uljudnost, profinjenost, učtivost
politic ['pɔlitik] *adj* (**~ly** *adv*) politički, koji se tiče politike, državnički; (za osobu) razuman, oprezan, lukav; (za djelatnost) razborit, smišljen | **the body ~** država
political [pə'litikl] *adj* (**~ly** *adv*) politički, javni, narodni, građanski, državnički, državni
political [pə'litikl] *s* politički agent
political economy [pə'litikəli'kɔnəmi] *s* politička ekonomija, narodno gospodarstvo
politician [ˌpɔli'tiʃn] *s* političan, državnik
politicize [pɔ'litisaiz] *vi/t* **I.** *vi* politizirati, baviti se politikom, državnim poslovima **II.** *vt* politički oblikovati ili tretirati
politicking ['pɔlitikiŋ] *s* korteširanje, predizborna agitacija
politico [pə'litikəu] *s US sl* političar
politics ['pɔlitiks] *s pl* (*sg constr*) 1. politika, upravljanje, rukovođenje državnih poslova 2. politički principi, ciljevi, političko mišljenje 3. osobni motivi, interesi, vođenje privatnih poslova; *US* politička taktika
polity ['pɔliti] *s* politički poredak, država, zajednica; državni sustav, ustavna forma
polka ['pɔlkə] *s* polka (ples i muzika za nj)
polka dot ['poukədɔt] *s US* jedna od točaka koje na tkanini tvore uzorak; takav uzorak; tkanina s takvim uzorkom

poll[1] [pəul] *s* 1. *dial* & *joc* (čovječja) glava; tjeme; *fig* osoba, lice, porotnik 2. birački spisak; glasanje; izborno pravo; anketa | *US* **∼s** *pl* glasalište, biralište, glasačko mjesto; brojenje (bačenih) biračkih glasova; **heavy, light ∼** jak, slab odziv glasača; *jur* **a challenge to the ∼s** prigovor porotniku; **to go to the ∼s** ići na izbore

poll [pəul] *vt/i* **I.** *vt* 1. sjeći, podsjeći, odrezati; *arch* odsjeći, podrezati, šišati, strići (kosu); potkresati (krošnju); skinuti (stoci) rogove 2. upisati ime (u birački spisak); dobiti glasove (za kandidata) na izboru **II.** *vi* glasati, upisati se kao glasač; anketirati

poll [pəul] *adj* bez rogova, koji nema rogove, šut; podšišan, ostrižen, potkresan | **deed ∼** jednostrani ugovor (koji je potpisala samo jedna stranka)

poll[2] [pəul] *s* | **∼ beast** šuto goveče

poll[1] [pɔl] *s* | **∼ parrot** papiga; brbljavac

poll[2] [pɔl] *s* | *Cambridge univ sl* **The Poll** student koji dobije prolaznu ocjenu; **to go out in the Poll** spremati se za ispit (za srednju prolaznu ocjenu)

pollable ['pəuləbl] *adj* koji se može izglasati; koji ima pravo glasa

pollack ['pɔlək] *s ichth* vrsta oslića (*Gadus pollachius*)

pollard ['pɔləd] *s* 1. potkresano drvo; šuta životinja; jelen koji je odbacio rogove 2. mekinje, posije

pollard ['pɔləd] *vt* potkresati, okresati (drvo)

pollbook ['pəulbuk] *s* birački spisak

polled [pəuld] *adj* podrezan, potkresan; šut

pollee [pəu'li:] *s US* anketirana osoba

pollen ['pɔlin] *s bot* pelud, polen, cvjetni prah

pollen ['pɔlin] *vt* posuti, prekriti peludom, polenom, cvjetnim prahom

pollenosis [ˌpɔli'nəusis] *s med* peludna groznica

pollicitation [pəˌlisi'teiʃn] *s* dobrovoljno obećanje; *jur* obećanje koje nije formalno prihvaćeno i koje se zato može opozvati

pollinate ['pɔlineit] *vt bot* oprašivati

pollination [ˌpɔli'neiʃn] *s bot* oprašivanje, oplođivanje pomoću peluda, polena, cvjetnog praha

polling ['pəuliŋ] *s* glasanje, glasovanje

polliwog ['pɔli:wɔg] *s zool* punoglavac

poll-man ['pɔlmæn] *s* (*pl* **poll-men** ['pɔlmen]) glasač, birač

poll-tax ['pəultæks] *s* porez koji se plaća po (muškoj) glavi, glavarina

pollutant [pə'lu:tənt] *s* zagađivač

pollute [pə'lu:t] *vt* uprljati, zagaditi, zakaljati, onečistiti (vodu, zrak i dr.); oskvrnuti, okaljati, uprljati

pollution [pə'lu:ʃn] *s* oskvrnjivanje, oskvrnuće, kaljanje; *med* polucija

polo ['pəuləu] *s sport* polo, igra loptom (na konjima, biciklima i dr.)

polonaise [ˌpɔlə'neiz] *s* poloneza, vrsta plesa; muzika za taj ples; *hist* vrsta ženske haljine

polony [pə'ləuni] *s* vrsta kobasice

poltroon [pɔl'tru:n] *s* poltron, kukavica, ništarija; strašljivac, ulizica, laskavac

poltroonery [pɔl'tru:nəri] *s* poltronstvo, kukavičluk, niskost, ulizivanje, laskanje

polyandrous [ˌpɔli'ændrəs] *adj* koji se odnosi na poliandriju, mnogomuštvo; *bot* koji ima velik broj prašnika (obično više od dvadeset)

polyandry ['pɔliændri] *s* poliandrija, mnogomuštvo

polyanthus [ˌpɔli'ænθəs] *s bot* tuberoza

polyarchy ['pɔlia:ki] *s* poliarhija (upravljanje, vladanje pomoću velikog broja ljudi)

polychromatic [ˌpɔlikrəu'mætik] *adj* polikromatski, polikromatičan, mnogobojan, koji mijenja boje

polychrome ['pɔlikrəum] *adj* mnogobojan šaren, obojen u više boja (stare grčke vaze ili kipovi)

polychrome ['pɔlikrəum] *s* kip ili vaza koji su obojeni u više boja

polychromy ['pɔlikrəumi] *s* bojenje kipova ili vaza u više boja

polyclinic [ˌpɔli'klinik] *s* poliklinika

polygamist [pə'ligəmist] *s* mnogoženac, čovjek koji ima više žena

polygamous [pə'ligəməs] *adj* poligaman, koji ima više žena; *bot* koji ima dvospolne i jednospolne cvjetove na istoj biljci

polygamy [pə'ligəmi] *s* poligamija, mnogoženstvo

polyglot ['pɔliglɔt] *adj* mnogojezičan, višejezičan, poliglotski

polyglot ['pɔliglɔt] *s* poliglot; knjiga na nekoliko jezika; zbrka jezika

polyglottic [ˌpɔli'glɔtik] *adj* → **polyglottal**

polygon ['pɔligən] *s geom* poligon, mnogokutnik

polygonal [pɔ'ligənl] *adj* (**∼ly** *adv*) *geom* poligonalan

polygonum [pə'ligənəm] *s bot* dvornik (*Poligonum*)

polyhedron [ˌpɔli'hedrən] *s* poliedar

Polynesian [ˌpɔli'ni:zjən] *adj* polinezijski, koji se odnosi na Polineziju, Polinezijce

Polynesian [ˌpɔli'ni:zjən] *s* Polinezijac, stanovnik Polinezije

polyp(e) ['pɔlip] *s zool* polip; koralj

polyphone ['pɔlifəun] *s mus* grafički simbol koji predstavlja ili izražava više nego jedan zvuk

polyphonic [ˌpɔli'fɔnik] *adj* višeglasan; *mus* polifon, koji se odnosi na višeglasno pjevanje ili sviranje, koji se odnosi na

kontrapunkt; (za grafički simbol) koji se upotrebljava da izrazi više nego jedan ljudski glas
polypodium [ˌpɔliˈpəudjəm] *s bot* oslad
polypody [ˈpɔlipədi] *s* → **polypodium**
polypus [ˈpɔlipəs] *s* (*pl* **~es, polypi** [ˈpɔlipai]) *anat* polip (izraslina sluznice ili kože u nosu i dr.); *zool* polip, morska životinja, beskičmenjak s mnogo krakova
polysyllabic [ˌpɔlisiˈlæbik] *adj* (**~ally** *adv*) višesložan
polysyllable [ˈpɔliˌsiləbl] *s* riječ koja se sastoji od više slogova
polysynthesis [ˌpɔliˈsinθəsis] *s* polisinteza, spajanje nekoliko elemenata u jednu cjelinu
polysynthetic [ˌpɔlisinˈθetik] *adj* polisintetičan, koji spaja nekoliko elemenata u jednu cjelinu, koji se sastoji od nekoliko raznih elemenata (spojenih u jednu cjelinu); (jezik) koji spaja nekoliko riječi iz rečenice (npr. glagol i objekt) u jednu
polytechnic [ˌpɔliˈteknik] *adj* politehnički, koji se odnosi na škole u kojima se predaju tehničke, primijenjene nauke
polytechnic [ˌpɔliˈteknik] *s* politehnika
polytheism [ˈpɔliθiːizm] *s* politeizam, mnogoboštvo
polytheist [ˈpɔliθiːist] *s* politeist, mnogobožac
polytheistic [ˌpɔliθiːˈistik] *adj* (**~ally** *adv*) mnogobožački, koji se odnosi na politeizam
pom [pɔm] *s* pomeranski pas
pomace [ˈpʌmis] *s* komina (od jabuka), pulpa; otpaci riba i dr. (iz kojih se iscijedilo ulje), koji se upotrebljava kao gnojivo
pomade [pəˈmaːd] *s* pomada, mirisava mast za njegu lica, kose i dr.
pomade [pəˈmaːd] *vt* namazati pomadom lice, kosu i dr.
pomander [pəuˈmændə] *s hist* kuglica načinjena od raznih mirišljivih tvari (koja se upotrebljavala kao zaštitno sredstvo protiv groznice, infekcije i dr.); kutija od srebra ili zlata u kojoj se takva kuglica nosila
pomatum [pəˈmeitəm] *s & vt* → **pomade**
pome [pəum] *s bot* jezgričast plod
pomegranate [ˈpɔmiˌgrænit] *s bot* šipak, zrnata jabuka, mogranj, nar (*Punica granatum*)
Pomeranian [ˌpɔməˈreinjən] *adj* pomeranski
Pomeranian [ˌpɔməˈreinjən] *s* špic (vrsta psa)
pomfret [ˈpɔmfrit] *s ichth* morska riba iz Tihog oceana
pomiculture [ˈpəumiˌkʌltʃə] *s* uzgajanje voća s mesnatim plodom (kao jabuka, kruška, dunja i dr.)
pommel [ˈpʌml] *s* jabuka na balčaku mača; jabuka, zaobljeno ispupčenje na prednjem dijelu sedla
pommel [ˈpʌml] *vt* udarati, tući (balčakom na sablji); udarati, bubetati šakama
Pommy, Pommie [ˈpɔmiː] *s Austr sl* Britanac, britanski doseljenik
pomology [pəˈmɔlədʒi] *s* nauka o uzgajanju voća
pomp [pɔmp] *s* svečanost, sjaj, raskoš, pompa
pompier ladder [ˈpɔ̃ːmpiəˌlædə] *s* vatrogasne ljestve
pompom [ˈpɔmpɔm] *s* mitraljez; višecijevni protuavionski 37-mm top
pompon [ˈpɔ̃ːmpɔ̃ːŋ] *s* ukrasna kićanka (od cvijeća, traka i dr.) na šeširima, cipelama itd. žena, djece; rojta na vojničkoj kapi
pomposity [pɔmˈpɔsiti] *s* pompoznost
pompous [ˈpɔmpəs] *adj* (**~ly** *adv*) pun pompe, pompozan
pompousness [ˈpɔmpəsnis] *s* → **pomposity**
pon ('pon) [pɔn] *prep* → **upon**
ponce [pɔns] *s sl* makro
poncho [ˈpɔntʃəu] *s* pončo; *US army* nepromočiva pelerina
pond [pɔnd] *s* umjetno jezerce, ribnjak; *joc* more | **the Big Pond** Atlantik
pond [pɔnd] *vt/i* **I.** *vt* napraviti ribnjak, jezerce **II.** *vi* skupiti se u jezero, načiniti jezero (o vodi)
pondage [ˈpɔndidʒ] *s* količina vode koja se nalazi u ribnjaku, jezeru; kapacitet ribnjaka ili jezera
ponder [ˈpɔndə] *vt/i* **I.** *vt* misliti, razmišljati, promišljati **II.** *vi* duboko misliti, utonuti u misli, razmišljati
ponderability [ˌpɔndərəˈbiliti] *s* sposobnost čega da se može izmjeriti; izvagati, ocijeniti, procijeniti; procjenjivost
ponderable [ˈpɔndərəbl] *adj* izmjerljiv; koji se može proračunati, procijeniti; predvidiv
ponderables [ˈpɔndərəblz] *s pl* stvari, događaji koji se mogu unaprijed predvidjeti i procijeniti
ponderance [ˈpɔndərəns] *s* razmišljanje, promišljanje; ozbiljnost, važnost, težina
ponderation [ˌpɔndəˈreiʃn] *s* razmišljanje, promišljanje; ozbiljnost, važnost; ocjenjivanje, procjenjivanje, vaganje (u mislima)
pondering [ˈpɔndəriŋ] *adj* (**~ly** *adv*) koji duboko, zrelo misli, razmišlja, koji je utonuo u misli
ponderosa (pine) [ˌpɔndəˈrəusə] *s bot* žuti bor (*Pinus ponderosa*)
ponderosity [ˌpɔndəˈrɔsiti] *s* težina; važnost; *fig* težak, dosadan, monoton stil; nezgrapnost
ponderous [ˈpɔndərəs] *adj* (**~ly** *adv*) težak; nezgrapan; nezanimljiv, izvještačen, namješten

pond-life ['pɔndlaif] *s* životinjski svijet (obično beskičmenjaka) koji živi u jezeru, ribnjaku
pond scum ['pɔndskʌm] *s* vodeni cvijet, žabokrečina
pondweed ['pɔndwi:d] *s bot* bobur, mrijesnjak, resina, talasinje (*Potamogeton*)
pone [pəun] *s US* mali hljeb kruha od kukuruznog brašna
pong [pɔŋ] *vi theat* | **to ~ it** improvizirati
poniard ['pɔnjəd] *s* bodež
poniard ['pɔnjəd] *vt* ubiti, probosti bodežom
pons [pɔnz] *s* (*pl* **pontes** ['pɔnti:z]) *anat* most, Varolijev most
pontage ['pɔntidʒ] *s* mostarina
pontifex ['pɔntifeks] *s* (*pl* **pontifices** [pɔn'tifisi:z]) *hist* pontifeks, veliki svećenik u starom Rimu; titula pape
pontiff ['pɔntif] *s* papa, biskup, veliki svećenik
pontifical [pɔn'tifikl] *adj* (**~ly** *adv*) papinski, biskupski, pontifikalan
pontifical [pɔn'tifikl] *s eccl* knjiga o obredima | **~s** *pl* biskupski ornat
pontificate [pɔn'tifikit] *s* pontifikat, papinstvo, prvosvećenstvo; papinski položaj i čast; vrijeme vladavine jednog pape
pontify ['pɔntifai] *vi* biti nepogrešiv; biti papa, uživati papinski položaj, čast; nastupati ili govoriti autoritativno
pontoneer (**pontonier**) [ˌpɔntə'niə] *s* pontonir, vojnik pontonirske jedinice; stručnjak u gradnji pontonskih mostova
pontoon [pɔn'tu:n] *s* ponton; plovak hidroplana
pontoon [pɔn'tu:n] *vt* prijeći (preko rijeke) pomoću pontonskog mosta, prelaziti rijeku pontonskim mostom
pony ['pəuni] *s* 1. poni, vrsta veoma malih, niskih konja; *sl* 25 dolara (pri klađenju); *US sl* magareći most 2. malen predmet, mala stvar (npr. mala čaša za pivo i dr.)
pony-engine ['pəuniˌendʒin] *s rly* mala lokomotiva za ranžiranje
pony tail ['pəuniteil] *s* konjski rep (vrsta ženske frizure)
pooch [pu:tʃ] *s US sl* pas
poodle ['pu:dl] *s zool* pudl
poodle ['pu:dl] *vt* ošišati psa (kao što se šiša pudl)
pooh [pu:] *interj* pi!, fuj, usklik koji izražava prezir, negodovanje
pooh-pooh [ˌpu:'pu:] *vt* s prezirom odbaciti, odbiti, otkloniti, odbiti kao nevrijedno (prijedlog i dr.), s prezirom govoriti, postupati
pool[1] [pu:l] *s* lokva, bara, jezerce, stajaća voda, jaz (u rijeci), udubljeno i rašireno mjesto u rijeci | **swimming ~** bazen za plivanje
pool [pu:l] *vi min* potkopavati
pool[2] [pu:l] *s* 1. ulog svih igrača, banka (pri kartanju); zdjela u kojoj se drže ulozi (pinka) 2. vrsta biljara 3. *com* kolektivni ulog u zajedničkom riskantnom pothvatu; kartel, pul; dogovorno određivanje cijena između konkurenata 4. *mil* skladište; park; opća rezerva; baza | *GB* **to win the ~s** dobiti na sportskoj prognozi
pool [pu:l] *vt com* ujediniti snage, ujediniti kapital; dijeliti među sobom (dobit); udružiti
poolroom ['pu:lrum] *s US* prostorija ili lokal gdje se igra »pool«-biljar
poon [pu:n] *s bot* puna, drvo iz istočne Indije
poon-oil ['pu:nɔil] *s* ulje od ploda pune koje se upotrebljava u medicini i kao rasvjetno ulje
poop[1] [pu:p] *s mar* krma; palubac (na krmi broda)
poop[1] [pu:p] *vt mar* (o valu) udariti preko krme, zapljusnuti (brod) preko krme; (o brodu) biti zapljusnut preko krme
poop[2] [pu:p] *vt sl* iscrpsti, izmoriti
poop[2] [pu:p] s *US sl* informacija; naklapanje, trač
poop[3] [pu:p] *s sl* glupan, tikvan, blesan; činjenice, informacije
pooped [pu:pt] *adj sl* iscrpljen, izmoren
poor [puə] *adj* 1. siromašan, ubog, oskudan, potrebit, potreban, bijedan 2. slab, loš, koji ne zadovoljava 3. mršav, neplodan, slab, nerodan (za zemlju); nedovoljan 4. jadan, nevoljan; *fam* nesretan (za čovjeka) | **the ~** sirotinja, siromasi; **~ me!** teško meni!, jao meni!; *fam* **~ little thing** siromah, jadnik; **in my ~ opinion** po mome skromnom mišljenju; *geol* **~ rock** jalovina
poor-box ['puəbɔks] *s* škrabica, kutijica za milodare
poor-farm ['puəfa:m] *s* → **poor-house**
poor-house ['puəhaus] *s* ubožnica
poor-law ['puəlɔ:] *s* zakon o siromasima
poorly ['puəli] *adv* loše, slabo, bijedno, jadno | **he is ~ off** teško živi
poorly ['puəli] *adj* boležljiv, slab, koji se ne osjeća dobro
poorness ['puənis] *s* siromaštvo, oskudica, neimaština, potreba, bijeda; neplodnost, mršavost, nerodnost (za zemlju); nesposobnost, neupućenost; slabost (karaktera i dr.); boležljivost
poor-rate ['puəreit] *s* uboški porez, porez koji se plaća za pomoć siromasima
poor-spirited [ˌpuə'spiritid] *adj* malodušan, plašljiv; siromašan duhom
pop[1] [pɔp] *s* prasak, pucanj, tresak, udarac; točka, znak, pjega, mrlja; *coll* opojno, pjenušavo piće; *sl* zalog | *GB sl* **in ~** založen, u zalogu
pop[2] [pɔp] *s coll* popularni koncert
pop[3] [pɔp] *s* → **poppa**

pop [pɔp] *vi/t* **I.** *vi* pucati, puknuti, otvoriti se, iskočiti (za čep na boci i dr.), prasnuti, praskati, opaliti (iz pištolja i dr.) **II.** *vt* 1. otvoriti što (naglo), izvaditi (čep iz boce i dr.), opaliti (pištolj i dr.) 2. gurnuti, turiti, baciti (u usta, džep, peć i dr.) 3. naglo, neočekivano promoliti (glavu); *sl* založiti, dati u zalog; *US sl* pržiti zrnje kukuruza, praviti kokice | **to ~ the question** neočekivano, nenadano zaprositi

pop in ['pɔp'in] *vi* ući naglo (u sobu i dr.), banuti, nahrupiti, neočekivano doći u goste, svratiti načas, nenadano posjetiti | **to ~ and out** svratiti načas i odmah otići

pop off ['pɔp'ɔf] *vi* opaliti; puknuti; naglo, nenadano otići, umaći, uteći | *sl* **to ~ the hooks** otegnuti papke, umrijeti

pop on ['pɔp'ɔn] *vt* staviti, metnuti, baciti, gurnuti (naglo, brzo, nenadano); metnuti (šešir na glavu)

pop out ['pɔp'aut] *vi/t* **I.** *vi* umaći, pobjeći, uteći; *coll* naglo, iznenada umrijeti **II.** *vt* ugasiti svjetlo

pop up ['pɔp'ʌp] *vi* poskočiti, skočiti, neočekivano se dignuti, pojaviti

pop [pɔp] *s US coll* tata; stari čovjek

pop [pɔp] *interj* tres!, tras!, hop!, lup!, pljes!, puf!

pop [pɔp] *adv* iznenada, naglo, neočekivano, najedanput | **to go ~** tresnuti, lupnuti; prasnuti, prsnuti, puknuti; odapeti, umrijeti

pop art ['pɔpa:t] *s* popularna umjetnost

pop concert ['pɔp'kɔnsət] *s* koncert popularne glazbe

pop-corn ['pɔpkɔ:n] *s* 1. *bot* kukuruz kokičar (*Zea mays everta*) 2. kokice

pope[1] [pəup] *s* papa

pope[2] [pəup] *s* patrijarh, vladika (u Istočnoj crkvi)

pope [pəup] *vt* udariti koga u osjetljivo mjesto na bedru, stegnu

popedom ['pəupdəm] *s* papinsko dostojanstvo, papinski položaj, papinska čast, jurisdikcija pape

popery ['pəupəri] *s derog* papizam, katolicizam

pop-eyed ['pɔp‚aid] *adj US* buljook, izbuljenih očiju

pop-gun ['pɔpgʌn] *s* dječja pucaljka (na čep)

popinjay ['pɔpindʒei] *s* 1. *arch* papiga; *hist* drvena papiga koja je služila kao nišan, meta; *dial* zelena žuna 2. lajavac, naduvenko, »utvara«; isprazan kicoš

popish ['pəupiʃ] *adj* (**~ly** *adv*) *derog* papinski, katolički

poplar ['pɔplə] *s bot* jablan, topola

poplin ['pɔplin] *s* (prije) poplen, tkanina od svile i vune, (sada) poplen, pamučna tkanina

pop music ['pɔp'mju:zik] *s* popularna glazba

poppa ['pɔpə] *s US* tata

poppet ['pɔpit] *s coll* lutka, miljenče (naziv od milja za dijete i dr.); *mar* odar

popping ['pɔpiŋ] *s* pucanje, iskakanje (čepa i dr.), praskanje | *cricket* **~ crease** linija paralelna s vratima i udaljena od njih 4 stope

popple ['pɔpl] *vi* zapljuskivati, valjati se, bibati se (za vodu, valove)

popple ['pɔpl] *s* zapljuskivanje, valjanje, bibanje, bibavica (za vodu)

popply ['pɔpli] *adj* koji se valja, biba, zapljuskuje

poppy ['pɔpi] *s bot* mak; opijum; živa crvena boja (poput poljskog maka)

poppy-cock ['pɔpikɔk] *s US coll* glupost, besmislica

poppy-head ['pɔpihed] *s* makovica, makova glavica

poppy red ['pɔpired] *adj* svijetla žućkastocrvena boja

poppy seed ['pɔpisi:d] *s* mak (sjeme)

pop-shop ['pɔpʃɔp] *s fam* zalagaonica

popsy (popsie) ['pɔpsi] *s sl* cura, djevojka (od milja)

populace ['pɔpjuləs] *s* puk, svjetina, rulja, prosti puk, narodne mase

popular ['pɔpjulə] *adj* (**~ly** *adv*) 1. narodni 2. pučki, prostonarodni, prost 3. popularan (glazba, cijene, osoba i sl.) | **he is ~ with his friends** prijatelji ga vole

popularity [‚pɔpju'læriti] *s* 1. popularnost, popularitet, omiljelost 2. raširenost, rasprostranjenost među masama naroda

popularize ['pɔpjuləraiz] *vt* 1. popularizirati, popularno ili na lako shvatljiv način prikazati 2. širiti neku ideju i dr. među širokim masama naroda, učiniti (nešto, nekoga) poznatim, popularnim

populate ['pɔpjuleit] *vt* napučiti, nastaniti, naseliti

population [‚pɔpju'leiʃn] *s* 1. žiteljstvo, pučanstvo, stanovništvo 2. nastanjivanje, naseljavanje, napučivanje

populous ['pɔpjuləs] *adj* (**~ly** *adv*) gusto nastanjen, napučen, naseljen

populousness ['pɔpjuləsnis] *s* gustoća napučenosti, nastanjenosti, naseljenosti

porcelain ['pɔ:slin] *s* porculan, posuđe od porculana; *fig & attr* osjetljiv, krhak, nježan

porcelainize ['pɔ:slinaiz] *vt* načiniti (od gline) porculan

porcelainous ['pɔ:slinəs] *adj* porculanski, od porculana, poput porculana

porcellaneous [‚pɔ:sə'leiniəs] *adj* → **porcelainous**

porch [pɔ:tʃ] *s* trijem, predvorje, hodnik sa stupovljem; *US* veranda pred kućom

porcine ['pɔ:sain] *adj* svinjski, kao svinja, poput svinje

porcupine ['pɔ:kjupain] *s zool* dikobraz

pore [pɔː] *s* pora, šupljina, rupica; pukotina

pore [pɔː] *vi/t* **I.** *vi* udubiti se, utonuti (u misli) **II.** *vt fig* razmišljati, duboko misliti, mozgati (o čemu), revno čitati | **to ~ one's eyes out** izmoriti oči (čitanjem)

pore on ['pɔːr'ɔn] *vi* razmišljati, misliti, premišljati (o čemu)

pore over ['pɔːr'əuvə] *vi* pohlepno čitati, gutati

porge [pɔːdʒ] *vt rel* očistiti (zaklanu životinju) prema ritualnim propisima

pork [pɔːk] *s* svinjetina, svinjsko meso

pork barrel ['pɔːk,bærəl] *s US pol sl* dotacije iz federalne državne blagajne za javne radove (npr. za regulaciju rijeka i popravak luka), obično takve koje mjesni političari ishode za svoj kraj

pork-butcher ['pɔːk,butʃə] *s* kobasičar, mesar (koji prodaje svinjske proizvode)

porker ['pɔːkə] *s* mlado utovljeno svinjče

porkling ['pɔːkliŋ] *s* prasence, mlado prase

pork-pie ['pɔːkpai] *s* pašteta od svinjskog mesa | **~ hat** okrugli šešir s plosnatom glavom

porky ['pɔːki] *adj* debeo; *sl* drzak, bezobrazan

pornographer [pɔː'nɔgrəfə] *s* pisac pornografskih knjiga, onaj koji se bavi pornografijom

pornographic [,pɔːnə'græfik] *adj* pornografski

pornography [pɔː'nɔgrəfi] *s* pornografija

porosity [pɔː'rɔsiti] *s* poroznost, šupljikavost

porous ['pɔːrəs] *adj* (**~ly** *adv*) porozan, šupljikav

porousness ['pɔːrəsnis] *s* → **porosity**

porphyry ['pɔːfiri] *s petrography* porfir

porpoise ['pɔːpəs] *s ichth* obična pliskavica (*Delphinus delphis*); obalna pliskavica (*Phocaena phocaena*)

porpoise ['pɔːpəs] *vi aero* u valovitoj liniji spuštati se ili uzlijetati; skakutati

porrect [pɔ'rekt] *adj* ispružen, opružen

porrect [pɔ'rekt] *vt* ispružiti, opružiti (ruku, nogu); *eccl jur* pružiti, podnijeti, predati (dokument)

porridge ['pɔridʒ] *s* zobena kaša, žitko, kašasto jelo priređeno od zobenih pahuljica i kipućeg mlijeka | **to keep one's breath to cool one's ~** čuvati, zadržati savjet za sebe

porringer ['pɔrindʒə] *s* zdjelica za kašu ili juhu

port[1] [pɔːt] *s* luka, lučki grad; *fig* utočište | **close ~** riječna luka; **~ admiral** zapovjednik luke, lučki kapetan; **free ~** slobodna luka, porto franko; **~ of call** luka u kojoj brod pristaje, luka ticanja; **any ~ in a storm** u nevolji se ne bira; **~ of destination** odredišna luka; **to clear a ~** isploviti iz luke; **~ of embarcation** utovarna luka, luka ukrcanja; **~ of entry** ulazna luka; **~ of discharge** luka iskrcanja, istovarna luka; **~ of refuge** utočišna luka; **picked ~** luka po izboru

port[2] [pɔːt] *s* gradska vrata, kapija; *mech* rupa, otvor (za prolazak pare, vode i dr.); *mar* vratnice na trupu broda (za robu, putnike)

port[3] [pɔːt] *s* držanje, vladanje, ponašanje; *mil* držanje, nošenje puške, oružja (pred prsima dijagonalno prema lijevom ramenu)

port [pɔːt] *vt mil* držati pušku pred prsima dijagonalno prema lijevom ramenu

port[4] [pɔːt] *s mar* lijeva strana broda

port [pɔːt] *vt/i mar* **I.** *vt* okrenuti brod ulijevo **II.** *vi* okrenuti se na lijevu stranu (o brodu)

port[5] [pɔːt] *s* porto, portugalsko (slatko, crno) vino (skraćeno od Oporto)

portability [,pɔːtə'biliti] *s* nosivost

portable ['pɔːtəbl] *adj* koji se može nositi, portabl

portage ['pɔːtidʒ] *s* nošenje, prijenos, prenošenje, transport, transportiranje; troškovi, pristojba za prijenos, dostavu, transport, vozarina; prenošenje čamaca i zaliha kopnom između plovnih rijeka ili jezera; mjesto gdje se to događa | **mariner's ~** mjesto, prostor na brodu koji se daje mornaru za njegovu robu umjesto novca; mjesto gdje se mora teret prenositi

portage ['pɔːtidʒ] *vt* prenijeti brod kopnenim putem (iz jedne plovne vode u drugu)

portal ['pɔːtl] *s anat, archit* portal

portal ['pɔːtl] *adj* | *anat* **~ vein** vena vratarnica

portative ['pɔːtətiv] *adj* portabl; koji je sposoban nositi

port authority ['pɔːtɔː'θɔriti] *s* lučka kapetanija

portcullis [,pɔːt'kʌlis] *s* željezna rešetka koja se spušta pred gradskim vratima

portend [pɔː'tend] *vt* proreći, pretkazati, predvidjeti, dati predznak, navijestiti, nagovješćivati, slutiti (na)

portent ['pɔːtent] *s* slutnja, loš znak, loše znanje, predznak, nagovješćivanje; predosjećaj; čudo; čudesna stvar | **~s** *pl* izvanredni uspjesi, postignuća

portentous [pɔː'tentəs] *adj* (**~ly** *adv*) 1. zloslutan; koban, čudesan; pompozan, dostojanstven, golem

porter[1] ['pɔːtə] *s* vratar, portir; *US* pratilac spavaćih kola

porter[2] ['pɔːtə] *s* 1. nosač (na stanici, u hotelu itd.), trhonoša, sluga 2. crno pivo (**~'s** *ale*) | **~'s knot** uprte, gurta (koju upotrebljavaju nosači)

porterage ['pɔːtəridʒ] *s* donos, prenošenje, nošenje (prtljage, tereta i dr.); novac koji se plaća za donos, prenošenje, nošenje (prtljage, robe, tereta i dr.)

portfolio [ˌpɔːtˈfəuljəu] *s* (*pl* **~s**) portofolio, kožni omot, kožna torba, kožne korice (u kojima se nose, čuvaju spisi, dokumenti i dr.); *fig* ministarstvo

porter-house [ˈpɔːtəhaus] *s US* krčma, birtija | **~ steak** vrsta goveđeg odreska

port-hole [ˈpɔːthəul] *s mar* okrugao prozorčić na boku broda, otvor na brodu za dovod svjetla, zraka; vratnice, otvor za top, pušku

portico [ˈpɔːtikəu] *s* trijem, natkriven hodnik sa stupovima duž zgrade

portion [ˈpɔːʃn] *s* (dodijeljen) dio, djelić; čest, udio; obrok, porcija, komad, količina, mnoštvo; sudbina, udes; udio, miraz | *jur* **legal ~** zakoniti dio nasljedstva

portion [ˈpɔːʃn] *vt* 1. dijeliti, razdijeliti, podijeliti 2. dati miraz, opremiti (kćerku)

portioner [ˈpɔːʃənə] *s* djelitelj, raspodjelitelj, udjelitelj; onaj koji dijeli, daje

portliness [ˈpɔːtlinis] *s* dostojanstveno držanje; naočitost, krupnoća, debljina

portly [ˈpɔːtli] *adj* dostojanstven, uzoran; naočit, krupan, debeo

portmanteau [ˌpɔːtˈmæntəu] *s Fr* putni kovčeg | **~ word** riječ koja je stvorena kombinacijom dviju riječi (*smog* od *smoke* i *fog*)

portrait [ˈpɔːtrit] *s* portret; živ opis (lica, karaktera)

portraitist [ˈpɔːtritist] *s* portretist

portraiture [ˈpɔːtritʃə] *s* portretiranje; portret; zbirka portreta; vještina slikovitog opisivanja, prikazivanja (ličnosti, karaktera); *theat* prikazivanje karaktera

portray [pɔːˈtrei] *vt* slikati portret, portretirati; živo, slikovito opisivati, slikati riječima, zorno prikazati

portrayal [pɔːˈtreiəl] *s* portretiranje; portret, slika; opis, prikaz, portret (ličnosti, karaktera)

portreeve [ˈpɔːtriːv] *s* 1. *hist* vijećnik 2. službenik po činu niži od gradonačelnika

portress [ˈpɔːtris] *s* vratarka, portirka

port-tack [ˈpɔːttæk] *s mar* lijeva uzda (donjih jedara)

port-side [ˈpɔːtsaid] *s mar* lijeva strana broda

Portuguese [ˌpɔːtjuˈgiːz] *adj* portugalski

Portuguese [ˌpɔːtjuˈgiːz] *s* Portugalac, Portugalka; portugalski jezik | **the ~** *pl* Portugalci

Portuguese man-of-war [ˌpɔːtjuˈgiːzˌmænəvˈwɔː] *s zool* loptaš (*Physalia*)

pose [pəuz] *s* položaj, poza, držanje tijela; izvještačeno, nenaravno držanje, poza

pose [pəuz] *vt/i* **I.** *vt* 1. postaviti, namjestiti (koga u pozu) 2. staviti, postaviti, uputiti, upraviti (pitanje), iznijeti (tvrdnju) **II.** *vi* 1. postaviti se, namjestiti se (u pozu) 2. nastupati kao (poznavalac čega), pozirati

pose [pəuz] *vt* zbuniti, smesti teškim pitanjem, dovesti u nepriliku, zapanjiti

poser [ˈpəuzə] *s* teško pitanje, problem

poseur [pəuˈzəː] *s Fr* pozer, onaj koji se ponaša izvještačeno, nenaravno; *fig* glumac

posh [pɔʃ] *adj sl* lijep, zgodan, dotjeran

posit [ˈpɔzit] *vt* iznijeti, postaviti, tvrditi; uzimati kao polaznu točku, postulirati

position [pəˈziʃn] *s* mjesto, položaj (u prostoru); *fig* stanje, položaj, mogućnost; mišljenje, stajalište; društveni položaj; služba; *phil* tvrdnja, tvrđenje, pretpostavka, propozicija; držanje, položaj (tijela); *mus* raspored prsta na žicama kod gudačkih instrumenata; *mil* raspored trupa, pozicija; *pros* položaj samoglasnika u slogu | **people of ~** utjecajni, ugledni ljudi; **in ~** u pravu položaju; **out of ~** u krivu položaju; **in a ~ to** (biti) u mogućnosti, u stanju; **awkward ~** nezgodan položaj, škripac

position [pəˈziʃn] *vt* staviti, metnuti, položiti, postaviti na pravo mjesto, dovesti u pravi položaj, smjestiti, namjestiti; odrediti položaj, mjesto, lokalizirati

positional [pəˈziʃənl] *adj* pozicioni

positive [ˈpɔzətiv] *adj* (**~ly** *adv*) 1. određen, jasan, izričit, siguran; propisan 2. (za osobe) uvjeren, samouvjeren, siguran; uporan, odlučan, odrešit 3. *phil* zbiljski, istinit, koji se osniva na iskustvu, faktima, stvaran, pozitivan, konkretan, apsolutan 4. *coll* potpun, pravi 5. jesni, potvrdni, koji dokazuje, neoboriv, utvrđen, ustanovljen 6. pozitivan, koji se nalazi, koji je prisutan 7. *math* pozitivan, koji je veći od nule (**~** *sign* +); koji je u porastu, koji raste 8. *phys, el & phot* pozitivan | **proof ~** nepobitan, neoboriv dokaz; *gram* **~ degree** pozitiv, prvi stupanj komparacije

positive [ˈpɔzətiv] *s* sigurnost, istinitost, pozitivnost; *gram* pozitiv, prvi stupanj komparacije; *phot* pozitiv

positiveness [ˈpɔzətivnis] *s* sigurnost, izvjesnost, stalnost, uvjerenost; odlučnost

positivism [ˈpɔzitivizm] *s phil* pozitivizam

positivist [ˈpɔzitivist] *s* pozitivist

positivistic [ˌpɔzitiˈvistik] *adj* koji se odnosi na pozitivizam, pozitivistički

posse [ˈpɔsi] *s* policijski odred; potjera; naoružani građani koji stoje šerifu na raspolaganju u slučaju nemira ili nereda | **he is a minister in ~** on bi mogao postati ministar

possess [pəˈzes] *vt* 1. posjedovati, imati, držati, imati u vlasti 2. očuvati, održati, vladati (osjećajima i dr.) 3. ovladati, obuzeti, spopasti, domoći se, uzeti u svoju vlast | **what ~ed him to do it?** što mu bi da to uradi?; **to ~ oneself of** ovladati čime; prisvojiti; **to ~ one's soul in patience** svladati se, strpjeti se; **he is surely ~ed** on je sigurno šenuo pameću; **everyone ~ed of reason** svaki razuman čovjek

possession [pə'zeʃn] *s* posjedovanje, uživanje posjeda, vlasništvo; posjed, imanje, imetak | **~s** *pl* zemljište, nekretnine; **to be in the ~ of a p** (o stvarima) pripadati kome; **to be in ~ of a th** (o osobama) posjedovati; **to have (gain) ~ of a woman** uzeti ženu (tj. s njom spolno općiti); **to take ~ of** uzeti (u posjed)

possessive [pə'zesiv] *adj* (**~ly** *adv*) koji posjeduje, posjednički, posjedovni; *gram* posvojni, posesivni

possessive [pə'zesiv] *s gram* posvojni padež, genitiv, posesiv; posvojna zamjenica

possessor [pə'zesə] *s* posjednik, vlasnik

possessory [pə'zesəri] *adj* posjednički, posjedovni, posesoran

possibility [ˌpɔsə'biliti] *s* mogućnost | **possibilities** *pl* snage, sposobnosti, mogućnosti; izgledi (za budućnost); **by any ~** na bilo kakav način

possible ['pɔsəbl] *adj* moguć, vjerojatan; izvediv; *coll* snošljiv, podnošljiv | **as soon as ~** što prije, što skorije; **as much as ~** koliko je god moguće

possible ['pɔsəbl] *s* ono što je moguće, mogućnost; *coll* najveći broj bodova, poena (pri kartanju, u sportu i dr.) | **I'll do my ~** učinit ću sve što mogu

possibly ['pɔsəbli] *adv* vjerojatno, moguće, možda, ikako, (u negativnom kontekstu: nikako — *it can't ~ work*)

possum ['pɔsəm] *s* → **opossum** | *US coll* **to play (act) ~** praviti se bolesnim, mrtvim, da spava, da što ne primjećuje i sl.

possum ['pɔsəm] *vi US coll* sklanjati se, bježati, praviti se bolestan

post[1] [pəust] *s* kolac, stup, motka; *min* sloj ugljena, rude, koji se otkopava (i služi kao potporanj u rovu); *sport* stativa | **door ~** dovratak; **sign ~** putokaz; **between you and me and the bed-~** u povjerenju, među nama, u četiri oka; **starting ~** stup na startu; **winning ~** stup na cilju; **as deaf as a ~** gluh kao top

post[2] [pəust] *s* 1. *hist* glasnik, brzoteča, kurir; poštanska kola 2. pošta (pisma i dr.) 3. vrsta (i veličina) pisaćeg papira | **general ~** jutarnja pošta; **by ~** poštom; **by return of ~** obratnom poštom (odmah po primitku pisma)

post[3] [pəust] *s* 1. *mil* straža (mjesto); položaj, pozicija (trupa) 2. mjesto, položaj, služba 3. *fig* dužnost 4. *mar* čin, položaj kapetana | *mil* **first ~** budnica, signal, znak trubom za ustajanje; **last ~** povečerje, signal, znak trubom za spavanje

post[1] [pəust] *vt* afiširati, prilijepiti (oglas), oglasiti, oblijepiti (zid) oglasima; najaviti, razglasiti, objaviti

post[2] [pəust] *vi/t* **I.** *vi* putovati konjima (koji se na svakoj postaji mijenjaju); žurno, brzo putovati **II.** *vt* 1. baciti pismo u poštanski sanduk, poslati, otpremiti poštom 2. unijeti (*up*) u zapisnik, knjigu; *fig* obavještavati, izvijestiti (koga)

post[3] [pəust] *vt mil* postaviti, dovesti na stražu; dati posebnu zadaću, dužnost; *mar* postaviti za kapetana

post [pəust] *adv* | *fig* **to ride ~** putovati, ići prema svome cilju s najvećom brzinom

post- [pəust] *prefix u složenicama* po-, poslije- (npr. *post-war* poslijeratni)

postage ['pəustidʒ] *s* poštarina, poštanska pristojba

postage-due ['pəustidʒdjuː] *s* novčana globa zbog nedovoljno plaćene poštarine

postage stamp ['pəustidʒstæmp] *s* poštanska marka

postal ['pəustl] *adj* (**~ly** *adv*) koji se odnosi na poštu, poštanski | **~ draft, ~ order** novčana uputnica; **~ card** dopisnica; **~ delivery** dostava pošte

postal ['pəustl] *s US coll* dopisnica

post-bag ['pəustbæg] *s* poštanska, listovna torba

post-boat ['pəustbəut] *s* brod koji vozi poštu

postbox ['pəustbɔks] *s* → **mailbox**

post-boy ['pəustbɔi] *s* postiljon; raznosač pisama

postcard ['pəustkaːd] *s* poštanska dopisnica; razglednica

post-chaise ['pəustʃeiz] *s* poštanska kočija

postdate [ˌpəust'deit] *vt* postradati; dolaziti nakon čega, slijediti što

poster ['pəustə] *s* oglas, plakat, poster | **~ colo(u)r** tempera

posterior [pɔs'tiəriə] *adj* 1. kasniji 2. naredni 3. zadnji, stražnji, koji se nalazi straga

posterior [pɔs'tiəriə] *s* zadnji, stražnji dio (tijela); stražnjica, zadnjica

posteriority [pɔsˌtiəri'ɔriti] *s* posterioritet, kasnije nastupanje

posteriorly [pɔs'tiəriəli] *adv* straga, odzada, natrag, nazad

posterity [pɔs'teriti] *s* potomstvo, potomci, djeca; buduća pokoljenja, naraštaji

postern ['pəustəːn] *s* stražnja vrata, skrivena, tajna vrata (za izlaz u slučaju nužde)

poster-pillar ['pəustəˌpilə] *s* stup za lijepljenje oglasa, plakata, oglasni stup

post-free [ˌpəust'friː] *adj* slobodan od poštarine, franko, kojega cijena uključuje i poštanske troškove; poštarina plaćena unaprijed

posthaste [ˌpəust'heist] *s arch* velika žurba, brzina

posthaste [ˌpəust'heist] *adv* žurno, brzo, s najvećom brzinom

posthorse ['pəusthɔːs] *s* poštanski konj

posthumous ['pɔstjuməs] *adj* (**~ly** *adv*) rođen poslije očeve smrti, posthuman; objavljen poslije smrti pisca, kompozitora

postiche [pɔsˈtiːʃ] *s Fr* (naknadni, obično loš) dodatak; perika, lažna kosa, uvojak i dr.; imitacija, nadomjestak
postil [ˈpɔstil] *s* bilješka, opaska, komentar, napomena na rubu stranice
postillion (postilion) [pəsˈtiljən] *s* jahač na jednom od 4 prednja konja; kočijaš poštanskih kola; poštanski momak
post-impressionism [ˌpəustimˈpreʃnizm] *s* postimpresionizam
postman [ˈpəustmən] *s* (*pl* **postmen** [ˈpəustmən]) poštar, raznosač pošte
postmark [ˈpəustmaːk] *s* poštanski žig
postmark [ˈpəustmaːk] *vt* snabdjeti poštanskim žigom
postmaster [ˈpəustˌmaːstə] *s* poštanski činovnik, upravitelj pošte | **Postmaster General** ministar pošta, telegrafa i telefona
post-meridian [ˌpəustməˈridiən] *adj* poslijepodnevni, koji se odnosi na poslijepodne, na vrijeme kad sunce prijeđe meridijan
post-mistress [ˈpəustˌmistris] *s* poštanska činovnica; upraviteljica pošte
post-mortem [ˌpəustˈmɔːtəm] *s* autopsija, seciranje (i ~ *examination*)
post-natal [ˌpəustˈneitl] *adj* koji se zbio, dogodio poslije rođenja, postnatalan
post-office [ˈpəustˌɔfis] *s* pošta (organizacija, zgrada, ured), poštanski ured | **General Post-Office** direkcija pošta
post-paid [ˈpəustpeid] *adj* poštarina plaćena
postpone [ˌpəustˈpəun] *vt/i* **I.** *vt* odgoditi, ostaviti za kasnije, odložiti; staviti na kraj rečenice; sniziti, umanjiti (vrijednost i dr.), zapostaviti, podrediti (što) **II.** *vi med* zakasniti (o nastupu groznice), kasnije nastupiti
postponement [ˌpəustˈpəunmənt] *s* odgoda, odgađanje, odlaganje; podređivanje
postposition [ˌpəustpəˈziʃn] *s gram* postpozicija
postpositional [ˌpəustpəˈziʃnəl] *adj gram* postpozicionalan, postpozicioni, postpozitivan
postpositive [ˌpəustˈpɔzitiv] *adj gram* enklitički; sufiksalan
postscript [ˈpəuskript] *s* postskriptum
post time [ˈpəusttaim] *s US* vrijeme početka konjske trke
post-town [ˈpəusttaun] *s* grad koji prima poštu za čitavo područje (i šalje je na odredišta na tom području)
postulant [ˈpɔstjulənt] *s eccl* kandidat za zaređivanje, za primanje u svećenički red
postulate [ˈpɔstjulət] *s* tvrdnja, postavka, pretpostavka koja se uzima kao polazna točka diskusiji, raspravi i dr., postulat; pretpostavka koja se uzima kao istinita
postulate [ˈpɔstjuleit] *vt/i* **I.** *vt* 1. tražiti, zahtijevati 2. pretpostaviti, uzeti što kao istinito, primiti kao polaznu točku, postulirati **II.** *vi* zastupati, moliti
postulation [ˌpɔstjuˈleiʃn] *s* pretpostavka, postulat; *log* nužna pretpostavka; molba, traženje, zahtijevanje
postulator [ˈpɔstjuleitə] *s* onaj koji postavlja zahtjev, prijedlog
posture [ˈpɔstʃə] *s* položaj, stav (držanje) tijela, pozitura; stav (tijela & *fig*); stanje (stvari)
posture [ˈpɔstʃə] *vt/i* **I.** *vt* namjestiti, postaviti (tijelo) u položaj, pozituru; poredati **II.** *vi* namjestiti se, zauzeti neprirodan, izvještačen položaj, stav (& *fig*); figurirati (kao što)
posture-maker [ˈpɔstʃəˌmeikə] *s* pelivan, žongler
posture-master [ˈpɔstʃəˌmaːstə] *s* učitelj (lijepog) držanja, ponašanja
post-war [ˌpəustˈwɔː] *adj* poslijeratni
posy [ˈpəuzi] *s arch* moto, kratak stih, natpis (urezan, napisan na poklonu); kita cvijeća
pot [pɔt] *s* 1. lonac, lončić, tavica, vrč, ćup, tegla, posuda 2. okrugla čelična kapa za glavu; okrugao šešir 3. sadržaj lonca, ono što (koliko) stane u lonac; mjera za težinu (količinu) voća 4. (duboka) rupa puna vode 5. *coll* velika svota, hrpa novaca; važna, utjecajna ličnost; *vulg* velik, debeo trbuh, trbušina; *sport* nagrada na natjecanjima, velika oklada; pogodak izbliza | **ink ~** tintarnica; **tea ~** čajnik (porculanski); **coffee ~** lonac za kavu; **chamber ~** noćna posuda; **flower ~** lonac za cvijeće; *sl* **a ~ of money** more novaca; **to put the ~ on** odviše tražiti, pretjerivati; **to put on the ~** kladiti se, dati visok ulog; **a big ~** važna, utjecajna ličnost; **the ~ calls the kettle black** rugala se sova sjenici; *sl* **to go to ~** propasti, otići do vraga; **to make the ~ boil** živjeti, životariti, sastavljati kraj s krajem; **to keep the ~ boiling** zasluživati koliko treba za život; životariti, nekako se probijati; **a watched ~ never boils** kad se što nestrpljivo čeka, nikad se ne dočeka; **~s and pans** kuhinjsko posuđe
pot [pɔt] *vt/i* **I.** *vt* ostaviti, pohraniti, spremiti (hranu) u lonac, teglu i dr.; kuhati u loncu; posaditi cvijet (u lonac i dr.); loviti (divljač) zbog hrane; ubiti (divljač) hicem izbliza, nešto lako postići; *coll* doći do čega, osigurati što, postići što **II.** *vi* nišaniti, pucati (izbliza)
potable [ˈpəutəbl] *adj* pitak
potables [ˈpəutəblz] *s pl* pića, napici
potash [ˈpɔtæʃ] *s chem* potaša
potash-water [ˈpɔtæʃˌwɔːtə] *s* pjenušavo piće (s ugljičnim dioksidom)
potassium [pəˈtæsjəm] *s chem* kalij
potation [pəuˈteiʃn] *s* (velik) gutljaj; pijenje | **~s** *pl* pijanka, terevenka

potato [pə'teitəu] *s bot* krumpir (biljka i gomolj) | *sl* **quite the ~** upravo ono što treba, što se traži; **not quite the clean ~** ne sasvim besprijekoran čovjek; **mashed ~** pire od krumpira
potato-box [pə'teitəubɔks] *s sl* usta
potato chip [pə'teitəutʃip] *s US* čips
potato crisp [pə'teitəukrisp] *s GB* čips
potato-trap [pə'teitəutræp] *s sl* → **potato--box**
pot-barley ['pɔt,ba:li] *s* zrno ječma (koje nije potpuno oljušteno)
pot-bellied ['pɔt,belid] *adj* trbušast, koji ima veliku trbušinu, mješinu
pot-belly ['pɔt,beli] *s* trbušina, mješina; čovjek s velikim trbuhom | **~ stove** trbušasta željezna peć
pot-boil ['pɔtbɔil] *vi* zarađivati koliko je potrebno za život, životariti
pot-boiler ['pɔt,bɔilə] *s* sredstvo, način kojim se zarađuje (koliko je potrebno za život); književno, umjetničko djelo stvoreno samo radi zarade
pot-bound ['pɔtbaund] *adj* (za biljku) koja treba više prostora; *fig* koji je prerastao svoju sredinu
pot-boy ['pɔtbɔi] *s* momak u gostionici, krčmi
poteen [pɔ'ti:n] *s Ir* viski (koji je domaći proizvod i na koji nije plaćena trošarina)
potency ['pəutənsi] *s* snaga, jakost, sila, moć, probojna snaga; potentnost
potent ['pəutənt] *adj* (**~ly** *adv*) moćan, utjecajan, silan; važan, neodoljiv; jak, uvjerljiv; potentan
potentate ['pəutənteit] *s* vladar, velmoža, vlastodržac
potential [pə'tenʃəl] *adj* (**~ly** *adv*) 1. *arch* moćan, utjecajan, jak 2. koji se može pretpostaviti, zamisliti, moguć, potencijalan, skriven, koji se ne očituje, latentan 3. *gram* koji izražava mogućnost, potencijalan
potential [pə'tenʃəl] *s* mogućnost, potencijal, latentna sila; *phys & el* potencijal, potencijalna energija; *gram* glagolsko stanje (kojim se izražava mogućnost)
potentiality [pə,tenʃi'æliti] *s* mogućnost, potencijal | **potentialities** *pl* skrivene, neizražene mogućnosti
potentialize [pəu'tenʃəlaiz] *vt/i* **I.** *vt* dovesti (energiju) u potencijalno stanje **II.** *vi* imati u sebi skrivene snage, mogućnosti
potentiate [pəu'tenʃieit] *vt* pojačati djelovanje lijeka ili toksina prethodnim ili istovremenim davanjem kakvog drugog lijeka ili toksina
potentilla [,pəutən'tilə] *s bot* petolist, petoper (*Potentilla*)
potful ['pɔtful] *s* ono što (koliko) stane u lonac
pot-hat ['pɔthæt] *s* okrugao (muški) šešir, polucilindar
pothead ['pɔthed] *s sl* pušač marihuane
pother ['pɔðə] *s* buka, vika, graja, strka, uzbuna, galama; zagušljiv dim, prašina u zraku | **to make a ~ about it** podići galamu zbog čega, galamiti
pother ['pɔðə] *vt/i* **I.** *vt* uzrujati, uzbuniti, zbuniti, zabrinuti **II.** *vi* podići viku, galamu, vikati, galamiti, ustrčati se, uskomešati se
pot-herb ['pɔthə:b] *s* zelen, povrće, začin (ružmarin, lovor itd.)
pot-hole ['pɔthəul] *s* rupa, jama, spilja u stijeni; rupčaga (na cesti)
pothook ['pɔthuk] *s* lanac, verige (o koje se vješa lonac nad vatrom) | **~s and hangers** svračje noge, neuredan rukopis, drljanje
pothouse ['pɔthaus] *s* krčma, gostionica, točionica piva, pivara
pot-hunter ['pɔt,hʌntə] *s* onaj koji se takmiči samo radi nagrade; *US* lovac koji ubija divljač na bilo koji način
potion ['pəuʃn] *s* napitak
pot-luck [,pɔt'lʌk] *s* običan, jednostavan objed | **to come and take ~ with us** doći i podijeliti s nama ono što se zatekne u kući, što se nađe na stolu
potman ['pɔtmən] *s* → **pot-boy**
pot-pourri [,pəu'puri:] *s* 1. mješavina suhog mirisavog bilja (koja se čuva u posudi zbog mirisa) 2. potpuri, muzičko ili literarno djelo sastavljeno od ulomaka; *fig* mješavina
potsherd ['pɔtʃə:d] *s arch* krhotine, otpaci od razlupanog suđa, posuđa, crepovi
pot-shot ['pɔtʃɔt] *s* lak pogodak; slučajan pogodak; *fig* sreća, proba
pottage ['pɔtidʒ] *s arch* gusta čorba (od povrća ili povrća s mesom); *fig* kaša, sos
potted ['pɔtid] *adj* ukuhan, konzerviran; *US sl* pijan | **~ plant** lončanica, cvijet (biljka) u loncu
potter ['pɔtə] *s* lončar, grnčar | **~'s ware** lončarija
potter ['pɔtə] *vi/t* **I.** *vi* petljati, šeprtljati, prtljati, motati se (*about*) **II.** *vt* dangubiti, tratiti vrijeme
potter away ['pɔtərə'wei] *vt* dangubiti, tratiti vrijeme
pottery ['pɔtəri] *s* lončarska roba, lončarsko posuđe, grnčarija; lončarstvo, lončarski posao; lončarnica
pottle ['pɔtl] *s arch* mjera za tekućinu (= 4 pinte); kanta, vrč, košarica za voće
potty ['pɔti] *adj coll* beznačajan, nevažan, bezvrijedan; sulud, luckast
pot-valiant ['pɔt,væliənt] *adj* hrabar (od pića)
pouch [pautʃ] *s* vrećica, kesa, torba, duhankesa; poštanska torba (naročito za

diplomatsku poštu); *arch* novčarka; vreća, kesica (pod očima i dr.); *mil* fišeklija; *zool* kesa, tobolac
pouch [pautʃ] *vt/i* **I.** *vt* metnuti, turiti, strpati u kesu; progutati **II.** *vi* nabiti se, stajati u obliku kesice, vrećice, nabreknuti | *fam* **to ~ a p** dati kome napojnicu
pouchy ['pautʃi] *adj* kesast, vrećast; obješen, mlohav
pouf [pu:f] *s Fr* jastučić koji su žene stavljale u kosu (da se izdigne); okrugao jastuk za sjedenje
poulard(e) [pu:'la:d] *s* kastrirana kokica (za tovljenje); masna kokica
poult [pəult] *s* pile, pače, gušče, purče, mlado od fazana i dr.
poulterer ['pəultərə] *s* peradar, kokošar, trgovac peradi
poultice ['pəultis] *s* mekan, topao oblog (od mekinja, lanenog sjemena i dr.)
poultice ['pəultis] *vt* staviti mek, topao oblog (od mekinja i dr.)
poultry ['pəultri] *s* živad, perad
poultry breeder ['pəultri'bri:də] *s* → **poultryman**
poultry-farm ['pəultrifa:m] *s* farma živadi, peradi, peradarstvo
poultryman ['pəultrimən] *s* peradar, uzgajatelj peradi
pounce[1] [pauns] *s* 1. pandža, čaporak 2. zalijetanje, naglo spuštanje, nagao skok, zalet | **to make a ~** zaletjeti se, baciti se na što
pounce [pauns] *vt/i* **I.** *vt* spustiti se, baciti se, zaletjeti se na što, navaliti na što **II.** *vi fig* napasti (riječima), oboriti se, okomiti se
pounce[2] [pauns] *s* prah od kamena plavca (za posušivanje tinte na papiru); perforirani papir s uzorkom
pounce [pauns] *vt* posuti prahom od plavca, trti, gladiti (papir kamenom plavcem); probosti tkaninu i dr. prema uzorku; klepati, ispupčati kovinu (zlato, srebro) pupčastim šarama
pound[1] [paund] *s* funta, engleska mjera za težinu (= 453.59 g); funta, engleska novčana jedinica | **~ sterling** funta sterlinga; **penny wise and ~ foolish** štedjeti na sitnicama, na pogrešnu mjestu, i tako dopasti u veće izdatke; **it is a matter of ~s, shillings and pence** to je posve novčano pitanje
pound [paund] *vi* ispitati težinu (valjanost) metalnog novca vaganjem
pound[2] [paund] *s* staja, tor za zaplijenjenu marvu, stoku (ili robu); tor za životinje; *fig* zatvor; *hunt* težak položaj
pound [paund] *vt* zatvoriti, zatjerati stoku u tor, staju
pound [paund] *vt/i* **I.** *vt* stući, stucati, usitniti, smrviti, samljeti; tući, udarati (šakama); bombardirati; klecati (koljena) **II.** *vi* stupati, koračati (teškim koracima) | **to ~ into a p** uliti, utuviti kome što
poundage ['paundidʒ] *s* postotak ili provizija po funti sterlinga ili funti težine (pri prodaji robe); *hist* carina od jednog šilinga po funti na uvezenu, izvezenu robu; težina u funtama
pound-day ['paunddei] *s* dan na koji svi dobrovoljni prilozi moraju biti ili teški ili vrijedni jednu funtu
pounder[1] ['paundə] *s* stvar koja teži određen broj funti; tučak, bat, mlat, mlatilo | **the angler caught a three-~** ribič je uhvatio ribu od 3 funte (kilu i pol)
pounder[2] ['paundə] *s* top koji pali metak težak određen broj funti; osoba koja plaća, koja ima određen broj funti sterlinga
pound-foolish [ˌpaund'fu:liʃ] *adj* koji nerazborito postupa s velikim svotama novca
pound-lock ['paundlɔk] *s* tor, staja sa dvoja vrata
pound-note ['paundnəut] *s* novčanica, papirni novac u vrijednosti od jedne funte sterlinga
pour [pɔ:] *s* pljusak; točenje, lijevanje; količina rastopljenog, istaljenog metala, izlivak
pour [pɔ:] *vt/i* **I.** *vt* liti, lijevati, točiti, naliti; *fig* izliti, izlijevati, proliti, obasuti, zasuti (riječima, svjetlom i dr.) **II.** *vi* teći, lijevati, curiti, pljuštati; *fig* teći, nadolaziti, navirati, pritjecati, istjecati; *US* točiti ili nalijevati piće ili kavu gostima, biti domaćica | *fig* **to ~ cold water on** politi (koga) hladnom vodom; **~ing rain** pljusak; **it's ~ing** kiša lijeva; **it never rains but ~s** nesreća nikad ne dolazi sama; **to ~ it on** *sl* debelo laskati; prionuti; juriti
pour down ['pɔ:'daun] *vi* padati, lijevati, pljuštati
pour forth ['pɔ:'fɔ:θ] *vt* izlaziti, istjecati; lijevati, pljuštati
pour in ['pɔ:r'in] *vi fig* pridolaziti, pritjecati, pristizati
pour out ['pɔ:r'aut] *vt/i* **I.** *vt* natočiti, naliti (čaj i dr.) **II.** *vi* istjecati, curiti, teći; pljuštati, lijevati
pouring ['pɔ:riŋ] *adj* koji lije, teče, pljušti, curi
pouring ['pɔ:riŋ] *adv* u pljusku, kao kiša | **~ wet** bljuzgavo, blatno i kaljavo (vrijeme)
pousse-café [ˌpu:s'kæfei] *s Fr* piće uz kavu poslije jela; *US* piće od nekoliko likera koji u čaši ostaju u slojevima
pout[1] [paut] *s ichth* naziv za razne vrste riba, kao npr. manjić obični (*Lota lota*, slatkovodna riba) i sjeverni živorodac (*Zoarces viviparus*, stanovnik Sjevernog mora)
pout[2] [paut] *s* prćenje, pućenje, durenje | **in the ~s** naduren, objesena nosa

pout [paut] *vt/i* **I.** *vt* napućiti, naprćiti usne **II.** *vi* napućiti se, naprćiti se, pućiti se; *fig* objesiti nos, ljutiti se, duriti se

pouter ['pautə] *s* onaj koji se pući, duri, ljuti; golub gušan

pouting ['pautiŋ] *adj* (**~ly** *adv*) koji se duri, pući, prći, ljuti

poverty ['pɔvəti] *s* siromaštvo, sirotinja, neimaština, bijeda (*lit* & *fig*)

poverty-stricken ['pɔvəti,strikn] *adj* osiromašio, bijedan, siromašan; jadan, neugledan

powder ['paudə] *s* 1. prah, prašina; fin, sitan prašak, puder; puščani prah, barut; *med* lijek, droga u prahu, prašak; puder | **the smell of ~** ratno iskustvo, vatreno krštenje; **food for ~** vojnici, hrana za topove, topovsko meso; **not worth ~ and shot** ne vrijedi muke, truda, ne vrijedi ni lule duhana; **keep your ~ dry** budi spreman, pripravan

powder ['paudə] *vt/i* **I.** *vt* posuti prahom, puderom, napudrati, naprašiti; usitniti, pretvoriti u prah, puder, prašinu **II.** *vi* posuti se prahom, puderom, napudrati se

powder blue ['paudəblu:] *s* blijedoplava boja

powder burn ['paudəbə:n] *s* opekotina od baruta

powder-down ['paudədaun] *s* sitno paperje, pahuljice (u ptica)

powdered ['paudəd] *adj* u prahu, dehidriran; **~ sugar** šećer u prahu

powder flask ['paudəfla:sk] *s* pljoska za barut

powder horn ['paudəhɔ:n] *s* rog za barut

powder keg ['paudəkeg] *s* *US* bure baruta (i *fig*)

powder-magazine ['paudəmægə,zi:n] *s* skladište municije, barutana

powder-mill ['paudəmil] *s* tvornica baruta, municije

powder-monkey ['paudə,mʌŋki] *s* *hist* momak na ratnom brodu koji je donosio barut do topa; *US* čovjek koji barata eksplozivom (npr. na nalazištu nafte)

powder-puff ['paudəpʌf] *s* kvasta, jastučić za pudranje

powdery ['paudəri] *adj* poput praha, pudera, kao prah, prašak, puder; posut, prekriven prahom, puderom; koji se lako sitni, mrvi, pretvara u prah, puder, prašinu

power ['pauə] *s* 1. sila, moć, sposobnost (za vršenje tjelesnog, duševnog rada); *pl* snaga, sklonost, dar, talent 2. snaga; jakost, energija 3. vlast, gospodstvo; utjecaj, autoritet; pravo, ovlaštenje, punomoćje; jaka utjecajna ličnost; (obično u *pl*) sila, oružane snage, velesila 4. božanstvo, viša sila, dusi 5. *vulg* velika količina, velik broj, mnoštvo, množina, sva sila 6. *math* potencija; *el* jaka struja; mehanička snaga, energija | **more ~ to your elbow** želimo vam sreće, uspjeha u vašem pothvatu; **in one's ~** u (čijoj) vlasti; **~ of attorney** ovlaštenje, punomoćje; **horse ~** konjska snaga; **out of my ~** izvan moje moći; **not in my ~** izvan moje moći; *jur* **full ~s** punomoćje; ovlaštenje; **the mechanical ~s** strojevi, mašine; **to put it out of one's ~ to do** onemogućiti kome da što učini; **to lose one's ~** oslabiti, gubiti snagu, energiju; **the ~s that be** više, nadležne osobe; **x to the ~ of three** x na treću (potenciju); **the A. B. C. ~s** tri južnoameričke države: Argentina, Brazil i Čile; **~ politics** politika sile; **~ cut (failure)** prekid, nestanak struje

power ['pauə] *vt* snabdjeti, opskrbiti mehaničkom snagom, električnom energijom

power-boat ['pauəbəut] *s* *US* motorni čamac

powerful ['pauəful] *adj* (**~ly** *adv*) moćan, silan, jak, snažan, pun energije; utjecajan, uplivan; znamenit; koji daje, proizvodi energiju

power-house ['pauəhaus] *s* električna centrala (npr. u tvornici), strojarnica

powerless ['pauəlis] *adj* (**~ly** *adv*) bez sile, bez snage, nemoćan, slab, nesposoban; neutjecajan

powerline ['pauəlain] *s* električni vod

power-loom ['pauəlu:m] *s* mehanički tkalački stan

power-plant ['pauəpla:nt] *s* električna centrala

power shaft ['pauəʃa:ft] *s* *tech* dovodna ili predajna transmisija

power-shovel ['pauəʃʌvl] *s* *tech* ekskavator

power-station ['pauə,steiʃn] *s* električna centrala

power structure ['pauə,strʌktʃə] *s* pojedinci ili skupine koji imaju u rukama stvarnu vlast

power supply ['pauəsə,plai] *s* opskrba energijom, proizvodnja električne energije

pow-wow ['pauwau] *s* indijanski vrač; vjerski obred; ceremonija liječenja, za uspjeh u ratu i sl.; *US coll* konferencija, skup, sastanak

pow-wow ['pauwau] *vi* vračati; *US coll* raspravljati, vijećati, pregovarati

pox [pɔks] *s* *pl* kozice, boginje

praam [pra:m] *s* → **pram** *mar*

practicability [,præktikə'biliti] *s* izvedivost, izvodljivost, izvršivost, mogućnost (izvođenja i dr.)

practicable ['præktikəbl] *adj* (**practicably** *adv*) 1. provediv, izvediv, moguć 2. upotrebljiv, prolazan, prohodan (put); *mil* koji se može na juriš osvojiti

practical ['præktikl] *adj* praktičan; izvediv, ostvarljiv; svrsishodan, upotrebljiv, primijenjen, primjenljiv | **~ joke** fizička šala, psina

practicality [ˌprækti'kæliti] *s* praktičnost, ono što je praktično, što je za praktičan život
practically ['præktikəli] *adv* 1. praktično, praktički 2. *coll* gotovo, skoro | **~ speaking** zapravo, uistinu, gotovo, tako reći
practice ['præktis] *s* 1. vršenje, obavljanje, izvršivanje; običaj, navada, običan postupak; primjena, praksa, iskustvo; stvarnost; vježba, vježbanje, ponavljanje, praksa 2. profesionalno vršenje, obavljanje posla, praksa; krug djelatnosti rada; pacijenti, klijenti 3. *jur* postupak, način postupanja, držanje propisa, pravila | **corrupt (sharp) ~s** *pl* spletkarenje, lopovštine, prijevara, podvala; **out of ~** izvan vježbe, prakse, koji se odučio, odvikao; **in ~** u praksi, u običaju; doista, uistinu, u praksi; **to put in(to) ~** provesti u djelo, ostvariti, izvesti; **~ makes perfect** vježbom, ponavljanjem se usavršuje; **it was then the ~** tada je bilo u običaju
practician [præk'tiʃn] *s* praktičar, iskusan, vješt čovjek, čovjek djela
practise (practice) ['præktis] *vt/i* **I.** *vt* 1. vršiti, obavljati, izvršivati, činiti; izvesti, provesti (u djelo), ostvariti 2. vršiti, obavljati svoj profesionalni posao 3. vježbati, ponavljati; uvježbati (koga), uvježbavati (što) 4. varati (koga), spletkariti **II.** *vi* 1. provesti riječi u djelo; pokušati, probati; vladati se 2. vršiti praksu, prakticirati 3. vježbati se, uvježbati se 4. spletkariti
practise upon ['præktisə'pɔn] *vi* okoristiti se (čijim neznanjem, lakovjernošću), podvaliti
practised ['præktist] *adj* vješt, izvježban, iskusan
practiser ['præktisə] *s* praktičar, vršilac, onaj koji vrši jedno od slobodnih zvanja, onaj koji stalno vrši neki posao; spletkar
practitioner [præk'tiʃnə] *s* praktičar, liječnik | **general ~** liječnik opće prakse
praecipe ['priːsipi] *s jur* nalog, poziv
praepostor (prepostor) [ˌpriː'pɔstə] *s* upravitelj, prefekt (u privatnoj školi u Engleskoj)
praetor ['priːtə] *s Rom hist* pretor
praetorial [pri'tɔːriəl] *adj* koji se odnosi na pretora, pretorski
praetorian (pretorian) [pri'tɔːriən] *adj* pretorski, koji se odnosi na pretora
praetorian (pretorian) [pri'tɔːriən] *s* pretorijanac
pragmatic [præg'mætik] *adj* (**~ally** *adv*) pragmatičan, koristan, poučan; koji se odnosi na pragmatizam; objektivan; sistematičan; koji se u sve miješa, dosadan
pragmatism ['prægmətizm] *s* 1. *phil* pragmatizam 2. miješanje u tuđe poslove
pragmatist ['prægmətist] *s* sljedbenik pragmatizma, pragmatičar
pragmatize ['prægmətaiz] *vt* predstaviti (neki mit, priču, ideju i dr.) kao stvarnost, kao istinu
prairie ['prɛəri] *s* prerija
prairie chicken ['prɛəriˌtʃikin] *s ornith* prerijsko pile (*Tympanuchus*)
prairie dog ['prɛəridɔg] *s zool* prerijski svizac (*Cynomys*)
prairie schooner ['prɛəriˌskuːnə] *s US* pokrivena kola kakva su upotrebljavali pioniri
prairie wolf ['prɛəriwulf] *s zool* kojot (*Canis latrans*)
praisable ['preizəbl] *adj* hvalevrijedan, pohvalan
praise [preiz] *s* pohvala, hvaljenje, hvala; slavljenje, veličanje; slava | **to be loud in one's ~s; to sing one' ~s** kovati koga u zvijezde; **~ be to God!** hvala Bogu!
praise [preiz] *vt* hvaliti, pohvaliti; slaviti, veličati | **to ~ oneself on a th** hvaliti se, dičiti se čim
praiseful ['preizful] *adj* pun hvale
praiseworthy ['preizˌwəːði] *adj* (**praiseworthily** *adv*) hvalevrijedan; pohvalan
praline ['praːliːn] *s* slatkiš, bombon (od prženog šećera i badema)
pram (praam) [praːm] *s mar* teglenica, plitak čamac (za teret); naoružan čamac; brodski čamac
pram [præm] *s coll* dječja kolica
prance [praːns] *s* propinjanje (o konju); gizdavo, drsko ponašanje, šepirenje (o osobi)
prance [praːns] *vi* (o konju) propinjati se, (o osobi) gizdavo, drsko se ponašati, šepiriti se, razmetati se; *fam* poigravati, poskakivati, đipati
prandial ['prændiəl] *adj* (**~ly** *adv*) koji se odnosi na obrok, na objed, na jelo
prank [præŋk] *s* obijesna, zlobna šala, psina | **to play ~s on a p** nekome podvaliti, napraviti psinu
prank [præŋk] *vt/i* **I.** *vt* okititi, ukrasiti, uresiti, udesiti **II.** *vi* pokazivati se u punom sjaju, udesiti se
prankful ['præŋkful] *adj* obijestan, vragolast, nestašan
prankish ['præŋkiʃ] *adj* → **prankful**
prate [preit] *s* brbljanje, ćeretanje, naklapanje
prate [preit] *vi/t* **I.** *vi* brbljati, ćeretati, naklapati **II.** *vt* brbljati
prater ['preitə] *s* brbljavac, brbljavica, naklapalo
praties ['preitiz] *s pl Angl-Ir* krumpir
pratincole ['prætiŋkəul] *s ornith* zijavac (*Glareola*)
prating ['preitiŋ] *adj* (**~ly** *adv*) koji brblja, naklapa, ćereta, brbljav
pratique ['prætiːk] *s Fr mar* pratika, dozvola brodu da iskrca robu ili putnike

nakon propisno izdržane karantene ili udovoljenja drugim zdravstvenim propisima
prattle ['prætl] *s* brbljanje, brbljarija, ćeretanje, naklapanje; tepanje
prattle ['prætl] *vi/t* **I.** *vi* brbljati, ćeretati, naklapati; tepati **II.** *vt* brbljati, naklapati (o čemu, komu); tepati (riječi)
prattler ['prætlə] *s* brbljavac, brbljavica, naklapalo
prattling ['prætliŋ] *adj* koji brblja, naklapa, ćereta, brbljav; koji tepa, tepav
prawn [prɔːn] *s zool* kozica, koska (vrsta morskih račića) (*Palaemon serratus*)
prawn [prɔːn] *vi* loviti (kozice, rakove)
praxis ['præksis] *s* praksa, primjena, vršenje, obavljanje; uobičajen način, običaj; *gram* vježba, primjeri
pray [prei] *vt/i* **I.** *vt* moliti, prositi, zaklinjati (koga; *for* za što) **II.** *vi* moliti, moliti se, zamoliti, obratiti se; moliti se Bogu | ~ **tell me** molim vas, recite mi; ~ **be seated** izvolite sjesti
prayer [prɛə] *s* moljenje; molitva; molba | **the Lord's Prayer** Očenaš; **to say one's** ~**s** pomoliti se Bogu; **the common** ~ liturgija Anglikanske crkve; **to offer a** ~ pomoliti se
prayer ['preiə] *s* molilac, molitelj, čovjek koji moli (Boga)
prayer beads ['prɛə'biːdz] *s pl* krunica
prayer-book ['prɛəbuk] *s* molitvenik
prayerful ['prɛəful] *adj* (~**ly** *adv*) pobožan, bogougodan, koji se moli Bogu
prayerless ['prɛəlis] *adj* (~**ly** *adv*) bezbožan, koji se ne moli Bogu
prayer-meeting ['prɛəˌmiːtiŋ] *s* sastanak vjernika (radi čitanja molitvi)
prayer-wheel ['prɛəwiːl] *s* molitveni mlinac (kojim se služe budistički svećenici u Tibetu)
preach [priːtʃ] *vi/t* **I.** *vi* javno propovijedati, objavljivati; govoriti, izreći moralnu propovijed **II.** *vi* propovijedati, javno podučavati; držati moralnu propovijed; propovijedati, podržavati ideju, stvar i drugo
preach down ['priːtʃ'daun] *vt* govoriti, propovijedati protiv (koga, čega); grditi
preach up ['priːtʃ'ʌp] *vt* slaviti, veličati, hvaliti, propovijedati u korist koga ili čega
preach [priːtʃ] *s* propovijed, prodika
preacher ['priːtʃə] *s* propovjednik; onaj koji drži prodike | **the Preacher** Knjiga propovjednikova
preachify ['priːtʃifai] *vi* držati (dosadne) moralne prodike, propovijedi
preachment ['priːtʃmənt] *s* duga (dosadna) prodika, propovijed
preachy ['priːtʃi] *adj coll* sklon dugim, moralnim prodikama ili netraženim savjetima
preamble [priː'æmbl] *s* preambula, uvod
preamble [priː'æmbl] *vi* napisati, sastaviti uvod, predgovor
preannouncement [ˌpriːə'naunsmənt] *s* prethodna objava, bilješka, obavijest; prethodno najavljivanje
prearrangement [ˌpriːə'reindʒmənt] *s* prethodno uređivanje, određivanje, priređivanje
prebend ['prebənd] *s* prebenda, nadarbina; prihod od prebende, nadarbine
prebendal [pri'bendl] *adj* koji se odnosi na prebendu, nadarbinu
prebendary ['prebənderi] *s* prebendar, nadarbenik, kanonik
precarious [pri'kɛəriəs] *adj* (~**ly** *adv*) ovisan o okolnostima, nesiguran, neosiguran, prekaran, osnovan na pretpostavkama, neopravdan
precatory ['prekətəri] *adj gram* & *jur* molbeni, preklinjući, zaklinjući
precaution [pri'kɔːʃn] *s* oprez, smotrenost, predostrožnost, mjera opreza | **to take** ~**s** poduzeti mjere opreza
precautionary [pri'kɔːʃnəri] *adj* predostrožan, poduzet kao mjera opreza
precautious [pri'kɔːʃəs] *adj* (rijetko) oprezan, koji je na oprezu, koji se čuva
precede [pri'siːd] *vt/i* dolaziti, biti prije koga, čega, dogoditi se prije čega, prethoditi; imati prednost, biti važniji od čega, prednjačiti, biti, nalaziti se pred čim, kim | **President Eisenhower was** ~**d by Pres. Truman** prije predsjednika E. bio je predsj. T.; **the play is** ~**d by preface** prije drame dolazi predgovor, uvod
precedence [ˌpriː'siːdəns] *s* prednjačenje, prethođenje; prednost, prvenstvo, prioritet | **to yield** ~ **to a p** davati komu prvenstvo; **the order of** ~ rang-lista
precedency [ˌpriː'siːdənsi] *s* → **precedence**
precedent ['presidənt] *s* slučaj koji se prije dogodio ili po kojem je prije izrečena osuda i koji služi kao primjer ili opravdanje za kasnije slične slučajeve, primjer, presedan | **without** ~ (slučaj) kakav još nije bio
precedent [pri'siːdənt] *adj* (~**ly** *adv*) prethodan, koji je naprijed, pred, koji se dogodio prije, koji se osniva, opravdava prijašnjim primjerom; koji ima prednost | ~ **to the meeting** prije sjednice; **conditions** ~ preduvjeti
precedented ['presidəntid] *adj* koji se osniva na prijašnjem primjeru; koji se opravdava prijašnjim primjerom
preceding [pri'siːdiŋ] *adj* prethodni, prijašnji
precentor [ˌpriː'sentə] *s* (u prezbiteranskoj crkvi) glavni, prvi pjevač; (u engleskim katedralama) svećenik koji se brine za glazbu u crkvi

precept ['pri:sept] *s* pravilo, propis, uputa; *jur* nalog, naredba; nauk, pouka
preceptive [pri'septiv] *adj* koji nalaže, propisuje; poučan, didaktičan
preceptor [pri'septə] *s Lat* učitelj, odgojitelj
preceptorial [ˌpri:sep'tɔriəl] *adj* koji se odnosi na učitelja, odgojitelja
preceptory [pri'septəri] *adj* koji daje pouku; koji daje pravila, propise
preceptress [pri'septris] *s* učiteljica, odgojiteljica
precession [pri'seʃn] *s astr & phys* precesija
pre-Christian [ˌpri:'kristjən] *adj* pretkršćanski
precinct ['pri:siŋkt] *s* (zidom ograđen) prostor (između zgrada, obično *pl*), zemljište ili prostor oko crkve; područje, zona; *pl* okolica; *US* izborni ili policijski kvart; granica | **pedestrian ~** pješačka zona
preciosity [ˌpreʃi'ɔsiti] *s* pretjerana, neprirodna istančanost u govoru, ponašanju, ukusu i dr., afektiranost
precious ['preʃəs] *adj* 1. dragocjen, skupocjen; ljubljeni, dragi, svet (*our ~ rights*) 2. pretjerano istančan (u govoru, ukusu i dr.), afektiran; *coll* krasan, sjajan, savršen | **~ metals** plemenite kovine; **~ stone** dragi kamen; **my ~!** najdraže moje!, ljubavi moja!; **don't be in such a ~ hurry** nemoj se tako strašno žuriti
precious ['preʃəs] *adv coll* neobično, jako, vrlo; jadno, vraški, prokleto | **~ little** vraški malo
preciously ['preʃəsli] *adv* izvanredno, krajnje; pretjerano istančano, izvještačeno, afektirano
precipice ['presipis] *s* klisura, strmen, ponor, provalija, propast, bezdan; *fig* opasnost, pogibelj | **on the brink of a ~** na rubu propasti
precipitance [pri'sipitəns] *s* hitnja, žurba, brzina (*lit & fig*), naglost, prenagljenost, brzopletost
precipitant [pri'sipitənt] *s chem* precipitator
precipitate [pri'sipiteit] *s chem* precipitat
precipitate [pri'sipitət] *adj* (**~ly** *adv*) koji se ruši, pada, strm, okomit; *fig* nagao, prenagljen, nepromišljen | **to fall ~ from** strmoglaviti se (sa); **~ flight** bijeg glavom bez obzira
precipitate [pri'sipiteit] *vt/i* 1. strmoglaviti (*lit & fig*), baciti naglavce, sunovratiti; požuriti, požurivati, (jako) ubrzati; prenagliti; *chem* precipitirati, taložiti; staložiti se
precipitation [priˌsipi'teiʃn] *s* strovaljivanje, strmoglavljivanje; žurba, prenagljenje; ubrzanje, pospješenje; *chem* precipitiranje, precipitat, talog; **oborine, količina oborina**
precipitous [pri'sipitəs] *adj* (**~ly** *adv*) okomit, vrletan, strm; strmoglav; nagao, prenagljen
précis ['preisi:] *s* (*pl* **~** ['preisi:z]) *Fr* kratak sadržaj, izvod, izbor, kratak pregled
précis ['preisi:] *vt* napraviti, napisati kratak sadržaj, pregled, sažeti
precise [pri'sais] *adj* točan, određen, jasan, precizan; pretjerano točan, savjestan, ispravan, pedantan
precisely [pri'saisli] *adv* točno, upravo tako, baš | **he isn't ~ stupid** nije baš glup
preciseness [pri'saisnis] *s* točnost, određenost, jasnoća, preciznost; pretjerana savjesnost, točnost, pedanterija
precisian [pri'siʒən] *s* pretjerano točan (strog) čovjek; pedant, puritanac
precision [pri'siʒn] *s* točnost, određenost, preciznost | **arm of ~** puška s optičkim nišanom; **~ bombing** bombardiranje s nišanjenjem; **~ engineering** precizna mehanika
preclude [pri'klu:d] *vt* unaprijed isključiti, predusresti; spriječiti
preclusion [pri'klu:ʒn] *s* isključenje; uklanjanje; zapriječivanje
preclusive [pri'klu:siv] *adj* koji isključuje; koji sprečava
precocious [pri'kəuʃəs] *adj* (**~ly** *adv*) prerano sazreo, zreo prije vremena, prerano razvijen, prijevremen | **~ dementia** mladenačko ludilo
precociousness [pri'kəuʃəsnis] *s* zrelost, razvijenost prije vremena
precocity [pri'kɔsiti] *s* → **precociousness**
precognition [ˌpri:kɔg'niʃn] *s* prethodno znanje, poznavanje; *jur* prethodna istraga, pismeno saslušanje
preconceive [ˌpri:kən'si:v] *vt* zamisliti što, stvoriti mišljenje, zaključak unaprijed
preconception [ˌpri:kən'sepʃən] *s* zamisao, mišljenje, zaključak stvoren unaprijed; predrasuda
preconcert [ˌpri:kən'sə:t] *vt* unaprijed dogovoriti
precondition [ˌpri:kən'diʃn] *s* preduvjet
preconize ['pri:kənaiz] *vt* javno proglasiti; zvati po imenu; *eccl* objaviti (imenovanja novih biskupa i dr.)
pre-conquest [ˌpri:'kɔŋkwest] *adj* koji se dogodio prije normanskog osvojenja Engleske (1066)
precursor [pri'kə:sə] *s* preteča, prethodnik, predvjesnik
precursory [pri'kə:səri] *adj* koji prethodi, koji nagovješćuje, objavljuje
predacious [pri'deiʃəs] *adj* grabežljiv, grabljiv
predate [ˌpri:'deit] *vt* antedatirati, staviti, napisati raniji datum
predation [pri'deiʃn] *s* antedatiranje, stavljanje ranijeg datuma
predator ['predətə] *s* grabežljivac

predatory ['predətəri] *adj* (**predatorily** *adv*) razbojnički, pljačkaški; grabežljiv, proždrljiv | ~ **bird** ptica grabljivica
predecease [ˌpriːdiˈsiːs] *vt* umrijeti, preminuti prije koga (*to* ~ *a p*)
predecessor ['priːdisesə] *s* prethodnik, predšasnik | ~**s** *pl* preci, pradjedovi
predestinarian ['priːˌdestiˈnɛəriən] *s* onaj koji vjeruje u predestinaciju
predestinarian ['priːˌdestiˈnɛəriən] *adj* koji se odnosi na predestinaciju, predodređenje
predestinate [priːˈdestinit] *adj* predestiniran, predodređen
predestinate [priːˈdestineit] *vt* predestinirati, predodrediti
predestination [priːˌdestiˈneiʃn] *s* usud, sudbina, udes; predestinacija, predodređenje
predestine [ˌpriːˈdestin] *vt* predodrediti, predestinirati
predeterminate [ˌpriːdiˈtəːminit] *adj* unaprijed određen, odlučen
predetermination ['priːdiˌtəːmiˈneiʃn] *s* odluka, zamisao stvorena unaprijed, predodređenje
predetermine [ˌpriːdiˈtəːmin] *vt* unaprijed odrediti, odlučiti; učiniti unaprijed pristranim
predial ['priːdiəl] *adj* (~**ly** *adv*) *jur* koji se odnosi na zemlju, imanje, nekretnine; zemljišni; vezan za zemlju (za kmetove)
predial ['priːdiəl] *s* (~ *slave*) kmet
predicability [ˌpredikəˈbiliti] *s* ono što se može izreći, tvrditi
predicable ['predikəbl] *adj* koji se može tvrditi (o komu, čemu), koji se može izreći, kazati
predicament [priˈdikəmənt] *s* *log* predikament, tvrdnja; *pl* kategorija, vrsta, red; teška, neugodna, komična situacija, nevolja, škripac
predicant ['predikənt] *adj* koji propovijeda, propovjednički
predicant ['predikənt] *s* propovjednik (osobito dominikanac)
predicate ['predikət] *s* *log* predikat, ono što se izriče o predmetu; *gram* predikat, pirok
predicate ['predikeit] *vt* tvrditi, izricati; *log* tvrditi (što) za koga
predication [ˌprediˈkeiʃn] *s* *log* izjava, tvrdnja; iskaz, izričaj
predicative [priˈdikətiv] *adj* (~**ly** *adv*) koji tvrdi, izjavljuje; *gram* predikativan
predicatory ['predikətəri] *adj* propovjednički
predict [priˈdikt] *vt* proreći, pretkazati
predictable [priˈdiktəbl] *adj* koji se može očekivati, predvidjeti, pretkazati
prediction [priˈdikʃən] *s* proricanje, predviđanje, pretkazivanje, proročanstvo
predictive [priˈdiktiv] *adj* (~**ly** *adv*) koji proriče, pretkazuje, predviđa, proročki
predictor [priˈdiktə] *s* pretkazivač, prorok
predilection [ˌpriːdiˈlekʃən] *s* osobita sklonost, naklonost (za što), predilekcija
predispose [ˌpriːdisˈpəuz] *vt* predisponirati, učiniti sklonim
predisposition ['priːˌdispəˈziʃn] *s* predispozicija; sklonost; pristranost
predominance [priˈdɔminəns] *s* prevlađivanje, pretežnost, nadmoć, nadmoćnost
predominant [priˈdɔminənt] *adj* nadmoćan, pretežan, koji prevladava, koji je u prevlasti, predominantan
predominantly [priˈdɔminəntli] *adv* nadmoćno, pretežno
predominate [priˈdɔmineit] *vi* prevladavati, prevlađivati, biti nadmoćan, imati prevlast, pretezati, predominirati
predominating [priˈdɔmineitiŋ] *adj* (~**ly** *adv*) koji prevladava, jači, važniji, pretežniji, predominantan
predomination [priˌdɔmiˈneiʃn] *s* prevladavanje, prevlast, pretežnost, nadmoć, premoć, predominacija
pre-election [ˌpriːiˈlekʃən] *s* izbor napravljen unaprijed | ~ **campaign** predizborna kampanja
preemie ['priːmiː] *s* *US coll* nedonošče
pre-eminence [ˌpriːˈeminəns] *s* nadmoćnost, superiornost, natkriljivanje, isticanje
pre-eminent [ˌpriːˈeminənt] *adj* (~**ly** *adv*) nadmoćan, koji natkriljuje, koji se ističe, odličan, superioran
pre-empt [ˌpriːˈempt] *vt* pretkupiti, kupiti iz prve ruke; *fig* unaprijed prisvojiti; *US* zaposjesti, zauzeti zemlju (i tako steći pravo kupnje iz prve ruke)
pre-emption [ˌpriːˈempʃən] *s* pretkupljivanje, kupovanje iz prve ruke; pravo na zemlju iz prve ruke, pravo na pretkupnju
pre-emptive [ˌpriːˈemptiv] *adj* koji se odnosi na pretkupnju, na pravo kupnje iz prve ruke | ~ **war** rat da se preduhitri protivnik
preen [priːn] *vt* gladiti, čistiti perje (kljunom) | **to** ~ **oneself** dotjerivati se; *coll* **to** ~ **oneself over a th** uobražavati sebi, razmetati se
pre-exist [ˌpriːigˈzist] *vi* postojati u prijašnjem, pređašnjem životu, stanju
pre-existence [ˌpriːigˈzistəns] *s* prijašnje postojanje, preegzistencija
prefab ['priːfæb] *s* *coll* montažna kuća
prefabricate [ˌpriːˈfæbrikeit] *vt* proizvoditi dijelove za kasniju montažu
prefabricated [ˌpriːˈfæbrikeitid] *adj* montažni
preface ['prefis] *s* uvod, predgovor
preface ['prefis] *vt/i* **I.** *vt* snabdjeti uvodom, predgovorom; započeti (govor i dr.) **II.** *vi* napraviti primjedbu (prije čega)
prefatorial [ˌprefəˈtɔːriəl] *adj* uvodni, koji se odnosi na uvod, predgovor

prefatory ['prefətəri] *adj* uvodni, koji se odnosi na predgovor, uvod | ~ **note** predgovor, uvodna riječ

prefect ['pri:fekt] *s* 1. prefekt (u starom Rimu naziv za razne administrativne i vojne službe), upravitelj 2. glavni administrativni činovnik nekog područja (u Francuskoj) 3. (u nekim engl. školama) stariji učenik koji pazi na red i disciplinu

prefectorial [ˌpri:fek'tɔ:riəl] *adj* koji se odnosi na prefekta, upravitelja, nadglednika i dr. i njegov položaj

prefecture ['pri:fekˌtjuə] *s* administrativno područje; služba i zvanje prefekta, vrijeme trajanja službe prefekta, upravitelja; prefektura (služba i zgrada)

prefer [pri'fə:] *vt* 1. više voljeti, više cijeniti, radije činiti, preferirati, davati prednost, pretpostaviti (*to* komu ili čemu); unaprijediti, promaknuti 2. podnijeti (molbu), iznijeti (tužbu i dr.)

preferability [ˌprefərə'biliti] *s* prednost, ono čemu se može davati prednost

preferable ['prefərəbl] *adj* poželjniji, kojemu se daje prednost, koji se preferira

preferably ['prefərəbli] *adv* radije, više, prije, bolje, najradije

preference ['prefərəns] *s* 1. sklonost, veća ljubav (prema, za) 2. ono što se više voli, za što se ima veća sklonost, izbor 3. *com* prednost, prvenstvo, prioritet, povlastica, olakšica; ugovori između dviju država kojima jedna drugoj daju stanovite povlastice; povlaštena tarifa | **in** ~ **to** radije nego, radije, prije; **by** ~ od svoje volje

preference-bonds ['prefərənsbɔndz] *s pl com* prioritetne obveznice

preference-loan ['prefərənsləun] *s* prioritetni zajam

preference-shares ['prefərənsʃɛəz] *s pl* prioritetne dionice

preference-stock ['prefərənsstɔk] *s* prioritetne dionice, vrijednosni papiri

preferential [ˌprefə'renʃəl] *adj* (~**ly** *adv*) povlašten, koji ima prednost, kojemu se daje prednost, preferencijalan | ~ **creditor** vjerovnik koji ima prioritet; ~ **debt** prioritetna tražbina; ~ **loan** prioritetni zajam; ~ **shares** prioritetne dionice; ~ **treatment** davanje prednosti (povlastica)

preferment [pri'fə:mənt] *s* pretpostavljanje, davanje prednosti; prednost, unapređenje, promaknuće; viša, veća služba, čast

preferred [pri'fə:d] *adj* kojemu se daje prednost, prvenstvo, koji se više voli, koji se preferira

prefigure [ˌpri:'figə] *vt* unaprijed zorno ili slikovito predočiti

prefix ['pri:fiks] *s gram* prefiks; titula ispred imena (inž., dr i sl.), koji se stavlja ispred riječi

prefix [ˌpri:'fiks] *vt gram* dodatni prefiks, riječcu ili slog drugoj riječi; dodati odlomak, poglavlje knjizi i dr., dometnuti, primetnuti

prefix-bill ['pri:fiksbil] *s com* precizna mjenica (kod koje je datum izričito naznačen)

preform [ˌpri:'fɔ:m] *vt biol* preformirati; dati unaprijed oblik

preformation [ˌpri:fɔ:'meiʃn] *s biol* preformacija

preformative [pri:'fɔ:mətiv] *adj biol* preformativan; *gram* koji je stavljen sprijeda

pregnable ['pregnəbl] *adj* osvojiv; ranjiv

pregnancy ['pregnənsi] *s* trudnoća, bremenitost; skotnost, bređost, sjagnost, steonost, suprasnost, suždrebnost; plodnost; sadržajnost, obilje misli

pregnant ['pregnənt] *adj* (~**ly** *adv*) trudan, bremenit, skotan, bređ, sjagan, steon, suprasan, suždreban; plodan (i *fig*); *fig* bogat (*with* čime); pregnantan

preheat [ˌpri:'hi:t] *vt* predgrijati

prehensile [pri'hensail] *adj zool* kojim se može uhvatiti (o repu itd.)

prehension [pri'henʃən] *s zool* hvatanje, uzimanje (pomoću repa, surle i dr.); *psych* shvaćanje, poimanje

prehistoric [ˌpri:his'tɔrik] *adj* (~**ally** *adv*) prethistorijski

prehistory [ˌpri:'histəri] *s* prethistorija; prahistorija

pre-ignition [ˌpri:ig'niʃn] *s tech* prerano paljenje

prejudge [ˌpri:'dʒʌdʒ] *vt* unaprijed stvoriti odluku, zaključak (o čemu), stvoriti prerani sud (o komu)

prejudgement [ˌpri:'dʒʌdʒmənt] *s* unaprijed stvorena odluka, zaključak (o čemu), prerano stvoren sud (o komu)

prejudication [pri:ˌdʒu:di'keiʃn] *s* prerano ili prenaglo stvoren sud, zaključak (o komu, čemu); prijašnja presuda, prethodni slučaj koji služi kao presedan

prejudice ['predʒudis] *s* predrasuda, mišljenje (bez pravog temelja, *against* protiv koga, *in favour of* u čiju korist); *jur* šteta | **without** ~ bez predrasude; **to the** ~ **of** na štetu

prejudice ['predʒudis] *vt* prejudicirati, ispuniti predrasudama, djelovati na koga predrasudama, unaprijed odrediti (stav), utjecati; *jur* oštetiti, nanijeti štetu

prejudicial [ˌpredʒu'diʃl] *adj* (~**ly** *adv*) pristran, prejudiciran, koji je obuzet predrasudom; štetan, škodljiv, koji nanosi štetu

prelacy ['preləsi] *s* prelatura, zvanje, čast visokog crkvenog dostojanstvenika, prelata; prelati

prelate ['prelit] *s* prelat, visok crkveni dostojanstvenik

prelatic [pre'lætik] *adj* (~**ally** *adv*) prelatski, koji se odnosi na prelata, na prelatsku čast, zvanje; biskupski

prelatize ['prelətaiz] *vt* dovesti, staviti pod vlast, upravu prelata, crkve
prelature ['prelətʃə] *s* prelatura, čast, položaj prelata; prelati
prelect [pri'lekt] *vt* javno predavati
prelection [pri'lekʃən] *s* javno predavanje
preliminary [pri'liminəri] *s* prijemni ispit; *pl* uvod, pripreme, pripremni radovi i dr.; preliminarni pregovori; *sport* pretkvalifikaciona utakmica
preliminary [pri'liminəri] *adj* (**preliminarily** *adv*) uvodni, prethodni, pripremni, prijemni | ~ **advice** prethodna objava, najava; ~ **estimate** predračun, procjena; *jur* ~ **inquiry** prethodna istraga; *com* prethodni upit; ~ **work** pripremni, prethodni rad; ~ **examination** prijemni ispit
prelude ['prelju:d] *s* uvod, otvorenje; predigra; *mus* preludij
prelude ['prelju:d] *vt/i* **I.** *vt* 1. otvoriti, početi (predigrom); uvesti, navijestiti, pripremiti; *mus* svirati preludij **II.** *vi* biti uvod, predigra (čemu); *mus* preludirati
prelusive [pri'lju:siv] *adj* uvodni, koji služi kao uvod, kao predigra, pripremni
premarital [ˌpri:'mæritl] *adj* predbračni
premature [ˌpremə'tjuə] *adj* (~**ly** *adv*) preran, zreo, dozreo prije vremena, prerano rođen; preuranjen, prenagljen
prematurity [ˌpremə'tjuəriti] *s* prerana zrelost, dozrelost; prerana razvijenost; preuranjenost, prenagljenost
premeditate [ˌpri:'mediteit] *vt* razmišljati, misliti (o čemu) unaprijed, namjeravati
premeditated [ˌpri:'mediteitid] *adj* (~**ly** *adv*) promišljen, namišljen, smišljen (unaprijed), s predumišljajem
premeditation [pri:ˌmedi'teiʃn] *s* prethodno smišljanje, namišljanje, predomišljanje, nakana, namjera, naum, predumišljaj
premier ['premjə] *adj* prvi po redu, važnosti, položaju, časti i dr.
premier ['premjə] *s* predsjednik vlade, ministar predsjednik u Vel. Britaniji
premiership ['premjəʃip] *s* položaj, čast predsjednika vlade, ministra predsjednika u Vel. Britaniji; trajanje službovanja ministra predsjednika
premise (**premiss**) ['premis] *s* 1. *log* premisa, pretpostavka 2. *pl jur* naprijed spomenuto, prije navedeno (u ispravama), prije navedene nekretnine; prostorije, kuća sa zemljištem i svim pripadnim zgradama | **working** ~**s** radne prostorije; *jur* **on the** ~**s** na zemljištu, na licu mjesta
premise [pri'maiz] *vt* 1. *log* postaviti premise, pretpostavke 2. iznijeti, napisati, pretpostaviti unaprijed, naprijed spomenuti
premium ['pri:mjəm] *s* 1. nagrada, dar 2. premija, novčani prinos (za osiguranje) 3. naukovina (svota koju šegrt plaća majstoru) 4. kamata, pristojba, prid, ažio | *com* **to be at a** ~ kotirati iznad pariteta; **rate of** ~ premijska stopa; **constant** ~ stalni prid; **to stand at a** ~ imati veću vrijednost od nominalne; *fig* biti veoma cijenjen, tražen
premium-bond ['pri:mjəmbɔnd] *s com* premijska obligacija, obveznica
premium-hunter ['pri:mjəmˌhʌntə] *s* burzovni špekulant na dobitak tečajeva
premolar [pri:'məulə] *s* pretkutnjak
premonition [ˌpri:mə'niʃn] *s* opomena; predosjećaj, slutnja
premonitory [pri'mɔnitəri] *adj* (**premonitorily** *adv*) koji služi kao opomena, predosjećaj, predznak
pre-natal [ˌpri:'neitl] *adj* koji se dogodio, koji je postojao, koji je nastao prije rođenja
prentice ['prentis] *s arch* šegrt, naučnik; početnik | **to try his** ~ **hand** ogledati se, okušati svoju snagu
preoccupation [pri:ˌɔkju'peiʃn] *s* 1. zauzimanje, zauzeće (zemlje i dr.) prije drugoga 2. preopterećenost, zaokupljenost (poslom i dr.), zadubljenost, glavna djelatnost 3. predrasuda, pristranost 4. zabrinutost, briga; rastresenost
preoccupied [ˌpri:'ɔkjupaid] *adj* (~**ly** *adv*) preopterećen, zaokupljen, preokupiran, zauzet (poslom i dr.), zadubljen, obuzet (mislima); zabrinut, rastresen, duhom odsutan
preoccupy [ˌpri:'ɔkjupai] *vt* 1. zauzeti (zemlju i dr.) prije drugoga 2. obuzeti, zaokupiti (misli, pažnju i dr.); zadavati brige
preordain [ˌpri:ɔ:'dein] *vt* predodrediti
prep [prep] *s sl* priprema, pripremanje, spremanje, pripravljanje; *US* = **preparatory school**
prepackage [ˌpri:'pækidʒ] *vt US* izvagati i zapakirati (robu) prije prodaje
prepaid [ˌpri:'peid] *adj* unaprijed plaćen, isplaćen, franko
preparation [ˌprepə'reiʃn] *s* priprema, pripremanje, spremanje; pripravnost, spremnost; pripravljanje, priređivanje, izradba; domaća zadaća; preparat | **to make** ~**s** pripremati se, spremati se, pripravljati se
preparative [pri'pærətiv] *adj* (~**ly** *adv*) koji pripravlja, prethodni, pripravni, pripremni
preparative [pri'pærətiv] *s* priprava, pripremanje, pripravljanje, spremanje
preparatory [pri'pærətəri] *adj* (**preparatorily** *adv*) pripravni, uvodni, prethodni, pripremni | ~ **school** osnovna škola
preparatory [pri'pærətəri] *s* osnovna škola
prepare [pri'pɛə] *vt/i* **I.** *vt* 1. pripremiti (koga), prirediti (*for* za što); zgotoviti, spremiti; sastaviti (ispravu); pripraviti (koga *for* za što, *to* da čuje, primi što) 2. napraviti, prirediti 3. opremiti, oružati;

tech preparirati, izraditi **II.** *vi* pripremati se, spremati se, pripravljati se, oružati se

prepared [pri'pɛəd] *adj* (~**ly** *adv*) spreman, pripravan, gotov (*for* za što); priređen, opremljen, prepariran

prepay [ˌpriːˈpei] *vt* platiti (troškove, poštarinu) unaprijed

prepayable [ˌpriːˈpeiəbl] *adj* koji se može, mora platiti unaprijed

prepayment [ˌpriːˈpeimənt] *s* plaćanje (troškova, poštarine) unaprijed

prepense [pri'pens] *adj* (~**ly** *adv*) smišljen unaprijed, promišljen, namjeran, hotimičan, navlastit

preponderance [pri'pɔndərəns] *s* prevaga, pretežnost, nadmoć, veći utjecaj ili broj, superiornost

preponderant [pri'pɔndərənt] *adj* (~**ly** *adv*) koji ima prevagu, nadmoćan, pretežan, odlučan, predominantan

preponderate [pri'pɔndəreit] *vi* prevagnuti, biti nadmoćan, nadvladati, premašivati, preponderirati

preposition [ˌprepəˈziʃn] *s gram* prijedlog, prepozicija

prepositional [ˌprepəˈziʃənl] *adj* (~**ly** *adv*) *gram* koji se odnosi na prepoziciju, prijedlog, prijedložni

prepositive [pri'pɔzitiv] *adj gram* stavljen sprijeda, koji je sprijeda

prepossess [ˌpriːpəˈzes] *vt* 1. obuzeti, unaprijed osvojiti; nadahnuti, povoljno utjecati na; skloniti, opredijeliti, pridobiti (u čiju korist)

prepossessing [ˌpriːpəˈzesiŋ] *adj* (~**ly** *adv*) koji osvaja, predobiva; privlačan, neodoljiv

prepossession [ˌpriːpəˈzeʃn] *s* prijašnje, prethodno posjedovanje; zaokupljenost (duha nekom idejom i dr.); sklonost, naklonost (prema komu, čemu), predrasuda, animozitet

preposterous [pri'pɔstərəs] *adj* (~**ly** *adv*) protivan zdravom razumu, naopak, besmislen; smiješan

prepotence [ˌpriːˈpəutəns] *s* nadmoćnost, nadmoć, veća sposobnost, jača snaga

prepotency [ˌpriːˈpəutənsi] *s* superiornost, veća moć, veći utjecaj, veća snaga

prepotent [ˌpriːˈpəutənt] *adj* prejak, nadmoćan, vrlo moćan, silan; *biol* koji ima jaču moć prenošenja nasljednih svojstava

prepuce ['priːpjuːs] *s anat* naglavnik, prepucij, pretkožica, udna navlaka, udna prevlaka

Pre-Raphaelite [ˌpriːˈræfəlait] *s* prerafaelit

prerecord [ˌpriːriˈkɔːd] *vt* unaprijed snimiti (radio ili TV emisiju)

prerequisite [ˌpriːˈrekwizit] *adj* preduvjetan, preduslovan

prerequisite [ˌpriːˈrekwizit] *s* preduvjet, preduslov

prerogative [pri'rɔgətiv] *s* isključivo pravo ili povlastica; posebno pravo, prerogativ (vezano za neki visoki položaj i dr.); prednost

prerogative [pri'rɔgətiv] *adj* koji uživa prednost, povlasticu, povlašten, privilegiran

presage ['presidʒ] *s* predznak, znak, znamenje; predosjećaj, slutnja

presage ['presidʒ] *vt* proricati, pretkazati; slutiti (na što), predosjećati (što)

presbyopia [ˌprezbiˈəupiə] *s med* vrsta dalekovidnosti (koja dolazi sa starošću)

presbyter ['prezbitə] *s* crkveni starješina; svećenik, prezbiter

presbyteral [prez'bitərəl] *adj* prezbiterski, koji se odnosi na prezbitera, svećenički

presbyterial [ˌprezbiˈtiəriəl] *adj* → **presbyteral**

presbyterian [ˌprezbiˈtiəriən] *adj* prezbiterijanski

presbyterian [ˌprezbiˈtiəriən] *s* prezbiterijanac

presbytery ['prezbitəri] *s* mjesto u crkvi za svećenike; prezbiteri, prezbiterski sinod; župni dvor

preschool [ˌpriːˈskuːl] *adj* predškolski

prescience ['presiəns] *s* predosjećanje, predviđanje

prescient ['presiənt] *adj* (~**ly** *adv*) koji unaprijed zna, predviđa, predosjeća

prescind [pri'sind] *vt/i* **I.** *vt* odsjeći, izlučiti, odvojiti, odijeliti, apstrahirati **II.** *vi* ne osvrtati se, ne obraćati pažnju

prescribe [pri'skraib] *vt/i* **I.** *vt* propisati, prepisati (lijek) **II.** *vi* propisivati, prepisivati

prescript ['priːskript] *s* propis, nalog, naredba, uredba, odluka; *med* recept, propisan lijek

prescription [pri'skripʃən] *s* propis, naredba; *med* recept; *jur* običajno pravo | **negative** ~ određeni rok do kojega se može podici tužba i dr., zastara

prescriptive [pri'skriptiv] *adj* (~**ly** *adv*) propisan (zakonom ili običajem); običajni; koji se odnosi na propis, naredbu i dr.

presence ['prezns] *s* 1. prisutnost, blizina, nazočnost, društvo 2. držanje, izgled, ponašanje 3. utjecaj, prisutnost (neke više sile) | ~ **of mind** prisutnost duha, hladnokrvnost

present[1] ['preznt] *s* sadašnjost; *gram* sadašnje vrijeme | **at** ~ sada, danas; **for the** ~ zasada; **up to the** ~ dosada; **by the** ~ ovim ovdje, ovim pismom, dokumentom i dr.

present[2] ['preznt] *s* dar, poklon | **to make a** ~ **of** pokloniti što (*to* komu)

present ['preznt] *adj* 1. prisutan, nazočan; koji postoji u sjećanju, svijesti 2. sadašnji, ovaj, koji postoji, živ, koji se događa sada; *gram* sadašnji, koji se odnosi na sadašnjost; *arch* spreman, pripravan, gotov 3. koji djeluje; koji je od pomoći, koji je pri ruci | ~ **company** prisutni; **to be ~ at** prisustvovati

present [pri'zent] *vt/i* **I.** *vt* 1. predstaviti (koga *to* komu), uvesti, predvesti 2. predati, iznijeti, podnijeti, predložiti, preporučiti 3. pokazati, prikazivati; pružati, nuditi; dati, pokloniti, darovati, obdariti (*with* čime) 4. *mil* nišaniti, ciljati, uperiti; držati pušku na pozdrav; *theat* prikazati komad; **to ~ oneself** pojaviti se, predstaviti se, javiti se, doći na ispit; desiti se, pružiti se (prilika i dr.) **II.** *vi* predlagati, preporučivati | **to ~ one's compliments** iskazati poštovanje; **to ~ one's apologies** ispričati se, moliti za oproštenje

present [pri'zent] *s mil* nišanjenje, gađanje; držanje oružja kod pozdrava (prezentiranje puške)

presentable [pri'zentəbl] *adj* (**presentably** *adv*) koji se može pokazati, ponuditi, predložiti i dr.; koji se može predočiti, prikazati, izvesti; koji se može pokloniti; pristojna izgleda; naočit

presentation [ˌprezən'teiʃn] *s* 1. predstavljanje, uvođenje 2. davanje, darivanje, obdarivanje, poklanjanje; predaja 3. iznošenje, izlaganje; *theat* izvedba, prikazivanje 4. dar, poklon

presentation copy [ˌprezən'teiʃnˌkɔpi] *s* besplatan primjerak knjige i dr. koji autor daruje

presentational [ˌprezən'teiʃnəl] *adj* predodžbeni

presentative [pri'zentətiv] *adj eccl* koji ima pravo predlaganja; *psych* predočljiv, shvatljiv

present-day ['prezntdei] *adj* sadašnji, današnji, suvremen

presentee [ˌprezən'tiː] *s eccl* svećenik koji se predlaže za nadarbinu; primalac dara; predstavljena osoba

presentient [pri'senʃiənt] *adj* koji unaprijed osjeća, sluti

presentiment [pri'zentimənt] *s* predosjećaj, slutnja; loša slutnja

presentive [pri'zentiv] *adj* neposredan, koji se javlja (u svijesti), direktan

presently ['prezntli] *adv* začas, uskoro, ubrzo, zamalo, malo kasnije; *US* danas, sada; *arch* odmah, isti čas

presentment [pri'zentmənt] *s* iznošenje, izlaganje, prikazivanje; slika, opis; predstavljanje; predočivanje, izvedba, izvođenje; *jur* podnošenje (tužbe); od porote neposredno podignuta tužba

present participle ['preznt'paːtisipl] *s gram* particip prezenta, glagolski prilog sadašnji (u engleskom obliku na *-ing: he is growing*)

present perfect ['preznt'pəːfikt] *s gram* glagolska fraza koja se sastoji od oblika glagola *have* i prošlog participa glavnog glagola

preservable [pri'zəːvəbl] *adj* koji se može sačuvati, održati, održiv

preservation [ˌprezə'veiʃn] *s* održavanje, čuvanje; održanost, očuvanost

preservative [pri'zəːvətiv] *s* konzervans

preserve [pri'zəːv] *s* 1. ukuhano voće, konzerva 2. branjevina, ribnjak, prezervat 3. *pl* ukuhano voće | *fig* **to poach on another's ~s** zalaziti u tuđe područje, miješati se u tuđe poslove

preserve [pri'zəːv] *vt* čuvati, braniti, štititi, sačuvati, očuvati, održati; ukuhati, usoliti, ukiseliti, konzervirati; čuvati, uzgajati divljač, ribu i dr. | **~d fruit** ukuhano voće; **~d meat** usoljeno, sušeno meso, mesna konzerva

preserver [pri'zəːvə] *s* 1. branilac, zaštitnik, spasitelj 2. onaj koji čuva, uzgaja divljač i dr.

preside [pri'zaid] *vi* predsjedati, upravljati, biti na čelu, vladati, nadzirati, nadgledati | **to ~ at the organ** svirati orgulje

presidency ['prezidənsi] *s* predsjedništvo, nadstojništvo; vrijeme trajanja vlasti predsjednika; područje vlasti predsjednika; *Anglo-Ind* pokrajina, okrug

president ['prezidənt] *s* predsjednik, ministar; nadstojnik, upravitelj; *univ* rektor sveučilišta; *US* direktor, upravitelj, ravnatelj; predsjednik republike | **~ of the Board of Trade** ministar trgovine

presidential [ˌprezi'denʃəl] *adj* (**~ly** *adv*) predsjednički, koji se odnosi na predsjednika, upravitelja, ravnatelja

presidiary [pri'sidiəri] *adj* koji se odnosi na garnizon, garnizonski

presignify [ˌpriː'signifai] *vt* nagovijestiti

press[1] [pres] *s* 1. vreva, gužva, navala, stiska; metež, žurba, užurbanost; hitnja, hitnost, sila 2. pritisak, stisak 3. preša, tijesak; tiještenje 4. tiskarski, štamparski stroj, tiskara, štamparija; tisak, štampa, tiskanje, štampanje; novinstvo, štampa, novinski izvještaj ili kritika (*to receive a bad ~*) 5. ormar 6. *mar* prekomjerni pritisak na jedra (vjetra) | **in the ~** u tisku, u štampi, tiska se, štampa se; **to correct the ~** vršiti korekturu; **gutter ~** jeftina, nevrijedna literatura

press [pres] *vt/i* **I.** *vt* 1. pritisnuti, stisnuti, stiskati, pritiskati, istisnuti; izravnati, izgladiti; tištati; gnječiti, cijediti, tiještiti (grožđe i dr.) 2. pritisnuti, privinuti (na prsa), stegnuti (u zagrljaj), stisnuti, stegnuti (ruku) 3. prilijepiti (marku), utisnuti (poljubac) 4. goniti, progoniti, navaljivati, tjerati; pritisnuti, prignječiti, zgnječiti; nagnati, primorati, natjerati, prinuditi, prisiliti; upeti se, uprijeti se; navaljivati, salijetati, usrdno moliti, iziskivati, tražiti (*for* što), snubiti 5. osobito što isticati, ostati pri čemu; istisnuti, promrsiti (riječ) 6. glačati (teškim glačalom ili strojem za glačanje) **II.** *vi* 1. pritiskivati, vršiti pritisak, teško pritiskivati, navaljivati, gurati se, narivavati se, nametati se | *fig* **to ~ the button** učiniti prvi, odlučni korak; **to ~ an attack** žestoko, uporno napadati, navaljivati; **to ~ home (an argument)** uvjeriti koga jakim razlozima; **to be ~ed for time** biti u stisci s vremenom; **to ~ a th on one** nametnuti, narinuti, naturiti kome što; **hard ~ed** u stisci, u škripcu, u tešku položaju

press back [ˈpresˈbæk] *vt* savinuti unatrag; potjerati natrag

press down [ˈpresˈdaun] *vt* stisnuti, zgnječiti

press forward [ˈpresˈfɔːwəd] *vi* tjerati, gurati naprijed, požurivati; nositi, gurati, ići naprijed (za gomilu), progurati se, probijati se

press in(to) [ˈpresˈin(tu)] *vi* ugurati

press on [ˈpresˈɔn] *vi/t* **I.** *vi* žuriti se, hitjeti, raditi **II.** *vt* vršiti pritisak, navaljivati

press[2] [pres] *s* prisilno vrbovanje, uzimanje ljudi u vojsku, mornaricu

press [pres] *vt* silom vrbovati ljude za vojsku, mornaricu; oduzeti, rekvirirati (konje, brodove i dr.) za državne potrebe

press-agent [ˈpresˌeidʒənt] *s* reklamni agent

press-box [ˈpresbɔks] *s* novinarska loža (u kazalištu, na utakmicama i dr.)

press-clipping [ˈpresˌklipiŋ] *s* → **press-cutting**

press conference [ˈpresˌkɔnfərəns] *s* konferencija za štampu

press-cutting [ˈpresˌkʌtiŋ] *s* izrezak, vijest iz novina

press-gallery [ˈpresˌgæləri] *s* galerija za predstavnike tiska, štampe

pressgang [ˈpresgæŋ] *s* odred koji hvata i silom novači ljude za vojsku, mornaricu

pressing [ˈpresiŋ] *adj* (**~ly** *adv*) 1. hitan, žuran 2. koji salijeće, moli, zahtijeva, traži

pressing [ˈpresiŋ] *s* otisak, kopija gramofonske ploče

pression [ˈpreʃn] *s* pritiskanje, tiskanje; pritisak

pressman [ˈpresmən] *s* (*pl* **pressmen** [ˈpresmən]) tiskar, štampar; novinar, reporter

press-mark [ˈpresmaːk] *s* broj ili oznaka knjige u knjižnici

pressor [ˈpresə] *adj physiol* presorni

press-room [ˈpresrum] *s* prostorija u kojoj se nalaze tiskarski strojevi u tiskari, strojarnica

pressure [ˈpreʃə] *s* 1. pritiskivanje, pritisak; *fig* hitnost, neodložnost 2. *fig* pritisak, težina, nevolja, nužda, neprilika, stiska, primoravanje 3. pritisak, tlak | **blood ~** krvni tlak; **high, low ~** visok, nizak pritisak; **to put ~ upon one** prisiliti koga na što

pressure [ˈpreʃə] *vt* vršiti pritisak

pressure cabin [ˈpreʃəˌkæbin] *s aero* hermetička kabina

pressure cooker [ˈpreʃəˌkukə] *s* patentni lonac, ekspresni lonac

pressure gauge [ˈpreʃəgeidʒ] *s tech* manometar

pressure group [ˈpreʃəgruːp] *s* skupina koja vrši pritisak na zakonodavstvo i na javnost propagandom, osobnim kontaktima i sl. kako bi utjecala na zakonodavstvo ili politiku

pressure point [ˈpreʃəpɔint] *s med* mjesto gdje se pritiskom može zaustaviti krvarenje

pressure suit [ˈpreʃəsjuːt] *s* astronautsko, svemirsko odijelo

prestidigitation [ˈprestiˌdidʒiˈteiʃn] *s* čaranje, vračanje, opsjenarstvo; majstorluk, trik, žonglerstvo

prestidigitator [ˌprestiˈdidʒiteitə] *s* opsjenar, varalica, žongler

prestige [presˈtiːʒ] *s Fr* ugled, poštovanje, autoritet, dobro ime, utjecaj, prestiž

prestissimo [presˈtisiməu] *adv mus* vrlo brzo

presto [ˈprestəu] *adv mus* brzo, živo

prestressed [ˌpriːˈstrest] *adj* | **~ concrete** prednapregnuti beton

presumable [priˈzjuːməbl] *adj* koji se može pretpostaviti (kao takav), vjerojatan, predvidiv

presumably [priˈzjuːməbli] *adv* vjerojatno, po svoj prilici

presume [priˈzjuːm] *vt/i* **I.** *vt* 1. držati, misliti, predmnijevati, uzimati kao vjerojatno, pretpostavljati 2. uzimati, dopuštati sebi slobodu **II.** *vi* drznuti se, usuditi se

presume (up)on [priˈzjuːm(əp)ˈɔn] *vi* oslanjati se na, odveć se uzdati u što, pretjerivati u ocjenjivanju (koga, čega)

presumed [priˈzjuːmd] *adj* (**~ly** *adv*) koji se pretpostavlja, koji se uzima kao takav

presuming [priˈzjuːmiŋ] *adj* (**~ly** *adv*) drzak, umišljen, uobražen

presumption [priˈzʌmpʃən] *s* 1. pretpostavka osnovana na vjerojatnosti, vjerojatnost, mogućnost, predmnijevanje, nagađanje, naslućivanje 2. luda smjelost, drskost | **~ of fact** zaključak (izveden na temelju poznatih činjenica); **~ of law** pretpostavka da je nešto istinito (dok se ne dokaže suprotno); zaključak koji se uzima kao točan pod stanovitim okolnostima; **on the ~ that** uz pretpostavku, pod pretpostavkom da; **there is strong ~ against it** to je vrlo malo vjerojatno

presumptive [priˈzʌmptiv] *adj* (**~ly** *adv*) vjerojatan, koji se pretpostavlja, prezumptivan | **the heir** ~ unaprijed označeni (samim stupnjem srodstva) nasljednik; *jur* ~ **evidence** dokaz na temelju indicija

presumptuous [pri'zʌmptjuəs] *adj* (~**ly** *adv*) drzak, uobražen, preuzetan, arogantan

presuppose [ˌpri:sə'pəuz] *vt* pretpostaviti, pretpostavljati, predmnijevati; unaprijed zaključiti, očekivati

presupposition [ˌpri:sʌpə'ziʃn] *s* pretpostavka, predmnijevanje

pretence (**pretense**) [pri'tens] *s* zahtjev, pravo; izgovor, izlika; prividan, lažan razlog; laž, izmišljotina; prenavljanje, pretvaranje, maska | **under false** ~**s** lažnim, krivim razlozima, izlikama

pretend [pri'tend] *vt/i* **I.** *vt* 1. lažno prikazivati, zavaravati, upotrebljavati za izliku, izgovor, lažno tvrditi **II.** *vi* 1. tražiti, zahtijevati; težiti, prisvajati sebi 2. graditi se, pretvarati se, praviti se; uobražavati sebi, drznuti se; pretendirati | **to** ~ **to be robbers** igrati se razbojnika; **to** ~ **indisposition** izgovarati se bolešću; **he** ~**s ignorance** on se pretvara da ne zna; **to** ~ **to a th** iznositi zahtjeve na što, uobražavati sebi što, dopuštati sebi što; **I do not** ~ **to learning** ne uobražavam sebi da sam učen

pretend to [pri'tend'tu:] *vi* zaprositi

pretended [pri'tendid] *adj* (~**ly** *adv*) lažan, tobožnji, takozvani, nazovi

pretender [pri'tendə] *s* pretendent; šarlatan, prevarant

pretense [pri'tens] *s* → **pretence**

pretension [pri'tenʃən] *s* 1. zahtjev, traženje; želja, težnja, pretenzija 2. pretvaranje 3. izlika, nedokazana tvrdnja 4. pretencioznost | **of great** ~**s** s velikim zahtjevima, pretenzijama; **of no** ~**s** bez zahtjeva, pretenzija, skroman

pretentious [pri'tenʃəs] *adj* (~**ly** *adv*) koji (mnogo) zahtijeva, traži; koji ima o sebi visoko mišljenje; umišljen, uobražen, pretenciozan

pretentiousness [pri'tenʃəsnis] *s* umišljenost, uobraženost, drskost, nadutost, pretencioznost

preterhuman [ˌpri:tə'hju:mən] *adj* natčovječanski, nadljudski

preterite (**preterit**) ['pretərit] *adj gram* prošli

preterite (**preterit**) ['pretərit] *s gram* preterit, prošlo vrijeme; glagol u prošlom vremenu

preterition [ˌpri:tə'riʃn] *s* mimoilaženje, prelaženje, propuštanje, obilaženje, zanemarivanje

pretermission [ˌpri:tə'miʃn] *s* izostavljanje, propuštanje, ispuštanje, zanemarivanje

pretermit [ˌpri:tə'mit] *vt* izostaviti, propustiti, ispustiti, preskočiti

preternatural [ˌpri:tə'nætʃrəl] *adj* (~**ly** *adv*) nadnaravan, nenaravan, neprirodan

pretext ['pri:tekst] *s* izgovor, izlika, pretekst | **on (under)** ~ **of** pod izgovorom, izlikom; **to make a** ~ **of** izgovarati se čime

pretext [pri:'tekst] *vt* izgovarati se čime

pretonic [ˌpri:'tɔnik] *adj* koji se nalazi neposredno prije naglašena sloga, glasa

prettify ['pritifai] *vt* uljepšati, ukrasiti, nakititi, uresiti

prettily ['pritili] *adv* lijepo, ukusno, dražesno; zgodno

prettiness ['pritinis] *s* ljepušnost, ljepota, prijatnost, dragost, ljupkost, dražest

pretty ['priti] *adj* ljepušan, zgodan, ubav; ljubak; gizdav, usiljen, izvještačen; dobar, priličan, odličan; *coll* prilično velik (*lit* & *fig*); lijep (često ironično: *a* ~ *fix*); vješt, spretan

pretty ['priti] *adv* prilično, vrlo, dosta, podosta, dobrano; u priličnoj mjeri; gotovo, skoro; *coll* zgodno, dražesno | **that is** ~ **much the same thing** to je manje ili više, otprilike, gotovo isto; **sitting** ~ *sl* u vrlo povoljnom položaju, u povoljnoj situaciji

pretty ['priti] *s* lijepa osoba, lijepa ukrasna stvar | **my** ~ moja draga, moj dragi

pretty-pretty ['pritiˌpriti] *adj* bezizražajno lijep, izvještačen, neprirodan | **a** ~ **face** lutkasto lice

pretty-pretty ['pritiˌpriti] *s* sitni ukrasi, bezvrijedan, lažan nakit

pretzel ['pretsl] *s* perec

prevail [pri'veil] *vi* prevladati, imati prevagu (*over* nad čim, kim), biti nadmoćan, nadvladati (*against, over* koga, što); prevladavati, vladati; nadvladati; pridobiti, zadobiti; uvjeriti, navesti, skloniti, nagovoriti; uspjeti da

prevail (up)on [pri'veil(əp)'ɔn] *vi* navesti, skloniti, pridobiti, nagovoriti | **I could not** ~ **myself** nisam bio kadar

prevailing [pri'veiliŋ] *adj* (~**ly** *adv*) koji vlada, prevladava, koji se općenito upotrebljava, prihvaća, općenit, sveopći

prevalence ['prevələns] *s* prevlast, nadmoć, veća sila, pretežnost; utjecaj, upliv, moć, djelovanje; uspjeh; prevladavanje, uzimanje maha

prevalent ['prevələnt] *adj* (~**ly** *adv*) koji prevladava, koji ima premoć, nadmoćan, koji vlada; jak, silan; općenit

prevaricate [pri'værikeit] *vi* okolišati, zaobilaziti, izbjegavati istinu, ševrdati

prevarication [priˌværi'keiʃn] *s* okolišanje, ševrdanje, zaobilaženje, izbjegavanje istine

prevaricator [pri'værikeitə] *s* onaj koji okoliša, izbjegava istinu, ševrdalo, petljanac

prevenient [pri'vi:niənt] *adj* prethodni; koji sprečava, koji predusreće

prevent [pri'vent] *vt* spriječiti, zapriječiti, preteći, predusresti, odvratiti; priječiti, smetati (*from*)
prevent [ˌpriː'vent] *vi arch* rukovoditi, voditi
preventable [pri'vetəbl] *adj* koji se može spriječiti, predusresti
preventative [pri'ventətiv] *adj* zaštitni, koji nešto sprečava, predusreće, preventivan
preventative [pri'ventətiv] *s* ono što zaštićuje, čuva (od propadanja, zla i dr.)
preventer [pri'ventə] *s* onaj koji priječi, sprečava, smeta; *mar* konop kojim se vezuju, utvrđuju jarboli i dr., pomoćno uže
preventible [pri'ventəbl] *adj* → **preventable**
prevention [pri'venʃən] *s* sprečavanje, predusretanje, priječenje; opreznost, mjera opreznosti
preventive [pri'ventiv] *adj* (~**ly** *adv*) koji predusreće, priječi, sprečava, zaštićuje, preventivan | ~ **detention** pritvor; **Preventive Service** služba obalne zaštite
preventive [pri'ventiv] *s* preventiva, profilaksa, preventivno sredstvo
pre-view ['priːvjuː] *s* reklamno prikazivanje odlomaka iz filma, zatvoreno prikazivanje filma, zatvorena projekcija
pre-view ['priːvjuː] *vt* prikazati (film) na zatvorenoj projekciji
previous ['priːvjəs] *adj* (~**ly** *adv*) prijašnji, pređašnji, prethodni; *coll* preuranjen | *parl* **to move the ~ question** prijedlog da se prekine debata i da se odmah pristupi glasanju (ako se prijedlog odbije, debata se nastavlja)
previous ['priːvjəs] *adv* | ~ **to** prije, pred
previse [priː'vaiz] *vt* predvidjeti, proreći, predskazati
prevision [ˌpriː'viʒn] *s* predviđanje, pretkazivanje, proricanje (čega unaprijed)
previsional [ˌpriː'viʒnəl] *adj* (~**ly** *adv*) koji predviđa, pretkazuje, kazuje unaprijed, koji sluti, koji naslućuje
prevue ['priːvjuː] → **preview**
pre-war [ˌpriː'wɔː] *adj* predratni
prey [prei] *s* grabež, pljačka; plijen, lovina; *fig* žrtva | **beast of ~** grabežljiva životinja, grabežljivac; **bird of ~** ptica grabljivica; **to be, to become, to fall a ~ to a p, to a th** pasti žrtvom komu, čemu, postati plijen komu ili čemu
prey [prei] *vi* vrebati (*upon* što); *fig* prevariti, nasamariti; loviti (za hranu); plijeniti, pljačkati; ugrabiti, požderati; *fig* tištati, moriti, mučiti
price [prais] *s* 1. cijena, vrijednost; nagrada; *fig* žrtva, cijena 2. koštanje | **long ~** bruto-cijena, cijena uključivši carinu; **cost ~** cijena koštanja, vlastiti troškovi; **to set a ~ on a p's head** raspisati nagradu na čiju glavu; **at any ~** po svaku cijenu; **above, beyond, without ~** neprocjenjiv; **every man has his ~** svaki čovjek ima neku slabu stranu; **fixed ~** stalna cijena; **~ fixed** granična, najviša cijena; *sl* **what ~?** kakvi su izgledi?
price [prais] *vt* tražiti određenu cijenu za što, cijeniti, zacijeniti, pitati za cijenu
price-current ['praisˌkʌrənt] *s* cjenik, cjenovnik
priced [praist] *adj* koji ima označenu cijenu, vrijednost; vrijedan, dragocjen | **high-~** koji je u velikoj cijeni
priceless ['praislis] *adj* neprocjenjiv, neocjenjiv, vrlo vrijedan; *sl* vrlo zabavan, ugodan, divan
price list ['praislist] *s* cjenik
price-mark ['praismaːk] *s* → **price-tag**
price-tag ['praistæg] *s* ceduljica s cijenom
prick [prik] *s* bodlja, bodljika, trn; **ubod**, probadanja; *fig* neugodan osjećaj, nemir; *vulg* penis | **to kick against the ~s** udarati glavom o zid, bosti se s rogatim; **~s of conscience** grižnja savjesti
prick [prik] *vt/i* **I.** *vt* ubosti, bocnuti, bosti, probosti, probušiti, bockati, probadati; *fig* peći, tištati; *arch* tjerati, podbadati, poticati, goniti (konja i dr.) **II.** *vi* bosti, bockati; sjeći, žigati, peći, bosti (za bol); podbosti konja, pojahati trkom
prick at ['prik'æt] *vi* nabosti se, ubosti se, udariti se
prick in ['prik'in] *vt* zasaditi, posaditi (mladice)
prick out ['prik'aut] *vt* zasaditi, posaditi (mladice u rupice)
prick up ['prik'ʌp] *vt* naćuliti uši (za psa) | **to ~ one's ears** naćuliti uši, pažljivo slušati što se govori
prick-eared ['prikˌiəd] *adj* koji je naćulio uši
pricker ['prikə] *s* bodlja, šiljak, šilo
pricket ['prikit] *s* jelenče, srndać u drugoj godini; vrsta svijećnjaka (na koji se nabada svijeća) | **~s sister** lane u drugoj godini
pricking ['prikiŋ] *s* bockanje
prickle[1] ['prikl] *s* 1. trn, bodlja, drača 2. peckanje, bockanje, svrbež
prickle[2] ['prikl] *s* mala pletena košara (koja se upotrebljava kao mjera za količinu, težinu)
prickle ['prikl] *vt/i* **I.** *vt* ubosti, bocnuti, bockati **II.** *vi* trnuti, osjećati ubode, trnce, svrbjeti, bridjeti
prickling ['prikliŋ] *s* bockanje, ubadanje; trnci, svrbljenje kože
prickling ['prikliŋ] *adj* bodljikav, bockav, brideći
prickly ['prikli] *adj* bodljikav, koji bode, ubada, bocka; *fig* koji bode, tišti, bocka
prickly heat ['prikli'hiːt] *s med* milijarija (upalna kožna bolest)
prickly pear ['prikli'pɛə] *s bot* opuncija, indijska smokva (vrsta kaktusa, *Opuntia*)

pride [praid] *s* 1. ponos, oholost, samosvijest, gordost, ponositost, taština, uzdizanje 2. dika, gizda; sjaj, slava, divota, krasota, ljepota 3. sila; grupa, čopor (životinja, npr. lavova) | **to take ~ in** ponositi se, dičiti se čime; **false ~** lažni ponos; *her* **peacock in his ~** paun s raširenim repom; **~ of morning** krasota, ljepota jutra; **in the ~ of his youth** u cvijetu svoje mladosti; **~ of India** *bot* kok, koko, melija (*Melia azederah*)

pride [praid] *v refl* | **to ~ oneself on** ponositi se, dičiti se, hvaliti se čime, biti ponosan na što

prideful ['praidful] *adj* (**~ly** *adv*) *Scot* ohol, nadut, ponosit

prideless ['praidlis] *adj* bez oholosti, bez ponosa

priest [pri:st] *s* 1. svećenik, duhovnik 2. batina, štap kojim se ubija velika riba (kad je već ulovljena)

priest [pri:st] *vt* zarediti (za svećenika)

priest-craft ['pri:stkra:ft] *s* miješanje svećenstva, crkve u svjetovne poslove

priestess ['pri:stis] *s* svećenica, duhovnica

priesthood ['pri:sthud] *s* svećenstvo, svećenici; svećeništvo

priestlike ['pri:stlaik] *adj* poput svećenika

priestling ['pri:stliŋ] *s* mlad svećenik

priestly ['pri:stli] *adj* svećenički, koji se odnosi na svećenika

priest-ridden ['pri:st,ridn] *adj* kojim vlada, upravlja svećenik, duhovnik

priest-vicar ['pri:st,vikə] *s* čin nižeg kanonika (u nekim katedralama)

prig[1] [prig] *s* umišljen, tašt čovjek; sitan, površan cjepidlaka; drzak, umišljen neznalica

prig[2] [prig] *s* lopov, kradljivac, tat, džepar

prig [prig] *vt sl* krasti

priggery ['prigəri] *s* 1. umišljenost, taština, cjepidlačenje 2. lupeštvo

priggish ['prigiʃ] *adj* (**~ly** *adv*) 1. umišljen, uobražen, usiljen, afektiran, izvještačen, samoljubiv, cjepidlački 2. tatski, lopovski

prim [prim] *adj* (**~ly** *adv*) 1. uredan, dotjeran, čist 2. ukočen | **~ and proper** pretjerano moralan i korektan; koji zazire od svega što je grubo i vulgarno

prim [prim] *vi/t* **I.** *vi* ukočeno se vladati, držati, biti neprirodan, izvještačen, afektirati **II.** *vt* naprćiti, naškubiti usne

primacy ['praiməsi] *s* prvenstvo, primat; položaj, čast primata

primage ['praimidʒ] *s* postotak, nagrada u novcu koju dobiva vlasnik trgovačkog broda preko ugovorene vozarine

primage ['praimidʒ] *s* količina vode koja se ispari (u kotlu)

primal ['praiml] *adj* (**~ly** *adv*) prvi, prvobitan, prvotan, primitivan, osnovni, glavni

primarily ['praimərili, prai'merili] *adv* isprva, prvobitno; primarno, uglavnom

primary ['praiməri] *adj* (**primarily** *adv*) prvi, prvobitan, najraniji, prvotan; temeljni, osnovni, glavni, elementaran, izvoran; početni; primarni | **~ colours** osnovne, temeljne boje; **~ education** osnovna naobrazba; **~ school** osnovna škola; *gram* **~ tenses** sadašnje, prošlo i buduće vrijeme; **a matter of ~ importance** stvar najveće važnosti; **~ planets** glavni planeti; *geol* **~ rock** kamen iz paleozojskog ili još starijeg perioda; *zool* **~ feather** vilo, brčno pero; **~ accent (stress)** primarni (tj. najjači) akcent; **~ cell** galvanski element

primary ['praiməri] *s* ono što je prvo, najvažnije, glavna stvar; *US* prvi sastanak, zbor birača prije izbora (da se izabere i imenuje kandidat)

primate ['praimət] *s* nadbiskup, primas | **~ of England** nadbiskup od Yorka; **~ of all England** nadbiskup od Canterburyja

primatial [prai'meiʃl] *adj* nadbiskupski, prvostolni, koji se odnosi na nadbiskupa, primasa

prime [praim] *s* početak, najbolje doba, vrijeme; snaga, zrelost, napon; osvit, zora, cvijet, proljeće, mladost (*lit* & *fig*); ono što je najbolje, uzor, najviši stupanj savršenstva; srž, jezgra; *com* odabrana vrsta, prima; *st exch* premija; *eccl* prvi sat molitve (u 6h ujutro); prima, prvi položaj (pri mačevanju); primarni prim, prost broj; minuta ('), prim | **in his ~** u naponu snage; **in the ~ of life** u cvijetu mladosti; **~ of the moon** mlađ

prime [praim] *adj* (**~ly** *adv*) prvi, najraniji, prvotan, prvobitan, izvoran, primaran; glavni, najznatniji, najvažniji; najodličniji, najbolji, prve vrste, izvrstan; početni, osnovni, temeljni, elementaran | **~ minister** ministar predsjednik, predsjednik vlade; **~ cost** nabavna cijena (proizvoda i dr.); *tech* **~ mover** pokretna snaga; pogonski stroj; **~ time** elitni termin, najgledanije vrijeme (televizije)

prime [praim] *vt/i* 1. *arch* nabiti pušku, staviti fitilj 2. staviti vodu u pumpu (da počne raditi) 3. *coll* pretovariti koga hranom, pićem 4. obavijestiti, dati podatke, pojedinosti, uputiti, poučiti (npr. svjedoka) 5. premazati zid i dr. temeljnom bojom, grundirati 6. *mech* napuniti cilindar vodom; naliti benzin u motor

primeness ['praimnis] *s* vrsnoća, izvrsnost

primer[1] ['praimə] *s* početnica, bukvar

primer[2] ['praimə] *s* kapisla, fitilj, upaljač, detonator; osnovni sloj boje ili aprature

primer ['primə] *s* veličina tiskarskih, štamparskih slova | **great ~** tercija

primeval (**primaeval**) [praiˈmiːvl] *adj* (**~ly** *adv*) odiskona, iskonski, prvobitan, prastar, primitivan

priming[1] [ˈpraimiŋ] *s* 1. barut za potpaljivanje, kapica na vatrenom oružju 2. premazivanje (zida i dr.) osnovnom, temeljnom bojom, grundiranje, sloj osnovne boje ili apreture

priming[2] [ˈpraimiŋ] *s* raniji nadolazak plime

primipara [praiˈmipərə] *s* (*pl* **~s**, **~e** [praiˈmipəriː]) prvorotkinja

primitive [ˈprimitiv] *adj* (**~ly** *adv*) 1. prvobitan, najstariji, rani, iskonski, osnovni, pra... 2. običan, jednostavan, staromodan, starinski; neuglađen, sirov, primitivan; *gram* osnovni, koji nije izveden; *print* temeljni, osnovni; *geol* najstariji; *biol* najraniji | ~ **accumulation** prvobitna akumulacija

primitive [ˈprimitiv] *s* 1. primitivac, neciviliziran čovjek (& *fig*) 2. primitivni slikar ili primitivna slika; naivac; *gram* osnova, korijen

primitiveness [ˈprimitivnis] *s* primitivnost, prvobitnost, starina

primitivism [ˈprimitivizm] *s* primitivnost, primitivizam

primness [ˈprimnis] *s* ukočenost, usiljenost, izvještačenost; točnost

primogenital [ˌpraiməuˈdʒenitl] *adj* prvorođeni, koji se odnosi na primogenituru

primogenitor [ˈpraiməuˈdʒenitə] *s* najstariji predak, pradjed, primogenitor

primogeniture [ˌpraiməuˈdʒenitʃə] *s* prvorođenje, primogenitura; pravo prvorođenog sina na nasljedstvo

primordial [praiˈmɔːdjəl] *adj* (**~ly** *adv*) prvobitan, početan, praiskonski, primordijalan

primordiality [praiˌmɔːdiˈæliti] *s* prvobitnost, prvobitno, praiskonsko stanje, primordijalnost

primrose [ˈprimrəuz] *s* *bot* jaglac, jagorčevina, primula | ~ **path** put radosti, užitka, naslade

primrosy [ˈprimrəuzi] *adj* blijedožute boje, poput jaglaca; posut jaglacima

primula [ˈprimjulə] *s* *bot* primula

primus[1] [ˈpraiməs] *s* vrhovni biskup, nadbiskup u Škotskoj

primus[2] [ˈpraiməs] *s* primus, kuhalo na špirit

primus [ˈpraiməs] *adj* prvi; stariji (od dvojice koji nose isto ime)

prince [prins] *s* vladar; knez; kraljević, carević, kneževič, princ | **Prince of Wales** nasljednik prijestolja u Engleskoj; **the Prince of Peace** Krist; ~ **of darkness (the air, the world)** sotona; ~ **of the blood** princ kraljevske krvi; **Prince Consort** naslov muža engleske kraljice

princedom [ˈprinsdəm] *s* položaj, čast princa, kneževića, kraljevića i dr.

princelike [ˈprinslaik] *adj* poput princa, kao princ; kneževski, dostojanstven, otmjen; plemenit, velikodušan

princeling [ˈprinsliŋ] *s* mlad, malen ili nevažan knez, kraljević i sl.

princely [ˈprinsli] *adj* kneževski, kraljevski; dostojanstven, sjajan, uzvišen; bogat, obilan

prince's-feather [ˈprinsizˈfeðə] *s* *bot* crveni šćir (*Amaranthus hybridus*)

princess [prinˈses] *s* vladarica; kneginja, kraljevna, princesa; kći vladara | **the Princess Royal** najstarija kći engleskog kralja

principal [ˈprinsəpl] *adj* (**~ly** *adv*) prvi, glavni, najvažniji, najveći, vodeći; *gram* glavni

principal [ˈprinsəpl] *s* prvak, glava, glavar, šef, predsjednik, gospodar; upravitelj, predsjednik, direktor (škole, koledža u Engleskoj); *US* direktor škole; *com* temeljna glavnica; kapital; onaj koji sam u svoje ime trguje, naručuje, radi; *archit* glavna greda na krovu

principality [ˌprinsiˈpæliti] *s* vlast, vladavina princa; čast, položaj kneza; kneževina

principally [ˈprinsəpəli] *adv* ponajprije, ponajviše prije svega, uglavnom

principate [ˈprinsipət] *s* vlast, vladavina princa; čast, položaj kneza; kneževina; *Rom hist* principat, vladavina prvih rimskih vladara

principle [ˈprinsəpl] *s* počelo, temelj, izvor; načelo, princip, temeljna misao; rukovodeća ideja, temeljno pravilo | **in** ~ u principu, u načelu, u pravilu; **on** ~ iz principa

principled [ˈprinsəpld] *adj* koji se drži nekih principa

prink [priŋk] *vt/i* **I.** *vt* nakititi, okititi, dotjerati, ukrasiti **II.** *vi* nakititi se, dotjerati se, gizdati se

print [print] *s* 1. tisak, utisak, otisak, znak, trag (& *fig*); *print* tisak, štampa; tiskanje, štampanje; litografija; *US* novine, časopisi, tiskane stvari; izdanje, edicija; *phot* kopija; *text* cic, pamučna tkanina s uzorkom 2. žig, pečat, kalup | **the ~s** tisak, štampa; **finger** ~ otisak prsta; **foot** ~ trag, otisak noge, stopala; **out of** ~ rasprodan; **in** ~ tiska se, štampa se; u knjižari na prodaju; **to rush into** ~ napisati i tiskati knjigu i dr. na brzinu

print [print] *vt/i* **I.** *vt* 1. ostaviti, utisnuti trag, udariti žig, znak; kalupiti (maslac); *fig* usjeći, urezati, utisnuti, usaditi, načiniti, ostaviti trag, utisak 2. tiskati, štampati, naštampati, odštampati, dati u štampu 3. pisati štampanim slovima; baviti se tiskanjem, štampanjem; *phot* kopirati; *text* štampati tkaninu uzorcima **II.** *vi* tiskati, štampati, izaći iz tiska, štampe |

~ed matter tiskanice, štampane stvari; **~ed form** formular; **~ed circuit** *el* štampani krug
printable ['printəbl] *adj* koji se može tiskati, štampati
print-butter ['print͵bʌtə] *s* maslac u paketićima, u omotima
printer ['printə] *s* tiskar, štampar; printer | **~'s error** tiskarska pogreška; **~'s devil** tiskarski, štamparski naučnik; **~'s mark** trgovački znak tiskare; **~'s pie** smiješana, zbrkana tiskarska slova; zbrka, kaos
printing ['printiŋ] *s* tiskanje, štampanje; tiskarstvo, štamparstvo, tipografija; štampa; štampana slova
printing-block ['printiŋblɔk] *s* klišej
printing-house ['printiŋhaus] *s* tiskara, štamparija
printing-ink ['printiŋiŋk] *s* tiskarsko crnilo, tiskarska boja
printing-machine ['printiŋmə͵ʃiːn] *s* tiskarski stroj
printing-office ['printiŋ͵ɔfis] *s* knjigotiskara, tiskara
printing-press ['printiŋ͵pres] *s* tiskarski stroj
printing-type ['printiŋtaip] *s* tiskarsko slovo
printing-works ['printiŋ͵wəːks] *s pl* tiskara, štamparija
printless ['printlis] *adj* koji ne ostavlja otisak, trag, utisak
printout ['printaut] *s* ispis (kompjutora)
print-seller ['print͵selə] *s* prodavač reprodukcija (umjetničkih slika)
print-shop ['printʃɔp] *s* dućan u kojem se prodaju umjetničke slike
print-works ['printwəːks] *s pl* tvornica u kojoj se otiskuju uzorci na pamučnim tkaninama
prior ['praiə] *s* prior, nadstojnik samostana
prior ['praiə] *adj* raniji, prijašnji | **~ to** raniji, stariji, važniji, jači od
prior ['praiə] *adv* | **~ to** prije, ranije (nego)
priorate ['praiərit] *s* priorat, čast, položaj priora
prioress ['praiəris] *s* nadstojnica samostana
priority [prai'ɔriti] *s* prvenstvo, prednost, pravo prvenstva, prioritet | **to take ~ of** imati prednost pred kim
priory ['praiəri] *s* priorija, samostan
prise [praiz] *vt & s* → **prize**[3]
prism ['prizm] *s geom & phys* prizma | **~s** *pl* boje koje nastaju lomljenjem svjetla kroz prizmu; **prunes and ~** nejasan, zbrkan način govora
prismatic [priz'mætik] *adj* (**~ally** *adv*) prizmatičan; šaren, blještav | **~ colo(u)rs** boje spektra
prison ['prizn] *s* zatvor, tamnica; kaznionica | **to put in ~, to send to ~** zatvoriti koga u tamnicu; **to break ~** pobjeći iz zatvora
prison ['prizn] *vt poet & fig* zatvoriti, zarobiti, staviti u zatvor
prisoner ['priznə] *s* zatvorenik, sužanj, uznik, zatočenik, kažnjenik; zarobljenik; optuženik | **~ at the bar** zatvorenik (koji se izvodi na suđenje zbog kriminalnog djela); **~ of State, State ~** politički zatvorenik, kažnjenik; **~ of war** ratni zarobljenik; **to take ~** zarobiti (koga); *fig* **to be a ~ to** biti čiji zarobljenik, rob, biti zarobljen
prison-house ['priznhaus] *s* zatvor, tamnica (& *fig*); kaznionica
prison-van ['priznvæn] *s* tamnička kola, tamnički automobil
pristine ['pristain] *adj* nekadašnji, davni, prijašnji, prastar, vajkadašnji, prvotan, prvobitan; čist, nepokvaren, nedirnut
prithee ['priði] *interj arch* molim
privacy ['praivəsi] *s* tajnost, povjerenje, držanje u tajnosti, povjerljivost; osamljenost, povučenost, osama; skrovitost, skrovito mjesto; mir; privatni život | **in ~** potajno
private ['praivit] *adj* (**~ly** *adv*) osoban, ličan, koji nema javni, službeni karakter, neslužben, nezvaničan, privatan; tajni, skrovit; zatvoren, ograničen, ekskluzivan; povjerljiv | **~ parts** genitalije; **~ soldier** redov; **Private Smith** redov Smith; **for one's ~ ear** tajno, povjerljivo; **~ company** zatvoreno društvance; **~ theatre** diletantsko kazalište; **in ~** potajno; u povjerenju, u četiri oka; **to keep ~** držati u tajnosti; **~ eye** *sl US* privatni detektiv; **~-clothes-man** tajni policajac u civilu; **to sell by ~ bargain** prodati ispod ruke; **~ hotel** pansion, namještene sobe; *parl* **~ bill** zakonski prijedlog u privatnom interesu
private ['praivit] *s mil* redov | **~s** *pl* genitalije; **in ~** u povjerenju, privatno, povjerljivo; **~ first class** *US Marine Corps* desetar (skraćeno **Pfc.**)
privateer [͵praivə'tiə] *s* privatan oružan brod koji napada i zarobljuje brodove neprijateljske zemlje; kapetan takva broda, mornar takva broda
privateering [͵praivə'tiəriŋ] *s* gusarenje
privation [prai'veiʃn] *s* oskudica, neimaština, nevolja; lišavanje, oduzimanje, uskraćivanje (za život potrebnih stvari)
privative ['privətiv] *adj* (**~ly** *adv*) koji uzrokuje oskudicu, neimaštinu; koji lišava, oduzima; koji isključuje; *gram* koji niječe, koji daje negativno značenje
privet ['privit] *s bot* kalina (*Ligustrum vulgare*)
privilege ['privilidʒ] *s* povlastica, pogodnost, prednost; čast; sloboština, pravo, privilegij, pravo opcije; isključivo pravo; opće pravo svih građana (modernih ustavnih država) | **breach of ~** krnjenje prava; **bill of ~** pravo plemića, perova

da im sude njima ravni; **writ of ~** povelja, pravo, povlastica koja se daje pojedincu, udruženju i dr.; *US* **~ of lot** pravo izbiranja; **it was a ~ to listen to him** bila je čast slušati ga

privilege ['privilidʒ] *vt* povlastiti, privilegirati, dati povlasticu, sloboštinu; osloboditi od dužnosti i dr.

privity ['priviti] *s* tajnost, povjerljivo saopćenje; *jur* suučesništvo, znanje, upućenost

privy ['privi] *adj* (**privily** *adv*) skriven, tajni; osoban, ličan, privatan, neslužben; koji je upućen u što; povjerljiv | *jur* **~ to** koji ima zajednički interes, udio u čemu; **Privy Council** Tajno vijeće (danas samo počasna titula); **~ councellor** član Tajnog vijeća, tajni savjetnik; **~ seal** državni pečat; **~ parts** vanjski spolni organi; **~ purse** civilna lista; svota novca koja se daje vladaru za njegovu osobnu upotrebu

privy ['privi] *s* 1. *jur* sudionik, učesnik 2. nužnik

prize[1] [praiz] *s* nagrada, plaća (*lit & fig*); dobitak, zgoditak, premija; probitak, korist; *fig* sve za čim je vrijedno težiti, za što se vrijedi boriti

prize[1] [praiz] *vt* cijeniti, štovati, smatrati vrijednim

prize[2] [praiz] *s mar* plijenjenje, zapljena neprijateljskog broda; uhvaćen, zaplijenjen brod; *fig* nalazak

prize[2] [praiz] *vt mar* zarobiti, zaplijeniti neprijateljski brod

prize[3] (**prise**) [praiz] *s mech* poluga, ozib, kolotur, vitlo; uporište

prize[3] (**prise**) [praiz] *vt* polugom, ozibom, silom što otvoriti ili podići

prize-court ['praizkɔːt] *s mar jur* odjel admiraliteta koji rješava pitanja brodova, tereta i dr. zaplijenjenih u ratu

prize-fight ['praizfait] *s* boks-meč profesionalaca

prize-fighter ['praiz͵faitə] *s* boksač profesionalac

prizeman ['praizmən] *s* dobitnik nagrade

prize-winner ['praiz͵winə] *s* pobjednik, dobitnik nagrade

prizewinning ['praiz͵winiŋ] *adj* nagrađen

pro[1] [prəu] *s Lat* pozitivan glas | **the ~s and cons** razlozi, argumenti, glasovi za i protiv

pro[2] [prəu] *s fam sport* profesionalac, profesionalan igrač

pro [prəu] *prep Lat* za, pro

pro [prəu] *adv Lat* | **~ and con** za i protiv

probability [͵prɔbə'biliti] *s* vjerojatnost, mogućnost, izgledi | **in all ~** po svoj prilici

probable ['prɔbəbl] *adj* vjerojatan, moguć

probable ['prɔbəbl] *s sl* vjerojatni kandidat, starter; ono što će se vjerojatno dogoditi

probably ['prɔbəbli] *adv* po svoj prilici, vjerojatno

probate ['prəubit] *s jur* sudbena potvrda oporuke; sudbeno ovjerena kopija oporuke

probate ['prəubit] *vt US* dokazati pravovaljanost oporuke, testamenta

probation [prə'beiʃn] *s* 1. kušanje, kušnja, iskušavanje, proba, ispitivanje, ispit; trajanje, vrijeme kušnje, iskušavanja 2. pokusna godina; *jur* uvjetna sloboda, uvjetni otpust kazne; *eccl* novicijat, poslušništvo | **on ~** na pokus, na probnom stažu; **to put on ~** staviti na kušnju; pustiti na uvjetnu slobodu

probationary [prə'beiʃnəri] *adj* pokusni, probni; *jur* uvjetno pušten na slobodu

probationer [prə'beiʃnə] *s* kandidat, stažist; onaj koji je na pokusu; *eccl* novic, poslušnik, iskušenik; *fig* novajlija; *jur* kažnjenik uvjetno pušten na slobodu; *attr* pokusni, provizorni

probative ['prəubətiv] *adj* koji služi za dokaz, dokazni, koji služi za ispitivanje, za iskušavanje

probe [prəub] *s med* sonda, pipaljka; *US* istraga | **space ~** svemirska letjelica bez posade, svemirska sonda

probe [prəub] *vt/i* **I.** *vt* sondom, pipaljkom pretraživati, pipati, probušiti, sondirati **II.** *vi fig* istraživati, ispitivati, prodirati

probity ['prəubiti] *s* poštenje, čestitost

problem ['prɔbləm] *s* problem

problematic [͵prɔblə'mætik] *adj* (**~ally** *adv*) problematičan, teško rješiv; nedokazan, sumnjiv, neizvjestan, nesiguran

proboscidean [͵prəubə'sidiːən] *s zool* slon, surlaš (*Proboscidea*)

proboscis [prəu'bɔsis] *s Lat zool* rilo, surla, rilce, sisalo (kod životinja); *joc* ljudski nos (naročito velik), surla

procedure [prə'siːdʒə] *s* postupak, postupanje, put, način vođenja nekog posla i dr.; *jur* sudbeni postupak, parnica

proceed [prə'siːd] *vi* 1. (*za osobe*) ići naprijed, ići dalje svojim putem, uputiti se; postupati, uraditi; *jur* intervenirati, postupati (*against* protiv), podignuti parnicu, tužiti; *fig* nastaviti (*with* što); prijeći, stići, poduzeti, pothvatiti se, provesti | **to ~ with a th** latiti se čega, provesti (što); *univ* **to ~ to a degree** postići (viši) akademski stupanj 2. (*za radnju*) napredovati, ići dalje, razvijati se, odvijati se; dogoditi se, odigrati se 3. (*o zvuku i dr.*) dolaziti, proizlaziti, potjecati, nastajati

proceeding [prə'siːdiŋ] *s* 1. postupak, postupanje, način rada, radnja, procedura 2. *pl* spisi, zapisnici; rasprave, izvještaji (naučnih društava); radovi učena društva | *jur* **legal ~s** sudbeni, parbeni postupak; parnica; **to take ~s** sudbeno postupati (*against* protiv koga)

proceeds ['prəusi:dz] *s pl* dohodak, prihod; utržak, korist, dobitak
process ['prəuses] *s* 1. napredak, napredovanje, prirodni tok, razvoj, proces 2. tok, tijek; prolaženje vremena 3. način, postupak, postupanje; *jur* sudbena rasprava, proces; *print* fotomehaničko umnožavanje; *anat, zool* & *bot* nastavak, izraslina; *chem* proces
process [prə'ses] *vt* 1. pozvati pred sud, sudbeno postupiti protiv koga 2. podvrgnuti kakvu tehničkom postupku (*to* ~ *the meat* konzervirati meso); preraditi, prerađivati
process [prə'ses] *vi* ići, hodati u povorci
process-block ['prəusesblɔk] *s print* klišej za fotomehaničko umnožavanje
procession [prə'seʃn] *s* svečani ophod, svečana povorka, procesija, niz
procession [prə'seʃn] *vi/t* **I.** *vi* ići u svečanoj povorci, procesiji, litiji **II.** *vt* prolaziti ulicama, obilaziti u svečanoj povorci (grad, ulice i dr.)
processional [prə'seʃənl] *adj* (~**ly** *adv*) koji se odnosi na procesiju, koji pripada svečanoj povorci, procesiji
processional [prə'seʃənl] *s* pjesma, himna koja se pjeva u svečanoj povorci, procesiji, litiji
proclaim [prə'kleim] *vt* javno, službeno objaviti, proglasiti, obznaniti, proklamirati; (rat) navijestiti; žigosati (izdajnika); prikazati kao što; proglasiti koje mjesto pod izvanrednim stanjem; zabraniti (skupštinu) | **dress** ~**s the man** odjeća odaje čovjeka
proclamation [ˌprɔklə'meiʃn] *s* svečano, službeno objavljivanje, proglašenje, proklamacija, oglas, objava, naredba
proclamatory [prə'klæmətəri] *adj* koji se odnosi na objavljivanje, proklamaciju, naredbu, objavu, oglas
proclitic [prəu'klitik] *adj gram* proklitički
proclitic [prəu'klitik] *s gram* proklitika
proclivity [prə'kliviti] *s* sklonost, naklonost, naginjanje
proconsul [ˌprəu'kɔnsəl] *s Rom hist* prokonzul
proconsular [ˌprəu'kɔnsjulə] *adj* prokonzularni, prokonzulski
proconsulate [ˌprəu'kɔnsjulit] *s* prokonzulstvo
proconsulship [ˌprəu'kɔnsəlʃip] *s* → **proconsulate**
procrastinate [prəu'kræstineit] *vt/i* **I.** *vt* odgađati, odlagati, otezati, odugovlačiti **II.** *vi* oklijevati, krzmati
procrastination [prəuˌkræsti'neiʃn] *s* odgoda, odgađanje, otezanje, odugovlačenje, oklijevanje
procrastinator [prəu'kræstineitə] *s* otezalo, zatezalo
procreant ['prəukriənt] *adj poet* koji rađa, proizvodi, stvara, plodan, produktivan
procreate ['prəukrieit] *vt* rađati, proizvoditi (potomstvo), stvarati, rađati (mlade)
procreation [ˌprəukri'eiʃn] *s* rađanje, proizvođenje, stvaranje
procreative ['prəukrieitiv] *adj* koji rađa, proizvodi, stvara, koji je sposoban da proizvodi, plodan, produktivan
proctor ['prɔktə] *s univ* proktor, službenik koji se brine za red, disciplinu; *jur* & *eccl* proktor, odvjetnik na duhovnom sudu | **the king's** ~ državni tužilac, napose u brakorazvodnim parnicama
proctorial [prɔk'tɔ:riəl] *adj* (~**ly** *adv*) koji se odnosi na proktora, proktorski
proctorize ['prɔktəraiz] *vt* vršiti dužnost proktora, nadzirati, paziti na red, disciplinu, pozvati pred proktora, kazniti
procumbent [prəu'kʌmbənt] *adj* povaljen, okrenut licem ničice; *bot* koji se vuče, puže po zemlji
procurable [prə'kjuərəbl] *adj* koji se može dobiti, nabaviti, dobaviti
procuration [ˌprɔkjuə'reiʃn] *s* 1. *jur* upravljanje, (opunomoćeno) vođenje posla (za drugoga); punomoćje (za vođenje poslova), opunomoćenje 2. dobavljanje, nabavljanje 3. posredništvo, posredovanje; nagrada za posredovanje, mešetarska pristojba 4. podvođenje, svođenje
procurator ['prɔkjuəreitə] *s Rom hist* prokurator; *jur* upravitelj, prokurator
procuratorial [ˌprɔkjuərə'tɔ:riəl] *adj* koji se odnosi na opunomoćenika, prokuratora, prokuratorski
procure [prə'kjuə] *vt/i* **I.** *vt* 1. dobiti, pribaviti, nabaviti, priskrbiti 2. postići, ishoditi, isposlovati, steći 3. podvesti **II.** *vi* baviti se podvođenjem, svođenjem
procurement [prə'kjuəmənt] *s* 1. dobavljanje, dobivanje, nabavljanje, priskrbljivanje; dobivanje, stjecanje, tečenje 2. postizanje, polučivanje 3. posredovanje, podvođenje, svođenje
procurer [prə'kjuərə] *s* dobavljač, nabavljač; podvodnik, svodnik
procuress [prə'kjuəris] *s* svodnica, podvodnica, podvodačica
prod [prɔd] *s* ubod, udarac, udar; oštar, šiljat predmet, šilo, i dr.
prod [prɔd] *vt* bosti, bockati; *fig* podbosti, potaknuti, podstreći, podbadati
prodigal ['prɔdigl] *adj* (~**ly** *adv*) izdašan, darežljiv, velikodušan; obilan, bujan; raskošan, rastrošan, rasipan | **the** ~ **son** izgubljeni sin
prodigal [prɔdigl] *s* rasipnik, rastrošnik
prodigality [ˌprɔdi'gæliti] *s* obilje, raskoš, rasipnost, rastrošnost
prodigalize ['prɔdigəlaiz] *vt* rasipati, ne štedjeti, obilno davati, dijeliti šakom i kapom
prodigious [prə'didʒəs] *adj* (~**ly** *adv*) izvanredan, začudan, čudesan; silan, golem, ogroman

prodigy [ˈprɔdidʒi] *s* čudo (izvanredna stvar, osoba i dr.) | **an infant ~** čudo od djeteta; **the prodigies of the human race** tekovine ljudskoga roda

prodigy-infant [ˈprɔdidʒiˌinfənt] *s* čudo od djeteta

produce [ˈprɔdjuːs] *s* proizvod, prinos, doprinos, prihod, zemaljske plodine; uspjeh **~-sharing farmer** napoličar

produce [prəˈdjuːs] *vt/i* **I.** *vt* 1. iznijeti, podnijeti, pokazati, predočiti, izvaditi; navesti 2. davati, proizvoditi, uzgajati (voće i dr.), rađati, nositi, donositi (za zemlju, stoku i dr.) 3. dovesti do, imati za posljedicu, uzrokovati, izazvati 4. proizvoditi, praviti, stvarati, tvoriti, učiniti 5. *math* produljiti (crtu) 6. *theat* režirati (komad) inscenirati; *film* biti producent **II.** *vi* davati, donositi, rađati, biti unosan | **to ~ on the line** proizvoditi na tekućoj vrpci

produce-broker [ˈprɔdjuːsˌbrəukə] *s* posrednik pri kupoprodaji poljoprivrednih proizvoda, plodina

produce-exchange [ˈprɔdjuːsiksˌtʃeindʒ] *s* žitna burza (tržište poljoprivrednim plodinama)

producer [prəˈdjuːsə] *s* proizvođač, producent; *theat GB* režiser; peć za generatorski plin | **~ gas** generatorski plin; **~'s goods** sirovine i strojevi

producible [prəˈdjuːsəbl] *adj* koji se može pokazati, iznijeti, dovesti; koji se može izvesti; koji se može proizvesti, proizvediv

product [ˈprɔdəkt] *s* proizvod, produkt; *fig* plod; *math* umnožak, produkt

production [prəˈdʌkʃən] *s* proizvodnja, proizvođenje, produkcija

productional [prəˈdʌkʃənl] *adj* koji se odnosi na proizvođenje, proizvodnju, produkciju, produkcioni, koji proizvodi, proizvodni

productive [prəˈdʌktiv] *adj* (**~ly** *adv*) proizvodan, plodan, produktivan | **be ~ of** donositi, stvarati

productivity [ˌprɔdʌkˈtiviti] *s* proizvodnost, produktivnost, plodnost

proem [ˈprəuem] *s* kratak predgovor ili uvod

profanation [ˌprɔfəˈneiʃn] *s* oskvrnjenje, blaćenje, profanacija

profane [prəˈfein] *adj* (**~ly** *adv*) 1. profan, svjetovan, neupućen; poganski 2. običan, vulgaran | **~ language** psovka

profane [prəˈfein] *vt* ne poštovati, uniziti, upotrebljavati u podle svrhe (ono što se mora poštovati), profanirati

profanity [prəˈfæniti] *s* ono što je profano, što nije sveto; profanost, svetogrđe, bogohuljenje, blasfemija

profess [prəˈfes] *vt/i* **I.** *vt* 1. ispovijedati (kakvo uvjerenje, vjeru i dr.), javno izjaviti 2. priznati 3. prividno tvrditi, izjavljivati, graditi se, hiniti 4. vršiti, obavljati, izvršavati (kakav posao *i* dr.) 5. poučavati, predavati **II.** *vi* 1. ispovijedati, javno se izjasniti, očitovati se 2. položiti zavjet, zarediti se 3. *coll* predavati (na sveučilištu)

professed [prəˈfest] *adj* (**~ly** [prəˈfesidli] *adv*) 1. otvoren, priznat, javan, očit 2. koji je položio zavjet 3. koji se lažno izdaje za što, tobožnji

profession [prəˈfeʃn] *s* 1. stalno zanimanje, zvanje, služba, profesija 2. ispovijedanje (& *eccl*), priznavanje, očitovanje, izjava; neistinito uvjeravanje 3. stalež 4. zavjet, zaređenje, polaganje zavjeta | *sl* **the ~** glumci, glumački stalež; **the learned ~s** bogoslovija, pravo i medicina

professional [prəˈfeʃənl] *adj* (**~ly** *adv*) koji se odnosi na zvanje, stalno zanimanje, profesiju; stručan, profesionalan, po zanimanju | **the ~ man** umni radnik; čovjek koji dobro poznaje svoje zvanje

professional [prəˈfeʃənl] *s* stručnjak, profesionalac, čovjek koji se bavi svojim zvanjem kao profesijom, sredstvom za život; profesionalan sportaš, igrač i dr.

professionalism [prəˈfeʃnəlizəm] *s* profesionalizam

professionalize [prəˈfeʃnəlaiz] *vt* profesionalizirati

professionless [prəˈfeʃənlis] *adj* koji nema stalna zanimanja, bez profesije

professor [prəˈfesə] *s* 1. čovjek koji otvoreno iznosi svoje uvjerenje 2. (sveučilišni) profesor 3. *US* profesor (u smislu »on je profesor za preferans«) | **Assistant Professor** docent; **Associate Professor** izvanredni profesor; **Full Professor** redovni profesor

professorate [prəˈfesərit] *s* profesura, čast, zvanje profesora

professorial [ˌprɔfəˈsɔːriəl] *adj* (**~ly** *adv*) koji se odnosi na profesora, profesorski | **~ chair** katedra

professoriate [ˌprɔfəˈsɔːriət] *s univ* sveučilišni profesori (kolektivno); profesura

professorship [prəˈfesəʃip] *s* profesura, profesorski položaj na sveučilištu

proffer [ˈprɔfə] *vt* nuditi, ponuditi

proffer [ˈprɔfə] *s* ponuda

proficiency [prəˈfiʃənsi] *s* vještina, umijeće, stručnost; poznavanje, znanje (čega)

proficient [prəˈfiʃənt] *adj* (**~ly** *adv*) spretan, vješt, stručan, vrstan (*at, in* u čemu)

proficient [prəˈfiʃənt] *s* vještak, poznavalac, majstor, stručnjak

profile [ˈprəufail] *s* 1. profil, obris 2. crtež lica, predmeta i dr. iz profila 3. kratka biografija

profile [ˈprəufail] *vt* crtati u profilu, sa strane, u presjeku

profit [ˈprɔfit] *s* 1. korist, dobitak, prednost 2. zarada, dobit, profit | **to make a ~ on** zaraditi na čemu (komu); **gross ~** bruto-zarada; **net ~** neto-zarada

profit ['prɔfit] *vt/i* **I.** *vt* koristiti, donijeti korist, pomoći **II.** *vi* okoristiti se (*by* čime), dobivati, napredovati
profitability [ˌprɔfitə'biliti] *s* rentabilnost
profitable ['prɔfitəbl] *adj* (**profitably** *adv*) koristan, probitačan; unosan, koji donosi dobit, prihod
profiteer [ˌprɔfi'tiə] *s* onaj koji iz svega želi izbiti korist, onaj koji se želi obogatiti na lak, nepošten način, profiter; šiber
profiteer [ˌprɔfi'tiə] *vi* nepošteno, pretjerano zarađivati
profitless ['prɔfitlis] *adj* (~**ly** *adv*) nekoristan, neunosan
profit-sharing ['prɔfitˌʃɛəriŋ] *s* dijeljenje dobitka, profita između poslodavca i radnika
profit-taking ['prɔfitˌteikiŋ] *s* | *sl exch* ~ **sales** prodaje radi ostvarenja dobitka; dobitak, ostvarenje dobitka
profligacy ['prɔfligəsi] *s* raspuštenost, razuzdanost, raskalašenost, opačina, zloća, nevaljalstvo, pokvarenost
profligate ['prɔfligət] *adj* (~**ly** *adv*) raspušten, razuzdan, raskalašen; rastrošan, rasipan
profligate ['prɔfligət] *s* pokvarenjak, razvratnik; rasipnik, razmetnik
profound [prə'faund] *adj* (~**ly** *adv*) vrlo dubok; *fig* dubokouman, učen, temeljit
profound [prə'faund] *s* dubina (mora i dr.), bezdan, ponor, beskrajnost
profundity [prə'fʌnditi] *s poet* & *lit* velika dubokoumnost, dubina, ponor; temeljitost, visok stupanj
profoundly [prə'faundli] *adv* duboko, jako, iskreno, neobično, intenzivno
profuse [prə'fju:s] *adj* (~**ly** *adv*) obilan, bogat, izobilan, preobilan; rasipan, darežljiv; pretjeran
profusion [prə'fju:ʒn] *s* obilje, bogatstvo, raskoš, pretek, preobilje; rasipnost, velika darežljivost
prog[1] [prɔg] *s sl* hrana (za izlet, put i dr.); *GB sl* progresivac
prog[2] [prɔg] *s univ sl* proktor na sveučilištu
prog [prɔg] *vt sl* vršiti dužnost proktora
progenitive [prəu'dʒenitiv] *adj* koji može stvarati potomstvo, koji se odnosi na stvaranje potomstva
progenitor [prəu'dʒenitə] *s* predak, praotac, osnivač (porodice, političke stranke i dr.)
progenitorial [ˌprəudʒeni'tɔriəl] *adj* koji se odnosi na praoca, pretka, osnivača porodice i dr.
progenitress [prəu'dʒenitris] *s* ženski predak, osnivač porodice
progeniture [prəu'dʒenitʃə] *s* stvaranje, rađanje potomstva; rod, porijeklo
progeny ['prɔdʒəni] *s* 1. potomak, dijete; leglo, kot, mlado 2. potomstvo, potomci; rod, pleme
proglottid [prəu'glɔtid] *s zool* proglatida, članak, segment (trakavice)
prognathic [prɔg'næθik] *adj* → **prognathous**
prognathism ['prɔgnətizm] *s* stršenje, stršenje naprijed
prognathous [prɔg'neiθəs] *adj* koji strši, koji je izbočen, isturen naprijed (za donju čeljust)
prognosis [prɔg'nəusis] *s* (*pl* **prognoses** [prɔg'nəusi:z]) predviđanje, proricanje (zasnovano na stanovitim podacima), prognoza
prognostic [prɔg'nɔstik] *s* znak, simptom, predznak, znamen, indikacija
prognostic [prɔg'nɔstik] *adj* koji unaprijed nagovješćuje, ukazuje, indicira, prognostičan, koji se odnosi na prognozu
prognosticate [prɔg'nɔstikeit] *vt* unaprijed nagovješćivati, pretkazivati, proricati, prognosticirati
prognostication [prəgˌnɔsti'keiʃn] *s* nagovješćivanje, proricanje, pretkazivanje, prognosticiranje; znak, znamenje, predznak, preteča
prognosticator [prəg'nɔstikeitə] *s* onaj koji unaprijed nagovješćuje, predviđa, proriče; vrač, pogađač, proricatelj
program(me) ['prəugræm] *s* 1. plan, nacrt, osnova djelatnosti, rada, program 2. (štampan, tiskan) red, raspored, program (koncerta, priredbe i dr.) 3. uvod, predgovor
program(me) ['prəugræm] *vt* staviti u program; sastaviti pitanja i odgovore za programiranu nastavu; programirati raspored, nacrt, osnovu (rada), program | **programmed learning (instruction)** *US* programirana nastava
progress ['prəugres] *s* napredovanje, napredak, progres | **to make** ~ napredovati; **preparations are in** ~ vrše se pripreme; ~ **payments** akontacija
progress [prə'gres] *vi* napredovati
progression [prə'greʃn] *s* napredovanje, kretanje; niz; *math* progresija
progressional [prə'greʃənl] *adj poet* koji napreduje, koji ide, prodire naprijed, napredan
progressionist [prə'greʃnist] *s* progresist, naprednjak
progressist [prə'gresist] *s pol* pristaša progresa, progresist
progressive [prə'gresiv] *adj* (~**ly** *adv*) koji napreduje, napredan, naprednjački, progresivan
progressive [prə'gresiv] *s* naprednjak, slobodouman čovjek, progresist
prohibit [prə'hibit] *vt* zabraniti, zapriječiti, spriječiti
prohibited [prə'hibitid] *adj* zabranjen, nedopušten, nedozvoljen

prohibition [ˌprəuiˈbiʃn] *s* zabranjivanje, zabrana, obustava (osobito proizvodnje i prodavanja alkoholnih pića), prohibicija
prohibitionism [ˌprəuiˈbiʃnizm] *s* sustav zaštitne carine
prohibitionist [ˌprəuiˈbiʃnist] *s* pristaša zaštitne carine; zagovornik, pristaša zabrane potrošnje i proizvodnje alkoholnih pića
prohibitive [prəˈhibitiv] *adj* (**~ly** *adv*) koji zabranjuje, brani, sprečava, obustavlja
prohibitor [prəˈhibitə] *s* onaj koji zabranjuje, koji brani, sprečava, obustavlja
prohibitory [prəˈhibitəri] *adj* koji zabranjuje, brani, sprečava, obustavlja
project [ˈprɔdʒekt] *s* nacrt, projekt; plan, osnova, zamisao | **to form idle ~s** graditi kule u zraku
project [prəˈdʒekt] *vt/i* **I.** *vt* 1. baciti, izbaciti 2. baciti, projicirati (svjetlo, sliku i dr.) 3. *fig* nacrtati, stvoriti, snovati, smisliti (plan, osnovu) 4. projektirati, nacrtati osnovu, plan **II.** *vi* isticati se, stršiti naprijed, van ili preko čega | **to ~ oneself** prenijeti se (u mislima)
projectile [prəˈdʒektail] *adj* koji gura, tjera, baca naprijed; koji se može baciti, izbaciti, projicirati
projectile [prəˈdʒektail] *s* tane, zrno, projektil
projection [prəˈdʒekʃən] *s* 1. bacanje; hitac 2. projekcija; projiciranje, bacanje svjetla, slika i dr. 3. plan, nacrt, osnova 4. izbočina, ispupčenost, ispupčenje
projective [prəˈdʒektiv] *adj* (**~ly** *adv*) projektivan, projekcijski | **~ geometry** projektivna geometrija
projector [prəˈdʒektə] *s* onaj koji smišlja osnove, planove; *mech* projektor; projekcijski aparat
prolapse [ˈprəulæps] *s med* ispad, ispadanje, prolaps
prolapse [ˈprəulæps] *vi med* ispasti
prolate [ˈprəuleit] *adj* (**~ly** *adv*) *math* izdužen na polovima
prolative [ˈprəulətiv] *adj gram* koji dopunjava, proširuje predikat
proleg [ˈprəuleg] *s zool* lažna noga (npr. gusjenice)
prolegomenon [ˌprəuleˈgɔminən] *s* (*pl* **prolegomena** [ˌprəuləˈgɔminə]) uvod, predgovor
proletarian [ˌprəuliˈtɛəriən] *adj* proleterski, radnički
proletarian [ˌprəuliˈtɛəriən] *s* radnik, proleter
proletariat(e) [ˌprəuliˈtɛəriət] *s* proletarijat
proletary [ˈprəulitəri] *s* proletarij (pripadnik najsiromašnije klase u starom Rimu)
proliferate [prəuˈlifəreit] *vi/t* **I.** *vi* razmnožavati se, množiti se putem proliferacije **II.** *vt* razmnožavati putem proliferacije, brzo i obilato stvarati
proliferous [prəuˈlifərəs] *adj* koji se množi, razmnožava putem proliferacije, vriježom
prolific [prəˈlifik] *adj* (**~ally** *adv*) plodan, rodan, obilan, bogat, produktivan, koji obiluje, koji je pun (*lit* & *fig*)
prolix [ˈprəuliks] *adj* (**~ly** *adv*) dugačak, razvučen, opširan, dosadan
prolixity [prəuˈliksiti] *s* razvučenost, opširnost
prolocutor [prəuˈlɔkjutə] *s* predsjedatelj, predsjednik (u sinodu Anglikanske crkve)
prologue [ˈprəulɔg] *s* 1. predgovor, uvod 2. prolog, predigra (uvodni dio koji govori o sadržaju komada i dr.)
prologue [ˈprəulɔg] *vt* predgovorom, prologom uvesti, otvoriti, započeti
prolong [prəˈlɔŋ] *vt* produžiti, produljiti, otegnuti, odgoditi, prolongirati (& *com*)
prolongation [ˌprəulɔŋˈgeiʃn] *s* produljivanje, produženje, odgoda, prolongacija
prom [prɔm] *s GB coll* promenadni koncert; *US coll* ples u koledžu
promenade [ˌprɔməˈnaːd] *s* 1. šetanje, šetnja 2. šetalište, promenada
promenade [ˌprɔməˈnaːd] *vi/t* **I.** *vi* šetati se **II.** *vt* ići, šetati, obilaziti ulicama, po šetalištu i dr., povesti na šetnju
promenader [ˌprɔməˈnaːdə] *s* šetalac
prominence [ˈprɔminəns] *s* 1. isticanje, odličnost, nadmoćnost, prominentnost; značenje, važnost 2. ispupčenje, izbočina, vrh, istaknuto mjesto; *sl* istaknuta, važna, prominentna ličnost | **to bring into ~** istaknuti; **to come into ~** istaknuti se; **to force into ~** gurnuti koga naprijed
prominent [ˈprɔminənt] *adj* (**~ly** *adv*) istaknut, prominentan
promiscuity [ˌprɔmisˈkjuːəti] *s* promiskuitet
promiscuous [prəˈmiskjuəs] *adj* (**~ly** *adv*) pomiješan, smiješan, zbrkan; koji se odnosi na promiskuitet
promise [ˈprɔmis] *s* obećanje; *fig* nada, očekivanje | **a youth of great ~** mladić koji budi velike nade
promise [ˈprɔmis] *vt/i* **I.** *vt* obećati **II.** *vi* obećati, obećavati | **I was ~d a post** obećano mi je namještenje; **the weather ~s fine** čini se da će biti lijepo vrijeme; **the boy ~s well** dječak mnogo obećava
promisee [ˌprɔmiˈsiː] *s jur* onaj komu se daje obećanje
promising [ˈprɔmisiŋ] *adj* (**~ly** *adv*) koji obećava, koji budi nade, od kojeg se mnogo očekuje
promisor [ˈprɔmisə] *s* onaj koji što obećava, obriče; *jur* onaj koji daje obećanje
promissory [ˈprɔmisəri] *adj* koji sadrži obećanje | *com* & *jur* **~ note** promesa, zadužnica, vlastita mjenica
promontory [ˈprɔməntri] *s* rt (brdo koje strši u more); *anat* prirodno ispupčenje na nekom dijelu tijela

promote [prəˈməut] *vt* 1. unaprijediti, promaknuti 2. reklamirati, popularizirati, unaprijediti prođu, poticati 3. promaknuti u viši razred (đaka) 4. *jur* podupirati; donijeti zakon i dr.; *com* osnovati, utemeljiti društvo

promoter [prəˈməutə] *s* onaj koji unapređuje, potpomaže, zaštitnik; začetnik; *com* utemeljitelj, osnivač

promotion [prəˈməuʃn] *s* unapređenje, promaknuće, imenovanje (u veći čin); unapređivanje, podupiranje, potpomaganje; *com* osnivanje, utemeljenje; *US* propaganda, reklama

promotional [prəˈməuʃənl] *adj* koji unapređuje, potpomaže, koji podupire; koji pravi propagandu, reklamu

promotive [prəˈməutiv] *adj* koji podupire, pomaže, potiče | **to be ~ of** podupirati, pomagati, poticati, unapređivati

prompt [prɔmpt] *adj* (**~ly** *adv*) 1. brz, hitar, koji ne oklijeva, ne odlaže, nagao, gotov, pripravan 2. bez odlaganja, bez oklijevanja 3. *com* koji se plaća, šalje odmah, smjesta; točan | **~ cash** plaćanje u gotovu; **~ side** strana pozornice glumcu zdesna; *com* **~ date** dan isplate duga

prompt [prɔmpt] *adv* smjesta, odmah, bez odlaganja, bez oklijevanja

prompt[1] [prɔmpt] *s com* rok plaćanja, platežni rok, termin

prompt [prɔmpt] *vt* potaknuti, ponukati; navoditi, pobuđivati, ulijevati; *theat* šaptati, suflirati

prompt[2] [prɔmpt] *s theat* šaptanje (teksta); riječi koje se šapću glumcu

prompter [ˈprɔmptə] *s theat* šaptalac

prompting [ˈprɔmptiŋ] *s* poticanje, navođenje; *theat* šaptanje

promptitude [ˈprɔmptitjuːd] *s* brzina, naglost; pripravnost, gotovost; točnost (u plaćanju)

promptness [ˈprɔmptnis] *s* brzina, naglost; pripravnost, gotovost

promulgate [ˈprɔməlgeit] *vt* objaviti, oglasiti; širiti, promulgirati

promulgation [ˌprɔməlˈgeiʃn] *s* proglašenje, razglašivanje, raznošenje (glasa, vijesti), promulgiranje

promulgator [ˈprɔməlgeitə] *s* proglašivač, objavitelj, širitelj (glasa, vijesti)

prone [prəun] *adj* (**~ly** *adv*) 1. ničice, potrbuške; puzav, naprijed nagnut 2. sklon, koji inklinira (čemu *to*)

proneness [ˈprəunnis] *s* ležanje ničice, potrbuške; nagnutost, strmina; *fig* sklonost, naklonost, povodljivost

prong [prɔŋ] *s* 1. vile (za sijeno i dr.) 2. šiljak, zubac (na viljušci) 3. parožak (na rogu jelena)

prong [prɔŋ] *vt* dizati, grabiti vilama, nabadati viljuškom

pronghorn [ˈprɔːŋhɔːn] *s zool* rašljoroga antilopa (*Antilocapra americana*)

pronominal [prəˈnominl] *adj* (**~ly** *adv*) *gram* zamjenički, pronominalan

pronoun [ˈprəunaun] *s gram* zamjenica

pronounce [prəˈnauns] *vt/i* **I.** *vt* proglasiti; izjaviti, izraziti; izgovarati **II.** *vi* izraziti svoje mišljenje; izgovarati | **to ~ a curse upon a p** prokleti koga

pronounceable [prəˈnaunsəbl] *adj* koji se može izgovoriti, izgovoriv

pronounced [prəˈnaunst] *adj* (**~ly** *adv*) izrazit, određen; *fig* jasan, jasno izražen, istaknut, očit, izričit; otvoren

pronouncement [prəˈnaunsmənt] *s* izricanje, proglašenje, proglas, izjavljivanje

pronouncing [prəˈnaunsiŋ] *adj* koji se odnosi na izgovor, izgovaranje, koji je za izgovor

pronunciation [prəˌnʌnsiˈeiʃn] *s* izgovor, izgovaranje

proof [pruːf] *s* 1. dokaz, potkrepa, potvrda; dokazivanje, kušanje, iskušavanje 2. proba, pokus; *Scot jur* istraga 3. mjesto za ispitivanje, isprobavanje vatrenog oružja, eksploziva; *arch* jakost, tvrdoća, čvrstoća, neprobojnost; stupanj jakosti alkoholnih pića; *print* korektura, arak, otisak za korekturu, špalta; *chem* epruveta, kušalica

proof [pruːf] *adj* tvrd, čvrst, neprobojan, otporan; *fig* postojan, stalan, siguran; neosjetljiv; prokušan, potvrđen, dokazan | **water~** nepromočiv; **weather~** nepromočiv, otporan na vremenske promjene; **fire~** siguran protiv vatre

proof [pruːf] *vt* učiniti što neprobojnim, načiniti tkaninu nepromočivom, impregnirati

proofread [ˈpruːfriːd] *vt* korigirati (špalte)

proof-reader [ˈpruːfˌriːdə] *s* korektor

proof-reading [ˈpruːfˌriːdiŋ] *s* korigiranje špalti

proof-sheet [ˈpruːfʃiːt] *s* probni otisak, otisak za korekturu, špalta

prop [prɔp] *s* potporanj, podupirač; *fig* oslonac, potpora, uporište

prop [prɔp] *vt/i* **I.** *vt* poduprijeti, držati, podržavati (*lit & fig*); nasloniti (*against* na) **II.** *vi* propeti se, dići se u propanj (o konju)

propaedeutic [ˌprəupiːˈdjuːtik] *adj* koji pripravlja, priprema, sprema (za što), uvodi (u što), pripravni, koji se odnosi na propedeutiku, propedeutičan

propaedeutics [ˌprəupiːˈdjuːtiks] *s pl* uvođenje, pripravljanje, pripravno obučavanje za znanstveni rad, propedeutika

propaganda [ˌprɔpəˈgændə] *s* propaganda | *eccl* **Congregation (College) of the Propaganda** odbor kardinala koji vodi misionarski rad u inozemstvu

propagandism [ˌprɔpəˈgændizm] *s* sistem širenja, propagiranja ideja, principa i dr.

propagandist [ˌprɔpəˈgændist] *s* onaj koji se bavi propagiranjem, propagandom, agitator

propagandistic [ˌprɔpəgænˈdistik] *adj* (**~ally** *adv*) propagandistički

propagandize [ˌprɔpəˈgændaiz] *vt* vršiti propagandu, propagirati

propagate [ˈprɔpəgeit] *vt/i* **I.** *vt* 1. rasplođivati, razmnožavati 2. širiti, raznositi, rasprostirati, propagirati; prenositi **II.** *vi* razmnožavati se

propagation [ˌprɔpəˈgeiʃn] *s* 1. rasplođivanje, razmnožavanje 2. širenje, propagiranje; prenošenje

propagator [ˈprɔpəgeitə] *s* širitelj, promicatelj, onaj koji se bavi propagandom, propagator

propane [ˈprəupein] *s chem* dimetiletan, propan

propel [prəˈpel] *vt* goniti, tjerati, gurati naprijed (*lit* & *fig*)

propellent [prəˈpelənt] *adj* koji tjera, goni, gura naprijed

propellent [prəˈpelənt] *s* pokretna sila, ono što tjera, goni, gura naprijed (*lit* & *fig*); eksploziv koji tjera tane iz vatrenog oružja

propeller [prəˈpelə] *s* onaj koji tjera, goni, gura naprijed; propeler, vijak

propensity [prəˈpensiti] *s* naklonost, sklonost, nagnuće

proper [ˈprɔpə] *adj* 1. *arch* vlastit, svoj, rođen; *gram* vlastit, osoban 2. koji se odnosi na, koji je svojstven (komu, čemu), koji je karakterističan za, mjerodavan, nadležan; pravi, točan, prikladan, zgodan; pristojan, koji se pristoji, doličan, čestit, pošten, koji odgovara; sam, stvaran, u užem, pravom smislu; *sl* propisan, prav, dobar; *arch* lijep, osobit, pristao; *her* u prirodnoj boji | **~ name, ~ noun** vlastito ime, vlastita imenica; *math* **~ fraction** pravi razlomak; **if you think it ~** ako to smatrate za shodno; **~ behaviour** pristojno ponašanje; **at the ~ time** u pogodno, pravo vrijeme

proper [ˈprɔpə] *s eccl* služba koja se drži u posebnim prigodama

properly [ˈprɔpəli] *adv* pravo, ispravno, zapravo, točno, pravilno, kako treba; pristojno, prikladno zgodno; dobro; *sl* potpuno, pošteno, sasvim, temeljito | **~ speaking** zapravo, istinu govoreći, strogo uzevši

property [ˈprɔpəti] *s* svojstvo, osobina; *jur* vlasništvo, svojina; posjed, dobro, imanje, imetak | *theat* **properties** *pl* rekviziti (osim kostima); **personal ~** pokretnine; **real ~** zemlja, kuće, nekretnine; **a man of ~** bogataš, vlasnik, imućan čovjek

property-man [ˈprɔpətiˌmæn] *s theat* rekviziter

prophase [ˈprəufeiz] *s biol* profaza

prophecy [ˈprɔfisi] *s* proricanje, pretkazivanje; proročanstvo

prophesier [ˈprɔfisaiə] *s* prorok

prophesy [ˈprɔfisai] *vi/t* **I.** *vi* proricati, prorokovati **II.** *vt* proreći, pretkazivati (što)

prophet [ˈprɔfit] *s* prorok (& *fig*); božji poslanik; zagovornik, predstavnik | **the P~** Muhamed; (među mormonima) Joseph Smith; **the P~s** *bibl* proročke knjige

prophetess [ˈprɔfitis] *s* proročica

prophetic [prəˈfetik] *adj* (**~ally** *adv*) proročanski, proročki

prophylactic [ˌprɔfiˈlæktik] *adj* (**~ally** *adv*) profilaktičan

prophylactic [ˌprɔfiˈlæktik] *s* preventivno sredstvo; *US* prezervativ

prophylaxis [ˌprɔfiˈlæksis] *s* profilaksa

propinquity [prəˈpiŋkwiti] *s* blizina, susjedstvo; srodnost, bliskost

propitiate [prəˈpiʃieit] *vt* umiriti, ublažiti, smiriti; umilostiviti, udobrovoljiti, steći čiju naklonost

propitiation [prəˌpiʃiˈeiʃn] *s* umirivanje, ublaživanje; udobrovoljenost; pomirna žrtva

propitiator [prəˈpiʃieitə] *s* miritelj, onaj koji ublažuje, umiruje

propitiatory [prəˈpiʃiətəri] *adj* (**propitiatorily** *adv*) pomirben, koji miri, ublažuje, udobrovoljuje

propitious [prəˈpiʃəs] *adj* (**~ly** *adv*) naklonjen, sklon, prijazan, milostiv; povoljan, pogodan

proportion [prəˈpɔːʃn] *s* omjer, udio, proporcija, skladnost, sklad, simetrija, razmjer; *math* jednakost omjera, jednakost dvaju odnosa | **~s** *pl* dimenzije; **out of (all) ~ to** nerazmjerno, bez (ikakva) razmjera sa; **in ~** razmjerno, u omjeru

proportion [prəˈpɔːʃn] *vt* 1. postaviti u pravi razmjer, omjer, svesti na pravu mjeru, uskladiti, primjeriti; podesiti, načiniti skladno, simetrično 2. podijeliti, odmjeriti prema

proportionable [prəˈpɔːʃnəbl] *adj* (**proportionably** *adv*) razmjeran

proportional [prəˈpɔːʃənl] *adj* (**~ly** *adv*) razmjeran, u razmjeru; proporcionalan | **~ representation** proporcionalni izborni sistem

proportional [prəˈpɔːʃənl] *s math* proporcionala

proportionality [prəˌpɔːʃəˈnæliti] *s* razmjer, razmjernost, proporcionalnost

proportionate [prəˈpɔːʃnət] *adj* (**~ly** *adv*) razmjeran, u razmjeru sa, prema, proporcionalan, izjednačen, primjeren

proportionate [prəˈpɔːʃneit] *vt* staviti, dovesti što u razmjer s čime, učiniti što razmjernim čemu, podesiti što prema čemu, proporcionirati

proportioned [prəˈpɔːʃənd] *adj* koji ima određen razmjer, omjer, koji je podešen prema, proporcioniran, primjeren

proposal [prə'pəuzl] *s* prijedlog, namjera; ženidbena ponuda
propose [prə'pəuz] *vt/i* **I.** *vt* predložiti, predlagati, iznijeti plan, staviti na diskusiju **II.** *vi* namjeravati, praviti planove, snovati; prositi (djevojku), ponuditi brak | **to ~ marriage** zaprositi; **to ~ a p's health** nazdraviti komu; **to ~ a riddle** zadati zagonetku; **the object you ~ yourself** cilj što ga sebi postavljate; **I ~ to leave tomorrow** kanim sutra otputovati
proposer [prə'pəuzə] *s* predlagač
proposition [ˌprɔpə'ziʃn] *s* prijedlog, namjera; izjava, izreka, tvrdnja, sud, prijedlog, propozicija; *log* rečenica; *math* teorem, problem, poučak; *US sl* zadatak, plan, stvar, posao, pothvat | **he is a tough ~** on je čovjek s kojim je teško raditi, tvrd orah
propositional [ˌprɔpə'ziʃənl] *adj* koji se odnosi na prijedlog, tvrdnju, rečenicu
propound [prə'paund] *vt* predložiti, staviti, iznijeti na razmatranje; *jur* podnijeti (dokument) na ovjeravanje | **to ~ a will** predočiti oporuku na potvrdu
propounder [prə'paundə] *s* onaj koji predlaže, onaj koji ovjerava dokument
proprietary [prə'praiətəri] *adj* vlasnički, posjednički, koji ima pravo vlasništva, koji je u privatnom posjedu, koji je zakonom ili patentom zaštićen | **~ article** žigovni artikl (tj. artikl kojemu je žig zaštićen)
proprietary [prə'praiətəri] *s* vlasništvo; vlasnik, posjednik; vlasnici; patentirana medicina
proprietor [prə'praiətə] *s* vlasnik, posjednik
proprietorial [prəˌpraiə'tɔːriəl] *adj* (**~ly** *adv*) vlasnički, posjednički
proprietorship [prə'praiətəʃip] *s* vlasništvo, pravo posjedovanja, vlasničko pravo
proprietress [prə'praiətris] *s* vlasnica, posjednica, posjedovateljica
proprietrix [prə'praiətriks] *s* vlasnica, posjednica, posjedovateljica
propriety [prə'praiəti] *s* točnost, ispravnost, pravilnost; prikladnost, pristojnost; svojstvo, odlika; *US hist* zemljišni posjed | **the proprieties** *pl* pristojnost, uljuđene forme
props [prɔps] *s pl sl* kazališne potrepštine za pozornicu, rekviziti
propulsion [prə'pʌlʃən] *s* tjeranje, pokretanje, pogon | **jet ~** mlazni pogon
propulsive [prə'pʌlsiv] *adj* koji tjera, goni naprijed (& *fig*)
prop-word ['prɔpwəːd] *s gram* riječ neodređena značenja koja upotrijebljena s pridjevom dobiva imeničko značenje
pro-rate [ˌprəu'reit] *vt/i US* **I.** *vt* proporcionalno, razmjerno podijeliti; procijeniti **II.** *vi* pregovarati o razmjernoj podjeli
prorogation [ˌprəurə'geiʃn] *s parl* odgoda do idućeg zasjedanja
prorogue [prə'rəug] *vt/i* **I.** *vt parl* odgoditi zasjedanje (tako da se svi nedovršeni poslovi moraju započeti iznova pri idućem zasjedanju) **II.** *vi parl* odgoditi se (za zasjedanje)
prosaic [prəu'zeiik] *adj* (**~ally** *adv*) prozaičan, svakidašnji, običan, dosadan, siv, suhoparan
prosaicness [prəu'zeiiknis] *s* prozaičnost, suhoparnost, jednoličnost
prosaist ['prəuzeiist] *s* prozaist, prozaik, prozni pisac; suhoparan, dosadan, prozaičan pisac ili čovjek
proscenium [prəu'siːnjəm] *s* (*pl* **~s; proscenia** [prəu'siːnjə]) *hist* pozornica u Grka i Rimljana; *theat* proscenij, prednji dio pozornice
proscribe [prəs'kraib] *vt* proskribirati; izopćiti, staviti izvan zakona; prognati; zabraniti
proscription [prəs'kripʃən] *s* zabrana; izopćenje, proskribiranje, progonstvo
proscriptive [prəs'kriptiv] *adj* (**~ly** *adv*) koji javno žigoše, izopćuje, progoni; nasilnički
prose [prəuz] *s* proza; *fig* svakidašnjica, stvarnost, jednolikost; dosadna pripovijest
prose [prəuz] *vi/t* **I.** *vi* dosadno pripovijedati, govoriti **II.** *vt* pisati u prozi, pisati prozaičnim stilom
prosector [prəu'sektə] *s* onaj koji radi u prosekturi, pomoćnik profesora anatomije, prosektor
prosecute ['prɔsikjuːt] *vt* 1. nastaviti, ići za čim, tjerati dalje 2. progoniti; tužiti, tužbom tražiti | **trespassers will be ~d** prijestupnici će biti sudbeno progonjeni
prosecuting attorney ['prɔsikjuːtiŋə'təːni] *s US* javni tužilac
prosecution [ˌprɔsi'kjuːʃn] *s* 1. vršenje, provođenje, obavljanje; nastojanje, traženje 2. *jur* sudbeno postupanje, sudbeni progon; tužba; tužitelj
prosecutor ['prɔsikjuːtə] *s* progonitelj; tužilac | **public ~** javni tužilac
prosecutrix ['prɔsiˌkjuːtriks] *s* tužiteljica
proselyte ['prɔsilait] *s* obraćenik (na neku vjeru ili nauku), nov, gorljiv pristaša, prebjeg, prozelit
proselyte ['prɔsilait] *vt* pokušati obratiti; pridobiti, nagovoriti
proselytism ['prɔsilitizm] *s* obraćanje, stjecanje novih pristaša
proselytize ['prɔsilitaiz] *vt* obraćati, snubiti, kupiti pristaše za neku ideju i dr.
proser ['prəuzə] *s* prozaist; dosadan pisac ili govornik
prosify ['prəuzifai] *vt/i* **I.** *vt* učiniti što prozaičnim, dosadnim, pretvoriti u prozu **II.** *vi* pisati u prozi

prosiness ['prəuzinis] *s* prozaičnost, dosadnost, jednoličnost

prosodic [prə'sɔdik] *adj* (**~ally** *adv*) prozodičan, prozodijski

prosodist ['prɔsədist] *s* onaj koji je vješt prozodiji, onaj koji je upućen u prozodiju

prosody ['prɔsədi] *s* prozodija

prospect ['prɔspekt] *s* 1. vidik, pregled (& *fig*), predjel, kraj, krajina 2. izgled, očekivanje; budućnost, sreća; *min* mjesto gdje ima izgleda da će se naći ruda i dr.; *US* (vjerojatni) kupac, pretplatnik i dr. | **in ~** u izgledu, u očekivanju

prospect [prəs'pekt] *vi/t* **I.** *vi* obećavati prihod, stavljati u izgled **II.** *vt* nadgledati, pregledati; ispitivati, istraživati | **to ~ for gold** tražiti zlato

prospective [prəs'pektiv] *adj* (**~ly** *adv*) koji se očekuje, kojemu se nada, budući, predvidiv | **~ buyer** interesent, reflektant

prospector [prəs'pektə] *s* prospektor

prospectus [prəs'pektəs] *s* prospekt

prosper ['prɔspə] *vi/t* **I.** *vi* napredovati, uspijevati, razvijati se, prosperirati **II.** *vt* usrećiti, učiniti da što napreduje, uspije, da krene naprijed; omogućivati, pogodovati

prosperity [prɔs'periti] *s* napredak, prosperitet, blagostanje

prosperous ['prɔspərəs] *adj* (**~ly** *adv*) sretan, uspješan, koji napreduje, bogat; naklonjen, povoljan

prostate ['prɔsteit] *s* | *anat* **~ gland** prostata

prostatism ['prɔstətizm] *s med* proširenje prostate

prostatitis [ˌprɔstə'taitis] *s med* upala prostate

prosthesis ['prɔsθisis] *s gram* davanje sloga, prefiksa riječi; *med* nadomještanje izgubljenih dijelova tijela (npr. umjetni zub i dr.); proteza

prosthetic [prɔs'θetik] *adj* protetičan, protetski; *chem* prostetički

prosthetics [prɔs'θetiks] *s* protetika

prostitute ['prɔstitjuːt] *s* bludnica, prostitutka

prostitute ['prɔstitjuːt] *vt* prostituirati | **to ~ oneself** prostituirati se, prodavati sebe, svoja načela za novac

prostitution [ˌprɔsti'tjuːʃn] *s* bludništvo, prostitucija; *fig* prostituiranje

prostrate ['prɔstreit] *adj* 1. koji leži ispružen, oboren, povaljen; *fig* u prahu, na koljenima 2. bespomoćan, pobijeđen 3. iscrpljen, izmoren; *bot* koji puže, raste po zemlji | **to lay ~** oboriti, pobijediti, svladati; **~ with grief** ubijen tugom, žalošću

prostrate [prɔs'treit] *vt* 1. oboriti, srušiti, povaliti, položiti, uništiti, razoriti, porušiti 2. *refl* pasti na koljena; *fig* poniziti se

prostration [prɔs'treiʃn] *s* 1. padanje, obaranje, klečanje 2. klonulost, malaksalost, iscrpljenost, potištenost, slabost; *fig* poniženje

prosy ['prəuzi] *adj* (**prosily** *adv*) dosadan, svakidašnji, jednoličan, prozaičan; nezanimljiv; siv

protagonist [prəu'tægənist] *s* glavni junak, protagonist

protasis ['prɔtəsis] *s gram* protaza, zavisna rečenica koja stoji pred glavnom

protean [prəu'tiːən] *adj* protejski, koji poput Proteja poprima razne oblike, mnogoličan, promjenljiv, raznovrstan

protect [prə'tekt] *vt* štititi, braniti, čuvati, zaštititi, sačuvati (*from, against* od); *com* isplatiti, prihvatiti (mjenicu); štititi, zaštititi (domaće proizvode) zaštitnom carinom

protection [prə'tekʃən] *s* 1. zaštićivanje, štićenje, čuvanje, očuvanje 2. zaštita, pokroviteljstvo, obrana, okrilje 3. zaštitna carina, zaštitno pismo, putni list; *com* isplata, prihvat mjenice

protectionism [prə'tekʃənizm] *s* zaštićivanje domaćih proizvoda stavljanjem visokih carina na uvezenu robu

protectionist [prə'tekʃənist] *s* pristalica zaštićivanja domaćih proizvoda stavljanjem visokih carina na uvezenu robu

protective [prə'tektiv] *adj* (**~ly** *adv*) koji zaštićuje, brani, zaštitni | **~ custody** pritvor

protector [prə'tektə] *s* 1. zaštitnik, čuvar, pokrovitelj 2. protektor, namjesnik, regent 3. predmet koji štiti, čuva | **chest-~** štitnik (za prsa); **Lord ~** naslov Olivera Cromwella

protectoral [prə'tektərəl] *adj* namjesnički, protektorski, koji se odnosi na čast, položaj namjesnika

protectorate [prə'tektərit] *s* protektorat

protectorship [prə'tektəʃip] *s* protektorstvo, protektorat

protectress [prə'tektris] *s* zaštitnica, pokroviteljica

protégé(e) ['prəuteʒei] *s Fr* štićenik (štićenica), ljubimac (ljubimica), onaj koji (ona koja) je pod čijom zaštitom, pokroviteljstvom

protein ['prəutiːn] *s chem* bjelančevina, protein

protest ['prəutest] *s* 1. energičan prigovor, prósvjed, ustajanje protiv čega, negodovanje, prigovor, protestiranje, protest 2. pismen, služben zahtjev, molba (da se što ne uradi); svečana izjava; *jur* izjava javnog bilježnika da je zahtjev za plaćanje odbijen; *com* sudbeno (službeno) utvrđenje da mjenica nije u roku plaćena | **to make a ~** prosvjedovati, ne odobravati, protiviti se, protestirati; **under ~** nerado, s negodovanjem; *mar* **captain's**

(**master's, ship's**) ~ dokaznica pomorske nezgode; ~ **noting** pomorski protest, dokaznica pomorske nezgode
protest [prə'test] *vt/i* **I.** *vt* 1. svečano izjaviti, čvrsto uvjeravati; prosvjedovati, ne odobravati, protestirati; *com* službeno utvrditi da mjenica nije plaćena **II.** *vi* dići se protiv čega, svečano izjaviti, protestirati | **I ~ that I am innocent** (svečano) tvrdim da sam nevin
protestant [prə'testənt] *s* onaj koji prosvjeduje, negoduje, onaj koji protestira
protestant [prə'testənt] *adj* koji prosvjeduje, negoduje, protestira
Protestant ['prɔtistənt] *s* protestant, pristaša protestantizma, član Protestantske crkve
Protestant ['prɔtistənt] *adj* protestantski, koji se odnosi na protestantizam, Protestantsku crkvu
Protestantism ['prɔtistəntizm] *s* protestantizam, protestantska vjera
protestantize ['prɔtistəntaiz] *vt/i* **I.** *vt* obratiti na protestantsku vjeru **II.** *vi* ispovijedati protestantsku vjeru
protestation [ˌprəutes'teiʃn] *s* 1. svečano izjavljivanje, uvjeravanje; izjava, obećanje 2. ustajanje protiv čega, prigovor, protivljenje, negodovanje, prosvjedovanje, protest
protester [prə'testə] *s* uvjeravatelj, protivnik; *com* onaj koji protestuje mjenicu
protesting [prə'testiŋ] *adj* (~**ly** *adv*) koji negoduje, koji se protivi, koji ne odobrava, koji prosvjeduje
prothalamium [ˌprəuθə'leimiəm] *s* svatovska pjesma
prothesis ['prɔθisis] *s* *gram* proteza
protocol ['prəutəkɔl] *s* protokol | **to record in a ~** protokolirati, zavesti u protokol
protocol ['prəutəkɔl] *vi/t* **I.** *vi* sastaviti zapisnik, protokol **II.** *vt* uvesti u zapisnik
proton ['prəutɔn] *s* *phys* proton
protonema [ˌprəutə'ni:mə] *s* (*pl* ~**ta** [~tə]) *bot* prokličnica, protonema
protoplasm ['prəutəplæzm] *s* *biol* protoplazma
protoplasmic [ˌprəutə'plæzmik] *adj* koji se odnosi na protoplazmu, poput protoplazme, od protoplazme, protoplazmatski
protoplast ['prəutəplæst] *s* *biol* protoplast, ćelijica, pralik
prototype ['prəutətaip] *s* prauzor, original, uzor, prototip
protozoan [ˌprəutə'zəuən] *s* (*pl* **protozoa** [ˌprəutə'zəuə]) praživotinja, protozoa
protract [prə'trækt] *vt* 1. produživati, razvlačiti 2. crtati u mjerilu; *zool* pružati
protracted [prə'træktid] *adj* (~**ly** *adv*) razvučen, otegnut, odulji
protractile [prə'træktail] *adj* *zool* pruživ
protraction [prə'trækʃən] *s* 1. otezanje, razvlačenje, odugovlačenje, odgađanje 2. crtanje plana, pravljenje nacrta
protractor [prə'træktə] *s* kutomjer, transporter
protrude [prə'tru:d] *vt/i* **I.** *vt* isturiti, ispružiti, pružiti, gurnuti, potisnuti, porinuti **II.** *vi* izlaziti, izbijati, pomaljati se; viriti, stršiti, izvirivati; isticati se, iskakati; *fig* nametati se
protrusile [prə'tru:sail] *adj* koji se može pružiti, ispružiti, gurnuti naprijed
protrusion [prə'tru:ʒn] *s* ispružanje, pružanje, turanje naprijed; pomaljanje; isticanje, stršenje; ono što viri, što se ističe; izbočina
protrusive [prə'tru:siv] *adj* (~**ly** *adv*) koji se gura, tura, pruža naprijed, koji se ističe, strši; koji se može ispružiti, pružiti, gurnuti naprijed; *fig* nametljiv
protuberance [prə'tju:bərəns] *s* izbočina, ispupčenje, oteklina, izraslina, grba, kvrga; izbočivanje, oticanje
protuberant [prə'tju:bərənt] *adj* (~**ly** *adv*) izbočen, ispupčen, otečen; *fig* koji se ističe
proud [praud] *adj* (~**ly** *adv*) ponosan, plemenit, dostojanstven; ohol, drzak, tašt, uobražen; ponosan, koji se ponosi, diči (*of* kim, čim); slavan, kojim se može ponositi; krasan, divan; *poet* vatren, smion (o životinjama); *biol* bujan | **to be ~ of** ponositi se kim, čim; *sl* **you do me ~** činite mi veliku čast, počast; **~ flesh** mlado, divlje meso koje izraste oko rane; **the ~ father** sretni otac; **a ~ horse** plahovit, vatren konj
proud [praud] *adv* ponosito, oholo, s ponosom; *coll* vrlo mnogo, jako
provable ['pru:vəbl] *adj* (**provably** *adv*) koji se može dokazati
prove [pru:v] *vt/i* **I.** *vt* kušati, iskušati, probati; iskusiti, pretrpjeti, proći kroza što, preživjeti 2. dokazati, pokazati, potvrditi 3. ispitati, načiniti pokus; *jur* dokazati valjanost, ispravnost (oporuke i dr.); *refl* pokazati se (kao), iskazati se **II.** *vi* pokazati se, izaći, potvrditi se, obistiniti se | **the court ~d us false** sud nam nije dao pravo, sud je pokazao da nismo u pravu; **to ~ otherwise** ispasti, izaći drukčije; **the new play ~d a success** novi je kazališni komad imao uspjeha
provenance ['prɔvinəns] *s* porijeklo, izvor, provenijencija
provender ['prɔvində] *s* suha stočna hrana, krma; *coll* hrana, jelo
provender ['prɔvində] *vt/i* **I.** *vt* hraniti **II.** *vi* hraniti se
provenience [prɔ'vi:niəns] *s* → **provenance**
proventriculus [prəuven'trikjuləs] *s* (*pl* **proventriculi** [prəuven'trikjulai]) *zool* žljezdani želudac, žvačni želudac
proverb ['prɔvəb] *s* poslovica, mudra izreka | **he is avaricious to a ~** njegova je škrtost već poslovična; **he is a ~ for meanness** on je već poslovičan po škrtosti

proverbial [prə'vəːbjəl] *adj* (**~ly** *adv*) poslovičan
provide [prə'vaid] *vi/t* **I.** *vi* pobrinuti se, osigurati se, skrbiti se (*for* za), opskrbiti se; dopuštati, omogućiti, osigurati (*that* da), osigurati se (*against* protiv) **II.** *vt* 1. pribaviti, dobaviti, priskrbiti (*with* što), snabdjeti, opskrbiti (*with* čim); *fig* naći, imati gotovo 2. predviđati (ugovorom i sl.), odrediti | **to ~ for the needs** zadovoljiti prirodne potrebe; **to be ~d for** biti opskrbljen, biti zbrinut
provide against [prə'vaidə'geinst] *vi* čuvati se, biti na oprezu, priječiti; osigurati se
provided [prə'vaidid] *adj* opskrbljen, snabdjeven; pribavljen, pripravljen; spreman, osiguran, ugovoren
provided [prə'vaidid] *conj* (**~ that**) pod uvjetom da, ako
providence ['prɔvidəns] *s* skrb, staranje, briga; opreznost; štednja, štedljivost; predviđanje, smišljenost, providnost, promisao; bog, sudbina, udes, više sile
provident ['prɔvidənt] *adj* (**~ly** *adv*) oprezan, dalekovidan, promišljen, štedljiv, kućevan, brižljiv | **~ bank** štedionica; **~ society** dobrotvorno društvo, potporno društvo
providential [ˌprɔvi'denʃl] *adj* (**~ly** *adv*) poslan od providnosti, od boga; milosrdan, sklon; sretan
providentially [ˌprɔvi'denʃəli] *adv* voljom providnosti ili sudbine, srećom, na svu sreću
provider [prə'vaidə] *s* dobavljač, pribavljač, onaj koji se brine, koji opskrbljuje
providing [prə'vaidiŋ] *conj* | **~ that** → **provided that**
province ['prɔvins] *s* pokrajina, područje; *Rom hist* provincija; područje (zvanje, struka, služba); *eccl* nadbiskupija | **~s** *pl* unutrašnjost, provincija (u opreci prema glavnom gradu); **that is not within my ~** to ne spada u moju nadležnost, ne ide u moju struku
provincial [prə'vinʃl] *adj* (**~ly** *adv*) 1. pokrajinski, provincijski, provincijalan
provincial [prə'vinʃl] *s* provincijalac
provincialism [prə'vinʃəlizm] *s* provincijalizam, provincijalnost
provincialist [prə'vinʃəlist] *s* → **provincial**
provinciality [prəˌvinʃi'æliti] *s* → **provincialism**
provincialize [prə'vinʃəlaiz] *vt* dati pokrajinsko, provincijsko obilježje
proving ground ['pruːviŋgraund] *s* poligon za ispitivanje
provision [prə'viʒn] *s* 1. pribavljanje, dobavljanje, nabavljanje, opskrbljivanje, opskrba, pripremanje; priprema, priprava, spremanje 2. zaliha 3. propis, odredba, klauzula, član (u zakonu, dokumentu i dr.) | **~s** *pl* zalihe, provijant; *com* **~ of funds** osiguranje, pokriće; **to make ~ for a journey** opskrbiti se svim potrebnim za put
provision [prə'viʒn] *vt* snabdjeti, opskrbiti hranom i dr.
provisional [prə'viʒənl] *adj* (**~ly** *adv*) privremen, provizoran
proviso [prə'vaizəu] *s Lat* uvjet, uslov; pogodba (u dokumentu i dr.), klauzula | **under the ~** pod uvjetom
provisor [prə'vaizə] *s hist eccl* provizor, generalni vikar; privremeni posjednik neke prebende
provisory [prə'vaizəri] *adj* (**provisorily** *adv*) privremen, provizoran; uvjetan, uslovan
provocation [ˌprɔvə'keiʃn] *s* izazivanje, izazov, provokacija | **with little ~** neznatnim povodom
provocative [prə'vɔkətiv] *adj* izazovan, izazivački, koji draži, razdražuje, potiče, uzrokuje, provokativan
provocative [prə'vɔkətiv] *s* ono što draži, ono što izaziva, potiče radoznalost, poticaj
provocatively [prə'vɔkətivli] *adv* izazovno, izazivački, provokativno
provoke [prə'vəuk] *vt* izazivati, uzbuditi, dražiti, razdraživati, raspaliti, probuditi; potaći, uzrokovati, prouzročiti, potaknuti, provocirati; rasrditi, razljutiti
provoking [prə'vəukiŋ] *adj* (**~ly** *adv*) koji razdražuje, srdi, ljuti, nesnosan, izazovan
provost ['prɔvəst] *s* predstojnik, nadstojnik; rektor (u kojem koledžu, *spec* u Oxfordu i Cambridgeu); *Scot* načelnik, gradonačelnik; *arch* tamničar, profoz; *mil* načelnik vojne policije; *coll* vojni policajac
provost court [prə'vəukɔːt] *s* vojno-policijski sud
provost guard [prə'vəugaːd] *s* straža vojne policije
provost marshal [prəˌvəu'maːʃl] *s* načelnik vojne policije
prow [prau] *s mar* pramac, prova, nos (aviona i sl.); *poet* brod
prow [prau] *adj arch* smion, hrabar, odvažan, srčan, neustrašiv
prowess ['prauis] *s* junaštvo, smjelost, hrabrost, odvažnost, srčanost, neustrašivost; neobična sposobnost, vještina i sl., natprosječna sposobnost
prowl [praul] *vi/t* **I.** *vi* šunjati se, vrebati **II.** *vt* vrebati
prowl [praul] *s* šunjanje, vrebanje | **on the ~** u potrazi (za plijenom i dr.); **to take a ~** tumarati, tražiti, skitati se
prowl car ['praulkaː] *s US* (policijska) patrolna kola
prowler ['praulə] *s* skitnica, tumaralo, vagabund, protuha
proximal ['prɔksiml] *adj* (**~ly** *adv*) *anat* proksimalan
proximate ['prɔksimit] *adj* (**~ly** *adv*) bliži, najbliži, neposredan, direktan

proximity [prɔk'simiti] *s* blizina, susjedstvo; srodstvo | ~ **of blood** krvno srodstvo

proxy ['prɔksi] *s* zamjena, zastupanje, rukovanje, upravljanje (mjesto drugoga); službeni, opunomoćeni zastupnik, zamjenik; punomoćnik; punomoćje, ovlaštenje | **by** ~ u zastupanju, per procura; **to stand** ~ **for** službeno koga zastupati

prude [pruːd] *s* prividno kreposna, namješteno stidljiva žena

prudence ['pruːdəns] *s* razboritost, mudrost, opreznost, smotrenost; znanje

prudent ['pruːdənt] *adj* (~**ly** *adv*) razborit, mudar, pametan; oprezan, smotren; štedljiv

prudential [pru'denʃəl] *adj* (~**ly** *adv*) koji se osniva na razboritosti, opreznosti, smotren, oprezan

prudentials [pru'denʃəlz] *s pl* načela, pravila razboritosti

prudery ['pruːdəri] *s* prividna čednost, tobožnja stidljivost

prudish ['pruːdiʃ] *adj* (~**ly** *adv*) prividno, lažno čedan, stidljiv; licemjeran; razmažen, izvještačen

prune [pruːn] *s* suha šljiva; tamnoljubičasta boja | ~**s and prisms** kićen način govora

prune[1] [pruːn] *vt* podrezati, odrezati, kresati (granje); rezati (lozu); *fig* čistiti, očistiti

prune[2] [pruːn] *vt* → **preen** *arch*

prunella[1] [pru'nelə] *s* vrsta crne vunene tkanine (koja se nekad upotrebljavala za ogrtače sudaca, a kasnije i za gornje dijelove ženskih cipela)

prunella[2] [pru'nelə] *s med* vrsta groznice i bolesti grla; *bot* lisičji rep, crni pelin

pruning-knife ['pruːniŋnaif] *s* voćarski nož, nož za obrezivanje

pruning-shears ['pruːniŋʃiəz] *s pl* vrtlarske škare

prurience ['pruəriəns] *s* razbludnost, izazovnost, požuda

prurient ['pruəriənt] *adj* (~**ly** *adv*) razbludan, požudan, izazovan

Prussian ['prʌʃən] *adj* pruski

Prussian ['prʌʃən] *s* Prus

prussic ['prʌsik] *adj* | *chem* ~ **acid** cijanovodična kiselina

pry [prai] *vi* radoznalo viriti, gledati, motriti, vrebati, uhoditi, istraživati

pry into ['prai'intu] *vi* zabadati nos, ispipavati

pry [prai] *s US* poluga, ozib

pry [prai] *vt US* polugom, ozibom dignuti, otvoriti, provaliti, obiti

prying ['praiiŋ] *adj* (~**ly** *adv*) koji svuda zaviruje, koji svuda zabada nos, radoznao

psalm [saːm] *s* psalam, crkvena pjesma

psalm book ['saːmbuk] *s* zbirka crkvenih pjesama (koje se pjevaju za vrijeme službe božje) psaltir

psalmist ['saːmist] *s* sastavljač psalama, psalmopjevac

psalmodic [sæl'mɔdik] *adj* koji se odnosi na pjevanje psalma, psalmski

psalmodist ['sælmədist] *s* → **psalmist**

psalmody ['sælmədi] *s* pjevanje psalama, psalme kolektivno

psalter ['sɔːltə] *s* zbirka psalama, psaltir

psaltery ['sɔːltəri] *s* muzički instrument sa žicama sličan harfi

pseudo-classic [ˌsjuːdə'klæsik] *adj* pseudoklasičan

pseudonym ['sjuːdənim] *s* pseudonim

pseudonymous [sjuː'dɔniməs] *adj* pseudoniman

pshaw [pʃɔː] *interj* fuj!, uzvik kojim se izražava negodovanje, nestrpljenje, prezir i dr.

pshaw [pʃɔː] *s* prezir, negodovanje (koje se tako izražava)

pshaw [pʃɔː] *vi/t* **I.** *vi* negodovati **II.** *vt* izraziti prezir, negodovanje

psittacosis [ˌpsitə'kəusis] *s* papagajska bolest

psyche ['saiki] *s myth* božica Psiha; duša, duševni život, psiha; *zool* vrsta leptira, moljca

psychedelic [ˌsaiki'delik] *adj* | ~ **drugs** droge koje izazivaju transhalucinacije i vizualne halucinacije; ~ **art** (**music**) umjetnički stil tipičan za hipije

psychedelic [ˌsaiki'delik] *s* halucinogena droga; narkoman koji uzima takvu drogu

psychiatric [ˌsaiki'ætrik] *adj* koji se odnosi na psihijatriju, psihijatrijski

psychiatrics [ˌsaiki'ætriks] *s pl* nauka o duševnim bolestima, psihijatrija

psychiatrist [sai'kaiətrist] *s* psihijatar, liječnik stručnjak u psihijatriji

psychiatry [sai'kaiətri] *s* psihijatrija, dio medicine koji se bavi duševnim bolestima

psychic ['saikik] *adj* (~**ally** *adv*) duhovni, duševni, koji se odnosi na dušu, na duševni život, psihički

psychic ['saikik] *s* medij | ~**s** *pl* psihologija

psychical ['saikikl] *adj* (~**ly** *adv*) 1. psihički, koji se odnosi na dušu, duševni život, duhovni 2. koji se odnosi na spiritizam, telepatiju; spiritistički

psychoanalyse [ˌsaikəu'ænəlaiz] *vt* psihoanalizirati

psychoanalysis [ˌsaikəuə'næləsis] *s* psihoanaliza

psychoanalist [ˌsaikəu'ænəlist] *s* psihoanalitičar

psychodelic [ˌsaikə'delik] *adj s* → **psychedelic**

psychodrama [ˌsaikəu'draːmə] *s* psihodrama

psychogenesis [ˌsaikəu'dʒenəsis] *s* psihogeneza

psycholinguistics [ˌsaikəuliŋ'gwistiks] *s* psiholingvistika

psychological [ˌsaikə'lɔdʒikl] *adj* (**~ly** *adv*) psihološki

psychologist [sai'kɔlədʒist] *s* psiholog

psychologize [sai'kɔlədʒaiz] *vt/i* psihologizirati, baviti se psihologijom, proučavati psihologiju

psychology [sai'kɔlədʒi] *s* psihologija

psychometrics [ˌsaikəu'metriks] *s* psihometrija

psychomotor [ˌsaikəu'məutə] *adj* psihomotoran

psychoneurosis [ˌsaikəunjuə'rəusis] *s* psihoneuroza

psychopath ['saikəpæθ] *s* psihopat

psychosis [sai'kəusis] *s* psihoza, duševna bolest, nenormalnost, ludilo

psychotherapeutics ['saikəuˌθerə'pju:tiks] *s* psihoterapija, liječenje bolesti hipnozom

psychotherapy [ˌsaikəu'θerəpi] *s* → **psychotherapeutics**

ptarmigan ['ta:migən] *s ornith* alpska kokoš, kamenjarka (*Lagopus mutus*)

ptisan [ti'zæn] *s* piće, napitak od ječma; čaj; čaj od kamilice

ptosis ['təusis] *s med* ptoza

ptyalin ['taiəlin] *s chem* ptijalin

pub [pʌb] *s coll* krčma, gostionica, točionica; *sl* hotel

puberty ['pju:bəti] *s* doraslost, dozrelost, spolna zrelost, muževnost, pubertet

pubescence [pju:'besns] *s* dorastanje, dozrelost, spolna zrelost; sitne dlačice, malje na lišću, stabljici i dr.; dlake na nekim dijelovima ljudskog ili životinjskog tijela, kosmatost

pubescent [pju:'besnt] *adj* 1. koji spolno dozrijeva; *bot* & *zool* pokriven, obrastao sitnim maljama, dlakama

pubic hair ['pju:bikhɛə] *s* stidne dlake

public ['pʌblik] *adj* (**~ly** *adv*) 1. narodni, državni, opći; koji se vrši, čini u ime naroda 2. javni, opći 3. otvoren, bjelodan, svima poznat 4. koji služi narodu, koji radi za narod, javni | **~ school** *GB* privatna srednja škola s internatom; *US* javna (osnovna ili srednja) škola; **~ spirit** rodoljublje, patriotizam; **~ man** javni radnik; **~ library** javna knjižnica; **to make ~** javno obznaniti, razglasiti; **~ convenience** javni nužnik; **to be in the ~ eye** nalaziti se, biti u središtu javnog života; **~ bath** javno kupalište; **~ debt** državni dug; **~ defender** *US* imenovani odvjetnik (za siromašne optužene); **~ domain** *US* nepodložnost autorskom pravu, patentu i sl.; **~ enemy** državni neprijatelj; neprijateljska vlada; **~ address system** razglasni uređaj; **~ house** *GB* točionica, gostionica, krčma, pivnica; **~ kitchen** javna kuhinja za nezaposlene; **~ office** javno nadleštvo; **~ opinion** javno mišljenje; **~ service** javna ili državna služba; komunalni poslovi; **~ utilities** komunalne usluge

public ['pʌblik] *s* javnost, skup ljudi, općinstvo; slušatelji, gledaoci, publika; *fam* gostionica, krčma | **in ~** javno; **the British ~** britanski narod; **to appeal to the ~** obratiti se publici, društvu, javnom mišljenju

publican ['pʌblikən] *s* 1. *Rom hist* utjerivač poreza, poreznik 2. *GB* gostioničar, krčmar

publication [ˌpʌbli'keiʃn] *s* 1. objava, proglas 2. izdavanje, objavljivanje publikacija | **monthly ~** mjesečnik

public-house [ˌpʌblik'haus] *s GB* gostionica, krčma, točionica, pivnica

publicist ['pʌblisist] *s* 1. poznavalac međunarodnog prava 2. publicist, novinar koji piše o društveno-političkim pitanjima

publicity [pʌb'lisəti] *s* javnost, rasprostranjenost, publicitet; reklama, reklamiranje | **to give ~ to** raširiti, razglasiti (u javnosti), dati publicitet; **~ agent** agent za reklamu; **~ manager** šef propagande

publicise ['pʌblisaiz] *vt* dati publicitet, reklamirati

publicly ['pʌblikli] *adv* javno, otvoreno, općenito poznato

public-minded [ˌpʌblik'maindid] *adj* (**~ly** *adv*) koji se brine za opće, narodno dobro, rodoljubiv

public-spirited [ˌpʌblik'spiritid] *adj* (**~ly** *adv*) → **public-minded**

publish ['pʌbliʃ] *vt* 1. oglasiti, razglasiti, objaviti, obznaniti, rasprostraniti, raširiti, pronijeti 2. navijestiti (mladence), najaviti 3. izdati (knjigu i dr.), objelodaniti, publicirati

publishable ['pʌbliʃəbl] *adj* koji se može objaviti, tiskati, štampati, publicirati

publisher ['pʌbliʃə] *s* izdavač, nakladnik

publishing ['pʌbliʃiŋ] *s* objavljivanje, izdavanje, publiciranje; izdanje, naklada

publishing-house ['pʌbliʃiŋhaus] *s* nakladna knjižara, izdavačko poduzeće

puce [pju:s] *adj* crvenkastosmeđ, tamnosmeđ

puck[1] [pʌk] *s* vilenjak, đavolčić, noćni duh; Puk, vilenjak iz engleskih narodnih priča; *fig* zločesto, vragolasto dijete

puck[2] [pʌk] *s* stočna bolest (koja se pripisuje kozodoju ili legnju); *ornith* kozodoj ili leganj

puck[3] [pʌk] *s sport* gumeni disk koji se upotrebljava kao lopta kod hokeja, pak

pucka (pukka) ['pʌkə] *adj Anglo-Ind* odličan, prav, prvorazredan, savršen, potpun, valjan, stalan

pucker ['pʌkə] *s* nabor, bora, mrska

pucker ['pʌkə] *vi/t* **I.** *vi* naborati se, nabrati se, složiti se u nabore, smežurati se **II.** *vt* nabrati, skupiti u bore, naborati, sme-

žurati; (usne) naškubiti, naprćiti, skupiti, stegnuti; (čelo) namrštiti
puckery ['pʌkəri] *adj* nabran, naboran, smežuran, pun bora, nabora, namršten; (o ustima) stegnut, skupljen
puddening ['pudəniŋ] *s mar* pajeta, bokobran
pudding ['pudiŋ] *s* 1. kobasica 2. puding, vrsta kuhanog kolača 3. *mar* bokobran, pajeta 4. *sl* otrovano meso koje provalnici daju psima | ~ **more praise than** ~ više riječi (hvale) nego prave pomoći; **the proof of the** ~ **is in the eating** vidjet će se na djelu; ~ **time** kritični moment, krajnje vrijeme, pravi čas; **black** ~ krvavica
pudding face ['pudiŋfeis] *s* okruglo, debelo lice
pudding-head ['pudiŋhed] *s* glupan, bedak
pudding-heart ['pudiŋhaːt] *s* kukavica, strašljivac
puddingy ['pudiŋi] *adj* poput pudinga, kao puding, u obliku pudinga; *fig* trom, dosadan, težak, glomazan
puddle ['pʌdl] *s* 1. lokva, bara, kaljuža; *coll* zbrka 2. smjesa ilovače i pijeska (kojom se lijepi nasip, kanal da ne propušta vodu i dr.)
puddle ['pʌdl] *vi/t* **I.** *vi* gacati, brčkati, valjati se u prljavoj, barskoj vodi **II.** *vt* 1. prljati, mutiti (vodu) 2. smiješati ilovaču, pijesak i vodu, oblijepiti, ispuniti smjesom od ilovače, pijeska i vode 3. pudlovati željezo, proizvoditi čelik od sirovog željeza
puddler ['pʌdlə] *s* radnik na pudlovanju željeza
puddly ['pʌdli] *adj* blatan, kalan, glibovit; pun lokava, bara, kaljuža
pudency ['pjuːdənsi] *s Lat* sramežljivost, stidljivost, skromnost, plahost
pudent ['pjuːdənt] *adj* sramežljiv, stidljiv, skroman, plah
pudge [pʌdʒ] *s coll* zdepast čovjek, zdepasta životinja, stvar
pudgy ['pʌdʒi] *adj coll* dežmekast, zdepast, nezgrapan
pudsy ['pʌdzi] *adj* → **pudgy**
pueblo [pu'ebləu] *s Span* indijansko selo sa zajedničkim kućama od opeke ili kamena u Meksiku i na jugozapadu SAD
puerile ['pjuərail] *adj* (~**ly** *adv*) djetinjski, djetinjast, puerilan; *fig* neozbiljan, nezreo
puerilism ['pjuərəlizm] *s* puerilizam, puerilno ponašanje
puerility [pjuə'riliti] *s* djetinjarija, neozbiljnost, glupost
puerperal [pjuː'əːpərəl] adj babinji, puerperalan | ~ **fever** *med* babinja groznica
puerperium [pjuə'piriəm] *s med* babinje, puerperij
puff [pʌf] *s* 1. dašak, dah, pah (vjetra, pare, dima iz lule i dr.); ćuh, ćušak vjetra; nagao, jak dah, udarac vjetra; izbacivanje dima, pare 2. oteklina, nabreklina, izbočina, nabor 3. pretjerano oglašivanje, hvaljenje, veličanje (neke knjige i dr.) | **powder-**~ kičica za pudranje
puff [pʌf] *vi/t* **I.** *vi* 1. puhati, duhati 2. dahtati, soptati, teško, glasno disati 3. sukljati, kuljati (dim, para), dimiti se, pušiti se **II.** *vt* 1. puhati, duhati, ispuštati, izbacivati dim, paru 2. *coll* zadihati, oteti dah 3. preko mjere hvaliti, uzdizati, veličati, praviti veliku reklamu | **to** ~ **and blow** dahtati, zasopljeno disati; **to** ~ **at** snažno odbijati dimove (kod pušenja); ~**ed up** nadut, napuhnut, naduven, podbuo
puff away ['pʌfə'wei] *vt/i* **I.** *vt* odunuti, otpuhati, rastjerati (dim) **II.** *vi* puštati, izbacivati dim, paru
puff out ['pʌf'aut] *vi/t* **I.** *vi* 1. ugasiti se, utrnuti se 2. oteći, nateći, naduti se 3. izbijati, sukljati (dim, para) **II.** *vt* 1. ugasiti, utrnuti (puhanjem) 2. napuhati, naduti (& *fig*) 3. zadihati, zaduvati
puff over ['pʌf'əuvə] *vt* presuti prahom, puderom, napudrati, naprašiti
puff up ['pʌf'ʌp] *vi/t* **I.** *vi* 1. prsnuti, puknuti; nadimati se, napuhavati se (od ponosa) 2. dahtati, soptati **II.** *vt* 1. praviti reklamu (robi i dr.), pretjerano veličati, hvaliti 2. dizati cijenu (pri dražbi)
puff-ball ['pʌfbɔːl] *s bot* gljiva puhara
puff-box ['pʌfbɔks] *s* puderijera, kutija za puder
puffer ['pʌfə] *s* onaj koji puše, dašće; onaj koji pravi veliku reklamu, onaj koji pretjerano hvali; namješten nuditelj koji umjetno tjera cijenu uvis (pri dražbi)
puffery ['pʌfəri] *s* pretjerano hvaljenje, velika reklama
puffin ['pʌfin] *s ornith* tupik (*Fratercula*)
puffiness ['pʌfinis] *s* nadutost
puffing ['pʌfiŋ] *s* pretjerano hvaljenje, velika, bučna reklama
puff paste ['pʌfpeist] *s* lisnato tijesto
puff-puff ['pʌf'pʌf] *s* lokomotiva, željeznica (dječji izraz)
puffy ['pʌfi] *adj* (**puffily** *adv*) 1. koji puše na mahove, koji dolazi u udarcima (o vjetru) 2. zadihan, zadahtan 3. naduven, natečen, podbuo, nabrekao 4. debeo, gojazan
pug[1] [pʌg] *s* 1. mops (pas) 2. (tobožnje) ime za lisicu 3. mala lokomotiva (za ranžiranje vagona u stanici) 4. tubast nos
pug[2] [pʌg] *s* priređena ilovača od koje se prave cigle
pug[1] [pʌg] *vt* pripremiti ilovaču; nabiti ilovačom (pod)
pug[3] [pʌg] *s* trag, otisak životinje
pug[2] [pʌg] *vt* ići po tragu, ići za tragom životinje, tragati
pug[4] [pʌg] *s sl* (profesionalni) boksač

puggaree ['pʌgəri] *s Anglo-Ind* koprena oko šešira ili kacige (koja služi kao zaštita od sunca)
puggy ['pʌgi] *adj* poput mopsa, kao malen psić, sličan malenu psu
pugh [pju:] *interj* fuj!
pugilism ['pju:dʒilizm] s boksanje, šakanje
pugilist ['pju:dʒilist] *s* boksač; *fig* razbijač
pugilistic [ˌpju:dʒi'listik] *adj* (**~ally** *adv*) koji se odnosi na boks, boksački
pug-mill ['pʌgmil] *s* miješalica za glinu, ilovaču
pugnacious [pʌg'neiʃəs] *adj* (**~ly** *adv*) ratoboran, borben; svadljiv
pugnacity [pʌg'næsiti] *s* ratobornost, borbenost, svadljivost
pug-nose ['pʌgnəuz] *s* tubast nos
pug-nosed ['pʌgnəuzd] *adj* koji ima prćast, tubast nos
puisne ['pju:ni] *adj jur* | **~ judge** mlađi, niži, (po časti, položaju) podređeni sudac
puisne ['pju:ni] *s* niži sudac
puissance ['pju:isns] *s* moć, sila, snaga, jakost
puissant ['pju:isnt] *adj* (**~ly** *adv*) moćan, silan, snažan, jak
puke [pju:k] *s* povraćanje, bljuvanje; bljuvotina, izbljuvak
puke [pju:k] *vi/t* **I.** *vi* povraćati, bljuvati **II.** *vt* povratiti, izbljuvati
pukka ['pʌkə] *adj* → **pucka**
pulchritude ['pʌlkritju:d] *s* ljepota
pulchritudinous [ˌpʌlkri'tju:dinəs] *adj US* lijep
pule [pju:l] *vi* cviljeti, cmizdriti, plakati
puling ['pju:liŋ] *adj* (**~ly** *adv*) koji cvili, plače, stenje, cmizdrav; slabašan
pull [pul] *s* 1. vučenje, potezanje, povlačenje, trzanje 2. veslanje 3. gutljaj, gutanje, dušak; uvlačenje, potezanje (dima) 4. povlačenje, privlačenje; teg, poteg, tegljenje; napor, trud; *fig* utjecaj, prednost, pomoć, korist, sreća; *cricket* zamah, udarac 5. držak, ručka 6. *print* otisak; *US sl* utjecaj, veze | **to have the ~ of (on, over)** imati prednost nad kim; **to give a ~ (at)** povući; **the long ~** višak; **a long ~ uphill** težak uspon na brdo; **it will be a heavy ~ on his purse** to će ga skupo stajati
pull [pul] *vt/i* **I.** *vt* 1. vući, povući, potegnuti, potezati, trzati, trgnuti 2. privući, dovući; nabiti, natući, navući 3. čupati, trgati, razbiti; *fig* oštro kritizirati 4. zguliti, skinuti, očistiti, očerupati (perad), oderati, čijati, grebenati 5. izvaditi, izvlačiti, iščupati (zub, korijen); brati (voće, cvijeće) 6. veslati 7. *print* otisnuti, napraviti otisak; *cricket* udariti loptu tako da odleti pod pravim kutom nalijevo; *sl* zatvoriti, uhapsiti, napraviti raciju u igračnici; *racing* (konja) namjerno zadržati (tako da izgubi utrku) **II.** *vi* 1. vući, tegliti, potezati 2. vući se, izvući se 3. veslati 4. vući (o luli) 5. *US sl* imati veze, utjecati | **to ~ a p's leg** šaliti se, zbijati šalu s kim, zafrkavati koga; **to ~ the long-bow** izmišljati, pretjerivati; *fig* **to ~ the strings (wires)** potezati konce, biti tajni pokretač; **to ~ to pieces** razderati, potrgati; *fig* uništiti; **~ devil, ~ baker!** hrabrenje, poticanje i jedne i druge strane, i jednog i drugog protivnika; **to ~ caps (wigs)** svađati se, prepirati se; **to ~ a face** kreveljiti se, nakreveljiti se; **to ~ a long face** napraviti kiselo lice; **to ~ an oar** veslati; **to ~ one's weight** snažno veslati, iskorišćivati svoju težinu pri veslanju; *fig* zdušno, predano raditi, upotrebljavati sve svoje snage; *fam* **to ~ it** pobjeći, dati petama vjetra
pull about ['pulə'baut] *vt* povlačiti (koga, što) amo-tamo; ružno, grubo postupati (s kim)
pull back ['pul'bæk] *vi/t* **I.** *vi* povući se, ustupiti (natrag), uvući se, uzmaknuti **II.** *vt* povući natrag
pull down ['pul'daun] *vt* 1. srušiti, razrušiti, oboriti, porušiti 2. oslabiti, uništiti (duševno ili fizički); *fig* poniziti
pull in ['pul'in] *vt/i* **I.** *vt* 1. uvući, uvlačiti, zategnuti, pritegnuti (uzde) 2. smanjiti, skratiti, ograničiti (izdatke i dr.) **II.** *vi* 1. ulaziti, uvlačiti se 2. zaustaviti se, stisnuti se (u izdacima)
pull off ['pul'ɔf] *vt/i* **I.** *vt* skinuti, svući; *fig* uspjeti (u čemu), postići što **II.** *vi* udaljivati se, odlaziti, otići | **to ~ one's hat to** skinuti šešir
pull on ['pul'ɔn] *vt/i* **I.** *vt* navući, obući **II.** *vi* vući, ići, veslati (dalje), naprijed
pull out ['pul'aut] *vt/i* **I.** *vt* izvaditi, iščupati, istrgnuti 2. produljiti, otegnuti (priču, razgovor) **II.** *vi* 1. *US* otići (o vlaku), otploviti (o brodu) 2. izvući se, otvoriti se (o ladici) | **to ~ of the fire** spasiti (igru, situaciju i dr.), kad se već čini da je sve izgubljeno
pull over ['pul'əuvə] *vt* navući, obući (preko glave)
pull round ['pul'raund] *vt/i* **I.** *vt* izvući (koga iz bolesti) **II.** *vi* ozdraviti, oporaviti se
pull through ['pul'θru:] *vt/i* **I.** *vt* izvući, pomoći komu da se oporavi, da ozdravi, preboli; pomoći komu da prebrodi nevolju, teškoću **II.** *vi* ozdraviti, preboljeti; izvući se, isplivati (iz teškoće, neprilike)
pull together ['pultə'geðə] *vt/i* **I.** *vt* staviti jedno do drugoga; *refl* trgnuti se, sabrati se **II.** *vi* zajednički, složno raditi, surađivati, slagati se
pull up ['pul'ʌp] *vt/i* **I.** *vt* zaustaviti, zauzdati, prekoriti (& *fig*) **II.** *vi* stati, zaustaviti se | **to ~ to (with)** dostići, sustići, izjednačiti se, izravnati se s kim

pull-back [ˈpulˈbæk] *s* smetnja, kočnica, zapreka; *mil* planirano povlačenje
puller [ˈpulə] *s* onaj koji vuče, poteže; konj koji tegli; veslač
pullet [ˈpulit] *s* mlada kokoš, kokica (do jedne godine)
pulley [ˈpuli] *s* *mech* kolotur | **block and ~, set of ~s** koloturnik
pulley [ˈpuli] *vt* dizati pomoću koloturnika
pullman [ˈpulmən] *adj* | **~ car** pulmanova, spavaća kola (u vlaku)
pullman [ˈpulmən] *s* spavaća kola (u vlaku)
pullorum disease [pəˈlɔːrəmdiˈziːz] *s vet* bijela griža pilića
pullout [ˈpulaut] *s* odlazak, povlačenje, izvlačenje
pullover [ˈpulˌəuvə] *s* pulover, košulja (i drugi odjevni predmet koji se oblači preko glave)
pull-through [ˈpulθruː] *s* uzica kojom se čisti cijev puške
pullulate [ˈpʌljuleit] *vi* pupati, nicati, klijati; brzo se razmnožavati
pullulation [ˌpʌljuˈleiʃn] *s* pupanje, nicanje, klijanje; *fig* širenje, bujanje
pull-up [ˈpulʌp] *s* stanka, prekid; stanica
pully-hauly [ˈpuliˈhɔːli] *adj mar & coll* koji vuče i poteže
pully-hauly [ˈpuliˈhɔːli] *s* tučnjava, natezanje
pulmonary [ˈpʌlmənəri] *adj* (**pulmonarily** *adv*) plućni, koji se odnosi na pluća; *zool* koji ima pluća ili njima slične organe za disanje
pulmonic [pʌlˈmɔnik] *adj* plućni, koji djeluje na pluća
pulp [pʌlp] *s* 1. meso (kod voća, plodova) 2. srž, moždina, mozak kostiju 3. meka, kašasta masa, pulpa | *fig* **to beat (reduce) to a ~** izbiti koga na mrtvo ime
pulp [pʌlp] *vt/i* **I.** *vt* pretvoriti u kašastu masu, pulpu **II.** *vi* pretvoriti se u kašastu masu, pulpu
pulper [ˈpʌlpə] *s* stroj za pravljenje pulpe (u proizvodnji papira)
pulpify [ˈpʌlpifai] *vt* pretvoriti u kašastu masu, pulpu (u proizvodnji papira)
pulpiness [ˈpʌlpinis] *s* mesnatost; mekost, mekoća
pulpit [ˈpulpit] *s* propovjedaonica; propovijedanje; propovjednici, svećenstvo
pulpiteer [ˌpulpiˈtiə] *s* profesionalni propovjednik
pulpous [ˈpʌlpəs] *adj* mek, kašast, gnjecav, sočan
pulpwood [ˈpʌlpwud] *s* celulozno drvo
pulpy [ˈpʌlpi] *adj* (**pulpily** *adv*) → **pulpous**
pulsate [pʌlˈseit] *vt/i* **I.** *vt* tresti, treskati, rešetati (dijamante da se očiste od zemlje) **II.** *vi* kucati, tući, bȉti, udarati (bȉlo, srce), pulsirati (& *fig*)
pulsatile [ˈpʌlsətail] *adj* koji udara, tuče, bije, pulsira; *mus* koji se udara (o instrumentu)
pulsation [pʌlˈseiʃn] *s* kucanje, udaranje (srca, bȉla); otkucaj, udar; pulsiranje
pulsatory [ˈpʌlsətəri] *adj* koji pravilno, ritmički udara, tuče, bije, kuca
pulse[1] [pʌls] *s* bȉlo, puls (& *fig*); impuls, udar | **to feel a p's ~** opipati komu bȉlo; **to stir someone's ~s** uzbuditi čije osjećaje
pulse [pʌls] *vi/t* **I.** *vi* bȉti, udarati, tući, kucati (srce, bȉlo & *fig*); pulsirati **II.** *vt* učiniti da pulsira; tjerati impulsima
pulse[2] [pʌls] *s* mahunjače
pulsimeter [pʌlˈsimitə] *s* aparat za mjerenje otkucaja srca, bȉla
pulverization [ˌpʌlvəraiˈzeiʃn] *s* pretvaranje, raspadanje u prah, prašinu; *fig* uništavanje, raspadanje, propadanje
pulverize [ˈpʌlvəraiz] *vt/i* **I.** *vt* stući, satrti, smrviti, samljeti, pretvoriti u prah, prašinu; *fig* uništiti, smrviti **II.** *vi* raspasti se, pretvoriti se u prah, prašinu
pulverizer [ˈpʌlvəraizə] *s* sprava kojom se zemlja i dr. pretvara u prašinu; štrcaljka; prskalica
puma [ˈpjuːmə] *s zool* puma, vrsta mačke iz Juž. Amerike
pumice [ˈpʌmis] *s* kamen plavac, plavučac
pumice [ˈpʌmis] *vt* trti, glačati, laštiti, grepsti kamenom plavcem
pumice-stone [ˈpʌmisstəun] *s* kamen plavac, plavučac
pumice-stone [ˈpʌmisstəun] *vt* trti, glačati, laštiti, grepsti kamenom plavcem
pummel [ˈpʌml] *vt* (neprestano) udarati, tući, bubati, bubetati šakama
pump[1] [pʌmp] *s* plitka cipela od lakirane kože (za ples, uz smoking i frak)
pump[2] [pʌmp] *s* sisaljka, šmrk, pumpa; *vulg* glupa, nabusita osoba
pump [pʌmp] *vi/t* **I.** *vi* 1. crpsti, pumpati (o šmrku, srcu) 2. dizati se i spuštati **II.** *vt* 1. crpsti šmrkom, vući na šmrk, isisavati šmrkom, sisaljkom; *fig* ulijevati, utuvljivati 2. *fig* ispitivati, ispipavati 3. iscrpsti, izmoriti, zamoriti
  pump out [ˈpʌmpˈaut] *vt* iscrpsti, isprazniti; *fig* izmoriti, iscrpsti
  pump up [ˈpʌmpˈʌp] *vt* napuniti zrakom, nadunuti, napumpati
pumpernickel [ˈpumpənikl] *s Ger* vrsta crnog raženog kruha
pumpkin [ˈpʌmpkin] *s bot* borović (*Cucurbita moschata*); bujača, tikva-bujača (*Cucurbita maxima*); *US* bundeva, buča (*Cucurbita pepo*)
pumpkinseed [ˈpʌmpkinsiːd] *s bot* bučina koštica ili sjemenka; *ichth* zlatna sunčanica (*Lepomis gibbosus*)

pump-room ['pʌmprum] *s* dvorana u kojoj se pije mineralna voda; odio pumpâ u pogonu
pumpship ['pʌmpʃip] *vi vulg* pomokriti se, popišati se
pun [pʌn] *s* igra riječima
pun [pʌn] *vi* igrati se riječima
pun [pʌn] *vt* nabijati, utabati (zemlju); toptati, tapkati, udarati nogama (o zemlju)
punch[1] [pʌntʃ] *s* šilo, probojac, perforator, sprava za pravljenje rupa na koži, metalu, papiru i dr.; sprava za utiskivanje šara na tkanini, metalu i dr.; sprava za zabijanje čavala; žig, štanca, punc
punch[1] [pʌntʃ] *vt* probušiti, perforirati, probiti kožu, metal, voznu kartu i dr.; žigosati, štancati, puncirati; **~ card** bušena kartica
punch[2] [pʌntʃ] *s* oštar, iznenadan udarac šakom, bubotak; *sl* snaga, oštrina, značenje | **~-drunk** *box coll* ošamućen od udarca
punch[2] [pʌntʃ] *vt* bubnuti, udariti šakom; *US* tjerati stoku štapom; zabiti čavao (do kraja) | **to ~ a p's head** udariti, lupiti koga šakom po glavi
punch[3] [pʌntʃ] *s* punč (napitak od čaja, ruma, vina, šećera i limuna)
punch[4] [pʌntʃ] *s* kratak, zdepast tegleći konj; *dial* malen, zdepast čovjek; harlekin, lakrdijaš
Punch [pʌntʃ] *s* lutak (grbavac kukasta nosa) kojem je partner lutka Judy | **pleased as ~** vrlo zadovoljan
punch-bowl ['pʌntʃbəul] *s* zdjela, posuda za punč
puncheon[1] ['pʌntʃən] *s* šilo, probojac, oštar alat za bušenje rupa; punca, pečat; *tech* potpornjak; *min* rovovski podgradni stup (u rovu)
puncheon[2] ['pʌntʃən] *s hist* bačva od 84 galona (= 381.6 l)
puncher ['pʌntʃə] *s* probijač, šilo
punctation [pʌŋk'teiʃn] *s bot & zool* točka, točkast znak, točkasta udubina
punctilio [pʌŋk'tiliəu] *s It* pretjerano poštivanje društvenih pravila (s obzirom na vladanje, poštenje i dr.); osjetljiva točka; ukočenost, formalnost
punctilious [pʌŋk'tiliəs] *adj* (**~ly** *adv*) koji se vlada po pravilima, propisima; odviše točan; vrlo osjetljiv
punctual ['pʌŋktjuəl] *adj* (**~ly** *adv*) točan, koji je na vrijeme, koji ne kasni; *geom* koji se odnosi na točku
punctuality [ˌpʌŋktju'æliti] *s* točnost
punctuate ['pʌŋktjueit] *vt* stavljati znakove interpunkcije u rečenici; naglasiti, obilježiti, istaknuti; *fig* prekidati govor usklicima i dr., govoriti isprekidano pojedine dijelove, punktuirati
punctuation [ˌpʌŋktju'eiʃn] *s* stavljanje znakova interpunkcije u rečenici; umetanje samoglasnika u semitskim jezicima
punctuative ['pʌŋktjueitiv] *adj* koji se odnosi na interpunkciju
punctuator ['pʌŋktjueitə] *s* onaj koji obilježava samoglasnike točkama (u hebrejskom pismu)
puncture ['pʌŋktʃə] *s* rupa, rupica; ubod; *mot* defekt na gumi (rupa na pneumatiku); *med* punkcija
puncture ['pʌŋktʃə] *vt/i* **I.** *vt* probušiti, probosti; učiniti da splasne (čiji ponos i sl.) **II.** *vi* probušiti se (za gumu na kotaču)
pundit ['pʌndit] *s* učen Indijac; učen, obrazovan čovjek
pung [pʌŋ] *s US* zatvorene saonice (poput sanduka)
pungency ['pʌndʒənsi] *s* oštrina, jakost (osjećaja, mirisa i dr.); jetkost, reskost, zajedljivost
pungent ['pʌndʒənt] *adj* (**~ly** *adv*) oštar, jedak, rezak, prodoran (miris i dr.); *fig* zajedljiv, ljut, žestok
Punic ['pjuːnik] *adj* punski, koji se odnosi na Kartagu; *fig* vjeroloman
Punic ['pjuːnik] *s* punski jezik
puniness ['pjuːninis] *s* mizernost, slabašnost, sitnost
punish ['pʌniʃ] *vt* kazniti; *coll* grubo postupati s kim, udesiti koga, udarati, bubetati (koga šakama); *sl* navaliti, naklopiti se na jelo
punishable ['pʌniʃəbl] *adj* (**punishably** *adv*) koji je kažnjiv (po zakonu), koji zaslužuje kaznu
punisher ['pʌniʃə] *s* onaj koji kažnjava
punishing ['pʌniʃiŋ] *adj* koji udara, tuče, koji grubo postupa s kim
punishment ['pʌniʃmənt] *s* kažnjavanje, kazna (& *fig*); grubo postupanje, udaranje, oštećivanje, nanošenje štete ili ozljede
punitive ['pjuːnitiv] *adj* kazneni, koji kažnjava
punitory ['pjuːnitəri] *adj* → **punitive**
punk[1] [pʌŋk] *s arch* bludnica, prostitutka; *US sl* huligan; mizerija (beznačajna osoba)
punk[2] [pʌŋk] *s US* trulo drvo, guba; bezvrijedna stvar; *fig* nesmisao, koještarija
punk [pʌŋk] *adj* truo (za drvo); *US sl* koji se ne osjeća dobro, bolestan; otrcan, pohaban, bijedan, slab, jadan
punner ['pʌnə] *s* onaj koji pravi dosjetke igrom riječi; nabijač, bat za nabijanje zemlje
punnet ['pʌnit] *s* malena, okrugla košarica (od tanko narezanih drvenih traka) za voće itd.
punster ['pʌnstə] *s* onaj koji rado pravi dosjetke igrom riječi, šaljivčina

punt¹ [pʌnt] *s GB* plosnat čamac koji se otiskuje čakljom, pram, splata
punt [pʌnt] *vt/i* **I.** *vt GB* otiskivati čamac čakljom; voziti, prevoziti u čamcu **II.** *vi* otiskivati se čakljom
punt² [pʌnt] *s* udaranje lopte prije nego dodirne zemlju
punt [pʌnt] *vt* udariti loptu prije nego padne na zemlju
punt³ [pʌnt] *s* stavljanje na kartu; oklada (kod konjskih utrka)
punt [pʌnt] *vi* stavljati, »secati« (kod kartanja); kladiti se na konja (kod utrka)
punter ['pʌntə] *s* onaj koji vozi čamac; onaj koji udara loptu (prije nego padne na zemlju); onaj koji stavlja na kartu, onaj koji se kladi (na konjskim utrkama); burzovni špekulant
puny ['pju:ni] *adj* (**punily** *adv*) malen, malešan, sitan, slab, slabačak, jadan
pup [pʌp] *s* štene, mlad pas; psić, psetance; mlada lisica, mladi vuk, vučić; mladi tuljan, mladi kit; *derog* dječak, mladić | **to sell a p** ~ nasamariti, prevariti koga, podvaliti komu (prilikom prodaje)
pup [pʌp] *vt/i* **I.** *vt* okotiti mlade **II.** *vi* okotiti se
pupa ['pju:pə] *s* (*pl* **pupae** ['pju:pi:]) *ent* kukuljica, lutka
pupal ['pju:pl] *adj ent* koji se odnosi na kukuljicu, ličinku
pupate ['pju:peit] *vi* zakukuljiti se
pupil¹ ['pju:pl] *s* učenik, učenica, đak; *jur* malodobnik
pupil² ['pju:pl] *s anat* zjenica, pupila
pupil(l)age ['pju:pilidʒ] *s* đačko doba, đakovanje; *jur* malodobnost; nezrelost, nerazvijenost (zemlje, jezika i dr.); početni stadij
pupil(l)ary¹ ['pju:piləri] *adj* đački, učenički, maloljetan, maloljetnički, pupilaran | **in the ~ state** koji je još pod školskom stegom, disciplinom
pupil(l)ary² ['pju:piləri] *adj anat* zjenički, koji se odnosi na zjenicu
puppet ['pʌpit] *s* lutka, marioneta (i *fig*)
puppet-play ['pʌpitplei] *s* → **puppet-show**
puppetry ['pʌpitri] *s* igra, predstava s lutkama, marionetama
puppet-show ['pʌpitʃəu] *s* lutkarska (marionetska) predstava
puppy ['pʌpi] *s* štene, mlad pas, psić, psetance; uobražen, neotesan mladić, kicoš
puppyish ['pʌpiiʃ] *adj* poput šteneta, mladog psa; kicoški, uobražen
pup-tent ['pʌptent] *s US army sl* malen šator
purblind ['pə:blaind] *adj* slabovidan, kratkovidan, koji dobro ne vidi, koji je zamagljen; *fig* priglup, kratkovidan
purblind ['pə:blaind] *vt* učiniti kratkovidnim, slabovidnim, oslijepiti; *fig* zaslijepiti
purchasable ['pə:tʃəsəbl] *adj* koji se može kupiti, nabaviti; *fig* potkupljiv, podmitljiv
purchase ['pə:tʃəs] *s* 1. kupovina, kupnja, kupovanje; kupljena roba 2. dobitak, utržak, prihod 3. sprava za dizanje (kao kotur, vitao); *fig* uporište, oslonac, prednost, utjecaj, moć; *jur* stjecanje imetka kupnjom (ne nasljeđem) | **to make a ~ of** kupiti, nabaviti (što)
purchase ['pə:tʃəs] *vt* kupiti, nabaviti; *fig* steći, postići; *jur* steći, kupiti (zemlju, imetak); *mar* dignuti sidro (koloturom, vitlom) | **purchasing power** kupovna snaga
purchase-deed ['pə:tʃəsdi:d] *s com* kupoprodajni ugovor
purchase-note ['pə:tʃəsnəut] *s com* zaključnica
purchaser ['pə:tʃəsə] *s* kupac
purchase tax ['pə:tʃəstæks] *s* porez na promet
pure [pjuə] *adj* 1. čist, neuprljan, bez primjese, nepomiješan 2. čist, pošten, nevin, neokaljan 3. nepokvaren, bez mane, neporočan, bez pogreške, pun vrlina, iskren 4. prav, čist, valjan (npr. stil), čistokrvan 5. čist, teorijski (suprotno od primijenjen) 6. sam, potpun; *mus* čist, harmoničan | **~ accident** puki slučaj; **a Simon ~** prava pravcata luda
purebred ['pjuəbred] *adj* čistokrvan, rasan
purebred ['pjuəbred] *s* čistokrvna životinja
purée ['pjuərei] *s cul Fr* pire; krem-juha
purely ['pjuəli] *adv* 1. potpuno, sasvim, posve, samo, čisto 2. pošteno, nevino 3. samo, jedino
pureness ['pjuənis] *s* čistoća; *fig* poštenje, nevinost, neukaljanost
purfle ['pə:fl] *s arch* izvezen, ukrašen rub, rub (odjeće)
purfle ['pə:fl] *vt arch* ukrasiti odjeću rubom, obrubiti, uljepšati vezom; *archit* ukrasiti zgradu vijencem
purfling ['pə:fliŋ] *s* ukras, rub na odjeći (ukrašen vezom)
purgation [pə:'geiʃn] *s* čišćenje, očišćenje od grijeha; *med* čišćenje (crijeva)
purgative ['pə:gətiv] *adj med* purgativan
purgative ['pə:gətiv] *s med* sredstvo za čišćenje crijeva, purgativ
purgatorial [ˌpə:gə'tɔ:riəl] *adj* (**~ly** *adv*) čistilišni
purgatory ['pə:gətəri] *s* čistilište, purgatorij; *fig* pakao
purgatory ['pə:gətəri] *adj* koji čisti od grijeha
purge [pə:dʒ] *s* čišćenje; *med* lijek za čišćenje crijeva; *pol* čistka, odstranjivanje političkih protivnika
purge [pə:dʒ] *vt* čistiti, očistiti, pročistiti, iščistiti, osloboditi (od primjesa); izbistriti

(tekućinu); *med* očistiti crijeva; *jur* oprati od krivnje; *pol* provesti čistku
purification [ˌpjuərifiˈkeiʃn] *s* čišćenje, pročišćivanje (& *fig*) | *eccl* **the ~** Sviječnica
purificatory [ˈpjuərifikeitəri] *adj* koji čisti, pročišćava
purifier [ˈpjuərifaiə] *s* onaj koji čisti, čistilac; sredstvo za čišćenje (mrlja), čistilo; sprava za čišćenje
purify [ˈpjuərifai] *vt* čistiti; očistiti; *fig* oprati, sprati; *tech* rafinirati, prerađivati, bistriti (tekućinu)
purism [ˈpjuərizm] *s* purizam, čistunstvo, težnja za čišćenjem jezika od stranih riječi, izraza
purist [ˈpjuərist] *s* purist, čistunac, onaj koji čisti jezik od stranih riječi, izraza
puristic [ˌpjuəˈristik] *adj* koji teži da očisti jezik od stranih riječi, izraza, puristički
puritan [ˈpjuəritən] *s* puritanac, član engleske Protestantske crkve; čovjek sa strogim moralnim i vjerskim načelima
puritan [ˈpjuəritən] *adj* puritanski, koji se odnosi na puritance
puritanic(al) [ˌpjuəriˈtænik(əl)] *adj* (**~ally** *adv*) puritanski, strogo moralan; licemjeran
puritanism [ˈpjuəritənizm] *s* puritanizam; pretjerana strogost (u pogledu morala)
purity [ˈpjuəriti] *s* čistoća, jasnoća; nevinost, poštenje, čednost
purl[1] [pəːl] *s* srebrna ili zlatna žica za vezenje; izvezen rub, obrub na čipki i dr., naboran šav; pleter (ručnog rada) s lozom ulijevo
purl[1] [pəːl] *vt/i* **I.** *vt* borama, naborima obrubiti **II.** *vi* plesti krivo, naopako, okrenuti pleter (ručnog rada)
purl[2] [pəːl] *s* žuborenje, grgotanje, mrmorenje, šum; rominjanje; talasanje, mreškanje; grgotav potočić
purl [pəːl] *vi* žuboriti, grgotati, mrmoriti, šumiti (potok i dr.), sipiti, rominjati; talasati se, mreškati se
purl[3] [pəːl] *s* toplo pivo začinjeno mirodijama
purl[4] [pəːl] *s coll* pad s konja
purl[2] [pəːl] *vt/i coll* baciti, pasti s konja
purler [ˈpəːlə] *s coll* skok, pad naglavce | **to come (go) a fearful ~** tresnuti, pasti naglavce
purlieu [ˈpəːljuː] *s* okrajak, kraj šume; mjesto kamo tko često zalazi | **~s** *pl* okolica (grada), predgrađe; granice
purlin [ˈpəːlin] *s archit* sljemenjača, podrožnik
purloin [pəːˈlɔin] *vt* krasti, ukrasti, zdipiti
purloiner [pəːˈlɔinə] *s* kradljivac, lopov, tat; *fig* plagijator
purple [ˈpəːpl] *adj* grimizan, purpuran; carski, kraljevski; vrlo dotjeran (stil); *US sl* erotski, prost | *GB* **~ heart** vrsta droge
purple [ˈpəːpl] *s* purpurna, grimizna boja, grimiz, purpur; grimizno odijelo kao simbol visoke časti, vlasti | *med* **~s** *pl* prosaste ospice; *bot* crvena glavica (bolest pšenice)
purple [ˈpəːpl] *vt/i* **I.** *vt* obojiti grimiznom, purpurnom bojom, rumeniti **II.** *vi* postati rumen, purpurno obojen, rumenjeti
Purple Heart [ˈpəːplhaːt] *s US* ratno odlikovanje, medalja (ranjenom vojniku)
purplish [ˈpəːpliʃ] *adj* rumenkast, nalik na grimiz
purply [ˈpəːpli] *adj* → **purplish**
purport [ˈpəːpət] *s* sadržaj, značenje, smisao; svrha, cilj
purport [ˈpəːpət] *vt* sadržavati, značiti, pokazivati, ukazivati na što
purpose [ˈpəːpəs] *s* svrha, cilj; namisao, nakana, odluka, namjera, potreba; ono što se namjerava učiniti ili postići; učinak, uspjeh; sadržaj, smisao | **on ~** namjerno, hotimice, navlaš; **to the ~** zgodno, korisno, u zgodan, pravi čas; **for the ~ of** u svrhu, radi; **to no ~** bez svrhe, bez smisla, uzalud; **to some ~** korisno, s dobrim uspjehom; **a novel with a ~** tendenciozan roman; **for that ~** u tu svrhu; **to serve (answer) the ~** valjati, odgovarati svrsi; **wanting of ~** neodlučan, bezvoljan
purpose [ˈpəːpəs] *vt* namjeravati, kaniti, smjerati, naumiti, odlučiti
purposeful [ˈpəːpəsful] *adj* (**~ly** *adv*) po osnovi, namjeravan; odlučan, odrješit; značajan, važan, pun sadržaja
purposeless [ˈpəːpəslis] *adj* (**~ly** *adv*) bez svrhe, bez smisla, bez koristi, uzaludan, besmislen
purposely [ˈpəːpəsli] *adv* hotimice, namjerno, naumice, navlaš
purposive [ˈpəːpəsiv] *adj* (**~ly** *adv*) koji služi svrsi, koji vodi cilju
purpure [ˈpəːpjuə] *s her* purpurna, grimizna boja
purpuric [pəːˈpjuərik] *adj* | *chem* **~ acid** purpurna kiselina
purr [pəː] *s* pređenje, vrčanje
purr [pəː] *vt/i* presti, vrčati (o mački); *fig* izražavati zadovoljstvo, osjećati se polaskan
purse [pəːs] *s* 1. kesa, novčarka; *fig* novci, novčana sredstva 2. nagrada u novcu 3. *US* ženska torbica | **heavy (long) ~** bogatstvo, imetak, duboka kesa; **light ~** siromaštvo; **the public ~** državna blagajna; **to make up a ~ for** skupljati novac, dobrovoljne priloge (za koga)
purse [pəːs] *vt/i* **I.** *vt* nabrati (obrve), skupiti, naškubiti (usta) **II.** *vi* skupiti se, nabrati se | **to ~ one's brow** namrštiti, nabrati obrve; **to ~ one's lips** stisnuti usta
purseful [ˈpəːsful] *s* svota, količina novca što stane u novčarku

purse-net ['pə:snet] *s* zatvorena mreža
purse-proud ['pə:spraud] *adj* ponosan na svoje bogatstvo
purser ['pə:sə] *s* brodski ekonom, administrator
purse-seine ['pə:ssein] *s* → **purse-net**
purse-silk ['pə:ssilk] *s* kordonetska svila
purse-strings ['pə:sstriŋz] *s pl* vrpce za vezanje novčarke, kese | **to hold the ~** upravljati izdacima, novcima; **to tighten the ~** smanjiti izdatke, stisnuti se u trošenju; *fig* **to loosen the ~** otvoriti kesu, trošiti
pursiness ['pə:sinis] *s* sipljivost, astma; nadutost, uobraženost
purslane ['pə:slin] *s bot* tušt, tušanj (*Portulaca*)
pursuable [pə'sju:əbl] *adj jur* koji se može progoniti
pursuance [pə'sjuəns] *s* provođenje, izvođenje
pursuant [pə'sjuənt] *adj* (**~ly** *adv*) | **~ to** koji slijedi; koji je u skladu sa
pursue [pə'sju:] *vt/i* **I.** *vt* 1. progoniti, goniti (*after* koga), slijediti, pratiti 2. ići, težiti (*after* za čim) 3. nastavljati, voditi, vršiti, obavljati (zvanje) **II.** *vi* progoniti; nastaviti (govor)
pursuer [pə'sju:ə] *s* progonitelj, gonitelj; onaj koji dalje radi, nastavlja neki posao; onaj koji teži za čim; *Scot* tužitelj
pursuit [pə'sju:t] *s* 1. gonjenje, proganjanje, potjera, potraga, lov 2. zanimanje, posao, dužnost; *fig* nastojanje, težnja | **~s** *pl* poslovi; studij; **in ~ of (a p, a th)** u potrazi za kim, čim; *aero* **~ plane** lovački avion
pursuivant ['pə:sivənt] *s hist* niži član heraldičkog ureda; *poet* pratilac, sljedbenik
pursy[1] ['pə:si] *adj* (**pursily** *adv*) astmatičan, sipljiv; naduven, uobražen
pursy[2] ['pə:si] *adj* (**pursily** *adv*) nabran, stegnut; *fig* imućan, naduven, pokondiren
purulency ['pjuərulənsi] *s* zagnojenost, gnojenje
purulent ['pjuərulənt] *adj* (**~ly** *adv*) zagnojen, gnojan, purulentan
purvey [pə'vei] *vt/i* opskrbljivati, snabdijevati (osobito hranom; *for* koga) | **to ~ for the army** nabavljati hranu za vojsku
purveyance [pə'veiəns] *s* opskrbljivanje, snabdijevanje, nabavka; zaliha, namirnice, zaira, hrana; *hist* pravo vladara na otkupljivanje namirnica
purveyor [pə'veiə] *s* nabavljač, snabdjevač, liferant (osobito živežnih namirnica na veliko) | **~ to the Royal Household** kraljevski dvorski dobavljač
purview ['pə:vju:] *s* odredba, točka, član, klauzula (u zakonu i dr.); opseg, domašaj, granica (zakona, odredbe i dr.); djelokrug, vidokrug, vidno polje (& *fig*)
pus [pʌs] *s* gnoj
push [puʃ] *s* 1. guranje, turanje, tiskanje, udar, udarac, ubod (u rebra i dr.); *fig* utjecaj, zagovaranje 2. pokušaj, napor, naprezanje; *mil* (nasilni) prodor, napad 3. teškoća, nevolja, neprilika; *fig* pritisak, odlučan trenutak, hitan slučaj, nužda; *arch* vodoravni pritisak; *coll* odlučnost, energija, poduzetnost, snaga, zamah, polet, marljivost, samosvijest; reklama; *US* rulja, svjetina, mnoštvo; *sl* banda lopova, kradljivaca | *sl* **to get the ~** dobiti nogu, biti otpušten; **to make a ~** učiniti napor, odlučan pokušaj, nastojati; **to bring to the last ~** natjerati (koga, što) u krajnost, tjerati mak na konac; **at a ~** u kritičnom momentu; **to have a ~ together** tući se; **at one ~** u jedan mah, najedanput; **I'll have another ~ for it** pokušat ću još jedanput
push [puʃ] *vt/i* **I.** *vt* 1. gurati, gurnuti, turati, tjerati, odgurnuti, odrinuti, rivati, otisnuti, tiskati; *fig* gurati, pomagati, podupirati koga 2. tjerati, poticati, goniti, nagnati, natjerati, natjerivati; uskoriti, ubrzati, pospješiti, unapređivati; tražiti, zahtijevati, forsirati, nametati, narivavati, naturivati 3. povećati, umnožiti (imetak) **II.** *vi* tiskati se; progurati se, pomicati se, probijati se; stršiti; navaliti, nasrnuti, probiti, prodrijeti; žuriti se, otisnuti se (o brodu); *sl* otputovati, otići, odmagliti, kidnuti; naprezati se, težiti, odlučno ići za svojim ciljem | **I am ~ed for time** nemam vremena, žuri mi se; **to ~ open** otvoriti; **to ~ one's way** probiti se, progurati se, krčiti sebi put (& *fig*); **to ~ a debtor** požurivati dužnika da plati
push around ['puʃə'raund] *vt* gurkati; komandirati kome; omalovažavati
push aside ['puʃə'said] *vt* odgurnuti, odbiti, odbaciti; *fig* ukloniti, skloniti, udaljiti, odmaknuti | **to ~ all obstacles** odstraniti sve zapreke
push by ['puʃ'bai] *vi* gurati se, tiskati se, rivati se
push forward ['puʃ'fɔ:wəd] *vt* provesti, izvesti, požurivati (posao i dr.), unapređivati, turati, gurati naprijed
push in ['puʃ'in] *vi/t* **I.** *vi* primicati se (obali, o brodu), gurati se, pomicati se, baciti se naprijed (o osobi) **II.** *vt* urinuti, utisnuti, gurnuti unutra
push off ['puʃ'ɔf] *vi/t* otisnuti se (o brodu); *sl* početi (o predstavi); *coll* krenuti, pokupiti se, otići, ići, izgubiti se; *com* prodati robu pošto-poto | **~!** miči se, makni se, gubi se!
push on ['puʃ'ɔn] *vi/t* **I.** *vi* žuriti se, požuriti se, ići dalje, pomaknuti se, nastaviti, napredovati **II.** *vt* tjerati naprijed, unapređivati, forsirati | **we must ~ with our work** moramo se požuriti sa svojim poslom

push out ['puʃ'aut] *vt/i* **I.** *vt* pružiti, izbaciti, istjerati, probiti, tjerati (pupove i dr.) **II.** *vi* 1. pružiti se, širiti se, izbijati (mladice, izdanci) 2. otisnuti se na more
push through ['puʃ'θruː] *vi/t* **I.** *vi* probiti se, progurati se; izbiti, promiljeti; prijeći, preplivati **II.** *vt* svršiti, privesti kraju, izvesti, dogotoviti
push up ['puʃ'ʌp] *vt coll* povećati, povisiti | **to ~ daisies** biti u grobu, hraniti crve
push upon ['puʃə'pɔn] *vt* nametnuti, naturiti, narinuti, utrapiti (komu što)
push-bike ['puʃbaik] *s sl* bicikl
push-button ['puʃ,bʌtn] *s* električno dugme kojim se pokreće mehanizam
push-cart ['puʃkaːt] *s* ručna kolica
pusher ['puʃə] *s* laktaš, prodoran čovjek; potiskivač, gurač; *US sl* prodavač droge
pushful ['puʃful] *adj* (**~ly** *adv*) poduzetan, odvažan, radin, energičan, poletan; *fig* koji se gura, riva, prodoran, nametljiv
pushing ['puʃiŋ] *adj* (**~ly** *adv*) poduzetan, odvažan, radin, energičan, poletan; laktaški; prodoran, nametljiv; koji pravi reklamu (obično za se)
push-off ['puʃɔf] *s* početak
pushover ['puʃəuvə] *s US sl* nešto vrlo lako; netko koga je lako nagovoriti, pobijediti, zavesti i sl.; »laka« žena
pushpin ['puʃpin] *s* pribadača s velikom glavicom (za označivanje na mapama i sl.)
push-pull ['puʃ'pul] *adj el* protutaktni
push-up ['puʃʌp] *s* sklek, dizanje tijela na rukama s poda
pushy ['puʃi] *adj* laktaški, prodoran
pusillanimity [,pjuːsilə'nimiti] *s* malodušnost, kukavičluk, plašljivost
pusillanimous [,pjuːsi'læniməs] *adj* (**~ly** *adv*) malodušan, kukavički, plašljiv, strašljiv, neodlučan
puss [pus] *s* mačkica, maca, mače; *dial* zec; *coll* »mačka« (djevojka ili mlada žena); *sl* usta, lice, faca | **~ in the boots** mačak u čizmama; **sly ~** kaćiperka (djevojka)
pussy ['pusi] *s* mačkica, ime od milja za mačku; *bot* maca (na vrbi); *vulg* žensko spolovilo
pussy ['pʌsi] *adj* gnojan, poput gnoja
pussyfoot ['pusifut] *s US sl* pristaša prohibicije, zabrane točenja alkoholnih pića
pussyfoot ['pusifut] *vi US sl* oprezno, tiho se šuljati; potajno, skriveno raditi; ne izjašnjavati se
pustular ['pʌstjulə] *adj* bubuljičav, posut prištevima
pustulate ['pʌstjuleit] *adj* bubuljičav, pun bubuljica, prištića
pustulate ['pʌstjuleit] *vt/i* **I.** *vt* praviti bubuljice, prišteve **II.** *vi* isprištaviti se, izasuti se, osuti se prištićima, bubuljicama
pustulation [,pʌstju'leiʃn] *s* izbijanje prištića, bubuljica
pustule ['pʌstjuːl] *s* bubuljica, prištić
pustulous ['pʌstjuləs] *adj* → **pustular, pustulate** *adj*
put [put] *vt* baciti (*to ~ the stone*); (za)tjerati; (što) staviti, metnuti, položiti, metnuti, postaviti | *theat* **to ~ on the stage** postaviti na scenu, inscenirati; **to ~ to sale** staviti u prodaju; **to ~ to school** poslati u školu; **to ~ to trade** dati u nauk; **to ~ one's girls out to service** dati djevojke u službu; **to ~ oneself in someone's place** staviti se, uživjeti se u čiji položaj; **to ~ into the hands of a p** predati u čije ruke, prepustiti komu; **to ~ oneself in (under) the care of a p** staviti se pod čiju zaštitu; **to ~ a p through it** koga temeljito prorešetati, ispitati, isprobati; **~ the idea out of your head** izbijte to sebi iz glave; **he tried to ~ me in the wrong** pokušao je pokazati kako ja nemam pravo; **I asked him to ~ a price on the painting** zamolio sam ga da kaže cijenu slici; **to ~ it mildly** da se blago izrazim; **to ~ a th to better uses** što korisnije upotrijebiti; **to ~ the money to a good use** korisno, razumno upotrijebiti novac; **I ~ it to you** ja vas pitam; **to ~ a th before a p** iznijeti, izložiti, predložiti što kome; **I ~ the matter clearly to him** ja sam mu stvar jasno izložio; **how would you ~ this in English?** kako biste to rekli engleski?; **he did not let himself be ~ upon** nije dopustio da mu se drugi penju po glavi; **to ~ it across a p** obračunati se s kim, vratiti milo za drago; **to ~ into shape, to ~ in form** dovesti u oblik, oblikovati; **to ~ right** ispraviti, dovesti u red; **to ~ everything wrong** napraviti sve pogrešno; **to ~ a p to a th** izvrgnuti koga (npr. izdacima), prouzrokovati komu (npr. nepriliku); **to ~ to shame** posramiti koga; **to ~ to the blush** natjerati koga da pocrveni (od srama); **to ~ to the test** iskušati, isprobati; **what ~ him on this wild scheme?** što ga je navelo na tu ludu misao?; **to ~ on guard** pobuditi oprez; **I was hard ~ to it** bio sam u stisci; **the enemy were soon ~ to flight** neprijatelj je ubrzo natjeran u bijeg; **to ~ a knife into** zabosti nož; **to ~ a spoke in his wheel** bacati klipove pod noge, podmetati nogu; **to ~ one's foot in it** osramotiti se, nasjesti, blamirati se; **to ~ one's shoulder to the wheel** napregnuti sve snage, čvrsto se latiti čega; **to ~ the hand to the plough** prionuti za posao; *sl* **to ~ the lid on** nadmašiti sve, biti vrhunac (čega); **to ~ the good face on it** vedrim, prijaznim licem pogledati u oči (neugodnoj situaciji); **to ~ an end to it** učiniti čemu kraj, okončati, dokrajčiti što; *sl* **to ~ the wind up one**

preplašiti koga; **to ~ one's nose out of joint** izbaciti koga iz sedla, izgurati; *US sl* **to ~ wise** izvesti koga iz zablude, urazumiti koga; **to ~ one's hands in one's pockets** posegnuti, zagrabiti u kesu; **to ~ one's hands to** pomoći, ukazati, pružiti pomoć; latiti se čega, posvetiti se čemu; **to ~ in black and white** napisati crno na bijelo, dati napismeno; **to ~ in order** dovesti u red, urediti; **to ~ money on** kladiti se na što; **to ~ out of way** skloniti, udaljiti; **to ~ the cart before a horse** početi, raditi što naopako; **to ~ a p in a hole** dovesti koga u neugodan položaj, zatjerati u škripac; **to ~ a p in possession** opskrbiti koga; uvesti u posjed; **to ~ in practice** provesti u djelo, primijeniti; **to ~ to ransom** staviti ucjenu na što, ucijeniti čiju glavu; **to ~ to the sword** ubiti mačem; **to be ~ to it** biti natjeran, prisiljen, doveden u škripac, u težak položaj; **to ~ in mind** napomenuti, podsjetiti; **to stay ~** ostati na mjestu; **to ~ the finger on** uprijeti prstom (u koga, što), identificirati (koga, što)

put about ['putə'baut] *vt/i* **I.** *vt* 1. *mar* promijeniti smjer brodu (*we put the ship about* okrenuli smo brod u drugom smjeru) 2. raširiti, raznijeti, razglasiti (*to ~ a rumour* pronijeti vijest); uznemiriti, uzrujati (*to put oneself about* uzrujati se /*for* zbog/) **II.** *vi* 1. *mar* promijeniti smjer (*the ship ~* brod je promijenio smjer) 2. uzrujati se, uzbuditi se | **to be ~** biti uzrujan

put across ['putə'krɔs] *vt US sl* sretno, uspješno provesti, izvesti; izložiti, obrazložiti | *sl* **to put it across** oštro ukoriti, kritizirati; *sl* **to put something across a p** prevariti, nasamariti koga, podvaliti komu

put aside ['putə'said] *vt* ostaviti, odložiti na stranu; ostaviti, odložiti za kasnije; odbaciti (*to ~ one's old clothes*); uštedjeti (*he has ~ a good deal of money*); *fig* zatomiti

put away ['putə'wei] *vt/i* **I.** *vt* skloniti, odnijeti, staviti na svoje mjesto, pospremiti (*put your books away*); uštedjeti, ostaviti na stranu; staviti na stranu, odložiti (*he put the problem away from him*); okaniti se (*he ~ all ideas of becoming a doctor*); ostaviti se (*he ~ drinking*); napustiti (*he ~ his wife*); iznevjeriti; ukloniti koga (*they put him away in an asylum* smjestili su ga, sklonili su ga u dom); *sl* jesti, piti (*to ~ a pound of steak, a gallon of beer*); potrošiti, spiskati **II.** *vi mar* isploviti (*to ~ from harbour*)

put back ['put'bæk] *vt/i* **I.** *vt* vratiti, metnuti, staviti natrag na svoje mjesto (*~ the book where you found it*); vratiti (u)natrag (& *fig*) (*to ~ the hands of the clock*); *fig* zadržavati, kočiti, odložiti, odgoditi (*to ~ the efforts of reforms*) **II.** *vi* vratiti se | **to ~ to shore** vratiti se na obalu; **we ~ where we started from** vratili smo se odakle smo pošli

put by ['put'bai] *vt* štedjeti, stavljati (novac) na stranu, zaobilaziti, izbjegavati (pitanje i dr.); ostaviti koga po strani, zapostaviti koga

put down ['put'daun] *vt* 1. metnuti, položiti; odložiti, pustiti (*put that gun down at once*); *fig* nastupiti odlučno, energično (*to put one's foot down*) 2. (silom) suzbiti, ugušiti, zaustaviti, spriječiti (*to ~ a rebellion* ugušiti pobunu); ušutkati, utišati (dosadna govornika i dr.); napustiti, ukinuti 3. poniziti (koga), sniziti (komu čin, položaj i dr.), lišiti koga moći i dr. (*to ~ the mighty*) 4. napisati, staviti na papir; upisati se u spisak i dr. (*put me down for £10* napiši da sam priložio £10) 5. smanjiti, sniziti (npr. izdatke) (*to ~ one's expenditure*) 6. smatrati, držati koga (za što) (*I put him down as a fool; how old should you put him down at?* što mislite koliko mu je godina?) 7. pripisati (*to* komu, čemu) (*to put the accident down to the negligence* pripisati nesretni slučaj nemaru; *to ~ to a p's account* staviti komu u račun)

put forth ['put'fɔːθ] *vt/i* **I.** *vt* 1. širiti, prostirati, bacati, tjerati (pupove) (*plants ~ their leaves, sun its rays* biljke šire lišće, sunce zrake) 2. objaviti, publicirati (*to ~ a new book*) 3. koristiti (*to ~ all one's energies*) **II.** *vi mar poet* otisnuti se, poći, krenuti (*to ~ to sea*)

put forward ['put'fɔːwəd] *vt* 1. iznijeti, predložiti (plan, misao, teoriju i dr.) 2. pomaknuti (u)naprijed (*to put the clock forward; to ~ the date* antedatirati, staviti raniji datum; *to put oneself forward* istaknuti se; nastupiti, predstaviti se kao kandidat)

put in ['put'in] *vt/i* **I.** *vt* 1. staviti u, umetnuti; uvrstiti (oglas i dr.); postaviti, uvesti (na položaj, dužnost i dr.) (*to put a man in possession* uvesti koga u posjed) 2. podnijeti zahtjev, podastrijeti, pokazati dokument i dr. | **to ~ a claim for damages** podnijeti zahtjev za odštetu; **to ~ an appearance** pojaviti se, pokazati se; *jur* doći na raspravu; **to put a p in evidence** dovesti koga kao svjedoka, dovesti koga da svjedoči 3. umetnuti, ubaciti, dodati | **to ~ a word for a friend** reći koju dobru riječ za prijatelja 4. pojačati (*to ~ force*); staviti u pogon, u pokret (*to ~ motion*); primijeniti (*to ~ practice*) | **to ~ hand** početi, započeti; **to ~ hole** dovesti u škripac, u neugodan položaj; **to put (a p) in mind (of)** podsjetiti koga na što 5. raditi, obavljati | **to ~ an hour's extra work** raditi sat više; *coll* provesti **II.** *vi* 1. natjecati se, nastupati kao kandidat | **to ~ for an appointment** natjecati se za koje mjesto 2. zaustaviti se, stati | **here's a good inn, let's ~ here for lunch** evo dobre gostionice, ostanimo tu na ručku

put into ['put'intu] *vt/i* **I.** *vt* uliti, usaditi, utuviti | **put ideas into one's head** usaditi (komu) ideje, napuniti glavu; **he put new life into him** nadahnuo ga je novim životom **II.** *vi* ući, uploviti (u luku, za brod i dr.)

put off ['put'ɔf] *vt/i* **I.** *vt* 1. odgoditi, ostaviti za kasnije; ostaviti na stranu, skinuti, odložiti 2. riješiti se čega, predati dalje (*to ~ bad money on the public*); izbjegavati, okolišati, otklanjati, odugovlačiti (*I will not be ~ any longer, you must pay up* nemojte više odugovlačiti, platite) 3. smetati, sprečavati, odvratiti koga od čega 4. odbijati, obeshrabriti (*I'm sorry to say it, but her face puts me off* žao mi je što moram reći da me njezino lice sasvim zbunjuje, odbija) 5. zatvoriti, ugasiti (*put the light, radio etc. off*) **II.** *vi* poći, krenuti, dati se na put

put on ['put'ɔn] *vt/i* 1. obući, navući, staviti na sebe, obuti, nataknuti (očale) 2. pretvarati se, graditi se | **he ~ air of innocence** držao se, pravio se kao da je nevin; **to ~ airs** afektirati 3. dodati, pojačati, ubrzati, povećati, otvoriti, staviti u pogon, u rad | **to ~ steam** pustiti, dodati paru; **to put the light, radio** *etc.* **on** upaliti svjetlo, radio i dr.; **to ~ flesh, weight** udebljati se; *coll* **to put it on** pretjerano računati; *theat* postaviti komad na scenu (*to ~ a new play*); *sport* napraviti, postići bodove (*to ~ two goals before time* napraviti dva gola prije poluvremena); kladiti se na što (*to put a fiver on a horse* kladiti se na konja) 4. pomaknuti naprijed (*to ~ the hands of a clock*) 5. uputiti u što, dovesti (na pravi put) (*to put a p on the track of something*) 6. pritegnuti (vijak)

put out ['put'aut] *vt/i* **I.** *vt* 1. istjerati, izbaciti (*to ~ of doors*) 2. ugasiti, utrnuti, zatvoriti (*~ a candle, the gas, a fire etc.*) 3. pružiti, ispružiti, tjerati, baciti, promoliti, izvjesiti (zastavu), isplaziti (jezik) (*to ~ one's head, hand*) 4. pokazati snagu, energiju (*to ~ one's strength, energies*) 5. iščašiti, pomaknuti sa svoga mjesta 6. obaviti, izvršiti, napraviti, proizvesti 7. izdavati, davati; uložiti, dati na kamate (*so much money ~ at 6 per cent*) 8. smetati, zbunjivati; razljutiti (*she was ~ with me* razljutila se na mene) **II.** *vi* isploviti na more (*to ~ to sea*)

put over ['put'əuvə] *vt* prevesti preko; sretno izvesti, prikazati, osigurati uspjeh (kazališnom komadu i dr.) | **to put it over** pridobiti publiku; **to put a th over on a p** nametnuti, naturiti kome; nasamariti koga

put through ['put'θru:] *vt* 1. uspješno provesti, izvesti (do kraja), dokončati (*to ~ a business deal*) 2. gurnuti, probiti, proturiti (*to put one's fist through a pane of glass* probiti šakom staklo); *fig* podvrgnuti koga probi, ispitu i dr. (*to ~ his paces* isprobati, iskušati čije sposobnosti, znanje i dr.) 3. spojiti, dati vezu (*put me through to* X spojite me, dajte mi vezu s X)

put to ['put'tu:] *vt dial* zatvoriti (vrata) | **to put one's hand to** pomoći, pružiti pomoć; **to put horses to a carriage** upregnuti konje u kola; **to ~ death** usmrtiti, smaknuti; **to ~ silence** ušutkati

put together ['puttə'geðə] *vt* sastaviti, napisati; spojiti, složiti od dijelova | **to ~ a short account of one's travels** sastaviti kratak opis, izvještaj o putu; **to ~ a novel, a dictionary** napisati roman, rječnik; **to put two and two together** stvoriti sud, zaključak na temelju činjenica, skombinirati; **we must put our heads together** moramo se posavjetovati, dogovoriti

put up ['put'ʌp] *vt/i* **I.** *vt* 1. dići, podići (npr. ruku, zastavu, jedra i dr.) 2. izreći (hvalu, molitvu: *to ~ a prayer to God*) 3. predložiti koga za kandidata (na izborima za parlament i dr.) 4. ponuditi (što) na prodaju; podići (čemu) cijenu (*to ~ the rent from £30 to £35*) 5. ostaviti, spremiti, metnuti na stranu (*~ your sword* metnuti mač u korice); zapakirati, spremiti 6. napraviti, sastaviti lijek i dr. (*to ~ a prescription*); zatvoriti (*to ~ the shutters*) (& *fig*); dići prozor; prilijepiti (*to ~ the notice*) 7. podići, sagraditi, postaviti, montirati; *hunt* goniti, dići divljač (*to ~ fox* dići lisicu /s legla/) 8. smjestiti koga, dati komu stan i hranu (*I can put you up for a few days* mogu vam dati stan i hranu za nekoliko dana; *put your car up in our garage* parkirajte svoja kola u našoj garaži); *coll* napraviti plan, smisliti što, stvoriti lažan dojam (*to ~ swindle* smisliti podvalu; *a regular put-up job* pravi »švindl«, prijevara); začešljati (kosu), razapeti (kišobran) **II.** *vi* 1. smjestiti se, zaustaviti se, provesti (noć i dr.), odsjesti (*to ~ for one night at an inn*) | **to ~ a fight** pokazati svoju snagu; **to ~ the back of, to put a p's back up** uvrijediti, izazvati, razljutiti koga; **to ~ to** navesti koga na što; **who put him up to this piece of mischief?** tko ga je nagovorio na to zlodjelo? 2. obavijestiti, uputiti (*will you put the new clerk up to the duties he will have to perform?* molim vas upoznajte novog činovnika s dužnostima koje će obavljati) | **to ~ with** podnositi, trpjeti, izdržati; **I won't ~ with his insults** neću podnositi njegove uvrede; **to ~ for sale** staviti na prodaju

put upon ['putə'pɔn] *vt* (obično u pasivu) nametati, loše postupati, tlačiti | **I will not be ~** neću da me vuku za nos; **to put a trick upon a p** napraviti komu psinu

put [put] *s* bacanje kamena s ramena; *st exch* premijski posao | **~ and call** burzovni terminski zaključak

put (putt) [pʌt] *vi/t golf* lako udariti loptu (tako da se dokotrlja do rupe)

put (putt) [pʌt] *s* bacanje kamena i dr.; *golf* udarac, zamah (palicom)

put [pʌt] *s arch sl* glupan, tikvan, prostak

putative ['pjuːtətiv] *adj* (**~ly** *adv*) takozvani, tobožnji, navodan, za koga se pretpostavlja da je, za kojeg se općenito drži da je

put-off ['putɔf] *s* izgovor, izlika; odgoda, odgađanje

put-on ['putɔn] *adj* lažan

put-on ['putɔn] *s sl* podvala, pretvaranje, imitiranje, šala; afektiranje

putrefacient [ˌpjuːtri'feiʃənt] *adj* koji izaziva truljenje, gnjiljenje

putrefaction [ˌpjuːtri'fækʃən] *s* truljenje, gnjiljenje; trulež, gnjilost, gnjiloća

putrefy ['pjuːtrifai] *vi/t* **I.** *vi* gnjiti, trunuti, raspadati se; usmrdjeti se, pokvariti se (& *fig*) **II.** *vt* učiniti da što gnjije, trune

putrescence [pjuː'tresns] *s* gnjiloća, trulost, gnjiljenje, truljenje, raspadanje; *fig* trulež, korupcija

putrescent [pjuː'tresnt] *adj* koji gnjije, trune, gnjio, truo

putrid ['pjuːtrid] *adj* (**~ly** *adv*) gnjio, truo, smrdljiv; *fig* pokvaren; *coll sl* odvratan, gadan, svinjski | **~ fever** stari naziv za trbušni tifus; **~ sore throat** gnojna angina

putridity [pjuː'triditi] *s* gnjiloća, trulost; gnjilež, trulež; *fig* pokvarenost

putt [pʌt] *vi/t* & *s* → **put** [pʌt]

puttee ['pʌti] *s* gamaša, ovijač

putter ['pʌtə] *s golf* palica za udaranje; igrač koji udara takvom palicom

putter ['pʌtə] *vi* prčkati, jalovo tratiti vrijeme

putt-putt ['pʌt'pʌt] *s* zvuk motora motocikla, motornog čamca i sl.; *sl* vozilo ili motor koji pravi takav zvuk

putt-putt ['pʌt'pʌt] *vi* proizvoditi zvuk kakav proizvodi motor motocikla i sl., kretati se proizvodeći takav zvuk

putty ['pʌti] *s* staklarski kit; prašak za poliranje i brušenje

putty ['pʌti] *vt* zalijepiti, zamazati (kitom)

putty powder ['pʌti'paudə] *s* kalajdioksid, prašak za poliranje

put-up ['put'ʌp] *adj coll* namješten, udešen

puzzle ['pʌzl] *s* zagonetka, problem, teško pitanje, težak zadatak; teškoća, zabuna, neprilika; zbrka | **a jig-saw ~** igra koja se sastoji u sastavljanju slike od dijelova nepravilna oblika; **a cross-word ~** križaljka

puzzle ['pʌzl] *vt/i* **I.** *vt* zbuniti, smesti, predstavljati zagonetku **II.** *vi* biti zbunjen, smeten, razbijati glavu

puzzle out ['pʌzl'aut] *vt* odgonetati, razmišljati, razbijati glavu, tražiti rješenje

puzzle over ['pʌzl'əuvə] *vi* duboko, uporno razmišljati, misliti, mozgati, koncentrirati se

puzzle-headed ['pʌzl'hedid] *adj* zbrkan, konfuzan

puzzle-lock ['pʌzllɔk] *s* brava na slova, brava koja se otvara tajnim znakom

puzzlement ['pʌzlmənt] *s* zabuna, smetenost, zbunjenost

puzzler ['pʌzlə] *s* onaj koji zbunjuje; teško, zamršeno pitanje, zagonetka

puzzling ['pʌzliŋ] *adj* (**~ly** *adv*) koji zbunjuje, zagonetan, čudan, nerazumljiv

pyaemia [pai'iːmjə] *s med* otrovanje krvi

pyelitis [ˌpaii'laitis] *s med* upala bubrežne čašice

pygmaean [pig'miːən] *adj* pigmejski, koji se odnosi na pigmeje, malen, patuljast

pygmy (pigmy) ['pigmi] *s* mala, beznačajna osoba ili stvar; patuljak | **the Pygmies** Pigmejci

pygmy (pigmy) ['pigmi] *adj* patuljast, malen, majušan; *fig* sitan, beznačajan, neznatan

pyjamas (pajamas) [pə'dʒaːməz] *s pl* pidžama

pylon ['pailən] *s* pilon, ulaz u egipatski hram; toranj, konstrukcija u obliku pilona, stup dalekovoda; *aero* toranj-putokaz

pyorrhoea [ˌpaiə'riə] *s med* gnojna upala; gnojenje zubnog mesa

pyramid ['pirəmid] *s* piramida; *geom* piramida

pyramidal [pi'ræmidl] *adj* (**~ly** *adv*) piramidalan, poput piramide, u obliku piramide

pyre ['paiə] *s* lomača (osobito za spaljivanje mrtvaca)

pyrethrum [paiˈri:θrəm] *s* bukač
pyretic [paiˈretik] *adj med* grozničav; koji se upotrebljava za suzbijanje groznice
Pyrex [ˈpairəks] *s* | ~ **glass** pireks staklo; vatrostalno staklo
pyrites [paiˈraiti:z] *s pl minr* pirit
pyritic [paiˈritik] *adj* piritski, piritni
pyrogallic [ˌpairəuˈgælik] *s* | *chem* ~ **acid** (*abbr* **pyro**) pirogalička kiselina
pyrometer [paiˈrɔmitə] *s* pirometar (sprava za određivanje visine temperature)
pyrometric [ˌpairəuˈmetrik] *adj* koji se odnosi na pirometar
pyrotechnic [ˌpairəuˈteknik] *adj* (~**ally** *adv*) koji se odnosi na vatromete, pirotehnički
pyrotechnics [ˌpairəuˈtekniks] *s* pirotehnika, izrađivanje raketa za vatromet
Pyrrhic [ˈpirik] *adj Gr* | ~ **victory** Pirova pobjeda
python[1] [ˈpaiθən] *s* udav; *Gr myth* zmija koju je ubio Apolon
python[2] [ˈpaiθən] *s* vrač, čarobnjak, gatar
pythoness [ˈpaiθənes] *s* vještica, čarobnica; svećenica proročišta
pythonic [paiˈθɔnik] *adj* (~**ally** *adv*) koji se odnosi na čarobnjaka, proročki, gatarski
pyx [piks] *s* 1. *eccl* monstranca, ciborij 2. kutija u državnoj kovnici novca s novokovanim primjercima zlatnog i srebrnog novca (radi kasnijeg ispitivanja)
pyx [piks] *vt* provjeravati, ispitivati (kovani novac, ima li pravu težinu i dr.)

Q

Q, q [kjuː] *s* (*pl* **~s, ~'s**) Q, q (17. slovo engleske abecede); *sport* figura kod klizanja | **reverse ~** figura u klizanju; **to mind one's Ps and ~s** oprezno postupati, paziti na svoje ponašanje; **~-boat, ~-ship** u ratne svrhe prerušen trgovački brod

qua [kwei] *conj Lat* kao, u svojstvu

quack[1] [kwæk] *s* gakanje; blebetanje

quack [kwæk] *vi* gakati; blebetati

quack[2] [kwæk] *s* nadriliječnik; šarlatan

quack [kwæk] *adj* nadri..., nadriliječnički

quack [kwæk] *vi/t* baviti se nadriliječništvom, šarlatanski liječiti; hvastati se; varati, obmanjivati (vašarskom reklamom)

quack [kwæk] *s US bot* → **quitch**

quackery [ˈkwækəri] *s* nadriliječništvo, šarlatanstvo

quackish [ˈkwækiʃ] *adj* nadriliječnički, šarlatanski; hvastav

quacksalver [ˈkwækˌsælvə] *s* → **quack**[2]

quadragenarian [ˌkwɔdrədʒiˈnɛəriən] *adj* četrdesetogodišnji

quadragenarian [ˌkwɔdrədʒiˈnɛəriən] *s* četrdesetogodišnjak

quadragesimal [ˌkwɔdrəˈdʒesiml] *adj* korizmeni

quadrangle [kwɔˈdræŋgl] *s math* četverokut; četverokutno (zgradama okruženo) dvorište; četverokutni blok zgrada

quadrangular [kwɔˈdræŋgjulə] *adj* (**~ly** *adv*) četverokutan, četverouglast

quadrant [ˈkwɔdrənt] *s math, astr & mar* kvadrant; četvrtina kruga

quadrat [ˈkwɔdræt] *s print* kvadrat

quadrate [ˈkwɔdrət] *s anat* četverokutna kost; četverokutni mišić

quadrate [ˈkwɔdrət] *adj* četverokutan, kvadratan (*~ bone, ~ muscle*)

quadrate [kwɔˈdreit] *vt/i* **I.** *vt* učiniti četverokutnim; podijeliti u četiri dijela; učiniti prikladnim, suglasnim, prilagoditi, uskladiti (*to, with*) **II.** *vi* podudarati se, slagati se (*with* sa), odgovarati (*with* čemu)

quadratic [kwɔˈdrætik] *adj* četverokutan; *math* kvadratan

quadratics [kwəˈdrætiks] *s pl math* kvadratne jednadžbe

quadrature [ˈkwɔdrətʃə] *s astr & math* kvadratura | **~ of the circle** kvadratura kruga; *fig* nerješiv zadatak

quadrennial [kwɔˈdreniəl] *adj* četverogodišnji

quadrennium [kwɔˈdreniəm] *s* četverogodišnje razdoblje

quadric [ˈkwɔdrik] *adj math* kvadratan

quadricentennial [ˌkwɔdrisenˈtenjəl] *adj* četiristogodišnji

quadriceps [ˈkwɔdriseps] *s anat* četveroglavi mišić natkoljenice

quadrilateral [ˌkwɔdriˈlætərl] *adj math* četverostran

quadrilateral [ˌkwɔdriˈlætərl] *s* četverokut

quadrilingual [ˌkwɔdriˈliŋgwəl] *adj* u četiri jezika, koji upotrebljava četiri jezika, četverojezičan

quadrille [kwəˈdril] *s* kadrila, kvadrilja, četvorka (ples)

quadrillion [kwɔˈdriljən] *s* kvadriljun; *US* 1 sa 15 nula (10^{15}); *GB* 1 sa 24 nule (10^{24})

quadripartite [ˌkwɔdriˈpaːtait] *adj* četverodijelan, kvadripartitan

quadrisect [ˈkwɔdrisekt] *vt* podijeliti na četiri jednaka dijela

quadri-syllabic [ˌkwɔdrisiˈlæbik] *adj* četverosložan

quadroon [kwɔˈdruːn] *s* kvarteron, dijete bijelca i mulatkinje (s jednom četvrtinom crnačke krvi)

quadrumanous [kwɔˈdruːmənəs] *adj zool* četveroruk

quadruped [ˈkwɔdruped] *s* četveronožac

quadruped [ˈkwɔdruped] *adj* četvoronožan

quadruple [ˈkwɔdrupl] *adj* (**quadruply** *adv*) četverostruk; *mus* četveročetvrtinski | **~ alliance** savez četiriju sila, četvorni savez

quadruple [ˈkwɔdrupl] *s* četverostruko, četverostruka količina (*the ~ of*)

quadruple [ˈkwɔdrupl] *vt/i* početverostručiti (se), učetverostručiti (se), pomnožiti s četiri

quadruplet ['kwɔdruplit] *s* jedan od četvorki; četvorka
quadruplex ['kwɔdrupleks] *adj* četverostruk
quadriplicate [kwɔ'dru:plikət] *adj* četverostruk, u četiri primjerka; *math* podignut na četvrtu potenciju
quadruplicate [kwɔ'dru:plikət] *s* jedan od četiri ista primjerka | **in** ~ u četiri primjerka; **~s** *pl* četiri primjerka (spisa)
quadruplicate [kwɔ'dru:plikeit] *vt* početverostručiti
quadruplication [kwɔ,dru:pli'keiʃn] *s* početverostručenje
quaere ['kwiəri] *vt Lat imp* pitaj!, traži!, zašto?
quaere ['kwiəri] *s Lat* pitanje
quaestor ['kwi:stə] *s* kvestor (kod starih Rimljana)
quaff [kwa:f] *vi/t* **I.** *vi* žedno piti; pijančevati **II.** *vt* (što) piti, lokati | **to ~ off** ispiti, iskapiti nadušak
quag [kwæg] *s lit & fig* močvara, bara
quagga ['kwægə] *s zool* kvaga, stepska zebra (*Equus quagga*)
quaggy ['kwægi] *adj* močvaran, barovit; mekan, mlohav
quagmire ['kwægmaiə] *s* močvarno tlo, močvara, bara, pištalina; blato; *fig* škripac
quahog ['kwɔ:hɔg] *s zool* ledinka (jestiva školjka) (*Venus mercenaria*)
quail [kweil] *s ornith* prepelica | **~-call, ~-pipe** prepeličarska svirala (vabilo)
quail [kweil] *vi/t* **I.** *vi* drhtati, prezati (*before* pred); klonuti (*his spirit ~ed him* klonuo je duhom); očajati, malaksati **II.** *vt* poplašiti, ustrašiti
quaint [kweint] *adj* (**~ly** *adv*) starinski; zanimljiv, privlačan; neobičan, čudan, fantastičan
quaintness ['kweintnis] *s* privlačna jednostavnost; čudnovatost, neobičnost
quake [kweik] *s* trešnja, potres; drhtaj, trepet
quake [kweik] *vi* tresti se, drmati se; uzbuditi se; drhtati (*for fear* od straha; *with cold* od studeni)
Quaker ['kweikə] *s rel* kveker (član protestantske sekte Society of Friends); *US* lažni (drveni) top (na brodu ili tvrđavi) | **~ bird** crni albatros
quakerish ['kweikəriʃ] *adj rel* kvekerski
quakerly ['kweikəli] *adj rel* poput kvekera, kvekerski
quaking ['kweikiŋ] *adj* (**~ly** *adv*) drhtav, koji dršće
quaky ['kweiki] *adj* (**quakily** *adv*) drhtav
qualification [,kwɔlifi'keiʃn] *s* 1. ograničenje, ublaženje, modifikacija (*without any ~* bez ikakva ograničenja) 2. sposobnost, osposobljenje, kvalifikacija; svojstvo, prikladnost (*for*), svjedodžba; preduvjet (of za)
qualificative ['kwɔlifikətiv] *adj* koji određuje, opredjeljuje, ograničuje; osposobni, kvalifikacijski
qualificative ['kwɔlifikətiv] *s* ono što pobliže određuje (tvrdnju i sl.)
qualificatory ['kwɔlifikətəri] *adj* koji osposobljuje, ograničuje; kvalifikacijski
qualified ['kwɔlifaid] *adj* osposobljen, kvalificiran (*for*); sposoban, pozvan; označen, ograničen, uvjetan, uvjetovan, uslovan | **~ acceptance** uvjetni prihvat (mjenice)
qualifier ['kwɔlifaiə] *s* onaj koji pobliže označuje, kvalificira; *gram* riječ koja modificira značenje druge riječi (npr. pridjev, prilog), kvalifikator
qualify ['kwɔlifai] *vt/i* **I.** *vt* 1. označiti; *gram* pobliže odrediti 2. osposobiti, kvalificirati 3. ograničiti, modificirati, ublažiti 4. razvodniti, miješati (piće) **II.** *vi* osposobiti se, kvalificirati se; izobraziti se (*as*); dokazati potrebno osposobljenje; biti sposoban (*as*), imati sposobnost (*for*)
qualitative ['kwɔlitətiv] *adj* (**~ly** *adv*) kvalitativan (*~ analysis*)
quality ['kwɔliti] *s* odlika, vrsnoća; kakvoća, kvaliteta; svojstvo; značajka; *arch* stalež, čast, dostojanstvo; vrsta | **to have ~** odlikovati se, biti odličan; **people of ~** ljudi visokog staleža, otmjen svijet
qualm [kwa:m, kwɔ:m] *s* mučnina; utučenost, potištenost, klonulost, nesvjestica | **~s** *pl* sumnja, slutnja; **~s of conscience** grižnja savjesti
qualmish ['kwa:miʃ] *adj* (**~ly** *adv*) koji osjeća mučninu, kome je muka; mučan
quandary ['kwɔndəri] *s* neprilika, nesigurnost, škripac, teškoća, nezgodan položaj | **to be in a ~** biti u škripcu, nalaziti se u nezgodnu položaju
quant [kwɔnt] *s GB* motka (za otiskivanje čamca) s okruglom pločom na kraju (da ne propada u mulj)
quant [kwɔnt] *vt/i* otiskivati, goniti (čamac) pomoću motke; ploviti na taj način
quantic ['kwɔntik] *s math* racionalna, čitava, homogena funkcija
quantify ['kwɔntifai] *vt* kvantitativno odrediti, izmjeriti
quantitative ['kwɔntitətiv] *adj* (**~ly** *adv*) kvantitativan, količinski
quantity ['kwɔntiti] *s* kolikoća; količina, množina; veličina; mjera; *gram & mus* kvantiteta, dužina ili kratkoća (sloga) | **in quantities** u velikim količinama
quantum ['kwɔntəm] *s Lat* (*pl* **quanta** ['kwɔntə]) kvantum; količina; mnoštvo; svota, iznos; dio
quaquaversal [,kweikwə'və:sl] *adj* (**~ly** *adv*) *geol* koji se pruža u svim smjerovima
quarantine ['kwɔrənti:n] *s Fr* karantena

quarantine ['kwɔrəntiːn] *vt* staviti u karantenu, držati u karanteni, narediti karantenu
quark [kwɔːk] *s phys* kvark
quarrel[1] ['kwɔrəl] *s hist* vrsta kratke teške strelice
quarrel[2] ['kwɔrəl] *s* uzrok ili povod svađi, svađa, kavga; zavada (*between; with*); raspra, spor; prepirka | **to find ~ in a straw** biti zajedljiv, tražiti dlaku u jajetu; **to pick a ~ with** zametnuti kavgu sa; **in a good ~** u opravdanoj zavadi; **to fight someone's ~s for him** priskočiti kome u pomoć; **to have no ~ with** nemati što zamjeriti; **it takes two to make a ~** za svađu su obično krive obje strane
quarrel ['kwɔrəl] *vi* svađati se; pravdati se, prepirati se (*with*); zavaditi se; ne slagati se; prigovarati; tužiti se | **to ~ with one's bread and butter** naškoditi vlastitom interesu; **to ~ with each other** posvađati se
quarrel[3] ['kwɔrəl] *s dial* četverouglasto prozorsko staklo; staklarski dijamant
quarrelsome ['kwɔrəlsəm] *adj* (**~ly** *adv*) svadljiv, prgav
quarrier ['kwɔriə] *s* radnik u kamenolomu
quarry[1] ['kwɔri] *s* gonjena ili ubijena divljač; *fig* plijen
quarry[2] ['kwɔri] *s* četverouglasto prozorsko staklo
quarry[3] ['kwɔri] *s* kamenolom; *fig* rudnik, vrelo (*for*)
quarry ['kwɔri] *vt/i* **I.** *vt* lomiti kamen; iskopavati; dupsti (pećinu); *fig* mučno vaditi (*out of* iz), teško dobivati (*from* iz) **II.** *vi fig* mučno raditi, kopati (*in*)
quarryman ['kwɔrimən] *s* (*pl* **quarrymen** ['kwɔrimən]) → **quarrier**
quart [kwɔːt] *s* kvart, četvrt galona (1,136 l); *mus* kvarta | **to put a ~ into a pint pot** pokušavati nešto nemoguće
quart [kaːt] *s* kvarta (kod mačevanja); slijed od četiri karte (kod piqueta) | **~ and tierce** kvarta i terca (vježba kod mačevanja); **~ major** četiri najviše karte kod piqueta (as, kralj, gornjak i donjak)
quart [kaːt] *vi/t* upotrijebiti položaj kvarte (kod mačevanja)
quartan ['kwɔːtn] *adj* koji se vraća svaka četiri dana (*~ fever*)
quartan ['kwɔːtn] *s* kvartana malarija
quartation [kwɔː'teiʃn] *s* miješanje triju dijelova srebra s jednim dijelom zlata (kao dio procesa čišćenja zlata)
quarter ['kwɔːtə] *s* 1. četvrt, četvrtina 2. četvrt zaklane životinje; jedna od četiriju nogu 3. *sl* trka na četvrt milje 4. *her* jedno od četiriju polja grba 5. kvarta (žitna mjera, 290,9 l); četvrt hundredweighta (28 funti težine u Engleskoj a 25 u SAD); mjera za tkanine (22,8 cm), *US* četvrt milje 6. kvartal, četvrtina godine, četvrtgodište; Mjesečeva **četvrt** 7. *US* novčić od 25 centa 8. strana svijeta (*what ~ is the wind in?* odakle puše vjetar?) 9. kraj, okolina (*in this ~* ovdje); gradska četvrt, rajon 10. *fig* predjel; smjer (*in that ~*); strana (*from another ~*); izvor, vrelo (*from a good ~*) 11. *mil* milost (*to give ~* smilovati se, poštedjeti život; *to give no ~* ne poštedjeti život); *fig* pošteda (*to find* no *~ with* ne naići na smilovanje kod) 12. *tech* četiri palca širok komad drva (u tesarstvu); koža za pete (cipela) 13. *mar* stražnji dio (nadvođa) broda (između krmenog jarbola i krme) | **~s** *pl* sapi, stražnji dio životinje; krmni bokovi broda; stan, nastamba; *mil* kvartir; logor; **bad ~ of an hour** neugodan četvrt sata, nelagodnih nekoliko časaka; **winter ~s** zimska nastamba; **to take up one's ~s** nastaniti se, udariti logor; **to beat up the ~s of** pohoditi, svratiti se; *mar* **to beat to ~s** pozvati momčad da zauzme svoja mjesta za bitku; **at close ~s** u neposrednom dodiru, u neposrednoj blizini, iz neposredne blizine; **the proper ~** nadležno mjesto; **from all ~s, from every ~** sa svih strana; **to cry ~** moliti milost
quarter ['kwɔːtə] *vt/i* **I.** *vt* 1. razdijeliti na četiri dijela; podijeliti načetvero; raščetvoriti, raskomadati; *her* razdijeliti (grb) na četiri polja 2. smjestiti, nastaniti; *mil* (vojnike) razmjestiti na stanovanje; (*to be ~ed* stanovati (*at*); *to ~ oneself upon a p* nastaniti se kod koga); (vojnike) prisilno nastaniti; *fig* prisilno smjestiti (*on* kod) 3. (o psima) pretražiti, protrčati uzduž i poprijeko (područje) **II.** *vi* stanovati, živjeti; *mil* biti na kvartiru (*at*); *hunt* prelaziti (*over*), trčati amo-tamo; (o vozilima) izbjeći, ukloniti se
quarterage ['kwɔːtəridʒ] *s* 1. četvrtgodišnje plaćanje, tromjesečna plaća 2. davanje stana, smještanje na kvartir
quarter-back ['kwɔːtəbæk] *s US* branič (kod ragbija) neposredno iza navalne linije
quarterback ['kwɔːtəbæk] *vt* izraditi planove i dati upute kako da se izvedu
quarterbill ['kwɔːtəbil] *s* stambeni popis
quarter-binding ['kwɔːtə͵baindiŋ] *s* uvez (knjige) s uskim kožnim hrptom
quarter-day ['kwɔːtədei] *s GB jur* četvrtgodišnji plaćevni **rok**, tromjesečni dan isplate (u Engleskoj 25. III, 24. VI, 29. IX, 25. XII; *US* 1. I, 1. IV, 1. VII, 1. X)
quarter-deck ['kwɔːtədek] *s mar* krmena (gornja) paluba (za oficire) | **the ~** mornarički (brodski) oficiri
quartering ['kwɔːtəriŋ] *s* 1. četvorenje 2. davanje stana, smještanje na kvartir 3. tesarski rad od komada drva širokih četiri palca | *her* **~s** *pl* grbovi dodani glavnom grbu u znak obiteljske veze s nasljednicima drugih obitelji

quarterly [ˈkwɔːtəli] *adj* četvrtgodišnji; tromjesečni
quarterly [ˈkwɔːtəli] *s* tromjesečni časopis, tromjesečnik
quarterly [ˈkwɔːtəli] *adv* četvrtgodišnje, svaka tri mjeseca; *her* na poljima grba
quartermaster [ˈkwɔːtəˌmaːstə] *s mil* oficir u regimenti koji se brine za nabavu hrane, odjeće i za smještaj vojnika; *mar* podoficir koji pomaže navigatoru i zadužen je za signaliziranje, kormilarenje itd.
quartern [ˈkwɔːtən] *s* četvrtina (kao mjera), četvrt pinte (0,142 l); hljeb kruha težak četiri funte | ~ **loaf** hljeb kruha težak četiri funte
quarter note [ˈkwɔːtənəut] *s mus* četvrtinka
quarter-plate [ˈkwɔːtəpleit] *s phot* ploča $3^1/_4$ palca × $4^1/_4$ palca
quarter session [ˈkwɔːtəˌseʃn] *s* lokalni sud koji zasjeda svaka tri mjeseca
quarterstaff [ˈkwɔːtəstaːf] *s* (*pl* **quarterstaves** [ˈkwɔːtəsteivz]) čvrsta motka od 6 do 8 stopa duljine (nekada seljačko oružje)
quarter-tone [ˈkwɔːtətəun] *s mus* četvrtglas
quartet(te) [kwɔːˈtet] *s mus* kvartet; *pros* kitica od četiri retka
quarto [ˈkwɔːtəu] *s print* četvrtina (veličina dvaput previjenog arka); knjiga formata četvrtine arka, knjiga u kvart-formatu | ~ **paper** papir previjen na četvrtinu arka
quartz [kwɔːts] *s minr* kremen, bjelutak, kvarc | **purple** ~, **violet** ~ ametist
quartzite [ˈkwɔːtsait] *s minr* kvarcit, kremenovac
quartz lamp [ˈkwɔːtslæmp] *s* kvarc-lampa
quasar [ˈkweizaː] *s astr* kvazar
quash [kwɔʃ] *vt* ukinuti, poništiti; zabaciti; pokoriti, ugušiti (*to* ~ *down*)
quashee (**quashie**) [ˈkwɔʃi] *s* (zapadnoafrički) crnac
quasi [ˈkweizai] *adv Lat* kvazi; kao da; malo ne, umalo, gotovo, skoro; napola; otprilike
quassia [ˈkwɔʃə] *s bot* južnoamerički gorkun, kvasija, surinamsko gorko drvo
quater-centenary [ˌkwætəsenˈtiːnəri] *s* četiristota godišnjica
quaternary [kwəˈtəːnəri] *adj* koji se sastoji od četiri; *geol* koji pripada kvaternarnom razdoblju (~ *formation*)
quaternary [kwəˈtəːnəri] *s* broj četiri; skup sastavljen od četiri; *geol* kvaternarno razdoblje
quaternion [kwəˈtəːnjən] *s* skup od četiri; četvero, četvorica; *math* kvaternion
quaternity [kwəˈtəːniti] *s* skupina od četiri (osobe); *rel* četvorstvo
quatorzain [kəˈtɔːzein] *s* pjesma od 14 redaka, nepravilni sonet
quatrain [ˈkwɔtrein] *s pros* kvatrina
quatrefoil [ˈkætrəfɔil] *s archit* & *her* četverolist
quaver [ˈkweivə] *s* podrhtavanje glasa; *mus* osminka note; triler
quaver [ˈkweivə] *vi/t* **I.** *vi* drhtati, titrati, treperiti; (*o glasu*) podrhtavati, tremolirati **II.** *vt* drhtavim glasom izreći; ćurlikati (pjesmu)
quavering [ˈkweivəriŋ] *adj* (~**ly** *adv*) drhtav, koji titra
quavery [ˈkweivəri] *adj* drhtav, koji titra
quay [kiː] *s* pristanište, molo, muo; podzidana obala; kej
quayage [ˈkiːidʒ] *s* obalna pristojba, taksa za upotrebu keja; obalni uređaj
quay-berth [ˈkiːbəːθ] *s mar* sidrište tik uz obalu
quean [kwiːn] *s* djevojčura, drolja
queasiness [ˈkwiːzinis] *s* mučnina, gađenje, odvratnost; (pretjerana) osjetljivost (želuca)
queasy [ˈkwiːzi] *adj* (**queasily** *adv*) nadražen, osjetljiv, slab (želudac); nelagodan, neprijatan (osjećaj); gadljiv; komu je mučno; *fig* nježan, preosjetljiv (*conscience*) | **I feel** ~ mučno mi je
queen [kwiːn] *s* kraljica; vladarica, gospodarica (*the* ~ *of the seas*); matica (pčela); kraljica (u šahu); kraljica, dama (u kartama); *sl* ženskasti homoseksualac | ~ **mother** kraljica majka; **Queen Anne is dead** (kaže se kad je neka vijest stara); **Queen Anne's Bounty** potporna zaklada za siromašne svećenike; ~ **consort** žena kralja; ~ **dowager** udovica kralja; ~ **of hearts** ljepotica; ~ **of the Adriatic** Venecija, Mleci; ~ **of the prairie** *bot* crvena končara (*Filipendula rubra*); ~ **post** okomiti nosač krovne konstrukcije; ~ **regnant** kraljica (vladarica, a ne žena kraljeva)
queen [kwiːn] *vt/i* **I.** *vt* učiniti kraljicom (i u šahu) **II.** *vi* postati kraljica (i u šahu); vladati kao kraljica, kraljevati | *fig* **to** ~ **it** igrati kraljicu, gospodaricu
queen-bee [ˈkwiːnbiː] *s* (pčela) matica
queenlike [ˈkwiːnlaik] *adj* (~**ly** *adv*) poput kraljice; kraljevski; koji dolikuje kraljici
queenly [ˈkwiːnli] *adj* → **queenlike**
queen-size [ˈkwiːnsaiz] *adj* veći od prosjeka, ali ne vrlo velik (vrlo velik je **king-size**)
queen's metal [ˈkwiːnzˌmetl] *s* staro ime za bijeli metal (smjesa kositra, olova, bizmuta i antimona)
queen's taste [ˈkwiːnzteist] *s* | **to the** ~ savršen
queen's weather [ˈkwiːnzˌweðə] *s* krasno, sunčano vrijeme
queer [kwiə] *adj* (~**ly** *adv*) čudan, čudnovat, neobičan; smiješan, komičan; sumnjiv; smušen; bolestan, slab; *sl* pripit; *sl*

homoseksualan; *sl* lažan, krivotvoren | *sl* **to be in a ~ street** biti u (novčanoj) neprilici; **I feel a bit ~** ne osjećam se posve zdrav; **~ fish** čudak, osobenjak

queer [kwiə] *vt sl* pokvariti | **to ~ the pitch for a p** pomrsiti komu račune, onemogućiti čije izglede u uspjeh (tajnim rovarenjem)

queer [kwiə] *s sl* lažan novac; ekscentrik, čudak; homoseksualac

queerish ['kwiəriʃ] *adj* malo čudan, nešto smušen

queerity ['kwiəriti] *s* čudnovatost, osebujnost

quell [kwel] *vt poet* obuzdati, zatomiti (osjećaje); utišati; ugušiti (otpor); svladati, suzbiti (neprijatelja)

queller ['kwelə] *s* pobjednik, svladavač

quench [kwentʃ] *vt poet* gasiti, ugasiti (vatru); ohladiti, politi hladnom vodom; zatomiti, ugušiti (osjećaje); utažiti, ugasiti (žeđ); *sl* (koga) ušutkati

quenchable ['kwentʃəbl] *adj* ugasiv, utaživ

quencher ['kwentʃə] *s* gasilac, utišavalac; *fam* gutljaj, napitak

quenchless ['kwentʃlis] *adj* neutaživ; neugasiv, nesavladiv

quenelle [kə'nel] *s Fr cul* začinjen valjušak od kosane ribe ili mesa

querist ['kwiərist] *s* pitalac, ispitivač

quern [kwəːn] *s* ručni mlinac, žrvanj | **~-stone** mlinski kamen

querulous ['kweruləs] *adj* (**~ly** *adv*) gunđav; tugaljiv, koji se neprestano jada; nezadovoljan, koji zanovijeta, mrzovoljan, mrgodan

query ['kwiəri] *s* pitanje, istraživanje; sumnja; *fig* upitnik (kao znak sumnje) | **~, did he do that?** pitanje je, je li to učinio?

query ['kwiəri] *vt/i* **I.** *vt* pitati, ispitivati; staviti u sumnju (tako da se u rukopisu ili drugdje stavi upitnik) **II.** *vi* sumnjati; pitati, ispitivati

quest [kwest] *s* traženje, potraga; istraživanje; istraga, putovanje u potrazi za pustolovinama (viteza-lutalice i sl.) | **crowner's ~ → coroner's inquest; in ~ of** u potrazi za

quest [kwest] *vi/t* tražiti, istraživati; *hunt* tragati (*for game* za divljači)

quest about ['kwestə'baut] *vt* svuda tražiti, posvuda tragati

question ['kwestʃən] *s* 1. pitanje; ispitivanje, sumnja; istraživanje, istraga; preslušanje; problem; stvar, predmet 2. upit, pitanje, upitna rečenica; *parl* interpelacija | **what is the ~?** o čemu se radi?; **to ask ~s** pitati, ispitivati, stavljati pitanja; **to come into ~** doći u pitanje, na diskusiju; **out of the ~** nemoguć(e), koji ne dolazi u obzir; **without ~, beyond ~** nesumnjiv(o); **to call in ~** staviti u sumnju, posumnjati; **to put a ~ to a p** zapitati koga; **to put the ~** staviti na glasanje; *parl* **~!** na stvar!; **oblique ~** neizravno pitanje; *jur* **leading ~** sugestivno pitanje; **the person in ~** čovjek o kojem se radi; **point in ~** sporna točka, slučaj o kojem se radi; **beside the ~** bez veze s predmetom rasprave, nevažno

question ['kwestʃən] *vt/i* pitati; ispitivati; istraživati; saslušavati; sumnjati, posumnjati (*whether*) | **it cannot be ~ed but (that)** nema sumnje da

questionable ['kwestʃənəbl] *adj* (**questionably** *adv*) sumnjiv; prijeporan; nepouzdan, nesiguran; o kom se može raspravljati

questionary ['kwestʃənəri] *adj* koji pita, upitan

questionary ['kwestʃənəri] *s* **→ questionnaire**

questioner ['kwestʃənə] *s* ispitivač, pitalac

question-form ['kwestʃənfɔːm] *s* upitni arak

questioning ['kwestʃəniŋ] *adj* (**~ly** *adv*) koji ispituje, pita, ispitujući, pitajući

questionless ['kwestʃənlis] *adj* nesumnjiv

question-mark ['kwestʃənmaːk] *s* upitnik; *fig* znak pitanja, nepoznati faktor

questionnaire [ˌkwestiə'nɛə] *s Fr* upitnik, upitni arak

quetzal ['kwetsl, ket'saːl] *s ornith* kecal (*Pharomachrus mocino*)

queue [kjuː] *s* perčin (kose); dugi red, niz (ljudi koji čekaju da dođu na red), »rep« | **to take one's place in a ~** postaviti se u red (rep); **to wait in a ~** čekati u redu

queue [kjuː] *vt/i* **I.** *vt* splesti (kosu) u perčin **II.** *vi* stajati u redu (repu) i čekati

queue on ['kjuː'ɔn] *vi* postaviti se u red i čekati

queue up ['kjuː'ʌp] *vi* stati u red i čekati, tvoriti red

quibble ['kwibl] *s* igra riječima; dosjetka, izlika, izmotavanje, smicalica, sofisterija

quibble ['kwibl] *vi* nabacivati se riječima; praviti dosjetke (*about* o); služiti se smicalicama, dvolično govoriti, izmotavati se

quibbler ['kwiblə] *s* onaj koji se igra riječima, petljanac, dvoličnjak, sofist

quibbling ['kwibliŋ] *adj* dvoličan, sofistički, dosjetljiv, koji se izmotava smicalicama

quick [kwik] *adj* (**~ly** *adv*) 1. živ 2. živahan; veseo, snažan (**~** *fire*); okretan; bistar, oštrouman; fin, oštar (**~** *ear*, **~** *eye*) 3. brz, hitar; žustar, nagao, lako raspaljiv; *com* uskoro plativ | **~ with child** u stanju trudnoće, pošto se osjetilo gibanje djeteta; **~ fence, ~ hedge** živica; **to be ~** požuriti se (*about* sa); **the ~ and the dead** živi i mrtvi; **to be ~ by a p** zatrudnjeti od koga

quick [kwik] *s* osjetljivo meso ispod noktiju; živac; *fig* život | **he is Tory to the ~** on je skroz naskroz torijevac; **to touch**

a p to the ~ dirnuti koga u živac; **to hurt to the ~** duboko povrijediti
quick [kwik] *adv* brzo, hitro, žurno | **(as) ~ as lightning** brzo kao munja, munjevito
quick bread [ˈkwikbred] *s* kruh dignut pomoću praška za pecivo (a ne kvasca)
quick-change [ˈkwiktʃeindʒ] *adj* (glumac) koji brzo mijenja (odjeću), koji se brzo preoblači (za drugu ulogu)
quick-change [ˈkwiktʃeindʒ] *vt* brzo promijeniti; hitro presvući
quick-eared [ˈkwikiəd] *adj* fina sluha, oštra uha
quicken [ˈkwikn] *vt/i* **I.** *vt* oživjeti; oduševiti, obodriti, potaći, podstaknuti, raspaliti (*to* za); raspiriti (vatru); požuriti, pospješiti (korake); podražiti (apetit) **II.** *vi* oživjeti, razbuditi se; ojačati; ubrzati se; oduševiti se (*to* za); rasplamsati se (*into* u); postati brži | **to ~ with child** osjetiti živo dijete (pod srcem)
quick-eyed [ˈkwikaid] *adj* oštrovidan, oštra oka
quick-fire [ˈkwikˌfaiə] *adj* brzometan
quick-firer [ˈkwikˌfaiərə] *s mil* brzometni top
quick grass [ˈkwikgraːs] *s bot* pirika, puzava pirika (*Agropyron repens*)
quicklime [ˈkwiklaim] *s* živo vapno
quickly [ˈkwikli] *adv* brzo; skoro, naskoro, uskoro, doskora | **~ afterwards** odmah zatim
quickmarch [ˌkwikˈmaːtʃ] *s mil* brzi korak
quick-match [ˈkwikmætʃ] *s* fitilj
quickness [ˈkwiknis] *s* živahnost, živost, okretnost; finoća, oštrina (osjetila, shvaćanja), oštroumnost; brzina; naglost, prenagljenost; *fig* žestina
quicksand [ˈkwiksænd] *s* živi pijesak, pijesak vijavac
quickset [ˈkwikset] *adj* | **~ hedge** živica
quickset [ˈkwikset] *s hort* mladica, sadnica; rasad; živica
quicksighted [ˌkwikˈsaitid] *adj* oštrovidan
quicksilver [ˈkwikˌsilvə] *s* živa; *fig* živo srebro
quicksilver [ˈkwikˌsilvə] *vt* presvući živom
quick-tempered [ˌkwikˈtempəd] *adj* nagao, naprasit, razdražljiv
quick-witted [ˌkwikˈwitid] *adj* oštrouman, dovitljiv
quid[1] [kwid] *s* gruda duhana za žvakanje
quid[2] [kwid] *s* (*pl* ~) *sl* funta, livra šterlinga
quiddity [ˈkwiditi] *s* 1. srž, bit, suština (stvari) 2. cjepidlačenje
quidnunc [ˈkwidnʌŋk] *s Lat fam* tračler, širitelj novosti, čovjek koji gura nos u tuđe stvari
quid pro quo [ˌkwidprəuˈkwəu] *s Lat* 1. nesporazum, zamjena (osoba), zabluda, kviprokvo 2. naknada, odšteta (*for* za); protuvrijednost
quiescence [kwaiˈesns] *s* mir, mirovanje; tišina, muk; (zimski) san
quiescent [kwaiˈesnt] *adj* (**~ly** *adv*) miran, koji počiva; nepokretan; tih
quiet [ˈkwaiət] *s* mir, tišina; mirovanje, počinak; spokojstvo
quiet [ˈkwaiət] *adj* (**~ly** *adv*) 1. miran, tih, šutljiv 2. blag; bezazlen; vedar; spokojan; krotak (*horse*) 3. prost, jednostavan, nenametljiv (*dress*); neusiljen, naravan; nesmetan, lagodan; *com* labav, trom, mlitav, koji se slabo traži (*coffee is ~*) | *sl* **on the ~** potajno, ispod ruke; **to keep ~** mirovati; mučati (*about* o); **as ~ as a mouse** miran kao miš
quiet [ˈkwaiət] *vt/i* **I.** *vt* miriti, umiriti, stišati, ublažiti **II.** *vi* (*to ~ down*) stišati se, smiriti se; jenjati, popustiti
quieten [ˈkwaiətn] *vt/i vulg* → **quiet**
quietism [ˈkwaiətizm] *s theol* kvijetizam
quietist [ˈkwaiətist] *s* kvijetist
quietly [ˈkwaiətli] *adv* mirno; tiho; bez buke; nenapadno, neprimjetno
quietness [ˈkwaiətnis] *s* mir, tišina
quietude [ˈkwaiətjuːd] *s* mir, spokojstvo
quietus [kwaiˈiːtəs] *s Lat* (konačna) namira, priznanica; (konačno) rješenje; svršetak, kraj (života), smrt | **to give a p his ~** dotući koga, upropastiti koga; **to give the ~ to a th** svršiti s čime
quill [kwil] *s* badrljica, cijev (pravog pera) (*~ feather*); (pravo) pero (iz krila ili repa); (guščje) pero za pisanje (*~-pen*); bodlja (dikobraza); *tech* kalem, tkalačka cijev; *mus* cijev svirale | **to carry a good ~** dobro pisati; **~ toothpick** čačkalica od (guščjeg) pera
quill [kwil] *vt/i* nabrati; navorati (se); namotati (pređu na kalem)
quill-driver [ˈkwilˌdraivə] *s* pisar; pisac; piskaralo
quillet [ˈkwilit] *s* doskočica, sofizam
quilt [kwilt] *s* poplun, (prošiven, vatiran) pokrivač | **hair ~** strunjača
quilt [kwilt] *vt* puniti strunom, vatirati; prošiti, prošivati; ušiti; skalupiti; popabirčiti, kompilirati (književno djelo); *sl* izmlatiti, izlemati
quilting [ˈkwiltiŋ] *s* punjenje (strunom); vatiranje; prošivanje; prošiven rad; pike
quinary [ˈkwainəri] *adj* koji se sastoji od pet dijelova, petorni
quince [kwins] *s bot* dunja
quincunx [ˈkwinkʌŋks] *s Lat* raspored predmeta u položaj nalik na onaj u kojem se nalazi pet točaka na kocki ili igraćoj karti; *hort* unakrsni nasad
quingentenary [ˌkwindʒenˈtiːnəri] *adj* koji se tiče petstote godine, koji je u petstotoj godini
quingentenary [ˌkwindʒenˈtiːnəri] *s* petstota godišnjica
quinia [ˈkwiniə] *s Lat chem* kinin

quinic acid ['kwinik'æsid] *s chem* kinska kiselina
quinidine ['kwinədi:n] *s chem* kinidin
quinine [kwi'ni:n] *s chem* kinin
quinine water [kwi'ni:n'wɔ:tə] *s* tonik
quinnat (salmon) ['kwinæt] *s ichth* čaviča losos
quinoa ['ki:nəuə] *s bot* kinoa, peruansko žito (*Chenopodium quinoa*)
quinoline ['kwinli:n] *s chem* kinolin
quinone [kwi'nəun] *s chem* kinon, benzokinon
quinquagenarian [ˌkwiŋkwədʒi'nɛəriən] *adj* pedesetogodišnji
quinquagenarian [ˌkwiŋkwədʒi'nɛəriən] *s* pedesetogodišnjak
quinquagenary [ˌkwiŋkwə'dʒi:nəri] *s* pedeseta godišnjica
Quinquagesima [ˌkwiŋkwə'dʒesimə] *s Lat* (~ *Sunday*) bijela nedjelja, pokladna nedjelja
quinquangular [kwiŋ'kwæŋgjulə] *adj* peterokutan
quinquennial [kwiŋ'kweniəl] *adj* (~**ly** *adv*) petogodišnji
quinquina [kwiŋ'kwainə] *s med* kininova kora
quins [kwinz] *s pl coll* petorci
quinsy ['kwinzi] *s med* grlobolja, upala krajnika
quint [kwint] *s mus* kvinta; *cards* niz od 5 igraćih karata
quintain ['kwintin] *s hist* stup kao meta za vježbu u gađanju kopljem u trku; natjecanje u gađanju kopljem u trku
quintal ['kwintl] *s* kvintal (od 100 funti ili 118 funti težine); metrička centa (100 kg)
quintessence [kwin'tesns] *s* jezgra, srž; *fig* bit, suština, ono najbolje u čemu
quintessential [ˌkwinti'senʃəl] *adj* (~**ly** *adv*) *fig* najbiraniji, najčišći; stopostotan (~ *toryism*)
quintet(te) [kwin'tet] *s Fr mus* kvintet
quintillion [kwin'tiljən] *s* kvintilion (1 sa 30 ništica); *US* trilion (1 sa 18 ništica)
quintuple ['kwintjupl] *adj* peterostruk
quintuple ['kwintjupl] *s* peterostruko, peterostruka količina
quintuple ['kwintjupl] *vt/i* upeterostručiti (se)
quintuplet ['kwintjuplit] *s* skup od pet; *mus* kvintupla; bicikl za pet osoba | ~**s** *pl* petorci
quip [kwip] *s fig* sarkastična primjedba; pogodak u živac; duhovito peckanje; dvolična šala; sitničava dosjetljivost, domišljatost
quip [kwip] *vi* praviti duhovite primjedbe; zadirkivati, peckati; šaliti se
quire[1] ['kwaiə] *s* knjiga papira (24 arka) | **in** ~**s** (*o knjizi*) nevezan
quire[2] ['kwaiə] *s & v arch* → **choir**
quirk[1] [kwə:k] *s* 1. igra riječima; varka; doskočica, dosjetka; peckanje, šala, hir 2. zavojak, zavojica, rep, zafrkač (potpisa i dr.); *archit* grlac, šipilo, žlijeb
quirk[2] [kwə:k] *s aero sl* početnik
quisling ['kwizliŋ] *s* kvizling, izdajica koji surađuje s okupatorom
quit [kwit] *pred adj* slobodan, prost, oslobođen | **to go** ~ izmaći, proći slobodan, izvući se; **to get** ~ otresti se, osloboditi se (*of*)
quit [kwit] *vt/i* (*pret* ~ed, ~; *pp* ~ed, ~) **I.** *vt* 1. (*to* ~ *oneself*) osloboditi se (*of* čega); učiniti svoju dužnost, izvršiti (posao) 2. odbaciti, ostaviti (što); povući se (od čega), odreći se; pustiti (uzde); *US* prestati (*doing*) 3. (zauvijek) napustiti (mjesto) 4. *poet* nadoknaditi, nagraditi, uzvratiti milo za drago; naplatiti, izravnati, namiriti, otplatiti, isplatiti (dug) **II.** *vi* otići; prestati | ~ **you like men** ponašajte se kao ljudi; **to give notice to** ~ otkazati; **to have notice to** ~ biti u otkazu; **to** ~ **hold of** pustiti, ispustiti
quitch [kwitʃ] *s bot* (~ **-grass**) pirika, puzava pirika
quitclaim ['kwitkleim] *s jur* odricanje, odreknuće (svoga prava)
quitclaim ['kwitkleim] *vt jur* odreći se, napustiti (*to* ~ *a right*); (posjed) prepustiti (*to a p*)
quite [kwait] *adv* 1. sasvim, posve, potpuno 2. pravi (~ *a pleasure,* ~ *a hero*); vrlo 3. *coll* prilično, dosta
quit-rent ['kwitrent] *s* zakupnina za nasljedno imanje, nasljednina
quits [kwits] *pred adj & adv* izravnat, kvit (*with*) | **to call it** ~ prekinuti (posao i dr.); **to cry** ~ priznati da je spor sada dovršen, izjaviti se zadovoljnim postignutim rješenjem; **now we are** ~ sada smo se izravnali; **I will be** ~ **with him yet** još ću mu se osvetiti
quittance ['kwitəns] *s arch & poet* rješenje, oslobođenje (*from*); namira; namirenje, isplata (*in* ~ *of*), nadoknada
quitter ['kwitə] *s coll* čovjek koji se brzo predaje, brzo diže ruke, koji se da lako obeshrabriti
quiver[1] ['kwivə] *s* tulac, tobolac (za strelice) | *fig* **to have an arrow left in one's** ~ ne biti bez sredstava, imati se još **na** što osloniti; ~ **full of children** brojna obitelj
quiver[2] ['kwivə] *s* drhtaj, drhtanje, drhtav glas; treperenje | **in a** ~ dršćući; **with a** ~ drhtavim glasom
quiver ['kwivə] *vi/t* **I.** *vi* drhtati, tresti se (*with* od); treperiti, treptati (*in the wind*) **II.** *vt* potresti, učiniti da što zadrhti | **to** ~ **one's wings** zalepršati krilima
quiverful ['kwivəful] *s* količina (strelica) koja stane u tobolac; *fig* velika obitelj
quivering ['kwivəriŋ] *adj* (~**ly** *adv*) dršćući, drhtav, ustreptao

qui vive [ˌkiːˈviːv] *s Fr* | **to be on the ~** biti na oprezu, budno paziti
quixotic [kwikˈsɔtik] *adj* (**~ally** *adv*) donkihotski
quixotism [ˈkwiksətizm] *s* donkihoterija
quixotry [ˈkwiksətri] *s* → **quixotism**
quiz[1] [kwiz] *s* 1. čudak 2. zadirkivalo, bockalo, peckalo, šaljivčina, šaljivac 3. šala, psina, peckanje, podrugivanje, zadirkivanje
quiz [kwiz] *vt/i* **I.** *vt* (koga) zadirkivati; zbijati šalu (s kim); posprdno motriti, izazovno zuriti; promatrati (koga) kroz monokl **II.** *vi* podrugivati se, zadirkivati
quiz[2] [kwiz] *s US* ispit, kolokvij, kviz, natječaj znanja | **~ program (show)** kviz
quiz [kwiz] *vt* (koga) ispitivati, pitati; *US univ* ispitivati, podvrgnuti (usmenom) ispitu
quizmaster [ˈkwizˌmaːstə] *s US* voditelj kviz-emisije
quizzical [ˈkwizikl] *adj* (**~ly** *adv*) čudan, smiješan, komičan; podrugljiv, zafrkantski; zbunjen, upitan
quizzing-glass [ˈkwiziŋglaːs] *s* monokl
quod [kwɔd] *s GB sl* zatvor
quod [kwɔd] *vt GB sl* strpati u zatvor
quoin [kɔin] *s archit* kamen na uglu, (vanjski) ugao (zgrade); ugao (sobe); *print* klin; *mil* nišanski klin; gvozd
quoin [kɔin] *vt archit* snabdjeti ugaonim kamenom, zaštititi kamenom odbojnikom; zagvozditi; učvrstiti klinom
quoit [kɔit] *s* kolut za bacanje (u igri *quoits*) | **~s** igra bacanja koluta o klin (*~s is played in England*)
quoit [kɔit] *vt* baciti poput koluta (u igri quoits)
quondam [ˈkwɔndæm] *adj Lat* bivši, prijašnji, nekadašnji, negdašnji (*~ friends*)
Quonset hut [ˈkwɔnsithʌt] *s US* montažna baraka od valovitog lima
quorum [ˈkwɔːrəm] *s Lat* kvorum | **to be a ~** sačinjavati kvorum
quota [ˈkwəutə] *s Lat* kvota, veličina postotne stavke; dio, udio (*of* na); kontingent
quotable [ˈkwəutəbl] *adj* koji se može navesti, citirati; *com* koji može notirati
quotation [kwəuˈteiʃn] *s* navođenje, citiranje; navedeno mjesto, citat, navod; *com* notiranje (cijena, kursa), kurs, tečaj; predračun, navođenje cijena (u ponudi), kvotiranje; *com* (specijalna) ponuda
quotation-marks [kwəuˈteiʃnmaːks] *s pl* navodnici
quotative [ˈkwəutətiv] *adj* koji citira, navodni
quote [kwəut] *vt/i* **I.** *vt* (riječi) navoditi (*from*); (koga) citirati; naznačiti (*as*); bilježiti; *com* (cijenu) navesti, odrediti (u ponudi); *st exch* notirati (*at*) **II.** *vi* navoditi, citirati (*from*); *com* sastaviti predračun (*for*) | **what are you quoting?** koju cijenu navodite?
quote [kwəut] *s* citat, navod | *sl* **~s** *pl* navodnici
quoth [kwəuθ] *vt arch* 1. i 3. lice *sg pret* | **~ I** rekoh; **~ he** reče on
quotidian [kwɔˈtidiən] *adj* svakidašnji, svakodnevan, običan, otrcan; dnevni, koji se vraća svakog dana
quotidian [kwɔˈtidiən] *s med* dnevna groznica
quotient [ˈkwəuʃənt] *s math* količnik, kvocijent

R

R, r [aː] *s* (*pl* **~s, ~'s**) slovo r | **the ~ months** mjeseci koji imaju »r« (od septembra do aprila zaključno); **the three R's** tri predmeta osnovnog obrazovanja: čitanje, pisanje i računanje (*reading, (w)riting & (a)rithmetic*)

rabbet ['ræbit] *s carp* spoj, sastavak, vez, urez, utor, šipilo, žlijeb, oluk, udubljenje, zaglavak, falc

rabbet ['ræbit] *vt* utoriti, šipiliti, užlijebiti, uglaviti, uglobljavati, falcovati

rabbi ['ræbai] *s* rabi (naslov, pozdrav); rabin, židovski svećenik i doktor prava, učenjak

rabbin ['ræbin] *s* → **rabbi**

rabbinate ['ræbinit] *s* služba, dužnost rabina, rabinat

rabbinical [ræ'binikl] *adj* (**~ly** *adv*) rabinski

rabbit ['ræbit] *s zool* kunić; kunićevo krzno; *US* zec; *GB sl sport* šeprtlja, prtljanac, diletant | **to breed like ~s** biti vrlo plodan, kotiti se, množiti se kao kunići; *cul* **Welsh ~** rastopljen sir na prženoj kriški kruha

rabbit ['ræbit] *vi* ići u lov na kuniće, loviti kuniće

rabbit ['ræbit] *vt vulg* proklinjati, kleti | *sl* **~ me!** bog me ubio!

rabbit ears ['ræbit'iəz] *s coll* sobna TV antena od dvije uspravne šipke

rabbit fever ['ræbit'fiːvə] *s med* tularemija

rabbit-hutch ['ræbithʌtʃ] *s* staja za kuniće

rabbitry ['ræbitri] *s* kunićnjak, uzgajalište kunića

rabbit-warren ['ræbitˌwɔrin] *s* kunićnjak, ograđen prostor za kuniće; *fig* labirint, prepuna kuća

rabbity ['ræbiti] *adj* poput kunića, kunićki

rabble[1] ['ræbl] *s* svjetina, rulja, bučna i razularena gomila ljudi

rabble[2] ['ræbl] *s* željezna šipka sa svinutim vrhom za miješanje istaljene kovine

rabblement ['ræblmənt] *s* gomila, svjetina, puk; ološ, fukara

rabble-rouser ['ræblˌrauzə] *s* demagog

rabid ['ræbid] *adj* (**~ly** *adv*) bijesan (i koji ima bjesnoću), bjesomučan, mahnit, fanatičan

rabidity [ræ'biditi] *s* bijes, bjesnoća, mahnitost, sumanutost, ludost

rabies ['reibiːz] *s vet* bjesnilo, bjesnoća

race[1] [reis] *s* 1. trk, trčanje; *fig* tok, tijek (života, stvari itd.); strujanje, tečenje; struja, tok, brzica; *US* riječno korito, jaz, kanal 2. *sport* utrka, utrkivanje, natjecanje (trkača, jedrilica, konja i dr.); *fig* takmičenje, natjecanje, borba | **the ~s** konjske trke; *fig* **his ~ is run** on je odživio svoj vijek

race[2] [reis] *s* 1. porijeklo, podrijetlo, rod, obitelj, pleme 2. rasa 3. *zool & bot* vrsta, rod, razred 4. vrsta, soj, klasa ljudi itd. s nekom zajedničkom crtom 5. rasnost, rasna osobina

race[3] [reis] *s* korijen (đumbira)

race [reis] *vi/t* **I.** *vi* 1. utrkivati se, natjecati se s kim, trčati za okladu; juriti, ići punom brzinom, punom parom (vijak, propeler); trčati, jedriti, juriti **II.** *vt* 1. jahati konja u utrci; natjecati se s kim u trčanju 2. stići, dostići, sustići koga | **the racing world** stalni posjetioci ili ljubitelji konjskih utrka

race-ball ['reisbɔːl] *s* ples održan u vezi s utrkama

race-card ['reiskaːd] *s* program utrka

race-course ['reiskɔːs] *s* 1. trkalište 2. mlinski jaz

race-horse ['reishɔːs] *s* trkaći konj

racemate [rei'seimeit] *s chem* racemat (sol ili ester racemskę kiseline)

raceme [rei'siːm] *s bot* grozd (vrsta cvata), grozdast cvat

race-meeting ['reisˌmiːtiŋ] *s* trkački susret

racemic [rei'siːmik] *adj chem* racemski

racemose ['ræsəməus] *adj bot* grozdast, racemozan

racer ['reisə] *s* trkač, trkaći konj; trkaći čamac, trkaća kola (auto) itd.; *zool US* guž, poljarica, smuk (*Coluber*)

race riot ['reis,raiət] *s US* rasni nemiri, rasni sukob
race track ['reistræk] *s* trkalište, hipodrom
rachis ['reikis] *s* (*pl* ~**es, rachides** ['reikədi:z] 1. *bot* rakis 2. *anat* kralježnica 3. *zool* stručak (pokrivnog pera)
rachitis [ræ'kaitis] *s med* rahitis, engleska bolest
racial ['reiʃl] *adj* (~**ly** *adv*) rasni
racialism ['reiʃəlizm] *s* rasizam
raciness ['reisinis] *s* (o vinu i dr.) punoća, fin okus, buké; pikantnost
racing ['reisiŋ] *adj* brz, koji trči, trkaći
racing ['reisiŋ] *s* utrkivanje
racism ['reisizm] *s* rasizam
rack[1] [ræk] *s* 1. para, oblaci tjerani vjetrom 2. propast, uništenje | *fig* **to go to** ~ **and ruin** potpuno propasti
rack[2] [ræk] *s* ljestve nad jaslama za sijeno itd.; naprava s prečkama, policama ili klinovima za šešire, tanjure, oruđe, lule 2. *rly* **mreža za prtljagu** 3. *tech* zupčanica, zupčasta šipka
rack[3] [ræk] *s* 1. *hist* sprava za mučenje, mučilo, ljestve rastezače 2. bura, oluja, nevrijeme | *fig* **on the** ~ na mukama, na mučenju, s najvećim naporom, vrlo napregnuto; *fig* **to put on the** ~ udariti na muke, mučiti
rack[4] [ræk] *s* arak (vrsta rakije)
rack[5] [ræk] *s* trupkalica, kaskanje
rack[6] [ræk] *s* vratina (teletine, svinjetine, ovčetine, janjetine)
rack[1] [ræk] *vt/i* **I.** *vt* 1. *hist* udariti na muke, mučiti; *fig* mučiti, mrcvariti, patiti, pritisnuti, pritijesniti koga 2. naprezati, napregnuti do krajnosti (mozak) 3. utjerati, iznuditi što veću najamninu; isisati, oglobiti (stanare, zakupnika), iscrpsti, iskoristiti (zemlju) **II.** *vi* (o oblacima) biti tjeran vjetrom, vući se, juriti | **to** ~ **one's brains razbijati si glavu**
rack[2] [ræk] *vt/i* napuniti jasle krmom; hraniti, krmiti konja; smjestiti, postaviti što na stalak
rack[3] [ræk] *vt* pretakati, otakati (vino u boce) (*off*)
rack [ræk] *vi* kasati, trupkati
racket[1] (**racquet**) ['rækit] *s* 1. **reket za** tenis 2. *pl* vrsta igre s loptom u zatvorenom prostoru; krplje (prepleteni obruči za hodanje po snijegu)
racket[2] ['rækit] *s* 1. buka, huka, vika, nemir, metež; vrisak, cika, dreka; uzrujanost, uzbuđenje; *fam* galama, graja 2. zanos, veselost, razuzdanost, bučna gozba, pijančevanje 3. teška kušnja, loše iskustvo; ispitivanje, provjeravanje, test; *US sl* varka, dosjetka, nepošten posao, smicalica, laka zarada, ucjenjivanje, ucjena, iznuđivanje, otimanje, prepad | **to stand the** ~ snositi posljedice ili odgovornost
racket ['rækit] *vi* 1. bučati, dizati buku, huku, galamiti 2. raskalašeno živjeti, tjerati kera, dići uzbunu (*about* zbog čega)
racketeer [,rækə'tiə] *s US sl* iznuđivač, ucjenjivač, gangster, reketir
racketeering [,rækə'tiəriŋ] *s* ucjenjivanje, iznuđivanje, otimanje, organizirano zločinstvo
rackety ['rækiti] *adj* bučan
rack-gear ['rækgiə] *s tech* stroj sa zupčanicima
racking ['rækiŋ] *adj* mučan, užasan, okrutan | **a** ~ **headache** strahovita glavobolja
racking ['rækiŋ] *s* ispiranje rude u osobitoj napravi (koja se zove *rack*)
rack-rail ['rækreil] *s rly* zupčasta tračnica
rack-railway ['ræk,reilwei] *s rly* zupčana željeznica
rack-rent ['rækrent] *s* pretjerana, previsoka najamnina
rack-rent ['rækrent] *vt* zahtijevati, iznuditi pretjeranu, previsoku najamninu (od stanara ili zakupnika zemlje)
rack-renter ['ræk,rentə] *s* zakupnik, onaj koji plaća previsoku najamninu
rack-wheel ['rækwi:l] *s* zupčanik
racon ['reikɔn] *s US* radarski far
racoon (raccoon) [rə'ku:n] *s zool* rakun (*Procyon lotor*)
racquet ['rækit] *s* → **racket** *s*
racy ['reisi] *adj* (**racily** *adv*) (o vinu itd.) sadržajan, mirisan, dobre vrste; pikantan; (o konju) rasan, vatren, dobre pasmine; (o ljudima) rasni, iskonski; živahan, duhovit; *US* vedar, veseo, živ, čio, vatren, nestašan, bujan | *fig* ~ **of the soil** prostodušan, duhovit, živahan; ugodno uzbudljiv, pikantan
rad [ræd] *s* → **radical**
radar ['reida:] *s* radar
radarman ['reidəmæn] *s* (*pl* **radarmen** ['reidəmen]) operator radara
radar beacon ['reidə'bi:kən] *s* radarski far
radarscope ['reidəskəup] *s* radarski indikator
raddle ['rædl] *s min* hematit; crveni oker (zemlja)
raddle ['rædl] *vt* slikati, ličiti, mazati crvenim okerom
radial ['reidjəl] *adj* (~**ly** *adv*) 1. *geom, zool & bot* radijalan, zrakast 2. koji je snabdjeven zrakastim žbicama, prečkama, linijama i dr. 3. kosti podlaktice 4. *chem* koji se tiče radijuma | ~ **(ply) tire** radijalna guma, radijalka
radial ['reidjəl] *s* radijalna arterija, radijalni živac i dr.
radialization [,reidjəlai'zeiʃn] *s* redanje radijalno
radialize ['reidjəlaiz] *vt* poredati, rasporediti što u obliku zraka, radijalno
radian ['reidjən] *s geom* radijan

radiance [ˈreidjəns] *s* sjaj, blistanje, sjajnost, bliještavost; *fig* sjaj
radiant [ˈreidjənt] *adj* (~**ly** *adv*) sjajan, blistav, koji se svijetli, koji se širi kao zrake; koji radira | ~ **beating** grijanje kuća i prostorija tako da toplina izbija iz velikih površina (podova, zidova itd.)
radiant [ˈreidjənt] *s* žarište, fokus | ~ **energy** *phys* energija zračenja
radiate [ˈreidiit] *adj* (~**ly** *adv*) zrakast, radijalan; *bot* jezičast (cvijet)
radiate [ˈreidieit] *vi/t* **I.** *vi* sjajiti se, zračiti; isijavati; zrakasto se širiti, blistati se, svijetliti se, svjetlucati se; *el* svjetlucati se, iskriti se, izbijati (u zrakama, iskrama) **II.** *vt* zračiti, isijavati; širiti; rasprostirati; *fig* odavati, izražavati (radost, život, ljubav itd.)
radiation [ˌreidiˈeiʃn] *s* zračenje, isijavanje, energija zračenja; radijacija | ~ **sickness** bolest izazvana radijacijom
radiative [ˈreidiətiv] *adj* koji izbija, ispušta (zrake)
radiator [ˈreidieitə] *s* 1. radijator 2. *mot* hladnjak 3. radioaktivna tvar ili predmet 4. *radio* radijator, uređaj za zračenje
radiator-muff [ˈreidieitəmʌf] *s mot* poklopac hladnjaka
radical [ˈrædikl] *adj* (~**ly** *adv*) ukorijenjen, prirođen, temeljan, osnovni; iskonski, prvobitan, primaran (pojam); bitan, temeljan, osnovni (reforma); radikalan, temeljit (liječenje); *pol* radikalan; *math* korijenski, koji se odnosi na korijen; *gram, bot* & *mus* korijenski, osnovni, temeljni
radical [ˈrædikl] *s gram* & *math* korijen; *chem* osnova, radikal; *pol* radikal
radicalism [ˈrædikəlizm] *s pol* radikalstvo, radikalizam, radikalnost
radicalization [ˌrædikəlaiˈzeiʃn] *s* radikalizacija
radicalize [ˈrædikəlaiz] *vt/i* **I.** *vt* radikalizirati koga ili što **II.** *vi* postati radikal, gajiti, kriti u sebi radikalna načela
radio [ˈreidiəu] *s radio* radio-telegram, razgovor, bežični saobraćaj; radio; radio-emisija, prijenos; rendgenske zrake; *pl* liječenje rendgenskim zrakama; radio-aparat, radio-prijemnik
radio [ˈreidiəu] *vt/i* **I.** *vt* 1. javiti bežičnom telegrafijom, radiom 2. slikati, osvijetliti, izložiti, ispitivati, prosvijetliti rendgenskim zrakama; *med* liječiti radijem **II.** *vi* slati vijest radiom, emitirati vijesti
radio-active [ˌreidiəuˈæktiv] *adj chem* radioaktivan
radio-activity [ˌreidiəuækˈtiviti] *s* radioaktivnost
radio beam [ˈreidiəuˈbiːm] *s aero* radio-far
radio direction finder [ˈreidiəudiˈrekʃənˌfaində] *s mar* radio-goniometar
radiogram [ˈreidiəugræm] *s* radiogram
radiograph [ˈreidiəugraːf] *s* radiograf, rendgenska slika, rendgenska snimka
radiograph [ˈreidiəugraːf] *vt* načiniti rendgensku snimku (rendgentsku sliku)
radiography [ˌreidiˈɔgrəfi] *s* radiografija, rendgenska fotografija
radiolocate [ˌreidiəuləuˈkeit] *vt* odrediti položaj brodu ili avionu pomoću radio-valova
radiolocation [ˌreidiəuləuˈkeiʃn] *s* radio-lokacija
radiologist [ˌreidiˈɔlədʒist] *s scient* radiolog
radiology [ˌreidiˈɔlədʒi] *s scient* radiologija, izučavanje rendgenskih zraka ili zraka iz radioaktivnih tvari
radiometer [ˌreidiˈɔmitə] *s* radio-metar, aparat za mjerenje zraka, za mjerenje intenziteta radijacije
radiophony [ˌreidiˈɔfəni] *s* radiofonija
radio set [ˌreidiəuˈset] *s* radio-aparat
radiotelegram [ˌreidiəuˈteligræm] *s* radio-telegram
radiotelephony [ˌreidiəuteˈlefəni] *s* radio-telefonija
radiotherapy [ˌreidiəuˈθerəpi] *s med* radio-terapija
radiothermy [ˈreidiəuˌθəːmi] *s med* kratkovalna dijatermija
radiothorium [ˌreidiəuˈθɔːriəm] *s* radioaktivan torij (Th^{228})
radio wave [ˈreidiəuweiv] *s* radio-val
radish [ˈrædiʃ] *s bot* rotkva
radium [ˈreidiəm] *s chem* radij
radius [ˈreidiəs] *s* (*pl* **radii** [ˈreidiai]) *math* & *geom* radijus, polumjer; *anat* palčana kost, radijus, podlaktica; žbica, palac; *bot* zraka; opseg, krug; gradsko područje; područje, doseg, (akcioni) radijus
radix [ˈreidiks] *s* (*pl* **radices** [ˈreidisiːz]) *math* korijen; osnovni broj; *fig* izvor, porijeklo, podrijetlo; *bot* korijen
radon [ˈreidɔn] *s chem* radon, emanacija radija
radula [ˈrædjulə] *s* (*pl* ~**e** [ˈrædjuliːl]) *zool* radula, trenica (puža)
raff [ræf] *s* → **riff-raff**
raffia [ˈræfiə] *s bot* rafija, vrsta afričke palme (njezino se liko upotrebljava za vezanje, za pletenje košara i dr.)
raffish [ˈræfiʃ] *adj* prost, podao, razuzdan, vulgaran
raffle[1] [ˈræfl] *s* lutrija, ždrijebanje, izvlačenje kockom
raffle[2] [ˈræfl] *s* smeće, izmet, starež, starudija, trice i kučine
raffle [ˈræfl] *vi/t* **I.** *vi* ždrijebati, odlučiti ždrijebom, kockom **II.** *vt* iždrijebati; dosuditi što ždrijebom
raft [raːft] *s* splav; *US coll* gomila, obilje, velika količina, masa, sva sila, silesija
raft [raːft] *vt/i* **I.** *vt* prevoziti na splavi; načiniti splav; skupiti u splav **II.** *vi* voziti se, putovati, prevoziti na splavi

rafter[1] ['raːftə] *s* splavar

rafter[2] ['raːftə] *s* rog, rožnik (krová), zabatna greda

rafter ['raːftə] *vt* staviti, metnuti rogove, rožnike (na krov), opskrbiti rogovima (krov)

raftsman ['raːftsmən] *s* splavar

rag[1] [ræg] *s* 1. dronjak, prnja, cunja, krpa, trulja, odrpina 2. platno, platnena roba od krpa, prnja 3. *pl* odrpana, pohabana odjeća, odijelo, svakidanje odijelo, odjeća 4. *derog* zastava, džepna maramica, zavjesa, novine, novčanica i dr. 5. (preneseno) ulomak, odlomak, djelić, komadić bilo čega 6. malen, sitan, neznatan ostatak, trag, trun (npr. *no ~ of evidence*) 7. bijednik, odrpanac | **in ~s** poderan, odrpan, dronjav, u prnjama; **like a red ~ to a bull** kao biku crvena krpa; **not a ~ to one's back** ni dronjka, ni prnje na tijelu; *US* **to take the ~ off (the bush)** sve, svakog natkriliti, nadmašiti; tući (u natjecanju); **glad ~s** svečana odjeća; **to cram on every ~** dići sva jedra

rag[2] [ræg] *s* škriljavac, kremeni pješčanac, brusilovac, tvrd lističav vapnenac

rag[3] [ræg] *s sl* tučnjava, kavga, izgred; urnebes, graja, rusvaj; šala, peckanje, izazivanje, zadirkivanje; *Univ sl* studentski izgred | *fig* **to get one's ~ out** rasrditi se, ražestiti se, jako se uzbuditi; **fancy dress ~** studentska zabava, kostimirana zabava

rag [ræg] *vt/i* **I.** *vt* izgrditi koga, obrisati koga, očitati komu bukvicu; peckati, dražiti, mučiti, napakostiti (komu), prirediti komu što za inat, zlurado se našaliti s kim **II.** *vi* 1. potući se, počupati se 2. *fam* praviti izgrede

ragamuffin ['rægəˌmʌfin] *s* odrpanac, prnjavac, dronjo

rag-and-bone-man [ˌrægən'bəunmæn] *s* sakupljač krpa, cunjar, truljar

rag-baby ['rægˌbeibi] *s* lutka od krpa

rag-bag ['rægbæg] *s* vreća za krpe, cunje, zbirka svega i svačega

rage [reidʒ] *s* 1. bijes, bjesnilo, bjesnoća, jarost, gnjev, srdžba, ljutina 2. pomama, pohlepa, gramzljivost, požuda, žudnja, manija, oduševljenje (*for* za čim); *fig* žar, strast, oduševljenje, ushit, zanos | **to be (all) the ~** biti u velikoj modi, biti omilio, biti tražen; **to get into a ~** razbjesnjeti se

rage [reidʒ] *vi* & *refl* bjesnjeti (*against* na koga), razbjesnjeti se (*at* na koga); (o zarazama) harati | **to ~ oneself out** izbjesnjeti se, ispraskati se, iskaliti se, istutnjati se

rageful ['reidʒful] *adj* (**~ly** *adv*) bijesan, žestok, užasan, strašan

rag-fair ['rægfɛə] *s* sajam starih stvari, starudije

ragged ['rægid] *adj* (**~ly** *adv*) rutav, čupav, runjav, maljav; nepravilan, neravan, reckav, nazupčan, hrapav; oštar, vrištav (glas); nedovršen, nedotjeran, isprekidan, nesuvisao (rečenica); krnj, manjkav, nepotpun, s nedostatkom, nesavršen; poderan, odrpan, dronjav, otrcan

raggedness ['rægidnis] *s* poderanost, dronjavost, odrpanost, dronjci; neravnost, hrapavost; krševitost; nazupčanost

ragged robin ['rægid'rɔbin] *s bot* rumenika, rumen-cvijet, kukavičje perje (*Lychnis loscuculi*)

ragger ['rægə] *s fam* onaj koji diže huku i buku, galamdžija, izgrednik, vikač

raging ['reidʒiŋ] *adj* (**~ly** *adv*) bijesan, koji bjesni, goropadan; koji užasno boli (o zubu) | **a ~ pain** strahovita bol; **a ~ storm** silna oluja

raglan ['ræglən] *s* ogrtač raglan kroja

rag-money ['rægˌmʌni] *s US* devalviran papirni novac

ragout ['ræguː] *s Fr cul* ragu, jelo pripređeno poput paprikaša

rag-paper ['rægˌpeipə] *s* papir načinjen od krpa

rag-shop ['ræg∫ɔp] *s* trgovina krpama (i otpacima)

ragtag ['rægtæg] *s coll* smet, odrpanac, dronjo, društveni ološ | *fam* & *fig* **~ and bobtail** obirak, izmet, prosta svjetina; škart; i šuto i rogato

ragtime ['rægtaim] *s US* ritam s čestim sinkopama uobičajen u crnačkoj plesnoj glazbi; glazba s takvim ritmom

rag-wheel ['rægwiːl] *s tech* kotač s urovašenim rubom, zupčanik

rag-wool ['rægwul] *s* vuna od suknenih krpa, od prnja

raid [reid] *s mil* upad, prepad, nalet, napad; racija; odvlačenje konkurentovih namještenika

raid [reid] *vi/t* **I.** *vi* upasti, navaliti, provaliti, napasti, izvršiti pljačkaški pohod, izvršiti najezdu, prodrijeti (*into* u) **II.** *vt* (iznenada) napasti koga, poharati, opljačkati; *com* obarati cijene, slabiti tržište

raider ['reidə] *s* upadač, pljačkaš; *aero mil* avion koji vrši nalet

rail[1] [reil] *s* 1. zasun, zasunka, reza, kračun, prijevornica, zapor, prečaga, prečka 2. (često *pl*) rešetka, ograda, pregrada, naslon, balustrada 3. *mar pl* ograda (na palubi broda) 4. *rly* tračnica, šinje, željeznička pruga, kolosijek; željeznica | **to run off the ~s** iskliznuti, iskočiti s tračnica; *fig* **off the ~s** koji je iskočio s tračnica, dezorganiziran, koji je izišao iz koncepta, zbunjen; **by ~** željeznicom; *com* **free on ~** (kratica *f. o. r.*) franko-vagon; **go off the ~** skrenuti; poludjeti

rail[2] [reil] *s ornith* mlakar pjetlić (*Rallus aquaticus*)

rail [reil] *vt/i* **I.** *vt* 1. ograditi, opasati što (rešetkama itd.) 2. *rly* položiti tračnice, kolosijek 3. poslati željeznicom (robu) **II.** *vi* putovati željeznicom
rail in [ˈreilˈin] *vt* ograditi, opasati što (rešetkom, ogradom itd.)
rail off [ˈreilˈɔf] *vt* odvojiti što ogradom itd.
rail out [ˈreilˈaut] *vt* izdvojiti, odijeliti što željeznom ogradom
rail [reil] *vi* 1. rugati se, podrugivati se, peckati, bockati, zagrizati (*at*) 2. psovati, kleti, grditi, ogovarati (*against*)
railage [ˈreilidʒ] *s rly* željeznički transport, prijevoz željeznicom
rail-car [ˈreilkaː] *s rly* motorna kola
rail-chair [ˈreiltʃɛə] *s rly* podložna pločica (za pričvršćivanje tračnica na prag)
railer [ˈreilə] *s* onaj koji grdi, ruži; rugač, podrugljivac, podsmjehivač, ismijavač; potvoritelj
railhead [ˈreilhed] *s rly* krajnja točka željezničke pruge; *mil* željeznička (opskrbna) baza, stanica snabdijevanja
railing[1] [ˈreiliŋ] *s* ruganje, ismijavanje, podsmjehivanje, poruga, pogrda, grđenje; objeda
railing[2] [ˈreiliŋ] *s* ograda, rešetka; zapreka; *mar* ograda, obodnica (palube broda)
railing [ˈreiliŋ] *adj* (**~ly** *adv*) podrugljiv, posprdan
raillery [ˈreiləri] *s* zadirkivanje, peckanje, izrugivanje, ismijavanje, podrugivanje, šala
railroad [ˈreilrəud] *s US* željeznička pruga, željeznica
railroad [ˈreilrəud] *vt* prevoziti, otpremati željeznicom; putovati željeznicom; služiti kod željeznice; *US coll* forsirati ili progurati zakonski prijedlog užurbano; *sl* zatvoriti (utamničiti) koga na temelju lažne optužbe da se riješi toga čovjeka
railroad flat [ˈreilrəudˈflæt] *s US* stan u kojem se ulazi iz prostorije u prostoriju (bez hodnika)
railway [ˈreilwei] *s* željeznička pruga, željeznica; *US* pruga za laka vozila (*a street ~*) | **at ~ speed** brzinom željeznice, s velikom brzinom; **elevated ~** nadzemna željeznica; **suspended ~** viseća željeznica; **underground ~** podzemna željeznica
railway [ˈreilwei] *vi* 1. graditi željezničke pruge 2. putovati željeznicom
railway car [ˈreilweikaː] *s US* željeznička kola, vagon
railway-carriage [ˈreilweiˌkæridʒ] *s* željeznička kola, vagon (za putnike)
railway-engine [ˈreilweiˌendʒin] *s* lokomotiva, stroj (željeznički)
railwayless [ˈreilweilis] *adj* koji je bez željeznice, bez željezničke pruge
railway-line [ˈreilweiˈlain] *s* željeznička pruga
railwayman [ˈreilweimən] *s* (*pl* **railwaymen** [ˈreilweimən]) željezničar
railway-station [ˈreilweiˌsteiʃn] *s* željeznička stanica, kolodvor
raiment [ˈreimənt] *s poet rhet* odijelo, odjeća
rain [rein] *s* 1. kiša, dažd; *pl* pljuskovi, oborine 2. *fig* izljev; rijeka (*~ of tears*) 3. gusta masa (*of* čega) 4. kiša, tuča (*~ of blows*)
rain [rein] *vi/t* **I.** *vi* 1. kišiti, daždjeti, padati, lijevati; (o nebu) slati kišu 2. preneseno (o suzama) teći, kotrljati se; *fig* padati, dolaziti u gomilama, u hrpama, prašteći kišiti (*upon* na) **II.** *vt* 1. (o kiši) pustiti da padne, slati 2. *fig* (suze) liti, prolijevati 3. (kamenje) bacati (*upon* na) | **it ~ed gifts (kisses)** sipali su, padali su darovi (poljupci); **it ~s cats and dogs** lijeva (kiša) kao iz kabla, padaju sjekire; **it never ~s but it pours** nesreća ne dolazi nikad sama, jedno zlo niže se za drugim
rain out [ˈreinˈaut] *vt US* odložiti zbog kiše
rain-bird [ˈreinbəːd] *s ornith* 1. žuna zelena (*Gecinus Viridis*) 2. vrsta kukavice
rainbow [ˈreinbəu] *s* duga
raincoat [ˈreinkəut] *s* kišni kaput, ogrtač za kišu, kišna kabanica
rain-doctor [ˈreinˌdɔktə] *s* vrač, čarobnjak, za koga kod divljih plemena vjeruju da može proizvesti kišu
raindrop [ˈreindrɔp] *s* kišna kap
rainfall [ˈreinfɔːl] *s* kiša, oborine; *tech* precipitat
rain forest [ˈreinˌfɔrist] *s* tropska kišna šuma
rain-gauge [ˈreingeidʒ] *s* pluviometar, kišomjer
rain-glass [ˈreinglaːs] *s* barometar
raininess [ˈreininis] *s* kišovito vrijeme, stanje kišovitosti
rainless [ˈreinlis] *adj* koji je bez kiše, bez oborina, bez padalina
rain-maker [ˈreinˌmeikə] *s* vrač, čarobnjak, za koga kod divljih plemena vjeruju da može proizvesti kišu; meteorolog ili avion koji izaziva umjetnu kišu
rainproof [ˈreinpruːf] *adj* nepromočiv, koji ne propušta ili odbija kišu
rainstorm [ˈreinstɔːm] *s* oluja s kišom
raintight [ˈreintait] *adj* nepromočiv
rain-water [ˈreinˌwɔːtə] *s* kišnica
rainwear [ˈreinwɛə] *s* odjeća za kišu
rain-worm [ˈreinwəːm] *s* gujavica
rainy [ˈreini] *adj* (**rainily** *adv*) kišovit, kišni | *fig* **~ days** crni dani
raise [reiz] *s* povišica nadnice, plaće; *cards* dizanje (u pokeru), licitacija (u bridžu)
raise [reiz] *vt* 1. (po)dignuti, uzdignuti, uzdići; uskrsavati, oživiti 2. (zemlju, narod) (po)buniti, dizati (*against, upon* protiv koga); podstrekavati koga (*to do* da učini

što); izazvati, probuditi (smjelost, odvažnost); zagrijati za, raspaliti za, poticati, bodriti; oživljavati 3. podići, sagraditi, postaviti (kuću, spomenik) 4. uzgajati, odgojiti, othraniti (životinje), gajiti, odgajati, njegovati (biljke); saditi, obrađivati (povrće); sijati (žito); *fig* stvoriti, proizvoditi (što) 5. izazvati, prouzročiti (smijeh); podići, uzdići (glas, viku itd.); prouzročiti (pobunu, kavgu); pobuditi, uzbuditi (osjećaj); pokrenuti, postaviti, potaknuti (pitanje itd.), iznijeti što na dnevni red 6. dizati, tjerati uvis (vodu itd.) (*from* iz); promaknuti, unaprijediti koga (*to* na, u) 7. dizati (moral); (*kauzativno*) učiniti da se digne (npr. kruh); dozivati (duhove); *mar* opaziti, ugledati (kopno, brod) 8. *fig* uzvisiti; povisiti, uzimati, ubirati, utjerati (porez, novac); donositi (dobitak, dohodak); uzeti (zajam); osnovati, utemeljiti (zakladu); dizati, kupiti (vojsku) 9. odustati od, dokrajčiti (opsjedanje, opsadu); ukloniti, ukinuti, dići (zabranu, obustavu); uveličati, povećati (glas, slavu); širiti (miris); čupati (čohu itd.) 10. povisiti, povećati (plaću itd.) (*by* za, *to* na); (po)dizati (vrijednost, cijenu); naglasiti, istaknuti što; vaditi, kopati (ugljen itd.) | *fig* **to ~ the wind** pribaviti sebi potreban novac ili sredstva; *fig* **to ~ a dust** uzvitlati prašinu, dići buku; **to ~ one's hat to a p** pozdraviti koga skidanjem šešira; **to ~ one's glass to a p** nazdraviti komu, podići čašu u čije zdravlje; **to ~ to the throne** uzdići, postaviti na prijestolje; **to ~ hell (Cain, the Devil)** dizati paklensku buku; **to ~ money** sakupiti, pribaviti novac; **to ~ one's hand** podići ruku (na koga), udariti (koga)

raisecheque ['reiztʃek] *s US* ček čiji je iznos na prijevaran način povišen

raised [reizd] *adj* ispupčen, izbočen; dizan (tijesto)

raiser ['reizə] *s* onaj koji uzdiže, podiže; graditelj, odgojitelj; sadilac, proizvođač

raisin ['reizn] *s* suho grožđe, rozina, groždica

rait [reit] *vt/i* → **ret**

raj [ra:dʒ] *s Ind* vladavina, gospodstvo

raja(h) ['ra:dʒə] *s Ind* kralj, knez, princ, radža, (također naslov malog dostojanstvenika ili plemića u Indiji, ili malajskog ili javanskog poglavice)

rake[1] [reik] *s* 1. *hort* & *agr* grablje 2. strugač (za čišćenje cipela od blata)

rake[2] [reik] *s mar* kosina, kos položaj jarbola, ukošenost

rake[3] [reik] *s* razvratnik, bludnik

rake[1] [reik] *vt/i* **I.** *vt* grabljati; zgrtati, zgrnuti, skupiti (*together, up*); odnijeti, prenijeti, prevesti kolima (*off, away*); (grabljama) poravnati, očistiti i dr. (*up, over*); pokriti (vatru) pepelom; grepsti, strugati; preletjeti, pretražiti pogledom; *fig* skupljati, navući, donositi (*from* iz); prerovati, prekopati, preriti, tražiti (*for* za); *mil* & *mar* zasipati uzdužnom vatrom **II.** *vi* grabljati; preturiti, premetati, prekopati, svuda (pre)tražiti (*in* u; *among* među; *after, for* u potrazi za čim)

rake in ['reik'in] *vt* brzo nakupiti, nagomilati

rake out ['reik'aut] *vt* izgrabljati (pepeo); najzad (pro)naći

rake up ['reik'ʌp] *vt* zapretati (npr. vatru); izgrnuti, iskopati, pronaći; ponovo pokrenuti, podastrijeti (npr. tužbu protiv koga *against a p*)

rake[2] [reik] *vi/t mar* (o brodu, o jarbolima) koso stajati, naginjati se; koso postaviti, nagnuti

rake[3] [reik] *vi* letjeti za plijenom (sokol); slijediti plijen s nosom uz zemlju (njušeći trag, o psu)

rake-comb ['reikkəum] *s* rijedak češalj

rakehell ['reikhel] *s* razvratnik

rake-off ['reikɔf] *s US* udio, dio neke svote ili dobitka | **to have a ~ on a th** izvući svoj dobitak, profit iz čega

raking ['reikiŋ] *adj* koji je kos, ukošen, nagnut, kriv, naheren

raking ['reikiŋ] *s* grabljanje, pretraživanje, preturivanje

rakish ['reikiʃ] *adj* (**~ly** *adv*) razbludan, razvratan, raspušten; prodoran, poletan, lakouman

rally ['ræli] *s mil* skupljanje; sastanak, skup, zbor; zasjedanje, sjednica; susret; *fig* oporavak, oporavljanje; *ten* oštra borba igrača da se osvoji, dobije bod, brža izmjena lopti

rally ['ræli] *vt/i* skupiti (se), skupljati (se) (& *fig*); oživiti, prodrmati, probuditi, pridružiti (se) (*to* komu); oporaviti se, osvijestiti se, oživjeti, popraviti se | **to ~ round (to) a p's opinion** pridružiti se čijemu mišljenju; **the prices ~** cijene se popravljaju

rally ['ræli] *vt* peckati, zadirkivati, zbijati šalu, zavitlavati, zafrkavati

ram [ræm] *s* 1. *zool* ovan 2. *astr* **the Ram** Ovan, zviježđe zodijaka 3. *mil hist* ovan, ratna sprava za probijanje zidova 4. *mar* kljun broda, probijač 5. *tech* malj, zabijač, parni čekić, nabijač, klip, čep (hidrostatskog tijeska, preše, hidrauličke pumpe)

ram [ræm] *vt* nabijati (tlo); zakrčiti, zagraditi, zabiti, zatjerati, utjerati što (*down, in, into* u); nagurati, natrpati što (*into* u); (šešir) natući (*on* na, *over* preko); začepiti što (*up*); *fig* utuviti komu što silom u glavu (*into a p*); *mar* nasrnuti kljunom

ramble ['ræmbl] *s* skitanje, tumaranje, potucanje, lutanje; šetnja, izlet, putovanje, krstarenje

ramble ['ræmbl] *vi* 1. tumarati, skitati se, potucati se, krstariti, švrljati amo-tamo;

lutati, lunjati, bazati 2. brbljati, blebetati, buncati, nesuvislo govoriti ili pisati; zastraniti, zalutati, udaljiti se (od teme); širiti se, rasprostraniti se na sve strane

rambler [ˈræmblə] *s* 1. tumaralo, potucalo, skitnica, lutalac, lunjalo 2. putnik (pješak) 3. crvena vrsta ruža penjačica 4. kuća kod koje su sve prostorije na istoj razini (obično zajedno s garažom)

rambling [ˈræmbliŋ] *s* putovanje (pješke); šetnja, izlet

rambling [ˈræmbliŋ] *adj* (**~ly** *adv*) 1. koji luta, koji se skita, švrlja amo-tamo 2. (o govoru) nesuvisao, opširan, razvučen, rasplinut 3. (o osobi) koji se udaljuje, koji je nejasan 4. nepravilno postavljen (kuća) 5. (o biljkama) koji se širi, koji buja

rambunctious [ræmˈbʌŋkʃəs] *adj* raspušten, razularen, bučan

ramekin (ramequin) [ˈræmkin] *s cul* nabujak od sira (vrsta kolača)

ramie [ˈræmi] *s bot* ramija, kineska trava (*Boehmeria nivea*)

ramification [ˌræmifiˈkeiʃn] *s* granjanje, razgranjivanje, račvanje | **~s** *pl* grane, grančice, ogranci

ramiform [ˈræmifɔːm] *adj* granat, razgranat

ramify [ˈræmifai] *vi/t* **I.** *vi* granati se, račvati se **II.** *vt* razgranati, račvati, načiniti, napraviti što poput grana, razdijeliti što na ogranke

ramjet (engine) [ˈræmdʒet] *s* zračno-reaktivni motor

rammer [ˈræmə] *s* 1. *tech* zabijač, malj 2. šipka (za nabijanje, punjenje puške)

rammish [ˈræmiʃ] *adj* smrdljiv, jaka vonja, mirisa; puten, pohotan

ramose [ˈreiməus] *adj* granat, razgranat

ramp¹ [ræmp] *s* 1. *fort* rampa, kosina, nagib 2. uzlaz, pristup 3. *arch* strana, nagib 4. ulazni zavoj ograde na stubištu

ramp² [ræmp] *s* uzbuđivanje, uzbuđenost, uzrujanost, razdraživanje, razdraženost; bješnjenje

ramp³ [ræmp] *s* podvala, podvaljivanje; *sl* izmamljivanje, iznuđivanje novaca

ramp¹ [ræmp] *vi/t* **I.** *vi* 1. (o biljkama) bujati, brzo se razmnožiti, rasploditi 2. (o životinjama) stajati na zadnjim nogama 3. bjesnjeti, divljati, praskati, juriti amo-tamo **II.** *vt archit mil* snabdjeti što rampom

ramp² [ræmp] *vt/i* **I.** *vt sl* podvaliti komu **II.** *vi* dobiti podvalom (novac), varati

rampage [ræmˈpeidʒ] *s* bješnjenje, divljanje, skakanje | **to be on the ~** bjesnjeti, divljati, biti zle volje

rampage [ræmˈpeidʒ] *vi* bjesnjeti, praskati, biti razjaren, juriti naokolo, skakati, goropaditi se, nemirno trčati amo-tamo

rampageous [ræmˈpeidʒəs] *adj* (**~ly** *adv*) divlji, neobuzdan, razuzdan, raspušten; raspojasan; bučan, glasan

rampancy [ˈræmpənsi] *s* bujanje, širenje, jako razmnožavanje, rasplođivanje, prevlađivanje, uzimanje maha, rasprostiranje, širenje

rampant [ˈræmpənt] *adj* (**~ly** *adv*) 1. (o životinjama) uspravljen, koji stoji na zadnjim nogama, propet 2. bijesan, razuzdan, raspojasan, raspušten, kojeg se ne može obuzdati; bujan, koji uzima mah, koji se širi, raširen | **to be ~** preuzeti maha

rampart [ˈræmpaːt] *s fort* bedem, grudobran, opkop, nasip; *fig* obrana, zaštita, bedem, branik

rampart [ˈræmpaːt] *vt* štititi, braniti bedemom, opkopom, nasipom; opkopati

rampike [ˈræmpaik] *s* stablo kome je vatra spalila grane

rampion [ˈræmpjən] *s bot* motovilka, poljska salata, repušac; zvončić (*Campanula*)

ramrod [ˈræmrɔd] *s mil* šipka za punjenje i čišćenje puške

ramshackle [ˈræmˌʃækl] *adj* slab, trošan, klimav, raskliman | **the ~ Empire** Austro-Ugarska

ramson [ˈræmsən] *s bot* pasji luk

ramtil [ˈræmtil] *s bot* crnačko sjeme (*Guizotia abyssinica*)

ramulose [ˈræmjələus] *adj* pun grančica, koji ima mnogo grančica

ran [ræn] *s* povjesmo (pasme, pređe, dretve, konce, vrpce)

ran [ræn] *pret* od **run**

rance [ræns] *s geol* vrsta crvenog mramora s plavim i bijelim žilama i mrljama (iz Belgije)

ranch [raːntʃ] *s US* stočarsko gospodarstvo, stočarska farma, ranč; veliko gospodarstvo koje uzgaja neku određenu kulturu (*a fruit ~*)

ranch [raːntʃ] *vi* baviti se stočarskim gospodarstvom, upravljati rančom

rancher [ˈraːntʃə] *s* 1. farmer, stočar 2. kravar, kauboj

ranch house [ˈræntʃhaus] *s* prizemnica na stočarskoj farmi

ranchman [ˈraːntʃmən] *s* 1. farmer, stočar 2. poljodjelac, ratar

rancid [ˈrænsid] *adj* (**~ly** *adv*) užežen, upaljen, pokvaren (hrana i dr.)

rancidity [rænˈsiditi] *s* užeženost, upaljenost (hrane i dr.); miris užeženosti

rancorous [ˈræŋkərəs] *adj* (**~ly** *adv*) ogorčen, ljut, srdit, gnjevan, razjaren; zloban, pakostan, podmukao

rancour (rancor) [ˈræŋkə] *s* ogorčenost, srdžba, gnjev, zloba, pakost; mržnja

rand [rænd] *s* 1. *tech* rubna koža, »randleder« 2. visočje, gorje s obje strane riječne doline | **the Rand** visočje kod Johannesburga

randan [rænˈdæn] *s mar* veslački čamac za tri osobe

randan [ˈrændæn] *s sl* užitak, veselje | **to go on the ~** ići na pijanku, na veselicu

randem ['rændəm] *s* kola, kočija s tri konja upregnuta jedan za drugim
randem ['rændəm] *adv* troprežno, s tri konja zapregnuta jedan za drugim
random ['rændəm] *s* | **at ~** na sreću, nasumce, bez cilja, bez svrhe ili načela, nehajno, nemarno, nerazborito
random ['rændəm] *adj* (**~ly** *adv*) 1. koji je bez cilja, svrhe, slučajan 2. *archit* koji je od kamenja nepravilna oblika i nejednake veličine
randy ['rændi] *adj* (**randily** *adv*) 1. *Scot* glasan, bučan, goropadan, drzak, neotesan, neobuzdan, razuzdan 2. (o stoci itd. *dial*) divlji, jogunast 3. pohotan, puten
ranee [ˌraːˈniː] *s Ind* žena radže, hinduska kraljica, kneginja
rang [ræŋ] *pret* od **ring**
range [reindʒ] *s* 1. lanac, niz, red (gorja, brda, zgrada); *fig* lanac, red, niz; *com* asortiman 2. ravan, poljana, ploha kretanja, područje širenja, rasprostiranje, opseg, prostor, krug; *fig* akcioni radijus, radijus djelovanja; igralište, područje, polje (rada i dr.) 3. granica, krajnja granica; (o vatrenom oružju) domet, domašaj, odstojanje; strelište, poligon 4. kuhinjska peć, štednjak 5. *US* pustara | **~ of prices** raspon cijena; **~ of goods** izbor, asortiman, skladište robe; **~ of mountains** planinski niz, gorski lanac; **at close ~** iz neposredne blizine; *mil* **long ~ gun** dalekometni top; **~ of vision** vidno polje, vidokrug; **long ~ aircraft** avion velikog akcionog radijusa; **to have a long ~** imati velik domet
range [reindʒ] *vt/i* **I.** *vt* 1. (obično u pasivu ili povratno) redati, postavljati u red, postaviti 2. sistematski redati, srediti; uvrstiti koga ili što (*in* u); klasificirati; upraviti, uperiti (*on* na) 3. prijeći, prelaziti, prokrstariti, prolutati, prošvrljati **II.** *vi* 1. ležati, stajati (u redu, liniji); kretati se (*with*); prostirati se, protezati se, pružati se, širiti se, sezati do 2. ranžirati, biti u istom redu (*with* sa, *among* među); postaviti se, namjestiti se, stati; brojiti se, pripadati (*with* k); postaviti se 3. krstariti, švrljati, lutati, tumarati (*over, along, through*) (& *fig*) 4. protezati se (*along...* uz, uzduž; *from... to* od... do); (o topu) nositi; *bot & zool* naći se, nalaziti se, javljati se, kretati se (*from ... to*); varirati; kolebati se (*between*); rasti i padati
range-finder ['reindʒˌfaində] *s mil* daljinar
ranger ['reindʒə] *s* 1. skitnica, potepuh, protuha, probisvijet, putnik (pješak) 2. *US* član konjičke patrole; komandos, rendžer (često **R~**) 3. (kao naslov) kraljevski šumar, kraljevski nadglednik, čuvar (parka), *US* šumar
rangy ['reindʒi] *adj* 1. *US coll* sklon, sposoban, kadar da daleko dopre, dosegne 2. dugih udova i tanak, vitak, mršav, gibak 3. prostran 4. *Austr* gorovit, brdovit, kroz koji se proteže gorski lanac
rank [ræŋk] *s* 1. (o stvarima) niz, red, rep, linija; *chess* poprečna polja; *mil* linija, vrsta, stroj, red 2. stupanj, čin, čast, rang; položaj, mjesto, najniži vojni činovi | *mil* **the ~s** vojnički i podoficirski sastav; **the ~ and file** vojnici, borci, vojnički sastav; *fig* običan svijet, priprosti ljudi, narod; **to rise from the ~s** uzdići se od običnog vojnika do oficira; *fig* uzdići se do visoka položaja; **to keep ~** ostati u stroju, u vrsti; **to break ~** izaći iz reda, stroja, vrste; **persons of ~** plemići, plemstvo; **~ and fashion** otmjeno društvo, otmjeni svijet; *mil* **to reduce to the ~s** lišiti koga čina, degradirati; *fig* **to take high ~** biti visoko cijenjen, steći važnost, značenje; **to join the ~s** stupiti u vojsku
rank [ræŋk] *adj* (**~ly** *adv*) 1. bujan, obilan, raskošan (*with*), bujno obrastao čim; (o tlu) vrlo plodan 2. užežen, upaljen; gadan, odvratan, oduran, koji odbija, smrdljiv, nepristojan, neukusan, pokvaren 3. krajnji, jak; čist; očevidan, očigledan, očit; *fam* zao, loš
rank [ræŋk] *vt/i* **I.** *vt* 1. (osobe) postaviti u red ili vrstu; (stvari) urediti, staviti u red, srediti, poredati, nanizati; doznačiti mjesto, položaj (komu ili čemu), uvrstiti, rasporediti (*with*); metnuti, postaviti 2. *US* imati prednost pred kim u rangu, postaviti koga u viši rang **II.** *vi* 1. *mil* postrojiti se, svrstati se, poredati se; biti u nekom rangu, činu, položaju; biti iznad koga u položaju (*above* nad) 2. brojiti se, uvrstiti se, pripadati (*among* u), doći (*next to* odmah iza)
ranker ['ræŋkə] *s mil* oficir koji je počeo služiti kao običan vojnik; vojnik, borac
ranking ['ræŋkiŋ] *adj US* koji je stariji po rangu, činu; istaknut, vodeći
rankle ['ræŋkl] *vi* 1. *poet* gnojiti se, upaliti se; *arch* i dalje boljeti 2. *fig* izjedati se, izjesti se, gristi se, kidati
rankness ['ræŋknis] *s* 1. bujnost, obilnost, raskošnost, preobilje, preobilnost, pretek, prekomjernost 2. užeženost, upaljenost
ransack ['rænsæk] *vt* prekopati, ispremetati, temeljito pretražiti, ispitati; plijeniti, (o)pljačkati
ransom ['rænsəm] *s* otkupnina, otkup | **worth a king's ~** od neizmjerne vrijednosti
ransom ['rænsəm] *vt* 1. otkupiti, osloboditi koga 2. *eccl* spasiti, iskupiti
ransomless ['rænsəmlis] *adj* koji je bez otkupnine, neotkupljiv
rant [rænt] *s* naduvenost, nadutost, oholost, hvastavost, bombastičnost; bujica riječi, prazno pričanje, brbljanje, tirada
rant [rænt] *vi/t* **I.** *vi* 1. govoriti naduveno, hvastavo, bombastično 2. vikati, bučati,

bjesnjeti **II.** *vt* teatralno predavati, propovijedati
ranter ['ræntə] *s* 1. vikač, hvastavac, hvališa, razmetljivac, onaj koji vodi glavnu riječ; *theat* nadriglumac 2. naduven, bombastičan brbljavac | **the ~s** antinomisti (vjerska sekta oko 1645); prvobitni metodisti
ranting ['ræntiŋ] *adj* 1. bučan, hvastav, naduven, bombastičan 2. neobuzdano veseo
ranunculus [rə'nʌŋkjuləs] *s* (*pl* **~es, ranunculi** [rə'nʌŋkjulai]) *bot* žabica; ljutić, novčić, ranunkulus
rap[1] [ræp] *s* 1. kucanje, udaranje (*at* na) 2. (kratak, oštar) udarac | **there is a ~ at the door** netko kuca na vratima; *fig* **a ~ on (over) the knuckles** kazna, prijekor, opomena
rap[2] [ræp] *s* povjesmo dugo 120 jarda
rap[3] [ræp] *s* atom, čestica, mrvica, zera; krivotvoren novčić | **I don't care a ~** meni je svejedno, nije mi ni mrvice stalo, ne marim ni zere; **I don't give a ~ for it** ne dam za to ni pišljiva boba, ni pare
rap [ræp] *vt/i* **I.** *vt* udarati, kucati; izgrditi, ispsovati, koriti kog **II.** *vi* udariti, kucati (*at* na, *on* po) | **to ~ a p's fingers** udariti koga po prstima (& *fig*)
rap out ['ræp'aut] *vt* 1. odrezano kazati, odrezati, izlanuti, izustiti (kletvu i dr.) 2. (o duhovima) slati vijesti kucanjem, udarcima 3. psovati, kleti
rapacious [rə'paiʃəs] *adj* (**~ly** *adv*) lakom, grabežljiv; koji globi, guli; razbojnički
rapacity [rə'pæsiti] *s* grabežljivost; lakomost
rape[1] [reip] *s* 1. *poet* otmica, grabež 2. silovanje; općenje s maloljetnicom; pljačkanje, uništenje (u ratu); napad, nasilje, prekršaj; obeštećenje, oskvrnuće | **~ and murder** ubojstvo, umorstvo sa silovanjem iz pohote
rape [reip] *vt* 1. *poet* oteti, ugrabiti, silom odvesti 2. silovati 3. opljačkati, razoriti, uništiti
rape[2] [reip] *s* jedan od šest kotara Sussexa
rape[3] [reip] *s* *bot* broskva, kupusna repica (*Brassica napus*) | **wild ~** poljska gorušica
rape[4] [reip] *s* 1. kom, komina, trop 2. filtar, posuda za proizvodnju octa
rape-cake ['reipkeik] *s* uljna pogača (stočna hrana)
rape oil ['reipɔil] *s* ulje od repice, repičino ulje
rapeseed ['reipsi:d] *s* repičino sjeme
raphia ['ræfiə] *s* → **raffia**
rapid ['ræpid] *adj* (**~ly** *adv*) brz, hitar, (o vodi) koji dere; (o obronku) strm, vrletan, kršan; *fig* nagao, iznenadan
rapid ['ræpid] *s* brzica, brzaci (većinom u *pl*)
rapidity [rə'piditi] *s* brzina
rapier ['reipjə] *s* rapir (mač za mačevanje)
rapine ['ræpain] *s* *rhet* grabež, pljačkanje, otimačina
rapparee [ˌræpə'ri:] *s* *hist* *Ir* neredoviti vojnik, razbojnik, bandit
rapper ['ræpə] *s* 1. čekić, zvekir na vratima, torbar (prodavač) 2. *sl* prosta, gruba laž; kletva, psovka; masna riječ
rapport [ræ'pɔ:] *s* *Fr* odnos, veza (*with*)
rapscallion [ræp'skæljən] *s* lopov, lupež, lopuža, protuha, bitanga, vucibatina, potucalo, vagabund
rapt [ræpt] *adj* & *pp* ushićen, zanesen; napet, napregnut; zaokupljen (često *away*, *up* itd.)
raptorial [ræp'tɔ:riəl] *adj* *zool* grabežljiv
raptorial [ræp'tɔ:riəl] *s* ptica grabežljivica
rapture ['ræptʃə] *s* oduševljenje, ushićenje, zanos | **to be in ~s** biti oduševljen, zanesen, ushićen (*at* čim); **to go into ~s** zanijeti se (*over* čim)
raptured ['ræptʃəd] *adj* *poet* ushićen, zanesen, oduševljen
rapturous ['ræptʃərəs] *adj* (**~ly** *adv*) buran, žestok, žarki; zanesen, ushićen
rare [rɛə] *adj* rijedak; tanak, prorijeđen, fin (zrak); slab, mršav, tanak, sporadičan; neobičan, izvanredan; *fam* odličan, izvrstan; *fam* (da pojača značenje) rijedak; vrlo, veoma; *US* nepotpuno pečen, još krvav (meso)
rarebit ['rɛəbit] *s* | *cul* **Welsh ~** kriška prženog sira
raree-show ['rɛəri:ˌʃəu] *s* (dječja) panorama; *fig* igra, prizor
rarefaction [ˌrɛəri'fækʃən] *s* *phys* razređenje, rastanjivanje
rarefy ['rɛərifai] *vt/i* razrijediti (se), rastanjiti (se); *fig* profiniti (se) | **to be rarefied** biti pretvoren u paru, razrijediti se
rarely ['rɛəli] *adv* rijetko; fino, neobično, izvanredno
rareripe ['rɛəraip] *adj* koji rano dozrijeva
rareripe ['rɛəraip] *s* rano voće ili povrće
rarity ['rɛəriti] *s* (o zraku) razrijeđenost; rijetkost; izvrsnost, osobitost; nešto rijetko, rijetka stvar
rascal ['ra:skəl] *s* lopov, nevaljalac, bitanga (najčešće od šale ili od milja za dijete)
rascal ['ra:skəl] *adj* *arch* prostački, lopovski, lupeški, nitkovski
rascality [ra:s'kæliti] *s* lupeštvo, nitkovluk, nevaljalstvo
rascally ['ra:skəli] *adj* nitkovski, lupeški, podao, nepošten, bijedan
rase [reiz] *vt* izgrepsti, izbrisati; *fig* istrijebiti (*from* iz), uništiti, sravniti sa zemljom
rash [ræʃ] *s* *med* osip
rash [ræʃ] *adj* (**~ly** *adv*) nagao, prenagao, prenagljen, brzoplet; nesmotren, nepromišljen, nerazborit, lakomislen; drzak, smion, odvažan

rasher ['ræʃə] *s* tanka kriška (slanine ili šunke)
rashness ['ræʃnis] *s* nagljenje, preagljenost, zatrčavanje; naglost, nesmotrenost, nerazboritost, lakomislenost; drskost, smionost
rasp [raːsp] *s* turpija za drvo, rašpa, strugač; trenica
rasp [raːsp] *vt/i* **I.** *vt* ribati, strugati, turpijati, izgrepsti; *fig* povrijediti, pozlijediti, dražiti, razdražiti; kreštavo izustiti **II.** *vi* strugati (na violini); kreštati
raspberry ['raːzbəri] *s bot* malina, kupina | **~ juice** malinov sok, malinovac, kupinov sok; **to give (hand) a p a ~** uvrijediti koga prezirnom gestom
rasper ['raːspə] *s* 1. velika turpija; strugača, maklja 2. *hunt* visoka ograda
rasping ['raːspiŋ] *s* turpijanje, struganje | **~s** *pl* strugotine
rasping ['raːspiŋ] *adj* hrapav, koji grebe, kreštav
raspy ['raːspi] *adj* → **rasping**
rat [ræt] *s* 1. *zool* štakor, parcov; *parl & pol* prebjeg; *sl* štrajkbreher | *sl* **~s!** besmislica!, glupost!, nevjerojatno!; *fig* **to smell a ~** nanjušiti, namirisati opasnost, osjetiti prijevaru; **like a drowned ~** mokar do kože; **~ race** trka za društvenim položajem i prestižem
rat [ræt] *vi* loviti ili ubijati štakore, parcove; *fig parl & pol* prebjeći; biti štrajkbreher | **to ~ on** *sl* izdati, »cinkati«
rat [ræt] *vt vulg* → **drat**
ratability [ˌreitə'biliti] *s* procjenjivost; dužnost plaćanja carine, nameta ili poreza
ratable ['reitəbl] *adj* (**ratably** *adv*) procjenjiv, koji potpada pod porez ili carinu
ratafee [ˌrætə'fiː] *s* → **ratafia**
ratafia [ˌrætə'fiə] *s Fr* voćni liker; vrsta keksa
rataplan [ˌrætə'plæn] *s* bubnjava, bubnjanje
rataplan [ˌrætə'plæn] *vt/i* **I.** *vt* udariti u bubnjeve **II.** *vi* bubnjati (*on* na)
ratbite fever ['rætbait'fiːvə] *s med* sodoku
rat-catcher ['rætˌkætʃə] *s* lovac na štakore | *sl* **~s** *pl* **vrsta lovačkog odijela; ~'s bane** otvor za štakore
ratch [rætʃ] *s* → **ratchet**
ratchet ['rætʃit] *s tech* reza, skakavica, zapinjač; *mech* zaporni kotač
ratchet ['rætʃit] *vt mech* snabdjeti, opremiti zupčastim kotačem ili polugom sa zapinjačem
rate [reit] *s* 1. mjera, odnos, cijena, procjena, taksa, propisana cijena 2. razmjeran dio, rata, obrok; stalna mjera, tarifa, tečaj, kurs, brojka, cifra (*birth ~* broj rođenih); (većinom *pl*) općinske daće, porezi 3. brzina (*at the ~ of* brzinom od) 4. stupanj, rang; *mar* razred, klasa (broda) 5. uobičajen način računanja | **at the ~ of** uz cijenu od, po tečaju; *coll* **at that ~** u tom slučaju, na taj način, pod tim okolnostima; **at any ~** svakako; barem; kako bilo; **~s and taxes** daće; **~ of the day** dnevni tečaj; **~ of exchange** tečaj mijenjanja novca; **~ of insurance** stopa osiguranja; **~ of interest** kamatna stopa; **~ of wages** plaća, nagrada; **first ~** prvorazredan; **second ~** drugorazredan (itd.)
rate¹ [reit] *vt/i* **I.** *vt* ocijeniti, procijeniti, regulirati (kovanje novca); procijeniti (*at* na); (koga) smatrati, računati (*among* među, kao); oporezovati; *mar* (brod) uvrstiti u klasu, razred, vrstu **II.** *vi* biti uvažen, računati se, brojiti se (*as* među)
rate² [reit] *vt/i* **I.** *vt* koriti, prekoravati, grditi, psovati koga (*for* zbog) **II.** *vi* svađati se, prepirati se s kim | **to ~ at a p** izgrditi, ispsovati, iskarati koga
rate-book ['reitbuk] *s* cjenik
rated ['reitid] *adj* | **~ frequency** *el* nazivna (nominalna) frekvencija; **~ speed** nominalna (nazivna) brzina; **~ voltage** *el* nominalni napon
rate-holder ['reitˌhəuldə] *s US* novinski oglas koji se više puta uvrštava uz sniženu cijenu
ratel ['reitel] *s zool* medni jazavac (*Mellivora capensis* ili *Mellivora indica*)
rate-payer ['reitˌpeiə] *s* porezni obveznik
rater ['reitə] *s* procjenitelj | *mar* **a first ~** brod prvoga reda
rath [raːθ] *s Ir hist* utvrđen brijeg, tvrđava (staroirskog poglavice)
rathe [reið] *adj arch* ran, koji dospijeva ili cvate rano u godini | **~-ripe** prerano dozreo
rather ['raːðə] *adv* 1. prije, radije (nego) (*yellow ~ than green* prije žut nego zelen; *from reason ~ than from love* prije s razumom nego iz ljubavi); prije, zapravo; (*or ~* ili prije, ili štoviše) 2. prilično (*~ good* prilično dobar); nešto (*~ before* nešto prije . . . ; *~ a failure* priličan neuspjeh) 3. radije, prije (*than* nego) (*he left ~ than join them* radije je otputovao nego da im se pridruži) | **I (would) had ~ not stay** radije ne bih ostao; **I had ~** bilo bi mi milije, draže (*that* da); **~ a long way** prilično daleko; **the ~ that** to više (prije, radije) što; **~ than** umjesto
rather [ˌraː'ðəː] *interj* | (u odgovoru) **~!** da, dakako!, svakako!, sigurno!
rathskeller ['raːtskelə] *s US* pivnica (obično u podrumu)
ratification [ˌrætifi'keiʃn] *s* ratifikacija, potvrda, odobrenje
ratify ['rætifai] *vt* ratificirati, odobriti
rating¹ ['reitiŋ] *s* ocjena, procjena; odmjera poreza; procijenjen prihod, iznos, ukupan porez; *mar* (o brodu) razred, klasa, vrsta; *mil* zvanje, specijalnost; rang, stupanj, položaj; mornar; nominalna vrijed-

nost, nazivna vrijednost, nazivni podaci (stroja, peći i sl.) | **~s** *pl* mornarski i podoficirski sastav

rating² ['reitiŋ] *s* psovanje, karanje, prijekor, opomena

rating-book ['reitiŋbuk] *s* knjiga informacija o trgovačkim poduzećima

ratio ['reiʃiəu] *s math* omjer, odnos, proporcija

ratiocinate [ˌræti'ɔsineit] *vi* logički zaključivati, izvoditi; umovati

ratiocination [ˌrætiɔsi'neiʃn] *s* logički zaključak, logičko zaključivanje

ration ['ræʃn] *s* obrok, porcija; *mil* sledovanje | **~s** *pl* živežne namirnice, hrana; **to be put on ~s** biti stavljen na racioniranu opskrbu; **~ book** potrošačka knjižica

ration ['ræʃn] *vt* racionirati, snabdjeti, opskrbiti živežnim namirnicama, hraniti, ishraniti, izdržavati

rational ['ræʃənl] *adj* (**~ly** *adv*) razuman, pametan, razborit, uman, zdrav, racionalan; naučno utvrđen, dokazan; svrsishodan, praktičan; *math* racionalan | **~ dress** nova, neuobičajena, ali praktična ženska odjeća (npr. hlače umjesto suknje)

rational ['ræʃənl] *s* razumno biće | **~s** *pl* → **rational dress**

rationale [ˌræʃiə'naːl] *s* (osnovni) princip, načelo, logički temelj

rationalism ['ræʃnəlizm] *s phil* & *theol* racionalizam

rationalist ['ræʃnəlist] *s* racionalist

rationalistic [ˌræʃnə'listik] *adj* (**~ally** *adv*) racionalističan

rationalization [ˌræʃnəlai'zeiʃn] *s* racionaliziranje

rationalize ['ræʃnəlaiz] *vt/i* racionalizirati; uskladiti sa zdravim razumom, racionalno objasniti

ratlin(e) ['rætlin] *s mar* vrze

rat-tailed ['rætˌteild] *adj* koji ima rep kao štakor

rattan (ratan) [rə'tæn] *s bot* španjolska trska, štap od španjolske trske

rat-tat ['ræt'tæt] *s* kuc kuc; glasno kucanje, pucketanje; puckaranje, pucnjava, gruvanje (topova)

rat-tat [ˌræt'tæt] *vi* kucati, kvrcati, praskati, pucketati

ratten ['rætən] *vt* (o radniku) spriječiti u radu; sabotirati

ratter ['rætə] *s* lovac na štakore (pas ili mačka); izdajnik, doušnik

rattish ['rætiʃ] *adj* štakorast, štakorski

rattle ['rætl] *s* 1. čegrtaljka, klepetalo 2. *bot* zvečak, zvonac, zvončić, pijetlova kresta, šuškavac, krvošnica, ušljivac 3. zveka, zveketanje, klopot, klepetanje, čegrtanje, škljockanje; brbljanje, čavrljanje; brbljavac

rattle ['rætl] *vi/t* **I.** *vi* 1. zveckati, zveketati, zvečati, klepetati, tandrkati, drndati se, šuštati, šuškati, čegrtati, škljocati, pucketati, prštati, groktati, spotaći se, posrnuti (*over* preko) 2. (o disanju) hriptati, krkljati 3. blebetati, brbljati **II.** *vt* štropotati, zveckati čime, drndati što, čegrtati, klepetati čime, brzo govoriti ili recitirati, izbrbljati (stihove pjesme itd.); zbuniti, dekoncentrirati | **to ~ fox** slijediti u stopu; **to ~ the sabre** zveckati mačem, sabljom; *fig* prijetiti ratom; *parl* **to ~ bill through the House** brzo progurati zakonski prijedlog

rattle about ['rætlə'baut] *vt* baciti dolje

rattle away ['rætlə'wei] *vi* živahno brbljati, blebetati; bučiti

rattle down ['rætl'daun] *vi* pasti s bukom, sa štropotom, žurno i sa štropotom voziti, jahati ili trčati

rattle off ['rætl'ɔf] *vt* odverglati, otkreketati, otandrkati, odsvirati komad nevješto; brzo otići, odjuriti

rattle out ['rætl'aut] *vt* izgovoriti brzo (priču, stihove, zakletvu itd.)

rattle through ['rætl'θruː] *vt* svršiti, obaviti što na brzu ruku

rattle up ['rætl'ʌp] *vt* prodrmati, probuditi koga; istjerati (divljač)

rattle-bag ['rætlbæg] *s* čegrtalo, klepetalo

rattle-box ['rætlbɔks] *s* čegrtalo, klepetalo; *bot* krotalarija (*Crotalaria*)

rattle-brain ['rætlbrein] *s* šuplja tikva, brbljavac, vjetrogonja

rattlebrained ['rætlbreind] *adj* bučan, brbljav, nestalan, vjetrenjast, nesmotren; šupalj

rattle-head ['rætlhed] *s* šuplja tikva, brbljavac, vjetrogonja

rattleheaded ['rætlˌhedid] *adj* bučan, brbljav, nestalan, vjetrenjast, nesmotren

rattle-pate ['rætlpeit] *s* šuplja tikva, brbljavac, vjetrogonja

rattlepated ['rætlˌpeitid] *adj* bučan, brbljav, nestalan, vjetrenjast, nesmotren

rattler ['rætlə] *s* brbljavac; *sl* kola koja štropoću; bicikl; željeznički vlak; *US* čegrtuša (zmija); *sl* odličan primjerak čega; jak, snažan udarac ili pad; kletva; *fam* kršan momak, momak odoka; *US coll* teretni vlak

rattlesnake ['rætlsneik] *s zool* čegrtuša (zmija)

rattlesnake plantain ['rætlsneik'plæntin] *s bot* oštropelutka (*Croodyera*)

rattlesnake rot ['rætlsneik'ruːt] *s bot* gorčika (*Prenanthes*); senega, senegalski krstušac (*Polygala senega*)

rattletrap ['rætltræp] *s* (o vozilima) krntija; *mot* kola | **~s** *pl* glup, jeftin ukras, trice, starež, ropotarija

rattletrap ['rætltræp] *adj* koji zveči, klopoće, čegrta, štropoće

rattling ['rætliŋ] *adj* (**~ly** *adv*) koji zveči, klepeće; *fam* živahan, brz; izvanredan, oštar, izvrstan, divan, famozan | **at a ~ pace** u jako brzu tempu

rattling ['rætliŋ] *adv* čudnovato, čudno, silno

rattly ['rætli] *adj* koji čegrće, klepeće, zvecka, zvekeće; bučan

rat-trap ['rættræp] *s* stupica za štakore; beznadna situacija, »mišolovka«; *coll* prljava i zapuštena zgrada

ratty ['ræti] *adj* štakorast; pun štakora; *sl* otrcan, zapušten

raucity ['rɔːsiti] *s* promuklost, hrapavost (glasa)

raucous ['rɔːkəs] *adj* (**~ly** *adv*) promukao, hrapav; bučan i razuzdan

raughty ['rɔːti] *adj* → **rorty**

ravage ['rævidʒ] *s* pustošenje, uništavanje | **~s** *pl* razorno djelovanje; **to make ~ of** opustošiti, uništiti, razoriti, upropastiti, opustiti; **the ~s of time** zub vremena

ravage ['rævidʒ] *vt/i* **I.** *vt* pustošiti, uništiti, razoriti, upropastiti, opustiti; *fig* izopačiti **II.** *vi* pustošiti (*among*) (i *fig*)

ravager ['rævidʒə] *s* pljačkaš

rave[1] [reiv] *s* bočne daske kola ili vagona | **~s** *pl* okvir koji se stavlja na kola da se poveća nosivost

rave[2] [reiv] *s* bješnjenje, bijes, bučanje; *fig* bura, oluja

rave [reiv] *vi/t* **I.** *vi* buncati, bulazniti, trabunjati, govoriti koješta, naklapati; bjesnjeti, praskati; (o moru) bjesnjeti, bučati; pomahnitati, jaukati, ridati, zanositi se, sanjariti, ludovati, zanosno govoriti **II.** *vt* oduševljeno što reći, pokazati | **to ~ oneself hoarse** izvikati se do promuklosti; **to ~ oneself out** (o vjetru) izbjesnjeti se

ravel ['rævəl] *s* zamršivanje, zapletanje; (o vuni) vlakno, nit

ravel ['rævl] *vt/i* zamrsiti (se), zaplesti (se), razmrsiti (se), rasplesti (se), rasparati (se), iščijati (se) (*out*); *fig* razjasniti (se)

ravelin ['rævlin] *s* *fort* prednji šanac, šanac u obliku polumjeseca

raven ['reivn] *s* *ornith* gavran

raven ['reivn] *adj* vran, crn kao gavran

raven ['rævn] *vi/t* **I.** *vi* pljačkati, otimati, grabiti, plijeniti; proždrijeti, progutati; *fig* biti pohlepan, žeđati (*for blood* za krvlju); čeznuti, ginuti za čim **II.** *vt* progutati, proždrijeti što (& *fig*)

ravenous ['rævənəs] *adj* (**~ly** *adv*) grabežljiv, proždrljiv, gladan, pohlepan (*of* na što)

ravin ['rævin] *s* *poet* otimačina, pljačka, grabež, plijen | **beast of ~** grabežljiva zvijer

ravine [rə'viːn] *s* *Fr* dubok klanac, tjesnac, gudura, sutjeska

ravish ['ræviʃ] *vt* 1. oteti, ugrabiti; *fig* otrgnuti, odnijeti; zanijeti, ushititi 2. silovati, oskvrnuti, obeščastiti, osramotiti

ravisher ['ræviʃə] *s* otmičar, odvodnik; oskvrnitelj, napasnik

ravishing ['ræviʃiŋ] *adj* (**~ly** *adv*) koji zanosi, ushitan, koji oduševljava, zanosan

ravishment ['ræviʃmənt] *s* otmica; oskvrnuće, silovanje, obeščašćenje; ushit, zanos

raw [rɔː] *adj* (**~ly** *adv*) 1. sirov, prijesan, nekuhan, nedovoljno kuhan 2. neprerađen, neobrađen 3. nevaljan, neuvaljan (sukno); neštavljen, neuštavljen, neučinjen (koža); neopreden (pamuk); neobojen, nebojadisan; ne(po)miješan, nerazrijeđen, nerazblažen (alkohol) 4. neiskusan, neuk, nezreo, nevješt, neuvježban, nov (*in, at* u) 5. (o koži, rani itd.) krvav, ranjav, otvoren, oguljen, bolan, upaljen (*with* od) 6. (o vremenu) hladan i vlažan, surov, oštar, žestok, ljut 7. *US* bezobzirno iskren ili otvoren 8. *coll* grub, koji nije fer | **~ brick** nepečena opeka; **~ material** sirovina; **~ head and bloody bones** 1. strašilo za djecu 2. mrtvačka lubanja s dvije unakrsne cjevanice

raw [rɔː] *s* 1. rana, ranjavo ili osjetljivo mjesto 2. *com* sirovina | **~s** *pl* sirov šećer; *fig* **to touch one on the ~** povrijediti čije osjećaje, pogoditi koga u ranjivo, osjetljivo mjesto; **in the ~** prirodan, u prirodnom stanju, u prvobitnom stanju; *US* gol

raw [rɔː] *vt* nažuljati do krvi

raw-boned ['rɔːbəund] *adj* suh, mršav, koštunjav

rawhide ['rɔːhaid] *s* 1. sirova, prijesna, neučinjena, neoštavljena koža 2. bič od takve kože

rawish ['rɔːiʃ] *adj* koji je ponešto sirov

rawness ['rɔːnis] *s* 1. sirovost 2. surovost 3. neiskusnost, nevještost 4. ranjavost, osjetljivost

ray[1] [rei] *s* 1. zraka 2. *fig* zraka, zračak, trak (nade, istine itd.) | **not a ~ of truth** ni trunka istine; **X ~s** rendgenske zrake

ray [rei] *vi/t* **I.** *vi* isijavati, sijati, puštati zrake, radirati (*off, out*) **II.** *vt* 1. puštati zrake (svjetlosti) 2. osvijetliti, obasjati zrakama

ray[2] [rei] *s* *ichth* raža, raja

rayless ['reilis] *adj* 1. koji je bez zrâkâ 2. mračan, taman

raylet ['reilit] *s* zračica, mala zraka

rayon ['reiɔn] *s* *Fr* umjetna svila

raze (**rase**) [reiz] *vt* 1. izbrisati 2. uništiti, zbrisati, razoriti 3. razrušiti, sravniti sa zemljom | **to ~ to the ground** sravniti sa zemljom

razee [rei'ziː] *s* *mar* brod polomljene snasti (artiljerijskom vatrom)

razee [rei'ziː] *vt* *mar* polomiti, pokidati snast (artiljerijskom vatrom)

razor ['reizə] *s* britva; *US* kljova divlje svinje | **safety ~** aparat za brijanje, žilet; *fig* **to be on the ~'s edge** biti u nesigurnom, nestalnom (opasnom) položaju
razor ['reizə] *vt* brijati britvom
razor-back ['reizəbæk] *s* 1. *zool* vrsta kita (*Balaenoptera boops*) 2. divlja ili poludivlja svinja s grebenastim leđima (poznata u južnim državama SAD)
razorbacked ['reizəbækt] *adj* koji ima oštar brid, koji ima oštar greben
razor-bill ['reizəbil] *s ornith* mala njorka (*Alca torda*)
razor-billed ['reizəbild] *adj* koji ima kljun poput britve
razor-billed auk → **razor-bill**
razor-blade ['reizəbleid] *s* 1. britvica za brijanje, žilet 2. aparat za brijanje
rezor clam ['reizəklæm] *s zool US* prstavac, šljanak (*Solenidae*)
razor-edge ['reizəredʒ] *s* 1. oštar brid, rub 2. oštar greben brda 3. oštra crta koja dijeli 4. *fig* kritičan položaj
razor-shell ['reizəʃel] *s* vrsta školjke
razor-strop ['reizəstrɔp] *s* brijački remen
razz [ræz] *s US sl* ruganje, zafrkavanje, zezanje, ismijavanje
razz [ræz] *vt US sl* ismijavati, zafrkavati, zezati, zavitlavati koga, nasaditi, varati, prevariti koga
razzia ['ræziə] *s* 1. upad, prepad, pljačkanje 2. racija (*on* na)
razzle-dazzle ['ræzlˌdæzl] *s* 1. *sl* uzbuđenje, metež, pijanka, terevenka 2. vrtuljak s valovitim gibanjem 3. čegrtaljka 4. blistavilo (koje treba da zbuni ili zaslijepi)
re [riː] *s mus* drugi ton oktave; nota D C-dur skale
're [ə] = **are**
reabsorb [ˌriːəb'sɔːb] *vt* opet (ponovo) upiti; ponovo prihvatiti, primiti (*into*)
reach [riːtʃ] *s* 1. sezanje, dosezanje, hvatanje, mašanje, hvat, zahvat 2. dohvat 3. širina, prostornost, prostor, izgled 4. sposobnost, moć hvatanja, težnja 5. proizvodna i stvaralačka sposobnost, proizvodnost 6. sfera utjecaja 7. domet, domašaj 8. polje 9. doseg, opseg (snage, sposobnosti itd.) 10. dužina, daljina, pregledan tok rijeke 11. *mar* dužina konopa kojim je privezan ugao jedra | **out of ~** nedokučiv, nedostižan, izvan dohvata
reach [riːtʃ] *vt/i* **I.** *vt* 1. (o ruci) pružiti, ispružiti (*forth, out*) 2. protegnuti, protezati 3. pružiti, podati (komu što), poslužiti koga čim 4. ščepati, zgrabiti, oduzeti što (*from* komu ili čemu) 5. (o mjestu) stići, prispjeti kamo 6. dočekati (dob, starost) 7. doseći; pogoditi što; doživjeti, dočekati (novo izdanje čega) 8. doprijeti, dosezati do 9. utjecati, imati upliva, ostaviti dojam (na koga) 10. doći (do zaključka) 11. dokučiti, razumjeti, shvatiti 12. dobiti **II.** *vi* 1. posegnuti za čim, mašiti se za što (*for*) 2. nagnuti se (*forward* naprijed, *toward* prema) 3. pružati se prema komu, pružiti se (*to*) 4. dosezati, doprijeti (*to* do) 5. *fig* težiti k čemu, ići za čim (*at, after*), naprezati se, prodrijeti u (*into*), shvatiti | **to ~ a blow** opaliti komu ćušku
reachable ['riːtʃəbl] *adj* dokučiv, dohvatljiv, dostiživ
reach-me-down ['riːtʃmidaun] *adj GB sl* (o odijelu) gotov, konfekcijski; iz druge ruke
reach-me-downs ['riːtʃmidaunz] *s GB sl pl* konfekcijska odjeća; rabljena odjeća
react [ri'ækt] *vi* 1. uzbuditi se, razdražiti se, uzrujati se, opirati se 2. *mil* izvršiti protunapad, kontraofenzivu 3. odgovoriti, reagirati (*to* na); djelovati, utjecati uzajamno, jedno na drugo (*upon each other*) 4. *chem* reagirati, djelovati (*upon* na, u) 5. utjecati, djelovati obratno, unatrag (na koga ili što) 6. opirati se komu ili čemu (*against*)
reactance [riː'æktəns] *s el* reaktanca, reaktivan otpor
reactant [riː'æktənt] *s chem* reaktant
reaction [ri'ækʃən] *s* 1. otpor, suprotan pritisak, tlak, suprotno djelovanje (*from, against*), reakcija, reagiranje (*to* na) (& *fig*) 2. *el* protivno djelovanje 3. *mil* protuudarac 4. *chem* reakcija, djelovanje (*on* na) 5. tendencija djelovanja unazad, retrogradno djelovanje, retrogradni utjecaj 6. *fig* obrt, preokret, nagla promjena 7. *phys* & *path* preokret, nagla promjena, povratno djelovanje, povratan udarac 8. *pol* reakcija, uzmak, ustuk
reactionary [ri'ækʃnəri] *adj* reakcionaran, natražnjački
reactionary [ri'ækʃnəri] *s pol* reakcionar, natražnjak
reaction engine [ri'ækʃən'endʒin] *s* reakcioni motor
reactionist [ri'ækʃənist] *s pol* reakcionar, natražnjak
reactionist [ri'ækʃənist] *adj* reakcionaran, natražnjački
reaction time [ri'ækʃən'taim] *s physiol* vrijeme latencije
reactivate [riː'æktiveit] *vt/i* reaktivizirati (se)
reactivation [riːˌækti'veiʃn] *s* reaktiviranje, reaktivizacija
reactive [ri'æktiv] *adj* (**~ly** *adv*) 1. koji djeluje unazad, suprotno, reaktivan 2. osjetljiv, koji reagira (*to* na) 3. *pol* reakcionaran
reactivity [ˌriːæk'tiviti] s ponovno djelovanje, reaktivnost
reactor [ri'æktə] *s* čovjek ili stvar koja reagira; (nuklearni) reaktor
read [riːd] *s* čitanje | **to take a ~** čitati
read [riːd] *vt/i* (read, read) **I.** *vt* 1. čitati 2. riješiti, odgonetati; proreći, pretkazivati, proricati, tumačiti (san) 3. očitati, proči-

tati, pročitati (*off, through, over*) 4. objašnjavati, tumačiti što, čitanjem učiti, upoznati koga s piščevim mislima (*into*) 5. doznati, saznati (iz novina) 6. predavati 7. studirati 8. uspavati koga čitanjem (*into, to sleep*) 9. (o termometru itd.) pokazati, zabilježiti 10. pročitati, proučiti (*up*) **II.** *vi* 1. čitati 2. saznati čitanjem, čitati (*about, of* o) 3. studirati, proučavati, učiti, spremati se, pripraviti se za ispit (*for* za) 4. dati se čitati (*it ~s well* dobro se čita) 5. glasiti (*it ~s as follows* glasi ovako) | *univ* **to ~ for the Bar** spremati se, vježbati se za advokaturu; *univ* **to ~ for a degree** spremati se za diplomski ispit; **to ~ for honours** spremati se za rigoroz; **do you ~ me?** razumiješ li me?; **to ~ a manuscript** recenzirati rukopis

read out [ˈriːdˈaut] *vt* glasno čitati, kazivati, pročitati

read [red] *pret* & *pp* od **read** | **well ~** načitan, učen; **deeply ~** vrlo načitan, vrlo obrazovan; **the most ~ book** najčitanija knjiga

readability [ˌriːdəˈbiliti] *s* čitljivost

readable [ˈriːdəbl] *adj* (**readably** *adv*) čitljiv, čitak, vrijedan čitanja

re-address [ˈriːəˈdres] *vt* (pismo) ponovo adresirati; promijeniti adresu

reader [ˈriːdə] *s* 1. čitalac, čitatelj, ljubitelj, ljubiteljica knjige 2. *eccl* čitalac, predavač 3. *univ* docent, profesor 4. *print* čitač, lektor, korektor 5. čitanka

readership [ˈriːdəʃip] *s univ* docentura, položaj docenta i njegova znanstvena disciplina; krug čitalaca

readily [ˈredili] *adv* pripravno, spremno, gotovo, rado, voljno, odmah, brzo; lako, bez muke

readiness [ˈredinis] *s* 1. pripravnost, gotovost, spremnost, sklonost 2. lakoća, vještina, spremnost, okretnost 3. brzina, točnost

reading [ˈriːdiŋ] *s* 1. čitanje, pregledavanje 2. načitanost 3. predavanje; recitiranje 4. način čitanja; doslovan tekst 5. tumačenje, objašnjenje, shvaćanje (*of* čega) 6. štivo, lektira 7. čitač 8. stanje (barometra itd.)

reading-desk [ˈriːdiŋdesk] *s* pult za čitanje

reading-glass [ˈriːdinglaːs] *s* povećalo

reading room [ˈriːdiŋrum] *s* čitaonica

readjust [ˌriːəˈdʒʌst] *vt* ponovo (opet) urediti, prilagoditi, podesiti

readjustment [ˌriːəˈdʒʌstmənt] *s* ponovno (novo) uređenje, reorganizacija; korektura

readmission [ˌriːədˈmiʃn] *s* ponovno pripuštanje

readmit [ˌriːədˈmit] *vt* ponovo pripustiti

readmittance [ˌriːədˈmitəns] *s* → **readmission**

readout [ˈriːdaut] *s* čitanje (elektroničkog računala)

ready [ˈredi] *adj* 1. pripravan, gotov, spreman 2. okretan, vješt, spretan, sposoban (*at, in* u) 3. brz, hitar 4. sklon, voljan, rad 5. bliz, neposredan, koji je na dohvatu, pri ruci, pogodan, prikladan 6. udoban, lak, kratak, izravan, direktan (put, način) 7. *com* upotrebljiv, uhvatljiv, opipljiv; čist, prav | **to get (make) ~** 1. *vt* spremiti, pripremiti, zgotoviti što 2. *vi* pripremiti se, prirediti se, izvršiti pripreme (*for* za), biti pripravan na što, spremiti se na što (*for*); *mar* **~ to do** spreman, gotov, voljan izvršiti, učiniti što

ready [ˈredi] *adv* pripravno, gotovo, spremno, odmah, smjesta; lako

ready [ˈredi] *s* 1. *mil* stav »gotovs« 2. gotov novac, gotovina | **at the ~** u stavu na »gotovs«

ready-made [ˌrediˈmeid] *adj* konfekcijski

ready-money [ˈrediˌmʌni] *s* gotovina; platež u gotovu

ready room [ˈredirum] *s US* prostorija u kojoj posada aviona dobiva zadatak (instruktažu) prije leta

ready-to-wear [ˈreditəˈwɛə] *adj* konfekcijski

ready-witted [ˈrediˌwitid] *adj* oštrouman, doskočljiv, dosjetljiv

reaffirm [ˌriːəˈfəːm] *vt* ponovo, opet tvrditi, uvjeravati

reaffirmation [ˌriːəfəːˈmeiʃn] *s* ponovno tvrđenje, uvjeravanje

reagency [riːˈeidʒənsi] *s* retroaktivna sila ili djelovanje (*against*)

reagent [riːˈeidʒənt] *s chem* reagens

reagin [riːˈeidʒin] *s med* reagin

real [riəl] *s* stvarnost, zbiljnost, postojanje

real [riəl] *adj* 1. stvaran, istinski, pravi, zbiljski, realan 2. *com* efektivan 3. prav, čist, naravan, živ; crpen, uzet iz života 4. iskren 5. *jur* stvaran, nepokretan, osnovni, temeljan | *jur* **~ estate, ~ property** posjed u zemlji, nekretnine; **~ money** kovani novac; *jur* **~ security** hipoteka

realgar [riˈælgaː] *s chem* realgar, arsenov disulfid (As_2S_2)

realism [ˈriəlizm] *s* realizam, smisao za stvarnost

realist [ˈriəlist] *s* realist

realist [ˈriəlist] *adj* stvaran, zbiljski, realan, realističan

realistic [ˌriəˈlistik] *adj* (**~ally** *adv*) stvaran, zbiljski, realističan, realistički

reality [riˈæliti] *s* 1. realnost, stvarnost, istinitost, zbiljnost 2. suština, bitnost, realističnost 3. činjenica, zbilja, istina, prava priroda, narav čega (*of*) | **in ~** uistinu, zaista, zbilja; **the ~** prava, zbiljska priroda, stvarnost

realizable ['riəlaizəbl] *adj* 1. ostvarljiv, izvediv 2. koji se može iskoristiti, korisno upotrijebiti 3. koji se može unovčiti, koji može postići cijenu, vrijednost
realization [ˌriəlai'zeiʃn] *s* 1. realiziranje, ostvarenje, ispunjenje, izvršenje 2. predočivanje, predstavljanje, živo predstavljanje, pokazivanje, izlaganje, iznošenje, prikazivanje ili gleđanje 3. *com* realizacija 4. spoznaja, uviđanje, shvaćanje
realize ['riəlaiz] *vt* 1. ostvariti, izvršiti, ispuniti, obistiniti, izvesti 2. prikazati što živo, kakvo je u prirodi 3. jasno spoznati, uvidjeti, živo sebi predočiti, predstaviti što 4. *com* realizirati 5. naslijediti, dobiti (imetak)
real-life ['riəllaif] *adj* stvaran, postojeći
really ['riəli] *adv* stvarno, istinski, zbiljski, doista, zaista, realno, objektivno | **~?** zbilja?
realm [relm] *s* 1. kraljevstvo, kraljevina 2. područje 3. *fig* carstvo (*the ~ of dreams, the animal ~*) | **in the ~ of** na području
realtor ['riəltə] *s US sl* posrednik za prodaju nekretnina
realty ['riəlti] *s* nepokretno dobro, nepokretni imetak, nekretnine
ream [ri:m] *s* rizma papira (1000 araka)
ream [ri:m] *vt tech* raširiti, proširiti (rupu); (kalibar) izbušiti
ream out ['ri:m'aut] *vt* ukloniti (nedostatak, grešku)
reamer ['ri:mə] *s tech* svrdlo za bušenje ili proširivanje rupa
reanimate [ˌri:'ænimeit] *vt* ponovo oživiti (& *fig*), vratiti u život
reap [ri:p] *vi/t* 1. žeti, požnjeti (& *fig*) 2. odnijeti žetvu 3. spremiti žetvu, pribrati žetvu 4. *fig* žeti, požnjeti (slavu, hvalu itd.) | **to sow the wind and ~ the whirlwind** snositi, trpjeti posljedice svoje bezobzirne pakosti ili ludosti
reaper ['ri:pə] *s* 1. žetelac, žetelica 2. *tech* žetelica (stroj) | **the (Grim) R~** smrt (u obliku kostura koji drži kosu)
reaping-hook ['ri:piŋhuk] *s* srp
reappear [ˌri:ə'piə] *vi* ponovo, opet se pojaviti
reappearance [ˌri:ə'piərəns] *s* ponovno pojavljivanje, ponovna pojava koga ili čega
reapplication [ˌri:æpli'keiʃn] *s* ponovna primjena čega
reapply [ˌri:ə'plai] *vt* ponovo, opet primijeniti, upotrijebiti što
reappoint [ˌri:ə'pɔint] *vt* ponovo postaviti, imenovati koga
reappointment [ˌri:ə'pɔintmənt] *s* ponovno imenovanje, postavljenje
rear [riə] *s* 1. *mil* & *mar* zaštitnica 2. stražnji dio, stražnja strana 3. pozadina 4. *coll* zahod, nužnik, latrina 5. *sl US* stražnjica | *mil* **to bring up to ~** tvoriti zaštitnicu, biti na kraju; *fig* doći posljednji; **to take the enemy in the ~** napasti neprijatelja s leđa; **in the ~, at the ~ of** iza
rear [riə] *vt/i* **I.** *vt* 1. dići, dizati, dignuti, uzdići, podići, pridići 2. (o stvarima) izdvajati se, isticati se 3. podići, podizati, praviti, graditi (zgrade) 4. gajiti, uzgojiti, odgajati (životinje) 5. ishraniti, nahraniti, odgajati, odgojiti, uzgojiti, obrazovati, odnjihati, podići (ljude) 6. njegovati, uzgajati (biljke) **II.** *vi* (o konjima) propeti se, propinjati se; (o zgradama) dizati se, uzdizati se; (o ljudima) srnuti, skočiti u srditoj uzbuđenosti
rear-admiral [ˌriə'ædmərəl] *s mar* kontraadmiral
rear end ['riərend] *s sl* stražnjica
rear-guard ['riəga:d] *s mil* zaštitnica, začelni odred
rearm [ˌri:'a:m] *vt/i* **I.** *vt* ponovo naoružati, snabdjeti oružjem (*with*) **II.** *vi* ponovo se naoružati, naoružavati se
rearmament [ˌri:'a:məmənt] *s mil* ponovno naoruža(va)nje
rearmost ['riəməust] *adj* zadnji
rearrange [ˌri:ə'reindʒ] *vt* ponovo urediti; preurediti, promijeniti, preinačiti (plan)
rearrangement [ˌri:ə'reindʒmənt] *s* ponovno uređenje, preuređenje, pretvaranje, promjena; *chem* premještanje
rear sight ['riəsait] *s* zadnji nišan
rearview mirror ['riəvju:'mirə] *s mot* retrovizor
rearward ['riəwəd] *s mil* zaštitnica | **in the ~** u pozadini; **in (to) the ~ of** iza
rearward ['riəwəd] *adj* (**~ly** *adv*) stražnji, zadnji, koji je straga, usmjeren prema natrag
rearward(s) ['riəwəd(z)] *adv* natrag, nazad, unazad
reason ['ri:zn] *s* 1. uzrok, razlog, povod 2. um, razum, pamet 3. razboritost, uviđanje, razumijevanje 4. ono što je pravo i pošteno, pravo, pravica 5. mjera, umjerenost 6. *jur* pravo na što, glavni razlog 7. *log* premisa nekog dokaza; sposobnost stvaranja zaključaka na osnovi premisa | **in ~** s pravom, kao što je pravedno, u granicama; **to listen to ~** slušati um, razum, dati se poučiti u čemu; **to bring to ~** urazumiti, opametiti koga; **to lose one's ~** sići s uma, poludjeti; **it stands to ~** razumno je, očigledno; **by ~ of** radi, zbog; **for the ~ that** zbog toga što; **for the same ~** iz istog razloga; **with ~** s razlogom, s pravom; **without rhyme or ~** bez smisla i pameti, bez glave i repa
reason ['ri:zn] *vi/t* **I.** *vi* razumno ili logički misliti, razmišljati (*about, of, on* o čemu) 2. zaključivati (*from* iz) 3. suditi, rasuđivati (*on* o čemu) 4. uvjeriti koga (*with*) **II.** *vt* 1. raspravljati, pretresati, izlagati što, debatirati o čemu 2. logički ili umno izraziti ili poredati 3. razlozima (argu-

mentima) odvratiti koga (*out*) 4. razlozima navesti, nagovoriti (*into*) 5. odvratiti (*out of* od, iz)

reasonable ['ri:znəbl] *adj* (**reasonably** *adv*) 1. razuman, razborit, pametan, logičan 2. prihvatljiv, usvojiv, pravičan, pravedan 3. umjeren, nepretjeran (o cijeni) 4. prikladan, pogodan, podesan

reasoner ['ri:zənə] *s* mislilac

reasoning ['ri:zəniŋ] *s* 1. zaključivanje, rasuđivanje, mišljenje, suđenje, zaključak 2. *pl* slijed, tok misli 3. argumentiranje, dokazivanje, izlaganje, pretresanje, raspravljanje (*on* o)

reasonless ['ri:znlis] *adj* nerazuman, besmislen

reassemble [ˌri:ə'sembl] *vt/i* ponovo, opet (se) sakupiti

reassert [ˌri:ə'sə:t] *vt* opet, ponovo tvrditi; opet, ponovo dokazati

reassume [ˌri:ə'sju:m] *vt* 1. ponovo primiti (službu, oblik) 2. opet, ponovo zauzeti (mjesto) 3. ponovo prihvatiti, primiti (zaposlenje)

reassurance [ˌri:ə'ʃuərəns] *s* ponovno osiguranje, tvrđenje; umirenje

reassure [ˌri:ə'ʃuə] *vt* 1. ponovo osigurati ili tvrditi 2. umirivati, utješiti koga, uvjeravati | **to be ~d** uvjeriti se

reassuring [ˌri:ə'ʃuəriŋ] *adj* (**~ly** *adv*) koji umiruje, hrabri

reave (**reive**) [ri:v] *vi/t* (*pret* ~d; *pp* ~d, reft) **I.** *vi poet* & *arch* pljačkati, grabiti, plijeniti, oteti, izvršiti razbojstvo **II.** *vt* opljačkati koga (*of*), oteti komu što (*from*)

reaver (**reiver**) ['ri:və] *s* razbojnik, pljačkaš

rebaptism [ˌri:'bæptizm] *s* ponovno krštenje

rebaptize [ˌri:'bæptaiz] *vt* ponovo krstiti; prekrstiti koga (što); dati komu (čemu) novo ime

rebarbative [ri'ba:bətiv] *adj* odbojan, neprivlačan

rebate ['ri:beit] *s* 1. *com* popust, rabat (*on* na), odbitak 2. smanjenje, oprost, oproštenje (poreza)

rebate [ri'beit] *vt* 1. popustiti, dati popust, rabat; refundirati 2. otupiti, zatupiti

rebate [ri'beit] *s* & *v* → **rabbet**

rebeck ['ri:bek] *s* srednjovjekovni instrument s tri žice ili strune, nekadašnji oblik violine

rebel ['rebl] *s* pobunjenik, odmetnik, buntovnik, ustanik; (često **R~**) *US* vojnik konfederacije

rebel [ri'bel] *vi* (po)buniti se, ustati protiv koga ili čega (*against*), dići se protiv, protiviti se (*against*)

rebellion [ri'beljən] *s* buna, ustanak, pobuna | **the great Rebellion** građanski rat u Engleskoj od 1642. do 1660.

rebellious [ri'beljəs] *adj* (**~ly** *adv*) 1. buntovan, buntovnički, pobunjenički, odmetnički 2. *fig* neposlušan, nepokoran | **to be ~ to** biti kome neprijatelj, protivnik

rebind [ˌri:'baind] *vt* (rebound, rebound) nanovo uvezati (knjigu)

rebirth [ˌri:'bə:θ] *s* ponovno rođenje; preporod

reborn [ˌri:'bɔ:n] *adj* ponovo rođen, preporođen

rebound ['ri:baund] *s* 1. odboj, odskok, odbijanje, vraćanje, povratni udarac, povratno djelovanje, ponovan udarac, djelovanje protiv (*from*) 2. odjekivanje, razlijeganje 3. *fig* udarac (*on the ~* nakon udarca) | **to take a p on (at) the ~** reagirati tako da se tko navede na protivan postupak

rebound [ri'baund] *vi* 1. odskočiti, odbiti se (*from* od) 2. *fig* skočiti natrag (*upon* na); oporaviti se, povratiti se; odjeknuti

rebound [ˌri:'baund] *adj* nanovo uvezan

rebuff [ri'bʌf] *s* 1. odbijanje, odbacivanje, vraćanje, ponižavanje, zapostavljanje 2. sprečavanje, smetanje, zadržavanje, kočenje

rebuff [ri'bʌf] *vt* 1. odbiti, odbaciti, otjerati 2. spriječiti, zadržati, zaustaviti, kočiti, gurnuti natrag, odgurnuti

rebuild [ˌri:'bild] *vt* ponovo, opet graditi, zidati; prezidati, prepraviti, rekonstruirati

rebuke [ri'bju:k] *s* ukor, prijekor, prigovor, zamjerka, predbacivanje

rebuke [ri'bju:k] *vt* koriti, karati, grditi, osuđivati, prigovarati, zamjeriti, ukoriti koga

rebuking [ri'bju:kiŋ] *adj* (**~ly** *adv*) prijekoran, pun prigovora

rebus ['ri:bəs] *s* **rebus,** zagonetka u slikama

rebut [ri'bʌt] *vt* 1. odbiti 2. opovrći, pobiti, dokazati da je što krivo, lažno

rebuttal [ri'bʌtl] *s* pobijanje, opovrgavanje | **in ~ of** kao dokaz da je krivo, lažno

rebutter [ri'bʌtə] *s* 1. onaj koji opovrgava, pobija što 2. *jur* odgovor optuženoga na treći prigovor tužitelja

rec [rek] *adj* rekreacijski, za rekreaciju

recalcitrance [ri'kælsitrəns] *s* upornost, zadrtost, tvrdoglavost, neposlušnost, nepokornost

recalcitrant [ri'kælsitrənt] *adj* (**~ly** *adv*) uporan, zadrt, tvrdoglav, jogunast, neposlušan, nepokoran, koji se opire | **to be ~ to explanation** tvrdoglavo se opirati tumačenju, objašnjavanju

recalcitrant [ri'kælsitrənt] *s* tvrdoglavac

recalcitrate [ri'kælsitreit] *vi* biti uporan, tvrdoglav, nepokoran; opirati se, protiviti se (*at, against*)

recalculate [ˌri:'kælkjəleit] *vt* ponovo računati

recalesce ['ri:kæ'les] *vi tech* (o metalu) ponovo se užariti, usijati se u toku hlađenja

recalescence ['riːkæ'lesəns] *s tech* ponovno žarenje, usijavanje u toku hlađenja
recall [ri'kɔːl] *s* 1. pozivanje natrag, opoziv, opozivanje; poricanje 2. ponovan poziv (*to* na) 3. *mil* znak (bubnjem itd.) za ponovno prikupljanje, sakupljanje 4. *mar* znak (zastavom) za povratak broda 5. sjećanje, memorija | **past ~** neopoziv, nepromjenljiv
recall [ri'kɔːl] *vt* 1. zvati, pozvati natrag 2. opozvati, opovrći 3. sjetiti se, sjećati se, dozivati u pamet 4. nanovo oživiti 5. poništiti (presudu itd.) 6. uzeti natrag (dar)
recallable [ri'kɔːləbl] *adj* opoziv, opozljiv, kojega se možemo sjetiti
recant [ri'kænt] *vt/i* **I.** *vt* 1. opozvati, poreći, povući, odreći se 2. moliti za oproštenje zbog čega **II.** *vi* javno opozvati, poreći, odreći se, moliti za oproštenje, priznati, uvidjeti svoju krivicu, zabludu
recantation [ˌriːkæn'teiʃn] *s* opoziv, poricanje, odricanje | **to make a public ~** javno poreći
recap [riː'kæp] *vt US* regenerirati (gumu)
recap ['riːkæp] *s* regenerirana guma
recapitulate [ˌriːkə'pitjuleit] *vt* ukratko ponoviti, rekapitulirati
recapitulation ['riːkəˌpitju'leiʃn] *s* kratak, sažet pregled, rekapitulacija; *mus* repriza
recapitulative [ˌriːkə'pitjulətiv] *adj* koji sažeto, ukratko ponavlja
recapitulatory [ˌriːkə'pitjulətəri] *adj* koji sažeto, ukratko ponavlja, koji rekapitulira
recapture [ˌriː'kæptʃə] *s* ponovno zauzimanje; ponovno dobivanje; ponovno stjecanje
recapture [ˌriː'kæptʃə] *vt* ponovo zauzeti, osvojiti, dobiti, povratiti (što); ponovo ugrabiti, zgrabiti, dokopati se čega; ponovo proživjeti, osjetiti i sl., sjetiti se
recast [ˌriː'kaːst] *s* 1. prerađivanje, preinačenje, preinaka, prepravljanje, prekrajanje, preobražavanje 2. *theat* nova postava (glumaca)
recast [ˌriː'kaːst] *vt* 1. preliti, pretopiti (kovinu), prekovati (novac) 2. preraditi, preinačiti, prepraviti, prekrojiti, preobraziti, iznova napraviti 3. proračunati, provjeriti račun, još jednom procijeniti 4. *theat* izmijeniti postavu (kazališnog komada), dati (glumcu) novu ulogu
recce ['reki] *s mil coll* izviđanje, izviđački podaci
recede [ri'siːd] *vi* 1. odstupiti, uzmaći, ustuknuti, povući se 2. nestati, iščeznuti, izgubiti se 3. ostaviti službu, dati ostavku 4. odustati (*from* od) 5. padati (tečaj, vrijednosti itd.)
receipt [ri'siːt] *s* 1. primitak; dolazak, stizanje, prispijevanje robe 2. dohodak, prihod, primitak (novca) 3. priznanica, potvrda o primitku (*against*), namira 4. *cul* recept (& *fig*) 5. uputa, propis, sredstvo | **to be in ~ of** posjedovati, imati, držati, primiti (pismo); **on ~ of** po primitku, nakon primitka (pisma, sume itd.); **to make out (give) a ~ for** izdati priznanicu, namiru na (za)
receipt [ri'siːt] *vt* dati priznanicu, namiru (na što), označiti »plaćeno« (na računu)
receivable [ri'siːvəbl] *adj* 1. prihvatljiv, koji se može primiti 2. dopustiv 3. koji se može primiti u društvo 4. *com* dospio (*accounts ~*)
receive [ri'siːv] *vt/i* **I.** *vt* 1. primiti, dobiti (*from* od koga) 2. prihvatiti (*from* od koga), primiti (pričest, sakrament) 3. uzeti, čuvati, sakriti (ukradene stvari) 4. prihvatiti, primiti u se, uhvatiti 5. dobiti, primiti (dojam itd.) 6. iskusiti, doživjeti; držati se, odoljeti, oduprijeti se 7. podnijeti, pretrpjeti (udarac) 8. smatrati, držati, priznati za valjano, shvatiti 9. dočekati, primiti koga 10. smjestiti koga, dati komu stan, ukonačiti koga 11. dopustiti pristup (*to* k, *into* u) **II.** *vi* 1. biti primalac 2. pričestiti se 3. primati (goste, posjete) 4. *radio* primati, hvatati (valove) | **when ~d** po primitku; **~d on account** primljeno na račun; **~d with thanks** primljeno sa zahvalnošću; **~d pronunciation** općepriznat izgovor; **to be at the receiving end** *coll* biti primalac dara, usluge; biti cilj napada, biti žrtva napada
receiver [ri'siːvə] *s* 1. primalac, akceptant; poreznik, blagajnik 2. utajivač, jatak, skrivač, prikrivač 3. *teleph* slušalica, prijemnik, prijemni aparat 4. *tech* spremnica, sud 5. *chem* & *phys* recipijent, posuda za hvatanje destilata; prijemnik
receivership [ri'siːvəʃip] *s* služba, zvanje upravitelja stečajne mase
receiving [ri'siːviŋ] *s* primanje, primitak
receiving blanket [ri'siːviŋ'blænkit] *s US* (pamučna) dekica za umatanje djeteta
receiving line [re'siːviŋ'lain] *s* na svečanim primanjima: domaćin, domaćica, počasni gosti itd. koji stoje u redu i pozdravljaju goste
receiving-set [ri'siːviŋset] *s* prijemnik
recency ['riːsnsi] *s* 1. novost 2. svježina, svježa rana (zbog gubitka čega)
recension [ri'senʃn] *s* 1. revizija, pregled (teksta) 2. revidiran, pregledan (tekst)
recent ['riːsnt] *adj* (**~ly** *adv*) 1. skorašnji, nedavni 2. nov, suvremen, moderan 3. svjež, nepokvaren 4. mlad 5. *geol* koji pripada sadašnjem periodu, razdoblju
receptacle [ri'septəkl] *s* 1. posuda, spremnica 2. prebivalište 3. *bot* cvjetište, loža (*receptaculum*)
reception [ri'sepʃn] *s* 1. primanje, prijem, prihvat (& *fig*); pripuštanje 2. službeno

primanje, doček, dočekivanje; veče primanja (*to* za) | ~ **for quality** *com* primopredaja

reception-room [ri'sepʃnrum] *s* soba za primanje posjeta

receptive [ri'septiv] *adj* (~**ly** *adv*) 1. koji je sposoban da prima, da prihvati, osjetljiv (*of, to* za, na), receptivan, prijemljiv, sposoban da shvati

receptivity [ˌresep'tiviti] *s* prijemljivost, osjetljivost

recess [ri'ses] *s* 1. privremeni odmor, prekid, pauza (*esp parl*) 2. *parl* & *US univ* praznici, ferije (*pl*) 3. skrovište, sklonište, osamljeno mjesto, osama, samoća, zabit 4. povlačenje (vode, zemlje, ledenjaka) 5. *pl* skriveni tajni kutići, dubine, najskrovitija unutrašnjost; *fig* krilo 6. udubljenje, ugnuće, uleknuće, jama, rupa, šupljina; (u zidu) udubljenje, niša, sjenica

recess [ri'ses] *vt/i* **I.** *vt* 1. produbiti, produbljivati, izdupsti 2. postaviti, metnuti u jamu, u udubljenje, potisnuti natrag, uvući dalje od ceste **II.** *vi US coll* poći na odmor

recession [ri'seʃn] *s* 1. *eccl* povlačenje (nakon mise) 2. odstupanje, uzmicanje, povlačenje (*from*) 3. *fig* padanje, opadanje (poplave) 4. dio koji je udubljen, koji je povučen prema natrag 5. recesija, privredna kriza

recessional [ri'seʃənl] *adj* 1. *eccl* koji se tiče povlačenja 2. *parl* koji se tiče ljetnih praznika

recessive [ri'sesiv] *adj biol* recesivan

recharge [ˌriː'tʃaːdʒ] *vt/i* ponovo (se) nabiti, napuniti

recherché [rə'ʃɛəʃei] *adj Fr* pomno odabran, probran ili sastavljen, biran; rafiniran, elegantan (i pretjerano)

rechristen [ˌriː'krisn] *vt* 1. ponovo krstiti 2. prekrstiti, nanovo nazvati, dati ime

recidivism [ri'sidəvizm] *s* recidivizam

recidivist [ri'sidivist] *s* recidivist

recidivous [ri'sidivəs] *adj* recidivan

recipe ['resipi] *s cul, fig, med (obsolete)* recept, sredstvo (*for*), lijek

recipiency [ri'sipiənsi] *s* prijemljivost, sposobnost primanja, receptivnost

recipient [ri'sipiənt] *adj* prijemljiv, koji je sposoban da prima, receptivan

recipient [ri'sipiənt] *s* primalac, recipijent | **to be the** ~ **of a th** primati što (*from* od)

reciprocal [ri'siprəkl] *adj* (~**ly** *adv*) 1. prikladan, razmjeran, odgovarajući, koji odgovara 2. uzajaman, obostran 3. *math* recipročan, obrnuto razmjeran 4. *gram* refleksivan, povratan; recipročan

reciprocal [ri'siprəkl] *s* 1. par (čemu), duplikat, ono što nadopunjava nešto (& *fig*) 2. *math* recipročna vrijednost

reciprocate [ri'siprəkeit] *vt/i* **I.** *vt* 1. izmijeniti, uzvraćati (misli, osjećaje) 2. (uz)vratiti, nadoknaditi komu što **II.** *vi* 1. *tech* ići amo-tamo, naizmjenično djelovati, izmjenjivati se 2. biti zahvalan, odužiti se za učinjeno dobro (*for* za, *with* čime) | **to** ~ **to a blow with** uzvratiti dobiveni udarac, revanširati se (čime); **reciprocating engine** *tech* stapni stroj

reciprocation [riˌsiprə'keiʃn] *s* 1. *tech* gibanje amo-tamo, izmjenično djelovanje 2. izmjena, mijenjanje, vraćanje, uzvraćanje

reciprocity [ˌresi'prɔsiti] *s* reciprocitet, uzajamni odnosi, obostranost, uzajamnost, međusobnost

recital [ri'saitl] *s* 1. nabrajanje, govorenje (napamet), recitiranje, predavanje, čitanje (glasno) 2. pripovijedanje; izvještaj 3. *jur* uvodni, pripremni dio isprave, dokumenta, svjedodžbe 4. *mus* (solistički) koncert

recitation [ˌresi'teiʃn] *s* čitanje (glasno), predavanje, recitiranje, kazivanje, recitacija

recitative [ˌresitə'tiːv] *adj It* recitativan

recitative [ˌresitə'tiːv] *s It* 1. recitativ, običan govor uz pratnju glazbe 2. *theat* muzička fraza koja je više nalik na govor nego na pjevanje

recite [ri'sait] *vt/i* **I.** *vt* 1. recitirati, deklamirati, govoriti glasno, predavati 2. nabrajati 3. izvijestiti o čemu, pripovijedati, kazivati 4. *US* govoriti, ponavljati (zadaću, zadatak) **II.** *vi* recitirati

reciter [ri'saitə] *s* 1. recitator, deklamator 2. knjiga recitacija

reck [rek] *vi/t* **I.** *vi* 1. *rhet poet* (samo u negativnim i upitnim rečenicama) brinuti se, kajati se, mariti (*of* za što); misliti (*of* o čemu) 2. znati (*of* što, za što, o čemu) **II.** *vt* brinuti se, skrbiti se za što, paziti na, osvrtati se na, voditi računa, obazirati se na što, uzeti u obzir

reckless ['reklis] *adj* (~**ly** *adv*) 1. nesmotren, nepromišljen, nerazborit, lakomislen 2. bezobziran, bezbrižan | **to be** ~ **of** ne obazirati se na što, ne hajati, ne mariti

recklessness ['reklisnis] *s* 1. nemar (*of* za) 2. nesmotrenost, nepromišljenost, nerazboritost, lakomislenost

reckon ['rekən] *vt/i* **I.** *vt* 1. računati, proračunati, ocijeniti, procijeniti 2. brojiti, sabirati, računati, sračunati, zbrojiti (*up*) 3. (koga) računati, brojiti (*among, in, with* za, među) 4. cijeniti, ocijeniti, smatrati, držati (*for, as, to be* za) (*I* ~ *him (to be) my friend* smatram ga svojim prijateljem) 5. *US coll, dial* misliti, držati, pretpostavljati da (*that*) **II.** *vi* računati, obračunati, razračunati

reckon on ['rekən'ɔn] *vi* računati s čim, osloniti se na koga

reckon with ['rekən'wið] *vi* 1. obračunati, razračunati s kim 2. računati s čim

reckoner ['rekənə] *s* računar, račundžija (i za žene)

reckoning [ˈrekəniŋ] *s* 1. računanje, brojenje 2. račun, obračun, proračun; procjena, ocjenjivanje (& *fig*) 3. (hotelski) račun 4. *mar* određivanje (od oka) gdje se lađa nalazi 5. obračunavanje, razračunavanje 6. sud, mišljenje 7. računanje vremena | **to be out in one's ~** prevariti se u računu; **the day of ~** dan obračunavanja, dan obračuna; *mar* **dead ~** približno određivanje položaja broda; **to my reckoning** po mom mišljenju, po mom sudu; **there is no ~ (up)on him** na njega se ne može osloniti (računati); **to call a p to ~ about** pozvati koga na obračun zbog čega; **to make one's ~ without (one's) the host** praviti račun bez krčmara; **even (short) ~s make lasting (long) friends** čisti računi — dugo prijateljstvo

reclaim [riˈkleim] *s* | **past (beyond) ~** nepopravljiv, koji se ne može popraviti, poboljšati

reclaim [riˈkleim] *vt/i* **I.** *vt* 1. vratiti, dovesti natrag (*from* iz, *to* k); obratiti, dovesti na pravi put 2. (nepravdu) popraviti 3. (životinju, zvijer) pripitomiti, ukrotiti 4. civilizirati, odgojiti, pridići iz divljaštva 5. (zemlju) iskrčiti, isušiti 6. tražiti, zahtijevati, reklamirati, tražiti natrag, tražiti povrat **II.** *vi* 1. protiviti se, protestirati, prosvjedovati, istupiti, ustati (*against* protiv), izjaviti da (*that*) 2. *Scot jur* uložiti priziv, apelirati, žaliti se višem sudu

reclaimable [riˈkleiməbl] *adj* koji se može popraviti; (o zemlji) koja se može obrađivati, težiti, kultivirati

reclamation [ˌrekləˈmeiʃn] *s* 1. reklamacija, traženje natrag, zahtjev za povrat čega; prigovor, žalba, tužba, prosvjed, protest 2. obraćanje, odvraćanje (*from* od), poboljšavanje, popravljanje 3. krčenje (šume), isušenje (tla) 4. traženje natrag, zahtjev za povrat (*for*) 5. regeneracija, prerada otpadnih tvari

recline [riˈklain] *vt/i* **I.** *vt* 1. nasloniti, prisloniti, položiti, metnuti (*on* na) **II.** *vi* naslanjati se, biti naslonjen, osloniti se (*on, upon* na), ležati, počivati (*against* uz), nagnuti se, prikloniti se

recliner [riˈklainə] *s* fotelja s pokretnim naslonom

reclothe [ˌriːˈkləuð] *vt* 1. opet odijevati, odjenuti, obući, oblačiti 2. nanovo obući, oblačiti

recluse [riˈkluːs] *adj* (**~ly** *adv*) samotan, osamljen, povučen, odijeljen od svijeta, pustinjački

recluse [riˈkluːs] *s* osamljenik, pustinjak

reclusion [riˈkluːʒn] *s* 1. osamljenost, samoća, povučenost 2. pustinjački život 3. boravak u samici

recognition [ˌrekəgˈniʃn] *s* 1. priznanje 2. ponovno poznavanje, spoznavanje, prepoznavanje, raspoznavanje, identificiranje 3. pozdrav | **in ~ of** u znak priznanja za; **past all ~** koji se više ne može prepoznati; **his ~ of me was immediate** odmah me je prepoznao; **to win ~** steći priznanje

recognizable [ˈrekəgnaizəbl] *adj* (**recognizably** *adv*) koji se može priznati; prepoznatljiv

recognizance [riˈkɔgnizəns] *s* 1. *jur* pismena obaveza, priznanje duga; priznanica, obveznica 2. jamstvo, jamčevina, kaucija

recognize [ˈrekəgnaiz] *vt* 1. priznati (*that*) 2. poznati, prepoznati 3. cijeniti, priznavati vrijednost 4. uzeti na znanje 5. opet poznati, opet saznati, poznati (*by* po) 6. pozdraviti; pozdravom izraziti prepoznavanje

recoil [ˈriːkɔil] *s* 1. odskakivanje, odskok, odbijanje, odboj 2. *mil* udarac unazad, povratan udarac, povratno djelovanje 3. *fig* retroaktivan utjecaj, upliv 4. ustuk, trzanje, strah, groza, užas (*from* od)

recoil [riˈkɔil] *vi* 1. uzmaknuti, ustuknuti, odstupiti, povući se, popustiti (*before* pred) 2. *fig* trgnuti se, prenuti se, zgroziti se, uzdrhtati 3. (o stvarima) odskočiti, skočiti natrag, odbiti se 4. (o puški, topu) trgnuti unatrag; *fig* pasti opet (u istu manu i dr.)

recoin [ˌriːˈkɔin] *vt* prekovati novac, nanovo iskovati

recoinage [ˌriːˈkɔinidʒ] *s* prekivanje novca

recollect [ˌrekəˈlekt] *vt* 1. sjetiti se, sjećati se čega 2. sabrati se, usredotočiti se, koncentrirati se | **to ~ oneself** doći k sebi

re-collect [ˈriːkəˈlekt] *vt* ponovo skupiti, sabrati | **to ~ one's courage** ponovo smoći hrabrost; **to ~ oneself** ponovo se sabrati, doći k sebi, oporaviti se

recollection [ˌrekəˈlekʃən] *s* 1. sjećanje (*of* na) 2. pamćenje, uspomena 3. sabranost misli | **~s** *pl* uspomene, sjećanja; **to the best of my ~** koliko se sjećam; **that is beyond my ~** više ne pamtim, više se toga ne sjećam

recollective [ˌrekəˈlektiv] *adj* koji se tiče sjećanja, uspomene, koji se odnosi na sjećanje

recolour [ˌriːˈkʌlə] *vt* nanovo obojiti, svježe obojiti

recommence [ˌriːkəˈmens] *vi/t* **I.** *vi* iznova početi **II.** *vt* opet prihvatiti, obnoviti što

recommend [ˌrekəˈmend] *vt* preporučiti; savjetovati; povjeriti

recommendable [ˌrekəˈmendəbl] *adj* vrijedan preporuke, preporučljiv

recommendation [ˌrekəmenˈdeiʃn] *s* preporuka, preporučljivo svojstvo; vrlina

recommendatory [rekəˈmendətəri] *adj* preporučljiv, koji preporučuje, koji služi kao preporuka

recompense [ˈrekəmpens] *s* naknada, odšteta (*for* za); nagrada

recompense ['rekəmpens] *vt* nagraditi, naknaditi, dati naknadu, odštetiti, vratiti komu što, nadoknaditi komu što
recompose [ˌriːkəm'pəuz] *vt* 1. opet urediti, ponovo sastaviti, združiti, grupirati, svezati 2. *fig* ponovo umiriti ili umekšati 3. *print* ponovo složiti
recomposition [ˌriːkɔmpə'ziʃn] *s* 1. ponovno uređenje, sastavljanje, združivanje, vezanje, pregrupiranje, prerađivanje, preradba 2. *print* nov slog, ponovno slaganje
recon ['riːkɔn] *s* rekognosciranje, izviđanje
reconcentrate [ˌriː'kɔnsəntreit] *vt/i mil* skupiti (se), prikupljati (se)
reconcilability [ˌrekənsailə'biliti] *s* pomirljivost
reconcilable ['rekənsailəbl] *adj* (**reconcilably** *adv*) pomirljiv, koji se da složiti, uskladiti, poravnati
reconcile ['rekənsail] *vt* 1. pomiriti, izmiriti 2. (spor, svađu) izgladiti, izravnati 3. uskladiti, dovesti u sklad | **become ~d with** pomiriti se (sa sudbinom i sl.)
reconcilement ['rekənsailmənt] *s* 1. mirenje, pomirenje, izmirenje, izjednačenje, izravnanje, poravnanje; sklad, skladnost, harmonija 2. uređenje, izglađivanje, ujednačivanje
reconciliation [ˌrekənsili'eiʃn] *s* 1. mirenje, pomirenje, izmirenje (*to, with* sa) 2. izjednačenje, izravnanje, poravnanje 3. sklad, skladnost, usklađenost, harmonija
reconciliatory [ˌrekən'siliətəri] *adj* pomirljiv
recondite [ri'kɔndait] *adj* (**~ly** *adv*) sakriven, potajan, nejasan; slabo poznat; nerazumljiv, neshvatljiv, zamršen, zapleten
recondition [ˌriːkən'diʃn] *vt* (ponovo) preraditi i dovesti u ispravno stanje
reconduct [ˌriːkən'dʌkt] *vt* dovesti, dopratiti natrag
reconnaissance [ri'kɔnisəns] *s mil* izviđanje, rekognosciranje; preliminarno ispitivanje (terena i sl.) | **~ in force** *mil* izviđački napad, nasilno izviđanje
reconnoitre [ˌrekə'nɔitə] *s* → **reconnaissance**
reconnoitre (reconnoiter) [ˌrekə'nɔitə] *vt/i mil* izviđati, rekognoscirati; preliminarno istraživati
reconquer [ˌriː'kɔŋkə] *vt* ponovo osvojiti, natrag osvojiti
reconquest [ˌriː'kɔŋkwest] *s* ponovno osvojenje
reconsider [ˌriːkən'sidə] *vt* ponovo razmisliti, promisliti, razmotriti, prosuditi što; ponovo, naknadno ispitati, provjeriti
reconsideration ['riːkənˌsidə'reiʃn] *s* ponovno razmišljanje, razmatranje, proučavanje, provjeravanje, ispitivanje
reconstitute [ˌriː'kɔnstitjuːt] *vt* rekonstituirati, uspostaviti
reconstitution ['riːˌkɔnsti'tjuːʃn] *s* rekonstitucija, uspostavljanje
reconstruct [ˌriːkəns'trʌkt] *vt* rekonstruirati
reconstruction [ˌriːkəns'trʌkʃən] *s* rekonstruiranje, saniranje; rekonstrukcija; (**R~**) *US* obnova južnih država poslije građanskog rata
reconstructive [ˌriːkən'strʌktiv] *adj* koji iznova gradi, podiže; koji obnavlja
reconversion [ˌriːkən'vəːʃn] *s* pretvaranje ratne industrije u mirnodopsku
record ['rekɔːd] *s* 1. *jur* vjerodostojan, prastari napis, zapis; zapisnik, protokol 2. svjedodžba; *pl* spisi, akti, arhiv, državna isprava; knjiga rodoslovlja (registar) 3. (često *pl*) povijesni zapisi, izvještaji, listine 4. gramofonska ploča 5. prošlost osobe 6. *sport* rekord 7. (atributivno) rekordan | **to set (up) a ~** postaviti rekord; **to break a ~** oboriti rekord; **to have a good (bad) ~** uživati dobar (loš) glas; **to keep ~ of** upisivati, bilježiti (primitke i izdatke), voditi protokol; **to go on ~** javno ili službeno iznijeti svoje mišljenje; **off the ~** ne za javnost, u povjerenju; **on (the) ~** zabilježen; javno ili službeno izjavljen ili poznat
record [ri'kɔːd] *vt* 1. ubilježiti, upisati, unijeti, registrirati, zabilježiti (misli); izvijestiti o čemu, prenijeti; zadržati u pamćenju 2. *jur* unijeti u zapisnik, protokolirati, dati (svoj glas) 3. snimati (na magnetofonsku vrpcu i sl.)
record changer ['rekɔːdˌtʃeindʒə] *s* automatski mjenjač ploča
recorder [ri'kɔːdə] *s* zapisničar, registrator, gradski bilježnik, sudac; *tech* magnetofon; *mus* vrsta engleske flaute; blokflauta | **tape ~** magnetofon (na traku)
recording [ri'kɔːdiŋ] *s* snimak, snimanje (na ploči, vrpci)
record player ['rekɔːdˌpleiə] *s* gramofon
record room ['rekɔːdrum] *s* arhiv
recount [ri'kaunt] *vt* pripovijedati; opširno izvijestiti, ispričati (*that* da, *what* što); nabrojiti
recount [ˌriː'kaunt] *vt* ponovo brojiti; prebrojavati
recoup [ri'kuːp] *vt/i jur* obustaviti, zadržati, nadoknaditi štetu (komu); dati odštetu (*for* za), nadoknaditi gubitak, kompenzirati | **to ~ oneself** naplatiti se, namiriti se (*from* iz)
recoupment [ri'kuːpmənt] *s jur* obustava, nadoknada, odšteta, kompenzacija, naplata
recourse [ri'kɔːs] *s* utočište, obraćanje; *com* naknada, odšteta, regres | **to have ~ to** obratiti se (za zaštitu) komu, čemu; uteći se, pribjeći (komu, čemu)
recourse-back [ri'kɔːsbæk] *s* podizanje zahtjeva za isplatu na čeku navedenog iznosa ako ga ne plati glavni jamac

recover [ri'kʌvə] *s* obnova, obnavljanje; ponovno dobivanje, držanje (položaja)
recover [ri'kʌvə] *vt/i* **I.** *vt* 1. opet primiti, natrag dobiti što od koga; ponovo osvojiti, steći, zadobiti; ponovo naći; utjerati, naplatiti, ubrati (novac); dovesti ponovo u isti stav, položaj (oružje); ponovo dobiti od koga; pomiriti, izravnati; opet donijeti, opet nabaviti, pribaviti 2. (koga) ponovo prizvati, dovesti k svijesti, ozdraviti, izliječiti; osloboditi, spasiti (*from* iz, od) 3. popraviti, nadoknaditi (gubitak, vrijeme); ponovo utjerati, nadoknaditi, naplatiti; dobiti naknadu, tražiti, naplatiti (ulog, uplatu) **II.** *vi* oporaviti se (*from* od) (& *fig*); ozdraviti, opet doći k sebi, osvijestiti se; *jur* naplatiti se; dobiti parnicu, proces | **to ~ one's feet (legs)** ustati, skočiti na noge, nakon pada; **be ~ed to life** oživjeti; **he ~ed his self-possession** vratila mu se mirnoća, svladao se
recover [ˌriː'kʌvə] *vt* ponovo pokriti; nanovo presvući (kišobran)
recoverable [ri'kʌvərəbl] *adj* koji se može opet (natrag) dobiti; utjerati, spasiti, naknaditi, izliječiti
recovery [ri'kʌvəri] *s* ponovno dobivanje, vraćanje; utjerivanje; naplaćivanje; obnavljanje, regeneracija; pronalaženje i spašavanje svemirske kapsule poslije leta; *chem* rekuperacija; ozdravljenje, oporavljanje (*from* od); *jur* zadobivanje, postizanje | **beyond ~, past ~** neizlječiv, posve izgubljen
recovery room [ri'kʌvərirum] *s US* soba za postoperativne pacijente
recreant ['rekriənt] *adj* (**~ly** *adv*) *poet* strašljiv, kukavički; otpadnički, izdajnički
recreant ['rekriənt] *s* strašljivac, kukavica; otpadnik, izdajica
recreate ['rekrieit] *vt/i* osvježiti (se), okrijepiti (se), odmoriti (se); razveseliti (se); zabavljati (se), rekreirati (se)
recreate [ˌriːkri'eit] *vt* nanovo stvoriti, preinačiti, preraditi
recreative ['rekrieitiv] *adj* koji osvježuje, okrepljuje, koji zabavlja
recreation [ˌrekri'eiʃn] *s* osvježenje, okrepa; odmor, zabava; igra, sport; rekreacija
recreation [ˌriːkri'eiʃn] *s* stvaranje nanovo, preinačenje
recreation-ground [ˌrekri'eiʃngraund] *s* igralište, teren za rekreaciju
recrement ['rekrimənt] *s* otpadak, šljaka, drozga; *fig* otpadak; *physiol* izlučina krvi koju krv ponovo apsorbira
recriminate [ri'krimineit] *vi* uzajamno se okrivljivati ili optuživati, podići protuoptužbu protiv tužitelja, izvesti rekriminaciju, odgovoriti na tužbu optužbom
recrimination [riˌkrimi'neiʃn] *s* uzajamno okrivljivanje ili optuživanje, obrana protuoptužbom, rekriminacija
recriminative [ri'kriminətiv] *adj* koji se tiče obrane protuoptužbom
recriminator [ri'krimineitə] *s* onaj koji se brani protuoptužbom
recriminatory [ri'kriminətəri] *adj* koji se tiče obrane protuoptužbom
recross [ˌriː'krɔs] *vt/i* ponovo prijeći, ponovo precrtati, prekrižiti
recrudesce [ˌriːkruː'des] *vi* ponovo se otvoriti (rane); ponovo izbiti, nastupiti (bolest)
recrudescence [ˌriːkruː'desns] *s* ponovno otvaranje (rane); ponovno izbijanje, nastupanje (bolesti)
recrudescent [ˌriːkruː'desnt] *adj* koji ponovo izbija, nastupa; koji ponovo oživljava (porok)
recruit [ri'kruːt] *s mil* regrut, novak; *fig* novajlija, nov član
recruit [ri'kruːt] *vt/i* **I.** *vt mil* regrutirati, popuniti ili pojačati (novim vojnicima); ojačati, osvježiti (zdravlje); vrbovati, privući, pridobiti (pristaše) **II.** *vi* regrutirati se, popunjavati se, jačati, oporaviti se
recruital [ri'kruːtl] *s* dovoz, opskrba, snabdijevanje (*from* iz); jačanje, snaženje, krijepljenje
recruitment [ri'kruːtmənt] *s* regrutiranje, novačenje; jačanje, krijepljenje
rectal ['rektəl] *adj* (**~ly** *adv*) *anat* & *med* rektalan
rectangle ['rekˌtæŋgl] *s geom* pravokutnik
rectangular [rek'tæŋgjulə] *adj* (**~ly** *adv*) pravokutan
rectifiable ['rektifaiəbl] *adj* ispravljiv, popravljiv; *math* koji se da uravniti, rektificirati
rectification [ˌrektifi'keiʃn] *s* ispravljanje, popravljanje, poboljšanje; *geom* izračunavanje duljine krivulje, uravnjivanje, rektifikacija; *chem* rektifikacija; *el* ispravljanje
rectifier ['rektifaiə] *s el* & *chem* ispravljač, rektifikator
rectify ['rektifai] *vt* ispraviti, popraviti, poboljšati, urediti, srediti; izmijeniti nabolje; *geom* izračunavati (duljinu krivulje), uravnjivati; *chem* rektificirati; pročišćavati alkohol, destilirati; *el* pretvoriti izmjeničnu struju u istosmjernu
rectilineal [ˌrekti'liniəl] *adj* (**~ly** *adv*) pravocrtan
rectilinear [ˌrekti'liniə] *adj* (**~ly** *adv*) → **rectilineal**
rectitude ['rektitjuːd] *s* poštenje, časnost, pravičnost, čestitost; ispravnost, istinitost
recto ['rektəu] *s Lat* desna strana (knjige); prednja strana
rector ['rektə] *s Lat Engl* & *US* župnik; *univ* rektor; *Scot* direktor, upravitelj (škole)
rectorate ['rektərit] *s univ* rektorat

rectoress ['rektəris] *s fam* rektorova, župnikova žena
rectorial [rek'tɔ:riəl] *adj* (~**ly** *adv*) župnički; *univ* rektorski
rectorship ['rektəʃip] *s* župništvo; *univ* rektorstvo
rectory ['rektəri] *s* župni dvor, župa, parohija, župni ured
rectress ['rektris] *s* nadstojnica (škole), rektorica
rectrix ['rektriks] *s* (*pl* **rectrices** ['rektrisi:z]) *zool* repno pero
rectum ['rektəm] *s anat* rektum, debelo crijevo
recumbence [ri'kʌmbəns] *s* ležeći položaj; naslanjanje
recumbency [ri'kʌmbənsi] *s* → **recumbence**
recumbent [ri'kʌmbənt] *adj* (~**ly** *adv*) ležeći, naslonjen, koji počiva (*on* na); besposlen, neaktivan
recuperate [ri'kju:pəreit] *vt/i* **I.** *vt* jačati, osnažiti, oporaviti koga **II.** *vi* oporaviti se, ojačati
recuperation [ri,kju:pə'reiʃn] *s* oporavljanje, osnaženje, ojačanje
recuperative [ri'kju:pərətiv] *adj* koji jača, snaži, okrepljuje, oporavlja
recur [ri'kə:] *vi* vratiti se, vraćati se u mislima ili riječima (*to* na); pribjeći, uteći se (*to* komu); pasti, doći na um, sjetiti se, iskrsnuti, ponavljati se
recurrence [ri'kʌrəns] *s* povratak, ponovno pojavljivanje; traženje utočišta, zaklona (*to* u koga); vraćanje (*to* na)
recurrent [ri'kʌrənt] *adj* (~**ly** *adv*) koji se vraća, koji se ponavlja; *anat* (živac, žila) povratan, koji ide obratnim smjerom
recurve [,ri:'kə:v] *vt/i* saviti (se), savijati (se), previjati (se) natrag
recusancy ['rekjuzənsi] *s hist eccl* nepokornost, neposlušnost, protivljenje, opiranje (da prisustvuje službi božjoj u anglikanskoj crkvi)
recusant ['rekjuzənt] *adj hist eccl* koji se protivi da prisustvuje službi božjoj u anglikanskoj crkvi
recusant ['rekjuzənt] *s hist eccl* protivnik, rekuzant (onaj koji neće da prisustvuje službi božjoj u anglikanskoj crkvi)
recuse [ri'kju:z] *vt jur* otkloniti, odbaciti (osobu, njezin autoritet); staviti prigovor (sučevoj pristranosti)
recycle [,ri:'saikl] *vt* opet iskoristiti; preraditi otpatke
red [red] *adj* (~**ly** *adv*) crven, crvenokos, riđ; pocrvenio (*with* od); krvav, okrvavljen, crveno užaren, usijan; *pol* crven, komunistički, anarhistički, sovjetski | **to see** ~ razbjesnjeti se; ~ **Indian** Indijanac, crvenokožac; ~ **handed** krvavih ruku, na zločinu; ~ **cent** bakreni novčić; ~ **lane** grlo (u dječjem govoru); ~ **light district** dio grada s mnogo bordela; ~ **herring** haringa, sleđ sušen u dimu; nešto što odvraća pažnju, lažni mig; **to draw a** ~ **herring across the path** odvratiti pažnju vještim manevrom
red [red] *s* 1. crvena boja, crvenilo, rumenilo; *US* crvena tinta 2. *pol* ultraradikal, komunist, anarhist | **Reds** *pl* Indijanci, crvenokošci; ~**s** *pl* crvene vrste (vina) itd.; *US* **to come out of the** ~ iskazati dobitak; **to be in the** ~ imati gubitak, deficit
redact [ri'dækt] *vt* uređivati, redigirati; skicirati, sastaviti (proklamaciju, odredbu i sl.)
redaction [ri'dækʃən] *s* redigiranje, uređivanje, revizija, novo izdanje, nova obradba, redakcija
redactor [ri'dæktə] *s* izdavač
red admiral ['red'ædmərəl] *s ent* ljepokrili admiral (*Vanessa* (*Pyrameis*) *atalanta*)
red algae ['red'ældʒi] *s pl bot* crvene alge (*Rhodophyceae*)
redbait ['redbeit] *vt* optužiti (pojedinca ili skupinu) za komunizam (naročito bez dokaza)
red-blind ['redblaind] *adj* (daltonist) slijep za crvenu boju
red-blooded ['red,blʌdid] *adj* odlučan, pun života, energičan, krepak
red-book ['redbuk] *s parl* knjiga koja sadrži imena plemića
redbreast ['redbrest] *s ornith* crvendać
red-brick ['redbrik] *adj GB* (o sveučilištu) nov (za razliku od starih sveučilišta poput Oxforda i Cambridgea)
red-cap ['redkæp] *s ornith* češljugar; *GB coll* vojni milicajac; *US* nosač (pogotovu na željezničkoj stanici)
redcoat ['redkəut] *s* britanski vojnik
red cross ['redkrɔs] *s* crveni križ; križ svetoga Jurja ili amblem Engleske
redd [red] *vt Scot* očistiti, raščistiti, urediti, pospremiti, srediti
redden ['redn] *vt/i* **I.** *vt* pocrveniti, obojiti crveno **II.** *vi* pocrvenjeti, postati crven (*with* od)
reddish ['rediʃ] *adj* crvenkast
reddle ['redl] *s* crvena kreda, crvena pisaljka
reddle ['redl] *vt* obojiti crvenom kredom
reddy ['redi] *adj* crvenkast
rede [ri:d] *s arch* savjet, odluka; plan, pripovijetka
rede [ri:d] *vt arch* savjetovati (*to do* da učini); čitati, tumačiti (san, zagonetku)
redecorate [,ri:'dekəreit] *vt* ponovo, iznova ukrasiti, uresiti, dekorirati
redeem [ri'di:m] *vt* 1. ponovo kupiti; iskupiti; natrag zadobiti što; iskupiti (zalog); amortizirati, isplatiti (dug); ispuniti, držati (obećanje); izvlačiti ždrijebom, kockom (državne papire) 2. otkupiti, izbaviti, osloboditi koga (*from* od; *out of* iz), spasiti 3. popraviti, ublažiti; nadomjestiti 4. *US* pretvoriti (papirni novac) u srebr-

njake ili zlatnike ili u zlatne ili srebrne poluge | **he has one ~ing feature** ima jednu crtu koja ga spašava, koja ublažuje njegove negativne crte; **the eyes ~ the face from ugliness** oči spasavaju lice od ružnoće

redeemable [ri'diːməbl *adj* (**redeemably** *adv*) koji se da otkupiti, iskupiti, amortizirati, isplatiti, iždrijebati, dobiti na lutriji; koji se da popraviti, izbaviti, osloboditi, spasiti

redeemer [ri'diːmə] *s* iskupitelj, izbavitelj, spasitelj

redemption [ri'dempʃən] *s* spasenje, spas; otkupljenje, oslobođenje; otkupljivanje, iskupljivanje; otplaćivanje, isplata, amortizacija; ponovna kupovina, prekup | **he is past ~** nema mu spasa; nepopravljiv je

redemptive [ri'demptiv] *adj* otkupljiv, iskupljiv, izbavljiv; otplativ, prekupljiv

red-fish ['redfiʃ] *s ichth* vrsta lososa

red-handed [ˌred'hændid] *adj* crvenih, krvavih ruku, pri samom zločinu | **to be caught ~** biti uhvaćen u zločinu, biti zatečen na djelu

red-hot [ˌred'hɔt] *adj* 1. usijan, užaren 2. oduševljen, ushićen 3. bijesan, raspaljen 4. svjež, nov, najnoviji

redingote ['rediŋgəut] *s Fr* salonski kaput

redintegrate [re'dintigreit] *vt* vratiti u prijašnje stanje, uspostaviti, obnoviti

redirect [ˌriːdi'rekt] *vt* (list) ponovo adresirati, poslati natrag

rediscover [ˌriːdis'kʌvə] *vt* opet, ponovo otkriti

redistribute [ˌriːdis'tribjuːt] *vt* opet, ponovo razdijeliti, podijeliti

redistribution ['riːˌdistri'bjuːʃn] *s* ponovna razdioba

redivide [ˌriːdi'vaid] *vt* ponovo podijeliti, razdijeliti

red lead ['redled] *s* crveni olovni oksid, minijum

red-letter [ˌred'letə] *adj* | **~ day** blagdan, sretan dan

red man ['red'mæn] *s* crvenokožac, Indijanac

red meat ['redmiːt] *s* meso koje je crveno prije priređivanja, naročito govedina i ovčetina

redneck ['rednek] *s US* siromašan bijeli stanovnik južnih država (pomalo podrugljivo)

redness ['rednis] *s* crven, rumen, crvenilo, rumenilo

re-do [ˌriː'duː] (re-did, re-done) ponovo, nanovo učiniti; (sobu) obnoviti, renovirati

redolence ['redələns] *s* ugodan, lijep miris

redolent ['redələnt] *adj* mirisan, koji odiše (*of* na, *with* čim) | *fig* **to be ~ of a th** odisati čim, nagoviještati što, podsjećati na što, imati miris na što, mirisati na što

redouble [ri'dʌbl] *vt/i* udvojiti (se), podvostručiti (se), povećati (se), pojačati (se), umnožiti (se), ponoviti (se), odjeknuti

redouble [ˌriː'dʌbl] *vt* udvostručiti, duplicirati (*spec* u bridžu)

redoubt [ri'daut] *s mil fort* utvrda, bedem, opkop; *fig* uporište

redoubtable [ri'dautəbl] *adj* strašan, užasan, koji ulijeva (straho)poštovanje

redound [ri'daund] *vi/t* **I.** *vi* 1. *arch* (o vodi. valovima i dr.) bujati, talasati se, preplavljivati 2. biti prekomjeran, napretek, biti suvišan; biti obilan, obilovati 3. teći unatrag, vraćati se, ponovo doći 4. *arch* odzvanjati, odjekivati 5. biti posljedica (čega), pridonijeti (čemu) (*your success will ~ to the fame of the college*), promicati, unapređivati 6. nastati, razviti se (na prirodan način), (na)rasti (*on a p*); vratiti se (sramota itd.) (*on* na) 7. nastati, proizlaziti (*from, out of* iz) **II.** *vt* 1. odbijati, odraziti (*in, to, upon*) 2. dodati, dati, prouzročiti da naraste

red pepper ['redˌpepə] *s bot* kajenska paprika (*Capsicum frutescens*)

red pine ['redpain] *s bot* crveni bor (*Pinus resinosa*)

redraft ['riː'draːft] *s* novi nacrt, koncept, drugi nacrt; *com* protumjenica

redraft [ˌriː'draːft] *vt* ponovo nacrtati plan, ponovo sastaviti koncept

red-rag ['redræg] *s* crvena krpa; *fig* ono što razdražuje, razbješnjuje; vrsta snijeti u žitu

re-draw [ˌriː'drɔː] *vi/t* **I.** *vi com* izdati protumjenicu, povratnu mjenicu **II.** *vt* ponovo nacrtati

redress [ri'dres] *s* naknada, zadovoljština, pomoć, lijek; uspostava (*of* čega)

redress [ri'dres] *vt* ponovo uspostaviti (ravnotežu); naknaditi komu štetu (*for*); ukloniti, ukinuti (mane, zlo); doskočiti (čemu); naći lijeka (čemu), popraviti

redshank ['redʃæŋk] *s ornith* crvenonoga prutka (*Tringa totanus*) | **to run like a ~** trčati (brzo) kao zec

red-short ['redʃɔːt] *adj* (o željezu ili čeliku) lomljiv, krhak u usijanom stanju (zbog prevelike količine sumpora)

redskin ['redskin] *s* crvenokožac, Indijanac

red-soldier ['redˌsəuldʒə] *s coll* svinjska groznica s crvenilom kože

red squill ['redskwil] *s bot* morski luk (*Urginea maritima*)

Red Star ['red'staː] *s* međunarodna organizacija za zaštitu životinja (domaćih i divljih)

redstart ['redstaːt] *s ornith* crvenorepka (*Phoenicurus phoenicurus*)

red-tape [ˌred'teip] *s* crvena vrpca (za vezanje spisa); *fig* birokracija

red-tapery [ˌred'teipəri] *s* birokracija, pedanterija, cjepidlačenje

red-tapism [ˌred'teipizm] *s* → **red-tapery**

red-tapist [ˌred'teipist] *s* birokrat, formalist, cjepidlaka

redtop ['redtɔp] *s bot* bijela rosulja (*Agrostis alba*)

reduce [ri'djuːs] *vt* 1. vratiti, dovesti natrag, vratiti u prijašnje stanje; *surg* učašiti, uzglobiti, uložiti; prilagoditi, podesiti (*to* čemu); vratiti, dovesti (*to* u); pretvoriti, promijeniti, svesti (*to* na, u); učiniti, načiniti (koga, što čime), stvoriti od koga što (*to*); *math* & *chem* reducirati 2. prisilno premjestiti, smjestiti, dovesti, prisiliti na što (*to*), podvrgnuti, podjarmiti; riješiti, donijeti presudu; prisiliti, prinuditi (*to do* da što učini) 3. skinuti, snimiti, dovesti dolje, svesti (*to* na); smanjiti, slabiti, poniziti (*to* do); *mil* svrgnuti s časti, degradirati; reducirati, umanjiti, načiniti u manjem obliku (mjerilu); ograničiti, stisnuti, stegnuti (*to* na); omršaviti; oslabiti, iznuriti, iscrpsti; umanjiti; (cijenu) sniziti, smanjiti, oboriti, spustiti | **to ~ to ashes** spaliti, pretvoriti u pepeo; **to ~ to order** dovesti u red, urediti; **to ~ to classes** razvrstati u razrede; **to ~ to nothing** uništiti; **to ~ to despair** dovesti koga do očaja; **to ~ to distress** unesrećiti koga; **to ~ to poverty** osiromašiti koga; **to ~ money** preračunati (*pounds to pence*); **in ~d circumstances** u nevolji, u bijedi nakon obilja; **to ~ to tears** ganuti do suza; **to ~ to an absurdity** umanjiti, reducirati do bezvrijednosti, do smiješnosti

reducer [ri'djuːsə] *s* izrađivač, tvorac, podešavač, prilagođivač; *tech* stroj za reduciranje; *phot* sredstvo za smanjivanje gustoće negativa; razvijač

reducibility [riˌdjuːsə'biliti] *s* svedivost, smanjivost, svojstvo čega da se da stegnuti, ograničiti

reducible [ri'djuːsəbl] *adj* koji se da svesti, reducirati (*to* na); koji se može pretvoriti (*to, into* u)

reduction [ri'dʌkʃən] *s* 1. *surg* učašenje, uzglobljenje, ulaganje; *fig* dovođenje natrag, vraćanje (*to* u); pretvaranje (*into, to*) 2. smanjenje, umanjenje, reduciranje (nadnice, plaće); *rly* popust, povlastica; *math* & *chem* redukcija

redundance [ri'dʌndəns] *s* (iz)obilje, obilnost, obilatost, bogatstvo, pretek, suvišak, suvišnost, redundantnost, zalihost

redundancy [ri'dʌndənsi] *s* → **redundance**

redundant [ri'dʌndənt] *adj* (**~ly** *adv*) suvišan, izlišan, redundantan, zalihostan, razbacan, rastrkan; pretrpan, preopterećen (stil); preobilan, obilan, bujan, raskošan, bogat

reduplicate [ri'djuːplikeit] *vt* udvostručiti, udvojiti, ponoviti; *gram* reduplicirati

reduplication [riˌdjuːpli'keiʃn] *s* udvostručenje, udvajanje, reduplikacija

reduplicative [ri'djuːplikətiv] *adj* koji udvaja, reduplikativan

redware ['redwɛə] *s bot* laminarija (*Laminaria*)

redwing ['redwiŋ] *s ornith* 1. drozd cikelj (*Turdus musicus*) 2. crvenokrili kos (*agelaius phoeniceus*)

redwood ['redwud] *s bot* crvena velingtonija, sekvoja, mamutovac (*Sequoia sempervirens*)

red worm ['redwəːm] *s zool* crvena glibnjača, crvena glista (*Tubifex*)

ree [riː] *s* → **reeve**² *s*

re-echo [riː'ekəu] *vi/t* **I.** *vi* odjeknuti, odzvanjati, odjekivati (*with* od) **II.** *vt* ponoviti kao jeka, jekom uzvratiti (zvuk)

reed [riːd] *s* 1. treska, trstika, šaš 2. svirala (od trske); *fig* pastirska pjesma 3. *mus* pisak, cijev (orgulja); kalem, mosur, špula (za namatanje pređe); brdo (tkalačkog stana) | *fig* **broken ~** osoba ili stvar u koju se čovjek ne može pouzdati; **to lean on a ~** pouzdati se u kolebljivu osobu ili nepouzdanu stvar

reed [riːd] *vt* pokriti trskom, iskititi, uresiti trskom; *mus* snabdjeti piskom

re-edify [ˌriː'edifai] *vt* nanovo sagraditi, podići; *fig* obnoviti, osvježiti

reediness ['riːdinis] *s* hrapavost, promuklost, pištavost

re-edit [ˌriː'edit] *vt* ponovo izdati, štampati

re-edition [ˌriːi'diʃn] *s* novo izdanje, drugo izdanje

reedling ['riːdliŋ] *s ornith* brkata sjenica (*Panurus biarmicus*)

reed-pipe ['riːdpaip] *s* svirala od trske; cijev orgulja

re-educate [ˌriː'edjukeit] *vt* preodgojiti

reed-warbler ['riːdˌwɔːblə] *s ornith* trstenjak cvrkutić (*Acrocephalus scirpaceus*)

reedy ['riːdi] *adj* (**reedily** *adv*) trskovit, pun trske; *poet* koji je od trske; visok, tanak, suh, mršav, slab; tvrd, ukočen, grub (o travi); piskav, tanak i slab (glas)

reef [riːf] *s* (morski) greben koji malo viri iz vode ili je tik pod površinom; *min* žila zlatonosnog kvarca

reefer ['riːfə] *s* onaj koji savija (jedro); *sl* pitomac pomorske akademije; vrsta mornarskog kaputa; podvezani uzao (čvor)

reef-knot ['riːfnɔt] *s mar* podvezani uzao (čvor)

reef-point ['riːfpɔint] *s mar* podveza

reek [riːk] *s Scot* dim; para, isparivanje; (pokvaren ili pljesniv) miris, vonj; smrdljiva atmosfera

reek [riːk] *vi* dimiti se, pušiti se (*with* od); isparivati se; vonjati, smrdjeti (*of* na); *fig* biti ispunjen, natopljen (*of* čime)

Reekie ['riːki] *s* | *fam* **Auld ~** Edinburgh

reeky ['riːki] *adj* zadimljen, zapušen, pun smrdljive pare, pocrnio od dima

reel[1] [riːl] *s* vitao, vitlo, vitlić, motovilo, kalem, špula; svitak, smotak | *fig* **off the ~** brzo jedno za drugim, bez prekida
reel[2] [riːl] *s* okretanje, obrtanje, vrćenje; teturanje, posrtanje
reel[3] [riːl] *s* živahan, osobito škotski ples (plešu ga dva para u 4/4 taktu); glazba uz taj ples
reel [riːl] *vt/i* motati, namatati (konac na kalem); (iz)vući, tegliti namatanjem (*to ~ a fish in* izvući ribu namatanjem struka ili uzice); (o skakavcima i dr.) proizvoditi kuckav zvuk kao kalem koji se okreće
reel off [ˈriːlˈɔf] *vt* odmotati, odviti, odsukati, razmotati; nabrojiti, odverglati
reel up [ˈriːlˈʌp] *vt* namotati
reel[1] [riːl] *vi* (o očima, glavi, mozgu) okretati se, vrtjeti se; teturati, posrtati | **my head is ~ing** vrti mi se u glavi
reel[2] [riːl] *vi* plesati ples nazvan *reel*
re-elect [ˌriːiˈlekt] *vt* ponovo izabrati
re-election [ˌriːiˈlekʃən] *s* ponovni izbor
reeling [ˈriːliŋ] *adj* (**~ly** *adv*) koji tetura, koji se vrti, okreće, njiše
re-embark [ˌriːimˈbaːk] *vi/t* ponovo (se) ukrcati
re-emerge [ˌriːiˈməːdʒ] *vi* ponovo se pojaviti, ponovo izroniti
re-enact [ˌriːiˈnækt] *vt* nanovo narediti, staviti na snagu, u važnost (zakon itd.); *theat* nanovo postaviti na pozornicu, inscenirati
re-enter [ˌriːˈentə] *vi/t* **I.** *vi* ponovo ući, ulaziti, stupiti (*into* u) **II.** *vt* ponovo ući u (mjesto i dr.); ponovo unijeti, unositi; (boju) uštampati; (crte) produbiti, izdubiti | *jur* **to ~ upon** ponovo ući u posjed ili zakup
re-entrance [ˌriːˈentrəns] *s* ponovno ulaženje, ponovni ulaz
re-entrant [riːˈentrənt] *adj geom* uvučen (kut), koji ulazi u neku plohu
re-entrant [riːˈentrənt] *s geom* kut koji je uvučen, koji ulazi u neku plohu
re-entry [riːˈentri] *s jur* ponovno stupanje u posjed zemljišta; ponovno stupanje, nastupanje, pojavljivanje, dolaženje; ulazak (svemirske letjelice) u Zemljinu atmosferu
re-establish [ˌriːisˈtæbliʃ] *vt* ponovo postaviti, osnovati, urediti, ustanoviti
reeve[1] [riːv] *s hist* sudac, upravnik, nadstojnik; *min* nadglednik, nadzornik; *Canada* predsjednik seoskog ili gradskog vijeća
reeve[2] [riːv] *s ornith* pršljivi ogrličar (ženka) (*Philomachus pugnax*)
reeve [riːv] *vt* (*pret* **~d**, rove; *pp* **~d**, rove) uvesti, provesti (uže) kroz **rupu**, **prsten**
re-examine [ˌriːigˈzæmin] *vt* ponovo ispitivati, istraživati; *jur* (svjedoke) ponovo preslušati
re-exchange [ˌriːiksˈtʃeindʒ] *s* ponovna izmjena; vraćanje troškova, povratna mjenica, rikambio
re-export [ˌriːˈekspɔːt] *s com* reeksport, izvoz uvezene robe
re-export [ˌriːeksˈpɔːt] *vt com* ponovo izvoziti, eksportirati (uvezenu robu)
reface [ˌriːˈfeis] *vt* obnoviti (pročelje kuće)
refashion [ˈriːˈfæʃən] *vt* preinačiti, prepraviti (*after* po)
refection [riˈfekʃən] *s* okrepa, zakuska
refectory [riˈfektəri] *s* blagovaonica; *GB* studentski restoran | **~ table** dugačak i uzak pravokutan stol
refer [riˈfəː] *vt/i* **I.** *vt* 1. uputiti (*to* na što), pripisati što (*to a p* komu; *to a th* čemu); odnositi (*to* na) 2. predati, doznačiti što (*to* komu) 3. uputiti, upozoriti (*to* na) **II.** *vi* odnositi se, ticati se (*to* na, čega); pozivati se (*to* na), ukazivati na, misliti, aludirati (*to*) | **referred to** koji se odnosi na, o komu, o čemu je riječ; **to ~ oneself to** prepustiti se, predati se, povjeriti se (komu)
referable [riˈfəːrəbl] *adj* → **referrable**
referee [ˌrefəˈriː] *s* stručnjak, vještak; *parl* referent, izvjestitelj, izvjestilac; *sport* sudac
referee [ˌrefəˈriː] *vi/t* **I.** *vi sport* biti sudac **II.** *vt sport* suditi utakmicu itd.
reference [ˈrefrəns] *s* 1. *jur* upućivanje (*to* na) 2. odnos, odnošenje (*to* na); pozivanje, obzir (*to* na) 3. *fig* aluzija, smjeranje (*to* na), spominjanje; potvrda 4. upućivanje (*to* na; *from... to* od... na); *print* znak (†,* itd. koji upućuje na bilješku, stranicu) 5. referenca, preporuka, osoba koja preporučuje i koja se može upitati o nečijim sposobnostima; obavijest, izvještaj (*as to* što se tiče) | **in (with) ~ to** u vezi sa, odnosno, što se tiče, u pogledu na; **without ~ to** bez obzira na; **book of ~** priručnik, podsjetnik; **cross ~** uputa na drugi odlomak, stranicu i sl. u istoj knjizi; **for ~** radi informacije; **to have ~ to** ticati se, odnositi se na (koga, što); **to make ~ to** spomenuti, upućivati na
reference [ˈrefrəns] *vt* (o knjizi) snabdjeti uputama (o piscima, autoritetima i sl.)
reference book [ˈrefrənsbuk] *s* priručnik (rječnik, enciklopedija, atlas i sl.)
reference library [ˈrefrənsˌlaibrəri] *s* priručna knjižnica, biblioteka (gdje se knjige mogu čitati, ali ne posuđivati)
reference number [ˈrefrənsˌnʌmbə] *s* poslovni broj, broj spisa
referendum [ˌrefəˈrendəm] *s pol* referendum
referential [ˌrefəˈrenʃl] *adj* referencijalan
referrable [riˈfəːrəbl] *adj* koji se može **pripisati** komu; koji se odnosi na koga, **koji** se tiče (koga ili čega) (*to*)
refill [ˈriːfil] *s* novo punjenje, patrona, uložak

refill [ˌriːˈfil] *vt/i* ponovo puniti (se), napuniti (se)
refine [riˈfain] *vt/i* **I.** *vt* (tvar) čistiti, pročistiti, bistriti; *tech* (šećer) rafinirati; (kovinu) taljenjem pročistiti; *fig* profiniti, poboljšati, oplemeniti, izraditi, dići (*to, into*) **II.** *vi* postati čist, bistar; profiniti se, poboljšati se, oplemeniti se, rafinirati se
refined [riˈfaind] *adj* (**~ly** [riˈfainidli] *adv*) pročišćen, rafiniran; poboljšan; fin, otmjen; uglađen; njegovan, oplemenjen
refinement [riˈfainmənt] *s* čišćenje, bistrenje; *fig* uglađivanje, oplemenjivanje, finoća, rafiniranost, uglađenost; prepredenost, nadmudrivanje, cjepidlačenje
refiner [riˈfainə] *s* rafiner, čistilac, prerađivač, prečišćavač (šećera, kovine i dr.); *fig* uglađivač; cjepidlaka; stroj za pročišćavanje, rafiniranje
refinery [riˈfainəri] *s* rafinerija
refining-works [riˈfainiŋwəːks] *s pl* rafinerija
refit [ˌriːˈfit] *vt/i* (brod) popraviti (se), obnoviti (se), opraviti (se); nanovo (se) opremiti
refit [ˌriːˈfit] *s* popravak, ponovna oprema
refitment [ˌriːˈfitmənt] *s* (o brodu) popravljanje, obnavljanje; opremanje nanovo
reflate [ˌriːˈfleit] *vt/i* ponovo povećati opticaj novca nakon deflacije
reflect [riˈflekt] *vt/i* **I.** *vt* 1. saviti, savijati natrag; odbijati, odraziti, reflektirati (svjetlost, toplinu, zvuk i sl.) (& *fig*); služiti (na čast), bacati (krivnju, ljagu) (*on a p* na koga) 2. razmisliti o čemu 3. pokazivati, govoriti o (*skills that ~ years of training*) **II.** *vi* 1. razmišljati, promišljati 2. odbiti se, odraziti se, reflektirati se 3. nepovoljno se izraziti, prezirno (štetno) govoriti (*upon* o čemu)
reflection (reflexion) [riˈflekʃən] *s* 1. refleksija, održavanje, odbijanje (& *fig*); odsjev, odraz (svjetlosti, topline, boje, i dr.) 2. *physiol* refleks, refleksna kretnja 3. ukor, prijekor (*on* zbog) 4. razmišljanje, razmatranje 5. *phil* refleksija 6. misao, mudra riječ 7. prigovaranje, prigovor 8. primjedba, komentar | **on ~** dobro promislivši
reflectional [riˈflekʃənl] *adj* koji odrazuje, odbija, reflektira; koji razmišlja, promišlja
reflecting [riˈflektiŋ] *adj* (**~ly** *adv*) koji odrazuje, odbija, reflektira, koji razmišlja, promišlja
reflectionless [riˈflekʃənlis] *adj* koji je bez odraza, koji ne odražava
reflective [riˈflektiv] *adj* (**~ly** *adv*) → **reflecting**
reflector [riˈflektə] *s phys* reflektor; *mot* »mačje oko« straga na vozilu
reflex [ˈriːfleks] *s* odraz, odsjev, refleks
reflex [ˈriːfleks] *adj* (**~ly** *adv*) *bot* uzvijen, savijen natrag; (o mislima) introspektivan; refleksivan, koji razmišlja; refleksivan (kretnja); koji reagira
reflex arc [ˈriːfleksˈaːk] *s physiol* refleksni luk
reflexible [riˈfleksəbl] *adj* koji se može odraziti, odbiti
reflexion [riˈflekʃən] *s* → **reflection**
reflexive [riˈfleksiv] *adj* (**~ly** *adv*) *gram* refleksivan, povratan
reflexive [riˈfleksiv] *s gram* povratna zamjenica, povratni glagol
refloat [ˌriːˈfləut] *vt/i* **I.** *vt* (brod) učiniti da plovi, svući s pruda **II.** *vi* (o brodu) zaploviti
refluent [ˈrefluənt] *adj* koji teče natrag, koji se povlači
reflux [ˈriːflʌks] *s* tok natrag; oseka | **flux and ~** plima i oseka
refoot [ˌriːˈfut] *vt* staviti novo stopalo (na čarapu)
reforest [ˌriːˈfɔːrist] *vt/i* ponovo (se) pošumiti
reform [riˈfɔːm] *s* reforma, preustrojstvo, preinačenje, preudešavanje, preuređivanje, poboljšanje
reform [riˈfɔːm] *vt/i* **I.** *vt* (što) popraviti, poboljšati, preustrojiti, preinačiti, preobraziti, promijeniti, reformirati; (zlo) ukinuti; ukloniti; (koga) popraviti, obratiti (*from* od) **II.** *vi* popraviti se, postati bolji
re-form [ˌriːˈfɔːm] *vt/i mil* nanovo (se) formirati; preobličiti (se), preinačiti (se), preobraziti (se), preudesiti (se), preustrojiti (se)
reformable [riˈfɔːməbl] *adj* koji se može preinačiti, popraviti
reformation [ˌrefəˈmeiʃn] *s* reformacija, preustrojstvo, preinačenje, poboljšanje, popravljanje
reformation [ˈriːfɔːˈmeiʃn] *s* ponovno formiranje
reformative [riˈfɔːmətiv] *adj* (**~ly** *adv*) → **reformatory**
reformatory [riˈfɔːmətəri] *adj* koji reformira, prepravlja, preinačuje, poboljšava
reformatory [riˈfɔːmətəri] *s* popravilište, popravni dom; ženska kaznionica
reformer [riˈfɔːmə] *s* reformator
reform-school [riˈfɔːmskuːl] *s US* popravilište, popravni dom
reforward [ˌriːˈfɔːwəd] *vt* dalje otpremati, slati (što)
reforwarding [ˌriːˈfɔːwədiŋ] *s* dalje otpremanje, slanje, otpravljanje (čega)
refract [riˈfrækt] *vt* lomiti, prelamati (zrake svjetlosti i sl.) | **~ing telescope** refraktor
refractable [riˈfræktəbl] *adj* (**refractably** *adv*) lomljiv
refraction [riˈfrækʃən] *s* lomljenje, lom (zraka svjetlosti), refrakcija

refractional [ri'frækʃənl] *adj* refrakcijski
refractive [ri'fræktiv] *adj* refraktivan | ~ **index** indeks loma
refractometer [rifrək'təmitə] *s phys* refraktometar
refractor [ri'fræktə] *s* refraktor; leća koja lomi zrake
refractory [ri'fræktəri] *adj* (**refractorily** *adv*) zadrt, uporan, tvrdoglav, samovoljan, nepokoran; otporan (*to* protiv); *met* koji se teško tali, otporan na vatru, tvrd
refrain [ri'frein] *s* refren, pripjev (pjesme)
refrain [ri'frein] *vt/i* **I.** *vt* (osjećaj itd.) zaustaviti, ne dati kome što učiniti, obuzdati, ukrotiti **II.** *vi* uzdržavati se, suspregnuti se (*from* od)
refrangible [ri'frændʒəbl] *adj* (**refrangibly** *adv*) *phys* lomljiv
refresh [ri'freʃ] *vt/i* **I.** *vt* osvježiti; obnoviti, oživjeti; potaknuti; iznova opskrbiti, snabdjeti (*with* čim); (bateriju) nanovo napuniti **II.** *vi* okrijepiti se, osvježiti se; (o brodu) obnoviti zalihu hrane; *sl* napiti se ili najesti se
refresher [ri'freʃə] *s* ono što osvježava; svjež napitak, hladno piće, zakuska; *fam* piće; *jur* izvanredan honorar | ~ **course** tečaj za upoznavanje s najnovijim dostignućima sa svog područja
refreshing [ri'freʃiŋ] *adj* (~**ly** *adv*) osvježavajući, okrepljujući, svjež
refreshment [ri'freʃmənt] *s* okrepljivanje, osvježivanje, okrepa | ~**s** *pl* piće ili hrana (naročito kao lak obrok)
refreshment-car [ri'freʃməntka:] *s rly* vagon-restoran
refreshment-room [ri'freʃməntrum] *s rly* kolodvorski restoran, bife
refrigerant [ri'fridʒərənt] *adj* koji hladi ili smrzava; koji snizuje temperaturu
refrigerant [ri'fridʒərənt] *s* sredstvo za hlađenje, smrzavanje; sredstvo za snizivanje temperature, antipiretik
refrigerate [ri'fridʒəreit] *vt/i* **I.** *vt* hladiti, rashladiti, smrznuti (hranu) **II.** *vi* rashladiti se
refrigeration [ri,fridʒə'reiʃn] *s* hlađenje, rashlađivanje, ohlađenje
refrigerative [ri'fridʒərətiv] *adj* koji hladi
refrigerator [ri'fridʒəreitə] *s* hladnjak, hladnjača, frižider
refrigerator car [ri'fridʒireitə'ka:] *s* vagon (kamion)-hladnjača
refrigeratory [ri'fridʒərətəri] *adj* koji hladi
refrigeratory [ri'fridʒərətəri] *s* prostor za hlađenje, sprava za hlađenje
refringent [ri'frindʒənt] *adj* refraktivan
reft [reft] *pp arch* od **reave**
refuel [,ri:'fju:əl] *vt/i* (ponovo) (se) opskrbiti gorivom, utovariti (novo) gorivo, uzeti (novo) gorivo
refuge ['refju:dʒ] *s* utočište, pribježište, sklonište (*from* od, pred); azil; *fig* pomoćno sredstvo, izlaz; pješački otok | **house of** ~ utočište, sklonište preko noći; **to take** ~ **in** skloniti se gdje, naći utočište, pribjeći kamo
refuge ['refju:dʒ] *vt/i* **I.** *vt poet* dati kome utočište, sklonište **II.** *vi* tražiti utočište, sklonište (*in*)
refugee [,refju'dʒi:] *s* izbjeglica
refulgence [ri'fʌldʒəns] *s* sjaj, blistavilo, blještavilo, svjetlost
refulgent [ri'fʌldʒənt] *adj* (~**ly** *adv*) sjajan, blistav
refund ['ri:fʌnd] *s* naknada, namirenje, vraćanje (novca)
refund [ri:'fʌnd] *vt/i* dati natrag, vratiti, isplatiti prije primljeni novac; naknaditi, namiriti (*to a p* komu što); platiti
refund [,ri:'fʌnd] *vt* ponovo osnovati, financirati
refurbish [,ri:'fə:biʃ] *vt* ponovo glačati, polirati što
refurnish [,ri:'fə:niʃ] *vt* nanovo opremiti, snabdjeti, nanovo namjestiti, meblirati
refusable [ri'fju:zəbl] *adj* koji se može odbiti, uskratiti
refusal [ri'fju:zl] *s* **1.** odbijanje, uskraćivanje, uskrata **2.** pravo kupnje prije od drugoga, slobodan izbor, prednost | ~ **of acceptance** neprihvaćanje, neprimanje, odbijanje; **in case of** ~ u slučaju da se odbije, da se ne prihvati; **to meet with a** ~ biti odbijen, ne biti uslišan; **first** ~ (imati) prvenstveno pravo na što; **he will take no** ~ **neće prihvatiti** negativan odgovor, **ustrajat će**
refuse ['refju:s] *adj* otpadni, škart, škartiran, odbačen
refuse ['refju:s] *s* otpadak, smeće; *coll pl* otpaci; smeće, izmet (& *fig*)
refuse [ri'fju:z] *vt/i* **odbiti**, odbaciti; (o konjima) ne htjeti preskočiti zapreku
refutability [,refjutə'biliti] *s* oborivost (dokaza, tvrdnje i dr.)
refutable ['refjutəbl] *adj* (**refutably** *adv*) koji se može opovrći, oboriti, pobiti
refutal [ri'fju:tl] *s* pobijanje, opovrgavanje, opovrgnuće
refutation [,refju'teiʃn] *s* pobijanje, opovrgavanje, opovrgnuće
refute [ri'fju:t] *vt* opovrći, pobiti, oboriti | **to** ~ **a p** ukazati na čiju zabludu
regain [ri'gein] *vt* opet dobiti, zadobiti, vratiti, nanovo postići, ponovo steći (povjerenje i sl.); ponovo stići (kamo)
regal ['ri:gl] *adj* (~**ly** *adv*) kraljevski (& *fig*), *fig* carski
regale [ri'geil] *s* čast, gozba, poslastica, užitak, naslada
regale [ri'geil] *vt/i* **I.** *vt* gostiti, častiti (*with* čim); *fig* razveseliti (*with* čim); zabaviti, obradovati **II.** *vi* častiti se, gostiti se; počastiti se, naslađivati se (*on* čim)
regalement [ri'geilmənt] *s* uživanje, užitak, naslada, okrepljenje

regalia [riˈgeiljə] *s pl* kraljevske povlastice; kraljevski amblemi, regalije; svečana odjeća (odora)
regality [riˈgæliti] *s* kraljevska čast, kraljevske povlastice; kraljevstvo | **regalities** *pl* kraljevska prava i privilegije
regard [riˈgaːd] *s* 1. pogled 2. *hist* nadzor, nadgledanje šume 3. obzir, pogled 4. pažnja (*for, to* prema); obzir, osvrt (*for, to* prema komu) 5. osobito poštovanje (*for* prema) | **~s** *pl* pozdravi; **to hold a p in high ~** visoko cijeniti koga; **give my kindest ~s to** pozdravite mi najljepše; **in ~ to** što se tiče, glede; **with ~ to** s obzirom na; **to pay no ~ to** ne obazirati se na, zanemariti; **out of ~ to** iz obzira, štovanja prema
regard [riˈgaːd] *vt/i* 1. gledati, pogledati (koga ili što) 2. paziti, motriti 3. štovati, cijeniti (koga) 4. (koga ili što) smatrati, gledati (*as* kao) 5. ticati se, odnositi se (*to* na), paziti | **as ~s** što se tiče, s obzirom na
regardful [riˈgaːdful] *adj* (**~ly** *adv*) pažljiv, pun obzira (*of* prema komu) | **to be ~ of** cijeniti, štovati koga
regarding [riˈgaːdiŋ] *prep* što se tiče, s obzirom na
regardless [riˈgaːdlis] *adj* (**~ly** *adv*) bezobziran (*of* prema komu); bezbrižan
regatta [riˈgætə] *s* regata, utrka čamcima
regency [ˈriːdʒənsi] *s* regentstvo, regenti, regencija, zemlja kojom upravlja regent (ili skupina regenata) | **the R~** razdoblje u Engleskoj između **1811.** i 1820. ili u Francuskoj između **1715.** i 1723.
regenerate [riˈdʒenərət] *adj* preporođen, regeneriran; izliječen, pomlađen
regenerate [riˈdʒenəreit] *vt/i* **I.** *vt* (duhovno) preporoditi; regenerirati, obnoviti **II.** *vi* regenerirati se
regeneration [riˌdʒenəˈreiʃn] *s bot* & *biol* regeneracija; regeneriranje; (duhovni) preporod
regenerative [riˈdʒenərətiv] *adj* (**~ly** *adv*) regenerativan
regenerator [riˈdʒenereitə] *s* onaj koji obnavlja, koji preporađa; *tech* regenerator
regenesis [riˈdʒenisis] *s* preporod
regent [ˈriːdʒənt] *s* regent, (kraljevski) namjesnik; *US univ* član senata
regent [ˈriːdʒənt] *adj* vladajući, koji upravlja, regentski, namjesnički
regicidal [ˌredʒiˈsaidl] *adj* (**~ly** *adv*) kraljoubilački, koji se odnosi na kraljevo ubojstvo
regicide [ˈredʒisaid] *s* ubojica kralja; ubojstvo kralja
regild [ˌriːˈgild] *vt* nanovo pozlatiti
regime (**régime**) [reiˈʒiːm] *s Fr* režim, vladajući sistem, način vladanja; *med* režim, propisani način prehrane, života
regimen [ˈredʒimen] *s* upravljanje, oblik vladavine, državni sistem; *med* režim, propisani način hranjenja, način života, dijeta; *gram* rekcija, objekt
regiment [ˈredʒimənt] *s mil* pješadijski puk; *fig* velik broj, mnoštvo | **to serve with a ~** služiti u kojem puku
regiment [ˈredʒiment] *vt mil* formirati trupne jedinice, ustrojiti pukove; urediti, organizirati, disciplinirati; kontrolirati, podvrći strogoj disciplini
regimental [ˌredʒiˈmentl] *adj* pukovski
regimental [ˌredʒiˈmentl] *s pl* pukovska uniforma, vojnička uniforma
regimentally [ˌredʒiˈmentəli] *adv* po pukovima, na pukove
regimentation [ˌredʒimenˈteiʃn] *s* red, uređenje, organizacija; discipliniranje, podvrgavanje disciplini, službena kontrola, nadzor
reginal [riˈdʒainl] *adj* kraljičin, kraljevski
region [ˈriːdʒən] *s* predjel, okolina, okoliš, oblast, okrug, područje; *anat* dio, mjesto, strana (tijela) | **lower ~s** donji slojevi; *fig* pakao; **upper ~s** gornji slojevi; *fig* nebo
regional [ˈriːdʒənl] *adj* mjesni, okružni, lokalni
register [ˈredʒistə] *s* 1. registar; dnevnik, popis, iskaz, matica (rođenih, umrlih); izborni spisak; *mar* brodski zapisnik, brodski katalog; unošenje, registriranje, sadržaj, kazalo, indeks 2. registar (orgulja), opseg glasa ili tona instrumenta 3. naprava koja bilježi, brojilo, regulator, ventil, jezičac, ključ, regulator (peći) | **parish ~** matica, spisak (rođenih, umrlih, vjenčanih); **cash ~** blagajna s automatskim registriranjem utrška
register [ˈredʒistə] *vt/i* **I.** *vt* 1. registrirati, upisati, zabilježiti, uknjižiti, zakonski zaštititi; upisati (djecu za pohađanje škole) 2. preporučiti (pismo); *rly* predati (prtljagu) 3. (o instrumentima) pokazivati 4. čvrsto zadržati u duhu (osjećaj itd.); pokazati, izraziti (na licu i dr.) **II.** *vi US* upisati se, ubilježiti se (u hotelsku knjigu); služiti se registrima orgulja
registered [ˈredʒistəd] *adj* registriran (društvo); preporučen (pismo); zaštićen zakonom, patentiran (nacrt ili uzorak); uknjižen, unesen u popis; čistokrvan (konj, pas itd.) | **~ letter** preporučeno pismo; **~ trade mark** zaštitni znak; **~ nurse** *US* medicinska sestra
register-office [ˈredʒistərˌɔfis] *s* 1. registratura, arhiv, matični ured 2. ured za namještanje služinčadi
register-ton [ˈredʒistətʌn] *s* (o brodu) registarska tona (100 engl. kubičnih stopa, 2,8316 m^3)
registrable [ˈredʒistrəbl] *adj* koji se može ubilježiti, uknjižiti, upisati
registrar [ˌredʒisˈtraː] *s* matičar, arhivar; protokolist; *GB* tajnik fakulteta; *GB* li-

333ečnik na specijalističkom stažu | ~'s **office** matični ured; *GB* dekanat

registrary ['redʒistrəri] *s* arhivar (sveučilišta u Cambridgeu); arhiv

registration [ˌredʒis'treiʃn] *s* registracija, upisivanje, unošenje, uvođenje u popis, u knjigu; uknjiženje, protokoliranje; upis (školske djece) | ~ **fee** upisnina

registry ['redʒistri] *s* registracija, zavođenje u knjigu; matični ured; biro za posredovanje namještenja, posrednički ured; protokol, registar | **married at a** ~ vjenčani u matičnom uredu; **servant's** ~ ured za namještenje služinčadi; ~ **office** prijavni ured (za nezaposlene i dr.); matični ured

Regius ['riːdʒjəs] *adj* kraljevski | ~ **professor** profesor katedre sveučilišta u Oxfordu ili Cambridgeu osnovane od Henrika VIII (ili katedre istog ranga osnovane kasnije)

regnal ['regnəl] *adj* kraljevski, vladarski | ~ **day** godišnjica stupanja na prijestolje

regnant ['regnənt] *adj* koji vlada, vladajući | **Queen Regnant** vladajuća kraljica

regorge [riː'gɔːdʒ] *vt* **I.** povratiti, ponovo izbaciti; izbljuvati; ponovo progutati **II.** *vi* kuljati, snažno prodirati (iz rova, kanala i dr.)

regrant [ˌriː'graːnt] *vt* ponovo odobriti, podijeliti

regrate [ri'greit] *vt hist* pokupovati robu na tržištu (za prodaju uz veliku dobit)

regrater [ri'greitə] *s* nakupac, posrednik, prekupac

regress ['riːgres] *s* vraćanje; povratak; put, putovanje natrag; nazadak, korak unazad, nazadovanje (*from... to*)

regress [ri'gres] *vi astr* vraćati se, povratiti se (*to* k)

regression [ri'greʃn] *s* vraćanje, uzmak; povratak (*into* u); *astr & biol* regresija

regressive [ri'gresiv] *adj* (~**ly** *adv*) koji teče natrag; regresivan, koji se vraća

regret [ri'gret] *s* žaljenje, sažaljevanje, kajanje; briga; bol, tuga, žalost (*for* za) | **it is a** ~ **to me** žalim; **to my** ~ na moju žalost; **to express** ~ **for** moliti za oproštenje, izraziti žaljenje; ispričati se

regret [ri'gret] *vt* žaliti, sažaljevati; žaliti za (čim) | **I** ~ **to say** na žalost moram reći; **it is to be regretted that** treba žaliti što; šteta je što

regretful [ri'gretful] *adj* žalostan, tužan, bolan | **to be** ~ **for** žaliti što

regretfully [ri'gretfuli] *adv* nerado, žaleći

regrettable [ri'gretəbl] *adj* koji izaziva žaljenje, vrijedan sažaljenja, žalostan

re-group [ˌriː'gruːp] *vt* pregrupirati

regulable ['regjuləbl] *adj* koji se može regulirati, podesiv

regular ['regjulə] *adj* 1. pravilan; simetričan; *mil* redovit, redovan 2. uredan, uobičajen; poznat, priznat; točan, regularan 3. *fam* potpun, prav, valjan | ~ **customer** stalna mušterija; ~ **doctor** kućni liječnik; **a** ~ **hero** pravi junak; **to keep** ~ **hours** držati se točno sata u svom poslu; ~ **people** ljudi koji žive urednim životom

regular ['regjulə] *adv vulg* doista, zaista

regular ['regjulə] *s eccl* redovnik; *mil* linijski vojnik, vojnik u stroju; *pl* redovne trupe, čete; *coll* stalan namještenik

regularity [ˌregju'læriti] *s* pravilnost, urednost, točnost

regularization [ˌregjulərai'zeiʃn] *s* (zakonsko) uređivanje, reguliranje, učvršćivanje

regularize ['regjuləraiz] *vt* zakonski što utvrditi, urediti

regulate ['regjuleit] *vt* urediti, podesiti; regulirati, namjestiti (stroj, sat); prilagoditi, podesiti (*to* čemu); upravljati (npr. prometom)

regulation [ˌregju'leiʃn] *s* uređivanje, uređenje; naredba, propis | ~**s** *pl* pravila, statuti; odredba o provođenju (zakona); **contrary to** ~**s** protivno propisima; ~ **boots** vojničke cipele; ~ **clothes** propisana uniforma

regulative ['regjulətiv] *adj* (~**ly** *adv*) koji ima za cilj da upravlja, uređuje, propisuje

regulator ['regjuleitə] *s* uređivač, raspoređivač; *tech* sprava, naprava za reguliranje; regulator, zidni sat

regulus ['regjuləs] *s* (*pl* **reguli** ['regjulai]) *Lat met* regulus, kralj metalni (čista kovina iz taljenja); *astr* sjajna zvijezda u »Lavu«; *ornith* carić

regurgitate [riː'gəːdʒiteit] *vi/t* **I.** *vi* teći natrag, strujati **II.** *vt* povratiti (napola probavljenu hranu)

regurgitation [riˌgəːdʒi'teiʃn] *s* regurgitacija

rehabilitate [ˌriːə'biliteit] *vt* rehabilitirati, ponovo postaviti na zdrave temelje

rehabilitation ['riːəˌbili'teiʃn] *s* rehabilitacija

rehandle [ˌriː'hændl] *vt* (temu) ponovo obraditi; preraditi

rehang [ˌriː'hæŋ] *vt* ponovo objesiti što

rehash ['riːhæʃ] *s* ponovno iznošenje (iste teme), prežvakavanje

rehash [ˌriː'hæʃ] *vt* ponovo iznositi, prežvakavati (istu temu)

rehear [ˌriː'hiə] *vt* (reheard, reheard) *jur* nanovo preslušati

rehearsal [ri'həːsl] *s* ponavljanje; izgovaranje napamet, recitiranje; nabrajanje; *theat* pokus, proba | **at** ~ na probi, pri probi; **in** ~ uvježbavan, isprobavan; **to go to** ~ ići na probu; **to take the** ~**s** održavati probe; **a dress** ~ generalna proba, generalka

rehearse [ri'hə:s] *vt/i* govoriti, ponavljati, pripovijedati (nadugo i naširoko); nabrajati; *theat* probati što; imati probu
rehouse [ˌri:'hauz] *vt* smjestiti koga u nov stan, dati komu nov stan
reification ['ri:ifi'keiʃn] *s* materijalizacija, konkretizacija
reify ['ri:ifai] *vt* materijalizirati, konkretizirati
reign [rein] *s* vlada, vladanje, vlast, upravljanje, vladavina; suverenost | **in the ~ of** za (čije) vladavine
reign [rein] *vi* vladati, gospodariti (*over* nad) (& *fig*); prevladavati
reimburse [ˌri:im'bə:s] *vt* vratiti, isplatiti (novac); naknaditi, naplatiti; odštetiti; *com* pokriti
reimbursement [ˌri:im'bə:smənt] *s* vraćanje novca; naknada štete, odšteta; *com* pokriće
reimport [ˌri:im'pɔ:t] *vt* ponovo uvoziti, reimportirati
reimport [ˌri:'impɔ:t] *s* ponovni uvoz; (većinom *pl*) nanovo uvezena roba, reimport
reimportation [ˌri:impɔ:'teiʃn] *s* ponovni uvoz
reimpose [ˌri:im'pəuz] *vt* nanovo nametnuti
reimposition [ˌri:impə'ziʃn] *s* ponovno nametanje
reimpression [ˌri:im'preʃn] *s* novo izdanje; preštampavanje
rein [rein] *s* uzda, vođica, povodac (& *fig*) | **to draw ~** pritegnuti uzde, zadržati, zaustaviti konja; zaustaviti se; napustiti pokušaj; **to give horse the ~s** popustiti konju uzde; *pol* **to assume the ~s of government** preuzeti vladu; **to give ~ to one's whim** dati maha svome hiru; **to keep a tight ~ on** držati čvrsto na uzdi; **to hold the ~s** držati situaciju u rukama
rein [rein] *vt* zauzdati, držati na uzdi, voditi na uzdi; *fig* upravljati, obuzdati, kontrolirati
rein in ['rein'in] *vt* zaustaviti; obuzdati, držati na uzdi
rein up ['rein'ʌp] *vt* zaustaviti (konja)
reincarnate [ri:'inka:neit] *vt/i* reinkarnirati (se), ponovo se roditi
reincarnation [ˌri:inka:'neiʃn] *s* reinkarnacija, ponovno rađanje (rođenje)
reindeer ['reindiə] *s zool* sjeverni sob (*Rangifer tarandus*)
reindeer moss ['reindiə'mɔs] *s bot* sobov lišaj (*Cladonia rangiferina*)
reinforce [ˌri:in'fɔ:s] *s tech* pojačanje
reinforce [ˌri:in'fɔ:s] *vt* pojačati | *tech* **~d concrete** armirani beton
reinforcement [ˌri:in'fɔ:smənt] *s* jačanje; *mil* pojačanje, popunjavanje, pridata jedinica | **~ iron (round)** betonsko željezo
reinless ['reinlis] *adj* koji je bez uzda; neobuzdan
reins [reinz] *s pl* bubrezi
reinstall [ˌri:in'stɔ:l] *vt* nanovo postaviti (koga ili što)
reinstallment [ˌri:in'stɔ:lmənt] *s* ponovno postavljanje, uspostavljanje
reinstate [ˌri:in'steit] *vt* ponovo postaviti (na neko mjesto, službu); vratiti što u prijašnje stanje, obnoviti
reinstatement [ˌri:in'steitmənt] *s* ponovno postavljanje, uspostavljanje
reinsurance [ˌri:in'ʃuərəns] *s* reosiguranje
reinsure [ˌri:in'ʃuə] *vt* reosigurati
reintegrate [ˌri:'intigreit] *vt* uspostaviti, obnoviti
reinvest [ˌri:in'vest] *vt* ponovo obući, odjenuti (*with* u što) (& *fig*); ponovo postaviti (*in*); reinvestirati
reinvestiture [ˌri:in'vestitʃə] *s* ponovno uvođenje, vraćanje
reinvestment [ˌri:in'vestmənt] *s com* reinvesticija
reissue [ˌri:'isju:] *s* ponovno izdanje; nepromijenjeno novo izdanje
reissue [ˌri:'isju:] *vt* nanovo izdati
reiterant [ri:'itərənt] *adj* koji se ponavlja
reiterate [ri:'itəreit] *vt* neprestano ponavljati
reiteration [ri:ˌitə'reiʃn] *s* neprestano ponavljanje
reive [ri:v] *vi/t* → **reave**
reiver ['ri:və] *s* razbojnik, pljačkaš, otmičar
reject [ri'dʒekt] *vt* ne priznati; ne odobriti, odbaciti, zabaciti, ne usvojiti, ne uvažiti, otkloniti; (o želucu) izbaciti, povratiti; napustiti, ostaviti
reject ['ri:dʒekt] *s* odbačena stvar; »škart«, roba s greškom
rejectable [ri'dʒektəbl] *adj* koji može biti odbijen, odbačen; otklonjen
rejection [ri'dʒekʃən] *s* otklanjanje, odbijanje, odbacivanje; izbacivanje, povraćanje | **~s** *pl* škart
re-jig [ˌri:'dʒig] *vt coll* ponovo opremiti
rejoice [ri'dʒɔis] *vt/i* veseliti se, razveseliti se, radovati se (*at, over*); dati izraza veselju; *hum* uživati (što) | **to ~ in a th** naslađivati se čim
rejoicing [ri'dʒɔisiŋ] *s* radost, veselje (*over* zbog čega) | **~s** *pl* radost, veselje, slavlje
rejoicing [ri'dʒɔisiŋ] *adj* (**~ly** *adv*) radostan, veseo
rejoin [ri'dʒɔin] *vi/t jur* odgovoriti (na tužiteljev prigovor), odvratiti, opovrći; ponovo se pridružiti, ponovo stupiti u, ponovo se učlaniti
rejoin [ˌri:'dʒɔin] *vt/i* ponovo (se) spojiti, sastaviti što, opet sjediniti (se), sastati se, ponovo se sresti (*to, with* sa)
rejoinder [ri'dʒɔində] *s jur* odgovor, replika
rejuvenate [ri'dʒu:vineit] *vt/i* pomladiti (se)

rejuvenation [riˌdʒuːviˈneiʃn] *s* pomlađivanje
rejuvenesce [ˌriːdʒuːviˈnes] *vi/t* pomladiti (se); *biol* nanovo oživjeti, oživiti
rejuvenescence [ˌriːdʒuːviˈnesns] *s* pomlađivanje (& *fig*); *biol* ponovno oživljavanje (stanica)
rejuvenescent [ˌriːdʒuːviˈnesnt] *adj* koji se pomlađuje
rejuvenize [riːˈdʒuːvinaiz] *vt/i* pomladiti (se)
rekindle [ˌriːˈkindl] *vt/i* ponovo (se) zapaliti, užeći (se); *fig* ponovo oživiti, oživjeti, uzbuditi (se)
relabel [ˌriːˈleibl] *vt* snabdjeti novim natpisom, nanovo etiketirati; dati novo ime, prekrstiti
relapse [riˈlæps] *s* ponovno padanje u istu pogrešku; povratak; povrat (bolesti), recidiva
relapse [riˈlæps] *vi* pasti natrag, pasti ponovo (u istu pogrešku); *med* vratiti se (bolest i dr.), recidivirati, imati recidivu
relapser [riˈlæpsə] *s* recidivist
relate [riˈleit] *vt/i* **I.** *vt* pripovijedati, izvijestiti (*to a p* koga); dovesti u vezu ili odnos (*to, with* sa); uspostaviti odnos između; povezati **II.** *vi* odnositi se, ticati se, pripadati, biti u odnosu (*to*)
related [riˈleitid] *adj* srodan, svoj, u rodu
relater [riˈleitə] *s* izvjestilac; pripovjedač; povjesničar, historik
relation [riˈleiʃn] *s* 1. izvještaj, pripovijetka; *jur* prijava, prijavni materijal 2. uzročni, logički odnos (*between*); veza (*to* s čim, na) 3. veza, odnos (službeni, društveni itd.); srodstvo (& *fig*) 4. rođak, rođakinja, rod, srodnik | **in ~ to** što se tiče, u pogledu, glede; u vezi sa, u odnosu na; **to have ~ to** biti u vezi sa; *jur* odnositi se na raniji datum, imati vezu s ranijim datumom; **to be out of ~ to** nemati nikakve veze sa
relational [riˈleiʃənl] *adj* (**~ly** *adv*) 1. rodbinski, srodnički 2. koji označava neku vezu ili odnos 3. *gram* koji služi da označi odnose među riječima u rečenici, relacioni
relationship [riˈleiʃənʃip] *s* srodstvo, rod (*to* sa); odnos, razmjer, veza (*with*)
relatival [ˌreləˈtaivl] *adj* (**~ly** *adv*) *gram* relativan
relative [ˈrelətiv] *adj* 1. *gram* odnosni, relativni 2. koji se odnosi na, koji se tiče čega, suvisao 3. razmjeran 4. prikladan, koji odgovara, uzajaman, povezan | **to be ~ to** odnositi se na; biti uvjetovan čime
relative [ˈrelətiv] *s gram* odnosna zamjenica; rođak, rođakinja, rod, srodnik
relatively [ˈrelətivli] *adv* odnosno; relativno; razmjerno
relativism [ˈrelətivizm] *s phil* relativizam
relativist [ˈrelətivist] *s phil* relativist
relativity [ˌreləˈtiviti] *s* relativnost; uvjetovanost, uslovljenost
relator [riˈleitə] *s* (rijetko) → **relater**
relax [riˈlæks] *vt/i* **I.** *vt* olabaviti, omlitaviti, oslabiti; ublažiti; umanjiti; odmoriti, opustiti **II.** *vi* omlitaviti, olabaviti, malaksati, oslabiti, popustiti; odmoriti se, opustiti se; poprimiti blag izraz (lice)
relaxation [ˌriːlækˈseiʃn] *s* labavost, mlitavost, slabljenje; *jur* olakšanje, ublaženje; popuštanje, opuštanje; relaksacija, razonoda
relaxing [riˈlæksiŋ] *adj* koji mlitavi, slabi; blag (klima)
relay[1] [ˈriːlei] *s* nova zaprega; smjena konja; stanica za izmjenu konja; *mil* relejna stanica; *sport* izmjena (u štafeti); smjena (»šihta«); *el* relej
relay[1] [riːˈlei] *vt* izmijeniti, zamijeniti (konje i sl.); *radio* prenositi vijesti preko druge stanice
relay[2] [ˈriːˈlei] *s radio* prenošenje vijesti preko druge stanice
relay[2] [ˌriːˈlei] *vt* nanovo postaviti, položiti; obložiti što čime
relay-race [ˈriːleireis] *s* štafeta (utrka)
relay-runner [ˈriːleiˌrʌnə] *s* trkač u štafeti
relay-station [ˈriːleiˌsteiʃn] *s* relejna stanica
release [riˈliːs] *s* 1. puštanje, otpuštanje; oslobođenje, izbavljenje (*from* od čega); odrješenje, oterećenje (*from* od čega); *tech* mehanizam za pokretanje ili zaustavljanje stroja; *film* dopuštanje javnog prikazivanja | *film* **the first ~** premijera, praizvedba
release [riˈliːs] *vt* 1. *jur* otpustiti, prepustiti komu (dug); prenijeti na koga, ustupiti komu (posjed, pravo i sl.) 2. pustiti da što krene, padne; osloboditi (*from* iz, od); odriješiti, dići; izbaviti (*from* od) 3. osloboditi, dati slobodu; *film* iznijeti na tržište, dopustiti javno prikazivanje
release [ˌriːˈliːs] *s jur* prenošenje prava na drugoga; odstupanje, ustupanje; dokument o prenošenju prava na drugoga
releasee [ˌriːliːˈsiː] *s jur* osoba na koju se prenosi (dug, pravo, posjed i dr.)
releaser [riˈliːsə] *s* osloboditelj, izbavitelj
releasor [riˈliːsɔː] *s jur* osoba ili organ koji prenosi (dug, pravo, posjed i dr.) na drugoga
relegable [ˈreligəbl] *adj* koji se može prognati, uputiti komu što; poslati, uputiti poslati
relegate [ˈreligeit] *vt* prognati, protjerati (*to* kamo); predati, poslati (*to* kamo); doznačiti, uputiti komu što; poslati, uputiti na nižu dužnost; uputiti (*to* na koga)
relegation [ˌreliˈgeiʃn] *s* progonstvo, protjerivanje; upućivanje, slanje (*to* na)
relent [riˈlent] *vi* umekšati se, ublažiti se, popustiti

relenting [ri'lentiŋ] *adj* samilostan, pun sažaljenja; popustljiv
relentless [ri'lentlis] *adj* (**~ly** *adv*) nemilosrdan, nemilostiv, bezdušan; nepopustljiv; ustrajan, neprekidan, neprestan
re-let [ˌriː'let] *vt* nanovo iznajmiti, dati u najam
relevance ['reləvəns] *s* značajnost, važnost, zamašnost (*to* za); primjerenost
relevant ['reləvənt] *adj* (**~ly** *adv*) koji se tiče, koji spada na stvar, relevantan
reliability [riˌlaiə'biliti] *s* pouzdanost, oslonljivost
reliable [ri'laiəbl] *adj* (**reliably** *adv*) pouzdan, vjerodostojan
reliance [ri'laiəns] *s* pouzdanje, povjerenje
reliant [ri'laiənt] *adj* pouzdan; povjerljiv (*on* u); pun samopouzdanja
relic ['relik] *s* 1. *eccl* relikvija; uspomena 2. (o osobi) *pl* mrtvo tijelo, mrtvac, svete moći 3. (o stvari) *pl* ostaci, spomenik (prošlosti) 4. posljednji ostatak, trag (običaja, vjerovanja i sl.), *pl* preostaci (starih vremena)
relict ['relikt] *s* udovica
relief[1] [ri'liːf] *s* 1. olakšanje, olakšica, oterećenje, oslobođenje, izbavljenje (*from* od); ublaženje (*for*); utjeha 2. *jur* pomoć, lijek, oslobađanje (*from* od); oproštenje, oprost (od globe) 3. *fig* odmor, oporavak, ugodna promjena, osvježenje 4. potpora; pomoć 5. *mil* oslobođenje (opsjednuta grada, tvrđave), smjena; pojačanje, pričuva, rezerva
relief[2] [ri'liːf] *s* reljef, ispupčen, izbočen, reljefni rad; *geog* reljef, reljefna geografska karta; *fig* živost, reljefnost, plastičnost | **to stand out in ~** isticati se, oštro se ocrtavati
relievable [ri'liːvəbl] *adj* kome se može pomoći; koji ima pravo na pomoć, na odštetu
relieve [ri'liːv] *vt/i* **I.** *vt* 1. osloboditi koga (*from* od); *mil* (grad) osloboditi opsade 2. pomagati, pomoći, podupirati (siromašne, oskudne) 3. olakšati (pritisak i dr.); dati oduška (svojim osjećajima i sl.) 4. *mil* smijeniti, smjenjivati (stražu) 5. *fig* rasteretiti; oteretiti, osloboditi tereta; ugrabiti, oteti; maknuti, smijeniti, razriješiti koga (službe, dužnosti), otpustiti; izdići, istaći, naglasiti (jednoličnost, dosadu); oživiti (*with* čim, *by* pomoću) **II.** *vi* izdvajati se, isticati se (*against* prema, *from* od) | **to ~ one's feelings** olakšati sebi dušu, srce, osjećaje; **to ~ nature (oneself)** isprazniti crijeva, mokraćni mjehur, obavljati veliku, malu nuždu; *hum* **the thief ~d him of his watch** tat mu je ukrao džepni sat
relievo [ri'liːvəu] *s It* ispupčen, reljefan rad, reljef
religion [ri'lidʒən] *s* 1. redovništvo, monaštvo; (*rijetko*) redovnički red 2. vršenje svetih obreda 3. jedna od glavnih vjeroispovijesti 4. vjera, religija 5. sveta dužnost | **enter into ~** postati redovnik ili časna sestra; **be in ~** biti redovnik, redovnica; **established ~** priznata vjeroispovijest; *coll US* **get ~** postati pobožan, spopasti koga pobožnost; **established ~** državna crkva
religioner [ri'lidʒənə] *s* redovnik; pobožnjak, bogomoljac, bigot
religionism [ri'lidʒənizm] *s* bigotstvo, pretjerana ili lažna pobožnost
religionist [ri'lidʒənist] *s* revan pobožnjak, bogomoljac, licemjerac, bigot
religionize [ri'lidʒənaiz] *vt/i* **I.** *vt* obratiti koga, učiniti koga pobožnim **II.** *vi* praviti se svecem, pretvarati se, vladati se bogomoljački
religionless [ri'lidʒənlis] *adj* bez vjere, bez vjeroispovijesti
religiose [riˌlidʒi'əus] *adj* bolećivo pobožan, pretjerano religiozan
religiosity [riˌlidʒi'ɔsiti] *s* nametljiva pobožnost, bogomoljstvo, licemjernost, religioznost
religious [ri'lidʒəs] *adj* (**~ly** *adv*) religiozan, pobožan; *eccl* redovnički, duhovni, crkveni; strog, savjestan
reline [ˌriː'lain] *vt* nanovo podstaviti (osobito odjeću)
relinquish [ri'liŋkwiʃ] *vt* napustiti (plan i dr.); odustati (od čega); odreći se (prava); ustupiti, odstupiti (posjed), prepustiti što (*to* komu); pustiti
relinquishment [ri'liŋkwiʃmənt] *s* napuštanje, ostavljanje, odricanje, odstupanje (*of* čega)
reliquary ['relikwəri] *s eccl* relikvijar, moćnik
relish ['reliʃ] *s* 1. okus (na što) 2. neznatan tek ili miris (na što) 3. privlačljiv okus ili svojstvo, privljačljivost; začin 4. uživanje u hrani i dr., oduševljenje, ljubav (za) | **meat has no ~ when one is ill** meso ne prija kad je čovjek bolestan; **he has no ~ for hard study** on nema ljubavi za ozbiljan studij; **hunger is the best ~ for food** glad je najbolji začin hrani; **he has no ~ for poetry** nema sklonosti za poeziju
relish ['reliʃ] *vt/i* **I.** *vt* učiniti ukusnim, tečnim (što); uživati u čemu, voljeti što, rado jesti što **II.** *vi* biti tečan, ukusan, prijatan, ići u tek; imati okus, tek (na što)
relive [ˌriː'liv] *vi/t* ponovo oživjeti; nanovo oživiti, ponovo doživjeti, proživjeti
reload [ˌriː'ləud] *vt* ponovo tovariti, krcati, pretovariti; (pušku) nanovo nabiti
relucent [ri'ljuːsənt] *adj* svijetleći, svijetao, blistav, sjajan

reluct [ri'lʌkt] *vi* negodovati, opirati se, pokazivati nezadovoljstvo, nesklonost; prigovarati (*at, against* protiv)

reluctance [ri'lʌktəns] *s* protivljenje, nevoljkost, opiranje, nesklonost, odvratnost; *phys* magnetski otpor

reluctant [ri'lʌktənt] *adj* koji se protivi, odupire, opire; nesklon, protivan | **I am ~ to do it** nerado to činim

reluctantly [ri'lʌktəntli] *adv* protiv volje, nerado

reluctation [ˌrilʌk'teiʃn] *s* nesklonost, oklijevanje, opiranje, protivljenje

relume [ˌriː'ljuːm] *vt poet* ponovo upaliti, osvijetliti; *fig* ponovo oživjeti, nanovo rasvijetliti, razveseliti, razvedriti

rely [ri'lai] *vi* osloniti se, pouzdati se, uzdati se, računati (*on, upon* na, u)

remain [ri'mein] *s* 1. ostatak, preostatak 2. *pl* ostaci, posljednji ostaci; oni koji su preživjeli; zemni ostaci; mrtvo tijelo, leš; književna ostavština

remain [ri'mein] *vi* 1. preostati, preteći 2. ostati | **I ~ yours truly** ostajem vaš odani, odani vam; **it ~s to be seen** to će se vidjeti

remainder [ri'meində] *s* 1. *jur* pravo nasljeđivanja u službi; pravo nasljedstva (*to* na); ostatak, ostalo; *pl* preživjeli, preostali; *math* ostatak; *pl* ostaci (& *com*); (o knjigama) neprodane knjige, remitenda

remainder [ri'meində] *vt* (o knjizi) znatno sniziti, spustiti cijenu; jeftino prodavati

remake [ˌriː'meik] *vt* ponovo načiniti, obnoviti, preraditi

reman [ˌriː'mæn] *vt* 1. povratiti muževnost ili hrabrost 2. naći novu momčad, ljudstvo

remand [ri'maːnd] *s jur* slanje natrag u istražni zatvor | **to appear on ~** pojaviti se opet pred sudom (nakon istražnog zatvora)

remand [ri'maːnd] *vt* poslati natrag (u istražni zatvor)

remanence ['remənəns] *s* zaostali magnetizam, remanentni magnetizam

remanent ['remənənt] *adj* zaostao, preostao, prisutan, koji je tu, postojeći | **~ magnetism** zaostali magnetizam, remanentni magnetizam

remark [ri'maːk] *s* zamjećivanje, obraćanje pažnje; opaska, primjedba, napomena | **to make a ~** primijetiti, reći

remark [ri'maːk] *vt/i* **I.** *vt* primijetiti, zamijetiti, opaziti **II.** *vi* izjasniti se, izreći svoj sud, učiniti primjedbe, napomene (*on, upon* o, na)

remarkable [ri'maːkəbl] *adj* (**remarkably** *adv*) znatan, znamenit; neobičan, izvrstan, izvanredan, silan, jedinstven; vrijedan spomena, značajan

remarriage [ˌriː'mæridʒ] *s* ponovna ženidba, ponovna udaja

remarry [ˌriː'mæri] *vt/i* ženiti (se), udati se po drugi put

remediable [ri'miːdjəbl] *adj* (**remediably** *adv*) izlječiv; koji se može ukloniti

remedial [ri'miːdjəl] *adj* (**~ly** *adv*) koji liječi, pomaže

remedy ['remidi] *s* lijek; pravni lijek | **past ~** neizlječiv; *fig* beznadan

remedy ['remidi] *vt* (iz)liječiti; popraviti, poboljšati, pomoći; ukloniti što

remedyless ['remidilis] *adj* (**~ly** *adv*) neizlječiv; neuklonjiv, nenadoknadiv (gubitak i dr.)

remember [ri'membə] *vt* sjećati se, spomenuti se; sjetiti se; upamtiti, pamtiti; pozdraviti, preporučiti | **~ me (kindly) to your mother** pozdravite (srdačno) svoju majku; **he wishes to be ~ed to you** najsrdačnije vas pozdravlja

remembrance [ri'membrəns] *s* sjećanje, pamćenje; spomen, uspomena (*on* na); komemoracija | **~s** *pl* poštovanje, pozdravi; **to put in ~** podsjetiti; **within my ~** koliko se sjećam; **in ~ of** u spomen (čega), za uspomenu na; **give my kind ~s to...** pozdravite najsrdačnije od mene...

remembrancer [ri'membrənsə] *s* onaj koji (ono što) podsjeća (*of* na); uspomena, podsjetnik

remiges ['remədʒiːz] *s pl zool* letna pera

remind [ri'maind] *vt* podsjetiti, podsjećati (*of* na, *to do* da učini; *that* da)

reminder [ri'maində] *s* ono što podsjeća, podsjetnik (*on* na); opomena

remindful [ri'maindful] *adj* koji podsjeća (*of* na); koji se sjeća

reminisce [ˌremi'nis] *vi fam* sjećati se, prepuštati se uspomenama

reminiscence [ˌremi'nisns] *s* sjećanje (*of* na); podsjećanje (*of* na); *pl* reminiscencije, uspomene

reminiscent [ˌremi'nisnt] *adj* (**~ly** *adv*) koji podsjeća (*of* na) | **to be ~ of** sjećati na, podsjećati na

remise [ri'maiz] *s jur* prepuštanje, ustupanje, vraćanje (prava)

remise [ri'maiz] *vt jur* vratiti, prepustiti, ustupiti (pravo i sl.)

remise [rə'miːz] *s arch* suša, spremište za kola, unajmljena kola; drugi udarac nakon prvoga promašenog

remise [rə'miːz] *vi fencing* zadati drugi udarac nakon prvoga promašenog

remiss [ri'mis] *adj* (**~ly** *adv*) trom, mlitav, lijen, nemaran, površan

remissible [ri'misəbl] *adj* oprostiv

remission [ri'miʃn] *s* opraštanje (grijeha); oprost, oslobođenje (od duga, kazne); smanjenje, sniženje (poreza); jenjanje, popuštanje (vrućine), smanjenje, slabljenje (marljivosti i dr.); *med* remisija

remissive [ri'misiv] *adj* koji popušta, oprašta, otpušta; sklon opraštanju, popuštanju

remit [ri'mit] *vt/i* **I.** *vt* 1. oprostiti, otpustiti (grijeh, dug, kaznu i sl.); ublažiti, umiriti 2. stišati, umanjiti (srdžbu); napustiti, odustati od čega 3. poslati, uputiti komu što; *jur* uputiti (spor) natrag (*to* na); uputiti koga (*to* na); predati, izručiti (*to, into*), odgoditi, odložiti (*to, till* do); poslati (novac i sl.) (*to* komu) **II.** *vi* 1. popustiti, jenjati, umanjiti se; *fig* malaksati 2. isplatiti, platiti

remittal [ri'mitl] *s* opraštanje, otpuštanje (grijeha, duga, kazne i sl.); *jur* upućivanje natrag (spora nižem sudu)

remittance [ri'mitəns] *s* vraćanje, slanje (natrag) novca i sl., novčana pošiljka, poslana svota, rimesa, pošiljka mjenice (mjesto novca) | **to make a ~** poslati (novac, mjenicu)

remittance-man [ri'mitənsmæn] *s* čovjek koji živi u inozemstvu od novčanih pošiljki od kuće (*esp* izrazita lijenčina)

remittee [rimi'ti:] *s* primilac pošiljke (novca, mjenice)

remittent [ri'mitənt] *adj med* koji povremeno popušta, slabi (o groznici)

remittent [ri'mitənt] *s* groznica koja povremeno popušta, slabi

remitter [ri'mitə] *s* pošiljač; *com* remitent; naslovnik kod mjenične obaveze; *jur* upućivanje spora drugom sudu; uspostava prava, rehabilitacija; vraćanje u posjed; upućivanje (*to* na)

remnant ['remnənt] *s* ostatak, preostatak; *com* ostatak (robe); posljednji ostatak, trag (*of* čega)

remodel [ˌri:'mɔdl] *vt* preobličiti, preinačiti, preobraziti, prepraviti, pregrupirati, nanovo formirati

remonetize [ri:'mʌnitaiz] *vt* ponovo staviti u opticaj kao novac

remonstrance [ri'mɔnstrəns] *s* prigovor, pritužba, žalba, protest

remonstrant [ri'mɔnstrənt] *adj* (**~ly** *adv*) koji prigovara, opominje, koji se žali, protestira

remonstrant [ri'mɔnstrənt] *s* prigovarač, remonstrant

remonstrate ['remənstreit] *vi/t* pritužiti se, žaliti se, protestirati (*against* protiv); prigovarati, zamjerati komu (*on, upon* zbog; *that* da)

remonstrating ['remənstreitiŋ] *adj* (**~ly** *adv*) koji prigovara, koji se žali, koji se tuži, protestira

remonstration [ˌremən s'treiʃn] *s* prigovaranje, pritužba, protestiranje

remonstrative [ri'mɔnstrətiv] *adj* koji prigovara, koji se pritužuje, koji se žali, protestira, koji se protivi

remonstrator ['remənstreitə] *s* onaj koji prigovara, koji se pritužuje, koji se žali, protestira, protivi

remontant [ri'mɔntənt] *adj Fr bot* koji cvjeta više puta u godini

remontant [ri'mɔntənt] *s* ruža koja cvate više puta godišnje

remora ['remərə] *s ichth* priljepuša, ustavica (*Echeneidae*)

remorse [ri'mɔ:s] *s* grižnja savjesti, grizodušje (*at* zbog, *for* radi) | **without ~** nemilosrdno, bez milosti

remorseful [ri'mɔ:sful] *adj* (**~ly** *adv*) pokajnički, koji osjeća grižnju savjesti, koji je zbog grižnje savjesti

remorseless [ri'mɔ:slis] *adj* (**~ly** *adv*) nemilosrdan, okrutan, bešćutan, koji ne osjeća grižnju savjesti, bezobziran

remote [ri'məut] *adj* (**~ly** *adv*) dalek, udaljen, zabačen, zabitan; odijeljen, osamljen; nejasan, maglovit; nevažan, slab; neznatan; hladan, nepristupačan (o odnosima ili karakteru) | **~ control** daljinsko upravljanje

remoteness [ri'məutnis] *s* udaljenost, zabačenost

remotion [ri'məuʃn] *s* udaljenje, odstranjenje

remould [ˌri:'məuld] *vt* preinačiti, preobraziti, prepraviti, dati drugi oblik, prekalupiti

remount ['ri:maunt] *s mil* remont, kupovina konja, popis konja, opskrba novim jahaćim konjima; popunski konj; svjež (neizmoren) jahaći konj, remontski konj

remount [ˌri:'maunt] *vt/i* ponovo snabdjeti koga jahaćim konjem; *mil* snabdjeti novim jahaćim konjima; ponovo se popeti, uspeti se (na brijeg, ljestve i sl.); ponovo se voziti (uz vodu, rijeku), ponovo uzjahati konja; vratiti se (*to* čemu, na); staviti sliku u nov okvir

removability [riˌmu:və'biliti] *s* uklonjivost, udaljivost

removable [ri'mu:vəbl] *adj* (**removably** *adv*) koji se može udaljiti, ukloniti, odstraniti, odnijeti; svrgnuti, smijeniti

removable [ri'mu:vəbl] *s* sudac, poglavar u Irskoj koji se ne može smijeniti ili svrgnuti s položaja

removal [ri'mu:vl] *s* uklanjanje, pospremanje, odnošenje; *fig* udaljivanje, otklanjanje, odstranjivanje; otpuštanje, smjenjivanje, premještanje; odlaženje; preseljenje, selidba

removal-van [ri'mu:vlvæn] *s* zatvorena kola za prijevoz pokućstva, selidbena kola

remove [ri'mu:v] *s* premještanje; promaknuće; preseljenje; (u nekim školama) određeni stupanj, razred, odjeljenje; udaljenost, razmak; *fig* korak; stupanj krvnog srodstva, koljeno (u krvnom srodstvu); jelo koje dolazi nakon nekog drugog jela | **once** (**twice**, *etc*.) ~**d** (rođak) u prvom (drugom itd.) koljenu

remove [ri'mu:v] *vt/i* **I.** *vt* 1. udaljiti, ukloniti, pospremiti, odnijeti (*from* od, iz); otpremiti, odaslati; skinuti (odjeću, šešir); premjestiti, preseliti; trgnuti, povući natrag (ruku); otkloniti, odstraniti (zlo, nesreću, sumnju) 2. izvaditi koga (*from* iz; npr. škole); maknuti, ubiti, likvidirati; smijeniti, otpustiti **II.** *vi* udaljiti se, otići, (pre)seliti se; dati se odstraniti | **to** ~ **furniture** preseliti, prevesti namještaj, pokućstvo; **to** ~ **mountains** stvarati čudesa; **to** ~ **oneself** otići

remover [ri'mu:və] *s* odstranjivač; špediter, otpremnik | **hair** ~ sredstvo za uklanjanje dlaka

remunerate [ri'mju:nəreit] *vt* nadoknaditi; platiti, vratiti (*for*); nagraditi, odštetiti

remuneration [ri,mju:nə'reiʃn] *s* nagrada; plaća; honorar; naknada, odšteta

remunerative [ri'mju:nərətiv] *adj* (~**ly** *adv*) nagradni, koji nagrađuje, naplaćuje, koristan, unosan

renaissance [rə'neisəns] *s* preporod; (**R**~) renesansa

renal ['ri:nl] *adj* bubrežni

rename [,ri:'neim] *vt* nazvati drugim imenom, dati drugo ime (*after* po)

renascence [ri'næsns] *s* preporod, obnovljenje; ponovno oživljavanje, renesansa

renascent [ri'næsnt] *adj* koji preporađa, koji se nanovo rađa, koji nanovo oživljuje, koji se obnavlja

rencontre [rã:'kɔ̃:tr] *s Fr* susret; sukob, čarkanje, dvoboj; slučajan susret

rencontre [rã:'kɔ̃:tr] *vt/i Fr* sresti se

rencounter [ren'kauntə] *s* → **rencontre**

rencounter [ren'kauntə] *vt/i* sresti (se)

rend [rend] *vt/i* (rent, rent) **I.** *vt* (raz)derati, raskinuti, rastrgati; otrgnuti, otkinuti (*from* od); cijepati (drvo), raskoliti; *fig* cijepati, rascijepiti, uzdrmati, potresti, prodrijeti, parati (zrak), prolomiti se **II.** *vi* raskinuti se, rascijepiti se, raspući se, pući | *fig* **to turn and** ~ **a p** neočekivano napasti koga pogrdnim riječima

render ['rendə] *s* 1. ponavljanje, recitiranje, vraćanje 2. predaja (osobe ili mjesta) 3. *jur* najamnina ili zakupnina u novcu ili u naravi što je zakupnik daje vlasniku 4. polaganje (računa), obračun, troškovnik 5. žbuka

render ['rendə] *vt* 1. vratiti, uzvratiti 2. povratiti, dati natrag; naknaditi 3. umjetnički ponoviti, prikazati, izvesti; nacrtati u perspektivi; *mus* izvoditi, odsvirati; izraziti, ponoviti; prevesti, prevoditi (*into* u) 4. predati, izručiti; ustupiti (*to* komu što); podnijeti (račun, izvještaj); *fig* naknaditi, dati komu zadovoljštinu; položiti račun o čemu; dati (povod); platiti (danak); pružiti (pomoć), učiniti (uslugu); iskazati (čast) 5. (pred predik. pridjevom) učiniti, prouzročiti, pretvoriti (*age had* ~*ed him peevish* starost ga je učinila mrzovoljastim) 6. *tech* istopiti (salo); žbukati, ožbukati (zid) | **to** ~ **an account of** položiti račun o čemu; **to** ~ **thanks** zahvaliti, izraziti zahvalnost

rendering ['rendəriŋ] *s* vraćanje; prikazivanje, predstavljanje, izvođenje; prijevod, prevođenje; žbukanje | ~ **of an account** polaganje računa

rendezvous ['rɔndivu:] *s* sastanak, randevu; *mil & mar* zborište, zborno mjesto; sastajalište, sabiralište

rendezvous ['rɔndivu:] *vi* skupljati se, sastajati se, sabirati se

rendition [ren'diʃn] *s* 1. predaja 2. *US* prijevod; tumačenje, prikazivanje, izvođenje

renegade ['renigeid] *s* renegat, odmetnik, otpadnik, prebjeg

renegade ['renigeid] *vi* odmetnuti se, otpasti

renegation [,reni'geiʃn] *s* otpadništvo

renew [ri'nju:] *vt/i* 1. obnoviti; *fig* izliječiti, obnoviti, naknaditi; popraviti (pokućstvo) 2. obnoviti, ponoviti; ponovo početi, ponovo prihvatiti, nanovo oživiti 3. (ugovor, pogodbu) produljiti; *com* prolongirati

renewable [ri'nju:əbl] *adj* koji se može obnoviti, ponoviti, produljiti

renewal [ri'nju:əl] *s* obnovljenje; *com* prolongacija, produljenje (ugovora, mjenice i sl.)

rennet[1] ['renit] *s* sredstvo za kiseljenje mlijeka (uzeto iz sirišta teleta)

rennet[2] ['renit] *s hort* reneta (vrsta desertne jabuke)

renounce [ri'nauns] *s cards* odgovaranje drugom bojom kad nema boje koja se traži

renounce [ri'nauns] *vt/i* **I.** *vt* 1. odreći se; ostaviti se, okaniti se; odbiti, otkloniti što; odreći se, odustati, ustupiti, napustiti što; odustati od čega; (karte) ne dati boju, ne odgovarati na boju jer je nema 2. poricati, opovrgnuti **II.** *vi* odreći se; ne moći odgovarati na boju u kartanju

renouncement [ri'naunsmənt] *s* odricanje, odreknuće

renovate ['renəveit] *vt* obnoviti, renovirati

renovation [,renə'veiʃn] *s* obnavljanje, obnova

renovator ['renəveitə] *s* obnavljač, obnovitelj

renown [ri'naun] *s* ime, slava, glasovitost | **of great** ~ glasovit, znamenit, slavan

renowned [ri'naund] *adj* slavan, glasovit

rent[1] [rent] *s* 1. zakup, zakupnina, najam, najamnina; renta, dohodak od zemlje | **for** ~ (daje se) u zakup, iznajmljuje se

rent² [rent] *s* razdor, pukotina, rascjep, poderotina
rent [rent] *vt/i* **I.** *vt* 1. najmiti, iznajmiti, zakupiti (*from* od koga); platiti najamninu, zakupninu; *US* izdati u najam, u zakup; *US* pozajmiti **II.** *vi* biti iznajmljen, biti dan u zakup
rent [rent] *pret & pp* od **rend**
rentable [ˈrentəbl] *adj* iznajmljiv, zakupljiv, koji se može izdati u najam, koji se može zakupiti
rental [ˈrentl] *s* dohodak od najma ili zakupa, najamnina, zakupnina
rental-value-policy [ˈrentlˌvæljuːˈpɔlisi] *s com* polica osiguranja protiv gubitka najamnine
rent-charge [ˈrenttʃaːdʒ] *s* zakupnina za nasljedno imanje; nasljedna daća
rent-day [ˈrentdei] *s* dan plaćanja zakupnine, najamnine
renter [ˈrentə] *s* stanar, zakupac
rent-free [ˌrentˈfriː] *adj* koji je oslobođen, izuzet od najamnine, zakupnine
rent-free [ˌrentˈfriː] *adv* slobodno, izuzeto od najamnine, zakupnine
rentier [ˈrɔntiei] *s Fr* rentijer, posjednik
rent-roll [ˈrentrəul] *s* popis kamata, zakupa, dohodaka; dohodak od najamnine, zakup
renumber [ˌriːˈnʌmbə] *vt* izmijeniti brojeve, prenumerirati, ponovo numerirati
renunciation [riˌnʌnsiˈeiʃn] *s* odricanje, napuštanje, samoodricanje; opovrgavanje, nepriznavanje, otklanjanje; dokument kojim se tko čega odriče
reoccupation [ˈriːˌɔkjuˈpeiʃn] *s* ponovno zauzimanje, ponovna okupacija čega
reoccupy [ˌriːˈɔkjupai] *vt* nanovo, ponovo zauzeti, okupirati
reopen [ˌriːˈəupn] *vt/i* ponovo, opet (se) otvoriti; nanovo, opet započeti
reorganization [ˈriːˌɔːgənaiˈzeiʃn] *s* preuređivanje, preinačivanje, preobražaj, reorganizacija; *com* saniranje
reorganize [ˌriːˈɔːgənaiz] *vt* reorganizirati; *com* sanirati
rep¹ (**repp**) [rep] *s com* rips (rebrasta pamučna tkanina)
rep² [rep] *s school sl* stih i sl. naučen napamet
rep³ [rep] *s sl* osoba na zlu glasu, ozloglašena, izvikana osoba (skraćenica od *reprobate*)
repack [ˌriːˈpæk] *vt* nanovo pakirati, prepakirati
repaid [riːˈpeid] *pret & pp* od **repay**
repaint [ˌriːˈpeint] *vt* nanovo (na)slikati; nanovo obojiti, premazati bojom
repair¹ [riˈpɛə] *s arch* utočište; boravište | **to have ~ to** često pohađati
repair² [riˈpɛə] *s* povratak, popravljanje; opravljanje, dovođenje u ispravno stanje; održavanje u dobru stanju | **~s** *pl* popravci, troškovi za popravak, naknada; **in need of ~** kojemu je potreban popravak; **to be under (in) ~** biti na popravku, popravljati se; **in ~** dobro održavan; **in good ~** u dobru stanju; **in bad ~** u lošem stanju; **out of ~** trošan (& *fig*)
repair [riˈpɛə] *vi* otići, odlaziti, često ili po navici; poći, krenuti (*to* kamo); obraćati se (*to a p for* komu zbog čega) | **to ~ back** vratiti se
repair [riˈpɛə] *vt* popraviti, obnoviti; zakrpiti što; opraviti; naknaditi (štetu, gubitak i dr.), ispraviti (nepravdu)
repairable [riˈpɛərəbl] *adj* (**repairably** *adv*) koji treba obnoviti, popraviti, kojemu je potreban popravak
repairer [riˈpɛərə] *s* popravljač, popravljačica
repairman [riˈpɛəmən] *s* obrtnik koji vrši popravke
repaper [ˌriːˈpeipə] *vt* oblijepiti zidove novim tapetama
reparability [ˌrepərəˈbiliti] *s* popravljivost, nadoknadivost
reparable [ˈrepərəbl] *adj* (**reparably** *adv*) obnovljiv, popravljiv, nadoknadiv
reparation [ˌrepəˈreiʃn] *s* popravak, popravljanje; odšteta, nadoknada štete, zadovoljština (*for, of* za) | **~s** *pl* reparacije, plaćanje reparacija; **to make ~** odštetiti, dati zadovoljštinu (*for* za)
repartee [ˌrepaːˈtiː] *s* brz, duhovit odgovor; gotovost, sposobnost za brz i duhovit odgovor
repartee [ˌrepaːˈtiː] *vi* brzo, zgodno, duhovito odgovoriti
repartition [ˌrepaːˈtiʃn] *s* reparticija, dioba, dijeljenje, raspodjela; redistribucija | **to make a new ~** nanovo razdijeliti
repass [ˌriːˈpaːs] *vi/t* vratiti (se); ponovo, nanovo, opet proći mimo, pored, kroz, preko
repast [riˈpaːst] *s* obrok, ručak, objed; hrana, jelo
repatriate [riːˈpætrieit] *vt/i* vratiti (se), vratiti u domovinu (zarobljenike, raseljene osobe i dr.), repatrirati
repatriate [riːˈpætriit] *s* repatrirac
repatriation [riːˌpætriˈeiʃn] *s* repatrijacija
repay [riːˈpei] *vt/i* (repaid, repaid) platiti, isplatiti, vratiti; osvetiti se (*with*); uzvratiti pozdrav, odštetiti koga (*for*); naknaditi komu štetu; nagraditi (trud)
repay [ˌriːˈpei] *vt* još jednom platiti
repayable [riːˈpeiəbl] *adj* naplativ, otplativ
repayment [riːˈpeimənt] *s* otplata, naplata
repeal [riˈpiːl] *vt* opozvati, dokinuti, ukinuti (zakon)
repeal [riˈpiːl] *s* 1. opozivanje, ukidanje 2. *Ir pol hist* ukidanje unije s Engleskom (1801)
repealable [riˈpiːləbl] *adj* koji se može ili mora opozvati, ukinuti, dokinuti

repealer [riˈpiːlə] *s* opozivač, onaj koji ukida, opoziva

repeat [riˈpiːt] *s* ponavljanje; *mus* znak ponavljanja; *com* nova, naknadna pošiljka slična prijašnjoj; nalog za takvu pošiljku; repriza (TV ili radio-emisije)

repeat [riˈpiːt] *vt/i* **ponoviti** (se), ponavljati (se) (*oneself, itself*), kazivati; predavati; dalje brojiti; dalje širiti; *US* protuzakonito glasati nekoliko puta | **to be ~ed** koji se treba ponoviti, povratiti; **to ~ an order** ponoviti narudžbu; **~ decimal** povratna decimala; **~ing firearm** brzometno oružje; **~ing rifle** puška opetuša, repetirka

repeatable [riˈpiːtəbl] *adj* koji se može ponoviti

repeated [riˈpiːtid] *adj* (**~ly** *adv*) ponovljen, koji se ponavlja

repeater [riˈpiːtə] *s* 1. ponavljač; recitator; *pol US sl* birač, glasač koji pokušava glasati nekoliko puta; osoba često osuđivana; *arch theat* uvježbavač, onaj koji vodi probe 2. brzometna puška; sat ponavljač 3. *math* povratna decimala 4. *telegr* prenosač; *teleph* pojačavač

repel [riˈpel] *vt/i* **I.** *vt* odbiti, odbijati; suzbiti, potisnuti (npr. neprijatelja, osjećaj i dr.) **II.** *vi* biti odvratan, gaditi se, izazivati odvratnost

repellent [riˈpelənt] *adj* (**~ly** *adv*) koji odbija, koji se gadi (& *fig*); koji ne upija vlagu; koji odbija insekte

repellent [riˈpelənt] *s* sredstvo protiv upijanja vlage; sredstvo protiv insekata, repelent

repent [riˈpent] *vt/i* kajati se, pokajati se (*of* zbog čega); žaliti | *arch* **it ~s me that I did it** kajem se, žao mi je da sam to učinio; **I ~ me of all** kajem se zbog svega

repentance [riˈpentəns] *s* kajanje, pokajanje

repentant [riˈpentənt] *adj* (**~ly** *adv*) pokajnički, koji se kaje

repenting [riˈpentiŋ] *adj* (**~ly** *adv*) pokajnički

repeople [ˌriːˈpiːpl] *vt* nanovo naseliti; *fig* nanovo oživjeti

repercussion [ˌriːpəˈkʌʃn] *s* odbijanje; odbacivanje; *fig* unatražno djelovanje, reperkusija, suprotno djelovanje (*on* na); povremeno vraćanje, ponavljanje; odjek, razlijeganje, orenje; *mus* ponavljanje istoga glasa itd.

repercussive [ˌriːpəˈkʌsiv] *adj* koji odzvanja, koji odjekuje, koji se ori, koji se odražava

repertoire [ˈrepətwaː] *s Fr theat* repertoar, raspored predstava, drama; uloge koje igra neki glumac; skup muzičkih, književnih djela koja izvodi muzičar, pjevač, recitator

repertory [ˈrepətəri] *s* 1. riznica, skladište, spremište, magazin; izvor (*of* čega) 2. *theat* repertoar | **~ theatre** kazalište sa stalnim glumcima, koje ima stalni repertoar

repetition [ˌrepiˈtiʃn] *s* ponavljanje; predavanje; zadaća za učenje napamet; ponovni nastup ili pojava; kopija, replika, reprodukcija

repetitional [ˌrepiˈtiʃənl] *adj* koji se ponavlja

repetitious [ˌrepiˈtiʃəs] *adj* koji se stalno i dosadno ponavlja

repetitive [riˈpetitiv] *adj* koji se ponavlja

repine [riˈpain] *vt* tužiti se, biti nezadovoljan, srditi se, mrmljati, gunđati (*at, against*)

repining [riˈpainiŋ] *adj* (**~ly** *adv*) mrzovoljast, nezadovoljan

replace [riˈpleis] *vt* 1. opet staviti, metnuti, položiti kamo, opet postaviti (*in* u); vratiti, metnuti natrag 2. (pasivno) zauzeti čije mjesto, zastupati koga (*as* kao); popuniti čije mjesto; zamijeniti koga (*by* kim); nadomjestiti, istisnuti što; nadoknaditi (*by* čim); zamijeniti

replaceable [riˈpleisəbl] *adj* nadomjestiv, nadoknadiv (*by* kim ili čim)

replacement [riˈpleismənt] *s* zamjena, naknada; nadomjestak, supstitut; *geol* istiskivanje, proces gdje mineral potpuno novog kemijskog sastava istisne stari mineral ili mineralni agregat; *mil* popuna, zamjena, smjena, dopuna | **~ fund** amortizacioni fond

replacer [riˈpleisə] *s* zamjenik, zastupnik

replant [ˌriːˈplaːnt] *vt* presaditi, nanovo posaditi

re-play [ˈriːplei] *s sport* ponovljena igra

replenish [riˈpleniʃ] *vt* nanovo puniti, napuniti (*with* čime); nadopuniti; ponovo snabdjeti

replenishment [riˈpleniʃmənt] *s* ponovno punjenje, nadopunjavanje

replete [riˈpliːt] *adj* napunjen, pun (*with* čega), do grla nabijen hranom i pićem, prežderan

repletion [riˈpliːʃn] *s* obilje; izobilje; preobilnost, prepunost; punokrvnost; prenajedenost, prežderanost | **filled full to ~** napunjen do ruba

replica [ˈreplikə] *s* kopija, duplikat, replika; faksimil, vjerna reprodukcija

replicate [ˈreplikeit] *vt* ponoviti; načiniti kopiju, reprodukciju, repliku (*of* čega); *bot* saviti unatrag

replication [ˌrepliˈkeiʃn] *s* odgovor; *jur* replika; odjek, orenje, razlijeganje; kopija, reprodukcija, imitacija, kopiranje; *arch* ponavljanje; *bot* savijanje unatrag (rijetko)

reply [riˈplai] *s* odgovor | **~ paid** plaćen odgovor; **in ~ to** odgovarajući na, u od-

govoru na, kao odgovor na; **to say in ~** odgovoriti (da), odvratiti (da) (*that*)
reply [ri'plai] *vt/i* odgovarati (*for* u čije ime); odgovoriti, odvratiti, uzvratiti (*to* na što); *fig* odgovoriti (*by* čim)
repoint [ˌri:'pɔint] *vt* ponovo ispuniti žbukom (fuge među opekama ili kamenjem)
repolish [ˌri:'pɔliʃ] *vt* izlaštiti, nanovo ulaštiti, polirati
repopulate [ˌri:'pɔpjuleit] *vt* nanovo naseliti, napučiti
report [ri'pɔ:t] *s* 1. glas, fama (*about, of* o čemu) 2. izvještaj, vijest (*of, on* o čemu); godišnji izvještaj, školska svjedodžba; opis, pripovijest 3. zvuk, jeka; prasak, tresak, pucanj | **the ~ goes** kruži glas, govori se, pripovijeda se
report [ri'pɔ:t] *vt/i* **I.** *vt* 1. izvijestiti, pripovijedati (*it is ~ed* govori se, pripovijeda se; *he is ~ed to be* pripovijeda se da je on; *he is ~ed as saying* pripovijeda se da je on rekao, izjavio) 2. prikazati, opisati što 3. prijaviti, javiti (*for* zbog čega, *to* kod); tužiti koga **II.** *vi* podnijeti izvještaj, izvještavati (*for* zbog čega, radi čega; *on, upon* o čemu); prijavljivati se, javiti se na raport
reportable [ri'pɔ:təbl] *adj* koji se može izvijestiti
reportage [ˌrepɔ:'ta:ʒ] *s* reportiranje, reportaža
report card [ri'pɔ:tka:d] *s US* izvještaj o učenikovu uspjehu koji škola povremeno šalje roditeljima
reportedly [ri'pɔ:tidli] *adv* kako se govori, navodno
reported speech [ri'pɔ:tid'spi:tʃ] *s gram* neupravni, indirektni govor
reporter [ri'pɔ:tə] *s* izvjestitelj, izvjestilac, reporter, dopisnik, novinar
reposal [ri'pəuzl] *s* odmaranje
repose [ri'pəuz] *s* odmor, počinak, san, spavanje; oporavak (*from* od); nerad, pokoj, mirovanje; tišina, mir; spokojstvo, mirnoća; smirenost
repose [ri'pəuz] *vt/i* **I.** *vt* položiti, staviti, metnuti (*on* na); pribaviti mir, upokojiti; osvježiti koga **II.** *vi* odmarati se, počivati (i u grobu), ležati; spavati (*in* u); *fig* temeljiti se, osnivati se, počivati; uzdati se; pouzdavati se (*on, upon* u)
reposeful [ri'pəuzful] *adj* (**~ly** *adv*) miran, spokojan
reposit [ri'pɔzit] *vt* pohraniti
repository [ri'pɔzitəri] *s* sklonište, spremište (*for* za); spremnica; muzej; skladište, magazin, ambar, žitnica; grob, grobnica; *fig* osoba povjerenja
repossess [ˌri:pə'zes] *vt* opet, ponovo dobiti, opet imati, posjedovati; ponovo pribaviti komu posjed čega
repost [ˌri:'pəust] *vt* (pismo) readresirati, poslati na novu adresu
repp [rep] *s* → **rep**[1]
reprehend [ˌrepri'hend] *vt* koriti, kuditi, prekoravati, osuditi
reprehensible [ˌrepri'hensəbl] *adj* (**reprehensibly** *adv*) prijekoran, ukorljiv, vrijedan osude, prijekora, kuđenja; pokudan
reprehension [ˌrepri'henʃən] *s* ukor, prijekor, pokuda, opomena
represent [ˌrepri'zent] *vt* 1. predstaviti 2. predočiti, ocrtati; prikazati, opisati 3. *theat* prikazivati, izvoditi, davati, predstavljati, igrati 4. utjeloviti, simbolički prikazati; značiti, odgovarati 5. zastupati, predstavljati, reprezentirati | **to be ~ed** biti zastupljen
representable [ˌrepri'zentəbl] *adj* koji se može predstaviti, prikazati
representation [ˌreprizen'teiʃn] *s* 1. slikovito predočenje; slika; predstavljanje, opis, opisivanje; *theat* izvođenje, prikazivanje, predstava, igranje uloge 2. predstavljanje u duhu, predodžba 3. izlaganje, iznošenje 4. zastupanje, zastupstvo, zamjenjivanje; *parl* predstavljanje, zastupanje; predstavništvo (stanovit broj predstavnika)
representational [ˌreprizen'teiʃənl] *adj* koji predstavlja; *art* figurativan
representative [ˌrepri'zentətiv] *adj* (**~ly** *adv*) koji predstavlja, prikazuje, koji utjelovljuje, oličuje; značajan, tipičan (*of* za); uzoran, ugledan; koji predstavlja, koji zastupa, koji reprezentira, reprezentativan; *bot & zool* sličan, odgovarajući, podudaran | **to be ~ of** predstavljati, utjeloviti, reprezentirati
representative [ˌrepri'zentətiv] *s* tipičan predstavnik, reprezentant; onaj koji utjelovljuje, oličuje; primjer (*of* čega), tip; (narodni) zastupnik, poslanik, izaslanik; predstavnik, agent | *US* **House of Representatives** Predstavnički dom, Donji dom Kongresa
repress [ri'pres] *vt* spriječiti, ugušiti, svladati, suzbiti (pobunu, ustanak); zatajiti, zatomiti (osjećaje); obuzdati, potisnuti; spriječiti prirodni razvitak, spriječiti izražavanje ličnosti (djeteta)
repressible [ri'presəbl] *adj* koji se može spriječiti, ugušiti, zatajiti, obuzdati, zatomiti
repression [ri'preʃn] *s* ugušivanje, suzbijanje, zatomljenje, obuzdavanje, sprečavanje; *psych* represija, potiskivanje
repressive [ri'presiv] *adj* (**~ly** *adv*) koji sprečava, ugušuje, suzbija, obuzdava, potiskuje, represivan
reprieve [ri'pri:v] *s* odgoda, odlaganje izvršenja (smrtne kazne i sl.); pomilovanje; produljenje roka, vremena; predah; odmor; izbavljenje, oslobođenje

reprieve [ri'pri:v] *vt* odgoditi, odlagati izvršenje smrtne kazne, pomilovati, oprostiti; *fig* dati oduška, dopustiti predah, odmor
reprimand ['reprima:nd] *s* ukor, prijekor, prigovor
reprimand ['reprima:nd] *vt* prekoriti, prigovoriti, javno ukoriti
reprint ['ri:print] *s* preštampavanje, novo nepromijenjeno izdanje; reprint
reprint [ˌri:'print] *vt* ponovo tiskati, štampati, nanovo otisnuti, pretiskati, nanovo izdati
reprisal [ri'praizl] *s* protumjera; odmazda; *hist* nasilno oduzimanje posjeda, uzapćenje, hapšenje stranih državljana za odmazdu | *jur* & *pol* **~s** *pl* represalije, odmazda, osveta; **in ~ for** kao odmazdu za; **to make ~ on** primijeniti protumjeru protiv koga
reprise [ri'praiz] *s Fr* ponovno prihvaćanje, obnavljanje (*of an attack* napada, navale), *mus* opetovanje, ponavljanje teme | *jur* **~s** *pl* godišnji odbici od dohotka zemljišta; **besides all ~s** nakon što se plate svi nameti i daće
reproach [ri'prəutʃ] *s* poniženje, sramota (*to* za) | *eccl* **~es** *pl* litanije na Veliki petak, pogotovu u rimokatoličkoj crkvi
reproach [ri'prəutʃ] *vt* kuditi što; predbacivati, prigovarati komu što; koriti, psovati, grditi koga (*for* zbog čega); poniziti, klevetati, ogovarati, diskreditirati koga ili što | **to ~ a p with a th** predbaciti komu što, pripisati komu što, okriviti koga zbog čega
reproachable [ri'prəutʃəbl] *adj* pokudan, vrijedan prijekora
reproachful [ri'prəutʃful] *adj* (**~ly** *adv*) prijekoran, uvredljiv, pogrdan; sramotan, pun predbacivanja
reproaching [ri'prəutʃiŋ] *adj* (**~ly** *adv*) prijekoran, uvredljiv, pogrdan; sramotan
reproachless [ri'prəutʃlis] *adj* besprijekoran
reprobate ['reprəbeit] *adj theol* odbačen od Boga; bezbožnik, opak, zao, nevaljao, pokvaren, okorio u grijehu, nemoralan
reprobate ['reprəbeit] *s* prokletnik, bezbožnik; pokvarenjak, nemoralan čovjek, hulja, gad
reprobate ['reprəbeit] *vt* ne odobriti, ne priznati, osuditi; zbaciti; odbaciti; *theol* prokleti
reprobation [ˌreprə'beiʃn] *s* zabacivanje, odbacivanje, osuđivanje, osuda, neodobravanje; *theol* osuda, prokletstvo
reproduce [ˌri:prə'dju:s] *vt/i* 1. **I.** *vt* ponovo proizvesti, stvoriti, načiniti, napraviti (što); *fig* ponovo proizvesti, ostvariti 2. razmnožavati; regenerirati (izgubljeni dio); oponašati, nasljedovati, reproducirati; *theat* nanovo inscenirati, ponoviti (komad) 3. u duhu oživiti (koga ili što) **II.** *vi* rađati se, množiti se, razmnožavati se, rasploditi se, reproducirati se
reproducer [ˌri:prə'dju:sə] *s* onaj koji podražava, oponaša, imitator; onaj koji nanovo proizvodi
reproducible [ˌri:prə'dju:səbl] *adj* (**reproducibly** *adv*) koji se može nanovo proizvesti, reproducirati
reproduction [ˌri:prə'dʌkʃən] *s* ponovno izvođenje, ponovno oživljavanje; ponovno predstavljanje, prikazivanje; oponašanje, imitiranje; otisak, kopija, reprodukcija, množenje, razmnožavanje, **plođenje, rasplođivanje,** reproduciranje
reproductive [ˌri:prə'dʌktiv] *adj* koji ponovo proizvodi; rasplodni; reproduktivan, reprodukcioni
reproof [ri'pru:f] *s* prijekor, ukor, prigovor, opomena | **he spoke in ~ of idleness** govorio je koreći, kudeći lijenost
reproval [ri'pru:vl] *s* kuđenje, karanje; prijekor, ukor, prigovor
reprove [ri'pru:v] *vt* **koriti,** karati, kuditi, ukoriti; prigovarati
reproving [ri'pru:viŋ] *adj* (**~ly** *adv*) koji kara, kori, prigovara, pokudan
reps [reps] *s* → **rep**[1]
reptant ['reptənt] *adj Lat* & *zool* koji puže, gmiže
reptile ['reptail] *s zool* gmaz, reptil; *fig* gmizavac, podlac
reptile ['reptail] *adj* puzav, gmizav (i *fig*)
reptilian [rep'tiliən] *adj* gmazovski, koji gmiže, puže
reptilian [rep'tiliən] *s* gmaz, reptil
republic [ri'pʌblik] *s* republika | **the ~ of letters** učeni svijet, književnici; književnost, literatura
republican [ri'pʌblikən] *adj* republički; (o pticama) društven, druževan, koji živi u velikim skupovima
republican [ri'pʌblikən] *s* republikanac
republicanism [ri'pʌblikənizm] *s* republički oblik vladavine; republikanska načela
republication ['ri:ˌpʌbli'keiʃn] *s* ponovno objavljivanje; novo izdanje; preštampavanje
republish [ˌri:'pʌbliʃ] *vt* ponovo objaviti; (o knjizi) ponovo izdati
repudiate [ri'pju:dieit] *vt/i* rastaviti se, razvesti se, otjerati (ženu); zgražati se, gnušati se; poreći, ne priznati, negirati, nijekati, odbaciti, odbiti, odreći se, ne prihvaćati; *US* ne priznati ili ne htjeti platiti (državni dug)
repudiation [riˌpju:di'eiʃn] *s* rastava, razvod; odbijanje, odbacivanje; nepriznavanje (državnog duga), neprihvaćanje, nijekanje
repudiator [ri'pju:dieitə] *s* onaj koji odbija, odbacuje, ne priznaje

repugn [ri'pjuːn] *vi/t* oprijeti se; boriti se (*against* protiv); gaditi se, biti odvràtan, odbijati
repugnance [ri'pʌgnəns] *s* neskladnost, nedosljednost, neslaganje, proturječje, protuslovlje (*between* između; *to, with* sa); odvratnost, gađenje, gnušanje, antipatija (*for, to, against* za, prema)
repugnant [ri'pʌgnənt] *adj* (**~ly** *adv*) proturječan, protuslovan (*to* čemu); nespojiv, inkompatibilan (*with* sa); oprečan, protivan (*to a th* čemu); odvratan, gadan (*to a p* komu)
repulse [ri'pʌls] *s* odbijanje; suzbijanje; neuspjeh, poraz | **to meet with a ~** biti odbijen, poražen; ne biti uslišan
repulse [ri'pʌls] *vt mil* odbiti, suzbiti (neprijatelja); otjerati; *fig* potući, poraziti (u raspri, u prepiranju); odbaciti, ne uvažiti (zahtjev, ponudu itd.)
repulsion [ri'pʌlʃən] *s phys* odbojnost (& *fig*); *fig* odvratnost, gađenje
repulsive [ri'pʌlsiv] *adj* (**~ly** *adv*) *phys* odbojan, koji odbija (& *fig*); gadan, odvratan; neugodan, mrzak; hladan, nesimpatičan
repurchase [ˌriː'pəːtʃəs] *vt* ponovo kupiti
reputability [ˌrepjutə'biliti] *s* poštovanost, časnost, uvaženost
reputable ['repjutəbl] *adj* (**reputably** *adv*) poštovan, častan, uvažen, ugledan, na dobru glasu
reputation [ˌrepju'teiʃn] *s* glas; ugled, čast, slava, dobar glas | **to have a ~ for** biti poznat, čuven zbog čega, biti na glasu zbog čega; **to live up to one's ~** ispuniti sva očekivanja
repute [ri'pjuːt] *s* glas, ime, ugled | **of ~** štovan, na glasu; **by ~** po glasu (dobru ili zlu); **a man held in good (bad) ~** čovjek na dobru (zlu) glasu; **in high ~** ugledan
repute [ri'pjuːt] *vt* držati za, smatrati za; štovati, cijeniti | **to be ~d** biti smatran za, uživati glas kao, biti poznat kao (*he is ~d (to be) the best doctor* poznat je kao najbolji liječnik)
reputed [ri'pjuːtid] *adj* (**~ly** *adv*) slavan, čuven; navodni
request [ri'kwest] *s* molba, traženje; zahtjev, želja, potražnja (*for* za) | **to be in ~** biti tražen; **to make ~ for** moliti što; **by ~** po želji, na zahtjev, na traženje, na molbu
request [ri'kwest] *vt* moliti, iskati; tražiti, zahtijevati; zamoliti dopuštenje (*to do, that*) | **it is ~ed** moli se, umoljava se
request-note [ri'kwestnəut] *s com* molba za odvoz lako pokvarljive robe prije plaćanja daća
requicken [ˌriː'kwikən] *vt/i* vratiti koga u život, opet oživiti; oživjeti, ponovo se vratiti u život
requiem ['rekwiəm] *s* opijelo, zadušnice, rekvijem
requiem shark ['rekwiəm'ʃaːk] *s ichth* kučak (*Carcharhinidae*)
require [ri'kwaiə] *vt/i* **I.** *vt* 1. tražiti što, tražiti od koga, zahtijevati 2. zatražiti, pozvati 3. trebati **II.** *vi* biti potreban
requirement [ri'kwaiəmənt] *s* zahtjev, traženje; uvjet; potreba
requisite ['rekwizit] *adj* potreban, nuždan, neophodan (*to, for* za)
requisite ['rekwizit] *s* zahtjev, uvjet, iziskivanje, potreba (*for* za), nužnost, neophodnost | **~s** *pl* potrebne stvari, predmeti
requisition [ˌrekwi'ziʃn] *s* zahtjev (obično pismeni), zahtijevanje, traženje; potreban uvjet; *mil* rekvizicija, oduzimanje (uz naplatu) | *mil* **to put in ~** nabavljati, uzimati prisilno; **to call into ~** zaplijeniti, rekvirirati
requisition [ˌrekwi'ziʃn] *vt* rekvirirati, vršiti rekviziciju; *mil* nabavljati; zahtijevati; staviti zahtjev, iziskivati, tražiti (*for*)
requital [ri'kwaitl] *s* naplata, odšteta; kazna; nagrada; odmazda, osveta
requite [ri'kwait] *vt* (na)platiti, odužiti se za; nagraditi (*with* čime); osvetiti, odmazditi
re-read [ˌriː'riːd] *vt* ponovo čitati, pročitati
reredos ['riədɔs] *s arch eccl* bogato ukrašena stražnja strana oltara, zaleđe oltara
rescind [ri'sind] *vt jur* opozvati, poništiti (zakon, osudu itd.); raskinuti (ugovor)
rescission [ri'siʒn] *s* opozivanje, poništavanje
rescript ['riːskript] *s* 1. pismeni odgovor rimskog cara ili pape na pismeno pitanje ili na pismenu molbu 2. naredba, zakon, službeni proglas ili objava 3. prijepis, prepisivanje; palimpsest
rescue ['reskjuː] *s* spas, spašavanje, oslobođenje | **to come to the ~** priskočiti u pomoć; **to the ~ !** u pomoć!
rescue ['reskjuː] *vt* pustiti na slobodu, spasiti, izbaviti, osloboditi; *jur* protuzakonito osloboditi koga; silom prisvojiti (što); spasiti, očuvati (*from* od) | **to ~ from oblivion** oteti zaboravu
rescuer ['reskjuə] *s* osloboditelj, osloboditeljica, oslobodilac, spasitelj, spasiteljica
research [ri'səːtʃ] *s* istraživanje, istraživanja, traženje (*for, after* za čim) | **~es** *pl* znanstvena istraživanja (*in, into* čega); **~ work** istraživački rad, istraživanja
research [ri'səːtʃ] *vt/i* istraživati, tražiti
researcher [ri'səːtʃə] *s* istraživač
reseat [ˌriː'siːt] *vt* ponovo ustoličiti (*on the throne* na prijestolje); (crkvu itd.) snabdjeti novim stolicama, sjedalima; (stolicu) snabdjeti novim sjedalom

reseda [ri'siːdə] *s* 1. *bot* rezeda 2. *Fr* blijedozelena boja
reseek [ˌriː'siːk] *vt* nanovo tražiti
reseize [ˌriː'siːz] *vt* nanovo uzeti, zauzeti, prisvojiti
resell [ˌriː'sel] *vt* ponovo prodati
resemblance [ri'zembləns] *s* sličnost
resemblant [ri'zemblənt] *adj* sličan, nalik
resemble [ri'zembl] *vt* naličiti, nalikovati, sličiti, biti nalik na
resent [ri'zent] *vt* zamjeriti komu što, uzeti što za zlo
resentful [ri'zentful] *adj* (~**ly** *adv*) srdit, koji zamjerava, koji je kivan na koga (*against*)
resentment [ri'zentmənt] *s* neraspoloženje, zlovolja; ljutnja, srdžba (*at* zbog); silno negodovanje; mržnja (*against, at*)
reservation [ˌrezə'veiʃn] *s jur* rezervat, pridržano pravo; duhovni pridržaj, mentalna rezervacija; uvjet, uslov (*without* ~ bezuvjetno, bezuslovno); *US* rezervacija (Indijanaca); prirodni rezervat; *US* rezervacija, predbilježba (sjedala, sobe)
reserve [ri'zəːv] *s* 1. zaliha, pričuva, prišteda (*of* čega), rezerva; *pl* rezerve, pričuve; *mil* rezerva; *sport* zamjenik, zamjena, rezerva 2. rezervacija, rezervirano područje (*for*) 3. ograničenje, uvjet 4. uzdržljivost, krajnja zatvorenost, opreznost, rezerviranost, rezerva, obuzdavanje | **in** ~ u rezervi, u pripravi, u pripremi, na zalihi; **without** ~ posve, u potpunosti; **with all proper** ~**s** bez odobravanja, ne odgovarajući za
reserve [ri'zəːv] *vt* zadržati, ostavljati na stranu, sačuvati, namijeniti (*for*); ostaviti za kasnije; odgoditi, odložiti, zadržati (*for a time* za izvjesno vrijeme); rezervirati, pridržati (*to, for* za koga) što
reserve-account [ri'zəːvəˌkaunt] *s com* račun pričuva
reserved [ri'zəːvd] *adj* (~**ly** [ri'zəːvidli] *adv*) uzdržljiv, oprezan, nepristupačan, rezerviran, suzdržljiv (*all rights* ~ sva prava pridržana)
reserve-price [ri'zəːvprais] *s com* isklična cijena
reservist [ri'zəːvist] *s* rezervist
reservoir ['rezəvwaː] *s Fr* 1. rezervoar, sabiralište, akumulaciono jezero; velike rezervne zalihe
reservoir ['rezəvwaː] *vt Fr* spremiti što u rezervoar
reset [ˌriː'set] *vt* nanovo naoštriti (nož); nanovo umetnuti (dragulj); namjestiti (slomljenu kost); *print* nanovo složiti; *arch* primati ukradenu robu
resettle [ˌriː'setl] *vt* nanovo urediti, postaviti; ponovo naseliti
reshape [ˌriː'ʃeip] *vt/i* preobraziti (se), preoblikovati (se)
reship [ˌriː'ʃip] *vt* nanovo ukrcati, utovariti, pretovariti, prekrcati; reekspedirati
reshuffle [ˌriː'ʃʌfl] *vt* nanovo miješati (karte); *fig* preurediti, reorganizirati, prerasporediti
reside [ri'zaid] *vi* (o osobama) stanovati, prebivati, boraviti (*at, in* u; *abroad* u inozemstvu, vani); (o pravima) pripadati komu; *fig* (o svojstvima) ležati, počivati, nalaziti se (*in* u; *with* kod)
residence ['rezidəns] *s* stanovanje, prebivanje, boravak, prebivalište, boravište; stan, rezidencija, zgrada, kuća za stanovanje | **to take up one's** ~ nastaniti se; ~ **permit** dozvola boravka
residency ['rezidənsi] *s* rezidencija
resident ['rezidənt] *adj* koji boravi, koji se nalazi, koji stanuje (u mjestu ili kući); *fig* koji je u čemu, koji se nalazi u čemu, prirođen, smješten (*in* u); (o pticama itd.) koje se ne sele | **to be** ~ **in** ležati u, počivati u, nalaziti se u
resident ['rezidənt] *s* stanovnik; onaj koji živi u ili na (čemu ili komu); svećenik koji boravi u mjestu; *Anglo-Ind* engleski vladin predstavnik, ministar-rezident; *US* liječnik na specijalističkom stažu
residential [ˌrezi'denʃl] *adj* (~**ly** *adv*) stambeni | ~ **section (quarter)** stambena četvrt grada, četvrt vila
residentiary [ˌrezi'denʃəri] *s* stanovnik; svećenik koji je vezan uz mjesto gdje obavlja dužnost
residentiary [ˌrezi'denʃəri] *adj eccl* koji stanuje, koji je stanom vezan uz mjesto gdje obavlja dužnost
residual [ri'zidjuəl] *s math* ostatak, diferencija; iznos ostatka
residual [ri'zidjuəl] *adj* (~**ly** *adv*) preostao, koji preostaje, rezidualan
residuary [ri'zidjuəri] *adj* (**residuarily** *adv*) preostao, zaostao, ostali | *jur* ~ **legatee** univerzalni baštinik (čitavog imetka nakon što se plate svi dugovi, troškovi itd.)
residue ['rezidjuː] *s* ostatak, preostali iznos; *chem* talog; *jur* ostavština nakon odbitka dugova itd.
resign [ri'zain] *vt/i* odreći se, odstupiti, napustiti, ostaviti; dati ostavku; napustiti (pravo, nadu); ustupiti, predati (se), prepustiti (se), povjeriti se, pomiriti se; biti spreman, pripravan, zahvaliti se, istupiti (*from* iz); odstupiti, povući se (*from* od); odreći se (*from* čega)
re-sign [ˌriː'sain] *vt* nanovo, još jednom potpisati
resignation [ˌrezig'neiʃn] *s* ostavka, odstupanje, oproštajni posjet; odreknuće (*of* od čega); rezignacija, pomirenost sa sudbinom | **to send in one's** ~, **to give one's** ~ predati ostavku
resigned [ri'zaind] *adj* (~**ly** [ri'zainidli] *adv*) pomiren sa sudbinom, rezigniran
resile [ri'zail] *vi* vratiti se, uzmicati, ustuknuti, povući se, izmaći, izbjeći; odsko-

čiti, skočiti unatrag, odbiti se, vratiti se (u prvobitni položaj ili oblik)
resilience [ri'ziliəns] *s* odskakanje, odbijanje (*from* od); opružanje, opruženost, elastičnost, sposobnost vraćanja u prvobitni položaj; sposobnost brzog oporavljanja
resilient [ri'ziliənt] *adj* koji odskače, koji se vraća; opružljiv, opružan; gibak, savitljiv; *fig* pokretljiv, elastičan
resin ['rezin] *s* smola
resin ['rezin] *vt* smoliti, osmoliti, namazati smolom
resinous ['rezinəs] *adj* smolast
resist [ri'zist] *s* tvar kojom se premazuje površina da se spriječi rđanje i dr.
resist [ri'zist] *vt/i* oprijeti se, pružiti otpor, odoljeti, braniti se; protiviti se, ne poslušati; spriječiti, zadržati, zaustaviti; ne popuštati | **I cannot ~ saying** ne mogu a da ne kažem
resistance [ri'zistəns] *s* 1. otpor, otpornost (*to* prema) 2. *phys* otpornost, čvrstoća (*to* prema); *el* omski otpor; otporni kalem 3. opiranje, smetnja | **to offer ~** pružiti otpor; **to take (follow) the line of least ~** ići linijom najmanjeg otpora; **~ movement** pokret otpora
resistant [ri'zistənt] *adj* koji se opire, protivi, rezistentan
resistant [ri'zistənt] *s* 1. onaj koji se opire 2. → **resist** *s*
resister [ri'zistə] *s* protivnik, onaj koji se opire | **passive ~** onaj koji vrši pasivnu rezistenciju
resistibility [ri,zisti'biliti] *s* otpornost
resistible [ri'zistəbl] *adj* kojemu se može oprijeti, oduprijeti; protiv kojega se može boriti
resistive [ri'zistiv] *adj* otporan
resistless [ri'zistlis] *adj* (**~ly** *adv*) 1. neodoljiv, kojemu se ne može oprijeti, oduprijeti 2. nemoćan da se odupre
resole [,ri:'səul] *vt* nanovo pođoniti, staviti nove potplate
resoluble [ri'zəljubl] *adj* rastopljiv, razrješiv; rješiv (tajna)
resolute ['rezəlu:t] *adj* (**~ly** *adv*) odlučan, odvažan, hrabar, smion, postojan, čvrst
resolution [,rezə'lu:ʃn] *s* 1. rješenje, rješavanje 2. *chem, tech & mus* rastvaranje, dekompozicija, analiza, konverzija (*to* na, *in* u) 3. *med* iščezavanje otekline (upale) bez gnojenja 4. raščlanjivanje u dijelove 5. rješenje (pitanja); objašnjenje (sumnje) 6. *pros* zamjena, supstitucija dvaju kratkih slogova za jedan dugi 7. *parl* rezolucija, formulirana izjava 8. zaključak; odluka; odvažnost, odlučnost | **to come to (to take) a ~** odlučiti se; **to form a ~** naumiti; **to pass a ~** prihvatiti rezoluciju; zaključiti, riješiti
resolutive ['rezəlu:tiv] *adj med* rastvoran, koji rastapa, otapa
resolutive ['rezəlu:tiv] *s med* sredstvo koje rastvara, rastapa
resolvability [ri,zɔlvə'biliti] *s* rastopljivost; rješivost
resolvable [ri'zɔlvəbl] *adj* razrješiv, rastvorljiv (*into* u)
resolve [ri'zɔlv] *s* odluka, nakana, namisao, rješenje; *poet* odlučnost, postojanost
resolve [ri'zɔlv] *vt/i* 1. otopiti; *chem, math & mus* rastopiti (se), odlučiti, razlučiti, razriješiti (se) (*into* u); pretvoriti (se) (*into* u); rastaliti se 2. riješiti, protumačiti (pitanje), ukloniti (sumnju) 3. odrediti, odlučiti (se), donijeti odluku, nakaniti se, zaključiti što 4. odrediti, potaknuti (*to do, on doing* da učini) | **resolving power** razdvojna moć, moć razdvajanja
resolved [ri'zɔlvd] *adj* (**~ly** [ri'zɔlvidli] *adv*) čvrst, odlučan
resolvent [ri'zɔlvənt] *adj chem & med* rastvoran, koji rastvara
resonance ['rezənəns] *s* rezonanca; jeka, odjekivanje, odziv; *fig* odjek, razlijeganje, orenje
resonant ['rezənənt] *adj* (**~ly** *adv*) koji odjekuje, rezonantan
resonate ['rezəneit] *vt/i* biti u rezonanciji, rezonirati, odjekivati (čime)
resonator ['rezəneitə] *s mus & el* rezonator
resorb [ri'sɔ:b] *vt* ponovo usisati, upiti, resorbirati
resorption [ri'sɔ:pʃən] *s* usisavanje; upijanje, resorpcija
resort [ri'zɔ:t] *s* utočište, pribježište; posljednje sredstvo (*to* za); sastajanje, sastanak, zbor; sastajalište, zborište | **without ~ to force** bez upotrebe sile, ne pribjegavajući sili; **seaside ~** morsko kupalište; **summer ~** ljetovalište; **health ~** klimatsko odmaralište, lječilište; **in the last ~** kao posljednje sredstvo, kad nije ništa drugo uspjelo
resort [ri'zɔ:t] *vi* uteći se, pribjeći (*to*); poslužiti se čime; poći, otići, krenuti kamo; češće ili u velikom broju dolaziti, posjećivati
resound [ri'zaund] *vi/t* **I.** *vi* odjeknuti, odjekivati (*with* od čega); razlijegati se, oriti se **II.** *vt* činiti da odjekuje, da se ori; glasno objaviti (hvalu)
resounding [ri'zaundiŋ] *adj* (**~ly** *adv*) glasan; koji odjekuje, odzvanja
resource [ri'sɔ:s] *s* 1. pomoćno sredstvo; *pl* novčana sredstva, dohodak; utočište, sredstvo 2. oporavak, razonoda, zabava 3. spremnost, okretnost, spretnost, sposobnost, prisutnost duha | **natural ~s** prirodna bogatstva; **I was left to my own ~s** bio sam prepušten sam sebi; **my last ~ was** preostalo mi je jedino da; **he is a man of ~s** on je vrlo snalažljiv

resourceful [ri'sɔːsful] *adj* (**~ly** *adv*) okretan, sposoban, domišljat, dosjetljiv; bogat sredstvima
resourceless [ri'sɔːslis] *adj* (**~ly** *adv*) bez sredstava; bespomoćan
respect [ris'pekt] *s* 1. odnos; određena točka; pogled 2. obzir (*to* na); pristranost, osobita sklonost 3. štovanje, poštovanje | **~s** *pl* pozdravi, poštovanje; **in all ~s** u svakom pogledu; **to have ~ to a th** uzeti što u obzir, imati što u vidu; **out of ~ for** iz obzira, poštovanja prema (komu); **give him my ~s** pozdravi ga; **with ~ to, in ~ of (to)** s obzirom na, što se tiče; **in that ~** u tom pogledu; **to pay one's ~s to** izraziti štovanje (komu)
respect [ris'pekt] *vt* ticati se, odnositi se; cijeniti, štovati, poštovati, uvažavati; obazirati se na, štititi (čija prava)
respectability [ris͵pektə'biliti] *s* obzir, poštenje, čast, pristojan izgled, ugled, respektabilnost
respectable [ris'pektəbl] *adj* (**respectably** *adv*) ugledan, poštovan; pristojan, pristojna izgleda; respektabilan; znatan, priličan; prilično dobar, podnošljiv
respecter [ris'pektə] *s* onaj koji poštuje | **to be no ~ of persons** ne praviti razlike među ljudima
respectful [ris'pektful] *adj* (**~ly** *adv*) uljudan, učtiv, pristojan, pun poštovanja | **to be ~ of** cijeniti, štovati
respecting [ris'pektiŋ] *prep* s obzirom na, što se tiče
respective [ris'pektiv] *adj* (**~ly** *adv*) odnosan, koji se odnosi na svakoga pojedinoga, svaki svoj, pojedini | **go to your ~ places** idite svaki na svoje mjesto; **the ~ merits of the candidates** individualne, osobite zasluge svakoga od kandidata
respirable ['respərəbl] *adj* koji se može udisati, koji može disati
respiration [͵respə'reiʃn] *s* disanje
respirator ['respəreitə] *s* respirator; plinska maska, zaštitna maska; aparat za umjetno disanje
respiratory [ris'paiərətəri] *adj* dišni, respiratoran
respire [ris'paiə] *vi/t* **I.** *vi* disati; *fig* odahnuti; oporaviti se **II.** *vt* disati, udisati, izdisati; *fig poet* odisati, zračiti
respite ['respait] *s* odgoda, produženje roka; odmor; olakšanje, oporavak (*from* od)
respite ['respait] *vt* dopustiti odgodu ili rok; dopustiti privremeno olakšanje; odgoditi, suspendirati; *mil* zadržati (plaću); obustaviti
resplendence [ris'plendəns] *s* sjaj, blistanje
resplendent [ris'plendənt] *adj* (**~ly** *adv*) sjajan, blistav
respond [ris'pɔnd] *s* odgovor; *eccl* responzorij; *archit* polustup koji služi kao potporanj luku ili svodu
respond [ris'pɔnd] *vi* odgovoriti, odgovarati; reagirati na; odazvati se; *US* biti odgovoran, jamčiti za
respondence [ris'pɔndəns] *s* odgovaranje; odgovarajući odnos; reakcija (*to* na)
respondent [ris'pɔndənt] *adj* koji odgovara, reagira (*to* na); *jur* optuženi
respondent [ris'pɔndənt] *s jur* optuženik, optuženica
response [ris'pɔns] *s* odgovor (& *fig*), reakcija (*to* na); prijemljivost (*to* za); odjek (*in* u); *eccl* responzorij | **in ~ to** izmjenice pjevajući, odgovarajući na
responsibility [ris͵pɔnsə'biliti] *s* odgovornost, obaveza; *US* sposobnost plaćanja
responsible [ris'pɔnsəbl] *adj* (**responsibly** *adv*) odgovoran, pouzdan; *com* koji može platiti | **to be ~ for** jamčiti, snositi odgovornost za, odgovarati za; **to make oneself ~ for** preuzeti na sebe odgovornost za što
responsions [ris'pɔnʃənz] *s pl Oxford univ* prvi od tri ispita za B. A.
responsive [ris'pɔnsiv] *adj* (**~ly** *adv*) odgovarajući, koji odgovara; *fig* pristupačan, prijemljiv, pun razumijevanja (*to* za); *eccl* koji se tiče izmjeničnog pjevanja, responzorija
responsory [ris'pɔnsəri] *s* himna koju recitira ili pjeva solist, a odgovara kor
rest[1] [rest] *s* 1. odmor, počinak; san; odmaranje, oporavak (*from* od) 2. odmaralište, oporavilište; vječni počinak 3. počivalište; *mus* & *pros* pauza; *tech* potpora, oslonac, podupirač, ležište; *teleph* viljuška | **to take a ~** odmoriti se, odmarati se, spavati, poći na počinak; **day of ~** praznik, blagdan; **at ~** miran, nepomičan; mrtav; **to lay to ~** pokopati, sahraniti; **to set a p's mind at ~** utješiti, umiriti koga
rest[2] [rest] *s* ostatak, ostalo; rezervni fond (napose Bank of England); *com* zaključivanje bilance, pravljenje bilance; *ten* dugotrajni slijed, niz lopti | **for the ~** uostalom, što se tiče ostaloga; **and all the ~ of it** i sve ostalo; **the ~** ostali, drugi
rest[3] [rest] *s hist* karika na oklopu srednjovjekovnog viteza u koju se zaticalo koplje pri napadu na protivnika
rest [rest] *vi/t* odmoriti se, počivati, ležati, otpočinuti; spavati, nasloniti (se), osloniti (se), poduprijeti (se) (*against* uz, *on* na); oporaviti se (*from* od); stati, smiriti se; mirovati; ostati na mjestu | **to ~ (up)on one's oars** prestati veslati; *fig* odmarati se; **~ his soul** pokoj mu duši!, počivao u miru!; **~!** miruj!, počivaj!
rest up ['rest'ʌp] *vi US* odmoriti se, jačati
rest [rest] *vi* preostati; biti preostao (*of* od čega); ostati | **it ~s with you to decide** na vama je da odlučite, to stoji do vas, odlučite vi; **~ assured** budite uvjereni

restamp [ˌriːˈstæmp] *vt* ponovo žigosati
restart [ˌriːˈstaːt] *vi/t* nanovo početi; ponovo staviti u pogon (stroj), ponovo pokrenuti
restate [ˌriːˈsteit] *vt* ponovo izraziti, još jednom kazati, ustanoviti; nanovo formulirati
restatement [ˌriːˈsteitmənt] *s* ponovno izlaganje, iznošenje, opisivanje; novo formuliranje
restaurant [ˈrestərɔ̃ːŋ] *s Fr* restauracija, restoran
restaurateur [ˌrestɔrəˈtəː] *s* restaurater
rest-balk [ˈrestbɔːlk] *s agr* nepreoran hrbat između brazda
rest-capital [ˈrestˌkæpitl] *s com* pričuvna glavnica, rezervni fond
rest-cure [ˈrestkjuə] *s med* liječenje odmaranjem (ležanjem)
restful [ˈrestful] *adj* (**~ly** *adv*) miran, tih, spokojan; koji umiruje, utišava
rest-harrow [ˈrestˌhærəu] *s bot* nevjestica, bušin, gladiš, zečji trn (*Ononis*)
rest-house [ˈresthaus] *s Anglo-Ind* kuća, koliba za odmor putnika
resting-place [ˈrestiŋpleis] *s* odmaralište, počivalište | **last ~** grob
restitute [ˈrestitjuːt] *vt/i* obnoviti, ponovo uspostaviti, vratiti komu (što); nadoknaditi, restituirati
restitution [ˌrestiˈtjuːʃn] *s* obnavljanje, uspostavljanje (prava itd.); vraćanje, povraćaj, naknada; dovođenje, vraćanje u prvobitno stanje; *phys* sklonost poprimiti prvobitni oblik ili položaj | **to make ~** vratiti, nadoknaditi
restive [ˈrestiv] *adj* (**~ly** *adv*) jogunast, tvrdoglav, uporan, nepokoran, neposlušan, samovoljan; nemiran, nestrpljiv, nervozan (*over* zbog)
restiveness [ˈrestivnis] s nepokornost, nemir
restless [ˈrestlis] *adj* (**~ly** *adv*) nemiran, nespokojan, uznemiren; koji se vrpolji
restock [ˌriːˈstɔk] *vt* nanovo snabdjeti, napuniti (skladište)
restorable [risˈtɔːrəbl] *adj* koji se da ponovo uspostaviti, obnoviti, popraviti
restoration [ˌrestəˈreiʃn] *s* vraćanje, postavljanje u prijašnje stanje (*to*); uspostavljanje, obnavljanje; oporavak, obnova, restauracija; rekonstruirani oblik, model, uzorak; povraćaj
restorative [risˈtɔrətiv] *adj* (**~ly** *adv*) koji krijepi, koji vraća snagu
restorative [risˈtɔrətiv] *s* sredstvo koje okrepljuje, okrepljujući napitak
restore [risˈtɔː] *vt* 1. vratiti, vraćati; nadoknaditi (*to* komu) 2. dovesti natrag (*to* u, k), staviti natrag 3. uspostaviti, vratiti u prvašnje stanje; obnoviti; restaurirati (zgradu itd.); *scient* rekonstruirati 4. ponovo postaviti, namjestiti (*to* u) 5. izliječiti, ozdraviti, ojačati | **he was ~d to favour** ponovo je zadobio milost, naklonost; **to ~ a p to liberty** dati, vratiti komu slobodu; **to ~ a p to life** opet oživiti koga, vratiti koga u život
restorer [risˈtɔːrə] *s* uspostavljač, popravljač, obnavljač, restaurator | **hair ~** sredstvo za jačanje kose
restrain [risˈtrein] *vt* 1. zaustaviti, zadržati (*from* od); spriječiti, zadržavati (*from* od; *from doing* da ne učini što); obuzdati, zauzdati, ukrotiti, držati u šahu, u granicama 2. zatvoriti, baciti u zatvor, staviti u lance; staviti pod nadzor 3. (osjećanje itd.) zatomiti, ukrotiti; ograničiti (moć)
re-strain [ˌriːˈstrein] *vt* ponovo pružiti ili nategnuti
restrainable [riˈstreinəbl] *adj* koji se može zaustaviti, zauzdati, stegnuti; ukrotljiv, pripitomljiv
restrained [risˈtreind] *adj* (**~ly** [risˈtreinidli] *adv*) obuzdan, svladan; umjeren, uzdržljiv; ograničen; ublažen, prigušen
restraint [risˈtreint] *s* 1. ograničenje; smetanje; sprečavanje 2. suzdržljivost, suzdržavanje, prinuda, prisila 3. svladavanje, povučenost, rezerva 4. *fig* zapt, obuzdavanje 5. ograničenje slobode, tamnica, zatvor; (o luđacima) nadzor, motrenje | **without ~** slobodno; opširno; **under ~** u zatvoru, u zaptu
restrict [risˈtrikt] *vt* ograničiti (*to* na; *within*)
restricted [risˈtriktid] *adj* ograničen; povjerljiv (dokument)
restriction [risˈtrikʃən] *s* ograničenje, zadržavanje, sputavanje
restrictive [risˈtriktiv] *adj* (**~ly** *adv*) ograničen, koji ograničuje | *com* **~ endorsement** rekta indosament, ograničen žiro
restroom [ˈrestrum] *s US* zahod
result [riˈzʌlt] *s* rezultat, posljedica; ishod, uspjeh; djelovanje, učinak; konac; izvod, zaključak; *math* rezultat | **without ~** uzaludan, besplodan, jalov
result [riˈzʌlt] *vi* nastati (kao posljedica čega), izlaziti, proizlaziti, slijediti, potjecati (*from* od, iz); voditi porijeklo (*from* od); dovesti do; *jur* učiniti krivično djelo u povratu, ponoviti krivično djelo | **to ~ in a failure** ne uspjeti
resultant [riˈzʌltənt] *adj* koji izlazi, slijedi, rezultira
resultant [riˈzʌltənt] *s tech* rezultanta; ishod, rezultat
resultful [riˈzʌltful] *adj* uspješan
resultless [riˈzʌltlis] *adj* (**~ly** *adv*) bezuspješan, neuspješan, koji je bez rezultata
resume [riˈzjuːm] *vt/i* ponovo dobiti, vratiti (slobodu, snagu); ponovo poprimiti (izraz lica); ponovo zauzeti (mjesto); ponovo preuzeti (zapovjedništvo); nanovo prihvatiti, započeti (posao i sl.); nastaviti (se); uzeti natrag; kratko reći, izložiti, rezimirati | **to be ~d** nastavit će se
résumé [ˈrezjuːmei] *s Fr* sažetak, rezime

resummon [ˌriːˈsʌmən] *vt* ponovo pozvati (na sud)
resummons [ˌriːˈsʌmənz] *s* ponovan poziv (na sud)
resumption [riˈzʌmpʃən] *s* uzimanje natrag; ponovno dobivanje, postizanje; ponovno prihvaćanje, preuzimanje; ponovno započinjanje, nastavljanje
resumptive [riˈzʌmptiv] *adj* (**~ly** *adv*) sažet, ukratko izložen
resurge [riˈsəːdʒ] *vi* ponovo se dići, podići se, ustati; ponovo se pojaviti, pomoliti se; ponovo oživjeti, uskrsnuti, preporoditi se
resurgence [riˈsəːdʒəns] *s* ponovno oživljenje, preporođenje, uskrsnuće
resurgent [riˈsəːdʒənt] *s* buntovnik, pobunjenik, ustanik
resurgent [riˈsəːdʒənt] *adj* koji ponovo ustaje, koji se ponovo buni; koji se ponovo budi, oživljava
resurrect [ˌrezəˈrekt] *vt/i* **I.** *vt fam* (mrtve) uskrsnuti; ponovo probuditi; *fig* ponovo oživiti, uvesti (običaj itd.); izvaditi iz groba, iskopati, ekshumirati **II.** *vi* uskrsnuti
resurrection [ˌrezəˈrekʃən] *s* uskrsnuće; ponovno buđenje, ponovno oživljavanje
resurrectional [ˌrezəˈrekʃənl] *adj* koji se tiče uskrsnuća, uskrsni
resurrectionism [ˌrezəˈrekʃənizm] *s* krađa mrtvaca iz grobova
resurrectionist [ˌrezəˈrekʃənist] *s* 1. kradljivac leševa (pogotovu u svrhu seciranja) 2. onaj koji uskrisuje, oživljava 3. onaj koji vjeruje u uskrsnuće
resurrection plant [ˌrezəˈrekʃənplaːnt] *s bot* 1. jerihonska ruža (*Anasthatica hierohuntica*) 2. crvotočina, selagina, selaginela (*Selaginella*)
resuscitate [riˈsʌsiteit] *vt/i* **I.** *vt* ponovo oživiti, vratiti u život; privesti k svijesti; probuditi na nov život, uskrisiti; obnoviti **II.** *vi* nanovo oživjeti
resuscitation [riˌsʌsiˈteiʃn] *s* ponovno oživljavanje, vraćanje u život; ponovno buđenje
resuscitative [riˈsʌsiteitiv] *adj* koji uskrisuje, oživljuje
resuscitator [riˈsʌsiteitə] *s* aparat za umjetno disanje
ret [ret] *vt/i* močiti (lan, konoplju); pokvariti se od vlage, trunuti (sijeno i sl.)
retail [ˈriːteil] *s com* trgovina na malo | **by ~, at ~** na malo (prodaja)
retail [riːˈteil] *vt/i* **I.** *vt* 1. *com* prodavati robu na malo, u malim količinama 2. pripovijedati opširno, potanko; širiti tračeve, tračati, odavati tuđe tajne **II.** *vi* prodavati na malo, detaljno (*at* uz cijenu), detaljizirati
retail [ˈriːteil] *adj* koji se tiče trgovine na malo, koji je u vezi s trgovinom na malo; koji se bavi trgovanjem na malo
retail-dealer [ˈriːteilˌdiːlə] *s* trgovac na malo, detaljist
retailer [riːˈteilə] *s* trgovac na malo, detaljist; pripovjedač, pričalo; brbljavac, tračalo, tračler, tračlerica
retail-price [ˈriːteilˈprais] *s* cijena robe na malo, u malim količinama
retail store [ˈriːteilˈstɔː] *s* trgovina na malo
retain [riˈtein] *vt* čvrsto držati, pridržati, poduprijeti; zadržavati; osigurati usluge, *esp* advokata, prethodnim dogovorom i plaćanjem; čuvati, sačuvati, zadržati (npr. u pamćenju)
retainable [riˈteinəbl] *adj* koji se može ili mora zadržati
retainer[1] [riˈteinə] *s* 1. plaća, nagrada, predujam (advokatu, branitelju, pravnom zastupniku) 2. *jur* formalno zadržavanje čega kao svoga vlasništva; dozvola za takvo zadržavanje
retainer[2] [riˈtainə] *s* pratilac, sluga, vazal
retake [ˌriːˈteik] *vt* (retook, retaken) opet, natrag uzeti; ponovo zauzeti, osvojiti; ponovo fotografirati
retake [ˈriːteik] *s* presnimljeni film ili presnimljena fotografija; ponavljanje kadrova (filma)
retaliate [riˈtælieit] *vt/i* vratiti milo za drago, šilo za ognjilo, odmazditi, osvetiti se; *pol econ* nametnuti carinu na uvezenu robu iz koje strane zemlje kao odgovor na uvozne carine te zemlje
retaliation [riˌtæliˈeiʃn] *s* odmazda, osveta
retaliative [riˈtæliətiv] *adj* koji se čini iz odmazde (*measure*)
retaliatory [riˈtæliətəri] *adj* osvetljiv
retard [riˈtaːd] *s* zatezanje, odugovlačenje
retard [riˈtaːd] *vt/i* usporiti (se), otezati (se), odugovlačiti (se); odgađati (se); zaustaviti, spriječiti, zaostati, zakasniti
retardant [riˈtaːdənt] *s chem* usporivač, inhibitor
retardate [riˈtaːdeit] *s US* duševno zaostala osoba
retardation [ˌriːtaːˈdeiʃn] *s* usporavanje, otezanje, odugovlačenje, odgađanje, odgoda, odlaganje; duševna zaostalost; retardacija
retardative [riˈtaːdətiv] *adj* → **retardatory**
retardatory [riˈtaːdətəri] *adj* koji oteže, usporuje, odgađa, zaustavlja
retarded [riˈtaːdid] *adj* duševno zaostao, retardiran
retarder [riˈtaːdə] *s* usporivač, inhibitor
retch [retʃ] *vi* pokušavati povraćati, bljuvati (pogotovu bezuspješno ili nehotice)
retch [retʃ] *s* pokušaj povraćanja, bljuvanja, dizanje želuca
retell [ˌriːˈtel] *vt* nanovo pripovijedati, kazivati
retene [ˈriːtiːn] *s chem* reten (metilizopropilfenantren)

retention [riˈtenʃən] *s* zadržavanje, čuvanje; memoriranje, pamćenje; *med* retencija (mokraće itd.)

retentive [riˈtentiv] *adj* (**~ly** *adv*) koji zadržava, pamti | **~ memory** dobro pamćenje; **to be ~** zadržati, sačuvati, pamtiti

reticence [ˈretisəns] *s* uzdržavanje, uzdržljivost; mučaljivost, povučenost

reticent [ˈretisənt] *adj* (**~ly** *adv*) mučaljiv, šutljiv *(on, upon, about* o čemu)

reticle [ˈretikl] *s opt* končanica, mrežica (na leći da bi se postiglo precizno promatranje)

reticular [riˈtikjulə] *adj* (**~ly** *adv*) mrežast

reticulate [riˈtikjulət] *adj* (**~ly** *adv*) → **reticular**

reticulate [riˈtikjuleit] *vt/i* podijeliti ili biti podijeljen doista ili prividno na četvorine *(into* u)

reticulation [riˌtikjuˈleiʃn] *s* mreža, preplet (& *fig*)

reticule [ˈretikjuːl] *s opt* mrežica, ukrsnik; torba za rad, za pletivo; ženska ručna torbica

retina [ˈretinə] *s* (*pl* **~s, retinae** [ˈretiniː]) *anat* mrežnica (oka)

retinue [ˈretinjuː] *s* pratnja, svita

retire [riˈtaiə] *s mil* znak za uzmak

retire [riˈtaiə] *vt/i* **I.** *vt mil* povući natrag, izvući; iskupiti, isplatiti (mjenicu); penzionirati koga, umiroviti **II.** *vi mil* povući se, uzmaknuti, odstupiti; udaljiti se, otići; poći na počinak, poći spavati; izaći, istupiti (iz službe), povući se, poći u mirovinu | *com* **to ~ a bill** iskupiti mjenicu

retired [riˈtaiəd] *adj* povučen, osamljen, samotan; umirovljen | **~ pay** mirovina

retiree [riˈtairiː] *s US* čovjek koji se povukao s posla

retirement [riˈtaiəmənt] *s mil* povlačenje, odstupanje, uzmak *(from* iz); penzioniranje, stavljanje u mirovinu, povlačenje s posla; stanje umirovljenosti, penzije; privatan život; samoća, povučenost, osamljenost

retiring [riˈtaiəriŋ] *adj* (**~ly** *adv*) čedan, skroman, uzdržljiv, nenametljiv, povučen; koji se povlači, koji odlazi u penziju | **~ age** dob, godine starosti za penziju

retold [ˌriˈtəuld] *pret* & *pp* od **retell**

retort[1] [riˈtɔːt] *s* oštar odgovor, duhovit odgovor, pobijanje

retort[2] [riˈtɔːt] *s chem* retorta

retort [riˈtɔːt] *vt/i* vratiti, uzvratiti, odgovoriti istom mjerom na (poniženje, uvredu itd.); odgovoriti (umjesno, kako valja, oštro, srdito)

retort [riˈtɔːt] *vt* pročistiti zagrijavanjem u retorti (živu i dr.)

retortion [riˈtɔːʃn] *s* savijanje unatrag (& *fig*); *international jur* retorzija, djelatnost koju poduzima jedna država protiv druge kao odgovor na pritisak ili na povredu ekonomskih interesa

retouch [ˌriːˈtʌtʃ] *s phot* retuš, retuširanje; prerađivanje; dotjerivanje (slike, teksta i sl.)

retouch [ˌriːˈtʌtʃ] *vt* dotjerati, izraditi, preraditi; *phot* retuširati

retrace [riˈtreis] *vt* voditi natrag *(to* na); ići istim putem natrag, ponavljati; ponovo prelaziti u mislima | **to ~ one's steps** vraćati se istim putem; *fig* prikazati događaj kao da se nije dogodio ili ga opozvati

retract [riˈtrækt] *vt/i* povući (se), uvući (se), opozvati

retractable [riˈtræktəbl] *adj* koji se može uvući, opozvati, poništiti

retractation [ˌriːtrækˈteiʃn] *s* uzimanje natrag; opozivanje

retraction [riˈtrækʃən] *s* → **retractation**

retractive [riˈtræktiv] *adj* koji služi za uvlačenje; sklon da se povuče, sklon uzmicanju, sustezanju

retractor [riˈtræktə] *s anat* mišić koji uvlači; *surg* instrument ili naprava za pridržavanje dijelova koji bi smetali kod operacije

retranslate [ˌriːtrænsˈleit] *vt* ponovo prevesti

retread [ˌriːˈtred] *vt* vraćati se istim putem; protektirati (gumu)

retread [ˈriːtred] *s* protektirana guma

retreat [riˈtriːt] *s* uzmicanje, povlačenje, uzmak, trubni znak za povlačenje; *mil* povečerje, (trubni znak za) spuštanje zastave; povučenost, osamljenost; utočište, sklonište; starački dom; institucija za duševne bolesnike | **to beat a ~** *mil* dati bubnjem znak za povlačenje; povući se, uzmaknuti (& *fig*); **to make good one's ~** sretno umaći

retreat [riˈtriːt] *vi/t* **I.** *vi mil* povući se, uzmaknuti, odstupiti; udaljiti se **II.** *vt chess* povući natrag

retrench [riˈtrentʃ] *vt/i* **I.** *vt* (izdatke) smanjiti, ograničiti; skratiti, stegnuti; (neki odlomak u knjizi) ispustiti; *mil* utvrditi, opkopati **II.** *vi* ograničiti se, stisnuti se, smanjiti izdatke

retrenchement [riˈtrentʃmənt] *s* skraćivanje, ograničavanje; ispuštanje; štednja, smanjenje troškova; *mil* ušančenje, opkop

retrial [ˌriːˈtraiəl] *s jur* ponovna istraga, rasprava

retribution [ˌretriˈbjuːʃn] *s* vraćanje, naknađivanje, naknada; odmazda, kazna

retributive [riˈtribjutiv] *adj* (**~ly** *adv*) koji se vraća, plaća, osvećuje

retrievable [riˈtriːvəbl] *adj* (**retrievably** *adv*) nadoknadiv, koji se može povratiti, ponovo pronaći

retrieval [ri'triːvəl] *s* popravljanje, poboljšanje, nadoknađivanje; ponovno pronalaženje, vraćanje | **lost beyond ~** izgubljen unepovrat

retrieve [ri'triːv] *s* popravljanje, ponovno pronalaženje; mogućnost pronalaženja, oporavka, popravka | **beyond ~, past ~** koji se ne može popraviti

retrieve [ri'triːv] *vt/i* **I.** *vt hunt* naći i donijeti ubijenu divljač; ponovo dobiti, ponovo pronaći, vratiti; uspostaviti, rehabilitirati; popraviti, ispraviti, nadoknaditi, spasiti, sačuvati (*from* od); sjetiti se; dobiti (podatke) iz kompjutora; *ten* vratiti (tešku loptu) **II.** *vi hunt* aportirati

retriever [ri'triːvə] *s* prepeličar, ptičar (pas)

retrim [ˌriː'trim] *vt* ponovo dotjerati, ponovo očistiti; ponovo okititi (šešir)

retroact [ˌretrəu'ækt] *vi* djelovati unazad; djelovati u suprotnom, protivnom smjeru, biti retroaktivan, imati retroaktivno djelovanje, retroaktivno djelovati

retroaction [ˌretrəu'ækʃən] *s* djelovanje unazad (*on* na), reakcija, retroakcija, povratna sprega; retroaktivnost

retroactive [ˌretrəu'æktiv] *adj* (**~ly** *adv*) koji djeluje unazad, koji ima povratnu snagu, retroaktivan

retroactivity [ˌretrəuæk'tiviti] *s* → **retroaction**

retrocede [ˌretrə'siːd] *vi* ići nazad, uzmicati, povlačiti se

retrocede [ˌretrə'siːd] *vt* nanovo ustupiti, natrag ustupiti (teritorij)

retrocedent [ˌretrə'siːdənt] *adj* koji se vraća, koji ide unazad

retrocession [ˌretrə'seʃn] *s* uzmicanje, odstupanje; ponovno ustupanje; vraćanje, povraćaj, davanje natrag

retrocessive [ˌretrə'sesiv] *adj* → **retrocedent**

retroflex ['retrəfleks] *adj* savijen unazad

retroflexed ['retrəflekst] *adj* → **retroflex**

retroflexion [ˌretrə'flekʃən] *s* okretanje ili savijanje unazad, retrofleksija

retrogradation [ˌretrəgrə'deiʃn] *s* vraćanje, kretanje prema natrag; opadanje; pogoršavanje; *astr* retrogradacija

retrograde ['retrəgreid] *adj* (**~ly** *adv*) 1. unazadan, upravljen prema natrag; koji se povlači 2. koji opada, slabi, koji se pogoršava, koji se degenerira 3. natražnjački 4. *astr* & *med* retrogradan

retrograde ['retrəgreid] *s* degenerirana osoba, degenerik; natražnjačka tendencija

retrograde ['retrəgreid] *vi astr* pokazivati retrogradaciju; ići, kretati se unazad, uzmicati; nazadovati, opadati, slabiti, degenerirati se

retrogress [ˌretrə'gres] *vi* ići natrag, kretati se unazad; pogoršati se, krenuti nagore

retrogression [ˌretrə'greʃn] *s astr* retrogresija; kretanje nazad, nazadovanje, pogoršanje; *biol* degeneracija

retrogressive [ˌretrə'gresiv] *adj* (**~ly** *adv*) koji korača nazad, natrag; nazadan, natražnjački; koji se degenerira; retrogresivan

retrospect ['retrəspekt] *s* vraćanje natrag, posezanje natrag (*to* za); gledanje u duhu unatrag; osvrt, osvrtanje, razmišljanje o prošlosti; retrospektivna sila, retrospektiva

retrospection [ˌretrə'spekʃən] *s* osvrtanje, osvrt, obaziranje (na prošlost), retrospekcija

retrospective [ˌretrə'spektiv] *adj* (**~ly** *adv*) retrospektivan, koji se osvrće, gleda unazad (u prošlost); *jur* koji djeluje unatrag, retroaktivan

retrospective [ˌretrə'spektiv] *s* retrospektivna izložba

retroussé [rə'truːsei] *adj* frntast, prćast (nos)

retroversion [ˌretrə'vəːʃn] *s* savijanje unazad

retrovert [ˌretrə'vəːt] *vt* savijati, okretati nazad | **~ed womb** nakrivljena, okrenuta maternica

retrovert ['retrəvəːt] *s* onaj koji se vraća svojem iskonskom vjerovanju

retry [ˌriː'trai] *vt jur* ponovo preslušati koga, održati nov proces

returf [ˌriː'təːf] *vt* (o tlu) ponovo pokriti tratinom

return [ri'təːn] *s* 1. povratak, vraćanje; (o bolestima) povraćaj, recidiva 2. *archit* izbočina na fasadi itd.; ugao koji strši; krilo kuće 3. *pl* ponovni prihod, dohodak; promet (novca); dobitak, korist, profit, iznos 4. izvještaj; prijava, vijest; *pl* statistički podaci, iskazi; rezultati; *parl* izvještaj o izborima; parlamentarni izbori; povratna pošiljka, povratni transport; vraćanje novca; odšteta, naknada, uzvraćanje, vraćanje, nadoknada; *ten* povratni udarac | **on my ~** po mom povratku; **by ~ of post** obratom, povratom pošte; **many happy ~s of the day!** sretan rođendan!; **in ~ (for)** zauzvrat, u zamjenu (za); **on sale or ~** u komisiji; *com* **~s** *pl* utržak, dobit; vraćena roba, upotrijebljena ambalaža; **delivery by ~** bezodvlačna isporuka

return [ri'təːn] *vi/t* **I.** *vi* 1. vratiti se 2. pretvoriti se (*to dust* u prah); ponovo se dogoditi, nastupiti, ponovo doći 3. odgovoriti, odvratiti **II.** *vt* 1. vratiti, povratiti; poslati natrag; odbijati, odraziti; odbaciti natrag, vratiti (loptu) 2. (većinom u pasivu) javiti, izvijestiti; *jur* izreći (osudu); glasati, dati glas; birati (poslanika); dati natrag 3. ponovo dopustiti; ponovo platiti; vratiti (dobro za zlo); uzvratiti (pozdrav, posjet, hvalu i dr.); (dobitak)

davati, donositi | **to be ~ed guilty** biti proglašen krivim; **to ~ like for like** vratiti milo za drago, šilo za ognjilo; **to ~ to dust** pretvoriti se u prah, u pepeo, istrunuti, sagnjiti; *cards* **~ one's lead** odgovoriti na čiju boju, vratiti čiju boju
returnable [ri'tə:nəbl] *adj* koji se može ili mora vratiti
return-cargo [ri'tə:n,ka:gəu] *s com* teret pri povratku, povratna pošiljka
returned [ri'tə:nd] *adj* vraćen | **~ letter** neuručeno pismo; **~ empties** *pl com* povratna ambalaža
returner [ri'tə:nə] *s* onaj koji vraća
return-freight [ri'tə:nfreit] *s com* povratna pošiljka; prevoznina za povratnu pošiljku
returning-officer [ri'tə:niŋ,ɔfisə] *s* službenik koji upravlja izborima; predsjednik izborne komisije
return-ticket [ri'tə:n,tikit] *s rly* povratna karta
reunion [,ri:'ju:njən] *s* ponovno sjedinjenje; ponovan sastanak, proslava (ponovnog viđenja) | **a family ~** ponovni sastanak članova obitelji nakon dužeg vremena
reunionist [,ri:'ju:njənist] *s eccl* pristaša pokreta za ponovno sjedinjenje Anglikanske crkve s Rimokatoličkom
reunite [,ri:ju:'nait] *vt/i* ponovo (se) sjediniti, ujediniti
re-up [,ri:'ʌp] *vi US mil sl* ostati na dopunskom roku vojne službe
rev [rev] *s coll* broj okreta (stroja)
rev [rev] *vt* | **~ up** *coll* povećati broj okreta (turažu), turirati stroj
revaccinate [,ri:'væksineit] *vt* ponovo cijepiti
revalorization ['ri:,vælərai'zeiʃn] *s* revalorizacija, ponovno vraćanje vrijednosti nekom novcu ili robi
revalorize [,ri:'væləraiz] *vt* ponovo procijeniti
revaluate [ri:'væljueit] *vt* ponovo procijeniti, revalorizirati
revaluation ['ri:,vælju'eiʃn] *s* → **revalorization**
revalue [ri:'vælju:] *vt* → **revalorize**
revamp [ri:'væmp] *vt US* staviti novi gornji dio cipele; renovirati, prepraviti, revidirati
reveal [ri'vi:l] *s archit* debljina zida (u vratima, u prozoru)
reveal [ri'vi:l] *vt* objaviti, otkriti, odati; pokazati, objelodaniti
revealable [ri'vi:ləbl] *adj* koji se može otkriti
reveille [ri'væli] *s Fr mil* ustajanje, buđenje, budnica, uranak
revel ['revl] *s* bučno, raskalašeno uživanje, gozba, pijanka
revel ['revl] *vi/t* veseliti se, zabavljati se, gostiti se, častiti se, raspojasati se, raskošno živjeti, uživati (*in* u čemu)
revelation [,revi'leiʃn] *s* otkrivanje, objavljenje, otkriće, objelodanjenje; *bibl* Apokalipsa
revelational [,revi'leiʃənl] *adj bibl* koji se tiče Otkrivenja
revelationist [,revi'leiʃənist] *s* onaj koji vjeruje u Otkrivenje
reveller ['revlə] *s* sudionik u pijanci, bučnoj zabavi
revelry ['revlri] *s* bančenje, lumpanje, bučna pijanka
revendication [ri,vendi'keiʃn] *s* traženje natrag, traženje povrata stvari (*esp* traženje vraćanja teritorija formalnim aktom)
revenge [ri'vendʒ] *s* osveta, odmazda | **to take ~ on** osvetiti se (komu)
revenge [ri'vendʒ] *vt/i* **I.** *vt* osvetiti **II.** *vi* osvetiti se (*on, upon* komu)
revengeful [ri'vendʒful] *adj* (**~ly** *adv*) osvetljiv, osvetoljubiv, osvetnički
revenger [ri'vendʒə] *s* osvetnik
revenue ['revinju:] *s jur & parl* prihod, dohodak | **~s** *pl* ukupni prihodi; **inland ~** prihodi od poreza, carine i dr.
revenue-officer ['revinju:,ɔfisə] *s* financ; carinski činovnik
revenuer ['revinju:ə] *s US* financ
reverberant [ri'və:bərənt] *adj* koji odjekuje, zvonak, zvučan
reverberate [ri'və:bəreit] *vt/i* **I.** *vt* slati natrag; dopustiti da odjekne; vraćati, uzvraćati; odbijati, odražavati (svjetlost, zvuk i sl.) **II.** *vi* odjeknuti, odjekivati, razlijegati se; (o svjetlosti i sl.) odbijati se, širiti se; prostirati se (*into*); djelovati unatrag (*on* na)
reverberation [ri,və:bə'reiʃn] *s* odbijanje; odražavanje, odraz; odsijevanje, odsjevak; jeka, odjek, odjekivanje, reverberacija
reverberative [ri'və:bərətiv] *adj* koji odjekuje, koji se odražava; koji djeluje protivno, suprotno; reverberacioni
reverberator [ri'və:bəreitə] *s tech* reflekciona peć; reflektor
reverberatory [ri'və:bərətəri] *adj* koji odražava, odbija, odsijeva
reverberatory [ri'və:bərətəri] *s* reflekciona peć, plamena peć s reflektorom
revere [ri'viə] *vt* (po)štovati, obožavati
reverence ['revərəns] *s* (po)štovanje (*for* prema); poklon, naklon; **(R~)** *Ir arch vulg & hum* velečasni | **to pay ~ to** iskazivati komu poštovanje
everence ['revərəns] *vt* štovati (Boga); poštovati
reverend ['revərənd] *adj* častan, dostojan poštovanja; *eccl* velečasni | *eccl* **Very Reverend** prečasni (za dekana); **Right Reverend** presvijetli (za biskupa); **Most Reverend** preuzvišeni (za nadbiskupa)
reverend ['revərənd] *s* svećenik | (u naslovima pisama) **Rev. John Smith** (ili **The**

Rev. ili **The Rev. Mr. John Smith**) velečasni gospodin John Smith
reverent [ˈrevərənt] *adj* pun poštovanja; poštovan
reverential [ˌrevəˈrenʃəl] *adj* (**~ly** *adv*) pun poštovanja, strahopoštovanja
reverie [ˈrevəri] *s Fr* sanjarenje
revers [riˈviə] *s* (*pl* **revers** [riˈviəz]) rub, suvratak, zavratak, rever
reversal [riˈvəːsl] *s* obrat, preokret; prevrtanje; *jur* ukidanje, poništenje, preinačenje; *mot* okretanje, promjena smjera
reverse [riˈvəːs] *s* obratna strana, protivnost, opreka; naličje; promjena (sreće); zla kob, nesreća, nezgoda; *mil* poraz (& *fig*); *mot* vožnja unatrag | **the ~ of** suprotno od; **much the ~** sasvim suprotno; **on the ~** natraške; *mil* **in ~** u leđa; **to have ~s** imati novčane gubitke; **to meet with a ~** pretrpjeti poraz; **the ~ of the medal** druga strana medalje
reverse [riˈvəːs] *adj* (**~ly** *adv*) obrnut, prevrnut, naopak, protivan | *mil* **~ fire** vatra usmjerena, upravljena na pozadinu ili na utvrde u pozadini
reverse [riˈvəːs] *vt/i* okrenuti, obrnuti, prevrnuti; *fig* ukinuti, poništiti osudu; *tech* promijeniti smjer; *mot* voziti natraške | *mil* **to ~ arms** nositi pušku s cijevi prema dolje
reversibility [riˌvəːsəˈbiliti] *s* prevrtljivost, svojstvo da se što može okrenuti, obrnuti, ukinuti, pobiti
reversible [riˈvəːsəbl] *adj* (**reversibly** *adv*) koji se može okrenuti, obrnuti; povratan, reverzibilan, obratljiv; poništiv
reversion [riˈvəːʃn] *s* 1. imetak ustupljen do određenog datuma ili događaja (obično smrti onoga kome je ustupljen) (*in* **~** pod prije spomenutim uvjetima) 2. svota koja treba da se isplati nakon smrti neke osobe (*esp.* životno osiguranje) 3. ono na što netko ima pravo ili što očekuje da će naslijediti kad bude napušteno od drugoga 4. vraćanje u prvašnje stanje, naviku (*esp biol* vraćanje primitivnom tipu, atavizam)
reversional [riˈvəːʃnəl] *adj* → **reversionary**
reversionary [riˈvəːʃnəri] *adj* 1. koji ima pravo na ustupak imetka do određenog datuma ili smrti onoga kome je imetak ustupljen 2. koji treba isplatiti nakon smrti neke osobe (*esp* životno osiguranje) 3. nasljediv nakon napuštanja druge osobe 4. *biol* koji se tiče vraćanja na primitivni tip, koji je sklon vraćanju, atavističan
reversioner [riˈvəːʃnə] *s jur* osoba kojoj je ustupljen imetak do stanovitog datuma (*esp* do njezine smrti)
revert [riˈvəːt] *s* onaj koji se vraća na prijašnju vjeru
revert [riˈvəːt] *vi/t* **I.** *vi jur* vratiti se (*to* komu, na) prijašnjem vlasniku ili njegovim nasljednicima; zahvatiti unatrag; vratiti se u prijašnje stanje; *biol* vratiti se na prijašnji ili primitivni tip **II.** *vt* (oči) okrenuti, obrnuti, obratiti
revertible [riˈvəːtəbl] *adj jur* povratan, koji se može ili mora vratiti prijašnjem vlasniku ili njegovim nasljednicima
revet [riˈvet] *vt* pokriti, obložiti zid drvetom, kamenom i sl.
revetment [riˈvetmənt] *s* pokrivanje, prikrivanje, sakrivanje, kamuflaža, grudobran; oblaganje, pokrivanje zida; potporni zid, obzid
revictual [ˌriːˈvitl] *vt/i* **I.** *vt* nanovo opskrbiti hranom **II.** *vi* opskrbiti se novom hranom
review [riˈvjuː] *s jur* 1. ponovno ispitivanje, istraživanje; revizija; *mil* & *mar* smotra, parada, mimohod, pregled 2. pogled unatrag, pregled (*of* na što, čega) 3. dogovor, ocjena, kritika, recenzija 4. časopis, revija, pregled 5. ponovni pregled; *theat* revija
review [riˈvjuː] *vt/i* ispitivati, istraživati što; podvrći što reviziji, revidirati; *mil* (iz)vršiti smotru, pregled, pregledati; dati pregled čega; kritički ispitivati, osvrnuti se kritički na; ocijeniti, recenzirati
reviewal [riˈvjuːəl] *s* ponovno ispitivanje, revizija, recenzija, kritički osvrt, kritika
reviewer [riˈvjuːə] *s* recenzent, kritičar, ocjenjivač
revile [riˈvail] *vt/i* **I.** *vt* psovati, grditi, klevetati, ogovarati **II.** *vi* rugati se (*at* komu)
reviler [riˈvailə] *s* psovač, klevetnik
reviling [riˈvailiŋ]] *adj* (**~ly** *adv*) pogrdan, koji kleveće, psuje
revisable [riˈvaizəbl] *adj* koji se može revidirati, promijeniti
revisal [riˈvaizl] *s* ponovni pregled, ponovno ispitivanje, revizija
revise [riˈvaiz] *s* ponovni pregled; *print* revizija, druga korektura
revise [riˈvaiz] *vt* nanovo pregledati i ispraviti, preinačiti, prepraviti, revidirati; *jur* ispitati osudu, preinačiti, popraviti | **Revised Version** prerađeno izdanje Svetoga pisma koje je izašlo za vrijeme Jakova I u Engleskoj
reviser [riˈvaizə] *s* pregledač, obrađivač; *print* popravljač, korektor
revision [riˈviʒn] *s* revizija, ponovni pregled; popravljeno izdanje
revisionism [riˈviʒənizm] *s* revizionizam
revisionist [riˈviʒənist] *s* revizionist
revisionist [riˈviʒənist] *adj* revizionistički
revisit [ˌriːˈvizit] *vt* ponovo posjetiti
revisory [riˈvaizəri] *adj* koji pregledava, koji ispituje, revidira, revizijski, revizioni
revitalize [ˌriːˈvaitəlaiz] *vt* ponovo oživjeti; nanovo ojačati, okrijepiti, revitalizirati

revivable [ri'vaivəbl] *adj* koji se može ponovo oživjeti
revival [ri'vaivl] *s* ponovno oživljavanje; ponovno buđenje, procvat, preporod; ponovno stavljanje na scenu; dolaženje k svijesti, dozivanje k svijesti, vraćanje u život; buđenje vjere
revivalism [ri'vaivəlizm] *s* oživljavanje prošlosti; buđenje vjere
revivalist [ri'vaivəlist] *s* onaj koji oživljuje nekadašnje običaje, metode; onaj koji propovijeda buđenje vjere
revive [ri'vaiv] *vi/t* **I.** *vi* vratiti se k svijesti, osvijestiti se; ponovo oživjeti; ponovo procvasti; ponovo nastupiti, doći **II.** *vt* vratiti k svijesti; ponovo oživiti, oživljavati; nanovo probuditi (osjećaj); obnoviti, uspostaviti; ponovo osvježiti; nanovo uvesti, oživiti (običaj); *theat* nanovo postaviti na scenu, oživiti, ponovo izvoditi; *chem* regenerirati
reviver [ri'vaivə] *s sl* sredstvo, napitak koji osvježuje, krijepi; sredstvo za obnavljanje, za regeneriranje
revivification [riˌvivifi'keiʃn] *s* ponovno oživljavanje
revivify [ri'vivifai] *vt* ponovo oživiti; *chem* regenerirati
revocability [ˌrevəkə'biliti] *s* opozivost
revocable ['revəkəbl] *adj* (**revocably** *adv*) opoziv, poništiv (oporuka)
revocation [ˌrevə'keiʃn] *s* opoziv; *jur* ukidanje, opozivanje, poništenje, revokacija
revocatory ['revəkətəri] *adj* koji opoziva
revoke [ri'vəuk] *s* (u kartanju) nepriznavanje boje | **beyond ~** neopoziv
revoke [ri'vəuk] *vt/i* opozvati; povući, poništiti, ukinuti; (u kartama) ne odgovoriti na boju iako je igrač ima
revolt [ri'vəult] *s* buna, pobuna, ustanak, revolt (*against* protiv); protivljenje; gnušanje, odvratnost; buntovničko raspoloženje | **to be in ~** pobuniti se
revolt [ri'vəult] *vi/t* **I.** *vi* buniti se, pobuniti se, dići bunu (*against* protiv); otpasti, odmetnuti se (*from* od); *fig* osjećati odbojnost, odvratnost, gnušanje, gađenje (*at* prema); oprijeti se, opirati se (*against* protiv) **II.** *vt* razjariti, ozlojediti; odbijati (*by* čime), izazivati gađenje, odbojnost (kod koga)
revolting [ri'vəultiŋ] *adj* (**~ly** *adv*) pobunjenički, ustanički, buntovnički; odvratan, gnusan, odbojan
revolute ['revəluːt] *adj bot* (o lišću) koji je savijen unazad
revolute [ˌrevə'luːt] *vi sl* sudjelovati u političkoj pobuni, u političkom ustanku
revolution [ˌrevə'luːʃn] *s* okretanje; kružno kretanje; kružno gibanje, ciklus (godišnjih doba); obrat, preokret, nagla promjena; *pol* prevrat, revolucija
revolutionary [ˌrevə'luːʃnəri] *adj* (**revolutionarily** *adv*) prevratnički, revolucionaran
revolutionary [ˌrevə'luːʃnəri] *s* revolucionar
revolutionist [ˌrevə'luːʃnist] *s* → **revolutionary**
revolutionize [ˌrevə'luːʃnaiz] *vt* pobuniti; preokrenuti; preinačiti iz temelja, radikalno izmijeniti, revolucionirati
revolve [ri'vɔlv] *vt/i* okretati (se), obrtati (se); *fig* razmišljati, promišljati
revolver [ri'vɔlvə] *s* revolver, pištolj
revolving [ri'vɔlviŋ] *adj* koji se okreće, obrće, koji se vraća, koji se ponavlja | **~ case** stalak za knjige koji se može okretati; **~ credit** kredit koji se automatski obnavlja; **~ door** vrata koja se okreću oko osovine; **~ pencil** automatska olovka, penkala; **~ stage** pokretna pozornica
revue [ri'vjuː] *s theat* revija
revulsion [ri'vʌlʃən] *s* (nagla) promjena, preokret (osjećaja i sl.); odvratnost, gnušanje
revulsive [ri'vʌlsiv] *adj* gnusan, odvratan
reward [ri'wɔːd] *s* nagrada, plaća; *fig* vraćanje, kazna (*of* za)
reward [ri'wɔːd] *vt* nagraditi, platiti (*for* za), odštetiti
rewarding [ri'wɔːdiŋ] *adj* vrijedan, koristan, koji se isplati
rewardless [ri'wɔːdlis] *adj* nenagrađen
rewin [ˌriː'win] *vt* nanovo dobiti
reword [ˌriː'wəːd] *vt* nanovo izraziti, preinačiti, dati nov oblik (riječima)
rewrite [ˌriː'rait] *vt* (rewrote, rewritten) nanovo pisati, prepisati, preraditi
rhapsode ['ræpsəud] *s Gr hist* rapsod
rhapsodic [ræp'sɔdik] *adj* (**~ally** *adv*) rapsodički, ushićen, oduševljen, zanesen
rhapsodist ['ræpsədist] *s* → **rhapsode**
rhapsodize ['ræpsədaiz] *vt/i* izvesti što rapsodički; rapsodički, oduševljeno, ushićeno govoriti (*on* o čemu)
rhapsody ['ræpsədi] *s Gr hist* & *mus* rapsodija
Rhenish ['reniʃ] *adj* rajnski
rhenium ['riːniəm] *s chem* renij
rhesus ['riːsəs] *s zool* rezus (vrsta majmuna *Macaca rhesus*)
rhetoric ['retərik] *s* retorika, govorništvo; bujica riječi
rhetorical [ri'tɔrikl] *adj* (**~ly** *adv*) retorički, govornički; prazan, šupalj, frazerski; naduven, visokoparan; rječit
rhetorician [ˌretə'riʃn] *s* retor, govornik, učitelj govorništva; govornik koji govori kićeno i slatkorječivo
rheum [ruːm] *s med* reuma (vodenkasta izlučina sluznice); kijavica, hunjavica, nahlada, katar | **~s** *pl* reumatični bolovi
rheumatic [ruː'mætik] *adj* (**~ally** *adv*) reumatičan

rheumatic [ruːˈmætik] *s* reumatičar | *coll* **the ~s** reumatizam
rheumaticky [ruːˈmætiki] *adj coll* reumatičan
rheumatism [ˈruːmətizm] *s* reumatizam, reuma
rheumy [ˈruːmi] *adj* sluzav, slinav; (o zraku) vlažan, studen, oštar, opor
rhino[1] [ˈrainəu] *s sl* novac, moneta
rhino[2] [ˈrainəu] *s zool sl* (*pl* **~s**) (skraćeno od rhinoceros) nosorog
rhinoceros [raiˈnɔsərəs] *s zool* nosorog
rhizome [ˈraizəum] *s bot* podanak, rizom
Rhodesian [rəuˈdiːʒjən] *adj* rodezijski
Rhodesian [rəuˈdiːʒjən] *s* stanovnik Rodezije
Rhodian [ˈrəudiən] *adj* rodski
Rhodian [ˈrəudiən] *s* Rođanin
rhodium[1] [ˈrəudiəm] *s* palisandrovina
rhodium[2] [ˈrəudiəm] *s chem* rodij
rhododendron [ˌrəudəˈdendrən] *s bot* rododendron, gorska ruža
rhomb [rɔm] *s geom* romb
rhombic [ˈrɔmbik] *adj* (**~ally** *adv*) rombičan
rhomboid [ˈrɔmbɔid] *adj geom* romboidan
rhomboid [ˈrɔmbɔid] *s geom* romboid
rhombus [ˈrɔmbəs] *s* (*pl* **rhombi** [ˈrɔmbai], **~es**) → **rhomb**
rhotacism [ˈrəutəsizəm] *s* pretjerano ili neobično izgovaranje glasa *r; phon* promjena nekih glasova u *r*
rhubarb [ˈruːbaːb] *s bot* rabarbara
rhubarby [ˈruːbaːbi] *adj* koji je poput rabarbare
rhumb [rʌm] *s mar* jedna od crta na pomorskom kompasu; crta koja siječe sve meridijane pod istim kutom
rhumb-line [ˈrʌmˈlain] *s* loksodroma, loksodromna krivulja
rhyme (**rime**) [raim] *s pros* srok, slik, rima; riječ koja se rimuje (*to* na); stih u rimi, u sliku; pjesma u sliku, u rimi | **to give ~s** sricati se, slikovati se; **without ~ or reason** bez glave i repa, bez smisla; **nursery ~** pjesma za malu djecu
rhyme (**rime**) [raim] *vi/t* **I.** *vi* sricati se, slikovati se, tvoriti stih, rimovati se (*on, with* na, sa) **II.** *vt* graditi rime, stihove, pjesme, složiti u stihove
rhymeless [ˈraimlis] *adj* (**~ly** *adv*) bez slika, rime, sroka
rhymer [ˈraimə] *s* stihotvorac, slikotvorac; stihoklepac
rhyme-royal [ˈraimˈrɔiəl] *s pros* strofa, kitica od sedam stihova u jampskim pentametrima (ababbcc)
rhymester [ˈraimstə] *s* stihoklepac
rhythm [ˈriðəm] *s* ritam; *pros* mjera
rhythmic [ˈriðmik] *adj* (**~ally** *adv*) ritmičan; odmjeren
rhythmless [ˈriðəmlis] *adj* koji je bez ritma
riant [ˈraiənt] *adj* koji se smije; veseo, vedar
rib [rib] *s* rebro; *fam* bolja polovica, žena | **to poke one in the ~s** gurnuti koga u rebra; *bibl* **to smite under the fifth ~** ubosti, zarinuti nož
rib[1] [rib] *vt* narebriti, snabdjeti ili ojačati rebrima
rib[2] [rib] *vt sl* držati, rugati se, zezati, zafrkavati
ribald [ˈribəld] *s* razuzdan, bestidan, besraman čovjek
ribald [ˈribəld] *adj* bestidan, besraman, sramotan, nepristojan, prost; pohotan, pohotljiv, požudan; raspušten, raskalašen
ribaldry [ˈribəldri] *s* pogan, prostački govor
riband [ˈribənd] *s* → **ribbon**
ribbing [ˈribiŋ] *s* rebra; skup ili razmještaj rebara
ribbon [ˈribən] *s* vrpca (za ukras, za pisaći stroj i sl.), gajtan, traka, traka odlikovanja | **~s** *pl* pozamenterija; krpe, dronjci; *fam* uzde, vođice; **to handle (take) the ~s** tjerati konje, kočirati
ribbon [ˈribən] *vt/i* **I.** *vt* nakititi vrpcama, gajtanima **II.** *vi* (o cestama) pružati se, ići
ribbon-development [ˈribəndiˈveləpmənt] *s* građenje kuća uzduž obiju strana glavnih cesta koje vežu velike gradove ili vode iz njih
rice [rais] *s* riža
rice-milk [ˈraismilk] *s* riža kuhana na mlijeku
rich [ritʃ] *adj* 1. bogat, imućan 2. obilan, izdašan, obilat (izbor); plodan, rodan 3. vrijedan, dragocjen, krasan, sjajan 4. mastan, hranjiv; začinjen (jelo) 5. jak, snažan; pun sadržine (vino); pun (glas); topao, zasićen, jasan, živ (boja) 6. *fam* šaljiv, zabavan, izvrstan, izvanredan | **to be ~ in** obilovati čim; **the ~** bogataši; **~ milk** punomasno mlijeko
richen [ˈritʃən] *vi/t* obogatiti (se)
riches [ˈritʃiz] *s pl* bogatstvo; obilje
richly [ˈritʃli] *adv* bogato, obilno, sjajno, krasno, divno; potpuno, sasvim; jako, vrlo, veoma
richness [ˈritʃnis] *s* bogatstvo (*in, of* u); raskoš, sjaj; plodnost, rodnost; obilatost, obilje; skladnost
rick[1] [rik] *s* plast, stog (sijena, žita)
rick[1] [rik] *vt* uplastiti, složiti u plastove
rick[2] [rik] *vt & s* → **wrick**
rickets [ˈrikits] *s med* rahitis
rickety [ˈrikiti] *adj* (**ricketily** *adv*) rahitičan, osakaćen; klimav, trošan; nejak, slab
rickshaw [ˈrikʃɔː] *s Ind* rikša
ricochet [ˈrikəʃei] *vi/t* rikošetirati; odskočiti
ricochet [ˈrikəʃei] *s mil* odskok, rikošet

rid [rid] *vt* (*pret* ~ded, ~; *pp* ~, ~ded) osloboditi, izbaviti, spasiti (*of* od); *US* očistiti; *arch* ukinuti, ukloniti, osloboditi se | **to ~ oneself of** osloboditi se čega; **to get ~ of** osloboditi se, otresti se, riješiti se

ridable ['raidəbl] *adj* koji se može jahati, na kojem se može jahati

riddance ['ridəns] *s* oslobođenje, izbavljenje (*from* od) | **good ~!** hvala bogu da sam se riješio

ridden ['ridn] *pp* od **ride**

riddle[1] ['ridl] *s* zagonetka; tajna; zagonetna osoba ili stvar

riddle[2] ['ridl] *s* grubo sito (za žito itd.), rešeto; *tech* sprava, naprava za izravnavanje žice

riddle ['ridl] *vi/t* **I.** *vi* govoriti, izražavati se u zagonetkama **II.** *vt* odgonetati, nagađati

riddle ['ridl] *vt* prosijati, rešetati (& *fig*); prorešetati, izrešetati (da bude puno rupa) (*with* čime); *fig* prorešetati (pitanjima i sl.), zasuti pitanjima, dokazima, pobiti činjenicama

riddling ['ridliŋ] *adj* (~**ly** *adv*) koji govori u zagonetkama, koji se izražava u zagonetkama, koji sadrži zagonetku; zagonetan, enigmatičan

ride [raid] *s* 1. vožnja, jahanje, vožnja na biciklu 2. put za jahače 3. *mil* grupa jahača regruta | **to go for a ~** izjahati; **to take a ~** izvesti se automobilom itd.; **to take for a ~** *US sl* odvesti automobilom izvan grada i ubiti; prevariti, nasamariti

ride [raid] *vi/t* (*pret* rode, *arch* rid; *pp* ridden, *arch* rid) **I.** *vi* 1. jahati 2. voziti se 3. (o brodovima, stvarima) biti nošen, kretati se; usidriti se; juriti; lebdjeti (*on* na); okretati se (*on* na), mirovati, počivati (*on* na) 4. (o terenu) biti podesan, prikladan za jahanje **II.** *vt* 1. sjediti jašeći; jahati (konja i sl.); upravljati (konjem) (*at* na, prema); dostići, prestići 2. (često pasivno) svladati, tlačiti, mučiti; sjediti na; voziti (bicikl); ležati, počivati; plivati na, lebdjeti 3. pustiti koga da jaše 4. *US* prevoziti kolima, voziti 5. (udaljenost, zemlju itd.) projahati | **to ~ to hounds** loviti, ići u lov; **to ~ for a fall** vratolomno jahati, *fig* postupati, raditi nesmotreno; **to ~ one's horse to death** ubiti, premoriti konja; **to ~ at anchor** biti usidren; **to ~ herd (on)** *US* držati na oku (koga), držati na uzdi (koga)

ride down ['raid'daun] *vt* jahati konja do iznemoglosti; stići i prestići; navaliti ili sukobiti se tako da bude srušen

ride off ['raid'ɔf] *vt sport* (u igri polo) odgurnuti protivnika od lopte

ride out ['raid'aut] *vt* | *mar* **~ a storm** sretno prebroditi oluju (& *fig*)

rider ['raidə] *s* 1. jahač, jahačica; umjetnik u jahanju; vozač, vozačica (na biciklu), biciklist 2. *jur parl* dodatak, dodatna klauzula; privjesak; sporedna odredba, odluka koja ograničava; *com* produženje mjenice 3. *tech* pokretni dio nekog stroja, pokretni uteg, jahač 4. *pl* unutarnja rebra, potpora trupa (broda) 5. kamen koji istisne, istjera drugi 6. *math* matematički zadatak za provjeravanje, ispitivanje znanja studenta

riderless ['raidəlis] *adj* koji je bez jahača; koji je bez dodatne klauzule

ridge [ridʒ] *s* greben, kosa, bilo, hrbat; hrptenica, hrptenjača; vijenac, sedlo (planine), kresta (vala itd.); lanac brežuljaka; sljeme (krova); rub, okrajak, međa, brežuljak, razvođe | *phon* **teeth ~** desni

ridge [ridʒ] *vt/i* brazdati (se)

ridge-piece ['ridʒpiːs] *s* greda sljemenjača (krova)

ridge-pole ['ridʒpəul] *s* motka sljemenjače (šatora)

ridge-tree ['ridʒtriː] *s* → **ridge-piece**

ridgeway ['ridʒwei] *s* cesta koja vodi uzduž grebena

ridgy ['ridʒi] *adj* koji se uspinje poput hrpta, koji ima izbočen hrbat; izbrazdan

ridicule ['ridikjuːl] *s arch* smiješna stvar, smiješnost; izrugivanje, ismijavanje, podrugivanje, ruglo; apsurdnost | **to hold up to ~** učiniti koga smiješnim, karikirati koga; **to turn into ~** podsmjehivati se, podrugivati se, rugati se

ridicule ['ridikjuːl] *vt* učiniti smiješnim, izvrgnuti smijehu, rugati se, podrugivati se, podsmjehivati se; ismijavati

ridiculous [ri'dikjuləs] *adj* (~**ly** *adv*) smiješan; apsurdan, besmislen

riding[1] ['raidiŋ] *s* jahanje; put za jahače

riding[2] ['raidiŋ] *s* kotar, okrug, srez u Yorkshireu itd.

riding-breeches ['raidiŋˌbritʃiz] *s pl* jahaće hlače

riding-habit ['raidiŋˌhæbit] *s* jahaća haljina ili kostim (za žene)

rife [raif] *pred adj* čest, učestao, obilan, izobilan, bogat, koji prevlađuje, rasprostranjen, raširen, pun, napunjen (*with* čim) | **to be ~ with** vladati, prevlađivati

riffle ['rifl] *s* valovita brazda; *US* (o rijeci) stjenovito korito; brzica; dno žlijeba obloženo kamenim ili drvenim pločicama za hvatanje zlatnih zrnaca (pri ispiranju zlata); mreškanje (na površini vode)

riffle ['rifl] *vt* izbrazdati; namreškati, naborati, kovrčati

riff-raff ['rifræf] *s* smet, izmet; svjetina, pučina, ološ, fukara

rifle ['raifl] *s* spiralan žlijeb; puška | *mil* ~**s** *pl* strijelci

rifle ['raifl] *vt/i* **I.** *vt* žlijebiti **II.** *vi* gađati, pucati iz puške

rifle ['raifl] *vt* opljačkati, porobiti, ukrasti
rifle-grenade ['raiflgri,neid] *s mil* puščana bomba, tromblon
rifleman ['raiflmən] *s* (*pl* **riflemen** ['raiflmən]) *mil* strijelac
rifle-range ['raiflreindʒ] *s* domet puške; strelište; streljana
rifle-shot ['raiflʃɔt] *s* metak, pucanj iz puške, puškomet, daljina leta zrna, domet; dobar strijelac iz puške
rifling ['raifliŋ] *s mil* izolučenje, ižljebljenje
rift [rift] *s* napuklina, pukotina, rupa, otvor | *fig* **little ~ within the lute** sitno zlo (uzrok budućem većem zlu)
rift [rift] *vt/i* cijepati, raskoliti (se), puknuti
rift-valley ['rift,væli] *s* dolina strmih obronaka nastala uleknućem Zemljine kore
rifty ['rifti] *adj* ispucan, napuknut
rig[1] [rig] *s mar* snast (užad, jedra, koloturnici); *fam* ures, ukras; oprema, sprema, odjeća
rig[2] [rig] *s* varka, trik | **to run a ~** prevariti, zbijati šalu s
rig [rig] *vt/i mar* opremiti, snabdjeti snasti (brod); *aero* opremiti, sagraditi, sastaviti, montirati (avion)
rig out ['rig'aut] *vt* opremiti, snabdjeti (odijelom ili drugom opremom)
rig up ['rig'ʌp] *vt/i* → **rig out**
rig [rig] *vt* nepoštenim sredstvima utjecati na što, upravljati ili voditi na prijevaran način | *st exch* **to ~ the market** spekulativno utjecati na tržne cijene ili tečajeve; upravljati ili voditi na prijevaran način
rigescence [ri'dʒesns] *s* ukrućenje, ukočenje
rigescent [ri'dʒesnt] *adj bot* koji se ukrućuje
rigger ['rigə] *s mar* opremač broda, snabdjevač broda snasti; *aero* monter
rigging ['rigiŋ] *s mar* snast
rigging-loft ['rigiŋlɔft] *s theat* užište, mjesto nad pozornicom odakle se upravlja konopcima; *mar* spremište za užad i jedra
right [rait] *s* 1. pravo, pravica, pravičnost; istinitost 2. pravovoljan zahtjev, prvenstvo, isključivo pravo, pravo (*to* na) 3. desna strana ili desnica | **~s** *pl* pravo stanje stvari; pravo lice, prava strana, prednja strana; **to do one ~** postupati pristojno, pravilno s kim; **by ~(s)** s pravom, zapravo, po pravdi, po zaslugama; **to be in the ~** imati pravo; **~s and duties** prava i dužnosti; **to stand on one's ~s** ne odustati od svojih prava, ustrajati na svom pravu; **to put (set) to ~s** urediti, dovesti u red; **all ~s reserved** sva prava pridržana
right [rait] *adj* 1. *arch* ravan (samo u **~** *line* ravna crta); *math* pravi (**~** *angle* pravi kut) 2. prav, pravi; umjeren, pristao, zgodan, prikladan; istinit; točan; ispravan, korektan 3. zdrav, normalan 4. prav, nepatvoren 5. desni | **at ~ angles** pod pravim kutovima; **~ side** prava strana, lice; **on the ~ side of forty** još ispod četrdeset godina; **in one's ~ mind** pri zdravoj pameti; **to set (put) ~** dovesti u red, ozdraviti, popraviti; **~ you are!** tako je!; **to get it ~** dovesti u red, razjasniti; **all ~!** sve u redu; **~ arm, ~ hand** desna ruka (& *fig*); **to put one's ~ hand to the work** prionuti zdušno na posao; *GB coll* **~ oh!** u redu!, upravo tako!, dakako!, dobro!
right [rait] *vt/i* ponovo podići, postaviti; opravdati (se); pribaviti kome njegovo pravo; ispraviti (nepravdu); popraviti (se); *mar* uspraviti (se), doći u pravi položaj
right [rait] *adv* 1. ravno, direktno 2. povoljno, dobro, u redu, ispravno, kako treba, pravo, točno 3. potpuno, sasvim 4. (u oslovljavanju) vrlo, veoma 5. desno | **~ on, ~ ahead** ravno; *US* **~ off, ~ away** odmah, smjesta; **~ honourable** ekscelencija; **~ well** čak, vrlo; **~ through** potpuno, sasvim; **~ turn!** nadesno!; **~ eyes!** pogled (na)desno; **to put (set) ~** dovesti u red, urediti, popraviti; *US* **to come ~ in** ući direktno u; **it serves him ~** pravo mu budi
rightable ['raitəbl] *adj* koji se može ispraviti; koji se može uspraviti
right-about ['raitəbaut] *s* okret za 180° | **to send to the ~(s)** odbiti ili otpraviti kratko i bez okolišanja; prisiliti na uzmak, natjerati u bijeg
right-about ['raitəbaut] *adv* nadesno krug!
right-about ['raitəbaut] *adj* | samo u frazi *mil* **~ turn!** nadesno krug!
right-and-left ['raitənd'left] *adv* desno i lijevo; u oba smjera; u svim smjerovima
right-and-left ['raitənd'left] *adj* koji pristaje desno ili lijevo, koji se okreće desno i lijevo, desni i lijevi
right-and-left ['raitənd'left] *s* hitac iz obiju cijevi
right-angled [,rait'æŋgld] *adj* koji je pod pravim kutom, pravokutan
right-down ['raitdaun] *adv* potpuno, sasvim, jako, vrlo
right-down ['raitdaun] *adj* (**~ly** *adv*) potpun, prav, temeljit | **a ~ shame** prava sramota
righten ['raitn] *vt* dovesti u red; poboljšati
righteous ['raitʃəs] *adj* (**~ly** *adv*) pravedan; pošten, ispravan, krepostan
rightful ['raitful] *adj* (**~ly** *adv*) zakonit, pravedan, pravičan, koji mu po pravu pripada
right-hand ['raithænd] *s* onaj koji se nalazi zdesna; *fig* desna ruka
right-hand ['raithænd] *adj* desni, za desnu ruku | **the ~ man** *fig* desna ruka

right-handed [ˌrait'hændid] *adj* (**~ly** *adv*) desnoruk, koji ide nadesno, koji se okreće (vrti) u smjeru kazaljke sata, desni, svinut udesno
right-hander ['raitˌhændə] *s* dešnjak; udarac desnom rukom
right heart ['raithaːt] *s anat* polovica srca koja sadrži desnu pretklijetku i klijetku
rightist ['raitist] *s* desničar
rightly ['raitli] *adv* s pravom; pravilno, ispravno, korektno, točno
right-minded [ˌrait'maindid] *adj* koji ima ispravno mišljenje ili zdrava načela
rightness ['raitnis] *s* poštenje; pravičnost, točnost; prikladnost
righto! [ˌrait'əu] *interj* u redu, dobro
right-of-way ['raitəv'wei] *s jur* pravo slobodnog prolaza; *mot, etc.* prednost
rightward ['raitwəd] *adj* koji je usmjeren nadesno
rightwards ['raitwəd(z)] *adv* nadesno
rigid ['ridʒid] *adj* (**~ly** *adv*) ukočen, ukrućen, okorio, krut; nepomičan; (o osobama) tvrd, krut, nepokolebljiv, nesavitljiv; strog, oštar, okrutan, previše točan
rigidity [ri'dʒiditi] *s* krutost, okorjelost, ukočenost; strogost, tvrdoća, okrutnost
rigmarole ['rigmərəul] *s* lupetanje, trabunjanje, trućanje; besmisleno kompliciran postupak
rigorism ['rigərizm] *s* pretjerana strogost; ukočenost; *eccl* rigorizam, rigoroznost; točnost
rigorous ['rigərəs] *adj* (**~ly** *adv*) strog, oštar, ljut, neumoljiv, nemilosrdan; pretjerano točan; (o klimi) opor, surov
rigour (**rigor**) ['rigə] *s* krutost, okorjelost, ukočenost, oštrina, ljutost, strogost | **~s** *pl* stroge mjere; *jur* prinudne mjere; pretjerana točnost; surovost; vremenske nepogode
rig-out ['rigaut] *s* oprema
rile [rail] *vt fam* razljutiti, srditi, dražiti
rill [ril] *s* potočić
rill [ril] *vi* curiti, teći
rim[1] [rim] *s* rub, ivica; obruč, naplatak (kotača itd.); obod (šešira); *mar* površina vode; okvir (sita) | **golden ~** kruna
rim[2] [rim] *s arch anat* potrbušnica
rim [rim] *vt* obrubiti, uokviriti, staviti obruč ili naplatak
rime [raim] *s & vt* → **rhyme**
rime [raim] *s poet* mraz, inje
rime [raim] *vt poet* pokriti mrazom, injem
rimmed [rimd] *adj* obrubljen, uokviren
rimy ['raimi] *adj* koji je pun inja, mraza; koji je pokriven mrazom, injem
rind [raind] *s* kora; ljuska; koža (slanine i sl.); *fig* vanjski izgled, površina
rind [raind] *vt* oljuštiti, skinuti koru ili kožu
rinderpest ['rindəpest] *s vet* goveđa kuga
ring[1] [riŋ] *s* 1. prsten; *geom* kružni vijenac; kolut, obruč; ušica, uška 2. (o osobama) krug, kolo; *US* klika, špekulanti; savez, kartel 3. kružna željeznica; borište, poprište, arena, trkalište, cirkus; *box* ring; boksanje; *racing* kladionica | **to make ~s round a p** ići, kretati se ili činiti što mnogo brže nego (netko drugi)
ring[2] [riŋ] *s* zvonjenje; zvučanje, zvečanje; zveckanje, kucanje; zveka, zveketanje; *teleph* poziv, znak zvona, zvuk, zvek, ton | **to give a ~** zvoniti; zazvoniti; nazvati koga telefonom; **there's a ~ at the door** netko zvoni
ring[1] [riŋ] *vt/i* **I.** *vt* okružiti, opkoliti (stoku itd.), staviti, metnuti (kroz nos) prsten (životinji); *hort* prstenasto oguliti koru s drveća **II.** *vi* (o pticama) dizati se spiralno, kretati se u krugu | **to ~ cattle** okružiti, opkoliti i satjerati stoku kamo
ring[2] [riŋ] *vi/t* (*pret* rang, rung; *pp* rung) 1. (o zvonima) zvoniti, zazvoniti; pozvoniti; (o kovanom novcu, glasu) zvečati, zvučati, odjekivati 2. odzvanjati, odjekivati, oriti se, razlijegati se; biti napunjen ili pun (*with* čega) 3. zvonom oglasiti, pozivati, tražiti koga (*~ for a p*) | **to ~ the knell of** nagovijestiti svršetak, kraj ili pad; **to ~ true (false)** zvučati pravo (krivo)
ring down ['riŋ'daun] *vt theat* dati znak zvonom da se spusti zastor
ring in ['riŋ'in] *vt* slaviti dolazak, uvesti zvonjenjem
ring off ['riŋ'ɔf] *vi* 1. *teleph* završiti telefonski razgovor, spustiti, objesiti slušalicu 2. odjekivati, odjeknuti, ponovo ječati
ring out ['riŋ'aut] *vt fig* oprostiti se od (*to ~ the Old Year*)
ring up ['riŋ'ʌp] *vt* 1. *theat* dati znak zvoncem da se zastor digne 2. *teleph* nazvati koga
ring-a-ding ['riŋədiŋ] *adj US sl* vrlo uzbudljiv, živahan
ring-bark ['riŋbaːk] *vt* urezati kolut, prsten u koru (stabla) s namjerom da ugine ili da se spriječi rastenje
ring-dove ['riŋdʌv] *s ornith* golub grivnjaš, golub grgusan (*Columba palumbus*); gugutka, kumrija (*Streptopelia risoria*)
ringent ['rindʒənt] *adj bot & zool* koji je širom otvoren (usta)
ringer[1] ['riŋə] *s* 1. kolut koji, kad se izbaci, treba da padne na klin, čunj 2. lisica koja trči u krugu kad je love; *min* željezna poluga
ringer[2] ['riŋə] *s* onaj koji zvoni, zvonar; sprava, naprava za zvonjenje; *US* burno, glasno odobravanje; *sl* osoba ili stvar koja je vrlo slična drugoj; *sl* sportaš ili konj koji je ušao u natjecanje s lažnim podacima (pod lažnim imenom itd.)
ring-finger ['riŋˌfiŋgə] *s* prstenjak (prst)
ring-hunt ['riŋhʌnt] *s* lov u kojem se zvijeri tjeraju prema središtu obručom vatre

ringleader ['riŋ,li:də] *s* kolovođa
ringlet ['riŋlit] *s* prstenjak, prstenčić, kružić; uvojak, vitica, kovrčica
ringman ['riŋmən] *s* (*pl* **ringmen** ['riŋmən]) kladilac od zanata (na utrkama itd.)
ring-master ['riŋ,ma:stə] *s* upravitelj cirkuskih predstava
ring-neck ['riŋnek] *s* *ornith* vivak; patka s kolutom oko vrata
ring-ouzel ['riŋ,u:zl] *s* *ornith* ogrličast drozd (*Turdus Torquatus*)
ring-road ['riŋrəud] *s* zaobilazna cesta okolo naokolo grada
ring-snake ['riŋsneik] *s* bjelouška
ringworm ['riŋwə:m] *s* lišaj (oboljenje kože)
rink [riŋk] *s* klizalište; mjesto za koturanje na koturaljkama
rink [riŋk] *vi* klizati se; voziti se na koturaljkama
rinker ['riŋkə] *s* klizač; vozač na koturaljkama
rinse [rins] *s* ispiranje; pranje, isplahnjivanje; preliv (za kosu)
rinse [rins] *vt* ispirati, isprati, isplahnuti; zamočiti u boju (tkaninu); isplahnuti (kosu) bojom
rinsing ['rinsiŋ] *s* pranje, ispiranje, tekućina za ispiranje, tekućina ostala iza ispiranja (namakanja) | **~s** *pl* spirine, voda od opranog posuđa
riot ['raiət] *s* raskalašenost, razuzdanost, neumjerenost; razvratan život, bučna, raskalašena zabava, uživanje; *fig* izobilje, obilje, pretek, suvišak (*of* čega); izgred, buna, pobuna, nemir, buka, graja | *hunt* **to run ~** ići pogrešnim tragom (o lovačkom psu); (o biljci) bujati, širiti se; raskalašiti se, razuzdano živjeti, razulariti se; *coll* & *fig* **to read the Riot Act** narediti da se s nečim prestane pod prijetnjom kazne
riot ['raiət] *vi/t* izbjesnjeti se, ispraskati se; bjesnjeti, bučati, praskati; provoditi se, uživati (*in* u); sudjelovati u izgredu, pobuni, metežu, buci, graji; prouzročiti, učiniti izgred, pobunu
riot out ['raiət'aut] *vt* profućkati, spiskati, upropastiti, rasuti, rasipati
rioter ['raiətə] *s* raskalašen, raspušten čovjek; pijanica; buntovnik, bundžija, ustanik, sudionik u nemirima
riot gun ['raiətgʌn] *s* *US* kratka sačmarica
riotous ['raiətəs] *adj* (**~ly** *adv*) raspušten, raskalašen, razuzdan, razvratan; neobuzdan, bučan, bijesan; buntovnički
riotry ['raiətri] *s* bunjenje, buntovnost; bančenje
rip[1] [rip] *s* (dug) rascjep, poderotina | *US* **~ of laughter** grohotan, urnebesan smijeh; **like ~s** žestoko, jako, snažno
rip [rip] *vt/i* **I.** *vt* rasparati **II.** *vi* cijepati se, pući, puknuti, raspuknuti se, rastrgnuti se; *fam* trčati, juriti, jurnuti | **let her ~** (o čamcu, stroju i sl.) daj gas (do daske)
rip off ['rip'ɔf] *vt* istrgnuti, otrgnuti
rip out ['rip'aut] *vt* istrgnuti, otrgnuti
rip up ['rip'ʌp] *vt* otvoriti, obnoviti (prošlost, svađu, tugu i dr.) | **to ~ forgotten scandals** probuditi, pokrenuti zaboravljene skandale
rip[2] [rip] *s* kljuse, kljusina, raga; ništarija, nevaljalac, nitkov
rip[3] [rip] *s* namreškan, uznemiren pojas vode gdje se sastaju dvije struje
riparian [rai'pɛəriən] *s* vlasnik zemljišta na obali rijeke
riparian [rai'pɛəriən] *adj* obalni, obrežni, koji pripada obali
rip-cord ['rip'kɔ:d] *s* *aero* konopac za otvaranje padobrana
ripe [raip] *adj* (**~ly** *adv*) zreo; sazreo; izrastao; potpun, savršen; dozreo (*for* za); spreman, gotov, dospio (*for* za); upravo učinjen, kao stvoren (*for* za) | **~ lips** crvene i meke usne kao zrelo voće; **~ beauty** zrela ljepota, ljepota zrele žene; **~ age** visoka starost
ripe [raip] *vt/i* *poet* zreti, sazreti
ripen ['raipn] *vi/t* **I.** *vi* zreti, sazreti, dozreti; razviti se (*into* u); postati zreo **II.** *vt* učiniti zrelim; dovesti do zrenja, sazrijevanja, dozrijevanja
ripeness ['raipnis] *s* zrelost
riposte [ri'pɔst] *s* *Fr* *fencing* riposta, protuudarac, protunavala; *fig* brz i zgodan odgovor (*to* na)
riposte [ri'pɔst] *vi/t* *fencing* učiniti protuudarac, protunavalu; brzo uzvratiti, odgovoriti kome
ripper ['ripə] *s* rasparač, paralo, oruđe za paranje; *tech* stroj za paranje; stolarska pila, ručna pila; *sl* raskošan primjerak; momak odoka; glasovitost, čuvenost, sjajna stvar, nešto što je izvrsno
ripping ['ripiŋ] *adj* (**~ly** *adv*) *sl* sjajan, odličan, izvrstan, divan, izvanredan, kolosalan
ripping ['ripiŋ] *adv* *sl* vrlo, veoma; izvrsno, sjajno, silno, kolosalno, veselo
ripple[1] ['ripl] *s* *tech* greben (za lan, konoplju)
ripple[2] ['ripl] *s* lako smežuravanje, mreškanje, bibanje vode; valić, val kose; šum, žuborenje | *fig* **a ~ of laughter** tih, jedva primjetan smijeh
ripple ['ripl] *vt* grebenati, češljati (lan, konoplju, vunu)
ripple ['ripl] *vi/t* **I.** *vi* kovrčati se, mreškati se; žuboriti, žamoriti, šumiti; talasati se, stvarati valiće, teći praveći valiće **II.** *vt* (o vodi) mreškati, naborati, nabrati, uzmutiti, uzmiješati, uzburkati, ustalasati
ripple-mark ['riplma:k] *s* nabor na pijesku od sitnih valova, namreškana površina pijeska

ripplet ['riplit] *s* valić
ripply ['ripli] *adj* valovit, kovrčast, talasast; koji žubori, šumi
rip-roaring ['rip'rɔːriŋ] *adj sl* živahan i bučan
rip-saw ['ripsɔː] *s tech* ručna pila s grubim zupcima za piljenje drva uzduž vlakana
rise [raiz] *s* 1. (o suncu) izlaženje, izlaz, ishod; penjanje, uspinjanje, uzlaženje; *theat* dizanje (zastora); poboljšanje života, uzdizanje, napredovanje 2. uspon, uzlazak, uzvišica, uzvišenje, brežuljak; visina stepenica (stubišta itd.) 3. dizanje, povećavanje; prirast *(in* na); *mus* povišenje (glasa); *com* porast, skok, skakanje, hosa (cijena); dodatak, povišica (plaće) 4. uzrok; izvor, vrelo | **to get (take) a ~ out of a p** razljutiti, izazvati nekoga; **to give ~ to** prouzročiti, dati povoda čemu, dovesti do čega; **to have (take) its ~ in (from)** izvirati u, proizlaziti iz; **on the ~** u porastu
rise [raiz] *vi/t* (rose, risen) 1. dići se, ustati; *parl* dići, zaključiti, odložiti, odgoditi (sjednicu, zasjedanje); ustati, pobuniti se, protiviti se *(against, on* protiv) 2. popeti se, penjati se, uzlaziti, uzdići se *(to* do); (o suncu itd.) izlaziti; uskrsnuti; nabujati (& *fig*); (o tijestu itd.) dići se; (o ribi) izroniti iz dubine da bi zagrizla; *theat* (o zastoru) dizati se 3. uzdići se, napredovati; ojačati, rasti, postajati jači; (o cijeni) rasti, skakati; (o glasu itd.) rasti, povećati se 4. (o zgradama) isticati se, stršiti uvis, dizati se; postati vidljiv, pojaviti se, pokazati se; nastupiti, nastati; rađati se, postajati, izvirati | **to ~ from the dead** uskrsnuti od mrtvih; **to ~ in arms** ustati na oružje; **blisters ~** stvaraju se mjehuri; **to ~ to the occasion** pokazati se doraslim situaciji
rise above ['raizə'bʌv] *vi* dizati se, uzdići se iznad
risen ['rizn] *pl* od **rise**
riser ['raizə] *s* onaj koji ustaje; (o stepenici) visina stepenice
risibility [ˌrizi'biliti] *s US* nasmješljivost, sklonost smijanju; *pl* osjećaj za smiješno
risible ['rizibl] *adj* (**risibly** *adv*) smješljiv, koji je sklon smijehu; smiješan
rising ['raiziŋ] *s* ustajanje; uskrsnuće; vraćanje u život; odlaganje, odgađanje; ustanak, buna; (o suncu itd.) ishod, izlazak; penjanje; (o osjećaju) uzbuđenje; napredovanje; povećanje, rastenje; uzvišica, uzvišenje, brežuljak; mala oteklina, gnojna bubuljica, fistula, prišt, čir
rising ['raiziŋ] *adj* koji se diže, napreduje; koji teži da se uzdigne; koji dorasta, koji stiže; koji se penje, koji uzlazi; *US* iznad, nešto više nego | **to be ~ forty** približavati se četrdesetoj; **the ~ generation** mlada generacija

risk [risk] *s* rizik | **to run ~s, to take ~s** biti u, izlagati se opasnosti; **at owner's ~** na rizik vlasnika; **at one's own ~** na vlastitu pogibao, vlastiti rizik; **at all ~s** na sreću, stavljajući sve na kocku
risk [risk] *vt* odvažiti se, izlagati se opasnosti, pogibli, riskirati, staviti na kocku (život, imetak itd.)
risk-all ['riskɔːl] *adj* koji stavlja sve na kocku
riskful ['riskful] *adj* opasan, pogibeljan, riskantan
riskless ['risklis] *adj* bezopasan, nepogibeljan
risk-money ['riskˌmʌni] *s* doplatak blagajniku za pokriće eventualnih neznatnih manjaka u blagajni
risky ['riski] *adj* (**riskily** *adv*) rizičan, riskantan; škakljiv, dvosmislen, mastan, slan (pripovijest, roman i sl.)
rissole ['risəul] *s Fr cul* sjeckano meso omotano tijestom i prženo
rite [rait] *s* obred; *eccl* liturgija, obred, ceremonija; običaj
ritual ['ritjuəl] *adj* (**~ly** *adv*) obredni, ritualni; crkveni; propisan
ritual ['ritjuəl *s eccl* red službe božje; ritual (knjiga) | **~s** *pl* crkveni obredi
ritualism ['ritjuəlizm] *s eccl* ritualizam, poštivanje ili održavanje obreda; anglokatolicizam
ritualist ['ritjuəlist] *s* ritualist, anglokatolik, pripadnik Anglikanske crkve
ritualistic [ˌritjuə'listik] *adj* (**~ally** *adv*) ritualističan, anglokatolički
ritualize ['ritjuəlaiz] *vt/i* učiniti ritualnim, obrednim; vršiti obred
ritzy ['ritsi] *adj GB sl* elegantan; luksuzan
rival ['raivl] *s* takmac, takmičarka, suparnik, rival, konkurent *(for* kome)
rival ['raivl] *adj* takmičarski, suparnički, konkurentski
rival ['raivl] *vt/i* takmičiti se, natjecati se, nadmetati se, konkurirati
rivalry ['raivlri] *s* takmičenje, suparništvo, rivalstvo; natjecanje, utakmica, nadmetanje
rive [raiv] *vt/i* (*pret* **~**d; *pp* riven, **~**d) razderati (se), cijepati (se), rascijepiti (se), otcijepiti (se)
rivel ['rivl] *vi/t* stegnuti (se), stisnuti (se), zgrčiti (se); namrštiti, nabrati, namrgoditi (čelo)
riven ['rivən] *pp* od **rive**
river ['rivə] *s* rijeka | **to sell down the ~** *US* izdati, prevariti, zloupotrijebiti | **up the ~** *US sl* u zatvor(u), na robiju, na robiji
river-bank ['rivəbæŋk] *s* obala rijeke
river basin ['rivəˌbeisn] *s* riječni bazen, porječje, sliv
river-bed ['rivə'bed] *s* riječno korito
riverhead ['rivəhed] *s* izvor rijeke, riječni izvor

river horse ['rivəhɔːs] *s zool* vodenkonj, vodeni konj
rivet ['rivit] *s tech* zagvozda, zakovica
rivet ['rivit] *vt* zakivati, zakovati, pričvrstiti zakovicama; *fig* pričvrstiti (*to* za, na što); usaditi (*in* u što); prikovati (pogled) (*on* na što)
rivet gun ['rivit'gʌn] *s tech* pneumatski čekić (za zakivanje)
rivulet ['rivjulit] *s* rječica, potočić; vrsta moljca
rix-dollar [ˌriks'dɔlə] *s hist* srebrni kovani novac (vrijedan otprilike jedan US dolar)
roach[1] [rəutʃ] *s ichth* bodorka, crvenperka (*Rutilus rutilus*) | **as sound as a ~** u odličnu zdravlju, zdrav kao riba, zdrav kao dren
roach[2] [rəutʃ] *s mar* obluk
roach[3] [rəutʃ] *s* žohar
road [rəud] *s* 1. *mar* sidrište, rada 2. cesta, drum, put, staza; *US rly* tračnice, željeznička pruga 3. putovanje | **on the ~** na putovanju; **to take the ~** krenuti; *arch* **to take to the ~** postati drumski razbojnik; **rule of the ~** propis za vožnju (cestom, morem); **in the ~** na putu, na smetnji, koji smeta
road [rəud] *vt hunt* (o psu) slijediti njuhom trag
roadblock ['rəudblɔk] *s* pomična privremena barikada na cesti
road-book ['rəudbuk] *s* itinerar(ij), knjiga s opisom putova, s podacima o udaljenostima i sl.
road-carriage ['rəudˌkæridʒ] *s* cestovni transport
road construction ['rəudkən'strʌkʃən] *s* cestogradnja
road-hog ['rəudhɔg] *s mot* bezobziran vozač; *fam* proždirač kilometara
road-house ['rəudhaus] *s* gostionica uz glavnu cestu
roadman ['rəudmən] *s* 1. radnik koji radi na održavanju cesta 2. ulični prodavač; trgovački putnik
road-mender ['rəudˌmendə] *s* radnik na održavanju cesta
road-metal ['rəudˌmetl] *s* tucani kamen za gradnju cesta
road show ['rəudʃəu] *s* predstava putujuće kazališne družine
roadside ['rəudsaid] *s* rub ceste | **~ plants** biljke što rastu uz cestu; **~ inn** → **road-house**
roadstead ['rəudsted] *s mar* sidrište
roadster ['rəudstə] *s mar* brod u sidrištu; putni konj; jak bicikl; *mot* otvorena putnička kola, dvosjedna kola; iskusan putnik
road tanker ['rəudˌtæŋkə] *s* kamion-cisterna
road-test ['rəudtest] *vt* iskušati na terenu, u praksi
roadway ['rəudwei] *s* cesta, drum; kolnik, srednji dio ceste
roadwork ['rəudwəːk] *s* trčanje (kao dio treninga boksača)
roam [rəum] *s* lutanje, tumaranje
roam [rəum] *vi/t* skitati se, lutati, potucati se, tumarati, švrljati, krstariti, proći, proputovati, prijeći, prevaliti, propješačiti | **to ~ about the forest** lunjati, skitati se, vucarati se po šumi
roamer ['rəumə] *s* skitnica; putnik
roan [rəun] *adj* crvenkastosiv, riđast
roan[1] [rəun] *s* 1. (o životinjama) onaj kojemu je temeljna boja dlake gusto ispjegana drugom bojom (obično bijelom ili sivom) 2. konj, krava itd. takve boje
roan[2] [rəun] *s* meka štavljena ovčja koža (za uvezivanje knjiga)
roar [rɔː] s rika, rikanje, krika, vika; grohot, smijeh iz svega glasa, glasan smijeh; (o vjetru itd.) zavijanje, huka, hujanje; bješnjenje, bijes; (o grmljavini) treskanje, trijes, tresak, grmljavina; *aero* buka, šum, tutanj, huka; hripanje (konja) | **to set table in a ~** nasmijati sve oko stola
roar [rɔː] *vi/t* **I.** *vi* 1. (o životinjama) rikati, mukati, zavijati; vikati, vrištati, jaukati (od boli); glasno, grohotom se smijati; (o konju) hripati 2. (o vodi) bučati, hučati, šumjeti; (o gromu, topu) tutnjeti, grmjeti, treskati; (o vjetru) bješnjeti; *aero* bučno prohujati 3. (o mjestima) tutnjeti, odzvanjati, odjekivati, ječati (*with* od) **II.** *vt* dreknuti, riknuti (kletvu i dr.) | **to ~ at** derati se, vikati na koga; **to ~ with laughter** grohotom se smijati; **to ~ oneself hoarse** do promuklosti se izderati, izvikati
roarer ['rɔːrə] *s* vikač, bukač; sipljiv konj
roaring ['rɔːriŋ] *s* rika, rikanje, huka, buka; *vet* sipljivost
roaring ['rɔːriŋ] *adj* bučan, glasan, žestok, buran; *fam* golem, neizmjeran, strahovit, kolosalan; koji cvjeta, napredan (trgovina); sjajan, izvrstan (zdravlje)
roaring forties ['rɔːriŋ'fɔːtiz] *s pl* olujno oceansko područje između 40^0 i 50^0 širine (naročito južne)
roast [rəust] *s* pečenje, pečenka; prženje | *fam* **to rule the ~** vladati, gospodariti
roast [rəust] *vt/i* peći (se), pržiti (se), ispržiti (se); grijati se kraj kamina; ismijavati, rugati se | **I am ~ing** umirem, skapavam od žege
roast [rəust] *adj* pržen, pečen
roast beef ['rəustbiːf] *s* pečena govedina
roaster ['rəustə] *s* pečenjar; roštilj; *met* visoka peć; pržnica (za kavu); odojak, pile i dr. prikladno za pečenje, pečenac
roasting ['rəustiŋ] *adj* koji (se) prži, peče; silno vruć, koji žeže
roasting-jack ['rəustiŋdʒæk] *s tech* okretalo (ražnja)

rob [rɔb] *vt* orobiti, plijeniti, opljačkati, grabiti, oteti, lišiti koga (*of* čega); pokrasti
robber [ˈrɔbə] *s* razbojnik, hajduk; lupež, lopov, tat, kradljivac
robber fly [ˈrɔbəflai] *s zool* muha grabljivica (*Asilidae*)
robbery [ˈrɔbəri] *s* razbojstvo, grabež, pljačka; krađa; *fam* izmamljivanje novca, iznuđivanje, ucjenjivanje; otimačina, iskorišćivanje | *jur* ~ **with violence** grabežno umorstvo; **highway** ~ drumsko razbojstvo
robe [rəub] *s* duga gornja odjeća; *eccl* talar; *pl* odijelo, odjeća; svečana, službena odora; kupaći kaput, kućni kaput; *arch* ženska haljina; *US* štavljena bivolska koža koja služi kao prostirač ili odjeća | *jur* **gentlemen of the (long)** ~ pravnici (advokati i suci)
robe [rəub] *vt/i* **I.** *vt* obući svečano ruho **II.** *vi* obući se; nakititi se, uresiti se
robed [rəubd] *adj* odjeven u svečano, u službeno ruho
robin [ˈrɔbin] *s ornith* čučka crvendać, rusogrli crvendać (*Erithacus rubecula*); *US* crvendać selac (*Turdus migratorius*)
robot [ˈrəubɔt] *s* robot; *fig* čovjek-stroj; prometni signal
robot bomb [ˈrəubɔtˈbɔm] *s* vođena avionska bomba
robotize [ˈrəubɔtaiz] *vt* mehanizirati, učiniti robotom
robust [rəˈbʌst] *adj* (~**ly** *adv*) jak, snažan, krepak, robustan; zdrav, čil; surov, neotesan, glasan; težak (posao); jaka okusa
robustious [rəˈbʌstʃəs] *adj* jak, robustan; bučan, glasan; žustar, divlji
robustness [rəˈbʌstnis] *s* snaga, jakost
roc [rɔk] *s* ptica rok
rocambole [ˈrɔkəmbəul] *s bot* lučka, pupa, divlji luk (*Allium scorodoprasum*)
rochet [ˈrɔtʃit] *s eccl* korski kaput (biskupa)
rock[1] [rɔk] *s* 1. hrid, stijena, kamenjak; *collect pl* vrlet, litica, stijena 2. *fig* stijena, čvrsto tlo; opasna zapreka 3. slatkiš u šipki 4. *sl* dijamant ili kakav drugi dragi kamen | *lit* & *fig* **built on the** ~ siguran; **the Rock** Gibraltar; **Rock of ages** Krist; **to run upon the** ~**s** nasukati se; **on the** ~**s** nasukan; (piće) s ledom (bez vode); *sl* u novčanoj stisci
rock[2] [rɔk] *s* preslica
rock[3] [rɔk] *s* ljuljanje, njihanje
rock [rɔk] *vt/i* **I.** *vt* ljuljati, njihati, zibati; uljuljati, uspavati; *min* drmati, stresti **II.** *vi* ljuljati se, njihati se (*on* na); klecati, teturati, posrtati, kolebati se (& *fig*) | **to** ~ **to sleep** uspavati ljuljanjem, zibanjem
rock-bottom [ˈrɔkˌbɔtəm] *adj* najniži | *com* ~ **prices** najniže cijene
rock-cake [ˈrɔkkeik] *s* vrsta kolača s hrapavom tvrdom površinom
rock-drill [ˈrɔkdril] *s mech* bušilica, stroj za bušenje stijena i kamena
rocker [ˈrɔkə] *s* osoba ili predmet koji se njiše, ljulja; *US* stolac za ljuljanje; salinac, savinuta šipka na kojoj se njiše zipka; ljuljačka; vrsta klizaljke | *sl* **off one's** ~ lud
rockery [ˈrɔkəri] *s* alpski vrt, kamenjar
rocket[1] [ˈrɔkit] *s* raketa
rocket [ˈrɔkit] *vt/i* **I.** *vt* tući, bombardirati raketama **II.** *vi* (o pticama) okomito uzletjeti; poletjeti, letjeti naprijed
rocket[2] [ˈrɔkit] *s bot* morguša (*Cakile maritima*); garda, riga, rigula (*Eruca sativa*)
rocketer [ˈrɔkitə] *s* ptica koja okomito uzlijeće
rocket launcher [ˈrɔkitˈlɔːntʃə] *s* raketni lanser, bacač, bazuka
rocket range [ˈrɔkitˈreindʒ] *s* raketni poligon, predjel za raketno eksperimentiranje
rocketry [ˈrɔkitri] *s* raketna tehnika, raketno naoružanje, rakete
rockfish [ˈrɔkfiʃ] *s* pridnena riba kamenog dna, riba od dna
rock-garden [ˈrɔkˌgaːdn] *s* → **rockery**
rock-goat [ˈrɔkgəut] *s zool* kozorog (*Capra ibex*)
rocking-chair [ˈrɔkiŋtʃɛə] *s* stolica za ljuljanje
rockinghorse [ˈrɔkiŋhɔːs] *s* konj za ljuljanje
rocking-stone [ˈrɔkiŋstəun] *s* kamen u labilnoj ravnoteži
rocking-turn [ˈrɔkiŋtəːn] *s sport* jedna od klizačkih figura
rock'n roll [ˌrɔkənˈrəul] *s* rokenrol
rock-oil [ˈrɔkɔil] *s* nafta, petrolej
rock-rose [ˈrɔkrəuz] *s bot* vrsta cistusa sa žutim, ružičastim i blijedoružičastim cvjetovima
rock-salt [ˌrɔkˈsɔːlt] *s geol* kamena sol
rock-tar [ˌrɔkˈtaː] *s* → **rock-oil**
rock-work [ˈrɔkwəːk] *s* 1. → **rockery** 2. grupa prirodnih stijena 3. *arch* građevina od neotesana kamena 4. vještina u penjanju po stijenama
rocky[1] [ˈrɔki] *adj* (**rockily** *adv*) kamenit, kršan, pun grebena, litica, hridina, stijena; *fig* tvrd, nepopustljiv
rocky[2] [ˈrɔki] *adj* (**rockily** *adv*) klimav, klimatav, kolebljiv, koji tetura, koji posrće
rococo [rəˈkəukəu] *adj* rokoko
rococo [rəˈkəukəu] *s* rokoko
rod [rɔd] *s* 1. šiba, prut; svežanj pruća, bič; *fig* kazna 2. štap, palica 3. motka za mjerenje (= $5^1/_2$ yards = 5.28 m) 4. motka; šipka | **to make a** ~ **for one's own back** nakopati sam sebi neprilike; **to kiss the** ~ primiti kaznu bez prigovora; **to**

have a ~ in pickle for pripremiti šibu (za kaznu); **fishing ~** prutilo, ribički štap
rode [rəud] *pret* od **ride**
rodent ['rəudənt] *adj* koji glođe; *path* koji izjeda, uništava
rodent ['rəudənt] *s zool* glodavac
rodential [rəu'denʃəl] *adj* → **rodent**
rodeo [rəu'deiəu] *s* rodeo; *fig* izvođenje smjelih motociklističkih bravura
rod-iron ['rɔd,aiən] *s* željezo u šipkama
rodomontade [,rɔdə'mɔnteid] *s* hvalisanje, hvastanje, razmetanje
rodomontade [,rɔdə'mɔnteid] *adj* hvalisav, hvastav, razmetljiv
rodomontade [,rɔdəmɔn'teid] *vi* hvaliti se, hvastiti se, razmetati se
rodomontader [,rɔdəmɔn'teidə] *s* hvalisavac, razmetljivac
rodster ['rɔdstə] *s* ribič udicom
roe[1] [rəu] *s zool* srna; košuta
roe[2] [rəu] *s* ikra, mrijest
roebuck ['rəubʌk] *s zool* srnjak, srndać
roe-deer ['rəudiə] *s zool* srna; košuta
roe-stone ['rəustəun] *s geol* ikrovac, oolit (kamen)
rogation [rəu'geiʃn] *s eccl* molitva, litanija | **~s** *pl* procesije
rogational [rəu'geiʃənl] *adj* molitveni
rogue [rəug] *s* skitnica; hulja, vucibatina, lupež, nitkov, nevaljalac, bitanga; *fam* vragolan; *hort* biljka presadnica loše vrste; *zool* slon i sl. koji živi izvan stada i divlji je i opasan | **~s' gallery** *US* policijska kartoteka s fotografijama kriminalaca
rogue [rəug] *vt/i* skitati se; zbijati vragolije; varati; plijeviti ili uništavati (npr. biljke loše kvalitete)
roguery ['rəugəri] *s* lopovština, lupeštvo; *fam* vragolija, šala
roguish ['rəugiʃ] *adj* (**~ly** *adv*) lopovski, lupeški, vragolast; šaljiv; zločest
roguishness ['rəugiʃnis] *s* lupeštvo, zloba, vragolanstvo
roil [rɔil] *vt US* (vodu) mutiti, zamutiti; *fig* uznemiriti, uzbuditi; uzrujati, razljutiti
roily ['rɔili] *adj* mutan, blatan; uzbuđen, uzrujan
roister ['rɔistə] *s* vikač, pijanica
roister ['rɔistə] *vi* bučiti, galamiti, hvalisati se, biti raskalašen, raspušten, pijančevati
roisterer ['rɔistərə] *s* vikač, pijanica, hvalisavac
roistering ['rɔistəriŋ] *s* vika, buka, lupanje, graja
role [rəul] s uloga, funkcija
roll[1] [rəul] *s* 1. svitak, smotak (papira itd.); povelja; spisak, popis; listina, imenik, registar, katalog 2. sve što je smotano; *collect* smotani spisi, isprave, ljetopisi, kronike, anali itd.; *US* smotak novčanica; novac; kruščić, zemička; rolada (mesa, kolača i dr.); *arch* puž; *tech* valjak, cilindar; *mil* apel, prozivanje | **Swiss ~** rolada od biskvita s džemom; **Master of the Rolls** predsjednik državnog arhiva; **the Rolls** zbirka povelja, arhiv povelje; **to call the ~** prozivati; **to strike off the ~s** brisati, križati s popisa, diskvalificirati (zbog nepoštenja itd.); **~ of honour** popis palih u ratu
roll[2] [rəul] *s* 1. valjanje, kotrljanje, koturanje; okretanje; *fig* tok, hod 2. geganje, mlataranje; *mar & aero* ljuljanje 3. *mil* bubnjava; tutnjava; otjecanje; talasanje; (o zvuku) skladnost, blagoglasje 4. valovito uzdizanje 5. *aero* prevrtanje (umjetničko letenje)
roll [rəul] *vt/i* **I.** *vt* 1. valjati, koturati, kotrljati; transportirati, voziti; motati, zamotati, saviti; zavijati, krivudati; (o rijekama) valjati, tjerati 2. vrtjeti (oko osovine); u mislima prevrtati; razmišljati; prevrtati, prevraćati (očima) 3. zamotati 4. (željezo) valjati, rastezati, stanjiti 5. *phon* izgovarati glas *r* s vibracijom **II.** *vi* 1. valjati se, kotrljati se, koturati se (*from* iz; *into* u); voziti se; putovati, lutati 2. (o vodi) skotrljati se, otkotrljati se; okliznuti se, otjecati, oteći; okretati se, vrtjeti se; (o moru) talasati se, njihati se, biti valovit; (o kopnu) valovito se protezati, talasati se 3. (o zvuku) odjekivati, oriti se, razlijegati se; grmjeti, tutnjeti, šumiti 4. valjati se amo-tamo; *coll* valjati se (u novcu i sl.) 5. *aero & mar* valjati se; (o osobama) gegati se, šepiriti se | **~ my log and I'll yours** ruka ruku mije; **to ~ one's r's** izgovarati slovo *r* s vibracijom; **to be ~ing in money** plivati u novcu, biti vrlo bogat; **~ing stone gathers no moss** nepostojan čovjek ne postiže cilja
roll along ['rəulə'lɔŋ] *vi* kotrljati se, koturati se
roll by ['rəul'bai] *vt/i* voziti (se), provesti (se); proći mimo, prolaziti; prokotrljati se, provaljati se mimo čega
roll forth ['rəul'fɔːθ] *vt* (o orguljama) razlijegati se, zvučati, zaoriti
roll in ['rəul'in] *vi* stići, prispjeti, doći; *fig* banuti, iznebuha se stvoriti
roll on ['rəul'ɔn] *vi* nastaviti (se), odvijati se, teći
roll out ['rəul'aut] *vt/i* iskotrljati (se), ispasti; razvaljati, stanjiti, izgladiti; teći; izvući (se); izmotati (se)
roll over ['rəul'əuvə] *vt/i* valjati se, prevrtati se, otkotrljati se
roll up ['rəul'ʌp] *vt/i* uviti (se); smotati (se), saviti (se), posuvratiti (se); doći, stići, pojaviti se
rollable ['rəuləbl] *adj* koji se može smotati
rollaway ['rəulə,wei] *adj* (o namještaju) na kotačima

rollback ['rəulbæk] *s US* snižavanje cijena intervencijom države
rollback [ˌrəul'bæk] *vt* sniziti cijene intervencijom države
roll-blotter ['rəulˌblɔtə] *s* bugačica u svitku
roll-call ['rəulkɔːl] *s* prozivanje, prozivka
rolled oats ['rəuld'əuts] *s pl* zobene pahuljice
roller ['rəulə] *s* 1. smotak, valjak 2. golem val 3. *med* povoj, zavoj 4. *ornith* zlatovrana modrulja (*Coracias garrulus*); roler (vrsta kanarinca)
roller-skate ['rəuləskeit] *s* koturaljka
roller-skate ['rəuləskeit] *vi/t* koturati (se) na koturaljkama
roller-towel ['rəuləˌtauəl] *s* dugačak ručnik kojemu su krajevi prišiveni jedan za drugi, a vrti se na valjku (u javnim zahodima)
rollick ['rɔlik] *s* obijesno vladanje, vragolasto ponašanje
rollick ['rɔlik] *vi* veselo, obijesno bučati, ludovati
rolling-pin ['rəuliŋpin] *s cul* valjak, oklagija
rolling-press ['rəuliŋpres] *s tech* stroj s valjcima za glačanje, glađenje i poravnavanje
rolling-stock ['rəuliŋstɔk] *rly* vagoni i lokomotive, željeznički park
roll-top ['rəultɔp] *adj* | ~ **desk** pisaći stol s pomičnim rebrastim poklopcem
roll-top [ˌrəul'tɔp] *s* rebrast pomičan poklopac (na uredskom pokućstvu)
roly-poly [ˌrəuli'pəuli] *s* 1. vrsta pudinga 2. bucmasto, debeljuškasto dijete, osoba, životinja
roly-poly [ˌrəuli'pəuli] *adj* bucmast, debeljuškast
Rom [rɔm] *s* (*pl* **~a** ['rɔmə]) Ciganin
Roman ['rəumən] *s* Rimljanin
Roman ['rəumən] *adj* rimski | ~ **holiday** zabava na račun tuđe patnje
Roman Catholic ['rəumən'kæθəlik] *s* rimokatolik
Roman Catholic ['rəumən'kæθəlik] *adj* rimokatolički
romance [rə'mæns] *s lit* romanca; romantična priča, bajka; ljubavni pustolovni roman; romantika; sanjarenje, zanesenost; ljubav, ljubavni doživljaj; pretjerivanje; *mus* romanca; romanski jezici
romance [rə'mæns] *adj* romantičan, pustolovan; čaroban; romanski (jezik)
romance [rə'mæns] *vi* pričati, izmišljati, bajati, izvijati, pretjerivati; govoriti ili misliti romantično
romancer [rə'mænsə] *s* pisac romanca, romana; razmetljivac, hvalisavac, lažac
Romanesque [ˌrəumə'nesk] *adj* romanski
Romanesque [ˌrəumə'nesk] *s archit* romanski stil
Romanian [ruː'meinjən] *adj* rumunjski
Romanian [ruː'meinjən] *s* Rumunj; rumunjski jezik
Romanic [rəu'mænik] *adj* → **Romanesque**
Romanic [rəu'mænik] *s* romanski jezik
Romanish ['rəuməniʃ] *adj* rimski; rimokatolički
Romanism ['rəumənizm] *s* rimokatolička vjera, doktrina, naučavanje; jedna od karakteristika romanske arhitekture; rimske ustanove; rimski duh, rimski utjecaj
romanist ['rəumənist] *s* rimokatolik; stručnjak za rimske ustanove, pravo i sl., romanist
romanization [ˌrəumənai'zeiʃn] *s* prilagođivanje rimskim običajima ili rimokatolicizmu
romanize ['rəumənaiz] *vt/i* učiniti rimokatolikom; učiniti rimskim, dati rimske osobine; prijeći na rimokatoličku vjeru, postati rimokatolik, živjeti na rimski način
romantic [rə'mæntik] *adj* (**~ally** *adv*) romantičan, pustolovan; fantastičan, nevjerojatan, sanjarski; čaroban, slikovit, lijep
romantic [rə'mæntik] *s* romantičar | **~s** *pl* romantični osjećaji, misli itd.
romanticism [rə'mæntisizm] *s* romantičnost; romantika; *lit* romanticizam
romanticist [rə'mæntisist] *s* romantičar
romanticize [rə'mæntisaiz] *vi/t* pisati romantičkim stilom; učiniti romantičnim
Romany ['rɔməni] *s* Ciganin, Ciganka; ciganski govor; *pl* Cigani, Romi
Romany ['rɔməni] *adj* ciganski
romaunt [rə'mɔːnt] *s arch* romanca
Romish ['rəumiʃ] *adj* rimski, rimokatolički, papinski (često podrugljivo)
romp [rɔmp] *s* prpošno, nestašno dijete ili djevojka; prpošnost, nestašnost, bučno veselje
romp [rɔmp] *vi* skakati, bješnjeti, goropaditi se; natezati se, tući se, rvati se; *sl racing* s lakoćom juriti, letjeti | **to ~ home** lako pobijediti
romp through ['rɔmp'θruː] *vi* lako se probiti
romper ['rɔmpə] *s* (& **~s** *pl*) dječja odjeća za igru; *US* kratke dječje hlačice
rompy ['rɔmpi] *adj* raspušten, razuzdan, divlji
rondavel ['rɔndəvəl] *s* okrugla domorodačka koliba od trave (Južna Afrika), koliba
rondeau ['rɔndəu] *s Fr pros* kratka pjesma od trinaest (ili deset) stihova sa po dvije rime
rondel ['rɔndl] *s pros* kratka pjesma od četrnaest stihova koji se rimuju
rood [ruːd] *s arch* križ; raspelo; mjera za dužinu (5½ do 8 jarda); mjera za površinu (40 *percha* ili četvrtina jutra /*acrea*/); malen komad zemlje

rood-loft ['ru:dlɔft] *s archit eccl* galerija iznad pregrade
rood-screen ['ru:dskri:n] *s archit eccl* drvena ili kamena pregrada (između kora i glavne lađe)
roof [ru:f] *s* krov, *fig* dom; svod, strop, najviši dio; vrhunac, vrh | **under one's ~** pod čijim krovom, u čijoj kući; **~ of the world** nebeski svod; **~ of the mouth** nepce; **to raise the ~** *sl* bučno aplaudirati, slaviti, ljutiti se; glasno se žaliti; *sl* **to hit the ~ over** razbjesnjeti se; **French ~** mansarda
roof [ru:f] *vt* pokriti krovom, staviti pod krov, zaštititi krovom
roofage ['ru:fidʒ] *s* pokrivanje krovom; građa za krov; krov
roofer ['ru:fə] *s* krovopokrivač; *coll* pismo u znak zahvalnosti za ugodno provedeno vrijeme u čijem društvu
roofing ['ru:fiŋ] *s* pokrivanje krova, materijal za krov; krov
rooftop ['ru:ftɔp] *s* krov
rooftree ['ru:ftri:] *s* sljemenjača, podrožnik
rook[1] [ruk] *s ornith* vrana gakuša, galovrana, vrana gačac (*Corvus frugilegus*); *fig* lupež; (u kartanju) varalica
rook[2] [ruk] *s chess* kula
rook [ruk] *vt* varati (u igri); precijeniti (robu)
rookery ['rukəri] *s* vranje gnijezdo, leglo; kolonija, naseobina vrana itd.; mjesto leženja (& *fig*); stara najamna kućerina, skupina bijednih kuća i stanova krcatih stanarima
rookie ['ruki] *s sl* novajlija, regrut; početnik
rooklet ['ruklit] *s* mlada vrana gakuša
rookling ['rukliŋ] *s* → **rooklet**
rooky ['ruki] *adj* pun vrana
room [ru:m] *s* 1. prostor, mjesto; prilika, zgoda, mogućnost, povod, uzrok (*for* za, čemu) 2. soba, prostorija; *pl* stan, prostorije 3. društvo, stanovnici prisutni u jednom prostoru (*he set the ~ in a roar* on je sve u sobi natjerao na grohotan smijeh) | **no ~ to swing the cat** vrlo skučen, ograničen prostor; **to make ~ for** isprazniti kome mjesto, skloniti se, maknuti se s puta kome; prokrčiti put; **to prefer a p's ~ to his company** željeti da koga nema, da ode; **standing-~ only!** samo mjesta za stajanje; **there's ~ for improvement** nije baš najbolje, moglo bi biti bolje; **in one's ~, in the ~ of** umjesto koga, kao zamjena za; **junior common ~** društvena prostorija za studente; **senior common ~** društvena prostorija za nastavnike; **combination ~** društvena prostorija za nastavnike (u Cambridgeu)
room [ru:m] *vi/t* **I.** *vi US* stanovati **II.** *vt* dati komu stan, smjestiti
roomer ['ru:mə] *s US* podstanar
roomette [ru'met] *s US* odjeljenje spavaćih kola s jednim ležajem
roomful ['ru:mful] *s* onoliko koliko stane u sobu
room-trader ['ru:m.treidə] *s US* burzovni trgovac, član burze koji špekulira za vlastiti račun
roomy ['ru:mi] *adj* (**roomily** *adv*) prostran, širok
roost [ru:st] *s* motka, prečka, sjedalo (za kokoši itd.); kokošinjac; *fig* odmaralište, prenoćište | **at ~** na motki, prečki; u krevetu, na spavanju; **to go to ~** ići spavati, ići na počinak; **curses come home to ~** kletve se osvećuju onome tko ih upotrebljava; **to rule the ~** biti gospodar, predvoditi; **to be the cock of the ~** biti opći ljubimac
roost [ru:st] *vi/t* **I.** *vi* (o pticama) sjesti na prečku; sjedeći spavati; *fam & fig* sjesti; prenoćiti, poći na počinak **II.** *vt* smjestiti koga, ukonačiti koga
rooster ['ru:stə] *s* (*esp US*) pijetao
root [ru:t] *s* 1. korijen, žila; *fig* korijen, izvor, porijeklo; uzrok 2. podloga, osnova, jezgra, srž, bit 3. *math & gram* korijen | **to pull up by the ~s** iščupati s korijenjem; **to take (strike) ~** ukorijeniti se, pustiti korijenje; **~ and branch** iz korijena, sasvim, potpuno, radikalno; **strike at the ~ of** zahvatiti što u korijen, u bit, u srž
root[1] [ru:t] *vt/i* **I.** *vt* duboko usađivati, posaditi; ukorijeniti, ucijepiti, uliti (*in the mind* u dušu); učvrstiti, prikovati koga (kao korijenjem) (*in*) **II.** *vi* ukorijeniti se
root out ['ru:t'aut] *vt* iščupati, iskorijeniti, uništiti
root[2] **(rout)** [ru:t] *vi/t* **I.** *vi* (o svinji) rovati, kopati (*for* u potrazi za) **II.** *vt* (tlo) prerovati, izrovati; *US sl* klicati, odobravati | **~ hog or die!** ili radi, ili crkni!
root about ['ru:tə'baut] *vi fig* rovati po čemu
root out ['ru:t'aut] *vt* iskopati, iščupati, iskorijeniti, istrijebiti, prerovati, izrovati, uništiti; pronaći (*among, in*)
root up ['ru:t'ʌp] *vt* → **root out**
rootage ['ru:tidʒ] *s* ukorjenjivanje; *bot* korijenov sistem
root beer ['ru:tbiə] *s US* pjenušavo piće od korijenja i kore nekih biljaka
root cap ['ru:tkæp] *s bot* kaliptra, korijenova kapa
root crop ['ru:tkrɔp] *s* korjenjače
rooted ['ru:tid] *adj* (**~ly** *adv*) ukorijenjen; *mar* usidren (*in* u)
rooter ['ru:tə] *s US sl* navijač
rootery ['ru:təri] *s* gomila korijenja i badrljica za uzgajanje vrtnih biljaka
rootle ['ru:tl] *vi/t* rovati
rooty ['ru:ti] *adj* pun korijenja, koji se sastoji od korijenja
rooty ['ru:ti] *s mil sl* kruh

rope [rəup] *s* 1. uže, konop; debelo uže; *sport pl* ring 2. svitak; svežanj, snop; uzica, konopac, duga nit ljepljive tvari (kod piva, vina itd.) | **to give one ~ enough** (ili **plenty of ~**) ostaviti komu da radi što ga je volja (*esp* da se kompromitira); **a ~ of sand** varava sigurnost; **on the ~** na navezu, u navezu (kod planinarenja); **on the high ~s** zanesen, ohol, naduven, razbješnjen; **to know the ~s** znati sve smicalice, znati što treba napraviti

rope [rəup] *vt/i* konopcem svezati, povezati, (o planinarima) vezati se užetom; *fig* uvući, privući, primamiti koga (*into* u)

rope in ['rəup'in] *vt* uvući u kakav pothvat, namamiti, primamiti

rope off ['rəup'ɔf] *vt* odijeliti (užetom)

rope out ['rəup'aut] *vt* (užetom) ograničiti, odijeliti, zatvoriti

rope up ['rəup'ʌp] *vi* svezati, privezati, pričvrstiti užetom

rope-dancer ['rəupˌdaːnsə] *s* hodač po žici; plesač na užetu

rope-end ['rəupend] *s mar* uže za kažnjavanje, za mlaćenje (*esp* mornara)

rope-end ['rəupend] *vt* istući, izmlatiti užetom

rope-ladder ['rəupˌlædə] *s* ljestve od užeta

ropery ['rəupəri] *s* užarstvo, užarna, užarski zanat; *arch* prevejanost, lupeštvo, nitkovluk

rope-walker ['rəupˌwɔːkə] *s* → **rope-dancer**

rope-way ['rəupwei] *s* žičara

rope-yard ['rəupjaːd] *s* → **ropery**

rope-yarn ['rəupjaːn] *s mar* tvar, nit za pletenje užadi, konopaca

roping ['rəupiŋ] *s* užad; cjelokupni sistem ili uređaj konopa

ropy ['rəupi] *adj* ljepljiv, židak, vlaknat, nitast; *sl* slab, mizeran

roquet ['rəuki] *vt/i* pogoditi kuglu protivnika (*kroket*)

rorty (raughty) ['rɔːti] *adj sl* veseo, vedar, sjajan

rosace ['rəuzeis] *s* rozeta; *archit* prozor u obliku ruže

rosarian [rəu'zeiriən] *s* uzgajivač ruža

rosarium [rəu'zeəriəm] *s* ružičnjak

rosary ['rəuzəri] *s* ružičnjak; *eccl* čislo, krunica, rozarij

rose [rəuz] *s* 1. *bot* ruža, ružin grm 2. najljepša žena, krasotica, ljepotica, ruža 3. ružičasta boja; *pl* ružičaste boje; *pl* ružičast izgled; *med* vrbanac, crveni vjetar 4. simbol, amblem ruže, ornament ruže; *archit* prozor kao ruža, rozeta; škropica, ruža vrtlarske kante za polijevanje | **to gather (life's) ~s** tražiti životne užitke; **path strewn with ~s** staza posuta ružama, lagodan život; **he is on a bed of ~s** cvatu mu ruže, živi u ružičastim prilikama; **no ~ without a thorn** nema ruže bez trna, nema potpune sreće; **under the ~** u povjerenju, sub rosa

rose [rəuz] *adj* ružičast (i *fig*); ružin

rose [rəuz] *vt* rumeniti

rose [rəuz] *pret* od **rise**

roseate ['rəuziət] *adj* (**~ly** *adv*) ružičast; *fig* zlatan, zlaćan; blistav, sjajan; optimističan, ružičast

rose-bay ['rəuzbei] *s* oleandar; rododendron

rose-breasted grosbeak ['rəuzˌbrestid'grəusbiːk] *s ornith* ružičastogrudi batokljun (*Pheucticus ludovicianus*)

rose-bud ['rəuzbʌd] *s* ružin pupoljak; lijepa djevojka; *US* početnica, debitantica

rose-bush ['rəuzbuʃ] *s* ružin grm

rose-colour ['rəuzˌkʌlə] *s* ružičasto, ružičasta boja; *fig* ugodan, ružičast izgled, ružičasto stanje stvari

rose-coloured ['rəuzˌkʌləd] *adj* ružičast; *fig* optimističan, blistav, sjajan, veseo, živahan

rose-drop ['rəuzdrɔp] *s* bolest kože (crvene pjege)

rose-leaf ['rəuzliːf] *s* list, latica ruže | **crumpled ~** mala briga koja pomućuje sreću

rose-lipped ['rəuzlipt] *adj* ružičastih usana

rosemary ['rəuzməri] *s* ružmarin

rose-pink ['rəuzpiŋk] *s* ružičasta boja; ružičast pigment

rose-pink ['rəuzpiŋk] *adj* ružičast

rose-red ['rəuzred] *adj* crven kao ruža

rosery ['rəuzəri] *s* gredica ruža; ružičnjak, vrt ruža

rosette [rəu'zet] *s* rozeta; ruža (ornament); *archit* rozeta (prozor)

rose-water ['rəuzˌwɔːtə] *s* miris, parfem od ruža; *fig* komplimenti, nježan postupak i slično

rose-window ['rəuzˌwindəu] *s archit* rozeta, prozor u obliku ruže

rosewood ['rəuzwud] *s* palisandrovina (*Dalbergia*)

rosin ['rɔzin] *s* smola; terpentinska smola; kolofonij, recina

rosin ['rɔzin] *vt* navoštiti, natrti smolom, kolofonijem

rosin (oil) ['rɔzin (ɔil)] *s* kolofonij (ulje)

rostellum [rɔs'teləm] *s* (*pl* **rostella** [rɔs'telə]) *zool* rostelij

roster ['rəustə] *s mil* spisak ljudstva; popis imena; registar imena

rostrum ['rɔstrəm] *s* (*pl* **~s, rostra** ['rɔstrə]) govornica; podij; propovjedaonica; *zool & anat* kljun

rosy ['rəuzi] *adj* (**rosily** *adv*) crven kao ruža, ružičast; cvatući, rumen; *fig* ružičast, optimistički

rot [rɔt] *s* truljenje, gnjiljenje, raspadanje; gnjilež, trulež; metiljavost (ovaca); *sl* glupost; *sport* neočekivan niz neuspjeha | **to talk ~** govoriti besmislice; **dry ~** suho truljenje (drva, stabla)

rot [rɔt] *vi/t* **I.** *vi* gnjiti, trunuti, truliti, raspadati se; *fig* pokvariti se, usmrdjeti se; govoriti gluposti **II.** *vt* učiniti da što gnjije; prouzročiti gnjiljenje, trulenje; *sl* pokvariti; rugati se komu; dražiti koga; govoriti ironično (*he is only rotting*)

rota [ˈrəutə] *s* red službe, dežurstva; popis službenika koji se izmjenjuju na kakvoj dužnosti; (**R~**) *eccl* vrhovni duhovni i svjetovni sud

Rotarian [rəuˈtɛəriən] *s* rotarijanac

rotary [ˈrəutəri] *adj* koji se vrti, okreće, obrće, kruži; rotarijanski

rotary [ˈrəutəri] *s mech* rotacijski stroj; rotarijanski klub, rotarijanska organizacija

rotate [rəuˈteit] *vi/t* **I.** *vi* vrtjeti se, okretati se, obrtati se; kružiti **II.** *vt* okretati; izmjenjivati po redu, rotirati; saditi ili sijati po plodoredu | **rotating machinery** rotacijski strojevi

rotation [rəuˈteiʃn] *s* vrtnja, okretanje, obrtanje, rotacija, kruženje; kolanje; mijenjanje, izmjenjivanje | **in ~** naizmjence; *agr* **~ of crops** plodored usjeva

rotational [rəuˈteiʃənl] *adj* rotacijski, koji se izmjenjuje; koji se vrti, obrće, okreće

rotative [ˈrəutətiv] *adj* → **rotational**

rotatory [ˈrəutətəri] *adj* → **rotational**

rote [rəut] *s* puka navika, mehaničko znanje, rutina, nabubanost | **by ~** mehanički, od navike, napamet

rot-gut [ˈrɔtgʌt] *s sl* loše, škodljivo piće

rotor-spider [ˈrəutəˈspaidə] *s el* polni kotač

rotten [ˈrɔtn] *adj* (**~ly** *adv*) gnjio, truo; istrunuo; loman, krhak (od starosti ili upotrebe); *fig* pokvaren, nevaljao; podao, zločest, loš; *sl* bijedan, jadan, bezvrijedan, odvratan, gnusan | **~ luck** loša sreća; **to feel ~** loše se osjećati

rottenstone [ˈrɔtnstəun] *s* prašak vapnenca koji se upotrebljava za poliranje metala

rotter [ˈrɔtə] *s sl* ništarija, nevaljalac, odvratna osoba

rotund [rəuˈtʌnd] *adj* (**~ly** *adv*) okrugao, obao, debeo; (o glasu) sonoran, zvučan, pun; (o stilu) zaokružen

rotunda [rəuˈtʌndə] *s archit* rotunda; okrugla dvorana

rotundity [rəuˈtʌnditi] *s* oblina, okruglost, oblost, zaokruženost

rouge [ruːʒ] *adj Fr* crven

rouge [ruːʒ] *s Fr* crvenilo, rumenilo, ruž

rouge [ruːʒ] *vt/i Fr* rumeniti (se), namazati se crvenilom

rough [rʌf] *s* surova, gruba strana života; grubost, surovost; hrapavost; sirovost; otpadak; surov, neotesan, grub čovjek, prostak | **in the ~** u grubo; u nedovršenu, sirovu stanju; **over ~ and smooth** u zlu i dobru; **to take the ~ with the smooth** primati podjednako dobro i zlo; **it is true in the ~** uglavnom je istina

rough [rʌf] *adj* (**~ly** *adv*) 1. grub, hrapav, (platno i sl.); neravan, teško prohodan; (o glasu) promukao, grub; (o okusu) opor, trpak; (o moru) buran, uzburkan; oštar (vjetar); runjav, čekinjast (životinjsko krzno ili dlake); uzbuđen (*with* od); divlji, neobuzdan, goropadan (igra) 2. (o vladanju) grub, osoran, nabusit; neotesan, neizbrušen; neugodan, naporan (život); tvrd, bez srca (*on a p* prema komu); (o osobama) grub; strog, neumoljiv 3. približan, nedovršen, u glavnim crtama, samo nabačen | **~ leaf** prvi pravi list na biljci; **~ tongue** oštar, grub jezik; **~ passage** prijelaz, putovanje po burnom, uzburkanom moru; **~ work** sirov, neizrađen, nedovršen posao; **to have a ~ time** trpjeti grub postupak ili teškoće; **~ diamond** neizbrušen dijamant; *fig* neuglađen, ali pošten čovjek; **~ copy, ~ draft** skica, prvi nacrt, koncept; **~ coat, ~ cast** žbukanje, žbuka; **~ fish** riba koja se ne jede; *US sl* **~ house** bučan i buran sastanak; svađa s tučnjavom; **~ luck** loša sreća; **~ rice** neoljuštena riža; **the ~er sex** muškarci; **~ and ready** grubo obrađen, nedovršen, privremen, za nuždu; (o osobama) realan, stvaran, neizbirljiv, nepretjeran, koji radi ne ulazeći u pojedinosti, ali smjesta i djelotvorno; **it is ~ on him** nije pošteno prema njemu; **~ stuffs** *US sl* fizičko nasilje

rough [rʌf] *adv* grubo, nasilno, naprasito, bezobzirno, ne štedeći | **to lie (sleep) ~** spavati odjeven, napose pod vedrim nebom

rough [rʌf] *vt* učiniti grubim, grubo obraditi, otesati; površno nabaciti; grubo postupati | **to ~ it** teško se probijati; putovati, živjeti bez udobnosti

rough in [ˈrʌfˈin] *vt* grubo skicirati, nabaciti u glavnim crtama

rough out [ˈrʌfˈaut] *vt* grubo skicirati, grubo otesati

roughage [ˈrʌfidʒ] *s* grub, sirov materijal; gruba hrana ili krma (posije, sijeno itd.)

rough-and-ready [ˈrʌfəndˈredi] *adj* grubo obrađen, nedovršen; koji je za nuždu, za nevolju, praktičan, koji nije profinjen, koji nije izbirljiv | **~ speech** govor bez pripreme

rough-and-tumble [ˈrʌfəndˈtʌmbl] *adj* žustar, grub, surov; neuredan, nedovršen, nesređen

rough-and-tumble [ˈrʌfəndˈtʌmbl] *s* tučnjava (bez obzira na sportska pravila); gužva, natezanje

rough bluegrass [ˈrʌf.bluːgraːs] *s bot* obična vlasnjača (*Poa trivialis*)

rough-cast [ˈrʌfkaːst] *adj* (o zidu itd.) grubo nabacan žbukom; (o planu) skiciran, nabačen

rough-cast ['rʌfkaːst] *s* žbuka

rough-cast ['rʌfkaːst] *vt* ožbukati; grubo obraditi, nabaciti, skicirati, napisati, nacrtati, nacrtati na brzu ruku

rough-cut ['rʌfkʌt] *adj* grubo rezan (duhan)

rough-dry ['rʌfdrai] *vt* (o rublju) samo osušiti (bez glačanja)

roughen ['rʌfən] *vt/i* **I.** *vt* učiniti hrapavim; *fig* uzbuditi **II.** *vi* postati hrapav

rough-hew [ˌrʌf'hjuː] *vt* grubo izraditi, obraditi, otesati, formirati; grubo izrezati (*from* iz)

roughhouse ['rʌfhaus] *s US sl* bučna igra ili tučnjava (u zatvorenom)

roughhouse ['rʌfhaus] *vt/i US sl* grubo postupati (s kim) (obično u šali)

roughish ['rʌfiʃ] *adj* ponešto hrapav, podosta grub

rough-legged howk ['rʌfˌlegid'hɔːk] *s ornith* gaćasti mišar, škanjac gaćaš

roughly ['rʌfli] *adv* grubo, surovo | ~ **speaking** približno rečeno, otprilike

rough-neck ['rʌfnek] *s US sl* grubijan, prostak

roughness ['rʌfnis] *s* sirovost; neravnost, hrapavost; hrapav dio ili mjesto; oprost, neljubaznost; burnost, uzburkanost; grubost, surovost, neotesanost, neuljudnost, bahatost; tvrdoća

rough-rider ['rʌfˌraidə] *s* dreser, krotilac divljih konja; smion jahač

rough-shod ['rʌfʃɔd] *adj* (o konju) oštro potkovan, potkovan tako da mu čavli vire iz potkove | *fig* **ride ~ over** ići naprijed bez obzira na zapreke; tiranizirati

rough-spoken [ˌrʌf'spəukn] *adj* grub, surov, nepristojan u govoru

rough-wrought [ˌrʌf'rɔːt] *adj* grubo obrađen

roulette [ru'let] *s* ruleta; *tech* kotačić s oštrim zupcima kojim se povlači po kakvoj površini da se napravi niz točkica itd., zupčanje (među markama u arku)

Roumanian [ruː'meinjən] *adj* rumunjski

Roumanian [ruː'meinjən] *s* Rumunj, Rumunjka; rumunjski jezik

rounceval ['raunsivl] *s bot* vrsta graška krupna zrna

round [raund] *s* 1. okrugao predmet; (o ljestvama) prečka 2. oblina, okruglost; okrugla građevina; pregib, zavijutak; prsten, krug 3. gibanje, kretanje u krugu, kružno kretanje, kružno obrtanje; *mil* garnizonska patrola; ophodnja, patrola; (u natjecanjima i igrama) runda, odsjek, dio; šetnja uokrug 4. *mus* pjesma koja se pjeva naizmjence, pjesma od kola; slijed, niz (dana); svakidašnji posao, zanimanje, rutina; runda (*a ~ of beer*); *mil* naboj, metak; salva | *poet* **this earthly ~** zemaljska kugla, Zemlja; **~ of beef** debeo goveđi odrezak; **the daily ~** uobičajen posao, zanimanje, rutina; **to go for a good ~** izaći na dugu šetnju i vratiti se; **to make the ~ of** obilaziti; **to make (go) one's ~s** obići, obilaziti, nadgledati, inspicirati

round [raund] *adj* 1. okrugao, obao, zaokružen, zaobljen; koji se kreće u krugu (npr. *a ~ dance* kolo) 2. (o obrazima) okrugao, pun 3. (svota, suma) zaokružen, okrugao 4. znatan, čitav, pun, cjelokupan; pun (glas); (o stilu) koji teče, gladak 5. (korak i dr.) dobar, brz 6. otvoren, iskren, prostodušan 7. snažan, jak, energičan, odlučan (kletva i dr.) 8. *phon* zaokružen | **~ towel** ručnik kojemu je jedan kraj sašiven s drugim i koji se vrti oko valjka; **at a ~ trot** brzim kasom; **~ trip** kružno putovanje

round [raund] *adv* 1. okolo, naokolo 2. unaokolo, dokle dopire pogled (*ten miles ~* deset milja unaokolo) | **I'll be ~ in a minute** odmah ću se vratiti, tu sam začas; *fig* **to bring a p ~** uvjeriti koga; privesti koga k svijesti; **to go ~** 1. obići, navratiti se komu 2. dostajati (jela ili pića da obreda sve prisutne) 3. *cards* proći (npr. karta da je nitko ne siječe adutom); **to turn ~** okrenuti se, obrnuti se; **to come (be) ~** uskoro doći (*New Year's Day will soon come ~* Nova će godina uskoro biti tu); **~ and ~** neprekidno, mnogo puta; **to gather ~** sakupiti se oko; **to hand ~** raspodijeliti, dodavati naokolo; **to show ~** voditi koga, biti komu vodič; *coll* **what are you hanging ~ for?** što čekate ovdje? što radite ovdje?; **all the country ~** po cijeloj zemlji; **all the year ~** tokom cijele godine; **to send ~ the hat** sakupljati dobrovoljne priloge; **all ~** svikoliki, listom, bez razlike, posvuda, sa svih strana; **to ask a p ~** pozvati koga k sebi u posjete; **right ~** sasvim natrag; **~ about!** nalijevo krug; **to go a long way ~** jako zaobilaziti

round [raund] *prep* oko, okolo, naokolo

round[1] [raund] *vt/i* 1. zaobliti (se), zaokružiti (se) 2. obići, obilaziti, zaobići, zaći za (ugao); opkoliti, okružiti 3. (lice) okrenuti (*towards* prema) 4. okrenuti se, osvrnuti se, obazreti se

round off ['raund'ɔf] *vt* zaokružiti; zaobliti; završiti; dati oblik

round on ['raund'ɔn] *vi* grditi, psovati; *sl* prokazati, denuncirati

round out ['raund'aut] *vt/i* **I.** *vt* puniti, ispuniti **II.** *vi* zaobliti se, zaokružiti se

round up ['raund'ʌp] *vt/i* **I.** *vt* stjerati, pritjerati, skupiti (stoku) **II.** *vi* sakupiti se

round[2] [raund] *vi/t arch* šaptati | **he ~ed him in the ear that** šapnuo mu je na uho da. . .

roundabout ['raundəbaut] *adj* zaobilazan, neizravan; zaobljen na dnu (krilo kaputa)

roundabout ['raundəbaut] *s* krug, rondela; *US* kratak kaput; zaobilazan put; vrtuljak | *fig* **~s** *pl* okolišanje, zaobilaženje, oklijevanje
round-and-round ['raundənd'raund] *adv* sve uokrug, sve naokolo, okolo naokolo
round-and-round ['raundənd'raund] *prep* sve naokolo (čega)
roundel ['raundl] *s* malen disk, napose ukrasni medaljon i dr.; rondo ili rondela
roundelay ['raundilei] *s* pjesma s refrenom; kolo
rounder ['raundə] *s* čuvar (koji obilazi čuvanim objektom); *tech* stroj za zaobljivanje; *coll* pijanica (čovjek koji obilazi krčme) | **~s** *pl* vrsta igre loptom (slične *baseballu*)
roundhand ['raundhænd] *s* poseban tip pisma, »rundšrift«
Roundhead ['raundhed] *s* pristalica parlamentarne (puritanske) stranke za engleskog građanskog rata (1642—1652)
roundheel ['raundhi:l] *s sl* laka žena
round-house ['raundhaus] *s arch* zatvor, pritvor; *rly* radionica za popravljanje lokomotiva; *mar* kabina, kajita na stražnjem dijelu broda; *box* široki udarac
round-iron ['raund'aiən] *s* željezo u šipkama
roundish ['raundiʃ] *adj* okruglast
roundly ['raundli] *adv* temeljito, valjano; zaobilazno, naokolo; bez oklijevanja, bez krzmanja; izravno; bezobzirno, otvoreno, iskreno; brzo, okolo; u krugu
roundness ['raundnis] *s* okruglina, oblina, punoća; (o stilu) izjednačenost, zaokruženost; otvorenost, iskrenost, odrješitost
round robin ['raund'rɔbin] *s* molba, žalba, protest s potpisima poredanim u krug (da se ne vidi tko je prvi potpisao); natjecanje u kojem se svaki učesnik sastaje sa svakim
round-shouldered [ˌraund'ʃəuldəd] *adj* pognut, pognutih leđa
roundsman ['raundzmən] *s US* policijski oficir koji nadzire policajce na dužnosti u određenom dijelu grada, inspektor; *GB* dostavljač koji prodaje kruh, mlijeko itd. na malo
Round Table ['raund'teibl] *s* okrugli stol oko kojeg su, prema legendi, sjedili vitezovi kralja Arthura; (**r~ t~**) okrugli stol (neformalna diskusija)
round-the-clock ['raundðə'klɔk] *adj* koji ne prestaje dvadeset i četiri sata, koji traje dan i noć, non-stop
round-up ['raundʌp] *s* tjeranje, skupljanje (stoke i dr.); konji i ljudi koji tjeraju i sakupljaju; racija; *US* sažetak, kratak pregled (vijesti i sl.)
roundworm ['raundwə:m] *s zool* oblić (*Nemathelminthes*); čovječja glista, dječja glista (*Ascaris lumbricoides*)
roup [raup] *s* licitacija, dražba, aukcija, javno nadmetanje
roup [ru:p] *s vet* bolest dušnika (peradi)
roup [raup] *vt Scot* javno prodavati, prodavati na dražbi, licitaciji; dražbovati
rouse[1] [rauz] *s arch* gutljaj, puna čaša, zdravica; bančenje, pijanka, pijančevanje | **to take one's ~** pijančevati; **to give a ~, to have a ~** ispiti zdravicu, nazdraviti
rouse[2] [rauz] *s mil* ustajanje, znak (trubom, bubnjem) za ustajanje
rouse [rauz] *vt/i* **I.** *vt* (divljač) istjerati, pokrenuti; probuditi, razbuditi (*from, out of* iz); nadražiti, razdražiti, izazvati, potaknuti, poticati, pobuditi (*to* na); (strast) rasplamtjeti, uzburkati; miješati (pivo itd.) **II.** *vi* prenuti se, trgnuti se, probuditi se; *fig* oživjeti
rouse [rauz] *vt* posoliti, usoliti (haringe i dr.)
rouser ['rauzə] *s* onaj ili ono što probudi, razbudi, nadraži, razdraži; potakne, uzruja, rasplamsa, obodri; veliko iznenađenje; pretjerana laž; buka; vikač; sprava za miješanje piva
rout[1] [raut] *s poet* četa, trupa; čopor, gomila, rulja, svjetina, navala, gužva, komešanje, strka, buna, uzbuna; veliko večernje društvo
rout[2] [raut] *s mil* povlačenje u neredu; divlji bijeg, uzmak glavom bez obzira | *mil* **to put to ~** poraziti i raspršiti, potpuno uništiti
rout [raut] *vt mil* natjerati u bijeg, uništiti, razbiti, raspršiti
rout [raut] *vi/t* **I.** *vi* (o svinjama) izrovati, preturati, rovati (*about* po čemu) **II.** *vt* uplašiti, poplašiti, izvući iz kreveta (*out*); vaditi, izvaditi što; izrovati, iskopati (*up*)
route [ru:t] *s* cesta, put; runda (kod dostavljanja mlijeka, novina itd.), mušterije koje se tako obilaze; ruta; *mil* marš-ruta
route [ru:t] *vt* poslati, uputiti (robu, pošiljku) određenom rutom; odrediti kojim će redom neki postupak ići
route-march ['ru:tma:tʃ] *s mil* marš za vježbanje
routine [ru:'ti:n] *s* rutina, uvježbanost, vještina, uobičajeni, redovni tok ili postupak; stalna kolotečina, šablona; skeč; *US* plesni koraci, koraci kod nekog plesa; kodirane upute za kompjutor, rutina | **the day's ~** uobičajeni, redovni poslovi, svakidašnji poslovi
rove[1] [rəuv] *s* skitanje, tumaranje, lutanje, švrljanje, lunjanje
rove[2] [rəuv] *s* povjesmo, pasmo (vune itd.); labavo usukana nit
rove[3] [rəuv] *s tech* kovna pločica ili prsten kroz koji prolazi zakovica
rove [rəuv] *vi/t* lunjati, skitati se, švrljati amo-tamo; tumarati, lutati (*over, to*) (i o očima, osjećajima i dr.); prokrstariti

rove [rəuv] *vt* (niti vune) labavo sukati u pripravnom procesu za predenje
rove [rəuv] *pret & pp* od **reeve**
rover[1] ['rəuvə] *s* pretpredilac; *tech* pretpredilica, stroj za grubo predenje (vune, pamuka i dr.)
rover[2] ['rəuvə] *s* gusar; gusarski brod; stariji skaut; skitnica; meta, cilj za gađanje na daljinu | **to shoot at ~s** pucati na udaljenu metu
row[1] [rəu] *s* red; vrsta; niz | **to set in a ~** poredati; *US* **a hard ~ to hoe** težak posao, težak zadatak
row[2] [rəu] *s* veslanje; vožnja, izlet čamcem na vesla | **to go for a ~** izvesti se čamcem, ići veslati
row [rau] *s coll* buka, vika, graja, strka, larma; svađa, tučnjava | **what's the ~?** što je na stvari?; **to make (kick up) a ~** dići galamu, napraviti strku; prosvjedovati
row [rəu] *vi/t* veslati; voziti (čamac, koga)
row down ['rəu'daun] *vt* prestići u veslanju (napose u utrkivanju), biti izdržljiviji u veslanju
row over ['rəu'əuvə] *vt* pobijediti u veslačkom natjecanju
row [rau] *vi/t coll* izazvati strku, skandal; grditi, prekoravati, iskarati, ispsovati
rowan ['rəuən] *s bot* oskoruša (*Sorbus aucuparia*)
rowan-tree ['rəuəntriː] *s bot* oskoruša (stablo)
row-boat ['rəubəut] *s* čamac na vesla
row-de-dow [ˌraudi'dau] *s* buka, huka, nemir
rowdiness ['raudinis] *s* surovost, grubost, divljaštvo, neotesanost; nasilnost
rowdy ['raudi] *s* vikač, larmadžija, grubijan, neotesanac
rowdy ['raudi] *adj* (**rowdily** *adv*) surov, prost, brutalan, nasrtljiv
rowel ['rauəl] *s* kotačić (na ostrugama)
rowel ['rauəl] *vt* podbosti (konja) ostrugama
rowen ['rauən] *s US & dial* otava
rower ['rəuə] *s* veslač
rowing-boat ['rəuiŋbəut] *s* → **row-boat**
rowing-match ['rəuiŋmætʃ] *s* veslačko natjecanje
royal ['rɔiəl] *adj* (**~ly** *adv*) kraljevski | **the blood ~** kraljevska krv, porodica, familija, obitelj; *pros* **rhyme ~** kitica od sedam jampskih deseteraca s rimom a b a b b c c ; **Princess Royal** naslov najstarije kraljeve kćeri; *hist* **~ oak** hrast u kojem se krio engleski kralj Karlo II poslije poraza kod Worcestera; **~ road to** lak, udoban put do cilja; **~ standard** kraljevska zastava; **~ speech** prijestolna besjeda; **battle ~** bitka u kojoj sudjeluje nekoliko boraca ili sve raspoložive snage; *fig* opća tučnjava, svađa, prepirka; **~ paper** regal-papir, **24x19** palaca za pisanje, i 25x20 palaca za štampanje; **~ octavo** savinut regal-papir; **~ stag** odrastao jelen s potpuno razvijenim rogovima; **~ arch** rang u slobodnom zidarstvu; **~ blue** crvenkasto ili purpurastoplava boja
royal fern ['rɔiəlfəːn] *s bot* kraljevska paprat, pujanik (*Osmunda regalis*)
royalism ['rɔiəlizm] *s* odanost, vjernost kralju, kraljevstvu; rojalizam, monarhizam
royalist ['rɔiəlist] *s* pristaša kraljevstva, monarhije, rojalist, monarhist; *hist* pristaša Karla I
royalistic [rɔiə'listik] *adj* kraljevski, rojalistički
royal jelly [ˌrɔiəl'dʒeli] *s* matična mliječ
royalty ['rɔiəlti] *s* 1. kraljevstvo; kraljevsko dostojanstvo; kraljevske ličnosti; član kraljevske obitelji; *pl* kraljevski prerogativi ili povlastice; kraljevski posjed, kraljevstvo, carstvo; najamnina što je plaća zakupnik vlasniku zemljišta za iskorišćivanje rudnika; dio dobitka koji se plaća autoru za svaki prodani primjerak; *com pl* tantijema, postoci
rub[1] [rʌb] *s* trenje, trljanje, žuljanje; *fig* smetnja, zapreka, teškoća, neprilika; *fig* udarac, napad; neugodan susret | **there's the ~** u tom grmu leži zec; tu je kvaka; **to give something a good ~** dobro istrljati što (žlice, stol i dr.)
rub[2] [rʌb] *s* → **rubber**[2]
rub [rʌb] *vt/i* 1. trti (se), trljati se (*against, on* o); brisati, otrti; turpijati, strugati 2. okrznuti se o koga, dotaknuti se, povrijediti koga trljanjem; nažuljiti, prouzročiti bol; natrti, natrljati čim (*with*) | *fig* **to ~ shoulders with** općiti s kim; *fig* **to ~ a p the wrong way** uvrijediti, razljutiti, rasrditi koga, ići kome uz dlaku; **to ~ one's hands** trljati ruke, biti zadovoljan
rub along ['rʌbə'lɔŋ] *vi* probijati se, živjeti, životariti (obično s mukom)
rub away ['rʌbə'wei] *vt* otrti, očistiti
rub down ['rʌb'daun] *vt* (konja) timariti, čistiti češagijom, četkati; brisati ručnikom, istrljati, otrti; *coll* pretražiti koga
rub in ['rʌb'in] *vt* utrti, trljanjem utjerati; *fig* utuviti kome što, prisiliti koga da nauči ili spozna što mu nije drago ili ugodno (*the lesson needs to be well rubbed in*)
rub off ['rʌb'ɔf] *vt/i* otrti, istrti, izbrisati, skinuti
rub out ['rʌb'aut] *vt/i* izbrisati, istrti, izgrepsti, uništiti (se); *US fig* ubiti, usmrtiti
rub up ['rʌb'ʌp] *vt fig* obnoviti, ponoviti, osvježiti (pamćenje, znanje); ulaštiti, učiniti sjajnim; (boju) rastrljati, razmiješati

rubber[1] ['rʌbə] *s* 1. onaj koji trlja, maser 2. otirač, krpa za brisanje, trljanje 3. oruđe za trljanje; turpija, kamen za poliranje 4. guma, kaučuk, guma za brisanje, gumica; *mot* gumeni obruč na kotaču | **~s** *pl* galoše
rubber[2] ['rʌbə] *s bridge* rober
rubber ['rʌbə] *vt* prevući, premazati gumom, gumirati
rubberneck ['rʌbənek] *s sl US* osoba koja se napreže da nešto vidi, osobito iz radoznalosti, turist (koji razgledava znamenitosti)
rubberneck ['rʌbənek] *vi* naprezati se da se što vidi, osobito iz radoznalosti
rubber plant ['rʌbəplaːnt] *s bot* fikus, gumijevac, smokvenica (***Ficus elastica***); svaka biljka koja daje lateks
rubber stamp ['rʌbəstæmp] *vt* udariti žig (na); *coll* automatski, rutinski odobriti (bez razmišljanja)
rubber-towel ['rʌbəˌtauəl] *s* frotirni ručnik
rubber-tree ['rʌbətriː] *s bot* kaučukovac
rubbery ['rʌbəri] *adj* koji je poput gume; mekan
rubbing ['rʌbiŋ] *s* trljanje, čišćenje, poliranje
rubbish ['rʌbiʃ] *s* smeće, otpaci, odbačena roba, loša roba; *fig* besmislica, glupost
rubbish ['rʌbiʃ] *interj* glupost!, besmislica!
rubbish heap ['rʌbiʃhiːp] *s* smetište
rubbishing ['rʌbiʃiŋ] *adj* koji je manje vrijednosti, bijedan, jadan
rubbishy ['rʌbiʃi] *adj* → **rubbishing**
rubble ['rʌbl] *s* 1. krš (kamenja, opeke i dr.) od starih, srušenih kuća, šuta 2. neobrađen kamen za punjenje zidova 3. oštro kamenje, kamenje izjedeno od vode
rubbly ['rʌbli] *adj* posut kršem, oštrim kamenom
rub-down ['rʌbdaun] *s* masaža, trljanje
rube [ruːb] *s US coll* seljačina, neotesanac
rubicund ['ruːbikənd] *adj* crvenkast, crven; ružičast, rumen; (o licu) svjež
rubicundity [ˌruːbi'kʌnditi] *s* crvenkasta boja; rumena put
rubidium [ruː'bidiəm] *s chem* rubidij
rubric ['ruːbrik] *s* naslov tiskan crvenim ili posebnim slovima; rubrika; *eccl* liturgijska (obredna) uputa
rubrical ['ruːbrikl] *adj* (**~ly** *adv*) crven; liturgijski, obredni
rubricate ['ruːbrikeit] *vt* obojiti ili označiti crveno; snabdjeti rubrikama, rubricirati
rub-up ['rʌbʌp] *s* poliranje; *fig* osvježenje, obnavljanje
ruby ['ruːbi] *s minr* 1. rubin; rubinova boja, jasnocrvena boja, crvenilo, rumenilo 2. *print* parizijen; *US print* slova agate 3. crveni prišt na licu ili nosu 4. crveno vino 5. *box* krv
ruby ['ruːbi] *adj* tamnocrven, crven kao rubin
ruby ['ruːbi] *vt* obojiti ili šatirati rubinovom bojom
ruche [ruːʃ] *s Fr* nabran porub, nabrana čipka na ženskoj haljini
ruck[1] [rʌk] *s* hrpa, gomila; *fig* mnoštvo, prosjek | **out of the ~** neobičan
ruck[2] [rʌk] *s* bora, nabor
ruck [rʌk] *vi/t* nabrati (se), smežurati (se), naborati (se), gužvati (se)
ruckle ['rʌkl] *s* & *vi/t* → **ruck**
ruckle[1] ['rʌkl] *vi* nabrati se, naborati se
ruckle[2] ['rʌkl] *vi* hroptati
rucksack ['rʌksæk] *s* naprtnjača, ranac, ruksak
ruckus ['rʌkəs] *s US coll* strka, zbrka, galama; nemiri, neredi
ruction ['rʌkʃən] *s sl* buka, vika, graja, larma, gungula, metež; strka, tučnjava (*about* oko čega)
rudd [rʌd] *s ichth* krvopera crvenokica (*Scardinius ĕrythrophthalmus*)
rudder ['rʌdə] *s mar* kormilo; *aero* bočno kormilo, kormilo po pravcu; *fig* pobuda; načelo za kojim se povodi
rudder-fish ['rʌdəfiʃ] *s ichth* srebroprugac, srebropružica (*Kyphosus sectatrix*)
ruddiness ['rʌdinis] *s* crvenilo, rumenilo lica
ruddle ['rʌdl] *s* crvena kreda (osobito za obilježavanje ovaca)
ruddle ['rʌdl] *vt* označiti ili obojiti crvenom kredom
ruddy ['rʌdi] *adj* (**ruddily** *adv*) (o licu) ružičast, rumen, svjež, zdrav, crvenkast; crven, crvenkasto obojen (nebo); *sl* proklet
ruddy ['rʌdi] *vt/i* crveniti, crveno obojiti, učiniti crvenim
rude [ruːd] *adj* (**~ly** *adv*) 1. (o osobama) surov, prost, neciviliziran, neuglađen, neotesan; grub; neodgojen, neobrazovan; neuljudan (*to* prema); grozan; žestok 2. neravan (put); uzburkan, buran (more); divlji (pejzaž); surov, prost, besraman (govor) 3. (o pismenim sastavcima, uvjetima života) primitivan, jednostavan; prost, neumjetnički (stil); sirov, neizrađen, nesavršen, nesvršen 4. (o zdravlju) jak, snažan, zdrav
rudeness ['ruːdnis] *s* surovost, neotesanost, neuglađenost, neuljudnost, grubost, neodgojenost, neobrazovanost, neciviliziranost
rudiment ['ruːdimənt] *s* prvi početak, osnova; *zool* prvi trag; začetak, zametak; zakržljao organ, rudiment | **~s** *pl* osnovni elementi, temelji
rudimental [ˌruːdi'mentl] *adj* rudimentaran, zakržljao, nerazvijen; početni; osnovni, elementaran
rudimentary [ˌruːdi'mentəri] *adj* → **rudimental**

rue¹ [ruː] *s bot* ruta, rutvica (***Ruta graveolens***)
rue² [ruː] *s* kajanje; briga, tuga, jad; sažaljenje, samilost
rue [ruː] *vt* žaliti, požaliti (čin, djelo); proklinjati, prokleti, oplakivati (dan)
rueful [ˈruːful] *adj* (**~ly** *adv*) pokajnički, skrušen, koji se kaje; tužan, žalostan, bijedan, jadan
rueness [ˈruːnis] *s* žalost, tuga, jad; malodušnost
ruff¹ [rʌf] *s* nabran ovratnik; (o pticama i dr.) prsten, kolut od perja ili dlaka (oko vrata); *ornith* kukuljav golub
ruff² [rʌf] *s ornith* vivak
ruff³ [rʌf] *s ichth* grgeč
ruff⁴ [rʌf] *s cards* adutiranje
ruff [rʌf] *vi/t cards* adutirati, tući, sjeći adutom
ruffian [ˈrʌfjən] *s* grubijan, lupež, hulja, nitkov, vucibatina, kavgadžija, huligan
ruffianism [ˈrʌfjənizm] *s* grubijanstvo, brutalnost, lupeštvo
ruffianly [ˈrʌfjənli] *adj* surov, brutalan, koji ne poštuje zakon
ruffle¹ [ˈrʌfl] *s* nabrana čipka (oko ovratnika, rukava i dr.); (o pticama) kolut, prsten od perja (oko vrata); (o vodi) smežuravanje, nabiranje (površine)
ruffle² [ˈrʌfl] *s* nemir, uzrujanost; prepirka, svađa, kavga
ruffle [ˈrʌfl] *vt/i* **I.** *vt* nabrati, kovrčati, mreškati, uvijati, kudraviti; mrsiti, pomrsiti; raščupati, razbarušiti; (perje) kostriješiti, rogušiti; *fig* uznemiriti, uzrujati; *fig* smesti koga, uzbuditi koga; pomutiti, pokvariti čije dobro raspoloženje; miješati (karte); brzo listati (knjigu) **II.** *vi* namreškati se, naborati se, nabrati se; uzbuditi se, uzrujati se, razdražiti se | **to ~ one's feathers** nakostriješiti se; **the ~d** seas uzburkano more
ruffle [ˈrʌfl] *vi* hvastati se, hvaliti se, razmetati se, šepiriti se (često *to ~ it*)
ruffler [ˈrʌflə] *s* hvalisavac, hvastavac
ruffle-shirt [ˈrʌflʃəːt] *s* košulja s nabranim porubom (oko vrata, rukava i dr.)
rug [rʌg] *s* debeo, vunen pokrivač; prostirač (pred krevetom, kaminom itd.)
rugby [ˈrʌgbi] *s sport* ragbi
rugged [ˈrʌgid] *adj* (**~ly** *adv*) hrapav, neravan, bregovit, divlji, kršan, krševit (zemlja, kraj i dr.); *pros* rogobatan, loš (stih); ispucan, pun pukotina; nabran, namršten, namrgođen, markantan (lice, crte lica); surov, težak, mučan (život); (o karakteru) surov, divlji, osoran, bahat; oštar, neprijazan; (o vremenu) olujan, buran
ruggedness [ˈrʌgidnis] *s* hrapavost; krševitost, strmenitost, divljina; neprijaznost
rugger [ˈrʌgə] *s sl* ragbi
ruin [ruin] *s* 1. propadanje, raspadanje, rušenje, uništavanje; rasap, rasulo, slom, propast; uništenje, upropašćivanje, obeščašćenje, propadanje, stradanje; *fig* izjalovljivanje, osujećivanje; uzrok propasti (npr. *it will be his ~, the ~ of him* to će biti njegova propast) 2. ruševina, razvalina (& *fig*); *pl* razvaline, ruševine, ostaci | **to bring to ~** gurnuti u propast, upropastiti koga; **to go to rack and ~** upropastiti se; **blue ~** loš džin (piće); **in ~s** razvaljen, razrušen, u ruševinama
ruin [ruin] *vt/i* **I.** *vt* razoriti, porušiti, opustošiti, uništiti; osujetiti, pokvariti, pobrkati; upropastiti koga, ruinirati; zavesti (djevojku) **II.** *vi* propasti, biti uništen, ruiniran
ruinate [ˈruineit] *vt* razoriti, upropastiti
ruination [ruiˈneiʃn] *s* razorenje, uništenje; upropašćivanje; propadanje, propast, oštećivanje, nanošenje štete
ruined [ˈruind] *adj* srušen, razoren, razvaljen, uništen; upropašten, ruiniran
ruinous [ˈruinəs] *adj* (**~ly** *adv*) ruševan, propao, razvaljen, koban, poguban
rule [ruːl] *s* 1. pravilo; *eccl* pravilnik (nekog reda) 2. propis; *jur* rješenje, odluka, pravni propis; mjernička vrpca, mjerilo; mjera 3. metar preklopnik; ravnalo 4. navika, navada, običaj 5. vladavina, vladanje, upravljanje | **the ~ of the road** prometni propis; **the ~ of thumb** praktično (ne teorijsko) pravilo; **golden ~** zlatna sredina; **by ~** obično, po propisu, po pravilima; **to work to ~** raditi po pravilu; **hard and fast ~** čvrsto, kruto pravilo; **the exception proves the ~** izuzetak potvrđuje pravilo; **as a ~** u pravilu, po pravilu; **the ~ of three** pravilo trojno
rule [ruːl] *vt/i* **I.** *vt* 1. voditi, ravnati, upravljati 2. vladati; (osjećaj) svladati, obuzdati 3. odrediti, utvrditi, odlučiti, riješiti (*that* da); nalagati, narediti, propisati 4. linirati, vući crte **II.** *vi* vladati (*over* nad); prevladavati; (o cijenama, robi itd.) stajati, držati se | **corn ~d high** cijene su žitu bile visoke
 rule out [ˈruːlˈaut] *vt* odvojiti, izdvojiti, isključiti
rule-day [ˈruːldei] *s US* prvi ponedjeljak u mjesecu
ruler [ˈruːlə] *s* vladar, gospodar (*over* nad); ravnalo
ruling [ˈruːliŋ] *s* vladanje, upravljanje, gospodarenje; *jur* odluka | **judicial ~** sudska odluka
ruling [ˈruːliŋ] *adj* vladajući, koji vlada, koji prevladava; *com* tekući, prosječan (cijena)
ruling-pen [ˈruːliŋpen] *s tech* pero za izvlačenje crta
rum [rʌm] *s* rum; *US* alkoholno piće
rum [rʌm] *adj* (**~ly** *adv*) *sl* čudan, neobičan, osobit, rijedak | **~ customer** osoba

ili životinja s kojom je opasno imati posla; *sl* ~ **start** neočekivan događaj; ~ **fellow** čudan svat
Rumanian [ru:'meinjən] *adj* rumunjski
Rumanian [ru:'meinjən] *s* Rumunj, Rumunjka; rumunjski jezik
rumba ['rʌmbə] *s* rumba (ples)
rumble ['rʌmbl] *s* tutnjava, grmljavina, praskanje, lupa, klopot, buka, klepetanje, kotrljanje, krčanje; *US* (na starom tipu automobila) stražnje pomoćno sjedalo (u karoseriji) koje se može zatvoriti poklopcem kad nije u upotrebi (i ~-*seat*)
rumble ['rʌmbl] *vi/t* tutnjeti, grmjeti, praskati, lupati, klopotati, bučati, klepetati, tandrkati; (o želucu) krčati, kruljiti; kotrljati se, voziti se
rumble out ['rʌmbl'aut] *vt* izgovoriti što, tresnuti, izlanuti, blebnuti
rumble ['rʌmbl] *vt sl* prodrijeti do dna, prozreti, otkriti
rumble seat → **rumble** *s US*
rumble-tumble ['rʌmbl'tʌmbl] *s* drmusanje, truskanje; drmusavo vozilo
ruminant ['ru:minənt] *s zool* preživač
ruminant ['ru:minənt] *adj* (~**ly** *adv*) koji preživa
ruminate ['ru:mineit] *vi/t* preživati; *fig* razmišljati, promišljati, mozgati (*upon, about* o); snovati, kovati što (npr. *to* ~ *revenge* snovati osvetu)
rumination [ˌru:mi'neiʃn] *s* preživanje; *fig* razmišljanje, premišljanje; razmatranje
ruminative ['ru:minətiv] *adj* (~**ly** *adv*) koji razmišlja, premišlja
rummage ['rʌmidʒ] *s* premetanje, pretraživanje, traženje; *com* odbačena roba, bofl, ostatak, restli
rummage ['rʌmidʒ] *vt/i* premetati, pretraživati, rovati (*among* po)
rummage-sale ['rʌmidʒseil] *s* prodaja ostataka robe
rummer ['rʌmə] *s* velika čaša ili šalica
rummy ['rʌmi] *adj* (**rummily** *adv*) *sl* čudan, neobičan; *US sl* opojan
rummy ['rʌmi] *s cards* remi (vrsta kartaške igre)
rumour (**rumor**) ['ru:mə] *s* glas, glasina | **the** ~ **runs that, the** ~ **has it that** govorka se, čuje se, kruže glasine
rumour ['ru:mə] *vt* razglasiti
rump [rʌmp] *s* stražnji dio, križa, sapi; stražnjica; trtica, batak; *fig* ostatak, kraj
rumple ['rʌmpl] *vt* zgužvati, smežurati; (kosu) raščupati, razbarušiti
rump-steak ['rʌmpsteik] *s* odrezak govedine s gornjeg buta, ramstek
rumpus ['rʌmpəs] *s sl* buka, urnebes, vika, metež, nemir, graja, rusvaj
rumpy ['rʌmpi] *s zool* mačka bez repa s otoka Mana
rum-runner ['rʌmˌrʌnə] *s US coll* krijumčar alkoholnih pića

run [rʌn] *s* 1. trčanje; tok, tijek 2. *sport* utrka, istrajno trčanje, utrkivanje 3. lov (*for* na), hajka 4. put, putovanje; vožnja; žurno putovanje; šetnja; jedrenje 5. nagla kretnja, pokret; bijeg 6. trčeći korak, brz tempo 7. izdržljivost u trčanju 8. *US* potok; jarak; rijeka; valovi, struja, plima; navala, juriš, napad; put, hod; struja (zraka) 9. *fig* hod; tok, smjer; *mus* brzi niz tonova, rulada 10. *fig* neprekidni slijed (*of* čega); red, niz; *fig* navala, juriš 11. *com* velika potražnja (*on* za čim), pritjecanje, dobra prodaja, prođa; trajan uspjeh 12. neprekidno vrijeme, trajanje; *theat* vrijeme izvođenja, serija, vrijeme koje neki komad ostaje na repertoaru, neprekidan niz predstava, trajanje (kazališnog komada); *tech* (o strojevima) radno razdoblje, vrijeme 13. prosjek, općenitost, većina; *com* vrsta, kakvoća, kvaliteta 14. pašnjak; tor, ograđen prostor za perad; *tech* tračnica, daska za iskrcavanje i ukrcavanje; odvodna cijev 15. slobodan ulaz, pristup, slobodna upotreba 16. *mar* vrh | **on the** ~ na nogama; neprekidno zaposlen, koji juri; *mil* koji je u bijegu, koji se povlači; **to have a** ~ **for one's money** zabaviti se za svoje pare; **to go for a** ~ poći na trčanje; prošetati se, izvesti se; **the common** (**ordinary**) ~ **of people** prosjek, obični ljudi; **at a** ~ trčeći, trkom; **in the long** ~ konačno, na koncu; **a** ~ **on the bank** nenadana navala ulagača na banku sa zahtjevom da im se odmah isplati ulog; **to have the** ~ **of the house** imati slobodan pristup u čiju kuću, osjećati se kao kod kuće
run [rʌn] *vi/t* (ran, run) **I.** *vi* 1. (o osobama itd.) juriti, trčati; žuriti se, hitjeti, hrliti; jurišati, navaliti (*at, on* na); bježati, pobjeći, umaći (*from* od); strugnuti, kidnuti; brzo putovati; sudjelovati u utrci, utrkivati se (*for* za); natjecati se, truditi se (*for*); (o ribama) plivati; skitati se, lutati 2. (o stvarima) vrtjeti se, obrtati se, okretati se (*on* oko); voziti se; jedriti; (o brodu) biti tjeran (*on* na); saobraćati, ići; kretati se, micati se; (o vatri, vijestima, oduševljenju itd.) naglo se širiti; (o glasovima) kružiti, kolati; prolaziti, proteći; izliti se, proliti se; (o biljkama) bujati, brzo se razmnožavati; (o loptama) kotrljati se, koturati se; (o strojevima) raditi, ići; (o poduzeću, poslu i dr.) biti u pogonu, raditi 3. (o tekućinama itd.) teći; (o moru) strujati, rasti, talasati se; (o metalima) topiti se, teći, taliti se; (o ledu) kopnjeti, rastopiti se; (o bojama) razlijevati se; (o očima) curiti, kapati; (o nosu itd.) teći; gnojiti se 4. (o vremenu itd.) proći, prolaziti, proteći; (o novcu itd.) biti u optjecaju, u prometu; (o mjenici) vrijediti, imati valjanost, važiti; (o cijenama) stajati, držati se; *jur* ostati na sna-

zi; *theat* davati se, prikazivati se; prostirati se, pružati se; (obuka, škola) održavati se, trajati; (o crtama) teći, vući se; postati zamjetljiv, nastupiti, pokazati se; (o riječima i dr.) glasiti **II.** *vt* 1. trčati; slijediti, progoniti; udariti, krenuti (kojim putem, smjerom); juriti preko; (prugu) pretrčati, proći; protrčati (ulicu); bježati iz; napustiti; izložiti se čemu; (divljač) tjerati, progoniti; utrkivati se s kim 2. (uzročno) staviti u pokret, u gibanje, pustiti u pogon; (o konju) tjerati, goniti, uknjižiti, upisivati za utrku; (stoku) pasti 3. premjestiti; donijeti (*into* u); otpravljati, otpremiti, transportirati; (robu) istovariti, krijumčariti; (oružje) zatjerati, zabosti (*into, through a p*); (iglu) zabosti; probosti, prišiti, šiti velikim ubodima 4. učiniti da se kotrlja, da se kliže 5. pustiti u promet, (stroj) držati u pogonu; (posao itd.) tjerati, držati, održavati, voditi, upravljati; (kandidate) predložiti, postaviti; pozvati pred sud (*for* zbog); *US* (crtu, među) povući, potegnuti 6. pustiti da teče, točiti, lijevati; dati od sebe, iznijeti, istaknuti; (o riječi) nanositi (zlato); ujediniti; preinačiti, preobraziti, preurediti (*into* u); (metal) liti, taliti, topiti | **to ~ for one's life** strugnuti, kidnuti, umaći, pobjeći; **my taste does not ~ that way** nemam za to smisla; **it ~s in the blood, in the family** to leži u krvi, u porodici; **it ~s in my head** vrti mi se, mota mi se po glavi; **to ~ ashore** nasukati se; **to ~ a ship aground** nasukati brod; **to ~ oneself into** zaletjeti se u; **to ~ one's head against** udariti glavom o; **to ~ one's pen through** prekrižiti, precrtati; **to ~ one's hand across** prijeći rukom preko, prevući; *sl* **~ for it!** kidaj!, bježi!, hvataj maglu!; **to ~ to meet one's troubles** predvidjeti nezgode, neprilike; **to ~ riot** pobuniti se; (o biljkama) bujati; **to ~ to help another** priskočiti komu u pomoć; **the nose ~s** nos curi; **eyes ~** oči suze; **to ~ dry** presahnuti, usahnuti, presušiti; *fig* iscrpsti se, iznemoći, klonuti; **a running account** tekući račun; *fig* **to ~ the gauntlet** biti izvrgnut oštroj kritici; **to ~ the risks** riskirati; *sl* **to ~ the show** biti šef, upravljati nekim pothvatom; **to ~ a horse** ubilježiti konja za utrku; **to ~ in debt** zadužiti se; **to ~ wild** podivljati; obrasti korovom; **to ~ short of** ostati bez čega, oskudijevati; **to ~ high** rasti, dizati se; **to ~ low** iscrpsti se, biti na izmaku, ponestati; **her eyes ~ with tears** suze joj naviru na oči; **to ~ after** tražiti; **to ~ to fat** odebljati; *fig* **his blood ran cold** sledila mu se krv (od grozote); *mil* **to ~ a blockade** probiti blokadu; **to ~ the streets** skitati se, lutati, tumarati, lunjati; **to ~ out of an article** ponestati kome čega na skladištu, na zalihi; *rly* **to ~ off the rails (lines)** iskočiti iz tračnica; **to ~ a rig** grdno se našaliti s kim, nasamariti koga, napakostiti komu, nasaditi koga; **to ~ at a loss** raditi s pasivom, s gubitkom; **to ~ a temperature** imati groznicu; **to ~ to pattern** dogoditi se prema ustaljenom redu; **to ~ through one's inheritance** spiskati nasljedstvo; **to ~ counter** ne slagati se, ne biti u skladu

run about ['rʌnə'baut] *vi* trčati amo-tamo

run across ['rʌnə'krɔs] *vt* slučajno sresti, naići na koga

run away ['rʌnə'wei] *vi* 1. pobjeći, uteći, umaći 2. (*with*) odnijeti, ukrasti; oteti, odvesti; (o osjećajima) ne moći se svladati 3. (o izdatku) potrošiti novac, izdati 4. (o konju) oteti se 5. (o trčanju, o trkama) prestići 6. utvarati sebi, umišljati sebi

run back ['rʌn'bæk] *vi* natrag trčati; natrag teći

run down ['rʌn'daun] *vi/t* 1. teći dolje; okliznuti se, omaći se 2. (o satu i dr.) isteći, prestati ići, odviti se 3. (u pasivu) izmoriti se, iscrpsti se, biti premoren, iznemogao, bolestan 4. slijediti, progoniti i uhvatiti koga 5. pronaći (citat); pregaziti, pogaziti koga; sudariti se; potcjenjivati, omalovažavati koga | **to be ~** biti iscrpljen, iznemogao

run in ['rʌn'in] *vi/t* 1. svratiti se, pohoditi koga 2. *coll* uhapsiti 3. osigurati izbor (kandidata) 4. uhodati (nove strojeve) 5. uletjeti, ući u brzinu 6. biti naslijeđen (talent itd.)

run into ['rʌn'intu] *vi/t* 1. sudariti se, sresti se neočekivano (*with* s kim) 2. utrčati, uletjeti 3. (o knjizi) izaći, doživjeti izdanja 4. pretvoriti se, prijeći u

run off ['rʌn'ɔf] *vi/t* 1. pobjeći, umaći, odmagliti 2. oteći, otjecati 3. naglo skrenuti 4. bez zapinjanja izgovarati (pjesmu i dr.) 5. iskapiti, isprazniti (tekućinu) 6. *sport* odlučiti utrku 7. *US sl* ukrasti (*with*)

run on ['rʌn'ɔn] *vi* nastavljati se; neprekidno govoriti; proteći

run out ['rʌn'aut] *vi/t* 1. istrčati, izaći 2. (o tekućini) isteći, curiti; (o roku) prijeći, isteći, izaći, dospjeti; nestajati, istrošiti se, iscrpsti se | **to ~ of cash** istrošiti se, ostati bez novca; **to ~ a winner** izaći kao pobjednik

run over ['rʌn'əuvə] *vi/t* pregaziti; prijeći, preliti se, biti prepun; proći, brzo pročitati, letimice pregledati; posjetiti

run through ['rʌn'θruː] *vt* 1. brzo pregledati 2. precrtati, poništiti 3. probosti, probušiti

run up ['rʌn'ʌp] *vi/t* 1. ići, trčati gore 2. *bot* tjerati, istjerivati, rasti; izroditi se 3. dići, podići, istaknuti (zastavu) 4. zbrojiti, iznositi; premašiti, dizati cijenu (kod dražbe)

run [rʌn] *adj* 1. (o tekućinama) koji je istekao, iscurio 2. *mar* koji je dezertirao 3. (o ribi) koja se iselila iz mora u rijeku da se mrijesti 4. *min* mekan, bituminozan (ugljen) 5. (o mlijeku) zgrušan 6. (o robi) nezakonito uvezen, prokrijumčaren 7. izliven, u rastaljenom stanju | **a ~ man** dezerter; **~ honey** vrcani med

runabout [ˈrʌnəbaut] *adj* koji luta, lutalački, skitalački

runabout [ˈrʌnəbaut] *s* skitnica; mali automobil ili motorni čamac

runagate [ˈrʌnəgeit] *s arch* bjegunac, skitnica, vagabund; odbjeglica, otpadnik, odmetnik, renegat

runaround [ˈrʌnəraund] *s coll* izmotavanje

runaway [ˈrʌnəwei] *s* bjegunac, dezerter

runaway [ˈrʌnəwei] *adj* koji je u bijegu, koji bježi; pobjegao; poplašen, zalutao; lako osvojiv; nad kojim je izgubljena kontrola, nekontroliran (*~ inflation*)

run-down [ˈrʌndaun] *adj* odvijen, nenavijen; iscrpljen, izmožden; zapušten

rune [ruːn] *s* runa (pismo starih germanskih naroda), runski zapis; *pl* runsko pismo; magičan znak ili simbol; finska pjesma

rung [rʌŋ] *s* prečka, prečaga (na ljestvama); *fig* stepenica (na društvenoj ljestvici)

rung [rʌŋ] *pp* od **ring**

runic [ˈruːnik] *adj* runski; mističan | **~ characters (letters)** runski znakovi, runska slova

runic [ˈruːnik] *s print* reklamni natpis velikim slovima

run-in [ˈrʌnin] *s sport* zalijetanje preko pobočne linije; prepirka, sukob, svađa, tučnjava (*with* s, sa)

runlet [ˈrʌnlit] *s* potočić

runnel [ˈrʌnl] *s* rječica, potočić; žlijeb, oluk, slijevak

runner [ˈrʌnə] *s* 1. *sport* trkač, sprinter; teklić, glasnik; *mil* ordonanc, vjesnik; *dial* krijumčar 2. trkaći konj, trkač; *ornith* trkačica; trkavac, mlakara, prdavac (*Rallus aquaticus*) 3. *bot* vriježa (biljka) puzavica, puzavac; tračnica; valjak; salinac (klizaljki) 4. uzak dugačak pokrovac za stol; dug uzak sag ili pokrivač 5. krijumčar, krijumčarski brod 6. operator, upravljač stroja

runner bean [ˈrʌnəbiːn] *s* mahuna

runner-up [ˌrʌnərˈʌp] *s sport* osvajač drugog mjesta, drugoplasirani

running [ˈrʌniŋ] *s* trčanje, upravljanje itd. v. **run** *vt/i* | **to take up the ~** voditi, preuzeti vodstvo (& *fig*); *sport* **to be in the ~** imati nade u uspjeh, pobjedu; *sport* **to be out of the ~** nemati nade u uspjeh, pobjedu; *sport* **to make the ~** prednjačiti, dati tempo, voditi; *sport* **to put a p out of ~** istisnuti koga iz takmičenja; **~ of the nose** hunjavica, kijavica

running [ˈrʌniŋ] *adj* koji trči, trkaći; neprestan, neprekidan; (iza imenice u pluralu) koji slijedi jedan za drugim, uzastopan; tekući; kurentan (pismo); (o rani) gnojan, koji se gnoji; koji se topi; puzav, koji se penje (biljka); simultan (prijevod), istovremen | **~ account** otvoreni, tekući račun; *radio* **~ commentary** izvještaj, komentar o dnevnim događajima; *mil* **~ fire** brza paljba; **~ title** naslov stupca; **~ water** tekuća voda; **five days ~** pet dana uzastopce; **I've won three times ~** pobijedio sam triput redom, triput uzastopce; **~ fire** brza (automatska) paljba (i *fig* pitanja i sl.); **~ hand** kurentno pismo; **~ lights** bočna svjetla (broda, aviona)

running-board [ˈrʌniŋbɔːd] *s mot* papuča (na automobilu)

runny [ˈrʌni] *adj* koji curi, šmrkav (*a ~ nose*)

run-off [ˈrʌnɔf] *s sport* odlučna, finalna utrka; odlučujući izbori; voda koju zemlja ne može upiti

run-of-the-mill [ˈrʌnəvðəˈmil] *adj* običan, prosječan

run-of-the-mine [ˈrʌnəvðəˈmain] *adj US* (o ugljenu) nesortiran; običan, prosječan

run-on [ˈrʌnɔn] *adj pros* koji prelazi u slijedeći redak

runt [rʌnt] *s zool* kržljava životinja, (o čovjeku, prezirno) kržljavac

run-up [ˈrʌnʌp] *s* (prvi krug) pseće trke

runway [ˈrʌnwei] *s aero* pista

rupee [ruːˈpiː] *s Ind* rupija (zlatan i srebrn novac)

rupture [ˈrʌptʃə] *s* prijelom; prolom; *med* kila, hernija; rasprskivanje, pucanje; *fig* prekid, raskid, svađa

rupture [ˈrʌptʃə] *vt/i* **I.** *vt* lomiti, kršiti, razbiti; *med* (krvnu žilu) raskinuti, rastrgnuti **II.** *vi* dobiti kilu, herniju; puknuti, rasprsnuti se

rural [ˈruərəl] *adj* (*~ly adv*) seoski, ladanjski; poljoprivredan, poljodjelski

ruralize [ˈruərəlaiz] *vt/i* **I.** *vt* učiniti seoskim **II.** *vi* ići na selo, živjeti na selu, poprimiti seoski karakter

ruse [ruːz] *s* lukavstvo, smicalica, doskočica

rush[1] [rʌʃ] *s bot* rogoz | **not worth a ~** ne vrijedi ni pišljiva boba, ni prebijene pare; **not to care a ~** ne mariti ni mrve

rush[2] [rʌʃ] *s* 1. srtanje, (o moru) prodor; zamah 2. nenadan prodor, navala (dima, suza); *fig* napad; brz, nenadan razvoj 3. masovno odlaženje (*to* u); navala; *com* živo potraživanje (*for* čega) 4. (o poslu) navala, povećanje

rush [rʌʃ] *vi/t* **I.** *vi* (o osobama) navaliti, nasrnuti, jurnuti; srljati, srnuti, juriti, baciti se (*on* na); (o vjetru i dr.) šumiti, bjesnjeti; (o vodi) valjati se, rušiti se (*from*); *fig* jurnuti, letjeti **II.** *vt* huškati,

tjerati, goniti; *mot* juriti, brzo se voziti; (posao) prenagliti, svršiti; *mil* zauzeti, osvojiti na juriš; jurišati, nasrnuti, navaliti (*at* na)
rush off ['rʌʃ'ɔf] *vt* hitno otpremiti
rush-bearing ['rʌʃ,bɛəriŋ] *s* (crkveni) god prilikom kojega se crkva iskiti rogozom
rush-hour(s) ['rʌʃ,auə(z)] *s* sati najživljeg prometa, »špica«
rushlight ['rʌʃlait] *s* noćno kandilo, noćna svjetiljka, žižak
rushlike ['rʌʃlaik] *adj* poput rogoza
rushy ['rʌʃi] *adj* pokriven rogozom, obrastao rogozom; poput rogoza
rusk [rʌsk] *s* (slatki) čajni dvopek; prepržena kriška kruha
russet ['rʌsit] *s* crvenosmeđa ili žućkastosmeđa boja; grubo domaće sukno te boje; crvenka (jabuka)
russet ['rʌsit] *adj* crvenosmeđ
russety ['rʌsiti] *adj* → **russet**
Russian ['rʌʃən] *adj* ruski
Russian ['rʌʃən] *s* Rus, Ruskinja, ruski jezik (naročito velikoruski); *coll* stanovnik SSSR-a
russianism ['rʌʃənizm] *s* prevladavanje ruskog duha
Russianize ['rʌʃənaiz] *vt/i* rusizirati, porusiti
Russian olive ['rʌʃən'ɔliv] *s bot* zlolesina, dafin (*Elaeagnus angustifolia*)
Russian thistle ['rʌʃən'θisl] *s bot* (bodljikava) solnjača (*Salsola kali*)
Russify ['rʌsifai] *vi* → **Russianize**
rust [rʌst] *s* rđa (& *fig*); loš utjecaj, rđanje; *bot* snijet, rđa
rust [rʌst] *vi/t* **I.** *vi* rđati, zarđati, zakržljati; *bot* biti zaražen snijeću **II.** *vt* učiniti da rđa, prouzročiti rđanje; obojiti bojom rđe; *fig* oslabiti; zaboravljati (znanje)
rustic ['rʌstik] *adj* (~**ally** *adv*) seoski, ladanjski; seljački, jednostavan; prost, grub
rustic ['rʌstik] *s* seljak, ratar, poljodjelac
rusticate ['rʌstikeit] *vt/i* **I.** *vt* poslati na selo, na ladanje; *univ* isključiti koga na neko vrijeme; učiniti koga seljakom **II.** *vi* živjeti na selu, na ladanju
rustication [,rʌsti'keiʃn] *s* življenje, boravljenje na selu, seoski život; *univ* isključenje na neko vrijeme
rusticity [rʌs'tisiti] *s* neotesanost, neuglađenost
rustic-work ['rʌstikwəːk] *s archit* rustika
rustiness ['rʌstinis] *s* zarđalost
rustle ['rʌsl] *s* šuštanje, šuškanje
rustle ['rʌsl] *vi/t* **I.** *vi* (o svili i sl.) šuštati, šušketati **II.** *vt* šuštati čime; *US* krasti (stoku ili konje)
rustler ['rʌslə] *s US* kradljivac stoke, konjokradica; *US sl* poduzetan, energičan čovjek
rustling ['rʌsliŋ] *adj* (~**ly** *adv*) šuštav, koji šušti
rusty[1] ['rʌsti] *adj* (**rustily** *adv*) rđav, zarđao; izblijedio; boje rđe, riđ; *fig* zarđao, star, zastario; zapušten, nevješt; kreketav, napuknut, škripav (glas); užegao (slanina)
rusty[2] ['rʌsti] *adj* mrzovoljast, čangrizav
rut[1] [rʌt] *s* (o srndaću, ovnu i dr.) tjeranje, parenje, bukarenje, bucanje
rut[2] [rʌt] *s* kolotečina, rutina; kolosijek; trag
rut [rʌt] *vi* tjerati se, bucati se, pariti se
rut [rʌt] *vt* izbrazditi, načiniti kolotečinu
ruth [ruːθ] *s arch* sažaljenje, samilost; tuga, žalost
ruthless ['ruːθlis] *adj* (~**ly** *adv*) nemilosrdan, okrutan
ruthlessness ['ruːθlisnis] *s* nemilosrdnost, okrutnost, bezobzirnost
rutty ['rʌti] *adj* izbrazdan, izrovan kolotečinama
rye [rai] *s bot* raž; *US coll* viski od raži
rye-grass ['raigraːs] *s bot* ljuljak, ljuljica (*Secale cereale*)
ryepeck ['raipek] *s* željezom okovana motka za pričvršćivanje čamaca i sl.
ryot ['raiət] *s Ind* seljak, poljodjelac, ratar

S

S, s [es] *s* (*pl* **~s, ~'s**) S, devetnaesto slovo engleske abecede
sabbatarian [ˌsæbəˈtɛəriən] *adj eccl* koji se odnosi na sabat ili na one koji osobito strogo drže sabat; sabatski; subotarski
sabbatarian [ˌsæbəˈtɛəriən] *s eccl* strog poštovalac sabata; strog poštovalac nedjelje; subotar
Sabbath [ˈsæbəθ] *s* dan odmora, dan Gospodnji; *eccl* subota ili nedjelja, bilo koji dan u tjednu određen za počinak; kod starih Židova svaka sedma godina; *arch fig* odmor | **~ day's journey** put koji je Židov smio prevaliti na sabat; **keep the ~** slaviti dan odmora
sabbath-breaker [ˈsæbəθˌbreikə] *s* prekršitelj sabata (dana odmora)
sabbatical [səˈbætikl] *adj* (**~ly** *adv*) sabatski, subotnji, koji se odnosi na dan odmora; koji donosi odmor | **~ year** kod Židova svaka sedma godina; *US* slobodna (plaćena) studijska godina sveučilišnog profesora (svakih sedam godina)
sabbaticals [səˈbætiklz] *s pl* stajaće, svečano nedjeljno odijelo
sabbatize [ˈsæbətaiz] *vi/t* **I.** *vi* držati dan odmora (subotu ili nedjelju); *fig* održavati dan odmora koji odgovara sabatu (suboti ili nedjelji) **II.** *vt* pretvoriti u dan odmora
saber [ˈseibə] *s* & *vt* → **sabre**
sable¹ [ˈseibl] *s zool* samur, sobol; samurovina, soboljevina (krzno) 2. fin slikarski kist od sobolove dlake
sable² [ˈseibl] *s* 1. *her* crna boja 2. crno odijelo, crnina 3. *poet* tama 4. *zool* (**~ antelope**) vrsta afričke antilope | **~s** *pl* crnina, crno odijelo kao znak žalosti
sable [ˈseibl] *adj* (**sably** *adv*) boje samurovine, tamnosmeđ, zagasit; napravljen od samurovine; *her* crn; *poet* tmast, taman; crn (*joc* za crnca); *arch* žaloban | **his ~ Majesty** đavo
sable-fur [ˈseiblfəː] *s* samurovina, sobolovina
sabot [ˈsæbəu] *s Fr* 1. drvena cokula, klompa, drvena sandala 2. *mil* komadić meкane kovine pričvršćene uz tane koji se prilagođuje brazdama cijevi
sabotage [ˈsæbətaːʒ] *s Fr* sabotaža, diverzija
sabotage [ˈsæbətaːʒ] *vt/i Fr* **I.** *vt* izvršiti sabotažu, zlonamjerno pokvariti stroj ili smetati rad **II.** *vi* sabotirati
sabre [ˈseibə] *s Fr* sablja | **the ~** vojna snaga ili vlada; *mil* **300 ~s** tristo konjanika; **~-rattling** zveckanje oružjem
sabre [ˈseibə] *vt Fr* sabljom posjeći (raniti ili ubiti), sasjeći, pokositi
sabretache [ˈsæbətæʃ] *s mil* ukrašen kožni tok konjičkih oficira koji visi o pojasu na lijevoj strani
sabre-toothed [ˈseibətuːθt] *adj* koji ima neobično duge sabljaste gornje očnjake
sabulous [ˈsæbjuləs] *adj* pješčan, pjeskovit, šljunčan | *med* **~ matter** talog, sediment, pijesak (u mokraći)
saburra [sæˈbʌrə] *s med* želučani talog
sac¹ [sæk] *s bot, anat & zool* kesa, kesica, tobolac, vrećica; *med* vrećica koja ovija tumor, cistu
sac² [sæk] *s jur* pravo vlasnika posjeda da vrši sudovanje
saccharin [ˈsækərin] *s chem* saharin
saccharine [ˈsækərain] *adj* 1. šećerni, šećerast, sladorni, sličan šećeru 2. sladunjav; *med* (o mokraći) s previše šećera
sacerdotal [ˌsæsəˈdəutl] *adj* (**~ly** *adv*) svećenički
sacerdotalism [ˌsæsəˈdəutəlizm] *s* duh svećeničkog staleža; prevlast svećenstva, vlast svećenstva
sacerdotalist [ˌsæsəˈdəutəlist] *s* pobornik svećeničke vlasti
sachem [ˈseitʃəm] *s* poglavica nekih sjevernoameričkih Indijanaca; *fig* važna osoba, glavešina
sachet [ˈsæʃei] *s* vrećica, maramica natopljena mirisom; vrećica s mirisnom tvari koja se stavlja među rublje, kesica
sack¹ [sæk] *s* 1. vreća, kesa 2. prostran kaput, ogrtač, haljina, kratak kaput zaobljen na donjem kraju 3. vreća kao mjera (3—6 bushela) 4. *sl* otpust iz službe

| *sl* **to give a p the ~** najuriti, dati kome otkaz, izbaciti koga iz službe; *fig* otpustiti, otjerati ljubavnika; **to get the ~** biti otpušten, odbijen, dobiti otkaz; **to hold the ~** biti ostavljen na cjedilu

sack² [sæk] *s mil* pljačkanje, razaranje (grada), pustošenje; pljačka, plijen | **to put to ~** opljačkati, opustošiti

sack³ [sæk] *s hist* sekt, pjenušavo vino

sack⁴ [sæk] *s sl* krevet | **to hit the ~** otići u krpe, poći na spavanje

sack¹ [sæk] *vt* 1. staviti u vreću 2. *fam* otpustiti iz službe 3. *fig & fam* dati košaricu 4. *coll* staviti u džep 5. pobijediti koga u natjecanju

sack² [sæk] *vt mil* pljačkati, opustošiti, poharati, plijeniti; razoriti

sackbut ['sækbʌt] *s mus* trublja, prethodnik trombona; nekadašnja pozauna; *bibl* vrsta instrumenta slična gitari

sack-cloth ['sækklɔθ] *s* tkanina za vreće, vrećovina, prteno platno; pokajnička kostrijet

sackful ['sækful] *s* puna vreća (čega), koliko stane u vreću; *fig* velika količina

sacking¹ ['sækiŋ] *s* tkanina za vreće, vrećovina, juta

sacking² ['sækiŋ] *s* pustošenje, pljačkanje

sacking³ ['sækiŋ] *s* otpuštanje

sackless ['sæklis] *adj arch Scot* nedužan, nevin, iskren, bezazlen, jednostavan; (o stvarima) neopasan; *fig* malodušan, malouman

sack-race ['sækreis] *s* utrka u vrećama

sacral¹ ['seikrəl] *adj anat & zool* koji se odnosi na sakralne kralješke, na kralješke krstače, koji pripada kralješcima krstače, koji pripada donjem dijelu tijela

sacral² ['seikrəl] *adj eccl* sakralni, posvećen

sacrament ['sækrəmənt] *s* 1. *eccl* sakrament, otajstvo 2. simbol 3. svečana zakletva | **the Blessed (Holy) Sacrament** pričest, Euharistija; **to receive the ~** pričestiti se; **to administer the ~** pričestiti koga; **the last ~** posljednja pomast

sacrament ['sækrəmənt] *vt* vezati koga zakletvom

sacramental [ˌsækrə'mentl] *adj* (**~ly** *adv*) 1. sakramentalni, pričesni, svetootajstven, svet, koji donosi oprost 2. osobito svečan (za zakletvu)

sacramental [ˌsækrə'mentl] *s eccl* obred koji je propisala Crkva (upotreba posvećene vode)

sacramentalism [ˌsækrə'mentəlizm] *s* sakramentalizam

sacramentalist [ˌsækrə'mentəlist] *s* sakramentalist

sacramentarian [ˌsækrəmən'tɛəriən] *adj* koji nasljeduje nazore sakramentarijanaca; što ga propisuje sakramentarijanizam

sacramentarian [ˌsækrəmən'tɛəriən] *s* 1. *eccl hist* sakramentarijanac 2. sakramentalist

sacred ['seikrid] *adj* (**~ly** *adv*) svet, posvećen, bogougodan; častan; nepovrediv; crkven, sakralni, vjerski, duhovni | **~ building** sakralna građevina; **~ music** crkvena glazba; **~ writings** sveti tekstovi; **~ duty** sveta dužnost; **~ cow** sveta krava

sacredness ['seikridnis] *s* svetost, nepovredivost

sacrifice ['sækrifais] *s* 1. žrtva, požrtvovanje, žrtvovanje; žrtvovana stvar ili životinja 2. *com* gubitak 3. *theol* Isusova žrtva na križu | **the last, great, supreme ~** smrt za domovinu; *com* **to sell at a ~** prodati s gubitkom, ispod cijene; **to make the ~** žrtvovati što; **to fall a ~** postati žrtvom

sacrifice ['sækrifais] *vt/i* **I.** *vt* žrtvovati, posvetiti; napustiti; *com* prodati s gubitkom **II.** *vi* žrtvovati, prinijeti žrtvu, odreći se | **~ oneself** žrtvovati se

sacrificer ['sækrifaisə] *s* žrtvovalac, prinositelj žrtve, žrec, svećenik koji prinosi žrtvu

sacrificial [ˌsækri'fiʃl] *adj* (**~ly** *adv*) žrtven; *com* prodan s gubitkom

sacrilege ['sækrilidʒ] *s* svetogrđe, oskvrnuće, oskvrnjenje; bogohuljenje; svetokrađa; *fig* zločin, bezakonje

sacrilegious [ˌsækri'lidʒəs] *adj* (**~ly** *adv*) svetogrdan, bogohulan, bezbožan; koji krade, skvrni svetinju crkve; zločinački

sacrilegist [ˌsækri'lidʒist] *s* drznik, zločinac, oskvrnitelj, bogohulnik

sacring ['seikriŋ] *s eccl* blagoslivljanje; krizmanje, rukopolaganje; pomazanje; posveta, posvećenje

sacrist [ˌsækrist] *s eccl* crkvenjak, zvonar; čovjek koji prepisuje note za crkveni zbor i brine se za knjige

sacristan ['sækristən] *s eccl arch* sakristan, crkvenjak, zvonar

sacristy ['sækristi] *s* sakristija

sacrosanct ['sækrəusæŋkt] *adj* nepovrediv, neprikosnoven, sakrosanktan, neoskvrnjiv

sacrosanctity [ˌsækrəu'sæŋktiti] *s* nepovredivost, svetost, neoskvrnjivost

sacrum ['seikrəm] *s* (*pl* **sacra** ['seikrə]) *anat* krstača

sad [sæd] *adj* (**~ly** *adv*) 1. *arch* ozbiljan 2. tužan, žalostan, sjetan, nujan, turoban, ojađen, potišten, nevoljan 3. *hum* bijedan, kukavan, mizeran, vajan 4. zao, hud, opak, zločest, nevaljao, naopak, nemio 5. neugodan; nepopravljiv 6. vrlo nuždan 7. taman, zagasit (boja) 8. težak (želudac, kruh) 9. nedovoljno pečen, gnjecav | *arch* **in ~ earnest** vrlo ozbiljno; **a ~ dog** razvratnik, razbludnik

sadden ['sædn] *vt/i* **I.** *vt* 1. žalostiti, ražalostiti, rastužiti; *fig* ozlovoljiti 2. potamniti, ocrniti **II.** *vi* žalostiti se, ražalostiti se, sneveseliti se, snužditi se

saddish ['sædiʃ] *adj* ponešto žalostan, tužan

saddle ['sædl] *s* 1. sedlo (& *fig*) 2. poleđina (meso stoke ili divljači) 3. gorsko sedlo 4. obramica 5. nosač žice na vrhu električnog stupa | **in the ~** čvrsto u sedlu; *fig* u službi, na sigurnu položaju; **to put ~ on the right (wrong) horse** okriviti pravog (krivog) čovjeka

saddle ['sædl] *vt* osedlati; *fig* opteretiti (*with* čime), natovariti, naprtiti (*upon* na) | **~ oneself with** naprtiti sebi na vrat što; **to be ~d with a p** imati koga na vratu; **to ~ a p with a th** komu što naprtiti

saddleback ['sædlbæk] *s* 1. sedlasta leđa (konja) 2. gorsko sedlo 3. *archit* vršna naslaga zida deblja u sredini nego na krajevima 4. *ornith* siva vrana; razne vrste gusaka; vrsta galeba 5. *zool* mužjak grenlandskog kita; vrsta oštrige; vrsta tuljana

saddlebacked ['sædlbækt] *adj* sedlast (za konja); uleknut

saddlebag ['sædlbæg] *s* 1. bisaga, sedlena torba; torbica za alat ispod sjedala na biciklu 2. vrsta presvlake za namještaj 3. *mil* ranac, naprtnjača | **a pair of ~s** bisage

saddle-boiler ['sædl,bɔilə] *s* kotao sa savinutom osnovicom koja služi kao dimnjak

saddle-bow ['sædlbəu] *s* obluk, oblučje, sedleni luk, lučac sedla

saddle-cloth ['sædlklɔθ] *s* podsedlica, gunj pod sedlom

saddlefast ['sædlfaːst] *adj* siguran u sedlu, čvrst u sedlu, siguran na konju

saddle-horse ['sædlhɔːs] *s* sedlenik, jahaći konj

saddler ['sædlə] *s* 1. sedlar 2. *zool* vrsta tuljana

saddlery ['sædləri] *s* sedlarski zanat, sedlarstvo; sedlarija; sedlarske potrepštine, sedlarska roba

saddle-tree ['sædltriː] *s* 1. *bot* vrsta sjevernoameričkog drveta (*Liriodendron tulipifer*) 2. drveni okvir sedla

sad-iron ['sæd,aiən] *s* glačalo, pegla, utija

sadism ['seidizm] *s* sadizam

sadist ['seidist] *s* sadist

sadistic [sə'distik] *adj* sadistički

sadness ['sædnis] *s* 1. *arch* ozbiljnost 2. tuga, žalost, sjeta

safari [sə'faːri] *s* safari, lovačka ekspedicija (u Africi)

safe [seif] *adj* (**~ly** *adv*) 1. siguran, pouzdan; bezopasan, neškodljiv 2. zdrav, čitav, koji je u redu, neoštećen, neozlijeđen, koji je u dobru stanju | **to arrive ~** doći u redu, neoštećen, zdrav, čitav; **as ~ as houses** potpuno siguran; **a ~ man** pouzdan, vjeran čovjek; *com* **~ arrival** sretno prispijeće, uredno prispijeće (o robi); *com* **~ receipt** uredan primitak; **sum in ~ hands** sigurni novci; **from a ~ quarter** iz pouzdana izvora; **~ and sound** živ i zdrav, zdrav i čitav; **~ from** siguran od; **to be on the ~ side** biti siguran, osigurati se; **it is ~ to say** može se sa sigurnošću reći; *cricket* **a ~ catch** dobra lopta

safe [seif] *s* željezna blagajna, sef; spremnica za hranu

safe-blower ['seif,bləuə] *s* provalnik u blagajne (pomoću eksploziva)

safe-breaker ['seif,breikə] *s* obijač blagajna

safe-conduct [,seif'kɔndəkt] *s* provodno pismo, zajamčen slobodan prolaz; propusnica

safe-deposit ['seifdi,pɔzit] *s* trezor banke sa sefovima

safeguard ['seifgaːd] *s* 1. zaštitna pratnja; provodno pismo; propusnica; putnica 2. jamstvo; zaštita, okrilje; sigurno provođenje 3. *pl* zaštitne naprave 4. *zool* vrsta guštera

safeguard ['seifgaːd] *vt* 1. štititi, čuvati; pružiti jamstvo, jamčiti, osigurati što 2. udariti zaštitne carine (na uvezenu robu)

safe-keeping [,seif'kiːpiŋ] *s* sigurna pohrana, čuvanje

safeness ['seifnis] *s* sigurnost

safety ['seifti] *s* sigurnost; neoštećenost; zaštita; dobro stanje; sigurna pohrana | **there is ~ in numbers** s većinom je čovjek uvijek na sigurnom; brojke ne lažu; **~ first!** vlastita je sigurnost prije svega; oprez!; *fig* zaštita protiv nezgode; **to play for ~** ići na sigurno, igrati na sigurno; **~ factor (factor of ~)** faktor sigurnosti, sigurnosni faktor; **to flee for ~** spasiti se bijegom, potražiti spas u bijegu; **road ~** sigurnost u prometu; **~ at work** zaštita pri radu, higijensko-tehnička zaštita, HTZ

safety-appliance ['seiftiə,plaiəns] *s* sigurnosni uređaj

safety-belt ['seiftibelt] *s* sigurnosni pojas

safety-bicycle ['seifti,baisikl] *s* obična dvokolica, bicikl

safety-bolt ['seiftibəult] *s* osigurač na vatrenom oružju

safety-catch ['seiftikætʃ] *s* sigurnosni zapor

safety curtain ['seifti,kəːtn] *s* željezni zastor

safety-fund ['seiftifʌnd] *s* sigurnosni fond

safety-fuse ['seiftifjuːz] *s* sigurnosni fitilj, upaljač, štapin

safety-glass ['seiftiglaːs] *s* sigurnosno staklo, sekurit staklo, tripleks staklo

safety-lamp ['seiftilæmp] *s* rudarska svjetiljka

safety-lock [ˈseiftilɔk] *s* sigurnosna brava, osigurač na vatrenom oružju
safety-match [ˈseiftimætʃ] *s* šibica
safety-pin [ˈseiftipin] *s* pribadača (ziherica)
safety-razor [ˈseiftiˌreizə] *s* brijaći aparat
safety-valve [ˈseiftivælv] *s* sigurnosni ventil; *fig* oduśak za čuvstva | **to sit on the ~** provoditi represivnu politiku
saffian [ˈsæfiən] *s* safijan (vrsta kože)
safflower [ˈsæflauə] *s* 1. *bot* šafranika, srpak 2. žuta ili crvena boja poput šafranike
saffron [ˈsæfrən] *s bot* šafran; šafranova boja
saffron [ˈsæfrən] *adj* žut poput šafrana
saffron [ˈsæfrən] *vt* bojiti šafranovom bojom (slatkiše i piće), dati (slatkišima i piću) okus po šafranu
safranin [ˈsæfrənin] *s* šafranin, boja dobivena od šafrana; crvenkastožuta anilinska boja
sag [sæg] *s* uleknuće, uleknina, olabavljenost; provjes; *com* pad cijene; *mar* skretanje broda prema zavjetrini
sag [sæg] *vi/t* **I.** *vi* 1. uleći se, uleknuti se; sleći se, objesiti se, olabaviti 2. *mar* skrenuti sa smjera (osobito prema zavjetrini) 3. naheriti se (vrata, most) **II.** *vt* 1. učiniti da se što ulekne; opteretiti; pritisnuti 2. *com* spustiti (cijenu)
saga [ˈsaːgə] *s* saga; *fig* pripovijetka o junačkim djelima i doživljajima | **~ novel** ciklus romana o životu jedne obitelji tokom generacija
sagaciate [səˈgeiʃieit] *vi US* misliti, nagađati
sagacious [səˈgeiʃəs] *adj* (**~ly** *adv*) oštrouman, bistar, mudar, pronicav
sagacity [səˈgæsiti] *s* oštroumnost, pronicavost, pamet, zdrava pamet, bistrina
sage[1] [seidʒ] *s bot* kadulja, kuš, žalfija
sage[2] [seidʒ] *s* mudrac
sage [seidʒ] *adj* (**~ly** *adv*) mudar, pametan, razborit
saggar (sagger) [ˈsægə] *s* posuda od pečene gline u koju se stavlja glinena roba pri pečenju
sag(g)y [ˈsægi] *adj* obrastao žalfijom, kušem; začinjen žalfijom, kušem
Sagitta [səˈdʒitə] *s astr* Strijela (zviježđe); *zool* vrsta morskog crva (*Sagitta elegans* i druge vrste)
Sagittarius [ˌsædʒiˈtɛəriəs] *s astr* Strijelac (zviježđe zodijaka)
sago [ˈseigəu] *s* sago (vrsta škroba za hranu), palmina riža
sahib [saːb] *s Hind* sahib, gospodin (naslov bijelca u Indiji); Evropljanin; Englez
said [sed] *pret & pp* od **say**
sail[1] [seil] *s* jedro; krilo vjetrenjače; jedrenjak; dimnjak za zračenje na brodu ili u rudniku | **to take in ~** skupiti jedra; *fig* podrezati krila; **in full ~** punim jedrima; *fig* punom parom; **under ~** pod jedrima, na putu; **to clap on ~** naglo skupiti jedra; **to crowd ~** jedriti na sva jedra; **to hoist (set) ~** dignuti jedro, razapeti jedro; odjedriti; **to lower (strike) ~** spustiti jedro; **to take the wind out of the ~s of** pokvariti kome dobru priliku, osujetiti; **to set up one's ~ to every wind** okretati kabanicu prema vjetru; **to furl ~** smotati jedra; **lateen ~** latinsko jedro, trokutasto jedro
sail[2] [seil] *s* vožnja na lađi, jedrenje, putovanje brodom | **to go for a ~** poći na jedrenje
sail [seil] *vi/t* **I.** *vi* 1. jedriti, odjedriti, otploviti, broditi, ploviti 2. kliziti; lebdjeti (ptice, oblaci); otplivati (ribe) 3. *fig* dostojanstveno hodati (osobito o ženama) **II.** *vt* prejedriti, preploviti, preletjeti, proletjeti; krmilariti, upravljati (brodom)
sail in [ˈseilˈin] *vi* došepiriti se; *fam* posredovati
sail into [ˈseilˈintu] *vt sl* izgrditi, grditi, psovati, javno napasti
sail-axle [ˈseilˌæksl] *s* osovina oko koje se okreće krilo vjetrenjače
sail-boat [ˈseilbəut] *s* jedrenjak, jedrilica
sail-cloth [ˈseilklɔθ] *s* platno za jedra
sailer [ˈseilə] *s* jedrenjak; brod s obzirom na plovne sposobnosti (dobar, loš)
sail-fish [ˈseilfiʃ] *s ichth* riba s razvijenom leđnom perajom, vrsta morskog psa
sail-flying [ˈseilˌflaiiŋ] *s aero* letenje u jedrilici
sailing [ˈseiliŋ] *adj* koji ima jedra, koji se kreće pomoću jedara
sailing [ˈseiliŋ] *s* jedrenje, brođenje; plovidba; vrijeme odlaska broda; otplovljenje; umjetnost jedrenja | **plain ~** lagan zadatak, jasna stvar; glatko, bez teškoća
sailing-boat [ˈseiliŋbəut] *s* čamac na jedra, jedrilica
sailing-master [ˈseiliŋˌmaːstə] *s* oficir navigacije
sailing-vessel [ˈseiliŋˌvesl] *s* brod na jedra, jedrenjak
sailless [ˈseillis] *adj* bez jedra
sailor [ˈseilə] *s* mornar, pomorac | **a good ~** onaj koji dobro podnosi more; **a bad ~** onaj koji slabo podnosi more; **~ hat** mornarski šešir; **~ suit** dječje mornarsko odijelo
sailoring [ˈseiləriŋ] *s* mornarenje, mornarski život, mornarsko zvanje
sailorly [ˈseiləli] *adj* mornarski, kao mornar, poput pomorca
sailorman [ˈseiləmæn] *s* (*pl* **sailormen** [ˈseiləmen]) *vulg joc* mornar
sail-plane [ˈseilplein] *s aero* zračna jedrilica
sain [sein] *vt Scot arch* blagosloviti, prekrižiti, napraviti znak križa nad kim, zaštititi koga božanskom moći ili čarolijom

sainfoin ['sænfɔin] *s bot* grahorka
saint [seint] *adj* svet
saint [seint] *s* svetac | **departed** ~ pokojnik; **young** ~**s old devils** mladi svetac stari đavo; **All Saints' Day** Svisveti; **enough to try the patience of a** ~ naljutio bi i sveca, to prelazi strpljivost i samoga sveca; **St. Anthony's fire** *med* vrbanac; **St. Elmo's fire** vatra sv. Ilije, električna iskra na križevima broda za vrijeme oluje
saint [seint] *vt* proglasiti svetim, posvetiti
sainted ['seintid] *adj* proglašen svetim, svet, svetački, pobožan; pokojni
sainthood ['seinthud] *s* svetost, stanje svetosti, svetačko dostojanstvo; *coll* sveci
saintlike ['seintlaik] *adj* svet, poput sveca, svetački, koji pristaje svecu; *fig* pobožan
saintliness ['seintlinis] *s* svetost
saintly ['seintli] *adj* svet, poput sveca, svetački; *fig* pobožan
saint's-day ['seintsdei] *s* crkveni god, blagdan sveca
saintship ['seintʃip] *s* svetost, svetačko dostojanstvo
saith [seθ] 3. lice *sg pres* od **say** *arch*
sake [seik] *s* | **for the** ~ **of** radi, zbog; **for my** ~ meni za volju, s obzirom na me; poradi mene; **for somebody's** ~ zbog nekoga; **for conscience's** ~ zbog savjesti; **for goodness'** ~ zaboga, za ime božje; **for God's** ~ zaboga, za ime božje; **for his name's** ~ zbog svoga obraza; **for old** ~**'s** ~ zbog starog prijateljstva; **art for art's** ~ umjetnost radi umjetnosti, larpurlartizam
saker ['seikə] *s ornith* podoljski sokol; *mil* vrsta topa
sal [sæl] *s chem* sol
salaam [sə'la:m] *s* istočnjački pozdrav; selam
salaam [sə'la:m] *vi* pozdraviti, nakloniti se; nazvati selam
salability [ˌseilə'biliti] *s* pogodnost za prodaju, prođa
salable ['seiləbl] *adj* koji se dade prodati, koji se dobro prodaje, prodajan, pogodan za prodaju, koji nalazi prođu, kupce
salacious [sə'leiʃəs] *adj* (~**ly** *adv*) puten, pohotan, razbludan; pogan, nečist (govor), opscen, pornografski
salacity [sə'læsiti] *s* putenost, pohotnost, razbludnost
salad ['sæləd] *s* salata | **fruit** ~ voćna salata
salad-days ['sæləddeiz] *s* mladi dani, neiskusna mladost, nezrelo doba, nedoraslost
salad-dressing ['sælədˌdresiŋ] *s* začin za salatu
salad-oil ['sælədɔil] *s* stolno ulje
salamander ['sæləˌmændə] *s* 1. salamander 2. štur, daždevnjak 3. gutač vatre 4. *fig* osoba koja može podnositi vrućinu 5. duh koji živi u vatri 6. žarač; tava
salamandrian [ˌsælə'mændriən] *adj* salamanderski
salamandrine [ˌsælə'mændrain] *adj* salamanderski; koji podnosi vatru
salami [sə'la:mi] *s* salama
sal-ammoniac [ˌsælə'məuniæk] *s* salmijak, amonijev klorid
salaried ['sælərid] *adj* sa stalnom mjesečnom plaćom; službenički | ~ **staff** službenici (za razliku od radnika)
salary ['sæləri] *s* mjesečna (godišnja) plaća
salary ['sæləri] *vt* davati plaću kome, najmiti koga
sale [seil] *s* 1. prodaja, prođa, količina prodane robe 2. rasprodaja 3. dražba 4. *jur* kupoprodajni ugovor | **on** ~ na prodaju; **for** ~ za prodaju; ~ **or return** komisija, prodaja na komisiju, komisiona prodaja; **to put up for** ~ nuditi na prodaju; **bill of** ~ prijenos prava vlasništva; pravo zajmodavca da u slučaju neplaćanja prisvoji vlasništvo zajmoprimca; **clearance** ~ rasprodaja suvišne robe; *com* ~ **by sample** zaključenje posla na temelju uzoraka; ~**s clerk** prodavač(ica), trgovački pomoćnik; ~**s department** odjel prodaje, prodajni odjel, prodaja; ~**s talk** reklamiranje, hvaljenje robe, uvjeravanje mušterija; ~**s tax** porez na promet u maloprodaji; **public** ~ dražba
saleable ['seiləbl] *adj* koji se može prodati, koji se lako prodaje, prodajni
sale-bill ['seilbil] *s com* trgovačka mjenica
saleratus [ˌsælə'reitəs] *s US* nečisti kalijev ili natrijev bikarbonat kao sastavni dio praška za pecivo
sale-ring ['seilriŋ] *s* krug kupaca na dražbi
salesgirl ['seilzgə:l] *s* prodavačica
saleslady ['seilzˌleidi] *s US* prodavačica
sales-ledger ['seilzˌledʒə] *s* knjiga u koju se upisuju računi dužnika
salesman ['seilzmən] *s* (*pl* **salesmen** ['seilzmən]) 1. prodavač u dućanu 2. preprodavač, veletrgovac; prekupac 3. *US* trgovački putnik
salesmanship ['seilzmənʃip] *s* vještina prodavanja, trgovačka sposobnost
salesroom ['seilzrum] *s* prodavaonica, dražbovaonica
saleswoman ['seilzˌwumən] *s* prodavačica
sale-warrant ['seilˌwɔrənt] *s com* skladišni list za robu na koju je dan predujam
salic ['sælik] *adj* salijski | ~ **law** salijski zakon kojim se žene isključuju iz prava nasljedstva prijestolja
salicin ['sælisin] *s chem* salicin ($C_{13}H_{18}O_7$)
salicional [sə'liʃənl] *s mus* svirala orgulja blaga zvuka poput zvuka frule
salicyl ['sælisil] *s chem* salicil
salicylate [sæ'lisileit] *s chem* salicilat, sol salicilne kiseline
salicylic [ˌsæli'silik] *adj* salicilni

salience ['seiljəns] *s* istaknutost, stršenje; izbočenost, istaknuta osobina, istaknuto mjesto
salient ['seiljənt] *adj* (~**ly** *adv*) 1. koji skače, izbočen, koji strši; koji se ističe; upadljiv, znamenit; bitan; istaknut, vidljiv; glavni 2. *her* koji skače (životinja) 3. *geom* izbočen (kut)
salient ['seiljənt] *s* izbočina, dio što strši, izbojak (utvrde, fronte); izbočena obrambena crta; izbočeni kut
saliferous [sæ'lifərəs] *adj* solonosan, koji ima soli, koji sadrži soli
salify ['sælifai] *vt/i* pretvoriti u sol; stvarati sol
salina [sə'lainə] *s* slano jezero, slanište
saline ['seilain] *adj* slan, prožet solju, koji sadržava sol (o vodama i izvorima); koji sadržava soli alkalijskih metala ili magnezija (o lijeku)
saline [sə'lain] *s* 1. solilo, solište, salina, slatina 2. slano jezero, slano vrelo 3. rudnik soli 4. otopina vode i soli 5. sol za čišćenje 6. *chem* potaša iz melase šećerne repe
salinity [sə'liniti] *s* slanost, salinitet
salinometer [ˌsæli'nɔmitə] *s* salinometar, naprava za određivanje slanosti
saliva [sə'laivə] *s* pljuvačka, slina
salivary ['sælivəri] *adj* pljuvačan | ~ **glands** pljuvačne žlijezde
salivate ['sæliveit] *vt/i* sliniti
salivation [ˌsæli'veiʃn] *s* slinjenje, slinavljenje
sallet ['sælit] *s Fr hist mil* šljem iz 15. st.
sallow[1] ['sæləu] *s bot* iva, mačkovina, vrba, rakita; mladica vrbe; vrbik
sallow ['sæləu] *adj* blijedožut, nezdrave boje, boležljivo žute boje (za ljudsku kožu), blijeđan, bezbojan, pepeljast
sallow[2] ['sæləu] *s* žućkasta, boležljivo žuta boja ljudske kože
sallow ['sæləu] *vt/i* **I.** *vt* napraviti što žućkastim, blijeđanim **II.** *vi* požutjeti
sallowish ['sæləuiʃ] *adj* blijeđan, žućkast, boležljive boje (za ljudsku kožu)
sallowy ['sæləui] *adj* obrastao vrbama, pun vrba, bogat vrbama
sally[1] ['sæli] *s* 1. *mil* provala, ispad iz tvrđave, navala, juriš 2. izlet, izlazak, šetnja; skok 3. *fig* planuće, naglo trgnuće 4. dosjetka, doskočica, duhovitost, duhovita upadica
sally ['sæli] *vi* 1. *mil* provaliti iz tvrđave, iskočiti, ispasti, navaliti; krenuti 2. naglo, nenadano izaći, izjuriti 3. trgnuti se | **to ~ out** krenuti; **to ~ forth** otputiti se
sally[2] ['sæli] *s* 1. prvi pokret zvona 2. dio užeta zvona koji se drži u ruci
sally-hole ['sælihəul] *s* rupa kroz koju prolazi uže zvona
sally-port ['sælipɔːt] *s mil* otvor u tvrđavi za napad na neprijatelja
salmagundi [ˌsælmə'gʌndi] *s cul* isjeckano meso s uljem, octom i lukom; *fig* zbrka, smjesa
salmi ['sælmi] *s cul* paprikaš, osobito od divljači (ptica)
salmon ['sæmən] *s ichth* losos
salmon-colour ['sæmənˌkʌlə] *s* narančasto-ružičasta boja lososova mesa
salmon-trout ['sæməntraut] *s ichth* pastrva
salon ['sælɔ̃ːŋ] *s Fr* 1. salon 2. društvo uglednih ljudi u salonu (osobito u salonima istaknutih žena) | **the Salon** godišnja izložba slika živih umjetnika u Parizu
saloon [sə'luːn] *s* 1. salon, dvorana; plesaonica; igračnica; blagovaonica; dvorana za izložbe 2. *US* točionica, bife, krčma 3. prvi razred (na brodu) 4. *GB* limuzina
saloon-car [sə'luːnkaː] *s* 1. salonska kola (vagon) 2. *GB* limuzina (automobil)
saloon-carriage [sə'luːnˌkæridʒ] *s GB* salonska kola (vagon)
saloon-keeper [sə'luːnˌkiːpə] *s US* vlasnik točionice, gostionice; poslužitelj u točionici, gostionici
Salopian [sə'ləupjən] *adj* koji se odnosi na stanovnika Shropshirea; koji se odnosi na učenika Shrewsburyjske škole
Salopian [sə'ləupjən] *s* stanovnik Shropshirea, đak Shrewsburyjske škole
salsify ['sælsifi] *s bot* turovac, kozja brada
salt [sɔːlt] *s* sol, natrijev klorid; začin; ukus 2. duhovitost, oštroumnost 3. *fam* morski vuk 4. burence za sol | **in ~** zamočen u otopinu soli, usoljen; **to eat ~ with** biti čiji gost; **to eat one's ~** biti čiji gost, biti pod čijom zaštitom; **to be not worth one's ~** ne biti ni za što, ne zaslužiti svoju plaću; **to drop a pinch of ~ on the tail** staviti soli na rep; **to take with a grain of ~** uzeti s oprezom, ne vjerovati potpuno, smatrati pretjeranim; **you are not made of ~** nisi od šećera (možeš ići na kišu); **the ~ of the earth** moralna elita, sol zemlje (Matija); **to talk full of ~** govoriti pametno; **attic ~** duhovitost; **~ of lemon** oksalna kiselina za uklanjanje mrlja od crnila; **Glauber's ~** Glauberova gorka sol, magnezijev sulfat, purgativ; **table ~** kuhinjska sol; **above the ~** na čelu stola; **below the ~** na začelju stola; **an old ~** morski vuk
salt [sɔːlt] *adj* (~**ly** *adv*) 1. slan, soljen, posoljen, usoljen, prožet solju 2. poplavljen slanom vodom; koji raste u slanoj vodi 3. oštar, jedak, ljut 4. *sl* papren (za šalu ili cijenu) | *sl* **~ horse** usoljeno meso, usoljena govedina; *sl* **~ junk** usoljeno meso; **~ water** more, morska voda; **~ lake** slano jezero
salt [sɔːlt] *vt* 1. osoliti, posoliti, usoliti, prožeti solju, zasoliti 2. začiniti; zapapriti 3. *com sl* lažno prikazati, udesiti, uljepšati | *com* **to ~ an account** navesti vrlo visoke cijene za kakvu robu; »fri-

zirati« knjigovodstvo; **to ~ the books** prikazati dobitak većim nego što je uistinu; **to ~ a mine** razbacati rudu po nalazištu da izgleda bogatije i da se bolje proda

salt away ['sɔːltə'wei] *vt* staviti na stranu, uštedjeti

salt down ['sɔːlt'daun] *vt* usoliti, staviti u rasol; *sl* odložiti na stranu, spremiti

saltant ['sæltənt] *adj her* koji skače, skakuće, pleše

saltation [sæl'teiʃn] *s* skakanje, skakutanje; plesanje; kucanje (bila); skok, kretanje

saltatorial [ˌsæltə'tɔːriəl] *adj* koji skače, poskakuje; od skoka, od igre; plesni, koji rado igra, pleše

saltatory ['sæltətəri] *adj* koji skače, poskakuje; od skoka, od igre; plesni, koji rado igra, pleše; *fig* poskočni

salt-cat ['sɔːltkæt] *s* smjesa soli, šljunka i urina i dr. za vabljenje i zadržavanje golubova kod kuće

salt-cellar ['sɔːltˌselə] *s* soljenka, slanica

salted ['sɔːltid] *adj* 1. usoljen 2. otporan protiv bolesti, otvrdnuo, naviknut, imun; iskusan 3. podvrgnut djelovanju raznih kemijskih soli (fotografski papir)

salter ['sɔːltə] *s* 1. usoljivač 2. prodavač usoljenog mesa 3. radnik na solani, trgovac solju

saltern ['sɔːltəːn] *s* salina, solilo, solana

salt-glaze ['sɔːltgleiz] *s* pocaklina od soli na posuđu od pečene gline

saltiness ['sɔːltinis] *s* slanost

salting ['sɔːltiŋ] *s* 1. usoljivanje, soljenje 2. solju bogato obalno (naplavno) zemljište

saltire ['sɔːltaiə] *s her* kosi križ | **in (per) ~** u obliku kosog križa

saltish ['sɔːltiʃ] *adj* malko slan, slankast

saltless ['sɔːltlis] *adj* neslan; *fig* monoton

salt-lick ['sɔːltlik] *s* solište, solilo

salt-mine ['sɔːltmain] *s* rudnik soli

saltness ['sɔːltnis] *s* slanost, slani okus

salt-pan ['sɔːltpæn] *s* solni kotao; solana

saltpetre (saltpeter) ['sɔːltˌpiːtə] *s chem* salitra

salt-pit ['sɔːltpit] *s* rudnik soli

salt-pond ['sɔːltpɔnd] *s* prirodno ili umjetno jezerce za isparivanje morske vode

salt-shaker ['sɔːltˌʃeikə] *s* soljenka (s rupičastim poklopcem)

saltspoon ['sɔːltspuːn] *s* žličica za sol

saltus ['sæltəs] *s* iznenadan prijelaz, promjena, prekid

salt-water ['sɔːltˌwɔːtə] *adj* morski (ne slatkovodni)

salt-well ['sɔːltwel] *s* slani bunar

salt-works ['sɔːltwəːks] *s pl* salina, solana, rudnik soli, iskuhavaonica soli

salty ['sɔːlti] *adj* slan; *fig* oštar, zapapren

salubrious [sə'luːbriəs] *adj* (**~ly** *adv*) zdrav, prijatan, probitačan po zdravlje; blagotvoran; koristan

salubrity [sə'luːbriti] *s* zdravost, zdravlje; ljekovitost

salutariness ['sæljutərinis] *s* zdravost, zdravlje; ljekovitost; korisnost

salutary ['sæljutəri] *adj* (**salutarily** *adv*) zdrav; ljekovit; koristan

salutation [ˌsælju:'teiʃn] *s* pozdrav, pozdravljanje | **the Angelic Salutation** pozdravljenje, pozdrav anđeoski, Ave Maria

salutational [ˌsælju:'teiʃnəl] *adj* pozdravni

salutatory [sə'luːtətəri] *adj* pozdravni, koji želi dobrodošlicu; *US* uvodni | *US* **~ oration** pozdravni govor

salute [sə'luːt] *s* 1. pozdrav, pozdravljanje 2. *mil* počasna paljba, salutiranje 3. *arch* poljubac na sastanku ili na rastanku | **to take the ~** izvršiti smotru

salute [sə'luːt] *vt/i* **I.** *vt* 1. pozdraviti, pozdravljati, iskazati kome počast 2. *arch* poljubiti koga na sastanku ili rastanku 3. *mil* salutirati kome **II.** *vi* pozdraviti; *mil* salutirati

salvable ['sælvəbl] *adj arch* koji se može otkupiti; koji se može spasiti (brod)

salvage ['sælvidʒ] *s* spasavanje broda ili brodskog tereta, vađenje potonulog broda 2. nagrada za spašenu robu 3. spašena roba | **~ money** nagrada za spasavanje broda ili brodskog tereta

salvage ['sælvidʒ] *vt* spasiti (brod, robu); dići (brod) sa dna mora; skupljati i iskorištavati otpatke; *US army sl* opljačkati što

salvarsan ['sælvəsən] *s med* salvarzan

salvation [sæl'veiʃn] *s* 1. spasenje, spas, oslobođenje 2. *eccl* otkupljenje, spas duše | **to find ~** naći spas; *joc* **izvući se** iz nezgodne situacije; **Salvation Army** Vojska spasa

salvationism [sæl'veiʃnizm] *s* pokret za vjerski preporod; nauk o spasu duše; nauk Vojske spasa

salvationist [sæl'veiʃnist] *s* član Vojske spasa

salve [sælv] *s* 1. *poet* pomast 2. lijek, melem (& *fig*), ljekovita mast 3. smjesa katrana i loja za mazanje ovaca

salve¹ [sælv] *vt* 1. mazati, pomazati 2. liječiti, izliječiti 3. ublažiti, pomoći 4. ukloniti (teškoću) 5. *arch* vidati (rane) 6. mazati (ovce) smjesom katrana i loja 7. spasiti, obraniti (čast) 8. umiriti, ublažiti

salve² [sælv] *vt* spasiti od propasti (brod, teret); spasiti što od požara

salver ['sælvə] *s* podnos, poslužavnik, služavnik, plitica

salvo¹ ['sælvəu] *s* (*pl* **~es**) 1. izgovor, izlika, traljava isprika 2. ograničenje, uvjet

salvo[2] ['sælvəu] *s* (*pl* **~es, ~s**) 1. *mil* salva, složna paljba 2. provala 3. gromovit pljesak
sal volatile [ˌsælvə'lætəli] *s* mirisna otopina, amonijev karbonat
salvor ['sælvə] *s* spasilac (brod za podizanje potopljenih brodova)
Sam [sæm] *s* ime skraćeno od Samuel | *sl* **to stand ~** častiti (pićem); **upon my ~** tako mi Boga! (uvjeravanje); *mil* **~ Browne** opasač s oprtačem; **Uncle ~** američki narod, američka vlada
Samaritan [sə'mæritn] *s* 1. Samaritanac, Samaritanka; *fig* milosrdan čovjek 2. govor Samarije
Samaritan [sə'mæritn] *adj* samaritanski; *fig* milosrdan
samba ['sæmbə] *s* samba
sambo ['sæmbəu] *s* sambo (mješanac s crnačkom, indijskom ili evropskom krvi); *sl* nadimak za crnca
same [seim] *adj* 1. rečeni, spomenuti 2. jednak, isti, sličan 3. *fig* jednoličan, nepromijenjen | *jur com* **the ~** isti (zamjena za ličnu zamjenicu); **the very ~** posve isti, puki, sušti; **just the ~** isti, posve isti; **it is all (just) the ~ to me** to mi je svejedno; **much the ~** gotovo isti, malone isti; **at the ~ time** ipak, usprkos, a opet; istodobno; **by the ~ token** u vezi s onim što je rečeno; **it comes to the ~ thing** izlazi na isto; **the ~ thing with** isto kao; **it is much the ~** otprilike isto, uglavnom isto; **the ~ as** onaj isti koji, onaj isti što; **one and the ~** jedan te isti
same [seim] *pron* isti | **the ~** to isto
same [seim] *adv* isto, na isti način | **to feel the ~ to** odnositi se isto prema; **all the ~** ipak, usprkos, ali ipak, a opet; **just the ~** usprkos, ipak, uza sve to; **the ~ to you** na isti način (odgovor na želju)
sameness ['seimnis] *s* istovjetnost, nepromjenljivost, jednoličnost, jednakost
Samian ['seimiən] *adj* samoski, koji pripada otoku Samosu, s otoka Samosa
samite ['sæmait] *s* *arch* zlatni brokat, zlatnim nitima protkana tkanina od teške svile
samlet ['sæmlit] *s* mlad losos
Sammy ['sæmi] *s* 1. ime od milja za Samuel 2. budala, bena 3. sprava za močenje kože 4. *US* nadimak američkog vojnika u svjetskom ratu
samovar [ˌsæməu'vaː] *s* samovar
samp [sæmp] *s* *US* kukuruzna kaša; kukuruzna krupica, prekrupa
sampan ['sæmpæn] *s* sampan
samphire ['sæmfaiə] *s* *bot* šulac, motar
sample ['saːmpl] *s* *com* uzorak, primjerak, proba, ogled, muštra; *fig* primjer | **up to ~** prema uzorku
sample ['saːmpl] *vt* *com* uzeti (dati) uzorak, uzimati uzorke, uzorkovati; degustirati; iskušati što; okušati što, služiti kao uzorak za što, napraviti uzorak za što; usporediti; probati; izabrati za ogled; pokazati
sample out ['saːmpl'aut] *vi* *com* po kakvoći (ne) odgovarati uzorku
sampler[1] ['saːmplə] *s* *com* kušalac, uzimalac uzoraka, onaj koji pravi uzorke; degustator
sampler[2] ['saːmplə] *s* 1. uzorak, model 2. uzor-vezivo
sampling ['saːmpliŋ] *s* uzimanje uzoraka, uzorkovanje; kušanje, degustacija
samsonite ['sæmsənait] *s* vrsta eksploziva
Samson's-post ['sæmsənz'pəust] *s* *mar* jaka greda za različite svrhe
sanable ['sænəbl] *adj* izlječiv
sanative ['sænətiv] *adj* ljekovit, zdravstven, zdrav, koji liječi, koji iscjeljuje
sanatorium [ˌsænə'tɔːriəm] *s* sanatorij, lječilište, klimatsko lječilište
sanatory ['sænətəri] *adj* ljekovit, zdravstven, zdrav, koji liječi, koji iscjeljuje
sanctification [ˌsæŋktifi'keiʃn] *s* posveta, proglašenje svetim, posvećenje
sanctified ['sæŋktifaid] *adj* svet, posvećen
sanctifier ['sæŋktifaiə] *s* posvetitelj, Duh Sveti Posvetitelj
sanctify ['sæŋktifai] *vt* posvetiti, očistiti od grijeha | **the end sanctifies the means** svrha opravdava sredstvo, cilj posvećuje sredstva
sanctimonious [ˌsæŋkti'məunjəs] *adj* (**~ly** *adv*) licemjeran, naoko pobožan
sanctimony ['sæŋktiməni] *s* licemjerje, licemjerstvo
sanction ['sæŋkʃən] *s* 1. sankcija, privola, dozvola, potvrda, odobrenje, dopuštenje 2. *pl* *pol* sankcije
sanction ['sæŋkʃən] *vt* odobriti, ovlastiti, potvrditi, učiniti zakonom, sankcionirati
sanctionless ['sæŋkʃənlis] *adj* bez dozvole, bez odobrenja
sanctitude ['sæŋktitjuːd] *s* svetost; dobrota; lažna svetost, licemjerje
sanctity ['sæŋktiti] *s* 1. svetost, pobožnost, bogobojaznost; čistoća, nevinost 2. nepovredivost | **sanctities** *pl* svetinje
sanctuary ['sænktjuəri] *s* 1. svetište, hram, crkva 2. utočište, pribježište, sklonište 3. zaklonište za divljač ili biljke, rezervat
sanctum ['sæŋktəm] *s* 1. *eccl* svetište, svetinja, sveto mjesto 2. vlastiti kutak, vlastita radna soba
sand [sænd] *s* 1. pijesak, prudina, prud, pržina 2. *poet* zrnca pijeska, vrijeme, časovi 3. *pl* pustinja, pješčara, pješčana ravnica, prudina uz more (vodu) 4. *US sl* odlučnost, čvrstoća karaktera | **rope of ~** varava sigurnost; **built on ~** sagrađen na pijesku, nesiguran; **to plough the ~(s)** mučiti se bez koristi; **the ~s are**

running out časovi su odbrojeni; **shifting ~s** živi pijesak; **~ dune** pješčana dina

sand [sænd] *vt* posuti, zasuti, brusiti, pokriti pijeskom; *com* primiješati pijeska

sandal ['sændl] *s* 1. sandala 2. remen sandale

sandal ['sændl] *vt* 1. obuti (sandalu) 2. pričvrstiti (cipelu ili sandalu) remenom

sandal(-wood) ['sændl(wud)] *s* sandalovina

sand-bag ['sændbæg] *s* 1. vreća napunjena pijeskom ili zemljom (kao balast ili za gradnju nasipa ili grudobrana) 2. bakroreščev kožni jastučić

sandbag ['sændbæg] *vt* 1. pokriti, ispuniti što vrećama pijeska 2. *US* oboriti koga pješčanom toljagom

sand-bank ['sændbæŋk] *s* prud, prudina, pješčani plićak

sand-bar ['sændbaː] *s* pješčani prud na ulazu u luku ili na ušću rijeke

sand-bath ['sændbaːθ] *s chem & med* pješčana kupelj

sand-bed ['sændbed] *s* 1. pijesak u koji se izlijeva rastaljeno željezo, pješčani kalup 2. pješčani sloj

sand-blast ['sændblaːst] *s tech* pješčani mlaz

sand-blind ['sændblaind] *adj arch* slabovidan, poluslijep, djelomice slijep

sand-box ['sændbɔks] *s* 1. sanduk s pijeskom (za dječju igru) 2. kalup od pijeska za lijevanje 3. sprava za sipanje pijeska na tračnice (željeznice, tramvaja) 4. *hist* posudica s pijeskom za sušenje crnila

sand-boy ['sændbɔi] *s* 1. *arch* prodavač pijeska 2. veseljak

sand-cloud ['sændklaud] *s* pješčani oblak nošen samumom

sand-crack ['sændkræk] *s* 1. ozljede na konjskom kopitu od hodanja po vrućem pijesku; raspukline na stopalima 2. pukotina u opeci

sand-eel ['sændiːl] *s ichth* pješčana jegulja

sanderling ['sændəliŋ] *s ornith* vivak

sand-flood ['sændflʌd] *s* živi pijesak

sand-fly ['sændflai] *s zool* mušica grica, pješčana mušica

sand-glass ['sændglaːs] *s* pješčana ura, pješčani sat

sand-hill ['sændhil] *s* pješčani prud, humak od pijeska; gomila pijeska

sandhopper ['sændˌhɔpə] *s zool* vodena buha

sandiness ['sændinis] *s* pjeskovitost, riđa boja pijeska

sand-iron ['sændˌaiən] *s* palica za golf

sandiver ['sændivə] *s* pjena na staklu (pri proizvodnji stakla)

sandman ['sændmæn] *s* (*pl* **sandmen** ['sændmen]) čovječuljak u dječjim pričama koji djeci sipa pijesak na oči da im donese san; pjeskar

sand-martin ['sændˌmaːtin] *s ornith* bregunica (lasta)

sand-paper ['sændˌpeipə] *s* pješčani papir, šmirgl-papir, smirak

sand-piper ['sændˌpaipə] *s ornith* vivak

sand-pit ['sændpit] *s* sanduk s pijeskom (za igru djece)

sand-pump ['sændpʌmp] *s* pumpa za čišćenje bušotina od vlažnoga pijeska

sand-shoes ['sændʃuːz] *s pl* platnene cipele za plažu

sand-spout ['sændspaut] *s* pješčani vir, pješčana pijavica, pješčana vijavica

sandstone ['sændstəun] *s geol* pješčenjak, pješčina

sand-storm ['sændstɔːm] *s* pješčana oluja

sandwich ['sænwidʒ] *s* sendvič | **to sit ~** sjediti između dvije osobe, *esp* mršavo čeljade između dvoje debelih, ili žena između dva muškarca; **~ course** školovanje u kome se smjenjuje teorijski studij i praktični rad

sandwich ['sænwidʒ] *vt* utisnuti, umetnuti što, ugurati

sandwich-board ['sændwidʒbɔːd] *s* ploča s reklamom koju nosi sendvičmen

sandwich-boat ['sænwidʒbəut] *s* čamac koji je u utrci zadnji na gornjem a prvi na donjem dijelu ljestvice (tablice)

sandwichman ['sænwidʒmæn] *s* (*pl* **sandwichmen** ['sænwidʒmen]) ulični nosač reklama na prsima i na leđima

sandy ['sændi] *adj* (**sandily** *adv*) 1. pjeskovit, pješčan 2. crvenkastožut, riđ, boje pijeska 3. suhoparan 4. *fig* labav, nesiguran

Sandy ['sændi] *s* 1. skraćeno od Alexander 2. Škot (nadimak)

sane [sein] *adj* (**~ly** *adv*) 1. pri pameti, razborit, zdrava duha, razuman, zdrava razuma, pametan 2. umjeren, nepretjeran

sanforize ['sænfəraiz] *vt* sanforizirati

sang [sæŋ] *pret* od **sing**

sangfroid [ˌsaːŋ'frwaː] *s Fr* hladnokrvnost, mirnoća

sanguification [ˌsæŋgwifi'keiʃn] *s* stvaranje krvi, pretvaranje hrane u krv

sanguinary ['sæŋgwinəri] *adj* (**sanguinarily** *adv*) 1. krvni 2. krvav, krvoločan, krvožedan, okrutan (zakon) 3. *sl* proklet

sanguine ['sæŋgwin] *adj* (**~ly** *adv*) 1. krvni, punokrvan 2. *hist* vruće krvi, vatren 3. *poet* krvav, rumen, tamnocrven 4. optimističan, pun nade, vedar; živahan; sangviničan 5. uvjeren; smion (o očekivanju) | **to be ~ of success** biti uvjeren u uspjeh

sanguine ['sæŋgwin] *s* crtež crvenom kredom ili pastelom

sanguine ['sæŋgwin] *vt poet* umrljati krvlju, obojiti crveno

sanguineness ['sæŋgwinnis] *s* 1. crvena boja poput krvi, rumenilo; punokrvnost 2. živahnost, veselost, vesela ćud; vatrenost 3. uvjerenost, pouzdanje 4. sangviničan temperament
sanguineous [sæŋ'gwiniəs] *adj* 1. *med* krvni, poput krvi 2. krvav, crven poput krvi 3. punokrvan 4. *fig* sangviničan
sanify ['sænifai] *vt* popraviti zdravstveno stanje (grada)
sanitarian [ˌsæni'tɛəriən] *adj* zdravstven
sanitarian [ˌsæni'tɛəriən] *s* propovjednik zdravlja, borac za zdravstvene reforme
sanitarium [ˌsæni'tɛəriəm] *s US* sanatorij
sanitary ['sænitəri] *adj* (**sanitarily** *adv*) sanitaran, zdravstven, zdrav, higijenski | ~ **towel** mjesečni uložak, higijenski uložak; ~ **inspector** sanitarni inspektor; ~ **ware** sanitarna oprema
sanitas ['sænitæs] *s* (trgovački naziv) antiseptici i dezinfekcijski preparati
sanitate ['sæniteit] *vt* popraviti zdravstvene prilike (nekog mjesta), sanirati higijenske prilike
sanitation [ˌsæni'teiʃən] *s* zdravstvene mjere, zdravstvo, briga za zdravstvo; sanitarije; kanalizacija; popravljanje zdravstvenih prilika, sanacija, sanitetske mjere
sanitize ['sænitaiz] *vt* sanirati, popraviti zdravstvene prilike
sanity ['sæniti] *s* zdrav duh, pamet, zdravost nazora; duševno zdravlje, zdrav razum
sank [sæŋk] *pret* od **sink**
sans [sænz] *prep* bez
sanserif [sæn'serif] *s* slovo bez tanke nožice na kraju (T umjesto T)
Sanskrit (Sanscrit) ['sænskrit] *s* sanskrt, sanskrtski jezik
Sanskrit (Sanscrit) ['sænskrit] *adj* sanskrtski
sanskritic [sæns'kritik] *adj* sanskrtski, izveden iz sanskrta
Santa Claus [ˌsæntə'klɔːz] *s* Sv. Nikola, Božić-bata, Djed Mraz
sap[1] [sæp] *s* 1. *bot* biljni sok 2. bjelj, mladi god 3. moždina, mezgra 4. *fig* krv; krepkost, snaga; životna snaga | ~ **lastain** plavilo
sap[2] [sæp] *s* 1. rov, podzemni šanac, prokop za lagum 2. *fig* polagano ili potajno potkopavanje vjere, odlučnosti
sap[3] [sæp] *s sl* 1. bubanje 2. bubant, štreber, bubalo 3. budala 4. muka, jednoličan, mučan rad
sap [sæp] *vt* 1. isisati, izmoždìti, iscrpsti, iscijediti, potkopati zdravlje, snagu 2. ukloniti bjelj (s mladog debla)
sap [sæp] *vi/t* **I.** *vi* kopati rov za lagum **II.** *vt* podrovati, potkopati (& *fig*), minirati
sap [sæp] *vi school sl* bubati
sap-board ['sæpbɔːd] *s* bjelika
sapful ['sæpful] *adj* sočan
sap-green ['sæpgriːn] *s* pigment iz pazdrijena; takva boja
saphead[1] ['sæphed] *s mil* čelo rova
saphead[2] ['sæphed] *s sl* budala, šupljoglavac
sapid ['sæpid] *adj* sočan, tečan, ukusan; zanimljiv (razgovor)
sapidity [sæ'piditi] *s* sočnost, tečnost, ukusnost
sapience ['seipjəns] *s* mudrost, znanje, nadrimudrost; razbor, razboritost, razum, premudrost
sapient ['seipjənt] *adj* (~**ly** *adv*) mudar (rijetko), nadrimudar
sapiential [ˌseipi'enʃəl] *adj* (~**ly** *adv*) *bibl* koji sadrži mudrost (knjiga)
sap-lath ['sæplaːθ] *s* letva od bjelja (mladog drveta)
sapless ['sæplis] *adj* bez soka, suh, isušen; *fig* iscrpen, istrošen, bez snage
sapling ['sæpliŋ] *s* 1. mladica, mlado stablo 2. *fig* mladić, nestašan mladac 3. mlad hrt
saponaceous [ˌsæpə'neiʃəs] *adj* 1. sapunast, sapunjav, poput sapuna 2. *fig* ugljast, pomazan
saponifiable [sæ'pɔnifaiəbl] *adj chem* koji se može osapuniti
saponification [sæˌpɔnifi'keiʃn] *s chem* osapunjenje, saponifikacija
saponify [sæ'pɔnifai] *vt/i* osapuniti (masnoće pomoću alkalija), saponificirati
sapor ['seipɔː] *s arch* ukus
sapper ['sæpə] *s mil* pionir, opkopar, miner, saper; *fig* potkopavač
Sapphic ['sæfik] *adj* safički | ~ **vice** lezbijstvo
Sapphic ['sæfik] *s* safički stih; *pl* safičke strofe
Sapphism ['sæfizm] *s* lezbijski odnos
sapphire ['sæfaiə] *s minr* safir; safirsko modrilo
sapphire ['sæfaiə] *adj* safirski, modar poput safira, tamnomodar
sappy ['sæpi] *adj* (**sappily** *adv*) 1. sočan, snažan; mlad 2. *sl* mekušan, slabunjav
sap-roller ['sæpˌrəulə] *s fort* željezna košara punjena zemljom kao zaštita od tanadi
sapwood ['sæpwud] *s* meko drvo
sar [saː] *s ichth* šarag
Saracen ['særəsn] *s* Saracen
Saracen ['særəsn] *adj* saracenski | ~ **corn** heljda
Saracenic [ˌsærə'senik] *adj* saracenski
sarcasm ['saːkæzm] *s* sarkazam, zlobno izrugivanje, zajedljiva primjedba
sarcastic [saː'kæstik] *adj* (~**ally** *adv*) sarkastičan, ujedljiv, podrugljiv, zajedljiv
sarcoma [saː'kəumə] *s* (*pl* ~**s, sarcomata** [saː'kəumətə]) *med* sarkom
sarcophagus [saː'kɔfəgəs] *s* (*pl* ~**es, sarcophagi** [saː'kɔfəgai]) sarkofag

sardine ['sa:dain] *s minr* žuti ili narančasti kalcedon
sardine [sa:'di:n] *s ichth* sardina, sardela, srdjela | **packed like ~s** zbijeni poput sardina
sardine [sa:'di:n] *vt/i* nabiti, nagurati (se) kao sardine
Sardinian [sa:'dinjən] *adj* sardinski, sardski
Sardinian [sa:'dinjən] *s* 1. Sardinjanin, Sardinjanka 2. *minr* anglezit
sardonic [sa:'dɔnik] *adj* (**~ally** *adv*) 1. podrugljiv, ujedljiv, zloban, zajedljiv, ciničan, zlurad 2. gorak, grčevit, usiljen (smiješak) 3. *med* grčevit
sardonyx ['sa:dəniks] *s* 1. *minr* sardoniks (poludragulj) 2. *her* tamnocrvena boja
sargasso [sa:'gæsəu] *s* (*pl* **~s, ~es**) *bot* sargaso, vrsta plivajuće morske trave
sarge [sa:dʒ] *s sl* vodnik
sari ['sa:ri] *s* (indijski) sari
sark [sa:k] *s Scot* košulja
sarking ['sa:kiŋ] *s Scot* letve među krovnim gredama i krovom
sarong [sə'rɔŋ] *s* azijska odjeća sarong
sarsen ['sa:sn] *s* pješčenjak (kamen)
sarsenet (sarcenet) ['sa:snit] *s* svileni florentinski taft
sartorial [sa:'tɔ:riəl] *adj* (većinom *joc*) krojački
sash[1] [sæʃ] *s* 1. *mil* ešarpa 2. široka vrpca oko ramena ili pasa
sash[2] [sæʃ] *s* okvir prozora (koji se otvara i zatvara dizanjem i spuštanjem)
sash-cord ['sæʃkɔ:d] *s* jak konopac za podizanje engleskog prozora
sash-door ['sæʃdɔ:] *s* vrata koja se otvaraju i zatvaraju dizanjem i spuštanjem
sash-line ['sæʃlain] *s* jaka uzica za pričvršćivanje utega za okvir engleskog prozora
sash-pocket ['sæʃ,pɔkit] *s* prostor s obiju strana prozorskog okvira u kojem se kreću utezi engleskog prozora
sash-pully ['sæʃ,puli] *s* kolotur preko kojega prolazi uže s utegom za pomicanje okvira engleskog prozora
sash-tool ['sæʃtu:l] *s* vrsta ličilačkog i staklarskog kista
sash-weight ['sæʃweit] *s* utezi koji drže okvir engleskog prozora u ravnoteži na potrebnoj visini
sash-window ['sæʃ,windəu] *s* engleski prozor, prozor koji se otvara i zatvara dizanjem i spuštanjem
sass [sæs] *s coll* drzak odgovor, drske riječi
sassy ['sæsi] *adj coll* drzak
sassafras ['sæsəfræs] *s bot* sasafras, vrsta lovora
Sassenach ['sæsənæk] *s Scot* Englez
sat [sæt] *pret & pp* od **sit**
satan ['seitən] *s* sotona, đavo, vrag
satanic [sə'tænik] *adj* (**~ally** *adv*) sotonski, đavolski, vražji, pakleni
satanism ['seitənizm] *s* sotonstvo, namjerna zloća, slijeđenje zla radi njega samoga
satchel ['sætʃəl] *s* đačka torba koja se nosi preko ramena
sate [seit] *vt* (pre)zasititi, nasititi, presititi; nabiti čime, zadovoljiti
sateen [sæ'ti:n] *s* saten (tkanina), pamučni atlas
sateless ['seitlis] *adj poet* nezasitan
satellite ['sætəlait] *s* 1. *astr* satelit, trabant, pratilac, mjesec 2. *fig* sljedbenik, pristaša, privrženik 3. *pol* satelit | **~ town** satelitski grad
satellitic [,sætə'litik] *adj* satelitski, pratilački; privržen, podložan
satiable ['seiʃiəbl] *adj* zasitan; zadovoljavajući
satiate ['seiʃiət] *adj arch* zasićen, sit čega, presit
satiate ['seiʃieit] *vt* zasititi; zadovoljiti, prezasititi, sititi, nasititi, presititi
satiation [,seiʃi'eiʃn] *s* zasićenje, zasićenost, sitost
satiety [sə'taiəti] *s* sitost, zasićenost, prezasićenost; odvratnost, gnušanje (*of* čega)
satin ['sætin] *s* atlas, saten; površina poput atlasa | *sl arch* **white ~** rakija, džin; **~ paper** satinirani papir
satin ['sætin] *adj* atlasni, sjajan, gladak
satin ['sætin] *vt* ugladiti (papir), dati sjaj čemu, ulaštiti, satinirati
satinet(te) [,sæti'net] *s* poluatlas, satinet
satin-wood ['sætinwud] *s bot* atlasno drvo (vrsta zapadnoindijskog stabla, *Chloroxylon swietenia*); crvenkasto drvo te biljke (slično mahagoniju)
satiny ['sætini] *adj* gladak, sjajan, poput svile, satinast
satire ['sætaiə] *s lit* satira; *fig* satirična (podrugljiva) primjedba, poruga
satiric [sə'tirik] *adj* (**~ally** *adv*) satiričan, podrugljiv
satirical [sə'tirikl] *adj* (**~ly** *adv*) satiričan, podrugljiv, zagrižljiv
satirist ['sætərist] *s* satirik, satiričar, pisac satira; duhovit izrugivač
satirize ['sætəraiz] *vt* izvrći što ruglu; ismjehivati što, podrugivati se čemu
satisfaction [,sætis'fækʃən] *s* 1. zadovoljstvo, zadovoljština, udovoljavanje, zadovoljenje; izvršenje; veselje; osvjedočenje; sigurnost 2. *jur* namirenje, isplata | **to give ~ to** zadovoljiti koga, pružiti zadovoljštinu, pružiti zadovoljstvo kome; **to one's ~** na nečije zadovoljstvo
satisfactory [,sætis'fæktəri] *adj* (**satisfactorily** *adv*) 1. zadovoljavajući, dovoljan, dostatan 2. umirujući; ugodan 3. koji namiruje 4. *coll* pomirljiv, pomirujući

satisfiable ['sætisfaiəbl] *adj* koji se može zadovoljiti, komu ili čemu se može ili mora udovoljiti
satisfied ['sætisfaid] *adj* zadovoljan, zadovoljen
satisfy ['sætisfai] *vt/i* **I.** *vt* 1. zadovoljiti koga, udovoljiti komu 2. utažiti (glad); ukloniti (sumnju, strah); ispuniti (moldu) 3. *jur* isplatiti koga, odštetiti koga, du 3. *jur* isplatiti koga, odštetiti koga, namiriti koga, udovoljiti obavezama **II.** *vi* zadovoljiti, zadovoljiti se, uvjeriti se | **to ~ the examiners** proći s dovoljnim uspjehom na ispitu; **to ~ objections** odgovoriti na prigovore; **to ~ doubts** ukloniti, raščistiti sumnje
satisfying ['sætisfaiiŋ] *adj* (**~ly** *adv*) 1. zadovoljavajući, dostatan, dovoljan 2. koji osvjedočuje, umiruje 3. hranjiv, zasitan
satrap ['sætrəp] *s* satrap, namjesnik, tiranski namjesnik
satrapy ['sætrəpi] *s* namjesništvo; satrapija
saturable ['sætʃərəbl] *adj chem* zasitljiv, koji se može zasititi
saturate ['sætʃərit] *adj* 1. zasićen, prožet 2. *poet* prokisnut, promočen 3. pun, snažan, dubok (za boje)
saturate ['sætʃəreit] *vt* 1. *arch* potpuno zadovoljiti, zasititi što 2. prožeti, promočiti 3. *chem* zasititi, saturirati | *fig* **to be ~d with** biti zasićen čime; *fig* **to ~ oneself in** zadubiti se u što
saturation [ˌsætʃə'reiʃn] *s* 1. *chem* zasićenje, zasićenost 2. promočenost | **~ point** točka zasićenja
Saturday ['sætədi] *s* subota
Saturn ['sætən] *s* Saturn (bog i planet)
saturnalia [ˌsætəː'neiljə] *s* saturnalije, pijanka, raskalašena gozba
Saturnian [sæ'təːnjən] *adj* 1. *astr* saturnijski, saturnski 2. *poet* sretan | **~ age** zlatno doba
Saturnian [sæ'təːnjən] *s* stanovnik Saturna | **~s** saturnijski stihovi
saturnic [sæ'təːnik] *adj med* otrovan olovom
saturnine ['sætənain] *adj* (**~ly** *adv*) 1. *astr* saturnski 2. *fig* mrk, mrzovoljne ćudi; turoban, sjetan, sumoran, nujan
satyr ['sætə] *s* satir; *fig* pohotljivac
satyric [sə'tirik] *adj* poput satira, satirski
sauce [sɔːs] *s* 1. umak, sok, začin, smok 2. rastvor za močenje, kvašenje, luženje 3. *US* ukuhano voće, prilog od povrća 4. *sl* bezobraznost, drskost | **hunger is the best ~** glad je najbolji kuhar, gladan ne bira; **~ for the goose is ~ for the gander** što je jednom pravo, mora biti pravo i drugom; **serve with the same ~** vratiti šilo za ognjilo, milo za drago; **none of your ~!** nemoj biti bezobrazan!; **poor man's ~** glad
sauce [sɔːs] *vt* (većinom *fig*) začiniti što; *fam* odbrusiti, biti bezobrazan s kime
sauce-boat ['sɔːsbəut] *s* zdjelica za umak
sauce-box ['sɔːsbɔks] *s* bezobraznik
saucepan ['sɔːspən] *s* tava, lonac za pirjanje (s ručkom), tiganj
saucer ['sɔːsə] *s* tanjurić; antena radio-teleskopa | **flying ~** leteći tanjur
saucer-eyed ['sɔːsərˌaid] *adj* raskolačenih, izbuljenih, izbečenih očiju
sauce-tureen ['sɔːstəˌriːn] *s* posudica za umak
sauciness ['sɔːsinis] *s* drskost, bezobraznost
saucy ['sɔːsi] *adj* (**saucily** *adv*) 1. bezobrazan, drzak 2. prpošan, obijestan
sauerkraut ['sauəkraut] *s* kiselo zelje, kiseli kupus
sauna ['sɔːnə] *s* sauna
saunders ['sɔːndəz] *s* sandalovina
saunter ['sɔːntə] *s* besciljna šetnja, bazanje, lunjanje, tumaranje, skitnja, landranje
saunter ['sɔːntə] *vi* besciljno šetati, bazati, lunjati, tumarati, skitati se, landrati
saunterer ['sɔːntərə] *s* besposlen šetač, šalabazalo, besposličar, tumaralo, lunjalo
sauntering ['sɔːntəriŋ] *adj* (**~ly** *adv*) koji besciljno luta, šalabaza, lunja
saurian ['sɔːriən] *s zool* gušterski, koji pripada rodu guštera
saury ['sɔːri] *s ichth* naziv raznih vrsta riba; skuša
sausage ['sɔsidʒ] *s* kobasica | **Bologna ~** parizer
sausage-dog ['sɔsidʒdɔg] *s GB coll* jazavčar, dakl
sausage-meat ['sɔsidʒmiːt] *s* nadjev za kobasice
sausage-roll ['sɔsidʒrəul] *s* mljeveno meso pečeno u tijestu
sausage-skins ['sɔsidʒskinz] *s pl* crijeva za pravljenje kobasica (prirodna ili umjetna)
sauté ['səutei] *adj* na brzinu pržen u masti, pirjan
savable ['seivəbl] *adj arch* koji se može spasiti; koji se može uštedjeti
savage ['sævidʒ] *adj* (**~ly** *adv*) 1. divlji, pust, nenapučen, neobrađen; neciviliziran, primitivan, barbarski 2. grub, okrutan, grozan, neobuzdan 3. bijesan (*with* na)
savage ['sævidʒ] *s* divljak, barbar, divljačina, baraba; neotesanac
savage ['sævidʒ] *vt* 1. *arch* razbjesniti koga 2. navaliti na koga, ugristi ili zgaziti koga (o konju)
savagedom ['sævidʒdəm] *s* divljaštvo; divljaci
savageness ['sævidʒnis] *s* 1. divljaštvo, surovost, grozota 2. pustoš, divljina
savagerous ['sævidʒərəs] *adj US sl* divlji

savageness ['sævidʒnis] *s* 1. divljaštvo, surovost, barbarstvo, grozota 2. pustoš
savanna(h) [sə'vænə] *s Sp* savana
savant ['sævənt] *s* (velik) učenjak; stručnjak
save [seiv] *vt/i* **I.** *vt* 1. spasiti, izbaviti 2. sačuvati, spremiti 3. *theol* otkupiti 4. očuvati, poštedjeti 5. sačuvati, uštedjeti 6. dobro gospodariti, štedljivo trošiti 7. *sport* sačuvati od poraza 8. poživjeti (*God save you*) 9. dospjeti (na vlak i sl.) 10. zadovoljiti (*to ~ a p's longing*) **II.** *vi* štedjeti, sačuvati se | **to ~ one's bacon** spasiti glavu; **to ~ one's face** sačuvati obraz; **to ~ one's breath** šutjeti; **a stitch in time ~s nine** bolje spriječiti nego liječiti; **to ~ the mark** oprostiti (grub, nepristojan izraz); **to ~ one's skin** sačuvati kožu; **to ~ the situation** spasiti situaciju; **to ~ for a rainy day** štedjeti za crne dane; **to ~ appearances** spasiti privid; **to ~ one's pains (trouble)** prištedjeti sebi trud
save up ['seiv'ʌp] *vi* naštedjeti, uštedjeti
save [seiv] *s* šteđenje, štednja
save [seiv] *prep poet & arch* osim, izuzevši, van, izvan, do | **~ and except** osim
save [seiv] *conj arch* osim, ako ne, osim ako, osim da | **~ only he** osim njega, samo ne on; **~ that** osim što
save [seiv] *adv* | **~ for** izuzevši
save-all ['seivɔːl] *s* 1. zdjelica sa šiljcima za iskorišćivanje ostataka svijeća 2. *sl* škrtac, tvrdica
saveloy [ˌsævə'lɔi] *s* safalada
saver ['seivə] *s* 1. spasilac, spasitelj, izbavitelj 2. štediša, dobar gospodar, dobar domaćin
saving ['seiviŋ] *s* 1. spas 2. ušteda, štednja 3. *pl* ušteđevina 4. *jur* ograničenje, uvjet; izuzetak
saving ['seiviŋ] *adj* (**~ly** *adv*) 1. koji spašava 2. štedljiv, štedni, ekonomičan 3. *jur* koji zadržava pravo, koji ograničava, | **~ grace** milost spasenja; pozitivno svojstvo koje nekoga spašava; **~ clause** klauzula izuzeća, klauzula pridržaja; **~s account** štedni račun; **~s deposit** štedni ulog
saving ['seiviŋ] *prep* osim, izim, izuzevši
saving ['seiviŋ] *conj* osim
saving-box ['seiviŋbɔks] *s* štednica, štedna kasica
savings-bank ['seiviŋzbæŋk] *s* štedionica
saviour ['seivjə] *s* spasitelj, izbavitelj | *eccl* **Saviour** Isus, Spasitelj
savory ['seivəri] *s bot* čubar, vrijesak
savour (savor) ['seivə] *s* 1. tek, okus, slast; trag, sporedan okus 2. podražaj 3. *cul* predjelo 4. *fig* miris
savour ['seivə] *vi/t* **I.** *vi* imati tek, mirisati; izgledati; podsjećati **II.** *vt* 1. *fig* dati naslutiti što, imati prizvuk 2. *arch* posvetiti se čemu
savourless ['seivəlis] *adj* 1. bez ukusa (teka), bljutav 2. bez mirisa
savoury ['seivəri] *adj* (**savourily** *adv*) 1. ukusan, tečan, sočan 2. mirisan 3. prijatan 4. pikantan
savoury ['seivəri] *s* pikantno predjelo ili desert
savoy [sə'vɔi] *s bot* kelj
Savoyard [sə'vɔiaːd] *s* stanovnik (stanovnica) Savoje
savvy ['sævi] *s sl* pamet, razum; snalažljivost
savvy ['sævi] *vt sl* razumjeti što, shvaćati; znati što | **no ~** ne znam, ne razumijem, ne shvaćam
saw[1] [sɔː] *s* pila
saw[2] [sɔː] *s* poslovica, mudra izreka
saw [sɔː] *vt/i* (*pret* ~ed; *pp* sawn, ~ed) **I.** *vt* piliti, prepiliti, ispiliti; strugati **II.** *vi* piliti, dati se piliti; činiti kretnje slične onima pri piljenju | **to ~ the air** lomatati rukama; **to ~ a horse's mouth** trzati uzde sad na jednu sad na drugu stranu
saw [sɔː] *pret* od **see**
sawbones ['sɔːbəunz] *s sl joc* kirurg
sawbuck ['sɔːbʌk] *s US* jarac, kozlić (za piljenje drva)
sawder ['sɔːdə] *s fam* | **soft ~s** laskanje, ulagivanje, ulizivanje
saw-doctor ['sɔːˌdɔktə] *s* stroj za pravljenje zubaca na pili
sawdust ['sɔːdʌst] *s* piljevina | **let the ~ out of a p** istjerati nadutost iz koga, podrezati kome krila
saw-fish ['sɔːfiʃ] *s ichth* pilan
saw-fly ['sɔːflai] *s ent* osa biljarica, lisnata osa
saw-frame ['sɔːfreim] *s* okvir pile
saw-gate ['sɔːgeit] *s* → **saw-frame**
saw-gin ['sɔːdʒin] *s* sprava za odjeljivanje pamučnih sjemenki od pamuka
saw-horse ['sɔːhɔːs] *s* jarac, kozlić (za piljenje drva)
sawing-horse ['sɔːiŋhɔːs] *s* → **saw-horse**
saw-log ['sɔːlɔg] *s* pilanski trupac
saw-mill ['sɔːmil] *s* pilana
sawn [sɔːn] *pp* od **saw**
Sawney ['sɔːni] *s* Škot
sawney ['sɔːni] *s* glupan, budala
saw-pit ['sɔːpit] *s* pilarska jama
saw-set ['sɔːset] *s* sprava za svijanje zubaca pile u suprotnim smjerovima
sawtooth [ˌsɔː'tuːθ] *adj* nazubljen
sawyer ['sɔːjə] *s* 1. pilar 2. *US* iščupano drvo koje plovi niz rijeku ili leži nasukano
sax [sæks] *s* sprava za pravljenje rupa u pločicama škriljevca kroz koje se onda zabijaju čavli; *sl* saksofon
saxe [sæks] *s* sasko plavilo, otopina indiga u sumpornoj kiselini koja služi kao boja
saxhorn ['sækshɔːn] *s mus* vrsta trublje
saxifrage ['sæksifridʒ] *s bot* kamenika

Saxon [ˈsæksn] *s* Sas; Anglosas; Englez (u Irskoj); saski jezik
Saxon [ˈsæksn] *adj* saski, anglosaski
saxonism [ˈsæksənizm] *s* jezična osobina anglosaskog jezika
saxony [ˈsæksni] *s* fina vunena pređa; fina vunena tkanina
saxophone [ˈsæksəfəun] *s* saksofon
saxophonist [sækˈsɔfənist] *s* svirač saksofona, saksofonist
say [sei] *s* 1. ono što je kazano 2. riječ 3. mnijenje 4. uvjeravanje | **to say one's ~** kazati svoju; **to have no ~** nemati pravo što reći, nemati riječi (u nekoj stvari)
say [sei] *vt/i* (said, said) **I.** *vt* 1. kazati, reći, izjaviti, govoriti što 2. pripovijedati što 3. spomenuti, navesti; misliti što (*and so ~ all of us*) 4. obećati što 5. kazivati što (*to ~ one's lesson*) 6. moliti što (*to ~ prayer, grace*) 7. (o nekom prijedlogu) misliti (*what do you ~ to a visit to the theatre?*) **II.** *vi* 1. kazati, izraziti se 2. značiti 3. odlučiti se 4. stajati napisano (*it ~s in the Bible*) 5. ne htjeti znati o komu (*she will have nothing to ~ to him*) 6. značiti (*that is saying a great deal*) | **to ~ no more** da se ne kaže ništa više; *imperative* dosta!; **to ~ a good word for** uložiti koju dobru riječ za (koga); **to ~ no (yes)** odbiti, zanijekati (odobriti, potvrditi); **he has said his say** kazao je svoju; **that is to ~** to jest, naime, to znači, drugim riječima; **I ~!** no čuješ, hej!, čuj!; **I dare ~** vjerujem, vrlo vjerojatno (često podrugljivo); **it goes without ~ing** razumije se samo po sebi; **let us ~** recimo; **what I ~ is** po mom mišljenju; **I should ~** i te kako; **so to ~** tako rekavši; **so said so done** rečeno učinjeno; **no sooner said than done** rečeno učinjeno; **to ~ Mass** služiti misu; **to ~ grace** pomoliti se prije jela, izmoliti blagoslov prije jela; *arch* **~ on!** dalje!, nastavi!; **~** na primjer (*period of ~ 20 years*); recimo (*I'll give you ~ three days to do it*); *jur* riječima (*a sum of £ 500 [~ five hundred pounds]*); **it is said, they ~** govori se; **you don't ~ so!** što govorite!, je li moguće!; **that is ~ing much** time je mnogo rečeno, to mnogo znači
say away [ˈseiəˈwei] *vt* kazati što, izjasniti se o čemu
say out [ˈseiˈaut] *vt* izreći, izjasniti se o čemu
say over [ˈseiˈəuvə] *vt* ponoviti
saying [ˈseiiŋ] *s* 1. kazivanje 2. govor 3. poslovica 4. izjava | **as the ~ is (goes)** štono se kaže; **there is no ~** ne zna se, nemoguće je reći...; **it goes without ~** razumije se samo po sebi
'sblood [zblʌd] *interj* = **God's blood** (kletva)
scab [skæb] *s* 1. krasta 2. svrab, šuga 3. *arch* nitkov 4. štrajkolomac
scab [skæb] *vi* stvarati krastu (na rani)
scabbard [ˈskæbəd] *s* korice, tok | **to fling (throw) away the ~** odlučiti povesti borbu do kraja
scabbard-fish [ˈskæbədfiʃ] *s ichth* sabljaš (*Lepidopus caudatus*)
scabbiness [ˈskæbinis] *s* 1. šugavost, šuga 2. podlost; dostojnost prezira
scabby [ˈskæbi] *adj* (**scabbily** *adv*) svrabljiv; krastav
scabies [ˈskeibiiːz] *s med* svrab
scabious [ˈskeibiəs] *adj* svrabljiv, šugav
scabious [ˈskeibiəs] *s bot* prženica, udovica
scab-mite [ˈskæbmait] *s* uzročnik svraba, svrabac, grinja
scabrous [ˈskeibrəs] *adj* 1. hrapav, neravan, rogobatan 2. sablažnjiv, škakljiv, delikatan, bestidan
scad (skad) [skæd] *s ichth* vrsta skuše
scads [skædz] *s pl US* novci, novac; velika količina
scaffold [ˈskæfəld] *s* 1. skele, lazila 2. tribina 3. stratište 4. *anat* zametak kostura kod embrija | **to send to the ~** poslati na stratište; **to go to the ~, to mount the ~** biti smaknut
scaffold [ˈskæfəld] *vt* 1. podići skele oko čega 2. poduprijeti, podržavati
scaffolding [ˈskæfəldiŋ] *s* 1. građa za skele 2. *arch* skele 3. *archit* zgrada, građevina
scalable [ˈskeiləbl] *adj* dostižan ljestvama; mjerljiv na skali; koji se ljušti
scalawag [ˈskæləwæg] *s* 1. kržljavo živinče 2. ništarija, skitnica, danguba, bitanga 3. *pl* fukara, ološ
scald [skɔːld] *vt* 1. opariti, oprljiti, ofuriti 2. *cul* preliti kipućom vodom, popariti; 3. proplahnuti vrelom vodom
scald¹ [skɔːld] *s* opeklina (od vrele vode), oprljotina, ožeglina
scald² [skɔːld] *s* skald (pjesnik i pjevač starih Skandinavaca)
scald³ (skald) [skɔːld] *s* krasta, grinta
scald-head [ˈskɔːldhed] *s* tjemenica (bolest kože lubanje u djece)
scale¹ [skeil] *s* 1. *zool* ljuska, škrljut 2. *tech* udarac čekićem; užaren iverak 3. korice džepnog nožića 4. zubni ili kotlovni kamenac | **to remove the ~s from somebody's eyes** otvoriti nekome oči
scale² [skeil] *s* zdjelica vage | **~s** *pl* vaga, tezulja; **to throw one's sword into ~** poduprijeti zahtjev oružjem; *fig* **to turn the ~** odlučiti, prevagnuti; **to tip the ~** prevagnuti, odlučiti; *astr* **the Scales** Vaga (zviježđe); **to hold the ~s even** suditi nepristrano; **to go to ~** biti pobijeđen; **pair of ~s** vaga
scale³ [skeil] *s* 1. *mus* ljestvica, skala 2. *fig* ljestvica (društvena); stupanj 3. mjerilo, mjera; omjer, opseg, razmjer 4.

brojni sustav | **to sink in the ~** spasti na niže grane; **sliding ~** klizna skala; **to play (sing, run over) one's ~s** vježbati ljestvicu; **large-~ map** karta u velikom mjerilu; **reduced ~** smanjeno mjerilo; **on a large ~** na širokoj osnovi; **~ of wages** raspon plaća, pravilnik o osobnim dohocima

scale[1] [skeil] *vt/i* **I.** *vt* 1. ostrugati (ljuske), ljuštiti što 2. *tech* sastrugati (kotlovni kamenac), skinuti (zubni kamenac) **II.** *vi* ljuštiti se

scale[2] [skeil] *vt/i* **I.** *vt* vagati što (& *fig*) **II.** *vi* (rijetko) biti težak, vagati

scale[3] [skeil] *vt/i* **I.** *vt* 1. popeti se na što, verati se uza što 2. odrediti (mjerilo) 3. podići (cijene) 4. *mil* jurišati s ljestvama (na bedeme utvrde) 5. crtati što u mjerilu **II.** *vi* 1. popeti se 2. imati zajedničku mjeru

scale down ['skeil'daun] *vt* umanjiti u određenom razmjeru

scale up ['skeil'ʌp] *vt* povećati u određenom razmjeru

scale-armour ['skeil,aːmə] *s* oklop od metalnih pločica pričvršćenih uz kožu

scale-beam ['skeilbiːm] *s* poluga vage

scale-board ['skeilbɔːd] *s* tanka drvena ploča koja se stavlja na pozadinu ogledala, slika

scale-borer ['skeil,bɔːrə] s naprava za uklanjanje kotlovnog kamenca iz cijevi parnog stroja

scale-fern ['skeilfəːn] *s bot* vrsta paprati

scale-insect ['skeil'insekt] *s* štitasta uš

scale-moss ['skeilmɔs] *s bot* lisnata jetrenjarka

scalene ['skeiliːn] *adj geom* raznostraničan | **~ triangle** raznostraničan trokut

scalene ['skeiliːn] *s* 1. *geom* raznostraničan trokut 2. *anat* mišić koji povezuje hrptenicu s rebrima, rebreni mišić

scaler ['skeilə] *s* skidač kamenca

scale-winged ['skeil'wiŋd] *adj* leptirast

scale-work ['skeilwəːk] *s* ljuskasto naslagane pločice

scaling-bar ['skeiliŋbaː] *s* željezna šipka za uklanjanje kotlovnog kamenca

scaling-furnace ['skeiliŋ,fəːnis] *s tech* peć za žarenje

scaling-ladder ['skeiliŋ,lædə] *s* 1. *mil* jurišne ljestve 2. požarne ljestve

scall [skɔːl] *s arch* krasta (na glavi), grinta

scallewag ['skæləwæg] *s* → **scalawag**

scallion ['skæljən] *s bot* ljutika (vrsta luka), orijaš, kozjak, skalonja

scallop (scollop) ['skɔləp] *s* 1. *zool* jakovska kapica (školjka) 2. zdjelica, mala plitka tava 3. valovit izrez na rubu vrijednosnih papira 4. *pl* nazupčan, narezuckan rub haljine i dr.

scallop (scollop) ['skɔləp] *s* 1. nazupčati, narezuckati, izrezuckati, valovito izrezati 2. pripraviti jelo u tavi

scallop-shell ['skɔləpʃel] *s* ljuštura (školjka) jakovske kapice kao posuda za spremanje i posluživanje hrane

scallywag ['skæləwæg] *s* → **scalawag**

scalp [skælp] *s* 1. skalp, koža lubanje s kosom; tjeme 2. vlasulja 3. *fig* pobjednički trofej 4. gola, okrugla glavica brežuljka 5. kitova glava bez donje čeljusti 6. *US sl* mala zarada kod posla na brzu ruku | *fig* **out for ~s** na ratnom pohodu, ratoboran; *fig* **to take ~s** poraziti, svladati, pobijediti koga; ošinuti koga kritikom; *fig* **to have the ~ of** u raspravi pobijediti koga

scalp [skælp] *vt* 1. skalpirati, oderati kožu s glave 2. nemilosrdno kritizirati 3. *US sl* nemilice operušati

scalpel ['skælpəl] *s* skalpel, kirurški nož

scalper ['skælpə] *s* skalper; *US sl* preprodavač

scalp-lock ['skælplɔk] *s* uvojak kose na glavi što su ga nosili sjevernoamerički Indijanci kao izazov neprijatelju

scaly ['skeili] *adj* 1. ljuskav, krljušast 2. *fig sl* otrcan, bijedan

scamp [skæmp] *s* 1. skitnica, protuha, nitkov, fakin, ništarija 2. *joc* nevaljanac, nestaško

scamp [skæmp] *vt* 1. sprčkati, zabrljati, sprtljati, smandrljati, loše, površno raditi, petljati što 2. davati lošu mjeru | **to ~ one's work** pokvariti posao

scamper[1] ['skæmpə] *s* petljanac, kvarizanat

scamper[2] ['skæmpə] *s* 1. bijeg glavom bez obzira; kas 2. letimično čitanje; brzo putovanje

scamper ['skæmpə] *vi* skakati, vijati se; klisnuti, pobjeći, umaknuti

scampi ['skæmpi] *s pl* škampi

scampish ['skæmpiʃ] *adj* lopovski, lupeški, nevaljao

scan [skæn] *vt/i* **I.** *vt* 1. skandirati što 2. pozorno, oštro motriti, pomno ispitivati što 3. promisliti što 4. pregledavati radarskom zrakom na ekranu; razgraditi televizijsku sliku radi prijenosa **II.** *vi* skandirati se (o stihovima)

scandal ['skændl] *s* 1. skandal, sramota, sablazan; kleveta, opadanje, ogovaranje, olajavanje, bruka 2. *jur* javna uvreda, uvredljiva izjava na sudu

scandalization [,skændəlai'zeiʃn] *s* opadanje, pogrda, olajavanje

scandalize[1] ['skændəlaiz] *vt* 1. opadati, ogovarati, klevetati koga, olajavati 2. užasnuti, zgranuti, sablazniti koga | **to be ~d** zgražati se

scandalize[2] ['skændəlaiz] *vt mar* smanjiti jedro

scandalmonger ['skændl,mʌŋgə] *s* ogovaralo, blebetaš, stokućanin, klevetnik

scandalous ['skændələs] *adj* (~**ly** *adv*) 1. skandalozan 2. sablažnjiv, sramotan, opadljiv
Scandinavian [ˌskændi'neivjən] *adj* skandinavski
Scandinavian [ˌskændi'neivjən] *s* Skandinavac, Skandinavka; skandinavski govor
scannable ['skænəbl] *adj* koji se može skandirati
scanning ['skæniŋ] *s* 1. skandiranje 2. podrobno ispitivanje, pregledavanje; radarsko pretraživanje
scansion ['skænʃən] *s pros* skandiranje
scansorial [skæn'sɔːriəl] *adj ornith* prikladan za penjanje
scant [skænt] *adj* (~**ly** *adv*) 1. jedva dovoljan, jedva dostatan; nedovoljan, nedostatan, rijedak, oskudan, manjkav 2. *arch* škrt, štedljiv | ~ **of breath** sipljiv, kratka daha
scant [skænt] *vt arch* škrto snabdjeti, štedjeti, škrtariti, ograničiti, stegnuti
scantiness ['skæntinis] *s* oskudnost, nedovoljnost; rijetkost; ograničenost, nedostatak, nedostatnost
scantling ['skæntliŋ] *s* 1. propisana veličina ili jakost (grede, kamena) 2. greda ispod 12 cm promjera, četvrtača 3. mala količina, malenkost, minimum, sitnica 4. uzorak, ogled, proba 5. potrebna količina 6. *pl* drveni četverouglasti klinovi za spajanje drvenih dijelova
scanty ['skænti] *adj* (**scantily** *adv*) 1. oskudan, skučen, mršav, tek dostatan; ograničen; malen 2. štedljiv, škrt
scape[1] [skeip] *s arch* umaknuće, spas
scape[2] [skeip] *s* 1. *bot* stapka 2. glavni dio stupa 3. batrljica pera, pero
scape[3] [skeip] *s* prizor, pogled (u složenicama kao *sea-scape, landscape* i sl.)
scape[1] [skeip] *v* & *s* → **escape**
scape[2] [skeip] *vt arch* umaknuti čemu, izbjeći što; spasiti se od čega
scapegoat ['skeipgəut] *s* ispaštalac tuđih grijeha, onaj na kome se kola lome
scapegrace ['skeipgreis] *s* obješenjak (šaljivo), vragolan; ništarija, nitkov
scapement ['skeipmənt] *s* → **escapement**
scape-wheel ['skeipwiːl] *s* kotač zapinjač (u satu)
scaphoid ['skæfɔid] *adj anat* koji ima oblik lađe (kost)
scapula ['skæpjulə] *s* (*pl* **scapulae** ['skæpjuliː], ~**s**) *anat* lopatica, pleće
scapular ['skæpjulə] *adj* lopatični
scapular [ˌskæpjulə] *s eccl* skapular, naplećnik
scar[1] [skaː] *s* 1. brazgotina, ožiljak; *fig* stara rana 2. sramota, žig
scar[2] (**scaur**) [skaː] *s* strma litica, greben, hrid, vrlet
scar [skaː] *vt/i* **I.** *vt* ostaviti, načiniti brazgotinu, zaderati, ogrepsti; *fig* nagrditi **II.** *vi* zarasti, zamladiti se
scar over ['skaːr'əuvə] *vi* zacijeljeti, zamladiti se
scarab ['skærəb] *s* skarabej, zujak, govnovalj, kornjaš
scarabaeus [ˌskærə'biːəs] *s* (*pl* ~**es**; **scarabaei** [ˌskærə'biːai]) skarabej
scaramouch ['skærəmuːtʃ] *s arch* hvališa, hvalisavac
scarce [skɛəs] *adj* rijedak, oskudan, nedovoljan | **to make oneself** ~ odmagliti, pokupiti se, nestati
scarce [skɛəs] *adv arch poet* jedva, s mukom, teško, jedva jedvice
scarcely ['skɛəsli] *adv* jedva, s mukom, teško, jedva jedvice
scarcement ['skɛəsmənt] *s* udubina u zidu, stepenica koja nastane kod takve udubine
scarceness ['skɛəsnis] *s* rijetkost, oskudica, oskudnost, nestašica
scarcity ['skɛəsiti] *s* rijetkost, oskudnost, oskudica, nestašica
scare [skɛə] *s* panika, strava, prepast; senzacionalan natpis u novinama
scare [skɛə] *vt* prepasti, prestraviti, preplašiti, poplašiti, rastjerati, rasplašiti (ptice) | **to** ~ **someone stiff** nekoga na smrt prestrašiti
scare away ['skɛərə'wei] *vt* poplašiti, rasplašiti, rastjerati
scarecrow ['skɛəkrəu] *s* strašilo za ptice; *fig* loše, čudno odjeven stvor, strašilo
scaremonger ['skɛəˌmʌŋgə] *s* onaj koji širi paniku, paničar, širitelj uznemirujućih glasina
scarf[1] [skaːf] *s* (*pl* ~**s**, **scarves**) 1. šal, rubac oko vrata, marama 2. pojas, lenta, ešarpa 3. velik rubac 4. *eccl* duga široka svilena traka engleskih svećenika
scarf[2] [skaːf] *s* spoj klinom; zadjeljak, zasjek; zglobljenje, vezanje (komada drva)
scarf [skaːf] *vt* 1. ogrnuti 2. *tech* zglobiti, vezati, spojiti
scarf-joint ['skaːfdʒɔint] *s tech* zglobljeni spoj dvaju drvenih dijelova
scarf-loom ['skaːfluːm] *s* tkalački stan za tkanje uskih komada tkanine
scarf-pin ['skaːfpin] *s* igla za kravatu
scarf-skin ['skaːfskin] *s anat* epiderma, pokožica; zanoktica
scarification [ˌskɛərifi'keiʃn] *s surg* plitak uzdužni rez u kožu
scarifier ['skɛərifaiə] *s* drljača, brana; nož za zarezivanje
scarify ['skɛərifai] *vt* 1. ogrepsti, zarezati kožu 2. braniti, drljati (zemlju) 3. *fig* dirnuti u živac, nemilo kritikom ošinuti
scarious ['skɛəriəs] *adj bot* suh, osušen
scarlatina [ˌskaːlə'tiːnə] *s med* šarlah, škrlet

scarlet ['ska:lit] *s* grimiz, skrlet; grimizna tkanina
scarlet ['ska:lit] *adj* grimizan, skrletan | **to turn ~** pocrvenjeti kao paprika; **~ admiral** crveni admiral (leptir); **~ fever** šarlah
scarlet-grain ['ska:litgrein] *s* crvac kermesovac
scarlet-hat ['ska:lithæt] s kardinalski šešir
scarlet-rash ['ska:litræʃ] *s med* roseola
scarlet-runner ['ska:lit,rʌnə] *s bot* crveni pasulj (biljka)
scarlet-woman ['ska:lit,wumən] *s* 1. *bibl* bludnica 2. *derog* rimska crkva
scarp [ska:p] *s* kosi potporni zid, škarpa; strma kosina; nagib, strmina
scarp [ska:p] *vt* ukositi
scary ['skɛəri] *adj* stravičan, jeziv, zastrašujući
scat [skæt] *s* porez
scat [skæt] *adv* u stečaj, u stečaju | **to go ~** pasti pod stečaj
scat [skæt] *vi* improvizirati u džez-pjevanju
scat [skæt] *interj coll* tjeraj!, bjež!, (mački) šic!
scathe [skeið] *s* šteta, ozljeda
scathe [skeið] *vt* 1. oštetiti, pozlijediti 2. spaliti, osmuditi 3. bolno žacnuti, nauditi, satrti
scatheless ['skeiðlis] *adj* (**~ly** *adv*) neozlijeđen, čitav
scathing ['skeiðiŋ] *adj* (**~ly** *adv*) nemilosrdan, nemio, porazan, oštar (satira i dr.); preziran
scatology [skə'tɔlədʒi] *s* skatologija, znanstveno istraživanje fosilnih izmetina
scatter ['skætə] *vt/i* **I.** *vt* razbacati, razasuti, posijati, raširiti, posuti, raspršiti, rastjerati, natjerati u bijeg, razbiti **II.** *vi* rastrkati se, raširiti se
scatter-brain ['skætəbrein] *s* smušenjak, smetenjak, vjetropir
scatter-brained ['skætəbreind] *adj* rastresen, smušen, smeten, vjetrogonjast
scattered ['skætəd] *adj* rasijan, rastrkan; *fig* rasijan, smušen
scatterer ['skætərə] *s* rasipač, raširivač
scattering ['skætəriŋ] *adj* (**~ly** *adv*) raspršen, razasut; podijeljen (glasovi); rijedak
scatty ['skæti] *adj* lud
scaur [ska:] *s* → **scar**[2]
scavenge ['skævindʒ] *vt/i* čistiti, mesti (ulice)
scavenger ['skævindʒə] *s* 1. ulični pometač, smetlar 2. strvinar
scavenger ['skævindʒə] *vt* mesti ulice
scavengering ['skævindʒəriŋ] *s* metenje ulica
scena ['ʃeinə] *s It mus* prizor opere, dramatično recitiranje
scenario [si'na:riəu] *s It* scenarij; knjiga snimanja (film)
scenarist ['si:nərist] *s* scenarist, pisac scenarija
scend [send] *s* → **send** *s*
scene [si:n] *s* 1. scena, prizor; pozornica 2. mjesto radnje, događaja; poprište 3. *pl* kulise, dekoracije 4. slika, krajobraz (*a river* ~) 5. svađa, sukob, scena | **to quit the ~** umrijeti; **behind the ~s** iza kulisa (& *fig*); **carpenter ~** pomoćna kulisa pred kojom se glumi da bi se iza nje na pozornici promijenile glavne kulise; **set ~** kulisa sastavljena od mnogo dijelova; **drop ~** zavjesa koja se spušta između činova; **change of ~** promjena okoline; **to come on the ~** pojaviti se na sceni
scene-dock ['si:ndɔk] *s* spremište za kulise u kazalištu
scene-painter ['si:n,peintə] *s* slikar dekoracija, scenograf
scenery ['si:nəri] *s* 1. kraj, predjel, krajobraz 2. scenografija, scenerija, kulise; prizor, slika
scene-shifter ['si:n,ʃiftə] *s* postavljač kulisa
scenic ['si:nik] *adj* (**~ally** *adv*) 1. scenski, kazališni, dramski 2. slikovit 3. izražajan (za sliku), panoramski 4. *fig* dramatski
scenograph ['si:nəugra:f] *s* perspektivna slika
scenographer [si:'nɔgrəfə] *s* scenograf
scenographic [,si:nəu'græfik] *adj* (**~ally** *adv*) scenografski, perspektivan
scenography [si:'nɔgrəfi] *s* perspektivno crtanje; scenografija
scent [sent] *s* 1. njuh, miris, miomiris, parfem, vonj, zadah; *fig* nos 2. trag 3. njušenje | **to be on the ~** biti čemu u tragu; **to put (throw) off the ~** odvratiti s pravog traga; **on the right (wrong) ~** na pravom (krivom) tragu
scent [sent] *vt/i* **I.** *vt* mirisati, namirisati, ući u trag, nanjušiti; *fig* nešto nanjušiti; prožeti mirisom, namirisati **II.** *vi* mirisati, njušiti
scent-bag ['sentbæg] *s* mirisna kesica, mirisna žlijezda
scent-bottle ['sent,bɔtl] *s* 1. bočica s miomirisom 2. *joc* zahod
scented ['sentid] *adj* mirisan, namirisan, parfemiran
scent-gland ['sentglænd] *s* mirisna žlijezda
scentless ['sentlis] *adj* 1. bez mirisa 2. slaba njuha
scepsis (skepsis) ['skepsis] *s* sumnja, skepsa
sceptic (skeptic) ['skeptik] *s* skeptik, sumnjalo
sceptical (skeptical) ['skeptikl] *adj* (**~ly** *adv*) skeptičan, koji sumnja u sve | **to be ~ about** ne nadati se mnogome od čega
scepticism (skepticism) ['skeptisizm] *s* skepticizam, skepsa, sumnjičavost, sumnjanje, nevjerovanje

sceptre (scepter) ['septə] *s* žezlo; *fig* kraljevska vlast
sceptred ['septəd] *adj* koji nosi žezlo, kraljevski, vladalački
sceptreless ['septəlis] *adj* bez žezla
schedule ['ʃedjuːl, *US* 'skedjuːl] *s* 1. raspored; plan, program; tabela, vozni red; popis 2. *jur* dodatak (prilog) ispravi 3. *US* red vožnje | **on ~** točno; **to file one's ~** bankrotirati; **according to ~** po planu; **behind ~** u zakašnjenju; **~ of prices** cjenik
schedule ['ʃedjuːl] *vt* 1. sastaviti popis, raspored, planirati, utvrditi, odrediti, predvidjeti, programirati 2. dodati zakonu, ispravi dodatak | **the ship is ~d to sail on May 27** brod odlazi po redu vožnje 27. svibnja
scheduled ['ʃedjuːld] *adj* redovit, redovan | **~ flight** redovan let; **~ service** redovna vožnja
schema ['skiːmə] *s* (*pl* **schemata** ['skiːmətə]) 1. nacrt, shema 2. govorna figura 3. silogizam (logika) 4. opći tip (Kantova filozofija)
schematic [ski'mætik] *adj* (**~ally** *adv*) shematski
schematism ['skiːmətizm] *s* 1. shematizam 2. *astr* sustav nebeskih tijela
scheme [skiːm] *s* 1. plan, nacrt, shema; zamisao, program; sistem 2. pregled, obris, osnova, obrazac, skrižaljka 3. spletka
scheme [skiːm] *vi/t* **I.** *vi* snovati, spletkariti, kovati **II.** *vt* 1. sistematski poredati 2. zasnovati, stvarati planove, osnove
schemer ['skiːmə] *s* spletkar, smutljivac, onaj koji kuje planove, osnove
scheming ['skiːmiŋ] *adj* (**~ly** *adv*) koji snuje planove, smutljiv, spletkarski
scheming ['skiːmiŋ] *s* kovanje planova, spletkarenje
scherzando [skɛət'sændəu] *adv mus* živahno, na veseo način, veselo (muzička uputa)
scherzo ['skɛətsəu] *s mus* skerco
schism ['sizəm] *s eccl* raskol, rascjep, šizma
schismatic [siz'mætik] *adj* (**~ally** *adv*) *eccl* raskolnički, šizmatički
schismatic [siz'mætik] *s* raskolnik, šizmatik
schistose ['ʃistəus] *adj* škriljast
schistose ['ʃistəus] *adj* škriljast
schizophrenia [ˌskitsəu'friːnjə] *s med* shizofrenija
schizophrenic [ˌskitsəu'frenik] *s* shizofrenik
schizophrenic [ˌskitsəu'frenik] *adj* shizofreničan
schlemiel [ʃlə'miːl] *s US sl* mamlaz
schmaltz [ʃmɔːlts] *s Ger US sl* jeftina sentimentalnost, šmalc
schnapps [ʃnæps] *s Ger* oštro piće, šnaps, rakija
schnitzel ['ʃnitsl] *s Ger* pohani teleći odrezak, bečki odrezak, šnicl
schnook [ʃnuk] *s US sl* dripac
scholar ['skɔlə] *s* 1. školarac, učenik, đak; *arch* onaj koji uči (*he is a quick ~*); učenjak, znanstvenik; poznavalac klasika 2. stipendist 3. onaj koji zna čitati i pisati 4. *fam* onaj koji zna neki školski predmet (*he is a good English ~*)
scholarly ['skɔləli] *adj* učen
scholarship ['skɔləʃip] *s* 1. učenost, naobrazba 2. stipendija
scholastic [skə'læstik] *adj* (**~ally** *adv*) 1. *phil* skolastički 2. pedantan, formalan 3. *arch* učen; školski, učiteljski
scholastic [skə'læstik] *s* 1. skolastik 2. školnik
scholasticism [skə'læstisizm] *s phil* skolastika
scholiast ['skəuliæst] *s* skolijast, komentator klasičnih djela
scholium ['skəuliəm] *s* (*pl* **scholia** ['skəuliə]) komentar, tumačenje, osobito skolijasta
school[1] [skuːl] *s* 1. škola (& *fig*); učenici; školska zgrada; predavaonica, učionica; obuka, vrijeme obuke 2. fakultet; studijska grupa; visoka škola 3. školovanje, obuka 4. *pl* sveučilišta u kolektivnom smislu (*the wisdom of the ~s*) 5. učenici, sljedbenici, škola (slikarska i sl.); sekta; pravac 6. *sl* banda, pogotovu lopova; ljudi koji sudjeluju u kakvoj hazardnoj igri | **board ~** škola koju vodi mjesni odbor, javna osnovna škola; **boarding ~** škola s internatom, internat; **grammar ~** klasična gimnazija, srednja škola klasičnog smjera; **primary ~** osnovna škola, pučka škola; **elementary ~** osnovna škola; **grade ~** *US coll* osnovna (pučka) škola; **comprehensive ~** opća srednja škola; **high ~** *US* gimnazija, srednja škola; **vocational ~** srednja stručna škola, škola učenika u privredi; **public ~** privatna škola koja priprema učenike za sveučilište; **ragged ~** besplatna škola za siromašnu djecu; **secondary ~** srednja škola; **free ~** škola u kojoj se ne plaća školarina; **to keep a ~** voditi privatnu školu; **to go to ~** poći u školu, polaziti školu; *fig* učiti od koga, oponašati koga; **to leave ~** napustiti školu; **to be sitting for one's ~s** pristupiti ispitima; **to tell tales out of ~** izlanuti, izdati tajnu
school[2] [skuːl] *s* jato riba
school [skuːl] *vt* 1. poslati u školu, školovati; *fig* poučiti 2. poučavati, uvježbavati, naučiti, priučiti, disciplinirati, odgojiti, dresirati
school [skuːl] *vi* plivati u jatu (o ribama)
schoolable ['skuːləbl] *adj* koji je po godinama ili duševnom razvoju zreo za školu

school-board ['sku:lbɔd] *s* školski odbor, školska oblast
school-book ['sku:lbuk] *s* školska knjiga, udžbenik
schoolboy ['sku:lbɔi] *s* đak, učenik
school-days ['sku:ldeiz] *s pl* đačko doba, školovanje
school-divine ['sku:ldi,vain] *s* skolastički teolog
schoolfee ['sku:lfi:] *s* školarina
schoolfellow ['sku:l,feləu] *s* školski drug, suučenik
schoolgirl ['sku:lgə:l] *s* učenica
schoolhouse ['sku:lhaus] *s* 1. (glavna) školska zgrada 2. stambena zgrada direktora škole
schooling ['sku:liŋ] *s* 1. školovanje, obučavanje, poučavanje, discipliniranje, vježbanje 2. *arch* grdnja, korenje, kuđenje 3. školarina
school-inspector ['sku:lin'spektə] *s* školski nadzornik, inspektor
school-ma'am ['sku:lma:m] *s US* učiteljica
schoolman ['sku:lmən] *s* (*pl* **schoolmen** ['sku:lmən]) srednjovjekovni skolastik
school-marm ['sku:lma:m] *s US coll* učiteljica
school-master ['sku:l,ma:stə] *s* učitelj, srednjoškolski profesor | ~ **is abroad** dobar školski sistem prodire svagdje (upotrebljava se i u suprotnom smislu; nedostaje dobrog školskog sistema)
schoolmate ['sku:lmeit] *s* školski drug, suučenik
schoolmiss ['sku:lmis] *s* neiskusna ili sramežljiva djevojka
schoolmistress ['sku:l,mistris] *s* učiteljica, srednjoškolska profesorica
school-pence ['sku:lpens] *s* novac koji tjedno donose đaci osnovne škole kao školarinu
schoolroom ['sku:lrum] *s* školska soba, predavaonica; soba za poučavanje u privatnoj kući
school-ship ['sku:lʃip] *s* školski brod
school-teacher ['sku:l,ti:tʃə] *s* učitelj, nastavnik (razredne nastave)
school-time ['sku:ltaim] *s* vrijeme obuke, školsko vrijeme, školovanje; vrijeme provedeno u školovanju
schooner ['sku:nə] *s* 1. *mar* škuna 2. velik vrč za pivo 3. starinski tip natkrivenih kola
sciagram (skiagram) ['skaiəgræm] *s* rendgenska slika; osjenčana slika
sciatic [sai'ætik] *adj* (**~ally** *adv*) *med* kukovni, bedreni; išijatičan
sciatica [sai'ætikə] *s med* išijas
science ['saiəns] *s* 1. *arch* znanje, poznavanje, razumijevanje 2. znanost, nauka, prirodne znanosti 3. *sport* umijeće, vještina (*the ~ of boxing*) 4. *arch* zanat, zanimanje | **man of ~** učenjak; **the dismal ~** politička ekonomija; **applied ~** primijenjena znanost; **natural ~** prirodna znanost; **pure ~** čista znanost; **~ fiction** znanstvena fantastika
scienter [sai'entə] *s jur* izjava optuženog (ili branioca) koja dokazuje njegovu krivnju
sciential [sai'enʃəl] *adj* (**~ly** *adv*) znanstven, naučan
scientific [,saiən'tifik] *adj* (**~ally** *adv*) 1. znanstven 2. koji odgovara svim pravilima umijeća (*a ~ boxer*)
scientism ['saiəntizm] *s* znanstvenost, scijentizam
scientist ['saiəntist] *s* znanstvenik, učenjak (osobito prirodnjak)
scilicet ['sailiset] *adv Lat* to jest, naime
scimitar (scimetar) ['simitə] *s* kriva sablja, krivošija
scintilla [sin'tilə] *s* iskrica, trag, mrvičak
scintillant ['sintilənt] *adj* (**~ly** *adv*) iskričav, svjetlucav, blistav
scintillate ['sintileit] *vi* iskriti se, cakliti se, blistati se, svjetlucati (o zvijezdama)
scintillation [,sinti'leiʃn] *s* iskrenje, caklјenje, svjetlucanje, treperenje
sciolism ['saiəlizm] *s* površno znanje, tobožnje znanje
sciolist ['saiəlist] *s* površni sveznadar, površni poznavalac, tobožnji učenjak, nazoviučenjak
sciolistic [saiə'listik] *adj* (**~ally** *adv*) koji je površna znanja, tobožnje učenosti
scion ['saiən] *s bot* mladica, izdanak, cjepika, kalam; *fig* odvjetak, potomak
scissel ['sisil] *s* kovinski otpadak, strugotina
scission ['siʒən] *s* cijepanje; rascjep, razdor; rez; kalanje
scissor ['sizə] *vt* škarama odrezati, ostrići, izrezati, urezati, zarezati, podrezati
scissor off ['sizər'ɔf] *vt* škarama odrezati
scissorings ['sizəriŋz] *s pl* ono što se odreže, izreže škarama, rezotine, izresci, odresci
scissors ['sizəz] *s pl* (često *a pair of ~*) nožice, škare | **~ and paste** sastavljanje knjiga od izrezaka iz drugih knjiga, kompilacija
scissure ['siʃə] *s* urez, rezotina, pukotina; urezivanje, zarezivanje
sclerosis [,skliə'rəusis] *s med* (*pl* **scleroses** [skliə'rəusi:z]) skleroza, ovapnjenje
sclerotic [,skliə'rɔtik] *adj anat* otvrdnuo, ovapnjenjen, sklerotičan
sclerotic [,skliə'rɔtik] *s anat* bjeloočnica oka
scobs [skɔbz] *s pl* piljevina, opiljci, strugotine, blanjevina
scoff [skɔf] *s* sprdanje, ruganje, poruga (*at* čemu); predmet sprdnje, ruglo; *sl* žderača, žderilo
scoff [skɔf] *vi* rugati se (*at* čemu) (osobito vjeri), podsmjehivati se, ismjehivati; *sl* žderati

scoffer ['skɔfə] *s* rugalac (osobito vjeri), ismjehivač

scoffing ['skɔfiŋ] *adj* (**~ly** *adv*) koji se ruga, podrugljiv, ismjehivački

scold [skəuld] *s* 1. nadžak-baba, jezičara, svadljiva žena (rijetko) 2. *coll* grđenje, karanje, psovanje

scold [skəuld] *vi/t* grditi, karati, psovati, izgrditi, ružiti

scolder ['skəuldə] *s* onaj koji grdi, psuje, kara, psovač

scolding ['skəuldiŋ] *s* psovanje, karanje, grđenje, grdnja

scollop ['skɔləp] *s* & *v* → **scallop**

scomber ['skɔmbə] *s ichth* skuša, lokarda, skombar

scon [skɔn] *s* → **scone**

sconce[1] [skɔns] *s* (klavirski) zidni svijećnjak na krak; rupa za svijeću na svijećnjaku

sconce[2] [skɔns] *s sl* tikva (glava); tjeme, mozak

sconce[3] [skɔns] *s* 1. tvrđica 2. *archit* sklonište, zaštita 3. pričvršćena ploča koja služi kao sjedište uz kamin

sconce[4] [skɔns] *s Oxford univ* osuda na vrč piva zbog povrede pravila ponašanja kod stola; globa za prekršaj discipline

sconce [skɔns] *vt Oxford univ* osuditi koga na globu

scone (**scon**) *s* pogačica, škotski ječmeni kolačić (obično trouglast)

scoop[1] [sku:p] *s* kutljača, palj, lopatica (za ugljen, žito, šećer, rezanje sira i dr.); *med* spatula

scoop[2] [sku:p] *s* grabljenje lopaticom ili kutljačom, mah (*with one* ~); šupljina, izdubljenje; posuda kotača za navodnjavanje; *US coll* senzacionalna prva vijest, ekskluzivna vijest; velika dobit

scoop [sku:p] *vt* grabiti, izgrabiti vodu, opaljati (*to* ~ *a boat dry*); zgrtati (novac) 2. dupsti, izgrepsti, sastrugati 3. zgrtati dobit, pokupiti skorup (*fig*) 4. dobiti prednost pred protivnikom; objaviti senzacionalnu vijest prije drugih novina

scooper ['sku:pə] *s* 1. onaj koji grabi kutljačom ili lopaticom 2. malo dlijeto kakvo upotrebljavaju duboresci

scooping-iron ['sku:piŋ,aiən] *s* bušilica

scoop-net ['sku:pnet] *s* mreža za struganje po riječnom dnu, ručna mreža, mreža s ručkom

scoop-wheel ['sku:pwi:l] *s* dolapski kotač, kotač za navodnjavanje

scoot [sku:t] *vi* 1. naglo izbiti, šiknuti 2. *coll* jurnuti, pobjeći, otperjati

scooter ['sku:tə] *s* romobil; moped, skuter | **motor-~** moped, vespa

scope [skəup] *s* 1. *arch* cilj, svrha, namjera 2. duševni horizont, vidokrug, djelokrug, područje, polje djelovanja 3. prostor, mjesto, opseg, okvir 4. domašaj, doseg, domet 5. *mar* duljina sidrenog lanca | **to give ~ to** pružiti široko polje djelovanja komu ili čemu, dati maha

scorbutic [skɔ:'bju:tik] *adj* (**~ally** *adv*) *med* skorbutni, skorbutičan

scorbutic [skɔ:'bju:tik] *s med* skorbutni bolesnik

scorch [skɔ:tʃ] *s* opeklina; *sl mot* luda, vratolomna vožnja

scorch [skɔ:tʃ] *vt/i* **I.** *vt* opržiti, spržiti, opaliti, spaliti, sažeći; izblijediti; *fig* ošinuti koga kritikom, prijekorom i dr. **II.** *vi* biti opržen; *sl mot* voziti ludom brzinom | **~ed earth policy** politika spaljene zemlje

scorcher ['skɔ:tʃə] *s* 1. ono što žeže, pali, peče, prži (& *fig*) 2. *sl mot* vozač koji vozi ludom brzinom 3. *sl* neobičnost, veličanstvenost, senzacija 4. vrlo vruć dan

scorching ['skɔ:tʃiŋ] *adj* (**~ly** *adv*) 1. žarki, koji prži, peče, žestok, vrlo vruć 2. *sl mot* koji bijesno vozi

score [skɔ:] *s* 1. rovaš, štap s rovašima, zarez, brazda, ožiljak 2. startna crta 3. račun, dûg (& *fig*) 4. uzrok, razlog 5. *sl* sreća, lak uspjeh 6. dvadeset, dvadeset komada 7. *pl* mnoštvo, bezbroj 8. dvadeset jarda, dvadeset funti 9. *sport* rezultat, broj bodova, stanje igre (*what is the ~ now?*) 10. *mus* note, partitura; glazba, glazbeni dio (operete) 11. *mar* žlijeb u koloturniku | **to pay one's ~** platiti dug, račun; *fig* **to pay off old ~** isplatiti stare dugove, urediti račune; **to keep ~** brojiti bodove kod igre; **three ~ and ten** sedamdeset godina, normalna duljina ljudskog života; **~s of people** mnoštvo ljudi; **to run up a ~** zadužiti se; **to go off at ~** zagrijati se, osobito pri raspravljanju o omiljelom predmetu; *fig* **to quit ~s with** isplatiti stare dugove, izravnati račune; *sl* **what a ~!** kakve li lijepe sreće!; *sl* **he is too fond of making ~** voli postizati jeftine uspjehe; **in ~** jednaki dijelovi poredani jedan ispod drugoga; **on the ~ of** zbog, s razloga; **on more ~s than one** iz više raznih razloga; **on that ~** u tom pogledu, što se toga tiče; **death pays all ~s** smrt izravnava sve račune

score [skɔ:] *vt/i* **I.** *vt* 1. urezati, označiti urezanim crtama, iscrtati 2. zabilježiti rovašem 3. *sport* osvojiti, postići zgoditke (bodove); pobijediti 4. vrijediti (*a touch ~s six*) 5. zadobiti, postići (*he has ~d a success*) 6. imati korist (*we shall ~ by it*) 7. aranžirati glazbu, napisati aranžman, uglazbiti **II.** *vi* 1. bilježiti u čiju korist (*that ~s for me*) 2. postići sreću, uspjeh, rezultat 3. voditi rovaš, bilježiti dugove | **to ~ an advantage** steći prednost; **to ~ a success** postići uspjeh; **to ~ a point** zaraditi poen

score off ['skɔːr'ɔf] *vi* pobijediti koga, likovati nad kim, koga nadmašiti; *sl* koga poniziti, nadmašiti dosjetljivošću odgovora
score out ['skɔːr'aut] *vt* precrtati | **to ~ words** precrtati riječi
score under ['skɔːr'ʌndə] *vt* potcrtati
score up ['skɔːr'ʌp] *vt* zabilježiti (dug)
scorer ['skɔːrə] *s* 1. onaj koji urezuje rovaše 2. *sport* bodovni sudac, evidentičar; postizalac zgoditka, strijelac
scoria ['skɔːriə] *s* troska, šljaka
scorify ['skɔːrifai] *vt* otopiti kovinu ili rudu tako da se izluči šljaka
scoring ['skɔːriŋ] *s* 1. urezivanje 2. uglazbljenje, bilježenje notama, orkestriranje, aranžman
scorn [skɔːn] *s* prezir, potcjenjivanje; poruga, ruganje, podrugivanje; omalovažavanje; predmet poruge (*to be the ~ of a p*) | **to hold in ~, to think ~ of** prezirati koga; **to laugh to ~** ismijati
scorn [skɔːn] *vt* prezirati koga ili što, smatrati nedostojnim, omalovažavati; prezreti, odbiti s prezirom (*he ~s lying*)
scorner ['skɔːnə] *s* onaj koji prezire, prezirač, podrugivač
scornful ['skɔnːful] *adj* (**~ly** *adv*) preziran, prezriv, omalovažavajući, podrugljiv
Scorpio ['skɔːpiəu] *s* 1. *astr* Skorpion 2. *bot* biljka ili dio biljke sličan skorpionovu repu 3. *zool* skorpion
scorpion ['skɔːpjən] *s zool* skorpion, štipavac | *astr* **the ~** Skorpion (zviježđe)
scorpion fish ['skɔːpjənfiʃ] *s ichth* škrpina (*Scorpaena sp.*)
scot [skɔt] *s hist* danak, daća, namet | **to pay ~ and lot** plaćati namet, sudjelovati u financijskim troškovima, platiti do posljednje pare; *fig* **to pay one's ~** pridonijeti svoj udio; **to escape (get off) ~-free** ostati nekažnjen, izbjeći kazni, izvući se, ostati nepovrijeđen
Scot [skɔt] *s hist* Škot
Scotch [skɔtʃ] *adj* škotski | **~ mist** gusta magla s kišom rosuljom; **~ terrier** škotski terijer; **~ tape** selotejp
Scotch [skɔtʃ] *s* škotski narod; škotski jezik; *fam* škotski viski
scotch[1] [skɔtʃ] *s* urez, zarez, rez, ogrebotina, rana
scotch[1] [skɔtʃ] *vt* 1. *arch* urezati, urovašiti 2. lako raniti, ogrepsti 3. privremeno učiniti bezopasnim, neškodljivim, osujetiti 4. ugušiti, potisnuti
scotch[2] [skɔtʃ] *s* kočni klin, klin podmetač, zavornica
scotch[2] [skɔtʃ] *vt* podmetnuti klin (pod kotač ili bačvu)
Scotchman ['skɔtʃmən] *s* (*pl* **Scotchmen** ['skɔtʃmən]) Škot, Škotlanđanin
Scotchwoman ['skɔtʃˌwumən] *s* (*pl* **Scotchwomen** ['skɔtʃˌwimin]) Škotkinja, Škotlanđanka
scotfree [ˌskɔt'friː] *adj* 1. oslobođen nameta ili poreza (rijetko) 2. neozlijeđen, čitav, nekažnjen | **to go ~** proći bez kazne
Scots [skɔts] *adj* škotski
Scots [skɔts] *s* škotski govor
Scotsman ['skɔtsmən] *s* (*pl* **Scotsmen** ['skɔtsmən]) Škot, Škotlanđanin
Scotswoman ['skɔtsˌwumən] *s* (*pl* **Scotswomen** ['skɔtsˌwimin]) Škotkinja, Škotlanđanka
Scottice ['skɔtisi] *adv* na škotski način, po škotski
Scotticism ['skɔtisizm] *s* škotska jezična osobina
Scotticize ['skɔtisaiz] *vt/i* dati čemu škotsku oznaku; imati škotski izgovor
Scottish ['skɔtiʃ] *adj* škotski
Scottish ['skɔtiʃ] *s* škotski jezik
scoundrel ['skaundrəl] *s* lopov, hulja, podlac, nitkov, bitanga, vucibatina
scoundrelly ['skaundrəli] *adj* lopovski, huljski
scour ['skauə] *s* ispiranje, isplahivanje; ribanje; deranje struje; proljev stoke; *chem* sredstvo za čišćenje (vune)
scour ['skauə] *vt* ribati, čvrsto istrljati; očistiti, svjetlati, skinuti rđu, mrlju, isprati prljavštinu, isplahnuti; isprati crijeva; podlokati, podrovati, otplaviti
scour ['skauə] *vi/t* **I.** *vi* pojuriti, juriti (*about* po); krstariti, prokrstariti; tumarati **II.** *vt* pretražiti što u potrazi za čim (*to ~ a book for quotations*); *med* očistiti crijeva
scourge [skəːdʒ] *s* bič; *fig* pokora, pošast | **the white ~** sušica
scourge [skəːdʒ] *vt* 1. *rhet* šibati, bičevati 2. *fig* kazniti, mučiti, tlačiti
scourger ['skəːdʒə] *s* bičevalac
scout [skaut] *s* 1. izviđanje, uhođenje; skaut, izviđač; *mil* izvidnik, uhoda; *mar* izvidnički brod; *aero* izvidnički avion 2. čuvar, nagledník 3. *Oxford univ sl* podvornik, poslužitelj 4. *GB* patrola auto-moto saveza za pomoć i informacije na cesti 5. *coll* stari prijatelj | **~ party** izviđačka četa, izviđačka patrola; **boy ~** skaut, izviđač
scout [skaut] *vi* 1. izviđati, uhoditi, tražiti (*he spent the day ~ing for work*) 2. *mil* rekognoscirati
scout [skaut] *vt* prezirno odbiti (kakav prijedlog); rugati se
scouting ['skautiŋ] *s* izviđanje
scoutmaster ['skautˌmaːstə] vođa skautske čete; komandir izviđačke patrole
scow [skau] *s* teglenica, maona; skela
scowl [skaul] *s* mrk pogled, mrgođenje, mrštenje
scowl [skaul] *vi/t* **I.** *vi* mrgoditi se, mrko gledati, mrštiti se (*at* na) **II.** *vt* natjerati koga mrkim pogledom na što
scowl down ['skaul'daun] *vt* svladati protivljenje mrkim pogledom

scrabble ['skræbl] *vi/t* **I.** *vi* 1. črčkati; strugati; koprcati se, puzati 2. pipajući tražiti (*about*) 3. mučiti se da se što postigne, patiti se **II.** *vt* 1. šarati 2. prigrabiti (*away, off*)
scrabble ['skræbl] *s* scrabble, vrsta igre (sastavljanje riječi od kockica sa slovima)
scrag [skræg] 1. mršav čovjek, kržljava životinja, biljka, kostur 2. iskrivljeno drvo 3. ovčja vratina; *sl* vrat
scrag [skræg] *vt sl* objesiti; zakrenuti kome vratom
scraggy ['skrægi] *adj* (**scraggily** *adv*) mršav, kržljav, košćat, koštunjav
scram [skræm] *vi sl* pobjeći, izgubiti se | ~! tjeraj!, noga!, gubi se!
scramble ['skrembl] *s* penjanje, puzanje; jagma, otimanje; koprcanje; guranje, gužva
scramble ['skræmbl] *vi/t* **I.** *vi* 1. verati se, penjati se nogama i rukama; miljeti, gmizati, puzati, mučno se probijati; *fig* uvući se (*to ~ into one's clothes*) 2. pojagmiti se, otimati se 3. načrčkati **II.** *vt* 1. brzo pograbiti što, jagmiti se za čim; razbacivati (novac) da se drugi za nj otimaju 2. praviti kajganu 3. išarati, iščrčkati, šarati | **~d eggs** kajgana
scran [skræn] *s sl* otpaci hrane, hrana, mrvica | **bad ~ to him!** đavo ga odnio!
scrannel ['skrænl] *adj* tanak, slabašan, mršav; bijedan
scrap[1] [skræp] *s* 1. ostatak, otpadak, otpad, mrvica, mrva, trun, komadić 2. dio pisanog teksta, izvadak, iscrpak, izrezana slika 3. *pl* čvarci; (metalni) otpaci | *fig* **~ of paper** komad papira, obećanje na koje se ne može osloniti
scrap[2] [skræp] *s sl* svađa, tučnjava
scrap [skræp] *vt* baciti kao neupotrebljivo; *fig* baciti u staro željezo, rashodovati; sasjeći, usitniti; baciti u otpad
scrap [skræp] *vi sl* tući se, svađati se
scrap-book ['skræpbuk] *s* knjiga s ulijepljenim izrescima, zbirka isječaka, fotografija i sl. za uspomenu
scrape [skreip] *s* 1. struganje, grebenje; škripanje (pera) 2. tanko namazan sloj čega 3. naklon 4. škripac, nevolja 5. zamka 6. *sl* brijanje | **bread and ~** kriška kruha tanko namazana čime; **a bow and a ~** nezgrapan poklon popraćen struganjem noge | **to get into a ~** dospjeti u škripac
scrape [skreip] *vt/i* **I.** *vt* 1. strugati, sastrugati (*away, off*), grepsti, izgrepsti, nastrugati, izgladiti 2. guditi na čemu **II.** *vi* 1. strugati, škripati 2. gramziti 3. *fig* loše svirati violinu | **to ~ one's chin** brijati se; **to ~ one's plate** polizati tanjur; **to ~ acquaintance with** nametnuti se nekome, isforsirati poznanstvo; **to ~ a living** mučno zarađivati koricu kruha, životariti, zlopatiti se; **to bow and ~** nezgrapno se nakloniti; *fig* nezgrapno se ponašati; **to ~ along** jedva izlaziti na kraj, vezivati kraj s krajem
scrape along ['skreipə'lɔŋ] *vi* poći tik uz, strugnuti se o; vući se, mučno hodati
scrape down ['skreip'daun] *vt* ušutkati govornika struganjem nogu
scrape out ['skreip'aut] *vt* izdupsti
scrape through ['skreip'θruː] *vi* promigoljiti, jedva se provući (često o đaku na ispitu)
scrape together ['skreiptə'geðə] *vt* skucati
scrape up ['skreip'ʌp] *vt* skucati
scraper ['skreipə] *s* 1. gramzljivac 2. loš guslač 3. brijač 4. strugalo za cipele 5. strugač; strugalica
scrap-heap ['skræphiːp] *s* hrpa starog željeza; smetište, hrpa otpadaka, otpad | **to throw on the ~** baciti u otpad, baciti u staro željezo
scraping ['skreipiŋ] *s* struganje; strugotine, ono što je nastrugano | *fig* **~s** *pl* izmet, talog; teško skucan novac
scrap-iron ['skræpˌaiən] *s* staro željezo
scrapper ['skræpə] *s* strugač; *sl* svađalica, svadljivac, kavgadžija
scrappy ['skræpi] *adj* (**scrappily** *adv*) fragmentaran, skrpan, sastavljen od raznovrsnih dijelova, skalupljen, sklepan
scratch [skrætʃ] *s* 1. ogrebotina, neznatna ozljeda; grebenje, struganje, čeprkanje 2. črčkarija, ono što je napisano 3. startna crta utrke; *fig* ništa | *vet* **~es** *pl* bolest nogu konja; *fig* **a ~ of the pen** potez pera; **Old Scratch** đavo; **up to ~** na visini; **to come up to the ~** ne izmicati, ne izbjegavati; ispuniti očekivanja, pokazati se doraslim; **to start from ~** početi od nule; **to bring a p up to the ~** stjerati koga u red
scratch [skrætʃ] *adj* 1. sabran zbrda-zdola, skrpljen, improviziran, slučajan (*a ~ hit*) 2. sastavljen od članova nejednake vrijednosti
scratch [skrætʃ] *vt/i* **I.** *vt* 1. čeprkati, grepsti, izgrepsti, iščeprkati; okrznuti; češati; strugati što 2. skucati (novac) 3. pisati, črčkati 4. *sport* izbrisati iz popisa (konja) **II.** *vi* 1. (o mački) grepsti; grepsti se 2. skucati 3. *sport* povući prijavu za takmičenje | **~ a Russian and you find a Tartar** civilizacija mijenja samo vanjštinu čovjeka; vuk dlaku mijenja ali ćud nikada; **~ my back and I will yours** ruka ruku mije, usluga za uslugu; **to ~ one's head** češati se po glavi; **to ~ off a letter** na brzinu napisati, nadrljati pismo
scratch about ['skrætʃə'baut] *vi* | **to ~ for** pipajući tražiti (što)
scratch along ['skrætʃə'lɔŋ] *vi* probijati se, živjeti, životariti
scratch out ['skrætʃ'aut] *vt* 1. izradirati, izgrepsti, izbrisati, struganjem izbrisati

2. precrtati (ime konja) na popisu 3. *Oxford univ sl* precrtati (ime kandidata) na popisu

scratch through ['skrætʃ'θru:] *vt* precrtati, potcrtati (riječ)

scratch up ['skrætʃ'ʌp] *vt* nasmagati, zgrnuti

scratch-cat ['skrætʃkæt] *s* prkosna djevojka ili žena

scratch-pad ['skrætʃpæd] *s* blok, notes

scratch-race ['skrætʃreis] *s* trka u kojoj svi takmičari ravnopravno polaze sa starta, bez prednosti za pojedince

scratch-wig ['skrætʃwig] *s* mala perika

scratchy ['skrætʃi] *adj* (**scratchily** *adv*) 1. načrčkan, našaran, nemaran, nevješt (crtež) 2. škripav (pero), kreštav (glas) 3. *sport* neizjednačen, skalupljen (momčad)

scrawl [skrɔ:l] *s* črčkarija, neuredno, nečitljivo pisanje, črčkanje, škrabanje, drljanje

scrawl [skrɔ:l] *vi/t* **I.** *vi* črčkati, neuredno pisati, šarati, drljati, škrabati **II.** *vt* črčkati što, neuredno pisati po čemu

scrawler ['skrɔ:lə] *s* škrabalo, črčkalo

scrawly ['skrɔ:li] *adj* načrčkan, nemaran, nepravilan

scrawny ['skrɔ:ni] *adj* mršav, suhonjav, koštunjav

scray [skrei] *s ornith* čigra (vrsta galeba)

scream [skri:m] *s* 1. krik, vrisak, vrištanje 2. *sl* vrlo duhovita osoba, velik šaljivdžija 3. rezak smijeh 4. žestoko ili histerično isticanje čuvstva | **he is a** ~ *sl* on je za krepati

scream [skri:m] *vi/t* **I.** *vi* 1. vrisnuti, kriknuti, kriještati 2. resko se smijati 3. (o vjetru i dr.) zavijati, bjesnjeti, tutnjiti, brujati 4. pisati ili govoriti histeričnim načinom **II.** *vt* kriknuti što (većinom *out*), krikom dozvati koga | **to** ~ **one's head off** derati se iz svega glasa, vrištati kao da ga deru

screamer ['skri:mə] *s* 1. *ornith* ptica kričalica 2. *sl* nešto veličanstveno, divno, fantastično, da umreš od smijeha 3. uskličnik 4. novinski naslov ispisan velikim slovima

screaming ['skri:miŋ] *adj* (~**ly** *adv*) vrištav, oštar; koji pobuđuje smijeh; *fig* čist (~ *nonsense*)

screamy ['skri:mi] *adj* (**screamily** *adv*) vrištav, oštar, prodoran

scree [skri:] *s geol* hrpa gruha (sitnog kamenja na strmini), sip, plazina

screech [skri:tʃ] *s* vrisak, vrištanje; kriještanje; cviljenje

screech [skri:tʃ] *vi* vrištati, vriskati; kriještati; cviliti

screed [skri:d] *s* 1. gajtan, širit 2. duga čitulja 3. vrisak 4. uzak trak zemlje

screen [skri:n] *s* 1. zaslon, zaklon, paravan, zaštita, krinka (*put on the* ~ *of indifference*) 2. grubo sito; mreža na vratima ili prozoru protiv komaraca, muha i sl.; rešetka; *archit* pregrada 3. *sl* novčanica 4. magnetski ili električni izolator; *mot* vjetrobran; *mil* zastiranje, maskiranje, kamuflaža 5. ekran, filmsko platno 6. *phot* kolor-ploča | **to bring to the** ~ snimiti filmski

screen[1] [skri:n] *vt* 1. zaslanjati, zaštititi, zaklanjati, štititi 2. *mil* maskirati, kamuflirati 3. rešetati, prosijavati, provjeravati, vršiti selekciju 4. ekranizirati; projicirati; prikazivati film

screen off ['skri:n'ɔf] *vt* sakrivati od pogleda, štititi

screen[2] [skri:n] *vt* prosijati kroz grubo sito (ugljen, šljunak); prorešetati, podvrći oštru ispitivanju

screening[1] ['skri:niŋ] *s* zaslanjanje, zaštićivanje, zaklanjanje; provjeravanje, selekcija; prikazivanje filma

screening[2] ['skri:niŋ] *s* ono što je ostalo na rešetu nakon prosijavanja

screen-play ['skri:nplei] *s* scenarij

screen-test ['skri:ntest] *s* pokusno snimanje

screen-wall ['skri:nwɔ:l] *s arch* zaštitni zid

screen-writer ['skri:n,raitə] *s* pisac scenarija, scenarist

screw[1] [skru:] *s* 1. zavrtanj, uvojnik, šaraf, propeler, vijak 2. šarafljenje, pritezanje, jedan okret uvojnika 3. parabolično kretanje lopte (rezani udarac) 4. svitak (papira), zavitak (duhana) 5. škrtac 6. *sl* prihod, plaća; krvopija 7. spolno općenje | **male** ~ uvojnik, vreteno, muški vijak; **female** ~ matica, ženski vijak; **Archimedean** ~ beskrajni vijak; **endless** ~ beskrajni vijak; **differential** ~ diferencijal; **left-handed** ~ vijak koji se okreće na lijevu stranu (obratno od normalnog okretanja); **right-and-left** ~ vijak s uvojnicima različita smjera na dva suprotna kraja; **interrupted** ~ vijak s glatkim dijelovima među uvojnicima; **there is a** ~ **loose** nešto nije u redu; **he has a** ~ **loose** fali mu daska u glavi; **to put the** ~ **on** izvršiti pritisak, pritegnuti, stegnuti; **wing** ~ zavrtanj s krilcima; **to put the** ~ **on a p** siliti, primorati koga

screw [skru:] *vt/i* **I.** *vt* 1. zašarafiti, navijati, vijkom pričvrstiti (*on* na) 2. tlačiti, istisnuti; *fig* strogo ispitivati 3. okretati (*to* ~ *one's head*) 4. *sport* rezati loptu 5. nabrati, naceriti, nakriviti, iskriviti (lice) 6. prevariti 7. spolno općiti **II.** *vi* pritezati se, okretati se

screw down ['skru:'daun] *vt* pritegnuti uvojnikom

screw out ['skru:'aut] *vt* istlačiti, istisnuti, iscijediti; preko volje dati

screw up ['skru:'ʌp] *vt* zašarafiti, pritegnuti (& *fig*); *sl* uprskati, pokvariti | **to** ~ **door** pričvrstiti vrata (osobito za šalu); **to** ~ **one's courage** skupiti hrabrost

screw² [skruː] *s* bezvrijedan konj, raga
screwball [ˈskruːbɔːl] *s US sl* čudak, luđak
screw-cap [ˈskruːkæp] *s* poklopac koji se pričvršćuje zavrtanjem
screw-driver [ˈskruːˈdraivə] *s* odvijač, odvrtač
screwed [skruːd] *adj* pijan
screw-eye [ˈskruːai] *s* uvojnik s petljom kroz koju se provlači konopac i dr.
screw-jack [ˈskruːdʒæk] *s* dizalo na vijak; zubarska naprava za prorjeđivanje gustih zuba
screw-key [ˈskruːkiː] *s* ključ za šarafljenje (pritezanje), odvrtač
screw-nut [ˈskruːnʌt] *s* matica vijka
screw-propeller [ˈskruːprəˈpelə] *s* brodski vijak
screw-spanner [ˈskruːˌspænə] *s* francuski ključ
screw-steamer [ˈskruːˌstiːmə] *s* parobrod na vijak
screw-thread [ˈskruːθred] *s* navoj vijka
screw-top [ˈskruːˈtɔp] *s* → **screw-cap**
screw-vice [ˈskruːvais] *s* škrip na vijak
screw-wrench [ˈskruːrentʃ] *s* zavrtač, odvrtač, francuski ključ
screwy [ˈskruːi] *adj sl* šašav, nastran, lud; pijan; istrošen (konj)
scribal [ˈskraibl] *adj* pisarski
scribble [ˈskribl] *s* črčkaranje, piskaranje, drljanje, škrabanje
scribble [ˈskribl] *vt/i* **I.** *vt* nadrljati, načrčkati piskarati što **II.** *vi* drljati, črčkati, piskarati, naškrabati
scribble [ˈskribl] *vt* grebenati, češati (vunu, pamuk)
scribbler¹ [ˈskriblə] *s* piskaralo, škrabalo
scribbler² [ˈskriblə] *s* grebenalo, češalo za vunu
scribbling [ˈskribliŋ] *s* grebenje, češanje vune
scribbling-block [ˈskribliŋblɔk] *s* blok za bilješke
scribbling-pad [ˈskribliŋpæd] *s* blok, notes za bilješke
scribbling-paper [ˈskribliŋˌpeipə] *s* papir za bilješke
scribe [skraib] *s* pisar, prepisivač; *derog* pisac, piskaralo
scriber [ˈskraibə] *s* pisaljka, šiljat štapić za urezivanje crta i znakova u drvo, opeku i dr.
scrim [skrim] *s* platno za prevlaku
scrimmage [ˈskrimidʒ] *s* rvanje, tučnjava, gušanje, okršaj, gužva, (u američkom ragbiju) otimanje za loptu u gužvi
scrimmager [ˈskrimidʒə] *s* navalni igrač u ragbiju i nogometu
scrimp [skrimp] *adj* tijesan, oskudan, mršav
scrimp [skrimp] *vt/i* **I.** *vt* škrtariti čime, ne priuštiti kome **II.** *vi* škrtariti, ne priuštiti sebi
scrimpy [ˈskrimpi] *adj* (**scrimpily** *adv*) uzak, tijesan, mršav, oskudan
scrimshank [ˈskrimʃæŋk] *vi GB mil sl* izbjegavati dužnosti, zabušavati
scrimshaw [ˈskrimʃɔː] *s* školjka, bjelokost i dr., ukrašena rezbarijama ili crtarijama u boji
scrimshaw [ˈskrimʃɔː] *vt* ukrasiti (školjke, bjelokost) umjetničkim rezbarijama ili crtarijama u boji
scrip¹ [skrip] *s arch* prosjačka ili putnička torba
scrip² [skrip] *s* privremena potvrda za uplaćen novac, privremena namira, priznanica; dionice koje se izdaju umjesto dividendi; okupacijski novac
script [skript] *s* 1. original, izvornik 2. rukopis, pisana slova (suprotno od tiskanih), pismo 3. kosi tisak 4. *pl* pismeni odgovori na ispitna pitanja 5. tekst (emisije), tekst uloge; scenarij | **shooting ~** knjiga snimanja
script [skript] *vt* napisati tekst, napisati scenarij
scripted [ˈskriptid] *adj* pisan, čitan, po tekstu | **~ discussion** unaprijed pripremljena, čitana diskusija (na radiju); **un~ discussion** slobodna, nenapisana diskusija
scriptgirl [ˈskriptgəːl] *s* sekretarica režije, skriptgerla
scriptorium [skripˈtɔːriəm] *s* (*pl* **~s, scriptoria** [skripˈtɔːriə]) *arch* pisarnica, skriptorij (u samostanu)
scriptural [ˈskriptʃərəl] *adj* (**~ly** *adv*) biblijski
scripture [ˈskriptʃə] *s* Biblija | **Holy Scripture, the Scriptures** Biblija
scriptwriter [ˈskriptˌraitə] *s* pisac scenarija, scenarist; autor teksta
scrivener [ˈskrivnə] *s* pisar; sastavljač isprava, notar, bilježnik; onaj koji posuđuje novac uz kamate
scrofula [ˈskrɔfjulə] *s med* skrofule, skrofuloza
scrofulous [ˈskrɔfjuləs] *adj* (**~ly** *adv*) skrofulozan
scroll [skrəul] *s* svitak, smotak, pergamena; popis, tabela; *archit* arabeska, kovrčica u pismu; glava violine
scroll [skrəul] *vt/i* smotati u obliku svitka papira; ukrasiti kovrčicom
scroll-saw [ˈskrəulsɔː] *s* sitna pilica za rezbarenje
scroll-work [ˈskrəulwəːk] *s* spiralna rezbarija
scrooch [skruːtʃ] *vi US* čučati; šćućuriti se
scroop [skruːp] *vi* skvičati, cičati; škripati, strugati, grepsti
scrotum [ˈskrəutəm] *s anat* mošnje
scrounge [skraundʒ] *vi/t sl* krasti, zdipiti, užicati
scrounger [ˈskraundʒə] *s* tat, kradljivac

scrub[1] [skrʌb] *s* 1. šikara, šipražje, grmlje, guštara 2. istrošena metla, kratki brci 3. zakržljalo ili ništetno stvorenje; kljuse; zakržljala biljka
scrub[2] [skrʌb] *s* 1. ribanje, pranje četkom, struganje; četka 2. *US sport* rezervni igrač
scrub[2] [skrʌb] *vt/i* **I.** *vt* ribati što, čvrsto trljati četkom, sastrugati četkom (*off*), istrljati, dobro oprati **II.** *vi* 1. ribati, dobro oprati 2. patiti se, kinjiti se 3. odijeliti stanovite sastojke iz plina
scrubber ['skrʌbə] *s* 1. onaj koji riba podove; četka za ribanje od žice 2. naprava za čišćenje plina
scrubbing ['skrʌbiŋ] *s* ribanje, pranje četkom
scrubbing-brush ['skrʌbiŋbrʌʃ] *s* četka za ribanje
scrubby ['skrʌbi] *adj* (**scrubbily** *adv*) zakržljao, trošan, otrcan, jadan, žgoljav, bezvrijedan
scrub-up ['skrʌbʌp] *s* temeljito čišćenje, dotjerivanje
scruff [skrʌf] *s* nabori kože na šiji (obično ~ *of the neck*)
scrum [skrʌm] *s* → **scrimmage**
scrummage ['skrʌmidʒ] *s* → **scrimmage**
scrummy ['skrʌmi] *adj fam* slastan; prvorazredan, sjajan
scrumptious ['skrʌmpʃəs] → **scrummy**
scrunch [skrʌntʃ] *s* škripanje, drobljenje
scrunch [skrʌntʃ] *vt/i* **I.** *vt* (glasno) žvakati; drobiti, zgaziti; probijati se (*up* prema, *through* kroz) **II.** *vi* škripati, drobiti se
scruple[1] ['skruːpl] *s pharm* jedinica težine (= 20 grains = 1,296 g); malenkost
scruple[2] ['skruːpl] *s* skrupula, kolebanje savjesti, nedoumica, dvojba, oklijevanje
scruple ['skruːpl] *vi/t* **I.** *vi* oklijevati, kolebati se, skanjivati se **II.** *vt arch* oklijevati da se što napravi (*would ~ a lie*)
scrupulosity [ˌskruːpju'lɔsiti] *s* skrupuloznost, prevelika savjesnost, točnost; tjeskobnost; obazrivost
scrupulous ['skruːpjuləs] *adj* (*~***ly** *adv*) skrupulozan, vrlo obziran, vrlo savjestan, vrlo točan, velik (čistoća, poštenje, pažnja, poštovanje, briga)
scrutator [skruː'teitə] *s* savjestan istraživalac, skrutator, brojitelj glasova
scrutineer [ˌskruːti'niə] *s* 1. poman istraživalac 2. brojitelj predanih glasova, kontrolor ispravnosti glasačkih listića
scrutinize ['skruːtinaiz] *vt* pomno ispitati (istražiti, pregledati)
scrutiny ['skruːtini] *s* 1. pomno ispitivanje, istraživanje; kontrola, pregled 2. ispitivanje ispravnosti glasačkih listića 3. jedan od načina izbora pape (drugi su *acclamation* i *accession*)
scry [skrai] *vi* proricati budućnost iz kristala
scrying ['skraiiŋ] *s* proricanje budućnosti iz kristala
scuba ['skuːbə] *s* boca s kisikom za disanje pod vodom | ~ **diving** ronjenje s aparatom za disanje
scud [skʌd] *s* 1. jurnjava, žurba; lebđenje, klizanje 2. rijetki oblaci tjerani vjetrom 3. zamah vjetra 4. škropac
scud [skʌd] *vi* juriti, žuriti se; lebdjeti, kliziti; biti nošen ili tjeran; *mar* juriti pred olujom (s malo jedara); projuriti, prijeći brzo preko nečega
scuff [skʌf] *vi* vući noge, strugati nogama; oguliti cipele
scuffle[1] ['skʌfl] *s* tučnjava, natezanje, rvanje, gušanje
scuffle ['skʌfl] *vi/t* **I.** *vi* tući se, natezati se, rvati se, gušati se, projuriti (*through* kroz) i *fig;* strugati nogama **II.** *vt* brzo obući (kaput)
scuffle[2] ['skʌfl] *s* motika
scuffle ['skʌfl] *vt* branati, drljati, vlačiti; kopati (zemlju)
scull [skʌl] *s* veslo na pariću; parić | **double** ~ dvojac na pariće
scull [skʌl] *vt/i* **I.** *vt* veslati (parićima) **II.** *vi* veslati jednim veslom po krmi
sculler ['skʌlə] *s* veslač parića; parić
sculling ['skʌliŋ] *s* veslanje u laganu čamcu jednosjedu
scullery ['skʌləri] *s* praonica za kuhinjsko suđe, stražnja kuhinja u kojoj se drži suđe i druge kuhinjske potrepštine
scullery-maid ['skʌlərimeid] *s* sudoperka
scullion ['skʌljən] *s arch poet* sudoper
sculp [skʌlp] *vt/i* klesati, rezbariti, djeljati
sculpin ['skʌlpin] *s ichth* škrpina
sculpsit ['skʌlpsit] *v Lat* isklesano (uz kiparovo ime na kipu)
sculptor ['skʌlptə] *s* kipar, rezbar
sculptress ['skʌlptris] *s* kiparica, rezbarica
sculptural ['skʌlptʃərəl] *adj* (~**ly** *adv*) kiparski
sculpture ['skʌlptʃə] *s* 1. kiparstvo, skulptura, rezbarstvo, plastika; kipovi 2. *zool & bot* izbočine i udubine na školjkama i dr.
sculpture ['skʌlptʃə] *vt/i* **I.** *vt* 1. klesati, isklesati, rezbariti 2. izbrazdati površinu 3. ukrasiti likovima **II.** *vi* 1. biti kipar 2. biti izbrazdan (školjke i dr.) 3. biti ukrašen uklesanim, isklesanim likovima
sculpturesque [ˌskʌlptʃə'resk] *adj* plastičan
scum [skʌm] *s* (nečista) pjena; izmet, otpadak; drozga; *fig* talog (*the ~ of society*); šljam, ološ, fukara
scum [skʌm] *vt/i* **I.** *vt* skinuti prljavu pjenu, obrati; ukloniti drozgu iz rastaljene kovine **II.** *vi* stvarati pjenu
scumble ['skʌmbl] *s* ublaživanje boja
scumble ['skʌmbl] *vt* ublažiti boje na slici tankom prevlakom
scummy ['skʌmi] *adj* (**scummily** *adv*) pokriven pjenom, pjenast
scuncheon ['skʌnʃən] *s archit* lukovi iznad uglova četvorouglastog tornja koji nose

izmjenične strane osmorokutnog tornja; zaobljeni rubovi unutarnjeg dijela prozora i dr.

scupper ['skʌpə] *s mar* izlivnica, lakomica, palubna rupa za otjecanje vode

scupper ['skʌpə] *vt sl* onesposobiti; zbuniti; potopiti; ubiti

scurf [skəːf] *s* prhut, perut; ljuskava naslaga, ljuske

scurfy ['skəːfi] *adj* (**scurfily** *adv*) pun prhuti, peruti, ljuskav

scurrility [skʌ'riliti] *s* prljavost, nepristojnost, prostaštvo, prostakluk, prostota, besramnost

scurrilous ['skʌriləs] *adj* (**~ly** *adv*) nećudoredan, sramotan, prostački, prljav, besraman, nepristojan

scurry ['skʌri] *s* 1. brzo tapanje, žurba, jurnjava, užurbano komešanje; brzo jahanje 2. pljusak

scurry ['skʌri] *vi/t* **I.** *vi* trčkarati, tapati **II.** *vt* tjerati, goniti

scurvy ['skəːvi] *s med* skorbut

scurvy ['skəːvi] *adj* (**scurvily** *adv*) podao, nepošten; *fig* prljav, nizak

scurvy-grass ['skəːvigraːs] *s bot* kašičak

scut [skʌt] *s* kusat repić (zeca, kunića, jelena i dr.)

scutage ['skjuːtidʒ] *s jur* novac za otkup od služenja vojne dužnosti ili tlake

scutch [skʌtʃ] *s* sprava za trenje lana; grubi drvenasti otpaci koji ostaju pri trenju lana

scutch [skʌtʃ] *vt* trti lan

scutcheon ['skʌtʃən] *s* štit s grbom, grb, štit; pločica s imenom ili kakvim natpisom; poklopčić na ključanici

scutter ['skʌtə] *vi fam* otrčati, brzo tapati, šmugnuti

scuttle[1] ['skʌtl] *s* posuda za ugljen kod peći

scuttle[2] ['skʌtl] *s* otvor s poklopcem na zidu ili krovu kuće, na palubi ili boku broda; poklopac takva otvora

scuttle[3] ['skʌtl] *s* bijeg, žuran hod, nagao odlazak, naglo povlačenje

scuttle ['skʌtl] *vt mar* probušiti dno broda, potopiti brod na taj način

scuttle ['skʌtl] *vi* bježati od opasnosti, izbjegavati dužnost; umaknuti bijegom; trkom (*away, off*); *sl pol* naglo se povući (*out* iz)

scuttle-butt ['skʌtlbʌt] *s sl* glasine, naklapanja

scutum ['skjuːtəm] *s* (*pl* **~s, scuta** ['skjuːtə]) rimski legionarski štit; *anat* iverak na koljenu; *zool* velike ljuske, oklop na tijelu krokodila, kornjače

scythe [saið] *s* kosa

scythe [saið] *vt/i* kositi

'sdeath [zdeθ] *interj* (od *God's death*) izražava srdžbu, iznenađenje i dr.

sea [siː] *s* more, ocean; val; *fig* sila, mnoštvo, veliko prostranstvo | **on the ~** na moru, na morskoj obali; **to go to ~** postati pomorac; **to follow the ~** biti pomorac; **to put to ~** krenuti na more (napustiti luku ili kopno); *fig* **at ~** na debelom moru; *fig* **all at ~** zbunjen, smeten, u nedoumici; **between devil and deep ~** između dva zla, između čekića i nakovnja; **there's as good fish in the ~ as ever came out of it** ne postoji opasnost da će doći do nestašice; **when the ~ gives up its dead** na Sudnji dan; **beyond (over) ~(s)** preko mora; **the high ~** otvoreno more, more izvan teritorijalnih voda; **the seven ~s** sedam mora, Arktički, Antarktički, sjeverni i južni Pacifički, sjeverni i južni Atlantski i Indijski ocean; **the four ~s** mora oko V. Britanije; **a heavy ~** uzburkano more; **~s mountains high** valovi visoki kao brdo; **long ~** dugi pravilni valovi; **short ~** kratki nepravilni valovi; **half ~s over** pijan kao zemlja; *fig* **~s of blood** more krvi; **choppy ~** namreškano more; **by ~ and land** kopnom i morem

sea-bear ['siːbɛə] *s zool* sjeverni medvjed

seabed ['siːbed] *s* morsko dno, dno mora, podmorje

sea-bells ['siːbelz] *s pl bot* morsko zelje (vrsta slaka, *Convolvulus soldanell*)

sea-bill ['siːbil] *s com* pomorska mjenica

sea-bird ['siːbəːd] *s* morska ptica

seaboard ['siːbɔːd] *s* morska obala, primorje

sea-boat ['siːbəut] *s* brod sposoban za plovidbu morem

sea-born ['siːbɔːn] *adj* rođen iz mora, na moru rođen

sea-borne ['siːbɔːn] *adj* koji se prevozi morem | **~ trade** pomorska trgovina

sea-breeze [ˌsiː'briːz] *s* povjetarac s mora, maestral

sea-calf ['siːkaːf] *s zool* tuljan, foka

sea-captain ['siːˌkæptin] *s* pomorski kapetan

sea-coast [ˌsiː'kəust] *s* morska obala

sea-cock ['siːkɔk] *s* pipac pomoću kojeg se pušta morska voda u unutrašnjost broda

sea-cook ['siːkuk] *s* brodski kuhar; uvredljiv izraz (*son of a ~*)

sea-cow ['siːkau] *s zool* morž, morska krava

sea-dog ['siːdɔg] *s zool* vrsta tuljana; vrsta morskog psa; stari pomorac, morski vuk

seadrome ['siːdrəum] *s* plutajući aerodrom

seafarer ['siːˌfɛərə] *s* pomorac, moreplovac

seafaring ['siːˌfɛəriŋ] *adj* pomorski, moreplovni

seafaring ['siːˌfɛəriŋ] *s* pomorski život, plovidba morem

sea-fight ['siːfait] *s* pomorska bitka

sea-food ['siːfuːd] *s* morski rakovi, školjke i ribe, riblji specijaliteti

sea-front ['siːfrʌnt] *s* dio grada uz obalu

sea-gate [ˈsiːgeit] *s* vrata doka koja se otvaraju prema van; vrata ustave za reguliranje razine vode kod plime

sea-going [ˈsiːˌgəuiŋ] *adj* (brod) za dugu plovidbu, oceanski, prekooceanski

sea-grass [ˈsiːgraːs] *s* morska trava

sea-green [ˌsiːˈgriːn] *adj* modrikastozelene boje poput mora

sea-gull [ˈsiːgʌl] *s ornith* galeb

sea-horse [ˈsiːhɔːs] *s ichth* morski konjic; *zool* morž; *myth* triton

sea-kale [ˈsiːkeil] *s* broskva, prokulica

sea-king [ˈsiːkiŋ] *s* srednjovjekovni skandinavski vođa gusara

seal[1] [siːl] *s zool* tuljan

seal [siːl] *vi* loviti tuljane

seal[2] [siːl] *s* pečat (& *fig*), žig; pečatnik; tvar za začepljivanje otvora; *fig* zalog, jamstvo | ~ **of love** poljubac; rođenje djeteta; zalog ljubavi; **Privy Seal** *GB* mali državni pečat; **Great Seal** *GB* veliki državni pečat; **to put under** ~ zapečatiti; **to set one's** ~ **to** potvrditi pečatom; **given under my hand and** ~ potpisano vlastitom rukom i zapečaćeno

seal [siːl] *vt* 1. zapečatiti (& *fig*); žigosati; potvrditi 2. hermetički zatvoriti, začepiti (*up*), zatvoriti (*sleep ~ed his eyes*) 3. označiti (*he is ~ed for damnation*) 4. učvrstiti što s pomoću cementa

sea-lawyer [ˈsiːˌlɔːjə] *s* 1. *ichth* morski pas 2. mornar koji voli prigovarati zapovijedima; zagrižljiva, sitničava osoba

sea-legs [ˈsiːlegz] *s pl* spretno hodanje po palubi za uzburkana mora | **to find (get) one's** ~ naučiti se kretati po palubi za uzburkana mora, priučiti se pomorskom životu

sealer [ˈsiːlə] *s* lovac na tuljane (čovjek ili brod)

sealery [ˈsiːləri] *s* leglo tuljana

sea-letter [ˈsiːˌletə] *s* dokument s opisom koji dobiva brod u luci gdje je opremljen

sea-level [ˈsiːˌlevl] *s* razina mora, morska razina

sealing-wax [ˈsiːliŋwæks] *s* pečatni vosak

s -lion [ˈsiːˌlaiən] *s zool* morski lav, grivati sivuć (vrsta tuljana)

sea-log [ˈsiːlɔg] *s* pomorski dnevnik

seal-ring [ˈsiːlriŋ] *s* pečatni prsten, pečatnjak

sealskin [ˈsiːlskin] *s* tuljanovo krzno (koža)

seam [siːm] *s* 1. šav; pukotina, spoj, porub; šupljina, reška; brazda, brazgotina 2. *min* & *geol* ležište, vodoravan sloj rude

seam [siːm] *vt* šivati, sašiti; spojiti šavom; izbrazdati; (pasivno) biti pun brazgotina, pukotina (*~ed with wounds*)

seaman [ˈsiːmən] *s* (*pl* **seamen** [ˈsiːmən] mornar, pomorac

seamanlike [ˈsiːmənlaik] *adj* poput pravoga mornara, mornarski

seamanly [ˈsiːmənli] *adj* mornarski, koji dolikuje mornaru

seamanship [ˈsiːmənʃip] *s* vještina plovidbe, mornarska vještina, moreplovstvo

sea-mew [ˈsiːmjuː] *s ornith* galeb

sea-mile [ˈsiːmail] *s* morska milja (1848,32 m)

seaming [ˈsiːmiŋ] *s* obrubljivanje, opšivanje, obrub

seamless [ˈsiːmlis] *adj* (*~ly adv*) bez šava, bešavan, neobrubljen | ~ **tube** bešavna cijev

sea-monster [ˈsiːˌmɔnstə] *s* morsko čudovište

seamstress (**sempstress**) [ˈsemstris] *s* švelja

seamy [ˈsiːmi] *adj* (**seamily** *adv*) pun šavova, spojen šavom; pun brazgotina, naboran | **the** ~ **side** naličje; *fig* ružna, loša strana (života)

séance [ˈseiãːns] *s Fr* sastanak društva, skupština; spiritistička seansa

sea-piece [ˈsiːpiːs] *s* marina, slika s morskim motivom

seaplane [ˈsiːplein] *s* hidroplan, hidroavion

seaport [ˈsiːpɔːt] *s* morska luka

sea-power [ˈsiːˌpauə] *s* pomorska sila

seaquake [ˈsiːkweik] *s* morski potres

sear (**sere**) [siə] *adj poet* uvenuo, suh

sear [siə] *vt* osušiti, opaliti, opržiti, žigosati; ispaliti; napraviti koga bešćutnim

sear [siə] *s* → **sere**

search [səːtʃ] *s* traženje, istraživanje, težnja (*for* za); pretraga, istraga, ispitivanje; traganje; pretres, premetačina; sondiranje; potraga | **in** ~ **of** u potrazi za

search [səːtʃ] *vt/i* **I.** *vt* 1. tražiti, istraživati; tragati 2. vizitirati, pretražiti; pretresti, izvršiti premetačinu **3.** *surg* sondirati (ranu) 4. *fig* iskušati, staviti na kušnju 5. *mil* zasipati artiljerijskim zrnima sva skloništa i rovove 6. *fig* prožeti, probiti (zima, vlaga, vjetar) **II.** *vi* 1. tražiti (*for* što) 2. ispitati, iznaći, raspitati se, obavijestiti se (*into* o) | *US* ~ **me** nemam pojma

search out [ˈsəːtʃˈaut] *vt* pronaći, iznaći, dokučiti; istražiti, temeljito proučiti, proniknuti u što

searcher [ˈsəːtʃə] *s* tražilac, tragalac, tragač; pretraživač, carinik

searching [ˈsəːtʃiŋ] *adj* (*~ly adv*) koji traži, pretražuje; pronicav, oštar; temeljit; ljut (vjetar)

searchlight [ˈsəːtʃlait] *s* reflektor

search-party [ˈsəːtʃˌpaːti] *s* tragalačka ekipa, potraga

search-warrant [ˈsəːtʃˌwɔrənt] *s jur* nalog za premetačinu

sea-road [ˈsiːrəud] *s* pomorski put; sidrište, rada

sea-rover ['si:ˌrəuvə] *s* gusar
sea-route ['si:ru:t] *s* morski put
sea-salt ['si:sɔ:lt] *s* morska sol
seascape ['si:skeip] *s* primorski krajobraz, slika mora, marina
sea-serpent ['si:ˌsə:pənt] *s* morska zmija
seashell ['si:ʃel] *s* morska školjka
seashore ['si:ʃɔ:] *s* morska obala
seasick ['si:sik] *adj* bolestan od morske bolesti
seasickness ['si:siknis] *s* morska bolest
seaside ['si:said] *s* morska obala, primorje, kraj uz more, obalno područje | **to go to the ~** ići na more (radi odmora); **~ resort** ljetovalište na moru, primorsko turističko mjesto
season ['si:zn] *s* 1. godišnje doba, doba godine 2. pravi čas, hora 3. blagdan 4. sezona, razdoblje poslovanja, vrijeme rada (*theatrical, publishing, etc. season*) 5. vrijeme dozrijevanja 6. vrijeme, razdoblje | **a word in ~** savjet u pravo vrijeme; **in ~ and out of ~** u svako doba; **close ~** lovostaj; **open ~** doba lova; **in due ~** u pravi čas, pravovremeno; **out of ~** u nezgodan čas; **high ~** glavna sezona; **~'s greetings** srdačne čestitke za blagdane (Božić, Novu godinu); **compliments of the ~** blagdanske čestitke (za Božić, Uskrs, Novu godinu)
season ['si:zn] *vt/i* **I.** *vt* 1. začiniti 2. dati da dozrije (plod, vino), da se osuši (drvo) 3. koga priučiti (*to* na što) **II.** *vi* dozrijevati, osušiti | **to become ~ed to** priviknuti se na nešto
seasonable ['si:znəbl] *adj* (**seasonably** *adv*) koji odgovara određenom dobu godine; *fig* koji dolazi u horu, u pravo doba, u zgodan čas, primjeren, pravodoban
seasonal ['si:zənl] *adj* (**~ly** *adv*) sezonski
seasoning ['si:zniŋ] *s* začin, začinjanje; sušenje (drveta)
season-ticket ['si:znˌtikit] *s* predbrojka, pretplatna karta; sezonska putna karta
sea-stock ['si:stɔk] *s* zalihe svježe hrane za upotrebu na pomorskom putovanju
sea-stores ['si:stɔ:z] *s pl mar* zaliha (hrane) na brodu
seat [si:t] *s* sjedalo, stolica, prijestolje, stolac bez naslona, klupa; mjesto na sjedalu, sjedište; poslaničko mjesto (u parlamentu); ležište (stroja); stražnji dio hlača, stražnjica; boravište, sijelo; posjed (dvorac); način sjedenja | **to take a ~** sjesti; **to lose one's ~** ne biti ponovo izabran u parlament
seat [si:t] *vt* 1. posjesti, sjesti, smjestiti, snabdjeti sjedištima 2. izabrati u parlament 3. popraviti (krpati) sjedala stolica (stražnji dio hlača) 4. ustoličiti; instalirati, montirati, smjestiti na podnožje, postolje 5. moći primiti, imati kapacitet | **to be ~ed** sjediti, sjesti; **this hall can ~ one thousand people** ova dvorana ima tisuću sjedećih mjesta
-seater ['si:tə] *s* -sjed (*four-~* četverosjed, automobil s četiri sjedišta)
seating ['si:tiŋ] *s* sjedenje; opskrbljenje sjedištima; materijal za sjedišta stolica; *tech* osnova, temelj, postolje
sea-urchin ['si:'ə:tʃin] *s* morski jež, ježina (*Paracentrotus lividus*)
sea-wall [ˌsi:'wɔ:l] *s* zid ili nasip koji sprečava prodiranje mora
seaward ['si:wəd] *adj* koji teče, gleda prema moru, okrenut k moru
seaward ['si:wəd] *s* smjer prema moru
seaward(s) ['si:wəd(z)] *adv* prema moru, u smjeru mora
sea-water ['si:ˌwɔ:tə] *s* morska voda
sea-way ['si:wei] *s* morski put; put broda morem; otvoreno more
seaweed ['si:wi:d] *s* morska trava, morsko raslinje
sea-wolf ['si:wulf] *s* 1. *arch* fantastična morska neman 2. gusar 3. *ichth* vrsta tuljana
seaworthiness ['si:ˌwə:ðinis] *s* sposobnost za plovidbu morem, plovna sposobnost
seaworthy ['si:ˌwə:ði] *adj* sposoban za plovidbu morem
sebaceous [si'beiʃəs] *adj* lojni | **~ glands** lojne žlijezde, lojnice
sec [sek] *adj* nezaslađen, trpak (vino)
secant ['si:kənt] *adj math* sijekući, koji siječe
secant ['si:kənt] *s math* sekanta
secateurs ['sekətə:z] *s pl Fr* škare za rezanje grana
secede [si'si:d] *vi* otpasti, otcijepiti se
seceder [si'si:də] *s* separatist, onaj koji se otcjepljuje od čega, koji otpada od čega
secession [si'seʃn] *s* otcjepljenje (*from* od), cijepanje; prijelaz (*to* kome)
secessionism [si'seʃnizm] *s* secesionizam, odjeljivanje, otcjepljivanje
secessionist [si'seʃnist] *s* secesionist, separatist, onaj koji se od čega odjeljuje, otcjepljuje
seclude [si'klu:d] *vt* isključiti koga, osamiti koga, odijeliti; povući, skloniti (*oneself* se)
secluded [si'klu:did] *adj* (**~ly** *adv*) osamljen, samotan, odijeljen, povučen, zabačen, zabitan
seclusion [si'klu:ʒn] *s* osamljenost, samoća, zabit, osama, povučenost, tuđenje
second[1] ['sekənd] *s* 1. onaj koji je u čemu drugi 2. *mus* sekunda, drugi glas ili instrument 3. *pl* roba druge, slabije vrste (osobito grubo brašno ili kruh od njega) 4. sekundant, djever (dvoboj) 5. drugi razred 6. ocjena prva do najbolje | **a good ~** trkač i sl. koji dođe na cilj neposredno iza pobjednika; **the ~ in command** zamjenik zapovjednika; *univ* **to get a ~** na ispitu dobiti ocjenu prvu do naj-

bolje; *com* **the ~ of exchange** sekunda mjenica, duplikat mjenice koji se izdaje radi veće sigurnosti; *US* **~ storey** prvi kat (u Engleskoj *the first floor*)
second ['sekənd] *adj* 1. drugi, drugi po redu, drugotni; naredni 2. drugorazredan, podređen, izveden, neizvoran, oponašan | **~ to none** koji ne zaostaje ni za kim; **~ division** niži namještenici; *sport* druga liga; **~ self** dobar prijatelj, pobratim; **~ teeth** stalni zubi (za razliku od mliječnih); **~ wind** povratak daha; **at ~ hand** iz druge ruke, antikvarno; po čuvenju, iz nepouzdanih izvora; *med* **~ intention** zaraštenje rane granulacijom; **~ sight** proročka moć, sposobnost; vidovitost; **~ childhood** drugo djetinjstvo, staračka slaboumnost, senilnost; **~ string** na što se može u nuždi osloniti, rezerva za svaki slučaj; **on ~ thoughts** kad se dobro promisli; **~ chamber** gornji dom (parlamenta); **~ ballot** druga runda glasanja; **~ gear** druga brzina
second ['sekənd] *adv* drugo, na drugom mjestu
second[2] ['sekənd] *s* sekunda, časak, kratko vrijeme | **split ~** djelić sekunde
second ['sekənd] *vt* podupirati, podržavati, potkrijepiti; sekundirati, biti sekundant kod dvoboja
second [si'kɔnd] *vt mil* prekomandirati
secondary ['sekəndəri] *adj* (**secondarily** *adv*) sekundaran, pomoćni, drugotan, podređen, sporedan, izveden; *astr* drugog reda; *geol* mezozoički | **~ school** srednja škola; **~ education** srednjoškolska naobrazba
secondary ['sekəndəri] *s* 1. zamjenik, podređeni 2. *zool* pero koje raste na drugom zglobu krila 3. stražnje krilo kukca 4. *astr* trabant
second-best ['sekəndbest] *adj* gotovo najbolji, prvi do najboljega; drugorazredan
second-best ['sekəndbest] *s fam* | **to come off ~** izvući kraći kraj
second-chop ['sekəndtʃɔp] *adj sl* lošiji, slabiji, drugorazredan
second-class [ˌsekənd'klaːs] *adj* drugorazredan
second-cousin ['sekəndˌkʌzn] *s* drugi rođak, bratić u drugom koljenu
seconder ['sekəndə] *s* podupirač, zagovaratelj nekog prijedloga
second-gear ['sekəndgiə] *s mot* druga brzina
second-hand [ˌsekənd'hænd] *adj* iz druge ruke, rabljen, polovan | **~ bookseller** antikvar; **~ shop** trgovina starih stvari, staretinarnica
second-hand ['sekəndhænd] *s* sekundna kazaljka na satu
secondly ['sekəndli] *adj* drugo, u drugom redu, nadalje
second-mark ['sekəndmaːk] *s* znak za sekundu (")
second-pair ['sekəndpɛə] *s* soba na drugom katu ili njezin stanar
second-rate [ˌsekənd'reit] *adj* drugorazredan
second-rater [ˌsekənd'reitə] *s fam* osrednjak, podređena osoba ili stvar
seconds ['sekəndz] *s pl coll* repete; roba s greškom
secrecy ['siːkrəsi] *s* tajnovitost, šutnja, čuvanje tajne, potajnost, skrovitost, tajna, tajnost; samotnost, odijeljenost | **in ~** potajno, u tajnosti; **to swear someone to ~** zakleti nekoga na čuvanje tajne; **to bind someone to ~** obavezati nekoga na čuvanje tajne
secret ['siːkrit] *adj* (**~ly** *adv*) tajan, potajan, skrovit, sakrit, samotan; šutljiv, tajanstven
secret ['siːkrit] *s* tajna, tajanstvenost, zagonetka | **to keep a ~** čuvati tajnu; **to be in the ~** biti upućen u tajnu; **in ~** u tajnosti; **open ~** javna tajna; **top ~** stroga tajna, najstroža tajna; **to let one into a ~** odati nekome tajnu
secretarial [ˌsekrə'tɛəriəl] *adj* (**~ly** *adv*) tajnički, sekretarski
secretariat(e) [ˌsekrə'tɛəriət] *s* tajništvo, sekretarijat
secretary ['sekrətri] *s* 1. tajnik, sekretar; ministar 2. *print* tisak koji oponaša krasopis | **honorary ~** neplaćeni, počasni tajnik; **Foreign S~** ministar vanjskih poslova; **Home S~** ministar unutrašnjih poslova; **S~ of the Treasury** ministar financija; **S~ of State** (američki) državni sekretar za vanjske poslove, ministar vanjskih poslova; **~-general** generalni sekretar, glavni tajnik; **under-~** pomoćnik ministra
secretaryship ['sekrətriʃip] *s* tajnička služba, tajnički položaj
secrete [si'kriːt] *vt* 1. kriti, sakrivati (*from* od); izlučivati (o žlijezdama)
secretion [si'kriːʃən] *s* 1. sakrivanje 2. *physiol* izlučivanje (žlijezde)
secretive [si'kriːtiv] *adj* (**~ly** *adv*) 1. tajnovit, šutljiv 2. *physiol* koji luči sokove (žlijezda)
secretiveness [si'kriːtivnis] *s* tajnovitost, tajanstvenost
secretory [si'kriːtəri] *adj* koji luči | **~ gland** žlijezda za lučenje; **~ organ** organ koji luči
secret-service [ˌsiːkrit'səːvis] *s* obavještajna služba, špijunaža, tajna služba | **~ money** tajni fond (za tajnu službu i druge svrhe)
sect [sekt] *s* sekta, vjerska sljedba
sectarian [sek'tɛəriən] *adj* sektaški, raskolnički
sectarian [sek'tɛəriən] *s* sljedbenik vjerske sljedbe, sekte, sektaš

sectarianism [sek'tɛəriənizm] *s* sektaštvo
sectary ['sektəri] *s arch* sljedbenik, član vjerske sljedbe, sekte
section ['sekʃən] *s* 1. rez, rezanje, odrezak; dio, odsjek, presjek; odlomak, paragraf 2. *mil* desetina 3. sloj pučanstva 4. vrsta, podvrsta 5. *med* sekcija, razudba | **cross ~** poprečni presjek
section ['sekʃən] *vt* razrezati, rastaviti u dijelove, odsjeke, odsječke; napraviti presjek
sectional ['sekʃənl] *adj* (**~ly** *adv*) 1. odsječni, presječni 2. mjesni 3. sekcijski, koji se sastoji od pojedinih dijelova, koji se može rastaviti u dijelove 4. *tech* koji fazonira (*~ iron*) | **~ drawing** crtež u presjeku; **~ interests** lokalni interesi, staleški interesi
section-mark ['sekʃənmaːk] *s* znak za početak novog odlomka, paragrafa (§)
sector ['sektə] *s geom* sektor, isječak kruga, elipse; *mil* dio zemljišta, sektor
sectorial [sek'tɔːriəl] *adj* sektorski, isječni; sjekutićni
sectorial [sek'tɔːriəl] *s* sjekutić (zub)
secular ['sekjulə] *adj* (**~ly** *adv*) 1. svjetovni, sekularni 2. stogodišnji, stoljetni | **the ~ bird** ptica feniks; **~ change** sporo ali ustrajno mijenjanje
secular ['sekjulə] *s* svjetovni svećenik
secularity [ˌsekju'læriti] *s* svjetovnost, ovosvjetovnost
secularization ['sekjulərai'zeiʃn] *s* oduzimanje crkvenih dobara, sekularizacija
secularize ['sekjuləraiz] *vt* oduzeti crkvena dobra, sekularizirati
securable [si'kjuərəbl] *adj* koji se može doseći, do čega se može doći, koji se može osigurati
secure [si'kjuə] *adj* (**~ly** *adv*) miran, bezbrižan; siguran (*of* u, *from, against* od); zajamčen, pouzdan; osiguran, čvrst; pričvršćen, zakvačen
secure [si'kjuə] *vt* utvrditi, opkoliti zidom; štititi (*against* od); zatvoriti, osigurati, pričvrstiti, zakvačiti (*to* za); zajamčiti, pribaviti, postići, uhvatiti, zauzeti, zaposjesti (mjesto)
security [si'kjuəriti] *s* sigurnost, bezbrižnost; osiguranje; zaštita (*against* protiv); pouzdanje, pouzdanost; jamstvo, jamčenje, zalog; *com* kaucija, zalog, obveznica; pokriće; jamac | **securities** *pl* vrijednosni papiri; **~ forces** snage sigurnosti; **~ police** snage državne sigurnosti; **S~ Council** Vijeće sigurnosti (UN); **social ~** socijalno osiguranje; **~ risk** nepouzdana osoba; **to give ~ for** dati jamčevinu; **to stand ~ for** jamčiti
sedan(-chair) [si'dæn(tʃɛə)] *s* nosiljka; *US mot* limuzina
sedate [si'deit] *adj* (**~ly** *adv*) miran, staložen, uravnotežen, sabran, smiren, ozbiljan, trijezan
sedateness [si'deitnis] *s* mirnoća, staloženost, uravnoteženost, sabranost, smirenost, ozbiljnost, trijeznost
sedative ['sedətiv] *adj med* umirujući, za umirenje, koji umiruje
sedative ['sedətiv] *s med* sredstvo za umirenje, sedativ
sedentary ['sedntəri] *adj* (**sedentarily** *adv*) sjedilački, sjedeći
sedge [sedʒ] *s bot* šaš
sedgy ['sedʒi] *adj* obrastao šašem
sediment ['sedimənt] *s* sediment, talog
sedimentary [ˌsedi'mentəri] *adj* taložan, sedimentaran
sedimentation [ˌsedimən'teiʃn] *s* taloženje, sedimentacija
sedition [si'diʃən] *s* pobuna, buna, ustanak
seditious [si'diʃəs] *adj* (**~ly** *adv*) buntovan, ustanički
seduce [si'djuːs] *vt* zavesti, navesti (*into* na)
seducement [si'djuːsmənt] *s* zavođenje (rijetko)
seducer [si'djuːsə] *s* zavodnik, napasnik
seducing [si'djuːsiŋ] *adj* (**~ly** *adv*) zavodljiv, zamamljiv, koji dovodi u napast
seduction [si'dʌkʃən] *s* zavođenje, navođenje (*to* na), zavodljivost
seductive [si'dʌktiv] *adj* (**~ly** *adv*) zavodljiv, zavodnički, privlačljiv, napastan, zamaman
sedulity [si'djuliti] *s* mar, marljivost, radinost, neumornost, ustrajnost
sedulous ['sedjuləs] *adj* (**~ly** *adv*) marljiv, vrijedan, ustrajan, neumoran, radin | **to play the ~ ape** postići literarni stil oponašanjem
sedulousness ['sedjuləsnis] *s* marljivost, radinost, neumornost, ustrajnost
sedum ['siːdəm] *s bot* žednjak (korovna biljka sa žutim cvjetićima i mesnatim lišćem, *Sedum acre*)
see [siː] *s* (nad)biskupija, (nad)biskupska stolica | **the Holy S~** Sveta stolica
see [siː] *vt/i* (saw, seen) **I.** *vt* 1. vidjeti, opaziti, ugledati, smotriti, pogledati, promatrati 2. pročitati u novinama 3. razumjeti, shvatiti, uvidjeti, razmisliti, držati, smatrati 4. iskusiti, doživjeti 5. dopustiti (*you will not ~ me shot like a dog?*) 6. primiti, doći i porazgovoriti se (*on* o), posjetiti, otići k (*must ~ the doctor*) 7. otpratiti **II.** *vi* 1. zamisliti sebe u nekom položaju 2. činiti se, izgledati 3. pobrinuti se, paziti 4. razmisliti, promisliti | **seeing is believing** vjerujem što vidim; **to ~ double** vidjeti dvostruko (osobito za pijana čovjeka); *sl* **to ~ red** razbjesnjeti se, od bijesa se spremati na ubojstvo; *fig* **to ~ the light** ugledati svjetlo dana, roditi se, biti živ; uvidjeti istinu; **~ things** imati priviđenja; *fig* **to ~ stars** vidjeti zvijezde (od udarca po glavi); **to ~ good** smatrati što za dobro ili po-

desno; **to ~ eye to eye** slagati se u mišljenju (*with* sa); **let me ~** čekaj, da vidim, da promislim, razmislim; **to ~ a p home** otpratiti koga kući; **to ~ life** biti iskusan, sakupljati iskustva; **to ~ the back** osloboditi se posjetilaca, nametnika; **to ~ one's way to** naći načina; **worth seeing** vrijedan da se vidi; **to ~ thing done** nadgledati izvršenje čega, pobrinuti se da se što izvrši; **do you ~ what I mean?** razumijete li što hoću da kažem?; **~?** razumijete li?; **you ~** razumijete; znate; shvaćate; **I ~** aha, ah tako, da, naravno; **as far as I can ~** koliko se meni čini, po mome mišljenju; **he will never ~ 50 again** prešao je pedesetu; **~ you** zbogom, do viđenja; **to ~ on business** službeno posjetiti

see about [ˈsiːəˈbaut] *vt* pobrinuti se za što (ali ne baš sada)

see after [ˈsiːˈaːftə] *vt* pobrinuti se za što

see in [ˈsiːˈin] *vt* uvesti, dopratiti u kuću

see into [ˈsiːˈintu] *vi* proučiti, pregledati što; prozreti

see off [ˈsiːˈɔf] *vt* 1. *mar sl* pobijediti, nadvladati 2. koga otpratiti (na vlak i dr.)

see out [ˈsiːˈaut] *vt* pratiti koga do vrata | **to see a th out** ne puštati neki posao dok se ne dovrši; prisustvovati čemu do kraja

see over [ˈsiːˈəuvə] *vi* obići i pregledati

see through [ˈsiːˈθruː] *vt* 1. progledati, prozreti (čije namjere) 2. pomoći kome da izađe iz teška položaja | **to see a th through** ne pustiti neki posao dok se ne dovrši; **to ~ a brick wall** biti neobično pronicav

see to [ˈsiːˈtuː] *vi* pripaziti, pobrinuti se | **to ~ it that** pobrinuti se da; pripaziti da

seed [siːd] *s* sjeme, sjemenka, zametak, ikra; *bibl* potomstvo; *fig* početak, izvor | **to run to ~** proći, izrasti u sjeme; *fig* izgubiti na djelotvornosti, izroditi se; oslabiti; otrcati se, postati neuredan; **to raise up ~** roditi djecu; **the ~ of Abraham** Židovi, Jevreji; **to sow the ~ of** (*discord*) posijati sjeme (razdora)

seed [siːd] *vi/t* **I.** *vi* ići u sjeme, dati sjeme **II.** *vt* zasijati (često s *adv down*); izvaditi sjemenke (iz voća); *sport* odijeliti slabije natjecatelje od boljih, staviti na rang-listu, odrediti nosioce skupina (na natjecanju)

seed-bed [ˈsiːdbed] *s* lijeha

seed-cake [ˈsiːdkeik] *s* kolačić sa sjemenkama (osobito kuminom)

seed-corn [ˈsiːdkɔːn] *s* žito za sjeme, sjemeno žito

seeder [ˈsiːdə] *s* sijačica (sprava)

seediness [ˈsiːdinis] *s* otrcanost; mamurluk

seeding [ˈsiːdiŋ] *s* sijanje

seeding-machine [ˈsiːdiŋməˌʃiːn] *s* sijačica

seedless [ˈsiːdlis] *adj* bez sjemena; bez koštica

seedling [ˈsiːdliŋ] *s* presadnica

seed-merchant [ˈsiːdˌməːtʃənt] *s* trgovac sjemenjem, sjemenar

seed-pearl [ˌsiːdˈpəːl] *s* sićušna školjka (kakve se nižu na konjsku strunu i služe kao ukras)

seed-plot [ˈsiːdplɔt] *s* rasadnik, sjemenište; *fig* žarište

seed-potatoes [ˈsiːdpəˌteitəuz] *s pl* krumpir za sadnju

seedsman [ˈsiːdzmən] *s* (*pl* **seedsmen** [ˈsiːdzmən]) prodavač sjemenja, sjemenar

seed-time [ˈsiːdtaim] *s* vrijeme sijanja, vrijeme sjetve

seedy [ˈsiːdi] *adj* (**seedily** *adv*) 1. pun sjemena, koji ima okus po korovu 2. *fig* otrcan | **to feel ~** loše se osjećati

seeing [ˈsiːiŋ] *s* viđenje | **~ is believing** vjerujem što vidim; **~-eye dog** sljepački pas, pas-vodič; **worth ~** vrijedan da se vidi

seeing [ˈsiːiŋ] *conj* budući da, jer

seeing [ˈsiːiŋ] *prep s* obzirom na

seek [siːk] *vt/i* (**sought, sought**) **I.** *vt* tražiti, potražiti, pokušati, nastojati, težiti; uteći se čemu **II.** *vi* tražiti (*for* što); manjkati, nedostajati, ne biti nađen (*the causes are still to ~*)

seek after [ˈsiːkˈaːftə] *vi* slijediti, juriti za; (pasiv) nedostajati, potraživati

seek out [ˈsiːkˈaut] *vt* potražiti koga

seek through [ˈsiːkˈθruː] *vt* pretražiti

seeker [ˈsiːkə] *s* tražilac (*after* čega); brod slobodne plovidbe

seel [siːl] *vt arch* zatvoriti (oči), zatvoriti oči (sokolu) sašivši mu očne kapke

seem [siːm] *vi* činiti se, izgledati, doimati se | **I ~ to be** čini se da sam...; **he ~s to be tired** čini se da je umoran; **to ~ good to** izabrati kao najbolji način za što; **it ~s to me** čini mi se, mislim; *arch* **me ~s** čini mi se

seeming [ˈsiːmiŋ] *adj* (**~ly** *adv*) naoko, tobožnji, prividan

seeming [ˈsiːmiŋ] *s* izgled, prividnost

seemliness [ˈsiːmlinis] *s* podesnost, pristojnost, pristalost

seemly [ˈsiːmli] *adj* doličan, pristojan

seemly [ˈsiːmli] *adv* dolično, pristojno, kako dolikuje

seen [siːn] *pp* od **see**

seep [siːp] *vi* probijati, prodrijeti, prodirati, prokapavati, curiti, cijediti se (*into* u)

seepage [ˈsiːpidʒ] *s* probijanje, prodor, prodiranje

seer [ˈsiːə] *s* vidovnjak, prorok

seercraft [ˈsiəkraːft] *s* vidovitost, proročka moć

seersucker [ˈsiəˌsʌkə] *s* vrsta pamučne tkanine, krep

seesaw ['siːsɔː] *s* ljuljačka, klackalica (daska poduprta u sredini)
seesaw ['siːsɔː] *adj* koji ide gore-dolje, kolebljiv, promjenljiv | **to go ~** kolebati se, dolaziti naizmjence
seesaw ['siːsɔː] *adv* gore-dolje, kolebljivo, promjenljivo
seesaw ['siːsɔː] *vi* zibati se, ljuljati se, njihati se
seethe [siːð] *vt/i* (*pret* ~d, sod, *pp* ~d, sodden) **I.** *vt arch* kuhati što **II.** *vi arch* kuhati; ključati, kipjeti, vreti (& *fig*), prekipjeti; *fig* uzbuditi se | **to ~ with fury** kipjeti od bijesa; **~ing masses** ustalasane mase
segment ['segmənt] *s* odsječak; *biol* dio, kolutić (crva), *geom* segment, isječak
segment ['segmənt] *vi/t* **I.** *vi* razdijeliti se u odsječke, dijelove **II.** *vt* razdijeliti što u odsječke, dijelove, segmentirati
segmental [seg'mentl] *adj* (**~ly** *adv*) koji se sastoji od odsječaka, dijelova, segmentaran
segmentation [ˌsegmen'teiʃn] *s* dijeljenje u odsječke, dijelove; cijepanje, segmentacija
segregate ['segrigit] *adj* odijeljen, odvojen, odlučen, osamljen, nesastavljen
segregate ['segrigeit] *vt/i* **I.** *vt* odijeliti, odvojiti, odlučiti **II.** *vi* odijeliti se
segregation [ˌsegri'geiʃn] *s* odvajanje, odjeljivanje, segregacija, podjela
segregationist [ˌsegri'geiʃənist] *s* segregacionist
segregative ['segrigeitiv] *adj* koji se odjeljuje, odlučuje, odvaja
seine [sein] *s* ribarska mreža s plovcima, plivarica
seine [sein] *vt/i* loviti mrežom
seine-gang ['seingæŋ] *s* grupa ljudi koji rukuju mrežom
seine-roller ['seinˌrəulə] *s* valjak preko kojega se izvlači mreža
seismic ['saizmik] *adj* seizmički, trusni
seismogram ['saizməgræm] *s* seizmogram
seismograph ['saizməgraːf] *s* seizmograf
seismographer [saiz'mɔgrəfə] *s* onaj koji proučava krivulje potresa
seismographic [ˌsaizmə'græfik] *adj* seizmografski
seismography [saiz'mɔgrəfi] *s* seizmografija
seismological [ˌsaizmə'lɔdʒikl] *adj* (**~ly** *adv*) seizmološki
seismologist [ˌsaiz'mɔlədʒist] *s* seizmolog
seismology [saiz'mɔlədʒi] *s* seizmologija
seismometer [saiz'mɔmitə] *s* seizmometar
seizable ['siːzəbl] *adj* uhvatljiv, koji se može zgrabiti, sputati, okovati
seize (seise) [siːz] *vt/i* **I.** *vt* 1. posjedovati, domoći se; ščepati; zaslijepiti; prisvojiti, oteti, osvojiti; zgrabiti, sputati, spopasti; uhvatiti; iskoristiti (priliku), laćati se 2. *mar* pričvrstiti povezicom, čvrsto svezati **II.** *vi mech* zapeti, zakočiti se; domoći se (*upon* čega); prionuti (*on* za što) | **to be ~d of** posjedovati; **to ~ an opportunity** iskoristiti priliku; **to ~ an idea** shvatiti ideju; **to ~ upon** dočepati se; **he was ~d by apoplexy** udarila ga je kap
seizin (seisin) ['siːzin] *s jur* posjedovanje zemlje, uzimanje zemlje u posjed, takva zemlja
seizing ['siːziŋ] *s* zapljena, prisvojenje, osvajanje, otimanje
seizing ['siːziŋ] *s* zapljena, prisvojenje, osvajanje, otimanje
seizor ['siːzɔː] *s jur* onaj koji prisvoji, uzme, zaposjedne, zaplijeni; uzimalac u posjed, zauzimač
seizure ['siːʒə] *s jur* uzimanje u posjed; uhapšenje, zapljena; spopadanje; otmica, otimačina; *med* napad (bolesti)
seldom ['seldəm] *adv* rijetko, malokad
select [si'lekt] *adj* odabran, izabran, biran, ekskluzivan, otmjen (društvo)
select [si'lekt] *vt* izabrati, odabrati (*for* za)
selection [si'lekʃən] *s* izbor, izabiranje, odabiranje, izlučivanje, selekcija; odabrana osoba ili stvar | **musical ~** potpuri
selective [si'lektiv] *adj* (**~ly** *adv*) koji odabire; selektivan
selectivity [ˌsilek'tiviti] *s* selektivnost
selectman [si'lektmən] *s US* gradski vijećnik
selectness [si'lektnis] *s* odabranost
selector [si'lektə] *s* odabirač; *tech* selektor; *Austr* mali farmer
selenite ['selinait] *s chem* selenit (sadra)
selenium [si'liːniəm] *s chem* selen | **~ rectifier** selenski ispravljač
self [self] *adj* isti, bez primjese, prirodan (boja)
self [self] *s* (*pl* **selves** [selvz]) svoje »ja« (*one's own* ~); prava priroda, svoja ličnost, svoji interesi | **one's former (better) ~** nečije prijašnje (bolje) »ja«, svoja prijašnja (bolja) priroda; **one's second ~** nečije drugo »ja«, blizak prijatelj; *joc* **our noble selves** mi; **my poor ~** moja malenkost; *com* **your good selves** vaša poštovana tvrtka
self-abandoned [ˌselfə'bændənd] *adj* nesebičan; koji se potpuno prepušta (boli)
self-abasement [ˌselfə'beismənt] *s* samoponiženje
self-abhorrence [ˌselfəb'hɔrəns] *s* odvratnost prema samom sebi
self-abnegation [ˌselfæbni'geiʃn] *s* samozataja
self-absorbed [ˌselfəb'sɔːbd] *adj* zaokupljen samim sobom
self-abuse [ˌselfə'bjuːs] *s* masturbacija, onanija

self-accusation ['self,ækju:'zeiʃn] *s* samooptužba
self-acting [,self'æktiŋ] *adj* automatski
self-action [,self'ækʃən] *s* automatski rad
self-adjustment [,selfə'dʒʌstmənt] *s* automatsko podešavanje, samoregulacija, autoregulacija (stroja), samo od sebe
self-adornment [,selfə'dɔ:nmənt] *s* kićenje sama sebe
self-applause [,selfə'plɔ:z] *s* samohvala
self-appointed [,selfə'pɔintid] *adj* samozvan
self-assertion [,selfə'sə:ʃn] *s* isticanje, traženje svojih (tobožnjih) prava, nametanje, guranje, drskost
self-assertive [,selfə'sə:tiv] *adj* nametljiv, drzak
self-binder [,self'baində] *s* samovezačica (stroj)
self-blinded [,self'blaindid] *adj* koji sam sebe vara
self-centred [,self'sentəd] *adj* samoživ, egocentričan
self-colour [,self'kʌlə] *s* jednolična (bez primjesa) boja, prirodna boja
self-coloured [,self'kʌləd] *adj* jednolične (prirodne) boje
self-command [,selfkə'ma:nd] *s* samoobuzdavanje, samosvladavanje, vlast nad sobom
self-complacency [,selfkəm'pleisənsi] *s* samodopadnost, samozadovoljstvo
self-complacent [,selfkəm'pleisnt] *adj* samozadovoljan
self-conceited [,selfkən'si:tid] *adj* uobražen, utvaran, pun sebe
self-confident [,self'kɔnfidənt] *adj* samosvjestan, samopouzdan
self-conscious [,self'kɔnʃəs] *adj phil* svjestan svog postojanja; *fig* u neprilici, smeten, zbunjen, pun hemunga
self-constituted [,self'kɔnstitjutid] *adj* koji se sam nametnuo, samozvan
self-contained [,selfkən'teind] *adj* šutljiv, zatvoren, povučen u se, odijeljen, potpun, kompletan, poseban, samostojeći
self-control [,selfkən'trəul] *s* susprezanje, obuzdavanje sama sebe, vlast nad sobom, samosvladavanje
self-deception [,selfdi'sepʃən] *s* varanje sama sebe, samoobmana
self-defence [,selfdi'fens] *s* samoobrana
self-denial [,selfdi'naiəl] *s* samoprijegor
self-determination ['selfdi,tə:mi'neiʃn] *s* samoopredjeljenje, samoodređenje
self-educated [,self'edjukeitid] *adj* samouk
self-esteem [,selfis'ti:m] *s* samopoštovanje
self-evident [,self'evidənt] *adj* bjelodan bez dokaza, očit
self-excitement [,selfik'saitmənt] *s* samouzbuda
self-explanatory [,selfiks'plænətəri] *adj* razumljiv sam po sebi
self-feeder [,self'fi:də] *s* stroj (peć) koji se automatski opskrbljuje gorivom
self-governing [,self'gʌvəniŋ] *adj* samoupravan, samostalan
self-government [,self'gʌvənmənt] *s* samouprava, samoupravljanje
self-help [,self'help] *s* oslanjanje na vlastite snage
selfhood ['selfhud] *s* ličnost, svjesnost o odijeljenom postojanju (rijetko)
self-importance [,selfim'pɔ:təns] *s* osjećaj vlastite važnosti, uobražavanje, utvaranje
self-important [,selfim'pɔ:tənt] *adj* pun vlastite važnosti, pun sebe, uobražen
self-imposed [,selfim'pəuzd] *adj* sam sebi nametnut, dobrovoljan
self-indulgence [,selfin'dʌldʒəns] *s* ugađanje vlastitim sklonostima, prepuštanje uživanju
self-indulgent [,selfin'dʌldʒənt] *adj* koji ugađa vlastitim sklonostima
self-interest [,self'intrist] *s* koristoljublje, vlastiti interes
selfish ['selfiʃ] *adj* (**~ly** *adv*) sebičan
selfishness ['selfiʃnis] *s* sebičnost
selfless ['selflis] *adj* (**~ly** *adv*) nesebičan
self-made [,self'meid] *adj* koji se digao, stvorio nešto vlastitom sposobnošću | **~ man** čovjek koji je sam sebe načinio onim što jest
self-management [,self'mænidʒmənt] *s* samoupravljanje
self-murder [,self'mə:də] *s* samoubojstvo
self-portrait ['self'pɔ:trit] *s* autoportret
self-possessed [,selfpə'zest] *adj* hladnokrvan, pribran, sabran
self-preservation ['self,prezə'veiʃn] *s* samoočuvanje, samoodržanje
self-reliance [,selfri'laiəns] *s* oslanjanje na vlastite snage
self-reliant [,selfri'laiənt] *adj* koji se uzda u se, koji se oslanja na vlastite snage
self-respect [,selfris'pekt] *s* samopoštovanje
self-righteous [,self'raitʃəs] *adj* koji drži sebe pravičnim, kreposnim
self-sacrifice [,self'sækrifais] *s* samopožrtvovnost, samoprijegor, nesebičnost
selfsame ['selfseim] *adj* baš isti, sušti, pravi pravcati
self-satisfaction ['self,sætis'fækʃən] *s* samodopadnost, samozadovoljstvo
self-satisfied [,self'sætisfaid] *adj* samodopadan, samozadovoljan
self-seeker [,self'si:kə] *s* sebičnjak
self-service [,self'sə:vis] *s* samoposluživanje, samoposluga, samousluga
self-starter [,self'sta:tə] *s mot* elektropokretač
self-styled [,self'staild] *adj* samozvan, nazovi, tobožnji

self-sufficiency [ˌselfsəˈfiʃənsi] *s* samodostatnost, neovisnost; utvaranje, uobraženje

self-sufficient [ˌselfsəˈfiʃənt] *adj* koji ne treba tuđe pomoći, neovisan; uobražen

self-supporting [ˌselfsəˈpɔːtiŋ] *adj* neovisan, samostalan, koji se sam izdržava

self-taught [ˌselfˈtɔːt] *adj* samouk

self-toned [ˈselfˈtəund] *adj* (o koži) prirodne boje

self-torture [ˌselfˈtɔːtʃə] *s* mučenje samoga sebe

self-violence [ˌselfˈvaiələns] *s* nasilje nad samim sobom

self-will [ˌselfˈwil] *s* samovolja, tvrdoglavost

self-willed [ˌselfˈwild] *adj* samovoljan, tvrdoglav, svojevoljan

self-winding [ˌselfˈwaindiŋ] *adj* automatski (sat), koji se sam navija

sell [sel] *s sl* razočaranje; prijevara

sell [sel] *vt/i* (sold, sold) **I.** *vt* 1. prodavati, prodati što (*at* uz cijenu, *to* kome) (& *fig*), trgovati čime 2. *US* namamiti koga na kupnju; objasniti kome što, predobiti koga za što 3. izdati koga (za novac ili što drugo) 4. *sl* nasamariti, prevariti koga **II.** *vi* prodavati, trgovati; prodati se, naći prođu | *fig* **to ~ one's life dearly** skupo dati svoj život; *sl* **to ~ one a pup** nasamariti koga; **sold again!** opet prevaren!; **to ~ the grass** iznevjeriti se savezniku ili ideji; *sl* **to ~ one a gold brick** prevariti, nasamariti koga; **to ~ by auction** prodati na dražbi; **to ~ a p** pridobiti koga za što; **to ~ like a house on fire** ići kao alva

sell off [ˈselˈɔf] *vt* rasprodati (ostatke uz snižene cijene)

sell out [ˈselˈaut] *vt* 1. *hist* napustiti vojsku prodavši svoj oficirski patent 2. prodati (svoj udio) u čemu, rasprodati (dionice) | *US* **to ~ against a purchaser** prodavati dionice kod manjih kolebanja tečaja

sell up [ˈselˈʌp] *vt jur* plijeniti koga, izvršiti pljenidbu kod koga, staviti na bubanj

seller [ˈselə] *s* prodavač; roba koja se dobro prodaje; soljenka

selling-off [ˈseliŋˈɔf] *s* rasprodaja

selling-out [ˈseliŋˈaut] *s* rasprodaja (dionica, uloga i dr.)

selling-race [ˈseliŋreis] *s* utrka u kojoj konj pobjednik mora biti prodan onome koji najviše ponudi

selling-rate [ˈseliŋreit] *s st exch* prodajni tečaj

sellotape [ˈseləuteip] *s* selotejp

selvage [ˈselvidʒ] *s* rub sukna tkan da se ne para, ne čupa; trak sukna kao porub; metalna ploča na bravi kroz koju prolazi zasun

selvedge [ˈselvidʒ] *s* → **selvage**

selves [selvz] *s pl* od **self**

semantic [siˈmæntik] *adj* semantički

semanticism [siˈmæntisizm] *s* semanticizam

semantics [siˈmæntiks] *s pl* semantika

semaphore [ˈseməfɔː] *s rly* semafor; *mil* & *mar* semaforska signalizacija, signalne zastavice

semaphore [ˈseməfɔː] *vi/t* davati znakove signalnim zastavicama

semaphoric [ˌseməˈfɔrik] *adj* (~**ally** *adv*) semaforni, signalni

semasiological [siˌmeisiəˈlɔdʒikl] *adj* semaziološki

semasiology [siˌmeisiˈɔlədʒi] *s* semaziologija

semblable [ˈsembləbl] *adj* prividan, sličan

semblance [ˈsembləns] *s* sličnost; lik, prilika; privid, izgled

sememe [ˈsemiːm] *s ling* semem

semen [ˈsiːmen] *s* sjeme (mužjaka)

semester [siˈmestə] *s* polugodište, semestar

semi-annual [ˌsemiˈænjuəl] *adj* polugodišnji

semibreve [ˈsemibriːv] *s mus* cijela nota

semi-centennial [ˌsemisenˈtenjəl] *s* pedesetogodišnjica

semi-centennial [ˌsemisenˈtenjəl] *adj* polustoljetni

semicircle [ˈsemiˌsəːkl] *s* polukrug

semicircular [ˌsemiˈsəːkjulə] *adj* polukružni

semicolon [ˌsemiˈkəulən] *s* točka zarez (;)

semidetached [ˌsemidiˈtætʃt] *adj* (o kući) koji ima zajednički zid samo s jednim susjedom, naslonjen, prizidan

semi-final [ˌsemiˈfainl] *s* polufinale

semi-finalist [ˌsemiˈfainəlist] *s* polufinalist

semi-monthly [ˌsemiˈmʌnθli] *adj* polumjesečni

seminal [ˈsiːminl] *adj* (~**ly** *adv*) sjemenski, zametni; plodonosan, poticajni | ~ **fluid** sjeme (mužjaka); **in the ~ state** u zametku; ~ **principles** plodonosni principi

seminar [ˈseminaː] *s univ* seminar

seminarist [ˈseminərist] *s* sjemeništarac, bogoslov

seminary [ˈseminəri] *s arch* rasadnik; (privatna) srednja škola; sjemenište; *fig* rasadište

semination [ˌsemiˈneiʃn] *s* sijanje

semi-official [ˌsemiəˈfiʃl] *adj* (~**ly** *adv*) poluslužben

semiquaver [ˈsemiˌkweivə] *s mus* nota šesnaestinka

semi-skilled [ˌsemiˈskild] *adj* polukvalificiran

Semite [ˈsiːmait] *s* Semit

Semite [ˈsiːmait] *adj* semitski

Semitic [siˈmitik] *adj* (~**ally** *adv*) semitski

Semitic [siˈmitik] *s* semitski jezik

semitism ['semitizm] *s* semitizam, semitska crta, karakteristika za Semite (njihov govor)
semitist ['semitist] *s* semitist
semitone ['semitəun] *s mus* poluton
semivowel ['semiˌvauəl] *s* poluvokal
semolina [ˌseməˈliːnə] *s* krupica, griz
sempiternal [ˌsempiˈtəːnl] *adj* (~**ly** *adv*) *rhet* vječan
sempstress ['semstris] *s* švelja
senary ['siːnəri] *adj* šestorni, kojem služi brojka 6 kao jedinica, koji sadrži brojku 6, koji dolazi u grupama po 6
senate ['senit] *s* senat, zakonodavno vijeće | *US* **the Senate** gornji dom
senator ['senətə] *s* senator
senatorial [ˌsenəˈtɔːriəl] *adj* (~**ly** *adv*) senatorski, senatski
senatorship ['senətəʃip] *s* senatorstvo, senatska služba, čast senatora
send [send] *vt/i* (sent, sent) **I.** *vt* slati, poslati što (*to* kamo); pokrenuti što u neku svrhu, dovesti što u neko kretanje; otposlati, otpremiti; udariti, baciti (loptu); ispaliti (hitac); upraviti (pogled) (*at* prema) **II.** *vi* poslati (*for* po) | **to ~ coals to Newcastle** ulijevati vodu u more; **to ~ a p mad (out of his mind)** razdražiti, razbjesniti koga; **to ~ one's love** poslati srdačan pozdrav; **to ~ a word** javiti, poručiti; **to ~ a p about his business** otjerati koga; **to ~ to Coventry** bojkotirati; **to ~ to the right-about** otpustiti, kratko otpraviti; **to ~ a message** poručiti; **to ~ flying** natjerati u bijeg; razbacati
send away ['sendəˈwei] *vt/i* odaslati, otjerati, otpustiti
send down ['sendˈdaun] *vt* isključiti, istjerati sa sveučilišta; oboriti; spustiti (temperaturu i dr.)
send for ['sendˈfɔː] *vi* naručiti, poslati po što
send forth ['sendˈfɔːθ] *vt* odaslati, otjerati, slati (svjetlo)
send in ['sendˈin] *vt* poslati što | **to ~ one's papers** zahvaliti se na službi, predati ostavku
send off ['sendˈɔf] *vt* otposlati, odaslati, otpustiti, ispratiti koga
send on ['sendˈɔn] *vt* poslati dalje, poslati za kim (pisma)
send out ['sendˈaut] *vt* istjerati; objaviti što
send over ['sendˈəuvə] *vt* emitirati, odaslati
send round ['sendˈraund] *vt* okretati, napraviti da se što okreće, tjerati naokolo
send up ['sendˈʌp] *vt* podići (cijene); staviti u zatvor
send (scend) [send] *s mar* pokretanje broda silom valova; zaranjanje broda zbog valova; snaga valova
sendable ['sendəbl] *adj* koji se može poslati
sender ['sendə] *s* pošiljalac, odašiljalac; odašiljač
send-off ['sendɔf] *s* svečan ispraćaj
senescence [siˈnesəns] *s* starenje
senescent [siˈnesənt] *adj* koji stari
seneschal ['seniʃl] *s* upravitelj dvora, (franački) majordom
senile ['siːnail] *adj* starački djetinjast, podjetinjio, senilan
senility [siˈniliti] *s* staraštvo, podjetinjelost, senilnost
senior ['siːnjə] *adj* 1. stariji, pretpostavljen, viši, nad 2. *US* koji pripada posljednjoj godini studija | ~ **to** stariji od; **the ~ service** britanska ratna mornarica; **the ~ partner** glava tvrtke; ~ **optime** student koji se nalazi na drugom mjestu na popisu uspjeha iz matematike; ~ **classic** student koji je najbolji od svoga godišta u klasičnim jezicima; ~ **wrangler** student koji je najbolji u svojem godištu iz matematike; ~ **man** student starijega godišta; ~ **citizen** stariji čovjek, čovjek u poodmaklim godinama; ~ **officer** viši oficir
senior ['siːnjə] *s* stariji, pretpostavljeni, starješina, senior; *US* student starijega godišta | **he is my ~ by three years** stariji je od mene tri godine
seniority [ˌsiːniˈɔriti] *s* starješinstvo, starost (po dobi, službi, časti); godine službe | **by ~** prema godinama službe, prema stažu
sennight ['senait] *s arch* tjedan, sedmica
sennit ['senit] *s mar* konopac smotan u krug, četvorokut i dr.
sensation [senˈseiʃn] *s* osjet, osjećaj, dojam; senzacija, uzbuđenje, pozornost; čudo
sensational [senˈseiʃənl] *adj* osjetni, oćutni, osjećajan; senzacionalan, uzbudljiv, koji pobuđuje pozornost
sensationalism [senˈseiʃnəlizm] *s* 1. *phil* senzualizam 2. senzacionalizam
sensationally [senˈseiʃnəli] *adj* oćutno, osjetno, osjećajno; senzacionalno
sensationary [senˈseiʃnəri] *adj* osjećajni, osjetilni
sense [sens] *s* osjetilo, ćutilo, osjet, osjećaj, čulo; razum, pamet, smisao, značenje, mnijenje; *pl* razbor, razum, pamet; pet ćutila | **are you out of your ~s?** jesi li poludio?; **we must bring him to his ~s** moramo ga privesti pameti; **to be in one's ~s** biti pri sebi, biti pri svijesti; **common ~** zdrav razum; **a man of ~** pametan čovjek; **it does not make ~** nema smisla; **to make ~ of** dati smisao čemu; **in a ~** u stanovitom smislu; ~ **of guilt** osjećaj krivice; ~ **of locality** osjećaj za orijentaciju; ~ **of humour** smisao za humor; **sixth ~** šesto čulo; **moral ~** etički osje-

ćaj; ~ **of a word** značenje riječi; **to take the ~ of a meeting** čuti što prisutni misle; **to talk** ~ razborito govoriti
sense [sens] *vt* naslutiti, osjetiti, oćutjeti što; *US coll* shvatiti, razumjeti
senseless ['senslis] *adj* (~**ly** *adv*) bešćutan, bez svijesti, besmislen, bezuman, nerazuman
senselessness ['senslisnis] *s* bešćutnost
sensibility [ˌsensi'biliti] *s* osjetljivost, osjećajnost, senzibilnost, senzibilitet; *pl* osjetljivost, dojmljivost
sensible ['sensəbl] *adj* (**sensibly** *adv*) osjetan, osjetljiv, zamjetljiv, znatan; svjestan, razborit; *fig* uviđavan
sensibleness ['sensəblnis] *s* razboritost, pamet
sensitive ['sensitiv] *adj* (~**ly** *adv*) sjetilni, osjetljiv (*to* na); dojmljiv, nježan, čuvstven, senzibilan, senzitivan
sensitive ['sensitiv] *s* osjetljiv čovjek
sensitiveness ['sensitivnis] *s* osjetljivost, osjećajnost, sposobnost osjećanja, dojmljivost, senzibilnost, senzibilitet
sensitivity [ˌsensi'tiviti] *s* osjetljivost, osjećajnost, sposobnost osjećanja, dojmljivost, senzitivnost
sensitization [ˌsensitai'zeiʃn] *s* dovođenje u stanje osjetljivosti na svjetlo
sensitize ['sensitaiz] *vt* učiniti što osjetljivim na svjetlo
sensorial [sen'sɔːriəl] *adj* sjetilni, čulni, osjetni, osjetilni, senzorni
sensory ['sensəri] *adj* (**sensorily** *adv*) sjetilni, čulni, osjetni, osjetilni, senzorni
sensual ['sensjuəl] *adj* (~**ly** *adv*) čulni, sjetilni, puten, tjelesan, razbludan, senzualan
sensualism ['sensjuəlizm] *s* čulnost, putenost, senzualizam, senzualnost
sensualist ['sensjuəlist] *s* puten čovjek
sensuality [ˌsensju'æliti] *s* putenost, razbludnost, senzualnost
sensualize ['sensjuəlaiz] *vt* napraviti što putenim
sensuous ['sensjuəs] *adj* (~**ly** *adv*) čulni, sjetilni, puten
sensuousness ['sensjuəsnis] *s* čulnost, sjetilnost, putenost, sjetilni užici
sent [sent] *pret* & *pp* od **send**
sentence ['sentəns] *s* 1. *arch* mišljenje za neku stvar ili protiv nje; mudra izreka, sentencija 2. *jur* osuda, kazna 3. *gram* rečenica | **to serve one's** ~ izdržavati kaznu; **life** ~ doživotna kazna
sentence ['sentəns] *vt* osuditi
sentential [sen'tenʃəl] *adj* rečenični; poslovični
sententious [sen'tenʃəs] *adj* (~**ly** *adv*) jezgrovit, jedar; misaon, sentenciozan, poučan, mudar; izvještačen, previše dostojanstven
sentience ['senʃəns] *s* osjet, osjećaj, osjetljivost
sentient ['senʃənt] *adj* (~**ly** *adv*) koji osjeća, ćuti, osjetan, osjećajan
sentiment ['sentimənt] *s* osjećaj, čuvstvo, osjećanje, pretjerana osjećajnost, nježnost, čuvstvenost; (često *pl*) mišljenje, nazor, stav, raspoloženje
sentimental [ˌsenti'mentl] *adj* (~**ly** [senti'mentəli *adv*) sentimentalan, silno osjećajan, čuvstven
sentimentalism [ˌsenti'mentəlizm] *s* sentimentalnost, osjećajnost, čuvstvenost
sentimentalist [ˌsenti'mentəlist] *s* sentimentalno, osjećajno čeljade
sentimentality [ˌsentimen'tæliti] *s* sentimentalnost, osjećajnost, čuvstvenost
sentimentalize [ˌsenti'mentəlaiz] *vi/t* **I.** *vi* postati pretjerano čuvstven; pretjerano čuvstveno govoriti (*about* o) **II.** *vt* prikazati, napraviti što pretjerano čuvstvenim, sentimentalizirati
sentinel ['sentinl] *s mil* stražar, straža (& *fig*) | **to stand** ~ biti na straži, stražariti
sentinel ['sentinl] *vt poet* stražiti nad čim, čuvati što; postaviti stražu nad čim (rijetko)
sentry ['sentri] *s mil* straža, stražar | **to go on** ~ ići na stražu; **to keep** ~ držati stražu, stražariti; **to stand** ~ stajati na straži
sentry-box ['sentribɔks] *s* stražarnica, stražarska kućica
sentry-go ['sentrigəu] *s* stražarska služba, stražarenje
sepal ['sepəl] *s bot* listić čaške (na cvijetu), jedan od lapova čaške
separability [ˌsepərə'biliti] *s* odjeljivost, odvojivost, razdvojivost, rastavljivost
separable ['sepərəbl] *adj* (**separably** *adv*) odjeljiv, odvojiv, razdvojiv, rastavljiv
separate ['seprit] *adj* odijeljen, odvojen, odlučen (*from* od), odjelit, zaseban, pojedinačan, separatan
separate ['seprit] *s* separat, poseban otisak
separate ['sepəreit] *vt/i* **I.** *vt* odijeliti, odvojiti, razdvojiti, otcijepiti, separirati (*from* od), rastaviti, lučiti (*from* od); podijeliti, razdijeliti (*into* u) **II.** *vi* odijeliti se, rastaviti se, rastati se, odriješiti se
separately ['sepritli] *adv* odjelito, napose, odvojeno, posebno, pojedinačno
separateness ['sepritnis] *s* izoliranost, samoća, osama; odvojenost, odjelitost (*from* od)
separation [ˌsepə'reiʃn] *s* odjeljivanje, odvajanje, razdvajanje, rastavljanje, separacija; odvojenost; *jur* rastava braka, odvojeni život | *jur* **juridicial** ~ sudbena rastava; ~ **allowance** dodatak na odvojeni život
separatism ['sepərətizm] *s* separatizam
separatist ['sepərətist] *s* separatist

separatist ['sepərətist] *adj* separatan, odvojen, separatistički
separative ['sepərətiv] *adj* koji odjeljuje, razdjeljuje, luči
separator ['sepəreitə] *s* razdjeljivač, odjeljivač; *tech* separator za mlijeko, centrifuga | **weaving ~** češalj za odjeljivanje vlakanaca
separatory ['sepəreitəri] *adj* koji odjeljuje, koji se upotrebljava za odjeljivanje
sepia ['si:pjə] *s* sepija (boja); *ichth* sipa
sepoy ['si:pɔi] *s* sepoj, indijski vojnik britanske vojske | **the ~ mutiny** buna sepoja (1857—58)
sepsis ['sepsis] *s med* sepsa, otrovanje krvi
septangular [sep'tæŋgjulə] *adj* sedmorokutan
September [səp'tembə] *s* rujan, septembar
septenary [sep'ti:nəri] *adj* sedmori, koji u sebi sadrži brojku sedam
septenary [sep'ti:nəri] *s* brojka sedam
septennial [sep'tenjəl] *adj* (**~ly** *adv*) sedmoljetan, sedmogodišnji
septentrional [sep'tentriənl] *adj* sjeverni
septic ['septik] *adj* (**~ally** *adv*) septičan, otrovan
septic ['septik] *s* septik, onaj koji izaziva trovanje krvi
septiform ['septifɔ:m] *adj* sedmorostruk
septilateral [ˌsepti'lætərəl] *adj* sedmorostran
septimal ['septiməl] *adj* osnovan na broju sedam
septime ['septi:m] *s fencing* septima
septuagenarian [ˌseptjuədʒi'nɛəriən] *adj* sedamdesetogodišnji
septuagenarian [ˌseptjuədʒi'nɛəriən] *s* sedamdesetogodišnjak
Septuagesima [ˌseptjuə'dʒesimə] *s* Sedamdesetnica, treća nedjelja prije Korizme
septum ['septəm] *s anat, bot & zool* septum, pregrada koja dijeli dvije šupljine
septuple ['septjupl] *adj* sedmorostruk
septuple ['septjupl] *vt* posedmorostručiti
sepulchral [si'pʌlkrəl] *adj* (**~ly** *adv*) pogrebni, grobni
sepulchre (sepulcher) ['sepəlkə] *s* grob, grobnica | **whited ~** obijeljeni grob (licemjer)
sepulchre ['sepəlkə] *vt* pokopati, staviti koga u grobnicu
sepulture ['sepəltʃə] *s* pogreb, pokop
sequacious [si'kweiʃəs] *adj* (**~ly** *adv*) povodljiv, podatan, podložan, nesamostalan; povezan, sljedstven; dosljedan
sequel ['si:kwəl] *s* nastavak, slijed, posljedak, posljedica, zaključak | **in the ~** nakon toga, zatim, kako se kasnije pokazalo
sequela [si'kwi:lə] *s* (*pl* **sequelae** [si'kwi:li:]) *med* sekvela, posljedica, slabo zdravlje kao posljedica kakve bolesti
sequence ['si:kwəns] *s* slijed, (postepeni) niz, ređanje; tijek (događaja); *mus & cards* sekvenca; *film* scena; *pros* vijenac (pjesama) | **in ~** u slijedu, nizu; *gram* **~ of tenses** slaganje vremena
sequent ['si:kwənt] *adj* koji dolazi u nizu, slijedu (*to* iza), koji slijedi; dosljedan
sequent ['si:kwənt] *s* nastavak, posljedica
sequential [si'kwenʃl] *adj* (**~ly** *adv*) slijedeći, uzastopan, sekvencijalan; pravilan, dosljedan
sequentiality [siˌkwenʃi'æliti] *s* prirodni nastavak, posljedica, uzastopnost
sequester [si'kwestə] *vt/i* **I.** *vt* 1. odijeliti, osamiti, povući (*oneself* se) (*from* iz, od) 2. zaplijeniti; *jur* staviti pod zabranu (zapljenu), sekvestrirati **II.** *vi* odreći se udjela u muževu imanju (za udovicu) | **to ~ oneself from the world** povući se u osamu
sequestered [si'kwestəd] *adj* samotan, osamljen, zabitan, povučen; zaplijenjen, sekvestriran | **to lead a ~ed life** živjeti povučeno
sequestrable [si'kwestrəbl] *adj* koji se može odijeliti, staviti pod prinudnu upravu, sekvestrirati
sequestrate [si'kwestreit] *vt/i* **I.** *vt jur* zaplijeniti, staviti pod prinudnu upravu, dati na upravu trećoj osobi, sekvestrirati **II.** *vi* odreći se udjela u muževu imanju (za udovicu)
sequestration [ˌsi:kwes'treiʃn] *s* odijeljenost, isključenje (*from* od, iz), osamljenost; *jur* sudbena zapljena, sekvestracija
sequestrator [si'kwestreitə] *s jur* prinudni upravitelj
sequin ['si:kwin] *s* 1. cekin 2. ukrasna šljokica (na haljini)
sequoia [si'kwɔiə] *s bot* mamutovac, sekvoja
seraph ['serəf] *s* (*pl* **~s**; **seraphim** ['serəfim]) anđeo, serafim
seraphic [se'ræfik] *adj* (**~ally** *adv*) anđeoski, ushitan, čist, uzvišen
Serb [sə:b] *s* Srbin
Serb [sə:b] *adj* srpski
Serbian ['sə:bjən] *adj* srpski
Serbian ['sə:bjən] *s* Srbin, Srpkinja; srpski jezik
sere (sear) [siə] *s* dio zatvarača puške koji drži kokot nategnutim
sere [siə] *adj poet* suh, osušen, uvenuo
serenade [ˌserə'neid] *s mus* serenada, podoknica
serenade [ˌserə'neid] *vt* pjevati ili svirati kome podoknicu
serendipity [ˌserən'dipiti] *s* sposobnost sretnog slučajnog otkrivanja
serene [si'ri:n] *adj* (**~ly** *adv*) vedar, miran, veseo, bezbrižan, prejasan (***His ~ Highness***) | **all ~!** nema opasnosti!; sve u redu!
serene [si'ri:n] *s* vedrina, mir

serene [si'ri:n] *vt* umiriti, razvedriti
serenity [si'reniti] *s* vedrina, mirnoća, mir, spokojstvo, jasnost; (kao naslov) svjetlost, presvjetlost, prejasnost
serf [sə:f] *s* kmet, rob
serfage ['sə:fidʒ] *s* kmetovanje, robovanje
serfdom ['sə:fdəm] *s* kmetstvo, ropstvo
serfhood ['sə:fhud] *s* kmetstvo, ropstvo
serge [sə:dʒ] *s* serž (vrsta tkanine)
sergeant (serjeant) ['sa:dʒənt] *s* 1. *hist jur* odvjetnik višeg stupnja 2. *mil* narednik, vodnik
sergeant-major [ˌsa:dʒənt'meidʒə] *s* stariji vodnik; nadstražar
serial ['siəriəl] *adj* (**~ly** *adv*) serijski, periodski, koji izlazi u nastavcima | **~ rights** autorsko pravo na seriju
serial ['siəriəl] *s* časopis, pripovijetka u nastavcima, (televizijska) serija
seriate ['siəriit] *adj* poredan u nizu, slijedu
seriation [ˌsiəri'eiʃn] *s* redanje, nizanje, niz, slijed
sericulture [ˌseri'kʌltʃə] *s* svilogojstvo
series ['siəri:z] *s* (*pl* **~**) serija, niz, red, slijed
serif (cerif) ['serif] *s* crtica koja završava slova (npr. T prema T)
seringa [si'riŋgə] *s bot* bilo koji od brazilskih kaučukovaca iz kojeg se dobiva guma
serio-comic [ˌsiəriəu'kɔmik] *adj* (**~ally** *adv*) koji ujedinjuje smiješno i ozbiljno; neozbiljnih namjera ali ozbiljno izveden (ili obratno)
serious ['siəriəs] *adj* (**~ly** *adv*) ozbiljan, trijezan, promišljen, smiren, staložen; važan
seriousness ['siəriəsnis] *s* ozbiljnost, važnost
serjeant ['sa:dʒənt] *s* → **sergeant**
sermon ['sə:mən] *s* propovijed; *fig* prodika, bukvica
sermonize ['sə:mənaiz] *vt/i* **I.** *vt* održati kome moralnu prodiku, očitati bukvicu **II.** *vi* propovijedati, govoriti kao s propovjedaonice
serosity [siə'rɔsiti] *s* seroznost
serous ['siərəs] *adj* serozan, sukrvičan, sličan serumu
serpent ['sə:pənt] *s* zmija, guja; *fig* podla, izdajnička osoba, »guja u njedrima«; *astr* Zmija (zviježđe)
serpentine ['sə:pəntain] *adj* zmijolik, zmijski, serpentinast
serpentine ['sə:pəntain] *s minr* serpentina; *skating* vijugava crta koja nastaje mijenjanjem bridova klizaljki
serpentine ['sə:pəntain] *vi* vijugati se
serrate ['serit] *adj anat, bot & zool* zupčast, nazupčan
serrated [se'reitid] *adj* → **serrate**
serration [se'reiʃn] *s* zupčanje
serried ['serid] *adj* zbit, rame uz rame (o stroju vojnika i dr.), gusto poredan, zbijen
serum ['siərəm] *s physiol* serum, sukrvica
servant ['sə:vənt] *s* sluga, sluškinja, državni službenik | **public ~** javni službenik; **civil ~** državni činovnik; **outdoor ~** sluga koji radi izvan kuće (konjušar, vrtlar i dr.); **indoor ~** sluga koji radi u kući (kuhar, pipničar, kućna pomoćnica i dr.); **your obedient ~** vaš odani (zaključak pisma prije potpisa; sada samo u službenim pismima)
servant-girl ['sə:vəntgə:l] *s* služavka, sluškinja
servant-maid ['sə:vəntmeid] *s* služavka, sluškinja
serve [sə:v] *s sport* servis
serve [sə:v] *vi/t* **I.** *vi* služiti, poslužiti (*to* kome; *as, for* kao), učiniti uslugu, pomagati, koristiti, biti koristan; posluživati, dvoriti; dobro doći, odgovarati (svrsi); pružiti se (prilika) **II.** *vt* 1. služiti koga, služiti kome (*for* kao), raditi za koga; odslužiti kaznu; proći (naukovanje); poslužiti koga, opskrbiti koga, učiniti što (*on* kome); zadovoljiti (potrebu) 2. servirati (jelo); *fam* postupati s kim 3. *sport* servirati (loptu) 4. uručiti (sudski poziv) 5. upravljati (županom) 6. privesti mužjaka ženki | **to ~ the devil** biti zao, opak; **to ~ one's time** odsluživati godine do mirovine; odsjediti kaznu; **to ~ a gun** posluživati top; **to ~ a rope** vezati kraj konopa tankim konopcem da se spriječi čehanje, odmotavanje; **to ~ a p a turn** učiniti uslugu kome; **dinner is ~d** objed je na stolu; **~s you right** pravo ti budi; drugo nisi ni zaslužio; **to ~ one's purpose** zadovoljiti nečije potrebe; **as occasion ~s** kad se pruži prilika
serve out ['sə:v'aut] *vt* razdijeliti, podijeliti što; *fig* isplatiti koga, odužiti se, osvetiti se
serve up ['sə:v'ʌp] *vt* servirati, postaviti zdjele s hranom na stol, dati jelo
server ['sə:və] *s* pomoćnik, poslužitelj; ministrant; poslužavnik, plitica; *sport* igrač koji ima servis
Servian ['sə:vjən] *s & adj* → **Serbian**
service ['sə:vis] *s* 1. služenje, služba; vrijeme, rok službe; vojna služba; staž; servis 2. vrsta državne službe, službenici 3. raspolaganje (*at your* **~**) 4. usluga, zasluga 5. korist, pomoć, savjet, podrška 6. služba božja, misa, obred 7. servis, stolni pribor, posluživanje, dvorba 8. stalna pruga 9. *pl* vojska, mornarica i avijacija, oružane snage 10. *sport* servis 11. *jur* dostava, uručenje 12. *mar* ovoj užeta | **to take ~ with** postati sluga kod; **to take into one's ~** uzeti u službu; **the public ~s** javne službe; **the civil ~** državna administracija, državna uprava; **to**

be on ~ aktivno služiti; **in active** ~ u aktivnoj službi; **to see** ~ služiti, imati iskustva (osobito kao vojnik ili mornar); **divine** ~ služba božja; **full** ~ pjevana misa; **plain** ~ čitana misa; **secret** ~ obavještajna služba, tajna policija; **foreign** ~ vanjski poslovi, diplomacija; **On His (Her) Majesty's S**~ *GB* »službeno« (O.H.M.S. oznaka na službenim dopisima); ~ **road** lokalna cesta; ~ **flat** namješten stan s uključenim održavanjem i čišćenjem; ~ **station** benzinska stanica sa servisnom radionicom

service ['sə:vis] *vt* održavati, popravljati, servisirati

serviceability [ˌsə:visə'biliti] *s* upotrebljivost, korisnost

serviceable ['sə:visəbl] *adj* (**serviceably** *adv*) koristan, uslužan, upotrebljiv; trajan, čvrst, svakidanji (odijelo)

service-book ['sə:visbuk] *s* molitvenik, pjesmarica

service-line ['sə:vislain] *s ten* crta s koje se servira

service-pipe ['sə:vispaip] *s* priključna, dovodna cijev

serviette [ˌsə:vi'et] *s* ubrus, salveta, servijeta

servile ['sə:vail] *adj* (~**ly** *adv*) robovski, ropski, puzav, podao, servilan | ~ **war** rat između pobunjenih robova i njihovih vlasnika; ~ **letter** slovo koje se ne izgovara nego označuje izgovor drugoga slova (*saleable*)

servility [sə:'viliti] *s* ropska podložnost (*to* kome), puzavost, servilnost

servitor ['sə:vitə] *s arch poet* sluga; sljedbenik; *Oxford univ hist* student nižih godišta koji dobiva pripomoć od koledža a za protuuslugu obavlja služinske poslove

servitude ['sə:vitjud] *s* ropstvo, robovanje, svojevoljno potčinjavanje; *jur* servitut | *jur* **penal** ~ robija

sesame ['sesəmi] *s bot* sezam | **open** ~ Sezame, otvori se (iz priče o Ali Babi iz Tisuću i jedne noći)

sesquialteral [ˌseskwi'æltərəl] *adj* koji se odnosi kao $1^1/_2 : 1$ (općenito: $n + 1 : n$)

sesquicentennial [ˌseskwisen'teniəl] *adj* koji ima stotinu i pedeset godina

session ['seʃn] *s* sjedenje (rijetko); sjednica, zasjedanje; sesija; *pl jur* zasjedanje suda; *US univ* polugodište | **to be in** ~ zasjedati; **petty** ~**s** sastanak dvojice ili više mirovnih sudaca da zajednički riješe manje prekršaje; **quarter** ~**s** suđenje za manje prekršaje koje vodi mirovni sudac četiri puta godišnje; **Court of Session** najviši škotski sud

sessional ['seʃənl] *adj* (~**ly** *adv*) sjednički, koji pripada zasjedanju, koji se ponavlja kod svakog zasjedanja

sesterce ['sestə:s] *s* sestercij (rimski srebrni novac, $^1/_2$ denariusa)

sestet [ses'tet] *s mus* sekstet; *pros* posljednjih šest stihova soneta

sestina [ses'ti:nə] *s It* sestina

set [set] *s* 1. *poet* zalazak 2. *hunt* ukočeno držanje psa kojim najavljuje lovinu; (o tekućinama) ukrućenje 3. (o glavi i dr.) držanje; (o odijelu) pristajanje, kroj; (o vjetru) smjer; sklonost (*towards* prema); *fig* strujanje, struja 4. mladica; *theat* oprema pozornice, dekor, scena, inscenacija 5. garnitura, komplet, zbirka, serija, skup; *print* slog 6. aparat, pribor, uređaj; zbirka, serija; *com* kolekcija 7. *ten* set 8. društvo ljudi iste vrste (svrhe, zanimanja, sposobnosti), klika, krug 9. plesni parovi | **to make a dead** ~ **at** čvrsto spopasti koga (*fig*); (za ženu) truditi se osvojiti koga, loviti koga; ~ **of teeth** zubalo, zubi, umjetno zubalo; **hair** ~ frizura; **shampoo and** ~ pranje glave i frizura; **wireless** ~ radio-prijemnik, radio-aparat; **television** ~ televizor, televizijski prijemnik

set [set] *vt/i* (set, set) **I.** *vt* 1. staviti, postaviti, položiti, metnuti, postaviti za starješinu (*over* nad) 2. namjestiti, staviti u određen položaj, naravnati (uru, iščašeno udo), nasaditi (kokoš, jaja), posaditi, poredati, staviti u zbirku (kukce i dr.); razapeti (jedro); prostrijeti (stol), poredati (tiskarska slova tako da tvore riječi), slagati; urediti (kosu) 3. umetnuti (dragulj u zlato i dr.); zabiti (u zemlju); nahuškati koga (*against* na), nahuckati psa (*at* na), raspisati (ucjenu) (*on* na); stisnuti (zube) 4. dovesti što u neko određeno stanje; staviti (u pokret); pustiti (na slobodu) 5. natjerati koga da sjedne uz neki posao, zapovjediti kome da počne raditi neki posao, prihvatiti se nekog posla (~ *oneself to do*) 6. staviti kome što kao primjer; dati zadatak kome ili sebi, postaviti (pravilo) 7. uglazbiti, komponirati glazbu (*to* za) 8. obasuti što (*with* čime) (~ *sky with stars, gold with gems*) 9. *theat* inscenirati, događati se (*play* ~ *in France*) 10. zgrušati (mlijeko) 11. dovesti u neki smjer kretanja, tjerati (čamac), upraviti (oči) (*on* na), jako težiti (*on* za čim) 12. zasaditi tlo (*with* čim), okružiti, opkoliti (*with* čime) **II.** *vi* 1. (rijetko *vt*) pretvoriti se u kruto, čvrsto stanje iz tekućine (nepostojanog, mekog stanja), ukrutiti se, stvrdnuti se; stvarati plod, dobiti određen oblik; ukočiti se (lice); zametnuti se (cvijet u plod), ustaliti se (vrijeme) 2. zaći (sunce, mjesec) (& *fig*) 3. kretati se u nekom smjeru (vodena struja i dr.); dobivati na jačini, pokazivati sklonost (*to* prema) 4. (o lovačkom psu) ukočiti se i tako upozoriti na blizinu divljači 5. (o plesačima) stati nasuprot partneru 6. (o odijelu) pristajati 7. (o vjetru) puhati, dolaziti (*from* sa, iz) | **to ~ foot** stupiti; **to ~ one's hand to** potpisati što, zapečatiti što; **to ~ seal to** staviti pečat na što; **to ~ fire to** potpaliti što; **to ~ the axe to** početi sjeći što; **to ~ one's wits** pokušati riješiti (*to* što), raspravljati (*to another's* s kim); **to ~ shoulder to wheel** pomoći, poduprijeti; *mar* **to ~ the watch** postaviti stražare na njihova mjesta; **to ~ chairs** namjestiti stolice (za posjetnike i dr.); **to ~ the clock** naravnati sat; **to ~ broken bones** naravnati prelomljene kosti; **to ~ alarm** namjestiti budilicu na potrebno vrijeme; **to ~ a hen** nasaditi kvočku na jaja; **to ~ eggs** staviti jaja za nasad; **to ~ seed** posijati sjeme; **to ~ sail** podići jedro; krenuti na pomorsko putovanje; **to ~ the table** prostrijeti stol; **to ~ a trap** postaviti zamku; **to ~ a razor** izgladiti oštricu britve nakon brušenja; **to ~ a saw** izvinuti zupce pile u suprotnim smjerovima; *print* **to ~ close** složiti s malim razmacima među slovima ili riječima; **to ~ wide** složiti s velikim razmacima među slovima ili riječima; **to ~ one's cap at** nastojati privući (prosca); **to ~ eyes on** opaziti što; **to ~ a stake in the ground** zabiti kolac u zemlju; **close-~** postavljen nagusto; **to ~ one's life on a chance** staviti sve na jednu kartu; **to ~ a price on** odrediti čemu cijenu, staviti cijenu na što; **to ~ a p against** nahuškati koga na, stvoriti kod koga neraspoloženje prema; **to ~ a price on one's life** raspisati ucjenu na čiju glavu; **to ~ store by** visoko cijeniti (procijeniti) što; **to ~ much by** visoko cijeniti što; **to ~ one's face against** odlučno se čemu usprotiviti; **to ~ one's teeth** stisnuti zube (& *fig*); **of ~ purpose** namjerno, promišljeno; **~ time** ugovoreno vrijeme; **~ scene** kulise sastavljene od više ili manje gotovih dijelova; **~ piece** skele na kojima se rade razne figure za vatromet; **~ speech** unaprijed priređen govor; **~ fair** stalno lijepo vrijeme; **to ~ one's house in order** staviti kuću u red; *fig* dovesti stvari u red; **to ~ a question at rest** urediti, riješiti neko pitanje; **to ~ a p on his feet** postaviti koga na vlastite noge (*lit & fig*); **to ~ one in the way** pokazati kome put; *arch* **to ~ one on his way** otpratiti koga dio puta; **to ~ one at ease** osloboditi koga tjeskobe; **to ~ at liberty** pustiti na slobodu; **to ~ free** osloboditi; **to ~ persons by the ears** izazvati svađu; **to ~ on fire** zapaliti, potpaliti; **to ~ the Thames on fire** napraviti nešto zapanjujuće; **to ~ on foot** početi, uvesti, pokrenuti; **to ~ a company laughing on** nasmijati društvo čime; **to ~ teeth on edge** izazvati uzbuđenost, razdraživati živce; **to ~ at defiance** izazvati; **to ~ at naught** podrugivati se, obescjenjivati; **to ~ oneself to (do)** prihvatiti se čega; **to ~ the fashion** uvesti modu; **to ~ paper** napisati pitanja koja će vući đaci na ispitu, zadati naslov zadaće; **to ~ to music** uglazbiti; *school* **how far did I ~ you?** dokle sam vam zadao?; **to ~ to work** početi raditi; **to ~ bounds to** ograničiti što; **to ~ spurs to** podbosti ostrugama koga, podbadati; **to ~ one's heart on a th** željeti, oduševiti se za nešto; **to ~ at rest** umiriti, smiriti

set about ['setə'baut] *vt/i* **I.** *vt* navesti koga na što; *fam* navaliti, napasti na koga **II.** *vi* dati se na neki posao, latiti se, započeti

set afloat ['setə'fləut] *vt* osposobiti za plovidbu, napraviti plovnim; *fig* podići na noge

set against ['setə'geinst] *vt* staviti, postaviti nasuprot čemu; nahuškati, podbosti

set apart ['setə'pa:t] *vt* staviti na stranu; *fig* odložiti na stranu, sačuvati (*for* za)

set ashore ['setə'ʃɔ:] *vt* iskrcati koga

set aside ['setə'said] *vt* spremiti na stranu, odložiti, odvojiti (sredstva), namijeniti; odbaciti, opozvati, poništiti, ukinuti

set back ['set'bæk] *vt* pomaknuti prema natrag (sat); baciti natrag; sprečavati, kočiti; usporavati; koštati

set by ['set'bai] *vt* staviti na stranu, štedjeti

set down ['set'daun] *vt* spustiti, položiti, skinuti s kola, iskrcati; zabilježiti, zapisati, pripisati (*to* čemu), shvatiti (*as, for* kao), objasniti (*as* kao); spremiti se (*to* na); pripisati (uzrok)

set forth ['set'fɔ:θ] *vt/i* **I.** *vt* pokazati, objasniti, razložiti; izjaviti; hvaliti; rastaviti, razlučiti, poredati; poslati (flotu) **II.** *vi* krenuti (*for* prema, u)

set forward ['set'fɔ:wəd] *vi/t* pomaknuti (sat) naprijed, tjerati, poticati

set in ['set'in] *vt/i* **I.** *vt* umetnuti, unijeti **II.** *vi* nastupiti (vrijeme), pojaviti

set off ['set'ɔf] *vt/i* **I.** *vt* 1. ukrasiti, istaknuti, pojačati kontrastom; zapisati na (*against*) čiji račun, izravnati, kompenzirati, nadoknaditi; regulirati; ispraviti (nedostatak) 2. natjerati na smijeh; navesti na omiljeli predmet razgovora **II.** *vt* spremiti se, dati se (na posao); krenuti

set on ['set'ɔn] *vt/i* **I.** *vt* podbosti, nahuškati, potaknuti (*to do*) **II.** *vi* početi, krenuti se

set out ['set'aut] *vt/i* **I.** *vt* izložiti (robu), zasaditi, presaditi; planirati (vrt, nasip); uputiti, doznačiti, naručiti; krasiti, istaknuti; nastaviti; postaviti scenu **II.** *vi* krenuti (na put), dati se (na posao) | **to ~ on journey** krenuti na put (*to* u)

set over ['set'əuvə] *vt* 1. postaviti nad 2. doznačiti, prenijeti što 3. malo prijeći neku crtu, neki određeni položaj

set to ['set'tu:] *vi* ozbiljno se dati (*to do* na), svojski se latiti, prihvatiti se; navaliti, početi se (svađati, tući)

set up ['set'ʌp] *vt/i* **I.** *vt* postaviti; podići (galamu); imenovati (kandidate); *print* složiti; izazvati, stvarati (valove); udesiti, urediti; otvoriti (trgovinu); *fig* pomoći kome da stane na vlastite noge; postaviti (teoriju) **II.** *vi* smjestiti se, steći glas (*as* kao) | **to ~ a MS** složiti rukopis (u tiskari); **to ~ type** složiti; **to ~ for** izdavati se za što

set (up)on ['set(əp)'ɔn] *vt/i* navaliti na što, napasti

set [set] *adj* 1. određen, odlučan 2. lud (*on* za čim), pohlepan na što, lakom (*on* za čim) 3. ustaljen, utvrđen, propisan; smišljen, promišljen, pripravljen (govor); stalan; pravilan 4. ukočen, nepomičan 5. zaposjednut (*with* čime); zaokupljen čime (*on, upon*) 6. građen (stas)

setaceous [si:'teiʃəs] *adj* čekinjav, čekinjast

set-back ['setbæk] *s* pogoršanje, neuspjeh, nazadovanje, nazadak; zastoj, zapreka; *archit* ispust zida

set-ball ['setbɔ:l] *s sport* set-lopta

set-down ['setdaun] *s* odbijanje, otklon, poniženje, oštar ukor

set-off [ˌset'ɔf] *s* 1. ukras, kontrast, isticanje, protuteža, nadoknada, kontrast, kompenzacija; kontrastni nakit 2. *com* izravnanje, odštećenje (*against, to* za), protutražbina 3. *archit* izbojak

set-out [set'aut] *s* početak, polazak; izložba; oprema

set-square ['setskwɛə] *s* risaći trokut

sett [set] *s tech* → **set**; četvorouglast kamen za taracanje; *min* područje rudnika

settee [se'ti:] *s* sofa, klupa s naslonom, divan

setter ['setə] *s* 1. seter (pas) 2. umetač, slagar 3. *sl* špijun, uhoda, doušnik | *print* **type-~** slagar

setting ['setiŋ] *s* 1. postavljanje, umetanje, ulaganje (dragulja), uokvirenje, okvir, okolica, pozadina, inscenacija; okvir radnje, ambijent 2. zapad, zalazak (sunca i dr.) 3. stinjavanje, skrućivanje, zgrušavanje | **~ lotion** fiksativ za kosu

settle ['setl] *s* duga drvena klupa s visokim naslonom (često s pretincem pod sjedalom)

settle ['setl] *vt/i* **I.** *vt* 1. naseliti koga (što), smjestiti, namjestiti 2. razbistriti; olakšati (probavu); odrediti, uglaviti; izgladiti (svađu), riješiti, odlučiti (pitanje); raspršiti (sumnje); urediti poslove (osobito prije smrti) 3. namiriti, platiti, urediti (račune) 4. pobiti argumentima, umiriti koga; likvidirati koga, ubiti 5. utvrditi, učvrstiti, prenijeti (vlasništvo) (*to* sa), osigurati, urediti (*to, on* kome) 6. opskrbiti koga, zbrinuti koga 7. *refl* sjesti, spustiti se (*on* na), dati se (*on* na) **II.** *vi* 1. nastaniti se, okućiti se, sjesti (*to* za), smiriti se, sabrati se, ustaliti se (vrijeme) 2. spustiti se (*on* na), razbistriti se, staložiti se, smiriti se; zgrušati se; ustaliti se 3. slegnuti se, olabaviti, potonuti 4. odlučiti se (*upon* na) 5. složiti se, obračunati se (*with* sa) 6. pripremati se (*for* na) | **to be ~d in** biti sigurno smješten u; **to ~ a matter** urediti stvar; **to ~ on something** odlučiti se za nešto

settle down ['setl'daun] *vi* 1. taložiti se, padati (talog), slijegati se 2. snalaziti se (*in* u), vratiti se u svakidašnji život (*neg* ne smiriti se) 3. oženiti se, smiriti se u nekom stanju (*as* kao) 4. upoznati, nastaviti, ponovo započeti (*to* što) | **to ~ to something** latiti se, prihvatiti se nečega

settle in ['setl'in] *vi/t* useliti se (u kuću)

settle up ['setl'ʌp] *vt/i* dati, poprimiti konačan oblik; međusobno se namiriti, obračunati

settled ['setld] *adj* ustaljen, uglavljen; odlučan, ozbiljan, miran, staložen; oženjen; opskrbljen; namiren, plaćen; nastanjen, naseljen; zgrušan

settlement ['setlmənt] *s* 1. utvrđenje, uglavljenje 2. opskrbljenje 3. naseljenje, napučenje 4. naseobina, naselje, naseljenici 5. dodjeljivanje, određenje rente, dopitivanje 6. *jur* ovlaštenje, prijenos vlasništva; ugovor 7. nagodba, namirenje, izravnanje 8. zaključenje, likvidacija 9. uleknuće, spuštanje tla | **to make a ~ on a p** izdati kome ovlaštenje; **to come to a ~** nagoditi se

settler ['setlə] *s* 1. kolonist, naseljenik 2. *fam* odlučan udarac (argument, događaj)

settling ['setliŋ] *s* 1. ustaljenje, uglavljenje 2. naseljenje 3. izravnanje, obračun 4. *pl* talog

settling-day ['setliŋdei] *s st exch* dan obračuna, dan isporuke

set-to [ˌset'tu:] *s sl* žestoka svađa, tučnjava, oštra prepirka; boksačka utakmica

set-up ['setʌp] *adj* 1. učvršćen, smješten, uveden (u posao) 2. ravan (držanje tijela)

set-up ['setʌp] *s US* razmještaj, raspored, sastav, struktura; plan, organizacija, sistem, program; stanje, situacija; stan, kuća; namještena, lažirana utakmica; naivčina

seven ['sevn] *adj* sedam, sedmo-

seven ['sevn] *s* brojka sedam, znak 7, sedmica, sedmorica, sedam sati, sedam godina (dob) | **at sixes and ~s** u zbrci, u neredu

sevenfold ['sevenfəuld] *adj* sedmorostruk

sevenfold ['sevnfəuld] *adv* sedmorostruko

sevenpence ['sevnpəns] *s pl* vrijednost od sedam penija
seventeen [ˌsevn'tiːn] *adj* sedamnaest | **sweet ~** slatka mladost, slatko curče
seventeen [ˌsevn'tiːn] *s* sedamnaestorica
seventeenth [ˌsevn'tiːnθ] *adj* (**~ly** *adv*) sedamnaesti
seventeenth [ˌsevn'tiːnθ] *s* sedamnaestina
seventh ['sevnθ] *adj* (**~ly** *adv*) sedmi | **in the ~ heaven** u sedmom nebu, na devetom nebu
seventh ['sevnθ] *s* sedmina; *mus* septima
seventieth ['sevntiiθ] *adj* sedamdeseti
seventieth ['sevntiiθ] *s* sedamdesetina
seventhly ['sevənθli] *adj* sedmo (pri nabrajanju)
seventy ['sevnti] *adj* sedamdeset
seventy ['sevnti] *s* brojka sedamdeset; znak 70; *pl* godine između 69. i 80 života ili stoljeća | **the seventies** sedamdesete godine
sever ['sevə] *vt/i* **I.** *vt* odijeliti, odrezati (*from* od), raskinuti, prekinuti, rastaviti; odrubiti; *jur* podijeliti; *fig* razriješiti **II.** *vi* otrgnuti se, odvojiti se, otcijepiti se, pući | **to ~ relations** prekinuti odnose
severable ['sevərəbl] *adj* odvojiv, razdvojiv, rastavljiv
several ['sevrəl] *adj* (**~ly** *adv*) (svaki) pojedini, (svaki)... svoj, različan, pojedinačan, poseban, zaseban, više (njih), nekoliko | **joint and ~ liability** solidarna odgovornost
several ['sevrəl] *pron* nekoliki, više (njih)
several ['sevrəl] *s* nekolicina
severally ['sevrəli] *adv* pojedinačno, pojedince, napose
severalty ['sevrəlti] *s jur* zasebno vlasništvo
severance ['sevərəns] *s* raskinuće, otcjepljenje, odrubljenje, odvajanje (*from* od)
severity [si'veriti] *s* strogost, oštrina (*on upon* u); točan 2. vrlo hladan, olujan (vrijeme), ciča (zima) 3. žestok, oštar, ljut (bol i dr.) 4. jednostavan, neukrašen (stil) 5. ujedljiv (primjedba) 6. naporan, težak
severity [si'veriti] *s* strogost, oštrina (*on* prema); točnost; žestina, oporost; trijeznost (stila)
sew [səu] *vt/i* (*pret* ~ed; *pp* ~n, ~ed) **I.** *vt* sašiti, zašiti, prišiti što (*on* na), prošiti (arke u knjizi) **II.** *vi* šivati | *sl* **to ~ one up** potpuno iscrpsti; opiti koga
sew in ['səu'in] *vt* ušiti
sew on ['səu'ɔn] *vt* prišiti
sew up ['səu'ʌp] *vt* sašiti, zašiti, ušiti
sewage ['sjuːidʒ] *s* blato kanala | **~ system** kanalizacija
sewage ['sjuːidʒ] *vt* gnojiti zemlju blatom iz kanala; opskrbiti odvodnim cijevima
sewage-farm ['sjuːidʒfaːm] *s* gospodarstvo na kojem se blato iz kanala upotrebljava kao gnojivo
sewage-works ['sjuːidʒwəːks] *s* pogon za pročišćavanje kanalizacijskih voda
sewer ['səuə] *s* švelja, šivač, šivalac (knjiga)
sewer ['sjuə] *s* odvodni kanal; *pl* kanalizacija
sewer ['sjuə] *vt* opskrbiti odvodnim kanalima (grad)
sewerage ['sjuəridʒ] *s* kanalizacija
sewer-gas ['sjuə'gæs] *s* kanalizacijski plin
sewing-machine ['səuiŋməˌʃiːn] *s* šivaći stroj
sewing-woman ['səuiŋˌwumən] *s* (*pl* **sewing-women** ['səuiŋˌwimin]) švelja
sewn [səun] *pp* od **sew**
sewn-up ['səun'ʌp] *adj sl* pretjerano iscrpljen; pijan
sex [seks] *s* (prirodni) spol, rod, muškarci, žene; seks | **the sterner ~** muškarci; **the fair ~** nježni spol, žene; **the gentle ~** nježni spol, žene; **the ~** ženski spol; **~ instinct** spolni nagon; **~ appeal** spolna privlačnost, seksepil; **~ education** seksualni odgoj, spolni odgoj
sexagenarian [ˌseksədʒi'nɛəriən] *adj* šezdesetogodišnji
sexagenarian [ˌseksədʒi'nɛəriən] *s* šezdesetogodišnjak
sexagenary [ˌseksə'dʒiːnəri] *adj* koji se sastoji od 60; šezdesetogodišnji
sexagenary [ˌseksə'dʒiːnəri] *s* šezdesetogodišnjak
Sexagesima [ˌseksə'dʒesimə] *s* Šezdesetnica, druga nedjelja prije Korizme
sexagesimal [ˌseksə'dʒesiməl] *adj* šezdeseti
sexangle ['seksæŋgl] *s geom* šestorokut
sexcentenary [ˌseksen'tiːnəri] *adj* šeststotinagodišnji
sexennial [seks'enjəl] *adj* šestogodišnji
sexless ['sekslis] *adj* bespolan, aseksualan
sext [sekst] *s eccl* šesto molitveno razdoblje (oko podne)
sextain ['sekstein] *s pros* kitica od šest stihova
sextant ['sekstənt] *s* sekstant
sextet(te) [seks'tet] *s mus* sekstet; *pros* kitica od šest stihova
sextillion [seks'tiljən] *s* sekstilion (1 sa 36 ništica); *US* 1 sa 31 ništicom
sexto ['sekstəu] *s* seksto-format, šestina (arak presavijen u 6 listova), knjiga takva formata
sextodecimo [ˌsekstəu'desiməu] *s* sekstodecimo-format (arak presavijen u 16 listova), knjiga takva formata
sexton ['sekstən] *s* crkvenjak, zvonar, grobar
sextuple ['sekstjupl] *adj* šestorostruk
sextuple ['sekstjupl] *vt* pomnožiti što sa 6, pošestorostručiti
sexual ['seksjuəl] *adj* (**~ly** *adv*) spolni, seksualan | **~ intercourse** spolni odnos, snošaj

sexuality [ˌseksjuˈæliti] *s* spolnost, seksualnost
sexy [ˈseksi] *adj* spolno uzbuđen
sforzando [sfɔːtˈsændəu] *adv It mus* jako, naglašeno
shabbiness [ˈʃæbinis] *s* otrcanost, pohabanost
shabby [ˈʃæbi] *adj* (**shabbily** *adv*) otrcan, pohaban, bijedan, jadan; *fig* škrt; podao | ~ **treatment** loš, nelijep postupak; ~ **trick** podmukla smicalica, psina
shabby-genteel [ˈʃæbidʒenˈtiːl] *adj* otrcano otmjen
shack [ʃæk] *s US* koliba, daščara, brvnara
shackle [ˈʃækl] *s* karika, veriga; *mar* karika sidrenog lanca; *pl fig* okovi, lanci; zapreke
shackle [ˈʃækl] *vt* okovati, sputati; *fig* priječiti, smetati, kočiti
shad [ʃæd] *s ichth* ćepa, lojka (*Alosa fallax nilotica*)
shaddock [ˈʃædək] *s bot* tropsko voće slično grejpfrutu (*Citrus maxima*)
shade [ʃeid] *s* 1. sjena, sjenka, hlad, hladovina; *poet* sjenovito, tamno mjesto 2. *fig* djelovanje kontrasta, šatiranje 3. tračak, sitnica, mrva, malenkost, nijansa 4. *poet* tamna pojava, duh, sablast; *pl* carstvo duhova, sjena 5. zaštita (*from* od), sjenilo svjetiljke 6. *pl* pivnica | **to leave in the** ~ veoma nadmašiti, zasjeniti; **among the** ~**s** u carstvu sjena, mrtav
shade [ʃeid] *vt/i* **I.** *vt* zasjeniti, bacati sjenu, štititi (*with*), šatirati, potamniti; *com* postepeno snizivati (cijene) **II.** *vi* postepeno prelaziti (*into*) u drugu boju
shade away [ˈʃeidəˈwei] *vi* polagano nestajati
shade off [ˈʃeidˈɔf] *vi* polagano nestajati
shaded [ˈʃeidid] *adj* zasjenjen, u sjeni, osjenčan
shadeless [ˈʃeidlis] *adj* bez sjene, nezasjenjen
shadiness [ˈʃeidinis] *s* sjenovitost; *fig* zloglasnost
shading [ˈʃeidiŋ] *s* zasjenjivanje, sjenčanje
shadow [ˈʃædəu] *s* 1. sjena, sjenka; sjenovito mjesto, tama, mrak; povučenost 2. kopija, imitacija, oponašanje; *fig* prazni sjaj, odraz tuđe slave, vjeran pratilac 3. sitnica, malenkost, trag 4. duh, sablast 5. detektiv 6. *fig* zaštita | **may your** ~ **never grow less želim ti** svaki uspjeh; ~ **boxing** prividna borba, boksački trening; ~ **cabinet** vlada u sjeni
shadow [ˈʃædəu] *vt* zasjeniti, potamniti; slijediti kao sjena, promatrati
shadow forth [ˈʃædəuˈfɔːθ] *vt* **natuknuti,** nejasno nagovijestiti
shadow out [ˈʃædəuˈaut] *vt* natuknuti, nejasno nagovijestiti
shadowless [ˈʃædəulis] *adj* bez sjene
shadowy [ˈʃædəui] *adj* sjenovit, hladovit, poput sjene; taman, mračan, nejasan
shady [ˈʃeidi] *adj* (**shadily** *adv*) sjenovit, sjenat; *fig* sumnjiv, sumnjiva poštenja | ~ **side** mračna strana, tamna strana; **he is on the** ~ **side of forty** prevalio je četrdesetu
shaft[1] [ʃaːft] *s* 1. držak (koplja), kopljište 2. *poet* strelica; zraka svjetlosti 3. motka, vitko deblo, držalo; *pl* rudo 4. *mech* osovina, vreteno, vratilo
shaft[2] [ʃaːft] *s min* rov, šaht, okno
shag [ʃæg] *s* gruba, kudrava kosa (dlaka, vuna i dr.); *US* baršun; duhan za lulu
shaggy [ˈʃægi] *adj* (**shaggily** *adv*) kudrav, čupav, dlakav; obrastao grmljem, šumovit
shagreen [ʃæˈgriːn] *s* neučinjena, neštavljena koža s utisnutim uzorcima; koža morskog psa
shah [ʃaː] *s* šah, perzijski vladar
shake [ʃeik] *s* 1. tresenje, drmanje, drhtanje; trešnja; *mus* triler, drhtavo pjevanje 2. udarac 3. časak 4. pukotina 5. frapе | **all of a** ~ **dršćući; the** ~**s** groznica; **in two** ~**s of lamb's tail** začas; **no great** ~**s** ništa osobito; **in a** ~, **in two** ~**s** začas, u tren oka; **milk** ~ mliječni frape
shake [ʃeik] *vt/i* (shook, shaken) **I.** *vt* 1. drmati, tresti, promućkati, istresti (*out of* iz); *US* miješati (karte); potresti, klimati (glavom) 2. potresti, uzdrmati, pokolebati; *fig* oslabiti **II.** *vi* biti potresan, tresti se, drhtati (*with* od); *mus* izvoditi trilere | **to** ~ **hands** rukovati se; **to** ~ **one by the hand** rukovati se; **to** ~ **one's fist in a p's face** prijetiti kome šakom; **to** ~ **a leg** plesati; **to** ~ **with fear (cold)** drhtati od straha (zime); **quite** ~**n** klonuo, potresen; **badly** ~**n** vrlo potresen; **to** ~ **in one's shoes** drhtati od straha
shake down [ˈʃeikˈdaun] *vt/i* **I.** *vt* stresti (jabuke i dr.), razastrijeti (slamu), prirediti (ležaj) **II.** *vi* prirediti sebi ležaj; naviknuti se; uhodati se
shake off [ˈʃeikˈɔf] *vt* otresti, stresti sa sebe, osloboditi se koga ili čega; odložiti što
shake out [ˈʃeikˈaut] *vt* razviti (zastavu); istresti
shake up [ˈʃeikˈʌp] *vt* prodrmati, potresti
shakedown [ˈʃeikdaun] *s* ležaj, krevet (za nuždu); iznuđivanje, ucjena | ~ **cruise** pokusna vožnja
shake-hands [ˈʃeikhændz] *s* rukovanje
shaken [ˈʃeikən] *pp* od **shake**
shake-out [ˈʃeikaut] *s* korjenita reorganizacija
shaker [ˈʃeikə] *s* 1. onaj koji (se) trese 2. član vjerske sekte Shakera 3. posudica u kojoj se tresu kocke pri kockanju; posuda za miješanje pića
Shakespearian [ʃeiksˈpiəriən] *adj* šekspirski

shake-up [ˈʃeikʌp] *s* drmanje, tresenje, trešnja; premještanje, reorganizacija
shakiness [ˈʃeikinis] *s* klimavost, lomnost, drhtavost, nesigurnost, kolebljivost
shaking [ˈʃeikiŋ] *s* drmanje, trešnja, tresenje
shako [ˈʃækəu] *s* vrsta vojničke kape (valjkasta oblika, ukrašene perjem)
shaky [ˈʃeiki] *adj* (**shakily** *adv*) drhtav, klimav, klecav, slab, nesiguran, uzdrman, potresen, kolebljiv
shale [ʃeil] *s* škriljevac | ~ **oil** nafta iz škriljevca
shall [ʃæl, ʃəl, ʃl, ʃə, ʃ] *v aux* (*pres* thou shalt [ʃælt], shan't [ʃaːnt]; *pret* should [ʃud, ʃəd, ʃd], shouldn't [ˈʃudnt]) **I. 1.** za tvorbu futura u 1. licu *sing* i *pl* ću, ćemo; u pitanju u 2. licu *sing* i *pl* ću, ćemo 2. u 2. i 3. licu *sing* i *pl* moraš, mora, morate, moraju; *neg* ne smiješ, ne smije, ne smijete, ne smiju; u pitanju u 1. licu *sing* i *pl* da + *prez* (~ *I give you some more?*), hoćemo li + *inf* (~ *we turn back?*); u zavisnim rečenicama u 1, 2. i 3. licu *sing* i *pl* treba, mora itd. (*he says he* ~ *leave*) **II.** should 1. za tvorbu futura u prošlosti (*I said I* ~ *be there*) 2. u 1, 2. i 3. licu *sing* i *pl* trebao bih, bi itd. (ublažena zapovijed); u pitanju u 1. i 3. licu *sing* i *pl* + *inf* bih trebao (itd.) (*why* ~ *I go?*) 3. u 3. licu *sing* i *pl* u smislu: može se očekivati, čini se vjerojatno (*it* ~ *seem*) 4. u 1. licu *sing* i *pl* u glavnoj rečenici kod pogodbenih irealnih rečenica (*if I had money I* ~ *buy a house*); iza *that* u rečenicama koje izražavaju čuđenje, nemogućnost (*it is astonishing that he* ~ *be so foolish*)
shallop [ˈʃæləp] *s mar* lagan otvoren čamac, čun
shallot [ʃəˈlɔt] *s bot* škalonja, ljutika (vrsta luka)
shallow [ˈʃæləu] *adj* (~**ly** *adv*) plitak (& *fig*), površan | *fig* **to run** ~ postati površan
shallow [ˈʃæləu] *s* pličina, plićak
shallow [ˈʃæləu] *vt/i* **I.** *vt* napraviti što plitkim **II.** *vi* postati plitak
shallowness [ˈʃæləunis] *s* plitkost; *fig* površnost
shalom [ʃæˈlɔm] *interj* (hebrejski pozdrav) šalom!, mir!
shalt [ʃælt] → **shall**
shaly [ˈʃeili] *adj* škriljast, škriljav
sham [ʃæm] *s* varka, prijevara, pretvaranje; oponašanje, patvorina; lažna osoba (stvar); varalica
sham [ʃæm] *adj* oponašan, lažan, patvoren, neprav, hinjen, tobožnji | ~ **doctor** nadriliječnik; ~ **fight** pokazna borba
sham [ʃæm] *vt/i* **I.** *vt* hiniti, izigravati **II.** *vi* pretvarati se, graditi se, simulirati, **praviti se**
shaman [ˈʃæmən] *s* šaman, čarobnjak kod primitivnih naroda Ist. Azije
shamble [ˈʃæmbl] *s* geganje, gegav hod
shamble [ˈʃæmbl] *vi* gegati se, klecati, nesigurno hodati
shambles [ˈʃæmblz] *s pl* klaonica (& *fig*); zbrka, nered, promašaj
shambly [ˈʃæmbli] *adj* klimav, nestalan, nesiguran
shame [ʃeim] *s* sram, stid, sramota | ~! sramota!; **for** ~! sramota!; ~ **on you!** srami se!; **to put one to** ~ posramiti koga; **what a** ~ kakve li sramote!; **to think** ~ **to** smatrati sramotom da ...
shame [ʃeim] *vt* posramiti, osramotiti
shamefaced [ˌʃeimˈfeist] *adj* (~**ly** *adv*) sramežljiv, stidljiv, plah, skroman; glup
shamefacedness [ˈʃeimˌfeistnis] *s* sramežljivost, stidljivost, plahost
shameful [ˈʃəimful] *adj* (~**ly** *adv*) sramotan, sraman, nepristojan
shamefulness [ˈʃeimfulnis] *s* sramota, sramotnost
shameless [ˈʃeimlis] *adj* (~**ly** *adv*) besraman, bestidan, sramotan
shammer [ˈʃæmə] *s* lažac, varalica
shammy [ˈʃæmi] *s* koža divokoze, semiš
shampoo [ʃæmˈpuː] *s* pranje glave (kose), šampon
shampoo [ʃæmˈpuː] *vt* prati kosu šamponom, šamponirati
shamrock [ˈʃæmrɔk] *s bot* žućkasta djetelina (i kao irski nacionalni znak)
shandygaff [ˈʃændigæf] *s* mješavina običnog i džumbirova piva
shanghai [ˌʃæŋˈhai] *vt mar sl* opiti (drogirati) nekoga i nasilno ga ukrcati kao mornara
shank [ʃæŋk] *s* noga od koljena do gležnja, goljenica; krak; peteljka; nogavica čarape; stup; držak (oruđa), os (ključa, žlice, sidra i dr.); ravni dio udice; uska sredina potplata cipele | **to go on** ~**s' mare** ići pješice, hodati na vlastitim nogama, klipsati
shank [ʃæŋk] *vi* (o cvijeću) otpasti zbog gnjiljenja peteljke (*off*)
shan't [ʃaːnt] = **shall not**
shantung [ˌʃænˈtʌŋ] *s* šantung, sirova svila
shanty [ˈʃænti] *s* koliba, daščara, baraka, straćara; mornarska pjesma | ~ **town** naselje straćara
shape [ʃeip] *s* 1. oblik, lik, spodoba 2. kalup, model, kroj | **to lick into** ~ dati pristojan oblik, dotjerati; **to take** ~ poprimiti oblik; **to get into** ~ dati oblik; **to give** ~ **to** izraziti, formulirati
shape [ʃeip] *vt/i* **I.** *vt* stvoriti, oblikovati, dati oblik, prilagoditi (*to* čemu); zamisliti, zasnovati; izraziti **II.** *vi* uzeti oblik, oblikovati se; razvijati se | *mar* **to** ~ **one's course** dati brodu smjer (*for, to* prema)
shape up [ˈʃeipˈʌp] *vi* pokazati se

shapeable (shapable) [ˈʃeipəbl] *adj* kojem se može dati oblik, koji se može oblikovati
shapeless [ˈʃeiplis] *adj* (**~ly** *adv*) bezobličan, nakazan, nepravilan
shapely [ˈʃeipli] *adj* skladan, strojan, lijep
shaper [ˈʃeipə] *s* blanjalica
share[1] [ʃɛə] *s* dio, udio, kontingent, kvota; *com* doprinos; akcija, dionica; uloga | **to go ~s** podijeliti s drugima; **~ and ~ alike** u jednakim dijelovima sudjelovati kod doprinosa i kod dohotka; *fig* **lion's ~** lavlji dio; **ordinary ~** obična dionica; **preferred ~** prioritetna dionica; **to have a ~ in** sudjelovati; **to go ~s** udružiti se, podijeliti (s kim)
share[2] [ʃɛə] *s* lemeš, nož pluga (kultivatora)
share [ʃɛə] *vt/i* **I.** *vt* dijeliti što (*among* među; *with* sa), dijeliti mišljenje; sudjelovati **II.** *vi* imati udjela | **to ~ and ~ alike** jednako podijeliti
share out [ˈʃɛərˈaut] *vt* podijeliti, razdijeliti (*to* među)
share-beam [ˈʃɛəbiːm] *s* gredelj pluga
share-cropper [ˈʃɛəˌkrɔpə] *s* *US* napoličar
shareholder [ˈʃɛəˌhəuldə] *s* akcionar, dioničar
share-out [ˈʃɛəraut] *s* razdioba udjela; raspodjela uložaka (iz štedne blagajne)
sharer [ˈʃɛərə] *s* djelilac, sudionik, učesnik, djelomični vlasnik
shark [ʃaːk] *s* 1. *ichth* morski pas 2. *fam* grabežljivac, varalica 3. *US* odličan student (igrač)
shark [ʃaːk] *vi/t* varati; ukrasti što (*out of* iz); proždrljivo progutati
sharking [ˈʃaːkiŋ] *adj* varanje, prijevara
shark's-mouth [ˈʃaːksmauθ] *s* *mar* otvor u platnenom krovu kroz koji prolazi jarbol
sharp [ʃaːp] *adj* (**~ly** *adv*) 1. oštar (stvar, ukus, riječ, bol); vrištav; šiljast; bridak; strm; dobar (nos), žestok (sukob); ljut, jedak; brz 2. oštrouman, lukav, prepreden; nepošten; okretan 3. *mus* za pola tona povišen 4. *US* upadljivo elegantan | **as ~ as a needle** vrlo bistar; **~ practice** varalački trik; **F ~** fis; **~ practice** poslovanje na granici moralno dopuštenoga
sharp [ʃaːp] *s* 1. duga šivaća igla 2. *mus* nota povišena za pola tona, povisilica 3. *fam* varalica 4. *fam* stručnjak | **~s and flats** crne tipke na klaviru
sharp [ʃaːp] *adv* točno (*at 10 o'clock ~*); *mus* povišeno za pola tona | **to look ~** požuriti, pripaziti
sharp [ʃaːp] *vt/i* **I.** *vt* 1. *mus* povisiti za pola tona 2. *fam* prevariti koga (*out of* za) **II.** *vi* 1. *mus* previsoko pjevati ili svirati 2. varati
sharp-cash [ˈʃaːpkæʃ] *s* spremno plaćanje
sharpen [ˈʃaːpn] *vt/i* **I.** *vt* 1. naoštriti, nabrusiti (& *fig*), zašiljiti 2. oživiti, pojačati, podražiti (tek) **II.** *vi* postati oštar
sharpener [ˈʃaːpnə] *s* oštrač, oštrilo, brus, šiljilo
sharper [ˈʃaːpə] *s* varalica
sharp-eyed [ˌʃaːpˈaid] *adj* oštrovidan, oštra oka
sharpness [ˈʃaːpnis] *s* oštrina, britkost (& *fig*); jetkost; šiljak; oštroumlje, prepredenost; jasnoća
sharp-set [ˈʃaːpset] *adj* gladan, željan
sharpshod [ˈʃaːpʃɔd] *adj* potkovan čavlima
sharpshooter [ˈʃaːpˌʃuːtə] *s* snajper, vješt strijelac, strijelac prve klase
sharp-sighted [ˌʃaːpˈsaitid] *adj* koji ima oštro oko, oštrovidan
sharp-witted [ˌʃaːpˈwitid] *adj* oštra duha, oštrouman
shatter [ˈʃætə] *vt/i* **I.** *vt* rastreskati što, razmrskati, skršiti; *fig* uništiti, razdrmati, rastrojiti (zdravlje, živce) **II.** *vi* razmrskati se, rastreskati se
shave [ʃeiv] *s* 1. brijanje 2. kriška 3. *fig* guljenje (izvlačenje novaca iz koga) 4. neznatan promašaj, mrva, vlas do dodira, uspjeha ili postignuća 5. strugalo 6. *US* visoke kamate | *fig* **close ~** glatko izbrijavanje; spas za dlaku; **it was a close ~** za dlaku je manjkalo; **clean ~** glatko brijanje; **a good lather is half the ~** dobar početak je pola posla
shave [ʃeiv] *vt/i* (pret **~d**, *pp* **~d**, **~n**) **I.** *vt* 1. obrijati, brijati 2. blanjati (drvo); strugati (kožu) **II.** *vi* 1. obrijati se, rezati (o britvi) 2. šmugnuti tik uza, za dlaku promašiti | *US* **to ~ a note** prekupiti mjenicu uz težak diskonto, kupiti vrijednosni papir uz mnogo manju cijenu nego što je zakonska kamatna stopa; kod prodaje vrijednosnih papira uzeti veću kamatnu stopu nego što je zakonom dopušteno; **to ~ a customer** oguliti, operušati mušteriju; **to ~ an egg** nastojati izbiti i posljednju paru
shave off [ˈʃeivˈɔf] *vt* obrijati
shave through [ˈʃeivˈθruː] *vi* (*adv* & *prep*) jedva se provući (na ispitu), jedva se izvući
shaveling [ˈʃeivliŋ] *s* *arch* obrijan čovjek, fratar, svećenik
shaven [ˈʃeivn] *adj* obrijan, kratko podrezan (trava) | **clean ~** glatko izbrijan
shaver [ˈʃeivə] *s* 1. brijač; aparat za brijanje 2. *fig* varalica, onaj koji izvlači novce od ljudi 3. *fam* žutokljunac
shavetail [ˈʃeivteil] *s* neuvježbana mazga; *mil sl* novoimenovan oficir, onaj koji je tek dobio oficirski čin

Shavian [ˈʃeivjən] *adj* koji se odnosi na G. B. Shawa, šoovski
shaving [ˈʃeiviŋ] *s* brijanje; kriška; *pl* strugotine, blanjevine
shaving-brush [ˈʃeiviŋbrʌʃ] *s* četkica za brijanje
shaving-hook [ˈʃeiviŋhuk] *s* strugalo
shaving-horse [ˈʃeiviŋhɔːs] *s* stol za blanjanje
shaving-stick [ˈʃeiviŋstik] *s* brijaći sapun u obliku štapića
shaw [ʃɔː] *s arch poet* guštara, šumica
shawl [ʃɔːl] *s* šal, marama
shawl [ʃɔːl] *vt* ogrnuti šalom
shawm [ʃɔːm] *s mus hist* starinski instrument poput oboe
shay [ʃei] *s arch* otvorena niska kola za izlete ili putovanja
she [ʃiː] *pron* lična zamjenica za 3. lice *sing* ž. r., ona (za ženska bića; za personificirane stvari lijepa oblika, nježnije osjećaje, lijepe prirodne pojave, zemlje u političkom smislu, za manje životinje; za brodove i vozila)
she [ʃiː] *s* žena, žensko
she [ʃiː] *adj* pred imenom životinja označuje ženku te životinje | **~-goat** koza; **~-ass** magarica
shea [ʃiə] *s bot* vrsta afričkog drveta (iz soka njegova ploda domoroci pripremaju maslac)
sheaf [ʃiːf] *s* (*pl* **sheaves** [ʃiːvz]) snop, svežanj; *fig* vijenac (slave)
sheaf [ʃiːf] *vt* vezati (žito) u snopove, usnopljivati
shear [ʃiə] *s* 1. *pl* velike škare 2. *mech* smicanje 3. *mar* dizalica
shear [ʃiə] *vt/i* (*pret* ~ed, shore; *pp* shorn, ~ed) **I.** *vt* šišati (ovce), strići, ostrići; *fig* oguliti, operušati **II.** *vi* saviti se, pući pod pritiskom; zasjeći (mačem)
shear off [ˈʃiərˈɔf] *vt* odrezati, odsjeći
shearer [ˈʃiərə] *s* strigač, šišač (ovaca); *Scot* rezač
shearing [ˈʃiəriŋ] *s* striženje; *pl* vuna za striženje
shearling [ˈʃiəliŋ] *s* ovca koja je jedanput ostrižena
she-ass [ˈʃiːæs] *s* magarica
sheat-fish [ˈʃiːtfiʃ] *s ichth* som
sheath [ʃiːθ] *s* (*pl* **~s** [ʃiːðz]) 1. korice, tok 2. *anat* rodnica; *bot* tobolac (biljke); *zool* krilni poklopac (kukca), hitinsko pokrivalo krila kod kukca 3. nasip | **~ dress** uska, ravna haljina
sheathe [ʃiːð] *vt* staviti u korice; umotati, zamotati; obložiti (brod) | *fig* **to ~ the sword** staviti mač u korice (prestati ratovati)
sheathing [ˈʃiːðiŋ] *s* oplata, oblaganje oplatom
sheave [ʃiːv] *s* kolotur
sheave [ʃiːv] *vt* vezati (žito) u snopove
shebang [ˈʃiːbæŋ] *s US sl* koliba, daščara, kuća; kockarnica; posao | **the whole ~** sve skupa, cijela stvar
she-bear [ˈʃiːbɛə] *s* medvjedica
shebeen [ʃiˈbiːn] *s Ir* točionica bez dozvole, »bunker«; nedopušteno točenje pića
she-cat [ˈʃiːkæt] *s* mačka (ženka); zlobna žena
shed [ʃed] *s* suša, štagalj, hangar, staja, spremište, šupa, kućica; *poet* koliba
shed [ʃed] *vt* (shed, shed) **1.** pustiti da otpadne; (o stablu) gubiti (lišće), (o jelenu) odbaciti (rogove), (o zmiji) svlačiti (kožu), (o raku) odbaciti (oklop); gubiti (prijatelje); odložiti (odijelo), odbaciti (naviku) 2. prolijevati (suze, krv) 3. sipati (svjetlo), širiti (miris), isijavati (toplinu) | **to ~ one's skin** linjati se; **to ~ tears** prolijevati suze; **to ~ one's blood** prolijevati krv; **to ~ light on** osvijetliti što (& *fig*); **to ~ perfume** širiti miomiris
shedding [ˈʃediŋ] *s* odbacivanje, prosipanje, prolijevanje; *pl* ono što je odbačeno; otpalo lišće | **load-~** iskopčavanje potrošača u vrijeme strujnog preopterećenja
she-devil [ˈʃiːdevl] *s* nadžak-baba
sheen [ʃiːn] *s* sjaj (tkanine, kose)
sheeny [ˈʃiːni] *s sl derog* Židov
sheeny [ˈʃiːni] *adj* sjajan
sheep [ʃiːp] *s* (*pl* ~) ovca; stado, pastva, župljani; ovčja koža; *fig* strašljiv, plah, ograničen čovjek | **~ and goats** dobri i zli; **black ~** crna ovca; *fig* šugava ovca; **to cast ~'s eyes at a p** gledati koga zaljubljeno; **to follow like a ~** slijepo slijediti, ići za nekim kao ovca; **as well be hanged for a ~ as a lamb** kad se griješi, nek' se griješi; kud je otišla sjekira, nek' ode i držalo; **~ that have no shepherd** ovce bez pastira; narod bez vođe; **a wolf in ~'s clothing** vuk u ovčjoj koži; **to separate the ~ from the goats** odijeliti žito od kukolja
sheep-dip [ˈʃiːpdip] *s* sredstvo za pranje ovaca
sheep-dog [ˈʃiːpdɔg] *s* ovčarski pas
sheep-farmer [ˈʃiːpˌfaːmə] *s* ovčar
sheep-fold [ˈʃipfəuld] *s* tor, obor za ovce
sheep-hook [ˈʃiːphuk] *s* pastirski, čobanski štap s kukom

sheepish [ˈʃiːpiʃ] *adj* (~**ly** *adv*) plah, smeten, strašljiv; ograničen, glup

sheepishness [ˈʃiːpiʃnis] *s* plahost, smetenost, ograničenost, glupost

sheep-master [ˈʃiːp.maːstə] *s* ovčar

sheep-pen [ˈʃiːppen] *s* tor, obor za ovce

sheep-run [ˈʃiːprʌn] *s* pašnjak za ovce

sheep-shearing [ˈʃiːp.ʃiəriŋ] *s* striženje ovaca

sheepskin [ˈʃiːpskin] *s* ovčji kožuh, ovčja koža; pergament, isprava na pergamentu; *US coll* diploma

sheer [ʃiə] *s mar* skretanje s kursa, zaošijanje

sheer [ʃiə] *adj* 1. puki, sam, potpun, čist, prav pravcat, krajnji 2. okomit, vrlo strm 3. vrlo fin, tanak, proziran (tkanina) | ~ **nonsense** krajnja glupost

sheer [ʃiə] *adv* potpuno, sasvim; ravno; okomito, strmo

sheer [ʃiə] *vi mar* skrenuti s kursa, zaošijati

sheer off [ˈʃiərˈɔf] *vi* otići iz društva, odvojiti se (osobito od (*from*) čovjeka kojeg se boji, koga se ne voli ili koji vrijeđa)

sheer-hulk [ˈʃiəhʌlk] *s mar* brod bez jarbola s dizalom na tri kraka

sheer-legs [ˈʃiəlegz] *s mar* dizalo na tri kraka koje služi za postavljanje jarbola ili stavljanje strojeva u brod

sheers [ʃiəz] *s pl mar* dizalo na tri kraka koje služi za postavljanje jarbola ili stavljanje strojeva u brod

sheet[1] [ʃiːt] *s* 1. plahta, ponjava 2. ploča (željeza, stakla i dr.); ravna površina; ploha, pljusak 3. arak, list (papira); novine, ono što je tiskano, letak | **to go between the** ~**s** poći spavati; **to stand in a white** ~ kajati se, opozvati; **a blank** ~ neispisan papir; *fig* čovjek bez iskustva; **in** ~**s** neuvezan (knjiga); **as white as a** ~ blijed kao krpa; **the rain comes down in** ~**s** kiša lijeva kao iz kabla; ~ **of water** vodena ploha; ~ **glass** ravno staklo; ~ **iron** željezni lim; ~ **music** note, notni listovi

sheet[2] [ʃiːt] *s mar* škota, uzda, zateg (jedra) | *sl* **a** ~ **in the wind** pripit; **three** ~**s in the wind** pijan

sheet[1] [ʃiːt] *vt* pokriti plahtom, umotati; obložiti oplatama; dati plosnat oblik

sheet[2] [ʃiːt] *vt* privući jedro pomoću škote (osobito ~ *home*)

sheet-anchor [ˈʃiːt.æŋkə] *s mar* glavno sidro; *fig* posljednja nada

sheet-brass [ˈʃiːtbraːs] *s* mjedeni lim

sheet-copper [ˈʃiːt.kɔpə] *s* bakreni lim

sheeting [ˈʃiːtiŋ] *s* platno za plahte; drvena oplata

sheet-iron [ˈʃiːt.aiən] *s* željezni lim

sheet-lightning [ˈʃiːt.laitniŋ] *s* bljeskavica

sheet-tin [ˈʃiːttin] *s* lim

she-goat [ˈʃiːgəut] *s* koza (za razliku od jarca)

sheik(h) [ʃeik] *s* šeik

shekel [ˈʃekl] *s* šekel (židovska mjera i srebrn novac); *pl* novac, bogatstvo

shelf [ʃelf] *s* (*pl* **shelves** [ʃelvz]) polica, pretinac; vodoravna izbočina klisure; podvodni greben (prud) | *fig* **on the** ~ odložen, odbačen u staro željezo, ad acta

shelfful [ˈʃelfful] *s* količina (knjiga i sl.) koja stane na policu

shell [ʃel] *s* 1. ljuska (oraha, voća, jaja, životinje), kora, mahuna, oklop kornjače, ljuštura, školjka, čahura, hitinska zaštita za krila kod kukaca, kućica puža 2. okosnica, kostur (kuće, broda) 3. *school* međurazred između dva školska razreda 4. unutarnji olovni lijes 5. čahura (baruta za vatromet, puščanog metka), topovska granata ili mina minobacača 6. *fig* vanjski izgled, vanjski sjaj 7. povučenost 8. lagani trkaći čamac | *fig* **to come out of one's** ~ izaći iz ljušture, osloboditi se zatvorenosti, postati govorljiv, raskraviti se

shell [ʃel] *vt* 1. ljuštiti, skinuti koru; prekriti školjkama 2. *mil* obasuti granatama

shell off [ˈʃelˈɔf] *vi* oljuštiti se

shell out [ˈʃelˈaut] *vt/i sl* **I.** *vt* izvući (novac) od koga **II.** *vi* protiv volje dati novac, platiti

shellac [ʃəˈlæk] *s* šelak

shellac [ʃəˈlæk] *vt* prevući šelakom

shell-back [ˈʃelbæk] *s mar sl* stari morski vuk

shell-fire [ˈʃelfaiə] *s* topovska vatra, paljba granatama

shell-fish [ˈʃelfiʃ] *s* školjka, ljuskar, rak

shelling [ˈʃeliŋ] *s mil* artiljerijska vatra

shell-proof [ˈʃelpruːf] *adj* neprobojan, siguran od granata

shelly [ˈʃeli] *adj* školjkast, bogat školjkama

shelter [ˈʃeltə] *s* zaštitni krov, nadstrešnica, sklonište, zaklon (*from* od); konak

shelter [ˈʃeltə] *vt/i* **I.** *vt* štititi, kriti, braniti, pružati zaklon (*from* od); ukonačiti, dati utočište **II.** *vi* kriti se (*under, beneath* ispod; *behind* iza); tražiti utočište | ~ **oneself** tražiti utočište, skloniti se (*with* kod)

shelterless [ˈʃeltəlis] *adj* bez skloništa, konačišta, nezaštićen, nezaklonjen, bez krova nad glavom
shelve [ʃelv] *vt* staviti na policu (knjigu); staviti police u (ormar i sl.); *fig* odložiti, odgoditi (na dugo vrijeme); staviti ad acta, raspustiti (ured i dr.); baciti u staro željezo; otpustiti iz službe
shelve [ʃelv] *vi* lagano, koso, položito se spuštati
shelves [ʃelvz] *pl* od **shelf**
shenanigans [ʃiˈnænigənz] *s pl US sl* trikovi, smicalice, opsjene, varke, podvale, lopovštine
she-oak [ˈʃiːəuk] *s bot* vrsta australskoga grmlja *(Casuarina)*
shepherd [ˈʃepəd] *s* pastir, ovčar, čobanin (& *fig*)
shepherd [ˈʃepəd] *vt* pasti (ovce); *fig* voditi, čuvati
shepherdess [ˈʃepədis] *s* pastirica, čobanica
she-pine [ˈʃiːpain] *s bot* vrsta australske četinjare *(Podocarpus elata)*
sheppy [ˈʃepi] *s* ovčja staja, tor za ovce
sherbet [ˈʃəːbət] *s GB* šerbet; pjenušavo piće načinjeno od praška ili tablete; *US* vrsta vodenog sladoleda
sheriff [ˈʃerif] *s* 1. *hist* visok egzekutivni službenik Krune 2. najviši sudac grofovije 3. *US* šerif
sheriffdom [ˈʃerifdəm] *s* služba šerifa; *Scot* okrug grofovijskog suca
sheriffship [ˈʃerifʃip] *s* → **sheriffdom**
sherry [ˈʃeri] *s* šeri (vrsta prošeka)
shew [ʃəu] *vt/i* → **show**
shewbread [ˈʃəubred] *s* → **showbread**
shibboleth [ˈʃibəleθ] *s* znak raspoznavanja, lozinka
shield [ʃiːld] *s* štit, štitnik; zaštitnik; *her* štit s grbom; *zool* oklop | **the other side of the ~** druga strana medalje
shield [ʃiːld] *vt* štititi, braniti, zakriljivati
shield-hand [ˈʃiːldhænd] *s arch* lijeva ruka
shieldless [ˈʃiːldlis] *adj fig* nezaštićen
shift [ʃift] *s* 1. promjena (mjesta, položaja), izmjena, zamjena; mijenjanje, presvlačenje rublja; ženska košulja, košuljac; ravna uska haljina 2. smjena (radnika), vrijeme rada jedne smjene, dnevno radno vrijeme 3. sredstvo, pomoć za nuždu; lukavština, trik, doskočica, varka, varanje | **~ of crop** plodored; **to make ~** snaći se, improvizirati
shift [ʃift] *vt/i* **I.** *vt* pomicati, premetati, prebaciti (odgovornost) (*from* ... *to* od ... na), mijenjati (položaj, red, slijed), ukloniti koga, osloboditi se koga; svaliti krivnju; skrenuti kormilo; *sl* požderati **II.** *vi* mijenjati mjesto, položaj, kretati se, pomaknuti se, preseliti se, mijenjati se; presvući se; znati sam sebi pomoći | *fig* **to ~ one's ground** promijeniti stanovište; **to ~ for oneself** probijati se, snalaziti se
shift off [ˈʃiftˈɔf] *vt* skinuti što s vrata, riješiti se čega
shifter [ˈʃiftə] *s* prepredenjak; naprava za pomicanje čega, (u složenicama) gurač | **scene ~** gurač kulisa
shiftiness [ˈʃiftinis] *s* promjenljivost, nepouzdanost, nestalnost, prevrtljivost; prepredenost
shift-key [ˈʃiftkiː] *s typewriting* mjenjač, poluga za velika slova
shiftless [ˈʃiftlis] *adj* (**~ly** *adv*) bespomoćan, nespretan, nesnalažljiv
shifty [ˈʃifti] *adj* (**shiftily** *adv*) vješt, lukav, snalažljiv; prevrtljiv, nestalan, promjenljiv
shikaree (shikari, shikarry) [ʃiˈkæri] *s Hind* lovac; domorodački sluga lovca
shilling [ˈʃiliŋ] *s* šiling | **to take the King's (Queen's) ~** stupiti u vojsku; **to cut off with a ~** ostaviti nasljedstvo drugima a ne zakonitom nasljedniku
shillingsworth [ˈʃiliŋzwəːθ] *s* količina robe koja se dobije za jedan šiling
shilly-shally [ˈʃiliˌʃæli] *s* neodlučnost, kolebanje, oklijevanje
shilly-shally [ˈʃiliˌʃæli] *vi* oklijevati, ne moći se odlučiti
shily [ˈʃaili] *adv* → **shy**
shim [ʃim] *s* drveni, metalni klin, podmetak, pločica na mjestu gdje se spajaju dva dijela
shim [ʃim] *vt* učvrstiti dva dijela umetanjem drvenog ili metalnog klina (pločice)
shimmer [ˈʃimə] *s* treperenje, svjetlucanje, ljeskanje
shimmer [ˈʃimə] *vi* treperiti, svjetlucati, blistati, ljeskati se
shin [ʃin] *s* goljenica | **~ of beef** goveđa potkoljenica; *sl* **to break ~s** izvući novac
shin [ʃin] *vi/t* **I.** *vi* penjati se (*up* uz), puzati (*down* niz) **II.** *vt* popeti se na što; udariti koga po goljenici | **to ~ oneself against** udariti goljenicom o (što)
shin round [ˈʃinˈraund] *vi US* trčkarati, trčkati, klipsati, kasati
shin-bone [ˈʃinbəun] *s* kost goljenice, cjevanica
shindig [ˈʃindig] *s coll* ples, bučna zabava, tulum

shindy ['ʃindi] *s* tučnjava, gungula, metež, galama

shine [ʃain] *s* sjaj, blistanje, sunčev sjaj; ulaštenost, laštenje; lijepo vrijeme 2. *sl* gungula, svađa; naklonost; senzacija | **rain or** ~ ma kakvo bilo vrijeme, kod svakog vremena; *fig* ma što se dogodilo, bilo što bilo, kud puklo da puklo; *US* **to take a** ~ **to a p** zavoljeti koga; **to take the** ~ **out of** nadmašiti, zasjeniti koga

shine [ʃain] *vi/t* (shone, shone) **I.** *vi* sjati, osvjetljivati (*upon* što), sjati se, isijavati (*forth, out*); blistati; isticati se **II.** *vt* osvjetljivati; laštiti, svjetlati

shine up ['ʃain'ʌp] *vt* | *US* **to** ~ **to a p** nastojati ugoditi kome

shiner ['ʃainə] *s sl* zlatnik, cekin, srebrnjak; sjajan predmet; *pl* novac; *sl* modrica na oku

shingle[1] ['ʃiŋgl] *s* 1. tanka krovna daščica, šindra 2. kratko podrezana kosa 3. *US* pločica s natpisom, cimer, firma | *US* **to hang out one's** ~ otvoriti vlastitu kancelariju (*esp* o odvjetniku)

shingle[2] ['ʃiŋgl] *s* oblutak, šljunak

shingle ['ʃiŋgl] *vt* pokriti krov šindrom; stepenasto obrezati i nakovrčati (žensku kosu)

shingles ['ʃiŋglz] *s pl med* crveni osip kože u struku *(Herpes zoster)*

shingly ['ʃiŋgli] *adj* pun oblutaka, posut šljunkom

shin-guard ['ʃingaːd] *s* štitnik za goljenicu

shiny ['ʃaini] *adj* (**shinily** *adv*) sjajan, vedar (dan), blistav, ulašten (cipele), izlizan (tkanina)

ship [ʃip] *s* brod, lađa, jedrenjak s tri ili više jarbola; avion; *sl* čamac (naročito trkaći) | **sister** ~ brod potpuno jednak kojem drugom brodu; ~ **of the desert** deva; **to take** ~ ukrcati se na brod; **on board** ~ na brodu, na palubi; **when my** ~ **comes home** kad se obogatim

ship [ʃip] *vt/i* **I.** *vt* 1. ukrcati (utovariti) u brod 2. *com* otpremiti, slati (robu) vodom ili kopnom 3. postaviti (jarbol, kormilo) na određeno mjesto 4. zagrabiti (bokom vodu) 5. uzeti na se (teret), staviti na se (odijelo) **II.** *vi* ukrcati se na brod (kao mornar) | **to** ~ **a sea** (o brodu) zahvatiti vodu (u oluji i dr.); **to** ~ **the oars** uvući vesla i staviti ih u brod

ship off ['ʃip'ɔf] *vt* otpremiti što (brodom, vlakom)

ship-biscuit ['ʃipˌbiskit] *s* dvopek

shipboard ['ʃipbɔːd] *s* paluba | **on** ~ na brodu

ship-breaker ['ʃipˌbreikə] *s* raspremač starih brodova

ship-broker ['ʃipˌbrəukə] *s* brodski agent, mešetar, trgovac brodovima; agent pomorskog osiguravajućeg društva

ship-builder ['ʃipˌbildə] *s* graditelj brodova, brodograditelj

ship-building ['ʃipˌbildiŋ] *s* brodogradnja

ship-chandler ['ʃipˌtʃaːndlə] *s mar* snabdjevač, opskrbljivač brodova

ship-fever ['ʃipˌfiːvə] *s* tifus

shiphoist ['ʃiphɔist] *s* brodska dizalica

ship-letter ['ʃipˌletə] *s* brodsko pismo, pismo što ga nosi neki drugi a ne poštanski brod

shipload ['ʃipləud] *s* brodski teret

ship-master ['ʃipˌmaːstə] *s* zapovjednik broda, kapetan

shipmate ['ʃipmeit] *s* mornar s istog broda, koji plovi na istom brodu

shipment ['ʃipmənt] *s* otprema; pošiljka

ship-money ['ʃipˌmʌni] *s hist* porez koji je služio za nabavku ratnih brodova

ship-owner ['ʃipˌəunə] *s* brodovlasnik, brodar

shippen (shippon) ['ʃipn] *s* staja, štala (za stoku)

shipper ['ʃipə] *s* krcatelj; špediter, otpremnik

shipping ['ʃipiŋ] *s* utovar, krcanje; otprema, špedicija; brodovlje; trgovačka mornarica | *com* ~ **department** otpremništvo; ekspedit; ~ **agency** pomorska agencija

shipping-agent ['ʃipiŋˌeidʒənt] *s* agent pomorske agencije; špediter

shipping-articles ['ʃipiŋˌaːtiklz] *s pl* ugovor o plaći (i drugome) između kapetana i posade

shipping-bill ['ʃipiŋbil] *s* popis ukrcane robe

shipping-office ['ʃipiŋˌɔfis] *s* ured pomorske agencije

ship's article ['ʃipsˌaːtikl] *s* ugovor o ukrcavanju posade na brod

shipshape ['ʃipʃeip] *pred adj & adv* 1. *adj* u najboljem redu, skladan, uredan 2. *adv* vješto, uredno, skladno

ship's husband ['ʃipsˌhʌzbənd] *s* brodski agent, brodski inspektor, lučki agent broda

ship's papers ['ʃipsˌpeipəz] *s pl* brodski dokumenti, isprave

ship-way ['ʃipwei] *s* navoz

shipwreck ['ʃiprek] *s* brodolom, brod koji je pretrpio brodolom, olupina; *fig* propast, potpun slom | **to make** ~ **of** uništiti (razoriti) što

shipwreck [ˈʃiprek] *vt/i* **I.** *vt* uništiti brodolomom, pustiti da se nasuče ili razbije (brod); *fig* uništiti, razoriti **II.** *vi* pretrpjeti brodolom, nasukati se; *fig* nastradati, propasti
shipwright [ˈʃiprait] *s* brodograditelj
shipyard [ˈʃipjaːd] *s* brodogradilište
shire [ˈʃaiə] *s* grofovija; *pl* grofovije East Midlanda kojih ime svršava na *-shire* (poznate po lovu na lisice i po teškim teretnim konjima)
shire-horse [ˈʃaiəhɔːs] *s* težak teretni konj
shirk [ʃəːk] *s* zabušant
shirk [ʃəːk] *vt* zabušavati, izbjegavati (dužnost)
shirker [ˈʃəːkə] *s* zabušant
shir(r) [ʃəː] *s* elastična tkanina, utkana gumena traka; nabori
shir(r) [ʃəː] *vt* nabrati (tkaninu)
shirring [ˈʃəːriŋ] *s* nabiranje (tkanine), nabrana tkanina
shirt [ʃəːt] *s* košulja | **near is my ~ but nearer is my skin** košulja je bliža od kaputa, Bog je prvo sebi bradu stvorio, svatko je sebi najbliži; *sl* **to keep one's ~ on** obuzdavati ljutinu, svladavati se; *sl* **to get one's ~ off** razljutiti koga; *racing* **to put one's ~ on (upon)** staviti sve na (konja i dr.); **to give one a wet ~** natjerati koga da se uznoji radeći; **~ of mail** čelična košulja; **stripped to the ~** lišen svega; *sl* **to have one's ~ out** planuti, ražestiti se; **stuffed ~** *US sl* pompozna osoba; **not to have a ~ to one's name** biti gol i bos, nemati nigdje ništa; **in one's shirt-sleeves** biti u košulji, biti bez kaputa
shirt [ʃəːt]] *vt* obući košulju kome
shirt-collar [ˈʃəːtˌkɔlə] *s* ovratnik košulje
shirt-front [ˈʃəːtfrʌnt] *s* prsa košulje (obično uškrobljena)
shirting [ˈʃəːtiŋ] *s* platno za košulje
shirtless [ˈʃəːtlis] *adj* bez košulje, koji nema ni košulje
shirt-waist [ˈʃəːtweist] *s US* bluza kroja muške košulje; haljina takvog kroja
shirty [ˈʃəːti] *adj sl* ljutit, zlovoljan
shish kebab [ˈʃiʃkəˌbæb] *s* šiškebab, ražnjići
shit [ʃit] *s vulg* govno
shit [ʃit] *vi vulg* srati
shite [ʃait] *s & v* → **shit** *vulg*
shiver[1] [ˈʃivə] *s* trijeska, krhotina, odlomak, komadić
shiver[2] [ˈʃivə] *s* drhtavica, cvokot; *pl* groznica | **it gives me the ~s** od toga se naježim, od toga uzdrhtim
shiver [ˈʃivə] *vt/i* **I.** *vt* skrhati, razmrskati, razbiti u sto komada **II.** *vi* skrhati se, razbiti se u komade
shiver [ˈʃivə] *vi* drhtati, tresti se, drhturiti (*with* od); lepršati (jedro)
shivering [ˈʃivəriŋ] *adj* (**~ly** *adv*) drhtav, cvokotav
shivery[1] [ˈʃivəri] *adj* krhak, loman
shivery[2] [ˈʃivəri] *adj* drhtav, drhtureći, zimogrozan, grozničav
shoal[1] [ʃəul] *s* plićak, plićina, prud; *fig* sakrivena opasnost (zapreke)
shoal[2] [ʃəul] *s* mnoštvo, gomila, jato (riba)
shoal[1] [ʃəul] *vi* postajati sve plići
shoal[2] [ʃəul] *vi* jatiti se (o ribama)
shoal [ʃəul] *adj* plitak
shoaly [ˈʃəuli] *adj* pun plićina, plitak
shock[1] [ʃɔk] *s* kup snopova, krstina
shock[2] [ʃɔk] *s* 1. sraz, sukob, sudar, trus, udarac; juriš, napad; potres (živaca) 2. sablazan, prepast, zgražanje
shock[3] [ʃɔk] *s* kudrava, čupava, nepočešljana kosa | **~ of hair** čupa, neuredna, kuštrava kosa
shock [ʃɔk] *vt/i* **I.** *vt* užasnuti, sablazniti, šokirati, uvrijediti, ogorčiti; *med* potresti (živce); zadati kome električni udarac **II.** *vi* sudariti se, sraziti se | **to be ~ed at** zgražati se nad nečim
shock [ʃɔk] *vt* slagati (snopove) na kup, u krstine
shock-absorber [ˈʃɔkəbˌsɔːbə] *s* amortizer
shock-brigade [ˈʃɔkbriˌgeid] *s* udarna brigada (radna)
shocker [ˈʃɔkə] *s coll* nešto jeftino, senzacionalno, šokantno loše, kriminalno loše
shockhead [ˈʃɔkhed] *s* čupava kosa
shockheaded [ˈʃɔkˌhedid] *adj* čupav, kuštrav
shocking [ˈʃɔkiŋ] *adj* (**~ly** *adv*) strašan, nečuven, sablažnjiv, grozan, šokantan, gadan (vrijeme)
shocking [ˈʃɔkiŋ] *adv fam* grozno, strašno; vrlo (*a ~ big town*)
shock-therapy [ˌʃɔkˈθerəpi] *s* šok-terapija, liječenje šokom
shock-treatment [ˌʃɔkˈtriːtmənt] *s* liječenje šokom, šok-terapija
shock-troops [ˈʃɔktruːps] *s pl mil* jurišni udarni odredi
shock-work [ˈʃɔkwəːk] *s* udarnički rad
shock-worker [ˈʃɔkˌwəːkə] *s* udarnik
shod [ʃɔd] *pret & pp* od **shoe**
shoddy [ˈʃɔdi] *s* 1. tkivo (tkanina) načinjeno od stare tkanine; nešto traljavo, bofl roba 2. nadutost, razmetljivost 3. *US* skorojević

shoddy [ˈʃɔdi] *adj* (**shoddily** *adv*) patvoren, loš, traljav, bezvrijedan, nesolidan, bofl, jeftin, »šund« (literatura)
shoe [ʃuː] *s* (niska) cipela; potkova; paočanica, okov (na kraju štapa), željezni okov saonica | *fig* **that's another pair of ~s** to je druga stvar, »to je drugi padež«; **to be (stand) in a p's ~s** biti u čijoj koži; **to die in one's ~s** umrijeti nasilnom smrću (osobito biti obješen); **to put the ~ on the right foot** okriviti pravoga krivca; **~s and stockings** vrsta djeteline; *fig* **to know where the ~ pinches** znati gdje ga tišti, znati u kojem grmu leži zec; **to shake in one's ~s** drhtati od straha; **to step into a p's ~s** preuzeti čiju službu; **to wait for a dead man's ~s** vrebati nasljedstvo ili položaj; **the ~ is on the other foot** stvar stoji sasvim drukčije
shoe [ʃuː] *vt* (shod, shod) obuti, potkovati, okovati | **to ~ a goose** mlatiti praznu slamu
shoeblack [ˈʃuːblæk] *s* čistač cipela
shoe-buckle [ˈʃuːˌbʌkl] *s* kopča na cipeli
shoehorn [ˈʃuːhɔːn] *s* žlica za obuvanje
shoe-lace [ˈʃuːleis] *s* vezica za cipele, žniranac
shoe-last [ˈʃuːlaːst] *s* → **shoe-tree**
shoe-leather [ˈʃuːˌleðə] *s* koža za cipele | **as good a man as ever trod ~** nema boljeg čovjeka od njega; *fig* **to save ~** uštedjeti potplate, uštedjeti sebi put
shoeless [ˈʃuːlis] *adj* bez cipela, bos
shoe-lift [ˈʃuːlift] *s* žlica za obuvanje
shoe-maker [ˈʃuːˌmeikə] *s* postolar
shoe-shine [ˈʃuːʃain] *s* laštenje cipela; *US* čistač cipela | **~ boy** *US* čistač cipela
shoe-string [ˈʃuːstriŋ] *s US* vezica za cipele, žniranac; skromna svota | **on a ~** s ograničenim sredstvima; **~ budget** skromna sredstva; **~ majority** jedva dovoljna većina
shoe-tree [ˈʃuːtriː] *s* postolarski kalup za cipele
shone [ʃɔn] *pret* & *pp* od **shine**
shoo [ʃuː] *interj* iš!
shoo [ʃuː] *vi/t* **I.** *vi* izgovarati »iš!« **II.** *vt* 1. tjerati povikom »iš!« (*off, away*) 2. *US* zapovijedati kome, upravljati kim
shook [ʃuk] *s* 1. *US* svežanj dužica i daščica potrebnih da se sastavi bure, sanduk 2. krstina
shook [ʃuk] *vt* svezati u svežanj
shook [ʃuk] *pret* od **shake**
shoot [ʃuːt] *s* 1. pucanje, hitac; streljačko natjecanje; lovačka družba; lov, lovište 2. izdanak, mladica 3. tobogan 4. brzica (rijeke) 5. mjesto istovara otpadaka 6. *phot* snimak | **to give the whole ~** ići do kraja
shoot [ʃuːt] *vi/t* (shot, shot) **I.** *vi* pucati (*at* u, na), odapeti, strijeljati divljač 2. pojuriti, munuti, sunuti (*across, through* preko) 3. *phot* napraviti snimku 4. sipati svjetlost, isijavati zrake 5. tjerati mladice, nicati 6. nanositi bol, boljeti, probadati **II.** *vt* 1. ispaliti (zrno), odapeti (strijelu) 2. loviti u čemu (*to ~ the park*) 3. ustrijeliti, nastrijeliti koga, prostrijeliti što 4. izbaciti, baciti (sidro), odbaciti (otpadak); isprazniti, istovariti; *US sl* odbaciti što, odložiti kao neupotrebljivo 5. bacati, sipati (svjetlost); bacati (poglede) 6. tjerati (mladice) 7. zasunuti (vrata) 8. juriti (brzo se voziti) po čemu, preko čega 9. *phot* snimiti, fotografirati (koga, što) | **to go ~ing** poći u lov; **to ~ one's linen** namjerno pokazivati okrajke manšeta; *sl* **to ~ the cat** povraćati, bljuvati; **I'll be shot if...** neka me vrag odnese ako...; **to ~ a match** sudjelovati u natjecanju u gađanju; **to ~ a bridge** provesti se ispod mosta; *mar* **to ~ the sun** odrediti položaj broda sekstantom o podne; *sl* **to ~ the moon** nestati iz stana ne plativši stanarinu; **~ing star** zvijezda krijesnica, meteor; *US sl* **~!** hajde!, govori!
shoot ahead [ˈʃuːtəˈhed] *vi* jurnuti naprijed | **to ~ of a p** prestići koga
shoot away [ˈʃuːtəˈwei] *vt* potjerati koga pucnjavom; ispucati (municiju)
shoot down [ˈʃuːtˈdaun] *vt* ustrijeliti koga; srušiti (avion)
shoot forth [ˈʃuːtˈfɔːθ] *vt* potjerati mladice, niknuti
shoot off [ˈʃuːtˈɔf] *vt* otkinuti što zrnom (*had his arm shot off*)
shoot out [ˈʃuːtˈaut] *vt* pružiti (nogu), isplaziti (jezik), izgovoriti (riječi); izbaciti; stršiti | **to ~ one's lips** prćiti usne u znak prezira
shoot up [ˈʃuːtˈʌp] *vi/t* **I.** *vi* naglo porasti, sunuti uvis, suknuti, šiknuti, điknuti, brzo se podići **II.** *vt US* terorizirati (selo, kraj) pucnjavom; naglo unaprijediti koga | **prices ~** cijene se naglo dižu
shootable [ˈʃuːtəbl] *adj* koji se može strijeljati (loviti)
shooter [ˈʃuːtə] *s* strijelac; lopta kod kriketa koja pri udaru o zemlju ne odskoči nego se kotrlja | **six ~** revolver na šest metaka
shooting [ˈʃuːtiŋ] *s* pucanje, pucnjava, strijeljanje; prilika za pucanje ili lov; lovište; snimanje filma; probadanje, trganje (bol)
shooting-box [ˈʃuːtiŋbɔks] *s* lovačka kućica
shooting-gallery [ˈʃuːtiŋˌgæləri] *s* streljana
shooting-iron [ˈʃuːtiŋˌaiən] *s* vatreno oružje
shooting-pain [ˈʃuːtiŋpein] *s* probadanje, trganje, oštra bol, bodac
shooting-range [ˈʃuːtiŋreindʒ] *s* strelište, streljana

shoot-out [ˈʃuːtaut] *s US sl* obračun oružjem, pucnjava
shop [ʃɔp] *s* dućan, trgovina, prodavaonica, lokal, radionica; *sl* ustanova, škola, sveučilište, zgrada, prebivalište; zvanje, zanimanje, struka, stvari u vezi s tim | **the other ~** suparnička ustanova; **to set up ~** otvoriti posao; **to shut up ~** prestati što raditi; **to talk ~** govoriti o stručnim stvarima; **to sink the ~** suzdržavati se od govorenja o stručnim stvarima; tajiti svoje zanimanje; **to smell of the ~** biti previše stručan; *sl* **all over the ~** u neredu, razbacan, na sve strane; *fig* **to come to the wrong ~** obratiti se na pogrešnu adresu, namjeriti se na krivoga; **open ~** poduzeće koje ne pravi diskriminaciju prema nečlanovima sindikata; **closed ~** poduzeće koje zapošljava samo članove sindikata
shop [ʃɔp] *vi/t* **I.** *vi* kupovati po dućanima **II.** *vt sl* staviti koga onkraj brave | **to go ~ping** ići kupovati po dućanima; **to ~ around** pažljivo birati kvalitetu i cijenu
shop-assistant [ˈʃɔpəˌsistənt] *s* trgovački pomoćnik, prodavač (prodavačica)
shop-girl [ˈʃɔpgəːl] *s* prodavačica
shop-hours [ˈʃɔpˌauəz] *s pl* radno vrijeme u dućanima
shop-keeper [ˈʃɔpˌkiːpə] *s* vlasnik dućana, trgovac
shop-keeping [ˈʃɔpˌkiːpiŋ] *s* trgovina na malo
shop-lifter [ˈʃɔpˌliftə] *s* kradljivac po dućanima
shop-lifting [ˈʃɔpˌliftiŋ] *s* krađa po dućanima
shopman [ˈʃɔpmən] *s* (*pl* **shopmen** [ˈʃɔpmən]) trgovački pomoćnik; vlasnik dućana
shopper [ˈʃɔpə] *s* kupac, mušterija
shopping [ˈʃɔpiŋ] *s* kupovanje po dućanima | **~ centre** opskrbni centar; središnji dio grada s brojnim dućanima, trgovačka četvrt; **~ street** trgovačka ulica; **~ bag** vrećica s kupljenom robom; **~ basket** košarica za kupovinu (posebno u samoposluživanju)
shop-price [ˈʃɔpprais] *s* maloprodajna cijena
shoppy [ˈʃɔpi] *adj* (**shoppily** *adv*) kramarski
shop-soiled [ˌʃɔpˈsɔild] *adj* uprljan izlaganjem u dućanu
shop-steward [ˌʃɔpˈstjuəd] *s* predstavnik sindikata u tvornici
shop-talk [ˈʃɔptɔːk] *s* stručni razgovor, razgovor o struci; stručno izražavanje
shop-walker [ˈʃɔpˌwɔːkə] *s* nadglednik odjela u robnoj kući
shop-window [ˌʃɔpˈwindəu] *s* izlog
shore[1] [ʃɔː] *s* obala, žal, igalo, primorje; *jur* kopno između najviše razine plime i najniže razine oseke | *mar* **in ~** u obalnim vodama; **on ~** na kopnu; **off ~** uz obalu, pred obalom, dalje od obale
shore[2] [ʃɔː] *s* kosi potporanj
shore [ʃɔː] *vt* poduprijeti što kosim potpornjem (*up*)
shore [ʃɔː] *pret* od **shear**
shoreward [ˈʃɔːwəd] *adv* prema obali
shoreward [ˈʃɔːwəd] *adj* koji ide prema obali, koji je u smjeru prema obali
shoring [ˈʃɔːriŋ] *s* podupiranje kosim potpornjima; *collect* potporne grede
shorn [ʃɔːn] *pp* od **shear**
short [ʃɔːt] *adj* 1. kratak, nizak, malen, kratkoročan; nedovoljan, manjkav 2. *pros* nenaglašen 3. otresit, razdražljiv 4. oskudan 5. prhak, drobiv, loman 6. (o piću) žestok | **~ story** novela; *el* **~ circuit** kratki spoj; **~ cut** prečac; *sl* **a ~ drink** aperitiv; **a ~ sea** kratki valovi; **make ~ work of** svršiti što brzo; **~ temper** naglost, raspaljivost; **~ sight** kratkovidnost (& *fig*); **at ~ range** izbliza, na malu udaljenost; **to take ~ views** brinuti se samo za sadašnjost; **~ date** kratak rok; **~ bill (paper)** kratkoročna mjenica; **to be ~ of** nemati dovoljno čega; **~ of cash** bez gotova novca; **~ of breath** bez daha; **nothing ~ of** gotovo, ništa manje nego; **~ weight** slaba vaga; **a ~ ten miles** jedva deset milja, (naoko) manje od deset milja; **~ commons** mršavo, oskudno opskrbljivanje hranom; **on ~ commons** slabo hranjen; **to cut a long story ~** kazati ukratko; **~ ton** mjera za težinu: 907,20 kg; **for ~** ukratko, skraćeno; **to fall ~ of** podbaciti, ne ispuniti, ne izvršiti; **run ~ of** ponestati, osjetiti nestašicu; **~ and sweet** kratak i sadržajan
short [ʃɔːt] *s* kratak slog (samoglasnik); znak kratkoće; kratki film, kratkometražni film; *el* kratki spoj; *pl* kratke hlače | **the long and the ~ of it** ukratko rečeno
short [ʃɔːt] *adv* nenadano, odjednom, prije vremena | **to be taken ~** dobiti proljev; **~ of** osim; **to cut a p ~** prekinuti koga; **to stop ~** iznenada se prekinuti; *com* **to sell ~** prodavati bez pokrića; **cut it ~** skrati!, ne razvlači!
shortage [ˈʃɔːtidʒ] *s* nestašica, nedostatak, pomanjkanje, manjak
short-balance [ˌʃɔːtˈbæləns] *s com* dugovni saldo
shortbread [ˈʃɔːtbred] *s* prhak, drobiv kruh (kolač)
shortcake [ˈʃɔːtkeik] *s* prhak, drobiv kruh (kolač)
short-change [ˈʃɔːtˈtʃeindʒ] *vt* prevariti, uzvratiti manje novca
short-circuit [ˈʃɔːtˈsəːkit] *el* kratki spoj
short-circuit [ˈʃɔːtˈsəːkit] *vt* izazvati kratki spoj (*to ~ a lamp*)

shortcoming [ˌʃɔːtˈkʌmiŋ] *s* (većinom *pl*) nedostatak, mana, nesposobnost vršenja dužnosti
short cut [ˈʃɔːtkʌt] *s* prečac
short-dated [ˌʃɔːtˈdeitid] *adj com* kratkoročan
short-eared [ˈʃɔːtˌiəd] *adj* kratkouh, koji ima kratke ili male uši
shorten [ˈʃɔːtn] *vt/i* **I.** *vt* skratiti, prikratiti (govor, vrijeme, jedro), umanjiti **II.** *vi* postajati kraći, skraćivati se; padati (cijene)
shortening [ˈʃɔːtniŋ] *s* skraćivanje; masnoća koja tijestu daje prhkost
shortfall [ˈʃɔːtfɔːl] *s* podbačaj, manjak, nedostatak, deficit
shorthand [ˈʃɔːthænd] *s* stenografija | **to write ~** stenografirati
short-handed [ˌʃɔːtˈhændid] *adj* kojemu nedostaje radne snage, bez dovoljno radne snage
shorthand writer [ˈʃɔːthændˈraitə] *s* stenograf, stenografkinja
short-head [ˈʃɔːthed] *s* kratka glava; *racing* dužina manja od dužine konjske glave
shorthorn [ˈʃɔːthɔːn] *s* stoka kratka roga
shortish [ˈʃɔːtiʃ] *adj* okratak, omalen, onizak
short list [ˌʃɔːtˈlist] *s* uži izbor
short-list [ˈʃɔːtlist] *vt* uzeti u uži izbor | **to be ~ed** ući u uži izbor
short-lived [ˌʃɔːtˈlivd] *adj* kratkovječan, kratkotrajan
short-living [ˌʃɔːtˈliviŋ] *adj* kratkotrajan
shortly [ˈʃɔːtli] *adv* uskoro, ukratko | **~ after** naskoro poslije toga; **~ before** malo prije
shortness [ˈʃɔːtnis] *s* kratkoća; nedostatak, pomanjkanje
short-offer [ˈʃɔːtˌɔfə] *s st exch* ponuda bez pokrića
short run [ˈʃɔːtˈrʌn] *s* kratko vrijeme | **in the ~** kratkoročno gledano, na kraći rok
short-seller [ˈʃɔːtˌselə] *s com* bjanko-prodavač
short-sighted [ˌʃɔːtˈsaitid] *adj* (**~ly** *adv*) kratkovidan (& *fig*)
short-spoken [ˌʃɔːtˈspəukn] *adj* kratkorjek, škrt u riječima, lakoničan
short-stroke [ˈʃɔːtstrəuk] *adj* kratkohodan | **~ shaper** kratkohodna blanjalica
short-tempered [ˌʃɔːtˈtempəd] *adj* nagao, raspaljiv, na kratko nasađen, naprasit
short-term [ˈʃɔːttəːm] *adj* kratkoročan
short-wave [ˈʃɔːtweiv] *s radio* kratki val
short-winded [ˌʃɔːtˈwindid] *adj* kratka daha, zadihan, koji se brzo zapuše
shot[1] [ʃɔt] *s* 1. tane, metak, kugla, (*pl*) sačma, hitac 2. doseg, domet, strijela 3. strijelac 4. *phot* snimka 5. *sport* udarac, hitac 6. *fam* nagađanje, pokušaj, potez u igri 7. *coll* injekcija 8. *coll* čašica, gutljaj (žestokog pića) | *sl* **a ~ in the locker** novac u džepu; *fig* izvor pomoći u nuždi; **to make a bad ~** loše nagađati; **like a ~** kao munja; **to go off like a ~** odjuriti kao strijela; **a ~ in the dark** nagađanje nasumce; **to have a ~ at** pokušati što; **long ~** pokušaj sa slabim izgledima na uspjeh; **not by a long ~** ni izdaleka, nipošto; **a ~ in the arm** stimulans, poticaj; **like a ~** kao iz topa; **big ~** velika zvjerka, budža; **putting the ~** bacanje kugle
shot[2] [ʃɔt] *s* račun, dio računa koji zapada pojedinca | **to pay one's ~** platiti svoj dio računa
shot [ʃɔt] *vt* nabiti (opteretiti) što sačmom
shot [ʃɔt] *pret* & *pp* od **shoot** | **~ dead** ustrijeljen
shot-coloured [ˈʃɔtˌkʌləd] *adj* (o boji na tkanini) koji se prelijeva
shot-gun [ˈʃɔtgʌn] *s* sačmarica | **~ wedding** prisilno vjenčanje
should [ʃud] *pret* od **shall**
shoulder [ˈʃəuldə] *s* 1. rame, pleće; *pl* leđa 2. *fig* izbočina u obliku ramena | **to have broad ~s** biti jak, moći nositi mnogo tereta ili odgovornosti; **old head on young ~s** mladenačka mudrost, pametan mladić; **to put (set) ~ to wheel** vrlo se truditi; odlučno se čega prihvatiti; **straight from the ~** bez okolišanja; uspješan (udarac); **to give the cold ~ to** hladno primiti, izbjegavati (koga), prezirno postupati (s kim); **~ to ~** rame uz rame (& *fig*); *mar* **~ of mutton sail** trokutno jedro; *coll* **to rub ~s with** biti u prijateljskim odnosima sa; **to stand head and ~s above** nadvisivati, biti mnogo iznad
shoulder [ˈʃəuldə] *vt/i* **I.** *vt* uzeti, natovariti što na leđa; *fig* preuzeti, uzeti na se (dužnost, odgovornost i dr.); gurati koga (*out of* iz) **II.** *vi* gurati se; izbočiti se | *mil* **~ arms!** pušku na rame!; **to ~ one's way** probijati sebi put, gurati se, mučno napredovati
shoulder out [ˈʃəuldərˈaut] *vt* izgurati
shoulder through [ˈʃəuldəˈθruː] *vi* probiti se kroz (što)
shoulder-blade [ˈʃəuldəbleid] *s* lopatica
shoulder-knot [ˈʃəuldənɔt] *s* naramenica, (pletena) epoleta
shoulder-note [ˈʃəuldənəut] *s print* primjedba u gornjem vanjskom uglu strane
shoulder-strap [ˈʃəuldəstræp] *s* naramenica, uprta; epoleta
shout [ʃaut] *s* povik, usklik, klicanje, poklik, klik, vika | **to give a ~** viknuti, kliknuti
shout [ʃaut] *vi/t* **I.** *vi* vikati, vrištati (*with* od); klicati (*for* od); dozivati (*for* koga), dovikivati (*at* kome); dozivati (*to* koga); *US* glasno se zauzeti za koga **II.** *vt* vikati što, glasno izraziti što, doviknuti što | **to ~ with laughter** vrištati od smijeha; **to ~ for joy** vrištati od radosti; **to ~ down** ušutkati vikom; **to ~ to** doviknuti

shout out ['ʃaut'aut] *vi/t* kliknuti, uskliknuti
shouter ['ʃautə] *s* vikač, bukač, klicalac
shove [ʃʌv] *s* 1. poriv, guranje, potiskivanje 2. drvenasta sredina stabljike lana | **to give one a ~ off** pomoći kome da krene
shove [ʃʌv] *vt/i* **I.** *vt* turnuti, rinuti, turiti (*into* u); odrinuti, otisnuti (*off*); *coll* položiti, postaviti (*on* na) **II.** *vi* gurati se, rivati se; *mar* otisnuti se od obale (*off*); polagano napredovati (*along, past* uz); probijati se (*through* kroz)
shove aside ['ʃʌvə'said] *vt* gurnuti što u stranu
shove away ['ʃʌvə'wei] *vt* otisnuti, odgurnuti
shove by ['ʃʌv'bai] *vi* probijati se, protiskivati se
shove down ['ʃʌv'daun] *vt* zgurati, porinuti dolje; *sl* zapisati
shove off ['ʃʌv'ɔf] *vi mar* otisnuti se od obale
shove on ['ʃʌv'ɔn] *vt* obući što
shove up ['ʃʌv'ʌp] *vt* postaviti, namjestiti
shovel ['ʃʌvl] *s* lopata, lopatica
shovel ['ʃʌvl] *vt* lopatati, lopatom prebacivati; *fig* gomilati, zgrtati | **to ~ food into one's mouth** pohlepno jesti
shovel away ['ʃʌvlə'wei] *vt* lopatom ukloniti
shovel up ['ʃʌvl'ʌp] *vt* zgrnuti, nagomilati | **to ~ money** zgrnuti novac
shovelboard ['ʃʌvlbɔːd] *s* igra u kojoj se lopaticom gura pločica po nacrtanom liku (obično se igra na brodskoj palubi)
shovelful ['ʃʌvlful] *s* puna lopata
shovel-hat ['ʃʌvlhæt] *s* šešir široka oboda kakav nose anglikanski viši svećenici
shoveller ['ʃʌvlə] *s* onaj koji radi lopatom; *ornith* patka žličarica
show [ʃəu] *s* 1. pokazivanje; podizanje ruku (pri glasanju); kešenje (zubâ) 2. pojavljivanje, pojava; dojam 3. *US* prilika 4. (prazan) sjaj, svečanost, povorka 5. trag 6. izlika, izgovor; prividnost 7. pogled, prizor 8. izložba 9. historijska povorka 10. *coll* predstava, revija, parada, izvedba 11. *sl* tučnjava 12. *sl* posao, ustanova, poduzeće | **dumb ~** pantomima; *US* **to run (boss) the ~** upravljati čime, voditi nešto, imati glavnu riječ; **to give away the ~** izdati tajnu; **to make a fine ~** pružati krasan prizor; **on ~** na ogled, može se vidjeti; **Lord Mayor's Show** povorka načelnika Londona (9. stud.); **oh, bad ~** loše!, ne valja!; **to vote by ~ of hands** glasati dizanjem ruku; **ice ~** revija na ledu; **good ~!** bravo!; **to put up a good ~** dobro se iskazati; **one-man ~** samostalna izložba
show (shew) [ʃəu] *vt/i* (*pret* ~ed; *pp* ~n, ~ed) **I.** *vt* 1. pokazati, izložiti (robu) 2. voditi, pratiti koga 3. prikazivati 4. učiniti (uslugu) **II.** *vi* pokazati se, pojaviti se, biti vidljiv; izgledati, činiti se | **to ~ cause** navesti razloge; **to ~ one's colours** otkriti svoju ćud (svoje mišljenje); **to ~ one's hand** otkriti svoje planove; **to ~ the hoof** pokazati zlu narav; **to ~ the white feather** otkriti svoj kukavičluk; **to ~ a clean pair of heels** uteći, odmagliti; **to ~ a leg** izaći iz kreveta; **to ~ a th the fire** neznatno podgrijati što; **to be ~n to be** pokazati se kao; **to ~ a p the door** izbaciti koga; **to ~ against a background** isticati se na pozadini; **it goes to ~ that** ... to pokazuje da...
show forth ['ʃəu'fɔːθ] *vt* obznaniti, pokazati; dokazati, razložiti
show in ['ʃəu'in] *vt* uvesti koga (u sobu i dr.)
show off ['ʃəu'ɔf] *vt/i* isticati, izložiti, razmetati se, gizdati se
show out ['ʃəu'aut] *vt* ispratiti koga (do vrata)
show round ['ʃəu'raund] *vt* provesti koga po (kući, vrtu)
show up ['ʃəu'ʌp] *vt/i* **I.** *vt* voditi koga gore; otkriti, raskrinkati **II.** *vi* pokazati se, pojaviti se; isticati se (*against* nasuprot)
show-boat ['ʃəubəut] *s* ploveće kazalište
showbread ['ʃəubred] *s bibl* dvanaest hljebova kruha žrtvovanih Jehovi u svetištu
showbiz ['ʃəubiz] *s coll* zabavljačka profesija, zabavljačka industrija
show business ['ʃəu'biznis] *s* zabavljačka profesija, zabavljačka industrija, zabavljaštvo
show-card ['ʃəukaːd] *s* kartica s uzorcima, reklamni plakat u dućanu
show-case ['ʃəukeis] *s* stakleni ormar u kojem se izlaže roba, vitrina
show-down ['ʃəudaun] *s* 1. *cards* otkrivanje karata; konačni obračun 2. otkrivanje (činjenica, namjera)
shower ['ʃəuə] *s* pokazivač
shower ['ʃauə] *s* 1. pljusak, pokislost; tuš, tuširanje 2. *fig* obilje, veliko mnoštvo, more 3. *US* mnoštvo darova za vjenčanje | **in ~s** u veliku mnoštvu, kao kiša; **to take a ~** tuširati se
shower ['ʃauə] *vt/i* **I.** *vt* izliti, politi, obasuti **II.** *vi* pljuštati, lijevati (kiša); izliti se (& *fig*)
shower-bath ['ʃauəbaːθ] *s* tuš, tuš-kada; tuširanje
showery ['ʃauəri] *adj* kišovit, kišan
showiness ['ʃəunis] *s* sjaj, blistavilo, upadljivost
showman ['ʃəumən] *s* (*pl* **showmen** ['ʃəumən]) vlasnik cirkusa, menažerije, glumac zabavnog kazališta; predstavljač, reklamer
showmanship ['ʃəumənʃip] *s* smisao za publicitet

shown [ʃəun] *pp* od **show**
show-piece [ˈʃəupiːs] *s* izložbeni primjerak, uzorak za izložbu
show-place [ˈʃəupleis] *s* (turistička) znamenitost
show-room [ˈʃəurum] *s* izložbeni salon
show-window [ˈʃəuˌwindəu] *s* izlog
showy [ˈʃəui] *adj* (**showily** *adv*) upadljiv, koji udara u oči, privlačiv; sjajan, blistav, gizdav; drečav
shrank [ʃræŋk] *pret* od **shrink**
shrapnel [ˈʃræpnl] *s mil* šrapnel; *collect* šrapnele
shred [ʃred] *s* razderan, oderan komadić tkanine, krpa, dronjak, cunja; *fig* komadić, mrva, trun, trag | **to tear to ~s** potpuno pobiti (dokazati neistinu)
shred [ʃred] *vt/i* (*pret* & *pp* **~ded, ~**) **I.** *vt* razderati u krpe, razderati u komadiće, izdrpati; isjeckati, iskosati **II.** *vi* raspadati se, razderati se
shred away [ˈʃredəˈwei] *vi* ljuštiti se; otpadati, nestajati
shrew [ʃruː] *s* 1. *zool* rovka 2. zla žena, nadžak-baba, goropadnica, aspida, rospija, zmaj
shrewd [ʃruːd] *adj* (**~ly** *adv*) mudar, lukav, oštrouman; snalažljiv, promućuran; pronicav, oštar, prodoran (studen, bol, udarac)
shrewdness [ˈʃruːdnis] *s* oštroumnost, prepredenost, pronicavost
shrewish [ˈʃruːiʃ] *adj* (**~ly** *adv*) svadljiv, zloban, jezičav, lajav
shriek [ʃriːk] *s* vrisak, vrištanje, krik, zvižduk
shriek [ʃriːk] *vi/t* **I.** *vi* vrištati, kričati, kriještati, zviždu knuti **II.** *vt* vrisnuti što, kazati što vrištavim glasom | **to ~ with laughter** vrištati od smijeha
shriek out [ˈʃriːkˈaut] *vt* vrisnuti što, kazati što vrištavim glasom
shrievalty [ˈʃriːvəlti] *s* trajanje službe šerifa; šerifska služba
shrift [ʃrift] *s arch* ispovijed; oproštenje | **short ~** kratko vrijeme između osude i izvršenja kazne; **to give one short ~** na brzinu s nekim svršiti
shrike [ʃraik] *s ornith* svračak
shrill [ʃril] *adj* (**shrilly** *adv*) rezak, vrištav, ječeći, oštar, prodoran; *fig* glasan (pritužba, optužba)
shrill [ʃril] *vi/t* **I.** *vi poet* vrištati, kriještati, ječati **II.** *vt* oštro, vrištavo kriknuti što
shrimp [ʃrimp] *s* 1. *zool* morski račić; *fig* patuljak, čovječuljak 2. blijedocrvena boja
shrimp [ʃrimp] *vi* loviti morske račiće
shrimper [ˈʃrimpə] *s* lovac na račiće
shrine [ʃrain] *s* spremnica s moćima, moćnica, svečev grob; svetište, kapelica, oltar, žrtvenik; *fig* svetinja
shrine [ʃrain] *vt poet* staviti što u moćnicu; čuvati što kao svetinju
shrink [ʃriŋk] *vi/t* (**shrank, shrunk**) **I.** *vi* 1. skvrčiti se, smanjiti se, stisnuti se, povući se u se, zbjeći se, skupiti se, stegnuti se (tkanina u pranju) 2. *fig* prezati, žacati se, zgroziti se, ustuknuti (*from*), nerado, preko volje napraviti **II.** *vt* pustiti da se što stisne (stegne, uvuče u se); kvasiti (sukno); skratiti, umanjiti što
shrinkable [ˈʃriŋkəbl] *adj* koji se može stisnuti, uvući u se, stegnuti, koji se skuplja (u pranju)
shrinkage [ˈʃriŋkidʒ] *s* grčenje, stezanje, smanjenje, skupljanje (opsega, površine); *fig* umanjivanje, opadanje
shrinking [ˈʃriŋkiŋ] *adj* (**~ly** *adv*) plašljiv, koji se žaca; koji se smanjuje, skuplja
shrive [ʃraiv] *vt* (*pret* **~d, shrove**; *pp* **~d, shriven**) ispovjediti koga i zadati mu pokoru, ispovjediti što
shrivel [ˈʃrivl] *vi/t* **I.** *vi* zgrčiti se, stisnuti se, navorati se, nabrati se, smežurati se; *fig* svenuti **II.** *vt* zgužvati, stisnuti, navorati
shriven [ˈʃrivn] *pp* od **shrive**
shroud [ʃraud] *s* mrtvački pokrov; *fig* plašt; *mar pl* pripone, sartije, puta, užad koja veže jarbole s bokovima broda
shroud [ʃraud] *vt/i* **I.** *vt* zamotati u mrtvački pokrov; *fig* zaviti plaštem, pokriti velom, kriti, zaodjenuti (tajnom, tajnovitošću) **II.** *vi* zaviti se; kriti se
shroudless [ˈʃraudlis] *adj* bez mrtvačkog pokrova; *fig* nezakrit
shrove [ʃrəuv] *pret* od **shrive**
Shrove Tuesday [ˈʃrəuvˈtjuːzdi] *s* pokladni utorak, fašnik
shrub¹ [ʃrʌb] *s* vrsta punča ili groga (od voćnog soka i alkoholnog pića)
shrub² [ʃrʌb] *s bot* grm, grmičak, žbun; *pl* grmlje
shrubbery [ˈʃrʌbəri] *s* grmlje; nasad ukrasnog grmlja
shrubby [ˈʃrʌbi] *adj* grmast, grmovit, obrastao grmljem; gust
shrug [ʃrʌg] *s* slijeganje ramenima
shrug [ʃrʌg] *vt/i* **I.** *vt* slegnuti (ramenima) **II.** *vi* slegnuti ramenima
shrunk [ʃrʌŋk] *pp* od **shrink**
shrunken [ˈʃrʌŋkən] *adj* skvrčen, zakržljao; upao (lice) | **to have a ~ look** izgledati skvrčen
shuck [ʃʌk] *s* mahuna, ljuska, komušina; nešto bezvrijedno | **~s!** glupost!
shuck [ʃʌk] *vt* komušati, ljuštiti što
shudder [ˈʃʌdə] *s* groza, ježenje, jeza; drhtaj, trnci, strepnja
shudder [ˈʃʌdə] *vi* 1. drhtati, strahovati 2. protrnuti, zgroziti se (*from* od), zgaditi se (*at* na)
shuddering [ˈʃʌdəriŋ] *adj* (**~ly** *adv*) koji division dršće, koji se zgraža; grozan, strašan

shuffle [ˈʃʌfl] *s* 1. težak hod, vučenje nogu, struganje nogama, mijenjanje položaja, vrpoljenje 2. miješanje karata 3. varanje, prijevara; dvoličnost, petljanija, izmotavanje

shuffle [ˈʃʌfl] *vi/t* **I.** *vi* 1. polagano, mučno hodati, strugati nogama, gegati se, vući se, vući noge 2. miješati karte 3. mijenjati položaj, vrtjeti se, vrpoljiti se; uskomešati se, kolebati se 4. izmotavati se, petljati, biti dvoličan **II.** *vt* 1. amo-tamo gurati 2. miješati (karte); pomiješati, pobrkati 3. navući (odijelo) (*on*), svući (odijelo) (*off*) 4. prebaciti (odgovornost) (*off*) | **to ~ the cards** miješati karte; *fig* promijeniti uloge; pokušati nov način; **to ~ one's feet** vući noge, strugati nogama

shuffle away [ˈʃʌfləˈwei] *vt* neopazice odnijeti, maknuti

shuffle off [ˈʃʌflˈɔf] *vt* skinuti, svući (odijelo); prebaciti (odgovornost) (*upon* na)

shuffle through [ˈʃʌflˈθruː] *vi* brzo dokončati, udesiti

shuffle-board [ˈʃʌflbɔːd] *s* → **shovelboard**

shuffler [ˈʃʌflə] *s* varalica, dvoličnjak, prevrtljivac

shuffling [ˈʃʌfliŋ] *adj* (**~ly** *adv*) težak (korak, hod); *fig* nepošten, dvoličan, prevrtljiv, koji izbjegava (odgovor)

shun [ʃʌn] *vt* izbjegavati koga ili što, kloniti se čega, ugibati se čemu

shunless [ˈʃʌnlis] *adj* neizbježiv

shunt [ʃʌnt] *s* **1.** *rly* skretanje vlaka ili vagona na sporedni kolosijek, ranžiranje 2. *el* sporedni priključak, odvod 3. *fig* izbjegavanje

shunt [ʃʌnt] *vt/i* **I.** *vt rly* skrenuti (vlak) na sporedni kolosijek, ranžirati 2. *el* priključiti sporedni vod, odvoditi 3. skrenuti (razgovor) na drugo 4. *fig* pustiti po strani, odložiti, odgoditi; maknuti s puta koga **II.** *vi* skrenuti vlak na sporedni kolosijek

shunter [ˈʃʌntə] *s rly* skretničar; *sl* sposoban organizator, maher; zabušant

shunting-engine [ˈʃʌntiŋˌendʒin] *s rly* ranžirna lokomotiva, manevarka

shush [ʃʌʃ] *vi/t* **I.** *vi* praviti pst!, psikati, nalagati mir, tišinu **II.** *vt* ušutkati, umiriti koga psikanjem

shut [ʃʌt] *vt/i* (shut, shut) **I.** *vt* 1. zatvoriti, sklopiti (knjigu, oči, nožić i dr.) 2. priškrinuti, pričepiti (prst i dr.) (*into* među) **II.** *vi* zatvoriti se, zaklopiti se, sklopiti se | **to ~ the door on** ne htjeti govoriti s kim; onemogućiti što; **to ~ oneself away from** isključiti se iz; **to ~ one's ears to** ne htjeti čuti što

shut down [ˈʃʌtˈdaun] *vt/i* **I.** *vt* zatvoriti (prozor), obustaviti rad (u tvornici) **II.** *vi* biti zatvoren (tvornica), ne raditi

shut in [ˈʃʌtˈin] *vt* zatvoriti, opkoliti, okružiti

shut off [ˈʃʌtˈɔf] *vt* isključiti (vodu i dr.), prekinuti dovod, zatvoriti

shut out [ˈʃʌtˈaut] *vt* isključiti (*from* iz, od), priječiti (mogućnost, vidik i dr.)

shut to [ˈʃʌtˈtuː] *vt/i* **I.** *vt* čvrsto zatvoriti **II.** *vi* čvrsto se zatvoriti

shut up [ˈʃʌtˈʌp] *vt/i* **I.** *vt* čvrsto zatvoriti, zakračunati, začepiti (usta), ušutkati **II.** *vi* prestati | *fam* **~**! šuti!, jezik za zube!, zaveži!; *fam* **to ~ shop** zatvoriti dućan, obustaviti poslovanje (& *fig*)

shut-down [ˈʃʌtdaun] *s* zaustavljanje pogona (tvornice), obustava posla, mirovanje

shut-eye [ˈʃʌtai] *s sl* san, spavanje

shut-in [ˈʃʌtin] *adj* zatvoren; bolestan

shut-in [ˈʃʌtin] *s* bolesnik

shut-off [ˈʃʌtɔf] *s* zaključak; zaustava, prepreka

shut-outs [ˈʃʌtauts] *s pl com* nepretovarena roba

shutter [ˈʃʌtə] *s* kapak; zaklopac, poklopac; rolo, roleta; zatvor fotografskog aparata, blenda | **to put up the ~s** zatvoriti dućan (& *fig*)

shutter [ˈʃʌtə] *vt* staviti kapke na; *fig* zatvoriti što

shuttle[1] [ˈʃʌtl] *s* tkalački čunak, lađica, čunčić u šivaćem stroju; vicinalna linija

shuttle[2] [ˈʃʌtl] *s* ustava

shuttle [ˈʃʌtl] *vi* letjeti amo-tamo (kao čunak)

shuttlecock [ˈʃʌtlkɔk] *s* lopta za badminton | **battledore and ~** igra s pernatom loptom

shuttle-train [ˈʃʌtltrein] *s* lokalni vlak, vicinalna željeznica

shy[1] [ʃai] *s* plašenje, plahovitost, zazorljivost (o konju)

shy[2] [ʃai] *s* 1. bacanje, hitac 2. *fig* podrugljiva primjedba 3. *coll* pokušaj, pokus | **to have a ~ at** baciti se na što; pokušati što

shy [ʃai] *adj* (**~ly** *adv*) 1. plah, plašljiv, plahovit, zazorljiv (o konju), strašljiv, bojažljiv, stidljiv, povučen; sumnjičav, nepovjerljiv (*of* prema), oprezan 2. sakriven, koji se teško može naći (neko mjesto), koji se teško može uloviti (životinja) 3. *sl* dvosmislen, sumnjiv | **to fight ~ of** izbjegavati koga, ugibati se kome s puta; **to fight ~ of doing** plašiti se što učiniti; **once bitten twice ~** tko se jednom opeče, taj i na hladno puše

shy [ʃai] *vi* (o konju) plašiti se (*at* čega)

shy [ʃai] *vt/i* **I.** *vt coll* baciti (kamen, loptu; *at* na) **II.** *vi* baciti se (kamenom)

shyer [ˈʃaiə] *s* plašljiv konj

shyness ['ʃainis] *s* plašljivost, plahost, bojažljivost, stidljivost, povučenost; sumnjičavost, opreznost

shyster ['ʃaistə] *s US sl* nadriodvjetnik, fiškal

Siamese [ˌsaiə'miːz] *adj* sijamski | ~ **twins** sijamski blizanci

Siamese [ˌsaiə'miːz] *s* Sijamac, Sijamka, sijamski jezik | **the** ~ Sijamci

sibilant ['sibilənt] *adj phon* piskav (suglasnik)

sibilant ['sibilənt] *s phon* sibilant, piskav suglasnik

sibilate ['sibileit] *vt/i* **I.** *vt* izraziti što piskavim glasom **II.** *vi* piskati, psikati

sibilation [ˌsibi'leiʃn] *s* sibilacija, piskanje, pištanje, piska

sibling ['sibliŋ] *s* brat ili sestra, potomak istih roditelja

sibyl ['sibil] *s* Sibila, proročica, vještica

sibylline [si'bilain] *adj* sibilski, proročki, nejasan, taman

sic [sik] *adv Lat* tako, tako stoji u originalu, doslovno navedeno

sick [sik] *adj* 1. *arch* bolestan; *US* bolestan, slab, nemoćan; razočaran 2. koji čezne (*for* za) 3. sit 4. kome je zlo, koji osjeća mučninu, ogavnost, ljutitost (*with* na koga) 5. pokvaren, ciknut (vino) 6. *st exch* loš, male vrijednosti, koji je u maloj cijeni 7. kojemu je potreban popravak (brod) 8. *sl* morbidan, perverzan | **to turn** ~ razboljeti se; *mil* **to go** ~ javiti se bolestan; **the** ~ bolesnici; ~ **and tired of** sit čega; ~ **to death of** sit čega do grla; **to be** ~ povraćati, osjećati mučninu; **to fall (get)** ~ razboljeti se; *mil* **to report** ~ javiti se na bolesnički raport; ~ **for** koji čezne za nečim; **it makes me** ~ smuči mi se od toga

sick [sik] *vt* pograbiti, ščepati koga (o psu), nahuckati (psa) (*on* na) | **to** ~ **something up** povratiti, izbljuvati

sick-allowance ['sikəˌlauəns] *s* naknada za vrijeme bolovanja, bolesnička potpora, hranarina

sick-bay ['sikbei] *s mar* brodska bolnica

sick-bed ['sikbed] *s* bolesnički krevet

sick-benefit ['sikˌbenəfit] *s* naknada za vrijeme bolovanja, hranarina

sicken ['sikn] *vi/t* **I.** *vi* 1. oboljeti, pobolijevati, osjećati mučninu 2. čeznuti 3. *fig* nestajati, venuti 4. dosaditi (*of a th* što) **II.** *vt* napraviti koga bolesnim; zgaditi kome što, biti sit (*of* čega); slabiti

sickener ['siknə] *s sl* odvratan čovjek; gađenje (*of* na)

sickening ['sikniŋ] *adj* (~**ly** *adv*) odvratan

sickish ['sikiʃ] *adj* (~**ly** *adv*) boležljiv; odvratan, oduran

sickle ['sikl] *s* srp

sick-leave ['sikliːv] *s* bolovanje, dopust za oporavak

sickliness ['siklinis] *s* boležljivost, boležljiv izgled; nezdravost (podneblja); odvratnost

sickly ['sikli] *adj* (**sicklily** *adv*) boležljiv, slabunjav, bolesna izgleda; blijed, bljeđahan; mlitav (o osjećajima); sladunjav

sickly ['sikli] *vt* (većinom *fig* & *pas*) napraviti koga bolesnim

sickness ['siknis] *s* bolest, boležljiv izgled; *fig* osjećaj mučnine, stuživanje, mučnina, nevoljkost | ~ **pay** hranarina

sicknurse ['siknəːs] *s* bolničarka

sick-parade ['sikpəˌreid] *s mil* bolesnički raport

sick-pay ['sikpei] *s* bolesnička naknada

sickroom ['sikrum] *s* bolesnička soba

side [said] *s* 1. strana (& *fig*), ploha; bok; stranica (pisma), slabine; pola tijela 2. prostrana površina (zid), rub (puta, stola); obala, obronak, kosina 3. područje, kraj 4. *school* odjeljenje 5. *sport* momčad 6. *sl* preuzetnost, drskost 7. *billiards* okretanje kugle zbog postranog udarca | **by the** ~ **of** uz, pored; **back** ~ stražnjica; **blind** ~ slaba strana; ~ **by** ~ jedan uz drugoga, rame uz rame, bok uz bok; uporedo; **to shake one's** ~**s** savijati se od smijeha; **to split (burst) one's** ~**s** pucati od smijeha; **to put a th on one** ~ staviti što u stranu, ne obraćati pažnje na što; **to take** ~**s** pristati uz koju stranu; *cricket* **on** ~ lijeva strana; **off** ~ dalja strana, desna strana; *ftb* ofsajd; **on this** ~ **of the grave** s ove strane groba, u ovozemaljskom životu; **on the right (wrong)** ~ **of forty** manje (više) od četrdeset godina; **on the wrong** ~ **of the door** isključen iz čega; **on the wrong** ~ **of the blanket** nezakonit (dijete); **to have** ~ utvarati sebi; **to keep on the right** ~ **of a p** urediti stvari na prijateljski način s kim; **on father's (mother's)** ~ po očevoj (majčinoj) lozi, s očeve (majčine) strane; **on the** ~ usput

side [said] *vi* pristati uz jednu stranu; *sl* hvastati se, razmetati se | **to** ~ **with** pristajati uz

side-arms ['saidaːmz] *s pl* bočno oružje, sablja, bajonet

sideboard ['saidbɔːd] *s* bife (ormar), ormar za stolno suđe, kredenc; *pl* kratki zalisci

side-bone ['saidbəun] *s* rašljasta kost pod krilom peradi

side-burn ['saidbəːn] *s US* kratki zalisci

side-car ['saidkaː] *s mot* prikolica motocikla

sided ['saidid] *adj* (~**ly** *adv*) -stran (*two-*~, *many-*~)

side-dish ['saiddiʃ] *s* prilog uz glavno jelo

side-effect ['saidi'fekt] *s* nuzgredna pojava nuspojava, popratna pojava; nuzgredna posljedica

side-face ['saidfeis] *s* profil

side-glance ['saidglaːns] *s* pogled iskosa

side-issue ['said,iʃu:] *s* sporedno pitanje
sidelight ['saidlait] *s* svjetlo sa strane; *fig* slučajno objašnjenje, slučajna informacija; crveno ili zeleno svjetlo na bokovima broda
side-line ['saidlain] *s rly* sporedna pruga; *fig* sporedno zanimanje, nuzzarada; *pl sp* aut-linija
sidelong ['saidlɔŋ] *adv* postrance, koso, na stranu
sidelong ['saidlɔŋ] *adj* postran, kos; *fig* neizravan, potajan, prikriven
side-note ['saidnəut] *s* opaska na rubu (knjige)
sidereal [sai'diəriəl] *adj* sideričan, zvjezdan
side-road ['saidrəud] *s* pokrajna cesta
side-saddle ['said,sædl] *s* žensko sedlo
side-show ['saidʃəu] *s* sporedna predstava (uz glavnu)
side-slip ['saidslip] *s* 1. *aero* & *mot* bočno kretanje, zanošenje (na zaokretu) 2. izdanak, mladica 3. *fig* nezakonito dijete
side-slip ['saidslip] *vi aero* & *mot* zanijeti se u stranu (na zaokretu)
sidesman ['saidzmən] *s* (*pl* **sidesmen** ['saidzmən]) zamjenik crkvenog starješine
side-step ['saidstep] *vt/i* izmaknuti se, izbjeći
side-stroke ['saidstrəuk] *s* 1. postrani udarac; slučajno djelovanje 2. bočno plivanje, bočni stil
side-track ['saidtræk] *s* sporedni kolosijek
side-track ['saidtræk] *vt* skrenuti na sporedni kolosijek; skrenuti s glavnog pitanja
side-view ['saidvju:] *s* pogled sa strane, postrani izgled, profil
side-walk ['saidwɔ:k] *s US* pločnik
sideward(s) ['saidwəd(z)] *adv* na stranu, postrance (*of, from* od)
sideward ['saidwəd] *adj* postran
sideways ['saidweiz] *adv* na stranu, postrance
sideways ['saidweiz] *adj* postran
sidewise ['saidwaiz] *adj* & *adv* → **sideways**
siding ['saidiŋ] *s* 1. *rly* sporedni (ranžirni, industrijski) kolosijek 2. podrška, podupiranje, pristajanje (*with* uz) 3. kretanje ili sklonost prema jednoj strani 4. *US* daske pribijene vodoravno na okomite stupove koji tvore zid 5. mimoilaznica, mimoilazište (u plovnom kanalu) | **private** ~ industrijski kolosijek
siding-line ['saidiŋlain] *s rly* sporedna pruga
sidle ['saidl] *vi* kretati se postrance; plaho se približavati (*up*)
sidle ['saidl] *s* kretanje postrance
sidy ['saidi] *adj coll* neskroman, samouvjeren, samosvjestan; nametljiv
siege [si:dʒ] *s* 1. *tech* radni stol 2. *mil* opsada; *fig* juriš | **to push the** ~ odlučno nastaviti opsjedanje; **to raise the** ~ **of** dići opsadu čega; **to lay the** ~ **to** opsjedati što; *fig* jurišati na što; **to stand a long** ~ izdržati dugu opsadu
siege [si:dʒ] *vt arch* opsjedati
siesta [si'estə] *s Span* počinak poslije ručka
sieve [siv] *s* sito, rešeto; osoba koja ne zna čuvati tajnu | **to draw water in a** ~ grabiti vodu rešetom, raditi beskoristan posao; **to have a memory like a** ~ imati slabo pamćenje; **to pass through a** ~ prosijati, procijediti, pasirati
sieve [siv] *vt* prosijati, rešetati; *fig* prorešetati što
sift [sift] *vt/i* **I.** *vt* prosijavati, rešetati, probirati, lučiti (*from* od); pažljivo ispitati, istražiti **II.** *vi* prosijavati se, padati kao kroz rešeto; *fig* prodirati (*into* u)
sift out ['sift'aut] *vt* rešetanjem odijeliti (*from* od); iznijeti na vidjelo
sifter ['siftə] *s sl* 1. prosijavač, sijač 2. ispitivač, istraživač 3. sito
sifting ['siftiŋ] *s* rešetanje, prosijavanje; prosijano brašno; ostaci na rešetu, osjevine
sigh [sai] *s* uzdah, uzdisaj | **to heave (fetch) a deep** ~ duboko uzdahnuti
sigh [sai] *vi/t* **I.** *vi* uzdahnuti (*with* s), čeznuti (*for* za), jadati se (*for* zbog); zavijati, jecati (vjetar) **II.** *vt* izreći što s uzdahom, dahnuti (često *out*)
sight [sait] *s* 1. vidik, pogled, prizor, znamenitost vrijedna da se vidi; *pl* znamenitosti (nekog grada) 2. *coll* neobičan ili žalostan prizor, napadan, ružan izgled, strašilo 3. *coll* mnoštvo, sila 4. promatranje, uvid (*into* u) 5. vid, viđenje; *fig* oko, doseg oka, vidokrug; domak, pomol 6. nišan, mušica, očanik (na pušci), nišanjenje | **to know by** ~ poznavati po viđenju; **the loss of** ~ gubitak vida; **second** ~ vidovitost, proročki dar; **to catch** ~ **of** ugledati koga; **to lose** ~ **of** izgubiti iz vida; *fig* previdjeti, ne opaziti; **to get a** ~ **of** smotriti koga; *sl* **to take** ~ **(of, at)** pokazati dugi nos; **at** ~ na (prvi) pogled, bez pripreme; *com* po viđenju; **on** ~ na (prvi) pogled; *mus* bez pripreme, prima vista; *com* po viđenju; **in** ~ na vidiku, u blizini, na domaku, na pomolu; **out of** ~ izvan vidokruga; *fig* daleko (~ *the most influential paper*); **to heave in** ~ pojavljivati se, pomaljati se, postajati vidljiv; **to put out of** ~ sakriti; ne posvećivati pažnje; **out of** ~ **out of mind** daleko od očiju, daleko od srca; **out of my** ~! gubi mi se s očiju!; **to make a** ~ **of oneself** obući se na neobičan način, napraviti od sebe čudo; **long** ~ dalekovidnost; **a long** ~ **(better)** mnogo (bolji); **near** ~ kratkovidnost; **short** ~ kratkovidnost (& *fig*); **to come in** ~ pojaviti se, pomoliti se; **to keep in** ~

držati na oku; **to take a ~** nišaniti; **to catch ~ of** ugledati; **a ~ for sore eyes** vrlo ugodan prizor, melem za oči

sight [sait] *vt* 1. ugledati, opaziti, promatrati; mjeriti visinu zvijezde 2. uzeti na nišan, ciljati 3. *com* prezentirati ili akceptirati (mjenicu)

sight-bill ['saitbil] *s com* mjenica po viđenju

sighted ['saitid] *adj* (**~ly** *adv*) koji vidi | **long-~** dalekovidan; **short-~** kratkovidan

sight-entry ['saitˌentri] *s com* privremena carinska potvrda

sighting ['saitiŋ] *s* opažanje, promatranje, novačenje; nišanjenje | **~ line** nišanska crta, linija

sightless ['saitlis] *adj* (**~ly** *adv*) slijep; *poet* nevidljiv

sightliness ['saitlinis] *s* ljepota, uzoritost, naočitost, pristalost

sightly ['saitli] *adj* lijep, lijepa izgleda, viđen, naočit, pristao

sight-reader ['saitˌriːdə] *s mus* onaj koji čita ili svira prima vista, izravno iz nota, s lista

sight-reading ['saitˌriːdiŋ] *s* čitanje na prvi pogled, *esp* sviranje po notama bez pripreme, prima vista

sight-seeing ['saitˌsiːiŋ] *s* razgledavanje znamenitosti (nekoga grada)

sightseer ['saitˌsiːə] *s* turist koji obilazi znamenitosti

sightworthy ['saitˌwəːði] *adj* vrijedan da se vidi

sigma ['sigmə] *s* sigma, grčko slovo *s*

sign [sain] *s* 1. znak, gesta, mahanje rukom, mig 2. *math* & *mus* predznak 3. nebesko, čudesno znamenje 4. simbol, biljeg, obilježje, značajka 5. natpis, firma, cimer (krčme, brijačnice i dr.) | **~ manual** (vlastoručni) potpis; **~ and countersign** tajni znak, lozinka; **to make no ~** ne davati znakova od sebe; **deaf-and-dumb ~s** znakovi sporazumijevanja pomoću prstiju (među gluhonijemima)

sign [sain] *vt/i* **I.** *vt* 1. obilježiti, označiti 2. potpisati 3. *fig* zapečatiti 4. namignuti, mahnuti, dati znak kome **II.** *vi* 1. dati znak, namignuti 2. potpisati; *com* namijeniti (*for* čemu) | *jur* **~ed, sealed and delivered** potpisan, zapečaćen i izvršen

sign away ['sainə'wei] *vt* odreći se čega potpisom, potpisati nekome nešto

sign for ['sain'fɔː] *vi* potpisom potvrditi primitak čega

sign off ['sain'ɔf] *vt radio* odjaviti emisiju, završiti emisiju, oprostiti se sa slušaocima

sign on ['sain'ɔn] *vt/i* **I.** *vt* najmiti (brodsku momčad), namjestiti koga **II.** *vi* stupiti u službu, potpisati, unajmiti se (kao mornar)

signal ['signəl] *s* 1. *mil* signal, znak (*for* za) 2. *fig* znak; povod, poticaj (*for* za) | **~ of distress** SOS, znak opasnosti; **fog-~** zvučni signal za maglu; **storm-~** cilindrični znak koji se diže na meteorološkim stanicama kao znak da se približava oluja; **code of ~s** popis signala (osobito u vojsci i mornarici); **as though in response to a ~** kao na dani znak; **busy ~** znak zauzetosti telefonske linije

signal ['signəl] *adj* (**~ly** *adv*) znamenit, znatan, uzorit, važan, istaknut, izvanredan, neobičan; primjeran (kazna); odlučan (pobjeda)

signal ['signəl] *vt/i* signalizirati, javiti, saopćiti pomoću signala, znakova, dati znak

signal-book ['signəlbuk] *s* knjiga s popisom signala (znakova), postavnica

signal-box ['signəlbɔks] *s rly* signalna kućica, skretničarska kućica; signalni blok

signal-code ['signəlkəud] *s* šifra za čitanje signala, znakova

signal corps ['signəl'kɔː] *s* jedinice za vezu, služba veze (rod vojske)

signalize ['signəlaiz] *vt* istaći što, odlikovati; signalizirati, objaviti, pokazati; zabilježiti, knjižiti | **to ~ oneself** istaći se

signaller ['signələ] *s mil* davač znakova, javljač znakova, signalizator, signalist

signal-light ['signəllait] *s* signalno svjetlo

signalman ['signəlmən] *s* (*pl* **signalmen** ['signəlmən]) signalist; *rly* skretničar

signal-post ['signəlpəust] *s* signalni stup

signary ['signəri] *s* pismo, abecedni znakovi, signarij

signatory ['signətəri] *adj* potpisni, ugovorni

signatory ['signətəri] *s* potpisnik

signature ['si .itʃə] *s* potpis; *hist* karakteristika, z' k, žig, biljeg; *print* signatura; *mus* signatura, znakovi na početku nota (ključ, povisilica) | *radio* **~ tune** muzički signal, glazbena špica emisije; **over the ~ of** pod čijim potpisom

signboard ['sainbɔːd] *s* natpis (nad dućanom), firma, cimer

signer ['sainə] *s* potpisivač, potpisnik

signet ['signit] *s* žig, pečat | *Scot* **writer to the ~** pravni zastupnik; **privy ~** tajni (privatni) kraljev pečat

signet-ring ['signitriŋ] *s* pečatni prsten, pečatnjak

significance [sig'nifikəns] *s* izražajnost; značenje, smisao; važnost (*for, to* za)

significant [sig'nifikənt] *adj* (**~ly** *adv*) značajan (*of* za), važan, koji ima neko značenje, karakterističan, istaknut

signification [ˌsignifi'keiʃn] *s* značenje, smisao

significative [sig'nifikətiv] *adj* (**~ly** *adv*) značajan, koji označuje (*of* što), koji znači

signify ['signifai] *vt/i* **I.** *vt* 1. označiti, natuknuti, naznačiti, značiti 2. nagovijestiti, obznaniti **II.** *vi* biti od važnosti
sign-painter ['sain,peintə] *s* pismoslikar
sign-painting ['sain,peintiŋ] *s* pismoslikarski posao, pismoslikarstvo
signpost ['sainpəust] *s* putokaz, kažiput
signpost ['sainpəust] *vt* postaviti putokaze, obilježiti putokazima
silage ['sailidʒ] *s* silaža, zelena krma pohranjena u silosu
silage ['sailidʒ] *vt* pohraniti što u silos
silence ['sailəns] *s* 1. šutnja, muk 2. mir, tišina 3. *mot* bešuman rad motora 4. šutljivost, mučaljivost; zaborav | **to keep ~** šutjeti; **to break ~** narušiti, razbiti tišinu; prekinuti šutnju; **to put to ~** ušutkati koga; **in ~** u tišini, mučke; **~!** mir!, tiho!; **~ gives consent** tko šuti, priznaje (pristaje); **to pass over in ~** šutke prijeći preko nečega; **to reduce to ~** ušutkati; **~ is golden** šutnja je zlato
silence ['sailəns] *vt* 1. ušutkati (silom, boljim argumentima) 2. umiriti, utišati 3. *fig* prigušiti, zatomiti
silencer ['sailənsə] *s tech* prigušivač (ispušne cijevi, revolvera)
silent ['sailənt] *adj* (**~ly** *adv*) šutljiv, mučaljiv, šuteći, nijem, tih; bešuman; *phon* koji se ne izgovara (slovo); koji ne govori (*about, on* o) | *US com* **~ partner** poslovni drug koji nema prava da sudjeluje u poslovanju; **the ~ system** kaznionički red po kojemu je zatvorenicima zabranjeno govoriti; **be ~!** šuti!; **~ consent** šutljiv pristanak
silent ['sailənt] *s* nijemi film
silhouette [,silu:'et] *s* silueta, obris
silhouette [,silu:'et] *vt* prikazati, izložiti što u obrisima (glavnim crtama); *pas* ocrtavati se (*against* na)
silica ['silikə] *s chem* silicijeva kiselina, zemlja kremenjača
silicate ['silikit] *s chem* silikat, sol silicijeve kiseline
silicated ['silikeitid] *adj* spojen sa silicijevom kiselinom
silicic [si'lisik] *adj chem* silicijski (kiselina)
silicious (siliceous) [si'liʃəs] *adj minr* kremenast, koji sadrži kremena
silicium [si'lisiəm] *s* → **silicon**
silicon ['silikən] *s chem* silicij
silicosis [,sili'kəusis] *s med* silikoza
silk [silk] *s* 1. svilena nit, svilena pređa; svila; *pl* svilena tkanina 2. *pl* svilena roba, svilena odjeća 3. svilena haljina | **spun ~** jeftina tkanina od otpadaka svilenih niti s primiješanim pamukom; *jur* **to take ~** postati kraljevski savjetnik, odvjetnik višeg reda; **you cannot make a ~ purse out of a sow's ear** od tog brašna nema pogače; **watered ~** moiré svila; **~ and satin** svila i kadifa
silk [silk] *vt* obući koga u svilu, pokriti svilom
silk-breeder ['silk,bri:də] *s* svilogojac
silk-culture ['silk,kʌltʃə] *s* svilogojstvo
silken ['silkən] *adj* 1. *poet* svilen 2. poput svile, svilenast, sjajan 3. *fig* nježan, mekan
silkhat ['silkhæt] *s* cilindar (šešir)
silk-husk ['silkhʌsk] *s* čahura dudova svilca, kokon
silk-mill ['silkmil] *s* predionica svile
silk-screen printing ['silkskri:n'printiŋ] *s* svilotisak
silkweed ['silkwi:d] *s bot* 1. vrsta alge tankih vlakanaca 2. biljka iz porodice svilenica (*Asclepiadaceae*)
silkworm ['silkwə:m] *s* svilac, dudov prelac, svilena buba
silky ['silki] *adj* (**silkily** *adv*) poput svile, svilenast, sjajan; *fig* mekan, umiljat, nježan, dražestan, blag
sill [sil] *s* 1. prag; daska prozora 2. *geol* sloj
sillabub (syllabub) ['siləbʌb] *s* piće od vina, mlijeka i šećera
silliness ['silinis] *s* glupost, nerazboritost, budalaština, ludost
silly ['sili] *adj* (**sillily** *adv*) budalast, luckast, lud, glup, besmislen; prostodušan
silly ['sili] *s coll* bena, ludica, budala, glupan
silo ['sailəu] *s* silos
silo ['sailəu] *vt* spremiti što u silos
silt [silt] *s* mulj, glib, blato
silt [silt] *vt/i* **I.** *vt* zamuljiti, začepiti muljem; probijati (*through* kroz) **II.** *vi* (često *up*) začepiti se muljem, postati muljevit
silty ['silti] *adj* muljevit, zamuljen
silvan (sylvan) ['silvən] *adj poet* šumski, šumovit
silver ['silvə] *s* 1. srebro; srebrni novac; srebrni jedaći pribor, srebrno posuđe 2. srebrnast sjaj | **the ~ age** srebrno doba; razdoblje rimske literature poslije Augusta; **to have a ~ tongue** biti vješt govornik; **every cloud has a ~ lining** svako zlo ima svoje dobro; **German ~** legura nikla za jedaći pribor; **loose ~** pojedini komadi srebrnog novca; **to be born with a ~ spoon in one's mouth** biti čedo sreće, biti srećković, roditi se pod sretnom zvijezdom
silver ['silvə] *vt/i* **I.** *vt* posrebriti (& *fig*), prevući srebrom, obložiti srebrnim listićima; dati srebrni sjaj; napraviti (kosu) sijedom (srebrnom) **II.** *vi* postati kao srebro (kosa)
silver-currency ['silvə,kʌrənsi] *s com* srebrna valuta
silver-fish ['silvəfiʃ] *s* srebrna ribica (drži se kao ukras)
silver foil ['silvəfɔil] *s* srebrni listić, staniol

silver-gilt [ˌsilvəˈgilt] *s* pozlaćeno srebro
silver-grey [ˌsilvəˈgrei] *adj* srebrnosiv
silver-leaf [ˈsilvəliːf] *s* srebrni listić; *bot* biljka sa srebrnastim lišćem
silvern [ˈsilvən] *adj poet* srebrn, srebrnast
silver-paper [ˈsilvəˌpeipə] *s* fini bijeli papir
silver-plate [ˌsilvəˈpleit] *s* srebrno posuđe, srebrnina
silver-plated [ˌsilvəˈpleitid] *adj* posrebren
silverside [ˈsilvəsaid] *s* najbolji komad goveđeg buta
silversmith [ˈsilvəsmiθ] *s* srebrar, srebrnar, kujundžija
silver streak [ˈsilvəstriːk] *s* kanal La Manche
silver thaw [ˈsilvəˈθɔː] *s* poledica
silver-tongued [ˌsilvəˈtʌŋd] *adj* koji lijepo, vješto, uvjerljivo govori, zlatoust
silvery [ˈsilvəri] *adj* srebrnast, srebrne boje; zvonak poput srebra (glas)
simian [ˈsimiən] *adj* majmunski
simian [ˈsimiən] *s zool* majmun
similar [ˈsimilə] *adj* (**~ly** *adv*) sličan, naličan, istovrstan
similar [ˈsimilə] *s* ono što je slično, slika i prilika; *pl* istovrsne stvari
similarity [ˌsimiˈlæriti] *s* sličnost, istovrsnost
simile [ˈsimili] *s rhet* poredba
similitude [siˈmilitjuːd] *s* sličnost, poredba, prispodoba; prilika; kopija
similize [ˈsimilaiz] *vt/i* **I.** *vt* poredbom izraziti, objasniti što **II.** *vi* upotrebljavati poredbe u govoru
simmer [ˈsimə] *s* lagano vrenje (kuhanje) | **to bring to a ~** dovesti do laganog vrenja, kuhanja
simmer [ˈsimə] *vi/t* **I.** *vi* lagano, tiho vreti, ključati; *fig* kipjeti od jeda, jedva suzdržavati smijeh **II.** *vt* lagano, tiho kuhati što, kuhati na laganoj vatri
simmer down [ˈsiməˈdaun] *vi* ohladiti se; *fig* smiriti se, umiriti se
simmer over [ˈsimərˈəuvə] *vi* prekipjeti
simnel-cake [ˈsimnəlkeik] *s* kolač s grožđicama i mnogo mirodija
simoleon [siˈməuliən] *s US sl* dolar
simoniac [saiˈməuniæk] *s* simonist, prodavač i kupac crkvenih službi
simoniacal [ˌsaiməˈnaiəkl] *adj* (**~ly** *adv*) simonijski
simony [ˈsaiməni] *s* simonija, prodavanje i kupovanje crkvenih službi
simoom [siˈmuːm] *s* samum (vruć pustinjski vjetar)
simper [ˈsimpə] *s* nenaravno, glupo, budalasto smijuljenje, kešenje, cerenje
simper [ˈsimpə] *vi/t* **I.** *vi* nenaravno, glupo, budalasto se smijuljiti, kesiti se, ceriti se **II.** *vt* izraziti što nenaravnim, glupim, budalastim smijuljenjem, kešenjem
simperer [ˈsimpərə] *s* cerekalo
simple [ˈsimpl] *adj* (**simply** *adv*) 1. nesložen, nespojen, bez primjese; jasan, jednostavan 2. nepokvaren, bezazlen 3. bez ukrasa, jednostavan, čedan 4. običan, priprost, prost, naravan 5. glup, lakovjeran | **~ leaf** list samo s jednim perom; **~ eye** jedno od očiju koje tvore oko kukca; **pure and ~** čist, potpun; **the ~ life** jednostavan život (bez slugu i raskoši); pokušaj povratka jednostavnom životu; **in ~ beauty** neukrašen; **gentle and ~** plemenit i priprost; **~ interest** jednostavne kamate
simple [ˈsimpl] *s* 1. jednostavan, bezazlen, glup čovjek 2. ljekovita biljka; *pl* ljekovito bilje
simplehearted [ˌsimplˈhaːtid] *adj* bezazlen, prostodušan
simple-minded [ˌsimplˈmaindid] *adj* bezazlen, prostodušan, lakovjeran, naivan
simpleton [ˈsimpltən] *s* budala, glupan, idiot
simplicity [simˈplisiti] *s* 1. jednostavnost 2. nevinost, bezazlenost, prostodušnost; glupost, priglupost 3. priprostost, nekićenost, naravnost, prirodnost, iskrenost, naivnost 4. prozirnost, jasnoća
simplification [ˌsimplifiˈkeiʃn] *s* pojednostavljenje, simplifikacija
simplify [ˈsimplifai] *vt* 1. pojednostaviti, simplificirati 2. olakšati, napraviti što lakše razumljivim
simplism [ˈsimplizm] *s* namjerna jednostavnost
simply [ˈsimpli] *adj* 1. jednostavno, nenapadno, bez ukrasa 2. lagano; jasno 3. samo, naprosto, jedino | **~ and solely** samo i jedino
simulacrum [ˌsimjuˈleikrəm] *s* (*pl* **simulacra** [ˌsimjuˈleikrə]) 1. slika, slika i prilika 2. prividna slika, utvara; prazan sjaj 3. prividnost
simulant [ˈsimjulənt] *adj* vrlo sličan
simulate [ˈsimjuleit] *vt* 1. hiniti, glumiti, pretvarati se, simulirati 2. oponašati, nasljedovati 3. vanjštinom naličiti na što
simulation [ˌsimjuˈleiʃn] *s* 1. pretvaranje, glumljenje, hinjenje, licemjerje, simuliranje 2. oponašanje, nasljedovanje
simulator [ˈsimjuleitə] *s* 1. pritvorica, simulant 2. simulator
simultaneity [ˌsiməltəˈniəti] *s* istodobnost, istovremenost, simultanost
simultaneous [ˌsiməlˈteinjəs] *adj* (**~ly** *adv*) istodoban, istovremen, simultan (*with* sa)
sin [sin] *s* grijeh; prekršaj, prestupak, povreda (*against* protiv čega) | **the seven deadly ~s** sedam smrtnih grijeha; **to sin a ~** počiniti grijeh; *coll* **like ~** jako, žestoko; **to live in ~** živjeti nevjenčano; **mortal ~** smrtni grijeh; **original ~** istočni grijeh; **to commit a ~** zgriješiti

sin [sin] *vi/t* **I.** *vi* počiniti grijeh, sagriješiti, ogriješiti se (*against* o) **II.** *vt* počiniti (grijeh), prekršiti

sinapism ['sinəpizm] *s* oblog od gorušice

since [sins] *adv* odonda, otada, dosada, pred, prije | **ever ~** sve odonda; **long ~** odavno, davno

since [sins] *prep* od | **~ Sunday** sve od nedjelje

since [sins] *conj* otkad, otkako, kako; budući da, jer

sincere [sin'siə] *adj* (**~ly** *adv*) iskren, čist, pravi, istinit, otvoren, čestit, nepatvoren; odan | **Yours ~ly** Vaš odani; sa štovanjem

sincerity [sin'seriti] *s* iskrenost, otvorenost, istinitost

sinciput ['sinsipʌt] *s anat* svod lubanje, prednji dio glave

sine [sain] *s math* sinus

sinecure ['saini.kjuə] *s* sinekura, unosna i lagodna služba

sinecurism ['saini.kjuərizm] *s* sinekurizam

sinecurist ['saini.kjuərist] *s* sinekurist, uživalac sinekure

sine die [.saini'daii] *adv* na neodređeno vrijeme

sine qua non [.sainikwei'nɔn] *s* nužan uvjet, nužna pretpostavka

sinew ['sinju:] *s* 1. *anat* tetiva 2. *pl* snaga, mišičje, mišićavost, žilavost; *fig* snaga, oslonac

sinew ['sinju:] *vt poet* jačati, čeličiti, krijepiti

sinewed ['sinju:d] *adj* žilav, snažan, mišićav

sinewless ['sinju:lis] *adj* bez mišića; *fig* slab, mlitav

sinewy ['sinju:i] *adj* žilav (čovjek, meso), mišićav, snažan, zbijen (stil)

sinful ['sinful] *adj* (**~ly** *adv*) grešan

sing [siŋ] *vi/t* (*pret* sang, sung; *pp* sung) **I.** *vi* 1. pjevati, slagati pjesme; klicati (*for* od) 2. (o pticama) cvrkutati; (o pčelama) zujati; (o vjetru) zavijati; (o radiju) zviždati; (o uhu) zvoniti 3. dati se pjevati **II.** *vt* 1. pjevati što 2. opjevati što 3. pratiti pjesmom koga 4. pjevanjem dovesti koga u neko stanje (*to ~ a p to sleep*) | **to ~ one's praises** neprestano hvaliti koga, pjevati hvalospjeve kome; **to ~ small** postati, biti malen, pokoran; **to ~ another song (tune)** zaguditi u druge gusle; **to ~ for one's supper** platiti za svoj užitak; **the song has been sung to death** pjesma je već sasvim otrcana

sing out ['siŋ'aut] *vt/i sl* povikati; ispratiti pjesmom; *sl* prokazati, izdati, otpjevati, otkucati

sing up ['siŋ'ʌp] *vi* pjevati glasnije

sing [siŋ] *s* 1. pjesma, pjevanje 2. hujanje, zujanje, zvečanje; *radio* zviždanje 3. *US coll* zajedničko pjevanje

singable ['siŋəbl] *adj* pogodan, lak za pjevanje, pjevan

singe [sindʒ] *s* oželina, oprljotina, osmudina, opeklina

singe [sindʒ] *vt/i* **I.** *vt* osmuditi, opržiti, opaliti, oprljiti, ošuriti, ofuriti što **II.** *vi* smuditi se, prljiti se | **to ~ a pig** ošuriti, opariti prase; **to ~ fowl** ofuriti perje peradi; **to ~ the king of Spain's beard** pljačkati španjolske obale; *fig* **to ~ one's feathers (wings)** opržiti sebi krila

singer ['siŋə] *s* pjevač, pjevačica; pjesnik, pjesnikinja

singing-master ['siŋiŋ.ma:stə] *s* učitelj pjevanja

single ['siŋgl] *s* nešto pojedinačno, pojedini komad; jednosmjerna željeznička karta; *ten* singl, natjecanje pojedinaca, pojedinačna borba; *cricket* jedno kolo | **in ~s** pojedince

single ['siŋgl] *adj* 1. sam, osamljen, bez tuđe pomoći 2. neoženjen, neudata; jednostruk, pojedinačan, samo za jednoga; jednosmjeran (željeznička karta); jednostruk (knjigovodstvo) 3. samo jedan, jedan jedini; udružen, sjedinjen 4. iskren, dosljedan; priprost | **~ flower** cvijet koji raste sam na stapci, koji ima jednostruku čašku; **~ fight** dvoboj; **~ game** pojedinačna borba, susret pojedinaca; **~ court** tenisko igralište za pojedinačne igre; **~ bed** krevet za jednu osobu; **~ room** soba s jednim krevetom, jednokrevetna soba; **~ bill** solo-mjenica; *joc* **~ blessedness** momaštvo; **~ eye** jednostranost; **~ heart** prostodušnost; **~ file** kolona po jedan

single out ['siŋgl'aut] *vt* izabrati, izlučiti

single-acting ['siŋgl.æktiŋ] *adj tech* (parni stroj) kod kojega pogonski plin ulazi samo u jednu stranu cilindra

single-barrelled [.siŋgl'bærəld] *adj* jednocijevni

single-breasted [.siŋgl'brestid] *adj* jednoredan (kaput)

single-coloured [.siŋgl'kʌləd] *adj* jednobojan

single-decker [.siŋgl'dekə] *s aero* jednokrilac

single-engined [.siŋgl'endʒind] *adj* jednomotoran (avion)

single-eyed [.siŋgl'aid] *adj* jednook; usmjeren samo prema jednom cilju; jednostavan; pošten

single-handed [.siŋgl'hændid] *adj* 1. jednoruk 2. sam, bez tuđe pomoći

single-handed [.siŋgl'hændid] *adv* vlastoručno

single-hearted [.siŋgl'ha:tid] *adj* iskren, čestit; vjeran; svrsishodan, usmjeren prema jednom cilju

single-minded [.siŋgl'maindid] *adj* iskren, čestit; prostodušan; svrsishodan, usmjeren prema jednom cilju

singleness ['siŋglnis] *s* osamljenost, jedinost, momaštvo, djevojaštvo; iskrenost; usmjerenost prema nekom cilju, dosljednost | **~ of purpose** jedinstvenost cilja, usmjerenost prema jednom cilju
single-seater ['siŋgl,si:tə] *s* jednosjed
singlestick ['siŋglstik] *s fencing* štap za mačevanje sa štitom za ruku; mačevanje takvim štapovima
singlet ['siŋglit] *s* vunena potkošulja, gimnastička majica
singleton ['siŋgltən] *s bridge* jedina karta jedne boje; nešto jedino (jedinac i dr.)
singletree ['siŋgltri:] *s* vagir
singsong ['siŋsɔŋ] *adj* jednolično pjevan, govoren, čitan
singsong ['siŋsɔŋ] *s* jednolično pjevanje (govor, čitanje); zajedničko pjevanje
singsong ['siŋsɔŋ] *vi/t* jednolično pjevati
singular ['siŋgjulə] *adj* (**~ly** *adv*) 1. pojedinačan; *gram* koji dolazi u jednini 2. poseban, jedinstven, rijedak, neobičan, osobit, osebujan, čudan, izvanredan, odličan, izvrstan | **all and ~** svi
singular ['siŋgjulə] *s gram* jednina, singular
singularity [,siŋgju'læriti] *s* 1. pojedinost, posebnost 2. neobičnost, čudnovatost, osebujnost, osobitost 3. rijetkost, izvanrednost
singularize ['siŋgjuləraiz] *vt* singularizirati, pretvoriti u oblik jednine
singularly ['siŋgjuləli] *adv* osobito, veoma, jedinstveno
sinister ['sinistə] *adj* (**~ly** *adv*) 1. *her* lijevi 2. koban, zlokoban, zloslutan 3. opak, nemio, zloban; mrk, mračan | *her* **bend** (**bar**) **~** paralelne crte na grbu slijeva nadesno (znak nezakonitosti)
sinistral [si'nistrəl] *adj* (**~ly** *adv*) lijevi, koji ide na lijevu stranu; *zool* (o školjci) koji ima zavoje zdesna nalijevo
sink [siŋk] *s* 1. izljev, kanal, rupa za prljavu vodu, slivnik; sudoper; *fig* kaljuža 2. udubljenje, ulegnuće
sink [siŋk] *vi/t* (*pret* sank, sunk; *pp* sunk, sunken) **I.** *vi* 1. tonuti, potonuti, utonuti, uleknuti se, sleći se; taložiti se; pasti (ugled); spustiti se (oči, glas, mrak); padati (cijene); jenjavati (oluja); opadati (rijeka) 2. prodrijeti; utuviti se, usjeći se, urezati se (*into* u); upiti se (boja) 3. utonuti (u stolicu), pasti (*into* u) 4. slabiti, ginuti, malaksati, rušiti se; podleći, klonuti, venuti **II.** *vt* 1. prouzročiti da se što spusti, potopiti (brod); uništiti, pokvariti; ovjesiti, spustiti (glavu); spustiti (cijenu) 2. dupsti (rupu), bušiti (zdenac); urezati (žig) 3. pustiti na stranu, ne posvetiti pažnju čemu; zaboraviti (svađu); uložiti, izgubiti (novac); kriti, tajiti, ne izdati na javu (ime, položaj) | **here goes, ~ or swim** sada se radi o biti ili ne biti, kud puklo da puklo; **sunken eyes** upale oči; **to ~ the shop** tajiti svoje zanimanje; ne govoriti o stručnim stvarima; **to ~ a fact** tajiti neku činjenicu; **to ~ one's own interests** zaboraviti na svoje interese, biti nesebičan; **to ~ a die** izrezati žig; **to ~ money** uložiti novac u što iz čega se ne može lako izvaditi, izgubiti novac kod takva posla
sinkable ['siŋkəbl] *adj* koji se može potopiti, potopljiv
sinker ['siŋkə] *s* 1. pečatorezac 2. *mar* visak, utez, olovo 3. *US* uštipak
sinking ['siŋkiŋ] *s* potonuće, ulegnuće; izdubljenje; slaboća, malaksalost, klonulost | **~ velocity** brzina padanja
sinking-fund ['siŋkiŋfʌnd] *s com* amortizacijski fond
sinless ['sinlis] *adj* (**~ly** *adv*) bezgrešan, nevin
sinner ['sinə] *s* grešnik, grešnica (& *fig*)
sinologue ['sinəlɔg] *s* sinolog
sinology [si'nɔlədʒi] *s* sinologija
sinuosity [,sinju'ɔsiti] *s* zavojitost, krivudanje; zavoj, krivina
sinuous ['sinjuəs] *adj* (**~ly** *adv*) zavojit, krivudast, vijugast, valovit, kriv; prilegao (odijelo); *fig* savitljiv, spretan
sinus ['sainəs] *s* 1. *anat* šupljina, sinus 2. *bot* krivina, zavoj; izbočina, ispupčenost, izbojak
sinusitis [,sainə'saitis] *s med* sinusitis, upala sinusa
Siouan ['su:ən] *adj* sijuški, koji pripada indijanskom plemenu Siouxa
Sioux [su:] *s* (*pl* **~** [su:z]) Sioux, pripadnik sjevernoameričkog indijanskog plemena
sip [sip] *s* gutljaj, srkanje
sip [sip] *vi/t* **I.** *vi* srkati (*of* što) **II.** *vt* srkati što, polagano, natenane pijuckati, guckati, otpijati
siphon ['saifn] *s* 1. teglica 2. zatvoren kanal; cijev 3. sifonska boca 4. *zool* otvor za disanje i izmetine školjaka; rilo nekih kukaca
siphon ['saifn] *vi/t* **I.** *vi* teći kao iz teglice **II.** *vt* isprazniti, ispumpati (želudac i dr.)
sippet ['sipit] *s* pržena kriška kruha (stavlja se u juhu ili u pečenje); *fig* komadić, zalogaj
sir [sə:] *s* 1. vokativ: gospodine; (u pismima) cijenjeni gospodine; taj se naslov daje dječaku kao znak prijekora, negodovanja 2. naslov kojim se oslovljava baronet ili *knight* (dolazi uvijek uz krsno ime) | **~!** gospodine!; **~s!** gospodo!
sir [sə:] *vt* obraćati se kome sa "sir" (gospodine)
sire ['saiə] *s* 1. *voc* kao naslov: veličanstvo, vaše veličanstvo 2. gospodar 3. *poet rhet* otac, pradjed, praotac; *pl* preci 4. mužjak za rasplod (*spec* pastuh)

sire ['saiə] *vt* roditi, proizvesti (potomke) (o konjima)
siren ['saiərən] *s myth* sirena, morska vila; zavodnica, čarobna, zamamna žena; sirena (zvučna), rog za maglu
sirenian [saiə'ri:miən] *s zool* sirena, morska krava
sirloin ['sə:lɔin] *s* goveđi bubrežnjak
siroc(co) [si'rɔk(əu)] *s* široko, jugo, jugovina (vjetar)
sirrah ['sirə] *s arch* (kao nagovor ili uzvik) momče!
sirup ['sirəp] *s* → **syrup**
sis [sis] *s US coll* sestra, seka
sisal ['saisl] *s* sisal, agavino vlakno
siskin ['siskin] *s ornith* zelenčica
sissy ['sisi] *s US sl* mekušac, slabić, »beba«, »curica«
sister ['sistə] *s* sestra; posestrima; opatica, redovnica, časna sestra; (u bolnici) sestra nadstojnica, bolničarka, milosrdna sestra | **the Fatal Sisters** parke, suđenice; **lay ~** opatica koja radi kakav fizički posao izvan samostana; **three ~s** (**~s three**) parke, suđenice; **~ of charity (mercy)** sestra milosrdnica; **~ german** prava sestra; **~ uterine** polusestra po majci
sisterhood ['sistəhud] *s* sestre, sestrinstvo, posestrimstvo; opatice
sister-in-law ['sistərinlɔ:] *s* šurjakinja, snaha, zaova, svast, šogorica
sisterly ['sistəli] *adj* sestrinski
sister-ship ['sistəʃip] *s* brod blizanac
sistrum ['sistrəm] *s mus* zvečka, zvečaljka starih Egipćana
sit [sit] *vi/t* (sat, sat) **I.** *vi* 1. sjediti, sjediti na jajima (kokoš); pristajati (odijelo) 2. imati sjedište, boraviti; mirovati 3. biti član nekog tijela (*to ~ on a jury*); zastupati u parlamentu (*for* koga); održavati sjednicu, zasjedati 4. sjesti (*on* na); zaposliti se (*over* čime); studirati (*under* kod koga) **II.** *vt* 1. sjediti na (u) čemu 2. posjetiti koga | *coll* **to ~ tight** nepokolebljivo ostati na svom mjestu; **to ~ for examination** pristupiti ispitu; **to ~ for a borough** zastupati neki grad u parlamentu; **to ~ at home** biti neaktivan, nepoduzetan; **to want to ~** (o kokoši) raskvocati se; **he is ~ting pretty** on je u dobru položaju; **know where the wind ~s** znati odakle vjetar puše; **to ~ on the bench** biti sudac; *fig* **to ~ in judgement** prisvajati sebi pravo drugima suditi; **to ~ on a jury** biti član porote; **to ~ a horse** jahati na konju; **to ~ a play through** prisustvovati izvedbi do kraja; **to ~ at the feet of** biti čiji učenik; **to ~ heavy on** tlačiti, pritiskivati (koga); **to ~ light on** ne uzrokovati grižnju savjesti; *pol sl* **to ~ on the fence** ne pristati odlučno ni uz jednu ni uz drugu stranku; **to ~ for one's picture** pozirati; **to ~ on one's conscience** tištati
sit down ['sit'daun] *vi* sjesti, spustiti se; dati se (*to* na); mirno podnositi (*under* što); *mil* utaboriti se pred (*before*) mjestom prije nego što počne opsada
sit in ['sit'in] *vi* zatvoriti se (*with a p* s kim)
sit on ['sit'ɔn] *vi* **A** *prep* pripadati nekoj grupi i sudjelovati u njezinu radu (*to ~ a committee*); zdušno se prihvatiti, ozbiljno se posvetiti; pritiskivati, tištati (*to ~ a p*); *sl* koriti, prekoravati, grditi **B** *adv* ostati, sjediti i dalje
sit out ['sit'aut] *vi/t* **I.** *vi* ostati sjediti, ne ustajati za cijelo vrijeme čega, ne sudjelovati u čemu **II.** *vt* prosjediti (ples), prisustvovati čemu do kraja; dulje ostati (*a p* od koga)
sit up ['sit'ʌp] *vi* uspraviti se, uspravno sjesti; *coll* dići se iz ležećeg položaja u sjedeći; ostati (dugo) na nogama | **to ~ and take notice** iznenada postati pažljiv, osluhnuti, naćuliti uši; *sl* **to make one ~** preplašiti ili začuditi koga; *fig* prodrmati, natjerati koga na težak posao
sit-down strike ['sitdaun'straik] *s* štrajk sjedenjem, mirna okupacija (tvornice, fakulteta) dok se ne udovolji štrajkaškim zahtjevima
site [sait] *s* položaj, gradilište, kraj, predjel, mjesto; teren | **building (construction) ~** gradilište
sited ['saitid] *adj* položen, smješten
sith [siθ] *conj arch poet* budući da, jer
sit-in ['sitin] *s* mirna okupacija, sjedenje u znak protesta
sit-still ['sitstil] *adj* kod čega se sjedi (ne ustaje) | **a ~ party** zabava bez plesa
sitter ['sitə] *s* sjedilac; onaj koji pozira, model; kvočka koja dobro sjedi na jajima; *sl* lak pogodak, lak dobitak; ono što se može s lakoćom napraviti | **baby ~** čuvarica djece
sitter-by ['sitəbai] *s* onaj koji sjedi do koga; onaj koji sjedeći nečemu prisustvuje
sitting ['sitiŋ] *s* 1. sjedenje, ležanje na jajima (kokoš) 2. sjednica, zasjedanje 3. sjedište u crkvi 4. vrijeme sjedenja 5. poziranje 6. jaja za nasad | **at a ~** bez prekidanja, bez predaha, nadušak
sitting-room ['sitiŋrum] *s* dnevna soba
situate ['sitjueit] *adj* → **situated**
situate ['sitjueit] *vt* smjestiti, locirati, situirati
situated ['sitjueitid] *adj* smješten, položen; (o ljudima) koji se nalazi u nekom položaju, situiran | **to be ~ on** ležati na
situation [ˌsitju'eiʃn] *s* položaj, smještaj, kraj, predjel; stanje, prilike, okolnost, situacija; služba, namještenje | **~s vacant** ponuda namještenja; **~s wanted** potražnja namještenja

six [siks] *adj* šest; šest godina (dob); šest osoba, šest sati, šest šilinga | **coach and ~** šestoropreg; **~ of one and half a dozen of the other** nije šija nego vrat
six [siks] *s* brojka šest, šestica, šestorica, šestoro, šest komada | **at ~es and sevens** u zbrci, u neredu
sixain ['siksein] *s* kitica od šest redaka
sixer ['siksə] *s cricket* pogodak koji nosi šest bodova
sixfold ['siksfəuld] *adj* šestorostruk
sixfold ['siksfəuld] *adv* šestorostruko
six-foot ['siksfut] *adj* dugačak, visok šest stopa
six-footer [ˌsiks'futə] *s coll* čovjek visok šest stopa
sixpence ['sikspəns] *s* novčić od šest penija; vrijednost od šest penija | **I don't care a ~ about it** ni najmanje ne marim za to
sixpenny ['sikspəni] *adj* koji vrijedi, stoji šest penija | **a ~ piece** novac od šest penija
sixscore ['sikskɔː] *adj* stotinu i dvadeset
six-shooter [ˌsiks'ʃuːtə] *s* revolver na šest metaka
sixteen [ˌsiks'tiːn] *adj* šesnaest
sixteen [ˌsiks'tiːn] *s* brojka šesnaest, šesnaestoro, šesnaestorica
sixteenmo [siks'tiːnməu] *s* šesnaestina, arak presavijen na šesnaest listova; knjiga od takva papira
sixteenth [ˌsiks'tiːnθ] *adj* (**~ly** *adv*) šesnaesti
sixteenth [ˌsiks'tiːnθ] *s* šesnaestina
sixth ['siksθ] *adj* (**~ly** *adv*) šesti
sixth ['siksθ] *s school* najviši razred srednje škole; šestina; *mus* sestina | **~ form** *GB* šesti (završni) razred gimnazije
sixtieth ['sikstiiθ] *adj* šezdeseti
sixtieth ['sikstiiθ] *s* šezdesetina
sixty ['siksti] *adj* šezdeset; *coll* šezdeset godina
sixty ['siksti] *s* šezdesetoro, brojka šezdeset | **the sixties** šezdesete godine
sizable (sizeable) ['saizəbl] *adj* (**sizably** *adv*) priličan, prilično velik, povelik, znatan
sizar ['saizə] *s* stipendist na sveučilištu
sizarship ['saizəʃip] *s* stipendija
size[1] [saiz] *s* 1. *hist* određena mjera, količina, porcija, obrok 2. veličina, debljina, duljina, dimenzije, format, obujam, mjera, broj (rukavica, cipela, odjeće) 3. *fig* veličina, format, važnost | *fig coll* **that's about the ~ of it** to je baš tako; **out ~** veće od prosjeka; **a ~ too small** jedan broj premalo
size[2] [saiz] *s* tanko ljepilo, tutkalo, klija, škrob; caklina (papira, tkanine i dr.)
size [saiz] *vt* sortirati, poredati po veličini
size up ['saiz'ʌp] *vt/i* **I.** *vt coll* ocijeniti, procijeniti što; prosuditi; izmjeriti veličinu **II.** *vi* doseći (*with a th* što); razvijati se
size [saiz] *vt* lijepiti, uškrobiti, dati tvrdoću (sjaj), planirati (papir)
sizeable ['saizəbl] *s* → **sizable**
sized [saizd] *adj* | **small ~** malen; **medium ~** srednje veličine
sizer ['saizə] *s* 1. onaj koji svrstava što (npr. voće) po veličini; sprava koja to radi 2. *coll* nešto veliko 3. *tech* stroj koji građevnom drvu daje potrebne dimenzije
size-stick ['saizstik] *s* postolarsko mjerilo za uzimanje mjere noge
size-water ['saizˌwɔːtə] *s* podloga za pozlatu (bjelanjak i voda)
sizing ['saiziŋ] *s* 1. mjerenje, određivanje veličine čega 2. dopitani dio 3. *pl* grube mekinje
sizy ['saizi] *adj* ljepljiv, rastegljiv
sizzle ['sizl] *s coll* pištanje, cvrčanje
sizzle ['sizl] *vi coll* pištati, cvrčati
skald [skɔːld] *s* → **scald**
skate[1] [skeit] *s ichth* raža glatka
skate[2] [skeit] *s* (s)klizaljka, koturaljka
skate [skeit] *vi* (s)klizati se; *fig* poskliznuti se
skater ['skeitə] *s* klizač, klizačica
skating-rink ['skeitiŋriŋk] *s* klizalište
skean (skene, skain) ['skiːən] *s Scot* bodež
skean-dhu ['skiːən'duː] *s* bodež zataknut u čarapu (kako ga nose Škoti Brđani)
skedaddle [ski'dædl] *s coll* bijeg
skedaddle [ski'dædl] *vi coll* pobjeći, kidnuti, razbjeći se
skee [skiː] *s* → **ski**
skein [skein] *s* 1. povjesmo 2. jato divljih ptica u letu 3. *fig* zamršenost, zbrka
skeletal ['skelitl] *adj* kosturski
skeleton ['skelitn] *s* kostur, drvenasti dio biljke; mršajlija 2. okosnica, rebra (kišobrana) 3. nacrt, obris, skica 4. *mil* & *mar* mirnodopski kadar | **~ at the feast** nešto što kvari veselje; **~ in the cupboard (family)** sramotna obiteljska tajna; **family ~** sramotna obiteljska tajna; **reduced to a ~** smršaviti kao kostur; **~ crew** najnužnija posada
skeleton-army ['skelitn'aːmi] *s mil* mirnodopska, kadrovska vojska
skeleton-bill ['skelitnbil] *s* bjanko-mjenica
skeleton enemy ['skelitnˌenimi] *s mil* markirani neprijatelj
skeletonize ['skelitnaiz] *vt* ogoliti do kostura; ukloniti (tkivo među žilicama lišća)
skeleton key ['skelitnkiː] *s* otpirač
skeleton-map ['skelitnmæp] *s* fizikalna zemljopisna karta
skene [skiːn] *s* → **skean**
skep [skep] *s* pletena košara; količina koja stane u košaru; pletena košnica
skepsis ['skepsis] *s* → **scepsis**
sketch [sketʃ] *s* 1. *arts* skica, obris, studija 2. *lit* kratka pripovijetka, crtica 3. *theat*

& *mus* skeč, igrokaz, kratak glazbeni komad 4. *fig* nacrt, skica, obris; kratak prikaz čega

sketch [sketʃ] *vt/i* **I.** *vt* skicirati što, crtati što; načiniti, nabaciti nacrt (osnovu), prikazati u kratkim, grubim crtama **II.** *vi* skicirati, crtati | ~ **out** naznačiti, zacrtati, skicirati

sketch-block ['sketʃblɔk] *s* blok za crtanje (skica)

sketch-book ['sketʃbuk] *s* knjiga za crtanje (skica) ili za pisanje crtica

sketcher ['sketʃə] *s* crtač skica

sketch-map ['sketʃmæp] *s* zemljopisna karta na kojoj su uneseni samo glavni obrisi nekog kraja

sketchy ['sketʃi] *adj* (**sketchily** *adv*) poput skice, u glavnim crtama; letimičan, površan, nedovršen, nepotpun

skew [skjuː] *s archit* kamen kose površine na podnožju prednjeg dijela kosog krova, kosina | **on the** ~ nakoso, nakrivo, na stranu, nahero

skew [skjuː] *adj archit* kos, kriv, naheren | ~ **bridge** kosi most; ~ **chisel** dlijeto s kosim bridom; *tech* ~ **wheel** vijčani zupčanik (s kosim zupcima); *geom* ~ **curve** prostorna krivulja

skewback ['skjuːbæk] *s archit* kamen koji ima jednu kosu plohu na koju se što oslanja, svodno ležište

skew-bald ['skjuːbɔːld] *adj* šaren (konj)

skewer ['skjuə] *s* ražnjić, šipčica za meso na roštilju; *joc* mač

skewer ['skjuə] *vt* nabosti, pribosti, natači (kao na ražnjić)

skew-eyed ['skjuːaid] *adj* razrok, škiljav

ski [skiː] *s* skija

ski [skiː] *vi* skijati se

skid [skid] *s* 1. paočanica, zavor; potporanj; cjepanica po kojoj se kotrlja teški predmet; *fig* kočnica, zapreka 2. *mot* sklizanje kotača na blatnom zemljištu 3. *pl US mar* mjesto gdje se spremaju čamci ratnog broda | ~ **road** *US* šumska cesta za izvlačenje trupaca; ~ **row** *US* četvrt (ulica) skitnica, alkoholičara i propalica

skid [skid] *vt/i* **I.** *vt* paočiti, kočiti, zavirati (kotač); odbaciti, baciti što (*on* na što), vući što; *US* smicati, izvlačiti (trupce) **II.** *vi* (o kotačima) klizati se na skliskom tlu; smicati se; omaknuti se; letimice prijeći (*over* preko čega)

skier ['skiːə] *s* skijaš

skiff [skif] *s* lagan čamac na dva vesla ili s jednim veslom po krmi; *sport* jednosjed (čamac), skif

ski-jump ['skiːdʒʌmp] *s* skijaški skok

skilful ['skilful] *adj* (~**ly** *adv*) vješt (*at, in* čemu), izvježban, iskusan, spretan, umješan

skilfulness ['skilfulnis] *s* vještina, iskusnost, spretnost, umješnost

ski-lift ['skiːlift] *s* skijaška žičara

skill [skil] *s* spretnost, vještina, umješnost, iskusnost, znanje; stručnost, stručna sprema, kvalifikacija, osposobljenost

skill [skil] *vi poet arch* | **it** ~**s not** to ne znači, ne koristi ništa

skilled [skild] *adj* vješt (*in* čemu), iskusan, osposobljen, stručan, kvalificiran (radnik)

skilless ['skillis] *adj arch* neiskusan, nevješt, koji ne zna ništa (*of* o)

skillet ['skilit] *s* kotlić, lončić, tava

skilly ['skili] *s* rijetka zobena kaša ili čorba

skim [skim] *vt/i* **I.** *vt* 1. obrati (mlijeko, pjenu) 2. letimice lagano dotaći; letimice, na brzu ruku pročitati; preletjeti očima preko čega **II.** *vi* brzo ili letimice čitati, preletjeti očima | *fig* **to** ~ **the cream off** obrati vrhnje

skim over ['skim'əuvə] *vi* brzo i nisko preletjeti iznad čega, kliznuti preko, letimice lagano dotaći

skim [skim] *adj* obran (mlijeko)

skimmer ['skimə] *s* obirača, rupičasta žlica za obiranje (vrhnja, pjene)

skim-milk [ˌskim'milk] *s* obrano mlijeko

skimming-dish ['skimiŋdiʃ] *s sl* trkaća lađa plosnata dna

skimp [skimp] *vt/i* **I.** *vt* štedljivo davati što, škrto opskrbljivati koga (*in* čime) **II.** *vi* škrtariti, biti škrt

skimping ['skimpiŋ] *adj* (~**ly** *adv*) štedljiv

skimpy ['skimpi] *adj* (**skimpily** *adv*) nedovoljan, mršav, oskudan, škrt

skin [skin] *s* 1. ljudska koža; *anat* sloj kože; koža, krzno životinja; *sl* konj, kljuse; *joc* momak, čovo 2. *bot* kožurica, ljuska, ljupina; površina 3. *mar* drvena ili željezna oplata 4. mješina | **with a whole** ~ nepovrijeđen, žive glave; *fig* **to save one's** ~ iznijeti živu glavu, spasiti svoju kožu; *fig* **to change one's** ~ promijeniti kožu (ćud); **to be only** ~ **and bone** biti vrlo mršav (kost i koža); **to escape by the** ~ **of one's teeth** jedva jedvice, za dlaku izmaći; **a thick** ~ debela koža (& *fig*); **a thin** ~ tanka koža; *fig* osjetljivost; **near is my shirt nearer my** ~ Bog je prvo sebi bradu stvorio, košulja je bliža od kaputa; **the inner** ~ derma; **the outer** ~ epiderma; **gold-beater's** ~ tanka membrana kojom se za vrijeme kovanja odjeljuju listići zlata; povoj za male rane; *fig* **to jump out of one's** ~ iskočiti iz kože (od bijesa, nestrpljivosti i dr.); **to be in one's** ~ biti u čijoj koži; **to get under one's** ~ zaći nekome pod kožu, razgnjeviti nekoga

skin [skin] *vt/i* **I.** *vt* 1. oderati (kožu), oguliti (koljeno kod pada, koru stabla i dr.) 2. *sl* opljačkati, prevariti koga 3. prekriti kožom (*over*); *fig* prekriti 4. *US coll* nadmašiti koga **II.** *vi* 1. (o rani) zacijeljeti (*over*), zamladiti se 2. *coll* skinuti tijesno odijelo | **keep your eyes ~ned** budno pazi, budi oprezan, otvori četvore oči; *fig* **to ~ a flint** biti škrt u svemu

skin-bound ['skinbaund] *adj* koji ima kožu napetu preko mesa

skin-deep [ˌskin'diːp] *adj* plitak (rana), površan; kratkotrajan

skin-dive ['skindaiv] *vi* roniti bez ronilačke opreme

skin-diving ['skindaiviŋ] *s* ronjenje bez ronilačke opreme

skin-dresser ['skinˌdresə] *s* učinjalac kože

skinflint ['skinflint] *s* škrtac

skinflinty ['skinˌflinti] *adj* škrt

skin-friction ['skinˌfrikʃən] *s* bočni otpor što ga voda pruža brodu u kretanju

skinful ['skinful] *s arch* količina pića koju pojedino čeljade može podnijeti

skin-game ['skingeim] *s US sl* prijevara

skin-grafting ['skinˌgraːftiŋ] *s med* presađivanje, transplantacija kože

skinless ['skinlis] *adj* bez kože, gol

skinner ['skinə] *s* kožar, krznar

skinny ['skini] *adj* (**skinnily** *adv*) kao koža; mršav; *fig* škrt, tvrd

skint [skint] *adj GB sl* bez love, dekintiran

skin-wool ['skinwul] *s* lošija vrsta vune koja se dobiva od mrtve ovce

skip[1] [skip] *s* poslužnik (u Trinity koledžu u Dublinu)

skip[2] [skip] *s* dizalo u obliku krletke koje se upotrebljava u rudnicima

skip[3] [skip] *s sport* kapetan momčadi

skip[4] [skip] *s* skakutanje, poskakivanje, skok, preskakivanje

skip [skip] *vi/t* **I.** *vi* 1. skakutati, poskakivati na jednoj nozi mijenjajući noge; skakati preko užeta (dječja igra) 2. *coll* pobjeći, nestati 3. preskočiti odlomak pri čitanju, letimice čitati; skočiti iz jednog zanimanja u drugo, s jednog predmeta na drugi **II.** *vt* preskočiti (*over* preko); ispustiti

skipjack ['skipdʒæk] *s* 1. tanani smeđi papir 2. kicoš, naduveno čeljade 3. *ent* klišnjak (kornjaš) 4. *mar* malena jedrilica u obliku slova V 5. *ichth* vrsta tune

skipper[1] ['skipə] *s ent* klišnjak (kornjaš)

skipper[2] ['skipə] *s* 1. *mar* brodar, gospodar, zapovjednik broda, kapetan (malog trgovačkog broda) 2. *sport* kapetan momčadi; kapetan aviona; šef policije

skipping ['skipiŋ] *adj* (**~ly** *adv*) koji skače, poskakuje

skipping-rope ['skipiŋrəup] *s* uže za preskakivanje (dječja igra)

skirl [skəːl] *s* vrištanje, piskutanje (gajdi)

skirl [skəːl] *vi* piskutati kao gajde

skirmish ['skəːmiʃ] *s mil* okršaj, kreševo, ograšje, čarkanje; *fig* dvoboj riječima

skirmish ['skəːmiʃ] *vi mil* čarkati se

skirmisher ['skəːmiʃə] *s mil* čarkaš

skirt [skəːt] *s* suknja, podsuknja, skut; *sl* žena; *pl* obrub, rub, okrajak, ivica | **the ~** žene; **divided ~** prostrane hlače slične suknji; **on the ~s of London** na periferiji Londona; **the ~ of beef** jeftin, loš dio govedine

skirt [skəːt] *vt/i* **I.** *vt* ići uzduž, naokolo, uz rub, uz granicu čega, graničiti s čime, obuhvatiti što, opkoliti što, obrubiti, obrubljivati **II.** *vi* ići (*along* uzduž), teći (*along* uz), biti na granici, graničiti

skirt-dancer ['skəːtˌdaːnsə] *s* plesačica sa širokom suknjom

skirting ['skəːtiŋ] *s* 1. obrub, rub 2. tkanina za suknje

skirting-board ['skəːtiŋbɔːd] *s* podna letvica oko donjeg ruba zida

skit [skit] *s* bockanje, peckanje, zadirkivanje, podrugljiva primjedba, rugalica; *lit* blaga parodija, satira (*on* na); skeč

skitter ['skitə] *vi* 1. (o divljim patkama) letjeti nisko nad površinom vode prskajući vodu krilima 2. loviti ribu vukući meku po površini vode

skittish ['skitiʃ] *adj* (**~ly** *adv*) plahovit, plah, plašljiv, zazorljiv, ćudljiv (konj); nestašan, jogunast; namigljiv, koketan; tobože mladenački; lakouman, hirovit, mušičav; nagao, napržit, razdražljiv

skittle ['skitl] *s* čunj (kuglanje); *pl* kuglanje | **beer and ~s** zabava, veselje; **~s!** glupost!, besmislica!

skittle ['skitl] *vt/i* **I.** *vt* oboriti što kao čunjeve; uludo rasuti, potratiti što **II.** *vi* kuglati se; besciljno, slijepo trčati

skittle away ['skitlə'wei] *vt* spraskati, spiskati što

skittle down ['skitl'daun] *vt* spraskati, spiskati

skittle-alley ['skitlˌæli] *s* kuglana

skittle-ground ['skitlgraund] *s* kuglana

skittle-pin ['skitlpin] *s* čunj (na kuglani)

skive [skaiv] *vt* cijepati (kožu); zabušavati, izvlačiti se

skiver ['skaivə] *s* nož za cijepanje kože; tanak trak kože koji se dobije cijepanjem

skivvy ['skivi] *s GB sl* služavka, sluškinja; *US sl* potkošulja; gaće; *pl* muško donje rublje

skua ['skjuːə] *s ornith*· veliki grabežljivi galeb

skulduggery [skʌl'dʌgəri] *s US coll* lopovluk, prevarancija, trikovi, štosovi

skulk [skʌlk] *s* šunjalo, kukavica, zabušant koji neće da se bori na fronti; koji se iskrade, odšulja, sakrije

skulk [skʌlk] *vi* kukavno se kriti; vrebati u zasjedi; kukavno se odšuljati, iskrasti se kad nastupi opasnost; izbjegavati dužnosti

skulker ['skʌlkə] *s* šunjalo, kukavica, zabušant koji neće da se bori na fronti, koji se iskrade, odšulja, sakrije
skulking ['skʌlkiŋ] *adj* (**~ly** *adv*) zabušantski, kukavički, koji izbjegava, krije se, kukavan, plašljiv
skull [skʌl] *s anat* lubanja | **~ and cross-bones** mrtvačka glava s unakrštenim kostima
skull-cap ['skʌlkæp] *s* 1. priljubljena okrugla kapica, ćepica 2. *bot* šišak
skunk [skʌŋk] *s zool* skunk, tvor, skunkovo krzno; *fig coll* podlac, smrdljivac
skunk [skʌŋk] *vt US sl* ametice poraziti koga; ne platiti račun
sky [skai] *s* nebo, nebeski svod, podneblje | **if the ~ fall we shall catch larks** ne valja se brinuti za ono što ne može biti; **under the open ~** pod vedrim nebom; **to praise to the skies** kovati u zvijezde; **the ~ is the limit** do neba, bez granica
sky [skai] *vt* udariti (loptu) da poleti visoko u zrak; objesiti (sliku) visoko na zid, sakriti
sky-blue [ˌskai'bluː] *adj* plav kao nebo, plavetan
sky-blue [ˌskai'bluː] *s* nebesko plavetnilo
sky-born ['skaibɔːn] *adj poet* božanskog podrijetla
sky-clad ['skaiklæd] *adj joc* gol
skyer ['skaiə] *s sport* visoka lopta kod kriketa
sky-high [ˌskai'hai] *adj coll* visok do neba, nebu pod oblake
skylark ['skailaːk] *s* 1. ševa 2. vragolija, gruba, nezgrapna šala
skylark ['skailaːk] *vi* zbijati šale, vragolije
skyless ['skailis] *adj* oblačan, taman
skylight ['skailait] *s* prozor na krovu ili stropu; *mar* vidnik, vidjelica, svjetlost koja dolazi kroz takav prozor
sky-line ['skailain] *s* horizont, obzor, siluete nebodera
sky-pilot ['skaiˌpailət] *s sl* (brodski) svećenik, kapelan
sky-rocket ['skaiˌrɔkit] *vi/t* naglo skočiti, rasti vrtoglavom brzinom (cijene); veoma povisiti (cijene)
skysail ['skaiseil] *s mar* šljemno jedro
skyscape ['skaiskeip] *s* slika neba i oblaka
skyscraper ['skaiˌskreipə] *s* 1. *joc mar* šljemno jedro 2. neboder
skyward ['skaiwəd] *adj* koji je usmjeren prema nebu, uvis, pod nebo
skyward(s) ['skaiwəd(z)] *adv* put neba
skyway ['skaiwei] *s aero* zračni put
sky-writing ['skaiˌraitiŋ] *s* ispisivanje reklamnih poruka po nebu (pomoću aviona)
slab [slæb] *s* tanka kovinska, kamena, drvena ploča; daska za oplatu; okorak
slab [slæb] *adj arch* ljepljiv, gust (tekućina)
slab [slæb] *vt* otesati deblo tako da se može ispiliti u daske; praviti ploče za oplatu; obložiti oplatom
slabber ['slæbə] *v* & *s* → **slobber**
slab-stone ['slæbstəun] *s* škriljevac, kamen koji se lako kala na slojeve; kamen za pločenje
slack [slæk] *s* 1. labavi, nenapeti dio užeta 2. mrtvilo (u poslovima), mrtva sezona 3. *pl* (sportske) hlače 4. ugljena prašina za pravljenje briketa
slack [slæk] *adj* (**~ly** *adv*) 1. mlitav, mlohav, lijen, nemaran, trom, polagan; mrtav (voda) 2. slab (poslovanje) 3. labav, nenapet, nenategnut, popustio, popušten 4. polupečen (kruh) | *mar* **~ in stays** koji se polagano kreće; **a ~ rope** labavo uže; **to keep a ~ hand (rein)** upravljati (jahati) nemarno, labavo; **~ trade (market)** slabo poslovanje (tržište); **~ weather** vrijeme koje u čovjeku pobuđuje mlitavost; **~ water** mrtva, nepokretna voda prije oseke; **~ season** mrtva sezona
slack [slæk] *adv* polagano; nedovoljno
slack [slæk] *vt/i* **I.** *vt* olabaviti, odriješiti; umanjiti što, usporiti (napredovanje), zanemariti (dužnost); gasiti (vapno) **II.** *vi* postati labav ili mlitav; popustiti, omlitaviti (*off*), zanemariti se, malaksati; *coll* ljenčariti, odmarati se
slack off ['slæk'ɔf] *vt* pustiti, otpustiti, olabaviti (konop); umanjiti (žestinu)
slack up ['slæk'ʌp] *vi* postajati sporiji, slabiji, usporiti vlak i dr. prije zaustavljanja
slacken ['slækn] *vt/i* **I.** *vt* olabaviti, omlohaviti što; uzrokovati zastoj, mrtvilo, usporiti, umanjiti, ublažiti što **II.** *vi* postati labav, omlitaviti; popustiti, oslabiti, omlohaviti; postati spor; *com* postati slab (tržište, poslovanje)
slacker ['slækə] *s coll* lijenčina, nemarnik, zabušant
slackness ['slæknis] *s* sporost; mlitavost, labavost, nenapetost, mlohavost, tromost; *com* slabo poslovanje, mrtvilo, zastoj
slag [slæg] *s* šljaka, drozga, troska, vulkanska lava
slag [slæg] *vt/i* **I.** *vt* pretvoriti što u drozgu, šljaku **II.** *vi* stvarati šljaku, drozgu, pretvoriti se u šljaku (drozgu)
slaggy ['slægi] *adj* poput šljake, drozge; koji sadržava drozgu
slain [slein] *pp* od **slay**
slake [sleik] *vt* ugasiti, utažiti (žeđu), zadovoljiti, utišati; gasiti (vapno)
slakeless ['sleiklis] *adj poet* neugasiv, neutaživ
slalom ['sleiləm] *s* slalom | **giant ~** veleslalom

slam [slæm] *s* tresak, lupa, udarac
slam [slæm] *vt/i* **I.** *vt* zalupiti čime, tresnuti čime (*on* po); *sl* udariti, bubnuti, lako pozlijediti koga **II.** *vi* biti zalupljen, žestoko se zalupiti, tresnuti, bubnuti | **to ~ the door to** zalupiti vratima
slander ['slaːndə] *s* uvreda časti, kleveta; *jur* usmena kleveta
slander ['slaːndə] *vt* klevetati, potvoriti koga
slanderer ['slaːndərə] *s* klevetnik, klevetnica
slanderous ['slaːndərəs] *adj* (**~ly** *adv*) klevetnički, uvredljiv
slang [slæŋ] *s* slang, žargon, argo, šatrovački jezik, frajerski govor
slang [slæŋ] *vt coll* žestoko izgrditi koga
slangy ['slæŋi] *adj* (**slangily** *adv*) žargonski, šatrovački, frajerski
slant [slaːnt] *s* strmen, kosina, nagib, položitost | **on the ~** koso, nakrivo; *mar* **a ~ of wind** pogodan vjetrić
slant [slaːnt] *adv* koso, položito, nagnuto, nakrivo, isprijećeno
slant [slaːnt] *adj poet* kos, položit, nagnut, naheren, nakriv, isprijećen
slant [slaːnt] *vi/t* **I.** *vi* nagnuti se, naheriti se, nakriviti se, biti nagnut, ležati nakoso, imati kosi smjer; biti kos, naheren, spuštati se **II.** *vt* nakriviti, naheriti, nagnuti što; koso položiti što
slanting ['slaːntiŋ] *adj* (**~ly** *adv*) kos, kriv, položit, nagnut, nakriv
slantwise ['slaːntwaiz] *adv* koso, krivo, nakrivo
slap [slæp] *s* udarac dlanom ploštimice | **a ~ in the face** pljuska, zaušnica, ćuška, šamar; *fig* uvreda; razočaranje
slap [slæp] *vt/i* **I.** *vt* pljusnuti, pljeskati (rukama), pljesnuti, potapšati koga; baciti što **II.** *vi* udariti dlanom (*against* o) | **to ~ something down** tresnuti
slap [slæp] *adv* ravno, baš; nenadano, brzo | **to run ~ into** zaletjeti se ravno u
slap-bang [ˌslæp'bæŋ] *adv* žestoko, bučno; neočekivano
slapdash ['slæpdæʃ] *adv* žestoko, naglo; na sreću; površno, nemarno, bezbrižno
slapdash ['slæpdæʃ] *adj* žestok, nagao; na sreću; površan; nemaran, nebrižan
slapdash ['slæpdæʃ] *s* žestina, naglost; površnost, nemar, nebriga
slap-happy ['slæphæpi] *adj* nagao, nepažljiv, koji radi na brzinu i bez razmišljanja, nemaran
slapping ['slæpiŋ] *adj sl* strelovit, hitar; žustar, živahan; *US coll* golem, ogroman
slapstick ['slæpstik] *s* palica dvorske lude | **~ comedy** lakrdija, farsa, jeftina komedija
slap-up ['slæpʌp] *adj sl* prvoklasan, izvanredan; sasvim suvremen, najmoderniji
slash [slæʃ] *s* udarac (& *fig*), rezotina, zarez, raspor; udarac bičem, dubok rez; *US* drveni otpaci
slash [slæʃ] *vi/t* **I.** *vi* zamahnuti nožem (mačem i dr.) (*at* na), mlatiti oko sebe **II.** *vt* raniti koga (sjekirom, nožem, mačem i dr.), razrezati, rasporiti, razderati; bičevati; *mil* rušiti stabla da se napravi zasjeka; *fig* kritizirati; *fig* operušati; *fig* drastično sniziti (cijenu)
slashing ['slæʃiŋ] *s* bičevanje; raspor, paranje, zarezivanje (nožem); *mil* zasjeka od oborenih stabala
slat [slæt] *s* tanka (drvena ili kovinska) letvica; rebrenica; *sl* rebro
slat [slæt] *vi/t* **I.** *vi* udarati, kloparati (jedro, konopi) **II.** *vt* lupiti čime
slate [sleit] *s* 1. škriljevac, brusilovac, krovovac, pločinac; pločica škriljevca; crijep od škriljevca; školska pločica 2. *US pol* privremeni popis kandidata, kandidatska lista | **to clean the ~** osloboditi se obaveza, odreći se tuđih obaveza prema sebi; **to have a clean ~** imati čistu, neporočnu prošlost, biti nekažnjavan; **he has a ~ loose** fali mu daska u glavi
slate [sleit] *adj* škriljast, od škriljevca
slate[1] [sleit] *vt* pokriti škriljevcem (krov); *US coll* predložiti koga za kandidata
slate[2] [sleit] *vt coll* oštro kritizirati (knjigu); grditi, karati koga
slate-black ['sleitblæk] *adj* crn kao škriljevac
slate-clay ['sleitklei] *s minr* škriljasta glina
slate-coal ['sleitkəul] *s minr* škriljasti ugljen
slate-club ['sleitklʌb] *s* društvo uzajamne pomoći
slate-coloured ['sleitˌkʌləd] *adj* siv kao škriljevac, boje škriljevca
slate-grey [ˌsleit'grei] *adj* siv kao škriljevac
slate-pencil [ˌsleit'pensl] *s* pisaljka od škriljevca
slate-pit ['sleitpit] *s* rudnik škriljevca
slater ['sleitə] *s* pokrivač krovova (škriljevcem)
slate-works ['sleitwəːks] *s pl* rudnik škriljevca
slating[1] ['sleitiŋ] *s* pokrivanje krovova škriljevcem, krov pokriven škriljevcem; *coll* škriljevac
slating[2] ['sleitiŋ] *s* grdnje, korenje; vrlo oštra kritika (knjige)
slattern ['slætəːn] *s* šlampavica, prljavo, neuredno žensko čeljade
slatternliness ['slætəːnlinis] *s* šlampavost, aljkavost, nemarnost, neurednost, zapuštenost
slatternly ['slætəːnli] *adj* šlampav, aljkav, prljav, neuredan
slaty ['sleiti] *adj* (**slatily** *adv*) škriljast, boje škriljevca

slaughter [ˈslɔːtə] *s* klanje (stoke); pokolj, krvoproliće
slaughter [ˈslɔːtə] *vt* klati (stoku); *fig* poklati; *US* uništiti
slaughterer [ˈslɔːtərə] *s* mesar; *fig* koljač
slaughterhouse [ˈslɔːtəhaus] *s* klaonica (& *fig*)
slaughterous [ˈslɔːtərəs] *adj* (**~ly** *adv*) *rhet* koljački, krvnički, krvoločan, krvožedan, krvav
slaughtery [ˈslɔːtəri] *s* klaonica
Slav [slaːv] *s* Slaven
Slav [slaːv] *adj* slavenski
slave [sleiv] *vi/t* **I.** *vi* raditi kao rob, robovati, patiti se radom **II.** *vt* | **to ~ oneself to death** ubijati se radeći; **to ~ away** mučiti se
slave [sleiv] *s* rob, ropkinja (& *fig*)
slave-driver [ˈsleivˌdraivə] *s* nadglednik robova; gonič robova; *fig* ljudomora, ljudoder, nemilosrdan poslodavac
slave-holder [ˈsleivˌhəuldə] *s* robovlasnik, vlasnik, gospodar robova
slave-hunter [ˈsleivˌhʌntə] *s* lovac na robove
slave-owner [ˈsleivˌəunə] *s* robovlasnik, vlasnik, gospodar robova
slaver [ˈsleivə] *s* trgovac robljem; brod za prijevoz roblja
slaver [ˈslævə] *s* slina; *fig* podlo ulagivanje
slaver [ˈslævə] *vi/t* **I.** *vi* sliniti, baliti **II.** *vt* zasliniti, osliniti što; *fig* laskati, ulagivati se kome
slaverer [ˈslævərə] *s* balavac; *fig* ulizica
slavery [ˈsleivəri] *s* ropstvo; *fig* robovanje (*to* čemu)
slavery [ˈslævəri] *adj* slinav, balav
slave-ship [ˈsleivʃip] *s* brod za prijevoz roblja
slave-states [ˈsleivˌsteits] *s* južne, robovlasničke države
slave-trade [ˈsleivtreid] *s* trgovina robljem
slave-trader [ˈsleivˌtreidə] *s* trgovac robljem
slave-traffic [ˈsleivˌtræfik] *s* trgovina robljem
slavey [ˈsleivi] *s sl* sluškinja, služavka
Slavic [ˈslaːvik] *adj* slavenski
Slavic [ˈslaːvik] *s* slavenski jezik
Slavism [ˈslævizm] *s* slavenstvo, jezična karakteristika Slavena
slavish [ˈsleiviʃ] *adj* (**~ly** *adv*) ropski, podao, puzav
Slavonian [sləˈvəuniən] *s* Slaven, slavenski jezik; Slavonac
Slavonian [sləˈvəuniən] *adj* slavenski; slavonski
Slavonic [sləˈvɔnik] *adj* slavenski
Slavonic [sləˈvɔnik] *s* slavenski jezik
slavonicize [sləˈvɔnisaiz] *vt* poslaveniti što
slaw [slɔː] *s US* salata od kupusa | **cole ~** salata od kupusa
slay [slei] *vt* (slew, slain) *poet, rhet & US* ubiti, pogubiti, zaklati
slayer [ˈsleiə] *s* ubojica
sleazy [ˈsliːzi] *adj* zapušten, prljav; loš, nesolidan
sled [sled] *s* & *vi/t* → **sledge** | *US* **hard ~ding** teške prilike, teško stanje
sledge [sledʒ] *s* saonice, saone
sledge [sledʒ] *vi/t* **I.** *vi* sanjkati se **II.** *vt* voziti koga na saonicama
sledge-hammer [ˈsledʒˌhæmə] *s* težak kovački bat, malj | **~ argument** nepobitan, ubojit argument
sleek [sliːk] *adj* (**~ly** *adv*) gladak (koža), mekan, sjajan (kosa), uglađen; *fig* mazan, slatkorječiv
sleek [sliːk] *vt* ugladiti što, glatko počešljati (kosu)
sleekness [ˈsliːknis] *s* glatkoća, mekoća, uglađenost
sleep [sliːp] *s* 1. san, spavanje 2. *fig* počinak, mirovanje, mrtvilo, nedjelovanje; smrt | **beauty ~** prvi san, san prije pola noći; **in one's ~** u snu; **the ~ of the just** san pravednika; **the ~ that knows not breaking** smrt, vječni počinak; **a broken ~** nemiran san; **to go to ~** zaspati (i udo); *arch* **to fall on ~** zaspati; *fig* umrijeti; **to put to ~** uspavati; *box* omamiti udarcem; *poet* smaknuti, ubiti; **to have one's ~ out** ispavati se, naspavati se; **to lay to ~** staviti u krevet
sleep [sliːp] *vi/t* (slept, slept) **I.** *vi* spavati, prespavati noć, prenoćiti (*at, in* kod, u); mirovati, počivati u grobu; okretati se tako ravnomjerno da se čini da miruje (zvrk) **II.** *vt* spavati (san), prespavati (stanovito vrijeme); pružati kome mogućnost za spavanje | **let ~ing dogs lie** ne diraj lava dok spava; **to ~ like a log (top)** spavati kao zaklan; **to ~ the clock round** spavati dvanaest ili dvadeset i četiri sata
sleep around [ˈsliːpəˈraund] *vi coll* spavati okolo (s raznim muškarcima ili ženama), odati se promiskuitetu
sleep away [ˈsliːpəˈwei] *vt* odspavati, prodrijemati (popodne), prespavati
sleep off [ˈsliːpˈɔf] *vt* odspavati, prespavati (pijanstvo, glavobolju i dr.)
sleep over [ˈsliːpˈəuvə] *vi* prespavati, odložiti odluku ili rješenje do sutra
sleep (up)on [ˈsliːp(əp)ˈɔn] *vi* prespavati, odložiti odluku (rješenje) do sutra
sleeper [ˈsliːpə] *s* 1. spavač 2. *com* neaktivan partner u poslu 3. *rly* željeznički prag; *coll* spavaća kola
sleepiness [ˈsliːpinis] *s* pospanost, sanjivost, snenost; *fig* tromost, mlitavost
sleeping-bag [ˈsliːpiŋbæg] *s* vreća za spavanje
sleeping-car [ˈsliːpiŋkaː] *s rly* spavaća kola
sleeping-draught [ˈsliːpiŋdraːft] *s* sredstvo za spavanje

sleeping-partner ['sli:piŋ͵pa:tnə] *s com* tihi ortak, suvlasnik, sudrug u poduzeću koji ne sudjeluje u upravljanju poslovima
sleeping-pill ['sli:piŋpil] *s* sredstvo, tableta za spavanje
sleeping-room ['sli:piŋrum] *s US* spavaća soba
sleeping-sickness ['sli:piŋ͵siknis] *s* bolest spavanja
sleeping-suit ['sli:piŋsju:t] *s* pidžama, odjeća za spavanje
sleepless ['sli:plis] *adj* (**~ly** *adv*) besnen, besan, koji nema mira, odmora; *fig* budan
sleep-walker ['sli:p͵wɔ:kə] *s* mjesečar
sleepwalking ['sli:p͵wɔ:kiŋ] *s* hodanje u snu, mjesečarstvo
sleepy ['sli:pi] *adj* (**sleepily** *adv*) pospan, snen, dremovan, sanjiv; *fig* trom; (o voću) bez soka, brašnjav; (o poslovima) mrtav
sleepyhead ['sli:pihed] *s* drijemalo, pospanac, rastreseno, nepažljivo čeljade
sleet [sli:t] *s* sugradica, susnježica, solika
sleet [sli:t] *vi* (o sugradici, susnježici) padati
sleety ['sli:ti] *adj* praćen solikom, sugradicom, susnježicom
sleeve [sli:v] *s* rukav; *tech* tuljac, čahura, tulica, grlo; omotnica gramofonske ploče; vjetrokaz | **lawn ~s** rukavi poput biskupskih od fine tkanine; **leg-of-mutton ~** trokutni rukav; **to laugh in one's ~** smijati se ispod brka; **to have a card up one's ~** imati nešto u rezervi (& *fig*); **to turn (roll) up one's ~s** zasukati rukave; **to wear one's heart upon one's ~** otvoreno pokazivati svoje osjećaje, što na srcu, to i na jeziku, što na umu, to na drumu
sleeve [sli:v] *vt* prišiti rukave na što
sleeved ['sli:vd] *adj* koji ima rukave, s rukavima
sleeveless ['sli:vlis] *adj* bez rukava
sleigh [slei] *s* & *vi/t* → **sledge**
sleigh-bell ['sleibel] *s* praporac na hamu konja koji vuče saonice
sleight [slait] *s* spretnost, hitrina, vještina; trik, majstorluk, čarolija | **~ of hand** hokus-pokus, majstorluk, trik
slender ['slendə] *adj* (**~ly** *adv*) vitak, tanak, tanahan, nježan, delikatan; malen (nada), slab, neznatan; nedostatan, oskudan, mršav (hrana, prihod)
slenderness ['slendənis] *s* vitkost, tanahnost; slabost; nedostatnost, oskudnost, neznatnost
slept [slept] *pret* & *pp* od **sleep**
sleuth [slu:θ] *s* pas oštra njuha, tragač; *coll* detektiv
sleuth [slu:θ] *vt/i* **I.** *vt* slijediti (čiji trag) **II.** *vi* vršiti službu detektiva, tražiti
sleuth-hound ['slu:θhaund] *s* pas oštra njuha, pas tragač; *coll* detektiv

slew[1] [slu:] *s US* lokva
slew[2] (**slue**) [slu:] *s mar* okretanje broda u suprotni smjer
slew (**slue**) [slu:] *vt/i* **I.** *vt mar* okrenuti (brod) u suprotni smjer **II.** *vi* okrenuti se
slew [slu:] *pret* od **slay**
slice [slais] *s* 1. kriška, režanj, odrezak 2. dio, komad 3. plosnata lopatica za vađenje jela iz tave; plosnat alat za čišćenje roštilja peći
slice [slais] *vt/i* **I.** *vt* narezati što u kriške (često *up*); *golf* zarezati loptu, udariti da leti u stranu; veslom nespretno zaveslati (po vodi) **II.** *vi* rezati
slice off ['slais'ɔf] *vt* odrezati
slice through ['slais'θru:] *vt* prorezati, razrezati
slick [slik] *adj US* gladak; *sl* kao namazan; spretan, okretan, zgodan, vješt; dopadljiv; bogato opremljen (časopis)
slick [slik] *adv coll* brzo, glatko, ravno, točno, potpuno, posve
slick [slik] *s* mrlja (nafte) | **oil ~** naftna mrlja (na moru)
slicker ['slikə] *s US* nepromočiv kaput; *coll* elegantno odjevena osoba sigurna nastupa, uvjerljiv maher
slid [slid] *pret* & *pp* od **slide**
slide [slaid] *s* 1. (s)klizalište, (s)klizanje; kosina; tobogan; točilo (za drvo) 2. *tech* klizni dijelovi stroja ili instrumenta, pomični zaklop 3. objektno stakalce mikroskopa; dijapozitiv 4. plosnata ukosnica 5. odron, odronjena zemlja
slide [slaid] *vi/t* (slid, slid) **I.** *vi* 1. kliziti, poskliznuti se, spuznuti, omaći se, odsanjkati se (po travi, niz obronak), sklizati se, isklizati se, glatko teći 2. *fig* polagano, neprimjetno upadati (*into* u), lagano prelaziti (*from* ... *to* od ... na) 3. izbjeći pamćenju, biti zaboravljen **II.** *vt* gurnuti, napraviti da se što odsklizne (*into* na, u) | **to ~ over a delicate subject** samo dotaknuti škakljiv predmet razgovora; **to let things ~** biti nemaran; **sliding door** pomična, klizna vrata; **sliding scale** klizna skala; **sliding seat** pokretno sjedalo (u trkaćim čamcima)
slide away ['slaidə'wei] *vi* odskliznuti se, nesvjesno upadati (*into* u)
slider ['slaidə] *s* 1. *tech* klizač, potiskivač, pomicalo, pomicaljka 2. sladoled između dviju hostija
slide-rail ['slaidreil] *s rly* skretnica, skretnička tračnica
slide-rod ['slaidrɔd] *s tech* (šipka) vodilica
slide-rule ['slaidru:l] *s* nonij, rastegljivo mjerilo; logaritamsko računalo
slide-valve ['slaidvælv] *s* zasovni ventil
sliding-scale ['slaidiŋ'skeil] *s* klizna skala
sliding-seat ['slaidiŋsi:t] *s mar* pomično sjedalo

slight [slait] *s* omalovažavanje, preziranje, prezir, neuvažavanje; *fig* mrlja (na časti)
slight [slait] *adj* (**~ly** *adv*) 1. tanak, vitak, slabašan 2. blag, lagan (nazeb, hladnoća i dr.) 3. malen, neznatan, slab, površan, nedovoljan 4. nevažan, neznačajan
slight [slait] *vt* omalovažavati, prezirati, ne poštovati koga
slighting ['slaitiŋ] *adj* (**~ly** *adv*) preziran, omalovažavajući
slightish ['slaitiʃ] *adj* neznatan, sićušan
slily ['slaili] *adv* → **slyly**
slim [slim] *adj* (**~ly** *adv*) 1. vitak, tanak, slabašan 2. *fig* manjkav, nedostatan, oskudan 3. prepreden, prefrigan
slim [slim] *vi* postati vitak (žene); biti na dijeti, držati dijetu, nastojati smršaviti | **~ming diet** dijeta za mršavljenje; **~ming exercises** vježbe za vitku liniju
slime [slaim] *s* sluz, mulj, glib; *fig* prljavština
slime [slaim] *vt/i* **I.** *vt* osluzaviti **II.** *vi sl* ljigavo izmigoljiti (*through, away, past* iz čega)
sliminess ['slaiminis] *s* ono što je sluzavo, sluzavost
slimness ['slimnis] *s* vitkost, tankoća, tanahnost; *fig* skučenost, neimaština; prefriganost, prepredenost
slimsy ['slimzi] *adj US* tanak, slab, krhak
slimy ['slaimi] *adj* (**slimily** *adv*) sluzav, slinav, muljav, glibak, klizav; *fig* ljigav, puzav, dodvoran; odvratan
sling[1] [sliŋ] *s US* piće od alkohola sa šećerom, vodom i ledom
sling[2] [sliŋ] *s* hitac, zamah; *fig* udarac
sling[3] [sliŋ] *s* praćka, omča; povoj, povez u kojem se nosi ruka; *mil* remen puške; remenik; *mar* uže za vuču čamca, štrop
sling [sliŋ] *vt/i* (slung, slung) **I.** *vt* zavitlati što praćkom; objesiti, visiti, dizati petljom; prebaciti preko; izbaciti (*out of* iz), baciti što (*at* na), mahati čime; *coll* izbaciti (*out* iz) **II.** *vi Scot* gegati se, kročiti (*into* u) | *sl* **to ~ ink** piskarati; **to ~ mud at** nabacivati se blatom
sling [sliŋ] *vt* oviti što omčom, povući uvis, podići (*from* sa), zavezati što omčom, držati ruku u povoju o vratu; objesiti što (*over* nad, *to* na)
slinger ['sliŋə] *s* bacač, praćkar | **mud-~** onaj koji se nabacuje blatom na nekoga
slink [sliŋk] *s* pobačena (prerano okoćena) životinja, nedonošče
slink [sliŋk] *vi* (*pret* slunk, slank; *pp* slunk) šuljati se, potajno, pokunjeno, posramljeno se odšuljati (obično *off, away, by*)
slink off ['sliŋk'ɔf] *vi* potajno, pokunjeno, posramljeno se odšuljati
slink [sliŋk] *vt/i* (životinje) pobaciti, izvrći, prerano okotiti
slink-butcher ['sliŋk,butʃə] *s* mesar koji trguje prerano okoćenim životinjama
slip[1] [slip] *s* 1. *bot* cjepika, kalem; podmladak, potomak 2. komadić, trak papira, ceduljica; letvica; *print* pokusni otisak na dugačku traku papira, špalta
slip[2] [slip] *s* 1. okliznuće, posrtaj, pad, iskliznuće; odron (zemlje); koso zemljište na kojem se grade ili popravljaju brodovi, skliz, navoz; kosina 2. *sl* umaknuće 3. omaška, pogreška, ispad, zareknuće 4. jastučnica; ženska košulja, kombine 5. kašasta glina od koje se prave ukrasi na glinenom posuđu 6. *pl* uzica za psa 7. *theat pl* spremište za kulise; mjesto gdje stoji glumac prije ulaska na pozornicu 8. *US* sidrište između dva mola | **to give one the ~** pobjeći kome; **a ~ of the tongue (pen)** omaška, zareknuće, lapsus; **a ~ of a boy** vitak, tanak dječak; **many a ~ 'twixt the cup and the lip** ne reci hop prije nego skočiš
slip [slip] *vi/t* **I.** *vi* 1. okliznuti se, poskliznuti se, skliznuti (*off* sa), iskliznuti (*out* iz), skliznuti (*into* u), proskliznuti se, spuznuti (*through* kroz), omaći se (*out of* iz) 2. odmicati (vrijeme), šmugnuti, umaknuti (*out of* iz), skoknuti (*to* do) 3. pogriješiti iz nemara 4. odriješiti, pustiti **II.** *vt* 1. prerano okotiti što 2. potajno, vješto, neprimjetno turiti što (*into* u); brzo navući, svući 3. izmaći, umaknuti, izbjeći čemu | **to ~ an anchor** odriješiti konop sidra; **to ~ from one's hand** izmaći kome iz ruke; **to ~ one's attention** izmaći nečijoj pažnji
slip along ['slipə'lɔŋ] *vi sl* jurnuti, smuknuti
slip away ['slipə'wei] *vi* izmaknuti, šmugnuti, izmaći se; brzo proći (vrijeme)
slip by ['slip'bai] *vi* prolaziti (vrijeme); brzo proći mimo, prošuljati se pored
slip in ['slip'in] *vi/t* **I.** *vi* ušuljati se, uvući se, potkrasti se (pogreška) **II.** *vt* umetnuti (riječi)
slip into ['slip'intu] *vi* **A.** *prep* uskliznuti (u odijelo), ušuljati se, potajno se ušuljati, neprimjetno doći u **B.** *adv sl* izbubati, izlemati; pohlepno jesti
slip off ['slip'ɔf] *vt* brzo svući (kaput)
slip on ['slip'ɔn] *vt* brzo navući (kaput)
slip out ['slip'aut] *vi* iskliznuti se, izmaknuti se, ispuzati
slip over ['slip'əuvə] *vt* presvući što | *US sl* **to slip a th over on a p** nadmudriti, nasamariti koga
slip past ['slip'pa:st] *vi* prolaziti, odmicati, šmugnuti mimo
slip up ['slip'ʌp] *vi* spoticati se, posrtati; uspuzati (za kravatu)
slip-board ['slipbɔ:d] *s* pomična ploča
slip-book ['slipbuk] *s US com* knjižica (bankovnih) namira
slip-carriage ['slip,kæridʒ] *s rly* priključni vagon

slip-cover ['slip,kʌvə] *s* navlaka za pokućstvo
slip-knot ['slipnɔt] *s* čvor na petlju
slipover ['slip,əuvə] *s* pulover
slipper ['slipə] *s* 1. papuča, lagana ženska cipela 2. paočanica, papuča kočnice | **hunt-the-~** društvena igra traženja papuče; **bed-~** guska, noćna posuda za bolesnički krevet
slipper ['slipə] *vt* udariti što papučom
slippering ['slipəriŋ] *s* batinanje papučom
slippery ['slipəri] *adj* (**slipperily** *adv*) sklizav, gladak; *fig* škakljiv (pitanje i dr.), nesiguran, nepouzdan, nepostojan, sumnjiv, prevrtljiv, dvoličan
slippy ['slipi] *adj coll* hitar, brz
slip-road ['sliprəud] *s* prilazna cesta (koja vodi na auto-cestu), izlazna cesta (s auto--ceste), pristupna cesta
slipshod ['slipʃɔd] *adj arch* koji ima izlizane pete; *fig* neuredan, nemaran, površan
slipslop ['slipslɔp] *s* slabo, vodnjikavo piće; *fig* čuvstven govor ili način pisanja
slipslop ['slipslɔp] *adj* bljutav, razvodnjen, bezizražajan, bezvrijedan, loš
slip-stream ['slipstriːm] *s* struja zraka od propelera ili od mlaznog motora
slip-up ['slipʌp] *s coll* pogreška, propust, omaška, pogrešan korak
slipway ['slipwei] *s* navoz
slit [slit] *s* raspor, razrez, uska i dugoljasta pukotina ili otvor, urez, reška | **~s of eyes** uzane oči
slit [slit] *vt/i* (slit, slit) **I.** *vt* rasporiti, parati, razderati, zarezati (*into* u), razrezati, derati što u trakove **II.** *vi* razderati se, rasporiti se | **to ~ one's weasand** zaklati se
slither ['sliðə] *vi coll* sklizati se, poskliznuti se, posrtati, nesigurno, sklizavo hodati | **to begin to ~** početi gubiti tlo pod nogama
slithery ['sliðəri] *adj* sklizak, gladak (& *fig*)
slitting ['slitiŋ] *s* paranje, rezanje, deranje u trakove
sliver ['slivə] *s* trijeska, iver; trak vune ili pamuka
sliver ['slivə] *vt/i* **I.** *vt* otrgnuti, kalati, otcijepiti, raskoliti, očehnuti što; praviti trijeske **II.** *vi* cijepati se, kalati se, raskoliti se
slobber ['slɔbə] *s* slina, bale, slinjenje, baljenje; glup, nenaravan, čuvstven govor; slinav poljubac
slobber ['slɔbə] *vi/t* **I.** *vi* sliniti, baliti; šeprtljati **II.** *vt* obaliti, osliniti što; zabrljati, sprtljati, loše napraviti što | **to ~ with kisses** zasliniti poljupcima; **to ~ over a p** pretjerano maziti koga, suviše se raznježiti nad kim
slobber over ['slɔbər'əuvə] *vt* zabrljati, sprtljati što
slobbery ['slɔbəri] *adj* slinav, balav; *fig* sladunjav, koji pokazuje glupu, neprirodnu čuvstvenost
sloe [sləu] *s bot* trnjina, gloginja; *US* divlja šljiva
sloe-worm ['sləuwəːm] *s* → **slow-worm**
slog [slɔg] *s* žestok udarac; mučan, naporan rad
slog [slɔg] *vi/t* **I.** *vi* žestoko udariti **II.** *vt* žestoko udariti (loptu); zviznuti, lupiti koga, mlatiti
slog away ['slɔgə'wei] *vi* ustrajno hodati ili raditi, mučiti se (*at* čim)
slogan ['sləugən] *s* 1. *Scot* bojni poklič 2. parola, lozinka, krilatica; reklamna poruka, reklamni slogan
slogger ['slɔgə] *s* 1. onaj koji žestoko udara; boksač 2. ustrajan radnik
slog-horse ['slɔghɔːs] *s fig* tegleći konj
sloid (**sloyd**) [slɔid] *s* školski sistem obuke pomoću ručnog rada
sloop [sluːp] *s* 1. *mar* šalupa, vrsta jedrenjaka s jednim jarbolom 2. topnjača | **~ of war** korveta
slop[1] [slɔp] *s* 1. prolivena tekućina, lokva, mlaka 2. *pl* bezalkoholno piće, bućkuriš; tanka bolesnička hrana; spirine, splačine, pomije, sadržaj noćne posude 3. *fig* nešto bljutavo | **to empty the ~s** izliti prljavu vodu
slop[2] [slɔp] *s* 1. radni kaput, konfekcijsko odijelo 2. *pl arch* široke hlače do koljena; široke dugačke hlače; jeftina gotova odjeća 3. *pl mar* odjeća i posteljina koja se u mornarici dijeli mornarima
slop[3] [slɔp] *s sl* policajac (postalo od *ecilop*, tj. *police* čitano naopako)
slop [slɔp] *vi/t* **I.** *vi* preliti se, proliti se **II.** *vt* izliti, proliti (vodu i dr.), poškropiti, politi (*with* čime), zaprljati što spirinama ili prljavom tekućinom
slop-over ['slɔp'əuvə] *vi* preliti se, proliti se; *fig* postati pretjeran
slop-basin ['slɔp,beisn] *s* posuda za ostatke čaja i dr.
slope [sləup] *s* obronak, pristranak, strmina, strmen, nagib, kosina; *mil* koso držanje puške o ramenu | **on the ~** koso; **to give a ~ to** ostrmiti što
slope [sləup] *vi/t* **I.** *vi* koso se spuštati (zemljište); biti nagnut, kos, strm **II.** *vt* 1. učiniti kosim (zemljište), nagnuti 2. švrljati, šalabazati | *mil* **~ arms** pušku o rame!
slope [sləup] *vi fam* odmagliti (često *off*)
slope about ['sləupə'baut] *vi* švrljati, vrludati, šalabazati
slopewise ['sləupwaiz] *adv* koso, strmo
sloping ['sləupiŋ] *adj* (**~ly** *adv*) kos, kriv, strm, nagnut
slop-pail ['slɔppeil] *s* čabar za spirine, splačine

sloppiness ['slɔpinis] *s* mokrina, kaljavost; bljutavost; neurednost, nesavjesnost, površnost; sentimentalnost
sloppy ['slɔpi] *adj* (**sloppily** *adv*) 1. vodnjikav, bljutav (hrana) 2. mokar, pun mlaka, kaljav (put), pun kaljužica (pod, stol) 3. *fig* nesistematičan, neuredan, nemaran, površan (posao) 4. razvodnjen, sladunjavo sentimentalan
slop-room ['slɔprum] *s mar* soba za mornarsku opremu
slops [slɔps] *s pl* bezalkoholno piće, bućkuriš; tekuća hrana; pomije; sadržaj noćnih posuda; prljava voda
slop-seller ['slɔpˌselə] *s* prodavač gotovih odijela
slop-shop ['slɔpʃɔp] *s* trgovina gotovim odijelima
slosh [slɔʃ] *s* 1. bljuzgavica, brčkavica 2. bućkuriš 3. *fig* glupava osjećajnost
slosh [slɔʃ] *vi/t* **I.** *vi* hodati po bljuzgavici, šljapkati; *US* tumarati **II.** *vt sl* preliti, proliti (tekućinu); politi koga; udariti koga
slot[1] [slɔt] *s tech* prorez, rez, žljebić, utor, oluk; pukotina, reška, otvor automata za ubacivanje kovanog novca, otvor za ubacivanje pisama u poštanski sandučić; vrata na podu pozornice; mjesto, prostor (za nešto)
slot[2] [slɔt] *s* jelenji trag
slot [slɔt] *vt* načiniti prorez, otvor na čemu
sloth [sləuθ] *s* 1. lijenost, tromost 2. *zool* ljenivac, dvoprsti tipavac
slothful ['sləuθful] *adj* (~**ly** *adv*) lijen, trom, nemaran
sloth-monkey ['sləuθˌmʌŋki] *s zool* vrsta lemura (polumajmuna)
slot-machine ['slɔtməˌʃiːn] *s* (prodajni) automat
slouch [slautʃ] *s* 1. pognuto, nemarno, guravo držanje tijela; mlitav, trom, klecav hod 2. klopav obod šešira 3. *US sl* šeprtlja, petljanac; petljav, šeprtljav posao | **no** ~ istaknut, važan
slouch [slautʃ] *vi/t* **I.** *vi* labavo, mlitavo, nemarno se držati, lijeno, nemarno, nehajno hodati; mlohavo visiti; svinuti jednu stranu oboda šešira (obratno *cock*) **II.** *vt* objesiti, pustiti što da visi, oklopiti (obod šešira)
slouch about ['slautʃə'baut] *vi* šalabazati, vrludati, lunjati
slouch-hat [ˌslautʃ'hæt] *s* mekan šešir široka oboda
slouching ['slautʃiŋ] *adj* (~**ly** *adv*) koji visi, klempav (obod šešira); nespretan, trom, mlohav, ovješen
slough [slau] *s* lokva, bara, glib; *fig* močvara, blato
slough [slʌf] *s* 1. svlak, košuljica zmije; odbacivanje kože, odbačena koža 2. *fig* odbačena navika i dr., vanjski oblik, omot 3. *med* krasta, grinta
slough [slʌf] *vi/t* **I.** *vi* linjati se, ljuštiti se, svlačiti košuljicu (zmija); *med* prevući se krastom **II.** *vt* (o zmiji) svlačiti (košuljicu), odbaciti (kožu); odbaciti (naviku) (često *off*)
slough off ['slʌf'ɔf] *vi/t* **I.** *vi* oljuštiti se, olupiti se **II.** *vt* odbaciti (kakvu naviku)
sloughy ['slaui] *adj* glibovit, barovit
sloughy ['slʌfi] *adj* krastav; koji se ljušti; koji je sličan svlaku zmije
Slovak ['sləuvæk] *s* Slovak, slovački jezik
Slovak ['sləuvæk] *adj* slovački
Slovakian [sləu'vækiən] *adj* slovački
sloven ['slʌvn] *s* neuredno, prljavo čeljade, prljavko, prljavac; nemarnjak, aljkavac, nemaran, površan radnik
Slovene ['sləuviːn] *s* Slovenac, Slovenka
Slovene ['sləuviːn] *adj* slovenski
Slovenian [sləu'viːnjən] *adj* slovenski
Slovenian [sləu'viːnjən] *s* slovenski jezik
slovenly ['slʌvnli] *adj* neuredan, prljav; *fig* aljkav, nemaran, nedotjeran (način govora)
slovenly ['slʌvnli] *adv* nemarno, prljavo, neuredno, površno, aljkavo
slow [sləu] *adj* (~**ly** *adv*) 1. polagan, spor, trom (*of, in* u) 2. koji teško, polako shvaća, glup, tup 3. koji zaostaje (sat), koji nije na vrijeme 4. nemaran, nehajan 5. koji se ne može brzo ili lako potaknuti na što 6. nespreman, nesklon, nerad 7. mrtav, besposlen (sezona) 8. dugotrajan, dosadan (putovanje); postepen, koji djeluje dugo vremena 9. koji ne dopušta brzo kretanje, mekan (zemljište) | ~ **and steady** polagan i ustrajan; ~ **and sure** polagan i siguran; spor ali dostižan; **he is** ~ **on the uptake** treba mu dugo da shvati, sporo kopča; **to be** ~ **to do** nevoljko, protiv volje raditi; ~ **train** putnički vlak; **the clock is five minutes** ~ sat zaostaje pet minuta
slow [sləu] *adv* polako, sporo | **to go** ~ raditi usporeno (kao oblik štrajka)
slow [sləu] *vi/t* **I.** *vi* smanjiti brzinu, polakše hodati ili voziti **II.** *vt* usporiti što, umanjiti brzinu čemu
slow down ['sləu'daun] *vi* smanjiti brzinu, polakše hodati ili voziti
slow up ['sləu'ʌp] *vi* smanjiti brzinu, polakše hodati ili voziti
slow [sləu] *s cricket* polagana lopta
slow-coach ['sləukəutʃ] *s fig* skanjivalo, polagan, trom, neodlučan čovjek
slow-match ['sləumætʃ] *s* lunta, fitilj koji gori polagano
slow-motion [ˌsləu'məuʃn] *adj film* usporen, usporeno snimljen | ~ **picture** usporena snimka
slowness ['sləunis] *s* 1. polaganost, sporost; zakašnjenje, zaostajanje 2. glupost, polagano shvaćanje 3. dosada
slow-witted [ˌsləu'witid] *adj* tupoglav, koji teško shvaća

slow-worm ['sləuwəːm] *s zool* sljepić
slub [slʌb] *s* pretpredivo; ošvarak
slub [slʌb] *vt* grubo namotati (vunu) koja će se kasnije presti
slubber ['slʌbə] *s* lijen, nemaran, šeprtljav posao
slubber ['slʌbə] *vt/i* → **slobber**
sludge [slʌdʒ] *s* 1. glib, blato, mulj, gust talog 2. škart
sludgy ['slʌdʒi] *adj* blatan, glibav, muljevit
slue [sluː] *vt/i* → **slew**
slug[1] [slʌg] *s* 1. metalni grumen, nepravilan komadić kovine kao naboj, metak, zrno 2. *print* redak linotipa
slug[2] [slʌg] *s* 1. *arch* lijenčina 2. *zool* puž balavac
slug [slʌg] *vi/t* **I.** *vi* ljenčariti, biti trom **II.** *vt* tratiti (vrijeme); *US coll* udariti, lupiti, tući se | **to ~ in bed** ljenčariti u krevetu
slug [slʌg] *vi* skupljati i uništavati puževe balavce
slug-a-bed ['slʌgəbed] *s* pospanac
sluggard ['slʌgəd] *s* lijenčina, ljenivac
sluggard ['slʌgəd] *adj* (**~ly** *adv*) lijen, trom, spor, tup
sluggish ['slʌgiʃ] *adj* (**~ly** *adv*) polagan, trom, spor, lijen; *com* mrtav (sezona), slab (tržište)
sluice [sluːs] *s* brana, ustava, vodojaža; voda u ustavi; kanal; *pl* žlijeb za ispiranje (zlata); *coll* temeljito ispiranje
sluice [sluːs] *vt/i* **I.** *vt* pustiti (vodu) iz ustave; zatvoriti (vodu) ustavom; isušiti što, preplaviti, obliti, poškropiti što vodom; *coll* isprati što **II.** *vi* izliti se, jurnuti (voda iz ustave)
sluice off ['sluːs'ɔf] *vt fig* skrenuti što, dati čemu drugi smjer
sluice-gate ['sluːsgeit] *s* vrata ustave, zapornica
sluice-way ['sluːswei] *s* kanal ustave
slum[1] [slʌm] *s* prljava, zabitna uličica na zlu glasu; *pl* sirotinjska, prljava, zloglasna četvrt
slum[2] [slʌm] *s US mil sl* čorba
slum [slʌm] *vi* ići po sirotinjskom dijelu grada radi proučavanja životnih prilika njegovih stanovnika | **to go ~ming** posjećivati sirotinjski dio grada u kakve dobrotvorne svrhe
slumber ['slʌmbə] *s* (često *pl*) drijem, drijemež, spavanje, miran san
slumber ['slʌmbə] *vi* (većinom *poet*) drijemati, spavati, usnuti
slumber away ['slʌmbərə'wei] *vt* tratiti (vrijeme) drijemajući
slumberer ['slʌmbərə] *s* spavač, onaj koji drijema
slumb(e)rous ['slʌmb(ə)rəs] *adj* (**~ly** *adv*) pospan, snen, dremovan, uspavljujući, uspavljiv
slumber-suit ['slʌmbəsjuːt] *s* pidžama
slummock ['slʌmək] *vi coll* požudno gutati, kretati se i govoriti na nezgrapan i nesređen način; *sl* probijati se (kroz život)
slummy ['slʌmi] *adj* sirotinjski, bijedan, siromašan, sa slamovima
slump [slʌmp] *s st exch* nagao pad cijena ili potražnje; gospodarska kriza; *fig* pad ugleda (*in a p* čijeg)
slump [slʌmp] *vi st exch* iznenada pasti (cijene, potražnja i dr.), zapasti u krizu; propasti, teško se spustiti (u stolicu)
slung [slʌŋ] *pret & pp* od **sling**
slunk [slʌŋk] *pret & pp* od **slink**
slur [sləː] *s* 1. nejasno izgovaranje, nečitko pisanje 2. *mus* povezivanje, spojka, legato 3. kleveta, blaćenje, prljanje, mrlja, ljaga (na časti, imenu) | **to put a ~ upon a p** baciti ljagu na koga, ocrniti koga
slur [sləː] *vt/i* **I.** *vt* 1. nejasno izgovarati što, gutati (slogove, riječi), pisati (riječi) zbijeno tako da se mogu teško pročitati 2. *mus* pjevati ili svirati što legato 3. zabašuriti, sakriti, umanjiti što 4. *arch* oblatiti, uprljati, oklevetati koga **II.** *vi* 1. nejasno izgovarati 2. *mus* legato svirati ili pjevati
slur over ['slʌəːr'əuvə] *vt* brzo prijeći preko (pogreške, činjenice i dr.)
slurp [sləːp] *vi/t* srkati, mljaskati
slurry ['slʌri] *s* tekući cement; žitki mulj; gusta otopina
slush [slʌʃ] *s* 1. blato, židak kal; bljuzgavica 2. *tech* mast za podmazivanje, maz 3. *coll fig* kič, »limunada«, glupa, neumjesna osjećajnost
slush [slʌʃ] *vt/i* **I.** *vt* poprskati, ukaljati blatom koga **II.** *vi* gacati kroz bljuzgavicu
slush-fund ['slʌʃfʌnd] *s US* mito, novac predviđen za podmićivanje
slushy ['slʌʃi] *adj* blatnjav, bljuzgav; *fig* bezvrijedan
slut [slʌt] *s* prljavo, neuredno, nemarno žensko čeljade, šlampavica; *coll* lakoumna djevojka; kurva; *joc* djevojka
sluttish ['slʌtiʃ] *adj* (**~ly** *adv*) prljav, nečist, neuredan, nemaran, aljkav
sly [slai] *adj* (**~ly** *adv*) lukav, prefrigan, prepreden; podmukao; tajan, sakriveno vragolast, nestašan | **~ dog** čeljade koje sakriva svoje greščiće i uživanja; **on the ~** potajno, kradom, kriomice
slyboots ['slaibuːts] *s* lukavac, prepredenjak, prefriganac
slyness ['slainis] *s* lukavost, prefriganost, prepredenost; himba
smack[1] [smæk] *s* tek, okus, zadah (*of* na); *fig* trag, tračak, mrva, primjesa (*of* čega); nešto malo (*of* čega)
smack[2] [smæk] *s* glasan, pljeskav udarac, pljesak; cmokanje, cmokav, glasan poljubac; pucanj, puckanje biča | **a ~ on**

the lips sočan poljubac; **a ~ in the eye** pljuska; *fig* razočaranje; **to catch a p a ~** pljusnuti koga
smack³ [smæk] *s mar* ribarska barka
smack [smæk] *vi* imati tek, zaudarati (*of* na); *fig* mirisati (*of* na), podsjećati svojstvom (*of* na)
smack [smæk] *vt/i* **I.** *vt* pljusnuti, pljesnuti koga; mljaskati, cmakati što; zviznuti (bičem) **II.** *vi* pljuskati, pljeskati; pucati bičem; mljaskati, cmakati | **to ~ the whip** pucketati bičem; **to ~ one's lips** cmoknuti usnama, mljaskati
smack [smæk] *adv* pljas, pljes, tres, bum; ravno, baš na (po)
smacker ['smækə] *s* 1. *sl* cmokav poljubac; zvučan udarac 2. *US* dolar
smacking ['smækiŋ] *s* batine
small [smɔːl] *adj* 1. malen, sitan, neznatan (opseg, veličina, starost, broj, količina, važnost) 2. *dial* uzak 3. kratak (vrijeme) 4. lagan, voden (piće) 5. *fig* nevažan, neznatan, prost, bez veće važnosti; sitan (duša), tričav, jadan; male moralne vrijednosti, podao; uskogrudan | **~ voice** slab glas; *fig* **~ fry** mlada ili nevažna bića, djeca, sitnarija, sitnež; **~ rain** sitna kišica; **~ hours** sitni sati (poslije ponoći); **~ and early** društvo od malo gostiju koje se rano razilazi; **the still ~ voice** savjest; **~ craft** čamci; **~ beer** vodnjikavo pivo; *fig* nevažno čeljade ili stvar; **to think no ~ beer of oneself** mnogo držati do sebe; **to chronicle ~ beer** govoriti o tricama kao da su važne; **to look ~** biti u neprilici, sramiti se; **to feel ~** osjećati se poniženim; **~ change (money)** sitniš (novac); *fig* tričave primjedbe; **~ gross** deset tuceta; **~ hand** pismo obične veličine; **~ letters** mala slova (suprotno od *capital letters*); **to have ~ Latin** znati malo latinski; **~ talk** ćaskanje, naklapanje; **to live in a ~ way** sirotinjski, oskudno, skromno, bez sjaja živjeti; **on the ~ side** nedovoljno velik; **in a ~ way** u malom razmjeru, u malom, skromno; **~ blame to them** ne treba im zamjeriti; **~ game** niska divljač; **~ holder** mali posjednik; **~ holding** mali posjed; **~ wares** kratka roba; **~ matter** sitnica, trica; **~ means** oskudna sredstva; **~ people** mali ljudi, sitan svijet; **to sing ~** postati tiši (skromniji); **~ print** tekst tiskan sitnim slovima; *fig* sitno tiskane (obično za kupca nepovoljne) dodatne odredbe ugovora; **~ wonder** nikakvo čudo
small [smɔːl] *s* 1. uzak ili tanak dio čega 2. *pl* hlače (do koljena) 3. *pl Oxford univ* prvi od tri ispita za akademski stupanj B. A. | **~ of the back** križa, krsta
small [smɔːl] *adv* | *coll fig* **to sing ~** postati malen
smallage ['smɔːlidʒ] *s bot* celer obični
small-arms ['smɔːlaːmz] *s pl* ručno vatreno oružje
small-clothes ['smɔːlkləuðz] *s pl arch* hlače koje sežu do koljena
small-holdings ['smɔːlˌhəuldiŋz] *s pl* malen posjed
small-hours ['smɔːlˌauəz] *s pl* rani jutarnji sati, sitni sati
smallish ['smɔːliʃ] *adj* omalen, malešan
small-minded [ˌsmɔːl'maindid] *adj* ograničena uma, tvrdoglav, plitkouman, glup; tjesnogrudan, uskogrudan, skučen, tričav, uska vidokruga
smallness ['smɔːlnis] *s* malešnost, neznatnost, sitnoća, malenkost; uskogrudnost
smallpox ['smɔːlpɔks] *s med* kozice, (velike) boginje, variola
small-sword ['smɔːlsɔːd] *s* mač kojim se samo bode (ne siječe), rapir, bodež
small-talk ['smɔːltɔːk] *s* ćaskanje, naklapanje, čavrljanje
small-time ['smɔːltaim] *adj* malen, sitan, trećerazredan, beznačajan
small-tooth ['smɔːltuːθ] *adj* | **~ comb** gust češalj
small-wares ['smɔːlwɛəz] *s pl com* kratka roba; sitna roba (vrpce, konac)
smalm [smaːm] *vt/i* **I.** *vt coll* prigladiti (kosu) **II.** *vi* milovati, gladiti
smalt [smɔːlt] *s chem* kobaltno staklo, prah zdrobljenog kobaltnog stakla
smarm [smaːm] *vt/i* → **smalm**
smarmy ['smaːmi] *adj coll* mázan, mio, umiljavajući, ulagivački
smart [smaːt] *s* oštra bol (duševna ili tjelesna), pečenje, žeženje; jad, tjeskoba, gorčina; *fig* žaoka, pečal
smart [smaːt] *adj* (**~ly** *adv*) 1. papren, žestok (okus); oštar, ljut (bol); jak, žestok (udarac); *fig* zagrižljiv, jedak (primjedba) 2. spretan, okretan, oštrouman, bistar, brz, duhovit, dosjetljiv, domišljat, prepreden 3. svjež, živahan, krepak, žustar 4. elegantan, ukusan, uredan, po modi, otmjen, kicoški 5. *coll* priličan, velik | **to make a ~ job of it** dobro izvesti što; *US* **~ aleck** pametnjaković, mudrijaš; **the ~ set** elegantno, pomodno društvo; **a ~ few** priličan broj; **~ dealing** nepošten, maherski postupak, poslovanje; **~ retort** brz i duhovit odgovor
smart [smaːt] *vi* jako zaboljeti, žacnuti, zapeći, žignuti (*with, from* što), osjećati bol, patiti, trpjeti (*from, under* od); *fig* kajati se (*for* za, zbog čega)
smarten ['smaːtn] *vt/i* **I.** *vt* udesiti, iskititi, dotjerati (često *up*) **II.** *vi* udesiti se, iskititi se, dotjerati se (često *up*)
smartish ['smaːtiʃ] *adj* 1. prilično oštar 2. elegantan, dotjeran 3. priličan | **a ~ few** priličan broj

smartish ['smaːtiʃ] *adv coll* silno; valjano, vješto, podobno

smart-money ['smaːtˌmʌni] *s* naknada za pretrpljeni bol

smartness ['smaːtnis] *s* žestina, oštrina, grubost; živahnost; okretnost, domišljatost, prepredenost, lukavost; dotjeranost, kićenost, otmjenost, elegancija

smartweed ['smaːtwiːd] *s bot* vodeni biber (*Polygonum hydropiper*)

smash [smæʃ] *s* 1. smrskanje, rastresnuće; *coll* žestok udarac šakom; tresak, lom, slom, sukob, sudar, sraz 2. *com* stečaj 3. *sport* oštra lopta 4. *coll* ledeno alkoholno piće | **to go (come) to ~** pasti pod stečaj; razmrskati se u komadiće; **to break (knock) to ~** smrskati se u komadiće

smash [smæʃ] *vt/i* **I.** *vt* 1. razlupati, rastepsti, rastreskati što 2. *coll* tući (koga) 3. *mil* potpuno razoriti, uništiti, skršiti, ametice potući, smlaviti (neprijatelja) 4. *sport* oštro udariti (loptu) 5. *fig* dovesti koga do stečaja 6. *sl* krivotvoriti (novac) **II.** *vi* smrskati se, rastreskati se (vozila), skrhati se; naletjeti (*into* na), sraziti se; biti uništen; pasti pod stečaj; *sl* krivotvoriti novac

smash in ['smæʃ'in] *vt* zalupiti (vrata)

smash [smæʃ] *adv* pljas, tres, pras | *com* **to go ~** pasti pod stečaj; *fig* propasti, biti upropašten

smash-and-grab [ˌsmæʃən'græb] *adj* | **~ raid** provala u dućanski izlog

smasher ['smæʃə] *s sl* 1. žestok udarac, težak pad 2. uvjerljiv, porazan, ubojit argument 3. žestoka, ubojita kritika 4. nešto fantastično; fantastična osoba, famozna stvar 5. krivotvoritelj novca

smashing ['smæʃiŋ] *adj* žestok (udarac, kritika), potpun (poraz); *sl* fantastičan, famozan

smash-up ['smæʃʌp] *s* sukob, sudar, lom; slom

smatter ['smætə] *vi* površno poznavati, malo znati (*in* što) (osobito o stranom jeziku)

smatterer ['smætərə] *s* onaj koji površno poznaje što, nadriknjiga, nedouk

smattering ['smætəriŋ] *s* površno poznavanje, nešto malo znanja, natucanje (*in* čega)

smear [smiə] *s* mrlja; *med* razmaz

smear [smiə] *vt/i* **I.** *vt* zamazati, zamastiti, zablatiti što, zamrljati; nadrljati, namazati što (*on, onto* na); razmazati (pismo, crtež i dr.); *fig* ocrniti, oklevetati; *sl cards* pobijediti, poraziti koga **II.** *vi* mazati | **to ~ letters on the wall** nadrljati slova na zid; **~ing campaign** kampanja ocrnjivanja, klevetnička kampanja

smeary ['smiəri] *adj* (**smearily** *adv*) zamazan, zamrljan, umrljan, umašćen, ljepljiv, mastan (*with* od)

smeech [smiːtʃ] *s dial* miris paljevine

smell [smel] *s* čulo mirisa, njuh, miris, vonj; smrad, zadah | **to take a ~ at** pomirisati što; **sense of ~** njuh

smell [smel] *vt/i* (*pret & pp* smelt, smelled) **I.** *vt* mirisati, njušiti što; *fig* nanjušiti što **II.** *vi* 1. mirisati (*at* što); mirisati, vonjati (*of* na) 2. *fig* dati naslutiti, smrdjeti, zaudarati | *fig* **to ~ a rat** nanjušiti što sumnjivo; **to ~ of a shop** biti previše stručan; **to ~ of the lamp** mirisati na učenost

smell out ['smel'aut] *vt fig* iznjušiti, nanjušiti, iznaći što

smellable ['smeləbl] *adj* koji se može namirisati, nanjušiti

smeller ['smelə] *s sl* nos; žestok udarac (osobito po nosu); težak pad

smelling-bottle ['smeliŋˌbɔtl] *s* bočica s mirisom

smelling-salts ['smeliŋsɔːlts] *s pl* mirisne soli (kao lijek kod nesvjestice i dr.)

smelly ['smeli] *adj coll* smrdljiv, vonjav

smelt [smelt] *s ichth* snjetac

smelt [smelt] *vt tech* taliti (rudu)

smelt [smelt] *pret & pp* od **smell**

smelter ['smeltə] *s* talitelj, talioničar, topioničar

smeltery ['smeltəri] *s* talionica, topionica

smelting-furnace ['smeltiŋˌfəːnis] *s* talionička peć

smelting-works ['smeltiŋwəːks] *s pl* talionica, topionica

smew [smjuː] *s ornith* bijeli, mali ronac oraš (vrsta patke)

smilax ['smailæks] *s bot* tetivika (bodljikava primorska biljka, *Smilax rotundifolia* ili *S. glauca*)

smile [smail] *s* 1. smiješak, smiješenje, osmijeh 2. (često *pl*) milost, naklonost 3. prijazan pogled | **to be all ~s** smiješiti se cijelim licem

smile [smail] *vi/t* **I.** *vi* smiješiti se, smješkati se, nasmiješiti se, osmjehnuti se; smijuckati se (podrugljivo, ljubazno) (*at* kome); biti sklon ((*up*)*on* kome); imati veseo, ljubazan, blagonaklon izgled **II.** *vt* smiješenjem iskazati što; otjerati što smiješenjem (*away*); osmjehnuti se kome (sreća)

smiling ['smailiŋ] *adj* (**~ly** *adv*) nasmijan, koji se smješka; *fig* veseo, prijazan; prijateljski, sklon, povoljan; vedar

smirch [sməːtʃ] *vt* (većinom *fig*) zaprljati, zamrljati, ocrniti, okaljati, baciti ljagu na što

smirch [sməːtʃ] *s* (većinom *fig*) mrlja, ljaga (na časti, imenu i dr.)

smirk [sməːk] *s* sladunjav, nenaravan, glup smiješak, kešenje, smijuljenje

smirk [sməːk] *vi* sladunjavo, nenaravno, glupo se smijuljiti, smješkati se, kesiti se

smit [smit] *arch pret & pp* od **smite**
smitch [smitʃ] *s* mrlja (čađe)
smite [smait] *vt/i* (*pret* smote, smit; *pp* smitten, smit) **I.** *vt* 1. udariti koga (*on* po), što (*with* čime), čime (*on* po); udarati (u harfu) 2. ubiti, uništiti, poraziti, dotući, kazniti koga 3. *fig* pasti na što, pogoditi što, obasjati (*the light smote her hair*) 4. gristi koga (savjest); iznenada pasti kome na pamet (misao) 5. *pas* biti zanesen, očaran (*with* čime) **II.** *vi* dijeliti udarce (često *out*), udarati (čekićem) | **to ~ somebody hip and thigh** ametice potući koga; *coll* **to be smitten by** biti zanesen čime, zaljubljen u što, očaran čime
smite down [ˈsmaitˈdaun] *vt* oboriti koga udarcem
smite off [ˈsmaitˈɔf] *vt* udarcem odbiti što
smite together [ˈsmaittəˈgeðə] *vi/t* **I.** *vi* klecati (koljena) **II.** *vt* pljesnuti (rukama)
smite [smait] *s coll* težak udarac; pokušaj
smiter [ˈsmaitə] *s* onaj koji udara po čemu
smith [smiθ] *s* kovač | **gold-~** zlatar; **black-~** kovač; **white-~** limar
smithereens [ˌsmiðəˈriːnz] *s pl coll* razbijeni komadići, crepovi | **to smash to ~** smrskati u komadiće, razbiti u paramparčad
smithers [ˈsmiðəz] *s pl coll* razbijeni komadići, crepovi, krhotine
smithery [ˈsmiðəri] *s* kovačnica; kovački zanat
smithy [ˈsmiði] *s* kovačnica, kovačka radionica, viganj
smitten [ˈsmitn] *pp* od **smite**
smock [smɔk] *s* 1. *arch* ženska košulja 2. kuta, radno odijelo, dječje odijelo za igru
smock [smɔk] *vt* naborati, prišiti ukrasne naboriće (na haljinu)
smock-frock [ˈsmɔkfrɔk] *s* radna bluza
smocking [ˈsmɔkiŋ] *s* ukrasni naborići na haljini
smock-mill [ˈsmɔkmil] *s* vjetrenjača kod koje se samo gornji dio okreće prema vjetru
smog [smɔg] *s* smog, industrijski zagađen zrak, magla i dim
smokable [ˈsməukəbl] *adj* koji se može pušiti (cigareta)
smoke[1] [sməuk] *s* dim; pušenje; *coll* cigareta | *fig* **to end in ~** rasplinuti se, raspršiti se u dim; **to go up in ~** nestati u dimu, otići u dim; **no ~ without fire** nema dima bez vatre; **from ~ into smother** iz zla u gore; *sl* **like ~** glatko, bez teškoća, brzo
smoke[2] [sməuk] *s* pušenje; *fam* cigara, cigareta | **to have a ~** (za)pušiti, zapaliti (cigaretu)
smoke [sməuk] *vi/t* **I.** *vi* pušiti, pušiti se, dimiti se (*with* od), kaditi se; *school sl* pocrvenjeti **II.** *vt* kaditi, zadimiti, sušiti u dimu što; tjerati što dimom; pušiti (lulu, duhan); *school sl* naslutiti što, nanjušiti | **to ~ oneself** pušenjem se dovesti u neko stanje (*he has ~d himself ill*); **smoked wood** dimljeno drvo; **smoked glass** začađeno staklo; **put that in your pipe and ~ it** razmisli o tome (osobito o opomeni ili prijekoru); **to ~ something out** istjerati dimom
smoke-ball [ˈsməukbɔːl] *s mil* dimna bomba
smoke-bell [ˈsməukbel] *s* štit iznad lampe da zaštiti strop od čađe
smoke-black [ˈsməukblæk] *s* čađa
smoke-bomb [ˈsməukbɔm] *s* dimna bomba
smoke-consumer [ˈsməukkənˌsjuːmə] *s tech* naprava za izgaranje i iskorištavanje dima
smoke-dried [ˈsməukdraid] *adj* dimljen, sušen u dimu
smoke-dry [ˈsməukdrai] *vt/i* sušiti u dimu (što)
smoke-jack [ˈsməukdʒæk] *s* naprava za automatsko okretanje ražnja
smokeless [ˈsməuklis] *adj* (**~ly** *adv*) bezdimni (barut)
smoke-plant [ˈsməukplaːnt] *s bot* rujevina (vrsta grma, *Cotinus coggygria*)
smoker [ˈsməukə] *s* dimilac, sušilac mesa; pušač; *rly* vagon ili kupe za pušače; koncert na kome je dopušteno pušenje; *US* muško društvo
smoke-rocket [ˈsməukˌrɔkit] *s* naprava za utjerivanje dima u cijev da bi se pronašle šupljine
smoke-screen [ˈsməukskriːn] *s mil* dimna zavjesa
smoke-screen [ˈsməukskriːn] *vt mil* zastrti dimnom zavjesom
smoke-stack [ˈsməukstæk] *s* dimnjak tvornice ili broda
smoke-stone [ˈsməukstəun] *s minr* biljur (poludragulj)
smoking [ˈsməukiŋ] *s* pušenje | **no ~** pušenje zabranjeno; **no ~ compartment** kupe za nepušače
smoking-car [ˈsməukiŋkaː] *s rly* vagon za pušače
smoking-carriage [ˈsməukiŋˌkæridʒ] *s rly* vagon za pušače
smoking-compartment [ˈsməukiŋkəmˌpaːtmənt] *s rly* odjeljak, kupe za pušače
smoking-concert [ˈsməukiŋˌkɔnsət] *s* koncert uz koji se pije pivo ili vino a dopušteno je i pušenje
smoking-jacket [ˈsməukiŋˌdʒækit] *s* kućni haljetak

smoking-room ['sməukiŋ,rum] *s* soba za pušenje

smoking-tobacco ['sməukiŋtə,bækəu] *s* duhan za lulu

smoky ['sməuki] *adj* (**smokily** *adv*) koji se dimi, zadimljen, boje dima; *US* maglovit, zamagljen

smolder ['sməuldə] *s* & *v* → **smoulder**

smolt [sməult] *s ichth* dvogodišnji losos

smooth [smu:ð] *s* glađenje, glačina, glatkost; *fig* ugodna strana čega | **to take the rough with the** ~ primati dobro i zlo zajedno, primati stvari kakve jesu

smooth [smu:ð] *adj* (~**ly** *adv*) 1. gladak, ravan; mekan; miran (voda) 2. blag (okus), lagan, bez trenja, zapinjanja (kretanje), koji glatko teče (stil, stih) 3. uglađen; pomirljiv; laskav, sladak, prijazan, umiljat 4. *US sl* odličan, prvorazredan | *fig* **to be in** ~ **water** biti na konju, prebroditi teškoće; ~ **passage** mirna plovidba; ~ **temper** mirna ćud

smooth [smu:ð] *adv* glatko, ravno, mirno, bez zapinjanja

smooth [smu:ð] *vt/i* **I.** *vt* izgladiti, utrti (put), popraviti što, osloboditi što od smetnji, zapreka, neugodnosti; blanjati; glačati **II.** *vi* izgladiti se, smiriti se (& *fig*)

smooth away ['smu:ðə'wei] *vt* ukloniti (teškoće), izgladiti (razmimoilaženja, nesuglasice)

smooth down ['smu:ð'daun] *vt/i* **I.** *vt* smiriti; poravnati, ugladiti, ublažiti što **II.** stišati se, smiriti se (more)

smooth out ['smu:ð'aut] *vt* ukloniti što, izgladiti (boru)

smooth over ['smu:ð'əuvə] *vt* ukloniti (teškoće), izgladiti (razmimoilaženja); prikrivati, zabašurivati (pogrešku)

smooth-bore ['smu:ðbɔ:] *adj* (o pušci) koji ima glatku cijev

smooth-down ['smu:ðdaun] *s* umirenje, smirenje

smoother ['smu:ðə] *s* uglađivač, gladilac

smoothfaced ['smu:ðfeist] *adj* golobrad, glatka lica; *fig* tobože prijateljski

smoothing-iron ['smu:ðiŋ,aiən] *s* glačalo

smoothing-plane ['smu:ðiŋplein] *s* fina blanja

smoothness ['smu:ðnis] *s* glatkoća, glačina, glatkost; mekoća; blagost, nježnost, prijaznost, ljubaznost; lakoća

smooth-shaven [,smu:ð'ʃeivn] *adj* glatko obrijan, izbrijan

smooth-spoken [,smu:ð'spəukən] *adj* slatkorječiv, laskav

smooth-tempered [,smu:ð'tempəd] *adj* koji je blage ćudi, blag

smooth-tongued ['smu:ð,tʌŋd] *adj* laskav; slatkorječiv, sladak, neiskreno prijateljski

smote [sməut] *pret* od **smite**

smother ['smʌðə] *s* oblak prašine (dima); zagušljiv dim; gusta para, magla | **from smoke into** ~ iz zla u gore

smother ['smʌðə] *vt/i* **I.** *vt* 1. ugušiti koga, obasuti koga darovima, poljupcima ili ljubaznošću 2. zapretati (žeravicu, vatru); zatajiti, zatomiti, zabašuriti, prikriti, prigušiti što (često *up*), prekriti što (*with* čim) 3. *sport* čvrsto obujmiti (protivnika) **II.** *vi* gušiti se, daviti se, teško disati

smothery ['smʌðəri] *adj* zagušljiv

smoulder ['sməuldə] *s* tinjanje, tinjava vatra

smoulder ['sməuldə] *vi* tinjati, pušiti se, dimiti se; *fig* tinjati (osjećaji, nezadovoljstvo i dr.)

smudge[1] [smʌdʒ] *s* prljavština, mrlja, zamrljano mjesto (u pismu), packa

smudge[2] [smʌdʒ] *s* tinjajuća vatra s mnogo dima; *US* vatra od suhadi, suvaraka

smudge [smʌdʒ] *vt/i* **I.** *vt* zaprljati, zamrljati, zamazati što; razmazati; *fig* ocrniti, okaljati (ime, slavu) **II.** *vi* uprljati se, umrljati se, razmazati se

smudgy ['smʌdʒi] *adj* (**smudgily** *adv*) uprljan, prljav, mrljav, zamrljan, zamazan

smug [smʌg] *adj* (~**ly** *adv*) ubav, lijep, kićen; gladak (lice); filistarski uskogrudan, samodopadan, samozadovoljan; sit, udoban

smug [smʌg] *s univ sl* student koji se ne snalazi u društvu, koji se ne zanima za sport

smuggle ['smʌgl] *vt/i* **I.** *vt* krijumčariti; *fig* prokrijumčariti što (*into* u, *out of* iz) **II.** *vi* krijumčariti

smuggler ['smʌglə] *s* krijumčar

smuggling ['smʌgliŋ] *s* krijumčarenje

smut [smʌt] *s* 1. pahuljica čađe, čađava mrlja, ljaga 2. *bot* snijet (na žitu) 3. *fig* bestidna, škakljiva pripovijetka, dosjetka, riječ, svinjarija, prosti vicevi, pornografija

smut [smʌt] *vt/i* **I.** *vt* začađaviti, očađiti, zaprljati što; *bot* zaraziti snijeću (žito) **II.** *vi bot* postati snjetljiv (žito)

smutch [smʌtʃ] *s* prljavština, nečistoća, mrlja (& *fig*)

smutch [smʌtʃ] *vt* uprljati; *fig* ocrniti što

smuttiness ['smʌtinis] *s* čađavost, prljavost, nečistoća; *bot* snjetljivost (na žitu); *fig* svinjarija, gadost, prostakluk, prosti vicevi, pornografija

smutty ['smʌti] *adj* (**smuttily** *adv*) čađav, prljav, mrljav; *bot* snjetljiv (žito); sklizak, prljav, sramotan, prost, nepristojan, gnusan (govor, priča, riječi)

snack [snæk] *s* dio, udio; zalogaj, laki obrok, mala zakuska na brzu ruku, meze | **to go** ~**s** dijeliti (se) na jednake dijelove; ~**s**! tražim udio!

snack-bar ['snækba:] *s* zalogajnica, ekspres-restoran, snack bar
snack-counter ['snækˌkauntə] *s* zalogajnica, ekspres-restoran, snack bar
snaffle ['snæfl] *s* (konjske) žvale | **to ride one on the ~** obzirno s kim postupati
snaffle ['snæfl] *vt* zaulariti (konja); *sl* pograbiti, ščepati; ukrasti, smotati
snaffle-bit ['snæflbit] *s* (konjske) žvale
snafu [snæ'fu:] *s US sl* zbrka, metež
snag [snæg] *s* kusasti dio grane koji ostane na deblu kad se grana odlomi, kusasti okrnjak; škrba (zub); šiljasti panj ili korijen koji viri iz zemlje, kvrga, okrnjak, panj; naplavljeno deblo na dnu rijeke; greben u rijeci; *fig* neočekivana zapreka, kvaka, neprilika, nevolja, teškoća
snag [snæg] *vt* čistiti (rijeku) od naplavljenih debala; naletjeti (čamcem) na deblo naplavljeno u rijeci; opiliti (sa stabla) kukaste ostatke grana
snaggy ['snægi] *adj* kvrgav, pun kusastih ostataka odlomljenih grana (stablo); pun naplavljenih debala (rijeka)
snail [sneil] *s* puž; *fig* lijenčina | **~'s pace** pužev korak
snail [sneil] *vt/i* **I.** *vt* očistiti (vrt) od puževa **II.** *vi* loviti puževe
snailery ['sneiləri] *s* gajilište puževa za hranu
snaillike ['sneillaik] *adj* kao puž, sličan pužu
snail-slow ['sneilsləu] *adj* spor kao puž
snail-wheel ['sneilwi:l] *s tech* spiralni zupčanik u satu
snake [sneik] *s* zmija, guja; *fig* podlo, izdajničko čeljade | **~ in the grass** potajni neprijatelj, sakrivena opasnost; **to warm (cherish) a ~ in one's bosom** gajiti zmiju u njedrima; **to scotch the ~** ozlijediti zmiju; *fig* ne ukloniti opasnost potpuno; *fam* **to see ~s** imati delirium tremens, imati halucinacije; **to raise (wake) ~s** stvoriti gungulu, početi žestoku svađu; **~s!** povik od srdžbe; **venomous ~** otrovnica; **hooded ~** naočarka
snake [sneik] *vt/i* **I.** *vt* podići (glavu); *US* ovijati, vući što **II.** *vi* vijugati se
snake-bird ['sneikbə:d] *s ornith* vijoglav mravar
snake-charmer ['sneikˌtʃa:mə] *s* krotitelj zmija
snake-fence ['sneikfens] *s* ograda u cikcaku od položenih debala
snake-locked ['sneiklɔkt] *adj* koji ima zmije umjesto kose
snakeshead ['sneikshed] *s bot* kockavica
snake-stone ['sneikstəun] *s geol* fosilni amonit
snake-weed ['sneikwi:d] *s bot* račjak
snaky ['sneiki] *adj* (**snakily** *adv*) zmijolik, sličan zmiji, vijugav; *fig* zmijski, podmukao

snap [snæp] *s* 1. ugriz; prasak, škljocaj, škljocanje, pucketanje prstima 2. ščepavanje, grabljenje, nagao ugriz, naglo posezanje (*at* za) 3. *sl* udio, dobra prilika ili namještenje 4. *dial* komadić 5. oštro prepiranje 6. nagao val topline ili hladnoće 7. zapor, spona koja se sama čvrsto zatvara (na rukavici i dr.) 8. *fig* živahnost, zamah, polet, jedrina (stila) 9. *phot* brza snimka, moment-snimka 10. vrsta prhkog kolačića 11. *theat* kratka glumačka karijera 12. *attr* iznenadan, neočekivan | **a cold ~** nagao val hladnoće; **~ fastener** spona, druker; **~ election** iznenadni, neočekivani izbori
snap [snæp] *vt/i* **I.** *vt* 1. ščepati, zgrabiti, uhvatiti što 2. odgristi što (često *off*) 3. slomiti, prelomiti, prekinuti, prebiti što 4. sa škljocanjem zatvoriti; škljocnuti (zubima) 5. *phot* bez priprema snimiti što 6. uzrokovati da što praska, pucketa; pucnuti (prstima, bičem); škljocnuti (pištoljem); oštro izgovarati (riječi); *US sport* naglom kretnjom vratiti (loptu) u polje **II.** *vi* 1. naglo posegnuti (*at* za čim); (o psu) cvoknuti zubima (*at* prema kome), pokušati ugristi (*at* koga); okositi se 2. pući, slomiti se s praskom, prasnuti, škljocnuti; sa škljocanjem se zatvoriti | **to ~ at a p** zagrižljivo odgovoriti komu, okositi se na koga, napasti koga; **to ~ at a th** željno pograbiti što; **to ~ at bait** željno prihvatiti ponudu, zagristi u meku; **to ~ one's fingers at a p** prezirno postupati s kim; **to ~ short** naglo prekinuti, srdito upasti u riječ
snapp off ['snæp'ɔf] *vt* odgristi, otrgnuti što | *fig* **to ~ one's nose** ljutito ili grubo prekinuti koga
snap out ['snæp'aut] *vt* izreći što ljutito ili razdraženo
snap up ['snæp'ʌp] *vt* 1. ščepati, pograbiti koga; zgrabiti, razgrabiti (kupiti) 2. prekinuti koga, upasti kome u riječ
snap [snæp] *adv* pras, škljoc
snapdragon ['snæpˌdrægən] *s* 1. *bot* zijevalica, žabica 2. hvatanje zmaja; božićna igra vađenja grožđica iz zapaljene rakije
snap-fastener ['snæpˌfa:snə] *s* spona, kopča, druker
snapper ['snæpə] *s* pas koji grize; zagrižljiv čovjek; vrsta sjevernoameričke slatkovodne kornjače; praskalica, žabica
snapper-up ['snæpərʌp] *s* pohlepni grabljivac
snappish ['snæpiʃ] *adj* (**~ly** *adv*) sklon griženju (pas); okošljiv, zagrižljiv, ujedljiv, prgav, otresit (čeljade)
snappishness ['snæpiʃnis] *s* zagrižljivost, ujedljivost, okošljivost, otresitost, prgavost

snappy ['snæpi] *adj* (**snappily** *adv*) elegantan, dotjeran; živahan, poletan, jedar (stil); (o hladnoći) oštar | **make it ~** hajde brzo, požuri!
snapshot ['snæpʃɔt] *s* hitac bez ciljanja; *phot* brza snimka, moment-snimka, amaterska fotografija
snapshot ['snæpʃɔt] *vt phot* snimati što bez namještanja
snare [snɛə] *s* omča, zamka, stupica (& *fig*); *pl* žice od sukanih crijeva ili kože na donjem kraju bubnja koje služe da bi se dobio štropotav zvuk
snare [snɛə] *vt* loviti (životinje) u zamku; *fig* namamiti koga u stupicu
snarer ['snɛərə] *s* postavljač zamki; *fig* napasnik, zavodnik
snark [sna:k] *s* tajanstveno biće (životinja) koje je izmislio Lewis Carroll
snarl[1] [sna:l] *s* režanje
snarl[1] [sna:l] *vi/t* **I.** *vi* režati (& *fig* za čeljade); *fig* okomiti se **II.** *vt* režećim glasom kazati što (često *out*)
snarl out ['sna:l'aut] *vt* režećim glasom kazati što; progunđati; okomiti se
snarl[2] [sna:l] *s* zbrka, zapletenost, splet, zamršenost, zapletaj; zastoj (prometa)
snarl[2] [sna:l] *vt/i* **I.** *vt* mrsiti (kosu, vunu); zaplesti, zamrsiti 2. *arch* čakanovati, ukrasiti metalnu vazu reljefom **II.** *vi* splesti se, smrsiti se
snarler ['sna:lə] *s* režalo, pas koji reži; *fig* gunđalo
snarling ['sna:liŋ] *adj* | **~ iron** oruđe za izbijanje reljefa na metalnim vazama (kod čakanovanja)
snarl-up ['sna:lʌp] *s* prometno zagušenje, zastoj
snarly ['sna:li] *adj* koji reži, nalik na režanje
snatch [snætʃ] *s* 1. zahvat, posezanje, hvatanje 2. obrok pojeden na brzinu 3. *pl* odlomci (pjesme, govora i dr.), kratki vremenski razmaci, kratka prilika 4. komadići, krhotine, djelići, odlomci; *US sl* krađa; *vulg* žensko spolovilo | **to make a ~ at it** hitro posegnuti za čim; **to work by ~es** raditi od vremena do vremena, na mahove; **in ~es** od vremena do vremena, na mahove
snatch [snætʃ] *vt/i* **I.** *vt* zgrabiti, ščepati, ugrabiti, istrgnuti, strgnuti što (*off*); spasiti; ukrasti, oteti (poljubac); jedva izbaviti što (*from* od) **II.** *vi* brzo, naglo, željno posegnuti (*at* za) | **to ~ at an offer** objeručke prihvatiti ponudu
snatch away ['snætʃə'wei] *vt* oteti, ugrabiti što (*from* od)
snatch up ['snætʃ'ʌp] *vt* naglo ščepati, pograbiti; naglo podići
snatcher ['snætʃə] *s* lopov, razbojnik, pljačkaš
snatchy ['snætʃi] *adj* (**snatchily** *adv*) neredovit, isprekidan, na mahove
snazzy ['snæzi] *adj sl* elegantan, privlačan, moderan; kričav, neukusan
sneak [sni:k] *s* puzavac, podlac, kukavac; *school sl* tužibaba
sneak [sni:k] *vi/t* **I.** *vi* 1. ušuljati se (*into* u); išuljati se; *fig* izvući se (*out of* iz); potajno se šuljati 2. *school sl* tužakati **II.** *vt sl* ukrasti što, zdipiti
sneakers ['sni:kəz] *s pl US* teniske papuče, tenisice
sneaking ['sni:kiŋ] *adj* (**~ly** *adv*) koji se šulja; *fig* puzav, podao, gadan; potajan, nepriznat, podsvjestan, neopravdan (simpatija)
sneak-thief ['sni:kθi:f] *s* tat, sitni kradljivac
sneaky ['sni:ki] *adj* puzav, potajan, podao, gadan
sneck [snek] *s* kvaka (na vratima)
sneck [snek] *vt* zatvoriti (vrata) kvakom
sneer [sniə] *s* podrugljiv pogled ili primjedba, podrugivanje, poruga, preziran osmijeh
sneer [sniə] *vi/t* **I.** *vi* podrugivati se, podsmjehivati se; podrugljivo što kazati; porugom dotući
sneerer ['sniərə] *s* podrugljivac
sneering ['sniəriŋ] *adj* (**~ly** *adv*) podrugljiv, podsmješljiv
sneeze [sni:z] *s* kihanje
sneeze [sni:z] *vi* kihati | *fig* **to ~ into a basket** kihnuti u košaru (kada kome giljotina odsiječe glavu); **this is not to be ~d at** to nije mačji kašalj
sneezewood ['sni:zwud] *s bot* vrsta južnoafričkog stabla od kojeg se dobiva drvo nalik na mahagoni; drvo te biljke
snell [snel] *s* kratka struna koja veže povraz s udicom
snick [snik] *s* malen rovaš, rez, urez, rezuckanje; *cricket* lagan udarac
snick [snik] *vt* rezuckati, urezati rovaš, rovašiti što; *cricket* lagano udariti (loptu)
snick off ['snik'ɔf] *vt* odrezati što
snick out ['snik'aut] *vt* izrezati
snicker ['snikə] *s* smijuljenje; njištanje
snicker ['snikə] *vi* smijuljiti se; njištati
snickersnee [ˌsnikə'sni:] *s* velik nož ili mač
snide [snaid] *adj coll* lažan, patvoren, prividan; podmukao, neiskren
snide [snaid] *s* lažan dragulj ili novac; podmukao čovjek
snidesman ['snaidzmən] *s* krivotvoritelj novca
sniff [snif] *s* njuškanje, šmrkanje, glasno udisanje zraka (mirisa i dr.) kroz nos, šmrcanje; udahnut zrak; *fig* prezirno frkanje nosom
sniff [snif] *vi/t* **I.** *vi* uvući zrak kroz nosnice, šmrcati, udisati, njušiti, onjušiti, prinjušiti (*at* što); *fig* prezirno frkati nosom (*at* nad čim) **II.** *vt* ušmrkati (često *in, up*) što, njušiti (& *fig*), onjušiti, prinjušiti što

sniff up ['snif'ʌp] *vt* udahnuti kroz nos (kakav miris)
sniffy ['snifi] *adj coll* preziran, prezriv, mrzovoljan; koji ima zadah
snifter ['sniftə] *s* čašica (žestokog pića)
snigger ['snigə] *vi* prigušeno hihotati, cinički se smijuljiti (*at, over* čemu)
snigger ['snigə] *s* prigušeno hihotanje, cinično smijuljenje
sniggle ['snigl] *vi/t* **I.** *vi* udicom loviti (*for* što) **II.** *vt* udicom loviti (jegulje)
snip [snip] *s* rezuckanje, striženje škarama, rez; odrezak, izrezak, ostrižak, istrižak; *fam* krojač; *sl* nešto sigurno
snip [snip] *vt/i* **I.** *vt* strići, rezuckati, rezati škarama brzo i sitno, izrezati što (*out of* iz) **II.** *vi* rezati, rezuckati, strići, štrickati škarama
snip off ['snip'ɔf] *vt* odrezati, ostrići što
snipe [snaip] *s ornith* šljuka; *collect* šljuke
snipe [snaip] *vi/t* **I.** *vi* loviti šljuke; *mil* gađati kao snajper **II.** *vt mil* ustrijeliti snajperskim hicem
sniper ['snaipə] *s mil* snajper
snippet ['snipit] *s* komadić, ostrižak, odrezak, izrezak; (često *pl*) odlomak, kratak komad čega, malen dio čega (znanja i dr.), svaštice, novosti, pabirci
snippety ['snipiti] *adj* koji sadrži u sebi male komadiće ili odlomke čega, koji se sastoji od malih komadića, odlomaka
snipping ['snipiŋ] *s* rezuckanje, striženje, štrickanje, (često *pl*) odresci, ostrišci, istrišci
snipy ['snaipi] *adj* sličan šljuki
snitch [snitʃ] *s sl* potkazivač, doušnik, cinkaroš, denuncijant
snitch [snitʃ] *vi sl* potkazati, denuncirati, cinkati; ukrasti
snivel ['snivl] *s* sluz, bale iz nosa, šmrkalj; cviljenje, cmizdrenje, plač sa šmrcanjem; *fig* licemjerje, licemjeran govor
snivel ['snivl] *vi* šmrcati, imati hunjavicu, biti šmrkav; cviljeti, cmizdriti, sliniti, jadikovati; *fig* licemjeriti, pretvarati se, licemjerno govoriti
sniveller ['snivlə] *s* cmizdravac, plačljivac; cendravac; *fig* licemjer
snivelling ['snivliŋ] *adj* šmrkav; cmizdrav, plačljiv; slabićki
snob [snɔb] *s* 1. *arch* čovjek nižeg društvenog položaja, niska podrijetla, nenaobražen čovjek 2. *univ sl arch* građanin, čovjek iz grada 3. snob
snobbery ['snɔbəri] *s* snobizam, snobovština
snobbism ['snɔbizm] *s* snobizam
snobbish ['snɔbiʃ] *adj* (**~ly** *adv*) snobovski
snobby ['snɔbi] *adj* tobože otmjen, naduven
snood [snu:d] *s* 1. *Scot* ukrasna mrežica za žensku kosu 2. konjska struna koja spaja udicu s povrazom
snook[1] [snu:k] *s ichth* vrste riba (*Centropomus undecimalis, Rachycentron canadus* i dr.)
snook[2] [snu:k] *s* | *sl* **to cock a ~ at a p** pokazati kome dugi nos
snooker ['snu:kə] *s* 1. neka vrsta biljara 2. *sl* nov kadet u Woolwichu | **to be ~ed** *coll* biti doveden u škripac, naći se u sosu
snooker pool ['snu:kəpu:l] *s* neka vrsta biljara
snoop [snu:p] *vi US coll* biti radoznao, njuškati (*about*)
snooper ['snu:pə] *s* njuškalo, radoznalo čeljade
snoopy ['snu:pi] *s* njuškalo
snoopy ['snu:pi] *adj* njuškav, koji njuška
snooty ['snu:ti] *adj coll* uobražen, snobovski
snooze [snu:z] *s* dremuckanje, drijem, sanak
snooze [snu:z] *vi/t* **I.** *vi* dremuckati, ljenčariti **II.** *vt* | **to ~ one's time away** spavajući protratiti vrijeme, ljenčariti
snore [snɔ:] *s* hrkanje
snore [snɔ:] *vi/t* **I.** *vi* hrkati **II.** *vt* hrčući provesti (vrijeme)
snorer ['snɔ:rə] *s* hrkač
snorkel ['snɔ:kl] *s* cijev za zrak (podmornice); cijev za disanje (prilikom ronjenja)
snort [snɔ:t] *s* dahtanje, brektanje, frkanje, prezirno puhanje
snort [snɔ:t] *vi/t* **I.** *vi* dahtati, brektati, frkati (životinje); pištati (parni stroj); gunđati, duhati, puhati (prezirno, ne vjerujući, negodujući) (o ljudima) **II.** *vt* izraziti (prezir, nevjericu, negodovanje) puhanjem, izgovarati (riječi) prezirnim puhanjem (često *out*)
snorter ['snɔ:tə] *s* onaj koji ljutito puše, gunđalo; *sl* udarac; ljudina, delija
snorting ['snɔ:tiŋ] *adj* žestok; sjajan
snorty ['snɔ:ti] *adj* (**snortily** *adv*) frktav, koji ljutito puše, ljutit; grub (pismo)
snot [snɔt] *s vulg* šmrkalj; *fig vulg* šmrkavac, balavac, smrdljivac
snot-rag ['snɔtræg] *s* rupčić za nos
snotty ['snɔti] *adj* (**snottily** *adv*) *vulg* šmrkav, balav
snotty ['snɔti] *s GB mar sl* pomorski kadet
snotty-nosed ['snɔtinəuzd] *adj* → **snooty**
snout [snaut] *s* 1. gubica, rilo, njuška; *fam derog* ljudski nos, lice 2. *fig* nos, smisao (*for* za) 3. kljun, nosac (posude, cijevi); izbojak čega (pećine, ledenjaka)
snout-ring ['snautriŋ] *s* kolutić koji se provuče kroz rilo svinje da ne bi mogla rovati
snow [snəu] *s* 1. snijeg, stanje snijega (*how is the ~ in Bavaria?*) 2. sjajna bijela

boja slična snijegu 3. *sl* kokain (droga) 4. *pl* snježne mase, velik, obilan snijeg 5. »snijeg« na televizijskom ekranu

snow [snəu] *vi/t* **I.** *vi* sniježiti (*it* ~*s*); *fig* padati kao snijeg, pljuštati **II.** *vt* zatrpati (*it* ~*ed invitations*) | **to be ~ed in** biti zatrpan snijegom; **to be ~ed up** biti zameten snijegom; *US* **to be ~ed under** biti zatrpan čime preko glave; (o kandidatu na izborima) koji je pobijeđen golemom većinom

snow up ['snəu'ʌp] *vt* zatrpati snijegom

snowball ['snəubɔːl] *s* 1. gruda snijega 2. zaklada za koju svaki prinosnik nalazi novog prinosnika 3. vrsta pudinga od jabuka i riže

snowball ['snəubɔːl] *vi/t* **I.** *vi* grudati se; *fig* naglo rasti, bujati; prirasti, umnogostručiti se **II.** *vt* bacati snježne grude na koga

snow-berry ['snəuˌberi] *s bot* mahovnica

snow-bird ['snəubəːd] *s ornith* planinska zeba

snow-blindness ['snəuˌblaindnis] *s* zaslijepljenost, sljepoća od bjeline snijega

snow-boots ['snəubuːts] *s pl* gumene ili prtene cipele za snijeg koje se nose iznad kožnih cipela

snow-bound ['snəubaund] *adj* zameten, odrezan snijegom

snow-clad ['snəuklæd] *adj* obavijen, prekriven snijegom

snow-drift ['snəudrift] *s* snježni zapuh, zamet, smet

snowdrop ['snəudrɔp] *s bot* visibaba

snowfall ['snəufɔːl] *s* padanje snijega; količina napadanog snijega, snježne oborine

snow-field ['snəufiːld] *s* poljana vječnog snijega u planinama ili polarnim krajevima

snow-flake ['snəufleik] *s* pahuljica snijega, snježna pahuljica

snow-goggles ['snəugɔglz] *s pl* naočale za snijeg

snowhouse ['snəuhaus] *s* kućica od snijega, snježna koliba, iglu

snow-job ['snəudʒɔb] *s US sl* varanje, farbanje, foliranje

snow-leopard ['snəuˌlepəd] *s zool* gorski leopard

snow-line ['snəulain] *s* granica vječnog snijega

snow-man ['snəumæn] *s* (*pl* **snow-men** ['snəumen]) snjegović, snješko, Snješko Bijelić

snow-plough ['snəuplau] *s* ralica (za snijeg)

snow-shoes ['snəuʃuːz] *s pl* snježne cipele, krplje (s pletivom ili daskom)

snow-slide ['snəuslaid] *s* klizanje snijega, snježni plaz, lavina

snow-slip ['snəuslip] *s* odron snijega, lavina, klizanje snijega

snow-storm ['snəustɔːm] *s* snježna mećava, vijavica

snow-white [ˌsnəu'wait] *adj* bijel kao snijeg

Snow-White ['snəu'wait] *s* Snjeguljica

snowy ['snəui] *adj* (**snowily** *adv*) pokriven snijegom, pun snijega, koji obiluje snijegom, bijel kao snijeg, snježan

snub[1] [snʌb] *s* oštar prijekor, grdnja; otresanje (na nekoga); preziran odnos, ignoriranje

snub [snʌb] *vt* oštro prekoriti, grditi, otresti se, okositi se na koga prezirnim riječima; prezirno se odnositi, ignorirati; *mar* zaustaviti (*esp* čamac) pomoću užeta

snub[2] [snʌb] *s* tubast, prćast, frntast nos

snub [snʌb] *adj* tubast, prćast, frntast (nos)

snubber ['snʌbə] *s mot* ublaživač udarca, prigušnik, amortizer

snub-nosed ['snʌbnəuzd] *adj* koji ima tubast, prćast, frntast nos

snuff[1] [snʌf] *s* njuškanje, udisaj kroz nos; *fig* prezirno frkanje nosom

snuff [snʌf] *vi/t* **I.** *vi* njuškati (*at* što), prezirno frkati nosom (*at* na) **II.** *vt* ušmrkati, udisati kroz nos što; *fig* njušiti, naslućivati što | **to ~ it** pročitati, prozreti varku

snuff[2] [snʌf] *s* burmut, duhan za šmrkanje; lijek koji se uzima ušmrkavanjem; *fig* mala količina, prstovet | *fam* **up to ~** lukav, pametan, koji nije nevin i naivan kao dijete

snuff [snʌf] *vi* šmrkati burmut, šmrkati

snuff[3] [snʌf] *s* loš, garav, pougljen stijenj svijeće, odrezak izgorjela stijenja, izgorak

snuff [snʌf] *vt* useknuti, utrnuti (svijeću)

snuff out ['snʌf'aut] *vt/i* **I.** *vt* ugasiti, uduhnuti (svijeću); *fig* uništiti (nadu) **II.** *vi sl* umrijeti

snuff-box ['snʌfbɔks] *s* burmutica

snuff-coloured ['snʌfˌkʌləd] *adj* žutosmeđ, boje burmuta

snuffer ['snʌfə] *s* šmrkač, onaj koji šmrče burmut

snuffers ['snʌfəz] *s pl* usekač, škare za podrezivanje stijenja

snuffle ['snʌfl] *s* njuškanje, dahtanje; govorenje kroz nos, hunjkanje; *pl med* začepljenje nosa

snuffle ['snʌfl] *vi/t* **I.** *vi* njuškati, dahtati; hunjkati, govoriti kroz nos, govoriti kao kroz začepljen nos **II.** *vt* izgovarati što kroz nos (*out, forth*)

snuffler ['snʌflə] *s* onaj koji govori kroz nos; *fig* licemjer

snuffling ['snʌfliŋ] *adj* (**~ly** *adv*) koji govori kroz nos, hunjkav; *fig* licemjeran

snuffy ['snʌfi] *adj* (**snuffily** *adv*) sličan burmutu; uprljan burmutom, koji miriše na burmut; *fam* ljutit, zlovoljan

snug [snʌg] *s* mala udobna koliba ili soba, toplo gnijezdo, topli kutić; točionica u gostionici

snug [snʌg] *adj* (**~ly** *adv*) 1. *mar* dobro smješten i zaštićen, dobro sagrađen, nepropustan, koji dobro pristaje, priliježe 2. zaštićen, zaklonjen, dobro umotan, sakriven, udobno smješten 3. udoban, ugodan, topao 4. dovoljan, dostatan (ručak, dohodak) | **as ~ as a bug in a rug** kao bubreg u loju

snug [snʌg] *adv* udobno

snug [snʌg] *vi/t* **I.** *vi* udobno se smjestiti (*down*) **II.** *vt* napraviti što urednim ili udobnim (*up, down*)

snuggery [ˈsnʌgəri] *s* mala udobna koliba ili soba, toplo gnijezdo, topli kutić; točionica gostionice

snuggle [ˈsnʌgl] *vi/t* **I.** *vi* priljubiti se, priviti se (*to* uza); udobno ležati, ugnijezditi se, udobno se umotati (često *up, down*); udobno se smjestiti (*together*); ležati sakriven **II.** *vt* pritisnuti koga uza se, pritisnuti koga na srce; udobno umotati koga (često *up*)

snuggle down [ˈsnʌglˈdaun] *vi* udobno se umotati, udobno ležati

snum [snʌm] *vi* | *US vulg* **I ~** kunem se

so [səu] *adv* 1. tako, na taj način; točno (*is it ~ that the news is out?*); kao što je prije rečeno (*he believed the world round and proved it ~*); u stanju koje je prije navedeno (*he was crazy and is ~ still*); tim imenom (*he was always called ~*); u takvu stanju (*I am sorry to see you ~*); u redu, dobro (*and if it please you ~, if not, why ~*); tako kaže (iza kakva navođenja s imenom pisca ili govornika: *~ Isaiah*); slično, baš kao što je rečeno (*"But she had a large heart!" — "So she had"*); kako (*~...as*, kako ... tako i) 2. u tom stupnju, do stupnja koji je prije spomenut (*why they talk ~ guardedly*); u visokom stupnju, vrlo, u velikoj mjeri (*his style is ~ boresome*); do stanovitog stupnja, toliko (*he dared come only ~ near*) 3. s tog razloga, kao posljedica toga, zbog toga, stoga (*he was sick, ~ they were quiet*) 4. ovako (često popraćeno pokretom ruke) (*I touch, ~, with my hand*) | **~?** je li to istina?, misliš li to uistinu tako?; **if ~** ako je tome tako; **~ help me!** (zakletva) tako mi Bog pomogao; **in ~ far as** u tolikoj mjeri da..., u toliko što, u koliko; **~ as** na isti način kao; tako da (posljedica, posljedak); **~ ... as** toliko ... koliko (*never before ~ useful as now*); **~ far forth** do tog stupnja; *arch* do sada; **~ far from** suprotno od, umjesto da (*~ repenting, she fell back into her old ways*); **~ far ~ good** dosad dobro; *US* **~ fashion** na taj način; **and ~ forth (on)** i tako dalje, i slično; *US coll* **~ long** do viđenja; **~ many** toliki mnogi, toliki, koliko (*~...~* koliko... toliko; *~ heads, ~ wits*); jednako toliki broj kao, kao da (*all howling like ~ wolves*); neki veći neodređeni broj (*reading ~ verses before bedtime*); **~ much the better (worse)** u toliko bolje (gore); **~ much** toliko, u tolikoj mjeri; ni (*did not ~ as blink an eye*); **~ and ~** taj i taj, neki, izvjesni, XY; **Mr. ~ and ~** gospodin N.N.; **~ or ~** na ovaj ili onaj način, ovako ili onako; **~ then** dakle tako je to; zbog toga; tako da (posljedica); **quite ~** sasvim točno; **~ be it** pa dobro!; neka bude!; **how ~** kako to? **why ~** zašto to?; **~ what** pa što onda?; **~-called** takozvani; **~ to say (speak)** tako reći

so [səu] *conj* tako, samo ako; pa; *coll* zbog toga, zato da | **~ that** tako da

so [səu] *pron* po prilici taj broj, nešto oko (*I have read a page or ~*); takav, kakav je prije opisan (*in America a foreigner who remains ~ is called a greenhorn*); to (*if he isn't honest, at least he's more ~ than any other man*); na tom mjestu, sređen na taj način (*he must have his papers just ~*)

so [səu] *interj* tako! (odobravanje), tako? (iznenađenje i negodovanje)

soak [səuk] *s* 1. namakanje, kvašenje, promakanje; upijanje; tekućina za namakanje; *fam* pljusak kiše 2. *fam* opijanje, pijanka; pijanica

soak [səuk] *vt/i* **I.** *vt* 1. smočiti, namočiti, kiseliti, promočiti (kiša), prožeti (tekućinom) što; namočiti (suho povrće); umočiti što (*up, in*); upiti, usisati; isisati (*out*) tekućinu 2. *fig* zadubiti se (*oneself in* u) 3. *sl* kazniti koga; *fig* izmusti što iz koga **(he ~ed me £ 10)** **II.** *vi* biti prožet tekućinom, namakati se, močiti se, kiseliti se, probiti (*through*) (tekućina), prodrijeti (*in(to)* u) 2. *fam* lokati, biti pijanica | **to ~ oneself in something** udubiti se u nešto, utonuti u nešto; **~ed with rain** pokisao

soaking [ˈsəukiŋ] *s* namakanje, močenje, močilo; upijena tekućina

soaker [ˈsəukə] *s* 1. pljusak kiše 2. *fam* pusta pijanica

soaking [ˈsəukiŋ] *s* namakanje, močenje, promakanje

soaking [ˈsəukiŋ] *adj* (**~ly** *adv*) koji probija kroza što, koji moči ili kiseli, promočen

soaking [ˈsəukiŋ] *adv* | **~ wet** mokar do kože

so-and-so [ˈsəuənsəu] *s* N. N., neki izvjesni, taj i taj (*Mr. ~*)

so-and-so [ˈsəuənsəu] *adv* tako i tako

soap [səup] *s* sapun | **a cake of ~** komad sapuna; **shaving-~** brijaći sapun; **soft ~** tekući sapun; *coll* laska, laskanje, ulagivanje

soap [səup] *vt/i* **I.** *vt* sapunati, osapunati što, nasapunati, prati sapunom; *coll* laskati, ulagivati se **II.** *vi* sapunati se | **to ~ a p down** kome dobro natrljati nos
soap-boiler ['səup,bɔilə] *s* sapunar
soap-box ['səupbɔks] *s* sanduk za sapun; *US sl* improvizirana govornica (za ulične govornike)
soap-bubble ['səup,bʌbl] *s* mjehurić od sapunice (& *fig*)
soapless ['səuplis] *adj* koji nema sapuna, koji ne sadrži sapuna
soap-opera ['səup,ɔpərə] *s* sentimentalna, melodramatska radio-serija ili televizijska serija u dnevnim nastavcima
soap-powder ['səup,paudə] *s* prašak za pranje, sapunski prašak
soapstone ['səupstəun] *s minr* steatit, masnik
soapsuds ['səupsʌdz] *s pl* sapunica
soap-works ['səupwəːks] *s pl* tvornica sapuna
soapy ['səupi] *adj* (**soapily** *adv*) sapunast; *fig* laskav, sladak, ulagivački
soar [sɔː] *vi* lebdjeti u visini, vinuti se u visine, dizati se nebu pod oblake (& *fig*), uzletjeti (*to* prema); *fig* biti uzvišen (misli); skočiti (cijene); *aero* letjeti s ugašenim motorom, jedriti u jedrilici
soarer ['sɔːrə] *s aero* jedrilica
soaring ['sɔːriŋ] *adj* (**~ly** *adv*) koji lebdi, koji teži uvis, visok, nebu pod oblake; častoljubiv, uznošljiv; uzvišen (misli, ideali)
soaring ['sɔːriŋ] *s aero* vožnja u jedrilici, (zračno) jedrenje
sob [sɔb] *s* jecaj, jecanje, ridanje | *US sl* **~ stuff** patos, sentimentalan način pisanja
sob [sɔb] *vi/t* **I.** *vi* jecati, ridati; hvatati zrak otvorenim ustima; *fig* škrebetati (stroj i dr.) **II.** *vt* izgovoriti što jecajući (većinom *out*)
 sob out ['sɔb'aut] *vt* izreći što jecajući, projecati | **to sob one's heart out** grčevito plakati
sob [sɔb] *adj US sl* koji jeca, koji pobuđuje jecanje, suzan, osjećajan, ganutljiv, plačljiv, sladunjav, sentimentalan
sobbing ['sɔbiŋ] *adj* (**~ly** *adv*) jecav
sobbing ['sɔbiŋ] *s* (često *pl*) jecanje, ridanje
sober ['səubə] *adj* (**~ly** *adv*) trijezan, umjeren, čedan, pristojan, trezven, razborit, staložen, miran, oprezan, uravnotežen, hladnokrvan, ozbiljan, pametan; ne kričav, miran (boja); gol (činjenica) | **~ understanding** zdrava pamet
sober ['səubə] *vt/i* **I.** *vt* otrijezniti (& *fig*) (često *down*), opametiti koga; *fig* ublažiti, umiriti, pridušiti što **II.** *vi* otrijezniti se (& *fig*), opametiti se (često *down*)
sober-minded ['səubə,maindid] *adj* trijezan, razborit, miran, sabran
sober-sides ['səubəsaidz] *s fam* ozbiljnjak, staložen, trijezan čovjek
sober-suited ['səubə,sjuːtid] *adj poet* obučen u odijelo nenapadnih boja
sobriety [səu'braiəti] *s* trezvenost, trijeznost, umjerenost; razboritost; ozbiljnost
sobriquet ['səubrikei] *s Fr* nadimak
sob-stuff ['sɔbstʌf] *s US sl* patos, sentimentalan način pisanja
soc [sɔk] *s hist jur* sudski okrug; pravo suđenja | *hist jur* **sac and ~** sudska nadležnost
so-called [,səu'kɔːld] *pred adj* takozvani
soc(c)age ['sɔkidʒ] *s hist jur* kmetsko imanje, seoski feud, jedan od feudalnih načina unajmljivanja zemlje kod kojega se gospodaru mora plaćati najamnina i vršiti druge usluge
soccer ['sɔkə] *s sl* nogomet
sociability [,səuʃə'biliti] *s* društvenost, druževnost, druželjubivost; neusiljenost, pristupačnost
sociable ['səuʃəbl] *adj* (**sociably** *adv*) društven, druževan, druželjubiv; neukočen, neusiljen, prijatan, prijateljski, pristupačan
sociable ['səuʃəbl] *s* otvorena kočija s nasuprotnim sjedištima; trokolica s dva sjedala jednim uz drugo; motorna dvokolica; avion za dvije osobe; sjedište u obliku slova S na kojem oni što sjede gledaju jedan drugom u lice; *fam, eccl* društveni sastanak
social ['səuʃl] *adj* (**~ly** *adv*) društven, druževan, društvovan, socijalan | **the ~ evil** prostitucija; **~ evening** društveno veče; **~ services** društvene službe; **~ science** društvene znanosti; **~ contract** društveni ugovor; **~ welfare** socijalna skrb; **~ worker** socijalni radnik; **~ security** socijalno osiguranje; **~ fabric** društvena struktura
social ['səuʃl] *s fam* društveni sastanak, skup, društvo; zabava
socialism ['səuʃəlizm] *s* socijalizam
socialist ['səuʃəlist] *s* socijalist
socialist ['səuʃəlist] *adj* socijalistički
socialistic [,səuʃə'listik] *adj* (**~ally** *adv*) socijalistički, socijalističan
socialite ['səuʃəlait] *s US coll* pripadnik otmjenih društvenih krugova
sociality [,səuʃi'æliti] *s* društvenost
socialization [,səuʃəlaiːzeiʃn] *s* socijalizacija
socialize ['səuʃəlaiz] *vt* socijalizirati
society [sə'saiəti] *s* društvo, zajednica, zadruga; otmjeno društvo, viši krugovi; saobraćaj, općenje; društvenost, društveni život; udruženje, društvo; *US eccl* članovi crkvene općine koji imaju pravo glasa | **Royal Society** kraljevsko znanstveno društvo; **S~ of Friends** kvekeri; **~ people** otmjeno društvo; **~ news** vi-

jesti iz otmjenih krugova; ~ **column** društvene vijesti, trač-rubrika; **co-operative** ~ potrošačka zadruga
sociological [ˌsəusjəˈlɔdʒikl] *adj* (~**ly** *adv*) sociološki
sociologist [ˌsəusiˈɔlədʒist] *s* sociolog
sociology [ˌsəusiˈɔlədʒi] *s* sociologija
sock[1] [sɔk] *s* 1. kratka čarapa; uložak za cipelu 2. lagana cipela starinskog komičara; komedija | *sl* **put a** ~ **in it!** šuti!; **pull up your** ~**s** *coll* zasuči rukave, pljuni u šake
sock[2] [sɔk] *s sl* udarac šakom ili bačenim kamenom | **give him** ~**s** mazni ga!, mlatni ga!
sock [sɔk] *vt sl* tući, lemati koga, mlatiti, maznuti; baciti što (*at* na), pogoditi koga kamenom ili čim sličnim
sock[3] [sɔk] *s school sl* slatkiš
sock [sɔk] *vt/i school sl* gostiti se (ili koga) slatkišima
sock [sɔk] *adv sl* tres, baš, posred
sockdologer [sɔkˈdɔlədʒə] *s US sl* žestok ili odlučan udarac; odlučan argument; nešto veliko, teško
socker *s* → **soccer**
socket [ˈsɔkit] *s* rupa; *anat* (očna) šupljina; zglobna čašica; *el* utičnica, utikačka kutija; *tech* naglavak | *tech* **ball and** ~ univerzalni zglob
socle [ˈsɔkl] *s archit* postolje
sod [sɔd] *s* 1. ledina, tratina, busen 2. *vulg* sodomit, homoseksualac | **under the** ~ pod ledinom, u grobu
sod [sɔd] *vt* pokriti što ledinom, tratinom, busenjem | ~ **it!** *vulg* fućkaj ga!; ~ **off** *vulg* marš!
soda [ˈsəudə] *s* 1. *chem* soda 2. soda (voda)
soda-fountain [ˈsəudəˌfauntin] *s* sprava za točenje sode (vode); tezga za točenje bezalkoholnih pića i prodaju sladoleda
soda-jerk [ˈsəudədʒəːk] *s US coll* prodavač gaziranih bezalkoholnih pića
sodality [səuˈdæliti] *s* dobrotvorno udruženje, *esp* vjerskog karaktera, bratimstvo, bratstvo
soda-pop [ˈsəudəpɔp] *s US coll* gazirano bezalkoholno piće s aromom sladoleda
soda-water [ˈsəudəˌwɔːtə] *s* soda (voda)
soda-water-bottle [ˈsəudəˌwɔːtəˌbɔtl] *s* sifon
sodden [ˈsɔdn] *adj* 1. *arch* kuhan 2. promokao, raskvašen, koji se nije digao ili ispekao, nepropečen, gnjecav, prijesan (kruh); propit, nabuhao od pića | ~ **with wet** promočen, natopljen
sodden [ˈsɔdn] *vt/i* **I.** *vt* raskvasiti, natopiti što **II.** *vi* raskvasiti se
sodium [ˈsəudjəm] *s chem* natrij
sodomite [ˈsɔdəmait] *s* sodomit, homoseksualac
sodomy [ˈsɔdəmi] *s* sodomija, homoseksualnost
sod-widow [ˈsɔdˌwidəu] *s US sl* udovica
soever [səuˈevə] *suff* ma kako god, ma koji god, ma kakav god
sofa [ˈsəufə] *s* sofa, divan
soffit [ˈsɔfit] *s archit* donja ploha luka ili svoda, tjeme svoda
soft [sɔft] *s fam* zvekan, glupan
soft [sɔft] *adj* (~**ly** *adv*) 1. mekan, savitljiv; *fam* koji se može lako napraviti 2. mekan (voda, obris); blag (podneblje, temperatura, godišnje doba, svijetla boja); pitak, ukusan (vino); gladak (koža); topao, vlažan i topao, mlak (vrijeme); tih (kiša, zvuk); lagan (kucaj); podatan; prigušen (svjetlo) 3. blag (osuda); ljubazan (ponašanje); prijazan (odgovor); mekan (srce), nježan (*with* prema) 4. miran (san); *sl* lagan 5. nemuževan, mekoput, mlitav, mlohav; budalast; zaljubljen (*on* u) 6. *phon* zvučan; palatalan; koji nema aspiracije | ~ **goods** tekstil; ~ **currency** meka valuta, nekonvertibilna valuta; ~ **money** papirne novčanice; ~ **solder** lem koji se tali kod relativno niske temperature; *US sl* ~ **drink** bezalkoholno piće; ~ **nothings** ljubavno gugutanje; ~ **corn** vlažno odebljanje kože među nožnim prstima; *sl* ~ **tack** bijeli kruh; *mar* mekan kruh (ne dvopek); ~**er sex** ženski spol; *sl* ~ **job** lagano namještenje; ~ **sex** nježni spol; *fam* ~ **thing** lagano i dobro plaćeno namještenje; laskanje; glupost; ~ **roe** mliječ (ribe); *fam* ~ **sawder** ulagivanje, laskanje; ~ **soap** mekani kalijev sapun; *fig US sl* laskanje, ulagivanje; ~ **wood** meko drvo; ~ **landing** meko spuštanje, prizemljenje; ~ **drug** laka droga, marihuana; ~ **option** lakša alternativa, nerad; ~ **palate** meko nepce; **to have a** ~ **spot for somebody** biti mekan prema nekome, imati slabu točku za nekoga
soft [sɔft] *adv* lagano, tiho | **to fall** ~ sretno pasti; **to lie** ~ ležati na mekom
soft [sɔft] *interj arch* tiho!, polako!, lagano!
soft-boiled [ˈsɔftˌbɔild] *adj* meko kuhan
soften [ˈsɔfn] *vi/t* **I.** *vi* omekšati, mekšati se, ublažiti se; raznježiti se; *fig* zagrijati se (*to* za); stopiti se (boje) **II.** *vt* umekšati, razmekšati, učiniti gipkim što; dirnuti, smekšati (srce), raznježiti; ublažiti (bol); oslabiti, slabiti što, prigušiti (zvuk) (često *down*)
softener [ˈsɔfnə] *s* omekšivač, sredstvo za omekšanje, ublaživanje; *paint* mekan kist
soft-headed [ˈsɔftˌhedid] *adj* glupav, slabouman, malouman
soft-hearted [ˌsɔftˈhaːtid] *adj* meka srca, sućutan, suosjećajan
softie [ˈsɔfti] *s* mekušac, osoba meka srca
softish [ˈsɔftiʃ] *adj* donekle mekan

softly ['sɔftli] *adv* mekano; udobno, nježno; tiho; mirno; nečujno | ~! tiho!; polako!, lagano!
softness ['sɔftnis] *s* mekoća; blagost, popustljivost; nježnost; tihost
soft-pedal [ˌsɔft'pedl] *vt* ublažiti, stišati, smanjiti, umekšati
soft-soap ['sɔftˌsəup] *vt* laskati, ulagivati se, ulizivati se
soft-spoken ['sɔftˌspəukn] *adj* blag, mio, ljubazan, blaga glasa
software ['sɔftwɛə] *s* kompjuterski programi, podaci, dokumentacija
soft-witted ['sɔftˌwitid] *adj* slabouman
softy ['sɔfti] *s* budala, zvekan; mekušac
sog [sɔg] *s US* duševna tupost
soggy ['sɔgi] *adj* promokao, raskvašen, vlažan, natopljen, podvodan, močvaran, barovit; gnjecav; *fig* dosadan, zlovoljan, čangrizav
soignée ['swaːnjei] *adj Fr* njegovana, dotjerana, uređena, soanjirana (žena)
soil[1] [sɔil] *s* tlo, zemlja | **one's native** ~ domovina, rodna gruda
soil[2] [sɔil] *s* 1. prljavost, mrlja, prljavština, nečist; *fig* ljaga 2. glib, glibovit ležaj divljači | **night-**~ sadržaj zahoda koji se noću prazni
soil [sɔil] *vt/i* **I.** *vt* zamrljati, zablatiti, okaljati što **II.** *vi* uprljati se, zamrljati se | *fig* **to** ~ **one's hand with** zaprljati ruke čim
soil [sɔil] *vt* hraniti (stoku) zelenom krmom
soil-pipe ['sɔilpaip] *s* odvodna cijev zahoda
sojourn ['sɔdʒəːn] *s* privremeno boravište, (kratak) boravak
sojourn ['sɔdʒəːn] *vi* privremeno prebivati, boraviti (*in* u, *with* sa)
sojourner ['sɔdʒəːnə] *s* onaj koji gdje neko vrijeme boravi, posjetnik, gost
sol [sɔl] *s mus* G (peta nota ljestvice)
solace ['sɔləs] *s* utjeha (*in* u, *to* za), olakšanje
solace ['sɔləs] *vt/i* **I.** *vt* tješiti koga, tješiti sebe (*oneself with* čime) **II.** *vi* tješiti se
solanum [səu'leinəm] *s bot* bilo koja biljka iz porodice pomoćnica (*Solanaceae*)
solar ['səulə] *adj* sunčan | ~ **day** dan od 24 sata računajući od podne; ~ **year** sunčana (astronomska) godina; ~ **month** točno dvanaesti dio godine; ~ **myth** mit sunca; ~ **cell** sunčana baterija; ~ **system** Sunčev sustav
solarium [səu'lɛəriəm] *s* solarij, sunčalište
solarize ['səuləraiz] *vi/t phot* predugo izložiti djelovanju svjetlosti, previše eksponirati
solatium [səu'leiʃjəm] *s* (*pl* ~**s, solatia** [səu'leiʃjə]) *s jur* odšteta, naknada
sold [səuld] *pret & pp* od **sell**
solder ['sɔldə] *s* lem, legura za lemljenje
solder ['sɔldə] *vt* lemiti; *fig* spojiti, pripojiti, sastaviti | ~**ing iron** lemilo, lemilica
soldier ['səuldʒə] *s* 1. vojnik, ratnik 2. *ichth sl* sušen sleđ 3. *mar sl* mornar zabušant | **the Unknown Soldier** neznani junak; **every inch a** ~ vojnik od glave do pete; **old** ~ prazna boca; opušak cigarete, stara stvar ili čovjek koji je odslužio svoje, iskusan čovjek, stari lisac; ~ **of fortune** plaćenik, najamnik; **private** ~ običan vojnik
soldier ['səuldʒə] *vi* biti vojnik, služiti vojsku; *mar sl* izbjegavati dužnosti, zabušavati
soldierlike ['səuldʒəlaik] *adj* po vojnički
soldierly ['səuldʒəli] *adj* vojnički
soldiery ['səuldʒəri] *s* vojnici, vojska, soldateska
sole[1] [səul] *s* taban, potplat, đon; dno, podnožje
sole [səul] *vt* pođoniti (cipelu)
sole[2] [səul] *s ichth* list
sole [səul] *adj* jedini, isključivi; *jur* neudata; *poet arch* sam, osamljen | ~ **agent** isključivi zastupnik
solecism ['sɔlisizm] *s* gramatička pogreška u govoru; prekršaj protiv pravila dobrog ponašanja
solely ['səulli] *adj* samo, jedino, isključivo | ~ **because of** jedino zbog
solemn ['sɔləm] *adj* (~**ly** *adv*) svečan, uzvišen, ozbiljan, važan, dostojanstven; koji se pravi važan, ukočen
solemnity [sə'lemniti] *s* svečanost, svečano držanje, ozbiljnost
solemnization [ˌsɔləmnai'zeiʃn] *s* svetkovanje, slavljenje, svečana proslava
solemnize ['sɔləmnaiz] *vt* svetkovati, svečano slaviti, proslaviti
soleness ['səulnis] *s* osamljenost
solenoid ['səulənɔid] *s el* solenoid | ~ **valve** solenoidni automatski kontrolni ventil
solicit [sə'lisit] *vt/i* **I.** *vt* izazvati, potaknuti, pobuditi; moliti, nagovarati, mamiti, snubiti, salijetati koga, dosađivati kome, dodijavati; (o prostitutkama) zaustavljati (muškarce) **II.** *vi* vruće moliti, moljakati, zaklinjati (*for* za)
solicitation [səˌlisi'teiʃn] *s* poticanje, pobuđivanje; molba, moljenje, moljakanje; mamljenje, namamljivanje; salijetanje, dosađivanje
solicitor [sə'lisitə] *s* molitelj, zagovornik (rijetko); *jur* niži odvjetnik, pravni zastupnik bez prava zastupanja pred sudom; akviziter, trgovački agent; *US sl* žicar *jur* **Solicitor General** državni odvjetnik, pomoćnik državnog tužioca
solicitous [sə'lisitəs] *adj* (~**ly** *adv*) zabrinut, skrban, brižan (*about, for, of* za); revan (*to do*)
solicitude [sə'lisitjuːd] *s* zabrinutost, brižnost (*about, for* za); revnost

solid [ˈsɔlid] *s phys* kruto tijelo; (često *pl*) kruta, netekuća hrana | *geom* **regular ~** pravilno tijelo
solid [ˈsɔlid] *adj* (**~ly** *adv*) 1. krut (ne tekuć) 2. pun, ispunjen (materijalom) 3. solidan, čvrst, masivan, trajan 4. homogen, jednoličan 5. osnovan, razborit, trijezan, pravi; pouzdan; temeljit 6. trodimenzionalan 7. *com* novčano siguran, solidan 8. jednodušan, jednoglasan | **~ geometry** stereometrija; **~ tire** puna guma; *mil* **~ square** formacija jednake dubine i širine; **~ gold** čisto zlato; **~ state** čvrsto stanje; **for a ~ hour** jedan sat bez prekida; pun sat, dobar sat; **~ vote** jednoglasan izbor; **to go (be) ~ for** jednodušno biti za što; **the ~ South** južne države SAD koje dosljedno glasaju za demokratske kandidate; **a ~ man** solidan čovjek ali bez ikakvih osobito istaknutih sposobnosti; **~ foot** kubična stopa; **~ angle** prostorni kut; *math* **~ number** integralni broj; *math* **~ problem** problem koji se može riješiti jednadžbom trećeg stupnja; **to be ~ly behind a p** odlučno podržavati koga; **~ measure** kubična mjera; **~ capacity** obujam
solid [ˈsɔlid] *adv* jednoglasno, odlučno | **to go ~** biti jednodušno (*against* protiv, *for* za); **to vote ~** jednodušno glasati (*for* za, *against* protiv)
solidarity [ˌsɔliˈdæriti] *s* solidarnost, jednodušnost, složnost
solid-coloured [ˈsɔlidˌkʌləd] *adj* jednobojan
solid-hoofed [ˈsɔlidhuːft] *adj* jednokopitni
solidifiable [səˈlidifaiəbl] *adj* skrutnjiv, koji se može skrutiti ili zgusnuti
solidification [səˌlidifiˈkeiʃn] *s* zgusnuće, skrućenje
solidify [səˈlidifai] *vt/i* **I.** *vt* skrutnuti, ukrutiti, zgusnuti (tekućinu) **II.** *vi* ukrutiti se, zgusnuti se
solidity [səˈliditi] *s* čvrstoća, krutost; solidnost, temeljitost, pouzdanost; *com* novčana sigurnost
solidness [ˈsɔlidnis] *s* čvrstoća; solidnost, temeljitost; *com* novčana sigurnost
solid-state [ˌsɔlidˈsteit] *adj* tranzistoriziran
solidungulate [ˌsɔlidˈʌŋgjulit] *adj s* → **soliped**
soliloquist [səˈliləkwist] *s* onaj koji govori sam sa sobom
soliloquize [səˈliləkwaiz] *vi* govoriti sam sa sobom
soliloquy [səˈliləkwi] *s* razgovor sa samim sobom; *theat* monolog
soliped [ˈsɔliped] *s zool* jednopapkar
soliped [ˈsɔliped] *adj* koji na svakoj nozi ima samo po jedan papak ili kopito, jednokopitni
solipsism [ˈsɔlipsizm] *s phil* solipsizam
solitaire [ˌsɔliˈtɛə] *s Fr* naušnica ili slično u kojoj je samo jedan dragulj; *US* pasijans
solitariness [ˈsɔlitərinis] *s* osamljenost, osama, samotnost, samoća, samotinja
solitary [ˈsɔlitəri] *adj* (**solitarily** *adv*) sam, osamljen, samotan; jedini; pojedinačan | **to take a ~ walk** poći na samotnju šetnju; **~ confinement** samica; **~ cell** samica; **not a ~ one** ni jedan jedini
solitary [ˈsɔlitəri] *s* samotnik, pustinjak (često *fig*), usamljenik
solitude [ˈsɔlitjuːd] *s* osamljenost, osama, samoća, samotnost
solmizate [ˈsɔlmizeit] *vi* solmizirati
solmization [ˌsɔlmiˈzeiʃn] *s mus* solmizacija
solo [ˈsəuləu] *s* (*pl* **~s, soli** [ˈsəuliː]) *mus* solo; *aero* solo-let
solo [ˈsəuləu] *adj* sam, bez pratnje, solo
solo [ˈsəuləu] *vi aero* letjeti sam (bez pratnje)
soloist [ˈsəuləuist] *s mus* solist
so-long [ˈsəuˈlɔŋ] *interj* do viđenja
solstice [ˈsɔlstis] *s astr* solsticij, suncostaj | **the summer ~** ljetni solsticij; **the winter ~** zimski solsticij
solstitial [ˌsɔlsˈtiʃl] *adj* (**~ly** *adv*) solsticijski, suncostajni
solubility [ˌsɔljuˈbiliti] *s* topljivost; rješivost
soluble [ˈsɔljubl] *adj* (**solubly** *adv*) topljiv, rastopljiv; rješiv
solus [ˈsəuləs] *pred adj* sam (kao kazališna uputa: *enter king ~*)
solution [səˈluːʃn] *s* 1. rješenje (*to* čega), objašnjenje (*of, to* čega), odgonetka 2. prekid 3. *chem* otopina, rastopina, rastvor; otapanje, rastvaranje 4. *fig* nestaloženo stanje | **~ of continuity** prekid
solution [səˈluːʃn] *vt* učvrstiti što otopinom kaučuka
solvability [ˌsɔlvəˈbiliti] *s* rješivost
solvable [ˈsɔlvəbl] *adj* rješiv, razjašnjiv, odgonetljiv
solve [sɔlv] *vt* 1. *arch* razriješiti, razmrsiti što 2. riješiti (problem), naći izlaz (iz teškoće) | **to be ~d** naći rješenje
solvency [ˈsɔlvənsi] *s com* sposobnost plaćanja, solventnost
solvent [ˈsɔlvənt] *adj* 1. *chem* koji otapa; *fig* koji slabi vjerovanje ili tradiciju 2. *com* koji može platiti, solventan
solvent [ˈsɔlvənt] *s chem* otapalo, rastvarač, razrjeđivač; *fig* sredstvo za slabljenje vjerovanja ili tradicije (*science is the ~ of religious belief*)
Somal [səˈmaːl] *s* Somalijac
Somali [səˈmaːli] *s* Somalijac
somatic [səuˈmætik] *adj* (**~ally** *adv*) somatski, tjelesni, fizički | *biol* **~ cell** somatična stanica, tjelesna stanica
somatology [ˌsəuməˈtɔlədʒi] *s* nauka o (čovječjem) tijelu, somatologija

sombre (somber) ['sɔmbə] *adj* (~**ly** *adv*) taman, mračan, mrk, sumoran, tmuran, tmast; *fig* nujan, sjetan
sombreness ['sɔmbənis] *s* mračnost, tmurnost, tmuša, sumornost; *fig* sjeta, nujnost
sombrous ['sɔmbrəs] *adj poet* taman, mračan, mrk, sumoran, tmuran, tmast; nujan, sjetan
some [sʌm] *pron* nešto; *US* prilično mnogo | ~ **of it** nešto od toga; ~ ... ~ jedni ... drugi; ~ **of these days** uskoro
some [sʌm] *adj* 1. neki, nekakav, jedan, izvjesni 2. znatan; *sl* velik, značajan, sjajan, silan 3. nešto; s imenicom prevodi se partitivnim genitivom 4. pred imenicom u *pl* uz neki broj; nekoliko, drugi; oko, otprilike, približno, nekih | ~ **day** jednog dana; ~ **time** jedanput; **for** ~ **time** neko vrijeme; **to** ~ **extent** do stanovite mjere, donekle; ~ **few** nekoliko
some [sʌm] *adv* nešto; *US* prilično, znatno, vrlo
somebody ['sʌmbədi] *s* netko; važna osoba | ~ **else** netko drugi
somehow ['sʌmhau] *adv* na neki način, nekako | ~ **or other** bilo kako, ovako ili onako
someone ['sʌmwʌn] *s* netko | ~ **or other** bilo tko; ~ **else** netko drugi
someplace ['sʌmpleis] *adv US coll* negdje
somersault ['sʌməsɔːlt] *s* salto, salto mortale, prekobacivanje | **to turn a** ~ prekobacivati se; **double** ~ dvostruki salto; **treble** ~ trostruki salto
somersault ['sʌməsɔːlt] *vi* napraviti salto, prekobaciti se
somerset[1] ['sʌməsit] *s* & *vi* → **somersault**
somerset[2] ['sʌməsit] *s* podstavljeno sedlo, *esp* za jednonogog jahača
something ['sʌmθiŋ] *s* nešto, nešto važno; tako nešto | ~ **old** nešto staro; **a certain** ~ nešto stanovito; ~ **or other** bilo što; ~ **else** nešto drugo, još nešto; **not for** ~! ni za što na svijetu!; **there is** ~ **in that** ima nešto u tome; **he is** ~ **of a** ... on je nešto kao ... ; on ima smisla za ...
something ['sʌmθiŋ] *adv US* nešto, prilično; izvanredno, važno | *fam* ~ **like** otprilike, po prilici, nešto kao
sometime ['sʌmtaim] *adv* kadgod (u budućnosti); jednom, jednoć, nekad (u prošlosti)
sometime ['sʌmtaim] *adj* bivši, nekadašnji
sometimes ['sʌmtaimz] *adv* katkada, kadšto, ponekad
someway ['sʌmwei] *adv US coll* nekako, na neki način
somewhat ['sʌmwɔt] *pron* nešto, prilično
somewhat ['sʌmwɔt] *adv* nešto, malo, ponešto, donekle, prilično
somewhen ['sʌmwen] *adv* bilo kada, ikad
somewhere ['sʌmwɛə] *adv* negdje, bilo gdje, igdje, bilo kamo, ikamo | ~ **else** negdje drugdje, nekamo drugamo; ~ **or other** bilo gdje, bilo kamo; ~ **about** nešto oko, otprilike
somite ['səumait] *s zool* odsječak, dio životinjskog kostura (*esp* hrptenjače ili zgloba)
somnambulant [sɔm'næmbjulənt] *adj* mjesečarski
somnambulate [sɔm'næmbjuleit] *vi* hodati u snu, mjesečariti
somnambulism [sɔm'næmbjulizm] *s med* mjesečarstvo, hodanje u snu
somnambulist [sɔm'næmbjulist] *s* mjesečar
somnambulistic [sɔm,næmbju'listik] *adj* (~**ally** *adv*) mjesečarski
somniferous [sɔm'nifərəs] *adj* koji donosi san, koji uspavljuje
somniloquence [sɔm'niləkwəns] *s* govorenje u snu
somniloquist [sɔm'niləkwist] *s* onaj koji govori u snu
somniloquy [sɔm'niləkwi] *s* govorenje u snu
somnipathist [sɔm'nipəθist] *s* hipnotički medij
somnolism ['sɔmnəlizm] *s* hipnotički san
somnolence ['sɔmnələns] *s* pospanost, snenost
somnolent ['sɔmnələnt] *adj* (~**ly** *adv*) pospan, snen, sanjiv, dremovan; uspavljujući
somnolism ['sɔmnəlizm] *s* hipnotički san
son [sʌn] *s* sin (*of*, *to* čiji); *pl* potomci | ~ **and heir** nasljednik, najstariji sin; **the Son of Man** Isus; **Son of God** Isus, sin Božji; **the** ~**s of men** ljudstvo; **the Son** Sin (druga osoba sv. Trojstva); ~ **of a gun** ništarija; *joc* stara hulja; ~ **of a bitch** hulja, svinja, ništarija; **every mother's** ~ svatko; ~ **of the soil** sin zemlje, urođenik, zemljodjelac, domorodac; ~ **of toil** radnik; ~ **of Mars** vojnik; ~ **of Belial** okorjeli grešnik; **favorite** ~ *US* kandidat za predsjednika samo s lokalnom podrškom
sonance ['səunəns] *s phon* zvučnost
sonant ['səunənt] *adj phon* zvučan
sonant ['səunənt] *s* zvučni glas, sonant
sonar ['səunaː] *s* sonar (za otkrivanje podmornica)
sonata [sə'naːtə] *s mus* sonata
sonatina [,sɔnə'tiːnə] *s mus* sonatina
song [sɔŋ] *s* pjesma, pjev, spjev | **to burst forth into** ~ početi naglas pjevati; **to give a** ~ pjevati pjesmu; *mus* **part** ~ pjesma za više glasova, višeglasna pjesma; **the Song of Songs** Pjesma nad pjesmama; **for an old** ~ vrlo jeftino; **nothing to make a** ~ **about** ništa važno; **not worth an old** ~ ne vrijedi ni pišljiva boba; **to**

buy (sell) for a ~ kupiti (prodati) vrlo jeftino, u bescjenje; **~ and dance** komešanje, gungula, strka
song-bird ['sɔŋbə:d] *s* ptica pjevica
song-book ['sɔŋbuk] *s* pjesmarica
songful ['sɔŋful] *adj* (**~ly** *adv*) melodičan, milozvučan
song-hit ['sɔŋhit] *s* vrlo popularna pjesma, šlager, hit
songless ['sɔŋlis] *adj* bez pjesme, koji ne pjeva, gdje se ne čuje pjesma
song-plug ['sɔŋplʌg] *vt US* ponavljati (pjesmu) u opereti
songster ['sɔŋstə] *s* pjevač, pjesnik, ptica pjevica
songstress ['sɔŋstris] *s* pjevačica
song-thrush ['sɔŋθrʌʃ] *s ornith* drozd cikelj
sonic ['sɔnik] *adj* zvučni, sonički | **~ bang** zvučni udar, proboj zvučnog zida; **~ boom** zvučni udar; **~ barrier** zvučni zid
soniferous [sɔ'nifərəs] *adj* zvučan
son-in-law ['sʌninlɔ:] *s* (*pl* **sons-in-law** ['sʌnzinlɔ:]) zet
sonless ['sʌnlis] *adj* koji nema sina, bez sina
sonnet ['sɔnit] *s pros* sonet
sonneteer [ˌsɔni'tiə] *s* pisac soneta
sonneteer [ˌsɔni'tiə] *vi* pisati sonete
sonny ['sʌni] *s fam voc* sinčiću, sinko, mali
sonometer [səu'nɔmitə] *s* sonometar, aparat za ispitivanje sluha, mjerenje jakosti zvuka i dr.
sonorific [ˌsəunə'rifik] *adj* zvučan, koji proizvodi zvuk
sonority [sə'nɔriti] *s* zvučnost, milozvučnost, sonornost
sonorous [sə'nɔ:rəs] *adj* (**~ly** *adv*) zvučan (& *fig*), milozvučan, zvonak, sonoran
sonorousness [sə'nɔ:rəsnis] *s* zvučnost, milozvučnost, zvonkost, sonornost
sonship ['sʌnʃip] *s* sinovstvo, sinovlji odnos, dužnosti i prava koje uživa sin
sonsy ['sɔnzi] *adj Scot* bujan, jedar (djevojka)
soon [su:n] *adv* skoro, naskoro, uskoro, ubrzo, brzo | **as ~ as** čim; isto tako rado ... kao; **~ afterwards** malo zatim; **so ~ as** čim, kako, netom
sooner ['su:nə] *adv* prije, ranije, brže, radije, spremnije | **the ~ the better** što prije to bolje; **~ or later** prije ili poslije; **no ~ said than done** rečeno, učinjeno; **I would ~ die than** ... prije bih umro nego ... ; **no ~ than** čim, tek što ... kad
soonest ['su:nist] *adv* najbrže, najprije, najranije | **at the ~** što prije, što skorije, što je ranije moguće; **least said ~ mended** manje riječi više djela
soot [sut] *s* čađa, gar
soot [sut] *vt* čađiti
sooth [su:θ] *s arch* istina | **in ~** uistinu, zaista, doista; **~ to say** istini za volju
soothe [su:ð] *vt* umirivati, miriti, tažiti, ublažiti što; laskati, pogodovati kome
soother ['su:ðə] *s* 1. laskavac; ublažitelj; sredstvo ili lijek za ublaživanje 2. duda, cucla
soothfast ['su:θfa:st] *adj* & *adv arch* istinit, čestit, ispravan, vjeran, pouzdan
soothing ['su:ðiŋ] *adj* (**~ly** *adv*) umirujući, ublažujući
soothsay ['su:θsei] *vi* proricati, prorokovati, vračati, predskazivati
soothsayer ['su:θˌseiə] *s* prorok, vrač, gatač
soothsaying ['su:θˌseiiŋ] *s* prorokovanje, vračanje, gatanje, predskazivanje
sootiness ['sutinis] *s* čađavost, garavost
sooty ['suti] *adj* (**sootily** *adv*) čađav, garav, začađen; *fig* crn, taman
sop [sɔp] *s* 1. raskvašen ili nakvašen komadić kruha 2. sredstvo za ušutkivanje, podmićivanje, mito 3. vlažno tlo 4. *fam* slabić, mamin sin; *sl* pijanica | **~ in the pan** prepečeni kruh koji se stavlja u juhu; **milk ~** neduhovito čeljade; *fig* **to throw a ~ to a p** (nastojati) podmititi koga
sop [sɔp] *vt/i* **I.** *vt* namočiti (kruh), namakati, raskvasiti, promočiti što, upijati (tekućinu) (često *up*) **II.** *vi* biti promočen (*with rain* od kiše)
soph [sɔf] *s* → **sophister** ili **sophomore**
sophism ['sɔfizm] *s* sofizam
sophist ['sɔfist] *s* sofist
sophister ['sɔfistə] *s Cambridge univ* student druge ili treće godine
sophistic [sə'fistik] *adj* (**~ally** *adv*) sofistički
sophisticate [sə'fistikeit] *vt/i* sofisticirati, iskriviti, služiti se sofizmima, pribjegavati sofisteriji
sophisticated [sə'fistikeitid] *adj* 1. iskrivljen, neprav 2. neprirodan; neiskren 3. profinjen, rafiniran, kultiviran, visoko razvijen (ukus); intelektualan; usavršen, složen, kompliciran, razrađen
sophistication [səˌfisti'keiʃn] *s* 1. iskrivljenje, izopačenje, kvarenje; mudrovanje na krivim zaključcima ili pretpostavkama, lažan zaključak 2. profinjenost, rafiniranost, kultiviranost, intelektualnost; usavršenost, složenost, dotjeranost, razrađenost
sophistry ['sɔfistri] *s* sofisterija, mudrovanje, izvrtanje činjenica
sophomore ['sɔfəmɔ:] *s US* student druge godine
soporiferous [ˌsɔpə'rifərəs] *adj* (**~ly** *adv*) koji uspavljuje, uspavljujući
soporific [ˌsɔpə'rifik] *adj* (**~ally** *adv*) koji uspavljuje, uspavljujući, narkotičan
soporific [ˌsɔpə'rifik] *s* sredstvo za uspavljivanje, narkotik
sopping ['sɔpiŋ] *adj* nakvašen, prokisnuo, mokar

sopping ['sɔpiŋ] *adv* | ~ **wet** potpuno promočen
soppy ['sɔpi] *adj* razmočen, raskvašen, natopljen, promokao; vlažan, kišan (dan); močvaran, podvodan; *fig fam* mekušan, slab; sentimentalan
soprano [sə'prɑːnəu] *s It mus* (*pl* **~s, soprani** [sə'prɑːniː]) sopran
sorb [sɔːb] *s bot* oskoruša
sorbefacient [ˌsɔːbi'feiʃənt] *adj* koji apsorbira, upija
sorbet ['sɔːbət] *s* šerbet
Sorbian ['sɔːbiən] *adj* lužičkosrpski
Sorbian ['sɔːbiən] *s* Lužički Srbin; lužičkosrpski jezik
sorcerer ['sɔːsərə] *s* čarobnjak, vračar, vještac
sorceress ['sɔːsəris] *s* čarobnica, vračara, vještica
sorcery ['sɔːsəri] *s* čarobnjaštvo, čaranje, vračanje; vračarije, čarolije
sordid ['sɔːdid] *adj* (**~ly** *adv*) prljav, nečist, blatan; otrcan, jadan; *fig* podao, nizak; škrt, tvrd
sordidness ['sɔːdidnis] *s* prljavština, prljavost; podlost; škrtost
sore [sɔː] *s* ranjeno mjesto, rana; *fig* mučna uspomena, neugodan predmet razgovora | **bed-~** rana od dugog ležanja, dekubitus; **eye ~** ružna stvar koja vrijeđa oko; **a sight for ~ eyes** melem za oči, nešto lijepo i ugodno; *fig* **re-open old ~s** pozlijediti stare rane; *fig* **an open ~** nezacijeljena rana; **~ throat** grlobolja, upala grla; **~ conscience** nečista savjest
sore [sɔː] *adj* (**~ly** *adv*) 1. bolan, ranjav, upaljen (*with* od), bolestan 2. osjetljiv; *US* razdražljiv, ljutit 3. tužan, žalostan, smućen 4. velik, skrajan (nevolja, nužda i dr.) | **to have a ~ arm** imati bolesnu ruku; **to be foot ~** imati ranjave noge, *esp* od hodanja; **to have a ~ throat** imati grlobolju; **like a bear with a ~ head** jako mrzovoljan; **a ~ subject** neugodan predmet razgovora
sore [sɔː] *adv poet* vrlo, jako
sorehead ['sɔːhed] *s US coll* gunđalo
sorely ['sɔːli] *adv* bolno, nemilice, silno, kruto, jako, teško
soreness ['sɔːnis] *s* bolnost, osjetljivost, ranjavost; *fig* razdražljivo raspoloženje; ljutnja, kivnost (*at* na)
sorghum ['sɔːgəm] *s bot* sijerak
sorites [səu'raitiːz] *s log* lančani silogizam
sorority [sə'rɔriti] *s US* žensko studentsko udruženje, savez studentica
sorosis [sə'rəusis] *s* mesnat plod (npr. ananasa)
sorrel[1] ['sɔrəl] *s bot* kiselica
orrel ['sɔrəl] *adj* riđ (konj)
sorrel[2] ['sɔrəl] *s* crvenkastosmeđa boja, riđan (konj)
sorriness ['sɔrinis] *s* kajanje, žaljenje; kukavnost, jadnost, bijednost
sorrow ['sɔrəu] *s* tuga, čemer, jad, žalost, bol (*at* nad, *for* zbog); patnja | **the Man of Sorrows** Isus
sorrow ['sɔrəu] *vi* žaliti, tugovati (*for* za), žalostiti se (*at, over, for* zbog)
sorrower ['sɔrəuə] *s* žalobnik
sorrowful ['sɔrəuful] *adj* (**~ly** *adv*) žalostan, nesretan, ucviljen; mračan, tužan; jadan, bijedan, nevoljan
sorry ['sɔri] *adj pred* (**sorrily** *adv*) žalostan, tužan, zabrinut (*for* zbog); *attr* bijedan, jadan, traljav; odvratan, odbojan; nevoljan, nesretan, kukavan | **I am ~** žao mi je; *coll* **~ for oneself** potišten; **to be ~ for** žaliti koga ili što; **to be ~ about** žaliti zbog nečega, kajati se; **a ~ sight** tužan prizor; **~!** oprostite!; **I am ~ to say** na žalost moram reći; **so ~!** žao mi je!, oprostite!; **very ~!** vrlo mi je žao!, oprostite!
sort [sɔːt] *s* 1. vrsta, kakvoća, sorta; broj, veličina; *pl print* pojedina slova 2. *arch* način | **nothing of the ~** ništa takvo; **of all ~s** svake vrste; **a ~ of** nekakav, sumnjiv; **after a ~** nekako; **in a ~** nekako; **of a ~** loše vrste; **in some ~** donekle; **that ~ of thing** nešto slično tome; **out of ~s** bolestan, mrzovoljan; *print* kojemu nedostaje slova; **he is a good ~** on je dobričina, on je zgodan čovjek; **he is my ~** on je moj tip, kakav meni odgovara; **all ~s and conditions of men** ljudi svake vrste, ljudi svih staleža i društvenog položaja
sort [sɔːt] *vt* svrstati, razvrstati, odijeliti, izabrati što, sortirati | **to ~ well (ill) with** dobro (loše) pristajati čemu
sort out ['sɔːt'aut] *vt* razvrstati, izabrati, odijeliti što
sortable ['sɔːtəbl] *adj* koji se može razvrstati, razredati, izabrati, sortirati
sorter ['sɔːtə] *s* razvrstavalac, odabirač; sorter
sortie ['sɔːtiː] *s mil* ispad, provala, juriš (iz opsjednutog mjesta); borbeni let (aviona)
sortilege ['sɔːtilidʒ] *s* ždrijebanje, bacanje kocke; vračanje, gatanje
sorting ['sɔːtiŋ] *s* razvrstavanje, odabiranje, sortiranje
sorting-carriage ['sɔːtiŋˌkæridʒ] *s rly* poštanski vagon
sortition [sɔː'tiʃn] *s* bacanje kocke, ždrebanje
sort of ['sɔːtəv] *adv coll* nekako, kao, u neku ruku | **I ~ expected it** ja sam to nekako i očekivao
SOS ['esəu'es] *s* SOS, hitni poziv za pomoć
so-so ['səusəu] *pred adj & adv fam* tako-tako, slabo, ne baš osobito
sot [sɔt] *s* pijanica, pijandura, kronični pijanac
sot [sɔt] *vi* piti, lokati, pijančevati, opijati se do besvijesti

sottish [ˈsɔtiʃ] *adj* (**~ly** *adv*) pijan, otupio od pijanstva
sottishness [ˈsɔtiʃnis] *s* pijanstvo, otupjelost od pića
souchong [ˌsuːˈtʃɔŋ] *s* vrsta crnog kineskog čaja
Soudanese [ˌsuːdəˈniːz] *adj* sudanski
Soudanese [ˌsuːdəˈniːz] *s* Sudanac
sough [sau] *s* šumorenje, šumor, hujanje, stenjanje (vjetra)
sough [sau] *vi* hujati, šumjeti, šuštati (vjetar)
sought [sɔːt] *pret & pp* od **seek**
sought-after [ˈsɔːtˌaːftə] *adj* koji se traži, tražen
sought-for [ˈsɔːtfɔː] *adj* koji se traži, potraživan, tražen
soul [səul] *s* 1. duša, duševnost, duh 2. *fig* pokretač, vođa, glava, duša; utjelovljenje; bitnost, bit, srce, jezgra; smisao, sklonost (*for* za) 3. čovjek, stanovnik | **by my ~** duše mi; **upon my ~** duše mi; **cure of ~s** briga za duše; **to keep body and ~ together** ostati na životu; jedva životariti; **All Souls' Day** Dušni dan; **a simple ~** jednostavno (skromno) čeljade; **poor ~** jadnik, jadnica; **the life and ~ of ...** duša čega; **to call one's ~ one's own** biti sam svoj gospodar
soul-bell [ˈsəulbel] *s* posmrtno zvono
soul-destroying [ˈsəuldisˌtrɔiiŋ] *adj* koji ubija dušu
soulful [ˈsəulful] *adj* (**~ly** *adv*) izražajan; duševan, osjećajan
soulless [ˈsəullis] *adj* (**~ly** *adv*) bez duše, mrtav; bezdušan, bezosjećajan
soul mate [ˈsəulmeit] *s* idealan par, savršen partner
soul music [ˈsəulˌmjuːzik] *s* soul, vrsta američkog crnačkog džeza
soul-searching [ˈsəulˌsəːtʃiŋ] *adj* koji ispituje savjest, koji zadire u dušu; dubok, iscrpan
soul-searching [ˈsəulˌsəːtʃiŋ] *s* ispitivanje savjesti
soul-stirring [ˈsəulˌstəːriŋ] *adj* dirljiv, potresan, ganutljiv
sound[1] [saund] *s* zvuk, glas; šum, zvek; doseg sluha (*within the ~ of*); *fig* dojam, značenje, smisao | **~ and fury** prazne, puke riječi; **~ archives** fonoteka; **~ barrier** zvučni zid; **~ effects** zvučni efekti; **~ broadcasting** radio; **~ engineer** ton-majstor
sound[2] [saund] *s med* sonda
sound[3] [saund] *s* 1. morski tjesnac, tijesno 2. riblji mjehur 3. *ichth* sipa
sound [saund] *adj* (**~ly** *adv*) 1. zdrav, čil; neoštećen, nepovrijeđen, čitav, dobro očuvan, bez pogreške; jedar, nepokvaren (voće); miran, tvrd, dubok, čvrst (san); ljudski, pošten (batine); umjeren, koji odgovara vrijednosti robe (cijena) 2. ispravan, razborit, trijezan (sud i dr.); osnovan, temeljit (razlog); prav, pravovjeran; *jur* valjan, zakonit; dobro promišljen, pametan; dobro izveden (udarac) 3. pouzdan, pošten, vjeran (čeljade); kojemu nema prigovora, ispravan (ponašanje); *com* solidan, pouzdan (tvrtka) | **safe and ~** živ i zdrav, zdrav i čitav; **~ as a bell** zdrav kao riba; **the child is ~ already** dijete već čvrsto spava; **~ currency** zdrava valuta; **~ timber** jedro drvo; **a ~ mind in a ~ body** zdrav duh u zdravu tijelu; **~ in wind and limb** zdrava tijela, fizički sposoban; **~ firm** pouzdano poduzeće; **~ thrashing** poštene, propisne batine
sound [saund] *adv* čvrsto, ljudski, jako | **~ asleep** koji čvrsto spava; **to sleep ~** čvrsto spavati
sound[1] [saund] *vi/t* **I.** *vi* zvučati, ječati, razlijegati se; *fig* činiti se, stvarati dojam; *mus* trubiti, svirati **II.** *vt mus* duhati (u trublju i dr.), svirati (glazbalo); napraviti da što zvuči, da se čuje; izgovoriti (glas); najaviti zvonom, trubom i dr. (uzbunu, uzmak i dr.); naglasiti što; ispitivati ispravnost (kotača željezničkog vagona) kuckanjem čekića; ispitivati (stanje pluća) prisluškivanjem | **to ~ in damages** tužiti za nadoknadu neprovjerene štete; **to ~ the retreat** trubiti na uzmak
sound[2] [saund] *vt/i* **I.** *vt mar* mjeriti (dubinu), ispitivati (dno), odrediti dubinu vode (u trupini broda); *med* ispitivati sondom; *fig* sondirati, ispitivati (mišljenje) **II.** *vi* mjeriti dubinu; zaroniti do dna (kit)
sound-board [ˈsaundbɔːd] *s* krović nad propovjedaonicom i dr. koji služi da se glas usmjeri prema slušaocima, zvučna školjka, rezonator
sound-box [ˈsaundbɔks] *s* zvučna kutija starinskog gramofona
sounder[1] [ˈsaundə] *s arch* krdo divljih svinja; mlad vepar
sounder[2] [ˈsaundə] *s esp* telegrafski prijemnik za zvučno primanje poruke; dubinomjer
sound-film [ˈsaundfilm] *s* zvučni film
sound-hole [ˈsaundhəul] *s mus* otvor za rezonanciju u glazbalu
sounding[1] [ˈsaundiŋ] *s* zvučanje, zvečanje, brenčanje, ječanje
sounding[2] [ˈsaundiŋ] *s mar* (često *pl*) mjerenje dubine vode; izmjeriva dubina; ispitivanje, sondiranje, sondaža | **to be in ~** biti blizu obale; **to take a ~** izmjeriti dubinu
sounding [ˈsaundiŋ] *adj* zvučan (& *fig*); šupalj
sounding-board [ˈsaundiŋbɔːd] *s* krović nad propovjedaonicom i dr. koji služi da se glas usmjeri prema slušaocima, zvučna školjka, rezonator

sounding-box ['saundiŋbɔks] *s* → **sound-box**
sounding-lead ['saundiŋled] *s mar* sonda, olovo, dubinomjer
sounding-line ['saundiŋlain] *s* sonda, olovo, naprava za mjerenje dubine ili ispitivanje dna
sounding-rod ['saundiŋrɔd] *s* šipka za mjerenje dubine vode u trupu broda
soundless[1] ['saundlis] *adj* (**~ly** *adv*) bezvučan, bezglasan, tih, nečujan
soundless[2] ['saundlis] *adj* bezdan (more); *fig* neizmjeran
soundness ['saundnis] *s* zdravlje, jedrina, dubina (sna); čvrstoća, jakost; neozlijeđenost, ispravnost; sigurnost, pouzdanost; istinitost, zakonitost; *com* solidnost; ispravnost, točnost, valjanost, temeljitost, osnovanost; provjerenost | **~ of judgment** zdrav sud, pametno rasuđivanje
sound-proof ['saundpru:f] *adj* zvučno izoliran
sound-recording ['saundri,kɔ:diŋ] *s* tonsko snimanje
sound-track ['saundtræk] *s* zvučna traka
sound-wave ['saundweiv] *s phys* zvučni val
soup [su:p] *s* juha, čorba; *sl* nitroglicerin za razbijanje sefova | *sl* **in the ~** u škripcu; **pea ~** graškova juha (*esp* od suhog graška)
soup [su:p] *vt* | **to ~ up** *sl* pojačati, frizirati motor
soup-and-fish ['su:pn'fiʃ] *s sl* večernje odijelo, smoking, frak
soup-kitchen ['su:p,kitʃin] *s* pučka kuhinja, javna kuhinja za sirotinju ili postradale, poljska kuhinja
soup-plate ['su:ppleit] *s* dubok tanjur
soup-tureen ['su:ptə,ri:n] *s* zdjela za juhu
soupy ['su:pi] *adj* jušast
sour ['sauə] *adj* (**~ly** *adv*) 1. kiseo, ukiseljen, ciknut, kiseljkast (miris); ljut, trpak, opor, oštar 2. neugodan, gorak, mučan, težak 3. ogorčen, mrzovoljan, zlovoljan; neprijatan (vrijeme); kiselo-vlažan (tlo) | **turn ~** ukiseliti se; **~ milk** kiselo mlijeko; **~ cream** kiselo vrhnje; *bot* **~ dock** kiselica; *fig* **~ grapes** kiselo grožđe
sour ['sauə] *s fig* ono što je kiselo | **the ~** ono što je kiselo
sour ['sauə] *vi/t* **I.** *vi* skisnuti se, ukiseliti se; *fig* biti ogorčen, zlovoljan, mrgoditi se **II.** *vt* kiseliti, zakiseliti što; *fig* ogorčiti, ozlovoljiti koga
source [sɔ:s] *s* vrutak, izvor, vrelo (& *fig*); *pl lit* isprave, spisi, izvòri; podrijetlo, početak, glavni povod | **~ language** izvorni jezik (u prevođenju)
sourish ['sauəriʃ] *adj* nakiseo, kiselkast
sourness ['sauənis] *s* kiselost; *fig* ogorčenost, mrzovoljnost, mrzovolja
souse [saus] *s* rasol, salamura, meso iz rasola, usoljeno meso (*esp* glave, noge i uši svinje); pad u vodu, uronjenje; promoknuće, pljuskanje vodom | **to get a ~** promoknuti; **to give a p a ~** zagnjuriti koga
souse [saus] *vt/i* **I.** *vt* (u)soliti, metnuti što u rasol; baciti što u vodu; močiti, kiseliti, zapljusnuti što vodom **II.** *vi* pljusnuti u vodu, sasvim promoknuti
souse [saus] *adv* pljus, ljos, iznebuha
soused [saust] *adj sl* pijan, »mokar«, »pokisao«
soutane [su'ta:n] *s* (svećenička) sutana, reverenda
south [sauθ] *adv* južno | *mar* **~ by west (east)** jug na zapad (istok) (jedna od 32 točke kompasa)
south [sauθ] *s* jug, južna Zemljina polukugla, južni dio čega | **due ~** prema jugu; koji ide prema jugu; **to the ~ of** južno od (čega); *US* **the Solid South** južne države SAD koje dosljedno glasaju za demokratskog kandidata; **the South** Jug, dio SAD južno od Pennsylvanije i rijeke Ohio
south [sauθ] *adj* južni, koji gleda na jug, koji dolazi s juga | **the wind was ~** vjetar je puhao s juga; **the South Downs** vapnenasti predjeli Sussexa i Hampshirea
south [sauð] *vi* kretati, ploviti prema jugu; *astr* prijeći meridijan, kulminirati (o Mjesecu)
Southdown ['sauθdaun] *adj* koji se odnosi na ovcu iz vapnenačkih predjela Sussexa i Hampshirea
Southdown ['sauθdaun] *s* crnoglava i kratkoruna ovca iz vapnenačkih predjela Sussexa i Hampshirea, cijenjena zbog svoga mesa
south-east [,sauθ'i:st] *adv* jugoistočno
south-east [,sauθ'i:st] *s* jugoistok
south-east [,sauθ'i:st] *adj* jugoistočni
south-easter [,sauθ'i:stə] *s* jugoistočni vjetar, jugoistočnjak
south-easterly [,sauθ'i:stəli] *adj* jugoistočni
south-easterly [,sauθ'i:stəli] *adv* jugoistočno
south-eastern [,sauθ'i:stən] *adj* jugoistočni
south-eastern [,sauθ'i:stən] *s* jugoistočnjak
south-eastward [,sauθ'i:stwəd] *s* jugoistok
south-eastward [,sauθ'i:stwəd] *adj* (**~ly** *adv*) koji je usmjeren prema jugoistoku, jugoistočni
south-eastward(s) [,sauθ'i:stwəd(z)] *adv* prema jugoistoku, jugoistočno
souther ['sʌðə] *s* jugoistočni ili južni vjetar
southerly ['sʌðəli] *adj* južni, koji dolazi s juga (vjetar)
southerly ['sʌðəli] *adv* južno, prema jugu

southern ['sʌðən] *adj* južni, koji pripada jugu, južnoevropski
southern ['sʌðən] *s* južnjak; *US* stanovnik južnih država
southerner ['sʌðənə] *s* južnjak; *US* stanovnik južnih država; jugo, južni vjetar
southernmost ['sʌðənməust] *adj* najjužniji
southernwood ['sʌðənwud] *s bot* mirisni pelin, božja metica, srčano zelje (vrsta pelina, *Artemisia abrotanum*)
southing ['sauðiŋ] *s* 1. *astr* kulminacija (mjeseca) 2. južni smjer, kretanje prema jugu 3. razlika u širini kod kretanja prema jugu
southpaw ['sauθpɔː] *s US* ljèvāk
southron ['sʌðrən] *adj arch Scot* južni
southron ['sʌðrən] *s arch Scot* južnjak, Englez (obično *derog*)
south-south-east [ˌsauθsauθ'iːst] *adv* jugo-jugoistočno
south-south-east [ˌsauθsauθ'iːst] *s* jugo-jugoistok
south-south-east [ˌsauθsauθ'iːst] *adj* jugo-jugoistočni
south-south-west [ˌsauθsauθ'west] *adv* jugo-jugozapadno
south-south-west [ˌsauθsauθ'west] *s* jugo-jugozapad
south-south-west [ˌsauθsauθ'west] *adj* jugo-jugozapadni
southward ['sauθwəd] *s* jug
southward ['sauθwəd] *adj* (~**ly** *adv*) koji je prema jugu, južni
southward(s) ['sauθwəd(z)] *adv* južno, na jug
south-west [ˌsauθ'west] *adv* jugozapadno, prema jugozapadu
south-west [ˌsauθ'west] *s* jugozapad | **to the ~ of** jugozapadno od
south-west [ˌsauθ'west] *adj* jugozapadni
southwester [ˌsauθ'westə] *s* 1. jugozapadni vjetar 2. nepromočiv šešir sa širokim obodom koji štiti zatiljak
south-westerly [ˌsauθ'westəli] *adj* jugozapadni
south-westerly [ˌsauθ'westəli] *adv* jugozapadno
south-western [ˌsauθ'westən] *adj* jugozapadni
south-western [ˌsauθ'westən] *s* jugozapadnjak
south-westward [ˌsauθ'westwəd] *s* jugozapad
south-westward [ˌsauθ'westwəd] *adj* (~**ly** *adv*) jugozapadni
south-westward(s) [ˌsauθ'westwəd(z)] *adv* jugozapadno
souvenir [ˌsuːvə'niə] *s* uspomena (predmet), suvenir
sou'west [sau'west] *s adj* & *adv* → **south-west**
sou'wester [sau'westə] *s* nepromočiv šešir sa širokim obodom koji štiti zatiljak
sovereign ['sɔvrin] *s* 1. vladar, vladalac, monarh, suveren 2. engleski zlatnik od jedne funte sterlinga | **half ~** deset šilinga
sovereign ['sɔvrin] *adj* (~**ly** *adv*) 1. vrhovni, najviši, kraljevski 2. nezavisan, suveren 3. djelotvoran, vrlo efikasan (*esp* **lijek**) | **~ States** nezavisne države
sovereignty ['sɔvrənti] *s* suverenost, suverenitet, vrhovna vlast, nezavisnost
soviet ['səuviət] *s* sovjet
soviet ['səuviət] *adj* sovjetski
sow [sau] *s* 1. *zool* prasica, krmača; stonoga 2. *tech* kalup; komad lijevana željeza 3. *mil* pokretni zaštitni krov | **to get (take) the wrong (right) ~ by the ear** (ne) pogoditi ono pravo (pravog krivca i sl.); **as drunk as a ~** pijan kao svinja; **you cannot make a silk purse out of a ~'s ear** od tog brašna nema pogače
sow [səu] *vi/t* (*pret* ~ed; *pp* ~ed, ~n) **I.** *vi* sijati **II.** *vt* sijati (sjeme), zasijati (oranicu); *fig* posijati, rasijati, raširiti; gusto posuti što (*with* čime) | *fig* **to ~ the wind and reap the whirlwind** tko vjetar sije, buru žanje; **you must reap what you have sown** kako si prostro, tako ćeš i spavati, što si nadrobio, moraš i pokusati; *fig* **to ~ the seeds of hatred** posijati sjeme mržnje; *fig* **to ~ one's wild oats** izdivljati se u mladosti, mladost-ludost; **as a man ~s so shall he reap** kako siješ, tako ćeš i žeti
sowback ['saubæk] *s* pješčani humak
sowbread ['saubred] *s bot* ciklama
sow-bug ['saubʌg] *s ent* ploskan, babura
sower ['səuə] *s* sijač, sijačica (stroj); *fig* poticač, začetnik
sowing ['səuiŋ] *s* sijanje, sjetva
sowing-corn ['səuiŋkɔːn] *s* žito za sjeme
sowing-machine ['səuiŋməˌʃiːn] *s* sijačica
sown [səun] *adj* zasijan (*with* čime)
sow-thistle ['sauˌθisl] *s bot* sinja krijica
soy [sɔi] *s* sojino ulje, umak od soje; *bot* soja
soya ['sɔiə] *s bot* soja
soy-bean ['sɔibiːn] *s* soja (plod)
spa [spaː] *s* mineralno vrelo, ljekovito kupalište, toplice
space [speis] *s* 1. prostor; duljina, prostranost, širina; površina 2. međuprostor, odstojanje, razmak; *print* prored, spacij 3. međuplanetarni prostor, svemir 4. vremenski razmak, kratko vrijeme; rok; trajanje; časak | **within the ~ of** u granicama od; **open ~s** prostranstvo; **for a ~** na časak; **outer ~** svemir, svemirsko prostranstvo; **~ age** svemirska era; **~ flight** let u svemir, svemirski let; **~ travel** svemirska putovanja; **~ probe** svemirska sonda; **~ walk** svemirska šetnja; **~ station** interplanetarna stanica

space [speis] *vt/i* ostaviti razmak, razmaknuto poredati što; *print* napisati s proredom, spacionirati

space out ['speis'aut] *vt* razmaknuto poredati što; *print* razmaknuto tiskati (tipkati), spacionirati

space-bar ['speisbaː] *s typewriting* razmaknica

spacecraft ['speiskraːft] *s* svemirski brod, međuplanetarni brod

space-key ['speiskiː] *s typewriting* razmaknica

spaceless ['speislis] *adj* bez prostora, u kojem nema prostora

spacer ['speisə] *s typewriting* razmaknica

space-rule ['speisruːl] *s print* poprečna, kosa crta

spaceship ['speiʃʃip] *s* svemirski brod, međuplanetarni brod

space-suit ['speis.suːt] *s* svemirsko odijelo, skafandar

space-time [.speis'taim] *s phil* prostor-vrijeme, četvrta dimenzija

space-writer ['speis.raitə] *s* novinar plaćen po retku

spacial ['speiʃl] *adj* → **spatial**

spacing ['speisiŋ] *s print* razmaknut tisak, prored među recima | *print* **single ~** jednostruki prored; **double ~** dvostruki prored

spacious ['speiʃəs] *adj* (**~ly** *adv*) prostran, širok, opsežan

spaciousness ['speiʃəsnis] *s* prostranost, širina, opsežnost

spade[1] [speid] *s* lopata, štihača | **to call a ~ a ~** kazati popu pop, a bobu bob

spade[2] [speid] *s cards* pik; *pl* sve pikove karte (jedne igre), pik (boja); *US derog* crnac | **the queen of ~s** pikova dama

spade [speid] *vt* kopati lopatom (zemlju)

spade-blade ['speidbleid] *s anat* lopatica

spadeful ['speidful] *s* količina koja stane na lopatu

spade-work ['speidwəːk] *s fig* pionirski posao, predradnja; mukotrpan i pažljiv rad

spadger ['spædʒə] *s GB sl* vrabac

spado ['speidəu] *s* eunuh, uškopljenik

spaghetti [spə'geti] *s pl It* špageti

spake [speik] *arch pret* od **speak**

spalder ['spɔːldə] *s* onaj koji drobi rudu

spall [spɔːl] *s* odlomak, krhotina kamena

spall [spɔːl] *vt/i* **I.** *vt* raskoliti što; *min* rastući (rudu) **II.** *vi* raskoliti se

spalpeen [spæl'piːn] *s* hulja, ništarija

spam [spæm] *s* prešana šunka

span [spæn] *s* 1. pedalj, mjera (9 cola, 22,5 cm) 2. luk mosta, razmak, raspon 3. *mar* presavijen konop kojemu su krajevi spojeni 4. *US* (konjska) zaprega, sprega 5. vremenski razmak, vrijeme, kratko vrijeme, trajanje; opseg

span [spæn] *vt/i* **I.** *vt* premostiti, presvoditi, spojiti lukom, obuhvatiti, mjeriti što; *mar* stegnuti što konopima **II.** *vi* protezati se

span [spæn] *pret* od **spin**

spancel ['spænsl] *s arch* puto (za noge konja)

span-dogs ['spændɔgz] *s pl* par željeznih zubaca za kvačenje debala

spandrel ['spændrəl] *s archit* trouglast zid među lukovima ili iza olučja

spangle [spæŋgl] *s* šljokica, fliter, titrejka

spangle ['spæŋgl] *vt* ukrasiti šljokicama; *fig* krasiti, posuti što (*with* čime) | **the star-~d banner** američka nacionalna himna; američka zastava

spangly ['spæŋgli] *adj* blistav, sjajan, nakićen

Spaniard ['spænjəd] *s* Španjolac, Španjolka

spaniel ['spænjəl] *s* prepeličar, španijel; *fig* puzavac, udvorica | **King Charles's ~** prepeličar crne i smeđe dlake

Spanish ['spæniʃ] *adj* španjolski | **~ Armada** Velika armada; **~ black** španjolsko crnilo, plutena gar; **~ chestnut** jestiv kesten; *zool* **~ fly** prištilac, babak; **~ fowl** vrsta kokoši sjajnog zelenkastocrnog perja; *bot* **~ grass** esparto, španjolska trava; *hist* **~ main** sjeveroistočna obala južne Amerike između Orinoca i Paname; **~ peppers** *pl bot* feferoni

Spanish ['spæniʃ] *s* španjolski jezik

Spanish-American ['spæniʃə.merikən] *adj* latinskoamerički

Spanish-American ['spæniʃə.merikən] *s* stanovnik Latinske Amerike

spank [spæŋk] *s* udarac dlanom, papučom i sl. po stražnjici, pljesak

spank [spæŋk] *vt/i* **I.** *vt* istući po stražnjici, pljesnuti, udarcima tjerati naprijed koga **II.** *vi* juriti, (o konju) kretati se živahnim korakom između kasa i galopa

spank-boom ['spæŋkbuːm] *s mar* pomagača zadnjače

spanker ['spæŋkə] *s* onaj koji tuče; brz konj; *sl* sjajan momak, sjajan primjerak; *mar* zadnjača, krmeno šošno jedro

spanking ['spæŋkiŋ] *s* batine

spanking ['spæŋkiŋ] *adj* koji brzo hoda ili se vozi, brz; *sl* izvrstan, sjajan, izvanredan, divan | **a ~ breeze** jak povjetarac

spanking ['spæŋkiŋ] *adv* izvanredno, vrlo jako

spanless ['spænlis] *adj poet* neizmjeran

spanner ['spænə] *s tech* ključ, zavijač za vijke (matice) | **to throw a ~ into the works** sabotirati, osujetiti, pokvariti, poremetiti

span-roof ['spænruːf] *s* šiljasti krov, krov s obje strane kose

span-worm ['spænwəːm] *s zool* ličinka gusjenice

spar[1] [spaː] *s mar* oblica, križ jarbola, krak dizala; *aero* prečnica, potporanj za krila
spar[2] [spaː] *s minr* spat, lisnik
spar[3] [spaː] *s* pokreti navale i obrane (kao) u boksu, boksačka utakmica; borba pijetlova; *fig* svađa, prepirka
spar [spaː] *vi* praviti pokrete obrane i napada sa stisnutim šakama (kao) u boksu (*at* prema kome); *fig* rječkati se; (o pijetlovima) boriti se | *sport* **~ring partner** sparing partner; *fig* protivnik u prijateljskom sporu
sparable [ˈspærəbl] *s* klinac bez glave (za cipele)
spar-buoy [ˈspaːbɔi] *s mar* oblica kojoj je jedan kraj usidren, a drugi stoji uspravno u vodi (služi za privezivanje brodova)
spar-deck [ˈspaːdek] *s mar* gornja paluba od pramca do krme
spare [spɛə] *s tech* (često *pl*) rezervni, doknadni dio (*esp* guma); *US* obaranje svih čunjeva s dvije kugle; *sport* pričuva, rezerva
spare [spɛə] *adj* (**~ly** *adv*) oskudan, slab, mršav, suhonjav, rijedak (kosa), slobodan (vrijeme), dokon; pretekao, suvišan, zališan, naknadan, rezervni | **~ cash** raspoloživ novac; *tech* **~ parts** rezervni, doknadni dijelovi; **~ time** slobodno vrijeme, dokolica; **~ room** spavaća soba za gosta; **~ diet** mršava hrana
spare [spɛə] *vt/i* **I.** *vt* 1. štedjeti, štedljivo upotrebljavati što 2. odstupiti, ustupiti, pregorjeti što, biti bez čega ili koga; imati suvišno 3. poštedjeti koga, uštedjeti sebi ili kome (trud) 4. ne izazvati (stid, rumenilo) **II.** *vi* štedjeti | **to ~ the rod and spoil the child** šiba je u raju rasla; **to ~** suvišan, suviše; **no time to ~** bez slobodnog vremena; **enough and to ~** obilato, napretek; **to ~ one's feelings** poštedjeti nečije osjećaje; **no expense(s) ~d** ne žaleći troška; **no pains ~d** ne žaleći truda
spareness [ˈspɛənis] *s* oskudnost, mršavost
spare rib [ˈspɛərib] *s* komad svinjskih rebara
spare room [ˈspɛərum] *s* soba za goste, gostinska soba
sparger [ˈspaːdʒə] *s* naprava za škropljenje (pri vrenju piva)
sparhawk [ˈspaːhɔːk] *s ornith* kobac ptičar
sparing [ˈspɛəriŋ] *adj* (**~ly** *adv*) štedljiv (*of* čime), umjeren (*in* u); oskudan, jedva dovoljan
sparingness [ˈspɛəriŋnis] *s* štedljivost; oskudnost, rijetkost
spark[1] [spaːk] *s* iskra, varnica (*fig, el & mot*); mrva; *pl fam* radio-telegrafist (na brodu) | **to strike a ~ out of a p** potaknuti koga na zanimljiv ili živahan razgovor; **not a ~** nimalo
spark[2] [spaːk] *s* veseljak, hvališa, galamdžija; kicoš, ljubavnik
spark[1] [spaːk] *vi* izbacivati iskre, iskriti se; *mot* paliti
spark[2] [spaːk] *vi* ljubakati, udvarati se
sparking-coil [ˈspaːkiŋkɔil] *s el* indukcijski aparat
sparking-plug [ˈspaːkiŋplʌg] *s mot* svjećica
sparkish [ˈspaːkiʃ] *adj* veseo, živahan; kicoški
sparkle [ˈspaːkl] *s* iskra, iskrenje, blistanje, sjaj; pjenušanje; živahnost
sparkle [ˈspaːkl] *vi* cakliti se, iskriti se, blistati se (& *fig*); pjenušati se (piće)
sparkler [ˈspaːklə] *s* nešto iskričavo; *sl* dijamant; osobito lijepo čeljade
sparkless [ˈspaːklis] *adj* koji je bez iskara, koji ne baca iskre
sparklet [ˈspaːklit] *s* iskrica (& *fig*)
sparkling [ˈspaːkliŋ] *adj* (**~ly** *adv*) iskričav, blistav (& *fig*); pjenušav (piće) | **~ wine** pjenušavo vino, pjenušac
spark-plug [ˈspaːkplʌg] *s mot* svjećica
sparks [spaːks] *s fam* radio-telegrafist
sparring-match [ˈspaːriŋmætʃ] *s* prijateljska boksačka utakmica, trening-utakmica
sparrow [ˈspærəu] *s ornith* vrabac
sparrow-bill [ˈspærəubil] *s* potpetica, klinac za cipele
sparrow-grass [ˈspærəugraːs] *s bot* šparoga
sparrowhawk [ˈspærəuhɔːk] *s ornith* kobac ptičar
sparry [ˈspaːri] *adj* lisničav, koji je sličan lisniku, koji sadrži lisnik (spat) | **~ iron** ociljevac, siderit
sparse [spaːs] *adj* (**~ly** *adv*) rijedak (stanovništvo), rastrkan, narijetko posijan, razbacan; oskudan
sparseness [ˈspaːsnis] *s* oskudnost, rastrkanost, rijetkost
Spartan [ˈspaːtn] *adj* spartanski, jednostavan
Spartan [ˈspaːtn] *s* Spartanac
spasm [ˈspæzm] *s med* grč, napad (kašlja)
spasmodic [spæzˈmɔdik] *adj* (**~ally** *adv*) *med* grčevit (& *fig*), na mahove, neredovit, isprekidan
spasmology [spæzˈmɔlədʒi] *s med* spazmologija
spastic [ˈspæstik] *adj med* spastički, izazvan mozgovnom kljenuti
spat[1] [spæt] *s* mrijest, *esp* oštrige
spat[2] [spæt] *s* (obično *pl*) niske muške gamaše
spat [spæt] *vi/t* praviti mrijest, mrijestiti se (*esp* oštriga)
spat [spæt] *pret* & *pp* od **spit**
spatchcock [ˈspætʃkɔk] *s* na brzinu zaklana i pečena kokoš ili pijetao
spatchcock [ˈspætʃkɔk] *vt fam* ubaciti, umetnuti (riječi, primjedbu) (*into* u)

spate [speit] *s* poplava, povodanj, bujica | **the river is in ~** rijeka je izašla iz korita; **a ~ of words** bujica riječi; **a ~ of orders** bujica narudžbi

spathe [speið] *s bot* tul (vjenčiću sličan list kojim je opkoljen cvat)

spathic ['spæθik] *adj* lisničan, koji je sličan lisniku (spatu)

spatial ['speiʃl] *adj* (**~ly** *adv*) prostoran

spatiality [ˌspeiʃi'æliti] *s* prostornost

spatter ['spætə] *s* škropljenje, škrapanje, štrcanje; tapkanje, lupkanje

spatter ['spætə] *vt/i* **I.** *vt* štrcati, prskati, škropiti, škrapati (blatom, tekućinom) (*on* koga); *fig* ponapiti koga **II.** *vi* škropiti, škrapati, štrcati

spatterdashes ['spætəˌdæʃiz] *s pl* (jahaće) visoke gamaše

spatterdock ['spætədɔk] *s bot* žuti lopoč (*Nuphar advenum*)

spattering ['spætəriŋ] *s* prskanje, pljuskanje

spatterwork ['spætəwəːk] *s* bojadisanje štrcanjem

spatula ['spætjulə] *s* lopatica; *med* spatula, plosnat komadić drveta kojim liječnik pritisne jezik bolesniku pri pregledavanju grla

spatulate ['spætjulit] *adj* lopatast, koji ima oblik plosnate lopatice

spavin ['spævin] *s vet* mrtva kost (na konjskoj nozi), škripac | *vet* **~ bone** škripac

spavined ['spævind] *adj* škripav, bangav (konj)

spawn [spɔːn] *s* ikra, mrijest; riblja mlađ; *fig derog* skot, okot, leglo; *bot* končići gljiva | **~ of the devil** đavolje sjeme, zla čeljad

spawn [spɔːn] *vt/i* **I.** *vt* bacati (ikru), nositi (jaja); *fig* izmudriti što; *derog* okotiti, izleći što **II.** *vi* mrijestiti se, leći se, kotiti se; rojiti se; proizaći, izlaziti (*from* od)

spawner ['spɔːnə] *s* riblja ženka, ikraš

spawning-time ['spɔːniŋtaim] *s* vrijeme mriještenja

spay [spei] *vt* škopiti, jaloviti (ženku)

speak [spiːk] *vi/t* (*pret* spoke, spake; *pp* spoken) **I.** *vi* govoriti, besjediti, zboriti, razgovarati se (*with, to* sa; *of, about* o), držati govor, izraziti se; *mus* (o glazbalima) čuti se; dati se osjetiti, djelovati; biti kao živ (slika) **II.** *vt* kazati, reći, izgovoriti, govoriti što; odavati, izražavati, dokazivati, svjedočiti, pokazivati što; *mar* dozvati (brod) | **plainly ~ing** otvoreno govoreći; **strictly ~ing** strogo uzevši; **roughly ~ing** općenito govoreći; **so to ~** tako reći, tako rekavši; **to ~ for** govoriti u prilog komu ili čemu, kazati dobru riječ za, posvjedočiti; **to ~ well for** ići u prilog komu ili čemu; **to ~ volumes for** kazivati vrlo mnogo o čemu; **to ~ by the book** govoriti učeno, kao iz knjige; **to ~ like a book** govoriti kao knjiga; **to ~ fair** pristojno, uljudno govoriti (*to* sa); **to ~ for oneself** govoriti sam za sebe, ne trebati preporuke; **not to ~ of** a da se i ne govori o; **nothing to ~ of** ništa važno, nije vrijedno ni spomena; **to ~ to** govoriti kome, govoriti u potvrdu čega; **to ~ without book** navoditi iz sjećanja; **that ~s for itself** to govori samo za sebe, tome ne treba tumačenja; **to ~ one's mind** kazati svoje mišljenje

speak out ['spiːk'aut] *vi/t* **I.** *vi* glasno i jasno govoriti; bez sustezanja kazati, otvoreno reći **II.** *vt* izjaviti, izraziti, iskazati što

speak up ['spiːk'ʌp] *vi* glasno i jasno govoriti, otvoreno kazati

speak-easy ['spiːkˌiːzi] *s US sl* nedopuštena točionica alkohola, »bunker«

speaker ['spiːkə] *s* govornik | **the Speaker** predsjednik parlamenta (*esp* Donjeg doma u Engleskoj i Kongresa u SAD)

speakership ['spiːkəʃip] *s parl* položaj predsjednika parlamenta

speakies ['spiːkiz] *s pl* kazališni komad sa živim glumcima (za razliku od kinematografa)

speaking ['spiːkiŋ] *s* govorenje, govor

speaking ['spiːkiŋ] *adj* koji govori; *fig* izražajan, izrazit (sličnost) | **not to be on ~ terms with a p** ne govoriti (više) s kim; **~ acquaintance** površno poznanstvo (poznanik); **~ likeness** izrazita sličnost; *teleph* **who's ~?** tko je tamo?, tko govori?; *teleph* ... **~** ovdje, na telefonu; **French ~** koji govori francuski

speaking-trumpet ['spiːkiŋˌtrʌmpit] *s* megafon, govorna trublja (za nagluhe)

speaking-tube ['spiːkiŋtjuːb] *s* doglasna cijev (iz sobe u sobu i dr.)

spear[1] [spiə] *s* vlat (trave), list (šaša)

spear [spiə] *vi* proklijati, nići (često *out*)

spear[2] [spiə] *s* koplje, sulica, osti; *poet* kopljanik

spear [spiə] *vt* nabosti na koplje, probosti, raniti koga kopljem

spear-grass ['spiəgraːs] *s bot* pirevina

spearhead ['spiəhed] *s* šiljak koplja; *fig* oštrica, udarna snaga; isturena borbena linija

spearhead ['spiəhed] *vt* voditi napad, biti glavna udarna snaga, predvoditi, biti na čelu napada

spearman ['spiəmən] *s* (*pl* **spearmen** ['spiəmən]) kopljanik

spearmint ['spiəmint] *s bot* kaloper, zelena metvica; žvakaća guma s aromom metvice

spear-side ['spiəsaid] *s arch* muški potomci neke obitelji

spearwort ['spiəwəːt] *s bot* jedić, zlatica

spec [spek] *s coll* špekulacija, nagađanje, računanje, račun

special ['speʃl] *adj* (~**ly** *adv*) 1. specijalan, naročit, osobit, poseban 2. izvanredan, odličan, izvrstan | *com* ~ **bargain** posebna ponuda; ~ **jury** porota sastavljena od ljudi nekog stanovitog sloja pučanstva; ~ **contract** tajni ugovor; ~ **edition** posebno izdanje; ~ **line** specijalna struka; ~ **licence** osobita dozvola za vjenčanje; ~ **subject** specijalnost, specijalno područje zanimanja, proučavanja i dr.; ~ **pleader** pravnik koji se bavi izvanrednim slučajevima; ~ **verdict** odluka porote u kojoj se činjenice prihvaćaju kao istinite ali se sudu prepušta da iz njih izvuče zaključke; ~ **train** posebni vlak; *US* ~ **delivery** ekspresna pošta, posebna dostava

special ['speʃl] *s* posebni vlak; posebno izdanje; pomoćni policajac, redar; *US* posebna ponuda (u dućanu); *US* dnevni specijalitet (u restoranu)

specialism ['speʃəlizm] *s* specijalnost, specijalizacija

specialist ['speʃəlist] *s* specijalist, stručnjak

specialist ['speʃəlist] *adj* specijalistički

specialistic [ˌspeʃə'listik] *adj* stručnjački, specijalistički, specijaliziran

speciality [ˌspeʃi'æliti] *s* specijalnost, specijalitet, specijaliziranost, osobitost, osobita struka, posebnost; *com* novina, novost

specialization [ˌspeʃəlai'zeiʃn] *s* specijalizacija; razlikovanje po osobitim obilježjima

specialize ['speʃəlaiz] *vt/i* **I.** *vt* potanje označiti, lučiti, razlikovati što po posebnim obilježjima; *biol* specijalizirati **II.** *vi* specijalizirati se, osobito se posvetiti (*for, in* čemu), stručno se osposobiti | **to** ~ **in** (*US* **on**) pripremiti se za, specijalizirati se u

specially ['speʃəli] *adv* napose, osobito, u osobitu svrhu

specialty ['speʃəlti] *s jur* pečatom ovjeren ugovor; specijalitet, specijalnost

specie ['spiːʃiː] *s com* kovani novac | **in** ~ u gotovu; **to pay in** ~ platiti u gotovu; **bill of** ~ bankovni račun za zlato, srebro, banknote ili kupone inozemnih vrednota

specie-point ['spiːʃiːpɔint] *s com* zlatna točka

species ['spiːʃiːz] *s zool bot* vrsta, rod | **the** ~ ljudski rod; **our** ~ ljudski rod

specifiable ['spesifaiəbl] *adj* koji se može imenovati, navesti, specificirati

specific [spi'sifik] *adj* (~**ally** *adv*) specifičan, određen, izvjestan, osobit, poseban, svojstven, osebujan, naročit, koji označuje vrstu; bitan; koji specifično djeluje (lijek) | *phys* ~ **gravity** specifična težina; *phys* ~ **heat** specifična toplina; *com* ~ **duty** specifična carina

specific [spi'sifik] *s med* specifičan lijek

specification [ˌspesifi'keiʃn] *s* specifikacija, potanje, pobliže označivanje, potanji popis; opis patenta

specify ['spesifai] *vt* pobliže označiti, imenovati, navesti, specificirati, opisati što

specimen ['spesimin] *s* uzorak, primjerak, ogled; *fam* čeljade | **what a** ~! kakva li čeljadeta!; ~ **copy** ogledni primjerak

specimen book ['spesiminbuk] *s com* knjiga uzoraka

specimen copy ['spesiminˌkɔpi] *s com* besplatni (ogledni) primjerak

specimen page ['spesiminpeidʒ] *s* ogledna stranica

speciosity [ˌspiːʃi'ɔsiti] *s* prividnost, sjajan vanjski izgled, varav sjaj

specious ['spiːʃəs] *adj* (~**ly** *adv*) varavo sjajan, varav, prividan, tobožnji, lažan, naoko dobar ili istinit

speciousness ['spiːʃəsnis] *s* prividnost, sjajan vanjski izgled, varav sjaj

speck[1] [spek] *s* točka, mrlja, pjegica, čestica, trun, prašak

speck [spek] *vt* posuti, poprskati, ispjegati, išarati što mrljicama ili pjegicama

speck[2] [spek] *s* masno meso, slanina; *US* salo (kita)

speckle ['spekl] *s* mrlja, pjegica, piknjica

speckle ['spekl] *vt* pjegicama išarati što

speckless ['speklis] *adj* koji je bez mrlja; *fig* besprijekoran, čist

specky ['speki] *adj* pjegav

specs [speks] *s pl coll* naočale

spectacle ['spektəkl] *s* 1. gluma; (neobičan) prizor, pogled, parada, spektakl 2. *pl* naočale | *fig* **to look through rose-coloured** ~**s** vidjeti sve u ružičastim bojama

spectacular [spek'tækjulə] *adj* (~**ly** *adv*) napadan, neobičan, osobit, spektakularan; gizdav, sjajan

spectator [spek'teitə] *s* gledalac, promatrač, motritelj, spektator

spectatress [spek'teitris] *s* gledateljica, promatračica, motriteljica

spectioneer (specksioneer) [ˌspekʃə'niə] *s* glavni bacač harpune

spectral ['spektrəl] *adj* (~**ly** *adv*) sablastan, nezemaljski; *phys* spektralan | *phys* ~ **colours** boje spektra

spectre (specter) ['spektə] *s* sablast, utvara, duh, prikaza, avet; *fig* priviđenje

spectroscope ['spektrəskəup] *s* spektroskop

spectroscopic [ˌspektrə'skɔpik] *adj* (~**ally** *adv*) spektroskopski

spectroscopist [spek'trɔskəpist] *s* spektroskopist, spektroskopičar

spectroscopy [spek'trɔskəpi] *s* spektroskopija

spectrum ['spektrəm] *s* (*pl* **spectra** ['spektrə], ~**s**) *phys* spektar

specular ['spekjulə] *adj* zrcalan, gladak, ulašten, svijetao | *minr* ~ **iron** hematit

speculate ['spekjuleit] *vi* razmišljati, mozgati, umovati (*on, upon, about, as to* o), teoretizirati, nagađati (*on* o); *com* špekulirati

speculation [ˌspekju'leiʃn] *s* razmišljanje, mozganje, nagađanje; *phil* spekulacija; *com* špekulacija, špekuliranje

speculative ['spekjulətiv] *adj* (**~ly** *adv*) *phil* spekulativan, teorijski; sklon mozganju, umovanju; *com* sumnjiv, nesiguran (posao), špekulativan (poslovni pothvat)

speculator ['spekjuleitə] *s* spekulativni mislilac, teoretičar; *com* špekulant

speculum ['spekjuləm] *s* (*pl* **specula** ['spekjule]) *med* zrcalo, ogledalce; *phys* zrcalo (teleskopa); *ornith* mrlja osobite boje na krilima ptica, oko

speculum-metal ['spekjuləmˌmetl] *s* zrcalni metal, legura bakra i cinka (služi osobito za zrcala teleskopa)

sped [sped] *pret* & *pp* od **speed**

speech [spiːtʃ] *s* govor, govorenje, razgovor, jezik, sposobnost govorenja; *mus* ton instrumenta | **maiden ~** nastupni govor poslanika u parlamentu; **to make a ~** održati govor; **~ from the throne** govor vladara prilikom otvaranja parlamenta, prijestolna besjeda; **to have a ~ of a p** razgovarati se s kim; **figure of ~** govorna figura; **part of ~** vrsta riječi; **~ therapy** govorna terapija

speech-day ['spiːtʃdei] *s* svečanost na završetku školske godine

speechification [ˌspiːtʃifi'keiʃn] *s* govorancija, održavanje govora

speechifier ['spiːtʃifaiə] *s* neumoran govornik, govorljivac

speechify ['spiːtʃifai] *vi fam* održavati prazne govore, držati govorancije, upotrebljavati mnogo suvišnih riječi

speechless ['spiːtʃlis] *adj* (**~ly** *adv*) škrt riječima; bez riječi, nijem; zanijemio (*with* od); neiskazan (bol)

speech-maker ['spiːtʃˌmeikə] *s* govornik

speech-reading ['spiːtʃˌriːdiŋ] *s* čitanje s usnica

speech-sound ['spiːtʃsaund] *s* artikuliran glas

speed [spiːd] *s* 1. *arch* uspjeh, dobra sreća 2. brzina, žurba, hitnja; hod stroja, broj obrta 3. *mot* brzina | **more haste less ~** tko žuri, vrat lomi; **at full ~** s najvećom (punom) brzinom; **full ~ ahead** punom parom naprijed

speed [spiːd] *vt/i* (*pret* **~ed**, sped; *pp* **~ed**, sped) **I.** *vt* 1. *arch* odapeti (strelicu), požurivati koga 2. *arch* pomoći kome, željeti sreću kome 3. brzo što izvršiti, požuriti, goniti, tjerati brže, pospješiti, ubrzati što, dati veću brzinu čemu **II.** *vi* 1. *arch* napredovati; uspijevati, ići od ruke, biti sretan, uspješan 2. žuriti se, hitjeti, juriti, brzati; *mot* prebrzo voziti, voziti nedopuštenom brzinom

speed down ['spiːd'daun] *vt/i* usporiti (brzinu čega)

speed up ['spiːd'ʌp] *vt/i* požuriti koga ili što, pospješiti (što), povećati (brzinu čega)

speed-boat ['spiːdbəut] *s* brz motorni čamac, gliser

speed-cone ['spiːdkəun] *s tech* stepenasta remenica

speed-cop ['spiːdkɔp] *s sl* prometni policajac na motociklu

speeder ['spiːdə] *s* uređaj za kontroliranje brzine; vozač koji brzo vozi

speed-gauge ['spiːdgeidʒ] *s mar* mjerač brzine

speediness ['spiːdinis] *s* brzina, žurba, hitnja

speed-indicator ['spiːd'indikeitə] *s* brzinomjer, mjerač brzine

speed-limit ['spiːdˌlimit] *s* najveća dopuštena brzina

speed-merchant ['spiːdˌməːtʃənt] *s sl* vozač koji juri kao raketa

speedometer [spi'dɔmitə] *s* mjerač brzine, brzinomjer

speed-road ['spiːdrəud] *s* trkaća staza (za automobile i dr.)

speedster ['spidˌstə] *s US* vozač koji prebrzo vozi; brz sportski automobil ili čamac

speed-track ['spiːdtræk] *s sport* trkaća staza

speed-up ['spiːdʌp] *s* požurenje, pojačanje pogona, ubrzanje

speedway ['spiːdwei] *s* staza za moto-trke; *US* brza staza (na auto-cesti)

speedwell ['spiːdwel] *s bot* častoslavica

speedy ['spiːdi] *adj* (**speedily** *adv*) brz, hitar, žustar, ubrzan

speiss [spais] *s chem* smjesa nečistih metalnih arsenida koja se upotrebljava pri taljenju nekih ruda

speleologist [ˌspeli'ɔlədʒist] *s* speleolog

spell¹ [spel] *s* čari, čarolija, čini; općinjenost; *fig* čar, draž | **under a ~** začaran, očaran, općinjen

spell² [spel] *s* kratko vrijeme, razdoblje, vrijeme provedeno u nekom poslu | **long ~ of wet weather** dugotrajno kišno vrijeme

spell¹ [spel] *vt* (*pret* **~ed**, spelt; *pp* **~ed**, spelt) 1. sricati, izgovarati (pisati) slovo po slovo (*what does* c a t *~?*) 2. (o okolnostima, planu) imati što za neizbježnu posljedicu, nagoviještati, značiti (*these changes ~ ruin to the farmer*)

spell out ['spel'aut] *vt* čitati što sričući slova

spell over ['spel'əuvə] *vt* čitati što sričući slova

spell² [spel] *vt* zamijeniti koga u poslu

spellbinder ['spel,baində] *s US sl* govornik koji očarava svoje slušaoce
spellbound ['spelbaund] *adj* začaran; *fig* očaran, skamenjen od čuda, zastravljen
speller ['spelə] *s* 1. onaj koji sriče, piše 2. knjiga za sricanje, početnica
spelling ['speliŋ] *s* sricanje, pravilno pisanje riječi
spelling-bee ['speliŋbiː] *s* natjecanje u pravilnom pisanju riječi
spelling-book ['speliŋbuk] *s* početnica
spelt [spelt] *s bot* pir (strvno žito)
spelt [spelt] *pret & pp* od **spell**
spelter ['speltə] *s com* cink (u polugama)
spence (**spense**) [spens] *s arch* spremnica za hranu, smočnica
spencer[1] ['spensə] *s hist* kratak kaput
spencer[2] ['spensə] *s mar* sošno jedro (gis)
spend [spend] *vt/i* (spent, spent) **I.** *vt* 1. trošiti (novac i dr.) (*on* na), korisno utrošiti vrijeme (*on* na) 2. potratiti (novac) (*in* na), iscrpsti, istrošiti (sile), iscrpsti se, istrošiti se (*oneself*), oslabiti 3. provoditi (vrijeme) 4. izbacivati (ikru) 5. *mar* izgubiti (jarbol) **II.** *vi* trošiti se, istrošiti se, jenjati | **to ~ one's breath** govoriti u vjetar, trošiti riječi; **to ~ a penny** ići na zahod, obaviti nuždu
spendable ['spendəbl] *adj* koji se može potrošiti
spender ['spendə] *s* trošilac, rasipnik
spending ['spendiŋ] *s* trošenje | **~ money** *US* džeparac
spendthrift ['spendθrift] *s* rasipnik, raspikuća, rastrošnik
spendthrift ['spendθrift] *adj* rastrošan, rasipan
Spenserian [spen'siəriən] *adj* koji se odnosi na engleskog pjesnika Edmunda Spensera (umro 1599) | **~ stanza** kitica kakvu je Spenser upotrebljavao u svojem najpoznatijem djelu *Faerie Queene;* sastoji se od osam stihova od po pet jampskih stopa, a deveti od šest stopa koji imaju ovakav srok: ababbcbcc
spent [spent] *pret & pp* od **spend**
sperm[1] [spəːm] *s* sperma, muško sjeme
sperm[2] [spəːm] *s* 1. *zool* ulješura 2. vorvanj, spermacet, masna bjelkasta tvar iz glave ulješure
spermaceti [,spəːmə'seti] *s* vorvanj, spermacet, masna bjelkasta tvar iz glave ulješure
spermary ['spəːməri] *s anat* muška sjemena žlijezda
spermatic [spəː'mætik] *adj anat* sjemenski, koji sadrži sjeme; *fig* plodan
spermatoblast ['spəːmətəblaːst] *s* spermatoblast, zametak spermatozoona
spermatophore ['spəːmətəfɔː] *s zool* spermatofor, čahura koja sadrži spermatozoe
spermatozoon [,spəːmətə'zəuɔn] *s* (*pl* **spermatozoa** [,spəːmətə'zəuə]) *biol* spermatozoid, spermij, sjemena stanica
sperm-whale ['spəːmweil] *s zool* ulješura
spew (**spue**) [spjuː] *vt/i* **I.** *vt fam* bljuvati, rigati, povraćati, ispljunuti, izbaciti (hranu) (često *up, out, forth*) **II.** *vi* 1. povratiti, rigati; (o topu) izbaciti zrno pred cijev od prebrzog pucanja
sphacelate ['sfæsileit] *vi med* dobiti čir
sphagnum ['sfægnəm] *s bot* mah tresetar, tresetna mahovina
sphenoid ['sfiːnɔid] *adj* klinast | *anat* **~ bone** klinača, klinasta kost
spheral ['sfiərəl] *adj* sferni, okrugao, obao; simetričan, savršen
sphere [sfiə] *s* 1. kugla, lopta 2. *astr* nebeski svod, nebesko tijelo, globus 3. *poet* nebesa 4. *fig* sfera, djelokrug, položaj u društvu, sredina, krug utjecaja ili interesa | **doctrine of the ~** nauka o kugli; **music of the ~s** muzika sfera, svemirska glazba (harmonija)
sphere [sfiə] *vt* opkoliti, okruživati što; *fig poet* uzdići koga do nebesa
spheric ['sferik] *adj* (**~ally** *adv*) *poet* nebeski; uzvišen; *math* sferni
spherical ['sferikl] *adj* (**~ly** *adv*) okrugao, obao, kuglast; *math* sferni
spherics ['sferiks] *s pl* sferna geometrija i trigonometrija
spheroid ['sfiərɔid] *s math* sferoid, pakugla
spheroidal [,sfiə'rɔidl] *adj* (**~ly** *adv*) sferoidan, pakuglast
spherometer [,sfiə'rɔmitə] *s* sferometar, sprava za iznalaženje polumjera kugle, za točno mjerenje debljine malenih predmeta
spherule ['sferjuːl] *s* kuglica
sphery ['sfiəri] *adj* sferičan, okrugao
sphincter ['sfiŋktə] *s anat* sfinkter, kružni stezni mišić
sphinx [sfiŋks] *s* sfinga
spice [spais] *s* mirodija, začin (*coll pl*); *fig* pritek, priokus, nuzokus; natruha; prizvuk; tračak, mrva, zera
spice [spais] *vt* začiniti mirodijama što; *fig* začiniti što duhovitošću i dr.
spicebush ['spaisbuʃ] *s bot* benzoin
spicery ['spaisəri] *s* trgovina mirodijama; *pl* mirodije
spiciness ['spaisinis] *s* oštrina (teka, mirisa); pikantnost (& *fig*)
spick [spik] *adj* dotjeran, besprijekorno odjeven | **~ and span** nov novcat, osobito uredan, tip-top
spicule ['spaikjuːl] *s bot* bodljika, osje; *zool* iglica (*esp* u kosturu spužve)
spicy ['spaisi] *adj* (**spicily** *adv*) začinjen mirodijama, mirisav; pikantan, oštra teka; *fig* papren (pričica); duhovit
spider ['spaidə] *s* 1. *zool* pauk 2. tronožac, tronogi roštilj | *fig* **~ and fly** krvnik i žrtva; **~'s web** paukova mreža, paučina
spiderlike ['spaidəlaik] *adj* sličan pauku, paučast
spider-work ['spaidəwəːk] *s* fine čipke

spidery ['spaidəri] *adj* tanak, paučast; sličan pauku, pun pauka
spiel [spiːl] *s US sl* govor, govorenje, pripovijest; zagovor; nagovaranje, prodaja magle
spiel [spiːl] *vi US sl* govoriti, pripovijedati
spiffing ['spifiŋ] *adj* (*~***ly** *adv*) *fam* sjajan
spif(f)licate ['spiflikeit] *vt US* uništiti, ukloniti; zbuniti koga
spiffy ['spifi] *adj US sl* ukrašen, nakićen
spigot ['spigət] *s* vranj, pipa, slavina; završetak cijevi koji pristaje u otvor iduće cijevi | *~* **and faucet** način spajanja cijevi
spigot-joint ['spigətdʒɔint] *s* spojka s kolčakom
spike [spaik] *s* šiljak, klinac, čavao; bodljika; *rly* klin za pričvršćivanje tračnica; *poet* klas; *pl* cvjetni klas, osje; *sl* zagriženi anglikanac; *US sl* bajonet; primjesa alkoholnog pića
spike [spaik] *vt* pribiti što klincima, nabosti, zašiljiti; načičkati što šiljcima; zaglaviti (top) | **to** *~* **one's guns** osujetiti čije planove
spike-file ['spaikfail] *s* klin na koji se natiču spisi
spike-heel ['spaikhiːl] *s* visoka ženska potpetica
spikelet ['spaiklit] *s bot* klasić, kratko osje, vlatak
spike-nail ['spaikneil] *s* dug čavao
spikenard ['spaiknaːd] *s bot* nard, despik; nardovo (despikovo) ulje
spikewise ['spaikwaiz] *adj* koji je sličan klasu
spiky ['spaiki] *adj* (**spikily** *adv*) šiljast; bodljikav; *fig* zagrižljiv, čangrizav; *sl* vjerski zagrižljiv
spile [spail] *s* vranj; stup, pilot
spile [spail] *vt* napraviti u bačvi rupu za vranj
spile-hole ['spailhəul] *s* rupa za vranj
spill[1] [spil] *s* pad s konja ili iz kola; prolijevanje; pljusak kiše
spill[2] [spil] *s* fidibus, pripaljivač, treščica ili smotak papira za paljenje svijeća i sl.
spill [spil] *vt/i* (*pret* *~*ed, spilt; *pp* *~*ed, spilt) **I.** *vt* proliti, prosuti, preliti, izliti (*out*) (tekućinu ili što drugo); *mar* oduzeti vjetar (jedru); *fam* izbaciti koga iz sedla ili kola; *sl* gubiti (novac) na okladama i dr.; *US sl* odati (tajnu) **II.** *vi* proliti se, preliti se | *US sl* **to** *~* **the beans** odati tajnu; **to** *~* **blood** prolijevati tuđu krv
spillage ['spilidʒ] *s min* rasipanje materijala
spiller ['spilə] *s* vlak, privlak (vrsta mreže) kojom se riba vadi iz drugog većeg vlaka kad se ovaj ne može izvući na obalu
spillikin ['spilikin] *s* drveni ili koščani štapić koji se upotrebljava u nekim igrama; *pl* mikado (igra)
spillway ['spilwei] *s* preliv, propusni otvor u brani za suvišnu vodu
spilt [spilt] *pret* & *pp* od **spill**
spilth [spilθ] *s arch* ono što je proliveno, prosuto; suvišak, pretičak
spin [spin] *s* okretanje oko osi, vrtnja, vrćenje; kratka i brza vožnja; kratko jahanje; sukanje, predenje | *aero* **to go into a** *~* strmoglaviti se okrećući se oko osi (avion)
spin [spin] *vt/i* (*pret* spun, span; *pp* spun) **I.** *vt* presti, sukati (vunu i dr.); pretvoriti (otopinu) u umjetnu svilu; okretati, vrtjeti (zvrk); naglo okrenuti (čeljade, stvar) oko osi; *sl* srušiti (kandidata) na ispitu **II.** *vi* presti, brzo se okretati, vrtjeti se | **to** *~* **a yarn** pripovijedati pripovijetku; **spun glass** staklena nit; **spun gold** zlatne žice; *mar* **spun yarn** uže od predenih konopaca
spin out ['spin'aut] *vt* razvući, raspredati nadugo i naširoko (pripovijetku i sl.); provesti (vrijeme, život) (*in* u); potratiti vrijeme (*by* čime)
spin round ['spin'raund] *vt/i* okretati (se), vrtjeti (se)
spinach (**spinage**) ['spinidʒ] *s bot* špinat
spinal ['spainl] *adj* (*~***ly** *adv*) *anat* hrptenični, kičmeni | *anat* *~* **cord** (**marrow**) leđna, kičmena moždina
spindle ['spindl] *s* vreteno; mjera za ispredeni pamuk (18 *hanksa* = 13,862 m); *tech* osovina, čekrk; mršavo čeljade; tanka visoka stvar | *~* **side** ženska loza, majčina strana; **live** *~* osovina koja se vrti; **dead** *~* osovina oko koje se što vrti
spindle ['spindl] *vi* (o biljci) điknuti uvis, rasti u visinu
spindle-legged ['spindllegd] *adj* krakat, dugonog, dugih tankih nogu
spindle-shanked ['spindlʃæŋkt] *adj* krakat, dugonog, dugih tankih nogu
spindle-shanks ['spindlʃæŋks] *s pl* duge, tanke noge; *sing constr* tankonogo, krakato čeljade
spindle-shaped ['spindlʃeipt] *adj* vretenast
spindle side ['spindlsaid] *s* ženska grana obitelji
spindle-tree ['spindltri] *s bot* kurikovina, mašljika
spindly ['spindli] *adj* tanak kao vreteno
spin-drier ['spindraiə] *s* centrifuga za sušenje rublja
spindrift ['spindrift] *s* pjena valova, vodena prašina, rasprah
spindrift cloud ['spindriftˌklaud] *s* cirus, lagani oblačić
spin-dry ['spindrai] *vt* centrifugirati (rublje)

spine [spain] *s* 1. *anat* hrptenjača, kralježnica, kičma 2. *bot* trn, bodljika, četina (u jele); *zool* bodljika 3. hrbat knjige 4. grbina, gorska kosa
spined [spaind] *adj* trnovit, bodljikav
spinel [spi'nel] *s minr* spinel (vrsta korunda)
spineless ['spainlis] *adj* koji nema trnja, bodljika, bez hrptenjače; mlitav, beskičmenjački
spinet [spi'net] *s mus hist* spinet, klavičembalo
spinifex ['spainifeks] *s bot* vrsta australske trave
spinnaker ['spinəkə] *s mar* špinaker (dodatno jedro pri jedrenju u krmu)
spinner ['spinə] *s zool* pauk; preljna bradavica (u pauka); prelac, prelja; stroj za predenje
spinnery ['spinəri] *s* predionica
spinney ['spini] *s* gustiš, guštara, šikara
spinning ['spiniŋ] *s* predenje, pređa, predivo
spinning-factory ['spiniŋ.fæktəri] *s* predionica
spinning-frame ['spiniŋ.freim] *s tech* predilica
spinning-house ['spiniŋhaus] *s hist* djevojačko popravilište
spinning-jenny ['spiniŋ.dʒeni] *s tech* stroj za fino predenje
spinning-machine ['spiniŋmə.ʃiːn] *s tech* stroj za predenje
spinning-mill ['spiniŋmil] *s* predionica
spinning-top ['spiniŋtɔp] *s* zvrk
spinning-wheel ['spiniŋwiːl] *s hist* kolovrat
spin-off ['spinɔf] *s* uzgredna korist, nusprodukt, dodatna korist
spinose ['spainəus] *adj bot & zool* bodljikav, trnovit
spinosity [spai'nɔsiti] *s* trnovitost; *fig* teškoća
spinous ['spainəs] *adj bot & zool* bodljikav, trnjav; *fig* trnovit, težak
spinster ['spinstə] *s* neudata djevojka, usidjelica
spinule ['spainjuːl] *s* trnić, bodljičica, bodljica
spiny ['spaini] *adj bot & zool* bodljikav, trnjast; *fig* trnovit, težak, zamršen
spiracle ['spaiərəkl] *s zool* dišni otvor, dišna cijev, uzdušnica
spiral ['spaiərəl] *s* spirala, zavojnica, uzvojnica, uvojnica; zavojito pero sata; *aero* spirala
spiral ['spaiərəl] *adj* (~**ly** *adv*) spiralan, uzvojit, zavojit, uvojit | ~ **drill** spiralno svrdlo; ~ **wheel** spiralno pero (sata); ~ **staircase** zavojne stube
spiral ['spaiərəl] *vt/i* **I.** *vt* spiralno zaviti **II.** *vi* kretati se u spirali; *aero* letjeti u spirali, kovitlati se
spirality [spaiə'ræliti] *s* spiralnost, zavojitost, uvojitost
spirant ['spaiərənt] *s phon* spirant (npr. f, v, th)
spirant ['spaiərənt] *adj phon* spirantski
spire[1] ['spaiə] *s archit* šiljak tornja; šiljasti toranj, zvonik; vršak stabla; vlat
spire[2] ['spaiə] *s* spirala, zavojnica, jedan zavoj zavojnice
spire ['spaiə] *vi/t* **I.** *vi* klasati, klicati, dizati se uvis, đikati (*up*), sužavati se u šiljak, zašiljivati se **II.** *vt* staviti šiljak na što
spirit[1] ['spirit] *s* duh (& *fig*), duša, utvara, prikaza, sablast; velikan, umnik; ćud, hrabrost, srčanost; *pl* stav, raspoloženje, odnos; živahnost, polet, energija; karakter; značenje, smisao, bitnost | **in (the)** ~ u duhu; **a master-**~ veleum; **the Holy Spirit** Duh Sveti; **astral** ~**s** duhovi za koje se vjeruje da žive među zvijezdama; **familiar** ~**s** demoni koji prate vještice ili im služe; **the poor in** ~ siromašni duhom, ponizni; **animal** ~ životna sila; **high** ~**s** dobro raspoloženje, veselost; **great** ~**s** veliki duhovi, velikani, umnici; **poor** ~**s** potištenost, neraspoloženje; **low** ~**s** potištenost; **public** ~ smisao za javno dobro; **the animating** ~ duša pothvata
spirit[2] ['spirit] *s* alkohol, spirit, žesta; *pl* žestoka alkoholna pića | **glass of** ~**s and water** čaša alkoholnog pića pomiješana s vodom; **ardent** ~**s** žestoka pića; ~**(s) of wine** vinski alkohol; ~ **blue** anilinsko modrilo u alkoholu; ~ **duck** vrsta patke koja brzo zaroni kad plane puška
spirit ['spirit] *vt* nadahnuti, prožeti; potajno odvesti, napraviti da što tajanstveno nestane (*away, off*)
spirit up ['spirit'ʌp] *vt* ohrabriti, osokoliti, obodriti koga
spirited ['spiritid] *adj* (~**ly** *adv*) duhovit, živahan, vatren, odvažan; brz, spretan | **low-**~ potišten; **high-**~ vatren, smion; **tame-**~, **poor-**~ plašljiv
spirit-gum ['spiritgʌm] *s theat* mastiks, ljepilo za lažnu bradu i dr.
spiritism ['spiritizm] *s* spiritizam, zazivanje duhova
spiritist ['spiritist] *s* spiritist
spirit-lamp ['spiritlæmp] *s* spiritna svjetiljka
spiritless ['spiritlis] *adj* (~**ly** *adv*) bez duha, koji nema hrabrosti; potišten, malodušan, pokunjen, bez živahnosti, mlitav, mrtav
spirit-level ['spirit.levl] *s tech* libela, razulja, vaservaga
spirit-rapper ['spirit.ræpə] *s* dozivač duhova
spirit-rapping ['spirit.ræpiŋ] *s* dozivanje duhova; kucanje duhova
spirit-room ['spiritrum] *s mar* skladište alkoholnih pića

spiritual ['spiritjuəl] *adj* (**~ly** *adv*) duševni, duhovni; nadahnut, svet, vjerski, crkveni | **~ songs** pobožne pjesme; **the ~ man** čovjekova duševnost; **the ~ law** božanski zakon; **~ courts** crkveni sud; **Lords ~** duhovna gospoda; duhovni stalež
spiritual ['spiritjuəl] *s* crnačka duhovna pjesma; *pl* ono što se odnosi na duh ili dušu
spiritualism ['spiritjuəlizm] *s phil* spiritualizam, duhovnost; spiritizam
spiritualist ['spiritjuəlist] *s phil* spiritualist, idealist; spiritist
spiritualistic [ˌspiritjuə'listik] *adj* (**~ally** *adv*) spiritualistički; spiritistički
spirituality [ˌspiritju'æliti] *s* duhovnost, duhovna narav; *pl* dohoci crkve, crkvena dobra | **the spiritualities of his office** nagrada koja je povezana s njegovim crkvenim položajem; **~ of benefices** dohoci župe ili crkvene nadarbine
spiritualize ['spiritjuəlaiz] *vt* poduhoviti; oduhoviti; dati duhovni značaj čemu
spirituel(le) [ˌspiritju'el] *adj* (*esp* o ženama) koji je profinjena duha, produhovljen
spirituous ['spiritjuəs] *adj* alkoholni | **~ liquors** alkoholna pića
spiritus ['spiritəs] *s gram* spiritus (asper, lenis)
spirometer [ˌspaiə'rɔmitə] *s* spirometar, mjerač kapaciteta pluća
spirt (spurt) [spəːt] *s* mlaz, štrcaj (vode)
spirt (spurt) [spəːt] *vi/t* **I.** *vi* šiknuti, briznuti, šikljati, sukljati **II.** *vt* ištrcati što
spiry[1] ['spaiəri] *adj* šiljast; koji ima mnogo tornjeva
spiry[2] ['spaiəri] *adj* spiralan, zavojit
spit[1] [spit] *s cul* ražnjić; uzak rt kopna, prevlaka
spit [spit] *vt* nabosti (meso i dr.) na ražnjić; *fig* proburaziti koga mačem
spit[2] [spit] *s* 1. pljuvanje 2. ljutito puhanje (*esp* mačke) 3. jajašca nekih kukaca, upljuvak 4. (rijetko) pljuvačka 5. fina kišica, rosulja | **the very ~ of** slika i prilika čija; **the dead ~ of** slika i prilika čija, puki, pljunuti (tko)
spit [spit] *vi/t* (*pret* spat, **~**; *pp* spat, **~**) **I.** *vi* 1. pljuvati (*on* na) 2. puhati (kao srdita mačka); 3. sipiti (kiša); izbacivati iskre (vatra); prskati tintu (pero); ključati (uzavrela voda) **II.** *vt* 1. pljuvati, izbacivati iz usta (pljuvačku, krv, hranu) (često *out* ili *forth*) 2. žestoko izgovarati (prijetnju, kletvu) | **to ~ and polish** laštiti, svjetlati; *sl* **~ it out!** govori, pjevaj, kaži glasno; *fig* **to ~ at (upon)** pljunuti na koga, teško uvrijediti koga, prezirno postupati s kim
spit[3] [spit] *s* dubina lopate (*dig it two ~s deep*)
spitchcock ['spitʃkɔk] *s* pečeni ugor
spitchcock ['spitʃkɔk] *vt* rasporiti i peći (ugora)
spitdevil ['spitˌdevl] *s* stoščić vlažna baruta koji izbacuje iskre kad se zapali
spite [spait] *s* kivnost, nenavist, inat, zloba, pakost, prkos | **to have a ~ against** biti kivan na koga; **in ~ of** usprkos; **out of ~** iz zlobe, iz prkosa; **in ~** usprkos, za inat
spite [spait] *vt* ljutiti koga, srditi, biti mrzak, prkositi kome | **to cut off one's nose to ~ one's face** naškoditi samome sebi prkoseći kome
spiteful ['spaitful] *adj* (**~ly** *adv*) zloban, pakostan, kivan
spitfire ['spitˌfaiə] *s* **1.** naprasito, žestoko čeljade, napržica, prgavac, pržljivac **2.** stoščić vlažna baruta koji izbacuje iskre kad se zapali
spitter ['spitə] *s* pljuvač
spittle ['spitl] *s* pljuvačka
spittoon [spi'tuːn] *s* pljuvačnica
spitz [spits] *s* špic (vrsta psa)
spiv [spiv] *s GB sl* švercer
splash [splæʃ] *s* štrcanje, pljuskanje, prskanje; pljuskac (zvuk nečega što pljusne u vodu); ispljusnuta tekućina; mrlja od čega ispljusnutoga (blata, boje); puder za lice | *fig* **to make a ~** pobuditi senzaciju; **a ~ of soda** malo sode
splash [splæʃ] *vt/i* **I.** *vt* poprskati, poštrcati, poštrapati koga (*with* sa), prskati, štrcati što (*on, on to* na; *over* po); ukrasiti što razbacanim uresom **II.** *vi* štrcati, pljuskati, pljusnuti (u vodu); gacati kroz vodu ili blato; zapljuskivati | **to ~ down** spustiti se u vodu, spustiti se na površinu mora (svemirska kapsula); *sl* **to ~ one's money about** razmetati, razbacivati se novcem
splash [splæʃ] *interj* pljus!
splash-board ['splæʃbɔːd] *s* blatobran
splasher ['splæʃə] *s mot* blatobran; zaslon iza umivaonika koji štiti zid od prskanja vode
splashy ['splæʃi] *adj* (**splashily** *adv*) koji pljuska, štrca; poprskan, poštrapan, mokar, blatan; kričav, nametljiv, razmetljiv, vašarski
splatter ['splætə] *vi/t* pljuskati, štrcati (*on* na); šljopkati, bućkati; nerazumljivo govoriti
splatter-dash ['splætədæʃ] *s* buka, galama, larma, halabuka
splay [splei] *s archit* kosa ploha zida, prozora, vrata
splay [splei] *adj* širok i plosnat; kos, nakrivljen; okrenut prema van (stopala)
splay [splei] *vt/i* **I.** *vt* položiti koso, ukositi; iščašiti što **II.** *vi* imati kose strane ili kos otvor; iščašiti se (*esp* konjsko rame)

splay-footed [ˈspleiːfutid] *adj* kojemu su široka i plosnata stopala okrenuta jako prema van
splay-mouth [ˈspleimauθ] *s* velika usta; usta rastegnuta u grimasu
spleen [spliːn] *s anat* slezena; *fig* loše raspoloženje, potištenost, zlovolja, mrzovolja; žučljivost, srditost, gnjev; sjeta, sumornost; hipohondrija
spleenful [ˈspliːnful] *adj* (**~ly** *adv*) mrzovoljan, zlovoljan
spleenish [ˈspliːniʃ] *adj* (**~ly** *adv*) mrzovoljan, zlovoljan, jedak
spleenwort [ˈspliːnwəːt] *s bot* slezenica
spleeny [ˈspliːni] *adj* mrzovoljan, zlovoljan, žučljiv
splendent [ˈsplendənt] *adj* blistav, sjajan
splendid [ˈsplendid] *adj* (**~ly** *adv*) sjajan, divan, veličajan, veličanstven; *fam* izvanredan, krasan
splendidness [ˈsplendidnis] *s* sjaj, blistavilo, krasota, divota
splendiferous [splenˈdifərəs] *adj sl* krasan, divan
splendour (splendor) [ˈsplendə] *s* sjaj, blistavilo; divota, krasota, veličanstvenost, veličajnost, raskoš | *her* **sun in ~** sunce sa zrakama i ljudskim licem
splenetic [spliˈnetik] *adj* (**~ally** *adv*) koji se odnosi na slezenu; *fig* mrzovoljan, zlovoljan, žučljiv, jedak, nujan; ćudljiv
splenetic [spliˈnetik] *s* hipohondar; lijek za bolesti slezene; bolesnik s bolesnom slezenom
splenic [ˈspliːnik] *adj* koji se tiče slezene | *vet* **~ fever** bedrenica
splenitis [spliˈnaitis] *s med* upala slezene
splice [splais] *s mar* isprepleteni krajevi dvaju konopa, upletka; *tech* spajanje, spoj dvaju komada drveta kaneliranjem, zglobljenje; *sl* povezivanje brakom, vjenčanje | **to sit on the ~** oprezno igrati
splice [splais] *vt mar* splesti, sastaviti (krajeve dvaju konopaca); *tech* povezivati, zglobiti, kanelirati, spojiti (komade drveta), zalijepiti (magnetofonsku vrpcu); *fig* ujediniti, sjediniti; *sl* brakom povezati koga, vjenčati | *mar* **to ~ the main brace** izdati piće momčadi; piti; *sl* **to get ~d** ući u brak
splicer [ˈsplaisə] *s* naprava za sljepljivanje (magnetofonske ili filmske vrpce, papira i sl.)
spline [splain] *s* dug, savitljiv, uzak drven ili kovinski klin
spline [splain] *vt* opskrbiti što dugim, uskim, savitljivim drvenim ili kovinskim klinom
splint [splint] *s med* udlaga, šina za imobiliziranje slomljene kosti; izrast kosti na golijeni (u konja); *tech* letva, prut; *dial* krhotina, odlomak, trijeska, iver
splint [splint] *vt med* staviti (slomljenu kost) u udlagu
splint-bone [ˈsplintbəun] *s med* cjevanica
splint-coal [ˈsplintkəul] *s minr* škriljav ugljen
splinter [ˈsplintə] *s* krhotina, odlomak, trijeska, iver | **to fly into ~s** razmrskati se u stotinu komadića; **~ group** disidentska grupa
splinter [ˈsplintə] *vt/i* **I.** *vt* cijepati, kalati što u duge tanke komade; razbiti što u krhotine **II.** *vi* kalati se, odlomiti se
splinter-bar [ˈsplintəbaː] *s* jarmak, žrepčanik (u kola)
splinter-bone [ˈsplintəbəun] *s anat* golijen
splinter-proof [ˈsplintəpruːf] *adj* siguran od krhotina granata
splintery [ˈsplintəri] *adj* koji se lako kala, sličan trijesci, iveru
split [split] *s* 1. pukotina, prijelom, napuklina, raspuklina; krhotina, iver, otkaljeni komad; raskoljeno šiblje (za pletenje košara); pojedini slojevi raskoljene kože 2. *fig* dijeljenje, podvojenost, prijelom, raskid, raskol, razdor, rascjep 3. *sl* pola boce (pića) 4. *fam pl* raskorak, raskrečenje nogu, »špaga« (u baletu) | **to do the ~s** raskoračiti noge
split [split] *vt/i* (split, split) **I.** *vt* raskoliti, kalati, otcijepiti, raslojiti što; podijeliti što (*with* s kim, *among* među); *fig* dijeliti, raskoliti, razdvojiti **II.** *vi* 1. (o brodu) slomiti se (na stijeni); *fig* doživjeti brodolom, nasukati se (*on* na) 2. pucati (od smijeha, glava od boli) 3. raskoliti se, kalati se, otcijepiti se, odvojiti se, raspući se, odlomiti se 4. razići se, ne složiti se (*on* u pitanju čega, u čemu), podijeliti se (*into* u, na) 5. *sl* odati tajnu, izdati, potkazati (*upon a p* koga) | **to ~ open** rasporiti, raskoliti, rascijepiti; **to ~ the difference** uzeti sredinu cijene i sl. (tako da svaka strana popusti za pola); podijeliti na pola; **to ~ one's vote** glasati za oba kandidata na objema listama; **to ~ hairs** cjepidlačiti; **to ~ one's sides** pucati od smijeha; **~ pin** klin koji se rastvori kad se proturi kroz rupu; **~ hide** cijepana koža; **~ ring** procijepljen kolut na koji se nanižu ključevi; **my head ~s** puca mi glava od glavobolje; **a ~ second** trenutak, tren; **~ peas** grašak osušen i raskoljen na dvije polovice; **~ personality** podvojena ličnost
split off [ˈsplitˈɔf] *vt/i* otcijepiti (se), odvojiti (se)
split on [ˈsplitˈɔn] *vi sl* izdati čiju tajnu, odati koga
split up [ˈsplitˈʌp] *vt/i* **I.** *vt* razdijeliti što (*among* među) **II.** *vi* biti (silom) razdijeljen
splitter [ˈsplitə] *s* cjepač, cijepalo, razbijač | **side-~** vrlo smiješna šala; velik šaljivdžija
splitting [ˈsplitiŋ] *adj* jak, žestok (glavobolja i dr.)

splodge [splɔdʒ] *s* (blatna) mrlja, packa
splotch [splɔtʃ] *s* (blatna) mrlja, packa
splotchy ['splɔtʃi] *adj* (**splotchily** *adv*) zamrljan, mrljav, uprljan
splurge [splə:dʒ] *s US sl* napadnost; provala čuvstava, izljev osjećaja
splurge [splə:dʒ] *vi* napadno istupiti, izazvati pozornost, udarati u oči
splutter ['splʌtə] *s* vika, larma, galama, halabuka; frfljanje, nesuvislo, naglo, žestoko, uzrujano govorenje; cvrčanje, prštanje (svijeće, masti na vatri); kašljanje (motora)
splutter ['splʌtə] *vi/t* **I.** *vi* pištati, cvrčati (mast, svijeća); *mot* & *aero* kašljati (*the engine* ~*s*); frfljati, brzo, nerazumljivo, žestoko govoriti, brzati u govoru **II.** *vt* prskati što (*over* po), brzo, nerazumljivo, žestoko govoriti što (*at* kome)
splutterer ['splʌtərə] *s* frfljavac
spoffish ['spɔfiʃ] *adj sl* živahan, užurban, uzvrpoljen, nemiran, usplahiren
spoil [spɔil] *s* (obično *pl* & *coll*) plijen, pljačka; *fig* zloupotrebom stečen dobitak; stečevina, korist (od neke državne službe); iskopana zemlja; *US pl* otpaci, ostaci | *US* ~**s system** sistem po kojem mjesta u upravi dobivaju članovi stranke koja je pobijedila na izborima
spoil [spɔil] *vt/i* (*pret* ~ed, spoilt; *pp* ~ed spoilt) **I.** *vt* 1. opljačkati, oplijeniti, porobiti što 2. pokvariti što; *fig* pokvariti (plan, dijete, zabavu, šalu), razmaziti; *sl* osakatiti, ubiti koga **II.** *vi* kvariti se (voće, riba) | **to spare the rod and** ~ **the child** šiba je u raju rasla; **to be** ~**ing for** tražiti, izazivati (svađu, borbu)
spoilage ['spɔilidʒ] *s print* zamrljan, pokvaren otisak; kvarenje hrane
spoiler ['spɔilə] *s* pljačkaš; onaj koji pustoši, kvari što
spoilsman ['spɔilzmən] *s US pol fig* onaj koji dobiva državno namještenje nakon izborne pobjede njegove stranke
spoil-sport ['spɔilspɔ:t] *s* kvaritelj veselja, zabave, raspoloženja
spoke [spəuk] *s* žbica, palac kotača ili kormila; prečka ljestava; paočanica, zavor kotača | **to put a** ~ **in a p's wheel** podmetati kome klipove, osujetiti čije planove
spoke [spəuk] *vt* paočiti, zavirati (kotač); staviti žbice (u kotač)
spoke [spəuk] *pret* od **speak**
spoke-bone ['spəukbəun] *s anat* palčenica, cijepac (kost ruke)
spoken ['spəukən] *pp* od **speak**
spoken ['spəukn] *adj* usmen, govorni | ~ **language** govorni jezik; **well-**~ koji dobro govori
spoke-shave ['spəukʃeiv] *s* strugača, maklja
spokesman ['spəuksmən] *s* (*pl* **spokesmen** ['spəuksmən]) govornik u ime nekolicine, predstavnik
spokeswoman ['spəuks,wumən] *s* (*pl* **spokeswomen** ['spəuks,wimin]) predstavnica (koja govori u ime neke grupe)
spokewise ['spəukwaiz] *adv* žbičasto, u obliku žbica na kotaču
spoliate ['spəulieit] *vt/i* plijeniti, pljačkati, harati, robiti
spoliation [,spəuli'eiʃn] *s* pljačkanje, pljačka, otimačina, plijenjenje, robljenje; *jur* uništenje, oštećenje ili podešavanje isprava
spoliator ['spəulieitə] *s* pljačkaš
spondaic [spɔn'deiik] *adj* (~**ally** *adv*) *pros* spondejski
spondee ['spɔndi:] *s pros* spondej
spondulix [spɔn'dju:liks] *s US sl* pare, novac
sponge[1] [spʌndʒ] *s* 1. *zool* spužva 2. *mil* krpa za čišćenje cijevi oružja 3. nabujalo tijesto 4. *fig* muktaš, čankoliz, parazit | **to throw up the** ~ baciti mač u trnje, napustiti borbu, predati boksački susret, baciti ručnik u ring, priznati se pobijeđenim, okaniti se čega; *fig* **to pass the** ~ **over** izbrisati, zaboraviti što
sponge[2] [spʌndʒ] *s* pranje, čišćenje spužvom | **to have a** ~ oprati se spužvom
sponge [spʌndʒ] *vt/i* **I.** *vt* izbrisati spužvom; *mil* čistiti (cijev vatrenog oružja) **II.** *vi* prati, čistiti, trti, upiti, pokupiti spužvom; *fig* muktašiti, parazitirati (*on* na), živjeti na tuđ račun
sponge down ['spʌndʒ'daun] *vt* prati što spužvom odozgo do dolje
sponge on ['spʌndʒ'ɔn] *vt* muktašiti, živjeti na čiji račun (*for* u pogledu čega)
sponge out ['spʌndʒ'aut] *vt* izbrisati, obrisati, otrti spužvom što; *fig* izbrisati što iz pamćenja, zaboraviti
sponge up ['spʌndʒ'ʌp] *vt* upijati, upiti što
sponge-bath ['spʌndʒba:θ] *s* široka plosnata posuda za pranje spužvom
sponge-cake ['spʌndʒ'keik] *s cul* biskvit
sponge-cloth ['spʌndʒklɔθ] *s* frotir
sponge-down ['spʌndʒdaun] *s* ispiranje, pranje
sponge-finger ['spʌndʒ,fiŋgə] *s* vrsta piškote (slastica)
sponge-fisher ['spʌndʒ,fiʃə] *s* spužvar, lovac na spužve
sponger ['spʌndʒə] *s* čistač, čistilac; spužvar; *fig* muktaš, žicar
sponginess ['spʌndʒinis] *s* poroznost, šupljikavost, upojnost
sponging ['spʌndʒiŋ] *s* pranje, brisanje spužvom; spužvarenje; muktašenje
sponging-house ['spʌndʒiŋhaus] *s hist* privremeni zatvor za dužnike

spongy ['spʌndʒi] *adj* (**spongily** *adv*) spužvast, porozan, šupljikast, elastičan, koji se može stiskati, upojan; raskvašen, vlažan, mokar (tlo)
sponsal ['spɔnsəl] *adj* zaručnički, vjeridbeni; bračni, vjenčani
sponsion ['spɔnʃən] *s* jamstvo, jamčenje
sponson ['spɔnsn] *s* 1. štitnici za kotače na brodu koji se kreće pomoću kotača 2. izbočine na bokovima ratnih brodova koje omogućuju da se top okreće naprijed i natrag
sponsor ['spɔnsə] *s* jamac; kum, kuma; naručitelj reklamnog programa (na radiju i televiziji), sponsor, organizator, financijer, pokrovitelj | **to stand ~** kumovati (*to* čemu)
sponsor ['spɔnsə] *vt* jamčiti, financirati; podupirati; kumovati kome; uzeti pokroviteljstvo nad čim; financirati (radio-program ili televizijski program) u reklamne svrhe
sponsorial [spɔn'sɔːriəl] *adj* (**~ly** *adv*) kumovski
sponsorship ['spɔnsəʃip] *s* jamstvo, jamčenje; kumstvo; pokroviteljstvo
spontaneity [ˌspɔntə'neiəti] *s* neusiljenost, spontanost; prirodnost, samoniklost
spontaneous [spɔn'teinjəs] *adj* (**~ly** *adv*) spontan, prirodan, neusiljen, naravan, naravski; *bot* samonikao, samorastao
spoof [spuːf] *s sl* podvala, prijevara
spoof [spuːf] *vt sl* prevariti, nasamariti
spoofer ['spuːfə] *s* varalica
spook [spuːk] *s* duh, sablast, utvara, priviđenje, avet, prikaza
spook [spuːk] *vi* plašiti, javljati se (duh)
spooky ['spuːki] *adj* sablastan
spool [spuːl] *s* špula, kalem, vitlić
spool [spuːl] *vt* namotati što na kalem, špulu, vitlić
spoon[1] [spuːn] *s* žlica, ono što ima oblik žlice (veslo, palica za golf i dr.); *US sl* zaljubljeno čeljade, udvarač, udvaranje | **tea ~** žličica; **dessert ~** žlica srednje veličine; **table ~** žlica za juhu; **apostle ~** žlica s likom jednoga od dvanaest apostola na dršku; **he must have a long ~ that sups with the devil** opasno je s vragom tikve saditi; *hist* **wooden ~** (u Cambridgeu) drvena žlica kakvu bi davali najgorem studentu na ispitu iz matematike; **egg-and-~-race** utrka s jajima u žlici; *US* **to be ~s on** biti zaljubljen u koga, biti zateleban; **on the ~** udvarati se; **to be born with a silver ~ in one's mouth** roditi se pod sretnom zvijezdom, biti čedo (miljenik) sreće
spoon[2] [spuːn] *s* budala, luda, glupan, zvekan; budalasto zaljubljeno čeljade, zaljubljenik | *sl* **to be ~s on (with)** biti zateleban u koga
spoon[1] [spuːn] *vt/i* **I.** *vt* grabiti što žlicom (obično *up, out*) **II.** *vi* pecati mamcem u obliku žlice; *US sl* biti zateleban
spoon[2] [spuːn] *vi/t* **I.** *vi* ludovati, biti budalasto zaljubljen (*on* u) **II.** *vt* udvarati se kome na budalast način
spoon-beak ['spuːnbiːk] *s ornith* patka žličarka
spoonbill ['spuːnbil] *s ornith* čaplja žličarka
spoonerism ['spuːnərizm] *s* nehotično premetanje početnih glasova jedne ili više riječi (npr. *a blushing crow* umjesto *a crushing blow*)
spoon-fed ['spuːnfed] *adj* hranjen na žličicu; podupiran subvencijama (grana privrede); hranjen u usta (znanjem, podacima i sl.), kome se nešto servira na tanjuru
spoonful ['spuːnful] *s* žlica, količina koja stane u žlicu
spoon-meat ['spuːnmiːt] *s* kašasta hrana, kašica za djecu ili bolesnike
spoon-net ['spuːnnet] *s* mreža za izvlačenje velike ribe ulovljene na udicu
spoony ['spuːni] *adj* (**spoonily** *adv*) glupav, blesav, benast; ludo zaljubljen (*on* u koga)
spoony ['spuːni] *s* budala, glupan
spoor [spuə] *s* trag životinje
spoor [spuə] *vt/i* tragati, ići za tragom, slijediti tragove
sporadic [spə'rædik] *adj* (**~ally** *adv*) sporadičan, povremen, mjestimičan; *med* pojedini, usamljen (slučaj bolesti)
spore[1] [spɔː] *s bot* spora, truska; *zool* zametak (& *fig*)
sporran ['spɔrən] *s Scot* kožnata torbica ukrašena srmom ili krznom kakvu nose Škoti na prednjoj strani kilta
sport [spɔːt] *s* 1. zabava, razonoda, razbibriga; igra, šala; igračka (*the ~ of waves*); *fig* cilj, predmet poruge 2. sport; *sport pl* općenito sportska natjecanja 3. *US sl* sportaš; ugodno, dobro, zabavno čeljade, dobričina 4. *biol* izrod vrste, **igra** prirode | **in ~** u šali, za šalu; **to make ~ of** podrugivati se kome, zadirkivati koga, zbijati šale; *fig* **to be the ~ of Fortune** biti igračka sudbine; **to have good ~** (*esp*) imati dobru lovinu; **athletic ~s** lakoatletsko natjecanje; **what ~!** vrlo zabavno!; **just for ~** samo za šalu
sport [spɔːt] *vi/t* **I.** *vi* zabavljati se, šaliti se, igrati se; baviti se sportom **II.** *vt* nositi što na sebi da se vidi, isticati što; razmetati se | *univ sl* **to ~ one's oak** zatvoriti vanjska vrata (da se ne smeta tko u radu)
sporting ['spɔːtiŋ] *adj* (**~ly** *adv*) sportski, koji se bavi sportom; u kome ima rizika; častan, pošten | **~ boat** sportski čamac

sportive ['spɔːtiv] *adj* (~**ly** *adv*) veseo, šaljiv, napravljen u šali, zabavan, obijestan
sportsjacket ['spɔːts.dʒækit] *s* sportski kaput
sportsman ['spɔːtsmən] *s* (*pl* **sportsmen** ['spɔːtsmən]) sportaš, ljubitelj sporta; lovac, ribič; *fig* čovjek sportskog duha i viteških načela, fer čovjek
sportsmanlike ['spɔːtsmənlaik] *adj* sportski, viteški, častan, fer
sportsmanship ['spɔːtsmənʃip] *s* sportska spretnost; viteško ponašanje, poštenje, fer ponašanje
sportswoman ['spɔːts.wumən] *s* sportašica, ljubiteljica sporta
sporty ['spɔːti] *adj* sportski; bećarski; napadan
spot [spɔt] *s* 1. mrlja, djelić tkanine koji se tkanjem, bojom i dr. razlikuje od ostale tkanine, točka, točkica; *med* bubuljica, pjega; *fig* ljaga 2. *GB* malo, mrva, zera, kaplja 3. neko stanovito mjesto, komadić zemljišta 4. *billiards* crna točka uz jedan od krajeva stola jednako udaljena od obiju strana stola; bijela lopta s crnom točkom 5. *pl com* roba koja se prodaje za gotov novac 6. reklamni spot 7. *sport sl* predviđanje koji će konj biti pobjednik, takav konj | *fig* **a tender ~** bolna točka, osjetljivo mjesto; **without ~** bez greške, besprijekoran; **sun-~** sunčeva pjega, pjegica od sunca; **can the leopard change his ~?** vuk ćudi ne mijenja; **on the ~** na licu mjesta, smjesta, bez odlaganja; (čeljade) doraslo situaciji; u dobroj formi za neki sport; *sl* **to put on the ~** staviti koga u težak položaj, umoriti koga; **the people on the ~** ljudi iz nekog određenog kraja, stanovnici; **hot ~** *sl* škripac; *GB* **a ~ of** malo
spot [spɔt] *vt/i* **I.** *vt* 1. išarati točkicama, pjegama; mrljati što; *fig* okaljati što 2. očistiti što od mrlja (često *out*); *coll* prepoznati, uočiti, opaziti, otkriti čiju narodnost (*~ted him at once as an American*) **II.** *vi* dobiti mrlje; zaprljati se, umrljati se | *sl* **~ted dog** kolač s grožđicama; *med* **~ted fever** cerebrospinalni meningitis; pjegavac; **~ check** štihproba; **~ welding** točkasto zavarivanje
spot cash ['spɔtkæʃ] *s com* isplata kod isporuke robe, gotovina, isplata odmah u gotovu
spot cotton ['spɔt.kɔtn] *s com* pamuk koji se može odmah isporučiti i koji treba odmah platiti
spotless ['spɔtlis] *adj* (~**ly** *adv*) neumrljan; *fig* besprijekoran, bez mrlje, ljage, neokaljan, čist
spotlight ['spɔtlait] *s theat* svjetlost reflektora; reflektor; *fig* javnost, zanimanje javnosti | **in the ~** u središtu zanimanja
spotlight ['spɔtlait] *vt* obasjati što svjetlom reflektora
spot-parcels ['spɔt.paɪslz] *s pl st exch* loko-papiri
spot prices ['spɔt.praisiz] *s pl* cijene za promptnu isporuku kod plaćanja odmah
spotter ['spɔtə] *s* promatrač; *mil* osmatrač; *US* tajni policijski agent; kontrolor; *aero* izvidnički avion
spot-terms ['spɔttəːmz] *s pl com* loko uvjeti
spottiness ['spɔtinis] *s* mrljavost, pjegavost; kaljavost, nečistoća
spotting ['spɔtiŋ] *s mil* izviđanje
spotty ['spɔti] *adj* (**spottily** *adv*) mrljav, pjegav, šaren
spousal ['spauzəl] *s* (često *pl*) *arch* svadba, vjenčanje
spousal ['spauzl] *adj* svadbeni, vjenčani, bračni
spouse [spauz] *s* muž, žena, suprug, supruga, bračni drug; *pl* bračni par, supruzi
spout [spaut] *s* 1. kljun, grlo, grlić, nosac, pisak posude ili suda; oluk, žlijeb; njuška, gubica; nosni otvor kita 2. kosa cijev kroz koju se stvari skližu na određeno mjesto (*esp* u zalagaonici); zalagaonica 3. debeo mlaz vode ili žita, pljusak kiše | **up the ~** založen; *US sl* iscrpljen; u velikoj stisci, škripcu; u drugom stanju; **water-~** morska pijavica
spout [spaut] *vt/i* **I.** *vt* 1. izbacivati, rigati (tekućinu) mlazom, opskrbiti što odvodnom cijevi 2. *fam* deklamirati što; *sl* založiti što **II.** *vi* 1. štrcati, šikati, šibati, brizgati (*from* iz); štrcati (kit) 2. *fig* deklamirati, držati govor
spouter ['spautə] *s* 1. kit, kitolovac 2. pučki govornik, demagog, deklamator
spoutless ['spautlis] *adj* koji nema grlića, nosca
sprag [spræg] *s* drveni klin za kočenje kotača; *min* potporanj
sprain [sprein] *s* uganuće
sprain [sprein] *vt* uganuti (zglob)
sprang [spræŋ] *pret* od **spring**
sprat [spræt] *s ichth* papalina, oliga (*Clupea sprattus*); *sl* šest penija; *joc* mršavo dijete | **to throw a ~ to catch a herring (mackerel, whale)** uložiti malo da bi se dobilo mnogo
sprat [spræt] *vi* loviti papalinu
sprat-day ['sprætdei] *s* dan početka lova na papalinu
spratter ['sprætə] *s* ribar na papalinu
spratting ['sprætiŋ] *s* lovljenje papaline
sprawl [sprɔːl] *s* rastezanje, protezanje, valjanje, puzanje, izvaljeno ležanje; širenje, rast
sprawl [sprɔːl] *vi/t* **I.** *vi* izvaliti se, razvaliti se; biti nepravilan (rast, biljka, pismo); puzati, bujati, bujno rasti na sve

strane, pružati se (*across* preko čega) **II.** *vt* pružiti, protezati (udove) | **to send one ~ing** oboriti koga udarcem

spray¹ [sprei] *s* grana, grančica, mladica, izbojak, ogranak; ukras u obliku grančica

spray² [sprei] *s* morska pjena na vjetru, vodena prašina, škropac; prskanje; sprej; raspršivač; *tech* štrcaljka, raspršivač

spray [sprei] *vt/i* prskati, škropiti, štrcati (što) vodom i dr., raspršiti se

spray-board ['spreibɔːd] *s* ograda broda koja štiti od prskanja mora

sprayer ['spreiə] *s* raspršivač, škropilo, prskalica

sprayey¹ ['spreii] *adj* razgranat, pun grančica

sprayey² ['spreii] *adj* pun sitnih kapljica

spray-gun ['spreigʌn] *s* prskalica

spread [spred] *s* pružanje, prostiranje, steranje, razastiranje, širenje; raspon, površina, raskriljivanje; *com US* razlika između proizvodne i prodajne cijene; *coll* gozba, obilat obrok, banket; namaz, pašteta, sir za mazanje; *sl* članak, publicitet, reklama

spread [spred] *vt/i* (spread, spread) **I.** *vt* širiti (*oneself* se), protezati, sterati, prostrijeti (stol), presvući, prekriti; razvaljati što; mazati (maslac) (*on* na); raznositi, rasprostirati, širiti (glasine); raskriliti (krila); razastrijeti (zastavu), razapeti (jedra) **II.** *vi* širiti se, pružati se, prostirati se, sterati se, protezati se | *sl* **to ~ oneself** praviti se važan; **to ~ the cloth** prostrijeti stol

spread abroad ['spredə'brɔːd] *vt* rasturiti, raširiti, razglasiti što

spread out ['spred'aut] *vt/i* **I.** *vt* prostrijeti (sag); raznositi (glasine) **II.** *vi* širiti se, pružati se

spread [spred] *adj* raširen, prostran, širok; rastegnut (usne); namazan (*slice of bread ~ with jam*); prostrt (stol); obasut (*meadows ~ with daisies*)

spread eagle [ˌspred'iːgl] *s her* orao s raskriljenim krilima; *cul* razrezana i brzo pečena kokoš; *st exch US* posao na rok; *mar* mornar kojemu su za kaznu raširene noge i ruke i u tom položaju zavezane

spread-eagle [ˌspred'iːgl] *adj US* hvalisav, hvastav, koji nametljivo pokazuje svoje rodoljublje

spread-eagle [ˌspred'iːgl] *vt* raširiti i vezati (udove za kaznu)

spreader ['spredə] *s tech* uređaj za širenje (npr. svjetlosti)

spread-over ['spredəuvə] *s* protezanje određenog broja radnih sati na duže vremensko razdoblje

spree [spriː] *s fam* društveno veče, zabava, veselica, veselje, pijanka, lumpanje | **on the ~** pustopašan, veseo, raskalašen; **to be on the ~** zabavljati se, veseliti se, pijančevati; **to go on the ~** poći se zabavljati; **buying ~** masovno kupovanje, kupovanje svega i svačega; **spending ~** trošenje na veliko; **shopping ~** masovno kupovanje, kupovanje svega i svačega

spree [spriː] *vi* zabavljati se

sprent [sprent] *adj arch poet* išaran, poprskan (*with* čime)

sprig [sprig] *s* 1. grančica, izdanak, mladica, ogranak; ukras u obliku grančica 2. čavlić, klinčić (bez glavice) 3. *fig* potomak, mladić, mladac; veseljak

sprig [sprig] *vt* ukrasiti što ukrasom u obliku grančica; pritvrditi što klinčićima

spriggy ['sprigi] *adj* koji nosi na sebi grančica (izdanaka, mladica); ukrašen ukrasom u obliku grančica

sprightliness ['spraitlinis] *s* živahnost, veselost, bodrost

sprightly ['spraitli] *adj* živahan, veseo, bodar, čil

spring¹ [spriŋ] *s* 1. skok, odskok 2. elastičnost, pruživost; *fig* duševna pokretnost 3. *tech* pero, opruga, feder; odbojnik, amortizer; *mar* spring; *fig* poriv, poticaj, pobuda, pokretalo 4. izvor, vrelo; *pl* vrijeme plime; *fig* izvor, podrijetlo, početak, uzrok 5. savijanje, savinutost dasaka ili grede prema gore, pukotina, raspuklina | **to take a ~** skočiti, uzeti zalet; **to rise with a ~** naglo se podići, skočiti; **cee ~** pero u obliku slova C; **air ~** pneumatsko pero ili opruga, kočnica, pneumatski amortizer; **hair ~** fino pero nemirnice (na satu); **main ~** glavno pero (sata); *poet* **day-~** praskozorje

spring² [spriŋ] *s* proljeće

spring [spriŋ] *vi/t* (sprang, sprung) **I.** *vi* 1. skočiti (*at* na), priskočiti (*sprang to their assistance*); jurnuti (*blood sprang to her cheeks*); iznenada postati (*into* što), hitro doći u neki položaj ili stanje (*to ~ to attention*) 2. izvirati, istjecati; nastajati, potjecati, vući lozu, proizlaziti, dolaziti (*from* od, iz); iznenada se pojaviti, pomoliti se; iskočiti, stvoriti se odnekle (*where do you ~ from?*); izbiti, niknuti, proklijati, pomoliti se (biljka, pupoljak); *fig* doći do čega (*conviction has sprung upon him*) 3. izbočiti se, slomiti se, raspući se, prsnuti, saviti se, iskriviti se (drvo) **II.** *vt* 1. zatvoriti oprugom 2. iskriviti, slomiti (drveni predmet); *hunt* dići (divljač) s ležišta 3. *fig* neočekivano iznijeti što; iznijeti (teoriju) | *mar* **to ~ a leak** početi propuštati vodu, dobiti rupu (brod); *mar* **to ~ the luff** okrenuti brod vjetru; *fig* **to ~ into existence** iznenada nastati; **to ~ one's mast** slomiti jarbol; **to ~ a mine** dići u lagum; *fig* iznenada banuti; **to ~ a proposal on a p** iznenaditi koga kakvim prijedlogom; **to ~ a surprise on a p** iznenaditi koga; **to ~ a trap** zaklopiti stupicu; **to ~ to attention** stati u

stav mirno; *mar* **to ~ a butt** (o platnicama) olabaviti, popustiti od velikih valova
spring back ['spriŋ'bæk] *vi* vratiti se u normalan položaj iz nekog prisilnog položaja, odskočiti
spring to ['spriŋ'tuː] *vi* zatvoriti se djelovanjem pera (*the door sprang to*) | **to ~ light** izaći na vidjelo
spring up ['spriŋ'ʌp] *vi* suknuti uvis; podići se, dunuti (vjetar); *fig* pojaviti se, iskrsnuti; potjecati
springal ['spriŋəl] *s arch* mladić, mladac
spring-balance [ˌspriŋ'bæləns] *s* vaga na pero, oprugu, opružna vaga
spring-bed [ˌspriŋ'bed] *s* strunjača na pera
spring-board ['spriŋbɔːd] *s* odskočna daska
springbok ['spriŋbɔk] *s zool* sajga skakačica (južnoafrička gazela); *pl joc* nadimak za Južnoafrikanca
spring-bows ['spriŋbəuz] *s pl* šestar na pero
spring-box ['spriŋbɔks] *s* kutijica s oprugom
spring-door ['spriŋdɔː] *s* vrata na pero (koja se sama zatvaraju)
springe [sprindʒ] *s* zamka, omča
springe [sprindʒ] *vt/i* **I.** *vt* uloviti koga u zamku **II.** *vi* postaviti zamku
springer ['spriŋə] *s* skakač; mlado proljetno pile, pohanac, vrsta prepeličara; *archit* nosač, kamen koji nosi luk, početni kamen svoda
spring-gun ['spriŋgʌn] *s* nagazno oružje, namještena puška
spring-head ['spriŋhed] *s* izvor; *fig* podrijetlo
springiness ['spriŋinis] *s* elastičnost, odskočnost, pruživost
spring-knife ['spriŋnaif] *s* periš, perorez, džepni nožić na pero
springless ['spriŋlis] *adj* bez opruga
springlet ['spriŋlit] *s* izvorčić, vreoce
springlike ['spriŋlaik] *adj* koji je sličan peru (opruzi); proljetni
spring-mattress ['spriŋˌmætris] *s* madrac na opruge, federmadrac
spring-steel ['spriŋstiːl] *s* čelik za pera (opruge)
spring-switch ['spriŋswitʃ] *s rly* skretnica na oprugu
springtide ['spriŋtaid] *s* proljeće (& *fig*)
spring tide ['spriŋ'taid] *s* plima za mlađa i uštapa
springtime ['spriŋtaim] *s* proljeće (& *fig*)
springy ['spriŋi] *adj* (**springily** *adv*) elastičan, pruživ
sprinkle ['spriŋkl] *s* škropljenje, prskanje, škropac, sipljenje (kiše); kišica; posipanje; mala količina čega razbacana naokolo
sprinkle ['spriŋkl] *vt/i* **I.** *vt* sipati što (*on* po), posipati, škropiti, štrapati što (*with* sa) **II.** *vi* padati u sitnim kapljicama kropiti, sipiti, rominjati (kiša)
sprinkler ['spriŋklə] *s* kanta za zalijevanje; vrtna prskalica; *eccl* škropilo
sprinkling ['spriŋkliŋ] *s* škropljenje, sipanje, sipljenje, rominjanje (kiše); kapljica, mrvica | **a ~ of** nešto malo, tu i tamo
sprint [sprint] *s* trk, trčanje, sprint
sprint [sprint] *vi* trčati oštro na malu udaljenost; sprintati; *sport* trčati na kratkoj pruzi
sprinter ['sprintə] *s sport* trkač na kratke pruge, kratkoprugaš, sprinter
sprit [sprit] *s mar* rasponica, sprit jedro, spriječ, soha (za jedra)
sprite [sprait] *s* duh, malik, vilenjak, vila
spritsail ['spritsl] *s mar* prečka
sprocket ['sprɔkit] *s* zubac kotača koji zahvaća lanac; *carp* trokutast zubac za spajanje dvaju drvenih dijelova
sprocket-wheel ['sprɔkitwiːl] *s* zupčanik, zupčasti kotač, lančanik
sprout [spraut] *s bot* klica, mladica, izbojak, izdanak | **Brussels ~s** prokulice, čimule
sprout [spraut] *vi/t* **I.** *vi* klijati, nicati, tjerati izdanke, mladice, porasti **II.** *vt* napraviti da što proklija, nikne; uzgojiti što (*he has ~ed a moustache*)
spruce [spruːs] *s bot* omorika, smreka, smrča
spruce [spruːs] *adj* (**~ly** *adv*) kićen, dotjeran, pristao; uredan, čist
spruce [spruːs] *vt* dotjerati što (*oneself* sebe) (često *up*)
spruceness ['spruːsnis] *s* dotjeranost, pristalost, urednost, čistoća
sprue[1] [spruː] *s* otvor kroz koji se rastaljena kovina lijeva u kalup
sprue[2] [spruː] *s med* tropska bolest (upala crijeva i vrata)
sprung [sprʌŋ] *adj* slomljen, svinut (drveni predmet); koji ima opruge; *sl* pijan
sprung [sprʌŋ] *pp* od **spring**
spry [sprai] *adj* živahan, čil, žustar, brz, hitar; *fig* razborit, lukav | **to look ~** žuriti se
spud [spʌd] *s* kratka lopatica (za čupanje korova); *fam* krumpir; *sl pl* novac
spud [spʌd] *vt* kopati, plijeviti što (često *up* ili *out*)
spud out ['spʌd'aut] *vt* okapati, plijeviti što
spud up ['spʌd'ʌp] *vt* okapati, plijeviti što
spuddle ['spʌdl] *vi dial* kopati, kopkati, čeprkati (o čeljadetu koje za razonodu radi po vrtu)
spuddy ['spʌdi] *adj* dežmekast, bucmast
spue [spjuː] *vt/i* → **spew**
spume [spjuːm] *s* pjena
spume [spjuːm] *vi* pjeniti se
spumy ['spjuːmi] *adj* (**spumily** *adv*) pjenušav, zapjenjen

spun [spʌn] *adj* preden | ~ **gold** zlato u nitima, zlatne niti; ~ **goods** pletena roba; ~ **silk** svilena pređa; *mar* ~ **yarn** uže spleteno od dva ili četiri suka

spun [spʌn] *pret* & *pp* od **spin**

spunk [spʌŋk] *s* trud, guba; kresivo; *coll* hrabrost, odvažnost; vatrenost; razdražljivost, srdžba, gnjev | **man of** ~ nagao, naprasit čovjek

spunky ['spʌŋki] *adj coll* hrabar, odvažan; vatren, živahan, uzbuđen

spur [spəː] *s* 1. ostruga, mamuza, ostan (konjanika ili pijetla); *bot* bodljika, trn; *fig* poticaj, pobuda 2. kljun broda; naprava za penjanje po stupovima; *fort* vanjski bedemi; vanjska utvrda; *archit* podupirač, potporanj; izdanak brda | **to need the** ~ biti spor, mlitav; **to put (set)** ~**s to** podbosti koga; *fig* poticati koga; *hist* **to win one's** ~**s** postati vitezom; *fig* izaći na glas, postati glasovit; **on the** ~ **of the moment** slijedeći nenadanu pobudu, bez promišljanja, impulzivno

spur [spəː] *vt/i* **I.** *vt* mamuzati, podbosti; staviti mamuze (na cipele); *fig* poticati koga (često *on*) (*to* na što); ubrzati što **II.** *vi* podbosti konja; brzo jahati, hitjeti, žuriti se | **to** ~ **a willing horse** tjerati žabu u vodu

spurge [spəːdʒ] *s bot* mlječika

spur-gear ['spəːgiə] *s tech* čelnik, zupčani prijenosnik

spurious ['spjuəriəs] *adj* (~**ly** *adv*) nezakonit, lažan, neprav, patvoren; podmetnut, sumnjiva podrijetla; *biol* koji je samo vanjštinom sličan čemu

spuriousness ['spjuəriəsnis] *s* nezakonitost, lažnost, patvorina

spurless ['spəːlis] *adj* koji nema ostruga

spurn [spəːn] *s* guranje nogom, prezirno odbijanje

spurn [spəːn] *vt/i* **I.** *vt* odgurnuti nogom; *fig* odbiti koga (*from* od); odvratiti, prezirno odbiti što **II.** *vi* prezirati (*at* koga) | **to** ~ **the ground** đipiti, skočiti uvis

spurrier ['spəːriə] *s* ostrugar

spurt [spəːt] *s* izljev, mlaz, šikljaj; naprezanje svih sila, krajnji napor; *st exch* nagli porast vrijednosti; *fig* letimično pojavljivanje; časak života | *coll* **to put a** ~ **on** povećati brzinu

spurt [spəːt] *vi* šiknuti, poteći mlazom, štrcnuti, briznuti, šikljati; dati sve od sebe, upeti se, upeti iz petnih žila, napregnuti sve sile

spurt [spəːt] *vi/t* & *s* → **spirt**

spur-wheel ['spəːwiːl] *s tech* čelnik, zupčanik, zupčani prijenosnik

sputter ['spʌtə] *s* brz, nagao, srdit, nerazumljiv govor, frfljanje; prštanje (svijeće, masti na vatri); buka, galama

sputter ['spʌtə] *vt/i* **I.** *vt* žestoko izgovarati (riječi) da sve slina štrca, brzo ili nesuvislo izgovarati, frfljati **II.** *vi* cvrčati, prštati, pištati (svijeća, mast), prskati (pero tintu); žestoko, brzo i nerazumljivo govoriti (*at* kome)

sputum ['spjuːtəm] *s* (*pl* **sputa** ['spjuːtə]) *med* ispljuvak, pljuvačka

spy [spai] *s* špijun, uhoda, izvidnik | **to be a** ~ **on** uhoditi koga

spy [spai] *vt/i* **I.** *vt* otkriti, uhođenjem pronaći, pažljivim promatranjem zapaziti što **II.** *vi* špijunirati, vrebati, istraživati, ispitivati (*into* što), potajno slijediti, uhoditi (*upon* koga); ugledati, spaziti

spy out ['spai'aut] *vt* potajno istraživati, potajnim istraživanjem pronaći što, ući u trag čemu

spy-glass ['spaiglaːs] *s* dalekozor

spy-hole ['spaihəul] *s* prozorčić za virenje (na vratima), okance, špijunka

squab [skwɔb] *s* 1. *ornith* golužđravac, gološavac; *esp* mlad golub; zdepasto, dežmekasto, bucmasto čeljade 2. jastučić na sjedalu, meko sjedalo

squab [skwɔb] *adj* bucmast, dežmekast, debeljkast, zdepast; neobrastao perjem, gološav (ptica)

squab [skwɔb] *adv* tres, ljoskac

squabble ['skwɔbl] *s* rječkanje, prepiranje, prepirka, glasna ili tričava svađa

squabble ['skwɔbl] *vi/t* **I.** *vi* svađati se, rječkati se, prepirati se, pravdati se **II.** *vt print* razložiti slog (složena slova)

squabbler ['skwɔblə] *s* svadljivac, prepirač

squabby ['skwɔbi] *adj* dežmekast, zdepast

squab-pie ['skwɔbpai] *s* golublja pašteta, pašteta od ovčetine, luka i jabuka

squad [skwɔd] *s mil* vod, desetina, odjeljenje; društvance, skupina | *mil* **awkward** ~ neizvježbana momčad (& *fig*); *US* **column of** ~**s** kolona po vodovima; ~**s right** odjeljenje, nadesno!; ~**s left** odjeljenje, nalijevo!; **flying** ~ leteća (policijska) brigada

squad [skwɔd] *vt mil* podijeliti (vojnike) u vodove, odjeljenja

squad car ['skwɔdkaː] *s US* (policijska) patrolna kola

squad-drill ['skwɔddril] *s mil* regrutska poduka

squadron ['skwɔdrən] *s mil* konjički eskadron (120 do 200 ljudi); *mar* eskadra; *aero* eskadrila (12 aviona)

squadron ['skwɔdrən] *vt mil* podijeliti (ljudstvo) u eskadrone, formirati eskadrone

squail [skweil] *s* okrugao komadić drveta; *pl* vrsta stolne igre s drvenim kolutićima; *dial* kuglanje

squalid ['skwɔlid] *adj* (~**ly** *adv*) prljav, nečist; odvratan, gnusan; *fig* bijedan, jadan

squalidness ['skwɔlidnis] *s* prljavost, nečistoća

squall[1] [skwɔːl] *s* udar, nalet vjetra, oluja (s kišom i snijegom); *fig* žestoka svađa |

black ~ oluja praćena crnim oblacima; **white ~** oluja bez oblaka; *fig* **to look out for ~s** biti na oprezu

squall[2] [skwɔːl] *s* vrisak, vriska, dreka, krika

squall [skwɔːl] *vi/t* **I.** *vi* kriknuti, vrištati, drečati **II.** *vt* vrisnuti što

squaller ['skwɔːlə] *s* krijeŝtavac, drekavac, vikač

squally ['skwɔːli] *adj* olujan, buran; *fig* zlokoban

squaloid ['skweilɔid] *adj* koji je nalik na morskog psa

squalor ['skwɔlə] *s* nečistoća, nesnaga, prljavština, prljavost (& *fig*)

squama ['skweimə] *s* (*pl* **squamae** ['skweimiː]) *bot* & *zool* ljuska

squamose ['skweiməus] *adj* ljuskav, rožnat

squamous ['skweiməs] *adj* ljuskav, rožnat

squamule ['skweimjuːl] *s* ljuščica

squander ['skwɔndə] *vt* tratiti (vrijeme), rasipati, spiskati, protepsti, profućkati, proharčiti (novac)

squanderer ['skwɔndərə] *s* rasipnik, raspikuća, rasipnica

squandering ['skwɔndəriŋ] *adj* (**~ly** *adv*) rasipan, rasipnički

squandermania [ˌskwɔndə'meinjə] *s* manija rasipavanja

square [skwɛə] *s* 1. kvadrat, četvorina, četvorokut 2. trg; četvorokutni blok kuća 3. četvorokutni komad čega; šahovsko polje; kutomjer, sprava u obliku slova L ili T za dobivanje ili provjeravanje prvih kutova, uglenica 4. *math* kvadrat, druga potencija 5. mjera za površinu (100 kvadratnih stopa); *mil* kare, četvorokutni poredak vojnika 6. čestitost, poštenje 7. konzervativac 8. slova poredana u četvorokut tako da okomito i vodoravno daju iste riječi (*cab ace bed*) | **out of ~** ne pod pravim kutom, nesvakidašnji, ne onako kako je obično; *fig* & *arch* **on the ~** pošteno, otvoreno; **by the ~** točno; **magic ~** čarobna četvorina, magični kvadrat; **back to ~ one** natrag na početak, vraćanje na početnu liniju

square [skwɛə] *adj* (**~ly** *adv*) 1. četvorokutan, četvorouglast, četvoran, četvrtast, koji je pod pravim kutom (*to* prema), pravokutan; uglat 2. *math* kvadratan 3. izravan, bez okolišanja 4. uređan, sređen kako treba 5. čestit, pošten, fer, pravedan; iskren 6. potpun, temeljit, obilan, izdašan (obrok) 7. širok, jak, plećat; istaknut 8. koji je podmirio dug, koji je uredio račune, koji se izravnao (*with* sa); namiren (dug) 9. *sl* konzervativan, malograđanski | **a ~ peg in a round hole** netko tko je sasvim neprikladan za što; **to be ~ with the world** biti na neprijateljskoj nozi s cijelim svijetom; ne biti nikome ništa dužan; **to get ~ with** izravnati račune s kim, isplatiti koga; **to get things ~** urediti što; **~ corner** pravi kut; **a ~ deal** poštena pogodba; **a ~ meal** obilan, izdašan obrok; **~ iron** četvorobridno željezo; **~ timber** četvrtasto otesano drvo; *math* **~ root** drugi korijen; **~ measure** površinska mjera; **~ mile** četvorna milja; **~ brackets** uglate zagrade

square [skwɛə] *adv* pod pravim kutom, pravokutno; baš upravo, ravno; pošteno | **fair and ~** otvoreno, pošteno

square [skwɛə] *vt/i* **I.** *vt* 1. napraviti što četvorouglastim, dati četvorouglast oblik, otesati što tako da bude četvorouglasto, položiti što pod pravim kutom, dati čemu pravokutne rubove 2. *math* kvadrirati, dići na kvadrat 3. urediti, poredati što (*by* prema, u skladu sa); priudesiti, podesiti što (*to* čemu), uskladiti, prilagoditi što (*with* sa, čemu); izravnati, platiti (račun) (*with* sa), namiriti (dug); zadovoljiti, isplatiti koga; *sl* utišati, ušutkati, podmititi koga 4. *mar* namjestiti (križeve jarbola) da stoje pod pravim kutom s trupom broda **II.** *vi* 1. napraviti pravi kut, uzeti četvorouglast oblik, nakoso sjediti (u sedlu) 2. slagati se (o računu), pristajati, biti u skladu (*with* sa) | **to ~ accounts with** izravnati račune s kim (& *fig*); **to ~ the circle** kvadrirati krug; *fig* napraviti nemoguće, izračunati kvadraturu kruga; **to ~ one's conscience** umiriti svoju savjest; *mar* **to ~ the yards** okrenuti križeve unakrst; **to ~ one's elbows** raširiti laktove, laktima zadobiti mjesta; **to ~ timber** otesati drvo; **to ~ one's conduct with one's principles** uskladiti ponašanje sa svojim načelima; **the facts do not ~ with theory** činjenice se ne slažu (poklapaju) s teorijom

square away ['skwɛərə'wei] *vi* odjedriti; *fig* krenuti drugim (novim) putem

square up ['skwɛər'ʌp] *vi* zauzeti boksački stav i tako se primicati (*to* kome), ustobočiti se pred kim; izazivati koga, prijetiti kome šakom

square-bashing ['skwɛəˌbæʃiŋ] *s mil sl* vježbanje, egzercir, dril

square-built ['skwɛəbilt] *adj* sagrađen u četvorokut; prilično plećat

square-dance ['skwɛədaːns] *s* četvorka, kadrila

square foot ['skwɛəfut] *s* četvorna stopa

squarehead ['skwɛəhed] *s US sl* useljenik njemačkog ili skandinavskog podrijetla

square-jawed [ˌskwɛə'dʒɔːd] *adj* koji ima široke čeljusti

squarely ['skwɛəli] *adv* četvorokutno; pod pravim kutom, okomito; izravno, ravno; otvoreno; jasno, jednostavno | **to look one ~ in the face** gledati nekome otvoreno, bez straha u lice

square-number ['skweə͵nʌmbə] *s math* kvadrat
squarer ['skweərə] *s* onaj koji čini što četvorokutnim, pravokutnim; koji kvadrira; koji uređuje, namiruje
square-rigged ['skweə͵rigd] *adj mar* s križnim jedrima
square root ['skweəru:t] *s math* drugi korijen
square sail ['skweəsl] *s mar* križno jedro, četvorokutno jedro
square-shouldered [͵skweə'ʃəuldəd] *adj* plećat
square-toed [͵skweə'təud] *adj* tuponos, četvrtast (cipela); *fig* ukočen, pedantan
square-toes ['skweətəuz] *s pl sg constr fig* pedant, sitničavo, staromodno čeljade
squarish ['skweəriʃ] *adj* donekle ili prilično četvorouglast
squarson ['skwa:sən] *s* (od *squire* i *parson*) posjednik i svećenik u jednoj osobi
squash[1] [skwɔʃ] *s* kaša, nešto zgnječeno; *fam* gomila, gužva; voćni sok; zvuk kakav pri padu proizvodi mekan predmet; mekana gumena lopta; vrsta igre reketima (slična tenisu), skvoš | **lemon ~** limunada; **orange ~** oranžada
squash [skwɔʃ] *vt/i* **I.** *vt* zgnječiti, zdrobiti, izažeti što; spljoštiti; gužvati, gurati, gušiti; ugušiti (pobunu); *fig* ušutkati koga zgodnim odgovorom **II.** *vi* gacati (o nogama), gnječiti se, biti gnječen; gurati se
squash[2] [skwɔʃ] *s US bot* bundeva, tikva, tikvica
squash-hat [͵skwɔʃ'hæt] *s* šešir od mekana pusta
squashy ['skwɔʃi] *adj* kašast, mekan, podvodan, raskvašen (tlo)
squat [skwɔt] *s* čučanje, čučanj, čučavac; *min* plitak (neznatan) sloj rude
squat [skwɔt] *adj* 1. koji čuči 2. bucmast, zbijen, zdepast
squat [skwɔt] *vi/t* **I.** *vi* čučati, sjediti podvinutih ili skrštenih nogu; *fam* sjediti; naseliti se bez dozvole, bez prava; *Austr* naseliti se na nenaseljenoj zemlji **II.** *vt* čučnuti, čučati, šćućuriti (*oneself* se); staviti koga u takav položaj
squatter ['skwɔtə] *s* čučavac; naseljenik bez prava; *pl fig* oni koji nisu pozvani, nametnici; *Austr* zakupnik na veliko; stočar (na veliko)
squatty ['skwɔti] *adj* zdepast
squaw [skwɔ:] *s* indijanska žena, Indijanka
squawk [skwɔ:k] *s* vrisak, krijeǯtanje; skvičanje; škripanje (o vratima); *coll* glasna pritužba, jadanje
squawk [skwɔ:k] *vi* kriještati, kričati; škripati (o vratima); *coll* glasno se tužiti
squeak [skwi:k] *s* cičanje, skvičanje, skvika, krijeǯtanje, pištanje, cika; *fig* mali (slabi) izgledi (*for* za što) | *cul* **bubble-and-~** meso s isjeckanim povrćem; **to have a narrow ~** jedva izbjeći opasnosti, jedva se izvući
squeak [skwi:k] *vi/t* **I.** *vi* cičati (o mišu), skvičati, škripati (o cipelama, vratima); *sl* odati, izdati, prijaviti **II.** *vt* iskazati što vriskavim ili kreštavim glasom
squeaker ['skwi:kə] *s* cikavac, vrištavac; mlada ptica; *sl* doušnik, izdajnik, prokazivač
squeaky ['skwi:ki] *adj* (**squeakily** *adv*) vrištav, kreštav, škripav (cipela)
squeal [skwi:l] *s* cviljenje, vrištanje, vrisak, skvičanje, kmečanje
squeal [skwi:l] *vi/t* **I.** *vi* cviljeti, vrištati, skvičati, kmečati; *fig* jadati se, tužiti se; *sl* prokazati, odati, izdati **II.** *vt* kazati što kreštavim ili vrištavim glasom (često *out*) | *sl* **to make one ~** ucjenjivati koga
squealer ['skwi:lə] *s* mlada ptica (*esp* golub); cikavac, cvilidreta, onaj koji se neprestano jada, tuži; prokazivač, doušnik, izdajica
squeamish ['skwi:miʃ] *adj* (**~ly** *adv*) gadljiv, koji ima slab želudac, kome se lako stuži; preosjetljiv (*about, at* na); izbirljiv, pedantan
squeamishness ['skwi:miʃnis] *s* gadljivost, preosjetljivost, izbirljivost, pedanterija
squeegee [͵skwi:'dʒi:] *s mar* pahalica (partviš) sa spužvastom glavom (za pranje podova i brisanje vode); *phot* gumeni valjak za sušenje fotografija
squeegee [͵skwi:'dʒi:] *vt* brisati pahalicom (partvišem) sa spužvastom glavom; gumenim valjkom sušiti (vlažne fotografije)
squeezable ['skwi:zəbl] *adj* koji se može gnječiti; *fig* popustljiv
squeeze [skwi:z] *s* 1. stisak, pritisak, tištanje, stiskanje, gnječenje, izažimanje, stisak ruke 2. gužva, stiska, tiska, tišma, naloga; *fam com* nestašica novca 3. utisnuti otisak kovanoga novca 4. iznuđivanje, cijeđenje (novca)
squeeze [skwi:z] *vt/i* **I.** *vt* 1. stiskati, gnječiti, tiskati, tiještiti, žmikati što, istisnuti što (*out of* ili *from* iz), iscijediti (sok) 2. utisnuti, ugurati, nabiti što ili koga (*into* u), izgurati koga ili što (*out of* iz), ugurati (*oneself* se) 3. utisnuti otisak (novca i dr.) 4. *fig* mučiti, gnjaviti, ugnjetavati; iznuđivati od koga; istisnuti, izvući, iscijediti (novac) (*out of, from* iz) **II.** *vi* ugurati se, rivati se, tiskati se, turati se (*into* u, *through* kroz) | *fig* **~d orange** *fig* iscijeđeni limun ne može ništa očekivati; **to ~ one's way** gurati se (*through* kroz); **to ~ one's hand** stisnuti kome ruku u znak sklonosti, sućuti i dr.
squeeze in ['skwi:z'in] *vt* mukom ugurati, utisnuti što
squeeze out ['skwi:z'aut] *vt* istisnuti, izažeti što | **to ~ a tear** istisnuti suzu

squeezer ['skwi:zə] *s* gnječilo, preša, tijesak; cjedilo | **lemon ~** cjedilo za limun
squelch [skweltʃ] *s* šljapkanje, gacanje; omamljujući, težak udarac; *fig* porazan odgovor
squelch [skweltʃ] *vt/i* **I.** *vt fam* zgnječiti, zdrobiti, smoždititi, satrti što; dokončati što; *fig* zbuniti, ušutkati, poraziti koga **II.** *vi* šljapkati, gacati
squib [skwib] *s* žabica, praskavica (vatromet); zapaljač, lagum; podrugljiva pjesmica ili spis, rugalica, paskvil, peckanje
squib [skwib] *vt/i* **I.** *vt* izrugivati se kome podrugljivom pjesmicom ili spisom, rugalicom, peckati **II.** *vi* sastaviti paskvil
squid [skwid] *s zool* liganj, kalamar, sipica; umjetna meka
squid [skwid] *vi* loviti umjetnom mekom
squiffer ['skwifə] *s sl* ručna harmonika
squiffy ['skwifi] *adj sl* supijan, pripit, nacvrcan, nakićen
squiggle ['skwigl] *s* črknjica, črčkarija
squilgee [ˌskwil'dʒi:] *s* & *vt* → **squeegee**
squill [skwil] *s bot* morski luk; *zool* vrsta morskog raka
squinch [skwintʃ] *s archit* potporni luk
squint [skwint] *s* škiljenje, zrikanje, razrokost; žmirkanje, potajan ili plašljiv pogled, zirkanje (*at* na); *coll* pogled; *eccl* dugoljast otvor u zidu crkve
squint [skwint] *adj* zrikav, škiljav, razrok; kos, kriv
squint [skwint] *vi/t* **I.** *vi* škiljiti, zrìkati; bacati potajan pogled, zirkati (*at* na); nišaniti (*at* na); žmirkati **II.** *vt* prevraćati (oči)
squint-eyed ['skwintaid] *adj* škiljav, zrikav, razrok; *fig* zloban
squire ['skwaiə] *s hist* štitonoša, vitezov pratilac; vlastelin, posjednik; *US* mirovni sudac; kavalir, pratilac dame, paž | **~ of dames** salonski lav, idol žena
squire ['skwaiə] *vt* pratiti (damu), biti na usluzi (dami)
squirearch ['skwaiəa:k] *s* vlastelin, posjednik
squirearchy ['skwaiəra:ki] *s* klasa veleposjednika, vlastele; posjednici općenito, vlastela
squireen [ˌskwaiə'ri:n] *s* irski vlastelin
squirehood ['skwaiəhud] *s* položaj vlastelina; vlasteostvo, veleposjedništvo, vlastela
squirely ['skwaiəli] *adj* vlastelinski
squirm [skwə:m] *s* svijanje, previjanje; *fig* vrpoljenje, praćakanje, meškoljenje; *mar* zamršenje (konopa)
squirm [skwə:m] *vi* svijati se, previjati se (kao crv); *fig* vrpoljiti se, meškoljiti se, praćakati se
squirrel ['skwirəl] *s zool* vjeverica
squirt [skwə:t] *s* mlaz vode; štrcaljka; *US sl* umišljena budala, bezveznjak, dripac
squirt [skwə:t] *vt/i* **I.** *vt* ištrcati (tekućinu, prašak) **II.** *vi* štrcati, brizgati, šiknuti
squish [skwiʃ] *s fam* marmelada, pekmez
stab [stæb] *s* bod, ubod (nožem i dr.), rana od uboda; *fig* pozljeda osjećaja, zadana bol; žalac, bol; kleveta, podmukao udarac | *fig* **~ in the back** udarac nožem u leđa; **to have a ~ at** pokušati što
stab [stæb] *vt/i* **I.** *vt* ubosti, probosti, raniti, ubiti koga (obično nožem ili bodežom); zabiti (nož, bodež) (*into* u); *fig* pozlijediti koga, povrijediti čije osjećaje, zadati bol kome; žicom utvrditi (knjigu) **II.** *vi* bosti, ubosti, raniti bodežom i dr. (*at* koga), mahnuti bodežom (*at* prema kome); *fig* naškoditi (*at* čijem) ugledu | *fig* **to ~ in the back** zabiti nož u leđa
stabber ['stæbə] *s* ubojica iz potaje; bodež; *tech* vrsta šila, probojac
stability [stə'biliti] *s* stabilnost, stabilitet, nepromjenljivost, stalnost; postojanost, trajnost, čvrstoća; *aero* dinamična ravnoteža; sigurnost stajanja; *com* sposobnost plaćanja
stabilization [ˌsteibilai'zeiʃn] *s* stabilizacija, učvršćenje, ustaljenje
stabilize ['steibilaiz] *vt* stabilizirati, ustaliti, dovesti što u ravnotežu
stabilizer ['steibilaizə] *s aero* stabilizator
stable ['steibl] *s* staja, štala (obično konjska), ergela, konjušnica; *coll* pripadnici iste škole, organizacije i sl.; *pl mil* služba u štali
stable ['steibl] *vt/i* **I.** *vt* dovesti u štalu, smjestiti u štalu, držati u štali (konja) **II.** *vi* obitavati u štali; *fig* stanovati, smjestiti se, odsjesti
stable ['steibl] *adj* (**stably** *adv*) stabilan, čvrst, stalan; teško pomičan, postojan, stanovit, nepokolebljiv; *com* trajan
stable-boy ['steiblbɔi] *s* stajski momak, sluga, konjušar
stable-companion ['steiblkəmˌpænjən] *s* koji je iz iste štale; *coll* đak iste škole, pripadnik iste organizacije
stableman ['steiblmən] *s* (*pl* **stablemen** ['steiblmən]) konjušar
stabling ['steibliŋ] *s* metanje, smještanje u štalu ili štale; *collect* štale, staje
stablish ['stæbliʃ] *vt arch* učvrstiti, utvrditi, postaviti što
staccato [stə'ka:təu] *adv It mus* stakato, odjelito i oštro; *fig* isprekidano
stack [stæk] *s* 1. stog, plast, kamara; pravilno složena drva; hrpa, gomila; *mil* piramida (oružja) 2. dimnjak (lokomotive ili parobroda), red dimnjaka 3. mjera za drvo (108 kubičnih stopa), hvat 4. *fam* hrpetina, velika količina 5. hridina, stijena 6. skladište knjiga (u biblioteci) | **smoke-~** dimnjak
stack [stæk] *vt* plastiti, sadjeljati u stog, složiti u hrpu što | *mil* **to ~ arms** složiti

puške u piramidu; **~ed cubic meter** prostorni metar; **well ~ed** dobro građena (žena)

stack-funnel ['stæk.fʌnl] *s* otvor za vjetrenje u stogu

stadium ['steidjəm] *s* (*pl* **stadia** ['steidjə]) mjera (oko 180 m); *sport* stadion; *med* stadij bolesti

staff[1] [staːf] *s* (*pl* **~s, staves** [steivz]) štap, prut, motka, kolac, palica, potporanj; simbol vlasti, žezlo; *fig* potpora; vrsta sprave za određivanje položaja na moru; *mus* crtovlje; dužica (bačve) | **quarter-~** čvrst štap, dugačak 6—8 stopa kakav su nekada seljaci upotrebljavali kao oružje; **Jacob's ~** drveni štap na koji se postavljaju geodetske sprave; sprava za mjerenje udaljenosti i visine; **the ~ of life** glavna hrana, ono što je važno za održavanje života (npr. kruh); **pastoral ~** pastirski štap

staff[2] [staːf] *s mil* štab, stožer; osoblje, personal, administracija, činovnici, službenici, kadar, namještenici; *univ* nastavno osoblje | **general ~** glavni štab; **editorial ~ of a newspaper** uredništvo novina; **teaching ~** nastavno osoblje, nastavni kadar

staff [staːf] *vt* kadrovski popuniti, snabdjeti osobljem

staff[3] [staːf] *s* mješavina sadre, cementa i sl. kao građevni materijal

staff college ['staːf.kɔlidʒ] *s mil* generalštabna škola

staff nurse ['staːfnəːs] *s* bolničarka, mlađa medicinska sestra

staff-office ['staːf.ɔfis] *s* administrativno-upravni odjel

staff officer ['staːf.ɔfisə] *s mil* štabni oficir

staff sergeant ['staːf.saːdʒənt] *s mil* četni ili bataljonski pisar

staff surgeon ['staːf.səːdʒən] *s navy* štabni liječnik

staff-wood ['staːfwud] *s* (drvo za) dužice

stag [stæg] *s zool* jelen (*esp* petogodišnjak); mužjak različitih životinja; vol uškopljen kad već gotovo potpuno odraste; *sl st exch* špekulant akcijama; *sl* muškarac bez žene | **to go ~** ići kamo bez ženskog društva

stag [stæg] *vi/t* **I.** *vi st exch* špekulirati akcijama **II.** *vt* | **to ~ the market** kupovati dionice radi preprodaje

stage [steidʒ] *s* 1. skele, lazila; stalak, nogari; stolić mikroskopa 2. *theat* bina, pozornica, scena; *fig* kazalište; dramska književnost, umjetnost; glumačko zvanje; *fig* mjesto zbivanja, djelovanja, djelatnosti, djelokrug 3. postaja, odsjek puta između dvije postaje, etapa; stadij, dionica; zona; stupanj, razdoblje razvoja | **hanging ~** skele koje vise o užetima; **landing-~** pristanište; **to go on the ~** postati glumac; **to be on the ~** biti glumac; *fig* **to quit the ~** povući se s područja svoje djelatnosti; **by easy ~s** postepeno, u fazama, u kratkim etapama; **at this ~** u ovoj fazi, u ovom času; **fare-~** tarifna zona (u javnom prijevozu); **off ~** iza kulisa

stage [steidʒ] *vt/i* **I.** *vt* postaviti na pozornicu (kazališni komad); *fig* prirediti, udesiti što **II.** *vi* biti prikladan za postavljanje na pozornicu

stage-box ['steidʒbɔks] *s theat* proscenijska loža

stage-coach ['steidʒkəutʃ] *s* poštanska kočija, diližansa

stage-coachman ['steidʒ.kəutʃmən] *s* kočijaš poštanske kočije

stage-craft ['steidʒkraːft] *s* spretnost ili iskustvo u pisanju ili postavljanju kazališnih komada

stage direction ['steidʒdi.rekʃən] *s* uputa glumcu, didaskalija

stage door ['steidʒ'dɔː] *s* stražnji ulaz (u kazalište), ulaz za glumce

stage-effect ['steidʒi.fekt] *s* djelovanje glume; scenski efekt

stage-fever ['steidʒ.fiːvə] *s* živa želja, strast za glumačkim zvanjem

stage-fright ['steidʒfrait] *s* trema

stage-hand ['steidʒhænd] *s* pomoćni scenski radnik, nosač kulisa

stage-manager ['steidʒ.mænidʒə] *s theat* inspicijent

stager ['steidʒə] *s* | **old ~** iskusno čeljade, iskusan radnik, čovjek s iskustvom, stari rutiner

stage-struck ['steidʒstrʌk] *adj* koji silno želi da se posveti glumačkom zvanju

stage whisper ['steidʒ.wispə] *s* glumčev glasni šapat (da ga čuju gledaoci); *fig* šapat koji se daleko čuje

stagey ['steidʒi] *adj* → **stagy**

stagger ['stægə] *s* posrtanje, teturanje, kolebanje, oklijevanje; *mech* razmetnuto ređanje; razmicanje; stupnjevanje; *pl* vrtoglavica, omaglica; zamavica, vrtež (u konja i goveda), metiljanje (u ovaca)

stagger ['stægə] *vi/t* **I.** *vi* teturati, posrtati; *fig* kolebati, dvoumiti, oklijevati; žacati se **II.** *vt* uskolebati koga; osupnuti, smesti, preneraziti koga; pokolebati (vjeru); poredati što u cikcaku, razmetnuto poredati; stupnjevati | **to ~ to one's feet** s naporom se dići na noge; **to ~ office hours** stupnjevati početak radnog vremena

staggerer ['stægərə] *s* onaj koji tetura, posrće; ono što uzrokuje zapanjenje, iznenađenje

staggering ['stægəriŋ] *adj* (**~ly** *adv*) teturav, klimav, nestalan, nepostojan; od kojega se tetura (udarac), ošamućujući

stag-evil ['stæg.iːvl] *s* kočenje čeljusti (u konja)

staghound ['stæghaund] *s* vrsta psa za lov na jelene
staging ['steidʒiŋ] *s* **1.** *theat* inscenacija, postavljanje na pozornicu kazališnog komada 2. putovanje u poštanskoj kočiji, upravljanje poštanskim kočijama 3. skele
stagnancy ['stægnənsi] *s* nepokretnost, mirovanje, zastoj; *fig* tromost, mlitavost, mrtvilo, stagnacija
stagnant ['stægnənt] *adj* (~**ly** *adv*) ustajao, koji nema otoka (voda); *fig* trom, mlitav, nepokretan, mrtav, u zastoju, koji stagnira, stagnantan
stagnate [stæg'neit] *vi* biti ustajao, biti bez otjecanja (voda); *fig* postati mlitav, trom; zaostajati, stagnirati
stagnation [stæg'neiʃn] *s* mrtvilo, nepokretnost; neotjecanje; *fig* tromost, mlitavost, zastoj, stagnacija
stag party ['stæg,pa:ti] *s* muško društvo, momačko veče
stagy ['steidʒi] *adj* (**stagily** *adv*) *theat* koji svraća na sebe pozornost, ističe se, koji teži za efektnošću, teatralan
staid [steid] *adj* (~**ly** *adv*) smiren, staložen, ozbiljan, trijezan; nenapadan (izgled)
staid [steid] *pret* & *pp* od **stay**
staidness ['steidnis] *s* mirnoća, smirenost, staloženost, ozbiljnost
stain [stein] *s* mrlja, boja; *fig* ljaga
stain [stein] *vt/i* **I.** *vt* ostavljati tragove boje na čemu, mrljati, bojiti što (na zidu, papiru); štampati šarene uzorke; *fig* okaljati što **II.** *vi* mrljati, praviti mrlje; *fig* okaljati
stainable ['steinəbl] *adj* koji se može bojiti; koji se može promijeniti bojenjem
stained [steind] *adj* obojen (staklo) | ~ **glass** obojeno staklo
staining ['steiniŋ] *s* bojenje, obojenje | ~ **of glass** slikanje na staklu
stainless ['steinlis] *adj* (~**ly** *adv*) neumrljan, koji nema na sebi rđe; *fig* čist, neokaljan | ~ **steel** nerđajući čelik
stair [stɛə] *s* stepenica, *pl* stube | **above-~s** gore; **below-~s** dolje, u suterenu; kod služinčadi; **down ~s** na donjem katu; **up ~s** na gornjem katu; **back ~** stražnja vrata; *fig* tajni put za pristup; **a flight of ~s** stepenik, kat
staircase ['stɛəkeis] *s* stubište, stepenište
stairway ['stɛəwei] *s* stepenice, stube
staith [steiθ] *s* pristanište; istovarište ugljena
stake [steik] *s* 1. stup, kolac, granični stup; *fig* smrt na lomači, lomača 2. malen nakovanj 3. ulog u okladi; *pl* novac uložen u oklade kod konjskih utrka; konjske utrke 4. *fig* rizik, opasnost; udio, interes | **at ~** na kocki; **to have a ~ in** biti materijalno zainteresiran za nešto; **to be at ~** biti na kocki, biti u pitanju; **to be sent to the ~** biti osuđen na lomaču, biti spaljen na lomači; **to suffer at the ~** biti spaljen na lomači; **to sweep the ~s** dobiti glavni zgoditak; **to place one's ~s on** kladiti se na nešto
stake [steik] *vt* poduprijeti što kolcima; zavezati koga ili što o stup; kladiti se na što; nesigurno uložiti (novac) (*on* na); *fig* staviti što na kocku; uložiti dobru riječ (*on* za); *US* opskrbiti koga novcem
stake out ['steik'aut] *vt* označiti što kočićima | **to ~ a claim** iskolčati zemljište koje pojedinac uzima kod naseljavanja
stake-boat ['steikbəut] *s* čamac koji služi kao polazna točka kod utrke
stake-holder ['steik,həuldə] *s* nepristrana osoba koja čuva novac uložen u okladu, čuvar uloga
stake-net ['steiknet] *s* mreža podupрта kolcima
stalactite ['stæləktait] *s* stalaktit, siga na stropu spilje
stalagmite ['stæləgmait] *s* stalagmit, siga na podnožju spilje
stale[1] [steil] *s* mokraća konja ili stoke
stale[2] [steil] *s* *arch* mamac u obliku ptice; budala
stale [steil] *adj* (~**ly** *adv*) 1. star, suh, tvrd, pokvaren (kruh); pljesniv, bljutav (vino); odstajao, ishlapljen (pivo); loš, zagušljiv, ustajao (zrak) 2. istrošen, pohaban, iscrpen 3. *fig* star, otrcan (šala i dr.) 4. *com* mrtav; zastario | ~ **bread** star kruh; **the athlete is ~** sportaš je pretreniran
stale [steil] *vt/i* **I.** *vt* učiniti što starim, pohabati, istrošiti što **II.** *vi* (većinom *fig*) 1. postati star, odstajao, istrošen 2. mokriti (o stoci)
stalemate ['steilmeit] *s* *chess* pat; *fig* zastoj, mrtva točka
stalemate ['steilmeit] *vt* *chess* dovesti koga u pat poziciju; *fig* dovesti što do zastoja, na mrtvu točku
staleness ['steilnis] *s* starost, ostarjelost; bljutavost, mlakavost, otrcanost, istrošenost
stalk[1] [stɔ:k] *s* *bot* stabljika, vlat; *zool* batrljica pera; stalak čaše; *archit* ukras u obliku stabljika; visok tvornički dimnjak | **off ~** (o grozdićima i dr.) koji nema peteljke
stalk[2] [stɔ:k] *s* kočoperenje, šepirenje; prikradanje
stalk [stɔ:k] *vi/t* **I.** *vi* šepiriti se, kočiti se, kočoperiti se; *hunt* prišuljati se, prikradati se divljači; *fig* širiti se (bolest) **II.** *vt* *hunt* prišuljati se (divljači)
stalking-horse ['stɔ:kiŋhɔ:s] *s* konj iza kojega se lovac skriva; *fig* izlika, izgovor, veo, plašt
stalky[1] ['stɔ:ki] *adj* *sl* lukav, prepreden
stalky[2] ['stɔ:ki] *adj* koji ima oblik stabljike, stabljikast, dug (noge)
stall[1] [stɔ:l] *s* 1. pregradak u štali za jedno živinče; štala; *eccl* sjedalo u crkvi; stolica

(& *fig*); *theat* parket 2. štand, daščara, stol, šator s trgovinom, prodavaonicom 3. kapica, zavoj za ranjeni prst 4. *min* radno mjesto u rudniku 5. *tech* zastoj (stroja), gašenje (motora); *aero* (o avionu) kolebanje zbog smanjenja brzine | **book-~** štand, tezga, kiosk za prodaju knjiga; *theat* **pit ~s** serkl (cercle)

stall² [stɔːl] *s* džeparev ortak

stall [stɔːl] *vt/i* **I.** *vt* držati u štali, pitati u štali (stoku); podijeliti (štalu) na odjeljke; zagušiti (motor); *mot* zaustaviti (stroj) **II.** *vi* zagresti, zaglibiti; *mot* zatajiti (stroj), ugasiti se (motor); *aero* pokolebati se zbog gubitka brzine (avion)

stallage [ˈstɔːlidʒ] *s* mjesto na trgu za štandove; pravo držanja štanda; mjestarina, pristojba za takvo mjesto

stall-feed [ˈstɔːlfiːd] *vt* pitati, toviti (stoku) u štali

stallion [ˈstæljən] *s* (rasplodni) pastuh

stall-keeper [ˈstɔːlˌkiːpə] *s* vlasnik štanda, tezge

stall-money [ˈstɔːlˌmʌni] *s* pristojba za držanje štanda

stalwart [ˈstɔːlwət] *adj* (**~ly** *adv*) snažan, mišičav; *fig* smion, odvažan, odlučan, nepokolebljiv, pouzdan

stalwart [ˈstɔːlwət] *s* odlučan zagovornik, nepokolebljiv pristaša, pobornik (*esp* u političkom smislu)

stamen [ˈsteimen] *s bot* prašnik

stamina [ˈstæminə] *s* snaga, jakost, žilavost, ustrajnost, izdržljivost, otpornost

stammer [ˈstæmə] *s* mucanje, zamuckivanje

stammer [ˈstæmə] *vi/t* **I.** *vi* zamuckivati, mucati **II.** *vt* izmucati, promucati

stammerer [ˈstæmərə] *s* mucavac, tepavac

stammering [ˈstæməriŋ] *adj* (**~ly** *adv*) mucav, koji zapinje u govoru

stamp [stæmp] *s* 1. tabananje, gaženje, toptanje, stupanje 2. *mech* sprava za žigosanje; preša, bat, stupa, drobilo, tucalo; *tech* poštanski žig 3. žig, pečat, utisak, otisak; znak 4. marka, biljeg; *pl US* novac 5. *fig* žig; obilježje, značajka, značaj, kov (*a man of that ~*) | **to put on a ~** nalijepiti marku; *fig* **to give a ~ to** dati kakvo obilježje čemu; **postage ~** poštanska marka; **~ of approval** odobrenje

stamp [stæmp] *vt/i* **I.** *vt* 1. gaziti, tabanati, tapkati čime, razgaziti, istabanati, zgaziti, stući, zdrobiti, mrviti, satrti što 2. žigosati što; kovati (novac); razbijati (rudu); utisnuti (kakav znak, lik), štancati, prešati (*upon* u); (često *out*) utiskivanjem izrezati što 3. frankirati, biljegovati što 4. *fig* usjeći, utuviti što (*to ~ on the memory*); *fig* žigosati, označiti koga, dati čemu kakvu oznaku **II.** *vi* tabanati, toptati, topotati, gaziti nogama (*on* što); žigosati | **to ~ with** označiti čime

stamp down [ˈstæmpˈdaun] *vt* zgaziti

stamp out [ˈstæmpˈaut] *vt* utiskivanjem izrezati što; gaženjem ugasiti (vatru); *fig* iskorijeniti, satrti, ugušiti (pobunu); *tech* zdrobiti, satrti (rudu itd.)

stamp-album [ˈstæmpˌælbəm] *s* album za marke

stamp-collector [ˈstæmpkəˌlektə] *s* filatelist, skupljač maraka

stamp-dealer [ˈstæmpˌdiːlə] *s* trgovac markama

stamp-duty [ˈstæmpˌdjuːti] *s* biljegovina, taksa, pristojba plaćena u taksenim markama

stampede [stæmˈpiːd] *s* panika, strava, bijeg glavom bez obzira, bezglava jurnjava (životinjskog krda); *US pol* kretanje mnogih osoba izazvano zajedničkim poticajem

stampede [stæmˈpiːd] *vi/t* **I.** *vi* pobjeći u neredu, panici, razbježati se glavom bez obzira, juriti kao krdo **II.** *vt* izazvati paniku među kim; tjerati, goniti koga

stamper [ˈstæmpə] *s* tucalo, bat, tučak; stupa; žigosač; sprava za žigosanje

stamping [ˈstæmpiŋ] *s* tabanje, gaženje; tucanje; biljegovanje, frankiranje

stamping-ground [ˈstæmpiŋgraund] *s* okupljalište, obitavalište

stamp-machine [ˈstæmpməˌʃiːn] *s* drobilica; automat za prodaju maraka

stamp-mill [ˈstæmpmil] *s* tučnica za drobljenje rude

stamp-office [ˈstæmpˌɔfis] *s* biljegovni ured

stance [stæns] *s golf* i dr. položaj za udarac, držanje tijela; *fig* stav

stanch [staːntʃ] *adj* & *vt* → **staunch**

stanchion [ˈstaːnʃn] *s* potporanj, stup, motka; dvije motke između kojih stoji govedo u štali

stanchion [ˈstaːnʃn] *vt* poduprijeti što potpornjem; privezati (životinju) o stup

stand [stænd] *s* 1. stajanje; zastoj (& *fig*); položaj 2. stanica, stajalište (& *fig*), gledište, stav, držanje 3. nogari, ulična prodavaonica, štand, stalak, polica; *phot* stativ 4. tribina 5. otpor 6. nepožnjeveno žito; stanje | *arch* **to be at a ~** biti u zastoju, stajati, biti zbunjen; **to come to a ~** stati, zastati, zaustaviti se; **to make a ~** odolijevati, odupirati se (*against* čemu); **to bring to a ~** zaustaviti, dovesti do zastoja; **music ~** stalak za note; **umbrella ~** stalak za kišobrane; **hat ~** stalak za šešire; **ink ~** tintarnica; **wash-~** umivaonik; **fruit-~** štand, tezga za prodaju voća; **cab-~** stajalište kočija ili taksija; **band ~** paviljon za glazbu; **grand ~** tribina; *mil* **~ of arms** puška s priborom, potpuna oprema vojnika; *mil* **~ of colours** pukovnijske zastave; **to take a ~** zauzeti stav

stand [stænd] *vi/t* (stood, stood) **I.** *vi* 1. stajati; biti uspravan, biti visok, dosezati stanovitu visinu u stojećem stavu (*he ~s six feet in his stockings*); uspraviti se, naježiti se (kosa) 2. biti smješten, ležati, nalaziti se, biti 3. prestati se kretati, stajati na mjestu, stati, zaustaviti se 4. biti u položaju koji obećava dobitak ili gubitak (*he ~s to win* (*lose*) *a fortune on this venture*) 5. ostati bez promjene, ne izgubiti na snazi, vrijediti i nadalje (*let the judgement of the court ~*) 6. zadržati svoj dosadašnji položaj (*by their own conduct they must ~ or fall*) 7. zauzimati se (*for* za što), zagovarati (*for* što), pristajati (*with* uza što), uzimati neki stanoviti odnos prema čemu (*to ~ sponsor, security, godfather*); usprotiviti se (*against* čemu) 8. odolijevati, odupirati se, izdržati, ostajati, ustrajati (*to be valiant is to ~*) 9. doseći neku stanovitu visinu (*corn ~s higher than ever*) 10. oklijevati, prezati (*at* od); 11. biti (*he ~s accused*) 12. sastojati se (*in* od) 13. biti u skladu, slagati se (*with* sa) 14. biti kandidat, kandidirati (*for* za) 15. skupiti se (*the sweat ~s on his forehead*) 16. dolaziti; *esp* o vjetru, puhati (*the wind ~s in the west*) 17. *coll* koštati, stajati 18. biti od koristi (*it stood him to leave the country for a time*) 19. *mar* držati neki određeni kurs, ploviti (*for, to* prema) 20. stupiti (*back* natrag); *parl* biti u ime koga (*the motion ~s in the name of Mr. N.*) **II.** *vt* 1. nasloniti što (*against* o), postaviti, staviti što 2. trpjeti, podnositi, izdržati koga ili što 3. odolijevati, ne popuštati, suprotstavljati se čemu 4. podvrći se čemu 5. ostati kod čega (*esp* kod riječi) 6. *coll* častiti koga čime; platiti što (*for* za koga) 7. služiti kao što, stajati umjesto čega | *mil* **to ~ at ease** stajati u stavu voljno; *mil* **to ~ at attention** stajati u stavu mirno; **to ~ in a p's light** zaklanjati kome svjetlo, stajati između koga i svjetla; *fig* zasjeniti koga, umanjiti kome izgled na uspjeh; **to ~ in the breach** podnositi na svojim leđima glavnu težinu čega (*lit* & *fig*); **to ~ on one's own bottom** stajati na vlastitim nogama, ne biti ovisan o kome; **it ~s to reason** logično je, samo je po sebi razumljivo; jasno je (*that* da); **to ~ at bay** pružiti otpor progonitelju (progonjena životinja, & *fig*); **to ~ one's ground** zadržati svoj stav (u raspravljanju); **to ~ to win (lose)** sigurno dobiti (izgubiti); *mil* **~ easy!** na mjestu voljno; **~ and deliver!** novac ili život!; **to ~ on record** biti zapisano; *US sl* **to ~ put** biti zadovoljan sadašnjim stanjem, držati se staroga; **he ~s six feet high** visok je šest stopa; **to ~ for nothing** ne vrijedi ništa; *US* **to ~ from under** pobrinuti se za svoju sigurnost; *mil* **to ~ to one's guns** ustrajati na položaju, ne povući se; *fig* ostati vjeran svojim načelima, ne popuštati; **to ~ treat** častiti; **to ~ well with** biti u dobrim odnosima sa; **to ~ alone** stajati sam, osamljen, biti bez pomoći; **to ~ for** zalagati se za, podupirati što; stajati umjesto čega, predstavljati, značiti što, kandidirati se za; *US* trpjeti, dopuštati; **to ~ a trial** izdržati probu, pokazati se prokušanim; **to ~ a p** podnositi nekoga; **to ~ firm (fast)** ne popustiti; **to ~ clear of something** ne približavati se; **to ~ a chance** imati izglede; **to ~ one in good stead** dobro doći, pokazati se korisnim; **to ~ head and shoulder above a p** nadvisiti, natkriliti koga, odskakivati, isticati se

stand aside ['stændə'said] *vi* stajati po strani; stupiti na stranu

stand back ['stænd'bæk] *vi* stupiti natrag, ustuknuti; stajati u pozadini

stand by ['stænd'bai] *vt* **A** *prep* pomagati kome, podržavati koga, pristajati uz koga; ostati vjeran čemu, pristajati uza što; *mar* stajati spreman uza što; *radio* ostati uz prijemnik, ostati na prijemu čekajući zapovijed što treba da radi s tim **B** *adv* biti prisutan, stajati u blizini, stajati i promatrati; *mar* biti spreman

stand down ['stænd'daun] *vi* povući se, odstupiti; *sport* odustati

stand forth ['stænd'fɔːθ] *vi* istupiti

stand in ['stænd'in] *vi coll* stajati, koštati; *mar* ploviti prema kopnu; obećati pomoć | **to ~ with** biti saveznik, biti u dobrim odnosima s kim, podupirati, podržavati koga

stand off ['stænd'ɔf] *vi/t* **I.** *vi* stajati po strani, držati se daleko (*from* od), nećkati se **II.** *vt US* držati što daleko od sebe

stand off and on ['stænd'ɔfənd'ɔn] *vi mar* krstariti uz obalu

stand on ['stænd'ɔn] *vi* **A** *prep* zahtijevati što, držati do čega, ustrajati na čemu **B** *adv mar* i dalje ploviti određenim kursom

stand out ['stænd'aut] *vi/t* **I.** *vi* držati se daleko, ne sudjelovati; zauzeti se, istupiti (*for* za); isticati se, izdizati se; *mar* isploviti na pučinu **II.** *vt* saslušati što stojeći; izdržati do kraja, ustrajati na čemu

stand over ['stænd'əuvə] *vi* ostati neriješen, neuređen, nesvršen, biti odložen; *mar* ploviti prema drugoj obali

stand to ['stænd'tuː] *vi* **A** *prep* pomagati (*a p* kome); čvrsto se držati čega, ustrajati u čemu, ostati vjeran čemu, ne napuštati što **B** *adv mil* pripremiti se za

napad; *arch* dati se na posao | **to ~ it** ustrajno tvrditi (*that* da); *mar* **to ~ sea** ploviti prema pučini
stand up ['stænd'ʌp] *vi* ustati, držati se uspravno | **to ~ for** pristajati uza što, zauzeti se za, braniti što; **to ~ to** hrabro stati nasuprot (protivniku); **to ~ with** plesati s kim, spremati se na ples s kim
standard ['stændəd] *s* 1. stijeg, zastava, barjak (*esp* konjice) 2. standard, mjerilo 3. *fig* norma, pravilo; razina, jedinstvena mjera, uzor, ideal; stupanj; razred (osnovne škole) 4. uspravan stup; cijev; stablo; grm | **the royal ~** kraljevska zastava (četvorouglasta s engleskim grbom); **monetary ~** omjer težine primjese i plemenite kovine u zlatnom ili srebrnom novcu; **~ of living** životni standard
standard ['stændəd] *adj* 1. standardan, normalan, koji služi kao uzorak; po kojem se što ravna 2. klasičan (pisac i sl.) 3. uspravan, koji stoji 4. koji ima uspravnu stabljiku ili deblo (biljka)
standard-bearer ['stændəd.bεərə] *s* zastavnik, barjaktar, stjegonoša; *fig* vođa, predvodnik, kolovođa
standardization [.stændədai'zeiʃn] *s* standardizacija, normiranje, ujednačavanje
standardize ['stændədaiz] *vt* standardizirati, ujednačiti, normalizirati, normirati što
standard time ['stændədtaim] *s* lokalno vrijeme
stand-by ['stændbai] *s* pomoć, pomoćnik, pomagač; uporište, oslonac; rezerva; stanje pripravnosti, spremnost
stand-easy ['stænd.iːzi] *s* odmor
standee [stæn'diː] *s theat* gledalac koji stoji, koji ima mjesto za stajanje
stander ['stændə] *s* stajalac, onaj koji stoji, koji ostaje
stand-in ['stændin] *s* dvojnik, dubler (glumca u filmu)
standing ['stændiŋ] *s* stajanje; položaj, rang, ugled, renome, reputacija, poziv, zanimanje; trajanje | **of long ~** dugogodišnji, star
standing ['stændiŋ] *adj* koji stoji, uspravan, neoboren, nepokošen; koji se ne kreće, miran, ustajao (voda); trajan, stalan, redovit; stajaći (vojska); ustaljen | **~ army** stajaća, stalna, mirnodopska vojska; **~ order** određena, stalna zapovijed; stalna narudžba; *parl* **~ orders** poslovnik parlamenta; *mar* **~ part** nepokretna brodska oprema; *mar* **~ rigging** nepokretna brodska oprema; *mar* **all ~** bez pripreme, onako kako je posada zatečena; **~ dish** dosadno ponavljanje; **~ jump** skok s mjesta, bez zaleta; **~ committee** stalni odbor, stalna komisija
standing-desk ['stændiŋdesk] *s* tezga, stol uz koji se stoji
standish ['stændiʃ] *s arch* pisaći pribor
stand-off ['stændɔf] *adj* hladan, oprezan
stand-offish ['stænd'ɔfiʃ] *adj* (**~ly** *adv*) povučen, ohol, nepristupačan
standpatter ['stændpætə] *s US* kruti pristaša svoje stranke; osoba krutih (političkih) uvjerenja
standpoint ['stændpɔint] *s* stajalište, stanovište, gledište
St. Andrew's cross [sənt'ændruːz'krɔs] *s* 1. križ sv. Andrije; kosi križ 2. *bot* vrsta sjevernoameričkog grma
standstill ['stændstil] *s* zastoj, prestanak, mirovanje, mrtva točka
stand-up ['stændʌp] *adj* uspravan, koji stoji; koji se uzima stojeći (obrok); pravilan | **~ fight** borba po pravilima, poštena, fer borba
stanhope ['stænəp] *s* lagana kočija, jednosjed s dva ili četiri kotača
staniel ['stænjəl] *s ornith* vjetruša klikavka
stank [stæŋk] *pret* od **stink**
stannary ['stænəri] *s* rudnik kositra; *pl* područje kositrenih rudnika u Cornwallu i Devonu
stannary ['stænəri] *adj* kositren, koji se odnosi na rudnike kositra
stannic ['stænik] *adj chem* kositren
stannous ['stænəs] *adj* kositren, koji sadrži kositra
St. Anthony's fire [sənt'æntəniz'faiə] *s med* crveni vjetar
stanza ['stænzə] s strofa, kitica
staple[1] ['steipl] *s* prsten za uticanje stožera vrata; šarka, baglama; klamfa, skoba; spojnica, spajalica, klamerica (koja probija papir)
staple[1] ['steipl] *vt* pričvrstiti što, zaskobiti, opskrbiti što klamfom, skobom; spojiti, zaklamati
staple[2] ['steipl] *s* 1. *hist* tržište, središte trgovine 2. glavni predmet trgovine, glavni proizvod, glavna roba; sirovina; *fig* glavna sastojina, predmet, stvar; vlakno, kakvoća vlakna vune, pamuka
staple[2] ['steipl] *vt* svrstati, sortirati (vunu, pamuk) prema kakvoći vlakna
staple ['steipl] *adj* glavni, bitni, osnovni (roba, proizvod, hrana)
stapler ['steiplə] *s com* koji razvrstava vunu, pamuk; trgovac vunom na veliko; spajalica, klamerica, naprava za spajanje, klamanje
star [staː] *s* 1. zvijezda; *print* zvjezdica 2. (glumačka, izvođačka) zvijezda, star 3. *fig* zvijezda (*to be born under an unlucky ~*); *pl* sudbina, udes 4. bijela mrlja na čelu konja i dr. | **evening ~** večernjica; **morning ~** Danica; *poet* **day ~** Danica; sunce; **lode ~** zvijezda po kojoj se određuje kurs, *esp* Sjevernjača;

fig zvijezda vodilja; **north ~** Sjevernjača; **polar ~** Sjevernjača; **shooting ~** *astr* krijesnica, proletuša; *US* **~s and stripes** zastava Sjedinjenih Američkih Država; **the red ~** međunarodno udruženje za zaštitu životinja; **the ~s were against it** sudbina, udes je bio protiv toga; **fixed ~** zvijezda stajaćica

star [staː] *vt/i* **I.** *vt* posuti, ukrasiti što zvijezdama; *print* staviti zvjezdicu; *theat* dati kome glavnu ulogu **II.** *vi* blistati; *theat* igrati glavnu ulogu | *theat* **to ~ it** igrati glavnu ulogu

starblind [ˈstaːblaind] *adj* poluslijep

starboard [ˈstaːbəd] *s mar* desni bok broda

starboard [ˈstaːbəd] *vt* držati (kormilo) na desni bok broda, skrenuti desno

starch [staːtʃ] *s* škrob; *fig* ukočenost, službenost (o ponašanju)

starch [staːtʃ] *adj* (**~ly** *adv*) (rijetko) točan; *fig* ukočen, služben (o ponašanju)

starch [staːtʃ] *vt* škrobiti, štirkati (rublje)

starched [ˈstaːtʃt] *adj* (**~ly** [ˈstaːtʃidli] *adv*) uškrobljen; *fig* ukočen, služben

starcher [ˈstaːtʃə] *s* 1. škrobilac 2. stroj za škrobljenje 3. uškrobljeni dio rublja

starchy [ˈstaːtʃi] *adj* (**starchily** *adv*) škroban, koji sadrži škroba (hrana), uškrobljen (o rublju); *fig* ukočen, služben, uštirkan

stardom [ˈstaːdəm] *s* status filmske zvijezde

stare [stɛə] *s* buljenje, zurenje, piljenje, ukočen pogled

stare [stɛə] *vi/t* **I.** *vi* zuriti, buljiti, piljiti, zjati, iskolačiti oči (*at* na, u; *after* za) **II.** *vt* pogledom natjerati koga na što (*~d him into silence*) | **to ~ one in the face** biti očit, neizbježan

stare down [ˈstɛəˈdaun] *vt* smesti, zbuniti koga pogledom

starer [ˈstɛərə] *s* onaj koji zuri, bulji, pilji

star-finch [ˈstaːfintʃ] *s ornith* crvenperka

starfish [ˈstaːfiʃ] *s zool* morska zvijezda

star-gazer [ˈstaːˌgeizə] *s joc* astronom, zvjezdoznanac; astrolog

staring [ˈstɛəriŋ] *adj* (**~ly** *adv*) ukočen, zapiljen, koji bulji, zuri, pilji; napadan, upadljiv, ukočen (o boji); četinjav (o kosi) | **stark ~ mad** sasvim lud

stark [staːk] *adj* (**~ly** *adv*) krut, ukočen; *poet* jak, krepak; nepopustljiv, odlučan; potpun, čist | **~ madness** potpuna ludost; **~ folly** čista glupost

stark [staːk] *adv* potpuno, sasvim, posve, do skrajnosti | **~ mad** sasvim lud, posve lud

starless [ˈstaːlis] *adj* bez zvijezda

starlet [ˈstaːlit] *s* zvjezdica, starleta

starlight [ˈstaːlait] *s* zvjezdana svjetlost

starlike [ˈstaːlaik] *adj* zvjezdolik, zvjezdast

starling[1] [ˈstaːliŋ] *s ornith* čvorak

starling[2] [ˈstaːliŋ] *s* zaštitna ograda oko stupova mosta, ledolom

starlit [ˈstaːlit] *adj* sjajan kao zvijezda, zvjezdan, obasjan zvijezdama

starred [staːd] *adj* zvjezdan (o nebu), ukrašen zvijezdom; *print* označen zvjezdicom | **ill-~** rođen pod nesretnom zvijezdom, nesretan

starry [ˈstaːri] *adj* (**starrily** *adv*) zvjezdan (o nebu); koji ima oblik zvijezde, zvjezdolik; sjajan, blistav | **~-eyed** zanesen, sanjalački

start [staːt] *s* 1. trgnuće, trzaj, prenuće, nagla nehotična kretnja; *pl* kretanje ili naprezanje na mahove 2. kretanje na put, odlazak 3. početak, polazak 4. polazna točka; *sport* start; *aero* odlijetanje 5. prednost | **by fits and ~s** na prekide, na mahove; **to make a ~** početi, započeti; **to give a ~** uplašiti se, lecnuti se, trgnuti se; **to make a new ~ in life** početi nov život; **to get a ~ of** preteći, prestići koga; **to give one a ~ of ten yards** dati kome deset jardi prednosti (fore); **to get off to a flying ~** sjajno započeti

start [staːt] *vi/t* **I.** *vi* 1. trgnuti se, prenuti se, lecnuti se, skočiti, prepasti se (*at* od, pred); iskočiti, izbuljiti se (o očima); olabaviti (o čavlu); svinuti se, iskočiti iz svog položaja (o drvu) 2. krenuti, otputovati (*for* u); odlaziti (o vlaku); *sport* startati; *US sl* tražiti, zametati kavgu 3. proizlaziti (*from* iz) **II.** *vt* 1. dignuti (divljač); *mar* točiti (piće) iz bureta; olabaviti (čavao) 2. pokrenuti što; *sport* dati znak za start; *aero* dati (avionu) znak da poleti 3. dozvati što u život, oživiti što; otvoriti (posao, trgovinu); pomoći kome da što počne, natjerati koga na što (*this ~ed me coughing*) 4. *fig* širiti (glasine); nabaciti, pokrenuti (pitanje); početi što, krenuti (na putovanje) | **to ~ one in business** uvesti koga u neki posao; **to ~ on a th** početi što

start in [ˈstaːtˈin] *vi US* započeti | **to ~ for** započeti što

start off [ˈstaːtˈɔf] *vt* krenuti, otputovati

start out [ˈstaːtˈaut] *vi fam* preduzeti sebi

start over [ˈstaːtˈəuvə] *vt US* ponovo početi što

start up [ˈstaːtˈʌp] *vi/t* **I.** *vi* skočiti, naglo ustati; *fig* nastati, pojaviti se **II.** *vt* pokrenuti što

start with [ˈstaːtˈwið] *vi* | **to ~** (pri nabrajanju) prvo, u prvom redu

starter [ˈstaːtə] *s sport* starter; onaj koji starta; trkaći konj; *mot* elektropokretač, starter, anlaser

starting [ˈstaːtiŋ] *s* odlazak, početak, polazak

starting-crank [ˈstaːtiŋkræŋk] *s mot* poluga za stavljanje motora u pogon

starting-gate ['staːtiŋgeit] *s* startna rampa (za konjske utrke)
starting-point ['staːtiŋpɔint] *s* početna točka, polazna točka, ishodište
starting-post ['staːtiŋpəust] *s* startna crta
startle ['staːtl] *vt* preplašiti, preneraziti, zaprepastiti, zapanjiti, (neugodno) iznenaditi, presenetiti koga; potaknuti koga (*into doing* na što)
startler ['staːtlə] *s* onaj koji izaziva čuđenje, uzbuđenje, strah, zaprepaštenje, presenećenje i dr.
startling ['staːtliŋ] *adj* (~**ly** *adv*) zaprepašćujući, zapanjujući, iznenađujući, koji pobuđuje uzbuđenje, privlači pažnju
starvation [staːˈveiʃn] *s* izgladnjenje, gladovanje; skapavanje, smrt od gladi
starve [staːv] *vi/t* **I.** *vi* 1. izgladnjeti, skapavati od gladi, bijedno živjeti, zlopatiti se; biti gladan, gladovati; postiti 2. *fam* biti jako gladan 3. zakržljati zbog slabe ishrane (životinje i biljke) 4. *fig* jako težiti, čeznuti (*for* za) 5. trpjeti, umrijeti od zime (rijetko) **II.** *vt* 1. izgladniti, (u)moriti koga glađu 2. slabo hraniti koga 3. istjerati (bolest) gladovanjem (često *out*) 4. prisiliti koga gladovanjem (*into* na) 5. izmučiti, ubiti koga hladnoćom | **to ~ to death** skapati od gladi; **to ~ into submission** gladovanjem prisiliti na predaju
starveling ['staːvliŋ] *s* izgladnjela osoba ili životinja; zakržljalo živinče
starveling ['staːvliŋ] *adj* gladan, izgladnio; omršavio, suh; *fig* bijedan, jadan
stash [stæʃ] *vt coll* staviti na stranu, spremiti, sačuvati, sakriti
statable ['steitəbl] *adj* navediv, izraziv; utvrdiv
state[1] [steit] *s* 1. stanje, prilike, okolnosti; položaj; loše stanje; *fam* uzbuđeno stanje (*over* zbog) 2. sjaj, dostojanstvo, svečanost 3. društveni položaj, stalež, čin, čast | **what ~ you are in!** u kakvu si to (prljavom, neurednom) stanju!; **to keep ~** držati vlastito dostojanstvo, ponašati se kao velik gospodin, ne biti lako pristupačan; **in ~** u svečanoj uniformi, svečano, kićeno; **chair of ~** prijestolje; **to drive in ~** voziti se u svečanoj povorci; **to lie in ~** ležati na svečanom odru; **married ~** brak; **single ~** momaštvo, djevojaštvo, neudatost, neoženjenost; **~ of play** momentalni rezultat, stanje (nezavršene utakmice); **~ of health** zdravstveno stanje; **~ of the art** pregled stanja u nekoj struci
state[2] [steit] *s* 1. država, državna uprava 2. *pl* zakonodavno tijelo u Guernseyju i Jerseyju | **the United States** Sjedinjene Američke Države; **Church and State** crkva i država; **free ~** (u *US*) država u kojoj nije bilo ropstva; **slave ~** (u *US*) država u kojoj su postojali robovi; **Secretary of ~** ministar, državni sekretar; *US* državni sekretar za vanjske poslove
state [steit] *adj* državni; svečan, raskošan | **~ criminal** politički prijestupnik; **~ document** državni dokument; **~ prisoner** politički zatvorenik; **~ socialism** državni socijalizam; *coll* **~ call** posjet iz učtivosti, službeni posjet; **~ coach** sjajna kočija; **~ archives** državni arhiv; **S~ Department** *US* američko ministarstvo vanjskih poslova
state [steit] *vt* navoditi, iznositi, izjaviti što; objasniti, jasno, potpuno izložiti, razložiti što; ustanoviti, utvrditi; *math* izraziti (problem) matematičkim simbolima
state bank ['steitbæŋk] *s US* banka koncesionirana od jedne od američkih saveznih država
statecraft ['steitkraːft] *s* umjetnost vođenja državnih poslova, državništvo, državnička mudrost
stated ['steitid] *adj* (~**ly** *adv*) određen, utvrđen, urečen, ustanovljen; koji se događa u određeno vrijeme; pravilan, redovan
State Department ['steitdiˌpaːtmənt] *s US* ministarstvo vanjskih poslova
state-house ['steithaus] *s US* zgrada parlamenta (u pojedinoj saveznoj državi)
stateless ['steitlis] *adj* bez državnosti, bez države; bez državljanstva | **~ person** osoba bez državljanstva, apolit, apatrid
stateliness ['steitlinis] *s* dostojanstvenost; sjaj, svečanost
stately ['steitli] *adj* uzvišen, veličanstven, dostojanstven, sjajan, gizdav, krasan, otmjen, svečan, ponosan
statement ['steitmənt] *s* iskaz, izjava, navod, izvještaj, očitovanje; *com* izvod, izvadak (iz računa) | **to make a ~** dati izjavu, izvijestiti; *com* **~ of account** izvadak iz računa; *com* **as per ~** prema očitovanju, po iskazu; **~ analysis** analiza bilance
stateroom ['steitrum] *s* svečana dvorana, luksuzna brodska kabina
stateside ['steitsaid] *adj* tipičan za Sjedinjene Američke Države
statesman ['steitsmən] *s* (*pl* **statesmen** ['steitsmən]) državnik
statesmanlike ['steitsmənlaik] *adj* državnički
statesmanly ['steitsmənli] *adj* državnički
statesmanship ['steitsmənʃip] *s* državništvo, državnička mudrost
static ['stætik] *adj* (~**ally** *adv*) *phys* statičan, nepokretan (& *fig*); *el* elektrostatičan
statics ['stætiks] *s pl* 1. *phys* (*sg constr*) statika 2. *radio* (*pl constr*) atmosferske smetnje
station ['steiʃn] *s* 1. stajalište, položaj, mjesto; stajanje, nepokretnost; *mil* &

mar baza; postaja, ured 2. *fig* (visok) društveni položaj, stalež, zvanje 3. *rly* kolodvor, stanica, postaja 4. *eccl hist* post u srijedu i petak; *pl* postaje križnog puta 5. *pl navy* borbeni položaj 6. mjesto koje služi kao polazna točka kod geodetskih mjerenja; standardna mjera, obično 100 ili 66 stopa 7. *India* vojna baza i njezini stanovnici; *Australia* pašnjak ili zgrada na njemu 8. *bot & zool* odnos biljke ili životinje prema klimi, tlu | **police** ~ policijska stanica, redarstvena postaja; **naval** ~ pomorska baza; **goods** ~ teretni kolodvor; **to take up one's** ~ postaviti se

station ['steiʃn] *vt mil* smjestiti, stacionirati (trupe); postaviti (*oneself* se), odrediti mjesto

stational ['steiʃənl] *adj eccl* koji se odnosi na postaje križnog puta

stationary ['steiʃnəri] *adj* (**stationarily** *adv*) mjesni, koji se javlja samo mjestimice; nepokretan, nepomičan, stalan, stacionaran; (o kretanju) jednoličan, nepromijenjen | ~ **diseases** oboljenja ograničena na neko uže područje, a posljedica su atmosferskih prilika

stationary ['steiʃnəri] *s* stalna osoba ili stvar; *pl* stalna vojna posada

station-bill ['steiʃənbil] *s mar* popis mjesta dodijeljenih članovima posade

station calendar ['steiʃənˌkælində] *s* ploča na željezničkom peronu na kojoj je označeno vrijeme odlaska postavljenog vlaka

stationer ['steiʃnə] *s* trgovac pisaćim potrepštinama | ~**'s shop** papirnica

stationery ['steiʃnəri] *s* papirnata roba, pisaći pribor i potrepštine | **Her Majesty's Stationery Office** državni nakladni zavod

station-house ['steiʃənhaus] *s* policijska stanica, redarstvena postaja

station-master ['steiʃənˌmaːstə] *s rly* šef stanice

station-wagon ['steiʃnˌwægən] *s US* karavan (vrsta automobila)

statist ['steitist] *s* statističar; državnik

statistic [stə'tistik] *adj* (~**ally** *adv*) statistički

statistician [ˌstætis'tiʃn] *s* statističar

statistics [stə'tistiks] *s pl* 1. *sg constr* statistika (kao znanost), statistički podaci 2. *pl constr* statistika (*about* o) | **vital** ~ životna statistika, vitalna statistika, statistika poroda, pomora i brakova; *coll* anatomske mjere (žene), obujam grudi, struka i bokova

statuary ['stætjuəri] *s* kipar; kipovi, kiparska umjetnost, kiparstvo, kiparski rad

statuary ['stætjuəri] *adj* likovni, kiparski, koji služi za kipove

statue ['stætʃuː] *s* kip, statua | **equestrian** ~ kip konjanika

statuesque [ˌstætju'esk] *adj* (~**ly** *adv*) poput kipa, kao isklesan; bujnih oblika (žena); *fig* dostojanstven, krut, ukočen

statuette [ˌstætju'et] *s* kipić, statuica

stature ['stætʃə] *s* rast, stas, uzrast, veličina (*esp* ljudskog tijela); *fig* duševni uzrast

status ['steitəs] *s scient* stanje; *jur* pravni položaj; društveni položaj, status, stalež | **the** ~ **quo** prethodno, neizmijenjeno stanje, sadašnje stanje

statutable ['stætjutəbl] *adj* (**statutably** *adv*) → **statutory**

statute ['stætjuːt] *s jur* statut, pisani zakon, zakonska odredba; *Engl* odredbe parlamenta; *eccl* božanski zakon | **University** ~**s** sveučilišni statut; ~**s at large** potpuna zbirka zakona u svom prvobitnom obliku

statute-book ['stætjuːtbuk] *s* zbirka zakona, zakonik

statute-roll ['stætjuːtrəul] *s* zbirka zakona, zakonik

statutory ['stætjutəri] *adj* (**statutorily** *adv*) zakonit, ustavan, statutarni, propisan zakonom, pravilan | *com* ~ **meeting** prva glavna skupština nakon osnivanja nekog društva; ~ **rape** spolni odnos s mlađom maloljetnicom

staunch [stɔːntʃ] *adj* (~**ly** *adv*) nepropusan, čvrst, jak; pouzdan, vjeran, nepokolebljiv

staunch [stɔːntʃ] *vt* zaustaviti (krvarenje), ublažiti, umiriti (bol)

stave [steiv] *s* 1. duga, dužica (bačve); prečka (ljestva) 2. *pros* kitica; *mus* crtovlje

stave [steiv] *vt/i* (*pret* ~d, stove; *pp* ~ed, stove) **I.** *vt* opskrbiti dugama (bačvu), prečkama (ljestve); razbiti, probušiti (bačvu, čamac) (često *in*); zgnječiti (kutiju, šešir) **II.** *vi Scot & US* juriti, srljati

stave in ['steiv'in] *vt* probušiti, provaliti (bačvu, čamac)

stave off ['steiv'ɔf] *vt* odbiti, suzbiti koga; odvratiti, spriječiti što; odgoditi što; stvrdnuti (kovinu) tiještenjem

staves [steivz] *s pl* od **staff** i **stave**

stay¹ [stei] *s* 1. boravljenje, boravak, trajanje boravka 2. kočenje, zadržavanje, sprečavanje, obuzdavanje 3. *jur* obustava, odgoda 4. *fig* izdržljivost, ustrajnost; potpora, oslonac 5. *pl* steznik | **to make a** ~ zadržati se, boraviti; oklijevati; **to put a** ~ **on** kočiti, zadržavati, obuzdavati što; ~ **of execution** odgoda izvršenja

stay² [stei] *s* 1. *mar* upora, leto 2. potporanj, podupirač; *fig* potpora, olakšanje, utjeha | **to miss** ~**s** ne uloviti vjetar pri okretanju broda (za jedrenje protiv vjetra); **the ship is in** ~ brod bordiža, kosi (jedri prema vjetru)

stay [stei] *vt/i* (*pret* ~ed, staid; *pp* ~ed, staid) **I.** *vt* 1. zaustaviti, zadržati, spriječiti, kočiti (razvoj, napredovanje); *jur* obustaviti, odgoditi (postupak) 2. stišati, utažiti (glad) 3. zadovoljiti (želju); podupirati, jačati, krijepiti koga, služiti kome kao oslonac 4. *fam* ostati sve do (*can you* ~ *supper?*) **II.** *vi* 1. stati, prestati, mirovati 2. ostati, pričekati; čekati (*for* koga, što, da) 3. privremeno se zadržavati, boraviti, prebivati (*at, in* u, *with* kod); zastati, oklijevati (u kretanju, govoru); biti u posjetu, odsjesti (*with* kod) 4. *sport* izdržati do kraja, ustrajati, istrajati | **to** ~ **one's hand** zaustaviti se; **to** ~ **one's stomach** (privremeno) utažiti glad; *US* **to** ~ **put** ostati na mjestu, nepromijenjen; *fam* **to come to** ~ doći za stalno, na dugi rok; **to** ~ **the course** izdržati do kraja

stay away ['steiə'wei] *vi* izostati, ne doći

stay behind ['steibi'haind] *vi* zaostati, ostati straga; ostati kod kuće

stay in ['stei'in] *vi* ostati kod kuće

stay on ['stei'ɔn] *vi* osta(ja)ti, zadržavati se

stay out ['stei'aut] *vi* ostati napolju, izvan čega; (dugo) izostati

stay up ['stei'ʌp] *vi* bdjeti, ostati budan

stay [stei] *vt mar* pričvrstiti (jarbol) konopima; okrenuti (brod) pomoću vjetra; poduprijeti što (često *up*)

stay-at-home ['steiəthəum] *adj* kućevan, koji ostaje kod kuće ili u domovini, koji rijetko izlazi

stay-at-home ['steiəthəum] *s* onaj koji najviše voli biti kod kuće (ne voli izlaziti)

stay-bar ['steibaː] *s* potporanj

stay-down strike ['stei,daun'straik] *s* štrajk za kojega rudari ostaju u rudniku

stayer ['steiə] *s sport* konj koji izdrži trku do kraja, izdržljivac

staying-power ['steiiŋ,pauə] *s* izdržljivost, ustrajnost

stay-in strike ['steiin'straik] *s* štrajk za kojega radnici ostaju u tvornici

stay-lace ['steileis] *s* vrpca, uzica (steznika)

stayless ['steilis] *adj* koji nema steznika

stay-maker ['stei,meikə] *s* stezničar, proizvođač steznika

stay-rod ['steirɔd] *s* potporanj

staysail ['steisl] *s mar* letno jedro

St. Bernard [sən'bəːnəd] *s* prolaz sv. Bernarda u Alpama

stead [sted] *s* mjesto; korist | **in the** ~ **of** umjesto čega; **in good** ~ koristan, od koristi; **in a p's** ~ namjesto koga

steadfast ['stedfəst] *adj* (~**ly** *adv*) čvrst, stalan, uporan, postojan, nepokolebljiv, nepomičan

steadiness ['stedinis] *s* čvrstoća, stalnost, postojanost, ustrajnost, nepokolebljivost

steading ['stediŋ] *s GB* imanje sa zgradama

steady ['stedi] *s* oslonac; *US coll* stalni momak ili djevojka

steady ['stedi] *adj* (**steadily** *adv*) 1. čvrst, siguran, nepomičan, nepokolebljiv; pravilan, nepromjenljiv, odmjeren, stalan, jednakomjeran, jednoličan 2. pouzdan, oslonljiv; oprezan, promišljen, trijezan 3. *com* stalan, stabilan (o cijenama) | *mar* **to keep a ship** ~ držati brod na pravom kursu; *com* **to remain** ~ ostati stalan (o cijenama); ~ **boy** *US coll* stalni momak

steady ['stedi] *adv* | ~! oprezno!, polako!; **to go** ~ imati stalnog momka ili djevojku, hodati s nekim

steady ['stedi] *vt/i* **I.** *vt* učvrstiti, pritvrditi, utvrditi, poduprijeti što; sigurno upravljati (čamcem); obuzdavati (konja); smanjiti (brzinu); *fig* privesti koga k pameti **II.** *vi* ustaliti se, učvrstiti se, utvrditi se; sigurno se kretati (o čamcu); umiriti se; doći k pameti, uozbiljiti se, otrijezniti se

steady-going ['stedi,gəuiŋ] *adj* pouzdan, postojan, pravilan, solidan; miran

steak [steik] *s* odrezak mesa ili ribe za pečenje | **beef-**~ pečeni goveđi odrezak

steal [stiːl] *vt/i* (stole, stolen) **I.** *vt* 1. krasti, ukrasti što 2. potajno, lukavo, neprimjetno doći do čega; kradomice gledati, baciti potajno (pogled) (*at* na); zanijeti (srce) **II.** *vi* 1. krasti 2. iskrasti se, prokrasti se, šunjati se, ušuljati se (*into* u); (o čuvstvima) postepeno se razvijati, svladati (*over* koga) | **to** ~ **a march on** preteći, preduhitriti koga

steal away ['stiːlə'wei] *vt/i* **I.** *vt* zanijeti (srce) **II.** *vi* iskrasti se, odšuljati se, kradomice se udaljiti

steal off ['stiːl'ɔf] *vi* iskrasti se, odšuljati se, kradomice se udaljiti

steal out ['stiːl'aut] *vi* iskrasti se, išuljati se

stealer ['stiːlə] *s* tat, kradljivac, lopov

stealth [stelθ] *s* potajnost, kradomičnost | **by** ~ potajno, kradomice, krišom

stealthy ['stelθi] *adj* (**stealthily** *adv*) potajan, kradomičan, neopažen, neprimjetan

steam [stiːm] *s* para; isparivanje; snaga pare; *fig* snaga, sila | **to get up** ~ ložiti; *fig* sakupiti sve snage; *tech* **to put on** ~ pustiti paru, dati paru; *tech* **to let off** ~ ispustiti paru; *fig* dati oduška osjećajima; *mar* **to travel by** ~ voziti se parobrodom; **full** ~ **ahead!** punom parom naprijed!; **out of** ~ bez energije, bez snage, bez tempa, bez zamaha; **under one's own** ~ vlastitim snagama

steam [stiːm] *vt/i* **I.** *vt* pariti; tjerati parom **II.** *vi* ispuštati paru, stvarati paru, isparivati se, pušiti se; kretati se silom pare; voziti se parobrodom

steam ahead ['stiːmə'hed] *vt coll* brzo napredovati; marljivo raditi
steam away ['stiːmə'wei] *vi* ispariti se; otploviti s pomoću pare
steam up ['stiːm'ʌp] *vi* stvarati paru; *fig* žuriti se
steamboat ['stiːmbəut] *s* parobrod, parna barkasa
steam-boiler ['stiːmˌbɔilə] *s* parni kotao
steam-engine ['stiːmˌendʒin] *s* parni stroj
steamer ['stiːmə] *s* parobrod; parni lonac
steam-power ['stiːmˌpauə] *s* parna sila, snaga pare
steam-roller ['stiːmˌrəulə] *s* parni valjak
steamship ['stiːmʃip] *s* parobrod
steam-tight ['stiːmtait] *adj* nepropusan za paru
steamy ['stiːmi] *adj* (**steamily** *adv*) pun pare, parni; sparan; koji se puši
stearic [sti'ærik] *adj chem* stearinski
stearin ['stiərin] *s chem* stearin
steatite ['stiətait] *s minr* masnik, milovka
steed [stiːd] *s poet & rhet* (bojni) konj, hat
steel [stiːl] *s* čelik, ocjel; čelično oruđe ili oružje; *poet* mač; čelična šipka; *fig* tvrdoća, nesmiljenost | **cold ~** hladno, čelično oružje; **a grip (heart) of ~** željezni stisak (nesmiljeno, tvrdo srce); **an enemy worthy of one's ~** dostojan protivnik, opasan neprijatelj; **~ tape** metalna mjerna vrpca
steel [stiːl] *vt* prevući čelikom, kaliti što; *fig* očeličiti koga, hrabriti (*oneself* sebe); otvrdnuti (srce) protiv (*against*) samilosti
steel-cap ['stiːlkæp] *s* jednostavan šljem
steel-clad ['stiːlklæd] *adj* oklopljen čelikom
steelify ['stiːlifai] *vt* pretvoriti u čelik
steeliness ['stiːlinis] *s* čeličnost
steel-mill ['stiːlmil] *s* čeličana
steel-plated [ˌstiːl'pleitid] *adj* obložen čelikom, oklopljen
steelwork ['stiːlwəːk] *s* čelični predmeti; čelični dijelovi (broda i dr.)
steelworks ['stiːlwəːks] *s pl* (*sg constr*) čeličana, ljevaonica čelika
steely ['stiːli] *adj* čeličan, tvrd; *fig* nesmiljen
steelyard ['stiːljaːd] *s* kantar, brzak
steenbok ['stiːnbɔk] *s zool* južnoafrička antilopa
steep[1] [stiːp] *s* strmina, ponor
steep[2] [stiːp] *s* namakanje, prožimanje; močilo | **in ~** namočen
steep [stiːp] *adj* (**~ly** *adv*) strm; *fam* (o cijen ma) pretjerano visok; (o pripovijetkama) nevjerojatan; pretjeran, neopravdan
steep [stiːp] *vt* močiti, namakati, kiseliti, topiti što; prožeti što (*in* čime); *fig* zadupsti (*oneself* se) | *fig* **to be ~ed in** biti zaduben u što; duboko zapasti u što, biti ogrezao u čemu

steepen ['stiːpən] *vi/t* postati strm, učiniti što strmim, ostrmiti što
steeple ['stiːpl] *s* šiljast crkveni toranj, zvonik
steeplechase ['stiːpltʃeis] *s* trka sa zaprekama
steeplechase ['stiːpltʃeis] *vi* sudjelovati u utrci sa zaprekama
steeplechasing ['stiːplˌtʃeisiŋ] *s sport* trčanje sa zaprekama
steeplejack ['stiːpldʒæk] *s* popravljač tornjeva ili dimnjaka
steepy ['stiːpi] *adj* strm
steer [stiə] *s* junac, uškopljen junac određen za tov; *US* mlad vol
steer [stiə] *vt/i* **I.** *vt* upravljati (brodom, automobilom), kormilariti, usmjeriti (kretanje) u nekom određenom smjeru; *fig* upravljati čime, voditi što **II.** *vi* upravljati, dati se upravljati, kretati se u određenom smjeru; voziti, ploviti | *fig* **to ~ clear** izbjegavati, kloniti se koga
steer off ['stiər'ɔf] *vt* odvratiti, odvrnuti, svratiti što
steerable ['stiərəbl] *adj* koji se dade upravljati
steerage ['stiəridʒ] *s mar* kormilarenje, upravljanje; međupaluba, potpalublje
steerage-way ['stiəridʒwei] *s mar* brzina potrebna da bi brod slušao kormilo
steerer ['stiərə] *s* kormilar, upravljač
steering ['stiəriŋ] *s* kormilarenje, upravljanje
steering-gear ['stiəriŋgiə] *s mar* uređaj za pokretanje kormila; *mot* upravljački mehanizam
steering-wheel ['stiəriŋwiːl] *s* kolo od kormila; *mot* upravljač, volan
steersman ['stiəzmən] *s* (*pl* **steersmen** ['stiəzmən]) kormilar
steeve[1] [stiːv] *s* nagibni kut što ga tvori čunac broda s horizontom
steeve[2] [stiːv] *s mar* utezna motka kojom se teret slaže u utrobu broda
steeve [stiːv] *vi/t mar* **I.** *vi* stajati koso prema gore (o čuncu) **II.** *vt* ukositi prema gore (čunac, bompres)
steeve [stiːv] *vt mar* stisnuti, stegnuti, sabiti, utvrditi (teret)
stein [stain] *s US* vrč za pivo
steinbock ['stainbɔk] *s zool* kozorog
stele ['stiːli] *s* uspravan stup ili ploča s kakvim natpisom, *esp* nadgrobna ploča
stellar ['stelə] *adj* zvjezdan, zvjezdast
St. Elmo's fire [sənt'elməuz'faiə] *s* vatra sv. Elma; pražnjenje elektriciteta na vrhu jarbola, križeva
stem[1] [stem] *s* 1. *bot* deblo, stabljika, stapka, peteljka, rebro; *zool* batrljica pera 2. trup (stupa); cijev (termometra); kamiš (lule); držak (čaše) 3. *gram* osnova, korijen (riječi); pleme, rod, grana, loza obitelji 4. osovina sata 5. crta note

stem[2] [stem] *s mar* kljun, pramac, pramčana statva | **from ~ to stern** od jednoga kraja broda do drugoga, od pramca do krme, s kraja na kraj
stem[1] [stem] *vt* osloboditi (*esp* duhanovo lišće) peteljke
stem[2] [stem] *vt* ustavljati, nasipom zajaziti, zagatiti (rijeku); zaustaviti (krvarenje); *fig* priječiti, sprečavati što, obuzdati; *vi* potjecati, proizlaziti, vući korijen
stem[3] [stem] *vt mar* suprotstaviti se čemu; (o brodu i dr.) ploviti (protiv struje) | **to ~ the tide** boriti se protiv struje, suprotstaviti se struji (& *fig*)
stemless [ˈstemlis] *adj* koji nema peteljke
stemlet [ˈstemlit] *s* peteljčica
stemma [ˈstemə] *s* loza, stablo, obitelj; *zool* jednostavno oko, jedno od mnogih očiju koja tvore sastavljeno oko kukaca; rodoslovno stablo, loza, pedigre
stemmer[1] [ˈstemə] *s* čovjek koji uklanja batrljice iz duhanova lišća
stemmer[2] [ˈstemə] *s* podupirač, potporanj
stemple [ˈstempl] *s min* potporanj za stijene rova u rudniku
stench [stentʃ] *s* smrad, zadah
stencil [ˈstensl] *s* šablona za slikanje; matrica (za umnožavanje) | **to cut ~s** tipkati matrice
stencil [ˈstensl] *vt* slikati što s pomoću šablone
stencil-plate [ˈstenslpleit] *s* šablona
sten-gun [ˈstengʌn] *s* automatska puška, automat
stenograph [ˈstenəgraːf] *s* stenogram; stenografski znak, slovo
stenographer [stəˈnɔgrəfə] *s* stenograf, stenografkinja
stenographic [ˌstenəˈgræfik] *adj* (**~ally** *adv*) stenografski
stenographist [stəˈnɔgrəfist] *s* stenograf, stenografkinja
stenography [stəˈnɔgrəfi] *s* stenografija
stenotypist [ˈstenətaipist] *s* stenotipist, stenotipistkinja, stenodaktilograf, stenodaktilografkinja
stenotypy [ˈstenətaipi] *s* stenotipija, stenodaktilografija
stentorian [stenˈtɔːriən] *adj* jak, snažan (glas), gromak, gromoglasan
step [step] *s* 1. korak (& *fig*), koračaj, zvuk koraka, način koračanja; plesni korak; stopa 2. *mar* rupa na palubi u koju se usađuje jarbol 3. stepenica, prečka ljestava; *pl* ljestve u obliku stepenica; *fig* stupanj, faza, etapa; unapređenje, čin (*esp* u vojsci); *mus* interval; *mech* donje ležište osovine | **a false ~** posrtaj; *fig* pogreška, kriv potez; **~ by ~** korak po korak, postepeno; **to turn one's ~s** upravljati korake (*to* prema); **in his ~s** njegovim stopama, njegovim primjerom; **in ~ (with)** ukorak (sa); **out of ~** uraskorak; **to keep ~ with** držati korak s kim, stupati s kim ukorak; **to break ~** poremetiti korak, biti u raskoraku; **to take (make) ~s** poduzeti korake; **door-~** prag; **mind the ~** pazi, stepenica!; **a pair of ~s** sklopive ljestve
step [step] *vi/t* **I.** *vi* koračati, ići, kročiti, stupiti, stupati, nogom pritisnuti (*on* na, što) **II.** *vt* izvoditi (plesne korake); mjeriti (udaljenost) koracima; *mar* postaviti (jarbol) u njegovu rupu na palubi | **to ~ short** kratko kročiti; **to ~ through a dance** izvoditi plesne korake nekog plesa; **to ~ high** dizati visoko noge (*esp* o konju u kasu); **~ it** zakoračiti; plesati; pješačiti; *US sl* **to ~ lively, to ~ on it, to ~ on the gas** požuriti se
step aside [ˈstepəˈsaid] *vi* stupiti u stranu; *fig* zastraniti, skrenuti
step down [ˈstepˈdaun] *vi* sići
step forward [ˈstepˈfɔːwəd] *vi* stupiti naprijed, istupiti
step in [ˈstepˈin] *vi* ući; *fig* umiješati se
step out [ˈstepˈaut] *vi* istupiti, iskoračiti; izaći, sići; ići brže; *US* umrijeti
step round [ˈstepˈraund] *vi* | **to ~ to a p** skoknuti do koga (na kratak posjet)
step up [ˈstepˈʌp] *vi* pristupiti (*to* kome); *vt* pojačati, povisiti, ubrzati; podići jarbol
step-aunt [ˈstepaːnt] *s* očuhova ili maćehina sestra
step-brother [ˈstepˌbrʌðə] *s* polubrat
step-child [ˈsteptʃaild] *s* (*pl* **step-children** [ˈstepˌtʃildrən]) pastorče, pastorak
step-dance [ˈstepdaːns] *s* step (vrsta plesa)
step-daughter [ˈstepˌdɔːtə] *s* pastorka
step-father [ˈstepˌfaːðə] *s* očuh
step-ins [ˈstepˌinz] *s pl coll* mokasinke (cipele); ženske gaćice
step-ladder [ˈstepˌlædə] *s* sklopive (sobne) ljestve
step-mother [ˈstepˌmʌðə] *s* maćeha
step-motherly [ˈstepˌmʌðəli] *adj* maćehinski (*to* prema)
stepney [ˈstepni] *s mot* rezervni kotač
steppe [step] *s* stepa, pusta, pustara
stepper [ˈstepə] *s* konj koji dobro gazi
stepping-stone [ˈstepiŋstəun] *s* kamen u plitkoj vodi ili blatu za lakše prelaženje; *fig* stepenica (*to* prema); sredstvo za postizanje cilja
step-sister [ˈstepˌsistə] *s* polusestra
step-son [ˈstepsʌn] *s* pastorak
step-uncle [ˈstepˌʌŋkl] *s* očuhov ili maćehin brat
step-up [ˈstepʌp] *s US* porast
stepwise [ˈstepwaiz] *adv* korakom, korak po korak
stereo [ˈsteriəu] *s print* stereotip, kliše; *radio* stereo (program, prijemnik)
stereography [ˌsteriˈɔgrəfi] *s* stereografija

stereometry [ˌsteriˈɔmitri] *s math* stereometrija
stereophonic [ˌsteriəˈfɔnik] *adj* stereo, stereofonski
stereoscope [ˈsteriəskəup] *s phys* stereoskop
stereoscopic [ˌsteriəˈskɔpik] *adj* (~**ally** *adv*) *phys* stereoskopski
stereoscopy [ˌsteriˈɔskəpi] *s phys* stereoskopija
stereotype [ˈstiəriətaip] *s print* stereotip | ~ **printing** stereotipija
stereotype [ˈstiəriətaip] *vt* tiskati što pomoću stereotipskih ploča; *fig* stereotipizirati, utvrditi što kao stalan oblik čega
stereotype [ˈstiəriətaip] *adj* stereotipan, ukalupljen
stereotyper [ˈstiəriətaipə] *s print* ljevač stereotipskih ploča
stereotypy [ˈstiəriətaipi] *s print* stereotipija
sterile [ˈsterail] *adj* neplodan, nerodan, jalov (& *fig*); sterilan, steriliziran; pust, siromašan (*in*, *of* čime); *fig* uzaludan, besplodan (raspravljanje)
sterility [steˈriliti] *s* sterilnost, sterilitet, neplodnost, nerodnost, jalovost (& *fig*)
sterilization [ˌsterilaiˈzeiʃn] *s* sterilizacija
sterilize [ˈsterilaiz] *vt* sterilizirati; *fig* napraviti što besplodnim, jalovim
sterilizer [ˈsterilaizə] *s* sterilizator
sterlet [ˈstəːlit] *s ichth* kečiga
sterling [ˈstəːliŋ] *adj* nepatvoren, koji je standardne čistoće ili vrijednosti, bez primjese (o kovanom novcu i drugim kovinama); čist, suh (zlato, srebro); *fig* koji ima pravu vrijednost, punovrijedan, prav, valjan, čestit | **one pound** ~ funta sterlinga; ~ **area** sterlinško područje
stern [stəːn] *s mar* krma; *fig fam* stražnji dio, stražnjica, rep | **from stem to** ~ po cijelom brodu; ~ **on** krmom naprijed; ~ **foremost** kretanje natraške; **by the** ~ krmom uronjenom dublje nego ostali dijelovi
stern [stəːn] *adj* (~**ly** *adv*) krut, tvrd, nepokolebljiv; strog, ozbiljan; mrk, nemio (pogled), neprijatan, odbojan (zemlja, kraj) | ~ **necessity** neumoljiva nužda
stern chase [ˈstəːntʃeis] *s mar* progonjenje broda u krmu
stern-chaser [ˈstəːnˌtʃeisə] *s mar* krmeni top
stern-fast [ˈstəːnfaːst] *s mar* krmeni konop, čelo; konop kojim se veže krma
sternmost [ˈstəːnməust] *adj mar* najstražnji
sternness [ˈstəːnnis] *s* ozbiljnost, krutost, strogost
stern-port [ˈstəːnpɔːt] *s mar* krmena vrata, otvor
stern-post [ˈstəːnpəust] *s mar* krmena statva
stern-sheets [ˈstəːnʃiːts] *s pl mar* prostor između krme i zadnjih klupa čamca
sternum [ˈstəːnəm] *s* (*pl* ~**s**, **sterna** [ˈstəːnə]) *anat* prsna kost
sternutation [ˌstəːnjuˈteiʃn] *s* kihanje, kihavica
sternutative [stəːˈnjuːtətiv] *adj* koji izaziva kihanje, kihavicu
sternward [ˈstəːnwəd] *adj mar* koji ide prema krmi
sternward(s) [ˈstəːnwəd(z)] *adv* put krme, prema krmi
sternway [ˈstəːnwei] *s mar* plovljenje po krmi | **to have** ~ ići natraške (o brodu)
stern-wheel [ˈstəːnwiːl] *s US* krmeni kotač za pokretanje brodova
stern-wheeler [ˈstəːnˌwiːlə] *s US* parobrod lopataš koji se kreće pomoću kotača na krmi
stertorus [ˈstəːtərəs] *adj* (~**ly** *adv*) hroptav, šipljiv, šuman (disanje)
stethoscope [ˈsteθəskəup] *s med* stetoskop
stethoscope [ˈsteθəskəup] *vt* osluškivati što (*esp* kucanje srca) stetoskopom, stetoskopirati
stethoscopic [ˌsteθəsˈkɔpik] *adj* (~**ally** *adv*) stetoskopski
stethoscopy [steˈθɔskəpi] *s* osluškivanje (*esp* rada srca) stetoskopom, stetoskopija
stetson [ˈstetsən] *s* »kaubojski« šešir
stevedore [ˈstiːvədɔː] *s mar* lučki radnik, slagač tereta, stivador
stew[1] [stjuː] *s arch* javna kuća, bludište
stew[2] [stjuː] *s cul* pirjano, polako kuhano meso, jelo; *fig sl* veliko uzbuđenje, neprilika; srdžba, zaprepaštenje | **in a** ~ zbunjen; ljutit; zaprepašten
stew[3] [stjuː] *s* ribnjak; velika posuda u kojoj se drži živa riba; umjetno gajilište oštriga
stew [stjuː] *vt/i* **I.** *vt cul* pirjati, tušiti, dinstati, temfati, polagano kuhati što **II.** *vi* pirjati se, polagano se kuhati; *fig* pariti se od vrućine; *sl* bubati (mnogo učiti) | *fig* **to** ~ **in his own juice (grease)** kuhati se u vlastitom sosu, jesti vlastitu poparu (kašu)
steward [ˈstjuəd] *s* 1. *hist* majordom, upravitelj (kuće) 2. upravitelj (imanja), ekonom, opskrbnik (kluba, koledža, broda) 3. *mar* poslužitelj, konobar, stjuard 4. nadglednik, nadzornik, redatelj (kod utrka, svečanosti) | **Lord High Steward of England** službenik koji upravlja krunidbom ili predsjeda suđenju visokim plemićima; **shop** ~ pogonski sindikalni predstavnik
stewardess [ˈstjuədis] *s* gazdarica; *mar* & *aero* stjuardesa, domaćica
stewardship [ˈstjuədʃip] *s* služba upravnika, nadzornika, upraviteljstvo, vođenje poslova, upravljanje, nadzor
stew-pan [ˈstjuːpæn] *s* tava za pirjanje
stew-pot [ˈstjuːpɔt] *s* lonac za pirjanje

St. George's cross [sənˈdʒɔːdʒizˈkrɔs] *s* crveni križ na bijelom polju; križ jednakih krakova

stichic [ˈstikik] *adj* stihijski

stick [stik] *s* 1. štap, palica, prut, batina, kolac; držalo, držak; *pl* šiblje, pruće (kao gorivo); *mus* dirigentska palica; gudalo; *mar joc* jarbol 2. šipka; *print* slagarski vrstak 3. *sl* revolver 4. *fam* dosadan čovjek, klipan | **any ~ to beat a dog** mržnja ne bira sredstva; **gold ~** zlatna palica (ili njezin nosilac); **sword ~** šuplji štap u kojem je bodež; **single ~** drveni štap sa štitnikom za ruku (pri mačevanju); **broom ~** držalo metle; **fiddle ~** gudalo; **drum ~** palica za bubnjanje, maljica; **as dry as a ~** suh kao drenovina; **riding on a broom ~** jahanje na metli (o vješticama); **as cross as two ~s** ljutit kao vrag, jako mrzovoljan, zlovoljan; **in a cleft ~** u škripcu; *fam* **to cut one's ~** otići; **a few ~s of furniture** nekoliko komada namještaja, jednostavne stolice i dr.; *fig* **to get hold of the wrong end of the ~** pogrešno shvatiti neku situaciju; *US sl* **the big ~** politika grožnje ratom drugoj državi; **to give a boy a ~** išibati dječaka; **shaving ~** brijaći sapun; **hockey ~** hokejska palica; **out in the ~s** u zabiti

stick [stik] *vt/i* (stuck, stuck) **I.** *vt* 1. probosti, proburaziti, zaklati koga ili što; zabosti, zabiti što (*in, into* u), probosti čime (*through*), nabosti, pribosti (*on* na), zataći što; proturiti (glavu) (*out of* kroz), nataći (kapu) (*on* na) 2. pozabadati što po čemu 3. nalijepiti, prilijepiti što (*on, to* na); *fig* dovesti koga u nepriliku 4. *sl* podnositi, izdržati; prevariti koga; 5. poduprijeti (biljku) kolcem, potkolčiti; nasaditi (sjekiru) **II.** *vi* 1. stršiti, viriti, biti pun čega što strši 2. prionuti, zalijepiti se (*on, to* za, na); čvrsto sjediti (na konju); *fam* ostajati; *fig* prianjati (*to* za); zabiti se (misao) 3. zaglibiti, zapeti, zadjeti se (& *fig*) 4. ostati, ustrajati (*at* kod), prezati (*at* od, pred) 5. ostati vjeran (*by* komu ili čemu) 6. ustrajati (*to* uza što), držati se (*to* čega), ne dati se odvratiti | **if you throw mud enough some of it will ~** ako mnogo klevećeš koga nekima će se od tih kleveta i povjerovati; ni nevinost ne spašava od klevete; **to ~ to the point** ne zastranjivati; **the name stuck (to him)** ime je prionulo (uza nj), nije ga se mogao osloboditi, taj mu je naziv ostao; **to ~ to a friend** ostati vjeran prijatelju; **to ~ bills** lijepiti plakate; **to ~ to it** prionuti, ne popuštati, i dalje pokušavati; *sl* **to ~ it** izdržati; *fam* **~ it out** ne popustiti, izdržati; ostati u štrajku; *sl* **to ~ it on** udariti visoku cijenu; pretjerati u pripovijedanju; sprečavati kretanje; **it ~s in my throat** zapelo mi je u grlu, ne mogu progutati; *fig* ne mogu povjerovati; **to ~ fast** jako zaglibiti; **to ~ at nothing** ne prezati ni od čega; *sl* **stuck up** zbunjen, smeten; *US sl* **stuck on** zaljubljen u; **to ~ pigs** klati svinje; *fig* **to ~ to one's guns** ostati vjeran čemu, ne krenuti vjerom; **to get stuck** zapeti, ne moći dalje, zaglibiti; **to get stuck for a word** ne moći se sjetiti prikladne riječi; **to be stuck with** ne moći se riješiti, imati na leđima; **to ~ to one's promise** održati obećanje

stick in [ˈstikˈin] *vt/i* **I.** *vt* nalijepiti (fotografije) u album **II.** *vi* ostati kod kuće

stick out [ˈstikˈaut] *vt/i* **I.** *vt* isplaziti (jezik); isturiti (prsa) **II.** *vi* stršiti (*from* iz); *US sl* isticati se; *fam* izdržati, ne popustiti; ostati u štrajku; zahtijevati (*for* što)

stick together [ˈstiktəˈgeðə] *vt/i* **I.** *vt* sastaviti, zalijepiti (dijelove) **II.** *vi* držati zajedno

stick up [ˈstikˈʌp] *vt/i* **I.** *vt* postaviti, namjestiti što; podići (glavu); nalijepiti (plakat); *sl* zaustaviti i napasti koga; dovesti koga u nepriliku **II.** *vi* stršiti, isticati se; *fam* zauzeti se (*for* za); oduprijeti se (*to* kome) | **to ~ to** oduprijeti se kome; **to ~ for** braniti, *esp* koga odsutnoga; **that will stick him up** to će ga zapanjiti; *sl* **to ~ a bank** izvršiti prepad na banku; **to be stuck up** biti zbunjen; *sl* **stick'em up!** ruke uvis!

sticker [ˈstikə] *s* koljač (svinja); ljepilac (plakata); *US* naljepnica; pristaša | **pig-~** dug i šiljast nož; **bill ~** ljepilac plakata

stickiness [ˈstikinis] *s* ljepljivost

sticking [ˈstikiŋ] *s* prianjanje, lijepljenje

sticking-plaster [ˈstikiŋˌplaːstə] *s* naljepak, flaster

sticking-point [ˈstikiŋpɔint] *s* položaj kod kojega se zavrtanj ne može dalje okretati; *fig* krajnja granica, prekretnica | **to screw one's courage to the ~** sabrati svu hrabrost

stick-in-the-mud [ˈstikinðəmʌd] *adj* spor, polagan, zaostao

stick-in-the-mud [ˈstikinðəmʌd] *s* spor čovjek; konzervativac, staromodni tip | *sl* **Mrs. ~** gospođa ta i ta

stickjaw [ˈstikdʒɔː] *s sl* gusto, slatko jelo, puding

stickle [ˈstikl] *vi* boriti se, zdušno zagovarati, uporno braniti (*for* što); svađati se, rječkati se (*about* o)

stickleback [ˈstiklbæk] *s ichth* koljuška

stickler [ˈstiklə] *s* pristaša, pobornik (*for* čega), borac (*for* za) | **~ for** zagovaratelj čega, borac za što

stick-up [ˈstikʌp] *s* uspravan ovratnik; *sl* gangsterski prepad | **~ collar** uspravan ovratnik

sticky ['stiki] *adj* (**stickily** *adv*) ljepljiv, vlažan, sparan, prionljiv; neodlučan; *sl* neugodan, škakljiv, gadan, odvratan

stiff [stif] *adj* (**~ly** *adv*) 1. ukočen, krut; žilav; gust 2. uporan, odlučan, nepopustljiv, tvrdokoran 3. nezgrapan, usiljen; povučen, nadut, krut, formalan 4. jak (vjetar), žestok (piće); *com* postojan, stalan; visok, koji se penje (o cijenama) 5. težak, naporan, strm 6. koji se teško kreće, koji zapinje, nenauljen, nepodmazan | **to have a ~ leg** imati ukočeno koljeno; **to keep a ~ upper lip** pokazati čvrstoću karaktera; **~ ship** brod koji se naginje u stranu pod pritiskom vjetra u jedrima; **~ market** tržište sa stalnim cijenama; **~ un** stari sportaš; **~ neck** ukočenost vrata (od propuha); **a ~ price** visoka cijena; **a ~ glass of (grog)** čaša jakog (groga); **a ~ subject** težak predmet, teška stvar (za koju je potrebno mnogo rada da se nauči); **to keep a ~ face (lip)** ne dati se smekšati

stiff [stif] *s sl* papirni novac, mjenica; lešina; pijanac; skitnica; nedruštven čovjek | **big ~** *sl* tupoglavac

stiffen ['stifn] *vt/i* **I.** *vt* 1. ukrutiti što, škrobiti (rublje); zgusnuti što 2. *fig* ukrutiti, ukočiti što 3. napraviti što tvrdokornim, upornim **II.** *vi* 1. ukrutiti se, ukočiti se (*into* u) 2. postati ukočen, formalan 3. biti odlučan 4. ojačati, učvrstiti se; *com* podići se (o cijenama)

stiffener ['stifnə] *s* krutilo, sredstvo za skrućivanje; kruti uložak; *sl* napitak za osvježenje; sredstvo za jačanje

stiffening ['stifniŋ] *s* krućenje; nešto kruto; sredstvo za ukrućivanje

stiff-necked [ˌstif'nekt] *adj* ukočena vrata, šije; *fig* tvrdokoran, uporan, tvrdoglav, nepopustljiv

stiffness ['stifnis] *s* krutost, ukočenost; usiljenost; jakost, tvrdoća; tvrdoglavost, upornost

stifle ['staifl] *s* koljeno stražnje noge konja ili psa; bolest toga koljena

stifle ['staifl] *vt/i* **I.** *vt* ugušiti, udaviti koga; ugasiti (vatru); *fig* prigušiti (smijeh); uništiti (nadu); svladati (bunu) **II.** *vi* udaviti se, ugušiti se, ugasiti se

stifling ['staifliŋ] *adj* (**~ly** *adv*) zagušljiv, zadušljiv

stigma ['stigmə] *s* (*pl* **~s, stigmata** ['stigmətə]) *fig* ljaga, sramota, biljeg sramote, stigma; *eccl pl* stigme, rane na Isusovu tijelu; *med* loš simptom; *anat* bolesno mjesto na koži koje povremeno krvari; *zool* dišni otvor (kukaca); *bot* njuška na cvjetnom pestiću

stigmatic [stig'mætik] *adj* označen, žigosan; *eccl* stigmatski

stigmatization [ˌstigmətai'zeiʃn] *s* žigosanje; *eccl* stigmatizacija

stigmatize ['stigmətaiz] *vt* žigosati što; *eccl* stigmatizirati

stile[1] [stail] *s* prijelaz preko ograde, nogostup | **to help a lame dog over a ~** pomoći prijatelju u nuždi

stile[2] [stail] *s* bočni stup na vratima

stiletto [sti'letəu] *s* (*pl* **~s, ~es**) *It* mali bodež; šilo | **~ heel** šiljasta (ženska) potpetica

stiletto [sti'letəu] *vt* ubosti koga malim bodežom

still[1] [stil] *s chem* aparat za destilaciju; kotao za pečenje rakije, pecara

still [stil] *adj* miran, nepokretan; šutljiv, tih, zanijemio, utihnuo; koji se ne pjeni (o piću) | **to keep ~** biti nepokretan, miran; **to lie ~** nepokretno, mirno ležati; **to sit ~** nepokretno, mirno sjediti; **to stand ~** mirno, nepokretno stajati; **a ~ lake** mirno jezero; **~ waters run deep** tiha voda brijeg dere; **~ as the grave** šutljiv kao grob; **the ~ small voice** savjest, glas savjesti; **~ life** mrtva priroda; **~ picture** fotografija

still[2] [stil] *s poet* mir, tišina; *film* fotografija (za razliku od filmske snimke) | **in the ~ of night** u gluho doba noći

still [stil] *vt/i* umiriti, utišati, ušutkati, stišati se, utihnuti

still [stil] *vt poet* destilirati što; destilacijom praviti (piće), peći (rakiju)

still [stil] *adv* još uvijek; još (pred komparativom); ipak, a ipak

stillage ['stilidʒ] *s* podnožje bačve

still-birth ['stilbəːθ] *s* rođenje mrtvorođenčeta, mrtvorođenče

stillborn ['stilbɔːn] *adj* mrtvorođen

still-hunt ['stilhʌnt] *s US* lov prikradanjem (piršanje)

still-life [ˌstil'laif] *s paint* mrtva priroda

stillness ['stilnis] *s* duboka tišina, mir, muk, mrtvilo

still-room ['stilrum] *s* prostorija za destilaciju, pecara; spremište hrane u većim kućanstvima

stilly ['stili] *adj poet* miran, šutljiv, tih

stilt [stilt] *s* hodulja, štaka za visoko hodanje; *ornith* vivak, vlastelica (& **~ bird**) | *fig* **on ~s** bombastičan, pompozan, naduven, hvastav

stilt [stilt] *vt/i* **I.** *vt* postaviti koga na hodulje; *fig* podići, uzdići koga **II.** *vi* hodati na hoduljama

stilted ['stiltid] *adj* (**~ly** *adv*) koji ima hodulje; *archit* povišen (lȕk); *fig* bombastičan, pompozan (o načinu pisanja); ukočen, krut, naduven, hvastav

stimulant ['stimjulənt] *adj phys & med* koji potiče, draži, podražuje, bodri, daje pobude, stimulativan

stimulant ['stimjulənt] *s med* stimulans; *fig* poticaj | **he never takes ~s** on nikad ne pije alkohola

stimulate ['stimjuleit] *vt/i* **I.** *vt med* stimulirati, poticati, podražavati; *fig* poticati, sokoliti, pobuditi (*to* na) **II.** *vi fam* potaknuti se, obodriti se, osokoliti se pomoću alkohola

stimulation [ˌstimju'leiʃn] *s med* poticanje, podražavanje, podražaj, stimulacija, poticaj, pobuda

stimulative ['stimjulətiv] *adj* koji potiče, pobuđuje, podražuje, podražajni, stimulativni

stimulative ['stimjulətiv] *s* podražajno sredstvo, stimulans

stimulator ['stimjuleitə] *s* sredstvo za podražavanje, poticanje, stimulator

stimulus ['stimjuləs] *s* (*pl* **stimuli** ['stimulai]) *med* sredstvo za podražavanje; *fig* pobuda, poticaj, podražaj, stimulans, podstrek

stimy ['staimi] *s golf* položaj u kojem se između igračeve lopte i jamice nalaze druge lopte

stimy ['staimi] *vt golf* spriječiti (igrača) tako da se između njegove lopte i jamice postave lopte drugih igrača; *fig* osujetiti, onemogućiti, dovesti u težak položaj

sting [stiŋ] *s* 1. *zool* & *bot* žaoka, žalac, bodljika 2. žacanje, ubod, žestoka bol, bodac; *fig* grižnja (savjesti); neugodan osjećaj (npr. od gladi u želucu) 3. pobuda, poticaj

sting [stiŋ] *vt/i* (stung, stung) **I.** *vt* žacnuti, upeći, ubosti koga; zapeći koga 2. uvrijediti, pozlijediti koga; gristi koga (savjest) 3. *fig* potaknuti koga (*to* na) 4. *US sl* precijeniti, zacijeniti što **II.** *vi* imati žaoku; boljeti, žigati, peći | **to ~ into rage** razdražiti do bjesnila

stinger ['stiŋə] *s* bolan udarac

stinginess ['stindʒinis] *s* škrtost

stinging ['stiŋiŋ] *adj* (**~ly** *adv*) koji bode, bodljikav; *fig* bolan, oštar, ljut | **~ nettle** ljuta kopriva

stingo ['stiŋgəu] *s arch* jako pivo; *sl* jako piće; *fig* jak udarac; snaga, jakost

sting-ray ['stiŋrei] *s ichth* vrsta raže

stingy ['stindʒi] *adj* (**stingily** *adv*) škrt; oskudan

stink [stiŋk] *s* smrad, smrdež (& *fig*); *sl pl* prirodne znanosti (*esp* kemija)

stink [stiŋk] *vi/t* (*pret* stank, stunk; *pp* stunk) **I.** *vi* smrdjeti, zaudarati (*of* na); *fig* biti odvratan **II.** *vt sl* namirisati, nanjušiti koga ili što; zasmrditi, zagaditi smradom što | **to ~ in one's nostrils** biti odvratan kome; *sl* **to ~ of money** biti vrlo bogat, valjati se u parama; *sl* **he can ~ it a mile off** može to nanjušiti na kilometar

stink out ['stiŋk'aut] *vt* istjerati koga smradom

stinkard ['stiŋkəd] *s* smrdljivac, odvratno čeljade; *zool* životinja koja ispušta smrad

stink-ball ['stiŋkbɔːl] *s* smradna bomba

stinker ['stiŋkə] *s sl* smrdljivac, odvratno čeljade; *sl* oštro pismo; *sl* gadan, težak zadatak

stinking ['stiŋkiŋ] *adj* (**~ly** *adv*) smrdljiv; *fig sl* podao, odvratan, antipatičan

stink-pot ['stiŋkpɔt] *s* smradna bomba; smrdljivo, odvratno čeljade

stint[1] [stint] *s* ograničenje, štednja, stezanje, škrtarenje; određeni ili dodijeljeni dio posla; određena mjera, određena suma | **without ~** ne štedeći truda ili novca

stint[2] [stint] *s ornith* vivak pozviždač

stint [stint] *vt* 1. *arch* prestati raditi što 2. stisnuti (*oneself* se); ograničiti, stegnuti; škrto davati što, škrtariti čime, ne priuštiti, otrgnuti od usta

stinting ['stintiŋ] *adj* (**~ly** *adv*) ograničen, oskudan, skučen, stegnut; škrt

stintless ['stintlis] *adj* neograničen; koji ne škrtari

stipe [staip] *s bot* stručak, nožica (gljive); stabljika (paprati)

stipend ['staipend] *s* plaća (*esp* svećenika i učitelja)

stipendiary [stai'pendjəri] *adj* plaćen, koji prima stalnu plaću, najmljen

stipendiary [stai'pendjəri] *s* najmljeni, plaćeni svećenik ili učitelj; sudac za prekršaje

stipple ['stipl] *s* točkasto crtanje, točkanje, punktiranje

stipple ['stipl] *vt/i* točkasto crtati, točkati, punktirati

stippler ['stiplə] *s* onaj koji crta, slika, rezbari točkicama (ne crtama)

stippling ['stipliŋ] *s* slikanje, crtanje, rezbarenje točkicama

stipulate ['stipjuleit] *vi/t* ugovoriti, ustanoviti, uglaviti, staviti kao uvjet, odrediti, predvidjeti (u zakonu, ugovoru); pogoditi se

stipulation [ˌstipju'leiʃn] *s bot* poređaj zalistaka (sporednih listova); pogodba, uvjet, odredba, klauzula

stipulator ['stipjuleitə] *s* ugovornik, ugovarač, određivač

stipule ['stipjuːl] *s bot* zalistak

stir [stəː] *s* kretanje, pokret, micanje, gibanje; komešanje, strka, graja, vreva; uzbuđenje, uzrujanost, živahnost; poduzetnost | **full of ~ and movement** vrlo živahan, pun života; **it makes a great ~** to je uzvitlalo mnogo prašine, podiglo veliku graju; **to create a ~** izazvati uzbuđenje, senzaciju

stir [stəː] *vt/i* **I.** *vt* 1. pokretati, micati što, miješati (tekućinu); čeprkati, čačkati, poticati (vatru) 2. *fig* potaknuti koga (*to*, *into* na); izazvati; pobuditi što **II.** *vi* 1.

kretati se, micati se; uskomešati se, uzrujati se; reagirati (*to* na); ustati, biti na nogama, u pokretu; kolati, pronositi se (o vijesti) 2. djelovati, raditi, truditi se, baviti se (*in, about* čime); komešati se | *coll* **to ~ one's stumps** požuriti se; **to ~ one's blood** uzbuditi koga, uzburkati krv; **to ~ one's wrath** razbjesniti koga; **to ~ the fire** potaći, pročeprkati vatru; **not to ~ an eyelid** ni okom ne trepnuti; **not to ~ a finger** ne maknuti ni prstom; **he is not ~ing yet** još nije ustao (iz postelje), još nije na nogama; **anything ~ing?** ima li što novo?

stir abroad ['stəːrə'brɔːd] *vi* izaći (iz kuće)

stir up ['stəːr'ʌp] *vt* dobro miješati, promućkati, uzburkati, uzmutiti; prodrmati koga; izazvati, pobuditi što

stir-about ['stəːrəbaut] *adj* djelatan, zaposlen, živahan

stir-about ['stəːrəbaut] *s* zobena kaša

stirless ['stəːlis] *adj* nepokretan, miran, nepomičan

stirps [stəːps] *s jur* rod, loza, grana, ogranak obitelji; začetnik grane obitelji

stirrer ['stəːrə] *s* mješač; pokretač, budilac, podbadač, podstrekač

stirring ['stəːriŋ] *adj* (**~ly** *adv*) uzbudljiv, uskomešan, buran, nemiran; radin

stirring ['stəːriŋ] *s* kretanje, gibanje; uzrujanost

stirrup ['stirəp] *s* stremen; *mar pl* uže s uškama na krajevima; *tech* klamfa u obliku slova U | **to hold the ~ of a p** držati kome stremen

stirrup-bar ['stirəpbaː] *s* držač stremena, stremena šipka

stirrup-cup ['stirəpkʌp] *s* čaša pića na rastanku, oproštajni gutljaj

stirrup-iron ['stirəp.aiən] *s* stremen

stirrup-leather ['stirəp.leðə] *s* kožni remen stremena, stremenka

stirrup-piece ['stirəppiːs] *s archit* stremenica

stitch [stitʃ] *s* 1. *med* bodac 2. ubod, bodac (iglom), zabodak, štih, šav; očica (kod pletenja); vrste vezenja, bodaca, šavova; vezenje; pletenje | **a ~ in time saves nine** bolje spriječiti nego liječiti; **to drop a ~** ispustiti očicu (kod pletenja); *surg* **to put a ~ in** sašiti ranu; **every ~** sva odjeća; **without a ~ of clothing** gol golcat; **he had not a dry ~ on** bio je mokar do kože, mokar kao miš; **broad ~** plosni vez; **chain ~** lančanac; **double back ~** lozanje; **flat ~** pletenac; **twine ~** obamet

stitch [stitʃ] *vt/i* **I.** *vt* šiti, krpati, vesti što; prošiti, broširati (knjigu) **II.** *vi* šiti

stitch up ['stitʃ'ʌp] *vt* zašiti, zakrpati, skrpati što

stitch-book ['stitʃbuk] *s* broširan svezak, neukoričena knjiga, brošura

stitching ['stitʃiŋ] *s* šivanje, vezenje

stitching-machine ['stitʃiŋmə.ʃiːn] *s* prošivača (postolarski stroj)

stitching-needle ['stitʃiŋ.niːdl] *s* igla prošivaljka, igla vezilica

stithy ['stiði] *s arch* & *poet* kovačnica

stiver ['staivə] *s* sitan holandski novac; *fig* para; malenkost, trica | **not a ~** ni pare, ništa

stiver ['staivə] *vi/t dial* **I.** *vi* nakostriješiti se **II.** *vt* uzrokovati da se što nakostriješi

St. Luke's summer [sən'luːks'sʌmə] *s* razrazdoblje lijepa vremena u kasnu jesen, bablje ljeto

St. Martin's summer [sən'maːtinz'sʌmə] *s* razdoblje lijepa vremena u kasnu jesen, bablje ljeto

stoat [stəut] *s zool* hermelin, zerdav (*esp* koji ima ljetno krzno); lasica

stoat [stəut] *vt* sašiti što nevidljivim šavovima

stock [stɔk] *s* 1. *arch* panj, hrek, klada; stablo, deblo, stabljika, stabar; cjepika; podrijetlo, loza, obitelj, rod, koljeno 2. stup, trupac; potporanj, podloga, podmetak; skele, lazila; trupac nakovnja; *mar pl* škver, skele brodogradilišta, dilje, podvale; *hist pl* klade (kazna) 3. kundak, držak, držalo, ručica, ručka; drveni dio alata; žbica (kotača); prečka (sidra) 4. *dial* čarapa; *mil* krut kožni ovratnik; uspravan (ženski) ovratnik 5. *com* temeljna glavnica, glavnica dioničkog društva, gotovina, imovina; *pl* državni vrijednosni papiri, zadužbine, dionice, akcije; *agr* inventar, stoka, blago; *com* skladište, roba, zaliha, inventar 6. sirovina; juha, čorba od kosti 7. alat, oprema 8. cilj, nišan 9. *bot* ljubičina 10. *fig* glupan | **of noble ~** plemenita roda; **~s and stones** neživi predmeti; mlitavo čeljade, mrtvo puhalo; **laughing ~** predmet poruge; **~ of bit** držak svrdla; **~ of anvil** trupac nakovnja; **~ of anchor** prečka, klada sidra; *fig* **lock, ~ and barrel** sve, potpuno, sasvim; **to come of a good ~** potjecati iz dobre obitelji; **paper ~** krpe i otpaci od kojih se pravi papir; **soup-~** juha od kostiju; **rolling ~** kolni park, vagoni; **live ~** živ inventar, stoka; **dead ~** mrtvi inventar, oruđe; **to have in ~** imati na skladištu, u zalihi; **to take ~** inventirati, napraviti inventuru; **~ argument** standardni argument; **on the ~s** u pripremi, u gradnji, u stvaranju (brod), na navozu, *fig* u pripremi; **to buy ~** kupovati državne vrijednosne papire; *fig* **to take ~ in** zanimati se za što; **joint-~** glavnica dioničkog društva; **bank ~** osnovna glavnica banke; **preference ~** preferencijalne dionice; **to water ~** povećati nominalni kapital izdavanjem dionica bez pokrića; **out of ~** rasprodan;

in ~ na skladištu, u zalihi; *com* **sale of ~** rasprodaja skladišta; **~ on hand** zaliha robe; *fam* **to take ~ of** pažljivo promatrati koga, dobro koga omjeriti okom, procijeniti (situaciju); inventirati; *fig* odvagnuti
stock [stɔk] *adj com* kojega ima neprestano na zalihi, gotov, spreman; *theat* koji se nalazi na repertoaru, koji se često prikazuje; *fig* koji se uvijek ponavlja, upotrebljava (izraz), stalan, standardan, običajan, uobičajen | **~ play** repertoarni komad; **~ company** repertoarno kazalište, stalna glumačka družina
stock [stɔk] *vt/i* **I.** *vt* 1. opskrbiti (pušku) kundakom, oruđe (drškom); baciti (sidro); *hist* baciti koga u klade 2. sprečavati (biljke) u rastu 3. opskrbiti, opremiti, opskrbiti što (*with* čime); držati (robu) na skladištu u zalihi 4. *US* zasijati, zasaditi (polje, njivu) **II.** *vi* opskrbiti se; tjerati izdanke (o biljkama)
stock up ['stɔk'ʌp] *vt* iskrčiti, iščupati, iskorijeniti što
stock-account ['stɔkəˌkaunt] *s com* glavnični račun
stockade [stɔ'keid] *s* ograda, utvrda od kolja, palisada
stockade [stɔ'keid] *vt* ograditi što ogradom od kolja
stock-adventure ['stɔkədˌventʃə] *s st exch* špekulacija s dionicama
stock-book ['stɔkbuk] *s* skladišna knjiga
stock-breeder ['stɔkˌbriːdə] *s* uzgajivač stoke
stockbroker ['stɔkˌbrəukə] *s* burzovni mešetar
stock-car ['stɔkˌkaː] *s* stočni vagon; automobil serijske proizvodnje kojim se koristimo za utrke | **~ racing** utrka serijskih (ne trkaćih) automobila
stock-certificate ['stɔksəˌtifikit] *s US* dionica, akcija
stock-company ['stɔkˌkʌmpəni] *s US* dioničko društvo; repertoarno kazalište
stockdealer ['stɔkˌdiːlə] *s* trgovac stokom
stockdove ['stɔkdʌv] *s zool* golub dupljaš
stocked anchor ['stɔktˌæŋkə] *s mar* admiralitetsko sidro
stock-exchange ['stɔkiksˌtʃeindʒ] *s* efektna burza
stock-farm ['stɔkfaːm] *s* imanje na kojem se uzgaja stoka, stočna farma
stock-farmer ['stɔkˌfaːmə] *s* uzgajivač stoke, stočar
stockfish ['stɔkfiʃ] *s* sušeni bakalar i druge vrste sušene ribe
stock-gang ['stɔkgæŋ] *s* pila koja odjednom pili deblo u nekoliko dasaka
stock-goods ['stɔkgudz] *s pl com* skladišna roba
stock-holder ['stɔkˌhəuldə] *s US* dioničar, vlasnik vrijednosnih papira
stockinet [ˌstɔki'net] *s* triko
stocking ['stɔkiŋ] *s* visoka čarapa | **to stand six feet in one's ~s** biti visok šest stopa bez cipela
stock-in-trade [ˌstɔkin'treid] *s* alat ili sredstvo potrebno za neki posao; *fig* ustaljena fraza
stockist ['stɔkist] *s* trgovac (nečim), stokist
stock-jobber ['stɔkˌdʒɔbə] *s US* burzovni mešetar na veliko
stockless ['stɔklis] *adj* koji nema kundaka (puška); *mar* koji nema prečke (sidro)
stock-list ['stɔklist] *s com* burzovni izvještaj
stock-lock ['stɔklɔk] *s* zasun, zapor, kračun, brava s kračunom
stock-man ['stɔkmən] *s Austr* nadglednik stoke; *US* skladištar
stock-market ['stɔkˌmaːkit] *s* burza, tržište vrijednosnih papira
stock-order ['stɔkˌɔːdə] *s com* skladišni nalog
stock-owl ['stɔkaul] *s ornith* sova ušara
stockpile ['stɔkpail] *s* zaliha, nagomilana rezerva
stockpile ['stɔkpail] *vt* stvarati zalihe, gomilati rezerve
stock-post ['stɔkpəust] *s st exch* ploča na kojoj se bilježe tečajevi
stock-pot ['stɔkpɔt] *s cul* lonac za kuhanje juhe
stock-rider ['stɔkˌraidə] *s US* nadglednik stada na konju
stock-still [ˌstɔk'stil] *adj* koji je kao ukočen, kao ukopan, potpuno miran, nepomičan, ukipljen, kao kip
stock-taking ['stɔkˌteikiŋ] *s com* inventura; *fig* snalaženje, upoznavanje s položajem, stanjem, procjenjivanje, odvagivanje (situacije)
stock-whip ['stɔkwip] *s* dug bič s kratkim bičalom
stocky ['stɔki] *adj* (**stockily** *adv*) zdepast
stock-yard ['stɔkjaːd] *s* obor za stoku
stodge [stɔdʒ] *s* kaša; *school sl* teška hrana, obilat obrok, gozba
stodge [stɔdʒ] *vt/i school sl* **I.** *vt* nabiti (želudac) **II.** *vi* ljudski se najesti, nabokati se; *fam* gacati
stodgy ['stɔdʒi] *adj* (**stodgily** *adv*) (o hrani) težak, neprobavljiv; (o knjizi, stilu) teško probavljiv, prepun podataka; težak, zdepast; zbijen
stoep [stuːp] *s S Afr* veranda, terasa
stogie (stogy) ['stəugi] *s US* 1. cokula, teška cipela 2. tanka, jeftina cigara
stoic ['stəuik] *s* stoik (& *fig*)
stoic ['stəuik] *adj* stoički (& *fig*)
stoical ['stəuikl] *adj* (**~ly** *adv*) stoički (& *fig*)
stoicism ['stəuisizm] *s* stoicizam; *fig* ravnodušnost

stoke [stəuk] *vt/i* **I.** *vt* čačkati, podržavati (vatru) (često *up*), ložiti (peć); *fig* poticati (mržnju); pohlepno jesti (hranu), nabiti koga (hranom), dobro se najesti (*oneself*) **II.** *vi* ložiti; *fig sl* dobro se najesti
stokehold ['stəukhəuld] *s* ložionica (broda)
stoke-hole ['stəukhəul] *s* brodska ložionica
stoker ['stəukə] *s* ložač | *tech* **mechanical ~** uređaj za automatsko loženje
stole [stəul] *s eccl* stola; ženska stola | **groom of the ~** komornik
stole [stəul] *pret* od **steal**
stolen ['stəulən] *pp* od **steal**
stolid ['stɔlid] *adj* (**~ly** *adv*) tup, glup; flegmatičan, trom, ravnodušan, nehajan
stolidity [stɔ'liditi] *s* tupost, glupost; tromost, ravnodušnost, nehaj
stomach ['stʌmək] *s* 1. želudac, trbuh; apetit, tek 2. *fig* želja, sklonost (*for* za) 3. *arch* hrabrost, odvažnost (*to* da) | **to stay one's ~** (privremeno) zatomiti glad; **proud (high) ~** nadutost; **to go against one's ~** gaditi se, biti odvratan kome; *fam fig* **to stick in one's ~** osjećati gađenje, odvratnost prema čemu; **to turn a p's ~** prouzrokovati gađenje, gaditi se; **to have no ~ for** gaditi se; **my ~ turned** želudac mi se okrenuo, smučilo mi se
stomach ['stʌmək] *vt* (s tekom) jesti, progutati što; *fig* podnositi, trpjeti (uvredu), progutati, probavljati što
stomach-ache ['stʌməkeik] *s* bol u želucu
stomachal ['stʌməkl] *adj* želučani
stomacher ['stʌməkə] *s hist* steznik, prsluk
stomachful ['stʌməkful] *s* dovoljna količina, pun želudac
stomachic [stə'mækik] *adj* (**~ally** *adv*) želučani
stomatology [ˌstɔmə'tɔlədʒi] *s* stomatologija
stomp [stɔmp] *s* bat koraka, toptanje; ples stomp
stomp [stɔmp] *vi* toptati; plesati stomp
stone [stəun] *s* 1. kamen, dragi kamen 2. zrno grada 3. koštica 4. *med* kamenac; *anat* jaje 5. mjera težine (14 funti, 6,342 kg) | **stocks and ~s** nežive stvari; *fig* **rolling ~** nemiran duh; **a rolling ~ gathers no moss** ne valja mijenjati zanata; **rocking ~** klimav kamen; **sermons in ~s** moralna razmišljanja na koja čovjeka pobuđuje priroda; **~s will cry out** nepravda koja u nebo vapi; **to give a ~ for bread** narugati se umjesto da se pomogne, okrutno se narugati; **to leave no ~ unturned** sve pokušati, poduzeti sve i sva; **to break ~s** tucati kamenje (& *fig*); *fig* **to cast (throw) ~s at** grditi, ružiti, koriti koga, nabacivati se kamenjem na nekoga; **those who live in glasshouses should not throw ~s** neka ne grde druge oni koji ni sami nisu bez prigovora; **shower of ~s** pljusak, kiša kamenja; **to kill two birds with one ~** ubiti dvije muhe jednim udarcem; **~'s throw (cast)** daljina do koje se može baciti kamen, domet kamena, mala udaljenost; **holy ~** mekani pješčenjak za čišćenje palube; **Cornish ~** kaolin; **to harden into ~** skameniti se (& *fig*); **philosopher's ~** kamen mudraca; **grind ~** mlinski kamen; **grave ~** nadgrobna ploča; **hearth ~** podnožje ognjišta; **mill ~** mlinski kamen; **whet ~** brus; *fig* ono što oštri duh; *med* **gall ~** žučni kamenac; **to mark with a white ~** obilježiti (dan) kao svečan, važan; **precious ~** dragi kamen, dragulj; **hail ~** zrno tuče
stone [stəun] *vt* kamenovati koga; izvaditi koštice (iz voća); ograditi što kamenjem, sagraditi što od kamena; popločiti što kamenjem | **to ~ to death** kamenovati nasmrt
stone-age ['stəuneidʒ] *s* kameno doba
stone-bed ['stəunbed] *s* kamena podloga
stone-blind [ˌstəun'blaind] *adj* posve slijep
stone-boat ['stəunbəut] *s US* saone bez salinaca (za prijevoz kamena i dr.)
stone-breaker ['stəunˌbreikə] *s* lomilac, tucač kamena; *tech* drobilica za kamenje
stone-buck ['stəunbʌk] *s zool* južnoafrička antilopa
stone-cast ['stəunkaːst] *s* daljina do koje se može baciti kamen, kamenomet, mala udaljenost
stonechat ['stəuntʃæt] *s ornith* bjeloperka
stone-coal ['stəunkəul] *s minr* kameni ugljen, antracit
stone-cold ['stəunkəuld] *adj* sasvim hladan, leden
stonecrop ['stəunkrɔp] *s bot* razne vrste biljki penjačica koje rastu po zidovima i pećinama; žednjak
stone-cutter ['stəunˌkʌtə] *s* kamenar, klesar
stoned [stəund] *adj* pijan, drogiran
stone-dead [ˌstəun'ded] *adj* posve mrtav
stone-deaf [ˌstəun'def] *adj* gluh kao top, posve gluh
stone-fence ['stəunfens] *s* kamena ograda; *US sl* miješan alkoholni napitak
stone-flagged ['stəunflægd] *adj* popločen kamenom, potaracan
stone-fruit ['stəunfruːt] *s* koštičavo voće, voće s košticom
stone-gall ['stəungɔːl] *s geol* gruda ilovače u pješčaniku
stone-horse ['stəunhɔːs] *s arch* pastuh, ždrijebac
stone jug ['stəundʒʌg] *s sl* buhara, buturnica, zatvor

stoneless ['stəunlis] *adj* koji nema koštica
stoneman ['stəunmən] *s* naslagano kamenje kao znak granice ili groba
stone-mason ['stəun,meisn] *s* kamenar, klesar
stone-pit ['stəunpit] *s* kamenolom
stone-still ['stəunstil] *adj* koji je posve tih, koji šuti kao zaliven; potpuno miran, nepokretan
stone-wall [,stəun'wɔːl] *vi/t* zagraditi kamenim zidom
stone-ware ['stəunwɛə] *s* kameno pocakljeno posuđe, lončarska roba od kremenaste gline
stone-work ['stəunwəːk] *s* kameni zidovi, ziđe
stoniness ['stəuninis] *s* kamenitost, tvrdoća, krutost
stony ['stəuni] *adj* (**stonily** *adv*) pun kamenja, kamenit, od kamena; tvrd, ukočen, nepokretan, skamenjen | ~ **heart** tvrdo srce
stony ['stəuni] *adv* | ~ **broke** sasvim propao, bankrot
stony-hearted ['stəuni,haːtid] *adj* koji je tvrda srca
stood [stud] *pret & pp* od **stand**
stooge [stuːdʒ] *s* sporedni komičar; marioneta, lutka, oruđe u tuđim rukama, lakaj, sluga, pomoćnik
stook [stuk] *s* krstina, hrpa snopova
stool [stuːl] *s* 1. stolica bez naslona, tronožac, klecalo 2. *med* stolica; zahod 3. panj s mladicama, komad drveta na koji se pričvršćuju mamci u obliku ptice 4. *archit* prozorski prag | **office** ~ visoka uredska stolica; **camp** ~ poljska stolica; **folding** ~ preklopna stolica; stolica koja se može sklopiti; *fig* **to fall between two** ~**s** pokušati sjediti na dvije stolice; **to go to** ~ ići na stranu; **close** ~ sobni zahod; **night** ~ sobni zahod; **foot** ~ podnožak; ~**-pigeon** mamac; *fig* provokator
stool [stuːl] *vi bot* tjerati izdanke, mladice; *arch* ići na stranu
stoop¹ [stuːp] *s* pognuto, zgureno držanje, pognutost gornjeg dijela tijela; *arch* (o pticama) strelovito obaranje (*on, at* na)
stoop² [stuːp] *s* → **stoup**
stoop³ [stuːp] *s US* nenatkriven zaravanak pred kućom, predvorje, terasa, trijem
stoop [stuːp] *vi/t* **I.** *vi* sagnuti se, pognuti se, zgrbiti se, zguriti se, imati pognuto držanje, hodati pognuto; *arch & poet* (o pticama) strelovito se oboriti (*on, at* na); *fig* baciti se (*on* na); *fig* poniziti se, udostojiti se (*to do*) **II.** *vt* sagnuti (glavu), nagnuti (bure) | **to** ~ **to conquer** poniziti se da bi se pobijedilo, postići cilj ili prevlast poniznošću
stooping ['stuːpiŋ] *adj* (~**ly** *adv*) pognut, sagnut, poguren
stop [stɔp] *s* 1. čepljenje, ispunjavanje, zatiskivanje, kočenje; zapreka, prepreka, zastoj, stanka, mirovanje, stajanje; zaustava, zabrana, obustava; prekid, prestanak, konac 2. zaustavljanje, boravak, vrijeme boravka; stajalište, stanica 3. uređaj za zatvaranje, zapor; *phot* blenda 4. *mus* promjena visine tona; (o orguljama) registar; (o duhačkom instrumentu) rupa, poklopčić, zapor; *fig* način govora (*can pull out the pathetic* ~) 5. *gram* rečenični znak; *phon* zatvorni suglasnik | **to put a** ~ **to** učiniti čemu kraj; **to put a** ~ **on** obustaviti što; **to make a** ~ zaustaviti se; **to be at a** ~ stajati, ne moći naprijed, dalje; *gram* **full** ~ točka; **to come to a full** ~ potpuno prestati; **to pull out the** ~**s** dati maha osjećajima; potruditi se
stop [stɔp] *vt/i* **I.** *vt* 1. začepiti, zapušiti, zabrtviti, ispuniti, zatvoriti što; plombirati (zub); zaustaviti (krvarenje) 2. zadržavati, zakrčivati (promet); oduzeti (svjetlo); odbiti (udarac); uskratiti (novac, potporu); zatvoriti (paru); odvratiti koga (*from* od); stati čemu na kraj, zaustaviti što, obustaviti (posao, plaćanje), prestati s čime; prekinuti, priječiti, zadržavati koga (& *to* ~ *short*); *mar* privezati (brod); *mus* pritisnuti (strunu, žicu); promijeniti (ton) pritiskom na strunu, žicu; *gram* označiti rečeničnim znacima, staviti interpunkciju (u pismeni sastavak) **II.** *vi* 1. (o vlaku) stati; (o satu) zaustaviti se 2. *coll* ostati (u krevetu, kod koga); biti u posjetu, odsjesti (*with* kod koga) 3. prestati, prekinuti se, napraviti prekid, stanku | **to** ~ **one's ears** začepiti uši; *fig* ne htjeti čuti; **to** ~ **a tooth** plombirati zub; **to** ~ **a wound** zaustaviti krvarenje rane; *fig* **to** ~ **one's mouth** začepiti kome usta; **to** ~ **a gap** ispuniti prazninu, biti privremena zamjena; **to** ~ **the way** priječiti napredovanje; ~ **thief!** drž' lopova!; **to** ~ **a blow** odbiti udarac; **to** ~ **a bullet, to** ~ **one** biti ubijen zrnom; *joc* **to** ~ **a blow with one's head** primiti udarac po glavi; **to** ~ **short (dead)** prekinuti, priječiti, zadržavati koga; stati kao ukopan; **to** ~ **one's breath** udaviti, ubiti koga; **to** ~ **a cheque** zabraniti isplatu čeka
stop down ['stɔp'daun] *vt phot* smanjiti otvor leće objektiva
stop in ['stɔp'in] *vi* ostati kod kuće
stop off ['stɔp'ɔf] *vi/t* **I.** *vi US* prekinuti putovanje, zaustaviti se **II.** *vt* ispuniti pijeskom (dio kalupa koji se neće upotrijebiti)
stop on ['stɔp'ɔn] *vi* (dulje) ostati
stop out ['stɔp'aut] *vt/i* **I.** *vt print* prevući zaštitnom prevlakom **II.** *vi* izostati, izostajati

stop over ['stɔp'əuvə] *vi US* prekinuti putovanje, zaustaviti se
stop up ['stɔp'ʌp] *vt/i* **I.** *vt* zatisnuti, začepiti, zaustaviti, zadržati, zakrčiti što **II.** *vi* ostati budan, na nogama
stop [stɔp] *vt* staviti interpunkcije, označiti što rečeničnim znacima
stop-cock ['stɔpkɔk] *s* pipac, slavina
stop-gap ['stɔpgæp] *s* zakrpa, privremena zamjena, pomoć u nuždi
stop-lamp ['stɔp,læmp] *s* stražnje svjetlo, svjetlo kočnice
stop-light ['stɔplait] *s* 1. *mot* stražnje svjetlo, svjetlo kočnice 2. crveno svjetlo na semaforu
stop-order ['stɔp,ɔːdə] *s com* nalog za obustavu isplate (čeka i dr.), nalog za stavljanje zabrane (na uložnu knjižicu)
stopover ['stɔpəuvə] *s US* prekid putovanja
stoppage ['stɔpidʒ] *s* zaustavljanje; sprečavanje, zapreka, (prometni) zastoj; poremećaj u radu; prekid, stajanje, mirovanje; zadržavanje, boravljenje; zatiskivanje, čepljenje; zabrana, obustava; odbitak (od plaće), ustezanje
stopper ['stɔpə] *s* (stakleni) čep, zapušač, zatiskivač, zapor; *mar* zapirač, zaporka (na užetu) | **to put a ~ on** zaustaviti što
stopper ['stɔpə] *vt* začepiti (bocu, staklenku)
stopping ['stɔpiŋ] *adj* | **~ place** postaja, stajalište; **~ train** osobni vlak
stopping ['stɔpiŋ] *s* materijal za plombu, plomba; ustavljanje, obustava, prekid; čepljenje, zatiskivanje; *mus* zahvat
stopple ['stɔpl] *s* čep, zapušač, vranj
stopple ['stɔpl] *vt* začepiti, zapušiti što
stop-press ['stɔppres] *s* posljednje vijesti, vijesti ubačene poslije završene redakcije lista, vijesti ubačene na regalu
stop-watch ['stɔpwɔtʃ] *s* štoperica (sat)
storage ['stɔːridʒ] *s* pohrana, uskladištenje, novčana nadoknada za uskladištenje, skladišnina | **cold ~** pohrana u hladnjači
storage-battery ['stɔːridʒ,bætəri] *s el* akumulator
store [stɔː] *s* 1. zaliha, skladište, spremište, magazin, žitnica; *pl* trgovina u kojoj mogu kupovati samo njezini članovi (npr. *Army & Navy ~*); vojno, pomorsko skladište; vojne zalihe, robna kuća 2. množina, količina, obilje; *fig* riznica 3. *US* dućan, prodavaonica, trgovina 4. stoka za tov; *pl* živež, hrana | **in ~** u zalihi, na skladištu; spreman, spremljen; **book ~** knjižara; **to set ~ by** cijeniti što, pridavati vrijednost čemu; **to have in ~ for** imati što spremno za; **to keep in ~** držati u pripremi; **a ~ of knowledge** veliko znanje
store [stɔː] *vt* 1. (& *up*) čuvati na skladištu; nakupiti, naspremati, nagomilati što; pohraniti; spremiti (ljetinu); uskladištiti 2. (o prostorijama) moći primiti što na uskladištenje, moći sadržavati 3. opskrbiti, opremiti, snabdjeti što (*with* čime)
store-house ['stɔːhaus] *s* skladište, spremište; žitnica; *fig* riznica (*he is a ~ of information*)
store-keeper ['stɔː,kiːpə] *s US* vlasnik dućana, trgovine, dućandžija
store-room ['stɔːrum] *s* spremnica, ostava, ropotarnica
storey (story) ['stɔːri] *s* kat | *fig* **the upper ~** glava, mozak; *fam* **to be wrong in the upper ~** biti luckast
storeyed ['stɔːrid] *adj* | **a multi-~ building** višekatnica
storiated ['stɔːrieitid] *s* umjetnički ukrašen, iskićen
storiation [,stɔːri'eiʃn] *s* umjetnički ukras, kićenje
storied¹ ['stɔːrid] *adj* legendaran, čuven, znamenit
storied² ['stɔːrid] *adj US* | **a multi-~ building** višekatnica
storiette [,stɔːri'et] *s* pričica
stork [stɔːk] *s ornith* roda
storm [stɔːm] *s* 1. oluja, bura (& *fig*), nevrijeme, nepogoda 2. pljusak, tuča 3. *fig* bura, buka, vreva, galama, graja, uzbuđenje 4. *mil* juriš | **~ in a teacup** bura u čaši vode; *lit* **~ and stress** Sturm und Drang, vrijeme previranja ideja i nemira; **after a ~ comes a calm** nakon kiše dolazi sunce; *mil* **to take by ~** osvojiti na juriš (& *fig*)
storm [stɔːm] *vi/t* **I.** *vi* (o vjetru, kiši) bjesnjeti, lijevati, pljuštati; *fig* bjesnjeti (*at* na) **II.** *vt mil* jurišati na što (& *fig*), osvojiti što na juriš; nahrupiti
storm-beaten ['stɔːm,biːtn] *adj* šiban olujom; *fig* kojim bijesni oluja
storm-belt ['stɔːmbelt] *s* olujno područje; olujni pojas
storm-bound ['stɔːmbaund] *adj* koji ne može napustiti luku ili nastaviti putovanje zbog oluje
storm-centre ['stɔːm,sentə] *s* središte oluje; *fig* središte nereda, žarište bolesti
storm-cloud ['stɔːmklaud] *s* olujni oblak (& *fig*)
stormer ['stɔːmə] *s mil* pripadnik jurišnog odreda, jurišnik
storm-tossed ['stɔːmtɔst] *adj* izložen djelovanju oluje (& *fig*), bacan olujom
storm-trooper ['stɔːm,truːpə] *s* jurišnik
storm-troops ['stɔːm,truːps] *s pl* jurišne trupe, čete, jurišni odredi
stormy ['stɔːmi] *adj* (**stormily** *adv*) olujni, buran
story¹ ['stɔːri] *s* 1. *arch* povijest, historija 2. izvještaj, prikaz, iskaz, verzija; reportaža; pripovijetka, priča, bajka (& *fig*) 3. historijat, životna povijest, povijest razvitka 4. *lit* saga, junačka pjesma,

anegdota 5. radnja, zaplet, sadržaj 6. izmišljotina, laž | **to make (out) a long ~ short** da se ukratko kaže; **the ~ goes** priča se, kaže se, glas kola; *fig* **it is quite another ~ now** to je sasvim druga pripovijest; **short ~** novela; **oh you ~!** ti lažljivče!; *fig* **old stories** stara priča; *fig* **the old ~** stara priča; **cock-and-bull ~** djetinjasta izmišljotina; **tall ~** *sl* nevjerojatna priča

story² ['stɔːri] *s* → **storey**

story-book ['stɔːribuk] *s* knjiga pripovijedaka

story-teller ['stɔːriˌtelə] *s* pripovjedač, pričalo; lažljivac

story-telling ['stɔːriˌteliŋ] *s* pripovijedanje; laganje

stoup (stoop) [stuːp] *s arch* kupa, kondir; *eccl* škropionica

stout [staut] *s* vrsta jakog (tamnog) piva

stout [staut] *adj* (**~ly** *adv*) 1. krupan, debeo, krepak 2. hrabar, odvažan; jak, snažan, muževan 3. (o konju) izdržljiv; uporan, postojan; (o stvarima) čvrst, trajan | **a ~ heart** odvažnost, hrabrost, srčanost

stouten ['stautn] *vt/i* **I.** *vt* napraviti što debelim, jakim **II.** *vi* odebljati, ojačati

stout-hearted [ˌstaut'haːtid] *adj* (**~ly** *adv*) srčan, odvažan, junačan

stoutish ['stautiʃ] *adj* podebeo

stoutness ['stautnis] *s* debljina, krepkoća; hrabrost, odvažnost, muževnost, srčanost; izdržljivost, jakost, čvrstoća, krepkost, snaga; trajnost; tvrdokornost, ustrajnost

stove [stəuv] *s* peć, štednjak; staklenik s umjetnim grijanjem, toplik, toplinik, zimski vrt, klijalište

stove [stəuv] *vt* gojiti (biljke) u stakleniku, topliku

stove [stəuv] *pret* & *pp* od **stave**

stove-pipe ['stəuvpaip] *s* pećna cijev | *US* **~ hat** cilindar (šešir)

stow [stəu] *vt/i* natovariti (*with* čime), slagati, tovariti (robu); *sl* prestati s čime | **~ that!**, **~ it!** prestani s tim!

stow away ['stəuə'wei] *vt/i* **I.** *vt* ukloniti, staviti u stranu, pohraniti što **II.** *vi* putovati kao slijepi putnik

stowage ['stəuidʒ] *s* tovarenje, slaganje tereta; *mar* štiva, prostor za teret; pristojba za tovarenje | **to make a ~** tovariti što

stowaway ['stəuəwei] *s mar* slijepi putnik

strabismus [strə'bizməs] *s* razrokost, škiljavost | **cross-eyed ~** razrokost kod koje zjenice gledaju prema unutra; **wall-eyed ~** razrokost kod koje zjenice gledaju prema van

strad [stræd] *s* Stradivarijeve gusle

straddle ['strædl] *s* raskrečenje nogu, raskrečen stav, hodanje, sjedenje, jahanje raskrečenih nogu, opkoračivanje; *com* arbitraža; *US* polica

straddle ['strædl] *vi/t* **I.** *vi* raskrečiti se, raskoračiti se, hodati, sjediti, jahati raskrečenih nogu; raširiti se; *fig* biti neodlučan, kolebati se **II.** *vt* raskrečiti (noge); zajahati, opkoračiti što; *cards* podvostručiti (ulog); *navy* ispaljivati granate ispred i iza (cilja), upucavati se (na cilj)

strafe [straːf] *vt sl* kazniti koga; mitraljirati, napasti u brišućem letu

strafe [straːf] *s sl* kazna; napad; mitraljeska vatra iz zraka

straggle ['strægl] *vi* vrludati, bazati, besciljno lutati, tumarati; udaljiti se; zaostajati; rastrkano ići, rastrkati se; *bot* divlje (bujno, nepravilno) rasti, razrasti se, bujati; ležati rastrkano; *fig* zastraniti (*into* u)

straggler ['strægla] *s* skitnica, tumaralo; *bot* divlji izdanak; *mil* vojnik koji je zaostao za svojom jedinicom

straggling ['strægliŋ] *adj* (**~ly** *adv*) rastrkan; koji luta, tumara; koji zaostaje; razvučen

straggly ['strægli] *adj* rastrkan; koji zaostaje; razvučen; koji luta, tumara

straight [streit] *adj* (**~ly** *adv*) 1. ravan, pravocrtan; (o kosi) gladak; (o licu) ozbiljan; pravilan (nos); uspravan 2. (samo *pred*) uređen, sređen, pravilan, uredan, na pravom mjestu, u pravoj visini; simetričan; *sl* konzervativan, malograđanski 3. *fig* izravan, neposredan; pošten, čestit; otvoren, iskren; *sl* oslonljiv, pouzdan 4. *US* pravi, neiskrivljen, neizopačen, čist, nepatvoren; potpun | *math* **~ line** pravac; **~ arch** luk u obliku obrnutog slova V; **a ~ back** ravna (nepogrbljena) leđa; **a ~ knee** ravno (neprignuto) koljeno; **~ legs** ravne noge; **to put things ~** dovesti stvari u red; **accounts are ~** računi su ispravni; *sl* **~ tip** pouzdan savjet, mig; **a ~ race** utrka u kojoj se učesnici iz petnih žila trude da pobijede; *US* **the ~ ticket** pravi, službeni program stranke; **to keep a p ~** držati koga na uzdi; **~ drink** čisto piće (bez vode); **~ man** glumac u skeču na čiji račun komičar izvodi svoje šale, »žrtva«; **~ play** dramska predstava; **to keep a ~ face** zadržati ozbiljno lice; **~ fight** *pol* jasna polarizacija; **~ reasoning** logično umovanje

straight [streit] *s* pravac; posljednji dio trkališta, ravan komad; *cards* sekvenca | **out of the ~** kos, nagnut, grbav; nepošten

straight [streit] *adv* 1. pravocrtno, ravno, upravo; u pravom smjeru 2. točno, ispravno 3. neposredno, izravno; *fig* otvoreno, iskreno, pošteno 4. *arch* odmah, smjesta, bez okolišanja, naprečac | **~ away** odmah, smjesta, naprečac; **~ off** odmah, smjesta; **~ on** ravno, upravo; **~ through** ravno kroz; **to ride ~** jahati ravno naprijed (preko svih zapreka); **to think ~** logično misliti; **to put the record ~** reći točno kako je bilo; **to come ~ to the point** prijeći ravno na stvar

straight [streit] *interj* uistinu!

straight-cut ['streitkʌt] *adj* (o duhanu) rezan u dugačke tanke niti

straight-edge ['streitedʒ] *s* ravnalo

straighten ['streitn] *vt/i* **I.** *vt* izravnati, ispraviti što; razmrsiti, izgladiti; razjasniti što; dovesti u red; urediti što **II.** *vi* ispraviti se, izravnati se

straighten out ['streitn'aut] *vt/i* izravnati, ispraviti; razmrsiti, izgladiti; razjasniti

straighten up ['streitn'ʌp] *vi* ponovo postati pošten

straightforward [ˌstreit'fɔːwəd] *adj* (**~ly** *adv*) pošten, otvoren, iskren; jednostavan, nezamršen, lagan

straightforwardness [ˌstreit'fɔːwədnis] *s* poštenje, iskrenost, otvorenost

straightness ['streitnis] *s* izravnost; otvorenost, čestitost

straightway ['streitwei] *adv arch* odmah, smjesta

strain[1] [strein] *s* 1. natezanje, nateg, napinjanje, napetost, napon, naprezanje, napor; pritisak; *fig* iskušenje 2. uganuće, iščašenje, ugon; ozljeda 3. *poet & rhet* (često *pl*) napjev, zvuci; zvuk; pjesma; *fig* način govora, pisanja, ton, stil; crta, žica, osobina, značajka, sklonost | **to be on the ~** biti do skrajnosti napet; **af full ~s** s najvećim naporom

strain[2] [strein] *s* pravac; rod, loza, soj, podrijetlo; pasmina; naslijeđene osobine, prirođeno svojstvo, svojstvenost, osebujnost, crta, nagnuće, sklonost (*of* za, prema); mješavina vina; napad

strain [strein] *vt/i* **I.** *vt* 1. naprezati, natezati, napinjati što 2. stiskati, tiještiti, pritisnuti što; *mus* ugađati (žicu); *fig* (smisao) nategnuti, izvrtati, pretjerati, pregoniti u čemu 3. prenapreći što (*oneself* se) 4. povrijediti, oštetiti, staviti što na preveliko iskušenje 5. iščašiti, uganuti (zglob), pretegnuti (mišić) 6. grliti, stisnuti koga (*to* na) 7. procjeđivati (tekućinu) **II.** *vi* 1. vući, napinjati, natezati (*at* što) 2. napinjati se, prenapinjati se, naprezati se, upeti se, mučiti se (*after, for* da); teško ići na stranu 3. probijati se; otimati se | **to ~ one's ears** napinjati uši; **to ~ every nerve** skrajnje se napreći, napreći sve sile; **to ~ a point** ići predaleko, prekoračiti, pregoniti mjeru

strain up ['strein'ʌp] *vt* prenapreći što; povisiti (najamninu); previše upotrebljavati što

strained [streind] *adj* usiljen, neprirodan; procijeđen; (o odnosima) zategnut, nategnut, napet

strainer ['streinə] *s* cjedilo

strainless ['streinlis] *adj* koji je bez napora

strait [streit] *adj* (**~ly** *adv*) *arch* uzak, tijesan, sapet; (o zakonu) točan, strog, krut

strait [streit] *s* (većinom *pl*) tjesnac; *fig* škripac, neprilika

straiten ['streitn] *vt arch* suziti, stijesniti, stegnuti; ograničiti što; dovesti u nepriliku, u škripac; pritisnuti koga (nevolja) | **in ~ed circumstances** u skučenim prilikama

strait-jacket ['streitˌdʒækit] *s* luđačka košulja

strait-laced [ˌstreit'leist] *adj fig* pedantan, korektan; uskogrudan, puritanski, strog; pretjerano krepostan; utegnut

straitness ['streitnis] *s* tjesnoća, uskoća, uskost; *fig* škripac, neprilika; strogost, točnost

strait-waistcoat [ˌstreit'weiskəut] *s GB* luđačka košulja

strake [streik] *s mar* popelo, obod čamca ili broda

strand[1] [strænd] *s poet* pješčana obala, žal, igalo

strand[2] [strænd] *s* vlakno, struk, pramen, suk (konopa)

strand [strænd] *vt/i* **I.** *vt* iskrcati, baciti što na obalu; nasukati (lađu) **II.** *vi* nasukati se

strand [strænd] *vt* prekinuti struk, vlakno (u konopu)

stranded ['strændid] *adj* nasukan; *fig* koji je bez sredstava, u nevolji, škripcu, bespomoćan; napušten, ostavljen; propao, zagrezao | **~ goods** naplavljena roba, roba što je more izbaci na obalu; **to get ~** nasukati se; *fig* ostati na suhom; **to be left ~** ostati bez sredstava

strange [streindʒ] *adj* (**~ly** *adv*) stran, nepoznat, nov (*to a p* kome); tuđ; čudan, neobičan, rijedak; neupoznat (*to* čime), nenavikao, nevješt (*to* čemu) | **to feel ~** čudno se osjećati (*esp* osjećati vrtoglavicu, omaglicu); **~ to say** začudo, čudno; **to be ~ to something** ne poznavati što, ne biti navikao na što

strangeness ['streindʒnis] *s* neobičnost, čudnovatost

stranger ['streindʒə] *s* stranac, tuđinac, tuđinka, inozemac; neznanac, neznanka; neiskusno, neupućeno čeljade, novajlija (*to* u čemu); *jur* onaj koji nije sudjelovao (*to* u), onaj koji nije stranka u sporu; *US voc* gospodine | *parl GB* **to spy (see) ~s** dati isprazniti galerije od gledalaca; **you are quite a ~!** već te nisam vidio sto godina!; **he is no ~ to me** poznajem ga; **no ~ to** dobro poznat sa

strangle ['stræŋgl] *vt* daviti, gušiti koga; *fig* potisnuti, zatomiti što

strangle-hold ['stræŋglhəuld] *s* kravata (zahvat oko vrata kod rvanja); *fig* smrtni stisak
strangles ['stræŋglz] *s* ždrebećak, adenitis konja
strangulate ['stræŋgjuleit] *vt* udaviti (rijetko); *med* stisnuti, prikliještiti; podvezati žilu, ranu
strangulation [ˌstræŋgju'leiʃn] *s* gušenje; *med* podvezivanje (žile)
strap [stræp] *s* 1. kožni remen, pas, pojas, pasica 2. *bot* jezičac (lista) 3. kožna ručka ili omča za pridržavanje (u autobusu, tramvaju); *tech* prijenosnik; *mar* štrop 4. *mech* trakasto, plosnato željezo | *mil* **shoulder ~** naramenica; *sl* **the ~**, **~ oil** batinanje remenom
strap [stræp] *vt* 1. pričvrstiti što remenom, sapeti, opasati (*to* na, o) 2. *med* zavezati (ranu) ljepljivim povojem 3. tući koga remenom 4. brusiti (britvu) o remen
straphang ['stræphæŋ] *vi* držati se za kožnu ručku ili omču (u tramvaju, autobusu)
strap-hanger ['stræpˌhæŋə] *s* putnik koji u tramvaju stoji držeći se za ručku
strap-iron ['stræpˌaiən] *s* trakasto, plosnato željezo
strapper ['stræpə] *s* konjušar; *fam* momak (djevojka) od oka; konjanik
strapping ['stræpiŋ] *adj* (o djevojci ili momku) bujan, jedar, snažan, čvrst, kršan
strapping ['stræpiŋ] *s med* ljepljiv zavoj, flaster; remenje; vezanje
strap-wheel ['stræpwiːl] *s tech* remenica
strata ['straːtə] *s pl* → **stratum**
stratagem ['strætədʒəm] *s* ratna varka, lukavština, mudrolija
strategic [strə'tiːdʒik] *adj* (**~ally** *adv*) strateški, strategijski
strategics [strə'tiːdʒiks] *s* strategija, ratna vještina (& *fig*)
strategist ['strætidʒist] *s* strateg
strategy ['strætidʒi] *s* strategija, ratna vještina
strath [stræθ] *s Scot* široka dolina
strathspey [stræθ'spei] *s* živahan škotski ples i glazba
stratification [ˌstrætifi'keiʃn] *s geol* stratifikacija, uslojavanje, slojevitost
stratify ['strætifai] *vt* stratificirati, uslojiti
stratocruiser ['strætəˌkruːzə] *s* mlazni avion za letove u stratosferi
stratosphere ['streitəuˌsfiə] *s* stratosfera
stratum ['straːtəm] *s* (*pl* **strata** ['straːtə]) *geol* naslaga, sloj (& *fig*)
stratus ['streitəs] *s* niski oblak, stratus
straw [strɔː] *s* 1. slama 2. slamka 3. *fig* malenkost, sitnica, trica, zera 4. slamnat šešir | *arch* **in the ~** u babinjama; **man of ~** plašilo za ptice; *fig* čovjek od slame; golać, sirotinja; **~ vote** neslužbena, novinska anketa: **to draw ~s** ždrijebati slamkama različite duljine; **to make bricks without ~** početi kakav posao bez potrebnih sredstava; *fig* **to catch at a ~** hvatati se za slamku; **the last ~** posljednja kap (od koje se prelila čaša); **a ~ shows which way the wind blows** i mali mig može mnogo kazati; **don't care a ~** ne marim nimalo; **a ~ in the wind** nagovještaj
straw [strɔː] *vt arch* nastrijeti što slamom
strawberry ['strɔːbəri] *s bot* jagoda
straw-bid ['strɔːbid] *s US* tobožnja molitva
straw-board ['strɔːbɔːd] *s* grubi karton napravljen od slame
straw-chopper ['strɔːˌtʃɔpə] *s* sječkalica za slamu
straw-coloured ['strɔːˌkʌləd] *adj* slamnate, blijedožute boje
straw-mat ['strɔːmæt] *s* slamni podložak, otirač; hasura, rogožina
straw-thatched ['strɔːˌθætʃt] *adj* slamom pokriven (krov)
straw-vote ['strɔːvəut] *s pol* pokusno glasanje, neslužbena (novinska) anketa
strawy ['strɔːi] *adj* slamnat, sličan slami; posut ili ispunjen slamom
stray [strei] *s* zalutalo živinče; lutalica, beskućnik; *pl radio* atmosferske smetnje; *jur* pokojnikova imovina koja u pomanjkanju nasljednika prelazi u vlasništvo države | **waifs and ~s** zanemarena djeca
stray [strei] *adj* zalutao, zabludio, zabasao; osamljen, pojedinačan, pogdjekoji; rastrkan, razbacan, razasut; mjestimičan; povremen | **~ dog** pas skitnica; **~ bullet** zalutali metak
stray [strei] *vi* odlutati, zalutati, zabasati, lutati, vrludati; zastraniti (*from* od); *fig* zaći na krivi put, griješiti
strayer ['streiə] *s* onaj koji je zalutao, lutalica
strayling ['streiliŋ] *s* onaj koji je zalutao, koji luta
streak [striːk] *s* crta, žica (druge boje); trak, žila, pruga; *fig* tračak, mrva, malo | **~ of lightning** munja; **like a ~** brzo, kao munja; **the silver ~** La Manche
streak [striːk] *vt* isprugati što, sijevati, parati; *vi* juriti, proletjeti
streaky ['striːki] *adj* (**streakily** *adv*) (o slanini) prošaran, prorastao mesom; prugast, prutast; promjenljiv, nejednak
stream [striːm] *s* 1. tok, tijek, struja; rijeka (& *fig*), potok 2. dugačak niz čega; strujanje; mnoštvo, obilje | **up ~** uzvodno; **down ~** nizvodno; **Gulf ~** Golfska struja; *fig* **to go with the ~** ići sa strujom; **against the ~** protiv struje; **~ of consciousness** tok svijesti

stream [striːm] *vi/t* **I.** *vi* strujati, teći; lijevati; (o zastavi) lepršati, vijati se **II.** *vt* činiti da što struji, teče, istječe
stream-cable [ˈstriːmˌkeibl] *s mar* konop za pomoćno sidro
streamer [ˈstriːmə] *s* vrpca na vjetru, barjačić; naslov (krupnim slovima) preko cijele stranice; traka svjetla; *pl* polarna zora
streaming [ˈstriːmiŋ] *adj* koji struji; (o očima) plačan, suzan | ~ **cold** hladnoća koja uzrokuje hunjavicu
streamless [ˈstriːmlis] *adj* u kojem nema strujanja, bezvodan
streamlet [ˈstriːmlit] *s* potočić
streamline [ˈstriːmlain] *s* prirodni tok vode ili zračne struje; aerodinamičan oblik automobila ili aviona
streamline [ˈstriːmlain] *vt* aerodinamično oblikovati; efikasno organizirati, pojednostavniti, modernizirati
streamy [ˈstriːmi] *adj* koji struji, tekući
street [striːt] *s* ulica, cesta | **to live in the** ~ biti neprestano na ulici; **man in the** ~ običan čovjek, čovjek s ulice; *coll* **not in the same** ~ **with** ne može se ni usporediti sa; **in** (*US* **on**) **the** ~ na ulici; *st exch* (posao) zaključen poslije zatvaranja burze; **to be on the** ~**s** biti bludnica, uličarka; **to have the key of the** ~ biti beskućnik; **the** ~ Wall Street u New Yorku, u Londonu Lombard Street ili Fleet Street; ~ **ahead** *coll* daleko ispred; **up one's** ~ nečije područje (znanja, interesa), nečiji teren, »fah«
street-arab [ˈstriːtˌærəb] *s* besprizorni, skitnica, uličnjak
street-car [ˈstriːtkaː] *s US* tramvaj
street-orderly [ˈstriːtˌɔːdəli] *s* prometnik, saobraćajac, prometni redar
street-organ [ˈstriːtˌɔːgən] *s* organac, verglec
street-prices [ˈstriːtˌpraisiz] *s pl st exch* cijene pogođene izvan burze
street-railroad [ˈstriːtˌreilrəud] *s US* cestovna željeznica
street-sweeper [ˈstriːtˌswiːpə] *s* pometač, smetlar; automobil za čišćenje ulica
street-traffic [ˈstriːtˌtræfik] *s* ulični promet
street-walker [ˈstriːtˌwɔːkə] *s* bludnica, uličarka, prostitutka
streetward [ˈstriːtwəd] *adj* koji ide prema ulici
streetward [ˈstriːtwəd] *adv* na ulicu, prema ulici
strength [streŋθ] *s* 1. snaga, jakost, moć, sila; čvrstoća, otpornost, žilavost; krepkost, valjanost 2. *mil & mar* snaga, brojno stanje; jakost (utvrde) 3. (o tekućinama) sadržaj (*alcoholic* ~) | **measure one's** ~ **with** omjeriti snagu sa; **on the** ~ **of** na temelju čega; *mil* **on the** ~ na popisu; *mil* **below** ~ ispod obične snage, ispod običnog brojnog stanja; *mil* **under** ~ ispod obične snage, ispod običnog brojnog stanja; **at full** ~ pun, na broju, svi; ~ **of purpose** jakost volje, upornost, odlučnost, ustrajnost; **feat of** ~ podvig snage
strengthen [ˈstreŋθən] *vt/i* **I.** *vt* ojačati, pojačati; krijepiti, potkrijepiti što, dati kome nove snage **II.** *vi* ojačati, okrijepiti se | *fig* **to** ~ **one's hands** ojačati čiju poziciju
strengthener [ˈstreŋθənə] *s med* sredstvo za jačanje; onaj koji jača, bodri
strengthless [ˈstreŋθlis] *adj* nemoćan, slab, mlohav
strenuous [ˈstrenjuəs] *adj* naporan; uporan; neumoran; revan
streptococcus [ˌstreptəˈkɔkəs] *s med* streptokok
streptomycin [ˌstreptəuˈmaisin] *s med* streptomicin
stress [stres] *s* 1. napor; pritisak, tjeranje; (o vremenu) nepogoda, žestina; *med* stres 2. *phys* pritisak, tlak, sila, težina 3. *fig* važnost, isticanje 4. *pros & gram* naglasak | *lit* **storm and** ~ Sturm und Drang, vrijeme previranja ideja i nemira; **to lay** ~ **on** naglašavati, isticati što; **tensile** ~ vlak, napetost vlaka; **compression** ~ tlak
stress [stres] *vt* 1. *fig* naglašavati, isticati što 2. *pros* naglasiti 3. *tech* tlačiti, pritiskivati, podvrći što pritisku
stressful [ˈstresful] *adj* naporan
stress-group [ˈstresgruːp] *s phon* naglasna skupina
stressless [ˈstreslis] *adj* nenaglašen
stress-mark [ˈstresˌmaːk] *s* naglasak, znak naglaska, naglasni znak
stretch [stretʃ] *s* 1. rastezanje, protezanje; šetnja 2. natezanje, naprezanje, napinjanje, napor, napetost, preveliko natezanje; prekoračenje **3.** neprekinuto vremensko razdoblje; niz; *sl* boravak u kaznionici 4. neprekidan odsjek puta ili prostora; steranje; ploha; ravan dio trkališta 5. *mar* udaljenost prevaljena kod jednog kreta ili tega (bordade) (pri jedrenju protiv vjetra) | **to give a** ~ rastezati se; **on the** ~ napinjući sve sile; u velikoj žurbi; *fig* u velikoj napetosti; **at a** ~ bez prekida, za redom; **to do a** ~ *sl* »sjediti« (u zatvoru); **by no (any)** ~ **of the imagination** (n)ikakvim naporom mašte; **at full** ~ potpuno rastegnut
stretch [stretʃ] *vt/i* **I.** *vt* 1. razvlačiti, rastezati, protezati što (*oneself* se); ispružiti (ruku) (često *forth*), protegnuti (noge) 2. nategnuti, napeti, zategnuti 3. *fig* natezati (smisao), ići predaleko u čemu; *com* prekoračiti (kredit); *sl* objesiti koga **II.** *vi* 1. širiti se, pružati se, protezati se; putovati (*to* do) 2. (o rukavicama i dr.) rastezati se; (većinom *neg*) dati se rastezati; *fig* pretjerivati, lagati | **to** ~ **one's**

legs pružiti noge (& *fig*); **to ~ a p on the ground** oboriti koga udarcem na zemlju; **to ~ the truth** pretjerivati, lagati; **to ~ on the rack** razapeti na muke, mučiti; *fig* **~ to a point** ići predaleko, pretjerivati u čemu; **~ing mule** *tech* pretpredilica

stretch out ['stretʃ'aut] *vt/i* **I.** *vt* razvući, rastezati što (*oneself* se); raskriliti (krila) **II.** *vi* pružati se, daleko zahvatati

stretchable ['stretʃəbl] *adj* rastezljiv, pruživ

stretcher ['stretʃə] *s* 1. *tech* naprava za rastezanje (rukavica, cipela); rastezalo, razapinjač, zatezač; šipka (kišobrana), kalup (za obuću) 2. *archit* dužnjača, kamen umetnut po duljini; *mar* nosiljka; uporište za noge u čamcu 3. nosila 4. pretjerivanje, pretjerana pripovijest, laž | **~-bearer** nosač nosila; *mil* sanitetlija, bolničar; **~-party** nosači nosila, bolničari

stretchy ['stretʃi] *adj fig* rastezljiv, elastičan, gibak | **to get ~** rastegnuti se

strew [struː] *vt* (*pret* **~ed**; *pp* **~ed**, **~n**) posuti, posipati što (*with* čime)

strewing ['struːiŋ] *s* stelja, nastor

striated [ˌstrai'eitid] *adj* isprugan, izbrazdan

stricken ['strikn] *pp* od **strike** & *adj* 1. *arch* ranjen 2. udaren, pogođen, obuzet | **terror-~** užasnut; **~ in years** ostario; **~ with fever** obolio od groznice; **poverty-~** osiromašio; **~ field** pravilan boj; bojište

strickle ['strikl] *s* daščica kojom se izravnava površina žita u posudi za mjerenje, raz

strict [strikt] *adj* (**~ly** *adv*) striktan, točan, točno određen, strog (pravilo); oštar; budan, poman; strog (*with* sa) | **~ly speaking** strogo uzevši

strictness ['striktnis] *s* točnost, strogost

stricture ['striktʃə] *s med* 1. striktura, stezanje 2. (većinom *pl*) prigovor, zamjerka, oštra kritika (*on* čemu)

stridden ['stridn] *pp* od **stride**

stride [straid] *s* 1. dugačak korak, korak, hodanje 2. *fig* napredak 3. korak (kao mjera) | **to take something in one's ~** lako svladati; **to take long ~s** praviti dugačke korake; **to get into one's ~** dobiti zamah; **to make great ~s** dobro napredovati, ići velikim koracima naprijed

stride [straid] *vi/t* (*pret* strode; *pp* stridden, strid) **I.** *vi arch* objahati, opkoračiti (*across* što); koračati, praviti duge korake, napraviti dug korak, iskoračiti, prekoračiti (*across, over* što) **II.** *vt* prekoračiti što dugim korakom, opkoračiti što; objahati (konja) | **to ~ over** prekoračiti, prijeći jednim korakom

stride out ['straid'aut] *vi* valjano iskoračiti

strident ['straidnt] *adj* (**~ly** *adv*) kreštav, vrištav, škripav, koji probija uši

stridulate ['stridjuleit] *vi* cvrčati, zrikati; škripati

strife [straif] *s* svađa, sukob, kavga; borba; razdor | **at ~** nesložan

strig [strig] *s* držak, ručka (oruđa); peteljka (lista)

strigil ['stridʒil] *s hist* strugalo za kožu kakvo su nekada upotrebljavali kod kupanja

strike [straik] *s* 1. udarac (*at* prema); (o satu, zvonu) otkucaj, odbijanje 2. *pol* štrajk 3. *geol* smjer (slojeva) 4. sreća, sretan posljedak; nalaz (zlata, rude) 5. napad, akcija 6. *US* blef, prijevara | **on ~** u štrajku; **to be on ~** štrajkati; **to come out on ~** stupiti u štrajk; **to go on ~** stupiti u štrajk; **to make a ~** uspjeti; *US* snaći se; **general ~** opći štrajk; **~-pay** štrajkaška plaća; **~ fund** štrajkaški fond

strike [straik] *vt/i* (*pret* struck; *pp* struck, stricken) **I.** *vt* 1. izravnati, razati (žito); izgladiti (kožu) 2. povući (crtu), precrtati što 3. sastaviti (odbor) 4. *mar* spustiti (jedro, zastavu); srušiti (šator) 5. prekinuti (rad) 6. udariti koga ili što, dati kome (udarac); pogoditi, zahvatiti koga; udariti (loptu); odbiti što udarcem; kovati (novac) zlato; udarati (u bubanj); svirati (harfu); započeti (svirku, pjesmu); iskresati (vatru), zapaliti, kresati (šibicu, svjetlo); otkucavati, odbijati (satove, vrijeme) 7. izabrati (porotu) dopuštajući strankama da odbace neke od porotnika 8. udarcem dovesti koga u kakvo stanje (*to ~ deaf*); ispuniti koga čime (*to ~ terror into a p*) 9. predati (toplinu) 10. pustiti (korijen), zabosti (nož i dr.) (*into* u) 11. naići (na trag) 12. udariti čime (*against* o, *on* po); (o brodu) naletjeti na što; (o gromu) udariti u što 13. pasti kome na pamet (kakva misao); učiniti na koga dojam; dojmiti se koga, pasti kome u oči; prikazati se kome 14. *com* zaključiti (račun) 15. iznenada ili dramatično izazvati (kakvu stvar) 16. *US* dostići, doseći; otkriti, pronaći što **II.** *vi* 1. spustiti zastavu, predati se 2. štrajkati (*for* za, *against* protiv) 3. krenuti, poći 4. upasti (*into* u), sudjelovati 5. iznenada započeti 6. (o svjetlu, toplini i dr.) prodirati, probijati (*through* kroz), padati (*on* na) 7. pustiti korijen 8. širiti ruke, plivati 9. (o školjci) hvatati se za podlogu 10. udarati, lupati, shvatiti; namjeriti udarac (*at* prema); boriti se (*for* za); (o srcu) kucati; (o gromu) udariti; (o šibici) zapaliti se trljanjem; (o udici) zakvačiti se trzanjem; (o vjetru) puhati

11. udariti (*against* o; *on* na, po); (o brodu) nabasati, nasukati se; (o svjetlu) pasti (*on* na) 12. *fig* upadati u oči, biti napadan 13. krenuti, udariti (*to* prema) | ~ **while the iron is hot** kuj željezo dok je vruće; **to ~ at the root of** iščupati iz korijena, udariti u srž; *arch* **to ~ hands** udariti rukom o ruku u znak sporazuma; **to ~ upon an idea** doći na (dobru) zamisao; **to ~ the track** krenuti tragom; **to ~ one blind (deaf, dumb)** udarcem oslijepiti (oglušiti, onijemiti) koga; *vulg* **~ me dead!** neka smjesta umrem! (kao dokaz istinitosti neke tvrdnje); **to ~ one's flag** spustiti zastavu; *fig* uvući rogove; **to ~ tents** dići logor; **to ~ into a gallop** udariti u galop; **to ~ the eye** pasti u oči; **to ~ a p's fancy** svidjeti se kome; **to ~ an average** uzeti prosjek; **to ~ one's hands** sporazumjeti se; **to ~ a blow for** zauzeti se za koga; *coll* **to ~ all of a heap** ušutkati, zbuniti; **to ~ oil** naići na naftu; *fig* obogatiti se, uspjeti; **to ~ the right note** pogoditi pravi ton, napipati žicu; **his hour has struck** došao je njegov čas; **to ~ fish** trzanjem zakvačiti udicu za gubicu ribe; **to ~ a bargain** zaključiti trgovinu, nagoditi se; **to ~ terror into a p** natjerati kome strah u kosti

strike aside ['straikə'said] *vt* odbiti (udarac)

strike back ['straik'bæk] *vi* vratiti udarac, braniti se (*against* od)

strike down ['straik'daun] *vt* oboriti koga udarcem

strike home ['straik'həum] *vi* (o udarcu) pogoditi cilj; *fig* djelovati, imati učinak

strike in ['straik'in] *vi* (o bolesti) napasti unutrašnjost tijela; prekinuti, upasti u razgovor

strike inwards ['straik'inwədz] *vi* (o bolesti) zavući se, djelovati prema unutrašnjosti tijela

strike off ['straik'ɔf] *vt* odsjeći (glavu); precrtati što; brzo napraviti (sliku); *print* otisnuti, odštampati što

strike out ['straik'aut] *vt/i* **I.** *vt* precrtati što; izazvati što; kovati planove, *fig* krenuti (nekim putom) **II.** *vi* iskočiti; plivati (*for* prema); udariti (*at* na) | **to ~ a plan** kovati plan; **to ~ a line for oneself** biti originalan; naći za što svoj vlastiti način

strike through ['straik'θruː] *vt* precrtati što

strike up ['straik'ʌp] *vt/i* **I.** *vt* zapjevati, zasvirati što; zaključiti (savez); sklopiti (prijateljstvo) **II.** *vi* zapjevati, zasvirati; podići se | *US* **to be struck up with** biti zanesen, zbunjen, očaran čime; *US* **to be struck up on** biti zaljubljen u koga

strike-a-light ['straikəlait] *s* kresivo

strike-bound ['straikbaund] *adj* paraliziran štrajkom

strike-breaker ['straikˌbreikə] *s* štrajkolomac, štrajkbreher

strike-breaking ['straikˌbreikiŋ] *s* štrajkolomstvo

strike-measure ['straikˌmeʒə] *s* ravna mjera (žita)

strike-pay ['straikpei] *s* potpora koju štrajkaši dobivaju od svoga sindikata, štrajkaška plaća

striker ['straikə] *s* 1. udarač; *tech* udarni mehanizam; *sport* napadač, član navalnog reda 2. štrajkaš

striking ['straikiŋ] *adj* (**~ly** *adv*) očit, napadan, izrazit | **~ clock** ura koja otkucava satove; **~ distance** dohvat udarca; **~ work** bilo (u uri); **~ force** udarne snage, udarna sila

striking ['straikiŋ] *s* udaranje; *mus* način reagiranja instrumenata na pritisak prstiju na tipke

string [striŋ] *s* 1. vrpca, traka, špaga, uzica, konopac, konac 2. *zool* tetiva; *bot* vlakno, nit (mahune); *mus* struna, žica 3. tetiva luka 4. niz, ogrlica, đerdan (& *fig*); dugačak red čega; *US* govor 5. *fig* rezerva, zaliha | *fig* **to hold all the ~s** držati sve konce u ruci, upravljati čime; *fig* **to have two ~s to one's bow** imati dva željeza u vatri; *fig* **to pull the ~s** povlačiti konce, (nevidljivo) upravljati čime; *fig* **heart-~s** srce, najdublji osjećaj; **to touch the ~s** svirati; **to harp on one ~** neprestano govoriti o istoj stvari; *fig* **to touch a ~** dirnuti žicu; **the ~s** žičani instrumenti; gudači; **in a long ~** u dugom nizu, redu; **no ~s attached** bez ikakvih uvjeta; **without ~s** bez uvjeta; **to be tied to one's mother's apron-~s** biti vezan uz majčinu pregaču; **first (second) ~** prva (druga) violina; **~ orchestra** gudački orkestar

string [striŋ] *vt/i* (**strung, strung**) **I.** *vt* 1. staviti (tetivu na lučac), nategnuti (tetivu), staviti (strune) na violinu; *poet* ugađati (violinu i dr.); *fig* nategnuti, napeti (živce, snagu i dr.) 2. vezati što udicom 3. nizati što 4. objesiti što (*across* preko); *fig* skupiti (sile, volju) 5. raširiti, nategnuti što 6. ukloniti niti (iz mahuna) 7. *US sl* ismijavati koga, tjerati šalu s kim **II.** *vi* (o ljepilu i dr.) razvlačiti se u niti | **to ~ somebody along** vući za nos; **to ~ along with somebody** držati se nekoga zbog vlastite koristi

string up ['striŋ'ʌp] *vt* napeti, nategnuti (živce); pripremati koga za što; *coll* objesiti koga

string alphabet ['striŋˌælfəbit] *s* sljepačko pismo

string-bag ['striŋbæg] *s* mreža za kupovinu

string band ['striŋbænd] *s* gudački orkestar
string-beans ['striŋbiːnz] *s pl US* mahune
string-board ['striŋbɔːd] *s archit* uzdužni podvalak, uzdužna podloga (stepenica)
stringency ['strindʒənsi] *s* (o zakonu, pravilima) oštrina, strogost; *com* oskudica, nestašica (novca), slabost (tržišta), slaba prođa
stringent ['strindʒənt] *adj* (**~ly** *adv*) (o okusu) oštar; (o zakonu) strog; utvrđen, neumitan, koji obvezuje, koji se ne može mimoići; (o argumentu) uvjerljiv, koji sili; *com* (o novcu) oskudan, (o tržištu) slab
stringer ['striŋə] *s* 1. onaj koji meće strune na violine i dr. 2. zaštitna greda, uzdužni podvalak 3. vanjski suradnik (novina)
string-orchestra ['striŋˌɔːkistrə] *s* gudački orkestar
stringy ['striŋi] *adj* žilav, vlaknat; viskozan, ljepljiv
strip [strip] *s* dug uzak trak; pojas, pruga; zona; *aero* pista | **comic ~ strip; ~ lighting** osvjetljenje pomoću fluorescentnih cijevi; **~ mining** *US* dnevni kop
strip [strip] *vt/i* **I.** *vt* guliti, ljuštiti što; svlačiti, ogoliti koga; lišiti (*of* čega), opljačkati koga; raspremiti (brod) **II.** *vi* svući se; (o vijku) izlizati se; (o metku) izaći iz cijevi bez vrtnje | **to ~ one to the skin** svući koga do kože; **to ~ a house** iznijeti namještaj iz kuće, raspremiti kuću; **to ~ a cow** izmusti kravu do posljednje kapi; **to ~ tobacco** izvaditi rebra iz duhanova lišća; **to ~ a screw** olimati navoje vijka
stripe [straip] *s* pruga, trak (neke druge boje); *mil* širit, oznaka čina; *US fig* vrsta; *arch* udarac bičem, masnica; *pl* bičevanje, šibanje | **stars and ~s** zastava Sjedinjenih Američkih Država; **to get (lose) one's ~s** postati (prestati biti) podoficir; biti unaprijeđen (lišen čina)
stripe [straip] *vt* ukrasiti što prugama; isprugati, isprutati što; podijeliti što na duge uske komade
striped [straipt] *adj* isprugan, prugast, prutast
stripling ['stripliŋ] *s* momčić, mladac, zeleno momče
stripped [stript] *adj* gol, nag
stripper ['stripə] *s* stroj za guljenje kore s debala; striptizeta
strip-show ['stripʃəu] *s* striptiz program
strip-tease ['striptiːz] *s* striptiz
stripy ['straipi] *adj* isprugan, prutast, prugast
strive [straiv] *vi* (strove, striven) nastojati, težiti (*after* za); truditi se (*to* da); takmičiti se, natjecati se; boriti se (*for* za); opirati se (*against* čemu); svađati se
strode [strəud] *pret* od **stride**
stroke[1] [streuk] *s* 1. udarac (& *sport*); kucaj (bila), odbijanje (sata); zamah (vesla, ruku kod plivanja, krila); *mech* potpuni put klipa u cilindru 2. potez (perom, kistom) (& *fig*) 3. sudbina 4. *med* napadaj, kap 5. veslač koji daje tempo drugim veslačima | **at one ~** jednim udarcem, jednim mahom; **finishing ~** smrtonosni udarac (i iz samilosti); **finishing ~s** posljednji potezi, dovršavanje; *med* **sun ~** sunčanica; *med* **a ~ of paralysis** kap; **a ~ of wing** zamah krila; *mech* **a ~ of the piston** hod klipa; *fig* **a ~ of genius** genijalan potez, originalna ideja; **a ~ of luck** sretan slučaj; *fig* **~ of wit** duhovitost, duhovita primjedba; *fig* **a clever ~** spretan, vješt potez; *fig* **masterly ~** majstorski potez; **a ~ of business** dobar posao; **hair-~** (kod pisanja) tanka crtica prema gore; **on the ~** točno; **down-~** potez (perom) prema dolje; **up-~** potez (perom) prema gore; **to have a ~** biti udaren od kapi; **to row ~** davati veslanjem tempo ostalim veslačima; **a four-~ motor** četvorotaktni motor
stroke [strəuk] *vt/i* **I.** *vt* davati veslanjem tempo ostalim veslačima (*to ~ a boat*) **II.** *vi* biti takav veslač
stroke[2] [strəuk] *s* glađenje, milovanje, maženje
stroke [strəuk] *vt* gladiti, milovati, maziti | **to ~ one down** umiriti, umekšati, ublažiti koga; **to ~ a p up the wrong way** ljutiti, dražiti koga, ići kome uz dlaku
strokesman ['strəuksmən] *s* prednjak, veslač koji daje tempo ostalim veslačima
stroking ['strəukiŋ] *adj* (**~ly** *adv*) koji miluje, gladi, mazi
stroll [strəul] *s* šetnja, vrludanje, lutanje, bazanje, tumaranje, lunjanje, skitanje, kratka šetnja bez cilja | **to go for a ~** poći na šetnju; **to take a ~** poći na šetnju
stroll [strəul] *vi/t* **I.** *vi* lunjati, lutati, vrludati, bazati, šetati, skitati se, tumarati, klatariti se **II.** *vt* skitajući se, šećući se proputovati što
stroller ['strəulə] *s Scot* tumaralo, potucalo, skitalac, potepuh, protuha; putujući glumac; *US* sklopiva dječja kolica (za sjedenje)
strolling company ['strəuliŋˌkʌmpəni] *s* putujuća glumačka družina
strong [strɔŋ] *adj* (**~ly** *adv*) (*comp* **~er** ['strɔŋgə]; *superl* **~est** ['strɔŋgist]) 1. jak (tijelo, glas, piće, miris) (*in* u čemu); snažan, moćan, čvrst, zdrav, krepak 2. energičan, odlučan, izražajan; nepokolebljiv (pristaša) 3. bistar, pronicav, oštar 4. živ, živahan, poduzetan, revan; (o kandidatu) koji ima izgleda na uspjeh 5. smrdljiv, (o maslacu) upaljen; (o vjetru) žestok; (o argumentu) uvjerljiv 6. *gram*

(o glagolu) jak 7. *com* trajan, stalan, ustaljen 8. *mil* jak (o broju vojnika), brojan | **the ~** zdravi ljudi; oni na čijoj je strani sila ili vlast; *com* **a ~ market** ustaljeno tržište; **~ meat** teška hrana; *fig* ono što mogu shvatiti samo upućeni ljudi ili ljudi velike pameti; **by the ~ arm (hand)** silom; *sl* **going ~** zdrav, poduzetan, živahan, aktivan, u dobrom stanju; **~ nose** jak, izražajan, markantan nos; **to be ~ on** držati što važnim; živo sudjelovati u čemu; **to feel ~ about** uzbuđivati se zbog čega; **~ language** kletve, psovke; **as ~ as a horse** jak kao konj; **~ point** jaka strana; **~ drink** alkoholno piće

strong [strɔŋ] *adv* vrlo jako | *sl* **to come (go) it ~** pregoniti mjeru, pretjerivati; *fig* **to come out ~** ljudski se prihvatiti čega

strong-arm [ˈstrɔŋaːm] *adj US* snažan, mišičav, prisilni, nasilni

strong-bodied [ˈstrɔŋˌbɔdid] *adj* snažan; čist (vino)

strong-box [ˈstrɔŋbɔks] *s* čelična blagajna, sef

stronghold [ˈstrɔŋhəuld] *s* tvrđava, utvrda, uporište (& *fig*)

strongish [ˈstrɔŋiʃ] *adj* prilično jak

strongly [ˈstrɔŋli] *adj* jako, snažno, krepko, čvrsto | **to be ~ of the opinion** odlučno biti mišljenja; **to feel ~ about** uzbuđivati se zbog čega, imati određeno mišljenje o čemu

strong-minded [ˌstrɔŋˈmaindid] *adj* energičan, odlučan, jake volje, snažnog duha

strong-room [ˈstrɔŋrum] *s* trezor

strontium [ˈstrɔntiəm] *s chem* stroncij

strop [strɔp] *s* remen za brušenje britve; *mar* štrop o kojem visi kolotur

strop [strɔp] *vt* brusiti (britvu)

strophe [ˈstrəufi] *s pros* strofa, kitica

strophic [ˈstrɔfik] *adj* koji se odnosi na strofe, strofni

strove [strəuv] *pret* od **strive**

strow [strəu] *vt arch* (*pret* ~ed; *pp* ~n, ~ed) → **strew**

struck [strʌk] *pret* & *pp* od **strike**

struck measure [ˈstrʌkˌmeʒə] *s* (o žitu i dr.) uravnjena mjera

structural [ˈstrʌktʃərəl] *adj* (**~ly** *adv*) strukturni, strukturalni; konstrukcijski, konstrukcioni, građevni, sastavni | *aero* **~ weight** težina konstrukcije

structure [ˈstrʌktʃə] *s* struktura, sastav, građa, ustroj, ustrojstvo; građevina, gradnja, zgrada; *biol* organizam

strudel [ˈstruːdl] *s cul* savijača, štrudl

struggle [ˈstrʌgl] *s* borba (*for* za, *with* sa), rvanje; otimanje, trzanje; napon, naprezanje

struggle [ˈstrʌgl] *vi* boriti se (*with* sa, *for* za, *against* protiv); naprezati se, napinjati se (*to do*), **mučiti se** (*with* **čime**); otimati se, opirati se (*against* čemu); probijati se (*through* kroz) | **to ~ to one's feet** s mukom se podići na noge

struggler [ˈstrʌglə] *s* borac

struggling [ˈstrʌgliŋ] *adj* (**~ly** *adv*) koji se probija, koji se muči, napreže, napinje

struldbrug [ˈstrʌldbrʌg] *s* (iz »Guliverovih putovanja«) čeljade osuđeno na vječni život; *fig* bespomoćno čeljade koje živi od milostinje

strum [strʌm] *vi/t* (nevješto) svirati na klaviru ili kojem drugom žičanom instrumentu; drndati, brenčati

strum [strʌm] *s* (nevješto) sviranje na klaviru; drndanje, brenčanje

strumous [ˈstruːməs] *adj med* skrofulozan; gušav

strumpet [ˈstrʌmpit] *s* bludnica, drolja

strung [strʌŋ] *pret* & *pp* od **string** | **finely ~** osjetljiv; **highly ~** napet, nervozan, uzbuđen, uzrujan; egzaltiran

strut[1] [strʌt] *s* kočoperenje, kočenje, šepirenje, gizdanje; *fig* pretvaranje

strut[2] [strʌt] *s archit* kosnik, potporanj

strut [strʌt] *vi* kočoperiti se, kočiti se, šepiriti se, gizdati se, paradirati

strut [strʌt] *vt archit* poduprijeti što potpornjem

strychnine [ˈstrikniːn] *s chem* strihnin

stub [stʌb] *s* hrek, panj, klada, krnjak, škrba, kusotak, ostatak (cigarete, olovke), opušak, čik; stari klin iz konjske potkove; *US* kontrolni kupon, odrezak, talon

stub [stʌb] *vt* iskrčiti (panjeve), iskrčiti (zemljište) od panjeva (većinom *up*); ugasiti cigaretu; udariti čime (*against* o) | **to ~ one's toe** udariti nogom o što

stubble [ˈstʌbl] *s collect* & *pl* strnjika; kratka oštra brada, čekinjava kosa, dlaka | **~ field** strnište

stubbly [ˈstʌbli] *adj* strnjikav, čekinjast, kratak i oštar (za bradu, kosu, dlaku); šiljast, bodljikav

stubborn [ˈstʌbən] *adj* (**~ly** *adv*) tvrdoglav, svojeglav, jogunast, nepopustljiv, ustrajan, uporan, stalan, postojan, odlučan, tvrdokoran; neprilagodljiv, tvrd, krut

stubbornness [ˈstʌbənis] *s* tvrdoglavost; ustrajnost, nepopustljivost, upornost; krutost

stubby [ˈstʌbi] *adj* zdepast, kratak, kusast; koji je pun panjeva

stucco [ˈstʌkəu] *s* (*pl* **~es, ~s**) štuk, štukatura

stucco [ˈstʌkəu] *vt* prevući što štukom, sadrom

stuck [stʌk] *pret* & *pp* od **stick**

stuck-up [ˌstʌkˈʌp] *adj fam* nađut, ohol, dignuta nosa, uobražen

stud[1] [stʌd] *s* 1. *archit* stup; *collect* daske i grede skela 2. čavao široke plosnate

glavice (i kao ukras); gumb ovratnika ili manšete | **collar-~** neprišiven gumb ovratnika
stud [stʌd] *vt* obiti, ukrasiti što čavlićima široke plosnate glavice; *fig* posuti što (*with* čime)
stud² [stʌd] *s* ergela; *collect* konji jedne ergele ili staje
stud-bolt ['stʌdbəult] *s tech* zatični vijak
stud-book ['stʌdbuk] *s* rodovnik konja
stud-chain ['stʌdtʃein] *s tech* rasponac
studding-sail ['stʌdiŋseil] *s mar* pobočno jedro
student ['stjuːdənt] *s* 1. đak, učenik, student 2. učenjak, istraživač, proučavatelj, znalac | **law ~** student prava; **medical ~** student medicine; **to be a ~ of** (*law etc.*) studirati (pravo i sl.)
studenthood ['stjuːdənthud] *s* đački dani, studentski život
studentship ['stjuːdəntʃip] *s* studentski život, đakovanje; stipendija
stud-farm ['stʌdfaːm] *s* uzgajalište konja, ergela, pastuharnica
stud-horse ['stʌdhɔːs] *s* rasplodni pastuh
studied ['stʌdid] *adj* (**~ly** *adv*) koji je dobro što proučio, učen, izučen; promišljen, prostudiran, namjeran, hotimičan, učinjen navlaš; nenaravan, usiljen
studio ['stjuːdiəu] *s* atelje, studio
studious ['stjuːdjəs] *adj* (**~ly** *adv*) 1. učenjački, sklon studiranju, učenju 2. brižan, pomnjiv, pažljiv; marljiv, revan; promišljen; namjeran
studiousness ['stjuːdjəsnis] *s* marljivost
stud-mare ['stʌdmεə] *s* rasplodna kobila
study ['stʌdi] *s* 1. nastojanje, trud, mar 2. (često *pl*) studij, studiranje, učenje; *theat* učenje uloge 3. nešto što je vrijedno proučavanja, predmet proučavanja 4. znanstveno proučavanje, istraživanje, analiza, razmatranje 5. grana nauke, polje znanstvenog proučavanja 6. *arts* studija, skica, model; *mus* etida 7. radna soba | **brown ~** razmišljanje, sanjarenje, zadubljenost u vlastite misli; *theat* **to be a slow ~** teško učiti svoju ulogu
study ['stʌdi] *vt/i* **I.** *vt* 1. studirati, učiti što, brižno, potanko proučavati, čitati, analizirati; pokušati naučiti napamet (ulogu) 2. spremati se za ispit iz čega; pažljivo promatrati što 3. proučiti što; paziti na što, nastojati oko čega, nastojati ugoditi kome **II.** *vi* 1. studirati, učiti; *arch* razmišljati, promišljati, misliti 2. truditi se, nastojati
study out ['stʌdi'aut] *vt* istražiti; pokušati riješiti što
study up ['stʌdi'ʌp] *vi* spremati se za ispit
stuff [stʌf] *s* 1. građa, materijal, tvar, sirovina; predmet, stvar; gradivo; (vuneno) sukno, tkanje, tkanina 2. *fam* lijek, lijekovi 3. svojstvo, sposobnost 4. hrana, piće 5. bezvrijedna stvar; glupost, nesmisao, besmislica 6. *cul* nadjev za pečenku | *arch* **household ~** namještaj, kućno posuđe; **green ~** zelenje, povrće; **doctor's ~** lijek, lijekovi; **inch ~** daske debele jedan inč; **thick ~** daske deblje od jednog inča; *coll* **the ~** ono pravo; *sl* **hot ~** duhovito, spretno, umješno čeljade; **~ and nonsense** glupost, besmislica; **do your ~** pokaži što znaš; **to know one's ~** znati svoj posao
stuff [stʌf] *vt/i* **I.** *vt* 1. napuniti, ispuniti koga ili što; pretovariti, prejesti (*oneself* se); pìtati, kljukati (živad) 2. tapecirati (namještaj); nadijevati (životinje); *cul* puniti (perad) nadjevom; nagurati, natrpati, nagruvati što (*into* u); puniti, kljukati koga lažima itd. **II.** *vi* puniti se, nabiti se, nagruvati se (*into* u) | **to ~ geese** kljukati guske; *sl* **~ed shirt** naduvenko
stuff up ['stʌf'ʌp] *vt* nabiti, napuniti, ispuniti što
stuffer ['stʌfə] *s* punitelj, ispunjivač, nadjevač; stroj za punjenje, punilica
stuff gown ['stʌfgaun] *s* talar, nošnja mladih pravnika
stuffiness ['stʌfinis] *s* nabijenost, nagruvanost, zagušljivost, sparina
stuffing ['stʌfiŋ] *s* punjenje, ispunjavanje; ono čime se što puni; materijal za tapeciranje; *cul* nadjev | *fam* **to knock the ~ out of a p** privesti koga pameti; iscrpsti (bolest)
stuffy ['stʌfi] *adj* (**stuffily** *adv*) zagušljiv, težak, sparan, nezračen; (o osjećajima) mlitav, mlak; lako uvredljiv, formalan; *coll* ljutit, mrzovoljan
stuggy ['stʌgi] *adj* zdepast
stultification [ˌstʌltifi'keiʃn] *s* osujećenje, proturječje, protuslovlje
stultify ['stʌltifai] *vt* izvrći ruglu (*oneself* se); napraviti glupim ili smiješnim, dati čemu smiješan izgled; napraviti što beskorisnim, bezvrijednim, osujetiti; opovrgnuti, protusloviti (*oneself* sebi)
stum [stʌm] *s* mošt
stum [stʌm] *vt* spriječiti vrenje (mošta, vina)
stumble ['stʌmbl] *s* spoticaj, spoticanje, posrtanje, posrtaj; *fig* pogreška, grijeh
stumble ['stʌmbl] *vi/t* **I.** *vi* spotaknuti se, posrnuti (*over* preko, *against* o); zamuckivati, prezati, ustručavati se, sablazniti se; pogriješiti, upasti (*into* u); nabasati, nagaziti, slučajno naići (*across, upon* na) **II.** *vt* zbuniti, smesti; iznenaditi koga
stumbler ['stʌmblə] *s* posrtač; onaj koji se spotakne, posrne
stumbling ['stʌmbliŋ] *adj* (**~ly** *adv*) koji se spotiče, zamuckuje; koji pravi pogreške
stumbling-block ['stʌmbliŋblɔk] *s* kamen spoticanja, zapreka

stumer ['stjuːmə] *s sl* lažan novac; prijevara; varalica
stump[1] [stʌmp] *s* 1. batrljak, panj, krnjotak, škrba, kusast komadić (cigarete, cigare, olovke, istrošene četke, uda); *fam* noga 2. panj kao govornica; *cricket* jedan od tri stupića koji tvore vrata | *coll* **on the ~** u predizbornoj agitaciji; *fam* **to stir one's ~s** pokrenuti se, požuriti; **to draw the ~s** prekinuti igru; **~ oratory** bombastično, demagoško govorništvo; **~ speeches** demagoški govori
stump [stʌmp] *vi/t* **I.** *vi* teško gaziti, tabati, ukočeno hodati; *coll* (o pitanju) biti pretežak; *US* držati predizborne govore **II.** *vt* okresati (drvo) sve do panja; iskrčiti (panjeve, zemlju od panjeva); *fig* (većinom pasivno) zbuniti koga; *US* proputovati (kraj) kao predizborni agitator; *cricket* pobijediti (protivnika) | **to be ~ed for an answer** biti u neprilici što da se odgovori
stump up ['stʌmp'ʌp] *vt sl* isplatiti (traženi novac)
stump[2] [stʌmp] *s* smotak papira za ublaživanje crta olovke i dr., »višer«
stump [stʌmp] *vt* ublaživati (crte olovke i dr.) smotkom papira, sjenčati »višerom«
stumper[1] ['stʌmpə] *s* teško pitanje, tvrd orah
stumper[2] ['stʌmpə] *s cricket* vratar
stumpy ['stʌmpi] *adj* (**stumpily** *adv*) kratak i debeo, zdepast
stun [stʌn] *vt* (o zvuku) privremeno zaglušiti koga; (o udarcu) omamiti koga; *fig* zabezeknuti, osupnuti, zapanjiti koga
stung [stʌŋ] *pret & pp* od **sting** | *US sl* **to be ~** biti prevaren
stunk [stʌŋk] *pret & pp* od **stink**
stunner ['stʌnə] *s sl* zapanjujuća ljepota; omamljujući udarac
stunning ['stʌniŋ] *adj* (**~ly** *adv*) (o udarcu) omamljujući; *sl* sjajan, izvanredan, zapanjujući, divan, veličanstven
stunsail ['stʌnsl] *s mar* → **studding-sail**
stunt [stʌnt] *s US* majstorluk; *aero* akrobacija, ekshibicija; (novinska) senzacija; (reklamni) trik | **~ man** dubler
stunt [stʌnt] *vi US aero* praviti akrobacije
stunt [stʌnt] *vt* sprečavati što u rastu ili razvitku
stunted ['stʌntid] *adj* zakržljao, zaostao u razvoju
stupe[1] [stjuːp] *s* topao oblog, zavoj
stupe [stjuːp] *vt* staviti kome topao oblog
stupe[2] [stjuːp] *s sl* budala
stupefaction [ˌstjuːpi'fækʃən] *s* omamljenost, omama, otupjelost, neosjetljivost; *fig* zapanjenje, zaprepaštenje, začuđenje
stupefactive [ˌstjuːpi'fæktiv] *adj* koji omamljuje, onesvješćuje, otupljuje
stupefy ['stjuːpifai] *vt* omamiti, otupiti koga; zaglupiti, obezumiti koga; zapanjiti, skameniti, zaprepastiti, dovesti koga u čudo
stupendous [stjuː'pendəs] *adj* (**~ly** *adv*) izvanredan, čudesan, ogroman, zapanjujući, veličanstven, silan, golem
stupid ['stjuːpid] *adj* (**~ly** *adv*) 1. *arch* omamljen, smućen (*with* čime) 2. glup, tup, budalast, tupoglav; dosadan, nezanimljiv | **as ~ as an owl** glup kao vol
stupid ['stjuːpid] *s* glupan, budala
stupidity [stjuː'piditi] *s* glupost, tupoglavost
stupor ['stjuːpə] *s* omama, ukočenost, utrnulost, mrtvilo, letargija, tupost; prepast
stuporous ['stjuːpərəs] *adj med* tup, ukočen, zatupio
sturdy ['stəːdi] *adj* (**sturdily** *adv*) krupan, jedar, snažan, jak, čvrst; *fig* nepopustljiv, ustrajan, uporan, neustrašiv
sturdy ['stəːdi] *s vet* metilj (ovčja bolest)
sturgeon ['stəːdʒən] *s ichth* štirjun, jesetra (*Acipenser sturio*)
stutter ['stʌtə] *s* mucanje, zamuckivanje | **to have a ~** mucati, zamuckivati
stutter ['stʌtə] *vi/t* **I.** *vi* zamuckivati, zapletati jezikom **II.** *vt* izmucati, promucati što (često *out*)
stutterer ['stʌtərə] *s* mucavac, zamuckivalo
stuttering ['stʌtəriŋ] *adj* (**~ly** *adv*) mucav, koji zamuckuje
St. Valentine's day [sən'væləntainz'dei] *s* 14. veljače kad se pare ptice
sty[1] [stai] *s* svinjac, kotac (& *fig*) | **pig ~** svinjac
sty[2] (**stye**) [stai] *s* ječmenac (na oku)
sty [stai] *vt/i* smjestiti u svinjac, biti u svinjcu
style[1] [stail] *s* 1. *hist* pisaljka; *poet* pero ili olovka 2. igla (bakroresca); (o gramofonu) igla; *med* sonda 3. *sport* način igranja 4. stil, način (govora, pisanja, života, izvođenja čega); dobar, ispravan način; *archit* slog 5. moda, kroj 6. titula, naslov, naziv 7. uglađeno ponašanje; duhovna profinjenost, otmjenost, elegancija, fin način 8. vrsta; oblik; izrada 9. računanje vremena | **old ~** julijanski kalendar; **new ~** gregorijanski kalendar; **there is no ~ about her** izgleda sasvim obično; **under the ~ of** pod imenom, titulom, firmom; **in ~** na lijep, dostojan način; **to live in great ~** živjeti na velikoj nozi
style [stail] *vt* osloviti, nazvati koga
style[2] [stail] *s* (o sunčanoj uri) kazaljke; *bot* cvat (cvjetnog pestića)
styleme ['stailiːm] *s ling* stilem
stylet ['stailit] *s* mali bodež; pisaljka; *med* sonda

stylish [ˈstailiʃ] *adj* (**~ly** *adv*) koji odgovara nekom stilu; koji je po modi, elegantan; sjajan, otmjen, gizdav

stylishness [ˈstailiʃnis] *s* ukusnost, elegancija, otmjenost; podudaranje s kakvim stilom

stylist [ˈstailist] *s lit* majstor stila, stilist

stylistic [staiˈlistik] *adj* (**~ally** *adv*) stilistički, stilski

stylite [ˈstailait] *s* srednjovjekovni asket koji je živio na vrhu stupa

stylize [ˈstailaiz] *vt* stilizirati

stylograph [ˈstailəgrɑːf] *s* naliv-pero

stylographic [ˌstailəˈgræfik] *adj* (**~ally** *adv*) stilografski, koji se odnosi na naliv-pero

stylus [ˈstailəs] *s* gramofonska igla

stymie [ˈstaimi] *vt* onemogućiti, osujetiti, dovesti u težak položaj

styptic [ˈstiptik] *adj* koji zaustavlja krvarenje | ~ **pencil** stipsa za zaustavljanje krvarenja (kod brijanja); alaun

styrax [ˈstaiəræks] *s bot* vrste kaučukovaca

Styrian [ˈstiriən] *adj* štajerski

Styrian [ˈstiriən] *s* Štajerac, Štajerka

suability [sjuːəˈbiliti] *s US* mogućnost tuženja; utuživost

suable [ˈsjuːəbl] *adj US* koji se može tužiti sudu, utuživ

suasion [ˈsweiʒn] *s* nagovor, nagovaranje

suasive [ˈsweisiv] *adj* (**~ly** *adv*) koji nagovara (*on* na), uvjerava (*of* o čemu)

suave [swaːv] *adj* (**~ly** *adv*) udvoran, ljubazan, umiljat, učtiv, sladak, blag, koji blaži, mio; (o vinu) pitak

suavity [ˈswaːviti] *s* udvornost, ljubaznost, prijaznost, prijatnost, pristojnost; milina, blagost

sub [sʌb] *s coll* skraćeno od *subaltern, submarine, substitute, subscription*

sub [sʌb] *prep* pod, ispod | ~ **voce** vidi pod (uputnica u rječnicima)

subacid [ˈsʌbˈæsid] *adj* kiselkast, nakiseo, kiselast; *fig* pooštar, ponešto ujedljiv

subacid [ˌsʌbˈæsid] *s* kiselkasta tvar

subagency [ˌsʌbˈeidʒənsi] *s* podružnica, podzastupstvo

subagent [ˌsʌbˈeidʒənt] *s* podzastupnik

subalpine [ˌsʌbˈælpain] *adj* koji živi, raste na podnožju Alpa, podalpski

subaltern [ˈsʌbltən] *adj* potčinjen, podređen, niži

subaltern [ˈsʌbltən] *s* niži činovnik; *Engl mil* oficir ispod kapetana

subaquatic [ˌsʌbəˈkwætik] *adj* podvodni

subaqueous [ˌsʌbˈeikwiəs] *adj* koji se nalazi pod vodom, koji se nosi pod vodom

subatomic [ˌsʌbəˈtɔmik] *adj* subatomski, manji od atoma

subaudition [ˌsʌbɔːˈdiʃn] *s* ono što se razumije i bez kazivanja, nadopuna (onome što je rečeno); sporedno značenje

sub-breed [ˌsʌbˈbriːd] *s zool* podvrsta

subclass [ˈsʌbklaːs] *s biol* podrazred

subclassification [ˈsʌbˌklæsifiˈkeiʃn] *s* potpodjela

subclassify [ˌsʌbˈklæsifai] *vt* (po)dijeliti u podrazdjeljke, podrazrede

subcommittee [ˈsʌbkəˌmiti] *s* pododbor, potkomitet

subconscious [ˌsʌbˈkɔnʃəs] *adj* (**~ly** *adv*) podsvjestan | **the** ~ podsvijest

subconsciousness [ˌsʌbˈkɔnʃəsnis] *s* podsvijest

subcontinent [ˌsʌbˈkɔntinənt] *s* potkontinent

subcontract [ˌsʌbˈkɔntrækt] *s* nuzugovor

subcostal [ˌsʌbˈkɔstl] *adj anat* koji leži među rebrima ili pod njima

subcutaneous [ˌsʌbkjuˈteiniəs] *adj* (**~ly** *adv*) *anat* potkožni, supkutani

subdean [ˌsʌbˈdiːn] *s eccl* poddekan

subdivide [ˌsʌbdiˈvaid] *vt/i* **I.** *vt* još dalje dijeliti što **II.** *vi* još se dalje dijeliti

subdivision [ˈsʌbdiˌviʒən] *s* podvrsta, podrazred, podrazdjel

subdominant [ˌsʌbˈdɔminənt] *s mus* subdominanta

subdual [səbˈdjuːəl] *s* podlaganje, podvrgavanje, pokoravanje

subduct [səbˈdʌkt] *vt* oduzeti (*from* od)

subdue [səbˈdjuː] *vt* podjarmiti, podvrći, svladati što; *fig* obuzdati, ugušiti, ukrotiti što; obraditi (zemlju); ublažiti, prigušiti (boje, svjetlost)

subduer [səbˈdjuːə] *s* pobjeditelj; krotilac

sub-edit [ˌsʌbˈedit] *vt* raditi kao pomoćni urednik

sub-editor [ˌsʌbˈeditə] *s* pomoćni urednik, dežurni urednik

subequal [ˌsʌbˈiːkwəl] *adj* gotovo jednak

suber [ˈsjuːbə] *s* pluto, kora plutovca

sub-family [ˈsʌbˌfæmili] *s zool & bot* potkoljeno

subfusc [ˈsʌbfʌsk] *adj* taman, smeđ

subgenus [ˈsʌbˌdʒiːnəs] *s bot & zool* podvrsta

subgroup [ˈsʌbgruːp] *s* podskupina, podgrupa

sub-heading [ˈsʌbˌhediŋ] *s* podnaslov

sub-human [ˌsʌbˈhjuːmən] *adj* koji je niži od čovjeka, podljudski

subhuman [ˌsʌbˈhjuːmən] *s* ono što je niže od čovjeka, bliže životinji nego čovjeku

subjacent [sʌbˈdʒeisənt] *adj* niži, donji

subject [ˈsʌbdʒikt] *s* 1. podanik, podložnik 2. predmet pokusa, subjekt; lice, osoba; lešina 3. predmet (razgovora); *mus* tema; školski predmet 4. uzrok, povod (*for* za) 5. *gram* podmet, subjekt; *phil* ego | **on the** ~ **of** u pogledu čega

subject [ˈsʌbdʒikt] *adj arch* 1. koji leži ispod čega, niže od čega 2. podložan, podvrgnut, podređen (*to* čemu); osjetljiv

(*to* na), sklon, naklonjen (*to* čemu); izložen, izvrgnut (*to* čemu) | ~ **to** uvjetovan čime, ovisan o čemu
subject ['sʌbdʒikt] *adv* | ~ **to** ovisno o; pod uvjetom da
subject [səb'dʒekt] *vt* podvrći, podložiti, izvrgnuti što (*to* čemu); obuzdati što
subjection [səb'dʒekʃən] *s* podjarmljivanje, podložnost, pokornost, podvrgavanje (*to* čemu); ovisnost (*to* o), izvrgnutost, izloženost | **to bring under** ~ podložiti, podvrći; **with due** ~ **to you** bez uvrede
subjective [səb'dʒektiv] *adj* (~**ly** *adv*) subjektivan, osoban, jednostran; *gram* subjektni
subjective [səb'dʒektiv] *s gram* nominativ
subjectivism [səb'dʒektivizm] *s* subjektivizam
subjectivity [ˌsʌbdʒek'tiviti] *s* subjektivnost
subject-matter ['sʌbdʒiktˌmætə] *s* sadržaj, predmet
subjoin [ˌsʌb'dʒɔin] *vt* dodati, pridodati, priložiti što
subjugate ['sʌbdʒugeit] *vt* podjarmiti, podvrći, svladati koga
subjugation [ˌsʌbdʒu'geiʃn] *s* podjarmljenje, podloženje
subjugator ['sʌbdʒugeitə] *s* podjarmitelj, osvojitelj
subjunctive [səb'dʒʌŋktiv] *adj* (~**ly** *adv*) *gram* konjunktivni | ~ **mood** konjunktiv
subjunctive [səb'dʒʌŋktiv] *s gram* konjunktiv
sublate [sʌb'leit] *vt phil* poricati što
sublease [ˌsʌb'liːs] *s* podnajam, podzakup
sublease [ˌsʌb'liːs] *vt* dati što u podnajam, podzakup
sublessee [ˌsʌble'siː] *s* podnajamnik, podzakupnik
sublessor [ˌsʌble'sɔː] *s* onaj koji daje što u podnajam
sublet [ˌsʌb'let] *vt* dati što u podzakup, podnajam
sub-librarian [ˌsʌblai'brɛəriən] *s* knjižničar
sub-lieutenant [ˌsʌblef'tenənt] *s navy* potporučnik
sublimate ['sʌblimit] *s chem* sublimat
sublimate ['sʌblimit] *adj chem* sublimiran, pročišćen
sublimate ['sʌblimeit] *vt chem* sublimirati što; *fig* idealizirati, pročistiti što, dati čemu uzvišen izgled, oplemeniti što; pretvoriti što (*into* u)
sublimation [ˌsʌbli'meiʃn] *s chem* sublimacija; *fig* pročišćenje, oplemenjenje
sublime [sə'blaim] *adj* (~**ly** *adv*) uzvišen, dostojanstven, koji budi strahopoštovanje; plemenit; krajan (drskost, neznanje) | **the** ~ sve ono što je uzvišeno, dostojanstveno, plemenito; **from the** ~ **to the ridiculous** od uzvišenog do smiješnog
sublime [sə'blaim] *vt/i* **I.** *vt chem* sublimirati što; *fig* oplemenjenjem pretvoriti što (*into* u) **II.** *vi* sublimirati se; *fig* oplemeniti se
sublimer [sə'blaimə] *s* onaj koji (ono što) pročišćuje, oplemenjuje, uzvisuje
subliminal [ˌsʌb'liminəl] *adj* podsvjestan, ispod praga svijesti, subliminalan
sublimity [sə'blimiti] *s* uzvišenost, plemenitost, otmjenost, dostojanstvenost; visina, najviši stupanj
sublittoral [ˌsʌb'litərəl] *adj* obalni, priobalni, onaj koji leži u blizini obale
submachine gun [ˌsʌbmə'ʃiːngʌn] *s* automat, šmajser
subman ['sʌb'mæn] *s* čovjek manje vrijednosti, nečovjek
submarine [ˌsʌbmə'riːn] *adj* podmorski
submarine [ˌsʌbmə'riːn] *s mar* podmornica
submerge [səb'məːdʒ] *vt/i* **I.** *vt* zagnjuriti, uroniti, preplaviti, potopiti što **II.** *vi* zaroniti, uroniti; *fig* biti u bijedi | **the** ~**d tenth** najsiromašniji dio pučanstva
submergence [səb'məːdʒəns] *s* uronjenje, zaronjavanje, zagnjurivanje; preplavljenje, poplava, povodanj; *fig* zadubljenost u misli
submerse [səb'məːs] *vt* (o biljkama) zaroniti, zagnjuriti (neki dio pod vodu)
submerse [səb'məːs] *adj bot* koji je pod vodom, uronjen
submersible [səb'məːsəbl] *adj* uronjiv, koji se može zagnjuriti, zaroniti, koji može roniti
submersion [səb'məːʃn] *s* zaronjivanje, uronjenje, potapanje
submission [səb'miʃn] *s* upokorenje, podvrgavanje; davanje na uvid; *fig* poslušnost, pokornost, podložnost, poniznost; *jur* prijedlog, podnošenje na odobrenje | **with all due** ~ sa svim dužnim poštovanjem
submissive [səb'misiv] *adj* (~**ly** *adv*) odan, podložan, pokoran, ponizan, krotak
submit [səb'mit] *vt/i* **I.** *vt* podastrijeti što (*to* kome); pružiti (dokaz), podnijeti (na odobrenje), predložiti; podložiti, podvrći (*oneself* se) (*to* čemu) **II.** *vi* popustiti; podložiti se, podvrći se, pokoriti se (*to* kome ili čemu); pomiriti se (*to* sa); smjerno primijetiti
submultiple [ˌsʌb'mʌltipl] *s math* broj koji je nekoliko puta bez ostatka sadržan u nekom većem broju
sub-normal [ˌsʌb'nɔːməl] *adj* (~**ly** *adv*) koji je ispod normalnoga, subnormalan
suborbital [ˌsʌb'ɔːbitl] *adj* podorbitalan, suborbitalan
suborder [ˌsʌb'ɔːdə] *s zool, bot & biol* podrazred

subordinate [sə'bɔːdnit] *adj* (**~ly** *adv*) podređen, zavisan, subordiniran, potčinjen; sporedan, manje važan | *gram* **~ clause** zavisna rečenica
subordinate [sə'bɔːdnit] *s* podređeni, potčinjeni; podređena ili sporedna stvar
subordinate [sə'bɔːdineit] *vt* podložiti, potčiniti, podrediti što (*to* čemu); smatrati što manje važnim, zapostaviti
subordination [səˌbɔːdi'neiʃn] *s* podložnost, podređenost (*to* čemu); ovisnost (*to* o čemu); podvrgavanje (*to* čemu); *mil* stega
subordinative [sə'bɔːdinətiv] *adj* podređen
suborn [sʌ'bɔːn] *vt* podmititi, navesti, nagovoriti koga (na krivično djelo)
subornation [ˌsʌbɔː'neiʃn] *s* podmićivanje, zavođenje, navođenje, nagovaranje (na krivično djelo)
suborner [sʌ'bɔːnə] *s* onaj koji podmićuje, nagovara, potiče koga na krivično djelo
subpoena [səb'piːnə] *s* *jur* sudski poziv (pod prijetnjom kazne)
subpoena [səb'piːnə] *vt* pozvati koga na sud (pod prijetnjom kazne), uručiti poziv
sub-prefect [ˌsʌb'priːfekt] *s* potprefekt
subreption [sʌb'repʃən] *s* *jur* prisvajanje prijevarom, zatajivanjem
subrogation [ˌsʌbrə'geiʃn] *s* *jur* zamjena jedne osobe drugom kao vjerovnikom, subrogacija
sub rosa [ˌsʌb'rəuzə] *adj* u povjerenju; tajnovit
subscribe [səb'skraib] *vt/i* **I.** *vt* 1. potpisati (svoje ime), potpisati što; priznati što svojim potpisom; odobravati što, suglasiti se s čime 2. sakupiti (potreban novac) prilozima, upisati (novac kao prilog) (*for, to* za) **II.** *vi* potpisati se; dati svoj prilog; potpisom se obvezati na davanje priloga; pretplatiti se (*to* na); unaprijed naručiti (*for* što), abonirati se
subscriber [səb'skraibə] *s* potpisnik; abonent, pretplatnik; prinosnik, upisnik
subscript ['sʌbskript] *s* potpis; *math* znak napisan ispod nekog drugog znaka, subskript
subscript ['sʌbskript] *adj* koji je napisan ispod čega
subscription [səb'skripʃən] *s* 1. potpisivanje, potpis; odobravanje, suglasnost, pristanak (*to* na) 2. obvezivanje potpisom na davanje priloga; sabiranje; pretplata, abonman (*to* na), upisivanje 3. prilog, doprinos, prinos
subsection ['sʌbˌsekʃən] *s* pododjel, podrazdjel, pododsjek
subsensible [ˌsʌb'sensəbl] *adj* koji se ne može osjetiti osjetilima, ispod praga osjetljivosti
subsequence ['sʌbsikwəns] *s* posljedica, slijed; podsekvenca
subsequent ['sʌbsikwənt] *adj* (**~ly** *adv*) kasniji, slijedeći, idući, naredni | **~ payment** nadoplata; **~ to** iza, nakon čega; **~ upon** poradi, zbog čega
subserve [səb'səːv] *vt* služiti, koristiti, pomagati čemu, promicati što
subservience [səb'səːvjəns] *s* korist, korisnost, probitačnost, potrebitost; podložnost (*to* kome)
subservient [səb'səːvjənt] *adj* (**~ly** *adv*) koristan, probitačan (*for* za); podložan, ponizan, servilan (*to* kome)
subset ['sʌbset] *s* podskup
subside [səb'said] *vi* (o vodi, poplavi) opasti, opadati, splasnuti, povući se; uleknuti se, sleći se, utonuti, staložiti se, spustiti se (*into* u); smanjivati se, popuštati, stišavati se, jenjati (vjetar)
subsidence ['sʌbsidəns] *s* ulegnuće, ulegnina; slijeganje; jenjanje, popuštanje, smirivanje
subsidiary [səb'sidjəri] *adj* (**subsidiarily** *adv*) dopunski, pomoćni, sporedan, subsidijaran | **~ subject** sporedan predmet; *com* **~ company** podružnica
subsidiary [səb'sidjəri] *s* podružnica, (obično *pl*) pomoć, pripomoć; pomoćnik, pomagač
subsidize ['sʌbsidaiz] *vt* podupirati što novcem, subvencionirati
subsidy ['sʌbsidi] *s* *hist* izvanredan porez; (većinom *pl*) novčana pripomoć, potpora, subvencija
subsist [səb'sist] *vi/t* **I.** *vi* postojati, biti; živjeti (*upon* od); uzdržavati se (*by* čime) **II.** *vt* uzdržavati koga
subsistence [səb'sistəns] *s* postojanje, život; održavanje života, opstanak; dohodak, sredstva za život, hrana | **minimum of ~** ono najpotrebnije za održavanje života; **~ money (allowance)** sredstva za život, sredstva za izdržavanje
subsoil ['sʌbsɔil] *s* sloj zemlje ispod površinskog sloja, zdravac, zemlja zdravica
subsoiler ['sʌbˌsɔilə] *s* *agr mech* razrivač, podrivač
subsonic [ˌsʌb'sɔnik] *adj* ispod brzine zvuka, subsoničan
sub-species ['sʌbˌspiːʃiːz] *s* *zool* podvrsta
substance ['sʌbstəns] *s* 1. *phil & theol* supstancija, bit; *phys* tvar 2. stvarnost, zbilja 3. (o knjizi i dr.) sadržaj, tema 4. bit, jezgra, srž 5. bogatstvo, imovina, imetak | **a man of ~** bogat čovjek; **to waste one's ~** biti rasipan; **in ~** u biti; **to lose the ~ for the shadow** izgubiti što od stvarne vrijednosti za ono što se samo čini vrijednim
substantial [səb'stænʃl] *adj* (**~ly** *adv*) 1. stvaran 2. *phil* tvaran, koji zbilja postoji, supstancijalan 3. (o hrani) hranjiv 4. bitan, znatan; važan; vrijedan; pouzdan 5.

čvrst, jak, snažan, trajan 6. dobrostojeći, imućan, novčano pouzdan, solidan | **a ~ meal** obilat obrok
substantiality [səbˌstænʃiˈælitɪ] *s* bitnost; stvarnost, tvarnost, tjelesnost; valjanost; čvrstoća, jakost
substantialize [səbˈstænʃəlaiz] *vt/i* ostvariti, postati stvaran
substantiate [səbˈstænʃieit] *vt* potkrijepiti što, dokazati (tvrdnju)
substantiation [səbˌstænʃiˈeiʃən] *s* ostvarenje; potvrda, potkrepa, dokaz
substantival [ˌsʌbstənˈtaivl] *adj gram* imenički
substantive [ˈsʌbstəntiv] *adj* (**~ly** *adv*) samostalan, neovisan; bitan, znatan; stvaran, istinski; snažan, jak; *gram* koji izražava postojanje
substantive [ˈsʌbstəntiv] *s gram* imenica
substation [ˈsʌbsteiʃn] *s* podstanica, područna stanica
substitute [ˈsʌbstitjuːt] *s* zastupnik, zamjenik; nadomjestak, zamjena (*for* za što)
substitute [ˈsʌbstitjuːt] *vt* nadomjestiti, podmetnuti što (*for* umjesto čega); supstituirati; zamijeniti koga
substitution [ˌsʌbstiˈtjuːʃn] *s* zamjena, zamjenjivanje; podmetanje; supstitucija; *jur* postavljanje nasljednika
substitutional [ˌsʌbstiˈtjuːʃənl] *adj* (**~ly** *adv*) zamjenički, koji se odnosi na zamjenu
substitutive [ˈsʌbstitjuːtiv] *adj* koji je podesan za zamjenjivanje
substratum [ˌsʌbˈstreitəm] *s* (*pl* **substrata** [ˈsʌbˈstreitə]) *phil* supstrat; *min* dublji, niži sloj; podloga
substruction [ˌsʌbˈstrʌkʃən] *s archit* podgradnja, podziđe; *fig* temelj
substructure [ˈsʌbˌstrʌktʃə] *s archit* podgradnja, podziđe, temelj (& *fig*)
subsume [səbˈsjuːm] *vt* zajedno obuhvatiti što, uključivati što (*in* u); uključivati u sebi, sadržavati što
subsumption [ˌsʌbˈsʌmpʃən] *s* obuhvaćanje, uključivanje, sadržavanje
subtangent [ˌsʌbˈtændʒənt] *s geom* suptangenta
subtenancy [ˌsʌbˈtenənsi] *s* podzakup, podstanarstvo
subtenant [ˌsʌbˈtenənt] *s* podzakupnik, podstanar
subtend [səbˈtend] *vt geom* (o tetivi, stranici) ležati nasuprot (kutu)
subtense [ˌsʌbˈtens] *s geom* tetiva
subterfuge [ˈsʌbtəfjuːdʒ] *s* izlika, izgovor
subterranean [ˌsʌbtəˈreinjən] *adj* podzeman; *fig* potajan, tajan | **~ river** ponornica
subterraneous [ˌsʌbtəˈreinjəs] *adj* (**~ly** *adv*) podzeman; *fig* potajan, tajan
subtil(e) [ˈsʌtl] *adj* → **subtle**
subtilization [ˌsʌtilaiˈzeiʃn] *s* profinjenje, profinjenost; prorеđivanje; mudrovanje
subtilize [ˈsʌtilaiz] *vt/i* **I.** *vt* profiniti, prorijediti, usitniti što; *fig* izmudrovati što, cjepidlačariti **II.** *vi* mudrovati (*on, about* o)
subtilty [ˈsʌtlti] *s* → **subtlety**
sub-title [ˈsʌbˌtaitl] *s* podnaslov; *film pl* titlovi
subtle [ˈsʌtl] *adj* (**subtly** *adv*) 1. *arch* rijedak, prorijeđen 2. fin, tanak, nježan, jedva zamjetljiv, istančan, profinjen, rafiniran, suptilan 3. vješt, okretan, spretan, umješan 4. oštrouman, pronicav, domišljat 5. potajan, tajanstven, podmukao; lukav, prepreden
subtlety [ˈsʌtlti] *s* finoća, tančina, istančanost, profinjenost, rafiniranost, rafinman, suptilnost; oštroumnost, domišljatost; mudrovanje, cjepidlačenje; lukavost, prepredenost; podmuklost; okretnost, vještina
subtopia [ˌsʌbˈtəupiə] *s GB derog* ružna i monotona stambena naselja; urbanističko upropaštavanje krajolika
subtract [səbˈtrækt] *vt math* oduzimati, odbijati što
subtraction [səbˈtrækʃən] *s math* oduzimanje, odbijanje (*from* od); *fig* odbijanje, odbitak
subtractive [səbˈtræktiv] *adj* koji odbija, oduzima
subtrahend [ˈsʌbtrəhend] *s math* suptrahend, odbitnik
subtropical [ˌsʌbˈtrɔpikl] *adj* suptropski
subtropics [ˈsʌbˌtrɔpiks] *s pl* suptropski pojas
suburb [ˈsʌbəːb] *s* (& *pl*) predgrađe; okolica, okolina
suburban [səˈbəːbən] *adj* iz (bogataškog) predgrađa, u predgrađu, u četvrti vila; *fig* malograđanski
suburban [səˈbəːbən] *s* stanovnik predgrađa
suburbanite [səˈbəːbənait] *s* → **suburban** *s*
suburbia [səˈbəːbiə] *s* otmjeno predgrađe, četvrt vila; ljudi, način života u predgrađima
subvariety [ˈsʌbvəˌraiəti] *s* pododlika; podvrsta
subvention [səbˈvenʃən] *s* pripomoć, potpora, dotacija, subvencija
subversion [səbˈvəːʃn] *s* rušenje, obaranje, razaranje, subverzija; prevrat
subversive [səbˈvəːsiv] *adj* rušilački, razoran, subverzivan; prevratan
subvert [sʌbˈvəːt] *vt* potkopati, srušiti, oboriti; pokvariti, zavesti
subway [ˈsʌbwei] *s* podzemni hodnik, prolaz, put; *US* podzemna željeznica
succeed [səkˈsiːd] *vt/i* **I.** *vt* 1. slijediti iza čega, doći nakon čega 2. naslijediti koga **II.** *vi* 1. slijediti, doći nakon (*to* čega); naslijediti (*to* koga ili što) 2. uspjeti (*with* kod koga, *in* u čemu); posrećiti se, poći za rukom

succentor [sək'sentə] *s* glavni basist zbora; *eccl* potpojac, pomoćnik pojčev

success [sək'ses] *s* 1. (rijetko) posljedak, posljedica 2. uspjeh (*in* u čemu), sreća 3. uspješan čovjek ili stvar | **nothing succeeds like ~** uspjeh rađa uspjehom; **with ~** uspješno; **to make a ~ of** uspjeti čime ili u čemu

successful [sək'sesful] *adj* (**~ly** *adv*) uspješan, sretan, sretne ruke

successfulness [sək'sesfulnis] *s* uspješnost, uspjeh; sreća

succession [sək'seʃn] *s* 1. slijeđenje, slijed 2. nasljeđivanje, nasljedstvo, naslijeđe (*to* čega), pravo nasljedstva, nasljednici, baštinici; preuzimanje (službe) 3. red, niz, nizanje | **in ~** uzastopce; **law of ~** zakon o nasljedstvu; **in ~ to** kao nasljednik koga

successional [sək'seʃənl] *adj* (**~ly** *adv*) koji slijedi, koji je u nizu, slijedu, uzastopan, neprekinut; koji se nasljeđuje, nasljedan

succession duty [sək'seʃən,djuːti] *s* porez na nasljedstvo

successive [sək'sesiv] *adj* (**~ly** *adv*) jedan za drugim, uzastopan, sukcesivan, neprekinut; postepen | **three ~ times** tri puta uzastopce

successiveness [sək'sesivnis] *s* slijed, slijeđenje, nizanje, uzastopnost, sukcesivnost

successor [sək'sesə] *s* nasljednik, baštinik (*to* čega, *of* čiji)

successorship [sək'sesəʃip] *s* pravno nasljedstvo

succinct [sək'siŋkt] *adj* (**~ly** *adv*) *fig* kratak, zbijen, jezgrovit

succory ['sʌkəri] *s bot* vodopija, cikorija

succose ['sʌkəus] *adj* sočan

succotash ['sʌkətæʃ] *s US* jelo od mladog kukuruza i graha (i suhe svinjetine)

succour (succor) ['sʌkə] *vt* priteći kome u pomoć, pomoći koga

succour (succor) ['sʌkə] *s* pomoć u nuždi; *pl mil arch* pojačanje, vojska koja dolazi u pomoć

succuba ['sʌkjubə] *s* (*pl* **succubae** ['sʌkjubiː]) ženski demon koji spolno opći s usnulim muškarcima

succubus ['sʌkjubəs] *s* (ženski) demon koji spolno opći s usnulim muškarcima

succulence ['sʌkjuləns] *s* sočnost, mesnatost

succulent ['sʌkjulənt] *adj* (**~ly** *adv*) sočan; *bot* mesnat; hranjiv; *fig* bogat, obilan

succumb [sə'kʌm] *vi* podleći (*to* čemu); umrijeti (*to* od čega)

succursal [sʌ'kəːsl] *adj* pomoćni, podružni, koji je ogranak čega

succursal [sʌ'kəːsl] *s* podružnica, područna crkva

succusion [sə'kʌʃn] *s* stresanje, trešnja, potres

such [sʌtʃ] *adj* 1. takav, ovakav; (iza imenica u *pl*) kao (*as* na primjer); (pred *adj*) tako 2. tako velik, vrlo velik, izvanredan 3. *jur* gore spomenuti | **~ a** takav; **~ as** takav kao, takav koji; *arch* **~ a(n) one** netko, takav i takav, izvjestan

such [sʌtʃ] *pron* takav, neki takav; *vulg & com* gore spomenuti | *arch & poet* **~ as** oni koji, svi; **as ~** kao takav; **all ~** svi takvi; **~ or ~ of** ovaj ili onaj od

such-and-such ['sʌtʃənsʌtʃ] *adj* takav i takav, izvjestan, neki

suchlike ['sʌtʃlaik] *adj* takav, sličan

suck [sʌk] *s* sisanje, usisavanje, uvlačenje, zvuk sisanja; vir; *sl* gutljajčić; *school sl* slatkiš; razočaranje, neuspjeh | **to give ~ to** dojiti koga, dati prsa (djetetu); **to take a ~ at it** dobrano povući; **what a ~!** baš nisi imao sreće!

suck [sʌk] *vt/i* **I.** *vt* sisati što; *fig* steći, izmusti, izvući što (*from* od koga); usisavati što **II.** *vi* sisati (*at* što) | **to ~ dry** isisati; **to ~ one's brains** izvući od koga zamisli za svoju vlastitu upotrebu; *fig* **to ~ the blood of a p** piti kome krv

suck in ['sʌk'in] *vt* usisati, upiti što; steći (znanje); (o viru) progutati **koga**

suck out ['sʌk'aut] *vt* isisati što; *fig* dobiti, izvući što

suck up ['sʌk'ʌp] *vt/i* **I.** *vt* usisati, upiti što **II.** *vi school sl* ulagivati se | *fam* **to ~ to** prilijepiti se uz koga, ulizivati se, ulagivati se kome

sucker ['sʌkə] *s* 1. odojak; dojenče, sisanče, napršče; *US fig* žutokljunac, onaj koji se dade iskoristiti, naivčina 2. *bot* izboj, mladica 3. *zool* prianjalka, sisaljka 4. *tech* vakuum-pločica, stapalo 5. slatkiš na štapiću

sucker ['sʌkə] *vt/i* **I.** *vt* odstraniti mladice (s biljke) **II.** *vi* tjerati mladice

sucking ['sʌkiŋ] *s* sisanje

sucking ['sʌkiŋ] *adj* koji siše; *fig* mlad, zelen, neiskusan | **~ infant** dojenče, napršče; **~ pig** odojak

suckle ['sʌkl] *vt* dojiti koga; *fig* hraniti koga

suckling ['sʌkliŋ] *s* sisanče, dojenče; početnik | **babes and ~s** oni koji su bez ikakva životnog iskustva

suction ['sʌkʃən] *s* sisanje, usisavanje, upijanje, crpenje

suction-pipe ['sʌkʃənpaip] *s tech* sisaljka, crpka

suction-plate ['sʌkʃənpleit] *s* (u zubarstvu) proteza koja se pričvršćuje na nepce vakuum-pločicom

Sudanese [,suːdə'niːz] *adj* sudanski

Sudanese [,suːdə'niːz] *s* Sudanac, Sudanka

sudarium [sjuː'dɛəriəm] *s* maramica (svete Veronike)

sudation [sjuː'deiʃn] *s* znojenje, znoj

sudatory ['sjuːdətəri] *adj* koji izaziva znojenje

sudatory ['sjuːdətəri] *s* 1. znojna kupelj 2. sredstvo za izazivanje znojenja

sudd [sʌd] *s* plutajuće biljke, drveće kao smetnja plovidbi na Bijelom Nilu

sudden ['sʌdn] *adj* (**~ly** *adv*) nenadan, iznenadan, neočekivan, nepredviđen, prijek, naprasan, nagao

sudden ['sʌdn] *s* | **(all) of a ~** (posve) iznenada, iznebuha, najednom; **on a ~** iznenada

suddenness ['sʌdənnis] *s* nenadanost, neočekivanost, naglost, naprasnost

sudorific [ˌsjuːdə'rifik] *adj* koji izaziva znojenje

sudorific [ˌsjuːdə'rifik] *s med* sredstvo za znojenje

suds [sʌds] *s pl* sapunica

sue [sjuː] *vt/i* **I.** *vt jur* tužiti koga (*for* zbog), dići tužbu zbog čega **II.** *vi* tužiti, parbiti se (*for* zbog); moliti (*to* koga)

sue out ['sjuː'aut] *vt* izmoliti što kod suda

suede [sweid] *s* antilop koža

suet ['sjuit] *s* (bubrežni) loj, salo

suety ['sjuiti] *adj* lojan

suffer ['sʌfə] *vt/i* **I.** *vt* trpjeti, pretrpjeti, podnositi, snositi što; dopuštati, dozvoljavati što; *arch* dati, pustiti (*oneself* se) **II.** *vi* trpjeti, patiti (*from* od čega); štetovati (*in* u čemu); patiti (*for* za); izgubiti (*in* na, *from* zbog); *mil* trpjeti gubitke; biti smaknut, naći smrt | **to ~ fools gladly** imati strpljenja s budalama, podnositi glupane

sufferable ['sʌfərəbl] *adj* (**sufferably** *adv*) podnošljiv, dopustiv

sufferance ['sʌfərəns] *s* 1. *arch* podnošenje 2. trpljenje, patnja, bol; prešutni pristanak | **on ~** prešutno pristajući iz milosti

sufferance-warehouse ['sʌfərənsˌwɛəhaus] *s* privatno tranzitno skladište

sufferer ['sʌfərə] *s* patnik, mučenik, koji trpi (*from* od čega); koji je oštećen | **to be a ~ from** patiti od čega; **fellow ~** supatnik

suffering ['sʌfəriŋ] *s* podnošenje; trpljenje, patnja, paćenje; bol, muka

suffice [sə'fais] *vi/t* **I.** *vi* dostajati, zadovoljavati **II.** *vt* dostajati kome, zadovoljavati koga | **~ it to say that** dosta je ako se kaže da

sufficing [sə'faisiŋ] *adj* (**~ly** *adv*) dovoljan, dostatan

sufficiency [sə'fiʃənsi] *s* dovoljnost, dostatnost; dovoljna, dostatna količina ili broj; *arch* sposobnost (*for* za) | **~ of money** dovoljna količina novca; **to make a ~ of** izaći na kraj s čime; **to have a ~ of** imati dovoljno čega; **~ in law** pravna valjanost

sufficient [sə'fiʃənt] *adj* (**~ly** *adv*) dovoljan, dostatan; *arch* sposoban (*for* za) | **to be ~** dostajati

sufficient [sə'fiʃənt] *s fam* dovoljna količina čega

suffix ['sʌfiks] *s gram* sufiks, dometak

suffix ['sʌfiks] *vt* pridodati što (*to* čemu); *gram* dodati što kao sufiks, dometak

suffocate ['sʌfəkeit] *vt/i* **I.** *vt* udaviti, ugušiti, zadaviti, zadušiti koga; *fig* zatomiti, potisnuti **II.** *vi* (u)gušiti se; *fig* poginuti (*with* od čega)

suffocating ['sʌfəkeitiŋ] *adj* (**~ly** *adv*) zadušljiv, zagušljiv

suffocation [ˌsʌfə'keiʃn] *s* zadušenje, ugušenje, davljenje, gušenje

suffragan ['sʌfrəgən] *s eccl* pomoćni biskup, sufragan

suffragan ['sʌfrəgən] *adj eccl* pomoćni, podređeni | **~ bishop** pomoćni biskup, sufragan

suffrage ['sʌfridʒ] *s* 1. (izborni) glas; odobrenje, pristanak; pravo glasa 2. *eccl* odgovor puka u litanijama, zagovor, molba | **manhood ~** muško pravo glasa; **woman ~** žensko pravo glasa; **universal ~** opće pravo glasa

suffragette [ˌsʌfrə'dʒet] *s derog* sufražetkinja, pobornica za žensko pravo glasa

suffragist ['sʌfrədʒist] *s* borac za (žensko) izborno pravo

suffuse [sə'fjuːz] *vt* (o tekućinama) zaliti, obliti; (o boji) prekriti što; (o svjetlosti) preplaviti što; prožeti | **~d with blushes** rumen od stida

suffusion [sə'fjuːʒn] *s* zalijevanje, oblijevanje, polijevanje; podilaženje, prožimanje; rumenilo

sugar ['ʃugə] *s chem* šećer, slador; *pl* vrste šećera; *fig* nježne, laskave riječi, ulagivanje, laskanje | **lump ~** šećer u grudama ili kockama; **granulated ~** šećer u kristalu; **castor ~** šećer u prahu; **loaf ~** šećer u glavama; **beet ~** šećer od šećerne repe; **cane ~** šećer od šećerne trske

sugar ['ʃugə] *vt/i* **I.** *vt* šećeriti, sladiti, prevući šećerom što; *fig* zasladiti što; laskati kome; prekriti što slatkim riječima; mititi koga **II.** *vi sl* lijeno, nemarno, preko volje raditi | **to ~ a pill** obložiti gorku pilulu nečim slatkim da bi se lakše progutala

sugar-basin ['ʃugəˌbeisn] *s* posudica za šećer, sladornica, šećernica

sugar-bean ['ʃugəbiːn] *s bot* vrsta zapadnoindijskoga graha

sugar-beet ['ʃugəbiːt] *s bot* šećerna repa

sugar-bush ['ʃugəbuʃ] *s bot US* nasad šećernog javora

sugar-cane ['ʃugəkein] *s bot* šećerna trska

sugar-coated [ˌʃugə'kəutid] *adj* obložen, prevučen šećerom

sugar-daddy ['ʃugədædi] *s coll* stariji čovjek koji izdržava mladu ljubavnicu
sugarer ['ʃugərə] *s sl* onaj koji nemarno, površno, preko volje radi
sugar-house ['ʃugəhaus] *s* šećerana
sugariness ['ʃugərinis] *s* slatkost; ljubaznost
sugarless ['ʃugəlis] *adj* nezaslađen
sugar-loaf ['ʃugələuf] *s* glava šećera
sugar-maple ['ʃugəˌmeipl] *s bot* šećerni javor
sugar-mill ['ʃugəmil] *s* mlin za mljevenje šećerne trske, šećerana
sugarplum ['ʃugəplʌm] *s* slatkiš, *esp* kuglica kuhanog šećera
sugar-refiner ['ʃugəriˌfainə] *s* proizvođač rafiniranog šećera
sugar-refinery ['ʃugəriˌfainəri] *s* rafinerija šećera, šećerana
sugar-tongs ['ʃugətɔŋz] *s pl* kliješta za šećer
sugar-works ['ʃugəwəːks] *s pl* šećerana
sugary ['ʃugəri] *adj* šećeran, sladak; *fig* meden, laskav; zavodnički
suggest [sə'dʒest] *vt* 1. nabaciti, predlagati, sugerirati; navesti na što 2. izazvati (kakvu predodžbu), buditi, nadahnuti (pomisao), podsjećati, odisati (nečim); (o zamisli) nàdati, nametati (*itself* se) 3. ukazivati na što, nagoviještati što; natuknuti, dati naslutiti što, navoditi na pomisao | *jur* **I ~** pretpostavljam da...
suggestibility [səˌdʒesti'biliti] *s* sugestibilnost, prijemljivost, pristupačnost
suggestible [sə'dʒestəbl] *adj* sugestibilan, prijemljiv, pristupačan
suggestion [sə'dʒestʃən] *s* 1. prijedlog, savjet, nagovor, sugestija 2. utjecanje, poticaj, upliv, pobuda 3. mig; podsjećanje (*of* na što), trag, prizvuk, nagovještaj
suggestionize [sə'dʒestʃənaiz] *vt* utjecati na koga sugestijom, izložiti (izvrgnuti) sugestiji
suggestive [sə'dʒestiv] *adj* (**~ly** *adv*) sugestivan, koji daje mig, koji prikriveno ukazuje, koji daje slutiti, koji navodi (*of* na što); *fig* koji mnogo kaže, značajan; pobudljiv
suicidal [sjui'saidl] *adj* (**~ly** *adv*) samoubilački; *fig* poguban (*to* po)
suicide ['sjuisaid] *s* 1. samoubojica 2. samoubojstvo; *fig* uništenje | **to commit ~** počiniti samoubojstvo; **race-~** opadanje broja pučanstva
suit [suːt] *s* 1. molba; prošnja, snubljenje 2. *jur* tužba, optužnica, parnica 3. stvari koje spadaju zajedno, garnitura 4. (muško) odijelo, (ženski) kostim 5. *cards* boja | **to make ~** podastrijeti molbu; *jur* **~ at law** parnica; **law-~** parnica; *fig* **to cut one's ~ according to one's cloth** pružiti se prema pokrivaču; *cards* **to follow ~** odgovarati na boju; *fig* oponašati, slijediti koga; prilagoditi se kome; **~ of armour** potpuni oklop; **morning ~** žaket
suit [suːt] *vt/i* **I.** *vt* 1. prilagoditi što (*to* čemu), uskladiti što (*to* s čime) 2. odgovarati kome, biti zgodan kome, pristajati kome; (o klimi) prijati kome **II.** *vi* pristajati, odgovarati (*with* čemu); biti zgodan | **to ~ one's action to one's words** uskladiti djelo s riječju, odmah izvršiti prijetnju i dr.; **that ~s my book** to mi odgovara; **~ yourself** kako vas je volja
suitability [ˌsuːtə'biliti] *s* prikladnost, podesnost, primjerenost, pristalost; skladnost, međusobno razumijevanje
suitable ['suːtəbl] *adj* (**suitably** *adv*) podesan, zgodan, prikladan, primjeren
suit-case ['suːtkeis] *s* ručni kovčeg, kofer
suite [swiːt] *s* pratnja, svita; niz; apartman; garnitura; *mus* svita | **~ of rooms** apartman
suited ['suːtid] *adj* pogodan, prikladan, podesan, zgodan | **~ to** prikladan, podesan za
suiting ['suːtiŋ] *s* pristajanje (*to* čemu); tkanina za muška odijela
suitor ['suːtə] *s* molilac; prosac, snubok; *jur* tužitelj; stranka
sulk [sʌlk] *s* (većinom *pl*) zlovolja, mrzovolja, mrgođenje | **to be in the ~s** biti zlovoljan
sulk [sʌlk] *vi* biti zlovoljan, mrzovoljan, mrgoditi se, ljutiti se (*with* na koga)
sulkiness ['sʌlkinis] *s* zlovolja, mrzovolja, mrskost
sulky ['sʌlki] *s* lagana kočija na dva kotača, jednosjed
sulky ['sʌlki] *adj* (**sulkily** *adv*) zlovoljan, mrzovoljan, mrk; (o vremenu) tmuran
sullage ['sʌlidʒ] *s* onečišćena voda, gnojnica
sullen ['sʌlən] *adj* (**~ly** *adv*) mrk, mračan, sumoran, namrgođen, mrzovoljan, zlovoljan; neprijatan, neprijazan, nedruževan; prkosan, kivan
sullen ['sʌlən] *s* (obično *pl*) mrzovolja, zlovolja
sullenness ['sʌlənnis] *s* mračnost, sumornost, namrštenost, tmurnost; mrzovolja, zlovoljnost; prkos, kivnost
sully ['sʌli] *vt* uprljati, zaprljati, zablatiti, okaljati što; smanjiti slavu, pomračiti što (većinom u prenesenom smislu)
sulpha ['sʌlfə] *s coll* sulfa preparat, sulfonamid | **~ drugs** sulfa-lijekovi
sulphanilamide [ˌsʌlfə'niləmaid] *s* sulfonilamid
sulphate ['sʌlfeit] *s chem* sulfat, sol sumporne kiseline | **~ of lead** olovni sulfat; **~ of magnesia** gorka sol; **~ of potash** kalijev sulfat; **~ of sodia** natrijev sulfat, glauberova sol; **~ pulp** sulfatna celuloza

sulphide ['sʌlfaid] *s chem* sulfid | **hydrogen ~** sumporovodik
sulphite ['sʌlfait] *s chem* sulfit, sol sumporaste kiseline
sulphonamides [sʌl'fɔnəmaidz] *s pl* sulfonamidi
sulphur ['sʌlfə] *s chem* & *minr* sumpor | **roll ~** sumpor u šipkama; **stick ~** sumpor u šipkama; **flowers of ~** sumporni cvijet; **milk of ~** sumporno mlijeko
sulphur ['sʌlfə] *adj* sumporni | **~-mine** sumporni rudnik; **~-spring** sumporno vrelo
sulphur ['sʌlfə] *vt* kaditi sumporom, sumporiti što
sulphurate ['sʌlfəreit] *vt* dodati čemu sumpora, kaditi što sumporom, sumporiti što
sulphuration [ˌsʌlfə'reiʃn] *s* sumporenje, dodavanje sumpora, kađenje sumporom
sulphureous [sʌl'fjuəriəs] *adj* (**~ly** *adv*) sumporan, sličan sumporu, sumporast; *bot* sumporaste boje
sulphuretted ['sʌlfjuretid] *adj* vezan sa sumporom, kojemu je dodano sumpora (obično: **~** *hydrogen* sumporovodik)
sulphuric [sʌl'fjuərik] *adj* sumporni | **~ acid** sumporna kiselina
sulphurize ['sʌlfjuraiz] *vt* kaditi što sumporom, dodati čemu sumpora, sumporirati, vulkanizirati što
sulphurous ['sʌlfərəs] *adj chem* sumporni, sumporast (kiselina)
sulphury ['sʌlfəri] *adj* sumporan, koji sadrži sumpora, koji je boje sumpora
sultan ['sʌltən] *s* sultan; *fig* tiranin, nasilnik | *bot* **sweet ~** kičica, kitica
sultana [sʌl'ta:nə] *s* sultanija
sultana [səl'ta:nə] *s* vrsta velikih grožđica bez koštica
sultanate ['sʌltənət] *s* sultanat
sultriness ['sʌltrinis] *s* sparina, omara, zapara
sultry ['sʌltri] *adj* (**sultrily** *adv*) sparan, zaparan, omaran, zagušljiv; *fig* žestok, vruć
sum [sʌm] *s* 1. suma, svota, iznos; zbroj 2. kratak pregled najvažnijih dijelova čega 3. *math* računski zadatak 4. *fig* ukupnost, bitnost, bit; vrhunac, najviša točka | **in ~** ukratko; **lump ~** okrugla svota, paušalni iznos; **~ total** ukupni iznos, sveukupno; **to be good at ~s** znati dobro računati; **to do ~s** računati; **~ and substance** bit
sum [sʌm] *vt/i* **I.** *vt* zbrajati što; *fig* (većinom *up*), ukratko izložiti što, rezimirati **II.** *vi* računati
sum up ['sʌm'ʌp] *vi fig* ukratko izložiti, rezimirati
sumach ['ʃu:mæk] *s bot* ruj
Sumerian [sju:'miəriən] *adj* sumerski
Sumerian [sju:'miəriən] *s* Sumerac, sumerski jezik
sumless ['sʌmlis] *adj poet* bezbrojan, nebrojen, neizbrojiv
summariness ['sʌmərinis] *s* kratkoća, kratak postupak, sažetost, sumarnost
summarist ['sʌmərist] *s* pisac kratkog prikaza čega
summarize ['sʌməraiz] *vt* sažeti što, ukratko reći što, rezimirati
summary ['sʌməri] *s* glavni sadržaj, kratak pregled, sažetak, rezime
summary ['sʌməri] *adj* (**summarily** *adv*) sažet, kratak, bez okolišanja; *jur* skraćen, brz, prijek (postupak)
summation [sʌ'meiʃn] *s* zbrajanje, zbroj
summer[1] ['sʌmə] *s* ljeto; cvat, vrhunac; *pl* godine života (*a child of ten* **~s**) | **Indian ~** bablje ljeto; **St Martin's ~** babljе ljeto (razdoblje lijepa vremena oko 11. studenoga); **St Luke's ~** babljе ljeto (razdoblje lijepa vremena oko 18. listopada)
summer[2] ['sʌmə] *s archit* tram, nosač
summer ['sʌmə] *vi/t* **I.** *vi* ljetovati **II.** *vt* istjerati (stoku) na ljetnu pašu
summerhouse ['sʌməhaus] *s* vrtna kućica, sjenica
summerlike ['sʌməlaik] *adj* (kao) ljetni
summerly ['sʌməli] *adj* ljetni
summersault ['sʌməsɔ:lt] *s* → **somersault**
summer school ['sʌməsku:l] *s* ljetna škola; ljetni semestar
summertime ['sʌmətaim] *s* ljeto, ljetno doba
summer time ['sʌməˌtaim] *s* ljetno vrijeme (pomaknuto za jedan sat naprijed)
summing-up [ˌsʌmiŋ'ʌp] *s* kratko izlaganje, kratak prikaz, sažimanje; *jur* sučev rezime na kraju saslušanja stranaka
summit ['sʌmit] *s* glavica, vrh, vršak; *fig* vrhunac | **~ meeting** sastanak na vrhu, sastanak na najvišoj razini
summon ['sʌmən] *vt* sazivati što, pozvati koga, naložiti kome da dođe; pozvati (grad) na predaju; *jur* pozvati koga na sud; *fig* pribrati (snagu) | **to ~ Parliament** sazvati parlament
summon up ['sʌmən'ʌp] *vt* prikupiti, pribrati, skupiti (hrabrost, snagu) (*to* za što)
summoner ['sʌmənə] *s hist* sudski glasnik; glasnik
summons ['sʌmənz] *s* (*pl* **~es**) poziv, saziv; *jur* poziv na sud | *jur* **to grant (issue) a ~** izdati poziv na sud; **to take out a ~** ishoditi sudski poziv
summons ['sʌmənz] *vt jur* uručiti sudski poziv, pozvati
sump [sʌmp] *s* zahodska jama; *min* jama za sabiranje vode na kraju rova, odvodna jama; *mot* karter, taložnik za sabiranje suvišnog ulja

sumpter ['sʌmptə] *s arch* tegleći konj ili njegov gonič
sumption ['sʌmpʃən] *s log* premisa, pretpostavka
sumptuary ['sʌmptjuəri] *adj* koji regulira raskoš, koji se odnosi na raskoš | **~ laws** zakon koji ograničava raskošnost
sumptuosity [ˌsʌmptju'ɔsiti] *s* raskošje, raskošnost, sjaj
sumptuous ['sʌmptjuəs] *adj* (**~ly** *adv*) dragocjen, skupocjen, sjajan, krasan, raskošan
sum-total ['sʌmˌtəutl] *s* ukupna svota, ukupan iznos
sun [sʌn] *s* sunce, sunčeva toplina, sunčeva svjetlost, sunčev sjaj; *poet* dan, godina; *astr* zvijezda sa satelitima; *fig* sjaj, sreća, blagostanje; (ili **~** *burner*) jak svijećnjak | **the midnight ~** ponoćno sunce polarnih krajeva; **empire on which the ~ never sets** carstvo koje se širi po cijelom svijetu, gdje sunce nikad ne zalazi; **let not the ~ go down upon your wrath** neka tvoja srdžba traje samo jedan dan; **nothing new under the ~** ništa novo pod suncem; **mock ~** pasunce, jasno svjetlo koje se kadšto vidi uza sunce; **to see the ~** biti živ; **to rise with the ~** ustajati u zoru; **make hay while the ~ shines** kuj željezo dok je vruće; **to hold a candle to the ~** raditi što suvišno; *mar* **to take (shoot) the ~** odrediti položaj suncu; **with the ~** u svitanje; slijedeći put sunca; u smjeru kazaljke na satu; **against the ~** u smjeru suprotnom kretanju kazaljke na satu; **in the ~** na suncu; *fig* **a place in the ~** mjesto pod suncem; **to take the ~** sunčati se; *fam* **to have the ~ in one's eyes** biti pijan; **his ~ is set** prošli su dani njegove slave; odbrojeni su mu dani
sun [sʌn] *vt/i* **I.** *vt* sunčati (*oneself* se), postaviti što na sunce, izložiti što djelovanju sunca **II.** *vi* sunčati se
sun-baked ['sʌnbeikt] *adj* ispečen od sunca (zemlja)
sun-bath ['sʌnbaːθ] *s* sunčanje
sun-bathe ['sʌnbeið] *vi* sunčati se
sunbeam ['sʌnbiːm] *s* sunčeva zraka
sun-blind ['sʌnblaind] *s* kapak na prozoru, zastor protiv sunca
sun-bonnet ['sʌnˌbɔnit] *s* šešir protiv sunca
sun-bow ['sʌnbəu] *s* duga
sunburn ['sʌnbəːn] *s* opaljenost od sunca; opeklina od sunca
sunburn ['sʌnbəːn] *vt/i* **I.** *vt* izložiti što suncu da pocrni **II.** *vi* pocrnjeti od sunca; dobiti opekline od sunca | **~ed** ili **~t** opaljen od sunca; koji ima sunčane opekline
sundae ['sʌndei] *s US* sladoled s voćnim sirupom
Sunday ['sʌndi] *s* nedjelja | **Hospital ~** nedjelja u koju se sakupljaju prilozi za mjesnu bolnicu; **Low ~** prva nedjelja poslije Uskrsa; **Palm ~** Cvjetnica; **Rogation ~** nedjelja prije Uzašašća; *Oxford univ* **show ~** nedjelja prije spomen-slave u čast osnivača sveučilišta; *fig* **a month of ~s** jako dugo vrijeme, čitava vječnost; *fam* **to look two ways to find ~** biti razrok, u srijedu vidjeti dvije nedjelje; **~ painter** slikar amater (koji slika samo za vrijeme vikenda); **~ driver** loš vozač (koji vozi samo o vikendu i nema mnogo prakse)
Sunday best ['sʌndibest] *s fam* stajaće, nedjeljno, svetačko odijelo
Sunday school ['sʌndiskuːl] *s* vjeronauk (nedjeljom u crkvi)
sunder ['sʌndə] *vt/i poet & rhet* **I.** *vt* rastaviti, razdvojiti, rastrgnuti; odijeliti što (*from* od); dijeliti, cijepati što **II.** *vi* dijeliti se, rastajati se
sunder ['sʌndə] *prep* | **in ~** nadvoje, napose, razdijeljeno
sunderance ['sʌndərəns] *s* dijeljenje
sundew ['sʌndjuː] *s bot* rosika (vrsta mesožderne biljke)
sundial ['sʌndaiəl] *s* sunčana ura
sun-dog ['sʌndɔg] *s astr* pasunce, jasno svjetlo koje se gdjekad vidi uz pravo sunce
sundown ['sʌndaun] *s* zalaz sunca
sundowner ['sʌndaunə] *s Austral* skitnica koji dolazi podveče moleći za prenoćište; *coll* večernje piće, čašica pred večer
sun-dried ['sʌndraid] *adj* osušen na suncu
sundries ['sʌndriz] *s pl* različite stvari, razna roba, razno; sitne stavke (u izdacima) | **cargo of ~** komadna roba
sundries-account ['sʌndrizəˌkaunt] *s com* račun za razne sitne stavke
sundry ['sʌndri] *adj* različit, razan, raznovrstan | **all and ~** svi i svaki
sun-fish ['sʌnfiʃ] *s ichth* mjesečara, bucanj
sunflower ['sʌnˌflauə] *s bot* suncokret
sung [sʌŋ] *pp* od **sing**
sun-glasses ['sʌnˌglaːsiz] *s pl* naočale protiv sunca
sun-god ['sʌngɔd] *s* bog sunca
sun-hat ['sʌnhæt] *s* šešir široka oboda
sun-helmet ['sʌn'helmit] *s* tropski šljem
sunk [sʌŋk] *pp* od **sink**
sunken ['sʌŋkən] *pp* od **sink** & *adj* upao, utonuo, uleknut, udubljen | **~ rock** podvodni greben; **~ cheeks** upali obrazi
sun-lamp ['sʌnlæmp] *s* kvarc-lampa, umjetno sunce; živina svjetiljka
sunless ['sʌnlis] *adj* koji je bez sunca
sunlight ['sʌnlait] *s* sunčevo svjetlo
sunlike ['sʌnlaik] *adj* nalik na sunce, sjajan
sunlit ['sʌnlit] *adj* obasjan suncem

sunny ['sʌni] *adj* (**sunnily** *adv*) sunčan; jasan poput sunca, svijetao; *fig* vedar, veseo | *fig* **the ~ side** svijetla strana čega; **to be on the ~ side of 40** biti mlađi od 40 godina; **to look on the ~ side of things** gledati vedro na život, vidjeti samo lijepu stranu života; *US coll* **~ side up** (jaje) na oko
sun-parlo(u)r ['sʌn,paːlə] *s US* staklena terasa
sun-picture ['sʌn,piktʃə] *s* fotografija
sunproof ['sʌnpruːf] *adj* nepropusan za sunčeve zrake, otporan na sunčevo svjetlo
sun-ray ['sʌnrei] *s* sunčeva zraka; *pl* ultraljubičasta, ultravioletna zraka
sunrise ['sʌnraiz] *s* izlazak sunca
sunset ['sʌnset] *s* zalazak sunca, veče; *fig* zalazak, veče, suton (života)
sunshade ['sʌnʃeid] *s* suncobran; platneni krov nad dućanskim izlogom, tenda
sunshine ['sʌnʃain] *s* sunčevo svjetlo, sunčev sjaj; sunčevo vrijeme; *fig* vedrina, veselje, radost
sunshiny ['sʌnʃaini] *adj* sunčan; *fig* vedar, radostan, veseo
sun-spectacles ['sʌn,spektəklz] *s pl* naočale protiv sunca
sun-spot ['sʌnspɔt] *s* sunčeva pjega; pjegica (obično na nosu) nastala djelovanjem sunca
sun-star ['sʌnstaː] *s zool* morska zvijezda (*Crossaster Pappossus*)
sun-stone ['sʌnstəun] *s minr* vrsta oligoklasa; jantar (rijetko)
sun-stricken ['sʌn,strikən] *adj* → **sunstruck**
sunstroke ['sʌnstrəuk] *s med* sunčanica
sunstruck ['sʌnstrʌk] *adj* obolio od sunčanice
suntan ['sʌntæn] *s* smeđa boja kože (od sunčanja), preplanulost
sun-up ['sʌnʌp] *s US* izlazak sunca
sunward ['sʌnwəd] *adj* usmjeren prema suncu
sunward(s) ['sʌnwəd(z)] *adv* prema suncu
sunwise ['sʌnwaiz] *adv* u smjeru sunca, u smjeru kazaljke na satu
sunwise ['sʌnwaiz] *adj* koji slijedi smjer sunca
sun-worship ['sʌn,wəːʃip] *s* obožavanje sunca
sun-worshipper ['sʌn,wəːʃipə] *s* obožavatelj sunca
sup [sʌp] *s* gutljaj | **neither bite nor ~** ni za jelo ni za pilo
sup[1] [sʌp] *vt/i* **I.** *vt* 1. grickati, čalabrcnuti, guckati, srkati što 2. *fig* okusiti, doživjeti što **II.** *vi* grickati, čalabrcnuti, srkati; pijuckati | **he must have a long spoon that ~s with the devil** opasno je s đavlom tikve saditi
sup up ['sʌp'ʌp] *vt* usrknuti, progutati
sup[2] [sʌp] *vi/t* **I.** *vi* večerati **II.** *vt* podvoriti koga večerom
sup off ['sʌp'ɔf] *vi* večerati što (*to* **~** *cold meat*)
super ['suːpə] *s sl* **1.** statist **2.** nešto suvišno, prekobrojno, nepotrebno **3.** *com* nešto ekstra fine kvalitete **4.** *sl* nadzornik; *US* pazikuća
super ['suːpə] *adj* prvorazredan; (o mjeri) površinski, četvorni, kvadratni
superable ['suːpərəbl] *adj* (**superably** *adv*) premostiv, savladiv
superabound [,suːpərə'baund] *vi* obilovati, imati napretek (*in, with* čega), biti u preobilju, pretjecati
superabundance [,suːpərə'bʌndəns] *s* preobilje, pretek, pretičak, suvišak
superabundant [,suːpərə'bʌndənt] *adj* (**~ly** *adv*) preobilan, prekomjeran
superadd [,suːpər'æd] *vt* dodati što povrh (*to* čemu)
superaddition [,suːpərə'diʃn] *s* dalje dodavanje, dometanje, dodatak (*to* čemu)
super-agio [,suːpə'rædʒəu] *s com* superagio
superannuate [,suːpə'rænjueit] *vt* umiroviti; odbaciti što zbog starosti, proglasiti što zastarjelim; odbiti (učenika) zbog nepropisnog broja godina života
superannuated [,suːpə'rænjueitid] *adj* zastario; iznošen; islužio, umirovljen
superannuation [,suːpə,rænju'eiʃn] *s* umirovljenje, oslobođenje od dužnosti zbog starosti; mirovina | **~ fund** mirovinski fond
superaqueous [,suːpə'reikwiəs] *s* nadvodni
superb [sju'pəːb] *adj* (**~ly** *adv*) divan, krasan, veličanstven; (o drskosti i dr.) skrajan
superbness [sju'pəːbnis] *s* divota, krasota
superbus ['suːpəbʌs] *s mot* golem autobus
supercargo ['suːpə,kaːgəu] *s mar* nadzornik tereta
supercelestial [,suːpəsi'lestiəl] *adj* koji se nalazi iznad nebeskog svoda, nadnebeski
supercharged ['suːpətʃaːdʒd] *adj* pretovaren; prenabijen; prekomprimiran
supercharger ['suːpətʃaːdʒə] *s mot* kompresijska pumpa
supercilious [,suːpə'siliəs] *adj* (**~ly** *adv*) nadut, gord, ohol, preziran, drzak
supercivilized [,suːpə'sivilaizd] *adj* precivilizirан
supercooled ['suːpəːkuːld] *adj* pothlađen, ohlađen ispod točke smrzavanja
superdominant [,suːpə'dɔminənt] *s mus* superdominanta, šesti stupanj
superdreadnought [,suːpə'drednɔːt] *s mar* teški bojni brod
supereminence [,suːpə'reminəns] *s* visok položaj, veliko dostojanstvo, velika slava, uzoritost, odličnost, preuzvišenost
supereminent [,suːpə'reminənt] *adj* (**~ly** *adv*) istaknut, odličan, izvrstan

supererogation ['su:pər,erə'geiʃn] *s* djelo ili trud veći nego što to dužnost zahtijeva, prevršenje zahtjeva dužnosti | **works of ~** rad preko obaveze, dužnosti; *eccl* suvišna dobra djela

supererogatory ['su:pərə'rɔgətəri] *adj* (**supererogatorily** *adv*) veći nego što to dužnost zahtijeva, prekodužan, suvišan

superfatted ['su:pə'fætid] *adj* (o sapunu) koji sadrži previše masti

superficial [,su:pə'fiʃəl] *adj* (**~ly** *adv*) površan, plitak (& *fig*); (o mjeri) površinski

superficiality ['su:pə,fiʃi'æliti] *s* površnost, plitkost (& *fig*)

superficies [,su:pə'fiʃi:z] *s math* površina; vanjština

superfine [,su:pə'fain] *adj* vrlo, izvanredno fin

superfines [,su:pə'fainz] *s pl com* vrlo fina roba, roba ekstra kvalitete

superfluity [,su:pə'fluiti] *s* suvišak, pretek (*of* čega); suvišnost, nepotrebna, zališna stvar

superfluous [su:'pə:fluəs] *adj* (**~ly** *adv*) obilan; preobilan; suvišan, zališan, nepotreban

superheat [,su:pə'hi:t] *vt* pregrijati (paru)

superhet ['su:pəhet] *s radio* superheterodinski radio

superheterodyne [,su:pə'hetərədain] *s radio* superheterodinski radio

superhighway ['su:pə,haiwei] *s US* auto-cesta, auto-strada

superhuman [,su:pə'hju:mən] *adj* (**~ly** *adv*) nadljudski, natčovječni

superimpose ['su:pərim'pəuz] *vt* položiti što (*on* na, nad što, vrh čega); naložiti, natovariti što (*on* na); dodati što (*on* čemu)

superinduce [,su:pərin'dju:s] *vt* pridodati, dometnuti što (*on* čemu); nanovo uvesti što

superintend [,su:pərin'tend] *vt* nadzirati, nadgledati što, vršiti (obavljati) nadzor, upravljati čime

superintendence [,su:pərin'tendəns] *s* nadziranje, nadgledanje (*over* čega), upravljanje (*of a th* čime)

superintendent [,su:pərin'tendənt] *s* nadzornik; predstojnik, upravnik, upravitelj; *US* kućni nadstojnik; viši policijski činovnik

superior [su:'piəriə] *adj* (**~ly** *adv*) 1. (o prostoru, *bot & zool*) gornji 2. (o položaju, činu) viši 3. (o kakvoći) bolji 4. (o broju) veći 5. jači, koji nadmašuje što, nadmoćniji (*in* u čemu), koji je iznad (*to* čega), superioran, izuzetan, uzvišen nad što (*~ to bribery*); *com* izvrstan; (o vinu) plemenit 6. (često *derog*) otmjen, naobražen; nadut, ohol | **~ letter** slovo iznad retka; **~ limit** gornja granica, krajnji rok, najviša suma; **~ person** bolji čovjek; umišljeno čeljade; **~ limb** (o suncu) gornji rub; **with a ~ air** nadu-to, svisoka

superior [su:'piəriə] *s* onaj koji je bolji (*in* u čemu); (većinom s posvojnim zamjenicama) pretpostavljeni, starješina, poglavar | *eccl* **Mother Superior** nadstojnica, glavarica samostana; *eccl* **Lady Superior** nadstojnica samostana

superiority [su:,piəri'ɔriti] *s* nadmoćnost (*in* u čemu; *to, over* nad); prvenstvo, prevlast, prednost, superiornost | **~ complex** kompleks veće vrijednosti

superjacent [,su:pə'dʒeisənt] *adj* koji leži nad čime, na čemu

superlative [su:'pə:lətiv] *adj* (**~ly** *adv*) vrlo velik, izvanredan, nenatkriljiv; *gram* superlativan

superlative [su:'pə:lətiv] *s gram* superlativ (& *fig*), riječi u superlativu

superman ['su:pəmæn] *s* (*pl* **supermen** ['su:pəmən]) natčovjek

supermanhood ['su:pəmænhud] *s* nadljudskost, natčovječnost

supermarket ['su:pə,ma:kit] *s* velika trgovina sa samoposluživanjem, opskrbni centar, supermarket

supernal [su:'pə:nl] *adj poet* nebeski, nadzemaljski, uzvišen, božanstven

supernational [,su:pə'næʃnəl] *adj* nadnacionalan

supernatural [,su:pə'nætʃrəl] *adj* (**~ly** *adv*) nadnaravan, vrhunaravan

supernormal [,su:pə'nɔ:məl] *adj* iznad granica normalnoga, neobičan, nesvakidašnji

supernova ['su:pə,nəuvə] *s astr* supernova

supernumerary [,su:pə'nju:mərəri] *adj* prekobrojan

supernumerary [,su:pə'nju:mərəri] *s* prekobrojan, pomoćni namještenik; *theat* statist

superoctave ['su:pər,ɔktiv] *s mus* nadoktava (na orguljama)

superoxide [,su:pər'ɔksaid] *s chem* superoksid

superphosphate [,su:pə'fɔsfeit] *s chem* superfosfat

superpose [,su:pə'pəuz] *vt* metnuti što (*on* nad što drugo, povrh čega drugoga)

superposition [,su:pəpə'ziʃn] *s* stavljanje jednog nad drugo, ležanje jednog nad drugim; *geol* slojevitost

superroyal [,su:pə'rɔiəl] *adj* veliki rojal (format papira veći nego 24x19 inča za pisanje ili 25x20 inča za tisak)

supersaturate [,su:pə'sætʃəreit] *vt chem* prezasititi (otopinu)

superscribe [,su:pə'skraib] *vt* napisati na vrhu, napisati iznad, adresirati

superscript ['su:pəskript] *adj* koji je napisan iznad čega, koji je napisan na čemu

superscription [ˌsuːpəˈskripʃən] *s* natpis, naslov, adresa
supersede [ˌsuːpəˈsiːd] *vt* istisnuti koga; zamijeniti, nadomjestiti koga; otpustiti koga, ukinuti, dokinuti što, učiniti bespredmetnim; preteći koga (kod unapređenja)
supersensible [ˌsuːpəˈsensəbl] *adj* koji prelazi ljudska ćutila, natčulan
supersession [ˌsuːpəˈseʃn] *s* istisnuće; svrgnuće; nadomještenje, nadomještaj
supersonic [ˌsuːpəˈsɔnik] *adj* nadzvučan
superstition [ˌsuːpəˈstiʃn] *s* praznovjerje, sujevjerje
superstitious [ˌsuːpəˈstiʃəs] *adj* (**~ly** *adv*) praznovjeran, sujevjeran
superstructure [ˈsuːpəˌstrʌktʃə] *s* nadgradnja (& *fig*); *mar* nadgrađe (broda); *rly* gornji stroj
super-submarine [ˌsuːpəˈsʌbməriːn] *s navy* golema podmornica
supersubtle [ˌsuːpəˈsʌtl] *adj* prefin, preosjetljiv
supertax [ˈsuːpətæks] *s* dodatni porez, prirez
supertemporal [ˌsuːpəˈtempərəl] *adj* 1. koji se nalazi iznad sljepoočica 2. nadvremenski
supertonic [ˌsuːpəˈtɔnik] *s mus* supertonika, nadosnovni ton
supervene [ˌsuːpəˈviːn] *vi* još pridoći, nadoći (*upon, on* na što); iznenada unići, banuti, nenadano se pojaviti
supervention [ˌsuːpəˈvenʃən] *s* pridolazak, nadolazak; banuće, nenadano pojavljivanje, nenadani događaj
supervise [ˈsuːpəvaiz] *vt* nadgledati, nadzirati što; upravljati čime
supervision [ˌsuːpəˈviʒn] *s* kontrola, nadgledanje, nadziranje, nadzor (*of* nad čim) | **under the ~ of** pod čijim nadzorom, upravom; na čijoj brizi
supervisor [ˈsuːpəvaizə] *s* nadglednik, nadzornik; niži (pogonski) rukovodilac; nadstojnik; kontrolor, inspektor; *univ* mentor
supine [sjuːˈpain] *adj* (**~ly** *adv*) koji leži nauznak, na poleđini, na stražnjoj strani, licem prema gore, naslonjen natraške; nemaran, trom, lijen, nepokretan
supine [ˈsjuːpain] *s gram* supin
supper [ˈsʌpə] *s* večera | *eccl* **the Last Supper** Posljednja večera; *eccl* **the Lord's Supper** pričest
supperless [ˈsʌpəlis] *adj* bez večere, koji nije večerao
supplant [səˈplaːnt] *vt* istisnuti koga, izgurati (s mjesta, položaja, *esp* na nepošten način); nadomjestiti što (*by* čime)
supplanter [səˈplaːntə] *s* potiskivač, onaj koji je istisnuo koga (s mjesta, položaja, *esp* na nepošten način); nadomjestak, zamjena
supple [ˈsʌpl] *adj* (**supply** *adv*) savitljiv, gibak, podatan; povodljiv, poslušan, slab, popustljiv; ulagljiv, laskav
supple [ˈsʌpl] *vt/i* **I.** *vt* učiniti što savitljivim, gipkim, podatnim, pokornim; ugladiti što; naučiti (konja) da bude osjetljiv na vođice **II.** *vi* postati savitljiv, gibak, podatan, pokoran
supplement [ˈsʌplimənt] *s* dopuna, dodatak, nadopuna; (o novinama) prilog; *math* suplement | **commercial ~** oglasni prilog (u novinama)
supplement [ˈsʌpliment] *vt* nadopuniti što, dodati čemu dodatak
supplemental [ˌsʌpliˈmentl] *adj* dopunski, dodatan, naknadan; *math* suplementaran
supplementary [ˌsʌpliˈmentəri] *adj* dopunski, dodatan, naknadan; pomoćni | *com* **~ fee** dodatna taksa, daća; *com* **~ order** doknadna narudžba
supplementation [ˌsʌplimenˈteiʃn] *s* nadopuna, nadomjestak; dopunjavanje
suppleness [ˈsʌplnis] *s* gipkost, savitljivost (& *fig*); voljnost, popustljivost, podatnost; poniznost, puzavost
suppliant [ˈsʌpliənt] *adj* (**~ly** *adv*) molećiv, koji ponizno moli, zaklinje
suppliant [ˈsʌpliənt] *s* molilac, molitelj
supplicant [ˈsʌplikənt] *adj* molećiv, koji ponizno moli
supplicant [ˈsʌplikənt] *s* molilac, molitelj
supplicate [ˈsʌplikeit] *vt/i* **I.** *vt* ponizno moliti, zaklinjati koga; izmoliti što; moliti za što **II.** *vi* ponizno moliti (*for* za što, *to* koga)
supplicating [ˈsʌplikeitiŋ] *adj* (**~ly** *adv*) koji ponizno moli, zaklinje
supplication [ˌsʌpliˈkeiʃn] *s* ponizna, smjerna molba (*for* za što); molitva (*for* za što), zaklinjanje
supplicatory [ˈsʌplikətəri] *adj* koji ponizno moli, zaklinje
supplier [səˈplaiə] *s* dobavljač, nabavljač, opskrbljivač, snabdjevač, isporučitelj, isporučilac
supply [səˈplai] *s* 1. nadomještanje, naknada; zastupanje; zastupnik, zamjenik 2. dobava, nabava, nabavka, dovoz, namicanje, opskrbljivanje, snabdijevanje, dobavljanje, isporuka; novčana pripomoć, potpora 3. skladište, zaliha; *mil pl* vojne potrebe (hrana i dr.) 4. *com* ponuda 5. *parl pl GB* budžetska sredstva za državnu upravu | **on ~** kao zamjena; **water ~** opskrba vodom, vodovod; *com* **~ and demand** ponuda i potražnja; **~ order** narudžba; *el* **~ system** distributivna mreža; **in short ~** koji se teško može nabaviti, kojega vlada nestašica, kojega nema dovoljno
supply [səˈplai] *vt* 1. dopunjavati što; doskočiti (nedostatku); nadomještati, naknađivati (nedostatak) 2. dobavljati, pri-

bavljati, namicati što; snabdijevati, opskrbljivati koga (*with* čime); isporučivati 3. zastupati, zamjenjivati koga | **to ~ the place of** zamjenjivati koga na njegovu položaju

supply-house [sə'plaihaus] *s com* dobavljač

support [sə'pɔːt] *s* 1. podupiranje, potpora, pomoć, pripomoć 2. zaštita, obrana 3. *mil pl* zaleđe, pozadina, zaštita 4. uzdržavanje, sredstva za život 5. nosač, ležište, stalak, potporanj, podupirač | **in ~ of** u prilog, za potkrepu čemu; *mil* **in ~** u rezervi

support [sə'pɔːt] *vt* 1. podnositi, trpjeti što 2. podupirati, podržavati koga ili što; davati snage kome, pružiti podršku, krijepiti, bodriti koga; zagovarati, potpomagati koga ili što; tvrditi, braniti, zastupati što 3. uzdržavati, hraniti koga (*on* čime) (*oneself* se); održavati (život) 4. *archit* nositi, držati što

supportable [sə'pɔːtəbl] *adj* (**supportably** *adv*) podnošljiv, snošljiv; koji se može podupirati, nositi, braniti; koji se može dokazati

supporter [sə'pɔːtə] *s* pomagač; branitelj, zagovaratelj, pristaša, podupiratelj; *tech* potporanj; *archit* nosač

supporting [sə'pɔːtiŋ] *adj* potporni; *theat* pomoćni, sporedni (glumac)

supposable [sə'pəuzəbl] *adj* (**supposably** *adv*) koji se može pretpostaviti, vjerovati

suppose [sə'pəuz] *vt* 1. smatrati, uzeti, pretpostavljati što (kao moguće) 2. vjerovati, misliti, držati (*I ~ him to be an artist*) 3. u imperativu: ako, da (*~ your father saw you, what would he say?*) 4. imati kao preduvjet što (*design in creation ~s creator*) | **always supposing** pod uvjetom da

supposed [sə'pəuzd] *adj* (**~ly** [sə'pəuzidli] *adv*) pretpostavljen, navodni, tobožnji, prividan; vjerojatan | **~ to** za kojeg se drži, misli, očekuje da (*he is ~ to leave*)

supposing that [sə'pəuziŋðət] *conj* uzevši da, pretpostavivši da

supposition [ˌsʌpə'ziʃn] *s* pretpostavka, predmnijevanje | **on the ~ that** pod pretpostavkom da

suppositional [ˌsʌpə'ziʃənl] *adj* (**~ly** *adv*) hipotetičan, osnovan na pretpostavci, pretpostavljen

supposititious [səˌpɔzi'tiʃəs] *adj* (**~ly** *adv*) podmetnut, podvaljen, neprav, lažan, krivotvoren; koji se osniva samo na pretpostavci

suppositive [sə'pɔzitiv] *adj* koji se osniva na pretpostavci, pretpostavljen

suppository [sə'pɔzitəri] *s med* čepić (supozitorij)

suppress [sə'pres] *vt* 1. ugušiti, savladati (pobunu i dr.); sprečavati, obustaviti, zabraniti (izdavanje čega), ne dati na javu; *med* zaustaviti (krvarenje); zatomiti, potisnuti (osjećaje) 2. ukinuti, dokinuti, obustaviti, zaplijeniti što 3. tajiti, sakrivati, kriti, zabašuriti, premučati što

suppressed [sə'prest] *adj* (o pobuni) ugušen; zatomljen, zadržan, zatajen, potisnut

suppressible [sə'presəbl] *adj* (o pobuni) koji se može ugušiti; zatomljiv, zadržljiv, zatajiv, zabranljiv

suppression [sə'preʃn] *s* (o pobuni) ugušenje; zabrana, obustava, ukinuće, zapljena; (o osjećajima) zatomljenje, obuzdavanje, potiskivanje; zatajivanje, sakrivanje, zabašurivanje; *med* sprečavanje

suppressive [sə'presiv] *adj* koji ugušuje, guši, potiskuje, obustavlja, zabašuruje

suppressor [sə'presə] *s* tlačitelj; ugušivač; zabašurivač, zatajivač

suppurate ['sʌpjuəreit] *vi med* gnojiti se, đubriti se

suppuration [ˌsʌpjuə'reiʃn] *s med* gnojenje, đubrenje

supranational [ˌsuːprə'næʃənl] *adj* nadnacionalan

supremacy [su'preməsi] *s* vrhovna vlast; prevlast; nadmoć, prvenstvo

supreme [su'priːm] *adj* (**~ly** *adv*) 1. vrhovni, glavni, najviši 2. (o kakvoći) prvorazredan, izvrstan, odličan 3. krajnji, najveći; odsudni (čas) | *jur* **the Supreme Court** vrhovni sud; **~ commander** vrhovni komandant; **to reign ~** vladati neograničeno; **~ hour** smrtni čas; **~ test** odsudna kušnja; **~ end** najviše dobro, *esp* najviši, krajnji cilj kakvog etičkog sustava; *mil* **the ~ command** vrhovno zapovjedništvo

Supreme [su'priːm] *s* Bog

surah ['sjuərə] *s* vrsta svile

surcease [səː'siːs] *s arch* konac, kraj, prestanak, prekid; napuštanje

surcease [səː'siːs] *vi/t arch* **I.** *vi* prestati, ostaviti se (*from* čega) **II.** *vt* prestati, prekinuti što

surcharge ['səːtʃaːdʒ] *s* 1. preopterećenje, naknadno opterećenje; naknadni namet 2. globa; porto-marka, naknadna (kaznena) poštarina; pretisak (na marki) 3. neodobrena svota u računu, precjenjivanje, previsoka cijena, previsoko zaračunata prinadležnost

surcharge [səː'tʃaːdʒ] *vt* 1. pretovariti, prepuniti, prezasititi što; *fig* preopteretiti 2. udariti previsoku cijenu na što, odviše tražiti za što 3. globiti nekoga, odrediti (neku svotu) kao globu 4. natisnuti novu vrijednost (na marki)

surcingle ['səːsiŋgl] *s* kolan, potprug; (svećenički) pojas

surcingle [ˈsəːsiŋgl] *vt* staviti kolan (na konja), pričvrstiti kolanom (pokrivač i dr.), pričvrstiti što pojasom
surcoat [ˈsəːkəut] *s hist* širok ogrtač koji se nosio iznad oklopa; ženski kratki kaput
surd [səːd] *adj math* iracionalan; *phon* bezvučan; besmislen
surd [səːd] *s math* iracionalna veličina, iracionalan broj; *phon* bezvučan suglasnik
sure [ʃuə] *adj* 1. pouzdan, siguran; stalan, vjeran, uvjeren (*that* da); nepogrešan, nedvojben, izvjestan 2. siguran, uvjeren (*of* u što, za što) | **~ of** siguran u što; **I am ~** sigurno, zaista; **are you ~?** zar zbilja (nećete)?; **a ~ draw** skrovište u kojem je sigurno lisica; **a ~ shot** siguran strijelac; **slow and ~** polagan ali siguran; **to be ~** sigurno, dakako, bez sumnje; **to make ~ of** biti uvjeren (*that* da), uvjeriti se (*of* o čemu); osigurati sebi (*of* što); **be ~** nemoj zaboraviti; *US* **~!** sigurno!, svakako!; **for ~** sigurno, svakako; **~ thing!** sigurno!, svakako!; **well, I'm ~!** uzvik iznenađenja
sure [ʃuə] *adv arch* sigurno, nesumnjivo | **~ enough** sigurno, svakako, dakako, bez sumnje; *coll* **as ~ as a gun** potpuno siguran
sure-fire [ˈʃuəfaiə] *adj US* koji sigurno djeluje, pouzdan, djelotvoran, efektan
sure-footed [ˌʃuəˈfutid] *adj* koji sigurno stoji na nogama
surely [ˈʃuəli] *adv* sigurno; nesumnjivo, dakako, zacijelo, ipak, jamačno, po svoj prilici
surety [ˈʃuərəti] *s* sigurnost, izvjesnost; *jur* jamstvo, jamčevina, jamac | **to stand ~** jamčiti; **to find ~** naći jamca; *arch* **of a ~** sigurno, doista
surety-bond [ˈʃuərətibɔnd] *s com* obveznica
surety-company [ˈʃuərətiˌkʌmpəni] *s com* osiguravajuće društvo koje osigurava protiv pronevjere
suretyship [ˈʃuərətiʃip] *s* jamstvo, jamčenje
surf [səːf] *s* udaranje mora o obalu ili grebenje; pjena valova
surf [səːf] *vi sport* stajati na dasci i jahati na valovima
surface [ˈsəːfis] *s* 1. površina; *min* površina zemlje 2. vanjska strana, vanjština, spoljašnost 3. *fig* prividnost 4. *geom* ploha | **on the ~** na površini, vanjski; **to scratch the ~** jedva načeti; **~ mail** obična (ne avionska) pošta; **~-to-air missile** raketa zemlja-zrak; **lifting ~** nosiva ploha
surface [ˈsəːfis] *vt* izravnati, izgladiti što, izblanjati, obraditi; izroniti
surface-car [ˈsəːfiskaː] *s US* tramvaj, nadzemna željeznica (za razliku od podzemne)
surface-man [ˈsəːfismən] *s* pružni radnik, radnik koji radi na održavanju pruge; *min* površinski radnik
surf-bathing [ˈsəːfˌbeiðiŋ] *s* kupanje u valovima koji se razbijaju o obalu
surf-board [ˈsəːfbɔːd] *s* daska za jahanje na valovima
surf-boat [ˈsəːfbəut] *s* čvrst čamac, otporan na visoke valove
surfeit [ˈsəːfit] *s* prezasićenost (*of* čime), pretrpanost jelom, previše jela ili pila; *fig* prevelika količina čega; gađenje, odvratnost
surfeit [ˈsəːfit] *vt/i* **I.** *vt* prenasititi koga; *fig* pretovariti, pretrpati što (*with* čime) **II.** *vi* prejesti se, prenapiti se
surfing [ˈsəːfiŋ] *s* jahanje na valovima
surf-riding [ˈsəːfˌraidiŋ] *s sport* stajanje na dasci koja klizi preko valova, jahanje na valovima
surfy [ˈsəːfi] *adj* (o valovima) koji se lomi o obalu, koji se pjeni
surge [səːdʒ] *s* mrtvo more, bibanje, bibavica, lomljenje valova o obalu; *fig* val, bujanje (čuvstava), uzburkanost; *poet* more
surge [səːdʒ] *vi* (o moru) (često *up*) bibati se, valjati se, talasati se; (o osjećajima) uzburkati se; *mar* (o konopu) iskliznuti se, popustiti; (o kotaču) okretati se na mjestu
surgeon [ˈsəːdʒən] *s med* kirurg, ranarnik, vidar; (vojni, brodski) liječnik | **house-~** kirurg neke bolnice; **dental ~** stomatolog, zubni liječnik
surgeon-dentist [ˈsəːdʒənˌdentist] *s* diplomirani zubar
surgery [ˈsəːdʒəri] *s* kirurgija; *GB* liječnička ordinacija | **~ hours** vrijeme ordiniranja
surgical [ˈsəːdʒikl] *adj* (**~ly** *adv*) kirurški
surliness [ˈsəːlinis] *s* osornost, otresitost, mrzovolja
surloin [ˈsəːlɔin] *s* → **sirloin**
surly [ˈsəːli] *adj* (**surlily** *adv*) osoran, otresit, mrzovoljan; (o vremenu) ružan, tmuran
surmisable [səːˈmaizəbl] *adj* koji se može slutiti, pretpostavljati
surmise [ˈsəːmaiz] *s* nagađanje, pretpostavljanje; sumnja, slutnja
surmise [səːˈmaiz] *vt/i* **I.** *vt* nagađati, slutiti što **II.** *vi* slutiti, sumnjati
surmount [səːˈmaunt] *vt* svladati (teškoću); prijeći (brdo); kruniti, nadvisivati što, prekriti vrh čega
surmountable [səːˈmauntəbl] *adj* koji se može prijeći; *fig* savladiv, nadvladiv
surname [ˈsəːneim] *s* 1. *arch* nadimak, pridjevak 2. prezime
surname [ˈsəːneim] *vt* nazvati, okrstiti koga; dati kome nadimak, prezime

surpass [sə'pa:s] *vt* nadvisivati, nadilaziti, natkriliti, premašiti, nadmašivati koga ili što
surpassing [sə'pa:siŋ] *adj* (**~ly** *adv*) izvanredan, nedostižan, odličan, nenadmašiv, nenatkriljiv
surplice ['sə:plis] *s eccl* misna košulja; košulja što je nose članovi crkvenog zbora za vrijeme mise
surplice-fee ['sə:plisfi:] *s* plaća svećeniku za krštenje, vjenčanje ili sprovod, svećenička pristojba
surplus ['sə:pləs] *s* višak, suvišak, pretičak, preostatak | **~ value** višak vrijednosti
surplusage ['sə:pləsidʒ] *s* suvišak, pretičak, preobilje, izobilnost; *jur* nebitna okolnost
surplus fund ['sə:pləsfʌnd] *s com* rezervni fond, pričuva
surprisal [sə'praizl] *s* iznenađenje; prepad
surprise [sə'praiz] *s* iznenađenje; *mil* prepad; začuđenje (*at* nad čime) | **by ~** nenadano, iznenada; **full of ~** iznenađen; **what a ~!** kakva li iznenađenja!; **to take by ~** zauzeti na prepad; **to take one by ~** zateći, iznenaditi
surprise [sə'praiz] *vt mil* izvršiti prepad na koga ili što; iznenaditi, začuditi koga; nenadanim pojavljivanjem uloviti koga na kakvu (nedopuštenu) poslu, zateći, zaskočiti koga; neopazice navesti koga (*into* na što)
surprised [sə'praizd] *adj* (**~ly** [sə'praizidli] *adv*) iznenađen, začuđen (*at* čime)
surprise visit [sə'praiz͵vizit] *s* nenadan, nenajavljen posjet
surprising [sə'praiziŋ] *adj* (**~ly** *adv*) začuđen, iznenađujući, neočekivan
surrealism [sə'riəlizm] *s* nadrealizam
surrealist [sə'riəlist] *s* nadrealist
surrealistic [sə͵riə'listik] *adj* nadrealistički
surrebut [͵sʌri'bʌt] *vi jur* (o optuženome) odgovoriti po peti put tužitelju odbijajući optužbu ili dokaze
surrebutter [͵sʌri'bʌtə] *s jur* peti odgovor optuženoga tužitelju kojim se odbija opužba ili dokazni materijal
surrejoin [͵sʌri'dʒɔin] *vi jur* (o optuženome) odgovoriti po treći put tužitelju odbijajući optužbu ili dokaze
surrejoinder [͵sʌri'dʒɔində] *s jur* treći odgovor optuženoga tužitelju kojim se odbija optužba ili dokazni materijal
surrender [sə'rendə] *s* izručenje; *mil* predaja, izručenje; ustupanje
surrender [sə'rendə] *vt/i* **I.** *vt* predati, izručiti što; napustiti, prepustiti, odstupiti što; odreći se čega; *jur* ustupiti što; predati, prepustiti, podati (*oneself* se); odstupiti policu uz odštetu **II.** *vi* predati se | *jur* **to ~ to one's bail** staviti se na raspolaganje sudu nakon plaćanja jamčevine
surrender value [sə'rendə͵vælju:] *s* (o polici osiguranja) otkupna cijena
surreptitious [͵sʌrəp'tiʃəs] *adj* (**~ly** *adv*) prijevaran, nedopušten; lažan, patvoren, krivotvoren; potajan, kradomičan | **~ edition** nedopušteno izdanje, patisak
surrey ['sʌri] *s US* izletnička kočija s četiri kotača i dva reda sjedala
surrogate ['sʌrəgit] *s* 1. zastupnik, namjesnik (*esp* biskupov) 2. nadomjestak, surogat 3. *US jur* ostavinski sudac
surround [sə'raund] *s* opkoljenje; *US* hajkanje, hajka; dio poda između saga i donjeg ruba zida
surround [sə'raund] *vt* opkoljavati, okruživati koga ili što, opasati, opsjednuti | **~ed with (by)** opasan, opkoljen, okružen čime
surrounding [sə'raundiŋ] *adj* okolni
surroundings [sə'raundiŋz] *s pl* okolica, okolina, okoliš
surtax ['sə:tæks] *s* dodatni porez, prirez
surtax ['sə:tæks] *vt* razrezati prirez na što
surtout ['sə:tu:] *s* (rijetko) vrsta jednorednog ogrtača
surveillance [sə:'veiləns] *s* nadzor, nadgledanje, promatranje, prismotra
survey ['sə:vei] *s* pregledavanje, razgledavanje; razmatranje; pregled, izvještaj; procjenjivanje; anketa; nacrt, plan; premjera, geodetsko mjerenje (zemlje)
survey [sə'vei] *vt* prijeći okom preko čega, pregledati što, premjeriti, procijeniti okom, ogledati, razgledati što; nadzirati što; izvršiti katastarsku izmjeru; provesti anketu, ispitati, anketirati
surveying [sə'veiiŋ] *s* razgledavanje, pregledavanje; mjerenje zemlje, mjerništvo; zemljomjerstvo
surveyor [sə'veiə] *s* 1. nadglednik, nadzornik; građevni inspektor 2. stručnjak osiguravajućeg društva za procjenjivanje štete 3. mjerač, mjernik; geometar | *US* **Surveyor of Customs** carinski nadzornik; *US* **Surveyor General** državni geodet
survival [sə'vaivl] *s* preživljenje, održanje, opstanak; preživjeli običaj, ostatak (iz prošlosti)
survive [sə'vaiv] *vt/i* **I.** *vt* preživjeti, preturiti što; nadživjeti koga ili što **II.** *vi* preživjeti; (još) živjeti; održati se (*into* do), ostati na životu
survivor [sə'vaivə] *s* onaj koji je preživio, spasio se, održao se; *jur* onaj koji ostaje poslije čije smrti, onaj koji nekoga nadživi
susceptibility [sə͵septə'biliti] *s* osjetljivost, dojmljivost, prijemljivost (*to* na); *pl* osjetljiva mjesta; tankoćutnost

susceptible [sə'septəbl] *adj* (**susceptibly** *adv*) *pred* koji dopušta, koji može podnijeti (*of* što); *attr* & *pred* osjetljiv, prijemljiv (*to, of* na), podložan, dojmljiv; podvrgnut, sklon | **to be ~ of proof** koji može podnijeti dokaz, koji dopušta dokaz, koji se može dokazati
susceptive [sə'septiv] *adj* osjetljiv, dojmljiv, prijemljiv (*of* na što)
susceptivity [ˌsʌsep'tiviti] *s* osjetljivost, dojmljivost, prijemljivost
suspect ['sʌspekt] *s* ono što je sumnjivo, sumnjiv čovjek, sumnjivac
suspect ['sʌspekt] *pred adj* koji sumnja (*of* u što); sumnjiv
suspect [səs'pekt] *vt/i* **I.** *vt* 1. gajiti sumnju o čemu, sumnjati u što 2. sumnjičiti koga, sumnjati na koga (*of* zbog čega, da je); osjećati prisutnost čega (*to ~ a danger*) 3. držati što mogućim ili vjerojatnim; predmnijevati, slutiti, pretpostavljati, vjerovati, misliti (*a p to be* da je tko) (*I ~ him to be a liar, I ~ you once thought otherwise*) **II.** *vi* gajiti sumnju, sumnjati
suspectable [səs'pektəbl] *adj* sumnjiv
suspected [səs'pektid] *adj* (**~ly** *adv*) osumnjičen, sumnjiv (*~ a criminal*)
suspend [səs'pend] *vt* 1. objesiti što (*from* o što) 2. privremeno odložiti, odgoditi, obustaviti, napraviti nevažećim, zatomiti što; obustaviti (plaćanje) 3. privremeno udaljiti (s položaja, službe, članstva), suspendirati | **to ~ payment** obustaviti plaćanje
suspended [səs'pendid] *adj* obješen, koji lebdi; suspendiran; (o dahu) zadržan | **~ animation** obamrlost, zamrlost; **~ sentence** uvjetna osuda
suspender [səs'pendə] *s* podvezica (halter) za čarape; *US pl* naramenice za hlače
suspense [səs'pens] *s* 1. odgoda; *jur* privremena obustava prava i sl. 2. napetost; neizvjesnost, iščekivanje | **to keep one in ~** držati koga u napetosti, neizvjesnosti; **in ~** u neizvjesnosti, u napetosti
suspense account [səs'pensəˌkaunt] *s com* sospeso-račun
suspensibility [səsˌpensi'biliti] *s* lebdivost, sposobnost lebdenja
suspensible [səs'pensəbl] *adj* odgodiv
suspension [səs'penʃən] *s* 1. vješanje, višenje; privremena obustava, prekid, odgoda 2. (o službi) lišenje, suspenzija (*from* čega) 3. *chem* suspenzija; *mus* zaostajalica; *mot* ovjes, opruge, amortizeri, amortizacija | *mot* **front wheel ~** prednji ovjes; *mil* **~ of arms** primirje
suspension bridge [səs'penʃənbridʒ] *s tech* viseći most, lančanik
suspension railway [səs'penʃənˌreilwei] *s rly* žična željeznica
suspensive [səs'pensiv] *adj* (**~ly** *adv*) odgodiv, odloživ, obustavljiv (& *jur*)
suspensory [səs'pensəri] *adj* 1. koji visi, lebdi 2. koji odgađa, odlaže, priječi, obustavlja | *med* **~ bandage** povez o vratu u kojem se nosi ruka, uteg
suspicion [səs'piʃn] *s* 1. sumnja, sumnjičenje, sumnjiva okolnost 2. slutnja 3. (većinom *neg*) malenkost, mrvičak, trag, zera | **above ~** izvan svake sumnje, u koga se ne može posumnjati; **on ~ of treachery** pod sumnjom izdaje; **to draw ~ on** baciti sumnju na koga, prikazati koga kao sumnjiva
suspicion [səs'piʃn] *vt US* sumnjičiti koga, sumnjati na koga, osumnjičiti koga (*of* da)
suspicious [səs'piʃəs] *adj* (**~ly** *adv*) sumnjičav, nepovjerljiv, sumnjiv; koji sluti, predosjeća (*of* što) | **to be (feel) of (about)** sumnjati na (koga ili što)
suspiciousness [səs'piʃəsnis] *s* sumnjičavost (*of* na što), sumnjivost
sustain [səs'tein] *vt* 1. podupirati koga ili što, potkrijepiti što 2. održavati (život), uzdržavati, hraniti koga; krijepiti, braniti što; *mus* održati (notu) 3. nositi, snositi, podnositi, izdržati što, ne popuštati u čemu; pretrpjeti, podnijeti (gubitak); podržavati što
sustainable [səs'teinəbl] *adj* koji se može podržavati, podupirati, dokazati, podnositi, održiv, obranjiv
sustained [səs'teind] *adj* neprekidan, trajan, kontinuiran
sustainer [səs'teinə] *s* nosilac, potpora, podupirač, hranitelj
sustainment [səs'teinmənt] *s* uzdržavanje, izdržavanje, podupiranje, potpora
sustenance ['sʌstinəns] *s* podržavanje života; sredstva za život, živež; uzdržavanje, hranjenje, hranjivost; *fig* hrana
sustentation [ˌsʌsten'teiʃn] *s* održavanje; uzdržavanje, pomaganje, potpora, hranjenje, hrana, opskrba
sustentation fund [ˌsʌsten'teiʃnfʌnd] *s eccl* zaklada za potpomaganje siromašnog svećenstva
susurrant [sju'sʌrənt] *adj* šaputav, šuštav
susurration [ˌsjuːsə'reiʃn] *s* šaputanje, šuštanje
sutler ['sʌtlə] *s* prodavač (prodavačica) hrane i sitnih potrepština koji slijedi vojsku, kantiner
suttee ['sʌtiː] *s Ind* udovica koja se daje spaliti zajedno s mrtvim tijelom svoga supruga; takav obred
suttle ['sʌtl] *adj* lagan | *com* **~ weight** neto-težina
sutural ['suːtʃərəl] *adj* (**~ly** *adv*) koji je sličan šavu, šavni
suturation [ˌsuːtʃə'reiʃn] *s* vezivanje, spajanje šavovima, šavni spoj, šivanje
suture ['suːtʃə] *s anat* šavni spoj kostiju (*esp* glave); *bot* spoj dvaju sraštenih dijelova; *surg* šav rane; kirurški konac

suture [ˈsuːtʃə] *vt* vezati, spojiti šavom, sašiti (ranu)
suzerain [ˈsuːzərein] *s* feudalni gospodar, vrhovni gospodar, glavar poluzavisne ili potpuno samostalne države
suzerainty [ˈsuːzəreinti] *s* vrhovno gospodarstvo, vrhovna vlast
swab [swɔb] *s* krpa na štapu za otiranje poda, otarak; *med* vata na štapiću; bris; jastučić od vate za upijanje; *mar sl* 1. oficirske naramenice, epolete 2. nezgrapno, neokretno čeljade
swab [swɔb] *vt* prati vodom i brisati krpom, čistiti što; *mar* ribati što
swab down [ˈswɔbˈdaun] *vt* prati, ribati što
swab up [ˈswɔbˈʌp] *vt* isušiti vlagu otarkom (na štapu)
swabber [ˈswɔbə] *s mar* perač palube, čistač broda
swaddle [ˈswɔdl] *vt* poviti u pelene (dijete); (često *up*) umotati što
swaddles [ˈswɔdlz] *s pl US* povoji, pelene
swaddling-clothes [ˈswɔdliŋkləuð] *s pl* povoji, pelene (& *fig*) | *fig* **to be still in one's ~** biti još u povojima
swag [swæg] *s* 1. girlanda 2. *sl* (lopovski) plijen; dobitak (nepošteno stečen) 3. *Austr* putnikov svežanj
swage [sweidʒ] *s tech* kalup
swage [sweidʒ] *vt tech* dati oblik kovini s pomoću kalupa, lijevati (kovinu)
swagger [ˈswægə] *s* 1. šepirenje, kočoperenje, gizdanje; hvalisanje, razmetanje 2. *mil* oficirski štapić (& *~-cane*)
swagger [ˈswægə] *adj fam* kićen, gizdav, vrlo elegantan, otmjen
swagger [ˈswægə] *vi/t* **I.** *vi* šepiriti se, kočoperiti se; hvalisati se, hvastati se, razmetati se *(about* čime) **II.** *vt* hvalisanjem, veličanjem namamiti koga (*into* na što, *out of* iz čega)
swaggerer [ˈswægərə] *s* hvališa, hvastavac, razmetljivac
swaggering [ˈswægəriŋ] *adj* (**~ly** *adv*) hvastav, hvalisav, razmetljiv
Swahili [swaːˈhiːli] *s* pripadnik ili pripadnica plemena Swahili; pleme Swahili, jezik svahili
swain [swein] *s poet* seoski momak; pastir; dragan (& *joc*)
swale [sweil] *s* 1. sjena, hlad, sjenovito mjesto 2. dio livade 3. uleknuće, udolina
swallet [ˈswɔlit] *s* podzemna rijeka, ponornica, otvor u koji ulazi takva rijeka
swallow[1] [ˈswɔləu] *s* 1. podzemna pukotina, ponor, vrtača 2. ždrijelo, grlo 3. gutanje, gutljaj 4. pohlepa, požuda, proždrljivost
swallow [ˈswɔləu] *vt/i* **I.** *vt* 1. gutati, progutati što (& *fig*) (& *~ down*) 2. lakovjerno povjerovati čemu 3. mirno trpjeti (uvredu) 4. zatomiti (srdžbu) 5. opozvati što **II.** *vi* gutati | **to ~ a camel** povjerovati čemu nevjerojatnomu; mirno trpjeti uvredu; *fig* **to ~ the bait** progutati udicu, meku; **to ~ one's words** opozvati svoje riječi
swallow down [ˈswɔləuˈdaun] *vt* progutati što, zatomiti (srdžbu)
swallow up [ˈswɔləuˈʌp] *vt* progutati, proždrijeti što; izgubiti se (*death is swallowed up in victory*)
swallow[2] [ˈswɔləu] *s ornith* lastavica, lasta | **one ~ does not make a summer** jedna lasta ne čini proljeća
swallowable [ˈswɔləuəbl] *adj* koji se može progutati
swallow-dive [ˈswɔləudaiv] *s* lastavica (skok u vodu)
swallow-hole [ˈswɔləuˈhəul] *s* ponor, vrtača
swallow-tail [ˈswɔləuteil] *s* lastavičji rep; *zool* lastin rep (vrsta leptira); *fam pl* frak
swam [swæm] *pret* od **swim**
swamp [swɔmp] *s* močvara, baruština
swamp [swɔmp] *vt/i* **I.** *vt* (o vodi) smočiti, poplaviti, potopiti što; *fig* (većinom pasivno) preplaviti, obasuti, zasuti koga; progutati, ugušiti **II.** *vi* (o brodu) tonuti
swampy [ˈswɔmpi] *adj* (**swampily** *adv*) močvaran, barovit
swan [swɔn] *s ornith* labud; *fig* pjesnik | **black ~** crni labud; bijela vrana (nešto rijetko); **all his geese are ~s** on sve precjenjuje, preuveličava, vidi veće nego što jest
swan-dive [ˈswɔndaiv] *s sport* lastavica (vrsta skoka u vodu)
swan-flower [ˈswɔnˌflauə] *s bot* vrsta orhideje
swank [swæŋk] *s sl* hvalisanje, razmetanje, šepirenje, nadutost
swank [swæŋk] *vi sl* hvalisati se, razmetati se, šepiriti se, naduvati se
swank [swæŋk] *adj sl* dotjeran, fin, elegantan; naduven, razmetljiv
swanky [ˈswæŋki] *adj sl* elegantan
swan-like [ˈswɔnlaik] *adj* sličan labudu, labuđi
swan-neck [ˈswɔnnek] *s* 1. labuđi vrat 2. zavijena cijev
swannery [ˈswɔnəri] *s* jezerce s labudovima, labudnjak
swan's-down [ˈswɔnzdaun] *s* labuđe paperje; meka, debela pamučna tkanina
swan-shot [ˈswɔnʃɔt] *s* krupna sačma
swan-skin [ˈswɔnskin] *s* mekani flanel
swan-song [ˈswɔnsɔŋ] *s* labuđi pjev
swan-upping [ˈswɔnˌʌpiŋ] *s* svakogodišnje obilježavanje labudova s Temze
swap [swɔp] *s fam* mijenjanje, izmjena, zamjena, trampa
swap (swop) [swɔp] *vt/i* **I.** *vt* zamjenjivati, izmjenjivati, trampiti; *fam* mijenjati (stvari, mjesta), mijenjati što (*with* s

kim, *for* za što) **II.** *vi* mijenjati, izmjenjivati | **to ~ yarns** jedan drugome pričati priče; **to ~ horses in mid-stream** mijenjati konja usred trke, provoditi promjene u jeku zbivanja, unositi promjene u najkritičnijem času

sward [swɔːd] *s* tratina, busen

sware [swɛə] *arch pret* od **swear**

swarm [swɔːm] *s* (o pčelama) roj, (o pticama) jato; gomila, mnoštvo, čopor, hrpa, vreva, velika količina, velik broj (*of* čega)

swarm [swɔːm] *vi* (o pčelama) rojiti se (& ~ *off*); *fig* obilovati, vrvjeti (*with*); biti mnogobrojan

swarm [swɔːm] *vi/t* **I.** *vi* penjati se rukama i nogama **II.** *vt* (često *up*) penjati se na što, puzati uza što, pentrati se, uzverati se

swart [swɔːt] *adj arch & poet* → **swarthy**

swarthy ['swɔːði] *adj* (**swarthily** *adv*) crnomanjast, crnpurast, garav, opaljen suncem, taman

swash [swɔʃ] *s* pljusak valova, zapljuskivanje, pljuskanje, oplakivanje, pljesak (po vodi)

swash [swɔʃ] *vt/i* **I.** *vt arch* žestoko udariti, zviznuti koga; (o vodi) pljuskati, bućkati, šumjeti

swashbuckler ['swɔʃ,bʌklə] *s* hvališa, nebojša, hvastavac, razmetljivac

swashbuckling ['swɔʃ,bʌkliŋ] *adj* hvalisav, razmetljiv; avanturistički

swashing ['swɔʃiŋ] *adj* (o udarcu) žestok

swashy ['swɔʃi] *adj* vodnjikav, nagnjio

swastika ['swɔstikə] *s* svastika, kukasti križ

swat [swɔt] *vt US* zgnječiti, udariti (muhu)

swatch [swɔtʃ] *s* uzorak, primjerak, primjer

swath [swɔːθ] *s* otkos trave ili žita

swathe [sweið] *s* povoj, ovoj, pelena; *surg* zavoj, povez | **to cut a wide ~** isticati se, razmetati se

swathe [sweið] *vt* omotati što (*with* čime); umotati, poviti što (*in* u što)

swatter ['swɔtə] *s* štapić s komadom kože na kraju za ubijanje muha

sway [swei] *s* 1. zamah, mahanje; njihanje; talasanje, savijanje; kolebanje; klimanje; geganje 2. utjecaj, upliv; vlast, prevlast, moć | **to fall under a p's ~** doći pod čiji utjecaj; **to hold ~ over** vladati nad čim

sway [swei] *vi/t* **I.** *vi* 1. njihati se, ljuljati se, lelujati se; kolebati se; saginjati se (*towards* prema), svijati se (*with* od čega) 2. vladati (*over* nad kim ili čim) **II.** *vt* 1. njihati, ljuljati, zamahivati čime, saginjati, savijati što; *mar* podizati što 2. *fig* uplivati, djelovati, utjecati na koga ili što 3. upravljati, vladati kim ili čim

swear [swɛə] *s* prisega, zakletva; kletva, psovanje, psovka

swear [swɛə] *vt/i* (*pret* swore, sware (*arch*); *pp* sworn) **I.** *vt* 1. prisizati, prisegom potvrditi što, priseći na što (~ *eternal fidelity*); položiti (zakletvu) 2. zaprisegti koga (*on, to* na što) 3. zakleti se da je tko što načinio (~ *treason against a p*) **II.** *vi* priseći, zakleti se (*to, on* na što); psovati, kleti, grditi (*at* koga); tvrditi (*I ~ it is too bad of him*) | **to ~ a charge against** optužiti koga pod prisegom; **to ~ a p to** prisegom obvezati koga na što; **to ~ like a trooper** kleti kao kočijaš

swear by ['swɛə'bai] *vi* kleti se čime; *coll* pouzdavati se u što, imati veliko povjerenje u što | **to ~ all that's holy** kleti se svim što je sveto; **not enough to ~** vrlo mala količina

swear in ['swɛər'in] *vt* zaprisegnuti koga

swear off ['swɛər'ɔf] *vt* zakletvom se odreći čega | **to ~ drink** zakletvom se odreći pića

swearer ['swɛərə] *s* onaj koji se zaklinje, koji kune

swear-word ['swɛəwəːd] *s fam* kletva, psovka

sweat [swet] *s* 1. znoj 2. znojenje, vlaga 3. *fig coll* muka, napor; težak, naporan posao 4. *coll* strah, groza | **in (by) the ~ of one's brow** u znoju lica svoga; **bloody ~** krvav znoj; **to be in ~** znojiti se; *sl* **old ~** stari vojnik; **in a cold ~** obliven hladnim znojem

sweat [swet] *vi/t* **I.** *vi* znojiti se (*with* od čega); *fig* mučiti se (*at* oko čega), raditi za bijednu plaću **II.** *vt* 1. oznojiti, izlučivati znoj; obrisati znoj; natjerati koga da se znoji, uznojiti koga; natjerati koga da radi za bijednu plaću; iskorištavati koga, eksploatirati 2. *fig* kajati se (*for* za što) 3. podvrći vrenju (duhan, kožu) 4. izlizati (zlatan novac) tresući ga u vreći (da se dobije zlatan prah) 5. lemiti, stapati (kovinu) (*in, on* s čim) | **to ~ blood** znojiti se krvavim znojem; **~ed goods** roba koju proizvode bijedno plaćeni radnici; **~ed labour** bijedno plaćena radna snaga

sweat out ['swet'aut] *vt* istjerati što znojenjem

sweat-band ['swetbænd] *s* kožna traka u šeširu

sweat-cloth ['swetklɔθ] *s* tanka deka pod konjskim sedlom

sweater ['swetə] *s* 1. izrabljivač radnika, eksploatator, krvopija 2. džemper

sweat-gland ['swetglænd] *s* žlijezda znojnica

sweating-bath ['swetiŋbaːθ] *s* znojna kupelj

sweat-shirt ['swetʃəːt] *s* majica

sweat-shop ['swetʃɔp] *s* tvornica koja eksploatira radnike

sweaty ['sweti] *adj* (**sweatily** *adv*) znojan, uznojen, vruć; naporan
Swede [swiːd] *s* Šveđanin, Šveđanka; *bot* švedska repa
Swedish ['swiːdiʃ] *adj* švedski
Swedish ['swiːdiʃ] *s* švedski jezik
sweep [swiːp] *s* 1. zamah; pokret, polet; tok, širenje; steranje, pružanje 2. zavoj, zavijutak, okret, zavojita prilazna cesta 3. doseg, domet, dohvat, domak, domašaj; opseg 4. čišćenje, metenje 5. dugačko veslo, duga motka, krilo vjetrenjače 6. đeram 7. dimnjačar; *fig* prljavac 8. *sl* mrzovoljno čeljade | **chimney-~** dimnjačar; **to make a clean ~ of** riješiti se svega, otarasiti se svega
sweep [swiːp] *vi/t* (swept, swept) **I.** *vi* 1. čistiti, mesti 2. (očima) šibati 3. pružati se, protezati se, prostirati se, sterati se 4. dostojanstveno hodati, šepiriti se 5. letjeti, projuriti, prohujati **II.** *vt* 1. ukloniti (zapreke i dr.) 2. krstariti (morem) 3. (o vjetru) mesti 4. promatrati što, preletjeti okom preko čega 5. prijeći mrežom (preko riječnog dna) 6. mesti, čistiti što; (o rubu haljine) vući se (po zemlji) 7. (o topništvu) gusto obasipati granatama što 8. dobiti gotovo sve glasove (kod glasanja) 9. tjerati (barku) dugačkim veslom u stojećem stavu 10. (o valu) preplaviti (čamac) 11. prijeći (rukom) (*on* preko čega) | **to ~ the seas** krstariti morima, očistiti more od neprijatelja; **to ~ the strings** preletjeti rukom preko žica instrumenta; **to ~ the board** dobiti sve uloge kod neke igre; svagdje pobjeđivati; **to ~ all before one** postići potpun uspjeh
sweep along ['swiːpə'lɔŋ] *vt* povući koga (*he swept his audience along with him*)
sweep away ['swiːpə'wei] *vi/t* **I.** *vi* pružati, prostirati se **II.** *vt* 1. odnijeti, otplaviti što 2. izbrisati što 3. pomesti, očistiti što
sweep down ['swiːp'daun] *vi/t* **I.** *vi* oboriti se (*on* na) **II.** *vt* odnijeti što
sweep off ['swiːp'ɔf] *vt fig* pomesti (*the plague swept off thousands*) | *fig* **to be swept off one's feet** biti nadvladan osjećajima, ispunjen zanosom, oduševljen
sweep past ['swiːp'paːst] *vi* prohujati, projuriti
sweep up ['swiːp'ʌp] *vt* čistiti, (po)mesti što
sweeper ['swiːpə] *s* pometač, naprava za čišćenje
sweeping ['swiːpiŋ] *adj* (**~ly** *adv*) poletan; širok, obuhvatan, dalekosežan; temeljit; (o uspjehu) velik; pretjeran
sweepings ['swiːpiŋz] *s pl* smeće; *fig* izmet | *fig* **the ~ of the gutter** talog društva
sweep-net ['swiːpnet] *s* mreža potegača; dugačka mreža koja se vuče po dnu
sweepstake ['swiːpsteik] *s* oklada, klađenje, konjska utrka kod koje dobitnik dobiva sve uloge
sweet [swiːt] *adj* (**~ly** *adv*) 1. sladak; (o maslacu, mlijeku, mesu) svjež 2. (o mirisu) prijatan, mirisan, miomirisan (*with* od čega); (o zvuku) ugodan, skladan, milozvučan, blag, melodiozan; (o snu) okrepljujući 3. ljubazan, prijazan, prijatan (*to* prema kome), ugodan 4. *fam* dražestan, mio, meden, ljubak | **a ~ tooth** sladokustvo; *sl* **a ~ one** bolan udarac šakom; **at one's own ~ will** po svojoj miloj volji; *coll* **~ on** zaljubljen u (koga)
sweet [swiːt] *s* 1. nešto slatko, slatkoća, slatkost; slatkiš 2. *pl* slatka jela, slastice; miomiris; radost, uživanje, zadovoljstvo, slasti i lasti 3. dragi, draga | **the ~ and the bitter of life** lijepe i ružne strane života; **to taste the ~s of success** okusiti slast uspjeha
sweetbread ['swiːtbred] *s* gušterača (*esp* teleća)
sweet-briar (-brier) [ˌswiːt'braiə] *s bot* šipak, divlja ruža
sweeten ['swiːtn] *vt/i* **I.** *vt* zasladiti što; *fig* ublažiti što **II.** *vi* postati sladak
sweet-flag ['swiːtflæg] *s bot* iđirot, šaša
sweet-gale ['swiːtgeil] *s bot* vrsta grma koji raste na močvarnom tlu (*Myrica gale*)
sweetheart ['swiːthaːt] *s* dragi, draga; *fig* srce, dušo
sweetheart ['swiːthaːt] *vi* ljubovati, ljubakati, udvarati | **to go ~ing** ljubovati
sweetie ['swiːti] *s coll* dragi, draga, srce, dušo; slatkiš
sweetie-pie ['swiːtipai] *s coll* srce, dušo
sweeting ['swiːtiŋ] *s bot* vrsta slatke jabuke
sweetish ['swiːtiʃ] *adj* sladunjav, slatkast
sweetmeat ['swiːtmiːt] *s* slatkiš
sweet-oil ['swiːtɔil] *s* maslinovo ulje
sweet-pea ['swiːtpiː] *s bot* grahorica
sweet-scented [ˌswiːt'sentid] *adj* miomirisan
sweet-shop ['swiːtʃɔp] *s* trgovina slatkišima, bombonijera
sweet-tempered [ˌswiːt'tempəd] *adj* blag, dobroćudan, krotak
sweet-tongued [ˌswiːt'tʌŋd] *adj* laskav, ulagljiv, ljubazan
sweet-william [ˌswiːt'wiljəm] *s bot* divlji klinčić, turski karanfil
sweety ['swiːti] *s* slatkiš
swell [swel] *s* 1. oteklina, otok, oticanje; bujanje, bubrenje; *archit* izbočina; (o moru) talasanje, bibavica; (o zemljištu) uspon, ispon, ispinjanje, izbrežak; (o zvuku) rastenje, jačanje, orenje; *mus* crescendo; (o orguljama) naprava za jačanje i slabljenje zvuka 2. otmjen gospodin, istaknuta ličnost; *sl* kicoš, gizdelin;

pomodna gospođa, kaćiperka; velika zvjerka (*a big* ~); poznavalac (*a Latin* ~); dobar igrač (*at* čega) | **what a ~ you are!** kako si elegantan!; **there was a heavy ~ on** valovi su bili vrlo veliki; **a ~ at** poznavalac čega; vrlo dobar igrač čega

swell [swel] *adj coll* vrlo elegantan, kicoški; otmjen, fin; odličan, izvrstan, izvanredan, prvorazredan, sjajan | *coll* **~ mob** hohštapleri, kriminalci, lijepo odjeveni lupeži

swell [swel] *vi/t* (*pret* ~ed; *pp* swollen, ~ed) **I.** *vi* 1. (& *up*) oticati, naticati, nabreknuti, nadimati se, nabubriti; (o vodi) narasti, nabujati; (o zemljištu) ispinjati se, dizati se; (o jedru) nadimati se, naduti se, napeti se 2. rasti, prerasti (*into* u); (o zvuku) narasti, jačati (*into* do); *archit* izbočiti se; *fig* (o osjećajima) bujati; (o srcu) pucati, nadimati se (*with* od čega), biti pun (*with* čega); naduvati se, hvalisati se, razmetati se **II.** *vt* 1. naduti, nadimati što 2. uvećati, povećati što (*into* do); napraviti što velikim, umnožiti što 3. *fig* naduvati | *mus* **to ~ note** pjevati ili svirati notu naizmjence crescendo i diminuendo; *sl* **~ed head** uobraženost, nadutost; **to suffer from ~ed head** biti nadut

swell-blind ['swelblaind] *s* žaluzija (na orguljama)

swell-box ['swelbɔks] *s* kućište koje sadrži cijevi orgulja

swelldom ['sweldəm] *s sl fam* otmjen svijet

swelled [sweld] *adj med* otečen, natečen | *fig fam* **~ head** nadutost, uobraženost

swelling ['sweliŋ] *s* oticanje, naticanje, nabreklina; nadimanje, nadutost; uspon, ispon, izbrežak; *med* oteklina, otok, micina

swelling ['sweliŋ] *adj* (o jedru) koji se nadimlje; (o stilu) bombastičan; (o vodi) koji raste

swellish ['sweliʃ] *adj fam* elegantan, otmjen

swell mob ['swelmɔb] *s coll* hohštapleri, kriminalci, lijepo odjeveni lupeži

swell-organ ['swelˌɔːgən] *s* harmonij

swelter ['sweltə] *vi* skapavati od vrućine, kupati se u znoju

swelter ['sweltə] *s* teška vrućina, žega, omara, sparina, zapara

sweltering ['sweltəriŋ] *adj* sparan, omamljujući (od vrućine)

sweltry ['sweltri] *adj* omaran, sparan, zaparan

swept [swept] *pret & pp* od **sweep**

swerve [swəːv] *s* skretanje, skrenuće, zaokret na stranu, skret, skretaj

swerve [swəːv] *vi/t* **I.** *vi* skrenuti u stranu, zastraniti; zakrivudati, iznenada skrenuti; odstupati, zastranjivati (*from* od) **II.** *vt* odvratiti, skrenuti što

swerve down ['swəːv'daun] *vi mot* silaziti u zavojima

swift [swift] *s zool* daždevnjak, štur; *ornith* čiopa; *tech* čekrk, vitao

swift [swift] *adj* (~**ly** *adv*) brz, hitar (*to* na što); žustar; (o vremenu) koji brzo prolazi, kratkotrajan

swift [swift] *adv* brzo, hitro

switf-footed [ˌswift'futid] *adj* hitronog, brzonog

swift-handed [ˌswift'hændid] *adj* okretan, žustar, hitar

swiftlet ['swiftlit] *s ornith* čiopa

swiftness ['swiftnis] *s* brzina, hitrost

swift-winged [ˌswift'wiŋd] *adj* brzokril, brz

swig [swig] *s sl* gutljaj | **to take a ~ at** dobrano gucnuti što, dobro potegnuti

swig [swig] *vt/i sl* **I.** *vt* piti, popiti što **II.** *vi* dobrano gucnuti (*at* čega)

swill [swil] *s* splačine, sudoperine, spirine, pomije, napoj; loše piće; pijanka (rijetko) | **to give it a ~** isprati, oplahnuti što

swill [swil] *vt/i* **I.** *vt* (& *~ out*) isprati, oplahnuti; pohlepno piti što **II.** *vi* pohlepno piti; lokati | **to ~ oneself drunk** opiti se

swim [swim] *s* 1. plivanje 2. *fig* vrtoglavica, omaglica 3. vreva, zamah, jek, bujanje 4. *sl* posao, poduzeće 5. (rijetko) riblji mjehur | **to go for a ~** poći na plivanje; **to have (take) a ~** kupati se, plivati; *fam* **to be in the ~** sudjelovati u vrevi života; *fam* **to be in the ~ with** biti s kim u savezu; **to be out of the ~** ne pripadati čemu, ne brojiti se među pripadnike čega, ne biti upućen

swim [swim] *vi/t* (swam, swum) **I.** *vi* 1. plivati, ploviti 2. *mar* plutati 3. (o prašini i dr.) lebdjeti; *fig* kupati se (*to ~ in blood*) 4. *fig* osjećati vrtoglavicu (*my head ~s*); vrtjeti se (*all swam before his eyes*) **II.** *vt* 1. preplivati što, plivati (neku udaljenost) 3. natjerati koga da pliva (*to ~ a horse across...*) 4. plivati (na natjecanju) | *fig* **sink or ~** ostati ili propasti; **to ~ to the bottom** potonuti; **to ~ like a tailor's goose, to ~ like a stone** plivati kao sjekira; *fig* **to ~ with the tide** plivati sa strujom; kud svi Turci, tud i ćoravi Mujo; **my head ~s** imam vrtoglavicu, vrti mi se u glavi; **to ~ a p** natjecati se s kim u plivanju

swimmer ['swimə] *s* plivač, plivačica; *ornith* ptica plivačica

swimming ['swimiŋ] *s* 1. plivanje 2. vrtoglavica | **to have a ~ in one's head** imati vrtoglavicu

swimming ['swimiŋ] *adj* (~**ly** *adv*) 1. koji pliva, plovi 2. vrtoglav 3. *fig* lagan, gladak; uspješan 4. suzan (~ *eyes*)

swimming-bath ['swimiŋbaːθ] *s* zatvoreni bazen za plivanje

swimming-belt ['swimiŋbelt] *s* pojas (kolut) za plivanje
swimming bladder ['swimiŋ.blædə] *s* riblji mjehur
swimming-costume ['swimiŋ.kɔstjuːm] *s* kupaći kostim
swimming-pool ['swimiŋpuːl] *s* bazen za plivanje
swimming-trunks ['swimiŋtrʌŋks] *s pl* kupaće gaćice
swim-suit ['swimsjuːt] *s* kupaći kostim
swindle ['swindl] *s* prijevara, varanje
swindle ['swindl] *vt/i* **I.** *vt* prevariti koga (*out of* za što), prijevarom dobiti što (*out of* od koga) **II.** *vi* varati
swindler ['swindlə] *s* varalica, prevarant
swindling ['swindliŋ] *adj* (~**ly** *adv*) prijevaran
swine [swain] *s* (*pl* ~) svinja, krme, prase (i pogrdno)
swine-bread ['swainbred] *s* mekinje
swineherd ['swainhəːd] *s* svinjar
swinery ['swainəri] *s* svinjac; *fig* svinjarija
swing [swiŋ] *s* 1. njihaj, zamah 2. njihanje amo-tamo, zibanje, ljuljanje 3. mah, jek; tok 4. slobodan, elastičan hod; ritam 5. sloboda kretanja 6. ljuljačka, njihaljka 7. *mus* sving | **in full** ~ u punom zamahu, mahu, jeku; *fig* **the** ~ **of the pendulum** njihanje klatna, promjenljivost (*esp* dolazak na vlast sad jedne sad druge političke stranke); **to be on the** ~ njihati se amo-tamo; **to get into the** ~ **of a th** priučiti se čemu, uputiti se u što; **to go with a** ~ glatko teći; poletno hodati; **to give full** ~ **to a th** pustiti da što sasvim slobodno teče, dati čemu puni mah; **to let a th have its** ~ pustiti da što teče normalnim tokom
swing [swiŋ] *vi/t* (*pret* swung, swang; *pp* swung) **I.** *vi* 1. njihati se, ljuljati se, zibati se; *fig* ovisiti (*from* o kome); visiti 2. okretati se; *mar* okretati se oko sidrenog lanca 3. kretati se u krivulji, skretati 4. brzo i sa zamahom hodati, koračati 5. *sl* biti obješen (*for* zbog čega) 6. *sl* biti moderan, biti živa duha i suvremenih nazora 7. svirati ili plesati sving **II.** *vt* 1. zamahivati, mahati čime, njihati, ljuljati, zibati što ili čime ili koga, pustiti da se što njiše; objesiti što; zamahivati čime, okretati što na sve strane, vitlati čime 2. mjeriti (vrijeme) njihajima; jednomjerno njihati što 3. zamahom podići koga ili što uvis (*on, to* na što) 4. *US* utjecati na koga, upravljati, vladati čim | **to** ~ **the child** ljuljati dijete u ljuljački; **he shall** ~ **for it** bit će zbog toga obješen; **the door swung to** vrata su se zatvorila; **no room to** ~ **a cat** jedva ima mjesta da se čovjek okrene; *mil* **to** ~ **into line** formirati jednovrsni stroj; *mar* *sl* **to** ~ **the lead** izbjegavati posao, praviti se bolestan; *US* **to** ~ **round the circle** potpuno promijeniti mišljenje
swing along ['swiŋə'lɔŋ] *vi* koračati brzo i poletno
swing out ['swiŋ'aut] *vi* u luku izletjeti
swing-away ['swiŋə.wei] *s* skretanje (*from* sa, od)
swing-back ['swiŋbæk] *s* *phot* naprava za udešavanje oštrine na mutnom staklu; *pol* povratak u milost, na vlast
swing-boat ['swiŋbəut] *s* gondola ljuljačke
swing bridge ['swiŋbridʒ] *s* pokretni most
swing door ['swiŋdɔː] *s* vrata na okretanje, okretna vrata
swinge [swindʒ] *vt arch* bičevati, tući; jako udariti koga
swingeing ['swindʒiŋ] *adj* (o udarcu) žestok; ogroman, golem
swing-gate ['swiŋgeit] *s rly* branik
swinging ['swiŋiŋ] *adj* (~**ly** *adv*) koji je pun zamaha, poletan; snažan, žestok; ritmičan, živahan; koji lebdi, koji se njiše, ziba
swingle ['swiŋgl] *s* mlat, trlica za lan; mlatilo
swingle ['swiŋgl] *vt* mlatiti i trti (lan)
swingletree ['swiŋgltriː] *s* vagir
swing-over ['swiŋ.əuvə] *s* prijelaz na drugu stranu, pristupanje drugoj strani
swing plough ['swiŋplau] *s* plug bez kotača
swing-wheel ['swiŋwiːl] *s tech* zamašnjak
swinish ['swainiʃ] *adj* (~**ly** *adv*) svinjski
swinishness ['swainiʃnis] *s* svinjarija
swink [swiŋk] *s arch* naporan posao, kinjenje, muka, rabota
swink [swiŋk] *vi arch* mučiti se, kinjiti se, rabotati
swipe [swaip] *s* snažan udarac po lopti; *pl sl* slabo i loše pivo
swipe [swaip] *vi/t* **I.** *vi* 1. piti, lokati 2. nemilo udarati (*at* što) **II.** *vt* 1. svom snagom udariti (loptu) 2. *sl* krasti što
swiper ['swaipə] *s cricket* igrač koji jako udara loptu
swipes [swaips] *s pl* slabo pivo
swirl [swəːl] *s* vrtlog, vir; burkanje vode kakvo uzrokuju ribe
swirl [swəːl] *vi/t* **I.** *vi* (o vodi i dr.) praviti virove, vrtjeti se **II.** *vt* (o viru) nositi (kakav predmet) okrećući ga uokolo
swish [swiʃ] *s* zvižduk (kose, biča i dr.), udarac šibom; šuštanje (svile)
swish [swiʃ] *adv* zviždavo, resko
swish [swiʃ] *vt/i* **I.** *vt* zviždati kroz zrak čime; ošinuti, zviznuti; *fam* šibati koga **II.** *vi* (o zrnima i dr.) fijukati, zviždati; pljuskati; (o odijelu) šuštati
swish off ['swiʃ'ɔf] *vt* odrezati oštrim zamahom (kose)
swish [swiʃ] *interj* fiju!

swish [swiʃ] *adj sl* elegantan
Swiss [swis] *s* (*pl* ~) Švicarac, Švicarka; švicarsko narječje
Swiss [swis] *adj* švicarski | ~ **guards** papinska švicarska garda; ~ **roll** biskvit
switch [switʃ] *s* 1. šiba, prut 2. lažna pletenica 3. *rly* skretnica 4. *mil* utvrđena linija 5. *tech* pipac 6. *el* prekidač
switch [switʃ] *vt/i* **I.** *vt* 1. udarati što šibom; šibati čime, brzo mahati čime; naglo pograbiti što 2. *rly* skrenuti (vlak) 3. *el* uključiti ili isključiti što, prekinuti spoj 4. promijeniti (razgovor), skrenuti (tok misli) **II.** *vi rly* skrenuti; biti skrenut
switch back ['switʃ'bæk] *vi* | *fig* **to** ~ **to** (u mislima) vratiti se na
switch off ['switʃ'ɔf] *vt/i* **I.** *vt* zavrnuti (pipac); ugasiti (svjetlo); *teleph* prekinuti spoj s kime; *fig* odvrnuti, odvratiti koga **II.** *vi* prekinuti vezu; ugasiti radio; prijeći (*on, to* na što drugo)
switch on ['switʃ'ɔn] *vt/i* **I.** *vt* odvrnuti (pipac, slavinu); upaliti (svjetlo); *teleph* uspostaviti spoj s kim **II.** *vi* | *radio* ~ **to** priključiti na (*to* ~ *to an aerial*)
switch over ['switʃ'əuvə] *vt* prenijeti (zanimanje) (*from* s jedne stvari, *to* na drugu), prebaciti se, prijeći na | **to be switched over** preseliti se (*from* iz... *to* u)
switchback ['switʃbæk] *s* cik-cak željeznica ili cesta s mnogo serpentina; tobogan-željeznica
switch-bar ['switʃbaː] *s rly* poluga skretnice
switch-board ['switʃbɔːd] *s el* razvodna ploča; kućna telefonska centrala
switching-engine ['switʃiŋ.endʒin] *s rly* ranžirna lokomotiva
switch-man ['switʃmən] *s rly* skretničar
swivel ['swivl] *s tech* stožer s prstenom koji se oko njega okreće
swivel ['swivl] *vi/t* **I.** *vi* (o kolutu oko stožera) okretati se **II.** *vt* okretati što oko stožera ili osi
swivel-bridge ['swivlbridʒ] *s* pokretni most
swivel-chair ['swivltʃɛə] *s* stolica koja se može okretati oko vlastite osovine
swivel-eye ['swivlai] *s* zrikavo, škiljavo, razroko oko
swiz [swiz] *s coll* razočaranje; prijevara
swizzle ['swizl] *s* miješan pjenušav alkoholni napitak
swob [swɔb] *s* → **swab**
swollen ['swəulən] *pp* od **swell** & *adj* | *fig* ~ **head** nadutost, uobraženost
swoon [swuːn] *s* nesvjestica, nesvijest
swoon [swuːn] *vi* (& ~ *away*) onesvijestiti se (*for, with* od čega); *poet* (o glazbi i dr.) polako se gubiti, slabiti, jenjavati, nestajati; spuštati se (*to, into* do)
swooning ['swuːniŋ] *adj* (~**ly** *adv*) onesviješten, obeznanjen
swoop [swuːp] *s* (o ptici grabežljivici) obaranje, obrušavanje, nalet; napadaj, prepad, nasrtaj, nasrt (*upon* na što)
swoop [swuːp] *vi/t* **I.** *vi* (o orlu) (& ~ *down*) oboriti se (*upon* na što) **II.** *vt* (većinom ~ *up*) pograbiti, zgrabiti što
swoop up ['swuːp'ʌp] *vt* pograbiti što
swop (swap) [swɔp] *s sl* mijenjanje, izmjena, zamjena, trampa
swop (swap) [swɔp] *vt/i* **I.** *vt sl* mijenjati, zamjenjivati, izmjenjivati, trampiti (stvari, mjesta i dr.), mijenjati što (*with* s kim, *for* za što) **II.** *vi* mijenjati, izmjenjivati | **never** ~ **horses while crossing the stream** ne mijenjaj konja usred trke, ne vrši promjene u jeku zbivanja
sword [sɔːd] *s* mač; *mil* sablja, bodež; *fig* vojna vlast; rat; *sl* bajoneta | **broad** ~ mač široke oštrice za sječenje; **cavalry** ~ sablja; **court** ~ mač kakav se nosi uz dvorsko odijelo; **scutching** ~ mlat za konoplju; **the** ~ **of the spirit** riječ Božja; **to cross** ~**s** ukrstiti mačeve, ogledati se s kime (& *fig*); **to measure** ~**s** ukrstiti mačeve, ogledati se s kim (& *fig*); **to draw the** ~ trgnuti mač; započeti rat; **to sheathe the** ~ staviti mač u korice, prestati ratovati; **to throw one's** ~ **into the scale** poduprijeti zahtjeve oružjem ili silom; **to put to the** ~ okrenuti pod sablju, sabljom ubiti; **the** ~ **of justice** pravna vlast; **the** ~ vojna vlast; vrhovna vlast, rat; *attr* ~ **and cloak** aristokratski, plemićki; **the** ~ **of Damocles** Damoklov mač; **at the point of the** ~ pod oružanom prijetnjom
sword-arm ['sɔːdaːm] *s* desnica ruka
sword-bearer ['sɔːd.bɛərə] *s* mačonoša
sword-belt ['sɔːdbelt] *s* pojas o kojem visi mač
sword-cut ['sɔːdkʌt] *s* rana od sablje, ožiljak od takve rane
sword-dance ['sɔːddaːns] *s* ples sa sabljama
sword-fish ['sɔːdfiʃ] *s ichth* sabljarka, kljunara, igo (*Xiphias gladius*)
sword-hand ['sɔːdhænd] *s* desnica ruka
sword-hilt ['sɔːdhilt] *s* balčak
sword-law ['sɔːdlɔː] *s* vojna uprava
swordplay ['sɔːdplei] *s* mačevanje; *fig* duhovito rječkanje
swordsman ['sɔːdzmən] *s* (*pl* **swordsmen** ['sɔːdzmən]) mačevalac
swordsmanship ['sɔːdzmənʃip] *s* mačevalačka vještina
swore [swɔː] *pret* od **swear**
sworn [swɔːn] *pp* od **swear**
sworn-in ['swɔːnin] *adj* zaklet
swot [swɔt] *s* napor, muka; *school sl* bubant, štreber
swot [swɔt] *vi/t school sl* bubati, štrebati, mnogo učiti

swotter ['swɔtə] *s* bubant, štreber
swum [swʌm] *pp* od **swim**
swung [swʌŋ] *pret & pp* od **swing**
sybarite ['sibərait] *s* sladostrasnik, čovjek odan lagodnom životu; mekušac
sybaritic [ˌsibə'ritik] *adj* sladostrastan, lagodan; mekušački
sycamine ['sikəmain] *s bot* dud
sycamore ['sikəmɔː] *s bot* 1. egipatska smokva 2. američka platana
syce [sais] *s Ind* konjušar
sycophancy ['sikəfənsi] *s* puzavost, udvornost
sycophant ['sikəfənt] *s* ulizica, udvorica
sycophantic [ˌsikə'fæntik] *adj* (**~ally** *adv*) sikofantski, podao, udvorički, laskav
syenite ['saiinait] *s geol* sijenit
syllabary ['siləbəri] *s* silabarij, popis slogova
syllabic [si'læbik] *adj* (**~ally** *adv*) (jednosložan, dvosložan itd.), slovčan; slogovni, slogotvoran, silabički
syllabicate [si'læbikeit] *vt* podijeliti što na slogove; izgovarati što po slogovima
syllabication [siˌlæbi'keiʃn] *s* tvorba slogova
syllabification [siˌlæbifi'keiʃn] *s* tvorba slogova, slogotvorstvo, silabifikacija
syllabify [si'læbifai] *vt* dijeliti (riječi) na slogove, izgovarati (riječi) po slogovima
syllabize ['siləbaiz] *vt* dijeliti (riječi) na slogove, izgovarati (riječi) slog po slog
syllable ['siləbl] *s* slog | **not a ~!** ne govori!, ni riječi!
syllable ['siləbl] *vt* jasno izgovarati (riječ) slog po slog
syllabus ['siləbəs] *s* (*pl* **~es, syllabi** ['siləbai]) pregled, popis (od pape Pija IX zabranjenih krivovjernih nauka); kratak sadržaj, konspekt; nastavni plan i program
syllogism ['silədʒizm] *s phil* silogizam
syllogistic [ˌsilə'dʒistik] *adj* (**~ally** *adv*) *phil* silogistički
syllogize ['silədʒaiz] *vi/t* **I.** *vi* logički zaključivati **II.** *vt* dati (činjenicama, argumentima) silogistički oblik
sylph [silf] *s* duh elementa zraka (za razliku od duhova vode, zemlje i vatre) u Paracelsusovu sistemu; vila oblakinja; *fig* vitka djevojka
sylvan (silvan) ['silvən] *adj poet* šumovit, šumski
symbiosis [ˌsimbi'əusis] *s biol* simbioza
symbiotic [ˌsimbi'ɔtik] *adj* (**~ally** *adv*) simbiotski, koji živi u simbiozi
symbol ['simbl] *s* simbol (*of* čega, za što), znak, znamen
symbol ['simbl] *vt* biti simbolom za što, predstaviti što s pomoću simbola
symbolic [sim'bɔlik] *adj* (**~ally** *adv*) simboličan (*of* za što)
symbolism ['simbəlizm] *s* simbolika, simbolizam
symbolist ['simbəlist] *s* simbolist
symbolization [ˌsimbəlai'zeiʃn] *s* simbolizacija, simboliziranje
symbolize ['simbəlaiz] *vt* simbolizirati, simbolički prikazivati, predstaviti što pomoću simbola, biti simbol za što
symmetric [si'metrik] *adj* (**~ally** *adv*) simetričan, razmjeran, skladan
symmetry ['simitri] *s* simetrija, razmjer, sklad
sympathetic [ˌsimpə'θetik] *adj* (**~ally** *adv*) 1. *hist* simpatetičan 2. *anat* simpatičan 3. *fig* suosjećajan, sućutan, samilostan; duševno srodan; dobrohotan; koji dira osjećaje; koji podsjeća na što; simpatičan (*to* kome), koji pobuđuje simpatiju | **~ nerve** simpatični živac; **~ ink** nevidljiva tinta; **~ sound** zvuk koji se budi kao jeka nekog drugog zvuka; **~ pain** bol zbog krivice nanesene drugima ili bol u jednom dijelu tijela kao odraz boli u nekom drugom dijelu; **~ cure** liječenje pomoću bajanja; **~ strike** štrajk iz solidarnosti
symphathetic [ˌsimpə'θetik] *s* 1. *anat* simpatični živčani sustav 2. osoba osjetljiva na hipnozu
sympathize ['simpəθaiz] *vi* biti srodne ćudi (*with* s kim); suosjećati (*with* sa); izraziti svoju sućut ili suosjećajnost (*with* kome); slagati se u mišljenju (*with* s kim); imati razumijevanja; simpatizirati
sympathizer ['simpəθaizə] *s* onaj koji suosjeća (*with* s kim); pristaša (*with* čiji), simpatizer
sympathy ['simpəθi] *s* 1. simpatija, sklonost (*for* prema kome) 2. suosjećanje (*with* s kim), razumijevanje, slaganje 3. suosjećajnost (*in* za što), sućut (*for, with* za koga) 4. djelovanje organa jednih na druge | **in ~** iz sklonosti; **out of ~** iz sklonosti
symphonic [sim'fɔnik] *adj* (**~ally** *adv*) *mus* simfonijski
symphonious [sim'fəuniəs] *adj* (rijetko) skladan
symphonist ['simfənist] *s mus* skladatelj simfonija
symphony ['simfəni] *s* 1. *arch* skladnost, sklad (zvukova) 2. *mus* simfonija | **~ orchestra** simfonijski orkestar
symposium [sim'pəuzjəm] *s* 1. gozba (u staroj Grčkoj) 2. simpozij
symptom ['simptəm] *s med* simptom; vanjski znak čega
symptomatic [ˌsimptə'mætik] *adj* (**~ally** *adv*) simptomatičan, karakterističan, koji se može smatrati kao znak (*of* čega)
synagogue ['sinəgɔg] *s* sinagoga
synchromesh [ˌsiŋkrəu'meʃ] *s mot* sinhroni prijenosni mehanizam
synchronic [siŋ'krɔnik] *adj* istovremen, istodoban, sinhron(ičan)

synchronism ['siŋkrənizm] *s* istovremenost, vremenska usklađenost, sinhronost
synchronistic [ˌsiŋkrə'nistik] *adj* (**~ally** *adv*) istodoban, istovremen, sinhron(ičan)
synchronization [ˌsiŋkrənai'zeiʃn] *s* vremenska usklađenost (*with* s čime), sinhronizacija, sinhroniziranje
synchronize ['siŋkrənaiz] *vi/t* **I.** *vi* biti istovremen (*with* sa); (o satu) slagati se u vremenu (*with* s čime) **II.** *vt* uskladiti što vremenski, sinhronizirati
synchronous ['siŋkrənəs] *adj* (**~ly** *adv*) istovremen, istodoban, sinhron (*with* sa)
synchrony ['siŋkrəni] *s* istovremenost, vremenska usklađenost, sinhronija
synchrotron ['siŋkrəutrɔn] *s* sinhrotron
syncline ['siŋklain] *s geol* uleknuće nekog sloja, sinklinala
syncopate ['siŋkəpeit] *vt gram* skratiti (riječ) izostavljajući glas ili slog; *mus* sinkopirati što
syncopation [ˌsiŋkə'peiʃn] *s gram* ispuštanje glasova ili slogova; *mus* sinkopiranje
syncope ['siŋkəpi] *s gram* ispuštanje glasa ili sloga; *mus* sinkopa; *med* nesvjestica
syndetic [sin'detik] *adj gram* koji veže, povezuje, sindetski
syndic ['sindik] *s* zastupnik, opunomoćenik, povjerenik, sindik; *Cambridge univ* član senata
syndicalism ['sindikəlizm] *s* sindikalizam
syndicalist ['sindikəlist] *s* sindikalist
syndicate ['sindikit] *s Cambridge univ* senat; poslovno ili financijsko udruženje za provođenje velikog pothvata; novinsko udruženje za zajedničku distribuciju i istovremeno objavljivanje članaka, fotografija, stripova i sl.; gangstersko udruženje
syndicate ['sindikeit] *vt* udružiti, udruživati; (o novinama) istovremeno objavljivati što
syndication [ˌsindi'keiʃn] *s* udruživanje, stvaranje poslovnih, financijskih, novinskih i sl. udruženja
syndrome ['sindrəum] *s* sindrom
syne [sain] *adv Scot* → **since** | **auld lang ~** davno, u prošla vremena
synecdoche [si'nekdəki] *s* sinegdoha
synod ['sinəd] *s eccl* sinod, koncil, crkveni sabor
synodal [si'nɔdl] *adj eccl* sinodski, koji pripada crkvenom saboru
synodic [si'nɔdik] *adj* (**~ally** *adv*) sinodski; *astr* sinodički, koji pripada crkvenom saboru
synonym ['sinənim] *s* sinonim, bliskoznačnica, istoznačnica
synonymic [ˌsinə'nimik] *adj* sinonimski
synonymity [ˌsinə'nimiti] *s* sinonimnost, srodnost značenja
synonymous [si'nɔniməs] *adj* (**~ly** *adv*) sinoniman, srodan po značenju, istoznačan
synonymy [si'nɔnimi] *s* sinonimnost, sinonimija, istoznačnost, srodnost značenja
synopsis [si'nɔpsis] *s* (*pl* **synopses** [si'nɔpsi:z]) pregled, kratak sadržaj, sinopsis
synoptic [si'nɔptik] *adj* (**~ally** *adv*) *bibl* sinoptičan, sinoptički, pregledan
synoptic [si'nɔptik] *s bibl* sinoptik, pisac sinoptičnog evanđelja (Matija, Marko, Luka)
synoptical [si'nɔptikl] *adj* (**~ly** *adv*) *bibl* sinoptičan, sinoptički, pregledan
syntactic [sin'tæktik] *adj* (**~ally** *adv*) *gram* sintaktičan
syntax ['sintæks] *s gram* sintaksa
synthesis ['sinθisis] *s* (*pl* **syntheses** ['sinθisi:z]) *chem, gram, surg* sinteza, sastavljanje, spajanje
synthesize ['sinθisaiz] *vt* sintetizirati
synthetic [sin'θetik] *adj* (**~ally** *adv*) sintetičan, umjetan
synthetics [sin'θetiks] *s pl* sintetika, sintetički materijal
synthetist ['sinθitist] *s* sintetičar
synthetize ['sinθitaiz] *vt* sintetizirati, načiniti sintezu
syntonize ['sintənaiz] *vt radio* uskladiti dužinu vala
syphilis ['sifilis] *s med* sifilis
syphilitic [ˌsifi'litik] *adj* (**~ally** *adv*) *med* sifilitičan
syphilitic [ˌsifi'litik] *s med* sifilitičar
syphon ['saifn] *s* & *vi/t* → **siphon**
syren ['saiərən] *s* → **siren**
Syriac ['siriæk] *adj* starosirijski
Syriac ['siriæk] *s* starosirijski jezik
Syrian ['siriən] *s* Sirijac, Sirijka
Syrian ['siriən] *adj* sirijski
syringa [si'riŋgə] *s bot* jorgovan
syringe ['sirindʒ] *s* štrcaljka, šprica za injekcije
syringe ['sirindʒ] *vt* uštrcati što; poprskati (biljku)
syrinx ['siriŋks] *s* (*pl* **~es, syringes** ['sirindʒi:z]) *hist* pastirska frula; *anat* Eustahijeva cijev; *archaeol* u stijenu uklesana galerija u egipatskim grobovima; *ornith* organ za pjevanje; *anat* fistula
syrup (**sirup**) ['sirəp] *s med* sirup, otopina šećera, šećerni sirup, melasa
syrupy ['sirəpi] *adj* sirupast, sirupni; ljepljiv, vlaknast
system ['sistəm] *s* sustav, sistem; organizam; mreža (rijeka, pruga) | **solar ~** Sunčev sustav; **nervous ~** živčani sustav; **~ voltage** *el* napon mreže; **the ~** tijelo, organizam

systematic [ˌsistiˈmætik] *adj* (**~ally** *adv*) sistematičan, sistematski, planski, sustavni

systematization [ˌsistimətaiˈzeiʃn] *s* sistematizacija, uvrštenje u neki sustav, sustavno sređivanje čega

systematize [ˈsistimətaiz] *vt* sistematizirati, usustaviti, uvrstiti što u neki sustav, sustavno srediti što

systematy [ˈsistiməti] *s* sistematska klasifikacija, sustavno sređivanje

systemic [sisˈtemik] *adj* (**~ally** *adv*) koji se odnosi na tjelesni sustav, tjelesni, organski; sistemski

systemless [ˈsistimlis] *adj* bez sustava, nesustavan, nesistematski

systole [ˈsistəli] *s med* sistola, stezanje (srčanog mišića)

systolic [sisˈtɔlik] *adj* (**~ally** *adv*) *med* sistolički, koji se steže

systyle [ˈsistail] *adj archit* (o stupovima) koji stoje blizu jedan drugome

T

T, t [tiː] *s* (*pl* **~s, ~s'**) slovo t, predmet u obliku slova T; t, *kratica* za **ton; 't** *mjesto* it | *hist* **to be marked with a T** biti žigosan kao tat; **it suits me to a T** odgovara mi točno, izvrsno, na dlaku; *fig* **to cross the T's** stavljati točku nad i; biti pedantno točan; **T square** priložno ravnalo

ta [taː] *s interj GB* hvala! (u dječjem govoru i *coll*)

tab [tæb] *s* umetak, komad tkanine (kod košulja, odijela); uho, jezik, petlja, vrpca (na cipeli, odijelu); rep, vršak, uška, resa; štitić, tablica, etiketa; *coll* račun | **to keep a ~** voditi računa o kome, promatrati koga, kontrolirati

tabard ['tæbəd] *s hist* kratak kaput koji se nosio preko oklopa; glasnički kaput

tabaret ['tæbərət] *s* prugasta tkanina za pokućstvo

tabby ['tæbi] *s* vrsta tkanine koja se prelijeva, moare; tigrasta, šarena mačka (*~ cat*); *GB fam* usidjelica, blebetuša; vapnena žbuka (s pijeskom i dr.)

tabby ['tæbi] *adj* prugast, šaren; koji se prelijeva, ljeska, moariran

tabby ['tæbi] *vt* izraditi tkaninu tako da se prelijeva, moarirati

taberdar ['tæbədaː] *s* naziv za stipendista Queen's Collegea u Oxfordu

tabernacle ['tæbənækl] *s* 1. koliba, sjenica, kućica, šator; *fig* ljudsko tijelo 2. *bibl* šator zavjetni; *eccl* hostija, tabernakul, spremište sv. euharistije; *US* crkva s vrlo velikim brojem sjedala za vjernike; *GB* baptistička (metodistička, prezbiterijanska) bogomolja 3. *archit* udubljenje u zidu, niša s nadstrešnicom 4. *mar* ušice jarbola (koji se spušta kad prolazi ispod mosta)

tabernacle ['tæbənækl] *vt/i* **I.** *vt* dati prenoćište (utočište), smjestiti na prenoćište **II.** *vi* privremeno stanovati, utaboriti se

tabernacle-work ['tæbənækl'wəːk] *s archit* rešetke (kao ures)

tabernacular [ˌtæbə'nækjulə] *adj* rešetkast, mrežast

tabes ['teibiːz] *s med* tabes leđne moždine (*dorsal ~*)

tabetic [tə'betik] *adj med* tabetičan, koji boluje od sušenja leđne moždine

tabic ['teibik] *s med* tabetičar

tabinet ['tæbinet] *s* moare, vrsta tkanine od svile i vune

tablature ['tæblətʃə] *s arch* predodžba u mislima, u duhu; grafički opis

table ['teibl] *s* 1. stol 2. ploča od drveta i dr. s natpisom, stol za igranje (stolni tenis, biljar itd.) 3. jelo, obrok, hrana 4. tablica, popis, registar, tabela, kazalo 5. *archit* ploha, polje; *geog* ravna ploha | **~s** *pl* skrižaljka, tablice (logaritama); **at ~** kod stola, pri jelu; **to clear the ~** pospremati stol; **to keep a good ~** dobro kuhati, dobro se hraniti; *parl* **to lay on the ~** ostaviti, napustiti što, odgoditi što, ostaviti za kasnije; **to lay the ~** prostrijeti stol; **to learn one's ~s** naučiti računati, naučiti jedanput jedan; **to lie on the ~** biti odgođen; *fig* **to put on to the ~** povesti u boj; **to take the head of the ~** sjesti na čelo stola; **to turn the ~s** dati čemu drugi smjer (obrat), činiti da se sreća okrene, promatrati što s druge strane, okrenuti batinu; **to turn the ~ on the opponent** tući protivnika njegovim vlastitim oružjem; *hist jur* **the twelve ~s** zakoni dvanaest ploča; **the two ~s of the law** ploče s deset zapovijedi Božjih

table ['teibl] *vt* 1. *parl* predložiti, podnijeti prijedlog, staviti na diskusiju; *US parl* odložiti (prijedlog), skinuti s diskusije 2. unijeti u popis, tabelarni pregled; nacrtati, prikazati grafički; sastaviti, izraditi rješenje; napisati, formulirati | *GB parl* **to ~ a motion** podnijeti prijedlog, staviti na diskusiju; *US parl* odložiti (prijedlog), skinuti s diskusije

tableau ['tæbləu] *s Fr fig* slikovit, uzoran prikaz ili opis; slika; službeni popis, lista | **~ vivant** živa slika; *fig* dramatična situacija

table-book [ˈteiblbuk] *s* ukrašena, obično ilustrirana knjiga koja se drži na stolu; knjiga s tabelama
table-cloth [ˈteiblklɔθ] *s* stolnjak
table-cut [ˈteiblkʌt] *adj* (o dragulju) brušen s plosnatom gornjom plohom
table d'hôte [ˌtaːblˈdəut] *s Fr* zajedničko blagovanje s ustanovljenim redom jelâ
table-flap [ˈteiblflæp] *s* preklopnica kod stola
tableful [ˈteiblful] *s* pun stol (jela, pila itd.)
table-lamp [ˈteibllæmp] *s* stolna svjetiljka
table-land [ˈteibllænd] *s geog* visoravan
table-leaf [ˈteiblliːf] *s* daska u stolu za razvlačenje
table-linen [ˈteiblˌlinin] *s* stolno rublje (stolnjaci, ubrusi itd.)
table-money [ˈteiblˌmʌni] *s mil* službeni dodatak oficirima vojske i mornarice za reprezentaciju
table-rapping [ˈteiblˌræpiŋ] *s* spiritizam posredstvom stola koji se miče i sl.
tablespoon [ˈteiblspuːn] *s* žlica za juhu, velika žlica
tablespoonful [ˈteiblˌspuːnful] *s* velika žlica čega
tablet [ˈtæblit] *s* pločica (za natpis); pisaći stol; komadić, pločica (čokolade, sapuna i sl.); *med* tableta, pilula (*esp GB*)
table tennis [ˈteiblˌtenis] *s* stolni tenis, ping-pong
tablier [ˈtæbliei] *s Fr* pregača, kecelja
tabling [ˈteibliŋ] *s* postavljanje stola; stolno rublje; *mar* podšav jedra
tabloid [ˈtæblɔid] *s med* tableta, pastila, kolutast kolačić; *fig* popularne novine s kratkim, sažetim vijestima | **in ~ form** u koncentriranu, sažetu obliku
taboo [təˈbuː] *adj* zabranjen; posvećen, svet, u koji se ne smije dirnuti; ozloglašen, tabu
taboo [təˈbuː] *s* (*pl* **~s**) posvećena, zabranjena stvar ili osoba; svećenička zabrana, prokletstvo (u Polineziji), tabu | **~ words** nepristojne riječi
taboo [təˈbuː] *vt* posvetiti; zabraniti, prokleti; izbjegavati, ne smjeti govoriti o čemu
tabor [ˈteibə] *s mus* bubnjić, tamburin
tabouret [ˈtæbərit] *s* tovjelica, stolčić bez naslona, podnožak; bubnjić za vezenje
tabula [ˈtæbjulə] *s* (*pl* **tabulae** [ˈtæbjuliː]) *anat* tvrda, plosnata površina kosti i sl.; *hist* pločica za pisanje | *fig* **~ rasa** potpuna praznina, neispisan list, potpuno neznanje; um tek rođenog djeteta; **to make a ~ rasa** raščistiti neki problem, stvoriti čistu situaciju
tabular [ˈtæbjulə] *adj* (**~ly** *adv*) pločast, škriljast, tabličast; plosnat, ravan; tanak; tabelarni, u skrižaljci; lističav, ljuskav
tabulate [ˈtæbjuleit] *adj* pločast, plosnat, koji ima tanke ploče; tabelarno poredan
tabulate [ˈtæbjuleit] *vt* poredati, složiti, svesti u tablice (u skrižaljku); učiniti pločastim, plosnatim; popločiti
tabulation [ˌtæbjuˈleiʃn] *s* tabelarno prikazivanje; svođenje u tablice, u skrižaljke
tabulator [ˈtæbjuleitə] *s* onaj koji svodi u tablice, u skrižaljke; (na pisaćem stroju) tabulator
tach(e) [taːʃ] *s* kopča, spona, karika
tachometer [tæˈkɔmitə] *s* sprava za mjerenje brzine
tachygrapher [tæˈkigrəfə] *s* stenograf (napose kod starih Rimljana i Grka)
tachygraphy [tæˈkigrəfi] *s* stenografija (napose kod starih Rimljana i Grka)
tacit [ˈtæsit] *adj* (**~ly** *adv*) tih, miran; šutljiv, prešutan; koji se podrazumijeva
taciturn [ˈtæsitəːn] *adj* (**~ly** *adv*) mučaljiv, šutljiv
taciturnity [ˌtæsiˈtəːniti] *s* šutljivost, mučaljivost
tack[1] [tæk] *s* 1. klinac, klinčić, čavlić; *US* risaći čavlić; kvačica 2. *pl* dugi bodovi (iglom i koncem) 3. *mar* uže za skupljanje jedra, konop kojim se poteže donji kraj jedra; donji kraj jedra; povremeno mijenjanje smjera u jedrenju da bi se iskoristio udarac vjetra sa strane itd; laviranje; kret, teg (broda), kurs 4. postupak; put, smjer (politike, akcije); trag; plan 5. tegljivost, ljepljivost | *mar* **~ and ~** izmjenični potezi konopca na donjem kraju jedra; *mar* **on the port (starboard) ~** s vjetrom s desne (s lijeve) strane broda; **to be on the wrong (right) ~** biti na krivu (pravu) putu; **to try another ~** pokušati nov smjer (politike); **to get on a new ~** naći novo sredstvo, smisliti novi plan
tack[2] [tæk] *s mar* hrana | **hard ~** tvrd dvopek; **soft ~** mek dvopek
tack [tæk] *vt/i* **I.** *vt* pričvrstiti, pribiti čavlićima (*down, on, together* itd.); sašiti dugim bodovima (*together, to*); svezati, spojiti što (*to, on, onto*); prilijepiti, prikopčati na (*on, to*); mijenjati (politiku) **II.** *vi* okrenuti se, okretati se; *mar* burdižati brodom (*about*); promijeniti smjer; udariti drugim putom; *fig* ševrdati, lavirati
tacker [ˈtækə] *s* priljepljivač, pribijač, dodavač; čekić
tackiness [ˈtækinis] *s* ljepljivost; *US* neurednost, otrcanost, pohabanost
tacking [ˈtækiŋ] *s* šivanje lakim i dugim ubodima
tackle [ˈtækl] *s* pribor, konop, kolotur, vitao (na brodu); alat, oruđe; *pl* oprema broda; koloturje; oprema konja, (h)amovi; *min* koloturnik za izvlačenje ruda; *sport* oprema, pribor, rekvizit; *ftb* napad; *rugby* hvatanje (obaranje) protivnika

tackle [ˈtækl] *vt/i* **I.** *vt* metati hamove (na konje), uhamiti; *fam* zgrabiti, ščepati, dohvatiti; *ftb* uhvatiti, domoći se lopte; *rugby* napasti, oboriti protivnika na tlo; *fig* uhvatiti, latiti se, uzeti u rad, pretresati (problem, zadatak i dr.); salijetati koga pitanjima **II.** *vi* prihvatiti se, latiti se čega; svršiti, izaći na kraj | **he ~d the meat** naklopio se na meso

tackle to [ˈtæklˈtuː] *vi coll* spremati se na što, latiti se čega, dati se na što

tackling [ˈtækliŋ] *s mar* oprema broda, snast, vrv

tacky [ˈtæki] *adj* ljepljiv (boja, ljepilo); *US* neuredan, otrcan, pohaban; neukusan, jeftin

tact [tækt] *s* takt, fin način, tankoćutnost; *mus* takt

tactful [ˈtæktful] *adj* (**~ly** *adv*) pun takta, taktičan

tactical [ˈtæktikl] *adj* (**~ly** *adv*) *mil* taktičan; *fig* pun planova (zamisli), dobro zamišljen

tactician [tækˈtiʃn] *s mil* & *fig* taktičar

tactics [ˈtæktiks] *s pl mil* & *fig* taktika; postupanje po planu

tactile [ˈtæktail] *adj* opipljiv; osjetan, koji se može osjetiti dodirom

tactility [tækˈtiliti] *s* opipljivost

tactless [ˈtæktlis] *adj* (**~ly** *adv*) bez takta, bez finog načina, netaktičan

tactlessness [ˈtæktlisnis] *s* netaktičnost

tactual [ˈtæktjuəl] *adj* (**~ly** *adv*) opipni, opipljiv

tadpole [ˈtædpəul] *s zool* punoglavac, mrmoljak

tael [teil] *s* tel, srebrna kladica stanovite težine i čistoće koja u Kini služi kao novčana obračunska jedinica

ta'en [tein] *poet* & *dial* = **taken**

taffeta [ˈtæfitə] *s text* taft

taffy [ˈtæfi] *s US* karamela; *sl* neiskreno laskanje

Taffy [ˈtæfi] *s coll* Velšanin

tag¹ [tæg] *s* 1. krpa, dronjak; visuljak, privjesak; kraj, okrajak, rep; skut, opšav; rojta, kita, resa, pramen, čuperak 2. metalni vršak na kraju vezice (uzice); petlja (za obuvanje obuće); (o životinjama) repić, prirepak 3. privješena cedulja, znak za prtljagu, etiketa 4. ukrasni dodatak ili završetak nekog predmeta; *fig* uzrečica; *theat* završna riječ; natuknica; otrcan citat, otrcana fraza, izreka; refren (pjesme)

tag² [tæg] *s* igra lovice; hvatanje

tag¹ [tæg] *vt* metnuti metalni šiljak na kraj vezice (uzice); dodati završetak (književnom djelu); obrubiti, opšiti; svezati, dovesti u vezu (*to, onto, with, together* na, sa, zajedno); *com* obilježiti robu; kovati, klepati stihove; nizati stihove; strići pramen, čuperak s ovce (*from*)

tag² [tæg] *vt* dodirnuti, goniti, uloviti koga (u igri); *fam* progoniti koga

tag after [ˈtægˈaːftə] *vi* trčati za kim

tag day [ˈtægdei] *s US* dan skupljanja dobrovoljnih priloga

tagger [ˈtægə] *s* onaj koji goni, tjera, hvata u igri | **~s** *pl* prosti željezni lim

tagging [ˈtægiŋ] *s* stavljanje ceduljica (na prtljagu, robu i dr.)

tagrag [ˈtægræg] *s* krpe, dronjci | **~ and bobtail** prosti puk

tail¹ [teil] *s* 1. rep; trtica; zadnjica; donji dio, stražnji kraj; sve što je nalik na rep 2. skut, povlaka (kaputa, haljine); *pl coll* frak 3. naličje, pismo (kovana novca); maca; resa; perčin 4. pratnja; stranka, pristaše; *sl* detektiv, uhoda | **to drop a pinch of salt on ~ of metnuti soli na** rep; **to twist the lion's ~ vući lava za** rep (često aluzija na one koji vrijeđaju Englesku); *sport* **~ of the eleven** slabiji igrači; **at the ~ of a cart** na stražnjem dijelu kola; **cow's ~** otrcan kraj užeta i sl.; **~ of a musical note** dio note ispod crte; **~ of slate (tile)** izložen kraj crijepa (na krovu); **~ of gale** kraj oluje; **~ of a stream** miran tok rijeke; **to go into ~s** naglo rasti; *fig* **with his ~ between his legs** uplašeno, ponizno, snuždeno, pokunjeno; **close on a p's ~** tik do koga, za petama; **to turn ~** okrenuti leđa, udariti u bijeg, umaknuti, podbrusiti pete, strugnuti; **~ margin** donji bijeli rub na dnu stranice (knjige); **not to be able to make head or ~ of a th** ne moći se snaći u čemu; **~ of the eye** vanjski kut oka; **with the ~ of his eye** ispod (krajičkom) oka

tail² [teil] *s jur* ograničenje prava nasljedstva, ograničeno pravo vlasništva | **estate in ~ male** imetak koji može prijeći samo na muške baštinike

tail [teil] *adj jur* ograničen u nasljedstvu

tail [teil] *vt/i* **I.** *vt* dodati rep čemu; potkresati, podrezati, potkratiti, potkusiti što; slijediti koga u stopu (*after a p*); čuvati koga; ići na kraju (povorke, pogreba); *coll* otkinuti peteljke (voća) **II.** *vi* protezati se u nekom repu; slijediti kao rep; biti jednim krajem pričvršćen u zidu (npr. greda) | *mar* **to ~ the tide, to ~ up and down stream** (o usidrenu brodu) dizati se i spuštati na plimi

tail away [ˈteiləˈwei] *vi* izgubiti se, razići se, nestajati; smanjiti se, otpasti; ispasti (iz igre); *sl* kidnuti

tail in [ˈteilˈin] *vt* pričvrstiti jednim krajem u zid

tail off [ˈteilˈɔf] *vi* smanjiti se, otpasti, nestajati, izgubiti se, razići se; zaostati

tail on [ˈteilˈɔn] *vt* nanizati, dodati, pripojiti

tail-board [ˈteilbɔːd] *s GB* stražnja strana za spuštanje na kamionu

tail-coat [ˌteilˈkəut] *s GB* frak; žaket
tailed [teild] *adj* repat, koji ima rep, s repom
tail-end [ˌteilˈend] *s* rep, kraj, konac (povorke)
tailgate [ˈteilgeit] *s US* stražnja strana za spuštanje na kamionu
tailgate [ˈteilgeit] *vi US* voziti preblizu automobilu pred sobom
tailing [ˈteiliŋ] *s* uzidan kraj kamena (grede i dr.) | **~s** *pl* otpaci; mekinje; *min* jalovina
tailless [ˈteillis] *adj* bez repa, kusat; bez skutova
tailor [ˈteilə] *s* krojač | **to ride like a ~** nespretno, loše jahati; **~'s cramps** grčevi u prstima; **~'s twist** vrsta duge svilene niti
tailor [ˈteilə] *vi/t* **I.** *vi* biti krojač, baviti se krojačkim zanatom **II.** *vt* krojiti što; načiniti, izraditi odijelo (*for* za) | **well ~ed** dobro odjeven; dobro načinjen, skrojen (odijelo i sl.)
tailoress [ˌteiləˈres] *s* krojačica
tailoring [ˈteiləriŋ] krojenje, izrađivanje odijela; krojački posao
tailor-made [ˈteiləmeid] *adj* načinjen po mjeri (za razliku od konfekcije); *fig* kao stvoren
tail-piece [ˈteilpiːs] *s print* ukras na kraju poglavlja itd.; zapinjača (na dnu glazbala na koju se pričvršćuju žice)
tail-pipe [ˈteilpaip] *s tech* usisno crijevo; *mot* ispušna cijev
tail-plane [ˈteilplein] *s aero* horizontalni stabilizator
tail-spin [ˈteilspin] *s aero* kovit
tain [tein] *s* kositreni amalgam (za ogledala)
taint [teint] *s* mrlja, pjega, ljaga (& *fig*); sramota; zaraza (& *fig*); pokvarenost; *med* latentan trag bolesti
taint [teint] *vt/i* **I.** *vt* uprljati, oblatiti, okaljati; zaraziti, okužiti; (po)kvariti; otrovati, zatrovati **II.** *vi* pokvariti (se); loše, zarazno djelovati
taintless [ˈteintlis] *adj* (**~ly** *adv*) bez ljage, bez mrlje, neokaljan, nepokvaren, čist
take [teik] *s* ulov; *film* kadar; *theat* prihod, primitak; *print* količina rukopisa koju treba složiti | *US sl* **on the ~** korumpiran, koji prima mito
take [teik] *vt/i* (took, taken) **A** (s osobnim objektom) **I.** *vt* 1. uzeti; podići, prihvatiti, primiti 2. hvatati, uhvatiti, uloviti; zgrabiti, ščepati koga (& *fig*); pogoditi, zahvatiti (*the blow took him on the nose*); probadati, boljeti; obuzeti, svladati, shrvati koga 3. napasti koga, učiniti prepad na koga; iznenaditi, zateći, uhvatiti (na djelu, činu); zanijeti čije srce, opčarati, prikovati; obuzeti, zaokupiti; iziskivati; uhapsiti, zatvoriti, staviti u zatvor; *mil* zarobiti 4. dovesti, povesti, voditi, pratiti **B** (sa stvarnim objektom) 1. uzeti, uhvatiti; uzeti u posjed, zahvatiti, zaplijeniti; zauzeti, osvojiti (tvrđavu); odnijeti (pismo na poštu); *mar* zaplijeniti (brod); najmiti (sobu); zauzeti (mjesto, sjedalo); primati, držati (novine, časopis i dr.); poprimiti (oblik i dr.); preuzeti dužnost (i dr.); nastupiti (službu, zvanje, položaj i dr.); izvoditi, vršiti (službu i dr.); usvojiti; uzeti (hranu, piće); jesti, piti; povući na se 2. odabrati, krenuti, udariti, uputiti se (putom), izabirati, naručiti, uzimati, povlačiti (robu); uhvatiti. ugrabiti, iskoristiti (priliku); poduzeti (mjere, korake); ukrcati se na tramvaj, autobus i dr.; *mar* stići, doći (u luku); započeti, latiti se, poduzeti (putovanje); *theat* održati (pokus); *phot* slikati (*to take a photograph*); primiti, dobiti (pismo i sl.); steći (imanje, čast, slavu, pravo); primiti mirno, podnijeti, trpjeti (npr. *~ it lying down*); snositi, povući (posljedice); uhvatiti (*in a lie* u laži); svladati što; skočiti, preskočiti (zapreku, prepone) 3. iziskivati, trajati, trebati (vrijeme) 4. oduzeti, izvaditi, oteti; izvoditi porijeklo (od, iz); osigurati sebi što; pribaviti (obavještenja); uzeti (mjeru); mjeriti (temperaturu); pribilježiti, zapisati, snimiti (fotografski) 5. primiti, dobiti, zadobiti, steći; uživati; prihvatiti (okladu); povoditi se, nasljedovati; podvrći se, pretrpjeti, uhvatiti (bolest, prehladu i dr.); pomiriti se s čim; povući; snositi (posljedice); primiti kao istinito, vjerovati; svladati; preskočiti 6. shvatiti, razumjeti, pojmiti; tumačiti (*How would you ~ this passage?* kako biste protumačili ovaj odlomak?; *I took your meaning* shvatio sam vas); imati mišljenje, nalaziti, izlagati, smatrati, držati za 7. donijeti, odnijeti, ponijeti **II.** *vi* 1. *tech* zahvaćati 2. (o biljkama) ukorijeniti se, primiti se, uspijevati; *coll* biti dirnut, kosnuti se; svidjeti se; uspjeti; naići na odziv, poći za rukom; latiti se, poduhvatiti se (čega); (lijek i dr.) djelovati; primiti se, prijati; (o ribi) gristi, zagristi; *phot* snimati se | **to ~ the bull by the horns** uhvatiti se ukoštac s čim; **deuce ~ it!** đavo ga odnio!, do đavola; *fig* **to ~ a bit between teeth** preuzeti maha, osiliti, otkazati poslušnost; *mil* **to ~ by storm** osvojiti (zauzeti) na juriš; *sl* **to ~ the cake (biscuit)** odnijeti nagradu, pobijediti; **to be taken ill** oboljeti; **to ~ a degree** diplomirati; **to ~ (holy) orders** zarediti se; *GB* **to ~ silk** postati dvorski savjetnik; **I must ~ leave to differ** dopustite mi da se ne složim s vama; **to ~ a cup of tea** popiti šalicu čaja; **~ your time** ne žuri se; **~ him through this book** prođi s njime tu knjigu; **to ~ to task** pozvati na odgovornost, prekoravati; **to ~ in**

hand uzeti na se, preuzeti; **to ~ a fancy to** zavoljeti; **to ~ heed** biti na oprezu, čuvati se; **to ~ no notice** ne obazirati se, ne osvrtati se, ne opaziti, ne obraćati pažnju; **to ~ pity on** smilovati se, sažaliti se (nad kime); **to ~ a p at his word** držati koga za riječ, ozbiljno ga shvatiti; **to ~ it for granted** primiti kao razumljivo samo sobom; **~ it easy** polako!, ne uzrujavaj se!, ne nagli!; **to ~ to heart** uzeti k srcu, ražalostiti se, biti jako pogođen, povrijeđen; **to ~ sides** opredijeliti se za koga, pristati uz; **to ~ a walk** šetati se, prošetati se, poći na šetnju; **to ~ an examination** polagati ispit; **to ~ an oath** zakleti se, položiti prisegu; **to ~ an account of** uzeti što u obzir; **to ~ aim at** ciljati, nišaniti; **to ~ care** biti oprezan, paziti; **to ~ care of** brinuti se, nadzirati, paziti na; **to ~ charge of** preuzeti vodstvo (upravljanje, odgovornost za što); **to ~ one's chance** usuditi se, odvažiti se, riskirati; **to ~ no chances with a th** ne izvrgavati se opasnosti, ne riskirati; **to ~ earth** zavući se u rupu (jazbinu, duplju); **to ~ effect** stupiti na snagu; **to ~ exception** prigovarati; **to ~ heart** osokoliti se, ohrabriti se; osmjeliti se; **to ~ hold of** uhvatiti, zahvatiti, zgrabiti, ščepati, prigrabiti, domoći se, dočepati se, držati; **to ~ leave of** oprostiti se s kim, otputovati; **to ~ one's life in one's hand** staviti život na kocku; **to ~ part (in)** sudjelovati (u); **to ~ place** dogoditi se, održati se (npr. *the meeting will ~ place*); **to ~ stock of (in)** popisati zalihu, sastaviti inventar; inventirati; *fig* kritički ispitivati, gledati; *arch* **to ~ the wall of a p** uskratiti dužno poštovanje; **to ~ the wind** proširiti se, razglasiti se; *sl* **to ~ a back seat** zauzeti podređen položaj; **to ~ a leaf out of a p's book** ugledati se u koga, nasljedovati čiji primjer; **to ~ a seat** sjesti; **to ~ turns** raditi što naizmjence; **it took a turn for the worse** pogoršalo se; **to ~ by surprise** zaskočiti, iznenaditi; **to ~ by the hand** uzeti za ruku, pomoći komu, hrabriti koga; **to ~ fire** zapaliti se; *arch* **to ~ horse** uzjahati; **to ~ in charge** uhapsiti, zatvoriti; **to ~ in rear** napasti s leđa; **to ~ into account** uzeti u obzir, uvažiti; **to ~ liberties** vladati se drzovito (bezobzirno, smiono); **to ~ one's life** ubiti koga; **to ~ no** primiti odbijanje (uskratu); **to ~ rise** izvirati, nastajati; **to ~ one's temperature** mjeriti kome temperaturu; **to ~ the chair** predsjedati; **to ~ the lead** preuzeti vodstvo, voditi, prednjačiti; **to ~ the measure of one's foot** uzeti mjeru za obuću; *fig* omjeriti čije sposobnosti (snagu); **to ~ the wind out of one's sails** osujetiti kome što, pomrsiti račune; **to ~ to pieces** rastaviti na dijelove; **to ~ (a woman) to wife** oženiti se, uzeti za ženu; **it will ~ you two hours to get there** trebat će vam dva sata da stignete onamo; **to be taken up with** biti zadubljen u što, zaposlen čim, zauzet; **to ~ the minutes** voditi zapisnik; **to ~ a holiday** poći na odmor (dopust); **to ~ the air** izaći na zrak, prošetati se, izvesti se; uzletjeti, poletjeti; **to ~ a hint (an advice)** razumjeti mig, prihvatiti sugestiju (savjet); **to ~ a journey** putovati; *mar* **to ~ the water** isploviti; **to ~ in bad part** zamjeriti, uzeti za zlo; **taken on the whole** uzevši (promatran) u cijelosti; **to ~ advantage of** iskoristiti za se; **to ~ breath** predahnuti; *fig* premišljati; oporaviti se; **to ~ root** ukorijeniti se, pustiti korijenje, uvriježiti se; **to ~ shape** poprimiti (dobiti) oblik; **to ~ one's arm** osloniti se na koga; **to ~ the rough with the smooth** primiti život kakav jest (ljude kakvi jesu); **it ~s two to make a quarrel** za svađu je potrebno dvoje; **to ~ a p's measure** uzeti komu mjeru; *fig* prosuditi koga, ispitati čiji karakter; **you may ~ it from me** vjeruj kad ti kažem; **to ~ alarm** prestrašiti se, uznemiriti se, uzbuniti se; nanjušiti opasnost; **to ~ a course** udariti kojim putem, poći kojim smjerom, primijeniti koji postupak; polaziti tečaj; *med* praviti kuru; **to ~ the cue** razumjeti mig, sugestiju; **to ~ one's ease** smjestiti se udobno; **to ~ farewell** oprostiti se; **to ~ the field** poći u vojsku, na ratište; *sport* izaći na igralište; **to ~ a river** prijeći preko rijeke; **to ~ to one's heels** pobjeći, odmagliti, dati petama vjetra, strugnuti; **to ~ fish** loviti ribu; **to ~ prisoner** zarobiti; **he does not ~ alcohol** on ne pije žestoka pića; **he took the morning train** otputovao je jutarnjim vlakom; **I ~ him for a well educated p** smatram ga za vrlo obrazovana čovjeka; **his play did not ~** drama mu nije imala uspjeha; **to ~ fright** prestrašiti se, prepasti se; **to ~ offence** uvrijediti se; **to ~ shelter** skloniti se, naći utočište; **to ~ a running start** razbježati se; **to ~ in the act** zateći na činu (in flagranti); **to ~ into one's confidence** povjeriti se kome; **to ~ into one's head** zabiti sebi u glavu; **to ~ comfort** utješiti se; **to ~ counsel** posavjetovati se; **to ~ a hedge** preskočiti zapreku, preponu; **to ~ a leap** skoknuti, poskočiti; **to ~ pleasure in** nalaziti zadovoljstvo (uživati) u čemu; **to ~ possession of** stupiti u posjed čega; obuzeti (o mislima, strahu i dr.); **to ~ a ride** pojahati; povesti se (kakvim vozilom); **to ~ too much** previše piti; **to ~ the veil** otići u duvne, postati opatica; **it ~s a clever man to...** to mora biti pametan čovjek koji će...; *mil* **to ~ position** zauzeti položaj; **to ~ the time from a p** točno se ravnati po kome; **to ~ one's turn** doći na red; **to ~ wine with a p** nazdraviti kome; **to ~ courage** ohrabriti se, osmjeliti se; **to ~ a jest** razumjeti šalu; **as I ~ it** kako ja to shvaćam, po mojem mišljenju; **we must just let the disease ~ its course** morat ćemo pustiti da bolest ide svojim tokom; **to ~ a poor (dim) view of** ne odobravati, imati loše mišljenje o; **to ~ a p's eye** privući čiju pažnju

take aback [ˈteikəˈbæk] *vt* iznenaditi, zbuniti, osupnuti, zapanjiti, preneraziti

take after [ˈteikˈaːftə] *vt* biti nalik na, umetnuti (uvrgnuti) se na koga, nalikovati, oponašati

take along [ˈteikəˈlɔŋ] *vt* povesti sa sobom; upamtiti; usvojiti

take amiss [ˈteikəˈmis] *vt* zamjeriti, uzeti za zlo

take apart [ˈteikəˈpaːt] *vt* rastaviti

take away [ˈteikəˈwei] *vt/i* oduzeti; oteti; odvesti; ukloniti, pospremati (stol) | **to take oneself away** otputovati

take back [ˈteikˈbæk] *vt* uzeti natrag, dovesti natrag, povući, opozvati; (u duhu) prenijeti

take down [ˈteikˈdaun] *vt* skinuti, snimiti; srušiti; progutati; uzeti u zapisnik, zapisati, zabilježiti; *print* razložiti slog; oboriti; *fig* poniziti; navaliti; zarobiti | **to take a p down a peg or two** zapostaviti, poniziti

take for [ˈteikˈfɔː] *vt* držati za, smatrati za | **who do you take me for?** što vi mislite tko sam ja?

take forward [ˈteikˈfɔːwəd] *vt* unaprijediti, odvesti dalje

take from [ˈteikˈfrɔm] *vi* odbiti od, smanjiti, oslabiti, umanjiti, oduzeti; oteti; primiti od, ubrati od koga, baštiniti **od**; voditi porijeklo od, potjecati; proizlaziti, imati uzrok; odvlačiti, zadržavati (od posla)

take in [ˈteikˈin] *vt* primiti, uzeti (stanare, goste itd.), povesti (k stolu); raditi što za koga (npr. *she takes in washing, sewing* ona pere, šiva za druge); uključiti, obuhvatiti, opkoliti, ograditi; suziti (odjeću); smotati, ubrati (jedro); shvatiti, razumjeti; uočiti, spoznati; zavesti; prevariti, nasamariti; *GB* redovito kupovati (novine, časopise i dr.); zauzeti, okupirati; *mot* uzimati (benzin); *com* kupovati (robu)

take into [ˈteikˈintu] *vt* odvesti u (kuću, sobu itd.); uvesti, primiti (u, među) | **to ~ one's confidence** povjeriti se komu; **to take it into one's head (mind)** utuviti sebi što u glavu; **to ~ consideration** uzeti u obzir (razmatranje)

take off [ˈteikˈɔf] *vt/i* **I.** *vt* skinuti (šešir, kaput itd.), ukloniti, odvesti; odvratiti (pažnju); ubiti; uništiti; umanjiti, sniziti (cijenu); popiti; progutati; uzeti, oduzeti; oponašati, zabadati, ismijavati, imitirati, kopirati, karikirati; *phot* snimiti **II.** *vi* svući se, izuti se; otići (*he took himself off* otišao je); *sport* skočiti; *aero* uzletjeti; krenuti

take on [ˈteikˈɔn] *vt/i* uzeti, preuzeti, uzeti na se; uzeti (u službu); primiti (na brod); udebljati se, dobiti (na težini); poprimiti (izraz lica, držanje i dr.); prihvatiti (okladu); poduzeti, prihvatiti se, latiti se čega; započeti; uzeti što k srcu, žalostiti se, pretvarati se, praviti se (*as if* kao da); biti ganut; bjesnjeti; osvojiti (gledaoce); imati uspjeha, postati popularan; praviti se važan, dizati nos | *sport* **to ~ a p** prihvatiti koga kao takmaca; **to ~ with a p** sprijateljiti se, splesti se, spetljati se, općiti, sporazumjeti se s kim

take out [ˈteikˈaut] *vt/i* izvaditi, izvući (zub, mrlju); izbrisati (tragove olovke); izvesti, povesti (na zabavu); podići novac (iz banke); posuditi knjigu (iz knjižnice); ispisati, povaditi (citate); izdvojiti, izabrati; pribaviti, uzeti (patent); ishoditi (poziv, pravo); zaključiti (osiguranje) | **to take it out of** osvetiti, iskaliti srdžbu na kome, obeshrabriti koga, lišiti snage, iscrpsti, izmoriti; *US* **to ~ one's first papers** formalno izjaviti da se želi postati državljanin SAD

take over [ˈteikˈəuvə] *vt/i* preuzeti (službu, dužnost itd.); prenijeti, ponijeti porijeklo, prihvatiti se odgovornosti

take through [ˈteikˈθruː] *vt* proći, pregledati, ispitati

take to [ˈteikˈtuː] *vi* zabavljati se čim; baviti se čim, dati se na što, odati se čemu, posvetiti se čemu, zavoljeti koga; uputiti se, krenuti; uteći se, pribjeći | **to ~ drinking** odati se piću; **to ~ commerce** posvetiti se trgovini; **to ~ the road** dati se na razbojništvo; **how does he ~ his wife?** kako se slaže (živi) sa svojom ženom?; **the disease took to his lungs** bolest mu se slegla na pluća; **to ~ one's heels** podbrusiti pete

take up [ˈteikˈʌp] *vt/i* dići, podići; odnijeti gore, ponijeti sa sobom gore; upiti, apsorbirati (vlagu, tekućinu); zauzimati, zapremati, zaokupiti (prostor, vrijeme); uzeti (putnike); uloviti, uhapsiti, zatvoriti; prekinuti, upadati u riječ, smetati, ispraviti (govornika); uzeti koga kao štićenika; početi (studij, čitanje i dr.); prihvatiti se, latiti se (zvanja, posla), baviti se čim; nastaviti (govor, istragu, ispitivanje itd.); podvezati (žilu); učvrstiti, pritegnuti (remen); pokupovati (knjige); primiti (službu); unajmiti (stan); *US* zauzimati se; povezati se, splesti se, spetljati se, upustiti se; prihvatiti (očicu, šav itd.); podići (zajam); doći po, pobrati, ubrati (porez itd.); ukoriti, pozvati na odgovornost (*for* zbog) | **to ~ the cudgels for** gorljivo (snažno) braniti; zauzimati se za; **to ~ the gauntlet (the glove)** prihvatiti izazov

take upon [ˈteikəˈpɔn] *vt* uzeti na se, preuzeti (teret, odgovornost); prihvatiti se posla (*to*); baviti se; pripisivati sebi, svojatati; sprijateljiti se, zbližiti se (*with* sa)

take up with [ˈteikˈʌpˈwið] *vi* baviti se, zanimati se čime, sprijateljiti se, upoznati se s kim, družiti se; mjeriti se s kim

take with [ˈteikˈwið] *vt US* držati s kim; sviđati se; dobro djelovati

take-down [ˈteikdaun] *s coll* poniženje

take-home [ˈteikhəum] *adj* | **~ pay** neto-plaća (nakon svih odbitaka)

take-in [ˈteikin] *s* prijevara, varanje, lopovluk

taken [ˈteikn] *pp* od **take**

take-off [ˈteikɔf] *s* oponašanje, karikatura; *sport* skok, odrazište; *aero* polet, uzlet aviona; mjesto ili moment uzleta

take-over [ˈteikˌəuvə] *s* preuzimanje (vlasti, vlasništva nad)

taker [ˈteikə] *s* uzimalac; pobjednik, osvajač; kupac; onaj koji prihvaća oklade

take-up [ˈteikʌp] *s tech* valjak za skupljanje, stezanje (tkanine, vrpce); valjak za prihvaćanje (petlje, konca); naprava za savijanje u kotur, u trubu (tkanine); naprava za namatanje (konca, niti itd.); namatanje, skupljanje, prihvaćanje, stezanje, savijanje

takin [ˈtaːkin] *s zool* vrsta azijske divokoze (*Budorcas taxicolor*)

taking [ˈteikiŋ] *s* uzimanje, primanje, prihvaćanje; lovljenje; *mil* zauzimanje, osvajanje (grada); *phot* snimanje; *fam* nemir, uzrujanost | **~s** *pl* prihodi, primici, dobitak, utržak

taking [ˈteikiŋ] *adj* (**~ly** *adv*) koji privlači, osvaja, zanosi, obuzima; dražestan; zarazan, priljepčiv

talc [tælk] *s min* milovka, talk

talc [tælk] *vt* mazati milovkom, talkirati

talcky [ˈtælki] *adj* koji je poput milovke, koji sadrži milovku

tale [teil] *s* 1. priča, pripovijest; bajka, gatka; vijest, izvještaj; glas, glasina; ogovaranje, izmišljotina, spletka 2. broj, mnoštvo; iznos, svota; račun | **~ of a tub** djetinja priča; **to tell ~s** brbljati, pripovijedati laži; **if all ~s be true** ako su sve glasine istinite; **dead man tells no ~s** mrtav pas ne ujeda, mrtvac ne može govoriti; **to tell ~s out of school** ogovarati, olajavati, tužakati; **old wives' ~s** bablje priče; **by the ~** po broju

tale-bearer [ˈteilˌbɛərə] *s* prijavitelj, denuncijant, brbljavac, blebetuša; *fam* tužibaba

tale-bearing [ˈteilˌbɛəriŋ] *s* prijavljivanje, brbljanje, blebetanje, tužakanje, denunciranje

talent [ˈtælənt] *s* 1. dar, nadarenost, darovitost, sposobnost; darovit čovjek, talent; inteligencija 2. *hist* uteg i novac kod starih Grka, Rimljana, Asiraca itd. | **to hide one's ~s in a napkin** ne iskoristiti svoje prirodne sposobnosti, dopustiti da darovitost i sposobnosti leže neiskorištene

talented [ˈtæləntid] *adj* darovit, sposoban, talentiran

talentless [ˈtæləntlis] *adj* nesposoban, nenadaren, netalentiran

tales [ˈteiliːz] *s jur* sudski poziv porotnicima; popis osoba koje mogu biti sudski pozvane da budu zamjenici u poroti u slučaju potrebe

talesman [ˈteiliːzmən] *s jur* zamjenik u poroti

tale-teller [ˈteilˌtelə] *s* pripovjedač; *fam* tužibaba

talisman [ˈtælizmən] *s* čarobni predmet koji štiti od zla, talisman, amajlija

talk [tɔːk] *s* govor, razgovor, besjeda; govorkanje, brbljanje; glas, glasina; predmet govora (razgovora); predavanje | **idle ~** prazan, nevrijedan razgovor, brbljarija; **it is all the ~** općenito se govorka; **full of ~** brbljav; **I want to have a ~ with you** želim govoriti s vama

talk [tɔːk] *vi/t* (*to, with* s; *about, on, of* o) **I.** *vi* govoriti, besjediti, zboriti; pripovijedati; razgovarati se; brbljati; izjasniti se, izreći svoj sud **II.** *vt* govoriti što, govoriti o čemu, iskazati; reći | **to ~ big** hvaliti se, lagati; **to ~ tall** pretjerivati, plašiti; *sl* **now you are ~ing** sada govoriš pametno; prihvaćam tvoju ponudu; **e,** to je već nešto; **to ~ shop** govoriti o stručnim stvarima; **to ~ business** govoriti realno, govoriti o poslovnim stvarima; **to ~ of the devil!** mi o vuku! (a vuk na vrata); **to ~ a donkey's hind leg off** govoriti kao mitraljez, blebetati bez prestanka; **to ~ nonsense** brbljati besmislice, blebetati; **to ~ sense** (i *US coll* **to ~ turkey**) razborito govoriti; **to ~ oneself hoarse** govoriti do promuklosti

talk about [ˈtɔːkəˈbaut] *vi* raspravljati, govorkati; naklapati

talk at [ˈtɔːkˈæt] *vi* ciljati na koga riječima

talk away [ˈtɔːkəˈwei] *vt* neprestano govoriti, zaintačiti

talk back [ˈtɔːkˈbæk] *vt* prkosno (drsko) odgovarati, odvraćati

talk down [ˈtɔːkˈdaun] *vt* riječima (vikom) ušutkati koga

talk of [ˈtɔːkˈɔv] *vi* govoriti, raspravljati o čemu; izvještavati | **talking of** kad već govorimo o. . .

talk out ['tɔːk'aut] *vt* neprestanim govorom zamarati; *GB parl* opstruirati, osujetiti zakon (zakonski prijedlog itd.) produživanjem diskusije unedogled | **to talk oneself out** izgovoriti se do mile volje, napripovijedati se

talk over ['tɔːk'əuvə] *vt* 1. raspravljati, razmotriti, pretresti, razložiti što 2. nagovoriti, uvjeriti, pridobiti nagovaranjem

talk round ['tɔːk'raund] *vi/t* okolišati; govoriti a da se ne dotakne glavna stvar ili da se ne dođe do zaključka; iscrpsti temu; promijeniti čije uvjerenje ili mišljenje

talk through ['tɔːk'θruː] *vt* | *sl* **to ~ one's hat** pretjerivati, govoriti besmislice

talk to ['tɔːk'tuː] *vt* govoriti komu, govoriti s kim; opomenuti, ukoriti, grditi

talk up ['tɔːk'ʌp] *vi* glasno i jasno govoriti; drsko govoriti

talkative ['tɔːkətiv] *adj* (*~ly adv*) govorljiv, razgovoran; brbljav, jezičav

talkativeness ['tɔːkətivnis] *s* govorljivost, brbljavost

talkee-talkee ['tɔːki'tɔːki] *s* brbljanje, čavrljanje, nerazumljiv govor (jezik)

talker ['tɔːkə] *s* govornik; onaj koji govori (brblja) | **a good ~** zabavan čovjek

talkies ['tɔːkiz] *s pl hist* **zvučni film**; *sl* kino sa zvučnim filmom

talking ['tɔːkiŋ] *s* zabavljanje; ćaskanje, brbljanje, ogovaranje, govorkanje | **all the ~ was on his side** on je vodio glavnu riječ; **~ point** predmet razgovora, tema

talking ['tɔːkiŋ] *adj* koji govori, govorljiv, govorni (film)

talking-film ['tɔːkiŋ'film] *s hist* govorni ili zvučni film

talking-to ['tɔːkiŋtuː] *s fam* prijekor, ukor, karanje, grdnja, opomena

tall [tɔːl] *adj* visok, vitak, stasit, velik; *sl* hvalisav, hvastav, razmetljiv; pretjeran, nevjerojatan, čudnovat, fantastičan, kolosalan | **a ~ order** neumjeren, pretjeran zahtjev; **a ~ story** nevjerojatna, čudnovata pripovijest; **a ~ talk** razmetljivost, hvastanje; **~ hat** cilindar (šešir); **~ drink** alkoholno piće veoma razrijeđeno vodom (sodom, tonikom, voćnim sokom)

tall [tɔːl] *adv sl* ponosno, naduveno, pretenciozno | **to talk ~** hvastati se, razmetati se

tallage (talliage) ['tælidʒ] *s hist* danak, porez, maltarina, trošarina

tallboy ['tɔːlbɔi] *s GB* visoka komoda

tallier ['tæliə] *s* onaj koji računa na rovaš; onaj koji prodaje uz tjednu ili mjesečnu otplatu

tallish ['tɔːliʃ] *adj* povisok, prilično visok

tallness ['tɔːlnis] *s* veličina, visina, dužina

tallow ['tæləu] *s* loj; *tech* maz | **vegetable ~** biljna mast

tallow ['tæləu] *vt* (na)lojiti, namazati; (u)toviti (ovce)

tallow-candle ['tæləu,kændl] *s* lojanica (svijeća)

tallow-chandler ['tæləu,tʃændlə] *s* svjećar

tallow-drop ['tæləudrɔp] *s* kupolasti rez (dragulja)

tallow-face ['tæləufeis] *s* blijedo lice

tallow-faced ['tæləufeist] *adj* bljedolik

tallowish ['tæləuiʃ] *adj* lojast, poput loja

tallow-tree ['tæləutriː] *s bot* kinesko stablo koje izlučuje tvar sličnu stearinu; stablo iz čijih se plodova dobiva stearin

tallowy ['tæləui] *adj* lojan, lojav, mastan

tally ['tæli] *s* 1. *hist* rovaš, raboš; zarez; račun, obračun; jedan od dva predmeta koji čine cjelinu, duplikat čega (*of*); polovica koja odgovara drugoj polovici; broj, skup, niz, mnoštvo čega uzeto kao jedinica (npr. tuce, stotina itd.) 2. naljepnica, ceduljica, značka, natpis, etiketa, kupon; popis | **to buy goods by the ~** kupovati robu na skupove (tuce i sl.); *GB arch* **~ system** sistem davanja (robe) na otplatu; *GB arch* **~ trade** trgovina s obročnim plaćanjem

tally ['tæli] *vt/i* **I.** *vt* (robu) komadno prebrojavati, knjižiti, registrirati, provjeravati; (robu i dr.) označiti, markirati; oblijepiti etiketama; sortirati **II.** *vi* slagati se, odgovarati (*with* s čim, čemu) | **his story tallied with mine** njegov se prikaz slagao s mojim

tally-ho [,tæli'həu] *interj* ho!, oho!, haj!; (hajkaški uzvik) drž'te lisicu!

tally-ho [,tæli'həu] *vt/i* povikati lovačkim psima da potjeraju lisicu

tallyman ['tælimən] *s GB* onaj koji računa po rovašu; trgovac koji prodaje robu na obročnu otplatu; *mar* brojač

tally-sheet ['tæli'ʃiːt] *s com* obračunski arak, specifikacija

talon ['tælən] *s* 1. pandža, čaporak 2. *cards* karte koje preostanu nakon dijeljenja; *com* talon, zadnji kupon na kuponskom arku, obveznicama pridodana doznaka za dizanje novih kupona

talus ['teiləs] *s anat* skočna kost, skočnica; gležanj; nagib (zida); *geol* osulinska naslaga, sip, osulina, plazina

tamability [,teimə'biliti] *s* ukrotivost, pripitomljivost

tamable ['teiməbl] *adj* ukrotiv, pripitomljiv

tamarind ['tæmərind] *s bot* tamarindovac; tamarinda (tropsko voće)

tamarisk ['tæmərisk] *s bot* metljika; tamariska

tambour ['tæm,buə] *s mus Fr* bubanj; **bubanj za vezenje**; materijal za vezenje; *archit* valjkast kamen u trupu stupa,

valjkast temelj (radovi ispod tla) kupole; *mil* ograda od kolja za obranu (ceste i sl.), palisada
tambour [ˈtæmˌbuə] *vt* iskititi, ukrasiti vezom (tkaninu); vesti na bubnju za vezenje
tambourin [ˈtæmbərin] *s Fr* duguljast bubanj; vrsta plesa
tambourine [ˌtæmbəˈriːn] *s Fr* bubnjić s praporcima, tamburin, def, daire
tame [teim] *adj* (**~ly** *adv*) pitom, pripitomljen; krotak; miran; ponizan; poslušan; *US* (o zemlji ili biljci) kultiviran, uzgojen, oplemenjen; podložan, pokoran, ponizan; bez duha; trom, mlitav; slab; plašljiv | *fig* **~ cat** osoba koja se privine uz koga (koja zavisi od koga)
tame [teim] *vt* pripitomiti, ukrotiti; podvrći sebi, slomiti, obuzdati, upokoriti, poniziti (osobu, duh, hrabrost, strast itd.)
tameless [ˈteimlis] *adj* neukrotiv, divlji
tameness [ˈteimnis] *s* pitomost
tamer [ˈteimə] *s* krotitelj
tammy [ˈtæmi] *s* → **tam-o'-shanter**
tam-o'-shanter [ˌtæməˈʃæntə] *s Scot* velika, plitka, okrugla kapa od vune ili tkanine, beret
tamp [tæmp] *vt min* začepiti, nabiti (rupu glinom, ilovačom i sl.) da učinak eksplozije bude jači
tamper [ˈtæmpə] *vi* baviti se čim, miješati se, plesti se u što, pačati se, šurovati (tajno, nepozvano); šeprtljiti, prtljati, biti upleten (*with* u); potajno se dogovarati, spletkariti; izvršiti neovlaštene promjene (u oporuci, rukopisu itd.); potkupiti, pokvariti, patvoriti; potajno vršiti pritisak
tamperer [ˈtæmpərə] *s* onaj koji se miješa (plete) u što neovlašteno (tajno); smutljivac
tamping [ˈtæmpiŋ] *s* miješanje (upletanje) u što neovlašteno (tajno)
tampion [ˈtæmpiən] *s mil* drven čep za topovsku cijev; klin, čep, pisak (na svirali, na orguljama)
tampon [ˈtæmpən] *s med* čep od pamuka, gaze (za rane), tampon
tampon [ˈtæmpən] *vt med* začepiti (ranu i sl.) čepom od pamuka (gaze), tamponirati
tamponade [ˌtæmpəˈneid] *s med* upotreba čepa od pamuka (gaze) za ranu i sl., tamponada
tamponage [ˈtæmpənidʒ] *s med* → **tamponade**
tamponment [ˈtæmpənmənt] *s med* → **tamponade**
tan [tæn] *s* samljevena hrastova kora za strojenje koža, stroj, trijeslo; žutosmeđa boja; smeđa, brončana, zagasita, preplanula boja kože (opaljene od sunca) | *sl* **the ~** cirkus
tan [tæn] *adj* koji je boje tanina, žutosmeđ, brončan
tan [tæn] *vt/i* **I.** *vt* strojiti, štaviti, činiti (kožu); *sl* izbiti, izlupati koga; pocrniti **II.** *vi* pocrnjeti, preplanuti, potamnjeti
tandem [ˈtændəm] *s* kola u koja su upregnuti konji jedan iza drugoga; bicikl s dva sjedala, jedno za drugim
tandem [ˈtændəm] *adv* uzduž, po duljini, jedan iza drugoga | **to drive ~** voziti se s konjima koji su upregnuti jedan iza drugoga
tandem [ˈtændəm] *adj* koji je jedan iza drugoga, po duljini
tang[1] [tæŋ] *s* šiljak, vršak (noža, dlijeta itd.) koji se nalazi u koricama; oštar okus ili miris; *fig* sporedan (neznatan, lak) okus, priokus (*of* na što); osobit okus
tang [tæŋ] *vt* snabdjeti šiljkom, vrškom (oruđe, pribor za jelo itd.)
tang[2] [tæŋ] *s* oštar zvuk; pogrešan ton, nesklad
tang [tæŋ] *vt/i* **I.** *vt* učiniti da što zvoni (zveči, bruji); dovabiti pčele klepanjem kad se roje; **II.** *vi* zvoniti, ječati, brujati
tang[3] [tæŋ] *s bot* morska (smeđa) alga
tangent [ˈtændʒənt] *adj* dodirni, koji se dodiruje (*to*) | **to be ~ to** dodirivati
tangent [ˈtændʒənt] *s math* dodirnica, tangenta | *fig* **to fly (go) off at a ~** naglo se udaljiti od teme razgovora itd.
tangent-balance [ˈtændʒəntˌbæləns] *s* kantar, tezulja, vaga
tangential [tænˈdʒenʃəl] *adj* (**~ly** *adv*) dodirni, tangencijalni
Tangerine [ˌtændʒəˈriːn] *s* onaj koji je rodom iz Tangera; mandarinka (vrsta naranče)
Tangerine [ˌtændʒəˈriːn] *adj geog* tangerski
tangibility [ˌtændʒiˈbiliti] *s* dodirljivost, opipljivost
tangible [ˈtændʒəbl] *adj* (**tangibly** *adv*) dodirljiv, opipljiv; određen, jasan, očevidan; *jur* stvaran, materijalan, tjelesni; *fig* shvatljiv, dokučiv | **~ property** osobne pokretnine
tangle [ˈtæŋgl] *s* zaplet, zamršenost, smetenost, pometnja, zbrka; zamršavanje, mršenje, zapletanje; čvor
tangle [ˈtæŋgl] *vt/i* **I.** *vt* zaplesti, preplesti, ispreplesti; upetljati, zapetljati, zamrsiti **II.** *vi* ispreplesti se, pomrsiti se, zamrsiti se
tanglefoot [ˈtæŋglfut] *s US sl* alkohol, viski
tanglesome [ˈtæŋglsəm] *adj* zamršen, zapleten, smeten, zbrkan
tangly [ˈtæŋgli] *adj* zamršen, zapleten, srašten
tanist [ˈtænist] *s hist* izabrani nasljednik keltskog poglavice, obično iz njegova roda
tanistry [ˈtænistri] *s hist* nasljeđivanje keltskog poglavice izborom
tank [tæŋk] *s* čatrnja, cisterna, bazen, hladenac, rezervoar za vodu; *tech* tank (za

vodu, ulje itd.); *mil* tenk; *rly* spremište za vodu u tenderu
tank [tæŋk] *vt/i* napuniti vodom i dr., tankirati
tankage [ˈtæŋkidʒ] *s* spremanje, čuvanje tekućine u cisternama, tankovima; pristojba za čuvanje u tanku; zapremnina, volumen tanka; vrsta gnojiva dobivena od otpadaka životinjskih masnoća
tankard [ˈtæŋkəd] *s* srebrni (kositreni) vrč s poklopcem (npr. za pivo)
tank-car [ˈtæŋkaː] *s rly* cisterna
tank-engine [ˈtæŋkˌendʒin] *s rly* lokomotiva s tenderom
tanker [ˈtæŋkə] *s mar* tanker, brod-cisterna za prijevoz nafte; kamion cisterna; *mil* tenkist, pripadnik oklopnih jedinica
tank-lorry [ˈtæŋkˌlɔri] *s GB mot* auto-cisterna
tankodrome [ˈtæŋkədrəum] *s mil* mjesto za parkiranje tenkova, tenkovski park
tank-truck [ˈtæŋktrʌk] *s rly* cisterna
tannable [ˈtænəbl] *adj* koji se može strojiti (činiti, štaviti)
tannage [ˈtænidʒ] *s* strojenje, činjenje, štavljenje (kože); stroj, trijeslo
tanned [tænd] *adj* štavljen, strojen (o koži); opaljen, preplanuo; smeđ, žutosmeđ, tamne puti
tanner¹ [ˈtænə] *s* strojar (koža), kožar
tanner² [ˈtænə] *s GB sl* kovani novac od šest penija (pol šilinga)
tannery [ˈtænəri] *s* strojnica, kožarnica
tannic [ˈtænik] *adj* taninski, koji se odnosi na trijeslovinu | *chem* ~ **acid** tanin
tanning [ˈtæniŋ] *s* strojenje, činjenje, štavljenje
tansy [ˈtænzi] *s bot* vratić (porodica glavočika, *Tanacetum vulgare*)
tantalization [ˌtæntəlaiˈzeiʃn] *s* Tantalove muke
tantalize [ˈtæntəlaiz] *vt* mučiti, kinjiti, moriti
tantalizing [ˈtæntəlaiziŋ] *adj* (~**ly** *adv*) koji muči, kinji; mučan, bolan
tantalum [ˈtæntələm] *s Lat chem* tantal
tantalus [ˈtæntələs] *s ornith* nesit
tantamount [ˈtæntəmaunt] *pred adj* sličnog, istog značenja; iste, jednake vrijednosti (*to* sa) | **to be** ~ **to** biti jednak čemu, svoditi se na što
tantara [tænˈtaːrə] *s* fanfara
tantivy [tænˈtivi] *s arch* lovački zov, povik, uzvik; bijesan trk, hujanje
tantivy [tænˈtivi] *adj arch* brz, strelimičan
tantivy [tænˈtivi] *vi* juriti, hujati
tantrum [ˈtæntrəm] *s* zlovolja, srdžba, bijes
tan-yard [ˈtænjaːd] *s* tvornica koža, kožara
tap¹ [tæp] *s* pipac, pipa; *GB* slavina; čep, vranj (bačve i dr.); piće; *med* cjevčica; *tech* svrdlo za bušenje; loza (zavoja, vijka); *fam* krčma; (uređaj za) prisluškivanje telefonskih razgovora | **on** ~ načet; s pipcem (rupom); **you know the** ~ ti si već pio to piće; **wine on** ~ vino koje se toči iz bačve (ne u buteljama)
tap¹ [tæp] *vt/i* načeti, otvoriti, otočiti (bačvu); *med* punktirati; urezati i izvući (sok iz stabla); uklopiti u svoj djelokrug, u interesnu sferu (kraj, područje itd.); izmoliti koga (*for* što); iskoristiti, eksploatirati koga; načeti (temu, predmet); prisluškivati telefonske razgovore; *tech* izbušiti unutarnju lozu (na vijku)
tap² [tæp] *s* 1. lak udarac, kuckanje (*at*, na) 2. potplat cipela; (za)krpa
tap² [tæp] *vt/i* lako udariti, dirnuti, kvrcnuti, potapšati, klopiti, kucati, kucnuti (*at* na); metnuti nove potplate (na cipele); pođoniti
tap-dance [ˈtæpdaːns] *s* stepovanje (ples)
tap-dance [ˈtæpdaːns] *vi* stepovati (plesati)
tape [teip] *s* vrpca, traka, pruga; magnetofonska vrpca; *sl* rakija | **red** ~ crvena vrpca za vezanje službenih spisa; *fig* birokratizam; **to breast the** ~ proći kroz cilj (u trčanju)
tape [teip] *vt* snabdjeti vrpcom, trakom itd., svezati vrpcom; prošiti knjigu vrpcom; mjeriti vrpcom za mjerenje; *med* poviti (učvrstiti) širokim flasterom; snimiti na magnetofonsku vrpcu, snimiti magnetofonom; snimiti na magnetoskop
tape-deck [ˈteipdek] *s* magnetofon (kasetofon) bez zvučnika (dio hi-fi sistema)
tape-line [ˈteiplain] *s* krojački centimetar, mjerna vrpca
tape-machine [ˈteipməˌʃiːn] *s* automatski telegrafski aparat; magnetofon
tape-measure [ˈteipˌmeʒə] *s* krojački centimetar
taper [ˈteipə] *s* tanka voštana svijeća
taper [ˈteipə] *adj poet* zašiljen, zaoštren; koničan
taper [ˈteipə] *vi/t* biti zaoštren, zašiljivati (se), tanjiti (se), stanjivati (se)
taper off [ˈteipərˈɔf] *vt/i* 1. stanjivati (se), zašiljivati (se) u klin; nestajati, prestajati
tape-recorder [ˈteipriˌkɔːdə] *s* magnetofon
tapering [ˈteipəriŋ] *adj* (~**ly** *adv*) zašiljen, zaoštren, koničan, klinovit
taperwise [ˈteipəwaiz] *adv* šiljasto, ušilj
tapestry [ˈtæpistri] *s* goblen, zidni ćilim, tapiserija
tapestry [ˈtæpistri] *vt* pokriti zid goblenima, ukrasiti zid tapiserijom
tapeworm [ˈteipwəːm] *s zool & med* trakavica
tapioca [ˌtæpiˈəukə] *s cul* tapioka (brašno iz korijena kasave)
tapir [ˈteipə] *s zool* tapir
tapis [ˈtæpiː] *s Fr* ćilim, sag, tapet | **to be (come) on the** ~ (biti) doći na tapet; biti predmet razgovora
tapist [ˈteipist] *s fig* birokrat
tappet [ˈtæpit] *s tech* ventilski podizač, poluga, izbočina na transmisiji, palac, ozib

tapping [ˈtæpiŋ] *s tech* izrezivanje loze (na vijku); *med* ubod u tijelo radi ispuštanja tekućine
tap-room [ˈtæprum] *s* točionica
tap-root [ˈtæpruːt] *s* glavni korijen
taps [tæps] *s pl US mil* povečerje
tapster [ˈtæpstə] *s* pipničar
tar[1] [taː] *s* 1. katran, paklina | **a touch of the ~ brush** primjesa crnačke krvi; *US* **Tarheel State** Sjeverna Karolina
tar[2] [taː] *s coll* mornar | **a jolly (jack) ~** mornar; **an old weather-beaten ~** stari morski vuk
tar [taː] *vt* premazati katranom | **~red with the same brush** s istim manama i nedostacima, našla krpa zakrpu, jednaki; **to ~ and feather** namazati koga katranom i posipati perjem (javno sramoćenje)
taradiddle [ˈtærədidl] *s GB coll* laž, izmišljotina, hvastanje
taratantara [ˌtærəˈtæntərə] *s* ječanje trublje, fanfara
taraxacum [təˈræksəkəm] *s bot* maslačak; *med* lijek od maslačka
tar-brush [ˈtaːbrʌʃ] *s* četka za mazanje katranom
tardiness [ˈtaːdinis] *s* sporost, tromost, lijenost; *US sch* zakašnjenje; oklijevanje
tardy [ˈtaːdi] *adj* (**tardily** *adv*) polagan, spor, trom, lijen; *US sch* koji kasni, zakasnio
tare[1] [tɛə] *s* grahorica; *pl* kukolj; *fig* loš utjecaj
tare[2] [tɛə] *s com* tara, težina ambalaže | **~ and tret** propisi za odbitak tare
tare [tɛə] *vt com* odbiti taru od cjelokupne težine robe, tarirati
targe [taːdʒ] *s hist* malen okrugao štit
target [ˈtaːgit] *s hist* malen okrugao štit; cilj, meta; norma; *rly* okrugla signalna ploča na skretnici | **to hit the ~** pogoditi cilj; *fig* dostići normu; *fig* **~ for tonight** djevojka, draga; **~ practice** gađanje
targeteer [ˌtaːgiˈtiə] *s hist* pješak sa štitom
tariff [ˈtærif] *s* tarifa, cjenik, pristojba (na carini, željeznici i dr.), carinska tarifa; carina
tariff [ˈtærif] *vt* odrediti pristojbu (carinu, vozarinu i dr.), tarifirati
tariff-rate [ˈtærifreit] *s* tarifna (carinska) stopa
tarmac [ˈtaːmæk] *s* asfaltna površina ceste i (*GB*) aerodroma; asfaltna smjesa
tarn [taːn] *s* gorsko jezerce
tarnish [ˈtaːniʃ] *vt/i* **I.** *vt* oduzeti sjaj (boju), pomutiti, činiti nejasnim (tamnim), zaslijepiti **II.** *vi fig* okaljati (dobar glas), postati mutan (bez sjaja), zamagliti se, poblijediti, zarđati; *fig* oslabiti
tarnish [ˈtaːniʃ] *s* zamagljivanje, gubljenje boje (sjaja); *fig* mrlja, ljaga; prevlaka, obloga
tarp [taːp] *s US & Aust coll* → **tarpaulin**
tar-paper [ˈtaːˌpeipə] *s* ter-papir
tarpaulin [taːˈpɔːlin] *s* nepromočiva tkanina (*esp* jedrenina), cerada; mornarski šešir; *arch* mornar
tarpon [ˈtaːpɔn] *s ichth* tarpon (morska riba, poznata lovina uz južnu obalu *US*, *Tarpon atlanticus*)
tarradiddle [ˈtærədidl] *s* → **taradiddle**
tarragon [ˈtærəgən] *s bot* tarkanj (*Artemisia dracunculus*)
tarrock [ˈtærək] *s ornith* čigra, troprsti (islandski) galeb
tarry [ˈtaːri] *adj* katranav, katranast, pokatranjen
tarry [ˈtæri] *vi/t lit* 1. zadržati se, ostati, zatezati, oklijevati, krzmati; zabaviti se (*at*, *in*) 2. čekati, iščekivati (često sa *for*)
tarsus [ˈtaːzəs] *s anat* gležanj, gnjat, članak
tart [taːt] *s* kolač; *GB* pita od voća; *sl* bludnica, razvratnica, drolja, djevojčura, kurva
tart [taːt] *adj* [**~ly**) ljut, oštar, opor, kiseo; *fig* oštar, strog, žestok, ujedljiv, zlovoljan, osoran
tart [taːt] *vt* | *GB* **coll to ~ up** nakinđuriti (se), neukusno dekorirati
tartan[1] [ˈtaːtən] *s* tartan (škotska karirana šarena vunena tkanina); ogrtač, plašt od tartana (s uzorkom za oznaku plemena); škotski brđanin; *pl* škotske trupe
tartan[2] [ˈtaːtən] *s mar* tartana (vrsta ribarskog jedrenjaka s jednim jarbolom)
tartan [ˈtaːtən] *adj* načinjen od tartana
Tartar (Tatar) [ˈtaːtə] *s* Tatarin; *fig* divljak, napržica, usijana glava | *fig* **to catch a ~** namjeriti se na pravoga (jačega), naići na zlo, nagrajisati
Tartar (Tatar) [ˈtaːtə] *adj* tatarski
tartar [ˈtaːtə] *s* srieš, birsa; zubni kamenac
Tartarian [taːˈtɛəriən] *adj* podzemni, pakleni; tatarski
tartaric [taːˈtærik] *adj* sriješni, birsin | *chem* **~ acid** vinska kiselina
tartarize [ˈtaːtəraiz] *vt* nasititi (čistiti) sriješem (birsom)
tartlet [ˈtaːtlit] *s* tortica, kolačić
tartness [ˈtaːtnis] *s* oporost, trpkost, kiselost; *fig* osornost, oštrina, zajedljivost
task [taːsk] *s* zadatak, zadaća; rad, posao | **to take a p to ~** pozvati koga na odgovornost, tražiti račun od koga o čemu, ukoriti koga; **to set a p a ~** postaviti komu zadatak
task [taːsk] *vt* zadati posao, odrediti zadatak (zadaću), dati posla, zaposliti; opteretiti, napregnuti (snage, um itd.); iziskivati što, tražiti što
task-force [ˈtaːskˈfɔːs] *s mil* grupa, odred
taskmaster [ˈtaːskˌmaːstə] *s* poslodavac, nadglednik posla; nadglednik kmetova na vlasteoskom imanju; nadzornik nad osuđenicima, robijašima; *fig* »žandar«

task-mistress [ˈtaːskˌmistris] *s* poslodavka, nadglednica posla
task-work [ˈtaːskwəːk] *s* zadani posao, prisilan rad; tegotan, mučan rad; rad po komadu, akordni rad
tassel [ˈtæsl] *s* kita, resa, rojta; *bot* brada kukuruza; svilena vrpca kao znak u knjizi
tassel [ˈtæsl] *vt* uresiti kitama, resama
tastable [ˈteistəbl] *adj* koji ima neki okus (tek), koji se može okusiti
taste [teist] *s* 1. okus (kao ćutilo i kao svojstvo), tek; kušanje 2. zalogaj, komadić čega (*of*); gutljaj, kapljica 3. ukus (napose u književnosti i umjetnosti) 4. naklonost, volja, veselje, osobita ljubav (*for* za) | **~s differ** ukusi su različiti; **there is no accounting for ~s** svatko ima svoj ukus; **to leave a bad ~ in the mouth** ostaviti neugodan okus u ustima; *fig* ostaviti loš dojam; **it is a matter of ~** stvar je ukusa; **there was a ~ of sadness in her remark** osjećao se trag tuge u njezinim riječima; **a ~** malo, malko
taste [teist] *vt/i* **I.** *vt* okusiti, kušati; probati, ispitati, iznaći; kušati, jesti male zalogaje; jesti, piti; osjetiti, oćutjeti; iskusiti, doživjeti; okušati; uživati **II.** *vi* prijati, ići u slast; imati tek, okus (*of* od, na); *fig* mirisati, vonjati, osjećati se
taste-bud [ˈteistbʌd] *s anat* okusni pupoljak na jeziku
tasteful [ˈteistful] *adj* (**~ly** *adv*) ukusan (& *fig*); tečan, slastan
tastefulness [ˈteistfulnis] *s* ukusnost; tečnost, slasnost
tasteless [ˈteistlis] *adj* (**~ly** *adv*) neukusan, netečan, bljutav, neslan
tastelessness [ˈteistlisnis] *s* neukusnost, netečnost, bljutavost, neslanost
taster [ˈteistə] *s* kušač; degustator; *fam* skrbnik; *tech* pehar za kušanje; štapić za ispitivanje kakvoće maslaca, sira i dr.; pipeta
tastiness [ˈteistinis] *s* ukusnost, tečnost
tasty [ˈteisti] *adj coll* (**tastily** *adv*) ukusan; tečan, slastan; *fig* s puno ukusa, ukusan
tat [tæt] *vi/t* **I.** *vi* baviti se izrađivanjem čipaka čunkom **II.** *vt* izrađivati čipke čunkom
tata [ˌtæˈtaː] *interj* (u dječjem govoru i *coll*) pa-pa!, zbogom!
Tatar [ˈtaːtə] *s* & *adj* → **Tartar**
tatter [ˈtætə] *s* dronjak, krpa, prnja, odrpina | *fig* **to tear to ~s** razderati, raščupati; **in ~s** poderan, pohaban; **rags and ~s** dronjci, prnje, krpe, odrpine
tatterdemalion [ˌtætədəˈmeiliən] *s* dronjo, odrpanac, prnjavac
tattered [ˈtætəd] *adj* odrpan, dronjav, pohaban, poderan
tattery [ˈtætəri] *adj* → **tattered**
tatting [ˈtætiŋ] *s* izrađivanje čipaka čunkom
tattle [ˈtætl] *s* brbljanje, naklapanje, ćeretanje, ogovaranje
tattle [ˈtætl] *vi/t* brbljati, naklapati, ćeretati, ogovarati; izbrbljati, izblebetati
tattler (tatler) [ˈtætlə] *s* brbljavac, ćaskalo, pričalo, blebetuša; *ornith* vivak
tattling [ˈtætliŋ] *adj* (**~ly** *adv*) brbljav, jezičav
tattoo[1] [təˈtuː] *s mil* bubnjanje ili trubljenje na počinak, povečerje; večernja priredba | **to beat the devil's ~** nestrpljivo bubnjati prstima i sl.
tattoo [təˈtuː] *vi mil* svirati povečerje
tattoo[2] [təˈtuː] *s* tetoviranje, tetovacija
tattoo [təˈtuː] *vt* tetovirati
tatty [ˈtæti] *s Ind* prostirač, pokrivač od cuscus trave (vješa se na prozore da se rashladi i namiriše zrak u sobi)
taught [tɔːt] *pret* & *pp* od **teach**
taunt [tɔːnt] *adj mar* vrlo visok (o jarbolu); potpuno opremljen, opskrbljen priborom
taunt [tɔːnt] *s* ruganje, podrugivanje, ismijavanje, bockanje; korenje; predmet poruge (prijekora), ruglo
taunt [tɔːnt] *adv mar* potpuno opremljeno
taunt [tɔːnt] *vt* bockati, ismijavati koga, rugati se komu; kuditi, koriti koga | **to ~ a p with** prekoravati koga zbog čega
taunting [ˈtɔːntiŋ] *adj* (**~ly** *adv*) podrugljiv, zajedljiv, posprdan; izazovan
taut [tɔːt] *adj* (**~ly** *adv*) *mar* (o užetu) zategnut, nategnut, napet; (o brodu) u dobru stanju, uredan
tauten [ˈtɔːtn] *vt/i* zategnuti (se), pritegnuti (se)
tautness [ˈtɔːtnis] *s* zategnutost, nategnutost, napetost
tautologic [ˌtɔːtəˈlɔdʒik] *adj* (**~ally** *adv*) koji znači isto, tautologijski
tautologism [tɔːˈtɔlədʒizəm] *s* tautologija
tautologize [tɔːˈtɔlədʒaiz] *vi* govoriti isto drugim riječima
tautologous [tɔːˈtɔləgəs] *adj* → **tautologic**
tautology [tɔːˈtɔlədʒi] *s* → **tautologism**
tavern [ˈtævən] *s lit* gostionica, krčma
taw [tɔː] *s* igra špekulama; granična crta u igri špekulama; špekula, kliker
taw [tɔː] *vt* strojiti sirovu kožu bez tanina ili trijeslovine, strojiti je na bijelo
tawdriness [ˈtɔːdrinis] *s* napirlitanost, jeftin sjaj, kričavost, bezvrijednost
tawdry [ˈtɔːdri] *s* 1. bezvrijedan nakit, drangulije, šljokice, lažan sjaj
tawdry [ˈtɔːdri] *adj* (**tawdrily** *adv*) blistav, šaren, neukusno napirlitan; *fig* bezvrijedan
tawer [ˈtɔːə] *s* onaj koji stroji bijele kože
tawery [ˈtɔːəri] *s* strojenje bijelih koža
tawny [ˈtɔːni] *adj* žutosmeđ, smeđastožut, trijeslene boje
taws(e) [tɔːz] *s Scot* remen, kaiš, bič | **to get the ~** dobiti batina

tax [tæks] *s* 1. državni porez, carina, daća, dažbina, oporezovanje; pristojba, taksa 2. *fig* breme, teret, opterećenje, opterećenost; jako naprezanje | **income** ~ porez na dohodak, na prihod, dohodarina; **direct** ~ izravni porez; **indirect** ~ neizravni porez; **estate** ~ porez na nasljedstvo; **turn-over** ~ porez na promet; ~ **return** porezna prijava; **stamp** ~ biljegovina

tax [tæks] *vt* 1. procijeniti, ocijeniti; razrezati porez, udariti porez, oporezovati; *US* zaiskati cijenu 2. *jur* odrediti troškove, taksirati 3. *fig* opteretiti, naprtiti 4. okriviti, pripisati komu; spočitnuti; zaokupiti, napregnuti | **cannot** ~ **my memory** ne mogu se nikako sjetiti (činjenice); **I will not** ~ **your patience** neću zloupotrebljavati vašu strpljivost, neću vam dosađivati; *US coll* **what will you** ~ **me?** koliko ćete mi računati?

tax with ['tæks'wið] *vt* 1. okriviti, okrivljavati, obijediti koga za što 2. predbacivati komu što

taxability [ˌtæksə'biliti] *s* podložnost oporezovanju, taksi itd.

taxable ['tæksəbl] *adj* (**taxably** *adv*) koji je obvezan plaćati porez, podložan porezu (carini); *jur* koji je obvezan (dužan) platiti pristojbu, troškove itd.

taxation [tæk'seiʃn] *s jur* procjenjivanje, procjena, određivanje troškova; taksiranje; *pl* porez

tax-collector ['tækskəˌlektə] *s* poreznik

tax-dodger ['tæksˌdɔdʒə] *s* utajivač poreza

tax-free [ˌtæks'friː] *adj* oslobođen od poreza

tax-gatherer ['tæksˌgæðərə] *s* poreznik

taxi ['tæksi] *s* taksi, auto-taksi

taxi ['tæksi] *vi/t* **I.** *vi* voziti se u taksiju 2. *aero* kliziti po vodi, letjeti po zemlji prije uzleta ili poslije letenja, rulati **II.** *vt* prevoziti (prenositi) u taksiju

taxi-cab ['tæksikæb] *s* taksi, auto-taksi

taxi-dancer ['tæksiˌdaːnsə] *s* taksi-gerla (plaćena plesna partnerica u noćnom lokalu)

taxidermal [ˌtæksi'dəːml] *adj* koji se tiče guljenja i nadijevanja životinja

taxidermic [ˌtæksi'dəːmik] *adj* → **taxidermal**

taxidermist ['tæksidəːmist] *s* nadjevač životinja

taxidermy ['tæksidəːmi] *s* vještina guljenja i nadijevanja životinja

taximeter ['tæksiˌmiːtə] *s* taksi-brojilo

taxin ['tæksin] *s* taksin, smolasta tvar od tisova lišća

taxi-rank ['tæksiræŋk] *s* stajalište taksija

taxis ['tæksis] *s Gr med* ponovno namještanje zgloba, zglavka, gležnja itd. pritiskom ruke; odred vojske (manji ili veći) u staroj Grčkoj; *zool* podjela, klasifikacija; *gram* raspored, poredak

taxless ['tækslis] *adj* oslobođen od poreza

taxonomy [tæk'sɔnəmi] *s bot & zool* nauka o sustavu, o klasifikaciji (biljaka ili životinja)

taxpayer ['tæksˌpeiə] *s* porezni obveznik

tchick [tʃik] *s* cokac, cokanje jezikom

tchick [tʃik] *vi* coknuti jezikom

tea [tiː] *s* čaj | **black** ~ fermentiran čaj; **green** ~ samo na suncu sušeni čaj; *GB* **afternoon** ~ mala užina s čajem u pet sati; *GB* **high** ~, **meat** ~ večera (zapravo glavni obrok dana) s čajem oko šest sati; **beef-**~ krepka goveđa juha, bujon

tea [tiː] *vi/t* **I.** *vi* piti čaj; užinati, večerati **II.** *vt* pogostiti čajem, večerom

tea-bag ['tiːbæg] *s* čaj u vrećici

tea-caddy ['tiːˌkædi] *s* čajnica, kutija za čaj

tea-cake ['tiːkeik] *s* čajni biskvit

teach [tiːtʃ] *vt* (taught, taught) poučavati, učiti koga, naučiti; priučiti, obučavati, vježbati, navikavati, uvježbati, trenirati | **I will** ~ **him a lesson** ja ću njega naučiti, pokazat ću ja njemu; *US* **to** ~ **school** baviti se učiteljskim (nastavničkim) radom

teachable ['tiːtʃəbl] *adj* koji se da (može) naučiti; poslušan

teacher ['tiːtʃə] *s* učitelj, učiteljica; nastavnik, nastavnica; profesor, profesorica

tea-chest ['tiːtʃest] *s* sanduk za čaj (eksportni)

teach-in ['tiːtʃin] *s* neslužbeni (*esp* protestni) seminar

teaching ['tiːtʃiŋ] *s* poučavanje, učenje; pouka, nauka, obuka; učiteljsko (nastavničko, profesorsko) zvanje | ~ **hospital** klinika

tea-cloth ['tiːklɔθ] *s* 1. stolnjak 2. kuhinjska krpa

tea-cup ['tiːkʌp] *s* šalica za čaj | *fig* **storm in a** ~ bura u čaši vode

tea-fight ['tiːfait] *s GB coll* → **tea-party**

tea-garden ['tiːˌgaːdn] *s* vrtni čajni restoran

tea-gown ['tiːgaun] *s* poslijepodnevna kućna haljina domaćice

tea-house ['tiːhaus] *s* čajana (u Istočnoj Aziji)

teak [tiːk] *s bot* tikovina (vrlo tvrdo drvo iz jugoistočne Azije)

tea-kettle ['tiːˌketl] *s* čajnik

teal [tiːl] *s ornith* krža, kržulja (vrsta divlje patke)

tea-leaf ['tiːliːf] *s* list čaja; *pl* čajni talog; *fig* škart

team [tiːm] *s* sprega, zaprega (konja), jaram (volova); jato (pticâ); *sport* momčad, igrači, tim; skup, odio, partija, šihta radnika na istom poslu

team [tiːm] *vt* zapreći, upreći; ujarmiti; prevoziti što zapregom; izdati posao (gradnju kuće, ceste i dr.) poduzimaču, grupi radnika i sl.

teaming [ˈtiːmiŋ] *s coll* sistem kolektivnog upošljavanja radnika kod građevinskih poduzetnika
team spirit [ˈtiːmˌspirit] *s* kolektivni duh; osjećaj drugarske solidarnosti
teamster [ˈtiːmstə] *s* kočijaš, vlasnik zaprega; kirijaš; *US* član (moćnog) Sindikata transportnih radnika
teamwise [ˈtiːmwaiz] *adv* skupa, u zapregu
team-work [ˈtiːmwəːk] *s* skupni rad, rad s udruženim snagama, ekipni rad
tea-party [ˈtiːˌpaːti] *s* čajanka
tea-pot [ˈtiːpɔt] *s* čajnik
teapoy [ˈtiːpɔi] *s Ind* tronožan ili četveronožan stolić za čaj
tear [tiə] *s* suza; kap poput suze | **in ~s** zaplakan, plačući; **to shed ~s** roniti suze; **crocodile ~s** krokodilske suze; **~s of strong wine** kapi što se stvaraju u čaši vina koja nije sasvim puna; **to laugh to ~s** smijati se do suza; **until the ~s run** do suza (*her Bible lessons made her yawn until the ~s ran*); **to burst into ~s** briznuti u plač; **~s gushed into her eyes** suze joj navreše na oči
tear [tɛə] *s* 1. deranje, prodor; poderotina; pukotina; napuklina, rascjep 2. žurba, žurenje, hitnost, preša, brzina, naglost; bijes, bjesnilo; *US sl* veselje, veselost
tear [tɛə] *vt/i* (tore, torn) **I.** *vt* 1. derati, poderati, proderati, izderati, razderati, raskomadati 2. raskinuti, prekinuti, (is)kidati 3. trgati, rastrgnuti 4. vući, natezati, trzati, trgati, drapati (*lit* & *fig*), **satrti II.** *vi* 1. trzati, vući (*at* za što), kidati se, prekidati se 2. cijepati se, poderati se 3. pucati, pući 4. juriti, letjeti (*through* kroz); hujati, bjesnjeti | **to ~ one's hair** čupati sebi kosu, pobjesnjeti; **to ~ open** otvoriti trganjem, rasporiti, razderati; **to be torn between** nalaziti se između dvije vatre, kolebati se; **to ~ to pieces** raskomadati, rastrgati; **he has torn his finger** ranio je prst
tear across [ˈtɛərəˈkrɔs] *vi* poderati se uzduž i poprijeko; pretrčati, pobjeći, odjuriti ispred čega
tear along [ˈtɛərəˈlɔŋ] *vt/i* vući, odvući, povući; pojuriti
tear away [ˈtɛərəˈwei] *vt* otrgnuti, otkinuti, silom rastaviti (*from* sa, od) | **to tear oneself away** otrgnuti se, otkinuti se (*she could not tear herself away from the book* nije se mogla otrgnuti od knjige)
tear down [ˈtɛəˈdaun] *vt* skinuti, strgnuti, oderati, razrušiti, porušiti, srušiti, sravniti sa zemljom, razoriti
tear from [ˈtɛəˈfrɔm] *vt* istrgnuti, otkinuti, oteti
tear off [ˈtɛərˈɔf] *vt/i* → **tear away**
tear out [ˈtɛərˈaut] *vt* iščupati, izderati, istrgnuti
tear up [ˈtɛərˈʌp] *vt* razderati, raskinuti, prekinuti, (is)kidati, rastrgnuti, iščupati
tearaway [ˈtɛərəˌwei] *adj GB* silovit, silan; žestok, bijesan, plahovit, neobuzdan; goropadan, pust
tearaway [ˈtɛərəˌwei] *s GB* agresivan mladić, huligan
tear-drop [ˈtiədrɔp] *s* suza
tearful [ˈtiəful] *adj* (**~ly** *adv*) suzan, pun suza, žalostan
tearfulness [ˈtiəfulnis] *s* suznost, žalosnost
tear-gas [ˈtiəgæs] *s* plin suzavac
tearing [ˈtɛəriŋ] *adj* koji trga, razdire; koji se lako kida; bijesan, bjesomučan, pomahnitao, divlji; žestok, nagao, naprasit; silovit, nasilan, strastven, jak
tearless [ˈtiəlis] *adj* bez suza; bešćutan
tearlessness [ˈtiəlisnis] *s* odsutnost suza; bešćutnost
tea-room [ˈtiːrum] *s* soba za posluživanje čaja, čajana, čajni restoran
tea-rose [ˈtiːrəuz] *s bot* čajna ruža
tear-shell [ˈtiəʃel] *s* bomba (granata) s plinom suzavcem
tear-stained [ˈtiəsteind] *adj* umrljan od suza; uplakan, zaplakan
tease [tiːz] *s* zadirkivač, zadjevač; *fam* zadirkivalo, peckalo; mučitelj, napasnik, gnjavator
tease [tiːz] *vt* grebenati, češljati, gargati (lan, konoplju); kudraviti, valjati (sukno, čohu); *fig* dražiti, peckati, zafrkavati, zadirkivati koga, podrugivati se komu, rugati se, ismjehivati; mučiti, gnjaviti, salijetati; *US* »tapirati« (kosu)
teasel (teazel, teazle) [ˈtiːzl] *s bot* češlja, češljuga; *tech* greben, (& *pl*) gargača, suknarska češlja, suknarski čkalj
teasel (teazel, teazle) [ˈtiːzl] *vt* češljati, grebenati, kudraviti, valjati (sukno)
teaseler (teazler) [ˈtiːzlə] *s* onaj koji češlja (grebena, gargaši, valja) sukno
teaser [ˈtiːzə] *s tech* stroj za grebenanje (vune i sl.); zadirkivač, zadjevač; mučitelj; *fig* tvrd orah, teško pitanje, težak problem ili zadatak
tea-service [ˈtiːˌsəːvis] *s* → **tea-set**
tea-set [ˈtiːset] *s* čajni servis
tea-shop [ˈtiːʃɔp] *s* čajana; čajni (bezalkoholni) restorančić
teasing [ˈtiːziŋ] *adj* (**~ly** *adv*) koji služi za grebenanje, češljanje, garganje, kudravljenje, valjanje; koji draži, muči, pecka, zadirkuje; koji se ismijava, podruguje
teaspoon [ˈtiːspuːn] *s* čajna žličica, mala žlica
teaspoonful [ˈtiːspuːnˌful] *s* koliko stane u čajnu (malu) žličicu
tea-strainer [ˈtiːˌstreinə] *s* cjedilo za čaj
teat [tiːt] *s* sisa, bradavica na sisi; *GB* duda (na bočici)
tea-table [ˈtiːˌteibl] *s* stol za čaj
tea-things [ˈtiːθiŋz] *s* čajno posuđe
tea-time [ˈtiːtaim] *s* sat (vrijeme) za čaj

teatlike [ˈtiːtlaik] *adj* koji je poput sise
tea-towel [ˈtiːˌtauəl] *s GB* krpa za suđe
tea-trolley [ˈtiːˌtrɔli] *s GB* stolić za serviranje
tea-urn [ˈtiːəːn] *s* lonac za vruću vodu (za čaj); samovar
tec [tek] *s sl* detektiv
technic [ˈteknik] *adj* → **technical**
technic [ˈteknik] *s* tehnika, vještina, umijeće; *pl* tehnički izrazi, skup metoda, detalji itd.; tehnika, tehničko rukovanje
technical [ˈteknikl] *adj* (~**ly** *adv*) tehnički, zanatski, obrtnički, industrijski; vješt | ~ **college** tehnička visoka škola; ~ **school** obrtnička (zanatska) škola; ~ **term** tehnički termin
technicality [ˌtekniˈkæliti] *s* stručnost, tehnička osobina; tehnička oznaka, metoda, tehničko obilježje; *pl* tehničke pojedinosti, osobitosti, formaliteti, stručni nazivi
technically-minded [ˈteknikəliˈmaindid] *adj* koji ima smisla za tehničke stvari
technician [tekˈniʃn] *s* tehničar, stručnjak, vještak
technicist [ˈteknisist] *s* → **technician**
technique [tekˈniːk] *s Fr* tehnika, metoda, postupak, način izvođenja kakve umjetnosti ili vještine
technocracy [tekˈnɔkrəsi] *s* tehnokracija
technocrat [ˈteknəkræt] *s* tehnokrat
technocratic [ˌteknəˈkrætik] *adj* tehnokratski
technological [ˌteknəˈlɔdʒikl] *adj* tehnološki
technologist [tekˈnɔlədʒist] *s* tehnolog
technology [tekˈnɔlədʒi] *s* tehnologija
techy [ˈtetʃi] *adj* → **tetchy**
ted [ted] *vt* prevraćati, okretati, premetati, razastirati (sijeno i dr.)
tedder [ˈtedə] *s* premetač (čovjek ili sprava koja premeće, okreće sijeno, travu i dr.)
teddy bear [ˈtediˈbɛə] *s* medo (dječja igračka)
tedious [ˈtiːdiəs] *adj* (~**ly** *adv*) dosadan; neugodan, mrzak; dugočasan; zamoran, razvučen, opširan; mučan, tegotan; spor
tediousness [ˈtiːdiəsnis] *s* dosada, zamaranje, sporost, razvučenost
tedium [ˈtiːdjəm] *s* → **tediousness**
tee[1] [tiː] *s* slovo T, predmet u obliku slova T
tee[2] [tiː] *s sport* cilj, meta u igri s kolutima, kuglanju itd.; *golf* startni položaj na početku svake igre, podmetač za loptu na startnom položaju
tee[3] [tiː] *s* pozlaćen ukras u obliku štita (kišobrana) na vrhu pagode
tee [tiː] *vt/i* **I.** *vt golf* postaviti loptu na startni položaj (hrpicu pijeska ili podmetač) **II.** *vi golf* početi igru sa startnog položaja; *fig* početi
tee off [ˈtiːˈɔf] *vi golf* početi igru udaranjem lopte sa startnog položaja; *fig* startati
teem [tiːm] *vt/i* **I.** *vt* roditi, rađati, kotiti, baciti **II.** *vi* biti skotan, zatrudnjeti; biti preobilan čime, obilovati čim preko mjere; bujati, širiti se; biti plodonosan, obilovati; vrvjeti, biti prepun čega
teem [tiːm] *vt* isprazniti, istresti, izliti, lijevati (*into* u, *out of* iz)
teemer [ˈtiːmə] *s* ljevač (u ljevaonici)
teeming [ˈtiːmiŋ] *adj* koji vrvi; krcat, pun (*with* čega); plodan, rodan
teen [tiːn] *s arch* tuga, jad, nevolja, bol; briga, skrb
teen [tiːn] *adj* tinejdžerski
teen-age [ˈtiːneidʒ] *adj* u dobi između 13 i 19 godina; omladinski, mladenački, tinejdžerski
teenager [ˈtiːnˌeidʒə] *s* mladić (djevojka) u dobi između 13 i 19 godina, tinejdžer
teens [tiːnz] *s pl* brojevi i godine od 13 do 19 | **to be in one's** ~ biti u dobi ispod dvadeset godina
teeny [ˈtiːni] *adj* majušan, malešan, malen, sitan, sićušan, nejak
teeter [ˈtiːtə] *vi* njihati se, kolebati se
teeter-totter [ˈtiːtəˈtɔtə] *s US* klackalica
teeth [tiːθ] *s pl* od **tooth**
teethe [ˈtiːð] *vi* probijati, izbijati, rasti (o zubima)
teething [ˈtiːðiŋ] *s* izbijanje zubâ
teeth-ridge [ˈtiːθridʒ] *s phon* dêsni, zubno meso
teetotal [tiːˈtəutl] *adj* (~**ly** *adv*) apstinentski, trezvenjački
teetotalism [tiːˈtəutlizm] *s* apstinencija, trezvenjaštvo
teetotal(l)er [tiːˈtəutlə] *s* apstinent, trezvenjak
teetotum [ˌtiːtəuˈtʌm] *s* kocka sa slovima što se vrti kao zvrk | **like a** ~ poput zvrka
teg [teg] *s zool* ovca u drugoj godini
tegular [ˈtegjulə] *adj* (~**ly** *adv*) poput cigle
tegument [ˈtegjumənt] *s* ovoj, pokrov; *anat* & *zool* sve što pokriva tijelo (koža, kora, štit i dr.); plašt (mekušaca); svlak (zmije)
tegumental [ˈtegjuməntl] *adj anat* & *zool* pokrovni
tegumentary [tegjuˈmentəri] *adj* → **tegumental**
tehee [tiːˈhiː] *s* hihotanje, smijuljenje, prigušeno smijanje
tehee [tiːˈhiː] *vi* hihotati, smijuljiti se, prigušeno se smijati
telamon [ˈteləmən] *s archit* stup u obliku muške figure kao potporanj za balkon itd.
telautograph [teˈlɔːtəgraːf] *s* telautograf, aparat za odašiljanje rukopisa i dr. na daljinu
telecamera [ˌteliˈkæmərə] *s* televizijska kamera
telecast [ˈtelikaːst] *s* televizijska emisija
telecast [ˈtelikaːst] *vt* emitirati televizijskim putem, televizijski prenositi, dati preko televizije

telecaster [ˈteliˌkaːstə] *s* televizijski komentator (spiker)
telecommunication [ˌtelikəˌmjuːniˈkeiʃn] *s* telekomunikacija
telegenic [ˌteliˈdʒenik] *adj* telegeničan (vizualno prikladan za televiziju)
telegony [teˈlegəni] *s biol* telegonija
telegram [ˈteligræm] *s* telegram, brzojav | **by ~** brzojavno; **to hand in a ~** predati brzojav
telegraph [ˈteligraːf] *s* telegraf, brzojav; *sport* ploča za objavljivanje rezultata
telegraph [ˈteligraːf] *vt/i* **I.** *vt* 1. telegrafirati, brzojaviti; *sport* objaviti rezultate **II.** *vi* signalizirati
telegrapher [tiˈlegrəfə] *s* telegrafist
telegraphese [ˈteligraːˈfiːz] *s* telegramski stil
telegraphic [ˌteliˈgræfik] *adj* (**~ally** *adv*) telegrafski, brzojavni
telegraphist [tiˈlegrəfist] *s* telegrafist, telegrafistica
telegraph-line [ˈteligraːflain] *s* brzojavna linija, telegrafska linija
telegraph-pole [ˈteligraːfpəul] *s* telegrafski stup
telegraph-post [ˈteligraːfpəust] *s* → **telegraph-pole**
telegraph-wire [ˈteligraːfˌwaiə] *s* brzojavna žica
telegraphy [tiˈlegrəfi] *s* telegrafija, brzojav
telemeter [ˈtelimiːtə] *s* daljinomjer, telemetar
telemetry [tiˈlemitri] *s radio* telemetrija
teleologic [ˌteliəˈlɔdʒik] *adj phil* & *theol* teleološki, svrhovit
teleology [ˌteliˈɔlədʒi] *s phil* & *theol* teleologija (nauka o svrhovitosti svega na svijetu)
telepathic [ˌteliˈpæθik] *adj* (**~ally** *adv*) telepatski
telepathist [tiˈlepəθist] *s* telepat
telepathize [tiˈlepəθaiz] *vt/i* **I.** *vt* utjecati, djelovati na koga telepatijom **II.** *vi* telepatski djelovati
telepathy [tiˈlepəθi] *s* telepatija
telephone [ˈtelifəun] *s* telefon | **to be on the ~** imati telefonski priključak, imati telefonski aparat, biti na telefonu; **at the ~** na telefonu, na aparatu; **a conversation on the ~** telefonski razgovor; **by ~** telefonom, telefonski; **to ring a p up on the ~** nazvati koga telefonski; **over the ~** preko telefona; **a talk over the long-distance ~** telefonski razgovor na veliku udaljenost
telephone [ˈtelifəun] *vt/i* telefonirati, javiti komu što telefonom, nazvati koga telefonom, govoriti telefonski
telephone-booth [ˈtelifəunˈbuːð] *s* telefonska govornica
telephone-box [ˈtelifəunˈbɔks] *s GB* telefonska govornica
telephone-call [ˈtelifəunˈkɔːl] *s* telefonski zov, zov telefonom
telephone-directory [ˈtelifəundiˈrektəri] *s* telefonski imenik
telephonee [ˌtelifəuˈniː] *s* osoba koju nazivaju (telefonom)
telephone-exchange [ˈtelifəuniksˌtʃeindʒ] *s* telefonska centrala
telephone-operator [ˈtelifəunˈɔpəreitə] *s* telefonist, telefonistica (u centrali)
telephone-receiver [ˈtelifəunriˈsiːvə] *s* telefonska slušalica
telephonic [ˌteliˈfɔnik] *adj* (**~ally** *adv*) telefonski
telephonist [tiˈlefənist] *s GB* telefonist, telefonistica
telephony [tiˈlefəni] *s* telefonija
telephoto [ˌteliˈfəutəu] *adj* koji se tiče daljinskog fotografiranja
telephotograph [ˌteliˈfəutəgraːf] *s* fotografski snimak na daljinu
telephotography [ˌtelifəˈtɔgrəfi] *s* fotografiranje na daljinu
teleprinter [ˈteliˌprintə] *s GB* teleprinter
telescope [ˈteliskəup] *s* teleskop
telescope [ˈteliskəup] *vt/i* urinuti (se) jedno u drugo (kao dalekozor); sklopiti (se)
telescopic [ˌtelisˈkɔpik] *adj* (**~ally** *adv*) teleskopski, koji se može vidjeti samo dalekozorom; koji se može urinuti jedan u drugi, koji se može izvlačiti, sklopiv; *fig* dalekovidan
telescopist [tiˈleskəpist] *s* onaj koji barata teleskopom, teleskopist
telescopy [tiˈleskəpi] *s* teleskopija
telescreen [ˈteliskriːn] *s* televizijski ekran
teletype-setter [ˌteliˈtaipˈsetə] *s print* automatski slagaći stroj na daljinsko upravljanje
teletypewriter [ˌteliˈtaipraitə] *s US* teleprinter
teleview [ˈtelivjuː] *vt* gledati preko televizije
televiewer [ˈtelivjuːə] *s* gledalac televizijskog programa, telegledalac
televise [ˈtelivaiz] *vt* emitirati (prenositi) putem televizije
television [ˈteliˌviʒn] *s* televizija | **~ set** televizijski aparat, televizor
televisor [ˈtelivaizə] *s* televizor
telex [ˈteleks] *s* teleprinterska komunikacija
tell [tel] *vt/i* (told, told) **I.** *vt* 1. *parl* brojiti (glasove) 2. pripovijedati, kazivati, pričati; izustiti, reći; izraziti, očitovati; odati; (o satu) pokazivati, dati (vrijeme) 3. izvještavati, iskazati; priopćiti komu što; doznati, saznati 4. prikazati, iznositi, izlagati; razjasniti, uvjeravati, tvrditi 5. zapovijedati, naređivati, naložiti 6. iznaći, pronaći; objasniti; poznati, raspoznati, razlikovati, razaznati (*by, from* po, od) **II.** *vi* 1. pripovijedati, govoriti, kazivati, izvijestiti (*about, of* o) 2. znati, poznati (*by* po) 3. odati (tajnu); prijaviti 4. djelovati, odraziti se, imati posljedice; (o

utiscima) ispoljavati se, očitovati se, pokazati se, isticati se | *hum* ~ **it not in Gath** čuvaj se da to ne čuje neprijatelj pa da se obraduje; ~ **fortunes** gatati, proricati; **I cannot** ~ **him from his brother** ne razlikujem ga od njegova brata; **to** ~ **one's beads** moliti krunicu; **this** ~**s its own tale** ovo se razumije, jasno je samo po sebi; **to** ~ **tales** izbrbljati; ogovarati, spletkariti; **to** ~ **a lie** lagati; **to** ~ **the truth** pravo da kažem, otvoreno govoreći; **you never can** ~ teško je reći, nikada nisi siguran, izgled vara; **I was told** rekoše mi, čuo sam; **I had him told** dao sam mu reći, poručio sam mu; *sl* **you're** ~**ing me!** kao da ja to ne znam; ne trebaš mi reći; **never** ~ **me!** ne brbljaj mi koješta!; *US* **I'll** ~ **the world** u to sam uvjeren; **I can** ~ **you** uvjeravam vas; **for all we can** ~ koliko mi znamo; **we were told to get up** narediše nam da ustanemo; **he can be told by his hat** lako ga je prepoznati po šeširu; **who can** ~ tko zna; **every shot** ~**s** svaki hitac pogađa

tell apart [ˈteləˈpaːt] *vt* razlikovati

tell off [ˈtelˈɔf] *vt* prebrojiti, izlučiti, izabrati, psovati, grditi, prekoravati

tell on [ˈtelˈɔn] *vi coll* prokazati koga, odati koga

tell over [ˈtelˈəuvə] *vt* prebrojiti, zbrojiti, sračunati, prepričavati

tellable [ˈteləbl] *adj* koji se može kazati (pripovijedati)

teller [ˈtelə] *s* pripovjedač, brojač; *parl* brojitelj (glasova); bankovni blagajnik (na šalteru); *sport* jak, težak udarac (u boksanju)

telling [ˈteliŋ] *s* kazivanje, pripovijedanje; brojenje

telling [ˈteliŋ] *adj* (~**ly** *adv*) koji broji; djelotvoran, uspješan; silan, jak, izrazit

telltale [ˈtelteil] *s* brbljavac, blebetuša, prokazivač, došaptavač, doušnik, izvjestilac; izdajica; ime za razne sprave koje pokazuju, bilježe, broje itd.

telltale [ˈtelteil] *adj* brbljav; izdajnički

tellural [teˈljuərəl] *adj* zemaljski

tellurate [ˈteljurit] *s chem* sol telurske kiseline

tellurian [teˈljuəriən] *adj* zemaljski, koji se odnosi na Zemlju

tellurian [teˈljuəriən] *s* stanovnik Zemlje

tellurion [teˈljuəriən] *s* telurij, sprava koja zorno prikazuje okretanje Zemlje oko Sunca

tellurium [teˈljuəriəm] *s chem* telur

telly [ˈteli] *s GB coll* televizija, televizor

telpher [ˈtelfə] *adj* koji služi za električno prenošenje tereta | ~ **line** žična željeznička pruga

telpher [ˈtelfə] *s* vagončić električne žične željeznice

telpherage [ˈtelfəridʒ] *s* električno prenošenje tereta

temerarious [ˌteməˈrɛəriəs] *adj* (~**ly** *adv*) smion, drzak, odvažan, odlučan, ludo hrabar, nesmotren, nepromišljen, neustrašiv, vratoloman

temerity [tiˈmeriti] *s* smjelost, drskost; nepromišljenost, neustrašivost

temper [ˈtempə] *s* 1. prava mješavina; kakvoća; čvrstoća (gline, ilovače); tvrdoća (metala) 2. prirodna sklonost, narav, temperament, ćud, karakter, značaj; *fig* uzbuđenost, razdraženost, bijes, gnjev 3. svladavanje, spokojnost, staloženost | **to lose one's** ~ rasrditi se, ražestiti se, raspaliti se; **to recover one's** ~ umiriti se; **to keep one's** ~ ostati miran; **out of** ~ zlovoljan; **in good (bad)** ~ dobre (loše) volje; **to show** ~ biti zlovoljan, hirovit; **in a** ~ razjaren; **to have an evil** ~ biti nagle ćudi (naprasit)

temper [ˈtempə] *vt/i* **I.** *vt* miješati, izmiješati; (o piću) razrijediti, razblažiti (*with* čime), ublažiti, umanjiti; modificirati, popraviti, oslabiti (*with* čime); *mus* ublažiti, umjeriti, temperirati, spustiti, sniziti ton; *tech* umijesiti (ilovaču, glinu); umekšati (lijevano željezo), temperirati; stvrdnuti, kaliti, očeličiti (kovinu, napose čelik); razmutiti, smiješati, pripremiti (boje) **II.** *vi* (o metalu) umekšati se, postati gibak, elastičan

tempera [ˈtempərə] *s* → **distemper**

temperable [ˈtempərəbl] *adj* koji se može temperirati, ublažiti

temperament [ˈtempərəmənt] *s* temperament, ćud, narav; *med* konstitucija, stanje; *mus* temperatura, odstupanje od čistoće intervala

temperamental [ˌtempərəˈmentl] *adj* (~**ly** *adv*) temperamentan, poletan, strastan; koji se odnosi na temperament

temperance [ˈtempərəns] *s* umjerenost, trijeznost, uzdržljivost | ~ **hotel** gostionica u kojoj se toče bezalkoholna pića; ~ **drinks** bezalkoholna pića

temperate [ˈtempərit] *adj* (~**ly** *adv*) umjeren, uzdržljiv, trijezan; miran, blag

temperateness [ˈtempəritnis] *s* umjerenost, uzdržljivost; blagost

temperature [ˈtemprətʃə] *s* temperatura, toplina, stupanj topline nekog tijela | **to take one's** ~ mjeriti komu temperaturu

tempered [ˈtempəd] *adj* (~**ly** *adv*) okaljen | **good** ~ dobroćudan

temperedness [ˈtempədnis] *s* umjerenost, uzdržljivost, trijeznost; mirnoća, blagost

tempest [ˈtempist] *s* bura, oluja (& *fig*); uzburkanost; provala, izbijanje, buna | *US* ~ **in a teapot** bura u čaši vode, mnogo buke ni za što

tempest [ˈtempist] *vt/i* **I.** *vt* uzmutiti, uskomešati; *fig* uzburkati, uzbuditi **II.** *vi* bjesnjeti

tempestuous [temˈpestjuəs] *adj* (~**ly** *adv*) buran, bijesan, žestok, silan, plahovit

tempestuousness [tem'pestjuəsnis] *s* burnost, žestokost, plahovitost
template ['templit] *s* → **templet**
templer ['templə] *s hist* templar, član srednjovjekovnog vjerskog viteškog reda; *jur* student prava, pravnik (u Londonu) | *hist* **knights ~s** templari
temple[1] ['templ] *s* hram, templ; crkva; sinagoga | **The Temple** londonska advokatska komora; **Inner Temple, Middle Temple** advokatske komore u Londonu, zgrade u kojima se one nalaze
temple[2] ['templ] *s anat* sljepoočica
temple[3] ['templ] *s tech* naprava koja napinje tkivo na tkalačkom stanu
templet ['templit] *s* kalup, obrazac, šablona; mjera (naprava) za određivanje veličine i oblika nekog predmeta; *mar* klin, zagvozda za nosač ispod kobilice broda
tempo ['tempəu] *s* (*pl* **~s, tempi** ['tempi:]) vrijeme, stupanj brzine; *mus* tempo, brzina
temporal[1] ['tempərəl] *adj* (**~ly** *adv*) vremenski, privremen, zemaljski; svjetovni; *eccl* laički, sekularan | *gram* **~ augment** privremeno produženje početnog vokala; **~ affairs** svjetovni, laički poslovi; *GB* **~ peers** svjetovni perovi (velmože); *hist* **~ power** svjetovna vlast
temporal[1] ['tempərəl] *s* vremensko, svjetovno; laici, svjetovni staleži
temporal[2] ['tempərəl] *adj anat* sljepoočni | **~ bone** sljepoočna kost
temporal[2] ['tempərəl] *s anat* sljepoočna kost
temporality [ˌtempə'ræliti] *s* svjetovnjaštvo, laištvo; *pl eccl* zemaljska (svjetovna) dobra; laici, svjetovni staleži
temporalness ['tempərəlnis] *s* privremenost, svjetovnost
temporary ['tempərəri] *adj* (**temporarily** *adv*) privremen, prolazan
temporization [ˌtempərai'zeiʃn] *s* otezanje, oklijevanje, iščekivanje pogodnijeg vremena i dr.
temporize ['tempəraiz] *vi* otezati, oklijevati, čekati, iščekivati (pogodno vrijeme); ravnati se prema prilikama, prilagoditi se, okretati kabanicu prema vjetru
temporizer ['tempəraizə] *s fig* prevrtljivac, dvoličnjak; čovjek koji okreće kabanicu kako vjetar puše
temporizing ['tempəraiziŋ] *adj* (**~ly** *adv*) koji oklijeva (oteže), koji čeka zgodno vrijeme, koji se okreće prema vjetru, koji se ravna prema prilikama, prevrtljiv, naoko uslužan
tempt [tempt] *vt* kušati, iskušati, staviti na kušnju; napastovati, dovesti u iskušenje, zavoditi, mamiti | **nothing would ~ me to...** ništa me ne bi navelo (ponukalo) da.. ; **I am ~ed to...** baš imam volju, upravo mi se hoće da...
temptable ['temptəbl] *adj* koji se može zavesti
temptation [temp'teiʃn] *s* napast, iskušenje; zavođenje, zamama
tempter ['temptə] *s* napasnik, zavodnik
tempting ['temptiŋ] *adj* (**~ly** *adv*) zavodnički, zamaman, zamamljiv, primamljiv, koji draži
temptress ['temptris] *s* zavodnica, napasnica
ten [ten] *adj* deset | **~ times the man you are** neusporedivo bolji čovjek od tebe; **~ times as easy** deset puta lakše; **~ to one** deset prema jedan; *fig* po svoj prilici, vrlo vjerojatno
ten [ten] *s* deset, desetorica, desetoro; desetak | **the upper ~** gornjih deset tisuća; **by ~s, in ~s** po deset, svakih deset, na desetke
tenability [ˌtenə'biliti] *s* održljivost, čvrstoća, jačina, obranjivost
tenable ['tenəbl] *adj mil* održljiv, koji se može braniti, obranjiv, čvrst, kojim se može služiti
tenacious [ti'neiʃəs] *adj* (**~ly** *adv*) koji se drži zajedno; ljepljiv, otežljiv, smolast; koji se tvrdo drži čega, koji ne pušta; žilav, uporan, tvrd, tvrdoglav, privržen; tvrdokoran; *fig* dobar, vjeran (o pamćenju)
tenacity [ti'næsiti] *s* žilavost, tvrdoglavost, upornost (& *fig*); prionljivost; rastežljivost, izvlačivost (o tkaninama); (o pamćenju) jačina, vjernost
tenail(le) [te'neil] *s Fr fort* kliješta, klještasta utvrda
tenancy ['tenənsi] *s jur* zakup, najam; vrsta posjeda; privremeni posjed; zakupni, zakupljeni posjed; trajanje zakupa ili najma | **joint ~** suvlasništvo; **~ at will** najam koji se može otkazati po volji
tenant ['tenənt] *s* zakupnik, zakupac; stanar, stanovnik | **~ farmer** poljodjelac zakupnik
tenant ['tenənt] *vt* stanovati u zakupu ili najmu; *fig* imati, držati
tenantable ['tenəntəbl] *adj* koji se može dati ili uzeti u zakup, koji se može iznajmiti; prikladan za stanovanje, useljiv
tenanted ['tenəntid] *adj* iznajmljen, izdan u zakup; nastanjen
tenantless ['tenəntlis] *adj* koji nije izdan u zakup, neiznajmljen; nenastanjen, prazan
tenantry ['tenəntri] *s* zakupništvo; *pl* zakupnici
tench [tentʃ] *s ichth* linjak (*Tinca vulgaris*)
tend [tend] *vi* smjerati, ciljati, biti usmjeren, biti upravljen, težiti (*to, towards* k); služiti (*to* čemu); biti sklon, imati tendenciju
tend [tend] *vt/i* **I.** *vt* njegovati, brinuti se za koga; čuvati, paziti (o stadu, o stoci); posluživati (stroj); *mar* okrenuti oko sidra (brod) **II.** *vi* dvoriti, slijediti, pratiti (*on, upon* koga)

tendance [ˈtendəns] *s* čuvanje, njegovanje; posluživanje, dvorenje; pratnja, pratioci
tendency [ˈtendənsi] *s* sklonost, naklonost, težnja, naginjanje, kretanje (*to, towards* k); tok (događaja, stvari, misli itd.), smjer, struja (*in* u); tendencija, svrha, namjera
tendentious [tenˈdenʃəs] *adj* tendenciozan, pristran
tendentiousness [tenˈdenʃəsnis] *s* tendencioznost, pristranost
tender[1] [ˈtendə] *s* njegovatelj, njegovateljica; *rly* tender; *mar* tender, brodić za dovoz živeža i zaliha na veći brod; brodić koji saobraća između većeg broda i obale, brod-pratilac; čamac na brodu; brod za rastovarivanje, za tovarenje u veći brod | *aero* **aircraft** ~ transportni hidroavion
tender[2] [ˈtendə] *s* ponuda, ofert; predračun; dokaz | **legal** ~ zakonito sredstvo plaćanja; **plea of** ~ dokaz optuženika da je uvijek bio pripravan platiti tužitelju utuženu svotu novca; **good** ~ temeljita ponuda; **to invite** ~**s** raspisati ofertalnu licitaciju
tender [ˈtendə] *adj* (~**ly** *adv*) 1. mekan, krt, sipak, dobro kuhan (pečen), topljiv 2. nježan, osjetljiv, fin, suptilan, delikatan; slab, krhak (& *fig*) 3. blag, milostiv, samilostan, dobra srca, ljubazan, usrdan; brižljiv, brižan (*of* za); pomnjiv, obziran | **of** ~ **age** mlad, nezreo
tender [ˈtendə] *vt/i* **I.** *vt* nuditi, ponuditi; pružiti, davati; staviti na raspolaganje; predati, podnijeti; *jur* nastupiti dokaz **II.** *vi* nuditi se, ponuditi se (*for* za); sudjelovati u ofertalnoj licitaciji | **to** ~ **an oath to a p** podnijeti kome prisegu; **to** ~ **one's resignation** podnijeti ostavku
tender-eyed [ˌtendərˈaid] *adj* slaba vida
tenderfoot [ˈtendəfut] *s coll* novajlija, žutokljunac, neiskusan čovjek
tender-hearted [ˌtendəˈhaːtid] *adj* (~**ly** *adv*) mek, blag, milosrdan
tenderloin [ˈtendələin] *s* pisana pečenica, bubrežnjak; dio grada s noćnim lokalima, prostitucijom i sl.
tenderness [ˈtendənis] *s* nježnost, osjetljivost; mekoća, blagost; zabrinutost, obzirnost
tendinous [ˈtendinəs] *adj* žilav
tendon [ˈtendən] *s anat* tetiva, suhožila | ~ **of Achilles** Ahilova peta
tendril [ˈtendril] *s bot* vriježa, hvataljka, izdanak loze, vitica, brk
tenebrous [ˈtenibrəs] *adj arch* taman, mračan
tenement [ˈtenimənt] *s* zakup, zakupljeno zemljište; posjed; kuća, soba, prostorija pod najmom; *poet* stan; *US* stambena zgradurina (s jeftinim stanovima), »najamna kasarna«
tenet [ˈtiːnet] *s* načelo, pravilo, dogma, nauka, doktrina (osobe ili organizacije)
tenfold [ˈtenfəuld] *adj* desetorostruk
tenfold [ˈtenfəuld] *adv* desetorostruko
tenner [ˈtenə] *s GB coll* banknota od deset funti (*US* deset dolara), desetica
tennis [ˈtenis] *s* tenis | **lawn** ~ tenis na travi, na tratini
tennis-ball [ˈtenisbɔːl] *s* teniska lopta
tennis-court [ˈteniskɔːt] *s* tenisko igralište
tennis-elbow [ˈtenisˌelbəu] *s med* teniski lakat
tenon [ˈtenən] *s* šip, pero (u stolariji)
tenor[1] [ˈtenə] *s* smisao, sadržaj, značenje, tenor; pravac, tok, tijek; *jur* istinska, prava namjera; točan prijepis | **even** ~ jednoličnost; **of the same** ~ istog sadržaja, koji se sasvim poklapa
tenor[2] [ˈtenə] *s mus* tenor (glas, pjevač); viola, brač
tenorist [ˈtenərist] *s mus* tenorist
tenpence [ˈtenpəns] *s GB* kovani novac od 10 (novih) penija
tenpin [ˈtenpin] *s* čunj | ~**s** *pl* kuglanje sa 10 čunjeva; ~ **alley** kuglana
tense [tens] *adj* (~**ly** *adv*) nategnut, zategnut, napet (& *fig*); krut
tense [tens] *vt* napeti, zategnuti | ~**d up** napet, nervozan
tenseness [ˈtensnis] *s* napetost, nategnutost
tensibility [ˌtensiˈbiliti] *s* rastežljivost
tensible [ˈtensəbl] *adj* rastežljiv
tensile [ˈtensail] *adj* rastežljiv | *phys* ~ **strength** vučna čvrstoća
tension [ˈtenʃən] *s* napon, napetost, zategnutost, razapetost; *fig* napregnutost, nestrpljivost, napeto stanje; *pol* zategnutost; *el* napon; rastežljivost (plina, pare); pružnost (užeta itd.) | *el* **high** ~ visoki napon
tension [ˈtenʃən] *vt* zategnuti, nategnuti (uže, oprugu); napregnuti (živce itd.)
tensional [ˈtenʃənl] *adj* naponski
tensity [ˈtensiti] *s* napetost
tensive [ˈtensiv] *adj* koji napinje, nateže; koji prouzrokuje stezanje ili natezanje
tensor [ˈtensə] *s anat* pružač (mišić)
ten-strike [ˈtenstraik] *s* obaranje svih 10 čunjeva (u kuglanju); *fig* majstorski potez
tent[1] [tent] *s* šator, čador; *fig* boravište, obitavalište, mjesto stanovanja | **bell** ~ okrugao šator s jednom motkom u sredini; *phot* **dark** ~ pokretna tamna komora za upotrebu na terenu
tent[2] [tent] *s med* smotak gaze (šarpije)
tent[3] [tent] *s* crno španjolsko vino
tent [tent] *vi/t* **I.** *vi* stanovati pod šatorom; logorovati; boraviti, prebivati, stanovati **II.** *vt* smjestiti (pod šator); pokriti (šatorom)
tent [tent] *vt* držati ranu otvorenu (svitkom gaze, šarpije)
tentacle [ˈtentəkl] *s zool & bot* ticalo, pipalo
tentacled [ˈtentəkld] *adj* koji ima ticala

tentacular [ten'tækjulə] *adj* koji je poput ticala, koji pripada ticalu
tentative ['tentətiv] *adj* pokusni, koji pokušava, probni, provizorni
tentative ['tentətiv] *s* pokušaj; pokus, proba
tentatively ['tentətivli] *adv* probno, pokusno; provizorno
tentativeness ['tentətivnis] *s* pokusnost; provizornost
tent-bed ['tentbed] *s* krevet s baldahinom; poljski krevet
tenter[1] ['tentə] *s GB tech* posluživač; strojar, mašinist
tenter[2] ['tentə] *s* razapinjač, okvir za razapinjanje, naprava za sušenje sukna
tenter-hook ['tentəhuk] *s* razapinjač, kuka za razapinjanje | **on ~s** u neizvjesnosti, na mukama, kao na žeravici
tent-fly ['tentflai] *s* krilce na šatoru za zračenje
tenth [tenθ] *adj* (**~ly** *adv*) deseti
tenth [tenθ] *s* desetina, deseti dio; *hist* desetina (porez u naravi); *mus* decima
tent-peg ['tentpeg] *s* šatorski kolčić
tent-pegging ['tentˌpegiŋ] *s Ind* vrsta igre na konjima u kojoj jahač u punom trku kopljem nabada u zemlju zabijen kolčić
tent-pole ['tentpəul] *s* šatorska motka
tenuis ['tenjuis] *s* (*pl* **tenues** ['tenjui:z]) *phon* tenuis, bezvučan, zatvoren glas
tenuity [te'nju:iti] *s* tankoća; rjetkoća, prorijeđenost; nježnost, finoća, vitkost, suptilnost; *fig* jednostavnost, prostodušnost, oskudnost, skučenost
tenuous ['tenjuəs] *adj* tanak, vitak, suh; rijedak, prorijeđen (zrak); nježan, fin, suptilan; *fig* oskudan, siromašan, bijedan, nedovoljan, mršav
tenure ['teˌnjuə] *s jur* pravo (uvjet, naslov) na temelju kojeg se drži neki posjed; posjed, leno; vrijeme trajanja, uživanja posjeda ili položaja, namještenja; *US univ* stalni status sveuč. nastavnika (nepodlijeganje ponovnom izboru) | **military ~** posjed uz koji je vezana obveza služenja u vojsci; **~ at will** zakupni posjed koji se može po volji otkazati
tepee ['ti:pi:] *s* šator ili podugačka kupolasta koliba sjevernoameričkih Indijanaca
tepefy ['tepifai] *vt/i* **I.** *vt* mlačiti, smlačiti **II.** *vi* smlačiti se, postati mlačan
tepid ['tepid] *adj* (**~ly** *adv*) mlak, mlačan (& *fig*)
tepidity [te'piditi] *s* mlakost (& *fig*)
tequila [te'ki:lə] *s* tekila (meksička rakija od agavina soka)
ter [tə:] *adv Lat* triput
teratology [ˌterə'tələdʒi] *s Gr biol* nauka o čudovištima životinjskog i biljnog svijeta
tercel ['tə:sl] *s ornith* sokol (mužjak)
tercentenary [ˌtə:sen'ti:nəri] *adj* tristogodišnji, tristoljetan
tercentenary [ˌtə:sen'ti:nəri] *s* tristogodišnjica
tercentennial [ˌtə:sen'tenjəl] *adj* tristogodišnji, tristoljetan
tercentennial [ˌtə:sen'tenjəl] *s* tristogodišnjica
tercet ['tə:sit] *s* 1. *mus* triola 2. *pros* tercina
terebene ['terəbi:n] *s chem* terbij
terebinth ['terəbinθ] *s bot* terpentinovo stablo, smrdljika
terebinthine [ˌterə'binθain] *adj* terpentinov, kao terpentin
teredo [te'ri:dəu] *s ent* brodotočac (*Teredo navalis*)
tergiversate ['tə:dʒivə:seit] *vi* ševrdati, vrdati, izvrdavati, izgovarati se, okolišati; okretati kaput; odmetnuti se, odvrći se; mijenjati načela ili stranke; proturječiti sebi
tergiversation [ˌtə:dʒivə:'seiʃn] *s* izgovor, izgovaranje, vrdanje, izvrdavanje, izmotavanje; smicalica, odmetništvo; kolebljivost, nepostojanost, neodlučnost, prevrtljivost, nedosljednost
term [tə:m] *s* 1. granica, međa; *geom* krajnja točka, krajnja crta; *arch* kamen-međaš 2. vremenska granica, rok, termin; stanovito razdoblje, vrijeme, rok; *com* platežni rok, vrijeme dospijeća mjenice, termin, zahtjev plaćanja; *GB univ* trimestar, tromjesečje; *GB jur* sesija, period zasjedanja, sudovanja; određeno vrijeme posjedovanja (najma, zakupa); dio godine, kvartal, određen rok; *med* menstruacija, perioda 3. *math* član; *log* pojam 4. termin, stručni izraz; izraz, riječ | **~s** *pl* izrazi, način izražavanja, govora; *com* uvjeti, kondicije; cijena, honorar, odnosi; *GB jur* **Michaelmas ~, Hilary ~, Easter ~** vrijeme zasjedanja i sudovanja, na dan sv. Mihajla, na dan sv. Hilarija, na dan Uskrsa; **to set a ~ to** postaviti komu uvjet; *GB* **to eat one's ~s, to keep one's ~s** spremati se za advokata, studirati pravo; **contradiction in ~s** proturječje, protuslovlje; **in set ~s** utvrđen; **to come to ~s with, to make ~s with** složiti se, sporazumjeti se, nagoditi se, pogoditi se; **to be on good ~s with** paziti se, slagati se, lijepo živjeti, živjeti u dobrim odnosima; **~ of office** vrijeme službovanja; **in ~s of** u govoru, riječima, u obliku, pomoću; **on any ~s** uz ma koje uvjete; **inclusive ~s** zajedno s podvorbom, sa svjetlom; **to be not on ~s with** ne održavati odnose sa; **not on speaking ~s** ne govoriti s kim, biti zavađen s kim; **on easy ~s** u prijateljskim odnosima
term [tə:m] *vt* 1. nazvati, zvati, imenovati, označiti; *arch* svršiti, dokončati, dovršiti
termagant ['tə:məgənt] *s* svadljivica, goropadnica, lajavica, nadžak-baba, aždaja, aspida

termagant [ˈtəːməgənt] *adj* (**~ly** *adv*) svadljiv, čangrizav, lajav
terminable [ˈtəːminəbl] *adj* (**terminably** *adv*) koji se vremenski da ograničiti, odrediti; određen, ograničen vremenski | **~ annuity** anuitet na određeno vrijeme
terminal [ˈtəːminl] *adj* (**~ly** *adv*) koji čini među, granicu; granični; konačni, posljednji, zaključni, krajnji rok, terminski | **~ station** krajnja stanica, terminus; *GB univ* **~ examination** tromjesečni, zaključni ispit; *el* **~ box** priključni ormarić; *med* **~ cancer** rak u zadnjem stadiju
terminal [ˈtəːminl] *s* međa, vrh, kraj, završetak; *tech* zavrtanj za stezanje, za kočenje; *el* pol (u bateriji); *gram* krajnji slog, dočetak, svršetak; *US* krajnja željeznička postaja, stanica; *GB univ* posljednje tromjesečje | **air ~** terminal avionske kompanije
terminally [ˈtəːminəli] *adv* na kraju, na završetku; *GB univ* u svakom tromjesečju
terminate [ˈtəːminit] *adj* ograničen; *math* konačan
terminate [ˈtəːmineit] *vt/i* **I.** *vt* ograničiti, omeđiti; svršiti, dokřajčiti, dokončati, odrediti **II.** *vi* prestati; svršiti se (*in* u), svršavati se (*in* na)
terminating [ˈtəːmineitiŋ] *adj* završni | *el* **~ flange** krajnja prirubnica
termination [ˌtəːmiˈneiʃn] *s* prestajanje, prestanak, svršetak, kraj, konac; zaključak, ishod, rezultat; *gram* dočetak; međa; granica | **to put a ~ to, to bring to a ~** dokrajčiti, učiniti kraj, svršiti
terminational [ˌtəːmiˈneiʃənl] *adj* krajnji, konačni; dočetni, završni
terminative [ˈtəːminətiv] *adj* (**~ly** *adv*) → **terminational**
terminator [ˈtəːmineitə] *s* onaj koji ili ono što ograničuje, svršava
terminer [ˈtəːminə] *s jur* odluka, rješenje; rasprava
terminism [ˈtəːminizm] *s phil* terminizam
terminological [ˌtəːminəˈlɔdʒikl] *adj* (**~ly** *adv*) terminološki
terminology [ˌtəːmiˈnɔlədʒi] *s* terminologija, stručni izrazi, termini
terminus [ˈtəːminəs] *s pl* (**termini** [ˈtəːminai], **terminuses** [ˈtəːminəsiz]) međaš (kamen, stup); kraj, krajnja točka, cilj, meta; *GB rly* krajnja postaja; glavna, polazna postaja | **~ ad quem, ~ a quo** polazna, krajnja točka (diskusije, politike, razdoblja itd.)
termite [ˈtəːmait] *s ent* termit, bijeli mrav
termless [ˈtəːmlis] *adj* bezgraničan, beskonačan; bezuvjetan
tern[1] [təːn] *s ornith* čigra
tern[2] [təːn] *s It* tri izvučena broja (u lutriji, tomboli), terno, troje; takav zgoditak
ternal [ˈtəːnl] *adj* 1. koji se sastoji od tri 2. *math* koji ima tri promjenljive veličine 3. *chem* koji se sastoji od tri elementa
ternary [ˈtəːnəri] *adj* → **ternal**
ternary [ˈtəːnəri] *s* trojka, trojica, troje, tri; *math* broj djeljiv sa 3
ternate [ˈtəːneit] *adj* (**~ly** *adv*) trojni, trodijelni
terne [təːn] *s* besjajni lim
Terpsichorean [ˌtəːpsikəˈriən] *adj fig* plesni
terrace [ˈterəs] *s* terasa, zaravanak koji se stepenasto ponavlja; *geol* povišena površina zemlje; zaravanak na obronku brda; *GB* niz spojenih kuća na uzvisini ili strmini, padini zemljišta; *GB* ime ulice od takvih kuća; galerija uz kuću; velik balkon; veranda; ravan krov na kući
terrace [ˈterəs] *vt* urediti poput terase
terraced [ˈterəst] *adj* terasast | **→ roof** ravan krov
terramycin [ˌterəˈmaisin] *s pharm* teramicin
terrapin [ˈterəpin] *s zool* sjevernoamerička barska kornjača
terraqueous [teˈreikwiəs] *adj* koji se sastoji od kopna i vode
terrene [teˈriːn] *adj* zemaljski, zemni
terrestrial [tiˈrestriəl] *adj* (**~ly** *adv*) zemaljski, kopneni, suhozemni, koji živi na zemlji, na suhom
terrestrial [tiˈrestriəl] *s* onaj koji živi na kopnu; stanovnik zemlje | **~s** *pl* suhozemne, kopnene životinje
terret [ˈterit] *s* podmetač pod kolan (na hamu)
terrible [ˈterəbl] *adj* (**terribly** *adv*) strašan, užasan, grozan, strahovit, jezovit
terrier[1] [ˈteriə] *s* terijer (pas kopač); *GB coll* pripadnik teritorijalnih jedinica
terrier[2] [ˈteriə] *s hist* gruntovnica
terrific [təˈrifik] *adj* (**~ally** *adv*) strašan, strahovit, užasan; *fam* silan, jak, golem, uzbudljiv
terrify [ˈterifai] *vt* strašiti, prestrašiti, užasnuti | **to be terrified** prestrašiti se, bojati se
territorial [ˌteriˈtɔːriəl] *adj* (**~ly** *adv*) kopneni, zemaljski; zemljišni; teritorijalan; koji se odnosi na određeni kraj zemlje, na okrug (predjel, kotar); *US* koji se odnosi na jedan od teritorija | **Territorial Army Force** britanske teritorijalne jedinice
territorial [ˌteriˈtɔːriəl] *s GB* pripadnik teritorijalnih jedinica | **~s** *pl* teritorijalne jedinice
territorialism [ˌteriˈtɔːriəlizm] *s eccl* vjerska jurisdikcija vladara nad svojim podanicima
territorialize [ˌteriˈtɔːriəlaiz] *vt* učiniti teritorijalnim, priključiti kao teritorij države

territory [ˈteritəri] *s* prostor, područje, teritorij, tlo koje zemlje s određenim granicama; *US* područje koje još nije dobilo status savezne države
terror [ˈterə] *s* 1. strah, strava, užas, jeza 2. osoba ili stvar koja ulijeva strah 3. teror, strahovlada 4. *fam* dosadan čovjek; nemiran duh | **the king of ~s** smrt; **in ~** prestravljen, užasnut; **to be ~ to** biti strah i trepet komu; **the reign of ~** strahovlada; **to strike one with ~** utjerati kome strah u kosti
terrorism [ˈterərizm] *s* terorizam, vršenje terora, vladanje zastrašivanjem
terrorist [ˈterərist] *s* terorist, pristaša terora
terrorization [ˌterəraiˈzeiʃn] *s* zastrašivanje, ugnjetavanje, teroriziranje
terrorize [ˈterəraiz] *vt* terorizirati, zastrašiti, zaplašiti, vladati zastrašivanjem, nasiljem
terror-stricken [ˌterəˈstrikn] *adj* užasnut, prestravljen, obuzet strahom i trepetom
terry(-cloth) [ˈteri(klɔθ)] *s text* frotir-materijal
terse [təːs] *adj* (**~ly** *adv*) gladak, uglađen; jednostavan i jasan, kratak, sažet, jezgrovit
tertian [ˈtəːʃn] *adj* koji se vraća svaki drugi (treći) dan, povratni, tercijaran (o groznici, malariji)
tertian [ˈtəːʃn] *s med* tercijalna malarija, povratna groznica; *Scot univ* student treće godine
tertiary [ˈtəːʃəri] *adj* tercijaran, koji pripada trećem redu, koji spada na treće mjesto; *geol* koji pripada trećem razdoblju (tercijaru)
tertiary [ˈtəːʃəri] *s geol* tercijar, kenozojski period, razdoblje stvaranja mrkog ugljena
terylene [ˈterəliːn] *s text GB* terilen
tessellate [ˈtesileit] *vt* obložiti četvorouglastim pločicama ili kockama kao polja na šahovskoj daski; sastaviti (slagati) pločice kao kod mozaika
tessellation [ˌtesiˈleiʃn] *s* oblaganje poput šahovske daske
tessera [ˈtesərə] *s* (*pl* **tesserae** [ˈtesəriː]) kocka; kvadratna pločica
test[1] [test] *s min* lončić za taljenje ili čišćenje kovine; *GB* peć ili talionica za čišćenje kovine (srebra, zlata); proba, ogled, pokus; *hist* zakletva, prisega vjernosti; ispitivanje, prosuđivanje (sposobnosti, kakvoće); *psych* zadatak, upit, pitanje pri ispitivanju inteligencije, test, mjerilo; probni kamen; *chem* pokus, kušanje, ogled, proba, analiza, reagens; *med* pretraga, proba, reakcija; *GB sport* međunarodni susret u kriketu | *fig* **to put to the ~** iskušavati koga; **to stand the ~** biti prokušan, izdržati kušnju, opstati; *hist* **to take the Test** položiti zakletvu vjernosti; *med* **Wassermann ~** Wassermannova reakcija
test[2] [test] *s zool* tvrda kora ili ljuštura (nekih mekušaca)
test [test] *vt* podvrći ispitivanju, iskušavanju (osobu, stvar, svojstvo); metodički i strogo ispitivati; iskušavati (izdržljivost i sl.); *GB* pročišćavati, oplemenjivati (kovinu); *chem* ispitivati, analizirati
testable [ˈtestəbl] *adj* koji se može ispitati, iskušati
testacean [tesˈteiʃn] *s zool* školjkaš
testaceous [tesˈteiʃəs] *adj* koji ima tvrdu koru (ljušturu), školjkast
testacy [ˈtestəsi] *s jur* oporučna ostavština
testament [ˈtestəmənt] *s* 1. zavjet 2. oporuka, posljednja volja | **Old Testament** Stari zavjet; **New Testament** Novi zavjet; **last will and ~** posljednja volja, oporuka
testamental [ˌtestəˈmentl] *adj* → **testamentary**
testamentary [ˌtestəˈmentəri] *adj* (**testamentarily** *adv*) oporučni
testamur [tesˈteimə] *s univ* svjedodžba o položenom ispitu
testate [ˈtestit] *adj jur* koji je učinio oporuku | **to die ~** umrijeti ostavivši oporuku, s oporukom
testate [ˈtestit] *s jur* oporučitelj
testator [tesˈteitə] *s jur* oporučitelj
testatrix [tesˈteitriks] *s* (*pl* **testatrices** [tesˈteitrisiːz]) oporučiteljica
test case [ˈtestkeis] *s jur* ogledni (presedanski) slučaj
test drive [ˈtestdraiv] *s* pokusna vožnja
tester[1] [ˈtestə] *s* nebo, baldahin
tester[2] [ˈtestə] *s* ispitivač, iskušavač; pripremanje, priređivanje pokusa
tester[3] [ˈtestə] *s hist* šiling u doba Henrika VIII; *arch fam* srebrn novčić vrijednosti šest penija
testicle [ˈtestikl] *s anat* mudo
testification [ˌtestifiˈkeiʃn] *s* svjedočenje; svjedočanstvo, dokaz (*to* za, čemu)
testifier [ˈtestifaiə] *s* svjedok
testify [ˈtestifai] *vi/t* **I.** *vi* svjedočiti (*against, to* protiv) **II** *vt jur* posvjedočiti, izjaviti, tvrditi, dokazati komu što pod prisegom (*to a p*)
testimonial [ˌtestiˈməunjəl] *s* svjedodžba, potvrda (o ponašanju itd.); **počasni dar**, počasna nagrada u novcu
testimonialize [ˌtestiˈməunjəlaiz] *vt* dati komu dar u znak počasti; izdati komu svjedodžbu, potvrdu (o ponašanju i sl.)
testimony [ˈtestiməni] *s* svjedočanstvo, dokaz o čemu (*to, of*); *jur* iskaz svjedoka, dokaz svjedocima | **the ~** od Boga dani zakon, Sveto pismo, Otkrivenje; **to bear ~ against** svjedočiti protiv koga; **to call in ~** zvati za svjedoka; *bibl* **the tables of the ~** deset zapovijedi Božjih
testing [ˈtestiŋ] *s* pokus, proba, ispitivanje

testing [ˈtestiŋ] *adj* pokusni, probni | ~ **ground** poligon za ispitivanje vozila
testis [ˈtestis] *s anat* (*pl* **testes** [ˈtestiːz]) mudo
test-match [ˈtestmætʃ] *s sport GB* međunarodni susret u kriketu
test-pilot [ˈtestˌpailət] *s aero* pokusni pilot
test-tube [ˈtesttjuːb] *s chem* epruveta | *med* ~ **baby** dijete začeto umjetnom oplodnjom u epruveti
testudo [tesˈtjuːdəu] *s Rom hist* »kornjača« (zbijena formacija vojnika pokrivenih odozgo svojim štitovima)
testiness [ˈtestinis] *s* razdražljivost, osjetljivost, mrzovolja
testy [ˈtesti] *adj* (**testily** *adv*) razdražljiv, osjetljiv, mrzovoljan, mrk
tetanus [ˈtetənəs] *s med* tetanus, rožac, zligrč, utrnulost, obamrlost
tetchy (techy) [ˈtetʃi] *adj GB* (**tetchily** *adv*) osjetljiv, lako razdražljiv; mrzovoljast, uvredljiv, zajedljiv
tête-à-tête [ˌteitaːˈteit] *s Fr* sastanak u četiri oka
tether [ˈteðə] *s* spona, putilo (za konje); *fig* opseg (znanja, vlasti itd.); područje, polje, granica | **to be at the end of one's** ~ stići do kraja svoje snage, iznemoći, malaksati, ne znati dalje; **to be beyond one's** ~ prelaziti čije snage, sposobnosti
tether [ˈteðə] *vt* sapeti, sputati
tetrachord [ˈtetrəkɔːd] *s mus* tetrakord, četiri zvuka kvarte; lutnja s četiri žice
tetrad [ˈtetræd] *s* broj četiri; komplet od četiri; *chem* element koji veže četiri atoma vodika
tetragon [ˈtetrəgən] *s* četvorokut | **regular** ~ kvadrat, četvorina
tetragram [ˈtetrəgræm] *s* četvoroslov
tetrahedron [ˌtetrəˈhedrən] *s geom* tetraedar, geometrijsko tijelo omeđeno s četiri jednakostrana trokuta
tetralogy [teˈtrælədʒi] *s* tetralogija
tetrameter [teˈtræmitə] *s pros* stih od četiri stope
tetrarch [ˈtetraːk] *s Gr & Rom hist* tetrarh
tetrarchy [ˈtetraːki] *s hist* vladanje zemljom učetvoro
tetrasyllabic [ˌtetrəsiˈlæbik] *adj pros* četvorosložan
tetter [ˈtetə] *s arch & dial* osip, ekcem, lišaj
Teuton [ˈtjuːtən] *s hist* Teuton, pripadnik germanskog plemena, German; *fam* Nijemac
Teutonic [tjuːˈtɔnik] *adj* (~**ally** *adv*) teutonski, germanski; njemački
Teutonic [tjuːˈtɔnik] *s* germanski jezik
teutonism [ˈtjuːtənizm] *s* germanizam; tuđica uzeta iz kojeg germanskog jezika; germanska osobina
teutonization [ˌtjuːtənaiˈzeiʃn] *s* germaniziranje, ponjemčivanje
teutonize [ˈtjuːtənaiz] *vt* germanizirati, ponijemčiti
Texan [ˈteksən] *adj geog* teksaški
Texan [ˈteksən] *s* Teksašanin, Teksašanka
text [tekst] *s* tekst; izvornik, izvorne riječi kojeg pisca, doslovni tekst; mjesto ili citat iz Svetog pisma; predmet, tema, tisak; vrsta tiska
text-book [ˈtekstbuk] *s* udžbenik, školska knjiga; priručnik, uputa
text-hand [ˈteksthænd] *s* krupan zaobljen rukopis
textile [ˈtekstail] *adj* tkan; koji se može tkati; tkalački, tekstilni
textile [ˈtekstail] *s* tkanina, tekstil | ~**s** *pl* tkanine, tkanja, tekstilna roba
textual [ˈtekstjuəl] *adj* (~**ly** *adv*) koji se nalazi u tekstu, koji je prema tekstu; doslovan, bukvalan, od riječi do riječi, tekstualan
textualist [ˈtekstjuəlist] *s* poznavalac teksta, onaj tko se strogo drži teksta (napose Sv. pisma)
textural [ˈtekstʃərəl] *adj* koji se odnosi na tkivo (strukturu, sastav)
texture [ˈtekstʃə] *s* tkanje, tkanina; sastav, kakvoća, struktura (kože, kamena, književnog djela itd.); gustoća (papira); *biol* tkivo, struktura tkiva
Thai [tai] *adj geog* tajlandski, sijamski
Thai [tai] *s* Tajlanđanin, Sijamac; tajlandski jezik
thalidomide [θəˈlidəmaid] *s pharm* talidomid (sedativ) | *med* ~ **baby** dijete bez (ili nepotpunih) udova zbog djelovanja talidomida u toku majčine trudnoće
thallium [ˈθæliəm] *s chem* talij
than [ðæn] *conj* nego, negoli, nego što, no, doli, od (*u komparaciji*)
thanage [ˈθeinidʒ] *s GB hist* rang, dostojanstvo baruna, lensko imanje
thane [θein] *s GB hist* barun, posjednik lenskog dobra u anglosasko doba; *Scot* vlastelin, plemić, tan
thank [θæŋk] *s* (*samo pl*) hvala, zahvaljivanje | ~**s to** zahvaljujući (komu, čemu); **cordial** ~**s** srdačna hvala; **letter of** ~**s** zahvalno pismo; **please accept my** ~**s** molim primite izraz moje zahvalnosti; **to return** ~**s** zahvaliti; **to speak one's** ~**s to a p** izraziti komu zahvalnost; ~**s be God** Bogu budi hvala; **no** ~**s to him** bez njegove pomoći; ~**s to your help** zahvaljujući vašoj pomoći
thank [θæŋk] *vi* zahvaliti (komu) | ~ **you!** hvala!; ~**ing you in anticipation (beforehand, in advance)** zahvaljujući vam unaprijed; *iron* ~ **you for nothing** hvala i na tom; molim, pa ćemo i bez vas; **you may** ~ **yourself for that to** zahvalite (pripišite) sami sebi, sami ste krivi
thankful [ˈθæŋkful] *adj* (~**ly** *adv*) zahvalan
thankfulness [ˈθæŋkfulnis] *s* zahvalnost
thankless [ˈθæŋklis] *adj* (~**ly** *adv*) nezahvalan; neplodan, neunosan

thanklessness ['θæŋklisnis] *s* nezahvalnost; neunosnost
thank-offering ['θæŋkˌɔʃəriŋ] *s bibl* žrtva zahvalnica
thanksgiving ['θæŋksˌgiviŋ] *s* zahvaljivanje, molitva ili žrtva zahvalnica, svetkovina zahvalnosti | *US* **Thanksgiving Day** Dan zahvalnosti Bogu (nacionalni praznik SAD, posljednji četvrtak u studenom)
thankworthy ['θæŋkˌwəːði] *adj arch* pohvalan, zaslužan, koji zaslužuje zahvalnost
that [ðæt] *pron demonst* (*pl* **those** [ðəuz]) taj, ta, to; onaj, ona, ono | **that's right!** tako je!, istina!, točno!; *vulg* da!; *US* **~'s a good boy!** ti si dobar dečko!, tako valja!; **~ may be** (to) može biti; **and ~** i to; **~'s it** tako je pravo, tako treba; **so ~'s ~!** i svršena stvar!; i gotovo!; **~'s so** tako je; **(is) ~ so?** je li tako?, zar zbilja?; **~'s what it is** eto, tako je to; u tome je stvar; **~ was the children** to su bila djeca, to su djeca učinila; **~ which** ono što; **~ is because** to je zato što; **~ is (to say)** to će reći; **and all ~** i koješta drugo; **at ~** usto, povrh toga; **for all ~** uza sve to, unatoč, usprkos tome svemu; **like ~** tako; **what of ~?** pa što zato?; **with ~** time; **what's ~ noise?** kakva je to galama?; **those are they** to su oni; **those are his children** to (ono) su njegova djeca
that [ðæt] *pron relat* (*pl* **those** [ðəuz]) 1. koji, koja, koje 2. što | **no one ~** nitko tko; **the book (~) I sent you** knjiga koju sam vam poslao; **it is the ideas ~ matter** misli su važne; **the man ~ bought the house** čovjek koji je kupio kuću; **~ I can see** koliko ja mogu vidjeti (prosuditi); **all ~, everything ~** sve što; **much ~** mnogo toga što; **nothing ~** ništa što; **the best ~** najbolje što; **the day (~) I met him** dan kad sam ga upoznao; **for the very reason ~** iz istog razloga zbog čega...
that [ðæt] *adj* (*pl* **those** [ðəuz]) taj, ta to; onaj, ona, ono | **~ house over there** ona kuća tamo prijeko; **~ one** onaj; **during those six months** za tih šest mjeseci; **to ~ degree that** u tolikoj mjeri da...
that [ðæt] *adv fam* tako, toliko | **~ far** tako daleko; **~ much** toliko; **he was ~ angry** bio je tako ljut
that [ðæt] *conj* (*namjerno*) da, da bi; (*uzročno*) jer, budući da, zato što; (*posljedično*) (tako) da; (*vremenski*) kad, pošto | **I knew ~ he was right** znao sam da ima pravo; **in order ~** zato da (bi); **I am sorry ~ you can't come** žao mi je što ne možeš doći; **we eat ~ we may live** jedemo da bismo mogli živjeti; **I was so tired ~ I fell asleep** bio sam tako umoran da sam zaspao; **now ~ you know the reason** sada kad (pošto) znaš razlog; **oh, ~ he could be saved!** da se barem može spasiti; **in ~** zato (utoliko) što; **not ~ it mightn't be better** a možda bi bilo čak i bolje
thatch [θætʃ] *s* krovina, slama, ritak, trstika; krov od slame; *fam* gusta kosa
thatch [θætʃ] *vt* pokriti krov (slamom, ritkom i dr.)
thatcher ['θætʃə] *s* pokrivač krovova
thatching ['θætʃiŋ] *s* pokrivanje krova slamom; slama za pokrivanje krova
thaumaturge ['θɔːmətəːdʒ] *s* čudotvorac
thaumaturgic [ˌθɔːmə'təːdʒik] *adj* (**~ally** *adv*) čudotvoran
thaumaturgist ['θɔːmətəːdʒist] *s* čudotvorac
thaumaturgy ['θɔːmətəːdʒi] *s* čudotvorstvo
thaw [θɔː] *s* topljenje, kravljenje, taljenje, kopnjenje, otapanje, jugovina; prijaznost | **a ~ has set in** zajužilo je, nastala je jugovina; **silver ~** poledica
thaw [θɔː] *vi/t* topiti se, kraviti se, kopnjeti, zajužiti; *fig* odmrznuti se; otkraviti se; ugrijati se; topiti, rastopiti; *fig* umekšati, ganuti | **it ~s** topi se, kopni
thawy ['θɔːi] *adj* (**thawily** *adv*) koji kopni
the [ðiː, ði, ðə] *def art* određeni član koji često (*esp* pobliže) označuje imenicu | **he loves ~ girl** on voli tu djevojku; **~ cow is a very useful animal** krava (*kao vrsta*) je vrlo korisna životinja; **it is only a step from ~ sublime to ~ ridiculous** samo je jedan korak od uzvišenog (*kao pojma*) do smiješnog; **~ poor** siromasi, sirotinja; **~ stage** kazališna (glumačka) djelatnost; **~ saddle** jahanje; **~ England of to-day** današnja Engleska; **~ Balkans** Balkan; **~ French** Francuzi; **~ Smiths** Smithovi, obitelj Smith; **~ World** Svijet, svijet; **~ King** kralj (engleski i dr.); **two shillings in ~ pound** dva šilinga od funte; **by ~ day** na dan; **by ~ dozen** po tucetu; na tuce; na desetke
the [ðiː, ði, ðə] *adv* što... to; što više... to više | **~ more he gets, ~ more he wants** što više čovjek ima, to više želi; **so much ~ better** toliko bolje; **so much ~ worse for him** toliko gore po njega; **~ sooner** što prije...; **~ rather** to radije; **all ~ better** toliko bolje
theatre (theater) ['θiətə] *s* 1. kazalište; umjetnost, pozornica; gledaoci; glumci; gluma; dramska književnost; dvorana (za predavanje i sl.); scena 2. amfiteatralna scena; popriště, polje, arena 3. *GB med* dvorana za operacije | **to go to the ~** polaziti, posjećivati kazalište; **the ~ of war** ratište, bojište, poprište borbe; *GB med* **operating ~** dvorana za operacije
theatre-goer ['θiətəˌgəuə] *s* posjetilac kazališta
theatrical [θi'ætrikl] *adj* (**~ly** *adv*) kazališni, pozorišni; *fig* teatralan; raskošan
theatricality [θiˌætri'kæliti] *s* teatralnost

theatricals [θiˈætrikəlz] *s pl* kazališne predstave, izvedbe | **private** ~ amaterske kazališne izvedbe, diletantske predstave
thee [ðiː] *pron arch* (*dat* & *akuz* od **thou**) tebi, tebe
thee [ðiː] *vt samo u frazi* | **to** ~ **and thou** govoriti komu ti, tikati
theft [θeft] *s* krađa
theic [ˈθiːik] *s* prekomjeran uživalac čaja
their [ðɛə] *adj* 3. lice *pl* (pred imenicom) njihov, njihova, njihovo
theirs [ðɛəz] *pron* 3. lice *pl* (kao predikat) njihov, njihova, njihovo | **this is** ~ ovo je njihovo; **the fault is** ~ njihova je krivnja; na njima je krivnja; **a friend of** ~ neki njihov prijatelj
theism [ˈθiːizm] *s phil* teizam
theist [ˈθiːist] *s phil* teist
theistic [θiːˈistik] *adj* (~**ally** *adv*) *phil* teistički
them [ðem] 1. *pron pers* (*dat* & *akuz pl* od **he, she, it**) njima, im; njih, ih 2. *pron refl* sebi, si, sebe, se 3. *pron demonst vulg* & *dial* | **all of** ~ svi oni, sve one, sva ona; **they looked about** ~ oni se osvrnuše; ~ **fellows** = **those fellows**
thematic [θiˈmætik] *adj* (~**ally** *adv*) tematičan; *mus* koji se odnosi na teme, tematičan; *gram* koji se odnosi na osnovu (riječi)
theme [θiːm] *s* tema, predmet, gradivo, materijal; *US* školski zadatak, pismeni sastav; *mus* tema, motiv; (*radio* & *TV*) muzička špica; *gram* osnova (u riječima); *hist* provincija u Bizantinskom Carstvu
themselves [ðəmˈselvz] *pron emph* & *refl* (*pl* od **himself, herself, itself**) oni sami, one same, ona sama; sami, same, sama; sebe, sebi | **they did it by** ~ oni su sami to učinili; **they are all by** ~ oni su sami; **things in** ~ **innocent** stvari same po sebi nedužne; **they built the house** ~ oni su kuću sagradili sami; **they built** ~ **a house** sagradili su sebi kuću
then [ðen] *adv* onda, tada; zatim; nato, uto, poslije, dakle, prema tome, pa, ta | **now and** ~ katkada, kadšto, gdjekada, ovda, onda; **every now and** ~ svaki čas, počesto; **long before** ~ davno prije (toga); **if** ... ~ ako ... onda; **all right** ~ onda dobro, e pa dobro; **but** ~ ali dakako, ali onda, ali u drugu ruku; ~ **how are you?** pa kako ste?; ~ **is it so?** dakle ipak?; **now** ~ ali molim; **there and** ~ smjesta, neposredno na to; **what** ~? pa onda?
then [ðen] *conj* onda, tada; osim toga, dalje; zato, prema tome
then [ðen] *adj* tadašnji, ondašnji
then [ðen] *s* određeno vrijeme | **every now and** ~ svaki čas; **till** ~ doonda, dotada; **by** ~ u tomu vremenu; do toga vremena, u to vrijeme; **from** ~ odonda, otada; **not till** ~ tek onda
thence [ðens] *adv* odande, odatle, odonud, odonda; otada; *fig* iz toga (slijedi), prema tome, zato, dakle
thenceforth [ˌðensˈfɔːθ] *adv* od onog vremena, odonda, od tada, unapredak, ubuduće
thenceforward [ˌðensˈfɔːwəd] *adv* → **thenceforth**
theocracy [θiˈɔkrəsi] *s* teokracija
theocrat [ˈθiəukræt] *s* teokrat
theocratic [θiəˈkrætik] *adj* (~**ally** *adv*) teokratski
theodicy [θiˈɔdisi] *s* teodiceja, opravdanje Božje providnosti
theodolite [θiˈɔdəlait] *s* teodolit
theologian [θiəˈləudʒjən] *s* teolog, bogoslov
theologic [θiəˈlɔdʒik] *adj* (~**ally** *adv*) teološki, bogoslovni
theologist [θiˈɔlədʒist] *s arch* → **theologian**
theologize [θiˈɔlədʒaiz] *vt/i* **I** *vt* pridavati božansko obilježje čemu **II.** *vi* stvarati teološki sustav, teoretizirati o teološkim temama
theology [θiˈɔlədʒi] *s* teologija, bogoslovlje
theophany [θiˈɔfəni] *s* vidna manifestacija boga, božanstva (napose u ljudskom liku)
theorbo [ˈθiɔːbəu] *s mus* lutnja s dvostrukim vratom iz 17. stoljeća
theorem [ˈθiərəm] *s math* teorem, pravilo, poučak, tvrdnja
theorematic [ˌθiərəˈmætik] *adj math* teoremski
theoretic [θiəˈretik] *adj* → **theoretical**
theoretical [θiəˈretikl] *adj* (~**ly** *adv*) teoretski
theoretician [ˌθiərəˈtiʃn] *s* teoretičar
theoretics [θiəˈretiks] *s pl* teoretika, teorija, spekulativni elementi neke znanosti
theorist [ˈθiərist] *s* teoretičar; knjiški učenjak
theorize [ˈθiəraiz] *vi* teoretizirati, postavljati (teorije) čiste znanstvene spoznaje
theorizer [ˈθiəraizə] *s* onaj koji teoretizira, koji se bavi teoretskim rješavanjem problema
theory [ˈθiəri] *s* teorija; knjiška učenost | ~ **of information** obavijesna teorija
theosophic [θiəˈsɔfik] *adj phil* (~**ally** *adv*) teozofski
theosophism [θiˈɔsəfizm] *s phil* vjerovanje u teozofiju
theosophist [θiˈɔsəfist] *s phil* teozof
theosophize [θiˈɔsəfaiz] *vi phil* teozofirati
theosophy [θiˈɔsəfi] *s phil* teozofija
therapeutic [ˌθerəˈpjuːtik] *adj med* (~**ally** *adv*) terapeutski
therapeutics [ˌθerəˈpjuːtiks] *s pl med* terapeutika
therapeutist [ˌθerəˈpjuːtist] *s med* terapeutičar
therapy [ˈθerəpi] *s med* terapija, način liječenja
there [ðɛə] *adv* 1. ondje, tamo, tu, u tome, onuda; *fig* smjesta, odmah | **here and** ~

tu i tamo; ~ **and then** smjesta, odmah; **are you** ~? slušate li? (na telefonu); ~ **it is** eto ti ga; **down** ~ tamo dolje; **up** ~ tamo gore; **in** ~ tamo unutra; **out** ~ tamo vani; **over** ~ tamo prijeko; **from** ~ odanle, odatle; ~ **it is** tako stoji stvar, u tome je teškoća; ~ **you are** eto vidiš, što sam ti rekao; *GB* ~**'s a good boy**! ti si dobar dečko!, tako valja!; *coll* **all** ~ pametan, priseban 2. onamo, onuda | ~ **and back** onamo i natrag; *sl* **to get** ~ postići što 3. (*pred neprelaznim glagolima obično se prevodi bezlično*) | ~ **is** ima, jest, nalazi se; ~ **are** ima, je, nalaze se; **there arises the question...** iskrsava pitanje...; **will** ~ **be any lecture?** hoće li biti predavanja?; ~ **were many cases of influenza** bilo je mnogo slučajeva gripe

there [ðɛə] *s* to mjesto

there [ðɛə] *interj* gle; budi dobar; umiri se! | ~, ~! umiri se!, budi dobar (pristojan)!; ~ **now** eto ti!, sada ti je jasno!; **now** ~ gle ti njega!; **so** ~! sad je dosta; **well** ~! čuješ!

thereabouts [ˈðɛərəbauts] *adv* tu negdje, tu otprilike; otprilike tako

thereafter [ˌðɛərˈaːftə] *adv form* zatim, nakon toga, prema tome, zato, odonda

thereat [ˌðɛərˈæt] *adv arch* nato, uto, pri tom; tamo, onamo; potom, nakon toga; radi toga, kod te prilike, zato

thereby [ˌðɛəˈbai] *adv form* tim, s tim; otuda, iz toga, pri tom, blizu, otprilike

therefore [ˌðɛəˈfɔː] *adv arch* zbog toga, radi toga

therefore [ˈðɛəfɔː] *adv* zato, radi toga, zbog toga, dakle, prema tome

therefrom [ˌðɛəˈfrɔm] *adv arch* otuda, odatle, iz toga, od toga

therein [ˌðɛərˈin] *adv arch* u tome, u tom pogledu

thereinafter [ˌðɛərinˈaːftə] *adv jur* kasnije, niže dolje, dalje (u ispravi)

thereinbefore [ˌðɛərinbiˈfɔː] *adv* prije

thereinto [ˌðɛəˈintu] *adv arch* u to mjesto, tamo, onamo

tereof [ˌðɛərˈɔv] *adv* od toga, iz toga, toga, te, tih, iz tih

thereon [ˌðɛərˈɔn] *adv* na to, na tome

thereout [ˌðɛərˈaut] *adv* iz toga

there's [ðɛəz] = **there is, there has**

thereto [ˌðɛəˈtuː] *adv form* k tome, na to, jošte, još k tome, osim toga, usto

theretofore [ˌðɛətəˈfɔː] *adv arch* prije, prije toga

thereunder [ˌðɛərˈʌndə] *adv form* pod tim, ispod toga

thereunto [ˌðɛərˈʌntu] *adv arch* k tome, jošte, još k tome, osim toga, usto

thereupon [ˌðɛərəˈpɔn] *adv form* nato, tad, zatim, nakon toga, odmah zatim; uslijed toga

therewith [ˌðɛəˈwiθ] *adv arch* s tim, tim, odmah zatim, skoro, u isti čas

therewithal [ˌðɛəwiˈðɔːl] *adv arch* osim toga, povrh toga, u isto doba

therm [θəːm] *s phys* kalorija

thermae [ˈθəːmiː] *s pl* toplice

thermal [ˈθəːml] *adj* (~**ly** *adv*) termalan, topao, toplinski | ~ **springs** topli izvori, toplice

thermic [ˈθəːmik] *adj* (~**ally** *adv*) toplinski, termički

thermionic [ˌθəːmiˈɔnik] *adj phys* termionski, elektronski | *radio* ~ **valve (tube)** elektronska cijev, katodna cijev

thermit [ˈθəːmit] *s met* termit

thermo-dynamics [ˌθəːməudaiˈnæmiks] *s pl* (*sg constr*) termodinamika

thermogenesis [ˌθəːməˈdʒenisis] *s physiol* termogeneza

thermograph [ˈθəːməgraːf] *s* sprava koja sama bilježi temperaturu

thermometer [θəˈmɔmitə] *s* termometar, toplomjer

thermometric [ˌθəːməˈmetrik] *adj* (~**ally** *adv*) termometrički

thermometry [θəˈmɔmitri] *s* termometrija, nauka o tjelesnoj toplini

thermonuclear [ˌθəːməuˈnjuːkliə] *adj phys* termonuklearan

thermophore [ˈθəːmɔːfɔː] *s* termofor, grijalica

thermopile [ˈθəːməupail] *s* termoelektrična baterija, termoelektrični element

thermoplastic [ˌθəːməuˈplæstik] *adj phys* termoplastičan

thermoplastics [ˌθəːməuˈplæstiks] *s pl phys* termoplastični materijali

thermos [ˈθəːmɔs] *s* termos (boca)

thermostat [ˈθəːməstæt] *s* termostat

thermostatic [ˌθəːməsˈtætik] *adj* termostatski

theroid [ˈθiərɔid] *adj med* zvjerski, koji ima zvjerske sklonosti

therology [θiəˈrɔlədʒi] *s* nauka o sisavcima

thesaurus [θiˈsɔːrəs] *s* riznica; jezično blago; rječnik sinonimskih asocijativnih grozdova; leksikon, enciklopedija

these [ðiːz] *pron pl* od **this**

thesis [ˈθiːsis] *s* (*pl* **theses** [ˈθiːsiːz]) postavka, tvrdnja koja treba da se dokaže; znanstvena radnja, teza, disertacija

thesis [ˈθesis] *s pros* teza, nenaglašen slog

Thespian [ˈθespiən] *s* glumac, glumica

Thespian [ˈθespiən] *adj* tespijski, glumački

theurgic [θiˈəːdʒik] *adj* čudotvoran

theurgist [ˈθiːəːdʒist] *s* čudotvorac, čarobnjak

theurgy [ˈθiːəːdʒi] *s* čudotvorstvo, čarobnjaštvo

thews [θjuːz] *s pl* mišice, tjelesna snaga; *fig* moralna ili duševna snaga

thewy [ˈθjuːi] *adj* mišičav, žilav

they [ðei] *pron pers* (*pl* od **he, she, it**) oni, one, ona | ~ **say** govore, govori se; ~ **who** oni koji

thick [θik] *adj* 1. debeo, težak, jak, grub, nezgrapan, otečen 2. gust, čest, brojan; bogat, pun čega (*with*) 3. mutan (tekućina itd.), hrapav, promukao (glas); tup, glup 4. intiman, prisan | **as ~ as thieves** prisni prijatelji; *sl* **a bit ~** malo pretjeran

thick [θik] *s* najdeblji (najgušći) dio čega; vreva, gungula, najgušće mjesto; sredina; *sl* bena | **in the ~ of the fight** u žarištu borbe, u najvećoj bojnoj vrevi; **through ~ and thin** kroz vodu i vatru; preko svih zapreka; **in the ~ of the crisis** u jeku krize

thick [θik] *adv* debelo; gusto, često; hitro; hrapavo, promuklo | ~ **and fast** gusto, učestalo; **to speak ~** govoriti nejasno; **to lay it on ~** pretjerivati; **that is a bit ~** to je malo previše

thick-and-thin [ˈθikəndˈθin] *adj* gust, učestao

thicken [ˈθikn] *vt/i* **I.** *vt* udebeliti, zgustiti, učiniti gustim, zbiti; *cul* ukuhati; *fig* pojačati **II.** *vi* udebljati, odebljati, zgusnuti se, pomutiti se; umnožiti se, povećati se; pojačati se; rasti | **the fight ~s** borba postaje žešća; **the crowd is ~ing** gomila se povećava

thickening [ˈθikniŋ] *s* debljanje, zgušćivanje, zgrušavanje, usirivanje; otjecanje; *cul* sredstvo za zgušćivanje

thicket [ˈθikit] *s* guštara, guštik

thick-eyed [ˌθikˈaid] *adj* blesava pogleda

thickhead [ˈθikhed] *s* glavonja, glupan

thickheaded [ˌθikˈhedid] *adj* tupoglav

thickheadedness [ˌθikˈhedidnis] *s* tupoglavost

thickish [ˈθikiʃ] *adj* podebeo

thickness [ˈθiknis] *s* 1. debljina, gustoća; čvrstoća; zbijenost; mutnoća, nejasnoća; tupost 2. deblji dio čega; najdeblji, najgušći dio; sloj, naslaga čega | ~ **of speech** nejasno izgovaranje

thick-set [ˌθikˈset] *adj* gusto posađen; obilat; zdepast, onizak

thick-skinned [ˌθikˈskind] *adj* debelokožan

thick-skulled [ˌθikˈskʌld] *adj* tup, glup

thick'un [ˈθikʌn] *s arch sl* sovereign, funta sterlinga u zlatu (stari zlatnik)

thick-witted [ˌθikˈwitid] *adj* tup, glup

thief [θiːf] *s* (*pl* **thieves** [θiːvz]) tat, kradljivac, lupež, lopov; *fam* razbojnik; nagoretina, zažaren pepeo na stijenju (fitilju) svijeće | **opportunity makes the ~** prilika čini čovjeka kradljivcem; **to set a ~ to catch a ~** postaviti jarca za vrtlara; **stop the ~!** drž'te lopova!

thieve [θiːv] *vi/t* **I.** *vi* krasti **II.** *vt* ukrasti (što)

thievery [ˈθiːvəri] *s* krađa, tadbina

thievish [ˈθiːviʃ] *adj* (**~ly** *adv*) kradljivački, tatski, lopovski; *fig* potajni, skriven, skrovit

thievishness [ˈθiːviʃnis] *s* kradljivost

thigh [θai] *s* bedro, stegno | **to smite hip and ~** tući, udarati nemilosrdno, nemilice

thigh-bone [ˈθaibəun] *s anat* bedrena kost

thill [θil] *s* rukunice

thiller [ˈθilə] *s* rukuničar (konj)

thill-horse [ˈθilhɔːs] *s* → **thiller**

thimble [ˈθimbl] *s* naprstak, napršnjak; *tech* kratka metalna cijev; metalni kolut, okov, zakov

thimbleful [ˈθimblful] *s* koliko stane u naprstak, malenkost, gutljajić

thimblerig [ˈθimblrig] *s GB* šarlatanstvo, opsjenjivanje, trik

thimblerig [ˈθimblrig] *vi GB* varati, opsjenjivati

thimblerriger [ˈθimblrigə] *s GB* šarlatan, varalica, lopov

thin [θin] *adj* (**~ly** *adv*) 1. tanak; lak; nježan, fin, sitan; vitak, mršav, suh 2. rijedak; oskudan; slabo posjećen (kazalište i dr.) 3. (o piću i sl.) slab, lak; razrijeđen, orijedak; vodenast, proziran 4. *fig* koji je bez sadržaja, bijedan, jadan, kukavan, otrcan | **through thick and ~** kroz vatru i vodu; preko svih zapreka; *sl* **to have a ~ time** osjećati se nelagodno, imati neugodan doživljaj; **~ house** malo gledalaca; *sl* **that is too ~** to je previše prozirno; **~ captain** vrsta keksa; **the ~ end of the wedge** prvi početak; prvi korak; **as ~ as a lath** tanak kao trlica

thin [θin] *adv* (*samo u složenicama*) tanko, slabo, rijetko, neznatno | **~-spun** tanko preden

thin [θin] *vt/i* **I.** *vt* tanjiti, stanjiti, otančati (*out*); razrijediti, prorijediti (*out*) **II.** *vi* 1. stanjiti se; prorijediti se, postati rijedak, postati oskudan; smanjiti se, opasti, smršaviti; *geol* klinasto se istanjiti

thin down [ˈθinˈdaun] *vi* stanjiti se, prorijediti se; razrijediti se; umanjiti se, opasti, smršaviti

thin out [ˈθinˈaut] *vi* prorijediti se

thine [ðain] *pron arch* tvoj, tvoja, tvoje | **the fault is ~** krivnja je na tebi

thin-faced [ˌθinˈfeist] *adj* uska (suha) lica

thing [θiŋ] *s* 1. stvar, predmet, posao, djelo, ma što, što se može zamisliti (učiniti, reći); bilo što individualno, biće, stvor, lice, osoba 2. *pl* stvari, poslovi; stanje stvari, okolnosti, prilike; uređenje, odnosi, svojstva 3. misli, izjave 4. predmeti; pribor; potrepštine; svojina; odjeća; hrana; *fam* pokućstvo, namještaj; oruđe, alat; posuđe; književna djela; živa bića; biljke | **I am not the ~ today** ne osjećam se dobro danas; **old ~** starac, starica; stara životinja; *iron* **that's a nice ~** to je krasna pripovijest; **that's no small ~** to nije malenkost; **the first ~ after**

odmah nakon, čim; **the one ~ or the other** jedno ili drugo; **taking one ~ with another** sve u svemu; **for one ~** prvo, u prvom redu; u jednu ruku; **it comes to the same ~** izlazi na isto; **I know a ~ or two about it** nešto malo se razumijem u to; **that's the ~** to je ono pravo; **it is not the ~ to do** to ne priliči; **there was not a ~ left** ništa nije preostalo; **the latest ~** posljednja novost; **every living ~** svaki živi stvor; **a dear little ~** milo stvorenje; **oh, poor ~!** o siromašak (sirotica)!; **~s have changed** prilike su se promijenile; **as ~s stand** kako stvari stoje; **above all ~s** nadasve; **before all ~s** prije svega; **in all ~s** u svakom pogledu; **out of ~s** izvan zbivanja; **there's no such ~** nema ni govora; **~s begin to look brighter** položaj se pomalo popravlja; **take off your ~s** svucite se

thingamy [ˈθiŋəmi] *s coll* taj i taj, ta i ta, to i to, onaj, ono, kako se zove

thingumabob [ˈθiŋəmibɔb] *s* → **thingamy**

thingumajig [ˈθiŋəmidʒig] *s* → **thingamy**

thingummy [ˈθiŋəmi] *s* → **thingamy**

think [θiŋk] *vt/i* (thought, thought) **I.** *vt* 1. misliti što, premišljati, izmišljati, predočiti sebi, zamisliti što 2. smišljati, snovati, namjeravati, kaniti 3. misliti, smatrati, vjerovati, držati, suditi, cijeniti **II.** *vi* 1. misliti, umovati, razmišljati, premišljati, mozgati, pomisliti, zamisliti, predočiti sebi 2. vjerovati, biti mišljenja; očekivati, suditi, izvoditi zaključke, zaključivati | **to ~ better of** predomisliti se; imati povoljnije mišljenje o komu; **to ~ nothing of** potcjenjivati, prezirati; **to ~ little of** ne cijeniti mnogo; ne poštovati koga ili što; **to ~ much of** veoma cijeniti, poštovati; **to ~ no small beer of** veoma cijeniti, imati vrlo povoljno, vrlo visoko mišljenje o komu ili čemu; **to ~ fit (good) to** smatrati za dobro ili pogodno; **to ~ no harm** ne misliti ništa zlo, nemati zle namjere; *sl iron* **I don't ~** zbilja, doista; **to ~ twice** prije dobro promisliti; **to ~ scorn of** prezirati; **I should ~ so** rekao bih da je tako; svakako, pa jasno

think for [ˈθiŋkˈfɔː] *vi* misliti, uobražavati sebi, umišljati sebi

think of [ˈθiŋkˈɔv] *vi* misliti na što, o čemu; razmišljati, premišljati, domisliti se | **~ doing** namjeravati, kaniti učiniti; **a thing not thought of** neslućena stvar

think out [ˈθiŋkˈaut] *vt* izmisliti, domisliti se, dovinuti se, riješiti, dobro promisliti

think over [ˈθiŋkˈəuvə] *vt/i* dobro promisliti

think up [ˈθiŋkˈʌp] *vt US* zamisliti što, pronaći što; *fig* izmisliti, smisliti, izmajstoriti (npr. plan)

thinkable [ˈθiŋkəbl] *adj* koji se može pomisliti, pomišljiv

thinker [ˈθiŋkə] *s* mislilac; filozof | **free ~** slobodan mislilac, framazon

thinking [ˈθiŋkiŋ] *s* mišljenje, razmišljanje; umovanje, suđenje, pogled, misao; mnijenje

thinking [ˈθiŋkiŋ] *adj* koji misli, razmišlja, uman | **all ~ men** svi ljudi koji misle svojom glavom, koji razmišljaju

think-tank [ˈθiŋktæŋk] *s* institut za intelektualne usluge

thinner [ˈθinə] *s* razrjeđivač

thinness [ˈθinnis] *s* tankoća; rijetkost; plitkoća; mršavost | **intellectual ~** siromaštvo uma

thinnish [ˈθiniʃ] *adj* potanak

thin-skinned [ˌθinˈskind] *adj fig* tanke kože, osjetljiv, tankoćutan

third [θəːd] *adj* (**~ly** *adv*) treći | *cricket* **~ man** treći igrač u uglu polja; *jur* **~ party (person)** treća osoba, treći; **~ party insurance** osiguranje obveze, jamstva; *pl jur* treći dio muževa vlasništva koji pripada udovici; *hist* **~ estate** treći stalež (francuska buržoazija prije revolucije); treći red ili stalež u kraljevstvu, obični građani, puk, narod; *US* **~ degree** ispitivanje uhapšenika uz mučenje ili zastrašivanje da se iznudi priznanje

third [θəːd] *s* treći; trećina; *mus* terca; *GB univ* dobar (ocjena)

third [θəːd] *vt* dijeliti na troje, na tri dijela

third-rate [ˌθəːdˈreit] *adj* treće vrste, trećorazredan

thirst [θəːst] *s* žeđ, žeđa; *fig* žudnja, požuda, čežnja (*of, for, after* za) | *coll* **to have a ~** biti žedan, žeđati

thirst [θəːst] *vi fig* žeđati, čeznuti, žudjeti, hlepiti (*for, after* za čim)

thirstiness [ˈθəːstinis] *s* žednost

thirsty [ˈθəːsti] *adj* (**thirstily** *adv*) 1. žedan 2. suh, sušan 3. *fam* koji izaziva, prouzrokuje žeđ 4. *fig* pohlepan, lakom (*for, after* na što)

thirteen [ˌθəːˈtiːn] *adj* trinaest

thirteen [ˌθəːˈtiːn] *s* trinaest

thirteenth [ˌθəːˈtiːnθ] *adj* trinaesti

thirteenth [ˌθəːˈtiːnθ] *s* trinaesti dio, trinaestina

thirtieth [ˈθəːtiiθ] *adj* trideseti

thirtieth [ˈθəːtiiθ] *s* trideseti dio, tridesetina

thirty [ˈθəːti] *adj* trideset

thirty [ˈθəːti] *s* trideset | **the thirties** tridesete godine

thirtyfold [ˈθəːtifəuld] *adj* tridesetorostruko

this [ðis] *pron* (*pl* **these** [ðiːz]) ovaj, ova, ovo; taj, ta, to | **~, that, and the other** razne stvari, sve moguće stvari; **~ is my son** ovo je moj sin; **~ is what happened** evo što se dogodilo; **like ~** ovako, tako; **by ~** međutim, u međuvremenu; **before ~** već, prije toga; **from ~** odsada; **for all ~** unatoč svemu tome

this [ðis] *adj* (*pl* **these** [ðiːz]) ovaj, ova, ovo; taj, ta, to; današnji | ~ **once** ovaj jedini put; ~ **year** ova tekuća godina; ove godine, ljetos; ~ **day** danas; ~ **day week** danas tjedan dana (prije ili kasnije); ~ **morning** jutros; ~ **evening** večeras; **these twenty years** u ovih dvadeset godina

this [ðis] *adv coll* toliko, u tolikoj mjeri | ~ **much** toliko; ~ **far** tako daleko, dotle

thistle [ˈθisl] *s bot* čkalj češlja, češljika, čičak; *Scot* češljika kao škotski nacionalni amblem | **to grasp the** ~ **firmly** uhvatiti se ukoštac s čim

thistle-down [ˈθisldaun] *s* mašak od ploda češljike (čička) | **as light as** ~ lagan kao mašak

thistly [ˈθisli] *adj* pun češljika, bodljikav

thither [ˈðiðə] *adv* onamo, onuda | **hither and** ~ amo i tamo

thither [ˈðiðə] *adj arch* tamošnji, koji je s one strane | **on the** ~ **side of a th** s one strane čega, preko čega

thitherward(s) [ˈðiðəwəd(z)] *adv arch* onamo, onuda

tho' [ðəu] *conj* = **though**

thole [θəul] *vt GB arch* & *Scot* trpjeti, podnositi, prepatiti

thong [θɔŋ] *s* remen, kaiš; bič

thong [θɔŋ] *vt* pričvrstiti remenom; bičevati

thoracic [θɔːˈræsik] *adj anat* prsni, grudni

thorax [ˈθɔːræks] *s anat* prsni koš

thorn [θɔːn] *s* trn, bodlja, bodljika (& *fig*); *pl* trnje; *fig* teškoće, neprilike | **a** ~ **in one's flesh (side)** trn u oku, stalna smetnja; **to (be) sit on** ~**s** sjediti kao na iglama, kao na žeravici; **no rose without a** ~ nema ruže bez trna; *bot* **white** ~ glog

thornback ray [ˈθɔːnbækˈrei] *s ichth* raža, raža kamenica (*Raja clavata*)

thornbush [ˈθɔːnbuʃ] *s* trn, trnjak

thorniness [ˈθɔːninis] *s* trnovitost

thornless [ˈθɔːnlis] *adj* bez trna, bez trnja

thorny [ˈθɔːni] *adj* (**thornily** *adv*) trnovit, pun trnja, bodljikav; *fig* mučan, težak | **to tread a** ~ **path** stupati trnovitim putem

thoro' [ˈθʌrə] *adj* = **thorough**

thorough [ˈθʌrə] *adj* (~**ly** *adv*) korjenit, temeljit; pun, potpun; čitav, cjelokupan; savršen

thorough [ˈθʌrə] *adv arch poet* skroz, sasvim, posve, potpuno

thorough [ˈθʌrə] *s Engl hist* | **Policy of Thorough** Straffordova nasilna politika za Karla I

thorough-bass [ˌθʌrəˈbeis] *s mus* generalbas; basso continuo

thoroughbred [ˈθʌrəbred] *adj* čistokrvan, punokrvan, rasan; odličan, prvoklasan; obrazovan, dobro odgojen, valjan; temeljit, savršen

thoroughbred [ˈθʌrəbred] *s* čistokrvnost; čistokrvan konj; odličan čovjek

thoroughfare [ˈθʌrəfɛə] *s* prolaz; državna (glavna) cesta | **no** ~! zabranjen prolaz!

thoroughgoing [ˈθʌrəˌgəuiŋ] *adj* temeljit, potpun; beskompromisan, energičan; koji ide do krajnosti, ekstreman; zamašan

thoroughly [ˈθʌrəli] *adv* temeljito, potpuno

thoroughness [ˈθʌrənis] *s* potpunost, temeljitost

thoroughpaced [ˈθʌrəpeist] *adj* vješt u svakom hodu (o konju); *fig* potpun, gotov, savršen, vrstan; prepreden

thorp(e) [θɔːp] *s arch* & *hist* selo, zaselak

those [ðəuz] *pl* od **that**

thou [ðau] *pron arch* & *poet* ti

thou [ðau] *vt/i* **I.** *vt* tikati, govoriti komu ti **II.** *vi* tikati se | **to** ~ **and thee** tikati koga, biti familijaran ili intiman s kim

though (tho') [ðəu] *adv fam* (*na kraju rečenice*) doduše, uza sve to, ipak, i opet, pa ipak, uostalom

though (tho') [ðəu] *conj* premda, iako, makar, ma da | **as** ~ kao da; **even** ~ pa iako, sve da i; *arch* **what** ~ ...? pa što onda ako ...?

thought [θɔːt] *s* misao, mišljenje, umovanje, sposobnost mišljenja; umni rad, razmišljanje; svijet misli, misaoni svijet; brižno razmišljanje (*of* o čemu); briga, nemir; obzir | ~**s** *pl* sjećanja; namjera, nakana; **as quick as** ~ u tren oka; **in** ~ zamišljen; **to take** ~ zamisliti se; **a** ~ nešto, malo, malenkost; **free** ~**s** slobodoumlje, framazonstvo; **on second** ~**s** zrelo promislivši, nakon zrela razmišljanja; **thank you for your kind** ~ **of me** hvala vam na ljubaznoj pažnji prema meni; **the leading** ~ misao vodilja; **a penny for your** ~**s** što si se zamislio?, volio bih znati što sada misliš; **it never entered my** ~**s** nikada mi nije padalo na pamet; **I had some** ~**s of doing** sve sam nekako kanio učiniti

thought [θɔːt] *pret* & *pp* od **think**

thoughtful [ˈθɔːtful] *adj* (~**ly** *adv*) zamišljen; zanijet mislima, zaokupljen mislima; ozbiljan, promatrački, tužan, sjetan, zabrinut; brižljiv, obziran, pažljiv

thoughtfulness [ˈθɔːtfulnis] *s* zamišljenost; misaonost; pažljivost

thoughtless [ˈθɔːtlis] *adj* (~**ly** *adv*) nepromišljen, nesmotren, nerazborit, lakomislen, bezbrižan, nemaran, bezobziran, nepažljiv, nebrižljiv

thoughtlessness [ˈθɔːtlisnis] *s* nerazboritost; neozbiljnost; nepažljivost

thought-reader [ˈθɔːtˌriːdə] *s* čitalac misli, telepat

thought-transference [ˈθɔːtˌtrænsfərəns] *s* prijenos misli, telepatija

thought-wave [ˈθɔːtweiv] *s* val misli

thousand [ˈθauznd] *s* tisuća, hiljada; *fig* mnogo, veliko mnoštvo | **one in a** ~ od

tisuće jedan; jedinstven, izvrstan; **many ~s of times** nebrojeno puta; **by the ~** na tisuće
thousand ['θauzənd] *adj* tisuću, hiljadu | *fig* **~ and one** bezbrojan
thousand-fold ['θauzən(d)fəuld] *adj* tisućostruk
thousandth ['θauzən(t)θ] *adj* tisući, hiljaditi
thousandth ['θauzən(t)θ] *s* tisućina; tisućinka
thraldom ['θrɔːldəm] *s* ropstvo, robovanje, sužanjstvo
thrall [θrɔːl] *s* rob, sužanj, kmet | **in ~** u ropstvu, sužanjstvu; *fig* **in ~ to** rob čega (npr. *in ~ to his passions* rob svojih strasti)
thrash [θræʃ] *vt/i* **I.** *vt* mlatiti (& *fig*) 2. batinati, lemati, tući, biti, lupati; *fig* potući, poraziti, pobijediti **II.** *vi* mlatiti, mahati, vitlati; *mar* krčiti sebi put, probijati se (protiv vjetra, plime itd.); mučiti se, truditi se; bacati se amo-tamo, puckati, praštati, prštati
thrasher ['θræʃə] *s* → **thresher**
thrashing ['θræʃiŋ] *s* mlaćenje; batine; poraz | **to give a p a ~** izlemati koga
thrashing-floor ['θræʃiŋflɔː] *s* → **threshing--floor**
thrasonical [θrə'sɔnikl] *adj* (**~ly** *adv*) hvastav, hvalisav, razmetljiv
thread [θred] *s* 1. konac, nit, žica, vlakno, dretva, pređa; konac, vlakno (u mesu, u mahunastim biljkama); vlas, vuna (ovce, koze, deve), paučina; *bot* prašnik 2. *tech* zavoj, uvojnik, loza (vijka); *min* žila 3. *fig* nit (misli) govora, veza, povezanost | **he has not a dry ~ on him** mokar je do kože (kao miš); **Lisle ~** konac iz Lislea, sada Lillea u Francuskoj; **~ and thrum** sve skupa, dobro i loše; **the ~ of life** tok života; *fig* **to hang by a ~** visiti o niti (koncu); **to lose the ~ of** izgubiti vezu (nit), zapeti u razgovoru; **to gather up the ~s** sastaviti dijelove čega; **to cut one's mortal ~** dokrajčiti sebi život, počiniti samoubojstvo; **the ~ of a screw** loza vijka (šarafa)
thread [θred] *vt* provući, udjeti (konac u iglu); nizati (bisere); *fig* proći, provući se
threadbare ['θredbɛə] *adj* (& *fig*) iznošen, otrcan, izlizan, star
threader ['θredə] *s tech* stroj koji provlači nit (konac); radnik koji u tkaonici pazi da u čunku ima konca
threadlike ['θredlaik] *adj* koji je poput konca, kao nit, kao vlakno
thread-mark ['θredmaːk] *s* nit u novčanici
thread-needle ['θred͵niːdl] *s* dječja igra provlačenja (ispod ruku u kolu)
thread-paper ['θred͵peipə] *s* papir na kojem je namotan konac; mršav čovjek | **as thin as a ~** tanak kao trlica
thread-worm ['θredwəːm] *s zool* crv vlašnjak
thready ['θredi] *adj* končast, vlaknast, žilast, likav; končat, vlaknat; (o bilu) slab
threat [θret] *s* prijetnja, grožnja, opasnost; prijeteće znamenje | **there is a ~ of rain** prijeti kiša
threaten ['θretn] *vt/i* prijetiti, groziti se komu čim (*with*), ugrožavati koga; *fig* primicati se, približavati se (nevrijeme, oluja, zlo) | **the building ~s to collapse** zgrada prijeti da se sruši; **to ~ peace** ugrožavati mir
threatening ['θretniŋ] *adj* (**~ly** *adv*) koji se grozi, koji prijeti čime
three [θriː] *adj* tri | **the ~ F's** (free sale, fixity of tenure, fair rent) slobodna prodaja, stalnost posjedovanja, umjerena najamnina (zahtjevi Irske zemaljske lige); **the ~ R's** (reading, writing, (a)rithmetic) čitanje, pisanje, računanje; *math* **the rule of ~** pravilo trojno; **~ times ~** tri povika triput ponovljena
three [θriː] *s* troje, trojica; trica, trojka
three-cornered [͵θriː'kɔːnəd] *adj* trouglast, trošiljast, trorog
three-D [͵θriː'diː] *adj* trodimenzionalan
three-decker [͵θriː'dekə] *s navy* brod s tri palube, s tri reda topova
three-dimensional [͵θriːdi'menʃənl] *adj* trodimenzionalan
threefold ['θriːfəuld] *adj* trostruk
threefold ['θriːfəuld] *adv* trostruko
three-legged [͵θriː'legd] *adj* tronog | **~ stool** tronožak
three-master ['θriː͵maːstə] *s* brod (*spec* škuna) s tri jarbola
three-pence ['θrepəns] *s* vrijednost od tri penija
threepenny ['θrepəni] *adj GB* vrijedan tri penija | **~ bit** srebrn ili bakren novčić vrijedan tri penija
three-piece ['θriːpiːs] *adj* trodjelni; s prslukom (muško odijelo)
three-ply ['θriːplai] *adj* trostruk
three-point landing ['θriːpɔint 'lændiŋ] *s aero* savršeno slijetanje (tako da sva tri kotača istovremeno dodirnu pistu)
three-quarter [͵θriː'kwɔːtə] *adj* tročetvrtinski
threescore [͵θriː'skɔː] *s* šezdeset | **~ and ten** sedamdeset
threesome ['θriːsəm] *s* skup od tri, troje; igra za tri, utroje (jedan protiv dvojice)
three-wheeler ['θriː͵wiːlə] *s mot* trokolica
threnetic [θriː'netik] *adj* koji se tiče tužaljke, tužbalice, naricaljke
threnode ['θriːnəud] *s* → **threnody**
threnodic [θre'nɔdik] *adj* koji se tiče tužaljke, tužbalice, naricaljke
threnodist ['θrenədist] *s* naricatelj, naricača
threnody ['θrenədi] *s* tužaljka, tugovanka, jadikovka; žalopojka, naricaljka
thresh [θreʃ] *vt/i* mlatiti (žito | *fig* **to ~ straw** mlatiti praznu slamu

thresh out ['θreʃ'aut] *vt* izmlatiti, prorešetati; pretresti, razložiti, raspravljati, izlagati; izjasniti
thresher ['θreʃə] *s* mlatac; mlatilo, stroj za mlaćenje; *ichth* vrsta morskog psa; *ornith US* drozd, drozak
threshing-floor ['θreʃiŋflɔː] *s* gumno
threshing-machine ['θreʃiŋmə͵ʃiːn] *s* mlatilica, vršalica
threshold ['θreʃəuld] *s* prag, ulaz; *fig* početak
threw [θruː] *pret* od **throw**
thrice [θrais] *adv arch* triput, tri puta; vrlo, veoma | **~-happy** neobično sretan
thrift [θrift] *s* štedljivost, štednja, dobro gospodarstvo, ekonomičnost; *bot* poljski karanfil
thriftiness ['θriftinis] *s* štedljivost, ekonomičnost
thriftless ['θriftlis] *adj* (**~ly** *adv*) rasipan, neštedljiv, koji loše gospodari
thrifty ['θrifti] *adj* (**thriftily** *adv*) štedljiv, brižljiv, čuvaran, kućevan, koji dobro gospodari; uspješan, sretan
thrill [θril] *s* ganuće, uzbuđenje, dubok osjećaj, ushit, veselje; groza, jeza; drhtaj, drhtanje, uzrujanost | **a ~ of joy** radosno uzbuđenje
thrill [θril] *vt/i* **I.** *vt* prodrijeti, probiti, raniti, učiniti da koga podiđu trnci (od straha), učiniti da koga hvata jeza, da tko zadršće, da se tko zgrozi, da ga podiđe jeza; obuzeti, spopasti, potresti (groza, jad itd.) **II.** *vi* 1. užasnuti se, zgroziti se na što 2. potresti se, stresti se, zadrhtati, zaprepastiti se; uzbuditi se, biti potresen, ganut, tronut, dirnut, uzbuđen, usplahiren čim (*at, with*); drhtati, tresti se, ježiti se
thriller ['θrilə] *s coll* uzbudljiv, napet roman (drama, film); krimić
thrilling ['θriliŋ] *adj* (**~ly** *adv*) koji izaziva jezu, grozu; koji prodire, potresa, obuzima, dira, uzrujava; uzbudljiv, senzacionalan
thrive [θraiv] *vi* (throve, thriven) rasti, napredovati; bogatiti se, biti sretan; uspijevati, polaziti za rukom, cvasti, bujati
thriven ['θrivn] *pp* od **thrive**
thriving ['θraiviŋ] *adj* (**~ly** *adv*) koji raste, napreduje, cvate; uspješan, imućan
thro' [θruː] *prep* → **through**
throat [θrəut] *s* grlo, ždrijelo; grkljan, vrat; grotlo | **to cut one another's ~s** uništiti se uzajamnom konkurencijom; **to pour down one's ~** piti, iskapiti; **full to the ~** nakljukan; **to thrust a th down one's ~** nametnuti komu što; **to clear one's ~** iskašljati se, nakašljati se; **to lie in one's ~** grubo, prostački lagati; **to jump down one's ~** izderati se na koga, žestoko se otresti na koga; **a ~ of brass** drzovit, smion glas; **words stuck in my ~** riječ mi je zapela u grlu, presenetio sam se; **I have a sore ~** boli me grlo, vrat; **to give a p the lie in his ~** optužiti koga zbog grube laži
throat [θrəut] *vt* ižlijebiti, ubrazditi, izdupsti
throated ['θrəutid] *adj* koji ima grlo, vrat
throatiness ['θrəutinis] *s* grlenost
throaty ['θrəuti] *adj* (**throatily** *adv*) grlen, guturalan; s velikim grkljanom; proždrljiv; promukao, sipljiv
throb [θrɔb] *s* udaranje, kucanje; bȉlo; *fig* naglo ganuće, uzbuđenje | **heart-~s** udaranje bȉla; **~s of pleasure** veselje, radost
throb [θrɔb] *vi* kucati, udarati, lupati (bȉlo, srce itd.)
throbbing ['θrɔbiŋ] *adj* (**~ly** *adv*) koji kuca, udara, lupa
throe [θrəu] *s* (teška, ljuta) bol | **~s** *pl* bolovi, trudovi, smrtni strah, smrtne muke, agonija; *fig* grčevito stanje, vrenje, previranje; *coll* **in the ~s of** u mukama zbog, rvajući se sa
throe [θrəu] *vi* patiti se, rađati, imati bolove; biti u smrtnoj muci, u agoniji
throne [θrəun] *s* prijesto, prijestolje; stolica, kraljevska vlast, kralj | **to come to the ~, to mount the ~** stupiti na prijestolje; **~s** *pl* treći po redu od devet razreda anđela; **a speech from the ~** prijestolna besjeda
throne [θrəun] *vt/i* **I.** *vt* posaditi na prijestolje; odavati komu čast i poštovanje, poštovati **II.** *vi* sjediti na prijestolju, vladati
throneless ['θrəunlis] *adj* bez prijestolja
throng [θrɔŋ] *s* tiska, gurnjava, gužva, vreva, metež, navala; mnoštvo, gomila, rulja
throng [θrɔŋ] *vi/t* **I.** *vi* tiskati se, gurati se, gomilati se, vrvjeti, kupiti se **II.** *vt* pritijesniti, gurati, navaljivati, salijetati; preplaviti
thropple ['θrɔpl] *s dial vet* grlo, ždrijelo
throstle ['θrɔsl] *s ornith* drozd
throstle-frame ['θrɔslfreim] *s tech* stroj za predenje vune, pamuka itd.
throttle ['θrɔtl] *s fam* grlo, grkljan, dušnik; *tech* upusni priklopac | *mot* **to open the ~** dati gas; *tech* **at full ~** punim gasom; punom brzinom; *fig* svom snagom
throttle ['θrɔtl] *vt* daviti, gušiti, zadaviti | *tech* **~ down** smanjiti gas (brzinu)
through (thro', thro) [θruː] *prep* 1. (*prostorno*) kroz, preko 2. (*vremenski*) kroz, u toku, preko, za vrijeme, u 3. (*sredstvo*) (s) pomoću, po *ili se prevodi instrumentalom* 4. (*uzročno*) od, iz, zbog | **they marched ~ the town** stupali su kroz grad; **all ~ his life** u toku cijelog svog života; **~ the night** preko noći; **he sent the letter ~ the post** poslao je pismo poštom; **~ fear** od straha; **it was all ~ you that I missed the train** samo sam zbog tebe zakasnio na vlak

through [θruː] *adv* skroz, sasvim; do kraja | *coll* **to be** ~ biti gotov, svršiti; *GB teleph* dobiti spoj; *US teleph* završiti razgovor; **is he** ~ ? je li položio ispit? (završio posao (itd.); **he read the book** ~ pročitao je knjigu (do kraja); ~ **and** ~ skroz-naskroz, posve, sasvim; *US* **10** ~ **15 May** od 10. do 15. svibnja

through [θruː] *adj* koji ide skroz, izravan | ~ **train** izravan vlak; ~ **passage** slobodan prolaz

through-car [ˈθruːkaː] *s rly* izravni vagon, direktna kola

throughly [ˈθruːli] *adv arch* potpuno, sasvim, temeljito

throughout [θru(ː)ˈaut] *prep* 1. (*prostorno*) kroz sve, preko svega, po svemu, diljem, u svemu 2. (*vremenski*) kroz, u toku, preko, za vrijeme | ~ **the country** diljem cijele zemlje; ~ **his stories** u svim njegovim pripovijetkama; ~ **the year** preko cijele godine

throughout [θru(ː)ˈaut] *adv* skroz, naskroz, posve, svuda, svagdje, cijelo vrijeme

through-put [ˈθruːput] *s* proizvodnja, protok

through-train [ˈθruːtrein] *s rly* izravan vlak

throughway [ˈθruːwei] *s US* auto-strada

throve [θrəuv] *pret* od **thrive**

throw [θrəu] *s* bacanje, hitanje, prljanje; (u rvanju) obaranje, pobjeda; domet (& *fig*); (pri kockanju) red za bacanje kocke; kolo; *tech* hod, uzdizaj klipa; lončarsko kolo | **the theatre is a stone's** ~ **from here** kazalište je tu blizu, nema ni pedesetak koraka

throw [θrəu] *vt/i* (threw, thrown) 1. baciti, bacati, dobaciti komu; zavitlati, hitnuti; tresnuti; *rly* zbaciti s tračnica; baciti (mrežu, udicu, meku), izbaciti (na hrid, obalu), bacati (zraku, svjetlost; *on, upon, over* na); izbacivati, emitirati (svjetlo); bacati, projicirati (sjenu); bacati (riječ, pogled); izvesti (skok) 2. oboriti, pobijediti; *US* namjerno izgubiti (proigrati); oboriti, povaliti, srušiti (stablo); zbaciti (jahača); zbacivati kožu (o zmiji); puštati, gubiti (dlaku, perje); nabacati, nasuti (nasip); bacati mlade (okotiti, omaciti, ojanjiti, ojariti, oteliti; oždrijebiti; oprasiti, ošteniti); roditi, rađati; izbaciti, ispaliti (metak) 3. sukati, presti, ukalupiti, uobličiti (u lončarstvu); strugati, točiti (u tokarstvu) 4. brzo sagraditi, prebaciti (most); predati (moć, vlast); ubaciti, prebaciti (trupe); izraziti, prevesti (*into* u); natjerati, nagnati; staviti, dovesti; raspisati natječaj (za neko mjesto) | **one must not** ~ **stones** ne valja podvaljivati; **to** ~ **cold water on** osporiti vrijednost čega, pobijati čije zasluge itd.; **to** ~ **a sop to** tutnuti komu što (mito), podmititi koga; **to** ~ **light on the matter** unijeti svjetlo u, rasvijetliti; **to** ~ **dust in a p's eyes** bacati kome prašinu u oči; **to** ~ **oneself (one's daughter) at the head of** nuditi sebe (svoju kćerku) za udaju; **to** ~ **good money after bad** tražiti hljeba preko pogače; **to** ~ **open** otvoriti naglo, otvoriti širom; **to** ~ **open the door to** omogućiti komu što; **to** ~ **overboard** riješiti se, zbaciti, odreći se; **to** ~ **a chest** isprsiti se, busati se; **to** ~ **a party (dinner)** prirediti zabavu (večeru); **to** ~ **a fit** razbjesniti se

throw about [ˈθrəuəˈbaut] *vt/i* **I.** *vt* bacati oko sebe tamo-amo **II.** *vi mar* naglo okrenuti | **to throw money about** razbacivati (rasipati) novac

throw across [ˈθrəuəˈkrɔs] *vt* prebaciti (baciti) na drugu stranu

throw aside [ˈθrəuəˈsaid] *vt* baciti u stranu, odbaciti, zabaciti

throw at [ˈθrəuˈæt] *vi* baciti na koga, na što; prigovoriti, predbaciti, spočitnuti

throw away [ˈθrəuəˈwei] *vt* baciti, odbaciti, razbaciti, bacati amo-tamo; rasuti, rasipati, tratiti, profućkati, spiskati (vrijeme, novac itd.); propustiti (priliku)

throw back [ˈθrəuˈbæk] *vt/i* **I.** *vt* baciti natrag, odbiti; *phys* odbijati, odražavati, zadržati, usporiti; prenijeti natrag (u mislima) **II.** *vi* zaostati (civilizacija); *phys* odbijati se, odražavati se; *fig* padati, pasti; vraćati se, sezati do, biti upućen na (*on, upon*); skloniti se kod koga, uteći se komu; pribjeći komu

throw down [ˈθrəuˈdaun] *vt* oboriti, baciti na tlo; zbaciti, srušiti; pokoriti; poniziti; degradirati; uništiti; *phys* taložiti; *US* odbiti, odbaciti, zabaciti (prijedlog) | **throw oneself down** baciti se na tlo, leći; **to** ~ **the gauntlet (glove), to** ~ **one's arms** predati se; **to** ~ **one's tools** stupiti u štrajk; *jur* **to** ~ **one's brief** odustati od daljeg vođenja parnice

throw in [ˈθrəuˈin] *vt/i* ubaciti, umetnuti, dometnuti, ugurati, dodati, nadovezati, priklopiti; *tech* uključiti; *ftb* ubaciti loptu u igru | **to** ~ **one's lot with** dijeliti čiju sudbinu, složiti se, združiti se s kim; **to** ~ **one's hand** ostaviti, napustiti borbu; odustati (poker); **to** ~ **one's teeth** predbacivati, prigovarati; psovati, koriti

throw into [ˈθrəuˈintu] *vt* ubaciti, baciti u | **to** ~ **prison** baciti u tamnicu; **to throw oneself into** gorljivo se baciti na što, dati se na što; latiti se čega; **to** ~ **the bargain** dodati, pridati, dati kao prid (pri kupnji); **to throw one's soul (heart) into** uložiti dušu (srce) u posao, založiti se dušom i tijelom; **to** ~ **confusion** dovesti u pometnju, zbrku; **to throw a th into a p's hands** gurnuti, tutnuti komu što u ruke

throw off [ˈθrəuˈɔf] *vt/i* **I.** *vt* zbaciti (jaram, teret itd.); zatajiti, zanijekati; odbaciti, odložiti; stresti, otresti (goniča, takmaca); *hunt* pustiti (pse, sokolove); početi lov; izbaciti, izlučiti (tvari iz tijela); roditi, rađati; nabaciti, stvoriti (književno, umjetničko djelo i sl.); *print* načiniti, praviti otisak **II.** *vi* riješiti se; svući; *hunt* biti odveden s traga; *fig* započeti | *rly* **to be thrown off the line** biti izbačen s kolosijeka, s pruge; **to ~ his disguise** skinuti masku, pokazati svoje pravo lice; **to throw a p off his legs** oboriti koga s nogu, podmetnuti komu nogu, uništiti, upropastiti koga

throw on (upon) ['θrəu'ɔn(ə'pɔn)] *vt* nabaciti, prebaciti (npr. ogrtač); natovariti, nametnuti | **to throw oneself on, upon** baciti se (na koga, što), nasrnuti; *fig* uzdati se u (koga, što)

throw out ['θrəu'aut] *vt/i* **I.** *vt* baciti, izbaciti, odbaciti, zbaciti, isključiti; istjerati, otjerati, najuriti; *mil* izaslati, poslati (čete, trupe); postaviti stražu; *jur* odbaciti, ne prihvatiti (prijedlog); spomenuti, natuknuti, nabaciti, lanuti; zbuniti, pomesti, izbaciti iz ravnoteže, izbaciti iz kolotečine; *sport* prestići, natkriliti, pobijediti; *GB* dograditi, izgraditi; *tech* isključiti; dobaciti izazov, izazvati, izustiti, izreći **II.** *vi* (o biljkama) izbijati, širiti se, vriježiti se; (o svjetlosti) izbijati | *sport* **to be thrown out** biti prestignut, zaostati; *hunt* izgubiti se (trag); **to be thrown out in one's calculations** prevariti se u računu

throw over ['θrəu'əuvə] *vt* baciti preko čega, prebaciti; *fig* napustiti, ostaviti (ženu, dragu)

throw to ['θrəu'tuː] *vt* dobaciti; zalupiti (vrata)

throw up ['θrəu'ʌp] *vt* baciti uvis; dići, dizati; *mil* podići (nasip, barikade), sagraditi (barake); činiti da se ističe (o bojama); izbacivati, tvoriti (pjenu i dr.), napustiti (službu, mjesto i dr.), izbaciti, povratiti, izbljuvati (hranu itd.) | **to throw one's eyes up** podići oči; **to ~ one's hands** dići ruke uvis; **to ~ the sponge** podleći, napustiti borbu ili natječaj, priznati svoj poraz, priznati se pobijeđenim; **to ~ the cards** baciti karte (& *fig*)

throw-back ['θrəubæk] *s biol* atavizam, vraćanje osobina predaka

throw-down ['θrəudaun] *s US* poraz

thrower ['θrəuə] *s* bacač; *mech* sprava za sukanje, za motanje, prelac; (u lončarstvu) kalupar, modelar

thrown [θrəun] *pp* od **throw**

throw-off ['θrəuɔf] *s hunt* puštanje lovačkih pasa, početak lova; *bot* mladica, izdanak; *el* iskra, varnica

throw-out ['θrəuaut] *s* defektan proizvod, škart

throw-over ['θrəu,əuvə] *s* prebacivanje, rušenje, zbacivanje, napuštanje; raskid; ogrtač ili odjeća koja se prebacuje preko ramena

throwster ['θrəustə] *s mech* prelac, prelja (svile)

thru [θruː] → **through**

thrum[1] [θrʌm] *s* 1. ureznici (u tkanju, krajevi od osnove), rub, krajac (platna, sukna); kraj, rub; rojta, resa, kita

thrum[2] [θrʌm] *s* zveckanje; udaranje prstima, bubnjanje

thrum [θrʌm] *vt* obrubiti, opšiti rojtama

thrum [θrʌm] *vt/i* **I.** *vt* lupati, drndati na klaviru (*on*) **II.** *vi* zveckati, zveketati, zvečati; bubnjati prstima

thrummy ['θrʌmi] *adj* čupav, runjav

thrush[1] [θrʌʃ] *s ornith* drozd, drozak | **song ~** drozd cikelj

thrush[2] [θrʌʃ] *s med* upala usne sluznice, afte (dječja bolest); *vet* gnojna upala žabice (konjskog kopita)

thrust [θrʌst] *s* udarac (zadat, nanijet, guranjem) (*with* čime); *mil* udarac naprijed, napad, navala (*at* čime) (& *fig*); *min* pritisak (rogova, ključeva krova) na stupove u rudniku; *mech* & *aero* potisak | **home ~** udarac koji je dobro pogodio; *tech* **backward ~** popratni udar, odboj, vraćanje

thrust [θrʌst] *vt/i* (thrust, thrust) **I.** *vt* turati, gurati, rivati, tiskati, utaknuti (*in, through* u, kroz); bosti, probosti; nagoniti, natjerati **II.** *vi* gurati se, tiskati se na, rivati se, turati (*through* kroz); naići, navaliti (*at* na), udarati (*at* u) | **to ~ oneself into** turati se, gurati se, narinuti se, nametnuti se; **to ~ one's nose into** turati, zabadati nos u što, pačati se; **to ~ one's way** (*through*) utrti, kočiti, probiti sebi put; **to ~ a p through** probosti, proburaziti; **to ~ a th upon a p** nametati (naturiti) komu što silom

thrust forward ['θrʌst'fɔːwəd] *vt* gurnuti naprijed

thrust in ['θrʌst'in] *vt* utisnuti, urinuti, utjerati; zabiti, udariti

thrust on ['θrʌst'ɔn] *vt* nametnuti, narinuti

thrust out ['θrʌst'aut] *vt* isturiti, istisnuti; izbaciti, otjerati, udaljiti; isplaziti; ispružiti (ruku)

thruster ['θrʌstə] *s hunt* nagao lovac koji u lovu dolazi preblizu

thud [θʌd] *s* tutnjava, tutanj, težak (mukao) udarac

thud [θʌd] *vi* tutnjiti, tutnjeći projuriti; teško udariti; jako lupati

thug [θʌg] *s Ind* razbojnik, ubojica, pljačkaš; *hist* član vjerske organizacije ubojica u Indiji; *US* neotesanac, grubijan

thuggee ['θʌgiː] *s* razbojništvo, sistem ubijanja i pljačkanja

thuggery ['θʌgəri] *s* razbojništvo

thuggism [ˈθʌgizm] *s* → **thuggery**
thumb [θʌm] *s* palac | **rule of** ∼ mjerenje odoka; sud koji se više temelji na praktičnom iskustvu nego na znanstveno utvrđenim činjenicama; **to have (hold) under one's** ∼**s** imati pod svojom vlašću, u svojim šakama; **his fingers are all** ∼**s** ima dvije lijeve ruke, nespretan je; *sl* ∼**s up!** izvrsno!, fino!
thumb [θʌm] *vt* opipati palcem, zamrljati ili otrcati palcem ili prstima (npr. knjigu); nespretno baratati čim | *US coll* **to** ∼ **rides** (auto-stoper) dizanjem palca uvis moliti za vožnju
thumb-index [ˈθʌmˌindeks] *s* abeceda urezana u brid stranica (rječnika i sl.)
thumb-mark [ˈθʌmmaːk] *s* otisak palca (mrlja, osobito na knjizi)
thumb-nut [ˈθʌmnʌt] *s mech* leptirast navrtanj, navrtanj sa zaliscima
thumb-print [ˈθʌmprint] *s* otisak palca (na policiji i sl.)
thumbscrew [ˈθʌmskruː] *s hist* vijak za palce (mučilo)
thumbstall [ˈθʌmstɔːl] *s* palčenjak, kožnat naprstak
thumb-tack [ˈθʌmtæk] *s US* risaći čavlić, »rajsnegl«, »puntina«
thump [θʌmp] *s* potmuo pad, udarac
thump [θʌmp] *vt/i* **I.** *vt* (snažno) udariti, lupati, tući koga ili što (*at, on*); bubetati **II.** *vi* bubnuti, ljosnuti, tresnuti (*against, on* o, na); (o srcu) udarati, tući, kucati | *eccl* **to** ∼ **the cushion** udarati o jastuk, gestikulirati kod propovijedi
thumper [ˈθʌmpə] *s* onaj koji udara, lupa; *fam* nešto snažno, moćno, jako, silovito, golemo; gruba laž
thumping [ˈθʌmpiŋ] *adj* koji udara, lupa, tuče; koji kuca, bije; *GB coll* golem, grdan, snažan, jak, silovit, ogroman, velik
thunder [ˈθʌndə] *s* 1. grom, trijesak, grmljavina; oluja | ∼**s** *pl* vatren govor; optužba; **Jove's** ∼**s** strijela; **blood and** ∼ senzacionalan, koji izaziva živo zanimanje, živ interes; **the** ∼**s of the Church** ukori, prijetnje Crkve; *fam* **in** ∼**!** sto mu gromova!; ∼ **and lightning** tamnosivo platno; **to steal a p's** ∼**s** oponašati čiji postupak ili način izradbe, iskoristiti čije oružje ili prednost, oteti kome adute iz ruku
thunder [ˈθʌndə] *vi/t* **I.** *vi* grmjeti, praskati, bjesnjeti, bučati **II.** *vt* tutnjiti, gruvati | **it** ∼**s** grmi, tutnji, praska
thunder out [ˈθʌndərˈaut] *vi* podviknuti, zagrmjeti (o glasu) | **to** ∼ **an excommunication** baciti na koga prokletstvo, anatemu
thunderbolt [ˈθʌndəbəult] *s* grom, munja; *fig* neočekivan događaj, grom iz vedra neba; *geol* belemnit, »strelica groma«
thunder-clap [ˈθʌndəklæp] *s* grom, trijesak
thunder-cloud [ˈθʌndəklaud] *s* olujni oblak
thunderer [ˈθʌndərə] *s* gromovnik; **the Thunderer** Jupiter; *iron* Times (novine)
thundering [ˈθʌndəriŋ] *adj* (∼**ly** *adv*) koji grmi, tutnji, treska; *GB coll* golem, ogroman, neobičan | *GB coll* **a** ∼ **ass** potpun bukvan
thunderous [ˈθʌndərəs] *adj* (∼**ly** *adv*) koji grmi, tutnji, treska; gromovit, gromoglasan
thunder-storm [ˈθʌndəstɔːm] *s* oluja
thunderstruck [ˈθʌndəstrʌk] *adj* gromom ošinut
thundery [ˈθʌndəri] *adj* olujni, koji je poput oluje, koji je nalik na oluju; sparan
thurible [ˈθjuəribl] *s eccl* kadionica
Thursday [ˈθəːzdi] *s* četvrtak
thus [ðʌs] *adv form* tako, ovako, odatle, prema tome, kako slijedi, na taj način | ∼ **far** dovle, dotle; ∼ **much** toliko; ∼ **and** ∼ na takav i takav način
thusness [ˈðʌsnis] *s hum* | **why this** ∼? a zašto baš tako?, čemu baš tako?
thwack [θwæk] *s* žestok udarac
thwack [θwæk] *vt* udarati, tući, izbiti, izlemati, izmlatiti
thwaite [θweit] *s GB dial* krčevina, ziratna zemlja
thwart [θwɔːt] *s mar* veslačka klupica, sjedalo u čamcu; *arch* zapreka
thwart [θwɔːt] *adv arch* prijeko, poprijeko; poprečke, koso, ukoso, nahero, unakrst
thwart [θwɔːt] *prep arch* preko
thwart [θwɔːt] *adj arch* prijek, poprečan, kos, naheren, nagnut; *fig* naopak, mrzak, protivan, uporan, tvrdoglav, svojeglav, samovoljan, jogunast
thwart [θwɔːt] *vt* osujetiti, pomrsiti, izigrati, pokvariti, pobrkati (komu plan, namjere, račune itd.)
thy [ðai] *pron & adj* tvoj, tvoja, tvoje
thyme [taim] *s bot* majčina dušica
thymol [ˈθaimɔl] *s chem* timol
thymy [ˈtaimi] *adj bot* pun majčine dušice, obrastao majčinom dušicom; koji miriše na majčinu dušicu
thyroid [ˈθairɔid] *adj* koji se tiče štitne žlijezde, štitnjače | *zool & anat* ∼ **gland** štitna žlijezda, štitnjača
thyself [ðaiˈself] *pron refl & emph* ti, ti sam; sebi, sebe
tiara [tiˈaːrə] *s* tijara, papinska kruna
tibia [ˈtibiə] *s* (*pl* **tibiae** [ˈtibiiː], ∼**s**) *anat* goljenica
tic [tik] *s med* tik, grčevito trzanje | ∼ **doulereux** grč u licu, grčevita bol u licu
tick¹ [tik] *s ent* krpelj, krpuša
tick² [tik] *s* navlaka (za jastuke i sl.); *text* platno od kojeg se prave navlake (za jastuke i madrace), inlet, gradl
tick³ [tik] *s* kucanje (sata); točka; kontrolni znak (kvačica); *GB coll* trenutak | *GB coll* **to the** ∼, **on the** ∼ savršenom točnošću

tick⁴ [tik] *s GB coll* kredit, vjeresija; *com* debitna stavka | *GB coll* **on ~** na vjeresiju, na dug
tick [tik] *vi GB coll* uzeti na vjeresiju, dati na vjeresiju; kupiti ili prodati na dug
tick [tik] *vi/t* **I.** *vi* kucnuti, taknuti (vrhom prsta, jagodicom); (o satu) kucati **II.** *vt* činiti kuc kuc; otkucaj (na brzojavnom aparatu); *GB* označiti kvačicom, markirati
tick away [ˈtikəˈwei] *vt* otkucati
tick off [ˈtikˈɔf] *vt GB* označiti kvačicom; riješiti; odbrojiti, očitovati; *sl* koriti, osuđivati, očitati komu bukvicu
tick out [ˈtikˈaut] *vt* → **tick away**
ticker [ˈtikə] *s* kucalo; telegrafski aparat; *sl* džepni sat; *hum* srce
ticker-tape [ˈtikəteip] *s* vrpca telegrafskog aparata | *US* **~ parade** svečani doček, *esp* u New Yorku (uz zasipanje papirnim zmijama i sl.)
ticket [ˈtikit] *s* 1. ulaznica; predbrojka; *rly* putna karta 2. ceduljica, cedulja, etiketa, natpis, znak na robi; priznanica, potvrda primitka, dostavnica (za predanu robu, prtljagu itd.); *aero sl* dozvola pilotu za letenje; srećka, lutrija 3. *US pol* kandidatska lista; program stranke; službeni kandidat; glasovnica | *rly* **return ~** povratna putna karta; *sl* **to get one's ~** biti otpušten iz vojske; **not quite the ~** ne baš ono pravo, ne sasvim ono što se traži; **the proper ~** prava roba, prava stvar; *sl* **the ~** to je prava roba, to je ono pravo; **to work one's ~** odraditi, odslužiti trošak za prijevoz; izvući se iz čega; *GB hist* **~ of leave** privremena otpusnica (kažnjenika, zatvorenika); *US pol* **mixed ~** kompromisna izborna lista; **straight ~** izborna lista u kojoj se nalaze kandidati samo jedne stranke
ticket [ˈtikit] *vt* staviti, metnuti ceduljicu, žig, cijenu, etiketu na robu, označiti, obilježiti robu
ticket-collector [ˈtikitkəˌlektə] *s* pobirač ulaznica, putnih karata, biljeter
ticket-day [ˈtikitdei] *s GB* dan obračuna (na burzi)
ticket-office [ˈtikitˌɔfis] *s* šalter, blagajna za prodaju ulaznica, putnih karata
ticket-punch [ˈtikitpʌntʃ] *s* kliješta za poništavanje putnih karata
ticking [ˈtikiŋ] *s* kucanje (sata), otkucavanje brzojavnog aparata; gradl (tkanina)
tickle [ˈtikl] *s* škakljanje; svrbljenje; *fig* golicanje, draženje, draž
tickle [ˈtikl] *vt/i* **I.** *vt* škakljati; *fig* (za)golicati, golicati; dražiti; uveseljavati, zabavljati; laskati, ugađati **II.** *vi* škakljati, svrbjeti, biti škakljiv | **my nose ~s** svrbi me nos; *coll* **~d pink** vrlo polaskan (zadovoljan)
tickler¹ [ˈtiklə] *s* 1. škakljač; *GB coll* škakljivo pitanje, zagonetka; *US com* skadencna knjiga
tickler² [ˈtiklə] *s mil sl* ručna granata
ticklish [ˈtikliʃ] *adj* (**~ly** *adv*) škakljiv, osjetljiv na škakljanje; *fig* uvredljiv, osjetljiv; težak; nepouzdan, riskantan, kritički
ticklishness [ˈtikliʃnis] *s* škakljivost, osjetljivost, kritičnost
tick-tack [ˈtiktæk] *s* tik tak, kucanje (sata)
tidal [ˈtaidl] *adj* koji se tiče plime i oseke, koji je kao plima i oseka | **~ basin** dok plime i oseke; **~ river** rijeka u koju dopire plima i oseka; **~ wave** val plime; *fig* priliv osjećaja, val zanosa
tidbit [ˈtidbit] *s US* → **titbit**
tiddledywinks [ˈtidldiwiŋks] *s pl* (dječja igra) »skakanje buha«
tiddley [ˈtidli] *s sl* alkoholno piće | *sl* **on the ~** pijan
tiddley [ˈtidli] *adj sl* pijan
tiddlywinks [ˈtidliwiŋks] *s pl* → **tiddledywinks**
tiddy [ˈtidi] *adj dial* malen, majušan, sićušan
tide [taid] *s* 1. vrijeme, doba; određeni razmak vremena 2. plima i oseka 3. *fig* struja, tok; promjena, preokret, obrat | **even ~** večer; **to work double ~s** raditi 24 sata, raditi u dvije smjene; **flood ~** plima; **ebb ~** oseka; **high ~** plima; **low ~** oseka; **to go with the ~** ići (plivati) sa strujom, činiti što i drugi čine; **the ~ turns** sreća se okreće; **the turn of the ~** promjena sreće; obrat, preokret; **time and ~ wait for no man** vrijeme leti, iskoristi priliku; **at Christmastide** o Božiću; **the ~ is rising** voda nadolazi; **the ~ of battle** ratna sreća; **in the full ~ of battle** u jeku bitke
tide [taid] *vi/t* **I.** *vi* ići, ploviti sa strujom, s plimom; imati plimu i oseku; strujati; *arch* dogoditi se, zbiti se **II.** *vt* tjerati plimom, strujom | *fig* **to ~ over a th** prijeći preko čega, prebroditi što
tideless [ˈtaidlis] *adj* koji je bez plime i oseke
tidiness [ˈtaidinis] *s* čistoća, urednost
tide-waiter [ˈtaidˌweitə] *s hist* carinski činovnik koji nadzire iskrcavanje broda
tide-water [ˈtaidˌwɔːtə] *s* voda u kojoj se zapaža plima i oseka
tide-way [ˈtaidwei] *s* → **tide-water**
tidily [ˈtaidili] *adv* uredno, čisto; *coll* znatno, prilično
tidings [ˈtaidiŋz] *s lit* vijesti, novosti, poruka, glas
tidy [ˈtaidi] *adj* (**tidily** *adv*) uredan, čist; ljubak, lijepuškast, pristao, krasan, lijep, zgodan; *coll* znatan, priličan

tidy [ˈtaidi] *s* navlaka (za naslonjač, divan i dr.); sanduk, košara (za smeće) | **street** ~ sanduk, kutija (za papir, otpatke) na ulici, u parkovima i dr.

tidy [ˈtaidi] *vt/i* (često sa *up*) **I.** *vt* počistiti, urediti **II.** *vi* spremati (sobu, kuhinju i dr.)

tie [tai] *s* 1. veza, sveza; uzao, čvor; petlja, omča; kravata, mašna; ženski krzneni ovratnik; spona, skoba; *archit* željezna klamfa, skoba; *US rly* željeznički prag 2. *mus* vezivanje, slijevanje; *fig* veza, obaveza, dužnost, teret 3. *sport* neodlučna igra, izjednačenje, odlučujuća igra 4. *parl* izjednačenje glasova 5. *US* cipela na vezivanje | **neck-**~ kravata; ~**s of blood** krvno srodstvo; *US* zajednički novčani interesi; *sport* **to play (shoot) off a** ~ igrati (natjecati se) za prvenstvo; *sport* **cup** ~**s** igra, utakmica za pehar

tie [tai] *vt/i* **I.** *vt* 1. svezati, pričvrstiti (*to* na); spojiti, združiti; *archit* pričvrstiti, skopčati, povezati, spojiti (skobom); *fig* vezati, ograničiti, spriječiti, zadržati, privezati (*to, down to* za), obvezati koga na što; *mus* vezivati, slijevati (note) **II.** *vi* vezati se, učvrstiti se, utvrditi se | *fig* **to** ~ **the hands** svezati komu ruke, sputati koga; **to** ~ **a p's tongue** ušutkati koga; **to** ~ **the knot** vjenčati se, oženiti se; *GB* **tied house** gostionica vezana na jednog dobavljača (pivovaru i dr.)

tie down [ˈtaiˈdaun] *vt* privezati, pričvrstiti (*to* za); vezati, sputati, primorati, prinuditi; priječiti

tie up [ˈtaiˈʌp] *vt/i* **I.** *vt* privezati, zavezati, svezati; sputati; uvezati, umotati; *fig* vezati, stegnuti; zapriječiti; *jur* ograničiti korištenje (vlasništva itd.) **II.** *vi coll* vjenčati se, oženiti se, udati se; združiti se s kim (*with*); *mar* usidriti se, ukotviti se | **she is tied up with French** bavi se isključivo francuskim; **to tie a p up in knots** dovesti koga u veliku nepriliku

tie-clip [ˈtaiklip] *s* igla za kravatu

tie-pin [ˈtaipin] *s* → **tie-clip**

tier [ˈtaiə] *s* vezač; vrpca, uzica, špaga (za vezanje); *US* pregača (dječja)

tier [tiə] *s* red, vrsta, niz; sloj, naslaga; *theat* red sjedala; *eccl* red cijevi orgulja; položaj (razred, čin) | ~**s of cable** zavijuci kabela

tier [tiə] *vt* naslagati, složiti, redati; slojevito slagati, nagomilavati

tierce [tiəs] *s* bačva od 42 galona; *mus* terca; terca (pri mačevanju); *her* tri vodoravne pruge na grbu; *cards* slijed od tri karte iste boje

tiff[1] [tif] *s sl* gutljaj

tiff [tif] *vt* srkati, srknuti, pijuckati, gucnuti

tiff[2] [tif] *s* mali nesporazum, rječkanje, nesuglasice, inat

tiff [tif] *vi* duriti se, pućiti se, inatiti se

tiffany [ˈtifəni] *s text* svileni flor

tiffin [ˈtifin] *s Anglo-Ind* drugi doručak; mali ručak

tig [tig] *s* dodir; igra lovice

tige [tiːʒ] *s Fr archit* tijelo (trup) stupa; *Fr bot* stabljika

tiger [ˈtaigə] *s zool* tigar; *fig* krvolok, krvopija, okrutan čovjek, ljut protivnik; *GB* hvalisavac; *GB arch* paž (u livreji) | **red** ~ kuguar, puma (*Felis concolor*); **American** ~ jaguar; **to work like a** ~ raditi žestoko, uložiti sav trud; *sl US* **three cheers and a** ~ tri kratka i završni dugi povik

tiger-cat [ˈtaigəkæt] *s zool* divlja mačka

tigerish [ˈtaigəriʃ] *adj* (~**ly** *adv*) koji je poput tigra, tigarski

tiger-lily [ˈtaigəˌlili] *s bot* žuti ljiljan (*Lilium tigrinum*)

tiger-moth [ˈtaigəmɔθ] *s ent* medonjica (*Arctia caja*)

tiger's-eye [ˈtaigəzai] *s minr* tigrovo oko, sjajni poludragulj

tight [tait] *adj* (~**ly** *adv*) 1. gust, zbijen, nabijen; čvrst, neprobojan, koji ne propušta (vodu, zrak itd.) 2. jak, čvrsto građen; (o užetu) čvrsto vezan, zategnut; (o osobi) dobro građen, jedar, krasan, lijep, gizdav, uredan 3. (o odjeći) koji je priljubljen uz tijelo, koji sjedi; (o obući) uzak, tijesan 4. *fig* sužen, stiješnjen, težak; mučan, osjetljiv, škakljiv 5. (o novcu) jedva dovoljan, oskudan; (o osobi) škrt, tvrd, štedljiv 6. *sl* pijan, nakresan | **money is** ~ oskudica je u novcu; **in a** ~ **place** u tešku položaju, u škripcu, u stisci; *arch* **a** ~ **lass** lijepa (stasita) djevojka; **to keep a** ~ **rein (hand) on a p** držati koga strogo, na uzdi

tight [tait] *adv* čvrsto, gusto, nabijeno, zbijeno | **to sit** ~ uporno ostati pri svojem pravu, mišljenju, stavu itd.; ne popuštati, ostati pri čemu, biti nepokolebljiv u čemu

tighten [ˈtaitn] *vt/i* **I.** *vt* nategnuti, napeti, pritegnuti, utegnuti, stijesniti, suziti **II.** *vi* stegnuti se, stisnuti se, suziti se | **to** ~ **one's belt** pritegnuti remen

tightener [ˈtaitnə] *s* natezač

tight-fisted [ˌtaitˈfistid] *adj* škrt

tight-fitting [ˈtaitˌfitiŋ] *adj* tijesan, priljubljen, po tijelu

tightly [ˈtaitli] *adv* čvrsto, gusto itd. (→ **tight** *adv*)

tightness [ˈtaitnis] *s* gustoća, gustina, uskoća, tjesnoća, napetost; čvrstoća; škrtost

tight-rope [ˈtaitrəup] *s* nategnuto uže ili žica | ~ **dancer** plesač na nategnutom užetu ili žici

tights [taits] *s pl* tijesne hlače; pletene gaće; baletni triko; *GB* hulahopke

tightwad [ˈtaitwɔd] *s sl* škrtac

tigon [ˈtaigən] *s zool* mješanac tigra i lavice

tigress ['taigris] *s* tigrica; *fig* okrutna bijesna žena

tike (tyke) [taik] *s* pseto; *fig* klipan, prostačina, bukvan | **Yorkshire** ~ Jorkširac

tilbury ['tilbəri] *s* laka kočija (na dva kotača s krovom)

tilde [tild] *s* tilda, znak (~) iznad slova ili znak ponavljanja

tile [tail] *s* opeka, cigla, crijep; kalj, pećnjak; keramička pločica; *fam* cilindar (šešir); lonac | *sl* **to have a** ~ **loose** biti malo sulud (šenuo); **Dutch** ~**s** obojena opeka

tile [tail] *vt* pokriti, obložiti (crijepom, opekom, ciglom, pločicama); čuvati i priječiti ulaz (u ložu, na sastanak slobodnih zidara); obvezati na čuvanje tajne (lože)

tiler ['tailə] *s* ciglar, opekar, pokrivač krovova crijepom, postavljač pločica; vratar (masonske lože)

tilery ['tailəri] *s* ciglana

tilestone ['tailstəun] *s* *geol* pješčenjak

tile-works ['tailwə:ks] *s* *pl* ciglana

till[1] [til] *s* ladica (stola); dućanska blagajna (ladica)

till[2] [til] *s* smjesa od ilovače i pijeska; tvrda glinasta smjesa zemlje

till [til] *vt* obrađivati, težiti (zemlju), orati

till [til] *prep* (vremenski) do | **wait** ~ **tomorrow** čekaj do sutra; ~ **death** sve do smrti; ~ **my return** do moga povratka; ~ **now** dosada; ~ **then** dotada, doonda, dotle; **not** ~ tek, istom

till [til] *conj* dok (*wait* ~ *I return* čekaj dok se vratim)

tillable ['tiləbl] *adj* koji se može orati, obrađivati, težiti; obradiv

tillage ['tilidʒ] *s* oranje, teženje, obrađivanje (zemlje) | ~ **farmer** ratar

tiller[1] ['tilə] *s* orač, ratar, težak, poljodjelac

tiller[2] ['tilə] *s* *mar* ruda krmila

tiller[3] ['tilə] *s* *bot* izdanak iz korijena

tiller ['tilə] *vi* tjerati izdanke

tilt[1] [tilt] *s* šator, šatorsko debelo platno (na brodu, čamcu); arnjevi (na kolima)

tilt [tilt] *vt* pokriti šatorskim platnom

tilt[2] [tilt] *s* 1. nagib, kosina 2. viteška igra, turnir, alka 3. *fig* borba, boj 4. preklopna kolica za istresanje | **to give a** ~ **to** naheriti, nagnuti; preklopiti, izvrnuti; **to come (run) full** ~ **against** nasrnuti na

tilt [tilt] *vi/t* **I.** *vi* ljuljati se, nagnuti se, nakrenuti se, naheriti se, prevrnuti se, izvrnuti se; bosti, udarati kopljem, navaliti, nasrnuti (*against*); *hist* igrati viteške igre, bȉti se u viteškim igrama; *fig* boriti se (*at* protiv) **II.** *vt* nagnuti, nakrenuti, naheriti; *tech* kovati teškim kovačkim čekićem | *hist* ~**ing at the ring** alka (viteška igra)

tilt over ['tilt'əuvə] *vi* prevaliti se, izvrnuti se

tilter ['tiltə] *s* nagibač, podvalak (pod bačvom); borac u viteškoj igri, alkar

tilth [tilθ] *s* ratarstvo, poljodjelstvo, obrađivanje zemlje; oranica, njiva

tilt-hammer ['tilt,hæmə] *s* malj otraguš; težak kovački čekić

tilt-yard ['tiltja:d] *s* megdan; trkalište

timbal ['timbl] *s* *hist* talambas

timbale [tæm'ba:l] *s* *Fr* pašteta (od mesa, od ribe itd.) u tijestu koje ima oblik bubnja

timber ['timbə] *s* 1. *GB* drvo, drvena građa; *pl* stabla, debla; drvlje 2. (o brodu) rebro; *pl* rebra, kostur (broda); *fig* tjelesna građa; gradivo, materijal 4. *hunt* kapija, zapreka, ograda, plot; *US* šume

timber ['timbə] *vt* tesati, graditi; *min* oplatiti, ispuniti, poduprijeti drvom

timbered ['timbəd] *adj* tesan, sagrađen od drveta; pošumljen, obrastao šumom

timbering ['timbəriŋ] *s* tesarski posao (rad); drvena građa; *min* potporna građa (rudnika)

timber-line ['timbəlain] *s* *US* visinska granica uspijevanja šuma

timber-toes ['timbə,təuz] *s* *sl* čovjek s drvenom nogom

timber-wolf ['timbəwulf] *s* *zool* *US* sivi šumski vuk

timbrel ['timbrəl] *s* *arch* bubnjić, tamburin

time [taim] *s* 1. vrijeme, određeni vremenski razmak, određeno razdoblje; doba, vijek, epoha, era; vremena, prilike 2. proživljeno vrijeme, čovječji vijek, slobodno vrijeme; dokolica; *sport* najkraće vrijeme; radno vrijeme; mjera vremena; *mus* takt, tempo; *mil* tempo, brzina marša 3. vrijeme, sat, trenutak; slučaj, zgoda, prigoda, prilika; (u računanju) put(a), krat; *pl* utvrđeni satovi, vrijeme, tablica vremena, satova 4. računanje vremena (po suncu, Greenwichu itd.) 5. *abstr* (*bez člana*) vrijeme općenito (protivno od prostora) | **the Times** (*sg constr*) Tajmz (novine); **for the** ~ **being** zasada, pod ovakvim okolnostima; **it is high** ~ **to** krajnje je vrijeme da; **in the nick of** ~ u zgodan (pravi) čas, u kritičan čas; **my** ~ **is drawing near** približava mi se kraj; **to have a good** ~ dobro se zabavljati; ~ **and again** ponovo, opetovano, jednako, češće; **what is the** ~? koliko je sati?; **at this** ~ **of day** ovako kasno (& *fig*); **against** ~ s najvećim naporom; **ahead of one's** ~ prerano, preuranjeno; **all the** ~ čitavo vrijeme, neprekidno; **at the same** ~ istovremeno; uza sve to, svejedno; **at** ~**s** od vremena do vremena, povremeno, kadšto, katkada; **at one** ~ nekad, negda, jednom; **to beat** ~ davati vrijeme, udarati takt, ritam; *hunt* **close** ~ lovostaja; **from** ~ **to** ~ od vremena do vremena; **in** ~ na vrijeme; u ritmu, po taktu; **in no** ~ u tren oka; **to keep** ~ držati takt; hodati, plesati, pjevati po taktu; **mean ~** srednje standardno vrijeme; **out of ~** izvan takta, izvan ritma; **from ~ immemorial** od pamtivijeka; *sl* **the ~ of one's life** užitak, uživanje; *poet* **what ~** dok, kad; **in good ~** pravovremeno; **many a ~** mnogo puta, često; **~ after ~** ponovo, češće; **bed ~** vrijeme počinka; **~ out of mind** prastara, pradavna vremena; **to speak against ~** govoriti vrlo brzo; **before one's ~** prerano, preuranjeno; **behind one's ~** zaostao; prekasno; **in due ~** na vrijeme, u pravo vrijeme, u svoje vrijeme; **in the mean ~** u međuvremenu; **near one's ~** (o ženama) pred porođajem; **in due ~** na vrijeme; **once upon a ~** jednom, nekoć; *sl* **to do ~** odsjediti svoje vrijeme u zatvoru; **to have no ~ on one's hands** nemati vremena, imati mnogo posla; **to keep good ~** (o satu) ići dobro; **to kill ~** utući vrijeme; **to lose ~** (o satu) zaostajati, kasniti; **~ and tide wait for no man** vrijeme leti, ne propuštaj priliku; **the good old ~s** dobra stara vremena; **each ~** svaki put; u svako vrijeme; **every ~** svaki put; **a long ~ since** odavna; **some ~ longer** još neko vrijeme; **this long ~** odavna; **this ~ a year** danas godinu dana; **this ~ tomorrow** sutra u ovo doba; **the ~ is up** vrijeme je minulo; **at a ~** najedanput; **to enter one at a ~** ući jedan po jedan; **at all ~s, at any ~** u svako doba; **at no ~** nikada; **by that ~** dotle, međutim; **by the ~** dotle, dok; **not for a long ~** dugo će trajati, tek nakon duga vremena; **in ~ to come** ubuduće; **in course of ~** u toku vremena; **in one's own good ~** kad je čovjeku po volji; **on ~** u pravo vrijeme; točno; *US sl* na otplatu; **to ~** točno, pravovremeno; **up to ~** točno; **up to the present ~, up to this ~** dosada; **up to that ~** dotada, doonda; **to give (pass) a p the ~ of day** zaželjeti komu dobar dan; **to mark ~** stupati na mjestu; *fig* iščekivati, stagnirati; **to be pressed for ~** žuriti se; *mil* **to serve one's ~** služiti vojni rok; *fig* **to take ~ by the forelock** zgrabiti vrijeme za rogove, uhvatiti priliku, iskoristiti moment; **to watch one's ~** vrebati pogodnu priliku

time [taim] *vt/i* **I.** *vt* izabrati vrijeme, urediti prema vremenu; udesiti prema okolnostima; odrediti, utvrditi vrijeme za što, učiniti što u pravo vrijeme; motriti trajanje, držati se vremena; vremenski utvrditi; regulirati, (o satu) naravnati; *mus* udarati takt, davati takt **II.** *vi* slagati se, suglasiti se, biti suglasan (*with* sa); držati takt, ritam (*to* sa) | **my train is ~d to leave at nine** moj vlak prema voznom redu polazi u devet sati

time-bomb [ˈtaimbɔm] *s* pakleni stroj, tempirana bomba

timecard [ˈtaimkaːd] *s* radna kartica (kontrola radnog vremena)

time clock [ˈtaimklɔk] *s* kontrolni sat (na ulazu u tvornicu, ustanovu)

time-consuming [ˈtaimkənˌsjuːmiŋ] *adj* koji zahtijeva (oduzima) previše vremena, spor

timed [taimd] *adj* vremenski reguliran | **well ~** u pravi čas, pravovremen; **ill ~** u nepravi čas

time deposit [ˈtaimdiˌpɔzit] *s US com* terminski polog

time-detector [ˈtaimdiˌtektə] *s mech* kontrolni sat

time-discount [ˈtaimdisˌkaunt] *s com* popust za plaćanje prije roka dospijeća, skonto

time-expired [ˈtaimiksˌpaiəd] *adj* kojemu je isteklo vrijeme; islužen (vojnik)

time exposure [ˈtaimiksˌpəuʒə] *s phot* duže eksponiranje (ne automatskim zatvaračem)

time-honoured [ˈtaimˌɔnəd] *adj* staroslavan, starostavan; starodrevan, prečastan

timekeeper [ˈtaimˌkiːpə] *s* kronometar; udarač takta (pri veslanju i sl.); kontrolor radnog vremena

timeless [ˈtaimlis] *adj* (**~ly** *adv*) beskonačan, vječan, koji nije vezan na vrijeme

timelessness [ˈtaimlisnis] *s* beskonačnost, vječnost, bezvremenost

time-limit [ˈtaimˌlimit] *s* (vremenski) granični rok, granično razdoblje, razmak trajanja

timeliness [ˈtaimlinis] *s* pravodobnost, pravovremenost, umjesnost

timely [ˈtaimli] *adj* pravodoban, pravovremen; ran, zgodan; prikladan, odgovarajući

timely [ˈtaimli] *adv arch* pravodobno, pravovremeno

time-note [ˈtaimnəut] *s com* mjenica na dugi rok

timeous (timous) [ˈtaiməs] *adj* (**~ly** *adv*) *Scot* ran, koji stiže u pravi čas; pravovremen, pravodoban

timepiece [ˈtaimpiːs] *s* kronometar (sat)

timer [ˈtaimə] *s* onaj koji (ono što) pokazuje, mjeri vrijeme; *sport* kronometar, štoperica, mjerač vremena i trener; *mech* upaljač u automobilu; sprava za mjerenje točnog vremena; onaj koji služi određen rok

time-recorder [ˈtaimriˌkɔːdə] *s* osoba (naprava) koja bilježi vrijeme; kontrolni sat

time-saving [ˈtaimˌseiviŋ] *adj* koji štedi vrijeme

time-server [ˈtaimˌsəːvə] *s* prevrtljivac, dvoličnjak, oportunist

time-sheet [ˈtaimʃiːt] *s* tabela za bilježenje broja radnih sati radnika

time-table [ˈtaimˌteibl] *s GB* vozni red; raspored sati (u školi, uredu itd.)

time-work [ˈtaimwəːk] *s* posao plaćen po vremenu (ne po komadu)
time-worn [ˈtaimwɔːn] *adj* vremenom istrošen; ostario, trošan
timid [ˈtimid] *adj* (~**ly** *adv*) plah, bojažljiv, plašljiv, strašljiv | **as ~ as a hare** plašljiv kao zec
timidity [tiˈmiditi] *s* strašljivost, plašljivost, plahost
timing [ˈtaimiŋ] *s* vremensko usklađivanje, tempiranje, odabiranje trenutka
timorous [ˈtimərəs] *adj* (~**ly** *adv*) plašljiv, strašljiv; malodušan, kukavički
timothy-grass [ˈtiməθigraːs] *s bot* mačica, mačji rep (vrsta trave, *Phleum pratense*)
timous [ˈtaiməs] *adj* (~**ly** *adv*) → **timeous**
tin [tin] *s* 1. *met* kalaj, kositar; kalajisani lim, bijeli lim 2. *GB* limena kutija; kutija za konzerve, konzerva; sadržaj kutije 3. *sl* novci, pare | **cry of ~** pucketanje lima kad se savija; *navy sl* ~ **fish** torpedo; ~ **god** lažno božanstvo; *sl* ~ **hat** šljem
tin [tin] *vt* kalajisati, pokositriti
tinct [tiŋkt] *sl poet* boja, obojenje
tinct [tiŋkt] *adj poet* obojen
tinctorial [tiŋkˈtɔːriəl] *adj* (~**ly** *adv*) bojni, koji se tiče boje, koji služi za bojenje
tincture [ˈtiŋktʃə] *s* boja; obojenje, obojenost (*of* od); *chem & med* tinktura; *fig* boja, izgled, poseban okus čega, trag čega (*of*)
tincture [ˈtiŋktʃə] *vt* bojiti, obojiti; *fig* dati čemu kakav izgled, natopiti, prožeti, ispuniti što (*with* čim)
tinder [ˈtində] *s* ognjilo; kresivo; trud, guba | **to burn like ~** gorjeti kao guba
tinder-box [ˈtindəbɔks] *s* kutija za kresivo i trud
tine [tain] *s* zubac (grabalja, viljuške); parožak
tinfoil [ˌtinˈfɔil] *s* staniol, kositar u listu
tinfoil [ˌtinˈfɔil] *vt* kositriti
ting [tiŋ] *s* zveketanje, zvek, zveckanje
ting [tiŋ] *vi/t* **I.** *vi* zazvoniti, zazvečati **II.** *vi* učiniti da što zveči (zvoni)
tinge [tindʒ] *s* boja; nijansa; davanje boje određenog tona; *fig* trag, izgled, boja, priokus čega (*of*)
tinge [tindʒ] *vt/i* **I.** *vt* obojiti, osjeniti, šatirati; *fig* dati čemu kakav izgled, poseban okus; prožeti, ispuniti, natopiti (*with* čim) **II.** *vi* obojiti se, dobiti boju
tingle [ˈtiŋgl] *s* zvonjenje, zvečanje, šumljenje, zujanje, brujanje; bodenje, žacanje, bockanje, svrbljenje
tingle [ˈtiŋgl] *vi/t* **I.** *vi* zvečati, zveketati, zvoniti, šumiti, brujati; bosti, boljeti (*with* od); svrbjeti, gorjeti (*with* od); drhtati, tresti se (*with* od) **II.** *vt* učiniti da zvoni, zveči, šumi, boli, svrbi
tin hat [ˈtinhæt] *s mil sl* šljem
tinhorn [ˈtinhɔːn] *s US coll* prazni hvalisavac
tininess [ˈtaininis] *s* sićušnost
tinker [ˈtiŋkə] *s* kotlokrp; *fig* šeprtlja; krpež, prtljarija | **don't care a ~'s damn** uopće mi nije stalo, fućkam ja na to
tinker [ˈtiŋkə] *vt/i* **I.** *vt* krpati kotao **II.** *vi* petljati, šeprtljiti, krpariti
tinker up [ˈtiŋkərˈʌp] *vt* skrpiti, sklepati
tinkerly [ˈtiŋkəli] *adj* kao kotlokrp; kao šeprtlja
tinkle [ˈtiŋkl] *s* zvonjenje, zvečanje, zveket | *GB coll* **to give one a ~** telefonirati kome, nazvati koga
tinkle [ˈtiŋkl] *vi/t* **I.** *vi* zvoniti, zvečati; zveckati **II.** *vt* činiti da što zvoni, zveči
tinkler [ˈtiŋklə] *s sl* zvonce
tinman [ˈtinmən] *s* kalajdžija; limar
tinned [tind] *adj* pokositren, kalajisan; spremljen u limenke (voće, povrće) | ~ **fruit** voćna konzerva; ~ **meat** mesna konzerva; ~ **music** mehanička glazba (npr. u filmu)
tinner [ˈtiňə] *s* → **tinman**
tinniness [ˈtininis] *s* limenost
tinning [ˈtiniŋ] *s* kalajisanje; kositrena prevlaka; konzerviranje (mesa, voća i dr.)
tinny [ˈtini] *adj* koji sadrži kalaja, kositra; *fig* limen metal
tin-opener [ˈtinˌəupnə] *s GB* otvarač za konzerve
Tin Pan Alley [ˌtinpænˈæli] *s US fig* kompozitori i izdavači pop-glazbe
tin-plate [ˈtinpleit] *s* bijeli lim
tin-plate [ˈtinpleit] *vt* pokositriti
tinsel [ˈtinsl] *s* 1. šik, šljokice, telej, fliteri; *fig* titrenke; drangulije; blistavilo, lažan ures, lažan sjaj 2. teška, bogata, svilena ili vunena tkanina protkana, izvezena srebrnim ili zlatnim nitima, brokat
tinsel [ˈtinsl] *adj* blistav, sjajan; prividan, lažan; površan, neukusan
tinsel [ˈtinsl] *vt* iskititi, uresiti telejem, šljokicom, fliterima, titrenkama; *fig* ukrasiti, iskititi lažnim sjajem
tinsmith [ˈtinsmiθ] *s* limar
tint [tint] *s* boja; lako obojenje; ton boje, obojenost; šatiranje, nijansa; *paint* mješavina neke boje s bijelom bojom
tint [tint] *vt* obojiti; šatirati, dati ton, nijansirati
tinter [ˈtintə] *s* onaj koji boji (šatira); *mech* naprava za bojenje; stakalce u jednoj boji za laternu magiku
tintinnabular(y) [ˌtintiˈnæbjulə(ri)] *adj* koji zvoni, zvuči, zveči
tintinnabulation [ˈtintiˌnæbjuˈleiʃn] *s* zvonjenje, zvučanje, zvečanje, ječanje
tintinnabulous [ˌtintiˈnæbjuləs] *adj* → **tintinnabulary**
tintinnabulum [ˌtintiˈnæbjuləm] *s* (*pl* **tintinnabula** [ˌtintiˈnæbjulə]) zvono, zvončić
tinware [ˈtinwɛə] *s* limena roba
tin-works [ˈtinwəːks] *s* talionica kositra, kalaja

tiny [ˈtaini] *adj* (**tinily** *adv*) majušan, malešan, malen, sitan, sićušan, nejak; nezamjetan, jedva čujan | **~ little, little ~** vrlo malen, sićušan

tip[1] [tip] *s* kraj, vršak; vrh, vrhunac; uvce (na uhu); *tech* okov, zakov (na štapu); pisak (cigarete) | **I had it at (on) the ~ of my tongue** bilo mi je na vrhu jezika; **to have something at the ~s of one's fingers** imati što u malom prstu; **from ~ to toe** od glave do pete; *mil* **~ and run raid** iznenadan napad

tip [tip] *vt* okovati, snabdjeti šiljkom; zašiljiti, potkresati vrške; *poet* ukrasiti

tip[1] [tip] *vt/i* **I.** *vt* 1. izvrnuti, prevrnuti, okrenuti 2. oboriti, srušiti, prevaliti; baciti, hitnuti, iskrenuti, iskretati, nakrenuti, izvraćanjem isprazniti, istovariti; *GB* isprazniti iskretanjem, istovariti prevrtanjem, nagibanjem **II.** *vi* nagnuti se, izvrnuti se | **to ~ all nine** srušiti svih devet (čunjeva); *GB* **No rubbish to be ~ped here** Zabranjeno navoženje smeća

tip off [ˈtipˈɔf] *vt* nagibanjem istresti (isuti, izliti)

tip out [ˈtipˈaut] *vi* ispasti

tip over [ˈtipˈəuvə] *vt/i* prevrnuti (se), izvrnuti (se), iskrenuti (se), prevaliti (se)

tip up [ˈtipˈʌp] *vt/i* prevaliti (se), prevrnuti (se), izvrnuti (se); prevrtanjem (se) uspraviti

tip[2] [tip] *s GB* smetlište; *coll* neuredno mjesto, »svinjac«

tip[3] [tip] *s* slab udarac, lak dodir

tip[2] [tip] *vt/i* **I.** *vt* lako udariti ili dodirnuti **II.** *vi* sitno koracati, tapkati, gackati, kaskati, cupkati

tip[4] [tip] *s* 1. napojnica, bakšiš 2. *sport* tip za klađenje; *fig* mig, savjet | **to miss one's ~** ne uspjeti, promašiti cilj, ne postići svrhu; **take my ~!** poslušaj moj savjet!; **the straight ~** pravi (dobar) savjet; **to give a p the ~** savjetovati koga

tip[3] [tip] *vt/i* 1. dati, podati, pružiti komu što 2. dati malen (novčani) dar; dati napojnicu 3. dati ulog (kod oklade, utrka i dr.); davati napojnice, biti darežljiv napojnicama | *coll* **to ~ the wink** opomenuti koga; *coll* **to ~ the elbow** dati savjet (sugestiju); **to ~ off** upozoriti

tip-car [ˈtipkaːː] *s GB* kola za izvrtanje, za iskretanje

tip-cart [ˈtipkaːt] *s GB* kolica, tačke za izvrtanje

tip-cat [ˈtipkæt] *s* klis (drvce na oba kraja zašiljeno); dječja igra tim drvcem

tip-off [ˈtipɔf] *s* upozorenje

tipper [ˈtipə] *s* onaj koji izvrće; onaj koji daje napojnicu

tippet [ˈtipit] *s* krzneni ovratnik, pelerina; *eccl* svileni pojas; *mil* ešarpa

tipping[1] [ˈtipiŋ] *s* izvrtanje, iskretanje, pražnjenje | *GB* **No ~** Zabranjeno navoženje smeća

tipping[2] [ˈtipiŋ] *s* davanje napojnice

tipple [ˈtipl] *vi/t* častiti (se), gostiti (se); piti, pijančevati, bančiti

tipple [ˈtipl] *s* piće (*esp* žestoko)

tippler [ˈtiplə] *s* onaj koji banči (pijančuje), pijanac, lump

tipsify [ˈtipsifai] *vt* opiti koga

tipsily [ˈtipsili] *adv* pripito

tipsiness [ˈtipsinis] *s* pripitost, pijanstvo, nakresanost

tipstaff [ˈtipstaːf] *s* pandurska palica; pandur, sudski podvornik

tipster [ˈtipstə] *s* (konjske utrke) onaj koji profesionalno daje tipove; *fig* savjetodavac

tipsy [ˈtipsi] *adj* (**tipsily** *adv*) pripit, napit, pijan, opojen, nakresan; *fig* klimav, klecav, nesiguran

tipsy-cake [ˈtipsikeik] *s* biskvit natopljen vinom ili rumom sa šodoom i šlagom

tip-tilted [ˈtipˌtiltid] *adj* posuvraćen; (nos) prćast

tiptoe [ˈtiptəu] *adv* na prstima | **to stand on ~** stajati na prstima; *fig* **on ~** radoznao, napet; **on ~ with expectation** pun očekivanja; **to be on ~ with curiosity** gorjeti od radoznalosti

tiptoe [ˈtiptəu] *vi* stajati, ići, hodati na prstima; tapkati, sitno hodati, kaskati, cupkati

tiptop [ˌtipˈtɔp] *s* najviši vrh, vršak; *fig* najviša točka, vrhunac; najviši stupanj; ono najbolje (najviše, najizvrsnije)

tiptop [ˌtipˈtɔp] *adj* odličan, izvrstan, prvoklasan, prvorazredan

tirade [taiˈreid] *s Fr* tirada, bujica riječi, izljev riječi, naširoko izvedena replika, podući govor, prazna deklamacija

tirailleur [ˌtiraiˈəː] *s Fr mil* čarkaš, strijelac

tire[1] [ˈtaiə] *s arch* nakit, ures (glave); odjeća

tire[1] [ˈtaiə] *vt arch* kititi, nakititi, uresiti

tire[2] **(tyre)** [ˈtaiə] *s* metalni obruč (gumena oplata) na kotaču; automobilska guma

tire[2] **(tyre)** [ˈtaiə] *vt* staviti obruč (oplatu, gumu) na kotače

tire[3] [ˈtaiə] *s dial* umor, premorenost

tire [ˈtaiə] *vt/i* **I.** *vt* umoriti, umarati, zamarati, iscrpsti, istrošiti, izmoždití **II.** *vi* umoriti se, malaksati, sustati; *fig* omrznuti | **I am ~d of him** dodijao mi je

tired[1] [ˈtaiəd] *adj* umoran, trudan, sustao, iscrpen, izmožden, istrošen | **I am sick and ~ of** dodijalo mi je (što), dosta mi je (čega)

tired[2] [ˈtaiəd] *adj* koji ima obruč (naplatak, gume)

tiredness [ˈtaiədnis] *s* umor, sustalost, malaksalost, iscrpenost; dosada, dodijalost, prezasićenost

tireless[1] [ˈtaiəlis] *adj* (**~ly** *adv*) neumoran; nemalaksao, nesustao, neoslabljen
tireless[2] [ˈtaiəlis] *adj* (o kotaču) koji je bez obruča (gume)
tirelessness [ˈtaiəlisnis] *s* neumornost
tiresome [ˈtaiəsəm] *adj* (**~ly** *adv*) koji umara, zamoran; odvratan, mrzak, neugodan, dosadan
tiresomeness [ˈtaiəsəmnis] *s* zamornost, dosadnost
tirewoman [ˈtaiəˌwumən] *s* dvorkinja; *arch* sobarica; krojačica
tiring [ˈtaiəriŋ] *adj* zamoran, dosadan
tiring-room [ˈtaiəriŋrum] *s theat* odjevaonica, garderoba
tiro (tyro) [ˈtaiərəu] *s Lat* početnik, novajlija, novak
tirocinium [ˌtaiərəuˈsiniəm] *s Lat* početni stadij, prvi počeci neke djelatnosti, naukovanje; *mil* prvo vrijeme vojničke službe, novačka izobrazba
'tis [tiz] = *arch & poet* **it is**
tisane [tiːˈzæn] *s* → **ptisan**
tissue [ˈtisjuː] *s* fina tkanina; koprenina; zlatna, srebrna tkanina; *anat* tkivo; *fig* splet, niz, zbirka (laži, zločina itd.); → **tissue-paper, paper tissue** | *anat* **connective ~** vezivno tkivo; **paper ~** papir za skidanje šminke, papirni rupčić
tissue [ˈtisjuː] *vt* tkati, plesti
tissued [ˈtisjuːd] *adj* protkan
tissue-paper [ˈtisjuːˌpeipə] *s* svileni papir; *phot* karbon papir
tit[1] [tit] *s ornith* sjenica, cipica; *arch* konjić, kljuse; *sl* dijete, djevojčica
tit[2] [tit] *s* | **~ for tat** milo za drago, šilo za ognjilo
Titan [ˈtaitən] *s Gr myth* titan; *fig* gigant, div, titan; *chem* titan
Titanesque [ˌtaitəˈnesk] *adj* divovski, titanski
titanic [taiˈtænik] *adj* divovski, titanski; *chem & geol* koji sadrži titana
titanium [taiˈteinjəm] *s met* titan (metal)
titbit [ˈtitbit] *s GB* poslastica (& *fig*)
titer [ˈtaitə] *s chem US* → **titre**
tithe [taið] *s eccl* desetina, porez u naravi | **not a ~ of** ni deseti dio (čega); ni najmanje
tithe [taið] *vi hist eccl* udariti na što desetinu, ubirati desetinu; plaćati desetinu
tithe-barn [ˈtaiðbaːn] *s hist eccl* ambar u koji je župnik spremio žito što ga je ubrao u ime desetine
tithe-pig [ˈtaiðpig] *s* deseto prase (kao lukno)
tithing [ˈtaiðiŋ] *s eccl* ubiranje, uzimanje desetine; *hist* zajednica od deset kuća
titillate [ˈtitileit] *vt* škakljati; *fig* golicati, ugodno uzbuditi, nadražiti
titillation [ˌtitiˈleiʃn] *s* škakljanje; *fig* golicanje; voljkost
titivate (tittivate) [ˈtitiveit] *vt/i coll* iskititi (se), uresiti (se), nakititi (se), dotjerati (se), nagizdati (se) | **to ~ oneself** napirlitati se
titivation [ˌtitiˈveiʃn] *s* kićenje, dotjerivanje, gizda(nje)
titlark [ˈtitlaːk] *s ornith* cipica
title [ˈtaitl] *s* 1. naslov (knjige itd.); *jur* natpis; naziv, ime (*for*) 2. počasni naslov, titula 3. *jur* pravni naslov, pravni temelj, pravni zahtjev, dokaz za pravni zahtjev, pravo (*to* na); isprava 4. sadržaj čistog zlata, srebra 5. *sport* prvenstvo 6. *film* titl(a), natpis, prijevod
title [ˈtaitl] *vt film* titlovati, unijeti tekst prijevoda na sliku
titled [ˈtaitld] *adj* koji ima naslov, naziv; koji ima počasni naziv (titulu), plemićki
title-deed [ˈtaitldiːd] *s* isprava, dokument, akt itd. kao dokaz prava vlasništva
titleless [ˈtaitllis] *adj* bez naslova, bezimen
title-page [ˈtaitlpeidʒ] *s* naslovna strana
title-role [ˈtaitlrəul] *s theat* naslovna uloga
titling[1] [ˈtaitliŋ] *s ornith* cipica, sjenica
titling[2] [ˈtaitliŋ] *s print* utiskivanje naslova na hrbat knjige; nazivanje, imenovanje, naslovljivanje
titmouse [ˈtitmaus] *s* (*pl* **titmice** [ˈtitmais]) *ornith* sjenica
titrate [ˈtaitreit] *vt chem* titrirati
titration [taiˈtreiʃn] *s chem* titriranje
titre [ˈtaitə] *s chem* titraža, određivanje čistoće (rastopine i dr.); kvantitativna analiza
titter [ˈtitə] *s* hihot, hihotanje
titter [ˈtitə] *vi* hihotati, cerekati se
tittle [ˈtitl] *s* kvačica, točkica, piknjica; nešto vrlo maleno, sitnica, mrvica | **to a ~** na vlas točno; **not one jot or ~** ni mrvice, ni truna
tittle-tattle [ˈtitlˌtætl] *s* brbljanje, blebetanje, naklapanje; brbljavac, brbljavica, blebetuša
tittle-tattle [ˈtitlˌtætl] *vi* brbljati, blebetati, naklapati
tittup [ˈtitəp] *s* skakanje, skakutanje, poigravanje, đipanje; trk
tittup [ˈtitəp] *vi* skakati, skakutati, poigravati, đipati; trčati u laku trku
tittup(p)y [ˈtitəpi] *adj* koji veselo skakuće, poigrava; skakutav, klimav, gegav
titubate [ˈtitjubeit] *vi* posrtati, spoticati se, teturati
titubation [ˌtitjuˈbeiʃn] *s* posrtanje, spoticanje, ljuljanje, njihanje, teturanje
titular [ˈtitjulə] *adj* (**~ly** *adv*) naslovni, počasni, titularni, nominalni
titular [ˈtitjulə] *s* onaj koji je titularan, naslovni (npr. biskup)
tizzy [ˈtizi] *s GB sl* komad kovanog novca od 6 penija
tizzy [ˈtizi] *s sl* uzrujanost | **in a ~** uzrujan
tmesis [ˈtmiːsis] *s Gr gram* tmeza (rastavljanje složene riječi i umetanje druge)

to [tuː, tu, tə] *prep* **I.** 1. (*prostorno*) k, ka: **come here ~ me!** dođi amo k meni!; u na, (*kamo?*): **to go ~ London** ići u London; **he went ~ the post office** otišao je na poštu; u (*gdje?*): **I have never been ~ London** nisam nikada bio u Londonu; *US* kod: **I bought it ~ Miller's** kupio sam to kod Millera; pred: **to play ~ an empty house** davati predstavu pred praznim kazalištem; na: **they sprang ~ their feet** skočili su na noge; na (*kamo?*): **~ the left** nalijevo; od ... do: **from Paris ~ London** od Pariza do Londona; do, o, pri, kraj, kod, uz, blizu: **shoulder ~ shoulder** rame uz rame; **face ~ face** licem u lice itd. 2. (*vremenski*) do, sve do: **ten minutes ~ two** deset minuta do dva; **~ time** točno, na vrijeme 3. (*namjera, djelovanje, utjecaj, posljedica, svrha*) na, za, u, u svrhu, radi: **~ my cost** na moj trošak; **~ my delight, disappointment** na moje veselje, razočaranje; **to our grief (sorrow)** na našu žalost; **~ this end** u tu svrhu; **sentenced ~ death** osuđen na smrt; **to come ~ hand** dospjeti u posjed; **here's ~ you!** u tvoje zdravlje! 4. (*granice, prostiranje, stupanj, mjera*) u, do, na, za: **~ a high degree** u velikoj mjeri; **~ the life** vjerno prema životu; **~ a man** do posljednjeg čovjeka; **~ a nicety** na vlas; **he lived ~ a great age** doživio je duboku starost; **~ the full** do sita, do mile volje; **~ a great extent** u velikoj mjeri, mnogo 5. (*pripadnost, posjedovanje*) u, kod, za: **~ one's credit** u čiju korist; **designer ~ a firm** dizajner kod neke firme; **he has a doctor ~ his son-in-law** ima liječnika za zeta; **heir ~ his father** očev nasljednik; **preface ~ a book** predgovor nekoj knjizi; **that is all there is ~ it** to je sve i ništa više 6. (*odnos*) sa, spram, prema, na, po, uz: **in comparison ~** u uspoređenju sa; **nothing ~** ništa spram; **3 is ~ 4 as 6 ~ 8** 3 naprama 4 odnosi se kao 6 naprama 8; **ten ~ one** deset prema jedan; **three ~ the dozen** tri na tuce; **~ all appearances** po svoj prilici; **~ my knowledge** prema mojim obavijestima, koliko ja znam; **~ my taste** po mojem ukusu; **to sing ~ a lute** pjevati uz pratnju lutnje 7. (*preneseno*) prema (*često samo dativ*) za, na, od: **aversion ~** odvratnost prema čemu; **this was agreeable ~ him** to mu je bilo ugodno; **what's that ~ you?** što to tebi znači?; **the (dead) fallen ~ their hands** (mrtvi) koji su pali od njihove ruke **II.** (*služi za tvorbu dativa*) **I gave (explained) it ~ him** dao sam mu, protumačio sam mu **III.** (*pred infinitivom*) 1. (*adverbijalno*) da, za: **I have come ~ see you** došao sam da te (vas) posjetim; **the time ~ learn** vrijeme za učenje; (*atributivno*): **much work ~ do** mnogo posla da se obavi; **there's no one ~ see us** nema nikoga da nas posjeti; (*be+infinitiv*); **what are we ~ do?** što da radimo? 2. (*kao oznaka za infinitiv*): **~ be or not ~ be** biti ili ne biti; (*kod akuzativa i nominativa s infinitivom*): **I expect him ~ come** očekujem da će on doći; **he was seen ~ fall** vidjeli su ga kako je pao 3. (*nadomješta prethodni glagol*): **I meant ~ ring you up but had no time ~** namjeravao sam vas nazvati, ali nisam imao vremena (da vas nazovem)

to [tuː] *adv* uopće neki redoviti ili normalni položaj ili stanje, odnosno mirovanje, npr. zatvoren, pritvoren, naprijed, k sebi, od sebe i dr. | **shut the door ~!** zatvorite vrata!; **to fall ~** naklopiti se (na jelo); **the horses are ~** konji su upregnuti; **~ and fro, ~ and back** amo-tamo, gore-dolje; **to bring ~** dovesti k svijesti; **to come ~** osvijestiti se

toad [təud] *s zool* žaba krastača, gubavica, baburača; *fig* odvratna, gadna osoba, gad; *hum* crv | **to swell like a ~** naduti se kao žaba, pucati od zavisti

toad-eater [ˈtəudˌiːtə] *s* ulagivač, ulizica, podlac, čankoliz

toad-flax [ˈtəudflæks] *s bot* planak, lanika, divlji lan, Bogorodičin lan (*Linaria vulgaris*)

toad-in-the-hole [ˈtəudinðəˈhəul] *s* kobasica pečena u tijestu

toadstone [ˈtəudstəun] *s* okamenina (dijela) žabljeg tijela koja se nosila kao dragulj ili amajlija

toadstool [ˈtəudstuːl] *s bot* otrovna gljiva

toady [ˈtəudi] *s* ulizica, laskavac, čankoliz

toady [ˈtəudi] *vt* laskati, ulizivati se, dodvoravati se

toadyish [ˈtəudiiʃ] *adj* čankoliski, laskavački

toadyism [ˈtəudiizm] *s* laskanje, ulizivanje, ulagivanje, čankolištvo

toast [təust] *s* 1. kruh prepečenac, tost 2. zdravica 3. onaj kome se nazdravlja; ono čemu se nazdravlja (osobito žena, ljepota i dr.) | *sl* **to have one on ~** **imati koga u** svojim šakama; **as warm as ~** koji tinja od topline; **to give (propose, submit) the ~ of a p** nazdraviti komu

toast [təust] *vt/i* pržiti, prepeći (se) (kruh); *fig* ugrijati (se), zagrijati (se), nazdraviti, piti u čije zdravlje | **to ~ one's feet (toes)** temeljito, dobro zgrijati stopala, nožne prste

toaster [ˈtəustə] *s* pržilac; pržilica za kruh, toster; stalak za prženi kruh

toasting-fork [ˈtəustiŋfɔːk] *s* viljuška za prženje (kruha)

toast-master [ˈtəustˌmaːstə] *s* onaj koji nazdravlja, koji kod stola rukovodi zdravicama, stoloravnatelj

toast-rack [ˈtəustræk] *s* stalak za prženi kruh
tobacco [təˈbækəu] *s* duhan | ~ **heart** pušačko srce (oboljelo od nikotina)
tobacco-cutter [təˈbækəuˌkʌtə] *s* nož za rezanje duhana
tobacconist [təˈbækənist] *s GB* prodavač duhana i duhanskih proizvoda, trafikant
tobacco-pouch [təˈbækəupautʃ] *s* duhankesa
to-be [təˈbiː] *s poet* budućnost
toboggan [təˈbɔgən] *s* tobogan; *sport* saonice
toboggan [təˈbɔgən] *vi* sanjkati se na toboganu (na saonicama)
tobogganer [təˈbɔgənə] *s* onaj koji se sanjka na toboganu
toboggan-slide [təˈbɔgənslaid] *s sport* pruga (saonik) za sanjkanje
toby [ˈtəubi] *s* vrč ili pehar u obliku debeljuškastog starca s trorogim šeširom | *GB* ~ **collar** vrsta široka, nabrana ovratnika
toccata [təˈkaːtə] *s It mus* tokata
toco (toko) [ˈtəukəu] *s GB sl* batine, kazna, udarac | **to catch** ~ dobiti batinâ
tocsin [ˈtɔksin] *s* znak zvonom; zvono, zvonjenje na uzbunu, alarmni signal
tod[1] [tɔd] *s GB arch* grm, grmlje, šipražje, guštara; mjera za težinu (vune), obično 28 lbs
tod[2] [tɔd] *s dial Scot* lisac, lisica; *fig* prepredenjak | **take care of the old** ~ čuvaj se starog lisca (lisice)
today [təˈdei] *adv* danas, dandanas, sada | ~ **week** danas tjedan dana; ~ **a man, tomorrow a mouse** danas bogat, sutra siromah
today [təˈdei] *s* današnji dan | **the youth of** ~ suvremena omladina; ~**'s** današnji; ~ **is ours, tomorrow is yours** danas meni, sutra tebi; **one** ~ **is worth two tomorrows** bolji je vrabac u ruci nego golub na krovu
toddle [ˈtɔdl] *s* geganje, teturanje, tumaranje, skitanje, potucanje; nesiguran hod
toddle [ˈtɔdl] *vi/t* gegati se, teturati; vući se, tumarati, skitati se, klatariti se, potucati se, odlaziti; *fam* tornjati se, izdirati
toddler [ˈtɔdlə] *s* onaj koji se gega, koji tetura; *fam* malo dijete, mali plentravac
toddy [ˈtɔdi] *s* palmov sok, palmovo vino; vrsta jakog groga; punč
to-do [təˈduː] *s coll* huka, buka, graja, metež, darmar
toe [təu] *s* 1. nožni prst 2. vrh (cipele, čarape itd.); prednji dio potkove i kopita; vršak, kraj (predmeta) | *fam* ~**s** *pl* noge; *sl* **to turn up one's** ~**s** umrijeti; **to tread on a p's** ~ stati komu na kurje oko; *fig* povrijediti čije osjećaje; **from top to** ~ od glave do pete; **the great** ~ nožni palac; **on one's** ~**s** spreman na akciju, budan
toe [təu] *vt/i* **I.** *vt* 1. opskrbiti (čarape, cipele i dr.) prstima, vršcima, naglaviti cipele 2. dotaknuti (dirnuti) što nožnim prstima 3. udariti nožnim prstima, stati komu na kurje oko 4. *golf* udariti lopticu vrhom palice **II.** *vi* micati (udarati) nožnim prstima | **to** ~ **the line** 1. poredati se, svrstati se 2. *sport* stati na crtu (liniju), pripremiti se za trčanje 3. *pol* podvrći se propisima, suglasiti se s programom (stavom); **to** ~ **and heel it** plesati; *tech* **to** ~ **(a nail) obliquely** zabiti (čavao) koso
toe in [ˈtəuˈin] *vi* stati prstima okrenutima unutra
toe-cap [ˈtəukæp] *s* kapica na cipeli
toed [təud] *adj* opskrbljen prstima (*često kao dočetak* **-toed** -prsti, npr. troprsti i dr.)
toe-drop [ˈtəudrɔp] *s med* paraliza mišića nožnih prstiju
toehold [ˈtəuhəuld] *s* (početno) uporište
toe-nail [ˈtəuneil] *s* nokat nožnog prsta
toff [tɔf] *s GB sl* kicoš, gizdelin, fićfirić, dendi, fin gospodin | *US* **the** ~**s** otmjeni krugovi
toffee (toffy) [ˈtɔfi] *s GB* mliječne karamele, mliječni bomboni
toft [tɔft] *s* brežuljak, humak
tog [tɔg] *s coll* kaput | ~**s** *pl* odijelo, odjeća; *mar* **long** ~**s** svečano odijelo
tog [tɔg] *vt coll* odjenuti, obući (koga); (*out*) iskititi, nacifrati
toga [ˈtəugə] *s Rom hist* toga
togaed [ˈtəugəd] *adj* odjeven u togu
together [təˈgeðə] *adv* 1. zajedno, ujedno, skupa, jedan s drugim 2. (vremenski) redom, uzastopce, jedan za drugim, u isto vrijeme, istovremeno, odjednom | ~ **with** zajedno sa, skupa sa; **three days** ~ tri dana uzastopce; **for days** ~ dane i dane; **to get** ~ sabirati, sakupiti; **to put** ~ sastaviti; **the foes rushed** ~ protivnici se sukobiše; **to live** ~ živjeti zajedno kao muž i žena; **to mix** ~ ispremiješati (se); **to call** ~ sazvati; **to bring** ~ sastaviti, dovesti u vezu; **to undertake a task** ~ zajednički se latiti zadatka
togetherness [təˈgeðənis] *s* bliskost, osjećaj prisnosti; kolektivni duh
toggery [ˈtɔgəri] *s fam* odijelo, odjeća; službeno odijelo; ornat
toggle [ˈtɔgl] *s mar* klipak
toggle [ˈtɔgl] *vt mar* klipkom stegnuti
toil[1] [tɔil] *s* težak (mučan) rad ili posao; muka, trud, napor, patnja
toil[2] [tɔil] *s* mreža, zamka | **taken in the** ~**s** uhvaćen (zapleten) u zamku ili mrežu
toil [tɔil] *vi* mučiti se, truditi se, kinjiti se, raditi (teško, naporno)
toil along [ˈtɔiləˈlɔŋ] *vi* mučno napredovati, s mukom se probijati
toil through [ˈtɔilˈθruː] *vi* s mukom obavljati (svršavati) posao

toil up [ˈtɔilˈʌp] *vi* mučno se penjati, s mukom se uspinjati
toiler [ˈtɔilə] *s* radnik, trudbenik
toilet [ˈtɔilit] *s* 1. pribor za dotjerivanje (udešavanje osobne toalete) 2. stol sa zrcalom za toaletu 3. oblačenje, dotjerivanje; odijelo, haljina, kostim 4. garderoba; kupaonica, umivaonica sa zahodom | **to make one's ~** dotjerivati se, oblačiti se, praviti toaletu
toilet-case [ˈtɔilitkeis] *s* kovčežić s toaletnim priborom, putni neseser
toilet-cover [ˈtɔilitˌkʌvə] *s* poklopac na školjci zahoda
toilet-paper [ˈtɔilitˌpeipə] *s* toaletni papir, papir za zahod
toiletry [ˈtɔilitri] *s* toaletna (kozmetička) potrepština (potrepštine)
toilet-set [ˈtɔilitset] *s* toaletna garnitura
toilet-table [ˈtɔilitˌteibl] *s* psiha
toilful [ˈtɔilful] *adj* (~**ly** *adv*) mučan, naporan, težak, tegoban, trudan
toilless [ˈtɔillis] *adj* bez truda, bez muke
toilsome [ˈtɔilsəm] *adj* (~**ly** *adv*) → **toilful**
toil-worn [ˈtɔilwɔːn] *adj* izmučen, premoren, malaksao
token [ˈtəukn] *s* 1. znak (*of* o); oznaka, obilježje; dokaz čega (*of*); spomen, uspomena; zalog; *GB* poklon-bon | **in ~ of** u znak (dokaz) čega; **by the same ~ that** u dokaz toga da; **more by ~** utoliko više; **~ money** kovani novac kojemu je nominalna vrijednost veća od vrijednosti same kovine; **~ vote** privremeno izglasana budžetska stavka (pod uvjetom da se točan iznos naknadno izglasa); **~ import** uvoz manje količine robe kao obveza za buduće veće narudžbe; **~ strike** štrajk iz solidarnosti
tokenless [ˈtəuknlis] *adj* bez znaka, bez spomena
tolbooth [ˈtɔlbuːθ] *s* → **tollbooth**
told [təuld] *pret & pp* od **tell**
tolerability [ˌtɔlərəˈbiliti] *s* snošljivost, podnošljivost, priličnost, prosječnost
tolerable [ˈtɔlərəbl] *adj* (**tolerably** *adv*) snošljiv, podnošljiv; priličan, osrednji | **it is not ~** to se ne da podnositi; **I am in ~ health** prilično sam zdrav
tolerance [ˈtɔlərəns] *s* snošljivost, trpeljivost, strpljivost, obzirnost; tolerancija, dopušteno odstupanje (od propisanog standarda); *med* otpornost (prema otrovu i sl.) | **to gain ~** biti toleriran; **in ~ of** dopuštajući, dozvoljavajući
tolerant [ˈtɔlərənt] *adj* (~**ly** *adv*) snošljiv; strpljiv, trpeljiv, tolerantan; *med* otporan (*of* prema) | **he is ~ of** on to može
tolerate [ˈtɔləreit] *vt* podnositi, snositi, trpjeti; pustiti, dopustiti, (o hrani) podnijeti; naviknuti se na, pomiriti se s čim; *med* izdržati, podnijeti
toleration [ˌtɔləˈreiʃn] *s* obzirnost, strpljivost, snošljivost, strpljenje, tolerancija
tolerationist [ˌtɔləˈreiʃənist] *s* onaj koji zastupa ili podupire snošljivost, toleranciju
tolerator [ˈtɔləreitə] *s* onaj koji ima strpljenja s kim, koji ima razumijevanja za
toll[1] [təul] *s* 1. *hist* daća, namet, taksa, porez, carina, pristojba; maltarina; putarina, cestarina, mostarina, sajmovina, mjestarina; ušur, ujam 2. *teleph* međugradski telefonski razgovor 3. *fig* tribut, danak, dug; otkupnina | **to take ~ of a p** ljudski koga udesiti; **the ~ of the road** prometne nesreće (žrtve); **to pay one's ~ of** platiti svoj danak; **the hurricane took ~ of 1000 lives** uragan je pokosio tisuću života
toll [təul] *vi* platiti ili ubirati javne daće (maltarinu, cestarinu, mjestarinu, mostarinu itd.)
toll[2] [təul] *s* polagano (jednolično, svečano) zvonjenje, zvonjava
toll [təul] *vi/t* (o zvonu) zvoniti; oglasiti, zvati; izbijati, objaviti zvonjenjem (sat, vrijeme itd.)
tollable [ˈtəuləbl] *adj* koji plaća carinu, podložan carini
toll-bar [ˈtəulbaː] *s* brklja na mitnici
tollbooth [ˈtəulbuːθ] *s arch Scot* 1. mitnica, stražarnica za ubiranje gradske maltarine 2. gradski zatvor
tollfree [ˈtəulfriː] *adj* oslobođen od maltarine, carine itd.
toll-gate [ˈtəulgeit] *s* mjesto (rampa) gdje se naplaćuje cestarina
toll-house [ˈtəulhaus] *s* mitnica
toll-line [ˈtəullain] *s US* međugradska telefonska linija
tolu [təuˈluː] *s* tolu balzam
tom [tɔm] *s* mužjak
Tom [tɔm] *s* (skraćeno od Thomas) Tomo | **~, Dick and Harry** koje bilo osobe, obični ljudi; **~ Thumb** dječačić velik kao palac (ličnost iz priča)
tomahawk [ˈtɔməhɔːk] *s* bojna sjekira sjevernoameričkih Indijanaca | *fig* **to bury the ~** sklopiti (zaključiti) mir; **to dig up the ~** zaratiti se
tomahawk [ˈtɔməhɔːk] *vt* ubiti koga bojnom sjekirom
tomato [təˈmaːtəu] *s bot* rajčica (biljka i plod)
tomb [tuːm] *s* grob, raka | *fig* **the ~** smrt
tomb [tuːm] *vt* pokopati, sahraniti
tombless [ˈtuːmlis] *adj* bez groba (grobnice), nepokopan
tombola [ˈtɔmbələ] *s It* tombola, vrsta lutrije
tomboy [ˈtɔmbɔi] *s* nestaško
tombstone [ˈtuːmstəun] *s* nadgrobni kamen
tomcat [ˌtɔmˈkæt] *s* mačak
tome [təum] *s* svezak, knjiga, tom; knjižurina; omašna i stara knjižurina; *hist* papinsko pismo, bula
tomfool [ˌtɔmˈfuːl] *s* luđak, lakrdijaš, šaljivdžija, šaljivčina

tomfool [ˌtɔmˈfuːl] *vi* ludačiti se
tomfoolery [tɔmˈfuːləri] *s* lakrdijaštvo, ludorija; luckasto (šašavo, budalasto) ponašanje
tommy [ˈtɔmi] *s* 1. *GB sl* britanski (obični) vojnik 2. *GB* kruh, hrana; *pl* hrana u naravi 3. *mech* ključ (francuz) | ~ **shop** dućan u kojem radnik dobiva robu u ime plaće; *sl* ~ **rot** nesmisao, ludorija, glupost, koještarija; *mar* **soft** ~ mekan ili svjež kruh; ~ **system** plaćanje radnika u naravi; ~ **screw** vijak za pritezanje; ~-**-gun** automat (oružje)
Tommy [ˈtɔmi] *s fam* Tomo | ~ **Atkins** *GB fam* (običan) britanski vojnik
tommy-rot [ˌtɔmiˈrɔt] *s coll* glupost, besmisao
tomorrow (to-morrow) [təˈmɔrəu] *adv* sutra | ~ **week** sutra tjedan dana
tomorrow (to-morrow) [təˈmɔrəu] *s* sutrašnji dan | ~**'s** sutrašnji
tomtit [ˈtɔmtit] *s ornith* sjenica
tomtom [ˈtɔmtɔm] *s Ind* kineski gong; tamtam (vrsta bubnja)
tomtom [ˈtɔmtɔm] *vi/t* udarati u tamtam, bubnjati
ton [tʌn] *s* 1. *mar* tona; teretna zapremina broda u tonama, nosivost, tonaža; obujam vode što je brod istisne; tona tereta (kao mjera) 2. *com* tona (mjera prostornosti za stvari različitih veličina, npr. drvo i sl.) 3. *com* tona (mjera za težinu) 4. *fam* velika težina; velika količina, mnogo; *GB sl* sto | **long** ~ 2.240 *lbs*; *US* **short** ~ 2.000 *lbs*; ~**s of people** mnoštvo naroda, sva sila svijeta, more ljudi; **metric** ~ metrička tona (1000 kg); **register** ~ registarska tona (2,83 m^3); **deadweight** ~ tona ukupne nosivosti
ton [tɔ̃ːŋ] *s Fr* moda, modni svijet | **in the** ~ u modi, po modi
tonal [ˈtəunl] *adj* (~**ly** *adv*) *mus* koji se tiče zvuka, glasa; tonalan
tonality [təuˈnæliti] *s mus* zvučnost, vrsta i priroda zvuka, tonski red, ključ, karakter tona, tonalitet; *paint* skupno djelovanje svih boja neke slike
tone [təun] *s* 1. zvuk, glas; *mus* ton, visina glasa, boja glasa, modulacija; *phon* naglasak, intonacija 2. *med* tonus, raspoloženje, snaga; napetost, pruživost želuca i dr.; duhovno držanje, moralna snaga 3. *arts* ton boje, bojadisanje, bojenje, obojenje, davanje određenog tona boje, šatiranje, nijansiranje; *phot* ton, boja gotove fotografije 4. *lit* držanje, stav, ton, stil | **to set the** ~ **of a book** davati obilježje knjizi
tone [təun] *vt/i* **I.** *vt* 1. *mus* davati (načiniti) prijelaze, nijansirati; dati nekoj stvari neki ton, neku boju; (o instrumentu) ugađati, udesiti; *arts* (o slici) dati prijelaze i preljeve boja, nijansirati; dati obojenje, obojenost; *phot* dati određeni ton, nijansu boje 2. oblikovati, ukalupiti **II.** *vi* ublažiti se, umekšati se, modificirati se
tone down [ˈtəunˈdaun] *vt/i* popustiti, oslabiti, umekšati (se), ublažiti (se) (ton, boju, zvuk)
tone in with [ˈtəunˈinˈwið] *vi* stopiti se, slijevati se, slagati se, biti u skladu, biti usklađen, biti udešen, harmonirati
tone up [ˈtəunˈʌp] *vt/i* pojačati (se) (boju, ton); poboljšati (se) (zdravlje itd.)
tone-arm [ˈtəunaːm] *s* ručka gramofona (nosač zvučnice)
tone-deaf [ˈtəundef] *adj* bez sluha
toneless [ˈtəunlis] *adj* (~**ly** *adv*) bezvučan; nenaglašen; neskladan; bezbojan
tonelessness [ˈtəunlisnis] *s* bezvučnost, bezbojnost
tongs [tɔŋz] *s pl* kliješta, mašice | **hammer and** ~ iz petnih žila, svom snagom; *fig* **I would not touch it with a pair of** ~ to mi je odvratno; *Shak* **the** ~ **and the bones** neskladna svirka, mačja derača
tongue [tʌŋ] *s* 1. jezik 2. čovječji govor, jezik; vještina (umijeće) govora, okretnost, način izražavanja 3. **(o kopnu) rt**, rat, šilo; (o plamenu) jezik, jezičak; (o čizmi, cipeli) jezik; (o vagi) jezičac; (o zvonu) klatno, bat | **on the** ~**s of men** govorka se; **furred** ~ obložen jezik (u bolesnika); **a ready** ~ spreman na odgovor; **a fluent** ~ spretan u govoru; **a sharp** ~ oštar jezik; **long** ~ dug jezik, brbljavac; **to put (speak) with one's** ~ **in one's cheek** govoriti posprdno, šaljivo; neiskreno; **to keep a civil** ~ **in one's head** govoriti pristojno, izražavati se fino; **mother** ~ materinski jezik; **to find one's** ~ progovoriti; *hunt* **to give** ~**, to throw** ~ zalajati, zaštektati; **to hold one's** ~ šutjeti, mučati; **on the tip of one's** ~ navrh jezika; **to wag one's** ~ neprestano brbljati; **his** ~ **failed him** jezik ga je iznevjerio; **his** ~ **is too long for his teeth** previše je jezičav; **to have too much** ~ što na srcu, to i na jeziku; **he is all** ~ neprestano brblja; **hold your** ~! jezik za zube!; **it was a slip of the** ~ zarekao sam se, izmaklo mi je
tongue-in-cheek [ˈtʌŋinˈtʃiːk] *adj* ironičan; u šali
tongue-lashing [ˈtʌŋˌlæʃiŋ] *s* oštar ukor
tongueless [ˈtʌŋlis] *adj* nijem, bez jezika, šutljiv
tongue-tied [ˈtʌŋtaid] *adj* nijem, koji ima jezičnu manu; *fig* nijem, šutljiv
tongue-twister [ˈtʌŋˌtwistə] *s* fraza (riječ) koja se teško izgovara
tonic [ˈtɔnik] *adj* (~**ally** *adv*) *med* koji jača, krijepi; *mus* toničan, naglašen | ~ **accent** muzički akcent
tonic [ˈtɔnik] *s med* tonikum, sredstvo za jačanje (& *fig*) (i ~ **water**) tonik (osvježujući napitak); *mus* osnovni ton skale, tonika; slog koji ima glavni naglasak

tonic solfa [ˌtɔniksɔlˈfaː] *s mus* solmizacija
tonight [təˈnait] *adv* noćas, večeras
tonight [təˈnait] *s* ova noć, ova večer, današnja večer | **~'s** večerašnji, noćašnji
toning [ˈtəuniŋ] *s* nijansiranje, davanje tona | **~ up** pojačavanje, intenziviranje
tonnage [ˈtʌnidʒ] *s* 1. *Engl hist* izvozna i uvozna carina na bačvu vina i na funtu robe; *mar* tonarina, vozarina, brodarina 2. *mar* tonaža; tovar, teret; nosivost 3. cjelokupna tonaža, cjelokupni brodski prostor; *pl* trgovački brodovi; proizvodnja izražena u tonama | *com* **the bill of ~, certificate of ~** baždarski list broda; *com* **~ offering** ponuda brodskog prostora, ponuđeni brodski prostor
tonnage-dues [ˈtʌnidʒdjuːz] *s pl com* obalna, lučka pristojba, tonarina
tonsil [ˈtɔnsl] *s anat* tonzila, mandula, žabica, krajnik
tonsilectomy [ˌtɔnsilˈektəmi] *s med* operacija krajnika
tonsilitis (tonsillitis) [ˌtɔnsiˈlaitis] *s med* upala tonzila
tonsillar [ˈtɔnsilə] *adj anat* & *med* koji se tiče tonzila
tonsorial [tɔnˈsɔːriəl] *adj hum* (**~ly** *adv*) brijački | **~ artist** brijač
tonsure [ˈtɔnʃə] *s eccl* striženje, postriženo mjesto na glavi, tonzura; *fig* zaređivanje za svećenika
tonsure [ˈtɔnʃə] *vt eccl* izbrijati na glavi tonzuru
tontine [tɔnˈtiːn] *s fin* vrsta životne rente
too [tuː] *adv* 1. previše, odveć, preveć, pre-; vrlo 2. k tomu, usto, također, isto tako, osim toga | **~ good to be true** prelijepo, a da bi bilo istinito; **non ~ pleasant** nimalo ugodan; **I am only ~ glad** meni je samo drago
toodle-oo [ˌtuːdlˈuː] *interj* do viđenja!
took [tuk] *pret* od **take**
tool [tuːl] *s* oruđe, alat, sprava; *pl* zanatsko oruđe, alat; *fig derog* oruđe, stvor, lutka, kreatura
tool [tuːl] *vt/i* **I.** *vt* raditi, obrađivati što oruđem, alatom; (o kamenu) tesati, okresati, rezati; (o kožnom uvezu) pregati ukras alatom; *sl* tjerati (kola), voziti (auto) **II.** *vi* obrađivati (alatom); *sl* voziti se
tool-bag [ˈtuːlbæg] *s* torba za alat
tool-box [ˈtuːlbɔks] *s* sandučić za alat
tool-chest [ˈtuːltʃest] *s* → **tool-box**
tooler [ˈtuːlə] *s* klesarsko dlijeto
tooling [ˈtuːliŋ] *s* obrada, obrađivanje (raznih šara na kamenu i dr.), punciranje
tool-kit [ˈtuːlkit] *s* torba za alat; ručni alat, pribor, oprema, potrepštine
toot [tuːt] *s* trubljenje; *mot* truba
toot [tuːt] *vt/i* **I.** *vt* trubiti (u rog) **II.** *vi* zatrubiti
tooth [tuːθ] *s* (*pl* **teeth** [tiːθ]) 1. zub (& *fig*) 2. *tech* zubac (pile, češlja itd.), zubac kotača, parožak, šiljak (vila itd.) | **laniary (canine) ~** zub koljač; **corner ~, eye ~** očnjak; **incisor (incision, cutting) ~** sjekutić; **milk ~, shedding ~** mliječnjak; **molar ~, grinding ~** kutnjak; **wisdom ~** zub mudrosti; **loose ~** klimav zub; **to cast a th in a p's teeth** prigovoriti komu što; **in the teeth of** usprkos čemu; **to cut one's eye-teeth** dobiti očnjake; *fig* sazreti, opametiti se; **to escape by the skin of one's teeth** izmaći na dlaku; **to fight (struggle) ~ and nail** boriti se svom snagom, neumoljivo, nepopustljivo; *arch* **from the teeth outwards** neiskren, ne od srca; **to lie in one's teeth** lagati u lice; drzovito (bezobrazno) lagati; **to set one's teeth on edge** uzrujati koga, ozlovoljiti; *fig* **to show one's teeth** pokazati zube; *fig* **to take the bit between one's teeth** uzjoguniti se, oduprijeti se, osamostaliti se; **to clench one's teeth** stisnuti zube; **long in the ~** star; **to cut one's first ~** dobiti prvi zub; *fig* **to draw a p's teeth** podrezati komu krila, učiniti koga neškodljivim, ušutkati; **armed to the teeth** oboružan do zuba; **to have a sweet ~** voljeti slatkiše, poslastice; **to get one's teeth into a th** tvrdoglavo (nepopustljivo) se čega prihvatiti
tooth [tuːθ] *vt/i* **I.** *vt tech* nazupčati, snabdjeti zupcima; gristi, zagristi; uzglobiti što **II.** *vi tech* zahvatiti, hvatati jedno u drugo (o zupcima kotača, zupčanika)
tooth-ache [ˈtuːθeik] *s* zubobolja
tooth-brush [ˈtuːθbrʌʃ] *s* četka za zube
toothcomb [ˈtuːθkəum] *s* gusti češalj
toothcomb [ˈtuːθkəum] *vt* češljati gustim češljem
toothed [ˈtuːθt] *adj* zubat, nazubljen, nazupčan, oštar, šiljast (kao zub) | **sweet-~** koji voli slatko
toothful [ˈtuːθful] *adj* tečan, koji je za uživanje (potrošnju)
toothful [ˈtuːθful] *s* gutljaj, čašica (žestoka pića)
toothless [ˈtuːθlis] *adj* bezub, krezub
tooth-paste [ˈtuːθpeist] *s* pasta za zube
toothpick [ˈtuːθpik] *s* čačkalica
toothsome [ˈtuːθsəm] *adj* (**~ly** *adv*) tečan, slastan; privlačan
tooth-wheel [ˈtuːθwiːl] *s tech* zupčanik
tootle [ˈtuːtl] *s* trubljenje
tootle [ˈtuːtl] *vi* tiho (ili više puta) zatrubiti
top¹ [tɔp] *s* 1. najgornji dio (čega); vrh, vršak, vrhunac (brijega, brežuljka i dr.); (o drvetu) glavica, krošnja, kruna, vrh; kičica (jele) 2. tjeme, glava; pjena (na pivu); (o obući i dr.) gornji dio, lice; poklopac; (o vozilu) koš, krov; *mar* krov, paluba 3. *mar pl* koš na jarbolu 4. čuperak, pramen (kose, vune) 5. površina; čelo, pročelje 6. najviša točka (stupanj,

čin, rang) 7. *fig* vrh, vrhunac, visina (glasa) 8. stupanj (brzine) | **to come to the ~** isplivati na površinu, izbiti na čelo, prodrijeti, uspjeti, natkriliti, nadmašiti; **on ~, on the ~** iznad, k tomu, povrh toga; **from ~ to toe** od glave do pete; *Ir* **the ~ o' the morning to you!** lijepo vam dobro jutro; *mar* **~s** *pl* platforma; *GB sl* **to be at the ~ of the tree** biti na najvišem položaju, na kormilu; **to take the ~ of the table** predsjedati; **to be (become) ~** postati prvak, biti na čelu; **the ~ of the school** najbolji učenik škole, prvak škole; *sl* **~ dog** prvak, pobjednik; **at the ~ of one's voice** iz svega glasa, iza glasa; *GB* **to the ~ of one's bent** koliko je najbolje moguće, na potpuno zadovoljstvo; **~ price** najviša cijena; **~ speed** najveća brzina; **from ~ to bottom** odozgo do dolje; **he is the ~s** on je najbolji u svojoj struci; **he is ~s** on je sjajan momak; **~ of the milk** najbolja točka programa; *GB mot* **~ gear** četvrta brzina

top² [tɔp] *s* zvrk, čigra | **to sleep like a ~** spavati čvrstim snom, spavati kao top, tvrdo spavati; **humming ~** zvrk koji bruji; **peg ~** zvrk; **whipping ~** zvrk koji se tjera bičem

top [tɔp] *vt/i* **I.** 1. snabdjeti vrhom (gornjim dijelom i sl.); pokriti, okruniti 2. *hort* odrezati krajeve, vrške; okresati 3. dosezi (vrh); udariti (pogoditi) nešto (u vrh, u tjeme) 4. nadvisiti, premašiti; *fig* nadvisiti, natkriliti; *com* prijeći (cijenu) **II.** *vi* izdići se, isticati se, odlikovati se, vladati, prevlađivati | **to ~ one's part** savršeno igrati svoju ulogu

top off [ˈtɔpˈɔf] *vt* dovršti, ukrasiti

top up [ˈtɔpˈʌp] *vt* svršiti, zaključiti; *mar* sasvim nagnuti križ na jedrilju; *GB* napuniti do vrha

topaz [ˈtəupæz] *s minr* topaz

topcoat [ˈtɔpkəut] *s* lagani kaput, ogrtač

top-dress [ˈtɔpdres] *vt hort* gnojiti na površini

top-dressing [ˌtɔpˈdresiŋ] *s hort* gnojenje na površini

tope¹ [təup] *s ichth* pas butor (vrsta morskog psa) (*Galeus canis*)

tope² [təup] *s archit* stupa (indijska kupolna gradnja nad grobovima, svetištima i dr.)

tope [təup] *vi/t* opijati se, pijančevati, lokati

topee [ˈtəupiː] *s* → **topi**

topek [ˈtəupek] *s* eskimska koliba

top-end [ˈtɔpend] *s* vrh, vršak

toper [ˈtəupə] *s* pijanac

topflight [ˈtɔpflait] *adj* vrhunski

top-gallant [ˌtɔpˈgælənt] *s mar* nastavak jarbola

top-hair [ˈtɔphɛə] *s* osjače (duge dlake životinjskog krzna)

top-hat [ˌtɔpˈhæt] *s* cilindar (šešir)

top-heavy [ˌtɔpˈhevi] *adj* koji je teži gore nego dolje; labav; neuravnotežen

top-hole [ˌtɔpˈhəul] *adj GB sl* prvoklasan, prvorazredan

topi [ˈtəupi] *s Ind* tropski šljem

topiary [ˈtəupjəri] *adj* dekorativno (figuralno) obrezan ili okresan (ukrasni grm, živica)

topic [ˈtɔpik] *s* tema, predmet; *log* topika

topical [ˈtɔpikl] *adj* (**~ly** *adv*) mjesni, koji se tiče glavnog predmeta ili glavne teme; *med* lokalni; aktualan

topknot [ˈtɔpnɔt] *s* čuperak, pramen (kose, perja); *fam* glava

topless [ˈtɔplis] *adj* bez vrha (vrška); vrlo visok; bezglav; nepokrivenih grudi

top-level [ˈtɔpˌlevl] *adj* vrhunski

topman [ˈtɔpmən] *s* gornji pilar; prvak, odličnjak, glavna ličnost; *mar* mornar u košu (na jarbolu)

topmast [ˈtɔpməst] *s mar* nastavak jarbola

topmost [ˈtɔpməust] *adj* najviši, najgornji

topnotch [ˌtɔpˈnɔtʃ] *adj* vrhunski

topographer [təˈpɔgrəfə] *s* topograf

topographic [ˌtɔpəˈgræfik] *adj* (**~ally** *adv*) topografski

topography [təˈpɔgrəfi] *s* topografija

topology [təˈpɔlədʒi] *s bot* topologija

toponym [ˈtɔpənim] *s ling* toponim

toponymy [tɔˈpɔnimi] *s ling* toponimija

topper [ˈtɔpə] *s* gornji kamen; *fam* nešto izvanredno, divno; silan čovjek; *sl* cilindar (šešir)

topping [ˈtɔpiŋ] *adj* (**~ly** *adv*) najviši, glavni; *GB sl* prvorazredan, kolosalan, silan

topple [ˈtɔpl] *vt/i* srušiti (se), oboriti, baciti na tlo; pasti, strmoglaviti (se), prevaliti (se), prevrnuti (se), visiti nad čim

topple down [ˈtɔplˈdaun] *vt* oboriti, prevaliti

topple over [ˈtɔplˈəuvə] *vt* → **topple down**

topsawyer [ˈtɔpˌsɔːjə] *s* gornji pilar; *fig* glavna ličnost; *fam* zvjerka

top-secret [ˌtɔpˈsiːkrit] *adj* najtajniji, strogo povjerljiv

top-shell [ˈtɔpʃel] *s* ogrc (*Trochocochlea turbinata*)

topsoil [ˈtɔpsɔil] *s* površinski sloj tla

topsyturvy [ˌtɔpsiˈtəːvi] *adj* (**topsyturvily** *adv*) pobrkan, naopak

topsyturvy [ˌtɔpsiˈtəːvi] *s* zbrka, potpun nered

topsyturvydom [ˌtɔpsiˈtəːvidəm] *s* zbrkanost, ispremetenost, darmar

top-wool [ˈtɔpwul] *s com* češljana vuna; oprana vuna gotova za tkanje

toque [təuk] *s* tok, tok(ic)a (vrsta ženskog šeširića)

tor [tɔː] *s* visoka vrletna hrid, hridovit brijeg

torch [tɔːtʃ] *s* baklja, zublja; luč, plamen, svjetlo; *US* letlampa | **~ of Hymen** ljubavna strast; *fig* **to hand on the ~** dati

drugima, prenijeti znanje (kulturu i sl.); *GB* **electric** ~ baterijska džepna svjetiljka
torch-light [ˈtɔːtʃlait] *s* svjetlo baklje | ~ **procession** bakljada
torchon [ˈtɔːʃən] *s Fr* | ~ **lace** kleplana čipka
torch-race [ˈtɔːtʃreis] *s hist* štafeta s bakljom u staroj Grčkoj
tore [tɔː] *pret* od **tear**
toreador (torreador) [ˈtɔriədɔː] *s Span* toreador, borac s bikom (na konju)
torero [tɔˈrɛərəu] *s* borac s bikom (pješak)
toreutic [tɔˈruːtik] *adj* ispupčeno iskovan, istucan, cizeliran
torment [ˈtɔːment] *s* muka, mučenje, kinjenje, udaranje na muke; bol, patnja, nevolja
torment [tɔːˈment] *vt* mučiti, kinjiti, udarati na muke, patiti koga
tormentor [tɔːˈmentə] *s* mučitelj, napasnik; *hort* vrsta brane, drljače, zubače; duga viljuška za vađenje mesa iz juhe
tormentress [tɔːˈmentris] *s* mučiteljica, napasnica
torn [tɔːn] *pp* od **tear**
tornadic [tɔːˈnædik] *adj* tornadski; *fig* orkanski
tornado [tɔːˈneidəu] *s* tornado; vihor, orkan; *fig* provala, nalet, bura (smijeha, radosti i dr.)
torpedo [tɔːˈpiːdəu] *s ichth* drhtulja; *mar* torpedo | **aerial** ~ zračni torpedo
torpedo [tɔːˈpiːdəu] *vt* torpedirati; *fig* torpedirati, minirati; *fig* razoriti, uništiti, učiniti neškodljivim | ~ **boat** torpedni čamac
torpid [ˈtɔːpid] *adj* (~**ly** *adv*) omamljen; ukočen, obamro, odrvenio, bešćutan, trom, mlitav; *zool* koji spava zimskim snom
torpid [ˈtɔːpid] *s* | ~**s** *pl* veslačka utakmica između drugih momčadi u Oxfordu u korizmi
torpidity [tɔːˈpiditi] *s* ukrućenost, ukočenost, obamrlost, trnjenje, utrnulost, bešćutnost, mlitavost, tromost
torpify [ˈtɔːpifai] *vt* ukrutiti, uspavljivati, omamiti, ošamutiti, oslabiti, učiniti mlitavim (mlohavim, bešćutnim)
torpor [ˈtɔːpə] *s* ukočenost, obamrlost, utrnulost, bešćutnost, mlitavost, tromost
torque (torc) [tɔːk] *s* zavojita zlatna ogrlica (*esp* galska); *phys* sila, snaga obrtanja
torrefaction [ˌtɔriˈfækʃən] *s* sušenje, prženje
torrefy [ˈtɔrifai] *vt* sušiti, pržiti
torrent [ˈtɔrənt] *s* bujica, gorski potok; pljusak; *fig* struja, bujica, poplava; izljev | **it rains in** ~**s** kiša lije kao iz kabla
torrential [tɔˈrenʃl] *adj* (~**ly** *adv*) koji je poput bujice (gorskog potoka, pljuska, proloma oblaka); *fig* neobuzdan, divlji | ~ **rain** prolom oblaka
torrid [ˈtɔrid] *adj* spržen, osušen, suh, žarki, tropski | *geog* ~ **zone** vrući pojas
torridity [tɔˈriditi] *s* suša, silna žega, pripeka
torsel [ˈtɔːsl] *s* kratka daščica kao potporanj pod gredom; zavijen drven stup
torsion [ˈtɔːʃn] *s* uvrtanje, zavrtanje, sukanje, usukivanje, torzija; *med* zavrtanje arterije | *phys* ~ **ballance** torziona vaga
torsional [ˈtɔːʃənl] *adj* (~**ly** *adv*) torzioni, koji se tiče zavrtanja (sukanja)
torsk [tɔːsk] *s ichth* bakalar, treska
torso [ˈtɔːsəu] *s It* torzo, trup bez udova; *arts* kip trupa bez udova; *fig* nedovršeno djelo, torzo
tort [tɔːt] *jur* nepravda, krivnja, kazneni čin, krivično djelo, delikt
tortilla [tɔːˈtiːlə] *s US* meksikanska lepinja od kukuruznog brašna
tortious [ˈtɔːʃəs] *adj* (~**ly** *adv*) *jur* kazneni, krivični | ~ **act** kazneni čin, krivično djelo
tortoise [ˈtɔːtəs] *s zool* kornjača | **hare and** ~ sposobnost podliježe ustrajnosti; polako ali sigurno; *zool* **alligator** ~ kajmanska kornjača; **as slow as a** ~ spor kao puž
tortoise-shell [ˈtɔːtəʃel] *s* kornjačevina
tortuosity [ˌtɔːtjuˈɔsiti] *s* savijenost, zavojitost, zavrnutost; *fig* prljavost, nekorektnost
tortuous [ˈtɔːtjuəs] *adj* (~**ly** *adv*) vijugav, zavojit, iskrivudan, kriv; *fig* koji vrda, koji se izvija, koji nije otvoren; prljav
tortuousness [ˈtɔːtjuəsnis] *s* vijugavost, krivudavost
torture [ˈtɔːtʃə] *s* muke, mučenje; *fig* bol, jad, čemer, patnja, tortura; izvrtanje (riječi i dr.) | **to put to the** ~ udariti na muke, mučiti; **instrument of** ~ sprava za mučenje (torturu), mučilo
torture [ˈtɔːtʃə] *vt* mučiti, kinjiti, udariti na muke; *fig* iskretati, izvrtati (riječi i dr.); mučiti, kinjiti koga
torturer [ˈtɔːtʃərə] *s* mučitelj
torturing [ˈtɔːtʃəriŋ] *adj* (~**ly** *adv*) koji muči (kinji)
torturous [ˈtɔːtʃərəs] *adj* koji muči (kinji), koji stavlja na muke; koji iskreće (izvrće)
tory [ˈtɔːri] *s hist pol* torijevac, pristaša Jakova II u Engleskoj; konzervativac (član engl. Konzervativne stranke); *US hist* lojalist (engl. kralju) u američkom ratu za nezavisnost
toryism [ˈtɔːriizm] *s pol* torijevstvo, konzervatizam
tosh [tɔʃ] *s sl* nesmisao, prazna brbljarija, koještarija
tosher [ˈtɔʃə] *s sl* student koji stanuje privatno (koji ne stanuje u koledžu)
toss [tɔs] *s* bacanje (uvis), hitac, zbacivanje, tresenje, potres; *fig* nemir, uzrujanost; visoko dizanje glave; bacanje tamo-

-amo; odbacivanje, dobacivanje, bacanje ždrijeba, ždrijeb | **to win the ~** dobiti pri ždrijebanju; *sport* **full ~** točan hitac; **pitch-and-~** igra glave i pisma; *GB* **to take a ~** biti zbačen s konja, biti izbačen iz sedla; bacati ždrijeb

toss [tɔs] *vt/i* **I.** *vt* 1. bacati amo-tamo (brod na moru i dr.); zbaciti 2. zavitlati, hitnuti, baciti 3. dignuti visoko, zabaciti (glavu) 4. dobaciti komu (*to*) neki predmet; odbaciti (*away, aside*) 5. premetati, prevrtati (sijeno) **II.** *vi* bacati se amo-tamo, biti bacan amo-tamo, (valovi) valjati se, uzburkati se; (o kosi) lepršati | **to ~ a coin** baciti novac uvis; **to ~ oars** uzdignuti vesla kao pozdrav; **to ~ the pancake** baciti palačinku uvis pri pečenju; **I'll ~ you for it** vući ću kocku, ždrijebat ću

toss off [ˈtɔsˈɔf] *vt* odbaciti koga; naglo ispiti, istrusiti; brzo obaviti neki posao

toss up [ˈtɔsˈʌp] *vt/i* **I.** *vt* 1. baciti uvis **II.** *vi* bacati novac (u igri pismo ili glava); bacati ždrijeb

toss-up [ˈtɔsʌp] *s* bacanje kovanog novca uvis; sumnjivo, nesigurno pitanje (npr. *it is quite a ~ whether he comes or not* još je pitanje hoće li ili neće doći)

tot[1] [tɔt] *s* mališan, mališanka; *coll* gutljaj; mala količina bilo čega, malko

tot[2] [tɔt] *s coll* zbroj

tot [tɔt] *vt/i coll* **I.** *vt* zbrojiti, zbrajati, sabirati (*up*) **II.** *vi* (ukupno) iznositi (*to*)

total [ˈtəutl] *adj* (**~ly** *adv*) cio, cjelokupan, ukupan, sav, potpun | *com* **constructive ~ loss** potpuni gubitak (npr. broda); **~ number** ukupni broj; **sum ~** iznos, ukupna svota; zbroj, suma; **~ war** totalitarni rat

total [ˈtəutl] *s* cjelina, ukupnost, ukupna svota, suma

total [ˈtəutl] *vt/i* **I.** *vt* zbrojiti, naći ukupan iznos (ukupnu svotu) (*up*) **II.** *vi* iznositi, vrijediti (*up*)

totalitarian [ˌtəutæliˈtɛəriən] *adj* koji sve obuhvaća, sveobuhvatni; *pol* totalitaran (režim)

totalitarianism [ˌtəutæliˈtɛəriənizm] *s pol* totalitarizam

totality [təuˈtæliti] *s* cjelokupnost, ukupnost, cjelina, potpunost, čitavost, neokrnjenost; vrijeme potpune pomrčine

totalization [ˌtəutəlaiˈzeiʃn] *s* zbrajanje; sažimanje

totalizator [ˈtəutəlaizeitə] *s sport* (na konjskim utrkama) računalo koje pokazuje zbroj oklada na pojedinoga konja

totalize [ˈtəutəlaiz] *vt/i* **I.** *vt* zbrojiti, sumirati, zaokružiti na cijelo, upotpuniti, nadopuniti **II.** *vi* služiti se totalizatorom; kladiti se na totalizatoru

totalizer [ˈtəutəlaizə] *s mech* → **totalizator**

tote[1] [təut] *s sl* → **totalizator**

tote[2] [təut] *s US coll* prenošenje, prevoženje; teret, vučenje, teglenje

tote [təut] *vt US* voziti, prevoziti (zalihe, građu itd.), nositi, vući, tegliti

totem [ˈtəutəm] *s* totem

totemic [təuˈtemik] *adj* (**~ally** *adv*) koji se tiče totema, totemski

totemism [ˈtəutəmizm] *s* totemizam

totemist [ˈtəutəmist] *s* član roda ili plemena koji ima totem

t'other (tother) [ˈtʌðə] *pron fam* onaj drugi, ona druga, ono drugo | *hum* **tell ~ from which** razlikovati

t'other (tother) [ˈtʌðə] *adj* koji je drugi, koja je druga, koje je drugo

toties quoties [ˈtɔːtiiːzˈkwɔtiiːz] *adv Lat* svaki put, svakom prigodom | **offer was refused ~** ponuda je svaki put odbijena

toto caelo [ˈtəutəuˈsiːləu] *adv Lat* potpuno, sasvim, totalno | **to differ ~** potpuno se razlikovati (razmimoilaziti)

totter [ˈtɔtə] *vi* klimati se, teturati, posrtati; (o predmetima) njihati se, ljuljati se; *fig* kolebati se, drmati se

totterer [ˈtɔtərə] *s* **onaj koji tetura, onaj** koji se klima; *fig* oklijevalo, kolebljivac

tottering [ˈtɔtəriŋ] *adj* (**~ly** *adv*) koji tetura, klimav, raskliman, sklon padu

tottery [ˈtɔtəri] *adj* → **tottering**

toucan [ˈtuːkən] *s ornith* kljunati tukan (*Ramphastos monilis*)

touch [tʌtʃ] *s* 1. opip, ćutilo opipa 2. dodirivanje; dodir, veza, spoj 3. diranje, doticanje, pipanje; lak dodir (udarac, pritisak); lak napadaj (bolesti i dr.); *mus* dodir, udarac; *arts* potez, crta; *fig* značajna, karakteristična crta, izraz, izražaj, držanje, umijeće, spretnost; ruka, hvat; *fig* kakvoća, dobrota; proba 4. *fig* naročiti okus, priokus, primjesa; obojenost, trag 5. prigovor, mig, aluzija; *arch* kamen kušac (za zlato) | *fig* **he had a near ~** jedva jedvice je izmakao opasnosti; **in ~ with** u dodiru s kim; **out of ~ with** bez dodira s kim (s čim); **to get into ~ with** doći u dodir sa, uspostaviti vezu s kim; **to keep in ~ with** biti u stalnom dodiru s kim, održavati stalnu vezu s kim; **to put a p in ~ with** spojiti koga sa (i telefonski); **a ~ of the sun** sunčanica; *sl* **a shilling ~** cijena jedan šiling, stoji jedan šiling; **finishing ~** završno dotjerivanje; **to put to the ~** staviti na kušnju (koga, što); **the ~ of nature** prirodna crta, simpatičnost po prirodi; **within ~ of** u dodiru, nadohvat, nadohvat, nadohvat, nadoseg; **he has a ~ of genius** on ima nešto genijalno; **soft to the ~** mekan na opip; **the Nelson ~** umijeće izvući (izbaviti) se iz teška položaja

touch [tʌtʃ] *vt/i* **I.** *vt* 1. (koga ili što) dodirnuti, dotaknuti, dirati, ticati; opipati; (o klaviru) udarati, svirati, igrati; (o instrumentu) udarati u žicu, dodirnuti žicu, prebirati žice; *mar* (o brodu) ticati 2. (većinom negativno) baviti se čim, dotaknuti, dirati, salijetati, napastovati; jesti, piti, okusiti 3. *fig* (o predmetu) lako dotaknuti (dodirnuti) 4. uzeti (plaću), primati; *fam* izmamiti, iznuditi od koga novac; *sl* prevariti koga 5. (o predmetima, stvarima) doći u dodir s čim, dodirivati što, doticati se čega, graničiti s čim, naslanjati se na što, dopirati (sezati) do čega 6. doticati se, protezati se; (u govoru) natuknuti, spomenuti 7. (o osobama i stvarima) dodirivati se, pokazivati sličnost, srodnost 8. dirnuti, ganuti, rastužiti 9. *fig* uzbuditi, uznemiriti, uzrujati, povrijediti, utjecati, dojmiti se 10. dostići, biti jednak, ravan (komu), mjeriti se s kim **II.** *vi* dodirnuti se; ticati se, odnositi se na; *mar* dotaći se, pristati | **to ~ bottom** doticati se dna; doseći najnižu cijenu; **~ wood!** ne bilo uroka!; **to ~ the spot** pronaći (učiniti) upravo ono što se traži; **to ~ the bell** zazvoniti; **to ~ lucky** imati sreću; **to ~ on the raw** uvrijediti, rasrditi; **to ~ to the quick** vrijeđati, duboko povrijediti; **to ~ glasses** kucnuti se; **to ~ one's hat** pozdraviti; **I couldn't ~ anything** nisam mogao ništa okusiti; **nobody can ~ him** nitko mu nije ravan; **how does this ~ him?** kakve to ima veze s njim?; **clouds ~ed with red** oblaci s primjesom crvenila; **I was ~ed by his story** njegovo me se pripovijedanje kosnulo; **he ~es six feet** visok je šest stopa; **the apples are ~ed with frost** jabuke je uhvatio mraz

touch at [ˈtʌtʃˈæt] *vi mar* ticati, pristajati

touch down [ˈtʌtʃˈdaun] *vt rugby* postići zgoditak (pronošenjem lopte kroz vrata); *vi* spustiti se

touch for [ˈtʌtʃˈfɔː] *vt sl* (o novcu) uzajmiti; tražiti novčani prilog

touch off [ˈtʌtʃˈɔf] *vt* staviti u pokret; nacrtati s nekoliko poteza; ispaliti (top, vatromet)

touch on (upon) [ˈtʌtʃˈɔn(əˈpɔn)] *vi* dotaknuti se (u govoru); dotaći se, dodirnuti se (npr. olovka papira)

touch over [ˈtʌtʃˈəuvə] *vt* dotjerati, uljepšati

touch up [ˈtʌtʃˈʌp] *vt* popraviti, dotjerati, retuširati (sliku, rukopis itd.); potaknuti, podbosti; poboljšati; osvježiti (pamćenje)

touchable [ˈtʌtʃəbl] *adj* koji se može taknuti (dirnuti, opipati), opipljiv; *fig* dirljiv

touch-and-go [ˌtʌtʃənˈgəu] *s* opasnost, škakljiv položaj, vratolomija

touch-and-go [ˌtʌtʃənˈgəu] *adj* površan, nesiguran; riskantan, škakljiv; opasan; kritičan

touchdown [ˈtʌtʃdaun] *s sport* gol u britanskom (i američkom) ragbiju

touched [ˈtʌtʃt] *adj* ganut, dirnut (*with, by* čim, od); (o mesu) malo pokvaren, koji zaudara; zaražen; *fig* sulud, ćaknut | **~ in the wits** luckast, šašav

toucher [ˈtʌtʃə] *s* onaj koji dodiruje; pogodak (pri pucanju) | *sl* **as near as a ~** za vlas (npr. umakao opasnosti)

touch football [ˈtʌtʃˌfutbɔːl] *s US* (američki) ragbi bez zaštitne odjeće u kojem dodir vrijedi kao zaustavljanje protivničkog igrača

touch-hole [ˈtʌtʃhəul] *s mil* uski otvor za pripaljivanje baruta (kod starinskih topova)

touchily [ˈtʌtʃili] *adv* osjetljivo, razdražljivo

touchiness [ˈtʌtʃinis] *s* osjetljivost, razdražljivost

touching [ˈtʌtʃiŋ] *adj* (**~ly** *adv*) dirljiv, ganutljiv, uzbudljiv

touching [ˈtʌtʃiŋ] *prep arch* što se tiče čega, s obzirom na što, u pogledu čega

touch-last [ˈtʌtʃlaːst] *s* »spas« (dječja igra)

touchless [ˈtʌtʃlis] *adj* bez opipa

touch-line [ˈtʌtʃlain] *s ftb* aut-linija

touch-needle [ˈtʌtʃˌniːdl] *s* igla za kušanje zlata

touch-paper [ˈtʌtʃˌpeipə] *s* pripaljač (za lulu, vatromet i dr.)

touchstone [ˈtʌtʃstəun] *s chem* kamen kušač (zlata); *fig* kamen kušač, iskušavanje, kriterij

touchwood [ˈtʌtʃwud] *s* guba; trud

touchy [ˈtʌtʃi] *adj* (**touchily** *adv*) osjetljiv, razdražljiv

tough [tʌf] *adj* (**~ly** *adv*) (o mesu) žilav; tvrd, čvrst, krut; (o osobama) žilav, snažan, jak, čvrst; tvrdoglav; neugodan, težak (posao itd.); *US sl* razbijački, u sukobu sa zakonom | **a ~ customer** čovjek s kojim je teško izaći na kraj

tough [tʌf] *s US sl* razbijač, kavgadžija, zločinac; jak čovjek

toughen [ˈtʌfn] *vt/i* **I.** *vt* učiniti da nešto bude žilavo (tvrdo) **II.** *vi* otvrdnuti, postati žilav

toughie [ˈtʌfi] *s US* razbijač; težak problem

toughish [ˈtʌfiʃ] *adj* ponešto žilav

toughly [ˈtʌfli] *adv* žilavo, uporno

tough-minded [ˌtʌfˈmaindid] *adj* nesentimentalan; odlučan, energičan

toughness [ˈtʌfnis] *s* žilavost (& *fig*); tvrdoglavost, upornost, jakost

toupée [ˈtuːpei] *s Fr* tupe, poluperika

tour [tuə] *s* tura, putovanje, putovanje državom; vožnja; obilaženje; šetnja; *mil* služba, vrijeme službovanja, rok službe

tour [tuə] *vi/t* **I.** *vi* putovati, voziti se naokolo; *mot* voziti polako **II.** *vt* putovati po, proputovati

tour about [ˈtuərəˈbaut] *vi* putovati okolo

tourbillion [ˌtuəˈbiljən] *s Fr* vrsta rakete vatrometa u obliku spiralnog stupa

tour de force [ˌtuədəˈfɔːs] *s Fr* mučan posao, podvig jakosti ili vještine
tourer [ˈtuərə] *s* → **touring-car**
touring-car [ˈtuəriŋkaː] *s arch* veliki otvoren automobil
tourism [ˈtuərizm] *s* turizam, promet stranaca
tourist [ˈtuərist] *s* turist, putnik, izletnik | ~ **ticket** povratna putna karta, turistička putna karta; ~ **class** turistički razred, drugi razred; ~ **trade** turizam
tourmaline [ˈtuəməlin] *s minr* turmalin, dragi kamen
tournament [ˈtuənəmənt] *s hist* turnir, viteška borba na konjima; *sport* natjecanje, turnir
tourney [ˈtuəni] *s* → **tournament**
tourney [ˈtuəni] *vi hist* sudjelovati (boriti se) u turniru
tourniquet [ˈtuənikei] *s med* tvrdi zavoj, podveza žile
tousle (touzle) [ˈtauzl] *vt* (o kosi) čupati, raščupati, razbarušiti, raščerupati
tousy [ˈtauzi] *adj Scot* raščupan, razbarušen, raščerupan
tout [taut] *s* domamljivač (kupaca ili gostiju); *sport* onaj koji daje tipove (za klađenje); ortak, pomagač | *GB* **ticket** ~ preprodavač karata (ulaznica)
tout [taut] *vi sl* krišom promatrati, izgledati, vrebati, tražiti (*for* koga); *com* mamiti, domamljivati (kupce, goste); *US* vrbovati, snubiti glasače
tout round [ˈtautˈraund] *vi* propitkivati se o trkaćim konjima
touter [ˈtautə] *s* → **taut**
tow¹ [təu] *s* kučine
tow² [təu] *s* tegljenje, vučenje; brod koji se vuče, šlep, teglenica | **to take in** ~ uzeti u teglo; *fig* uzeti pod okrilje, zaštitu; **to have a p in** ~ imati koga na brizi (vratu)
tow [təu] *vt* vući, tegliti, remorkirati konopcem, užetom uz obalu (čamac, barku, brodić itd.); *mar* vući, tegliti užetom, remorkirati, uzeti u teglo
towage [ˈtəuidʒ] *s* 1. vučenje, tegljenje, remorkiranje 2. pristojba za remorkiranje
toward [ˈtəuəd] *adj* (~**ly** *adv*) 1. *arch* pripravan, poslušan, voljan, sklon 2. koji treba da se dogodi, blizak, koji je u toku, neminovan
toward [təˈwɔːd] *prep* 1. (mjesto) k, ka, prema, spram, protiv 2. (vremenski) prema, oko, otprilike oko 3. što se tiče, glede, protiv, nasuprot 4. za, radi, zbog
towardly [ˈtəuədli] *adj* → **toward** *adj*
towards [təˈwɔːdz] *prep* → **toward** *prep*
tow-away zone [ˈtəuəweiˈzəun] *s mot* površina pod zabranom parkiranja s koje »pauk« odvlači vozila
tow-barge [ˈtəubaːdʒ] *s* teglenica, šlep
tow-boat [ˈtəubəut] *s* remorker, tegljač
tow-car [ˈtəukaː] *s* auto-dizalica
towel [ˈtauəl] *s* ručnik | **to throw in the** ~ priznati se pobijeđenim; **roller** ~ beskrajni ručnik (sašivenih krajeva, na valjku); *sl* **lead** ~ metak; **oaken** ~ toljaga, kijača; ~ **rack** stalak, prečka za vješanje ručnika; **sanitary** ~ mjesečni uložak
towel [ˈtauəl] *vt/i* **I.** *vt* 1. brisati ručnikom, obrisati, otrljati 2. *sl* batinati, lemati, mlatiti, tući **II.** *vi* brisati se ručnikom
towel-horse [ˈtauəlhɔːs] *s* stalak za ručnik
towelling [ˈtauəliŋ] *s* materijal za ručnike; *sl* batine; težak poraz, teška vježba
tower [ˈtəuə] *s* tegljač, remorker
tower [ˈtauə] *s* toranj; tvrđava, utvrđena kula, utvrđen grad, kaštel; *fig* obrana, zaštita | *fig* **the** ~ **of strength** branitelj; glavni oslonac, tvrđava
tower [ˈtauə] *vi* dizati se uvis, uspinjati se visoko (*to, up* do); (o pticama) visoko poletjeti, uzviti se; stršiti, dizati se, isticati se, nadviti se (*above*)
towered [ˈtauəd] *adj* koji je s tornjevima, s kulama
towering [ˈtauəriŋ] *adj* koji strši, koji se diže (ispinje); koji visoko lebdi (uzlijeće); *fig* vrlo velik, častoljubiv, ambiciozan; golem, snažan, žestok
toweringly [ˈtauəriŋli] *adv* stršeći, dominantno; žestoko
towery [ˈtauəri] *adj* koji ima tornjeve (kule); visok, koji strši uvis
tow-haired [ˈtəuhɛəd] *adj* plavokos, svjetlokos
towing-line [ˈtəuiŋlain] *s mar* teglo
towing-path [ˈtəuiŋpaːθ] *s* put za tegljenje (uz obalu)
towing-rope [ˈtəuiŋrəup] *s mar* teglo
town [taun] *s* grad | **man about** ~ svjetski čovjek; bonvivan; **to paint the** ~ **red** uzbuniti grad pijanom galamom; *GB* **county** ~ glavni grad pokrajine; *GB* ~ **and gown** stanovništvo i studenti gradova Oxforda i Cambridgea; ~ **clerk** gradski tajnik (najviši gradski činovnik); ~ **council** gradsko vijeće; ~ **councillor** gradski vijećnik; ~ **crier** gradski izvikivač, telal; ~ **hall** gradska vijećnica; ~ **house** kuća u gradu (za razliku od one na ladanju); *US* obiteljska kuća koja se naslanja na drugu takvu kuću (kuće); *hist* ~ **major** zapovjednik grada; **he is the talk of the** ~ cijeli grad govori o njemu; ~ **planning** urbanistika; *US* ~ **meeting** sastanak birača radi komunalnih pitanja; **to go to** ~ ići u grad; *GB* ići u London
townee [tauˈniː] *s GB univ sl* stanovnik sveučilišnog grada koji nije student; trgovac
townification [ˌtaunifiˈkeiʃn] *s* urbanizacija
townified [ˈtaunifaid] *adj* gradski, urbaniziran

townish [ˈtauniʃ] *adj* gradski, ponešto gradski
townsfolk [ˈtaunzfəuk] *s* građani, stanovnici grada, žitelji grada
township [ˈtaunʃip] *s Engl hist* stanovnici župe; gradska općina, područje grada; *US & Canada* dio pokrajine, manje gradsko područje; distrikt; *Austr* selo
townsman [ˈtaunzmən] *s* stanovnik grada, građanin; sugrađanin, zemljak; *univ* purgar, filistar
townspeople [ˈtaunzˌpiːpl] *s* → **townsfolk**
townward(s) [ˈtaunwəd(z)] *adv* ka gradu, prema gradu
toxic [ˈtɔksik] *adj* (**~ally** *adv*) *med* otrovan, toksičan
toxicant [ˈtɔksikənt] *adj* → **toxic**
toxicant [ˈtɔksikənt] *s* otrov, otrovna tvar
toxicity [tɔkˈsisiti] *s* toksičnost, otrovnost
toxicologist [ˌtɔksiˈkɔlədʒist] *s* toksikolog
toxicology [ˌtɔksiˈkɔlədʒi] *s med* toksikologija
toxin [ˈtɔksin] *s med* toksin, otrov, otrovna tvar
toxophilite [tɔkˈsɔfilait] *s* gorljiv strijelac (lukom)
toy [tɔi] *s* igračka; trica, tričarija, sitnica, drangulija; igrarija, ludorija | **~ dog** psetance; **~ soldier** olovni vojnik, dječji vojnik
toy [tɔi] *vi* igrati se, šaliti se; očijukati (*with* sa)
toyer [ˈtɔiə] *s* vragolan
toy-shop [ˈtɔiʃɔp] *s* trgovina igračkama
trace[1] [treis] *s* 1. trag, stopa, znak (& *fig*) 2. *archit* osnovni nacrt, skica; tlocrt, horizontalna projekcija 3. malenkost, trun, trag | **to be on the ~s of** ući u trag komu ili čemu; **to be hot on the ~s of** biti komu za petama, slijediti koga u stopu, progoniti koga
trace[2] [treis] *s* uže za vuču, štranga | *fig* **to kick over the ~s** uzjoguniti se, ne pokoravati se; **in the ~s** u ormi, zapregnut (& *fig*)
trace [treis] *vt* 1. crtati, nabaciti, skicirati; snimiti, precrtati pomoću paus-papira, kalkirati; trasirati 2. tragati, slijediti trag, stazu (osobe, životinje, stopala itd.) 3. utvrditi, dokazati 4. ispitati porijeklo; zamijetiti ili (pro)naći znakove ili tragove čega
trace back [ˈtreisˈbæk] *vt* ići tragom unatrag (*to* do); dokazati porijeklo (čije, čega)
traceability [ˌtreisəˈbiliti] *s* mogućnost otkrivanja traga, ulaženja u trag
traceable [ˈtreisəbl] *adj* (**traceably** *adv*) kome se može naći trag, koji se može pronaći (dokazati)
trace-horse [ˈtreishɔːs] *s* konj koji služi kao priprega (*esp* za vučenje tereta uzbrdo)
traceless [ˈtreislis] *adj* komu se ne može naći trag, koji se ne može pronaći, dokazati
tracer [ˈtreisə] *s* 1. tragač, onaj koji traži, koji pronalazi izgubljene predmete; onaj koji traži trag 2. *mil aero* metak ili granata ili avion koji kod leta ostavlja dimni ili svijetleći trag 3. onaj koji precrtava na paus-papiru 4. *tech* sprava za precrtavanje uzoraka na platno 5. *med & scient* izotopni indikator | *el* **~ thread** označna nit (kabela); *mil* **~ bullet** svijetleći metak, trasirno zrno; *med & scient* **~ element** izotopni indikator
tracery [ˈtreisəri] *s archit* ornamentika s razgranjenim crtama, linijama (*esp* na glavi gotskog prozora); takav ukrasni uzorak; prirodni obris, crta (kao ures, npr. na krilu insekta)
trachea [trəˈkiːə] *s* (*pl* **tracheae** [trəˈkiːi], **~s**) *anat* dušnik, traheja; *ent* traheja
tracheal [trəˈkiːəl] *adj* dušnički, trahejalni
trachean [trəˈkiːən] *adj* → **tracheal**
tracheotomy [ˌtrækiˈɔtəmi] *s med* razrezivanje dušnika, traheotomija
trachoma [trəˈkəumə] *s med* trahom
tracing [ˈtreisiŋ] *s* traganje, iznalaženje; crtanje, precrtavanje; crtež, nacrt; prevlačenje, ličenje bojom preko crteža, kalkiranje, pausiranje
tracing-cloth [ˈtreisiŋklɔθ] *s* kalk
tracing-compasses [ˈtreisiŋˌkʌmpəsiz] *s sl* šestar za izvlačenje crta
tracing-paper [ˈtreisiŋˌpeipə] *s* paus-papir
track [træk] *s* 1. (o kolima) trag, kolotečina, vagaš; (o brodu) matica, plovni dio rijeke; trag stopala 2. staza, put; *hunt* trag 3. utrt put 4. *sport* staza, pruga; *US* laka atletika 5. *rly* tračnice, pruga 6. *tech* gusjenica (traktora i dr.) | **on the ~ of** u tragu, na tragu; *sl* **to make ~s** kidnuti, strugnuti, umaći; *sl* **to make ~s for** slijediti (progoniti, tražiti) koga; **to cover up one's ~s** zamesti svoj trag; **off the ~s** saskočio s tračnica, izišao iz kolotečine, na krivu putu; **the beaten ~** utrta staza, utrt put; *fig* uobičajen postupak, rutina; **in one's ~s** u kolotečini; na mjestu; **~ and field** laka atletika; *US* **across ~s** ili **on the wrong side of the ~s** u neotmjenom (radničkom) dijelu grada
track [træk] *vt/i* **I.** *vt* 1. tragati, tražiti čiji trag; ići tragom za kim ili čim; slijediti, progoniti (osobu, životinju) 2. označiti, obilježiti (stazu, put) 3. *mar* tegliti, vući brod užetom od obale **II.** *vi* vrtjeti se na mjestu, vrtjeti se u kolotečini (kotači)
track down [ˈtrækˈdaun] *vt* istražiti, pronaći; uhvatiti tragajući
trackage [ˈtrækidʒ] *s rly* tračnice; željeznička mreža, ukupna duljina željezničke mreže
track-athletics [ˈtrækəˌθletiks] *s US sport* laka atletika

track-delivery [ˈtrækdiˌlivəri] *s US com* isporuka sa željezničke stanice
tracked [trækt] *adj* | ~ **vehicle** vozilo na gusjenicama
tracker [ˈtrækə] *s hunt* tragaš; *aero* metak sa svijetlećim tragom
tracklayer [ˈtrækˌleiə] *s rly US* pružni radnik
track-laying [ˈtrækˌleiiŋ] *adj* | ~ **tractor** traktor gusjeničar
trackless [ˈtræklis] *adj* (~**ly** *adv*) bez staze, bez puta; neprohodan, neutrt; bez traga; *rly* bez tračnica
trackman [ˈtrækmən] *s rly GB* pružni radnik
track-meet [ˈtrækmiːt] *s US sport* lakoatletsko natjecanje
track shoe [ˈtrækʃuː] *s sport* sprinterica
tracksuit [ˈtræksjuːt] *s sp* trenirka
track-team [ˈtræktiːm] *s US sport* lakoatletska momčad
trackway [ˈtrækwei] *s* željeznička pruga, kolosijek; put popločen drvetom; utrta pješačka staza; stari put; staza (put) uz rub, obronak gore ili brijega; konjski tramvaj
tract[1] [trækt] *s* 1. predjel, područje, trakt, kraj, površina, prostor, komad zemlje; (o vodi) prostranstvo, površina 2. (o vremenu) razdoblje 3. *anat* sustav, trakt | **digestive** ~ probavni sustav
tract[2] [trækt] *s* traktat, rasprava
tractability [ˌtræktəˈbiliti] *s* prilagodljivost, gipkost
tractable [ˈtræktəbl] *adj* (**tractably** *adv*) gibak, prilagodljiv; poslušan, povodljiv; lako obradiv
tractate [ˈtrækteit] *s arch* raspravica, traktat
traction [ˈtrækʃən] *s* vučenje, vuča, potezanje; istezanje, rastezanje, širenje; *anat* stezanje (mišića i dr.); *tech* teg, nateg; učinak, rad; snaga koja vuče, vučna sila; sila trenja; prijevoz, transport
tractional [ˈtrækʃənl] *adj* koji vuče, vučni
traction-engine [ˈtrækʃənˌendʒin] *s* traktor, tegljač
tractor [ˈtræktə] *s* traktor; *aero* avion koji sprijeda ima propeler
trade [treid] *s* 1. zanimanje, zanat, obrt 2. trgovanje, sitničarstvo 3. promet, trgovina, robna razmjena 4. posao, zvanje 5. *collect (pl constr)* trgovački svijet, trgovački stalež, trgovci, branša, struka | **the** ~**s** pasatni vjetar; **Jack of all** ~ onaj koji se prihvaća svakog posla; onaj koji je spretan u svakom poslu; *collect* **the** ~ trgovci alkoholnih pića; **Board of Trade** *GB* Ministarstvo trgovine; *US* trgovačka komora; **Balance of** ~ trgovinska bilanca; **free** ~ slobodna trgovina; **fair** ~ načelo da se slobodna trgovina može temeljiti samo na uzajamnosti; **Trade Board** udruženje poslodavaca i radnika za reguliranje pitanja nadnica i plaća; ~ **arbitration** privredna arbitraža; **to be a butcher by** ~ biti mesar po zanimanju; *GB* **to be in** ~ baviti se trgovinom; **every one to his** ~ svatko neka se drži svoga zvanja; *com* **autumn** ~ sezonski posao; *GB* **to carry on a** ~ voditi posao, trgovinu
trade [treid] *vt/i* **I.** *vt* (o robi) mijenjati (*for* za), trgovati **II.** *vi* trgovati, pazariti; pogađati se, cjenkati se
trade in [ˈtreidˈin] *vt* zamijeniti stari model za novi (uz doplatu)
trade on [ˈtreidˈɔn] *vi* 1. špekulirati na što 2. putovati kao trgovački putnik; koristiti se čim, zloupotrebljavati što
trade-mark [ˈtreidmaːk] *s com* tvornički znak, zaštitni žig
trade-name [ˈtreidneim] *s* zaštitni naziv artikla
trade-off [ˈtreidɔf] *s US* ustupak za ustupak
trade-price [ˈtreidprais] *s* cijena na veliko
trader [ˈtreidə] *s* trgovac; čovjek iskusan u trgovačkim poslovima; *mar* trgovački brod
tradesfolk [ˈtreidzfəuk] *s* trgovci, obrtnici, zanatlije
tradesman [ˈtreidzmən] *s* trgovac; obrtnik, zanatlija; trgovac na malo, detaljist
tradespeople [ˈtreidzˌpiːpl] *s* → **tradesfolk**
trade-union [ˌtreidˈjuːnjən] *s GB* (radnički) sindikat | *GB* ~ **Congress** Savez britanskih sindikata
trade-unionism [ˌtreidˈjuːnjənizm] *s GB* sindikalizam, sindikalni pokret
trade-unionist [ˌtreidˈjuːnjənist] *s GB* član sindikata; sindikalist
trade-wind [ˈtreidwind] *s* pasatni vjetar
trading [ˈtreidiŋ] *s* trgovanje, trgovina, obrt, promet
trading [ˈtreidiŋ] *adj* trgovački
tradition [trəˈdiʃn] *s* 1. *jur* predaja, izručenje; način stjecanja vlasništva pokretnih stvari predajom iz ruke u ruku 2. tradicija, predaja, usmena predaja; običaj; poredak
traditional [trəˈdiʃənl] *adj* (~**ly** *adv*) tradicionalan, običajan, uobičajen
traditionalism [trəˈdiʃnəlizm] *s* tradicionalizam, vjerovanje u tradicije, držanje tradicije
traditionalist [trəˈdiʃnəlist] *s* tradicionalist, onaj koji se drži tradicije, koji vjeruje u tradicije
traditionalistic [trəˌdiʃnəˈlistik] *adj* → **traditional**
traditionary [trəˈdiʃnəri] *adj* → **traditional**
traduce [trəˈdjuːs] *vt* oklevetati, obijediti, ogovarati
traducement [trəˈdjuːsmənt] *s* klevetanje, kleveta, objeda
traducer [trəˈdjuːsə] *s* klevetnik

traducible [trəˈdjuːsəbl] *adj* koji se može oklevetati (obijediti)
traduction [trəˈdʌkʃən] *s* 1. prenošenje; transport 2. prevođenje, prijevod 3. tradicija 4. kleveta, objeda
traffic [ˈtræfik] *s* trgovina, trgovanje; promet; parobrodarska plovidba; željeznički promet | **goods** ~ robni promet; **passenger** ~ putnički saobraćaj; **heavy** ~ velik promet, navala; ~ **policeman** prometni stražar, saobraćajac; ~ **engineering** prometna tehnika; ~ **light** semafor
traffic [ˈtræfik] *vi/t* **I.** *vi* trgovati (*in, with* čime), kšeftariti, cincariti, pazariti **II.** *vt* rasprodati (također ~ *away*)
trafficator [ˈtræfikeitə] *s mot GB* pokazivač smjera vožnje, »žmigavac«
traffic-jam [ˈtræfikdʒæm] *s* zastoj prometa
trafficker [ˈtræfikə] *s* trgovac; *derog* cincar
trafficless [ˈtræfiklis] *adj* bez trgovine, bez trgovanja; bez prometa
traffic-minded [ˌtræfikˈmaindid] *adj* koji ima osjećaj za promet, koji vodi računa o prometu
tragedian [trəˈdʒiːdjən] *s* tragik, traged; pisac tragedija
tragedy [ˈtrædʒidi] *s theat* tragedija; *fig* potresan događaj, velika nesreća, strašan zločin, tragedija
tragic [ˈtrædʒik] *adj* tragičan, potresan, zlokoban, zlosretan
tragical [ˈtrædʒikl] *adj* (~**ly** *adv*) → **tragic**
tragicalness [ˈtrædʒikəlnis] *s* tragika, tragičnost, tragična narav
tragi-comedy [ˌtrædʒiˈkɔmidi] *s* tragikomedija
tragi-comic [ˌtrædʒiˈkɔmik] *adj* (~**ally** *adv*) tragikomičan
trail [treil] *s* 1. traka, pruga (dima itd.); rep (meteora); *mil* rep lafete 2. *hunt* vonj, trag, miris (divljači) 3. utrta staza, utrt put | **to be on a p's** ~ ući komu u trag
trail [treil] *vt/i* **I.** *vt* 1. vući, povlačiti za sobom (koga, što) 2. utrti stazu, put 3. ići za čijim tragom, tražiti koga, nanjušiti, progoniti (divljač) **II.** *vi* 1. vući se, povlačiti se, potezati se; puzati, lagano ići 2. *bot* puzati bez reda, rasti; bujati | **to** ~ **one's coat** nastupiti izazovno; *mil* ~ **arms!** (pušku) na kuk!
trail-blazer [ˈtreilˌbleizə] *s fig* pionir
trail-blazing [ˈtreilˌbleiziŋ] *adj fig* pionirski
trailer [ˈtreilə] *s bot* puzava biljka; *hunt* pas tragaš; *mot* prikolica; stambena prikolica; kola za stanovanje; *pl* izvaci iz filma koji dolazi (prikazivani u predigri) | *US* ~ **park** stalni kamp za velike stambene prikolice
trailing [ˈtreiliŋ] *adj US bot* koji puza, koji se penje | ~ **wheel** kotač nosač, mali kotač (na lokomotivi); *aero* ~ **edge** oštar rub propelera
train [trein] *s* 1. povlaka, rep (repatice) 2. pratnja, svita 3. niz, slijed, red, lanac, povorka; *rly* vlak, voz; *tech* niz kotača, valjaka; *mil* pruga baruta zapaljena k mini; trag od baruta koji vodi k mini; komora, tren, kolija 4. *fig* niz, red, slijed; razvoj, tok | **by** ~ vlakom; **in** ~ u toku, u pripremi, u zametku; **to take the** ~ **to** voziti se vlakom u; **to put in** ~ staviti u gibanje (pokret, pogon, tok)
train [trein] *vt/i* **I.** *vt* 1. odgojiti, odgajati, uzgojiti, obrazovati, podići, odnjihati 2. (o životinji) trenirati, dresirati, učiti, vježbati (*to do* da radi, čini) 3. *mil* obučavati, vježbati (*to do* da rade, čine); uperiti, nanišaniti 4. *sport* trenirati, vježbati 5. *hort* uzgajati 6. *arch* privlačiti, mamiti, zavesti, opčiniti **II.** *vi* 1. vježbati se, trenirati se, pripravljati se (*for* za) 2. *fam* putovati vlakom, željeznicom
train down [ˈtreinˈdaun] *vt* smanjiti težinu vježbanjem (treniranjem)
train up [ˈtreinˈʌp] *vt* odgojiti, obrazovati, obučiti
trainable [ˈtreinəbl] *adj* koji se da odgojiti (uvježbati)
train-band [ˈtreinbænd] *s Engl hist* milicija, građanska zaštita
train-bearer [ˈtreinˌbɛərə] *s hist* skutonoša
rained [treind] *adj* treniran, uvježban, izučen, školovan | ~ **men** kvalificirani radnici
trainee [treiˈniː] *s* onaj koji trenira
trainer [ˈtreinə] *s* odgojitelj; obučavalac jahanju, dreser, učitelj jahanja; *sport* trener
train-ferry [ˈtreinˌferi] *s* željeznički trajekt
training [ˈtreiniŋ] *s* odgajanje, škola; školovanje, obrazovanje; vježbanje; *sport* uvježbavanje, treniranje, trening | **in** ~ u formi; **out of** ~ izvan forme
training-college [ˈtreiniŋˌkɔlidʒ] *s* učiteljska škola, viša pedagoška škola
training-ship [ˈtreiniŋʃip] *s mar* školski brod
trainman [ˈtreinmən] *s US rly* kočničar, pomoćnik konduktera
train-mile [ˈtreinmail] *s rly* kilometraža
train-oil [ˈtreinɔil] *s* kitovo ulje; riblje ulje
train-sick [ˈtreinsik] *adj* koji osjeća mučninu od vožnje vlakom
traipse [treips] *s coll & dial* drolja; neuredna žena
traipse [treips] *vi coll & dial* lunjati, vucarati se
trait [trei] *s Fr* crta, potez; *pl* crte (lica); crte (karaktera), značajka, obilježje; duhovita misao (djelo, čin, dosjetka)
traitor [ˈtreitə] *s* izdajica, izdajnik koga ili čega (*to*); iznevjeritelj
traitorous [ˈtreitərəs] *adj* (~**ly** *adv*) izdajnički
traitorousness [ˈtreitərəsnis] *s* izdajništvo

traitress [ˈtreitris] *s* izdajnica koga ili čega (*to*)
trajectory [ˈtrædʒiktəri] *s math* & *phys* putanja; put
tram[1] [træm] *s GB* tramvaj, tramvajska kola; *min* rudarska kolica; željeznička (tramvajska) pruga
tram[2] [træm] *s* svila kao potka (poučica, utka)
tram [træm] *vi/t* **I.** *vi GB* voziti se tramvajem, putovati tramvajem **II.** *vt* prevoziti kolicima
tramcar [ˈtræmka:] *s GB* tramvajska kola
tram-line [ˈtræmlain] *s GB* tramvajska pruga, linija
trammel [ˈtræml] *s* mreža; spona, puto (za konja); *US* kuka, lanac, verige (na kojima visi kotao nad ognjištem); *pl* okovi, lanci; smetnje, zapreka (& *fig*); *tech* šestar za crtanje elipse itd.; šipkast šestar
trammel [ˈtræml] *vt* sputati; sapeti; smetati, kočiti, zapriječiti
tramontane [træˈmɔntein] *s* 1. tramontana (sjeverni, odnosno sjeverozapadni vjetar u Sredozemlju) 2. *It fig* tuđinac, stranac, barbar
tramontane [træˈmɔntein] *adj* koji je s one strane Alpa, prekoalpski; *It fig* tuđi, barbarski
tramp [træmp] *s* 1. gaženje, topotanje, tapkanje, 2. hodanje, putovanje pješice 3. skitnica, potepuh; *US coll* drolja 4. dugo pješačenje, mučna skitnja | **to be on the ~** biti na putu, obilaziti zemlju tražeći posla; skitati se
tramp [træmp] *vi/t* **I.** *vi* 1. lupati nogama (o pod, o tlo); trapati, gackati, tapkati 2. teško hodati, vući se, ići pješice, putovati pješice; skitati se, potucati se **II.** *vt* propješačiti, proći pješice, proputovati | **to ~ it** propješačiti, proći pješice
tramping [ˈtræmpiŋ] *s mar* slobodna plovidba
trample [ˈtræmpl] *vt/i* **I.** *vt* gaziti, pogaziti što **II.** *vi* gaziti, toptati | **~ underfoot** baciti pod noge i gaziti; *fig* pogaziti
trample down [ˈtræmplˈdaun] *vt* zgaziti, pogaziti; *fig* smrviti, tlačiti, ugnjetavati, skršiti, postupati nemilosrdno s kim
trample out [ˈtræmplˈaut] *vt* (o vatri) ugasiti gaženjem
trample upon [ˈtræmpləˈpɔn] *vi fig* gaziti koga nogama, svladati, ugnjetavati
trample [ˈtræmpl] *s* gaženje; topotanje, tapkanje
tramp-steamer [ˈtræmpˌsti:mə] *s mar* teretni brod slobodne plovidbe (bez određena voznog reda)
tram-rail [ˈtræmreil] *s* tračnica za tramvajsku prugu, laka tračnica
tramway [ˈtræmwei] *s GB* električni tramvaj; konjski tramvaj; *US* rudnička žična željeznica

trance [tra:ns] *s* trans, ekstaza, zanos
trance [tran:s] *vt poet* ushititi, zanijeti; dovesti koga u ekstazu (u trans)
tranquil [ˈtræŋkwil] *adj* (**~ly** *adv*) tih, miran; vedar, nepomućen, spokojan
tranquillity [træŋˈkwiliti] *s* mir, tišina, mirnoća, spokojstvo
tranquillization [ˌtræŋkwilaiˈzeiʃn] *s* utišavanje, umirenje, smirenje
tranquillize [ˈtræŋkwilaiz] *vt/i* umiriti se, utišati (se)
tranquillizer [ˈtræŋkwilaizə] *s* onaj koji umiruje (stišava, blaži); *pharm* trenkvilajzer
tranquillizing [ˈtræŋkwilaiziŋ] *adj* (**~ly** *adv*) koji umiruje (stišava, blaži)
transact [trænˈzækt] *vt/i* **I.** *vt com* **vršiti,** svršiti, odvijati, izvesti, zaključiti, utanačiti (*with*) **II.** *vi* dogovoriti se, pogađati se
transaction [trænˈzækʃən] *s* izvršavanje, odvijanje, provođenje, obavljanje, vršenje (posla, dužnosti itd.); *com* veći trgovački pothvat, transakcija; *jur* nagodba, poravnanje | **~s** *pl* izvještaji, radovi (znanstvenih društava); *com* **cash ~** posao uz gotov novac
transactor [trænˈzæktə] *s* ugovarač, posrednik
transalpine [ˌtrænzˈælpain] *adj* transalpinski, prekoalpski
transalpine [ˌtrænzˈælpain] *s* Transalpinac
transatlantic [ˌtrænzətˈlæntik] *adj* transatlanski, prekooceanski, prekomorski
transatlantic [ˌtrænzətˈlæntik] *s* Amerikanac
transceiver [trænˈsi:və] *s radio* primopredajnik
transcend [trænˈsend] *vt/i* **I.** *vt* prekoračiti, prijeći; nadmašiti, natkriliti **II.** *vi* isticati se, prelaziti obično iskustvo
transcendence [trænˈsendəns] *s* nadmoćnost, izvrsnost, uzvišenost; *phil* & *theol* transcendentnost
transcendency [trænˈsendənsi] *s* → **transcendence**
transcendent [trænˈsendənt] *adj* (**~ly** *adv*) izvrstan, izvanredan, uzvišen; pretežan, nadmoćan, viši; *phil* transcendentan
transcendental [ˌtrænsenˈdentl] *adj* (**~ly** *adv*) *phil* transcendentalan; *coll* neshvatljiv, nerazumljiv, nejasan, taman, opskuran, fantastičan, nadnaravan, mutan; *math* nealgebarski | **~ meditation** transcendentalna meditacija
transcendental [ˌtrænsenˈdentl] *s* transcendentalnost
transcendentalism [ˌtrænsenˈdentəlizm] *s* transcendentalna filozofija
transcendentalist [ˌtrænsenˈdentəlist] *s* sljedbenik transcendentalne filozofije
transcontinental [ˈtrænzˌkɔntiˈnentl] *adj rly* koji prelazi preko države (zemlje, kontinenta); transkontinentalan

transcribe [træns'kraib] *vt* prepisati; *radio* emitirati unaprijed snimljenu emisiju
transcriber [træns'kraibə] *s* prepisivač
transcript ['trænskript] *s* prijepis, kopija; izvod
transcription [træns'kripʃən] *s* prepisivanje; prijepis; transkripcija; *radio* snimljena emisija, emisija koja se emitira s vrpce
transcriptional [træns'kripʃənl] *adj* prepisan, kopiran
transcriptive [træns'kriptiv] *adj* → **transcriptional**
transducer [trænz'djuːsə] *s el* preobličivač
transect [træn'sekt] *vt* presjeći
transection [træn'sekʃən] *s* presijecanje, presjek
transept ['trænsept] *s arch eccl* poprečna lađa, križno krilo
transfer ['trænsfəː] *s* prenošenje, prijenos (*to* na); *jur* ustupanje, cesija komu (*to*), ustupnica (isprava); *mil* premještaj, prekomandovanje; *com* doznačivanje, slanje (novca); *print* otisak, snimak; prijelazna karta (na željeznici, tramvaju i dr.)
transfer [træns'fəː] *vt* prenijeti, prenositi (*from*... *to*, od... do, sa... na); *mil* premjestiti; *jur* ustupiti, prenijeti, predati, cedirati; doznačiti (novac); *print* prenijeti, prenositi (otisak, crtež)
transferability [træns,fəːrə'biliti] *s* prenosivost
transferable [træns'fəːrəbl] *adj* prenosiv, koji se može prenijeti (ustupiti, premjestiti)
transfer-book ['trænsfəːbuk] *s fin* knjiga u koju se bilježi prijenos vrijednosnih papira (ili zemljišne svojine)
transfer-company ['trænsfəː,kʌmpəni] *s* transportno poduzeće
transfer days ['trænsfəː,deiz] *s pl fin* dani prijenosa (kada Engleska narodna banka vrši prijenos vrijednosnih papira koji su upisani u njezinim knjigama)
transferee [,trænsfəː'riː] *s jur* cesionar, novi kupac, novi primalac; *com* indosatar
transference ['trænsfərəns] *s* prenošenje, prijenos
transferer [træns'fəːrə] *s* prenosilac, cedent, onaj koji ustupa
transfer fee ['trænsfəː'fiː] *s sport* prelaznina
transfer-line ['trænsfəːlain] *s* prijenosni uređaj (u automatizaciji)
transferor [,trænsfəː'rɔː] *s jur* prenosilac, cedent, onaj koji ustupa; *com* indosant
transfer-order ['trænsfəː,ɔːdə] *s com* isprava (nalog) za prijenos
transfer-paper ['trænsfəː,peipə] *s print* papir za prenošenje ili snimanje | *fin* **~s** *pl* prodani vrijednosni papiri koji još nisu upisani u knjigu dionica i obveznica
transfer-price ['trænsfəːprais] *s fin* dnevni tečaj (na burzi)
transfer-ticket ['trænsfəː,tikit] *s US* prijelazna karta (na tramvaju)
transfiguration [,trænsfigju'reiʃn] *s* promjena (ob)lika, preobražaj, preobraženje
transfigure [træns'figə] *vt* pretvoriti, preobraziti (koga, što)
transfigurement [træns'figəmənt] *s* preobraženje
transfix [træns'fiks] *vt* probosti, probušiti (*with* čime); *fig* (o boli) probadati; ukočiti, zapanjiti, slediti, paralizirati | **to be ~ed with** sav se ukočiti (ukrutiti) od čega
transfixion [træns'fikʃən] *s* probadanje; *med* vrsta amputacije
transform [træns'fɔːm] *vt* preobraziti, preinačiti, prepraviti, preobličiti, preudesiti; pretvoriti (*into* u); *el* pretvoriti, transformirati; *fig* preokrenuti, obratiti
transformable [træns'fɔːməbl] *adj* koji se može preobraziti (preinačiti, preobličiti, preudesiti); pretvoriti, transformirati
transformation [,trænsfə'meiʃn] *s* promjena oblika, preinaka; *phys* & *el* transformacija; *ling* transformacija; *zool* & *ent* metamorfoza; vlasulja, perika; *theat* promjena scene
transformational [,trænsfə'meiʃənl] *adj* transformacijski | *ling* **~ grammar** (generativna) transformacijska gramatika
transformative [træns'fɔːmətiv] *adj* koji pretvara (mijenja, preudešava, preinačuje, preobražava)
transformator [,trænsfə'meitə] *s el* transformator
transformer [træns'fɔːmə] *s* onaj koji preobličuje (preinačuje, preudešava); koji mijenja oblik, prizor itd.; *el* transformator
transfuse [træns'fjuːz] *vt* preliti, pretočiti tekućinu; *med* prenijeti, izvršiti transfuziju krvi, uštrcati; *fig* uliti komu (strah itd.); prožeti (*with* čim)
transfuser [træns'fjuːzə] *s* onaj koji prenosi (ulijeva, uštrcava, prožima)
transfusion [træns'fjuːʒn] *s* prelijevanje, pretakanje, prenošenje (& *fig*); *med* transfuzija krvi
transfusive [træns'fjuːziv] *adj* koji se prenosi; koji se uštrcava
transgress [træns'gres] *vt* **I.** *vt* prestupiti, prekršiti, povrijediti; prekoračiti (rok, termin) **II.** *vi* pogriješiti, zgriješiti, ogriješiti se o što
transgression [træns'greʃn] *s* prekoračenje; prestupak, prekršaj; povreda (zakona), pogreška; gaženje; *geol* presezanje sloja, naslage
transgressor [træns'gresə] *s* prekršitelj
tranship [træn'ʃip] *vt* → **trans-ship**
transhumance [træns'hjuːməns] *s* periodično putovanje (stada, čopora) u druga klimatska područja
transience ['trænziəns] *s* prolaznost
transiency ['trænziənsi] *s* → **transience**

transient [ˈtrænziənt] *adj* (**~ly** *adv*) prolazan, kratkotrajan, časovit, brz, prijelazan, koji je na prolazu | *US* **~ hotel** hotel za prolazne goste

transient [ˈtrænziənt] *s US coll* prolazan (privremen) gost ili stanar

transilient [trænˈsiliənt] *adj* koji prelazi iz jedne stvari ili stanja u drugo, koji preskakuje s jednoga na drugo; *geol* stijena jednoga geološkog sastava koja naglo prelazi u drugi

transilluminate [ˌtrænziˈljuːmineit] *vt med* naskroz osvijetliti

transillumination [ˈtrænziˌljuːmiˈneiʃn] *s med* osvjetljivanje rendgenskim zrakama

transire [trænˈzaiəri] *s GB* propusnica, carinarnička popratnica

transistor [trænˈzistə] *s* tranzistor

transistorize [trænˈzistəraiz] *vt* tranzistorizirati

transit [ˈtrænsit] *s* 1. prolaz; prolazak; tranzit; prijevoz (robe kroz zemlju); prijevozna trgovina, prijelazni promet; *astr* prolaženje nebeskog tijela kroz meridijan itd.; *fig* prolaz; prijelaz, prelaženje (*to*) | **in ~** na prolazu, u prijelazu, na putu, u tranzitu

transit [ˈtrænsit] *vt* prekoračiti, prijeći, prelaziti; *astr* prolaziti kroz

transit-circle [ˈtrænsitˌsəːkl] *s astr* meridijanski krug (teleskop)

transit-instrument [ˈtrænsitˌinstrumənt] *s astr* → **transit-circle**

transition [trænˈsiʒn] *s* prijelaz, prelaženje; prijelazno vrijeme, period prijelaza | **~ stage** prijelazni stadij

transitional [trænˈsiʒənl] *adj* (**~ly** *adv*) prijelazni, koji pokazuje prijelaz, koji tvori prijelaz | **~ period** prijelazni period

transitionary [trænˈsiʒənəri] *adj* → **transitional**

transitive [ˈtrænsitiv] *adj* (**~ly** *adv*) prijelazan

transitive [ˈtrænsitiv] *s gram* prijelazan glagol

transitiveness [ˈtrænsitivnis] *s gram* prijelaznost

transitoriness [ˈtrænsitərinis] *s* prolaznost

transitory [ˈtrænsitəri] *adj* (**transitorily** *adv*) prolazan, kratkotrajan

translatability [trænsˌleitəˈbiliti] *s* prevodivost

translatable [trænsˈleitəbl] *adj* prevodiv, koji se može prevesti

translate [trænsˈleit] *vt* prevesti, prevoditi (*from ... into*, sa ... na); tumačiti što; *eccl* premjestiti (biskupa) u drugu biskupiju; *bibl* prenijeti na nebo (bez smrti); *tech* pretvoriti, preraditi; otkucati ponovo telegram; *sl* skrpati (sklepati) što od starog materijala | **to ~ word for word** prevesti od riječi do riječi, doslovno prevesti; **to ~ onto film** adaptirati za film

translating [trænsˈleitiŋ] *adj* | **~ machine** prevodilački stroj

translation [trænsˈleiʃn] *s* prevođenje, prijevod, tumačenje čega; *eccl* premještaj (biskupa); *bibl* prenošenje na nebo (bez smrti); *tech* prerađivanje, pretvaranje; ponovno otkucavanje telegrama | **a word for word ~** doslovan prijevod

translational [trænsˈleiʃənl] *adj* prijevodni, *phys* koji se može prenositi, relejni

translator [trænsˈleitə] *s* prevodilac; tumač; prenosilac; prerađivač

transliterate [trænzˈlitəreit] *vt* prepisati nešto drugim pismenima, transkribirati

transliteration [ˌtrænzlitəˈreiʃn] *s* prepisivanje nečega drugim pismenima, transkribiranje

transliterator [trænzˈlitəreitə] *s* transliterator, prepisivač nečega drugim pismenima

translocate [ˈtrænzləkeit] *vt* premjestiti, prenijeti

translocation [ˌtrænzləˈkeiʃn] *s* premještanje, prenošenje

translucence [trænzˈluːsns] *s* providnost, nepotpuna prozirnost

translucency [trænzˈluːsnsi] *s* → **translucence**

translucent [trænzˈluːsnt] *adj* providan, napola proziran

transmarine [ˌtrænzməˈriːn] *adj* prekomorski

transmigrant [trænzˈmaigrənt] *adj* koji se seli

transmigrant [trænzˈmaigrənt] *s* stranac prolaznik; onaj koji je na proputovanju

transmigrate [ˌtrænzmaiˈgreit] *vi* iseliti se, preseliti se, odseliti se; (o dušama) seliti se

transmigration [ˌtrænzmaiˈgreiʃn] *s* seoba, seljenje | **~ of souls** seljenje duša

transmigrator [ˌtrænzmaiˈgreitə] *s* iseljenik, preseljenik

transmigratory [trænzˈmaigrətəri] *adj* koji se seli

transmissibility [trænzˌmisəˈbiliti] *s* prenosivost

transmissible [trænzˈmisəbl] *adj* prenosiv

transmission [trænzˈmiʃn] *s* 1. slanje, pošiljanje, otpremanje, otprema 2. prenošenje, prepuštanje; *biol* nasljeđivanje; *phys* širenje valova; *tech* transmisija, prenošenje (sile, energije); *radio* prijenos, emisija 3. *phil* predaja | *tech* **~ belt** pogonski remen, transmisija; *el* **~ line** dalekovod

transmit [trænzˈmit] *vt/i* **I.** *vt* 1. poslati, otpremiti; predati, isporučiti, dati 2. prenijeti, prenositi što (*to*, na); ostaviti komu što (u nasljedstvo) 3. saopćiti (dojam itd.) 4. *phys* propustiti (svjetlo), širiti (toplinu, elektricitet); *radio* prenositi **II.** *vi jur* (o imovini) biti nasljediv, nasljeđivati se

transmittal [trænzˈmitl] *s* → **transmission**

transmittance [trænz'mitəns] *s* → **transmission**
transmitter [trænz'mitə] *s* pošiljač, otpremač; *radio* odašiljač
transmogrification [ˌtrænzmɔgrifi'keiʃn] *s* potpuno mijenjanje oblika, preobraženje
transmogrify [trænz'mɔgrifai] *vt* pretvoriti, preobraziti
transmutability [trænzˌmju:tə'biliti] *s* pretvorljivost, promjenljivost, preobrazivost
transmutable [trænz'mju:təbl] *adj* (**transmutably** *adv)* koji se može pretvoriti (preobraziti, preinačiti, promijeniti)
transmutation [ˌtrænzmju:'teiʃn] *s* potpuna promjena, preinaka; *biol* transmutacija
transmutative [trænz'mju:tətiv] *adj* koji se može pretvoriti (promijeniti, preobraziti)
transmute [trænz'mju:t] *vt* pretvoriti, promijeniti, preobraziti (*into* u)
transmuter [trænz'mju:tə] *s* onaj koji pretvara (preobrazuje)
transoceanic ['trænzˌəuʃi'ænik] *adj* prekomorski, prekooceanski
transom ['trænsəm] *s* poprečna greda; *mar* krmenica; *archit* poprečnom gredicom razdijeljen prozor; *US* prozor nad vratima
transparence [træns'pɛərəns] *s* prozirnost; prozirna slika, natpis itd., transparent; *phot* dijapozitiv; slika na staklu ili porculanu
transparency [træns'pɛərənsi] *s* → **transparence**
transparent [træns'pɛərənt] *adj* (**~ly** *adv*) proziran, providan; *fig* proziran, očevidan; očit, očigledan; jasan, bistar; otvoren, pošten, častan
transpirable [træns'paiərəbl] *adj* koji se isparuje, koji se znoji
transpiration [trænspi'reiʃn] *s* isparivanje, znojenje
transpiratory [træns'paiərətəri] *adj* → **transpirable**
transpire [træns'paiə] *vt/i* **I.** *vt* isparivati, iznojavati **II.** *vi* isparivati se, znojiti se; *fig* pročuti se; *coll* dogoditi se, zbiti se
transplant [træns'pla:nt] *vt* presaditi, presađivati; premjestiti; prenijeti, preseliti (& *fig)*
transplantable [trans'pla:ntəbl] *adj* koji se može presaditi (prenijeti, premjestiti)
transplantation [ˌtrænspla:n'teiʃn] *s* presađivanje, presada; prenošenje, preseljivanje, premještanje
transplanter [træns'pla:ntə] *s* presađivač; *mech* naprava za presađivanje
transponder [træns'pɔndə] *s* *radio* transponder
transpontine [ˌtrænz'pɔntain] *adj* koji je s one strane mosta (*spec* u Londonu južno od rijeke Temze); *theat* jezovit, melodramatičan
transport ['trænspɔ:t] *s* prenošenje, prevoženje, prijevoz, transport; otprema, odašiljanje, slanje; otpremno sredstvo, transportni brod (za prijevoz vojske); osuđenik (robijaš) koji se deportira; ushit, strast, žar, zanos, oduševljenje | **in a ~ of rage** izvan sebe od bijesa; **to go into ~s of joy** biti izvan sebe od radosti; *GB* **~ café** restoran na auto-putu (*esp* za vozače kamiona)
transport [træns'pɔ:t] *vt* prenijeti, prenositi, transportirati, voziti, otpremati, prenositi, odnijeti; odvesti, deportirati, poslati (u zatočenje, u ropstvo itd.); *fig* jako zanijeti (oduševiti, uzbuditi, ushititi)
transportability [trænsˌpɔ:tə'biliti] *s* prenosivost, prevozivost, otpremivost
transportable [træns'pɔ:təbl] *adj* koji se može prenijeti (prenositi, transportirati, otpremiti, slati); koji se može premjestiti
transportation [ˌtrænspɔ:'teiʃn] *s* prenošenje, prevoženje, prijevoz, transport; otprema; premještanje, deportiranje, deportacija
transporter [træns'pɔ:tə] *s* otpremitelj; otpremnik, onaj koji prenosi (prevozi, odašilje, otprema); naprava za pretovarivanje (prekrcavanje)
transposal [træns'pəuzl] *s* premještanje, premještaj, prebacivanje
transpose [træns'pəuz] *vt* premjestiti, premetnuti; prebaciti; mijenjati; promijeniti red, položaj (riječi) u rečenici; *mus* transponirati
transposition [ˌtrænspə'ziʃn] *s* premještanje, premetanje, prebacivanje, prenošenje; *mus* transponiranje
transpositive [træns'pɔzitiv] *adj* koji se da premjestiti
transsexual [træns'seksjuəl] *s* *med* osoba koja je operacijom promijenila spol
trans-ship [træns'ʃip] *vt/i* **I.** *vt* *mar* & *rly* pretovariti, prekrcati robu **II.** *vi* prelaziti
trans-shipment [træns'ʃipmənt] *s* *mar* & *rly* pretovarivanje, prekrcavanje robe; prelaženje
transubstantiate [ˌtrænsəb'stænʃieit] *vt* *eccl* pretvarati kruh i vino u tijelo i krv Isusovu
transubstantiation ['trænsəbˌstænʃi'eiʃn] *s* *eccl* pretvaranje kruha i vina u tijelo i krv Isusovu
transudation [ˌtrænsju:'deiʃn] *s* izlučivanje (tekućina)
transudatory [træn'sju:dətəri] *adj* koji izlučuje
transude [træn'sju:d] *vi* izlučivati se, prokapljivati, prodirati skroz
transversal [trænz'və:sl] *adj* (**~ly** *adv*) poprečan, koji presijeca, koji ide poprijeko, transverzalan

transversal [trænz'vəːsl] *s math* transverzala, presječnica
transverse ['trænzvəːs] *adj* (**~ly** [trænz'vəːsli] *adv*) koji presijeca, poprečan, transverzalan, dijagonalan
transverse ['trænzvəːs] *s math* transverzala, presječnica; *anat* poprečan, transverzalan mišić
transvestism [træns'vestizm] *s med* transvestizam
transvestite [træns'vestait] *s med* transvestit
tranter ['træntə] *s dial* vozar; piljar, prodavač po kućama, kućarac
trap[1] [træp] *s* 1. zamka, klopka, klonja, stupica, gvožđa (& *fig*); mišolovka, zaklopna vrata u podu i dr.; smicalica, prijevara, lukavština 2. *tech* zaklopac, zalistak 3. laka kola na dva kotača 4. *sl* špicl, detektiv 5. *fig* raspor u suknu u obliku slova L | **rat ~** zamka za lovljenje štakora; *fig* škripac, stupica; **~s** *pl* vrsta ljestava koje se daju sklopiti i prenositi
trap[2] [træp] *s geol* eruptivno kamenje
trap[1] [træp] *vt/i* **I.** *vt* loviti u stupice (zamke); uhvatiti, uloviti, ukebati; *theat* snabdjeti zaklopnim vratima; postaviti stupice, zamke (u šumi, živici itd.); zapriječiti prodiranje plinova; zatvoriti odvodnu cijev klozeta prema ulici **II.** *vi* postaviti komu zamku, stupicu; biti lovac krznaša; (o pari) biti zaustavljena u cijevi; *fig* namamiti, zavarati
trap[2] [træp] *vt* (o konju) snabdjeti sjajnom opremom
trap-ball ['træpbɔːl] *s arch* vrsta loptanja
trap-cellar ['træpˌselə] *s* prostor ispod pozornice
trap-door [ˌtræp'dɔː] *s theat* zaklopna vrata; vrata u podu ili na krovu (kao izlaz za slučaj opasnosti); *min* vrata za ventilaciju; raspor u suknu u obliku slova L
trapes [treips] *s* & *vi* → **traipse**
trapeze [trə'piːz] *s sport* trapez
trapezium [trə'piːzjəm] *s math GB* trapez; *US* trapezoid; *anat* četvorokutna zapešćajna kost
trapezoid ['træpizɔid] *s math GB* trapezoid; *US* trapez
trapezoidal [ˌtræpi'zɔidl] *adj geom* trapezoidan
trapper ['træpə] lovac na krznaše zamkama; *min* rukovalac ventilatorom
trappings ['træpiŋz] *s pl* bogato ukrašena konjska orma; bogato ukrašen konjski pokrovac; *fig* ukras, nakit; sjaj, raskoš, pompa
Trappist ['træpist] *s eccl* trapist
trappy ['træpi] *adj coll* pun zamki; stupica; varav
traps [træps] *s pl coll GB* stvari, prtljaga
trapse [treips] *s* & *vi* → **traipse**
trap-shooting ['træpˌʃuːtiŋ] *s* gađanje glinenih golubova
trash [træʃ] *s collect pl* granje, grančice, okresine, otrebine, otpaci; *US* smeće; odbačena, loša roba (proizvod), škart; *lit* loše (bezvrijedno) književno djelo, kič; petljanje, brbljanje, besmislica, prazne riječi; *derog* novac, sitniš; nitkov, podlac | *US* **white ~** siromašno bijelo stanovništvo u južnim državama; pogače od prešanja šećerne trske
trash [træʃ] *vt* kresati lišće sa šećerne trske
trash-can ['træʃˌkæn] *s US* kanta za smeće
trash-house ['træʃhaus] *s US* spremište osušene požnjevene šećerne trske i otpadaka od istiještenog sladorovca
trash-ice ['træʃais] *s* komadići leda pomiješani s vodom
trashiness ['træʃinis] *s* bezvrijednost
trashy ['træʃi] *adj* (**trashily** *adv*) bezvrijedan, beskoristan; loš, rđav
trass [træs] *s geol* sedra, tuf
trauma ['trɔːmə] *s* (*pl* **traumata** ['trɔːmətə], **~s**) *Gr med* rana, povreda, ozljeda; duševni potres, šok
traumatic [trɔː'mætik] *adj* (**~ally** *adv*) traumatičan, prouzrokovan ozljedom | **~ neurosis** živčane smetnje prouzrokovane duševnim poremećenjem
travail ['træveil] *s arch* porođajni bolovi; trudovi; trud, muka
travail ['træveil] *vi arch* rađati; *med* porađati se, ležati u porodu; teško raditi, argatovati, mučiti se
travel ['trævl] *s* putovanje; *mech* kretanje, hod (stroja); hod, uzdizanje (klipa) | **~s** *pl* putovanja; putopisi, opisi putovanja; **~ agency** turistička agencija; **~ agent** turistički agent (agencija)
travel ['trævl] *vi/t* **I.** *vi* putovati, kretati se, voziti se; *com* putovati (poslovno); *fig* lutati, ići amo-tamo, pružati se, prostirati se; *scient* širiti se (o svjetlosti itd.); trčati, brzo se kretati, obilaziti; prevaliti (udaljenost, put)
travelator ['trævəleitə] *s* transportna traka za pješake
travelled ['trævld] *adj* koji je mnogo daleko putovao; iskusan
travel(l)er ['trævlə] *s* 1. putnik; *GB* trgovački putnik 2. stroj koji se kreće (npr. dizalica na tračnicama) | *sl* **to tip somebody the ~** pričati kome laži; *com* **~'s cheque** putni ček (koji se može unovčiti kod bilo koje bankovne veze banke koja ga je izdala); *bot* **~'s joy** pavit (*Clematis Vitalba*); **~'s tale** drsko izmišljena priča; očigledna laž
travelling ['trævliŋ] *s* putovanje
travelling ['trævliŋ] *adj* koji putuje, putni, pokretan, koji obilazi | *US* **~ salesman** trgovački putnik

travelogue ['trævəlɔg] *s* ilustriran putopis; filmski putopis

travel-sickness ['trævəl,siknis] *s* mučnina od vožnje

traverse ['trævəs] *s* 1. traverza, poprečna greda, prag itd.; *mil fort* traverza, poprečan bedem, zaštita, zaklon od bočne vatre; *arch* okretanje topova u smjeru gađanja; poprečan jaz, brana 2. prelaženje poprijeko, poprečni prijelaz 3. *mar* poprečna, cik-cak crta (broda) 4. *tech* kretanje u stranu (dijela stroja); *fig* smetnja, zapreka, neprilika, nezgoda, pomrsivanje; *jur* pravni prigovor, nijekanje tvrdnje (navoda) o činjeničnom stanju

traverse ['trævəs] *adj* poprečan, kos, transverzalan, unakrstan

traverse ['trævəs] *vt/i* **I.** *vt* 1. ukrstiti, skrstiti, metnuti unakrst 2. proputovati, prijeći, proći, prelaziti poprijeko; prolaziti, protjecati; *fig* razmotriti, istražiti, raspraviti što 3. osujetiti, pomrsiti (planove); *jur* prigovoriti, nijekati, pobijati, osporavati što; *mil* okrenuti, naperiti u stranu prema meti (top); *tech* strugati (blanjati) poprijeko **II.** *vi* 1. ići poprijeko, ići tamo-amo, ići gore-dolje 2. *tech* okretati se 3. *fencing* ispasti u stranu; prijeći prijeko

traverser ['trævəsə] *s* onaj koji (ono što) prelazi; *jur* onaj koji niječe (prigovara, protivi se, pobija); *rly* okretnica, premosnica, pokretna skretnica; *theat* pokretna pozornica

travesty ['trævisti] *s* travestija; karikatura, sprdačina

travesty ['trævisti] *vt* travestirati, učiniti smiješnim, šaljivim; izopačiti; karikirati

trawl [trɔːl] *s* mreža potegača

trawl [trɔːl] *vt/i* **I.** *vt* 1. povlačiti, vući; loviti, hvatati u mreži potegači (ribe) **II.** *vi* loviti potegačom

trawl-boat ['trɔːlbəut] *s* → **trawler**

trawler ['trɔːlə] *s* 1. ribar koji lovi potegačom, kočar; brod s kojega se lovi potegačom, koča

trawl-line ['trɔːllain] *s* parangal (za ribolov)

trawl-net ['trɔːlnet] *s* → **trawl**

tray [trei] *s* pladanj, plitica, taca; umetak (kofera); *tech* zaštitna naprava sprijeda na tramvaju

treacherous ['tretʃərəs] *adj* (**~ly** *adv*) izdajnički, nevjeran; varav, lažan, perfidan; podmukao (o psu); *fig* varljiv, lažan; nesiguran (led); nepouzdan (pamćenje)

treacherousness ['tretʃərəsnis] *s* izdajništvo; nevjernost, lažnost, perfidnost, podmuklost; varavost, nepouzdanost

treachery ['tretʃəri] *s* izdaja, izdajstvo, nevjera, perfidija, podmuklost

treacle ['triːkl] *s GB* vrsta sirupa, šećerni sok, melasa; *fig* laskanje, ulagivanje, umiljavanje

treacly ['triːkli] *adj* koji je poput sirupa; koji je sladak i ljepljiv; *fig* meden, sladunjav

tread [tred] *s* korak, hod; *ornith* gaženje, parenje; gornja površina stepenice; papuča (na kočiji itd.); podnožnjak, podnožnik (na kotaču itd.), donji dio đona; razmak između pedala bicikla; klica, sjeme (jajeta)

tread [tred] *vi/t* (*pret* trod, trode; *pp* trodden) **I.** *vi* 1. stupati; koracati; ići, gaziti, tabati 2. *ornith* gaziti se, pariti se **II.** *vt* 1. tlačiti, gaziti, ići (putem); krčiti, utirati put; plesati (ples); stati, stupiti (na što), zgaziti, pogaziti, zgnječiti, zdrobiti, smrviti 2. pariti, gaziti (o pticama i peradi) | **to ~ on a p's corns (toes)** očepiti; *fig* stati nekom na žulj, povrijediti nekoga; **to ~ on the heels of** slijediti u stopu, ići čijim stopama; **to ~ on air** biti zanesen radošću, lebdjeti u oblacima; **to ~ (as) on eggs** nastupati oprezno (taktično); **to ~ the boards** otići u glumce; **to ~ underfoot** pogaziti, smrviti, uništiti; **to ~ water** održavati se na površini (»gazeći« vodu); *fig* **to ~ in the footsteps** ići čijim stopama; **to ~ a measure** plesati ples; *fig* **to ~ lightly** nastupati oprezno (taktično); **to ~ on the neck of** smrviti, zgaziti; **to ~ warily** oprezno postupati

tread down ['tred'daun] *vt* gaziti, pogaziti, zgnječiti, zdrobiti, smrviti

tread in ['tred'in] *vi* utisnuti stopalom (u zemlju itd.)

tread out ['tred'aut] *vt* (o vatri) ugasiti gaženjem; izgaziti (grožđe); (o žitu) vršiti gaženjem; *fig* uništiti, ugušiti (ustanak itd.)

tread-board ['tredbɔːd] *s tech* nastupna površina, papuča (na kolima i dr.)

treader ['tredə] *s* gazilac

treadle ['tredl] *s tech* poluga, podnožnik, podnožnjak, pedal

treadle ['tredl] *vi* tjerati, staviti u pogon gazeći na pedal i sl.

treadmill ['tredmil] *s* naprava (primitivan stroj) koja se tjera gaženjem kotača; *fig* monoton rad

tread-wheel ['tredwiːl] *s* kotač koji se pokreće gaženjem

treason ['triːzn] *s* izdaja, izdajstvo, nevjera | **high ~** veleizdaja

treasonable ['triːznəbl] *adj* (**treasonably** *adv*) izdajnički, izdajni

treason-felony ['triːzn,feləni] *s jur* veleizdaja

treasonous ['triːznəs] *adj* → **treasonable**

treasure ['treʒə] *s* 1. blago; dragulji; novac 2. *pl* bogatstvo 3. *fig* blago, dragocjenost; rijetkost; riznica 4. zlato, srce, duša od čovjeka; vrlo dragocjena (vrijedna) osoba | *collect* **art ~s** vrijedna umjetnička djela; **my ~** moje zlato, moje blago, srce moje

treasure ['treʒə] *vt* čuvati, sačuvati (*up*); kupiti, sabirati, gomilati (blago itd.); sačuvati u pamćenju, sjećanju (čije riječi, poglede itd.); cijeniti

treasure-house ['treʒəhaus] *s* blagajna, riznica

treasurer ['treʒərə] *s* blagajnik, rizničar

treasurership ['treʒərəʃip] *s* služba blagajnika, rizničara

treasure-trove ['treʒətrəuv] *s* nađeno blago (bez gospodara)

treasury ['treʒəri] *s* riznica, državna riznica, blago; *fig* knjiga, osoba itd. smatrana kao riznica znanja, uputa, pjesama; antologija | **Board of T~** britansko ministarstvo financija; **Lords of the T~** povjerenici britanskog ministarstva financija; **T~ Bill** mjenica (uputnica) na državnu blagajnu; **T~ Department** ministarstvo financija SAD; **Secretary of the T~** ministar financija SAD; *GB parl* **T~ bench** ministarska klupa u Donjem domu; **~ note** novčanica koju je izdala državna riznica

treat [triːt] *s* čašćenje, gozba; spolni užitak; izlet; *fig* veselje, slavlje, velik užitak | **Dutch ~** izlet, gozba i dr. pri čemu svatko plaća sebi; **school ~** školski piknik; **it is my ~** ja plaćam; **to stand a ~** častiti, plaćati za druge

treat [triːt] *vt/i* **I.** *vt* tretirati, postupati s kim; vladati se prema komu 2. liječiti (bolest, bolesnika); *chem* obraditi, obrađivati (*with* čim) 3. raspravljati o čemu; tretirati, smatrati (*as* kao, za); gostiti, častiti (*to* čim) **II.** *vi* 1. pogađati se, ugovarati (*about* o; *with* sa) 2. rukovati (*of* čim); raspravljati, govoriti, pisati (*of* o); | **to ~ oneself to** častiti se čim; **to ~ a p to a th** častiti koga čim; **she ~ed my words as a joke** ona je moje riječi okrenula u šalu

treatable ['triːtəbl] *adj* povodljiv, popustljiv, krotak, blag

treater ['triːtə] *s* onaj koji gosti (časti); onaj koji postupa s kim; onaj koji raspravlja (piše) o čemu; onaj koji se pogađa, ugovarač

treatise ['triːtiz] *s* rasprava, monografija

treatment ['triːtmənt] *s* postupak, postupanje; tretman; liječenje; raspravljanje; *chem* obrađivanje

treaty ['triːti] *s* pregovaranje, pregovor; ugovaranje, ugovor; raspravljanje | **to be in ~ with (for)** pregovarati, ugovarati s kim; **~ port** ugovorna luka u kojoj je pripadnicima ugovornih država slobodno trgovanje; **peace ~** mirovni ugovor; **commercial ~** trgovinski ugovor; **to sell by private ~** prodati ispod ruke; **to conclude a ~** sklopiti ugovor; **to break a ~** prekršiti ugovor

treble ['trebl] *s* trostrukost; *mus* sopran, diskant

treble ['trebl] *adj* (**trebly** *adv*) trostruk, trokratan; *mus* sopranski, diskantski, oštar, visok | *math* **~ figures** troznamenkasti brojevi; *mus* **~ clef** violinski ključ

treble ['trebl] *vt/i* utrostručiti (se)

tree [triː] *s* stablo, drvo; *bibl* križ, krst; *tech* deblo | **family ~** rodoslovlje; *bibl* **the ~ of knowledge** drvo spoznaje; **up a ~** u škripcu, u stisci, u bezizlaznu položaju; **at the top of the ~** na najvišem položaju u svom zvanju; **~ calf** fina teleća koža za uvezivanje knjiga s likovima poput stabla; **as the ~ is, so is the fruit** jabuka ne pada daleko od stabla; *fig* **one cannot see the wood for the ~s** ne može se razabrati šuma od drveća; **boot ~** kalup za čizme; *mar* **cross ~s** poprečni krstac; **~ of bearing age** rodno stablo

tree [triː] *vt* natjerati na drvo (životinju u bijegu); navući (nategnuti) na kalup; *fig & fam* utjerati u škripac (nepriliku)

tree-creeper ['triːˌkriːpə] *s ornith* puzavac (*Certhia familiaris*)

tree-diagram ['triː'daiəgræm] *s ling* dijagram hijerarhije strukture

tree-fern ['triːfəːn] *s bot* drvolika paprat (*Cyatheaceae*)

tree-frog ['triːfrɔg] *s fam* gatalinka (žaba)

treeless ['triːlis] *adj* bez stabla, gol

tree-lined ['triːlaind] *adj* zasađen (obrubljen) drvećem, koji ima drvored

tree-milk ['triːmilk] *s* vrsta soka od grma koji se na Ceylonu upotrebljava umjesto mlijeka

tree-nail ['triːneil] *s mar* klin od tvrda drva za pričvršćivanje platnica

tree-surgery ['triːˌsəːdʒəri] *s* liječenje (saniranje) drveća

trefoil ['trefɔil] *s bot* djetelina; list djeteline; trolist (ukras)

trek [trek] *s* putovanje, seljenje (kolima s volovskom zapregom)

trek [trek] *vi* (u južnoj Africi) (o volu) vući kola, vući teret; putovati volovskim kolima; seliti se; polagano se kretati; *sl* kidnuti, strugnuti

trekker ['trekə] *s* onaj koji putuje, koji se seli (kolima s volovskom zapregom)

trellis ['trelis] *s* rešetka (drvena, željezna, od žice); sjenica (od rešetke); špalir (za biljke)

trellis ['trelis] *vt* ograditi rešetkom (od letava itd.); *hort* uzgajati u špaliru

trellis-work ['treliswəːk] *s* nešto načinjeno od letvica (rešetaka)

tremble ['trembl] *s* drhtanje, drhat | **to be all of a ~** drhtati (tresti se) cijelim tijelom

tremble ['trembl] *vi* drhtati, trzati se, tresti se, strepiti (*at, from, with* od); *fig* trepetati, treperiti, lepršati; *fig* pribojavati se, plašiti se, strepiti, uznemiriti se, drhtati (*at, to* od, pri) | *fig* **to ~ in the balance** visiti, biti u neizvjesnosti, kolebati se; **to ~ to think** drhtati pri pomisli; **to ~ for someone** strepiti za koga

trembler ['tremblə] *s el* samoprekidač; električno zvonce

trembling ['trembliŋ] *adj* koji dršće, drhtav

trembling ['trembliŋ] *s* drhtanje, drhat | **in fear and ~** u strahu i trepetu; **~ grass** treslica (*Spiraea filipendula*); **~ poplar** jasika (*Populus tremula*)

trembly ['trembli] *adj* koji dršće, drhtav

tremendous [tri'mendəs] *adj* (**~ly** *adv*) strašan, strahovit, užasan; *coll* golem, ogroman, silan, grdan, kolosalan

tremendousness [tri'mendəsnis] *s* golemost

tremolant ['tremələnt] *s* cijev orgulja kojoj zvuk podrhtava, tremolira ili vibrira

tremolant ['tremələnt] *adj* koji ima drhtav, tremolirajući ili vibrirajući zvuk

tremolo ['tremələu] *s It mus* tremolo

tremor ['tremə] *s* drhtanje, drhtaj, trzaj, trešnja, trepet, izliv (radosti, straha itd.), napadaj, uzbuđenje, strah, strepnja

tremulous ['tremjuləs] *adj* (**~ly** *adv*) koji dršće, treperi; plašljiv; koji se koleba

tremulousness ['tremjuləsnis] *s* drhtanje, treptanje; plašljivost; kolebanje

trench [trentʃ] *s* jarak, brazda, prokop; jama, opkop; *mil* rov | *mil* **to search the ~es** bombardirati rovove šrapnelom i dr.; **to mount the ~es** nastupiti smjenu, smjestiti se u rovovima

trench [trentʃ] *vt/i* **I.** *vt* 1. rezati, odrezati, urezati; *agr* kopati, prekopati, iskopati; brazdama (jarcima) izbrazdati; riljati, okopati, rigolati 2. *mil* utvrditi rovovima; *fig* izbrazdati, namrštiti **II.** *vi* (is)kopati jarke, prokope; *mil* iskopati, podići (rovove); *fig* graničiti, približavati se; ići naprijed, nastaviti, krčiti sebi put kopanjem itd. (*down, along*); dirati u, pačati se u, oštetiti, okrnjiti čija prava, posezati za čijim pravima itd. (*upon*)

trenchancy ['trentʃənsi] *s fig* oštrina, strogost, odsječnost, reskost

trenchant ['trentʃənt] *adj* (**~ly** *adv*) *poet* oštar, koji siječe, prodoran; *fig* (o stilu, jeziku, politici itd.) oštar, bridak, koji siječe; prodoran, rezak, odlučan, jak, snažan

trench-coat ['trentʃkəut] *s* vojnička kišna kabanica; trenčkot

trencher[1] ['trentʃə] *s mil* opkopar; rovokopač

trencher[2] ['trentʃə] *s* daska, pladanj na kojem se reže meso (kruh); *fig* stol, hrana, košta; *arch* jestvine, jelo

trencherman ['trentʃəmən] *s* izjelica, izješa, proždrljivac, žderonja

trench-foot ['trentʃfut] *s mil med* bolest stopala zadobivena u rovovima

trench-mortar ['trentʃ,mɔːtə] *s mil* minobacač

trend [trend] *s* kosi smjer; nagib; *fig* opća sklonost, tendencija, nastojanje; tok, tijek, trend

trend [trend] *vi* imati određen smjer; pružati se, prostirati se, protezati se; ići nekim smjerom; *fig* naginjati čemu, težiti prema čemu, imati opću tendenciju, biti osobito usmjeren (*towards* itd.)

trending ['trendiŋ] *s* kosi smjer (obale)

trend-setter ['trend,setə] *s* monden, modni arbitar, uvoditelj modnih i sl. novina

trendy ['trendi] *adj coll GB* mondeni, pomodni, modni

trental ['trentl] *s eccl* trideset misa za pokojnike; pristojba za takve mise; *arch* tužaljka, pogrebna pjesma

trepan [tri'pæn] *s med* trepan, sprava za bušenje lubanje; *min* rudarska bušilica

trepan[1] [tri'pæn] *vt med* bušiti lubanju, trepanirati

trepan[2] [tri'pæn] *vt* uhvatiti u zamku, u svoje mreže; uloviti, ukebati; zavesti; zavarati, nadmudriti

trepang [tri'pæŋ] *s zool* trp, morski krastavac; *cul* sušeni (dimljeni) trp

trephine [tri'fiːn] *s surg* mali ili ručni trepan

trephine [tri'fiːn] *vt* bušiti ručnim trepanom

trepidation [,trepi'deiʃn] *s* uznemirenost, uzbuđenje, uzrujanost; *med* drhtanje udova, tremor, npr. kod paralize; oscilacija, vibracija

trespass ['trespəs] *s* prestupak, ogrešenje, grijeh; bespravno, neovlašteno stupanje (na zemljište, u prostorije i dr.); *fig* povreda, uvreda; vrijeđanje, prekršivanje; bespravno, protuzakonito presezanje, zahvaćanje, prisvajanje tuđeg (*on, upon*); uzimanje, zloupotreba

trespass ['trespəs] *vi* ogriješiti se, zgriješiti, griješiti (*against* komu); *jur* prisvojiti sebi nezakonito tuđe vlasništvo; smetati, krnjiti, narušiti tuđi posjed (*on, upon*); zloupotrebljavati | *fig* **to ~ on one's preserves** miješati se, upletati se, pačati se u tuđe stvari; **to ~ upon a p's good nature** zloupotrebljavati čiju dobrotu, strpljivost

trespasser ['trespəsə] *s* prekršitelj; grešnik, onaj koji sebi neovlašteno, bespravno prisvaja tuđu zemlju, koji neovlašteno stupa na tuđe zemljište i dr. | **~s will be prosecuted** neovlaštenima pristup zabranjen pod prijetnjom globe

tress [tres] *s* uvojak, kovrčica, pletenica; vitica | **~es** *pl* pletenica, gusta kosa

tress [tres] *vt* plesti (kosu); podvezati, sabrati

tressed [trest] *adj* pleten, kovrčast, kudrav
tressure [ˈtreʃə] *s* vrpca, traka; mreža; ukras za kosu; *her* rub
tressy [ˈtresi] *adj* ukrašen, urešen pletenicama, viticama
trestle [ˈtresl] *s* postolje, nogari; stalak; kozlić, skele | **~s** *pl* noge, nogari, nogači; skele, potporanj
trestle bridge [ˈtreslbridʒ] *s* most na nogarima, brv
trestle-work [ˈtreslwəːk] *s* skele od greda kao potporanj mosta ili vijadukta, napose za željeznicu
tret [tret] *s com* popust, odbitak, odobrenje, nadoknada, refakcija (za oštećenu robu, taru, manjak i dr.)
trews [truːz] *s pl GB* uske hlače s kockastim škotskim uzorkom
trey [trei] *s* trojka, trica (u kartama, u dominu)
triable [ˈtraiəbl] *adj jur* koji se može uzeti u pretres, ustanoviti, ispitati, dokazati; (o osobama) koji se može pozvati pred sud, koji se može tužiti, suditi
triad [ˈtraiəd] *s* trojstvo; trijada; *mus* trozvuk; *chem* trovalentan element
trial [ˈtraiəl] *s* 1. pokušaj, pokus, proba 2. iskušenje; kušnja, jad, briga, nevolja 3. *jur* sudska istraga, sudski postupak, proces, glavna rasprava, optužba | **to make the ~** napraviti pokus; **to put to (on) ~** staviti na probu, iskušavati; **~ trip** pokusna vožnja, pokusno putovanje (broda); **to make a ~ of** pokušati, ogledati se, okušati se u čemu; **to put on one's ~, to bring to one's ~** izvesti pred sud, podići protiv koga optužbu; **to be on ~, to stand on ~** biti pod optužbom; **by way of ~** pokusno, za pokus, radi pokusa
trial-balance [ˈtraiəlˌbæləns] *s com* pokusna (sirova) bilanca
trial-order [ˈtraiəlˌɔːdə] *s com* pokusna narudžba
trial-run [ˈtraiəlrʌn] *s* pokusni pogon (proizvodnja); *theat* pokusna predstava
trial trip [ˈtraiəltrip] *s* pokusna vožnja
triangle [ˈtraiæŋgl] *s geom* trokut; *mus* triangl; *mil hist* tronog za koji su vezali vojnike kad su ih bičevali
triangular [traiˈæŋgjulə] *adj* (**~ly** *adv*) trokutan, trobridan, trostran; *fig* koji obuhvaća tri osobe ili stranke
triangularity [traiˌæŋgjuˈlæriti] *s* trokutnost, trokutni oblik
triangulate [traiˈæŋgjuleit] *vt* učiniti trokutnim, razdijeliti u trokute, triangulirati, mjeriti trigonometrijski
triangulation [traiˌæŋgjuˈleiʃn] *s* triangulacija, trigonometrijska mreža
trias [ˈtraiəs] *s geol* trijas, trijaska formacija
triassic [traiˈæsik] *adj geol* trijaski
triaxial [traiˈæksiəl] *adj* troosovinski
tribal [ˈtraibl] *adj* (**~ly** *adv*) plemenski, rodovni
tribalism [ˈtraibəlizm] *s* plemensko (rodovsko) uređenje, plemenski život, plemenska organizacija (društvo)
tribe [traib] *s* pleme, rod
tribesman [ˈtraibzmən] *s* član plemena suplemenik
triblet [ˈtriblit] *s tech* trn, razvrtač
tribrach [ˈtribræk] *s GR pros* tribrah, stopa od tri kratka sloga
tribrachic [triˈbrækik] *adj Gr pros* koji se sastoji od tri kratke stope
tribulation [ˌtribjuˈleiʃn] *s* jad, nevolja, muka, patnja
tribunal [traiˈbjuːnl] *s* sud, sudište; *rhet* & *fig* tribunal, sud
tribunary [ˈtribjunəri] *adj* tribunski
tribunate [ˈtribjunit] *s Rom hist* tribunstvo, tribunat
tribune[1] [ˈtribjuːn] *s Rom hist* tribun; *fig* javni pobornik, zaštitnik, vođa; demagog | **~ of the people** pučki tribun; **military ~** ratni tribun
tribune[2] [ˈtribjuːn] *s eccl* biskupski prijestol; galerija; govornica
tribuneship [ˈtribjuːnʃip] *s* tribunstvo, tribunat
tribunicial [ˌtribjuːˈniʃl] *adj* tribunski, pučki, popularni, narodni
tribunician [ˌtribjuːˈniʃən] *adj* → **tribunicial**
tributariness [ˈtribjutərinis] *s* dužnost plaćanja danka, podložnost
tributary [ˈtribjutəri] *adj* (**tributarily** *adv*) koji je dužan (obvezan) plaćati danak; koji je podvrgnut nametu, porezu; *fig* pomoćni; koji prinosi, sudjeluje (*to*); (o rijeci) koji pritječe, utječe
tributary [ˈtribjutəri] *s* pritok; onaj koji mora plaćati danak; *fig* onaj koji pomaže
tribute [ˈtribjuːt] *s* danak, porez, carina; *fig* danak, dug; *min* nagrada u rudi (ili odgovarajućoj vrijednosti u novcu) plaćena rudaru za njegov rad | *hist* **to lay under ~** podvrći plaćanju danka, obavezati na plaćanje danka; **to pay a ~ to** plaćati danak komu; iskazati komu čast, štovanje
tribute-work [ˈtribjuːtwəːk] *s min* rad koji se nagrađuje prema količini izrađene rude (u rudi ili odgovarajućoj vrijednosti u novcu)
tricar [ˈtraikaː] *s mot GB* motorna trokolica
trice [trais] *s* čas, tren, trenutak | **in a ~** u tren oka
triceps [ˈtraiseps] *s anat* troglavi mišić
trichina [triˈkainə] *s* (*pl* **trichinae** [triˈkainiː]) *med* trihina, trakavica, glista
trichinosis [ˌtrikiˈnəusis] *s med* glistavost, trihinoza
trichloride [traiˈklɔːraid] *s chem* triklorid

trichome [ˈtraikəum] *s bot* dobivanje dlaka (ljusaka), dlakavljenje
trichord [ˈtraikɔːd] *s mus* instrument s tri žice
trichotomy [traiˈkɔtəmi] *s* dijeljenje na tri dijela (*esp* ljudske naravi, na tijelo, dušu i duh); trojnost
trichromatic [ˌtraikrəuˈmætik] *adj phot & print* trobojni, trikromatičan
trick [trik] *s* 1. lukavština, mudrolija, doskočica, smicalica 2. vještina, majstorija, vragolija 3. navika, svojstvo, osobitost, značajka, karakteristika, manira (stila) 4. šala, ludorija, budalaština 5. štih (u kartanju) 6. *mar* dužnost, smjena na kormilu (većinom dvosatna) | *sl* **to do the ~** dobiti, polučiti, postići cilj, svrhu; ispuniti namisao, nakanu; **to take up the ~** dobiti štih (u kartanju); **to play a dirty ~ on** napakostiti komu, nasamariti koga, grdno se našaliti s kim; **the ~s of the trade** naročite poslovne smicalice, doskočice; **the whole bag of ~s** čitava vreća (koš) smicalica, doskočica; **none of your ~s with me** tvoje majstorije (mudrolije) ne pale kod mene; **to be up to a p's ~s** prozreti čije smicalice, biti dorastao čijim smicalicama; *sl* **how's ~s?** kako je?
trick [trik] *vt/i* **I.** *vt* prevariti, nasaditi, opsjeniti, smotati koga (*out of* za što), navesti, zavesti koga (*into doing* da učini); (o stvari) pokvariti; prevariti, pomrsiti čije račune, iznenaditi **II.** *vi* šaliti se, zbijati šalu, titrati se (*with* s kim) | *US* **~ or treat** riječi kojima djeca, obilazeći kuće u predvečerje Svisvetih, traže nagradu (slatkiše i sl.)
trick out [ˈtrikˈaut] *vt* uresiti, nakititi, ukrasiti (*in*)
trick up [ˈtrikˈʌp] *vt* → **trick out**
tricker [ˈtrikə] *s* varalica, lupež
trickery [ˈtrikəri] *s* lukavština, lupeštvo, lopovština, varanje, prijevara
trickily [ˈtrikili] *adv* prepredeno; nepouzdano; zamršeno (→ **tricky**)
trickiness [ˈtrikinis] *s* prepredenost; nepouzdanost; zamršenost
trickish [ˈtrikiʃ] *adj* (**~ly** *adv*) varav, prijevaran, lažan, lukav, prepreden, himben, licemjeran, podmukao; težak, škakljiv
trickle [ˈtrikl] *s* kapanje, rominjanje
trickle [ˈtrikl] *vi/t* **I.** *vi* kapati, prokapljivati, curiti, teći (*down, along* niz; *out* iz); sipiti, rominjati, žuboriti, žamoriti (o potoku, kiši itd.) **II.** *vt* nakapati (kapljice); *golf* lagano kotrljati (loptu)
trickle-charge [ˈtriklˌtʃaːdʒ] *s el* trajno punjenje (akumulatora)
trickle-charger [ˈtriklˈtʃaːdʒə] *s el* ispravljač za trajno punjenje
trickster [ˈtrikstə] *s* → **tricker**
tricksy [ˈtriksi] *adj* lijep, krasan, pristao, ljepuškast, ljubak, mio, čist, nestašan, obijestan, veseo, šaljiv; lukav, prepreden, podmukao, himben, licemjeran
tricky [ˈtriki] *adj* (**trickily** *adv*) spletkarski, smutljiv, lukav, prepreden, vragolast; nepouzdan, sumnjiv; (o stvarima) zamršen, zapleten, zapetljan, vraški; *fam* škakljiv
tricolour (tricolor) [ˈtrikələ] *s* trobojnica, trikolora
tricoloured [ˈtraiˌkʌləd] *adj* trobojni, trikolorni
tricot [ˈtriːkəu] *s Fr* triko (materijal i odjevni predmet)
tricycle [ˈtraisikl] *s* tricikl, trokolica
tricycle [ˈtraisikl] *vi/t* **I.** *vi* voziti se na triciklu **II.** *vt* voziti tricikl
tricyclist [ˈtraisiklist] *s* vozač na triciklu
trident [ˈtraidənt] *s* trozubac; osti (ribarske)
tridimensional [ˌtraidiˈmenʃənl] *adj* trodimenzionalan
tried [traid] *pret & pp* od **try**
tried [traid] *adj* okušan, vjeran, pouzdan | **old and ~** vrlo iskusan
triennial [traiˈenjəl] *adj* (**~ly** *adv*) trogodišnji, koji traje tri godine, koji se zbiva ili mijenja svake tri godine
triennial [traiˈenjəl] *s* trogodišnjica; *eccl* misa koja se čita za pokojnika svaki dan tokom tri godine
trier [ˈtraiə] *s* iskušavač, ispitivač; *jur* istražni sudac
trierarch [ˈtraiəraːk] *s Gr hist* zapovjednik trireme (lađe s tri reda vesala)
trierarchy [ˈtraiəraːki] *s Gr hist* 1. služba, dužnost trijerarha 2. dužnost atenskoga građanina da opremi triremu za javne potrebe
trifle [ˈtraifl] *s* sitnica, malenkost, trica, tričarija; *fig* mrvica, komadić; *GB cul* biskvit preliven kremom od jaja, likerom, voćem i sl. | **a ~ too long** malko predug
trifle [ˈtraifl] *vi/t* **I.** *vi* igrati se, šaliti se s kim (*with*) (& *fig*); praviti lakrdije, obješenjaštva **II.** *vt* provoditi vrijeme u šali, igri, tričarijama, u neradu; prodangubiti | **to ~ one's money on** spiskati svoj novac na što; **I did but ~** samo sam se šalio, zbijao sam šalu; **he is not a man to ~ with** s njim nema šale
trifle away [ˈtraifləˈwei] *vt* rasipati, uludo tratiti na što (vrijeme, novac itd.)
trifle through [ˈtraiflˈθruː] *vi* prodangubiti, provesti vrijeme u neradu
trifler [ˈtraiflə] *s* besposličar, besposličarka, šaljivdžija, vragolan, površan, plitak, neozbiljan čovjek
trifling [ˈtraifliŋ] *adj* (**~ly** *adv*) koji se igra (šali), sitan, malen, neznatan, tričav, nevažan, nevrijedan
trifoliate [traiˈfəuliit] *adj bot* trolistan

trifolium [traiˈfəuljəm] *s Lat bot* djetelina
triforium [traiˈfɔːriəm] *s* (*pl* **triforia** [traiˈfɔːriə]) *Lat eccl* galerija iznad srednje lađe crkve koja počiva na stupovima, triforij
trifurcate [traiˈfəːkeit] *vt/i* dijeliti (se), cijepati (se), račvati (se) utroje, na tri dijela
trifurcate [traiˈfəːkit] *adj* trostruk, trodijelan, račvan natroje
trig [trig] *adj* lijep, pristao, uredan, čist, kićen, snažan, jak; zdrav, čvrst, siguran, vjeran, pouzdan
trig [trig] *vt dial* iskititi (*up, out*); zapaočiti kotač, kola (kolcem, kamenom i dr.); poduprijeti (*up*)
trig [trig] *s* paočanica, cokla, vlačuga
trig [trig] *s coll* trigonometrija
trigamist [ˈtrigəmist] *s* triput oženjena (udata) osoba
trigamous [ˈtrigəməs] *adj* triput oženjen, triput udata; *bot* trospolni
trigamy [ˈtrigəmi] *s* trigamija
trigeminus [traiˈdʒeminəs] *s anat* trigeminus (živac)
trigger [ˈtrigə] *s* otponac, obarač, okidač (puške i dr.); paočanica, papuča
trigger-happy [ˈtrigəˌhæpi] *adj* brz na pucanje, koji se odmah laća oružja
triglyph [ˈtraiglif] *s arch hist* triglif, troreska (dio dorskog stupa)
trigon [ˈtraigən] *s* trokut
trigonal [ˈtraigənəl] *adj* (~**ly** *adv*) *math* trokutan; *bot* trosrh
trigonometric [ˌtrigənəˈmetrik] *adj* (~**ally** *adv*) trigonometrijski
trigonometry [ˌtrigəˈnɔmitri] *s* trigonometrija
trigonous [ˈtrigənəs] *adj* trokutan, trouglast
trike [traik] *s coll* tricikl
trike [traik] *vt coll* voziti, tjerati tricikl
trilateral [ˌtraiˈlætərəl] *adj* trostran, trilateralni
trilby [ˈtrilbi] *s GB* običan šešir, borsalino | *sl* **trilbies** *pl* stopala
trilingual [ˌtraiˈliŋgwəl] *adj* trojezičan
trill [tril] *s mus* triler, treperenje (zvuka, glasa); *phon* konsonant koji se izgovara trilerom (napose »r«)
trill [tril] *vi/t* **I.** *vi* trilirati, tresti, treperiti (glasom, zvukom), ćurlikati **II.** *vt* (o pjesmi) pjevati tresući, trepereći, trilirajući, ćurličući glasom; *phon* izgovarati (konsonant »r«) trilirajući
trilling[1] [ˈtriliŋ] *s mus* treperenje, podrhtavanje glasa, triliranje
trilling[2] [ˈtriliŋ] *s* trojče (jedno od trojaka)
trillion [ˈtriljən] *s GB* trilijun; *US* bilijun
trilogy [ˈtrilədʒi] *s* trilogija
trim [trim] *s* 1. red, stanje, stupanj (pripravnosti, prikladnosti, urednosti itd.) 2. raspoloženje, stanje (duševno, tjelesno) 3. *mar* opremljenost, naoružanost, pripravnost, spremnost, zgodan, pravilan položaj (jarbola, jedara) prema vjetru, uravnoteženost, pravilan raspored (tereta itd.) 4. odijelo; ures, nakit; oprema; sjaj | **in good** ~ dobro opremljen (osobito *mar*), zdrav, dobre volje, raspoložen; **out of** ~ neuredan, u neredu; *mar* **in fighting** ~ spreman za borbu (& *fig*); **to be in sailing** ~ biti spreman za plovidbu; ~ **of the hold** pravilan razmještaj tereta u brodskom skladištu
trim [trim] *vt/i* **I.** *vt* 1. urediti, spremiti, namjestiti, udesiti; snabdjeti, opremiti; oblačiti, zaodjenuti (*with*); nakititi, uresiti, ukrasiti (*up*) 2. opšiti, porubiti, optočiti (šešir, odjeću itd.) (*with* čime); podrezati, ostrići, podstrići (kosu, bradu) (*off, away*); kopuniti (pijetla); obrezati (nokte); okresati, privezati (drveće, živicu) 3. češljati, urediti (kosu, bradu) 4. poticati, podjariti (vatru i sl.); prirezati, useknuti (stijenj); urediti, očistiti (svjetiljku) 5. otesati (građu) 6. *mar* složiti, dobro smjestiti (teret, tovar itd.), natovariti brod kako treba, uravnotežiti brod 7. *mar* praćati jedra prema vjetru; *mil* naperiti, nanišaniti top 8. *coll* ukoriti, prigovarati; izlemati, izmlatiti; izbatinati; potući, poraziti 9. *sl* zakinuti, prevariti (*out of* za što) 10. *arch* opremiti **II.** *vi fig* tražiti ravnotežu, kolebati se; *pol* prilagoditi se, naći (održati) srednji kurs, lavirati | **to** ~ **a p's jacket** batinati, isprašiti komu tur; *fig* **to** ~ **one's sails to every wind** okretati kabanicu prema vjetru; **to** ~ **the shore** ploviti, plivati sasvim uz obalu (brod, ribe); **to** ~ **with the times** ići ukorak s vremenom
trim [trim] *adj* (~**ly** *adv*) uredan, čist, lijep, prikladan, pristao, ugodan, spretan
trimaran [ˈtraiməræn] *s* (čamac) trotrupac
trimester [traiˈmestə] *s* tromjesečje; *univ* trimestar
trimeter [ˈtrimitə] *s pros* trimetar
trimmer [ˈtrimə] *s* 1. onaj koji redi (opravlja, udešava); čistač, čistačica 2. kitničar, kitničarka, modistica; porubljivačica 3. obrezivač; *tech* naprava za obrezivanje (kresanje, čišćenje) 4. *mar* onaj koji slaže ugljen, teret na brodu; naprava koja vrši taj posao; 5. *pol* prevrtljivac, oportunist
trimming [ˈtrimiŋ] *s* 1. ređenje, čišćenje; kresanje, prirezivanje; dotjerivanje, dovršavanje; kićenje, ukrašivanje 2. obrub, pošav, opšav; porub, gajtan, pervaz; ukras, nakit 3. *pl* otpaci, okresine; gajtani, pervazi; porubi; pribor (za odijelo) 4. *cul* prilog, prismok, garnirung (uz jelo) 5. prevrtljivost 6. *mar* (pravilan razmještaj tereta) u brodsko skladište
trimness [ˈtrimnis] *s* dotjeranost, kićenost; čistoća, urednost, red, ljepota
trimonthly [traiˈmʌnθli] *adj* tromjesečni
trim-tank [ˈtrimtæŋk] *s mar* balastni tank

trinal [trainl] *adj* trostruk
trine [train] *adj* trostruk, trojni, koji je načinjen od tri dijela
trine [train] *s* skupina od tri, troje; trojstvo; *spec* Sveto trojstvo; *astrol* trojni aspekt
tringle [ˈtriŋgl] *s* motka za pričvršćenje zastora; *archit* vijenac (na stropu)
trinitarian [ˌtriniˈtɛəriən] *s* onaj koji vjeruje u Trojstvo; *eccl* član reda Svetog trojstva
trinitarianism [ˌtriniˈtɛəriənizm] *s* doktrina o Svetom trojstvu, trinitarizam
trinitrotoluene [traiˌnaitrəuˈtɔljuiːn] *s chem* trinitrotoluol, trotil, TNT
trinity [ˈtriniti] *s* trojstvo; (*T*~) prva nedjelja poslije Duhova | **the T~** Sveto trojstvo; *GB* **T~ House** britansko udruženje pilota i svjetioničara
trinket [ˈtriŋkit] *s* nakit, ures, ukras | **~s** *pl* nakit; *fig* tričarije, sitničarije, drangulije
trinomial [traiˈnəumjəl] *adj* troimen, tročlan, trinomski
trinomial [traiˈnəumjəl] *s math* trinom, tročlani izraz
trinominal [traiˈnɔminəl] *adj* → **trinomial**
trio [ˈtriːəu] *s mus* trio; *fig* trolist (ljudi)
triode [ˈtraiəud] *s el* trioda
triole [ˈtriːəul] *s* → **triplet** *mus*
triolet [ˈtriːəlit] *s pros* pjesmica od osam stihova s rimama
trip [trip] *s* 1. *coll* putovanje 2. brz, hitar, okretan korak, cupkanje, tapkanje, sitno koračanje, poskakivanje, skakutanje 3. spoticanje, zapletanje, posrtanje, omicanje, podmetanje noge, obaranje 4. pogrešan korak, posrtaj (& *fig*); zabluda, pogreška 5. (o ribama) lovina, ulov (u vožnji) 6. *sl* trans (*esp* halucinantan) izazvan drogom | *sl* **bad ~** trans izazvan drogom s lošim (ili fatalnim) zdravstvenim posljedicama
trip [trip] *vi/t* **I.** *vi* **1.** poigravati, cupkati, tapkati; sitno ići, koračati; skakutati, poskakivati 2. spotaći se, posrnuti, okliznuti se, omaći se (*over* o što) 3. (u govoru) prepletati, zamuckivati, vrskati jezikom; izlanuti se; *fig* varati se, prevariti se; pogriješiti 4. poći na put, izlet **II.** *vt* oboriti koga; podmetnuti nogu; *fig* upropastiti, uništiti koga; *mar* dići sidro, osujetiti, uništiti, pokvariti, pomrsiti (čije planove, namjere)
trip up [ˈtripˈʌp] *vi/t* **I.** *vi* spotaknuti se o što **II.** *vt* podmetnuti kome nogu, učiniti da tko padne; oboriti; osujetiti, uništiti; uhvatiti, zateći koga u pogrešci (u govoru ili na djelu)
tripartite [ˌtraiˈpaːtait] *adj* (**~ly** *adv*) tripartitan, trodijelan, trostruk; izvršen, zaključen od trojice | **~ treaty** tripartitni ugovor
tripartition [ˌtripaːˈtiʃn] *s* dioba na tri dijela
tripe [traip] *s* burag (preživača); tripe, fileci (kao hrana); *sl* bilo što bezvrijedno, tričarija; loša roba, izmet, smeće, škart; *fig* zbrka; *coll* besmislica, koještarija | *vulg* **~s** *pl* drob, utroba
tripedal [ˌtraiˈpiːdl] *adj* tronožan, tronog
tripery [ˈtraipəri] *s* trg gdje se prodaju tripe, fileci
triphase [ˈtraifeiz] *adj el* trofazan | **~ current** trofazna struja
triphibious [traiˈfibiəs] *adj* koji se odvija na kopnu, moru i u zraku
triphthong [ˈtrifθɔŋ] *s phon* troglas, triftong
triplane [ˈtraiplein] *s aero* trokrilac
triple [ˈtripl] *adj* (**triply** *adv*) trostruk, trokratan | *mus* **~ time** tročetvrtinski takt
triple [ˈtripl] *vt/i* utrostručiti (se), potrostručiti (se), utrojiti (se)
triplet [ˈtriplit] *s* tri stvari ili tri osobe iste vrste; trojica, troje; *fig* trolist, trio; *mus* triola; *coll* jedno od trojaka; *pros* triplet, tri stiha s istim srokom | **~s** *pl* trojci
triplex [ˈtripleks] *adj* trostruk
triplex [ˈtripleks] *s mus* trojni takt
triplicate [ˈtriplikət] *adj* trokratan, načinjen u tri jednaka primjerka | **~ copy** jedan od triju jednakih primjeraka
triplicate [ˈtriplikət] *s* triplikat, dokument, isprava itd. sastavljen, napisan, izdan treći put | **~s** *pl* treći primjerak, tri ista primjerka (dokumenta, dopisa itd.); **~ of a bill of exchange** treći primjerak mjenice; tertia mjenica
triplicate [ˈtriplikeit] *vt* potrostručiti; izraditi, sastaviti, napisati što u tri primjerka
triplication [ˌtripliˈkeiʃn] *s* potrostručenje, triplika
triplicity [triˈplisiti] *s* trostrukost
triply [ˈtripli] *adv* trostruko; trokratno
tripod [ˈtraipɔd] *s* tronog, tronožac; tronožno postolje
tripos [ˈtraipɔs] *s GB univ* popis kandidata koji su položili ispit; ispit na sveučilištu u Cambridgeu
tripper [ˈtripə] *s* plesač, plesačica; onaj koji skakuće (cupka); onaj koji se spotakne, omakne, posrne, pogriješi (& *fig*); *GB* izletnik, turist
tripping [ˈtripiŋ] *adj* (**~ly** *adv*) koji skakuće (cupka, đipa); koji se spotiče; brz, živahan, okretan, žustar; *fig* lak, koji leprša; koji griješi, koji je skrenuo s pravog puta
tripping [ˈtripiŋ] *s el* okidanje | *el* **~ impulse** okidni impuls
triptych [ˈtriptik] *s* triptih
trip wire [ˈtripwaiə] *s* žica koja aktivira zamku (minu), potezni upaljač
trireme [ˈtrairiːm] *s Gr hist* trijera, trirema
trisect [traiˈsekt] *vt* dijeliti što na tri (jednaka) dijela

trisection [trai'sekʃən] *s* dijeljenje čega na tri jednaka dijela

tristful ['tristful] *adj arch* tužan, žalostan

trisyllabic [ˌtraisi'læbik] *adj* (**~ally** *adv*) *gram* trosložan

trisyllable [ˌtrai'siləbl] *s gram* trosložna riječ

trite [trait] *adj* (**~ly** *adv*) otrcan, običan, svakodnevan, svakidašnji, plitak (izraz, citat itd.)

triteness ['traitnis] *s* otrcanost, običnost, svakidašnjost, plitkost

Triton ['traitn] *s Gr myth* Triton, bog morskih dubina; *zool* trubljača (puž); *zool* vodenjak | *fig* **a ~ among the minnows** div među patuljcima

triturate ['tritjuəreit] *vt* stucati, smrviti, samljeti, satrti, smrskati

trituration [ˌtritjuə'reiʃn] *s* mrvljenje, mljevenje, tucanje

triumph ['traiəmf] *s* pobjeda, slavlje, trijumf, sjajan uspjeh; osjećaj pobjede, radost zbog pobjede, likovanje; tekovina

triumph ['traiəmf] *vi* slaviti pobjedu; pobijediti; trijumfirati, doživjeti uspjeh; veseliti se, likovati | **to ~ over** veseliti se, radovati se, klicati od veselja nad pobijeđenim; likovati, nadvladati, pobijediti, biti nadmoćniji

triumphal [trai'ʌmfl] *adj* (**~ly** *adv*) pobjednički | **~ arch** slavoluk; **~ procession** trijumfalna povorka

triumphant [trai'ʌmfənt] *adj* (**~ly** *adv*) pobjednički, pobjedonosan, koji kliče od veselja (trijumfira)

triumpher ['traiəmfə] *s* pobjednik, slavljenik

triumvir [tri'umvə] *s* (*pl* **~s, triumviri** [tri'umviriː]) *Rom hist* trijumvir

triumvirate [trai'ʌmvirət] *s* trijumvirat, trovlađe

triune ['traijuːn] *adj* trojedini

triunity [trai'juːniti] *s* trojedinstvo, trojstvo

trivalent ['traiveilənt] *adj chem* trovalentan

trivet ['trivit] *s* tronog, tronožac | *coll* **right as a ~** sve u redu, sve ispravno

trivial ['triviəl] *adj* (**~ly** *adv*) običan, prost, svakidašnji, otrcan; neznatan, beznačajan, sitan, malen; ništav, bijedan, jadan, trivijalan, plitak, jeftin, nevrijedan; *bot & zool* (o imenima) pučki, narodni | **the ~ round** svakidašnjost, životna rutina

triviality [ˌtrivi'æliti] *s* trivijalnost, svakidašnjost, otrcanost, beznačajnost, plitkost, neduhovitost, prostota, neznatnost; ništavost, sporednost, uzgrednost

trivialize ['triviəlaiz] *vt* učiniti što trivijalnim

trivium ['triviəm] *s hist* (u srednjovjekovnim školama) prve tri slobodne umjetnosti: gramatika, govorništvo i logika

tri-weekly [ˌtrai'wiːkli] *adj* trotjedni, koji izlazi (ili se ponavlja) svaka tri tjedna ili triput u tjednu

tri-weekly [ˌtrai'wiːkli] *adv* triput u tjednu, svaka tri tjedna

trizonal [trai'zəunl] *adj* trozonski; (u Zap. Njemačkoj 1945—49) okupacijski

trochaic [trəu'keiik] *adj pros* trohejski

trochaic [trəu'keiik] *s pros* trohejski stih

troche [trəuʃ] *s pharm* okrugla pilulica, pastila

trochee ['trəukiː] *s pros* trohej

trochoid ['trəukɔid] *adj anat* koji se vrti oko svoje osi; koji je u obliku kotača; (o školjci) koja je poput zvrka

trod [trɔd] *pret* od **tread**

trodden ['trɔdn] *pp* od **tread**

troglodyte ['trɔglədait] *s* troglodit; spiljski čovjek; *fig* pustinjak, osamljenik, osamljen stanovnik

troglodytic [ˌtrɔglə'ditik] *adj* trogloditski

Trojan ['trəudʒən] *adj* trojanski

Trojan ['trəudʒən] *s Gr hist* Trojanac, Trojanka; *fig* hrabar, smion, srčan, odvažan, izdržljiv čovjek | **like a ~** vrlo hrabar, smion

troll[1] [trəul] *s* pjesma pjevana redom, pjesma koja se obređuje; umjetna meka; uzica prutila s udicom i umjetnom mekom

troll[2] [trəul] *s* nadnaravno, vrhunaravno biće, div ili prijateljski, ali zloban patuljak u skandinavskoj mitologiji; vukodlak

troll [trəul] *vt/i* **I.** *vt* koturati, kotrljati, valjati (loptu i sl.), slati nešto da ide unaokolo, da kola (*about*); pjevati (pjesmu) redom, obredati (pjesmu) **II.** *vi* koturati se, kotrljati se, valjati se, brzo se kretati; (*for*) pecati prutilom; loviti ribu na blinker

trolley (trolly) ['trɔli] *s* kolica koja se mogu izvrnuti da se istrese teret; kolica piljara, povrćara, jabučara; *GB* stolić za serviranje; *min* vagončić, kolica; *GB rly* drezina, kontaktna (s)provodna motka (na tramvaju, trolejbusu); *US* tramvajska kola

trolley-bus ['trɔlibʌs] *s GB* trolejbus

trolley-car ['trɔlikaː] *s US* tramvajska kola

trolley-lace ['trɔlileis] *s* čipka kojoj je uzorak obrubljen debljim koncem

trolley-pole ['trɔlipəul] *s* kontaktna motka kod električnih vozila

trolley-table ['trɔliˌteibl] *s GB* stolić za serviranje

trolley-track ['trɔlitræk] *s* tramvajska pruga

trolling-rod ['trəuliŋrɔd] *s* pecaljka, prutilo, udilo, štap za pecanje

trollop ['trɔləp] *s* bludnica, drolja, prostitutka, flundra, pokvareno (tromo, nečisto, neuredno) žensko čeljade

trollopish ['trɔləpiʃ] *adj* neuredan, nečist, flundrast, trom
trollopy ['trɔləpi] *adj* → **trollopish**
tromba ['trɔmbə] *s It mus* trublja
trombone ['trɔmbəun] *s mus* trombon, pozauna
trombonist [trɔm'bəunist] *s* trombonist
tromometer [trə'mɔmitə] *s* sprava za mjerenje lakih potresa
trompe-l'œil [trɔmp'lʌiː] *s Fr* optička varka
troop [truːp] *s* mnoštvo, gomila, jato, čopor, krdo, roj; *mil* eskadron, vod konjice | *mil* ~**s** *pl* znak bubnjem za polazak, za marš; čete, trupe, vojska, vojnici; *US* **to get one's** ~ biti promaknut u čin kapetana
troop [truːp] *vi/t* skupljati se, okupiti se, sjatiti se; stupati u redu, ići u četama, marširati, hrliti (& *fig*)
troop off ['truːp'ɔf] *vi* otići, krenuti, odmarširati
troop out ['truːp'aut] *vi* otići (krenuti) kamo, izaći, izmarširati
troop-carrier ['truːpˌkæriə] *s* brod (avion) za prijevoz trupa
trooper ['truːpə] *s* konjanik, kavalerist; konjanički konj; brod koji prevozi vojsku; *US* pripadnik policije pojedine države SAD | **he swears like a** ~ kune kao kočijaš
troop-horse ['truːphɔːs] *s* konjički konj
trooping ['truːpiŋ] *s* okupljanje (prolaženje) u četama; polaženje, hrljenje | *GB mil* ~ **the colour** vojna parada (počast zastavi)
troop-plane ['truːpplein] *s* avion za prijevoz trupa, transportni avion
troop-ship ['truːpʃip] *s* brod za prijevoz trupa, transportni brod
tropaeolum [trɔ'piːələm] *s bot* dragoljub
trope [trəup] *s rhet* trop; izraz u prenesenom (slikovitom) značenju; *eccl* izraz ili stih uveden u misu kao ukras
trophic ['trɔfik] *adj biol* prehrambeni
trophied ['trəufid] *adj* ukrašen, iskićen trofejima
trophy ['trəufi] *s* trofej, ratni plijen; znak pobjede; spomenik pobjede; oružje kao ukras; *archit* ukras poput trofeja; plijen; spomen; nagrada; *fig* tekovina
tropic ['trɔpik] *s astr* & *geog* obratnik, obratnica | ~**s** *pl* tropski predjeli, žarki pojas, tropi; ~ **of Cancer** rakova obratnica; ~ **of Capricorn** jarčeva obratnica
tropic ['trɔpik] *adj* tropski, žarki
tropical ['trɔpikl] *adj* (~**ly** *adv*) 1. tropski, žarki; *fig* vatren, žarki 2. *pros* koji se odnosi na trop, metaforičan, figurativan, slikovit
tropicalize ['trɔpikəlaiz] *vt* zaštititi od tropske klime
tropological [ˌtrɔpə'lɔdʒikl] *adj* (~**ly** *adv*) slikovit, metaforičan, figurativan
tropology [trɔ'pɔlədʒi] *s* slikovit način izražavanja, figurativna upotreba riječi; *bibl* slikovito tumačenje (*esp* Svetog pisma)
tropopause ['trɔpəpɔːz] *s* granica između troposfere i stratosfere
troposphere ['trɔpəsfiə] *s* troposfera
troppo ['trɔpəu] *adv mus* suviše
trot [trɔt] *s* kas (konja); kasanje, klipsanje; *fam* djetešce koje se gega; *derog* stara baba; *US school sl* zabranjen prijevod klasika i slično nedopušteno pomagalo; *coll* proljev | *coll* **on the** ~ na nogama, u kretanju, u pogonu, u poslu; *coll* **to keep one on the** ~ ne dati komu mira, napastovati, gnjaviti; *coll* **to go for a** ~ izaći u šetnju
trot [trɔt] *vi/t* **I.** *vi* (o konjima) kasati; (o osobama) jahati kasom, kasati, trčati, ići kasom; klipsati; ići pješice **II.** *vt* tjerati kasom, projahati kasom | **to** ~ **one off his legs** natjerivati koga do iznemoglosti; **to** ~ **a p round a place** voditi koga po gradu, mjestu i dr.
trot along ['trɔtə'lɔŋ] *vi* brzo poći, otići
trot out ['trɔt'aut] *vi* (o konju) izvesti konja, pokazati ga u kasu; *fig fam* izvesti, predstaviti (osobu, stvar itd.) da se izazove divljenje; iznijeti (argumente, dokaze); učiniti koga smiješnim; izustiti, izreći, izlanuti
troth [trəuθ] *s* vjernost, vjera, privrženost, odanost; istina, istinitost; zadana riječ ili obećanje | **by (upon, in) my** ~ vjere mi, uistinu; **to pledge one's** ~ zadati riječ, priseći vječnu vjernost; **to plight one's** ~ zaručiti se, vjeriti se
Trotskyism ['trɔtskiizəm] *s pol* trockizam
Trotskyist ['trɔtskiist] *adj pol* trockistički
Trotskyite ['trɔtskiait] *s pol* trockist
trotter ['trɔtə] *s* kasač konj; *pl* noge životinja kao jelo; *sl hum* noga
trottie ['trɔti] *s* djetešce, malo dijete
trotting ['trɔtiŋ] *s* kasanje
trottoir ['trɔtwaː] *s Fr* pločnik, trotoar
trotty ['trɔti] *adj* nježan, mio i malen
troubadour ['truːbəˌduə] *s Fr* trubadur
trouble ['trʌbl] *s* 1. briga; jad, jed, patnja, bol, muka; tuga; nevolja, nesreća, zlo 2. bolest, tegoba, mana, pogreška, nedostatak, slaba strana; *fam* trud, teškoća 3. dosađivanje, uznemirivanje; teret, muka (*to* komu); smetanje, neugodnost, neprilika, nezgoda; nemir; *fig* teškoća, nezgodna strana, muka 4. *tech* smetnja, kvar, defekt (stroja) 5. *pol* nemir, pobuna | **in** ~ u neprilici, u stisci, u nevolji; **the** ~ **is** nezgoda je u tome; **it is no** ~ nije teško, nije muka učiniti; **to be out of one's** ~**s** osloboditi se briga, izići iz neprilike; **to make** ~ praviti teškoće; **to take** ~ truditi se, nastojati (*over* oko); *sl* **ask for** ~, **look for** ~ izazivati teškoće (nesreću); **to get a p into** ~ dovesti koga u nezgodan položaj (u nevolju); **to get a girl**

into ~ napraviti dijete; **to give a p the ~, to put a p to the ~** prouzrokovati kome trud (brigu), uznemirivati; **to stir up ~** podjarivati nemir; **I don't want to be a ~ to you** ne bih vas htio uznemirivati

trouble ['trʌbl] *vt/i* **I.** *vt* 1. (tekućinu) uzmutiti, uzburkati, uskomešati; (vodu) zamutiti 2. zbuniti, uznemirivati, zaplašiti; zabrinuti koga 3. mučiti, patiti, snaći, zadesiti 4. dosađivati, uznemirivati; smetati; dovesti koga u neugodan položaj **II.** *vi* uzbuditi se, uznemirivati se, mučiti se, patiti se (*about* zbog čega); potruditi se | **~d waters** zapleten (zamršen) položaj, mutne okolnosti; **to ~ oneself** brinuti se za što, truditi se oko čega; **may I ~ you for the salt?** smijem li vas (za)moliti da mi dodate sol?; **to ~ one's head about a th** razbijati glavu zbog čega; **my teeth ~ me very much** zubi me jako bole; **to fish in ~ed waters** loviti u mutnom; **history does not ~ me at all** povijest mi ne zadaje nikakvih teškoća

trouble-maker ['trʌbl,meikə] *s* izazivač nereda; buntovnik

trouble-man ['trʌblmæn] *s* → **trouble-shooter**

troubler ['trʌblə] *s* mutivoda, nemirnjak

trouble-shooter ['trʌbl,ʃuːtə] *s* radio-aparat za otkrivanje smetnja; stručnjak za otklanjanje kvarova; *pol* posrednik u političkim pregovorima

troublesome ['trʌblsəm] *adj* (**~ly** *adv*) koji uznemiruje (smeta); tegoban, mučan, neugodan, mrzak, trudan, zamoran, mučan (posao), dosadan, nezgodan, nemiran, bučan, buran, koji uzbuđuje (uzrujava)

troublesomeness ['trʌblsəmnis] *s* neugodnost, mučnost, odbojnost, sekantnost

troublous ['trʌbləs] *adj arch* nemiran, koji uzbuđuje (uzrujava)

trough [trɔf] *s* korito, naćve, valov, mala kada; žlijeb, jarak, jaz (mlina); *meteor* područje niskog tlaka | **the ~ of the sea** korito, dolac morskog vala (između dva vala)

trough-line ['trɔflain] *s meteor* linija najnižeg tlaka u ciklonskom području

trounce [trauns] *vt* izmlatiti, izbiti, izlemati, kazniti (*for* zbog); *fig* zamjerati, kritizirati, izgrditi, izbrisati koga

troupe [truːp] *s Fr theat* glumačka družina

trouper ['truːpə] *s* član glumačke družine | **good ~** dobar radnik; dobar kolega

trouser-clip ['trauzəklip] *s* štipaljka za hlače (biciklista)

trousered ['trauzəd] *adj* koji nosi hlače, odjeven u hlače

trousering ['trauzəriŋ] *s* tkanina za hlače

trousers ['trauzəz] *s pl* hlače

trouser-suit ['trauzəsjuːt] *s* ženski kostim s hlačama

trousseau ['truːsəu] *s Fr* oprema (nevjeste), darovi

trout [traut] *s ichth* pastrva

trout [traut] *vi* pecati, loviti pastrvu

troutlet ['trautlit] *s* pastrvica

troutling ['trautliŋ] *s* → **troutlet**

trouty ['trauti] *adj* koji je poput pastrve

trove [trəuv] *adj* | **treasure ~** nađeno blago

trover ['trəuvə] *s jur* (neovlašteno) prisvajanje

trow [trəu] *vt arch* vjerovati, misliti, držati

trowel ['trauəl] *s* zidarska žlica (lopatica), mistrija; *hort* lopatica za vađenje biljaka | *fig* **to lay it on with a ~** pretjerivati, jako laskati

trowel ['trauəl] *vt* žbukati, mistrijom uravnati (ugladiti)

troy [trɔi] *s* (od francuskog grada Troyes) | **~ weight** trojski uteg, mjera težine za zlato, srebro i dragulje

truancy ['truːənsi] *s* besposlenost, besposlica, besposličenje, dokoličenje, danguba, izostajanje s obuke, iz škole, zabušavanje

truant ['truːənt] *s* besposličar, lijenčina, danguba, zabušant, onaj koji izbiva iz škole, »markirant« | **to play ~** ne ići u školu, izbivati s obuke, »markirati«; zanemarivati svoju dužnost

truant ['truːənt] *adj* (**~ly** *adv*) koji besposliči, koji dangubi, koji zapušta svoje dužnosti, koji ne ide u školu, »markirantski«, koji zabušava, lijen, trom

truant ['truːənt] *vi* bazati, skitati se, dangubiti, besposličiti, ljenčariti; ne ići u školu, »markirati«, zabušavati

truce [truːs] *s* primirje; počinak, odmor | *arch* **a ~ to** neka to prestane, neka bude tome kraj, sad je dosta toga; *hist* **the ~ of God** Božji mir; **flag of ~** bijela zastava

trucial ['truːsjəl] *adj* vezan primirjem

truck[1] [trʌk] *s* razmjena, trgovanje, trampa (*with* s kim, *for* za što); trgovina, promet; *coll* sitne, kućne potrepštine; **trice** i kučine, otpaci, starež; *fig* **besmislica**, glupost; *US* povrće; plaćanje radnika u robi | **to have no ~ with** nemati posla s kim; **~ system** sistem plaćanja radnika u proizvodima, u robi umjesto u novcu

truck[2] [trʌk] *s* kola, kolica; *GB* otvoreni vagon; *US* kamion; *US* povrće za veleprodaju

truck [trʌk] *vi/t* trgovati razmjenom, mijenjati, trampiti; trgovati, pazariti, cincariti; torbariti, piljariti; sitničariti; platiti nagradu u robi radniku, kopaču | **to ~ for a th with a p** trampiti se s kim za što

truck [trʌk] *vt* natovariti, utovariti; prevoziti, prenositi; otpremati (otpravljati) robu kamionom, teretnim vagonom

truckage [ˈtrʌkidʒ] *s* 1. prijevoz, otprema, pošiljanje robe kamionom, teretnjakom, željezničkim teretnim vagonom 2. pristojba za prijevoz kamionom, vozarina
trucker [ˈtrʌkə] *s US* vozač kamiona; vlasnik otpremništva kamionima; *US* uzgajač povrća za tržište
truck-farm [ˈtrʌkfaːm] *s US* farma za uzgoj povrća
trucking[1] [ˈtrʌkiŋ] *s* prijevoz, otprema robe kamionima; otpremništvo koje prevozi robu kamionima
trucking[2] [ˈtrʌkiŋ] *s* 1. *US* uzgajanje povrća za tržište 2. trampa
truckle [ˈtrʌkl] *s* koturić, kotačić, malen valjak
truckle [ˈtrʌkl] *vi/t* **I.** *vi* 1. poniziti se; puzati, grbiti se (*to* pred kim) 2. micati se na valjcima, kotrljati se **II.** *vt* kotrljati, micati (na valjcima)
truckle-bed [ˈtrʌklbed] *s GB* (pomoćni) krevet na kotačićima
truckler [ˈtrʌklə] *s* puzavac, ulizica, čankoliz
truck-load [ˈtrʌkləud] *s* pun kamion, vagon (kao količina)
truculence [ˈtrʌkjuləns] *s* divljaštvo, grozota, zvjerstvo, okrutnost, surovost
truculent [ˈtrʌkjulənt] *adj* (**~ly** *adv*) divlji, grozan, strašan, zvjerski, okrutan, surov
truck-rent [ˈtrʌkrent] *s com* & *rly* vagonska ležarina
trudge [trʌdʒ] *s* težak (mučan) dug hod ili put
trudge [trʌdʒ] *vi/t* **I.** *vi* vući se, teško ići, teškom mukom koracati **II.** *vt* mukom propješačiti, proći pješice, proputovati
trudgen [ˈtrʌdʒən] *s sport* slobodni stil u plivanju (sprint)
true [truː] *adj* 1. vjeran, pouzdan, odan; čestit, pošten, iskren, istinoljubiv, postojan, savjestan 2. istinit, istinski; zbiljski 3. pravi, vjeran (prijepis, glas i dr.); točan, propisan (težina, vrijeme); ravan, uravnjen, gladak (zemlja, tlo); dobar, uredan, ispravan 4. *jur* zakonit 5. *tech* točan, pravilan (položaj); uravnotežen | **to come ~** obistiniti se, potvrditi se; ispuniti se (snovi); **~ as steel** vjeran kao zlato; *jur* **a ~ bill** pravilna osnovna optužnica potvrđena od porote; **~ to oneself** vjeran (dosljedan) sam sebi; **~ to type** tipičan; **it is ~** istina je; istina, istinabog, doduše, dabome, svakako; **~, he is an artist** on je doduše umjetnik; **~ to** u skladu sa; **to go ~** točno ići (sat); **~ heir** zakoniti nasljednik; **~ to life** vjeran, točan, jednak originalu; **the same is ~ of** isto vrijedi i za
true [truː] *adv* 1. istinito 2. zbilja!, doista!, zaista!
true [truː] *vt* 1. *tech* točno, ispravno, dobro izvesti, učiniti 2. centrirati (kotač i sl.)
true-blue [ˈtruːbluː] *adj* 1. koji je prave modre boje; koji ne gubi boju, koji ne blijedi 2. postojan, vjeran, odan, stalan, pouzdan
true-blue [ˈtruːbluː] *s* 1. prava modra boja 2. čovjek stalnih načela; vjeran, odan čovjek
true-born [ˈtruːbɔːn] *adj* → **true-bred**
true-bred [ˈtruːbred] *adj* 1. (o životinjama) dobre pasmine (rase), čistokrvan 2. dobra roda i odgoja
true-hearted [ˌtruːˈhaːtid] *adj* iskren, srdačan
true-love [ˈtruːlʌv] *s* 1. dragi, draga; ljubavnik, ljubavnica 2. *bot* krstac (*Paris quadrifolia*) | **~ knot** ukrasni uzao, npr. od isprepletenih grančica, kao simbol vjerne, uzajamne ljubavi
trueness [ˈtruːnis] *s* iskrenost, vjernost, poštenje; odanost, privrženost; istinitost; postojanost; zakonitost; vjerodostojnost; točnost, pravilnost, ispravnost
truffle [ˈtrʌfl] *s* gljiva gomoljika
truffled [ˈtrʌfld] *adj cul* napunjen (pripravljen s) gomoljikama, od gomoljike
trug [trʌg] *s GB* korito, kopanja; kotarica, košara za povrće
truism [ˈtruːizm] *s* očevidna (opće poznata) istina; svakidašnja obična rečenica, običan izraz; otrcana fraza, floskula
trull [trʌl] *s* bludnica, prostitutka, pokvareno žensko čeljade, djevojčura, ženetina
truly [ˈtruːli] *adv* vjerno, odano, iskreno; istinito; prirodno; zaista, uistinu | *na koncu pisama* **yours ~** vaš odani
trump[1] [trʌmp] *s arch poet* truba; glas trube | **the last ~, the ~ of doom** glas (truba) Sudnjeg dana
trump[2] [trʌmp] *s* 1. *cards* adut (& *fig*) 2. *coll* dobar, plemenit, divan čovjek; čestita duša | *fig* **to play a ~** izigrati posljednji adut; *GB coll* **to turn up ~s** neočekivano dobro ispasti, imati sretan ishod
trump [trʌmp] *vt/i cards* tući adutom, uzeti štih, štehati; *fig* nadmudriti, istisnuti
trump out [ˈtrʌmpˈaut] *vi* izigrati adut
trump up [ˈtrʌmpˈʌp] *vt* skovati, snovati, splesti, spetljati, udesiti, izumiti, izmisliti, pronaći, prošvindlati
trump-card [ˈtrʌmpˈkaːd] *s* adut (karta)
trumpery [ˈtrʌmpəri] *s* 1. bezvrijedna stvar, kič, ures; trice i kučine, smeće, izmet, starež 2. besmislica, čavrljanje, benetanje; brbljarija, mlaćenje prazne slame, floskula
trumpery [ˈtrʌmpəri] *adj* bezvrijedan, bijedan, jadan; beznačajan
trumpet [ˈtrʌmpit] *s mus* truba, glas trube (& *fig*); zvučnik (gramofona i dr.), razglasnik | **ear-~** slušna cijev; **flourish of ~s** trubljenje truba; **to blow one's own ~** hvaliti (veličati) samog sebe; **speaking-~** megafon

trumpet [ˈtrʌmpit] *vt/i* **I.** *vt* trubiti u trubu; *fig* rastrubiti, razglasiti što **II.** *vi* trubiti
trumpet-call [ˈtrʌmpitkɔːl] *s mil* znak trube, signal trubom
trumpeter [ˈtrʌmpitə] *s* 1. *mil* trubač 2. *fig* razglašivač, lajavac; *ornith* golub trubač; *ornith* agami (*Psophia Crepitans*) | **to be one's own ~** hvaliti (veličati) samog sebe
trumpet-flower [ˈtrʌmpitˌflauə] *s bot* trubač (*Bignonia*)
trumpet-major [ˈtrʌmpitˌmeidʒə] *s mil* štapski trubač
trumpet-shaped [ˈtrʌmpitʃeipt] *adj* trubast, poput trube
truncal [ˈtrʌŋkl] *adj* koji pripada trupu (deblu)
truncate [trʌŋˈkeit] *vt* odsjeći vrh (vršak) čega; okrnjiti, osakatiti; podrezati, pokratiti, okresati, potkresati, zatupiti
truncate [ˈtrʌŋkeit] *adj* (**~ly** *adv*) potkraćen, kusast, okrnjen, podrezan, osakaćen, zatupljen
truncated [ˈtrʌŋkeitid] *adj* prikraćen, odsječen, pritupljen, krnji, kusast
truncation [trʌŋˈkeiʃn] *s* kraćenje, kresanje; sakaćenje; zatupljivanje
truncheon [ˈtrʌntʃən] *s* kratka batina; *GB* policijska palica, pendrek; kijača, toljaga, palica, štap (zapovjednika itd.), maršalska palica; držalica od koplja, kopljača
trundle [ˈtrʌndl] *s* kotačić; valjčić, koturić; kotačić s valjčastim zupcima; kamion (vagon) s niskim kotačima
trundle [ˈtrʌndl] *vt/i* kotrljati (se), valjati (se), voziti (se) na kotačima | **to ~ a hoop** tjerati obruč (kolut)
trundle bed [ˈtrʌndlbed] *s US* → **truckle-bed**
trunk [trʌŋk] *s* 1. stablo, deblo; trup; tijelo 2. *fig* glavni dio čega; glavna pruga, arterija; *teleph* daljinski vod; međugradska linija 3. škrinja, sanduk, kovčeg, putni kovčeg, kofer; *US mot* prtljažnik 4. rilo, surla 5. *US pl* kupaće gaćice; *min* produšnica, cijev (za ventilaciju); *anat* glavni dio arterije živca i dr. | *theat* **~s** *pl* kratke hlače do koljena
trunk [trʌŋk] *vt* odvojiti (ispirati) rudu (u koritu)
trunk-call [ˈtrʌŋkkɔːl] *s GB* telefonski međugradski razgovor
trunk-drawers [ˈtrʌŋkdrɔːz] *s pl* gaćice (kupaće, boksačke, atletske)
trunkful [ˈtrʌŋkful] *s* koliko stane u kovčeg; kovčeg (kao količina)
trunk-hose [ˌtrʌŋkˈhəuz] *s hist* kratke napuhnute hlače do koljena
trunk-line [ˈtrʌŋklain] *s rly* glavna pruga; *teleph* linija za međugradske razgovore
trunk-road [ˈtrʌŋkrəud] *s GB* glavna cesta, cesta prvog reda
trunk-wire [ˈtrʌŋkˌwaiə] *s telegr* glavna linija
trunnion [ˈtrʌnjən] *s tech* čep, klin, čivija; zaglavnik, stožer (»capfn«); *mil* rame (topa)
trunnioned [ˈtrʌnjənd] *adj tech* & *mil* koji ima čep (klin, čiviju, zaglavnik, stožer); koji ima rame
truss [trʌs] *s GB* svežanj, snop, rukovet (slame i dr.); grana, kita, kičica, grozd, gronja; skrovište, visulja, rožnik; rešetke (mosta); *mar* hajmica (što drži križ uz jarbol); *med* potpasač (za kilu)
truss [trʌs] *vt* vezati, svezati, privezati, pritegnuti (vrpcom); podići, zasukati (odjeću itd.); objesiti (zločinca); *cul* privezati krila i noge živadi (pri pečenju); (o jastrebu) zgrabiti, ščepati i odnijeti; *archit* pojačati, okovati, armirati, poduprijeti
truss up [ˈtrʌsˈʌp] *vt* svezati, zavezati, podvezati, stegnuti, zasukati; objesiti
truss-bridge [ˈtrʌsbridʒ] *s* rešetkast most
trust [trʌst] *s* povjerenje, pouzdanje, vjera, ufanje; vjeresija, kredit; *jur* povjereno dobro, ostava, polog, depozit; starateljstvo, skrbništvo, tutorstvo, kuratorstvo; dužnost, odgovornost skrbnika, kuratora; sveta dužnost; štićenik; zalog, zaklada; *com* trust; kolo, kartel | **(to take) on ~** (uzimati) na vjeresiju, na kredit; *jur* **in ~** u pohrani, deponiran; *jur* **~ money** pupilarni novac; **private ~** obiteljska zaklada; **to give ~** odobriti kredit; **to put one's ~ in** uzdati se u koga, osloniti se na koga; **breach of ~** zloupotreba povjerenja
trust [trʌst] *vt/i* **I.** *vt* 1. vjerovati komu ili čemu, uzdati se u koga ili što; dati komu na vjeru, vjeresiju ili kredit; povjeriti komu što (*with*); očekivati ili nadati se; biti uvjeren, vjerovati (*that* da) **II.** *vi* imati povjerenje (pouzdanje) u koga, uzdati se u koga ili što (*to* u); osloniti se na koga ili što (*in*) | **to ~ oneself to a p** povjeriti se komu; **a man not to be ~ed** čovjek u koga se ne možeš pouzdati
trust-buster [ˈtrʌstˌbʌstə] *s coll* razbijač (likvidator) trustova
trust-company [ˈtrʌstˌkʌmpəni] *s com* fiducijarno društvo (udruženje)
trust-deed [ˈtrʌstdiːd] *s jur* prijenosna isprava; punomoćje
trustee [ˌtrʌsˈtiː] *s* izvršitelj oporuke, staratelj, skrbnik, tutor, kurator, upravitelj | **The Public Trustee** javni izvršitelj oporuka i zaklada; **~ in bankruptcy** stečajni upravitelj, upravitelj stečajne mase
trustee-securities [ˌtrʌsˈtiːsiˈkjuəritiz] *s pl jur* pupilarni vrijednosni papiri, polog
trusteeship [ˌtrʌsˈtiːʃip] *s* dužnost izvršitelja oporuke; starateljstvo, skrbništvo
trustful [ˈtrʌstful] *adj* (**~ly** *adv*) koji se uzdaje, pun povjerenja, lakovjeran

trustfulness ['trʌstfulnis] *s* pouzdanje, lakovjernost

trust-house ['trʌsthaus] *s* hotel koji je vlasništvo nekog trusta

trustiness ['trʌstinis] *s* vjernost, poštenje, čestitost, pouzdanost, odanost; vjerodostojnost

trusting ['trʌstiŋ] *adj* (**~ly** *adv*) dostojan povjerenja, pun povjerenja

trustless ['trʌstlis] *adj* nepouzdan, nesiguran

trustlessness ['trʌstlisnis] *s* nepouzdanost, nesigurnost, pomanjkanje povjerenja

trust territory ['trʌst'teritəri] *s pol* područje pod starateljstvom

trustworthiness ['trʌstˌwəːðinis] *s* pouzdanost

trustworthy ['trʌstˌwəːði] *adj* pouzdan, dostojan povjerenja

trusty ['trʌsti] *adj* (**trustily** *adv*) pouzdan, siguran, vjeran, vjerodostojan, istinit

trusty ['trʌsti] *s* slobodnjak (kažnjenik dobra ponašanja kojemu se daju osobite povlastice)

truth [truːθ] *s* 1. istina 2. istinitost, iskrenost, poštenje, čestitost; odanost, vjernost, pouzdanost 3. zbilja, pravost, točnost, pravilnost | **to tell one home ~s** govoriti nekome neugodne stvari o njemu; reći svoje mišljenje; **god's ~** prava božja istina; **gospel ~** istina iz Svetoga pisma; *lit* **in ~!**, *arch* **of a ~!** doista, uistinu, zbilja; **to tell the ~, ~ to tell** istinu da kažem; **there is no ~ in him** on uopće ne govori istinu, on laže; **out of ~** istini za volju, istine radi; **~ to nature** točnost prikazivanja

truthful ['truːθful] *adj* (**~ly** *adv*) istinit, istinski, istinoljubiv, koji odgovara istini

truthfulness ['truːθfulnis] *s* istinitost; pravost

truthless ['truːθlis] *adj* neistinit, lažan, nevjeran

truthlessness ['truːθlisnis] *s* neistinitost, lažnost, nevjernost

truth-loving ['truːθˌlʌviŋ] *adj* istinoljubiv

try [trai] *s* pokus, pokušaj, proba | **to have a ~ at a th** pokušati nešto; **to have another ~** još jednom pokušati

try [trai] *vt/i* **I.** *vt* 1. ispitivati, iskušavati (kakvoću, čistoću, sposobnosti, izdržljivost, hrabrost itd.) 2. kušati, uzimati lijek, piće itd. 3. utvrditi što pokusom; *jur* istraživati, voditi istragu, preslušavati, ispitivati pred sudom; *US* suditi, voditi sudski postupak, izvesti pred sud 4. odlučiti, riješiti (pitanje, spor) istraživanjem ili pokusom; pokušati, nastojati (postići ili izvesti što) 5. čistiti, pročistiti, lučiti, rafinirati (metal, ulje itd.), rektificirati (žestu), topiti (loj, mast i dr.); baždariti (utege, mjere) 6. umarati, mučiti 7. pitati, ispitivati (u školi) 8. tesati, strugati, makljati **II.** *vi* pokušati, učiniti pokušaj; truditi se, nastojati, mučiti se (*at*) | **I'll ~ my best (hardest)** nastojat ću učiniti sve što je moguće; *fam* **~ and repeat!** pokušaj ponoviti!; ded još jedanput!; **to ~ hard** truditi se, mučiti se; **to ~ one's hand at** iskušati svoju vještinu (sposobnost) u čemu, okušati se (u, na); **small print tries the eyes** sitna slova naprežu oči; **you are ~ing my patience** vi stavljate na kušnju moju strpljivost

try after ['trai'aːftə] *vt* → **try for**

try back ['trai'bæk] *vi hunt* (o psima) vratiti se na prijašnje mjesto kad se izgubi trag; *fig* vratiti se na predmet; nastojati se osloboditi čega

try for ['trai'fɔː] *vi* nastojati oko čega; natjecati se, podnijeti molbu (za stipendiju, za namještenje itd.), tražiti posao (uposlenje); ciljati na što, težiti za

try on ['trai'ɔn] *vt* probati (odijelo itd.) | *sl* **to try it on with a p** pokušati nadmudriti, ispitati koga (da se vidi što se kod njega može postići); **no use trying it on with me** kod mene ti je sve uzalud

try out ['trai'aut] *vt* 1. ispitati, isprobati što (temeljito); *US coll* natjecati se (za nagradu, namještenje, u momčadi itd.) 2. izlučiti, pročistiti, ekstrahirati, istopiti, rafinirati, rektificirati

try over ['trai'əuvə] *vt* ogledati, ispitivati što (jedno za drugim); proći skroz, proláziti skroz

trying ['traiiŋ] *adj* (**~ly** *adv*) (o osobama) težak, neugodan, opasan, kritičan; (o stvarima) naporan, mučan, tegoban (*to* za)

trying-on ['traiiŋɔn] *s* proba (odijela itd.)

try-on ['traiɔn] *s coll* pokušaj prijevare (zavođenje)

try-out ['traiaut] *s US coll* iskušavanje, isprobavanje

try-square ['traiskwɛə] *s* stolarski pravokutnik

tryst [traist] *s arch* dogovor; sastanak; *jur* ročište; *Scot* stočni sajam

tryst [traist] *vt arch* dogovoriti se s kim; uglaviti, uročiti sastanak (mjesto, vrijeme)

tsetse ['tsetsi] *s ent* muha cece

T-shirt ['tiː'ʃəːt] *s* majica s kratkim rukavima

tub [tʌb] *s* 1. bačva, kaca; čabar, lagvić 2. kada; kabao; bačva (kao mjera); vjedro, kabao; kada za kupanje; *GB coll* kupanje, kupelj u kadi 3. *mar* nezgrapan brod; čamac za vježbanje u veslanju; *sl* propovjedaonica (*napose agresivnijih sekta*); *min* košara za prijenos rude

tub [tʌb] *vt/i* **I.** *vt* (o djetetu) kupati u kadi; (o biljci) posaditi u čabar; *sl* poučavati u veslanju; *min* obložiti (okno) drvenom ili željeznom oplatom **II.** *vi fam* kupati se u kadi

tuba ['tjuːbə] *s mus* bastuba

tubal ['tju:bl] *adj* 1. cijevni 2. *med* jajovodni
tubbing ['tʌbiŋ] *s* izrađivanje kada (bačava); materijal za izrađivanje kada (bačava), upotreba kade (za pranje, kupanje itd.); *min* drvena ili metalna oplata okna ili rova
tubbish ['tʌbiʃ] *adj* → **tubby**
tubby ['tʌbi] *adj* (**tubbily** *adv*) bačvast; trbušast, gojazan, debeo; *mus* potmuo, mukao
tube [tju:b] *s* 1. cijev; cjevčica; gumena cijev (pneumatik); *anat, zool* & *bot* cijev, kanal 2. tuba za (boje i dr.); cijevni vod 3. *US* elektronka, cijev | *GB* **the Tube** londonska podzemna električna željeznica
tube [tju:b] *vt* snabdjeti cijevima ili cjevčicom, spremiti (napuniti) u tube
tube-flower ['tju:bˌflauə] *s bot* vrsta istočnoindijskog ukrasnog grma
tubeless ['tju:blis] *adj* | ~ **tire** puna guma, guma bez zračnice
tuber ['tju:bə] *s bot* gomolj, krumpir; *anat* čvor, kvrga, guka | **under** ~**s** zasađen krumpirom
tubercle ['tju:bəkl] *s anat* čvorić, oteklina, nabreklina; *med* tuberkul; *bot* gomoljić
tubercular [tju:'bə:kjulə] *adj* čvorast, kvrgav, kvržičast, bradavičast; tuberkulozan
tubercularize [tju:'bə:kjuləraiz] *vt med* cijepiti tuberkulnim preparatom
tuberculization [tju:ˌbə:kjulai'zeiʃn] *s med* cijepljenje tuberkulnim preparatom
tuberculosis [tju:ˌbə:kju'ləusis] *s med* tuberkuloza, sušica, jektika
tuberculous [tju:'bə:kjuləs] *adj* tuberkulozan
tube-rectifier ['tju:b'rektifaiə] *s el* cijevni (elektronski) ispravljač
tuberose ['tju:bərəuz] *s bot* tuberoza
tuberosity [ˌtju:bə'rɔsiti] *s anat* & *zool* kvrgasta izbočina na kostima
tuberous ['tju:bərəs] *adj* čvorast; *anat* posut tuberklima
tube-shell ['tju:bʃel] *s zool* vrsta sitne morske školjke
tube-well ['tju:bwel] *s* perforirana bušeća cijev kao glava bunara
tubful ['tʌbful] *s* koliko stane u kacu (bačvu)
tubiform ['tju:bifɔ:m] *adj* poput cijevi, kao cijev, cjevolik, cjevast
tubing ['tju:biŋ] *s* uvođenje cijevi, cijevna instalacija, cjevovod, cijevni materijal; cijevni uređaj, komad cijevi
tub-pair ['tʌbpɛə] *s sport* čamac za vježbe u veslanju sa dva veslača
tub-thumper ['tʌbˌθʌmpə] *s GB coll* bučan, gorljiv propovjednik ili govornik; seoski župnik
tub-thumping ['tʌbˌθʌmpiŋ] *s* bučno propovijedanje, govorništvo
tubular ['tju:bjulə] *adj* cjevast, cijevni; koji se sastoji od cijevi | *tech* ~ **boiler** kotao s cijevima; *el* ~ **lamp** sufitna svjetiljka
tubule ['tju:bju:l] *s* cjevčica
tub-wheel ['tʌbwi:l] *s* turbina, hidrauličko vitlo
tuck[1] [tʌk] *s* 1. bora, nabor, suvratak, prišav, podšav, rub 2. mrežica 3. *GB sl* dobro jelo, poslastice
tuck[2] [tʌk] *s arch* trubljenje truba; udaranje (u bubanj)
tuck[3] [tʌk] *s arch* rapir
tuck [tʌk] *vt/i* **I.** *vt* nabrati (tkaninu), uviti, suvratiti, (rub) opšiti, porubljivati; *fam* trpati, zbiti, metnuti, turiti (*into* u), podaviti (noge) **II.** *vi* nabrati se, skupiti se
tuck away ['tʌkə'wei] *vt* sakriti, spremiti, skloniti
tuck in ['tʌk'in] *vt/i* **I.** *vt* umotati (dijete), suvratiti (tkaninu i dr.); spremiti; ušiti **II.** *vi GB sl* pohlepno jesti, žderati, naklopiti se na jelo
tuck into ['tʌk'intu] *vt* turiti, strpati (npr. u džep)
tuck up ['tʌk'ʌp] *vt* uzvinuti, zavrnuti, zasukati (rukave itd.), zamotati; *sl* objesiti (zločinca) | ~ **oneself in bed** u krevetu se dobro umotati, zataškati se
tucker ['tʌkə] *s* porub na prsima košulje, vratna pruga, pršnjak, ogrlica; *tech* stroj koji pravi bore, nabore; *sl* jelo | **one's best bib and** ~ najbolje (najsvečanije) odijelo
tucker ['tʌkə] *vt coll* umarati do iznemoglosti
tucket ['tʌkit] *s arch* glas trube, signal fanfare
tuck-in ['tʌkin] *s GB sl* gozba, pir; klopa
tuck-out ['tʌkaut] *s* → **tuck-in**
tuck-shop ['tʌkʃɔp] *s GB* slastičarnica
Tuesday ['tju:zdi] *s* utorak
tufa ['tju:fə] *s It minr* vrsta krede koja se skruti na zraku
tuff [tʌf] *s geol* tuf, sedra
tuft [tʌft] *s* 1. pramen, čuperak; kita, rojta, resa; kitica (cvijeća) 2. brk 3. šumarak, grmlje, šiprag; *univ sl* student plemić; *anat* snopić krvnih žila
tuft [tʌft] *vt/i* **I.** *vt* 1. uresiti snopićima (kiticama, rojtama, resama) 2. vezati u snopiće; ispunjavati i proširiti (strunjaču, dušek) **II.** *vi* rasti u kiticama, čupercima itd.
tuft-hunter ['tʌftˌhʌntə] *s* laskavac, ulizica, čankoliz, štreber
tuft-hunting ['tʌftˌhʌntiŋ] *s* laskanje, ulizivanje, dodvoravanje, štreberstvo
tufty ['tʌfti] *adj* (**tuftily** *adv*) kitnjast
tug [tʌg] *s* 1. trzaj, trzanje, vučenje, teglenje; naprezanje, napor, muka, ogorčena borba (*for* za) 2. *fig* žestoka borba (*for* za); *rly* spojni lanac, lanac za vuču; (o

kolima) uže, konopac (za teglenje), štranga | *sport* ~ **of war** vučenje užeta; **to give a** ~ **at** žestoko (jako) vući, potegnuti

tug [tʌg] *vt/i* **I.** *vt* vući, potezati, trzati; *mar* tegliti **II.** *vi* vući, povući (*at* za što): mučiti se, naprezati se; težiti, boriti se (*for* za)

tug at [ˈtʌgˈæt] *vi* natezati; *fig* mučiti se, kinjiti se, naprezati se, vući se

tug away [ˈtʌgəˈwei] *vt* odvući

tug-boat [ˈtʌgbəut] *s mar* remorker

tugger [ˈtʌgə] *s* onaj koji vuče (tegli, teško radi, koji se trudi)

tugging [ˈtʌgiŋ] *s* trzanje; napor, naprezanje (& *fig*)

tug-spring [ˈtʌgspriŋ] *s tech* opruga koja umanjuje trzaj kod kretanja i dr.

tuition [tjuːˈiʃn] *s* 1. podučavanje, obuka, nastava, odgajanje 2. nagrada, naplata, honorar za podučavanje, školarina 3. cijena za stan i hranu (pansion); *fig* nadzor, skrbništvo, tutorstvo; *arch* zaštita

tuitional [tjuːˈiʃənl] *adj* odgojni, nastavni

tuitionary [tjuːˈiʃnəri] *adj* → **tuitional**

tulip [ˈtjuːlip] *s bot* tulipan

tulip-tree [ˈtjuːliptriː] *s bot* tulipanovo drvo (*Liriodendron tulipifera*); magnolija

tulle [tjuːl] *s text* til

tumble [ˈtʌmbl] *s* 1. pad, stropoštanje 2. prevrtanje, prekobacivanje, salto 3. opasno ljuljanje, njihanje (broda); nered, zbrka, darmar; *fig* zamršenost, zapletenost | **to get a** ~ pasti; **to be in a** ~ biti u neredu

tumble [ˈtʌmbl] *vi/t* **I.** *vi* 1. ljosnuti, tresnuti, pasti, svaliti se, srušiti se, prevaliti se 2. prevrnuti se, prebaciti se; skakati, skakutati (kao akrobat) 3. valjati se, prevrtati se (u krevetu); potepsti se, spotaći se; srljati, srnuti; *sl* (o cijeni) naglo padati; doletjeti, dojuriti kao oluja, vihor **II.** *vt* 1. oboriti, srušiti, porušiti, zbaciti, hitnuti, dovesti u nered, ispremetati 2. valjati, koturati; razbarušiti, nakostriješiti; zgužvati, zgnječiti | *mar* **to** ~ **home** nagnuti se (o bokovima broda)

tumble down [ˈtʌmblˈdaun] *vi* srušiti se, skotrljati se, padati niz

tumble in [ˈtʌmblˈin] *vi/t* **I.** *vi* upasti, stropoštati se, srušiti se, odroniti se, survati se; ući; *sl* leći u krevet **II.** *vt* udesiti, usaditi jedan komad drvene građe u drugi

tumble out [ˈtʌmblˈaut] *vt/i* **I.** *vt* iskotrljati, iskoturati; izbaciti iz **II.** *vi* ustati, izaći

tumble over [ˈtʌmblˈəuvə] *vi* spotaći se, potepsti se, pasti, prevaliti se, prevrnuti se, srušiti se | **to** ~ **in thought** razmišljati

tumble to [ˈtʌmblˈtuː] *vi* shvatiti, razumjeti, pojmiti; zavoljeti; latiti se čega, prionuti za što; upasti u što

tumble up [ˈtʌmblˈʌp] *vi sl* ustati, požuriti se

tumble-bug [ˈtʌmblbʌg] *s ent* balegan

tumble-down [ˈtʌmbldaun] *adj* trošan, ruševan (& *fig*)

tumbler [ˈtʌmblə] *s* 1. pelivan, akrobat; golub prevrtač 2. velika čaša bez noge; obična čaša za vodu; *hunt* lovački pas za zečeve; *tech* pridržak, štonjac (u bravi); *ent* ličinka komarca

tumblerful [ˈtʌmbləful] *s* čaša (čega)

tumble-weed [ˈtʌmblwiːd] *s US bot* lopte suhog korova nošene vjetrom

tumbling [ˈtʌmbliŋ] *s* padanje, pad

tumbling-bob [ˈtʌmbliŋbɔb] *s tech* poluga s labilnom ravnotežom

tumbly [ˈtʌmbli] *adj* hrapav, neravan

tumbrel [ˈtʌmbrəl] *s hist* tačke, kolica za prijevoz oruđa, streljiva, municije itd.; kolica za gnojivo; *Fr hist* otvorena kola za prijevoz žrtava do giljotine

tumbril [ˈtʌmbril] *s* → **tumbrel**

tumefaction [ˌtjuːmiˈfækʃən] *s* otok, oteklina

tumefy [ˈtjuːmifai] *vt/i* **I.** *vt* naduti, izazvati oteklinu **II.** *vi* oteći, nabreknuti

tumescence [tjuːˈmesns] *s* oticanje

tumescent [tjuːˈmesnt] *adj* otekao, nabrekao

tumid [ˈtjuːmid] *adj* (~**ly** *adv*) otekao, nabrekao, ispupčen, izbočen; *fig* nadut, naduven, visokoparan, bombastičan (stil itd.)

tumidity [tjuːˈmiditi] *s* oteklina; *fig* nadutost

tummy [ˈtʌmi] *s fam* želudac

tumour (tumor) [ˈtjuːmə] *s med* tumor; izraslina

tumular [ˈtjuːmjulə] *adj* brežuljkast, humovit, neravan

tumulary [ˈtjuːmjuləri] *adj* → **tumular**

tumult [ˈtjuːmʌlt] *s* buka, vreva, graja; metež, strka; buna, pobuna; *fig* uzbuđenost

tumultuary [tjuːˈmʌltjuəri] *adj* (**tumultuarily** *adv*) bučan, buran; buntovan, divlji; (o vojsci) raskalašen, razuzdan, razularen, raspušten, nediscipliniran, buntovnički; neregularan, zbrkan, prenagljen

tumultuous [tjuːˈmʌltjuəs] *adj* (~**ly** *adv*) bučan, buran, žestok; divlji, plahovit; nemiran, neobuzdan, divlji, goropadan

tumultuousness [tjuːˈmʌltjuəsnis] *s* bučnost, burnost, žestokost, plahovitost, neobuzdanost, goropadnost

tumulus [ˈtjuːmjuləs] *s* (*pl* **tumuli** [ˈtjuːmjulai], ~**es**) 1. grobni humak (prethistorijski) 2. humak, brežuljak groba

tun [tʌn] *s* bačva; sud, posuda; tona (stara mjera za tekućine = 1144,98 litara)

tun [tʌn] *vt* lijevati, uliti u bačve | **to ~ up** pretočiti u bačve
tuna [ˈtuːnə] *s US ichth* tunj, tuna; tunjevina
tunable [ˈtjuːnəbl] *adj* (**tunably** *adv*) blagoglasan, blagozvučan, milozvučan, skladan, melodičan
tundra [ˈtʌndrə] *s geog* tundra
tune [tjuːn] *s* 1. napjev, pjesma, melodija, arija; himna, crkvena pjesma 2. sklad, harmonija; *fig* raspoloženje; sklad, suglasnost | **to change one's ~** promijeniti jezik (način, stil); **to sing another ~** udariti u druge žice, drukčije govoriti; **in ~** pravilno, valjano; **out of ~** nepravilno, nejasno (pjevati); **in ~ with** u suglasnosti; **out of ~ with** u zavadi; **to call the ~** davati ton; **to be in ~** biti u pravom raspoloženju; **not in ~** neraspoložen; **he had to pay to the ~ of £ 100** morao je platiti ništa manje nego sto funti; *aero* **in ~** spreman da uzleti
tune [tjuːn] *vt/i* **I.** *vt* 1. *mus* udesiti, ugađati, uskladiti; spustiti, sniziti ton (*to* na); *radio* namjestiti, udesiti (*to* na); prilagoditi, modulirati, obojiti 2. *fig* prilagoditi, raspoložiti, pridobiti koga; *poet* pjevati; svirati **II.** *vi* biti u skladu (*with* sa); zvučati, zvečati, odjekivati
tune in [ˈtjuːnˈin] *vt/i* **I.** *vt radio* namjestiti (udesiti) aparat na željeni val (*to*) **II.** *vi* namjestiti (udesiti) aparat za odašiljanje; slušati s kim
tune up [ˈtjuːnˈʌp] *vt/i* **I.** *vt* 1. *mus* udešavati (ugađati) instrumente, zapjevati, intonirati 2. poboljšati rad stroja 3. *aero* spremati za uzlet **II.** *vi joc* (o djetetu) zaplakati, briznuti u plač; zasvirati, zapjevati
tuneful [ˈtjuːnful] *adj* (**~ly** *adv*) blagoglasan, milozvučan, skladan, harmoničan, melodičan, muzikalan
tunefulness [ˈtjuːnfulnis] *s* blagoglasje, blagozvučnost, milozvučnost, skladnost, melodičnost
tuneless [ˈtjuːnlis] *adj* nemelodičan, nemuzikalan; neskladan, bezvučan, nijem, bez pjesme
tunelessness [ˈtjuːnlisnis] *s* nemelodičnost, nemuzikalnost, neskladnost
tuner [ˈtjuːnə] *s* 1. ugađač, udešavač (klavira i dr.) 2. sprava za udešavanje, ugađanje (orgulja); *radio* podešivač zvuka, tjuner
tungsten [ˈtʌŋstən] *s min* volfram
tunic [ˈtjuːnik] *s* 1. *hist* tunika; *GB mil* vojnička bluza 2. (ženska) gornja haljina 3. *anat, zool & bot* opna, kožica
tunicate [ˈtjuːnikit] *s zool* plaštenjak
tunicle [ˈtjuːnikl] *s* 1. vrlo tanka i osjetljiva opna, kožica (*esp bot & zool*) 2. *eccl* levitsko ruho (tunicella, dalmatica)
tuning [ˈtjuːniŋ] *s mus* udešavanje, usklađivanje, ugađanje
tuning-crook [ˈtjuːniŋkruk] *s mus* glazbena viljuška
tuning-fork [ˈtjuːniŋfɔːk] *s mus* viljuška za ugađanje
tuning-hammer [ˈtjuːniŋˌhæmə] *s mus* ključ za ugađanje (klavira)
tuning-in [ˈtjuːniŋin] *s radio* namještanje, udešavanje aparata na val, stanicu
tuning-key [ˈtjuːniŋkiː] *s mus* ključ za ugađanje (klavira)
tunnel [ˈtʌnl] *s* tunel; podzemni hodnik podvožnjak; cijev peći; dimnjak; *min* potkop, okno, rov
tunnel [ˈtʌnl] *vt/i* praviti, bušiti, probijat tunel; graditi podzemni (put, prolaz, podvožnjak); probušiti, prorovati
tunnel(l)ing [ˈtʌnliŋ] *s* bušenje, gradnja tunela
tunny [ˈtʌni] *s ichth* tuna
tuny [ˈtjuːni] *adj fam* melodičan
tup [tʌp] *s GB zool* ovan; *tech* glava parnog čekića; malj
tup [tʌp] *vt/i* (o ovnu) skočiti na (ovcu); pariti (se); *dial* bosti se
turban [ˈtəːbən] *s* turban; čalma
turbaned [ˈtəːbənd] *adj* koji nosi turban
turbary [ˈtəːbəri] *s* tresetište, tresetna močvara; pravo vađenja ili kopanja treseta na tuđem zemljištu
turbid [ˈtəːbid] *adj* (**~ly** *adv*) (o tekućinama) mutan, muljevit, blatnjav, gust, žitak; (o kosi) pomršen, razbarušen; *fi* zamršen, zapleten, zbrkan; nejasan, rasplinut, razasut; nemiran (san)
turbidity [təːˈbiditi] *s* mućenje, zamućivanje, uzmućivanje; mutnoća, neprozirnost muljevitost, blatnjavost; *fig* zapletenost zamršenost, smetenost, zbrkanost
turbinate [ˈtəːbinit] *adj* zavojit kao zvrk *anat* školjkast
turbination [ˌtəːbiˈneiʃn] *s* gibanje, kretanje (kao zvrk)
turbine [ˈtəːbain] *s* zvrk, čigra; *tech* turbina
turbine-hall [ˈtəːbainˌhɔːl] *s* strojarnica (elektrane)
turbo-jet [ˌtəːbəuˈdʒet] *adj aero* turbomlazni
turbo-prop [ˌtəːbəuˈprɔp] *adj aero* turbopropelerski
turbot [ˈtəːbət] *s ichth* romb, plat (*Rhombus maximus*)
turbulence [ˈtəːbjuləns] *s* nemir, žestina, nemirno stanje, vreva, uzbuna, bura
turbulent [ˈtəːbjulənt] *adj* (**~ly** *adv*) buran, nemiran (o moru); žestok, buran, neobuzdan (o strasti); buntovan
turd [təːd] *s vulg* govno (& *fig*)
turdine [ˈtəːdain] *adj ornith* koji je popu drozda
tureen [təˈriːn] *s* duboka zdjela za juhu (s poklopcem), terina
turf [təːf] *s* tratina, ledina, utrina, travnjak; *Ir* treset (gorivo); *fig* utrka, sportski svijet | **the ~** trkalište; *fig* trkački

sport; **to be on the ~** držati konje za trku, posjećivati konjske utrke; kladiti se na utrkama; *GB euphem* **~ accountant** kladionički agent (za konjske trke)
turf [tə:f] *vt* pokriti ledinom (tratinom, travnjakom) | *GB sl* **to ~ out** izbaciti
turfite [ˈtə:fait] *s* ljubitelj konjskoga sporta
turfless [ˈtə:flis] *adj* koji je bez travnjaka (ledine, tratine, trave)
turfman [ˈtə:fmən] *s* ljubitelj utrkâ
turfy [ˈtə:fi] *adj* pokriven (obrastao) travom; bogat tresetom; koji je kao treset; koji se tiče trkačkog sporta
turgescence [tə:ˈdʒesns] *s* otok, oteklina, nabreklina; *fig* naduvenost
turgescent [tə:ˈdʒesnt] *adj* otekao, nabrekao; *fig* naduven, nadut, visokoparan, pompozan (jezik, stil itd.)
turgid [ˈtə:dʒid] *adj* (**~ly** *adv*) 1. otekao, nadut, nabujao 2. *fig* naduven, nadut, visokoparan, bombastičan (stil, jezik itd.)
turgidity [tə:ˈdʒiditi] *s* 1. oteklina, nadutost, nabuhlost 2. *fig* nadutost, oholost, visokoparnost (jezika, stila i dr.)
turion [ˈtjuəriən] *s* 1. *bot* kraljuštav izdanak, mladica 2. pupoljak (oko) koji preživi zimu
Turk [tə:k] *s* 1. Turčin, Turkinja, Muhamedanac 2. konj turske pasmine 3. *fig* okrutan (divlji, krvoločan) čovjek | **young ~s** Mladoturci
Turkey [ˈtə:ki] *s* Turska | **~ corn** tursko žito, kukuruz; **~ leather** turska koža, safijan; **~ red** tursko crvenilo (boja); **~ stone** turski uljenik, levantinski brus
turkey [ˈtə:ki] *s ornith* puran, pura
turkey-cock [ˈtə:kikɔk] *s* puran, tukac; *fig* naduven (uobražen) čovjek, hvalisavac | **red as a ~** crven kao puran (rak)
turkey-gobbler [ˈtə:kiˌgɔblə] *s* puran
turkey-hen [ˈtə:kihen] *s* pura
turkey-poult [ˈtə:kipəult] *s* purić
Turkish [ˈtə:kiʃ] *adj* turski | **~ bath** turska kupelj (za znojenje), hamam; **~ delight** rahat-lokum; **~ towel** frotir-ručnik
Turkish [ˈtə:kiʃ] *s* turski jezik
Turkoman (Turcoman) [ˈtə:kəmən] *s* (*pl* **~s**) Turkmen, Tùrkmenka
Turk's-head [ˈtə:kshed] *s* 1. okrugla metla, metlica 2. model za pečenje kuglofa; *mar* ukrasni čvor poput turbana
turmeric [ˈtə:mərik] *s bot & cul* kurkuma (vrsta đumbira)
turmoil [ˈtə:mɔil] *s* nemir, buka, graja, metež, buna
turmoil [ˈtə:mɔil] *vt* uzbuniti, uznemiriti
turn [tə:n] *s* 1. okretanje, obrtanje, okret, vrtnja; *aero* okretanje; *mus* dvoraz (*It* gruppetto) 2. zavijutak, zavoj, okuka; *fig* iskrivljenje, savijanje; (o užetu) krug, okrug, zavijutak 3. promjena smjera, obrnut smjer, promjena, mijenjanje, skretanje, preokret, prekretnica, obrt, kriza, promjena; *com* prođa, prodaja, promet (robe ili efekata) 4. (kratak) hod, put, šetnja, tura 5. (prolazno) zanimanje, zaposlenost čime; usluga; promjena, mijena (& *fig*); redovito izmjenjivanje, redoslijed, red, smjena, šihta, turnus; runda; napadaj 6. prilika, zgoda, 7. *GB* točka u varijeteu 8. svrha; *fig* sposobnost, prikladnost, sklonost, naklonost, dar, talent (*for* za što); *fig* (osobit) smjer; oblik, lik; način, izraz, vrsta stila; sastav; *coll* živčani potres, šok, strah, silno uzbuđenje; *GB pop* vrtoglavica; *print* obrnuto slovo, obrnut tisak | **~s** *pl* žensko vrijeme, menstruacija, perioda; **in ~s, by ~s** naizmjence, uzastopce; **to be on the ~** biti (stajati) na prekretnici; **to take a ~ for the better** okrenuti se nabolje; **in ~** po redu, jedan za drugim; **now it is my ~** sad je moj red, sad je na meni red, sad sam ja na redu; **to take ~s** izmjenjivati se; **to serve one's ~** odgovarati svrsi ili zahtjevu; *fig* **the ~ of the tide** promjena situacije, preokret; **one good ~ deserves another** milo za drago, ljubav za ljubav; **done to a ~** ispečen upravo kako treba; **to do a p a ~** učiniti komu uslugu, ugoditi; **a ~ of mind** duševno stanje, način mišljenja; **a ~ of anger** napadaj srdžbe; **at every ~** na svakom koraku, svakom prilikom, neprestano; **to give one a ~** prestrašiti koga
turn [tə:n] *vt/i* **I.** *vt* 1. vrtjeti, okretati, okrenuti 2. tokariti, zaobliti, dati okrugli oblik; umjetnički izraditi, oblikovati 3. skrenuti; okrenuti, obrnuti, preokrenuti, preinačiti, pretvoriti; zavinuti; prekopati, iskrenuti 4. odvratiti (& *fig*); promijeniti (temu, predmet razgovora) 5. obići, zaobići; *mil* zaobići (neprijatelja) 6. prijeći, prevaliti, proći (npr. *I am ~ed of 60* prešao sam šezdesetu) 7. (o licu, koraku, pogledu) okrenuti, upraviti, usmjeriti, obratiti (*to, on, towards* prema, na) 8. upraviti, uputiti, voditi, tjerati (*into* u); spremiti, ubaciti (*into* u); izvaditi, izbaciti (*out of* iz) 9. *com* prometnuti, staviti u promet (robu) 10. (misli) svratiti, usmjeriti, usredotočiti, koncentrirati (*to* na); (osjećaj) usmjeriti protiv koga (*against*); nahuškati, pobuniti (*against* protiv) 11. upotrijebiti, primijeniti, iskoristiti; preinačiti (*into, to* u); 12. zavrtjeti, okrenuti, smučiti; pokvariti **II.** *vi* 1. vrtjeti se, okretati se, obrtati se, zavrtjeti se 2. tokariti se 3. krenuti, uputiti se (*into* u); okrenuti se, prevrtati se 4. (o putu) skrenuti, skretati, okrenuti se, otkrenuti se (*from* od) 5. obratiti se, pribjeći, uteći se (*to* komu); prihvatiti se čega, pozabaviti se čim 6. navaliti, napasti (*on a p* koga) 7. promijeniti se, pretvoriti se, preobraziti se (*into, to* u) |

fig **to ~ the cheek** okrenuti i drugi obraz, progutati radi mira; **to ~ in one's mind** razmisliti, promisliti; **to ~ the leaf (of a book)** okrenuti stranu, prelistati; **to ~ a thing inside out** iskrenuti, izvrnuti; **to ~ upside down** postaviti naglavce; *fig* **to ~ the corner** sretno prebroditi krizu; **to ~ a corner** obići ugao; **I am ~ed of 60** prevalio sam šezdesetu; **to ~ a th to one's profit** upotrijebiti što u svoju korist (sebi u prilog); **to ~ one's hand to a th** latiti (primiti) se čega, prionuti za što; **to ~ into money** unovčiti; **to ~ into ridicule** izvrći smijehu; **to ~ a p sick** učiniti da se komę•smuči; **to ~ a p's head** zavrtjeti komu glavom; *fig* **the tide has ~ed** sreća se okrenula; **to ~ to doing** spremati se na što; **the milk has ~ed sour** mlijeko se ukiselilo; **to ~ pale** problijedjeti; **to ~ traitor** postati izdajica; **my head ~s** vrti mi se u glavi; **to ~ English into Croatian** prevesti s engleskog na hrvatski; **to ~ the tables upon one** dati stvari drugi obrat, okrenuti batinu; **to ~ tail, to ~ the back** podvući rep, okrenuti leđa, nagnuti u bijeg, iznevjeriti se; *mar sl* **to ~ turtle** prevrnuti se; **to ~ an honest penny** živjeti od poštene zarade; **to ~ a deaf ear** oglušiti se; *fig* **to ~ the scale** dokončati; odlučiti što; *fig* **to ~ one's coat** okrenuti kabanicu; **even a worm will ~** i najmirniji će se čovjek braniti ako ga tko napadne; **to ~ and rend** napasti pogrdama; **to ~ the key** zaključati; **to ~ head over heels** prekobaciti se; *fig* **he doesn't know which way to ~** ne zna ni kamo ni kuda će, ne zna što da radi; **my stomach ~s** želudac mi se okreće, muka me hvata; **to ~ one's steps** poći, uputiti se; **to ~ a p's brain** zaluditi; *com* **to ~ bankrupt** pasti pod stečaj; *com* **to ~ bear** spekulirati na besu; *com* **to ~ bull** spekulirati na hosu; **to ~ a film** snimati; **to ~ a p loose** dati kome slobodu

turn about ['tə:nə'baut] *vi* 1. okrenuti (se) 2. *mil* okrenuti se nalijevo krug

turn adrift ['tə:nə'drift] *vi* 1. pustiti da plovi (čamac) 2. ne podupirati više (koga), prepustiti koga sama sebi

turn against ['tə:nə'geinst] *vt/i* okrenuti (se) protiv koga

turn aside ['tə:nə'said] *vt/i* **I.** *vt* 1. otkloniti (pohvalu) 2. skrenuti (udariti) drugim putom **II.** *vi* svratiti se; ukloniti (maknuti, ugnuti) se komu

turn away ['tə:nə'wei] *vt/i* **I.** *vt* otkloniti, otpraviti (molitelja), otpustiti (namještenika), otjerati koga **II.** *vi* okrenuti se od koga ili čega; *fig* ostaviti koga ili što, otuđiti se od koga ili čega; krenuti (udariti) novim putem, oprostiti se s kim

turn back ['tə:n'bæk] *vt/i* **I.** *vt* okrenuti, obrnuti, prevrnuti, izvrnuti; odbiti, odbaciti, ne dopustiti ulazak **II.** *vi* vratiti se, okrenuti se, osvrnuti se

turn down ['tə:n'daun] *vt/i* **I.** *vt* saviti, previti (list knjige); spustiti (ovratnik i sl.); zavrnuti (plin da slabije gori); oslabiti (svjetlo); utišati (radio); prostrijeti, namjestiti (krevet); *US sl* koriti, očitati komu bukvicu; odbiti, otkloniti komu što; (ponudu) otkloniti, odbiti koga, dati komu košaricu; ostaviti koga na cjedilu, iznevjeriti koga **II.** *vi* silaziti; saviti se

turn in ['tə:n'in] *vt/i* **I.** *vt* uvinuti što; *agr* (korov) ukopati, uvrnuti; okrenuti unutra (noge) **II.** *vi* ući, ulaziti (*at* kroz); *fam* poći na počinak, poći spavati; ugnuti se, uleći se, uvinuti se, uvrnuti se

turn into ['tə:n'intu] *vt/i* **I.** *vt* pretvoriti u **II.** *vi* ući, ulaziti; pretvoriti se u

turn off ['tə:n'ɔf] *vt/i* **I.** *vt* otpustiti, otpraviti koga (iz službe, namještenja), odaslati, poslati; otkloniti, odvratiti, skrenuti, udaljiti; *sl* odbiti, destimulirati, biti odbojan; zatvoriti (vodu, plin itd.); ugasiti, isključiti (svjetlo, struju, motor); *sl* objesiti (zločinca); vjenčati (bračni par); završiti, dovršiti, zgotoviti; skrenuti (*to* na); izbjeći, mimoići, obići (neko pitanje itd.) **II.** *vi* skrenuti, svrnuti, skretati (s puta), udaljiti se u stranu; račvati se, odvajati se (cesta); pokvariti se, pogoršati se

turn on ['tə:n'ɔn] *vt* 1. otvoriti, pustiti da teče (plin, voda itd.) 2. upaliti, ukopčati, uključiti, staviti u pogon 3. srditi se na koga 4. navaliti, napasti koga 5. zavisiti od koga 6. *sl* stimulirati, zagrijati, uzbuditi, oduševiti | *sl* **to ~ the waterworks** plakati, roniti suze

turn out ['tə:n'aut] *vt/i* **I.** *vt* izbaciti koga; otjerati, protjerati, istjerati, izagnati koga; (stoku) istjerati na pašu; izbaciti, otpustiti koga (iz službe, namještenja); (vladu) oboriti, srušiti; (džep) isprazniti, izvrnuti; *GB* isprazniti (iznijeti namještaj) i pospremiti; (svjetlo) ugasiti; *com* (robu) proizvoditi, izrađivati, dobavljati; (ugljen) kopati, vaditi; brzo proizvoditi, postići (prinos, prihod, dohodak, dobitak); opskrbiti, snabdjeti, opremiti **II.** *vi* istupati, izaći, izlaziti; *mil* izmarširati; otići, odlaziti, iskrenuti se, iščašiti se, izvrnuti se; *GB* obustaviti rad (posao), stupiti u štrajk; ustati; postati; pokazati se; *mil* pozvati stražu (k oružju); dogoditi se, svršiti se, ispasti, pokazati se | **to ~ well** dobro se svršiti, uspjeti, poći za rukom, odbaciti lijep dobitak

turn over ['tə:n'əuvə] *vt/i* **I.** *vt* okrenuti, obrnuti što; prevrnuti, prevaliti, srušiti što; prelistavati (knjigu); predati, dati, izručiti komu što; razmotriti što, razmisliti; prometati, postizati promet **II.** *vi*

prevrnuti se, okrenuti se na stranu, prevrtati se (u krevetu); *fig* prijeći (drugoj stranci) | **to ~ a new leaf** popraviti se, započeti nov život
turn round [ˈtəːnˈraund] *vt/i* **I.** *vt* okrenuti; *fig* obratiti **II.** *vi* obrnuti se, okrenuti se (*to* prema); *fig* promijeniti mišljenje itd.; *mar* pristati, iskrcati i ukrcati teret i isploviti
turn to [ˈtəːnˈtuː] *vt/i* **I.** *vt* upraviti, okrenuti, uputiti; pretvoriti u nešto, učiniti nečim **II.** *vi* okrenuti se, obratiti se, pribjeći, uteći se; pretvoriti se, postati; doseći; latiti se, primiti se (čega) | **to ~ one's account** okrenuti sebi u prilog, vući korist; **it's time we turned to** vrijeme je da se latimo (posla)
turn up [ˈtəːnˈʌp] *vt/i* **I.** *vt* okrenuti, dići uvis; okrenuti, obrnuti, otkriti (karte); dići, podići, zadići, zasukati (odjeću); iskopati, iznijeti na vidjelo; položiti preko koljena; ponoviti; naći riječ u rječniku; odvrnuti, odviti (plinski pipac); *sl* napustiti (posao); *sl* izazivati mučninu (gađenje) **II.** *vi* okrenuti se gore, obratiti se uvis; doći, pojaviti se (iznenada), iskrsnuti; izići na vidjelo; dogoditi se, desiti se, slučiti se, nastati, nastupiti, pokazati se; postati
turn upon [ˈtəːnəˈpɔn] *vt* → **turn on**
turnabout [ˈtəːnəˌbaut] *s* preokret, obrat; *US* vrtuljak
turn-bench [ˈtəːnbentʃ] *s* mali tokarski stol (urarski)
turn-bridge [ˈtəːnbridʒ] *s rly* okretni most, okretnica
turn-buckle [ˈtəːnˌbʌkl] *s tech* zavrtanj, zatezač
turn-cap [ˈtəːnkæp] *s* kapa dimnjaka koja se okreće
turncoat [ˈtəːnkəut] *s* prevrtljivac, prebjeg, renegat, otpadnik
turncock [ˈtəːnkɔk] *s GB* vodovodni radnik (otvarač ventila)
turn-down [ˈtəːndaun] *s* presavinut ovratnik
turned [təːnd] *adj* okrenut, obrnut; naklonjen; tokaren
turned-down [ˈtəːnddaun] *adj* presavinut
turned-up [ˈtəːndʌp] *adj* uzvrnut, zadignut | **~ nose** prćast nos
turner [ˈtəːnə] *s* tokar, strugar; lončar; brusar; *ornith* golub prevrtač
turnery [ˈtəːnəri] *s* tokarenje, tokarija, tokarski rad; tokarska roba
turning [ˈtəːniŋ] *s* okretanje, obrtanje; tokarenje; zavoj, zavijutak, okuka; prekretnica, odstupanje, skretanje; *GB* poprečna ulica, ugao ulice
turning-door [ˈtəːniŋdɔː] *s* okretna vrata
turning-point [ˈtəːniŋpɔint] *s fig* prekretnica
turnip [ˈtəːnip] *s hort* bijela repa; *sl* vrsta džepnog sata
turnip-tops [ˈtəːniptɔps] *s pl* repino lišće
turnipy [ˈtəːnipi] *adj* koji ima okus na bijelu repu; repast; *fig* kratak a debeo; zdepast
turnkey [ˈtəːnkiː] *s* ključar, tamničar
turn-out [ˈtəːnaut] *s* skup, posjetioci, gledaoci; izlazak, dolaženje; *GB* stupanje u štrajk, obustava rada; oprema; zaprega; *tech* proizvodnja robe; *rly* skretnica; dotjeranost
turnover [ˈtəːnˌəuvə] *s* 1. prevrtanje, izvrtanje itd. 2. vrsta kolača 3. promet, utržak 4. novinski članak koji prelazi na drugu stranu
turnpike [ˈtəːnpaik] *s* ograda od šiljaka; brklja, mitnica; *US* auto-put na kojem se naplaćuje cestarina
turn-round [ˈtəːnraund] *s mar* pristajanje, iskrcavanje i ukrcavanje tereta i isplovljavanje iz luke
turn-screw [ˈtəːnskruː] *s* zavrtač, odvrtač
turnside [ˈtəːnsaid] *s* vrtoglavica, nesvjestica (kod pasa)
turnsole [ˈtəːnsəul] *s bot* lakmus; suncokret
turnspit [ˈtəːnspit] *s* naprava za okretanje ražnja; okretač ražnja
turnstile [ˈtəːnstail] *s* križna rampa, okretaljka
turnstone [ˈtəːnstəun] *s ornith* morska pješčarka (*Arenaria interpres*)
turntable [ˈtəːnˌteibl] *s rly* okretni most, okretnica
turn-up [ˈtəːnʌp] *s fam* 1. graja, gungula, tučnjava 2. neočekivana pojava; *sport* nenadana sreća 3. *GB* suvratak (manšeta) na hlačama
turpentine [ˈtəːpəntain] *s* terpentin
turpentine [ˈtəːpəntain] *vt* mazati terpentinom
turpitude [ˈtəːpitjuːd] *s* pakost, pokvarenost, sramota, besramnost, izopačenost, nevaljalost
turps [təːps] *s coll* terpentinovo ulje
turquoise [ˈtəːkwɔiz] *s minr* tirkiz, modruljica
turret [ˈtʌrit] *s* 1. tornjić, mala kula 2. *navy* oklopni toranj
turreted [ˈtʌritid] *adj* opremljen tornjem ili tornjićem
turret-lathe [ˈtʌritˈleið] *s eng* revolver-tokarilica
turtle[1] [ˈtəːtl] *s ornith* grlica
turtle[2] [ˈtəːtl] *s zool* kornjača | **mock ~ soup** juha od teleće glave; *mar sl* **to turn ~** izvrnuti (se), prevrnuti (se)
turtle [ˈtəːtl] *vi* loviti kornjače, ići u lov na kornjače
turtle-dove [ˈtəːtldʌv] *s ornith* grlica
turtle-neck [ˈtəːtlnek] *s US* ovratnik kao kod »dolčevitke«; »dolčevitka«
turtler [ˈtəːtlə] *s* 1. lovac kornjača 2. trgovac kornjačama
turtle-shell [ˈtəːtlʃel] *s* kornjačevina

turtling [ˈtəːtliŋ] *s* lovljenje kornjača
Tuscan [ˈtʌskən] *adj* toskanski
Tuscan [ˈtʌskən] *s* Toskanac, Toskanka; toskansko narječje
tush [tʌʃ] *s* očnjak (konja)
tush [tʌʃ] *interj* pst!, fuj!
tush [tʌʃ] *vi arch* rugati se
tushery [ˈtʌʃəri] *s* afektacija upotrebom arhaizama
tusk [tʌsk] *s* kljova (slona, morža itd.); koljač, derač (zub)
tusk [tʌsk] *vt* probosti, raniti, razderati (kljovom ili zubom deračem)
tusked [tʌskt] *adj* koji ima kljove (derače), kljovast
tusker [ˈtʌskə] *s* slon ili vepar s izraslim kljovama (koljačima)
tusky [ˈtʌski] *adj poet* → **tusked**
tusser [ˈtʌsə] *s* 1. *zool* hrastov svilac 2. svila
tussive [ˈtʌsiv] *adj* koji se tiče kašlja
tussle [ˈtʌsl] *s* borba, tučnjava, kavga, svađa; sukob, trvenje; hrvanje
tussle [ˈtʌsl] *vi* boriti se, tući se, dohvatiti se (*with* s kim, *for* za što); *fig* boriti se, uhvatiti se ukoštac
tussock [ˈtʌsək] *s* 1. bus (trave) 2. pramen, pramičak, čuperak, uvojak (kose)
tussocky [ˈtʌsəki] *adj* koji obiluje travom, travnat, grmast, gust
tussore [ˈtʌsə] *s* → **tusser**
tut [tʌt] *s min* posao, rad; akordni rad
tut [tʌt] *interj* pi!, a šta! | ~ ~! koješta, glupost!
tut [tʌt] *vi* podrugivati se, podsmjehivati se
tutelage [ˈtjuːtilidʒ] *s* tutorstvo, skrbništvo, starateljstvo; *fig* zaštita, upravljanje, rukovođenje; maloljetnost, malodobnost
tutelar [ˈtjuːtilə] *adj* skrbnički, tutorski, štitnički
tutelary [ˈtjuːtiləri] *adj* → **tutelar**
tutor [ˈtjuːtə] *s* 1. *jur Scot* tutor, skrbnik 2. *GB univ* voditelj studenta kroz studij, tutor 3. privatni učitelj, kućni učitelj
tutor [ˈtjuːtə] *vt/i* **I.** *vt* poučavati koga (*in* čemu); školovati, obučavati, odgajati **II.** *vi* biti tutor, učitelj
tutoress [ˈtjuːtəris] *s* žena tutor, tutorica; privatna (kućna) učiteljica, odgojiteljica
tutorial [tjuːˈtɔːriəl] *adj* (~**ly** *adv*) učiteljski, odgojiteljski | *univ* ~ **system** nastava u obliku individualnih konzultacija ili u malim grupama
tutorial [tjuːˈtɔːriəl] *s Oxford univ sl* konzultacija s tutorom, tutorski sat
tutorship [ˈtjuːtəʃip] *s* zaštita, okrilje, pokroviteljstvo; *GB univ* služba (mjesto, čast) tutora
tu-whit [tuˈwit] *s* cuvik (krik sove)
tutu [ˈtuːtuː] *s* baletna suknjica
tu-whoo [tuˈwuː] *s* uhu! (uzvik, krik sove)
tu-whoo [tuˈwuː] *vi* uhuhukati
tuxedo [tʌkˈsiːdəu] *s US* smoking (jakna ili cijelo odijelo)
twaddle [ˈtwɔdl] *s* brbljanje, blebetanje, ćeretanje, čavrljanje, ćaskanje
twaddle [ˈtwɔdl] *vi* brbljati, blebetati, ćeretati, čavrljati, ćaskati
twaddler [ˈtwɔdlə] *s* brbljavac, blebetalo
twaddly [ˈtwɔdli] *adj* brbljav, blebetav
twain [twein] *adj arch* dva | **in** ~ nadvoje, u dva dijela
twain [twein] *s arch* par
twang[1] [twæŋ] *s* zvečanje, zvučanje, brujanje, zveckanje, zveka, zveketanje, zvonjenje; unjkanje, govor kroz nos, nazalni izgovor
twang[2] [twæŋ] *s* stalan, oštar okus ili miris čega (obično neugodan); *fig* naročit okus, priokus, tek, miris (poslije kakva jela ili pića)
twang [twæŋ] *vi/t* **I.** *vi* 1. zujati, svirati, brujati, zvečati; *fig* kriještati 2. strugati, gudjeti, svirati (na violini) 3. unjkati, govoriti kroz nos **II.** *vt* zabrujati (zazvečati) nečim, zasvirati na (*on*); reći što kroz nos
twangle [ˈtwæŋgl] *s* prodoran (oštar, piskav) zvuk
twangle [ˈtwæŋgl] *vi/t mus* zveckati, klepetati, zvečati; drndati, tandrkati
'twas [twɔz] = **it was**
twayblade [ˈtweibleid] *s bot* vrsta orhideje (*Listera, Liparis*)
tweak [twiːk] *s* trzaj, trzanje, čupanje; štipanje; *fig* škripac, zbunjenost; *sl* izgovor, varka, domišljatost
tweak [twiːk] *vt* čupnuti, štipnuti; trzati, trgnuti
tweaker [ˈtwiːkə] *s sl* praćka
tweed [twiːd] *s* tvid
tweedle [twiːdl] *s* guđenje, duduk(anje)
tweedle [twiːdl] *vi* gudjeti, svirati u gajde, dudukati; tandrkati, drndati
tweedledum and tweedledee [ˌtwiːdlˈdʌmən ˌtwiːdlˈdiː] *s* 1. didldi, dildi, dudu-dudu 2. nije vrat, nego šija
tweedy [ˈtwiːdi] *adj* koji voli nositi odijela od tvida
'tween [twiːn] = **between**
tween-decks [ˈtwiːndeks] *s mar* međupalublje
tweeny [ˈtwiːni] *s GB coll* pomoćna služavka koja pomaže dvjema drugima, **npr.** kuharici i sobarici; mala jeftina cigara
tweet [twiːt] *s* cvrkut, cvrkutanje (ptica)
tweet [twiːt] *vi* cvrkutati
tweezer [ˈtwiːzə] *vt* iščupati (dlaku, trn itd.) pomoću pincete (kliještica)
tweezers [ˈtwiːzəz] *s* kliještica, pinceta
twelfth [twelfθ] *adj* (~**ly** *adv*) dvanaesti
twelfth [twelfθ] *s* dvanaestina; dvanaesti dio

Twelfth-day ['twelfθdei] *s* Sveta tri kralja
Twelfth-night ['twelfθnait] *s* noć uoči Sveta tri kralja
twelve [twelv] *adj* (~**ly** *adv*) dvanaesti
twelve [twelv] *adj* dvanaest | *Rom hist* **the ~ tables** zakoni dvanaest ploča
twelve [twelv] *s* dvanaest; dvanaestorica; dvanaestoro; dvanaestica
twelvefold ['twelvfəuld] *adj* dvanaestorostruk
twelvefold ['twelvfəuld] *adv* dvanaestorostruko
twelvemo ['twelvməu] *s print* (skraćeno *12mo* ili *XIImo*) duodec, format knjige sa 12 listova u arku
twelvemonth ['twelvmʌnθ] *s* godina; rok od godine dana (od dvanaest mjeseci)
twentieth ['twentiiθ] *adj* dvadeseti
twentieth ['twentiiθ] *s* dvadeseti; dvadesetina
twenty ['twenti] *adj* dvadeset
twenty ['twenti] *s* dvadesetoro, dvadesetorica; dvadesetica | **the twenties** *pl* dvadesete godine nekoga stoljeća (20—29)
twentyfold ['twentifəuld] *adj* dvadesetorostruk
twentyfold ['twentifəuld] *adv* dvadesetorostruko
'twere [twəː] = **it were**
twerp [twəːp] *s sl* mizerija, bezveznjak
twibill ['twaibil] *s* bojna sjekira; vrsta motike (trnokopa)
twice [twais] *adv* dvaput | **~ two are four** 2×2=4; **~ as good** dvostruko bolji; **not to think ~ about** zaboraviti, ne misliti više na što, učiniti što odmah (bez oklijevanja ili razmišljanja)
twicer ['twaisə] *s GB coll* onaj koji svake nedjelje ide dvaput u crkvu; *print* slagar koji ujedno rukovodi strojem
twice-told [ˌtwais'təuld] *adj* često pripovijedan, star, otrcan
twiddle ['twidl] *s* malen okret; zavojak, repić
twiddle ['twidl] *vt/i* **I.** *vt* okretati amo-tamo, vrtjeti **II.** *vi* igrati se (*with* čim), vrtjeti se | **to ~ one's thumbs** vrtjeti palcima; *fig* tratiti vrijeme, besposličiti
twig [twig] *s* grana, grančica; šiba, prut, suharak; viline rašlje; *anat* sitan krvni sud | **to work the ~** čarati, izvoditi čarolije; *sl* **to hop the ~** umrijeti
twig [twig] *vt/i GB coll* **I.** *vt* promatrati, opaziti, vidjeti; razumjeti, shvatiti, pojmiti **II.** *vi* razumjeti, shvaćati
twigged [twigd] *adj* koji ima grančice (šibe)
twiggery ['twigəri] *s* grane, granje, pruće
twiggy ['twigi] *adj* poput šibe, šibast, šibolik
twigless ['twiglis] *adj* bez grančica, bez šiba
twilight ['twailait] *s* sumrak, suton (& *fig*) | *med* **~ sleep** metoda opijanja opijumom da porod prođe bez boli
twilight ['twailait] *vt* slabo (blijedo) osvijetliti
twill [twil] *s* tkanina tkana keper-vezom; keper; kord, gabardenska tkanina
twill [twil] *vt* tkati keper-vezom (koso, dijagonalno)
'twill [twil] = **it will**
twilly ['twili] *adj* tkan rebrasto, dijagonalno
twin [twin] *adj* koji se tiče blizanaca (dvojaka, sraslica); dvostruk; tijesno povezan, sličan, vrlo srodan; *bot* paran, u parovima
twin [twin] *s* 1. dvojak, blizanac, blizanka; dvojnik 2. *pl* dvojci, blizanci 3. *bot* sraslica, dvojka; *fig* suputnik, pratilac, drugar, drugarica; pandan; *minr* sraslac (kristal) | *astr* **the Twins** Blizanci (zviježđe); **identical (fraternal) ~s** jednojajčani (dvojajčani) dvojci
twin [twin] *vt/i* **I.** *vt* spariti (kao blizance), spojiti, sastaviti, sjediniti (kristal) **II.** *vi* roditi blizance
twine [twain] *s* jaki konac, dretva; sukanje; usukan ili spleten dio; kolut; zavoj, zaokret; čvor, uzao
twine [twain] *vt/i* **I.** *vt* 1. plesti, sukati (konac) 2. plesti, prepletati, isprepletati, uplesti, upletati (vijence itd.); *fig* potkati, ispreplesti 3. zaplesti, sklopiti (prste) 4. složiti, spojiti što sa (*with*) 5. obaviti, obuhvatiti, oviti (rukama) **II.** *vi* ispreplesti se, spojiti se (o biljci, zmiji itd.), viti se, obaviti se oko čega (*round*)
twin-engine(d) ['twinˌendʒin(d)] *adj* dvomotoran
twiner ['twainə] *s* pletač, pletačica, pletilac, pletilja; tkač, tkalac, tkalja; *bot* povijuša
twinflower ['twinˌflauə] *s bot* vrsta kozokrvnica (grm, *Linnea borealis*)
twinge [twindʒ] *s* štipanje, žiganje, žacanje, probadanje, bol | **a ~ of conscience** grižnja savjesti
twinge [twindʒ] *vt/i* **I.** *vt* štipati, štipnuti, žigati, žacnuti; bosti, bocnuti, boljeti **II.** *vi* imati ili osjećati probadanje | **my side ~s** probada me u rebrima
twining ['twainiŋ] *adj* (~**ly** *adv*) koji se penje (vije)
twinkle ['twiŋkl] *s* svjetlucanje, treptanje, treperenje, žmiganje, sijevanje; trzanje, podrhtavanje, prhanje, lepršanje | **in a ~, in the ~ of an eye** u tren, u tren oka
twinkle ['twiŋkl] *vi/t* **I.** *vi* blistati se, sijati se, svjetlucati se; treptjeti; sijevati, sinuti; trenuti, žmigati, treptati (očima); prebirati (vesti) nogama (u plesu) **II.** *vt* odašiljati svjetlucanjem (svjetlost)

twinkling [ˈtwiŋkliŋ] *s* 1. blistanje, svjetlucanje, treperenje, treptanje 2. *fig* trenutak, čas | **in a ~, in the ~ of an eye, in the ~ of a bedpost** u tren, u tren oka, začas

twinling [ˈtwinliŋ] *s* jaganjac blizanac

twin-screw [ˈtwinskruː] *s* dvostruki vijak; *mar* brod sa dva vijka

twin-set [ˈtwinset] *s* vesta i pulover kao garnitura

twinship [ˈtwinʃip] *s* blizanaštvo

twirl [twəːl] *s* brz okret, vitlanje; *fig* vitica; zavojak, repić

twirl [twəːl] *vt/i* **I.** *vt* brzo okretati, vrtjeti, vitlati (štap), frkati **II.** *vi* vrtjeti se, okretati se

twirp [twəːp] *s* → **twerp**

twist [twist] *s* 1. nešto pleteno (zasukano), pletivo; tkanje, konac; vlakno, nit, žica, pređa; dretva; gajtan, širit, pervaz; konopac, debelo uže; smotak (svitak) duhana za žvakanje 2. okretanje, obrtanje; *tech* uvoj, uvijanje (u predenju); zavijutak, zavoj; zavojit, spiralast ukras 3. *tech* spirala, spiralast zavoj, zavijutak 4. *mil* uvijanje oluka (u cijevi vatrenog oružja); *sport* kretnja u stranu; udar u biljarsku loptu 5. piće garnirano limunovom i sl. korom (npr. *gin* ~); *sl* glad, tek; osobit, poseban, čudan karakter, način mišljenja itd., abnormalna sklonost, nastranost; skretanje (& *fig*) 6. tvist (ples) | **~ of the wrist** spretnost, vještina; **~ of the tongue** mucanje, mucavost

twist [twist] *vt/i* **I.** *vt* 1. okretati, obrtati, vrtjeti; plesti (uže, konop); presti, sukati (konac), upredati (svilu); plesti, uplesti, isplesti (npr. cvijeće u vijenac); žmikati (rublje), omotati, obavijati, oviti što (*round* oko čega); *fig* zaplesti, zamrsiti 2. (spiralno) okretati, obrtati 3. izvinuti, uganuti (gležanj itd.) 4. (lice i dr.) iskriviti, iskreveljiti, izobličiti (& *fig*) 5. *fig* iskriviti, izvrnuti, izopačiti, iskrenuti (smisao riječi) **II.** *vi* 1. okretati se, obrtati se, vrtjeti se 2. (o licu) razvući se, iskriviti se, kriviti se, kreveljiti se 3. (o rijeci) viti se, vijugati se, krivudati, zaokretati 4. dati se plesti, sukati, motati, saviti 5. probijati se kroz gomilu vrteći se, okrećući se (*through*); *fig* vrdati, izmotavati se, biti neiskren 6. plesati tvist | **to ~ one's words** izvrtati riječi

twist off [ˈtwistˈɔf] *vt* otkinuti vrtnjom

twist up [ˈtwistˈʌp] *vt* (spiralno) savijati, saviti, motati, sukati

twistable [ˈtwistəbl] *adj* koji se dade saviti (motati, sukati, plesti)

twister [ˈtwistə] *s* 1. sukač, upredač, užar 2. onaj koji se okreće; *GB sl* spletkar, intrigant; podvaljivač, varalica; *tech* stroj za sukanje konca; (u tenisu) rezana lopta; *fig* težak zadatak, tvrd orah; zamršen položaj, zamršeno stanje; kos hitac; *theat* zaplet

twisty [ˈtwisti] *adj* savijen, izvrnut, naopak; *fig* nepouzdan, nesiguran, sumnjiv

twit [twit] *vt* koriti (karati) koga, prigovarati komu; bockati koga, podrugivati se komu (*with*)

twitch[1] [twitʃ] *s* 1. trzanje, vučenje, potezanje, skidanje, trganje; grčevito trzanje 2. štipanje, žacanje, probadanje 3. *vet* povez preko nosa za umirivanje konja kod operacije

twitch[2] [twitʃ] *s* → **quitch**

twitch [twitʃ] *vt/i* **I.** *vt* 1. trgnuti, trzati, čupati, potegnuti, povući koga (*by* za što) 2. otrgnuti, strgnuti (*from* iz, *off* sa) 3. štipati, uštinuti 4. (o mišićima, udovima, obrazima) grčevito stezati, gibati **II.** *vi* 1. **trgnuti se, trzati** se, trgati 2. grčevito se kretati, micati, stezati, skvrčiti se | **a horse ~es his ears** konj striže ušima

twitter [ˈtwitə] *s* cvrkut, uzrujanost; drhtanje | **in a ~** dršćući

twitter [ˈtwitə] *vi/t* **I.** *vi* cvrkutati; *fig* hihotati; (o osobama) pištati; *dial* biti uzbuđen, uzrujan **II.** *vt* izustiti što cvrkućući

'twixt [twikst] *prep* = **betwixt**

two [tuː] *adj* dva, dvije, dvoje; oba, obje | **one or ~ books** jedna, dvije knjige, nekoliko knjiga; **in a day or two** za koji dan

two [tuː] *s* dvica, dvojka (brojka) dva; dvojica, dvoje | **the ~** oba, obadvojica, oboje, obojica, obadvoje; **the ~ of us** mi obadvojica, mi obadvoje (oboje); **in ~s and threes** po dvoje i po troje; **by ~s, in ~s** dva po dva, dva i dva; **~ and ~** dva i dva, u parovima; **in ~** nadvoje, popola; **~ of a trade** dvojica konkurenata; **to put ~ and ~ together** stvoriti zaključak; **~ can play at that game** još ćemo vidjeti na čiju će biti, batina ima dva kraja

two-bit [ˈtuːˌbit] *adj US sl* beznačajan, nevažan

two-edged [ˌtuːˈedʒd] *adj* dvobridan, dvosjekli (& *fig*)

two-faced [ˌtuːˈfeist] *adj fig* dvoličan, lažan, himben, licemjeran

twofold [ˈtuːfəuld] *adj* dvostruk

twofold [ˈtuːfəuld] *adv* dvostruko

two-handed [ˌtuːˈhændid] *adj* 1. dvostruk 2. dvoručan, koji je za obje ruke; koji je za dvije osobe

two-legged [ˌtuːˈlegd] *adj* dvonog, dvonožan

twopence [ˈtʌpəns] *s GB* vrijednost kovanog novca od dva penija (2 d); *fig* trica, zera | *GB coll* **~ coloured** jeftin, šaren

twopenny [ˈtʌpni] *adj GB* 1. vrijedan dva penija, od (za) dva penija 2. *coll* nezna-

tan, jadan, bezvrijedan | ~ **tube** londonska podzemna željeznica; *sl* ~ **hop** pučki ples, plesni lokal najniže vrste
twopenny ['tʌpni] *s* vrsta slabog piva; *sl* glava | *sl* **tuck in your** ~ sagni tikvu
two-phase ['tu:feiz] *adj el* & *phys* dvofazni (struja)
two-ply ['tu:plai] *adj* dvostruko tkan, dvostruko spleten, sastavljen od dviju žica
two-seater [ˌtu:'si:tə] *s mot* & *aero* dvosjed
two-sided [ˌtu:'saidid] *adj* dvostran; *fig* dvojak, dvosmislen
twosome ['tu:səm] *s* ples ili igra za dvije osobe; par (osoba), dvoje
twosome ['tu:səm] *adj* koji je za dvije osobe, koji izvode dvije osobe
twospeed ['tu:spi:d] *adj tech* za dvije brzine, dvobrzinski
two-step ['tu:step] *s* tustep (vrsta plesa)
two-story [ˌtu:'stɔ:ri] *adj* dvokatan, dvospratan
two-time ['tu:taim] *vt US sl* prevariti
two-timer ['tu:ˌtaimə] *s US sl* varalica
two-tongued [ˌtu:'tʌŋd] *adj* dvojezičan, dvoličan
'twould [twud] = **it would**
two-way ['tu:wei] *s* 1. *el* dvostruki prekidač koji pušta ili prekida struju u oba smjera 2. pipac s dva kanala
two-way ['tu:wei] *adj* obostran, dvosmjeran, bilateralan
tycoon [tai'ku:n] *s* poslovni ili financijski magnat
tyke [taik] *s* → **tike**
tyle [tail] *s* → **tile**
tyler ['tailə] *s* → **tiler**
tylosis [tai'ləusis] *s med* upala očnih kapaka s otokom i otvrdnulošću
tympan ['timpən] *s print* poklopac preše (tijeska); nategnuta kožica (opna, membrana); *archit* zabat
tympanic [tim'pænik] *adj anat* koji se tiče srednjeg uha, bubnjića, kožice; timpanski, membranski
tympanist ['timpənist] *s mus* timpanist
tympanum ['timpənəm] *s* (*pl* ~**s, tympani** ['timpənai]) bubanj, koža na bubnju; *anat* srednje uho, bubnjić; opna, kožica; *archit* zabat; *tech* kotač pokretan gaženjem, crpni kotač; *el* membrana
typal ['taipl] *adj* tipski
type [taip] *s* 1. simbol, znak; znamen, znamenje, obilježje, slika čega; *arch* oznaka, obilježje čega; žig, znak 2. značaj, karakter, karakterne crte; zajednički (osnovni, glavni) oblik, karakteristični razred, rod, vrsta, skupina, tip, odlika, soj, kategorija, kalibar 3. uzor, primjer, egzemplar, pralik 4. *print* štamparsko slovo, slova; *collect* tisak, pismo 5. lik ili napis na novcu, medalji i dr. | **bold (heavy)** ~ mastan tisak, masna slova; **in** ~ složen, gotov za tisak, štampu; **to appear in** ~ biti objelodanjen, tiskan, štampan
type [taip] *vt/i* pisati što na pisaćem stroju, tipkati, simbolizirati, biti uzor; klasificirati (odrediti) po tipu, identificirati
type-bar ['taipba:] *s* poluga (pisaćeg stroja) sa slovom; *print* izliveni olovni redak
type-cutter ['taipˌkʌtə] *s* pečatorezac
type-founder ['taipˌfaundə] *s print* ljevač slova
type-foundry ['taipˌfaundri] *s print* ljevaonica slova
type-high ['taiphai] *adj print* (kliše) normalne visine sloga
type-metal ['taipˌmetl] *s print* metal za lijevanje slova
type-script ['taipskript] *s* (tipkani) rukopis
type-setter ['taipˌsetə] *s print* 1. slagar 2. stroj za slaganje
type-wheel ['taipwi:l] *s* kotač (valjak) s ispupčenim slovima (na teleprinteru i nekim strojevima za pisanje)
type-write ['taiprait] *vt/i* (typewrote, typewritten) pisati na pisaćem stroju, tipkati
typewriter ['taipˌraitə] *s* stroj za pisanje; *arch* tipkač, tipkačica, daktilograf, daktilografkinja
typhoid ['taifɔid] *adj med* poput tifusa, tifozan | ~ **fever** trbušni tifus, pošalina
typhoid ['taifɔid] *s* → **typhoid fever**
typhoidal [tai'fɔidl] *adj* tifusni
typhonic [tai'fɔnik] *adj* tajfunski
typhoon [tai'fu:n] *s* tajfun, orkan
typhous ['taifəs] *adj* tifozan
typhus ['taifəs] *s med* pjegavi tifus, pjegavac
typic ['tipik] *adj arch* & *poet* → **typical**
typical ['tipikl] *adj* (~**ally** *adv*) simboličan, slikovit; tipičan (*of* za); uzoran, primjeran, prav, istinit, pravilan, propisan; karakterističan, značajan (*of* za); *med* periodičan, pravilan (o bolesti)
tipification [ˌtipifi'keiʃn] *s* tipizacija; svrstavanje po tipovima
typifier ['tipifaiə] *s* onaj koji svrstava po tipovima (koji tipizira)
typify ['tipifai] *vt* tipizirati, svrstavati po tipovima; učiniti primjerom, uzorom, tipom; predočiti, izraziti simbolički ili u slici; služiti za uzor, biti karakterističan
typist ['taipist] *s* tipkač, tipkačica, daktilograf, daktilografkinja
typo ['taipəu] *s coll* → **typographer;** *US* tiskarska greška
typographer [tai'pɔgrəfə] *s* tiskar, štampar; slagar, tipograf
typographic [ˌtaipə'græfik] *adj* (~**ally** *adv*) tiskarski, štamparski, slagarski, tipografski
typography [tai'pɔgrəfi] *s* tipografija, tiskarstvo, štamparstvo
typology [tai'pɔlədʒi] *s theol* doktrina, tumačenje (napose biblijskih) tipova
tyrannical [ti'rænikl] *adj* (~**ly** *adv*) okrutan, silnički, tiranski, despotski

tyrannicidal [tiˌræniˈsaidl] *adj* koji se tiče ubojstva tiranina

tyrannicide [tiˈrænisaid] *s* ubojstvo tiranina; ubojica tiranina

tyrannize [ˈtirənaiz] *vi/t* **I.** *vi* vladati okrutno, tiranski **II.** *vt* mučiti, tiranizirati koga, postupati nasilnički, tiranski, despotski (*over*)

tyrannous [ˈtirənəs] *adj* (**~ly** *adv*) okrutan, silnički, tiranski, despotski; *fig* nesmiljen, nemilosrdan, neumoljiv

tyrannousness [ˈtirənəsnis] *s* tiranstvo

tyranny [ˈtirəni] *s* tiranija, nasilje, despotstvo, zulum, samovolja

tyrant [ˈtairənt] *s* tiranin, nasilnik, despot, zulumčar, ugnjetač, tlačitelj

tyre [ˈtaiə] *s GB mot* vanjska guma

tyre [ˈtaiə] *s* & *vt* → **tire**

tyre-fabric [ˈtaiəˌfæbrik] *s* auto-kord

tyro [ˈtaiərəu] *s* → **tiro**

Tyrolese [ˌtirəˈliːz] *adj* tirolski

Tyrolese [ˌtirəˈliːz] *s* Tirolac, Tirolka

Tzigane [tsiˈgaːn] *s* Rom, Ciganin, Romkinja, Ciganka

Tzigane [tsiˈgaːn] *adj* ciganski, romski

U

U, u [ju:] (*pl* **~s, ~s'**) u (21. slovo engleske abecede)
U [ju:] *adj GB coll* otmjen, prihvaćen u boljim krugovima (→ **non-U**)
uberous ['ju:bərəs] *adj* koji daje mnogo mlijeka; obilan, pun, plodan
ubiety [ju:'baiiti] *s phil* postojanje na određenom mjestu, mjesni odnos
ubiquitarian [ju:ˌbikwi'tɛəriən] *adj theol* koji je svagdje prisutan (Kristovo tijelo)
ubiquitarian [ju:ˌbikwi'tɛəriən] *s theol* pristaša vjerovanja u posvudašnju prisutnost Kristova tijela
ubiquitous [ju:'bikwitəs] *adj* (**~ly** *adv*) svagdje prisutan, koji se može svagdje naći, posvudašnji
ubiquity [ju:'bikwiti] *s* posvudašnja prisutnost
U-boat ['ju:bəut] *s* njemačka podmornica
udal ['ju:dl] *s* vrsta lena na Orkneyskim i Shetlandskim otocima
udaller ['ju:dlə] *s* posjednik jedne vrste lena (→ **udal**)
udder ['ʌdə] *s* vime
udometer [ju:'dɔmitə] *s phys* sprava za mjerenje kiše
uglification [ˌʌglifi'keiʃn] *s* iznakaženje, nagrđivanje
uglify ['ʌglifai] *vt* učiniti ružnim, nagrditi, iznakaziti
ugliness ['ʌglinis] *s* ružnoća; gadost, odvratnost
ugly ['ʌgli] *adj* (**uglily** *adv*) 1. ružan, gadan, odvratan, ogavan 2. zao, zloban, podao 3. neugodan; kritičan, prijeteći, opasan (npr. rana) | *coll* **an ~ customer** opasan momak; **~ duckling** ružno pače (iz priče & *fig*)
ugly ['ʌgli] *s* 1. ružna osoba 2. vrsta štitnika na ženskim šeširima oko polovice 19. stoljeća
Ugrian ['u:griən] *adj* ugrijski
Ugrian ['u:griən] *s* Ugrijac, Ugrijka
Ugric ['u:grik] *adj* ugrijski
Ukrainian [ju:'kreinjən] *adj* ukrajinski
ukulele [ˌju:kə'leili] *s mus* ukulele
ulcer ['ʌlsə] *s med* čir (& *fig*); ljaga, sramota
ulcerate ['ʌlsəreit] *vi/t* **I.** *vi* gnojiti se **II.** *vt* izazivati čirove (gnojenje); *fig* otrovati, pokvariti, izopačiti
ulceration [ˌʌlsə'reiʃn] *s* gnojenje, čir
ulcerous ['ʌlsərəs] *adj* (**~ly** *adv*) gnojan, zagnojen, koji ima čirove, otrovan, štetan
ullage ['ʌlidʒ] *s* manjak na tekućini ili težini (u boci, bačvi), kalo, ostatak vina u čaši
ulna ['ʌlnə] *s* (*pl* **ulnae** ['ʌlni:]) *anat* lakatna kost
ulster ['ʌlstə] *s* vrsta dugog, prostranog kaputa
ulterior [ʌl'tiəriə] *adj* (**~ly** *adv*) onostran, dalji, slijedeći, kasniji, daljnji, ostali, drugi, udaljeniji; zakrit, sakriven, potajan
ulteriority [ʌlˌtiəri'ɔriti] *s* onostranost; skrivenost, potajnost
ultimate **['ʌltimət]** *adj* (**~ly** *adv*) konačan, krajnji, osnovni, prvobitan
ultimatum [ˌʌlti'meitəm] *s* (*pl* **~s, ultimata** [ˌʌlti'meitə]) ultimatum, posljednja riječ, posljednji prijedlog, posljednja točka, krajnja granica, posljednje načelo, temeljno načelo, bitno pitanje
ultimo ['ʌltiməu] *adv* prošlog mjeseca
ultra ['ʌltrə] *adj* ekstreman, radikalan, ultra
ultraism ['ʌltrəizm] *s* ekstremno stanovište, ekstremni smjer
ultra(ist) ['ʌltrə(ist)] *s* ekstremist, radikal, ultraš
ultramarine [ˌʌltrəmə'ri:n] *adj* 1. prekomorski 2. ultramarinski modar
ultramarine [ˌʌltrəmə'ri:n] *s* ultramarinsko modrilo, ultramarin
ultramontane [ˌʌltrə'mɔntein] *adj* 1. koji je s one strane Alpa, talijanski 2. *eccl* koji strogo pristaje uz papinstvo, klerikalan, ultramontan
ultramontane [ˌʌltrə'mɔntein] *s* osoba koja stanuje s onu stranu Alpa; klerikalac, ultramontanac

ultramontanism [ˌʌltrəˈmɔntinizm] klerikalizam, ultramontanizam
ultramundane [ˌʌltrəˈmʌndein] *adj* izvanzemaljski, nadzemaljski
ultra-short [ˌʌltrəˈʃɔːt] *adj radio* ultrakratki
ultra-short [ˌʌltrəˈʃɔːt] *s radio* ultrakratki val
ultrasonic [ˌʌltrəˈsɔnik] *adj* nadzvučni
ultraviolet [ˌʌltrəˈvaiəlit] *adj* ultravioletni, ultraljubičast
ululant [ˈjuːljulənt] *adj* koji urla, zavija
ulutate [ˈjuːljuleit] *vt* urlati, zavijati, jadikovati
ululation [ˌjuːljuˈleiʃn] *s* urlanje, zavijanje, jadikovanje
umbel [ˈʌmbəl] *s bot* štitast cvat
umber [ˈʌmbə] *s minr* umbra (vrsta zemlje od koje se pravi smeđa boja); smeđa zemljana boja
umber [ˈʌmbə] *adj* smeđ, mrk, taman
umber [ˈʌmbə] *vt* obojiti smeđom bojom
umbilical [ʌmˈbilikl] *adj* 1. *anat* pupčan 2. središnji 3. po majci, po ženskoj lozi | *anat* ~ **cord** pupkovina
umbilicus [ʌmˈbilikəs] *s anat* pupak; *bot* & *zool* pupčast oblik; *geom* točka na površini kroz koju prolaze sve kružne linije; *Rom hist* glavica na oba kraja štapa oko kojeg su se namatali manuskripti
umbo [ˈʌmbəu] *s* (*pl* **~s, umbones** [ʌmˈbəuniːz]) izbočina na štitu, osobito u središtu; *bot* & *zool* izbočina, glavica, izraslina; *anat* središnje udubljenje u bubnjiću
umbonal [ˈʌmbəunl] *adj* pupčast, glavičast, koji leži na ispupčenju ili na udubljenju
umbra [ˈʌmbrə] *s* (*pl* **~s, umbrae** [ˈʌmbriː]) *astr* Zemljina, Mjesečeva sjena; tamniji dio Sunčeve pjege; *Rom hist* nepozvan gost (kojega uvede koji drugi gost)
umbrage [ˈʌmbridʒ] *s* 1. *poet* sjena, tmina 2. ljutnja, uvreda
umbrageous [ʌmˈbreidʒəs] *adj* (**~ly** *adv*) sjenovit, nepovjerljiv, osjetljiv
umbral [ˈʌmbrəl] *adj astr* koji se tiče sjene
umbrella [ʌmˈbrelə] *s* kišobran, suncobran; *fig* formula ili kompromis koji omogućuje političarima suprotnih mišljenja da se udruže; *mil* zračna zaštita, avijacijsko osiguranje; *fig* okrilje
umbrian [ˈʌmbriən] *adj* umbrijski
umlaut [ˈumlaut] *s Ger gram* prijevoj
umlaut [ˈumlaut] *vt Ger gram* izmijeniti prijevojem, načiniti prijevoj, dobiti prijevoj
umpirage [ˈʌmpaiəridʒ] *s* služba, čast izabranog obraničkog (arbitražnog) suca; presuda takva suca
umpire [ˈʌmpaiə] *s jur* obranički (arbitražni) sudac; izabrani sudac, sportski sudac
umpire [ˈʌmpaiə] *vi/t* biti obranički (arbitražni) izabrani sudac; *sport* voditi igru (natjecanje) kao sudac; donijeti presudu kao obranički (arbitražni), izabrani sudac
umpteen [ˌʌmpˈtiːn] *adj sl* više njih, brojni, mnogi
umpty [ˈʌmpti] *s sl* neodređen broj
'un [ʌn] *pron coll* jedan, neki
unabashed [ˌʌnəˈbæʃt] *adj* bestidan, drzak, bezobrazan; smion
unabated [ˌʌnəˈbeitid] *adj* nesmanjen, neumanjen
unabating [ˌʌnəˈbeitiŋ] *adj* postojan, stalan, nepopustljiv
unabbreviated [ˌʌnəˈbriːvieitid] *adj* neskraćen
unable [ʌnˈeibl] *adj* nemoćan, nesposoban, koji ne može, nedovoljan | **to be** ~ ne moći
unabridged [ˌʌnəˈbridʒd] *adj* neskraćen
unaccented [ˌʌnækˈsentid] *adj* nenaglašen
unacceptable [ˌʌnəkˈseptəbl] *adj* (**unacceptably** *adv*) neprihvatljiv, neugodan, nemio, nezgodan
unaccepted [ˌʌnəkˈseptid] *adj* neprihvaćen
unaccommodating [ˌʌnəˈkɔmədeitiŋ] *adj* neprijazan, nedruževan, nepristupačan, nepodnošljiv, svadljiv, nepopustljiv, nekulantan
unaccompanied [ˌʌnəˈkʌmpənid] *adj* nepraćen; *mus* bez pratnje
unaccomplishable [ˌʌnəˈkɔmpliʃəbl] *adj* neprovediv
unaccomplished [ˌʌnəˈkɔmpliʃt] *adj* nedovršen, nesvršen; neobrazovan
unaccountability [ˈʌnəˌkauntəˈbiliti] *s* neobjašnjivost; rijetkost; neodgovornost
unaccountable [ˌʌnəˈkauntəbl] *adj* (**unaccountably** *adv*) neobjašnjiv, čudan, neobičan; neodgovoran
unaccustomed [ˌʌnəˈkʌstəmd] *adj* nenavikao (*to* na); neuobičajen, neobičan, stran
unachievability [ˈʌnəˌtʃiːvəˈbiliti] *s* nedostižnost, neizvedivost
unachievable [ˌʌnəˈtʃiːvəbl] *adj* neizvediv, nepostiživ
unacknowledged [ˌʌnəkˈnɔlidʒd] *adj* nepriznat, nepotvrđen, na koji nije došao odgovor
unacquainted [ˌʌnəˈkweintid] *adj* nepoznat | **to be** ~ **with** ne poznavati, ne biti navikao na
unactable [ˌʌnˈæktəbl] *adj theat* neizvediv, koji se ne da izvesti
unacted [ˌʌnˈæktid] *adj* neizvediv (npr. drama)
unadaptability [ˈʌnəˌdæptəˈbiliti] *s* neprilagodljivost, neprimjenljivost
unadaptable [ˌʌnəˈdæptəbl] *adj* neprilagodljiv, neprimjenljiv
unadapted [ˌʌnəˈdæptid] *adj* neprilagođen, neprikladan, neuređen (*to* za)
unaddressed [ˌʌnəˈdrest] *adj* nenaslovljen, neadresiran

unadjusted [ˌʌnəˈdʒʌstid] *adj* neprilagođen, neuređen, neriješen; *ins* nenaknađen (šteta)
unadorned [ˌʌnəˈdɔːnd] *adj* neukrašen, neurešen, jednostavan
unadulterated [ˌʌnəˈdʌltəreitid] *adj* nepatvoren, čist, prav, istinit
unadventurous [ˌʌnədˈventʃərəs] *adj* nepustolovan, bez doživljaja, jednoličan
unadvisability [ˈʌnəˌdvaizəˈbiliti] *s* nepreporučljivost, neuputnost
unadvisable [ˌʌnədˈvaizəbl] *adj* koji (što) se ne da (ne može) savjetovati, nepreporučljiv, koji se ne da poučiti
unadvised [ˌʌnədˈvaizd] *adj* (**~ly** [ˌʌnədˈvaizidli] *adv*) nesmotren, nepromišljen, nagao
unaffected [ˌʌnəˈfektid] *adj* nepromijenjen (*by* od); koji nije pod utjecajem, nedirnut
unaffected [ˌʌnəˈfektid] *adj* (**~ly** *adv*) neizvještačen, prirodan, jednostavan, neafektiran, istinit, nepatvoren, iskren
unaffectedness [ˌʌnəˈfektidnis] *s* neizvještačenost, prirodnost
unafraid [ˌʌnəˈfreid] *adj* nepreplašen, neprestrašen
unaggressive [ˌʌnəˈgresiv] *adj* nenapadački, neagresivan, miroljubiv
unaggressiveness [ˌʌnəˈgresivnis] *s* neagresivnost, miroljubivost
unaided [ˌʌnˈeidid] *adj* nepotpomognut; bez naočala (oči) | **with ~ eyes** golim okom
unaired [ˌʌnˈɛəd] *adj* neprozračen, zagušljiv, vlažan
unalarmed [ˌʌnəˈlaːmd] *adj* koji nije uznemiren
unalienability [ʌnˌeiljənəˈbiliti] *s* neotuđivost
unalienable [ˌʌnˈeiljənəbl] *adj* (**unalienably** *adv*) neotuđiv
unallied [ˌʌnəˈlaid] *adj* nesrodan, bez saveznika
unallowable [ˌʌnəˈlauəbl] *adj* nedozvoljen, nedopustiv
unalloyed [ˌʌnəˈlɔid] *adj* nepromišljen, bez primjese, čist, nepatvoren
unalluring [ˌʌnəˈljuəriŋ] *adj* neprivlačljiv
unalterability [ʌnˌɔːltərəˈbiliti] *s* nepromjenljivost
unalterable [ʌnˈɔːltərəbl] *adj* (**unalterably** *adv*) nepromjenljiv, neopoziv
unaltered [ˌʌnˈɔːltəd] *adj* nepromijenjen
unamazed [ˌʌnəˈmeizd] *adj* nezačuđen | **to be ~ at** ne čuditi se komu (čemu)
unambiguous [ˌʌnæmˈbigjuəs] *adj* (**~ly** *adv*) nedvojben, nedvoličan, jasan
unambiguousness [ˌʌnæmˈbigjuəsnis] *s* nedvojbenost, nedvoličnost, jasnost
unambitious [ˌʌnæmˈbiʃəs] *adj* (**~ly** *adv*) neambiciozan, koji nije častohlepan, smjeran, jednostavan
unamenable [ˌʌnəˈmiːnəbl] *adj* nepristupačan
unamended [ˌʌnəˈmendid] *adj* nepopravljen, nepromijenjen, neizmijenjen
un-American [ˌʌnəˈmerikən] *adj* neamerički; antiamerički
unamiability [ʌnˌeimiəˈbiliti] *s* neljubaznost
unamiable [ʌnˈeimiəbl] *adj* (**unamiably** *adv*) neljubazan
unamusing [ˌʌnəˈmjuːziŋ] *adj* nezabavan, dosadan
unanalysable (unanalyzable) [ˌʌnˈænəlaizəbl] *adj* koji se ne da analizirati
unanchor [ˌʌnˈæŋkə] *vt/i* **I.** *vt* odriješiti brod sa sidra **II.** *vi* dignuti sidro; *fig* osloboditi se
unanimated [ʌnˈænimeitid] *adj* koji nije živ, neživahan, dosadan
unanimity [ˌjuːnəˈnimiti] *s* jednodušnost, jednoglasnost | **with ~** jednodušno, jednoglasno
unanimous [juˈnænimәs] *adj* (**~ly** *adv*) jednodušan, jednoglasan, sveopći
unannounced [ˌʌnəˈnaunst] *adj* nenajavljen, neobjavljen
unanswerable [ˌʌnˈaːnsərəbl] *adj* (**unanswerably** *adv*) na koji (što) se ne da odgovoriti, nepobitan, neoboriv; neodgovoran
unanswered [ˌʌnˈaːnsəd] *adj* na koji (što) nije stigao odgovor, neodgovoren, neopovrgnut, nepobijen
unanticipated [ˌʌnænˈtisipeitid] *adj* nepredviđen, neočekivan
unapeasability [ˈʌnəˌpiːzəˈbiliti] *s* neutaživost, nepomirljivost
unappalled [ˌʌnəˈpɔːld] *adj* neustrašiv, smion
unapparent [ˌʌnəˈpærənt] *adj* koji nije vidljiv, nevidljiv, nejasan
unappealable [ˌʌnəˈpiːləbl] *adj* *jur* komu nema priziva
unappeasable [ˌʌnəˈpiːzəbl] *adj* koji se ne da umiriti (ublažiti), nepomirljiv, neutaživ
unapplied [ˌʌnəˈplaid] *adj* neprimijenjen, neupotrijebljen
unappreciable [ˌʌnəˈpriːʃəbl] *adj* neproračunljiv, neopaziv, beznačajan
unappreciated [ˌʌnəˈpriːʃieitid] *adj* nepoštovan, necijenjen, komu se ne pridaje dovoljna pažnja
unappreciative [ˌʌnəˈpriːʃiətiv] *adj* koji ne odaje priznanje (poštovanje)
unapprehended [ˌʌnæpriˈhendid] *adj* neuhvaćen, neuhapšen; neshvaćen
unapprehensive [ˌʌnæpriˈhensiv] *adj* koji je bez straha, neustrašiv, bezbrižan; koji ne shvaća, neuviđavan
unapproachability [ˈʌnəˌprəutʃəˈbiliti] *s* nepristupačnost, nedostižnost
unapproachable [ˌʌnəˈprəutʃəbl] *adj* (**unapproachably** *adv*) nepristupačan, nedostižan, neusporediv

unapproached [ˌʌnəˈprəutʃt] *adj* nepostignut, nepostiživ
unappropriated [ˌʌnəˈprəuprieitid] *adj* neupotrijebljen; koji nije u posjedu; koji je bez gospodara | *fin* ~ **funds** mrtvi kapitali
unapproved [ˌʌnəˈpruːvd] *adj* neodobren
unapt [ʌnˈæpt] *adj* (~**ly** *adv*) neprikladan; nesposoban, nespretan, nenaklonjen
unarm [ˌʌnˈaːm] *vt/i* **I.** *vt* razoružati **II.** *vi* položiti oružje
unarmed [ˌʌnˈaːmd] *adj* nenaoružan, bez obrane; *zool* & *bot* nezaštićen (bez bodljika)
unarmoured [ˌʌnˈaːməd] *adj* *mar* neoklopljen, nezaštićen
unarranged [ˌʌnəˈreindʒd] *adj* neuređen; koji nije predviđen (spremljen, utanačen)
unarrayed [ˌʌnəˈreid] *adj* neuređen, nenamješten; neodjeven, neukrašen
unartful [ˌʌnˈaːtful] *adj* neizvještačen, jednostavan; bezazlen, prostodušan
unartistic [ˌʌnaːˈtistik] *adj* neumjetnički
unascertainable [ˌʌnæsəˈteinəbl] *adj* neutvrdiv, koji se ne može ustanoviti
unascertained [ˌʌnæsəˈteind] *adj* neutvrđen, nepoznat
unashamed [ˌʌnəˈʃeimd] *adj* (~**ly** [ˌʌnəˈʃeimidli] *adv*) nepostiđen; neustrašiv; bestidan
unasked [ˌʌnˈaːskt] *adj* nepitan, nepozvan, nepoželjan
unaspirated [ˌʌnˈæspəreitid] *adj* *phon* neaspiriran (glas)
unaspiring [ˌʌnəˈspaiəriŋ] *adj* koji je bez zahtjeva, nečastohlepan, skroman
unassailability [ˈʌnəˌseiləˈbiliti] *s* neoborivost, nepobitnost
unassailable [ˌʌnəˈseiləbl] *adj* koji se ne da napasti; *fig* neoboriv, nepobitan; nepokolebljiv
unassessed [ˌʌnəˈsest] *adj* neprocijenjen, neoporezovan
unassignable [ˌʌnəˈsainəbl] *adj* 1. *jur* neprenosiv 2. nepripisiv; koji se ne da svesti na
unassigned [ˌʌnəˈsaind] *adj* neutvrđen, nedokazan, nedoznačen; *jur* neprenesen
unassimilable [ˌʌnəˈsimiləbl] *adj* koji se ne da asimilirati, koji nije sposoban za asimilaciju
unassisted [ˌʌnəˈsistid] *adj* bez potpore, nepotpomognut; neoboružan | **with** ~ **eyes** golim okom
unassuming [ˌʌnəˈsjuːmiŋ] *adj* koji nema zahtjeva, čedan, skroman
unassumingness [ˌʌnəˈsjuːmiŋnis] *s* skromnost
unassured [ˌʌnəˈʃuəd] *adj* nesiguran; koji nema pouzdanja; *ins* neosiguran
unattached [ˌʌnəˈtætʃt] *adj* neprivezan; nepovezan, koji ne pripada (*to* k); *mil* stavljen na raspoloženje; *univ* eksterni, koji ne pripada nijednom koledžu
unattainability [ˈʌnəˌteinəˈbiliti] *s* nepostižnost, nedokučivost
unattainable [ˌʌnəˈteinəbl] *adj* nepostiživ, nedokučiv, neispunjiv
unattained [ˌʌnəˈteind] *adj* nepostignut, nepostižan
unattempted [ˌʌnəˈtemptid] *adj* nepokušan
unattended [ˌʌnəˈtendid] *adj* bez pratnje, nepraćen; nečuvan; nepovijen (rana)
unattested [ˌʌnəˈtestid] *adj* nedokazan
unattractive [ˌʌnəˈtræktiv] *adj* (~**ly** *adv*) koji je bez draži, neprivlačan
unattractiveness [ˌʌnəˈtræktivnis] *s* neprivlačnost, odbojnost
unauthentic [ˌʌnɔːˈθentik] *adj* neizvoran, nevjerodostojan, neautentičan, patvoren
unauthenticated [ˌʌnɔːˈθentikeitid] *adj* neprovjeren, nedokazan
unauthenticity [ˈʌnˌɔːθənˈtisiti] *s* neautentičnost, neizvornost, nevjerodostojnost
unauthorized [ˌʌnˈɔːθəraizd] *adj* neopunomoćen, neovlašten; neosnovan, bespravan; samovoljan, samovlastan, svojevoljan; nedopušten, nedozvoljen
unavailability [ˈʌnəˌveiləˈbiliti] *s* beskorisnost, neupotrebljivost, neraspoloživost
unavailable [ˌʌnəˈveiləbl] *adj* besplodan, beskoristan, bezuspješan, uzaludan; neupotrebljiv, nepostiživ, neraspoloživ
unavailing [ˌʌnəˈveiliŋ] *adj* (~**ly** *adv*) beskoristan, uzaludan, besplodan
unavoidability [ˈʌnəˌvɔidəˈbiliti] *s* neizbježnost
unavoidable [ˌʌnəˈvɔidəbl] *adj* (**unavoidably** *adv*) neizbježiv, neotklonjiv, neumoljiv; *jur* neoboriv, nepobitan
unawakened [ˌʌnəˈweikənd] *adj* neprobuđen, nerasplamćen
unaware [ˌʌnəˈwɛə] *adj* koji ne zna, koji nije svjestan, nesvjestan | **to be** ~ **of** ne znati, ne opaziti, ne slutiti
unawares [ˌʌnəˈwɛəz] *adv* nenamjerno, nehotice, pomutnjom, neočekivano | **at** ~ neočekivano, naglo; **to be taken** ~ biti iznenađen, biti zatečen
unbacked [ˌʌnˈbækt] *adj* neobučen (konj); *fig* nepotpomognut, nezaštićen, bez pomoći
unbaked [ˌʌnˈbeikt] *adj* nepečen; *fig* sirov, nezreo
unbalance [ˌʌnˈbæləns] *vt* poremetiti ravnotežu, prebaciti, oboriti (& *fig*)
unbalanced [ˌʌnˈbælənst] *adj* izveden iz ravnoteže, neuravnotežen, nesiguran; *fig* neizjednačen, neučvršćen, nesiguran, kolebljiv; *com* neizravnan, nesaldiran
unbale [ˌʌnˈbeil] *vt* ispakirati (robu) iz omota (bale)
unballast [ˌʌnˈbæləst] *vt* osloboditi (brod) balasta (tereta), izbaciti balast
unbaptized [ˌʌnbæpˈtaizd] *adj* nekršten

unbar [ˌʌnˈbaː] *vt* otkračunati, otvoriti (& *fig*)
unbathed [ˌʌnˈbeiðd] *adj* neokupan; koji nije mokar; suh
unbearability [ʌnˌbɛərəˈbiliti] *s* nepodnošljivost
unbearable [ʌnˈbɛərəbl] *adj* (**unbearably** *adv*) nepodnošljiv
unbearded [ˌʌnˈbiədid] *adj* koji je bez brade, golobrad; *bot* koji je bez osja
unbeaten [ˌʌnˈbiːtn] *adj* nepotučen, nekažnjen; neizgažen; *fig* neistražen, nepobijeđen; nenadmašen
unbecoming [ˌʌnbiˈkʌmiŋ] *adj* (~**ly** *adv*) nepristojan, neprikladan, neumjestan; koji ne pristaje
unbefitting [ˌʌnbiˈfitiŋ] *adj* nepristojan, neprikladan, neumjestan
unbefriended [ˌʌnbiˈfrendid] *adj* bez prijatelja, bespomoćan
unbegotten [ˌʌnbiˈgɔtn] *adj* nestvoren, nerođen
unbeknown [ˌʌnbiˈnəun] *pred adj* bez čijeg znanja, nepoznat
unbeknownst [ˌʌnbiˈnəunst] *pred adj* & *adv coll* nepoznat | **he did it** ~ **to anybody** učinio je to bez ičijeg znanja
unbelief [ˌʌnbiˈliːf] *s* nevjerovanje; sumnja, nepovjerenje
unbelievability [ˈʌnbiˌliːvəˈbiliti] *s* nevjerojatnost
unbelievable [ˌʌnbiˈliːvəbl] *adj* (**unbelievably** *adv*) nevjerojatan
unbeliever [ˌʌnbiˈliːvə] *s* nevjernik; sumnjalo
unbelieving [ˌʌnbiˈliːviŋ] *adj* koji ne vjeruje
unbelievingly [ˌʌnbiˈliːviŋli] *adv* nevjerujući, s nevjericom
unbeloved [ˌʌnbiˈlʌvd] *adj* nevoljen, neljubljen
unbelt [ˌʌnˈbelt] *vt* otpasati (skinuti) remen; otpasati mač
unbend [ˌʌnˈbend] *vt/i* **I.** *vt* 1. popustiti, popuštati, olabaviti 2. *mar* odriješiti uže (sa sidra, plutače itd.), odvezati jedra **II.** *vi* popustiti, popuštati, olabaviti; *fig* postati neusiljen, prirodan, povjerljiv, ljubazan
unbeneficed [ˌʌnˈbenifist] *adj* koji je bez prebende (bez prihoda)
unbeseeming [ˌʌnbiˈsiːmiŋ] *adj* (~**ly** *adv*) nepristojan, neprikladan, neumjestan
unbesought [ˌʌnbiˈsɔːt] *adj* nepozvan, dobrovoljan
unbias(s)ed [ˌʌnˈbaiəst] *adj* (~**ly** *adv*) nepristran, koji nije pod utjecajem, koji je bez predrasuda, stvaran
unbidden [ˌʌnˈbidn] *adj* nepovezan, dobrovoljan
unbind [ˌʌnˈbaind] *vt* (unbound, unbound) 1. *poet* odvezati, osloboditi 2. razvezati (knjigu)
unblamable [ˌʌnˈbleiməbl] *adj* (**unblamably** *adv*) kome se ne može prigovoriti, neporočan, nedužan, nevin
unbleached [ˌʌnˈbliːtʃt] *adj* nebijeljen
unblemished [ˌʌnˈblemiʃt] *adj* koji je bez mrlja; *fig* koji je bez ljage, neokaljan, čist
unblended [ˌʌnˈblendid] *adj* nepomiješan, čist
unblooded [ˌʌnˈblʌdid] *adj* koji nije čiste pasmine (konj)
unbloody [ˌʌnˈblʌdi] *adj* neokaljan krvlju, nekrvav, koji se dogodio bez prolijevanja krvi; *fig* nekrvoločan
unblown [ˌʌnˈbləun] *adj* nerascvjetan, koji je još u klici (zametku); nerazvijen
unblushing [ˌʌnˈblʌʃiŋ] *adj* (~**ly** *adv*) koji se ne crveni, besraman, bestidan
unbodied [ˌʌnˈbɔdid] *adj* bestjelesan, netjelesan, oslobođen tijela
unbolt [ˌʌnˈbəult] *vt* otkračunati, otvoriti
unbolted [ˌʌnˈbəultid] *adj* otkračunan, otvoren; neprosijan (žito)
unbonnet [ˌʌnˈbɔnit] *vi/t* **I.** *vi* skinuti šešir (*to* pred) **II.** *vt* baciti (komu) šešir s glave
unbookish [ˌʌnˈbukiʃ] *adj* nenačitan, koji nije učen, koji ne crpe iz knjiga
unboot [ˌʌnˈbuːt] *vt/i* **I.** *vt* skinuti komu cipele, izuti koga **II.** *vi* skinuti cipele, izuti se
unborn [ˌʌnˈbɔːn] *adj* nerođen; budući
unbosom [ˌʌnˈbuzəm] *vt/i* **I.** *vt* povjeriti, odati (misli) **II.** *vi* povjeriti se
unbought [ˌʌnˈbɔːt] *adj* nekupljen; koji je dan od prirode, bogodan
unbound [ˌʌnˈbaund] *adj* nevezan, slobodan (& *fig*); neuvezan, broširan (knjiga)
unbounded [ˌʌnˈbaundid] *adj* (~**ly** *adv*) neograničen, neizmjeran
unbowed [ˌʌnˈbəud] *adj* neprignut, nepognut; *fig* nepokoren
unbox [ˌʌnˈbɔks] *vt* izvaditi iz kutije; izvesti konja iz pregrade
unbrace [ˌʌnˈbreis] *vt* odvezati, otpustiti, olabaviti (& *fig*); oslabiti
unbreakability [ˈʌnˌbreikəˈbiliti] *s* neslomljivost
unbreakable [ˌʌnˈbreikəbl] *adj* koji se ne da razbiti; neslomljiv
unbred [ˌʌnˈbred] *adj* neodgojen, neobrazovan
unbreeched [ˌʌnˈbriːtʃt] *adj* koji je bez hlača, (dječak) koji još ne nosi hlače
unbribable [ˌʌnˈbraibəbl] *adj* nepodmitljiv
unbridgeable [ˌʌnˈbridʒəbl] *adj* nepremostiv
unbridle [ˌʌnˈbraidl] *vt* razuzdati, skinuti uzde (konju); *fig* osloboditi, razvezati jezik
unbridled [ˌʌnˈbraidld] *adj* nezauzdan; *fig* neobuzdan, razuzdan
unbroke [ˌʌnˈbrəuk] *adj* → **unbroken**

unbroken [ˌʌnˈbrəukn] *adj* nerazbijen, potpun, čitav; *fig* neslomljen, nesmanjen; nepogažen (riječ, obećanje); neprekinut; neobučen, nedresiran (konj); neoran, netaknut (tlo); nenadmašen (rekord)
unbrotherly [ˌʌnˈbrʌðəli] *adj* nebratski, koji nije bratski
unbuckle [ˌʌnˈbʌkl] *vt* otkopčati, raskopčati, razvezati
unburden [ˌʌnˈbəːdn] *vt* oteretiti; *fig* odati, povjeriti
unburied [ˌʌnˈberid] *adj* nepokopan, nesahranjen
unburned [ˌʌnˈbəːnd] *adj* neispečen, nepečen
unburnt [ˌʌnˈbəːnt] *adj* → **unburned**
unbury [ˌʌnˈberi] *vt* iskopati; *fig* odati, otkriti, povjeriti
unbusiness-like [ˌʌnˈbiznislaik] *adj* netrgovački, neposlovan, koji ne odgovara uobičajenom načinu poslovanja
unbutton [ˌʌnˈbʌtn] *vt* otkopčati; *fig* osloboditi, odriješiti
uncage [ˌʌnˈkeidʒ] *vt* osloboditi iz kaveza
uncalculated [ˌʌnˈkælkjuleitid] *adj* koji nije ustanovljen računom, neuračunan, neizračunan
uncalled [ˌʌnˈkɔːld] *adj* nezvan, nepozvan
uncalled-for [ˌʌnˈkɔːldfɔː] *adj* nepoželjan, nepodesan; neopravdan, neprikladan
uncandid [ˌʌnˈkændid] *adj* (~**ly** *adv*) neiskren, nepošten
uncanny [ʌnˈkæni] *adj* (**uncannily** *adv*) neugodan; tajnovit, strahovit, strašan; opasan, nesiguran
uncanonical [ˌʌnkəˈnɔnikəl] *adj* (~**ly** *adv*) koji nije prema pravilu (kanonu); koji proturječi kanonskom pravu
uncared-for [ˌʌnˈkɛədfɔː] *adj* zapušten
uncareful [ˈʌnˈkɛəful] *adj* neoprezan, bezbrižan
uncarried [ˌʌnˈkærid] *adj* *US* koji nije nikao (žito)
uncart [ˌʌnˈkaːt] *vt* istovariti iz kola
uncase [ˌʌnˈkeis] *vt* otpakirati, izvaditi iz omota; razviti zastavu
uncatalogued [ˌʌnˈkætəlɔgd] *adj* nekatalogagiziran
uncaught [ˌʌnˈkɔːt] *adj* neuhvaćen
uncaused [ˌʌnˈkɔːzd] *adj* neprouzročen, koji se dogodio bez uzroka
unceasing [ˌʌnˈsiːsiŋ] *adj* (~**ly** *adv*) neprekidan, stalan
unceremonious [ˈʌnˌseriˈməunjəs] *adj* (~**ly** *adv*) neusiljen, neizvještačen, neceremoniozan; nepristojan
unceremoniousness [ˈʌnseriˈməunjəsnis] *s* neusiljenost, neceremonioznost
uncertain [ʌnˈsəːtn] *adj* (~**ly** *adv*) nesiguran, neizvjestan, sumnjiv; kolebljiv, nepouzdan; mušičav; neproračunljiv
uncertainty [ʌnˈsəːtnti] *s* nesigurnost, neizvjesnost; kolebljivost; nepouzdanost; neproračunljivost
uncertificated [ˌʌnsəˈtifikeitid] *adj* nepotvrđen, neposvjedočen, neovjerovljen
uncertified [ˌʌnˈsəːtifaid] *adj* nedokazan
unchain [ˌʌnˈtʃein] *vt* skinuti lance, osloboditi; *fig* izazvati, probuditi (strast)
unchallenged [ˌʌnˈtʃæləndʒd] *adj* neizazvan; *fig* neosporan, neosporen
unchangeability [ˈʌnˌtʃeindʒəˈbiliti] *s* nepromjenljivost
unchangeable [ˌʌnˈtʃeindʒəbl] *adj* (~**ly** *adv*) nepromjenljiv
unchanged [ˌʌnˈtʃeindʒd] *adj* nepromijenjen
unchanging [ˌʌnˈtʃeindʒiŋ] *adj* (~**ly** *adv*) nepromjenljiv, stalan
uncharged [ˌʌnˈtʃaːdʒd] *adj* neopterećen, neoptužen; nenabijen (puška)
uncharitability [ˈʌnˌtʃæritəˈbiliti] *s* nesmiljenost
uncharitable [ˌʌnˈtʃæritəbl] *adj* (**uncharitably** *adv*) koji je bez ljubavi, koji je tvrda srca, nesmiljen
uncharity [ˌʌnˈtʃæriti] *s* nesmiljenost
uncharted [ˌʌnˈtʃaːtid] *adj* nenaveden, neucrtan (na zemljopisnim kartama), nepoznat
unchartered [ˌʌnˈtʃaːtəd] *adj* nepovlašten, neprivilegiran; koji nije odobren slobodnim pismom; koji je bez zakona
unchaste [ˌʌnˈtʃeist] *adj* (~**ly** *adv*) nečedan, razbludan
unchastity [ˌʌnˈtʃæstiti] *s* nečednost, razbludnost
uncheckable [ˌʌnˈtʃekəbl] *adj* koji se ne da nadzirati; nezaustavljiv
unchecked [ˌʌnˈtʃekt] *adj* nesmetan (& *fig*); nekontroliran, neispitan
unchivalrous [ˌʌnˈʃivəlrəs] *adj* neviteški, negalantan
unchivalrousness [ˌʌnˈʃivəlrəsnis] *s* neviteški postupak, negalantnost
unchristened [ˌʌnˈkrisnd] *adj* neobraćen, nekršten
unchristian [ˌʌnˈkristjən] *adj* (~**ly** *adv*) nekršćanski
unchurch [ˌʌnˈtʃəːtʃ] *vt* izopćiti iz crkve, oduzeti crkveni karakter
uncial [ˈʌnsiəl] *adj* uncijalan (koji pripada zaokruženom starogrčkom i rimskom pismu)
uncial [ˈʌnsiəl] *s* uncijala (slovo zaokruženog starogrčkog i rimskog pisma)
unciform [ˈʌnsifɔːm] *adj* *anat* kukast
uncinate [ˈʌnsinit] *adj* *bot* & *zool* kukast, koji ima kukaste bodljike
uncircumcised [ˌʌnˈsəːkəmsaizd] *adj* neobrezan; nevjernički, poganski
uncircumcision [ˈʌnˌsəːkəmˈsiʒən] *s* neobrezanost
uncivil [ˌʌnˈsivl] *adj* (~**ly** *adv*) neuljudan; osoran, grub
uncivilized [ˌʌnˈsivilaizd] *adv* neciviliziran, neuljuđen

unclad [ˌʌnˈklæd] *adj* neodjeven
unclaimed [ˌʌnˈkleimd] *adj* nezatražen kao svojina, nepodignut (novac, roba, pismo)
unclasp [ˌʌnˈklaːsp] *vt/i* **I.** *vt* otkopčati, otkvačiti; olabaviti; silom otvoriti **II.** *vi* olabaviti, otvoriti se
unclassed [ˌʌnˈklaːst] *adj* koji ne pripada nijednom razredu (klasi)
unclassified [ˌʌnˈklæsifaid] *adj* neporedan po razredima, klasama; neklasificiran
uncle [ˈʌŋkl] *s* ujak, stric; *coll* čiča; *GB coll* zalagaoničar | **to talk to a p like a Dutch** ~ govoriti s kim blagom strogošću; *fig* **Uncle Sam** tipičan Amerikanac; američka vlada; *US* **Uncle Tom** crnac zadovoljan podređenom ulogom prema bijelcima
unclean [ˌʌnˈkliːn] *adj* nečist, prljav; obložen (jezik); ritualno nečist, moralno nečist, prljav, nečedan
uncleanly [ˌʌnˈklenli] *adj* nečist, prljav
unclear [ˌʌnˈkliə] *adj* nejasan
uncleared [ˌʌnˈkliəd] *adj* nespremljen (stol), neprokrčen (šuma); neodriješen, neoslobođen; neobjašnjen; neuređen, neplaćen; nepodignut (pismo, roba); neocarinjen
unclench [ˌʌnˈklentʃ] *vt* otvoriti (šaku), silom otvoriti vrata; ispustiti
unclerical [ˌʌnˈklerikl] *adj* neduhovni, koji ne priliči duhovniku
uncloak [ˌʌnˈkləuk] *vt/i* **I.** *vt* skinuti (komu) ogrtač; *fig* odati, raskrinkati **II.** *vi* svući ogrtač
unclose [ˌʌnˈkləuz] *vt/i* **I.** *vt* otvoriti; *fig* odati **II.** *vi* otvoriti se, biti otvoren
unclosed [ˌʌnˈkləuzd] *adj* nezatvoren; nezaključan, otvoren; slobodan, širok (izgled, pogled); nedovršen
unclothe [ˌʌnˈkləuð] *vt* svući, ogoliti; *fig* učiniti slobodnim, otkriti
unclothed [ˌʌnˈkləuðd] *adj* neodjeven, gol
unclouded [ˈʌnˈklaudid] *adj* nenaoblačen, jasan, vedar
unco' [ˈʌŋkəu] *adj Scot* neobičan, čudan, strašan; velik
unco' [ˈʌŋkəu] *adv Scot* vrlo, najviše
unco' [ˈʌŋkəu] *s Scot* novost; čudna, neobična stvar ili osoba
uncock [ˌʌnˈkɔk] *vt* popustiti, olabaviti (npr. kokot na puški)
uncoil [ˌʌnˈkɔil] *vt/i* **I.** *vt* odmotati (uže) **II.** *vi* odmotati se
uncollected [ˌʌnkəˈlektid] *adj* neskupljen, nesabran, neutjeran (porez); *fig* nesređen, zbrkan (misli)
uncoloured (uncolored) [ˌʌnˈkʌləd] *adj* neobojen, neobojadisan; *fig* čist, jasan, bistar; jednostavan; koji nije pod utjecajem, nepristran
uncombed [ˌʌnˈkəumd] *adj* nepočešljan
un-come-at-able [ˌʌnkʌmˈætəbl] *adj coll* nedostižan, nedostupan, nepristupačan
uncomeliness [ˌʌnˈkʌmlinis] *s* ružnoća; nepristojnost
uncomely [ˌʌnˈkʌmli] *adj* neugledan, nelijep, ružan; neprikladan, nepodesan; nepristojan
uncomfortable [ʌnˈkʌmfətəbl] *adj* (**uncomfortably** *adv*) neudoban, neugodan; koji uznemiruje
uncomfortableness [ʌnˈkʌmfətəblnis] *s* neudobnost, neugodnost
uncommendable [ˌʌnkəˈmendəbl] *adj* koji se ne može preporučiti, nepreporučljiv
uncommercial [ˌʌnkəˈməːʃəl] *adj* netrgovački, koji se ne bavi trgovinom, nekomercijalan
uncommitted [ˌʌnkəˈmitid] *adj* neopredijeljen; neangažiran; neutralan
uncommon [ʌnˈkɔmən] *adj* neobičan, rijedak, izvanredan
uncommonly [ʌnˈkɔmənli] *adv* neobično, izvanredno
uncommonness [ʌnˈkɔmənnis] *s* neobičnost, rijetkost, izvanrednost
uncommunicability [ˈʌnkəˌmjuːnikəˈbiliti] *s* nepriopćivost, nemogućnost komuniciranja
uncommunicable [ˌʌnkəˈmjuːnikəbl] *adj* koji se ne može saopćiti, priopćiti
uncommunicative [ˌʌnkəˈmjuːnikətiv] *adj* nerazgovorljiv, šutljiv, zatvoren
uncommunicativeness [ˌʌnkəˈmjuːnikətivnis] *s* nerazgovorljivost, šutljivost, zatvorenost
uncompassionate [ˌʌnkəmˈpæʃənit] *adj* bez smilovanja, nesmiljen, tvrd
uncompelled [ˌʌnkəmˈpeld] *adj* neprisiljen
uncomplaining [ˌʌnkəmˈpleiniŋ] *adj* (~**ly** *adv*) koji se ne tuži, koji ne mrmlja, strpljiv
uncompleted [ˌʌnkəmˈpliːtid] *adj* nesvršen, nedovršen
uncomplicated [ˌʌnˈkɔmplikeitid] *adj* nesložen, nekompliciran, jednostavan
uncomplimentary [ˈʌnˌkɔmpliˈmentəri] *adj* nelaskav, neuljudan
uncompounded [ˌʌnkəmˈpaundid] *adj* nesložen, nepomiješan
uncompromising [ʌnˈkɔmprəmaiziŋ] *adj* (~**ly** *adv*) nepopustljiv, nepomirljiv, neslomljiv, nepokolebljiv; točan, striktan
uncompromisingness [ʌnˈkɔmprəmaiziŋnis] *s* beskompromisnost
unconcealed [ˌʌnkənˈsiːld] *adj* neskriven, otvoren
unconcern [ˌʌnkənˈsəːn] *s* bezbrižnost, ravnodušnost (*with* prema)
unconcerned [ˌʌnkənˈsəːnd] *adj* (~**ly** [ˌʌnkənˈsəːnidli] *adv*) bezbrižan, neuznemiren (*about* zbog); ravnodušan, nezainteresiran (*with* prema, za); neupleten, koji nema udjela (*in* u)
unconcernement [ˌʌnkənˈsəːnmənt] *s* bezbrižnost; ravnodušnost, nezainteresiranost; nesudjelovanje
unconciliatory [ˌʌnkənˈsiliətəri] *adj* nepomirljiv

unconditional [ˌʌnkənˈdiʃənl] *adj* (**~ly** *adv*) bezuvjetan; neograničen, bez ograde
unconditioned [ˌʌnkənˈdiʃənd] *adj* bezuvjetan, apsolutan
unconfessed [ˌʌnkənˈfest] *adj* nepriznat (zločin), neispovijeđen
unconfined [ˌʌnkənˈfaind] *adj* neograničen, nesmetan; nepričvršćen, labav, pokretan, pokretljiv
unconfirmed [ˌʌnkənˈfəːmd] *adj* nepotvrđen, neprovjeren; *eccl* nepotvrđen, nekrizman
unconformability [ˈʌnkənˌfɔːməˈbiliti] *s* nespojivost, nekonformnost
unconformable [ˌʌnkənˈfɔːməbl] *adj* (**unconformably** *adv*) nespojiv, koji se ne poklapa, koji se opire; *geol* koji ne ide istim smjerom (sloj)
unconfused [ˌʌnkənˈfjuːzd] *adj* nezbrkan, nesmetan (*by* od)
uncongenial [ˌʌnkənˈdʒiːnjəl] *adj* (**~ly** *adv*) nekolegijalan, nesimpatičan; koji ne odgovara, neprikladan, koji ne pristaje; neugodan
uncongeniality [ˈʌnkənˌdʒiːniˈæliti] *s* nesrodnost, neprikladnost
unconnected [ˌʌnkəˈnektid] *adj* (**~ly** *adv*) nepovezan, nespojen, osamljen, izoliran, nesrodan
unconquerability [ˈʌnˌkɔŋkərəˈbiliti] *s* nepobjedivost, nesavladivost, neosvojivost
unconquerable [ˌʌnˈkɔŋkərəbl] *adj* (**unconquerably** *adv*) nenadvladiv, nesavladiv, neosvojiv, nepobjediv
unconquered [ˌʌnˈkɔŋkəd] *adj* nesavladan, neosvojen, nepobijeđen
unconscientious [ˌʌnkɔnʃiˈenʃəs] *adj* (**~ly** *adv*) nesavjestan, besavjestan
unconscionable [ʌnˈkɔnʃnəbl] *adj* (**unconscionably** *adv*) nesavjestan; neodgovoran, nepristojan, neobuzdan; pretjeran, golem, nevjerojatan
unconscious [ʌnˈkɔnʃəs] *adj* (**~ly** *adv*) nesvjestan; *med* bez svijesti, u nesvijesti; nenamjeran, nehotičan; zamišljen
unconscious [ʌnˈkɔnʃəs] *s* nesvjesnost, ono što je nesvjesno; podsvijest
unconsciousness [ʌnˈkɔnʃəsnis] *s* neznanje, nesvjesnost; *med* besvijest, nesvijest
unconsecrated [ˌʌnˈkɔnsikreitid] *adj* neposvećen
unconsenting [ˌʌnkənˈsentiŋ] *adj* koji ne pristaje, koji odbija
unconsidered [ˌʌnkənˈsidəd] *adj* nezapažen; nepromišljen
unconstitutional [ˈʌnˌkɔnstiˈtjuːʃənl] *adj* (**~ly** *adv*) protuustavan, koji se protivi ustavu
unconstitutionality [ˈʌnkɔnstiˌtjuːʃəˈnæliti] *s* protuustavnost
unconstrained [ˌʌnkənˈstreind] *adj* (**~ly** [ˌʌnkənˈstreinidli] *adv*) neprisiljen, slobodan, prirodan
unconstraint [ˌʌnkənˈstreint] *s* neprisiljenost
uncontaminated [ˌʌnkənˈtæmineitid] *adj* neokaljan, nedirnut; čist; nezaražen, neokužen
uncontemplated [ˌʌnˈkɔntempleitid] *adj* koji nije promišljen, nepredviđen
uncontested [ˌʌnkənˈtestid] *adj* neosporan
uncontradicted [ˈʌnˌkɔntrəˈdiktid] *adj* komu se ne proturječi, neosporan
uncontrollability [ˈʌnkənˌtrəuləˈbiliti] *s* neobuzdanost, nemogućnost kontroliranja
uncontrollable [ˌʌnkənˈtrəuləbl] *adj* (**uncontrollably** *adv*) neograničen, koji se ne da nadzirati; neobuzdan, nesavladiv
uncontrolled [ˌʌnkənˈtrəuld] *adj* (**~ly** *adv*) koji je bez nadzora, nenadziran, nesmetan; nesvladan, neobuzdan
uncontroverted [ˈʌnˌkɔntrəˈvəːtid] *adj* neosporan
unconventional [ˌʌnkənˈvenʃənl] *adj* (**~ly** *adv*) nekonvencionalan; neusiljen, prirodan
unconventionality [ˈʌnkənˌvenʃəˈnæliti] *s* neusiljenost, nekonvencionalnost
unconversant [ˌʌnkɔnˈvəːsnt] *adj* neupućen, koji nije upoznat
unconverted [ˌʌnkənˈvəːtid] *adj* *eccl* neobraćen; koji se ne da uvjeriti; neizmijenjen, nepromijenjen
unconvertibility [ˈʌnkənˌvəːtiˈbiliti] *s* nekonvertibilnost, nezamjenjivost
unconvertible [ˌʌnkənˈvəːtəbl] *adj* neizmjenljiv; koji nije jednako vrijedan; koji se ne da zamijeniti; *com* koji se ne da zamijeniti (konvertirati)
unconvinced [ˌʌnkənˈvinst] *adj* neuvjeren
unconvincing [ˌʌnkənˈvinsiŋ] *adj* (**~ly** *adv*) neuvjerljiv
uncooked [ˌʌnˈkukt] *adj* nekuhan, nepečen, sirov
uncord [ˌʌnˈkɔːd] *vt* odvezati, razvezati
uncork [ˌʌnˈkɔːk] *vt* otčepiti (bocu); *coll* učiniti slobodnim, dati slobodan tok (nekoj stvari)
uncorrected [ˌʌnkəˈrektid] *adj* nepoboljšan, neispravljen
uncorroborated [ˌʌnkəˈrɔbəreitid] *adj* nepotvrđen
uncorrupt [ˌʌnkəˈrʌpt] *adj* (**~ly** *adv*) neoštećen, čist, nepokvaren, nepodmićen; pošten, ispravan
uncorrupted [ˌʌnkəˈrʌptid] *adj* nepokvaren, nepodmićen
uncountable [ˌʌnˈkauntəbl] *adj* koji se ne da brojiti; neizbrojiv, bezbrojan
uncounted [ˌʌnˈkauntid] *adj* nebrojen, bezbrojan
uncouple [ˌʌnˈkʌpl] *vt* (pse) pustiti s povoca; odvojiti, razdvojiti; *tech* iskopčati, iskvačiti
uncourteous [ˌʌnˈkəːtiəs] *adj* (**~ly** *adv*) neuljudan

uncourteousness [ˌʌnˈkəːtiəsnis] *s* neuljudnost
uncourtly [ˌʌnˈkɔːtli] *adj* neotmjen, neuljudan, neotesan
uncouth [ʌnˈkuːθ] *adj* (**~ly** *adv*) 1. *arch* nepoznat, stran, čudan 2. osamljen, divlji, opor 3. neokretan, nespretan, neotesan, seljački 4. surov, neobrazovan
uncover [ʌnˈkʌvə] *vt/i* **I.** *vt* 1. otkriti, razotkriti; razodjeti, skinuti (odjeću, poklopac) 2. otkriti, odati, razotkriti 3. *mil* ostaviti bez zaštite **II.** *vi* skinuti šešir, pozdraviti
uncovered [ʌnˈkʌvəd] *adj* 1. nepokriven 2. *mil* nezaštićen 3. gologlav, nepokriven, neodjeven, gol | ~ **bill** nenamiren račun; ~ **sale** bjanko-prodaja
uncreate [ˌʌnkriˈeit] *vt* oduzeti život (bivstvo)
uncredited [ˌʌnˈkreditid] *adj* kojemu se ne vjeruje; *com* koji je bez kredita, nepokriven
uncrippled [ˌʌnˈkripld] *adj* neosakaćen; neoštećen
uncritical [ˌʌnˈkritikl] *adj* (**~ly** *adv*) nekritičan, koji se protivi kritici
uncriticalness [ˌʌnˈkritikəlnis] *s* nekritičnost
uncross [ˌʌnˈkrɔs] *vt* maknuti iz unakrsnog položaja, izravnati
uncrossed [ˌʌnˈkrɔst] *adj* neprekrižen (noge); *com* neprekrižen (ček); nesmetan
uncrowned [ˌʌnˈkraund] *adj* neokrunjen
unction [ˈʌŋkʃən] *s* 1. pomazanje; *med* trljanje, mazanje 2. *fig* dirnutost, ganuće, usrdnost, patos; neiskreno ganuće 3. ulje, mast, melem 4. uživanje u dugom pripovijedanju | **story told with** ~ priča ispričana nadugo i naširoko; *eccl* **Extreme** ~ posljednja pomast
unctuosity [ˌʌŋktjuˈɔsiti] *s* uljevitost, masnost; *fig* usrdnost, ganuće
unctuous [ˈʌŋktjuəs] *adj* (**~ly** *adv*) uljav, mastan; *fig* pun usrdnosti, pun (neiskrenog) ganuća, ganutljiv
uncultivated [ˌʌnˈkʌltiveitid] *adj* neiskrčen, neobrađen; *fig* neuvježban, zapušten, nenjegovan; neobrazovan, surov, podivljao
uncultured [ˌʌnˈkʌltʃəd] *adj* neobrađen; *fig* neobrazovan, neuljuđen
uncumbered [ˌʌnˈkʌmbəd] *adj* neotežan, nesmetan, neopterećen (*by* čime)
uncurbed [ˌʌnˈkəːbd] *adj* koji je bez lančića ispod donje čeljusti (konj); neobuzdan, razuzdan
uncured [ˌʌnˈkjuəd] *adj* neizliječen; *cul* neusoljen, koji nije u rasolu
uncurl [ˌʌnˈkəːl] *vt/i* **I.** *vt* odstraniti uvojke (kovrčice), izgladiti kosu **II.** *vi* otkovrčati se, postati ravan (gladak)
uncurtailed [ˌʌnkəːˈteild] *adj* nepodrezan, neobrezan, neskraćen, nesmanjen
uncustomary [ˌʌnˈkʌstəməri] *adj* koji nije u upotrebi, neuobičajen, neobičan
uncustomed [ˌʌnˈkʌstəmd] *adj* neocarinjen
uncut [ˌʌnˈkʌt] *adj* nerezan, nekošen, neobrezan, nerazrezan
undamaged [ˌʌnˈdæmidʒd] *adj* neoštećen, nepokvaren, neokrnjen, nenačet; čitav
undashed [ˌʌnˈdæʃt] *adj* nepomiješan, koji nije pod utjecajem
undate [ˈʌndeit] *adj* valovit, talasast
undated [ˈʌndeitid] *adj* → **undate**
undated [ˌʌnˈdeitid] *adj* nedatiran, koji je bez datuma
undaunted [ˌʌnˈdɔːntid] *adj* (**~ly** *adv*) neustrašen, neustrašiv
undecaying [ˌʌndiˈkeiiŋ] *adj* neprolazan
undeceive [ˌʌndiˈsiːv] *vt* otvoriti (komu) oči, razoriti iluziju, objasniti (komu) zabludu
undecided [ˌʌndiˈsaidid] *adj* (**~ly** *adv*) neodlučan, neodređen, nestalan, neizrazit
undecipherable [ˌʌndiˈsaifərəbl] *adj* koji se ne da pročitati (razriješiti, odgonetnuti), nečitljiv, nerazumljiv
undecisive [ˌʌndiˈsaisiv] *adj* neodređen, neodlučan, nestalan
undecisiveness [ˌʌndiˈsaisivnis] *s* neodlučnost, neodređenost
undeclared [ˌʌndiˈklɛəd] *adj* neobjelodanjen, neobjavljen; *com* nedeklariran
undedicated [ˌʌnˈdedikeitid] *adj* neposvećen, koji nema posvete, nenamijenjen; koji nije predan javnom prometu (zemljište itd.)
undefaced [ˌʌndiˈfeist] *adj* neponišten (marka, biljeg)
undefended [ˌʌndiˈfendid] *adj* neobranjen, nezaštićen; *jur* nebranjen, bez obrane
undefiled [ˌʌndiˈfaild] *adj* neokaljan, bez ljage, čist, neoskvrnut
undefinability [ˈʌndiˌfainəˈbiliti] *s* neodredivost
undefinable [ˌʌndiˈfainəbl] *adj* koji se ne da definirati, neodrediv
undefined [ˌʌndiˈfaind] *adj* koji nije ograničen; neodređen (npr. rok); nejasan
undeify [ˌʌnˈdiːifai] *vt* lišiti božanstva (svetosti)
undelivered [ˌʌndiˈlivəd] *adj* neoslobođen; neuručen (pismo), nedostavljen (roba); neodržan (govor); nepredan, neizručen (izvještaj)
undemocratic [ˈʌnˌdeməˈkrætik] *adj* nedemokratski
undemonstrative [ˌʌndiˈmɔnstrətiv] *adj* (**~ly** *adv*) suzdržljiv, nenametljiv; umjeren
undemonstrativeness [ˌʌndiˈmɔnstrətivnis] *s* suzdržljivost, nenametljivost; umjerenost
undeniability [ˈʌndiˌnaiəˈbiliti] *s* neoporecivost, neospornost
undeniable [ˌʌndiˈnaiəbl] *adj* (**undeniably** *adv*) neosporan, jasan, koji se ne može poreći; nepobitan; izvrstan, odličan, bez pogreške

undenominational [ˈʌndiˌnɔmiˈneiʃənl] *adj* koji ne pripada nekoj određenoj vjeri
undependability [ˈʌndiˌpendəˈbiliti] *s* nepouzdanost
undependable [ˌʌndiˈpendəbl] *adj* nepouzdan
under [ˈʌndə] *prep* 1. pod, ispod 2. pod vodstvom (*to study* ~ *a master* učiti pod vodstvom učitelja) 3. pod zaštitom (~ *the darkness* pod zaštitom tame) 4. pod dojmom, utjecajem, pritiskom (~ *the novelty* pod dojmom te novosti) 5. za vladavine (~ *the Tudors* za vladavine kuće Tudor) 6. na temelju, u smislu, prema (~ *the treaty* prema ugovoru) 7. za vrijeme (~ *king John* za vrijeme kralja Ivana) 8. niže, manje, ispod (*no one* ~ *a bishop* nitko ispod biskupa; ~ *three days* za manje od tri dana) | *mar* ~ **way** na putu, u vožnji; *mar* ~ **weigh** na putu, u vožnji; ~ **age** maloljetan; ~ **one's breath** ispod glasa, tiho šapćući; ~ **foot** koji leži okomito, ispod broda (sidro); ~ **hatches** *mar* pod palubom; *fig* u zatvoru; propao, upropašten, mrtav; ~ **arms** pod oružjem; **to be** ~ **a cloud** biti u nemilosti, biti u novčanoj neprilici; ~ **sail** na jedra; ~ **bond** s carinskom popratnicom; ~ **consideration** u razmatranju; **employee** ~ **notice** namještenik u otkazu; ~ **repair** na popravku; ~ **treatment** na liječenju; ~ **sentence of death** osuđen na smrt, pod kaznom smrti; ~ **fire** pod vatrom, pod paljbom; ~ **favour** ako je dopušteno kazati; ~ **hand and seal** s potpisom i pečatom
under [ˈʌndə] *adv* ispod, niže, dolje, odozdo, manje | **as** ~ kako je niže navedeno; *US* **to go** ~ podleći, propasti
under [ˈʌndə] *adj* niži, donji; podređen, manje vrijedan, nedovoljan
underachieve [ˌʌndərəˈtʃiːv] *vt* podbaciti, ne ispuniti očekivanja
underachiever [ˌʌndərəˈtʃiːvə] *s* osoba koja je podbacila; *euphem* loš đak
underact [ˌʌndərˈækt] *vt/i theat* nedovoljno (manjkavo) glumiti, nedovoljno prikazati neki karakter
underarm [ˈʌndəraːm] *s* podlaktica
underbelly [ˈʌndəˌbeli] *s* trbušna strana; *fig* ranjivi dio
underbid [ˌʌndəˈbid] *vt* ponuditi nižu cijenu; isključiti (koga) kod prodaje (dražbe) ponudom niže cijene
underbidder [ˌʌndəˈbidə] *s* nudilac koji nudi nižu cijenu
underbill [ˌʌndəˈbil] *vt US* nisko (po niskoj stopi) deklarirati (robu)
underbilling [ˌʌndəˈbiliŋ] *s US* deklariranje niže težine (robe)
underbred [ˌʌndəˈbred] *adj* neobrazovan, nefin, neotmjen
underbrush [ˈʌndəbrʌʃ] *s US* šikara, šipražje, guštara
underbuy [ˌʌndəˈbai] *vt* (underbought, underbought) kupiti ispod cijene, kupiti jeftinije
under-carriage [ˈʌndəˌkæridʒ] *s GB aero* postolje, stajni trap; *mil* šasija, donji dio lafete
undercast [ˈʌndəkaːst] *s min* produšnica (za dovođenje zraka ispod podišta)
undercharge [ˌʌndəˈtʃaːdʒ] *vt* prenisko zaračunati, prenisko teretiti; nabiti (vatreno oružje) smanjenim punjenjem
undercharge [ˌʌndəˈtʃaːdʒ] *s* prenisko zaračunavanje, prenisko terećenje, preniska cijena
underclay [ˈʌndəklei] *s min* sloj glinastog škriljca ispod sloja ugljena
underclerk [ˈʌndəklaːk] *s* potčinovnik, pomoćni pisar
undercliff [ˈʌndəklif] *s* greben ispod stijene, donja litica
underclothed [ˌʌndəˈkləuðd] *adj* nedovoljno odjeven
underclothes [ˈʌndəkləuðz] *s pl* rublje
underclothing [ˈʌndəˌkləuðiŋ] *s* rublje
undercoat [ˈʌndəkəut] *s* jakna; donji kaput
undercover [ˈʌndəˌkʌvə] *adj* tajni | ~ **agent** tajni agent
undercroft [ˈʌndəkrɔft] *s* podzemni svod, kripta
undercurrent [ˈʌndəˌkʌrənt] *s* donja (podzemna, skrivena) struja, tendencija, osnova
undercut [ˈʌndəkʌt] *s cul* pečenica
undercut [ˌʌndəˈkʌt] *vt* izrezati, izdupsti donji dio nekog predmeta, obrezati; sniziti (cijene); ponuditi nižu cijenu | **to** ~ **a p** raditi za nižu plaću nego tko drugi
under-develop [ˌʌndədiˈveləp] *vt phot* premalo razviti (ploču, film)
under-developed [ˌʌndədiˈveləpt] *adj phot* nerazvijen, zaostao, premalo razvijen (ploča, film)
underdo [ˌʌndəˈduː] *vt* učiniti u nedovoljnoj mjeri; *cul* premalo kuhati ili peći
underdog [ˈʌndədɔg] *s* onaj koji je pobijeđen (nadvladan); slabiji
underdone [ˈʌndəˈdʌn] *adj GB cul* nedokuhan, nedopečen
underdose [ˈʌndədəus] *s* premala količina ili doza
underdose [ˌʌndəˈdəus] *vt* dati premalu količinu ili dozu
underdrain [ˌʌndəˈdrein] *vt* isušiti (odvesti vodu) podzemnim kanalima
underdrain [ˌʌndəˈdrein] *s* podzemni odvodni kanal (cijev)
underdraw [ˌʌndəˈdrɔː] *vt* (underdrew, underdrawn) netočno (nedovoljno) nacrtati (prikazati)
underdress [ˈʌndədres] *s* donja haljina, rublje
underdress [ˌʌndəˈdres] *vt/i* prejednostavno odjenuti, odijevati; premalo (prejednostavno) se odjenuti (odijevati)

underestimate [ˌʌndərˈestimeit] *vt* potcijeniti, potcjenjivati
underestimate [ˌʌndərˈestimit] *s* potcjenjivanje
underestimation [ˈʌndərˌestiˈmeiʃn] *s* potcjenjivanje
under-expose [ˌʌndəriksˈpəuz] *vt phot* prekratko osvijetliti ili eksponirati (film, ploču)
under-exposure [ˌʌndəriksˈpəuʒə] *s phot* prekratko osvjetljenje, prekratko eksponiranje (filma, ploče)
underfed [ˌʌndəˈfed] *adj* neishranjen
underfeed [ˈʌndəˈfiːd] *vt/i* (underfed, underfed) **I.** *vt* premalo hraniti **II.** *vi* premalo se hraniti
underflow [ˈʌndəfləu] *s* donja (podzemna) struja (& *fig*)
underfoot [ˌʌndəˈfut] *adv* ispod nogu; dolje, ispod, na tlu; *fig* na niskom, podređenom položaju
underframe [ˈʌndəfreim] *s* donji dio, trap kola
undergarment [ˈʌndəˌgaːmənt] *s* donja haljina | **~s** *pl* rublje
undergo [ˌʌndəˈgəu] *vt* (underwent, undergone) prepatiti, proći, iskusiti; podvrći se (npr. operaciji)
undergraduate [ˌʌndəˈgrædjuət] *s* sveučilišni slušač, student (bez akademskog stupnja)
underground [ˈʌndəgraund] *adj* podzemni, donji; *fig* tajan, potajan, skriven, mračan; ekstremno avangardan | **~ fire** podzemno izgaranje plina u rudniku; **~ engineering** tehnički podzemni radovi, tehnički radovi na tlu; **~ line, ~ railway** (*US* **~ railroad**) podzemna željeznica; **the ~ movement** ilegalni pokret otpora
underground [ˈʌndəgraund] *s* podzemna prostorija; *GB coll* podzemna željeznica; podzemlje; pokret otpora
underground [ˌʌndəˈgraund] *adv* pod zemljom, pod zemlju; u podzemnoj željeznici; *fig* u tajnosti, tajno, potajno, skriveno, mračno | **to go ~** prijeći u ilegalnost, pristupiti pokretu otpora
undergrown [ˌʌndəˈgrəun] *adj* neizrastao, koji je ispod prosječne visine
undergrowth [ˈʌndəgrəuθ] *s* šikara, šipražje, grmlje
underhand [ˌʌndəˈhænd] *adj* koji se izvodi s nadlanicom okrenutom prema dolje; *fig* potajan, podmukao, neiskren
underhand [ˌʌndəˈhænd] *adv* s nadlanicom okrenutom prema dolje, a da se ruka ne digne do ramena (u kriketu); *fig* ispod ruke, iza leđa, podmuklo, nepošteno
underhanded [ˌʌndəˈhændid] *adj* (**~ly** *adv*) potajan, izveden ili načinjen ispod ruke; koji nema dovoljno radnika
underhandedness [ˌʌndəˈhændidnis] *s* potajnost, podmuklost
underhung [ˌʌndəˈhʌŋ] *adj* izbočen (donja čeljust) više od gornje čeljusti; koji ima izbočenu donju čeljust; *tech* koji leži na tračnici
underived [ˌʌndiˈraivd] *adj* neizveden (riječ); samostalan, neovisan, apsolutan (vlast, moć), izvoran
underlaid [ˌʌndəˈleid] *adj* podložen, poduprt (*with* čime)
underlay [ˈʌndəlei] *s* podloga, donji sloj
underlay [ˌʌndəˈlei] *vt/i* **I.** *vt* podmetnuti, poduprijeti **II.** *vi min* upasti, nagnuti se
underlease [ˈʌndəliːs] *s* podnajam
underlet [ˌʌndəˈlet] *vt* iznajmiti ispod vrijednosti; izdati u podnajam
underletter [ˌʌndəˈletə] *s* podnajmodavac, podzakupodavac
underlie [ˌʌndəˈlai] *vt* (underlay, underlain) ležati, nalaziti se pod čim; ležati pod površinom, biti podložan čemu; činiti (tvoriti) sadržaj ili pozadinu neke stvari
underline [ˈʌndəlain] *s* crta pod nekom riječi; predobjava kazališnog komada na donjem dijelu programa; legenda, tumač, opis slike
underline [ˌʌndəˈlain] *vt* potcrtati; *fig* istaknuti, naglasiti
underlinen [ˈʌndəˌlinin] *s* donje rublje
underling [ˈʌndəliŋ] *s* podređeni, čovjek nižeg položaja; pomoćnik
underlip [ˈʌndəlip] *s* donja usna
underman [ˌʌndəˈmæn] *vt* (brod) opremiti s premalo posade
undermanned [ˌʌndəˈmænd] *adj* s nedovoljnom (nepotpunom) posadom ili osobljem
undermentioned [ˌʌndəˈmenʃənd] *adj GB* dolje (niže) naveden
undermine [ˌʌndəˈmain] *vt* minirati; podlokati (voda), izdupsti; *fig* potkopati, oslabiti, uništiti
undermost [ˈʌndəməust] *adj* najniži, najdonji
undermost [ˈʌndəməust] *adv* najniže, najdonje
underneath [ˌʌndəˈniːθ] *prep* pod, ispod, niže
underneath [ˌʌndəˈniːθ] *adv* dolje, niže, ispod, prema dolje, odozdo
underneath [ˌʌndəˈniːθ] *adj* donji, niži
underneath [ˌʌndəˈniːθ] *s* donji dio, podnožje
undernourished [ˌʌndəˈnʌriʃt] *adj* neishranjen, nedovoljno ishranjen
undernourishment [ˌʌndəˈnʌriʃmənt] *s* neishranjenost
underpants [ˈʌndəpænts] *s pl US* gaće
underpass [ˈʌndəpaːs] *s* podvožnjak
underpay [ˌʌndəˈpei] *vt* nedovoljno (loše) plaćati (radnika)
underpayment [ˌʌndəˈpeimənt] *s* nedovoljna plaća, loša zarada
underpin [ˌʌndəˈpin] *vt archit* poduprijeti zid, podzidati; *fig* poduprijeti, pojačati

underplay ['ʌndəplei] *s* podzemna (potajna) igra
underplay [ˌʌndə'plei] *vt/i* premalo istaknuti (pojedine momente u igri); zaigrati nižu kartu mjesto više
underplot ['ʌndəplɔt] *s* sporedna radnja (u drami, romanu itd.)
underpopulated [ˌʌndə'pɔpjuleitid] *adj* premalo napučen
underprice ['ʌndəprais] *s* niska cijena, bescjenje
underprint [ˌʌndə'print] *vt phot* preslabo kopirati
underprivileged [ˌʌndə'privilidʒd] *adj* društveno zapostavljen, siromašan
underproduction [ˌʌndəprə'dʌkʃən] *s* preniska proizvodnja
underprop [ˌʌndə'prɔp] *vt* poduprijeti odozdo, podupirati
underquote [ˌʌndə'kwəut] *vt com* zaračunati nižu cijenu; ponuditi nižu cijenu
underrate [ˌʌndə'reit] *vt* potcijeniti, prenisko procijeniti
underrun [ˌʌndə'rʌn] *vt* (underran, underrun) provesti (*vi* prolaziti, protjecati) ispod čega | *mar* **to ~ a cable** popravljati ili ispitivati kabel (čelo od sidra) na brodu
underscore [ˌʌndə'skɔː] *vt* potcrtati
undersea ['ʌndəsiː] *adj* podmorski
undersecretary [ˌʌndə'sekrətri] *s* državni podsekretar, pomoćnik ministra | **Parliamentary Undersecretary** načelnik odjela u ministarstvu
undersell [ˌʌndə'sel] *vt* (undersold, undersold) prodati ispod vrijednosti cijene, u bescjenje
underseller ['ʌndəˌselə] *s* trgovac koji snižava cijene
undersense ['ʌndəsens] *s* podsvijest, nejasan osjećaj
underset ['ʌndəset] *s* protustruja (pod površinom vode)
underset [ˌʌndə'set] *vt* poduprijeti (zidove) (& *fig*)
undersexed [ˌʌndə'sekst] *adj* sa slabim spolnim nagonom
undersheriff ['ʌndəˌʃerif] *s* zamjenik šerifa
undershirt ['ʌndəʃəːt] *s* potkošulja
undershoot [ˌʌndə'ʃuːt] *vt* podbaciti; *aero* spustiti se pred pistu
undershorts ['ʌndəʃɔːts] *s pl US* kratke gaće
undershot ['ʌndəʃɔt] *adj* na koji voda pada i udara odozgo (mlinsko kolo); koji ima izbočenu donju čeljust
underside ['ʌndəsaid] *s* donja strana
undersign [ˌʌndə'sain] *vt* potpisati
undersigned ['ʌndəsaind] *adj* potpisan | **the ~** potpisnik, potpisnici
undersized [ˌʌndə'saizd] *adj* koji je ispod normalne veličine, premalen, zaostao u rastu
underskirt ['ʌndəskəːt] *s* podsuknja, donja suknja
undersleeve ['ʌndəsliːv] *s* donji rukav (koji se nalazi ispod običnog rukava)
undersong ['ʌndəsɔŋ] *s* pratnja u pjesmi, pripjev, refren
understaffed [ˌʌndə'staːft] *adj* s nedovoljnim personalom
understand [ˌʌndə'stænd] *vt/i* (understood, understood) **I.** *vt* 1. razumjeti, shvatiti; razumjeti se u što, umjeti; slagati se, harmonirati 2. uvidjeti, uviđati, spoznati, saznati, dočuti, iskusiti 3. smatrati, misliti, pretpostaviti; podrazumijevati **II.** *vi* 1. shvatiti, shvaćati, imati shvaćanja 2. saznati, čuti | **to make oneself understood** biti jasan, čuti se, dati se shvatiti; **to ~ one another** razumjeti jedan drugoga, slagati se; **to give a p to ~** objasniti komu što, dati komu što razumjeti, staviti komu do znanja
understandability [ʌndəˌstændə'biliti] *s* shvatljivost, razumljivost
understandable [ˌʌndə'stændəbl] *adj* shvatljiv, razumljiv
understanding [ˌʌndə'stændiŋ] *s* 1. razum, razumijevanje, shvaćanje; inteligencija 2. slaganje, sklad 3. nagodba, pogodba, sporazum | *sl* **~s** *pl* obuća, noge; **to come to an ~** sporazumjeti se; **on this ~** pod tim uvjetom, pod tom pogodbom; **on the ~ that...** pod uvjetom (pogodbom) da...
understanding [ˌʌndə'stændiŋ] *adj* (**~ly** *adv*) pun shvaćanja, razumijevanja, razuman, uviđavan, pametan
understate [ˌʌndə'steit] *vt* prenisko (nedovoljno) iskazati ili navesti; umjereno prikazati (izreći); kazati uz ograničenje; ublažiti, umanjiti, oslabiti
understatement [ˌʌndə'steitmənt] *s* nedovoljan navod, umjeren iskaz; preniska procjena
understock [ˌʌndə'stɔk] *vt* nedovoljno opskrbiti (skladište)
understood [ˌʌndə'stud] *pret* & *pp* od **understand**
understrapper ['ʌndəˌstræpə] *s* podređeni, pomoćnik
understratum [ˌʌndə'straːtəm] *s* sloj ispod površine, donji sloj
understudy ['ʌndəˌstʌdi] *s* zamjenik glumca (koji uskače ako je onaj drugi spriječen)
understudy ['ʌndəˌstʌdi] *vt* naučiti ulogu kao zamjenik (glavnog) glumca; uskočiti mjesto drugog glumca, zamijeniti glumca
undertake [ˌʌndə'teik] *vt/i* (undertook, undertaken) **I.** *vt* 1. poduzeti, latiti se čega, baviti se čime, preuzeti (službu) 2. obvezati se, jamčiti; poduzeti (putovanje) 3. *arch* izazvati koga (na borbu) **II.** *vi* 1. obvezati se, preuzeti obvezu 2. biti ukopnik
undertaker [ˌʌndə'teikə] *s* poduzetnik, nabavljač

undertaker [ˈʌndəˌteikə] *s* ukopnik, pogrebnik, vlasnik pogrebnog zavoda; *hist* utjecajan član parlamenta (u korist krune)
undertaking [ˌʌndəˈteikiŋ] *s* 1. pothvat, poduzeće 2. obećanje, obveza
undertaking [ˈʌndəteikiŋ] *s* pogrebno poduzeće
undertenancy [ˌʌndəˈtenənsi] *s* podzakup, podnajam
undertenant [ˌʌndəˈtenənt] *adj* podzakupnik, podnajamnik
under-the-counter [ˌʌndəðəˈkauntə] *adj* koji se prodaje ispod tezge, potajan
under-the-table [ˌʌndəðəˈteibl] *adj* potajan, protuzakonit, ilegalan
undertint [ˈʌndətint] *s* prigušena boja, lagano bojenje ili obojenje
undertone [ˈʌndətəun] *s* prigušen glas; prigušena boja; lagano obojenje (& *fig*)
undertook [ˌʌndəˈtuk] *pret* od **undertake**
undertow [ˈʌndətəu] *s* protustruja pod površinom vode
undervaluation [ˈʌndəˌvæljuˈeiʃn] *s* preniska procjena, potcjenjivanje, prezir
undervalue [ˌʌndəˈvælju:] *vt* prenisko procijeniti, potcijeniti, prezirati
undervest [ˈʌndəvest] *s* potkošulja
undervoltage [ˈʌndəˌvɔltidʒ] *s el* podnapon | ~ **release** podnaponski okidač
underwater [ˈʌndəwɔ:tə] *adj* podvodni
underwear [ˈʌndəwɛə] *s* donje rublje
underweight [ˈʌndəweit] *s* nedovoljna težina, manjak na težini
underwent [ˌʌndəˈwent] *pret* od **undergo**
underwing [ˈʌndəwiŋ] *s ent* crvena lenta (*Catocala nupta*); modra lenta (*Catocala fraxini*)
underwood [ˈʌndəwud] *s* šikara, šipražje
underwool [ˈʌndəwul] *s* pakučice (fina tanka dlaka krzna uz kožu)
underwork [ˈʌndəwə:k] *s* podređen (nedovoljan) rad ili posao
underwork [ˌʌndəˈwə:k] *vt/i* **I.** *vt* nedovoljno iskoristiti u radu; raditi za manju plaću od koga drugog **II.** *vi* premalo, loše, slabo raditi
underworker [ˈʌndəˌwə:kə] *s* nemarljiv radnik
underworld [ˈʌndəwə:ld] *s* pakao, podzemlje, donji svijet; *poet* antipodi
underwrite [ˈʌndərait] *vt/i* (underwrote, underwritten) **I.** *vt* 1. potpisati mir 2. *com* & *mar* potpisati policu osiguranja; preuzeti osiguranje robe, osigurati 3. *com* obvezati se na kupnju svih dionica nekog društva koje još nisu pokupovane od publike **II.** *vi* baviti se poslovima osiguranja
underwriter [ˈʌndəˌraitə] *s* potpisivač, osiguratelj; jamac (nekog izdanja dionica)
underwriting [ˈʌndəraitiŋ] *s* pomorsko osiguranje, osiguranje izdanja (dionica i sl.)
underwrought [ˈʌndərɔ:t] *adj* nedovoljno (loše) izrađen; potkopan
undescribable [ˌʌndisˈkraibəbl] *adj* neopisiv
undeserved [ˌʌndiˈzə:vd] *adj* (**~ly** [ˌʌndiˈzə:vidli] *adv*) nezaslužen
undeserving [ˌʌndiˈzə:viŋ] *adj* (**~ly** *adv*) nedostojan, nevrijedan; bez krivnje, nevin
undeservingly [ˌʌndiˈzə:viŋli] *adv* nezaslužno, bez svoje zasluge (krivnje)
undesigned [ˌʌndiˈzaind] *adj* (**~ly** [ˌʌndiˈzainidli] *adv*) nenamjeran, koji je bez namjere
undesigning [ˌʌndiˈzainiŋ] *adj* koji nije podmukao; bezazlen, pošten
undesirability [ˈʌndiˌzaiərəˈbiliti] *s* nepoželjnost
undesirable [ˌʌndiˈzaiərəbl] *adj* (**undesirably** *adv*) nepoželjan; dosadan, neugodan, mrzak
undesirable [ˌʌndiˈzaiərəbl] *s* nepoželjan (dosadan, neugodan, mrzak) čovjek
undesired [ˌʌndiˈzaiəd] *adj* neželjen, nepozvan, nepoželjan
undesirous [ˌʌndiˈzaiərəs] *adj* koji nije pohlepan
undetected [ˌʌndiˈtektid] *adj* neotkriven, neopažen
underterminability [ˈʌndiˌtə:minəˈbiliti] *s* neodredivost
undeterminable [ˌʌndiˈtə:minəbl] *adj* neodrediv
undetermined [ˌʌndiˈtə:mind] *adj* neodređen, neodlučan, kolebljiv
undeterred [ˌʌndiˈtə:d] *adj* nezastrašen, nepreplašen
undeveloped [ˌʌndiˈveləpt] *adj* nerazvijen, neizrastao, neiskrčen (zemlja), nepotpuno iskorišten
undeviating [ʌnˈdi:vieitiŋ] *adj* (**~ly** *adv*) koji ne skreće; stalan, postojan, nepokolebljiv
undid [ˌʌnˈdid] *pret* od **undo**
undies [ˈʌndiz] *s pl coll* (žensko) rublje
undifferentiated [ˌʌndifəˈrenʃieitid] *adj* koji nije izdiferenciran; ujednačen, homogen
undigested [ˌʌndiˈdʒestid] *adj* neprobavljen (& *fig*)
undignified [ʌnˈdignifaid] *adj* bez dostojanstva, neplemenit, neuzvišen
undiluted [ˌʌndaiˈlju:tid] *adj* nerazblažen, nerazvodnjen, nepatvoren, čist
undiminished [ˌʌndiˈminiʃt] *adj* nesmanjen, neumanjen
undimmed [ˌʌnˈdimd] *adj* nepomućen, nezamračen
undine [ˈʌndi:n] *s Ger myth* vodena vila, undina
undiplomatic [ˌʌndipləˈmætik] *adj* (**~ally** *adv*) nediplomatski, bezazlen, prostodušan
undirected [ˌʌndiˈrektid] *adj* neupravljen, nevođen, bez vodstva | ~ **letters** neadresirana (nenaslovljena) pisma

undiscernability ['ʌndi͵sə:nə'biliti] *s* nezamjetljivost, neopazivost
undiscernable [͵ʌndi'sə:nəbl] *adj* (**undiscernably** *adv*) koji se ne može zamijetiti, neprimjetljiv, neopaziv
undiscerning [͵ʌndi'sə:niŋ] *adj* (**~ly** *adv*) koji ne razlikuje, ne prosuđuje; neuviđavan, glup
undischarged [͵ʌndis'tʃa:dʒd] *adj* neplaćen, neizvršen (dužnost), nerasterećen; neispaljen (vatreno oružje)
undisciplined [ʌn'disiplind] *adj* nediscipliniran, neobuzdan, razuzdan; neškolovan, neizvježban
undisclosed [͵ʌndis'kləuzd] *adj* neotkriven, neobjavljen, potajan
undiscouraged [͵ʌndis'kʌridʒd] *adj* koji nije obeshrabren
undiscoverable [͵ʌndis'kʌvərəbl] *adj* (**undiscoverably** *adv*) koji se ne može otkriti (pronaći)
undiscovered [͵ʌndis'kʌvəd] *adj* neotkriven, nepronađen, neopažen
undiscriminating [͵ʌndis'krimineitiŋ] *adj* (**~ly** *adv*) koji ne pravi razlike, koji je bez razlike (bez iznimke); nekritičan
undisguised [͵ʌndis'gaizd] *adj* (**~ly** [͵ʌndis'gaizidli] *adv*) nezakrit, neprerušen, nepreodjeven; otvoren, jasan
undismayed [͵ʌndis'meid] *adj* nepreplašen, neustrašen, neustrašiv
undisposed [͵ʌndis'pəuzd] *adj* nesklon, koji nije voljan; nepodijeljen, neprodan; neraspoložen
undisputed [͵ʌndis'pju:tid] *adj* neosporan
undissolved [͵ʌndi'zɔlvd] *adj* nerastopljen, nerastaljen
undistinctive [͵ʌndis'tiŋktiv] *adj* koji ne pravi nikakve razlike
undistinguishability ['ʌndis͵tiŋgwiʃə'biliti] *s* nerazlučivost, nerazlikovljivost
undistinguishable [͵ʌndis'tiŋgwiʃəbl] *adj* (**undistinguishably** *adv*) nezamjetljiv, nejasan; nerazlučiv, neodvojiv
undistinguished [͵ʌndis'tiŋgwiʃt] *adj* neodijeljen, nerazlučan, koji se ne odlikuje; nepoznat; neugledan, neotmjen
undisturbed [͵ʌndis'tə:bd] *adj* (**~ly** [͵ʌndis'tə:bidli] *adv*) nesmetan, netaknut, miran
undivided [͵ʌndi'vaidid] *adj* (**~ly** *adv*) neprekidan; nepodijeljen, nepodvojen, potpun; isključiv, sam, jedini, jedinstven
undo [͵ʌn'du:] *vt* (undid, undone) 1. otvoriti, otkopčati, poriti, rasporiti (pletivo); razvezati 2. razvrći, ukloniti, poništiti 3. razoriti, uništiti, upropastiti; sasvim zbuniti
undock [͵ʌn'dɔk] *vt* (brod) izvući iz doka
undoer [͵ʌn'du:ə] *s* uništilac, upropastilac, razaratelj
undoing [͵ʌn'du:iŋ] *s* 1. otvaranje, razvezivanje, odvajanje 2. propast, uništenje, nesreća 3. poništenje, razvrgnuće
undomesticated [͵ʌndə'mestikeitid] *adj* nekućevan, nepripitomljen
undone [͵ʌn'dʌn] *pp* od **undo** & *adj* 1. neučinjen, nenapravljen, nesvršen 2. nepričvršćen, otvoren 3. izgubljen, propao | **to come ~** otvoriti se, odriješiti se; **I am ~** propao sam, izgubljen sam; **to leave ~** ne dovršiti, propustiti; **to leave nothing ~** ništa ne propustiti, sve učiniti
undoubted [ʌn'dautid] *adj* (**~ly** *adv*) nesumnjiv, siguran, pouzdan, pravi, nepatvoren
undrape [͵ʌn'dreip] *vt* skinuti pokrov, zavjesu; razodjeti, razotkriti
undreamed (undreamt) [ʌn'dremt] *adj* neslućen, nečuven | **~ of** sasvim neočekivan
undreamt [ʌn'dremt] *adj* → **undreamed**
undress [͵ʌn'dres] *s* svakidašnja odjeća, kućna haljina; *mil* obična uniforma (za razliku od svečane)
undress [͵ʌn'dres] *vt/i* **I.** *vt* razodjenuti, skinuti, svući (nekoga) **II.** *vi* razodjenuti se, skinuti se, svući se
undressed [͵ʌn'drest] *adj* 1. neodjeven, gol; neuredno obučen, u kućnoj haljini 2. *cul* negarniran, nepriređen 3. nepovijen (rana); neuštavljen (koža)
undried [͵ʌn'draid] *adj* neposušen, neosušen, nesušen
undrinkable [͵ʌn'driŋkəbl] *adj* koji se ne može piti, nepitak
undue [͵ʌn'dju:] *adj* (**unduly** *adv*) 1. koji nije dospio, koji nije plativ (npr. mjenica) 2. neprikladan, nepristojan 3. nerazmjeran, prekomjeran
undulant ['ʌndjulənt] *adj* valovit, lelujav | *med* **~ fever** bruceloza
undulate ['ʌndjuleit] *vi/t* **I.** *vi* lelujati se, talasati se, valovito se gibati **II.** *vt* staviti u valovito gibanje, učiniti valovitim
undulating ['ʌndjuleitiŋ] *adj* (**~ly** *adv*) valovit, lelujav, talasast, koji se tiče valova
undulation [͵ʌndju'leiʃn] *s* valovito gibanje, lelujanje, talasanje; *phys* gibanje valova; valovitost, valovit izgled, obris (npr. tla)
undulative ['ʌndjulətiv] *adj* koji se tiče valova, valovit, talasast
undulatory ['ʌndjulətri] *adj* (**undulatorily** *adv*) valovit, lelujav, talasast, koji se tiče valova
unduly [͵ʌn'dju:li] *adv* neopravdano
undutiful [͵ʌn'dju:tiful] *adj* (**~ly** *adv*) koji zaboravlja na dužnost; neposlušan, koji nema (ne odaje) poštovanja
undying [ʌn'daiiŋ] *adj* (**~ly** *adv*) besmrtan, neprolazan, neprestan, vječan
unearned [͵ʌn'ə:nd] *adj* nezaslužen, nezarađen
unearth [͵ʌn'ə:θ] *vt* iskopati; izagnati (životinju) iz duplje; *fig* iznijeti na vidjelo

unearthly [ʌn'ə:θli] *adj* nezemaljski, nadzemaljski, natprirodan; sablastan, strašan, strahovit
unease [ʌn'i:z] *s lit* → **uneasiness**
uneasiness [ʌn'i:zinis] *s* tjelesno neraspoloženje, teškoća; unutarnji nemir, tjeskoba
uneasy [ʌn'i:zi] *adj* (**uneasily** *adv*) neugodan, neudoban; nesiguran; nemiran; tjeskoban; bojažljiv; nespretan, zbunjen, smeten
uneatable [ˌʌn'i:təbl] *adj* koji nije jestiv, nejestiv
uneaten [ˌʌn'i:tn] *adj* nepojeden
uneconomical ['ʌnˌi:kə'nɔmikl] *adj* (**~ly** *adv*) neekonomičan, rasipan
unedifying [ˌʌn'edifaiiŋ] *adj* koji ne poučava, koji ne uzdiže moralno, koji ne krijepi (duh)
uneducated [ˌʌn'edjukeitid] *adj* neodgojen, neobrazovan
unembarrassed [ˌʌnim'bærəst] *adj* koji nije zbunjen; nesmetan, neopterećen
unemotional [ˌʌni'məuʃənl] *adj* (**~ly** *adv*) neemocionalan, koji se ne da lako uzbuditi, neuzbudljiv, koji nema strasti; ravnodušan, trijezan
unemployability ['ʌnimˌplɔiə'biliti] *s* neupotrebljivost; nezapošljivost
unemployable [ˌʌnim'plɔiəbl] *adj* neupotrebljiv, nepodesan za rad (za upotrebu)
unemployed [ˌʌnim'plɔid] *adj* neupotrijebljen, neiskorišten, nezaposlen, bez zarade, bez zaposlenja | **~ capital** mrtvi kapital; **the ~** nezaposleni
unemployment [ˌʌnim'plɔimənt] *s* nezaposlenost
unencumbered [ˌʌnin'kʌmbəd] *adj* neopterećen (npr. dugom, hipotekom), nesmetan, slobodan
unending [ʌn'endiŋ] *adj* (**~ly** *adv*) koji ne završava, beskrajan; stalan, neprestan
unendowed [ˌʌnin'daud] *adj* neobdaren, neopskrbljen, nezbrinut; bez miraza, bez dotacije
unendurable [ˌʌnin'djuərəbl] *adj* (**unendurably** *adv*) neizdržljiv
unengaged [ˌʌnin'geidʒd] *adj* nevezan; nezaručen; slobodan
un-English [ˌʌn'iŋgliʃ] *adj* neengleski
unenlightened [ˌʌnin'laitnd] *adj* neprosvijećen, neprosvijetljen
unentangled [ˌʌnin'tæŋgld] *adj* nesmetan, nezamršen
unenterprising [ˌʌn'entəpraiziŋ] *adj* nepoduzetan
unenviability ['ʌnˌenviə'biliti] *s* nezavidnost
unenviable [ˌʌn'enviəbl] *adj* komu se ne može zavidjeti, nezavidan
unequal [ˌʌn'i:kwəl] *adj* (**~ly** *adv*) nejednak, neprimjeren, nerazmjeran, nedorastao
unequality [ˌʌni:'kwɔliti] *s* nejednakost
unequalled [ˌʌn'i:kwəld] *adj* nedostignut, neusporediv; bez premca
unequivocal [ˌʌni'kwivəkl] *adj* (**~ly** *adv*) nesumnjiv, jasan
unequivocalness [ˌʌni'kwivəkəlnis] *s* nesumnjivost, nedvosmislenost
unerring [ˌʌn'ə:riŋ] *adj* (**~ly** *adv*) koji se ne vara, nepogrešiv, pouzdan, siguran
unerringly [ˌʌn'ə:riŋgli] *adv* nepogrešivo, pouzdano, sigurno
unescapability ['ʌnisˌkeipə'biliti] *s* neizbježnost
unescapable [ˌʌnis'keipəbl] *adj* neizbježiv
unessential [ˌʌni'senʃl] *adj* nebitan, nevažan, sporedan; *phil* koji nema bića
unessential [ˌʌni'senʃl] *s* nebitna stvar, uzgredna stvar, ono što je sporedno
unessentiality ['ʌniˌsenʃi'æliti] *s* nebitnost
uneven [ˌʌn'i:vn] *adj* (**~ly** *adv*) koji nije gladak; neravan (tlo); neparan (broj); nejednak, nejednolik; prevrtljiv, mušičav
unevenness [ˌʌn'i:vnnis] *s* nejednakost; neravnost; nejednolikost; promjenljivost, prevrtljivost, mušičavost
uneventful [ˌʌni'ventful] *adj* (**~ly** *adv*) koji je bez događaja; miran
uneventfulness [ˌʌni'ventfulnis] *s* neuzbudljivost, spokojnost
unexampled [ˌʌnig'za:mpld] *adj* bez premca, bez primjera; besprimjeran, neusporediv, neobičan
unexcelled [ˌʌnik'seld] *adj* nenadmašen
unexceptionable [ˌʌnik'sepʃnəbl] *adj* (**unexceptionably** *adv*) komu nema prigovora, besprijekoran, izvrstan, odličan
unexceptional [ˌʌnik'sepʃənl] *adj* (**~ly** *adv*) koji ne dopušta iznimke, bezizniman
unexciting [ˌʌnik'saitiŋ] *adj* neuzbudljiv; miran
unexcusability ['ʌniksˌkju:zə'biliti] *s* neoprostivost
unexcusable [ˌʌniks'kju:zəbl] *adj* koji se ne može ispričati, neoprostiv
unexecuted [ˌʌn'eksikju:tid] *adj* neizvršen, neproveden, neispunjen; *jur* neizvršen, koji nije ovršen
unexhausted [ˌʌnig'zɔ:stid] *adj* neiscrpljen, neistrošen
unexpected [ˌʌniks'pektid] *adj* (**~ly** *adv*) neočekivan, nepredviđen, iznenadan
unexpectedness [ˌʌniks'pektidnis] *s* ono što je neočekivano; iznenađenje; neočekivanost
unexpired [ˌʌniks'paiəd] *adj* koji još nije istekao (npr. najam, zakup, rok)
unexplainability ['ʌniksˌpleinə'biliti] *s* neobjašnjivost
unexplainable [ˌʌniks'pleinəbl] *adj* nerazumljiv, neobjašnjiv
unexplained [ˌʌniks'pleind] *adj* neobjašnjen, neprotumačen
unexplored [ˌʌniks'plɔ:d] *adj* neistražen
unexposed [ˌʌniks'pəuzd] *adj* neizložen, neosramoćen; potajan, neotkriven

unexpressed [ˌʌniks'prest] *adj* neizražen, neizrečen
unexpressibility ['ʌniksˌpresə'biliti] *s* neizrazivost, neizrecivost
unexpressible [ˌʌniks'presəbl] *adj* (**unexpressibly** *adv*) neizreciv
unexpressive [ˌʌniks'presiv] *adj* bezizražajan
unexpressiveness [ˌʌniks'presivnis] *s* bezizražajnost
unexpurgated [ˌʌn'ekspəgeitid] *adj* neosakaćen, neskraćen (izdanje)
unfading [ʌn'feidiŋ] *adj* (~**ly** *adv*) koji ne vene, koji ne blijedi (boje); *fig* neprolazan
unfailing [ʌn'feiliŋ] *adj* (~**ly** *adv*) nepogrešiv, siguran; neiscrpan, nepresušan; koji nikad ne zataji, čvrst, vjeran, pouzdan
unfair [ˌʌn'fɛə] *adj* nelijep, nepravedan; pristran; nepristojan, nedoličan, zao, nepošten
unfairly [ˌʌn'fɛəli] *adv* s nepravom; previše, prekomjerno
unfairness [ˌʌn'fɛənis] *s* nepravednost, pristranost; nepristojnost, nedoličnost, nepoštenje
unfaith ['ʌnfeiθ] *s* nevjera
unfaithful [ˌʌn'feiθful] *adj* (~**ly** *adv*) nevjeran, vjeroloman, izdajnički; netočan, preslobodan (npr. prijevod)
unfaithfulness [ˌʌn'feiθfulnis] *s* nevjernost, vjerolomnost
unfaltering [ʌn'fɔːltəriŋ] *adj* (~**ly** *adv*) koji ne tetura, koji ne koleba (korak); koji ne dršće, čvrst (glas); *fig* nepokolebljiv, odlučan
unfamiliar [ˌʌnfə'miljə] *adj* (~**ly** *adv*) nepoznat, neobičan, nenavikao; koji nije srodan
unfamiliarity ['ʌnfəˌmili'æriti] *s* nepoznavanje, neobičnost, nenaviklost, nesrodnost
unfashionability ['ʌnˌfæʃnə'biliti] *s* nemodernost, staromodnost, neelegantnost
unfashionable [ˌʌn'fæʃnəbl] *adj* nemoderan, staromodan; nefin, neelegantan
unfasten [ˌʌn'faːsn] *vt/i* **I.** *vt* razvezati, razriješiti, otvoriti, odvezati **II.** *vi* odvezati se, otvoriti se
unfathered [ˌʌn'faːðəd] *adj* koji je bez oca, nepriznat, nezakonit
unfatherly [ˌʌn'faːðəli] *adj* neočinski; bez ljubavi, tvrd
unfathomability [ʌnˌfæðəmə'biliti] *s* neizmjerivost; nedokučivost; neizmjernost
unfathomable [ʌn'fæðəməbl] *adj* (**unfathomably** *adv*) neizmjeren, bezdan, koji se ne može izmjeriti; *fig* neizmjeran, neshvatljiv, neobjašnjiv, nedokučiv
unfavourability ['ʌnˌfeivərə'biliti] *s* nepovoljnost; nesklonost
unfavourable [ˌʌn'feivərəbl] *adj* (**unfavourably** *adv*) nepovoljan, nezgodan, neprilićan, nesklon
unfeasibility ['ʌnˌfiːzi'biliti] *s* neizvedivost, neostvarivost, nerealnost
unfeasible [ˌʌn'fiːzəbl] *adj* neizvediv
unfed [ˌʌn'fed] *adj* koji je bez hrane, nehranjen (& *fig*); neuhranjen
unfeeling [ʌn'fiːliŋ] *adj* (~**ly** *adv*) neosjetljiv, bezosjećajan
unfeelingness [ʌn'fiːliŋnis] *s* neosjetljivost, bezosjećajnost
unfeigned [ʌn'feind] *adj* (~**ly** [ʌn'feinidli] *adv*) nehinjen, nepatvoren; prav, iskren
unfelt [ˌʌn'felt] *adj* neosjećan, neoćućen
unfeminine [ˌʌn'feminin] *adj* neženski, neženstven
unfemininity [ʌnˌfemi'niniti] *s* neženstvenost
unfermented [ˌʌnfə'mentid] *adj* neprevreo
unfertile [ˌʌn'fəːtail] *adj* neplodan, jalov
unfertility [ˌʌnfə'tiliti] *s* neplodnost
unfetter [ˌʌn'fetə] *vt* skinuti okove, osloboditi
unfigured [ˌʌn'figəd] *adj* neslikovit (stil)
unfilial [ˌʌn'filjəl] *adj* (~**ly** *adv*) nesinovski, nekćerinski
unfilled [ˌʌn'fild] *adj* neispunjen (mjesto); prazan
unfinished [ˌʌn'finiʃt] *adj* nesvršen, nedovršen; *fig* nedotjeran, neizglađen (stil) | *tech* ~ **screw** crni vijak
unfit [ˌʌn'fit] *adj* (~**ly** *adv*) nepodoban, neprikladan, nesposoban (*for* za; & *mil*)
unfit [ˌʌn'fit] *vt* učiniti nepodobnim, učiniti nesposobnim (*for* za)
unfitting [ˌʌn'fitiŋ] *adj* (~**ly** *adv*) koji ne pristaje, neprikladan; nedoličan
unfittingness [ˌʌn'fitiŋnis] *s* nedoličnost, neprikladnost
unfixed [ˌʌn'fikst] *adj* nepričvršćen; pokretan, slobodan; *fig* kolebljiv, nestalan
unflagging [ˌʌn'flægiŋ] *adj* (~**ly** *adv*) nesmalaksao, neumoran
unflaggingness [ˌʌn'flægiŋnis] *s* neumornost
unflappable [ˌʌn'flæpəbl] *adj* *coll* miran u svakoj situaciji
unflattering [ˌʌn'flætəriŋ] *adj* (~**ly** *adv*) nelaskav
unfledged [ˌʌn'fledʒd] *adj* koji još ne može letjeti; *fig* nerazvijen, nezreo; mlad, nježan
unfleshed [ˌʌn'fleʃt] *adj* još neokušan, neiskušan
unflinching [ʌn'flintʃiŋ] *adj* (~**ly** *adv*) koji ne uzmiče, nepopustljiv; postojan, stalan, neumoran
unfold [ˌʌn'fəuld] *vt/i* **I.** *vt* razviti, raširiti, otvoriti **II.** *vi* razviti se, otvoriti se
unfold [ʌn'fəuld] *vt/i* razotkriti, iznijeti na vidjelo; objasniti; razviti; ispripovijedati
unforced [ˌʌn'fɔːst] *adj* neprisiljen, prirodan

unforeseen [ˌʌnfɔːˈsiːn] *adj* nepredviđen, neočekivan
unforgettability [ˈʌnfəˌgetəˈbiliti] *s* nezaboravnost
unforgettable [ˌʌnfəˈgetəbl] *adj* (**unforgettably** *adv*) nezaboravan
unforgivable [ˌʌnfəˈgivəbl] *adj* neoprostiv
unforgiving [ˌʌnfəˈgiviŋ] *adj* nepomirljiv, koji ne oprašta
unforgivingness [ˌʌnfəˈgiviŋnis] *s* nepomirljivost
unforgotten [ˌʌnfəˈgɔtn] *adj* nezaboravljen
unformed [ˌʌnˈfɔːmd] *adj* bezobličan, neoblikovan; nerazvijen, nedovršen
unfortified [ˌʌnˈfɔːtifaid] *adj* neutvrđen
unfortunate [ʌnˈfɔːtʃnit] *adj* (**~ly** *adv*) nesretan, jadan, bijedan; koban; žaljenja vrijedan
unfortunate [ʌnˈfɔːtʃnit] *s* 1. nesretnik 2. bludnica
unfortunately [ʌnˈfɔːtʃənitli] *adv* na žalost
unfortunateness [ʌnˈfɔːtʃənitnis] *s* nesretnost
unfounded [ˌʌnˈfaundid] *adj* neosnovan; bespredmetan
unfoundedness [ˌʌnˈfaundidnis] *s* neosnovanost
unframed [ˌʌnˈfreimd] *adj* neuokviren
unfree [ˌʌnˈfriː] *adj* neslobodan
unfreeze [ˌʌnˈfriːz] *vt com* ukinuti kontrolu (cijena itd.); odlediti
unfrequent [ʌnˈfriːkwənt] *adj* (**~ly** *adv*) koji nije čest, rijedak
unfrequented [ˌʌnfriˈkwentid] *adj* neposjećen, slabo posjećen; osamljen (predjel)
unfriendliness [ˌʌnˈfrendlinis] *s* neprijateljski stav; neprijaznost
unfriendly [ˌʌnˈfrendli] *adj* neprijazan, neprijateljski, nepovoljan
unfriendly [ˌʌnˈfrendli] *adv* neprijazno
unfrock [ˌʌnˈfrɔk] *vt* skinuti (komu) mantiju (svećeničko ruho), raspopiti, oduzeti komu svećeničku službu
unfruitful [ˌʌnˈfruːtful] *adj* (**~ly** *adv*) neplodan, besplodan, koji je bez rezultata
unfruitfulness [ˌʌnˈfruːtfulnis] *s* neplodnost, besplodnost
unfulfilled [ˌʌnfulˈfild] *adj* neispunjen, neostvaren
unfunded [ˌʌnˈfʌndid] *adj* koji nije fundiran; neuređen, privremen (dug)
unfurl [ˌʌnˈfəːl] *vt/i* **I.** *vt* razviti, raširiti, razmotati (zastavu) **II.** *vi* razviti se, raširiti se
unfurnished [ˌʌnˈfəːniʃt] *adj* neopskrbljen, neopremljen; koji je bez pokućstva, nenamješten (soba)
ungainliness [ʌnˈgeinlinis] *s* nezgrapnost, nespretnost
ungainly [ʌnˈgeinli] *adj* nezgrapan, nespretan
ungainly [ʌnˈgeinli] *adv* nezgrapno, nespretno
ungallant [ˌʌnˈgælənt] *adj* koji nije hrabar
ungallant [ˌʌngæˈlænt] *adj* (**~ly** *adv*) negalantan, neuljudan (*to* prema)
ungarbled [ˌʌnˈgaːbld] *adj* neprosijan, neprobran; neosakaćen, neizopačen, neizvrnut (smisao)
ungear [ˌʌnˈgiə] *vt tech* zaustaviti, staviti izvan pogona, iskopčati; skinuti ham (konju); odriješiti (pse)
ungenerous [ˌʌnˈdʒenərəs] *adj* (**~ly** *adv*) koji nije velikodušan; nedarežljiv; neplemenit
ungenerousness [ˌʌnˈdʒenərəsnis] *s* neširokogrudnost
ungenial [ˌʌnˈdʒiːnjəl] *adj* nepovoljan, neugodan, neprikladan (*to* za); neljubazan, neprijazan
ungeniality [ˈʌnˌdʒiːniˈæliti] *s* neljubaznost, nesrdačnost
ungenteel [ˌʌndʒənˈtiːl] *adj* nefin, nepristojan, neuljudan
ungentle [ˌʌnˈdʒentl] *adj* (**ungently** *adv*) neotmjen; koji nije blag ili nježan; neljubazan, neprijazan, neuljudan; tvrd, grub
ungentlemanlike [ʌnˈdʒentlmənlaik] *adj* negospodski, negospodstven; nefin, neotmjen, neplemenit
ungentlemanliness [ʌnˈdʒentləmənlinis] *s* nedžentlmenstvo, neplemenitost
ungentlemanly [ʌnˈdʒentlmənli] *adj* → **ungentlemanlike**
un-get-at-able [ˌʌngetˈætəbl] *adj* nepristupačan, teško dostupan, nedostižan
ungifted [ˌʌnˈgiftid] *adj* nenadaren; neobdaren
ungird [ˌʌnˈgəːd] *vt* odriješiti, skinuti pojas, otpasti, raspasati
unglazed [ˌʌnˈgleizd] *adj* bez stakla, bez glazure, neocakljen
unglorious [ˌʌnˈglɔːriəs] *adj* neslavan
ungodliness [ˌʌnˈgɔdlinis] *s* bezbožništvo, bezboštvo
ungodly [ˌʌnˈgɔdli] *adj* (**ungodlily** *adv*) bezbožan, zao
ungovernability [ˈʌnˌgʌvənəˈbiliti] *s* neobuzdanost; nemogućnost vladanja nad
ungovernable [ˌʌnˈgʌvənəbl] *adj* (**ungovernably** *adv*) kojim se ne da vladati; nepovodljiv, neobuzdan, razuzdan
ungoverned [ˌʌnˈgʌvənd] *adj* koji je bez vlade, bez zakona; neobuzdan, razuzdan, divlji
ungraceful [ˌʌnˈgreisful] *adj* (**~ly** *adv*) nedražestan, negraciozan; neokretan, nespretan, nezgrapan
ungracefulness [ˌʌnˈgreisfulnis] *s* negracioznost
ungracious [ˌʌnˈgreiʃəs] *adj* (**~ly** *adv*) nemilostiv, neljubazan, neprijazan; neugodan
ungrammatical [ˌʌngrəˈmætikl] *adj* (**~ly** *adv*) negramatički, neispravan

ungrammaticality [ˈʌngrəˌmætiˈkæliti] *s* negramatičnost
ungrateful [ʌnˈgreitful] *adj* (**~ly** *adv*) nezahvalan; koji ne uspijeva, neplodan; nezahvalan (zadatak); neugodan (dužnost)
ungratefulness [ʌnˈgreitfulnis] *s* nezahvalnost
ungratified [ˌʌnˈgrætifaid] *adj* nezadovoljen
ungrounded [ˌʌnˈgraundid] *adj* neosnovan, bez temelja
ungrudging [ˌʌnˈgrʌdʒiŋ] *adj* koji ne mrmlja (ne prigovara); voljan, neumoran
ungrudgingly [ˌʌnˈgrʌdʒiŋli] *adv* rado, s voljom
unguarded [ˌʌnˈgaːdid] *adj* (**~ly** *adv*) nečuvan, nezaštićen; neoprezan, nepromišljen, prenagljen
unguent [ˈʌŋgwənt] *s* mast, pomast
unguided [ˌʌnˈgaidid] *adj* nevođen, bez vodstva
ungulate [ˈʌŋgjuleit] *adj* potkovast, u obliku potkove
ungulate [ˈʌŋgjuleit] *s* 1. sprava za izvlačenje uginulog zametka 2. čunj, valjak, cilindar kojemu je vrh odsječen ravninom kosom prema bazi 3. *zool* kopitar
unhair [ˌʌnˈhɛə] *vt* skinuti kose (dlaku); lišiti kose (dlake); očistiti od kose (dlaka)
unhallowed [ˌʌnˈhæləud] *adj* neposvećen, koji nije svet; bezbožan
unhampered [ˌʌnˈhæmpəd] *adj* nesmetan, slobodan
unhand [ˌʌnˈhænd] *vt* ispustiti iz ruke, pustiti
unhandiness [ˌʌnˈhændinis] *s* nespretnost, nezgrapnost
unhandsome [ˌʌnˈhænsəm] *adj* (**~ly** *adv*) neugledan, nelijep, ružan; nefin, neplemenit, običan
unhandy [ʌnˈhændi] *adj* (**unhandily** *adv*) neudoban, nezgrapan, nespretan
unhang [ˌʌnˈhæŋ] *vt* (unhung, unhung) skinuti
unhappily [ʌnˈhæpili] *adv* nesretno, nesrećom, na nesreću
unhappiness [ʌnˈhæpinis] *s* nesreća, bijeda, jad
unhappy [ʌnˈhæpi] *adj* (**unhappily** *adv*) nesretan, bijedan, jadan; koji donosi nesreću, koban, neprikladan, nepriličan, nezgodan (primjedba)
unharmed [ˌʌnˈhaːmd] *adj* neoštećen, neokrnjen, sačuvan
unharmonious [ˌʌnhaːˈməunjəs] *adj* neskladan, nemelodičan, neharmoničan
unharmoniousness [ˌʌnhaːˈməuniəsnis] *s* neskladnost, neharmoničnost
unharness [ˌʌnˈhaːnis] *vt* ispreći, raspreći
unhealthiness [ʌnˈhelθinis] *s* štetnost po zdravlje, nezdravost
unhealthy [ʌnˈhelθi] *adj* (**unhealthily** *adv*) nezdrav, bolestan, boležljiv, štetan po zdravlje; *sl* opasan; *fig* bolestan
unheard [ˌʌnˈhəːd] *adj* nečuven; nepoznat; nesaslušan, nepreslušan
unheard-of [ˌʌnˈhəːdɔv] *adj* nečuven, neviđen, besprimjeran
unheeded [ˌʌnˈhiːdid] *adj* nepažen, neopažen
unhelped [ˌʌnˈhelpt] *adj* nepotpomognut, bez ičije pomoći
unhelpful [ˌʌnˈhelpful] *adj* bespomoćan; bez pomoći, beskoristan; neuslužan, nesusretljiv
unhelpfulness [ˌʌnˈhelpfulnis] *s* beskorisnost; neuslužnost, nesusretljivost
unheroic [ˌʌnhiˈrəuik] *adj* (**~ally** *adv*) nejunački
unhesitating [ʌnˈheziteitiŋ] *adj* koji ne oklijeva, koji ne dvoumi; spreman, pripravan, bezodvlačan
unhesitatingly [ʌnˈheziteitiŋli] *adv* bez oklijevanja, bez daljega, odmah, smjesta
unhewn [ˌʌnˈhjuːn] *adj* neotesan, koji nije otesan (kamen)
unhindered [ˌʌnˈhindəd] *adj* nesmetan, nespriječen
unhinge [ˌʌnˈhindʒ] *vt* istaviti (vrata); *fig* izvesti iz ravnoteže; smesti, zbuniti; rastrojiti, poremetiti; potresti
unhistoric [ˌʌnhisˈtɔrik] *adj* (**~ally** *adv*) nehistorijski, nepovijesni
unhitch [ˌʌnˈhitʃ] *vt* otkvačiti, odriješiti; ispreći, raspreći (konja)
unholiness [ˌʌnˈhəulinis] *s* nesvetost, bezbožnost
unholy [ˌʌnˈhəuli] *adj* nesvet, profan; neposvećen; bezbožan, zao; *coll* odvratan, strašan
unhonoured [ˌʌnˈɔnəd] *adj* neštovan, necijenjen
unhook [ˌʌnˈhuk] *vt* otkvačiti, otkopčati
unhoped-for [ʌnˈhəuptfɔː] *adj* nenadan, neočekivan, neslućen
unhorse [ˌʌnˈhɔːs] *vt* baciti iz sedla; *fig* zbuniti, smesti
unhouse [ˌʌnˈhauz] *vt* istjerati iz kuće, učiniti beskućnikom
unhuman [ˌʌnˈhjuːmən] *adj* nečovječan; natčovječan
unhung [ʌnˈhʌŋ] *adj* neobješen
unhurt [ˌʌnˈhəːt] *adj* neozlijeđen, neoštećen
uniaxial [ˈjuːniˈæksiəl] *adj* (**~ly** *adv*) *minr* & *opt* koji ima jednu os
unicoloured [ˌjuːniˈkʌləd] *adj* jednobojan
unicorn[1] [ˈjuːnikɔːn] *s* 1. jednorog (životinja iz bajke); heraldička oznaka (prikazuje tu životinju) 2. *ichth* narval (*Monodon monocerus*) 3. *ent* vrsta gusjenice (s rožnatom izraslinom na leđima)
unicorn[2] [ˈjuːnikɔːn] *s* tropreg
unideaed [ˌʌnaiˈdiəd] *adj* koji nema ideja
unideal [ˌʌnaiˈdiəl] *adj* koji je bez ideala, koji nema ideala; neidealan, materijalistički
unidentified [ˌʌnaiˈdentifaid] *adj* neidentificiran

unidiomatic [ˈʌnˌidiəˈmætik] *adj* neidiomatski
unifiable [ˈjuːnifaiəbl] *adj* koji se može ujediniti, ujedinljiv, sjedinljiv
unification [ˌjuːnifiˈkeiʃn] *s* ujedinjenje, skupljanje
unifier [ˈjuːnifaiə] *s* onaj koji ujedinjuje; veza koja ujedinjuje
uniform [ˈjuːnifɔːm] *s* odora, uniforma
uniform [ˈjuːnifɔːm] *adj* (**~ly** *adv*) jednolik, jednoličan, jednak; suglasan
uniform [ˈjuːnifɔːm] *vt* učiniti jednolikim, jednoličnim; uniformirati
uniformity [ˌjuːniˈfɔːmiti] *s* jednolikost, jednoličnost, suglasnost; jednakost, jedinstvenost
unify [ˈjuːnifai] *vt* ujediniti, sjediniti; učiniti jedinstvenim
unilateral [ˌjuːniˈlætərəl] *adj* (**~ly** *adv*) jednostran
unimaginable [ˌʌniˈmædʒinəbl] *adj* (**unimaginably** *adv*) nezamišljiv, koji se ne može predočiti
unimaginative [ˌʌniˈmædʒinətiv] *adj* koji je bez mašte, bez fantazije, nemaštovit
unimaginativeness [ˌʌniˈmædʒinətivnis] *s* nemaštovitost
unimagined [ˌʌniˈmædʒind] *adj* neslućen
unimpaired [ˌʌnimˈpɛəd] *adj* nesmanjen, neumanjen, neoslabljen
unimpeachability [ˈʌnimˌpiːtʃəˈbiliti] *s* neosporivost, besprijekornost
unimpeachable [ˌʌnimˈpiːtʃəbl] *adj* (**unimpeachably** *adv*) neoboriv, neosporiv, nesumnjiv; nekriv, nedužan, besprijekoran
unimpeded [ˌʌnimˈpiːdid] *adj* nesmetan, nespriječen
unimportance [ˌʌnimˈpɔːtəns] *s* nevažnost, sporednost
unimportant [ˌʌnimˈpɔːtənt] *adj* nevažan, sporedan
unimposing [ˌʌnimˈpəuziŋ] *adj* koji ne ulijeva poštovanje, koji ne imponira, koji ne ostavlja dojam
unimpressive [ˌʌnimˈpresiv] *adj* (**~ly** *adv*) koji ne ostavlja dojam; bešćutan
unimpressiveness [ˌʌnimˈpresivnis] *s* neimpresivnost
unimprovable [ˌʌnimˈpruːvəbl] *adj* nepopravljiv
unimproved [ˌʌnimˈpruːvd] *adj* nepopravljen, neoplemenjen; neiskorišten; neobrađen, nekultiviran (tlo)
uninflamed [ˌʌninˈfleimd] *adj* bez uzbuđenja, neuzbuđen
uninflammability [ˈʌninˌflæməˈbiliti] *s* nezapaljivost
uninflammable [ˌʌninˈflæməbl] *adj* neupaljiv, nezapaljiv
uninflected [ˌʌninˈflektid] *adj gram* neflektiran, koji je bez fleksije
uninfluenced [ˌʌnˈinfluənst] *adj* koji nije pod utjecajem, nepristran
uninfluential [ˌʌninfluˈenʃl] *adj* koji je bez utjecaja, neutjecajan
uninformed [ˌʌninˈfɔːmd] *adj* nepoučen, neupućen, neobaviješten; neobrazovan, neizobražen
uninhabitability [ˈʌninˌhæbitəˈbiliti] *s* nenastanjivost, nepogodnost za život (stanovanje)
uninhabitable [ˌʌninˈhæbitəbl] *adj* nenastanjiv, u kojem se ne može stanovati
uninhabited [ˌʌninˈhæbitid] *adj* nenastanjen, pust, prazan
uninhibited [ˌʌninˈhibitid] *adj* nesputan, bez inhibicija, bez kompleksâ
uninitiated [ˌʌniˈniʃieitid] *adj* neupućen
uninjured [ˌʌnˈindʒəd] *adj* neozlijeđen, neoštećen; *fig* nepokvaren
uninjurious [ˌʌninˈdʒuəriəs] *adj* neškodljiv
uninspired [ˌʌninˈspaiəd] *adj* neoduševljen, neinspiriran, nenadahnut
uninstructed [ˌʌninˈstrʌktid] *adj* nepoučen, neuk, nevješt
uninstructive [ˌʌninˈstrʌktiv] *adj* koji ne poučava, nepoučan
uninsured [ˌʌninˈʃuəd] *adj ins* neosiguran
unintelligent [ˌʌninˈtelidʒənt] *adj* (**~ly** *adv*) neinteligentan, koji nema duha; ograničen, glup, koji nije pametan
unintelligibility [ˈʌninˌtelidʒəˈbiliti] *s* nerazumljivost, nejasnoća
unintelligible [ˌʌninˈtelidʒəbl] *adj* (**unintelligibly** *adv*) nerazumljiv, nejasan
unintended [ˌʌninˈtendid] *adj* nenamjeran, nenamjeravan, nehotičan
unintentional [ˌʌninˈtenʃənl] *adj* (**~ly** *adv*) nenamjeran
uninterested [ˌʌnˈintristid] *adj* nezainteresiran; ravnodušan; koji je bez udjela
uninteresting [ˌʌnˈintristiŋ] *adj* (**~ly** *adv*) nezanimljiv; dosadan
unintermitted [ˈʌnˌintəˈmitid] *adj* neprestan, neprekidan
unintermitting [ˈʌnˌintəˈmitiŋ] *adj* (**~ly** *adv*) neprestan, neprekidan
uninterpretable [ˌʌninˈtəːpritəbl] *adj* koji se ne da rastumačiti (objasniti)
uninterrupted [ˈʌnˌintəˈrʌptid] *adj* (**~ly** *adv*) neprekinut, neprekidan, neprestan, stalan; nesmetan
uninventive [ˌʌninˈventiv] *adj* nedomišljat, nedovitljiv, nedosjetljiv
uninventiveness [ˌʌninˈventivnis] *s* neinventivnost, nedomišljatost
uninvited [ˌʌninˈvaitid] *adj* nepozvan, nezvan (gost)
uninviting [ˌʌninˈvaitiŋ] *adj* (**~ly** *adv*) neprivlačan
union [ˈjuːnjən] *s* 1. ujedinjenje, sjedinjenje, pripojenje 2. brak, bračna zajednica 3. slaganje, sloga, sklad, suglasje, suglasnost, harmonija 4. *pol* jedinstvo, savez, sveza, unija 5. zadruga, udruženje, udruga, društvo; radničko udruženje, radnički sindikat 6. *GB hist* združene općine (sa

zajedničkom ubožnicom) 7. lijevi gornji dio nacionalne zastave (koji označuje politički savez zemalja) 8. *com* tkanina satkana od različitog materijala (npr. lana i pamuka, vune i svile) 9. vrsta naprave za spajanje cijevi, spoj dvaju ili više predmeta (konopa, cijevi itd.) 10. plitka bačva za čišćenje piva | **the Union flag, the Union Jack** narodna državna zastava Velike Britanije; **to hoist (fly) a ~ flag down** dati signal za opasnost (dizanjem engleske mornaričke zastave naopako)

unionism [ˈjuːnjənizm] *s* unionistička politika (osobito s obzirom na usku političku povezanost dijelova Britanskog imperija); sindikalna načela; sindikalni sistem

unionist [ˈjuːnjənist] *s* unionist, pristaša unionističke politike (*esp* između Sjev. Irske i Vel. Britanije); sindikalist

union-joint [ˈjuːnjəndʒɔint] *s tech* vrsta spojnice za cijevi

union-lining [ˈjuːnjənˌlainiŋ] *s* platno za podstavu

union-suit [ˈjuːnjənsjuːt] *s US* maja i duge gaće ujedno; kombinezon

unipartite [ˌjuːniˈpaːtait] *adj* koji se sastoji od jednog dijela, jednodijelan

unique [juːˈniːk] *adj* jedini, jedinstven, nedostignut, nedostižan, besprimjeran; bez premca; *coll* izvanredan, značajan

unique [juːˈniːk] *s* jedinstven primjerak, rijetkost, unikum

uniquely [juːˈniːkli] *adv* isključivo, samo; jedinstveno; osobito

unisex [ˈjuːniseks] *adj* isti za oba spola; bez razlika značajnih za spol

unisexual [ˌjuːniˈseksjuəl] *adj bot* jednospolan

unison [ˈjuːnizn] *s mus* jednoglasje, jednozvučje, interval od jedne oktave; sklad; suglasnost (& *fig*)

unisonant [juːˈnisənənt] *adj mus* jednoglasan, jednozvučan; *fig* skladan

unisonous [juːˈnisənəs] *adj mus* jednoglasan, jednozvučan; *fig* skladan

unissued [ˌʌnˈiʃuːd] *adj* neizdan, neobjavljen

unit [ˈjuːnit] *s* 1. *math* pojedina veličina ili broj; najmanji cijeli broj, jedinica 2. pojedinac, pojedina stvar 3. *phys* osnovna jedinica za mjeru 4. *mil* jedinica 5. uređaj

Unitarian [ˌjuːniˈtɛəriən] *s* pripadnik liberalne kršćanske sekte (sa značajnim intelektualnim utjecajem u SAD)

unitary [ˈjuːnitəri] *adj* koji ide (teži) za jedinstvom; jedinstven

unite [juːˈnait] *vt/i* **I.** *vt* 1. sjediniti, spojiti (komade) 2. *chem* spojiti 3. ujediniti (ljude); ujediniti (u braku), vjenčati (kim) 4. sadržavati, sjedinjavati u sebi (svojstva); posjedovati **II.** *vi* 1. sjediniti se, ujediniti se sa, sjediniti se u braku, vjenčati se 3. *chem* spojiti se | **the United Kingdom** Ujedinjena Kraljevina (Velika Britanija i Sjeverna Irska); **the United States** Sjedinjene Američke Države; **~d we stand, divided we fall** složni pobjeđujemo, nesložni propadamo

united [juːˈnaitid] *adj* (**~ly** *adv*) sjedinjen, spojen; ujedinjen, zajednički

unitive [ˈjuːnitiv] *adj* koji sjedinjuje (spaja)

unity [ˈjuːniti] *s* jedinstvo, jedinstvenost; sloga, sklad, suglasnost

univalent [juːˈnivələnt] *adj chem* jednovalentan

univalve [ˈjuːnivælv] *adj zool* koji ima jednu ljušturu

univalve [ˈjuːnivælv] *s zool* životinja s jednom ljušturom (mekušac)

universal [ˌjuniˈvəːsl] *adj* (**~ly** *adv*) 1. opći, općenit, sveopći, univerzalan 2. općenito valjan, rasprostranjen 3. cio, sav, potpun; sveobuhvatan, mnogostran, općeobrazovan | **~ language** svjetski jezik; **~ suffrage** opće pravo glasa

universal [ˌjuniˈvəːsl] *s* općenitost; *log* opći pojam, općenit sud, opća zasada | **~s** *pl* opći pojmovi, univerzalija; *tech* **~ joint** univerzalni zglob

universalism [ˌjuːniˈvəːsəlizm] *s eccl* univerzalizam, nauka o općem spasenju

universalist [ˌjuːniˈvəːsəlist] *s eccl* pristaša univerzalizma, univerzalist

universality [ˌjuːnivəːˈsæliti] *s* općenitost, opća rasprostranjenost, univerzalnost; opća primjena, opća valjanost; sveobuhvatnost, mnogostranost; cjelokupnost; masa (puka)

universalize [ˌjuniˈvəːsəlaiz] *vt* učiniti opće valjanim, vrijednim; dati čemu opće značenje; općenito primijeniti ili rasprostraniti

universe [ˈjuːnivəːs] *s* svemir, svijet, kozmos, vasiona

university [ˌjuniˈvəːsiti] *s* sveučilište; članovi sveučilišta, sveučilišna vlast; sveučilišna sportska momčad | *GB* **to go up to the ~** poći na sveučilište; *GB* **to go down from the ~** napustiti sveučilište

univocal [ˌjuːniˈvəukl] *adj* (**~ly** *adv*) nesumnjiv, jasan

univocal [ˌjuːniˈvəukl] *s* riječ koja ima samo jedno značenje

unjaundiced [ˌʌnˈdʒɔːndist] *adj* nezavidan, neljubomoran

unjoin [ˌʌnˈdʒɔin] *vt* odijeliti, odvojiti, rastaviti

unjoint [ˌʌnˈdʒɔint] *vt* odijeliti, odvojiti; rastaviti, razlučiti, razdvojiti, rasklopiti

unjust [ˌʌnˈdʒʌst] *adj* (**~ly** *adv*) nepravedan | **the just and the ~** pravednici i grešnici, svatko

unjustifiability [ʌnˌdʒʌstifaiəˈbiliti] *s* neopravdanost, neoprostivost

unjustifiable [ʌnˈdʒʌstifaiəbl] *adj* (**unjustifiably** *adv*) neopravdan, koji se ne može opravdati

unjustified [ʌn'dʒʌstifaid] *adj* neopravdan
unjustness [ˌʌn'dʒʌstnis] *s* nepravda, nepravednost
unkempt [ˌʌn'kempt] *adj* nepočešljan; neuredan, zapušten, neuređen, nenjegovan; nehajan, nemaran
unkept [ˌʌn'kept] *adj* nezadržan, nečuvan, slobodan; neuređen, nenjegovan; neodržan, neizvršen (zapovijed)
unkind [ʌn'kaind] *adj* (**~ly** *adv*) neprijazan, neljubazan, bezobziran
unkindliness [ʌn'kaindlinis] *s* neprijaznost, neljubaznost
unkindly [ʌn'kaindli] *adj* neprijazan, neugodan, bezosjećajan
unkindly [ʌn'kaindli] *adv* neprijazno, neljubazno
unknit [ˌʌn'nit] *vt* rasporiti, rasplesti; *fig* razmrsiti, razriješiti; uništiti
unknot [ˌʌn'nɔt] *vt* razriješiti, razvezati (čvor); razmrsiti
unknowable [ˌʌn'nəuəbl] *adj* koji se ne može spoznati
unknowing [ˌʌn'nəuiŋ] *adj* nesvjestan, koji ne zna
unknowingly [ˌʌn'nəuiŋli] *adv* bez znanja, ne znajući, nesvjesno
unknown [ˌʌn'nəun] *adj* nepoznat, neznan; neopisiv
unknown [ˌʌn'nəun] *s* nepoznata osoba, nepoznanica
unlabelled [ˌʌn'leibld] *adj* neetiketiran, bez etikete (naljepnice); koji je bez cedulje (npr. paket); neoznačen, nespecificiran
unlaboured [ˌʌn'leibəd] *adj* stečen (izvršen, obavljen) bez muke; neprisiljen, lak, prirodan (npr. stil)
unlace [ˌʌn'leis] *vt* odvezati, odriješiti
unlade [ˌʌn'leid] *vt* istovariti, iskrcati (& *fig*)
unladen [ˌʌn'leidn] *adj* nenatovaren; *fig* neopterećen
unladylike [ˌʌn'leidilaik] *adj* koji ne dolikuje dami, nedamski, negospodski; prost, nepristojan
unlaid [ˌʌn'leid] *adj* koji nije prostrt (stol); koji nema vodeni žig (papir); *fig* neumiren, neutišan, neutažen
unlamented [ˌʌnlə'mentid] *adj* neoplakan
unlash [ˌʌn'læʃ] *vt* odriješiti, odvezati
unlatch [ˌʌn'lætʃ] *vt* otkvačiti, otvoriti, otključati
unlawful [ˌʌn'lɔːful] *adj* (**~ly** *adv*) nezakonit, protuzakonit, nedopušten; koji ugrožava mir
unlawfulness [ˌʌn'lɔːfulnis] *s* nezakonitost, protuzakonitost
unlay [ˌʌn'lei] *vt* rasplesti (uže)
unlearn [ˌʌn'ləːn] *vt* izgubiti iz sjećanja (pamćenja); zaboraviti; već naučeno učiti na drugi način
unlearned [ˌʌn'ləːnid] *adj* (**~ly** *adv*) neučen, neznalački, neobrazovan | **the ~** neobrazovani ljudi
unleash [ˌʌn'liːʃ] *vt* pustiti (psa itd.) s uzice; dati maha strastima, dopustiti da se što razulari
unleavened [ˌʌn'levnd] *adj* koji je bez kvasa, beskvasan
unless [ən'les] *conj* ako ne, ukoliko ne, osim ako, osim da | **~ and until** (pleonazam za) sve dok ne
unlettered [ˌʌn'letəd] *adj* neučen, nenačitan, neobrazovan
unlicensed [ˌʌn'laisənst] *adj* nedopušten, nekoncesioniran, divlji, nedozvoljen
unlike [ˌʌn'laik] *adj* nejednak, nenalik (*to* na), različit, drukčiji
unlike [ˌʌn'laik] *prep* drukčije od, ne nalik na, za razliku od
unlikelihood [ʌn'laiklihud] *s* nevjerojatnost
unlikeliness [ʌn'laiklinis] *s* nevjerojatnost
unlikely [ʌn'laikli] *adj* nevjerojatan, bezizgledan
unlikely [ʌn'laikli] *adv* nevjerojatno
unlikeness [ˌʌn'laiknis] *s* nejednakost, nesličnost
unlimber [ˌʌn'limbə] *vt mil* skinuti (skidati) top s prednjaka
unlimited [ʌn'limitid] *adj* (**~ly** *adv*) neograničen; *fig* bezgraničan, neizmjeran | *com* **~ company** javno trgovačko društvo
unlined[1] [ˌʌn'laind] *adj* nepodstavljen, koji nema podstave
unlined[2] [ˌʌn'laind] *adj* neliniran, koje nema crta, neoznačen
unlink [ˌʌn'liŋk] *vt* odvezati, odriješiti, pustiti s lanca
unliquidated [ˌʌn'likwideitid] *adj* neplaćen (dug); neodređen, neutvrđen; nelikvidiran
unlisted [ˌʌn'listid] *adj* (telefonski broj) nenaveden u imeniku; *st exch* ne u službenom popisu dionica
unload [ˌʌn'ləud] *vt/i* **I.** *vt* istovariti, iskrcati; isprazniti (vatreno oružje); *fig* oteretiti, olakšati, osloboditi; *st exch* baciti na tržište, rasprodati (vrijednosne papire) **II.** *vi* istovariti, iskrcati; biti istovaren (iskrcan)
unloading [ˌʌn'ləudiŋ] *s* istovarivanje, iskrcavanje, ispražnjavanje (vatrenog oružja); *fig* oterećenje, olakšanje, oslobođenje; *st exch* bacanje na tržište, prodavanje (vrijednosnih papira)
unlock [ˌʌn'lɔk] *vt* otključati, otvoriti (vrata); otkočiti (pušku); *fig* otkriti, razotkriti, otvoriti | **to ~ one's heart** izliti svoje srce
unlooked [ʌn'lukt] *adj* nepogledan, nerazgledan
unlooked-for [ʌn'luktfɔː] *adj* netražen; nepredviđen, neočekivan, iznenadan
unloose [ˌʌn'luːs] *vt* skinuti lanac, odriješiti, otvoriti; popustiti, olabaviti; osloboditi
unloosen [ʌn'luːsn] *vt* → **unloose**
unlovability [ʌnˌlʌvə'biliti] *s* odbojnost

unlovable [ˌʌn'lʌvəbl] *adj* koji nije vrijedan ljubavi; neljubazan; koji odbija, odbojan
unloved [ˌʌn'lʌvd] *adj* nevoljen, neljubljen
unlovely [ˌʌn'lʌvli] *adj* nelijep, gadan, odvratan; neprivlačan, ružan, neprijazan
unloverlike [ˌʌn'lʌvəlaik] *adj* koji nije dostojan ljubavnika, koji nema osjećaje ljubavnika
unloving [ˌʌn'lʌviŋ] *adj* (**~ly** *adv*) koji je bez ljubavi, bezosjećajan, hladan
unluckily [ʌn'lʌkili] *adv* nesrećom, na nesreću
unluckiness [ʌn'lʌkinis] *s* nesreća, zla sreća, zla kob
unlucky [ʌn'lʌki] *adj* nesretan, koban, zlokoban, zloslutan; nezgodan, nepriličan
unmade [ˌʌn'meid] *adj* nenačinjen, nedovršen
unmaidenly [ˌʌn'meidnli] *adj* nedjevojački, koji ne dolikuje djevojci
unmaintainable [ˌʌnmein'teinəbl] *adj* neodrživ, neizdržljiv
unmake [ˌʌn'meik] *vt* ukinuti, poništiti, opozvati; razvrgnuti, svrgnuti (kralja); potpuno izmijeniti; uništiti, upropastiti, razoriti
unman [ˌʌn'mæn] *vt* učiniti nečovječnim; učiniti grubim, divljim; oduzeti muškost, uškopiti; oduzeti hrabrost, oslabiti, učiniti mekoputnim
unmanageability [ʌnˌmænidʒə'biliti] *s* nepovodljivost, neukrotivost, nezgrapnost
unmanageable [ʌn'mænidʒəbl] *adj* (**unmanageably** *adv*) nepovodljiv, neukrotiv, koji se ne da nadzirati; kojim se teško rukuje, nespretan, nepodesan
unmanliness [ˌʌn'mænlinis] *s* nemuževnost
unmanly [ˌʌn'mænli] *adj* nemuški, bapski; kukavičan
unmanned [ˌʌn'mænd] *adj* bez ljudske posade
unmannerly [ʌn'mænəli] *adj* neodgojen, surov, koji je bez manira
unmarked [ˌʌn'maːkt] *adj* nenaznačen, neoznačen; neopažen; nezapažen
unmarketability [ʌnˌmaːkitə'biliti] *s* nekurentnost
unmarketable [ˌʌn'maːkitəbl] *adj* koji nije pogodan za tržište, koji se ne može prodati, koji nema prođe
unmarriageable [ˌʌn'mæridʒəbl] *adj* koji se ne može oženiti (udati, vjenčati), nesposoban za brak
unmarried [ˌʌn'mærid] *adj* neoženjen, neudata
unmask [ˌʌn'maːsk] *vt/i* **I.** *vt* skinuti krinku, demaskirati; *mil* paljbom otkriti položaj topa; *fig* raskrinkati **II.** *vi* skinuti krinku, demaskirati se, pokazati svoj pravi značaj
unmatchable [ˌʌn'mætʃəbl] *adj* neusporediv
unmatched [ˌʌn'mætʃt] *adj* neusporediv, bez premca, nedostignut, nedostižan
unmaterial [ˌʌnmə'tiəriəl] *adj* nematerijalan, duhovan
unmeaning [ˌʌn'miːniŋ] *adj* (**~ly** *adv*) bezizražajan, beznačajan, besmislen
unmeant [ˌʌn'ment] *adj* nenamjeran, nehotičan
unmeasurability [ʌnˌmeʒərə'biliti] *s* nemjerljivost; neizmjernost
unmeasurable [ˌʌn'meʒərəbl] *adj* koji se ne može izmjeriti, neizmjeran
unmeasured [ˌʌn'meʒəd] *adj* neizmjeren, neizmjeran, bezgraničan; obilan, prekomjeran; neumjeren, razuzdan
unmeet [ˌʌn'miːt] *adj* neprikladan, nepogodan, nepodesan (*for* za); nesposoban, nepristojan
unmelodious [ˌʌnmi'ləudjəs] *adj* (**~ly** *adv*) nemelodiozan, nemuzikalan, nemilozvučan
unmentionable [ʌn'menʃnəbl] *adj* koji se ne može spomenuti
unmentionables [ʌn'menʃnəblz] *s pl arch hum* gaće, hlače
unmentioned [ˌʌn'menʃənd] *adj* nespomenut, nenaveden
unmerciful [ʌn'məːsiful] *adj* (**~ly** *adv*) nemilosrdan
unmeritable [ˌʌn'meritəbl] *adj* koji nema prava na priznanje, bezvrijedan
unmerited [ˌʌn'meritid] *adj* nezaslužen
unmethodical [ˌʌnmi'θɔdikl] *adj* nemetodičan, neplanski, zbrkan
unmetrical [ˌʌn'metrikl] *adj* nemetrički, koji nije napisan u obliku stiha
unmilitary [ˌʌn'militəri] *adj* nevojnički
unmindful [ʌn'maindful] *adj* (**~ly** *adv*) nepažljiv, bezobziran, koji ne misli (*of* na), kome nije stalo do čega
unmingled [ˌʌn'miŋgld] *adj* nemiješan, nepomiješan, nepatvoren
unmisgiving [ˌʌnmis'giviŋ] *adj* neustrašiv, bezbrižan, nepokolebljiv
unmistak(e)ability ['ʌnmisˌteikə'biliti] *s* očevidnost, bjelodanost
unmistak(e)able [ˌʌnmis'teikəbl] *adj* (**unmistak(e)ably** *adv*) očevidan, bjelodan, jasan
unmitigated [ʌn'mitigeitid] *adj* neublažen, neoslabljen; potpun, pravi
unmixed [ˌʌn'mikst] *adj* nemiješan, nepomiješan; nepomućen, čist, pravi
unmodified [ˌʌn'mɔdifaid] *adj* nepromijenjen, nepreinačen
unmolested [ˌʌnmə'lestid] *adj* nebunjen, neuznemirivan
unmoor [ˌʌn'muə] *vt/i* **I.** *vt mar* odriješiti brod, pustiti vez broda **II.** *vi mar* dignuti sidro
unmoral [ˌʌn'mɔrəl] *adj* nećudoredan, amoralan
unmortgaged [ˌʌn'mɔːgidʒd] *adj* nezaložen, neopterećen hipotekom
unmotherly [ˌʌnmʌðəli] *adj* nemajčinski, nematerinski, maćuhinski

unmould [ˌʌnˈməuld] *vt* izvaditi iz oblika, kalupa; iskrenuti, istresti (puding)
unmounted [ˌʌnˈmauntid] *adj* nemontiran (top); koji nije na konju, nekonjički, pješački; nenapet (slika, platno)
unmourned [ˌʌnˈmɔːnd] *adj* neoplakan, neoplakivan
unmov(e)ability [ʌnˌmuːvəˈbiliti] *s* nepokretnost, nepomičnost
unmov(e)able [ˌʌnˈmuːvəbl] *adj* nepokretan, nepomičan, koji se ne da pokrenuti
unmoved [ˌʌnˈmuːvd] *adj* nepokretan, nepomaknut, nedirnut, neganut; nepromijenjen, nepokoleban, čvrst; miran, postojan
unmuffle [ˌʌnˈmʌfl] *vt* otkriti, razotkriti (lice)
unmusical [ˌʌnˈmjuːzikl] *adj* (**~ly** *adv*) nemuzikalan, nemelodiozan, neskladan
unmusicality [ʌnˌmjuːziˈkæliti] *s* nemuzikalnost
unmuzzle [ˌʌnˈmʌzl] *vt* skinuti brnjicu (psu); *fig* dopustiti komu da slobodno izrazi svoje mišljenje
unnail [ˌʌnˈneil] *vt* izvaditi čavle (iz sanduka); skinuti s čavla (klina); otkovati
unnam(e)able [ˌʌnˈneiməbl] *adj* koji se ne može spomenuti; neopisiv, neizreciv
unnamed [ˌʌnˈneimd] *adj* nenazvan, nespomenut, bezimen, neimenovan
unnatural [ʌnˈnætʃrəl] *adj* (**~ly** *adv*) neprirodan, nadnaravan; neobičan, izvanredan; protuprirodan; strašan, odvratan
unnaturalness [ʌnˈnætʃərəlnis] *s* neprirodnost
unnavigability [ˈʌnˌnævigəˈbiliti] *s* neplovnost, neprohodnost
unnavigable [ˌʌnˈnævigəbl] *adj* neplovan, koji nije plovan (zbog pličina, leda itd.), kojim se ne može ploviti, neprolazan, neprohodan
unnecessarily [ʌnˈnesəsərili] *adv* nepotrebno
unnecessariness [ʌnˈnesəsərinis] *s* nepotrebnost
unnecessary [ʌnˈnesəsəri] *adj* nepotreban, suvišan, beskoristan
unneighbourliness [ˌʌnˈneibəlinis] *s* nesusjedski stav (odnosi)
unneighbourly [ˌʌnˈneibəli] *adj* nesusjedski, neprijazan
unnerve [ˌʌnˈnəːv] *vt* oslabiti, istrošiti; oduzeti hrabrost, obeshrabriti, učiniti preosjetljivim
unnoted [ˌʌnˈnəutid] *adj* neprimijećen, nezamijećen, nezapažen
unnoticed [ˌʌnˈnəutist] *adj* neprimijećen, nezamijećen, nezapažen; neistaknut, zanemaren
unnumbered [ˌʌnˈnʌmbəd] *adj* nebrojen, bezbrojan; nenumeriran (ulaznica); koji nema broja (strana)
unobjectionable [ˌʌnəbˈdʒekʃnəbl] *adj* (**unobjectionably** *adv*) besprijekoran, komu se ne može prigovoriti
unobliging [ˌʌnəˈblaidʒiŋ] *adj* nesusretljiv, neuslužan, neuljudan
unobliterated [ˌʌnəˈblitəreitid] *adj* neizbrisan
unobscured [ˌʌnəbˈskjuəd] *adj* nezamračen, nepotamnjen
unobservance [ˌʌnəbˈzəːvəns] *s* nepažljivost, nepoštovanje, neposluh
unobservant [ˌʌnəbˈzəːvənt] *adj* nepažljiv, koji se ne drži čega, neposlušan
unobserved [ˌʌnəbˈzəːvd] *adj* (**~ly** [ˌʌnəbˈzəːvidli] *adv*) neopažen, nezapažen, neprimijećen, nepromatran
unobstructed [ˌʌnəbˈstrʌktid] *adj* nezatvoren, nezakrčen, nezapriječen, nespriječen
unobtainability [ˈʌnəbˌteinəˈbiliti] *s* nedostižnost, nedokučivost, neraspoloživost
unobtainable [ˌʌnəbˈteinəbl] *adj* koji se ne može dobiti, nedostižan, nedokučiv, nedohvatljiv
unobtrusive [ˌʌnəbˈtruːsiv] *adj* (**~ly** *adv*) nenametljiv, suzdržljiv, čedan
unobtrusiveness [ˌʌnəbˈtruːsivnis] *s* nenametljivost
unoccupied [ˌʌnˈɔkjupaid] *adj* nezaposlen, slobodan; neiskorišten, nezaposjednut; nenastanjen
unoffending [ˌʌnəˈfendiŋ] *adj* koji ne vrijeđa, nesablažnjiv; neškodljiv, bezazlen
unofficial [ˌʌnəˈfiʃl] *adj* (**~ly** *adv*) neoficijalan, neslužben | *st exch* **~ broker** zakulisni posrednik (mešetar) na burzi
unoil [ˌʌnˈɔil] *vt* oduzeti, vaditi, skinuti ulje
unopened [ˌʌnˈəupənd] *adj* neotvoren, neotvaran (npr. pismo); neistražen
unopposed [ˌʌnəˈpəuzd] *adj* nesmetan, koji ne nailazi na protivljenje
unordained [ˌʌnɔːˈdeind] *adj* nezaređen (za svećenika)
unordered [ˌʌnˈɔːdəd] *adj* neuređen; nenaručen (roba)
unorganized [ˌʌnˈɔːgənaizd] *adj* neorganiziran, zbrkan, divlji, nesređen
unoriginal [ˌʌnəˈridʒənl] *adj* neizvoran, neoriginalan; pozajmljen (npr. riječ iz drugog jezika)
unoriginality [ˈʌnəˌridʒiˈnæliti] *s* neoriginalnost
unorthodox [ˌʌnˈɔːθədɔks] *adj* nepravovjeran, neortodoksan
unorthodoxness [ˌʌnˈɔːθədɔknis] *s* nepravovjernost, neortodoksnost
unostentatious [ˈʌnˌɔstenˈteiʃəs] *adj* (**~ly** *adv*) nerazmetljiv, koji ne udara u oči; čedan, jednostavan; koji nije jarki (boja)
unostentatiousness [ˈʌnˌɔstenˈteiʃəsnis] *s* nerazmetljivost, nenametljivost
unowned [ˌʌnˈəund] *adj* koji je bez gospodara, nepriznat (dijete)

unpack [ˌʌnˈpæk] *vt/i* izvaditi (iz kovčega), isprazniti, raspakirati
unpaged [ˌʌnˈpeidʒd] *adj* nepaginiran
unpaid [ˌʌnˈpeid] *adj* neplaćen, koji je u zaostatku (nadnica); koji je bez plaće, počastan; nefrankiran (pismo)
unpaired [ˌʌnˈpɛəd] *adj* nesparen, koji nije svrstan u parove
unpalatability [ʌnˌpælətəˈbiliti] *s* netečnost, neukusnost
unpalatable [ʌnˈpælətəbl] *adj* (**unpalatably** *adv*) netečan, bljutav, neukusan, koji je bez okusa; *fig* koji se ne može uživati, neugodan, ogavan, oduran
unparalleled [ʌnˈpærələld] *adj* neusporediv, besprimjeran
unpardonable [ʌnˈpaːdnəbl] *adj* (**unpardonably** *adv*) neoprostiv
unparental [ˈʌnpəˈrentl] *adj* nedostojan roditelja, neroditeljski
unparented [ʌnˈpɛərəntid] *adj* koji je bez roditelja, koji je siroče
unparliamentary [ˈʌnˌpaːləˈmentəri] *adj* neparlamentaran
unpatriotic [ˈʌnˌpætriˈɔtik] *adj* (**~ally** *adv*) nepatriotski
unpaved [ˌʌnˈpeivd] *adj* neopločen, nepopločen, netaracan
unpayable [ˌʌnˈpeiəbl] *adj* koji se ne može platiti, nerentabilan, nenaplativ
unpeg [ˌʌnˈpeg] *vt* osloboditi od klina, kolca, izvući klin, kolac; skinuti s klina; *com* nemati više tržište u rukama; ne podupirati više valutu; osloboditi (valutu) od ograničenja
unpen [ˌʌnˈpen] *vt* pustiti (ovce) iz tora
unpeople [ˌʌnˈpiːpl] *vt* lišiti pučanstva, raseliti
unperceivability [ˈʌnpəˌsiːvəˈbiliti] *s* neprimjetnost
unperceivable [ˌʌnpəˈsiːvəbl] *adj* neprimjetan, nezamjetljiv
unperceived [ˌʌnpəˈsiːvd] *adj* neopažen, nezapažen, neprimijećen, nezamijećen
unperforated [ˌʌnˈpəːfəreitid] *adj* neprobušen, neperforiran, neprobijen
unperformed [ˌʌnpəˈfɔːmd] *adj* neizveden, neučinjen, neobavljen, neizvršen
unpersuadable [ˌʌnpəˈsweidəbl] *adj* koji se ne da uvjeriti (nagovoriti); neumoljiv, čvrst
unpersuasive [ˌʌnpəˈsweisiv] *adj* neuvjerljiv
unpersuasiveness [ˌʌnpəˈsweisivnis] *s* neuvjerljivost
unperturbed [ˌʌnpəˈtəːbd] *adj* nesmetan, neuznemiren, miran
unphilosophical [ˈʌnˌfiləˈsɔfikl] *adj* (**~ly** *adv*) nefilozofski
unpick [ˌʌnˈpik] *vt* rasporiti (šav)
unpicked [ˌʌnˈpikt] *adj* neizabran, nesortiran, neprobran; neprosijan; nepobran, neobran
unpin [ˌʌnˈpin] *vt* skinuti klinove, povaditi igle, pribadače (iz haljine); otkopčati, rašiti
unpitied [ˌʌnˈpitid] *adj* nežaljen
unpitiful [ʌnˈpitiful] *adj* nesmiljen, nemilosrdan
unpitifulness [ʌnˈpitifulnis] *s* nesmiljenost, nemilosrdnost
unpitying [ʌnˈpitiiŋ] *adj* (**~ly** *adv*) nemilostiv, nemilosrdan
unplaced [ˌʌnˈpleist] *adj* *sport* neplasiran (konj); nesmješten, nenamješten
unplait [ˌʌnˈplæt] *vt* izgladiti, izvaditi nabore
unplayable [ˌʌnˈpleiəbl] *adj* koji se ne da igrati; loš, težak (lopta); nesposoban, neprikladan za igranje
unpleasant [ʌnˈpleznt] *adj* (**~ly** *adv*) neugodan; gadan, odvratan
unpleasantness [ʌnˈplezntnis] *s* neugodnost
unpleasing [ˌʌnˈpliːziŋ] *adj* (**~ly** *adv*) neugodan
unpliability [ˈʌnˌplaiəˈbiliti] *s* nesavitljivost, nefleksibilnost
unpliable [ˌʌnˈplaiəbl] *adj* negibljiv, nesavitljiv; nepopustljiv
unpliant [ˌʌnˈplaiənt] *adj* negibljiv, nesavitljiv, ukočen; nepopustljiv
unplug [ˌʌnˈplʌg] *vt* izvaditi čep (klin)
unplumbed [ˌʌnˈplʌmd] *adj* neizmjeran, nedokučiv
unpoetical [ˌʌnpəuˈetikl] *adj* (**~ly** *adv*) nepjesnički, nepoetičan
unpolished [ˌʌnˈpɔliʃt] *adj* neizglađen, nepoliran, neuglađen; neizjednačen, neizgrađen (stil); neotmjen, neobrazovan
unpolite [ˌʌnpəˈlait] *adj* (**~ly** *adv*) neuljudan, neuglađen
unpolitic [ˌʌnˈpɔlitik] *adj* nepolitički, nemudar
unpolitical [ˌʌnpəˈlitikl] *adj* nepolitički, politički slab ili nesposoban
unpoliticality [ˈʌnpəˌlitiˈkæliti] *s* nepolitičnost
unpolluted [ˌʌnpəˈluːtid] *adj* neokaljan, neoskvrnut; čist; nezagađen
unpopular [ˌʌnˈpɔpjulə] *adj* (**~ly** *adv*) nepopularan, neomiljen
unpopularity [ˈʌnˌpɔpjuˈlæriti] *s* nepopularnost, neomiljelost
unpossessed [ˌʌnpəˈzest] *adj* koji nije u posjedu ili u vlasti; koji nema posjeda
unpractical [ˌʌnˈpræktikl] *adj* (**~ly** *adv*) nepraktičan; neuspio, neuspješan (život); neupotrebljiv
unpracticality [ˈʌnˌpræktiˈkæliti] *s* neupotrebljivost, nespretnost
unpractised [ʌnˈpræktist] *adj* neiskusan, neizvježban, neuvježban; neupotrijebljen, neuobičajen
unprecedented [ʌnˈpresidəntid] *adj* koji još nije bio, koji je bez presedana; nečuven, besprimjeran

unpredictability ['ʌnpriˌdiktə'biliti] *s* nepredskazivost, nepredvidivost
unpredictable [ˌʌnpri'diktəbl] *adj* nepredskaziv, nepredvidiv
unprejudiced [ˌʌn'predʒudist] *adj* koji nema predrasuda; nepristran
unpremeditated [ˌʌnpri'mediteitid] *adj* (**~ly** *adv*) koji je bez predumišljaja, nepromišljen, nehotičan; nepripravan, koji je bez priprave
unpreparation ['ʌnˌprepə'reiʃn] *s* nepripravljanje, nepripravnost, nespremnost
unprepared [ˌʌnpri'pɛəd] *adj* (**~ly** [ˌʌnpri'pɛəridli] *adv*) nepripravan, nespreman, nepripremljen
unprepossessing ['ʌnˌpriːpə'zesiŋ] *adj* neprivlačan, koji nema draži, neugodan, nesimpatičan
unpresentable [ˌʌnpri'zentəbl] *adj* koji se ne može pokazati; koji se ne može predstaviti, uvesti u društvo; neotmjen, neprivlačan, koji je bez draži
unpresuming [ˌʌnpri'zjuːmiŋ] *adj* čedan, koji je bez zahtjeva, skroman
unpresumptuous [ˌʌnpri'zʌmptjuəs] *adj* čedan, koji je bez zahtjeva, skroman
unpretending [ˌʌnpri'tendiŋ] *adj* (**~ly** *adv*) nepretenciozan, čedan; nepatvoren; nenapadan, jednostavan
unpretentious [ˌʌnpri'tenʃəs] *adj* skroman, čedan, koji je bez zahtjeva, nepretenciozan
unpretentiousness [ˌʌnpri'tenʃəsnis] *s* nepretencioznost, skromnost
unpreventable [ˌʌnpri'ventəbl] *adj* koji se ne može spriječiti (predusresti), neizbježan, neminovan
unpriced [ˌʌn'praist] *adj* neprocjenjiv; kojemu nije naznačena (stalna) cijena
unprincipled [ʌn'prinsəpld] *adj* neprincipijelan, besprincipijelan; nevjeran, vjeroloman; nekarakteran, nemoralan, besavjestan, bezbožan
unprintable [ˌʌn'printəbl] *adj* koji se ne može tiskati, štampati; nepristojan
unprinted [ˌʌn'printid] *adj* netiskan, neštampan; koji je bez uzorka (tkanina)
unpriviledged [ˌʌn'privilidʒd] *adj* koji nema povlastica, nepovlašten
unproclaimed [ˌʌnprə'kleimd] *adj* neobjavljen
unprocurable [ˌʌnprə'kjuərəbl] *adj* koji se ne može nabaviti
unproductive [ˌʌnprə'dʌktiv] *adj* (**~ly** *adv*) neplodan, neunosan, neproduktivan | **~ capital** mrtvi (neiskorišteni) kapital
unproductiveness [ˌʌnprə'dʌktivnis] *s* neproduktivnost
unprofessional [ˌʌnprə'feʃənl] *adj* (**~ly** *adv*) neprofesionalan; nestručnjački, nestručan
unprofitability ['ʌnˌprɔfitə'biliti] *s* neunosnost, neprobitačnost
unprofitable [ˌʌn'prɔfitəbl] *adj* (**unprofitably** *adv*) neunosan, neprobitačan; nekoristan, beskoristan
unprogressive [ˌʌnprə'gresiv] *adj* koji ne napreduje, koji je u zastoju; nenapredan, reakcionaran
unpromising [ˌʌn'prɔmisiŋ] *adj* koji ne obećava mnogo, bezizgledan
unpronounceable [ˌʌnprə'naunsəbl] *adj* koji se ne može izgovoriti, koji se teško izgovara
unprop [ˌʌn'prɔp] *vt* oduzeti potporanj (čemu)
unpropitious [ˌʌnprə'piʃəs] *adj* (**~ly** *adv*) nemilostiv, nepogodan, nepovoljan, nesklon, nesretan
unpropitiousness [ˌʌnprə'piʃəsnis] *s* nepovoljnost
unprotected [ˌʌnprə'tektid] *adj* koji je bez zaštite, nezaštićen; carinski nezaštićen
unprotested [ˌʌnprə'testid] *adj com* neprotestiran (mjenica)
unprovability ['ʌnˌpruːvə'biliti] *s* nedokazivost
unprovable [ˌʌn'pruːvəbl] *adj* koji se ne može dokazati
unproved [ˌʌn'pruːvd] *adj* nedokazan
unprovided [ˌʌnprə'vaidid] *adj* nezbrinut, neopskrbljen; nepripravan, nepredviđen (*for*)
unprovoked [ˌʌnprə'vəukt] *adj* (**~ly** [ˌʌnprə'vəukidli] *adv*) neizazvan; nerazdražen
unpublished [ˌʌn'pʌbliʃt] *adj* neobjavljen, neobjelodanjen
unpunctual [ˌʌn'pʌŋktjuəl] *adj* (**~ly** *adv*) netočan
unpunctuality ['ʌnˌpʌŋktju'æliti] *s* netočnost
unpunishability ['ʌnˌpʌniʃə'biliti] *s* nekažnjivost
unpunishable [ˌʌn'pʌniʃəbl] *adj* nekažnjiv
unpunished [ˌʌn'pʌniʃt] *adj* nekažnjen
unpurchasable [ˌʌn'pəːtʃəsəbl] *adj* koji se ne može kupiti
unqualified [ˌʌn'kwɔlifaid] *adj* nekvalificiran, neovlašten; neprikladan, neosposobljen
unqualified [ʌn'kwɔlifaid] *adj* bezuvjetan; neograničen, neublažen; *coll* opipljiv, očit, propisan
unquenchability ['ʌnˌkwentʃə'biliti] *s* nezasitnost, neutaživost
unquenchable [ˌʌn'kwentʃəbl] *adj* nezasitan, neutaživ (& *fig*)
unquestionability [ʌnˌkwestʃənə'biliti] *s* neospornost
unquestionable [ʌn'kwestʃənəbl] *adj* nesumnjiv, neosporan
unquestionably [ʌn'kwestʃənəbli] *adv* neosporno, bez sumnje
unquestioned [ʌn'kwestʃənd] *adj* nepitan, nezapitan; neosporan, nesumnjiv

unquestioning [ʌn'kwestʃəniŋ] *adj* (**~ly** *adv*) koji ne pita, koji nije radoznao; bezuvjetan, slijep (npr. poslušnost)
unquiet [ˌʌn'kwaiət] *adj* (**~ly** *adv*) uznemiren, nemiran
unquote [ʌn'kwəut] *vt* (samo *imp*) kraj citata!
unravel [ʌn'rævl] *vt* izvlačiti vlakna, rasporiti, razmrsiti; *fig* riješiti, odgonetnuti
unread [ˌʌn'red] *adj* nečitan, nepročitan; nenačitan, neupućen (*in* u)
unreadability ['ʌnˌriːdə'biliti] *s* nečitkost; nečitljivost (dosadnost)
unreadable [ˌʌn'ridəbl] *adj* nečitljiv, nejasan (rukopis); koji se ne može čitati, dosadan (knjiga)
unready [ˌʌn'redi] *adj* (**unreadily** *adv*) nepripravan, nespreman
unreal [ˌʌn'riəl] *adj* (**~ly** *adv*) nestvaran, koji ne živi u stvarnosti, nerealan; koji je bez bića, koji postoji samo u mašti
unreality [ˌʌnri'æliti] *s* nestvarnost
unrealizable [ʌn'riəlaizəbl] *adj* neostvarljiv, neupotrebljiv, koji se ne može unovčiti (kupiti, realizirati)
unrealized [ʌn'riəlaizd] *adj* nepredočen, nespoznat; neostvaren, neispunjen, nerealiziran
unreason [ˌʌn'riːzn] *s* bezumnost, ludost
unreasonability [ʌnˌriːznə'biliti] *s* nerazumnost, neumjerenost
unreasonable [ʌn'riːznəbl] *adj* (**unreasonably** *adv*) bezuman, nerazuman; neopravdan; neumjeren, prekomjeran, pretjeran, previsok (npr. cijena)
unreasoning [ʌn'riːzniŋ] *adj* (**~ly** *adv*) koji nije vođen od razuma, bezuman, koji se protivi razumu; slijep (npr. mržnja)
unrecallable [ˌʌnri'kɔːləbl] *adj* neopoziv
unreceipted [ˌʌnri'siːtid] *adj* nepotvrđen, nekvitiran (račun)
unreceived [ˌʌnri'siːvd] *adj* neprimljen, nedobiven
unreceptive [ˌʌnri'septiv] *adj* neprijemljiv, neprimljiv
unreceptiveness [ˌʌnri'septivnis] *s* neprijemljivost
unreciprocated [ˌʌnri'siprəkeitid] *adj* koji se ne temelji na obostranosti, neobostran
unreckoned [ˌʌn'rekənd] *adj* neizbrojen, neuračunat
unreclaimed [ˌʌnri'kleimd] *adj* koji nije zatražen natrag; nepopravljen, nepripitomljen; neobrađen, nekultiviran (npr. zemlja)
unrecognizable [ˌʌn'rekəgnaizəbl] *adj* koji se ne može prepoznati, neprepoznatljiv
unrecognized [ˌʌn'rekəgnaizd] *adj* neprepoznat, nepriznat
unrecompensed [ˌʌn'rekəmpenst] *adj* nenagrađen, koji nije dobio odštetu
unreconcilability ['ʌnˌrekənsailə'biliti] *s* nepomirljivost
unreconcilable [ˌʌn'rekənsailəbl] *adj* nepomirljiv
unreconciled [ˌʌn'rekənsaild] *adj* nepomiren, neizmiren
unrecorded [ˌʌnri'kɔːdid] *adj* nezabilježen, neunesen (u ljetopis); historijski, povijesno nepoznat
unrecovered [ˌʌnri'kʌvəd] *adj* nevraćen, nenadoknađen; *med* neoporavljen
unrectified [ˌʌn'rektifaid] *adj* nepopravljen, neispravljen; *chem* nepročišćen
unredeemability ['ʌnriˌdiːmə'biliti] *s* neotkupljivost; nepopravljivost
unredeemable [ˌʌnri'diːməbl] *adj eccl* koji se ne može spasiti (otkupiti)
unredeemed [ˌʌnri'diːmd] *adj* 1. *eccl* nespašen, neotkupljen 2. nedobiven natrag; neiskupljen (obećanje, zalog); neplaćen (dug); *fig* neublažen, loš
unredressed [ˌʌnri'drest] *adj* neokajan, neotkupljen (grijeh)
unreel [ˌʌn'riːl] *vt/i* **I.** *vt* odmotati, sasukati **II.** *vi* odmotati se, sasukati se
unrefined [ˌʌnri'faind] *adj* nepročišćen, nerafiniran; prost, neobrazovan | **~ sugar** nerafinirani šećer
unreflecting [ˌʌnri'flektiŋ] *adj* (**~ly** *adv*) koji ne razmišlja, koji ne prosuđuje, nepromišljen
unreformed [ˌʌnri'fɔːmd] *adj* nepopravljen, neispravljen
unrefuted [ˌʌnri'fjuːtid] *adj* nepobijen, neopovrgnut
unregarded [ˌʌnri'gaːdid] *adj* nepažen, nezapažen; zapušten; o kome se ne vodi računa
unregardful [ˌʌnri'gaːdful] *adj* bezobziran
unregeneracy [ˌʌnri'dʒenərəsi] *s* nepopravljivost
unregenerate [ˌʌnri'dʒenərit] *adj eccl* koji nije ponovo rođen; grešan; pokvaren, nepopravljiv
unregistered [ˌʌn'redʒistəd] *adj* nezapisan, neunesen; nepreporučen (pismo)
unregretted [ˌʌnri'gretid] *adj* nežaljen, neoplakan
unregulated [ˌʌn'regjuleitid] *adj* neuređen, nesređen; nereguliran (npr. sat)
unrehearsed [ˌʌnri'həːst] *adj theat* za koji nije bilo pokusa (kazališni komad); *fig* spontan
unrelated [ˌʌnri'leitid] *adj* nesrodan, koji nije u rodu; koji ne stoji u vezi, nepovezan, koji nema veze, koji se ne odnosi (*to* na)
unrelaxing [ˌʌnri'læksiŋ] *adj* (**~ly** *adv*) koji ne popušta
unrelenting [ˌʌnri'lentiŋ] *adj* (**~ly** *adv*) nesavitljiv, nepopustljiv, neumoljiv
unrelentingness [ˌʌnri'lentiŋnis] *s* nepopustljivost, neumoljivost
unreliability ['ʌnriˌlaiə'biliti] *s* nepouzdanost
unreliable [ˌʌnri'laiəbl] *adj* nepouzdan

unrelieved [ˌʌnriˈliːvd] *adj* neolakšan, neublažen; nesmanjen, neumanjen; neprestan, neprekinut; nesmijenjen (straža)
unreligious [ˌʌnriˈlidʒəs] *adj* nereligiozan, koji se otuđio od religije
unreligiousness [ˌʌnriˈlidʒəsnis] *s* nereligioznost
unremembered [ˌʌnriˈmembəd] *adj* zaboravljen, nespominjan, nezapamćen; nestao
unremitting [ˌʌnriˈmitiŋ] *adj* (**~ly** *adv*) stalan, neprestan, neumoran
unrenewed [ˌʌnriˈnjuːd] *adj* neobnovljen
unrepaid [ˌʌnriˈpeid] *adj* neplaćen, nenadoknađen, neuzvraćen
unrepair [ˌʌnriˈpɛə] *s* zapuštenost, oštećenost, kvarnost, propadanje
unrepealed [ˌʌnriˈpiːld] *adj* neopozvan, neukinut
unrepeatability [ˈʌnriˌpiːtəˈbiliti] *s* neponovljivost
unrepeatable [ˌʌnriˈpiːtəbl] *adj* koji se ne može ponoviti, neponovljiv
unrepentant [ˌʌnriˈpentənt] *adj* nepokajan, nepokajnički, neskrušen
unrepining [ˌʌnriˈpainiŋ] *adj* (**~ly** *adv*) koji se ne tuži, tih, spokojan, strpljiv; koji ne prigovara
unreplaceability [ˈʌnriˌpleisəˈbiliti] *s* nezamjenljivost, nenadoknadivost
unreplaceable [ˌʌnriˈpleisəbl] *adj* nezamjenljiv, nenadoknadiv
unreported [ˌʌnriˈpɔːtid] *adj* neprijavljen; nespominjan; koji nije predajom ostavljen
unrepresented [ˌʌnrepriˈzentid] *adj* nezastupan, nezastupljen, nepredstavljen
unrequested [ˌʌnriˈkwestid] *adj* nepozvan, nezatražen, nezamoljen
unrequited [ˌʌnriˈkwaitid] *adj* neuzvraćen (ljubav); nenaplaćen (služba); neokajan (zločin)
unresented [ˌʌnriˈzentid] *adj* koji se ne zamjera; prihvaćen
unresenting [ˌʌnriˈzentiŋ] *adj* (**~ly** *adv*) koji nije zlopamtilo, koji ne prima za zlo
unreserve [ˌʌnriˈzəːv] *s* otvorenost, iskrenost
unreserved [ˌʌnriˈzəːvd] *adj* neograničen, potpun; otvoren, iskren; nerezerviran; koji nije unaprijed naručen
unreservedly [ˌʌnriˈzəːvidli] *adv* bez ograničenja, neograničeno, otvoreno, iskreno
unresisted [ˌʌnriˈzistid] *adj* koji je bez zapreke, bez protivljenja, bez otpora
unresisting [ˌʌnriˈzistiŋ] *adj* (**~ly** *adv*) koji se ne protivi, ne odupire, bez otpora
unresolved [ˌʌnriˈzɔlvd] *adj* neriješen (npr. zagonetka); neodlučan; *chem* nerazlučen, neotopljen; *mus* nerazriješen
unrespectable [ˌʌnrisˈpektəbl] *adj* koji nije dostojan poštovanja
unrespected [ˌʌnrisˈpektid] *adj* nepoštovan
unresponsive [ˌʌnrisˈpɔnsiv] *adj* (**~ly** *adv*) koji ne uzvraća, ne reagira; ravnodušan, hladan
unresponsiveness [ˌʌnrisˈpɔnsivnis] *s* ravnodušnost, odsutnost reagiranja
unrest [ˌʌnˈrest] *s* nemir
unrestful [ˌʌnˈrestful] *adj* (**~ly** *adv*) nemiran
unresting [ˌʌnˈrestiŋ] *adj* (**~ly** *adv*) nemiran, neumoran
unrestored [ˌʌnrisˈtɔːd] *adj* nepovraćen, nenadoknađen; neizliječen, neoporavljen
unrestrained [ˌʌnrisˈtreind] *adj* (**~ly** [ˌʌnrisˈtreinidli] *adv*) neobuzdan, nesmetan, neograničen
unrestraint [ˌʌnrisˈtreint] *s* neobuzdanost, neprisiljenost
unrestricted [ˌʌnrisˈtriktid] *adj* neograničen
unreturned [ˌʌnriːtəːnd] *adj* nevraćen | **to be ~** ostati bez odgovora
unrevealed [ˌʌnriˈviːld] *adj* neotkriven, potajan
unrevised [ˌʌnriˈvaizd] *adj* nepregledan, nerevidiran
unrevoked [ˌʌnriˈvəukt] *adj* neopozvan
unrewarded [ˌʌnriˈwɔːdid] *adj* nenagrađen, nenaplaćen
unrhymed [ˌʌnˈraimd] *adj* koji nema sroka, nerimovan
unrhythmical [ˌʌnˈriðmikl] *adj* neritmički, koji nije u taktu
unriddle [ʌnˈridl] *vt* odgonetnuti, objasniti
unrifled [ˌʌnˈraifld] *adj* neopljačkan, neporobljen; gladak (puščana cijev)
unrig [ˌʌnˈrig] *vt mar* skinuti snast
unrighteous [ʌnˈraitʃəs] *adj* (**~ly** *adv*) nepravičan, nepravedan; bezbožan
unrighteousness [ʌnˈraitʃəsnis] *s* nepravičnost, nepravednost; bezbožnost
unrightful [ˌʌnˈraitful] *adj* (**~ly** *adv*) nepravedan; nezakonit, protuzakonit
unrip [ˌʌnˈrip] *vt* parati, rasporiti, razderati
unripe [ˌʌnˈraip] *adj* nezreo, nerazvijen
unripeness [ˌʌnˈraipnis] *s* nezrelost
unrisen [ˌʌnˈrizn] *adj* koji još nije izašao (npr. mjesec)
unrivalled [ʌnˈraivəld] *adj* neusporediv, nedostižan, koji je bez premca
unrivet [ˌʌnˈrivit] *vt* skinuti zakovice, raskovati, rastaviti; *fig* odriješiti, raskinuti
unrobe [ˌʌnˈrəub] *vt/i* **I.** *vt* skinuti (svući) odjeću **II.** *vi* skinuti se, svući se
unroll [ˌʌnˈrəul] *vt/i* **I.** *vt* odmotati, razmotati, rasprostrti; razviti **II.** *vi* odmotati se, razmotati se
unromantic [ˌʌnrəˈmæntik] *adj* (**~ally** *adv*) neromantičan, prozaičan, svakidašnji
unroof [ˌʌnˈruːf] *vt* skinuti krov
unroot [ˌʌnˈruːt] *vt* iščupati s korijenom; *fig* iskorijeniti, uništiti
unround [ˌʌnˈraund] *vt phon* zaokružen glas učiniti nezaokruženim

unruffled [ˌʌn'rʌfld] *adj* nekovrčav, gladak, neuzburkan; *fig* nepomičan, miran, staložen
unruled [ˌʌn'ruːld] *adj* neukrućen, nesvladan, neobuzdan; koji nije liniran, bez crta (papir)
unruliness [ʌn'ruːlinis] *s* neposlušnost, neukrotivost
unruly [ʌn'ruːli] *adj* tvrdoglav, jogunast, nepokoran, neposlušan, samovoljan; neobuzdan, neukrotiv; buntovan
unsaddle [ˌʌn'sædl] *vt/i* **I.** *vt* skinuti (konju) sedlo **II.** *vi* baciti iz sedla
unsafe [ˌʌn'seif] *adj* (**~ly** *adv*) nesiguran, opasan
unsaid [ˌʌn'sed] *adj* neizrečen, nespomenut
unsalaried [ˌʌn'sælərid] *adj* neplaćen, koji nema plaće, volonterski | **~ clerk** volonter
unsal(e)able [ˌʌn'seiləbl] *adj* koji se ne može prodati
unsalted [ˌʌn'sɔːltid] *adj* nesoljen, neslan
unsanctified [ˌʌn'sæŋktifaid] *adj* neposvećen
unsanctioned [ˌʌn'sæŋkʃənd] *adj* nepotvrđen, nepotkrijepljen; nedopušten; nesankcioniran
unsanitariness [ˌʌn'sænitərinis] *s* nezdravost, nehigijenska svojstva (prilike, stanje)
unsanitary [ˌʌn'sænitəri] *adj* nezdrav, nehigijenski
unsated [ˌʌn'seitid] *adj* nenasićen, nezadovoljen
unsatisfactory ['ʌnˌsætis'fæktəri] *adj* (**unsatisfactorily** *adv*) koji ne zadovoljava, koji nije zadovoljan; neugodan
unsatisfied [ˌʌn'sætisfaid] *adj* nezadovoljen, nezadovoljan
unsatisfying [ˌʌn'sætisfaiiŋ] *adj* (**~ly** *adv*) koji ne zadovoljava, koji ne zasićuje
unsavouriness [ˌʌn'seivərinis] *s* bljutavost (& *fig*)
unsavoury [ˌʌn'seivəri] *adj* (**unsavourily** *adv*) netečan, bljutav; *fig* neugodan, odvratan, gadan; nedoličan
unsay [ˌʌn'sei] *vt* opozvati, opovrgnuti, povući riječ
unscalability ['ʌnˌskeilə'biliti] *s* neosvojivost (vrhunca)
unscalable [ˌʌn'skeiləbl] *adj* na koji se ne može popeti, neosvojiv (vrhunac)
unscale [ˌʌn'skeil] *vt* skinuti (ribi) ljuske; *fig* skinuti mrenu s očiju
unscared [ˌʌn'skɛəd] *adj* nepreplašen, neustrašiv
unscarred [ˌʌn'skaːd] *adj* neranjen, koji nema ožiljaka
unscathed [ˌʌn'skeiðd] *adj* neoštećen, nepovrijeđen
unscented [ˌʌn'sentid] *adj* koji je bez mirisa, koji nije miomirisan, neparfimiran
unscholarly [ˌʌn'skɔləli] *adj* neučen; neznanstven
unschooled [ˌʌn'skuːld] *adj* neškolovan, neobrazovan; koji nije pokvaren lošim obrazovanjem, prirodan, naravan
unscientific ['ʌnˌsaiən'tifik] *adj* (**~ally** *adv*) neznanstven
unscramble [ˌʌn'skræmbl] *vt* dešifrirati (telefonsku poruku)
unscreened [ˌʌn'skriːnd] *adj* 1. nezaštićen, nezaklonjen 2. neprosijan
unscrew [ˌʌn'skruː] *vt/i* **I.** *vt* odviti, izviti, odvrtati, odvrnuti **II.** *vi* odviti se, izviti se, odvrtati se, odvrnuti se
unscripted [ˌʌn'skriptid] *adj* bez scenarija, bez pripremljenog teksta
unscriptural [ˌʌn'skriptʃərəl] *adj* (**~ly** *adv*) koji ne odgovara Svetom pismu, koji se protivi Svetom pismu, nebiblijski
unscrupulous [ʌn'skruːpjuləs] *adj* (**~ly** *adv*) nesavjestan, besavjestan, bezobziran, neskrupulozan
unscrupulousness [ʌn'skruːpjuləsnis] *s* nesavjesnost, bezobzirnost, neskrupuloznost
unseal [ˌʌn'siːl] *vt* skinuti pečat, otpečatiti; otvoriti (komu usta); otkriti, razotkriti
unsearchable [ʌn'səːtʃəbl] *adj* (**unsearchably** *adv*) neistraživ, nedokučiv
unseasonable [ʌn'siːznəbl] *adj* (**unseasonably** *adv*) koji ne pada u pravo doba, nesuvremen, neprilićan, nezgodan; koji ne odgovara godišnjem dobu, neobičan (vrijeme)
unseasoned [ˌʌn'siːznd] *adj* 1. *cul* nezačinjen 2. neisušen (drvo); neizrastao, nedozreo 3. neotvrdnut, neotporan
unseat [ˌʌn'siːt] *vt* baciti iz sedla, zbaciti; protjerati s mjesta (položaja, sjedišta), svrgnuti; *parl* oduzeti komu sjedište u parlamentu (proglasiti izbor nevaljanim)
unseated [ˌʌn'siːtid] *adj* koji ne sjedi; zbačen, svrgnut, odstranjen
unseaworthiness [ˌʌn'siːˌwəːðinis] *s* nesposobnost za plovidbu
unseaworthy [ˌʌn'siːˌwəːði] *adj* nesposoban za plovidbu
unseconded [ˌʌn'sekəndid] *adj* nepotpomognut
unsectarian [ˌʌnsek'tɛəriən] *adj* nesektaški
unsecured [ˌʌnsi'kjuəd] *adj* neosiguran, neutvrđen; *com* nepokriven, neosiguran
unseeing [ˌʌn'siːiŋ] *adj* koji ne vidi; nepažljiv, prazan, sanen (oči)
unseemliness [ʌn'siːmlinis] *s* nedoličnost
unseemly [ʌn'siːmli] *adj* nedoličan, nepristojan; nelijep, neugledan
unseen [ˌʌn'siːn] *adj* 1. neviđen, neopažen; nevidljiv 2. nepregledan, nerazrađen unaprijed (npr. prijevod)
unseen [ˌʌn'siːn] *s* zadatak koji nije unaprijed razrađen, klauzura
unseizable [ʌn'siːzəbl] *adj* neuhvatljiv, nedohvativ, nedokučiv
unseldom [ʌn'seldəm] *adv* nerijetko, često
unselfish [ˌʌn'selfiʃ] *adj* (**~ly** *adv*) nesebičan, altruističan

unselfishness [ˌʌn'selfiʃnis] *s* nesebičnost, altruizam
unsensational [ˌʌnsen'seiʃənl] *adj* (**~ly** *adv*) neuzbudljiv, koji ne može uzbuditi, nesenzacionalan
unsensationality ['ʌnsenˌseiʃə'næliti] *s* nesenzacionalnost
unsent [ˌʌn'sent] *adj* neodaslan | **~ for** nepozvan
unsentimental ['ʌnˌsenti'mentl] *adj* nesentimentalan
unsentimentality ['ʌnˌsentimen'tæliti] *s* nesentimentalnost
unseparated [ˌʌn'sepəreitid] *adj* neodijeljen, neodvojen, nerazlučen, nerastavljen
unserviceability ['ʌnˌsəːvisə'biliti] *s* nesvrsishodnost, neupotrebljivost, neprikladnost
unserviceable [ˌʌn'səːvisəbl] *adj* (**unserviceably** *adv*) nesvrsishodan, neupotrebljiv, nekoristan; *mil* nesposoban
unset [ˌʌn'set] *vt* izvaditi (dragulj) iz okvira
unsettle [ˌʌn'setl] *vt* poremetiti, pomaknuti; *fig* dovesti u nered, zbuniti; smesti, pokolebati; uznemirivati, uzbuditi, uzbuđivati
unsettled [ˌʌn'setld] *adj* 1. poremećen, nesiguran, kolebljiv, nesmiren; nemiran, uzbuđen; nestalan, nepostojan, neredovit 2. bez stalna prebivališta, lutajući; nenastanjen, nenapučen 3. neuređen, neisplaćen 4. kolebljiv, neodlučan, neodređen; poremećena uma
unsettledness [ˌʌn'setldnis] *s* poremećenost, nesigurnost, nesređenost, nestalnost
unsevered [ˌʌn'sevəd] *adj* neodijeljen, neraskinut
unsex [ˌʌn'seks] *vt* oduzeti spolna svojstva, uškopiti
unshackle [ˌʌn'ʃækl] *vt* skinuti (komu) okove, osloboditi
unshaded [ˌʌn'ʃeidid] *adj* nezamračen, nezasjenjen, koji je bez zavjesa; neosjenjen
unshadowed [ˌʌn'ʃædəud] *adj* nezasjenjen, nezamračen, nepomućen
unshak(e)ability ['ʌnˌʃeikə'biliti] *s* nepokolebljivost
unshak(e)able [ʌn'ʃeikəbl] *adj* koji se ne da pokolebati, nepokolebljiv, čvrst
unshaken [ˌʌn'ʃeikən] *adj* nepokoleban, postojan, čvrst
unshapeliness [ˌʌn'ʃeiplinis] *s* bezobličnost, nezgrapnost
unshapely [ˌʌn'ʃeipli] *adj* koji je bez oblika, bezobličan, nakazan, ružan
unshaven [ˌʌn'ʃeivn] *adj* neobrijan, obrastao, bradat
unsheathe [ˌʌn'ʃiːð] *vt* izvaditi iz korica, izvaditi iz toka (bodež, mač)
unshed [ˌʌn'ʃed] *adj* neproliven (suza)
unship [ˌʌn'ʃip] *vt mar* iskrcati, iskrcavati (robu, putnike); izvaditi, snimiti (jarbol itd.)
unshod [ˌʌn'ʃɔd] *adj* neobuven, bos; nepotkovan
unshorn [ˌʌn'ʃɔːn] *adj* neostrižen
unshortened [ˌʌn'ʃɔːtnd] *adj* neskraćen
unshrinkable [ˌʌn'ʃriŋkəbl] *adj* koji se ne skuplja, ne steže (tkanina)
unshrinking [ʌn'ʃriŋkiŋ] *adj* (**~ly** *adv*) koji se ne skuplja, ne steže (tkanina); koji se ne uvlači, nepopustljiv; postojan, neustrašen
unshut [ˌʌn'ʃʌt] *adj* nezatvoren, nezaključan; otvoren
unsifted [ˌʌn'siftid] *adj* neprosijan; *fig* neispitan, neprovjeren
unsighted [ˌʌn'saitid] *adj* koji nema vida, koji ne može gledati; koji nema vizira (šljem)
unsightliness [ʌn'saitlinis] *s* neuglednost; rugoba
unsightly [ʌn'saitli] *adj* neugledan; ružan
unsigned [ˌʌn'saind] *adj* nesigniran, nepotpisan
unsilt [ʌn'silt] *vt* izjaružiti, očistiti od mulja (blata, pijeska)
unsinkability ['ʌnˌsiŋkə'biliti] *s* nepotopljivost
unsinkable [ˌʌn'siŋkəbl] *adj* koji ne može potonuti; nepotopljiv
unsized [ˌʌn'saizd] *adj* negrundiran, neocakljen; nesortiran; neslijepljen
unskilful [ˌʌn'skilful] *adj* (**~ly** *adv*) nespretan, neokretan, nevješt, neiskusan
unskilfulness [ˌʌn'skilfulnis] *s* nespretnost, neokretnost, neiskusnost
unskilled [ˌʌn'skild] *adj* nespretan, neokretan, nevješt, neiskusan; neobučen | **~ labourer** nekvalificiran radnik
unskimmed [ʌn'skimd] *adj* neobran, kojemu nije skinuto vrhnje | **~ milk** neobrano mlijeko
unslackened [ˌʌn'slækənd] *adj* neolabavljen, neoslabljen
unslaked [ˌʌn'sleikt] *adj* negašen (vapno); nezadovoljen, neutažen
unsleeping [ˌʌn'sliːpiŋ] *adj* besan (noć); *fig* koji nikada ne spava, neumoran
unsmoked [ˌʌn'sməukt] *adj* nesušen u dimu (slanina); nepopušen, nepušen
unsociability ['ʌnˌsəuʃə'biliti] *s* nedruštvenost, nedruževnost; povučenost
unsociable [ˌʌn'səuʃəbl] *adj* (**unsociably** *adv*) nedruževan, nedruštven; povučen
unsocial [ˌʌn'səuʃəl] *adj* asocijalan, nesocijalan, nedruštven, koji nije povezan s pukom
unsoiled [ˌʌn'sɔild] *adj* neokaljan, čist
unsold [ˌʌn'səuld] *adj* neprodan
unsolder [ˌʌn'sɔldə] *vt* rastaviti, razlemiti; *fig* razriješiti, rastaviti
unsoldierlike [ʌn'səuldʒəlaik] *adj* nevojnički, neratnički
unsoldierly [ʌn'səuldʒəli] *adj* nevojnički, neratnički

unsolicited [ˌʌnsəˈlisitid] *adj* nezahtijevan, nezatražen, nepozvan, nezamoljen; dobrovoljan
unsolid [ˌʌnˈsɔlid] *adj* koji nije čvrst; nesolidan; neosnovan, koji je bez temelja
unsolvability [ˈʌnˌsɔlvəˈbiliti] *s* nerješivost
unsolvable [ˌʌnˈsɔlvəbl] *adj* nerješiv (npr. zagonetka)
unsolved [ˌʌnˈsɔlvd] *adj* neriješen (npr. zagonetka)
unsophisticated [ˌʌnsəˈfistikeitid] *adj* (**~ly** *adv*) neproduhovljen; naravan, prirodan, jednostavan, priprost; nepatvoren, pravi, čist; nepokvaren, bezazlen
unsophistication [ˈʌnsəˌfistiˈkeiʃn] *s* naravnost, prirodnost, jednostavnost; nepokvarenost, bezazlenost
unsorted [ˌʌnˈsɔːtid] *adj* neuređen, nesređen, nesortiran
unsought [ˌʌnˈsɔːt] *adj* netražen, nezatražen
unsound [ˌʌnˈsaund] *adj* (**~ly** *adv*) nezdrav, boležljiv; pokvaren, istrunuo, crvotočan (drvo); napukao; neosnovan, nevjerodostojan; nesiguran, nepouzdan
unsounded [ˌʌnˈsaundid] *adj* neizmjeren (dubinomjerom); *fig* neistražen
unsoundness [ˌʌnˈsaundnis] *s* nezdravost; nepouzdanost; nesolidnost; neosnovanost
unsown [ˌʌnˈsəun] *adj* nezasijan (tlo); neposijan, koji raste divlje
unsparing [ʌnˈspɛəriŋ] *adj* (**~ly** *adv*) koji ne štedi; nepoštedan, tvrd, strog | **to be ~ in** biti darežljiv, ne štedjeti
unsparingness [ʌnˈspɛəriŋnis] *s* nepoštednost
unspeakability [ʌnˌspiːkəˈbiliti] *s* neopisivost, neizrecivost; grozota
unspeakable [ʌnˈspiːkəbl] *adj* (**unspeakably** *adv*) neiskusan, neopisiv, neizreciv; strašan, užasan
unspecialized [ˌʌnˈspeʃəlaizd] *adj* nespecijaliziran, koji nije stručno izučen
unspecified [ˌʌnˈspesifaid] *adj* nespecificiran, koji nije pojedinačno naveden
unspent [ˌʌnˈspent] *adj* neizdan, nepotrošen, neiscrpljen
unspiritual [ˌʌnˈspiritjuəl] *adj* (**~ly** *adv*) neduhovan, bez duha, mehanički
unspoiled [ˌʌnˈspɔilt] *adj* neoštećen, nepokvaren
unspoilt [ˌʌnˈspɔilt] *adj* → **unspoiled**
unspoken [ˌʌnˈspəukən] *adj* neizrečen, neiskazan
unspoken-of [ˌʌnˈspəukənɔv] *adj* nespomenut
unspoken-to [ˌʌnˈspəukəntuː] *adj* neoslovljen
unspontaneous [ˌʌnspɔnˈteiniəs] *adj* (**~ly** *adv*) nespontan, prisiljen, mehanički, koji ne nastaje sam od sebe
unspontaneousness [ˌʌnspɔnˈteiniəsnis] *s* nespontanost
unsporting [ˌʌnˈspɔːtiŋ] *adj* nesportski; *GB hunt* nelovački
unsportsmanlike [ˌʌnˈspɔːtsmənlaik] *adj* nesportski; *GB hunt* nelovački
unspotted [ˌʌnˈspɔtid] *adj* koji nema mrlja; neokaljan, čist
unstability [ˌʌnstəˈbiliti] *s* kolebljivost, nepostojanost, labilnost, nestabilnost
unstable [ˌʌnˈsteibl] *adj* koji nije čvrst; nesiguran, kolebljiv, labilan
unstained [ˌʌnˈsteind] *adj* neobojen; neumrljan, bez mrlja; *fig* neokaljan, čist
unstamped [ˌʌnˈstæmpt] *adj* nežigosan; nefrankiran, bez marke (pismo)
unstarched [ˌʌnˈstaːtʃt] *adj* neuškrobljen; *fig* neukočen
unstatesmanlike [ˌʌnˈsteitsmənlaik] *adj* nedržavnički
unsteadfast [ˌʌnˈstedfəst] *adj* (**~ly** *adv*) nestalan, kolebljiv
unsteadiness [ˌʌnˈstedinis] *s* kolebljivost, nesigurnost; klimavost; nepouzdanost
unsteady [ˌʌnˈstedi] *adj* (**unsteadily** *adv*) koji nije čvrst; kolebljiv, nesiguran; nejednak, neravnomjeran, nepravilan; *fig* nestalan, nepostojan, nepouzdan; lakouman
unstick [ˌʌnˈstik] *vi* (unstuck, unstuck) *aero* uzletjeti sa zemlje ili vodene površine, odlijepiti se
unstinted [ʌnˈstintid] *adj* neograničen, bezgraničan
unstitch [ˌʌnˈstitʃ] *vt* rasporiti
unstop [ˌʌnˈstɔp] *vt* otčepiti, otvoriti
unstopped [ˌʌnˈstɔpt] *adj* nezatvoren, djelomice otvoren
unstrained [ʌnˈstreind] *adj* nenapet, nezategnut; nefiltriran; *fig* neusiljen
unstrap [ˌʌnˈstræp] *vt* odrezati, odriješiti (remen)
unstressed [ˌʌnˈstrest] *adj gram* nenaglašen (slog)
unstring [ˌʌnˈstriŋ] *vt* popustiti, odapeti (žice), skinuti (žice); razvezati uzicu (npr. na kesi); raznizati (biser); *fig* popustiti, otpustiti; rastrojiti, oslabiti (živce)
unstrung [ˌʌnˈstrʌŋ] *adj* rastrojen (živci); potresen
unstuck [ˌʌnˈstʌk] *pret & pp* od **unstick** | **to come ~** zapasti u neprilike, stradati
unstudied [ˌʌnˈstʌdid] *adj* neupućen; neizvještačen, neprisiljen, prirodan
unsubduable [ˌʌnsəbˈdjuəbl] *adj* nesvladiv, nepobjediv
unsubdued [ˌʌnsəbˈdjuːd] *adj* nepodjarmljen, nepokoren, nesvladan, nepobijeđen
unsubmissive [ˌʌnsəbˈmisiv] *adj* (**~ly** *adv*) nepokoran, nepodložan, koji se ne može potčiniti
unsubmissiveness [ˌʌnsəbˈmisivnis] *s* nepokornost
unsubstantial [ˌʌnsəbˈstænʃəl] *adj* netjelesan, koji nema supstancije, sadržaja;

koji nema bića, nestvaran; neosnovan, koji je bez temelja, nebitan, nevažan; nesolidan, slab, lagan (tkanje, obrok jela)

unsubstantiality ['ʌnsəbˌstænʃi'æliti] *s* netjelesnost, tjelesna slaboća; besadržajnost; nestvarnost; nesolidnost

unsuccess [ˌʌnsək'ses] *s* neuspjeh

unsuccessful [ˌʌnsək'sesful] *adj* (**~ly** *adv*) neuspješan, bezuspješan, propao (na ispitu); neplodan

unsuccessfulness [ˌʌnsək'sesfulnis] *s* neuspješnost

unsuitability ['ʌnˌsjuːtə'biliti] *s* nepogodnost, neprikladnost, nesposobnost

unsuitable [ˌʌn'sjuːtəbl] *adj* (**unsuitably** *adv*) nepogodan, neprikladan, neprimjeren, nesposoban

unsuited [ˌʌn'sjuːtid] *adj* neprikladan, nepogodan

unsullied [ˌʌn'sʌlid] *adj* neokaljan, neoskvrnut

unsummoned [ˌʌn'sʌmənd] *adj* nezvan, nepozvan

unsung [ˌʌn'sʌŋ] *adj* nepjevan, neopjevan

unsupplied [ˌʌnsə'plaid] *adj* neopskrbljen, nesnabdjeven; nedostavljen, nestavljen na raspolaganje

unsupportable [ˌʌnsə'pɔːtəbl] *adj* (**unsupportably** *adv*) neizdržljiv, nepodnošljiv

unsupported [ˌʌnsə'pɔːtid] *adj* nepoduprt, nepotvrđen

unsure [ˌʌn'ʃɔː] *adj* nesiguran, nestalan, sumnjiv; nepostojan, kolebljiv, nepouzdan

unsurmountability ['ʌnsəˌmauntə'biliti] *s* nesavladivost

unsurmountable [ˌʌnsə'mauntəbl] *adj* nesavladiv

unsurpassability ['ʌnsəˌpaːsə'biliti] *s* nenadmašivost

unsurpassable [ˌʌnsə'paːsəbl] *adj* (**unsurpassably** *adv*) nenadmašiv, nenatkriljiv

unsurpassed [ˌʌnsə'paːst] *adj* nenadmašen, nenatkriljen, nedostignut

unsusceptibility ['ʌnsəˌseptə'biliti] *s* neprijemljivost, nepristupačnost; neosjetljivost

unsusceptible [ˌʌnsə'septəbl] *adj* neprijemljiv, nepristupačan; neosjetljiv

unsuspected [ˌʌnsəs'pektid] *adj* (**~ly** *adv*) neosumnjičen; nenaslućen, neslućen

unsuspecting [ˌʌnsəs'pektiŋ] *adj* nesumnjičav, bezazlen

unsuspectingly [ˌʌnsəs'pektiŋli] *adv* nenadano, ne sluteći zlo

unsuspicious [ˌʌnsəs'piʃəs] *adj* (**~ly** *adv*) nesumnjičav, bezazlen; koji nije sumnjiv

unsuspiciousness [ˌʌnsəs'piʃəsnis] *s* nesumnjičavost, bezazlenost

unsustainability ['ʌnsəsˌteinə'biliti] *s* neodrživost

unsustainable [ˌʌnses'teinəbl] *adj* neodrživ, neizdržljiv

unswathe [ˌʌn'sweið] *vt* izvaditi (dijete) iz pelena; *fig* osloboditi

unswear [ˌʌn'swɛə] *vt* pod prisegom opozvati, poreći

unsweetened [ˌʌn'swiːtnd] *adj* nezaslađen

unswerving [ʌn'swəːviŋ] *adj* (**~ly** *adv*) stalan, postojan, nepokolebljiv

unsymmetrical [ˌʌnsi'metrikl] *adj* (**~ly** *adv*) nesimetričan

unsymmetry [ˌʌn'simitri] *s* nesimetrija

unsympathetic ['ʌnˌsimpə'θetik] *adj* (**~ally** *adv*) koji ne suosjeća, nemilosrdan, bezosjećajan

unsystematic ['ʌnˌsisti'mætik] *adj* (**~ally** *adv*) nesistematičan, nesustavan

untack [ˌʌn'tæk] *vt* skinuti (osloboditi) nešto zabijeno čavlićima; odšiti

untactful [ˌʌn'tæktful] *adj* netaktičan

untainted [ˌʌn'teintid] *adj* nezamrljan; *fig* neokaljan, nepokvaren, čist

untalented [ˌʌn'tæləntid] *adj* netalentiran, nedarovit

untam(e)ability ['ʌnˌteimə'biliti] *s* nepripitomljivost

untam(e)able [ˌʌn'teiməbl] *adj* koji se ne da pripitomiti (obuzdati); nesavladiv, neukrotiv

untamed [ˌʌn'teimd] *adj* nepripitomljen, divlji, neukroćen; *fig* neobuzdan

untangle [ˌʌn'tæŋgl] *vt* razmrsiti

untarnished [ˌʌn'taːniʃt] *adj* nezamrljan, nepomućen, nezamućen

untasted [ˌʌn'teistid] *adj* nekušan, netaknut (jelo); neokušan, neiskušan

untaught [ˌʌn'tɔːt] *adj* nepodučen, koji ne zna; nenaučen, neuvježban

untaxed [ˌʌn'tækst] *adj* neoporezovan, slobodan od poreza; neopterećen

unteach [ˌʌn'tiːtʃ] *vt* odučiti, natjerati na zaboravljanje; na drugi način što poučavati

unteachable [ˌʌn'tiːtʃəbl] *adj* koji se ne da poučiti (naučiti); koji se ne može naučavati (npr. doktrina)

untearable [ˌʌn'tɛərəbl] *adj* nepoderiv

untempered [ˌʌn'tempəd] *adj tech* nekaljen (čelik); neumjeren, neublažen, nerazblažen

untenability ['ʌnˌtenə'biliti] *s* neodrživost

untenable [ˌʌn'tenəbl] *adj* neodrživ (& *fig*)

untenanted [ˌʌn'tenəntid] *adj* nezakupljen, neiznajmljen; nenastanjen

untested [ˌʌn'testid] *adj* neispitan, neistražen, neiskušan, neisproban; nedokazan

unthanked [ˌʌn'θæŋkt] *adj* koji nije primio hvalu, komu nije zahvaljeno

unthankful [ˌʌn'θæŋkful] *adj* (**~ly** *adv*) nezahvalan; neugodan | **~ task** nezahvalan zadatak

unthankfulness [ˌʌn'θæŋkfulnis] *s* nezahvalnost

unthink [ˌʌn'θiŋk] *vt* izbiti (sebi) iz glave; drukčije promisliti (zamisliti); predomisliti se

unthinkability [ʌnˌθiŋkəˈbiliti] *s* nezamišljivost

unthinkable [ʌnˈθiŋkəbl] *adj* nezamišljiv, neopisiv; *coll* vrlo nevjerojatan

unthinking [ˌʌnˈθiŋkiŋ] *adj* (**~ly** *adv*) koji ne misli, koji je bez misli, nepromišljen; neintelektualan

unthoughtful [ˌʌnˈθɔːtful] *adj* (**~ly** *adv*) nepažljiv, koji ne razmišlja, nepromišljen

unthoughtfulness [ˌʌnˈθɔːtfulnis] *s* nepažljivost; nepromišljenost

unthought-of [ʌnˈθɔːtɔv] *adj* neočekivan, neslućen

unthread [ˌʌnˈθred] *vt* izvesti konac (iz igle), izvući vlakna; *fig* razmrsiti, razriješiti; proverati se, prokrčiti sebi put

unthrift [ˈʌnθrift] *s* rasipnost, rasipanje

unthriftiness [ˌʌnˈθriftinis] *s* neštedljivost, rasipnost

unthrifty [ˌʌnˈθrifti] *adj* (**unthriftily** *adv*) koji ne donosi koristi, koji ne uspijeva; neunosan; neštedljiv, rasipan

unthrone [ˌʌnˈθrəun] *vt* zbaciti s prijestolja

untidiness [ʌnˈtaidinis] *s* neurednost, nemarnost

untidy [ʌnˈtaidi] *adj* (**untidily** *adv*) neuredan, nemaran, nečist

untie [ˌʌnˈtai] *vt* odvezati, razvezati, odriješiti; otvoriti; *fig* riješiti čvor, razriješiti

until [ənˈtil] *prep* do, sve do

until [ənˈtil] *conj* dok, dok ne | **not ~** tek kad

untimeliness [ʌnˈtaimlinis] *s* nepravovremenost, dolaženje (zbivanje) u nepravo vrijeme; prijevremenost

untimely [ʌnˈtaimli] *adj* koji se ne događa u pravo vrijeme, prijevremen, nepravodoban, preran; neprikladan, nezgodan

untimely [ʌnˈtaimli] *adv* nezgodno, neprilično; rano, prerano, nepravodobno

untinged [ˌʌnˈtindʒd] *adj* neobojen; neizmijenjen

untiring [ʌnˈtaiəriŋ] *adj* (**~ly** *adv*) koji se ne umara, neumoran

unto [ˈʌntu] *prep poet, bibl & rhet* → **to**

untold [ˌʌnˈtəuld] *adj* neispripovijedan, neizviješten; nebrojen, golem; bezbrojan; neizmjeran, neizreciv, neiskazan | **~ years** bezbrojne godine, bezbroj godina

untouchability [ʌnˌtʌtʃəˈbiliti] *s* nedodirljivost, nepristupačnost, nepovredivost

untouchable [ʌnˈtʌtʃəbl] *adj* koji se ne smije dodirnuti, dotaknuti; nepristupačan

untouchable [ʌnˈtʌtʃəbl] *s* Indijac najniže kaste, parija

untouched [ˌʌnˈtʌtʃt] *adj* netaknut, nedirnut, nekušan; neretuširan, nepreudešen, nedotjeran; *fig* otvoren, jasan; neprerađen; neganut, nedirnut; koji nije pod dojmom (utjecajem)

untoward [ˌʌntəˈwɔːd] *adj* (**~ly** *adv*) uporan, tvrdoglav, jogunast; opor, tvrd; nepovoljan, ogavan; nespretan

untraceability [ˈʌnˌtreisəˈbiliti] *s* nepronalažljivost

untraceable [ˌʌnˈtreisəbl] *adj* kojemu se ne može slijediti trag, koji se ne može pronaći, nesvediv (na)

untrained [ˌʌnˈtreind] *adj* neizvježban, neuvježban, neškolovan; nedresiran, netreniran

untrammelled [ˌʌnˈtræməld] *adj* nesmetan, nesputan (& *fig*)

untransferability [ˈʌntrænsˌfəːrəˈbiliti] *s* neprenosivost

untransferable [ˌʌntrænsˈfəːrəbl] *adj* neprenosiv

untranslatability [ˈʌntrænsˌleitəˈbiliti] *s* neprevodivost

untranslatable [ˌʌntrænsˈleitəbl] *adj* neprevediv, koji se ne da prevesti (s kojeg drugog jezika)

untravelled [ˌʌnˈtrævəld] *adj* koji nije putovao; kroz koji se ne putuje, neproputovan (kraj)

untraversed [ʌnˈtrævəst] *adj* kroz koji se nije prošlo (proputovalo, propješačilo)

untried [ˌʌnˈtraid] *adj* neokušan, neisproban; neiskusan; *jur* nepreslušan, nepresuđen

untrimmed [ˌʌnˈtrimd] *adj* koji nije uređen; nenakićen, neokićen, neobrezan, neobrubljen

untrodden [ˌʌnˈtrɔdn] *adj* neutrven, neutrt

untroubled [ˌʌnˈtrʌbld] *adj* nesmetan, nepomućen, miran

untrue [ˌʌnˈtruː] *adj* neistinit, pogrešan; nevjeran, vjeroloman; netočan, nepravilan, neredovit, nesavršen; koji nije u skladu

untruly [ˌʌnˈtruːli] *adv* krivo, pogrešno

untrustworthiness [ˈʌnˈtrʌstˌwəːðinis] *s* nepouzdanost

untrustworthy [ˌʌnˈtrʌstˌwəːði] *adj* (**untrustworthily** *adv*) nepouzdan

untruth [ˌʌnˈtruːθ] *s* neistina, laž

untruthful [ˌʌnˈtruːθful] *adj* (**~ly** *adv*) neistinit, lažan; lažljiv, neiskren

untruthfulness [ˌʌnˈtruːθfulnis] *s* neistinitost

untuck [ˌʌnˈtʌk] *vt* izgladiti nabore (na haljini); odriješiti, osloboditi

untune [ˌʌnˈtjuːn] *vt* loše uskladiti; raskladiti, raštimati; *fig* oneraspoložiti; zbuniti

unturned [ˌʌnˈtəːnd] *adj* neokrenut, neprekrenut

untutored [ˌʌnˈtjuːtəd] *adj* kojega ne podučavaju (upućuju); neodgojen, neobrazovan; sirov, prirodan

untwine [ˌʌnˈtwain] *vt/i* **I.** *vt* otplesti, rasplesti; odriješiti, razriješiti, razmrsiti **II.** *vi* rasplesti se, otvoriti se

untwist [ˌʌnˈtwist] *vt/i* → **untwine**

unused [ˌʌnˈjuːzd] *adj* neupotrijebljen

unused [ˌʌnˈjuːst] *adj* nenaviknut

unusual [ʌnˈjuːʒuəl] *adj* (**~ly** *adv*) neobičan, izvanredan

unusualness [ʌn'juːʒuəlnis] *s* neobičnost
unutterability [ʌnˌʌtərə'biliti] *s* neizrecivost, neopisivost
unutterable [ʌn'ʌtərəbl] *adj* (**unutterably** *adv*) neizreciv, neiskazan; neopisiv; lud, strahovit
unuttered [ˌʌn'ʌtəd] *adj* neizrečen, nerečen
unvaccinated [ˌʌn'væksineitid] *adj* necijepljen
unvalued [ˌʌn'væljuːd] *adj* necijenjen, bezvrijedan; neprocijenjen, netaksiran
unvariable [ʌn'vɛəriəbl] *adj* nepromjenljiv, stalan
unvaried [ʌn'vɛərid] *adj* koji se ne mijenja, nepromijenjen, stalan, trajan, jednoličan
unvarnished [ˌʌn'vaːniʃt] *adj* nenamazan firnisom (lakom), nelakiran; neuljepšan, čist (istina); neukrašen; prirodan, jednostavan
unvarying [ʌn'vɛəriiŋ] *adj* (~**ly** *adv*) nepromijenjen, nepromjenljiv, postojan, stalan; jednoličan
unveil [ˌʌn'veil] *vt/i* **I.** *vt* skinuti veo (s lica), otkriti (spomenik); razotkriti, odati **II.** *vi* skinuti veo, otkriti se; *fig* povjeriti se, pokazati se
unventilated [ˌʌn'ventileitid] *adj* neventiliran, neprovjetren
unveracious [ˌʌnvi'reiʃəs] *adj* neistinit
unverified [ˌʌn'verifaid] *adj* neprovjeren
unversed [ˌʌn'vəːst] *adj* neupućen, neiskusan
unviolated [ˌʌn'vaiəleitid] *adj* nepovrijeđen, neoskvrnut
unvisited [ˌʌn'vizitid] *adj* neposjećen; koga nije zateklo (kakvo zlo)
unvocal [ˌʌn'vəukəl] *adj* nijem, mukao
unvoiced [ˌʌn'vɔist] *adj* neizgovoren; *phon* bezvučan
unwalled [ˌʌn'wɔːld] *adj* neobziran, neutvrđen
unwanted [ˌʌn'wɔntid] *adj* neželjen, nepoželjan
unwarily [ʌn'wɛərili] *adv* nepromišljeno
unwariness [ʌn'wɛərinis] *s* nepromišljenost, neopreznost
unwarlike [ˌʌn'wɔːlaik] *adj* neratnički, miroljubiv
unwarmed [ˌʌn'wɔːmd] *adj* nezgrijan, nenaložen (soba)
unwarned [ˌʌn'wɔːnd] *adj* neopomenut, neupozoren
unwarrantability [ʌnˌwɔrəntə'biliti] *s* neopravdanost
unwarrantable [ʌn'wɔrəntəbl] *adj* (**unwarrantably** *adv*) neopravdan, neodgovoran, neodrživ, nepodnošljiv
unwarranted [ˌʌn'wɔrəntid] *adj* nezajamčen
unwarranted [ʌn'wɔrəntid] *adj* neopravdan, neovlašten
unwary [ʌn'wɛəri] *adj* (**unwarily** *adv*) nepromišljen, neoprezan, prenagljen
unwashed [ˌʌn'wɔʃt] *adj* neopran, nečist; neoplakivan (od mora)
unwatched [ˌʌn'wɔtʃt] *adj* nečuvan, nepromatran
unwatchful [ˌʌn'wɔtʃful] *adj* (~**ly** *adv*) nebudan, nepažljiv, bezbrižan
unwatchfulness [ˌʌn'wɔtʃfulnis] *s* nebudnost, nepažljivost
unwatered [ˌʌn'wɔːtəd] *adj* nepoprskan, nezalijevan, nenavodnjen, suh; nerazvodnjen, nerazblažen
unwavering [ʌn'weivəriŋ] *adj* (~**ly** *adv*) nepokolebljiv, ustrajan, postojan, čvrst
unwearable [ˌʌn'wɛərəbl] *adj* koji se ne može nositi (obući)
unweariable [ˌʌn'wiəriəbl] *adj* koji ne umara, neumoran
unwearied [ʌn'wiərid] *adj* (~**ly** *adv*) koji nije umoran, koji se ne umara, neumoran
unwearying [ʌn'wiəriiŋ] *adj* neumoran; koji ne umara; jednak, stalan, neprolazan
unweave [ˌʌn'wiːv] *vt* izvaditi konce, razatkati, rasplesti, rasporiti; raščiniti, razriješiti
unwed [ˌʌn'wed] *adj* nevjenčan, neoženjen, neudata
unweighed [ˌʌn'weid] *adj* nevagan, neodvagnut, nepromišljen
unwelcome [ʌn'welkəm] *adj* koji nije dobro došao, nepovoljan, neugodan, nemio
unwell [ˌʌn'wel] *pred adj* nezdrav, boležljiv, loš | **I am ~** zlo mi je
unwept [ˌʌn'wept] *adj* neoplakan, nežaljen
unwholesome [ˌʌn'həulsəm] *adj* (~**ly** *adv*) nezdrav, škodljiv, štetan; poguban, loš, nemoralan; boležljiv, bolestan
unwholesomeness [ˌʌn'həulsəmnis] *s* nezdravost, štetnost, nemoralnost
unwieldiness [ʌn'wiːldinis] *s* glomaznost, nespretnost, neprikladnost
unwieldy [ʌn'wiːldi] *adj* (**unwieldily** *adv*) neprikladan, nepodesan, nespretan; nepokretan, zdepast; prevelik, glomazan
unwill [ˌʌn'wil] *vt poet* ne htjeti, odlučiti drukčije; oduzeti komu volju
unwilling [ˌʌn'wiliŋ] *adj* koji neće, nerad, nesklon; protivan, koji se opire
unwillingly [ʌn'wiliŋli] *adv* nerado, nevoljko, protiv volje
unwillingness [ʌn'wiliŋnis] *s* nesklonost, nevoljkost, mrskost
unwind [ˌʌn'waind] *vt/i* (unwound, unwound) **I.** *vt* odmotati, odviti, razmotati; skinuti zavoj **II.** *vi* odmotati se, odviti se, razmotati se, razvezati se, razriješiti se; popustiti, olabaviti
unwinking [ˌʌn'wiŋkiŋ] *adj* koji ne trepće očima; pažljiv
unwisdom [ˌʌn'wizdəm] *s* nerazboritost, bezumlje, ludost
unwise [ˌʌn'waiz] *adj* (~**ly** *adv*) nerazuman, bezuman, lud

unwished [ʌn'wiʃt] *adj* neželjen, nepoželjan
unwitnessed [ʌn'witnist] *adj* neposvjedočen, nemotren, bez svjedoka
unwitting [ʌn'witiŋ] *adj* (**~ly** *adv*) koji ne zna, nesvjestan, nesmotren
unwittingly [ʌn'witiŋli] *adv* nesvjesno, ne znajući, u neznanju
unwomanly [ʌn'wumənli] *adj* neženski, neženstven; neprikladan (nepodesan) za ženu
unwomanly [ʌn'wumənli] *adv* neženski, neženstveno
unwon [ˌʌn'wʌn] *adj* nezadobiven, neiskorišten, neunaprijeđen
unwonted [ʌn'wəuntid] *adj* (**~ly** *adv*) nenaviknut, neobičan
unwooded [ˌʌn'wudid] *adj* nepošumljen
unworkability ['ʌnˌwəːkə'biliti] *s* neupotrebljivost; neizvedivost
unworkable [ˌʌn'wəːkəbl] *adj* koji nije sposoban za pogon, kojim se teško radi; neizvršiv, neizvediv; koji se ne može nadzirati (kontrolirati)
unworked [ˌʌn'wəːkt] *adj* neobrađen (& *fig*)
unworkmanlike [ˌʌn'wəːkmənlaik] *adj* nestručnjački, netočno izveden, šeprtljav
unworldliness [ˌʌn'wəːldlinis] *s* nesvjetovnost, nematerijalističnost
unworldly [ˌʌn'wəːldli] *adj* nesvjetovan, duhovno usmjeren, nematerijalan; nesebičan; dalek od svijeta
unworn [ˌʌn'wɔːn] *adj* nenošen, neponošen, nepohaban; *fig* neoslabljen
unworthiness [ʌn'wəːðinis] *s* nevrijednost, nedostojnost
unworthy [ʌn'wəːði] *adj* (**unworthily** *adv*) bezvrijedan, nedostojan, nevrijedan; prezira vrijedan; nezaslužen, neopravdan
unwound [ˌʌn'waund] *pret* & *pp* od **unwind**
unwounded [ˌʌn'wuːndid] *adj* neranjen
unwoven [ˌʌn'wəuvn] *adj* netkan, nesatkan
unwrap [ˌʌn'ræp] *vt* odmotati, razmotati, raspakirati; otvoriti
unwrinkle [ˌʌn'riŋkl] *vt* izgladiti bore
unwritten [ˌʌn'ritn] *adj* nepisan, nenapisan, neispisan | **~ law** nepisani zakon
unwrought [ˌʌn'rɔːt] *adj* neobrađen, nepreređen, sirov; neizrađen
unwrung [ˌʌn'rʌŋ] *adj* neiscijeđen, neizažet (rublje) | *fig* **our withers are ~ to** nas se ne tiče, na to ostajemo hladni
unyielding [ʌn'jiːldiŋ] *adj* (**~ly** *adv*) koji ne popušta, negibak, tvrd, ukočen
unyoke [ˌʌn'jəuk] *vt* skinuti jaram, ispreći (konje); *fig* odriješiti, razriješiti, skinuti jaram
unzip [ˌʌn'zip] *vt* otvoriti patentni zatvarač; otvoriti patentnim zatvaračem
up [ʌp] *s* | **~s and downs** uzbrdica i nizbrdica; plima i oseka sreće, sreća i nesreća u životu
up [ʌp] *adj* koji ide, koji se vozi prema gore; *GB* koji vodi prema (glavnom) gradu | *GB* **~ train** vlak koji vozi prema (glavnom) gradu; *GB* **~ platform** peron na koji dolaze vlakovi iz pokrajine, ili s kojega odlaze vlakovi u London; *GB* **~ line** željeznička pruga koja vodi prema (glavnom) gradu; *st exch* **1 d ~** povišena (cijena) za jedan peni
up [ʌp] *vi vulg* naglo ustati, skočiti, dići se | **to ~ and ask** najednom ustati i upitati
up [ʌp] *adv* **I. smjer:** 1. gore, naviše, prema gore, u zrak, uz rijeku 2. uspravno, na noge (*to get ~*) 3. bliže prema (*to come ~*); *fig* više, na viši stupanj (*to move ~ in the world*) 4. u pokretu, u uzbuđenju, u razvoju, dozrijevajući (*to hurry ~, to grow ~*) 5. na pretres (*to come ~ for discussion*) 6. potpuno, posve (*to burn ~*); skupa, zajedno (*to bind ~*) **II. mirovanje:** 1. visoko, gore (*~ in the air, two storeys ~*) 2. poviše, iznad; uspravno, na nogama (*to be ~*) 3. u gradu, na sveučilištu, u školi (*~ in London*) 4. raskopan; razrovan (*the street was ~*) 5. *fig* u previranju, u uzbuđenju; u pokretu, u vrenju (*the cider is ~ very much* jabukovača se jako pjeni); u dizanju (*shares are ~* dionice skaču u cijeni) **6.** gotovo, svršeno, dovršeno, prošlo (*school is ~*) | **it is ~ to you...** do vas je..., o vama ovisi; **he lives ~ to his income** on troši sav svoj dohodak; **~ against a hard job** pred teškim zadatkom; **I am not ~ to travelling** nisam sposoban za putovanje; **to trace ~ to** slijediti trag sve do, provjeriti sve do; **~ to date** moderan, suvremen, ukorak s vremenom; **~ and down** gore-dolje, amo-tamo, ovamo-onamo, tamo i natrag; **~ with you!** digni se!, ustaj!; **~ with it** van s tim, gore s tim; **~ the Partisans!** živjeli partizani!; **to be ~ early (late)** rano (kasno) ustajati; **to be ~ late** dugo bdjeti; *GB* **Parliament is ~** parlament je odgođen, odložen; *GB* **Home Secretary is ~** ministar unutrašnjih poslova govori; **the beer is not ~** pivo je ishlapilo, ne pjeni se; **the nation is ~ in arms** narod se digao na oružje; **his blood is ~** krv mu je uzavrela; **he is ~ in mathematics** on je upućen u matematiku, on zna matematiku; **what is ~?** što se događa?; *sl* **~ to snuff** iskusan, promućuran, lukav; **this cigar is not ~ to much** ova cigara ne vrijedi mnogo; **time is ~** vrijeme je isteklo; **it is all ~ with him** s njim je svršeno, on je gotov (propao, osuđen da umre); **hard-~** u teškim prilikama, u oskudici (novca), u neprilici; **~ and ~** sve više; **to be ~ and doing** raditi, djelovati; biti rano na nogama; **to have a p ~** pozvati koga pred sud; **~ against** prema, protiv;

~ **from** zbog, od, sa; ~ **into** gore u, prema gore; ~ **on** više od, više nego; ~ **till** sve do; ~ **to** sve do, prema, preko; *GB* ~ **to town** u London; *GB* **to go** ~ **to the university** poći na sveučilište; ~ **to now** dosada; *fig* **to be** ~ **to the mark** biti na visini; ~ **with** na istoj visini, na istoj udaljenosti s, sa; ~ **there** tamo gore; ~ **in the mountains** gore u brdima; **to be** ~ **and about** opet biti na nogama; *GB* ~ **for a week** jedan tjedan u gradu (Londonu); ~ **for** pripravan za; **what is** ~ **with him?** što je s njim?; **to be hard** ~ morati se teško boriti, biti u teškim prilikama; **to be** ~ **in years** biti u godinama, biti star; **to be** ~ biti na prvom mjestu, na čelu; **to be eight** ~ imati prednost od osam bodova; **the piano is** ~ **a ton** klavir je za jedan ton previsok; **the game is** ~ sve je svršeno, propalo; **to be well** ~ **in** dobro poznavati, biti dobro upućen; **to be** ~ **to** biti prikladan za što, biti pripravan na što, biti dorastao čemu, biti upućen u što, dobro znati; **what are you** ~ **to there?** što vi tamo radite?; **to keep** ~ **with** držati korak sa; ~ **to sample** prema uzorku, u skladu s uzorkom; ~ **to date** sve do danas, do najnovijeg vremena

up [ʌp] *prep* **I. pokret:** 1. gore, prema gore (~ *the hill*) 2. prema, u (~ *the country*) 3. duž, uzduž, uz (~ *the street*) 4. *fig* gore, naviše **II. mirovanje:** gore, visoko, više | ~ **hill and down dale** uzbrdo i nizbrdo; *fig* ~ **the pole** u neprilici; ~ **the spout** u zalogu, u zalagaonici, založen; **to tow** ~ **the stream** veslati protiv struje; **to work one's way** ~ **the form** napredovati u razredu; *fig* ~ **a tree** u škripcu, u neprilici; ~ **sound** u unutrašnjost kopna; ~ **the river** uz rijeku

up-and-coming [ˌʌpən'kʌmiŋ] *adj* poduzetan, okretan, uvijek pripravan

up-and-down [ˌʌpən'daun] *adv* gore-dolje, amo-tamo, ovamo-onamo, amo i natrag; *US* izravno, otvoreno

up-and-down [ˌʌpən'daun] *prep* | ~ **the line** prugom tamo i natrag

up-and-down [ˌʌpən'daun] *adj* koji ide gore-dolje, amo-tamo; *US* ravan, propisan

upas ['juːpəs] *s bot* javansko drvo kojega sok domoroci upotrebljavaju za trovanje svojih strelica; otrov iz toga drveta; *fig* poguban, štetan utjecaj

upbear [ʌp'bɛə] *vt* držati uspravno, poduprijeti, nositi (& *fig*)

upbeat ['ʌpbiːt] *s mus* uzmah

upbind [ʌp'baind] *vi* svezati (vezati) prema gore

upblaze [ʌp'bleiz] *vi* rasplamtjeti se, razgorjeti se

up-borne [ʌp'bɔːn] *adj* nošen prema gore, držan uspravno, poduprt

upbraid [ʌp'breid] *vt* kuditi, grditi, predbacivati

upbraiding [ʌp'breidiŋ] *adj* (~**ly** *adv*) prijekoran

upbraiding [ʌp'breidiŋ] *s* kuđenje, grđenje, predbacivanje

upbringing ['ʌpˌbriŋiŋ] *s* othranjivanje, odgajanje, odgoj

upcast ['ʌpkaːst] *s* bacanje uvis, u zrak; *min* promajnica, odušnica; uvis bačena masa

upcast ['ʌpkaːst] *adj* bačen gore, uvis, u zrak; podignut gore (pogled), otvoren (oči)

upcountry [ˌʌp'kʌntri] *s* unutrašnjost zemlje, kopno

upcountry [ˌʌp'kʌntri] *adj* koji je u unutrašnjosti zemlje, kopnen

upcountry [ˌʌp'kʌntri] *adv* prema unutrašnjosti zemlje (kopna)

update [ʌp'deit] *vt* modernizirati, učiniti suvremenim

upend [ʌp'end] *vt/i* uspraviti (se), osoviti (se), sjediti, dići (se), ustati

up-grade ['ʌpgreid] *s* visina, uspon (& *fig*)

up-grade [ʌp'greid] *vt* dignuti na viši stupanj

upgrowth ['ʌpgrəuθ] *s* razvoj, postanak, porast, rast, rezultat rasta

upheap [ʌp'hiːp] *vt* nagomilati

upheaval [ʌp'hiːvl] *s geol* vulkanska uzvisina; *fig* preokret, pobuna, ustanak

upheave [ʌp'hiːv] *vt/i* **I.** *vt* podignuti, uzdignuti, baciti uvis **II.** *vi* dići se, podići se, dizati se

upheld [ʌp'held] *pret* & *pp* od **uphold**

uphill [ˌʌp'hil] *s* uzvisina, strm uspon, uzbrdica

uphill [ˌʌp'hil] *adj* koji leži na brdu, koji se uspinje; *fig* mučan, težak, tegoban

uphill [ˌʌp'hil] *adv* uzbrdo

uphold [ʌp'həuld] *vt* (upheld, upheld) držati gore, uspravno, poduprijeti; držati (npr. običaj), zadržati (vrijednost); potpomoći; odobriti, potvrditi

upholder [ʌp'həuldə] *s* branitelj, oslonac

upholster [ʌp'həulstə] *vt* podstaviti, tapetirati pokućstvo; urediti, ukrasiti sobu

upholsterer [ʌp'həulstərə] *s* tapetar

upholstery [ʌp'həulstəri] *s* tapetiranje, tapetarski posao; uređaj sobe, dekoracija; tapetarija | ~ **tack** tapetarski čavlić

uphroe ['juːfrəu] *s mar* | ~**s** *pl* šupljača (od drva ili kovine)

upkeep ['ʌpkiːp] *s* održavanje; izdržavanje; troškovi održavanja

upland ['ʌplənd] *s* kopno; visoravan

upland ['ʌplənd] *adj* koji je u unutrašnjosti kopna, koji visoko leži

uplander ['ʌpləndə] *s* stanovnik visoravni

uplift ['ʌplift] *s* 1. *geol* uzvisina, uzdignuće (Zemljine površine) 2. *US* duhovna okrepa, uzdignuće 3. izgradnja, podizanje; polet, zamah, poboljšanje

uplift [ʌp'lift] *vt* uzdignuti, podignuti (ruke, glas)
up-line ['ʌplain] *s GB* željeznička pruga koja iz pokrajine vodi u (glavni) grad
upmost ['ʌpməust] *adj* najgornji, najviši
upmost ['ʌpməust] *adv* sasvim gore, najviše
upon [ə'pɔn] *prep* = **on** (osobito u stanovitim frazama i kad je prijedlog iza objekta); na, na temelju čega; kod, o | **~ my word** riječi mi, evo moja riječ; **once ~ a time** jednom davno (tako počinju engleske priče); **~ inquiry** na temelju ispitivanja (istrage); na upit; **~ inspection** na temelju pregleda (inspekcije); odmah nakon pregleda (inspekcije); **he has nothing to live ~** on nema od čega živjeti
upon [ə'pɔn] *adv* nato
up-passage ['ʌppæsidʒ] *s US* vožnja uzbrdo; vožnja uz vodu
upper ['ʌpə] *s tech* gornja koža | **~s** *pl* suknene gamaše; **to be on one's ~s** biti siromašan, biti u neprilici
upper ['ʌpə] *adj* viši, gornji; *fig* viši, uzvišeniji, dostojniji | **~ lip** gornja usna; **~ storey** gornji kat; *fig* glava, pamet; *print* **~ case** odjeljak s velikim slovima; **~ hand** nadmoć, premoć, prevlast; **to get (have) the ~ hand** dobiti (imati) prvenstvo (prevlast, prevagu); *mar* **~ works** dijelovi broda iznad vodene površine; *parl* **the Upper House** Gornji dom; **the ~ ten (thousand)** aristokracija, plemstvo; *theat* **~ circle** balkon, galerija; **~ classes** gornji slojevi (društva); *mar* **~ deck** najgornja paluba koja se proteže uzduž cijelog broda, a koja je izložena nevremenu; *tech* **~ leather** gornja koža (za cipele); *US sl* **~ crust** imućni slojevi (društva)
uppercut ['ʌpəkʌt] *s box* aperkat (udarac odozdo prema gore)
uppermost ['ʌpəməust] *adv* najviše, sasvim gore; najprije, na vrhu
uppermost ['ʌpəməust] *adj* najviši, najgornji; gornji (tok rijeke); *fig* koji prevladava, glavni
uppish ['ʌpiʃ] *adj GB coll* (**~ly** *adv*) uobražen, nadut, ohol, drzak
uppishness ['ʌpiʃnis] *s* uobraženost, nadutost, oholost, drskost
uppity ['ʌpəti] *adj US* → **uppish**
upraise [ʌp'reiz] *vt* podignuti, dići uvis
uprear [ʌp'riə] *vt* uspraviti, podignuti
upright ['ʌprait] *s* 1. okomit položaj, stav 2. stup, stalak, potporanj 3. *mus* pijanino
upright ['ʌp'rait] *adj* uspravan, ravan, koji se uspravno drži; okomit, vertikalan | **~ piano** pijanino
upright ['ʌprait] *adj fig* čestit, pošten, iskren, ispravan
upright ['ʌp'rait] *adv* uspravno, ravno; okomito
uprightly ['ʌpˌraitli] *adv* 1. uspravno 2. čestito, iskreno, pošteno
uprightness ['ʌpˌraitnis] *s* 1. uspravnost 2. iskrenost, čestitost, poštenje
uprise ['ʌpraiz] *s* dizanje, podizanje (& *fig*)
uprise [ʌp'raiz] *vi poet* dignuti se, ustati; izaći, granuti (sunce)
uprising ['ʌpˌraiziŋ] *s* ustajanje, dizanje, uspon; izlaz (sunca); *fig* ustanak, pobuna
up-river [ˌʌp'rivə] *adj* koji leži na gornjem toku rijeke, uzvodan
up-river [ˌʌp'rivə] *adv* uz rijeku, prema izvoru rijeke, uz vodu
uproar ['ʌprɔː] *s* vika, buka, divlja zbrka, metež
uproarious [ʌp'rɔːriəs] *adj* (**~ly** *adv*) bučan, glasan, buran
uproariousness [ʌp'rɔːriəsnis] *s* bučnost, burnost
uproot [ʌp'ruːt] *vt* iščupati s korijenjem; *fig* istrgnuti, otrgnuti; iskorijeniti, uništiti
uprush ['ʌprʌʃ] *s* navala, provala, prodor, izljev, val
upset ['ʌpset] *s* prevraćanje, izvrnuće, pad (s kola); osujećivanje (planova, rezultata); smutnja, zbrka, nered; *fig* uzbuđenje, srdžba; svađa; *sport* iznenađenje (neočekivani rezultat)
upset [ʌp'set] *vt/i* **I.** *vt* prevaliti, izvrnuti (kola), oboriti (npr. vladu); smesti, zbuniti, smetati, uzbuditi, uzrujati; poremetiti, pomutiti, osujetiti (planove); naškoditi, pokvariti; skratiti i odebljati kovinu (npr. metalni obruč) kovanjem ili tlačenjem **II.** *vi* prevaliti se, izvrnuti se
upset [ʌp'set] *adj* uspravan, podignut, ravan; oboren, prevrnut; smeten, uzrujan
upset-price [ʌp'setprais] *s* najniža, osnovna, početna prodajna cijena (kod dražbe)
upshot ['ʌpʃɔt] *s* ishod, rezultat; konačni rezultat, konačni efekt, kraj, završetak
upside ['ʌpsaid] *s* gornja strana; *rly* željeznička pruga koja vodi prema gradu; dio perona na koji dolaze takvi vlakovi
upside-down [ˌʌpsaid'daun] *adv* obrnuto, naglavce, u neredu, u zbrci | **to turn a th ~** postaviti neku stvar naglavce, potpuno obrnuti (& *fig*)
upside-down [ˌʌpsaid'daun] *adj* zbrkan, postavljen naglavce (& *fig*)
upsides ['ʌpsaidz] *adv GB coll* | **to be ~ with a p** obračunati s kim, vratiti mu milo za drago, osvetiti se
upstage [ˌʌp'steidʒ] *adj* koji se nalazi u dnu pozornice; *coll* koji se pravi važan, napuhan
upstage [ˌʌp'steidʒ] *vt* privući pažnju na sebe, zasjeniti
upstairs [ˌʌp'stɛəz] *adj* koji se nalazi na (koji je smješten na, koji pripada) gornjem katu
upstairs [ˌʌp'stɛəz] *adv* uza stepenice, gore, na gornjem katu

upstanding [ʌp'stændiŋ] *adj* koji se drži ravno (uspravno)
upstart ['ʌpstaːt] *s* čovjek koji se naglo digao do visoka položaja, skorojević, naduvenjak
upstate ['ʌpsteit] *adj US* u unutrašnjosti (*esp* na sjeveru) pojedine države SAD
upstream [ˌʌp'striːm] *adv* uz struju, uz rijeku, uz vodu
upstream [ˌʌp'striːm] *adj* koji ide uz struju (rijeku), uzvodan
upstroke ['ʌpstrəuk] *s* crta prema gore, tanka crta (u pisanju)
upsurge ['ʌpsəːdʒ] *s fig* uzburkanost, uzavrelost, uzrujanje, uzbuđenje
upswing ['ʌpswiŋ] *s fig* uzdizanje, polet
uptake ['ʌpteik] *s Scot fig* shvaćanje, razumijevanje | *coll* **to be slow on the ~** sporo shvaćati
upthrow ['ʌpθrəu] *s* preokret
upthrust ['ʌpθrʌst] *s* izbacivanje (osobito *geol*)
uptight ['ʌptait] *adj sl* vrlo nervozan, napet; krajnje konvencionalan
up-to-date ['ʌptuˌdeit] *adj* suvremen; moderan, koji odgovara današnjici, koji je na visini današnjice; upućen u najnovija istraživanja (u najnoviji razvoj); koji se drži najnovije mode
uptown [ˌʌp'taun] *adv* u gornjem gradu, u gornji grad; *US* prema rubu grada, od središta grada van
uptown [ˌʌp'taun] *adj* koji se nalazi, stanuje u gornjem gradu; *US* iz stambenog dijela grada | *US* **~ warehouse** slobodno carinsko skladište u unutrašnjosti grada
upturn [ʌp'təːn] *vt* uspraviti; baciti uvis, prema gore; razrovati, prevrnuti
upturned [ˌʌp'təːnd] *adj* okrenut prema gore; prevrnut, izvrnut; uzvinut, svinut prema gore
upward ['ʌpwəd] *adj* (**~ly** *adv*) okrenut uvis, izveden prema gore, koji se diže (podiže), koji se uspravlja, uperen prema gore; koji se nalazi uzvodno
upward(s) ['ʌpwəd(z)] *adv* uvis, prema gore; sve od (*from the 12th century* **~**); uzvodno; iznad | **and ~** i još k tomu; **~ of** više nego, više od
uraemia [ˌjuə'riːmiə] *s med* uremija
Ural-Altaic ['juərəlæl'teiik] *adj ling* uraloaltajski
Ural-Altaic ['juərəlæl'teiik] *s* jezik iz uralo altajske skupine
uranium [ju'reinjəm] *s chem* uran
Uranus [ju'reinəs] *s astr* Uran
urban ['əːbən] *adj* gradski | **~ municipality** gradska općina; **~ transport** gradski promet
urbane [əː'bein] *adj* (**~ly** *adv*) velegradski; uljudan, uglađen; obrazovan; fin, profinjen; dotjeran, vješt (stil)
urbanity [əː'bæniti] *s* uljudnost, uglađenost
urbanization [ˌəːbənai'zeiʃn] *s* urbanizacija
urbanize ['əːbənaiz] *vt* učiniti gradskim (profinjenim, uglađenim)
urchin ['əːtʃin] *s* 1. *arch zool* jež; vražićak 2. deran, derište, balavac
Urdu ['uəduː] *s ling* urdu (službeni oblik jezika hindi u Pakistanu); moderan oblik hindustanskog jezika
urea ['juəriə] *s chem* mokraćevina, karbanid
ureal ['juəriəl] *adj* koji se tiče mokraćevine, koji je kao mokraćevina
ureter [ˌjuə'riːtə] *s anat* mokraćni kanal, ureter (kanal iz bubrega u mjehur)
urethra [ˌjuə'riːθrə] *s anat* mokraćnica, mokraćna cijev, vodopust, uretra (kanal iz mjehura)
uretic [ˌjuə'retik] *adj med* koji tjera na mokrenje
urge [əːdʒ] *s* (unutrašnji) poriv, poticaj, impuls; žar, revnost (npr. vjerska)
urge [əːdʒ] *vt* 1. goniti, tjerati, nagnati, natjerati, nagovarati, nukati, podbosti, podbadati; požurivati (*on*) 2. iznijeti (*against* protiv, npr. argumente), predočiti, posebno naglasiti, istaknuti, uporno ostati (pri čemu); preporučiti, naložiti | **to ~ one's way** prokrčiti sebi put
urgency ['əːdʒənsi] *s* hitnost, žurnost, požurivanje; prijeka nužda, nužnost; uvjerljivost (nekog književnog lika); *parl* formalna deklaracija s omjerom glasova od 3 naprama 1 (u parlamentu s najmanje 300 članova) da je stvar hitna i treba da se riješi prije svih ostalih
urgent ['əːdʒənt] *adj* (**~ly** *adv*) 1. hitan, žuran, urgentan, prijek, ozbiljan 2. željan, žudan, žestok, uporan
uric ['juərik] *adj* mokraćni
urinal ['juərinl] *s* noćna posuda; bolnička noćna posuda, guska; javni zahod
urinary ['juərinəri] *adj* mokraćni | *anat* **~ blade** mokraćni mjehur
urinate ['juərineit] *vi* mokriti, urinirati
urination [ˌjuəri'neiʃn] *s* mokrenje, uriniranje
urine ['juərin] *s* mokraća, urin
urn [əːn] *s* 1. žara, žara za pepeo; grobnica 2. krčag, vrč, pehar za vodu; čajnik, posuda za kavu
urn [əːn] *vt* spremiti u žaru
urnful ['əːnful] *s* ono što stane u žaru
ursine ['əːsain] *adj* medvjeđi, koji je poput medvjeda
urtica ['əːtikə] *s bot* vrsta biljke koprivnjače
urticaria [ˌəːti'kɛəriə] *s med* koprivnjača, (svrbljiv kožni osip), urtikarija
urticate ['əːtikeit] *vt* opeći kao kopriva; tući, udarati koprivama
Uruguayan [ˌjuəru'gwaiən] *adj* urugvajski
Uruguayan [ˌjuəru'gwaiən] *s* Urugvajac, Urugvajka

us [ʌs] *pron pers* nama, nas; *pron refl* sebe, se, sebi | **we all of** ~ mi svi; **both of** ~ nas oboje
usability [ˌjuːzəˈbiliti] *s* upotrebljivost
usable [ˈjuːzəbl] *adj* upotrebljiv, uobičajen
usage [ˈjuːzidʒ] *s* navika, običaj; upotreba; postupanje, postupak; *jur* običajno pravo | **common** ~ opće prihvaćeni običaj
usance [ˈjuːzəns] *s* upotreba; navika; *com* trgovački običaj, uzanca; rok za isplatu inozemnih mjenica | *com* **bill at** ~**s** uzo-mjenica; *com* **at** ~ prema važećem mjesnom roku (za dospijeće mjenica); *com* **according to** ~ prema uzancama, mjesnim običajima
use [juːs] *s* 1. upotreba, primjena, namjena 2. prikladnost, upotrebljivost; korisnost, korist, svrha 3. navika, običaj, praksa 4. *eccl* obredi neke crkve 5. *jur* uživanje (nekog posjeda) | **in** ~ u upotrebi, uobičajen; **out of** ~ izvan upotrebe, neuobičajen; **with** ~ u upotrebi, po upotrebi, nakon upotrebe; **to go (fall, pass) out of** ~ izići iz upotrebe, izobičajiti se; **to make (good)** ~ **of** (dobro) iskoristiti, primijeniti što; **can I be of** ~**?** mogu li pomoći?; **it was of no** ~ bilo je beskorisno, uzaludno; *fig* **to have no** ~ **for** ne cijeniti što, ne trebati što
use [juːz] *vt/i* **I.** *vt* 1. upotrebljavati, baratati, rukovati, služiti se (čime), primijeniti, iskoristiti; potrošiti, izdati 2. postupati s kim **II.** *vi* samo u *pret* **used** [juːst] običavao sam | **I** ~**d to (go)** običavao sam ići, znao sam ići; **he** ~**d not to (do)** on nije običavao (činiti); **there** ~**d to be a door here** ovdje su nekoć bila vrata; **to** ~ **one's best efforts** učiniti sve što se može
use up [ˈjuːzˈʌp] *vt* potrošiti, istrošiti; iscrpsti | **used up** potrošen, istrošen, iscrpljen, pokvaren (zrak); *fig* islužen
used [juːzd] *adj* polovan, star, upotrebljavan, iz druge ruke, rabljen
used [juːst] *pred adj* naviknut | **to get** ~ **to** naviknuti se na
useful [ˈjuːsful] *adj* (~**ly** *adv*) koristan, probitačan; sposoban, spretan; upotrebljiv
usefulness [ˈjuːsfulnis] *s* upotrebljivost, korisnost
useless [ˈjuːslis] *adj* (~**ly** *adv*) beskoristan, neupotrebljiv; besplodan, besciljan, uzaludan; *sl* boležljiv, neraspoložen, nesposoban za bilo što
uselessness [ˈjuːslisnis] *s* beskorisnost, neupotrebljivost, besplodnost, uzaludnost
user[1] [ˈjuːzə] *s* upotrebljavač, potrošač, korisnik
user[2] [ˈjuːzə] *s jur* pravo uživanja; uživanje (nekog posjeda)
usher [ˈʌʃə] *s* vratar; službenik koji uvodi posjetioce na njihova mjesta; sudski sluga; pomoćni učitelj | **the Gentleman Usher** kraljevski meštar ceremonija
usher [ˈʌʃə] *vt* uvesti, najaviti (obično s *in*); *fig* objaviti
usherette [ˌʌʃəˈret] *s* razvođačica publike
ushership [ˈʌʃəʃip] *s* vratarska služba; mjesto pomoćnog učitelja
usquebaugh [ˈʌskwibɔː] *s* viski; *Ir* rakija
usual [ˈjuːʒuəl] *adj* običan, običajan, uobičajen, redovan
usual [ˈjuːʒuəl] *s* | **the** ~ ono što je obično (uobičajeno), obična mjera
usually [ˈjuːʒuəli] *adv* obično, u pravilu, redovito, većinom
usufruct [ˈjuːsjuːfrʌkt] *s jur* uživanje
usurer [ˈjuːʒərə] *s* lihvar, gulikoža, zelenaš
usurious [juːˈzjuəriəs] *adj* (~**ly** *adv*) lihvarski
usuriousness [juːˈzjuəriəsnis] *s* lihvarstvo
usurp [juːˈzəːp] *vt/i* **I.** *vt* prigrabiti, uzurpirati, protuzakonito prisvojiti, domoći se čega, oteti, nezakonito iskorištavati **II.** *vi* presezati (u čija prava)
usurpation [ˌjuːzəːˈpeiʃn] *s* uzurpiranje, uzurpacija, protuzakonito prisvajanje, otimanje; presezanje
usurper [juːˈzəːpə] *s* otimač, nasilni prisvajač, uzurpator (npr. prijestolja)
usurping [juːˈzəːpiŋ] *adj* (~**ly** *adv*) koji protuzakonito prisvaja (otima, uzurpira), otimački, uzurpatorski
usury [ˈjuːʒuri] *s* lihvarenje, lihvarstvo, lihvarske kamate; *fig* kamate
utensil [juːˈtensl] *s* alat, sprava; posuda | ~**s** *pl* posuđe, kuhinjske potrepštine
uterine [ˈjuːtərain] *adj anat* koji pripada maternici | ~ **brother** brat po majci; ~ **sister** sestra po majci
uterus [ˈjuːtərəs] *s* (*pl* **uteri** [ˈjuːtərai], ~**es**) *anat* maternica
utilitarian [ˌjuːtiliˈtɛəriən] *s* utilitarist, pristaša načela korisnosti, čovjek koji misli samo na korisnost
utilitarian [ˌjuːtiliˈtɛəriən] *adj* utilitaristički, koji misli ili smjera na korisnost
utilitarianism [ˌjuːtiliˈtɛəriənizm] *s* utilitarizam, teorija o korisnosti kao glavnom načelu
utility [juːˈtiliti] *s* korisnost, korist; korisna stvar, prednost, probitak; *theat* glumac koji igra samo najmanje uloge (& ~ *man*) | ~ **goods** roba široke potrošnje; *text* ~ **linen** narodno platno
utilizability [ˌjuːtilaizəˈbiliti] *s* upotrebljivost, iskoristivost
utilizable [ˈjuːtilaizəbl] *adj* upotrebljiv, koji se može iskoristiti
utilization [ˌjuːtilaiˈzeiʃn] *s* korištenje, iskorištenje, okorištenje, upotreba
utilize [ˈjuːtilaiz] *vt* koristiti se čime, iskoristiti, korisno upotrijebiti
utmost [ˈʌtməust] *adj* krajnji, najdalji, najširi; *fig* najviši, najveći

utmost ['ʌtməust] *s* krajnost, ono što je najviše | **to do one's ~** učiniti sve što je moguće; **to the ~** do krajnjih granica

Utopia [juː'təupjə] *s* Utopija (prema knjizi T. Morea "The Island of Utopia", 1516); sretna zemlja, idealno stanje; tlapnja, kula u zraku

Utopian [juː'təupjən] *adj* utopijski; sanjarski, o kome se sanja, fantastičan

Utopian [juː'təupjən] *s* utopist, (politički) zanesenjak, fantast

utricle ['juːtrikl] *s bot* mala vrećica, cijev; *zool* stanica, vrećica ili šupljina u tijelu; *anat* dio membranoznog labirinta uha u koji ulaze polukružni kanali

utter ['ʌtə] *adj* 1. krajnji, potpun, posvemašnji 2. konačan, odlučan 3. savršen, propisan, prepreden | *jur* **~ barrister** mladi odvjetnik koji na sudu smije braniti samo izvan ograde; **~ stranger** potpun stranac (tuđinac)

utter ['ʌtə] *vt/i* 1. iznijeti na tržište; očitovati, objelodaniti; dati u optjecaj 2. oglasiti se, izreći, izgovoriti, izraziti, izustiti

utterability [ˌʌtərə'biliti] *s* izrazivost, izrecivost

utterable ['ʌtərəbl] *adj* izraziv, izreciv, koji se da izgovoriti

utterance ['ʌtərəns] *s* izricanje, izražavanje, način izražavanja, izgovor; izjava, izraz; riječ, izreka, govor (često **~s** *pl*)

utterance ['ʌtərəns] *s poet arch* krajnja granica | **to fight to the ~** boriti se do kraja, do krajnjih granica

utterer ['ʌtərə] *s* onaj koji izražava (izriče); raspačavač lažnog novca

utterly ['ʌtəli] *adv* krajnje; vrlo, veoma, potpuno, posve, sasvim

uttermost ['ʌtəməust] *adj* krajnji, najdalji (& *fig*) | **to the ~ farthing** do posljednjeg novčića

uttermost ['ʌtəməust] *s* krajnja granica | **to the ~ of one's power** naprežući sve snage

utterness ['ʌtənis] *s* potpunost, posvemašnjost | **the ~ of his collapse** njegov potpuni slom

U-turn ['juːtəːn] *s mot* zaokret u obratnom smjeru vožnje

uvula ['juːvjulə] *s* (*pl* **uvulae** ['juːvjuliː], **~s**) *anat* jezičac, usna resica

uvular ['juːvjulə] *adj anat* koji se tiče jezičca, usne resice

uxorious [ʌk'sɔːriəs] *adj* (**~ly** *adv*) koji je pod papučom, podložan (pokoran) svojoj ženi

uxoriousness [ʌk'sɔːriəsnis] *s* papučarstvo, podložnost supruzi

V

V, v [viː] *s* (*pl* **~s, ~'s, ~ess**) V, v, (22. slovo engleske abecede); znak za rimski broj 5; predmet oblika V; znak pobjede (dva prsta dignuta uvis u obliku slova V)

vac [væk] *s fam GB* kratica za → **vacation**

vacancy ['veikənsi] *s* 1. praznina, pustoš; prazan ili slobodan prostor 2. odsutnost duha, duševna praznina, bezizražajnost; *fig* praznina, rupa 3. nezaposlenost, dokolica 4. prazno, slobodno mjesto

vacant ['veikənt] *adj* (**~ly** *adv*) 1. prazan 2. nenastanjen, pust; nezaposjednut, slobodan, upražnjen 3. slobodan, dokon 4. prazan, isprazan, bez misli, bez sadržaja, bezizražajan, šupalj, tup | *GB* **~ possession** odmah useljiv posjed, kuća itd.

vacate [və'keit] *vt* isprazniti, napustiti, osloboditi; odstupiti (s čega); *mil* povući, ukloniti (vojsku) (*from* iz, sa); *jur* poništiti, dokinuti

vacation [və'keiʃn] *s* 1. ispražnjenje 2. *GB* sveučilišni ili sudski praznici; *US* praznici, godišnji odmor 3. odstup, odstupanje, napuštanje, istup (iz službe); razdoblje za vrijeme kojega je neko mjesto (služba i sl.) slobodno

vacationer [və'keiʃənə] *s* osoba na praznicima (na godišnjem odmoru), turist

vacationist [və'keiʃənist] *s* → **vacationer**

vaccinate ['væksineit] *vt med* cijepiti

vaccination [ˌvæksi'neiʃn] *s med* cijepljenje, vakcinacija

vaccinator ['væksineitə] *s med* osoba koja obavlja obavezno cijepljenje; instrument za cijepljenje

vaccine ['væksiːn] *s med* cjepivo, vakcina

vaccine ['væksiːn] *adj* kravlji; koji se odnosi na kravlje boginje; *med* vakcinalan, koji se odnosi na cjepivo

vacillate ['væsileit] *vi* njihati se, ljuljati se, teturati; *fig* kolebati se, oklijevati, premišljati se, biti neodlučan

vacillating ['væsileitiŋ] *adj* (**~ly** *adv*) kolebljiv, neodlučan, nepostojan, prevrtljiv

vacillation [ˌvæsi'leiʃn] *s* njihanje, ljuljanje; *fig* kolebanje, oklijevanje, neodlučnost, nepostojanost, prevrtljivost

vacuity [væ'kjuːiti] *s arch* praznina, prazan prostor; *fig* praznina, ispraznost, neodređenost

vacuole ['vækjuəul] *s biol* vakuola, stanična šupljina

vacuous ['vækjuəs] *adj* (**~ly** *adv*) prazan; *fig* bez misli, bezizražajan, beznačajan, tup, šupalj, prazan, bez sadržaja; isprazan, dokon

vacuousness ['vækjuəsnis] *s fig* praznina, bezizražajnost, beznačajnost; ispraznost, dokonost

vacuum ['vækjuəm] *s* (*pl* **~s, vacua** ['vækjuə]) praznina; *phys* vakuum, zrakoprazan prostor, *fig* (potpuna) praznina, rupa

vacuum-bottle ['vækjuəmˌbɔtl] *s GB* termos-boca

vacuum brake ['vækjuəmbreik] *s rly* kočnica na komprimirani zrak

vacuum cleaner ['vækjuəmˌkliːnə] *s* usisač prašine

vacuum-flask ['vækjuəmflaːsk] *s GB* termos-boca

vacuum tube ['vækjuəmˌtjuːb] *s el* cijev, elektronka | **~ rectifier** cijevni (elektronski) ispravljač

vagabond ['vægəbɔnd] *adj* skitalački, skitnički; lutalački, putujući

vagabond ['vægəbɔnd] *s* skitnica, potucalo; *coll* lopov, vagabund, protuha

vagabond ['vægəbɔnd] *vi coll* skitati se, potucati se, lutati

vagabondage ['vægəbɔndidʒ] *s* skitanje, lutalaštvo, skitnički život; *coll* skitnice

vagarious [və'gɛəriəs] *adj* mušičav, prevrtljiv, hirovit, neuračunljiv, ćudljiv, kapriciozan

vagary ['veigəri] *s* 1. *arch* lutanje (& *fig*) 2. mušica, hir, kaprica; neuračunljivost

vagina [və'dʒainə] *s* (*pl* **~s, vaginae** [və'dʒainiː]) *anat* vagina, rodnica, žensko

spolovilo; *bot* tuljac što ga list tvori oko peteljke
vaginal [vəˈdʒainl] *adj* 1. *anat* vaginalni 2. koji ima oblik toka
vagrancy [ˈveigrənsi] *s* skitništvo, skitanje; lutanje, potucanje; skitnice, protuhe; *fig* preskakivanje, nepovezanost, nesređenost (misli)
vagrant [ˈveigrənt] *adj* (**~ly** *adv*) skitnički, skitalački, ciganski; putujući, lutalački, koji se potuca; *fig* nepostojan, nemiran, nestalan, nesređen
vagrant [ˈveigrənt] *s* skitnica, potucalo, vagabund, protuha; lutalac
vague [veig] *adj* (**~ly** *adv*) 1. neodređen, nejasan, blijed, slab, maglovit, mutan; dvosmislen 2. rastresen, odsutan duhom; neodređen, koji se jasno ne izražava
vail [veil] *vt/i* **I.** *vt arch* & *poet* spustiti, sniziti (u znak pokornosti); oboriti (oči), skinuti (šešir) (*to* pred kim) **II.** *vi* (o zastavama) spuštati se; skidati šešir, pokloniti se, pognuti glavu (*to* pred kim); pozdravljati (*to* koga)
vails [veilz] *s pl arch* nagrada, napojnica; mito
vain [vein] *adj* (**~ly** *adv*) 1. uzaludan, bezuspješan, jalov 2. prazan, isprazan, beznačajan, bez sadržaja, plitak, šupalj, ništav 3. tašt, umišljen, uobražen, razmetljiv (*of*) | **in ~** uzalud, zaludu; **to take a p's name in ~** prezirno ili bez poštovanja govoriti o komu
vainglorious [ˌveinˈglɔːriəs] *adj* (**~ly** *adv*) hvalisav, tašt, ohol; naduven, razmetljiv, umišljen
vainglory [ˌveinˈglɔːri] *s* taština, hvalisanje, oholost; razmetanje, umišljenost
vainness [ˈveinnis] *s* 1. jalovost, beskorisnost, uzaludnost 2. ništetnost, ispraznost, beznačajnost 3. taština, umišljenost, uobraženost, razmetljivost
valance [ˈvæləns] *s* (kratak) zastor (*spec* koji pokriva donji dio kreveta); vrsta tkanine za pokućstvo
vale [veil] *s* odvod, žlijeb; *poet* dolina
vale [ˈveili] *interj Lat* zbogom, do viđenja!
vale [ˈveili] *s* oproštaj, zbogom
valediction [ˌvæliˈdikʃən] *s* oproštaj, opraštanje, rastanak, oproštajne riječi
valedictorian [ˌvælidikˈtɔːriən] *s US sch* & *univ* najbolji đak (student) koji drži oproštajni govor u ime svoje generacije na svečanosti završetka školovanja (promociji)
valedictory [ˌvæliˈdiktəri] *adj* oproštajni
valedictory [ˌvæliˈdiktəri] *s US sch* & *univ* oproštajni govor, oproštajne riječi
valence [ˈvæləns] *s* → **valance**
valence [ˈveiləns] *s chem* valentnost; *US* valencija
valency [ˈveilənsi] *s chem GB* valencija
Valentine [ˈvæləntain] *s* Valentin; draga ili dragi odabran na dan sv. Valentina; ljubavno ili satirično pismo ili slika što se (obično anonimno) šalje na dan sv. Valentina osobi suprotnog spola (kao običaj u anglosaskim zemljama) | **St ~'s Day** blagdan sv. Valentina, 14. veljače; **wired ~** brzojavna poruka na blagdan sv. Valentina
valerian [vəˈliəriən] *s bot* odoljen, macina trava, baldrijan; *pharm* valerijana, baldrijan
valeric [vəˈlerik] *adj pharm* valerijanski, baldrijanov
valet [ˈvælit] *s* sluga, komornik, sobar
valet [ˈvælit] *vt* dvoriti, posluživati; biti komornik (komu)
valetudinarian [ˌvælitjuːdiˈnɛəriən] *adj* boležljiv, krhka zdravlja; koji traži zdravlje; koji je previše zabrinut za svoje zdravlje, hipohondričan
valetudinarian [ˌvælitjuːdiˈnɛəriən] *s* onaj koji uvijek pobolijeva, boležljivac; umišljen bolesnik, hipohondar
valetudinarianism [ˌvælitjuːdiˈnɛəriənizəm] *s* boležljivost, pobolijevanje; umišljanje bolesti, hipohondrija
valiancy [ˈvæljənsi] *s arch* hrabrost, smionost, junaštvo, herojstvo
valiant [ˈvæljənt] *adj* (**~ly** *adv*) hrabar, smion, junačan, herojski
valid [ˈvælid] *adj* (**~ly** *adv*) vrijedan, valjan, punovaljan, pravomoćan; opravdan, osnovan, neosporan, valjan, nepobitan (dokaz i sl.); *arch* zdrav, snažan, krepak
validate [ˈvælideit] *vt* proglasiti ili učiniti pravomoćnim; ozakoniti, legalizirati, potvrditi
validation [ˌvæliˈdeiʃn] *s* proglašenje pravomoćnosti ili pravovaljanosti; ozakonjenje, legaliziranje
validity [vəˈliditi] *s jur* pravomoćnost, pravovaljanost; vrijednost, važnost; *fig* neospornost, nepobitnost, valjanost
valise [vəˈliːz] *s* putna torba, kovčežić; *mil* telećak, torba, naprtnjača
valley [ˈvæli] *s* dolina; *archit* kut koji tvore dvije ravne površine krova
valorize [ˈvæləraiz] *vt com* valorizirati, podići ili učvrstiti vrijednost (robe)
valorization [ˌvæləraiˈzeiʃn] *s com* valorizacija, podizanje ili učvršćenje vrijednosti (robe); valoriziranje
valorous [ˈvælərəs] *adj* (**~ly** *adv*) hrabar, junački, srčan, herojski, smion, odvažan
valour (*US* **valor**) [ˈvælə] *s poet* & *joc* hrabrost, junaštvo, srčanost, herojstvo, smionost, odvažnost
valse [vaːls] *s mus* valcer
valuable [ˈvæljuəbl] *adj* procjenjiv, koji se da procijeniti; vrijedan, dragocjen, skup;

koristan (*to, for* za koga; *for a th* za što; *for doing* da se učini)

valuableness ['væljuəblnis] *s* vrijednost, dragocjenost, vrednota

valuables ['væljuəblz] *s pl* dragocjenosti, skupocjenosti, vrijednosti, vrijednosni predmeti

valuation [ˌvælju'eiʃn] *s* procjena, procjenjivanje, proračun, predračun, određivanje vrijednosti; (procijenjena) vrijednost, cijena; *fig* cijena, ocjena, vrijednost; monetarna valvacija | *com* ~ **charge** vozarina prema vrijednosti pošiljke

valuator ['væljueitə] *s* procjenitelj, procjenjivač

value ['væljuː] *s* 1. vrijednost (& *math* & *mus*), korist 2. cijena, vrijednost, protuvrijednost, iznos; valuta; *fig* vrijednost, sadržaj, značenje, važnost; *biol* stupanj u svrstavanju | **out of** ~ presvijetao ili pretaman (u slikarstvu); **to get full** ~ **out of** izvući punu vrijednost iz (čega); *com* **sample of no** ~ uzorak bez vrijednosti; *com* ~ **in account** vrijednost prema računu; *com* ~ **in cash** vrijednost u gotovu; *com* **at** ~ po dnevnom tečaju; **added** ~ novostvorena vrijednost; **exchange** ~, ~ **in exchange** razmjenska vrijednost; **surplus** ~ višak vrijednosti; **use** ~, ~ **in use** upotrebna vrijednost

value ['væljuː] *vt* cijeniti, procijeniti (& *fig*), proračunati, odrediti (vrijednost); *fig* cijeniti, procijeniti (*by* po čemu) | **to** ~ **oneself on** hvaliti se (čime), umišljati sebi (da)

value-bill ['væljuːbil] *s com* vrijednosni papir, robna mjenica

valued ['væljuːd] *adj* cijenjen, procijenjen, proračunat, vrijedan

valueless ['væljulis] *adj* bezvrijedan, beskoristan, nevrijedan

valuer ['væljuə] *s GB* procjenitelj, procjenjivač

valve [vælv] *s* 1. krilo (vrata), vratnica; krilo, vratnica (riječne brane) 2. *mus* ventil 3. *zool* ljuštura, poklopac školjke; *anat* (srčani) zalistak 4. *tech* ventil, odušak; zaklopac, osigurač; slavina, pipac, zasun; promajnica (na krilu vjetrenjače) 5. *radio GB* cijev | *el GB* ~ **rectifier** cijevni ispravljač; *tech* ~ **rod** vreteno regulatora

valvular ['vælvjulə] *adj anat* & *bot* koji ima zaliske, koji nalikuje na zalistak, koji se odnosi na zalistak

vambrace ['væmbreis] *s hist* oklop ili zaštita za podlakticu

vamose [və'məus] *vi/t US sl* odmagliti, izdimiti, strugnuti, pobjeći, umaknuti

vamoose [və'muːs] *vi* → **vamose**

vamp[1] [væmp] *s* 1. gornja koža (cipele); komad takve kože; zakrpa 2. *fig* zakrpa, krparija; improvizirana (muzička) pratnja

vamp[1] [væmp] *vi/t* **I.** *vi* improvizirati pratnju (pjesmi i sl.) **II.** *vt* (o cipelama) naglaviti, zakrpati (*up*); obnoviti (pokućstvo i sl.) (*up*); *fig* skrpati, skalupiti, sklepati (*up*); *mus* improvizirati (pratnju)

vamp up ['væmp'ʌp] *vt* pokrpati, zakrpati, iskrpati; obnoviti; *fig* skrpati, sklepati, skalupiti

vamp[2] [væmp] *s coll* vamp, (bezobzirna) zavodnica, žena koja iskorištava muškarce

vamp[2] [væmp] *vt/i coll* zavoditi (muškarce), iskorištavati; *film* glumiti ulogu (bezobzirne) zavodnice

vamper ['væmpə] *s* postolar, popravljač cipela | ~**s** *pl* čarape

vampire ['væmpaiə] *s* vampir, vukodlak; *fig* krvopija, ucjenjivač, lihvar; *zool* vrsta šišmiša; *theat* natkriven otvor u podu pozornice, spusnica

vampiric [væm'pirik] *adj* vampirski; koji se odnosi na vukodlake; *fig* koji siše krv

vampirism ['væmpaiərizm] *s* vjerovanje u vukodlake ili vampire

van[1] [væn] *s arch* vijalica, rešeto (za žito); *poet* krilo; *min* ispitivanje kakvoće (rude) ispiranjem

van[1] [væn] *vt min* ispitivati kakvoću (rude) ispiranjem

van[2] [væn] *s* kombi, kola za dostavu; *GB* furgon; kola za stanovanje; *rly GB* zatvoreni teretni vagon | *rly* **luggage** ~ prtljažna kola; *rly* **guard's** ~ kola za pratioca vlaka ili kočničara

van[2] [væn] *vt* staviti u natkrivena kola; prevoziti u kombiju (u kolima za dostavu)

van[3] [væn] *s mil* & *mar* prethodnica, predstraža, prednja četa, prednja linija; *fig* vođe (pokreta), avangarda, predvodnica, vodstvo | **in the** ~ **of** na čelu (čega), u prvim redovima; **to lead the** ~ **of** stupati na čelu

vanadium [və'neidjəm] *s chem* vanadij

van-bird ['vænbəːd] *s ornith* predvodnica, prva ptica selica, glasnik proljeća; *fig* preteča, glasnik; vjesnik

Vandal ['vændl] *s hist* Vandal; *fig* divljak, vandal, barbar, razaratelj, uništavač, rušitelj (obično *vandal*)

Vandal ['vændl] *adj hist* vandalski, koji se odnosi na Vandale; *fig* vandalski, barbarski, divljački (obično *vandal*)

Vandalic [væn'dælik] *adj hist* vandalski, koji se odnosi na Vandale; *fig* divljački, vandalski, barbarski (obično *vandalic*)

Vandalic [væn'dælik] *s* vandalski (jezik)

vandalism ['vændəlizm] *s* divljaštvo, vandalizam, barbarstvo, divljačko uništavanje, bijes razaranja

vandyke [væn'daik] *s US* šiljata (kozja) bradica
vane [vein] *s* 1. vjetrenica, vjetrulja 2. krilo vjetrenjače 3. *tech* krilo (propelera); vizir, diopter
vanguard ['vængaːd] *s mil* prethodnica, predstraža; *fig* čelo, vođe (pokreta)
vanilla [və'nilə] *s bot & cul* vanilija (biljka i plod)
vanillic [və'nilik] *adj* vanilijski, koji nalikuje na vaniliju, koji se odnosi na vaniliju
vanish ['væniʃ] *s phon* drugi, nenaglašeni element silaznog diftonga
vanish ['væniʃ] *vi* iščeznuti, iščezavati, nestati, nestajati, gubiti se, izgubiti se (*away*); *math* postati nula | **~ing cream** krema za skidanje šminke
vanity ['væniti] *s* ispraznost, ništetnost, jalovost, beskorisnost, taština, samodopadnost, kaćiperstvo
vanity bag ['vænitibæg] *s* ženski neseser
vanquish ['væŋkwiʃ] *vt/i* **I.** *vt* pobijediti, poraziti, nadvladati, nadjačati **II.** *vi* pobijediti, odnijeti pobjedu
vanquishable ['væŋkwiʃəbl] *adj* pobjediv, koji se da nadvladati, savladiv
vanquisher ['væŋkwiʃə] *s* pobjednik
vantage ['vaːntidʒ] *s sport* prednost | **point of ~** povoljan položaj, točka koja pruža prednost
vantage-ground ['vaːntidʒgraund] *s* povoljan položaj, mjesto koje pruža prednost
vanward ['vænwəd] *adj* prednji, koji ide na čelu
vanward ['vænwəd] *adv* (prema) naprijed; prema (čemu) ili na čelu (čega)
vapid ['væpid] *adj* (**~ly** *adv*) bljutav, bez teka; *fig* prazan, plitak, šupalj, bez sadržaja, nezanimljiv, dosadan, bljutav
vapidity [væ'piditi] *s* bljutavost, netečnost; *fig* bljutavština, bljutavost, praznina, plitkost, besadržajnost, nezanimljivost
vaporable ['veipərəbl] *adj* hlapljiv, ispariv, koji se da pretvoriti u paru
vaporific [ˌveipə'rifik] *adj* koji izaziva isparivanje
vaporization [ˌveipərai'zeiʃn] *s* isparivanje, ishlapljivanje, vaporiziranje, vaporizacija
vaporize ['veipəraiz] *vt/i* **I.** *vt* isparivati, ispariti **II.** *vi* ispariti se, ishlapiti, hlapiti
vaporosity [ˌveipə'rɔsiti] *s* zaparenost, zaparenje 2. *fig* zamagljenost; hvalisanje, uobraženost, umišljenost, razmetljivost
vaporizer ['veipəraizə] *s tech* isparivač, vaporizator, raspršivač
vaporous ['veipərəs] *adj* (**~ly** *adv*) parovit, zaparen, pun pare, sličan pari; (o tkaninama) lagašan, prozračan; *fig* zamagljen, maglovit, mutan, prazan, bez sadržaja; *arch* umišljen, hvalisav, hvastav
vapour (**vapor**) ['veipə] *s* 1. para, isparina; maglica 2. *fig* prazna uobrazilja, tlapnja; hir, mušica; *arch* hvalisanje, hvastanje, umišljenost, razmetljivost | *arch* **~s** *pl* potištenost, histerija, hipohondrija
vapour ['veipə] *vi* ispariti se, isparivati se, pariti se, hlapiti, ishlapiti; *fig* hvalisati se, hvastati se, razmetati se
vapour-bath ['veipəbaːθ] *s* parna kupelj (kupka), parna kupaonica, parno kupalište
vapourer ['veipərə] *s fig* hvalisavac, hvastavac, razmetljivac; blebetalo, brbljavac, naklapalo
vapouring ['veipəriŋ] *adj* (**~ly** *adv*) *fig* hvalisav, hvastav, razmetljiv; brbljav, blebetav
vapourings ['veipəriŋz] *s pl* hvalisanje, hvastanje, razmetanje; blebetanje, prazno brbljanje, naklapanje
vapourish ['veipəriʃ] *adj* parovit, zaparen, nalik na paru, pun pare; *fig* hirovit, mušičav, histeričan, hipohondričan
vapoury ['veipəri] *adj* parovit, zaparen, pun pare, nalik na paru; magličast, zamagljen; *fig* zamagljen, mutan, maglovit
variability [ˌvɛəriə'biliti] *s* promjenljivost, varijabilnost; *fig* kolebljivost, nepostojanost, nestalnost
variable ['vɛəriəbl] *adj* (**variably** *adv*) promjenljiv, koji varira; varijabilan; *fig* nestalan, kolebljiv, nepostojan
variable ['vɛəriəbl] *s* 1. *math* varijabla, promjenljiva vrednota 2. *mar* promjenljiv vjetar 3. *astr* varijabla, zvijezda promjenljive svjetlosti
variance ['vɛəriəns] *s* promjena; različitost, razilaženje, nesloga, spor, svađa, prepirka; *jur* protuslovljenje | **to be at ~** (**with**) nalaziti se (biti) u protuslovlju; razlikovati se (od čega); ne slagati se, biti u sporu (s kim)
variant ['vɛəriənt] *adj* različan, različit; koji se udaljuje ili odstupa (*from* od); promjenljiv
variant ['vɛəriənt] *s* varijanta, inačica; drukčiji oblik ili način (*of* čega)
variation [ˌvɛəri'eiʃn] *s* mijena, mijenjanje, razlika, promjena, varijacija, varijanta, variranje; odvajanje, odmicanje, odstupanje (*from* od); *gram* sklanjanje, deklinacija; *math* varijacija; *astr* deklinacija; *geog* otklon, deklinacija (magnetske igle); *biol* odvajanje (od tipa); *mus* varijacija
variational [ˌvɛəri'eiʃənl] *adj* varijacijski, koji se odnosi na varijaciju
varicella [ˌværi'selə] *s med* vodene ospice
varicoloured ['vɛəriˌkʌləd] *adj* raznobojan, šaren, šarolik, mnogobojan
varicose ['værikəus] *adj med* koji trpi od proširenja vena; nabreknut kao proširε-

na vena; koji se odnosi na proširenje vena, varikozan | ~ **vein** proširena vena
varicosity [ˌværiˈkɔsiti] *s med* proširenje vena, varikoznost
varied [ˈvɛərid] *adj* (~**ly** *adv*) raznolik, različit, raznovrstan; promjenljiv, pun promjena; šarolik
variegate [ˈvɛərigeit] *vt* išarati bojama, učiniti šarenim ili mnogobojnim; *fig* unijeti promjenu (u što), oživjeti promjenom
variegation [ˌvɛəriˈgeiʃn] *s* mnogobojnost, raznobojnost, šarenost, šarenilo, šarolikost, šareno obojenje
variety [vəˈraiəti] *s* 1. raznolikost, promjena; mnogostranost 2. posebna vrsta, podvrsta 3. izbor, niz, mnoštvo; *scient* varijacija, varijanta 4. *theat* varijete, vedra zabava | ~ **of shapes** raznoliki oblici; **for a** ~ **of reasons** iz raznih razloga; ~ **theatre** varijete, vedra pozornica, vedro kazalište; noćni lokal sa zabavnim programom; *US* ~ **store** mali bazar
variola [vəˈraiələ] *s med* variole, velike boginje
variole [ˈvɛəriəul] *s zool* & *bot* sićušna udubina; *geol* sitna kuglica
various [ˈvɛəriəs] *adj* (~**ly** *adv*) 1. različit, raznolik, različan, razan 2. mnogostran 3. pun promjena, šarolik 4. brojan, mnogi; *coll* (kao *pron* ili *s*) mnogi, razni (ljudi)
variousness [ˈvɛəriəsnis] *s* različitost, raznolikost, šarolikost
varix [ˈvɛəriks] *s* (*pl* **varices** [ˈværisiːz]) *med* proširena vena, proširenje vena; *zool* ispupčeno rebro na ljušturi školjke
varlet [ˈvaːlit] *s hist* paž, sluga; *arch* & *joc* lopov
varmint [ˈvaːmint] *s vulg* & *joc* deran, (mali) lopov; *hunt sl* lisica
varnish [ˈvaːniʃ] *s* pokost, lak, firnis, caklina, ocaklina, caklovina, glazura, prevlaka; sjaj, ulaštenost; *fig* prividna uglađenost, veo (premaz) otmjenosti; vanjski premaz (oličenje)
varnish [ˈvaːniʃ] *vt* premazati (prevući) firnisom, lakom ili glazurom; lakirati, pocakliti, pokostiti; politirati, obnoviti; *fig* poljepšati, uljepšati, prikriti, oličiti
varnisher [ˈvaːniʃə] *s* lakirer, pokostar; *fig* onaj koji uljepšava ili prikriva
varnishing-day [ˈvaːniʃiŋˈdei] *s* dan prije otvorenja izložbe slika (na koji slikari vrše posljednje dotjerivanje slika)
varsity [ˈvaːsiti] *s GB coll* sveučilište; *US* školska (sveučilišna) momčad, reprezentacija
vary [ˈvɛəri] *vt/i* **I.** *vt* mijenjati, promijeniti; učiniti raznolikim; *mus* varirati **II.** *vi* mijenjati se, promijeniti se, razlikovati se, razilaziti se; varirati
varying [ˈvɛəriiŋ] *adj* različit, razni, raznolik; promjenljiv; šarolik
vascular [ˈvæskjulə] *adj* (~**ly** *adv*) *anat* & *bot* žilni, koji se sastoji od (krvnih i dr.) žila, koji provodi (krv, sokove i sl.); vaskularni, koji obiluje (krvnim) žilama
vascularity [ˌvæskjuˈlæriti] *s anat* & *bot* vaskularitet, obilje (krvnih i sl.) žila; oblik, vrsta ili stanje (krvnih i sl.) žila
vasculum [ˈvæskjuləm] *s* (*pl* **vascula** [ˈvæskjulə]) 1. malena posuda, posudica; *spec* botaničarska kutija za sabiranje bilja 2. *anat* malena žila; (muško) spolovilo
vase [vaːz] *s* vaza, ukrasna posuda
vasectomy [væˈsektəmi] *s med* sterilizacija muškarca (presijecanjem sjemenovoda)
vaseline [ˈvæsiliːn] *s* vazelin
vassal [ˈvæsl] *s hist* vazal; *fig* kmet, rob, potčinjeni, podanik
vassalage [ˈvæsəlidʒ] *s* 1. *hist* vazalstvo, lenska služba, lenski odnos; *collect* vazali 2. *fig* podložnost, pokornost (*to* komu); kmetstvo, ropstvo; zavisnost (*to* od koga)
vassaldom [ˈvæsəldəm] *s* podložnost, kmetstvo
vassalry [ˈvæsəlri] *s* vazali, lenski podanici ili sluge
vast [vaːst] *adj* (~**ly** *adv*) golem, ogroman, beskrajan, neizmjeran, silan, pust, prostran; *coll* golem, silan, vrlo velik, kolosalan
vat [væt] *s* badanj; golem sud, velika bačva
vat [væt] *vt* staviti u badanj ili bačvu; spremati u bačve ili badnjeve; podvrći postupku u badnju
vatful [ˈvætful] *s* (količina koja stane u) badanj, badanj nečega
vaticinal [væˈtisinl] *adj* proročanski, proročki, profetski
vaticinate [væˈtisineit] *vt* proricati, proreći, pretkazati
vaticination [ˌvætisiˈneiʃn] *s* proročanstvo, proroštvo, proricanje, prorokovanje, pretkazivanje
vaticinator [væˈtisineitə] *s* prorok, proricatelj, profet
vaudeville [ˈvəudəvil] *s* 1. *hist* vesela pučka pjesma, ulični napjev 2. *theat* kratka muzička komedija; noćno zabavište s rasporedom; *US* varijete, vedra pozornica, mjuzikhol
vault[1] [vɔːlt] *s* 1. *archit* svod (& *fig*) 2. nadsvođena komora; grobnica; podrum 3. *anat* svedena duplja 4. *com* trezor, (čelična) komora za spremanje dragocjenosti, riznica
vault[2] [vɔːlt] *s* skok, preskok (*spec* oduprijevši se o ruke ili motku) | *sport* **high** ~ skok s motkom
vault [vɔːlt] *vt* nadsvoditi (& *fig*), graditi svod (nad čim)

vault [vɔːlt] *vi/t* **I.** *vi* skakati, skočiti, baciti se (odupirući se o ruke ili motku) **II.** *vt* preskakivati, preskočiti, prebaciti se (preko čega) (*spec* odupirući se o ruke ili motku)
vaulter ['vɔːltə] *s* skakač, preskakivač, onaj koji se baca ili prebacuje (preko čega), voltižer
vaulting[1] ['vɔːltiŋ] *s* građenje svoda ili svodova, nadsvođenje, nadsvođivanje; zgrada na svodove; svedenost; *archit* svodovi
vaulting[2] ['vɔːltiŋ] *s* skakanje, preskakivanje, prebacivanje (opirući se o ruke ili motku)
vaulting-horse ['vɔːltiŋhɔːs] *s gymn* konj (sprava za vježbanje)
vaunt [vɔːnt] *s* hvalisanje, hvastanje, razmetanje, isprsavanje
vaunt [vɔːnt] *vi/t* **I.** *vi* hvaliti se, hvalisati se, hvastati se, dičiti se, isprsavati se, razmetati se (*of* čime); likovati (*over* nad čim) **II.** *vt* hvaliti, pohvaliti; slaviti, dičiti, uznositi
vaunter ['vɔːntə] *s* hvalisavac, hvastavac, razmetljivac
vaunting ['vɔːntiŋ] *adj* (**~ly** *adv*) hvalisav, hvastav, razmetljiv
vavasour ['vævəˌsuə] *s hist* niži vazal, podvazal; vazal koji ima podređene vazale
V-belt ['viːbelt] *s tech* klinasti remen
V-day ['viːdei] *s* dan pobjede
've [v] = **have | I've = I have**
veal [viːl] *s* teletina, teleće meso; *arch* tele | **roast ~** teleće pečenje, pečena teletina; **~-white** samrtno blijed
vealy ['viːli] *adj* koji nalikuje na teletinu, poput teletine; *coll* nedozreo, nezreo
vector ['vektə] *s math* vektor
vectorial [vek'tɔːriəl] *adj math* vektorski
VE-day ['viː'iːdei] *s* dan kapitulacije nacističke Njemačke (8. 5. 1945)
Veep [viːp] *s US coll* potpredsjednik SAD
veer [viə] *vi/t* **I.** *vi* okrenuti se, okretati se, prebaciti se; *fig* promijeniti mišljenje, mijenjati se (u svojim postupcima), promijeniti se; *mar* okretati se **II.** *vt mar* zaokretati (brod) niz vjetar; (*away, out*) ispuštati (konop) | *mar* **to ~ and haul** pramčati
veer out ['viər'aut] *vi mar* ispuštati (konop)
veer round ['viə'raund] *vi* okrenuti se, skrenuti, prebaciti se (*from... to* s koga, čega... komu, na što); *mar* suskrenuti, zaokrenuti
veering ['viəriŋ] *adj* (**~ly** *adv*) promjenljiv, prevrtljiv, nestalan, nepostojan
veg [vedʒ] *s coll* povrće (*esp* kao prilog)
vegetable ['vedʒətəbl] *adj* povrtni, biljni, biljevni, vegetabilan, koji se odnosi na bilje (raslinstvo)
vegetable ['vedʒətəbl] *s* biljka; (zeleno) povrće, zelenje, zelena hrana, varivo (*spec* **~s** *pl*)
vegetal ['vedʒitl] *adj* biljni, biljevni, vegetabilan; *physiol* vegetativan
vegetal ['vedʒitl] *s* biljka
vegetarian [ˌvedʒi'tɛəriən] *s* vegetarijanac
vegetarian [ˌvedʒi'tɛəriən] *adj* vegetarijanski
vegetarianism [ˌvedʒi'tɛəriənizm] *s* vegetarijanizam, vegetarijanstvo
vegetate ['vedʒiteit] *vi* životariti, vegetirati, provoditi jednolik, dosadan život
vegetation [ˌvedʒi'teiʃn] *s* rastenje, razvitak biljaka; *fig* životarenje, vegetiranje; *bot* bilinstvo, bilje, bilinski svijet, raslinstvo, raslinje, vegetacija; *med* izraslina, naraslica
vegetative ['vedʒitətiv] *adj* (**~ly** *adv*) raslinski, koji se odnosi na rast, koji služi rastu, vegetativan; plodan; *fig* pasivan, nepokretan, koji životari
vehemence ['viːiməns] *s* žestina, sila, silina, naglost, vehementnost, vehemencija; *fig* žar, strast, vatra
vehement ['viːimənt] *adj* (**~ly** *adv*) žestok, snažan, bijesan, nagao; *fig* žestok, žarki, vruć, silan, gorući, gorljiv, strastven
vehicle ['viːikl] *s* vozilo, prijevozno sredstvo, kola; *fig* sredstvo (koje prenosi što), prenosnik, nosilac, prenosilac, posrednik
vehicular [vi'hikjulə] *adj* vozni, prijevozni, kolni
veil [veil] *s* 1. veo, koprena, zar; *eccl* zastor, pokrov 2. *fig* izlika, krinka, zastor, pokrov, veo, koprena; *anat, bot & zool* → **velum** 3. laka promuklost, hrapavost | **to take the ~** zarediti se (kao opatica), otići u samostan; **beyond the ~** u prekogrobnom životu, poslije smrti; **to draw a ~ over** zabašuriti, zataškati, prikriti
veiling ['veiliŋ] *s* zastrtost, zastiranje; *com* koprenasta tkanina
veilless ['veilləs] *adj* bez koprene ili vela, neprikriven, otkrit, razotkriven
vein [vein] *s* 1. *anat & geol* žila, vena; *ent & bot* rebro, žilica 2. pruga, šara, žila (u mramoru, drvu itd.) 3. *fig* sklonost, žica, raspoloženje (*for* za što); ćud; stil, način, ton; smisao
vein [vein] *vt* išarati žilama, marmorirati
veinless ['veinlis] *adj* bežilni, koji nema žila (vena); *bot* koji nema rebara (žilica)
veinlike ['veinlaik] *adj* žilast, poput žile ili vene
veinous ['veinəs] *adj* žilast, pun žila, koji ima debele žile (ruka)
veinstone ['veinstəun] *s geol & min* rudna žila
veiny ['veini] *adj* → **veinous**
velar ['viːlə] *adj phon* velarni, stražnjonepčan
velar ['viːlə] *s phon* velarni (stražnjonepčani) glas

veld(t) [velt] *s S Afr* otvoren pašnjak, travnjak, stepa s rijetkim grmljem i šumarcima
velleity [veˈliːiti] *s phil* najniži stupanj želje; nesavršeno ili nepotpuno htijenje; *fig* željica, tiha želja, priželjkivanje, blijeda nada, slaba sklonost
vellum [ˈveləm] *s* tanki pergament (od teleće kože); rukopis na takvom pergamentu
veloce [viˈləutʃi] *adv mus* brzo, žurno, veloce
velocipede [viˈlɔsipiːd] *s hist* bicikl, dvokolica, velosiped; *US* dječja trokolica
velocity [viˈlɔsiti] *s* brzina
velum [ˈviːləm] *s anat* mekano nepce; *bot & zool* tanka opna, membrana
velure [veˈljuə] *s text* velur; baršunast jastučić za glačanje cilindara (svilenih šešira)
velure [veˈljuə] *vt* glačati baršunastim jastučićem (svileni šešir ili cilindar)
velvet [ˈvelvit] *s text* baršun, samt; *zool* baršunast ovoj na novim rogovima srndaća; *fig* baršunasta ili podatljiva površina | *fig* **to be on ~** biti na suhom (sigurnom), biti osiguran protiv gubitka
velvet [ˈvelvit] *adj* baršunast, poput baršuna | *fig* **with an iron hand in a ~ glove** prikrivajući krutost blagošću
velvet-calf [ˈvelvitkaːf] *s com* imitacija antilopa (*spec* od teleće kože)
velveted [ˈvelvitid] *adj* baršunast, poput baršuna, sličan baršunu; prekriven (presvučen) baršunom
velveteen [ˌvelviˈtiːn] *s text* imitacija pravog baršuna, baršunasta tkanina | **~s** *pl* hlače od takva baršuna; *fig* lugar, čuvar lovišta
velvet-leather [ˈvelvitˌleðə] *s com* imitacija antilopa (kože)
velvety [ˈvelviti] *adj* baršunast, poput baršuna, sličan baršunu, svilenast, mekan; (o vinu) pitak, blag
venal [ˈviːnl] *adj* (**~ly** *adv*) kupovan, potkupljiv, podmitljiv, prodajan; koruptan; nepošten, prijevaran
venality [viːˈnæliti] *s* kupljivost, potkupljivost, podmitljivost, prodajnost
venation [viːˈneiʃn] *bot & ent* raspored žilica i rebara, venacija
vend [vend] *vt* prodavati na malo; *jur* prodati, prodavati, nuditi na prodaju
vendee [ˌvenˈdiː] *s jur* kupac
vender [ˈvendə] *s* prodavač; trgovčić, pokućarac, kramar
vendetta [venˈdetə] *s* krvna osveta, vendeta; *fig* dug ogorčen sukob
vendible [ˈvendəbl] *adj* prodajan, koji se može prodati
vendor [ˈvendɔː] *s* prodavač, onaj koji nudi na prodaju; *jur* prodavač (nekretnina)
veneer [vəˈniə] *s* furnir; *fig* vanjski premaz, vanjska kora, oličenje | **~ log** furnirski trupac
veneer [vəˈniə] *vt* furnirati (drvo), lakirati, ocakliti; prevući (drvo, kamen i sl.) tankom pločom od slonove kosti, mramora, sedefa i sl.; *fig* prevući, prikriti, naoko uljepšati, dati (čemu) lijep izgled
veneering [vəˈniəriŋ] *s* furniranje; drvo i dr. za furnire; *fig* vanjski premaz, oličenje
venerability [ˌvenərəˈbiliti] *s* časnost, dostojnost poštovanja
venerable [ˈvenərəbl] *adj* (**veneribly** *adv*) častan, dostojan poštovanja; star, poštovanja vrijedan; *eccl* velečasni, prečasni
venerate [ˈvenəreit] *vt* (duboko) štovati, poštovati; diviti se komu, obožavati
veneration [ˌvenəˈreiʃn] *s* štovanje, (duboko) poštovanje; obožavanje, divljenje
venerator [ˈvenəreitə] *s* štovalac, poštovalac; obožavalac, poklonik
venereal [viˈniəriəl] *adj med* venerički, spolni, seksualni; spolno bolestan, veneričan | **~ diseases** spolne ili veneričke bolesti
venery[1] [ˈvenəri] *s arch* lov, lovljenje
venery[2] [ˈvenəri] *s arch* spolna ljubav; blud, bludnost
Venetian [vəˈniːʃn] *adj* venecijanski, mletački | **~** (ili **venetian**) **blind** drveni prozorski kapak, žaluzija
Venetian [vəˈniːʃn] *s* Venecijanac, Venecijanka, Mlečanin, Mlečanka
vengeance [ˈvendʒəns] *s* osveta, odmazda | **to take ~ on** osvetiti se (komu za što); *fig* **with a ~** svom snagom, iz sve duše; i još kako, u punom smislu riječi
vengeful [ˈvendʒful] *adj* (**~ly** *adv*) osvetljiv, osvetnički
vengefulness [ˈvendʒfulnis] *s* osvetljivost
venial [ˈviːnjəl] *adj* (**~ly** *adv*) oprostiv, koji se može ispričati; neznatan; *theol* lak (grijeh)
veniality [ˌviːniˈæliti] *s* oprostivost
venison [ˈvenzn] *s cul* divljač, srnetina
venom [ˈvenəm] *s fig* otrov, žuč, zloba, jed, pakost
venomous [ˈvenəməs] *adj* (**~ly** *adv*) otrovan; *fig* otrovan, žučljiv, jedak, zloban, pakostan
venomousness [ˈvenəməsnis] *s* otrovnost; žučljivost, jetkost
venosity [viːˈnɔsiti] *s med* venoznost, obilje vena ili žila; preobilje ili primjesa venozne krvi
venous [ˈviːnəs] *adj* (**~ly** *adv*) *anat* venozan; *bot* pun rebara ili žilica
vent[1] [vent] *s* 1. otvor, odušak, ispuh; odvod, izljev; rupa za vranj (na bačvi); cijev dimnjaka 2. *ornith & zool* crijevni otvor 3. *fig* odušak, mah; ventil 4. *mus* ventil 5. (o vidri ili dabru) udisanje zra-

ka nad površinom vode | *fig* **to find ~** naći (sebi) oduška (*for* čemu), iskaliti se (*in* čime); **to give ~ to one's anger** dati oduška svojoj srdžbi, iskaliti svoju srdžbu

vent² [vent] *s* 1. prorez na stražnjem dijelu kaputa 2. *mil, arch & hist* puškarnica

vent [vent] *vt/i* **I.** *vt* 1. snabdjeti oduškom ili ventilom, odvoditi ili spuštati (dim kroz otvor) 2. *fig* dati oduška, pustiti maha (čemu); iskaliti (*on* na komu, čemu) **II.** *vi* (o vidri ili dabru) doći na površinu i udahnuti zrak

ventage [ˈventidʒ] *s* odušak, ispuh; *mus* ventil; *fig* odušak, mah, izlaz

venter [ˈventə] *s ent & anat* trbušna šupljina, trbuh; *jur* utroba | **born of a second ~** rođen od druge majke

vent-hole [ˈventhəul] *s* odvod, odvodna cijev, odušak, otvor

ventilate [ˈventileit] *vt* zračiti, prozračiti, ventilirati, provjetriti; vijati (žito); *med* dodavati kisik (krvi); *fig* (javno) raspravljati (o pitanju), iznijeti na raspravu, proventilirati, pretresti

ventilation [ˌventiˈleiʃn] *s* zračenje, prozračivanje, ventilacija, ventiliranje; *fig* javno raspravljanje ili pretresanje, iznošenje na raspravu

ventilative [ˈventileitiv] *adj* ventilacijski, koji se odnosi na zračenje ili ventilaciju, koji olakšava zračenje

ventilator [ˈventileitə] *s el tech* ventilator; *fig* onaj koji iznosi (problem i sl.) na javnu diskusiju

ventral [ˈventrəl] *adj* (**~ly** *adv*) *anat* trbušni

ventral [ˈventrəl] *s zool & anat* trbušna peraja (& **~** *fin*)

ventricle [ˈventrikl] *s anat* šupljina, ventrikula; (srčana) klijetka

ventricular [venˈtrikjulə] *adj anat* ventrikularni, koji se odnosi na šupljinu ili (srčanu) klijetku

ventriloquial [ˌventriˈləukwiəl] *adj* (**~ly** *adv*) koji se odnosi na govor iz trbuha, ventrilokvistički

ventriloquism [venˈtriləkwizm] *s* govor iz trbuha, trbuhozborstvo, ventrilokvizam

ventriloquist [venˈtriləkwist] *s* trbuhozborac, ventrilokvist

ventriloquize [venˈtriləkwaiz] *vi* govoriti iz trbuha

ventriloquy [venˈtriləkwi] *s* → **ventriloquism**

venture [ˈventʃə] *s* 1. *arch* sreća, sretan slučaj 2. (smion) pothvat, pustolovina, avantura; rizik, stavljanje na kocku, spekulacija | **at a ~** nasumce, na sreću

venture [ˈventʃə] *vt/i* **I.** *vt* usuditi se, osmjeliti se, odvažiti se (*on* na što); usuditi se učiniti, iznijeti, izraziti ili izjaviti, dopustiti sebi (*he would not ~ an opinion*); riskirati, staviti na kocku **II.** *vi* usuditi se, osmjeliti se, odvažiti se (*on* na što)

venture away [ˈventʃərəˈwei] *vi* usuditi se otići (maknuti se, udaljiti se) (*from* od koga, čega)

venture on [ˈventʃərˈɔn] *vi* usuditi se (odvažiti se) nastaviti ili ići dalje

venturer [ˈventʃərə] *s* pustolov, avanturist, onaj koji se upušta u smion pothvat (*spec com*)

venturesome [ˈventʃəsəm] *adj* (**~ly** *adv*) smion, odvažan, poduzetan, pustolovan; opasan, riskantan

venturesomeness [ˈventʃəsəmnis] *s* smionost, odvažnost, poduzetnost, riskantnost

venturous [ˈventʃərəs] *adj* (**~ly** *adv*) *US* → **venturesome**

venue [ˈvenjuː] *s jur* nadležnost mjesta, mjesna podsudnost; mjesto gdje je počinjen zločin ili gdje se vodi parnica

veracious [vəˈreiʃəs] *adj* (**~ly** *adv*) istinoljubiv, vjerodostojan, vrijedan povjerenja; istinit, vjerojatan, kojemu se može vjerovati

veraciousness [vəˈreiʃəsnis] *s* → **veracity**

veracity [vəˈræsiti] *s* istinoljubivost, istinitost, vjerodostojnost, vjerojatnost

veranda(h) [vəˈrændə] *s archit* veranda, doksat

verb [vəːb] *s gram* glagol

verbal [ˈvəːbl] *adj* (**~ly** *adv*) 1. koji se odnosi na riječ, koji se sastoji (samo) od riječi, govorni, verbalan 2. doslovan, bukvalan, verbalan 3. usmen 4. *gram* glagolski, verbalni

verbalism [ˈvəːbəlizm] *s* 1. izražavanje riječima; upotreba ili izbor riječi 2. verbalizam, doslovnost, doslovno shvaćanje ili tumačenje

verbalist [ˈvəːbəlist] *s* verbalist, onaj koji doslovno shvaća ili tumači, onaj koji pridaje preveliku važnost riječima

verbalize [ˈvəːbəlaiz] *vt* pretvarati u glagol; izraziti riječima

verbatim [vəːˈbeitim] *adv Lat* doslovce, doslovno, od riječi do riječi | *Lat* **~ et literatim** doslovce

verbatim [vəːˈbeitim] *adj* doslovan, vjeran

verbena [vəːˈbiːnə] *s bot* sporiš

verbiage [ˈvəːbiidʒ] *s* bujica riječi, rječitost, (prazno) brbljanje, preobilje riječi, prazna slama

verbose [vəːˈbəus] *adj* (**~ly** *adv*) preopširan (u govoru), suviše rječit; preobilan riječima, blagoglagoljiv

verbosity [vəːˈbɔsiti] *s* (pretjerana) rječitost, preopširnost (u govoru); preobilje (bujica) riječi

verdancy [ˈvəːdənsi] *s* 1. (svježe) zelenilo 2. *fig* nezrelost, nedozrelost; neiskustvo, nevinost

verdant [ˈvəːdənt] *adj* (**~ly** *adv*) zelen, koji se zeleni; *fig* nezreo, nevin, neiskusan, zelen

verd-antique [ˌvəːdænˈtiːk] *s* (zelena) patina; *geol* vrsta porfira

verdict [ˈvəːdikt] *s* odluka, sud, mišljenje; *jur* osuda, pravorijek (porote), rješenje, verdikt

verditer [ˈvəːditə] *s* (plavi ili zeleni) pigment koji se dobiva od azurita ili malahita

verdure [ˈvəːdʒə] *s* 1. zèlēn, zelenilo, zeleno raslinje ili bilje; francuski goblen s uzorkom lišća 2. *fig* svježina, krepkost, cvijet, cvat

verdurous [ˈvəːdʒərəs] *adj* (svježe) zelen, koji se zeleni, koji obiluje zelenilom

verge [vəːdʒ] *s* 1. rub, kraj; *poet* obzor, obzorje; *hort* travnati obrub (lijehe ili ceste); *GB* bankina 2. palica, žezlo (kao znak časti); *hist* sudska nadležnost u području oko kraljeva dvora 3. *fig* rub, granica 4. *tech* vrsta malog vretena ili osovinice 5. *archit* trup (stupa); rub crepova koji viri iznad sljemena krova

verge [vəːdʒ] *vi* 1. (o suncu) naginjati se, tonuti, silaziti (*on* prema čemu); približavati se, primicati se (*on* prema čemu); *towards* prema čemu); prelaziti (*into* u što) 2. *fig* graničiti (*on* s čim)

verger [ˈvəːdʒə] *s GB* crkvenjak, sakristan; nosilac palice (ispod dostojanstvenika); *univ* pedel

veridical [veˈridikl] *adj* (**~ly** *adv*) istinit, pravi, zbiljski; istinoljubiv, vjerodostojan (*spec iron*)

verifiability [ˌverifaiəˈbiliti] *s* provjerivost, dokazivost

verifiable [ˈverifaiəbl] *adj* dokaziv, provjeriv

verification [ˌvərifiˈkeiʃn] *s* ovjerovljenje, ovjeravanje, potvrda, provjeravanje; ovjera; dokaz (provjera) istine; verificiranje, verifikacija

verify [ˈverifai] *vt* 1. ovjeriti, provjeriti, dokazati (istinitost čega), verificirati; potvrditi, obistiniti, ispuniti 2. *jur* ovjeroviti; potkrijepiti dokazalima

verily [ˈverili] *adv arch* uistinu, doista, zaista, zacijelo, svakako

verisimilar [ˌveriˈsimilə] *adj* vjerojatan

verisimilitude [ˌverisiˈmilitjuːd] *s* vjerojatnost

veritable [ˈveritəbl] *adj* (**veritably** *adv*) pravi (pravcati), istinit, stvaran, zbiljski

verity [ˈveriti] *s* istinitost, istina, zbilja | **of a ~**! zaista!, uistinu!

verjuice [ˈvəːdʒuːs] *s* kiseo sok od nezrela voća; kiselina; *fig* kiseo izražaj ili držanje

vermeil [ˈvəːmeil] *adj* jarko crven, grimizan

vermeil [ˈvəːmeil] *s* grimiz, jarko crvena boja, grimizno crvenilo; pozlaćeno srebro ili bronca

vermicelli [ˌvəːmiˈseli] *s cul* fidelini

vermicide [ˈvəːmisaid] *s chem* sredstvo za ubijanje crvi i glista

vermicular [vəːˈmikjulə] *adj* crvolik, crvuljast, nalik na crva; vijugav, valovit; koji se kreće poput gliste; koji izgleda kao da je od crva izjeden

vermiculated [vəːˈmikjuleitid] *adj* od crva izjeden (rastočen); *archit* ukrašen duboko urezanim zavojima; koji ima valovitu površinu

vermiculation [ˌvəːmikjuˈleiʃn] *s* 1. crvotočina; rastočenost (& *fig*), izjedenost (od crva), zaraženost (crvima); crvljivost; crvoliko gibanje 2. *archit* ukrašivanje crvolikim linijama; takav ukras

vermiform [ˈvəːmifɔːm] *adj* crvolik, koji ima građu kao crv

vermilion [vəˈmiljən] *s* cinober, cinabar; živa žutocrvena ili skrletna boja; olovni oksid, minij

vermilion [vəˈmiljən] *adj* boje cinobera, skrletno ili živo žutocrven

vermilion [vəˈmiljən] *vt* obojiti cinoberom, skrletom, pocrveniti

vermin [ˈvəːmin] *s* (*pl constr*) 1. *zool* štetočina, grabežljivci; *ent* gamad, nametnici, štetnici 2. *fig* bagra, fukara, prost svijet, ljudski izrod

verminate [ˈvəːmineit] *vi* stvarati gamad; biti zaražen gamadi

verminous [ˈvəːminəs] *adj* (**~ly** *adv*) zaražen gamadi, ušljiv; prouzročen od gamadi; *fig* gadan, podao, nametnički, parazitski

vermouth [ˈvəːməθ] *s* vermut; pelinkovac

vernacular [vəˈnækjulə] *adj* pučki, narodni, prirođen, domorodački, domaći (jezik ili govor) (**~** *language*); koji je pisan ili piše takvim jezikom; *med* endemičan, endemijski, ograničen na neko područje

vernacular [vəˈnækjulə] *s* domaći, materinski, prirođen, domorodački, pučki ili narodni jezik (govor ili narječje) (*spec* pokrajinsko narječje); žargon; grub ili prost govor | *hum* **to speak in the ~** »govoriti hrvatski«, govoriti razumljivim jezikom

vernacularism [vəˈnækjulərizm] *s* pučko izražavanje, domaći idiom, osobina domaćeg jezika

vernacularize [vəˈnækjuləraiz] *vt* prenijeti ili unijeti u pučki ili narodni jezik

vernacularly [vəˈnækjuləli] *adv* u domaćem ili pučkom govoru; idiomatski

vernal [ˈvəːnl] *adj* (**~ly** *adv*) proljetni; *fig* proljetni, mladenački, svjež

vernier [ˈvəːniə] *s* nonij

Veronese [ˌverəˈniːz] *adj* veroneški, koji potječe iz (grada) Verone

Veronese [ˌverəˈniːz] *s* Veronežanin, Veronežanka | **the** ~ Veronežani, građani Verone

veronica [viˈrɔnikə] *s* 1. *bot* veronika, gospine suzice 2. *rel hist* rubac u koji je prema predaji Krist obrisao znoj i na kojemu je ostao otisak njegova obraza

verruca [vəˈruːkə] *s med* & *zool* bradavica, bradavičasta izraslina

versatile [ˈvəːsətail] *adj* (~**ly** *adv*) 1. mnogostran, svestran, okretan, spreman, gibak, promućuran, verziran 2. okretljiv, pomičan (*spec bot* & *ent*) 3. *fig* promjenljiv, nestalan, nepostojan, prevrtljiv, hirovit

versatility [ˌvəːsəˈtiliti] *s* svestranost; okretljivost

verse [vəːs] *s* stih, kitica; pjesništvo, poezija; *eccl* redak (iz Biblije); (*sg constr*) stihovi (*in* ~ u stihovima) | **blank** ~ nevezan stih; **to cap** ~**s** povezivati stihove tako da posljednje slovo prethodnog bude prvo slovo narednog stiha; **to give chapter and** ~ **for** navesti točne podatke o tome odakle je uzet citat

verse [vəːs] *vi/t* **I.** *vi* kovati, pisati ili pjevati stihove **II.** *vt* pretvoriti u stihove; opjevati ili izraziti stihovima

versed [vəːst] *adj* 1. okretan, spretan, iskusan, upućen, vješt, verziran (*in* u čemu) 2. obrnut, naopak, obratan

verset [ˈvəːset] *s mus* verset (kraći preludij za orgulje koji se izvodi prije pojedinih nastupa zbora)

versicle [ˈvəːsikl] *s eccl* odlomak liturgičkog teksta

versicoloured [ˈvəːsiˌkʌləd] *adj* šarolik, šaren, koji se prelijeva

versification [ˌvəːsifiˈkeiʃn] *s* stihotvorstvo, kovanje stihova, pretvaranje u stihove; *pros* metar, metrički sustav, prozodija

versificator [ˈvəːsifikeitə] *s* → **versifier**

versifier [ˈvəːsifaiə] *s* stihotvorac, pjesnik, verzifikator

versify [ˈvəːsifai] *vt/i* **I.** *vt* prenijeti u stihove; opjevati; prikazati ili kazivati u stihovima **II.** *vi* tvoriti, kovati ili pisati stihove, pjevati (pjesme)

version [ˈvəːʃn] *s* 1. prijevod (knjiga); prijevod odlomka na strani jezik (za školsku vježbu) 2. (vlastiti) prikaz, shvaćanje, izlaganje, verzija 3. *med* verzija, okretanje djeteta u pravilan položaj prije rađanja | **Authorised Version** engleski prijevod Biblije iz godine 1604—1611; **Revised Version** engleski prijevod Biblije iz godine 1870—1884.

verso [ˈvəːsəu] *s* poleđina (stranice u knjizi); naličje novca

versus [ˈvəːsəs] *prep Lat sport* protiv; *jur* versus, protiv

vert[1] [vəːt] *s* zelenilo, šipražje, grmlje, guštik (kao zaštita divljači); *jur* pravo sječe svega zelenoga u šumi; *her* zelena boja

vert[2] [vəːt] *s coll* obraćenik (rimokatoličkoj vjeri); odmetnik (od rimokatoličke vjere)

vert [vəːt] *vi coll* obratiti se, odmetnuti se, prijeći iz jedne crkve drugoj

vertebra [ˈvəːtibrə] *s* (*pl* **vertebrae** [ˈvəːtibriː]) *zool* & *anat* kralježak | **the vertebrae** kralježnica

vertebral [ˈvəːtibrəl] *adj* (~**ly** *adv*) koji se odnosi na kralježnicu | *anat* ~ **column** kralježnica; *zool* ~ **animal** kralježnjak

vertebrate [ˈvəːtibrit] *adj zool* koji ima kralježnicu, koji spada među kralježnjake; *fig* zbijen, čvrst, solidan

vertebrate [ˈvəːtibrit] *s zool* kralježnjak

vertebrated [ˈvəːtibreitid] *adj* → **vertebrate** *adj*

vertebration [ˌvəːtiˈbreiʃn] *s* tvorenje kralježnice; podjela na kralješke; *fig* kičma

vertex [ˈvəːteks] *s* (*pl* **vertices** [ˈvəːtisiːz], ~**es**) vrh, vršak, šiljak; *geom* ugao; *anat* tjeme; *astr* zenit; *fig* vrhunac, kruna

vertical [ˈvəːtikl] *adj* (~**ly** *adv*) najviši, koji je u zenitu; vertikalan; okomit (*to* na što); perpendikularan na horizont

vertical [ˈvəːtikl] *s* uspravna crta, vertikala, okomica

verticality [ˌvəːtiˈkæliti] *s* zenitski (najviši) položaj; vertikalnost, uspravnost, okomitost

vertiginous [vəːˈtidʒinəs] *adj* (~**ly** *adv*) 1. koji se vrti (u krugu), vrtložan 2. vrtoglav, koji izaziva vrtoglavicu; *fig* nepostojan, prevrtljiv

vertigo [ˈvəːtigəu] *s med* vrtoglavica

vervain [ˈvəːvein] *s bot* sporiš (*Verbena officinalis*)

verve [vəːv] *s* zanos, zamah, oduševljenje, žar

very [ˈveri] *adj* (**verily** *adv*) 1. pravi (pravcati) (*a* ~ *knave*); vlastiti (*his* ~ *son*), sam 2. (iza *the, this, that* ili posvojne zamjenice) ovaj (taj ili onaj) isti (*the* ~ *day I arrived; speaking in this* ~ *room; this is the* ~ *spot I found it on*); baš taj, onaj (*you are the* ~ *man I am looking for*); (već) sâm (*her* ~ *look; the fact of his* ~ *presence is enough*) 3. čist, puki, sâm (*for* ~ *pity's sake*) 4. sušt, točan, pravi (*the* ~ *opposite*) | **to the** ~ **heart** do u samo srce; **the** ~ **thing** baš ono pravo; **to this** ~ **day** do dana današnjega; **this** ~ **day** baš (upravo) danas; još i danas; **the** ~ **truth** čista (sušta, prava) istina

very [ˈveri] *adv* vrlo, veoma, uistinu, u punom smislu; baš | **my** ~ **own** (nesumnjivo) moj, osobno moj; **the** ~ **best thing** ono najbolje; ~ **well** (vrlo) dobro, u redu

Very light [ˈverilait] *s mil* signalna (svjetleća) raketa

vesica ['vesikə] *s anat* mjehur (*spec zool*); *bot* vrećica, mjehurić, kesica
vesicate ['vesikeit] *vt/i* **I.** *vt* izazvati mjehure (na čemu), prekriti mjehurima **II.** *vi* osuti se mjehurima
vesicle ['vesikl] *s* mjehurić, kesica
vesicular [ve'sikjulə] *adj* mjehurast, mjehuričast, koji nalikuje na mjehur ili mjehurić, koji se sastoji od mjehura ili mjehurića
vesper ['vespə] *s poet* veče, večer | *eccl* **~s** *pl* večernja (molitva), večernjica, večernja služba, blagoslov; *poet* **Vesper** (zvijezda) večernjica, večernja zvijezda
vespertine ['vespətain] *adj* večernji; *bot* koji se otvara uvečer; *zool* koji se pojavljuje navečer; *astr* koji zalazi uvečer ili odmah po zalazu sunca
vespiary ['vespiəri] *s* osinjak, osinje gnijezdo
vessel ['vesl] *s* 1. posuda, sud; *fig* nosilac 2. lađa, brod, plovni objekt 3. *anat* (krvna) žila; *bot* cjevčica
vest [vest] *s* 1. *arch* odjeća, odijelo, haljina, ruho 2. *GB* maja, potkošulja; *US* & *GB com* prsluk
vest [vest] *vt/i* **I.** *vt* 1. *poet* & *eccl* odjeti, obući (*with* u što) 2. *fig* podijeliti ili dodijeliti komu (*with* što); ovlastiti (*with authority, powers* itd.), dati u posjed (*in* komu) **II.** *vi* 1. *eccl* odijevati se, odjenuti se 2. dopasti, biti dodijeljen, pripasti (*in* komu)
vesta ['vestə] *s* voštana šibica | *myth* **Vesta** Vesta, rimska božica kućnog ognjišta; *astr* (planetoid) Vesta
vestal ['vestl] *adj* (**~ly** *adv*) *myth* koji se odnosi na boginju Vestu, vestalinski; *fig* djevičanski, nevin, čist
vestal ['vestl] *s myth* vestalinka; *fig* djevica; opatica
vested ['vestid] *adj* odjeven, odjenut 2. *jur* (zakonom) ustanovljen, dodijeljen, podijeljen; povjeren, određen, utvrđen, dobiven
vestibular [ves'tibjulə] *adj* koji se odnosi na predvorje ili trijem
vestibule ['vestibju:l] *s* predvorje, trijem, predsoblje; *anat* pretkomora, ulaz u šuplje organe; *US rly* natkriven hodnik između dva vagona
vestige ['vestidʒ] *s* 1. otisak noge 2. *fig* (vidljiv) trag, znak; krpica; zera, mrva, malenkost, preostatak 3. *biol* rudiment, zakržljalo udo ili organ
vestigial [ves'tidʒiəl] *adj* koji postoji samo kao trag ili u tragovima; *biol* rudimentaran, zakržljao, degeneriran
vestiture ['vestitʃə] *s zool* vanjska zaštita (tijela); *fig* pokrov, ogrtač
vestment ['vestmənt] *s* 1. službena odjeća, halja ili odora 2. *eccl* svećeničko ruho; oltarski pokrov
vest-pocket [ˌvest'pɔkit] *s US fig* džepni, minijaturni
vestry ['vestri] *s* sakristija; kapelica 2. *eccl* župljani, crkveni odbornici župe; skupština crkvenih odbornika; prostorija za takve skupštine
vestryman ['vestrimən] *s* crkveni odbornik, općinar, župljanin
vesture ['vestʃə] *s poet* odijelo, ruho, odjeća, haljine; *fig* ogrtač, pokrov
vesture ['vestʃə] *vt* odjenuti, ogrnuti
vesturer ['vestʃərə] *s eccl* čuvar svećeničkog ruha, sakristan, pomoćnik rizničara
Vesuvian [vi'su:vjən] *adj* vezuvski; vulkanski
Vesuvian [vi'su:vjən] *s arch* starinska šibica s krupnom glavicom
vet[1] [vet] *s GB coll* → **veterinary** *s*
vet[2] [vet] *s US coll* → **veteran** *s*
vet [vet] *vt coll* liječnički pregledati, liječiti (*spec* životinju); *GB coll* (kritički) ispitati, provjeriti, ocijeniti
vetch [vetʃ] *s bot* grahorica
veteran ['vetərən] *adj* isslužen, star i iskusan, prokušan, veteranski
veteran ['vetərən] *s* veteran (*spec mil*); *GB* stari (isluženi) vojnik; *US* bivši vojnik, svatko tko je ispunio vojnu obavezu; *fig* iskusan, prokušan
veterinarian [ˌvetəri'nɛəriən] *adj* veterinarski, živinarski
veterinarian [ˌvetəri'nɛəriən] *s* veterinar, živinar
veterinary ['vetrinəri] *adj* veterinarski, živinarski | **~ surgeon** veterinar, živinar
veterinary ['vetrinəri] *s* veterinar, živinar
veto ['vi:təu] *s pol* veto, pravo (ulaganja) veta; *fig* zabrana, prigovor, veto
veto ['vi:təu] *vt pol* uložiti veto (protiv čega); *fig* zabraniti
vex [veks] *vt* 1. mučiti (sitnicama), šikanirati, zadirkivati, uznemirivati, uzrujavati, iritirati; dosađivati (komu) 2. *arch* zadavati muke ili žalost (komu); srditi, rasrditi, ljutiti, razljutiti, jediti, ojediti, žalostiti, pogađati 3. *poet* uzbibati, uzvitlati, uskomešati, ustalasati 4. diskutirati, raspravljati (o čemu) | **to be ~ed (with)** ljutiti se (na koga)
vexation [vek'seiʃn] *s* ljutnja, srdžba, jed, gnjev; muka, mučenje, dosađivanje, zadirkivanje, šikanacija; uznemirivanje, nemir; neprilika, briga, jad
vexatious [vek'seiʃəs] *adj* (**~ly** *adv*) koji izaziva ljutnju ili srdžbu, koji uznemiruje, iritantan, neugodan; mučan, mrzak, tegoban; koji dojađuje ili zanovijeta (sitnicama), dosadan; koji zadaje brige (jad, neprilike)
vexed [vekst] *adj* (**~ly** ['veksidli] *adv*) 1. uznemiren, uskomešan, uskovitlan, ustalasan, uzburkan, uzbiban, uzvitlan 2. sporan, prijeporan, o kojemu se mnogo

raspravljalo, mnogo diskutiran, prorešetan
vexing ['veksiŋ] *adj* (~**ly** *adv*) koji ljuti, jedi, srdi, uznemiruje ili muči; iritantan, neugodan
V-groove ['viː'gruːv] *s tech* klinasti utor
via ['vaiə] *s Lat* put | *astr* **Via Lactea** Mliječni Put; *fig* **via media** srednji ili umjeren smjer, zlatna sredina (*spec* o Engleskoj crkvi koja stoji između dva ekstrema, Rimokatoličke crkve i protestantizma)
via ['vaiə] *prep* putem, preko, via; *US* pomoću
viability [ˌvaiə'biliti] *s* životna sposobnost, sposobnost za život; održivost
viable ['vaiəbl] *adj med* sposoban za život; *bot* koji se može održati na životu (& *fig*), koji može živjeti
viaduct ['vaiədʌkt] *s archit rly* vijadukt, nadsvođenje klanca ili doline; cesta ili pruga koja vodi preko vijadukta
vial ['vaiəl] *s* bočica, posudica; *chem* fijala | **to pour out the ~s of one's wrath** izliti svoj gnjev, iskaliti srdžbu
viand ['vaiənd] *s* jelo | ~**s** *pl* hrana, živežne namirnice, živež
viaticum [vai'ætikəm] *s* (*pl* ~**s, viatica** [vai'ætikə]) 1. popudbina, poputnina, putni trošak 2. *eccl* posljednja pričest; prenosivi ili džepni oltar
vibes [vaibz] *s pl* (= *vibrations*) | *coll* **bad ~** nepovoljan »fluid« u zraku, odbojna (neprijateljska) atmosfera
vibrancy ['vaibrənsi] *s* titravost, titranje, drhtanje, treperenje, vibracija; rezonanca
vibrant ['vaibrənt] *adj* titrav, drhtav, treperav (*with* od čega); koji odzvanja ili ječi, rezonantan, sonoran; koji se njiše; *fig* uzbuđen (*with* čime), drhtav (*with* od čega)
vibrate [vai'breit] *vi/t* **I.** *vi* 1. njihati se; titrati, drhtati, vibrirati, oscilirati 2. (o zvuku) ječati, odzvanjati, odjekivati, lepršati 3. *fig* drhtati, zadrhtati, uzdrhtati; biti potresen (*with* čime); kolebati se (*from*... *to* između... i) **II.** *vt* mahati (čime), učiniti da što titra ili treperi, da se njiše ili odzvanja; mjeriti ili naznačiti titrajima
vibratile ['vaibrətail] *adj* titrav, drhtav, treperav; koji se može njihati, koji se njiše
vibration [vai'breiʃn] *s* 1. titranje, titraj, treperenje, vibracija; njihanje, njihaj; drhtanje, podrhtavanje (& *fig*) 2. *fig* srhaj; kolebanje (*between* između)
vibrational [vai'breiʃənl] *adj* titrav, drhtav, treperav; koji se odnosi na njihanje
vibrative [vai'breitiv] *adj* titrav, drhtav, treperav; koji izaziva titranje, vibraciju ili njihanje
vibrato [vi'braːtəu] *s mus* vibrato
vibrator [vai'breitə] *s* vibrator, sprava ili uređaj za vibriranje (*spec el*); *bot* vrsta šaša; *mus* vibrator (na harmoniju); *print* vrsta valjka s crnilom koji se okreće i vibrira; *med* (električni) instrument za masažu | *tech* ~ **beam** vibracijski nabijač
vibratory ['vaibrətəri] *adj* → **vibrative**
viburnum [vai'bəːnəm] *s bot* udikovina, bokovina (ukrasni grm s loptastim bijelim cvatom)
vic [vik] *s aero* formacija aviona u letu u obliku slova V
vicar ['vikə] 1. *eccl* vikar, upravitelj župe (bez povlastica), zamjenik župnika, podžupnik; seoski župnik (u Church of England) 2. zamjenik, namjesnik | ~ **general** (nad)biskupov namjesnik; **the ~ of Christ** namjesnik Krista (naslov Pape)
vicarage ['vikəridʒ] *s* vikarijat, područje vikara ili seoskog župnika; župni dvor; služba ili položaj vikara
vicarial [vai'kɛəriəl] *adj* (~**ly** *adv*) namjesnički, vikarov, vikarski, koji se tiče vikara
vicariate [vai'kɛəriit] *s* vikarijat, namjesništvo; služba vikara; trajanje te službe
vicarious [vai'kɛəriəs] *adj* (~**ly** *adv*) 1. namjesnički, zamjenički, zastupnički; koji nadomješta ili zamjenjuje (koga) 2. koji se vrši za drugoga, koji trpi za drugoga, nesebičan 3. indirektan, posredan, doživljen kroz druge
vicariousness [vai'kɛəriəsnis] *s* indirektnost, posrednost
vice[1] [vais] *s* porok, opačina, razvratnost; mana, zla navika, pogreška; zabuna; nedostatak, manjak; *sport* nepopravljiva mana (konja); *arts* izopačenost
vice[2] (*US vise*) [vais] *s* škripac | **a ~-like grip** željezni stisak, snažan zahvat
vice (*US* **vise**) [vais] *vt* stegnuti, učvrstiti, stisnuti, ukliještiti (škripcem ili u škripac)
vice[3] [vais] *s coll* → **vice-chairman, vice-chancellor** i sl.
vice ['vaisi] *prep* namjesto (koga, čega)
vice-admiral [ˌvais'ædmərəl] *s mil* viceadmiral
vice-chairman [ˌvais'tʃɛəmən] *s* (*pl* **vice-chairmen** ['vais'tʃɛəmən]) potpredsjednik, zamjenik predsjedatelja
vice-chancellor [ˌvais'tʃaːnsələ] *s pol* potkancelar, vicekancelar; *GB univ* prorektor (koji na engl. sveučilištima vrši dužnost našeg rektora); *jur* sudac visokog sudišta; *eccl* čuvar povelja i sl.
vice-consul [ˌvais'kɔnsl] *s* vicekonzul, potkonzul
vice-consulate [ˌvais'kɔnsjulət] *s* vicekonzulat, potkonzulat
vice-gerent [ˌvais'dʒerənt] *s* namjesnik, zamjenik, zastupnik, vršilac dužnosti
vice-governor [ˌvais'gʌvənə] *s* viceguverner, podguverner
vice-king ['vaiskiŋ] *s* potkralj

vicennial [vai'seniəl] *adj* dvadesetogodišnji, koji traje (ili se ponavlja svakih) dvadeset godina
vice-president [ˌvais'prezidənt] *s* potpredsjednik
vice-principal [ˌvais'prinsəpəl] *s* zamjenik ili pomoćnik glavara ili šefa, vršilac dužnosti glavara
viceregal [ˌvais'ri:gəl] *adj* (~**ly** *adv*) potkraljev, potkraljevski
vicereine [ˌvais'rein] *s* supruga potkralja
viceroy ['vaisrɔi] *s* potkralj
viceroyal ['vaisˌrɔiəl] *adj* potkraljevski
viceroyship ['vaisrɔiʃip] *s* čast ili položaj potkralja; rok službe potkralja
vice versa [ˌvaisi'və:sə] *adv* obrnuto, obratno, protivno
vicinage ['visinidʒ] *s* susjedstvo, okoliš, blizina; susjedi; *hist jur* zajednička prava susjednih zakupnika barunata
vicinal ['visinl] *adj* susjedni, obližnji
vicinity [vi'siniti] *s* blizina (*to* čemu), susjedstvo, blizi okoliš; bliza srodnost (*to* čemu) | **in the** ~ **(of)** u blizini (čega)
vicious ['viʃəs] *adj* (~**ly** *adv*) opak, zao, pokvaren, pun poroka, loš; otrovan, žestok; zloban, pakostan (pogled, raspoloženje); ćudljiv (konj, pas); pogrešan, pokvaren, manjkav, nečist, loš, prost (tekst, stil, izgovor), nevaljao | ~ **circle** začarani krug
viciousness ['viʃəsnis] *s* opakost, poročnost; žestokost; ćudljivost
vicissitude [vi'sititju:d] *s* nestalnost, promjenljivost (sreće); (neredovita) promjena, mijenjanje (prilika); *arch* & *poet* (redovita) promjena | ~**s** *pl* sreća i nesreća, kob, sudba
victim ['viktim] *s* žrtva, stradalac
victimization [ˌviktimai'zeiʃn] *s* pravljenje žrtve (od koga); mučenje, iskorišćivanje; varanje, prijevara
victimize ['viktimaiz] *vt* 1. žrtvovati, prinijeti kao žrtvu (životinju) 2. činiti, učiniti žrtvom; prisiliti ili nagnati na žrtvu, mučiti, dosađivati komu 3. varati, prevariti, nasamariti | **to be** ~**d** **(by)** pasti žrtvom (komu)
victor ['viktə] *s* pobjednik, pobjeditelj
victoria [vik'tɔ:riə] *s* 1. vrsta lagane dvosjede kočije na četiri kotača s pomičnim krovom 2. *bot* vrsta lopoča 3. *ornith* vrsta domaćega goluba
Victoria Cross [vik'tɔ:riə'krɔs] *s mil* Viktorijin križ (visoko engl. odlikovanje za hrabrost)
Victorian [vik'tɔ:riən] *adj* viktorijanski, koji se odnosi na doba vladanja engl. kraljice Viktorije (1837—1901)
Victorian [vik'tɔ:riən] *s* viktorijanac, pjesnik itd. iz viktorijanskog doba
victorine ['viktəri:n] *s* 1. krznena ogrlica, boa 2. *hort* vrsta breskve
victorious [vik'tɔ:riəs] *adj* (~**ly** *adv*) pobjednički, pobjedonosan; slavodobitan
victoriousness [vik'tɔ:riəsnis] *s* pobjedonosnost
victory ['viktəri] *s* pobjeda (*over* nad kim, čim) | **to win the** ~ **over** odnijeti pobjedu nad (kim, čim), nadvladati (**koga, što**)
victress ['viktris] *s* pobjednica
victrola [vik'trəulə] *s US arch* gramofon
victual ['vitl] *s* hrana, živež, (živežne) namirnice (*spec pl*)
victual ['vitl] *vt/i* **I.** *vt* opskrbiti živežom, namirnicama ili hranom **II.** *vi* opskrbiti se, namiriti se hranom, živežom ili namirnicama; jesti, hraniti se
victualler ['vitlə] *s* nabavljač ili dobavljač hrane, trgovac živežnim namirnicama; *mar* opskrbni brod | *GB* **licensed** ~ gostioničar
victualling ['vitliŋ] *s* opskrba hranom; nabavljanje ili dobavljanje živeža
vide ['vaidi:] *adv Lat* vidi, pogledaj
video-tape ['vidiəuteip] *s* magnetoskopska vrpca
video-tape ['vidiəuteip] *vt* magnetoskopski snimiti
vie [vai] *vi* natjecati se, nadmetati se, takmičiti se (*with* s kim, *for* za što)
Viennese [ˌviə'ni:z] *adj* bečki, koji se odnosi na grad Beč
Viennese [ˌviə'ni:z] *s* Bečanin, Bečanka
Vietnamese [ˌvjetnə'mi:z] *adj* vijetnamski
Vietnamese [ˌvjetnə'mi:z] *s* Vijetnamac, Vijetnamka
view [vju:] *s* 1. gledanje, razgledanje, ispitivanje; pregled; *jur* očevid, izvid 2. vidik, pogled, izgled 3. pregled (*I have not yet formed a clear* ~ *of the situation*); gledište, stajalište, stanovište, shvaćanje, mnijenje, mišljenje, naziranje, sud, nazor (*on, of* o komu, čemu) 4. namjera, svrha (*will this meet your* ~*s?*) | **in** ~ **of** s obzirom na (što); **on** ~ izložen na razgledanje, na ogled; **with a** ~ **to** **(of)** u svrhu (čega), s ciljem, s namjerom (da); imajući u vidu ili na umu (što), računajući na (što); **to the** ~ otvoreno, javno; **bird's-eye** ~ ptičja perspektiva; **to have in** ~ imati na umu, imati na oku, smjerati; **to keep in** ~ držati na oku, ne smetnuti s oka; **point of** ~ gledište, stajalište, stanovište; **plain to the** ~ jasno, dobro vidljiv; **in full** ~ **of** ravno pred nečijim očima; ~ **of life** životni nazor
view [vju:] *vt* 1. razgledati, razgledavati, razmatrati, motriti, razmotriti, pregledati, pregledavati, ogledati, ispitati, istraživati 2. promatrati, gledati, shvaćati, suditi, prosuđivati 3. *poet arch* vidjeti, ugledati
viewable ['vju:əbl] *adj* vidljiv, koji se može razgledati (ogledati)

viewer ['vju:ə] *s* gledalac, promatrač, motrilac, onaj koji razgledava; nadziratelj, pazitelj, nadzornik; ručno gledalo za dijapozitive
view-finder ['vju:ˌfaində] *s phot* tražilo, vizir
view halloo ['vju:hə'lu:] *s hunt* lovački poklik kad se ukaže lisica
viewless ['vju:lis] *adj* 1. *poet* nevidljiv 2. slijep; *fig* koji nema svojega suda, koji ne zna rasuđivati
view-point ['vju:pɔint] *s* gledište, stanovište, stajalište
viewy ['vju:i] *adj* (**viewily** *adv*) pun neobičnih ili fantastičnih zamisli, luckast
vigil ['vidʒil] *s* (noćno) bdjenje; *eccl* vigilija, večer uoči blagdana; (*spec* **~s** *pl*) molitva ili služba božja uvečer prije blagdana, vigilija; post | **to hold (keep) ~** bdjeti
vigilance ['vidʒiləns] *s* budnost, oprez, opreznost, pažljivost; *med* besanica | *US* **~ committee** odbor za sigurnost građana
vigilant ['vidʒilənt] *adj* (**~ly** *adv*) budan; oprezan, pažljiv
vigilante [ˌvidʒi'lænti] *s* član dobrovoljne organizacije za borbu protiv zločina
vignette [vi'njet] *s Fr* vinjeta, ukras oko velikog početnog slova; ukrasna sličica (u knjizi); *fig* skica, sličica; *phot* slika na kojoj se vide samo glave i ramena, a obrisi se slijevaju s pozadinom; *archit* ornament od vinove loze
vignette [vi'njet] *vt* slikati (koga) u obliku vinjete; slikati (portret) tako da lik postepeno prelazi u pozadinu; ukrasiti vinjetom
vigorous ['vigərəs] *adj* (**~ly** *adv*) snažan, jak, jedar, krepak; živ, živahan, energičan, odlučan; silovit, žestok
vigorousness ['vigərəsnis] *s* → **vigour**
vigour (vigor) ['vigə] *s* jakost, snaga, krepkost, jedrina, bodrost, vitalnost; odlučnost, energija, živahnost
viking ['vaikiŋ] *s hist* viking
vile [vail] *adj* (**~ly** *adv*) bezvrijedan, opak, zao, podao, rđav, loš, prost, pokvaren; odvratan, ogavan, ružan; jadan, sramotan, kukavan, prezira vrijedan; *coll* potpuno nevaljao
vilification [ˌvilifi'keiʃn] *s* pogrđivanje, pogrda, ponižavanje, poniženje, sramoćenje, poruga; ocrnjivanje, napadanje, kleveta, objeda
vilifier ['vilifaiə] *s* klevetnik, onaj koji opada, pogrđuje, sramoti
vilify ['vilifai] *vt* ponizivati, sramotiti, ogovarati, grditi, pogrđivati, obružiti, ocrniti, opadati, napadati
villa ['vilə] *s archit* vila, ljetnikovac
village ['vilidʒ] *s* selo, mjestance
villager ['vilidʒə] *s* seljanin; mještanin
villain ['vilən] *s* 1. lopov, nitkov, hulja, zločinac, vucibatina, bandit; *fam* zloćko, fakinčić, tepče 2. *hist* slobodnjak; kmet 3. *arch* pučanin; seljačina, klipan
villain ['vilən] *adj* 1. lopovski, razbojnički, banditski 2. kmetski, prostački
villainage ['vilinidʒ] *s hist* kmetstvo
villainous ['vilənəs] *adj* (**~ly** *adv*) lopovski, podao, sramotan, lupeški, pokvaren; ružan, gadan, odvratan; *coll* vrlo loš, bijedan, jadan, strašan
villainousness ['vilənəsnis] *s* lupeštvo, podlost, pokvarenost, huljstvo
villainy ['viləni] *s* lupeštvo, podlost, sramotan čin, lopovsko djelo; pokvarenost, zloća, pakost; ogavnost, odvratnost; *arch* prostota, grubost, neučtivost
villeggiatura [viˌledʒiə'tuərə] *s It* boravak na ladanju ili selu; ljetnikovac, ladanjska kuća, ladanjski dvor, vila
villein ['vilin] *s* & *adj* → **villain**
villeinage ['vilinidʒ] *s* → **villainage**
villous ['viləs] *adj anat* dlakav, obrastao, kosmat, rutav; *bot* vunast, pahuljast, gusto obrastao dlačicama
vim [vim] *s coll* snaga, jakost, krepkost, polet, vitalnost; odlučnost, poduzetnost, petlja, energija, energičnost
vimen ['vaimen] *s Lat bot* uska, dugačka grančica
vinaceous [vai'neiʃəs] *adj* vinski, vinov, nalik na vino; trsov; grožđan; rujan, crven kao vino
vinaigrette [ˌvinei'gret] *s Fr cul* začin za salatu (ulje, ocat i mirodije)
vincibility [ˌvinsi'biliti] *s* pobjedivost, nadvladivost, savladivost
vincible ['vinsəbl] *adj* pobjediv, nadvladiv, savladiv
vinculum ['viŋkjuləm] *s* (*pl* **vincula** ['viŋkjulə], **~s**) *fig* veza, spona; *math* spojna crta koja se stavlja iznad dvaju ili više brojeva da se pokaže kako su u zajedničkoj vezi s onim što prethodi ili slijedi
vindicability [ˌvindikə'biliti] *s* opravdivost, opravdanost
vindicable ['vindikəbl] *adj* opravdiv, obranjiv, dokazljiv
vindicate ['vindikeit] *vt* braniti, obraniti, opravdati, zaštititi (*from* od koga, čega); oprati, osvijetliti (čast, obraz); dokazati; osigurati
vindication [ˌvindi'keiʃn] *s* obrana, branjenje, opravdavanje, opravdanost; zaštićivanje, zaštita; potvrda; ustrajanje (na svojem pravu)
vindicative ['vindikətiv] *adj* koji brani, opravdava ili zaštićuje
vindicator ['vindikeitə] *s* branitelj, onaj koji opravdava ili zaštićuje; osvetnik, osloboditelj
vindicatory ['vindikeitəri] *adj* koji brani, opravdava ili zaštićuje; osvetni, osvetnički, koji hlepi za osvetom

vindictive [vin'diktiv] *adj* (~**ly** *adv*) osvetljiv, osvetoljubiv, osvetni, osvetnički; koji se određuje ili nameće kao kazna
vindictiveness [vin'diktivnis] *s* osvetoljubivost
vine [vain] *s bot* čokot, trs, (vinova) loza; biljka penjačica, vitica | **under one's ~ and fig-tree** pod zaštitom svojeg krova
vine-borer ['vain,bɔːrə] *s ent* vinova uš, filoksera
vinegar ['vinigə] *s* (vinski) ocat, kvasina
vinegar ['vinigə] *vt* zakiseliti, dodati ocat čemu; učiniti kiselim (& *fig*)
vinegar-works ['vinigəwəːks] *s pl* tvornica octa, octara
vinegary ['vinigəri] *adj* octen, nalik na ocat, koji ima tek po octu; (vrlo) kiseo; *fig* kiseo
vine-grower ['vain,grəuə] *s* vinogradar
vinery ['vainəri] *s* uzgajalište vinove loze, staklenik za vinovu lozu
vineyard ['vinjəd] *s* vinograd (& *fig*)
viniculture ['vinikʌltʃə] *s* vinogradarstvo, uzgoj vinove loze
vino ['viːnəu] *s coll* jeftino vino
vinosity [vi'nɔsiti] *s* osobine vina; sklonost vinu
vinous ['vainəs] *adj* vinski, nalik na vino; rujan, rumen poput vina; prouzročen od vina, koji je pod djelovanjem vina; *fig* koji se napio vina, pijan
vint [vint] *vt* gaziti ili gnječiti (grožđe)
vintage ['vintidʒ] *s* berba; *fig* godište | *GB* ~ **car** »muzejski« automobil (proizveden 1917—1930)
vintager ['vintidʒə] *s* berač (grožđa)
vintage-wine ['vintidʒwain] *s* plemenito vino
vintner ['vintnə] *s* vinar, trgovac vinom, vinotržac | **the Vintners** *pl* (londonski) vinarski ceh, vinari
vintnery ['vintnəri] *s* trgovanje vinom
viny ['vaini] *adj* koji se odnosi (ili nalikuje) na vinovu lozu; vinorodan, bogat vinovom lozom
vinyl ['vainil] *s chem* vinil
viol ['vaiəl] *s mus* starinski gudački instrument, obično sa šest žica (preteča gusala) | *arch* **bass** ~ viola da gamba; violončelo
viola [vi'əulə] *s mus* viola
viola ['vaiələ] *s bot* ljubica
violable ['vaiələbl] *adj* povrediv, prekršiv
violate ['vaiəleit] *vt* povrijediti, prekršiti, pogaziti; narušiti, uznemiriti, buniti; oskvrnuti, obeščastiti; silovati; izvršiti nasilje nad kim; *arch* surovo postupati (s kim), zlostavljati
violation [,vaiə'leiʃn] *s* povreda, prekršenje, prekršaj, prijestup, prestupak, gaženje, narušavanje, bunjenje, uznemirivanje; oskvrnuće, obeščašćenje; silovanje
violator ['vaiəleitə] *s* kršitelj, prekršitelj, prijestupnik, povreditelj; oskvrnitelj; silovatelj; nasilnik
violence ['vaiələns] *s* silovitost, sila, žestina, nasilje, nasilnost, neobuzdanost, naglost; silovanje, oskvrnuće, obeščašćenje
violent ['vaiələnt] *adj* (~**ly** *adv*) žestok, nagao, silan, snažan; naprasit, silovit, nasilan, nabusit | ~ **death** naprasna, nasilna ili neprirodna smrt; *jur* **a ~ presumption** pretpostavka koja se temelji na gotovo zaključnom dokazu
violet ['vaiələt] *s* 1. *bot* ljubica 2. ljubičasta ili violetna boja 3. *ent* vrsta leptira ljubičaste boje
violet ['vaiələt] *adj* ljubičast, violetan
violin [,vaiə'lin] *s mus* violina, gusle
violin-bow [,vaiə'linbəu] *s mus* gudalo
violinist ['vaiəlinist] *s mus* violinist, guslač, gudač
violin-string [,vaiə'linstriŋ] *s mus* (violinska) žica
violoncellist [,vaiələn'tʃelist] *s* (violon)čelist, svirač violončela
violoncello [,vaiələn'tʃeləu] *s mus* violončelo
violone ['vaiələun] *s mus* violone, velika bas violina
VIP [,viːai'piː] *s* vrlo ugledna i utjecajna osoba (*Very Important Person*), »velika zvjerka«
viper ['vaipə] *s zool* ljutica, guja, (zmija) otrovnica, vipera; *fig* zmija (otrovnica) | *fig* **cherish a ~ in one's bosom** nositi zmiju u njedrima
viperine ['vaipərain] *adj* zmijski, ljutičin, viperski; *fig* otrovan, zmijski
viperish ['vaipəriʃ] *adj fig* zmijski, podao, otrovan
viperous ['vaipərəs] *adj* → **viperine**
virago [vi'raːgəu] *s arch* babuskara, svadljiva ili jezičava žena, nadžak-baba
virgin ['vəːdʒin] *s* djevica; djevac | **a Virgin** slika Djevice Marije, Majka Božja
virgin ['vəːdʒin] *adj* djevičanski; nevin, čist, čedan, neoskvrnut, netaknut, nepokvaren; *ent* koji leže jaja bez parenja | ~ **forest** prašuma; ~ **soil** neobrađena zemlja, ledina; *fig* nepokvarena duša; ~ **comb** saće koje je samo jednom upotrijebljeno za med, a nikada za leglo; ~ **honey** vrcani med; **Virgin Queen** engl. kraljica Elizabeta I; ~ **queen** neoplođena matica; ~ **gold** čisto zlato
virginal ['vəːdʒinl] *adj* (~**ly** *adv*) djevičanski; nevin, čist
virginal ['vəːdʒinl] *s hist mus* virginal (mali čembalo koji se upotrebljavao ponajviše u Engleskoj u 16. i 17. stoljeću)
Virginian [və'dʒinjən] *adj* virginijski, koji se odnosi na sjevernoameričku državu Virginiju

Virginian [və'dʒinjən] *s* Virginijanac, Virginijanka, stanovnik države Virginije (SAD)
virginity [və'dʒiniti] *s* djevičanstvo; čistoća, nevinost, netaknutost, neokaljanost
viridescence [ˌviri'desns] *s* (svježe) zelenilo, zȅlēn; *fig* (mladenačka) svježina
viridescent [ˌviri'desnt] *adj* zelenkast, zelen
viridity [vi'riditi] *s* zelenilo, zelena boja; *fig* svježina, živahnost
virile ['virail] *adj* muževan, muški, virilan; *fig* snažan, krepak, zreo
virilescent [ˌviri'lesənt] *adj zool* & *anat* koja u poodmakloj dobi poprima muška obilježja
virility [vi'riliti] *s* muževnost, muževno doba; muževna zrelost; *fig* snaga, krepkost, zrelost
virology [ˌvaiə'rələdʒi] *s med* nauka o virusima, virologija
virose ['vaiərəs] *adj* otrovan (*spec bot*); smrdljiv, smradan, koji zaudara
virtu [vəː'tuː] *s* 1. umjetnička vrijednost 2. ljubav za umjetnost ili starine, umjetnički ukus, poznavanje umjetnosti ili vrijednih starina 3. *collect* umjetnički predmeti, umjetnine
virtual ['vəːtʃuəl] *adj* (**~ly** *adv*) praktički, zbiljski, pravi, koji je u biti, zapravo
virtuality [ˌvəːtʃu'æliti] *s* bit, bitnost, zbilja
virtue ['vəːtjuː] *s* krepost, vrlina; *fig* nevinost, čistoća, besprijekornost, vrijednost, djelovanje, valjanost, prednost, odlika | **by ~ of** pomoću, krepošću, na temelju (čega); **in ~ of** zbog, na temelju (čega); **a lady of easy ~** (laka) žena
virtueless ['vəːtjuːlis] *adj* koji je bez kreposti; koji nema snage ili moći
virtuosity [ˌvəːtju'ɔsiti] *s* 1. majstorstvo, virtuoznost (*spec mus*) 2. ljubav ili smisao za umjetnost, poznavanje umjetnosti
virtuoso [ˌvəːtju'əuzəu] *s* 1. virtuoz (*spec mus*), majstor, velik umjetnik 2. poznavalac ili ljubitelj umjetnosti
virtuous ['vəːtʃuəs] *adj* (**~ly** *adv*) krepostan; čestit, častan, vrli, besprijekoran; (o stvarima) uspješan, djelotvoran, koji djeluje, ljekovit
virtuousness ['vəːtʃuəsnis] *s* kreposnost; djelotvornost
virulence ['viruləns] **s 1.** *fig* otrov, otrovnost, zloba, oštrina, gorčina, jetkost, pakost, ogorčenost 2. *med* virulentnost, virulencija; zaraznost, kužnost, priljepčivost, žestina, škodljivost, štetnost
virulent ['virulent] *adj* (**~ly** *adv*) *med* virulentan, otrovan, vrlo škodljiv ili štetan; priljepčiv, žestok; *fig* otrovan, zloban, jedak, oštar, gorak, ogorčen, pakostan
virus ['vaiərəs] *s Lat* otrov; *med* virus; *fig* otrov, otrovnost, pakost, zloba; sjeme, zametak
vis [vis] *s Lat mech* snaga, moć (& *fig*)
visa ['viːzə] *s* viza | **visitor's ~** turistička viza
visage ['vizidʒ] *s* lice, obraz
vis-à-vis ['viːzaːviː] *s Fr* 1. onaj koji stoji (sjedi, stanuje) preko puta (nasuprot ili na drugoj strani), susjed preko puta, vizavi 2. vrsta kočije ili divana (u kojima se sjedi nasuprot)
vis-à-vis ['viːzaːvi] *prep* nasuprot, preko puta, vizavi (komu)
vis-à-vis ['viːzaːviː] *adv Fr* preko puta, na drugoj strani, (jedan) nasuprot (drugome), vizavi (*to, with* komu)
viscera ['visərə] *s pl anat* drob, crijeva, utroba
visceral ['visərəl] *adj* (**~ly** *adv*) *anat* koji se odnosi na utrobu; *fig* instinktivan
viscerate ['visəreit] *vt* isukati, izvaditi utrobu ili crijeva (komu), očistiti
viscid ['visid] *adj* ljepljiv, koji prianja; koji se vuče ili gusto cijedi
viscidity [vi'siditi] *s* ljepljivost, prionljivost
viscose ['viskəus] *s chem* viskoza
viscosity [vis'kɔsiti] *s* ljepljivost, prionljivost; *phys* sposobnost opiranja promjeni u rasporedu molekula, viskoznost, viskozitet
viscount [ˌvaikaunt] *s* vikont (engl. plemićki stupanj između grofa i baruna)
viscountess ['vaikauntis] *s* vikontesa
viscounty ['vaikaunti] *s* položaj ili stupanj vikonta
viscous ['viskəs] *adj* ljepljiv, prionljiv; koji se vuče ili gusto cijedi, viskozan
visé ['viːzei] *s Fr* → **visa** *s*
visé ['viːzei] *vt* vidirati (putnicu), unijeti vizu (u putnicu)
vise [vais] *s* → **vice**
visibility [ˌvizi'biliti] *s* vidljivost, vidnost
visible ['vizəbl] *adj* (**visibly** *adv*) vidljiv, vidan, očevidan, jasan; *fig* očit, očigledan | *hist phon* **~ speech** sistem fonetskih znakova koji je izumio Melville Bell (1839—1905), a kojim se svaki glas prikazuje simbolom što naznačuje položaj glasovnog organa
visible ['vizəbl] *s* ono što je vidljivo, vidljiv svijet
vision ['viʒn] *s* 1. vid, viđenje, pogled 2. pojava, vizija, priviđenje, slika mašte, utvara, tlapnja 3. pronicavost, maštovitost, sposobnost predviđanja, vidovitost, oštrovidnost, dalekovidnost (*spec pol*)
vision ['viʒn] *vt* zamišljati (kao viziju), gledati u mašti
visional ['viʒənl] *adj* (**~ly** *adv*) vizionaran, sanjarski
visionary ['viʒnəri] *adj* vizionaran, poput priviđenja ili utvare; umišljen, uobražen,

nestvaran, fantastičan; vidovit, sanjarski, pun utvara, koji ima vizije; pretjeran, zanesen, nepraktičan

visionary ['viʒnəri] *s* vizionar, onaj koji ima priviđenja, onaj koji vidi utvare, vidovnjak; sanjar, zanesenjak

visit ['vizit] *s* 1. posjet, pohod, (privremeni) boravak 2. razgledavanje 3. (liječnički) pregled, vizita 4. pregled, pretraga 5. *US* kratak razgovor | **to pay (make) a ~ (to)** posjetiti koga, ići (doći) u posjet komu

visit ['vizit] *vt/i* **I.** *vt* 1. posjetiti, obići, posjećivati, pohoditi, pohađati; potražiti; razgledati 2. pregledati, vizitirati 3. napasti, snaći, pogađati, zateći, zahvatiti (*with* čime) (o bolesti ili neprilici) 4. *bibl* kazniti; osvetiti (*upon* na komu); utješiti, blagosloviti (*with* čime) **II.** *vi* 1. osvećivati se 2. ići u pohode, obavljati posjet(e), biti u gostima

visit with ['vizit'wið] *vi US* sastati se, razgovarati se, ćaskati, brbljati (s kim)

visitable ['vizitəbl] *adj* vrijedan razgledavanja; koji se može posjetiti

visitant ['vizitənt] *adj poet* koji posjećuje, posjetnički

visitant ['vizitənt] *s poet* posjetnik; *ornith* (kopnena) selica

visitation [ˌvizi'teiʃn] *s* 1. posjećivanje, pohađanje; *eccl* službeni posjet, obilazak, obilaženje (u svrhu inspekcije), vizitacija 2. razgledavanje (broda), pregled (brodskih) dokumenata 3. *coll* predug posjet 4. *rel* božja milost, blagoslov, nagrada; kazna božja 5. *zool* & *ornith* izvanredna seoba

visiting ['vizitiŋ] *adj* posjetni, posjetnički | **to be on ~ terms (with)** posjećivati se, biti prilično sprijateljen (s kim)

visiting-card ['vizitiŋka:d] *s GB* posjetnica

visitor ['vizitə] *s* posjetnik, posjetilac, polaznik; gost; nadzornik, inspektor | **~s** *pl* posjeti; **~s' book** knjiga gostiju

visor (vizor) ['vaizə] *s* 1. *hist* vizir (na šljemu) 2. obod, štitnik (na kapi) 3. *hist* krinka, obrazina, maska

vista ['vistə] *s* 1. (dalek) vidik, pogled, izgled (*of* na) 2. dogled, drvored, prosjeka; *archit* dugačak hodnik 3. *fig* izgled, perspektiva; (dug) odsječak, dio, niz

visual ['vizjuəl] *adj* (**~ly** *adv*) vidni, vizualan; očni; vidljiv

visuality [ˌvizju:'æliti] *s* vidljivost, vidnost

visualization [ˌvizjuəlai'zeiʃn] *s* sposobnost dočaravanja duševnih slika; stvaranje duševnih slika, vizualizacija; mentalno stvorena slika

visualize ['vizjuəlaiz] *vt* učiniti vidljivim; (u duhu) zamišljati, dočaravati; predočiti, dozvati ili stvoriti sebi sliku (čega)

vita glass ['vaitəgla:s] *s* vrsta stakla koje propušta ultravioletne Sunčeve zrake

vital ['vaitl] *adj* (**~ly** *adv*) 1. životni, po život važan, životvoran, vitalan; *poet* živ, koji živi 2. po život opasan, poguban (**~** *word*, **~** *error*) 3. *fig* bitan, bitno važan, najglavniji 4. živahan, vitalan, poletan | *fig* **~ statistics** obujam grudi, struka i bokova kod žene

vitalism ['vaitəlizm] *s biol* vitalizam

vitalist ['vaitəlist] *s biol* vitalist, pristaša vitalizma

vitalistic [ˌvaitə'listik] *adj* (**~ally** *adv*) *biol* vitalistički, koji se odnosi na vitalizam

vitality [vai'tæliti] *s* životna snaga, krepkost, žilavost, vitalnost, životna snaga ili sposobnost, izdržljivost; (duševna) živahnost

vitalize ['vaitəlaiz] *vt* oživiti, oživljavati (& *fig*), okrijepiti; *fig* učiniti živahnijim, uliti života čemu

vitals ['vaitlz] *s pl* plemeniti dijelovi (tijela), vitalni organi (prijeko potrebni za život); *fig* bit, srž

vitamin ['vitəmin] *s* vitamin

vitiate ['viʃieit] *vt* kvariti, pokvariti, podrovati, potkopati (zdravlje), okužiti, onečistiti; *jur* poništiti, proglasiti nevaljanim, oboriti; *fig* obeščastiti, oskvrnuti, uprljati

vitiation [ˌviʃi'eiʃn] *s* kvarenje, pokvarenost, prljanje, uprljanost, kuženje, okuženost, onečišćenje; oskvrnjenje, obeščašćenje; *jur* poništenje, obaranje

vitiator ['viʃieitə] *s* kvarilac, prljalac, kužilac; skvrnilac, obeščastitelj; *jur* obarač, onaj koji proglašuje nevaljalim

viticulture ['vitikʌltʃə] *s* vinogradarstvo

vitiosity [ˌviʃi'ɔsiti] *s* (moralna) pokvarenost, opakost, zloća

vitreosity [ˌvitri'ɔsiti] *s* staklenost, osobine poput onih u stakla

vitreous ['vitriəs] *adj* staklen, staklast, poput stakla; koji se dobiva od stakla | *anat* **~ body** staklenina

vitrescence [vi'tresns] *s* naginjanje pretvaranju u staklo

vitrescent [vi'tresnt] *adj* koji ima sklonost da se pretvori u staklo

vitrifaction [ˌvitri'fækʃən] *s* pretvaranje u staklo

vitrifacture ['vitrifæktʃə] *s* proizvodnja stakla

vitrifiable ['vitrifaiəbl] *adj* koji se može pretvoriti u staklo, koji može postati staklast

vitrification [ˌvitrifi'keiʃn] *s* → **vitrifaction**

vitrify ['vitrifai] *vt/i* **I.** *vt* pretvoriti u staklo; učiniti staklastim **II.** *vi* pretvarati se u staklo, postati staklast, postakliti se

vitriol ['vitriəl] *s chem* vitriol; *fig* jetkost, zloba, zajedljivost, ujedljivost | **~ of copper** modra galica; **oil of ~** sumporna kiselina

vitriolic [ˌvitriˈɔlik] *adj* (**~ally** *adv*) vitriolski, koji se odnosi na sumpornu kiselinu ili galicu; *fig* zajedljiv, jedak, ujedljiv, zloban
vitriolize [ˈvitriəlaiz] *vt* 1. pretvoriti u sumpornu kiselinu, vitriol ili galicu 2. politi ili otrovati vitriolom
vituperate [viˈtjuːpəreit] *vt* karati, izgrditi, koriti, kuditi, psovati
vituperation [viˌtjuːpəˈreiʃn] *s* karanje, grdnja, psovanje, kuđenje, korenje, napadanje
vituperative [viˈtjuːpərətiv] *adj* (**~ly** *adv*) koji (rado) grdi, kara, kudi, kori, napada ili psuje, pogrdan
vituperativeness [viˈtjuːpərətivnis] *s* pogrdnost, pokudnost
vituperator [viˈtjuːpəreitə] *s* kudilac, psovač, koritelj, onaj koji grdi ili pogrđuje
viva [ˈvaivə] *s GB coll* usmeni ispit
vivace [viˈvaːtʃi] *adv mus* živahno, vivace
vivacious [viˈveiʃəs] *adj* (**~ly** *adv*) živahan, živ; *bot* otporan, izdržljiv, koji preživi zimu, koji živi nekoliko godina
vivacity [viˈvæsiti] *s* živahnost, živost
vivarium [vaiˈvɛəriəm] *s* vivarij; zvjerinjak, rezervat; akvarij; ribnjak
vivid [ˈvivid] *adj* (**~ly** *adv*) živ, živahan, pun života; jasan, jarki, žestok; živopisan
vividness [ˈvividnis] *s* živahnost, živost; jasnoća, jarkost; živopisnost
vivification [ˌvivifiˈkeiʃn] *s* oživljavanje, oživljenje
vivify [ˈvivifai] *vt* oživiti, oživljavati; učiniti živahnim, nadahnuti (novim) životom (najčešće *fig*)
viviparity [ˌviviˈpæriti] *s biol* viviparitet (rađanje živih mladih)
viviparous [viˈvipərəs] *adj biol* (**~ly** *adv*) viviparan, koji rađa žive mlade
vivisect [ˌviviˈsekt] *vt/i* **I.** *vt* razuditi ili secirati (živu životinju) **II.** *vi* razuditi ili secirati žive životinje
vivisection [ˌviviˈsekʃən] *s* vivisekcija (rezanje živog organizma, vršenje operacije na živoj životinji) (& *fig*)
vivisectional [ˌviviˈsekʃənl] *adj* koji se odnosi na vivisekciju, vivisekcijski
vivisectionist [ˌviviˈsekʃənist] *s* vivisekcionist, pristaša vivisekcije
vivisector [ˌviviˈsektə] *s* vivisektor, onaj koji reže ili operira žive životinje
vixen [ˈviksn] *s zool* lisica (ženka); *fig* svadljivica, lajavica, jezičava žena, nadžak-baba
vixenish [ˈviksniʃ] *adj* svadljiv, jezičav, zloban; lisičji, nalik na lisicu
vixenly [ˈviksənli] *adj* → **vixenish**
viz. [viˈdiːliset] *adv* skraćeni oblik riječi → **videlicet** (obično se čita *namely*)
vizard [ˈvizəd] *s* → **vizor**
vizi(e)r [viˈziə] *s* vezir | **grand ~** veliki vezir
VJ-day [ˈviːdʒeiˈdei] *s* dan pobjede Saveznika nad Japanom u drugom svjetskom ratu (*GB* 15. 8. 1945, *US* 2. 9. 1945)
vocable [ˈvəukəbl *s* riječ, vokabula
vocabulary [vəˈkæbjuləri] *s* rječnik (knjiga), popis riječi, vokabular; rječnik, bogatstvo riječi, jezično blago
vocabulary [vəˈkæbjuləri] *adj* koji se odnosi na bogatstvo ili izbor riječi (vokabular) | **~ book** rječnik (bilježnica)
vocal [ˈvəukl] *adj* (**~ly** *adv*) glasovni; usmen, govorni, glasan, rječit; vokalni, pjevni; zvučan, koji ječi ili odjekuje, koji odzvanja; *phon* vokalski, samoglasni | *anat* **~ chords** glasnice; **to become ~** oglasiti se, izraziti se riječima
vocalic [vəuˈkælik] *adj* vokalski, samoglasnički, koji se odnosi na samoglasnik(e), koji se sastoji od samoglasnika
vocalism [ˈvəukəlizm] *s* 1. upotreba glasa i glasovnih organa u govoru, pjevanju itd. 2. *phon* vokalizam, teorija o samoglasnicima; samoglasnici jednog jezika ili riječi s obzirom na njihove međusobne odnose; samoglasnik, vokal 3. *mus* vokalizacija, vokaliziranje
vocalist [ˈvəukəlist] *s* pjevač(ica)
vocality [vəuˈkæliti] *s* zvučnost, vokalnost
vocalization [ˌvəukəlaiˈzeiʃn] *s* vokaliziranje, vokalizacija, izgovaranje vokala (*spec mus*); pretvaranje u zvučan glas; upotreba samoglasnika u pismu nekih jezika gdje se obično izostavljaju (npr. hebrejskog, arapskog)
vocalize [ˈvəukəlaiz] *vt/i* **I.** *vt phon* 1. pretvoriti suglasnik u samoglasnik, pretvoriti bezvučni glas u zvučni; vokalizirati 2. opremiti znakovima za samoglasnike 3. *mus* vokalizirati, izgovarati vokale **II.** *vi* pjevati, služiti se glasom; vokalizirati; *joc* govoriti, pjevati, pjevušiti, mumljati, vikati
vocation [vəuˈkeiʃn] *s* 1. poziv, zvanje, zanimanje, struka, zaposlenje, namještenje, profesija 2. unutarnji nagon, dar, sklonost, naklonost, pozvanost (*for, to* za što) 3. *theol* (unutarnji ili božanski) poziv
vocational [vəuˈkeiʃənl] *adj* (**~ly** *adv*) koji se odnosi na zvanje ili zanimanje, profesionalni, stručni | **~ school** srednja stručna škola; **~ guidance** profesionalna orijentacija
vocative [ˈvɔkətiv] *adj gram* vokativni, uzvični, koji se odnosi na vokativ ili peti padež
vocative [ˈvɔkətiv] *s gram* vokativ, peti padež
vociferance [vəuˈsifərəns] *s* vika, galama, graja, buka, cika, dreka
vociferant [vəuˈsifərənt] *adj* galamljiv, bučan, grlen, vrlo glasan, koji viče
vociferate [vəuˈsifəreit] *vi/t* **I.** *vi* vikati, galamiti, bučati, urlati, derati se, drek-

nuti, drečati **II.** *vt* vikati, urlati, (gromoglasno) kriknuti, doviknuti

vociferation [vəu,sifə'reiʃn] *s* vika, vikanje, krika, buka, cika, deranje, dreka, galama, urlanje, bučno oglašivanje

vociferator [vəu'sifəreitə] *s* vikač, galamdžija, onaj koji se dere

vociferous [vəu'sifərəs] *adj* (~**ly** *adv*) bučan, vrlo glasan, gromoglasan, galamljiv

vodka ['vɔdkə] *s* votka

vogue [vəug] *s* moda običaj; omiljelost, obljubljenost, popularnost; glas; sklonost, slabost (*for* za što) | **in** ~ moderan, u modi; **all the** ~ posljednja moda

voice [vɔis] *s* 1. glas (& *fig*) 2. izraz (*he gave* ~ *to his indignation*) 3. *gram* stanje (*active* ~, *passive* ~) 4. sposobnost ili moć govora 5. *phon* zvuk (proizveden titranjem glasnica) | **to lift up one's** ~ govoriti, progovoriti, javiti se; **to give one's** ~ **for** izjaviti se za, glasati za (koga, što); **with one** ~ jednoglasno, jednodušno, kao jedan; **in** ~ pri glasu

voice [vɔis] *vt* 1. izgovoriti, izreći, odjeti u riječi, izraziti 2. *mus* ugađati, ugoditi (orgulje) 3. *phon* zvučno izgovarati (titranjem glasnica); učiniti zvučnim

voiced [vɔist] *adj phon* zvučan

voiceful ['vɔisful] *adj poet* koji ima glas, zvučan; koji ječi, huči ili odzvanja (*with* čime)

voiceless ['vɔislis] *adj* (~**ly** *adv*) bezglasan, nijem, zanijemio; bez riječi; *parl* koji nema prava glasa; *phon* bezvučan

voiceprint ['vɔisprint] *s* spektrogram nečijeg glasa

void [vɔid] *adj* (~**ly** *adv*) prazan, ispražnjen; nezaposjednut, nezauzet, nepopunjen, slobodan; *poet* ništetan, jalov, uzaludan | ~ **of** koji nema, koji je bez (čega); **null and** ~ bez ikakve valjanosti; *jur* nevaljao, ništetan, bez (zakonske) valjanosti

void [vɔid] *s* praznina, prazno, (prazan) prostor; nenastanjena kuća; *fig* praznina, prazno mjesto, rupa

void [vɔid] *vt* poništiti, ukinuti, učiniti nevaljanim; (o probavi i sl.) isprazniti, izbaciti, izlučiti; *arch* napustiti, isprazniti

voidable ['vɔidəbl] *adj jur* poništiv, koji se može ukinuti

voidance ['vɔidəns] *s* 1. ispražnjenje, ispražnjivanje, izbacivanje, izlučenje, izlučivanje; odbacivanje, uklanjanje 2. *eccl* skinuće, smetnuće, izbačenje; ispražnjenost, nezauzetost

voider ['vɔidə] *s* 1. onaj koji ispražnjava ili uklanja; onaj koji poništava ili ukida 2. *dial* košara za odnošenje suđa i ostataka jela sa stola; sluga koji posprema stol

voidness ['vɔidnis] *s* praznina, praznoća; nevaljanost, bezvrijednost, beznačajnost

volant ['vəulənt] *adj zool* koji može letjeti; *her* leteći, prikazan u letu; *poet* okretan, hitar, brz, leteći

volatile ['vɔlətail] *adj* koji naglo hlapi ili se isparuje, koji se brzo raspršuje, eteričan; *fig* živahan, hitar, nestašan, nestalan, nepostojan, promjenljiv, površan, prevrtljiv, lakouman

volatilisable [,vɔləti'laizəbl] *adj* koji se može učiniti isparivim; lako hlapljiv ili ispariv, koji se može brzo raspršiti

volatility [,vɔlə'tiliti] *s* hlapljivost, isparivost, raspršivost, eteričnost; *fig* živahnost, hitrost, nestašnost, nestalnost, nepostojanost, promjenljivost, prevrtljivost, površnost, lakoumnost

volatilization [,vɔlətilai'zeiʃn] *s* postupak kojim se što čini hlapljivim ili isparivim; hlapljenje, ishlapljenje, isparenje, isparivanje

volatilize [vɔ'lætilaiz] *vt/i* **I.** *vt* učiniti hlapljivim ili isparivim; hlapiti, ishlapiti; isparivati, raspršiti, raspršivati **II.** *vi* hlapiti, ishlapiti se; ispariti se, isparivati se, raspršiti se, raspršivati se

volcanic [vɔl'kænik] *adj* (~**ally** *adv*) vulkanski; *fig* neobuzdan, vatren, vulkanski

volcanism ['vɔlkənizm] *s* rad vulkana; prirodne sile koje izazivaju rad vulkana

volcanist ['vɔlkənist] *s scient* vulkanolog

volcanize ['vɔlkənaiz] *vt* vulkanizirati

volcano [vɔl'keinəu] *s geol* vulkan | *fig* **to sit on the top of a** ~ sjediti na bačvi baruta (na lagumu); **extinct** ~ ugasli vulkan (& *fig*)

vole [vəul] *s zool* voluharica

volitant ['vɔlitənt] *adj zool* → **volant**

volitation [,vɔli'teiʃn] *s* letenje, let, sposobnost letenja

volition [vəu'liʃn] *s* htijenje, volja; snaga volje, očitovanje volje

volitional [vəu'liʃnəl] *adj* (~**ly** *adv*) voljan, koji proizlazi iz htijenja, snažne volje

volitionary [vəu'liʃənəri] *adj* → **volitional**

volitive ['vɔlitiv] *adj* voljni; hotimičan, koji hoće, koji može htjeti

volley ['vɔli] *s mil* salva; *fig* bujica, tuča, provala (riječi, kletva); *sport* volej

volley ['vɔli] *vt/i* **I.** *vt* ispaliti salvu; *sport* dočekati i odbiti (loptu) u zraku prije nego što dotakne zemlju; *fig* izliti, istresti (bujicu riječi i sl.), skresati **II.** *vi* ispaliti salvu, letjeti u salvi; *sport* odbijati loptu u zraku; (o topovima) istodobno ili jednoglasno zagrmjeti

volley-ball ['vɔlibɔ:l] *s sport* odbojka

volleyer ['vɔliə] *s sport* koji dočekuje i vraća loptu u zraku

volplane ['vɔlplein] *s aero* spuštanje dugim, strmim klizanjem

volplane ['vɔlplein] *vi aero* spuštati se dugim, strmim klizanjem bez upotrebe motora

volt [vəult] *s el* volt

voltage ['vəultidʒ] *s el* voltaža, električna napetost, napon struje | ~ **break-down** nestanak napona; ~ **regulator** regulator napona; ~ **transformator** naponski transformator
voltaic [vɔl'teiik] *adj* (~**ally** *adv*) *hist el* voltin, galvanski | ~ **current** galvanska struja; ~ **electricity** galvanizam; ~ **pile** voltina baterija, voltin stup
voltameter [vɔl'tæmitə] *s el* voltmetar, mjerilo za napon struje
volte (volt) [vɔlt] *s Fr sport* (kod mačevanja) nagli skok ili korak (u stranu); okret, volta, krug s promjerom od šest do devet koraka što ga opisuje konj prilikom jahanja u jahaonici
volte-face [ˌvɔlt'faːs] *s* nagao obrat, nagla promjena u stavu, zaokret za 180°
voltmeter ['vəultˌmiːtə] *s el* voltmetar
volubility [ˌvɔlju'biliti] *s* govorljivost, brbljavost, rječitost, blagoglagoljivost
voluble ['vɔljubl] *adj* (**volubly** *adv*) rječit, brbljav, govorljiv, blagoglagoljiv
volume ['vɔljum] *s* 1. (pojedina) knjiga, svezak; *hist* smotak, svitak (pergamenta) 2. (velika) količina, sva sila, množina, masa; *fig* more, silesija 3. sadržaj, sadržina, volumen, zapremina; obujam; *mus* opseg, punoća (glasa); *radio* jakost zvuka
volume-produce ['vɔljumprə'djuːs] *vt* masovno proizvoditi
volumeter [vɔ'ljuːmitə] *s phys* sprava za mjerenje obujma plinovitih tvari
volumetric [ˌvɔlju'metrik] *adj* (~**ally** *adv*) koji se odnosi na mjerenje zapremine ili opsega
voluminal [vɔ'ljuːminəl] *adj* koji se odnosi na zapreminu ili obujam
voluminosity [vɔˌljuːmi'nɔsiti] *s* opsežnost, golemost, ogromnost, voluminoznost
voluminous [və'ljuːminəs] *adj* (~**ly** *adv*) opsežan, golem, vrlo velik, voluminozan, koji ima veliku zapreminu, ogroman; bogat, prostran (o haljinama); obilan, plodan; koji ima mnogo svezaka ili zavoja
voluntariness ['vɔləntərinis] *s* dobrovoljnost, dragovoljnost, pripravnost, spremnost
voluntary ['vɔləntəri] *adj* (**voluntarily** *adv*) dobrovoljan, dragovoljan; hotimičan, svojevoljan, namjeran (& *physiol*); dobrovoljnim prinosima osnovan ili uzdržavan | **the** ~ **faculty** volja
voluntary ['vɔləntəri] *s* 1. *mus* preludij ili fantazija na orguljama (*spec* prije ili poslije službe božje) 2. *eccl* pristaša načela da bi crkva i nastava imale biti nezavisne od države i uzdržavati se dobrovoljnim prilozima 3. (o natjecanjima) točka po slobodnom izboru natjecatelja
volunteer [ˌvɔlən'tiə] *s* dobrovoljac; *com* vježbenik, volonter; onaj koji besplatno obavlja kakvu službu
volunteer [ˌvɔlən'tiə] *adj* dobrovoljan, dobrovoljački; volonterski; *agr* koji divlje raste
volunteer [ˌvɔlən'tiə] *vi/t* **I.** *vi* dobrovoljno se javiti, dobrovoljno se ponuditi (*for* kao, *to do* za što); *mil* javiti se ili služiti kao dobrovoljac, biti dobrovoljac **II.** *vt* dobrovoljno ponuditi, preuzeti ili učiniti; nepozvan reći, izjaviti itd. (*to* ~ *an opinion*)
voluptuary [və'lʌptjuəri] *s* pohotljivac, razbludnik, puten, čulan ili senzualan čovjek
voluptuary [və'lʌptjuəri] *adj* čulan itd. (→ **voluptuous**); raskošan
voluptuous [və'lʌptjuəs] *adj* (~**ly** *adv*) pohotan, pohotljiv, puten, čulan, senzualan, razbludan
voluptuousness [və'lʌptjuəsnis] *s* pohotnost, putenost, čulnost, senzualnost, razbludnost
volute [və'ljuːt] *s archit* voluta, zavijutak (ornament u obliku savijene vrpce); *zool* topirac, vrsta tropskog puža s krasnom kućicom
volute [və'ljuːt] *adj bot* zavojit, smotan, spiralan
volution [və'ljuːʃn] *s* zavoj (spirale), koluti, kolutići; *anat* zavoj
volvulus ['vɔlvjuləs] *s Lat med* zaplet crijeva
vomit ['vɔmit] *s* bljuvotina, izbljuvak (& *fig*); bljuvanje, povraćanje; *med* sredstvo za povraćanje | **black** ~ crna tvar koju povraća bolesnik od žute groznice (najgori stadij žute groznice)
vomit ['vɔmit] *vi/t* **I.** *vi* povraćati, bljuvati, pobljuvati se; (o vulkanu) rigati **II.** *vt* povratiti, povraćati, bljuvati, izbljuvati; izbacivati, rigati; *arch* tjerati (natjerati) na povraćanje; *fig* bljuvati, izbljuvati, rigati, lijevati, izlijevati, sipati
vomitive ['vɔmitiv] *adj* koji tjera na povraćanje
vomitive ['vɔmitiv] *s med* sredstvo za povraćanje, vomitiv
vomitory ['vɔmitəri] *s* 1. sredstvo za povraćanje, vomitiv 2. *hist* pristup ili izlaz (u rimskim amfiteatrima)
vomitory ['vɔmitəri] *adj* → **vomitive** *adj*
voodoo ['vuːduː] *s* čarobnjaštvo, čaranje, vjerovanje u čarolije (među karipskim i američkim crncima i kreolima)
voodoo ['vuːduː] *vt* začarati, opčiniti (crnom magijom)
voracious [və'reiʃəs] *adj* (~**ly** *adv*) lakom, proždrljiv, gladan kao vuk; *fig* lakom, pohlepan
voracity [və'ræsiti] *s* lakomost, pohlepa (& *fig*), proždrljivost (*of* za čim, na što)
vortex ['vɔːteks] *s* (*pl* **vortices** ['vɔːtisiːz], ~**es**) vrtlog (& *fig*), vir, vijavica, vihor

vortical ['vɔːtikl] *adj* (~**ly** *adv*) vrtoglav, koji je nalik na vrtlog, koji se brzo vrti, koji se okreće poput vira
votaress ['vəutəris] *s* zavjetnica, ona koja je zavjetovana; ona koja se zavjetovala; *fig* štovateljica, poklonica, oduševljena pristalica
votary ['vəutəri] *s* zavjetnik, onaj koji se zavjetovao, onaj koji je položio zavjet; *fig* štovatelj, poklonik, gorljiv pristaša
vote [vəut] *s* 1. *pol* glasanje; (ukupni) glasovi; glas; pravo glasanja; (glasanjem) donesen zaključak ili odobrenje, glasački listić, izborna cedulja | **to cast** ~ glasati, dati glas; **to split one's** ~ glasati za dva ili više protivnih kandidata; **to take a** ~ glasati; **to have a** ~ imati pravo glasa(nja); **the** ~ glasačko pravo
vote [vəut] *vi/t parl* **I.** *vi* glasati (*for* za koga, što; *against* protiv koga, čega); izglasati, (glasanjem) zaključiti (*that* da); *coll* predlagati, predložiti (*that* da) **II.** *vt* 1. (glasanjem) izabrati (*into* u što) ili brisati (*off a list*); izglasati; (glasanjem) odobriti 2. *fig* smatrati, proglasiti
vote away ['vəutə'wei] *vt parl* na temelju glasanja ukloniti
vote down ['vəut'daun] *vt parl* odbiti ili otkloniti većinom glasova, nadglasati
vote in ['vəut'in] *vt parl* glasanjem izabrati
voteless ['vəutlis] *adj parl* koji nema (pravo) glasa
voter ['vəutə] *s parl* glasač, birač, izbornik; onaj koji ima pravo glasa
voting ['vəutiŋ] *s parl* glasanje, izglasavanje, izbor, biranje
votive ['vəutiv] *adj* (~**ly** *adv*) zavjetni
vouch [vautʃ] *vt/i* **I.** *vt* izjaviti ili jamčiti (za koga) **II.** *vt* jamčiti, zajamčiti, svjedočiti, posvjedočiti, biti jamac, garantirati, dokazivati (*for* za koga, što; *that* da)
vouch-copy ['vautʃˌkɔpi] *s com* primjerak dokaznice
voucher ['vautʃə] *s* 1. svjedok, jamac, garant 2. svjedočanstvo, jamstvo, dokaz; *com* primka, namira, dokaznica, (blagajnička) podloga
vouchsafe [vautʃ'seif] *vt* (milostivo) odobriti, podijeliti, dopustiti, dozvoliti; udostojati se, sniziti se (*to do*)
vow [vau] *s* zavjet, svečano obećanje, zakletva, prisega, svečana izjava
vow [vau] *vt* zavjetovati (se), svečano obećati; zakleti se, priseći; posvetiti; zavjetom se obavezati (na što); svečano tvrditi, uvjeravati, izjaviti (*to do, that*); *arch* priznati, priznavati
vowel ['vauəl] *s gram* vokal, samoglasnik | *ling* ~ **gradation** prijevoj (Ablaut); *ling* ~ **mutation** prijeglas (Umlaut)
vowelize ['vauəlaiz] *vt* umetati vokale (u što)
vowelless ['vauəllis] *adj* koji je bez samoglasnika
vowel-like ['vauəllaik] *adj* sličan vokalu, poput vokala; *phon* koji tvori slog ili slogove
voyage [vɔidʒ] *s* (dugo) putovanje (*spec* morem), put | **broken** ~ neuspješan kitolov i sl.; **return** ~ povratak; ~ **out and home** putovanje tamo i natrag
voyage [vɔidʒ] *vi/t* **I.** *vi* putovati, (morem) ploviti **II.** *vt poet* putovati (po čemu), proputovati, preploviti
voyage-charter ['vɔidʒˌtʃaːtə] *s com* ugovor o pomorskom prijevozu tereta za jedno ili više putovanja
voyager ['vɔiədʒə] *s* putnik na dugom putovanju, moreplovac
voyeur [vwaː'jəː] *s Fr med* voajer
V-sign ['viː'sain] *s* znak V načinjen kažiprstom i srednjim prstom kao simbol pobjede
Vulcan ['vʌlkən] *s myth* Vulkan (starorimski bog vatre i kovačke vještine)
vulcanite ['vʌlkənait] *s* tvrdi kaučuk, ebonit
vulcanization [ˌvʌlkənai'zeiʃn] *s* vulkanizacija (obrađivanje sirovog kaučuka sumporom da dobije veću čvrstoću i praživost)
vulcanize ['vʌlkənaiz] *vt* vulkanizirati
vulgar ['vʌlgə] *s* | **the** ~ (prosti) puk, svjetina
vulgar ['vʌlgə] *adj* (~**ly** *adv*) pučki, prostonarodni, običan, prost, priprost; nepristojan, prostački, vulgaran, neodgojen, nenaobražen | **the** ~ **era** kršćansko računanje vremena; **the** ~ **tongue** domaći ili pučki jezik; *math* ~ **fraction** obični razlomak
vulgarian [vʌl'gɛəriən] *s* prostak, prostačina; vulgaran, neotmjen ili neodgojen čovjek; skorojević
vulgarism ['vʌlgərizm] *s* prostota, prostakluk, prostaštvo; prostačko ili vulgarno ponašanje; prostački, neuglađen govor ili izraz; vulgarizam
vulgarity [vʌl'gæriti] *s* prostota, prostaštvo, vulgarnost, neodgojenost, neuglađenost, surovost
vulgarization [ˌvʌlgərai'zeiʃn] *s* 1. vulgariziranje, prostačenje, rasprostačenost; snizivanje 2. rasprostranjivanje, širenje u narodu, populariziranje
vulgarize ['vʌlgəraiz] *vt* 1. rasprostačiti, učiniti prostim, vulgarizirati, sniziti 2. rasprostraniti, širiti, proširiti u narodu, popularizirati
vulnerability [ˌvʌlnərə'biliti] *s* ranjivost, ozljedivost, povredivost (& *fig*)
vulnerable ['vʌlnərəbl] *adj* (**vulnerably** *adv*) ranjiv, povrediv, ozljediv (& *fig*)
vulnerary ['vʌlnərəri] *adj* ranarnički; koji liječi ili zacjeljuje rane, ljekovit

vulnerary ['vʌlnərəri] *s* lijek za rane
vulpine ['vʌlpain] *adj* lisičji, poput lisice, nalik na lisicu; lukav, prepreden, domišljat
vulpinism ['vʌlpinizm] *s* lukavost, lukavština, prepredenost, domišljatost
vulture ['vʌltʃə] *s ornith* sup, lešinar, strvinar; *fig* krvopija, gulikoža, hijena, lešinar
vulturine ['vʌltʃurain] *adj ornith* koji nalikuje na supa ili lešinara
vulturous ['vʌltʃurəs] *adj fig* pohlepan, lakom, proždrljiv, grabljiv
vulva ['vʌlvə] *s* otvor, ulaz; *anat* vulva, stidnica
vulval ['vʌlvəl] *adj* koji se odnosi na otvor ili ulaz; *med* koji se odnosi na vulvu
vying ['vaiiŋ] *adj* (**~ly** *adv*) natjecateljski, koji se natječe

W

W, w [ˈdʌbljuː] (*pl* **~s, ~'s**) w, W (23. slovo engleske abecede)
wackiness [ˈwækinis] *s US sl* ludost, šašavost
wacky [ˈwæki] *adj US sl* lud, šašav
wad [wɔd] *s* malen svežanj, čuperak (slame), gruda, čep, zatvarač, zatik, zatisak (npr. od pamuka, vate); *US sl* svitak, svežanj (novčanica)
wad [wɔd] *vt* smotati u svežanj, načiniti grudu; zatikom začepiti; podstaviti (obložiti) vatom, vatirati; *hist* sabiti sukiju u pušku
wadding [ˈwɔdiŋ] *s* mekan materijal za podstavljanje odjeće, tapetiranje pokućstva; vata; podstava od vate, vatelin; *hist* sukija
waddle [ˈwɔdl] *s* geganje
waddle [ˈwɔdl] *vi* gegati se | *com sl* **to ~ out of the alley** povući se s burze, obustaviti plaćanje (zbog financijskog sloma)
waddling [ˈwɔdliŋ] *adj* (**~ly** *adv*) gegav
waddy [ˈwɔdi] *s Austr* drvena domorodačka ratna toljaga
wade [weid] *s* gacanje, gaženje
wade [weid] *vi/t* **I.** *vi* gacati, gaziti; *fig* mučno se probijati **II.** *vt* pregaziti (rijeku, pličinu); istraživati | **to ~ through a book** s mukom pročitati knjigu; **to ~ through slaughter to** doći krvoprolićem do (čega); *ornith* **wading bird** ptica močvarica
wade in [ˈweidˈin] *vi* ući u vodu; *coll* umiješati se, napasti
wader [ˈweidə] *s ornith* ptica močvarica | **~s** *pl* visoke čizme za vodu
wadi (**wady**) [ˈwɔdi] *s Arab* vadi (duboka, strma stjenovita dolina; stjenovito suho korito rijeke; oaza)
wae [wei] *s* → **woe**
wafer [ˈweifə] *s* 1. *cul* oblat(n)a, hostija 2. *hist* oblatka (za lijepljenje pisama); kolut crvenog papira koji se stavlja na isprave mjesto pečata | **as thin as a ~** sasvim mršav
wafer [ˈweifə] *vt* zalijepiti pismo oblatkom
wafery [ˈweifəri] *adj* tanak kao oblata, hostija
waffle [ˈwɔfl] *s GB coll* lupetanje, blebetanje
waffle [ˈwɔfl] *vi GB coll* lupetati, blebetati, brbljati koješta
waffle [ˈwɔfl] *s* tanak kolač u obliku saća, izbrazdan tanak kolač
waffle-iron [ˈwɔflˌaiən] *s* dvokrilni željezni tiganj u kome se kao u kalupu peku *waffles*
waft [waːft] *s* udar krilima, dah, dašak, pirkanje (& *fig*), propuh, promaja; miris; *mar* zastavni signal za opasnost
waft [waːft] *vt/i* **I.** *vt* lako i brzo prenositi, pomicati (u vodi, zraku), donijeti, dopuhnuti, otpuhnuti, vijati, nositi; odaslati **II.** *vi* lebdjeti, plutati, vijati se
wag [wæg] *s* šaljivac, domišljan; učenik koji bježi od škole, ljenivac
wag[1] [wæg] *s* mahanje (repom), tresenje, kimanje
wag[2] [wæg] *vt/i* **I.** *vt* mahati, vrtjeti (repom), tresti, micati, kimati (glavom) **II.** *vi* micati se, pokretati se, mahati, biti uvijek u pokretu | *fig* **tail ~s dog** najneznatniji član društva ima glavnu riječ; **to ~ one's finger at** zaprijetiti se komu prstom; **to set tongues ~ging** proširiti glasine, iznijeti (koga) na glas; **let the world ~ on** neka samo svijet govorka; **beards ~** brblja se, priča se, klepeće se
wage [weidʒ] *s* nadnica, zarada, plaća; *fig* naplata, nagrada; *eccl* odmazda | **~s** *pl* plaća; **to get good ~** dobivati dobru plaću; **living ~s** plaća (zarada) dovoljna za život; **to earn the ~s of sin** biti obješen, biti osuđen na smrt
wage [weidʒ] *vt* voditi (rat), poduzeti (*on* protiv); upustiti se; *arch* unajmiti, namjestiti, plaćati (nadnicu) | **to ~ peace** boriti se za mir, čuvati mir
wage-earner [ˈweidʒˌəːnə] *s* primalac plaće, zarađivač

wage-freeze ['weidʒfri:z] *s* privremena zabrana povisivanja nadnica, zamrzavanje nadnica
wage-fund ['weidʒfʌnd] *s* fond plaća
wager ['weidʒə] *s* novac za okladu, ulog, oklada | *jur hist* ~ **of law** rješenje parnice pomoću zaprisegnutih svjedoka; *hist* ~ **of battle** rješenje spora osobnom borbom između zaraćenih stranaka ili pojedinaca
wager ['weidʒə] *vt/i* kladiti se, okladiti se
wage-sheet ['weidʒʃi:t] *s GB* platni spisak, arak plaća i nadnica
waggery ['wægəri] *s* šala, vragolija
waggish ['wægiʃ] *adj* (~**ly** *adv*) smiješan, šaljiv, vragolanski, komičan
waggishness ['wægiʃnis] *s* vragoljanstvo, šaljivost
waggle ['wægl] *vi/t* **I.** *vi* gegati se, klimati se, drmati se **II.** *vt* micati, tresti, mahati, vrtjeti (repom); kimati (glavom), drmati
waggle ['wægl] *s* micanje, mahanje, kimanje, klimanje, drmanje
waggly ['wægli] *adj* klimav; neravan (put)
wag(g)on ['wægən] *s* teretna kola; *GB rly* teretni vagon | **to hitch one's** ~ **to a star** imati velike pretenzije, puhati na visoko; *coll* **on the** ~ koji se odrekao alkohola
wag(g)onage ['wægənidʒ] *s* vozarina, tovarina
wag(g)oner ['wægənə] *s* vozar, kirijaš
wag(g)onette [ˌwægə'net] *s* otvorena laka kočija na četiri kotača
wagtail ['wægteil] *s ornith* pliska bijela (*Motocilla alba*)
waif [weif] *s* 1. *jur* nađena stvar, stvar bez gospodara; naplavljen predmet 2. zalutalo živinče 3. napuštena beskućna osoba (*esp* napušteno dijete, siroče, nahoče) | ~**s and strays** otpaci, ostaci; napuštena djeca
wail [weil] *s* jadikovka, kukanje, tugovanje, krika | ~ **of pain** krik boli
wail [weil] *vi/t* **I.** *vi* jadikovati, kukati, vikati, tugovati (*for*, *za*) **II.** *vt* žaliti, oplakivati
wailful ['weilful] *adj* koji jadikuje (kuka); bolan, jadan, tužan
wailing ['weiliŋ] s jadikovka, kukanje, tugovanje | ~**s of despair** krik očaja
wailing ['weiliŋ] *adj* (~**ly** *adv*) koji jadikuje (kuka, tuguje); bolan, jadan, tužan | **W**~ **Wall** Zid plača (u Jeruzalemu)
wain [wein] *s poet* kola, teretna kola | *astr* **the Wain, Charles's Wain** Veliki Medvjed
wainscot ['weinskət] *s tech* hrastovina (za oplaćivanje); drvena oplata, drveni panel, uklada, polovnjak (drvena građa); *mar* pregrada
wainscot ['weinskət] *vt* (drvom) oplatiti, oplaćivati, obložiti, ukladati
waist [weist] *s* 1. struk, pâs; najuži dio nekog predmeta 2. *mar* srednji dio broda 3. pojas oko struka 4. *US* bluza, prslučić, steznik
waist-anchor ['weistˌæŋkə] *s mar* sidro za nuždu
waistband ['weistbænd] *s* porub na gornjem dijelu hlača (suknje)
waistcoat ['weistkəut] *s GB* prsluk
waist-deep [ˌweist'di:p] *adj* koji seže do struka (do pasa)
waist-deep [ˌweist'di:p] *adv* do struka, do pasa
waist-high [ˌweist'hai] *adj* & *adv* → **waist-deep**
wait [weit] *s* čekanje, iščekivanje, vrebanje | *GB* ~**s** *pl* ulični pjevači (koji o Božiću idu od kuće do kuće); **to lie in** ~ **for** vrebati koga; **to lay** ~ **for** postaviti komu zasjedu (busiju)
wait [weit] *vi/t* **I.** *vi* 1. čekati, počekati, pričekati (*for* koga) 2. služiti, posluživati, dvoriti (kod stola, kao konobar); biti u službi (*upon* kod) 3. ostati nepodignut, ostati bez odgovora (pismo) **II.** *vt* čekati, očekivati, iščekivati | **to keep a p** ~**ing, to make a p** ~ pustiti koga da čeka; **to** ~ **and see** pričekati, počekati, strpiti se (dok se vidi što će biti); **to** ~ **for the penny to drop** teško shvaćati; *mot* **no** ~**ing** zabranjeno zaustavljanje
wait up ['weit'ʌp] *vi* čekati budan (koga) | **to** ~ **for a p** ostati budan dok ne dođe očekivana osoba
wait (up)on ['weit(əp)'ɔn] *vi* služiti, posluživati, dvoriti (osobito kod stola); njegovati, brinuti se za koga; doći se pokloniti komu (osobito pretpostavljenomu); *arch* promatrati koga, pratiti koga; *sport* namjerno slijediti u stopu (takmaca)
waiter ['weitə] *s* 1. čekalac, iščekivač 2. konobar, poslužitelj 3. tanjur, pladanj za serviranje
waiting ['weitiŋ] *s* čekanje, iščekivanje; posluživanje, posjet (osobito pretpostavljenomu); služba (na dvoru) | **lord-in-**~ kraljevski komornik; **lady-in-**~ dvorska dama
waiting-boy ['weitiŋbɔi] *s* teklić
waiting-list ['weitiŋlist] *s* lista čekanja; *fig* rezerva
waiting-maid ['weitiŋmeid] *s* poslužiteljica, komorkinja; konobarica
waiting-room ['weitiŋrum] *s* čekaonica
waitress ['weitris] *s* konobarica
waive [weiv] *vt* napustiti, odreći se, ne iskoristiti; odgoditi
waiver ['weivə] *s jur* napuštanje, odreknuće, odricanje
wake¹ [weik] *s* 1. bdjenje 2. *Ir* mrtvačka straža, straža kraj mrtvaca; daća, karmine 3. *hist* proštenje, godišnji sajam
wake² [weik] *s* 1. *mar* brazda (koja ostaje na vodi iza broda u vožnji) 2. uzbibana voda; vir; *aero* zračni vir 3. *fig* trag | *mar* **in the** ~ **of a ship** u brazdi nekog broda;

~ **of light** trak (tračak) svjetlosti; *fig* **in the ~ of** po uzoru na, oponašajući, poput

wake [weik] *vi/t* (*pret* woke, ~d; *pp* ~d woken, woke) **I.** *vi* 1. *arch* bdjeti, biti budan, ostati budan 2. probuditi se, razbuditi se, postati budan, svjestan (*up*) 3. predočiti sebi (*to*) 4. oživjeti, trgnuti se, pokrenuti se **II.** *vt* buditi, probuditi, razbuditi, poticati, potaknuti (*up*); pobuditi (sjećanje), uskrsnuti od mrtvih; smetati (mir) | **waking dream** sanjarenje; **to ~ the echoes** dignuti galamu, bučiti

wakeful ['weikful] *adj* (~**ly** *adv*) koji bdije, budan; besan, nemiran (noć)

wakefulness ['weikfulnis] *s* bdjenje; *fig* budnost; besana noć

waken ['weikn] *vi/t* **I.** *vi* probuditi se, buditi se, razbuditi se; oživjeti; *fig* postati svjestan **II.** *vt* probuditi; *fig* prodrmati, osvijestiti; pobuditi osjećaje, potaknuti

wake-robin ['weik͵rɔbin] *s bot* kozalac (vrsta trave: *Arum*)

wale [weil] s 1. masnica 2. okrajak, porub (tkanine) 3. *mar* žuljnica na drvenom brodu; razma na čamcu; vrsta drveta pogodna za brodogradnju

wale [weil] *vt* načiniti masnice, žuljeve, izudarati tako da se pojave masnice

wale-knot ['weilnɔt] *s mar* slazni čvor, uzao (na kraju konopa)

walk [wɔːk] *s* 1. hodanje, hod, pješačenje, koračanje 2. način hoda, korak (kod vožnje itd.) 3. šetnja, izlet, higijenska šetnja, redovna šetnja 4. područje, struka (rada), djelatnost 5. put za šetnju, staza, aleja, promenada; pašnjak | **to go for a ~** ići na šetnju; **to take a ~** prošetati se; ~ **of life** životni položaj, poziv, zvanje, karijera; *US* **to be on the ~s** inkasirati, ubirati novac, unovčiti mjenice

walk [wɔːk] *vi/t* **I.** *vi* hodati, ići, šetati, pješačiti; ići korakom (konj); obilaziti (duhovi); *fig arch* živjeti (po nekim načelima), vladati se **II.** *vt* 1. propješačiti, proći, prohodati amo-tamo 2. pustiti konja da ide korakom; voditi, pratiti, povesti na šetnju; utrkivati se korakom | **to ~ the streets** ići ulicama; baviti se prostitucijom; *univ sl* **to ~ the hospitals** studirati medicinu; **to ~ the boards** biti glumac; **to ~ the plank** kao gusarski zarobljenik biti natjeran zavezanih očiju skočiti s daske u more (i utopiti se); **to ~ the chalk** dokazati svoju trijeznost (npr. policiji) hodajući ravno između crta povučenih kredom; **to ~ a horse** provoditi konja; *fig* **to ~ on air** biti u devetom nebu; **to ~ a p off his legs** izmoriti koga hodanjem (pješačenjem); **to ~ a puppy** trenirati psića

walk about ['wɔːkə'baut] *vi* ići naokolo, šetati bez cilja, lunjati

walk along ['wɔːkə'lɔŋ] *vi* ići, poći dalje, hodati po, uzduž

walk away ['wɔːkə'wei] *vi/t* otići, odjedriti, otploviti; otići s kim | **to ~ from** preteći koga, ostaviti iza sebe, pobijediti; **to ~ with** odnijeti, ukrasti (što)

walk in ['wɔːk'in] *vi* ući, uhodati, poći unutra

walk into ['wɔːk'intu] *vi* napasti (navaliti) na koga; *sl* izbiti, izmlatiti; izgrditi, karati; prionuti uz jelo (piće)

walk off ['wɔːk'ɔf] *vi/t* otići; osloboditi se čega hodanjem | **to ~ with** pobjeći, uhvatiti maglu (s čim); **to ~ a headache** osloboditi se glavobolje šetnjom

walk out ['wɔːk'aut] *vi* izaći, prošetati se; stupiti u štrajk, napustiti radna mjesta; demonstrativno izaći | *GB* **to ~ with** hodati sa, voditi ljubav; **to ~ on** ostaviti (napustiti) koga; ostaviti na cjedilu

walk over ['wɔːk'əuvə] *vt* prijeći preko, prekoračiti; postići pobjedu

walk up ['wɔːk'ʌp] *vi* ići gore, poći gore | ~ ! uđite! (poziv izvikivača publici da uđe u cirkus); **to ~ to** poći prema kome

walkable ['wɔːkəbl] *adj* kuda se može ići, koji se može prijeći (udaljenost), prohodan

walk-around ['wɔːkə͵raund] *s US* crnačko kolo

walk-bill ['wɔːkbil] *s com* mjenica plativa u mjestu gdje je ispunjena

walker-on ['wɔːkərɔn] *s theat* statist

walkie-talkie [͵wɔːki'tɔːki] *s coll* toki-voki (ručni primopredajnik)

walking-papers ['wɔːkiŋ͵peipəz] *s pl sl* otpusnica, otpuštanje (iz namještenja itd.)

walking-stick ['wɔːkiŋstik] *s GB* štap, palica

walking-ticket ['wɔːkiŋ͵tikit] *s sl* otpusnica otpuštanje (iz namještenja itd.)

walking-tour ['wɔːkiŋtuə] *s* pješačenje, izlet pješice

walking gentleman ['wɔːkiŋ͵dʒentlmən] *s theat* statist

walking lady ['wɔːkiŋ͵leidi] *s theat* statistkinja

walk-on ['wɔːkɔn] *s theat* uloga statista, statist

walkout ['wɔːkaut] *s coll* štrajk

walk-over ['wɔːk͵əuvə] *s sport* laka pobjeda bez borbe; *fig* lakoća

walk-up ['wɔːkʌp] *s US* stan (kuća) bez dizala

wall [wɔːl] *s* 1. zid, bedem (& *fig*); *bot* stijenka 2. *arch* dio pločnika uza zid (kuda se pušta da idu starije i poštovanja vrijedne osobe) | **to run one's head against a ~** htjeti (udarati) glavom kroza zid, pokušati učiniti nešto nemoguće; **to see through brick ~** biti vrlo pronicav; ~**s have ears** zidovi imaju uši; **with one's**

back to the ~ u škripcu, u tešku položaju; *min* **hanging** ~ gornja stijena koja zatvara žilu; *arch*. **to give one the** ~ ustupiti komu mjesto da može hodati kraj zida (kao počast); *arch* **to take the** ~ **of** ne ustupiti komu mjesto kraj zida; **to be up against a brick** ~ ne moći dalje; *fig* **to go to the** ~ propasti, podleći, biti pritisnut o zid, biti zapostavljen, pasti pod stečaj; *fig* **the weakest goes to the** ~ najslabiji biva pobijeđen; *fig* **to send a p to the** ~ stjerati koga u škripac, pritisnuti o zid; *fig* **to meet a dead** ~ ne naići na razumijevanje; **to paint the devil on the** ~ igrati se s đavlom; *sl* **go up the** ~ razbjesniti se

wall [wɔːl] *vt* okružiti zidom, ozidati, obzidati; *fig* okružiti, opkoliti, zatvoriti

wall up ['wɔːl'ʌp] *vt* zazidati

wallaby ['wɔləbi] *s zool* vrsta manjeg klokana | **on the** ~ **(track)** u skitnji, nezaposlen

Wal(l)ach ['wɔlək] *s* Vlah, Vlahinja; stanovnik južne Rumunjske

Wallachian [wɔ'leikjən] *adj* vlaški, južnorumunjski

Wallachian [wɔ'leikjən] *s* Vlah, Vlahinja; vlaški jezik

wall-crane ['wɔːlkrein] *s tech* portalna dizalica

wallet ['wɔlit] *s* 1. *arch* putna torba, ranac, telećak, torbak 2. lisnica, novčarka; mala kožna torba za alat

wall-eye ['wɔːlai] *s* 1. *vet* očna bolest konja 2. mrena na oku 3. razrokost

wall-eyed ['wɔːlaid] *adj* razrok

wall-flower ['wɔːlˌflauə] *s fig* djevojka po koju nitko ne dolazi da pleše

wall-fruit ['wɔːlfruːt] *s* špalirska voćka

wall-knot ['wɔːlnɔt] *s* → **wale-knot**

wall-less ['wɔllis] *adj* koji je bez zida, koji nema zida

wall-newspaper ['wɔlˌnjuːspeipə] *s* zidne novine

Walloon [wɔ'luːn] *adj* valonski

Walloon [wɔ'luːn] *s* Valonac; valonski jezik

wallop ['wɔləp] *s sl* pljuska, udarac

wallop ['wɔləp] *vi/t* **I.** *vi* ključati, kipjeti, vreti **II.** *vt sl* nalupati, izlemati

walloping ['wɔləpiŋ] *adj sl* nezgrapan, velik

walloping ['wɔləpiŋ] *adv sl* silno

walloping ['wɔləpiŋ] *s* obrok ili porcija batina, poraz

wallow ['wɔləu] *s* valjanje; prljavština; smetište, đubrište

wallow ['wɔləu] *vi* valjati se; živjeti raspušteno | **to** ~ **in money** plivati u novcu

wall-painting ['wɔːlˌpeintiŋ] *s* slika na zidu, zidna slika, freska

wall-paper ['wɔːlˌpeipə] *s* zidna (papirna) tapeta

walnut ['wɔːlnət] *s bot* orah, orahovina | **over the** ~**s and the wine** pri završetku ručka ili večere

walrus ['wɔːlrəs] *s zool* morž (*Odobrenus rosmarus*)

waltz [wɔːls] *s Ger* valcer (ples i glazba)

waltz [wɔːls] *vi/t Ger* plesati valcer; *US* valjati, kotrljati

waltzer ['wɔːlsə] *s* plesač (plesačica) valcera

wampum ['wɔmpəm] *s* nanizane probušene školjke (ukras ili novac sjevernoameričkih Indijanaca)

wan [wɔn] *adj* (~**ly** *adv*) blijed, beskrvan, bez boje; koji izgleda izmučen (iscrpljen); bez sjaja, slab (svjetlost); prisiljen (osmijeh)

wand [wɔnd] *s* prut, šiba, palica; dirigentski štapić; zapovjednički štap; **čarobni** štapić

wander ['wɔndə] *vi/t* **I.** *vi* 1. lutati, lunjati, skitati se, tumarati; putovati, pješačiti (*about* okolo); zalutati, zabluditi (& *fig*); udaljiti se (*from* od, & *fig*) 2. nesuvislo govoriti, biti nepažljiv, trabunjati, bulazniti, fantazirati **II.** *vt* proći, proputovati; *coll* zavesti u bludnju, smesti, zbuniti | **to** ~ **out of one's way** zalutati, zabluditi

wander off ['wɔnder'ɔf] *vi* izgubiti se (*in* u)

wanderer ['wɔndərə] *s* putnik; lutalica

wandering ['wɔndəriŋ] *s* putovanje, lutanje, tumaranje; (obično ~**s** *pl*); duhovna odsutnost, rastresenost; trabunjanje, bulažnjenje

wandering ['wɔndəriŋ] *adj* (~**ly** *adv*) koji putuje, lutalački, skitnički; nestalan, nemiran; rastresen, zbrkan; koji je uređen bez plana (npr. vrt)

wanderlust ['wɔndəlʌst] *s* jaka želja za putovanjem (lutanjem)

wane [wein] *s* popuštanje, slabljenje, smanjivanje, opadanje; nestajanje, iščezavanje, propadanje | **to be on the** ~ biti u padanju (mjesec); nestajati, propadati

wane [wein] *vi* popuštati, slabiti, smanjivati se, padati (mjesec); blijedjeti (svjetlost); približavati se kraju, nestajati, iščezavati

waney-edged ['weiniedʒd] *adj* neobrubljen (drvena građa)

wangle ['wæŋgl] *vt sl* pribaviti što ispod ruke (potajno); provesti pomoću smicalica; sklopiti ugovor lukavštinom, varati

wanness ['wɔnnis] *s* bljedoća, bljedilo

want [wɔnt] *s* 1. oskudica, nestašica, nedostatak, pomanjkanje; nevolja, siromaštvo 2. potreba, nužna potreba; nužno potrebna (željena) stvar | **for** ~ **of** zbog oskudice, zbog nestašice, u pomanjkanju; **to be in** ~ **of** trebati, nužno trebati, nemati čega

want [wɔnt] *vi/t* **I.** *vi* 1. nemati, oskudijevati 2. biti slabouman 3. nedostajati **II.**

vt 1. nemati, osjećati oskudicu, nestašicu, ne posjedovati (*for*) 2. trebati, osjećati nužnu potrebu, tražiti 3. htjeti, željeti | **to be ~ing to a p** ostaviti koga na cjedilu; **you ~ to have your hair cut** moraš se ošišati; *US* **you ~ to do** trebao bi da učiniš; **you are ~ed** traže vas, trebaju vas; **he is ~ed by the police** za njim je raspisana tjeralica; **~ed** (u oglasima) traži se

want-ad ['wɔnt,æd] *s coll* oglas iz rubrike »Traži se«

wantage ['wɔntidʒ] *s US com* manjak, nedostatak, deficit

wanting ['wɔntiŋ] *prep* u nedostatku, bez | **~ one** osim jednog, bez ijednog

wantless ['wɔntlis] *adj* koji je bez potreba (bez želja)

wanton ['wɔntən] *adj* (**~ly** *adv*) 1. obijestan, nestašan, vragolast; neodgovoran, mušičav, hirovit 2. divlji, bujan, raskošan (raslinstvo) 3. raskalašen, raspušten, puten, bludan 4. besciljan, slučajan, učinjen naslijepo, samovoljan

wanton ['wɔntən] *s* bludnik, bludnica; zaigrano dijete (rijetko) | **to play the ~ with** poigravati se, šaliti se sa

wanton ['wɔntən] *vi* ludovati, šaliti se, biti raspušten, ljubakati, voditi blud; bujno rasti

wantonness ['wɔntənnis] *s* 1. obijest, nestašnost, mušičavost, hirovitost; lakoumnost 2. raskalašenost, raspuštenost, putenost, bludničenje

wapentake ['wæpənteik] *s GB hist* okrug, kotar (u nekim grofovijama sjeverne Engleske)

wapiti ['wɔpiti] *s zool* vapiti, kanadski jelen (*Cervus canadensis*)

war [wɔː] *s* rat, vojna, borba; razmirica, neprijateljstvo, mržnja | **to be at ~ (with)** biti zaraćen (s kim); **in the ~** za vrijeme rata, u doba rata; *arch* **to go to the ~s** služiti kao vojnik; **to carry the ~ into the enemy's country** prenijeti rat na neprijateljsko područje, *fig* prijeći u protunapad, tući protivnika njegovim vlastitim oružjem; **~ to the knife** rat do istrebljenja; **trade of ~** vojničko zvanje; **to make ~** zaratiti se; ratovati; **to wage ~** voditi rat, biti u ratu, ratovati; **to drift into ~** biti uvučen, upleten u rat; **~s of the elements** prirodne katastrofe, oluje

war [wɔː] *vi/t arch* ratovati, voditi rat, vojevati, boriti se

war-baby ['wɔː,beibi] *s* nezakonito dijete rođeno za vrijeme rata; *hum* pomorski kadet koji je vršio službu pomorskog oficira u prvom svjetskom ratu

warble[1] ['wɔːbl] *s* ćurlikanje, treperenje glasom (zvukom); ćurlikav glas

warble ['wɔːbl] *vi/t* ćurlikati, pjevati (kao ptica), treperiti glasom (zvukom); glasno pjevati, izreći; pjevati u stihovima; *US* ijujuškati, jodlati

warble[2] ['wɔːbl] *s* sadno (rana od sedla na konjskim leđima); izraslina, oteklina (nastala od obadovih ličinaka pod kožom)

warbler ['wɔːblə] *s* pjevač, pjevačica; *ornith* ptica pjevica (osobito slavuj, grmuša, crvendać itd.)

warbling ['wɔːbliŋ] *s* ćurlikanje, treperenje glasom (zvukom) | **~s** *pl* pjesma

warbling ['wɔːbliŋ] *adj* ćurlikav

war-cloud ['wɔːklaud] *s fig* ratni oblak, opasnost od rata

war-club ['wɔːklʌb] *s* bojna toljaga, kijača

war-cry ['wɔːkrai] *s* ratni poklik

ward [wɔːd] *s* 1. *arch* čuvanje, stražarenje, obrana, stav obrane, parada (kod mačevanja) 2. nadzor, zaštita, pohrana; starateljstvo 3. zatvor, pritvor, uze, tamnica 4. štićenik, štićenica (& *fig*) 5. odjel (u tamnici, ubožnici, bolnici) 6. gradski izborni okrug 7. *tech* sjekirica, bradica, jezičac (ključa) | **to keep watch and ~** stražariti; **to put a p in ~** pritvoriti koga

ward [wɔːd] *vt* 1. čuvati, štititi, braniti 2. primiti u bolnicu (ubožnicu) 3. obraniti, odbiti, suzbiti, parirati udarac (*off*); odvratiti pogibao

war-dance ['wɔːdaːns] *s* ratni ples

warden[1] ['wɔːdn] *s* 1. *poet* čuvar, stražar, nadzornik, nadstojnik, čuvalac 2. guverner, glavar, rektor nekih koledža u Oxfordu; *GB* predstojnik, ravnatelj; *US* upravnik zatvora | **air-raid ~** nadzornik uličnog bloka za protuavionsku zaštitu; *GB* **traffic ~** nadzornik parkiranja

warden[2] ['wɔːdn] *s bot* vrsta kruške za kuhanje

warder[1] ['wɔːdə] *s* 1. *arch* stražar, straža 2. *GB* nadzornik uza, uznički stražar

warder[2] ['wɔːdə] *s hist* službena zapovjednička palica

wardress ['wɔːdris] *s* tamničarka, čuvarica, paziteljica

wardrobe ['wɔːdrəub] *s* ormar za odjeću; garderoba (odjeća)

wardroom ['wɔːdrum] *s navy* oficirska blagovaonica (na brodu)

wardship ['wɔːdʃip] *s* starateljstvo (& *fig*); nadzor, zaštita; maloljetnost

ware [wɛə] *s* roba (u složenicama); lončarska roba, poluporculansko i porculansko posuđe | **~s** *pl* roba (na prodaju)

ware [wɛə] *pred adj poet* budan, pažljiv

ware [wɛə] *vt coll* pripaziti, čuvati se od | **~ !** pazi!

warehouse ['wɛəhaus] *s* skladište, spremište; trgovina na veliko, robna kuća

warehouse ['wɛəhauz] *vt* staviti u skladište, pohraniti u skladištu, uskladištiti (osobito pokućstvo)

warehouseman ['wɛəhausmən] *s* (*pl* **warehousemen** ['wɛəhausmən]) nadzornik, u-

pravitelj skladišta; vlasnik skladišta, veletrgovac; skladištarski radnik
warfare ['wɔːfɛə] *s* vojna, vojevanje, ratovanje, ratno stanje; ratna služba; *fig* borba, svađa, zavada, zadjevica | **to be (live) at ~ with** biti (živjeti) u zavadi sa
war-god ['wɔːgɔd] *s* bog rata
warhead ['wɔːhed] *s mil* bojovna glava (rakete i sl.)
war-horse ['wɔːhɔːs] *s rhet* bojni konj; *fig* junačina, borac | **like an old ~** poput stara borca
warily ['wɛərili] *adv* oprezno
wariness ['wɛərinis] *s* oprez(nost)
warlike ['wɔːlaik] *adj* ratnički
warlock ['wɔːlɔk] *s arch* čarobnjak, vještac
war-lord ['wɔːlɔːd] *s rhet* vrhovni vojni zapovjednik, generalisimus, vojni diktator
warm [wɔːm] *adj* (**~ly** *adv*) 1. topao, ugrijan, vruć 2. *fig* strastven, uzbudljiv, zanesen, zagrijan; srdačan, privržen, prisan, revan, usrdan 3. žarki, živahan, vatren; opasan 4. topao, taman (boja) 5. svjež (trag), blizak (cilju u lovu itd.) 6. *GB coll* imućan, bogat | **~ work** oštar (opasan) sukob; **make things ~ for somebody** zapapriti nekom
warm [wɔːm] *s* toplina
warm [wɔːm] *vt/i* **I.** *vt* učiniti toplim, grijati; zagrijati (& *fig*), oduševiti, zanijeti; *dial* & *sl* izlupati, izbatinati **II.** *vi* postati topao, grijati se, ugrijati se (& *fig*), oduševiti se, zanijeti se, zainteresirati se
war-maker ['wɔːˌmeikə] *s* ratni huškač
warm-blooded [ˌwɔːm'blʌdid] *adj* toplokrvan; *fig* žestok, nagao, vatren, strastven
warmer ['wɔːmə] *s* grijač, grijalica, grijalo
warm-hearted [ˌwɔːm'hɑːtid] *adj* (**~ly** *adv*) srdačan
warming ['wɔːmiŋ] *s* grijanje; *sl* porcija batina
warming-pan ['wɔːmiŋpæn] *s* žeravnica (grijalica za krevet); privremeni zamjenik (u nekoj službi)
warmish ['wɔːmiʃ] *adj* dosta topao
war-monger ['wɔːˌmʌŋgə] *s* ratni huškač
warmth [wɔːmθ] *s* toplina (& *fig*), srdačnost, uzbuđenost
warn [wɔːn] *vt* upozoriti (*against* na), opomenuti, opominjati; pravodobno obavijestiti, podsjetiti
warn off ['wɔːn'ɔf] *vt* odvraćati, odvratiti
warning ['wɔːniŋ] *s* 1. upozorenje, opomena; nagovijest, znak, obavijest 2. otkaz, otpust (iz službe) | *arch* **to give ~** otkazati (službu); **at a minute's ~** smjesta, bez odlaganja; **to take ~ by** dati se opomenuti, upozoriti, poučiti; **without ~** neočekivano
warning ['wɔːniŋ] *adj* (**~ly** *adv*) koji upozorava (opominje, nagovješta) | **~ light** signalno svjetlo
warningly ['wɔːniŋli] *adv* kao upozorenje, upozoravajući
War Office ['wɔːrˌɔfis] *s GB hist* ministarstvo rata
warp [wɔːp] *s* 1. osnova (kod tkanja) 2. *mar* konop (kojim se povlači brod) 3. *geol* staložen mulj, gust mulj 4. svijanje, (is)krivljenje (kod drva) 5. *fig* iskrivljenje, izopačenje | **~ and woof** osnova i potka (kod tkanja); *fig* isprepletenost, zbrkanost
warp [wɔːp] *vt/i* **I.** *vt* 1. svijati, svinuti, iskriviti 2. natopiti muljem, nagnojiti (tlo) 3. podrezati konac, pređu (za tkanje), snovati, niti (pređe) poredati paralelno 4. moralno iskriviti, izobličiti, izopačiti, iznakaziti; imati loš utjecaj na, loše djelovati; odvratiti, zavesti; izvraćati (činjenice) 5. *mar* povlačiti brod konopima uzduž obale; mijenjati sidrište povlačeći se sidrom **II.** *vi* 1. svijati se, svinuti se, nagnuti se 2. *fig* biti iskrivljen (izopačen) 3. *mar* povlačiti 4. podrezati, snovati
war-paint ['wɔːpeint] *s* ratne boje Indijanaca (za lice, tijelo); *fig* svečano ruho, uparađenost, šminka
war-path ['wɔːpɑːθ] *s* bojni pohod Indijanaca; *fig* kretanje u sukob
warrant ['wɔrənt] *s* 1. jamstvo; pravo, ovlast, ovlaštenje, punomoćje 2. izvršni nalog; uhidbeni nalog 3. isprava, iskaznica; doznaka za isplatu; skladišni list 4. patent; oficirski dekret
warrant ['wɔrənt] *vt* opravdati; jamčiti, garantirati
warrantability [ˌwɔrəntə'biliti] *s* opravdanost, ovlaštenost
warrantable ['wɔrəntəbl] *adj* (**warrantably** *adv*) opravdan, ovlašten; koji se smije loviti (jelen)
warrantee [ˌwɔrən'tiː] *s* punomoćnik; onaj komu se jamči za što
warrant-officer ['wɔrəntˌɔfisə] *s mil* zastavnik (čin)
warrantor ['wɔrəntɔː] *s* jamac, garant
warranty ['wɔrənti] *s* jamstvo, garancija; punomoćje, ovlaštenje
warren ['wɔrən] *s* kunićnjak; spremište za ribe (pod vodom); *fig* labirint | **like rabbits in a ~** kao srdjelice, kao kunići (o brojnom pučanstvu)
warrior ['wɔriə] *s* (obično *poet*) ratnik, bojovnik | **the Unknown Warrior** Neznani junak (simbol palog vojnika u prvom svjetskom ratu)
warship ['wɔːʃip] *s* ratni brod
wart [wɔːt] *s* bradavica; *bot* izraslina; *vet* baga, pauk (bolest konja)
wart-grass ['wɔːtgrɑːs] *s* → **wartwort**
warthog ['wɔːt'hɔg] *s zool* bradavičasta svinja (*Phacochoerus aethiopicus*)
wartime ['wɔːtaim] *s* ratno vrijeme
wartime ['wɔːtaim] *adj* ratni, ratnodopski
war-torn ['wɔː'tɔːn] *adj* iscrpljen od rata, ratom poharan

wartwort ['wɔːtwəːt] *s bot* mlječika (*Euphorbia cyparissias*)
warty ['wɔːti] *adj* bradavičast, koji je poput bradavice
war-wearied ['wɔːˌwiərid] *adj* umoran, izmoren od rata
war-worn ['wɔːwɔːn] *adj* → **war-wearied**
wary ['wɛəri] *adj* (**warily** *adv*) oprezan, pažljiv, pomnjiv
was [wɔz, wəz] 1. & 3. lice *sg pret* od **be**
wash [wɔʃ] *s* 1. pranje, umivanje; ispiranje 2. pranje rublja; ono što je oprano, oprano rublje 3. vodica, tekućina za kosu (za poljepšavanje) 4. lagana naslaga boje (tuša); premaz 5. kovinska prevlaka 6. mlatnja valova o obalu; brazda broda 7. splačine, pomije; *fig* razvodnjenost 8. naplavina, naplavljeno tlo | **to have a ~** prati (oprati) se; **to give a th a ~** prati (oprati) što
wash [wɔʃ] *vt/i* **I.** *vt* 1. prati, ispirati, oprati, isprati, umiti, umivati; čistiti, očistiti 2. oplakivati, natopiti, natapati, vlažiti, navlažiti, močiti, smočiti, namočiti 3. izbaciti (na kopno); odnijeti, otplaviti (val, struja) preko palube 4. podlokati, izlokati, ogoliti (voda, struja); preplaviti 5. ispirati (rudu), isplahnuti 6. prevući tankom prevlakom (zlata itd.); lako bojiti vodenom bojom **II.** *vi* 1. prati se, oprati se, umivati se, umiti se 2. dati se prati, ne gubiti boju u pranju; *fig coll* izdržati ispit (ispitivanje, pokus); biti uvjerljiv 3. teći, valjati se; biti naplavljen, biti izbačen na kopno | **to ~ one's dirty linen** (javno) iznositi prljave tajne, prljavi »veš«; *fig* **to ~ one's hands** prati ruke, odreći se svake odgovornosti; trljati ruke (u neprilici); **to ~ ashore** naplaviti (izbaciti) na kopno; *GB coll* **this theory won't ~** ova je teorija neodrživa; *sl* **~ed up** propao, skrahiran
wash away ['wɔʃə'wei] *vt* isprati, oprati, podlokati; odnijeti, odnositi, otplaviti (more, struja)
wash down ['wɔʃ'daun] *vt* temeljito isprati, oprati; zaliti (hranu pićem)
wash out ['wɔʃ'aut] *vt/i* **I.** *vt* isprati, podlokati; izlokati; *fig* izbrisati, očistiti **II.** *vi* dati se isprati (očistiti), biti podlokan (izlokan) | **to be (look) washed out** biti (izgledati) ispran, izgubiti boju; *fig* biti (izgledati) iscrpljen, blijed
wash over ['wɔʃ'əuvə] *vt* isprati, preliti, premazati
wash up ['wɔʃ'ʌp] *vt/i US* umiti se; *GB* prati suđe; odnijeti, otplaviti (voda, struja)
washability [ˌwɔʃə'biliti] *s* perivost
washable ['wɔʃəbl] *adj* periv; koji ne gubi boju u pranju
wash-basin ['wɔʃˌbeisn] *s GB* umivaonik, lavor
wash-board ['wɔʃbɔːd] *s* daska za pranje
wash-bowl ['wɔʃbəul] *s US* umivaonik, lavor
wash-down ['wɔʃdaun] *s* pranje
washer ['wɔʃə] *s* perač, pralja; stroj za pranje; *tech* brtva, brtveni prsten
washerwoman ['wɔʃəˌwumən] *s* (*pl* **washerwomen** ['wɔʃəˌwimin]) pralja
wash-hand-basin ['wɔʃhændˌbeisn] *s GB* → **wash-basin**
wash-house ['wɔʃhaus] *s* praonica
washing ['wɔʃiŋ] *s* 1. pranje, umivanje, ispiranje 2. čišćenje, plakanje, isplahivanje 3. strujanje, mlatnja valova o obalu 4. tanka prevlaka boje 5. rublje za pranje, oprano rublje | **~s** *pl* splačine, spirine, pomije, voda od pranja; naplavine, naplavljen mulj, otplavljene mase; otpaci
washing-day ['wɔʃiŋdei] *s* dan pranja (rublja)
washing-machine ['wɔʃiŋməˌʃiːn] *s* stroj za pranje rublja
washing-stand ['wɔʃiŋstænd] *s* stolić za umivanje, umivaonik
washing-up [ˌwɔʃiŋ'ʌp] *s GB* pranje (suđa); *US* umivanje
wash-leather ['wɔʃˌleðə] *s* antilop koža za pranje stakla
wash-out ['wɔʃaut] *s sl* potpun neuspjeh, fijasko, propast, bruka; *geol* ispiranje; prodor nasipa bujicom (vodenim masama); *coll* nesposoban čovjek
wash-pot ['wɔʃpɔt] *s* lonac za pranje
washroom ['wɔʃrum] *s US* javni zahod
wash-stand ['wɔʃstænd] *s* stolić za umivanje, umivaonik
wash-tub ['wɔʃtʌb] *s* korito za pranje (rublja)
wash-up ['wɔʃʌp] *s sl* neuspjeh, fijasko
washy ['wɔʃi] *adj* (**washily** *adv*) voden, vodenast, blijed (boja); *fig* razvodnjen, bez snage; plitak, dosadan; mlohav, labav
wasp [wɔsp] *s ent* osa
Wasp [wɔsp] *s US* bijelac anglosaskog protestantskog porijekla (*White-Anglo-Saxon-Protestant*), kao pripadnik najutjecajnijeg sloja stanovništva u SAD
waspish ['wɔspiʃ] *adj* (**~ly** *adv*) koji je poput ose; *fig* razdražljiv, oštar, jedak, zajedljiv; zloban, pakostan
waspishness ['wɔspiʃnis] *s* zajedljivost, jetkost; zlobnost
wasplike ['wɔsplaik] *adj* koji je poput ose
wasp-waisted ['wɔspˌweistid] *adj* koji je vrlo tanka struka
wassail ['wɔseil] *s arch* svečanost, gozba, pijanka; piće za takvu prigodu
wassail ['wɔseil] *vi arch* svetkovati, gostiti se, pijančevati
wassailing ['wɔsəliŋ] *s* gošćenje, pijančevanje
wast [wɔst] *arch* 2. lice *sg pret* od **be**
wastage ['weistidʒ] *s* trošenje, gubitak, traćenje, rasipavanje

waste [weist] *s* 1. pustoš, pustinja, pustopoljina; velika vodena površina (~ *of waters*) 2. smanjenje, trošenje, gubitak 3. rasipavanje, traćenje (novca, vremena, snage itd.) 4. propadanje, propast; uzaludnost 5. otpaci (svile, vune itd.); makulatura 6. *jur* šteta, smanjenje vrijednosti (posjeda, zemljišta) zbog nehaja (nemara)

waste [weist] *adj* 1. pust; neobrađen, nenastanjen 2. *fig* jednoličan, dosadan, nezanimljiv 3. suvišan, beskoristan, neupotrebljiv | **to lay** ~ opustošiti, poharati; **to lie** ~ biti (ležati) neobrađen (neiskorišten); ~ **land** neobrađeno tlo, pustopoljina; ~ **paper** makulaturni papir, otpaci papira

waste [weist] *vt/i* **I.** *vt* 1. pustošiti, opustošiti; poharati, razoriti 2. trošiti, ispijati, slabiti 3. *jur* pustiti da propadne, zapustiti (posjed, zemljište) zbog nehaja (nemara) 4. rasipati (novac, snagu), tratiti vrijeme, uludo trošiti (snagu) 5. *US sl* eliminirati, ubiti **II.** *vi* 1. slabiti, opadati, propadati (*away*); smanjiti težinu (treningom) 2. trošiti se, rasipati se 3. nestajati, venuti; *arch* prolaziti (vrijeme) | **to** ~ **breath** uzalud govoriti; *prov* ~ **not, want not** tko štedi, taj ima

waste-basket [ˈweistˌbaːskit] *s US* koš za papir

wasteful [ˈweistful] *adj* (~**ly** *adv*) koji uništava (pustoši); rastrošan, rasipan, rasipnički; *poet* pust, prazan, osamljen, nenastanjen

wastefulness [ˈweistfulnis] *s* rastrošnost, rasipnost

wasteland [ˈweistlænd] *s* pustoš

waste-paper-basket [ˌweistˈpeipəˌbaːskit] *s GB* koš za papir

waste-pipe [ˈweistpaip] *s* odvodna cijev (za upotrijebljenu ili suvišnu vodu)

waster [ˈweistə] *s* 1. *coll* rasipnik, nevaljalac, ništarija 2. uništavač, haralac; ono što uzrokuje gubitak 3. *com* loš uzorak (primjerak), loša roba, otpaci, škart; loš (neuspio) odljevak

wastrel [ˈweistrəl] *s* 1. *com* loš uzorak (primjerak), loša (nevrijedna) roba, škart 2. nevaljalac, ništarija; uličninjak, zapušteno (zalutalo) dijete, nahoče 3. neiskorišten komad zadružne zemlje

watch [wɔtʃ] *s* 1. *arch* bdjenje 2. straža, stražarenje 3. *hist* jedno od 3 ili 4 razdoblja noći; mrtvačka straža, straža kraj mrtvaca; noćna straža 4. budnost, pažnja, pažljivost, oprez, promatranje, vrebanje, uhodarenje 5. straža, stražar; *mar* brodska straža 6. džepni sat | *arch* **in the** ~**es of the night** vrijeme što ga tko provede noću budan; **to pass as a** ~ **in the night** biti ubrzo zaboravljen; **to keep** ~ stražariti, bdjeti, paziti na; ~ **and ward** (prvobitno:) straža danju i noću; (danas:) oštro, naporno stražarenje; **on the** ~ na oprezu, vrebajući, pažljivo iščekujući; **it is 10 o'clock by my** ~ na mom je satu 10 sati

watch [wɔtʃ] *vi/t* **I.** *vi* 1. *arch* bdjeti, **biti** budan 2. paziti; pripaziti; vrebati, **uhodariti**, biti na oprezu 3. *mil* stražariti, **biti** na straži, čuvati stražu **II.** *vt* 1. **čuvati**, paziti, stražiti (nad kim); pomnjivo (pozorno) motriti, promatrati, pratiti, uhodariti 2. čuvati ovce; *fig* držati **na** oku 3. *jur* promatrati, pratiti (parnicu), zastupati (čiji interes) 4. čekati, iščekivati (pogodnu priliku) | *fig* ~**ed pot never boils** u iščekivanju je vrijeme dugo; **to** ~ **one's time** čekati pogodnu priliku

watch out [ˈwɔtʃˈaut] *vi* paziti, pripaziti

watch over [ˈwɔtʃˈəuvə] *vi* stražariti **nad**, čuvati

watch-boat [ˈwɔtʃbəut] *s mar* stražarski čamac

watch-box [ˈwɔtʃbɔks] *s* čuvarska kućica, stražarnica

watch-cap [ˈwɔtʃkæp] *s* poklopac džepnog sata

watch-case [ˈwɔtʃkeis] *s* kutija (okućje) džepnog sata

watch-chain [ˈwɔtʃtʃein] *s* lanac za džepni sat

watch-dog [ˈwɔtʃdɔg] *s* pas čuvar

watcher [ˈwɔtʃə] *s* promatrač; čuvar, stražar

watchful [ˈwɔtʃful] *adj* (~**ly** *adv*) pažljiv, oprezan, budan

watchfulness [ˈwɔtʃfulnis] *s* pažljivost, opreznost, budnost

watch-glass [ˈwɔtʃglaːs] *s GB* staklo džepnog sata

watch-house [ˈwɔtʃhaus] *s* stražarnica

watch-keeper [ˈwɔtʃˌkiːpə] *s mar* oficir straže

watch-key [ˈwɔtʃkiː] *s* ključ za navijanje sata

watchmaker [ˈwɔtʃˌmeikə] *s* urar

watchman [ˈwɔtʃmən] *s* (*pl* **watchmen** [ˈwɔtʃmən]) stražar, čuvar

watch-pocket [ˈwɔtʃˌpɔkit] *s* džep za **sat**

watch-spring [ˈwɔtʃspriŋ] *s* (spiralna) opruga džepnog sata

watch-stand [ˈwɔtʃstænd] *s* stalak za **sat**

watch-tower [ˈwɔtʃˌtauə] *s* stražarski toranj

watchword [ˈwɔtʃwəːd] *s* lozinka, parola, deviza

water [wɔːtə] *s* 1. voda, vodena **površina**, rijeka, more; *pl* voda, vode, more 2. **plima** i oseka 3. *chem* vodena otopina, **rastopina** 4. vodeni sjaj (**na draguljima**), odsjev (na tkanju) 5. mokraća | **blue** ~ morska pučina; **mineral** ~ mineralna voda; *arch* **strong** ~**s** žestoka pića; **table** ~**s** mineralna voda (**osobito u bocama**); **red** ~ krvava mokraća; **to be in smooth**

~ biti u povoljnim prilikama, uspijevati; **on the** ~ u čamcu, na brodu; **by** ~ po vodi, vodenim putem; **in deep** ~(s) u teškoćama, neprilikama, u škripcu; **still ~s run deep** tiha voda brijege dere; *fig* **fish in troubled ~s** loviti u mutnom; **to get into hot ~ for** doći u nepriliku (škripac) zbog; **to be in hot** ~ biti u neprilici (škripcu); *fig* **to throw cold ~ on** narugati se, politi hladnom vodom, osujetiti; **written in** ~ prolazan, kratkotrajan, sagrađen na pijesku, koji se neće ostvariti; *fig* **to keep one's head above** ~ održati se na površini; **to cross the ~s** prijeći preko mora; **to cast one's bread upon the ~s** činiti dobro ne očekujući hvale; **it brings the ~ to his mouth** rastu mu zazubice za tim; *fig* **as a fish out of** ~ kao riba na suhom; **between wind and** ~ u ranjivo mjesto, na ranjivu mjestu; **to pour oil on the ~s** izgladiti, ukloniti zapreke, smiriti; **to spend money like** ~ uludo trošiti novac; *arch* **fire and** ~ simbol najnužnijih životnih potreba koje se ne smiju pružiti osobi izvan zakona; *fig* **to hold** ~ biti čovjek na mjestu, izdržati probu; **to make (pass)** ~ mokriti; **to tread** ~ održati se na površini gazeći vodu nogama; ~ **bewitched** vrlo slab čaj ili alkoholno piće; ~ **of life** duhovno prosvjetljenje; *fig* **in low** ~ u lošim prilikama, na suhom; **of the first** ~ (dragulj) prve vode, najbolje vrste; *fig* prvorazredan: **high** ~ plima; *fig* kulminacija, vrhunac; **low** ~ oseka; *fig* najniža razina, najslabiji rezultat; ~ **famine** nestašica vode; **to take the** ~ biti porinut (brod) u vodu; **to take (drink) the ~s** piti mineralnu vodu, podvrgnuti se liječenju mineralnom vodom; ~ **on the brain** vodena bolest u glavi

water [ˈwɔːtə] *vt/i* **I.** *vt* 1. škropiti, poškropiti; zalijevati, natapati; navodnjavati 2. razvodniti (mlijeko, vino) 3. pojiti, napajati, opskrbiti vodom 4. *fin* povećati dug ili glavnicu (poduzeća) izdavanjem novih dionica bez valjana pokrića 5. *fig* razvodniti, učiniti popularnim 6. utisnuti valovite šare (na tkaninu), moarirati **II.** *vi* 1. lijevati vodu, puštati vodu, suziti (oči); lučiti vodu (slinu) 2. piti, ići na pojilo (životinje) 3. piti mineralnu (ljekovitu) vodu, podvrgnuti se liječenju mineralnom (ljekovitom) vodom | **to make one's mouth** ~ učiniti da komu rastu zazubice; *com* **to ~ stock** izdavati nove dionice (bez povećanja dioničke glavnice); *text* **~ed silk** šanžan (moarirana) svila

water down [ˈwɔːtəˈdaun] *vt* razvodniti (vino); *fig* oslabiti, smanjiti

water-bailiff [ˈwɔːtəˌbeilif] *s GB hist* lučki carinski činovnik

water-balance [ˈwɔːtəˌbæləns] *s tech* libela

water-bed [ˈwɔːtəbed] *s* gumeni madrac (ležaj, krevet) ispunjen vodom

water-biscuit [ˈwɔːtəˌbiskit] *s cul* kreker, slani keks

water-blister [ˈwɔːtəˌblistə] *s* vodeni mjehurić (na koži)

water-borne [ˈwɔːtəbɔːn] *adj* koji se prenosi, prevozi vodenim putem

water-bottle [ˈwɔːtəˌbɔtl] *s* boca za vodu; *GB* čuturica, ploska

water-breaker [ˈwɔːtəˌbreikə] *s* bačvica za vodu

water-buffalo [ˈwɔːtəˌbʌfələu] *s* bivol

water-bus [ˈwɔːtəbʌs] *s* hidrobus

water-butt [ˈwɔːtəbʌt] *s* sud (čabar) za vodu

water-carriage [ˈwɔːtəˌkæridʒ] *s* prijevoz vodenim putem

water-carrier [ˈwɔːtəˌkæriə] *s* vodonoša; *astr* Vodenjak (zviježđe na južnom nebu)

water-cart [ˈwɔːtəkaːt] *s GB* kola za vodu, kola za polijevanje cesta

water-chute [ˈwɔːtəʃuːt] *s* tobogan na vodi

water-closet [ˈwɔːtəˌklɔzit] *s* zahod s vodom za ispiranje (kratica: W. C.)

water-colour [ˈwɔːtəˌkʌlə] *s* vodena boja; akvarel; akvarelno slikarstvo

water-colourist [ˈwɔːtəˌkʌlərist] *s* akvarelist

watercourse [ˈwɔːtəkɔːs] *s* potok, rijeka, korito rijeke, vodeni tok

watercress [ˈwɔːtəkres] *s bot* potočarka (vrsta salate: *Nasturtium officinale*)

water-drinker [ˈwɔːtəˌdriŋkə] *s* vodopija; umjerenjak, antialkoholičar

waterfall [ˈwɔːtəfɔːl] *s* slap, vodopad

water-finder [ˈwɔːtəˌfaində] *s* rašljar (tražilac vode koji se služi rašljama)

waterfowl [ˈwɔːtəfaul] *s* vodena ptica (osobito kao divljač)

water-front [ˈwɔːtəfrʌnt] *s* luka, područje dokova

water-gap [ˈwɔːtəgæp] *s* gudura kroz koju teče rijeka

water-gas [ˈwɔːtəgæs] *s* vodeni plin

water-gate [ˈwɔːtəgeit] *s* brana, ustava

water-gauge [ˈwɔːtəgeidʒ] *s* vodokaz; vodomjer; nasip, brana

water-glass [ˈwɔːtəglaːs] *s* čaša (sud) za vodu; *chem* vodeno staklo

water-hammer [ˈwɔːtəˌhæmə] *s* udar vode u cijevi (pri naglom zatvaranju pipe)

water-heater [ˈwɔːtəˌhiːtə] *s* bojler

water-hen [ˈwɔːtəhen] *s ornith* sjeverna bijelka (*Lagopus lagopus*)

water-hole [ˈwɔːtəhəul] *s* pojište

water-ice [ˈwɔːtərais] *s GB* vodeni sladoled

wateriness [ˈwɔːtərinis] *s* vlaga, vodenost; *fig* razvodnjenost, plitkost, dosadnost

watering [ˈwɔːtəriŋ] *s* 1. škropljenje, polijevanje, navodnjavanje 2. napajanje 3. krcanje vode 4. utiskivanje valovitih šara (u tkaninu), moariranje 5. miješanje s vodom, razvodnjavanje

watering-can ['wɔːtəriŋkæn] *s* kanta za zalijevanje (vrta)
watering-cart ['wɔːtəriŋkaːt] *s* kola za polijevanje (cesta, putova)
watering-place ['wɔːtəriŋpleis] *s* pojilo, napajalište; *mar* mjesto (luka) gdje se krca voda; kupalište
watering-pot ['wɔːtəriŋpɔt] *s* kanta za zalijevanje (cvijeća)
water-joint ['wɔːtədʒɔint] *s* ispupčen vez (koji sprečava zaostajanje vode među pukotinama taraca)
waterless ['wɔːtəlis] *adj* koji je bez vode, suh, nenavodnjen
water-level [''wɔːtə,levl] *s* vodostaj; vodena vaga
water-lily ['wɔːtə,lili] *s bot* lokvanj, lopoč (*Nuphar luteum*)
water-line ['wɔːtəlain] *s mar* vodena linija
waterlogged ['wɔːtəlɔgd] *adj* natopljen, napunjen vodom (drvo, brod), nabubren
water-main ['wɔːtəmein] *s* glavna vodovodna cijev
waterman ['wɔːtəmən] *s* (*pl* **watermen** ['wɔːtəmən]) skeledžija, brodar, veslač
watermark ['wɔːtəmaːk] *s* znak vodostaja; vodeni žig (na papiru)
watermark ['wɔːtəmaːk] *vt* utisnuti vodeni žig (na papir)
water-melon ['wɔːtə,melən] *s bot* lubenica
water-nymph ['wɔːtənimf] *s* vodena vila, najada
water-pillar ['wɔːtə,pilə] *s rly* šmrk za vodu
water-pipe ['wɔːtəpaip] *s* vodovodna cijev
water-plane ['wɔːtəplein] *s mar* 1. ravnina paralelna s vodenom površinom (kad je brod na ravnoj kobilici) 2. hidroplan
water-plug ['wɔːtəplʌg] *s* pipac, slavina za vodu
water-polo ['wɔːtə,pəuləu] *s sport* vaterpolo
water-power ['wɔːtə,pauə] *s* vodena energija, snaga vode
waterproof ['wɔːtəpruːf] *adj* nepromočiv, impregniran
waterproof ['wɔːtəpruːf] *s* kišni ogrtač, baloner
waterproof ['wɔːtəpruːf] *vt* učiniti nepromočivim, impregnirati (tkaninu)
waterproofer ['wɔːtə,pruːfə] *s* radnik koji impregnira
water-rat ['wɔːtəræt] *s zool* vodeni štakor (*Hydromys chrysogaster*)
water-rate ['wɔːtəreit] *s GB* (četvrtgodišnja) pristojba za vodu
watershed ['wɔːtəʃed] *s geog* razvođe; riječno područje
waterside ['wɔːtəsaid] s (morska, riječna itd.) obala
water-ski ['wɔːtəskiː] *s sport* skija za vodu
water-ski ['wɔːtəskiː] *vi sport* skijati na vodi
water-skier ['wɔːtə,skiːə] *s sport* skijaš(ica) na vodi
water-skiing ['wɔːtə,skiːiŋ] *s sport* skijanje na vodi
water-skin ['wɔːtəskin] *s* mješina za vodu
waterspout ['wɔːtəspaut] *s* cijev iz koje štrca voda, žlijeb; *meteor* vodena pijavica, vodeni tornado, prolom oblaka
water-sprite ['wɔːtəsprait] *s* vodeni duh
water-storage reservoir ['wɔːtə,stɔːridʒ 'rezəvwaː] *s* akumulacijski bazen
water-supply ['wɔːtəsə,plai] *s* opskrba vodom; vodovod
water-table ['wɔːtəteibl] *s* razina podzemne vode
water-tap ['wɔːtətæp] *s* pipac, slavina za vodu
watertight ['wɔːtətait] *adj* nepromočiv, nepropustan; *fig* siguran, neosporan, pouzdan; samostalan
water-tower ['wɔːtə,tauə] *s* povišena cisterna, vodeni toranj, rezervoar (iz kojega se opskrbljuje vodovod)
water-wagon ['wɔːtə,wægən] *s* kola za polijevanje ceste | *sl* **to be on the ~** apstinirati od alkohola
water-waving ['wɔːtə,weiviŋ] *s* vodena ondulacija
waterway ['wɔːtəwei] *s* vodeni put, tok vode, rijeka; plovni kanal; *mar* palubna odlivnica
water-wheel ['wɔːtəwiːl] *s* vodeno kolo, vodenično kolo; hidraulička dizalica; *mar* kotač lopatar
waterworks ['wɔːtəwəːks] *s pl* vodovod; vodoskok; *coll* organi za mokrenje | *fig* **to turn on the ~** proplakati
water-worn ['wɔːtəwɔːn] *adj* otplavljen od vode; izglađen od vode
watery [''wɔːtəri] *adj* (**waterily** *adv*) voden, vodenkast, vlažan; koji suzi (oko); kišni; razvodnjen (jelo); voden, blijed, ispran (boja); *fig* mlohav, dosadan, plitak, bljutav, bez duha
watt [wɔt] *s el* vat
Watterloo [,wɔːtə'luː] *s fig* konačni poraz
wattle ['wɔtl] *s* 1. ljesa, pleter, plot, šiblje za takav plot; *dial* prepona 2. *bot* australska akacija | **~ and daub** čatma (zid od pletera i blata)
wattle ['wɔtl] *s* braduša (kod pijetla, purana); brada (kod riba, biljaka, itd.)
wattle ['wɔtl] *vt* načiniti od šiblja, napraviti pleter (plot); graditi od čatme; ispreplesti, svezati šibljem
wattmeter ['wɔt,miːtə] *s el* vatmetar
waul [wɔːl] *vi* vikati, urlati
wave [weiv] *s* 1. val, talas (& *fig*) 2. valovito gibanje 3. valovita crta, valovit ukras, valovita šara (u tkanini, kovini) 4. mahanje, domahivanje, znak | *poet* & *rhet* **the ~(s)** more; **permanent ~** trajna ondulacija

wave [weiv] *vi/t* **I.** *vi* 1. zibati se, ljuljati se, lepršati, talasati se 2. mahati, mahnuti, domahivati 3. biti valovit, valovito se gibati **II.** *vt* 1. mahati, vitlati, vrtjeti (čime) 2. učiniti valovitim, ondulirati (kosu); utisnuti valovite šare (u tkaninu), moarirati; utisnuti šare (u kovinu), giljoširati; ukrasiti valovitim šarama
wave aside ['weivə'said] *vt* pozvati koga u stranu; odbiti što
wave away ['weivə'wei] *vt* dati komu znak za odlazak; odbiti što
wave-band ['weivbænd] *s radio* dužina vala
wavelength ['weivleŋθ] *s phys & radio* dužina vala
waveless ['weivlis] *adj* bez valova, gladak, miran
wavelessness ['weivlisnis] *s* glatkost (vodene površine), mirnoća (mora)
wavelet ['weivlit] *s* malen val, valić
wavelike ['weivlaik] *adj* valovit, talasast, poput vala
waver ['weivə] *vi* posrtati, teturati (u hodu); zibati se, lepršati, vijoriti; *fig* (po)kolebati se, biti neodlučan (nestalan); skretati, skrenuti, odstupati (*from* od); postati nemiran (pogled); treperiti, povijati se, svjetlucati se (svjetlost, plamen)
waverer ['weivərə] *s* kolebljivac, neodlučan čovjek
wavering ['weivəriŋ] *adj* (**~ly** *adv*) koji posrće (tetura); koji se giba (leprša); kolebljiv, neodlučan, nestalan; nepostojan, treperav, svjetlucav
waviness ['weivinis] *s* valovitost, valovito gibanje, talasanje
wavy ['weivi] *adj* (**wavily** *adv*) valovit, talasast, koji je poput vala
wax[1] [wæks] *s* vosak, pčelinji vosak; vosku slična materija; *med* cerumen, slih, ušna maz (*ear-~*) | **sealing-~** pečatni vosak
wax[2] [wæks] *s sl* srdžba, bijes | **to be in a ~** biti ljut, bijesan; **to get into a ~** razljutiti se, razbjesnjeti se
wax [wæks] *vt* prevući, namazati voskom, očistiti voskom, voštiti, navoštiti; prevući (namazati) smolom | **~ed paper** voštani papir, masni papir; *GB* **white ~** parafin
wax [wæks] *vi arch* rasti, narasti; rasti (mjesec); povećati se, porasti, napredovati, pojačavati se, razvijati se, postati | **to ~ and wane** rasti i opadati
wax-candle ['wæksˌkændl] *s* voštanica, voštana svijeća
wax-chandler ['wæksˌtʃaːndlə] *s* voštar, svjećar
wax-cloth ['wæksklɔθ] *s* voštano platno, navošteno sukno
waxen ['wæksən] *adj* 1. *arch* voštan, od voska 2. koji je kao vosak; gladak, sjajan 3. voštane boje, blijed 4. *fig* mekan, popustljiv
waxiness ['wæksinis] *s* voštanost
wax-paper ['wæksˌpeipə] *s* voštani papir, masni papir
waxwing ['wækswiŋ] *s ornith* kugara svilorepa (*Ampelis garrulus*)
waxwork ['wækswəːk] *s* rad, modeliranje u vosku; voštana figura | **~s** *pl* muzej voštanih figura
waxy ['wæksi] *adj* (**waxily** *adv*) voštan, poput voska; voštane boje, blijed; *fig* mekan, povodljiv, popustljiv; *GB sl* ljutit, bijesan, uzrujan
way [wei] *s* 1. put, staza, cesta, drum, pruga; prolaz 2. *mar pl* navoz za spuštanje broda u vodu, saonice 3. najbolji put (način, plan) da se dođe do cilja; hod, tok 4. mogućnost 5. napredovanje, razvoj, napredak 6. put, smjer; *mar* kurs 7. prevaljen put, put (udaljenost) što se mora prevaliti; daljina, komad, dio puta (putovanja) 8. slobodan put (prostor); *fig* prilika, prigoda 9. *fig* put, način, sredstvo, postupak, metoda 10. navika, način, svojstvo; običaj 11. zanimanje, zvanje, struka, grana posla 12. stanje, položaj; pretpostavka, slučaj; obzir, veza; stupanj, omjer, razmjer | **over the ~** nasuprot, preko puta; *astr* **Milky Way** Mliječni Put, Kumovska Slama; *eccl* **the ~ of the cross** križni put; **to go the ~ of all the earth (of all flesh, of nature)** umrijeti; **to ask the ~** pitati za put (za smjer, kuda valja poći); **to find the ~** stići na cilj, doći do cilja, snaći se; **to lose the ~** zalutati, zabluditi; **to take one's ~ to** ići stanovitim smjerom; **to go one's ~** otići, poći svojim putem; **to come by ~ of London** doći preko Londona; **to lead the ~** pokazati put; *fig* predvoditi, prednjačiti primjerom; **to put oneself out of the ~** maknuti se s puta (& *fig*); **this is nothing out of the ~** to nije ništa neobično, izvanredno; **to go out of the ~ to be rude** biti bez razloga neuljudan (prost); **where there's a will there's a ~** što se hoće, to se i može; **~s and means** put i način (osobito da se dođe do novca); **Ways and Means (Committee)** parlamentarna budžetska komisija; **to go (take) one's own ~** ići svojim putem, učiniti po svom; **to have one's own ~** raditi po svojoj glavi, postići ono što se želi; **to give ~** uzmicati, uzmaknuti, ugibati se, ugnuti se; popustiti, popuštati; **to make ~** napredovati; *fig* prodrijeti, uspjeti; **lion in the ~** zapreka, smetnja (osobito fiktivna, umišljena); **to stand in the ~ of** smetati, priječiti, ispriječiti se na putu; **to get out of the ~** maknuti se s puta; **to get in the ~** ispriječiti se na putu, zakrčiti put, smetati; **to put a p out of the ~** potajno zatvoriti (ubiti), skinuti s vrata; **clear the**

~ maknuti se s puta, dati slobodan prolaz; **right of ~** pravo na prolaz (preko tuđeg zemljišta); **to be on the ~** u prolazu, na putu, za vrijeme puta; usput, uostalom; **the good old ~s** dobri stari običaji; **the ~ of the world** uobičajeni postupak; **to make one's own ~** napredovati, uspijevati; **to make the best of one's ~** ići što se brže može; **to find one's ~** snaći se; **to gather ~** povećati brzinu; **to lose ~** gubiti (smanjiti) brzinu; **to give ~** snažno veslati; **ship has ~ on** brod je na putu; **in a ~** u stanovitoj mjeri, ne sasvim, na neki način, donekle; **no ~ inferior** nimalo (nipošto) neznatniji, lošiji; **any ~** → **anyway; in a small ~** bez pretenzija, skromno, čedno; *GB coll* **to be in a (great) ~** biti uzbuđen; *coll* **to be in the family ~** biti trudna, očekivati dijete; **by ~ of** na putu kroz; s namjerom, zato da, zbog; kao u svrhu; pomoću; *rly* **permanent ~** tračnice; **~ out** izlaz (& *fig*); **to pave the ~ for** utrti put za; **to see a ~ out** vidjeti put (izlaz, neku mogućnost); **the other ~ round** u obrnutom smjeru, upravo obrnuto; **one ~ or other** ovako ili onako; ni... ni...; **a long ~ down** iz velike daljine; **to work one's ~** studirati uzdržavajući se radom; **to be in a bad ~** biti u lošem stanju (položaju); *fig* **to be well on the ~** biti na pola puta; *mar* **under ~** na putu, u vožnji; **this ~, if you please!** izvolite ovuda!; **a great ~ off** prilično daleko; **this is not in my ~** to nije moja struka, time se ne bavim; **you can't have it both ~s** ne može biti vuk sit i koza cijela, ne možeš imati i pare i jare

way [wei] *adv coll* dalje, odatle; daleko, udaljeno | **~ below** daleko dolje; **~ down south** daleko dolje na jugu; **~ off** daleko; **~ back** vrlo udaljen, davno prošao; **from ~ back** iz daljine; iz duboke unutrašnjosti zemlje (kopna)

way-ahead [ˌweiəˈhed] *adj coll* avangardni

way-bill [ˈweibil] *s* popis putnika (paketa) na brodu; tovarni list; *hist* putnica (za kalfe koji putuju po zemlji)

wayfarer [ˈweiˌfɛərə] *s* putnik (osobito pješak)

wayfaring [ˈweiˌfɛəriŋ] *s* putovanje, pješačenje

wayfaring [ˈweiˌfɛəriŋ] *adj* koji putuje (pješice) | **~ man** putnik

waylay [ˌweiˈlei] *vt* postaviti zasjedu, vrebati, osloviti, nagovoriti

waylayer [ˌweiˈleiə] *s* drumski razbojnik, hajduk

way-leave [ˈweiliːv] *s GB* dopuštenje da se može upotrebljavati neki put, prolaz (osobito izdano od strane posjednika rudnika)

way-mark [ˈweimaːk] *s* putokaz, miljokaz

way-out [ˌweiˈaut] *adj coll* avangardni; ekscentričan

way-shaft [ˈweiʃaːft] *s tech* ručka kojom se mijenja hod parnih stapnih strojeva; *min* vertikalno ili strmo okno koje spaja dva rova

wayside [ˈweisaid] s rub (strana) ceste, puta | **by the ~** uz cestu

way-station [ˈweiˌsteiʃn] *s US rly* malen kolodvor, mala postaja

way-train [ˈweitrein] *s US rly* lokalni vlak

wayward [ˈweiwəd] *adj* (**~ly** *adv*) tvrdoglav, svojeglav, jogunast; mušičav, ćudljiv, neuračunljiv

way-worn [ˈweiwɔːn] *adj* umoran od puta, putovanja, sustao

we [wiː] *pron* mi; *vulg* nama, nas

weak [wiːk] *adj* (**~ly** *adv*) 1. slab, slabašan, slabunjav, neotporan, loman, krhak, lako savladiv, nemoćan, nejak; boležljiv 2. nesposoban, nespretan; *fig* slab 3. neuračunljiv, kolebljiv, nestalan, nepouzdan (karakter), neuvjerljiv (argument, dokaz) 4. labav, mlohav, bez snage, nemaran (stil) 5. razvodnjen (tekućina) 6. *com* slab, nerazvijen 7. *gram* slab (npr. glagol) | **~ eleven** loša momčad (npr. nogometnih igrača); *fig* **~ vessel** nepouzdana osoba; **~ crew** brojčano slaba posada; **~ hand** (igrač) koji nema jakih karata; **the ~er sex** slabiji spol (žene); **~est goes to the wall** najslabiji gubi kod natjecanja; *fig* **~ knees** nesposobnost da se stoji čvrsto, slabost karaktera, neodlučnost; **as ~ as water** potpuno slab

weaken [ˈwiːkn] *vt/i* **I.** *vt* slabiti, učiniti slabim; *fig* oduzeti snagu **II.** *vi* slabiti, oslabiti, smanjiti se, omlohaviti; popustiti

weakening [ˈwiːkniŋ] *s* slabljenje, oslabljenje, popuštanje, smanjenje

weak-eyed [ˌwiːkˈaid] *adj* slabovidan

weak-headed [ˌwiːkˈhedid] *adj* slabouman, glup

weakish [ˈwiːkiʃ] *adj* prilično slab, slabunjav

weak-kneed [ˌwiːkˈniːd] *adj* klecavih (slabih) koljena; *fig* slaba karaktera, popustljiv, neodlučan; neuvjerljiv (dokaz)

weakling [ˈwiːkliŋ] *s* slabić

weakly [ˈwiːkli] *adj* slabašan, slabunjav, boležljiv

weak-minded [ˌwiːkˈmaindid] *adj* slabouman, glup; slaba karaktera

weak-mindedness [ˌwiːkˈmaindidnis] *s* slaboumnost

weakness [ˈwiːknis] *s* 1. slabost, slabašnost, slabunjavost, boležljivost 2. slabost karaktera 3. slaba strana (točka); šteta, gubitak, slabost, nedostatak; nesavršenost; *coll* slabost, osobita ljubav, naklonost

weak-sighted [ˌwiːkˈsaitid] *adj* slabovidan

weak-sightedness [ˌwiːk'saitidnis] *s* slabovidnost
weal[1] [wiːl] *s arch* dobro, dobrobit | **in ~ and woe** u dobru i zlu; **the public (general) ~** opće dobro
weal[2] [wiːl] *s* masnica, žulj
weal [wiːl] *vt* izudarati koga tako da dobije masnice
weald [wiːld] *s geol* brežuljkasto (i ranije šumovito) područje u južnoj Engleskoj (dijelovi Kenta, Surreya, Hampshirea i Sussexa) s geološki zanimljivim obilježjima
wealden ['wiːldən] *adj geol* koji je poput wealdena
wealden ['wiːldən] *s geol* wealden formacija (dio kredne formacije; sastoji se od pješčanika i gline)
wealth [welθ] *s* imućnost, blagostanje; bogatstvo, izobilje, novac; mnoštvo, obilje
wealthy ['welθi] *adj* (**wealthily** *adv*) imućan, bogat
wean [wiːn] *vt* odbiti dijete od prsiju; odučiti, odviknuti
wean [wiːn] *s Scot* dijete
weanling ['wiːnliŋ] *s* dijete tek nedavno odbijeno od prsiju
weapon ['wepən] *s* oružje, obrana (& *fig*)
weaponless ['wepənlis] *adj* nenaoružan, bez obrane, goloruk
wear [wɛə] *s* 1. nošenje, oblačenje, odijevanje; način odijevanja; nošnja, odjeća 2. trajnost, izdržljivost 3. upotreba, upotrebljavanje 4. trošenje, habanje, trcanje | **for hard ~** (odijelo) za štrapac, za rad; **to have in ~** neprekidno nositi, oblačiti; **foot-~** obuća; **to be in ~** biti u modi, biti mnogo nošen; **~ and tear** prirodno trošenje
wear[1] [wɛə] *vt/i* (wore, worn) **I.** *vt* 1. nositi, imati na sebi; *fig* vršiti neku čast 2. iznositi, ponositi, pohabati, otrcati, istrošiti, istrti, izdupsti 3. umoriti, izmoriti, zamoriti, iscrpsti **II.** *vi* 1. nositi se, držati se, biti trajan, izdržati 2. trošiti se, istrošiti se, pohabati se, otrcati se 3. polako prolaziti, vući se, približavati se kraju | **worn clothes** upotrebljavano (ponošeno) odijelo; **to ~ the gown** biti pravnik; **to ~ one's heart on the sleeve** biti previše iskren, reći sve što je na srcu; **to ~ a p in one's heart** biti odan komu, nositi koga u srcu; **to ~ one's years well** izgledati mlad, dobro nositi svoje godine; **worn joke** otrcana (stara) šala; **to ~ well** dobro se nositi; izgledati mlad; izdržati kritiku; **he ~s for years** izgleda mlad, zadržava mladenačku snagu; **to ~ thin** postati slab (labav, mlohav); izblijedjeti, nestati; **to ~ the breeches** zapovijedati u kući, nositi hlače (žena)
wear away ['wɛərə'wei] *vt/i* **I.** *vt* iznositi, ponositi; izdupsti, izglodati; izbrisati, uništiti; provesti (vrijeme) **II.** *vi* prolaziti, nestajati, trošiti se, istrošiti se
wear down ['wɛə'daun] *vt* pohabati, izlizati, izgaziti (pete), izdupsti; *fig* skršiti otpor, slomiti, iscrpsti
wear off ['wɛər'ɔf] *vt/i* **I.** *vt* pohabati, otrcati **II.** *vi* pohabati se, otrcati se; *fig* nestati, proći, izgubiti se
wear on ['wɛər'ɔn] *vi* napredovati, razvijati se
wear out ['wɛər'aut] *vt/i* **I.** *vt* otrcati, pohabati, iskoristiti; *fig* iscrpsti, istrošiti, izmoriti, izmučiti; razoriti, izbrisati **II.** *vi* otrcati se, pohabati se, iscrpsti se, izmučiti se, izmoriti se
wear[2] [wɛə] *vt/i* (wore, wore) *mar* **I.** *vt* kružiti brodom u vjetar **II.** *vi* kružiti u vjetar
wear [wiə] *s* → **weir**
wearability [ˌwɛərə'biliti] *s* nosivost, upotrebljivost
wearable ['wɛərəbl] *adj* koji se može nositi (oblačiti)
wearer ['wɛərə] *s* nosilac, onaj koji nosi (oblači) neko odijelo; trošilac, uništavač
weariless ['wiərilis] *adj* neumoran
weariness ['wiərinis] *s* umor, premorenost; dosada, klonulost; gađenje
wearing ['wɛəriŋ] *s* nošenje | **~ apparel** odjeća
wearisome ['wiərisəm] *adj* (**~ly** *adv*) koji umara; dosadan, zamoran
wearisomeness ['wiərisəmnis] *s* zamornost, dosadnost
weary ['wiəri] *adj* (**wearily** *adv*) umoran, iscrpljen, izmučen, klonuo; dosadan, tegoban
weary ['wiəri] *vt/i* **I.** *vt* umoriti, izmoriti, izmučiti, dosađivati komu **II.** *vi* umoriti se, izmoriti se, osjećati dosadu; čeznuti
weasand (**weazand**) ['wiːzənd] *s arch* & *dial* dušnik | **to slit one's ~** prerezati komu grkljan
weasel ['wiːzl] *s zool* lasica | **to catch a ~ asleep** zaskočiti oprezna čovjeka
weather ['weðə] *s* 1. vrijeme 2. *mar* privjetrina (strana broda okrenuta prema vjetru) | **under stress of ~** zbog vremena (nevremena); **clerk of the ~** personifikacija meteorologije; *mar* **to make good (bad) ~** naići na dobro (loše) vrijeme; **to make heavy ~ of** praviti (imati) teškoće; *coll* **under the ~** boležljiv, koji se ne osjeća dobro, utučen; *US* pripit; u novčanoj neprilici
weather ['weðə] *adj mar* koji je u privjetrini | *fig* **to keep one's ~ eye open** paziti, vrebati
weather ['weðə] *vt/i* **I.** *vt* 1. izložiti vremenu, vjetriti, zračiti, isušiti; *geol* razarati, drobiti, trošiti (pod utjecajem vremena) 2. *mar* zaobići sa strane privjetrine; izdržati oluju; odoljeti oluji; *fig*

sretno prebroditi 3. ukositi, ukošavati (ravninu) **II.** *vi geol* raspasti se, trošiti se (od vremena)
weather-beaten [ˈweðəˌbiːtn] *adj* od vremena oštećen; ogrubio (lice); otvrdnuo na vremenu; iskusan, prokušan
weatherboard [ˈweðəbɔːd] *s GB archit* (vanjska) preklopna daščana oplata; *mar* strana broda koja je u privjetrini
weatherboard [ˈweðəbɔːd] *vt GB* pokriti (izvana) preklopnom daščanom oplatom, oplatiti na preklop (npr. zid)
weather-bound [ˈweðəbaund] *adj* zadržan nevremenom, od vremena spriječen da isplovi (iz luke), da izađe (iz kuće) itd.
weather-box [ˈweðəbɔks] *s* vlagomjer (kućica s figurama muškarca i žene od kojih jedna pokazuje kišovito vrijeme, druga suho)
weather-bureau [ˈweðəˌbjuərəu] *s* meteorološki zavod (uprava)
weather-chart [ˈweðətʃaːt] *s* meteorološka (sinoptička) karta
weathercloth [ˈweðəkləθ] *s mar* cerada, zaštitni pokrivač
weathercock [ˈweðəkɔk] *s* vjetrokaz (često u obliku pijetla na vrhu krova ili zvonika); *fig* nestalna osoba
weather-forecast [ˈweðəˌfɔːkaːst] *s* prognoza vremena
weather-glass [ˈweðəglaːs] *s* barometar
weatherly [ˈweðəli] *adj mar* koji dobro hvata vjetar
weatherman [ˈweðəmən] *s coll* meteorolog
weathermost [ˈweðəməust] *adj mar* koji je najdalje u privjetrini
weatherproof [ˈweðəpruːf] *adj* otporan prema vremenu, koji štiti od nevremena
weather-ship [ˈweðəʃip] *s* meteorološki brod
weather-station [ˈweðəˌsteiʃn] *s* meteorološka stanica
weatherwear [ˈweðəwɛə] *s* odjeća za zaštitu od kiše i vjetra
weather-wise [ˈweðəwaiz] *adj* koji poznaje vrijeme
weather-worn [ˈweðəwɔːn] *adj* oštećen, izjeden, trošan (od vremena)
weave [wiːv] *s* tkanje, način tkanja
weave [wiːv] *vt/i* (*pret* wove; *pp* woven, wove) **I.** *vt* 1. tkati, izraditi na razboju, izraditi (tkanje) rukom; isplesti (vijenac) 2. *fig* snovati, kovati, smišljati 3. dovesti u vezu (događaje), uplesti, unijeti pojedinosti; izumiti, zasnovati **II.** *vi* tkati
weave in [ˈwiːvˈin] *vt* utkati, splesti, uplesti (& *fig*)
weaver [ˈwiːvə] *s* tkalac, tkalja; *fig* izmišljač, snovač; *ornith* tkalac | **~'s knot** tkalački čvor, uzao
weaving-loom [ˈwiːviŋluːm] *s* tkalački stan, razboj
weaving-mill [ˈwiːviŋmil] *s* tkaonica
web [web] *s* 1. **tkanje, tkanina** 2. *fig* splet, niz, mreža 3. paučina 4. *zool* **tkivo**; plivaća opna 5. čija (na peru ptice) 6. *tech* dug, beskonačan svitak papira (osobito za tiskanje); list, oštrica (na velikoj pili); ploč(ic)a koja veže dijelove metalne konstrukcije 7. *mar* poprečni dio rebra (na brodu)
webbing [ˈwebiŋ] *s* tkanina, jak istkan materijal; pleteno remenje, gurta, gurte
webby [ˈwebi] *adj* koji je kao tkivo, kao plivaća opna
web-eyed [ˈwebaid] *adj* koji ima mrenu na oku
web-fingered [ˈwebˌfiŋgəd] *adj* koji ima plivaće opne među prstima
web-footed [ˈwebˌfutid] *adj* koji ima noge s plivaćim opnama
web-toed [ˈwebtəud] *adj* koji ima plivaće opne među prstima na nogama
we'd [wiːd] **we had, we would**
wed [wed] *vt/i* (*pret* ~ded; *pp* ~ded, ~) **I.** *vt* vjenčati, uzeti za ženu ili muža; *fig* spojiti, sjediniti **II.** *vi* vjenčati se
wedding [ˈwediŋ] *s* vjenčanje, svadba | **penny ~** vjenčanje na kojem gosti daju novčane priloge
wedding-cake [ˈwediŋkeik] *s* svadbeni kolač
wedding-cards [ˈwediŋkaːdz] *s pl* pismene objave vjenčanja
wedding-day [ˈwediŋdei] *s* vjenčani (svadbeni) dan
wedding-dress [ˈwediŋdres] *s* vjenčana (svadbena) haljina
wedding-present [ˈwediŋˌprezənt] *s* vjenčani, svadbeni dar
wedding-ring [ˈwediŋriŋ] *s* vjenčani prsten
wedding-trip [ˈwediŋtrip] *s* bračno (svadbeno) putovanje
wedge [wedʒ] *s* klin, predmet u obliku klina, klinast komad (podloga, kraj) | *fig* **the thin end of the ~** tek početak, prvi korak
wedge [wedʒ] *vt* pričvrstiti klinom, zaglaviti; klinom raskoliti; ukliještiti, ugurati, stisnuti | **to ~ open** (klinom) raskoliti
wedge-shaped [ˈwedʒʃeipt] *adj* klinast, koji je u obliku klina
wedgewise [ˈwedʒwaiz] *adv* u obliku klina, poput klina
wedlock [ˈwedlɔk] *s* brak
Wednesday [ˈwenzdi] *s* srijeda
wee [wiː] *adj Scot* (i u dječjem govoru) malen, sićušan | *coll* **a ~ bit** sasvim malo, vrlo malo; trunak, trunčica; *US* **the ~ hours** sitni sati
weed [wiːd] *s* korov, travurina; *poet* trava, biljka; *fig* slab čovjek; *arch sl* duhan, cigara; *sl* marihuana
weed [wiːd] *vt/i* plijeviti | *fig* **to ~ out** čistiti, iskorijeniti, odijeliti

weeder ['wi:də] *s* pljevilac, sprava za plijevljenje
weediness ['wi:dinis] *s* zaraslost (korovom); mršavost, lomnost
weedkiller ['wi:d,kilə] *s* sredstvo za uništavanje korova, herbicid
weeds [wi:dz] *s pl* udovička crnina
weedy ['wi:di] (**weedily** *adv*) korovit, pun korova, koji je kao korov; *coll* dugonog, vrlo mršav
week [wi:k] *s* tjedan, sedmica; tjedan dana, šest radnih dana | **holy ~, passion ~** uskrsni tjedan, Veliki tjedan; **~ of Sundays** sedam tjedana, dulje vrijeme; **feast of ~s** židovski praznik žetve; **to knock one into the middle of next ~** svom snagom udariti koga (tako da odleti); **to-day a ~** danas tjedan dana
weekday ['wi:kdei] *s* radni dan
weed-end [,wi:k'end] *s* kraj tjedna, vikend
week-end [,wi:k'end] *vi* provesti kraj tjedna (na izletu, odmoru)
week-ender [,wi:k'endə] *s* vikendaš
weekly ['wi:kli] *adj* tjedni, sedmični
weekly ['wi:kli] *s* tjednik
weekly ['wi:kli] *adv* na tjedan, tjedno
ween [wi:n] *vt arch & poet* misliti, smatrati; slutiti, nadati se, očekivati
weeny ['wi:ni] *adj coll* sitan (i **teeny--weeny**)
weep [wi:p] *vi/t* (wept, wept) **I.** *vi* 1. plakati, tugovati, jadikovati (*for* zbog) 2. biti vlažan, kapati, curiti, isparivati se **II.** *vt* plakati, roniti (suze); oplakivati; isparivati vlagu
weeper ['wi:pə] *s* onaj koji plače (žali), najmljena narikača kod sprovoda; žalobni (crni) flor, veo | *hist* **~s** *pl* bijele manšete što ih nose udovice
weeping ['wi:piŋ] *adj* (**~ly** *adv*) koji plače (žali), koji je pun suza; vlažan, mokar; *med* koji izlučuje tekućinu, mokar | *bot* **~ willow (birch)** žalobna vrba (breza)
weet [wi:t] *vt/i poet & arch* znati
weever ['wi:və] *s ichth* (morski) pauk, draganja, ranj (*Tranchinus*)
weevil ['wi:vil] *s zool* žižak (*Curculis*)
weevily ['wi:vili] *adj* žiškav, koji je kao žižak, pun žižaka
weft[1] [weft] *s* potka, poutka; trak, sloj oblaka (dima)
weft[2] [weft] *s mar* → **waft**
weigh[1] [wei] *s* vaganje
weigh[2] [wei] *s* | **under ~** na putu, u vožnji
weigh [wei] *vt/i* **I.** *vt* 1. vagati, vagnuti, odvagnuti, mjeriti 2. *fig* odmjeriti, odmjeravati; promotriti, procijeniti, prosuditi. rasuditi, rasuđivati, ispitati, preispitati **II.** *vi* 1. vagati, težiti; vagati se 2. *fig* vrijediti, važiti, biti vrijedan, imati velik utjecaj, biti od presudnog značenja 3. pritiskivati, biti težak | **to ~ anchor** dignuti sidro, otploviti, odjedriti
weigh down ['wei'daun] *vt* pritisnuti, pritiskati, gnječiti, prignječiti; *fig* tištati, tlačiti; prevagnuti, pretegnuti
weigh in ['wei'in] *vt/i* odvagnuti; vagati se poslije utrke (džokej); vagati se prije borbe (boksač) | **to ~ with** poslužiti se, potkrijepiti (jakim argumentom) u diskusiji
weigh out ['wei'aut] *vt/i* odvagnuti, vagati se prije utrke (džokej); odvagnuti što komu
weigh up ['wei'ʌp] *vt GB coll* procijeniti, pažljivo ispitati
weighable ['weiəbl] *adj* koji se može vagati
weighage ['weiidʒ] *s* pristojba za vaganje
weigh-bridge ['weibridʒ] *s* mosna vaga
weigher ['weiə] *s* vagalac, vagar
weighing-machine ['weiiŋmə,ʃi:n] *s* vaga, mosna vaga
weighing-in ['weiiŋin] *s* vaganje (džokeja) poslije utrke; vaganje boksača prije borbe
weighing-out ['weiiŋaut] *s* vaganje prije utrke (džokej)
weight [weit] *s* 1. vaganje, mjerenje; težina 2. odvagana količina, tjelesna težina; mjera za težinu 3. uteg; teret, pritisak 4. *fig* teret, odgovornost 5. važnost, značenje, vrijednost; utjecaj, ugled | **dead ~** vlastita težina (nekog tijela); *fig* težak teret; **~ of metal** ukupna težina granata koje topovi broda mogu ispaliti odjedanput; *com* **net ~** neto-težina; **gross ~** bruto-težina; **live ~** živa vaga; **to lose in ~** gubiti na važnosti; *sport* **to put the ~** bacati kuglu (kladivo itd.); *sport* **putting the ~** bacanje kugle; **to put on ~** udebljati se; *coll* **to throw one's ~ about** praviti se važan
weight [weit] *vt* 1. staviti uteg, opteretiti (& *fig*); povećati težinu primjesama 2. (konju) odrediti težinu (kod utrka) 3. vagati, odvagnuti | **to ~ down** opteretiti
weightiness ['weitinis] *s* važnost, ozbiljnost
weightless ['weitlis] *adj* koji je bez težine, lagan; *fig* nevažan, beznačajan
weightlessness ['weitlisnis] *s* lakoća; *phys* bestežinsko stanje
weight-lifter ['weit,liftə] *s sport* dizač utega
weight-lifting ['weit,liftiŋ] *s sport* dizanje utega
weighty ['weiti] *adj* (**weightily** *adv*) težak; *fig* važan, značajan
weir (wear) [wiə] *s GB* brana; vrša (koš za hvatanje ribe)
weird [wiəd] *s Scot* sudbina, usud, udes, kob; čarobnica, vještica | **~s** *pl* vile suđenice; **to dree one's ~** podnositi svoju sudbinu
weird [wiəd] *adj* (**~ly** *adv*) sudbonosan, koban; nadnaravan, nadzemaljski; strašan, užasan; *sl & coll* čudan, neobičan,

starinski, neshvatljiv | **the ~ sisters** vile suđenice
welcome ['welkəm] *s* dobrodošlica; srdačan doček, prijem; pozdrav
welcome ['welkəm] *interj* dobro došao | **~ home to London** dobro došao opet u London
welcome ['welkəm] *adj* dobrodošao; ugodan, radostan | **you are ~ to it** samo izvolite (uzeti); *US* **you are ~** molim, nema na čemu
welcome ['welkəm] *vt* pozdraviti dobrodošlicom, srdačno dočekati (primiti)
weld[1] [weld] *s bot* katanac, rezeda
weld[2] [weld] *s tech* zavarak, zavareno mjesto; zavarivanje, spajanje (kovina)
weld [weld] *vt/i tech* **I.** *vt* zavarivati, svarivati, spajati kovanjem; *fig* skupiti, spojiti, spajati, splesti, sjediniti **II.** *vi* zavarivati se | **~ed pipes** (ili **tubing**) šavne cijevi
weldability [ˌweldə'biliti] *s tech* svarljivost, zavarivost
weldable ['weldəbl] *adj tech* koji se može zavarivati (spajati kovanjem)
welded-iron ['weldidˌaiən] *s tech* zavareno željezo
welder ['weldə] *s* varilac, zavarivač
welding set ['weldiŋset] *s* svarni agregat
welfare ['welfɛə] *s* dobro, dobrobit; sreća; socijalna skrb | **the W~ State** država s punim socijalnim osiguranjem
welfare-officer ['welfɛərˌɔfisə] *s* socijalni radnik
welfare-work ['welfɛəwəːk] *s* socijalno staranje (skrb)
welk [welk] *vi arch* venuti, uvenuti
welkin ['welkin] *s poet* nebo, nebeski svod
well[1] [wel] *s* 1. izvor, vrelo, vrutak 2. *fig* početak, praizvor 3. zdenac 4. bušotina, rupa, vrtina, okno (u rudniku); duboka jama, tunel u snijegu 5. *mar* kaljuža sisaljke, pregrada za zaštitu sisaljke; spremište za ribe (u brodu) 6. *archit* stubište; oduška, vidnik (kuće); prostor za dizalo, šaht 7. *GB* ograđeno mjesto u sudnici (za odvjetnika) 8. spremište za prtljagu (u kolima); tintarnica (u stolu) 9. *rly* spremište za vodu
well[2] [wel] *s* dobro, dobrobit
well [wel] *adj pred* 1. zdrav 2. ispravan, zadovoljan, dobar, povoljan 3. preporučljiv, zgodan, prikladan, pogodan, priličan | **all's ~** sve je u redu, sve je dobro
well [wel] *vi* izvirati, istjecati, izbijati (*up, out, forth* iz; & *fig*)
well over ['wel'əuvə] *vi* preliti se, razliti se (& *fig*)
well [wel] *adv* (*comp* better; *superl* best) 1. dobro, povoljno, ispravno, prikladno 2. potpuno, sasvim, pomnjivo, temeljito; prilično, dovoljno, dosta 3. iskreno, srdačno; pohvalno, prijateljski 4. vjerojatno, lako moguće, možda; s razlogom, s pravom, mudro 5. u redu, pravilno | **~ done!** izvrsno!, bravo!; **~ met!** dolaziš kao naručen; **to come off ~** dobro proći, imati sreću; istaknuti se; **as ~** jednako, isto tako; još usto, osim toga, kao i; baš (upravo) tako; **quite ~** sasvim dobro; **~ and good** dobro, zadovoljan sam; **~ away** daleko, nadaleko; **~ into** sve do kasno u .... (**~** *into the evening*); **as ~ as** baš tako kao, kako .... tako .... ; i .... i .... ; **she is doing ~** dobro joj je, dobro joj ide; **~ off** imućan, kome dobro ide; **pretty ~** skoro; **it's all very ~ for you to talk** lako je tebi pričati
well [wel] *interj* bože!, nečuveno!, dobro!, no!, dakle!
we'll [wiːl] = **we shall (will)**
welladay [ˌwelə'dei] *interj arch* ah!, na žalost!, jao!, avaj!
well-advised [ˌweləd'vaizd] *adj* promišljen, razborit
well-advisedness [ˌweləd'vaizidnis] *s* razboritost, uputnost
well-appointed [ˌwelə'pɔintid] *adj* dobro opskrbljen, dobro uređen
well-balanced [ˌwel'bælənst] *adj* koji je u ravnoteži, uravnotežen; *fig* izjednačen, miran, staložen, sređen
well-behaved [ˌwelbi'heivd] *adj* dobro odgojen, pristojan, dobra ponašanja
well-being [ˌwel'biːiŋ] *s* dobro, dobrobit; ugoda, udobnost; blagostanje
well-born [ˌwel'bɔːn] *adj* otmjena roda
well-bred [ˌwel'bred] *adj* otmjena roda; dobro odgojen, pristojan; čiste rase, čistokrvan (konj)
well-chosen [ˌwel'tʃəuzn] *adj* dobro odabran, prikladan, koji dobro pristaje, biran
well-conducted [ˌwelkən'dʌktid] *adj* dobro vođen; pristojan, pristojna ponašanja, ispravan
well-connected [ˌwelkə'nektid] *adj* koji ima dobre veze, otmjene rođake
well-cooked [ˌwel'kukt] *adj* dobro pripravljen (jelo)
well-deserved [ˌweldi'zəːvd] *adj* zaslužen
well-deservedness [ˌweldi'zəːvidnis] *s* zasluženost
well-directed [ˌweldi'rektid] *adj* dobro upravljen, dobro vođen, dobro primijenjen, dobro ciljan
well-disposed [ˌweldis'pəuzd] *adj* naklon, sklon, dobrohotan
well-doer [ˌwel'duːə] *s* onaj koji dobro radi, dobročinitelj, dobrotvor
well-doing [ˌwel'duːiŋ] *s* krepostan život; sreća, uspjeh
well-done [ˌwel'dʌn] *adj cul* dobro pečen (npr. meso)
well-drilling ['welˌdriliŋ] *s* dubinsko bušenje

well-favoured [ˌwelˈfeivəd] *adj arch* lijep, privlačan
well-found [ˌwelˈfaund] *adj* dobro opskrbljen (opremljen, uređen)
well-founded [ˌwelˈfaundid] *adj* osnovan, opravdan, dobro potkrijepljen
well-foundedness [ˌwelˈfaundidnis] *s* osnovanost, opravdanost
well-grounded [ˌwelˈgraundid] *adj* osnovan, opravdan, dobro potkrijepljen; *fig* potkovan
well-head [ˈwelhed] *s* izvor, vrutak, praizvor
well-heeled [ˌwelˈhiːld] *adj sl* bogat, imućan
well-informed [ˌwelinˈfɔːmd] *adj* dobro upućen, dobro obaviješten
Wellingtons [ˈweliŋtənz] *s pl GB* gumene čizme
well-intentioned [ˌwelinˈtenʃənd] *adj* dobronamjeran, sklon, dobro mišljen
well-judged [ˌwelˈdʒʌdʒd] *adj* primjeren, prikladan
well-knit [ˌwelˈnit] *adj* jake građe, čvrst, krepak
well-known [ˌwelˈnəun] *adj* poznat, dobro (opće) poznat
well-looking [ˌwelˈlukiŋ] *adj* lijep, koji dobro izgleda, naočit
well-made [ˌwelˈmeid] *adj* dobro izrađen; snažne građe, čvrst, krepak
well-marked [ˌwelˈmaːkt] *adj* jasan, koji se može lako raspoznati
well-meaning [ˌwelˈmiːniŋ] *adj* dobronamjeran, sklon
well-meant [ˌwelˈment] *adj* dobro mišljen, dobronamjeran
well-nigh [ˈwelnai] *adv* gotovo, malone, skoro
well-off [ˌwelˈɔf] *adj* imućan, u dobrim prilikama, dobro situiran; koji ima povoljan položaj
well-oiled [ˌwelˈɔild] *adj fig* ugodan, laskav; *sl* pripit, pod »gasom«
well-ordered [ˌwelˈɔːdəd] *adj* dobro uređen
well-paid [ˌwelˈpeid] *adj* dobro plaćen
well-preserved [ˌwelpriˈzəːvd] *adj* dobro uščuvan, sačuvan
well-proportioned [ˌwelprəˈpɔːʃənd] *adj* dobro građen (rašten), dobrih razmjera, proporcionalan
well-read [ˌwelˈred] *adj* načitan, upućen (*in* u)
well-remembered [ˌwelriˈmembəd] *adj* dobro upamćen, koji je ostao u dobru sjećanju (u dobroj uspomeni)
well-room [ˈwelrum] *s* dvorana za goste u kupalištu, kur-salon
well-rounded [ˌwelˈraundid] *adj* debeljkast, bucmast; *fig* zaokružen, izdjelan, elegantan, biran (npr. stil)
well-seen [ˌwelˈsiːn] *adj arch* upućen (*in* u)
well-set [ˌwelˈset] *adj* jak, snažan, mišićav, krepak
well-sinker [ˈwelˌsiŋkə] *s* kopač bunara
well-spoken [ˌwelˈspəukn] *adj* koji ima dobar izgovor; biran, uljudan, učtiv; dobro izrečen
well-spring [ˈwelspriŋ] *s* izvor, vrelo, vrutak
well-taken [ˌwelˈteikn] *adj US* dobro izabran
well-timed [ˌwelˈtaimd] *adj* u duhu vremena, suvremen, zgodan; pravovremen, prikladan; *mus* koji je u taktu
well-to-do [ˌweltəˈduː] *adj* imućan
well-trained [ˌwelˈtreind] *adj* dobro izvježban (izobražen)
well-tried [ˌwelˈtraid] *adj* prokušan, isproban
well-trodden [ˌwelˈtrɔdn] *adj* utrt, izgažen; *fig* često obrađen, otrcan
well-turned [ˌwelˈtəːnd] *adj fig* lijepo sastavljen, udešen
well-wisher [ˈwelˌwiʃə] *s* onaj koji dobro misli (želi), zaštitnik, prijatelj
well-worn [ˌwelˈwɔːn] *adj* istrošen, ponošen, iznošen, pohaban, otrcan, izgažen (& *fig*)
Welsh [welʃ] *adj* velški, koji je iz Walesa | *cul* ~ **rabbit** kriška prženog sira na prepečencu
Welsh [welʃ] *s* velški jezik | **the** ~ Velšani
welsh [welʃ] *vt/i* **I.** *vt sport* prevariti dobitnika **II.** *vi sport* pobjeći s novcem od oklada
Welshman [ˈwelʃmən] *s* (*pl* **Welshmen** [ˈwelʃmən]) Velšanin, stanovnik Walesa
Welshwoman [ˈwelʃˌwumən] *s* (*pl* **Welshwomen** [ˈwelʃˌwimin]) Velšanka, stanovnica Walesa
welt [welt] *s* 1. kožni obrub, šivan rub (između gornje kože i potplata na obući) 2. masnica, modrica, udarac
welt [welt] *vt* kožom obrubiti (obuću); *coll* izlupati, izbatinati, prouzročiti masnice (modrice)
welter¹ [ˈweltə] *s* zbrka, kaos; nadolaženje, mlatnja valova, zbrkana masa
welter² [ˈweltə] *s sport* težak jahač (rijetko); boksač velter (polusrednje) kategorije; *coll* težak predmet, teška osoba
welter [ˈweltə] *vi* valjati se, kotrljati se, ogreznuti **(npr. u krvi)**
welter-weight [ˈweltəweit] *s sport* velter-težina (težina boksača do 66,7 kg); boksač velter-kategorije
wen¹ [wen] *s med* izraslina (osobito na vratu ili glavi); *arch* guša | *fig* **the great** ~ London
wen² [wen] *s* ime staroengleskog runskog slova koje odgovara današnjem w
wench [wentʃ] *s arch* bludnica, djevojčura
wench [wentʃ] *vi* baviti se bludom, bludničiti, kurvati se

wencher ['wentʃə] *s arch* **bludnik**
Wend [wend] *s* Vend, Ventkinja, Lužički Srbin, Lužička Srpkinja
wend [wend] *vt/i arch* ići, poći | **to ~ one's way** uputiti se, poći prema
Wendic ['wendik] *adj,* vendski, lužičkosrpski
Wendish ['wendiʃ] *adj* vendski, lužičkosrpski
went [went] *pret* od **go**
wept [wept] *pret & pp* od **weep**
we're [wiə] = **we are**
were [wəː] *pret* od **be**
wer(e)wolf ['wiəwulf] *s* vukodlak
wert [wəːt] *arch pret* od **be**
Wesleyan ['wezliən] *adj eccl* metodistički
Wesleyan ['wezliən] *s eccl* metodist
west [west] *adv* zapadno, prema zapadu | **~ of** na zapadu od; **~ by north (south)** sjeverozapadno (jugozapadno); *hum* **to go ~** izgubiti se, propasti; *sl* umrijeti; **due ~** točno, (izravno) na zapadu ili sa zapada
west [west] *s* zapad; zapadni dio zemlje, kontinenta, okcident; zapadni vjetar
west [west] *adj* zapadni | **West End** najotmjeniji dio Londona; *US* **West Side** zapadni dio Manhattana; *GB* **the ~ country** jugozapadna Engleska
west [west] *vi* ići prema zapadu, zapadati (sunce)
west-bound ['westbaund] *adj* koji putuje (vozi) prema zapadu
west-end ['westend] *adj* koji je otmjen kao West-End, karakterističan za West-End (u Londonu)
westering ['westəriŋ] *adj* koji naginje prema zapadu (sunce)
westerly ['westəli] *adj* koji dolazi (puše) sa zapada; zapadni, koji stanuje na zapadu, koji je upravljen prema zapadu
westerly ['westəli] *adv* prema zapadu
western ['westən] *adj* koji dolazi sa zapada (npr. vjetar), zapadni, okcidentalan
western ['westən] *s* vestern, kaubojski film; roman o Divljem zapadu
westerner ['westənə] *s* zapadnjak; *US* stanovnik zapadnih država Sjeverne Amerike
westernization [ˌwestənai'zeiʃn] *s* uvođenje zapadnjačkih običaja (nazora itd.)
westernize ['westənaiz] *vt* dati zapadnjački lik (vanjštinu), uvesti zapadnjačke nazore (način života i sl.)
westernmost ['westənməust] *adj* najzapadniji, koji je najdalje na zapad
west-north-west [ˌwestnɔːθ'west] *adv* zapadnosjeverozapadno
west-north-west [ˌwestnɔːθ'west] *s* zapadsjeverozapad
west-north-west [ˌwestnɔːθ'west] *adj* zapadnosjeverozapadni
west-south-west [ˌwestsauθ'west] *adv* zapadnojugozapadno
west-south-west [ˌwestsauθ'west] *s* zapadjugozapad
west-south-west [ˌwestsauθ'west] *adj* zapadnojugozapadni
westward ['westwəd] *s* zapadna strana, zapadni kraj
westward [ˌwestwəd] *adj* okrenut prema zapadu
westward(s) ['westwəd(z)] *adv* prema zapadu
wet [wet] *s* 1. mokrina, vlaga; voda, kiša 2. *sl* piće; *US* protivnik prohibicije
wet [wet] *adj* mokar, nakvašen, navlažen, vlažan, kišovit; *US* koji nije pod prohibicijom, koji se ne protivi uživanju alkohola | **to be ~ to the skin** biti mokar do kože; *fig* **~ blanket** hladan tuš, kvarenje dobrog raspoloženja; osoba koja kvari dobro raspoloženje; **~ bargain** posao potvrđen čašom vina; *GB* **~ bob** etonski đak koji se bavi sportom na vodi; **~ paint!** svježe obojeno!; *US com* **~ goods** roba u tekućem stanju; *coll* alkoholna pića; **you are all ~** sasvim si na krivom putu; **~ behind the ears** nezreo, zelen
wet [wet] *vt* smočiti, namočiti, navlažiti; proslaviti pićem | *coll* **to ~ one's whistle** popiti čašicu, pokvasiti grlo
wetback ['wetbæk] *s US sl* ilegalni useljenik iz Meksika
wether ['weðə] *s zool* uškopljen ovan, škopac, škulj
wetness ['wetnis] *s* mokrina, vlaga
wet-nurse ['wetnəːs] *s* dojilja
wetting ['wetiŋ] *s* vlaženje, močenje; pokisnuće; *sl* piće
wettish ['wetiʃ] *adj* prilično mokar, vlažan, namočen
we've [wiːv] = **we have**
whack [wæk] *s* udarac (osobito batinom); *GB sl* hrga, komadina; udio | **to have a ~ at a th** zadati udarac čemu; *US* prihvatiti (latiti) **se čega**
whack [wæk] *vt* batinati, izbatinati, izlupati, izlemati; izvesti, provesti; *sl* dijeliti, podijeliti
whacked [wækt] *adj coll* premoren, iscrpljen
whacker ['wækə] *s sl* velik predmet, velika osoba, grdosija; gruba laž
whacking ['wækiŋ] *s* udaranje, batinanje, porcija batina
whacking ['wækiŋ] *adj GB sl* golem, silan
whale [weil] *s zool* kit | *iron* **very like a ~** kad vi kažete (moram se složiti); **right ~** polarni (grenlandski) kit; *coll* **a ~ of** nešto veliko, silno, golemo; *GB sl* **to be a ~ at football** biti izvrstan nogometaš
whale [weil] *vi* loviti kitove
whale [weil] *vt US* batinati, bičevati
whalebone ['weilbəun] *s* kitova us, riblja kost

whale-fishery [ˈweilˌfiʃəri] *s* lov na kitove
whaleman [ˈweilmən] *s* lovac na kitove
whale-oil [ˈweilɔil] *s* riblje ulje, kitova mast
whaler¹ [ˈweilə] *s* 1. lovac na kitove 2. kitolovac (brod)
whaler² [ˈweilə] *s US* velik (nesklapan) predmet, grdosija
whaling [ˈweiliŋ] *s* lov na kitove; *sl* batine, batinanje
whaling [ˈweiliŋ] *adj US sl* golem, neobičan, velik, izvanredan
whaling-gun [ˈweiliŋgʌn] *s* top za harpune (u lovu na kitove)
whang [wæŋ] *s coll* tutnjava, pucanj, prasak, tresak
whang [wæŋ] *s coll* **I.** *vt* udariti, lupati, batinati, tući **II.** *vi* bubnjati, tutnjiti, oriti se, pucati, zviždati
wharf [wɔːf] *s* obala u luci, ozidana obala, kej, pristanište (izgrađena obala s gatovima itd.)
wharf [wɔːf] *vt* privezati (brod) uz obalu; krcati, iskrcati, iskrcavati (robu)
wharfage [ˈwɔːfidʒ] *s* mjesto za ukrcavanje (iskrcavanje); pristojba za korištenje pristaništa (lučka pristojba)
wharfinger [ˈwɔːfindʒə] *s* posjednik (nadglednik) obale, keja
wharfman [ˈwɔːfmən] *s* lučki radnik
what [wɔt] *pron* što; koliko! (eksklamativno: ~ *he has suffered!* koliko je trpio!), koje | ~ **for?** čemu? zbog čega?; ~ **next?** a onda?, a što još?, što sad slijedi?; **well,** ~ **of it?** no, pa što onda?, što hoćeš s tim?; ~ **not** što bilo, kakva god stvarčica; ~ **if** što ako, pa što (kad bi tako bilo); ~ **of that?** što to smeta?, to ne mari ništa; **to know** ~**'s** ~ znati o čemu se radi, biti upućen, dobro rasuđivati; *coll* ~ **is he like?** kakav je on?; ~ **though** (**we are poor**) pa što ako (smo siromašni); ~ **about?** što je (novo)?, a što (s tim)?; **and** ~ **not** (ili **and** ~ **have you**) i tome slično, i svašta drugo; **I know** ~ imam ideju; **I'll tell you** ~ reći ću ti nešto; *coll* **but** ~ a da ne (*not a day comes but* ~ *makes a change*); koji ne (*not a man but* ~ *likes her*); ~ **with ... and** (~ **with**) zbog raznih razloga; što zbog ... što zbog ... (~ *with his conduct and with* (~ *with) his courage* što svojim ponašanjem, što svojom srčanošću); ~**'s up?** što se zbiva?, što je?; **Mr.** ~**-do-you--call-him, Mr.** ~**'s-his-name** onaj gospodin, kako mu je ono ime?
what [wɔt] *adj* kakav?, koji?; kakav! koliki! (eksklamativno: ~ *a fool you are!* kakva si ti luda!)
whate'er [wɔtˈɛə] *adj & pron poet* → **whatever**
whatever [wɔtˈevə] *pron* tko god, što god; koji god, koja god, koje god; koji (tko) mu drago, koja mu drago, koje (što) mu drago; bilo tko (koji), bilo što (koje) | *coll* ..., **or** ~ ... ili bilo što drugo
whatever [wɔtˈevə] *adj* koji god, koja god, koje god; koji mu drago, koja mu drago, koje mu drago; svaki koji, svi koji
what-for [ˌwɔtˈfɔː] *s coll* kazna, batine
whatnot [ˈwɔtnɔt] *s* mala stalaža, etažera
whatsis [ˈwɔtsiz] *s US coll* zamjena za riječ koje se govornik ne može sjetiti ili je ne zna (»ono kako se to zove«)
whatsoe'er [ˌwɔtsəuˈɛə] *adj & pron poet* → **whatsoever**
whatsoever [ˌwɔtsəuˈevə] *pron & adj* → **whatever**
wheat [wiːt] *s bot* pšenica; pšenično zrno
wheatear [ˈwiːtˌiə] *s ornith* bjelorepka (*Saxicola oenanthe*)
wheaten [ˈwiːtn] *adj* pšenični
wheedle [ˈwiːdl] *vt* laskati (komu), umiljavati se (komu), dodvoravati se (komu); nagovarati (koga na što), prevariti
wheedler [ˈwiːdlə] *s* laskavac, ulizica, dodvorica; varalica
wheedling [ˈwiːdliŋ] *adj* (~**ly** *adv*) laskav, koji se ulaguje, dodvorava, koji vara
wheel [wiːl] *s* 1. kotač, kolo 2. okretanje, okret, krug (& *fig*); *mil* okret; *fig* preokret 3. kotur, kolo (osobito lončarsko), kolovrat, kormilarsko kolo (& *fig*); *arch* bicikl; dolar | ~**s** *pl* kotači, mehanizam, pokretalo (& *fig*); *US sl* kola, auto; ~**s within** ~**s** zamršen splet raznih sila (okolnosti); **Fortune's** ~ kolo sreće; *hist* **to break on the** ~ mučiti na kotaču; *fig* **to break a butterfly on a** ~ tratiti snage; **a fly on the** ~ osoba koja precjenjuje svoj utjecaj; **to put a spoke in one's** ~ stvarati komu zapreke (smetnje), bacati klipove pod noge; **to put** (**set**) **one's shoulder to the** ~ naprezati se, truditi se; *mech* ~ **and axle** sprava za iskorišćivanje snage poluge, na temelju razlike u opsegu između kola i njegove osovine; **to go on** ~**s** ići kao po loju, glatko, bez smetnji; **a turn of the** ~ obrat u sreći
wheel [wiːl] *vt/i* **I.** *vt* 1. okrenuti, okretati oko osovine, vrtjeti u krugu; *mil* zaokrenuti 2. voziti, gurati, kotrljati, prevoziti na kotačima **II.** *vi* 1. okretati se, vrtjeti se, rotirati; *mil* zakrenuti 2. naglo se okrenuti (*round*); *fig* promijeniti smjer; *coll* voziti bicikl, voziti se biciklom
wheel-barrow [ˈwiːlˌbærəu] *s* tačke, kolica
wheel-base [ˈwiːlbeis] *s mot* razmak osovina
wheel-chair [ˌwiːlˈtʃɛə] *s* invalidska kolica
wheeler [ˈwiːlə] *s* kolar; rudnik, rudni konj; vozač
wheeler-dealer [ˈwiːləˈdiːlə] *s US sl* maher
wheel-horse [ˈwiːlhɔːs] *s* rudnjak, rudni konj
wheel-house [ˈwiːlhaus] *s mar* kormilarnica

wheelman ['wiːlmən] *s coll* biciklist; *US mar* kormilar
wheelwright ['wiːlrait] *s* kolar
wheeze [wiːz] *s* teško disanje, dahtanje, soptanje, hripanje, kriještanje; *theat sl* improvizirana šala, dosjetka; *sl* plan, trik
wheeze [wiːz] *vi/t* **I.** *vi* teško disati, hripati, dahtati, soptati, kriještati **II.** *vt* izgovoriti (izustiti) kreštavim glasom
wheeziness ['wiːzinis] *s* sipljivost, soptavost, astmatičnost
wheezy ['wiːzi] *adj* (**wheezily** *adv*) koji teško diše (dašće, hriplje), sipljiv, kreštav
whelk[1] [welk] *s* prištić, bubuljica
whelk[2] [welk] *s zool* zvrk (vrsta morskog puža: *Buccinum undatum)*
whelm [welm] *vt poet* 1. uroniti, zaroniti, zasuti, pokopati 2. tlačiti, pritiskivati 3. zaplesti; prevladati, zasuti 4. *fig* utući
whelp [welp] *s* psić, mladunče (lavovo, tigrovo, medvjedovo itd.); neodgojeno dijete, ulićnjak
whelp [welp] *vi/t* okotiti, okotiti se, imati mlade; *fig* snovati, skovati
when [wen] *adv* kada?; kada, našto, a onda | **since** ~ otkada?, kako dugo?, od tog vremena
when [wen] *conj* 1. kad, kadli, upravo kad, u vrijeme kad 2. nakon što, pošto 3. dok, za vrijeme dok, uvijek kad 4. ma da, kad ipak
when [wen] *pron* kada, dokad, otkada
when [wen] *s* vrijeme, dan, prilika
whence [wens] *adv* odakle?, kako?, tamo gdje; mjesto iz kojeg; *fig* prema tomu
whence [wens] *pron* odakle?, iz kojeg mjesta?
whence [wens] *s* izvor, vrelo, početak
whene'er [wen'ɛə] *adv poet* → **whenever**
whenever [wen'evə] *adv* ma kada, bilo kada, uvijek kada, kada
whensoever [ˌwensəu'evə] *adv* → **whenever**
where [wɛə] *adv* 1. gdje, kuda, kamo; na kome mjestu, u kojem pogledu, na koji način 2. tamo gdje, onuda gdje, onamo gdje
where [wɛə] *pron* gdje, odakle, otkuda | ~ **from?**; odakle?; ~ **to?** kamo?; **from** ~ odatle, gdje; **near** ~ blizu (mjesta) gdje
where [wɛə] *s* mjesto, poprište nekog zbivanja
whereabouts [ˌwɛərə'bauts] *adv* negdje, otprilike negdje, nekuda, nekamo
whereabouts ['wɛərə'bauts] *s (sg constr)* povremeno boravište, mjesto stanovanja
whereas [wɛər'æz] *conj jur* s obzirom na to, da ....; dok, budući da; uzevši u obzir da; dok ipak, dok naprotiv
whereat [wɛər'æt] *adv arch* o čemu, pri čemu, kod čega, na što, a na to
whereby [wɛə'bai] *adv* čime, kako, po čemu, i time
where'er [wɛər'ɛə] *adv poet* → **wherever**
wherefore ['wɛəfɔː] *adv* zašto, zbog čega, čemu, zbog toga, i zato
wherefore ['wɛəfɔː] *s* zašto, razlog (zbog koga)
wherefrom [wɛə'frɔm] *adv arch* odakle
wherein [wɛər'in] *adv form* u čemu
whereinto [ˌwɛərin'tuː] *adv arch* kuda, kamo
whereof [wɛər'ɔv] *adv form* o čemu, o tomu, od čega, iz čega
whereon [wɛər'ɔn] *adv arch* našto, na komu, na čemu
whereout [wɛər'aut] *adv arch* odakle, odatle
wheresoe'er [ˌwɛəsəu'ɛə] *adv poet* → **wherever**
wheresoever [ˌwɛəsəu'evə] *adv* → **wherever**
wherethrough [wɛə'θruː] *adv arch* čime, po čemu
whereto [wɛə'tuː] *adv form* čemu, zbog čega; kuda, nato, našto
whereunder [wɛər'ʌndə] *adv arch* pod čim
whereunto [ˌwɛərʌn'tuː] *adv arch* na što
whereupon [ˌwɛərə'pɔn] *adv* našto, po čemu, zbog čega
wherever [wɛər'evə] *adv* bilo gdje, bilo kuda, bilo kamo; gdje mu drago, kuda mu drago
wherewith [wɛə'wiθ] *adv arch* čime
wherewithal ['wɛəwi'ðɔːl] *adv arch* čime
wherewithal ['wɛəwiðɔːl] *s coll* ono što je nužno (potrebno), potreban novac, potrebno sredstvo
wherry ['weri] *s* skela, čamac za prijevoz; malen čamac na vesla
wherryman ['werimən] *s GB* prevozač, brodar, skeledžija
whet [wet] *s* brušenje, oštrenje; *fig* sredstvo za podraživanje (npr. teka), piće za osvježenje
whet [wet] *vt* brusiti, oštriti; podražiti (tek, apetit); podjariti
whether ['weðə] *pron arch* koji od dvojice
whether ['weðə] *adj arch* koji od dvojice
whether ['weðə] *conj* da li | ~ **or not** da li ili ne; ~ ... **or** ili ... ili; ~ **or no** ovako ili onako, u jednom ili drugom slučaju, na svaki način
whetstone ['wetstəun] *s* brus, tocilj; *fig* sredstvo za podraživanje
whew [hjuː, hwuː] *interj* hu!, uh!
whey [wei] *s* sirutka
wheyey ['weii] *adj* sirutkast, koji je poput sirutke
which [witʃ] *adj & pron* koji, koja, koje; što
whichever [witʃ'evə] *adj* koji god, koja god, koje god; bilo koji, bilo koja, bilo koje; koji mu drago, koja mu drago, koje mu drago

whichever [witʃ'evə] *pron* koji god, koja god, koje god, što god; bilo koji, bilo koja itd.
whichsoever [ˌwitʃsəu'evə] *adj & pron* → **whichever**
whiff[1] [wif] *s* 1. dah, dašak, ćuh 2. pirkanje, puhanje 3. neugodan miris 4. *fig* malenkost, dašak 5. potezanje dima (iz cigare, lule, cigarete); izdahnut dim (od pušenja); cigareta, cigara 6. pucketanje, praskanje 7. *GB mar* lagan čamac na vesla, šajka
whiff [wif] *vi/t* **I.** *vi* puhati, dimiti **II.** *vt* izbaciti dim, pušiti (lulu)
whiff away ['wifə'wei] *vt* protjerati
whiff[2] [wif] *s ichth* vrsta lista
whiff [wif] *vi* loviti ribe povlačeći udicu s mekom neposredno ispod površine vode
whiffle ['wifl] *s* dah, dašak, pirkanje
whiffle ['wifl] *vi/t* **I.** *vi* puhati na mahove, pušući mijenjati smjer (vjetar); okretati se (*about*); lepršati; treperiti, povijati se; glasno disati **II.** *vt* otpuhati, raspršiti
whiffy ['wifi] *adj* koji neugodno miriše
whig [wig] *s hist parl* whig (pristaša parlamentarizma); liberal (engleski)
whig [wig] *adj* koji pristaje uz stranku vigovaca
whiggery ['wigəri] *s iron* politička načela, političko držanje vigovaca
whiggish ['wigiʃ] *adj* (~**ly** *adv*) koji pripada stranci vigovaca, liberalan
whiggism ['wigizm] *s* politička načela vigovaca, liberalizam
while [wail] *s* vrijeme, časak, kratak vremenski razmak | **all the** ~ cijelo vrijeme; **it is worth** ~ to vrijedi truda, to se isplati; **in a little** ~ skoro, naskoro; **once in a** ~ prigodice, katkad, gdjekad; **for one** ~ za neko vrijeme; **the** ~ dok, za (to) vrijeme
while [wail] *conj* dok, za vrijeme, sve dok; ma da
while [wail] *vt* provesti (vrijeme) | **to** ~ **away the time** provesti (potratiti) vrijeme, biti dokon
whiles [wailz] *conj arch* → **while**
whilom ['wailəm] *adv arch* nekad, nekoć, negda
whilom ['wailəm] *adj arch* nekadanji, negdašnji, prijašnji, pređašnji
whilst [wailst] *conj GB* → **while**
whim [wim] *s* 1. hir, mušica, namisao, ideja, kaprica 2. *tech* vitlo, dolap, čekrk
whimper ['wimpə] *s* cviljenje, (tiho) plakanje, cmizdrenje
whimper ['wimpə] *vi/t* **I.** *vi* cviljeti, (tiho) plakati, cmizdriti **II.** *vt* izgovoriti (izreći) plačnim glasom, cvileći
whimperer ['wimpərə] *s* plačljivac, cmizdravac
whimpering ['wimpəriŋ] *adj* (~**ly** *adv*) koji cvili, plačljiv, cmizdrav
whimsical ['wimzikl] *adj* (~**ly** *adv*) hirovit, mušičav, ćudljiv; čudnovata izgleda, ekscentričan
whimsicality [ˌwimzi'kæliti] *s* hirovitost mušičavost, ćudljivost; čudnovat izgled, ekscentričnost
whimsy ['wimzi] *s* hir, mušica, ćud; čudno (fantastično) djelo
whimsy ['wimzi] *adj* hirovit, mušičav, ćudljiv
whin [win] *s bot* štipavac (*Ulex europaeus*)
whinberry ['winbəri] *s bot* borovnica
whinchat ['wintʃæt] *s ornith* bjeloguza obična, sivasti kamenjar (*Saxicola oenanthe*)
whine [wain] *s* cviljenje, cičanje; cmizdrenje, plakanje, jadikovanje, kukanje
whine [wain] *vi/t* **I.** *vi* cviljeti, cičati; cmizdriti, plakati, jadikovati, kukati; cvileći moliti **II.** *vt* izgovoriti (izreći) cvileći; oplakivati
whiner ['wainə] *s* onaj koji cvili (ciči); cmizdravko, plačljivac
whinger ['wiŋə] *s* kratak mač, bodež
whining ['wainiŋ] *adj* (~**ly** *adv*) plačljiv, cmizdrav
whinny ['wini] *s* njištanje
whinny ['wini] *vi* njištati
whip [wip] *s* 1. bič, kandžija, šiba 2. kočijaš 3. *hunt* psetar 4. *parl* organizacijski sekretar stranke u skupštini koji se brine za glasačku disciplinu zastupnika svoje stranke; skupljanje pripadnika stranke na glasanje; poziv pripadnicima stranke, okružnica 5. krilo vjetrenjače 6. koloturnik | **to ride** ~ **and spur** jahati trkom; **to be a good** ~ dobro voziti kola, biti dobar kočijaš (vozač)
whip [wip] *vt/i* (*pret & pp* ~ed, ~t) **I.** *vt* 1. bičevati, šibati, udarati 2. tjerati (goniti) bičem; utjerati (*into* u), istjerati, izagnati (*out of* iz) 3. tjerati zvrk 4. ribariti (neprestano bacajući udicu u vodu) 5. mlatiti, tepsti 6. utuviti (komu) u glavu, izbiti (komu) iz glave 7. *fig* mučiti, kazniti 8. *sl* natkriliti, nadmašiti, potući, pobijediti 9. oviti (konop) debelim koncem, špagom; pričvrstiti ovijanjem 10. opšiti rub, obrubiti, prišiti 11. dizati (ugljen, teret itd.) konopom (preko koloturnika) 12. *GB coll* ukrasti **II.** *vi* 1. bičevati, šibati, batinati 2. juriti, zujati, hujati; odskočiti, poletjeti, strelimice letjeti | **to** ~ **stream** ribariti neprestano bacajući udicu u rijeku; **to** ~ **horses on** goniti konje bičem; **to** ~ **eggs** tući bjelanjke od jaja; **to** ~ **the cat** škrtariti; ne raditi u ponedjeljak
whip away ['wipə'wei] *vt* otjerati, istjerati, odagnati, izagnati; brzo oduzeti
whip back ['wip'bæk] *vt* bičem odvratiti udarce

whip behind ['wipbi'haind] *vt* udarati bičem iza sebe
whip in ['wip'in] *vt hunt* bičem stjerati pse na okup, bičem držati pse na okupu; *parl* skupiti pripadnike stranke na glasanje
whip off ['wip'ɔf] *vt/i* otjerati, odagnati; odvesti; povući; odbaciti (kaput)
whip on ['wip'ɔn] *vt* naglo prebaciti (haljine, odjeću); goniti (konja) bičem
whip out ['wip'aut] *vt* istjerati bičem; naglo izvući (iz džepa)
whip round ['wip'raund] *vi/t* naglo oviti (obaviti); skupljati dobrovoljne priloge
whip together ['wiptə'geðə] *vt* satjerati na okup bičem, držati na okupu (pse)
whip up ['wip'ʌp] *vt/i* **I.** *vt* 1. goniti, tjerati bičem 2. brzo prihvatiti, trgnuti k sebi, prigrabiti 3. skupiti, zbubnjati 4. *sport* oštro odbiti loptu (kod tenisa) 5. uzburkati, rasplamsati (strasti) **II.** *vi* skakati, skočiti, skakutati
whip-cord ['wipkɔːd] *s* uzica biča; *com* vrsta rebraste tkanine
whip-hand [ˌwip'hænd] *s* desna ruka jahačeva (tj. ona koja drži bič) | **to have the ~ of** imati što u vlasti
whipper ['wipə] *s* bičevalac
whipper-in [ˌwipər'in] *s hunt* sluga koji vodi pse; *parl* član parlamenta koji se brine za disciplinu pripadnika stranke (članova parlamenta)
whipper-snapper ['wipəˌsnæpə] *s* drsko dijete, fakinčić; balavac
whippet ['wipit] *s* vrsta malog hrta; *mil* malen (lagan) tenk
whipping ['wipiŋ] *s* 1. bičevanje, šibanje; batine, udarci 2. *sport* poraz 3. ovijen debeo konac, špaga (oko kraja konopa)
whipping-boy ['wipiŋbɔi] *s hist* dječak koji je učio s kraljevićem i koga su kažnjavali za prestupke kraljevića; onaj koji izvlači batine mjesto drugoga
whipping-in ['wipiŋin] *s parl* sakupljanje pripadnika stranke (radi glasanja)
whipping-post ['wipiŋpəust] *s hist* sramni stup (na kojem su bičevali prijestupnike)
whipping-top ['wipiŋtɔp] *s* zvrk (koji se tjera bičem)
whipping-twine ['wipiŋtwain] *s mar* jedrenac, debeo konac za šivanje jedara
whippoorwill ['wipˌpuəˌwil] *s ornith* američki leganj mračnjak, kozodoj (*Caprimulgus europaeus*)
whippy ['wipi] *adj* vitak, gibak
whip-saw ['wipsɔː] *s* jednoručna pila
whip-saw ['wipsɔː] *vi/t* **I.** *vi* piliti jednoručnom pilom; *US sl* dvostruko prevariti **II.** *vt* raspiliti
whipster ['wipstə] *s* malo dijete; balavac
whip-stitch ['wipstitʃ] *s derog* krojač, krojačica
whipstock ['wipstɔk] *s* bičalica, držalo za bič
whir [wəː] *s* zujanje, fijuk; lepetanje (krilima)
whir [wəː] *vi* zujati, fijukati, svirati; lepetati (krilima)
whirl [wəːl] *s* vrtnja, okretanje, kovitlanje; vrtlog, vir; *fig* zbrka, metež; uzbuđenje; vrtoglavica
whirl [wəːl] *vt/i* **I.** *vt* vrtjeti, okretati, vijati u krugu; nositi, odnijeti u vrtlogu, vrteći bacati **II.** *vi* vrtjeti se, brzo se okretati, juriti, brzo se kretati, vrtjeti se plešući; imati vrtoglavicu; kovitlati se (misli)
whirligig ['wəːligig] *s* zvrk, zvrčak; vrtuljak; *fig* vir, vrtlog; kružni pokret; *ent* kolovrt (*Gyrinus natator*)
whirlpool ['wəːlpuːl] *s* vir, vrtlog; *fig* vrtlog, metež
whirlwind ['wəːlwind] *s* vihor, zračni vrtlog, zračna vijavica | **to sow the wind and reap the ~** sijati vjetar, a žeti oluju
whirr [wəː] *vi & s* → **whir**
whisk[1] [wisk] *s* svežanj, svežanj slame; peruška, otirač, metlica; *cul* tucalo, tuckalo, tučak (za tučenje vrhnja, snijega od jaja)
whisk[2] [wisk] *s* brz, oštar pokret
whisk [wisk] *vt/i* **I.** *vt* mesti, pomesti, obrisati, naglo skinuti; mahati, vitlati, brzo micati; *cul* tući snijeg; naglo odnijeti **II.** *vi* naglo se kretati, micati; juriti, hujati, letjeti, šmugnuti
whisk away ['wiskə'wei] *vt/i* **I.** *vt* otjerati; obrisati **II.** *vi* nestati, šmugnuti
whisk off ['wisk'ɔf] *vt* otrgnuti, istrgnuti; brzo odvesti
whisker ['wiskə] *s* zalistak, brada, brkovi; dlake na njuški životinje
whiskered ['wiskəd] *adj* koji ima zaliske; *zool* koji ima brkove (dlake na njušci)
whisky[1] (*US & Ir* **whiskey**) ['wiski] *s* viski
whisky[2] ['wiski] *s* laka kočija na dva kotača
whisper ['wispə] *s* šapat, šaptanje, došaptavanje; šum, šuštanje; tajno saopćenje, došapnuta riječ | **~s** *pl* glasine, govorkanje, došaptavanje; **in a ~** šaptom, šapćući
whisper ['wispə] *vi/t* **I.** *vi* šaptati, šapnuti, šušnuti; govorkati, zuckati; *poet* šuštati, šumiti **II.** *vt* šaptati, govoriti šapćući, saopćiti u povjerenju, doušiti
whisperer ['wispərə] *s* šaptač, šaptalac; doušnik
whispering ['wispəriŋ] *adj* (**~ly** *adv*) koji šapće, šaputav | **~ campaign** kampanja potajnog diskreditiranja
whist [wist] *s* whist (igra kartama)
whist [wist] *adj arch* tih
whist [wist] *interj* pst!, tiho!
whist [wist] *vi* biti tih

whistle ['wisl] *s* zviždanje, zviždaljka; coll grlo | **to pay for one's ~** debelo platiti za što
whistle ['wisl] *vi/t* **I.** *vi* 1. zviždati, zviždukati; svirati na svirali; dati znak zviždanjem 2. fijukati, hujati 3. prohujati, prozviždati (tane) **II.** *vt* zviždati (melodiju); zviždeći dozvati | *mar* **to ~ for a wind** uzalud čekati vjetar; **they may ~ for it** na to mogu dugo čekati, mogu fućkati za tim
whistle back ['wisl'bæk] *vt* dozvati zviždukom
whistle up ['wisl'ʌp] *vt* dozvati zviždukom
whistler ['wislə] *s* zviždač; *zool & ornith* zviždavac
whistle-stop ['wistl'stɔp] *s* stanica na kojoj se brzi vlakovi ne zaustavljaju; *US pol* kratko zadržavanje (i govor biračima) u malom mjestu
whit [wit] *s arch & lit* komadić, trunak, trunčica, mrvica; točka | **no ~, not (never) a ~** ni trunčice, ni mrvice; nimalo, nipošto
white [wait] *s* 1. bijelo, bijela boja, bjelilo 2. bijel predmet; bijelac, čovjek bijele rase
white [wait] *adj* (**~ly** *adv*) 1 bijel, bjeloputan, blijed; sijed 2. proziran, bezbojan 3. *fig* nevin, čist, neokaljan, bezazlen; pristojan, pošten 4. *pol* rojalistički, reakcionaran | **to bleed ~** iscrpsti novčano; *zool* **~ ant** termit, bijeli mrav; **~ elephant** bijeli slon; *fig* tegobna služba, neugodan posjed; **~ flag** zastava predaje; **~ frost** inje; *pol* **~ paper** bijela knjiga, izvještaj engleske vlade; **~ lie** bezazlena laž, laž iz nužde; **~ metal** bijela kovina; **the ~ slave trade** trgovina bijelim robljem; **~ sale** rasprodaja platnene robe, posteljine (»bijeli tjedan«); **~ war** beskrvni (privredni) rat; **~ mèat** meso peradi, teletina i svinjetina
white [wait] *vt* bijeliti, pobijeliti, učiniti bijelim
whitebait ['waitbeit] *s ichth* vrste male bijele ribe (crvenperka, jez, klen)
whitebearded ['wait,biədid] *adj* bjelobrad, bijele brade
whitecap ['waitkæp] *s* 1. *ornith* crvenorepka šumska (*Ruticilla phoenicurus*) 2. *US* izvršitelj linča | **~s** *pl* pjena na vrhovima valova
white-collar worker ['wait,kɔlə'wə:kə] *s* činovnik
white-faced ['wait,feist] *adj* blijed, bjelolik
whitefish ['waitfiʃ] *ichth* ozimica, jezerski losos (*Coregonus*); *GB* bijela riba (za razliku od plave)
Whitehall [,wait'hɔl] *s fig* britanska vlada
white-handed ['wait,hændid] *adj fig* nevin, neokaljan, bez ljage, pošten, ispravan
whiteheaded ['wait,hedid] *adj* bijele glave, bjeloglav, sjedokos
white-heat [,wait'hi:t] *s* bijela usijanost; *fig* najveća uzbuđenost, velika srdžba, razbješnjelost
white hope [,wait'həup] *s* najveća nada
white horses [,wait'hɔ:siz] *s pl* valovi s bijelom pjenom na vrhu
white-hot [,wait'hɔt] *adj* bijelo usijan; *fig* strastven, bijesan
White House ['waithaus] *s* Bijela kuća (u Washingtonu); *fig* američka vlada
white-lead ['waitled] *s chem* olovno bjelilo
white-livered ['wait,livəd] *adj* kukavički, strašljiv, plašljiv
whitely ['waitli] *adv* bijelo, bjelkasto
whiten ['waitn] *vt/i* **I.** *vt* bijeliti, pobijeliti, obijeliti **II.** *vi* pobijeljeti, postati bijel, poblijedjeti
whiteness ['waitnis] *s* bjeloća, bljedoća, čistoća; nevinost
whitening ['waitniŋ] *s* bijeljenje, čišćenje; vapno za bijeljenje; prah za čišćenje
white sheet ['waitʃi:t] *s fig* pokajnička odjeća
whitesmith ['waitsmiθ] *s* limar; obrtnik koji izrađuje srebrne predmete
whitethorn ['waitθɔ:n] *s bot* bijeli glog
whitethroat ['waitθrəut] *s ornith* grmuša siva (*Sylvia salicaria*)
whiteware ['waitwεə] *s* rublje, platnena roba
whitewash ['waitwɔʃ] *s* bjelilo, vapno (kreč) za bijeljenje; *fig* rehabilitacija, spašavanje časti; *com* proglašenje ponovne solventnosti (nakon stečaja)
whitewash ['waitwɔʃ] *vt* bijeliti, obijeliti, ovapniti (krečiti), oprati; *fig* pokušati spasiti čiji dobar glas, rehabilitirati; *com* početi opet poslovati nakon stečaja; *US sport* ametom poraziti protivnika
whitewasher ['waitwɔʃə] *s* bjelilac, povapnjivač (krečilac); *fig* poravnjivač; snaga koja pomiruje, posrednik mira; *sl* završni napitak (obično šeri) nakon večere
Whitey ['waiti] *s US sl* bijelac
whither ['wiðə] *adv arch & rhet* kuda, kamo, onamo kamo
whitherward ['wiðəwəd] *adv arch & rhet* kuda, onamo kamo
whiting[1] ['waitiŋ] *s ichth* pešmolj, merlan
whiting[2] ['waitiŋ] *s* vapno za bijeljenje, prašak za čišćenje
whitish ['waitiʃ] *adj* bjelkast
whitleather ['wit,leðə] *s* bijela koža štavljena stipsom
whitlow ['witləu] *s med* zanoktica, kukac
Whitsun ['witsn] *adj* duhovski | **~ week** duhovski tjedan
Whitsunday [,wit'sʌndi] *s* Duhovska nedjelja
Whitsuntide ['witsntaid] *s* Duhovi

whittle ['witl] *s arch* & *dial* dug nož, mesarski nož

whittle ['witl] *vt/i* **I.** *vt* rezati komade, reskati; djeljati; smanjiti, sniziti (npr. plaću, *away, down*) **II.** *vi* rezati; djeljati

whittle down ['witl'daun] *vt/i* smanjiti, sniziti (npr. plaću)

whity (whitey) ['waiti] *adj* bjelkast

whiz [wiz] *s* zujanje, fijuk, huka; *sl* dogovor, sporazum | **it's a ~** u redu, uglavljeno, svršeno

whi(z) [wiz] *vi* zujati, fijukati; hujati, bjesnjeti

whizzbang ['wizbæŋ] *s mil* granata velike brzine (u letu)

whizzer ['wizə] *s tech* centrifugalna sušilica

whizz-kid ['wizkid] *s US sl* mlada, iznimno sposobna osoba

who [huː] *pron* (*gen* **whose** [huːz], *obj* **whom** [huːm]) tko?; *coll* koga?; koji, koja, koje; onaj koji, ona koja, ono koje | **to know ~'s ~** znati tko je tko

whoa [wəu] *interj* → **wo**

who'd [huːd] = **who had, who would**

whodunit [ˌhuː'dʌnit] *s US sl* krimić

whoe'er [huː'ɛə] *pron poet* → **whoever**

whoever [huː'evə] *pron* tko god, koji god, tko mu drago, tko bilo; svaki koji | *coll* **~ (who ever) is it?** tko bi to mogao biti?

whole [həul] *adj* 1. *arch* zdrav, u dobru zdravlju 2. nepovrijeđen, neozlijeđen 3. nerazbijen, čitav, cio, sav; nerazdijeljen, nerazrezan 4. nepodijeljen, potpun, cijeli (npr. broj); nesmanjen, bez odbitka 5. neobran (mlijeko) | **with one's ~ heart** iz dubine duše, od svega srca; **to go the ~ hog** izvršiti što temeljito, uložiti sve snage, ići do kraja

whole [həul] *s* 1. cjelina, sve, cijelost 2. cijeli opseg; sadržaj 3. cijelo (kao jedinica) | **on the ~** u cjelini, u cijelosti; **the ~ of England** cijela Engleska

whole-bound ['həulbaund] *adj* uvezan u kožu

whole-coloured ['həulˌkʌləd] *adj* jednobojan

whole-hearted [ˌhəul'haːtid] *adj* (**~ly** *adv*) srdačan, dubokih osjećaja, iskren

whole-hogger [ˌhəul'hɔgə] *s* strastven (stopostotni) pristaša

whole-length ['həulleŋθ] *s* (portret) u naravnoj veličini

whole meal ['həulmiːl] *s GB* neprosijano brašno (s mekinjama)

wholesale ['həulseil] *s* prodaja na veliko, opća rasprodaja | *com* **by ~** na veliko, an gro; *fig* u masi, obilno, bez razlike, općenito

wholesale ['həulseil] *adj com* koji prodaje na veliko, an gro; *fig* neograničen, opći; bez razlike; obilan, prekomjeran

wholesale ['həulseil] *adv com* na veliko, an gro; *fig* u velikom opsegu (omjeru); u masi, bez razlike, općenito

wholesale ['həulseil] *vi* prodavati na veliko

wholesaler ['həulˌseilə] *s* veletrgovac, trgovac na veliko

wholesome ['həulsəm] *adj* (**~ly** *adv*) zdrav; koristan, probitačan, dobar; spasonosan, blagotvoran; koristan za zdravlje

who'll [huːl] = **who will**

wholly ['həuli] *adv* potpuno, sasvim, u cijelosti; isključivo

whom [huːm] *pron* (*obj* od **who**) 1. koga? komu? 2. onoga koga, onom kojem; onu koju, onoj kojoj; ma koga, na komu, ma koju, ma kojoj; koga mu drago, komu mu drago

whomever [huːm'evə] *pron* koga god, komu god, koju god, kojoj god; koga bilo, komu bilo, koju bilo, kojoj bilo

whomsoever [ˌhuːmsəu'evə] *pron* ma koga, ma komu, ma koju, ma kojoj; svakoga, svakomu, svaku, svakoj

whoop [huːp] *s* vika, krika

whoop [huːp] *vi/t* **I.** *vi* vikati, dahtati, soptati **II.** *vt* vikati, vikati na koga | *sl* **to ~ it up** bučno se veseliti, lumpati, dići galamu, izazvati izgred

whoop [huːp] *interj* hej! | **~ for** ...! živio ...!

whoopee ['wupiː] *s US* veselica, svečanost | **to make ~** → **to whoop it up**

whooping-cough ['huːpiŋkɔf] *s med* kašalj hripavac

whooping-swan ['huːpiŋswɔn] *s ornith* labud pjevač

whop [wɔp] *vt sl* izbatinati, izlupati, naglo zgrabiti; *fig* pobijediti, potući; *US* sunuti, naglo **gurnuti, baciti**

whopper ['wɔpə] *s sl* velik (nezgrapan) predmet, grdosija; silan momak; gruba laž

whopping ['wɔpiŋ] *s sl* batine, lemanje

whopping ['wɔpiŋ] *adj sl* golem, velik, silan, kolosalan

whopping ['wɔpiŋ] *adv* | **~ big** vrlo velik

who're [huːə] = **who are**

whore [hɔː] *s* bludnica, djevojčura, kurva

whore [hɔː] *vi* bludničiti, kurvati se; *fig* klanjati se idolima; biti sramotan

whoredom ['hɔːdəm] *s* blud, kurvanje; *fig* klanjanje idolima

whore-master ['hɔːˌmaːstə] *s* svodnik; bludnik, kurviš

whore-monger ['hɔːˌmʌŋgə] *s arch* bludnik, kurviš

whorl [wəːl] *s* 1. *tech* agršak, pršljen (malen kolutić od kosti koji se stavlja na vreteno) 2. *bot* pršljen, godišnjak, izdanak 3. zavoj spiralne školjke (i slično)

whorled [wəːld] *adj* pršljenast, zavinut, zavojit

whortleberry ['wəːtlˌberi] *s bot* borovnica

who's [hu:z] = **who is, who has**
whose [hu:z] *pron* (*poss* od **who**) čiji?, čija?, čije?; kojega, čije; čiji bilo, čija bilo, čije bilo
whosesoever [ˌhu:zsəu'evə] *pron* → **whoever**
whoso ['hu:səu] *pron arch* → **whoever**
whosoever [ˌhu:səu'evə] *pron* → **whoever**
why [wai] *adv* 1. zašto?, čemu?, rašta? 2. zbog čega, zašto | **this is ~, that is ~** radi (zbog) toga, zato, stoga
why [wai] *s* razlog, uzrok | **the ~ and the wherefore** kako i zašto
why [wai] *interj* što, zaista!, no!, dakle!, pa!
wick[1] [wik] *s* stijenj, fitilj; *med* dren od gaze (koji se stavlja u ranu)
wick[2] [wik] *s dial* gradić, selo, zaselak; majur
wicked ['wikid] *adj* (**~ly** *adv*) bezbožan, grešan, zao, poročan, nemoralan, pokvaren; zloban, nestašan, vragoljast, obijestan
wickedness ['wikidnis] *s* bezbožnost, zloća; zloba, nestašnost, obijest
wicker ['wikə] *s* vrbov prut, vrbova šiba; obrađeno vrbovo šiblje; pleter (od vrbova šiblja)
wicker-bottle ['wikəˌbɔtl] *s* opletena boca (vrbovim šibama); demižon
wicker-chair ['wikətʃεə] *s* pletena stolica, pleteni naslonjač
wicker-work ['wikəwə:k] *s* pleter od vrbovih šiba; pletena roba (od vrbovih šiba), košaraška roba
wicket ['wikit] *s* vratašca, pokrajna vrata, mala vrata (unutar većih), poluvrata, vrata za okretanje; *sport* vrata (kod kriketa) | *GB coll* **he kept his ~ up** uspjelo mu je da ne bude izbačen iz borbe; *GB coll* **sticky ~** teška situacija
wicket-gate ['wikitgeit] *s* vratašca, vrata
wicket-keeper ['wikitˌki:pə] *s sport* vratar (kod kriketa)
wide [waid] *s sport* lopta koja se udaljuje iz domašaja igrača | **to the ~** potpuno, sasvim; **done to the ~** potpuno iscrpljen
wide [waid] *adj* (**~ly** *adv*) 1. širok, dalek, prostran, dalekosežan, rasprostranjen, opsežan; velik, bogat 2. slobodan, liberalan, koji je bez predrasuda, širokogrudan; opći, općenit 3. koji se prostire u određenim granicama, širom otvoren, udaljen (od cilja); koji prelazi granice, prekomjeran | **the ~ world** daleki svijet, bijeli svijet; **~ domain** prostrano područje; *fig* **(to give) a ~ margin** (dati) široko polje, slobodan prostor; **to give ~ berth to** ne ići preblizu, izbjegavati; **~ of the mark** dalek od cilja; *fig* neumjestan, kriv, pogrešan
wide [waid] *adv* 1. daleko, široko, prostrano; udaljeno 2. u punoj mjeri; širom; udaljeno od cilja | **to open one's mouth too ~** biti previše pohlepan (častohlepan); **to have one's eyes ~ open** otvoriti širom oči, biti budan (pažljiv, oprezan)
wide-awake [ˌwaidə'weik] *adj* sasvim budan; *fig* pažljiv, budan, oprezan
wide-awake ['waidəweik] *s* pusten šešir sa širokim mekanim obodom
widely ['waidli] *adv* 1. široko, daleko, prostrano 2. u širokim krugovima, opće, općenito 3. u velikoj mjeri, izvanredno, vrlo
widen ['waidn] *vt/i* **I.** *vt* proširiti, učiniti širim (& *fig*) **II.** *vi* proširiti se (& *fig*)
wideness ['waidnis] *s* širina, daljina; prostranost, veličina
wide-open ['waidˌəupn] *adj* širom otvoren, rastvoren
wide-spread ['waidspred] *adj* rasprostranjen nadaleko i naširoko
widgeon (wigeon) ['widʒən] *s ornith* patka zviždara (*Mareca penelope*)
widish ['waidiʃ] *adj* prilično dalek, podalek
widow ['widəu] *s* udovica | **grass ~** bijela (slamnata) udovica; **~ woman** udovica
widow ['widəu] *vt* učiniti udovicom, udovcem; *fig poet* lišiti čega, oteti komu
widow-bird ['widəuˌbə:d] *s ornith* afrička ptica crnog perja iz porodice *Vidua*
widowed ['widəud] *adj* obudovjela, osirotjela; *fig* napuštena
widower ['widəuə] *s* udovac | **grass ~** bijeli (slamnati) udovac
widowhood ['widəuhud] *s* udovištvo
width [widθ] *s* širina (& *fig*), širokogrudnost, liberalnost; širina neke tkanine
wield [wi:ld] *vt* rukovati, upotrebljavati, držati; *fig* imati (vršiti) vlast nad | **to ~ the pen** pisati, baratati perom
wielder ['wi:ldə] *s* | **~ of power** vlastodržac
wife [waif] *s* (*pl* **wives** [waivz]) žena, baba; supruga | **to take to ~** uzeti za ženu; **old wives' tale** bablja priča
wifehood ['waifhud] *s* bračno stanje (žene), dostojanstvo supruge; ženstvo
wifeless ['waiflis] *adj* koji je bez žene, koji nema žene
wifelike ['waiflaik] *adj* poput žene (supruge), koji priliči supruzi, supružanski
wifely ['waifli] *adj* koji priliči supruzi, supružanski
wig [wig] *sl* vlasulja, perika; *hum* kosa; *sl* grdnja, ukor | **there will be ~s on the green** bit će tučnjave
wig [wig] *vt* snabdjeti vlasuljom (perikom); *sl* grditi, koriti
wigged [wigd] *adj* koji nosi vlasulju (periku)
wigging ['wigiŋ] *s GB sl* grdnja, prijekor, ukor
wiggle ['wigl] *vi/t* **I.** *vi coll* vijugati se, krivudati, teturati, klimati se **II.** *vt* micati, klimati, mahati, vijugati

wiggle ['wigl] *s* micanje amo-tamo, migoljenje, vijuganje
wight [wait] *s arch* ljudsko biće, stvor
wig-maker ['wig,meikə] *s* vlasuljar, vlasuljarka
wigwag ['wigwæg] *vt US army sl* signalizirati zastavicama
wigwam ['wigwæm] *s* koliba sjevernoameričkih Indijanaca, vigvam
wild [waild] *adj* (**~ly** *adv*) 1. divlji, nepripitomljen 2. plašljiv, plah (divljač) 3. neciviliziran, surov, neizobražen 4. pust, neobrađen (tlo); neuredan, raščupan (kosa) 5. divlji, neobuzdan, razuzdan, raspušten; tvrdoglav, svojeglav 6. *fig* uzbuđen, bijesan, silovit; bezuman, lud, strastven, pomaman 7. buran, žestok 8. slučajan, nesmotren, nepromišljen, zanesen, fantastičan, pustolovan | **to run ~** divlje rasti; *fig* rasti bez nadzora; **to drive ~** učiniti (koga) posve ludim, razbjesnjeti; *coll* **to be ~ about** biti lud za, biti oduševljen nečim
wild [waild] *s* neobrađeno tlo, divljina, pustoš, pustinja | **~s** *pl* divljina
wild [waild] *adv* divlje, bezglavo, nepromišljeno, nesmotreno | **to shoot ~** pucati bez cilja; **to talk ~** ludo govoriti, pretjerivati
wild cat ['waildkæt] *s* 1. *zool* divlja mačka 2. (**wild-cat** ['waildkæt]) *coll* divlji špekulant, nesolidan trgovac; prevarantsko poduzeće 3. (**wild-cat**) *US* umetnut vlak, posebni vlak
wildebeest ['wildibi:st] *s S Afr zool* gnu (*Connochaetes gnu*)
wilderness ['wildənis] *s* divljina, pustoš, pustinja; prostran jednoličan kraj, niz (npr. šuma); zbrka (kuća); divlji, labirintski vrt
wildfire ['waild,faiə] *s mil hist* grčka vatra; svjetlo koje fosforescira; *med* crveni vjetar | *fig* **to spread like ~** proširiti se kao munja
wild-fowl ['waildfaul] *s* pernata divljač
wild goose ['waildgu:s] *s ornith* divlja guska | *fig* **wild-goose chase** uzaludan trud, jalov pothvat
wilding ['waildiŋ] *s bot* divljaka (& *fig*), divlje drvo; neoplemenjena biljka, neoplemenjena jabuka
wildish ['waildiʃ] *adj* dosta (prilično) divlji
wildly ['waildli] *adv* divlje, bijesno, žestoko; uzbuđeno, bezglavo; u najvećoj mjeri, vrlo, znatno
wildness ['waildnis] *s* divljina, bezglavost, neobuzdanost
wile [wail] *s arch* & *poet* lukavstvo, lukavština, psina, trik
wile [wail] *vt* vabiti, izvabiti, dovabiti; ugodno provesti (vrijeme)
wilful (*US* **willful**) ['wilful] *adj* (**~ly** *adv*) svojeglav, svojevoljan, tvrdoglav; uporan; namjeran
wilfulness ['wilfulnis] *s* svojeglavost, tvrdoglavost; upornost; namjernost
will [wil] *s* 1. volja, snaga, energija 2. izraz volje, čvrsta odluka 3. želja, zahtjev, volja, ćef 4. naklonost (prema drugima) 5. oporuka, posljednja volja, testament | **at ~** po volji; **tenant at ~** zakupnik komu se može po volji otkazati; **good ~** dobra volja, naklonost, blagonaklonost, blagohotnost; **ill ~** mržnja, neprijateljstvo; *prov* **when there's a ~ there's way** sve se može kad se hoće; **of one's own free ~** po vlastitoj volji
will [wil, wəl, əl] *vt* & *aux* (*pret* would) **I.** *vt* 1. htjeti (*I ~ do it if* ... hoću to učiniti, ako...; *~ you come?* hoćete li doći?) 2. željeti, htjeti, odlučiti (*come when you ~* dođi kad zaželiš; *I would it were otherwise* htio bih da to bude drukčije) 3. pristati, prihvatiti (*he would not do it for anything* na to ne bi pristao ni za što) 4. obično što raditi (*he ~ sit there for hours* on obično tamo sjedi satima) **II.** *v aux* 1. kao pomoćni glagol za futur i kondicional u 2. i 3. licu sing. i plur. (*you ~ soon hear the bell* skoro ćeš čuti zvonce; *would you be so kind and come at 5 o'clock?* biste li bili tako ljubazni da dođete u 5 sati?) 2. kao pomoćni glagol za futur i kondicional u 1. licu sing. i plur. da se izrazi volja ili namjera subjekta (*I ~ not be caught again* neću da me opet ulove; *we would have come if you had given us notice* mi bismo bili rado došli da ste nas obavijestili)
will [wil] *vt/i* **I.** *vt* ostaviti oporukom, namrijeti; odlučiti, odrediti; nagovoriti skloniti, pobuditi, htjeti **II.** *vi* htjeti
willed [wild] *adj* koji hoće, želi, željan, voljan | **self-~** svojevoljan, svojeglav
willies ['wiliz] *s pl sl* | **it gives me the ~** uhvati me jeza od toga
willing ['wiliŋ] *adj* voljan, dobrovoljan, gotov, pripravan, sklon, popustljiv; povodljiv; dragovoljan
willingly ['wiliŋli] *adv* rado, s veseljem, drage volje
will-less ['willis] *adj* koji je bez volje, bezvoljan
will-o'-the-wisp [,wiləðə'wisp] *s* divlji oganj, svjetlost lutalica; *fig* obješenjak
willow ['wiləu] *s bot* vrba; udarač (kod kriketa) | **to wear the ~** žaliti (oplakivati) gubitak ljubljenoga (ljubljene)
willow ['wiləu] *s* naprava za grebenanje (vune), grebeni
willow ['wiləu] *vt* grebenati, čistiti raščupavanjem (pamuk, vunu)
willow-pattern ['wiləu,pætən] *s* porculan s plavim kineskim uzorkom pejzaža s vrbama
willow-wren ['wiləuren] *s ornith* brezov zviždak (*Phyloscopus trochilus*)

willowy ['wilǝui] *adj* koji je pun vrba; vitak, gibak

will-power ['wil,pauǝ] *s* snaga volje

willy ['wili] *s tech* naprava za grebenanje (vune)

willy-nilly [,wili'nili] *adv* htio ne htio, hoćeš nećeš

wilt [wilt] *arch* 2. lice *sg pres* od *will* (*v aux*)

wilt [wilt] *vt/i* **I.** *vt* učiniti uvelim; oduzeti snage **II.** *vi* uvenuti, povenuti, omlohaviti, klonuti

wily ['waili] *adj* (**wilily** *adv*) lukav, prepreden, podmukao

wimple ['wimpl] *s* 1. rubac (koludrički), koprena, veo 2. nabor, zavoj, vijuga

wimple ['wimpl] *vt/i* **I.** *vt* oviti, zamotati (glavu) **II.** *vi* padati u naborima, vijugati se, krivudati

win [win] *s* dobivanje; *sport* uspjeh, pobjeda, dobitak

win [win] *vt/i* (won, won) **I.** *vt* 1. dobiti, zadobiti; steći, postići 2. zaraditi, dobiti na kartama, u igri 3. predobiti, osvojiti, nagovoriti, uvjeriti, sve više djelovati 4. stići na drugu obalu, na vrh brda itd. **II.** *vi* biti pobjednik, pobijediti, dobiti | **to ~ one's blue** steći pravo na nošenje plave oznake (Oxfordskog ili Cambridgeskog sveučilišta) nakon nastupa na utrkama; **to ~ one's spurs** postati vitez; **to ~ one's bread** zarađivati kruh; **to ~ one's way** prevaliti, dospjeti, prispjeti; prodrijeti, uspjeti; **to ~ ore** kopati rudu; **to ~ the toss** dobiti pri kockanju; **to ~ hands down** lako pobijediti

win back ['win'bæk] *vt* nadoknaditi gubitak, regresirati se

win out ['win'aut] *vi fig* doći do cilja, konačno prodrijeti, uspjeti, pobijediti; prilagoditi se čemu, uživjeti se u što; *US coll* uspjeti

win through ['win'θru:] *vi* prodrijeti, probiti se; dobiti, pobijediti

wince [wins] *s* trzaj, strah

wince [wins] *vi* trzati se, trgnuti se (od boli); preplašiti se | **without wincing** ne trenuvši okom

winceyette [,winsi'et] *s text* čvrsta poluvunena tkanina

winch [wintʃ] *s* vitao, čekrk; dizalica; ručica, ručka

wind [wind] *s* 1. vjetar, vihor 2. njuh, miris 3. privjetrina 4. dah, disanje, miris; vjetrovi, nadimanje; mjesto ispod prsa, ošit | *pl* strane svijeta; (umjetna) zračna struja; *mus sg constr* duhački instrumenti; svirači duhačkih instrumenata; *fig* prazne riječi | *mar* **capful of ~** povjetarac na mahove; *mar* **slant of ~** udar povoljnog vjetra; **to whistle down the ~** uzalud što željeti; **between ~ and water** ranjivo mjesto; *mar* **on a ~** uz vjetar; *mar* **off the ~** s polovičnim vjetrom (između bočnog i krmenog); *GB sl* **to put the ~ up** prestrašiti koga; *GB sl* **to get the ~ up** prepasti se; **to find out how the ~ blows (lies)** gledati odakle vjetar puše (& *fig*); *fig* **to take the ~ out of one's sails** pobijediti koga njegovim vlastitim argumentima; **to sow the ~ and reap the whirlwind** sijati vjetar, a žeti oluju; *sl* **to raise the ~** dobiti potreban novac; **to come from the four ~s** doći sa svih strana svijeta; **to get ~ of** posumnjati, dočuti, slutiti, nanjušiti; **to take (get) ~** govorkati se, pročuti se; **to break ~** puštati vjetrove; **to have one's ~ taken** biti paraliziran udarcem ispod prsa (u ošit); **in the ~'s eye** ravno protiv vjetra; **in the teeth of the ~** ravno protiv vjetra, prkoseći vjetru; *mar* **by the ~** s prednjim vjetrom (vjetar od boka prema pramcu); *fig* **to be in the ~** biti u toku, ležati u zraku; *fig* **to go to the ~s** propasti; **to speak to the ~s** govoriti u vjetar (uzalud); **to get one's ~** predahnuti; **to get one's second ~** doći do daha; **to get ~ of** načuti

wind [waind] *s* vijuganje, okretanje; zaokret (ceste itd.)

wind [waind] *vi/t* (wound, wound) **I.** *vi* 1. vrtjeti se, okretati se; vijugati, krivudati; provući se, ovijati se, omotati se 2. svijati se, iskriviti se (drvo) 3. *mar* okretati se, zakretati **II.** *vt* 1. oviti, omotati; sukati, motati, namatati, naviti 2. vrtjeti (film) 3. (vitlom) dizati uvis | **to ~ a p round one's fingers** omotati koga oko malog prsta

wind down ['waind'daun] *vt/i* smanjivati intenzitet, postupno likvidirati; ići kraju, postupno slabiti

wind off ['waind'ɔf] *vt* odmotati, razmotati

wind up ['waind'ʌp] *vt/i* **I.** *vt* 1. namotati; dizati uvis; naviti sat; napeti 2. urediti, zaključiti, svršiti, dovršiti, završiti 3. ugađati žičane instrumente 4. uzbuditi, napeti, potaknuti (*to* na) 5. *com* likvidirati (račun, firmu); *fig* opet dovesti u formu **II.** *vi* 1. svršiti, završiti (čime) 2. *com* napustiti posao, razvrći se, likvidirati | **wound up** napet, uzrujan

wind [waind] *vt* (*pret* ~ed, wound; *pp* ~ed, wound) puhati u rog

windage ['windidʒ] *s* slobodan prostor taneta u cijevi (tj. razlika između promjera taneta i promjera cijevi oružja; skretanje taneta od normalne putanje zbog vjetra; pritisak zraka pri topovskoj paljbi

windbag ['windbæg] *s fig* lajavac, blebetalo, brbljavac; govornik bez kraja i konca

wind-bill ['windbil] *s com* mjenica iz usluge

wind-bound ['windbaund] *adj mar* zadržan od nepovoljna vjetra
wind-break ['windbreik] *s US* zaštita od vjetra, vjetrobran
windbreaker ['wind,breikə] *s US* vjetrovka, vindjakna
wind-broken ['wind,brəukn] *adj* koji ima kratak dah; bolestan na plućima
windcheater ['wind,tʃi:tə] *s GB* vjetrovka, vindjakna
wind-chest ['windtʃest] *s* vjetrovod (kod orgulja)
wind-cone ['windkəun] *s* uređaj koji pokazuje smjer na aerodromu, »kobasica«
wind-egg ['windeg] *s* neoplođeno jaje, mućak
windfall ['windfɔ:l] *s* oboreno drvo (od vjetra); otpalo voće; *fig* neočekivani dobitak (*esp* nasljedstvo); *US* nagao udar vjetra iz visine
wind-fanner ['wind,fænə] *s ornith* sokol kliktavac (*Falco tinnunculus*)
wind-gauge ['windgeidʒ] s vjetromjer
windiness ['windinis] *s* vjetrovitost; *fig* praznina, nadutost
winding ['waindiŋ] *s* ovoj, motanje, namatanje; *el* namot; zavoj, okuka
winding ['waindiŋ] *adj* (**~ly** *adv*) koji se vrti (ovija, vijuga); vijugav, vijugast
winding-sheet ['waindiŋʃi:t] *s* mrtvački pokrov
winding-up [,waindiŋ'ʌp] *s* namatanje, navijanje
wind-instrument ['wind,instrumənt] *s mus* duhački instrument
wind-jammer ['wind,dʒæmə] *s mar coll* velik brz jedrenjak; *US* velik brbljavac
windlass ['windləs] s vitlo, čekrk; *mar* sidreno vitlo, motovilo; dizalica
windless ['windlis] *adj* koji nema vjetra, tih, miran
windlessness ['windlisnis] *s* bezvjetrina, odsutnost vjetra
windmill ['winmil] *s* vjetrenjača
window ['windəu] *s* prozor; *com* izlog; prozorčić na blagajni, šalter | **to have all one's goods in the ~** biti površan; **blank (blind, false) ~** slijepi prozor; *archit* **bow ~, bay ~** erker, izbojak, doksat
window-blind ['windəublaind] *s* rolo-zastor na prozoru
window-box ['windəubɔks] *s* kutija ili sandučić za cvijeće na prozoru
window-dressing ['windəu,dresiŋ] *s* aranžiranje, uređivanje izloga; *fig* »friziranje« podataka
window-pane ['windəupein] *s* okno (prozora)
window-shopping ['windəu,ʃɔpiŋ] *s coll* razgledavanje izloga
window-wiper ['windəu,waipə] *s mot* brisač stakla (vjetrobrana)
windpipe ['windpaip] *s anat* dušnik
windrow ['windrəu] *s* otkos, rukovet
wind-sail ['windseil] *s mar* vjetrolovka (platnena)
wind-screen ['windskri:n] *s GB aero & mot* vjetrobran, prednje staklo | **~ wiper** brisač stakla (vjetrobrana)
windshield ['windʃi:ld] *s US aero & mot* vjetrobran, prednje staklo
wind-stick ['windstik] *s sl aero* vijak, propeler
wind-swept ['windswept] *adj* izložen vjetru, vjetrovit
wind-tunnel ['wind,tʌnəl] *s tech* aerodinamički tunel
windward ['windwəd] *adj* smješten, okrenut prema vjetru
windward ['windwəd] *s* privjetrina | *fig* **to get to ~ of** prestići koga, napakostiti komu
windy ['windi] *adj* (**windily** *adv*) 1. vjetrovit, buran, olujan 2. *arch* tjeran vjetrom, izložen vjetru, okrenut prema vjetru 3. koji izaziva nadimanje, koji nadima 4. *fig* vjetrogonjast, isprazan, prazan; brbljav, dugotrajan (govor); nadut 5. *GB sl* uzbuđen, uzrujan, nervozan, preplašen
wine [wain] *s* vino; (studentski) sastanak uz vino poslije večere, pijanka, voćno vino; *med* otopina nekog lijeka u vinu | **in ~** pripit, supijan; **Adam's ~** voda; *fig* **good ~ needs no bush** dobar glas daleko dopire; *fig* **new ~ in old bottles** mlado vino rado prekipi; **to take ~ with** nazdraviti se, kucnuti se (kod stola), nazdraviti komu; **spirit of ~** alkohol, špiritus; **over the walnuts and the ~** pri desertu, poslije ručka; **tears of strong ~** kapljice koje se stvaraju na unutrašnjoj stijenci čaše dopola napunjene nekim teškim vinom (npr. porto i dr.)
wine-bag ['wainbæg] *s* vinski mijeh
wine-bibber ['wain,bibə] *s* vinopija
winebottle ['wain,bɔtl] *s* boca za vino, mijeh za vino
wine-cellar ['wain,selə] *s* pivnica, podrum
wineglass ['waingla:s] *s* vinska čaša; čaša za šeri; mjera za uzimanje lijekova (= 4 žlice)
wineglassful ['waingla:s,ful] *s* ono što stane u čašu za vino, mjera za uzimanje lijekova
wine-grower ['wain,grəuə] *s* vinogradar
winepress ['wainpres] *s* tijesak, preša za vino
wineskin ['wainskin] *s* vinski mijeh
wine-stone ['wainstəun] *s* birsa, sriješ
wine-vault ['wainvɔ:lt] *s* pivnica, podrum; krčma
wing [wiŋ] *s* 1. krilo (& *fig*); okrilje; strana, krilo (zgrade, vojske); *sport* krilo, krilni igrač; postrana kulisa (u kazalištu) 2. *aero* krilo, nosiva površina; zrakoplovni puk (tri eskadrile); let, letenje; *GB*

mot blatobran | **~s** *pl* postrane kulise; **to come on the ~s of the wind** dojuriti kao vjetar, doći na krilima vjetra; **to lend (add) a ~ to** požuriti, ubrzati; **to take ~** uzletjeti; **to take ~s** nestati; **to take under one's ~** uzeti pod svoje okrilje; **on the ~** u letu, leteći; *fig* u pokretu, na nogama; na odlasku; u bijegu, na bijegu; **to get the ~s** biti promaknut za pilota

wing [wiŋ] *vt/i* **I.** *vt* 1. opremiti krilima, perjem (npr. strelicu); učiniti da leti, dati krila, okrilatiti 2. požuriti, ubrzati 3. proletjeti kroza što 4. nositi na krilima 5. strijeljati, odapeti (npr. strelicu); pogoditi pticu u krilo; prostrijeliti (ruku), pogoditi (u ruku) **II.** *vi* letjeti

wing-commander ['wiŋkəˌmaːndə] *s mil* komandant zrakoplovnog puka

wing-covert [ˌwiŋ'kʌvət] *s* pokrivno pero (malo pero koje pokriva korijen pera na krilima i repu ptice)

winged [wiŋd] *adj* koji ima krila, krilat; *fig* brz, hitar

winger ['wiŋə] *s sport* krilni igrač, krilo

wingless ['wiŋlis] *adj* koji je bez krila, koji nema krila, beskrilni

winglet ['wiŋlit] *s* krilašce, krilce, malo krilo

wing-nut ['wiŋnʌt] *s tech* leptirast navrtanj (matica s dva krilca)

wink [wiŋk] *s* 1. kratak san 2. mig, miganje, žmirenje, žmirkanje, namigivanje 3. blijesak 4. kratak časak, tren | *coll* **forty ~s** kratak san; **to give a ~** dati kome mig, upozoriti koga; **a ~ is as good as a nod** i najmanja aluzija može biti dovoljna

wink [wiŋk] *vi/t* **I.** *vi* treptati, trenuti, žmiriti, žmirkati, migati, namignuti; svjetlucati, treperiti **II.** *vi* žmiriti, zažmiriti (okom, očima); dati (davati) signale svjetlom | **to ~ at** progledati kroz prste, zažmiriti na

winker ['wiŋkə] *s mot* žmigavac, vinker

winking ['wiŋkiŋ] *s* žmirenje, žmirkanje, miganje; svjetlucanje, treperenje | *sl* **like ~** u tili čas; **as easy as ~** vrlo brzo, s lakoćom; *mot* **~ light** žmigavac, vinker

winkle ['wiŋkl] *s zool* ugrc, nanara (jestivi morski pužić)

winkle ['wiŋkl] *vt* | **to ~ out** iščeprkati

winner ['winə] *s* dobitnik, pobjednik

winning ['winiŋ] *adj* (**~ly** *adv*) koji dobiva, dobitnički, pobjednički, odlučan; ugodan, privlačan, simpatičan | *sport* **~ post** cilj

winnings ['winiŋz] *s pl* dobitak (u klađenju)

winnow ['winəu] *vt* vijati, rešetati (žito); *fig* lučiti, izlučiti; čistiti, pročistiti (društvo, udruženje); odvojiti vrijedno od nevrijednoga; izbaciti, izlučiti nevrijedno; *poet* mahati krilima, lepetati, mrsiti (kosu)

winnow ['winəu] *s* rešeto za žito

winnower ['winəuə] *s* vijač žita; vijalica za žito (stroj)

winnowing-fan ['winəuiŋfæn] *s* rešeto, vijača, vjetrenjača za žito

winnowing-mill ['winəuiŋmil] *s* vijalica za žito

winsome ['winsəm] *adj* (**~ly** *adv*) dražestan, privlačan, ljubak, mio

winsomeness ['winsəmnis] *s* dražesnost, privlačnost, ljupkost

winter ['wintə] *s* zima; *poet* godina | **hard ~** oštra zima

winter ['wintə] *vi/t* **I.** *vi* zimovati, prezimiti **II.** *vt* preko zime smjestiti, hraniti (*in, at* u); hraniti stoku (preko zime)

winter-green ['wintəgriːn] *adj bot* zimzelen

winterize ['wintəraiz] *vt* pripremiti za zimu

winterly ['wintəli] *adj* zimski

wintertide ['wintətaid] *s poet* zima

wintertime ['wintətaim] *s* zimsko doba, zima

wintriness ['wintrinis] *s* zimovnost, mraznost

wintry ['wintri] *adj* (**wintrily** *adv*) zimski, hladan; *fig* star, sijed, slab; hladan, mrazan

winy ['waini] *adj* koji je kao vino, crven kao vino

wipe [waip] *s* 1. brisanje, sušenje 2. *sl* udarac; *fig* neočekivan udarac, udarac s boka; podrugljiva primjedba, poruga 3. *sl* džepni rupčić

wipe [waip] *vt/i* 1. brisati, obrisati, izbrisati, otrti, čistiti, očistiti, sušiti, osušiti 2. *sl* udariti, udarati, istući, izlemati | **to ~ one's eyes** obrisati (otrti) suze; *sl* predusresti koga, preteći; *sl* **to ~ the floor with a p** sramno potući, potpuno deklasirati

wipe away ['waipə'wei] *vt* obrisati, otrti

wipe off ['waip'ɔf] *vt* obrisati, otrti; urediti račun, isplatiti dug

wipe out ['waip'aut] *vt* izbrisati, isprati, prebrisati; skinuti ljagu; isključiti; *fig* ubiti, potpuno uništiti, razoriti, istrijebiti

wipe up ['waip'ʌp] *vt* pobrisati, obrisati

wipe-out ['waipaut] *s* brisanje

wire ['waiə] *s* žica, brzojavna žica; *coll* (*esp US*) brzojav; *mus* žica; struna | **~s** *pl* žice kod kazališta lutaka; **barbed ~** bodljikava žica; *el* **live ~** žica pod naponom; *fig* snažan duh, vrlo energična osoba; **by ~** brzojavno, telegrafski; **to pull the ~s** ravnati lutkama na žici; *fig* biti nevidljiv začetnik, imati sve niti u rukama

wire ['waiə] *vt/i* 1. snabdjeti, opremiti, svezati, pričvrstiti žicom 2. nanizati (kuglice) na žicu 3. uloviti u zamku od žice (pticu); 4. omeđiti žicom, ograditi žicom; *mil* zaštititi bodljikavom žicom 5. *coll* brzojaviti, telegrafirati
wire in ['waiər'in] *vt* snažno, energično djelovati, raditi, svojski prionuti na neki posao
wire-bridge ['waiəbridʒ] *s* viseći most
wire-cutters ['waiə,kʌtəz] *s pl* škare za žicu
wire-dancer ['waiə,da:nsə] *s* plesač(ica) na žici
wiredraw ['waiədrɔ:] *vt* izvlačiti, razvlačiti (metal) u žicu; *fig* rastegnuti, odugovlačiti (npr. pregovore); cjepidlačiti
wire-haired ['waiəhɛəd] *adj* čekinjav, oštrodlak
wireless ['waiəlis] *adj* bežičan | *GB arch* ~ **set** radio-aparat
wireless ['waiəlis] *s* bežična telegrafija, bežični telegram, radiogram; *GB arch* radio | **by** ~ bežičnom telegrafijom, preko radija, na radiju
wireless ['waiəlis] *vi/t* bežično telegrafirati, uputiti radiogram, obavijestiti radiogramom
wire potentiometer ['waiə,pətenʃi'ɔmitə] *s el* žični potenciometar
wire-puller ['waiə,pulə] *s* upravljač marionetama, lutkar; *fig* političar koji ima sve niti u rukama, politički spletkar
wire-pulling ['waiə,puliŋ] *s parl* politička smicalica; upotreba poslovnih trikova.
wire-rope ['waiərəup] *s* uže od žice, čelično uže
wire ropeway ['waiə,rəupwei] *s* žičara
wire-tapping ['waiə,tæpiŋ] *s* prisluškivanje telefonskih razgovora
wire-walker ['waiə,wɔ:kə] *s* akrobat na žici
wire wool ['waiəwul] *s* čelična vuna
wire-worm ['waiəwə:m] *s ent* (štetna) ličinka klisnjaka
wiriness ['waiərinis] *s* žilavost
wiring ['waiəriŋ] *s* stavljanje žice; električni vodovi (instalacije)
wiry ['waiəri] *adj* (**wirily** *adv*) koji je od žice, žičan, čekinjav; *fig* žilav, otporan
wis [wis] *vi* 1. lice *sg pres* (*pret* wist) *arch* | **I** ~ znam dobro
wisdom ['wizdəm] *s* mudrost, razboritost; mudre izreke
wisdom-tooth ['wizdəmtu:θ] *s* zub mudrosti | **to cut one's wisdom teeth** postati razborit
wise [waiz] *s arch* način | **in solemn** ~ na svečan način; **in any** ~ nekako; **in no** ~ nikako, ni na koji način; **on this** ~ na taj način, tako
wise [waiz] *adj* (~**ly** *adv*) mudar, pametan, razuman, razborit; uviđavan, iskusan; koji zna, upućen, obaviješten; *arch* koji ima tajnu moć (tajno znanje) | ~ **after the event** (biti) naknadno mudar; *GB* ~ **woman** vračara; primalja; ~ **saw** mudra izreka, poslovica; *sl* **to get** ~ **to** postati svjestan nečega, prozreti; *sl* **to put a p** ~ **to a th** obavijestiti koga o čemu, uputiti koga u što; **none the** ~**r** ništa pametniji
wiseacre ['waiz,eikə] *s* sveznalica, mudrijaš
wisecrack ['waizkræk] *s US* duhovita primjedba, pametna izreka
wisecrack ['waizkræk] *vi US* stavljati duhovite primjedbe
wish [wiʃ] *s* 1. želja, priželjkivanje; volja, težnja, žudnja (*for* za); zahtjev, zapovijed; molba 2. željeni predmet, predmet želja | ~**es** *pl* (dobre) želje, pozdravi (*good* (*best*) ~*es*); **if** ~**es were horses beggars might ride** od dobrih želja nitko se nije nasitio; **the** ~ **is father to the thought** što tko želi to i vjeruje, što se babi htilo to joj se i snilo
wish [wiʃ] *vt/i* željeti, zahtijevati; zaželjeti; usrdno moliti | **I** ~ **I had** da bar imam; **to** ~ **a p further** željeti komu da ga đavo odnese
wisher ['wiʃə] *s* onaj koji želi, želitelj
wishful ['wiʃful] *adj* (~**ly** *adv*) pun želja, željan; požudan, koji čezne | ~ **thinking** građenje kula u zraku
wishfulness ['wiʃfulnis] *s* čežnja
wishing-bone ['wiʃiŋbəun] *s* željenje; kobilica, jadac (prsna kost kod peradi)
wish-wash ['wiʃwɔʃ] *s* razvodnjeno piće; plitko brbljanje, piskaranje
wishy-washy ['wiʃi,wɔʃi] *adj* razvodnjen; bez snage, bez duha, dosadan, plitak, mlak; blijed, bezbojan
wisp [wisp] *s* svežanj slame, snopčić, čuperak; jato (ptica)
wisp [wisp] *vi* visiti u snopićima (čupercima)
wispiness ['wispinis] *s* pramenjavost, usukanost
wispy ['wispi] *adj* koji je poput svežnja (snopa); čupav (kosa)
wist [wist] *pret* od **wit**
wistful ['wistful] *adj* (~**ly** *adv*) pun čežnje, čeznutljiv; tužan, sjetan; ozbiljan, zamišljen
wistfulness ['wistfulnis] *s* čežnja, sjeta, tuga; zamišljenost, ozbiljnost
wit[1] [wit] *s* 1. pamet, razum, razbor 2. dosjetljivost, dosjetka, duhovitost | ~**s** *pl* duševne sposobnosti, duh; **to be out of one's** ~**s** izgubiti glavu (pamet); ne biti pametan; **to be at one's** ~**'s end** ne znati kud ni kamo, ne snaći se; **to live by one's** ~**s** snalaziti se, živjeti bez redovitog zvanja; **to have a ready** ~ biti dosjetljiv (brz na odgovor)

wit² [wit] *s* 1. *arch* mudrac, velik duh 2. duhovit čovjek, šaljivčina

wit [wit] *vt/i* (*pres* I wot; *pret* wist) *arch* znati | *arch* **God wot** Bog zna; *arch* **I wot** znam dobro; **to ~** i to, to jest, naime

witch [witʃ] *s* vještica, vještac, čarobnjak; privlačna osoba; ružna stara žena

witch [witʃ] *vt* očarati, začarati, opčiniti

witchcraft ['witʃkra:ft] *s* čarolija, čarobna moć, čini

witch-doctor ['witʃ͵dɔktə] *s* čarobnjak, vrač (kod primitivnih naroda)

witch-elm ['witʃelm] *s bot* gorski brijest

witchery ['witʃəri] *s* čaranje; čarolija; čarobna moć

witch-hazel ['witʃ͵heizəl] *s bot* vrsta sjevernoameričke lijeske (*Hamamelis virginiana*)

witch-hunt ['witʃhʌnt] *s fig* lov na vještice; progon političkih protivnika

witching ['witʃiŋ] *adj* (**~ly** *adv*) koji čara, očarava

with [wið] *prep* 1. s, sa, protiv (*to fight ~* boriti se s, sa) 2. s, sa, u društvu, pokraj, pored (*he took her ~ him* uzeo ju je sa sobom) 3. kod, pri, s, sa (*I have no money ~ me* nemam novaca kod sebe; *leave the child ~ the nurse* ostavi dijete kod dadilje) 4. čime, pomoću čega (*to cut ~ a knife* rezati nožem; *to adorn ~ frescoes* ukrasiti freskama) 5. istodobno, zajedno, sa (*to rise ~ the sun* ustati zajedno sa suncem) 6. zbog, poradi, od (*he trembles ~ fear* on se trese od straha; *she is lying down ~ fever* ona leži bolesna od groznice 7. sa, na način (*he fought ~ courage* borio se hrabro) 8. u vezi sa; od, kod (*what do you want ~ me?* što hoćeš od mene?; *it is not so ~ the drama* u drami to nije tako) 9. od, daleko od, sa (raskid; *I parted ~ him* rastala sam se od njega, s njim) 10. usprkos, uza sve to (*~ all his learning he is the simplest of men* uza svu svoju učenost on je neobično jednostavan čovjek) | **~ child** noseća, trudna; **~ God** mrtav, u nebu; **~ young** bređa; **~ that** nato, uto; *sl* **~ it** u toku, suvremen, avangardan

withal [wi'ðɔ:l] *adv arch* istodobno, osim toga, k tomu, još, usto; uostalom

withal [wi'ðɔ:l] *prep arch* s, sa (stoji iza imenice ili na kraju rečenice: *I have no friend to play ~*)

withdraw [wið'drɔ:] *vt/i* (withdrew, withdrawn) **I.** *vt* 1. povući natrag, odvući 2. oduzeti, odnijeti, udaljiti 3. povući na stranu (zavjesu); dići, povući (novac itd.) 4. opozvati (riječi, obećanje) 5. ispisati iz škole (učenika), povući (trupe) **II.** *vi* povući se, poći natrag, uzmaknuti (& *mil*), odstupiti, otići

withdrawal [wið'drɔ:əl] *s* 1. povlačenje, povlačenje natrag; udaljivanje 2. opoziv 3. *com* podizanje novca (iz banke) 4. odstup, uzmak

withe [wiθ] *s* vrbov prut (šiba, grana)

wither ['wiðə] *vt/i* **I.** *vt* isušiti, učiniti uvelim; *fig* oslabiti, uništiti **II.** *vi* venuti, uvenuti, osušiti se, usahnuti; *fig* oslabiti, propasti, propadati, nestati; pasti, padati (cijena)

wither away ['wiðərə'wei] *vi* odumirati

withering ['wiðəriŋ] *adj* (**~ly** *adv*) koji vene (sahne)

withers ['wiðəz] *s pl* greben (dio hrpta kod konja)

withhold [wið'həuld] *vt* (withheld, withheld) 1. zadržati, spriječiti 2. odbiti, suzdržati

withholder [wið'həuldə] *s* onaj koji zadržava, sprečava, suzdržava

within [wi'ðin] *adv* unutra, iznutra, u kući, kod kuće, u unutrašnjosti; u duši | **to go ~** ići u kuću (u sobu); **to stay ~** ostati u kući (kod kuće); **to make one pure ~** učiniti koga čistim u duši

within [wi'ðin] *prep* 1. (o prostoru) u, unutar (*~ the home* u kući) 2. unutar granice, u opsegu, prema, ne iznad (*to live ~ one's income* živjeti prema svojem dohotku, ne iznad svojih sredstava) 3. na domašaju, u dosegu, ne predaleko, ne dalje od (*he is ~ reach* do njega se može lako doći, on nije daleko) 4. (o vremenu) unutar, za, za manje od (*you will have it ~ an hour* imat ćete to za jedan sat) | **~ doors** kod kuće; **wheels ~ wheels** komplicirana mašinerija; *fig* tajno ili zakulisno djelovanje; **~ the walls** u četiri zida; **to be ~ an ace of** izmaknuti za dlaku; **~ the meaning of the Act** predviđeno u zakonu, unutar zakona

within [wi'ðin] *s* unutarnja strana, unutrašnjost | **from ~** iznutra, iz kuće

without [wi'ðaut] *adv arch* izvana, s vanjske strane, vani, izvan kuće

without [wi'ðaut] *s* vanjska strana | **from ~** izvana

without [wi'ðaut] *prep* 1. *arch* van, izvan, s one strane, pred (*he met us ~ the gate* dočekao naš je pred glavnim vratima) 2. bez, a da ne (*~ a hat* bez šešira; *~ their seeing me* a da me nisu vidjeli) | *arch* **things ~ us** stvari izvan nas; *arch* **~ doors** izvan kuće, pred vratima; **cold ~** hladno alkoholno piće bez šećera; **~ doubt** bez sumnje, jamačno, zacijelo; *rly* **~ change** bez prelaženja; **~ fail** sigurno, nesumnjivo; **~ end** beskrajan; **it goes ~ saying** to se samo po sebi razumije, to ne treba ni reći; **~ number** bezbrojan

without [wi'ðaut] *conj arch & vulg* ako ne, osim ako, izuzevši ako, jedino da

withstand [wið'stænd] *vt/i* (withstood, withstood) **I.** *vt* oduprijeti se, protiviti se, odoljeti (komu, čemu) **II.** *vi* pružati otpor

withy ['wiði] *s* mlada vrba, vrbov prut, vrbova šiba

witless ['witlis] *adj* (**~ly** *adv*) bez razuma, nerazuman, budalast, lud, glup

witlessness ['witlisnis] *s* budalastost, nepametnost

witness ['witnis] *s* 1. svjedočanstvo, svjedočenje 2. potvrda, svjedodžba, dokaz 3. svjedok, svjedokinja; očevidac, gledalac | **to call to ~** pozvati za (kao) svjedoka; **eye-~** očevidac; *jur* **~ for the crown** svjedok koji tereti optuženika, svjedok optužbe

witness ['witnis] *vt/i* **I.** *vt* dokazati, potvrditi, svjedočiti, posvjedočiti; ovjeriti, posvjedočiti istinitost potpisom (npr. isprave); prisustvovati čemu, biti očevidac, vidjeti na svoje oči **II.** *vi* svjedočiti, biti svjedok, dati svjedočki iskaz

witness-box ['witnisbɔks] *s GB jur* klupa, pregrada za svjedoke (u sudnici)

witness stand ['witnis,stænd] *s US jur* → **witness-box**

witticism ['witisizm] *s* duhovita primjedba, dosjetka, šala

wittiness ['witinis] *s* dosjetljivost, domišljatost, duhovitost

wittingly ['witiŋli] *adv* svjesno, namjerno, navlaš, hotimice

witty ['witi] *adj* (**wittily** *adv*) duhovit, domišljat, dosjetljiv, šaljiv

wive [waiv] *vt/i arch* **I.** *vt* oženiti koga **II.** *vi* oženiti se

wivern ['waivə:n] *s* krilat zmaj s dvije noge i s bodljikavim repom (simbol u heraldici)

wives [waivz] *pl* od **wife**

wiz [wiz] *s US sl* stručnjak

wizard ['wizəd] *s* vještac, čarobnjak, vrač; čovjek koji čini velike stvari | **the Wizard of the North** čarobnjak sa sjevera (= Sir Walter Scott); **the Welsh Wizard** velški čarobnjak (= Lloyd George)

wizardry ['wizədri] *s* čarolija, čarobnjaštvo; stvaranje čudesa

wizened ['wiznd] *adj* osušen, izmršavio, suh, naboran, smežuran; isušen, iscrpljen

wo (whoa) [wəu] *interj* hej!, stoj! (obično uzvik konjima)

woad [wəud] *s* 1. *bot* vrbovnik (biljka iz koje se dobiva modra boja) 2. modra boja

woad [wəud] *vt* modro obojiti

wo-back [,wəu'bæk] *interj* hej!, stoj! (uzvik konju)

wobble ['wɔbl] *s* nesigurno kretanje, klimanje, teturanje, ljuljanje; *fig* kolebanje, oklijevanje, kolebljivo držanje

wobble ['wɔbl] *vi* nesigurno se kretati, klimati, teturati; ljuljati se; drhtati, klecati (koljena); *fig* kolebati se, oklijevati, biti neodlučan

wobbler ['wɔblə] *s* klimavac, teturavac; oklijevalac, kolebljiv, neodlučan čovjek

wobbliness ['wɔblinis] *s* klimavost; kolebljivost

wobbly ['wɔbli] *adj* klimav, teturav; *fig* kolebljiv

woe [wəu] *interj poet* jao!, kuku!, ah!

woe [wəu] *s poet* bol, tuga, jad, nevolja | **~s** *pl* brige, nesreće, nezgode; **the weal and ~** sreća i nesreća; **~ be to...** neka bude proklet...; **~ worth the day** proklet bio dan; **~ is me!** jao meni!, teško meni!

woe-begone ['wəubi,gɔn] *adj* jadan, tužan, ožalošćen, ucviljen

woeful ['wəuful] *adj* (**~ly** *adv*) brižan, tužan, jadan, bijedan; sažaljenja (žaljenja) vrijedan

wog [wɔg] *GB derog sl* Arapin, svaki tamnoputi stranac

woke [wəuk] *pret* od **wake**

woken ['wəukn] *pp* od **wake**

wold [wəuld] *s* neobrađeno tlo, pustara, pustopoljina, ledina (*esp* na visokom); brežuljkasto tlo

wolf [wulf] *s* (*pl* **wolves** [wulvz]) *zool* vuk; *fig* razbojnik; okrutan (pohlepan) čovjek; *mus* stanovita disharmonija kod nekih žica klavira ili sličnog instrumenta nastala pri ugađanju; *sl* zavodnik, osvajač žena | **to cry ~ too often** prečesto vikati na krivu, pogrešnu uzbunu; *fig* **to have (hold) the ~ by the ears** biti u škripcu, ne znati sebi pomoći; *fig* **to keep the ~ from the door** izbjeći gladovanju, smrti od gladi; **~ in sheep's clothing** vuk u janjećoj koži

wolf [wulf] *vt* halapljivo jesti, pohlepno gutati hranu

wolf-cub ['wulfkʌb] *s* vučić, mlado od vuka

wolf-dog ['wulfdɔg] *s zool* pas vučjak; križanac psa i vuka

wolf-hound ['wulfhaund] *s* → **wolf-dog**

wolfish ['wulfiʃ] *adj* (**~ly** *adv*) vučji; *fig* divlji, razbojnički, proždrljiv; *US coll* gladan kao vuk

wolfram ['wulfrəm] *s minr* volfram, tungsten

wolf's-claws ['wulfsklɔ:z] *s pl bot* crvotočina (*Lycopodium clavatum*)

wolf's-foot ['wulfsfut] *s bot* → **wolf's-claws**

wolf-skin ['wulfskin] *s* vučja koža

wolf's-milk ['wulfsmilk] *s bot* mlječika (*Euphorbia syparissias*)

wolf whistle ['wulf,wisl] *s* zvižduk (kao kompliment ženi)

wolves [wulvz] *pl* od **wolf**

woman ['wumən] *s* (*pl* **women** ['wimin]) 1. žena; ženski rod 2. *derog* žensko, baba; muškarac sa ženskim svojstvima 3. *US* supruga, vjenčana žena 4. sobarica, dvorkinja 5. ženski osjećaji, ženska ćud | ~

doctor (*pl* **women doctors** ili ~ **doctors**) liječnica; ~ **student** studentica; ~ **suffrage** žensko pravo glasa; **to play the** ~ ponašati se kao baba (plakati, pokazati strah); **to make an honest** ~ **of** uzeti za ženu zavedenu djevojku; **single** ~ samostalna (neudata) žena; **the scarlet** ~ poganski Rim, papinski Rim, svjetovni duh; **wise** ~ vještica, vračara, primalja; **man born of** ~ čovjek od majke rođen; **the** ~**'s reason** ženski razlog, obrazlaganje činjenice njom samom (npr.: *I love him because I love him*); ~ **of the world** svjetska dama, iskusna žena

woman-born ['wumənbɔːn] *adj* od žene, od majke rođen

woman-hater ['wumən,heitə] *s* ženomrzac

womanhood ['wumənhud] *s* položaj odrasle žene; dostojanstvo žene; ženstvenost, ženskost; ženski rod, ženski svijet

womanish ['wumənɪʃ] *adj* (~**ly** *adv*) ženskast, slab

womanize ['wumənaiz] *vt/i* **I.** *vt* (muškarca) učiniti slabim (mekoputnim) poput žene **II.** *vi* naganjati žene, biti ženskar

womanizer ['wumənaizə] *s* ženskar

womankind [,wumən'kaind] *s* ženski rod, ženski svijet, žene | **one's** ~ žene iz iste obitelji

womanlike [,wumənlaik] *adj* ženski, ženstven, ženskast, bapski, poput žene

womanliness ['wumənlinis] *s* ženstvenost

womanly ['wumənli] *adj* ženski, ženstven

womb [wuːm] *s* maternica; (materina) utroba, krilo (& *fig*) | *path* **falling of the** ~ spuštanje maternice; **fruit of the** ~ plod utrobe, dijete, djeca; *fig* **in the** ~ **of time** u krilu vremena; *fig* **from the** ~ **to the tomb** od kolijevke do groba

wombat ['wɔmbət] *s zool* vombat, tobolčar s Tasmanije (*Vombatus hirsutus*)

women ['wimin] *pl* od **woman**

womenfolk ['wiminfəuk] *s* žene, ženski rod, ženski svijet

won [wʌn] *pret* & *pp* od **win**

wonder ['wʌndə] *s* 1. čudo, ono što je čudnovato (neobično); čudesan događaj, čudesno djelo 2. čuđenje, začuđenje, zadivljenost | **to work (do)** ~**s** činiti (stvarati) čudesa; imati izvanredan uspjeh; **a nine-days'** ~ (svako) čudo za tri dana; **for a** ~ začudo; **no** ~ **that...** nije nikakvo čudo da ...

wonder ['wʌndə] *vi/t* čuditi se, začuditi se; razmišljati o čemu, htjeti znati, biti radoznao | **I** ~! to bih htio znati, zanima me

wonderful ['wʌndəful] *adj* (~**ly** *adv*) čudan, čudesan, začudan, udivljenja vrijedan, divan, krasan; sjajan, izvrstan, odličan

wonderfulness ['wʌndəfulnis] *s* čudesnost, divota

wondering ['wʌndəriŋ] *adj* (~**ly** *adv*) začuđen, zadivljen

wonderland ['wʌndəlænd] *s* zemlja čudesa, zemlja bajki

wonderment ['wʌndəmənt] *s* čuđenje, začuđenje, divljenje; čudna stvar, čudo

wonder-struck ['wʌndəstrʌk] *adj* začuđen, zadivljen, zapanjen

wonder-worker ['wʌndə,wəːkə] *s* čudotvorac

wonder-working ['wʌndə,wəːkiŋ] *adj* čudotvoran

wondrous ['wʌndrəs] *adj* (~**ly** *adv*) *poet* divan, prekrasan, začudan, izvanredan

wondrousness ['wʌndrəsnis] *s* sjaj, divota, krasota

wonky ['wɔŋki] *adj GB sl* klimav (& *fig*)

wont [wəunt] *pred adj arch* naviknut | **to be** ~ **to do** običavati što činiti

wont [wəunt] *s arch* navika, običaj | **use and** ~ ustaljen običaj

won't [wəunt] = **will not**

wonted ['wəuntid] *adj* običan, uobičajen

woo [wuː] *vt lit* zaprositi, snubiti, udvarati se; *fig* vabiti, snubiti, mamiti; nastojati predobiti, nagovarati, težiti (za čim), žudjeti, željeti

wood [wud] *s* 1. šuma, dubrava, lug 2. drvo 3. drven predmet, bačva | ~**s** *pl* vrsta drva; *mus* **the** ~**s** *sg constr* drveni duhački instrumenti; **one cannot see the** ~ **for trees** od drveća se ne vidi šuma; **don't halloo till you are out of the** ~ ne reci hop dok ne preskočiš; *fig* **to be out of the** ~ biti izvan opasnosti; **wine in the** ~ vino u bačvi

woodbind ['wudbaind] *s bot* 1. kozja krv (*Lonicera caprifolium*) 2. lozika (*Parthenocissus*)

woodbine ['wudbain] *s* → **woodbind**

woodblock ['wudblɔk] *s* drvena ploča za drvorez; *print* drveni blok za kliše

wood-cutter ['wud,kʌtə] *s* drvodjelja, drvorezac, duborezac

wood-carving ['wud,kaːviŋ] *s* drvorez, rezanje u drvu

woodchuck ['wudtʃʌk] *s zool* virginijski svizac (*Marmotta*)

wood-coal ['wudkəul] *s minr* mrki ugljen

woodcock ['wudkɔk] *s* 1. *ornith* šljuka, bena (*Scolopax rusticula*) 2. bena, budala, glupan

wood-craft ['wudkraːft] *s hunt* poznavanje šuma, lovačka vještina

woodcut ['wudkʌt] *s* drvorez

wood-cutter ['wud,kʌtə] *s* drvodjelja, drvosječa, drvorezac

wooded ['wudid] *adj* šumovit, pošumljen, bogat drvom

wooden ['wudn] *adj* (~**ly** *adv*) drven, načinjen od drva; *fig* drven, ukočen, bezizražajan; tup, glup, dosadan | ~ **head** bena, budala, glupan

wooden-headed ['wudn,hedid] *s* tvrdoglav, svojeglav; glup
woodiness ['wudinis] *s* drvenasti sastav; šumovitost, bogatstvo šumama
woodland ['wudlənd] *s* šumovit kraj, šume | **the ~ choir** ptice
woodlark ['wudla:k] *s ornith* šumska ševa (*Galerita arborea*)
wood-louse ['wudlaus] *s* (*pl* **wood-lice** ['wudlais]) *ent* obična mokrica (*Oniseus asellus*)
woodman ['wudmən] *s* (*pl* **woodmen** ['wudmən]) lugar, drvosječa; stanovnik šume
wood-notes ['wudnəuts] *s pl fig* prirodno (spontano) pjesništvo
wood-nymph ['wudnimf] *s* šumska nimfa (vila); *ornith* vrsta kolibrića; *ent* vrsta mušice
wood-pavement [,wud'peivmənt] *s* drveni pločnik
woodpecker ['wud,pekə] *s ornith* žuna, djetao (*Picus, Dendrocopus*)
wood-pigeon ['wud,pidʒin] *s ornith* divlji golub
wood-pulp ['wudpʌlp] *s* drvena celuloza
woodruff ['wudrʌf] *s bot* lazarkinja (*Asperula odorata*) | **sweet ~** mirisna lazarkinja
woodsman ['wudzmən] *s* stanovnik šume
wood-wind ['wudwind] *s mus* drveni duhački instrument
wood-wool ['wudwul] *s GB* djelja (drvena vuna); celuloza
woodwork ['wudwə:k] *s archit* drvena građa, drveni dijelovi zgrade, drvenarija
woody ['wudi] *adj* (**woodily** *adv*) šumovit, pošumljen; drven, drvenast; koji se nalazi u šumi | *bot* **~ plant** drvenasta biljka
wooer ['wu:ə] *s lit* prosac, udvarač, snubok
woof [wu:f] *s* potka (u tkanju); *fig* niti, tkivo, splet
woofer ['wu:fə] *s radio* zvučnik za duboke tonove
wooing ['wu:iŋ] *s* prošenje, udvaranje, snubljenje
wooing ['wu:iŋ] *adj* (**~ly** *adv*) koji snubi (udvara, mami, vabi)
wool [wul] *s* 1. vuna; vunena nit, vunica 2. vuneno tkanje, vunena tkanina, haljina 3. kratka vunasta roba ili dlaka 4. *sl* glava 5. vuni slična supstancija | **dyed in the ~** obojeno prije predenja ili tkanja; **much cry and little ~** mnogo vike ni za što; **to go for ~ and come home shorn** tjerati zeca, a istjerati lisicu; **to pull the ~ over a p's ears** prevariti; nasamariti koga; *coll* **to lose one's ~** razljutiti se
wool [wul] *vt* 1. iščupati (ovci) vunu 2. *US* iščupati (komu) kosu
wool-ball ['wulbɔ:l] *s* gruda stvrdnute vune (koja se često nađe u želucu ovce)
wool-carding ['wul,ka:diŋ] *s* grebenanje vune
wool-fell ['wulfel] *s GB* ovčja koža; runo
wool-gathering ['wul,gæðəriŋ] *s* rastresenost, nepažljivost, odsutnost duhom
wool-gathering ['wul,gæðəriŋ] *adj* rastresen, nepažljiv, odsutan duhom
woolliness ['wulinis] *s* vunastost; *fig* nejasnost, neodređenost, rasplinutost, zbrkanost
wool(l)en ['wulən] *adj* vunen, koji je od vune
wool(l)en ['wulən] *s* vunena tkanina | **~s** *pl* vunena roba, vunena odjeća
woolly ['wuli] *adj* vunast, koji je kao vuna; mekan; *fig* neodređen; nejasan, mukao (zvuk); rasplinut; nejasan (obris); *bot* pahuljast, maljav
woolly ['wuli] *s GB coll* džemper, pulover | **woollies** *pl* vuneno rublje
woolly-head ['wulihed] *s US sl* crnac
woolly-headed ['wuli,hedid] *adj* koji ima vunastu kosu (dlaku na glavi)
wool-sack ['wulsæk] *s* vreća vune; *parl* sjedalo Lorda Chancellora (vrhovnog suca) u Gornjem domu (zbog vunom ispunjenog jastuka) | **to reach the ~** postati Lord Chancellor; **to take seat on the ~** otvoriti sjednicu u Gornjem domu
woolsey ['wulzi] *s* poluvunena tkanina (vuna i lan ili vuna i pamuk)
woolwork ['wulwə:k] *s* vezenje vunom
wop [wɔp] *s US sl* talijanski ili južnoevropski useljenik u SAD
word [wə:d] *s* 1. riječ, govor; ono što je izrečeno 2. izreka, primjedba, razgovor 3. vijesti, glas, obavijest 4. zadana riječ, obećanje 5. nalog, zapovijed, želja; lozinka, geslo 6. *theol* riječ božja, Sveto pismo, Biblija | **the ~s** tekst, libreto; **in one ~** jednom riječi, ukratko; **by ~ of mouth** usmeno; **fair (good) ~s** lijepe, laskave riječi; **hot (sharp) ~s** oštre, zle riječi; **big ~s** hvalisanje, hvastanje; **burning ~s** vatrene, plamene riječi; **wild and whirling ~s** nepromišljene riječi; **hard ~s break no bones** zle riječi ne ubijaju; **fine ~s butter no parsnips** lijepe riječi nisu dovoljne; **~s and deeds** riječi i djela; **household ~s** udomaćena izreka ili ime; svakidašnja, obična riječ; **to have ~s with** posvađati se, zavaditi se sa; **to have a ~ with** imati kratak razgovor sa; **to suit the action to the ~** s riječi odmah prijeći na djelo; **on the ~, with the ~** na tu riječ, nakon te riječi, s tom riječi; **a ~ and a blow** nakon riječi odmah tučnjava; **a ~ in season** pravovremen (prikladan, umjestan) savjet, upadica; **a ~ out of season** nezgodan savjet, upadica; **to have the last ~** imati posljednju riječ; **he hasn't a ~ to throw at a dog** on je neobično šutljiv,

neće da izusti ni riječi; **to say a good ~ for**... uložiti dobru riječ za...; **to eat one's ~s** morati povući svoje riječi, ispričati se; **my ~ upon it** časti mi; **upon my ~** poštenja mi; ma nije moguće!; **to be as good as one's ~** biti potpuno pouzdan; **to lead to ~s** doći do rječkanja; **a ~ or two** nekoliko riječi; **~ for ~** doslovno, od riječi do riječi; **my ~!** boga mi!; **to break one's ~** prekršiti riječ; **to keep one's ~** održati riječ; **a play upon ~s** igra riječima; **in so many ~s** doslovce, ukratko

word ['wəːd] *vt* izreći što riječima, izraziti

word-book ['wəːdbuk] *s* rječnik

word-formation ['wəːdfɔːˌmeiʃn] *s gram* tvorba riječi

wordiness ['wəːdinis] *s* bogatstvo riječi, rječitost, opširnost

wording ['wəːdiŋ] *s* izražavanje; doslovni tekst; način izražavanja; formulacija

wordless ['wəːdlis] *adj* koji je bez riječi, zanijemio, onijemio

word-painting ['wəːdˌpeintiŋ] *s* slikanje riječima, slikovito (živahno) prikazivanje (opisivanje)

word-perfect [ˌwəːd'pəːfikt] *adj* koji zna (ulogu, tekst) potpuno napamet

word-picture ['wəːdˌpiktʃə] *s* slikovit (životopisan) prikaz

word-play ['wəːdplei] *s* igra riječi

word-splitting ['wəːdˌsplitiŋ] *s* cjepidlačenje

wordy ['wəːdi] *adj* (**wordily** *adv*) pun riječi, rječit, opširan, razvučen

wore [wɔː] *pret* od **wear**

work [wəːk] *s* 1. rad, radnja, posao, zvanje, zanimanje, zaposlenje, djelovanje 2. pogon (stroja); težak posao, trud, muka; zadatak 3. *phys* radnja 4. (ženski) ručni rad; izradak ručnog rada 5. radni proces; djelo, čin, rezultat rada, proizvod 6. izradba, način izradbe | **~s** *pl* građevinski radovi; *fort* utvrđenja, utvrde; (*sg constr*) tvornica, fabrika, talionica, ljevaonica; naprava, sprava, mehanizam, zupčani prijenos; **to be at ~ on** raditi na čemu, baviti se čime; **to set to ~** započeti rad; **all in the day's ~** sasvim obično (normalno); **mighty ~** čudesa; **~ of art** umjetničko djelo; **~s of mercy** djela milosrđa, dobrotvorna djela; *archit* **earth ~s** zemljani radovi; **public ~s** javni radovi; **iron ~s** talionica željeza, tvornica željeznih predmeta, željezara; **stone ~s** zidarski radovi; *mar* **upper ~s** nadgrađe (dijelovi broda iznad gornje palube); nadvođe (dio broda iznad vodene površine); **out of ~** nezaposlen; koji nije u pogonu; **in ~** zaposlen; koji je u pogonu; **to make short ~ of** brzo svršiti sa, lako svladati; **to make sad ~ of it** sve upropastiti; **the ~s of a clock** mehanizam sata; **a nasty piece of ~** nepoćudna osoba; *sl* **give him the ~s** zapapri mu

work [wəːk] *vt/i* **I.** *vt* 1. raditi, izraditi 2. načiniti, proizvoditi, proizvesti; *poet* umjetnički izraditi; plesti, raditi, izraditi na razboju, tkati, šiti; vesti (uzorke) 3. obraditi, oblikovati; kovati, iskovati, djelati, obdjelavati; tiskati, mijesiti 4. obraditi, obrađivati (zemlju), kopati (rudu) 5. *com coll* poslovati, poslovno putovati (po nekom području); *sl* prodati; platiti (putovanje) radom (a ne novcem) 6. temeljito proraditi, istražiti; *math* izračunati, riješiti (zadatak) 7. utjecati na koga, skloniti, nagovoriti; *sl* nasamariti, prevariti 8. izvesti, proizvesti, prouzročiti, ostaviti, izazvati; *fig* uzbuditi 9. staviti u pokret, pokretati, pustiti koga da (teško) radi, micati, goniti, tjerati; posluživati (stroj, top); upotrijebiti (životinju) za rad, upregnuti, naprezati; iskorištavati, eksploatirati (npr. rudnik) **II.** *vi* 1. raditi, djelovati, biti zaposlen (čime), baviti se čime; truditi se, naprezati se 2. šiti, vesti 3. imati djelovanje, uspjeti, poći za rukom, posrećiti se 4. razviti se, dozreti; vreti 5. biti u pogonu, raditi (stroj) zahvaćati jedan u drugi (zupčanici) 6. teško (mučno) se kretati, micati; *mar* kositi, križati 7. uputiti se, probijati se (radom), provući se; razvući se, trzati se (lice); mahati (mlatiti) čim 8. bjesnjeti, komešati se (more); *fig* grčevito raditi, vreti | **to ~ double tides** raditi danju i noću; **waves ~ to and fro** valovi se komešaju; **to ~ one's way through** probijati se; **to ~ one's way to** uputiti se prema

work away ['wəːkə'wei] *vt* latiti se svojski čega, uporno (neprestano) raditi

work in ['wəːk'in] *vt/i* **I.** *vt* umetnuti, uložiti; uraditi **II.** *vi* (postepeno) prodirati (*in* u); uvesti se (radom), uputiti se (radom u što); uskladiti, harmonirati

work off ['wəːk'ɔf] *vt print* otisnuti; izraditi, obraditi, proraditi; dovršiti; odriješiti se, otkvačiti se; riješiti se čega, naći kupce; dati sebi oduška, iskaliti

work on ['wəːk'ɔn] *vt* imati povjerenja; imati utjecaja, utjecati, djelovati na; truditi se oko

work out ['wəːk'aut] *vt/i* **I.** *vt* 1. riješiti (matematički zadatak), izračunati 2. iscrpsti, iskoristiti; odraditi (dug) 3. napraviti, izvesti, završiti, ostvariti, postići 4. izraditi, razraditi, oblikovati, razviti (ideju, plan) 5. izbrisati, prebrisati **II.** *vi* pokazati se, izaći, riješiti se, djelovati; trenirati

work round ['wəːk'raund] *vi* s mukom se probiti kroz neki rad; probiti se natrag; dobro se provući; okrenuti se (vjetar)

work up ['wəːk'ʌp] *vt/i* **I.** *vt* 1. podići, uzdići (radom); *fig* uzbuditi, uzbuniti, podjariti 2. utrošiti, potrošiti (materijal) 3. izvaditi, preraditi; proširiti; proraditi, prostudirati; *cul* izmiješati (jelo) 4. dizati cijene 5. nagovoriti, sklonuti, nahuckati **II.** *vi* podići, uzdići se radom | **to ~ to** postepeno postići

work upon ['wəːkə'pɔn] *vt* → **work on**

workability [ˌwəːkə'biliti] *s* upotrebljivost, primjenljivost; izvedivost

workable ['wəːkəbl] *adj* izradiv, upotrebljiv, koristan, izvediv; koji funkcionira

workaday ['wəːkədei] *adj* svagdanji, običan, koji je bez događaja

workaholic [ˌwəːkə'hɔlik] *s US sl* fanatik rada

workaholism [ˌwəːkə'hɔlizm] *s US sl* opsesivna potreba za radom

work-bag ['wəːkbæg] *s* torba za ručni rad (*esp* švelo)

work-basket ['wəːkˌbaːskit] *s* košarica za ručni rad (*esp* švelo)

work-bench ['wəːkbentʃ] *s tech* radni stol

work-box ['wəːkbɔks] *s* kutija za ručni rad (*esp* švelo)

workday ['wəːkdei] *s* radni dan

worker ['wəːkə] *s* radnik, radnica | **~ bee** pčela radilica

work-force ['wəːkfɔːs] *s* ukupna radna snaga, broj radnika

workhouse ['wəːkhaus] *s GB hist* ubožnica; *US* popravilište

work-in ['wəːkin] *s* protestni nastavak rada

working ['wəːkiŋ] *s* 1. rad, djelovanje, stvaranje 2. hod, pogon (strojeva, tvornice) 3. obrada, prerada; iskorištavanje, eksploatacija (rudnika) 4. djelo, čin, djelovanje 5. postrojenje u rudniku, rudnik 6. vrenje

working ['wəːkiŋ] *adj* 1. koji radi, djeluje, radni 2. koji je u pogonu, upotrebljiv | **~ capital** poslovni kapital, obrtna glavnica (sredstva); **~ partner** aktivni sudionik (u poslovanju); **~ party** radna grupa

working-class ['wəːkiŋklaːs] *s* radnička klasa

working-day ['wəːkiŋdei] *s* radni dan

working-drawing ['wəːkiŋˌdrɔːiŋ] *s archit* građevni nacrt, plan

working-man ['wəːkiŋmæn] *s* radnik, manuelni radnik, obrtnik

working-out ['wəːkiŋaut] *s* izradba, prikazivanje; razvoj (radnje u drami)

workless ['wəːklis] *adj* nezaposlen

worklessness ['wəːklisnis] *adj* nezaposlenost

workman ['wəːkmən] *s* (*pl* **workmen** ['wəːkmən]) radnik, manuelni radnik, obrtnik

workmanlike ['wəːkmənlaik] *adj* spretan, vješt, umješan, stručan; stilski; izdržljiv (konj)

workmanly ['wəːkmənli] *adj* → **workmanlike**

workmanship ['wəːkmənʃip] *s* rad, posao, djelo; spretnost, umješnost, vještina; izradba

work-out ['wəːkaut] *s* vježba, pokus; trening

work-people ['wəːkˌpiːpl] *s* radni ljudi, radni narod

work-room ['wəːkrum] *s* radionica, radna prostorija

works [wəːks] *s pl* 1. *fort* utvrde, utvrđenje 2. *sg constr* pogon, tvornica (*GB*); talionica, ljevaonica 3. mehanizam stroja

workshop ['wəːkʃɔp] *s* radionica

work-shy ['wəːkʃai] *adj* koji se plaši posla, rada

work-table ['wəːkˌteibl] *s* radni stol; stol za šivanje

workwoman ['wəːkˌwumən] *s* (*pl* **workwomen** ['wəːkˌwimin]) radnica; švelja

world [wəːld] *s* 1. svijet, zemlja; svemir 2. bitak, život na zemlji, sve što postoji, životinjski svijet; svi ljudi, ljudski život, ljudski odnosi, svjetovni, ovozemaljski duh 3. prosječno (obično) ljudsko društvo, zajednica ljudi, javni život; javnost 4. društveni sloj, društvena klasa 5. svijet pojedinaca, okolina, duhovni vidokrug 6. veliko mnoštvo, množina, golem broj, prostranstvo | **the ~ to come** budući život; **the lower ~** pakao; zemlja; **Prince of this ~** đavo; **~ without end** od stoljeća do stoljeća; **nothing in the ~** ništa na svijetu, baš ništa; **for all the ~ like** upravo kao; **citizen of the ~** svjetski čovjek, kozmopolit; **the wise old ~** dobri stari običaji, dobro staro iskustvo; **man of the ~** iskusan čovjek; **all the ~ and his wife** svi od reda, svikoliki, sav otmjeni, elegantni svijet; *sl* **to the ~** potpuno, sasvim; **to begin the ~** ući u život; **~s away from** vrlo udaljen; **~s** vrlo mnogo; **to carry the ~ before one** imati sreće (uspjeha) u svijetu; **a ~ of** vrlo mnogo, mnoštvo; **not for ~s** ni za što na svijetu; **all over the ~** po cijelom svijetu; **to be on top of the ~** sjajno se osjećati, biti u sedmom nebu

world-famous ['wəːldˌfeiməs] *adj* općepoznat, slavan u cijelom svijetu

worldliness ['wəːldlinis] *s* svjetovnost, ovozemaljskost

worldling ['wəːldliŋ] *s* čovjek od ovog svijeta, svjetski čovjek

wordly ['wəːldli] *adj* vremen, zemaljski, svjetovan, koji je svjetovnog duha

worldly-minded [ˌwəːldli'maindid] *adj* svjetovan, koji je svjetovnog duha

worldly-wise [ˌwəːldli'waiz] *adj* koji poznaje svijet, iskusan

world-old ['wəːldəuld] *adj* star kao zemlja, vrlo star, prastar

world-weary ['wəːld,wiəri] *adj* umoran od života (svijeta)
world-wide ['wəːldwaid] *adj* rasprostranjen širom svijeta, općepoznat, općepriznat
worm [wəːm] *s ent* 1. crv, crvić, glista 2. *fig* podao (podmukao) čovjek 3. *fig* muka, jad 4. *tech* puž; beskrajni zavrtanj; cjevasta naprava za kondenziranje (hlađenje) 5. tetiva, veza ispod psećeg jezika | *ent* **silk** ~ gusjenica dudova svilca; *ent* **glow** ~ krijesnica; **food for** ~**s** hrana za crve, mrtvac, lešina; *prov* **even a** ~ **will turn** i strpljenje ima granica
worm [wəːm] *vt/i* **I.** *vt* 1. osloboditi od crvi (životinju, biljku) 2. izmamiti, izvući (tajnu) 3. vijugajući micati (kretati, pokretati) 4. *mar* sidreni konop spiralno omotati jedrencem 5. prerezati tetivu ispod psećeg jezika **II.** *vi* 1. loviti crve (ptica) 2. vijugati, krivudati, vijugajući gmizati 3. uvući se, uvlačiti se, krišom ući | **to** ~ **one's way** vijugati, krivudati, vijugajući ući, uvući se, uvlačiti se; **to** ~ **a secret of a p** izmamiti komu tajnu
worm-cast ['wəːmkaːst] *s* spiralna hrpica zemlje koju glista izbaci rovanjem na površinu
worm-conveyor ['wəːmkən'veiə] *s tech* puž
worm-eaten ['wəːm,iːtn] *adj* crvotočan, izjeden od crvi; *fig* star, zastario, istrošen
worm-gear ['wəːmgiə] *s tech* pužni prijenos, prijenos sa zupčanikom i beskrajnim zavrtnjem
worm-hole ['wəːmhəul] *s* crvotočina
worminess ['wəːminis] *s* crvljivost
wormseed ['wəːmsiːd] *s bot* sjeme isiota (*Amomum zedoaria*) protiv glista
wormwood ['wəːmwud] *s bot* pelen, pelin (*Artemisia absinthium*); *fig* gorčina, jed | **it is** ~ **to him** to ga grize, to mu je gorko
wormy ['wəːmi] *adj* (**wormily** *adv*) crvljiv, crvotočan, pun crvi; koji je poput crva; *fig* puzav, kriv, krivudav, vijugav
worn [wɔːn] *pp* od **wear** & *adj* nošen, ponošen; istrošen, otrcan, pohaban; iscrpljen, smršavio, ojađena izgleda; otrcan (riječ)
worn-out [,wɔːn'aut] *adj* istrošen, ponošen, pohaban, otrcan; zastario, preživio; iscrpljen, izmoren, rastrojen, narušen
worriless ['wʌrilis] *adj* bezbrižan
worriment ['wʌrimənt] *s* (osobito *US*) muka, dosađivanje; nemir, strah
worrisome ['wʌrisəm] *adj* mučan, tegoban, dosadan
worrisomeness ['wʌrisəmnis] *s* mučnost, tegobnost, zamornost
worry ['wʌri] *s* 1. griženje, davljenje, gušenje; čupanje 2. uzbuđenje, srdžba, zlovolja; briga, zabrinutost, jad, nevolja | ~ **beads** brojanice (koje se premeću kroz prste radi umirenja)
worry ['wʌri] *vt/i* **I.** *vt* 1. gristi, daviti, gušiti, razderati; čupati 2. ljutiti, uzbuđivati, dražiti 3. dosađivati, dodijavati (komu), mučiti, navaljivati; smetati, uznemirivati, plašiti 4. riješiti, rješavati problem (*out*) **II.** *vi* 1. vući (za) 2. uzrujavati se, uzbuđivati se, uznemirivati se 3. praviti sebi brige, brinuti se, biti zabrinut, plašiti se 4. mučiti se, truditi se, mučno se probijati (*through* kroz)
worry along ['wʌriə'lɔŋ] *vi coll* nekako se progurati, provući se
worrying ['wʌriiŋ] *adj* (~**ly** *adv*) zabrinut, brižan
worse [wəːs] *adj* (*comp* od **bad, ill**) 1. gori, lošiji 2. bolesniji, slabijeg zdravlja, slabiji 3. *com* lošiji, niži | **so much the** ~ utoliko gore; ~ **luck!** na žalost!, na nesreću!; **to be the** ~ **for** lošije proći; osjećati negativne posljedice
worse [wəːs] *s* lošije stanje; gori položaj, ono što je gore, lošije | **the** ~ poraz; **to have the** ~ biti poražen; **to put to the** ~ poraziti
worse [wəːs] *adv* (*comp* od **badly**) gore, lošije; jače, više | **none the** ~ ne lošije; **to be** ~ **off** lošije proći, lošije stajati (novčano)
worsen ['wəːsn] *vt/i* **I.** *vt* pogoršati, učiniti lošijim, povećati nesreću, staviti (koga) u lošiji položaj, oštetiti **II.** *vi* pogoršati se, postati lošiji
worsening ['wəːsniŋ] *s* pogoršanje
worship ['wəːʃip] *s* 1. *arch* vrijednost, zasluga, čast, štovanje, priznanje; dobar glas; visok položaj 2. *rel* obožavanje, bogoštovlje; kult, obred, služba božja 3. *fig* obožavanje, poštovanje | **men of** ~ ugledni, časni ljudi; **place of** ~ hram, crkva; *GB* **Your W**~ način obraćanja sucu ili gradonačelniku
worship ['wəːʃip] *vt/i* **I.** *vt* obožavati, štovati kao božanstvo **II.** *vi* moliti se
worshipful ['wəːʃipful] *adj* (~**ly** *adv*) 1. *arch* ugledan, viđen, častan, poštovanja vrijedan 2. *GB* u naslovima: štovan, poštovan, veleštovan
worshipper ['wəːʃipə] *s* obožavatelj; vjernik
worshipping ['wəːʃipiŋ] *s* obožavanje, štovanje
worst [wəːst] *adj* (*superl* od **bad, ill**) najgori, najlošiji
worst [wəːst] *s* ono što je najgore, najlošije; oni koji su najgori, najlošiji | **to do one's** ~ učiniti kako se najgore može; **to get the** ~ **of it** izvući kraći kraj; biti poražen; **if the** ~ **comes to the** ~ ako se dogodi ono najgore, u najgorem slučaju
worst [wəːst] *adv* (*superl* od **badly**) najgore, najlošije
worst [wəːst] *vt* pobijediti, potući, poraziti, nadvladati

worsted [ˈwustid] *s* pređa i tkanina od češljane vune, kamgarn | ~ **stockings** vunene čarape
wort [wəːt] *s* 1. *bot arch* biljka, trava 2. mlado nehmeljeno pivo
worth [wəːθ] *s* vrijednost, valjanost, zasluga, značenje, ugled, dostojanstvo | **penny** ~ vrijednost jednog penija
worth [wəːθ] *pred adj* 1. vrijedan, valjan 2. dostojan; častan, ugledan, viđen | **to be** ~ zarađivati, imati; **to be** ~ **while** biti vrijedan truda, isplatiti se; ~ **doing** vrijedan da se uradi (učini); *coll* ~ **it** vrijedan truda, koji se isplati; **the game is not** ~ **the candle** ova se stvar ne isplati; *coll* **for all one is** ~ koliko se bolje može, sa svim snagama; **to be not** ~ **one's salt** ništa ne valjati, ništa ne vrijediti, biti posve nevrijedan
worth [wəːθ] *vi* samo 3. lice *sg conj* | **woe** ~ **the day** proklet bio dan
worthily [ˈwəːðili] *adv* časno, dostojno; prema zasluzi; s pravom
worthiness [ˈwəːðinis] *s* vrijednost, dostojnost, čast, vrlina
worthless [ˈwəːθlis] *adj* (~**ly** *adv*) bezvrijedan, nevrijedan, beznačajan; nedostojan, prezira vrijedan
worthlessness [ˈwəːθlisnis] *s* bezvrijednost, nevrijednost, nedostojnost
worth-while [ˈwəːθwail] *adj* vrijedan, koji se isplati
worthy [ˈwəːði] *adj* (**worthily** *adv*) 1. dostojan, vrijedan, vrli, častan; ugledan, viđen 2. dovoljan, primjeren
worthy [ˈwəːði] *s* ugledan (zaslužan) čovjek; velika ličnost, veličina, junak (& *iron*)
wot [wɔt] *pres* od **wit**
wotcher [ˈwɔtʃə] *interj GB sl* živio!, zdravo!
would [wud] *pret* od **will** (*v aux*)
would-be [ˈwudbiː] *adj* koji bi htio nešto biti, prividan, navodni, tobožnji, takozvan, nazovi- | ~ **poet** nadripjesnik
would-be [ˈwudbiː] *s* što bi (tko) htio biti
would-be [ˈwudbiː] *adv* prividno, navodno, tobože
wouldst [wudst] | *arch* **thou** ~ = **you would**
wound [wuːnd] *s* rana, ozljeda, urez, usjeklina (u drvetu), povreda, uvreda | *poet* ~**s** *pl* ljubavni jadi
wound [wuːnd] *vt* raniti, ozlijediti, povrijediti, uvrijediti | **willing to** ~ zloban, pakostan
wound [waund] *pret* & *pp* od **wind**
wove [wəuv] *pret* & *pp* od **weave**
woven [ˈwəuvən] *pp* od **weave**
wow [wau] *s US sl* sjajna stvar ili osoba; silan uspjeh; silan momak
wrack [ræk] *s* morska trava (naplavljena na obalu); olupina broda; propast, uništenje | **to go to** ~ propasti
wraith [reiθ] *s* priviđenje, utvara, duh pokojnika
wrangle [ˈræŋgl] *s* glasna svađa, prepirka; tučnjava
wrangle [ˈræŋgl] *vi* svađati se, prepirati se
wrangler [ˈræŋglə] *s* prepirač, svađalo; *GB* student sveučilišta u Cambridgeu koji je dobio prvu nagradu na ispitu iz matematike; *US coll* govedar, kauboj
wrap [ræp] *s* pokrivač, rubac, šal, plašt, ogrtač, kaput (obično *pl*)
wrap [ræp] *vt/i* **I.** *vt* 1. umotati, omotati, oviti, okružiti 2. *fig* uplesti, zaplesti 3. uviti, zastrti, prekriti, sakriti, pokriti 4. ogrnuti **II.** *vi* umotati se, omotati se, oviti se, ogrnuti se, pokriti se, padati preko | **wrapping-paper** papir za pakiranje
wrap over [ˈræpˈəuvə] *vi* preklapati se
wrap up [ˈræpˈʌp] *vt/i* **I.** *vt* zamotati, zaviti, zakriti, prekriti **II.** *vi* umotati se, toplo se obući, pokriti se | **wrapped up in** umotan u; *fig* sasvim predan, zadubljen, obuzet, potpuno ovisan
wrappage [ˈræpidʒ] *s* pokrivalo, pokrivač, omot; pribor za pakiranje, zamatanje paketa
wrapper [ˈræpə] *s* 1. pokrivalo, pokrivač, navlaka, pakiranje 2. ovitak na knjizi, zaštitni poklopac, omot na poštanskim pošiljkama (časopisima i sl.) 3. šal, rubac; jutarnja haljina; radno odijelo 4. vanjski ovojni list duhana na finoj cigari
wrapping [ˈræpiŋ] *s* umatanje, omot, navlaka; pokrivalo, pokrivač, pakiranje, papirna ambalaža
wrasse [ræs] *s ichth* pešac (*Labrus mixtus*)
wrath [rɔːθ] *s* ljutina, srdžba, gnjev, bijes
wrathful [ˈrɔːθful] *adj* (~**ly** *adv*) ljutit, gnjevan, bijesan
wrathfulness [ˈrɔːθfulnis] *s* gnjevnost
wrathy [ˈrɔːθi] *adj US* → **wrathful**
wreak [riːk] *s* osveta | **to take a p's** ~ osvetiti koga
wreak [riːk] *vt poet* osvetiti se, iskaliti (ljutinu, bijes); izvršiti osvetu
wreath [riːθ] *s* (*pl* ~**s** [riːðz]) 1. vijenac, girlanda 2. zavojak, vitica, pletenica; ispletena pruga, ispleten rub, uvoj 3. okretanje, vrćenje, spiralan pokret 4. *poet* krug plesača (gledalaca) | ~ **of smoke** oblačić, kolut dima; ~ **of snow** snježni zamet
wreathe [riːð] *vt/i* **I.** *vt* 1. motati, omotati, vrtjeti 2. umotati, okružiti 3. ovjenčati, ukrasiti, uresiti 4. zaplesti, isplesti, splesti, svezati 5. iskrenuti, izvinuti (tijelo), naborati (lice) **II.** *vi* 1. okretati se, vrtjeti se, vijugati, kovrčati se, kolutati se
wreathy [ˈriːði] *adj* koji se vijuga (koluta); spleten, ispleten
wreck [rek] *s* 1. brodolom, olupina broda; predmeti izbačeni na obalu 2. *fig* propao

čovjek 3. propast, uništenje, razaranje, pustošenje | **to go to ~** propasti; **~s** *pl* krhotine, ostaci, razvaline

wreck [rek] *vt/i* **I.** *vt* 1. *mar* razbiti brod 2. upropastiti 3. zbaciti s tračnica (vlak); razoriti, uništiti 4. upropastiti; osujetiti **II.** *vi* pretrpjeti brodolom

wreckage ['rekidʒ] *s* brodolom; propast, uništenje; ostaci, krhotine broda; ruševine; upropašteni život

wrecker ['rekə] *s* obalni kradljivac koji bespravno uzima stvari naplavljene na obalu; (*esp US*) radnik koji sabire i spašava stvari naplavljene na obalu; *US* radnik na rušenju zgrada; brod koji spašava brodolomce; *US* vozilo-dizalica za prometne nesreće

wrecking ['rekiŋ] *s* krađa naplavljenih stvari; *US* spašavanje, spremanje naplavljenih stvari

wren [ren] *s ornith* palčić, kraljić (*Anorthura troglodytes*)

wrench [rentʃ] *s* 1. jak okret; iščašenje; trzaj 2. *fig* bol kod rastanka 3. *tech* ključ za odvijanje

wrench [rentʃ] *vt* 1. trgnuti, izvući, otrgnuti, istrgnuti, oteti (*off*) 2. izvinuti, uganuti, iščašiti 3. silom otvoriti (*~ open*) 4. *fig* izvrnuti, iskriviti

wrest [rest] *s mus arch* ključ za ugađanje instrumenata

wrest [rest] *vt* 1. istrgnuti; oteti, iznuditi 2. *fig* izvrnuti, iskriviti

wrestle ['resl] *s* rvanje, borba (& *fig*)

wrestle ['resl] *vi/t* **I.** *vi* rvati se, boriti se, hvatati se ukoštac (& *fig*); mučiti se, kinjiti se **II.** *vt* rvati se s kim | **to ~ with God** usrdno moliti

wrestler ['reslə] *s* rvač

wrestling ['resliŋ] *s* rvanje, teška borba (& *fig*) | **all-in ~** slobodno rvanje

wretch [retʃ] *s* jadnik, bijednik, nesretnik; hulja, lopov

wretched ['retʃid] *adj* (**~ly** *adv*) nesretan, bijedan, jadan, tužan, kukavan, nevoljan; nevaljao, nevrijedan

wretchedness ['retʃidnis] *s* nesreća, jad, bijeda; odvratnost, ogavnost

wrick (rick) [rik] *s* iščašenje, uganuće

wrick (rick) [rik] *vt* iščašiti, uganuti

wriggle ['rigl] *s* uvijanje, vrćenje, vijuganje; zavoj, zaokret; vijugav put

wriggle ['rigl] *vi/t* **I.** *vi* 1. vijugati, krivudati; koprcati se; uvijati se, izvijati se; nevoljko (smeteno) se micati 2. *fig* gurati se, ulagivati se, uvući se, izvući se **II.** *vt* pomicati amo-tamo, kolutati

wriggler ['riglə] *s* ličinka (*esp* komarčeva)

wright [rait] *s arch* radnik, obrtnik; (u složenicama) tvorac, graditelj, pisac | **play~** pisac drama; **cart~** kolar

wring [riŋ] *s* cijeđenje, tiskanje, izažimanje, prešanje

wring [riŋ] *vt* (wrung, wrung) 1. tiskati, istisnuti, iscijediti, izažimati 2. izvijati, svijati, lomiti; iskriviti, naceriti (lice) 3. *fig* stezati (srce), mučiti 4. izvrnuti, prevrnuti; svijanjem otkinuti, slomiti (šiju, vrat) 5. istisnuti (porez, novce); oteti, iznuditi 6. iskriviti (smisao) 7. stisnuti, stiskati (komu ruku) | **to ~ the neck of** zavrnuti kome vratom; **to ~ one's hands** kršiti ruke (od očaja itd.)

wring off ['riŋ'ɔf] *vt* otkinuti, otrgnuti

wring out ['riŋ'aut] *vt* istisnuti, izažeti, iscijediti; iznuditi, oteti

wringer ['riŋə] *s* tlačilac, iznuđivač; izažimač; sprava za izažimanje

wringing ['riŋiŋ] *adj* | **~ wet** potpuno mokar

wrinkle[1] ['riŋkl] *s* bora, nabor; udubina, neravnost

wrinkle[2] ['riŋkl] *s coll* mig, dobar savjet

wrinkle ['riŋkl] *vt/i* **I.** *vt* nabrati, naborati **II.** *vi* nabrati se, naborati se | **to ~ one's nose** naprčiti se, mrgoditi se

wrinkly ['riŋkli] *adj* nabran, naboran

wrist [rist] *s* ručni zglob, zglavak; *tech* rukavac

wristband ['ristbænd] *s* manšeta košulje

wristlet ['ristlit] *s* lastika koja drži rukavicu oko ručnog zgloba; narukvica; lisica

wrist-watch ['ristwɔtʃ] *s* ručni sat

writ [rit] *s* 1. ono što je napisano, spis, pismo 2. isprava; naredba; odluka, rješenje, raspis 3. *jur* sudbeni nalog, pismeni poziv | **Holy ~** Sveto pismo

writ [rit] *pret* & *pp* od **write** (*arch*)

write [rait] *vi/t* (*pret* wrote, writ *arch; pp* written, writ *arch*) **I.** *vi* 1. pisati, pismeno saopćiti 2. baviti se pisanjem, spisateljstvom **II.** *vt* 1. pisati, napisati (pismo); iskazati, priopćiti; ispisati 2. sastaviti, ispjevati 3. *fig* opisati, prikazati

write down ['rait'daun] *vt* 1. napisati, zapisati, pribilježiti 2. pismeno klevetati, ogovarati, potcijeniti 3. opisati kao, prikazati kao

write for ['rait'fɔː] *vt* pismeno naručiti (što)

write in ['rait'in] *vt* unijeti, upisati, umetnuti

write off ['rait'ɔf] *vt* brzo pisati; sastaviti i odaslati (pismo); otpisati (dug), poništiti

write out ['rait'aut] *vt* ispisati, prepisati | **to ~ fair** načisto prepisati

write up ['rait'ʌp] *vt* 1. iscrpno, naširoko prikazati 2. hvaleći isticati, pismeno hvaliti 3. pismeno ispuniti (upotpuniti); *com* unijeti, upisati, naknadno upisati 4. pismeno sastaviti, skupiti

writer ['raitə] *s* onaj koji piše, pisar, tajnik; pisac, književnik

write-off ['raitɔf] *s* potpuno otpisivanje, totalna šteta
write-up ['raitʌp] *s* opis, izvještaj
writhe [raið] *s* krivljenje, trzanje
writhe [raið] *vi/t* **I.** *vi* 1. svijati se, previjati se 2. *poet* pomicati se vijugajući 3. *fig* grčevito se kvrčiti, svijati **II.** *vt* kovrčati (kosu); svijati, previjati (tijelo); iskriviti, nakriviti (lice)
writing ['raitiŋ] *s* 1. pisanje, pismo; rukopis 2. pismeni sastavak 3. spisateljevanje, spisateljstvo 4. *mus* komponiranje 5. način pisanja, stil 6. ono što je napisano, pismo; isprava; natpis; članak, književno djelo | **the ~ on the wall** zlokoban događaj; **in ~** pismeno
writing-book ['raitiŋbuk] *s* bilježnica
writing-case ['raitiŋkeis] *s* mapa za pisanje
writing-desk ['raitiŋdesk] *s* pisaći stol
writing-paper ['raitiŋˌpeipə] *s* listovni papir, papir za pisanje
writing-table ['raitiŋˌteibl] *s* pisaći stol
written ['ritn] *pp* od **write** & *adj* napisan, ispisan, pismen (isprava) | **~ language** književni jezik; **~ large** sasvim jasan, jasno uočljiv
wrong [rɔŋ] *s* nepravda, krivda, krivnja, krivica, grijeh; šteta, zlo, uvreda; *jur* povreda zakona; zabluda, bludnja | **to do ~** činiti krivo, griješiti
wrong [rɔŋ] *adj* (**~ly** *adv*) 1. kriv, neprav, nepravedan 2. naopak, izvrnut, koji zavodi u bludnju, koji je u zabludi, pogrešan 3. koji nije u redu, neprikladan, nepogodan, nepodesan | **something is ~ with** nešto nije u redu sa; **it is the ~ side out** to je naopako, preokrenuto; **the ~ side of the blanket** nezakonit; **the clock is ~** sat ide loše; *coll* **what's ~ with?** što je? kako je?; *coll* kako bi bilo?; *coll* što fali (smeta)?; **to be in the ~ box** biti u škripcu; *US coll* **to get in ~ with** zamjeriti se komu; **on the ~ side of 40** stariji od 40 godina
wrong [rɔŋ] *adv* nepravo, krivo, pogrešno, lažno | **to go ~** sići s pravog puta, poći krivim putem; pogriješiti; pokvariti se
wrong [rɔŋ] *vt* učiniti krivo, nanijeti štetu, nauditi, prevariti
wrongdoer [ˌrɔŋ'duə] *s* zlotvor, grešnik
wrongdoing [ˌrɔŋ'duiŋ] *s* zlodjelo, zločin; prijestup, grijeh
wrongful ['rɔŋful] *adj* (**~ly** *adv*) nepravedan, nezakonit, protuzakonit; uvredljiv, štetan, škodljiv
wrongfulness ['rɔŋfulnis] *s* nepravednost, nezakonitost, neispravnost
wrong-headed [ˌrɔŋ'hedid] *adj* (**~ly** *adv*) bezuman, smušen; koji ostaje u zabludi
wrongly ['rɔŋli] *adv* nepravo, nepravedno; s nepravom
wrote [rəut] *pret* od **write**
wroth [rəuθ] *pred adj poet* & *arch* ljutit, razljućen
wrought [rɔːt] *pret* & *pp* od **work** (*arch*) | **he ~ upon me** on je utjecao (djelovao) na mene
wrought-iron [ˌrɔːt'aiən] *s* kovano željezo
wrought-up ['rɔːtʌp] *adj* uzbuđen, uzrujan, jako napetih živaca, histeričan
wrung [rʌŋ] *pret* & *pp* od **wring**
wry [rai] *adj* (**~ly** *adv*) kriv, kos, nakrivljen, naheren; iskrivljen, izvrnut
wry-mouthed [ˌrai'mauðd] *adj* krivoust
wryneck ['rainek] *s ornith* vijoglav mravar (*Junx torquilla*)
wye [wai] *s* slovo Y; predmet u obliku slova Y
Wykehamist ['wikəmist] *s GB* član **Winchester Collegea**
wyvern ['waivən] *s* → **wivern**

X

X, x [eks] *s* (*pl* **~s, ~'s** ['eksiz]) X, x (24. slovo engleske abecede); *math* prva nepoznanica; neodređen broj; nepoznat (tajanstven) faktor, nepoznanica | **double-~** (XX), **triple-~** (XXX) dvostruke, trostruke jakosti (pivo); **~ hook** kuka (vješalica) u obliku slova X

Xant(h)ippe [zæn'tipi] *s* Ksantipa; *fig* zla i svadljiva žena

xebec ['zi:bek] *s mar* šebeka (brodić s tri jarbola)

xenelaisia [ˌzeni'leisiə] *s Gr hist* spartanski običaj isključivanja i progonjenja tuđinaca

xenial ['zeniəl] *adj* gostoljubiv, prijateljski

xenogamy [zi:'nɔgəmi] *s bot* ksenogamija, oplođenje peludom druge biljke

xenon ['zenɔn] *s Gr chem* ksenon (plemeniti plin)

xenophobe ['zenəfəub] *s* ksenofob, onaj koji mrzi sve strance

xenophobia [ˌzenə'fəubjə] *s* ksenofobija (mržnja na sve strance)

xenophobic [ˌzenə'fəubik] *adj* koji mrzi sve strance

xerox ['ziərɔks] *s* način fotokopiranja | **~ copy** fotokopija; **~ machine** fotokopirni aparat

xerox ['ziərɔks] *vt* kseroksirati, fotokopirati

Xmas ['krisməs] *s* → **Christmas**

x-ray [ˌeks'rei] *vt* rendgenizirati, obasjati rendgenskim zrakama, rendgenski snimiti

X-rays ['eks'reiz] *s pl* X-zrake, rendgenske zrake

xylograph ['zailəgra:f] *s* drvorez

xylographer [zai'lɔgrəfə] *s* ksilograf, drvorezac

xylographic [ˌzailə'græfik] *adj* ksilografski, drvorezbarski

xylography [zai'lɔgrəfi] *s* ksilografija, drvorezbarstvo

xylonite ['zailənait] *s* celuloid

xylophagous [zai'lɔfəgəs] *adj* koji se hrani drvom (kukac)

xylophone ['zailəfəun] *s mus* ksilofon

xyster ['zistə] *s med* kirurški strugač

Y

Y, y [wai] *s* (*pl* **~s, ~'s**) Y, y (25. slovo engleske abecede); *math* druga nepoznanica; stvar u obliku slova Y | *rly* **~-track** rašljast kolosijek; *navy* **~-gun** dvocjevni protupodmornički bacač (za dubinske bombe)

yacht [jɔt] *s mar* jahta; sportska jedrilica

yacht [jɔt] *vi mar sport* voziti se na jahti; jedriti; natjecati se u jedrenju

yachter ['jɔtə] *s* → **yachtsman**

yachting ['jɔtiŋ] *s mar sport* jedrenje; natjecanje u jedrenju; jedriličarski sport

yachtsman ['jɔtsmən] *s* (*pl* **yachtsmen** ['jɔtsmən]) *mar sport* jedriličar

yaffle ['jæfl] *s ornith* žuna zelena

yah [jaː] *interj* (podrugljiv uzvik)

yahoo [jə'huː] *s* zvijer u čovječjoj spodobi, čovjek-životinja

yak [jæk] *s zool* jak (vrsta tibetskog goveda)

yale-lock ['jeilˌlɔk] *s* vrsta patentne brave

yam [jæm] *s bot* jam (tropska povijuša s jestivim korijenom); *Southern US* batata, slatki krumpir (*Ipomoea batatas*)

yammer ['jæmə] *vi US coll* cendrati, blebetati

yank [jæŋk] *s US sl* (nagao, snažan) trzaj

yank [jæŋk] *vt/i* **I.** *vt* snažno trgnuti, naglo potegnuti, istrgnuti (*out of*) (*to ~ up* povući uvis) **II.** *vi* snažno potezati, trzati (*at*)

yank [jæŋk] *s sl* → **Yankee**

Yankee ['jæŋki] *s hist* stanovnik Nove Engleske, vojnik sjevernih država (u građanskom ratu), Sjevernjak; *fam* Sjevernoamerikanac, Jenki

Yankee-Doodle ['jæŋki'duːdl] *s* sjevernoamerička pučka pjesma (koja se smatra kao nacionalni napjev, neslužbena himna)

yap [jæp] *vi* štektati, lajati

yap [jæp] *s* štektanje, lajanje; *US* brbljavac, lajavac

yapp [jæp] s vrsta knjižnog uveza u meku kožu

yard[1] [jaːd] *s* jard, (engleski) lakat, rif (mjera za duljinu: 0,914 m); *mar* križ (za jedro); *arch* penis

yard[2] [jaːd] *s* dvorište, dvor; obor; *US* povrtnjak, vrt; radilište, radionica; *rly* (*railway* ~) manevarski kolodvor, stanica za ranžiranje | **church~** (crkveno) groblje; **court~** dvorište; **dock ~, ship ~** škver; *GB coll* **the Yard** Scotland Yard

yard [jaːd] *vt* zatvoriti u dvorište; staviti (stoku) u obor; smjestiti (drvo) na skladište

yardage[1] ['jaːdidʒ] *s* u jardima izražena mjera

yardage[2] ['jaːdidʒ] *s* pravo upotrebe yarda[2]; pristojba za upotrebu yarda[2]

yard-arm ['jaːdaːm] *s mar* rt križa

yard-man ['jaːdmən] *s* radnik u oboru (škveru, skladištu drva)

yard-measure ['jaːdˌmeʒə] *s* štap ili vrpca od jednog jarda (kao mjerilo)

yard-stick ['jaːdstik] *s* štap dugačak jedan jard (kao mjera); *fig* mjerilo

yarn [jaːn] *s* pređa; (ispreden) konac; *mar* uže; *fam* (nevjerojatna) priča | **to spin a ~** pričati (nevjerojatnu) priču, pretjerivati u opisivanju nekog događaja itd.

yarn [jaːn] *vi fam* pričati dugu priču; pripovijedati, pričati

yarrow ['jærəu] *s bot* kunica, stolisnik, hajdučka trava, kunji rep

yataghan ['jætəgən] *s* jatagan

yatter ['jætə] *vi* brbljati, blebetati

yaw [jɔː] *s mar* skretanje s pravca; *fig* kolebanje, zastranjivanje

yaw [jɔː] *vi mar & aero* vijugati, ne moći zadržati ravan kurs, skretati, nesigurno držati smjer

yawl[1] [jɔːl] *s dial* tuljenje, zavijanje, vikanje, glasan plač

yawl [jɔːl] *vi dial* tuliti, zavijati, vikati, glasno plakati

yawl[2] [jɔːl] *s mar* jola (jedrilica); vrsta brodskog čamca (na 4 ili 6 vesala)

yawn [jɔːn] *s* zijev, zijevanje; *fig* provalija
yawn [jɔːn] *vi/t* **I.** *vi* zijevati; *fig* zjapiti, zjati (*hell* ~*s for him*) **II.** *vt* zijevnuti, zijevajući reći (*he* ~*ed goodnight*)
yawning [ˈjɔːniŋ] *adj* (~**ly** *adv*) koji zijeva (zjapi)
yawp (**yaup**) [jɔːp] *vi dial* tuliti, vikati, zavijati
yawp (**yaup**) [jɔːp] *s dial* vika, vikanje
yaws [jɔːz] *s pl med* frambezija (tropska kožna bolest)
yclept [iˈklept] *adj arch & hum* zvan, nazvan
ye [jiː] *pron arch poet hum & bibl* vi, vas; ti (*what d'ye think?* što misliš?) | **hark** ~ [ˈhaːki] slušaj, čuj; **look** ~ [ˈluki] vidi, gle
yea [jei] *adv dial & arch* da, jest, dapače, štoviše; zaista
yea [jei] *s parl* pozitivni glas (kod glasanja) | **the** ~**s** oni koji glasaju za, jesni glasovi; **to call for the** ~**s and nays** pozvati na glasanje sa da ili ne; **the** ~**s have it** većina je glasala sa da
Yeah [jeə] *adv sl* = **yes**
yean [jiːn] *vt/i dial & arch* **I.** *vt* baciti janje, okotiti janje **II.** *vi* janjiti se, ojanjiti se
yeanling [ˈjiːnliŋ] *s arch* janješce, janje
year [jəː] *s* godina; ljeto; godište | ~**s** *pl* dob, starost (*at ten* ~*s old* u dobi od deset godina); **leap-**~ prijestupna godina; **New Year's Day** Nova godina (1. siječnja); **New Year's Eve** Silvestrovo (31. prosinca); **New** ~ nova godina (*a happy New* ~); **old** ~ stara godina; **school** ~ školska godina; *poet* **in** ~**s** u godinama, vremešan, star; ~ **by** ~, **from** ~ **to** ~ iz godine u godinu, od godine do godine; ~ **in** ~ **out** kroz cijelu godinu; **this** ~**'s exhibition** ovogodišnja izložba; **many** ~**s' experience** dugogodišnje iskustvo
year-book [ˈjəːbuk] *s* godišnjak, ljetopis | *jur* ~**s** *pl* službena zbirka pravnih slučajeva, tiskani pravni izvori (od 1292. do 1534)
yearling [ˈjəːliŋ] *s* godišnjak, životinja stara godinu dana
yearling [ˈjəːliŋ] *adj* jednogodišnji, star godinu dana (životinja)
year-long [ˈjəːlɔŋ] *adj* koji traje godinu dana, koji traje godinama, dugogodišnji
yearly [ˈjəːli] *adj* godišnji, koji se događa jedanput u godini (ili svake godine)
yearly [ˈjəːli] *adv* u godini dana, na godinu, svake godine
yearn [jəːn] *vi/t* **I.** *vi* žudjeti, ginuti (*after, for* za) čeznuti (*to do; towards* za) **II.** *vt arch* | **it** ~**s me** čeznem, boli me, zabrinjuje me
yearning [ˈjəːniŋ] *adj* (~**ly** *adv*) čeznutljiv, koji čezne, žudi, gine (*after, for* za)
yearning [ˈjəːniŋ] *s* čežnja, žudnja (*after, for* za; *to do*)
yeast [jiːst] *s* kvas, kvasac; pjenica
yeast-powder [ˈjiːst.paudə] *s* kvasac u prahu
yeasty [ˈjiːsti] *adj* (**yeastily** *adv*) 1. poput kvasca, pjenušav; *fig* koji vri; nemiran 2. površan, isprazan, ništav; šarlatanski
yegg [jeg] *s US sl* (*yeggman*) putujući tat; provalnik u blagajne
yelk [jelk] *s* → **yolk**
yell [jel] *s* vrisak, krik; bojni poklik; *US sport* povik bodrenja
yell [jel] *vi/t* **I.** *vi* vikati, vrištati, drečati (*with* od); grohotom se smijati (*to* ~ *out* kriknuti, vrisnuti) **II.** *vt* (što) vikati, zaviknuti, kriknuti, zavrištati | **to** ~ **out an oath** (**order**) izviknuti psovku (zapovijed)
yellow [ˈjeləu] *adj* žut; žute rase; *fig* zavidan, jalan; ljubomoran; *sl* kukavički, nesportski | *med* ~ **fever** (*sl* ~ **jack**) žuta groznica; ~ **jacket** kinesko svečano odijelo visokih državnih dostojanstvenika; **the sere and** ~ **leaf** starost; **the** ~ **press** senzacionalistička (šovinistička, ratnohuškačka) štampa; **the** ~ **peril** žuta opasnost; *sl* **to show a** ~ **streak** pokazati se kao kukavica; ~ **pages** poslovni telefonski imenik
yellow [ˈjeləu] *s* žuta boja; vrsta leptira | ~**s** *pl* pripadnici žute rase; *arch* **the** ~**s** žutica
yellow [ˈjeləu] *vt/i* **I.** *vt* požutiti, žuto obojiti **II.** *vi* požutjeti (*with* od)
yellow-ammer [ˈjeləu.æmə] *s* → **yellow hammer**
yellow-back [ˈjeləubæk] *s* jeftin (kriminalni) roman, šundroman
yellow-bellied [ˈjeləu.belid] *adj coll* kukavički
yellow-belly [ˈjeləu.beli] *s coll* kukavica
yellow-boy [ˈjeləubɔi] *s sl* zlatnik (novac)
yellow-brass [ˈjeləubraːs] *s* mjed, mesing
yellow-hammer [ˈjeləu.hæmə] *s ornith* strnadica, žutovoljka
yellowish [ˈjeləuiʃ] *adj* žućkast
yellowness [ˈjeləunis] *s* žutina, žutost, žuto obojenje, žut ton
yellowy [ˈjeləui] *adj* žućkast
yelp [jelp] *s* štektanje, cviljenje, zavijanje (psa)
yelp [jelp] *vi* štektati, zaštektati, cviljeti, zacviljeti (pas od veselja ili boli)
yen[1] [jen] *s US sl* snažna želja, žudnja, čežnja
yen[2] [jen] *s* jen (japanski novac)
yeoman [ˈjəumən] *s* (*pl* **yeomen** [ˈjəumən]) *hist* slobodnjak, maloposjednik; konjanik dobrovoljačke milicije; *US navy* podoficir skladištar | ~ **of the guard** vojnik (kraljeve) tjelesne straže; gardist; ~**'s service** pomoć u nuždi, usluga

yeomanly [ˈjəumənli] *adj hist* slobodnjački, maloposjednički; jednostavan, prost, neplemićki; snažan, muževan
yeomanry [ˈjəumənri] *s hist* (seljaci) slobodnjaci, maloposjednički stalež; konjaništvo (slobodnjačke dobrovoljačke) milicije
yes [jes] *adv* da, jest
yes [jes] *s* (riječ) da, jesni (potvrdni) odgovor | **to say ~** pristati, privoljeti se
yes man [ˈjesmæn] *s* slabić, osoba bez svoje ličnosti (koja odobrava sve što joj se kaže)
yesterday [ˈjestədi] *adv* jučer | **the day before ~** prekjučer
yesterday [ˈjestədi] *s* jučerašnji dan | **the whole of ~** cijeli jučerašnji dan; **~'s** jučerašnji
yesteryear [ˈjestəjəː] *s* prošla godina; prošla vremena, prošlost
yet [jet] *adv* još; još ktome; štoviše, a opet, ipak; dapače, čak; dosad (*the biggest ~ found*); već | **as ~** dosad(a); **~ again** još jednom, opet; **not ~** još ne
yet [jet] *conj* ipak, pa ipak
yew [juː] *s bot* (*~-tree*) tisa; (*~-wood*) tisovina
Yiddish [ˈjidiʃ] s jidiš (jezik)
Yiddish [ˈjidiʃ] *adj* na jidišu
yield [jiːld] *s* plod, proizvod; prirod, prihod; dohodak; korist; *com* dobitak
yield [jiːld] *vt/i* **I.** *vt* 1. donijeti, nositi, proizvesti (plod, prirod); dati (rezultat, predodžbu); izdati, odati (tajnu); davati, odbacivati, donositi (dobit) 2. dopustiti, dozvoliti; ustupiti (*to a p* komu) 3. predati, prepustiti; odstupiti (*to a p* komu); *to ~ oneself* predati se; *to ~ up* napustiti, predati (*to a p* komu) **II.** *vi* 1. roditi, dati prirod, donijeti plod (*to ~ well, poorly* dobro, slabo roditi) 2. popustiti, uzmaknuti (*before* pred); predati se; podvrći se, pokoriti se (*to a th* čemu); podati se (*to a th* čemu); pristati; klonuti; slomiti se, skršiti se; podleći (*to ~ to temptation* podleći napasti) | **to ~ up the ghost** ispustiti dušu, umrijeti; **to ~ fruit** uroditi plodom, donijeti ploda; **to ~ the times** prilagoditi se vremenu; **to ~ consent** pristati
yielding [ˈjiːldiŋ] *adj* (*~ly adv*) popustljiv; gibak; povodljiv
yob [jɔb] *s GB sl* uličninjak, frajer, klipan
yodel [ˈjəudl] *s* jodlati; jujuškati
yodel [ˈjəudl] *s* jodlanje; jujuškanje
yoga [ˈjəugə] *s. Ind phil* joga
yogi [ˈjəugi] *s* učitelj (majstor) joge
yo-heave-ho [ˌjəuˈhiːvhəu] *interj mar arch* ho ruk, ej, hoj!
yo-ho [jəuˈhəu] *interj mar* ho ruk, ej, hoj!
yoick [jɔik] *vi/t hunt* **I.** *vi* vikati »naprijed! drž!« (psima) **II.** *vt* huckati, goniti (pse) povikom
yoicks [jɔiks] *interj hunt* hura!, naprijed!, drž!
yoicks [jɔiks] *s hunt* (povik psima da gone lisicu)
yoke [jəuk] *s* jaram (volova i dr.); jarmenica, obramica; *mar* rašljasta ručka kormila; *arch* jutro (zemlje); *fig* ropstvo | **to bring under the ~, to submit to a ~** podjarmiti; **~ of oxen** jaram volova, dva vola
yoke [jəuk] *vt/i* **I.** *vt* ujarmiti, staviti u jaram (životinju); upreći (kola); vezati, združiti, spariti (*to, with* sa) **II.** *vi* zajedno raditi, skupa tegliti; biti oženjen (*with*) | **~d in marriage** brakom vezan
yokefellow [ˈjəukˌfeləu] *s* supatnik; sudrug, suradnik; bračni drug
yokel [ˈjəukl] *s* seljačina, prostak
yokemate [ˈjəukmeit] *s* → **yokefellow**
yolk [jəuk] *s* žumanjak, žumance; masna tvar ovčje vune, mast na vuni
yolky [ˈjəuki] *adj* poput žumanjka; mastan (vuna)
yon [jɔn] *adj arch* onaj, onaj tamo
yon [jɔn] *pron* onaj tamo, ono tamo
yon [jɔn] *adv* tamo, ondje; onamo
yonder [ˈjɔndə] *adj lit* tamošnji; onaj, onaj ondje
yonder [ˈjɔndə] *adv lit* tamo, ondje prijeko; onamo
yore [jɔː] *adv arch* | **of ~** davno, odavna; **in days of ~** u davnini, nekoć, u stara vremena
york [jɔːk] *vt cricket* baciti (loptu) *yorkerom*
yorker [ˈjɔːkə] *s cricket* način bacanja lopte tako da pada tik pred igračem koji brani
you [juː] *pron* vi, vas, vam, vama; ti, tebe, te, tebi; se | **~ never can tell** nikad se ne zna; **~ can't tell what it is** ne može se reći što je to
young [jʌŋ] *adj* mlad; mladenački; svjež; nov; neiskusan, nevješt (*in*) | **~ blood** mladi član obitelji (društva); mladi gizdelin (kicoš); **~ days** mladost; **a ~ person** mlada djevojka; **~ lady** gospođica; **her ~ ones** njezina djeca; **her ~ man** njezin dragi; **the ~ day** rano jutro
young [jʌŋ] *s fam* mlado, mlâd, mladunčad (životinje) | **the ~** mladi ljudi; **~ and old** staro i mlado, svi; **with ~** skotna, noseća, bređa (ženka životinje)
youngish [ˈjʌŋiʃ] *adj* mlađahan, mlađan
youngling [ˈjʌŋliŋ] *s poet* mladić, mlada djevojka; dijete; mladunče, mlado (životinje)
youngster [ˈjʌŋstə] *s* mladić, mladac; dječak; dijete
younker [ˈjʌŋkə] *s arch* → **youngster**
your [jɔː] *adj* vaš; tvoj
you're [juə] = **you are**
yours [jɔːz] *pron* vaš; tvoj

yours [jɔːz] *pred adj* vaš; tvoj | **faithfully ~**, **(very) truly ~** s poštovanjem, s veleštovanjem (na kraju pisma)

yourself [jɔːˈself] *pron emph & refl* (*pl* **yourselves** [jɔːˈselvz]) se; ti sam; sebe samoga | **by ~** sam, bez (tuđe) pomoći; **you did it ~** ti si to sam učinio; **you must see for ~** moraš sam vidjeti, moraš se sam uvjeriti; **get a ticket for ~** nabavi sebi ulaznicu; **don't trouble ~** ne trudi se; **be ~** ! saberi se!

youth [juːθ] *s* (*pl* **~s** [juːðz]) mladost; mladenaštvo; mladenačka svježina; mladi svijet, mladi ljudi, mladež, mladić, mladac | **the ~ of the world** mlado doba svijeta, rana vremena; **in the prime of ~** u cvijetu mladosti; **~ organizer** omladinski rukovodilac

youthful [ˈjuːθful] *adj* (**~ly** *adv*) mlađahan; mladenački; mlad

youthfulness [ˈjuːθfulnis] *s* mladost; mlađahnost; mladenačka svježina

you've [juːv] = **you have**

yowl [jaul] *s* zavijanje, tuljenje

yowl [jaul] *vi* → **yawl** *vi*

yoyo [ˈjəujəu] *s* jo-jo (igračka); *US sl* budala, bezveznjak

yucca [ˈjʌkə] *s bot* juka

Yugoslav [ˌjuːgəuˈslaːv] *adj* jugoslavenski

Yugoslav [ˌjuːgəuˈslaːv] *s* Jugoslaven, Jugoslavenka

yule [juːl] *s* Božić, božićni blagdan

yule-log [ˈjuːllɔg] *s* badnjak (panj, klada)

yule-tide [ˈjuːltaid] *s* božićnje doba, božićni blagdani, Božić

Z

Z, z [zed, *US* ziː] *s* (*pl* **~s, ~'s**) Z, z (26. slovo engleske abecede); predmet u obliku slova z | **from A to ~** od A do Z, od početka do kraja; **~-shaped** u obliku slova z
zaffre (zaffer) ['zæfə] *s Fr chem* zafra (kobaltova plava boja)
zany ['zeini] *s hist theat* klaunov pomoćnik; luda, budala, lakrdijaš
zap [zæp] *vt US sl* ubiti, udariti, šibnuti
zareba (zariba) [zə'riːbə] *s* živicom, kolcima itd. ograđen prostor za zaštitu logora ili sela (u Sudanu)
zeal [ziːl] *s* revnost, gorljivost, žar, oduševljenje (*for, in*)
zealot ['zelət] *s hist* zelot; revnosnik, pobornik, pristaša; *rel* fanatik
zealotry ['zelətri] *s* zelotizam; fanatizam
zealous ['zeləs] *adj* (**~ly** *adv*) revan; gorljiv; vatren (*for*); oduševljen
zebra ['ziːbrə] *s zool* zebra | *GB coll* **~ crossing** pješački prijelaz
zebrine ['ziːbrain] *adj* poput zebre
zebu ['ziːbuː] *s zool* zebu (indijsko grbavo govedo)
zecchin ['zekin] *s hist* cekin (mletački zlatnik)
zed [zed] *s GB* slovo z | **a mere ~** iskrivljen poput slova z
zedoary ['zedəuəri] *s med* indijski gorki korijen
zee [ziː] *s US* slovo z
zeitgeist ['tsaitgaist] *s Ger* duh vremena
zenana [ze'naːnə] *s Ind* harem; vrsta lakog ženskog sukna (*~ cloth*)
zenith ['zeniθ] *s astr* zenit; *fig* vrhunac, najviša točka (*to be at one's ~; to reach the ~*)
zenithal ['zeniθəl] *adj* zenitni; *fig* najviši, najuzvišeniji
zephyr ['zefə] *s myth* zefir, zapadnjak; *poet* topli blagi vjetar, lahor; *com* vrsta lagane tkanine; *sport* tanka majica za trening
zeppelin ['zepəlin] *s aero* zepelin
zero ['ziərəu] *s* ništica, ledište; *fig* nula, nitko i ništa | **at ~** na ništici; **above ~** iznad ništice; **below ~** ispod ništice; *mil* **~ hour** početak napada, sat početka operacije
zero ['ziərəu] *vt/i* | **to ~ on** nanišaniti na; **to ~ in** usmjeriti se na
zest [zest] *s* začin; pikantnost; slast, užitak; veselje, strast (*~ for gambling*)
zest [zest] *vt* začiniti
zeta ['ziːtə] *s* zeta (grčko slovo)
zetetic [ziː'tetik] *adj* koji ispituje, istražuje (*~ method*)
zeugma ['zjuːgmə] *s Gr* zeugma, spajanje, vezanje
zeugmatic [zjuːg'mætik] *adj Gr* zeugmatički
zigzag ['zigzæg] *s* cikcak (crta itd.); vijuganje; *fig* kolebanje
zigzag ['zigzæg] *adj* cikcak, vijugav; *fig* nestalan
zigzag ['zigzæg] *adv* zavojito, amo-tamo
zigzag ['zigzæg] *vi* vijugati se, krivudati
zilch [ziltʃ] *s US sl* nula
zinc [ziŋk] *s minr* cink, tutija
zinc [ziŋk] *vi* pocinčati, obložiti tutijom
zinco ['ziŋkəu] *s & vi/t* → **zincograph**
zincograph ['ziŋkəugraːf] *s* cinkografski kliše
zincograph ['ziŋkəugraːf] *vi/t* cinkografirati, praviti klišeje na ploči od cinka
zincography [ziŋ'kɔgrəfi] *s* cinkografija
zincous ['ziŋkəs] *adj* cinčan
zingaro ['ziŋgərəu] *s* (*pl* **zingari** ['ziŋgəriː]) *It* Ciganin
zingy ['ziŋi] *adj US sl* živahan, temperamentan, sjajan
zinky ['ziŋki] *adj* poput cinka
zinnia ['zinjə] *s bot* cinija
Zionism ['zaiənizəm] *s pol* cionizam
Zionist ['zaiənist] *s pol* cionist
zip [zip] *s fam* zujanje, zvižduk (taneta itd.); *fig* energija, upornost, aktivnost
zip [zip] *vi/t* jurnuti, suknuti | *US sl* **to ~ across the horizon** naglo se proslaviti; *sl* **to ~ up** unijeti živosti (snage), oživiti; zatvoriti patentnim zatvaračem
zip code ['zipkəud] *s US* poštanski broj

zip-fastener [ˈzipˌfaːsnə] *s* patentni zatvarač, »rajsferšlus«
zipper [ˈzipə] *s coll* → **zip-fastener**
zippy [ˈzipi] *adj* živahan, blistav
zither [ˈziðə] *s mus* citra
zitherist [ˈzaiðrist] *s mus* svirač citre
zodiac [ˈzəudiæk] *s astr* zodijak
zodiacal [zəuˈdaiəkl] *adj astr* zodijakalni
zoic [ˈzəuik] *adj* životinjski; *geol* koji sadrži životinjske ili biljne tragove
zombi(e) [ˈzɔmbi] *s* živo truplo; *fig* mjesečar, netko tko se kreće kao u bunilu; *sl* budala, tup i trom čovjek
zonal [ˈzəunl] *adj* (**~ly** *adv*) zonalan, pojasni
zone [zəun] *s arch* & *poet* pojas (oko pasa); *geog* pojas, zona; područje, predjel | **to loose the maiden ~ of** lišiti nevinosti; **the frigid ~** studeni pojas; **the temperate ~** umjereni pojas; **the torrid ~** žarki pojas
zone [zəun] *vt* podijeliti na zone
zoning [ˈzəuniŋ] *s* zonsko (urbanističko) planiranje
zonked(**-out**) [ˈzɔŋkt(aut)] *adj US sl* pijan, drogiran
Zoo [zuː] *s coll* zoološki vrt
zoographer [zəuˈɔgrəfə] *s* zoograf, opisni zoolog
zoography [zəuˈɔgrəfi] *s* zoografija, opisna zoologija, opis životinja
zoolatry [zəuˈɔlətri] *s* obožavanje životinja
zoolite [ˈzəuəlait] *s* zoolit, životinjska okamenina
zoological [ˌzəuəˈlɔdʒikl] *adj* (**~ly** *adv*) zoološki
Zoological Garden [zuˌlɔdʒiklˈgaːdn] *s* zoološki vrt
zoologist [zəuˈɔlədʒist] *s* zoolog
zoology [zəuˈɔlədʒi] *s* zoologija
zoom [zuːm] *vi* 1. *aero sl* preskočiti avionom (*over*); naglo se strmo uspeti 2. zujati, brujati 3. *film* snimati transfokalnim objektivom
zoom [zuːm] *s aero* strm uzlet
zoom lens [ˈzuːmˈlenz] *s film* »zum« (transfokalni) objektiv
zoomorphic [ˌzəuəˈmɔːfik] *adj* prikazan životinjskim oblicima, koji ima bogove životinjskog oblika
zoon [ˈzəuɔn] *s Gr* životinja; živo biće
zootomist [zəuˈɔtəmist] *s* životinjski anatom
zootomy [zəuˈɔtəmi] *s* životinjska anatomija
zoot suit [ˈzuːtsuːt] *s US sl* »frajersko« odijelo s dugim kaputom i vrlo uskim hlačama (popularno u SAD otpr. 1935-45)
zoril [ˈzɔril] *s zool* zoril (vrsta tvora)
zouave [zuːˈaːv] *s mil* zuav (francuski vojnik u istočnjačkoj uniformi); vrsta kratkoga ženskog kaputa
zounds [zaundz] *interj arch* do đavola!, prokletstvo!
zucchini [zuˈkiːni] *s pl US* bučice (povrće)
zygoma [zaiˈgəumə] (*pl* **zygomata** [zaiˈgəumətə]) *Gr anat* jagodična kost, jabučna kost
zymosis [zaiˈməusis] *s Gr* vrenje, fermentacija; *med* priljepčiva bolest
zymotic [zaiˈmɔtik] *adj* koji se tiče vrenja; *med* priljepčiv, epidemički, infekciozan

ENGLESKE I AMERIČKE KRATICE

(English and American Abbreviations)

A

A. 1. absolute 2. Academician, Academy 3. adult 4. *mus* alto 5. America, American 6. *chem* argon; acid 7. acre 8. amateur 9. answer 10. *el* ampere(s) 11. *phys* ang-ström(s); atomic (*energy*) 12. Associate of 13. (*film*) certified as suitable for adult audiences but possibly not for children

a. 1. *com* accepted 2. acre 3. *gram* active 4. adjective 5. *mus* alto 6. *el* ampere 7. *Lat* anno 8 *Lat* ante 9. area 10. about 11. *phys* acceleration 12. *chem* acid 13. acre, acreage 14. acting 15. afternoon 16. amateur 17. anonymous 18. answer 19. anterior 20. in the year 21. year

A. A. 1. anti-aircraft 2. Automobile Association 3. Alcoholics Anonymous 4. Associate in Arts 5. (*film*) to be seen only by persons over 14

A. A. A. 1. *US* Agricultural Adjustment Agency 2. Amateur Athletics Association 3. American Automobile Association 4. anti-aircraft artillery

A. A. A. L. American Academy of Arts and Letters

A. A. A. S. American Association for the Advancement of Science

A. A. C. S. 1. Airways and Air Communications System 2. Army Air Communications System

A. A. F. 1. Auxiliary Air Force 2. Army Air Forces

A. & M. (*Hymns*) Ancient and Modern

A. A. of A. Automobile Association of America

A. A. P. S. S. American Academy of Political and Social Science

A. & R. artists and recording (*or* repertoire)

A. A. U. Amateur Athletics Union

A. A. U. P. American Association of University Professors

A. A. U. W. American Association of University Women

A. B. 1. bachelor of arts 2. able-bodied seaman

ab. about

A. B. A. 1. Amateur Boxing Association 2. American Bar Association 3. American Bankers Association

abb. abbess; abbey; abbot

abbr. 1. abbreviated 2. abbreviation

A. B. C. (**ABC**) 1. the alphabet 2. Australian Broadcasting Commission 3. American Broadcasting Company 4. *US* Argentina, Brazil and Chile

abd. abdicated

ab init. *Lat* ab initio (= from the beginning)

abl. *gram* ablative

A. B. M. anti-ballistic missile

Abp., abp. archbishop

abr. abridged, abridgment

A. B. S. American Bible Society

abs. 1. absence, absent 2. absolute, absolutely 3. abstract

abs absolute temperature

abt about

A. C. 1. aircraftman 2. Alpine Club; Athletic Club 3. *el* alternating current 4. *Lat* ante Christum (= before Christ) 5. Appeal Court 6. *US* Air Corps

a/c, A/C account; account current

A. C. A. Associate of the Institute of Chartered Accountants

A. C. C. Air Coordinating Committee

acc. 1. account, accountant 2. accusative 3. *parl* acceptance 4. acceleration 5. accompanied

acc(t) account

A. C. G. B. Arts Council of Great Britain

A. C. I. Army Council Instruction

A. C. I. S. Associate of the Chartered Institute of Secretaries

ack(n) acknowledged, acknowledgment

A. C. P. American College of Physicians

acpt. acceptance

A. C. S. 1. American Chemical Society 2. American College of Surgeons

A. C. T. Australian Capital Territory

A. C. T. U. Australian Council of Trade Unions

A. C. W. aircraftwoman

ad. advertisement

A. D. 1. *Lat* anno Domini (= in the year of our Lord) 2. active duty

a/d after date

a. d. a dato

A. D. A. 1. American Dental Association 2. Americans for Democratic Action
A. D. C. aide-de-camp
add. 1. addendum 2. addition; additional 3. address
ad fin. *Lat* ad finem (= at or near the end)
adj. 1. adjective 2. adjunct 3. adjacent 4. adjourned 5. *com* adjustment 6. adjutant
Adjt. adjutant
ad lib *Lat* ad libitum (= to any desired extent)
Adm. 1. Admiral 2. Admiralty
admin. administration, administrator
A. D. P. automatic data processing
adv. 1. advance 2. adverb; adverbial 3. *Lat* adversus (= against) 4. advertisement
advert. *coll* advertisement
A. E. A. Actors' Equity Association
A. E. and P. Ambassador Extraordinary and Plenipotentiary
AEC Atomic Energy Commission
A. E. S. American Electrochemical Society
A. F. 1. Admiral of the Fleet 2. Air Force 3. Anglo-French 4. audio frequency
A. F. A. Amateur Football Association
A. F. A. M. Ancient Free and Accepted Masons
A. F. A. S. Associate of the Faculty of Architects and Surveyors
A. F. B. S. American and Foreign Bible Society
A. F. C. 1. Air Force Cross 2. Association Football Club
Afg. Afghanistan
A. F. L. (A. F. of L.) American Federation of Labour
A. F. L. - C. I. O. The American Federation of Labour and Congress of Industrial Organizations
A. F. M. Air Force Medal
Afr. Africa; African
A. F. S. 1. Army Fire Service 2. Auxiliary Fire Service
A. F. V. Armoured Fighting Vehicle
Ag *chem* argentum (= silver)
A. G. 1. Adjutant General 2. air gunner 3. Attorney General
A. G. M. annual general meeting
agr. agriculture; agricultural
A. G. R. advanced gas-cooled (nuclear) reactor
agt. agent
A. H. 1. Admiralty House 2. in the year of the Hegira; of the Muslim era
Ah. ampere-hour
A. H. A. 1. American Historical Association 2. American Hospital Association
A. H. M. S American Home Missionary Society
A. I. 1. Admiralty Instruction 2. American Institute 3. artificial insemination
A. I. A. American Institute of Architects
A. I. D. 1. Agency for International Development 2. artificial insemination by donor
A. I. E. E. American Institute of Electrical Engineers
A. I. H. artificial insemination by husband
A. I. P. American Institute for Physics
A. J. C. Australian Jockey Club
AK Alaska
a. k. a. also known as
A. K. C. 1. American Kennel Club 2. Associate of King's College, London
Al. 1. Alabama 2. *chem* aluminium
al. alcohol; alcoholic
A. L. American Legion
Ala. Alabama
A. L. A. American Library Association
Alas. Alaska
alc alcohol; alcoholic
Ald. (Aldm.) alderman
alg. algebra
Alg. Algeria
a. l. s. autograph letter signed
alt. 1. alteration 2. alternate 3. altitude
Alta. Alberta
A. M. 1. Air Ministry 2. Albert Medal 3. → **M. A.** 4. amplitude modulation 5. in the year of the world
am amplitude modulation
Am *chem* americium
Am. America; American
a. m. 1. *Lat* ante meridiem (= before noon) 2. *Lat* anno mundi (= in the year of the world)
A. M. A. 1. American Medical Association 2. Australian Medical Association
amb. (Amb.) ambassador
A. M. G. (O. T.) Allied Military Government (of Occupied Territory)
A. M. I. C. E. Associate Member of the Institute of Civil Engineers
A. M. I. E. E. Associate Member of the Institute of Electrical Engineers
A. M. G. 1. Allied Military Government 2. American Military Government
amp. 1. ampere; amperage 2. amplifier
A. M. S. 1. Army Medical Staff 2. Army Medical Service
A. M. S. E. Associate Member of the Society of Engineers
Amst. Amsterdam
amt. amount
A. M. T. P. I. Associate Member of the Town Planning Institute
AMVETS American Veterans (of World War II)
an. 1. before (*Lat* ante) 2. in the year
An actinon
A. N. (A.-N.) Anglo-Norman
anal. 1. analogous; analogy 2. analysis; analytic
anat. anatomy
ANC airport code for Anchorage, Alaska
anc. ancient

and. *mus* andante
And. Andorra
Angl. Anglican
anim. *mus* animato
ann. 1 annals 2. annual 3. annuity
anon. anonymous
ans. answer
ant. 1. antonym 2. antiquarian; antiquity 3. antenna
ANTA American National Theatre and Academy
anthrop. anthropological; anthropology
antiq. antiquity; antiquarian; antiquary; antiquities
A. N. Z. A. C. (ANZAC) Australian and New Zealand Army Corps
A. O. Army Order
a/o account of
A. O. C. Army Ordnance Corps
A. O. C. (-in-C) Air Officer Commanding (-in-Chief)
A. O. D. Army Ordnance Department
A. O. F. Ancient Order of Foresters
A. of F. Admiral of the Fleet
A. O. H. Ancient Order of Hibernians
A. O. K. *coll* in perfect order
A. P. 1. Associated Press 2. airplane 3. antipersonnel 4. American patent
a. p. 1. additional premium 2. author's proof
ap. apothecaries'
A. P. A. 1. American Philological Association 2. American Psychiatric Association
A. P. B. all points bulletin (in police communications)
A. P. M. Assistant Provost-Marshal
apmt. appointment
Apoc. Apocrypha
app. 1. appendix 2. apparatus 3. applied 4. appoint(ed) 5. apprentice
approx. approximate; approximately
appt. appoint, appointed
Apr. April
A. P. S. 1. Army Postal Service 2. American Peace Society 3. American Protestant Society 4. Aborigines Protection Society 5. Associate of the Pharmaceutical Society
apt. apartment
A. Q. M. G. Assistant Quartermaster General
A. R. 1. annual return 2. account receivable 3. Airman Recruit 4. army regulation
A/R account receivable
AR Arkansas
Ar *chem* argon
Ar. 1. Arabia(n) 2. Arabic 3. Aramaic
A. R. A. Associate of the Royal Academy
A. R. A. M. Associate of the Royal Academy of Music
A. R. C. (ARC) 1. American Red Cross 2. Automobile Racing Club
A. R. C. A. 1. Associate of the Royal College of Art 2. Associate of the Royal Cambrian Academy
arch. 1. archaic; archaism 2. archery 3. archipelago 4. architect; architectural; architecture
Arch. archbishop
archaeol. archaeology; archaeological
Archbp. archbishop
archit. architecture; architectural; architect
archt. architect
A. R. C. I. Associate of the Royal Colonial Institute
A. R. C. M. Associate of the Royal College of Music, London
A. R. C. O. Associate of the Royal College of Organists, London
A. R. C. S. Associate of the Royal College of Science, London
arg. 1. argent 2. silver
Arg. Argentina; Argentine
Argyl. Argyllshire
A. R. I. B. A. Associate of the Royal Institute of British Architects, London
arith. arithmetic; arithmetical
Ariz. Arizona
Ark. Arkansas
Arm. Armenia(n)
A. R. P. air raid precautions
A. R. P. O. Air Raid Precautions Officer
arr. 1. arrives; arrival; arrived 2. arranged by; arrangements
A. R. S. D. American Refineries Standard Dimensions
art. 1. article 2. artificial 3. artillery 4. artist
arty. artillery
A. R. V. American Revised Version (of the King James Bible)
A. R. W. S. Associate of the Royal Society of Painters in Water Colours
As *chem* arsenic
A. S. antisubmarine
A.-S. Anglo-Saxon
A. S. A. American Standards Association 2. Amateur Swimming Association
A. S. C. 1. Army Service Corps 2. Air Service Command 3. American Society of Cinematographers
A. Sc. Associate in Science
A. S. C. A. P. American Society of Composers, Authors and Publishers
A. S. C. E. A. American Society of Civil Engineers and Architects
A. S. E. American Society of Automotive Engineers
A. S. G. B. Aeronautical Society of Great Britain
asgd. assigned
asgmt. assignment
A. S. L. E. F. Associated Society of Locomotive Engineers and Firemen
A. S. L. I. B. Association of Special Libraries and Information Bureaux

A. S. M. air-to-surface missile
A. S. M. D. American Society of Metals Definition
A. S. M. E. American Society of Mechanical Engineers
A. S. P. C. A. American Society for the Prevention of Cruelty to Animals
A. S. R. S. Amalgamated Society of Railway Servants
Ass. 1. Assyria(n) 2. assistant
assn. association
assoc. associated; association; associate
A. S. S. R. Autonomous Soviet Socialist Republic
asst. assistant
asst'd assorted
A. S. S. U. American Sunday School Union
A. S. T. M. American Society for Testing Materials
A. S. T. M. S. Association of Scientific, Technical and Managerial Staffs
astrol. astrology; astrological; astrologer
astron. astronomy; astronomical; astronomer
assy. assembly
Assyr. Assyrian
A. S. V. American Standard Version (of the King James Bible)
A. S. W. Association of Scientific Workers
AT 1. *US* Aviation Electronics Technician 2. antitank 3. army transport 4. air temperature 5. assay ton 6. Artillery Training
At *chem* astatine
at 1. atomic 2. attorney
aT *phys* attotesla
A. T. A. (S.) Air Transport Auxiliary (Service)
A. T. C. 1. Air Training Corps 2. Air Transport Command
athl. athletics; athletic; athlete
Atl. Atlantic
atm. atmosphere; atmospheric
atmos. atmosphere; atmospheric
at. no. atomic number
A. T. S. 1. Auxiliary Territorial Service 2. American Temperance Society 3. American Tract Society 4. Associate of Theological Study 5. Army Transport Service
a. t. s. (ats.) *jur* at the suit of
att. 1. attached 2. attention 3. attorney
Att. Gen. attorney general
attn. (for the) attention (of)
attrib. attribute; attributive
Atty. Attorney
A. T. V. Associated Television
at. wt. atomic weight
Au *chem* gold
A. U. 1. angström unit 2. astronomical unit
aud. audit; auditor
A. U. E. W. Amalgamated Union of Engineering Workers
aug. augmentative
Aug. August
A. U. S. Army of the United States
Aus. 1. Australia 2. Austria
Aust. Austria; Austrian
Austl. Australia; Australian
auth. 1. authentic 2. author 3. authority 4. authorized
auto. 1. automatic 2. automotive
aux. auxiliary
av. 1. avenue 2. average
a. v. 1. a vista 2. ad valorem
A. V. 1. Audio-visual 2. Authorized Version (of the Bible)
A. V. C. 1. American Veterans' Committee 2. automatic volume control
av(dp). avoirdupois
Ave. (ave.) avenue
avg. average
avn. aviation
av. wt. avoirdupois weight
a. w. all water (transportation)
A/W actual weight
aWb *phys* attoweber
A. W. G. American Wire Gage
A. W. O. L. (a. w. o. l.) absent (or absence) without leave
ax. axiom
AZ Arizona
az. 1. azimuth 2. azure
Azo. Azores

B

B 1. *chem* boron 2. breadth
B. 1. Bachelor 2. bacillus 3. baryon number 4. base 5. *mus* basso 6. Baumé scale 7. bay 8. Bible 9. *chess* bishop 10. bolivar 11. book 12. born 13. breadth 14. British 15. brother 16. brotherhood 17. bel(s) 18. black (pencil-lead) 19. Blessed
b *phys* barn
b. 1. base 2. *mus* basso 3. bay 4. bay horse 5. born 6. bowled by 7. bye 8. bolivar 9. book 10. breadth 11. brother
Ba *chem* barium
B. A. 1. Bachelor of Arts 2. British Academy 3. British Association (for the Advancement of Science) 4. British Airways
B. A. A. British Airports Authority
Bab. Babylonia; Babylonian
B. A. C. British Aircraft Corporation
bach. bachelor
bact. (bacter.) bacteriology; bacteriological; bacteria

B. A. E. Bureau of Agricultural Economics
bal. balance
B. A. L. P. A. British Airline Pilots' Association
b. & b. bed and breakfast
b. & s. brandy and soda
B. A. O. R. British Army of the Rhine
Bap. (Bapt.) Baptist
BAR Browning automatic rifle
bar. 1. barometer; barometric 2. barrel
B. Arch. *US* Bachelor of Architecture
Barr. Barrister
Bart. Baronet
Bart's *coll* St. Bartholomew's Hospital, London
B. A. S. (B. A. Sc.) 1. Bachelor of Agricultural Science 2. Bachelor of Applied Science
bat. (batt.) 1. battalion 2. battery
B. A. U. British Association Unit
Bav. Bavaria; Bavarian
b. b. (bb) ball bearing
BB double-black (pencil-lead)
B. B. A. Bachelor of Business Administration
B. B. B. Better Business Bureau
B. B. C. (BBC) British Broadcasting Corporation
bbl. barrel(s) (esp. of oil)
B. C. 1. Bachelor of Chemistry 2. Bachelor of Commerce 3. before Christ 4. British Columbia 5. British Council 6. Borough Council 7. brigade (or battery) commander 8. bomber command
B. C. E. 1. Before the Common Era 2. Bachelor of Chemical Engineering 3. Bachelor of Civil Engineering
B. C. L. 1. Bachelor of Canon Law 2. Bachelor of Civil Law
B. C. S. 1. Bachelor of Chemical Science 2. Bachelor of Commercial Science 3. battle cruiser squadron 4. British Civil Service
bd. 1. board 2. bond 3. (bookbinding) bound
b/d brought down
B. D. 1. Bachelor of Divinity 2. bank draft 3. bills discounted
Bde. brigade
bd. ft. board foot
bdl. bundle
B. D. S. 1. Bachelor of Dental Surgery 2. Bomb Disposal Squad
bds. boards (in book-binding)
B. D. S. A. Business and Defence Services Administration
Be *chem* beryllium
Bé Baumé (scale)
B. E. 1. Bachelor of Education 2. Bachelor of Engineering 3. Board of Education 4. Order of the British Empire 5. Bank of England
b. e. (B/E) 1. bill of exchange 2. bill of entry
B. E. A. 1. British Electricity Authority 2. British Epilepsy Association 3. British East Africa 4. British European Airways
B. E. A. (C.) British European Airways (Corporation)
B. E. C. Bureau of Employees' Compensation
B. Ed. Bachelor of Education
Beds. Bedfordshire
B. E. E. Bachelor of Electrical Engineering
B. E. F. British Expeditionary Force(s)
Belg. Belgium; Belgian
B. E. M. 1. British Empire Medal 2. bug--eyed monster
B. Eng. Bachelor of Engineering
Beng. Bengal, Bengali
Berks. Berkshire
B. E. S. A. British Engineering Standards Association
BeV billion ($=10^9$) electron-volts
B. E. W. *US* Board of Economic Warfare
b. f. *vulg* 1. bloody fool 2. bold face 3. brought forward
bf. boldface
b./f. brought forward
B. F. A. Bachelor of Fine Arts
B. F. B. S. British and Foreign Bible Society
B. F. I. British Film Institute
B. G. Brigadier General
bg. bag
Bhn Brinell hardness number
b. h. p. brake horse-power
B. H. P. boiler-horsepower
Bi *chem* bismuth
B. I. British India
bibl (Bibl.) Bible; biblical
b. i. d. *Lat* bis in die (= twice a day)
B. I. F. British Industries Fair
biog. biography; biographical; biographer
biol. biology; biological; biologist
B. I. M. British Institute of Management
B. I. S. 1. Bank for International Settlements 2. British Information Service
B. I. S. N. C. British India Steam Navigation Company
B. J. Bachelor of Journalism
BK *chem* berkelium
bk. 1. bank 2. book
bkg. banking
bklr. *print* black letter
bkpg. bookkeeping
bkpt. bankrupt
bks. barracks
B. L. 1. Bachelor of Law 2. Bachelor of Letters; Bachelor of Literature 3. British Legion 4. British Library
B/L (B. L.) bill of lading
bl 1. bale 2. barrel 3. black 4. blue
B. L. A. Bachelor of Liberal Arts
bld. boldface
bldg(s). building(s)
B. Litt. Bachelor of Letters (Literature)

B. LL. Bachelor of Laws
B. L. S. 1. *US* Bureau of Labour Statistics 2. Bachelor of Library Science
blvd. boulevard
b. m. 1. board measure 2. bowel movement
B. M. 1. Bachelor of Medicine 2. Bachelor of Music 3. British Museum
B. M. A. British Medical Association
B. M. E. 1. Bachelor of Mechanical Engineering 2. Bachelor of Mining Engineering
B. Met. Bachelor of Metallurgy
B. M. J. The British Medical Journal
B. Mus. Bachelor of Music
bn. (Bn.) 1. baron 2. battalion
B. N. A. British North America
B. N. C. Brasenose College, Oxford
B. N. O. C. British National Opera Company
B. O. *coll* body odour
b. o. 1. box office 2. branch office 3. buyer's option
B. O. A. 1. British Optical Association 2. British Olympic Association
B. O. A. (C.) British Overseas Airways (Corporation)
B. O. D. biochemical oxygen demand
B. of E. Bank of England
Boh. Bohemia; Bohemian
Bol. Bolivia; Bolivian
bor. borough
B. O. T. (B. of T.) Board of Trade
bot. 1. botany; botanical; botanist 2. bought 3. bottle
boul. boulevard
B. P. 1. British Pharmacopoeia 2. British public 3. Bachelor of Pharmacy 4. Bachelor of Philosophy 5. bills payable 6. British Petroleum
B/P bills payable
Bp. 1. bishop 2. birthplace
bp. boiler pressure
b. p. boiling point
B. P. C. British Pharmaceutical Codex
B. Pd. (B. Pe) Bachelor of Pedagogy
b. p. d. (bpd) barrels per day
B. P. E. Bachelor of Physical Education
B. Phil. Bachelor of Philosophy
B. P. O. E. Benevolent and Protective Order of Elks
Br *chem* bromine
Br. 1. British; Britain 2. Brother 3. Breton
br. 1. brown 2. branch 3. brief 4. bronze 5. brother
B. R. 1. British Railways 2. Book of Reference
B/R bills receivable
Braz. Brazil; Brazilian
B. R. C. S. British Red Cross Society
brev. brevet
Br. Gu. British Guiana
Br. Hond. British Honduras
Br. I. British India
Brig. Gen. Brigadier-General
Brit. Britain; British
bro. brother
Bros. *com* Brothers
B. S. 1. *US* Bachelor of Science (Surgery) 2. British Standard
b. s. (B. S.) 1. bill of sale 2. balance sheet 3. battleship
B. S. A. 1. Bachelor of Science in Agriculture 2. Boy Scouts of America 3. Birmingham Small Arms Co. 4. Bibliographical Society of America
B. S. A. A. (C.) British South American Airways (Corporation)
B. Sc. Bachelor of Science
B. S. Ed. Bachelor of Science in Education
bsh bushel
B. S. I. British Standards Institution
bsk. basket
B. S. L. Botanical Society of London
B. S. T. 1. British Summer Time 2. British Standard Time
B. T. 1. Board of Trade 2. Bomber Transport
Bt. Baronet
B. Th. Bachelor of Theology
B. Th. U. (Btu) British thermal unit(s)
B. T. O. Brigade Transport Officer
B. T. U. Board of Trade Unit
bu bushel(s)
bu. 1. bureau 2. bushel(s)
Bucks. Buchinghamshire
bul. bulletin
Bulg. Bulgaria; Bulgarian
B. U. P. British United Press
Bur. 1. bureau 2. Burma
bus. business
B. V. Blessed Virgin
B. V. M. Blessed Virgin Mary
bvt. brevet; brevetted
B. W. 1. Board of Works 2. *mil* Black Watch 3. bonded warehouse
B. W. A. British West Africa
B. W. C. British War Cabinet
B. W. G. Birmingham Wire Gauge
B. W. I. 1. British West Indies 2. British Workmen's Institute
B. W. R. S. *US* British War Relief Society
B. W. T. A. British Women's Temperance Association
bx. box
Byz. Byzantine

C

C 1. *chem* carbon 2. *Lat* centum (=100) 3. *phys* charge conjugation 4. coulomb(s) 5. capacity 6. concentration
C. 1. Catholic 2. Cape 3. centigrade 4. Celsius 5. century 6. *jur* circuit 7. Congress 8. Court 9. Celtic 10. Conservative 11. *cricket* caught 12. cent(s) 13. centime(s) 14. century 15. chapter 16. *Lat* circa 17. *Lat* circiter 18. *el* current; capacitance 19. capacity 20. carton 21. case 22. Chancellor 23. chief 24. church 25. city 26. companion 27. *math* constant 28. Consul 29. copy 30. copyright 31. Corps 32. congius
c. 1. *phys* candle 2. carat 3. centi- 4. *math* constant 5. cubic
c. 1. about (*Lat* circa) 2. cent(s) 3. century 4. chapter 5. cold 6. colt 7. cloudy 8. cup(s) 9. cubic
Ca *chem* calcium
C. A. 1. Central America 2. chartered accountant 3. chronological age 4. consular agent 5. Coal Age 6. Court of Appeal 7. chief accountant
C/A 1. capital account 2. credit account 3. current account
Ca *Chem* calcium
ca. circa
c. a. chartered accountant
C. A. A. *US* Civil Aeronautics Authority
C. A. B. 1. Citizen's Advice Bureau 2. *US* Civil Aeronautics Board 3. *US* Consumers' Advisory Board 4. *US* Cooperative Analysis of Broadcasting
c. a. d. cash against documents
caf (cif) cost, assurance
C. A. F. cost and freight
C. A. G. Civil Air Guard
c. a. i. cost and insurance
Cal kilogram-calory
cal calorie(s)
cal. 1. calendar 2. caliber
Cal(if). California
Camb. Cambridge
Cambs. Cambridgeshire
Can. Canada; Canadian
can. 1. cancelled 2. canon 3. canto
c & b. *cricket* caught and bowled by
C. & W. country-and-western
Cant. 1. Canterbury 2. Canticles 3. Cantonese
Cantab. Cantabrigian (of Cambridge University)
Cantuar. (Archbishop) of Canterbury
C. A. P. 1. Civil Air Patrol 2. Chlor-aceto--phenone (a gas)
cap. 1. capacity 2. capital (city) 3. capital (letter) 4. chapter
caps. 1. capital letters 2. capsule
Capt. Captain
C. A. R. Central African Republic
car. carat
Card. Cardinal
Cards. Cardiganshire (former county in Wales)
CARE Co-operative for American Remittances Everywhere
Carms. Carmathenshire (former county in Wales)
C. A. T. College of Advanced Technology
cat. catalogue
Cath. 1. Catholic 2. Cathedral
cath. 1. cathedral 2. cathode
cav. 1. cavalier 2. cavalry
Cb *chem* columbium
C. B. 1. Companion of the (Order of the) Bath 2. Bachelor of Surgery 3. confinement (confined) to barracks 4. County Borough
C. B. C. Canadian Broadcasting Corporation
C. B. D. cash before delivery
C. B. E. Commander (of the Order) of the British Empire
C. B. I. Confederation of British Industry
C. B. S. 1. Columbia Broadcasting System 2. Church Building Society
C. C. 1. County Council 2. County Councillor 3. City Council 4. County Court 5. Circuit Court 6. Civil Court 7. Cricket Club 8. Cycling Club
cc cubic centimetre(s)
cc. 1. chapters 2. centuries
c. c. 1. cubic centimetre(s) 2. carbon copy
C. C. A. 1. Chief Clerk of the Admiralty 2. Circuit Court of Appeals
C. C. C. 1. Corpus Christi College (Cambridge) 2. *US* Civilian Conservation Corps 3. *US* Commodity Credit Corporation 4. Central Criminal Court 5. County Cricket Club
C. C. F. 1. Cooperative Commonwealth Federation (of Canada) 2. Combined Cadet Force
C. C. S. 1. casualty clearing station 2. combined chiefs of staff 3. *US* Civilian Conservation Corps
CCS *US* Combined Chiefs of Staff
Cd *chem* cadmium
cd 1. *phys* candela 2. cord
C. D. 1. Civil Defence 2. Coast Defence 3. *Fr* Corps Diplomatique
c. d. 1. cash discount 2. with dividend
Cdr. Commander
Cdre. Commodore
C. D. S. Civil Defence Services
C. D. S. O. Companion of the Distinguished Service Order
C. D. T. Central Daylight Time
Ce *chem* cerium

C. E. 1. Church of England 2. chemical engineer 3. civil engineer 4. Chancellor of the Exchequer 5. Common Era
C. E. D. (CED) Council for Economic Development
C. E. G. B. Central Electricity Generating Board
Celt. Celtic
cen. 1. central 2. century
C. Eng. chartered engineer
Cent. (cent.) centigrade
cent. 1. century 2. central 3. centime 4. centigrade
CENTO Central Treaty Organisation
CERN European Organization for Nuclear Research
cert. certificate; certification; certified
C. E. T. Central European Time
cet. par. ceteris paribus
Cey. Ceylon; Ceylonese
C. F. 1. Chaplain to the Forces 2. Corresponding Fellow (e. g. the British Academy) 3. centrifugal force 4. cost and freight
Cf *chem* californium
cf cubic foot
C/F carried forward
cf. 1. *Lat* confer (= compare) 2. calfskin
c. f. 1. carried forward 2. cost and freight
c. f. i. cost, freight and insurance
c. f. m. cubic foot per minute
c. f. s. cubic foot per second
C. G. 1. Consul-General 2. Captain-General 3. Centre of Gravity 4. Coast Guard 5. Coldstream Guards 6. Commanding General
cg centigram(me)
c. g. centre of gravity
C. G. M. Conspicuous Gallantry Medal
C. G. S. Chief of General Staff
C. G. S. (c. g. s.) centimeter-gram-second (system of scientific measurement)
cgse cgs electrostatic system
cgsm cgs electromagnetic system
C. G. T. *Fr* Confédération Générale du Travail (= General Confederation of Labour)
Ch. 1. Church 2. Chaplain 3. Chancery 4. China; Chinese 5. Chief
C. H. 1. Companion of Honour (a decoration) 2. custom-house 3. clearing-house 4. court-house
ch chain (measurement)
ch. 1. chaplain 2. chapter 3. check 4. chief 5. child; children 6. church 7. chestnut
c. h. central heating
chan. channel
Chan. Chancellor
Chanc. 1. Chancellor 2. Chancery
chap. chapter
char. charter
Chas. Charles
Ch. B. Bachelor of Surgery
Ch. Ch. Christ Church
Ch. d'Aff. *Fr* Chargé d'Affaires
Ch. E. chemical engineer
chem. chemical; chemistry; chemist
C. H. E. L. Cambridge History of English Literature
Ches. Cheshire
chg. charge
chimp chimpanzee
Chin. China; Chinese
chl. chloroform
chm. 1. chairman 2. *chess* checkmate
Ch. M. Master of Surgery
Chr. Christ; Christian
Chron. Chronicles
chron. chronology; chronological
c. h. w. constant hot water
C. I. 1. Channel Islands 2. (Order of the) Crown of India 3. Chief Inspector 4. Chief Instructor
Ci curie
c/i certificate of insurance
CIA *US* Central Intelligence Agency
C. I. D. 1. Criminal Investigation Department 2. Committee of Imperial Defence
C. I. E. Companion of (the Order of) the Indian Empire
c. i. f. cost, insurance, freight
c. i. f. c. cost, insurance, freight and commission
C. I. G. S. Chief of Imperial General Staff
C.-in-C. Commander-in-Chief
CINC *US* Commander in Chief
C. I. O. *US* Congress of Industrial Organizations
cir., circ. 1. circular 2. circulation 3. circumference
C. I. T. Carnegie Institute of Technology
cit. 1. citizen 2. citation 3. cited
C. I. V. City Imperial Volunteers
civ. civil; civilian
C. J. 1. Chief Justice 2. corpus juris
c. j. cold junction
ck. 1. cask 2. *US* check 3. cook
Cl. 1. classical 2. class
Cl *chem* chlorine
cl centilitre(s)
cl. 1. centilitre(s) 2. class; classification 3. clause 4. clerk 5. cloth 6. clearance 7. clergyman 8. closet
c. l. 1. car load 2. *sport* centre line 3. common law
C. L. A. Central Landowners' Association
Clar. Clarendon (type)
class. 1. classic; classical 2. classification; classified; classify
C. Lit. Companion of Literature
clk. clerk
Cllr. Councillor
clm. column
C. L. U. *US* Chartered Life Underwriter
Cm *chem* curium
cm 1. centimetre(s)
c. m. 1. centre of mass 2. corresponding member 3. court-martial 4. church mis-

sionary 5. *Lat* causa mortis (= by reason of death)
Cmd. Command Paper
Cmdr. Commander
Cmdre. Commodore
C. M. F. Central Mediterranean Forces
C. M. G. Companion of (the Order of) St. Michael and St. George
C. M. I. A. Coal Mining Institute of America
cml. commercial
Cmnd. Command Paper
C. M. S. Church Missionary Society
C/N credit note
cN centinewton
C. N. A. A. Council for National Academic Awards
C. N. D. Compaign for Nuclear Disarmament
C. N. O. Chief of Naval Operations
C. N. P. Chief of Naval Personnel
C. N. R. 1. Canadian National Railways 2. Civil Nursing Reserve
C. N. S. 1. Chief of the Naval Staff 2. *med* central nervous system
Co *chem* cobalt
C. O. 1. Colonial Office 2. Commanding Officer 3. command orders 4. conscientious objector 5. Criminal Office 6. Crown Office
Co. 1. company 2. county; **and Co.** *coll* and the rest of them, and similar things
co. county
c. o. 1. care of 2. carried over 3. cash order
c/o 1. care of 2. carried over
C. O. D. 1. cash on delivery 2. collect on delivery 3. Concise Oxford Dictionary
Cod. codex
coef. coefficient
C. of C. Chamber of Commerce
C. of E. Church of England
C. of S. 1. Church of Scotland 2. Chief of Staff
C. O. I. Central Office of Information
Col. 1. Colonel 2. Colorado 3. Colossians 4. colonial 5. Colombia
col. 1. column 2. coloured 3. college; collegiate 4. colony; colonial 5. colour
Coll. College
coll. 1. colloquial; colloquialism 2. collegiate 3. collect; collection; collector 4. collateral
collat. collateral
collect. collective
colloq. colloquial
Colo. Colorado
Com. 1. Communist 2. commissioner; commission 3. Commodore 4. Commonwealth 5. committee 6. commander
com. 1. common 2. commerce; commercial 3. comedy; comic 4. comma 5. communication 6. commentary 7. commissioner 8. committee 9. commune 10. community
comb. 1. combination 2. combining
comd. command
comdg. commanding
Comdr. commander
Comdt. commandant
comm. 1. commerce 2. commission; commissioner 3. communication
Comm. Commodore
COMO (**Como**) Commodore
Comp (on banknotes) Company
comp. 1. comparative 2. compilation; compiled; compiler 3. composition; composite; compositor 4. compound 5. companion 6. complete 7. compose; composer 8. comprising
compar. comparative
comps. companies
compt. compartment
Comr. Commissioner
Con. 1. conformist 2. consul
con. 1. *Lat* contra (= against) 2. conclusion 3. consul 4. *Lat* conjux (= wife)
conc. concentrate
concl. concluded; conclusion
cond. conductivity
cond. 1. condition 2. conductor
conf. 1. conference 2. confessor
Cong. 1. Congregational 2. Congress; Congressional
cong. congius
conj. 1. conjunction; conjunctive 2. conjugation 3. *astr* conjunction
Conn. Connecticut
Cons. 1. Conservative 2. Consul 3. constable
cons. 1. consonant 2. consigned; consignment 3. constable 4. constitution; constitutional 5. construction
consol. consolidated
Const. 1. Constable 2. Constitution
const. 1. constable 2. constant 3. constitution 4. construction
cons't consignment
constr. construction
cont. 1. containing 2. contents 3. continent 4. continue(d) 5. contract 6. contraction 7. control
contemp. contemporary
cont. hp. continental horse-power
contr. 1. contract 2. contraction 3. contralto 4. control
contrib. contribution; contributor
conv. 1. convention 2. convertible
Co-op. (Coop.) Co-operative Society
coop. cooperative
cop. copyright
Cor. 1. Corinthians 2. Shakespeare's *Coriolanus*
cor. 1. corner 2. cornet 3. coroner 4. corpus 5. correction 6. correspondence; correspondent; corresponding
CORE Congress of Racial Equality
Corn. Cornwall
Corp. 1. Corporal 2. Corporation
corp. (corpn.) corporation
corr. 1. correspondence; correspondent 2. correction; corrected 3. correlative

C. O. S. 1. Chief of Staff 2. cash on shipment
c. o. s. cash on shipment
cos *math* cosine
cosec *math* cosecant
COSPAR Committee on Space Research
cot. *math* cotangent
coth *math* hyperbolic cotangent
Coy *mil* Company
C. P. (CP) 1. Cape Province (South Africa) 2. Communist Party 3. Command Post 4. calorific power
cP centipoise
c. p. (cp) 1. candle-power 2. chemical(ly) pure
cp. compare
C. P. A. (CPA) Certified Public Accountant
cpd. compound
Cpl. Corporal
C. P. O. Chief Petty Officer
C. P. R. Canadian Pacific Railway
C. P. R. E. Council for the Protection of Rural England
c. p. s. (cps) cycles per second
C. R. 1. Community of the Resurrection 2. company's risk
Cr 1. *chem* chromium
Cr. 1. *com* creditor 2. crown 3. Councillor
cr. 1. credit; creditor 2. creek 3. crescendo 4. crown
cres. (cresc.) *mus* crescendo
crit. critical; criticism; critic
croc *coll* crocodile
CRT cathode-ray tube
C. S. 1. Civil Service; Civil Servant 2. Court of Session 3. Christian Science; Christian Scientist 4. Chief of Staff 5. chartered surveyor
Cs *chem* caesium
c/s cycles per second
cs. case
C. S. A. 1. Confederate States of America 2. Confederate States Army
C. S. C. 1. Conspicuous Service Cross 2. Civil Service Commission
csc *math* cosecant
csch *math* hyperbolic cosecant
C. S. E. Certificate of Secondary Education
C. S. I. Companion of (the Order of) the Star of India
C. S. I. R. O. Commonwealth Scientific and Industrial Research Organization
csk. 1. cask 2. countersink
C. S. M. Company Sergeant-Major
C. S. O. (CSO) 1. Chief Signal Officer 2. Chief Staff Officer
C. S. T. (CST) Central Standard Time
Ct. 1. Count 2. Court 3. Connecticut
ct 1. carat 2. cent
ct. 1. cent 2. certificate 3. court
C. T. C. Cyclists' Touring Club
ctf. certificate
ctge. cartage
c. t. l. constructive total loss
ctn *math* cotangent
ctn. ctarton
ctr. centre
Cu *chem* cuprum (copper)
C. U. Cambridge University
cu. (cu) cubic
cu. ft. cubic foot
cu. in. cubic inch
Cumb. Cumberland
cu. mm cubic millimeter
C. U. P. Cambridge University Press
cur. 1. currency 2. current
C. V. O. Commander of the Royal Victorian Order (a decoration)
cvt. *fin* convertible
C. W. 1. chemical warfare 2. continuous wave
C. W. A. *US* Civil Works Administration
C. W. O. Chief Warrant Officer
c. w. o. (C. W. O.) 1. cash with order 2. chief warrant officer
C. W. P. *US* Civil Works Program
C. W. S. *US* Chemical Warfare Service
cwt. hundredweight
cyl. cylinder
Czech. Czechoslovakia
Cym. Cymric
CYO Catholic Youth Organization
C. Z. Canal Zone

D

D 1. *chem* deuterium 2. Roman 500
D. 1. Democrat 2. democratic 3. December 4. department 5. *Lat* Deus (= God) 6. Duke; Duchess 7. dimension 8. deputy 9. *opt* diopter 10. doctor (in academic degrees) 11. Dominus 12. Don (title) 13. drachma 14. Dutch 15. dose 16. deca 17. density 18. diameter
d 1. day 2. density 3. deci- 4. differential 5. depth 6. thickness 7. *phys* deuteron 8. dextro- 9. dose
d. 1. daughter 2. *Lat* denarius (= penny) 3. dollar 4. dime 5. died 6. dose 7. date 8. *genealogy* dam 9. delete 10. deputy 11. drachma 12. departs
D. A. 1. *US* District Attorney 2. deposit account 3. duck-arse

D/A document against acceptance
Da. (**Dan.**) Danish
da 1. day 2. deca-
D. A. B. Dictionary of American Biography
dag. decagram
Dak. Dakota
dal. decalitre
D. A. M. Dictionary of American English
dam. decametre
Dan. 1. Danish 2. Daniel
d. and c. *med* dilattation and curettage
D. A. R. Daughters of the American Revolution
dat. dative
D. A. V. **(DAV)** Disabled American Veterans
Dav. David
D. B. daybook
dB decibel(s)
d. b. a. doing business as
D. B. E. Dame Commander of (the Order of) the British Empire
d. b. h. *forestry* diameter at breast height
D. Bib. Douay Bible
dbl. double
D. C. 1. District of Columbia 2. *mus* da capo (= repeat from the beginning) 3. *el* direct current 4. District Comissioner
dc direct current
D. C. L. Doctor of Civil Law
D. C. M. Distinguished Conduct Medal
D. C. M. G. Dame Commander (of the Order) of St. Michael & St. George
D. Cn. L. Doctor of Canon Law
D. C. V. O. Dame Commander of the Royal Victorian Order
D. D. 1. Doctor of Divinity 2. dishonorable discharge 3. demand draft 4. *Lat* dono dedit (= gave as a gift)
dd. delivered
D. D. D. (**d. d. d.**) *Lat* dat, dicat, dedicat (= gives, devotes and dedicates)
D. D. S. Doctor of Dental Surgery; Doctor of Dental Science
D. D. T. *chem* dichlor-diphenyl-trichlorethane
deb. debenture
Dec. December
dec. 1. deceased 2. declared
decl. declension
def. 1. defendant 2. defective 3. definition 4. deferred 5. defence 6. definite
deg. (**deg**) degree(s)
Del. Delaware
del. 1. delegate; delegation 2. delete 3. *Lat* delineavit (= drew this)
deld. delivered
Dem. 1. Democrat 2. democratic
demon. *gram* demonstrative
Den. Denmark
denom. denomination
dent. dentistry; dental; dentist
Dep. dependency (territorial)
dep. 1. departs; departure 2. department 3. deputy 4. deposed 5. deponent 6. deposit 7. depot
Dept. 1. Department 2. deputy
deriv. (**der.**) derivative; derivation; derived
det. 1. *mil* detachment 2. detail
Deut. Deuteronomy
Devons. (**Dev. Regt.**) The Devonshire Regiment
D. E. W. distant early warning
D. F. 1. direction finder 2. Distrito Federal 3. Defender of the Faith
D. F. C. Distinguished Flying Cross
D. F. M. Distinguished Flying Medal
dft. draft
D. G. 1. *Lat* Dei gratia (= by the grace of God) 2. Director-General
dg. decigram
Di *chem* didymium
D. I. 1. District Inspector 2. Divisional Inspector 3. Defence Intelligence
dia. diameter
diag. 1. diagonal 2. diagram
dial. 1. dialect; dialectal 2. dialectic; dialectical 3. dialogue
diam. diameter
D. I. C. Diploma of the Imperial College
dict. 1. dictation 2. dictionary
dif. (**diff.**) difference, different
dig. digest (compilation)
dil. dilute
dim. 1. *gram* diminutive 2. *mus* diminuendo 3. dimension 4. diminished
dimin. 1. *mus* diminuendo 2. diminutive
DIN Deutsche Industrie Norm (German Standard)
din. dinar
Dip. Diploma
Dip. A. D. Diploma in Art and Design
Dip. Ed. Diploma in Education
dipl. diplomat; diplomatic
Dir. director
dis. 1. discount 2. distance; distant
disc. 1. discount 2. discovered
disct. discount
disp. dispensary
diss. dissertation
dissd. dissolved
dist. 1. district 2. distance; distant 3. distinguished
Dist. Atty. District Attorney
div. 1. divergence 2. diversion 3. divided; division; divisor 4. dividend 5. divorced
D. I. Y. do-it-yourself
DJ 1. disc jockey 2. dinner jacket
dj. dust jacket
dk deca
dk. 1. dark 2. deck 3. dock
D. L. 1. Deputy Lieutenant 2. Doctor of Law
dl. decilitre
D. Lit. Doctor of Literature
D. Litt. Doctor of Letters

dlr. dealer
DM *chem* adamsite
DM (D-mark) Deutschmark
dm decimetre
D. Mus. Doctor of Music
DMZ demilitarized zone
d-n damn
dn. down
DNA deoxyribonucleic acid
D. N. B. Dictionary of National Biography
D. O. 1. Doctor of Optometry 2. Doctor of Osteopathy 3. District Office
D/O delivery order
do. *It* ditto (= the same)
D. O. A. *med* dead on arrival
doc. document
DOD Department of Defence
D. O. E. Department of the Environment
dol. 1. dollar(s) 2. *mus* dolce
D. O. M. *Lat* Deo optimo maximo (to God, the best and greatest)
Dom. Dominican
dom. 1. domestic 2. dominant 3. dominion
Dor. Dorian; Doric
doz. dozen(s)
D. P. displaced person
D/P document against payment
D. P. H. 1. Diploma in Public Health 2. Department of Public Health
D. Ph. (**D. Phil.**) Doctor of Philosophy
D. P. M. Diploma in Psychological Medicine
D. P. P. Director of Public Prosecutions
D. P. R. Director of Public Relations
dpt. 1. department 2. deponent
Dr. 1. doctor 2. debtor 3. Drive
dr. 1. drachm(s) 2. drachma(s) 3. dram(s)
dram. dramatist; dramatic
Dram. Pers. *Lat* Dramatis Personae (= characters of the play)
dr ap apothecaries' dram
dr avdp avoirdupois dram
DRV Democratic Republic of Vietnam
D. S. 1. *It* dal segno (= repeat from the mark) 2. disseminated sclerosis
d. s. 1. *com* days after sight 2. document signed 3. *mus* dal segno
D. S. C. Distinguished Service Cross
D. Sc. Doctor of Science
D. S. M. Distinguished Service Medal
D. S. O. Distinguished Service Order
d. s. p. *Lat* decessit sine prole (died without issue)
DST (**D. S. T.**) daylight-saving time
D. T. (s) delirium tremens
D. Th. (**D. Theol.**) Doctor of Theology
D. T. M. Diploma in Tropical Medicine
Du. 1. Dutch 2. duke
Dub. Dublin
dub. dubious
DUKW amphibious landing craft
dup. duplicate
Dur. (**Durh.**) Durham
D. V. 1. Deo volente 2. Douay Version (of the Bible)
D. V. M. *US* Doctor of Veterinary Medicine
Dvr. Driver
D/W dock warrant
d. w. deadweight
dwt. pennyweight
d. w. t. deadweight tonnage
Dy *chem* dysprosium
dy delivery
dyn *phys* dyne
dz. dozen

E

E 1. excellent 2. Earth 3. modulus of elasticity 4. electromotive force; electric potential; electric tension; voltage
E. 1. East; eastern 2. Earth 3. English 4. Egyptian 5. Engineer; Engineering 6. Earl
e. error
e 1. electron 2. electronic charge 3. efficiency
ea. each
E. & O. E. Errors and omissions excepted
E. B. The Encyclopaedia Britannica
E. B. B. extra best best
E. b N. (**E by N**) east by north
»E« boat German torpedo-boat
Ebor. (Archbishop) of York
E. b S. (**E by S**) east by south
E. C. 1. East Central (London postal district) 2. Education Committee 3. Established Church
eccl. ecclesiastical; ecclesiastic
Eccles. Ecclesiastes (Old Testament)
Ecclus. Ecclesiasticus (Apocrypha)
E. C. G. electrocardiogram
ecol. ecological; ecology
Econ. Economics
econ. economics; economist; economy
E. C. T. electroconvulsive therapy
E. D. 1. election district 2. Education Department
Ed. 1. Editor; edited by; edition 2. Edward
ed. 1. editor; edition 2. education; educational; educated 3. edited (by)
E. D. C. European Defence Community
edit. edition; editor
EDP electronic data processing
EDT (**E. D. T.**) Eastern Daylight Time
educ. education; educational
Edw. Edward

E. E. 1. Early English 2. Electrical Engineer; electrical engineering
e. e. errors excepted
E. E. C. European Economic Community
E. E. G. electroencephalogram
E. E. N. T. eye, ear, nose and throat
E. F. Expeditionary Force
eff. efficiency
E. F. T. A. (**Efta**) European Free Trade Association
e. g. *Lat* exempli gratia (= for example)
Eg. Egypt; Egyptian
EHF extremely high frequency
E. H. P. electric horse-power
E. H. P. h. electric horse-power hour
E. I. East Indies; East Indian
E. I. C. East India Company
E. in C. Engineer-in-Chief
EKG electrocardiogram; electrocardiograph
el elevated railway
el. 1. elevation 2. electrical 3. element 4. elected
E. L. D. O. European Launcher Development Organization
elec. electricity; electrician; electric; electrical
elev. elevation
ellipt. elliptical
E. long. East longitude
EM enlisted man (men)
em 1. cgsm. unit of quantity of electricity 2. mechanical efficiency
Emb. 1. Embassy 2. Embankment
E. M. F. (**e. m. f.**) electromotive force
Emp. Emperor; Empress; Empire
EMT European Mean Time
E. M. U. (**emu**) electro-magnetic unit(s)
enc. enclosed; enclosure
encl. enclosed; enclosure
ency. (**encyc.**, **encycl.**) encyclopedia
E. N. E. east-northeast
Eng. 1. England; English 2. Engineering
Engl. England; English
engr. 1. engineer 2. engraved; engraver; engraving
enl. 1. enlarged 2. enlisted
ENS (Ens.) ensign
E. N. S. A. (**ENSA, En'sa**) Entertainments National Service Association
E. N. T. ear, nose, and throat (department or specialist)
entom. entomology; entomological
entomol. entomology
env. envelope
e. o. ex officio
e. o. m. end of month
EP (**E. P.**) 1. extended play 2. electroplate
e. p. *chess* en passant
Ep. Epistle
Eph. Ephesians
Epis. 1. Episcopal; Episcopalian 2. Epistle
Episc. Episcopal; Episcopalian
Epist. Epistle
E. P. N. S. electroplated nickel silver
E. Q. educational quotient
Eq. Equator; equatorial
eq. 1. equal 2. equation 3. equivalent
equip. equipment
equiv. equivalent
E. R. 1. *Lat* Elizabeth Regina (= Queen Elizabeth) 2. East Riding (of Yorkshire) 3. Edwardus Rex (= King Edward)
Er *chem* erbium
E. R. A. European Research Workers Association
E. R. P. European Recovery Programme
Es *chem* einsteinium
es cgse unit of quantity of electricity
E. S. C. Engineering Standards Committee
Esd. Esdras
E. S. E. (**ESE**) east-southeast
Esk. Eskimo
E. S. N. educationally subnormal
E. S. P. (**ESP**) extra-sensory perception
Esp. Esperanto
esp. especially
Esq. Esquire
E. S. R. O. European Space Research Organization
Ess. Essex
EST 1. Eastern Time 2. electro-shock treatment
est. 1. estimate 2. established 3. *jur* estate
Esth. Esther
e. s. u. (**esu**) electrostatic unit
E. T. 1. English Translation 2. Eastern Time
E. T. A. (**e. t. a.**) estimated time of arrival
et al. 1. *Lat* et alii (= and others) 2. *Lat* et alia (= and other things)
etc. *Lat* et cetera (= and so on; and the rest; and similar things)
e. t. d. estimated time of departure
Ethn. (**Ethnol.**) Ethnology
et seq. (**et seqq.**, **et sq.**, **et sqq.**) *Lat* et sequentia (= and the following)
etym. (**etymol.**) etymology; etymological
Eu *chem* europium
E. U. energy unit
euphem. euphemism; euphemistic
Eur. Europe; European
EURATOM European Atomic Energy Comission
E. V. Escort Vessel
eV electron volt(s)
Ev. Evangelist
E. V. A. (**EVA**) extra-vehicular activity
evan(g) evangelical; evangelist
evg. evening
E. W. Electrical World
Ex. 1. Exodus 2. Exchange
ex. 1. example 2. exchange 3. examined; examination 4. except; excepted; exception 5. executive 6. express 7. extra
exam. examination
Exc. Excellency

exc. 1. except; excepted; exception 2. excellent
exch. 1. exchange 2. exchequer
excl. 1. exclusive 2. excluding 3. excluded 4. exclamation
exd. examined
ex div. without dividend
exec. 1. executor 2. executive
ex l. (**ex lib.**) *Lat* ex libris (= from the library of)
Exod. Exodus (Old Testament)
exor executor
exp *math* exponential
exp. 1. export; exported; exporter 2. express 3. expenses 4. experiment; experimental 5. expiration; expired
expt. experiment
exptl. experimental
exr. executor
exrx. executrix
ext. 1. extension 2. external(ly); exterior 3. extinct 4. extra 5. extract
Eze. (**Ezek.**) Ezekiel

F

F 1. *chem* fluorine 2. Fahrenheit 3. farad 4. Fellow 5. *phys* force 6. *mus* forte 7. a failing grade in schoolwork
F. 1. February 2. Fellow 3. female 4. *gram* feminine 5. French 6. Friday 7. fine (of pencil-lead) 8. Folio
f 1. *phys* femto- 2. *mus* forte
f. 1. farthing 2. fathom 3. feet (foot) 4. feminine 5. female 6. franc(s) 7. following 8. folio 9. *metallurgy* fine 10. *sports* foul
FA 1. field artillery 2. fine art
F. A. 1. Football Association 2. Financial Adviser 3. fine art 4. *naut* Fanny Adams (tinned meat, stew)
Fa *chem* francium
F. A. A. Federal Aviation Administration
f. a. a. free of all average
F. A. A. A. S. Fellow of the American Association for the Advancement of Science
fac. 1. facsimile 2. faculty
F. A. C. P. Fellow of the American College of Physicians
F. A. C. S. Fellow of the American College of Surgeons
facs. facsimile
Fahr. Fahrenheit
F. A. I. A. Fellow of the American Institute of Architects
F. A. M. Free and Accepted Masons
fam. 1. family 2. familiar
F. A. N. Y. First Aid Nursing Yeomanry
F. A. O. Food and Agriculture Organization
F. A. Q. fair average quality
F. A. R. Federation of Arab Republics
FAS Foreign Agricultural Service
f. a. s. (**F. A. S.**) free alongside ship
fasc. fascicle
fath. fathom
F. B. 1. Fire Brigade 2. freight bill
fb (**f. b.**) fullback
F. B. A. Fellow of the British Academy
F. B. I. 1. Federation of British Industries 2. *US* Federal Bureau of Investigation
F. C. 1. Football Club 2. *Austr* Federal Cabinet
fc foot-candle
f. c. *print* follow copy
F. C. A. Farm Credit Administration
fcap. (**fcp.**) foolscap
F. C. C. 1. Federal Communications Commission 2. First Class Certificate
F. C. O. Foreign and Commonwealth Office
fcp. foolscap
F. C. S. Fellow of the Chemical Society
fcs. francs
F. D. 1. *Lat* Fidei Defensor (= Defender of the Faith) 2. Fire Department
stration
f. D. free delivery to the docks
f. d. 1. free delivery 2. free dispatch
F. D. A. (**FDA**) Food and Drugs Admini-
F. D. B. fighter dive-bomber
Fd Bde. Field Brigade
Fd Bty. Field Battery
F. D. C. 1. first-day cover 2. fleur de coin
F. D. I. C. *US* Federal Deposit Insurance Corporation
Fd P. O. Field Post Office
F. D. R. (**FDR**) Franklin Delano Roosevelt
Fe *chem Lat* ferrum (= iron)
F. E. Far East; Far Eastern
Feb. February
fec. *Lat* fecit, fecerunt (= made)
Fed. Federalist
fed. federal; federated; federation
F. E. I. S. Fellow of the Educational Institute of Scotland
fem. feminine; female
F. E. P. C. (**FEPC**) Fair Employment Practices Committee
F. E. R. A. *US* Federal Emergency Relief Administration
F. E. S. 1. Fellow of the Entomological Society 2. Fellow of the Ethnological Society
feud. feudal; feudalism
F. F. 1. *mar* thick fog 2. Frontier Force 3. fleet fighter
ff *mus* fortissimo
ff. 1. folios 2. following pages

F. F. A. Future Farmers of America
F. F. P. S. Fellow of the Faculty of Physicians and Surgeons
F. F. R. Fellow of the Faculty of Radiologists
F. F. V. First Families of Virginia
f. g. *sport* field goal(s)
f. g. a. free of general average
F. G. C. M. Field General Court-Martial
F. G. O. 1. Fleet Gunnery Officer 2. Fellow of the Guild of Organists
F. G. S. Fellow of the Geological Society
F. H. (f. h.) fire hydrant
F. H. A. (FHA) 1. *US* Farmers Home Administration 2. *US* Federal Housing Administration
FHLBB Federal Home Loan Bank Board
f. h. p. friction horse-power
F. H. S. 1. Fellow of the Historical Society 2. Fellow of the Horticultural Society
F. I. A. T. *It* Fabbrica Italiana Automobile, Torino (= Italian Automobile Factory, Turin)
F. I. C. Fellow of the Institute of Chemistry
FICA Federal Insurance Contributions Act
fict. fiction; fictional
fid. fidelity
Fid. Def. *Lat* Fidei Defensor (= Defender of the Faith)
FIFA International Football Federation
fi. fa. *Lat* fieri facias (= see it is done!)
fig. figurative; figuratively; figure
F. I. I. (F. I. Inst.) Fellow of the Imperial Institute
F. I. J. Fellow of the Institute of Journalists
Fin. Finland; Finnish
fin. 1. finance; financial 2. finish; finished
F. Inst. P. Fellow of the Institute of Physics
f. i. o. free in and out
F. K. C. (F. K. C. L.) Fellow of King's College, London
FL Florida
fl fluid
fL foot-lambert
fl. 1. florin(s) 2. *Lat* floruit (= flourished) 3. floor 4. fluid 5. flute
f. l. *Lat* falsa lection (= false reading)
Fla. Florida
F. L. A. A. Fellow of the London Association of Certified Accountants
fld. field
Flem. Flemish
F. L. G. A. Fellow of the Local Government Association
Flor. Florida
flor. *Lat* floruit (= flourished)
F. L. Q. Front de Libération du Québec
Flt-Comdr Flight-Commander
Flt-Lt Flight-Lieutenant
Flt. Off. Flight Officer
Flt-Sgt Flight-Sergeant
FM frequency modulation
F. M. Field Marshal
Fm *chem* fermium
fm frequency modulation
fm. 1. *com* from 2. fathom(s)
F. M. C. S. (FMCS) Federal Mediation and Conciliation Service
F. M. D. foot-and-mouth disease
fmn. formation
F. M. O. Fleet Medical Officer
F. M. S. 1. Federated Malay States 2. Fellow of the Medical Society
fn. (f. n.) foot-note
FNMA Federal National Mortgage Association
fnp. fusion point
F. O. 1. Flying Officer 2. Foreign Office 3. Field Officer 4. *mus* full organ
Fo. (fo.) folio
f. o. for orders
f. o. b. (F. O. B.) free on board
F. O. E. Fraternal Order of Eagles
fol. 1. folio 2. following
foll. following
f. o. r. free on rail
for. 1. foreign 2. forestry
For. Min. Minister for Foreign Affairs
fort. fortification
f. o. s. free on ship
f. o. t. free on truck
F. P. 1. former pupil 2. freezing point
fp 1. forward pass 2. freezing point 3. *mus* forte piano
fp. foolscap
f. p. 1. forward pass 2. freight prepaid
F. P. A. Family Planning Association
F. P. C. Federal Power Commission
fpm (f. p. m.) feet per minute
FPO fleet post office
F. P. S. 1. Fellow of the Philological Society 2. Fellow of the Philosophical Society 3. foot-pound-second
fps foot-pound-second
f. p. s. 1. feet per second 2. frames per second
Fr *chem* francium
Fr. 1. France; French 2. frater 3. *eccl* Father 4. Frau 5. Friday 6. friar
fr. 1. franc(s) 2. from 3. frequently
f. r. *Lat* folio recto (= right-hand page)
F. R. A. M. Fellow of the Royal Academy of Music
F. R. A. S. Fellow of the Royal Astronomical Society
F. R. B. Federal Reserve Board
F. R. B. S. Fellow of the Royal Botanic Society
F. R. C. M. Fellow of the Royal College of Music
F. R. C. O. Fellow of the Royal College of Organists
F. R. C. P. (E.) Fellow of the Royal College of Physicians (of Edinburgh)

F. R. C. S. (E.) Fellow of the Royal College of Surgeons (of Edinburgh)
F. R. Ec. S. (F. R. Econ. Soc.) Fellow of the Royal Economic Society
freq. 1. frequent; frequently 2. frequentative
F. R. G. S. Fellow of the Royal Geographical Society
F. R. Hist. S. Fellow of the Royal Historical Society
F. R. H. S. Fellow of the Royal Horticultural Society
Fri. Friday
F. R. I. B. A. Fellow of the Royal Institute of British Architects
Fris. Frisia; Frisian
Frl. Fräulein
F. R. Met. S. (F. R. Met. Soc.) Fellow of the Royal Meteorological Society
F. R. M. S. Fellow of the Royal Microscopical Society
F. R. N. S. A. Fellow of the Royal Navy School of Architects
front. frontispiece
F. R. P. S. Fellow of the Royal Photographic Society
FRS Federal Reserve System
Frs Frysian
F. R. S. Fellow of the Royal Society
F. R. S. A. Fellow of the Royal Society of Arts
F. R. San. I. (F. R. S. I.) Fellow of the Royal Sanitary Institute
F. R. S. E. Fellow of the Royal Society of Edinburgh
F. R. S. G. S. Fellow of the Royal Scottish Geographical Society
F. R. S. L. Fellow of the Royal Society of Literature
F. R. S. S. A. Fellow of the Royal Scottish Society of Arts
frt. freight
F. R. U. I. Fellow of the Royal University of Ireland
FS Forest Service
F. S. 1. Fleet Surgeon 2. Field Security 3. Field Service 4. Financial Secretary 5. Flight Sergeant
FSA *US* Federal Security Agency
F. S. A. 1. Fellow of the Society of Antiquaries 2. Fellow of the Society of Arts
F. S. E. Fellow of the Society of Engineers
F. Sgt. Flight Sergeant
FSH follicle-stimulating hormone
F. S. I. Free Sons of Israel
F. S. L. First Sea Lord
F. S. O. 1. Field Security Officer 2. Fleet Signals Officer
F. S. S. U. Federal Superannuation Scheme for Universities
ft foot; feet
ft. 1. feet; foot 2. fort; fortification; fortified
F. T. A. Future Teachers of America
FTC *US* Federal Trade Commission
ft-lb foot-pound
F. T. O. Fleet Torpedo Officer
F. T. S. Flying Training School
fur. furlong(s)
furn. furnished
fut. future
f. v. *Lat* folio verso (on the back of the page)
FWA *US* Federal Works Agency
F. W. A. Factories and Workshops Act
f. w. b. (F. W. B.) four-wheel brake
f. w. d. 1. four-wheel drive 2. front-wheel drive
fwd. forward
F. W. O. Fleet Wireless Officer
fxle. *mar* forecastle
FY (f. y.) fiscal year
F. Z. A. *US* Fellow of the Zoological Academy
F. Z. S. Fellow of the Zoological Society

G

G 1. *phys* gauss 2. giga- 3. *phys* gravitation constant
G. 1. German 2. gourde 3. General 4. *mil* gun 5. guilder 6. guinea 7. gulf
g. 1. gram(s) 2. guinea 3. genitive 4. gender 5. gauge 6. guide 7. gulf 8. guilder 9. (acceleration due to) gravity 10. gelding
Ga *chem* gallium
Ga. Georgia
G. A. (GA) 1. general average 2. General Assembly
Gael. Gaelic
Gal. Galatians (New Testament)
gal. (gall.) gallon(s)
galv. galvanized
GAO *US* General Accounting Office
G. A. R. (GAR) Grand Army of the Republic
GATT General Agreement on Tariffs and Trade
GAW guaranteed annual wage
gaz. gazette; gazetteer
G. B. Great Britain
G. B. & I. Great Britain and Ireland
G. B. E. Knight (or Dame) Grand Cross (of the Order) of the British Empire
G. B. S. George Bernard Shaw

G. C. 1. George Cross 2. Golf Club
G. C. A. (GCA) *aero* **ground control approach**
g-cal gram-calory
G. C. B. Knight (or Dame) Grand Cross (of the Order) of the Bath
g. c. d. *US* greatest common divisor
G. C. E. General Certificate of Education
g. c. f. greatest common factor
GCI *aero* ground control **intercept**
G. C. I. E. Knight Grand **Commander** (of the Order) of the Indian **Empire**
G. C. L. H. Knight Grand Cross of the Legion of Honour
G. C. M. Good Conduct Medal
G. C. M. G. Knight (or Dame) Grand Cross (of the Order) of St. Michael and St. George
G. C. R. Great Central Railway
G. C. S. I. Knight Grand Commander (or the Order) of the Star of India
G. C. T. (GCT, G. c. t.) Greenwich civil time
G. C. V. O. Knight (or Dame) Grand Cross of the Royal Victorian Order
Gd *chem* gadolinium
G. D. Grand Duke; Grand Duchess; Grand Duchy
gde. gourde
Gdn(s) Garden(s)
G. D. R. German Democratic Republic
gds. goods
Ge *chem* germanium
g. e. gilt edges (book-binding)
G. E. C. *US* General Electric Company
Gen. 1. General 2. Genesis
gen. 1. general; generally 2. genitive 3. gender 4. generic 5. **genus 6. generator**
genit. genitive
genl. general
Geo. 1. George 2. Georgia
geog. geography; geographer; geographic(al)
geol. geology; geologist; geologic(al)
geom. geometry; geometric(al)
G. E. R. Great Eastern Railway
Ger. German; Germany
ger. gerund
Germ. German; Germany
GeV *phys* Giga (10^9) electron volts
G. F. T. U. General Federation of Trade Unions
G. G. 1. Governor-General 2. Grenadier Guards
G. H. Q. General Headquarters
GI 1. general issue 2. **Government Issue 3.** *US* enlisted soldier
G. I. *US* Government Issue
gi gill (liquid measure)
Gib. Gibraltar
Gk Greek
G. L. Grand Lodge (Masonry)
gl. gloss
Glam. Glamorgan(shire)
Glas. Glasgow
G. L. C. Greater London Council
gld. guilder
Glos. Gloucestershire
gloss. glossary
G. M. 1. George Medal 2. Grand Master (Masonry) 3. General Manager 4. General Motors
gm. (gm) gramme(s)
G. m. a. t. Greenwich mean astronomical time
G. M. B. 1. good merchantable brand 2. Grand Master of the Bath
GM counter Geiger counter
G. M. T. (G. m. t.) Greenwich mean time
GM tube Geiger tube
G. M. V. gram-molecular volume
G. M. W. gram-molecular weight
GNP gross national product
G. N. R. Great Northern Railway
Gnr. Gunner
gns. guineas
G. N. T. C. Girls' Naval Training Corps
G. O. 1. General Officer 2. *mil* general order
G. O. C. (-in-C) General Officer Commanding (-in-Chief)
G. O. M. *pol* Grand Old Man (W. E. Gladstone)
G. O. P. *US* Grand Old Party (Republican)
Goth. Gothic
Gov. 1. Governor 2. Government
gov. government
Gov. Gen. Governor General
govt. government
G. P. 1. general practitioner 2. **Grand Prix** 3. Graduate in Pharmacy
Gp. Capt. Group Captain
G. Ph. Graduate in Pharmacy
G. P. M. Grand Past Master (Masonry)
g. p. m. gallons per minute
G. P. O. (GPO) 1. General Post Office 2. Government Printing Office
g. p. s. gallons per second
GQ general quarters
G. R. *Lat* Georgius Rex (= King George)
Gr. 1. Grade 2. Greek; Greece
gr. 1. grade 2. gross 3. grain(s) 4. group 5. gram(s)
grad. graduate; graduated
gram. grammar; grammatical
Gr. Br. (Gr. Brit.) Great Britain
G. R. C. M. Graduate of the Royal College of Music
gro. gross
G. R. S. M. Graduate of the Royal School of Music
gr. wt. gross weight
G. S. 1. General Staff 2. Girl Scouts 3. General Secretary
gs. guineas
GSA General Services Administration
G. S. A. Girl Scouts of America
G. S. C. (GSC) General Staff Corps

G. S. O. (**GSO**) General Staff Officer
g. s. w. gross shipping weight
G. T. gran turismo
Gt. Great
gt. 1. gilt 2. great 3. *med* gutta
Gt. Br. Great Britain
G. T. C. good till cancelled
gtd. guaranteed
GTS gas turbine ship
GU 1. genitourinary 2. Guam
G. U. genitourinary
guar. guarantee; guaranteed
Guat. Guatemala
G. W. R. Great Western Railway
gym. gymnasium; **gymnastic**; **gymnastics**
gyn (**gynecol.**) gynecological; gynecology

H

H 1. *chem* hydrogen 2. henry(s) 3. *phys* Hamiltonian 4. atomic weight of hydrogen 5. height 6. head
H. 1. harbour 2. hard (of pencil-lead); hardness 3. height 4. high 5. *mus* horn 6. husband
H (**h**) heat content; total heat; enthalpy
h. 1. hecto- 2. hour(s) 3. hundred 4. height 5. husband 6. harbour 7. horse 8. hot 9. hard; hardness 10. high (gear) 11. hit 12. *mus* horn
ha hectare(s)
h. a. *Lat* hoc anno (= this year)
Hab. Habakkuk (Old Testament)
hab. *Lat* habitat (= lives)
hab. corp. habeas corpus
H. A. C. Honourable Artillery Company
Hag. Haggai (Old Testament)
h. & c. hot and cold (water)
Hants. Hampshire
H B hard black (of pencil-lead)
Hb hemoglobin
hb (**hb.**) halfback
H. B. C. Hudson's Bay Company
H. B. M. His (Her) Britannic Majesty('s)
H. C. 1. House of Commons 2. Holy Communion 3. High Commissioner 4. High Church 5. habitual criminal
h. c. honoris causa
hcap handicap
H. C. F. Honorary Chaplain to the Forces
H. C. F. (**h. c. f.**) highest common factor
H. C. S. Home Civil Service
hd. 1. head 2. hand
hdbk. handbook
hdkf. handkerchief
hdqrs. headquarters
HE high explosive
H. E. 1. His (Her) Excellency 2. His Eminence 3. high explosive
He *chem* helium
Heb. 1. Hebrew 2. Hebrews (New Testament)
Hebr. Hebrew
her. heraldry
herp. (**herpetol.**) herpetology
Herts. Hertfordshire
HEW Department of Health, Education, and Welfare
hex. hexagon; hexagonal
Hf *chem* hafnium
H. F. 1. Home Forces 2. Home Fleet
H. F. (**H F, h. f., hf**) *el* high-frequency
HF. hard firm (of pencil-lead)
hf. half
hf bd (**hfbd**) half-bound
hf cf. half-calf (book-binding)
H. F. R. A. Honorary Fellow of the Royal Academy
Hg *chem Lat* hydrargyrum (= mercury)
HG High German
H. G. 1. High German 2. His (Her) Grace 3. Home Guard 4. Horse Guards
h. g. (**hg**) hectogram
hgt. height
HH double hard (of pencil-lead)
H. H. 1. His (Her) Highness 2. His Holiness
hh. hands
hhd. hogshead(s)
HHFA Housing and Home Finance Agency
HHH treble hard (of pencil-lead)
HI Hawaii
H. I. 1. Hawaiian Islands 2. *Lat* hic iacet (= here lies)
H. I. H. His (Her) Imperial Highness
H. I. M. His (Her) Imperial Majesty
h. j. hot junction
H. J. S. *Lat* hic jacet sepultus (= here lies buried)
H. K. 1. House of Keys (Isle of Man) 2. Hong Kong
H. L. House of Lords
hl. (**h. l., hl**) hectolitre(s)
H. M. 1. His (Her) Majesty 2. headmaster; headmistress
hm hectometre(s)
H. M. A. S. Her (His) Majesty's Australian Ship
H. M. C. Her (His) Majesty's Customs
H. M. C. S. Her (His) Majesty's Canadian Ship
H. M. F. Her (His) Majesty's Forces
H. M. I. Her (His) Majesty's Inspector (of Schools)

H. M. N. Z. S. His (Her) Majesty's New Zealand Ship
H. M. S. 1. Her (His) Majesty's Ship 2. Her (His) Majesty's Service
H. M. S. O. Her (His) Majesty's Stationery Office
H. M. V. His Master's Voice
H. N. C. Higher National Certificate
H. N. D. Higher National Diploma
Ho *chem* holmium
H. O. Home Office
ho. house
H of C House of Commons
H of L House of Lords
Hon. 1. Honourable 2. Honorary
hon. honorary
Hond. Honduras
Hon. Sec. Honorary Secretary
hor. horizontal
hort. horticulture; horticultural
Hos. Hosea (Old Testament)
hosp. hospital
HP (hp) horse-power
H. P. 1. horse-power 2. Houses of Parliament 4. High Priest 5. House Physician
h. p. 1. half-pay 2. horse-power 3. high pressure 4. hire-purchase
hp-hr horse-power-hour
H. Q. (**h. q., HQ**) headquarters
H. R. 1. Home Rule 2. House of Representatives
Hr. Herr
hr. (**hr**) hour
h. r. home run
H. R. E. Holy Roman Empire; Holy Roman Emperor
H. R. H. His (Her) Royal Highness
hrs. (**hrs**) hours
H. R. S. A. Honorary Member of the Royal Scottish Academy
H. S. 1. Home Secretary 2. Hospital Ship
h. s. (**H. S.**) high school
H. S. C. Higher School Certificate
H. S. E. *Lat* hic sepultus est (= here is buried)
H. S. H. His (Her) Serene Highness
H. S. M. His (Her) Serene Majesty
H. T. high tension
ht. (**ht**) height
h. t. high tension
Hts. Heights
H. U. Harvard University
HUD (H. U. D.) Housing and Urban Development
Hung. (**Hun.**) Hungary; Hungarian
Hunts. Huntingdonshire
H. V. (**h. v.**) high velocity (guns)
H. W. (**h. w.**) high water
h. w. hit wicket
H. W. M. high-water mark
Hy. Henry
hyp. 1. hypothesis 2. hypotenuse
hypoth. hypothesis
Hz hertz

I

I 1. *chem* iodine 2. *el* current 3. isospin 4. Roman one
I. 1. Island(s); Isle(s) 2. Ireland; Irish 3. Italian 4. Imperial
i 1. *math* imaginary unit 2. *el* current 3. Roman one
i. 1. intransitive 2. interest
I A Iowa
I. A. 1. Indian Army 2. Imperial Airways 3. infected area
Ia. Iowa
i. a. in absentia
IADB Inter-American Defence Board
IAEA (I. A. E. A.) International Atomic Energy Agency
I. A. F. Italian Air Force
I. A. L. Irish Academy of Letters
IAS *aero* indicated air speed
I. A. T. A. International Air Transport Association
ib (ibid.) *Lat* ibidem (= in the same place)
I. B. A. Independent Broadcasting Authority
I. B. M. International Business Machines
IBRD International Bank for Reconstruction and Development
I. C. (**I.-C.**) Indo-China
ICA International Cooperation Administration
ICAO (I. C. A. O.) International Civil Aviation Organization
I. C. B. M. (ICBM) intercontinental ballistic missile
I. C. C. (ICC) 1. Indian Claims Commission 2. Interstate Commerce Commission
I. C. E. 1. Institution of Civil Engineers 2. internal combustion engine
Ice. (**Icel.**) Iceland; Icelandic
ICFTU International Confederation of Free Trade Unions
I. Chem. E. Institution of Chemical Engineers
I. C. I. Imperial Chemical Industries
I. C. J. (ICJ) International Court of Justice
I. C. S. Indian Civil Service
I. C. T. International Critical Tables
ID Idaho
ID (I. D., i. d.) inside diameter

I. D. (ID) 1. identification 2. Intelligence Department
Id Idaho
id. *Lat* idem (= the same)
i. d. inner diameter
I. D. A. (IDA) International Development Association
I. D. B. illicit diamond buying
I. D. C. Imperial Defence College
i. e. *Lat* id est (= that is to say)
I. E. E. Institution of Electrical Engineers
I. F. (IF, i. f.) intermediate frequency
I. F. C. International Finance Corporation
IFF *US* identification, friend or foe
I. F. S. Irish Free State
I. F. T. U. International Federation of Trade Unions
I. G. 1. Irish Guards 2. Indo-Germanic
I.-G. (IG, I. G.) Inspector-General
I. Gas E. Institution of Gas Engineers
Ign. ignition
ign. 1. *Lat* ignotus (= unknown) 2. ignition
IGY (I. G. Y.) International Geophysical Year
i. h. p. indicated horse-power
IHS Jesus
IL Illinois
Il *chem* illinium
I. L. Institute of Linguists
I. L. E. A. Inner London Education Authority
I. L. G. W. U. International Ladies' Garment Workers' Union
Ill. Illinois
ill. (illust.) illustration; illustrated; illustrator
illit. illiterate
I. L. O. (ILO) International Labour Organization
i. l. o. in lieu of
I. L. P. Independent Labour Party
ILS *aero* intrument landing system
I. M. 1. Isle of Man 2. intramuscular
I. Mar. E. Institute of Marine Engineers
IMCO Intergovernmental Maritime Consultative Organization
I. Mech. E. Institution of Mechanical Engineers
I. M. F. (IMF) International Monetary Fund
I. Min. E. Institution of Mining Engineers
I. M. M. Institution of Mining and Metallurgy
Imp. Imperial; Imperator
imp. 1. impression 2. import; importer; imported 3. imperial 4. *Lat* imprimatur (= let it be printed) 5. *gram* imperative; imperfect 6. important
I. M. S. Indian Medical Service
I. Mun. E. Institution of Municipal Engineers
IN Indiana
In *chem* indium
in. inch(es)
I. N. A. Institution of Naval Architects
inbd. inboard
Inc. Incorporated
inc. 1. income 2. incorporated 3. increase
incl. including; inclusive
incog. incognito
Ind. 1. India; Indian 2. Indiana 3. Indies
ind. 1. index 2. indigo 3. independence; independent 4. industrial; industry
indef. indefinite
indic. 1. *gram* indicative 2. indicator
Ind. T. (Ind. Terr.) *US* Indian Territory
Inf. infantry
inf. 1. *Lat* infra (= further on) 2. information 3. inferior 4. infinitive 5. influence 6. infantry
infin. infinitive
infl. influence; influenced
inj. injection
in-lb inch-pound
I. N. R. I. Jesus of Nazareth, King of the Jews
I. N. S. *US* International News Service
Ins. inspector
ins. 1. insurance 2. inches 3. insulated; insulation 4. inspector
insol. insoluble
insp. inspected; inspector
Inst. 1. Institute 2. Institution
inst. 1. instant (= of the current month) 2. institute; institution 3. instrument
instr. 1. instructor; instruction 2. *gram* instrumental 3. instrument
int. 1. interval 2. internal 3. interior 4. international 5. interest
int. comb. internal combustion
inter. intermediate
interj. *gram* interjection
internat. international
interp. interpreter
interrog. interrogative
intl. international
intr. *gram* intransitive
intro. introduction; introductory
inv. 1. *Lat* invenit, invenerunt (= invented, designed) 2. inventor; invention 3. invoice
Io *chem* ionium
I. O. 1. Intelligence Officer 2. India Office
I. O. M. Isle of Man
I. O. O. F. Independent Order of Odd Fellows
IOU I owe you
I. O. W. Isle of Wight
IPA isopropyl alcohol
I. P. A. (IPA) 1. International Phonetic Association 2. International Phonetic Alphabet
ips. inch per second
I. Q. (IQ) intelligence quotient
i. q. *Lat* idem quod (= the same as)
Ir *chem* iridium
I. R. 1. Inland Revenue 2. infra-red
Ir. Ireland; Irish
I. R. A. Irish Republican Army

I. R. B. M. (IRBM) intermediate-range ballistic missile
I. R. C. International Red Cross
Ire. Ireland
I. R. O. Inland Revenue Office
IRO International Refugee Organization
irreg. irregular; irregularly
I. R. S. Internal Revenue Service
Is. Island(s); Isle(s)
Is(a). Isaiah (Old Testament)
I. S. B. N. international standard book number
isl. island
I. S. O. 1. Imperial Service Order 2. International Organization for Standardization
It. (Ital.) Italy; Italian
I. T. A. Independent Television Authority
i. t. a. initial teaching alphabet
ital. *print* italic
ITO (I. T. O.) International Trade Organization
ITU (I. T. U.) 1. International Telecommunications Union 2. International Typographical Union
ITV independent television
I. U. international unit
I. U. (C.) D. intra-uterine (contraceptive) device
I. V. (IV) intravenous; intravenously
I. W. G. C. Imperial War Graves Commission
I. W. T. (D.) Inland Water Transport (Department)
I. W. W. (IWW) *US* Industrial Workers of the World

J

J 1. radiance 2. mechanical equivalent of heat 3. polar moment of inertia 4. joule
J. Judge; Justice 2. jack 3. Jew 4. *el* joule
J. A. 1. Judge-Advocate 2. joint account
J. A. G. Judge Advocate-General
Jam 1. Jamaica 2. James (New Testament)
Jan. January
Jap. Japanese; Japan
Jas. James
JATO *aero* jet assisted take-off
Jav. Javanese
J. B. John Bull (Typical Englishman)
J. C. 1. Jesus Christ 2. Julius Caesar
J. C. B. Bachelor of Canon Law
J. C. D. *Lat* Doctor of Canon Law
J. C. R. 1. Junior Combination Room 2. Junior Common Room
J. C. S. Joint Chiefs of Staff
jct. junction
J. D. 1. *Lat* Doctor of Laws 2. juvenile delinquent
J. E. C. Journal of Industrial and Engineering Chemistry
Jer. Jeremiah (Old Testament)
JFK John Fitzgerald Kennedy
J. G. (jg) junior grade
JHVH (JHWH) Jehovah
Jn. (jn.) junction
Jno. John
Jnr. Junior
jnt. joint
Jon. Jonah; Jonathan
Jos. Joseph
Josh. Joshua (Old Testament)
jour. 1. journal; journalist 2. journeyman
J. P. Justice of the Peace
Jr (jr.) junior
J. R. C. Junior Red Corps
J. S. D. Doctor of Juristic Science
jt. joint
Jud. Judith (Apocr.)
Judg. Judges (Old Testament)
Jul. July
Jun. June
Jun. (jun.) junior
junc. junction
Junr. Junior
juv. juvenile
J. V. junior varsity
jwlr. jeweller

K

K 1. *chem* kalium (= potassium) 2. *phys* Kaon 3. Kelvin(s) (temperature unit); Kelvin(s) (temperature scale) 4. *chess* king
K. (k.) 1. King('s) 2. Knight 3. kopeck 4. koruna 5. krona 6. krone 7. Köchel
K 1. kilo- 2. radius of gyration 3. thermal conductivity 4. velocity coefficient of chemical reaction
Kans. Kansas
KANU Kenya African National Union

KB *chess* king's bishop
K. B. 1. Knight of the Bath 2. Knight Bachelor 3. King's Bench
K. B. E. Knight Commander (of the Order) of the British Empire
K. C. 1. King's College 2. King's Counsel 3. Knight(s) of Columbus
kc(/s) kilocycles (per second)
Kcal kilocalorie
K. C. B. Knight Commander (of the Order) of the Bath
K. C. I. E. Knight Commander (of the Order) of the Indian Empire
K. C. M. G. Knight Commander (of the Order) of St. Michael and St. George
K. C. S. I. Knight Commander (of the Order) of the Star of India
K. C. V. O. Knight Commander of the (Royal) Victorian Order
K. D. *com* knocked down
K. E. kinetic energy
Ken. Kentucky
keV *el* kilo-electron-volt
K. G. Knight (of the Order) of the Garter
kg kilogram(s)
KGB (K. G. B.) U. S. S. R. secret police since 1960
kg-cal kilogram-calory
kg-m kilogram-meter
kgps. kilogram per second
Kgs. Kings (Old Testament)
kHz kilohertz
K. K. K. Ku Klux Klan
K. L. Shakespeare's *King Lear*
kl kilolitre(s)
km kilometre(s)
kn 1. knot 2. krona 3. krone
Knt. Knight
K. O. (k. o.) knock-out; **~('d)** knocked out
KP 1. *chess* king's pawn 2. kitchen police
K. P. 1. Knight (of the Order) of St. Patrick 2. Knights of Pythias 3. kitchen police
k. p. h. kilometres per hour
Kr *chem* krypton
KR *chess* king's rook
kr. 1. krona 2. krone
KS Kansas
K. S. King's Scholar
K. St. J. Knight (of the Order) of St. John
K. T. 1. Knight (of the Order) of the Thistle 2. Knight Templar
Kt. Knight
kt. karat
kV kilovolt(s)
kW kilowatt(s)
kWh kilowatt-hour
KWIC keyword in context
KWOC keyword out of context
KY Kentucky
Ky. Kentucky

L

L 1. 50 (Roman numeral) 2. Latin 3. *mot* learner-driver 4. longitude 5. length 6. pound 7. lambert 8. large 9. little
L. 1. Liberal 2. Lake 3. licentiate 4. learner-driver 5. *biol* Linneaeus 6. Latin 7. Lodge (society)
l litre
l. 1. lake 2. left 3. length 4. *Lat* liber (= book) 5. litre(s) 6. lira 7. line 8. pound (sterling) 9. latent heat per gram
LA Louisiana
La *chem* lanthanum
L. A. 1. Legislative Assembly 2. Library Association 3. local agent 4. Los Angeles
La. Louisiana
Lab. 1. Labour 2. Labrador
L. A. C. 1. London Athletic Club 2. Leading Aircraftman
L. A. C. W. Leading Aircraftwoman
L. A. M. London Academy of Music
Lam. Lamentations (Old Testament)
lam. laminated
Lancs. Lancashire
L. & I. D. London and India Docks
lang. language
Lat. Latin
lat. *geog* latitude
lav. lavatory
lb. *Lat* libra (= pound)
l. b. *cricket* leg-bye
LBJ Lyndon Baines Johnson
l. b. w. *cricket* leg before wicket
L. C. 1. Lord Chancellor 2. Lord Chamberlain 3. Library of Congress 4. landing craft 5. left centre (of stage)
L/C letter of credit
l. c. 1. *Lat* loco citato (= in the place quoted) 2. *print* lower case 3. letter of credit 4. left centre (of stage)
L. C. C. London County Council
L. C. D. lowest common denominator
L. C. J. Lord Chief Justice
L. C. M. (l. c. m.) least (lowest) common multiple
L/Cpl. (L.-Cpl.) Lance-Corporal
LCT local civil time
Ld. 1. limited 2. Lord
Ldg. Leading (Seaman etc.)

L. D. S. Licentiate in Dental Surgery
L. E. A. Local Education Authority
lea. 1. league (unit of distance) 2. leather
Leg. Legation
leg. 1. legal 2. legate 3. *mus* legato 4. legislation; legislative; legislature
legis. legislation; legislative; legislature
Leics. Leicestershire
L. E. M. lunar excursion module
Lev. Leviticus (Old Testament)
lex. lexicon
L. F. (**lf**) low frequency
L. F. B. London Fire Brigade
L. G. (**LG**) Low German
lg. (**lge.**) large
L. H. latent heat
l. h. left hand
L. I. 1. Long Island 2. Light Infantry
Li *chem* lithium
Lib. 1. Liberal 2. Liberation
lib. 1. librarian; library 2. liberation
Lieut. Lieutenant
lim. 1. limit 2. limited
lin. 1. linear 2. lineal
Lincs. Lincolnshire
ling. linguistics
Linn. *biol* Linnaeus
liq. 1. liquor 2. liquid
Lit. (**lit.**) literature
lit. 1. literary; literature 2. literal; literally 3. litre
lith. lithograph; lithographic; lithography
Litt. D. Doctor of Letters
L. J. Lord Justice
L. JJ. Lord Justices
L. L. 1. Late Latin 2. Lord-Lieutenant
ll. lines
L. L. B. (**LL. B.**) Bachelor of Laws
L. L. D. (**LL. D.**) Doctor of Laws
L. L. L. Shakespeare's *Love's Labour's Lost*
L. L. M. (**LL. M.**) Master of Laws
LM lunar module
L. M. 1. *mus* long metre 2. Lord Mayor 3. lunar module
lm lumen(s)
L. M. B. C. Lady Margaret Boat Club (St. John's College, Cambridge)
L. M. G. light machine-gun
L. M. H. Lady Margaret Hall
L. M. S. 1. London Missionary Society 2. London, Midland and Scottish (Railway) 3. London Mathematical Society
L. M. T. (**LMT**) local mean time
ln natural logarithm; Napierian logarithm
L. O. Liaison Officer
loc. cit. *Lat* loco citato (= in the passage already quoted)
L. of N. League of Nations
log logarithm
long. longitude
L. O. O. M. Loyal Order of Moose
loq. *Lat* loquitur (= he, she speaks)
lox liquid oxygen
L. P. 1. Lord Provost 2. Labour Party 3. long-playing (record) 4. low pressure
l. p. (**l.-p.**) low pressure
L. P. G. liquified petroleum gas
L'pool Liverpool
Lr *chem* lawrencium
L. S. *Lat* locus sigilli (= the place of the seal)
l. s. 1. *Lat* locus sigilli (= the place of the seal) 2. letter signed
L. S. C. 1. Lower School Certificate 2. London Society of Compositors
L. S. D. (**LSD**) 1. lysergic acid diethylamide 2. Lightermen, Stevedores and Dockers
£. s. d. 1. pounds, shillings, and pence 2. money; riches
L. S. E. London School of Economics
L. S. O. London Symphony Orchestra
L. S. S. *US* Lifesaving Service
L. S. T. (**l. s. t.**) local standard time
L. T. lawn tennis 2. low tension
Lt. Lieutenant
lt. light
l. t. 1. low tension 2. local time
L. T. A. 1. Lawn Tennis Association 2. London Teachers' Association
L. T. C. Lawn Tennis Club
Lt. Col. Lieutenant-Colonel
Lt. Com. (**Lt. Comdr.**) Lieutenant-Commander
Ltd. (**ltd.**) limited
Lt. Gen. (**Lt.-Gen.**) Lieutenant-General
Lt. Gov. Lieutenant-Governor
Lt. Inf. Light Infantry
l. tn long ton
Lu *chem* lutetium
lub. lubricant; lubrication
Luth. Lutheran
lux. luxury
L. V. 1. luncheon voucher 2. licensed victuallers
lv. 1. leave 2. livre
L. W. 1. *radio* long wave 2. low water
Lw *chem* lawrencium
L. W. M. low-water mark
lx lux(es)
LXX Septuagint; seventy
L. Y. B. Labour Year Book
lyr. lyric; lyrical

M

M 1. *phys* Mach number 2. *phys* mass 3. mega- 4. *chem* metal 5. *phys* modulus 6. *chem* molar 7. *phys* moment 8. molecular weight 9. *phys* mutual inductance 10. Roman 1000 11. motorway 12. male
M. 1. *Fr* Monsieur 2. Majesty 3. medieval 4. Marquis 5. Master 6. Member 7. Monday 8. month 9. *Lat* meridies (=noon) 10. medium 11. meridian 12. mill (currency) 13. minim (liquid measure) 14. mark (currency)
m 1. *phys* mass 2. medium 3. metre 4. milli- 5. *phys* modulus 6. male
m. 1. metre(s) 2. mile(s) 3. *gram* masculine 4. male 5. minor 6. minute(s) 7. *cricket* maiden (over) 8. meridian 9. mark (monetary unit) 10. married 11. mile(s) 12. million(s) 13. mare 14. noon 15. minute(s)
MA 1. Maritime Administration 2. Massachusetts 3. mental age
M. A. 1. Master of Arts 2. Ministry of Agriculture 3. Military Academy 4. *psych* mental age
mA milliampere
M. A. & F. Ministry of Agriculture and Fisheries
Mac. (Macc.) Maccabees (books of the Apocrypha)
Maced. Macedonia; Macedonian
mach. machine; machinery; machinist
mag. 1. magazine 2. magnetism; magnetic 3. magnitude (of a star)
M. Agr. Master of Agriculture
Maj. Major
Maj.-Gen. Major-General
Mal. 1. Malay; Malayan 2. Malachi (Old Testament)
Man. Manitoba
man. (manuf.) manufacture; manufactured; manufacturer; manufactory
Manit. Manitoba
Mans. Mansions
Mar. March
mar. 1. maritime 2. married
March. Marchioness
Marq. Marquis; Marquess
masc. masculine
Mass. Massachusetts
M. A. T. Master of Arts in Teaching
mat. *Fr* matinée
math. mathematics
math. mathematics; mathematical; mathematician
maths. mathematics
matric. matriculation
MATS *US* Military Air Transport Service
Matt. Matthew (New Testament)
max. maximum
M. B. 1. *Lat* Medicinae Baccalaureus (= Bachelor of Medicine) 2. motor-boat
M. B. A. Master of Business Administration
M. B. E. Member (of the Order) of the British Empire
M. B. Sc. *US* Master of Business Science
MC 1. Marine Corps 2. Medical Corps 3. Member of Congress
M. C. 1. Military Cross 2. Master of Ceremonies 3. Member of Congress 4. motorcycle
Mc(/s) megacycles (per second)
M. c. 1. **(m/c)** motorcycle 2. master of ceremonies
M. C. C. 1. Marylebone Cricket Club 2. Middlesex County Council
M. C. D. *US* Doctor of Comparative Medicine
M. Ch(ir). Master of Surgery
M. Com. Master of Commerce
MD Maryland
M. D. 1. Doctor of Medicine 2. Medical Department 3. mentally deficient 4. Managing Director
Md *chem* mendelevium
Md. Maryland
m/d months after date
Mdlle *Fr* Mademoiselle
Mdm (Mdme) *Fr* Madame
M. D. S. 1. Master of Dental Surgery
mdse. merchandise
MDT Mountain Daylight Time
ME 1. Maine 2. Middle English
ME. Middle English
M. E. 1. Middle English 2. Mining Engineer 3. Mechanical Engineer; mechanical engineering 4. military engineer 5. Middle East
Me. Maine
Me *Fr jur* maître
meas. measure; measurable
mech. 1. mechanical; mechanics 2. mechanism
M. Econ. Master of Economics
M. Ed. Master of Education
med. 1. medium 2. medical; medicine 3. medieval
Med. Gr. Medieval Greek
Medit. Mediterranean (Sea)
Med. L. Medieval Latin
M. E. F. Middle East Forces
meg. megacycle
mem. 1. *Lat* memento (= remember) 2. member 3. memorial 4. memorandum 5. memoir
memo memorandum
mep (m. e. p.) mean effective pressure
meq. milliequivalent
mer. meridian; meridional
Messrs. 1. *Fr* Messieurs 2. *pl* of **Mr.**
Met | the ~ the Meteorological Office 2. the Metropolitan Opera House (New York)

met. 1. metaphor 2. meteorogical; meteorology 3. metropolitan 4. metaphysics
metal. metallurgy; metallurgical
metaph. 1. metaphor; metaphorical 2. metaphysics
meteor. (**meteorol.**) meteorology; meteorogical
Meth. (**Method.**) Methodist
meths methylated spirit
METO Middle East Treaty Organization
Met. O. 1. Meteorological Office 2. Meteorological Officer
MeV mega-electron-volt(s)
M. E. W. Mining Engineering World
Mex. Mexico; Mexican
M. F. medium frequency
mF millifarad
mf (**m. f.**) *mus* mezzo forte
M. F. A. Master of Fine Arts
mfg. manufacturing; manufacture; manufactured
M. F. H. Master of Foxhounds
M. F. N. most favoured nation
M. for M. Shakespeare's *Measure for Measure*
M. Fr. Middle French
mfr. manufacturer; manufacture
M. G. 1. Major-General 2. Morris Garrages 3. machine-gun
Mg *chem* magnesium
mg. miligramme(s)
M. G. B. motor gunboat
M. G. M. Metro-Goldwyn-Mayer (cinema combine)
Mgr. 1. Monsignor 2. Monseigneur 3. Manager
M. H. 1. Ministry of Health 2. Medal of Honour
mH millihenry
MHD magnetohydrodynamics
M. Hon. Most Honourable
M. H. R. Member of the House of Representatives
MHz megahertz
MI Michigan
M. I. 1. Military Intelligence (**M. I. 5** security service; **M. I. 6** espionage department) 2. Mounted Infantry
mi. 1. mile(s) 2. mill(s) (monetary unit)
Mic. Micah (Old Testament)
M. I. C. E. (**M. Inst. C. E.**) Member of the Institution of Civil Engineers
Mich. 1. Michigan 2. Michaelmas
M. I. Chem. E. Member of the Institution of Chemical Engineers
mid. middle
Middx. (**Midx., Mx.**) Middlesex
M. I. E. E. Member of the Institution of Electrical Engineers
M. I. J. Member of the Institute of Journalists
mil. 1. military 2. militia
Mil. Att. Military Attaché
Milt. Milton; Miltonic
M. I. Mar. E. Member of the Institute of Marine Engineers
M. I. Mech. E. (**M. I. M. E.**) Member of the Institution of Mechanical Engineers
M. I. Min. E. (**M. I. M. E.**) Member of the Institution of Mining Engineers
M. I. Mun. E. Member of the Institution of Municipal Engineers
Min. 1. Minister; Ministry 2. Mineralogy
min. minute (unit of time)
min. 1. mineralogical; mineralogy 2. mining 3. minimum 4. minim 5. minor
M. I. N. A. Member of the Institution of Naval Architecture
Minn. Minnesota
Min. Plen. Minister Plenipotentiary
Min. Res. Minister Residentiary
M. Inst. Met. Member of the Institute of Metals
M. Inst. M. M. (**M. I. M. M.**) Member of the Institute of Mining and Metallurgy
M. Inst. T. Member of the Institute of Transport
M. I. Prod. E. Member of the Institution of Production Engineers
MIRV multiple independently targeted re--entry vehicle (type of missile)
misc. (**msc.**) miscellaneous
Miss. 1. Mississippi 2. Mission 3. Missionary
M. It. *philol* Middle Italian
M. I. T. Massachusetts Institute of Technology
M. J. I. Member of the Institute of Journalists
MK. (**mk.**) 1. mark 2. markka
mks metre-kilogram-second (system of measurement)
M. K. S.(A.) metre-kilogram-second(-ampere) system of measurement
Mkt. Market
mkt. market
ML Medieval Latin
M. L. 1. Ministry of Labour 2. motor launch 3. mine-layer 4. Medieval Latin
ml milliliter
ml. 1. mile(s) 2. millilitre(s)
M. L. A. 1. Member of the Legislative Assembly 2. Modern Language Association (of America)
M. L. C. Member of the Legislative Council
M. L. D. (**MLD m. l. d.**) minimum lethal dose
M. L. F. (**MLF**) multilateral (nuclear) force
M. litt. Master of Letters
Mlle (*pl* **Mlles**) *Fr* Mademoiselle
M. L. S. Master of Library Science
M. L. S. B. Member of the London School Board
MM. Messieurs
M. M. 1. Military Medal 2. Maelzel's metronome
mm millimetre(s)

m. m. *Lat* mutatis mutandis (= with the necessary changes having been made)
Mme (*pl* **Mmes)** *Fr* Madame
mmf (m. m. f.) magneto-motive force
M. Mus. *US* Master of Music
MN Minnesota
M. N. Merchant Navy
Mn *chem* manganese
M. N. D. Shakespeare's *Midsummer Night's Dream*
Mngr. Monseigneur; Monsignor
M. O. (m. o.) 1. Medical Officer 2. money order 3. mail order
Mo *chem* molybdenum
Mo. 1. Missouri 2. Monday
mo. (*pl* **mos.**) month
mod. 1. moderate 2. *mus* moderato 3. modern
mod cons modern conveniences
Mods. *Oxford univ* Moderations
M. O. F. A. P. Ministry of Fuel and Power
M. of V. Shakespeare's *The Merchant of Venice*
M. O. H. 1. Medical Officer of Health 2. Ministry of Health 3. Master of Otter Hounds
M. O. I. 1. Ministry of Information 2. Military Operations and Intelligence
MOL Manned Orbital Laboratory
mol *chem* mole(s)
mol. molecular; molecule
mol. wt. molecular weight
Mon. 1. Monday 2. Monmouthshire
mon. 1. monetary 2. monastery
Mons. Monsieur
Mont. Montana
Mor. Morocco; Moroccan
mor. morocco (leather)
morn. morning
morph. (morphol.) morphology; morphological
M. O. S. Ministry of Supply
mos. months
M. O. T. Ministry of Transport
mot motorized; motoring
MP 1. military police(man) 2. mounted police
M. P. 1. Member of Parliament 2. military police(man) 3. Metropolitan Police
mp *mus* mezzo piano
m. p. melting-point
M. P. A. 1. Master of Public Administration 2. Master of Public Accounting
M. Pd. *US* Master of Pedagogy
M. P. E. *US* Master of Physical Education
M. Pen. Ministry of Pensions
m. p. g. (mpg) miles per gallon
m. p. h (mph) miles per hour
M. P. H. Master of Public Health
M. Phil. Master of Philosophy
mp. rdg. map reading
M. P. S. 1. Member of the Pharmaceutical Society 2. Member of the Physical Society 3. Member of the Philological Society
M. R. Master of the Rolls
Mr. Mister
M. R. A. Moral Re-Armament
M. R. A. C. Member of the Royal Agricultural College
M. R. Ae. S. Member of the Royal Aeronautical Society
M. R. A. F. Marshal of the Royal Air Force
M. R. A. S. Member of the Royal Academy of Science
M. R. B. M. medium-range ballistic missile
M. R. C. Medical Research Council
M. R. C. A. multi-role combat aircraft
M. R. C. C. Member of the Royal College of Chemistry
M. R. C. P.(E., I.) Member of the Royal College of Physicians (of Edinburgh, of Ireland)
M. R. C. S. (E., I.) Member of the Royal College of Surgeons (of Edinburgh, of Ireland)
M. R. C. V. S. Member of the Royal College of Veterinary Surgeons
M. R. G. S. Member of the Royal Geographical Society
M. R. H. Member of the Royal Household
Mrs. Mistress
M. R. S. L. Member of the Royal Society of Literature
MS 1. manuscript 2. Mississippi 3. multiple sclerosis
MS. (ms.) manuscript
M. S. 1. Master of Surgery 2. Master of Science 3. Ministry of Supply 4. mine-sweeper 5. motor ship 6. multiple sclerosis
M/S motor ship
M. Sc. Master of Science
M. S. E. Member of the Society of Engineers
msec millisecond
msg. message
Msgr. Monseigneur; Monsignor
MSgt (M. Sgt.) Master Sergeant
M. S. in L. S. Master of Science in Library Science
M. S. L. (m. s. l.) mean sea-level
MSS (MSS., mss., mss.) manuscripts
MST (**M. S. T.**) Mountain Standard Time
M. S. W. Master of Social Work
MT Montana
M. T. 1. mechanical transport 2. military training 3. Ministry of Transport 4. metric ton
Mt. Mount
mt. mount; mountain
m. t. 1. metric ton 2. Mountain Time
M. T. B. motor torpedo-boat
mtd. mounted
M. Tech Master of Technology
mtg. 1. meeting 2. mortgage
mtge. mortgage
mth. month

MTO *US* Mediterranean Theater of Operations
Mt. Rev. Most Reverend
M. U. Mobile Unit
mun. municipal; municipality
mus. 1. music; musician 2. museum
Mus. B(ac). Bachelor of Music
Mus. D(oc.) Doctor of Music
Mus. M. Master of Music
MV 1. megavolt 2. motor vessel
M. V. 1. motor vessel 2. *Lat* Medicus Veterinarius (= Veterinary Surgeon) 3. muzzle velocity
Mv *chem* mendelevium
mV millivolt
m. v. (**M. V., MV**) 1. merchant vessel 2. muzzle velocity (of a gun)
MVA *US* Missouri Valley Authority
M. V. O. Member of the (Royal) Victorian Order
MW megawatt
mW milliwatt
M. W. B. 1. Metropolitan Water Board 2. Ministry of Works and Buildings
M. W. W. Shakespeare's *The Merry Wives of Windsor*
Mx *phys* maxwell(s)
Mx. Middlesex
M. Y. Motor Yacht
myth. (**mythol.**) mythology; mythological

N

N 1. *chem* nitrogen 2. Avogadro number 3. *chess* knight 4. newton(s) 5. *chem* normal 6. numeric 7. North(ern)
N. 1. *chess* knight 2. New 3. North; Northern 4. *philol* Norse 5. November 6. noon
n 1. nano- 2. neutron 3. *chem* normal 4. north(ern) 5. nota 6. *el* frequency 7. refractive index 8. number of revolutions per unit time
n. 1. *com* net 2. *gram* neuter 3. *gram* nominative 4. noun 5. *Lat* natus (= born) 6. noon 7. number 8. note
N. A. 1. North America 2. National Academy; National Academician 3. numerical aperture 4. not available 5. Narcotics Anonymous
Na *chem* natrium (= sodium)
n. a. 1. not available 2. numerical aperture 3. (**n/a**) *com* no account
N. A. A. (**NAA**) 1. *US* National Automobile Association 2. *US* National Aeronautic Association
NAACP (**N. A. A. C. P.**) *US* National Association for the Advancement of Colored People
N. A. A. F. I. (**Naafi**) Navy, Army, and Air Force Institutes (canteen for servicemen)
N. A. L. G. O. National Association of Local Government Officers
N. A. M. *US* National Association of Manufacturers
N. Am. North America
N. A. S. 1. National Association of Schoolmasters 2. *US* National Academy of Science 3. Noise Abatement Society
NASA (**N. A. S. A.**) National Aeronautics and Space Administration
Nat. 1. National; Nationalist
nat. 1. national 2. native 3. natural
Nat. Hist. (**nat. hist.**) Natural History
natl. national
N. A. T. O. (**NATO, Nato**) North Atlantic Treaty Organization
NATS *US* Naval Air Transport Service
NATSOPA National Society of Operative Printers, Graphical and Media Personnel
naut. nautical
nav. 1. naval 2. navigation 3. navigable
NB Nebraska
N. B. 1. *Lat* nota bene (= note well) 2. North Britain (Scotland) 3. New Brunswick 4. no ball
Nb *chem* niobium
n. b. 1. *cricket* no ball 2. nota bene
NBA (**N. B. A.**) 1. *US* National Boxing Association 2. National Basketball Association
N. B. C. 1. *US* National Broadcasting Company (Corporation) 2. Non-Combatant Corps
NbE north by east
N. B. G. (**n. b. g.**) no bloody good
N. B. S. 1. National Broadcasting Service (of New Zealand) 2. New British Standard Gauge
NBS (**N. B. S.**) .*US* National Bureau of Standards
NbW north by west
N. by E. (**N. b E.**) North by East
N. by W (**N. b W.**) North by West
NC 1. North Carolina 2. *US* Nurse Corps
N. C. North Carolina
n. c. (**N. C.**) nitro-cellulose
NCAA (**N. C. A. A.**) *US* National Collegiate Athletic Association
N. C. B. National Coal Board
N. C. C. V. D. National Council for Combating Venereal Diseases
N. C. O. (**NCO**) non-commissioned officer
N. C. R. no carbon required

N. C. U. National Cyclists' Union
ND North Dakota
N. D. North Dakota
Nd *chem* neodymium
n. d. (N. D.) no date; not dated
N. Dak. North Dakota
N. D. L. Norddeutscher Lloyd (steamship company)
NDRC National Defense Research Committee
NE north-east(ern)
N. E. 1. North-East; North-eastern 2. New England
Ne *chem* neon
n/e no effects (on cheques)
NEA (N. E. A.) *US* National Education Association
N. E. B. New English Bible
Neb. (Nebr.) Nebraska
N. E. by E. (NEbE) north-east by east
N. E. by N. (NEbN) north-east by north
N. E. D. (NED) New English Dictionary (Oxford)
N. E D. C. National Economic Development Council
neg. negative
Neh. Nehemiah (Old Testament)
nem. con. *Lat* nemine contradicente (= nobody contradicting)
nem. dis. *Lat* nemine dissentiente (= nobody disagreeing)
N. Eng. New England
neol. neologism
NEP (Nep.) *US* New Economic Policy
N. E. R. A. *US* National Emergency Relief Administration
N. E. R. C. National Environment Research Council
Neth. Netherlands
neur. (neurol.) neurological; neurology
neut. 1. *gram* neuter 2. neutral
Nev. Nevada
Newf. Newfoundland
New M. New Mexico
New Test. New Testament
NF. (Nfld.) Newfoundland
N. F. 1. Newfoundland 2. National Formulary 3. *philol* Norman French
N. F. (n/f.) *banking* no funds
NFL National Football League
N. F. P. W. National Federation of Professional Workers
N. F. S. National Fire Service
N. F. U. National Farmers' Union
NG National Guard
N. G. 1. *US* National Guard 2. New Guinea 3. *sl* no good
Ng. Norwegian
N. Gr. (**NGr., NGr**) New Greek
n. g. no good
N. G. A. National Graphic Association
N. H. (NH) New Hampshire
N. Heb. 1. New Hebrides 2. New Hebrew
NHG (N. H. G.) New High German
N. H. I. National Health Insurance
NHL National Hockey League
n. h. p. nominal horse-power
N. H. S. National Health Service
N. I. 1. Northern Ireland 2. Naval Intelligence 3. National Insurance
Ni *chem* nickel
Nic. (Nicar.) Nicaragua
N. I. C. B. *US* National Industries Conference Board
N. I. D. Naval Intelligence Division (Department)
Nig. Nigeria; Nigerian
N. J. (NJ) New Jersey
N. L. (NL, NL.) New Latin
N. Lat. north latitude
N. L. B. *US* National Labor Board
N. L. C. National Liberal Club
N. L. F. National Liberal Federation
N. L. I. National Lifeboat Institution
NLRB (N. L. R. B.) *US* National Labor Relations Board
N. M. (NM) New Mexico
nm 1. nautical mile(s) 2. nuclear megaton
n. m. nautical mile(s)
N. Mex. New Mexico
N. N. E. (NNE) north-north-east
N. N. W (NNW) north-north-west
N. O. 1. *bot* natural order 2. Naval Officer 3. Navigation Officer 4. New Orleans
No *chem* nobelium
No. 1. number 2. north; northern
n. o. *cricket* not out
nol. pros. *Lat* nolle prosequi (= to refuse to pursue)
nom. 1. nominative 2. nominal
non-com. (noncom.) non-commissioned (officer)
non obst. *Lat* non obstante (= notwithstanding)
non. pros. *Lat* non prosequitur (= he does not prosecute)
non. seq. *Lat* non sequitur (= it does not follow)
n. o. p. not otherwise provided (for)
Nor. 1. Norway; Norwegian 2. Norman 3. North
Norf. Norfolk
Norm. Norman
norm. normal
Northants. Northamptonshire
Northumb. Northumberland
Norw. Norwegian; Norway
Nos. (nos.) numbers
Notts. Nottinghamshire
Nov. November
nov. novelist
NP neuropsychiatric; neuropsychiatry
N. P. 1. Notary Public 2. *banking* no protest
Np *chem* neptunium
n. p. 1. new paragraph 2. no place (of publication)
N. P. A. Newspaper Publishers' Association
N. P. L. National Physical Laboratory

NPN (N. P. N.) nonprotein nitrogen
n. p. or d. no place or date
n. p. t. normal pressure and temperature
N. R. North Riding (of Yorkshire)
nr. near
NRA (N. R. A.) *US* National Recovery Administration
N. R. A. National Rifle Association
N. R. C. *US* National Research Council
N. R. D. Naval Recruiting Department
N. R. F. National Relief Fund
N. S. 1. new style 2. Nova Scotia 3. new series 4. National Society 5. Numismatic Society 6. not sufficient
n. s. 1. not specified 2. not sufficient 3. new series
NSA National Shipping Authority
N. S. B. National Savings Bank
NSC (N. S. C.) *US* National Security Council
N. S. C. National Savings Committee
NSF (N. S. F.) National Science Foundation
N. S. O. Naval Staff Officer
N. S. P. C. A. National Society for the Prevention of Cruelty to Animals
N. S. P. C. C. National Society for the Prevention of Cruelty to Children
N. S. S. New Shakespeare Society
N. S. Trip. Natural Science Tripos
N. S. W. New South Wales
N. T. (NT) 1. New Testament 2. Northern Territory (Australia) 3. no trumps
Nt *chem* niton
Nth. North
N. T. P. (n. t. p.) normal temperature and pressure
n. u. name unknown
N. U. I. National University of Ireland
N. U. J. National Union of Journalists
N. U. M. National Union of Mineworkers
Num. (Numb.) Numbers (Old Testament)
num. 1. number 2. numeral
numis. (numism.) numismatics; numismatic
N. U. P. E. National Union of Public Employees
N. U. R. National Union of Railwaymen
N. U. T. National Union of Teachers
N. U. W. T. National Union of Women Teachers
N. U. W. W. National Union of Women Workers
NV Nevada
N. V. New Version
NW north-west
N. W. 1. north-west; north-western 2. North Wales
N. W. by N. (NWbN) north-west by north
N. W. by W. (NWbW) north-west by west
N. W. F. P. North-west Frontier Province (India)
N. W. P. (N. W. Prov.) North-west Provinces (India)
N. W. T. North-west Territories (Canada)
n. wt. net weight
NY New York
N. Y. 1. New York 2. New Year; New Year's Day
N. Y. C. New York City
NYP not yet published
N. Y. P. L. New York Public Library
N. Z. (N. Zeal.) New Zealand

O

O 1. *chem* oxygen 2. Ocean 3. old 4. *com* order
O. 1. Ocean 2. Ohio 3. October 4. officer 5. old 6. order
o. (O.) 1. octavo 2. old 3. order
o. 1. only 2. *pharm Lat* octarius (= pint)
o. a. on account (of)
O. & M. organization and methods
O. A. P. old-age pension(er)
OAS Organizatio of American States
O. A. S. on active service
O. A. U. Organization of African Unity
O. B. 1. outside broadcast 2. Old Boy
ob. 1. *Lat* obiit (= he died) 2. oboe 3. obstetric 4. *Lat* obiter (= incidentally)
Obad. Obadiah (Old Testament)
O. B. E. Officer of the (Order of the) British Empire; Order of the British Empire
obj. 1. *gram* object; objective (case) 2. objection
obl. 1. oblong 2. oblique
Obs. Observatory
obs. 1. obsolete 2. observatory 3. observation 4. obscure 5. obstetric; obstetrician; obstetrics
ob. s. p. (o. s. p.) *Lat* obiit sine prole (= died without issue)
obstet. obstetrics; obstetric
O. C. 1. Officer Commanding 2. Office of Censorship 3. Old Catholic
oc. (Oc.) ocean
o. c. *Lat* opere citato (= in the work quoted)
o/c overcharge
OCAS Organization of Central American States

occ. 1. occasional 2. occident; occidental 3. occupation
occas. occasional; occasionally
OCD *US* Office of Civil Defence
O. C. R. optical character recognition
OCS *US* Officer Candidate School
Oct. October
oct. octavo
O. C. T. U. (Octu) Officer Cadets Training Unit
O. D. 1. *US* Officer of the Day 2. Doctor of Optometry 3. *mil* ordnance datum 4. overdraft; overdrawn
o. d. 1. outer diameter 2. olive drab 3. on demand
O/D 1. overdraft 2. on demand
O. E. (OE, OE.) Old English
Oe oersted
o. e. omissions excepted
O. E. C. D. Organization for Economic Co-operation and Development
O. E. D. (OED) Oxford English Dictionary
O. E. E. C. (OEEC) Organization for European Economic Co-operation
O. E. O. (OEO) Office of Economic Opportunity
OEP Office of Emergency Planning
O. E. P. Office of Emergency Preparedness
O. F. 1. Old French 2. odd fellow(s) 3. *print* old-face
Off. 1. Office 2. Officer
off. 1. offer 2. office; officer; official
O. F. M. Order of Friars Minor
O. F. S. Orange Free State
O. G. 1. *US* Officer of the Guard 2. *philately* original gum
OH Ohio
O. H. B. M. S. On His (Her) Britannic Majesty's Service
o. h. c. overhead camshaft
O. H. M. S. On His (Her) Majesty's Service
o. h. v. overhead valve
OK Oklahoma
O. K. (OK) all correct
Okla. Oklahoma
OM. ostmark
O. M. (Member of the) Order of Merit
o. m. s. output per manshift
O. N. (ON) Old Norse
O. N. C. Ordinary National Certificate
O. N. D. Ordinary National Diploma
O. N. F. 1. Old Northern French 2. Old Norman French
ONI *US* Office of Naval Intelligence
o. n. o. or near(est) offer
ONR Office of Naval Research
Ont. Ontario
O. O. D. officer of the deck
O. P. 1. observation post 2. Order of Preachers (Dominican) 3. *theat* opposite prompt
Op. 1. operation 2. opus 3. out of print
op out of print
o. p. 1. out of print 2. overproof 3. *theat* opposite prompt
op. 1. *Lat* opus (= musical composition) 2. opposite 3. operation 4. operator 5. optical (*op art*) 6. out of print
op. cit *Lat* opere citato (= in the work quoted)
O. P. E. C. (OPEC) Organization of Petroleum Exporting Countries
ophthal. opthalmologist; opthalmology
opp. opposite
Ops. (ops) operations
opt. 1. optics; optician; optical 2. *gram* optative 3. optimum 4. optional
OR Oregon
O. R. 1. other ranks 2. Orderly Room 3. operational research
Or. Oregon
o. r. owner's risk
orch. orchestra; orchestral; orchestrated by
ord. 1. ordinary 2. order 3. ordained 4. ordinance 5. ordinal 6. ordnance
ordn. ordnance
Ore. (Oreg.) Oregon
org. (organ.) 1. organic 2. organized; organization
orig. original; originally
Ork. Orkney Islands
ornith. ornithology; ornithological
ors. others
Orse. (orse.) *jur* otherwise
orth. orthopedic; orthopedics
Os *chem* osmium
O. S. 1. Old Saxon 2. Old Style 3. ordinary seaman 4. Ordnance Survey 5. outsize (of clothes) 6. out of stock 7. Old School 8. Old Series
o. s. 1. only son 2. out of stock
o/s 1. outstanding 2. out of stock
O. S. A. (OSA) 1. Order of St. Augustine 2. Official Secrets Act
O. S. B. (OSB) Order of St. Benedict
O. S. D. 1. Order of St. Dominic 2. Ordnance Survey Department 3. Overseas Settlement Department
O. S. F. (OSF) Order of St. Francis
O. Sl. (O. Slav.) Old Slavonic
O. S. R. D. *US* Office of Scientific Research and Development
O. S. T. Office of Science and Technology
O. S. U. (OSU) Order of St. Ursula
O. Swed. Old Swedish
O. T. (OT) Old Testament
O. T. C. (OTC) 1. Officers' Training Corps 2. Officer in Tactical Command
O. Teut. Old Teutonic
Oth. Shakespeare's *Othello*
otol. otology
O. T. S. (OTS) Officers' Training School
O. U. 1. Oxford University 2. Open University
O. U. A. C. Oxford University Athletic Club

O. U. A. F. C. Oxford University Association Football Club
O. U. B. C. Oxford University Boat Club
O. U. C. C. Oxford University Cricket Club
O. U. D. S. Oxford University Dramatic Society
O. U. G. C. Oxford University Golf Club
O. U. H. C. Oxford University Hockey Club
O. U. L. T. C. Oxford University Lawn Tennis Club
O. U. P. Oxford University Press
O. U. R. F. C. Oxford University Rugby Football Club
Ov. Ovid
OWI *US* Office of War Information
Ox. Oxford
Oxf. 1. Oxford 2. Oxfordshire
Oxfam Oxford Committee for Famine Relief
Oxon. 1. of Oxford (University or diocese) 2. Oxfordshire
oz. (**oz**) ounce(s)
oz. ap. (**oz ap**) apothecaries' ounce
oz. av. (**oz av, oz avdp**) avoirdupois ounce(s)
ozs. ounces

P

P 1. *chem* phosphorus 2. *phys* parity 3. *chess* pawn 4. *phys* pressure 5. *phys* load 6. *phys* power 7. electric power 8. *phys* poise 9. the medieval Roman numeral for 400
P. 1. parking 2. *Lat* pater (= father) 3. prince 4. President 5. Protestant 6. priest 7. *theat* prompter
p 1. *phys* momentum 2. *mus* piano 3. *phys* pico- 4. proton 5. *phys* pressure per unit area
p. 1. page 2. participle 3. past 4. part 5. per 6. print 7. peseta 8. pole (measure) 9. peso 10. penny; pence 11. pint 12. pipe 13. population 14. president 15. prince 16. pro 17. purl
PA 1. Pennsylvania 2. public-address system
P. A. 1. Press Association 2. Press Agent 3. personal assistant 4. public address (system) 5. power of attorney 6. prosecuting attorney
P. A. (**P/A**) 1. power of attorney 2. private account
Pa *chem* protactinium
Pa. 1. Pennsylvania 2. pascal
p. a. *Lat* per annum
P. A. A. Pan-American Airways
PABA (**paba**) para-aminobenzoic acid
P. A. B. X. private automatic branch (telephone) exchange
PAC *US* Political Action Committee
P. A. C. 1. Public Assistance Committee 2. Pan-American Congress
Pac. (**Pacif.**) Pacific (Ocean)
Pak (**Paki**) Pakistani
Pal. Palestine
pam. pamphlet
Pan. Panama
P. and L. *US* profit and loss
P. & O. Peninsular and Oriental Steamship Company
p. & p. postage and packing
Pap. Ter. Territory of Papua
par. 1. paragraph 2. parallel 3. parenthesis 4. parish
Para. Paraguay; Paraguayan
para(s) paragraph(s)
paren. parenthesis
Parl. Parliament; Parliamentary
parl. parliamentary
part. 1. participle 2. particular
pass. 1. *gram* passive 2. passenger 3. passage
Pat. Patent
pat. 1. patent; patented 2. patrol boat
patd. patented
path. (**pathol.**) pathology; pathological
P. A. U. Pan American Union
P. A. X. private automatic (telephone) exchange
P. A. Y. E. 1. pay as you earn 2. pay as you enter
Paym. Gen. (**Paymr-Gen.**) Paymaster-General
Paymr. Paymaster
paym't (**payt.**) payment
Pb *chem Lat* plumbum (= lead)
P. B. 1. Prayer Book 2. passbook 3. British Pharmacopoeia
PBA *US* Public Buildings Administration
P. B. I. 1. poor bloody infantry 2. protein--bound iodine
P. boat patrol boat
P. B. T. President of the Board of Trade
PBX (**P. B. X.**) *US* private branch exchange (private telephone switchboard)
PC Preparatory Commission (of the United Nations)
P. C. 1. police constable 2. Privy Council; Privy Councillor 3. postcard 4. Past Commander 5. *US* Peace Corps 6. Post Commander

p. c. 1. per cent 2. postcard 3. *Lat* post cibum (= after meals) 4. petty cash
p. c. (p/c, P/C) 1. petty cash 2. prices current
P. C. G. N. Permanent Committee of Geographical Names
pcls. parcels
P. Cr. Paymaster Commander
pct. per cent
Pd *chem* palladium
pd. paid
P. D. 1. *mar* position doubtful 2. Postal District 3. *US* Police Department 4. *el* potential difference 5. *print* printer's devil 6. pitch diameter 7. per diem
p. d. per diem (= per day)
Pd. B. *US* Bachelor of Pedagogy
Pd. D. *US* Doctor od Pedagogy
P. Det. Port Detachment
Pd. M. *US* Master of Pedagogy
p. d. q. pretty damn quick
pdr -pounder (of fish, gun etc.)
P. D. S. A. People's Dispensary for Sick Animals
P. D. T. Pacific Daylight Time
P. E. 1. physical education 2. probable error
p. e. personal estate
p/e price/earnings (ratio)
p. e. c. photoelectric cell
ped. 1. *mus* pedal 2. pedestal 3. pedestrian
P. E. I. Prince Edward Island
Pemb. Pembrokeshire
P. E. N. International Association of Poets, Playwrights, Editors, Essayists and Novelists
pen (Pen., penin.) peninsula
P. E. N. Club Poets, Playwrights, Essayists, Editors and Novelists
Penn. (Penna) Pennsylvania
Pent. 1. Pentecost 2. Pentateuch
P. E. P. Political und Economic Planning
per. 1. person 2. period
per an (per ann.) *Lat* per annum (= annually)
perf. 1. perfect 2. performance 3. perforated
perm. permanent
Perm. S. Permanent Secretary
per pro. (per proc.) *Lat* per procurationem (= by proxy; through an agent)
Pers. Persia; Persian
pers. 1. person 2. personal
persp. perspective
pert. pertaining
P. E. R. T. programme evaluation and review technique
Peruv. Peruvian
Pet. 1. Peter 2. Peterhouse
pet. petroleum
petr. petrology
petrog. petrography
petrol. petrology
p. F. *el* pico-Farad
Pf. pfennig
pf. 1. perfect 2. pfennig 3. preferred
Pfc. (p. f. c.) *US* Private First Class
pfg. pfennig
P. G. 1. paying guest 2. postgraduate
Pg. Portugal; Portuguese
P. G. A. (PGA) Professional Golfers' Association
Ph *chem* phenyl
ph. phase
P. H. (PH) Purple Heart
Ph. philosophy
PHA *US* Public Housing Administration
Phar. (phar.) pharmacy; pharmacist; pharmacopoeia; pharmaceutical
Phar. B. Bachelor of Pharmacy
Phar. D Doctor of Pharmacy
pharm. (Pharm.) pharmaceutical; pharmacist; pharmacopoeia; pharmacy
Phar. M. Master of Pharmacy
Ph. B. Bachelor of Philosophy
Ph. C. *US* Pharmaceutical Chemist
Ph. D. Doctor of Philosophy
Ph. G. *US* Graduate in Pharmacy
Phil. 1. Philippians (New Testament) 2. Philippine 3. Philadelphia 4. Philosophy 5. Philology 6 Philharmonic
phil. philosophy; philosophical; philosophy
Phila. Philadelphia
Philem. Philemon (New Testament)
Phil. I(s.) Philippine Islands
philol. philology; philological
philos. philosophy; philosopher; philosophical
Phil. Soc. 1. Philological Society (London) 2. *US* Philosophical Society
Ph. M. Master of Philosophy
phon. phonetics; phonetic; phonology
phonet. phonetic; phonetics
phot. (photog.) photograph; photography; photographic; photographer
photom. photometry
phr. phrase
phren. (phrenol.) phrenology
PHS *US* Public Health Service
phys. 1. physics; physicist 2. physical 3. physician 4. physiology; physiological
physiol. physiological; physiology
PI *US navy* Printer
P. I. Philippine Islands
pinx. *Lat* pinxit (= painted)
P. I. V. *phys* pitch infinitely variable
pizz. *mus* pizzicato
Pk. Park
pk. 1. peck(s) (measure) 2. pack 3. park 4. peak
pkg (pkge.) package
pkt. packet
Pl. Place
P. L. 1. Milton's *Paradise Lost* 2. Poet Laureate
P/L 1. Profit and Loss (account) 2. plain language
pl. 1. plural 2. place 3. plate 4. platoon

PL/1 Program Language (number) (A symbolic language designed for programming computers and having a structure closely analogous to English)
P. L. A. Port of London Authority
plat. 1. platform 2. platoon
Plen. Plenipotentiary
plf. (plff., pltff.) plaintiff
P. L. P. Parliamentary Labour Party
P. L. R. Public Lending Right
plu. plural
plup. (plupf.) *gram* pluperfect
PM postmaster
P. M. 1. Prime Minister 2. Provost Marshal 3. Paymaster 4. Postmaster 5. Past Master (Masonry) 6. post-mortem examination
Pm *chem* promethium
p. m. 1. Lat post meridiem (= after noon) 2. *Lat* post mortem (= after death) 3. post-mortem examination 4. per month
pm. 1. paymaster 2. premium
P. M. G. 1. Paymaster-General 2. Postmaster-General
p. m. h. production per man-hour
pmk postmark
P. M. O. Principal Medical Officer
PN *US navy* Personnel Man
p. n. (P/N) promissory note
PNdB perceived noise decibel(s)
P. N. E. U. Parents' National Educational Union
pneum. pneumatic; pneumatics
p. n. g. persona non grata
pnxt *Lat* pinxit (= painted)
Po *chem* polonium
P. O. 1. Pilot Officer 2. Petty Officer 3. Post Office 4. postal order 5. Personnel Officer
p. o. 1. postal order 2. petty officer 3. post office
P. O. B. post office box
P. O. D. 1. Post Office Department 2. The Pocket Oxford Dictionary 3. pay on delivery
p. o. d. pay on delivery
P. O. E. port of entry
poet. poetic; poetical; poetry
Pol. Poland; Polish
pol. (polit.) politics; political; politician
Pol. Econ. Political Economy
P. O. O. (p. o. o.) post office order
P. O. P. 1. *phot* printing-out paper 2. Post Office Preferred (size of envelopes etc.)
pop. 1. population 2. popular
p. o. r. pay on return
Port. Portugal; Portuguese
pos. 1. *gram* positive 2. position
P. O. S. B. Post Office Savings Bank
posit. 1. *gram* positive 2. position
posn. position
poss. 1. *gram* possessive 2. possession 3. possible; possibly
posthum. posthumous; posthumously
pot. 1. potential 2. potassium
P. O. W. (POW) prisoner of war
P. P. 1. Parish Priest 2. parcel post 3. past participle 4. Past President 5. post paid
pp *mus* pianissimo
p. p. 1. *gram* past participle 2. parcel post 3. post paid 4. parish priest 5. *Lat* per procurationem (= by the authority of; representing)
pp. 1. pages 2. privately printed 3. *mus* pianissimo 4. past participle
P. P. C. (p. p. c.) *Fr* pour prendre congé (= to take leave)
ppd. 1. post paid 2. prepaid
P. P. E. philosophy, politics, and economics
pph. pamphlet
p. p. m. (ppm.) part(s) per million
P. P. S. 1. Parliamentary Private Secretary 2. Principal Private Secretary 3. *Lat* post-postscriptum (= additional postscript)
ppt. prompt
P. Q. 1. Province of Quebec 2. Quebec Party 3. previous (preceding) question
p. q. previous question
Pr *chem* praseodymium
PR 1. public relations 2. Puerto Rico
P. R. 1. proportional representation 2. Milton's *Paradise Regained* 3. Pre-Raphaelite 4. public relations 5. Porto Rico
Pr. 1. priest 2. prince 3. Provençal
pr. 1. pair 2. pronoun 3. price 4. present 5. printer; printing; printed
PRA *US* Public Roads Administration
P. R. A. President of the Royal Academy
P. R. B. Pre-Raphaelite Brotherhood
P. R. C. A. President of the Royal Cambrian Academy
Preb. Prebendary
prec. preceding
pred. *gram* predicate; predicative; predicatively
pref. 1. prefix 2. preference; preferred 3. preface; prefatory
prehist. prehistory; prehistoric(al)
prelim. preliminary
prem. premium
prep. 1. *gram* preposition 2. preparation; preparatory; prepare
Pres. President
pres. 1. present 2. presumptive 3. president
Presb. Presbyter; Presbyterian
pres. part. *gram* present participle
pret. *gram* preterite
prev. previous; previously
prim. 1. primary 2. primitive
prin. 1. principal; principally 2. principle
print. printing
priv. 1. private 2. *gram* privative
prm. premium
Pr. Min. Prime Minister
p. r. n. *med Lat* pro re nata (= as the situation demands)
P. R. O. (PRO) 1. Public Relations Officer 2. Public Records Office

Pro. Provost
pro. (Pro.) professional
Prob. *jur* Probate
prob. 1. probably; probable 2. problem
Proc. Proctor
proc. 1. proceedings 2. process
prod. 1. produce 2. produced 3. product
Prof. (prof.) professor
Prol. prologue
prom. promontory
pron. 1. pronoun; pronominal 2. pronunciation; pronounced
prop. 1. proposition 2. properly; proper 3. property 4. proprietor; proprietary
propr. proprietor
pros. prosody
Pros. Atty. prosecuting attorney
Prot. 1. Protestant 2. Protectorate
protec. protectorate
pro tem. *Lat* pro tempore (= for the time being)
Prov. 1. Provençal 2. *bibl* Proverbs 3. Province 4. Provost
prov. 1. proverb; proverbial 2. province; provincial 3. provisional 4. provost
prox. *Lat* proximo (= next month)
P. R. S. President of the Royal Society (London)
P. R. S. A. President of the Royal Scottish Academy
P. R. S. E. President of the Royal Society of Edinburgh
Prus. (Pruss.) Prussia; Prussian
P. S. 1. Privy Seal 2. public sale 3. Public School
P. S. (p. s.) 1. police sergeant 2. postscript 3. *theat* prompt side 4. passenger steamer 5. private secretary 6. permanent secretary 7. public school
ps. 1. pesetas 2. pieces
Ps(s) (Psa.) Psalm(s) (Old Testament)
pseud. (pseudon.) pseudonym
p. s. f. (psf) pounds per square foot
p. s. i. (psi) pounds per square inch
p. s. i. a. (psia) pounds per square inch absolute
p. s. i. g. (psig) pounds per square inch gauge
P. SS. postscripts
P. S. S. Printing and Stationery Service
P. S. T. (PST) *US* Pacific Standard Time
P. S. V. public service vehicle
psych. (psychol.) psychology; psychological; psychologist
Pt *chem* platinum
pt. 1. part 2. payment 3. pint(s) 4. point 5. port 6. preterite
P. T. physical training
p. t. 1. pupil teacher 2. pro tempore 3. physical training
PTA (P. T. A.) Parent-Teacher Association
pta. peseta
P. T. boat motor torpedo-boat
Pte. Private (soldier)
ptg. printing
P. T. O. (p. t. o.) please turn over (the page)
pts. pints
Pty. (pty.) 1. party 2. proprietary
pty. ltd. proprietary limited
Pu *chem* plutonium
pub. 1. public 2. publisher; published 3. publication
Pub. Doc. public documents
publ. 1. published; publisher 2. publication
P. U. C. 1. pick-up car 2. papers under consideration
p. u. m. s. permanently unfit for military service
p. u. n. s. permanently unfit for naval service
pur. purchase
P. U. S. 1. Parliamentary Under-Secretary 2. Pharmacopoeia of the United States
P. V. 1. patrol vessel 2. Priest Vicar
PVC polyvinylchloride
Pvt. (pvt.) *US army* Private (soldier)
P. W. Policewoman
PWA (P. W. A.) *US* Public Works Administration
P. W. D. Public Works Department
pwr. power
pwt. pennyweight
P. X. 1. please exchange 2. post exchange; Post Exchange
pxt. *Lat* pinxit (= painted)
pyro. pyrotechnics

Q

Q 1. *phys* quantity 2. *el* electric quantity 3. *el* coulomb 4. *chess* queen 5. quetzal
Q. 1. Queen('s) 2. quarto 3. question
q 1. query 2. quintal 3. question 4. quarto 5. quart 6. quarter 7. quarterly 8. quire(s)
Q. A. R. A. N. C. Queen Alexandra's Royal Army Nursing Corps
Q. A. R. N. N. S. Queen Alexandra's Royal Naval Nursing Service
QB *chess* queen's bishop
qb (q. b.) quaterback
Q. B. Queen's Bench
QBP *chess* queen's bishop's pawn
Q. C. 1. Queen's Counsel 2. Queen's College 3. quartermaster corps

Q. D. (q. d.) *mar* quarterdeck
q. e. *Lat* quod est (= which is)
Q. E. D. (q. e. d.) *Lat* quod erat demonstrandum (= which was to be proved)
Q. E. F. (q. e. f.) *Lat* quod erat faciendum (= which was to be done)
Q. E. I. (q. e. i.) *Lat* quod erat inveniendum (= which was to be found)
Q. F. quick-firing (gun)
Q. H. C. Queen's Honorary Chaplain
Q. H. P. Queen's Honorary Physician
Q. H. S. Queen's Honorary Surgeon
QKt *chess* queen's knight
QKtP *chess* queen's knight's pawn
ql. quintal
q. l. *Lat* quantum libet (= as much as is desired)
Qld. = Queensland
qlty. quality
Q. M. (QM) Quartermaster
Q. M. C. (QMC) Quartermaster Corps
Q. Mess Queen's Messenger(s)
Q. M. G. (QMG) Quartermaster General
Qmr. Quartermaster
Q. M. S. Quartermaster Sergeant
qn. question
Q. O. C. H. The Queen's Own Cameron Highlanders
QP *chess* queen's pawn
q. pl. *Lat* quantum placet (= as much as you please)
Q. P. M. Queen's Police Medal
Qq. quartos
qq. questions
qq. v. *Lat* quae vide (which (things) see)
QR *chess* queen's rook
Q. R. *The Quarterly Review*
qr. 1. quarter(s) 2. quarterly 3. quire
QRP *chess* queen's rook's pawn
Q. S. Quarter Sessions
q. s. (quant. suff.) *Lat* quantum sufficit (= as much as suffices)
QSO (Q. S. O.) *astr* quasi-stellar object, quasar
QSRS (Q. S. R. S.) quasi-stellar radio source
qt quart
q. t. *sl* quiet | **on the strict ~** povjerljivo, privatno
qt. 1. quart(s) 2. quantity
qto. quarto
qty. quantity
Qu. 1. Queen 2. Question
qu. 1. *Lat* quasi (= as if it were, almost) 2. queen 3. query 4. question
quad. 1. quadrangle 2. quadrant 3. quadrilateral
quant. quantitative
quar. 1. quarter 2. quarterly
quart. quarterly
Q. U. B. Queen's University, Belfast
Que. Quebec
ques. question
quot. 1. quotation 2. quoted
q. v. *Lat* quod vide (= which see)
qy. query

R

R 1. Réaumur 2. *Lat* Regina (= queen) 3. *Lat* Rex (= king) 4. *chem* gas constant 5. *chem* radical 6. radius 7. railroad; railway 8. *eccl* response 9. *chess* rook 10. roentgen (unit of radiation) 11. *math* ratio 12. *el* resistance 13. retard (on clock regulators) 14. right 15. *chess* rook
R. 1. Railway 2. rand 3. Réaumur 4. Regiment 5. *Lat* regina 6. registered as trade mark 7. Republican 8. *Lat* rex 9. River 10. *chess* rook 11. Royal 12. rabbi 13. Rector 14. regius 15. right 16. road 17. rouble 18. rupee
r 1. radius 2. *el* resistance 3. *sports* run
r. 1. railway 2. right 3. *cricket* run(s) 4. rupee 5. road 6. (card games) rubber 7. rod (measure) 8. radius 9. rises (of sun or moon) 10. river 11. retired 12. recto 13. rouble 14. roentgen(s)
RA (R. A.) *US* Regular Army
Ra *chem* radium
R. A. 1. Royal Academy 2. Royal Academician 3. Royal Artillery 4. Rear Admiral 5. *astr* right ascension 6. Regular Army
R. A. A. Royal Academy of Arts
R. A. A. F. (RAAF) 1. Royal Australian Air Force 2. Royal Auxiliary Air Force
R. A. C. 1. Royal Armoured Corps 2. Royal Automobile Club 3. Royal Agricultural College
R. A. (D.) Rear-Admiral of Destroyers
Rad. *pol* Radical
rad. 1. *philol* radical 2. *math* radix 3. radio 4. radius 5. radian(s)
R. A. D. A. Royal Academy of Dramatic Art
RADAR Radio Detection and Ranging
R. A. D. C. Royal Army Dental Corps
R. A. Dks Royal Albert Docks
R. Adm. Rear-Admiral
R. A. E. Royal Air Force Establishment
R. A. E. C. Royal Army Educational Corps
R. Ae. S. Royal Aeronautical Society
R. A. F. (RAF) Royal Air Force
R. A. F. O. Reserve of Air Force Officers

R. A. F. R. Royal Air Force Regiment
R. A. F. S. C. Royal Air Force Staff College
R. A. F. V. R. Royal Air Force Volunteer Reserve
rall. *mus* rallentando
R. A. M. Royal Academy of Music
R. A. M. C. Royal Army Medical Corps
R. A. N. Royal Australian Navy
R. & B. rhythm and blues
R. & D. research and development
R. & I. 1. *Lat* Rex et Imperator (= King and Emperor) 2. *Lat* Regina et Imperatrix (= Queen and Empress)
R. & J. Shakespeare's *Romeo and Juliet*
R. A. O. C. Royal Army Ordnance Corps
R. A. P. C. Royal Army Pay Corps
R. A. R. Royal Army Reserve
R. A. S. 1. Royal Astronomical Society 2. Royal Agricultural Society
R. A. S. C. Royal Army Service Corps
R. A. V. C. Royal Army Veterinary Corps
Rb *chem* rubidium
R. B. Rifle Brigade
R. B. A. Royal Society of British Artists
RBE *phys* relative biological effectiveness
r. b. i. (rbi, RBI) *sports* run(s) batted in
R. B. S. Royal Society of British Sculptors
R. C. 1. Red Cross 2. Roman Catholic 3. Reserve Corps 4. *theat* right centre 5. reinforced concrete 6. Regional Commissioner
r. c. *theat* right centre
RCA Radio Corporation of America
R. C. A. 1. Royal College of Art 2. Royal Canadian Academy
R. C. A. F. (RCAF) Royal Canadian Air Force
R. C. C. (R. C. Ch.) Roman Catholic Church
R. C. M. Royal College of Music
R. C. M. P. Royal Canadian Mounted Police
R. C. N. 1. Royal Canadian Navy 2. Royal College of Nursing
R. C. O. Royal College of Organists
R. C. P. Royal College of Physicians
rcpt. receipt
R. C. S. 1. Royal College of Surgeons 2. Royal College of Science 3. Royal Corps of Signals
rct *US army* recruit
Rd. road
rd rod (unit of length)
rd. 1. road 2. round
RD *US navy* Radarman
R. D. 1. Royal (Naval Reserve) Decoration 2. *st exch* refer (the cheque) to drawer 3. Research Department 4. *US* rural delivery
R. D. C. 1. Rural District Council 2. Royal Defence Corps
R. D. Q. regimental detention quarter
R. D. S. 1. Royal Dublin Society 2. Royal Drawing Society
R. D. Y. Royal Dockyard
Re *chem* rhenium
Re. rupee
R. E. 1. Royal Engineers 2. Right Excellent 3. real estate
react. reactance
Rear-Adm. Rear-Admiral
rec. 1. receipt 2. recipe 3. record; recording
recce reconnaissance (*Recce Corps*)
recd. received
recip. reciprocal; reciprocity
recit. 1. *mus* recitative 2. recitation
rect. 1. rectangle; rectangular 2. receipt 3. rectified 4. rector; rectory
rec't receipt
red. 1. reduced; reduction 2. *phot* reducer
redupl. reduplicate; reduplication; reduplicative
ref. 1. refer; reference; referred 2. referee 3. reformation; reformed 4. refunding
refash. refashioned
Ref. Ch. Reformed Church
refd. referred
refl. 1. reflection; reflective 2. reflex; reflexive
Reg. 1. *Lat* Regina (= queen) 2. Regent
reg. 1. region; regional 2. regular; regularly 3. regulation 4. register; registered 5. regulator 6. regiment 7. regent 8. registrar 9. registry
regd. registered
Reg.-Gen. Registrar-General
Reg. Prof. Regius Professor
regr. registrar
Regs. (regs.) regulations
regt. (Regt.) 1. regiment 2. regent
rel. 1. relative 2. relating; related 3. religion; religious 4. released
Reliq. *Lat* reliquiae (= remains)
rel. pron. relative pronoun
R. E. M. rapid eye-movement
rem. remittance
R. E. M. E. Royal Electrical and Mechanical Engineers
Ren. Renaissance
Rep. 1. Republic 2. Republican 3. Representative (in Congress) 4. Repertory
rep. 1. report 2. reporter 3. representing 4. representative 5. republic; republican 6. repair 7. reprint
r. e. p. roentgen equivalent, physical
repl. replacement
epr. 1. represent; representing; represented 2. reprinted
rept. 1. receipt 2. report
Repub. 1. Republic 2. Republican
req. 1. require; required 2. requisition
RES reticuloendothelial system
res. 1. reserve 2. residence; residential; resident; resides 3. research 4. resolution 5. resigned
resp. 1. respective; respectively 2. respondent 3. respiration
restr. restaurant
Resurr. Resurrection
ret. 1 retired 2. returned
retd. 1. returned 2. retired

R. (et) I. 1. *Lat* Regina (et) Imperatrix (= Queen and Empress) 2. *Lat* Rex (et) imperator (= King and Emperor)
Rev. 1. Revelation (New Testament) 2. Reverend 3. revolution 4. review
rev. 1. revenue 2. reverse; reversed 3. review; reviewed 4. revise; revised; revision 5. revolving 6. revolution
Revd. Reverend
Rev. Ver. Revised Version (of the Bible)
RF radio frequency
R. F. (r. f.) 1. radio frequency 2. rapid-fire 3. range-finder
r. f. right field; right fielder
R. F. A. Royal Field Artillery
RFC (R. F. C.) *US* Reconstruction Finance Corporation
R. F. C. 1. Rugby Football Club 2. Royal Flying Corps
R. F. D. (RFD) *US* rural free delivery (of letters)
Rfn. Rifleman
R. G. B. river gunboat
R. G. G. Royal Grenadier Guards
R. G. S. Royal Geographical Society
Rgt. Regiment
Rh 1. *chem* rhodium 2. Rhesus (factor)
RH (R. H., r. h.) right hand (side)
R. H. 1. Royal Highness 2. Royal Highlanders
r. h. 1. relative humidity 2. right hand
R. H. A. Royal Horse Artillery
rhbdr. rhombohedron
rheo. rheostat
rhet. rhetoric; rhetorical
R. Hist. S. Royal Historical Society
R. H. G. Royal Horse Guards
Rho. (Rhod.) Rhodesia; Rhodesian
rhomb. rhombic
r. h. p. rated horse-power
R. H. Q. Regimental Headquarters
R. H. S. 1. Royal Horticultural Society 2. Royal Humane Society 3. Royal Historical Society
R. I. 1. Rhode Island 2. Royal Institute 3. Royal Institution 4. *Lat* Rex et Imperator (= King and Emperor); 5. *Lat* Regina et Imperatrix (= Queen and Empress)
R. I. B. A. Royal Institute of British Architects
R. I. C. S. Royal Institute of Chartered Surveyors
Rich. Richard
R. I. P. *Lat* requiescat in pace (= may he rest in peace)
rit. (ritard.) *It mus* ritardando (= gradually slower)
Riv. (riv.) river
RJ *US* road junction
R. L. Rugby League
R/L (r/l) radiolocation
R. L. F. C. Rugby League Football Club
R. L. O. Returned Letter Office
R. L. S. Robert Louis Stevenson
rly (rly.) railway
RM reichsmark
R. M. 1. Resident Magistrate 2. Royal Mail 3. Royal Marines 4. Reichsmark
rm. 1. ream 2. room
R. M. A. 1. Royal Military Academy (Woolwich) 2. Royal Marine Artillery
R. M. C. Royal Military College (Sandhurst)
R. Met. S. Royal Meteorological Society
R. M. L. I. Royal Marine Light Infantry
R. M. O. Royal Marine Office
R. M. P. Royal Marine Police
R. M. S. 1. Royal Mail Steamer (Service) 2. Railway Mail Service 3. Royal Microscopical Society
rms. (rms, r.m.s.) root mean square
rms rooms
Rn *chem* radon
R. N. 1. Royal Navy 2. registered nurse
RNA ribonucleic acid
R. N. A. S. Royal Naval Air Service (Station)
R. N. A. V. Royal Naval Artillery Volunteers
R. N. C. Royal Naval College (Dartmouth)
R. N. D. Royal Naval Division
R. N. L. I. Royal National Lifeboat Institution
R. N. R. Royal Naval Reserve
R. N. S. C. Royal Naval Staff College
R. N. V. R. Royal Navy Volunteer Reserve
R. N. Z. A. F. Royal New Zealand Air Force
R. N. Z. N. Royal New Zealand Navy
R. O. 1. Routine Order(s) 2. Royal Observatory 3. Relieving Officer 4. Recruiting Officer
ro. (Ro.) 1. recto 2. road 3. rood (measure)
Robt. (Rob.) Robert
R. O. C. Royal Observer Corps
Rom. 1. Romance (language) 2. Roman 3. Romans (New Tastament)
rom. *print* roman (type)
Rom. Cath. Roman Catholic
R. O. P. 1. record of production 2. run of paper
RoSPA Royal Society for the Prevention of Accidents
rot. rotating; rotation
ROTC (R. O. T. C.) *US* Reserve Officers' Training Corps
Roy. Royal
R. P. 1. Regius Professor 2. rules of procedure 3. reply paid
R. P. C. Royal Pioneer Corps
R. P. D. 1. Regius Professor of Divinity 2. *Lat* Rerum Politicarum Doctor (= Doctor of Political Science)
r. p. m. (rpm) 1. revolutions per minute 2. resale price maintenance
R. P. O. 1. Regulating Petty Officer 2. *US* Railway Post Office
R. P. S. Royal Photographic Society
r. p. s. (rps) revolutions per second
rpt. 1. repeat 2. report

rptd. 1. repeated 2. reported
R. Q. respiratory quotient
R. R. 1. *US* railroad 2. Right Reverend 3. rural route
RRB *US* Railroad Retirement Board
R. R. C. (Lady of) Royal Red Cross
R. S. 1. Royal Scots 2. Royal Society 3. right side 4. Recording Secretary
Rs. (rs.) rupees
r. s. right side
R. S. A. 1. Royal Scottish Academy (Academician) 2. Royal Society of Arts
R. S. C. Rules of the Supreme Court
R. Scots. The Royal Scots (regiment)
R. S. D. Royal Society of Dublin
R. S. E. Royal Society of Edinburgh
R. S. F. Royal Scots Fusiliers
R. S. F. S. R. Russian Soviet Federated Socialist Republic
R. Sigs. Royal Corps of Signals
R. S. L. 1. Royal Society, London 2. Royal Society of Literature
R. S. M. Regimental Sergeant-Major
R. S. P. C. A. Royal Society for the Prevention of Cruelty to Animals
R. S. S. *Lat* Regiae Societatis Sodalis (= Fellow of the Royal Society)
R. S. U. Recovery and Salvage Unit
R. S. V. Revised Standard Version (of the Bible)
R. S. V. D. C. *Austr* Returned Soldiers Volunteer Defence Corps
R. S. V. P. (r. s. v. p.) *Fr* répondez, s'il vous plaît (= please reply)
R. T. (R/T) 1. radio telegraphy 2. radio telephony
rt. right
rte. route
Rt. Hon. Right Honourable
R. T. O. Railway Transport Officer
Rt. Rev(d). Right Reverend
Rts. *st exch* rights
Ru *chem* ruthenium
R. U. 1. Rugby Union 2. ready use
R. U. C. Royal Ulster Constabulary
R. U. E. *theat* right upper entrance
R. U. F. C. Rugby Union Football Club
Rum. Rumania; Rumanian
R. U. R. (R. U. Rif) Royal Ulster Rifles
Rus. Russia; Russian
R. U. S. I. Royal United Service Institution
R. U. S. Mus. Royal United Service Museum
Russ. Russia; Russian
Rut. (Rutd., Rutl.) Rutland
R. V. Revised Version (of the Bible)
R. W. 1. Royal Warrant 2. Right Worthy 3. Right Worshipful
R. W. A. Royal West of England Academy
R. W. F. Royal Welsh Fusiliers
R. W. G. T. Right Worthy Grand Templar
R. W. G. W. Right Worthy Grand Warden
R. W. K. Royal West Kents
R. W. S. 1. Royal Society of Painters in Watercolours 2. Royal West Surrey (Regiment)
R. W. S. G. W. Right Worshipful Senior Grand Warden
Rwy. railway
Rx. tens of rupees
Ry. (ry.) Railway
Ry. Tel. Railway Telegraph

S

S 1. *chem* sulphur 2. *phys* strangeness 3. *phys* entropy 4. south; southern 5. seaman
S. 1. Saint 2. Signor 3. Saturday 4. Saxon 5. Sabbath 6. South; Southern 7. sea 8. Socialist 9. Submarine(s) 10. Sunday 11. Secretary 12. September 13. soprano 14. Society 15. *math* scalar 16. *med* signature 17. sun 18. school
s 1. second (unit of time) 2. second of arc 3. stere
s. 1. shilling(s) 2. second(s) 3. singular 4. school 5. sea 6. *anat* sacral 7. see 8. *mus* solo 9. son 10. *Fr* sou 11. *gram* substantive 12. soprano 13. surplus 14. *jur* suit 15. succeeded 16. semi- 17. sire 18. sister 19. small 20. society 21. south; southern 22. stock
Sa *chem* samarium
S. A. 1. Salvation Army 2. South Africa 3. South America 4. South Australia 5. *Ger* Sturmabteilung (political militia of Nazi party) 6. sex-appeal
Sa. Saturday
s. a. *Lat* sine anno (= undated, without year)
S. A. A. small-arms ammunition
S. A. A. D. small-arms ammunition depot
Sab. Sabbath
S. A. B. C. South African Broadcasting Corporation
SAC Strategic Air Command
S. A. C. 1. Scottish Automobile Club 2. Senior Aircraftman
SACEUR Supreme Allied Commander, Europe
S. A. C. W. Senior Aircraftwoman
S. A. D. F. South African Defence Forces

S. A. E. 1. Society of Automotive Engineers 2. Standard of Automotive Engineers
s. a. e. stamped addressed envelope
S. Afr. South Africa
Salop. Shropshire
S. A. L. T. Strategic Arms Limitation Talks
S. A. M. surface-to-air missile
S. Am. (**S. Amer.**) South America; South American
Sam. Samuel (Old Testament)
S. & T. Supply and Transport
S. A. N. S. South African Naval Service
Sans. (**Sansk.**) Sanskrit
s. ap. apothecaries' scruple
S. A. R. 1. South African Republic 2. Sons of the American Revolution
S. A. S. *US Lat* Societatis Antiquariorum Socius (= Fellow of the Society of Antiquaries)
Sask. Saskatchewan
S. A. S. O. Senior Air Staff Officer
SAT (**S. A. T.**) Scholastic Aptitude Test
S. A. T. South Australian Time
Sat. Saturday
sat. saturated
S. A. T. B. *mus* soprano, alto, tenor, bass
S. Aus. South Australia
Sax. Saxon; Saxony
S. A. Y. E. save-as-you-earn
Sb *chem* stibium
sb. *gram* substantive
S. B. 1. simultaneous broadcast(ing) 2. *US* Bachelor of Science 3. Savings Bank
S. B. H. Scottish Board of Health
S. B. N. Standard Book Number
S. by E. (**SbE**) south by east
S. by W. (**SbW**) south by west
Sc 1. *chem* scandium 2. stratocumulus
SC 1. Security Council (United Nations) 2. South Carolina
S. C. 1. South Carolina 2. Special Constable 3. Staff College 4. School Leaving Certificate 5. Swimming Club 6. Sanitary Corps 7. Signal Corps 8. Supreme Court 9. small capitals
Sc. 1. science 2. Scotch; Scottish
sc. 1. scale 2. scene 3. science 4. scruple (weight) 5. *Lat* sculpsit (= made this sculpture) 6. *Lat* scilicet (= to wit)
s. c. 1. *print* small capitals 2. super-calendered
s/c self-contained
Scand. Scandinavia; Scandinavian
SCAP Supreme Commander for the Allied Powers
SCAPA (**S. C. A. P. A.**) Society for Checking the Abuses of Public Advertising
S. caps. *print* small capital letters
Sc. B. Bachelor of Science
Sc. C. Scottish Command
Sc. D. Doctor of Science
S. C. E. Scottish Certificate of Education
S. C. F. Senior Chaplain to the Forces
S. C. G. B. Ski Club of Great Britain
sch. 1. school 2. scholar 3. schooner
sched. schedule
schol. 1. scholar 2. scholastic
S. C. I. Society of Chemical Industry
sci. 1. science 2. scientific
scil. *Lat* scilicet (= to wit)
S. C. L. Student of Civil Law
S. C. L. C. Southern Christian Leadership Conference
S. C. M. 1. State Certified Midwife 2. Student Christian Movement
Sc. M. Master of Science
S. Coln. Supply Column
Scot. Scotland; Scottish; Scotch
S. C. R. 1. Senior Combination Room 2. Senior Common Room
scr. scruple (weight)
Script. Scriptures; Scriptural
Scrt. Sanscrit
S C S *US* Soil Conservation Service
S. C. U. Scottish Cycling Union
sculp. sculpture; sculptural; sculptor; sculptress; *Lat* sculpsit
sculpt. *Lat* sculpsit (= sculptured)
S. D. 1. Doctor of Science 2. Staff Duties 3. South Dakota 4. Signal Department 5. Supply Depot
S. D. (**s. d.**) 1. *com* sight draft 2. *mil* service dress 3. standard deviation
Sd. *geog* sound
s. d. 1. *Lat* sine die (= without date) 2. several dates
sd. 1. said 2. sewed (book-binding)
S. Dak. South Dakota
S. D. & T. Staff Duties and Training
S. D. P. Social Democratic Party
S. D. R. special drawing right (from International Monetary Fund)
S. D. U. K. Society for the Diffusion of Useful Knowledge
Se *chem* selenium
S. E. (**SE**) South-East; South-Eastern; South-Easterly
S. E. (**S/E**) Stock Exchange
S. E. A. C. (**Seac**) South-Eastern Asia Command
S. E. A. T. O. South-East Asia Treaty Organization
S. E. by E. (**SEbE**) south-east by east
S. E. by S. (**SEbS**) south-east by south
SEC (**S. E. C.**) *US* Securities and Exchange Commission
S. E. C. South-Eastern Command
Sec. Secretary
sec. 1. secant 2. second (unit of time) 3. second (unit of angular measure)
sec. 1. section 2. second(s) 3. secundum 4. secretary 5. secondary 6. sector
Sec. Leg. Secretary of Legation
sect. section
secy. secretary
S. E. D. Scottish Education Department
sed. sediment

sel. select; selected; selection
Seln. Selwin College, Cambridge
Sem. 1. Seminary 2. Semitic
sem. seminary
S. E. N. State Enrolled Nurse
Sen. (sen.) 1. Senior 2. Senate; Senator
Sen. Opt. Senior Optime
Senr. Senior
sent. *gram* sentence
S. E. P. *The Saturday Evening Post*
Sep. September
sep. 1. separate 2. sepal
Sept. 1. September 2. Septuagint
seq. 1. sequel 2. *Lat* sequens (= the following)
seqq. *Lat* sequentia (= the following)
S. E. R. South-eastern Railway
ser. 1. series 2. serial 3. sermon
Serb. Serbia; Serbian
Sergt. (Serg.) Sergeant
serv. 1. servant 2. service
sess. session
SF (S. F.) science fiction
s. f. *Lat* sub finem (= towards the end)
sf. (sf, sfz) *It mus* sforzando (= with sudden emphasis)
S. F. A. Scottish Football Association
Sfc. sergeant first class
sfz. *It mus* sforzando (= with sudden emphasis)
S. G. 1. Seaman Gunner 2. Solicitor-General 3. Scots Guards 4. *US* State Guard 5. senior grade 6. specific gravity
Sg. Surgeon
s. g. specific gravity
sgd. signed
s. g. d. g. *Fr* sans garantie du gouvernement (= without government guarantee)
Sgt. Sergeant
Sgt. Maj. Sergeant Major
sh. 1. shilling(s) 2. share (capital stock) 3. sheet 4. short
SHAEF *US* Supreme Headquarters, Allied Expeditionary Forces
Shak. (Shaks.) Shakespeare
SHAPE (S. H. A. P. E.) Supreme Headquarters Allied Powers, Europe
Shef. (Sheff.) Sheffield
Shet. Shetland Islands
s. h. p. (shp) *mar* shaft horse-power
shpt. shipment
shr. share (capital stock)
Shrops. Shropshire
shtg shortage
sh. tn. *US* short ton
Si *chem* silicon
S. I. 1. (Order of the) Star of India 2. Sandwich Islands 3. Staten Island 4. *Fr* Système International (international system of units of measurement)
Sib. Siberia; Siberian
S. I. C. Specific Inductive Capacity
Sic. Sicily; Sicilian
Sig. 1. Signor 2. *med* signature
sig. 1. signature 2. signal 3. signor
Sig. O. Signal Officer
sim. 1. similar 2. simile
sing. *gram* singular
S. I. R. Scientific and Industrial Research (Committee, Department)
S. J. Society of Jesus
S. J. A. A. St. John Ambulance Association
S. J. A. B. St. John Ambulance Brigade
S. J. C. *US* Supreme Judicial Court
S. J. D. *US Lat* Scientiae Juridicae Doctor (= Doctor of Juridical Science)
SK *US navy* Storekeeper
sk. sack
Skr. (Skrt., Skt.) Sanskrit
S. L. 1. searchlight 2. Sub-Lieutenant 3. Squadron Leader 4. South latitude
sl. slightly
s. l. a. n. *Lat* sine loco, anno, vel nomine (= without place, year or name)
S. lat. South latitude
Slav. 1. Slavonic 2. Slavic 3. Slavonian
S. L. B. M. submarine-launched ballistic missile
sld. 1. sailed 2. sealed
S. Lt. Sub-Lieutenant
Sm *chem* samarium
S. M. 1. Sergeant-Major 2. Staff Major 3. Surgeon-Major 4. *mus* short metre 5. Master of Science 6. State Militia 7. Silver Medallist 8. Soldier's Medal
sm *phys* mean specific heat
S. M. E. School of Military Engineering
Smith. Inst. Smithsonian Institution
S. M. O. 1. Senior-Medical Officer 2. Squadron Medical Officer
s. m. p. *Lat* sine mascula prole (= without male issue)
Sn *Lat chem* stannum (= tin)
Sn. sanitary
s.n. *Lat* sine nomine (= without name)
SNCC Student Nonviolent Coordinating Committee
S. N. L. R. services no longer required
S. N. O. 1. Senior Naval Officer 2. Senior Navigation Officer
S. N. P. Scottish National Party
Snr. Senior
S. O. 1. Staff Officer 2. Stationery Office 3. sub-office 4. Scottish Office 5. standing order(s)
So. South; Southern
s. o. 1. seller's option 2. strikeout
S. O. B. *sl* son of a bitch; silly old bastard
S. O. C. Standard Oil Company
Soc. (soc.) 1. Society 2. Socialist
sociol. sociology; sociological; sociologist
Soc. Isl. Society Islands
S. O. E. D. Shorter Oxford English Dictionary
S. of S. 1. Secretary of State 2. Song of Songs (Old Testament)
S. of Sol. Song of Solomon (Old Testament)
S. of T. Sons of Temperance

SOGAT Society of Graphical and Allied Trades
sol. 1. solicitor 2. solution 3. soluble
Sol.-Gen. Solicitor-General
soln solution
Som. Somerset
Soms. Somersetshire
SOP. standard operating procedure
sop. soprano
soph. *US* sophomore
SOS (international code-signal of extreme distress) Save our souls!
Sou. southern
sov. sovereign (coin)
SP *US navy* shore patrol; shore police
S. P. (s. p.) 1. starting price (point) 2. stirrup pump 3. *print* small paper
Sp. Spain; Spanish
sp. 1. special 2. species 3. specific 4. specimen 5. spelling 6. specialist
s. p. *Lat* sine prole (= without issue)
Span. Spanish
SPARS *US* Women's Coast Guard Reserves (*Lat* Semper Paratus = always ready)
S. P. C. Society for the Prevention of Crime
S. P. C. A. Society for the Prevention of Cruelty to Animals
S. P. C. C. Society for the Prevention of Cruelty to Children
S. P. C. K. Society for Promoting Christian Knowledge
S. P. E. Society for Pure English
spec. 1. special; specially 2. species 3. specimen 4. specification 5. speculation
specif. specifically
S. P. G. Society for the Propagation of the Gospel
sp. gr. (sp gr) specific gravity
sp. ht. (sp h) specific heat
S. P. M. *mus* short particular metre
spp. species (*pl*)
S. P. Q. R. 1. *Lat* Senatus Populusque Romanus (= The Senate and the People of Rome) 2. small profits and quick returns
S. P. R. Society for Physical Research
Spr. Sapper
S. P. R. L. Society for the Promotion of Religion and Learning
s. p. s. *Lat* sine prole superstite (= without surviving issue)
S. P. S. P. St. Peter and St. Paul (the Papal seal)
Spt. (spt.) seaport
S. P. V. D. Society for the Prevention of Venereal Disease
Sq. Squadron
sq. 1. square 2. squadron
sq. (sqq.) *Lat* sequentes; sequentia (= the following)
sq. ft. square foot
sq. in. square inch
Sq. Ldr. (Sqn Ldr) Squadron Leader
sq. m. square meter
sq. mi. square mile
S. Q. M. S. Staff Quartermaster-Sergeant
Sqn Squadron
sq. rd. square rod
sq. yd. square yard
SR *US navy* Seaman Recruit
S. R. 1. Southern Railway 2. Scottish Rifles 3. *US* Sons of the Revolution
Sr *chem* strontium
Sr. 1. Senior 2. señor 3. sister (religious)
sr steradian(s)
sr. senior
Sra. señora
S. R. C. 1. Science Research Council 2. *US* (Federal) Surplus Relief Corporation
S. R. E. Scientific Research and Experiments Department
S. R. I. *Lat* Sacrum Romanum Imperium (= The Holy Roman Empire)
S. R. N. State Registered Nurse
S. R. O. 1. Statutory Rules and Orders 2. *US* standing room only
S. R. S. *Lat* Fellow of the Royal Society
Srta. señorita
S. R. U. Scottish Rugby Union
SS 1. Saints 2. Schutzstaffel 3. steamship
S. S. 1. *Ger hist* Schutzstaffel (Nazi special police force) 2. steamship 3. screw steamer 4. Secret Service 5. Sunday School 6. Secretary of State 7. Secretary of Scotland
S/S steamship
ss scilicet
SSA Social Secruity Administration
S. S. A. Secretary of State for Air
S. S. A. F. A. Soldiers', Sailors' and Airmen's Families Association
S. S. C. Solicitor to the Supreme Court (Scotland)
S. S. E. (SSE) south-south-east
S. S. F. *aero* single-seater fighter
S. Sgt (S/Sgt) Staff Sergeant
S. S. J. E. Society of St. John Evangelist
S. S. M. 1. Staff Sergeant-Major 2. Squadron Sergeant-Major 3. Society of the Sacred Mission
S. S. O. 1. Senior Supply Officer 2. Squadron Signals Officer 3. Special Service Officer
S. S. R. Soviet Socialist Republic
S. S. R. C. Social Science Research Council
SSS (S. S. S.) 1. *US* Selective Service System 2. *golf* standard scratch score
S. S. T. supersonic transport
S. S. U. Sunday School Union
S. S. W. Secretary of State for War
S. S. W. (SSW) south-south-west
S. T. 1. Summer Time 2. *The Sunday Times*
St. 1. stratus 2. street 3. Saint 4. *geog* Strait 5. *phys* stokes
st. 1. state 2. stanza 3. stone (weight) 4. strophe 5. *cricket* stumped by 6. statute

7. stet 8. stitch 9. street
s. t. short ton
Sta. 1. Santa 2. Station
sta. 1. stationary 2. station
stacc. *mus* staccato
Staffs. Staffordshire
stat. 1. statuary 2. *Lat* statim (= immediately) 3. statute 4. statistics 5. stationary
S. T. B. *Lat* Bachelor of Sacred Theology
stbd. starboard
S. T. C. 1. Samuel Taylor Coleridge 2. short-title catalogue
S. T. D. 1. *Lat* Doctor of Sacred Theology 2. *teleph* subscriber trunk dialling
std. standard
Ste. 1. Sainte 2. Stephen
sten. stenographer; stenography
ster. sterling
St. Ex. (**St. Exch., st. exch.**) Stock Exchange
stg. (**Stg.**) sterling
stge. storage
Sth. South
stip. 1. stipend 2. stipulation
stk. stock
stn. station
STOL (**S. T. O. L.**) *aero* short take-off and landing
S'ton Southampton
STP standard temperature and pressure
S. T. P. 1. *Lat* Professor of Sacred Theology 2. standard temperature and pressure
str. 1. stroke (oar) 2. strait 3. steamer 4. *mus* string(s)
Sts. Saints
stud. student
S. U. Soviet Union
sub. 1. submarine 2. *log* subaltern 3. substitute 4. suburb; suburban 5. subscription
sub-ed. sub-editor
subj. 1. *gram* subjunctive 2. *gram* subject 3. *gram* subjective
Sub-Lt. Sub-Lieutenant
subs. subscription
subst. 1. *gram* substantive 2. substitute
suc. (**succ.**) succeeded; successor
suf. (**suff.**) suffix
Suff. 1. Suffolk 2. Suffragan
suff. 1. sufficient 2. suffix
Suff. B. Suffragan Bishop
Sun. (**Sund.**) Sunday
sup. 1. *gram* superlative 2. *Lat* supra (= above) 3. superior 4. *gram* supine 5. supplement 6. supply
Super. Superintendent
super. 1. superfine 2. superior 3. supernumerary
superl. *gram* superlative
supp. (**suppl.**) supplement; supplementary
supr. supreme
Supt. (**supt.**) Superintendent
Sur. Surrey
sur. 1. surface 2. surplus
surg. surgery; surgical; surgeon
Surg.-Gen. Surgeon-General
surv. surveyor; surveying
Suss. (**Sus.**) Sussex
s. v. 1. *Lat* sub voce, sub verba (= under that word) 2. sailing vessel
svgs. savings
Svy (**svy**) survey
S. W. (**SW**) 1. South-West; South-Western 2. South Wales
Sw. Sweden; Swedish
sw short wave; short-wave
sw. switch
S. W. A. South-West Africa
swbd (**swbd.**) switchboard
S. W. by S. (**SWbS**) south-west by south
S. W. by W. (**SWbW**) south-west by west
Swed. Sweden; Swedish
S. W. G. 1. standard wire gauge 2. steel wire gauge
Swit. (**Switz., Swtz.**) Switzerland
Sx. Sussex
S. Y. steam yacht
Sy. 1. supply 2. Surrey
syl. (**syll.**) 1. syllable 2. syllabus
sym. 1. symbol; symbolic 2. symphony 3. symmetric(al)
syn. synonym; synonymous; synonymy
synd. syndicate
synop. synopsis
Syr. Syria; Syriac; Syrian
syr. syrup
syst. system; systematic

T

T 1. absolute temperature 2. (surface) tension 3. *phys* tera- 4. *el* tesla 5. *phys* torque 6. *math* time reversal 7. *chem* tritium
T. 1. *mus* tenor 2. Testament 3. Tuesday 4. tablespoon(ful) 5. territory 6. time 7. town(ship)
t 1. ton 2. troy (system of weights) 3. ordinary temperature
t. 1. ton(s); tonne(s) 2. tenor 3. tare 4. tempo 5. *gram* tense 6. *Lat* tempore (= in the time) 7. teaspoon(ful) 8. territory 9. town; township 10. terminal 11. transit 12. *gram* transitive 13. time

Ta *chem* tantalum
T. A. Territorial Army
T. A. B. 1. Typhoid-paratyphoid A and B vaccine 2. *Austr* Totalizator Agency Board
tab. table
TAG the Adjutant General
tal. qual. *Lat* talis qualis (= as they come; average quality)
TAM television audience measurement
tan tangent
T. & A. V. R. (**T. A. V. R.**) Territorial and Army Volunteer Reserve
t. & o. taken and offered
tanh hyperbolic tangent
Tas. (**Tasm.**) Tasmania; Tasmanian
taut. tautology; tautological
TB tuberculosis
T. B. 1. torpedo boat 2. tubercle bacillus; tuberculosis
Tb *chem* terbium
Tb (**t. b., T. B.**) tuberculosis
t. b. 1. trial balance 2. tubercle bacillus
T. B. D. torpedo-boat destroyer
tbs. (**tbsp.**) tablespoon
TC Trusteeship Council (of the United Nations)
T. C. 1. Town Council 2. Town Councillor 3. Training Centre 4. Trinity College 5. Technical College 6. Temporary Constable 7. Town Clerk 8. Touring Club
Tc 1. *chem* technetium 2. *phys* critical temperature (absolute C)
tc *phys* critical temperature (above the ice point)
T. C. D. Trinity College, Dublin
T. C. F. Touring Club de France
tchr. teacher
T. C. P. traffic-control post
TCS *US* traffic control station
TD (**td., td**) touchdown
T. D. 1. Territorial (Officer's) Decoration 2. *Ir* Teachta Dala, Member of the Dáil 3. tractor-drawn
t. d. n. (**T. D. N.**) *US* total digestible nutrients
Te *chem* tellurium
tech. technical
technol. technology; technological
t. e. g. top edge(s) gilt
tel. 1. telephone 2. telegraph; telegram; telegraphic
teleg. telegram; telegraph; telegraphic; telegraphy
Tel. No. telephone number
Temp. Shakespeare's *The Tempest*
temp. 1. temperature 2. temporary 3. *Lat* tempore (=in the time of) 4. temperance
ten. 1. tenor 2. *It mus* tenuto (= sustained)
Tenn. 1. Tennessee 2. Tennyson
Ter. (**Terr.**) 1. Terrace 2. Territory
ter. 1. terrace 2. territory; territorial
term. 1. terminal 2. termination
terr. 1. territory; territorial 2. terrace
Test. Testament
test. 1. testator; testatrix 2. testamentary; testimony
Teut. Teutonic; Teuton
T. E. W. T. tactical exercise without troops
Tex. Texas; Texan
T. F. Territorial Force
tfr. transfer
T. G. Training Group
t. g. type genus
T. G. V. Shakespeare's *Two Gentlemen of Verona*
T. G. W. U. Transport and General Workers' Union
Th *chem* thorium
Th. 1. Thursday 2. Thomas 3. Theology
T. H. Transport House
Th. D. *US* Doctor of Theology
theat. theatrical
theol. theology; theological; theologian
theor. theorem
theoret. theoretical; theoretically
therap. therapeutic; therapeutics
therm. thermometer
Thess. Thessalonians (New Testament)
THI temperature-humidity index
t. h. i. time handed in
Tho. (**Thos.**) Thomas
tho (**tho'**) though
thoro (**thoro'**) thorough
thp thrust horse-power
thr. 1. through 2. their 3. there
thro (**thro', thru**) through
throrate through rate
Thu (**Thur., Thurs.**) Thursday
THz terahertz
Ti *chem* titanium
T. I. Technical Institute
T. I. H. Their Imperial Highnesses
Tim. Timothy (New Testament)
tinct. tincture
TIR *Fr* Transport International Routier (= International Road Transport)
Tit. Titus (New Testament)
tit. title; titular
tk. truck
TKO (**T. K. O., t. k. o.**) technical knockout
tkt. ticket
Tl *chem* thallium
TLC tender loving care
t. l. o. total loss only
tlr. 1. trailer 2. tailor
T. L. S. 1. typed letter signed 2. *The Times Literary Supplement*
T. M. transcendental meditation
Tm *chem* thuliam
t. m. true mean
T. M. O. telegraph money order
T. N. Shakespeare's *Twelfth Night*
Tn *chem* thoron
tn. 1. ton(s) 2. train 3. town
tng. training
tnpk. turnpike
T. N. T. trinitrotoluene

T. O. 1. Transport Officer 2. Torpedo Officer 3. turn over 4. Telegraph Office 5. Telephone Office
t. o. 1. turn over 2. turnover
T. of A. Shakespeare's *Timon of Athens*
togr. together
tonn. tonnage
t. o. o. time of origin
top. (topog.) topography; topographical; topographer
t. o. r. time of reception
torp. torpedo
tot. total
tox. (toxicol.) toxicology; toxicological; toxicologist
T. P. 1. teleprinter 2. teaching practice
tp. 1. troop 2. township
t. p. title page
tpk. turnpike
Tpr. Trooper
tps. troops
tpt. transport
tptr. trumpeter
T. R. tons registered
tr. 1. translator; translated; translation 2. transitive 3. transpose; transposition 4. *jur* trust; trustee 5. treasurer
trad. tradition; traditional
trans. 1. *gram* transitive 2. transaction 3. translated; translation; translator 4. transportation 5. transverse 6. transpose; transposition
transf. transferred; transference
transl. translation; translator; translated
transp. transportation
trav. travels; traveller
T. R. C. Thames Rowing Club
Treas. 1. Treasurer 2. Treasury
t. r. f. (t-r-f, T. R. F.) tuned radio frequency
T. R. H. Their Royal Highnesses
trib. *geog* tributary
trig. (trigon.) trigonometric; trigonometry
Trin. Trinity College, Cambridge
tripl. triplicate
trit. triturate
trop. tropic; tropical
trp. troop
Trs. Trustees
trs. transpose
T. S. 1. training ship 2. *phys* tensile strength
t. s. (ts., T. S.) 1. typescript 2. till sale
T. S. H. 1. Their Serene Highnesses 2. thyroid-stimulating hormone
T. S. O. town sub-office
tsp. teaspoon; teaspoonful
T. S. S. twin-screw steamer
T. T. 1. Tourist Trophy 2. teetotal; teetotaller 3. tuberculin-tested 4. telegraphic transfer
T. T. L. (t. t. l.) to take leave
Tu. (Thues.) Tuesday
T. U. 1. Trade Union 2. thermal unit
T. U. C. Trades Union Congress
Tues. Tuesday
Turk. Turkey; Turkish
T. V. television
TVA (T. V. A.) *US* Tennessee Valley Authority
T. V. R. *el* temperature variation of resistance
twp. township
T. W. U. Transport Workers' Union
Ty Territory
T. Y. C. Thames Yacht Club
typ. (typog.) typography; typographical; typographer
typw. typewriter; typewritten

U

U 1. *chem* uranium 2. *math* union 3. *phys* internal (intrinsic) energy 4. upper class, fashionable, polite
U. 1. universal (of cinema film open to all persons) 2. University 3. uncle 4. upper
u. 1. uncle 2. upper 3. unit
U. A. B. Unemployment Assistance Board
U. A. P. United Australia Party
UAR (U. A. R.) United Arab Republic
UAW (U. A. W.) 1. *US* United Auto, Aircraft and Agricultural Implements Workers 2. *US* United Automobile Workers
U. C. 1. Upper Canada 2. University College (London)
u. c. *print* upper case
U. C. C. A. Universities Central Council on Admissions
U. C. H. University College Hospital, London
U. C. L. University College, London
UCMJ Uniform Code of Military Justice
U. C. P. United Country Party
U. C. S. University College School
U. D. upper deck
UDC Universal Decimal Classification
U. D. C. 1. *hist* Urban District Council 2. Universal Decimal Classification
U. D. I. unilateral declaration of independence
U. E. I. C. United East India Company
U. E. L. United Empire Loyalists
U. F. C. United Free Church
UFO (U. F. O.) unidentified flying object
UGT urgent (telegram)

U. H. F. (UHF, u. h. f.) ultra-high frequency
U. K. United Kingdom (of Great Britain and Northern Ireland)
U. K. A. E. A. United Kingdom Atomic Energy Authority
Ukr. Ukraine; Ukrainian
ult. 1. ultimate; ultimately 2. ultimo
U. M. C. A. Universities' Mission to Central Africa
U. M. F. C. United Methodist Free Churches
UMT *US* Universal Military Training
UMTS *US* Universal Military Training Service (or System)
UMW (U. M. W.) *US* United Mine Workers
U. M. W. A. United Mine Workers of America
U. N. (UN) United Nations
U. N. A. United Nations Association
unabr. unabridged
unan. unanimous
unb. (unbd.) unbound
UNCIO United Nations Conference on International Organization
UNCTAD United Nations Conference on Trade and Development
UNDRO United Nations Disaster Relief Organization
UNESCO (U. N. E. S. C. O., Unesco) United Nations Educational, Scientific and Cultural Organization
UNICEF United Nations International Children's Emergency Fund (or United Nations Children's Fund)
UNIDO United Nations Industrial Development Organization
Unit. Unitarian; Unitarianism
Univ. 1. University 2. Universalist
univ. 1. universal; universally 2. university
unm. unmarried
U. N. O. (Uno) United Nations Organization
unp. unpaged
UNRRA (U. N. R. R. A., Unrra) United Nations Relief and Rehabilitation Administration
UNRWA United Nations Relief and Works Agency
U. of S. Afr. Union of South Africa
U. P. (UP) 1. United Press 2. Uttar Pradesh, India
up. upper
U. P. C. United Presbyterian Church
UPI (U. P. I.) United Press International
u. p. t. urgent postal telegram
UPU (U. P. U.) Universal Postal Union
URA Urban Renewal Administration
U. R. I. upper respiratory infection
Uru. Uruguay; Uruguayan
US United States
U. S. 1. United States (of America) 2. Under-Secretary 3. United Services 4. Uncle Sam 5. *phot* uniform system (of lens aperture) 6. unserviceable
u. s. 1. *Lat* ut supra (= as above) 2. *Lat* ubi supra (= where /mentioned/ above)
U. S. A. (USA) 1. United States of America 2. United States Army 3. Union of South Africa
U. S. A. E. C. United States Atomic Energy Commission
USAF (U. S. A. F.) United States Air Force
USAFI (U. S. A. F. I.) United States Armed Forces Institute
USAR United States Army Reserve
USAREUR United States Army, Europe
U. S. B. S. United States Bureau of Standards
U. S. C. United States Code
U. S. C. A. United States Code Annotated
USCG (U. S. C. G.) United States Coast Guard
USDA (U. S. D. A.) United States Department of Agriculture
USES (U. S. E. S.) United States Employment Service
U. S. G. S. United States Geological Survey
USIA (U. S. I. A.) United States Information Agency
USIS (U. S. I. S.) United States Information Service
U. S. M. United States Mail
U. S. M. A. (USMA) United States Military Academy
USMC (U. S. M. C.) United States Marine Corps
USN (U. S. N.) United States Navy
U. S. N. A. (USNA) United States Naval Academy
USNG (U. S. N. G.) United States National Guard
USNR (U. S. N. R.) United States Naval Reserve
USO (U. S. O.) *US* United Service Organizations
U. S. of S. Under-Secretary of State
U. S. P. United States Pharmacopoeia
U. S. P. O. United States Post Office
U. S. S. 1. United States Senate 2. United States Ship 3. Universities Superannuation Scheme
U. S. S. C. United States Supreme Court
usu. usual; usually
U. S. V. United States Volunteers
U. T. 1. United Territory 2. universal time
Ut. Utah
u. t. usual terms
ut. dict. *Lat* ut dictum (= as directed; as stated)
ut sup. *Lat* ut supra (= above)
U. V. ultraviolet
U. W. (u. w., UW) underwriter
ux. *Lat* uxor (=wife)

V

V. 1. *chem* vanadium 2. *el* volt(s) 3. victory 4. *phys* velocity 5. (total) volume 6. Roman 5
V. 1. Venerable 2. Viscount; Viscountess 3. very (in titles) 4. vice (in titles) 5. village
v. 1. verse 2. *gram* verb 3. *el* volt 4. volume (book) 5. version 6. *Lat* versus (= against) 7. *Lat* vide (= see) 8. *Lat* vice (= instead of, in place of) 9. (linear) velocity 10. *phys* specific volume 11. *print* verso 12. very (in titles) 13. voice 14. village 15. violin 16. *gram* vocative 17. *Ger* von 18. vowel
VA 1. (**V. A.**) *US* Veterans' Administration 2. voltampere
V. A. 1. Vice-Admiral 2. (Order of) Victoria and Albert 3. Vicar Apostolic
Va. Virginia
v. a. *gram* active verb
vac. 1. vacuum 2. vacation
V. A. D. (Member of) Voluntary Aid Detachment
V. Adm. Vice-Admiral
val. valuation; value
V. & A. Victoria and Albert Museum
var. 1. various 2. variation 3. variant 4. variety 5. variable
V. A. T. value-added tax
Vat. Vatican
v. aux. auxiliary verb
vb. verb; verbal
V. C. 1. Victoria Cross 2. Vice-Chancellor 3. Vice-Chairman 4. Vice-Consul 5. Vietcong
vc *phys* critical volume
V. C. A. S. Vice-Chief of the Air Staff
V. C. I. G. S. Vice-Chief of the Imperial General Staff
V. D. 1. (**VD**) venereal disease 2. Volunteer (Officer's) Decoration
v. d. 1. various dates 2. vapour density
v. dep. *gram* deponent verb
V. D. H. *med* valvular disease of the heart
VE victory in Europe (~ *Day* 8. svibnja 1945)
vel. vellum
Ven. Venerable (as title of archdeacon)
Venez. Venezuela
ver. 1. verse 2. version
vert. vertical
vet. (**Vet.**) 1. veteran 2. veterinarian; veterinary
veter. veterinary
Vet. Surg. Veterinary Surgeon
V. F. 1. vicar forane 2. video frequency 3. visual field
v. f. very fair
VFW (**V. F. W.**) *US* Veterans of Foreign Wars
V. G. 1. Vicar-General 2. very good
v. g. very good
VHF (**V. H. F., v. h. f., vhf**) very high frequency
Vi *chem* virginium
V. I. 1. Virgin Islands 2. volume indicator
v. i. 1. *gram* intransitive verb 2. *Lat* vide infra (= see below)
Vic. Victoria
vil. village
v. imp. *gram* impersonal verb
VIP (**V. I. P.**) very important person
v. irr. *gram* irregular verb
Vis. (**Visc., Visct.**) Viscount; Viscountess
vis. 1. visibility 2. visual
VISTA Volunteers in Service to America (organization sponsored by the U. S. Office of Economic Opportunity composed of volunteer members devoted to educating and teaching skills to the poor)
viz *Lat* videlicet (= namely)
VJ Victory over Japan (~ *Day* 15. kolovoza 1945, u SAD 2. rujna 1945)
v. l. *Lat* varia lectio (= variant reading)
VLF (**vlf**) very low frequency
V. M. D. Doctor of Veterinary Medicine
V. O. Royal Victorian Order
vo. verso
voc. *gram* vocative (case)
vocab. vocabulary
vol. 1. volume 2. volunteer 3. volcano
vols. volumes
vou. voucher
V. P. Vice President
v. p. 1. various places 2. vulnerable point
V. R. 1. *Lat* Victoria Regina (= Queen Victoria) 2. Volunteer Reserve 3. variant reading
V. R. D. Volunteer Reserve Decoration
v. refl. *gram* reflexive verb
V. Rev. Very Reverend
V. R. I. *Lat* Victoria Regina Imperatrix (= Victoria, Queen and Empress)
V. S. Veterinary Surgeon
vs. *Lat* versus (= against)
v. s. *Lat* vide supra (= see above)
V. S. O. Voluntary Service Overseas
V. S. O. P. Very Special Old Pale (brandy)
V. T. *Lat* Vetus Testamentum (= the Old Testament)

Vt. Vermont
v. t. 1. *gram* transitive verb 2. visual telegraphy
V. T. C. Volunteer Training Corps
VT fuse *mil* variable time fuse
VTO(L) (V. T. O. /L./) vertical take-off (and landing)
Vulg. (Vul.) Vulgate
vulg. vulgar
vv. 1. verses 2. violins 3. volumes
v. v. vice versa
V. W. Very Worshipful
vy. very
v. y. various years

W

W. 1. *chem* volfram, tungsten 2. *el* watt(s) 3. *phys* work 4. electrical resistance 5. electrical energy 6. total weight 7. west; western
W. 1. Welsh 2. west; western 3. Wednesday 4. watt(s) 5. women's (size)
w 1. *phys* work 2. west, western
w. 1. week 2. *cricket* wicket 3. *cricket* wide 4. wife 5. with
W. A. 1. West Africa 2. Western Australia
W. A. A. C. (WAAC, Waac) Women's Army Auxiliary Corps
W. A. A. F. (Waaf) Women's Auxiliary Air Force
WAC (W. A. C.) *US* Women's Army Corps
WAF (W. A. F.) *US* Women in the Air Force
w. a. f. with all faults
W. Afr. West Africa; West African
W. A. F. S. Women's Auxiliary Fire Service
Wal. (Walach.) Walachian
W. & S. (w. & s.) whisky and soda
W. A. P. C. Women's Auxiliary Police Corps
War. Warwickshire
war. warrant
Wash. Washington (state)
W. A. S. P. (WASP, Wasp, wasp) *spec derog* White Anglo-Saxon Protestant
watt-hr. watt-hour
W. Aus. Western Australia
WAVES *US navy* Women Accepted for Volunteer Emergency Service
W. B. (W. b., W/b) waybill
Wb *phys* weber(s)
w. b. 1. waybill 2. water ballast 3. westbound
WBC *med* white blood count
W. by N. (WbN) west by north
W. by S. (WbS) west by south
W. C. 1. West Central 2. water-closet
w. c. 1. water-closet 2. without charge
W. C. A. 1. Women's Christian Association 2. Women Citizen's Association
W. C. C. World Council of Churches
W/Cdr. Wing Commander
W. C. T. U. Women's Christian Temperance Union
W. D. (WD) 1. War Department 2. Works Department
wd. 1. wood 2. word
W. D. A. War Damage Act
W. D. C. War Damage Commission
W. E. A. Workers' Educational Association
Wed. (We.) Wednesday
w. e. f. with effect from
Wes. Wesleyan
Westm. 1. Westminster 2. Westmorland
W. E. U. Western European Union
w. f. *print* wrong fount
WFTU (W. F. T. U.) World Federation of Trade Unions
W. G. 1. West German(ic) 2. Welsh Guards 3. *The Westminster Gazette* 4. water gauge
w. g. 1. wire gauge 2. weight guaranteed
Wg Cdr. Wing Commander
W. Ger. West Germanic
Wh watt-hour
wh. 1. white 2. which
W'hampton Wolverhampton
whf. wharf
WHO (W. H. O.) World Health Organization
W-hr *el* watt-hour
whs. warehouse
whsle. wholesale
W. I. 1. West Indies; West Indian 2. Women's Institute
w. i. when issued
Wilts. Wiltshire
Wind. I. Windward Islands
W. I. P. O. World Intellectual Property Organization
Wis. (Wisc.) Wisconsin
Wisd. Wisdom of Solomon (Apocrypha)
wk. 1. week 2. work 3. weak
wkly. weekly
WL (w. l.) water line
W. L. (W/L, WL, w. l., w/l) *radio* wave length
W. L. A. Women's Land Army
W. long. (W. lon.) West longitude
Wm. William
w/m weight or measurement
WMC *US* War Manpower Commission
wmk. watermark
WMO (W. M. O.) World Meteorological Organization

W. M. S. Wesleyan Missionary Society
W. N. W. (WNW) west-north-west
W. O. (WO) 1. War Office 2. Warrant Officer
w. o. *sports* walk-over
Wor. Worshipful
Worcs. Worcestershire
W. P. weather permitting
WPA (W. P. A.) *US* Works Projects Administration
W. P. B. (w. p. b.) waste-paper basket
W. P. C. 1. War Pension(s) Committee 2. woman police constable
w. p. m. words per minute
W. R. 1. West Riding (of Yorkshire) 2. War Reserve
W. r. *med* Wassermann reaction
W. R. A. C. Women's Royal Army Corps
W. R. A. F. Women's Royal Air Force
WRENS (W. R. N. S.) Women's Royal Naval Service
W. R. N. S. Women's Royal Naval Service
wrnt. warrant
W. R. U. 1. Wesleyan Reform Union 2. Welsh Rugby Union
W. R. U. S. Women's Royal Voluntary Service
W. S. 1. Writer to the Signet 2. West Saxon
WSA *US* War Shipping Administration
W. S. W. (WSW) west-south-west
W. T. 1. Shakespeare's *Winter Tale* 2. wireless telegraphy 3. wireless telephony
W/T 1. wireless telegraphy 2. wireless telephony
w. t. (W. T.) *mar* watertight
wt. 1. weight 2. without
W. T. S. Women's Transport Service
W. Va. West Virginia
WVS (W. V. S.) Women's Volunteer Service
W. W. I. World War I
W. W. II. World War II
WX. women's extra large size
Wyo. Wyoming

X

X 1. Christ 2. Christian 3. cross 4. Roman 10 5. a kiss
x. *com & fin* ex
x. cp. (x-cp., X. C.) ex coupon
x. d. (xd, x-d., x-div.) ex dividend
Xe *chem* xenon
x-i. (x. i., x-int.) ex interest
XL extra large
Xmas Christmas
Xn. Christian
x-n. ex new shares
Xnty (Xty) Christianity
X roads cross roads
Xt (Xtian) Christian
xtry extraordinary

Y

Y 1. *chem* yttrium 2. hypercharge 3. yen (currency) 4. shortened form of the abbreviations Y. M. C. A., Y. M. H. A., Y. W. C. A., and Y. W. H. A.
Y. 1. Yeomanry 2. *US* shortened form of the abbreviations Y. M. C. A., Y.M.H.A., Y. W. C. A., and Y. W. H. A.
y ordinate
y. 1. yard 2. years
Y. B. Year Book
Yb *chem* ytterbium
Y. C. L. Youth Communist League
yd(s). yard(s)
y'day (yesty.) yesterday
yel. yellow
Yeo. (Yeom., yeo.) Yeomanry
Y. H. A. Youth Hostels Association
Yks. Yorkshire
Y. M. C. A. Young Men's Christian Association
Y. M. Cath. A. Young Men's Catholic Association
Y. M. C. U. Young Men's Christian Union
Y. M. F. S. Young Men's Friendly Society
Y. M. H. A. (YMHA) Young Men's Hebrew Association
Yorks. Yorkshire
yr. 1. year 2. your 3. younger
Y. R. A. Yacht Racing Association
yrs. 1. years 2. yours
Y. T. Yukon Territory
Yuc. Yucatan
Y. W. C. A. (YWCA) Young Women's Christian Association
Y. W. H. A. (YWHA) Young Women's Hebrew Association

Z

Z 1. *chem* atomic number 2. (**z**) impendance 3. relative viscosity

z 1. zero 2. zone

Z. A. N. U. Zimbabwe African National Union

Z. A. P. U. Zimbabwe African People's Union

z. B. *Ger* zum Beispiel (= for example)

Zech Zechariah (Old Testament)

Zeph. Zephaniah (Old Testament)

Z. G. Zoological Gardens

Zn *chem* zinc

zoochem zoochemistry

zoogeog. zoogeography

zool. zoological; zoology

Z. P. G. zero population growth

Zr *chem* zirconium

Z. S. Zoological Society

IZGOVOR VLASTITIH I GEOGRAFSKIH IMENA

(Pronunciation of Proper and Geographical Names)

A

Aaron ['ɛərən]
Abaco ['æbəkəu]
Abbeville ['æbviːl], *u Americi* ['æbivil]
Abbotsford ['æbətsfəd]
Abdera [æb'diərə]
Abdiel ['æbdiəl]
A Becket [ə'bekit]
Abel ['eibl]
Aberbrothock [ˌæbə'brɔθək]
Abercorn ['æbəkɔːn]
Abercrombie ['æbəkrʌmbi]
Aberdare [ˌæbə'dɛə]
Aberdeen [ˌæbə'diːn]
Aberdeenshire [ˌæbə'diːnʃə]
Aberdour [ˌæbə'dauə]
Aberdovey [ˌæbə'dʌvi]
Abergavenny *obitelj* [ˌæbə'geni], *mjesto* [ˌæbəgə'veni]
Abergele [ˌæbə'geli]
Abernethy [ˌæbə'niːθi], *u Škotskoj* [ˌæbə'neθi]
Abersychan [ˌæbə'sikən]
Aberystwyth [ˌæbə'ristwiθ]
Abia *ime* [ə'baiə], *grad* ['æbiə]
Abigail ['æbigeil]
Abingdon ['æbiŋdən]
Abinger ['æbindʒə]
Aboukir [ˌæbuː'kiə]
Abraham ['eibrəhæm]
Abram ['eibrəm]
Abruzzi [ə'brutsiː]
Absalom ['æbsələm]
Abydos [ə'baidɔs]
Abyssinia [ˌæbi'sinjə]
Accadia [ə'keidjə]
Achaea [ə'kiə]
Achaia [ə'kaiə]
Acheron ['ækərɔn]
Acheson ['ætʃisn]
Achilles [ə'kiliːz]
Achitophel [ə'kitəfəl]
Ackland ['æklənd]
Aconcagua [ˌækɔŋ'kaːgwə]
Actium ['æktiəm]
Acton ['æktən]
Ada ['eidə]
Adair [ə'dɛə]
Adalbert ['ædəlbəːt]
Adam ['ædəm]
Adams ['ædəmz]
Adamson ['ædəmsn]
Adastral [ə'dæstrəl]
Addington ['ædiŋtən]
Addis Ababa [ˌædis'æbəbə]
Addison ['ædisn]
Adela ['ædilə]
Adelaide ['ædəleid]
Adeline ['ædiliːn]
Adelphi [ə'delfi]
Aden *u Arabiji* ['eidn], *u Engleskoj* ['ædn]
Adie ['eidi]
Adolf ['ædɔlf]
Adolphus [ə'dɔlfəs]
Adonais [ˌædə'neiis]
Adonis [ə'dəunis]
Adrian ['eidriən]
Adriatic [ˌeidri'ætik] Jadransko more
Aeetes [iː'iːtiːz]
Aegean [i'dʒiːən]
Aegeus ['iːdʒjuːs]
Aegina [i(ː)'dʒainə]
Aelfric ['ælfrik]
Aeneas [i(ː)'niːæs]
Aeneid ['iːniid]
Aeneus ['iːnjuːs]
Aeolia [i(ː)'əuljə]
Aeolus ['i(ː)ələs]
Aeschines ['iːskiniːz]
Aeschylus ['iːskiləs]
Aesculapius [ˌiːskju'leipjəs]
Aesop ['iːsɔp]
Aethiopia [ˌiːθi'əupjə]
Aetna ['etnə]
Aetolia [iː'təuliə]
Afghanistan [æf'gænistæn]
Afric ['æfrik]
Africa ['æfrikə] Afrika
Agamemnon [ˌægə'memnən]
Agate ['eigət, 'ægət]
Agatha ['ægəθə]
Agathocles [ə'gæθəkliːz]
Agesilaus [əˌdʒesi'leiəs]
Aggie (Aggy) ['ægi]
Agincourt ['ædʒinkɔːt]
Agnes ['ægnis]
Agnew ['ægnjuː]

Agra [ˈaːgrə]
Agricola [əˈgrikələ]
Agrippa [əˈgripə]
Ahab [ˈeihæb]
Ahasuerus [əˌhæzjuˈiərəs]
Ahaziah [ˌeihəˈzaiə]
Ahmed [ˈaːmed]
Aïda [aiˈiːdə]
Aiken (Aikin) [ˈeikin]
Aileen [ˈeiliːn]
Ailesbury [ˈeilzbəri]
Ainsworth [ˈeinzwəːθ]
Aintree [ˈeintriː]
Aislaby [ˈeizləbi]
Aitchison [ˈeitʃisn]
Aix-la-Chapelle [ˌeikslaːʃæˈpel]
Ajaccio [əˈjætʃiəu]
Ajax [ˈeidʒæks]
Akenside [ˈeikənsaid]
Akkra [ˈækrə]
Alabama [ˌæləˈbæmə]
Aladdin [əˈlædin]
Alaric [ˈælərik]
Alaska [əˈlæskə]
Alastair [ˈæləstə]
Alastor [əˈlæstɔː]
Alba [ˈælbə]
Alban [ˈɔːlbən]
Albania [ælˈbeinjə]
Albany [ˈɔːlbəni]
Albemarle [ˈælbəmaːl]
Albert [ˈælbət]
Alberta [ælˈbəːtə]
Albigenses [ˌælbiˈgensiːz]
Albin [ˈælbin]
Albion [ˈælbjən]
Albrighton [ˈɔːbraitn]
Albury [ˈɔːlbəri]
Alcester [ˈɔːlstə]
Alcestis [ælˈsestis]
Alcibiades [ˌælsiˈbaiədiːz]
Alcott [ˈɔːlkət]
Alcuin [ˈælkwin]
Alcyone [ælˈsaiəni]
Aldborough [ˈɔːldbərə, ˈɔːbrə]
Aldbury [ˈɔːldbəri]
Aldebaran [ælˈdebərən]
Aldeburgh [ˈɔːldbərə]
Alden [ˈɔːldən]
Alderney [ˈɔːldəni]
Aldersgate [ˈɔːldəzgit]
Aldershot [ˈɔːldəʃɔt]
Aldgate [ˈɔːldgit]
Aldine [ˈɔːldain]
Aldington [ˈɔːldiŋtən]
Aldis [ˈɔːldis]
Aldous [ˈɔːldəs]
Aldrich [ˈɔːldridʒ]
Aldridge [ˈɔːldridʒ]
Aldwych [ˈɔːldwitʃ]
Alec(k) [ˈælik]
Aleppo [əˈlepəu]
Alessandria [ˌæliˈsændriə]
Alexander [ˌæligˈzaːndə]
Alexandra [ˌæligˈzaːndrə]
Alexandria [ˌæligˈzaːndriə]
Alexis [əˈleksis]
Alfonso [ælˈfɔnzəu]
Alford [ˈɔːlfəd]
Alfred [ˈælfrid]
Alfreda [ælˈfriːdə]
Alfree [ˈɔːlfri]
Alfric [ˈælfrik]
Alger [ˈældʒə]
Algeria [ælˈdʒiəriə]
Algernon [ˈældʒənən]
Algiers [ælˈdʒiəz]
Algoa [ælˈgəuə]
Algy [ˈældʒi]
Alhambra [ælˈhæmbrə]
Ali Baba [ˌæliˈbaːbə]
Alicant [ˈælikænt]
Alicante [ˌæliˈkænti]
Alice [ˈælis]
Alicia [əˈliʃiə]
Alick [ˈælik]
Aliena [ˌæliˈiːnə]
Aline [æˈliːn, ˈæliːn]
Alison [ˈælisn]
Alix [ˈæliks]
Alkham [ˈɔːlkəm, ˈɔːkəm]
Allah [ˈælə]
Allahabad [ˌæləhəˈbaːd]
Allan [ˈælən]
Allan-a-Dale [ˌælənəˈdeil]
Allard [ˈælaːd]
Allardice [ˈælədais]
Allbright [ˈɔːlbrait]
Allbut [ˈɔːlbət]
Alldridge [ˈɔːldridʒ]
Alleghany [ˈæligeini]
Allegheny [ˈæligeni]
Allen [ˈælən]
Allenby [ˈælənbi]
Alleyn [ˈælin]
Allfrey [ˈɔːlfri]
Allingham [ˈæliŋəm]
Allison [ˈælisn]
Allsop(p) [ˈɔːlsɔp]
Allt [ɔːlt]
Allworth [ˈɔːlwəθ]
Ally [ˈæli]
Alma [ˈælmə]
Almanzor [ælˈmænzɔː]
Alma-Tadema [ˌælməˈtædimə]
Almesbury [ˈaːmzbəri]
Almondbury [ˈælməndbəri, ˈaːməndbəri]
Alne [ɔːn]
Alnmouth [ˈælnmauθ]
Alnwick [ˈænik]
Alph [ælf]
Alphaeus [ælˈfiəs]
Alphonso [ælˈfɔnzəu]
Alresford [ˈɔːlsfəd]
Alsace [ælˈsæs]
Alsager [ˈɔːlsidʒə]
Alsatia [ælˈseiʃiə]
Altai [ælˈteiai]

Althea [æl'θiə]
Althorp ['ɔːlθɔːp, 'ɔːltrəp]
Alton ['ɔːltən]
Altona *grad u Njemačkoj* ['æltənə], *grad u Americi* [æl'təunə]
Alvescot ['ælviskɔt, 'ɔːlskət]
Alwyn ['ælvin]
Amadis ['æmədis]
Amanda [ə'mændə]
Amantia [ə'mænʃiə]
Amara [ə'maːrə]
Amaryllis [ˌæmə'rilis]
Amaziah [ˌæmə'zaiə]
Amazon ['æməzən]
Ambleside ['æmblsaid]
Ambrose ['æmbrəuz]
Amelia [ə'miːljə]
America [ə'merikə]
Americana [əˌmeri'kaːnə]
Amery ['eiməri]
Ames [eimz]
Amesbury ['eimzbəri]
Amherst ['æməst, 'æmhəːst]
Amiel ['æmiəl]
Amiens *grad u Francuskoj* ['æmjɛ̃ːŋ], *kod Shakespearea* ['æmiənz], *ulica u Dublinu* ['eimjənz]
Amis ['eimis]
Amlwch ['æmluk]
Amman [ə'maːn]
Amos ['eimɔs]
Amoy [ə'mɔi]
Ampère ['æmpɛə]
Amphimedon [æm'fimidən]
Amphitrite ['æmfitraiti]
Amphitryon [æm'fitriən]
Amsterdam [ˌæmstə'dæm]
Amur [ə'muə]
Amy ['eimi]
Anacreon [ə'nækriən]
Anak ['einæk]
Anakim ['ænəkim]
Ananias [ˌænə'naiəs]
Anatolia [ˌænə'təuljə]
Anaxagoras [ˌænæk'sægəræs]
Andalusia [ˌændə'luːzjə]
Andersen ['ændəsn]
Anderson ['ændəsn]
Andes ['ændiːz]
Andorra [æn'dɔːrə]
Andover ['ændəuvə]
Andreas ['ændriæs]
Andrew(s) ['ændruː(z)]
Androcles ['ændrəkliːz]
Androclus [æn'drɔkləs]
Andromache [æn'drɔməki]
Andromeda [æn'drɔmidə]
Andronicus [ˌændrə'naikəs], *kod Shakespearea* [æn'drɔnikəs]
Angela ['ændʒələ]
Angeles ['ændʒiliːz]
Angelica [æn'dʒelikə]
Angelina [ˌændʒi'liːnə]
Angelo ['ændʒiləu]
Angevin ['ændʒivin]
Angier ['ændʒiə]
Anglesea ['æŋglsi]
Anglesey ['æŋglsi]
Anglia ['æŋgliə]
Angola [æŋ'gəulə]
Angora [æŋ'gɔːrə]
Angostura [ˌæŋgɔs'tjuərə]
Angus ['æŋgəs]
Anjou [ãːŋ'ʒuː]
Ankara ['æŋkərə]
Ann [æn]
Anna ['ænə]
Annabel ['ænəbel]
Annabella [ˌænə'belə]
Annagh [æ'naː]
Annam [æn'æm]
Anne [æn]
Annesley ['ænzli]
Annie ['æni]
Ansley ['ænzli]
Anstey ['ænsti]
Anstruther ['ænstrʌðə]
Antaeus [æn'tiːəs]
Antarctic [ænt'aːktik]
Antares [æn'tɛəriːz]
Anthaea [æn'θiə]
Antigone [æn'tigəni]
Antigonus [æn'tigənəs]
Antilles [æn'tiliːz]
Antimachus [æn'timəkəs]
Antinous [æn'tinəuəs]
Antioch ['æntiɔk]
Antiochus [æn'taiəkəs]
Antipas ['æntipæs]
Antoinette [ˌæntwaː'net]
Antonia [æn'təuniə]
Antonine ['æntənain]
Antonio [æn'təuniəu]
Antonius [æn'təunjəs]
Antony ['æntəni]
Antwerp ['æntwəːp]
Anty ['ænti]
Anwick ['ænik]
Aonia [ei'əunjə]
Apache [ə'pætʃi]
Apennines ['æpinainz]
Aphrodite [ˌæfrə'daiti]
Apis ['aːpis, 'eipis]
Apollinaris [əˌpɔli'nɛəris]
Apollo [ə'pɔləu]
Apollodorus [əˌpɔlə'dɔːrəs]
Apollonia [ˌæpə'ləunjə]
Apollyon [ə'pɔljən]
Appalachian [ˌæpə'leitʃiən]
Appleby ['æplbi]
Applegate ['æplgeit]
Apsley ['æpsli]
Apulia [ə'pjuːljə]
Aquila ['ækwilə]
Aquinas [ə'kwainæs]
Aquitaine [ˌækwi'tein]
Aquitania [ˌækwi'teinjə]
Arabella [ˌærə'belə]

Arabia [ə'reibjə]
Arachne [ə'rækni]
Aragon ['ærəgən]
Aram ['ɛəræm]
Aran ['ærən]
Araucania [ˌærɔː'keinjə]
Arbor ['aːbə]
Arbroath [aː'brəuθ]
Arbuthnot [aː'bʌθnət]
Arcadia [aː'keidjə]
Archelaus [ˌaːki'leiəs]
Archibald ['aːtʃibɔld]
Archie ['aːtʃi]
Archilochus [aː'kiləkəs]
Archimedes [ˌaːki'miːdiːz]
Ardagh ['aːdə]
Arden ['aːdn]
Ardennes [aː'den]
Arding ['aːdiŋ]
Ardleigh ['aːdli]
Ardwick ['aːdwik]
Areopagus [ˌæri'ɔpəgəs]
Ares ['ɛəriːz]
Arethusa [ˌæri'θjuːzə]
Argentina [ˌaːdʒən'tiːnə]
Argentine ['aːdʒəntain]
Argive ['aːgaiv]
Argolis ['aːgəlis]
Argonaut ['aːgənɔːt]
Argos ['aːgɔs]
Argyle (Argyll) [aː'gail]
Argyleshire [aː'gailʃə]
Ariadne [ˌæri'ædni]
Ariel ['ɛəriəl]
Aries ['ɛəriːz]
Arimathaea [ˌærimə'θiə]
Arion [ə'raiən]
Ariosto [ˌæri'ɔstəu]
Aristarchus [ˌæris'taːkəs]
Aristides [ˌæris'taidiːz]
Aristophanes [ˌæris'tɔfəniːz]
Aristotle ['æristɔtl]
Arizona [ˌæri'zəunə]
Arkansas ['aːkənsɔː], *grad* ['aːkənsɔː i aː'kænzəs]
Arkwright ['aːkrait]
Arlington ['aːliŋtən]
Armagh [aː'maː]
Armenia [aː'miːnjə]
Armorica [aː'mɔrikə]
Armstrong ['aːmstrɔŋ]
Arno ['aːnəu]
Arnold ['aːnəld]
Arnoldson ['aːnəldsn]
Arran ['ærən]
Artemis ['aːtimis]
Arthur ['aːθə]
Arundel ['ærəndl]
Asa ['eisə]
Asaph ['æsəf]
Ascalon ['æskəlɔn]
Ascanius [æs'keinjəs]
Ascham ['æskəm]
Ascot ['æskət]
Asham ['æʃəm]
Ashbourne ['æʃbɔːn]
Ashburne ['æʃbəːn]
Ashburnham ['æʃbəːnəm]
Ashcombe ['æʃkəm]
Asher ['æʃə]
Ashford ['æʃfəd]
Ashley ['æʃli]
Ashmolean [æʃ'məuljən]
Ashmore ['æʃmɔː]
Asia ['eiʃə]
Asquith ['æskwiθ]
Assam ['æsæm]
Assche [æʃ]
Assisi [ə'siːzi]
Assyria [ə'siriə]
Astarte [æs'taːti]
Astle ['æsl]
Aston ['æstən]
Astor ['æstə, 'æstɔː]
Astoria [æs'tɔːriə]
Astrakhan [ˌæstrə'kæn]
Astrophel ['æstrəfel]
Asturias [æs'tuəriæs]
Atalanta [ˌætə'læntə]
Atcheen [ə'tʃiːn]
Atchison ['ætʃisn, 'eitʃisn]
Athanase ['æθəneiz]
Athanasius [ˌæθə'neiʃəs]
Athelney ['æθəlni]
Athena [ə'θiːnə]
Athenaeum [ˌæθi'ni(ː)əm]
Athene [ə'θiːni(ː)]
Athens ['æθinz] Atena
Athlone [æθ'ləun]
Athole (Atholl) ['æθəl]
Athy [ə'θai]
Atkins ['ætkinz]
Atkinson ['ætkinsn]
Atlanta [ət'læntə]
Atlantic [ət'læntik]
Atlantis [ət'læntis]
Atreus ['eitriuːs]
Attenborough ['ætnbrə]
Atterbury ['ætəbəri]
Attica ['ætikə]
Attila ['ætilə]
Attleborough ['ætlbrə]
Attlee ['ætli]
Aubrey ['ɔːbri]
Auburn ['ɔːbən]
Aucher ['ɔːkə]
Auchinachie [ɔː'kinəki]
Auchinlek [ˌɔːkin'lek]
Auchtermuchty [ˌɔktə'mʌkti]
Auckland ['ɔːklənd]
Auden ['ɔːdn]
Audley ['ɔːdli]
Augeas [ɔː'dʒiːæs]
Aughrim ['ɔːgrim]
Augusta [ɔː'gʌstə]
Augustine [ɔː'gʌstin]
Augustus [ɔː'gʌstəs]

Aulis [ˈɔːlis]
Aumerle [ɔˈməːl]
Aurelia [ɔːˈriːljə]
Aurora [ɔːˈrɔːrə]
Aurungzebe [ˈɔːrʌŋˈziːb]
Austell [ˈɔːstl, ˈɔːsl]
Austen [ˈɔstin]
Austin [ˈɔstin]
Australasia [ˌɔstrəˈleiʒjə]
Australia [ɔsˈtreiljə]
Austria [ˈɔstriə]
Autolycus [ɔːˈtɔlikəs]
Ava [ˈaːvə]
Avebury [ˈeivbəri]
Aveling [ˈeivliŋ]
Avon [ˈeivən, ˈævən]
Axholm(e) [ˈækshəum]
Axminster [ˈæksminstə]
Ayer(s) [ɛə(z)]
Aylsham [ˈeilʃəm]
Ayr [ɛə]
Ayrshire [ˈɛəʃiə]
Azores [əˈzɔːz]
Aztec [ˈæztek]

B

Babbitt [ˈbæbit]
Babington [ˈbæbiŋtən]
Babylon [ˈbæbilən]
Babylonia [ˌbæbiˈləunjə]
Bacchus [ˈbækəs]
Bach *prezime* [beitʃ], ***njemački kompozitor*** [baːx, baːk]
Bache [beitʃ]
Bacon [ˈbeikn]
Baden [ˈbaːdn]
Baden-Powell [ˌbeidnˈpəuəl]
Badham [ˈbædəm]
Badminton [ˈbædmintən]
Baeda [ˈbiːdə]
Baedeker [ˈbeidikə]
Baffin [ˈbæfin]
Bagdad *u Iraku* [bægˈdæd], *u USA* [ˈbægdæd]
Bagehot [ˈbædʒət]
Bagot [ˈbægət]
Bagworthy [ˈbædʒəri]
Bahama [bəˈhaːmə]
Bailey [ˈbeili]
Bakerloo [ˈbeikəˈluː]
Balaclava [ˌbæləˈklaːvə]
Balchin [ˈbɔːltʃin]
Baldwin [ˈbɔːldwin]
Bale [beil]
Bâle [baːl] Basel
Balean [ˈbælin]
Balearic [ˌbæliˈærik]
Balfour [ˈbælfə]
Baliol [ˈbeiljəl]
Balkans [ˈbɔːlkənz]
Ballantrae [ˈbæləntrei]
Ballantyne (**Ballantine**) [ˈbæləntain]
Balliol [ˈbeiljəl]
Ballycastle [ˌbæliˈkaːsl]
Balmoral [bælˈmɔrəl]
Balthazar [bælˈθæzə], *kod Shakespearea* [ˌbælθəˈzaː]
Baltic [ˈbɔːltik]
Baltimore [ˈbɔːltimɔː]
Baluchistan [bəˈluːtʃistaːn]
Banbury [ˈbænbəri]
Bancroft [ˈbænkrɔft]
Banff [bæmf]
Banffshire [ˈbæmfʃə]
Bangalore [ˌbæŋgəˈlɔː]
Bangkok [ˌbæŋˈkɔk]
Bangor *u Walesu i Irskoj* [ˈbæŋgə], *u USA* [ˈbæŋgɔː]
Bannerman [ˈbænəmən]
Bannockburn [ˈbænəkbəːn]
Banquo [ˈbæŋkwəu]
Banting [ˈbæntiŋ]
Bantu [ˌbænˈtuː]
Barabbas [bəˈræbəs]
Barbado(e)s [baːˈbeidəuz]
Barbara [ˈbaːbərə]
Barbarossa [ˌbaːbəˈrɔsə]
Barbary [ˈbaːbəri]
Barbour [ˈbaːbə]
Barcelona [ˌbaːsiˈləunə]
Barchester [ˈbaːtʃistə]
Barclay [ˈbaːkli]
Bardell [baːˈdel]
Bardolph [ˈbaːdɔlf]
Barebones [ˈbɛəbəunz]
Barham [ˈbærəm, ˈbaːrəm]
Baring [ˈbɛəriŋ, ˈbæriŋ]
Barjesus [ˈbaːˌdʒiːzəs]
Barker [ˈbaːkə]
Barkis [ˈbaːkis]
Barkisland [ˈbaːkislənd, ˈbaːslənd]
Barlow(e) [ˈbaːləu]
Barmouth [ˈbaːməθ]
Barnabas [ˈbaːnəbəs]
Barnaby [ˈbaːnəbi]
Barnard [ˈbaːnəd]
Barnardo [baːˈnaːdəu]
Barnes [baːnz]
Barney [ˈbaːni]
Barnstaple [ˈbaːnstəpl]
Barnum [ˈbaːnəm]
Baroda [bəˈrəudə]

Barraclough ['bærəklʌf]
Barrett ['bærət]
Barrie ['bæri]
Barrington ['bæriŋtən]
Barrymore ['bærimɔː]
Bartholomew [bɑː'θɔləmjuː]
Barthwick ['bɑːθwik]
Bartlett ['bɑːtlit]
Barton ['bɑːtn]
Baruch ['bɑːruk], *prezime* [bə'ruːk]
Barugh [bɑːf]
Barum ['bɛərəm]
Barwick ['bærik]
Basan ['beisæn]
Baseden ['beizdən]
Basford ['beisfəd, 'bæsfəd]
Bashan ['beiʃæn]
Basil ['bæzl]
Basingstoke ['beiziŋstəuk]
Baskervill(e) ['bæskəvil]
Basle [bɑːl]
Bass [bæs]
Bassanio [bə'sɑːniəu]
Bassenthwaite ['bæsənθweit]
Basuto [bə'suːtəu]
Baswich ['bæsidʒ, 'bæsitʃ]
Batavia [bə'teiviə]
Batavier [bə'teivjə]
Bates [beits]
Bath [bɑːθ]
Bathsheba ['bæθʃibə]
Battenberg ['bætnbəːg]
Battersea ['bætəsi]
Baugh [bɔː]
Bavaria [bə'vɛəriə]
Baxandall ['bæksəndɔːl]
Baxter ['bækstə]
Bayeux [bai'jəː]
Baynes [beinz]
Bayreuth ['bairɔit]
Bayswater ['beiz͵wɔːtə]
Beachy Head ['biːtʃi'hed]
Beaconsfield *mjesto u Buckinghamshireu* ['bekənzfiːld], *prezime* ['biːkənzfiːld]
Beaminster ['beminstə]
Beardsley ['biədzli]
Beatrice ['biətris]
Beatrix ['biətriks]
Beattie (Beatty) ['biːti]
Beauchamp ['biːtʃəm]
Beauclerc (Beauclerk) ['bəuklɛə]
Beaufort ['bəufət]
Beaulieu ['bjuːli]
Beaumaris [bəu'mæris]
Beaumont ['bəumənt]
Beaverbrook ['biːvəbruk]
Bechuana [͵betʃu'ɑːnə]
Beckenham ['bekənəm]
Becket(t) ['bekit]
Beckford ['bekfəd]
Becky ['beki]
Beddoes ['bedəuz]
Bede [biːd]
Bedel ['biːdl]
Bedford(shire) ['bedfəd(ʃə)]
Bedivere ['bedi͵viə]
Bedouin ['beduin]
Beecham ['biːtʃəm]
Beecher-Stowe ['biːtʃə'stəu]
Beelzebub [bi(ː)'elzibʌb]
Beerbohm ['biəbəum]
Beethoven *kompozitor* ['beithəuvn], *trg u Londonu* ['biːthəuvn]
Begum ['beigəm]
Behn [ben]
Behring ['beriŋ]
Beirut [͵bei'ruːt]
Belarius [bi'lɛəriəs]
Belaugh ['biːlɔː]
Belfast [bel'fɑːst]
Belgium ['beldʒəm] Belgija
Belgrade [͵bel'greid] Beograd
Belgrave ['belgreiv]
Belgravia [bel'greivjə]
Belial ['biːljəl]
Belinda [bi'lində]
Belisha [bi'liːʃə]
Bella ['belə]
Bell(e) [bel]
Bellamy ['beləmi]
Bellaston ['beləstən]
Bellenden ['beləndən]
Bellerophon [bə'lerəfn]
Bellevue [͵bel'vjuː]
Bellingham *u Northumberlandu* ['belindʒəm], *prezime* ['beliŋəm]
Belloc ['belɔk]
Belmont ['belmɔnt]
Beloe ['biːləu]
Belshazzar [bel'ʃæzə]
Belteshazzar [͵belti'ʃæzə]
Beluchistan [bə'luːtʃistɑːn]
Belvoir *dvorac* ['biːvə], *ime ulice* ['belvwɔː]
Ben [ben]
Benares [bi'nɑːriz]
Benedick ['benidik]
Benedict ['benidikt, 'benit]
Bengal [beŋ'gɔːl]
Benham ['benəm]
Benin [be'nin]
Benjamin ['bendʒəmin]
Benne(t) ['benit]
Ben Nevis [ben'nevis]
Benoliel [͵benə'liəl]
Bensham ['benʃəm]
Benson ['bensn]
Bentham ['bentəm]
Bentinck ['bentiŋk, 'bentik]
Bentley ['bentli]
Benvolio [ben'vəuliəu]
Beowulf ['beiəwulf]
Berea [bə'riə]
Berengaria [͵beriŋ'gɛəriə]
Berenice [͵beri'naisi]
Berkeley ['bɑːkli], *u USA* ['bəːkli]
Berkham(p)stead ['bəːkəmstid]
Berks [bɑːks]
Berkshire ['bɑːkʃə]
Berlin [bəː'lin, 'bəːlin]

Bermondsey [ˈbəːməndzi]
Bermudas [bə(ː)ˈmjuːdəz]
Bernard [ˈbəːnəd], *kao prezime* [bəːˈnaːd]
Bernardo [bəˈnaːdəu]
Bern(e) [bəːn]
Bert [bəːt]
Bertha [ˈbəːθə]
Bertie [ˈbəːti], *prezime* [ˈbaːti]
Bertram [ˈbəːtrəm]
Berwick(shire) [ˈberik(ʃə)]
Beryl [ˈberil]
Besant [ˈbesənt, ˈbezənt, biˈzænt]
Bess [bes]
Bessarabia [ˌbesəˈreibjə]
Bessemer [ˈbesimə]
Bessie (Bessy) [ˈbesi]
Bet [bet]
Bethany [ˈbeθəni]
Bethel [ˈbeθl]
Bethesda [beˈθezdə]
Bethlehem [ˈbeθlihem]
Bethphage [ˈbeθfədʒi]
Bethsaida [beθˈseidə]
Bethune *prezime* [ˈbiːtn], *ime ulice* [beˈθjuːn]
Betsy [ˈbetsi]
Bettina [beˈtiːnə]
Bettws-y-Coed [ˌbetəsiˈkɔid]
Betty [ˈbeti]
Beurle [bəːl]
Bevan [ˈbevən]
Beverley [ˈbevəli]
Bewick(e) [ˈbju(ː)ik]
Bewley [ˈbjuːli]
Beyrout(h) [beiˈruːt]
Bianca [biˈæŋkə]
Bicester [ˈbistə]
Bickerstaff [ˈbikəstaːf]
Biddy [ˈbidi]
Bideford [ˈbidifəd]
Bierce [biəs]
Bigelow [ˈbigiləu]
Bigod [ˈbaigɔd]
Bilbao [bilˈbaːəu]
Bilborough [ˈbilbərə]
Bill [bil]
Billingsgate [ˈbiliŋzgit]
Billy (Billie) [ˈbili]
Bink(e)s [biŋks]
Birchenough [ˈbəːtʃinʌf]
Birkbeck *prezime* [ˈbəːbek, ˈbəːkbek], *koledž* [ˈbəːkbek]
Birkenhead [ˈbəːkənhed]
Birmingham [ˈbəːmiŋəm]
Birnam [ˈbəːnəm]
Biron [ˈbaiərən], *kod Shakespearea* [biˈruːn]
Biscay [ˈbiskei]
Bishopsgate [ˈbiʃəpsgeit, ˈbiʃəpsgit]
Bismarck [ˈbizmaːk]
Blackheath [ˌblækˈhiːθ]
Blackmore [ˈblækmɔː]
Blackpool [ˈblækpuːl]
Blair [blɛə]
Blair-Atholl [ˌblɛərˈæθl]
Blake [bleik]
Blamires [bləˈmaiəz]
Blanchard [ˈblæntʃəd]
Blantyre [blænˈtaiə]
Blawith [ˈblaːiθ]
Blaydes [bleidz]
Blazey [ˈbleizi]
Blencowe [blenˈkəu]
Blenheim [ˈblenim]
Blewett [ˈblu(ː)it]
Bligh [blai]
Bloemfontein [ˈbluːmfəntein]
Blomefield [ˈbluːmfiːld]
Blomfield [ˈblɔmfiːld, ˈblumfiːld, ˈblʌmfiːld]
Blondel(l) [ˈblʌndl]
Bloomfield [ˈbluːmfiːld]
Bloomsbury [ˈbluːmzbəri]
Bloundelle [ˈblʌndl]
Blount [blʌnt]
Blücher [ˈbluːkə]
Blunden [ˈblʌndn]
Blyth [blai, blaiθ]
Blythe [blaið]
Boadicea [ˌbəuədiˈsiə]
Boanas [ˈbəunəs]
Boanerges [ˌbəuəˈnəːdʒiːz]
Boas [ˈbəuæz, ˈbəuəz]
Boase [bəuz]
Bob [bɔb]
Bobby [ˈbɔbi]
Boccaccio [bɔˈkaːtʃiəu]
Bochaton [ˈbɔkətən]
Bodey [ˈbəudi]
Bodleain [bɔdˈli(ː)ən, ˈbɔdliən]
Bodley [ˈbɔdli]
Boeotia [biˈəuʃiə]
Boer [ˈbəuə, ˈbuə]
Boethius [bəuˈiːθiəs]
Bohemia [bəuˈhiːmjə]
Bohun [ˈbəuən, buːn]
Bokhara [bəˈkaːrə]
Boleyn [ˈbulin]
Bolingbroke [ˈbɔliŋbruk]
Bolivia [bəˈliviə]
Bologna [bəˈləunjə]
Bolton [ˈbəultən]
Bombay [ˌbɔmˈbei]
Bonaparte [ˈbəunəpaːt]
Bonar [ˈbɔnə]
Boney [ˈbəuni]
Boniface [ˈbɔnifeis]
Bonython [bəˈnaiθən]
Booby [ˈbuːbi]
Bossey [ˈbuːzi]
Boötes [bəuˈəutiːz]
Booth(e) [buːð]
Bordeaux [bɔːˈdəu]
Boreas [ˈbɔriæs]
Borgia [ˈbɔːdʒə]
Borneo [ˈbɔːniəu]
Borthwick [ˈbɔːθwik]
Bosanquet [ˈbəuznket]

Bosham [ˈbɔzəm]
Bosher [ˈbəuʒə]
Bosnia [ˈbɔzniə] Bosna
Bosphorus [ˈbɔsfərəs]
Bosporus [ˈbɔspərəs]
Bos(s)iney [bɔˈsini]
Boston [ˈbɔstən]
Boswell [ˈbɔzwəl]
Bosworth [ˈbɔzwə(ː)θ]
Botha [ˈbəutə]
Botham [ˈbɔðəm]
Bothnia [ˈbɔθniə]
Bothwell [ˈbɔθwel, ˈbɔðwel]
Botticelli [ˌbɔtiˈtʃeli]
Bottomley [ˈbɔtəmli]
Boucicault [ˈbuːsikəu]
Boughey [ˈbəui]
Boughton [ˈbɔːtn, ˈbautn]
Boulogne [buˈlɔin]
Boumphrey [ˈbʌmfri]
Bourbon [ˈbuəbən]
Bourdillon [bəˈdiljən, bɔːˈdilən]
Bourne [bəːn, buən]
Bournemouth [ˈbɔːnməθ]
Bouverie [ˈbuːvəri]
Bovey *mjesto* [ˈbʌvi], *prezime* [ˈbuːvi, ˈbəuvi]
Bovingdon [ˈbʌviŋdən]
Bowdler [ˈbaudlə]
Bowen [ˈbəuin]
Bowles [bəulz]
Bowling [ˈbəuliŋ]
Bowlker [ˈbəukə]
Bowring [ˈbauriŋ]
Bowron [ˈbaurən]
Bowyer [ˈbəujə]
Boyet [bɔiˈet]
Boz [bɔz, bəuz]
Brabant [brəˈbænt]
Brabantio [brəˈbæntiəu]
Bracher [ˈbreitʃə]
Bra(c)kenbury [ˈbrækənbəri]
Bracy [ˈbreisi]
Bradbury [ˈbrædbəri]
Bradford [ˈbrædfəd]
Bradley [ˈbrædli]
Bradshaw [ˈbrædʃɔː]
Bradwardine [ˈbrædwediːn]
Braemar [breiˈmaː]
Braeriach [ˌbreiəˈriək]
Brahan [brɔːn]
Brahmaputra [ˌbraːməˈpuːtrə]
Braille [breil]
Braithwaite [ˈbreiθweit]
Bramah [ˈbraːmə]
Bramwell [ˈbræmwəl]
Brando [ˈbrændəu]
Brasenose [ˈbreiznəuz]
Bratislava [ˌbrætiˈslaːvə]
Braughing [ˈbræfiŋ]
Brayley [ˈbreili]
Brazier [ˈbreiʒə]
Brazil [brəˈzil]
Breadalbane [brəˈdɔːlbən]
Breamore [ˈbremə]
Brecon [ˈbrekn]
Breughel [ˈbrɔigəl]
Brian [ˈbraiən]
Briareus [braiˈɛəriəs]
Bridewell [ˈbraidwəl]
Bridges [ˈbridʒiz]
Bridget [ˈbridʒit]
Bridie [ˈbraidi]
Bridoon [briˈduːn]
Bridson [ˈbraidsn]
Brigham [ˈbrigəm]
Brighton [ˈbraitn]
Brisbane [ˈbrizbən]
Bristol [ˈbristl]
Britain [ˈbritn] Britanija
Britannia [briˈtænjə]
Brittany [ˈbritəni] Bretagna
Britten [ˈbritn]
Broadhurst [ˈbrɔːdhəːst]
Broadway [ˈbrɔːdwei]
Brobdingnag [ˈbrɔbdiŋnæg]
Brocklehurst [ˈbrɔklhəːst]
Broke [bruk]
Bromley [ˈbrɔmli, ˈbrʌmli]
Bromptom [ˈbrɔmptən]
Bromwich [ˈbrɔmidʒ, ˈbrʌmidʒ]
Brontë [ˈbrɔnti]
Brooklyn [ˈbruklin]
Broom(e) [bruːm]
Brough [brʌf]
Brougham [brum, ˈbru(ː)əm]
Broughton [ˈbrɔːtn, ˈbrautn]
Browning [ˈbrauniŋ]
Browse [brauz]
Bruce [bruːs]
Bruges [bruːʒ]
Brünnhilde [brunˈhildə]
Brunswick [ˈbrʌnzwik]
Brussels [ˈbrʌslz]
Brutus [ˈbruːtəs]
Bryan [ˈbraiən]
Bryant [ˈbraiənt]
Bryce [brais]
Buccleugh [bəˈkluː]
Bucephalus [bju(ː)ˈsefələs]
Buchan [ˈbʌkən]
Buchanan [bju(ː)ˈkænən]
Bucharest [ˌb(j)uːkəˈrest]
Buckingham(shire) [ˈbʌkiŋəm(ʃə)]
Buckland [ˈbʌklənd]
Bucks [bʌks] = **Buckinghamshire**
Budapet [ˈb(j)uːdəˈpest]
Buddha [ˈbudə]
Buenos Aires [ˌbwenəsˈaiəriz]
Buggs [bjuːgz, bʌgz]
Buist [bjuːst]
Bukarest [ˌb(j)uːkəˈrest]
Bulgaria [bʌlˈgɛəriə] Bugarska
Bullen [ˈbulin]
Buller [ˈbulə]
Bullokar [ˈbuləkaː]
Bullough [ˈbuləu]

Bulwer [ˈbulwə]
Bumpus [ˈbʌmpəs]
Buncombe [ˈbʌŋkəm]
Bunsen [ˈbunsn]
Bunyan [ˈbʌnjən]
Burbage [ˈbəːbidʒ]
Burgh *u Surreyju i Lincsu* [ˈbʌrə], *u Suffolku* [bəːg]
Burgin [ˈbəːgin, ˈbəːdʒin]
Burgoyne [ˈbəːgɔin]
Burgundy [ˈbəːgəndi]
Burke [bəːk]
Burleigh [ˈbəːli]
Burley [ˈbəːli]
Burlington [ˈbəːliŋtən]
Burma(h) [ˈbəːmə]
Burnaby [ˈbəːnəbi]
Burnand [bə(ː)ˈnænd]
Burne [bəːn]
Burne-Jones [bəːnˈdʒəunz]
Burnet [ˈbəːnit]
Burnett [bə(ː)ˈnet, ˈbəːnit]
Burney [ˈbəːni]
Burns [bəːnz]
Burrough(e)s [ˈbʌrəuz]
Burton [ˈbəːtn]
Bury *mjesto* [ˈberi], *prezime* [ˈbjuəri, ˈberi]
Bushire [bju(ː)ˈʃaiə]
Buszard [ˈbʌzəd]
Bute [bjuːt]
Butler [ˈbʌtlə]
Buttar [bəˈtaː]
Buxton [ˈbʌkstən]
Buzfuz [ˈbʌzfʌz]
Byas(s) [ˈbaiəs]
Byles [bailz]
Byng [biŋ]
Byrne [bəːn]
Byron [ˈbaiərən]
Bysshe [biʃ]
Bythesea [ˈbiðəsiː]
Byzantium [biˈzæntiəm]

C

Cab(b)ala [kəˈbaːlə]
Cabot [ˈkæbət]
Cadbury [ˈkædbəri]
Caddell [kəˈdel]
Cadell [ˈkædl, kəˈdel]
Cadillac [ˈkædilæk]
Cadiz [ˈkeidiz]
Cadman [ˈkædmən]
Cadogan [kəˈdʌgən]
Caedmon [ˈkædmən]
Caerleon [kaːˈliən]
Caerlyon [kaːˈlaiən]
Caesar [ˈsiːzə]
Caesarea [ˌsiːzəˈriə]
Cahan [kaːn]
Caiaphas [ˈkaiəfæs]
Cain(e) [kein]
Caird [kɛəd]
Cairns [kɛənz]
Cairo [ˈkaiərəu], *u Americi* [ˈkɛərəu]
Caithness [ˈkeiθnes]
Caius *rimsko ime* [ˈkaiəs], *koledž u Cambridgeu* [kiːz]
Calabar [ˌkæləˈbaː]
Calabria [kəˈlæbriə]
Calais [ˈkælei], *arch* [ˈkælis]
Calcot [ˈkælkət]
Calcott [ˈkɔːlkət]
Calcutta [kælˈkʌtə]
Caldwell [ˈkɔːldwəl]
Caledon [ˈkælidən]
Caledonia [ˌkæliˈdəunjə]
Calgary [ˈkælgəri]
Calhoun [kælˈhəun, kəˈhuːn]
Caliban [ˈkælibæn]
Calicut [ˈkælikət]
California [ˌkæliˈfɔːnjə]
Caligula [kəˈligjulə]
Callaghan [ˈkæləhən]
Callicrates [kəˈlikrətiːz]
Callie [ˈkɔːli]
Calliope [kəˈlaiəpi]
Callisthenes [kæˈlisθəniːz]
Calne [kaːn]
Calpurnia [kælˈpəːnjə]
Calthorpe [ˈkɔːlθɔːp, ˈkælθɔːp]
Calton [ˈkaːltən]
Calverley [ˈkælvəli]
Calvin [ˈkælvin]
Calydon [ˈkælidən]
Calypso [kəˈlipsəu]
Camberwell [ˈkæmbəwəl, ˈkæmbəwel]
Cambodia [kæmˈbəudjə]
Cambria [ˈkæmbriə]
Cambridge [ˈkeimbridʒ]
Cambridgeshire [ˈkeimbridʒʃə]
Cambyses [kæmˈbaisiːz]
Camden [ˈkæmdən]
Camelot [ˈkæməlɔt]
Camembert [ˈkæməmbɛə]
Cameron [ˈkæmərən]
Cameroon [ˈkæməruːn]
Camilla [kəˈmilə]
Camoys [kəˈmɔiz]
Campbell [ˈkæmbl]
Campion [ˈkæmpjən]
Cana [ˈkeinə]
Canaan [ˈkeinən]

Canada [ˈkænədə]
Canaries [kəˈnɛəriz]
Canberra [ˈkænbərə]
Candida [ˈkændidə]
Canford [ˈkænfəd]
Cannes [kæn]
Canning [ˈkæniŋ]
Canopus [kəˈnəupəs]
Canterbury [ˈkæntəbəri]
Cantire [kænˈtaiə]
Canton *u Kini* [kænˈtɔn], *u Walesu i Americi i kao prezime* [ˈkæntən]
Canute [kəˈnjuːt]
Capel(l) [ˈkeipl]
Capote [kəˈpəut]
Cappadocia [ˌkæpəˈdəusjə]
Capri [ˈkæpri]
Capua [ˈkæpjuə]
Capulet [ˈkæpjulet]
Caracas [kəˈrækəs]
Caractacus [kəˈræktəkəs]
Caradoc [kəˈrædək]
Cardiff [ˈkaːdif]
Cardigan(shire) [ˈkaːdigən(ʃə)]
Carew [kəˈruː]
Carey [ˈkɛəri]
Carfax [ˈkaːfæks]
Caria [ˈkɛəriə]
Carib [ˈkærib]
Caribbean [ˌkæriˈbiːən, kəˈribiən]
Caribbees [ˈkæribiːz]
Carinthia [kəˈrinθiə]
Carisbrooke [ˈkærisbruk]
Carl [kaːl]
Carleton [ˈkaːltən]
Carlile [kaːˈlail]
Carlisle [kaːˈlail]
Carlos [ˈkaːlɔs]
Carluke [kaːˈluːk]
Carlyle [kaːˈlail, [ˈkaːˈlail]
Carlyon [kaːˈlaiən]
Carmarthen(shire) [kəˈmaːðn(ʃə)]
Carmel [ˈkaːmel]
Carmen [ˈkaːmen]
Carmichael [kaːˈmaikl]
Carnaby [ˈkaːnəbi]
Carnavon(shire) [kəˈnaːvən(ʃə)]
Carnegie [kaːˈnegi]
Carolina [ˌkærəˈlainə]
Caroline [ˈkærəlain]
Carolus [ˈkærələs]
Carothers [kəˈrʌðəz]
Carr [kaː]
Carrara [kəˈraːrə]
Carrhae [ˈkæriː]
Carrickfergus [ˌkærikˈfəːgəs]
Carrie (Carry) [ˈkæri]
Carrington [ˈkæriŋtən]
Carroll [ˈkærəl]
Carruthers [kəˈrʌðəz]
Carshalton [kəˈʃɔːltən]
Carson [ˈkaːsn]
Carstairs [ˈkaːstɛəz]
Cartagena [ˌkaːtəˈdʒiːnə]
Carteret [ˈkaːtərət]
Carthage [ˈkaːθidʒ]
Cartwright [ˈkaːtrait]
Caruthers [kəˈrʌðəz]
Carwardine [ˈkaːwədiːn]
Cary [ˈkɛəri]
Casabianca [ˌkæsəbiˈæŋkə]
Casablanca [ˌkæsəˈblæŋkə]
Casanova [ˌkæzəˈnəuvə]
Casement [ˈkeismənt]
Casey [ˈkeisi]
Cashmere [kæʃˈmiə]
Caspian [ˈkæspiən]
Cassandra [kəˈsændrə]
Cassidy [ˈkæsidi]
Cassilis [ˈkæslz, ˈkaːslz]
Cassio [ˈkæsiəu]
Cassius [ˈkæsiəs]
Cassy [ˈkæsi]
Castalia [kæsˈteiljə]
Casterbridge [ˈkaːstəbridʒ]
Castlereagh [ˈkaːslrei]
Castor [ˈkaːstə]
Catalonia [ˌkætəˈləunjə]
Caterina [ˌkætəˈriːnə]
Catesby [ˈkeitsbi]
Catharine [ˈkæθərin]
Cathay [kæˈθei]
Cathcart [ˈkæθkət, ˈkæθkaːt]
Cather [ˈkæðə]
Catherine [ˈkæθərin]
Cathleen ni Hoolihan [ˈkæθliːnniˈhuːlihən]
Catiline [ˈkætilain]
Cato [ˈkeitəu]
Catriona [kəˈtriənə]
Cattanach [ˈkætənæk]
Cattegat [ˈkætigæt]
Cattell [kæˈtel, kəˈtel]
Catullus [kəˈtʌləs]
Caucasus [ˈkɔːkəsəs]
Caudle [ˈkɔːdl]
Cavan [ˈkævən]
Cavanaugh [ˈkævənɔː]
Cavell [ˈkævl, kəˈvel]
Cavendish [ˈkævəndiʃ]
Caversham [ˈkævəʃəm]
Cawdor [ˈkɔːdə]
Cawnpore [kɔːnˈpɔː]
Cawnpur [kɔːnˈpuə]
Caxton [ˈkækstən]
Cayenne [keiˈen, ˈkeien]
Cayley [ˈkeili]
Cecil [ˈsesl, ˈsisl]
Cecile [ˈsesil]
Cecilia [siˈsiljə]
Cecily [ˈsisili, ˈsesili]
Cedric [ˈsiːdrik, ˈsedrik]
Celebes [seˈliːbiz]
Celestine [ˈselistain]
Celia [ˈsiːljə]
Celsius [ˈselsjəs]
Celt [kelt, selt]
Cenci [ˈtʃentʃi]
Cephas [ˈsiːfæs]

Cerberus [ˈsəːbərəs]
Ceres [ˈsiəriːz]
Cervantes [səːˈvæntiːz]
Cesarewitch *utrke u Newmarketu* [siˈzaːrəwitʃ]
Cetewayo [ketʃˈwaiəu]
Ceuta [ˈsjuːtə]
Cévennes [siˈven]
Ceylon [siˈlɔn]
Ceyx [ˈsiːiks]
Chablis [ˈʃæbliː]
Chadwick [ˈtʃædwik]
Chalcedon [ˈkælsidən]
Chalcis [ˈkælsis]
Chaldea [kælˈdi(ː)ə]
Chalkis [ˈkælkis]
Chalmers [ˈtʃaːməz]
Chamberlain [ˈtʃeimbəlin, ˈtʃeimbəlein]
Chambers [ˈtʃeimbəz]
Chamonix [ˈʃæməni]
Chandos [ˈʃændɔs, ˈtʃændɔs]
Chantrey [ˈtʃaːntri]
Chaplin [ˈtʃæplin]
Chapman [ˈtʃæpmən]
Charing Cross [ˌtʃæriŋˈkrɔs]
Charlemagne [ˈʃaːləmein]
Charles [tʃaːlz]
Charleston [ˈtʃaːlstən]
Charley (Charlie) [ˈtʃaːli]
Charlotte [ˈʃaːlət]
Charlton [ˈtʃaːltən]
Charmian [ˈtʃaːmjən]
Charon [ˈkɛərən, ˈkɛərɔn]
Charrington [ˈtʃæriŋtən]
Charteris [ˈtʃaːtəz, ˈtʃaːtəris]
Chartreuse [ʃaːˈtrəːz]
Charybdis [kəˈribdis]
Chastney [ˈtʃæsni]
Chatham [ˈtʃætəm]
Chatsworth [ˈtʃætswəːθ]
Chattanach [ˈtʃætənæk]
Chatterton [ˈtʃætətn]
Chaucer [ˈtʃɔːsə]
Chaworth [ˈtʃaːvəːθ]
Chaytor [ˈtʃeitə]
Cheapside [ˌtʃiːpˈsaid]
Cheatham [ˈtʃiːtəm]
Cheddar [ˈtʃedə]
Cheetham [ˈtʃiːtəm]
Cheke [tʃiːk]
Chelmsford [ˈtʃelmsfəd]
Chelsea [ˈtʃelsi]
Cheltenham [ˈtʃeltnəm]
Chenies [ˈtʃiːniz]
Cheops [ˈkiːɔps]
Chequers [ˈtʃekəz]
Cherbourg [ˈʃəːbuəg]
Cherith [ˈkiəriθ]
Cherokee [ˌtʃerəˈkiː]
Chersonese [ˈkəːsəniːs]
Cherwell [ˈtʃaːwəl]
Chesapeake [ˈtʃesəpiːk]
Chesham [ˈtʃeʃəm]
Cheshire [ˈtʃeʃə]
Cheshunt [ˈtʃesnt]
Chesney [ˈtʃesni, ˈtʃezni]
Chester [ˈtʃestə]
Chesterfield [ˈtʃestəfiːld]
Chesterton [ˈtʃestətən]
Chetham [ˈtʃetəm]
Chevalier [ʃəˈvæljei]
Chevening *u Kentu* [ˈtʃiːvniŋ]
Cheviot [ˈtʃeviət]
Chevrolet [ˈʃevrəlei]
Cheyne [ˈtʃeini; tʃein]
Chicago [ʃiˈkaːgəu]
Chichele [ˈtʃitʃili]
Chichester [ˈtʃitʃistə]
Chiddingly [ˌtʃidiŋˈlai]
Chile [ˈtʃili]
Chillon [ˈʃiːlɔ̃ːŋ]
Chiltern [ˈtʃiltə(ː)n]
Chimborazo [ˌtʃimbəˈraːzəu]
China [ˈtʃainə] Kina
Chios [ˈkaiɔs]
Chiron [ˈkaiərən]
Chisholm [ˈtʃizəm]
Chislehurst [ˈtʃizlhəːst]
Chiswick [ˈtʃizik]
Chloe [ˈkləui]
Chloris [ˈklɔːris]
Cholderton [ˈtʃəuldətən]
Cholm(e)ly [ˈtʃʌmli]
Cholmondeley [ˈtʃʌmli]
Chopin [ˈʃɔpɛ̃ːŋ]
Christ [kraist]
Christabel [ˈkristəbel]
Christchurch [ˈkrais(t)tʃəːtʃ]
Christiana [ˌkristiˈaːnə]
Christiania [ˌkristiˈaːnjə]
Christie [ˈkristi]
Christina [krisˈtiːnə]
Christine [ˈkristiːn]
Christminster [ˈkristminstə]
Christopher [ˈkristəfə]
Christopherson [krisˈtɔfəsn]
Chrysler [ˈkraizlə]
Churchill [ˈtʃəːtʃil]
Churchyard *prezime* [ˈtʃəːtʃəd]
Chuzzlewit [ˈtʃʌzlwit]
Cibber [ˈsibə]
Cicely [ˈsisili]
Cicero [ˈsisərəu]
Cincinnati [ˌsinsiˈnæti]
Cinderella [ˌsindəˈrelə]
Cinthio [ˈsintiəu, ˈsinθiəu]
Circe [ˈsəːsi]
Cirencester [ˈsaiərənsestə], *lokalni izgovor* [ˈsisitə]
Cissie (Cissy) [ˈsisi]
Clackmannan [klækˈmænən]
Clacton [ˈklæktən]
Clanricarde [klænˈrikəd]
Clapham [ˈklæpəm]
Clara [ˈklɛərə]
Clare [klɛə]
Claremont [ˈklɛəmɔnt]
Clarence [ˈklærəns]

Clarendon [ˈklærəndən]
Claridge [ˈklæridʒ]
Clarissa [kləˈrisə]
Clark(e) [klaːk]
Claud(e) [klɔːd]
Claudia [ˈklɔːdjə]
Claudius [ˈklɔːdjəs]
Claverhouse [ˈkleivəhaus]
Clayton [ˈkleitn]
Cleather [ˈkleðə]
Clegg [kleg]
Cleishbotham [ˈkliːʃbɔðəm]
Clemens [ˈklemənz]
Clement [ˈklemənt]
Clementina [ˌklemənˈtiːnə]
Clementine [ˈkleməntain]
Cleo [ˈkliəu]
Cleon [ˈkliːən]
Cleopatra [kliəˈpætrə]
Clerke [klaːk]
Clerkenwell [ˈklaːkənwel]
Clermont [ˈklɛəmɔnt]
Clevedon [ˈkliːvdən]
Cleveland [ˈkliːvlənd]
Cleves [kliːvz]
Clifford [ˈklifəd]
Clio [ˈklaiəu]
Clive [klaiv]
Clogher [ˈklɔhə, klɔː]
Cloten [ˈkləutn]
Clotho [ˈkləuθəu]
Cloudesley [ˈklaudzli]
Clough [klʌf, kluː]
Clowes *u Norfolku* [kluːz], *prezime* [klauz, kluːz]
Clyde [klaid]
Clymene [ˈklimini]
Cnut [kəˈnjuːt]
Cobbett [ˈkɔbit]
Cobden [ˈkɔbdən]
Cobham [ˈkɔbəm]
Coburg [ˈkəubəːg]
Cochin *u Indiji* [ˈkəutʃin]
Cochin-China [ˌkɔtʃinˈtʃainə]
Cochran [ˈkɔkrən]
Cochrane [ˈkɔkrin]
Cockai(g)ne [kɔˈkein]
Cockburn [ˈkəubəːn]
Cockerell [ˈkɔkərəl]
Codrington [ˈkɔdriŋtən]
Cody [ˈkəudi]
Coeur de Lion [ˌkəːdəˈliːɔ̃ːŋ]
Coggeshall [ˈkɔgiʃl]
Cohen [ˈkəuin]
Coimbra [kəuˈimbrə]
Coke [kəuk, kuk]
Cokeson [ˈkəuksən]
Colchester [ˈkəultʃistə]
Colchlough [ˈkəukli]
Colcleugh [ˈkəulkluː]
Coldstream [ˈkəuldstriːm]
Cole [kəul]
Coleman [ˈkəulmən]
Coleridge [ˈkəulridʒ]
Colgate [ˈkəulgeit]
Coliseum [ˌkɔliˈsiəm]
Collier [ˈkɔliə]
Collingwood [ˈkɔliŋwud]
Collins [ˈkɔlinz]
Colman [ˈkəulmən]
Colnaghi [kɔlˈnaːgi]
Colne [kəun, kəuln]
Cologne [kəˈləun] Köln
Colombia [kəˈlɔmbiə]
Colombo [kəˈlʌmbəu]
Colorado [ˌkɔləˈraːdəu]
Colosseum [ˌkɔləˈsiəm]
Colquhoun [kəˈhuːn]
Columba [kəˈlʌmbə]
Columbia [kəˈlʌmbiə]
Columbus [kəˈlʌmbəs]
Combe [kuːm]
Comenius [kəˈmeinjəs]
Comi [ˈkəumi]
Cominform [ˈkɔminfɔːm]
Compton [ˈkɔmptən, ˈkʌmptən]
Comus [ˈkəuməs]
Conan [ˈkəunən, kɔnən]
Confucius [kənˈfjuːʃjəs]
Congo [ˈkɔŋgəu]
Congreve [ˈkɔŋgriːv]
Coningsby [ˈkɔniŋzbi]
Coniston(e) [ˈkɔnistən]
Connaught [ˈkɔnɔːt]
Connecticut [kəˈnetikət]
Connemara [ˌkɔniˈmaːrə]
Connie [ˈkɔni]
Connor [ˈkɔnə]
Conolly [ˈkɔnəli]
Conrad [ˈkɔnræd]
Constable [ˈkʌnstəbl], *u Škotskoj* [ˈkɔnstəbl]
Constance [ˈkɔnstəns]
Constantine [ˈkɔnstəntain]
Constantinople [ˌkɔnstæntiˈnəupl]
Conster [ˈkɔnstə]
Conway [ˈkɔnwei]
Conybeare [ˈkɔnibiə]
Cook(e) [kuk]
Coomb(e) [kuːm]
Cooper [ˈkuːpə]
Copenhagen [ˌkəupnˈheigən]
Copernicus [kəˈpəːnikəs]
Copland [ˈkɔplənd, ˈkəuplənd]
Copperfield [ˈkɔpəfiːld]
Cora [ˈkɔːrə]
Corcoran [ˈkɔːkərən]
Corcyra [kɔːˈsaiərə]
Cordelia [kɔːˈdiːljə]
Cordilleras [ˌkɔːdiˈljɛərəz]
Cordova [ˈkɔːdəvə]
Corea [kəˈriə]
Corfu [kɔːˈfuː]
Corin [ˈkɔrin]
Corinth [ˈkɔrinθ]
Coriolanus [ˌkɔriəˈleinəs]
Cork [kɔːk]

Corneille [kɔːˈnei]
Cornelia [kɔːˈniːljə]
Cornelius [kɔːˈniːljəs]
Cornell [kɔːˈnel]
Corney [ˈkɔːni]
Cornhill [ˌkɔːnˈhil]
Cornwall [ˈkɔːnwəl]
Cornwallis [kɔːnˈwɔlis]
Coromandel [ˌkɔrəˈmændl]
Coronel [ˈkɔrənel]
Corsica [ˈkɔːsikə]
Cortes [ˈkɔːtes]
Corydon [ˈkɔridən]
Coryton [ˈkɔritn]
Cosgrave [ˈkɔzgreiv]
Cosham [ˈkɔsəm]
Cotswold [ˈkɔtswəuld]
Cottingham [ˈkɔtiŋəm]
Couch [kuːtʃ]
Coughlin [ˈkɔglin, ˈkɔklin]
Couper [ˈkuːpə]
Coupland [ˈkuːplənd]
Courtauld [ˈkɔːtəuld]
Courtenay [ˈkɔːtni]
Courthope [ˈkɔːtəp]
Courtney [ˈkɔːtni]
Coutts [kuːts]
Couzens [ˈkʌznz]
Covent [ˈkɔvənt]
Coventry [ˈkɔvəntri]
Coverdale [ˈkʌvədeil]
Coverley [ˈkʌvəli]
Coward [ˈkauəd]
Cowden [ˈkauden]
Cowdenbeath [ˌkaudnˈbiːθ]
Cowes [kauz]
Cowie [ˈkaui]
Cowley [ˈkauli]
Cowper *pjesnik* [ˈkuːpə, ˈkaupə]
Cox [kɔks]
Crabbe [kræb]
Crackenthorpe [ˈkrækənθɔːp]
Cracow [ˈkraːkəu]
Craig [kreig]
Craigavon [kreigˈævən]
Craigenputtock [ˌkreigənˈpʌtək]
Craik [kreik]
Cranage [ˈkrænidʒ]
Cranborne (Cranbourne) [ˈkrænbɔːn]
Cranbrook [ˈkrænbruk]
Crane [krein]
Cranford [ˈkrænfəd]
Crankshaw [ˈkræŋkʃɔː]
Cranleigh [ˈkrænli]
Cranmer [ˈkrænmə]
Crashaw [ˈkræʃɔː]
Cratchit [ˈkrætʃit]
Craven [ˈkreivn]
Crawcour [ˈkrɔːkə]
Crawford [ˈkrɔːfəd]
Crawley [ˈkrɔːli]
Creagh [krei]
Creaghan [ˈkriːgən]
Creakle [ˈkriːkl]
Crees [kriːs, kriːz]
Creighton [ˈkraitn]
Cremona [kriˈməunə]
Creole [ˈkriːəul]
Crerar [ˈkriərə]
Crespigny *prezime* [ˈkrepini, ˈkrepni], *ulica* [kresˈpiːni]
Cressida [ˈkresidə]
Cresswell [ˈkrezwəl]
Cressy [ˈkresi]
Crete [kriːt]
Crewe [kruː]
Crewkerne [ˈkruːkəːn]
Criccieth [ˈkrikieθ]
Crichton [ˈkraitn]
Crieff [kriːf]
Crimea [kraiˈmiə]
Cripplegate [ˈkriplgeit]
Crispin [ˈkrispin]
Croatia [krəuˈeiʃjə]
Crockett [ˈkrɔkit]
Croesus [ˈkriːsəs]
Croker [ˈkrəukə]
Cromarty [ˈkrɔməti]
Cromer [ˈkrəumə]
Crompton [ˈkrʌmptən]
Cromwell [ˈkrɔmwəl]
Crooke [kruk]
Crosby [ˈkrɔzbi, ˈkrɔsbi]
Crosfield [ˈkrɔsfiːld]
Croshaw [ˈkrəuʃɔː]
Crosthwaite [ˈkrɔsθweit]
Crowe [krəu]
Crowther [ˈkrauðə]
Croyden (Croydon) [ˈkrɔidn]
Cruikshank [ˈkrukʃæŋk]
Crummles [ˈkrʌmlz]
Crusoe [ˈkruːsəu]
Crysell [ˈkraisl]
Cuba [ˈkjuːbə]
Cubit [ˈkjuːbit]
Cuchulinn [ˈkuːkulin]
Cudahy [ˈkʌdəhi]
Culham [ˈkʌləm]
Culloden [kəˈlɔdn]
Cullompton [kəˈlʌmptən]
Culter [ˈkuːtə]
Cumberland [ˈkʌmbələnd]
Cumbria [ˈkʌmbriə]
Cummuskey [ˈkʌmski]
Cunard [kjuːˈnaːd]
Cunliffe [ˈkʌnlif]
Cunningham [ˈkʌniŋəm]
Curan [ˈkʌrən]
Curran [ˈkʌrən]
Currer [ˈkʌrə]
Currie [ˈkʌri]
Curtice (Curtia) [ˈkəːtis]
Curzon [ˈkəːzn]
Cushing [ˈkuʃiŋ]
Custance [ˈkʌstəns]
Cutch [kʌtʃ]
Cuthbert [ˈkʌθbət]

Cuvier [ˈkjuːviei, ˈkuːviei]
Cuxhaven [ˈkuksˌhaːvn]
Cuyp [kaip]
Cyclades [ˈsiklədiːz]
Cymbeline [ˈsimbiliːn]
Cynewulf [ˈkiniwulf]
Cynthia [ˈsinθiə]
Cyprus [ˈsaiprəs]
Cyrene [saiˈriːni]
Cyril [ˈsirəl]
Cyrille [ˈsiril, siˈriːl]
Cyrus [ˈsaiərəs]
Czechia [ˈtʃekiə]
Czerny [ˈtʃəːni, ˈzəːni]

D

Dacia [ˈdeisjə]
Dacota [dəˈkeutə]
Daedalus [ˈdiːdələs]
D'Aeth [deiθ]
Dago [ˈdeigəu]
Dagobert [ˈdægəubəːt]
Dagonet [ˈdægənət]
Dahomey [dəˈhəumi]
Daimler [ˈdeimlə]
Daisy [ˈdeizi]
Dakota [dəˈkəutə]
Dalbeattie [dælˈbiːti]
Dalby [ˈdɔːlbi, ˈdælbi]
D'Alembert [ˈdæləmbɛə]
Dalgleish [dælˈgliːʃ]
Dalhousie [dælˈhauzi, dælˈhuːzi]
Dalila [dəˈlailə]
Dalkeith [dælˈkiːθ]
Dalkey [ˈdɔːki]
Dallas [ˈdæləs]
Dalmanutha [ˌdælməˈnuːθə]
Dalmatia [dælˈmeiʃjə]
Dalmeny [dælˈmeni]
Dalry [dælˈrai]
Dalrymple [dælˈrimpl]
Dalston [ˈdɔːlstən]
Dalton [ˈdɔːltən]
Daly [ˈdeili]
Dalzell [dælˈzel]
Dalziel [ˈdælziəl, ˈdæljəl], *škotski* [diːˈel]
Damascus [dəˈmæskəs]
Damocles [ˈdæməkliːz]
Damon [ˈdeimən]
Dampier [ˈdæmpjə]
Dan [dæn]
Dana [ˈdeinə]
Danaë [ˈdæneiiː]
Danakil [ˌdænəˈkiːl]
Danby [ˈdænbi]
Daniel(l) [ˈdænjəl]
Danite [ˈdænait]
Dante [ˈdænti]
Danube [ˈdænjuːb] Dunav
Danvers [ˈdænvə(ː)z]
Danville [ˈdænvil]
Danzig [ˈdæntsig]
Daphne [ˈdæfni]
Daphnis [ˈdæfnis]
D'Arbley [ˈdaːbli]
Darby [ˈdaːbi]
D'Arcy [ˈdaːsi]
Dardanelles [ˌdaːdəˈnelz]
Dardanus [ˈdaːdənəs]
Darien [ˈdɛəriən]
Darius [dəˈraiəs]
Darjeeling [daːˈdʒiːliŋ]
Darley [ˈdaːli]
Darlington [ˈdaːliŋtən]
Darmady [daːˈmeidi]
Darnley [ˈdaːnli]
Darracq [ˈdærək]
Dartie [ˈdaːti]
Dartmoor [ˈdaːtmuə]
Dartmouth [ˈdaːtməθ]
Darwin [ˈdaːwin]
Daryll [ˈdæril]
Dasent [ˈdeisənt]
Dathan [ˈdeiθæn]
Daubeney [ˈdɔːbəni]
Daukes [ˈdɔːks]
Dauphine [ˈdɔːfin]
Dauphiné [ˈdəufinei]
Dave [deiv]
Davenant [ˈdævinənt]
Davenport [ˈdævnpɔːt]
Daventry [ˈdævəntri], *lokalni izgovor* [ˈdeintri]
Davey [ˈdeivi]
David [ˈdeivid]
Davidge [ˈdævidʒ]
Davidson [ˈdeividsn]
Davie (Davy) [ˈdeivi]
Davies [ˈdeivis]
Davis [ˈdeivis]
Davison [ˈdeivisn]
Davitt [ˈdævit]
Davos [ˈdaːvɔs]
Dawdon [ˈdɔːdn]
Dawes [dɔːz]
Dawkes [dɔːks]
Dawley [ˈdɔːli]
Dawson [ˈdɔːsn]
Dayton [ˈdeitn]
Deakin [ˈdiːkin]
Dealtry *prezime* [ˈdɔːltri, ˈdiəltri], *ulica u Londonu* [ˈdeltri]
Dean(e) [diːn]

Deans [diːnz]
Dearmer [ˈdiəmə]
Death *prezime* [deiθ, deθ, diːθ]
De Bathe [dəˈbaːθ]
Debeney [ˈdebəni]
Debenham [ˈdebnəm]
Deborah [ˈdebərə]
Decameron [diˈkæmərən]
Deccan [ˈdekən]
Dedlock [ˈdedlɔk]
Dee [diː]
Defoe [diˈfəu, dəˈfəu]
Deighton [ˈdaitn]
Deirdre [ˈdiədri]
Dekker [ˈdekə]
Delagoa [ˌdeləˈgəuə, ˈdeləgəuə]
Delamain [ˈdeləmein]
De la Mare [ˌdeləˈmɛə]
De Lancey [dəˈlaːnsi]
Deland [ˈdiːlənd]
De la Pasture [dəˈlæpətjə]
De la Poer [ˌdeləˈpuə]
De la Pole [ˌdeləˈpəul]
De la Rue [ˈdeləruː, ˌdeləˈruː]
Delaware [ˈdeləwɛə]
De la Warr [ˈdeləwɛə]
Delhi [ˈdeli]
Delia [ˈdiːljə]
Delilah [diˈlailə]
De l'Isle *engl. prezime* [dəˈlail]
Delisle [dəˈliːl]
Delius [ˈdiːljəs]
Delos [ˈdiːlɔs]
Delphi [ˈdelfai]
Demerara [ˌdeməˈrɛərə]
Demeter [diˈmiːtə]
Demetrius [diˈmiːtriəs]
Democritus [diˈmɔkritəs]
Demosthenes [diˈmɔsθəniːz]
Denbigh(shire) [ˈdenbi(ʃə)]
Denham [ˈdenəm]
Denholm(e) [ˈdenəm]
Denis [ˈdenis]
Denise [dəˈniːz]
Denmark [ˈdenmaːk] Danska
Dennehy [ˈdenəhi(ː)]
Dennis [ˈdenis]
Dent [dent]
Denver [ˈdenvə]
Denys [ˈdenis]
Depere [diˈpiə, dəˈpiə]
Depew [diˈpjuː]
Deptford [ˈdetfəd]
De Quincey [dəˈkwinsi]
Derbe [ˈdəːbi]
Derby(shire) [ˈdaːbi(ʃə)]
Dereham [ˈdiərəm]
D'Eresby [ˈdiəzbi]
Derham [ˈderəm]
Dering [ˈdiəriŋ]
De Rohan [dəˈrəuən]
De Ros [dəˈruːs]
Derric(k) [ˈderik]
Derwent [ˈdəːwənt, ˈdaːwənt]
Derwentwater [ˈdəːwəntˌwɔːtə]
De Salis [dəˈsælis]
Desart [ˈdezət]
Desbarres [deiˈbaː]
Desborough [ˈdezbrə]
Descartes [deiˈkaːt]
Desdemona [ˌdezdiˈməunə]
Désirée [deiˈziərei]
Deslys [deiˈliːs]
Desmond [ˈdezmənd]
Desvaux [ˈdeivəu, deiˈvəu]
Des Voeux [deiˈvəː]
Detroit [dəˈtrɔit]
Deucalion [dju(ː)ˈkeiljən]
De Valera [dəvəˈlɛərə]
Deventer [ˈdeventə]
Deventhaugh [ˈdevənthɔː]
De Vere [dəˈviə]
Devereux [ˈdevəruː, ˈdevəruːks]
Devine [dəˈvain]
Devizes [diˈvaiziz]
Devon(shire) [ˈdevn(ʃə)]
Devonport [ˈdevnpɔːt]
Dewar [ˈdju(ː)ə]
D'Ewes [djuːz]
De Wet [dəˈvet]
Dewey [ˈdju(ː)i]
Dewsbury [ˈdjuːzbəri]
D'Eyncourt [ˈdeinkəːt]
De Zoete [dəˈzuːt]
Diana [daiˈænə]
Dicey [ˈdaisi]
Dick [dik]
Dickens [ˈdikinz]
Dickinson [ˈdikinsn]
Dickson [ˈdiksn]
Dido [ˈdaidəu]
Digby [ˈdigbi]
Digges [digz]
Diggory [ˈdigəri]
Dighton [ˈdaitn]
Dilke [dilk]
Dillon [ˈdilən]
Dillwyn [ˈdilwin, ˈdilin]
Dinah [ˈdainə]
Dingwall [ˈdiŋwɔːl]
Dinmont [ˈdinmənt]
Diocletian [ˌdaiəˈkliːʃjən]
Diodorus [ˌdaiəˈdɔːrəs]
Diogenes [daiˈɔdʒiniːz]
Diomede [ˈdaiəmiːd]
Diomedes [ˌdaiəˈmiːdiːz]
Dionysia [ˌdaiəˈniziə]
Dionysius [ˌdaiəˈnisiəs]
Dionysus [ˌdaiəˈnaisəs]
Disraeli [disˈreili]
Dives *ime iz Biblije* [ˈdaiviːz], *prezime* [daivz]
Dixey [ˈdiksi]
Dixie [ˈdiksi]
Dixon [ˈdiksn]
Djakarta [dʒəˈkaːtə]
Dnieper [ˈ(d)niːpə]

Dniester [ˈ(d)niːstə]
Dobb [dɔb]
Dobbin [ˈdɔbin]
Dobell [dəuˈbel]
Dobrée [ˈdəubrei]
Dobson [ˈdɔbsn]
Doddridge [ˈdɔdridʒ]
Dodgson [ˈdɔdʒsn]
Dodo [ˈdəudəu]
Dodsley [ˈdɔdzli]
Doeg [ˈdəueg]
Dogberry [ˈdɔgberi]
Doggett [ˈdɔgit]
Doherty [ˈdəuəti, dəuˈhəːti]
Dohoo [ˈduːhuː]
Dolgellau [dɔlˈgeθlai]
Dolly [ˈdɔli]
Dolton [ˈdəultən]
Dombey [ˈdɔmbi]
Domingo [dəˈmiŋgəu]
Dominic [ˈdɔminik]
Dominica [ˌdɔmiˈniːkə]
Dominican [dəˈminikən]
Domitian [dəˈmiʃiən]
Domvil(l)e [ˈdʌmvil]
Donalbain [ˈdɔnlbein]
Donald [ˈdɔnld]
Donaldson [ˈdɔnldsn]
Don Carlos [dɔnˈkaːlɔs]
Doncaster [ˈdɔŋkəstə]
Donegal(l) [ˈdɔnigɔːl]
Dongola [ˈdɔŋgələ]
Donizetti [ˌdɔniˈzeti]
Don Juan [dɔnˈdʒu(ː)ən]
Donne [dɔn, dʌn]
Donnybrook [ˈdɔnibruk]
Dono(g)hue [ˈdʌnəhuː]
Donough [ˈdɔnəu]
Donoughmore [ˈdʌnəmɔː]
Donovan [ˈdɔnəvən]
Don Quixote [dɔnˈkwiksət]
Doolittle [ˈduːlitl]
Dora [ˈdɔːrə]
Dorcas [ˈdɔːkəs]
Dorchester [ˈdɔːtʃistə]
Dorian [ˈdɔːriən]
Doris [ˈdɔris]
Dorking [ˈdɔːkiŋ]
Dornoch [ˈdɔːnɔk]
Dorothea [ˌdɔrəˈθiə]
Dorothy [ˈdɔrəθi]
Dorrien [ˈdɔriən]
Dorrit [ˈdɔrit]
Dorset(shire) [ˈdɔːsit(ʃə)]
Dos Passos [dɔsˈpæsəs]
Dothan [ˈdəuθæn, ˈdəuθən]
Douai [ˈduːei]
Doudney [ˈdaudni, ˈdjuːdni]
Dougal(l) [ˈduːgəl]
Dougherty [ˈdəuəti]
Doughty [ˈdauti]
Douglas(s) [ˈdʌgləs]
Dousabel [ˈduːsəbel]
Doust [daust]
Dove *rijeka* [dʌv]
Dover [ˈdəuvə]
Dovey *u Walesu* [ˈdʌvi]
Dowden [ˈdaudn]
Dowell [ˈdauəl]
Dowie [ˈdaui]
Downing [ˈdauniŋ]
Dowse [daus]
Dowson [ˈdausn]
Doyle [dɔil]
Drachenfels [ˈdrækənfelz]
Draco *grčko ime* [ˈdreikəu], *engl. prezime* [ˈdraːkəu]
Dracula [ˈdrækjulə]
Drage [dreidʒ]
Drake [dreik]
Drave [draːv]
Drawcansir [ˈdrɔːkænsə]
Drayton [ˈdreitn]
Dreiser [ˈdraizə]
Dresden [ˈdrezdən]
Dreyfus [ˈdreifəs, ˈdraifəs]
Drinkwater [ˈdriŋkˌwɔːtə]
Droeshout [ˈdruːshaut]
Drogheda [ˈdrɔiidə]
Dromio [ˈdrəumiəu]
Drumclog [drʌmˈklɔg]
Drummond [ˈdrʌmənd]
Drury [ˈdruəri]
Druse [druːz, druːs]
Drusus [ˈdruːsəs]
Dryden [ˈdraidn]
Drysdale [ˈdraizdeil]
Dublin [ˈdʌblin]
Du Buisson *engl. prezime* [ˈdjuːbisn]
Du Cane [djuˈkein]
Duchesne *engl. ime* [djuːˈʃein, duːˈʃein]
Duckworth [ˈdʌkwəːθ]
Duddell [dʌˈdel, dju(ː)ˈdel]
Duddon [ˈdʌdn]
Dudley [ˈdʌdli]
Duff [dʌf]
Dufferin [ˈdʌfərin]
Dugald [ˈduːgəld]
Dugan [ˈduːgən]
Dugdale [ˈdʌgdeil]
Dulcie [ˈdʌlsi]
Duluth [djuːˈluːθ]
Dulwich [ˈdʌlidʒ]
Dumain [dju(ː)ˈmein]
Dumaresq [duːˈmerik]
Dumas [ˈdjuːmaː]
Du Maurier [dju(ː)ˈmɔːriei]
Dumbarton [dʌmˈbaːtn]
Dumbiedikes [ˈdʌmbidaiks]
Dumfries [dʌmˈfriːs]
Dumfriesshire [dʌmˈfriːsʃə]
Dumville [ˈdʌmvil]
Dunalley [dʌˈnæli]
Dunbar [dʌnˈbaː]
Duncan [ˈdʌŋkən]
Dunciad [ˈdʌnsiæd]
Duncombe [ˈdʌnkəm]
Dundalk [dʌnˈdɔːk]

Dundas [dʌnˈdæs, ˈdʌndæs]
Dundee [dʌnˈdiː]
Dundonald [dʌnˈdɔnld]
Dundreary [dʌnˈdriəri]
Dunedin [dʌˈniːdin]
Dunfermline [dʌnˈfəːmlin]
Danholme [ˈdʌnəm]
Dunkeld [dʌnˈkeld]
Dunkirk [dʌnˈkəːk]
Dun Laoghaire [dʌnˈliəri]
Dunlop [ˈdʌnlɔp, dʌnˈlɔp]
Dunmow [ˈdʌnməu]
Dunning [ˈdʌniŋ]
Dunsany [dʌnˈseini]
Dunsinane *ime mjesta* [dʌnˈsinən], *kod Shakespearea* [ˈdʌnsinein]
Dunstable [ˈdʌnstəbl]
Dunstaffnage [dʌnˈstæfnidʒ]
Dunstan [ˈdʌnstən]
Dunster [ˈdʌnstə]
Dupont [ˈdjuːpɔnt]
Duquesne [dju(ː)ˈkein]
Durand [djuəˈrænd]
Durant [djuˈraːnt]
Durban [ˈdəːbən]
D'Urbervilles [ˈdəːbəvilz]
Durden [ˈdəːdn]
Durell [djuəˈrel]
Durham [ˈdʌrəm]
Durlacher [dəˈlækə]
Durrell [ˈdʌrəl]
Durward [ˈdəːwəd]
Duse [ˈduːzi]
Duthie [ˈdʌθi]
Dutton [ˈdʌtn]
Dvorak [ˈdvɔːʒaːk]
Dwight [dwait]
Dyak [ˈdaiæk]
Dyche [daitʃ]
Dyer [ˈdaiə]
Dyke [daik]
Dylan [ˈdilən]
Dymond [ˈdaimənd]
Dynevor [diˈnivə]
Dysart [ˈdaisət]
Dyson [ˈdaisn]

E

Ealing [ˈiːliŋ]
Eames [iːmz, eimz]
Earl(e) [əːl]
Earp [əːp]
Easdale [ˈiːzdeil]
Easebourne [ˈiːzbɔːn]
Eastbourne [ˈiːs(t)bɔːn]
Eastcheap [ˈiːs(t)tʃiːp]
Eastham [ˈiːsthəm]
Easthampton [ˈistˈhæm(p)tən]
Eastleigh [ˈiːstliː]
Eaton [ˈiːtn]
Ebbw [ˈebuː]
Ebenezer [ˌebiˈniːzə]
Ebro [ˈiːbrəu]
Ebury [ˈiːbəri]
Ecclefechan [ˌeklˈfekən]
Eckersl(e)y [ˈekəzli]
Eckert [ˈekə(ː)t]
Ecuador [ˌekwəˈdɔː]
Edam [ˈiːdæm]
Eddy [ˈedi]
Eddystone [ˈedistən]
Eden [ˈidn]
Edgar [ˈedgə]
Edgbaston [ˈedʒbəstən]
Edgcumbe [ˈedʒkəm]
Edgehill [ˌedʒˈhil], *prezime* [ˈedʒhil]
Edgeworth [ˈedʒwəːθ]
Edgware [ˈedʒwɛə]
Edie [ˈiːdi]
Edinburgh [ˈedinbərə]
Edison [ˈedisn]
Ediss [ˈedis]
Edith [ˈiːdiθ]
Edmonton [ˈedməntən]
Edmund [ˈedmənd]
Edna [ˈednə]
Edom [ˈiːdəm]
Edward [ˈedwəd]
Edwards [ˈedwədz]
Edwin [ˈedwin]
Effie [ˈefi]
Egbert [ˈegbəːt]
Egeria [i(ː)ˈdʒiəriə]
Egerton [ˈedʒətn]
Egeus *grčko ime* [ˈiːdʒjuːs], *kod Shakespearea* [i(ː)ˈdʒiːəs]
Eggleston [ˈeglstən]
Egham [ˈegəm]
Eglamore [ˈegləmɔː]
Egremont [ˈegrəmənt]
Egypt [ˈiːdʒipt]
Eilean [ˈiːlən]
Eire [ˈɛərə]
Eirene [aiˈriːni]
Eisenhower [ˈaiznˌhauə]
Elain(e) [eˈlein]
Elam [ˈiːləm]
Elba [ˈelbə]
Elbe [elb]
Elcho [ˈelkəu]
El Dorado [ˌeldəˈraːdəu]
Eldred [ˈeldrid]

Eleanor [ˈelinə]
Eleanora [ˌeliəˈnɔːrə]
Eleazar [ˌeliˈeizə]
Electra [iˈlektrə]
Eleonora [ˌeliəˈnɔːrə]
Eleusis [eˈljuːsis]
Elgar [ˈelgə]
Elgie [ˈeldʒi, ˈelgi]
Elgin(shire) [ˈelgin(ʃə)]
Elia [ˈiːljə]
Eliakim [iˈlaiəkim]
Elias [iˈlaiəs]
Elijah [iˈlaidʒə]
Elinor [ˈelinə]
Eliot(t) [ˈeljət]
Elis [ˈiːlis]
Elisabeth [iˈlizəbəθ]
Elisha *prorok* [iˈlaiʃə], *mjesto* [eˈliʃə]
Eliza [iˈlaizə]
Elizabeth [iˈlizəbəθ]
Elkins [ˈelkinz]
Ella [ˈelə]
Ellen [ˈelin]
Ellesmere [ˈelzˌmiə]
Ellicott [ˈelikət]
Elliot(t) [ˈeljət]
Ellis [ˈelis]
Ellsworth [ˈelzwəːθ]
Elmo [ˈelməu]
Elmsley [ˈelmzli]
Elphin [ˈelfin]
Elsie [ˈelsi]
Elsinore [ˌelsiˈnɔː]
Elsmere [ˈelzˌmiə]
Elspeth [ˈelspəθ]
Elswick [ˈelsik, ˈelzik, ˈelzwik]
Elsworthy [ˈelzˌwəːði]
Eltham [ˈeltəm]
Elton [ˈeltən]
Elvedon [ˈelvdən]
Elvey [ˈelvi]
Elvira [elˈvaiərə]
Elwes [ˈelwiz]
Ely [ˈiːli]
Elysian [iˈliziən]
Elysium [iˈliziəm]
Emanuel [iˈmænjuəl]
Emeer [eˈmiə]
Emerson [ˈeməsn]
Emery [ˈeməri]
Emilia [iˈmiliə]
Emily [ˈemili]
Emma [ˈemə]
Emmanuel [iˈmænjuəl]
Emmet [ˈemit]
Emmie (Emmy) [ˈemi]
Empedocles [emˈpedəkliːz]
Empson [ˈempsn]
Endell [ˈendl]
Endicott [ˈendikət]
Endymion [enˈdimiən]
Eneas [i(ː)ˈniːæs]
Eneid [ˈiːniid]
Enfield [ˈenfiːld]
Engadine [ˈeŋgədiːn]
England [ˈiŋglənd]
Enid [ˈiːnid]
Enniskillen [ˌenisˈkilən]
Ennius [ˈeniəs]
Enoch [ˈiːnɔk]
Eochaidh [ˈjɔxei, ˈjɔkei]
Eothen [i(ː)ˈəuθen]
Epaminondas [iˌpæmiˈnɔndæs]
Ephesus [ˈefisəs]
Ephraim [ˈiːfreiim]
Epictetus [ˌepikˈtiːtəs]
Epicurus [ˌepiˈkjuərəs]
Epidaurus [ˌepiˈdɔːrəs]
Epimenides [ˌepiˈmenidiːz]
Epipsychidion [ˌepisaiˈkidiɔn]
Epirus [eˈpaiərəs]
Epping [ˈepiŋ]
Epsom [ˈepsəm]
Epstein [ˈepstain]
Erard [ˈeraːd]
Erasmus [iˈræzməs]
Erastus [iˈræstəs]
Erath [iˈraːθ]
Erebus [ˈeribəs]
Erewhon [ˈeriwən]
Eric [ˈerik]
Erie [ˈiəri]
Erin [ˈiərin]
Eritrea [ˌeriˈtreiə]
Ernest [ˈəːnist]
Erny [ˈəːni]
Errol [ˈerəl]
Erse [əːs]
Erskine [ˈəːskin]
Escombe [ˈeskəm]
Escot(t) [ˈeskət]
Esher [ˈiːʃə]
Esias [iˈzaiəs]
Eskimo [ˈeskiməu]
Esmé [ˈezmi]
Esmond(e) [ˈezmənd]
Essex [ˈesiks]
Esther [ˈestə]
Esthonia [esˈtəunjə]
Ethel [ˈeθəl]
Ethelbald [ˈeθəlbɔːld]
Ethelbert [ˈeθəlbəːt]
Ethelbertha [ˌeθəlˈbəːtə]
Ethelred [ˈeθəlred]
Etherege [ˈeθəridʒ]
Etherington [ˈeðəriŋtən]
Ethiopia [ˌiːθiˈəupjə]
Etna [ˈetnə]
Eton [ˈiːtn]
Etruria [iˈtruəriə]
Euclid [ˈjuːklid]
Eudora [juːˈdɔːrə]
Eugene [ˈjuːdʒiːn, juːˈdʒiːn, juːˈʒein]
Eugenia [juːˈdʒiːnjə]
Eulalia [juːˈleiljə]
Euler *engl. ime* [ˈjuːlə], *njem ime* [ˈɔilə]
Eunice [ˈjuːnis], *ime iz Biblije* [ˈju(ː)ˈnaisi]

Euphemia [juːˈfiːmjə]
Euphrates [juːˈfreitiːz]
Euphues [ˈjuːfju(ː)iːz]
Euripides [juəˈripidiːz]
Europa [juəˈrəupə]
Europe [ˈjuərəp] Evropa
Eurydice [juəˈridisi(ː)]
Eustace [ˈjuːstəs]
Euston [ˈjuːstən]
Euterpe [juːˈtəːpi]
Euxine [ˈjuːksain]
Eva [ˈiːvə]
Evan [ˈevən]
Evangeline [iˈvændʒiliːn]
Evans [ˈevənz]
Eve [iːv]
Evele(i)gh [ˈiːvli]
Evelina [ˌeviˈliːnə]
Eveline [ˈiːvlin, ˈevlin, ˈeviliːn]
Evelyn [ˈiːvlin, ˈevlin]
Evens [ˈevənz]
Everard [ˈevəraːd]
Everest [ˈevərist]
Evesham [ˈiːvʃəm], *lokalni izgovor* [ˈiːviʃəm]
Evett [ˈevit]
Ewart [ˈju(ː)ət]
Ewell [ˈju(ː)il]
Ewen [ˈju(ː)in]
Ewing [ˈju(ː)iŋ]
Excalibur [eksˈkælibə]
Exeter [ˈeksitə]
Exmoor [ˈeksmuə]
Exmouth [ˈeksmauθ, ˈeksməθ]
Eyam [ˈiːəm]
Eyck [aik]
Eyemouth [ˈaiməθ]
Eyles [ailz]
Eynsford [ˈeinsfəd]
Eyre [ɛə]
Eyton [ˈaitn, ˈeitn]
Ezra [ˈezrə]

F

Faber *engl. ime* [ˈfeibə], *njem ime* [ˈfaːbə]
Fabian [ˈfeibjən]
Fabius [ˈfeibjəs]
Fabricius [fəˈbriʃiəs]
Fadladeen [ˌfædləˈdiːn]
Faed [feid]
Fagin [ˈfeigin]
Fahrenheit [ˈfærənhait]
Fairbairn [ˈfɛəbɛən]
Fairfax [ˈfɛəfæks]
Fairholme [ˈfɛəhəum]
Fairlegh (Fairleigh) [ˈfɛəli]
Falconbridge [ˈfɔːkənbridʒ]
Falconer [ˈfɔːknə]
Falkirk [ˈfɔːlkəːk]
Falkland [ˈfɔːklənd]
Falkner [ˈfɔːknə]
Faller [ˈfælə]
Falloden [ˈfælədən]
Falmouth [ˈfælməθ]
Falstaff [ˈfɔːlstaːf]
Fancourt [ˈfænkɔːt]
Faneuil [ˈfænl]
Fanny [ˈfæni]
Fanshawe [ˈfænʃɔː]
Faraday [ˈfærədi]
Fardell [ˈfaːdel]
Fareham [ˈfɛərəm]
Fargus [ˈfaːgəs]
Faribault [ˈfæribəu]
Farleigh (Farley) [ˈfaːli]
Farnborough [ˈfaːnbərə]
Faroe [ˈfɛərəu]
Farquhar [ˈfaːkwə, ˈfaːkə]
Farragut [ˈfærəgət]
Farrant [ˈfærənt]
Farringdon [ˈfæriŋdən]
Fastolf [ˈfæstɔlf]
Fatima [ˈfætimə]
Faucett [ˈfɔːsit]
Faulconbridge [ˈfɔːkənbridʒ]
Faulkland [ˈfɔːklənd]
Faulkner [ˈfɔːknə]
Fauntleroy [ˈfɔːntlərɔi]
Faustus [ˈfɔːstəs]
Faversham [ˈfævəʃəm]
Fawcett [ˈfɔ(ː)sit]
Fawkes [fɔːks]
Fayette [feiˈet]
Fayette City [ˌfeietˈsiti]
Faygate [ˈfeigeit]
Feaist [fiːst]
Feargus [ˈfəːgəs]
Featherston(e) [ˈfeðəstən]
Featherstonehaugh [ˈfeðəstənhɔː]
Feckenham [ˈfeknəm]
Feeheny [ˈfiːni, ˈfiəni]
Feilden [ˈfiːldən]
Feilding [ˈfiːldiŋ]
Feiling [ˈfailiŋ]
Feist [fiːst]
Felicia [fiˈlisiə]
Felix [ˈfiːliks]
Felixstowe [ˈfiːlikstəu]
Felkin [ˈfelkin]
Fellowes [ˈfeləuz]
Felpham [ˈfelpəm]
Feltham [ˈfelθəm], *mjesto* [ˈfeltəm]
Fenella [fiˈnelə]
Fenn [fen]
Fenton [ˈfentən]
Fenwick [ˈfenik, fenwik]

Feodor ['fi(ː)ədɔː]
Feodora [ˌfi(ː)ə'dɔːrə]
Ferdinand ['fəːdinənd]
Fergus ['fəːgəs]
Fergusson ['fəːgəsn]
Fermanagh [fə(ː)'mænə]
Fermoy [fəː'mɔi]
Fernando [fə(ː)'nændəu]
Fernhough ['fəːnhəu]
Fernihough ['fəːnihʌf]
Festus ['festəs]
Feversham ['fevəʃəm]
Ffoulkes [fəuks, fəulks, fauks]
Fidele [fi'diːli]
Fidelia [fi'diːljə]
Fidelio [fi'deiliəu]
Fido ['faidəu]
Fiennes [fainz]
Fife(shire) ['faif(ʃə)]
Fifield ['faifiːld]
Fiji [fiː'dʒiː]
Filipino [ˌfili'piːnəu]
Fillmore ['filmɔː]
Finch [fintʃ]
Findlater ['fin(d)lətə]
Findlay ['fin(d)lei]
Fingal ['fiŋgəl]
Fingall ['fiŋgɔːl]
Finland ['finlənd] Finska
Finlay ['finlei]
Finsbury ['finzbəri]
Fiona [fi'əunə]
Fisk(e) [fisk]
Fison ['faisn]
Fitzalan [fits'ælən]
Fitzgerald [fits'dʒerəld]
Fitzgibbon [fits'gibən]
Fitzjohn [fits'dzɔn]
Fitzmaurice [fits'mɔris]
Fitzroy *prezime* [fits'rɔi], *ulica u Londonu* ['fitsrɔi]
Fitzurse [fits'əːs]
Fitzwygram [fits'waigrəm]
Flaherty ['flɛəti]
Flamborough ['flæmbərə]
Flammock ['flæmək]
Flamstead ['flæmstid]
Flavel ['flævəl]
Flavell ['fleivl, fle'vel]
Flavia ['fleiviə]
Flaxman ['flæksmən]
Fleance ['fliːəns]
Fleay [flei]
Flecknoe ['fleknəu]
Fleeming ['flemiŋ]
Fleetwood ['fliːtwud]
Flemming ['flemiŋ]
Fletcher ['fletʃə]
Fleur [fləː]
Flintshire ['flintʃiə]
Flite [flait]
Flodden ['flɔdn]
Flora ['flɔːrə]
Florence ['flɔrəns] Firenza
Flores ['flɔːriz]
Florian ['flɔːriən]
Florida ['flɔridə]
Florizel ['flɔrizel]
Florrie (Florry) ['flɔri]
Flossie (Flossy) ['flɔsi]
Floyd [flɔid]
Fluellen [flu(ː)'elin]
Flushing ['flʌʃiŋ]
Flynn [flin]
Foakes [fəuks]
Foley ['fəuli]
Folger ['fəuldʒə]
Folkestone ['fəukstən]
Fonteyn [fɔn'tein]
Foote [fut]
Forbes [fɔːbz], *u Škotskoj* ['fɔːbis]
Ford(e) [fɔːd]
Fordcombe ['fɔːdkəm]
Fordyce ['fɔːdais]
Forman ['fɔːmən]
Formosa [fɔː'məusə]
Fornax ['fɔːnæks]
Forres ['fɔris]
Fors Clavigera ['fɔːsklæ'vidʒərə]
Forster ['fɔːstə]
Forsyte ['fɔːsait]
Forsyth [fɔː'saiθ]
Fortescue ['fɔːtiskjuː]
Forteviot [fɔː'tiːvjət]
Fortinbras ['fɔːtinbræs]
Fortnum ['fɔːtnəm]
Fortunatus [ˌfɔːtju(ː)'neitəs]
Fortune *prezime* ['fɔːtjuːn]
Fothergill ['fɔðəgil]
Fotheringay ['fɔðəriŋgei]
Fouberts ['fuːbəːts]
Foulis [faulz]
Foulkes [fəuks, fauks]
Fowey [fɔi]
Fowke [fauk, fəuk]
Fowler ['faulə]
Fownes [faunz]
Foyers ['fɔiəz]
Foyle [fɔil]
France [fraːns] Francuska
Frances ['fraːnsis]
Francesca [fræn'seskə, fræn'tʃeskə]
Francis ['fraːnsis]
Franconia [fræŋ'kəuniə]
Frankfort ['fræŋkfət]
Franklin ['fræŋklin]
Fraser (Frazer) ['freizə]
Fred [fred]
Freddy ['fredi]
Frederic(k) ['fredrik]
Frederica [ˌfredə'riːkə]
Freeman ['friːmən]
Fremantle ['friːmæntl]
Frere [friə]
Freud [frɔid]
Freyer [friə, 'fraiə]
Fries [friːs]

Fritz [frits]
Friern ['fraiən]
Frithsden ['fri:zdən]
Frizinghall ['fraiziŋhɔ:l]
Fröbel ['frə:bl]
Frobisher ['frəubiʃə]
Frome [fru:m]
Froude [fru:d]
Frowde [fru:d, fraud]
Fry [frai]
Frye [frai]
Fuad ['fu(:)æd]
Fudge [fʌdʒ, fju:dʒ]
Fulham ['fuləm]
Fulke [fulk]
Fuller ['fulə]
Fullerton ['fulətn]
Fulton ['fultən]
Furness ['fə:nis]
Furneux ['fə:niks]
Furnival(l) ['fə:nivl]
Fyson ['faisn]

G

Gabbatha ['gæbəθə]
Gabbitas ['gæbitæs]
Gaboon [gə'bu:n]
Gabriel ['geibriəl]
Gaby ['ga:bi]
Gadara ['gædərə]
Gadsby ['gædzbi]
Gadsden ['gædzdən]
Gainsborough ['geinzbərə]
Gaitskell ['geitskəl]
Gaius ['gaiəs]
Galahad ['gæləhæd]
Galashiels [ˌgælə'ʃi:lz]
Galatea [ˌgælə'tiə]
Galatia [gə'leiʃjə]
Galbraith [gæl'breiθ]
Galen ['geilin]
Galicia [gə'liʃiə]
Galilee ['gælili:]
Galileo [ˌgæli'leiəu]
Gallagher ['gæləhə]
Gallaher ['gæləhə]
Gallia ['gæliə]
Gallipoli [gə'lipəli]
Gallipolis *u Americi* [ˌgælipə'li:s]
Galloway ['gæləwei]
Galsworthy ['gɔ:lzwə:ði]
Galt [gɔ:lt]
Galvani [gæl'va:ni]
Galveston(e) ['gælvistən]
Galway ['gɔ:lwei]
Gandercleugh ['gændəklu:]
Gandhi ['gændi:]
Ganges ['gændʒi:z]
Ganymede ['gænimi:d]
Gard(i)ner ['ga:dnə]
Gareth ['gæreθ]
Garfield ['ga:fi:ld]
Gargantua [ga:'gæntjuə]
Gargery ['ga:dʒəri]
Garibaldi [ˌgæri'bɔ:ldi]
Garnet(t) ['ga:nit]
Garret(t) ['gærət]
Garrick ['gærik]
Garrioch ['gæriək, *pokrajina u Škotskoj* ['giəri]
Garrod ['gærəd]
Gascoigne ['gæskɔin]
Gascony ['gæskəni]
Gaselee ['geizli:]
Gaskell ['gæskəl]
Gatacre ['gætəkə]
Gatenby ['geitnbi]
Gateshead ['geitshed]
Gathorne ['geiθɔ:n]
Gauden ['gɔ:dn]
Gaul [gɔ:l]
Gauss [gaus]
Gautama ['gautəme]
Gaveston ['gævistən]
Gawain ['ga:wein]
Gaza ['ga:zə, 'geizə], *grčki učenjak* ['ga:zə]
Geddes ['gedis]
Geelong [dʒi'lɔŋ]
Gehazi [gi'heizai]
Geikie ['gi:ki]
Gellatley ['gelətli]
Gemini ['dʒeminai]
Gene [dʒi:n]
Geneva [dʒi'ni:və] Ženeva
Genevieve [ˌdʒenə'vi:v]
Gennesaret [gi'nezərit]
Gennesareth [gi'nezriθ]
Genoa ['dʒenəuə] Genova
Geoffrey ['dʒefri]
Geordie ['dʒɔ:di]
George [dʒɔ:dʒ]
Georgia ['dʒɔ:dʒjə]
Georgiana [ˌdʒɔ:dʒi'a:nə]
Georgie ['dʒɔ:dʒi]
Georgina [dʒɔ:'dʒi:nə]
Geraint ['geraint]
Gerald ['dʒerəld]
Geraldine ['dʒerəldi:n]
Gerard ['dʒera:d, dʒe'ra:d]
Germany ['dʒə:məni] Njemačka
Gerrard ['dʒera:d, dʒe'ra:d]
Gerry ['geri]
Gershwin ['gə:ʃwin]
Gertrude ['gə:tru:d]
Gerty ['gə:ti]
Gervase ['dʒə:vəs]

Gethsemane [geθ'semәni]
Gettysburg ['getizbә:g]
Gha(u)t [gɔ:t]
Ghent [gent]
Ghoorka (**Ghurka**) ['guәkә]
Giaour ['dʒauә]
Gibbie ['dʒibi]
Gibbon ['gibәn]
Gibbs [gibz]
Gibraltar [dʒi'brɔ:ltә]
Gibson ['gibsn]
Gideon ['gidiәn]
Gielgud ['gi:lgud]
Gieve [gi:v]
Giffen ['gifin, 'dʒifin]
Gifford *mjesto* ['gifәd], *prezime* ['gifәd, 'dʒifәd]
Giglio ['dʒi:liәu]
Gihon ['gaihɔn]
Gilbert ['gilbәt]
Gilboa [gil'bәuә]
Gilchrist ['gilkrist]
Gilead ['giliæd]
Giles [dʒailz]
Gilfilan [gil'filәn]
Gilham ['gilәm]
Gilheney [gi'li:ni]
Gill [gil]
Gilleney ['gilәni]
Gillespie [gi'lespi]
Gillette [dʒi'let]
Gillian ['dʒiliәn]
Gillies ['gilis, 'giliz]
Gillingham *u Kentu* ['dʒiliŋәm], *u Dorselu* ['giliŋәm]
Gil(l)more ['gilmɔ:]
Gillott ['dʒilәt]
Gills [gilz]
Gillson ['dʒilsn]
Gilpin ['gilpin]
Gilson ['dʒilsn, 'gilsn]
Gimson ['gimsn, 'dʒimsn]
Ginevra [dʒi'nevrә]
Gingell ['gindʒәl]
Girton ['gә:tn]
Gisbourne ['gizbɔ:n]
Gissing ['gisiŋ]
Gizeh ['gi:zei]
Gladstone ['glædstәn]
Gladys ['glædis]
Glaisher ['gleiʃә]
Glamis [gla:mz]
Glamorgan(shire) [glә'mɔ:gәn(ʃә)]
Glanvill(e) ['glænvil]
Glasgow ['gla:sgәu]
Glastonbury ['glæstәnbәri]
Glegg [gleg]
Glenallan [glen'ælәn]
Glenavon [glen'ævәn]
Glencairn [glen'kεәn]
Glencoe [glen'kәu]
Glendower [glen'dauә]
Glengarry [glen'gæri]
Gloria ['glɔ:riә]
Gloriana [ˌglɔ:ri'a:nә]
Gloster ['glɔstә]
Gloucester(shire) ['glɔstә(ʃә)]
Glubdubdribb *kod Swifta* [ˌglʌbdʌb'drib]
Gluck [gluk]
Glyn(n) [glin]
Gobbo ['gɔbәu]
Gobi ['gәubi]
Godalming ['gɔdlmiŋ]
Goddard ['gɔdәd]
Goderich ['gәudritʃ]
Godfree (**Godfrey**) ['gɔdfri]
Godiva [gә'daivә]
Godmanchester ['gɔdmәnˌtʃestә]
Godolphin [gә'dɔlfin]
Godwin ['gɔdwin]
Goethe ['gә:tә]
Gogmagog ['gɔgmәgɔg]
Golconda [gɔl'kɔndә]
Goldsmith ['gәuldsmiθ]
Golgotha ['gɔlgәθә]
Goliath [gә'laiәθ]
Gollancz [gә'lænts, 'gɔlәnts]
Gomorrah [gә'mɔrә]
Goneril ['gɔnәril]
Gonzalo [gәn'za:lәu]
Gooch [gu:tʃ]
Goodell [gu'del]
Goodge [gu(:)dʒ]
Goodrich ['gudritʃ]
Goodwin ['gudwin]
Goodyear, (**Goodyer**) ['gudjә(:)]
Googe [gu(:)dʒ]
Goole [gu:l]
Gorboduc ['gɔ:bәdʌk]
Gordon ['gɔ:dn]
Gorgon ['gɔ:gәn]
Gorgonzola [ˌgɔ:gәn'zәulә]
Gorham ['gɔ:rәm]
Goring ['gɔ:riŋ]
Gorringe ['gɔrindʒ]
Goschen (**Goshen**) ['gәuʃn]
Gosport ['gɔspɔ:t]
Goss(e) [gɔs]
Gosson ['gɔsәn]
Gotha ['gәuθә]
Gotham *u Nottinghamshireu* ['gәutәm], *u New Yorku* ['gәuθәm, 'gɔθәm]
Gothland ['gɔθlәnd]
Gottland ['gɔtlәnd]
Gough [gɔf]
Goulburn *mjesto* ['gәulbә:n], *prezime* ['gu:lbә:n]
Gould [gu:ld]
Goulden ['gu:ldәn]
Goulding ['gu:ldiŋ]
Gourlay (**Gourley**) ['guәli]
Govan ['gʌvәn]
Gow [gau]
Gowan ['gauәn]
Gower ['gauә]
Gowrie ['gauri]

Grace [greis]
Graeme [greim]
Grafton [ˈgraːftən]
Graham(e) [ˈgreiəm, grɛəm]
Grainger [ˈgreindʒə]
Granada [grəˈnaːdə]
Granby [ˈgrænbi]
Grandgent [ˈgrændʒent]
Grandison [ˈgrændisn]
Granger [ˈgreindʒə]
Grant [graːnt]
Granton [ˈgraːntən]
Granville [ˈgrænvil]
Grasmere [ˈgraːsmiə]
Gratian [ˈgreiʃjən]
Gratiano *kod Shakespearea* [ˌgræʃiˈaːnəu]
Graves [greivz]
Gravesend [greivˈzend]
Gray [grei]
Grayson [ˈgreisn]
Greaves [griːvz, greivz]
Greece [griːs] Grčka
Greel(e)y [ˈgriːli]
Greenaway [ˈgriːnəwei]
Green(e) [griːn]
Greenhalgh [ˈgriːnhælʃ, ˈgriːnhældʒ]
Greenhaulgh [ˈgriːnhɔː]
Greenland [ˈgriːnlənd]
Greenwich [ˈgrinidʒ]
Greg(g) [greg]
Gregory [ˈgregəri]
Greig [greg]
Gremio [ˈgriːmiəu]
Grenada [grəˈneidə]
Grenville [ˈgrenvil]
Gresham [ˈgreʃəm]
Greta [ˈgriːtə, ˈgretə]
Gretna Green [ˈgretnəˈgriːn]
Greville [ˈgrevil]
Grey [grei]
Grice [grais]
Gridley [ˈgridli]
Grieg [griːg]
Grierson [ˈgriəsn]
Griffith [ˈgrifiθ]
Grimes [graimz]
Grimsby [ˈgrimzbi]
Grimshaw [ˈgrimʃɔː]
Grinnell [griˈnel]
Griqualand [ˈgri(ː)kwəlænd]
Griselda [griˈzeldə]
Grisons [ˈgriːzɔ̃ːŋ]
Griswold [ˈgrizwəuld]
Grizel [griˈzel, ˈgrizəl]
Grocyn [ˈgrəusin]
Grongar [ˈgrɔŋgə]
Grosart [ˈgrəuzaːt]
Grosmont *u Yorkshireu* [ˈgrəumənt], *u Moumouthshireu* [ˈgrɔsmənt]
Gross [grɔs]
Grossmith [ˈgrəusmiθ]
Grosvenor [ˈgrəuvnə]
Grote [grəut]
Grotius [ˈgrəuʃiəs]
Grover [ˈgrəuvə]
Gruenther [ˈgrʌnθə]
Grumio [ˈgruːmiəu]
Grundtvig [ˈgruntvig]
Grundy [ˈgrʌndi]
Gruyère [ˈgruːjɛə]
Guadalquivir [ˌgwaːdlˈkwivə]
Guadeloupe [ˌgwaːdəˈluːp]
Guarani [ˌgwaːrəˈniː]
Guatemala [ˌgwætiˈmaːlə]
Guayaquil [ˌgwaiəˈkiːl]
Gudrun [ˈgudruːn]
Guernsey [ˈgəːnzi]
Guiana [gaiˈænə]
Guido [ˈgwiːdəu]
Guildenstern [ˈgildənstəːn]
Guildford [ˈgilfəd]
Guillamore [ˈgiləmɔː]
Guinea [ˈgini]
Guinevere [ˈgwiniˌviə]
Guinness [ˈginis, giˈnes]
Guisborough [ˈgizbərə]
Guise [giːz, gwiːz]
Guiseley [ˈgaizli]
Gujarat [ˌguːdʒəˈraːt]
Gujarati [ˌguːdʒəˈraːti]
Gulliver [ˈgʌlivə]
Gummere [ˈgʌməri]
Gummidge [ˈgʌmidʒ]
Gunter [ˈgʌntə]
Gupta [ˈguptə]
Gurney [ˈgəːni]
Gus [gʌs]
Gussy [ˈgʌsi]
Gustavus [gusˈtaːvəs]
Gutenberg [ˈguːtnbəːg]
Guthrie [ˈgʌθri]
Guy [gai]
Guy Fawkes [ˌgaiˈfɔːks]
Gwalior [ˈgwaːliɔː]
Gwen [gwen]
Gwendolen [ˈgwendəlin]
Gwladys [ˈglædis]
Gwydyr [ˈgwidiə]
Gwyn (Gwynne) [gwin]
Gye [dʒai]
Gyges [ˈgaidʒiːz]
Gyp [dʒip]

H

Haarlem [ˈhaːləm]
Habakkuk [ˈhæbəkək]
Habberton [ˈhæbətn]
Hackett [ˈhækit]
Haddon [ˈhædn]
Hades [ˈheidiːz]
Hadleigh (Hadley) [ˈhædli]
Hadow [ˈhædəu]
Hadrian [ˈheidriən]
Haes [heiz]
Hagar *ime iz Biblije* [ˈheigaː], *engl. ime* [ˈheigə]
Haggai [ˈhægeiai]
Haggard [ˈhægəd]
Hague [heig]
Haidarabad [ˈhaidərəbæd]
Haidee [haiˈdiː]
Haig [heig]
Haigh [heig, hei]
Haileybury [ˈheilibəri]
Hainault [ˈheinɔːt]
Haiti [ˈheiti]
Hakluyt [ˈhækluːt]
Hal [hæl]
Halcyone [hælˈsaiəni]
Haldane [ˈhɔːldein]
Halford [ˈhɔːlfəd]
Haliburton [ˈhælibəːtn]
Halifax [ˈhælifæks]
Halkett [ˈhɔːlkit, ˈhælkit, ˈhækit]
Hallam [ˈhæləm]
Halley [ˈhæli]
Halliday [ˈhælidei]
Hals [hæls]
Halsbury [ˈhɔːlzbəri]
Halstead [ˈhɔːlsted]
Halys [ˈheilis]
Hamar [ˈheimaː]
Hamb(o)urg [ˈhæmbəːg]
Hamelin [ˈhæmilin]
Hamerton [ˈhæmətən]
Hamilcar [hæˈmilkə]
Hamilton [ˈhæmiltən]
Hamlet [ˈhæmlit]
Hamley [ˈhæmli]
Hammersmith [ˈhæməsmiθ]
Ham(m)ond [ˈhæmənd]
Hampden [ˈhæmpdən]
Hampshire [ˈhæmpʃə]
Hampstead [ˈhæm(p)stid]
Hampton [ˈhæm(p)tən]
Hanbury [ˈhænbəri]
Hancock [ˈhænkɔk]
Handel [ˈhændl]
Hankow [ˌhænˈkau]
Hanley [ˈhænli]
Hannah [ˈhænə]
Hannibal [ˈhænibl]
Hanover [ˈhænəvə]
Hansa [ˈhænsə]
Hansell [ˈhænsl]
Hants [hænts]
Happisburgh [ˈheizbərə]
Hapsburg [ˈhæpsbəːg]
Harcourt [ˈhaːkət]
Hardicanute [ˈhaːdikənjuːt]
Harding(e) [ˈhaːdiŋ]
Hardres [haːdz]
Hardwick(e) [ˈhaːdwik]
Hardy [ˈhaːdi]
Harenc [ˈhʌrɔŋ]
Harewood [ˈhaːvud, ˈhɛəwud]
Harford [ˈhaːfəd]
Hargreaves [ˈhaːgriːvz]
Harlech [ˈhaːlek, ˈhaːli]
Harley [ˈhaːli]
Harlow(e) [ˈhaːləu]
Harmsworth [ˈhaːmzwə(ː)θ]
Harnack [ˈhaːnæk]
Harold [ˈhærəld]
Harrap [ˈhærəp]
Harries [ˈhæris]
Harris [ˈhæris]
Harrogate [ˈhærəgit]
Harrow [ˈhærəu]
Harry [ˈhæri]
Hart(e) [haːt]
Hatlepool [ˈhaːtlipuːl]
Hartz [haːts]
Harvard [ˈhaːvəd]
Harvey [ˈhaːvi]
Harwich [ˈhæridʒ]
Harz [haːts]
Haslemere [ˈheizlmiə]
Haslingden [ˈhæzliŋdən]
Hassall [ˈhæsl]
Hastings [ˈheistiŋz]
Hatfield [ˈhætfiːld]
Hathaway [ˈhæθəwei]
Hatherell [ˈhæðərəl]
Hatteras [ˈhætərəs]
Hattie [ˈhæti]
Haughton [ˈhɔːtn]
Hausa [ˈhausə]
Havana [həˈvænə]
Havelo(c)k [ˈhævlɔk]
Haverhill [ˈheivəril]
Havilah [ˈhævilə]
Haviland [ˈhævilənd]
Hawaii [həˈwaiiː]
Haward [ˈheiwəd, ˈhɔːəd, hɔːd]
Hawarden *mjesto* [ˈhaːdn], *prezime* [ˈheiˌwɔːdn]
Haweis [ˈhɔːis]
Hawick [ˈhɔːik]
Hawke [hɔːk]
Hawkins [ˈhɔːkinz]
Haworth [ˈhɔːəθ, ˈhɔːwə(ː)θ, ˈhauəθ]
Hawthornden [ˈhɔːθɔːndən]
Hawthorne [ˈhɔːθɔːn]
Haxton [ˈhækstən]
Haydn [ˈhaidn]; *engl. prezime* [ˈheidn]

Haydon [ˈheidn]
Hayes [heiz]
Hayles [heilz]
Haymarket [ˈheiˌmaːkit]
Hayter [ˈheitə]
Hazledean [ˈheizldiːn]
Hazlitt [ˈhæzlit, ˈheizlit]
Headlam [ˈhedləm]
Headstone [ˈhedstəun]
Heagerty [ˈhegəti]
Healey [ˈhiːli]
Hearn(e) [həːn]
Hearsey [ˈhəːsi]
Hearst [həːst]
Heathcoat [ˈhiːθkəut]
Heathcote [ˈheθkət, ˈhiːθkət]
Heathfield [ˈhiːθfiːld]
Hebe [ˈhiːbi(ː)]
Hebrides [ˈhebridiːz]
Hebron *ime iz Biblije* [ˈhebrɔn], *prezime* [ˈhebrən]
Hecate [ˈhekəti(ː)]
Hecla [ˈheklə]
Hector [ˈhektə]
Hecuba [ˈhekjubə]
Heelas [ˈhiːləs]
Heep(e) [hiːp]
Heigho [ˈheiəu]
Heinekey [ˈhainiki]
Helen [ˈhelin]
Helena [ˈhelinə, heˈliːnə]
Heliades [heˈlaiədiːz]
Helicon [ˈhelikən]
Heligoland [ˈheligəulænd]
Hellas [ˈhelæs]
Hellespont [ˈhelispɔnt]
Hellingly [ˈheliŋlai]
Helmsley [ˈhelmzli], *lokalni izgovor* [ˈhemzli]
Helvellyn [helˈvelin]
Helvetia [helˈviːʃjə] Švicarska
Hemans [ˈhemənz]
Heming [ˈhemiŋ]
Henderson [ˈhendəsn]
Hendon [ˈhendən]
Heneage [ˈhenidʒ]
Hengist [ˈheŋgist]
Henley [ˈhenli]
Henlopen [henˈləupən]
Henness(e)**y** [ˈhenisi]
Henrietta [ˌhenriˈetə]
Henry [ˈhenri]
Hensley [ˈhenzli]
Henslowe [ˈhenzləu]
Henty [ˈhenti]
Hepburn [ˈhebə(ː)n]
Hephaestus [hiˈfiːstəs]
Heracles [ˈherəkliːz]
Heraclitus [ˌherəˈklaitəs]
Herat [heˈræt]
Herbert [ˈhəːbət]
Herculaneum [ˌhəːkjuˈleinjəm]
Hercules [ˈhəːkjuliːz]
Hereford(shire) [ˈherifəd(ʃə)]
Herero [ˈhiərərəu]
Hereward [ˈheriwəd]
Herford [ˈhəːfəd, ˈhaːfəd]
Herkomer [ˈhəːkəmə]
Herlichy [ˈhəːliki]
Herman [ˈhəːmən]
Hermes [ˈhəːmiːz]
Hermia [ˈhəːmjə]
Hermione [həːˈmaiəni]
Hermocrates [həːˈmɔkrətiːz]
Herne [həːn]
Herod [ˈherəd]
Herodias [heˈrəudiəs]
Herodotus [həˈrɔdətəs]
Herrick [ˈherik]
Herschel(l) [ˈhəːʃl]
Hertford *u Engleskoj* [ˈhaːfəd], *u Americi* [ˈhəːtfəd]
Hertfordshire [ˈhaːfədʃə]
Herts [haːts] = **Hertfordshire**
Hertz [həːts]
Hervey [ˈhaːvi, ˈhəːvi]
Herzegovina [ˌhɛətsəgəuˈviːnə]
Hesiod [ˈhiːsiɔd]
Hesperides [hesˈperidiːz]
Hesse [ˈhesi]
Hester [ˈhestə]
Hetty [ˈheti]
Heugh *mjesto* [hjuːf], *prezime* [hjuː]
Heward [ˈhju(ː)əd]
Hewes [hjuːz]
Hewetson [ˈhju(ː)itsn]
Hewke [hjuːk]
Hewlett [ˈhjuːlit]
Hexham [ˈheksəm]
Heysham [ˈhiːʃəm]
Heywood [ˈheiwud]
Hiawatha [ˌhaiəˈwɔθə]
Hibernia [haiˈbəːniə]
Hichens [ˈhitʃinz]
Hick(e)**s** [hiks]
Hickinbotham [ˈhikinbɔtəm]
Hickman [ˈhikmən]
Hieronymus [ˌhaiəˈrɔniməs]
Higden [ˈhigdən]
Higgins [ˈhiginz]
Higham [ˈhaiəm]
Highgate [ˈhaigit]
Hilaire [hiˈlɛə]
Hilary [ˈhiləri]
Hilda [ˈhildə]
Hildebrand [ˈhildəbrænd]
Hildegard [ˈhildəgaːd]
Hillary [ˈhiləri]
Hillel [ˈhilel]
Hillman [ˈhilmən]
Hillsboro [ˈhilzbərə]
Hillsborough [ˈhilzbərə]
Hillyard [ˈhiljəd]
Hilton [ˈhiltən]
Himalaya [ˌhiməˈleiə]
Hind(e) [haind]

Hindenburg [ˈhindənbəːg]
Hindley *prezime* [ˈhaindli], *grad* [ˈhindli]
Hindustan [ˌhinduˈstaːn]
Hiorns [ˈhaiənz]
Hippocrates [hiˈpɔkrətiːz]
Hippocrene [ˌhipəˈkriːni(ː)]
Hippodamia [ˌhipədəˈmaiə]
Hippolyta [hiˈpɔlitə]
Hippolyte [hiˈpɔlitiː]
Hippolytus [hiˈpɔlitəs]
Hiram [ˈhaiərəm]
Hiroshima [hiˈrɔʃimə]
Hitchcock [ˈhitʃkɔk]
Hoadl(e)y [ˈhəudli]
Hoangho [ˌhəuæŋˈhəu]
Hoar(e) [hɔː]
Hobart [ˈhəubaːt]
Hobbema [ˈhɔbimə]
Hobbes [hɔbz]
Hobhouse [ˈhɔbhaus]
Hoboken [ˈhəubəukən]
Hobson [ˈhɔbsn]
Hodder [ˈhɔdə]
Hodge [hɔdʒ]
Hodges [ˈhɔdʒiz]
Hodgson [ˈhɔdʒsn]
Hoey [hɔi, ˈhəui]
Hogarth [ˈhəugaːθ]
Holbech [ˈhəulbiːtʃ]
Holbein [ˈhɔlbain]
Holborn [ˈhəubən]
Holbrook [ˈhəulbruk, ˈhɔlbruk]
Holburn [ˈhɔlbəːn]
Holcroft [ˈhəulkrɔft]
Holdsworth [ˈhəuldzwəːθ]
Holinshed [ˈhɔlinʃed]
Holland [ˈhɔlənd] Holandija, Nizozemska
Holles [ˈhɔlis]
Holloway [ˈhɔləwei]
Hollywood [ˈhɔliwud]
Holman [ˈhəulmən]
Holmby [ˈhəumbi]
Holmer [ˈhəulmə]
Holmes [həumz]
Holofernes [ˌhɔləˈfəːniːz]
Holstein [ˈhɔlstain]
Holt [həult]
Holyhead [ˈhɔlihed]
Holyoake [ˈhəuliəuk]
Holyrood [ˈhɔliruːd]
Holywell [ˈhɔliwəl]
Home [həum, hjuːm]
Homer [ˈhəumə]
Honduras [hɔnˈdjuərəs]
Hong-Kong [ˌhɔŋˈkɔŋ]
Honolulu [ˌhɔnəˈluːluː]
Hood [hud]
Hoog(h)ly [ˈhuːgli]
Hook(e) [huk]
Hooker [ˈhukə]
Hooper [ˈhuːpə]
Hopkins [ˈhɔpkinz]
Horace [ˈhɔrəs]
Horatio [həˈreiʃiəu]
Horatius [həˈreiʃjəs]
Horn(e) [hɔːn]
Hornell [hɔːˈnel]
Horner [ˈhɔːnə]
Hornsey [ˈhɔːnzi]
Horrocks [ˈhɔrəks]
Horsa [ˈhɔːsə]
Horsham [ˈhɔːʃəm]
Horsley [ˈhɔːzli, ˈhɔːsli]
Horwich [ˈhɔritʃ]
Hosea [həuˈziə]
Hosmer [ˈhɔzmə]
Hotham [ˈhʌðəm]
Hotspur [ˈhɔtspə(ː)]
Hough [hʌf, hɔf]
Hougham [ˈhʌfəm]
Houghton [ˈhɔːtn, ˈhəutn, ˈhautn]
Houndsditch [ˈhaunzditʃ]
Hounslow [ˈhaunzləu]
Housman [ˈhausmən]
Houston [ˈhuːstən], *grad u Americi* [ˈhjuː-stən]
Houyhnhnm [ˈhuihnəm]
Hove [həuv]
Hovell [ˈhəuvl, ˈhɔvl, həuˈvel]
Hovenden [ˈhɔvndən]
How [hau]
Howard [ˈhauəd]
Howe [hau]
Howell [ˈhauəl]
Howick [ˈhauik]
Howie [ˈhaui]
Howorth [ˈhauəθ]
Howse [hauz]
Howth [həuθ]
Hoyden [ˈhɔidn]
Hubbard [ˈhʌbəd]
Hubert [ˈhjuːbə(ː)t]
Huckleberry [ˈhʌklbəri]
Hucknall [ˈhʌknəl]
Huddersfield [ˈhʌdəzfiːld]
Hudibras [ˈhjuːdibræs]
Hudson [ˈhʌdsn]
Hueffer [ˈhefə]
Hugesson [ˈhjuːgisn]
Huggin [ˈhʌgin]
Hugh [hjuː]
Hughes [hjuːz]
Hugo [ˈhjuːgəu]
Huguenot [ˈhjuːgenɔt]
Huish [ˈhju(ː)iʃ]
Hull [hʌl]
Hulme [hjuːm, huːm]
Humber [ˈhʌmbə]
Humbert [ˈhʌmbə(ː)t]
Hume [hjuːm]
Humphie [ˈhʌmfi]
Humphr(e)y [ˈhʌmfri]
Humpty-dumpty [ˌhʌmptiˈdʌmpti]
Hungary [ˈhʌŋgəri] Mađarska
Hunstanton [hʌnˈstæntən]
Huntingdon(shire) [ˈhʌntiŋdən(ʃə)]
Huntl(e)y [ˈhʌntli]

Hunts [hʌnts] = **Huntingdonshire**
Hurd [həːd]
Huron [ˈhjuərən]
Hurstmonceux [ˌhəːstmənˈsjuː]
Hussey [ˈhʌsi, ˈhʌzi]
Hutchinson [ˈhʌtʃinsn]
Huthwaite [ˈhuːθweit]
Hutton [ˈhʌtn]
Huxley [ˈhʌksli]
Huygens [ˈhaigənz]
Hwang-ho [ˌhwæŋˈhəu]
Hyde [haid]
Hyde Park [ˌhaidˈpaːk]
Hyderabad [ˈhaidərəbæd]
Hygeia [haiˈdʒi(ː)ə]
Hyndman [ˈhaindmən]
Hypatia [haiˈpeiʃjə]
Hyperides [ˌhaipəˈraidiːz]
Hyperion [haiˈpiəriən]
Hythe [haið]

I

Iachimo [iˈækiməu]
Iago [iˈaːgəu]
Ian [iən]
Ianthe [aiˈænθi]
Ibadan [iˈbædən]
Iberia [aiˈbiəriə]
Ibsen [ˈibsn]
Icaria [aiˈkɛəriə]
Icarus [ˈikərəs]
Iceland [ˈaislənd] Island
Ichabod [ˈikəbɔd]
Ida [ˈaidə]
Idaho [ˈaidəhəu]
Iddesleigh [ˈidzli]
Iden [ˈaidn]
Ido [ˈiːdəu]
Idomeneus [aiˈdɔminjuːs]
Idumea [ˌaidju(ː)ˈmi(ː)ə]
Ightham [ˈaitəm]
Ignatius [igˈneiʃjəs]
Ikey [ˈaiki]
Ilchester [ˈiltʃistə]
Ilfracombe [ˈilfrəkuːm]
Iliffe [ˈailif]
Ilium [ˈailiəm]
Ilkestone [ˈilkistən]
Illingworth [ˈiliŋwə(ː)θ]
Illinois [ˌiliˈnɔi]
Illyria [iˈliriə]
Immanuel [iˈmænjuəl]
Imogen [ˈiməudʒən]
Ina [ˈainə]
Inchbald [ˈintʃbɔːld]
India [ˈindjə]
Indiana [ˌindiˈænə]
Indianopolis [ˌindiəˈnæpəlis]
Indies [ˈindiz]
Indo-China [ˌindəuˈtʃainə]
Indonesia [ˌindəuˈniːzjə]
Indore [inˈdɔː]
Indus [ˈindəs]
Ingatestone [ˈingeitstəun]
Inge [iŋ, indʒ]
Ingelow [ˈindʒiləu]
Ingersoll [ˈingəsɔl]
Ingestre [ˈiŋgestri]
Ingleborough [ˈiŋglbərə]
Inglis [ˈiŋglz, ˈiŋglis]
Ingoldsby [ˈiŋgəldzbi]
Ingram [ˈiŋgrəm]
Ingrebourne [ˈiŋgribɔːn]
Inigo [ˈinigəu]
Inkerman [ˈiŋkəmən]
Inman [ˈinmən]
Innes(s) [ˈinis]
Inverary [ˌinvəˈrɛəri]
Invercargill *u Škotskoj* [ˌinvəkaːˈgil], *u Novom Zelandu* [ˌinvəˈkaːgil]
Inverkeithing [ˌinvəˈkiːðiŋ]
Inverlochy [ˌinvəˈlɔki]
Inverness-(shire) [ˌinvəˈnes(ʃə)]
Iolanthe [ˌaiəˈlænθi]
Iona [aiˈəunə]
Ione *kod Shelleyja* [aiˈəuni]
Ionia [aiˈəunjə]
Iowa [ˈaiəuə]
Iphigenia [iˌfidʒiˈnaiə]
Ipswich [ˈipswitʃ]
Irak [iˈraːk]
Iran [iˈraːn, iəˈraːn]
Iraq (Irak) [iˈraːk]
Irawadi [ˌirəˈwɔdi]
Ireland [ˈaiələnd] Irska
Irene [aiˈriːni]
Ireton [ˈaiətn]
Irion [ˈiriən]
Iris [ˈaiəris]
Irkutsk [əːˈkutsk]
Iroquois [ˈirəkwɔi]
Irvine [ˈəːvin]
Irving [ˈəːviŋ]
Irwin [ˈəːwin]
Isaac [ˈaizək]
Isabel [ˈizəbel]
Isabella [ˌizəˈbelə]
Isaiah [aiˈzaiə]
Iscariot [isˈkæriət]
Isherwood [ˈiʃə(ː)wud]
Ishmael [ˈiʃmeiəl]
Isidore [ˈizidɔː]
Isis [ˈaisis]

Isla [ˈailə]
Islam [ˈizlaːm]
Islay [ˈailei]
Isleworth [ˈaizlwə(ː)θ]
Islington [ˈizliŋtən]
Isocrates [aiˈsɔkrətiːz]
Isolda [iˈzɔldə]
Ispahan [ˌispəˈhaːn]
Israel [ˈizreiəl]
Istanbul [ˌistænˈbuːl]
Istria [ˈistriə]
Italy [ˈitəli] Italija
Ithaca [ˈiθəkə]
Ithuriel [iˈθjuəriəl]
Iuca [aiˈjuːkə]
Ivan [ˈaivən]
Ivanhoe [ˈaivənhəu]
Iveagh [ˈaivə]
Iver [ˈaivə]
Ives [ˈaivz]
Ivor [ˈaivə]
Izard [ˈaizaːd, ˈaizəd, ˈizəd]
Izzard [ˈizəd]

J

Jack [dʒæk]
Jackson [ˈdʒæksn]
Jacob [ˈdʒeikəb]
Jacobs [ˈdʒeikəbz]
Jacobson [ˈdʒeikəbsn]
Jacqueline [ˈdʒækliːn]
Jaffa [ˈdʒæfə]
Jago [ˈdʒeigəu]
Jaipur [dʒaiˈpuə]
Jairus [dʒeiˈaiərəs]
Jamaica [dʒəˈmeikə]
James [dʒeimz]
Jameson [ˈdʒeimsn]
Jamie [ˈdʒeimi]
Jamieson [ˈdʒeimisn, ˈdʒæmisn, ˈdʒimisn]
Jan [dʒæn]
Jane [dʒein]
Janeiro [dʒəˈniərəu]
Janet [ˈdʒænit]
Japan [dʒəˈpæn]
Jaques *prezime* [dʒeiks, dʒæks], *kod Shakespearea* [ˈdʒeikwiz]
Jarley [ˈdʒaːli]
Jarrow [ˈdʒærəu]
Jarvie [ˈdʒaːvi]
Jarvis [ˈdʒaːvis]
Jason [ˈdʒeisn]
Jasper [ˈdʒæspə]
Java [ˈdʒaːvə]
Jeaffreson [ˈdʒefəsn]
Jeames [dʒiːmz]
Jean [dʒiːn]
Jef(f) [dʒef]
Jefferson [ˈdʒefəsn]
Jeffrey [ˈdʒefri]
Jehovah [dʒiˈhəuvə]
Jekyll [ˈdʒiːkil, ˈdʒekil]
Jelalabad [dʒəˌlaːləˈbaːd]
Jellicoe [ˈdʒelikəu]
Jemima [dʒiˈmaimə]
Jenkin [ˈdʒeŋkin]
Jenkins [ˈdʒeŋkinz]
Jenkinson [ˈdʒeŋkinsn]
Jenner [ˈdʒenə]
Jennifer [ˈdʒenifə]
Jennings [ˈdʒeniŋz]
Jenny [ˈdʒini, ˈdʒeni]
Jeremiah [ˌdʒeriˈmaiə]
Jeremy [ˈdʒerimi]
Jericho [ˈdʒerikəu]
Jerome *ime* [ˈdʒerəm], *prezime* [ˈdʒerəm, dʒəˈrəum]
Jerrold [ˈdʒerəld]
Jerry [ˈdʒeri]
Jersey [ˈdʒəːzi]
Jerusalem [dʒəˈruːsələm]
Jervaulx [ˈdʒəːvəu]
Jervis [ˈdʒaːvis, ˈdʒəːvis]
Jespersen [ˈjespəsn]
Jess [dʒes]
Jessica [ˈdʒesikə]
Jessie [ˈdʒesi]
Jesu [ˈdʒiːzjuː]
Jesus [ˈdʒiːzəs]
Jezebel [ˈdʒezəbl]
Jezreel [dʒezˈriːl]
Jill [dʒil]
Jim [dʒim]
Jimmy [ˈdʒimi]
Jin(ny) [ˈdʒin(i)]
Jo [dʒəu]
Joan [dʒəun]
Joanna [dʒəuˈænə]
Job [dʒəub]
Jobson [ˈdʒɔbsn, ˈdʒəubsn]
Jocelyn [ˈdʒɔslin]
Jock [dʒɔk]
Joe [dʒəu]
Joel [ˈdʒəuel]
Joey [ˈdʒəui]
Johannes [jəuˈhænis]
Johannesburg [dʒəuˈhænisbəːg]
John [dʒɔn]
Johnny [ˈdʒɔni]
Johnson [ˈdʒɔnsn]
Johnston(e) [ˈdʒɔnstən]
Jolliffe [ˈdʒɔlif]
Jolly [ˈdʒɔli]

Jolyon [ˈdʒɔliən]
Jonah [ˈdʒəunə]
Jonas [ˈdʒəunəs]
Jonathan [ˈdʒɔnəθən]
Jones [dʒəunz]
Jonson [ˈdʒɔnsn]
Jopson [ˈdʒɔpsn]
Joram [ˈdʒɔːrəm]
Jordan [ˈdʒɔːdn]
Jos [dʒɔs]
Josceline [ˈdʒɔslin]
Joseph [ˈdʒəuzif]
Josephine [ˈdʒəuzifiːn]
Josh [dʒɔʃ]
Joshua [ˈdʒɔʃwə]
Josiah [dʒəuˈsaiə]
Josias [dʒəuˈsaiəs]
Joule [dʒaul, dʒuːl, dʒəul]
Jove [dʒəuv]
Jowett [ˈdʒəuit, ˈdʒauit]
Jowitt [ˈdʒauit, ˈdʒəuit]
Joyce [dʒɔis]
Juan [ˈdʒu(ː)ən]
Judas [ˈdʒuːdəs]
Judd [dʒʌd]
Jude [dʒuːd]
Judea [dʒuːˈdi(ː)ə]
Judith [ˈdʒuːdiθ]
Judy [ˈdʒuːdi]
Juggernaut [ˈdʒʌgənɔːt]
Jugoslavia [ˌjuːgəuˈslaːvjə]
Julia [ˈdʒuːljə]
Juliana [ˌdʒuːliˈaːnə]
Juliet [ˈdʒuːljət]
Julius [ˈdʒuːljəs]
Jumbo [ˈdʒʌmbəu]
June [dʒuːn]
Junius [ˈdʒuːnjəs]
Juno [ˈdʒuːnəu]
Jupiter [ˈdʒuːpitə]
Jura [ˈdʒuərə]
Justin [ˈdʒʌstin]
Justinian [dʒʌsˈtiniən]
Justus [ˈdʒʌstəs]
Jutland [ˈdʒʌtlənd]
Juvenal [ˈdʒuːvinl]

K

Kaaba [ˈkaːbə]
Kabul [ˈkɔːbl, ˈkɔːbul]
Kam(t)chatka [kæmˈtʃætkə]
Kamerun [ˈkæməruːn]
Kane [kein]
Kansas [ˈkænzəs]
Kant [kænt]
Karen [kəˈren]
Karl [kaːl]
Kars [kaːz]
Kashmir [kæʃˈmiə]
Kate [keit]
Katharina [ˌkæθəˈriːnə]
Katherine [ˈkæθərin]
Kathie [ˈkæθi]
Kathleen [ˈkæθliːn]
Katie [ˈkeiti]
Katrine [ˈkætrin]
Katty [ˈkæti]
Kavanagh [ˈkævənə, kəˈvænə]
Kay(e) [kei]
Kean(e) [kiːn]
Kearnsey [ˈkəːnzi]
Kearton [ˈkiətn, ˈkəːtn]
Keary [ˈkiəri]
Keating(e) [ˈkiːtiŋ]
Keats [kiːts]
Keble [ˈkiːbl]
Kedar [ˈkiːdaː]
Keeble [ˈkiːbl]
Kehama [kiˈhaːmə]
Kehoe [kjəu, ˈki(ː)əu]
Keighley *mjesto* [ˈkiːθli], *prezime* [ˈkiːθli, ˈkiːli, ˈkaili]
Keir [kiə]
Keith [kiːθ]
Kekewich [ˈkekwitʃ]
Kell(e)y [ˈkeli]
Kelsey [ˈkelsi, ˈkelzi]
Kelway [ˈkelwi, ˈkelwei]
Kemal [keˈmaːl]
Kemble [ˈkembl]
Kendal(l) [ˈkendl]
Kenealy [kiˈniːli]
Kenelm [ˈkenelm]
Kenilworth [ˈkenilwəːθ]
Kennaird [keˈnɛəd]
Kennedy [ˈkenidi]
Kennet [ˈkenit]
Kenneth [ˈkeniθ]
Kensal [ˈkensl]
Kensington [ˈkenziŋtən]
Kent [kent]
Kentucky [kenˈtʌki]
Kenya [ˈkenjə, ˈkiːnjə]
Kenyon [ˈkenjən]
Keogh [kjəu, ˈki(ː)əu]
Kepler [ˈkeplə]
Kerguelen [ˈkəːgilin]
Kerith [ˈkiəriθ]
Kerr [kaː, kəː]
Kesteven [kesˈtiːvən]
Keswick [ˈkezik]
Keux [kjuː]

Kew [kjuː]
Keyes [kiːz, kaiz]
Keynes [keinz]
Keyser [ˈkiːzə, ˈkaizə]
Keyte [kiːt]
Khartum [kaːˈtuːm]
Khayyam [kaiˈaːm]
Khyber [ˈkaibə]
Kidd [kid]
Kieff [ˈkiːef]
Kiel [kiːl]
Kiev [ˈkiːev] Kijev
Kilchurn [kilˈhəːn, kilˈxəːn]
Kilcolman [kilˈkəumən]
Kildare [kilˈdɛə]
Kilimanjaro [ˈkilimənˈdʒaːrəu]
Kilkenny [kilˈkeni]
Killaloe [ˌkiləˈluː]
Killarney [kiˈlaːni]
Killiecrankie [ˌkiliˈkræŋki]
Killigrew [ˈkiligruː]
Kilmacolm [ˌkilməˈkəum]
Kilmainham [kilˈmeinəm]
Kilmansegg [ˈkilmənseg]
Kilmarnock [kilˈmaːnək]
Kim [kim]
Kimball [ˈkimbl]
Kimberley [ˈkimbəli]
Kimbolton [kimˈbəultən]
Kincardine [kinˈkaːdin]
Kinchinjunga [ˌkintʃinˈdʒʌŋgə]
Kinglake [ˈkiŋleik]
Kingsborough [ˈkiŋzbərə]
Kingsley [ˈkiŋzli]
Kingston(e) [ˈkiŋstən]
Kingsway [ˈkiŋzwei]
Kinnaird [kiˈnɛəd]
Kinross [kinˈrɔs]
Kinsale [kinˈseil]
Kintyre [kinˈtaiə]
Kioto [kiˈəutəu]
Kipling [ˈkipliŋ]
Kirby [ˈkəːbi]
Kirk(e) [kəːk]
Kirkby *prezime* [ˈkəːbi, ˈkəːkbi], *mjesto* [ˈkəːbi]
Kirkcaldy [kəːˈkɔːldi]
Kirkcudbright [kəːˈkuːbri]
Kirkdale [ˈkəːkdeil]
Kirkness [kəːkˈnes]
Kirkpatrick [kəːkˈpætrik]
Kit [kit]
Kitchener [ˈkitʃinə]
Kittredge [ˈkitridʒ]
Kitty [ˈkiti]
Klondike [ˈklɔndaik]
Kluge [kluːdʒ]
Knaresborough [ˈnɛəzbərə]
Knighton [ˈnaitn]
Knightsbridge [ˈnaitsbridʒ]
Knolles [nəulz]
Knollys [nəulz]
Knowles [nəulz]
Knox [nɔks]
Knyvett [ˈnivit]
Koh-i-noor [ˈkəuiˌnuə]
Konrad [ˈkɔnræd]
Korea [kəˈriə]
Kough [kjəu, kəu]
Kremlin [ˈkremlin]
Krishna [ˈkriʃnə]
Kruger [ˈkruːgə]
Krupp [krup]
Kublai Khan [ˌkublaiˈkaːn]
Ku-Klux-Klan [ˌkjuːˌklʌksˈklæn]
Kuomintang [ˌkwəuminˈtæŋ]
Kurd [kəːd]
Kurdistan [ˌkəːdisˈtaːn]
Kuweit [kuˈweit]
Kyd [kid]
Kyllachy [ˈkailəki]
Kythe [ˈkaiθi]

L

Labouchere [ˌlæbu(ː)ˈʃɛə]
Labrador [ˈlæbrədɔː]
Laccadive [ˈlækədiv]
Lacedaemon [ˌlæsiˈdiːmən]
Lac(e)**y** [ˈleisi]
Ladbroke [ˈlædbruk]
Ladefoged [ˈlædifəugid]
Ladoga [ˈlædəugə]
Ladysmith [ˈleidismiθ]
Laertes [leiˈəːtiːz]
Laetitia [liˈtiʃiə]
Lafayette *franc. ime* [ˌlaːfaiˈet], *u Americi* [ˌlaːfeiˈet]
Laffan [ˈlæfən, ləˈfæn]
Lahore [ləˈhɔː]
Laing [læŋ, leiŋ]
Lalla Rookh [ˌlæləˈruk]
Lamb [læm]
Lambert [ˈlæmbə(ː)t]
Lambeth [ˈlæmbəθ]
Lamington [ˈleimiŋtən]
Lammermoor [ˈlæməˌmuə]
Lamplough [ˈlæmpluː, ˈlæmplʌf]
Lanagan [ˈlænəgən]
Lanark(**shire**) [ˈlænək(ʃə)]
Lancashire [ˈlæŋkəʃə]
Lancaster [ˈlæŋkəstə]
Lancelot [ˈlaːnslət]

Lancs [læŋks] = **Lancashire**
Landor [ˈlændɔː]
Landseer [ˈlænˌsiə]
Land's End [ˌlæn(d)zˈend]
Lanfranc [ˈlænfræŋk]
Langbourne [ˈlæŋbɔːn]
Langhorne [ˈlæŋhɔːn]
Langland [ˈlæŋlənd]
Langton [ˈlæŋtən]
Lankester [ˈlæŋkistə]
Lansbury [ˈlænzbəri]
Lansdown(e) [ˈlænzdaun]
Lansing [ˈlænsiŋ]
Laocoön [leiˈɔkəuɔn]
Laodamia [ˌleiədəˈmaiə]
Laodicea [ˌleiədiˈsiə]
Lapland [ˈlæplænd]
Laputa [ləˈpjuːtə]
Larkin [ˈlaːkin]
Larry [ˈlæri]
Lascelles [ˈlæslz]
Las Vegas [ˌlæsˈveigəs]
Latakia [ˌlætəˈki(ː)ə]
Latham [ˈleiθəm, ˈleiðəm]
Lathom [ˈleiθəm, ˈleiðəm]
Latimer [ˈlætimə]
Latium [ˈleiʃjəm]
Latvia [ˈlætviə]
Laud [lɔːd]
Lauder [ˈlɔːdə]
Laughton [ˈlɔːtn]
Launce [laːns, lɔːns]
Launcelot [ˈlaːnslət, ˈlɔːnslət]
Launceston [ˈlɔːnstən, ˈlaːnstən]
Laura [ˈlɔːrə]
Laurence [ˈlɔrəns]
Laurie [ˈlɔːri, ˈlɔri]
Laurier [ˈlɔriə]
Lausanne [ləuˈzæn]
Lavengro [ləˈveŋgrəu]
Lavery [ˈleivəri, ˈlævəri]
Lavinia [ləˈviniə]
Lawrance (Lawrence) [ˈlɔrəns]
Layamon [ˈlaiəmən]
Layard [lɛəd]
Lazarus [ˈlæzərəs]
Lea [liː]
Leachman [ˈliːtʃmən]
Lead [liːd]
Leadenhall [ˈlednhɔːl]
Leah [liə]
Leamington [ˈlemiŋtən]
Leander [li(ː)ˈændə]
Lear [liə]
Leathart [ˈliːθaːt]
Leathes [liːðz]
Lebanon [ˈlebənən] Libanon
Lechmere [ˈleʃˌmiə, ˈletʃˌmiə]
Lecky [ˈleki]
Leda [ˈliːdə]
Lee [liː]
Leeds [liːdz]
Lefanu [ˈlefənjuː]
Lefevre [ləˈfiːvə]
Leger [ˈledʒə]
Legge [leg]
Legh [liː]
Leghorn [ˌlegˈhɔːn]
Lehmann [ˈleimən]
Leicester(shire) [ˈlestə(ʃə)]
Leidy *prezime* [ˈliːdi], *ime planine* [ˈlaidi]
Leigh *prezime* [liː], *mjesto* [liː, lai]
Leighton [ˈleitn]
Leila [ˈliːlə]
Leinster [ˈlenstə]
Leister [ˈlestə]
Leitch [liːtʃ]
Leith [liːθ]
Leitrim [ˈliːtrim]
Leix [liːʃ]
Leland [ˈliːlənd]
Lelean [ləˈliːn]
Lely [ˈliːli]
Leman [ˈlemən, ˈliːmən]
Lemoine [ləˈmɔin]
Lemuel [ˈlemjuəl]
Lena [ˈliːnə]
Leningrad [ˈleningræd]
Len(n)ox [ˈlenəks]
Lenore [ləˈnɔː]
Lenthall *prezime* [ˈlentɔːl], *mjesto* [ˈlenθɔːl]
Leo [ˈli(ː)əu]
Leominster [ˈlemstə]
Leonard [ˈlenəd]
Leonardo [ˌli(ː)əˈnaːdəu]
Leonid [ˈli(ː)əunid]
Leonidas [li(ː)ˈɔnidæs]
Leonora [ˌli(ː)əˈnɔːrə]
Leontes [li(ː)ˈɔntiːz]
Leopold [ˈliəpəuld]
Lepel [ləˈpel]
Lepidus [ˈlepidəs]
Le Queux [ləˈkjuː]
Lerwick [ˈləːwik]
Lesbia [ˈlezbiə]
Lesbos [ˈlezbɔs]
Leslie [ˈlezli, ˈlesli]
Lesseps [leˈseps]
Lethe [ˈliːθi(ː)]
Letheby [ˈleθəbi]
Letitia [liˈtiʃiə]
Lettice [ˈletis]
Letty [ˈleti]
Leuchars *mjesto u Škotskoj* [ˈluːkəz], *prezime* [ˈluːʃaːz]
Levant [liˈvænt]
Leven [ˈliːvən, ˈlevən]
Lever [ˈliːvə]
Leveson [ˈlevisn]
Levett [ˈlevit]
Levey [ˈliːvi, ˈlevi]
Levi [ˈliːvai]
Leviathan [liˈvaiəθən]
Levy *prezime* [ˈliːvi, ˈlevi], *grad u Americi* [ˈliːvai]
Lewes [ˈlu(ː)is]
Lewin [ˈlu(ː)in]
Lewis [ˈlu(ː)is]

Lewisham [ˈlu(ː)iʃəm]
Lewison [ˈlu(ː)isn]
Lewsey [ˈljuːsi]
Ley [liː]
Leybourne [ˈleibɔːn]
Leyden [ˈleidn]
Leyton [ˈleitn]
Lhasa [ˈlaːsə]
Lhuyd [lɔid]
Liam [ˈliəm]
Liberia [laiˈbiəriə]
Libya [ˈlibiə]
Lichfield [ˈlitʃfiːld]
Liddell [ˈlidl, liˈdel]
Liddy [ˈlidi]
Lido [ˈliːdəu]
Liguria [liˈgjuəriə]
Lilian [ˈliliən]
Lilith [ˈliliθ]
Lilliput [ˈlilipʌt]
Lilly [ˈlili]
Lima *u Peruu* [ˈliːmə], *u Americi* [ˈlaimə]
Limehouse [ˈlaimhaus], *lokalni izgovor* [ˈliməs]
Limerick [ˈlimərik]
Lincoln(shire) [ˈliŋkən(ʃə)]
Lincs [liŋks] = **Lincolnshire**
Lindisfarne [ˈlindisfaːn]
Lindley [ˈlin(d)li]
Lindsay [ˈlin(d)zi]
Linlithgow(shire) [linˈliθgəu(ʃə)]
Linnaeus [liˈni(ː)əs]
Linton [ˈlintən]
Lionel [ˈlaiənl]
Lippincott [ˈlipiŋkət]
Lipscomb(e) [ˈlipskəm]
Lisbet [ˈlizbit]
Lisbeth [ˈlizbəθ]
Lisbon [ˈlizbən]
Liskeard [lisˈkaːd]
Lisle [lail, liːl]
Lismore [lizˈmɔː]
Lister [ˈlistə]
Listowel [lisˈtəuəl]
Liszt [list]
Litchfield [ˈlitʃfiːld]
Litheby [ˈliðibi]
Lithuania [ˌliθju(ː)ˈeinjə] Litva
Littlejohn [ˈlitldʒɔn]
Littleton [ˈlitltən]
Liverpool [ˈlivəpuːl]
Livesey [ˈlivsi, livzi]
Livia [ˈliviə]
Livingston(e) [ˈliviŋstən]
Livonia [liˈvəunjə]
Livy [ˈlivi]
Liz liz]
Liza [ˈlaizə]
Lizzie (Lizzy) [ˈlizi]
Llanberis [lænˈberis]
Llandaff [ˈlændəf]
Llandudno [lænˈdidnəu]
Llanelly [læˈneli]
Llangollen [lænˈgɔθlen]
Llewel(l)yn [lu(ː)ˈelin]
Lloyd [lɔid]
Locarno [ləuˈkaːnəu]
Lochaber [lɔˈkaːbə]
Lochiel [lɔˈkiːl]
Lochinvar [ˌlɔkinˈvaː]
Lochleven [lɔkˈliːvən]
Loch Lomond [lɔkˈləumənd]
Lochnagar [ˌlɔknəˈgaː]
Locke [lɔk]
Lockhart [ˈlɔkət, ˈlɔkhaːt]
Locksley [ˈlɔksli]
Lockwood [ˈlɔkwud]
Lockyer [ˈlɔkjə]
Locrine [lɔˈkrain]
Lodore [ləuˈdɔː]
Lodowick [ˈlɔdəwik]
Loe [luː]
Loewe [ˈləui]
Lofoten [ləuˈfəutən]
Loftus [ˈlɔftəs]
Logan [ˈləugən]
Lohengrin [ˈləuingrin]
Lombardy [ˈlɔmbədi]
London [ˈlʌndən]
Londonderry *mjesto* [ˌlʌndənˈderi], *Lord* [ˈlʌndəndəri]
Longfellow [ˈlɔŋˌfeləu]
Longinus [lɔnˈdʒainəs]
Longman [ˈlɔŋmən]
Lonsdale [ˈlɔnzdeil]
Looe [luː]
Loos [ləus, luːs]
Loraine [ləˈrein]
Lorenzo [ləˈrenzəu]
Loret(t)o [ləˈretəu]
Lorie [ˈlɔri]
Lorimer [ˈlɔrimə]
Lorna [ˈlɔːnə]
Lorne [lɔːn]
Lorraine [lɔˈrein]
Los Angeles [lɔsˈændʒiliːz]
Lothario [ləuˈθaːriəu]
Lothbury [ˈləuθbəri]
Lothian [ˈləuðjən]
Lottie [ˈlɔti]
Lou [luː]
Loudon (Loudoun) [ˈlaudn]
Lough [lʌf]
Loughborough [ˈlʌfbərə]
Loughlin [ˈlɔklin]
Loughrea [lɔkˈrei]
Loughton [ˈlautn]
Louis [ˈlu(ː)i, ˈlu(i)is]
Louisa [lu(ː)ˈiːzə]
Louise [luːˈiːz]
Louisiana [lu(ː)ˌiːziˈænə]
Louisville [ˈlu(ː)ivil]
Lounsbury [ˈlaunzbəri]
Lourdes [luəd]
Louth [lauð]
Lovat [ˈlʌvət]
Lovejoy [ˈlʌvdʒɔi]

Lovelace [ˈlʌvleis]
Lovell [ˈlʌvəl]
Loveys [ˈlʌvis]
Lovibond [ˈlʌvibɔnd]
Lowe [ləŭ]
Lowein [ˈləuin]
Lowell [ˈləuel]
Lowes [ləuz]
Lowestoft [ˈləustɔft], *lokalni izgovor* [ˈləustɔf]
Lowis [ˈlauis]
Lowndes [laundz]
Lowood [ˈləuwud]
Lowries [ˈlauəriz]
Lowth [lauθ]
Lowther [ˈlauðə]
Lowville [ˈlauvil]
Loxley [ˈlɔksli]
Loyola [lɔiˈəulə]
Lubbock [ˈlʌbək]
Lübeck [ˈluːbek]
Lubin [ˈluːbin]
Lucan [ˈluːkən]
Lucania [luːˈkeinjə]
Lucas [ˈluːkəs]
Lucentio [luːˈsenʃiəu]
Lucerne [luːˈsəːn]
Lucia [ˈluːsjə]
Lucian [ˈluːsjən]
Luciana [ˌluːsiˈaːnə]
Lucifer [ˈluːsifə]
Lucius [ˈluːsjəs]
Lucknow [ˈlʌknau]
Lucrece [luːˈkriːs]
Lucretia [luːˈkriːʃjə]
Lucretius [luːˈkriːʃiəs]
Lucullus [luːˈkʌləs]
Lucy [ˈluːsi]
Ludgate [ˈlʌdgit]
Ludlow [ˈlʌdləu]
Luke [luːk]
Lumley [ˈlʌmli]
Luncarty [ˈlʌŋkəti]
Lundy [ˈlʌndi]
Lusatia [luˈseiʃjə]
Lusitania [ˌluːsiˈteinjə]
Luther [ˈluːθə]
Luton [ˈluːtn]
Lutyens [ˈlʌtʃənz]
Luxemburg [ˈlʌksəmbəːg]
Luxor [ˈlʌksɔː]
Luxulyan [lʌkˈsiljən]
Lyall [ˈlaiəl]
Lycia [ˈlisiə]
Lycidas [ˈlisidæs]
Lycurgus [laiˈkəːgəs]
Lydgate [ˈlidgeit, ˈlidgit]
Lydia [ˈlidiə]
Lyell [ˈlaiəl]
Lyghe [lai]
Lyly [ˈlili]
Lyme Regis [ˌlaimˈriːdʒis]
Lymington [ˈlimiŋtən]
Lympne [lim]
Lynam [ˈlainəm]
Lyndhurst [ˈlindhəːst]
Lyndsay [ˈlindzi]
Lynmouth [ˈlinməθ], *lokalni izgovor* [ˈliməθ]
Lynn [lin]
Lyonesse [ˌlaiəˈnes]
Lyons [ˈlaiənz]
Lysander [laiˈsændə]
Lysias [ˈlisiæs]
Lytham [ˈliðəm]
Lythe [laið]
Lyttelton [ˈlitltən]
Lytton [ˈlitn]
Lyveden [ˈlivdən]

M

Mab [mæb]
Mabel [ˈmeibl]
Mac [mæk]
MacAdam [məkˈædəm]
MacAdoo [ˌmækəˈduː]
Macalister [məˈkælistə]
Macan [məˈkæn]
MacAnnaly [ˌmækəˈnæli]
MacArthur [məˈkaːθə, məkˈaːθə]
Macaulay [məˈkɔːli]
Macbeth [məkˈbeθ]
Maccabees [ˈmækəbiːz]
MacCall [məˈkɔːl]
MacCallum[məˈkæləm]
MacCarthy [məˈkaːθi]
Macchiaveli [ˌmækiəˈveli]
Macclesfield [ˈmæklzfiːld]
MacCumhail [məˈkuːl]
MacDonald (**Macdonald**) [məkˈdɔnəld]
MacDonnell [ˌmækdəˈnel], *u Irskoj* [məkˈdɔnl]
MacDougal [məkˈduːgl]
MacDowell [məkˈdauəl]
MacDuff [məkˈdʌf]
Macedonia [ˌmæsiˈdəunjə] Makedonija
MacElwin [məˈkelwin]
Macfie [məkˈfiː]
MacFlecknoe [məkˈfleknəu]
MacGillicuddy [məˈgilikʌdi, ˈmæglikʌdi]
MacGregor [məˈgregə]
Machen [ˈmeitʃən]
Machiavelli [ˌmækiəˈveli]

MacIlwain [ˈmæklwein]
MacInnes [məˈkinis]
MacIvor [məˈkiːvə, məˈkaivə]
Mack [mæk]
Mackay [məˈkai, məˈkei, ˈmæki]
Mackenzie [məˈkenzi]
Mackichan [məˈkikən]
Mackie [ˈmæki]
Mackintosh [ˈmækintɔʃ]
Mac(k)onochie [məˈkɔnəki]
MacLaglan [məkˈlæglən]
Maclaren [məˈklærən]
Maclean [məˈklein]
Macleary [məˈkliəri]
MacLehose [ˈmækilhəuz]
Macleod [məˈklaud]
Maclise [məˈkliːs]
Macmahon [məkˈmaːən]
Macmillan [məkˈmilən]
MacNab [məkˈnæb]
Macnaghten [məkˈnɔːtn]
Macnamara [ˌmæknəˈmaːrə]
MacNeice [məkˈniːs]
MacOuart [məˈkju(ː)ət]
MacPherson (Macpherson) [məkˈfəːsn]
Macquoid [məˈkwɔid]
Macready [məˈkriːdi]
MacSwiney [məkˈswiːni]
MacTavish [məkˈtæviʃ]
Madagascar [ˌmædəˈgæskə]
Maddalo [ˈmædələu]
Maddox [ˈmædəks]
Madeira [məˈdiərə]
Madeleine [ˈmædlin]
Madge [mædʒ]
Madison [ˈmædisn]
Madoc [ˈmædək]
Madras [məˈdraːs]
Madrid [məˈdrid]
Maelstrom [ˈmeilstrəum]
Maeterlinck [ˈmeitəliŋk]
Maeviad [ˈmiːviəd]
Mafeking [ˈmæfikiŋ]
Magdalen [ˈmægdəlin], *koledž u Oxfordu* [ˈmɔːdlin]
Magdalene *ime iz Biblije* [ˌmægdəˈliːni], *engl. ime* [ˈmægdəlin], *koledž u Cambridgeu* [ˈmɔːdlin]
Magee [məˈgiː]
Magellan [məˈgelən]
Maggie [ˈmægi]
Magog [ˈmeigɔg]
Magrath [məˈgraː]
Maguire [məˈgwaiə]
Mahan [məˈhæn, maːn]
Mahdi [ˈmaːdi(ː)]
Mahomet [məˈhɔmit], *prezime* [ˈmeiəmet]
Mahon [maːn, məˈhuːn, məˈhəun]
Mahon(e)y [ˈmaːəni, ˈmaːni]
Mahratta [məˈrætə]
Maida [ˈmeidə]
Maidenhead [ˈmeidnhed]
Maidie [ˈmeidi]
Maidstone [ˈmeidstən]
Maine [mein]
Mainwaring [ˈmænəriŋ], *u Walesu* [ˈmeinwəriŋ]
Maisie [ˈmeizi]
Maitland [ˈmeitlənd]
Majorca [məˈdʒɔːkə]
Majuba [məˈdʒuːbə]
Makepeace [ˈmeikpiːs]
Makower [məˈkauə]
Malabar [ˌmæləˈbaː]
Malacca [məˈlækə]
Malachi [ˈmæləkai]
Malaga [ˈmæləgə]
Malaprop [ˈmæləprɔp]
Malaya [məˈleiə]
Malchus [ˈmælkəs]
Malcolm [ˈmælkəm]
Malden [ˈmɔːldən]
Maldive [ˈmɔːldiv]
Maldon [ˈmɔːldən]
Mall [mæl, mɔːl], *u Pall Mall* [mel]
Mallet [ˈmælit]
Malling [ˈmɔːliŋ]
Mallorca [məˈljɔːkə, məˈlɔːkə]
Malmesbury [ˈmaːmzbəri]
Malone [məˈləun]
Malory [ˈmæləri]
Malpas *u Cornwallu* [ˈməupəs], *u Cheshireu* [ˈmɔːlpəs]
Malta [ˈmɔːltə]
Malthus [ˈmælθəs]
Malton [ˈmɔːltən]
Maltravers [mælˈtrævə(ː)z]
Malvern [ˈmɔːlvən]
Malvolio [mælˈvəuljəu]
Mamilius [məˈmiliəs]
Manasseh [məˈnæsi]
Manchester [ˈmæntʃistə]
Manchukuo [ˌmæntʃuːˈkwəu]
Manchuria [mænˈtʃuəriə]
Mandalay [ˌmændəˈlei]
Mandeville [ˈmændəvil]
Manfred [ˈmænfred]
Manhattan [mænˈhætn]
Manil(l)a [məˈnilə]
Manitoba [ˌmæniˈtəubə]
Manley [ˈmænli]
Mann [mæn]
Manning [ˈmæniŋ]
Mansel(l) [ˈmænsl]
Mansfield [ˈmænsfiːld]
Mantua [ˈmæntjuə]
Manuel [ˈmænjuel]
Maori [ˈmauri]
Maquis [ˈmækiː]
Marathon [ˈmærəθn]
Marcel(le) [maːˈsel]
Marcella [maːˈselə]
Marcelus [maːˈseləs]
Marchbank(s) [ˈmaːtʃbæŋk(s)]
Marconi [maːˈkəuni]
Marcus [ˈmaːkəs]
Marden [ˈmaːdən]
Marengo [məˈreŋgəu]

Margaret [ˈmaːgərit]
Margarita [ˌmagəˈriːtə]
Margate [ˈmaːgit]
Marge [maːdʒ]
Margery [ˈmaːdʒəri]
Marget [ˈmaːdʒit]
Margie [ˈmaːdʒi]
Marguerite [ˌmaːgəˈriːt]
Maria [məˈraiə, məˈriə]
Marian [ˈmɛəriən, ˈmæriən]
Mariana [ˌmɛəriˈænə]
Marie [ˈmaːri, məˈriː]
Marilyn [ˈmærilin]
Marina [məˈriːnə]
Marion [ˈmɛəriən, ˈmæriən]
Marius [ˈmɛəriəs]
Marjoribank(s) [ˈmaːtʃbæŋk(s)]
Marjory [ˈmaːdʒəri]
Mark [maːk]
Markham [ˈmaːkəm]
Mark Twain [ˈmaːkˈtwein]
Marlborough [ˈmɔːlbərə]
Marley [ˈmaːli]
Marlow(e) [ˈmaːləu]
Marmaduke [ˈmaːmədjuːk]
Marmion [ˈmaːmjən]
Marmora [ˈmaːmərə]
Marne [maːn]
Marner [ˈmaːnə]
Marquesas [maːˈkeisæs]
Marryat [ˈmæriət]
Mars [maːz]
Marsala [maːˈsaːlə]
Mardsen [ˈmaːzdən]
Marseillaise [ˌmaːseiˈjeiz]
Marseilles [maːˈseilz]
Marston [ˈmaːstən]
Martel(l) [maːˈtel]
Martha [ˈmaːθə]
Martin [ˈmaːtin]
Martineau [ˈmaːtinəu]
Martini [maːˈtiːni]
Martinique [ˌmaːtiˈniːk]
Marx [maːks]
Mary [ˈmɛəri]
Maryland [ˈmɛərilænd], *US* [ˈmerilənd]
Marylebone [ˈmærələbən]
Masefield [ˈmeisfiːld]
Masham *mjesto* [ˈmæsəm], *prezime* [ˈmæsəm, ˈmæʃəm]
Mashona(land) [mɔˈʃɔnə(lænd)]
Maskelyne [ˈmæskilin]
Massachusets [ˌmæsəˈtʃuːsits]
Massinger [ˈmæsindʒə]
Masterman [ˈmaːstəmən]
Masurian [məˈsjuəriən]
Mat [mæt]
Matabele(land) [ˌmætəˈbiːli(lænd)]
Mather [ˈmeiðə, ˈmæðə]
Mathew(s) [ˈmæθjuː(z)]
Mathias [məˈθaiəs]
Mat(h)ilda [məˈtildə]
Matthes [ˈmæθəs]
Matthew(s) [ˈmæθjuː(z)]
Matthias [məˈθaiəs]
Mattie (Matty) [ˈmæti]
Maturin [ˈmætjurin]
Maud(e) [mɔːd]
Mauger [ˈmeidʒə]
Maugham [mɔːm]
Maughan [mɔːn]
Maunsell [ˈmænsl]
Mauretania [ˌmɔriˈteinjə]
Maurice [ˈmɔris]
Maurier [ˈmɔːriei]
Mauritius [məˈriʃəs]
Mauser [ˈmauzə]
Maximilian [ˌmæksiˈmiljən]
Maximus [ˈmæksiməs]
Maxse [ˈmæksi]
Maxwell [ˈmækswəl]
May [mei]
Mayfair [ˈmeifɛə]
Mayflower [ˈmeiˌflauə]
Mayhew [ˈmeihjuː]
Maynard [ˈmeinəd]
Maynooth [məˈnuːθ]
Mayo [ˈmeiəu], *Indijanac* [ˈmaiəu]
Mazeppa [mæˈzepə]
Mazo dela Roche [ˌmeizəudəlaːˈrɔʃ]
McAllister [məˈkælistə]
McAlpine [məˈkælpain, məˈkælpin]
McCann [məˈkæn]
McClure [məˈkluə]
McConochie [məˈkɔnəki]
McCorquodale [məˈkɔːkədeil]
McCrae [məˈkrei]
McDonald [məkˈdɔnəld]
McDonough [məkˈdʌnə]
McElderry [ˈmæklderi]
McGee [məˈgiː]
McGillivry [məˈglivrei]
McKenna [məˈkenə]
McVeagh [məkˈvei]
Mead [miːd]
Meagher [ˈmaː, ˈmiːgə]
Meagles [ˈmiːglz]
Meath [miːð]
Mecca [ˈmekə]
Mechlin [ˈmeklin]
Medea [miˈdiə]
Medici [ˈmeditʃi(ː)]
Medill [məˈdil]
Medina *u Arabiji* [meˈdiːnə], *u Americi* [meˈdainə]
Mediterranean [ˌmeditəˈreinjən] Sredozemno more
Medusa [miˈdjuːzə]
Medway [ˈmedwei]
Meerut [ˈmiərət]
Meg [meg]
Meighen [ˈmiːən]
Meigs [megz]
Meiklejohn [ˈmikldʒɔn]
Melanchthon [meˈlæŋkθɔn]
Melbourne [ˈmelbən]
Melcombe [ˈmelkəm]
Melhuish[ˈmeliʃ, ˈmelhjuiʃ]

Melita ['melitə]
Melmoth ['melmɔθ]
Melpomini [mel'pɔmini(ː)]
Melrose ['melrəuz]
Melville ['melvil]
Memphis ['memfis]
Menaphon ['menəfən]
Mencken ['menkən]
Mendel ['mendl]
Menelaus [ˌmeni'leiəs]
Menteith [men'tiːθ]
Menzies ['menziz, 'meŋis, 'miŋis]
Mephistopheles [ˌmefis'tɔfiliːz]
Mercedes *auto* [mə'seidiːz], *prezime* ['məː-sidiːz]
Merchison ['məːkisn]
Mercia ['məːʃjə]
Mercutio [mə'kjuːʃjəu]
Meredith ['merədiθ]
Meres [miəz]
Merioneth(shire) [ˌmeri'ɔniθ(ʃə)]
Merivale ['meriveil]
Merlin ['məːlin]
Merope ['merəpi]
Merrilies ['meriliz]
Merriman ['merimən]
Mersey ['məːzi]
Merton ['məːtn]
Mesopotamia [ˌmesəpə'teimjə]
Messala [me'saːlə]
Messiah [mi'saiə]
Messina [me'siːnə]
Metcalfe ['metkaːf]
Metellus [mi'teləs]
Methuen *prezime* ['meθjuin], *grad u Americi* [mi'θjuin]
Methuselah [mi'θjuːzələ]
Meuse [mjuːz]
Meux [mjuːz, mjuːks, mjuː]
Mexico ['meksikəu]
Meynell ['menl, 'meinl]
Meyrick ['merik, 'meirik]
M'Gregor [mə'gregə]
Miami [mai'æmi]
Micah ['maikə]
Micawber [mi'kɔːbə]
Michael ['maikl]
Michelangelo [ˌmaikəl'ændʒələu]
Michelson ['mitʃəlsn, 'mikəlsn]
Michigan ['miʃigən]
Michmash ['mikmæʃ]
Mick [mik]
Midas ['maidæs]
Middlemarch ['midlmaːtʃ]
Middlesbrough ['midlzbrə]
Middlesex ['midlseks]
Middleton ['midltən]
Midlothian [mid'ləuðən]
Miers ['maiəz]
Mike [maik]
Milan [mi'læn] Milano
Milburn ['milbən]
Mildred ['mildrid]
Miles [mailz]
Miletus [mi'liːtəs]
Milford ['milfəd]
Mill [mil]
Millais ['milei] (*pl* ~ ['mileiz])
Millicent ['milisnt]
Milly ['mili]
Milman ['milmən]
Milne [mil, miln]
Milne-Home [ˌmiln'hjuːm]
Milner ['milnə]
Milnes [milz, milnz]
Milngavie [mil'gai]
Milo ['mailəu]
Milton ['miltən]
Milwaukee [mil'wɔːki(ː)]
Minehead ['mainhed]
Minerva [mi'nəːvə]
Minety ['mainti]
Minneapolis [ˌmini'æpəlis]
Minnesota [ˌmini'səutə]
Minnie ['mini]
Minorca [mi'nɔːkə]
Minos ['mainɔs]
Minotaur ['mainətɔː]
Miranda [mi'rændə]
Miriam ['miriəm]
Mirza ['məːzə]
Mississippi [ˌmisi'sipi]
Missolonghi [ˌmisə'lɔŋgi]
Missouri [mi'suəri], *US* [mi'zuəri]
Mitchell ['mitʃəl]
Mitford ['mitfəd]
Mithra ['miθrə]
Mithras ['miθrəs]
Mithridates [ˌmiθri'deitiːz]
Mnemosyne [niː'mɔziniː]
Moby ['məubi]
Mocha ['məukə]
Moffat ['mɔfət]
Mogador [ˌmɔgə'dɔː]
Mohawk ['məuhɔːk]
Mohican ['məuikən]
Moira ['mɔiərə]
Moldavia [mɔl'deivjə]
Moleyns ['mʌlinz]
Molière ['mɔliεə]
Moll [mɔl]]
Molly ['mɔli]
Moloch ['məulɔk]
Molony [mə'ləuni]
Molyneux ['mɔlinjuːks, 'mʌlinjuːks, 'mɔli-njuː, 'mʌlinjuː]
Mon [mɔn] = **Monmouthshire**
Mona ['məunə]
Monaghan ['mɔnəhən]
Monck(ton) ['mʌŋk(tən)]
Moncrieff [mən'kriːf]
Mongolia [mɔŋ'gəuljə]
Monica ['mɔnikə]
Monier ['mʌniə]
Monkton ['mʌŋktən]
Monmouth(shire) ['mɔnməθ(ʃə)]
Monna Lisa [ˌmɔnə'liːzə]
Monro(e) [mən'rəu]

Monson [ˈmʌnsn]
Montagu(e) [ˈmɔntəgjuː]
Montaigne [mɔnˈtein]
Montana [mɔnˈtænə]
Monte Carlo [ˌmɔntiˈkaːləu]
Montefiore [ˌmɔntifiˈɔːri]
Montenegro [ˌmɔntiˈniːgrəu]
Montesquieu [ˌmɔntesˈkjuː]
Montessori [ˌmɔntəˈsɔːri]
Montevideo [ˌmɔntiviˈdeiəu]
Montfort [ˈmɔntfət]
Montgomery [məntˈgʌməri, məntˈgɔməri]
Montmorency [ˌmɔntməˈrensi]
Montpelier *u Americi* [mɔntˈpiːljə]
Montpellier *u Francuskoj* [mɔ̃ːmˈpeliei], *ime ulice* [mɔntˈpeliə]
Montreal [ˌmɔntriˈɔːl]
Montreux [mɔnˈtrəː]
Montrose [mɔnˈtrəuz]
Montserrat [ˌmɔntseˈræt]
Monty [ˈmɔnti]
Monzie [məˈniː]
Moore [muə]
Moorgate [ˈmuəgeit]
Moran [ˈmɔːrən, ˈmɔrən, məˈræn]
Morant [məˈrænt]
Moravia [məˈreivjə]
Moray(shire) [ˈmʌri(ʃə)]
More [mɔː]
Moreen [mɔːˈriːn]
Morel [məˈrel]
Morgan [ˈmɔːgən]
Moriarty [ˌmɔriˈaːti]
Morland [ˈmɔːlənd]
Morley [ˈmɔːli]
Mormon [ˈmɔːmən]
Mornington [ˈmɔːniŋtən]
Morocco [məˈrɔkəu]
Morpeth [ˈmɔːpeθ]
Morpheus [ˈmɔːfjuːs]
Morrell [ˈmʌrəl]
Morris [ˈmɔris]
Morrison [ˈmɔrisn]
Mortimer [ˈmɔːtimə]
Morton [ˈmɔːtn]
Moscow [ˈmɔskəu] Moskva
Moseley [ˈməuzli]
Moselle [məˈzel]
Moses [ˈməuziz]
Mosley [ˈmɔzli, ˈməuzli]
Mottistone [ˈmɔtistən, ˈmɔtistəun]
Mouat [ˈməuət]
Moule [məul, muːl]
Moulmein [maulˈmein]
Moulton [ˈməultən]
Moultrie [ˈmɔːltri]
Mountbatten [mauntˈbætn]
Mountjoy [mauntˈdʒɔi, ˈmauntdʒɔi]
Mowatt [ˈmauət, ˈməuət]
Mowbray [ˈməubrei, ˈməubri]
Mowgli [ˈmaugli]
Mowll [muːl, məul]
Moynihan [ˈmɔinjən]
Mozambique [ˌməuzəmˈbiːk]
Mozart [ˈməutsaːt]
Mud(d)eford [ˈmʌdifəd]
Mudie [ˈmjuːdi]
Muir [mjuə]
Muirhead [ˈmjuəhed]
Mukden [ˈmukdən]
Mulcaster [ˈmʌlkæstə]
Mulgrave [ˈmʌlgreiv]
Mullinar [ˈmʌlinə]
Mullinger [ˈmʌlindʒə]
Mulready [mʌlˈredi]
Mulvan(e)y [mʌlˈvæni]
Munchausen [mʌnˈtʃɔːzn]
Munich [ˈmjuːnik] München
Munro [mʌnˈrəu]
Munster [ˈmʌnstə]
Murchison [ˈməːtʃisn, ˈməːkisn]
Murdoch [ˈməːdɔk]
Murdstone [ˈməːdstən]
Muriel [ˈmjuəriəl]
Murillo [mjuəˈriləu]
Murison [ˈmjuərisn]
Murphy [ˈməːfi]
Murray [ˈmʌri]
Murtagh [ˈməːtə]
Muscovy [ˈmʌskəvi]
Musgrave [ˈmʌzgreiv]
Mycenae [maiˈsiːni(ː)]
Myers [ˈmaiəz]
Myra [ˈmaiərə]
Myrrha [ˈmirə]
Myers [ˈmaiəz]
Mysia [ˈmisiə]
Mysore [maiˈsɔː]

N

Naas [neis]
Nagasaki [ˌnægəˈsaːki]
Nahum [ˈneihəm, ˈneiəm]
Nain [ˈneiin]
Nairn(e) [nɛən]
Nairnshire [ˈnɛənʃə]
Nairobi [naiˈrəubi]
Nan [næn]
Nancy [ˈnænsi]
Nanking [nænˈkiŋ]
Nannie (Nanny) [ˈnæni]
Nansen [ˈnænsn]
Nantucket [nænˈtʌkit]
Naomi [ˈneiəmi]

Napier [ˈneipiə, nəˈpiə]
Naples [ˈneiplz] Napulj
Napoleon [nəˈpəuljən]
Nares [nɛəz]
Naseby [ˈneizbi]
Nash [næʃ]
Nashville [ˈnæʃvil]
Nasmyth [ˈneizmiθ]
Nat [næt]
Natal [nəˈtæl]
Nathan [ˈneiθən]
Nathaniel [nəˈθænjəl]
Nausicaa [nɔːˈsikiə]
Nazareth [ˈnæzərəθ]
Neagh [nei]
Neal(e) [niːl]
Nebraska [niˈbræskə]
Nebuchadnezzar [ˌnebjukədˈnezə]
Ned(dy) [ned(i)]
Nehemiah [ˌniːiˈmaiə]
Neil(l) [niːl]
Neilson [ˈniːlsn]
Nell [nel]
Nellie (Nelly) [ˈneli]
Nelson [ˈnelsn]
Nepal [niˈpɔːl]
Nepos [ˈniːpɔs]
Neptune [ˈneptjuːn]
Nereid [ˈniəriid]
Nereus [ˈniərjuːs]
Nerissa [niˈrisə, neˈrisə]
Nero [ˈniərəu]
Nesbit(t) [ˈnezbit]
Nesfield [ˈnesfiːld]
Nestlé [ˈnesli]
Nestor [ˈnestɔː]
Netherland [ˈneðələnd] Nizozemska
Nettie (Netty) [ˈneti]
Nevada [neˈvaːdə]
Neve [niːv]
Nevey [ˈnevi]
Nevil [ˈnevil]
Nevill(e) [ˈnevil]
Nevin [ˈnevin]
Nevis [ˈniːvis, ˈnevis]
Newark [ˈnju(ː)ək]
Newbold [ˈnjuːbəuld]
Newbolt [ˈnjuːbəult]
Newcastle [ˈnjuːˌkaːsl], *lokalni izgovor* [njuˈkæsl]
Newcome [ˈnjuːkəm]
Newdigate [ˈnjuːdigit]
Newe [njuː]
Newfoundland [ˌnjuːfəndˈlænd, njuˈfaundlənd]
Newgate [ˈnjuːgit]
Newhaven [njuːˈheivn]
Newman [ˈnjuːmən]
Newmarket [ˈnjuːˌmaːkit]
Newnes [njuːnz]
Newnham [ˈnjuːnəm]
New Orleans [ˌnjuːˈɔːliənz, ˌnjuːɔːˈlinz]
Newport [ˈnjuːpɔːt]
Newquay [ˈnjuːki]
New Quay [ˌnjuːˈkiː]
New South Wales [ˈnjuːsauθˈweilz]
Newstead [ˈnjuːstid]
Newton [ˈnjuːtn]
Newtown [ˈnjuːtaun]
New York [ˌnjuˈjɔːk, nuˈjɔːk]
New Zealand [ˌnjuːˈziːlənd]
Niagara [naiˈægərə]
Nibelung [ˈniːbəluŋ]
Nicaea [naiˈsi(ː)ə]
Nicaragua [ˌnikəˈrægjuə]
Nice [niːs]
Nichol [ˈnikl]
Nicholas [ˈnikələs]
Nichols [ˈnikəlz]
Nicholson [ˈnikəlsn]
Nick [nik]
Nickleby [ˈniklbi]
Nicobar [ˈnikəbaː]
Nicodemus [ˌnikəˈdiːməs]
Nicolas [ˈnikələs]
Nicol(l) [ˈnikl]
Nietzsche [ˈniːtʃə]
Nigel [ˈnaidʒəl]
Niger [ˈnaidʒə]
Nigeria [naiˈdʒiəriə]
Nile [nail]
Nimrod [ˈnimrɔd]
Nina [ˈniːnə, ˈnainə]
Nineveh [ˈninivi]
Niobe [ˈnaiəbi]
Nippon [ˈnipɔn]
Nisbet [ˈnizbit]
Nizam [naiˈzæm]
Noah [ˈnəuə]
Noakes [nəuks]
Nobel [nəuˈbel, ˈnəubel]
Noel [ˈnəuəl]
Nokes [nəuks]
Noll [nɔl]
Nora(h) [ˈnɔːrə]
Norfolk [ˈnɔːfək]
Norgate [ˈnɔːgeit]
Norman [ˈnɔːmən]
Normandy [ˈnɔːməndi]
Norris [ˈnɔris]
Northallerton [nɔːˈθælətn]
Northampton(shire) [nɔːˈθæmptən(ʃə)]
Northanger [nɔːˈθæŋgə]
Northants [nɔːˈθænts] = **Northamptonshire**
Northcliffe [ˈnɔːθklif]
Northcote [ˈnɔːθkət]
Northumberland [nɔːˈθʌmbələnd]
Northumbria [nɔːˈθʌmbriə]
Norton [ˈnɔːtn]
Norway [ˈnɔːwei] Norveška
Norwich [ˈnɔridʒ], *u Americi* [ˈnɔːwitʃ]
Norwood [ˈnɔːwud]
Nottingham(shire) [ˈnɔtiŋəm(ʃə)]
Notting Hill [ˌnɔtiŋˈhil]
Notts [nɔts] = **Nottinghamshire**
Nova Scotia [ˌnəuvəˈskəuʃə]

Nowell [ˈnəuəl]
Noyes [nɔiz]
Nubia [ˈnjuːbjə]
Nugent [ˈnjuːdʒənt]
Numa Pompilius [ˌnjuːməpɔmˈpiliəs]
Numidia [nju(ː)ˈmidiə]
Nuneaton [nʌˈniːtn]
Nuneham [ˈnjuːnəm]
Nuremberg [ˈnjuərəmbəːg]
Nuttall [ˈnʌtɔːl]
Nyanza [ˈnjænzə, niˈænzə]
Nyassa(land) [ˈnjæsə(lænd), naiˈæsə(lænd)]

O

Oakland [ˈəuklənd]
Oakleigh [ˈəukli]
Oakley [ˈəukli]
Oates [əuts]
Obadiah [ˌəubəˈdaiə]
Oban [ˈəubən]
O'Beirne [əuˈbɛən]
Oberon [ˈəubərən]
O'Brien [əuˈbraiən]
O'Byrne [əuˈbəːn]
O'Callaghan [əuˈkæləhən]
Occam [ˈɔkəm]
Occleve [ˈɔkliːv]
Oceania [ˌəuʃiˈeinjə]
Oceanus [əuˈsiənəs]
Ochill [ˈəukil]
Ochiltree [ˈəukiltriː]
Ochterlony [ˌɔktəˈləuni]
O'Connell [əuˈkɔnl]
O'Connor [əuˈkɔnə]
Octavia [ɔkˈteivjə]
Octavio [ɔkˈtaːviəu]
Octavius [ɔkˈteivjəs]
O'Curry [əuˈkʌri]
Oddie (Oddy) [ˈɔdi]
Odeon [ˈəudjən]
Odin [ˈəudin]
Odo [ˈəudəu]
Odoacer [ˌɔdəuˈeisə]
O'Doherty [əuˈdəuəti, əuˈdɔhəti]
O'Donnell [əuˈdɔnl]
O'Dowd [əuˈdaud]
O'Dwyer [əuˈdwaiə]
Odysseus [əˈdisjuːs]
Odyssey [ˈɔdisi]
Oedipus [ˈiːdipəs]
Oenone [i(ː)ˈnəuni(ː)]
Offa [ˈɔfə]
O'Flaherty [əuˈflɛəti]
O'Flynn [əuˈflin]
Ogden [ˈɔgdən]
Ogemaw [ˈəugimɔː]
Ogham [ˈɔgəm]
Ogilby [ˈəuglbi]
Ogilvie [ˈəuglvi]
O'Grady [əuˈgreidi]
O'Groat [əˈgrəut]
O'Hagan [əuˈheigən]
O'Hara [əuˈhaːrə]
O'Hea [əuˈhei]
Ohio [əuˈhaiəu]
Oisin [ˈɔizin]
O'Kelly [əuˈkeli]
Olaf [ˈəuləf, ˈɔləf]
Olave [ˈɔliv]
Oldcastle [ˈəuldˌkaːsl]
Oldham [ˈəuldəm]
Oldrey [ˈəuldri]
O'Leary [əuˈliəri]
Olga [ˈɔlgə]
Oliphant [ˈɔlifənt]
Olive [ˈɔliv]
Oliver [ˈɔlivə]
Olivia [əˈliviə]
Olivier [əˈliviei]
Olmstead [ˈɔmsted]
Olney [ˈəulni, ˈəuni]
Olympia [əˈlimpiə]
Olympus [əˈlimpəs]
Omagh [ˈəumaː]
Omaha [ˈəuməhaː]
O'Malley [əuˈmæli]
Oman [əuˈmaːn, ˈəumæn]
Omar [ˈəumaː]
Omdurman [ˌɔmdəːˈmaːn, ˈɔmdəmən]
O'Meara [əuˈmaːrə, əuˈmiərə]
O'Morchoe [əuˈmʌrəu]
Omri [ˈɔmrai]
O'Neal [əuˈniːl]
O'Neil(l) [əuˈniːl]
Onich [ˈəunik]
Onions [ˈʌnjənz]
Onslow [ˈɔnzləu]
Ontario [ɔnˈtɛəriəu]
Oolong [ˈuːlɔŋ]
Ophelia [ɔˈfiːljə]
Ophiucus [ɔˈfjuːkəs]
Oran [ɔːˈraːn]
Orange [ˈɔrindʒ]
Orchardson [ˈɔːtʃədsn]
O'Regan [əuˈriːgən]
Oregon [ˈɔrigən]
O'Reilly [əuˈraili]
Orestes [əˈrestiːz]
Oriana [ˌɔriˈaːnə]
Oriel [ˈɔːriəl]
Origen [ˈɔridʒen]
Orinoco [ˌɔriˈnəukəu]
Orion [əˈraiən]
Orissa [ɔˈrisə]

Orkney [ˈɔːkni]
Orlando [ɔːˈlændəu]
Orleans *u Francuskoj* [ɔːˈliənz], *u Americi* [ˈɔːliənz, ɔːˈliːnz]
Orm(e) [ɔːm]
Ormond(e) [ˈɔːmənd]
Ormulum [ˈɔmjuləm]
Ormuz [ˈɔːmʌz]
Oroonoko [ˌɔruːˈnəukəu]
Orosius [əˈrəusjəs]
O'Rourke [əuˈrɔːk]
Orpheus [ˈɔːfjuːs]
Orr [ɔː]
Orsino [ɔːˈsiːnəu]
Orson [ˈɔːsn]
Orton [ˈɔːtn]
Orville [ˈɔːvil]
Orwell [ˈɔːwəl]
Osage [əuˈseidʒ]
Osaka [ˈɔːsəkə, əuˈsaːkə]
Osborn(e) [ˈɔzbən]
Osbourne [ˈɔzbən]
Oscar [ˈɔskə]
Osgood [ˈɔzgud]
O'Shanter [əuˈʃæntə]
O'Shaughnessy [əuˈʃɔːnisi]
O'Shea [əuˈʃei]
Osiris [əˈsaiəris]
Osler [ˈəuzlə]
Oslo [ˈɔzləu]
Osman [ɔzˈmaːn]
Osmond (Osmund) [ˈɔzmənd]
Ospringe [ˈɔsprindʒ]
Ossian [ˈɔsiən]
Ossory [ˈɔsəri]
Ostend [ɔsˈtend]
O'Sullivan [əuˈsʌlivən]
Oswald [ˈɔzwəld]
Oswego [ɔzˈwiːgəu]
Othello [əuˈθeləu]
Othman [ɔθˈmaːn]
Otho [ˈəuθəu]
Otranto [ɔˈtræntəu]
Ottawa [ˈɔtəwə]
Otto [ˈɔtəu]
Otway [ˈɔtwei]
Oude [aud]
Ough [əu]
Ougham [ˈəukəm]
Oughterard [ˌuːtəˈraːd]
Oughtred [ˈɔːtred]
Ouida [ˈwiːdə]
Oundle [ˈaundl]
Oury [ˈauəri]
Ouse [uːz]
Ousey [ˈuːzi]
Ousley [ˈausli]
Outhwaite [ˈuːθweit]
Outram [ˈuːtrəm]
Overbury [ˈəuvəbəri]
Overdone [ˈəuvədʌn]
Overto(u)n [ˈəuvətn]
Ovid [ˈɔvid]
Ovingham [ˈɔvindʒəm]
Ovington [ˈɔviŋtən], *prezime* [ˈəuviŋtən]
Owen [ˈəuin]
Owles [əulz]
Owsley [ˈauzli]
Owy [ˈəui]
Oxenham [ˈɔksnəm]
Oxford(shire) [ˈɔksfəd(ʃə)]
Oyama [əuˈjaːmə]

P

Packard [ˈpækaːd]
Paddington [ˈpædiŋtən]
Paddy [ˈpædi]
Paderewski [ˌpædəˈrevski]
Padraic Colum [ˌpaːdrikˈkɔləm]
Padua [ˈpædjuə]
Paget [ˈpædʒit]
Pain(e) [pein]
Paisley [ˈpeizli]
Pakenham [ˈpæknəm]
Pakistan [ˌpaːkisˈtaːn]
Palamades [ˌpæləˈmiːdiːz]
Palamon [ˈpælənən]
Palestine [ˈpæləstain]
Palestrina [ˌpælesˈtriːnə]
Paley [ˈpeili]
Palfery [ˈpɔːlfəri]
Palgrave [ˈpælgreiv, ˈpɔːlgreiv]
Palk [pɔlk]
Pallas [ˈpælæs]
Palliser [ˈpælisə]
Pall Mall [ˌpælˈmæl, ˌpelˈmel]
Palmer [ˈpaːmə]
Palmerston [ˈpaːməstən]
Palmyra [pælˈmaiərə]
Pamela [ˈpæmələ]
Pamir [pəˈmiə]
Pampas [ˈpæmpəz]
Pan [pæn]
Panama [ˌpænəˈmaː]
Pancras [ˈpæŋkrəs]
Pandarus [ˈpændərəs]
Pandora [pænˈdɔːrə]
Pankhurst [ˈpæŋkhəːst]
Pannill [ˈpænil]
Paphlagonia [ˌpæfləˈgəunjə]
Papua [ˈpaːpuə]
Paracelsus [ˌpærəˈselsəs]

Paraclete ['pærəkliːt]
Paraguay ['pærəgwai]
Paris ['pæris]
Parker ['paːkə]
Parkinson ['paːkinsn]
Parkstone ['paːkstən]
Parma ['paːmə]
Parnassus [paːˈnæsəs]
Parnell [paːˈnel, ˈpaːnl]
Parolles [pəˈrɔliz]
Parr [paː]
Parry ['pæri]
Parsifal ['paːsifəl]
Parthenon ['paːθinən]
Parthenope [paːˈθenəpi]
Parthia ['paːθjə]
Partridge ['paːtridʒ]
Passmore ['paːsmɔː]
Pasteur [pæsˈtəː]
Paston ['pæstən]
Pat [pæt]
Patagonia [ˌpætəˈgəunjə]
Pater ['peitə]
Paternoster Row ['pætəˌnɔstəˈrəu]
Paterson ['pætəsn]
Pateshall ['pætəʃl]
Patey ['peiti]
Patman ['pætmən]
Patmore ['pætmɔː]
Patras [pəˈtræs]
Patricia [pəˈtriʃə]
Patrick ['pætrik]
Patroclus [pəˈtrɔkləs]
Patsy ['pætsi]
Patterson ['pætəsn]
Pattison (Patteson) ['pætisn]
Patty ['pæti]
Paul [pɔːl]
Pauline [pɔːˈliːn, ˈpɔːliːn], *učenik škole St. Paul* ['pɔːlain]
Paulinus [pɔːˈlainəs]
Paulus ['pɔːləs]
Pausanias [pɔːˈseiniæs]
Pavia [pəˈviːə]
Pavitt ['pævit]
Peabody ['piːˌbɔdi]
Peacock ['piːkɔk]
Peall [piːl]
Pearce [piəs]
Pears [pɛəz, piəz]
Pearsall ['piəsɔːl]
Pearson ['piəsn]
Peart [piət]
Peascod ['peskəd]
Pebbles(shire) ['piːblz(ʃə)]
Peckham ['pekəm]
Pecksniff ['peksnif]
Pedro ['peidrəu], *kod Shakespearea* ['piːdrəu]
Peel(e) [piːl]
Peg [peg]
Pegasus ['pegəsəs]
Peggotty ['pegəti]
Peggy ['pegi]
Pekin [piːˈkin]
Pekinese [ˌpiːkiˈniːz]
Peking [piːˈkiŋ]
Peleus ['piːljuːs]
Pelham ['peləm]
Pelman ['pelmən]
Peloponnese ['peləpəniːs]
Peloponnesus [ˌpeləpəˈniːsəs]
Pemberton ['pembətən]
Pembridge ['pembridʒ]
Pembroke(shire) ['pembruk(ʃə)]
Penberthy ['penbəθi]
Pendeen [penˈdiːn]
Pendennis [penˈdenis]
Pendragon [penˈdrægən]
Penelope [piˈneləpi]
Penge [pendʒ]
Penicuik ['penikuk]
Penmaenmaur [ˌpenmənˈmauə, ˌpenmənˈmɔː]
Penn [pen]
Pennington ['peniŋtən]
Pennsylvania [ˌpensilˈveinjə]
Penrhyn ['penrin]
Penrith ['penriθ]
Penrose *prezime* ['penrəuz], *mjesto* [penˈrəuz]
Penseroso [ˌpensəˈrəuzəu]
Pentameron [penˈtæmərən]
Pentateuch ['pentətjuːk]
Penthesilea [ˌpenθesiˈli(ː)ə]
Pentonville ['pentənvil]
Penzance [penˈzæns]
Pepin ['pepin]
Pepys ['pepis, piːps, peps]
Pera ['piərə]
Perak ['pɛərə, ˈpiərə]
Perceval ['pəːsivl]
Percy ['pəːsi]
Perdita ['pəːditə]
Peregrine ['perigrin]
Perham ['perəm]
Peri ['piəri]
Pericles ['perikliːz]
Perim ['perim]
Perkin(s) ['pəːkin(z)]
Pernambuco [ˌpəːnæmˈbuːkəu]
Perouse [pəˈruːz]
Perowne [pəˈrəun]
Perrin ['perin]
Perry ['peri]
Persephone [pəːˈsefəni]
Persepolis [pəːˈsepəlis]
Perseus ['pəːsjuːs]
Persia ['pəːʃə] Perzija
Perth(shire) ['pəːθ(ʃə)]
Peru [pəˈruː]
Peshawar [pəˈʃɔːə]
Pestalozzi [ˌpestəˈlɔtsi]
Pest(h) [pest]
Pete [piːt]
Peter ['piːtə]
Peterborough (Peterboro) ['piːtəbrə]
Peters ['piːtəz]

Petersburg ['pi:tәzbә:g]
Pethick ['peθik]
Peto ['pi:tәu]
Petrarch ['petra:k]
Petre ['pi:tә]
Petrie ['pi:tri]
Petrograd ['petrәgræd]
Petruchio [pi'tru:kiәu, pi'tru:tʃiәu]
Pettie (Petty) ['peti]
Pettit ['petit]
Petula [pә'tju:lә]
Peveril ['pevәril]
Peynell ['peinl]
Phaedo ['fi:dәu]
Phaedra ['fi:drә]
Phaedrus ['fi:drәs]
Phaethon ['feiәθәn]
Pharaoh ['fɛәrәu]
Pharos ['fɛәrɔs]
Pharsalia [fa:'seiljә]
Phebe ['fi:bi]
Phelps [felps]
Phenice [fi'naisi]
Phenicia [fi'niʃiә]
Phidias ['fidiæs]
Phil [fil]
Philadelphia [ˌfilә'delfjә]
Philaster [fi'læstә]
Philemon [fi'li:mɔn]
Philidor ['filidɔ:]
Philip ['filip]
Philippa ['filipә]
Philippi [fi'lipai, 'filipai]
Philippina [ˌfili'pi:nә]
Philippine ['filipi:n]
Philips (Philipps) ['filips]
Philistia [fi'listjә]
Phillimore ['filimɔ:]
Phillip(p)s ['filips]
Phillpot ['filpɔt]
Philoctetes [ˌfilәk'ti:ti:z]
Philomel ['filәmel]
Philomela [ˌfilә'mi:lә]
Philostratus [fi'lɔstrәtәs]
Phineas ['finiæs]
Phipps [fips]
Phiz [fiz]
Phlegethon ['flegiθɔn]
Phocis ['fәusis]
Phoebe ['fi:bi]
Phoenicia [fi'niʃiә]
Phoenix ['fi:niks]
Phrygia ['fridʒiә]
Phryne ['fraini(:)]
Phyllis ['filis]
Picardy ['pikәdi]
Picasso [pi'kæsәu]
Piccadilly [ˌpikә'dili]
Pickering ['pikәriŋ]
Pickford ['pikfәd]
Pickle ['pikl]
Pickwick ['pikwik]
Piears [piәz]
Piedmont ['pi:dmәnt]
Pierce [piәs]
Pierpont ['piәpɔnt]
Piers [piәz]
Pierson ['piәsn]
Pietermaritzburg [ˌpi:tә'mæritsbә:g]
Pig(g)ott ['pigәt]
Pilate ['pailәt]
Pilatus [pi'la:tәs]
Pillsbury ['pilzbәri]
Pimlico ['pimlikәu]
Pindar ['pindә]
Pinero [pi'niәrәu]
Pinkerton ['piŋkәtәn]
Pip [pip]
Pippa ['pipә]
Piraeus [pai'ri(:)әs]
Pisa ['pi:zә]
Pisistratus [pai'sistrәtәs]
Pither ['paiθә, 'paiðә]
Pitlochry [pit'lɔkri]
Pitman ['pitmәn]
Pitt [pit]
Pittsburg(h) ['pitsbә:g]
Pius ['paiәs]
Plaistow ['plæstәu], *lokalni izgovor* ['pla:stәu]
Plantagenet [plæn'tædʒәnit]
Plassey ['plæsi]
Plata ['pla:tә]
Plataea [plә'ti(:)ә]
Plato ['pleitәu]
Platt [plæt]
Plautus ['plɔ:tәs]
Playfair ['pleifɛә]
Pleiad ['plaiәd]
Pleydell ['pleidl]
Pleyel ['pleiәl]
Pliny ['plini]
Plomer ['plu:mә, 'plʌmә]
Plowden ['plaudn]
Plowman ['plaumәn]
Plowright ['plaurait]
Plumbe [plʌm]
Plummer ['plʌmә]
Plumptre ['plʌmptri]
Plumstead ['plʌmstid]
Plutarch ['plu:ta:k]
Pluto ['plu:tәu]
Plutus ['plu:tәs]
Plymouth ['plimәθ]
Po [pәu]
Pocock ['pәukɔk]
Poe [pәu]
Point Levis [pɔint'li:vis]
Poitiers ['pwa:tjei]
Poitou [pɔi'tu:]
Poland ['pәulәnd] Poljska
Poldhu ['pɔldju:]
Pole Carew ['pu:l'kɛәri]
Polixenes [pɔ'liksәni:z]
Polk [pәuk]
Poll [pɔl]
Pollux ['pɔlәks]

Polly ['pɔli]
Polonius [pə'ləunjəs]
Polson ['pəulsn]
Poltava [pɔl'ta:və]
Polwarth ['pəulwəθ], *prezime* ['pɔlwəθ]
Polybius [pɔ'libiəs]
Polycarp ['pɔlika:p]
Polycrates [pɔ'likrəti:z]
Polynesia [ˌpɔli'ni:zjə]
Polyphemus [ˌpɔli'fi:məs]
Pomerania [ˌpɔmə'reinjə]
Pomfret ['pʌmfrit, 'pɔmfrit]
Pompeii [pɔm'peii:]
Pompey ['pɔmpi]
Pondicherry [ˌpɔndi'tʃeri]
Ponsonby ['pʌnsnbi]
Pontefract ['pɔntifrækt]
Pontius ['pɔntjəs, 'pɔntʃjəs]
Pontresina [ˌpɔntri'si:nə]
Pontus ['pɔntəs]
Poole [pu:l]
Popocatepetl ['pɔpəˌkæti'petl]
Porgy ['pɔ:gi]
Portadown [ˌpɔ:tə'daun]
Porteus ['pɔ:tjəs]
Portia ['pɔ:ʃiə]
Portishead ['pɔ:tished]
Portland ['pɔ:tlənd]
Porto Rico [ˌpɔ:tə(u)'ri:kəu]
Portrush [ˌpɔ:t'rʌʃ]
Port Said [ˌpɔ:t'said]
Portsea ['pɔ:tsi]
Portsmouth ['pɔ:tsməθ]
Portugal ['pɔ:tjugl]
Poseidon [pɔ'saidən]
Postlethwaite ['pɔslθweit]
Potomac [pə'təumək]
Potsdam ['pɔtsdæm]
Pott [pɔt]
Pou [pju:]
Poulett ['pɔ:lit]
Poultney ['pəultni]
Poulton ['pəultən]
Pouncefoot ['paunsfut]
Pounteney ['pauntni]
Pow [pau]
Powell ['pəuəl, 'pauəl]
Powis ['pəuis, 'pauis]
Powlett ['pɔ:lit]
Pownceby ['paunsbi]
Powys ['pəuis]
Poynings ['pɔiniŋz]
Poynter ['pɔintə]
Praed [preid]
Prall [prɔ:l]
Praxiteles [præk'sitəli:z]
Prendergast ['prendəgæst]
Prescot(t) ['preskət]
Prestatyn [pres'tætin]
Presteign [pres'ti:n]
Preston ['prestən]
Prestonpans [ˌprestən'pænz]
Pretoria [pri'tɔ:riə]
Pret(t)yman ['pritimən]
Prevost ['prevəu, 'prevəust]
Priam ['praiəm]
Priestley ['pri:stli]
Primrose ['primrəuz]
Princeton ['prinstən]
Princetown ['prinstaun]
Priscilla [pri'silə]
Pris(s) [pris]
Pritchard ['pritʃəd]
Probus ['prəubəs]
Prometheus [prə'mi:θju:s]
Propertius [prə'pə:ʃjəs]
Prophit ['prɔfit]
Proserpine ['prɔsəpain]
Prospero ['prɔspərəu]
Protagoras [prəu'tægəræs]
Proteus ['prəutju:s]
Protheroe ['prɔðərəu]
Proust [pru:st]
Prout [praut]
Provence [prɔ'vɑ̃:ns]
Prudence ['pru:dəns]
Prue [pru:]
Prussia ['prʌʃə] Prusija
Pruth [pru:t]
Prynne [prin]
Psyche ['saiki(:)]
Ptolemy ['tɔlimi]
Publius ['pʌbliəs]
Puck [pʌk]
Pudsey ['pʌdzi]
Puerto Rico [ˌpwə:təu'ri:kəu]
Pugh [pju:]
Pugin ['pju:dʒin]
Puleston ['pulistən]
Pullman ['pulmən]
Pulteney ['pʌltni, 'pəultni]
Punjab [ˌpʌn'dʒa:b]
Purcell ['pə:sl, pə:'sel]
Purdie ['pə:di]
Purdye ['pə:di]
Pusey ['pju:zi]
Pushkin ['puʃkin]
Puteoli [pju:'tiəli]
Putnam ['pʌtnəm]
Puttenham ['pʌtnəm]
Pwllheli [puθ'leli, pul'heli]
Pygmalion [pig'meiljən]
Pyke [paik]
Pylades ['pilədi:z]
Pyramus ['pirəməs]
Pyrene [pai'ri:ni]
Pyrenees [ˌpirə'ni:z] Pireneji
Pyrrhus ['pirəs]
Pytchley ['paitʃli]
Pythagoras [pai'θægəræs]
Pythias ['piθiæs]

Q

Quaile [kweil]
Quain [kwein]
Quantock *planina* [ˈkwɔntək], *ime ulice* [ˈkwæntɔk]
Quaritch [ˈkwɔritʃ]
Quarmby [ˈkwɔːmbi]
Quarr [kwɔː]
Quay *mjesto* [kiː], *prezime* [kwei]
Quayle [kweil]
Quebec [kwiˈbek]
Queenborough [ˈkwiːnbərə]
Queenie [ˈkwiːni]
Queensberry [ˈkwiːnzbəri]
Queensland [ˈkwiːnzlənd]
Queenstown [ˈkwiːnztaun]
Quentin [ˈkwentin]
Quesnel [ˈkeinl]
Quetta *u Indiji* [ˈkwetə]
Queux [kjuː]
Quex [kweks]
Quiggin [ˈkwigin]
Quilleash [ˈkwiliːʃ]
Quiller-Couch [ˌkwiləˈkuːtʃ]
Quilp [kwilp]
Quinault [ˈkwinlt]
Quince [kwins]
Quinc(e)y [ˈkwinsi]
Quintilian [kwinˈtiljən]
Quintin [ˈkwintin]
Quirey *engl. prezime* [ˈkwaiəri], *irsko prezime* [ˈkwiəri]
Quirinus [kwiˈrainəs]
Quito [ˈkiːtəu]
Quixote [ˈkwiksət] Kihot
Quorn [kwɔːn]

R

Rabindranath [rəˈbindrənaːt]
Racheil [ˈreiʃl]
Rachel [ˈreitʃəl]
Radcliffe [ˈrædklif]
Radnor(shire) [ˈrædnə(ʃə)]
Rae [rei]
Raeburn [ˈreibəːn]
Raffles [ˈræflz]
Raglan [ˈræglən]
Rajputana [ˌraːdʒpuˈtaːnə]
Rale(i)gh [ˈrɔːli, ˈraːli, ˈræli]
Ralph [reif, rælf, raːlf]
Ralston [ˈrɔːlstən]
Ramah [ˈraːmə]
Rameses [ˈræmisiːz]
Ramsay [ˈræmzi]
Ramsgate [ˈræmzgit]
Randall [ˈrændl]
Randolph [ˈrændɔlf]
Ranelagh [ˈrænilə]
Rangoon [ræŋˈguːn]
Ranjitsin(h)ji [ˌrændʒitˈsindʒi]
Rankin(e) [ˈræŋkin]
Ransome [ˈrænsəm]
Ranworth [ˈrænwəːθ]
Raphael *slikar* [ˈræfeiəl], *prezime* [ˈræfeiəl, ˈreifiəl]
Rasselas [ˈræsilæs]
Ratcliff(e) [ˈrætklif]
Rathbone [ˈræθbəun]
Ratisbon [ˈrætizbɔn]
Ravenna [rəˈvenə]
Rawdon [ˈrɔːdn]
Rawlins [ˈrɔːlinz]
Rawlison [ˈrɔːlinsn]
Ray [rei]
Rayleigh [ˈreili]
Razzell [rəˈzel]
Rea [rei, riə]
Reade [riːd]
Reading [ˈrediŋ]
Réaumur [ˈreiəˌmjuə]
Reay [rei]
Rebecca [riˈbekə]
Rechab [ˈriːkæb]
Reculver [riˈkʌlvə]
Redcliffe [ˈredklif]
Redding [ˈrediŋ]
Redfern [ˈredfəːn]
Redmond [ˈredmənd]
Reekie [ˈriːki]
Rees(e) [riːs]
Reeve [riːv]
Regan [ˈriːgən]
Reggie [ˈredʒi]
Regina [riˈdʒainə]
Reginald [ˈredʒinld]
Regius [ˈriːdʒjəs]
Regulus [ˈregjuləs]
Rehan [ˈreiən, ˈriːən]
Reid [riːd]
Reigate [ˈraigit]
Reims [riːmz]
Rembrandt [ˈrembrænt]
Remington [ˈremiŋtən]
Remus [ˈriːməs]

Renfrew(shire) ['renfruː(ʃə)]
Rennie ['reni]
Renshaw ['renʃɔː]
Rentoul [rən'tuːl]
Renwick ['renwik, 'renik]
Reuben ['ruːbin]
Reuter ['rɔitə]
Reykjavik ['reikjəviːk]
Reynold ['renld]
Reynolds ['renldz]
Rhaetia ['riːʃjə]
Rheims [riːmz]
Rhine [rain]
Rhoda ['rəudə]
Rhode Island [ˌrəud'ailənd]
Rhodes [rəudz]
Rhodesia [rəu'diːzjə]
Rhondda ['rɔndə]
Rhone [rəun]
Rhyl [ril]
Rhys [riːs]
Rialto [ri'æltəu]
Riccio ['ritʃiəu]
Richard ['ritʃəd]
Richardson ['ritʃədsn]
Richelieu ['riːʃəljəː]
Richmond ['ritʃmənd]
Rickett ['rikit]
Rickmansworth ['rikmənzwəːθ]
Ridding ['ridiŋ]
Riding ['raidiŋ]
Ridley ['ridli]
Ridout ['ridaut]
Rienzi [ri'entsi]
Riga ['riːgə]
Rigi ['riːgi]
Rigoletto [ˌrigə'letəu]
Riley ['raili]
Rimbault ['rimbəult]
Rinaldo [ri'nældəu]
Rio de Janeiro [ˌriːəudədʒə'niərəu]
Rio Grande [ˌriəu'grændi]
Ripley ['ripli]
Ripman ['ripmən]
Ripon ['ripən]
Rip van Winkle [ˌripvæn'wiŋkl]
Rita ['riːtə]
Ritchie ['ritʃi]
Riviera [ˌrivi'ɛərə]
Rizzio ['ritsiəu]
Roanoke [ˌrəuə'nəuk]
Rob(b) [rɔb]
Roberson ['rəubəsn, 'rɔbəsn]
Robert ['rɔbət]
Robertson ['rɔbətsn]
Robespierre ['rəubzpjɛə]
Robin ['rɔbin]
Robina [rɔ'biːnə]
Robins ['rəubinz, 'rɔbinz]
Robinson ['rɔbinsn]
Roboam [rə'bəuəm]
Rob Roy [ˌrɔb'rɔi]
Robsart ['rɔbsaːt]
Rochdale ['rɔtʃdeil]
Roche [rəutʃ, rəuʃ, rɔʃ]
Rochester ['rɔtʃistə]
Rockefeller ['rɔkifelə]
Rockies ['rɔkiz]
Rockingham ['rɔkiŋəm]
Roderic(k) ['rɔdərik]
Roding ['rəudiŋ]
Rodney ['rɔdni]
Roedean ['rəudiːn]
Roehampton [rəu'hæmptən]
Roger ['rɔdʒə, 'rəudʒə]
Roget ['rɔʒei]
Rokeby ['rəukbi]
Roland ['rəulənd]
Rolf(e) [rɔlf]
Rolleston ['rəulstən]
Rollo ['rɔləu]
Rolls-Royce [ˌrəulz'rɔis]
Romany ['rɔməni]
Rome [rəum] Rim
Romeo ['rəumiəu]
Romford ['rɔmfəd]
Romney ['rɔmni]
Romola ['rɔmələ]
Romulus ['rɔmjuləs]
Ronald ['rɔnld]
Röntgen ['rɔntjən, 'rʌntgən]
Roosevelt *US* ['rəuzəvelt], *engl. ime* ['ruː-svelt]
Rootham ['ruːtəm]
Roquefort ['rɔkfɔː]
Rosa ['rəuzə]
Rosalind ['rɔzəlind]
Rosamond ['rɔzəmənd]
Roscius ['rɔʃiəs]
Roscoe ['rɔskəu]
Roscommon [rɔs'kɔmən]
Rose [rəuz]
Rosebery ['rəuzbəri]
Rosemary ['rəuzməri]
Rosencrantz ['rəuzənkrænts]
Rosetta [rəu'zetə]
Rosie (Rosy) ['rəuzi]
Roslin ['rɔzlin]
Ross [rɔs]
Rossall ['rɔsl]
Rossetti [rɔ'seti]
Rossini [rɔ'siːni]
Rosslyn ['rɔslin]
Ross-shire ['rɔsʃə]
Rostrevor [rɔs'trevə]
Rosyth [rɔ'saiθ]
Rotherham ['rɔðərəm]
Rotherhithe ['rɔðəhaið]
Rothermere ['rɔðəˌmiə]
Rothes ['rɔθis]
Rothesay ['rɔθsi]
Rothschild ['rɔθtʃaild]
Rotterdam ['rɔtədæm]
Rottingdean ['rɔtiŋdiːn]
Rouen ['ruːɑ̃ːŋ]

Roumania [ru(ː)ˈmeinjə]
Rouse [raus, ruːs]
Rousseau [ˈruːsəu]
Routh [rauθ]
Routledge [ˈrautlidʒ]
Rover [ˈrəuvə]
Rowan [ˈrəuən, ˈrauən]
Rowden [ˈraudn]
Rowe [rəu]
Rowed [ˈrəuid]
Rowell [ˈrauəl, ˈrəuəl]
Rowena [rəuˈiːnə]
Rowland [ˈrəulənd]
Rowley [ˈrəuli]
Rowney [ˈrəuni]
Rowton [ˈrautn, ˈrɔːtn]
Roxana [rɔkˈsaːnə]
Roxburgh(shire) [ˈrɔksbrə(ʃə)]
Royce [rɔis]
Rubens [ˈruːbinz]
Rubicon [ˈruːbikən]
Rudge [rʌdʒ]
Rudolf (Rudolph) [ˈruːdɔlf]
Rudyard [ˈrʌdjəd]
Rufus [ˈruːfəs]
Rugby [ˈrʌgbi]
Rugeley [ˈruːdʒli]
Ruiz [ru(ː)ˈiːθ]
Rumania (Roumania) [ru(ː)ˈmeinjə] Rumunjska
Rumbold [ˈrʌmbəuld]
Rumelia [ru(ː)ˈmiːljə]
Runciman [ˈrʌnsimən]
Runcorn [ˈrʌŋkɔːn]
Runnymede [ˈrʌnimiːd]
Rupert [ˈruːpət]
Ruritania [ˌruəriˈteinjə]
Rushworth [ˈrʌʃwəːθ]
Ruskin [ˈrʌskin]
Rusper [ˈrʌspə]
Russell [ˈrʌsl]
Russia [ˈrʌʃə] Rusija
Rustum [ˈrʌstəm]
Ruswarp [ˈrʌsəp, ˈrʌzwɔːp]
Rutgers [ˈrʌtgəz]
Ruth [ruːθ]
Rutherford [ˈrʌðəfəd]
Ruthven [ˈruːθvən, ˈrivən]
Ruthwell [ˈrʌθwəl], *lokalni izgovor* [ˈriðəl]
Rutland(shire) [ˈrʌtlənd(ʃə)]
Ruysdael [ˈraizdaːl]
Ryan [ˈraiən]
Rydal [ˈraidl]
Rye [rai]
Ryle [rail]
Rylstone [ˈrilstən, ˈrilstəun]
Ryswick [ˈrizwik]

S

Sabbath [ˈsæbəθ]
Sabine *geografsko ime* [səˈbiːn], *prezime* [ˈsæbin, ˈsæbain]
Sacheverell [səˈʃevərəl]
Sackville [ˈsækvil]
Sadducee [ˈsædjusiː]
Sadler [ˈsædlə]
Sadowa [ˈsaːdəuə]
Saffell [səˈfel]
Saghalien [ˌsægəˈliːn]
Sahara [səˈhaːrə]
Said [said]
Sainsbury [ˈseinzbəri]
Sal [sæl]
Saladin [ˈsælədin]
Salamanca [ˌsæləˈmæŋkə]
Salamis [ˈsæləmis]
Salcombe [ˈsɔːlkəm]
Salem [ˈseilem]
Salesbury [ˈseilzbəri]
Salford [ˈsɔːlfəd]
Salisbury [ˈsɔːlzbəri]
Sallust [ˈsæləst]
Sally [ˈsæli]
Salmon [ˈsæmən], *ime iz Biblije* [ˈsælmɔn]
Salome [səˈləumi]
Salonica [səˈlɔnikə]
Salsette [sɔːlˈset]
Salter [ˈsɔːltə]
Saltfleetby [ˈsɔːltˌfliːtbi]
Saltoun [ˈsɔːltən]
Salusbury [ˈsɔːlzbəri]
Salvador [ˈsælvədɔː]
Sam [sæm]
Samantha [səˈmænθə]
Samaria [səˈmɛəriə]
Sammy [ˈsæmi]
Samoa [səˈməuə]
Samos [ˈseimɔs]
Samothrace [ˈsæməθreis]
Sampson [ˈsæm(p)sn]
Samson [ˈsæmsn]
Samuel(s) [ˈsæmjuəl(z)]
Sancho Panza [ˌsæntʃəuˈpænzə]
Sandbach [ˈsæn(d)bætʃ]
Sandburg [ˈsændbəːg]
Sanders [ˈsaːndəz]
Sandford [ˈsænfəd]

Sandgate ['sæŋgit]
Sandhurst ['sændhəːst]
San Domingo [ˌsændə'miŋgəu]
Sandown ['sændaun]
Sandra ['sændrə]
Sandringham ['sændriŋəm]
Sandwich ['sænwitʃ]
Sandy ['sændi]
Sandys [sændz]
Sanford ['sænfəd]
San Francisco [ˌsænfrən'siskəu]
Sanger ['sæŋgə, 'sæŋə]
Sanhedrim ['sænidrim]
Sankey ['sæŋki]
San Marino [ˌsænmə'riːnəu]
San Remo [ˌsæn'reiməu]
Santa Claus [ˌsæntə'klɔːz]
Santa Fé [ˌsæntə'fei]
Santiago [ˌsænti'aːgəu]
Sapphira [sə'faiərə]
Sappho ['sæfəu]
Saragossa [ˌsærə'gɔsə]
Sarah ['sɛərə]
Saratoga [ˌsærə'təugə]
Sarawak [sə'raːwək]
Sardanapalus [ˌsaːdə'næpələs, ˌsaːdənə'paː-ləs]
Sardinia [saː'dinjə]
Sardis (Sardes) ['saːdis]
Sarge(a)nt ['saːdʒənt]
Sarmatia [saː'meiʃjə]
Sartor Resartus ['saːtɔːriː'saːtəs]
Sarum ['sɛərəm]
Saskatchewan [səs'kætʃiwən]
Sassenach ['sæsənæk]
Sassoon [sə'suːn]
Satan ['seitən]
Satow ['saːtəu]
Saturn ['sætə(ː)n]
Saul [sɔːl]
Saunders ['sɔːndəz, 'saːndəz]
Sauterne [səu'təːn]
Savage ['sævidʒ]
Savannah [sə'vænə]
Savile ['sævil]
Savonarola [ˌsævənə'rəulə]
Savoy [sə'vɔi]
Savoyard [sə'vɔiaːd]
Sawney ['sɔːni]
Sawyer ['sɔːjə]
Saxe-Coburg-Gotha ['sæksˌkəubəːg'gəuθə]
Saxe-Weimar ['sæks'vaimaː]
Saxony ['sæksni, 'sæksəni]
Sayce [seis]
Sayer(s) ['seiə(z), sɛə(z)]
Scafell [ˌskɔː'fel]
Scaliger ['skælidʒə]
Scandinavia [ˌskændi'neivjə]
Scapa Flow [ˌskæpə'fləu]
Scarborough (Scarboro') ['skaːbrə]
Scawen ['skɔːin]
Scawfell [ˌskɔː'fel]
Scheherezade [ʃiˌhiərə'zaːdə]
Scheldt [skelt, ʃelt]
Schenectady [ski'nektədi]
Schiedam [ski'dæm]
Schiller ['ʃilə]
Schleswig ['ʃlezwig]
Schofield ['skəufiːld]
Scholes [skəulz]
Schubert ['ʃuːbət]
Schumann ['ʃuːmən]
Schwann [ʃwɔn]
Scilly ['sili]
Scipio ['sipiəu]
Scone *u Škotskoj* [skuːn]
Scorpio ['skɔːpiəu]
Scotia ['skəuʃə]
Scotland ['skɔtlənd] Škotska
Scott [skɔt]
Scowen ['skəuən]
Scribner ['skribnə]
Scrooge [skruːdʒ]
Scrymgeour ['skrimdʒə]
Scrymsour ['skrimsə]
Scutari ['skuːtəri]
Scylla ['silə]
Scythia ['siðiə]
Seaford ['siːfəd]
Seaforth ['siːfɔːθ]
Sealyham ['siːliəm]
Seamus ['ʃeiməs]
Sean [ʃɔːn]
Seán O'Casey ['ʃɔnəu'keisi]
Searle [səːl]
Seaton ['siːtn]
Seattle [si'ætl]
Sebastian [si'bæstjən]
Sebastopol [si'bæstəpl]
Sedan [si'dæn]
Sedbergh ['sedbə]
Sedgemoor ['sedʒˌmuə]
Sedgwick ['sedʒwik]
Sedley ['sedli]
Seel(e)y ['siːli]
Seidlitz ['sedlits]
Seine [sein]
Sejanus [si'dzeinəs]
Selborne ['selbɔːn]
Selena [si'liːnə]
Seleucia [si'ljuːʃjə]
Selim ['seilim, 'siːlim]
Selkirk ['selkəːk]
Selous [sə'luː]
Seltzer ['seltsə]
Selwyn ['selwin]
Semele ['semili]
Seminole ['seminəul]
Semiramide [ˌsemi'raːmidi]
Semiramis [se'mirəmis]
Seneca ['senikə]
Senegal [ˌseni'gɔːl]
Senegambia [ˌseni'gæmbiə]
Senlac ['senlæk]
Sennacherib [se'nækərib]
Seoul [səul]
Serbia ['səːbjə] Srbija
Seringapatam [səˌriŋgəpə'taːm]

Serjeantson [ˈsaːdʒəntsn]
Servia [ˈsəːviə] Srbija
Setebos [ˈsetibɔs]
Seth [seθ]
Seumas [ˈʃeiməs]
Sevenoaks [ˈsevnəuks]
Severn [ˈsevən]
Severus [siˈviərəs]
Seville [səˈvil]
Sèvres [ˈseivrə]
Sewannee [siˈwɔni]
Seward [ˈsiːwəd]
Sewell [ˈsjuːəl]
Sextus [ˈsekstəs]
Seychelles [seiˈʃelz]
Seymour [ˈsiːmɔː, ˈseimɔː]
Seys [seis]
Shackleton [ˈʃækltən]
Shadwell [ˈʃædwəl]
Shaftesbury [ˈʃaːftsbəri]
Shairp [ʃɛəp, ʃaːp]
Shakespeare [ˈʃeikˌspiə]
Shallot [ʃəˈlɔt]
Shandy [ˈʃændi]
Shane [ʃaːn, ʃɔn, ʃein]
Shanghai [ˌʃæŋˈhai]
Shanklin [ˈʃæŋklin]
Shanks [ʃæŋks]
Shannon [ˈʃænən]
Sharon [ˈʃɛərɔn]
Sharp(e) [ʃaːp]
Shaughnessy [ˈʃɔːnəsi]
Shaun [ʃɔːn]
Shaw [ʃɔː]
Shea [ʃei]
Sheard [ʃɛəd, ʃiəd, ʃəːd]
Shearman [ˈʃiəmən, ʃəːmən]
Shearn [ʃiən, ʃəːn]
Sheba [ˈʃiːbə]
Shechem [ˈʃiːkem]
Sheerness [ˌʃiəˈnes]
Sheffield [ˈʃefiːld]
Sheila [ˈʃiːlə]
Sheldon [ˈʃeldən]
Shelley [ˈʃeli]
Shem [ʃem]
Shennan [ˈʃenən]
Shepherd (Sheppard) [ˈʃepəd]
Sherborne [ˈʃəːbən]
Sheridan [ˈʃeridn]
Sherlock [ˈʃəːlɔk]
Sherman [ˈʃəːmən]
Sherwood [ˈʃəːwud]
Shetland [ˈʃetlənd]
Shewell [ʃuəl]
Shillan [ʃiˈlæn]
Shiloh [ˈʃailəu]
Shinto [ˈʃintəu]
Shipton [ˈʃiptən]
Shiraz [ʃiəˈraːz]
Shirley [ˈʃəːli]
Shiva [ˈʃiːvə]
Shoeburyness [ˌʃuːbəriˈnes]
Shoreditch [ˈʃɔːditʃ]
Shoreham [ˈʃɔːrəm]
Shottery [ˈʃɔtəri]
Shrewsbury [ˈʃrəuzbəri, ˈʃruːzbəri]
Shopshire [ˈʃrɔpʃə]
Shuckburgh [ˈʃʌkbrə]
Shylock [ˈʃailɔk]
Siam [ˈsaiæm, ˌsaiˈæm]
Sibby [ˈsibi]
Siberia [saiˈbiəriə] Sibirija
Sibyl [ˈsibil]
Sicily [ˈsisili] Sicilija
Sid [sid]
Siddons [ˈsidnz]
Sidmouth [ˈsidməθ]
Sidney [ˈsidni]
Sidon [ˈsaidn]
Siegfried [ˈsiːgfriːd]
Sieglinde [siːgˈlində]
Siegmund [ˈsiːgmund]
Sienna [siˈenə]
Sierra Leone [siˌerəliˈəun]
Sigismund (Sigismond) [ˈsigismənd]
Sigurd [ˈsiːgəːd]
Sikes [saiks]
Sikh [siːk]
Silas [ˈsailəs]
Silchester [ˈsiltʃistə]
Silenus [saiˈliːnəs]
Silesia [saiˈliːzjə]
Sillitoe [ˈsilitəu]
Silvanus [silˈveinəs]
Silvester [silˈvestə]
Silvia [ˈsilviə]
Sim [sim]
Simeon [ˈsimiən]
Simon [ˈsaimən]
Simmons [ˈsimənz]
Simplon [ˈsimplən, sɛ̃ːmplɔ̃ːŋ]
Simpson [ˈsimpsn]
Sims [simz]
Simson [ˈsimsn]
Sinai [ˈsainiai]
Sinatra [siˈnaːtrə]
Sinclair [ˈsiŋklɛə]
Sindbad [ˈsinbæd]
Sinel [ˈsinəl]
Singapore [ˌsiŋgəˈpɔː]
Singer [ˈsiŋə, ˈsiŋgə]
Singleton [ˈsiŋgltən]
Sinjohn [ˈsin(d)ʒən]
Sinn Fein [ˌʃinˈfein]
Sion [ˈsaiən]
Sioux [suː] (*pl* ~ [suːz])
Sirach [ˈsiəræk]
Sirius [ˈsiriəs]
Sisam [ˈsaisəm]
Sissy [ˈsisi]
Sisyphus [ˈsisifəs]
Sittingbourne [ˈsitiŋbɔːn]
Sitwell [ˈsitwəl]
Siva [ˈsiːvə]
Siward [ˈsju(ː)əd]
Skagerack → **Skagerrack** [ˈskægəræk]
Skeat [skiːt]

Skeggs [skegz]
Skegness [ˌskegˈnes]
Skelton [ˈskeltn]
Skey [skiː]
Skibo [ˈskiːbəu]
Skiddaw [ˈskidɔː]
Skye [skai]
Slade [sleid]
Slaithwaite [ˈslæθwət]
Slav [slaːv]
Sleights [slaits]
Sligo [ˈslaigəu]
Sloan(e) [sləun]
Slocombe [ˈsləukəm]
Slough [slau]
Slovakia [sləuˈvækiə] Slovačka
Slovenia [sləuˈviːniə]
Smethwick [ˈsmeðik]
Smiles [smailz]
Smillie [ˈsmaili]
Smith [smiθ]
Smithson [ˈsmiθsn]
Smollett [ˈsmɔlit]
Smyrna [ˈsməːnə]
Smyth [smiθ, smaiθ]
Smythe [smaið, smaiθ]
Snaefell [ˌsneiˈfel]
Snelgrove [ˈsnelgrəuv]
Snewin [ˈsnju(ː)in]
Sneyd-Kinnersley [ˌsniːdˈkinəsli]
Snider [ˈsnaidə]
Snodgrass [ˈsnɔdgraːs]
Snowden [ˈsnəudn]
Snowdon [ˈsnəudn]
Soames [səumz]
Soane [səun]
Socinus [səuˈsainəs]
Socotra [səˈkəutrə]
Socrates [ˈsɔkrətiːz]
Sodom [ˈsɔdəm]
Sofia [ˈsəufjə, ˈsɔfiə]
Soho [ˈsəuhəu]
Sohrab [ˈsɔːræb]
Solent [ˈsəulənt]
Solloway [ˈsɔləwei]
Solomon [ˈsɔləmən]
Solon [ˈsəulɔn]
Solway [ˈsɔlwei]
Somers [ˈsʌməz]
Somerset(shire) [ˈsʌməsit(ʃə)]
Somerton [ˈsʌmətn]
Somervell (Somerville) [ˈsʌməvil]
Sonia [ˈsɔniə]
Sophia [səˈfaiə]
Sophocles [ˈsɔfəkliːz]
Sophy [ˈsəufi]
Sorbonne [sɔːˈbɔn]
Sordello [sɔˈdeləu]
Sorrel [ˈsɔrəl]
Sotheby [ˈsʌðəbi]
Sousa [ˈsuːzə]
Souter[ˈsuːtə]
Southampton [sauθˈæmptən]
Southdown [ˈsauθdaun]
Southend [ˌsauθˈend]
Southey [ˈsauði, ˈsʌði]
Southport [ˈsauθpɔːt]
Southwark [ˈsʌðək, ˈsauθwək]
Southwell [ˈsauθwəl, ˈsʌðl]
Southwick [ˈsauθwik]
Souza [ˈsuːzə]
Sowerby [ˈsauəbi]
Spa [spaː]
Spain [spein] Španjolska
Spalding [ˈspɔːldiŋ]
Sparta [ˈspaːtə]
Spe(a)ight [speit]
Speirs [spiəz]
Spence [spens]
Spencer [ˈspensə]
Spender [ˈspendə]
Spenlow [ˈspenləu]
Spenser [ˈspensə]
Spey [spei]
Spiers [ˈspiəz, ˈspaiəz]
Spinoza [spiˈnəuzə]
Spitalfields [ˈspitlfiːldz]
Spithead [ˌspitˈhed]
Spitzbergen [ˈspitsˌbəːgən]
Spofforth [ˈspɔfəθ]
Sporades [ˈspɔrədiːz]
Spragge [spræg]
Sprague [spreig]
Sproule [sprəul]
Spurgeon [ˈspəːdʒən]
Squeers [skwiəz]
Staffa [ˈstæfə]
Stafford(shire) [ˈstæfəd(ʃə)]
Staffs [stæfs] — **Staffordshire**
St. Agnes [sntˈægnis]
Staines [steinz]
Staithes [steiðz]
St. Alban(s) [sntˈɔːlbən(z)]
St. Aldate's [sntˈɔːldeits]
Stalky [ˈstɔːki]
Stalybridge [ˈsteilibridʒ]
Stamboul [stæmˈbuːl]
St. Ambrose [sntˈæmbrəuz]
Stamford [ˈstæmfəd]
Stan [stæn]
Standish [ˈstændiʃ]
St. Andrew(s) [sntˈændruː(z)]
Stanfield [ˈstænfiːld]
Stanford [ˈstænfəd]
Stanhope [ˈstænəp]
Stanley [ˈstænli]
St. Anne [sntˈæn]
Stannie [ˈstæni]
St. Anthony [sntˈæntəni]
Stanton [ˈstæntən]
Stapley [ˈstæpli, ˈsteipli]
St. Asaph [sntˈæsəf]
Statham [ˈsteiθəm, ˈsteiðəm]
St. Augustine [səntɔːˈgʌstin]
Staunton *prezime* [ˈstɔːntən], *grad u Americi* [ˈstæntən]
St. Austell [sntˈɔːstl]
St. Bartholomew [səntbaːˈθɔləmjuː]
St. Bernard [sntˈbəːnəd]
St. Blaize [sntˈbleiz]

St. Blazey [snt'bleizi]
St. Catherine [snt'kæθərin]
St. Cecilia [səntsi'siljə]
St. Clair *prezime* ['siŋklɛə], *mjesto u Americi* [snt'klɛə]
St. Columb [snt'kɔləm]
St. Edmunds [snt'edməndz]
Steele [stiːl]
Steevens ['stiːvnz]
Steinway ['stainwei]
St. Elias [sənti'laiəs]
Stella ['stelə]
St. Elmo [snt'elməu]
Stelvio ['stelviəu]
Stephano ['stefənəu]
Stephen(s) ['stiːvn(z)]
Stephenson ['stiːvnsn]
Stepney ['stepni]
Sterne [stəːn]
Steve [stiːv]
Steven ['stiːvn]
Stevenage ['stiːvnidʒ]
Stevens ['stiːvnz]
Stevenson ['stiːvnsn]
Stewart ['stjuət]
Steyne [stiːn]
Steyning ['steniŋ]
St. Francis [snt'fraːnsis]
St. Gall [snt'gæl, snt'gaːl, snt'gɔːl]
St. George [snt'dʒɔːdʒ]
St. Giles [snt'dʒailz]
St. Gotthard [snt'gɔtəd]
St. Helena *svetica* [snt'helinə], *otok* [ˌsenti'liːnə]
St. Helen's [snt'helinz]
Stilton ['stiltn]
Stirling ['stəːliŋ]
St. Ives [snt'aivz]
St. James [snt'dʒeimz]
St. John [snt'dʒɔn], *prezime* ['sindʒən]
St. Joseph [snt'dʒəuzif]
St. Lawrence [snt'lɔrəns]
St. Leger *prezime* [snt'ledʒə, 'selindʒə], *utrke u Doncasteru* [snt'ledʒə]
St. Legers [snt'ledʒəz]
St. Leonards [snt'lenədz]
St. Louis *u SAD* [snt'luis], *u Kanadi* [snt'lui]
St. Lucia [snt'luːʃə]
St. Malo [sn(t)'maːləu]
St. Margaret [sn(t)'maːgərit]
St. Mark [sn(t)'maːk]
St. Martin [sn(t)'maːtin]
St. Martin's le Grand [sn(t)'maːtinzlə'grænd]
St. Mary [sn(t)'mɛəri]
St. Mary Axe [sn(t)ˌmɛəri'æks]
St. Matthew [sn(t)'mæθjuː]
St. Michael [sn(t)'maikl]
St. Moritz [snt'mɔrits]
St. Neots [snt'niːts]
St. Nicholas [snt'nikələs]
Stockholm ['stɔkhəum]
Stockton ['stɔktən]
Stoddard ['stɔdəd]
Stogumber *u Somersetu* [stəu'gʌmbə], *kod Shawa* ['stɔgəmbə]
Stoke d'Abernon [ˌstəuk'dæbənɔn]
Stoke Poges [ˌstəuk'pəudʒis]
Stoll [stəul]
Stonehaven [stəun'heivn]
Stonehenge [ˌstəun'hendʒ]
Stormonth ['stɔːmʌnθ]
St. Osyth *u Essexu* [snt'əuziθ]
Stoughton ['stəutn, 'stɔːtn, 'stautn]
Stour *u Suffolku* [stuə], *u Hantsu i Dorsetu* ['stauə]
Stourbridge ['stauəbridʒ]
Stourton ['stəːtn]
Stowe [stəu]
St. Pancras [sn(t)'pæŋkrəs]
St. Patrick [sn(t)'pætrik]
St. Paul [sn(t)'pɔːl]
St. Peter [sn(t)'piːtə]
St. Petersburg [sn(t)'piːtəzbəːg]
Strabane [strə'bæn]
Strabo ['streibəu]
Strachey ['streitʃi]
Strafford ['stræfəd]
Strahan [strɔːn, straːn]
Strangways ['stræŋweiz]
Stranraer [stræn'raːə]
Stras(s)burg ['stræzbəːg]
Stratford ['strætfəd]
Stratford-atte-Bowe ['strætfədˌæti'bəui]
Strathaven ['streivən]
Strathavon [stræθ'aːn]
Strathcona [stræθ'kəunə]
Strathmore [straθ'mɔː]
Strathspey [stræθ'spei]
Straton ['strætn]
Strauchan ['strɔːkən]
Streatham ['stretəm]
St. Regis [snt'riːdʒis]
Strevens ['strevənz]
Strickland ['striklənd]
Stromboli ['strɔmbəli]
St. Ronan [snt'rəunən]
Stroud [straud]
Struthers ['strʌðəz]
St. Simon [snt'saimən]
St. Thomas [sn(t)'tɔməs]
Stuart [stjuət]
Stubbs [stʌbz]
Stucley ['stjuːkli]
Studebaker ['stuːdəbeikə]
Stuyvesant ['staivəsənt]
St. Vincent [snt'vinsənt]
St. Vitus [snt'vaitəs]
Styche [staitʃ]
Stylites [stai'laitiːz]
Styria ['stiriə]
Styx [stiks]
Suakin [suː'aːkin]
Suckling ['sʌkliŋ]
Sudan [su(ː)'daːn]
Sudbury ['sʌdbəri]

Sudeley [ˈsjuːdli]
Sue [sjuː]
Suetonius [swiːˈtəunjəs]
Suez [ˈsu(ː)iz]
Suffolk [ˈsʌfək]
Suke [sjuːk]
Suky [ˈsjuːki]
Suleiman [ˌsuleiˈmaːn]
Suliman [ˌsuliˈmaːn]
Sulla [ˈsʌlə]
Sullivan [ˈsʌlivən]
Sumatra [su(ː)ˈmaːtrə]
Sumner [ˈsʌmnə]
Sunbury [ˈsʌnbəri]
Sunderland [ˈsʌndələnd]
Superbus [sju(ː)ˈpəːbəs]
Surat [ˈsuərət, suˈræt]
Surbiton [ˈsəːbitn]
Surinam [ˌsuəriˈnæm]
Surrey [ˈsʌri]
Surtees [ˈsəːtiːz]
Susan [ˈsuːzn]
Susanna [su(ː)ˈzænə]
Susie (Susy) [ˈsuːzi]
Sussex [ˈsʌsiks]
Sutherland [ˈsʌðələnd]
Sutlej [ˈsʌtlidʒ]
Sutro [ˈsuːtrəu]
Sutton [ˈsʌtn]
Swabia [ˈsweibjə]
Swahili [swaːˈhiːli]
Swanage [ˈswɔnidʒ]
Swanee [ˈswɔni]
Swansea [ˈswɔnzi]
Swanwick [ˈswɔnik]
Swatow [ˈswɔtau]
Swaziland [ˈswaːzilænd]
Sweden [ˈswiːdn] Švedska
Swedenborg [ˈswiːdnbɔːg]
Swete [swiːt]
Swettenham [ˈswetnəm]
Swift [swift]
Swinburne [ˈswinbəːn]
Swithin [ˈswiðin]
Switzerland [ˈswitsələnd] Švicarska
Swiveller [ˈswivələ]
Sybaris [ˈsibəris]
Sybil [ˈsibil]
Sydenham [ˈsidnəm]
Sydney [ˈsidni]
Sykes [saiks]
Sylvester [silˈvestə]
Sylvia [ˈsilviə]
Symington [ˈsaimiŋtən, ˈsimiŋtən]
Symond [ˈsaimənd]
Symonds [ˈsaiməndz, ˈsiməndz]
Symons [ˈsaimənz, ˈsimənz]
Synge [siŋ]
Syracuse [ˈsaiərəkjuːz], *u Americi* [ˈsirəkjuːs]
Syria [ˈsiriə]

T

Tabitha [ˈtæbiθə]
Tabor [ˈteibɔː]
Tacitus [ˈtæsitəs]
Tadcaster [ˈtædkæstə]
Tadema [ˈtædimə]
Taff [tæf]
Taffril [ˈtæfril]
Taffy [ˈtæfi]
Taft [tæft, taːft]
Tagore [təˈgɔː]
Tagus [ˈteigəs]
Tahiti [taːˈhiːti]
Taine [tein]
Tait [teit]
Taj Mahal [ˌtaːdʒməˈhaːl]
Talbot [ˈtɔːlbət, ˈtælbət]
Talfourd [ˈtælfəd]
Tamar *rijeka* [ˈteimə], *ime iz Biblije* [ˈteimaː]
Tamburlaine [ˈtæmbəlein]
Tamerlane [ˈtæməlein]
Tamil [ˈtæmil]
Tammany [ˈtæməni]
Tamora [ˈtæmərə]
Tam o'Shanter [ˌtæməˈʃæntə]
Tancred [ˈtæŋkred]
Tanganyika [ˌtæŋgəˈnjiːkə]
Tangier [tænˈdʒiə]
Tangye [ˈtæŋgi]
Tannhäuser [ˈtænˌhɔizə]
Tanqueray [ˈtæŋkəri]
Tanzania [ˌtænzəˈniə]
Taranto [təˈræntəu]
Tarentum [təˈrentəm]
Tarkington [ˈtaːkiŋtən]
Tarpeian [taːˈpi(ː)ən]
Tarquin [ˈtaːkwin]
Tarquinius [taːˈkwiniəs]
Tarragona [ˌtærəˈgəunə]
Tarsus [ˈtaːsəs]
Tartarus [ˈtaːtərəs]
Tashkent [tæʃˈkent]
Tasman [ˈtæzmən]
Tasmania [tæzˈmeinjə]
Tasso [ˈtæsəu]
Tate [teit]
Tatham [ˈteiθəm]
Tattersall [ˈtætəsɔːl]
Tauchnitz [ˈtauknits]
Taunton [ˈtɔːntən, ˈtaːntən]
Taurus [ˈtɔːrəs]
Tavistock [ˈtævistɔk]

Tay [tei]
Taylor [ˈteilə]
Tchad [tʃæd]
Tchaikovski [tʃaiˈkɔvski]
Tchekhov [ˈtʃekɔf]
Tcherkasy [ˈtʃəːˈkæsi]
Teague [tiːg]
Teazle [ˈtiːzl]
Teck [tek]
Ted [ted]
Teddy [ˈtedi]
Teetgen [ˈtiːdʒən]
Teheran [ˌtiəˈraːn]
Teign [tin, tiːn]
Teignmouth [ˈtinməθ]
Telemachus [tiˈleməkəs]
Tempe [ˈtempi]
Temperley [ˈtempəli]
Templeton [ˈtempltən]
Tenbury [ˈtenbəri]
Tenerif(f)e [ˌtenəˈriːf]
Teniers [ˈteniəz]
Tenison [ˈtenisn]
Tennessee [ˌtenəˈsiː]
Tenniel [ˈtenjəl]
Tennyson [ˈtenisn]
Terence [ˈterəns]
Teresa [təˈriːzə]
Terling [ˈtaːliŋ]
Terpsichore [təːpˈsikəri]
Terry [ˈteri]
Tertius [ˈtəːʃjəs]
Tertullian [təːˈtʌliən]
Tesla [ˈteslə]
Tess [tes]
Teucer [ˈtjuːsə]
Teviot [ˈtiːvjət]
Tewin [ˈtju(ː)in]
Tewkesbury [ˈtjuːksbəri]
Texan [ˈteksən]
Texas [ˈteksəs]
Thackeray [ˈθækəri]
Thaddeus [θæˈdi(ː)əs]
Thady [ˈθeidi]
Thailand [ˈtailænd]
Thales [ˈθeiliːz]
Thalia [θəˈlaiə]
Thame [teim], *u Americi* [θeim]
Thames [temz], *u Americi* [θeimz]
Thanet [ˈθænit]
Thatcher [ˈθætʃə]
Thea [θiə]
Thebes [θiːbz]
Themistocles [θiˈmistəkliːz]
Theo [ˈθi(ː)əu]
Theobald [ˈθiəbɔːld]
Theobalds *u Hertsu* [ˈtiblz], *cesta u Londonu* [ˈθiəbɔːldz]
Theocritus [θiˈɔkritəs]
Theodora [ˌθiəˈdɔːrə]
Theodore [ˈθiədɔː]
Theodoric [θiˈɔdərik]
Theodosia [θiəˈdəusjə]
Theodosius [θiəˈdəusjəs]
Theophilus [θiˈɔfiləs]
Theophrastus [θiəˈfræstəs]
Thera [ˈθiərə]
Theresa [tiˈriːzə]
Thermidor [ˈθəːmidɔː]
Thermopylae [θəːˈmɔpiliː]
Thersites [θəːˈsaitiːz]
Theseus [ˈθiːsjuːs]
Thespis [ˈθespis]
Thessalonica [ˌθesələˈnaikə]
Thessaly [ˈθesəli]
Thetis [ˈθetis]
Thibet [tiˈbet]
Thisbe [ˈθizbi]
Thomas [ˈtɔməs]
Thompson [ˈtɔm(p)sn]
Thomson [ˈtɔmsn]
Thor [θɔː]
Thoreau [ˈθɔːrəu]
Thornaby [ˈθɔːnəbi]
Thorne [θɔːn]
Thornhill [ˈθɔːnhil]
Thornton [ˈθɔːntən]
Thorold [ˈθɔrəld]
Thorp(e) [θɔːp]
Thrace [θreis]
Threadneedle [θredˈniːdl]
Throgmorton [θrɔgˈmɔːtn]
Througham [ˈθrʌfəm]
Thucydides [θjuːˈsididiːz]
Thule [ˈθjuːli(ː)]
Thun [tuːn]
Thuringia [θjuəˈrindʒiə]
Thurlow [ˈθəːləu]
Thurn [təːn]
Thuron [tuˈrɔn]
Thurso [ˈθəːsəu]
Thurston [ˈθəːstən]
Thyatira [ˌθaiəˈtaiərə]
Thynne [θin]
Thyrsis [ˈθəːsis]
Tibbs [tibz]
Tiber [ˈtaibə]
Tiberias [taiˈbiəriæs]
Tiberius [taiˈbiəriəs]
Tibet [tiˈbet]
Tibullus [tiˈbʌləs]
Ticehurst [ˈtaishəːst]
Tichborne [ˈtitʃbɔːn]
Ticino [tiˈtʃiːnəu]
Tien-tsin [ˌtjenˈtsin]
Tiflis [ˈtiflis]
Tighe [tai]
Tigris [ˈtaigris]
Tilbury [ˈtilbəri]
Tillotson [ˈtilətsn]
Tilly [ˈtili]
Tim [tim]
Timaeus [taiˈmiːəs]
Timbuctoo [ˌtimbʌkˈtuː]
Times [taimz]
Timmy [ˈtimi]
Timon [ˈtaimən]
Timotheus [tiˈməuθjəs]

Timothy [ˈtiməθi]
Tindal(e) (Tindall) [ˈtindl]
Tine [tain]
Tingey [ˈtiŋgi]
Tinnevelly [tiˈnevəli, ˌtiniˈveli]
Tintagel [tinˈtædʒəl]
Tintern [ˈtintəːn]
Tintoretto [ˌtintəˈretəu]
Tiny [ˈtaini]
Tippell [ˈtipəl]
Tipperary [ˌtipəˈrɛəri]
Tiresias [taiˈriːsiæs]
Tirzah [ˈtəːzə]
Tishbite [ˈtiʃbait]
Tissaphernes [ˌtisəˈfəːniːz]
Titan [ˈtaitən]
Titania [tiˈtaːnjə]
Titian [ˈtiʃn]
Titmarsh [ˈtitmaːʃ]
Titus [ˈtaitəs]
Tivoli [ˈtivəli]
Tivy [ˈtaivi]
Tobago [təˈbeigəu]
Tobias [təˈbaiəs]
Tobit [ˈtəubit]
Tobolsk [təˈbɔlsk]
Toby [ˈtəubi]
Todd [tɔd]
Todhunter [ˈtɔdˌhʌntə]
Togo [ˈtəugəu]
Tokay [təuˈkei]
Tokyo (Tokio) [ˈtəukjəu]
Toledo [tɔˈleidəu, tɔˈliːdəu]
Tolkien [ˈtɔlkiːn]
Tollemache [ˈtɔlmæʃ, ˈtɔlmaːʃ]
Tollesbury [ˈtəulzbəri]
Tolleshunt [ˈtəulzhʌnt]
Tolstoy [ˈtɔlstɔi]
Tom [tɔm]
Tomintoul [ˌtɔminˈtaul]
Tommy [ˈtɔmi]
Tompkins [ˈtɔm(p)kinz]
Tonbridge [ˈtʌnbridʒ]
Tonga [ˈtɔŋgə]
Tongking [ˌtɔŋˈkiŋ]
Tono-Bungay [ˈtəunəuˈbʌŋgi]
Tony [ˈtəuni]
Tonypandy [ˌtɔniˈpændi]
Tooke [tuk]
Tool [tuːl]
Tooley [ˈtuːli]
Topeka [təˈpiːkə]
Topham [ˈtɔpəm]
Tophet [ˈtəufet]
Toplady [ˈtɔpˌleidi]
Topsham [ˈtɔpsəm]
Torah [ˈtɔːrə]
Torbay [ˈtɔːˈbei]
Toronto [təˈrɔntəu]
Torpenhow [trəˈpenə]
Torphins [tɔːˈfinz]
Torquay [ˌtɔːˈkiː]
Torres [ˈtɔris]
Torricelli [ˌtɔriˈtʃeli]
Totnes [ˈtɔtnis]
Tottenham [ˈtɔtnəm]
Touchstone [ˈtʌtʃstəun]
Toulmin [ˈtuːlmin]
Touraine [tuˈrein]
Tours [tuə], *prezime* [tuəz]
Tovey [ˈtəuvi, ˈtʌvi]
Towcester [ˈtəustə]
Towle [təul]
Towler [ˈtaulə]
Townsend (Townshend) [ˈtaunzend]
Towton [ˈtautn]
Towyn [ˈtauin]
Toynbee [ˈtɔinbi]
Tozer [ˈtəuzə]
Tracy [ˈtreisi]
Traddles [ˈtrædlz]
Trafalgar [trəˈfælgə]
Traherne [trəˈhəːn]
Trajan [ˈtreidʒən]
Tralee [trəˈliː]
Transvaal [ˈtrænzvaːl]
Transylvania [ˌtrænsilˈveinjə]
Trasimene [ˈtræzimiːn]
Travers [ˈtrævəz]
Traylee [treiˈliː]
Trebarwith [triˈbaːwiθ]
Trebizond [ˈtrebizɔnd]
Tredegar [triˈdiːgə]
Trefusis [triˈfjuːsis]
Tregear [triˈgiə]
Treherne [triˈhəːn]
Trelawn(e)y [triˈlɔːni]
Treleaven [triˈlevən]
Treloar [triˈləuə]
Tremills [ˈtremlz]
Tremont [triˈmɔnt]
Trenchard [ˈtrentʃaːd]
Trent [trent]
Trentham [ˈtrentəm]
Trethewy [triˈθju(ː)i]
Trevaldwyn [triˈvɔːldwin]
Trevaskis [triˈvæskis]
Trevelyan [triˈveljən]
Treves [triːvz]
Trevisa [triˈviːsə]
Trevor [ˈtrevə]
Trichinopoly [ˌtritʃiˈnɔpəli]
Trieste [tri(ː)ˈest] Trst
Trilby [ˈtrilbi]
Trincomalee [ˌtriŋkəuməˈliː]
Trinculo [ˈtriŋkjuləu]
Trinidad [ˈtrinidæd]
Tripoli [ˈtripəli]
Tripolis [ˈtripəlis]
Trisagion [triˈsægiɔn]
Tristan [ˈtristən]
Tristram [ˈtristrəm]
Triton [ˈtraitn]
Tritonia [traiˈtəunjə]
Trixy [ˈtriksi]
Troad [ˈtrəuæd]
Troilus [ˈtrəuiləs]
Trojan [ˈtrəudʒən]

Trollope [ˈtrɔləp]
Trondhjem [ˈtrɔnjəm]
Trossachs [ˈtrɔsəks]
Troubridge [ˈtruːbridʒ]
Troughton (Trouton) [ˈtrautn]
Trowbridge [ˈtrəubridʒ]
Trowell [ˈtrəuəl]
Troy [troi]
Truman [ˈtruːmən]
Truro [ˈtruərəu]
Truscott [ˈtrʌskət]
Truslove [ˈtrʌslʌv]
T(s)chaikovski [tʃaiˈkɔvski]
Tubal [ˈtjuːbəl]
Tuck [tʌk]
Tucker [ˈtʌkə]
Tucson [tuːˈsɔn]
Tudor [ˈtjuːdə]
Tuileries [ˈtwiːləriː]
Tullichewan [ˌtʌliˈkjuːən]
Tulloch [ˈtʌlək]
Tulloh [ˈtʌləu]
Tully [ˈtʌli]
Tulse [tʌls]
Tunbridge [ˈtʌnbridʒ]
Tunis [ˈtjuːnis]
Tunisia [tjuːˈniziə]
Tunstall [ˈtʌnstl]
Tuohy [ˈtuːi, ˈtuːhi]
Tupman [ˈtʌpmən]
Tupper [ˈtʌpə]
Turania [ˌtjuəˈreinjə]
Turenne [tjuˈren]
Turin [tjuˈrin] Torino
Turkestan [ˌtəːkisˈtaːn]
Turkey [ˈtəːki] Turska
Turnberry [ˈtəːnbəri]
Turner [ˈtəːnə]
Turpin [ˈtəːpin]
Tuscany [ˈtʌskəni]
Tussaud *prezime* [ˈtuːsəu]
Tussaud's *izložba* [təˈsɔːdz]
Tuthill [ˈtʌthil]
Twaddell [twɔˈdel, ˈtwɔdl]
Twain [twein]
Tweed [twiːd]
Tweeddale [ˈtwiː(d)deil]
Tweedle [ˈtwiːdl]
Tweedmouth [ˈtwiːdməθ]
Twickenham [ˈtwiknəm]
Twining [ˈtwainiŋ]
Twist [twist]
Twyford [ˈtwaifəd]
Tyacke [ˈtaiək]
Tybalt [ˈtibəlt]
Tyborn [ˈtaibəːn]
Tychicus [ˈtikikəs]
Tycho [ˈtaikəu]
Tydeus [ˈtaidjuːs]
Tyldesley [ˈtildzli]
Tyler [ˈtailə]
Tynan [ˈtainən]
Tyndale (Tyndall) [ˈtindl]
Tyne [tain]
Tynemouth [ˈtainmauθ, ˈtinməθ]
Tyre [ˈtaiə]
Tyrol [tiˈrəul, ˈtirəl]
Tyrone [tiˈrəun]
Tyrrell [ˈtirəl]
Tyrtaeus [təːˈtiːəs]
Tyrwhitt [ˈtirit]
Tyzack [ˈtaizæk]

U

Udall [ˈjuːdəl]
Uganda [ju(ː)ˈgændə]
Ughtred [ˈuːtrid]
Uhland [ˈuːlənd]
Uist [ˈjuːist]
Ukraine [juːˈkrein, juːˈkrain]
Ulfilas [ˈulfilæs]
Ulrica [ˈʌlrikə]
Ulrich [ˈulrik]
Ulster [ˈʌlstə]
Ulysses [ju(ː)ˈlisiːz]
Umbria [ˈʌmbriə]
Una [ˈjuːnə]
Undine [ˈʌndiːn]
Ungoed [ˈʌngɔid]
Unwin [ˈʌnwin]
Upcott [ˈʌpkət]
Upham [ˈʌpəm]
Upminster [ˈʌpˌminstə]
Up(p)sala [ˈʌpsaːlə]
Upton [ˈʌptən]
Ur [əː]
Ural [ˈjuərəl]
Urania [juəˈreinjə]
Uranus [ˈjuərənəs, juəˈreinəs]
Urbana [əːˈbænə]
Ure [juə]
Uriah [ˌjuəˈraiə]
Uriel [ˈjuəriəl]
Urquhart [ˈəːkət]
Ursula [ˈəːsjulə]
Ursuline [ˈəːsjulain]
Uruguay [ˈjuərugwai]
Urumiah [uˈruːmjə]
Ushant [ˈʌʃənt]
Usher [ˈʌʃə]

Ustinov [ˈjuːstinɔf]
Utah [ˈjuːtaː]
Uther [ˈjuːθə]
Uthwatt [ˈʌθwɔt]
Utica [ˈjuːtikə]
Utopia [juːˈtəupjə]
Utrecht [ˈjuːtrekt]
Uttoxeter [juːˈtɔksitə, ʌˈtɔksitə]
Uxbridge [ˈʌksbridʒ]
Uzzah [ˈʌzə]
Uzziah [ʌˈzaiə]

V

Vache(l) [ˈveitʃəl]
Val [væl]
Valencia [vəˈlenʃiə]
Valentine [ˈvæləntain, ˈvæləntin]
Valera [vəˈlɛərə]
Valerian [vəˈliəriən]
Valerius [vəˈliəriəs]
Valhalla [vælˈhælə]
Valladolid [ˌvælədəˈlid]
Valois [ˈvælwaː]
Valparaiso [ˌvælpəˈraizəu]
Vanbrugh [ˈvænbrə]
Vancouver [vænˈkuːvə]
Vanderbilt [ˈvændəbilt]
Van Diemen [vænˈdiːmən]
Vandyke (Van Dyck) [ˌvænˈdaik]
Vanessa [vəˈnesə]
Van Eyck [ˌvænˈaik]
Vange [vændʒ]
Vansittart [vænˈsitət]
Varley [ˈvaːli]
Varney [ˈvaːni]
Varro [ˈværəu]
Vasco da Gama [ˌvæskəudəˈgaːmə]
Vathek [ˈvæθek]
Vatican [ˈvætikən]
Vaud [vəu]
Vaudin [ˈvəudin]
Vaughan [vɔːn]
Vaux [vɔːz, vɔks, vɔːks, vəuks]
Vauxhall [ˌvɔksˈhɔːl]
Veitch [viːtʃ]
Velasquez [viˈlæskwiz]
Venezuela [ˌveneˈzweilə]
Venice [ˈvenis] Venecija
Ventnor [ˈventnə]
Venue [vəˈnjuː]
Venus [ˈviːnəs] Venera
Vera [ˈviərə]
Vercingetorix [ˌvəːsinˈdʒetəriks]
Verde [vəːd]
Verdi [ˈvɛədiː]
Verdun [vəːˈdʌn]
Vere [viə]
Vergil [ˈvəːdʒil]
Vermont [vəːˈmɔnt]
Verne [vɛən]
Verner [ˈvəːnə]
Verney [ˈvəːni]
Vernon [ˈvəːnən]
Verona [viˈrəunə]
Veronese *slikar* [ˌverəˈneizi]
Veronica [viˈrɔnikə]
Verrall [ˈverɔːl]
Versailles [vɛəˈsai]
Verulam [ˈveruləm]
Verulamium [ˌveruˈleimjəm]
Vesey [ˈviːzi]
Vespasian [vesˈpeiʒjən]
Vesuvius [viˈsuːvjəs]
Vialls [ˈvaiəlz, ˈvaiɔːlz]
Vichy [ˈviːʃiː]
Vickers [ˈvikəz]
Vickery [ˈvikəri]
Vicky [ˈviki]
Victor [ˈviktə]
Victoria [vikˈtɔːriə]
Vienna [viˈenə] Beč
Viet Cong [ˌvjetˈkɔŋ]
Viet Nam [ˌvjetˈnæm]
Vigers [ˈvaigəz]
Vigo [ˈvaigəu, ˈviːgəu]
Villiers [ˈviləz, ˈviljəz]
Vincent [ˈvinsənt]
Vincentio [vinˈsenʃiəu]
Vinci [ˈvintʃiː]
Viola [ˈvaiələ, ˈviələ]
Violet [ˈvaiələt]
Virchow [ˈvəːtʃəu]
Virgil [ˈvəːdʒil]
Virgilius [vəːˈdʒiliəs]
Virginia [vəˈdʒinjə]
Virginius [vəˈdʒiniəs]
Virgo [ˈvəːgəu]
Visigoth [ˈvizigɔθ]
Vistula [ˈvistjulə]
Vitruvius [viˈtruːvjəs]
Vivian (Vivien) [ˈviviən]
Vivienne [ˈviviən, ˌviviˈen]
Vladimir [ˈvlædimiə]
Vladivostock [ˌvlædiˈvɔstɔk]
Volga [ˈvɔlgə]
Volhynia [vɔlˈhiniə]
Volpone [vɔlˈpəuni]
Volsung [ˈvɔlsuŋ]
Volta [ˈvɔltə]
Voltaire [ˈvɔltɛə]
Vooght [vuːt]
Vosges [vəuʒ]

W

Wabash ['wɔːbæʃ]
Waddell [wɔ'del]
Waddington ['wɔdiŋtən]
Waddy ['wɔdi]
Wadham ['wɔdəm]
Wadsworth ['wɔdzwəːθ]
Wagnall ['wægnl]
Wagner ['vaːgnə], *engl. ime* ['wægnə]
Wainwright ['weinrait]
Wakefield ['weikfiːld]
Wal [wɔːl, wɔl]
Walcheren ['vaːlkərən]
Waldeck ['wɔːldek]
Waldegrave ['wɔːlgreiv]
Waldemar ['vældəmaː]
Walden ['wɔːldən]
Waldersee ['wɔːldəzei]
Waldo ['wɔːldəu]
Waldorf ['wɔːldɔːf]
Waldstein ['wɔːldstain]
Wales [weilz]
Waley ['weili]
Walhalla [væl'hælə]
Walker ['wɔːkə]
Walkern ['wɔːlkəːn]
Wallace ['wɔlis]
Wallachia [wɔ'leikjə]
Waller ['wɔlə]
Walmer ['wɔːlmə]
Walmisley (Walmesley) ['wɔːmzli]
Walney ['wɔːlni]
Walpole ['wɔːlpəul]
Walpurgis [væl'puəgis]
Walsall ['wɔːlsɔːl]
Walsingham ['wɔːlsiŋəm]
Walt [wɔːlt]
Walter(s) ['wɔːltə(z)]
Waltham ['wɔːltəm]
Walthamstow ['wɔːlθəmstəu]
Walther ['vaːltə]
Walthew ['wɔːlθjuː]
Walton ['wɔːltən]
Walworth ['wɔːlwəθ]
Wanamaker ['wɔnəmeikə]
Wandsworth ['wɔndzwəθ]
Wanganui [ˌwɔŋə'nui]
Wann [wɔn]
Wanstead ['wɔnstid]
Wapping ['wɔpiŋ]
Wappinger ['wɔpindʒə]
Warbeck ['wɔːbek]
Warburton ['wɔːbətn]
Ward [wɔːd]
Warden ['wɔːdn]
Wardlaw ['wɔːdlɔː]
Wardle ['wɔːdl]
Wardour ['wɔːdə]
Wareham ['wɛərəm]
Warham ['wɔːrəm]
Waring ['wɛəriŋ]
Warmington ['wɔːmiŋtən]
Warne [wɔːn]
Warner ['wɔːnə]
Warre [wɔː]
Warren ['wɔrən]
Warrington ['wɔriŋtən]
Warsaw ['wɔːsɔː]
Warspite ['wɔːspait]
Warton ['wɔːtn]
Warwick(shire) ['wɔrik(ʃə)]
Wasbrough ['wɔzbrə]
Washington ['wɔʃiŋtən]
Wassel ['wæsl]
Wasson ['wɔsn]
Wast [wɔst]
Wat [wɔt]
Waterhouse ['wɔtəhaus]
Waterloo [ˌwɔːtə'luː]
Waters ['wɔːtəz]
Watkins ['wɔtkinz]
Watson ['wɔtsn]
Watteau ['wɔtəu]
Watt(s) [wɔt(s)]
Watts-Dunton ['wɔts'dʌntn]
Wauchope ['wɔːkəp]
Waugh [wɔː], *škotski* [wɔx]
Waverley ['weivəli]
Wayland ['weilənd]
Wayne [wein]
Wealden ['wiːldən]
Wear [wiə]
Wearing ['wɛəriŋ]
Wearmouth ['wiəməθ]
Wearn [wəːn]
Weatherport ['weðəpɔːt]
Webb [web]
Webster ['webstə]
Wedderburn ['wedəbəːn]
Wedgwood ['wedʒwud]
Wednesbury ['wenzbəri]
Weedon ['wiːdn]
Weguelin ['wegəlin]
Wei-hai-wei [ˌweihai'wei]
Weimar ['vaimaː]
Weland ['weilənd]
Welcombe ['welkəm]
Weldon ['weldən]
Welland ['welənd]
Wellby ['welbi]
Wellcome ['welkəm]
Weller ['welə]
Wellesley ['welzli]
Wellington ['weliŋtən]
Wells [welz]
Welwyn ['welin]
Wembley ['wembli]
Wemyss [wiːmz]
Wendell ['wendl]
Wendover ['wendəuvə]
Wenham ['wenəm]
Wenlock ['wenlɔk]

Wentworth ['wentwəθ]
Wesley ['wezli]
Wessex ['wesiks]
Westbourne ['westbɔːn]
Westcott ['wes(t)kət]
Westgate ['westgit]
Westmeath [west'miːð]
Westminster ['westminstə]
Westmor(e)land ['wes(t)mələnd]
Weston ['westən]
Weston-super-Mare ['westənˌsuːpə'mɛə]
Westphalia [west'feiljə]
Westward Ho [ˌwestwəd'həu]
Wetherby ['weðəbi]
Wetherell ['weðərəl]
Wexford ['weksfəd]
Weyman ['weimən]
Weymouth ['weiməθ]
Whait [weit]
Whaley ['weili]
Whalley ['wɔːli], *prezime* ['weili]
Wharam ['wɛərəm]
Wharton ['wɔːtn]
Wheatley ['wiːtli]
Whatmough ['wɔtməu]
Wheathampstead ['wiːtəm(p)sted]
Wheatley ['wiːtli]
Whelan ['wiːlən]
Wherwell ['hʌrəl]
Whewell ['hjuːəl]
Whickham ['wikəm]
Whigham ['wigəm]
Whipsnade ['wipsneid]
Whistler ['wislə]
Whitaker ['witəkə]
Whitby ['witbi]
Whitchurch ['witʃəːtʃ]
Whitechapel ['waitˌtʃæpl]
Whitefield ['waitfiːld]
Whitehall [ˌwait'hɔːl]
Whiteley ['waitli]
Whitley ['witli]
Whitman ['witmən]
Whitney ['witni]
Whittaker ['witəkə]
Whittier ['witiə]
Whittingham(e) ['witindʒəm]
Whitworth ['witwəːθ]
Whyte (Whytt) [wait]
Wickham ['wikəm]
Wickliffe ['wiklif]
Widecombe (Widdicombe) ['widikəm]
Widnes ['widnis]
Wieland ['viːlənd]
Wiesbaden ['visbaːdn]
Wigan ['wigən]
Wiggins ['wiginz]
Wight [wait]
Wightwick ['witik]
Wigmore ['wigmɔː]
Wilberforce ['wilbəfɔːs]
Wilbraham ['wilbrəhæm]
Wilbye ['wilbi]
Wilcox ['wilkɔks]
Wilde [waild]
Wilder ['waildə]
Wilding ['waildiŋ]
Wilfred (Wilfrid) ['wilfrid]
Wilhelmina [ˌwilhel'miːnə]
Wilkes [wilks]
Wilkie ['wilki]
Wilkins ['wilkinz]
Wilkinson ['wilkinsn]
Will [wil]
Willard ['wilaːd]
Willesden ['wilzdən]
William ['wiljəm]
Williamson ['wiljəmsn]
Willie (Willy) ['wili]
Willingdon ['wiliŋdən]
Willis ['wilis]
Willoughby ['wiləbi]
Willsteed ['wilstiːd]
Wilmcote ['wilmkəut]
Wilmot(t) ['wilmət]
Wilshire ['wilʃə]
Wilson ['wilsn]
Wilton ['wiltən]
Wilts [wilts] = **Wiltshire**
Wiltshire ['wiltʃə]
Wimbledon ['wimbldən]
Wimborne ['wimbɔːn]
Wimpole ['wimpəul]
Winchelsea ['wintʃlsi]
Winchester ['wintʃistə]
Winchilsea ['wintʃlsi]
Windermere ['windəˌmiə]
Windham ['windəm], *u Americi* ['windhæm]
Windsor ['winzə]
Wingfield ['wiŋfiːld]
Winifred ['winifrid]
Winkie ['winki]
Winkle ['winkl]
Winnie (Winny) ['wini]
Winnipeg ['winipeg]
Winslow ['winzləu]
Winstanley ['winstənli]
Winston ['winstən]
Winterbourne ['wintəbɔːn]
Winterton ['wintətən]
Wisbech ['wizbiːtʃ]
Wisconsin [wis'kɔnsin]
Wistar ['wistə]
Witham ['wiðəm], *grad u Essexu* ['witəm]
Witley ['witli]
Wittenberg ['vitnbəːg]
Witwatersrand [wit'wɔːtəzrænd]
Wiveliscombe ['wivəliskəm], *lokalni izgovor* ['wilskəm]
Wladimir ['vlædimiə]
Woburn *ulica u Londonu* ['wəubən], *mjesto* ['wuːbəːn]
Wodehouse ['wudhaus]
Woden ['wəudn]
Woking ['wəukiŋ]
Wokingham ['wəukiŋəm]
Wolborough ['wɔlbərə]

Wolcot(t) ['wulkət]
Woldingham ['wəuldiŋəm]
Wolf [wulf]
Wolff [wulf, vɔlf]
Wolfing ['wulfiŋ]
Wollaston ['wuləstən]
Wollaton ['wulətn]
Wollstonecraft ['wulstənkra:ft]
Wolseley ['wulzli]
Wolsey ['wulzi]
Wolsingham ['wɔlsiŋəm]
Wolstanton ['wulstæntən], *lokalni izgovor* ['wulstən]
Wolverhampton ['wulvəhæmptən]
Wolverton ['wulvətn]
Wombwell ['wumwel]
Woodbine ['wudbain]
Woodbury ['wudbəri]
Woodroffe ['wudrɔf]
Woodrow ['wudrəu]
Woodstock ['wudstɔk]
Wookey ['wuki]
Wooldridge ['wuldridʒ]
Woolfardisworthy [wul'fa:dis,wə:ði], *lokalni izgovor* ['wulzvəri]
Woolley ['wuli]
Woolwich ['wulidʒ]
Woolworth ['wulwəθ]
Woorstead ['wustid]
Worcester(shire) ['wustə(ʃə)]
Wordsworth ['wə:dzwə(:)θ]
Worksop ['wə:ksəp]
Worrall ['wʌrəl, 'wɔrəl]
Worsborough ['wə:zbərə]
Worsley ['wə:sli, 'wə:zli]
Worstead ['wustid]
Worthing ['wə:ðiŋ]
Worthington ['wə:ðiŋtən]
Wortley ['wə:tli]
Wotton ['wɔtn, 'wutn]
Wrath [rɔ:θ], *škotski* [ra:θ]
Wratislav ['rætislɔ:]
Wraxall ['ræksɔ:l]
Wray [rei]
Wreay [rei], *lokalni izgovor* [riə]
Wrekin ['ri:kin]
Wren(n) [ren]
Wrexham ['reksəm]
Wrigley ['rigli]
Wright [rait]
Wriothesley ['raiəθsli]
Wrotham ['ru:təm]
Wrottesley ['rɔtsli]
Wroxham ['rɔksəm]
Wulfila ['wulfilə]
Wulfstan ['wulfstən]
Wuthering ['wʌðəriŋ]
Wyat(t) ['waiət]
Wych [waitʃ, witʃ]
Wycherley ['witʃəli]
Wyclif(f)e ['wiklif]
Wycombe ['wikəm]
Wye [wai]
Wygram ['waigrəm]
Wykeham ['wikəm]
Wyld(e) [waild]
Wyl(l)ie ['waili]
Wyman ['waimən]
Wymondham ['wiməndəm], *lokalni izgovor* ['windəm]
Wyndham ['windəm]
Wynn(e) [win]
Wynyard ['winjəd]
Wyoming [wai'əumiŋ]
Wysard ['waiza:d]
Wytham ['waitəm]

X

Xanadu ['zænədu:]
Xanthippe [zæn'θipi]
Xanthus ['zænθəs]
Xavier ['zæviə]
Xenophon ['zenəfən]
Xerxes ['zə:ksi:z]

Y

Yahoo [jə'hu:]
Yahveh ['ja:vei]
Yakutsk [jæ'kutsk]
Yale [jeil]
Yalta ['jæltə]
Yangtse-Kiang [,jæŋtsi(:)'kjæŋ]
Yank [jæŋk]
Yankee ['jæŋki]
Yardley ['ja:dli]
Yare [ja:, jɛə]
Yarico ['jærikəu]
Yarmouth ['ja:məθ]

Yate(s) [jeit(s)]
Yatman [ˈjætmən]
Yealmpton [ˈjæm(p)tən]
Yeames [jiːmz]
Yeat(e)s [jeits]
Yeatman [ˈjiːtmən, ˈjeitmən]
Yed(d)o [ˈjedəu]
Yehudi [jeˈhuːdi]
Yellowstone [ˈjeləustəun, ˈjeləustən]
Yemen [ˈjemən]
Yeo [jəu]
Yeobright [ˈjəubrait]
Yeovil [ˈjəuvil]
Yerkes [ˈjəːkiːz]
Yetholm [ˈjetəm]
Yezo [ˈjezəu]
Yokohama [ˌjəukəˈhaːmə]
Yonge [jʌŋ]
Yorick [ˈjɔrik]
York [jɔːk]
Yorkshire [ˈjɔːkʃə]
Yorke [jɔːk]
Yosemite [jəuˈsemiti]
Yost [jəust]
Youghal [jɔːl, ˈjɔkəl]
Youmans [ˈjuːmənz]
Young(e) [jʌŋ]
Younger [ˈjʌŋə, ˈjʌŋgə]
Younghusband [ˈjʌŋˌhʌzbənd]
Youngman [ˈjʌŋmən]
Ypres *u Belgiji* [ˈiːprə, ˈiːprəz], *dvorac u Ryeu* [ˈwaipəz]
Ysaye [iˈzaii]
Yser [ˈiːzə, ˈaizə]
Ythan [ˈaiθən]
Yucatan [ˌjuːkəˈtaːn]
Yugoslavia [ˌjuːgəuˈslaːvjə]
Yuill [ˈju(ː)il]
Yukon [ˈjuːkɔn]
Yule [juːl]
Yussuf [ˈjusuf]

Z

Zabulon [zəˈbjuːlən]
Zacchaeus [zæˈki(ː)əs]
Zachariah [ˌzækəˈraiə]
Zachary [ˈzækəri]
Zadok [ˈzeidɔk]
Zagreb [ˈzaːgreb]
Zama [ˈzaːmə]
Zambezi (Zambesi) [zæmˈbiːzi]
Zambezia [zæmˈbiːziə]
Zambia [ˈzæmbiə]
Zangwill [ˈzæŋgwil]
Zanzibar [ˌzænziˈbaː]
Zara [ˈzɛərə]
Zarathustra [ˌzærəˈθuːstrə]
Zaria [ˈzaːriə]
Zaza [ˈzaːzə]
Zealand [ˈziːlənd] Zelandija
Zebedee [ˈzebidiː]
Zebub [ˈziːbʌb]
Zebulon [ˈzebjulən, zəˈbjuːlən]
Zechariah [ˌzekəˈraiə]
Zedekiah [ˌzediˈkaiə]
Zeeb [ˈziːeb, ziːb]
Zeeland [ˈzeilənd]
Zeiss [zais]
Zelotes [zi(ː)ˈləutiːz]
Zena [ˈziːnə]
Zeno [ˈziːnəu]
Zenobia [ziˈnəubjə]
Zephaniah [ˌzefəˈnaiə]
Zephyr [ˈzefə]
Zephyrus [ˈzefərəs]
Zepp [zep]
Zeppelin [ˈzepəlin]
Zermatt [ˈzəːmæt]
Zerubbabel [ziˈrʌbəbl]
Zeruiah [ˌzeruˈaiə]
Zetland [ˈzetlənd] = **Shetland**
Zeus [zjuːs]
Zidon [ˈzaidn]
Ziklag [ˈziklæg]
Zimbabwe [zimˈbaːbwi]
Zimri [ˈzimrai]
Zion [ˈzaiən]
Zipporah [ziˈpɔːrə]
Zoar [ˈzəuaː]
Zoe [ˈzəui]
Zola [ˈzəulə]
Zoroaster [ˌzɔrəuˈæstə]
Zouch(e) [zuːʃ]
Zuleika [zuːˈleikə]
Zululand [ˈzuːluːlænd]
Zürich [ˈzjuərik]
Zutphen [ˈzʌtfən]
Zuyder Zee [ˌzaidəˈzei]

NEPRAVILNI GLAGOLI

(Irregular Verbs)

abide [ə'baid] (stanovati)	abore [ə'bəud] abided [ə'baidid]	abode [ə'bəud] abided [ə'baidid]
arise [ə'raiz] (nastati)	arose [ə'rəuz]	arisen [ə'rizn]
awake [ə'weik] (probuditi se)	awoke [ə'wəuk] awaked [ə'weikt]	awoken [ə'wəukən] awaked [ə'weikt]
be [biː] (biti)	was [wɔz]	been [biːn]
bear [bɛə] (roditi)	bore [bɔː]	born [bɔːn]
bear [bɛə] (nositi)	bore [bɔː]	borne [bɔːn]
beat [biːt] (tući)	beat [biːt]	beaten ['biːtn]
become [bi'kʌm] (postati)	became [bi'keim]	become [bi'kʌm]
befall [bi'fɔːl] (dogoditi se)	befell [bi'fel]	befallen [bi'fɔːln]
begin [bi'gin] (početi)	began [bi'gæn]	begun [bi'gʌn]
behold [bi'həuld] (opaziti)	beheld [bi'held]	beheld [bi'held]
bend [bend] (svinuti)	bent [bent]	bent [bent] bended ['bendid]
bereave [bi'riːv] (lišiti)	bereft [bi'reft] bereaved [bi'riːvd]	bereft [bi'reft] bereaved [bi'riːvd]
beseech [bi'siːtʃ] (zaklinjati)	besought [bi'sɔːt]	besought [bi'sɔːt]
bet [bet] (kladiti se)	bet [bet] betted ['betid]	bet [bet] betted ['betid]
bid [bid] (naložiti)	bade [bæd, beid]	bidden ['bidn]
bid [bid] (nuditi)	bid [bid]	bid [bid]
bind [baind] (vezati)	bound [baund]	bound [baund]
bite [bait] (gristi)	bit [bit]	bitten ['bitn] bit [bit]
bleed [bliːd] (krvariti)	bled [bled]	bled [bled]
blend [blend] (pomiješati)	blended ['blendid] blent [blent]	blended ['blendid] blent [blent]
blow [bləu] (puhati)	blew [bluː]	blown [bləun]
break [breik] (slomiti)	broke [brəuk]	broken ['brəukn]
breed [briːd] (gajiti)	bred [bred]	bred [bred]
bring [briŋ] (donijeti)	brought [brɔːt]	brought [brɔːt]
build [bild] (graditi)	built [bilt]	built [bilt]
burn [bəːn] (gorjeti)	burnt [bəːnt] burned [bəːnd]	burnt [bəːnt] burned [bəːnd]
burst [bəːst] (prasnuti)	burst [bəːst]	burst [bəːst]
buy [bai] (kupiti)	bought [bɔːt]	bought [bɔːt]
cast [kaːst] (bacati)	cast [kaːst]	cast [kaːst]
catch [kætʃ] (uhvatiti)	caught [kɔːt]	caught [kɔːt]
chide [tʃaid] (koriti)	chid [tʃid]	chidden ['tʃidn] chid [tʃid]
choose [tʃuːz] (birati)	chose [tʃəuz]	chosen ['tʃəuzn]
cleave [kliːv] (raskoliti)	clove [kləuv] cleft [kleft]	cloven ['kləuvn] cleft [kleft]
cleave [kliːv] (prianjati)	clave [kleiv] cleaved [kliːvd]	cleaved [kliːvd]
cling [kliŋ] (prilijepiti se)	clung [klʌŋ]	clung [klʌŋ]
clothe [kləuð] (odijevati)	clad [klæd] clothed [kləuðd]	clad [klæd] clothed [kləuðd]

come [kʌm] (doći)	came [keim]	come [kʌm]
cost [kɔst] (stajati)	cost [kɔst]	cost [kɔst]
creep [kriːp] (puzati)	crept [krept]	crept [krept]
crow [krəu] (kukurijekati)	crowed [krəud]	crowed [krəud]
	crew [kruː]	crown [krəun]
cut [kʌt] (rezati)	cut [kʌt]	cut [kʌt]
dare [dɛə] (usuditi se)	dared [dɛəd]	dared [dɛəd]
	durst [dəːst]	
deal [diːl] (dijeliti)	dealt [delt]	dealt [delt]
dig [dig] (kopati)	dug [dʌg]	dug [dʌg]
do [duː] (činiti)	did [did]	done [dʌn]
draw [drɔː] (vući; crtati)	drew [druː]	drawn [drɔːn]
dream [driːm] (sanjati)	dreamed [driːmd]	dreamed [driːmd]
	dreamt [dremt]	dreamt [dremt]
drink [driŋk] (piti)	drank [dræŋk]	drunk [drʌŋk]
drive [draiv] (goniti; voziti)	drove [drəuv]	driven ['drivn]
dwell [dwel] (stanovati)	dwelt [dwelt]	dwelt [dwelt]
	dwelled [dweld]	dwelled [dweld]
eat [iːt] (jesti)	ate [et]	eaten ['iːtn]
fall [fɔːl] (pasti)	fell [fel]	fallen ['fɔːln]
feed [fiːd] (hraniti)	fed [fed]	fed [fed]
feel [fiːl] (osjećati)	felt [felt]	felt [felt]
fight [fait] (boriti se)	fought [fɔːt]	fought [fɔːt]
find [faind] (naći)	found [faund]	found [faund]
flee [fliː] (bježati)	fled [fled]	fled [fled]
fling [fliŋ] (baciti)	flung [flʌŋ]	flung [flʌŋ]
fly [flai] (letjeti)	flew [fluː]	flown [fləun]
forbear [fə'bɛə] (okaniti se)	forbore [fə'bɔː]	forborne [fə'bɔːn]
forbid [fə'bid] (zabraniti)	forbade [fə'beid]	forbidden [fə'bidən]
	forbad [fə'bæd]	
forget [fə'get] (zaboraviti)	forgot [fə'gɔt]	forgotten [fə'gɔtn]
forgive [fə'giv] (oprostiti)	forgave [fə'geiv]	forgiven [fə'givn]
forsake [fə'seik] (ostaviti)	forsook [fə'suk]	forsaken [fə'seikn]
freeze [friːz] (smrzavati se)	froze [frəuz]	frozen ['frəuzn]
get [get] (dobiti)	got [gɔt]	got [gɔt]
		gotten ['gɔtn]
gild [gild] (pozlatiti)	gilded ['gildid]	gilded ['gildid]
		gilt [gilt]
gird [gəːd] (opasati)	girded ['gəːdid]	girded ['gəːdid]
	girt [gəːt]	girt [gəːt]
give [giv] (dati)	gave [geiv]	given ['givn]
go [gəu] (ići)	went [went]	gone [gɔn]
grave [greiv] (rezbariti)	graved [greivd]	graven ['greivn]
		graved [greivd]
grind [graind] (mljeti; brusiti)	ground [graund]	ground [graund]
grow [grəu] (rasti)	grew [gruː]	grown [grəun]
hang [hæŋ] (visjeti)	hung [hʌŋ]	hung [hʌŋ]
	hanged [hæŋd]	hanged [hæŋd]
have [hæv] (imati)	had [hæd]	had [hæd]
hear [hiə] (čuti)	heard [həːd]	heard [həːd]
heave [hiːv] (dignuti)	heaved [hiːvd]	heaved [hiːvd]
	hove [həuv]	hove [həuv]
hew [hjuː] (sjeći)	hewed [hjuːd]	hewed [hjuːd]
		hewn [hjuːn]
hide [haid] (sakriti)	hid [hid]	hidden ['hidn]
		hid [hid]
hit [hit] (pogoditi)	hit [hit]	hit [hit]
hold [həuld] (držati)	held [held]	held [held]
hurt [həːt] (raniti)	hurt [həːt]	hurt [həːt]
keep [kiːp] (držati)	kept [kept]	kept [kept]
kneel [niːl] (klečati)	knelt [nelt]	knelt [nelt]
knit [nit] (plesti)	knitted ['nitid]	knitted ['nitid]
	knit [nit]	knit [nit]
know [nəu] (znati)	knew [njuː]	known [nəun]
lade [leid] (tovariti)	laded ['leidid]	laden ['leidn]

lay [lei] (položiti)	laid [leid]	laid [leid]
lead [liːd] (voditi)	led [led]	led [led]
lean [liːn] (nasloniti se)	leaned [liːnd] leant [lent]	leaned [liːnd] leant [lent]
leap [liːp] (skočiti)	leapt [lept] leaped [liːpt]	leapt [lept] leaped [liːpt]
learn [ləːn] (učiti)	learnt [ləːnt] learned [ləːnd]	learnt [ləːnt] learned [ləːnd]
leave [liːv] (ostaviti)	left [left]	left [left]
lend [lend] (posuditi)	lent [lent]	lent [lent]
let [let] (pustiti)	let [let]	let [let]
lie [lai] (ležati)	lay [lei]	lain [lein]
light [lait] (zapaliti)	lit [lit] lighted [ˈlaitid]	lit [lit] lighted [ˈlaitid]
lose [luːz] (izgubiti)	lost [lɔst]	lost [lɔst]
make [meik] (načiniti)	made [meid]	made [meid]
mean [miːn] (značiti)	meant [ment]	meant [ment]
meet [miːt] (sresti)	met [met]	met [met]
mow [məu] (žeti)	mowed [məud]	mown [məun]
overcome [ˌəuvəˈkʌm] (nadvladati)	overcame [ˌəuvəˈkeim]	overcome [ˌəuvəˈkʌm]
pay [pei] (platiti)	paid [peid]	paid [peid]
pen [pen] (zatvoriti u tor)	pent [pent] penned [pend]	pent [pent] penned [pend]
put [put] (staviti)	put [put]	put [put]
rap [ræp] (udariti)	rapped [ræpt]	rapped [ræpt] rapt [ræpt]
read [riːd] (čitati)	read [red]	read [red]
rend [rend] (trgati)	rent [rent]	rent [rent]
rid [rid] (osloboditi)	rid [rid] ridded [ˈridid]	rid [rid] ridded [ˈridid]
ride [raid] (jahati)	rode [rəud]	ridden [ˈridn]
ring [riŋ] (zvoniti)	rang [ræŋ]	rung [rʌŋ]
rise [raiz] (dići se)	rose [rəuz]	risen [ˈrizn]
rive [raiv] (kalati)	rived [raivd]	riven [ˈrivn] rived [raivd]
rot [rɔt] (trunuti)	rotted [ˈrɔtid]	rotted [ˈrɔtid] rotten [ˈrɔtn]
run [rʌn] (trčati)	ran [ræn]	run [rʌn]
saw [sɔː] (piliti)	sawed [sɔːd]	sawn [sɔːn] sawed [sɔːd]
say [sei] (reći)	said [sed]	said [sed]
see [siː] (vidjeti)	saw [sɔː]	seen [siːn]
seek [siːk] (tražiti)	sought [sɔːt]	sought [sɔːt]
seethe [siːð] (vreti)	seethed [siːðd] sod [sɔd]	seethed [siːðd] sodden [ˈsɔdn]
sell [sel] (prodati)	sold [səuld]	sold [səuld]
send [send] (poslati)	sent [sent]	sent [sent]
set [set] (staviti)	set [set]	set [set]
sew [səu] (šiti)	sewed [səud]	sewn [səun] sewed [səud]
shake [ʃeik] (tresti)	shook [ʃuk]	shaken [ˈʃeikn]
shave [ʃeiv] (brijati)	shaved [ʃeivd]	shaved [ʃeivd] shaven [ˈʃeivn]
shear [ʃiə] (strići)	sheared [ʃiəd] shore [ʃɔː]	sheared [ʃiəd] shorn [ʃɔːn]
shed [ʃed] (gubiti lišće)	shed [ʃed]	shed [ʃed]
shine [ʃain] (sjati)	shone [ʃɔn] shined [ʃaind]	shone [ʃɔn] shined [ʃaind]
shoe [ʃuː] (potkovati)	shod [ʃɔd]	shod [ʃɔd]
shoot [ʃuːt] (strijeljati)	shot [ʃɔt]	shot [ʃɔt]
show [ʃəu] (pokazati)	showed [ʃəud]	shown [ʃəun] showed [ʃəud]

shred [ʃred] (derati na krpe)	shredded [ˈʃredid] shred [ʃred]	shredded [ˈʃredid] shred [ʃred]
shrink [ʃriŋk] (stegnuti se)	shrank [ʃræŋk] shrunk [ʃrʌŋk]	shrunk [ʃrʌŋk] shrunken [ˈʃrʌŋkn]
shrive [ʃraiv] (ispovjediti)	shrived [ʃraivd] shrove [ʃrəuv]	shrived [ʃraivd] shriven [ˈʃrivn]
shut [ʃʌt] (zatvoriti)	shut [ʃʌt]	shut [ʃʌt]
sing [siŋ] (pjevati)	sang [sæŋ] sung [sʌŋ]	sung [sʌŋ]
sink [siŋk] (tonuti)	sank [sæŋk] sunk [sʌŋk]	sunk [sʌŋk] sunken [ˈsʌŋkən]
sit [sit] (sjediti)	sat [sæt]	sat [sæt]
slay [slei] (ubiti)	slew [sluː]	slain [slein]
sleep [sliːp] (spavati)	slept [slept]	slept [slept]
slide [slaid] (klizati se)	slid [slid]	slid [slid] slidden [ˈslidn]
sling [sliŋ] (bacati)	slung [slʌŋ]	slung [slʌŋ]
slink [sliŋk] (odšuljati se)	slunk [slʌŋk]	slunk [slʌŋk]
slit [slit] (rasporiti)	slit [slit]	slit [slit]
smell [smel] (mirisati)	smelt [smelt] smelled [smeld]	smelt [smelt] smelled [smeld]
smite [smait] (udarati)	smote [sməut] smit [smit]	smitten [ˈsmitn] smit [smit]
sow [səu] (sijati)	sowed [səud]	sown [səun] sowed [səud]
speak [spiːk] (govoriti)	spoke [spəuk]	spoken [ˈspəukn]
speed [spiːd] (žuriti)	sped [sped] speeded [ˈspiːdid]	sped [sped] speeded [ˈspiːdid]
spell [spel] (sricati)	spelt [spelt] spelled [speld]	spelt [spelt] spelled [speld]
spend [spend] (trošiti)	spent [spent]	spent [spent]
spill [spil] (proliti)	spilt [spilt] spilled [spild]	spilt [spilt] spilled [spild]
spin [spin] (presti)	spun [spʌn] span [spæn]	spun [spʌn]
spit [spit] (pljuvati)	spat [spæt] spit [spit]	spat [spæt] spit [spit]
split [split] (raskoliti)	split [split]	split [split]
spoil [spɔil] (pokvariti)	spoilt [spɔilt] spoiled [spɔild]	spoilt [spɔilt] spoiled [spɔild]
spread [spred] (raširiti)	spread [spred]	spread [spred]
spring [spriŋ] (skočiti)	sprang [spræŋ]	sprung [sprʌŋ]
stand [stænd] (stajati)	stood [stud]	stood [stud]
stave [steiv] (probiti rupu)	staved [steivd] stove [stəuv]	staved [steivd] stove [stəuv]
steal [stiːl] (krasti)	stole [stəul]	stolen [ˈstəuln]
stick [stik] (prionuti)	stuck [stʌk]	stuck [stʌk]
sting [stiŋ] (ubosti)	stung [stʌŋ]	stung [stʌŋ]
stink [stiŋk] (zaudarati)	stank [stæŋk] stunk [stʌŋk]	stunk [stʌŋk]
strew [struː] (posuti)	strewed [struːd]	strewn [struːn] strewed [struːd]
stride [straid] (stupati)	strode [strəud]	stridden [ˈstridən] strid [strid]
strike [straik] (udarati)	struck [strʌk]	struck [strʌk] stricken [ˈstrikn]
string [striŋ] (nizati)	strung [strʌŋ]	strung [strʌŋ]
strive [straiv] (boriti se)	strove [strəuv]	striven [ˈstrivn]
swear [swɛə] (zakleti se)	swore [swɔː]	sworn [swɔːn]
sweat [swet] (znojiti se)	sweat [swet] sweated [ˈswetid]	sweat [swet] sweated [ˈswetid]
sweep [swiːp] (mesti)	swept [swept]	swept [swept]
swell [swel] (nabreknuti)	swelled [sweld]	swollen [ˈswəuln] swelled [sweld]

swim [swim] (plivati)	swam [swæm]	swum [swʌm]
swing [swiŋ] (njihati se)	swung [swʌŋ]	swung [swʌŋ]
take [teik] (uzeti)	took [tuk]	taken ['teikn]
teach [tiːtʃ] (podučavati)	taught [tɔːt]	taught [tɔːt]
tear [tɛə] (derati)	tore [tɔː]	torn [tɔːn]
tell [tel] (kazati)	told [təuld]	told [təuld]
think [θiŋk] (misliti)	thought [θɔːt]	thought [θɔːt]
thrive [θraiv] (uspijevati)	throve [θrəuv] thrived [θraivd]	thriven ['θrivn] thrived [θraivd]
throw [θrəu] (bacati)	threw [θruː]	thrown [θrəun]
thrust [θrʌst] (rinuti)	thrust [θrʌst]	thrust [θrʌst]
tread [tred] (stupati)	trod [trɔd]	trodden ['trɔdn] trod [trɔd]
understand [ˌʌndə'stænd] (razumjeti)	understood [ˌʌndə'stud]	understood [ˌʌndə'stud]
wake [weik] (probuditi)	woke [wəuk] waked [weikt]	woken ['wəukn] waked [weikt]
wear [wɛə] (nositi)	wore [wɔː]	worn [wɔːn]
weave [wiːv] (tkati)	wove [wəuv]	woven ['wəuvn] wove [wəuv]
weep [wiːp] (plakati)	wept [wept]	wept [wept]
wend [wend] (krenuti)	wended ['wendid] went [went]	wended ['wendid]
wet [wet] (smočiti)	wet [wet] wetted ['wetid]	wet [wet] wetted ['wetid]
win [win] (steći)	won [wʌn]	won [wʌn]
wind [waind] (vijugati se)	winded ['waindid] wound [waund]	winded ['waindid] wound [waund]
withdraw [wið'drɔː] (povući)	withdrew [wið'druː]	withdrawn [wið'drɔːn]
withhold [wið'həuld] (zaustaviti)	withheld [wið'held]	withheld [wið'held]
withstand [wið'stænd] (oduprijeti se)	withstood [wið'stud]	withstood [wið'stud]
work [wəːk] (raditi)	worked [wəːkt] wrought [rɔːt]	worked [wəːkt] wrought [rɔːt]
wring [riŋ] (izažimati)	wrung [rʌŋ]	wrung [rʌŋ]
write [rait] (pisati)	wrote [rəut]	written ['ritn]

Defektivni glagoli

(Defective Verbs)

I can [kæn] (mogu)	I could [kud]	—
I may [mei] (smijem)	I might [mait]	—
I must [mʌst] (moram)	—	—
I ought [ɔːt] (moram)	—	—
I shall [ʃæl]	I should [ʃud]	—
I will [wil]	I would [wud]	—

ŠKOLSKA KNJIGA, d.d.
Zagreb, Masarykova 28
HRVATSKA

Za izdavača
dr. DRAGOMIR MAĐERIĆ

Tisak završen u svibnju 1996.